Duden Die deutsche Sprache

Duden

Die deutsche Sprache

Wörterbuch in drei Bänden
Herausgegeben von der Dudenredaktion

Band 1: A–GELT

Dudenverlag
Berlin · Mannheim · Zürich

Redaktionelle Bearbeitung Dr. Werner Scholze-Stubenrecht
Grammatik Prof. Dr. Rudolf Hoberg und Dr. Ursula Hoberg
Sprachgeschichte Jürgen Folz, Bearbeitung: Prof. Dr. Jörg Riecke

Die **Duden-Sprachberatung** beantwortet Ihre Fragen
zu Rechtschreibung, Zeichensetzung, Grammatik u. Ä.
montags bis freitags zwischen 09:00 und 17:00 Uhr.

Aus Deutschland: **0900 1870098** (1,86 € pro Minute aus dem Festnetz)
Aus Österreich: **0900 844144** (1,80 € pro Minute aus dem Festnetz)
Aus der Schweiz: **0900 383360** (3,13 CHF pro Minute aus dem Festnetz)

Die Tarife für Anrufe aus den Mobilfunknetzen können davon abweichen.
Den kostenlosen Newsletter der Duden-Sprachberatung können Sie unter
www.duden.de/newsletter abonnieren.

Bibliografische Information der Deutschen Nationalbibliothek
Die Deutsche Nationalbibliothek verzeichnet diese Publikation
in der Deutschen Nationalbibliografie; detaillierte bibliografische
Daten sind im Internet über http://dnb.d-nb.de abrufbar.

Das Wort Duden ist für den Verlag Bibliographisches Institut GmbH
als Marke geschützt.

Alle Rechte vorbehalten.
Nachdruck, auch auszugsweise, verboten.
© Duden 2014
Bibliographisches Institut GmbH
Mecklenburgische Straße 53, 14197 Berlin

Typografisches Konzept Iris Farnschläder, Hamburg
Herstellung Monique Markus
Umschlaggestaltung Büroecco, Augsburg
Satz Dörr + Schiller GmbH, Stuttgart
Sigrid Hecker, Mannheim
Druck und Bindung C.H. Beck, Nördlingen

Printed in Germany
ISBN 978-3-411-70666-2
www.duden.de

Vorwort

Die Dudenredaktion hat sich mit diesem Wörterbuch zum Ziel gesetzt, die deutsche Sprache unserer Zeit auf 2400 Seiten so authentisch und umfassend wie möglich zu dokumentieren. Sprache ist aber nicht nur Gegenwart und Aktualität, sondern auch Brücke zum kulturellen Erbe der Vergangenheit. Deshalb knüpft die Stichwortauswahl an die Literatursprache der deutschen Klassik an und spannt den Bogen bis in die heutige Zeit des 21. Jahrhunderts.

Dabei schließt das Wörterbuch alle Sprach- und Stilschichten ein und berücksichtigt die Besonderheiten der deutschen Sprache in Österreich und der Schweiz. Auch Fach- und Sondersprachen sowie landschaftliche Varianten des Deutschen werden gezeigt, sofern sie auf die Allgemeinsprache Einfluss nehmen.

Um den Wortschatz angemessen zu beschreiben, stützt sich die Redaktion auf umfangreiche Quellensammlungen. Für das 20. Jahrhundert war hier die Belegsammlung der Duden-Sprachkartei die wichtigste Arbeitsgrundlage, für das 21. Jahrhundert wurden hauptsächlich die elektronisch gespeicherten und sprachwissenschaftlich aufbereiteten Texte des Duden-Korpus ausgewertet.

Diese Quellensammlungen bestehen zu einem Großteil aus Zeitungstexten, aber sie enthalten auch sprachliches Material aus belletristischen Werken, nicht zuletzt aus Büchern anerkannter Autorinnen und Autoren des literarischen Kanons. Bei vielen Einträgen des Wörterbuchs werden solche Quellen des beispielhaften oder besonders schöpferischen Umgangs mit der deutschen Sprache in Kurzzitaten herangezogen. Damit möchte die Redaktion wenigstens punktuell zeigen, dass das Deutsch der Gegenwart mehr ist als nur ein alltagstaugliches Kommunikationsmittel, und sie möchte zugleich auf das eine oder andere Werk der Literatur neugierig machen und dazu anregen, auch weiterhin mehr als nur SMS- und Twitter-Nachrichten zu lesen.

Das Wörterbuch versteht sich als ein Gesamtwörterbuch, das verschiedene Aspekte, unter denen der Wortschatz betrachtet werden kann, vereinigt. Es will zeigen, was für die Verständigung im Deutschen und über das Deutsche wichtig ist, und damit einen substanziellen Beitrag zur Förderung der Sprachkultur leisten.

Berlin, im Oktober 2013
Die Dudenredaktion

Inhalt

BAND 1

Hinweise für die Wörterbuchbenutzung 9
Überblick 9
Stichwortauswahl 12
Die Schreibung 13
Die Aussprache 14
Grammatische Angaben 15
Etymologische Angaben 15
Stilistische Angaben, räumliche und zeitliche Zuordnung,
Zugehörigkeit zu Fach- und Sondersprachen 16
Bedeutungsangaben 19
Anwendungsbeispiele und Phraseologie 20
Belegzitate 21
Im Wörterverzeichnis verwendete Abkürzungen 22

Kurze Grammatik der deutschen Sprache 27
Wörter und Wortarten 27
Das Verb 29
Das Substantiv 43
Das Adjektiv 52
Das Adverb 57
Die Präpositionen 58
Die Konjunktionen 60
Die Interjektionen 61
Der Satz 61

Zur Geschichte der deutschen Sprache und ihrer Wörter 69

Quellenverzeichnis der Belegzitate 90

Wörterverzeichnis A–GELT 93

BAND 2

Wörterverzeichnis GELU–PYXI 805

BAND 3

Wörterverzeichnis Q–ZZGL 1605

HINWEISE FÜR DIE WÖRTERBUCHBENUTZUNG

1. Überblick

1. a) Die Stichwörter sind alphabetisch angeordnet. Dabei werden die Umlaute **ä, ö, ü** wie die ihnen zugrunde liegenden Vokale **a, o, u** behandelt. Ziffern folgen nach dem Buchstaben z; dies gilt jedoch nicht für Indizes und Exponenten.	auf|klapp|bar … auf|klap|pen … auf|kla|ren … auf|klä|ren …
b) Jedes Stichwort, auch eine Wortzusammensetzung, erhält einen eigenen Eintrag, d. h., jedes Stichwort beginnt auf einer neuen Zeile.	buch|sta|bie|ren … buch|stäb|lich … Buch|stüt|ze … bzw. … B2B-Ge|schäft … c …
2. Hat das Stichwort eine im Alphabet unmittelbar folgende **Variante**, erscheint diese, durch Komma getrennt, ebenfalls **halbfett**. Handelt es sich um rein rechtschreibliche Varianten, steht die Schreibweise, die von der Dudenredaktion empfohlen wird, an erster Stelle.	ab|schwat|zen, (bes. südd.:) ab|schwät|zen ⟨sw. V.; hat⟩ (ugs.) … ken|nen|ler|nen, ken|nen ler|nen …
3. Folgt die Variante eines Stichworts alphabetisch nicht unmittelbar nach der Hauptform, wird sie dort trotzdem, aber nur in gewöhnlicher Schrift gezeigt. An ihrer alphabetischen Stelle erscheint sie als Stichwort mit Verweis auf die Hauptform.	Fo|to|syn|the|se, Photosynthese … Pho|to|syn|the|se: ↑Fotosynthese.
4. Hochgestellte Ziffern vor dem Stichwort differenzieren zwischen **gleich lautenden,** aber **semantisch** oder **grammatikalisch** völlig **unterschiedlichen** Wörtern.	¹Band, das; -[e]s, Bänder u. -e … ²Band, der; -[e]s, Bände … ³Band [bɛnt, engl.: bænd], die; -, -s …
5. Die vertikalen Striche (|) im Stichwort geben die Möglichkeiten der **Worttrennung** am Zeilenende an.	hi|n|ein|ge|hen Kas|ten ma|g|ne|tisch rümp|fen
6. Ein unter den Vokal gesetzter Punkt gibt **betonte Kürze,** ein Strich **betonte Länge** an.	ab|be|din|gen ⟨st. V.; hat⟩ (Rechtsspr.): … Aben|teu|er …
7. Mit dem Zeichen ® am Ende eines Stichwortes werden Namen und Bezeichnungen kenntlich gemacht, die als eingetragene Marken geschützt sind. Aus dem Fehlen dieses Zeichens darf jedoch nicht geschlossen werden, dass das Stichwort als Handelsname frei verfügbar ist.	Jeep® [dʒi:p], der; -s, -s …

Hinweise für die Wörterbuchbenutzung

8. Die **Aussprache** folgt dem Stichwort und steht in eckigen Klammern. Sie steht nur bei Wörtern oder Wortteilen, deren Aussprache Schwierigkeiten bereitet.

   Gleich gebliebene Teile einer vorhergehenden Ausspracheangabe werden durch drei Punkte wiedergegeben.

   Han|dy [ˈhɛndi], ...

   cle|ver [ˈklɛvɐ] ...
   Cle|ver|ness [...nɛs], ...

9. **Grammatische Angaben** folgen – außer beim Substantiv – dem Stichwort in Winkelklammern. Sie können auch unter einzelnen Bedeutungspunkten stehen, sofern sie nur an dieser Stelle relevant sind.

   Beim Substantiv stehen die Angaben des Genus (Geschlechts) mit **der, die, das** und die Endungen des Genitivs Singular und des Nominativs Plural. Fakultative Wortbestandteile sind in eckige Klammern gesetzt.

   ab|brau|chen ⟨sw.V.; hat⟩: ...
   aus|schrei|ten ⟨st.V.⟩ (geh.): **1.** ⟨hat⟩ ... **2.** ... ⟨ist⟩

   Ana|nas, die; -, - u. -se: ...
   Du|pli|kat, das; -[e]s, -e: ...

10. Angaben über die **Herkunft der Wörter** folgen auf die grammatischen Angaben in eckigen Klammern. Sie können auch unter einzelnen Bedeutungspunkten stehen, sofern sie sich nur auf diese Lesart beziehen.

    Bon [bɔŋ, bõː], der; -s, -s [frz. bon, zu: bon= gut < lat. bonus]: ...

    Ku|ckuck, der; -s, -e: **1.** [aus dem Niederd.-Md. < mniederd. kukuk; lautm.] ... **2.** [iron. Bez. für den ...] ...

11. **Stilistische Bewertungen,** räumliche und zeitliche **Zuordnungen,** Zuordnungen zu Bereichen und Fach- und Sondersprachen folgen den grammatischen und etymologischen Angaben in runden Klammern.

    Schwarz|ma|le|rei, die (ugs.) ...

    Kö|ter, der; -s, - [aus dem Niederd.; urspr. lautm.] (abwertend) ...

12. **Bedeutungsangaben** werden mit einem Doppelpunkt angekündigt, sind kursiv gedruckt und werden mit arabischen Zahlen und (bei eng zusammengehörenden Bedeutungen) mit Kleinbuchstaben gegliedert.

    ab|bie|gen ⟨st.V.⟩: **1.** *sich von einer eingeschlagenen Richtung entfernen, eine andere Richtung einschlagen* ⟨ist⟩: ich, das Auto bog [von der Straße, nach links] ab; die Straße biegt [nach Norden] ab. **2.** ⟨hat⟩ **a)** *in eine andere Richtung biegen:* einen Finger nach hinten a.; **b)** (ugs.) *einer Sache geschickt eine andere Wendung geben u. dadurch eine unerwünschte Entwicklung verhindern:* sie bog das Gespräch ab.

13. **Bedeutungsschattierungen, Kontextbedeutungen** und die **Bedeutungen der idiomatischen Ausdrücke** stehen in runden Klammern hinter dem betreffenden Wort oder der betreffenden Fügung und sind kursiv gedruckt.

    ¹**Fut|ter,** das; -s [mhd. vuoter, ahd. fuotar, verw. mit lat. pascere, ↑Pastor]: *Nahrung für [Haus]tiere:* dem Hund, den Hühnern [das] F. geben; Ü dieses F. (salopp: *Essen*) passt dir wohl nicht?; der Mitarbeiter braucht neues F. (ugs.; *neue Arbeit*); *gut im F. sein/stehen (ugs.; *gut genährt sein*).

14. Die **Beispiele** sind grob nach eigentlichem und übertragenem (bildlichem) Gebrauch gegliedert. Beispiele für den eigentlichen Gebrauch stehen vor den Beispielen für den übertragenen Gebrauch. Diese werden durch Ü (= **Übertragung**) angekündigt. In den Beispielen und den idiomatischen Ausdrücken wird das Stichwort im Allgemeinen mit dem Anfangsbuchstaben abgekürzt.

    ab|wra|cken ⟨sw.V.; hat⟩: *(bes. Schiffe) zerlegen u. verschrotten:* ein Schiff a.; Ü ein abgewrackter Komiker ...

15. **Idiomatische Ausdrücke** (feste Verbindungen und Wendungen) werden bei der Bedeutung aufgeführt, zu der sie gehören, und stehen dort immer am Ende aller Beispiele. Sie erscheinen halbfett gedruckt, wobei der erste idiomatische Ausdruck mit einem * gekennzeichnet wird.

    Arm ... *einen langen A. haben *(weitreichenden Einfluss haben);* ...

16. Bei **Ländernamen**, die mit dem Artikel gebraucht werden, steht der Artikel vor dem Genitiv.
Bei artikellos gebrauchten Ländernamen, die generell Neutra sind, wird nur der Genitiv aufgeführt.

Die Definitionen (Erklärungen) von Namen sind im Gegensatz zu den Bedeutungsangaben nicht kursiv gesetzt. Einwohnerbezeichnungen werden nicht definiert, sondern durch **Ew.** gekennzeichnet.

Schweiz, die; -: Staat in Mitteleuropa ...

Bel|gi|en; -s: Staat in Westeuropa ...

Ös|ter|reich; -s: Staat im südlichen Mitteleuropa
Ös|ter|rei|cher; der; -s, -: Ew.

17. **Abkürzungen** werden gewöhnlich nach einem Gleichheitszeichen nur mit ihrer einfachen Auflösung registriert. Wird die Bedeutung aus der bloßen Auflösung nicht ersichtlich, werden die Abkürzungen definiert und mit Ausspracheangabe, Artikel und Genitivangabe versehen. Die Auflösung erscheint in diesen Fällen wie eine etymologische Angabe.

BGB = Bürgerliches Gesetzbuch

BBC [biːbiːˈsiː], die; - [Abk. für: British Broadcasting Corporation]: britische Rundfunkgesellschaft.

18. **Verweise** auf einen anderen Wörterbucheintrag werden in der Regel durch einen nach oben gerichteten Pfeil (↑) angezeigt, der vor dem Wort steht, auf das verwiesen wird. Wenn erforderlich, ist ergänzend der relevante Unterpunkt in runden Klammern angegeben.

Innerhalb einer Bedeutungsangabe erfolgt ein Verweis auf einen anderen Begriff lediglich durch Angabe des relevanten Bedeutungspunkts in runden Klammern hinter dem betreffenden Wort.

Mit **vgl.** wird innerhalb des Wörterbuches auf den Eintrag eines inhaltlich oder formal eng verwandten Begriffs verwiesen, der wichtige ergänzende Angaben zur Herkunft, Bedeutung, Grammatik o. Ä. enthält.

Verweise auf andere Einträge mit **s. (siehe)** erfolgen in Fällen, in denen bei bestimmten Varianten der Getrennt- und Zusammenschreibung die gesuchte Information zu finden ist.

Klang, der; -[e]s, Klänge [mhd. klanc, zu ↑klingen]: ...
konn|te, könn|te: ↑können.
Leh|re|rin, die; -, -nen: w. Form zu ↑Lehrer.
phra|sie|ren ⟨sw. V.; hat⟩ [zu ↑Phrase (2b)] ...

Leib|schmerz, der ...: *Schmerz im Bereich des Leibes* (2).
Lei|chen|fled|de|rei, die ...: *das Fleddern* (a) *einer Leiche.*

Nord|wes|ten, der; ... **2.** vgl. Norden (2a).
vier ⟨Kardinalzahl⟩ ...: vgl. acht.

be|kannt ge|ben, be|kannt|ge|ben: s. bekannt (2).

19. **Belegzitaten** folgt die Angabe von Autor, Werk (als Kurztitel) und Seitenzahl in runden Klammern.

anrebeln ... wenn sie vom Pfarrer nicht wollten angerebelt werden (Gotthelf, Spinne 17).

20. Wörter, Wortbedeutungen und Wortverwendungen aus dem **Klassikerwortschatz** des 18. und 19. Jahrhunderts sind mit einer Raute ♦ gekennzeichnet.

♦ **anrebeln** ...

Hinweise für die Wörterbuchbenutzung

2. Stichwortauswahl

Dieses Wörterbuch verzeichnet zusätzlich zum zentralen Wortschatz des Deutschen auch Wörter außerhalb des sprachlichen Kernbereiches, soweit es der auf 2400 Seiten begrenzte Raum zulässt. Es handelt sich dabei um Wörter aus Fachsprachen (**abteufen**), aus vom Standard abweichenden Sprachebenen (**rotzen**), aus unterschiedlichen Sprachregionen (**Rundstück**) und Wörter, die veraltet sind, also sprachhistorischen Wert besitzen (**dünken**).

Hinzu kommt eine Auswahl heute nicht mehr gebräuchlicher Wörter, die uns noch in den Werken der klassischen Literatur des 18. und 19. Jahrhunderts begegnen (**Nachtschach**).

Aufgenommen wurden auch gängige Abkürzungen (**GmbH**) und Kurzwörter (**Kripo**), ebenso wichtige geografische Begriffe (**Bosporus**), die Namen von Institutionen und Organisationen (**Greenpeace**) sowie Eigennamen aus Astronomie (**Andromeda**), Mythologie (**Hephaistos**) und Ethnologie (**Etrusker**).

Personennamen, Warenzeichen oder willkürliche Prägungen fanden nur Aufnahme, wenn sie als Gattungsbezeichnungen oder wie Wörter der natürlichen Sprache gebraucht werden, z.B. **Blaubart**, **Jeep**® oder **NATO**.

Verkleinerungsformen wurden vor allem dann aufgenommen, wenn sich durch sie der Stamm des Wortes verändert, z.B. **Äffchen** (↑**Affe**) oder **Döschen** (↑**Dose**).

Berücksichtigt wurden zudem die sogenannten produktiven Wortbildungselemente des Deutschen, wie etwa **a-**, **super-**, **-abel** oder **-muffel**. Die Darstellung solcher Wortbildungselemente vermittelt zum einen ein Bild vom Aufbau des modernen Wortschatzes und hilft so, die in ihrer Zahl ständig zunehmenden Ad-hoc-Bildungen zu verstehen, zum andern gibt sie ein »Werkzeug« an die Hand, selbst produktiv mit dem Deutschen umzugehen.

Die Basis für die lexikografische Erfassung und Bearbeitung des deutschen Wortschatzes war für die Dudenredaktion über Jahrzehnte hinweg die Duden-Sprachkartei mit ihren etwa drei Millionen von Hand exzerpierten Belegen. Heute ist an dessen Stelle das 2001 begründete und seither kontinuierlich wachsende Duden-Korpus getreten. Diese digitale Volltextsammlung umfasst mehr als zwei Milliarden mit sprachbezogenen Informationen versehene Wortformen aus Texten der letzten zehn Jahre, die eine große Zahl unterschiedlicher Textsorten (Romane, Sachbücher, Zeitungs- und Zeitschriftenjahrgänge u. a.) repräsentieren. Darüber hinaus werden auch die Möglichkeiten genutzt, die das Internet für die Recherche nach Wörtern, Wortformen und Wortbedeutungen bietet. So stehen dem Bearbeitungsteam der Dudenwörterbücher heute eine Vielzahl von Quellen zur Verfügung, aus denen verlässliche Informationen zum aktuellen Stand der deutschen Sprache gewonnen werden können.

3. Die Schreibung

Das Stichwort wird grundsätzlich in seiner nach der amtlichen Rechtschreibregelung korrekten Schreibweise gezeigt. Gibt es mehr als eine richtige Schreibung, dann ist an jeweils erster Stelle diejenige Variante angeführt, die der Rechtschreibduden empfiehlt:

Or|tho|gra|fie, Orthographie, die
po|ten|zi|ell, potentiell ⟨Adj.⟩

Kaffee-Ersatz, Kaffeeersatz, der
Feedback, Feed-back [fi:dbæk], das

Aus Platzgründen wird bei Doppelschreibungen, die an verschiedenen Alphabetstellen stehen, der Haupteintrag nur an der Stelle gezeigt, an der die von der Dudenredaktion empfohlene Schreibweise zu finden ist. An der anderen Alphabetstelle ist ein Verweisartikel angesetzt:

Jacht, Yacht, die
Yacht usw.: ↑Jacht usw.

Wenn für eine Wortverbindung Getrennt- und Zusammenschreibung korrekt ist, wird entweder das Stichwort zweimal angesetzt oder es wird auf den Stichwortartikel zum Erstglied verwiesen oder die Schreibweisen werden in typischen syntaktischen Kontexten an verschiedenen Stellen gezeigt:

Soft|drink, der; -s, -s, Soft Drink, der; --s, --s, [...]
zu|grun|de ⟨Adj.⟩, zu Grun|de: in den Verbindungen [...]

be|kannt ma|chen, be|kannt|ma|chen: s. bekannt (2).

kalt ⟨Adj.; kälter, kälteste⟩ **1.** [...] der Sekt muss k. gestellt *(gekühlt)* werden
kalt|stel|len ⟨sw. V.; hat⟩ (ugs.): *durch bestimmte Maßnahmen seines Einflusses, seiner Entfaltungsmöglichkeiten berauben:* eine lästige Konkurrentin k.

Auf|se|hen, das [...] ein [viel, großes] A. erregender Film

auf|se|hen|er|re|gend, Auf|se|hen er|re|gend ⟨Adj.⟩: seine wissenschaftlichen Arbeiten waren [äußerst] a.

Varianz in der Groß- und Kleinschreibung eines nicht substantivischen Stichworts wird nur gezeigt, wenn dessen Gebrauch als Substantiv oder als Benennungseinheit naheliegend ist:

kurz ⟨Adj.⟩ [...] ***binnen Kurzem/kurzem** *(innerhalb kurzer Zeit)*

ein ⟨Kardinalz.; betont⟩ [...] der -e oder/und [der] andere <subst.:> es gibt nur den Einen *(Gott)*

groß ⟨Adj.; größer, größte⟩ [...] eine Große/große Koalition (Politik; *Koalition der [beiden] zahlenmäßig stärksten Parteien im Parlament)*

Neben orthografischen Doppelformen werden auch Wortbildungsvarianten eines Stichwortes gezeigt:

mo|de|rig, modrig ⟨Adj.⟩
zau|be|risch, (selten:) zaubrisch ⟨Adj.⟩

4. Die Aussprache

Die Angaben zur Aussprache erfolgen bei Wörtern oder Wortteilen, deren Aussprache Schwierigkeiten bereiten könnte. Bei den übrigen Stichwörtern – und dies sind die meisten – werden auf die oben (S. XX, Punkt 6) beschriebene Weise Hinweise zur Betonung gegeben.

Die folgende Tabelle zeigt Lautzeichen und Lautzeichenkombinationen, wie sie im Wörterbuch Verwendung finden. In der ersten Spalte steht das Lautzeichen bzw. die Lautzeichenkombination, in der zweiten Spalte ein dazu passendes Beispiel, in der dritten Spalte dessen korrekte Aussprache.

a	hat	hat	ɛ̃ː	Timbre	'tɛ̃ːbrə	ŋ	lang	laŋ	s	Hast	hast
aː	Bahn	baːn	ə	halte	'haltə	o	Moral	moˈraːl	ʃ	schal	ʃaːl
ɐ	Ober	'oːbɐ	f	Fass	fas	oː	Boot	boːt	t	Tal	taːl
ɐ̯	Uhr	uːɐ̯	g	Gast	gast	o̯	loyal	lo̯aˈjaːl	ts	Zahl	tsaːl
ã	pensee	pãˈseː	h	hat	hat	õ	Fondue	fõˈdyː	tʃ	Matsch	matʃ
ãː	Abonnement	abɔnəˈmãː	i	vital	viˈtaːl	õː	Fond	fõː	u	kulant	kuˈlant
ai̯	weit	vai̯t	iː	viel	fiːl	ɔ	Post	pɔst	uː	Hut	huːt
au̯	Haut	hau̯t	i̯	Studie	'ʃtuːdi̯ə	ø	Ökonom	økoˈnoːm	u̯	aktuell	akˈtu̯ɛl
b	Ball	bal	ɪ	Birke	'bɪrkə	øː	Öl	øːl	ʊ	Pult	pʊlt
ç	ich	ɪç	j	ja	jaː	œ	göttlich	'gœtlɪç	v	was	vas
d	dann	dan	k	kalt	kalt	œ̃	chacun à	ʃakœ̃a	x	Bach	bax
dʒ	Gin	dʒɪn	l	Last	last		son goût	sõˈgu	y	Physik	fyˈziːk
e	Methan	meˈtaːn	l̩	Nabel	'naːbl̩	œ̃ː	Parfum	parˈfœ̃ː	yː	Rübe	'ryːbə
eː	Beet	beːt	m	Mast	mast	ɔy̯	Heu	hɔy̯	y̆	Etui	eˈty̆iː
ɛ	hätte	'hɛtə	m̩	großem	'groːsm̩	p	Pakt	pakt	ʏ	füllen	'fʏlən
ɛː	wählen	'vɛːlən	n	Naht	naːt	pf	Pfahl	pfaːl	z	Hase	'haːzə
ɛ̃	timbrieren	tɛ̃ˈbriːrən	n̩	baden	'baːdn̩	r	Rast	rast	ʒ	Genie	ʒeˈniː

Die folgende Tabelle zeigt Lautzeichen, wie sie im Englischen verwendet werden. Wegen des zunehmenden Eindringens englischer Wörter in unsere Alltagssprache, und nicht nur in beruflich bedingten »Jargon«, wird die Kenntnis der korrekten englischen Aussprache bestimmter Wörter immer wichtiger.

ɑː	Sergeant	engl.	'sɑːdʒənt	ð	on the rocks	engl. ɔn ðə 'rɔks
æ	Campus	engl.	'kæmpəs	θ	Synthesizer	engl. 'sɪnθɪsaɪzə
ʌ	Countrymusic	engl.	'kʌntrɪmjuːzɪk	w	Tweed	engl. twiːd

Sonstige Lautschriftzeichen:

| Der Stimmritzenverschlusslaut (»Knacklaut«) im Deutschen, wie z. B. in **CO-Test** [tseː'|oː...], wird vor Vokalen, die am Wortanfang stehen, weggelassen. Die Lautschrift zum Stichwort **Effet** erscheint also als [ɛˈfeː] und nicht als [|ɛˈfeː].

ː Das Längezeichen bezieht sich auf den unmittelbar davor stehenden Vokal, wie etwa in **Chrom** [kroːm].

~ Die hochgestellte Tilde über Lauten kennzeichnet deren nasalierte Aussprache, z.B. in **Fond** [fõː].

ˈ Das Betonungszeichen steht unmittelbar vor der betonten Silbe: **Exposé** [ɛkspoˈzeː].

̩ Das Zeichen für silbische Konsonanten steht unmittelbar unter diesen, wie in ²**han|deln** ['hɛndln̩].

̯ Unter- oder übergestellte Halbkreise kennzeichnen unsilbische Vokalbildung, wie in **Milieu** [miˈli̯øː] oder **Etui** [eˈty̆iː].

5. Grammatische Angaben

Bei Substantiven steht im Allgemeinen der bestimmte Artikel mit den Deklinationsendungen für Genitiv Singular und Nominativ Plural. Substantivkomposita erhalten in der Regel nur die Artikelangabe, sofern die Deklinationsendungen von Zusammensetzung und Grundwort übereinstimmen.

Tisch, der; -[e]s, -e ...
Aber nur:
Schreib|tisch, der ...

Die Verben werden als schwache, starke oder (im engeren Sinne) unregelmäßige gekennzeichnet; außerdem erhalten sie eine Angabe zur Perfektbildung mit »haben« (hat) oder »sein« (ist).

lau|ern ⟨sw. V.; hat⟩ ...
vor|her|ge|hen ⟨unr. V.; ist⟩ ...

Bei Präpositionen wird der von ihnen regierte Kasus angegeben.

nach ⟨Präp. mit Dativ⟩ ...
per ⟨Präp. mit Akk. od. Dativ⟩ ...

Die übrigen Stichwörter sind meist nur ihrer Wortart zugeordnet.

da|für ⟨Adv.⟩ ...
hei ⟨Interj.⟩ ...
li|be|ral ⟨Adj.⟩ ...
weil ⟨Konj.⟩ ...

6. Etymologische Angaben

Jedes Wort hat seine Geschichte – und darüber geben die etymologischen Angaben Auskunft. Sie gehen, was die rein grammatische Form angeht, nicht über das Althochdeutsche hinaus. Was die Bedeutung anbelangt, wird bei sogenannten »wichtigen« Wörtern die ursprüngliche und damit eigentliche Bedeutung angegeben, um das Verständnis der heutigen Verwendung zu ermöglichen. Die Entwicklung von Lehn- oder Fremdwörtern wird gewöhnlich bis in die Ursprungssprache zurückverfolgt.

Die etymologischen Angaben folgen in eckigen Klammern nach den grammatischen Angaben:

Einigkeit, die: - [mhd. einecheit = Einigkeit, Einzigkeit, ahd. einigheit = Einzigkeit, Einsamkeit].

Bei allen deutschen Grundwörtern werden die mittelhochdeutschen (mhd.) wie auch die althochdeutschen (ahd.) Formen angeführt, wenn sie belegt sind. Der mhd. Form folgt nach einem Komma die ahd. Form, wenn sich die Bedeutungen entsprechen: **Bad,** das; -[e]s, Bäder [mhd. bat, ahd. bad ...]. Sind sowohl Bedeutung wie Schreibung identisch, wird der Einfachheit halber zusammengefasst: ¹**Bank,** die; -, Bänke [mhd., ahd. banc ...].

Bei den etymologischen Angaben zu Lehn- und Fremdwörtern werden bedeutungsgleiche Entlehnungen in anderen Sprachen durch das Zeichen < verbunden: **Bar|bier** ... [mhd. barbier < frz. barbier < mlat. barbarius ...] ...; **Butter**, die: - [mhd. buter, ahd. butera, über das Vlat. < lat. butyrum < griech. boútyron, ... eigtl. = Kuhquark]. Gehört die Wurzel eines Wortes einer anderen Wortart an, steht die Präposition »zu«: **basieren** ... [frz. baser, zu: base < lat. basis, ↑Basis] ... Der Verweispfeil zeigt hier an, dass weitere Angaben zur Etymologie unter dem Stichwort **Basis** zu finden sind.

Komposita erhalten nur dann etymologische Angaben, wenn die Wortteile oder ein Wortteil als solche nicht im Wörterbuch vorkommen (**Manuskript**) oder wenn sie durch ihre sprachgeschichtliche Entwicklung hindurch stets als Einheit interpretiert wurden (**Maulwurf**). Auch wenn die Kompositumbildung eine besondere semantische Qualität aufweist, werden die etymologischen Angaben angeführt (**Weißbuch**).

7. Stilistische Angaben, räumliche und zeitliche Zuordnung, Zugehörigkeit zu Fach- und Sondersprachen

a) Stilistische Angaben

Es unterliegt meist dem individuellen Sprachgefühl, in welcher Qualität Wörter wie »Scheiße«, »blöd«, »Dreckspatz«, »saukalt«, »affengeil« oder »beölen« wahrgenommen werden. Was manchen Benutzern normalsprachlich – weil dem eigenen vertrauten Lebens- und Sprachalltag entstammend – erscheint, ist für andere schon »ugs.« (= umgangssprachlich), ja gar »derb« oder sogar »vulg.« = vulgär. Ähnlich verhält es sich mit Bewertungen wie »geh.« (= gehoben) oder »fachspr.« (= fachsprachlich).

Angaben zum Sprachstil, zur Sprachebene, sind immer wertend und damit oft subjektiv. Dies gilt bis zu einem gewissen Grad auch für dieses Wörterbuch, obgleich es sich auf eine Fülle statistisch ausgewerteten Materials berufen kann und so mit empirisch abgesicherten Daten die Ebene der rein subjektiven Bewertung hinter sich lässt.

Im Stichwortartikel folgen die stilistischen Angaben in runden Klammern auf die etymologischen Hinweise (falls vorhanden) bzw. direkt auf die grammatikalischen Informationen oder, wo sie sich nur auf eine Bedeutungskategorie beziehen, unmittelbar hinter der halbfetten arabischen Ziffer; auch idiomatische Wendungen werden entsprechend markiert:

> **Antlitz**, das; -es, -e ⟨Pl. selten⟩ [mhd. antlitze, ahd. antlizzi ...] (geh.) ...
> **Emporkömmling**, der; -s, -e (abwertend) ...
> **Esel**, der; -s, - [...] 1. *dem Pferd verwandtes, aber kleineres Säugetier mit grauem bis braunem Fell* ... ... 2. (salopp) *Dummkopf, Tölpel* ...
> **Auge**, das; -s, -n [...] 1. ... *das A. des Gesetzes (scherzh.; ...) ...

Normalsprachliche Wörter werden nicht besonders gekennzeichnet. Sie bilden im Sinne der oben angedeuteten Wertungsskala den statistischen Durchschnitt und haben vor allem den bei Weitem größten Anteil am Gesamtwortschatz. Oberhalb dieser Schicht ist eine Ausdrucksweise angesiedelt, die mit gewissen überdurchschnittlichen Kenntnissen bzw. einer höheren als der durchschnittlichen Bildung zusammenhängt. Sie wird oft mit »bildungsspr.« (= bildungssprachlich) markiert. Es handelt sich dabei meist um Fremdwörter, die weder einer Fachsprache noch der Umgangssprache angehören, etwa **abundant**, **Dissidenz** oder **explizit**.

Daran angrenzend trifft man auf Wörter, wie sie bei feierlichen Anlässen und gelegentlich in der Literatur verwendet werden. Diese gehobene (»geh.«) Ausdrucksweise, zu der Wörter wie **Antlitz, sich befleißigen** oder **emporlodern** gehören, wirkt im sprachlichen Alltag mitunter übertrieben, zumindest feierlich.

Verwandt damit sind veraltete Wörter, wie sie eigentlich nur noch in literarischen Texten vorkommen, wie **Aar, beglänzen** oder **Odem**. Diese werden mit »dichter.« (= dichterisch) markiert.

»Unterhalb« des angenommenen sprachlichen Durchschnitts trifft man auf eine größere Vielfalt an Stilebenen. Die mit der Abkürzung »ugs.« markierte »Umgangssprache« ist der Sprachstil, wie man ihn im alltäglichen »Umgang« zwischen den Menschen – vor allem – h ö r t bzw. dort liest, wo individuelle Abweichungen von der Norm der Hochsprache üblich sind, etwa in persönlichen Briefen und mittlerweile auch in E-Mails und Texten der Social Media. Umgangssprachliche Ausdrücke dieser Art sind z. B. **abknapsen, quietschgrün** oder **Sprücheklopfer**.

Die rasante Entwicklung auf dem Gebiet der Massenmedien während der letzten fünfzehn Jahre hat unsere Gesellschaft auf den Weg zu einer Multimediagesellschaft gebracht, die prägend in den täglichen Umgang der Menschen miteinander eingreift und damit auch auf die »Umgangssprache« ausstrahlt. Stellvertretend dafür sei das Präfix **Mega-** genannt, dessen ursprüngliche Bedeutung als Maßbezeichnung für *eine Million*, wie in **Megavolt** oder **Megabyte**, erweitert wurde zur Funktion eines Steigerungselements wie in **Megahit** oder **Megastar**.

So gesehen, beginnt die Markierung »ugs.« zunehmend die negative Aura zu verlieren, die ihr traditionell in Wörterbüchern anhaftet. Sie beschreibt eher einen Umgang mit der Sprache, der zwar von der Sprachnorm abweicht, jedoch eine hohe Frequenz wie auch eine breite Akzeptanz aufweist.

Anders verhält es sich mit den folgenden stilistischen Markierungen. Recht nachlässige und oft auch negativ motivierte und verwendete Wörter wie **eiern, Armleuchter** oder **bekloppt** werden als »salopp« eingestuft. Noch stärker negativ besetzte Begriffe wie **Arsch, bescheißen** oder **Fresse** gelten als »derb«. Die Markierung »vulg.« (= vulgär) erhalten Wörter, die eindeutig sexuell-obszön sind, wie **Fotze** oder **ficken**.

Eine eigene Gruppe bilden diejenigen Wörter oder Wendungen, die man meist im engeren Freundeskreis oder innerhalb der Familie antrifft, da sie vor allem dann verwendet werden, wenn ein besonderer Grad an Vertrautheit gegeben ist. Sie werden im Wörterbuch mit »fam.« (= familiär) markiert und zu ihnen gehören z. B. **einkuscheln, Frechdachs** oder **ein Bäuerchen machen**.

Wörter, die zwar im alltäglichen Gebrauch nachgewiesen sind, jedoch nur selten verwendet werden, erhalten die entsprechende Markierung »selten«, wie **aufkauen** oder **untadelhaft**.

Zu diesen stilistischen Bewertungen wie zu den normalsprachlichen Wörtern und Verwendungen können Informationen zum Gebrauch bzw. zur Sprechintention treten. Es handelt sich um Angaben wie »scherzhaft, spöttisch, ironisch, abwertend, nachdrücklich, gespreizt, verhüllend, Schimpfwort« etc.

b) Räumliche und zeitliche Zuordnung

Wörter und Wendungen, die nicht im gesamten Verbreitungsgebiet der deutschen Sprache Bestandteil des Normalsprachlichen sind, werden entsprechend markiert.

Eine räumliche Zuordnung findet sich wie eine stilistische Markierung in runden Klammern hinter einer etymologischen Angabe – sofern vorhanden – oder unmittelbar im Anschluss an eine halbfette arabische Ziffer:

> **Kas|sier**, der; -s, -e [ital. cassiere, zu: cassa, ↑Kassa] (südd., österr., schweiz.): …
> **Häup|tel**, das; -s, -[n] (südd., österr.): …
> **auf|ko|chen** ⟨sw. V.⟩: **1.** … **2.** … **3.** (südd., österr.) …

Ein **Brötchen** wird so in einem Teil des deutschen Sprachgebiets zum **Rundstück** … (nordd., bes. Hamburg), in einem anderen Teil zum **Weck** oder **Wecken** … (bes. südd., österr.). Und was dem einen sein **Hendl** … (bayr., österr.), ist dem andern sein **Broiler** … (regional). Für **Tomate** wird in Österreich das Wort **Paradeiser** … (österr.) verwendet, in der Schweiz sagt man **Saaltochter** … (schweiz.), wenn man **Bedienung** meint.

Hinweise für die Wörterbuchbenutzung

Lässt sich ein nicht überall verwendetes Wort nicht eindeutig einer bestimmten Region zuordnen, wird die Markierung »landsch.« (= landschaftlich) verwendet, z. B. bei **dopsen** oder **fisseln**. Bei größeren Gebieten lautet die Angabe »regional«, etwa bei **Schonplatz**.

Die sprachlichen Eigenheiten der ehemaligen Deutschen Demokratischen Republik werden mit »DDR« gekennzeichnet, vor allem wenn es sich um Dinge, Einrichtungen, Organisationen usw. handelt, die nach der Vereinigung der beiden deutschen Staaten nicht mehr existieren, etwa **Abschnittsbevollmächtiger**, **FDJ** oder **Volkskammer**.

Die zeitliche Zuordnung von Wörtern oder Verwendungsweisen kennzeichnet sprachliche Elemente, die nicht mehr zum aktuellen Wortschatz gehören.

So bedeutet die Markierung »veraltend«, dass das damit bezeichnete Wort nicht mehr zur allgemein benutzten Gegenwartssprache gehört, sondern, wie etwa **Backfisch 2.** oder **chloroformieren**, meist bzw. ausschließlich von der älteren Generation verwendet wird.

Wörter, die allenfalls noch in älteren literarischen Texten zu finden sind, ansonsten aber nicht mehr oder wenn, dann mit ironischer oder scherzhafter Absicht verwendet werden, erhalten die Markierung »veraltet«, wie **fürbass**, **Brachet**, **Muhme** oder **Gevatter**.

Mit »Geschichte« werden Wörter markiert, die etwas bezeichnen, was einer bestimmten vergangenen historischen Epoche angehört, z. B. **Absolutismus**, **Gegenreformation** oder **Doge**.

Wörter, die mit »nationalsoz.« (= nationalsozialistisch) markiert sind, gehören zum typischen Vokabular der nationalsozialistischen Ideologie und des auf ihr basierenden staatlichen und gesellschaftlichen Systems, z. B. **BDM**, **Rassenschande** oder **Sturmbann**.

Die Angabe »früher« steht bei Wörtern, die Sachen oder Sachverhalte beschreiben, die es so nicht mehr gibt, wie **Hungerturm**, **Leibeigenschaft**, **Lehrherr** oder **³Regal**.

Und schließlich gibt es noch das Zeichen ♦, mit dem Wörter, Lesarten und Wortverwendungen gekennzeichnet werden, die heute weitgehend unbekannt, aber in Texten des literarischen Kanons aus dem 18. und 19. Jahrhundert zu finden sind.

c) Zugehörigkeit zu Fach- und Sondersprachen

Die rasante Entwicklung von Wissenschaft und Technik und das rasche Fortschreiten der damit in Verbindung stehenden gesellschaftlichen Veränderungen hat eine Fülle von sprachlichen Elementen in die Alltagssprache einfließen lassen. In gleichem Maße gewinnt die Kompetenz hinsichtlich fachsprachlicher Termini zunehmend an Bedeutung, nicht nur beruflich, sondern auch in der täglichen Kommunikation mit anderen Menschen und im Umgang mit den uns zur Verfügung stehenden Medien.

Das Wörterbuch grenzt daher das Allgemeinsprachliche vom Fachsprachlichen ab und kennzeichnet möglichst genau die semantischen Bereiche, in denen die jeweiligen Wörter verwendet werden:

    Tho|rax, der; -[es], -e, Fachspr. ... aces ... (Anat.): ...
    Bin|der, der; -s, -: ... 3. (Bauw.) ...
    Ozon|schicht, die (Meteorol.): ...

Sondersprachen sind etwa die spezifisch kindlichen Äußerungen wie **Muhkuh** oder **Pipi** bzw. der spezielle Jargon bestimmter Personengruppen, etwa der Jäger (**²Losung**, **Spiegel 5.**).

Auch hier werden die jeweils zutreffenden Zuordnungen vorgenommen, im ersten Fall durch die Markierung »Kinderspr.«, im zweiten Fall durch »Jägerspr.«.

8. Bedeutungsangaben

Wir können uns sprachlich verständigen, weil wir von Kindheit an lernen, bestimmten lautlichen oder schriftlichen Zeichen Bedeutungen zuzuordnen. In der Muttersprache geschieht dies im Prozess der Erziehung bzw. Sozialisation, bei Fremdsprachen sind dafür unter Umständen spezielle Hilfsmittel (Wörterbücher etc.) oder Techniken (Intensivkurse etc.) erforderlich. Die Bedeutungen, die semantische Dimension menschlicher Äußerungen, machen das Wesen, den Kern jeglicher auf Sprache basierenden Kommunikation aus. Ohne die Kompetenz, sie lautlich wie schriftlich zu realisieren, ist Kommunikation mittels Sprache unmöglich.

Daher gilt das Hauptaugenmerk dieses Wörterbuchs der möglichst genauen, das jeweilige semantische Spektrum abdeckenden Bedeutungsbeschreibung. (Bei Wörtern, die aus der Fachterminologie in den allgemeinen Wortschatz übernommen wurden, wird keinerlei enzyklopädische Vollständigkeit angestrebt. Die allgemeinsprachliche Bedeutung dieser Wörter kann sich gegenüber der fachlichen verändert haben.)

Auf der Basis umfangreicher Materialsammlungen, besonders des Duden-Korpus, wurden dabei die Bedeutungsnuancen analysiert, bewertet und – wo durch aussagekräftige Frequenzbefunde gerechtfertigt – im Wörterbuch dargestellt.

a) Es gibt Wörter, die nur eine Bedeutung tragen, die sozusagen »unmissverständlich« sind:

Oxy|mo|ron, das; -s, ...ra [griech. oxýmoron ...] (Rhet., Stilk.): *Zusammenstellung zweier sich widersprechender Begriffe in einem Kompositum od. in einer rhetorischen Figur* (z. B. bittersüß; Eile mit Weile!).

b) Vor allem die häufiger gebrauchten Wörter haben meist mehrere, unter Umständen viele Bedeutungen, die von der jeweiligen Situation abhängen, in der sie verwendet werden, oder die von der Sprecherintention und anderen Faktoren beeinflusst werden. Beim Verb »ziehen« unterscheiden wir z. B. insgesamt 27 Lesarten mit mehreren Unterpunkten. Hier nur ein kleiner Ausschnitt:

zie|hen ... 14. ⟨hat.⟩ c) ... *bewirken, dass sich etw. (als Reaktion auf ein bestimmtes Verhalten o. Ä.) auf jmdn., etw. richtet:* alle Blicke auf sich z.; jmds. Unwillen, Zorn auf sich, auf seine Kinder z.; sie versuchte seine Aufmerksamkeit auf einen anderen Fall zu z. ...

c) Im Gegensatz zu den Erklärungen in **Enzyklopädien**, die den Benutzern Informationen zu Dingen, historischen Begebenheiten, Personen etc. (also: Sachinformationen) bieten, findet man in einem **Wörterbuch** üblicherweise Informationen zur Sprache und ihren Bedeutungen. In diesem Werk sind nur in bestimmten Fällen, z. B. bei Namen, auch Sachinformationen zu finden:

Ku|ba; -s: Inselstaat im Karibischen Meer.
Zeus: (griech. Myth.) höchster Gott.

d) Die Bedeutungsangaben sind im Allgemeinen leicht verständlich formuliert:

Steu|er|be|ra|ter, der: *staatlich zugelassener Berater u. Vertreter in Steuerangelegenheiten* (Berufsbez.).

Wo es angebracht ist, kann die Bedeutungsangabe auch aus einem Synonym bestehen.

ab|nib|beln ⟨sw. V.; ist⟩ [...] ...: *sterben:* ich nibb[e]le bald ab.

Hinweise für die Wörterbuchbenutzung

e) Mitunter werden situations- bzw. kontextabhängige Zusatzinformationen in eckigen Klammern gegeben:

Ar|beits|tref|fen, das: *[informelles] Treffen zur gemeinsamen Arbeit an einer Aufgabe.*

Je nach Situation und Kontext kann ein Arbeitstreffen also informell sein oder auch nicht, stets ist es jedoch ein Treffen zur gemeinsamen Arbeit an einer Sache.

Ist die Benutzung eines Wortes nur in Bezug auf bestimmte Lebewesen oder Objekte möglich, werden diese in runden Klammern mit angegeben:

ko|a|lie|ren ⟨sw. V.; hat⟩ ... *(von Bündnispartnern, bes. Parteien) sich zu einer Koalition zusammenschließen, -geschlossen haben; eine Koalition bilden:* die beiden Parteien wollen k.; mit einer Partei k.

Ebenfalls in runden Klammern innerhalb der Bedeutungsangabe stehen Sach- und Zusatzinformationen, die über die reine Bedeutungserklärung hinausgehen, sie präzisieren oder besser verständlich machen:

Bocks|bart, der: ... 2. (Bot.) *(zu den Korbblütlern gehörende) Pflanze mit schmalen, hellgrünen Blättern u. großen, gelben, strahlenförmigen Blüten.*

Mar|gi|na|lie, die; -, -n: ... b) *auf den Rand einer [Buch]seite gedruckter Verweis (mit Quellen, Zahlen, Erläuterungen o. Ä. zum Text).*

f) Die Bedeutungsangaben stehen nach einem Doppelpunkt und erscheinen in kursivem Druck. Bei Wörtern mit mehreren Unterbedeutungen werden sie mit arabischen Ziffern untergliedert. Wo Unterbedeutungen semantisch eng verwandt sind, wird mithilfe von Kleinbuchstaben unterschieden:

ab|ko|chen ⟨sw.V.; hat⟩: **1. a)** (seltener) *bis zum Garsein kochen:* Futterkartoffeln, Eier für den Salat a.; **b)** *durch Kochen keimfrei machen:* wir mussten das Trinkwasser a.; **c)** *im Freien kochen:* die Pfadfinder kochen ab ...

g) Die Erklärungen zu bestimmten Nebenbedeutungen, die sich nur aus konkreten Kontexten ergeben bzw. in idiomatischen Wendungen zutreffen, werden in runden Klammern hinter dem entsprechenden Text oder der Redewendung angegeben:

Hals, der; -es, Hälse [...] **1.** ... jmdm. um den Hals fallen *(ihn in einem plötzlichen, heftigen Gefühl von Zuneigung, Freude od. Kummer umarmen);* .... **H. über Kopf (ugs.; überstürzt, sehr eilig u. ohne vorherige Planung ...); ...*

9. Anwendungsbeispiele und Phraseologie

Die Anwendungsbeispiele in diesem Wörterbuch zeigen den Gebrauch der Stichwörter im Textzusammenhang. Damit leisten sie sowohl beim (passiven) Verstehen wie auch beim (aktiven) Verfertigen von Texten wertvolle Hilfestellung.

a) Die Beispiele folgen nach einem Doppelpunkt auf die Bedeutungsangabe und sind in gerader Schrift gesetzt. Diejenigen, die die konkrete Bedeutung zeigen, stehen an erster Stelle. Ihnen folgen, für gewöhnlich mit »Ü« angekündigt, die Beispiele mit übertragener Bedeutung:

Wol|ke, die; -, -n [mhd. wolke, ahd. wolka, eigtl. = die Feuchte (d. h. »die Regenhaltige«)]:
1. *sichtbar in der Atmosphäre schwebende Ansammlung, Verdichtung von Wassertröpfchen od. Eiskristallen (von verschiedenartiger Form u. Farbe):* weiße, schwarze, tief hängende, dicke -n; -n ziehen auf, türmen sich auf, regnen sich ab; [...| das Flugzeug fliegt über den -n; Ü dunkle -n ziehen am Horizont auf (geh.; *unheilvolle Ereignisse bahnen sich an*); [...]

b) Bestimmte Wendungen erlangen als semantische Einheit eine Bedeutung, die mehr ist, als die Summe der Einzelbedeutungen der die Wendung ausmachenden Wörter, etwa *ein Herz und eine Seele sein *(unzertrennlich, sehr einig miteinander sein ...).* Diese idiomatischen Wendungen stehen am Ende der Anwendungsbeispiele eines Stichworts und werden mit dem Zeichen * markiert:

Bein, das; -[e]s, -e, (landsch., südd., österr. auch: -er) [mhd., ahd. bein]: 1. [...]; R auf einem B. kann man nicht stehen (*ein Glas Alkohol genügt nicht* [bei der Aufforderung od. dem Wunsch, ein zweites Glas zu trinken]); *kein B. (schweiz., sonst landsch.; *kein Mensch*); jmdm. [lange] -e machen (ugs.; 1. *jmdn. fortjagen.* 2. *jmdn. antreiben, sich schneller zu bewegen*); jüngere -e haben (ugs.; *besser als eine ältere Person laufen können*); [...]

Idiomatische Wendungen stehen für gewöhnlich unter dem ersten auftretenden Substantiv, bei Wendungen ohne Substantiv unter dem ersten semantisch signifikanten Wort:

Au|ge, das; -s, -n [...]: **1.** *Sehorgan des Menschen u. vieler Tiere:* blaue, mandelförmige, tief liegende -n; die -n strahlen, [...] *das A. des Gesetzes (scherzh.; *Polizei*); so weit das A. reicht *(so weit man sehen kann);* [...]

dick ⟨Adj.⟩ [mhd. dic[ke], ahd. dicki ...]: **1.** *von beträchtlichem, mehr als normalem Umfang; massig, nicht dünn:* [...] **2.b)** [...] *mit jmdm. durch d. und dünn gehen (*jmdm. in allen Lebenslagen beistehen ...*);* d. auftragen (ugs. abwertend; *übertreiben ...*); es nicht so d. haben (ugs.; *nicht über viel Geld verfügen*); [...]

10. Belegzitate

Dem Wörterbuch liegt die Auswertung einer Vielzahl von Kontexten zugrunde, aus denen Wortbedeutungen und Wortgebrauch ermittelt wurden. Eine Auswahl dieser Kontexte wird in kürzeren Belegzitaten wörtlich aufgeführt, die bei einigen Einträgen exemplarisch zeigen sollen, auf welcher Art von Materialbasis die lexikografischen Angaben beruhen.

Die Dudenredaktion hat sich dabei auf Texte beschränkt, die weitestgehend von bekannten und renommierten Autorinnen und Autoren des 18., 19., 20. und 21. Jahrhunderts stammen. Die Quellenangabe steht in runden Klammern unmittelbar nach dem Zitat in einer stark verkürzten, aber gut zuzuordnenden Form (Name, Kurztitel und Seitenzahl). Ausführliche bibliografische Informationen bietet das Quellenverzeichnis auf S. 90 ff.

tratsch ...   Ein -es Kind. Ihr seht's. Gut, aber t. (Kleist, Krug 9)
Sprechanismus ...   Er hat einen S., um den ich ihn beneiden könnte (Fontane, Jenny Treibel 16)
direktemang ...   Pflanze dich hin, Bruder Arnolph, d. auf das Sofa (Dürrenmatt, Grieche 105)
Präsentation ...   Seine P. sei ein Desaster gewesen, sagte Schlick ... (Kehlmann, Ruhm 182)

Hinweise für die Wörterbuchbenutzung

11. Im Wörterverzeichnis verwendete Abkürzungen

A

Abk.	Abkürzung
Abl.	Ableitung
adj.	adjektivisch
Adj.	Adjektiv
adv.	adverbial
Adv.	Adverb
aengl.	altenglisch
afränk.	altfränkisch
afries.	altfriesisch
afrik.	afrikanisch
afrz.	altfranzösisch
ägypt.	ägyptisch
ahd.	althochdeutsch
aind.	altindisch
air.	altirisch
aisl.	altisländisch
Akk.	Akkusativ
akkad.	akkadisch
Akk.-Obj.	Akkusativobjekt
alat.	altlateinisch
alemann.	alemannisch
allg.	allgemein
altgriech.	altgriechisch
alttest.	alttestamentlich
amerik.	amerikanisch
amtl.	amtlich
Amtsspr.	Amtssprache
Anat.	Anatomie
anglofrz.	anglofranzösisch
angloind.	angloindisch
anord.	altnordisch
Anthropol.	Anthropologie
apoln.	altpolnisch
aprovenz.	altprovenzalisch
arab.	arabisch
Arbeitswiss.	Arbeitswissenschaft
Archäol.	Archäologie
Archit.	Architektur
armen.	armenisch
Art.	Artikel
aruss.	altrussisch
asächs.	altsächsisch
aschwed.	altschwedisch
Astrol.	Astrologie
Astron.	Astronomie
A.T.	Altes Testament

attr.	attributiv
Attr.	Attribut
Ausspr.	Aussprache
aztek.	aztekisch

B

babyl.	babylonisch
Bakteriol.	Bakteriologie
Bankw.	Bankwesen
Bantuspr.	Bantusprache
Bauw.	Bauwesen
bayr.	bayrisch
Bed.	Bedeutung[en]
Bergmannsspr.	Bergmannssprache
berlin.	berlinisch
Berufsbez.	Berufsbezeichnung
bes.	besonders
best.	bestimmt
Best.	Bestimmungswort
Bez.	Bezeichnung[en]
bibl.	biblisch
bild. Kunst	bildende Kunst
bildungsspr.	bildungssprachlich
Biol.	Biologie
Börsenw.	Börsenwesen
Bot.	Botanik
bras.	brasilianisch
bret.	bretonisch
Bruchz.	Bruchzahl
Buchf.	Buchführung
bulgar.	bulgarisch
Bürow.	Bürowesen
byzant.	byzantinisch
bzw.	beziehungsweise

C

chem.	chemisch
chin.	chinesisch
christl.	christlich

D

dän.	dänisch
Dativ-Obj.	Dativobjekt
DDR	Deutsche Demokratische Republik
Demonstrativpron.	Demonstrativpronomen
dgl.	dergleichen

d.h.	das heißt
d.i.	das ist
dichter.	dichterisch
Dipl.	Diplomatie
Druckerspr.	Druckersprache
Druckw.	Druckwesen
dt.	deutsch

E

EDV	Elektronische Datenverarbeitung
ehem.	ehemals, ehemalig
Eigenn.	Eigenname
eigtl.	eigentlich
eingef.	eingeführt
einschl.	einschließlich
Elektrot.	Elektrotechnik
engl.	englisch
entspr.	entsprechend, entspricht
entw.	entweder
erw.	erweitert
eskim.	eskimoisch
etrusk.	etruskisch
etw.	etwas
ev.	evangelisch
Ew.	Einwohnerbezeichnung

F

fachspr.	fachsprachlich
Fachspr.	Fachsprache
fam.	familiär
Familienn.	Familienname
Fantasiebez.	Fantasiebezeichnung
Fem.	Femininum
Finanzw.	Finanzwesen
finn.	finnisch
Fischereiw.	Fischereiwesen
fläm.	flämisch
Fliegerspr.	Fliegersprache
Flugw.	Flugwesen
Forstwirtsch.	Forstwirtschaft
Fotogr.	Fotografie
Frachtw.	Frachtwesen
fränk.	fränkisch
fries.	friesisch
frühnhd.	frühneuhochdeutsch

frz.	französisch			Kirchenspr.	Kirchensprache
Funkt.	Funktechnik	**I**		kirchl.	kirchlich
Funkw.	Funkwesen	iber.	iberisch	klass.	klassisch
G		idg.	indogermanisch	klass.-lat.	klassisch-lateinisch
gäl.	gälisch	Imkerspr.	Imkersprache	Kommunika-	Kommunikations-
gall.	gallisch	ind.	indisch	tionsf.	forschung
galloroman.	galloromanisch	Indefinitpron.	Indefinitpronomen	kommunist.	im kommunistischen
gaskogn.	gaskognisch	indekl.	indeklinabel		Sprachgebrauch
Gastron.	Gastronomie	indian.	indianisch	Komp.	Komparativ
Gattungsz.	Gattungszahlwort	Indianerspr.	Indianersprache	Konj.	Konjunktion
gaunerspr.	gaunersprachlich	Indik.	Indikativ	kopt.	koptisch
Gaunerspr.	Gaunersprache	Inf.	Infinitiv	korean.	koreanisch
geb.	geboren	Informationst.	Informationstechnik	Kosef.	Koseform
geb.	gebildet	Interj.	Interjektion	Kosew.	Kosewort
gebr.	gebräuchlich, gebraucht	intr.	intransitiv	kreol.	kreolisch
		ir.	irisch	kroat.	kroatisch
gegr.	gegründet	iran.	iranisch	kuban.	kubanisch
geh.	gehoben	iron.	ironisch	Kunstwiss.	Kunstwissenschaft
gek.	gekürzt	islam.	islamisch	Kurzf.	Kurzform (von)
Geldw.	Geldwesen	isländ.	isländisch	**L**	
gelegtl.	gelegentlich	ital.	italienisch	ladin.	ladinisch
gemeingerm.	gemeingermanisch	**J**		Lallw.	Lallwort
Gen.	Genitiv	Jagdw.	Jagdwesen	landsch.	landschaftlich
Gen.-Obj.	Genitivobjekt	Jägerspr.	Jägersprache	Landwirtsch.	Landwirtschaft
Geogr.	Geografie	jakut.	jakutisch	langob.	langobardisch
Geol.	Geologie	jap.	japanisch	lat.	lateinisch
Geom.	Geometrie	Jes.	Jesaja	latinis.	latinisiert
gepr.	geprägt	Jh.	Jahrhundert	lautm.	lautmalend
germ.	germanisch	jidd.	jiddisch	lit.	litauisch
Gewerbespr.	Gewerbesprache	jmd.	jemand	Literaturwiss.	Literaturwissen-
Ggb.	Gegenbildung	jmdm.	jemandem		schaft
Ggs.	Gegensatz	jmdn.	jemanden	LÜ	Lehnübersetzung
gleichbed.	gleichbedeutend	jmds.	jemandes	**M**	
got.	gotisch	jüd.	jüdisch	m.	männlich
graf. Technik	grafische Technik	Jugendspr.	Jugendsprache	ma.	mittelalterlich
griech.	griechisch	**K**		MA.	Mittelalter
H		kanad.	kanadisch	malai.	malaiisch
Handarb.	Handarbeiten	Kardinalz.	Kardinalzahl	marx.	marxistisch
hebr.	hebräisch	karib.	karibisch	Mask.	Maskulinum
hess.	hessisch	katal.	katalanisch	math.	mathematisch
hochd.	hochdeutsch	kath.	katholisch	Math.	Mathematik
Hochfrequenzt.	Hochfrequenztechnik	Kaufmannsspr.	Kaufmannssprache	md.	mitteldeutsch
Hochschulw.	Hochschulwesen	kaukas.	kaukasisch	med.	medizinisch
Holzverarb.	Holzverarbeitung	kelt.	keltisch	Med.	Medizin
Hotelw.	Hotelwesen	Kfz-Technik	Kraftfahrzeugtechnik	mengl.	mittelenglisch
hottentott.	hottentottisch	Kfz-Wesen	Kraftfahrzeugwesen	Meteorol.	Meteorologie
H.u.	(weitere) Herkunft ungeklärt	Kinderspr.	Kindersprache	Metallbearb.	Metallbearbeitung
		kirchenlat.	kirchenlateinisch	mex.	mexikanisch
Hüttenw.	Hüttenwesen	kirchenslaw.	kirchenslawisch	mfrz.	mittelfranzösisch

mhd.	mittelhochdeutsch
militär.	militärisch
mind.	mittelindisch
Mineral.	Mineralogie
mir.	mittelirisch
mlat.	mittellateinisch
mniederd.	mittelniederdeutsch
mniederl.	mittelniederländisch
mundartl.	mundartlich
Mythol.	Mythologie

N

Nachrichtent.	Nachrichtentechnik
Naturwiss.	Naturwissenschaft[en]
Nebenf.	Nebenform
neutest.	neutestamentlich
Neutr.	Neutrum
ngriech.	neugriechisch
nhd.	neuhochdeutsch
niederd.	niederdeutsch
niederl.	niederländisch
nlat.	neulateinisch
Nom.	Nominativ
nord.	nordisch
nordamerik.	nordamerikanisch
nordd.	norddeutsch
nordgerm.	nordgermanisch
nordostd.	nordostdeutsch
nordwestd.	nordwestdeutsch
norm.	normannisch
norw.	norwegisch
nationalsoz.	nationalsozialistisch
N.T.	Neues Testament

O

o.	ohne
o.Ä.	oder Ähnliche[s], Ähnlichem
o.Art.	ohne Artikel
obersächs.	obersächsisch
Obj.	Objekt
od.	oder
od.dgl.	oder dergleichen
Ökol.	Ökologie
ökon.	ökonomisch
ökum.	ökumenisch (Ökumenisches Verzeichnis der biblischen Eigennamen nach den Loccumer Richtlinien. Stuttgart 1971)
o.Pl.	ohne Plural
Ordinalz.	Ordinalzahl
Ortsn.	Ortsname
osman.	osmanisch
ostd.	ostdeutsch
österr.	österreichisch
Österr.	Österreich
ostfrz.	ostfranzösisch
ostmd.	ostmitteldeutsch
ostniederd.	ostniederdeutsch
ostpreuß.	ostpreußisch

P

Päd.	Pädagogik
Paläontol.	Paläontologie
Papierdt.	Papierdeutsch
Parapsychol.	Parapsychologie
Parlamentsspr.	Parlamentssprache
Part.	Partizip
Perf.	Perfekt
pers.	persisch; persönlich
Pers.	Person
Personenn.	Personenname
pfälz.	pfälzisch
Pharm.	Pharmazie
Philat.	Philatelie
philos.	philosophisch
Philos.	Philosophie
phöniz.	phönizisch
Physiol.	Physiologie
pik.	pikardisch
Pl.	Plural
polit.	politisch
Polizeiw.	Polizeiwesen
poln.	polnisch
polynes.	polynesisch
port.	portugiesisch
Postw.	Postwesen
präd.	prädikativ
Prähist.	Prähistorie
Präp.	Präposition
Präs.	Präsens
Prät.	Präteritum
preuß.	preußisch
Pron.	Pronomen
provenz.	provenzalisch
Ps.	Psalm
Psychol.	Psychologie

R

R	Redensart
®	Warenzeichen (Etwaiges Fehlen dieses Zeichens besagt nicht, dass ein Wort von jedermann frei benutzt werden kann.)
Rechtsspr.	Rechtssprache
refl.	reflexiv
Rel.	Religion
Rentenvers.	Rentenversicherung
rhein.	rheinisch
Rhet.	Rhetorik
röm.	römisch
roman.	romanisch
rückgeb.	rückgebildet
rumän.	rumänisch
Rundfunkt.	Rundfunktechnik
russ.	russisch

S

s.	siehe; sächlich
S.	Seite
sächs.	sächsisch
sanskr.	sanskritisch
scherzh.	scherzhaft
schles.	schlesisch
schott.	schottisch
schriftspr.	schriftsprachlich
Schriftw.	Schriftwesen
Schülerspr.	Schülersprache
schwäb.	schwäbisch
schwed.	schwedisch
schweiz.	schweizerisch
s.d.	siehe dies, siehe dort
Seemannsspr.	Seemannssprache
Seew.	Seewesen
semit.	semitisch
serb.	serbisch
serbokroat.	serbokroatisch
Sg.	Singular
singhal.	singhalesisch
sizilian.	sizilianisch
skand.	skandinavisch
slaw.	slawisch
slowak.	slowakisch
slowen.	slowenisch
Soldatenspr.	Soldatensprache
sorb.	sorbisch

Sozialpsychol.	Sozialpsychologie	u.ä., u.Ä.	und ähnliche[s], und Ähnliche[s]	westslaw.	westslawisch
Sozialvers.	Sozialversicherung			Winzerspr.	Winzersprache
Soziol.	Soziologie	übertr.	übertragen	wiener.	wienerisch
span.	spanisch	u.dgl.	und dergleichen	Wirtsch.	Wirtschaft
spätahd.	spätalthochdeutsch	ugs.	umgangssprachlich		
spätgriech.	spätgriechisch	ukrain.	ukrainisch	**Z**	
spätlat.	spätlateinisch	unbest.	unbestimmt	Zahlw.	Zahlwort
spätmhd.	spätmittelhochdeutsch	unflekt.	unflektiert	Zahnmed.	Zahnmedizin
		ung.	ungarisch	Zahnt.	Zahntechnik
spött.	spöttisch	ungebr.	ungebräuchlich	z.B.	zum Beispiel
Spr	Sprichwort	unpers.	unpersönlich	Zeitungsw.	Zeitungswesen
Sprachwiss.	Sprachwissenschaft	unr.V.	unregelmäßiges Verb	Zigeunerspr.	Zigeunersprache
standardspr.	standardsprachlich	urspr.	ursprünglich	Zollw.	Zollwesen
Steig.	Steigerung[sformen]	urverw.	urverwandt	Zool.	Zoologie
Steuerw.	Steuerwesen	usw.	und so weiter	Zus.	Zusammensetzung[en]
Studentenspr.	Studentensprache				
st.V.	starkes Verb	**V**		Zusb.	Zusammenbildung[en]
subst.	substantivisch, substantiviert	v.a.	vor allem	zusger.	zusammengerückt
		venez.	venezianisch	zusgez.	zusammengezogen
Subst.	Substantiv	Verbindungsw.	Verbindungswesen	zw.	zwischen
südamerik.	südamerikanisch	Verfassungsw.	Verfassungswesen		
südd.	süddeutsch	Verhaltensf.	Verhaltensforschung		
südwestd.	südwestdeutsch	verhüll.	verhüllend		
sumer.	sumerisch	Verkehrsw.	Verkehrswesen		
Sup.	Superlativ	Verlagsw.	Verlagswesen		
svw.	soviel wie	Vermessungsw.	Vermessungswesen		
sw.V.	schwaches Verb	Versicherungsw.	Versicherungswesen		
T		verw.	verwandt		
Tabakind.	Tabakindustrie	Verwaltungsspr.	Verwaltungssprache		
tahit.	tahitisch	vgl. [d.]	vergleiche [dies]		
tamil.	tamilisch	Vgr.	Vergrößerungsform		
techn.	technisch	viell.	vielleicht		
Textilind.	Textilindustrie	Vkl.	Verkleinerungsform		
Theol.	Theologie	vlat.	vulgärlateinisch		
thüring.	thüringisch	volksetym.	volksetymologisch		
Tiermed.	Tiermedizin	Vorn.	Vorname		
tib.	tibetisch	vulg.	vulgär		
tirol.	tirolisch	**W**			
tr.	transitiv	w.	weiblich		
tschech.	tschechisch	Waffent.	Waffentechnik		
tungus.	tungusisch	wahrsch.	wahrscheinlich		
türk.	türkisch	Wasserwirtsch.	Wasserwirtschaft		
S		Werbespr.	Werbesprache		
u.	und	westd.	westdeutsch		
Ü	Übertragung	westfäl.	westfälisch		
u.a.	und and[e]re, und and[e]res, unter and[e]rem, unter ander[e]n	westgerm.	westgermanisch		
		westmd.	westmitteldeutsch		
		westniederd.	westniederdeutsch		

KURZE GRAMMATIK DER DEUTSCHEN SPRACHE

Wörter und Wortarten

Die Form der Wörter

Neben unveränderlichen Wörtern *(und, auf, über, bis ...)* gibt es eine große Anzahl von Wörtern, die sich je nach ihrer Funktion im Satzzusammenhang in ihrer Form verändern können. Diese Formveränderung nennt man **Flexion** (Beugung). Die Flexion wird unterteilt in **Deklination, Konjugation** und **Steigerung** (Komparation).

Deklination: Dekliniert werden Substantive, Adjektive, Artikel, Pronomen nach Geschlecht (Genus: männlich, weiblich, sächlich), Zahl (Numerus: Einzahl, Mehrzahl) und Fall (Kasus: Nominativ, Genitiv, Dativ, Akkusativ).	das alte Schloss des alten Schlosses dem alten Schloss das alte Schloss	die alten Schlösser der alten Schlösser den alten Schlössern die alten Schlösser
Konjugation: Konjugiert werden Verben nach Person, Zahl, Zeit, Aussageweise und Handlungsart (Aktiv, Passiv).	ich sage du sagst er/sie/es sagte	wir werden sagen ihr sagtet sie hätten gesagt es wird gesagt
Steigerung: Die Steigerung ist eine besondere Art der Formveränderung bei Adjektiven (und einigen Adverbien). Es gibt drei Steigerungsstufen: Grundstufe, Höherstufe, Höchststufe.	kühl kühler der kühlste [Tag]	viel mehr am meisten

Der Aufbau der Wörter

Wörter setzen sich meist aus Wortteilen **(Morphemen)** zusammen. Man unterscheidet gewöhnlich: Stamm, Vorsilbe (Präfix), Nachsilbe (Suffix), Flexionsendung. Viele Wortteile kommen nicht für sich allein vor; sie haben aber doch eine eigene Bedeutung, mit der sie zur Gesamtbedeutung eines Wortes beitragen.	**Vorsilbe(n)**	**Stamm**	**Nachsilbe**	**Flexionsendung**
	un	klar		
		Klar	heit	
		klär		t
	Ver	klär	ung	
	un-er	klär	lich	e

Die Wortbildung

Aus einem Grundbestand aus Wörtern und Wortteilen können nach bestimmten Regeln oder Mustern neue Wörter gebildet werden. Man unterscheidet zwei Hauptarten von Wortbildung, die Zusammensetzung (Komposition) und die Ableitung (Derivation).

1. Zusammensetzung (Kompositum, Pl. Komposita): Ein zusammengesetztes Wort besteht aus zwei oder mehreren selbstständig vorkommenden Wörtern, gewöhnlich aus einem Grundwort und einem vorangehenden Bestimmungswort.	Tisch-bein heim-gehen	Hunde-futter wasser-dicht
2. Ableitung (Derivat, Pl. Derivate): Eine Ableitung besteht aus einem selbstständig vorkommenden Wort (bzw. seinem Stamm) und einem oder mehreren unselbstständigen Wortteilen.	er-kennen Mess-ung	ur-alt lieb-lich

Die Wortarten

Wörter lassen sich anhand bestimmter Merkmale in Klassen einteilen, die man Wortarten nennt:

Wortart	Merkmale			der Bedeutung
	der Form	der Verwendung im Satz		
Verb	flektierbar: Konjugation	Rolle:	v. a. Prädikat (Satzaussage)	Zustände, Vorgänge, Tätigkeiten, Handlungen
		Verteilung:	in Übereinstimmung mit dem Subjekt (Personalform)	
Substantiv	flektierbar: Deklination	Rolle:	Subjekt (Satzgegenstand), Objekt (Ergänzung), adverbiale Bestimmung (Umstandsangabe), Attribut (Beifügung)	Lebewesen, Sachen (Dinge), Begriffe (Abstrakta)
		Verteilung:	mit Artikel	
Adjektiv	flektierbar: Deklination (Steigerung)	Rolle:	Attribut (Beifügung), adverbiale Bestimmung (Umstandsangabe)	Eigenschaften, Merkmale
		Verteilung:	mit Substantiv bzw. Verb	
Artikel, Pronomen	flektierbar: Deklination	Rolle:	Attribut (Beifügung) oder selbstständig	Verweis, nähere Bestimmung
		Verteilung:	mit Substantiv oder anstelle eines Substantivs	
Adverb	nicht flektierbar	Rolle:	Attribut (Beifügung) oder Umstandsangabe	nähere Umstände
		Verteilung:	mit Substantiv, Adjektiv, Verb	
Präposition	nicht flektierbar	Rolle:	Präpositionalkasus (Präpositionalfall)	Verhältnisse, Beziehungen
		Verteilung:	vor Substantiven (Pronomen)	
Konjunktion	nicht flektierbar	Rolle:	Verbindung, Einleitung, Unterordnung	Verknüpfung im logischen, zeitlichen, begründenden, modalen u. ä. Sinn
		Verteilung:	zwischen Sätzen, innerhalb von Satzgliedern und Attributen	
Interjektion	nicht flektierbar	gewöhnlich syntaktisch isoliert; dialogsteuernde und -gliedernde Funktion		Empfindungen, Gefühle, Stellungnahmen

Das Verb (Tätigkeitswort, Tu[n]wort, Zeitwort)

Neben einfachen Verben *(trinken, lesen ...)* gibt es viele Verben, die durch Ableitung oder Zusammensetzung entstanden sind *(be-kommen, teil-nehmen ...)*. Zusammengesetzte Verben gehören in der Regel zu den trennbaren Verben *(nahm ... teil);* Verben mit Vorsilbe sind teils trennbar, teils untrennbar. Nach ihrer Grundbedeutung unterscheidet man:

1. Zustandsverben; 2. Vorgangsverben; 3. Tätigkeitsverben.	Claudia *ist* krank. Der Schaden *beträgt* 3 000 EUR. Ich konnte nicht *einschlafen*. Er ist spät *aufgewacht*. Die Fahrerin wollte *abbiegen*. Die Kinder *spielen*.
Vollverben: Vollverben sind alle Verben, die allein im Satz vorkommen können.	Sie *liebt* ihn. Der Fahrer *übersah* den entgegenkommenden Bus. Der Unfall *forderte* zwei Verletzte.
Hilfsverben *(haben, sein, werden)*: Hilfsverben kommen zusammen mit einem Vollverb vor und dienen dazu, bestimmte Zeitformen *(haben, sein:* Perfekt, Plusquamperfekt; *werden:* Futur) und das Passiv *(werden)* zu bilden.	Die Kinder *haben* geschlafen/*sind* aufgewacht, *hatten* geschlafen/*waren* aufgewacht, *werden* schlafen; *werden/wurden* geweckt.
Haben, sein und *werden* können auch selbstständig, als Vollverben, auftreten.	Ich *habe* keine Zeit. Gestern *waren* wir im Kino. Sie *wird* Ingenieurin. *Werde* bald wieder gesund.
Modalverben: Modalverben drücken in Verbindung mit einem Vollverb im Infinitiv aus, dass etwas möglich, notwendig, gewollt, erlaubt, gefordert ist.	*Können* wir uns morgen treffen? Ich *muss* den Termin absagen. Wir *möchten/wollen* ins Kino gehen. *Darf* ich rauchen? Wir *sollen* uns gedulden.
Modifizierende Verben: Modifizierende Verben wandeln in Verbindung mit einem Vollverb im Infinitiv mit *zu* dessen Inhalt ab.	Er *drohte* (war im Begriff) zu ertrinken. Es *schien* (hatte den Anschein) zu glücken. Auf dem Foto *war* nichts zu erkennen (konnte man nichts erkennen). Ich *habe* noch zu arbeiten (muss noch arbeiten).
Funktionsverben: Funktionsverben verlieren in Verbindung mit bestimmten Substantiven ihre eigentliche Bedeutung. Die Verbindungen mit einem Funktionsverb **(Funktionsverbgefüge)** stehen gewöhnlich als Umschreibung für ein einfaches Verb: zur Aufführung bringen = aufführen.	zum Abschluss bringen; zur Verteilung gelangen; zur Anwendung kommen; in Erwägung ziehen.
Persönliche und unpersönliche Verben: Persönliche Verben können in allen drei Personen gebraucht werden. Unpersönliche Verben können nur mit es verbunden werden. Bei übertragenem Gebrauch können sie auch ein anderes Pronomen oder Substantiv bei sich haben.	Ich *laufe*. Du *lachst*. Sie *arbeitet*. Es *regnet/nieselt/donnert/blitzt/schneit*. Die Küche *blitzt* vor Sauberkeit.
Reflexive Verben: Echte reflexive Verben treten immer mit einem Reflexivpronomen, das sich auf das Subjekt des Satzes bezieht, auf. Unechte reflexive Verben können statt mit einem Reflexivpronomen auch mit einem Substantiv oder Pronomen gebraucht werden.	Ich schäme *mich*. Freust du *dich* nicht? Sie schafft *sich* ein Auto an. (Reflexiv:) Sie wäscht *sich*. (Nicht reflexiv:) Sie wäscht *das Kind/es*.

Kurze Grammatik der deutschen Sprache

Das Verb und seine Ergänzungen

Jedes Verb fordert (»regiert«) eine bestimmte Anzahl von Ergänzungen. Diesen Sachverhalt bezeichnet man als Wertigkeit (Valenz) des Verbs. Man unterscheidet:

– Verben, die nur ein Subjekt haben;	Das Baby schläft. Die Sonne scheint.
– Verben mit Subjekt und Akkusativobjekt;	Er repariert sein Auto. Sie liest einen Roman.
– Verben mit Subjekt und Dativobjekt;	Das Buch gehört mir. Sie dankte den Rettern.
– Verben mit Subjekt, Dativ- und Akkusativobjekt;	Sie schenkt ihm ein Buch.
– Verben mit Subjekt und Genitivobjekt;	Sie gedachten der Toten.
– Verben mit Präpositionalobjekt;	Inge achtete auf ihre Schwester.
– Verben mit einem Prädikatsnomen;	Das Essen schmeckt gut. Er wird Maurer. Sie ist intelligent.
– Verben mit Subjekt und Raum-, Zeit- oder Artergänzung.	Die Sitzung dauerte zwei Stunden.

Transitive und intransitive Verben: Verben, die eine Akkusativergänzung haben und von denen ein Passiv gebildet werden kann, nennt man transitive (»zielende«) Verben. Alle anderen Verben nennt man intransitive (»nicht zielende«) Verben.	Die Feuerwehr *löschte* den Brand. (Passiv:) Der Brand *wurde* von der Feuerwehr *gelöscht*.

Die Konjugation

Die wichtigsten Unterschiede in der Konjugation der Verben bestehen in den Formen des Präteritums und des Partizips II. Nach den Bildungsweisen dieser beiden Formen unterscheidet man:

	Stammformen		
1. regelmäßige (»schwache«) Konjugation: Bei den schwachen Verben bleibt der Stammvokal in allen Formen gleich; das Präteritum wird mit -t- zwischen dem Stamm und den Endungen gebildet, das Partizip II mit der Vorsilbe ge- und mit der Endung -t.	Infinitiv	1. Pers. Sg. Prät.	Partizip II
	s*a*gen	s*a*gte	ges*a*gt
	l*ie*ben	l*ie*bte	gel*ie*bt
2. unregelmäßige (»starke«) Konjugation: Bei den starken Verben wechselt der Stammvokal (Ablaut); das Partizip II wird mit der Vorsilbe ge- und mit der Endung -en gebildet.	r*ei*ten	r*i*tt	ger*i*tten
	spr*e*chen	spr*a*ch	gespr*o*chen
	b*i*nden	b*a*nd	geb*u*nden
	w*e*rfen	w*a*rf	gew*o*rfen
Bei den im engeren Sinn unregelmäßigen Verben verändert sich auch der auf den Stammvokal folgende Konsonant.	z*ie*hen	z*o*g	gez*o*gen
	st*e*hen	st*a*nd	gest*a*nden
Eine weitere Gruppe der unregelmäßigen Verben hat im Präteritum und Partizip II Vokal- (und Konsonanten)wechsel, wird aber in den Endungen regelmäßig konjugiert.	br*e*nnen	br*a*nnte	gebr*a*nnt
	d*e*nken	d*a*chte	ged*a*cht
	br*i*ngen	br*a*chte	gebr*a*cht

Verbformen

1. Personalform:

Verbformen, die in Person und Zahl mit dem Subjekt übereinstimmen, heißen Personalformen (finite Verbformen, konjugierte Verbformen). Person und Zahl werden durch Endungen (Personalendungen) angezeigt, die an den Verbstamm angefügt werden. Die Personalform des Verbs gibt Auskunft über:

1. die Person;	1., 2., 3. Person	Wer tut etwas?
2. die Zahl (Numerus);	Singular, Plural	Wie viele tun etwas?
3. die Zeit (Tempus);	Präsens, Perfekt, Präteritum, Plusquamperfekt, Futur I/II	Wann geschieht etwas?
4. die Handlungsart (Genus);	Aktiv	Tut die Person etwas?
	Passiv	Wird etwas getan?
5. die Aussageweise (Modus).	Indikativ	Geschieht etwas wirklich?
	Konjunktiv	Ist es möglich, dass etwas geschieht?
	Imperativ	Aufforderung, etwas zu tun

2. Infinitiv und Partizip:

Der Infinitiv (Grund- oder Nennform) besteht aus dem Verbstamm und der Endung *-en* oder (bei Verben auf *-el, -er*) *-n (komm-en, les-en, dunkel-n, kletter-n)*. Der Infinitiv steht:

– in Verbindung mit anderen Verben (vor allem mit dem Hilfsverb werden und Modalverben);	Ich muss *abreisen*. Er scheint noch nicht ganz wach zu *sein*. Wann werden wir uns *wiedersehen*?
– als Satzglied oder als Attribut zu einem Substantiv.	Satzglied: *Reisen* bildet den Menschen.
– Hängen von einem Infinitiv andere Wörter oder Wortgruppen ab, liegt eine **Infinitivgruppe** (erweiterter Infinitiv) vor.	Attribut: Unser Entschluss *abzureisen* stand fest. *Dieses Problem zu lösen* ist schwierig. Er nahm sich vor, *im neuen Jahr ein besserer Mensch zu werden*.
Infinitiv oder Partizip II: Manche Verben, die mit einem anderen Verb im Infinitiv verbunden werden, ersetzen die Form des Partizips II durch den Infinitiv (immer bei Modalverben und brauchen).	Das hätte er mir auch schreiben *können* (nicht: *gekonnt*). Sie hätte sich besser vorbereiten *sollen*. Wir haben nicht lange zu warten *brauchen*.
Partizip I (Mittelwort I): – Bildung: Infinitiv + -d; – Gebrauch: als Attribut zu einem Substantiv oder als Artangabe.	kommen-*d*, weinen-*d*, blühen-*d*; Attribut: ein *weinendes* Kind; Artangabe: Das Kind lief *weinend* zur Mutter.
Partizip II (Mittelwort II): – Bildung: In der Regel erhält es die Vorsilbe ge-; ge- entfällt bei untrennbaren Verben, Verben mit den Endungen -ieren, -eien u. a. und bei Zusammensetzungen mit Verben dieser beiden Gruppen. – Bei trennbaren Verben tritt -ge- zwischen Vorsilbe und Verbstamm. – Gebrauch: hauptsächlich in der Verbindung mit Hilfsverben (Zeitformen und Passiv); als Attribut zu einem Substantiv oder als Artangabe. Partizipien, die nur noch als Adjektive empfunden werden, können auch Steigerungsformen bilden und in Verbindung mit sein, werden etc. als Artergänzung dienen.	stellen – gestellt, arbeiten – gearbeitet, brechen – gebrochen, bestellen – bestellt, verarbeiten – verarbeitet, zerbrechen – zerbrochen, prophezeien – prophezeit, vorbestellen – vorbestellt; vorstellen – vorgestellt, anbinden – angebunden; er hat *gesagt*/er hatte *gesagt* (Perf./Plusqu.); er wird *gesagt* haben/es wird *gesagt* (Fut. II/Passiv); Attribut: ein *geprügelter* Hund; Artangabe: Sie dachte *angestrengt* nach. Partizip I: Die Reise war *anstrengender*, als ich dachte. Partizip II: Er ist *gewandter* geworden. Du hast immer die *verrücktesten* Ideen.
Partizipialgruppe und Partizipialsatz: Hängen von einem Partizip andere Wörter oder Wortgruppen ab, liegt eine Partizipialgruppe (ein erweitertes Partizip) vor. Partizipialgruppen als Artangaben haben fast den Charakter eines Nebensatzes (Partizipialsatz).	der *dem Prozess* (Dativ) *vorausgegangene* Streit = der Streit, der dem Prozess (Dativ) vorausgegangen ist; *Laut lachend* ging er aus dem Zimmer (= Er ging aus dem Zimmer, indem er laut lachte).

Kurze Grammatik der deutschen Sprache

Die sechs Zeitformen im Deutschen und ihr Gebrauch

1. Das Präsens: Mit dem Präsens kann ausgedrückt werden: – ein gegenwärtiges Geschehen; – eine allgemeine Gültigkeit; – ein zukünftiges Geschehen (Zeitangabe); – ein vergangenes Geschehen (historisches Präsens).	Wohin *gehst* du? Ich *gehe* nach Hause. Zwei mal drei *ist* sechs. Morgen *fliege* ich nach Irland. Das *bereut* er noch. Im Jahre 55 v. Chr. *landen* die Römer in Britannien.
2. Das Präteritum: Das Präteritum schildert ein Geschehen als vergangen oder in der Vergangenheit ablaufend; es dient auch der Kennzeichnung unausgesprochener Gedanken (»erlebte Rede«).	Es *war* einmal ein König, der *hatte* drei Töchter. Im Jahre 44 v. Chr. *wurde* Cäsar *ermordet*. Er dachte angestrengt nach. Wie *konnte* das geschehen?
3. Das Perfekt: Das Perfekt wird gebildet mit den Präsensformen des Hilfsverbs sein oder haben und dem Partizip II; die meisten Verben (alle transitiven) bilden das Perfekt mit haben, intransitive Verben bilden das Perfekt teils mit haben, teils mit sein. Das Perfekt dient der Darstellung eines abgeschlossenen Geschehens oder eines erreichten Zustandes, gelegentlich auch in der Zukunft.	Intransitive Verben, die einen Zustand oder ein Geschehen in seiner **Dauer** ausdrücken: Wir *haben* früher in Bochum *gewohnt*. Ich *habe* die ganze Nacht nicht *geschlafen*. Im Urlaub *haben* wir viel *geschwommen*. Intransitive Verben, die eine Zustands- oder Orts**veränderung** bezeichnen: Er *ist* nach Bochum *gefahren*. Erst gegen Morgen *bin* ich *eingeschlafen*. Einmal *sind* wir bis zu der Insel *geschwommen*. Es *hat geschneit*. *Hast* du das Buch *gekauft*? Sie *sind* gestern *abgefahren*. Morgen *haben* wir es *geschafft*.
4. Das Plusquamperfekt: Das Plusquamperfekt wird gebildet mit den Präteritumformen des Hilfsverbs haben oder sein und dem Partizip II; es dient der Darstellung eines abgeschlossenen Geschehens. In Verbindung mit dem Präteritum oder dem Perfekt drückt es aus, dass ein Geschehen zeitlich vor einem anderen liegt (Vorzeitigkeit; Vorvergangenheit).	Ich *hatte gespielt*. Du *warst gekommen*. Er gestand, dass er das Buch *gestohlen hatte*. Als er kam, *waren* seine Freunde schon *gegangen*. Er *hatte* zwar etwas anderes *vorgehabt*, aber er *hat* uns trotzdem *begleitet*.
5. Das Futur I: Das Futur I wird gebildet mit den Präsensformen des Hilfsverbs werden und dem Infinitiv; es drückt aus: – eine Ankündigung, Voraussage; – eine Absicht, ein Versprechen; – eine nachdrückliche Aufforderung; – eine Vermutung.	Ich *werde lesen*. Du *wirst kommen*. Nachts *wird* der Wind *auffrischen*. Ich *werde* pünktlich da *sein*. Du *wirst* das sofort *zurücknehmen*. Er *wird* schon längst in Rom *sein*.
6. Das Futur II: Das Futur II wird gebildet mit den Präsensformen des Hilfsverbs werden und dem Infinitiv Perfekt; es dient der Darstellung eines Geschehens, das zu einem künftigen Zeitpunkt beendet sein wird (vollendete Zukunft), oder drückt eine Vermutung über ein vergangenes Geschehen aus.	Ich *werde abgereist sein*. Bis morgen *werde* ich die Aufgabe *erledigt haben*. Du *wirst geträumt haben*. Es *wird* schon nicht so schlimm *gewesen sein*.

Die Aussageweise (Modus, Pl.: Modi)

Im Deutschen gibt es drei Aussageweisen. Sie werden durch bestimmte Verbformen angezeigt: **Indikativ** (Wirklichkeitsform), **Konjunktiv** (Möglichkeitsform) und **Imperativ** (Befehlsform).

Indikativ: Der Indikativ ist die Grund- oder Normalform sprachlicher Äußerungen. Er stellt einen Sachverhalt als gegeben dar.	Peter *hat* das Abitur *bestanden* und *geht* jetzt auf die Universität. Schnell *sprang* das Rotkäppchen aus dem Bauch des Wolfes und die Großmutter auch.
Konjunktiv: Nach Bildung und Verwendung unterscheidet man: – Konjunktiv I, gebildet vom Präsensstamm des Verbs; – Konjunktiv II, gebildet vom Präteritumstamm. Die würde-Form des Konjunktivs ist aus den Konjunktiv-II-Formen von werden und dem Infinitiv Präsens bzw. Perfekt gebildet.	Indikativ Präsens: er *geh-t* Indikativ Präteritum: er *ging* Konjunktiv I: er *geh-e* Konjunktiv II: er *ging-e* er *würde gehen*/er *würde gegangen sein*

Der Gebrauch des Konjunktivs

Konjunktiv I als Ausdruck des Wunsches und der Aufforderung: Selten; gewöhnlich nur noch in festen Formeln und Redewendungen und kaum noch in Anweisungstexten.	Dem Himmel *sei* Dank! Er *lebe* hoch! Er *ruhe* in Frieden. Man *nehme:* ...
Konjunktiv II als Ausdruck der Nichtwirklichkeit: – drückt aus, wenn etwas nur vorgestellt, nicht wirklich der Fall (»irreal«) ist; – besonders häufig in »irrealen Bedingungssätzen«; – ebenso in »irrealen Vergleichssätzen«; – auch in höflichen Aufforderungen (in Form einer Frage) oder vorsichtigen Feststellungen.	Stell dir vor, es *wären* Ferien, ... Wenn er Zeit *hätte*, *käme* er mit. Er rannte, als wenn es um sein Leben *ginge*. *Hätten* Sie einen Moment Zeit für mich? Ich *würde* sagen/meinen/dafür plädieren, ...

Der Konjunktiv in der indirekten Rede

Der Konjunktiv ist das Hauptzeichen der indirekten Rede. In der indirekten Rede wird eine Äußerung vom Standpunkt des berichtenden Sprechers aus wiedergegeben. Sie wird meist durch ein Verb des Sagens (auch Fragens) oder Denkens oder durch entsprechende Substantive eingeleitet.

Konjunktiv I in der indirekten Rede:
Die indirekte Rede sollte immer im Konjunktiv I stehen.
Die indirekte Rede steht immer in derselben Zeit wie die entsprechende direkte Rede.

Direkte Rede:		Indirekte Rede:
Kann ich ins Kino gehen?	Sie fragt/fragte/wird fragen usw.,	ob sie ins Kino gehen *könne*.
Ich *habe* nichts *gesehen.*/ Ich *sah* nichts.	Er behauptet/behauptete/wird behaupten usw.,	er *habe* nichts *gesehen*.
Ich *werde* nicht *auftreten*.	Er erklärt/erklärte/wird erklären usw.,	dass er nicht *auftreten werde*.

Konjunktiv II in der indirekten Rede: Lautet der Konjunktiv I mit dem Indikativ gleich, wird in der indirekten Rede der Konjunktiv II verwendet, um Unklarheiten und Missverständnisse zu vermeiden.	Der Minister berichtete über den Verlauf der Verhandlungen: Die Partner *hätten* intensiv miteinander gesprochen; die Gespräche *hätten* zu guten Ergebnissen geführt.

Der Imperativ

Imperativ:
- Drückt eine Aufforderung (Befehl, Verbot, Anweisung, Empfehlung, Rat, Wunsch, Bitte, Mahnung, Warnung) aus und tritt nur in der 2. Person (Singular und Plural) und in der Höflichkeitsform mit *Sie* auf. Er wird gebildet vom Präsensstamm des Verbs und endet im Singular oft mit *-e*, vor allem in der gesprochenen Sprache jedoch eher endungslos.
- Einige starke Verben, die im Präsens zwischen *e* und *i (ie)* wechseln, bilden den Imperativ immer endungslos und mit dem Stammvokal *i (ie)*.

Komm! Kommt! Kommen Sie!
Beeil(e) dich! Putz(e) dir die Zähne!

Halte/Halten Sie das bitte fest!
Halt das bitte fest!

Sprich (nicht: *Sprech*) lauter! *Lies* (nicht: *Les*) das!
Hilf (nicht: *Helf*) mir!
Aber: *Werd* (nicht: *Wird*) endlich vernünftig.

Aktiv und Passiv (Tat- und Leideform; Genus Verbi)

Die Verbformen **Aktiv** und **Passiv** drücken eine unterschiedliche Blickrichtung bzw. Handlungsart aus. Zu allen Verben kann ein Aktiv gebildet werden, nicht jedoch zu allen ein Passiv.

Aktiv:
Im Aktiv wird das Geschehen von seinem Träger (»Täter«) her dargestellt.

Der Vorstand *beschloss* den Spielerkauf.
Die Mitschüler *wählten* ihn zum Klassensprecher.

Vorgangspassiv (*werden*-Passiv):
Das Vorgangspassiv wird gebildet mit werden und dem Partizip II des betreffenden Verbs; es stellt den Vorgang (das Geschehen, die Handlung) in den Vordergrund; der Handelnde muss nicht immer genannt werden.

Der Motor *wurde* von den Mechanikern *ausgebaut*.
Die Fenster *sind* vom Hausmeister *geöffnet worden*.
Die Rechnung *wurde bezahlt*.

Zustandspassiv (*sein*-Passiv):
Das Zustandspassiv wird gebildet mit den Formen von sein und dem Partizip II des entsprechenden Verbs; es drückt aus, dass ein Zustand besteht (als Folge eines vorausgegangenen Vorganges).

Das Gelände *ist* von Demonstranten *besetzt*.
Die Autobahn *ist* wegen Bauarbeiten *gesperrt*.
Der Antrag *ist* bereits *abgelehnt*.

Passivfähige Verben:
- Passivfähig sind die meisten Verben mit einer Akkusativergänzung; die Akkusativergänzung (das Objekt) des Aktivsatzes wird im Passivsatz zum Subjekt; dem Subjekt des Aktivsatzes entspricht im Passivsatz ein Satzglied mit einer Präposition (in der Regel mit *von*).
- Von einigen Verben, die eine Akkusativergänzung haben, kann kein Passiv gebildet werden (*haben, besitzen, bekommen, kennen, wissen, enthalten* usw.).
- Von den intransitiven Verben können nur bestimmte Tätigkeitsverben *(helfen, lachen, tanzen, feiern, sprechen)* ein unpersönliches Passiv bilden.

Die Behörde *lehnte* den Antrag *ab*.
Der Antrag *wurde* von der Behörde *abgelehnt*.

Sie *hat* eine neue Frisur (nicht möglich: Eine neue Frisur *wird* von ihr *gehabt*).

Damit *ist* mir auch nicht *geholfen*.
Gestern *ist* bei uns lange *gefeiert worden*.
Es *wurde* viel *gelacht*.

Andere passivartige Formen:
- *bekommen/erhalten* + Part. II (Art des Vorgangspassivs);
- *sein* + Infinitiv mit zu (entspricht Vorgangspassiv mit können oder müssen);
- *sich lassen* + Infinitiv (entspricht Vorgangspassiv mit *können*);
- bestimmte Funktionsverbgefüge werden häufig anstelle eines Vorgangspassivs gebraucht.

Sie *bekam* einen Blumenstrauß *überreicht*.
Er *erhielt* ein winziges Zimmer *zugeteilt*.
Der Motor *war* nicht mehr *zu reparieren*.
Das Formular *ist* mit Bleistift *auszufüllen*.
Die Uhr *ließ* sich nicht mehr *aufziehen*.

Nicht abgeholte Fundsachen *kommen zur Versteigerung*.

Konjugationstabellen

Konjugationsmuster für das Aktiv

1. regelmäßige *(schwache)* Konjugation:

	Indikativ	Konjunktiv I	Konjunktiv II
Präsens	ich frag-e du frag-st er ⎫ sie ⎬ frag-t es ⎭ wir frag-en ihr frag-t sie frag-en	ich frag-e du frag-est er ⎫ sie ⎬ frag-e es ⎭ wir frag-en ihr frag-et sie frag-en	
Präteritum	ich frag-t-e du frag-t-est er ⎫ sie ⎬ frag-t-e es ⎭ wir frag-t-en ihr frag-t-et sie frag-t-en		ich frag-t-e du frag-t-est er ⎫ sie ⎬ frag-t-e es ⎭ wir frag-t-en ihr frag-t-et sie frag-t-en
Perfekt	ich habe gefragt du hast gefragt er ⎫ sie ⎬ hat gefragt es ⎭ wir haben gefragt ihr habt gefragt sie haben gefragt	ich habe gefragt du habest gefragt er ⎫ sie ⎬ habe gefragt es ⎭ wir haben gefragt ihr habet gefragt sie haben gefragt	
Plusquamperfekt	ich hatte gefragt du hattest gefragt er ⎫ sie ⎬ hatte gefragt es ⎭ wir hatten gefragt ihr hattet gefragt sie hatten gefragt		ich hätte gefragt du hättest gefragt er ⎫ sie ⎬ hätte gefragt es ⎭ wir hätten gefragt ihr hättet gefragt sie hätten gefragt
Futur I	ich werde fragen du wirst fragen er ⎫ sie ⎬ wird fragen es ⎭ wir werden fragen ihr werdet fragen sie werden fragen	ich werde fragen du werdest fragen er ⎫ sie ⎬ werde fragen es ⎭ wir werden fragen ihr werdet fragen sie werden fragen	
Futur II	ich werde du wirst er ⎫ sie ⎬ wird gefragt haben es ⎭ wir werden ihr werdet sie werden	ich werde du werdest er ⎫ sie ⎬ werde gefragt haben es ⎭ wir werden ihr werdet sie werden	

Infinitiv Präsens fragen
Infinitiv Perfekt gefragt haben
Partizip I fragend
Partizip II gefragt

Imperativ Singular frag[e]!
Imperativ Plural fragt!
Höflichkeitsform fragen Sie!

2. unregelmäßige *(starke)* Konjugation:

	Indikativ	Konjunktiv I	Konjunktiv II
Präsens	ich komm-e du komm-st er ⎫ sie ⎬ komm-t es ⎭ wir komm-en ihr komm-t sie komm-en	ich komm-e du komm-est er ⎫ sie ⎬ komm-e es ⎭ wir komm-en ihr komm-et sie komm-en	
Präteritum	ich kam du kam-st er ⎫ sie ⎬ kam es ⎭ wir kam-en ihr kam-t sie kam-en		ich käm-e du käm-(e)st er ⎫ sie ⎬ käm-e es ⎭ wir käm-en ihr käm-(e)t sie käm-en
Perfekt	ich bin gekommen du bist gekommen er ⎫ sie ⎬ ist gekommen es ⎭ wir sind gekommen ihr seid gekommen sie sind gekommen	ich sei gekommen du sei(e)st gekommen er ⎫ sie ⎬ sei gekommen es ⎭ wir seien gekommen ihr seiet gekommen sie seien gekommen	
Plusquamperfekt	ich war gekommen du warst gekommen er ⎫ sie ⎬ war gekommen es ⎭ wir waren gekommen ihr wart gekommen sie waren gekommen		ich wäre gekommen du wär(e)st gekommen er ⎫ sie ⎬ wäre gekommen es ⎭ wir wären gekommen ihr wär(e)t gekommen sie wären gekommen
Futur I	ich werde kommen du wirst kommen er ⎫ sie ⎬ wird kommen es ⎭ wir werden kommen ihr werdet kommen sie werden kommen	ich werde kommen du werdest kommen er ⎫ sie ⎬ werde kommen es ⎭ wir werden kommen ihr werdet kommen sie werden kommen	
Futur II	ich werde du wirst er ⎫ sie ⎬ wird gekommen sein es ⎭ wir werden ihr werdet sie werden	ich werde du werdest er ⎫ sie ⎬ werde gekommen sein es ⎭ wir werden ihr werdet sie werden	

Infinitiv Präsens kommen
Infinitiv Perfekt gekommen sein
Partizip I kommend
Partizip II gekommen

Imperativ Singular komm!
Imperativ Plural kommt!
Höflichkeitsform kommen Sie!

Kurze Grammatik der deutschen Sprache

Lautliche Besonderheiten:

e-Einschub vor der Endung bei Verben, deren Stamm auf *d* oder *t* ausgeht: du *find-e-st*, ihr *hielt-e-t*, und bei Verben, deren Stamm auf Konsonant + *m* oder *n* (außer *lm, ln, rm, rn*) endet: du *atm-e-st*, sie *rechn-e-t* (aber: du *lern-st*, du *qualm-st*);

s-Ausfall bei Verben, deren Stamm auf *s, ß, ss, x* oder *z* endet: reisen – du *reist*, mixen – du *mixt*, reizen – du *reizt*; das *s* bleibt erhalten, wenn der Verbstamm auf *sch* endet: du *wäschst*, du *herrschst*;

e-Ausfall bei den Verben auf *-eln* und *-ern* in der 1. und 3. Person Plural Präsens: handeln – wir *handeln*, sie *handeln,* ändern – wir *ändern*, sie *ändern;* bei Verben auf *-eln* meist auch in der 1. Person Singular Präsens und im Imperativ Singular: ich *handle*, ich *lächle; handle!, lächle!;* bei Verben auf *-ern* bleibt das *e* gewöhnlich erhalten: ich *ändere*, ich *wandere; ändere!, wandere!;*

Umlaut bei den meisten unregelmäßigen Verben mit dem Stammvokal *a, au* oder *o* in der 2. und 3. Person Singular Präsens: tragen – du *trägst*, er *trägt*, laufen – du *läufst*, er *läuft*, stoßen – du *stößt*, er *stößt;*

e/i-Wechsel bei einer Reihe von unregelmäßigen Verben in der 2. und 3. Person Singular Präsens und im Imperativ Singular: geben – du *gibst*, er *gibt; gib!,* nehmen – du *nimmst*, er *nimmt; nimm!,* sehen – du *siehst;* er *sieht; sieh!*

Konjugationsmuster für das Passiv

In den folgenden vereinfachten Mustern ist nur die 3. Person Singular aufgeführt; die übrigen Personalformen können leicht ergänzt werden.

	1. *werden*-Passiv:			2. *sein*-Passiv:		
	Indikativ	Konjunktiv I	Konjunktiv II	Indikativ	Konjunktiv I	Konjunktiv II
Präsens	er sie es wird gefragt	er sie es werde gefragt		er sie es ist gefragt	er sie es sei gefragt	
Präteritum	er sie es wurde gefragt		er sie es würde gefragt	er sie es war gefragt		er sie es wäre gefragt
Perfekt	er sie es ist gefragt worden	er sie es sei gefragt worden		er sie es ist gefragt gewesen	er sie es sei gefragt gewesen	
Plusquamperfekt	er sie es war gefragt worden		er sie es wäre gefragt worden	er sie es war gefragt gewesen		er sie es wäre gefragt gewesen
Futur I	er sie es wird gefragt werden	er sie es werde gefragt werden		er sie es wird gefragt sein	er sie es werde gefragt sein	
Futur II	er sie es wird gefragt worden sein	er sie es werde gefragt worden sein		er sie es wird gefragt gewesen sein	er sie es werde gefragt gewesen sein	

Die Konjugation der Verben *haben, sein* und *werden* und der *Modalverben*

Die mehrgliedrigen Verbformen (Perfekt, Plusquamperfekt, Futur I, Futur II) werden nur beispielhaft (in der 3. Person Singular) aufgeführt.

1. *haben*:

	Indikativ	Konjunktiv I	Konjunktiv II
Präsens	ich habe du hast er/sie/es hat wir haben ihr habt sie haben	ich habe du habest er/sie/es habe wir haben ihr habt sie haben	
Präteritum	ich hatte du hattest er/sie/es hatte wir hatten ihr hattet sie hatten		ich hätte du hättest er/sie/es hätte wir hätten ihr hättet sie hätten
Perfekt	er/sie/es hat gehabt	er/sie/es habe gehabt	
Plusquamperfekt	er/sie/es hatte gehabt		er/sie/es hätte gehabt
Futur I	er/sie/es wird haben	er/sie/es werde haben	
Futur II	er/sie/es wird gehabt haben	er/sie/es werde gehabt haben	

Infinitiv Präsens: haben
Infinitiv Perfekt: gehabt haben
Partizip I: habend
Partizip II: gehabt
Imperativ Singular: hab(e)!
Imperativ Plural: habt!
Höflichkeitsform: haben Sie!

2. *sein*:

	Indikativ	Konjunktiv I	Konjunktiv II
Präsens	ich bin du bist er/sie/es ist wir sind ihr seid sie sind	ich sei du sei(e)st er/sie/es sei wir seien ihr seiet sie seien	
Präteritum	ich war du warst er/sie/es war wir waren ihr wart sie waren		ich wäre du wär(e)st er/sie/es wäre wir wären ihr wär(e)t sie wären
Perfekt	er/sie/es ist gewesen	er/sie/es sei gewesen	
Plusquamperfekt	er/sie/es war gewesen		er/sie/es wäre gewesen
Futur I	er/sie/es wird sein	er/sie/es werde sein	
Futur II	er/sie/es wird gewesen sein	er/sie/es werde gewesen sein	

Infinitiv Präsens: sein
Infinitiv Perfekt: gewesen sein
Partizip I: seiend
Partizip II: gekommen
Imperativ Singular: sei!
Imperativ Plural: seid!
Höflichkeitsform: kommen Sie!

3. *werden*:

	Indikativ	Konjunktiv I	Konjunktiv II
Präsens	ich werde du wirst er/sie/es wird wir werden ihr werdet sie werden	ich werde du werdest er/sie/es werde wir werden ihr werdet sie werden	
Präteritum	ich wurde du wurdest er/sie/es wurde wir wurden ihr wurdet sie wurde		ich würde du würdest er/sie/es würde wir würden ihr würdet sie würden
Perfekt	er/sie/es ist geworden	er/sie/es sei geworden	
Plusquamperfekt	er/sie/es war geworden		er/sie/es wäre geworden
Futur I	er/sie/es wird werden	er/sie/es werde werden	
Futur II	er/sie/es wird geworden sein	er/sie/es werde geworden sein	

Inf. Präsens: werden
Inf. Perfekt: (ge)worden sein
Partizip I: werdend
Partizip II: (Vollverb) geworden / (Hilfsverb) worden
Imperativ Singular: werde(e)!
Imperativ Plural: werdet!
Höflichkeitsform: werden Sie!

Kurze Grammatik der deutschen Sprache

4. Modalverben und *wissen*:

Die mehrgliedrigen Formen werden mit *haben* (Perfekt, Plusquamperfekt) bzw. *werden* (Futur I, Futur II) gebildet.

		dürfen	können	mögen	müssen	sollen	wollen	wissen
Indikativ Präsens	ich	darf	kann	mag	muss	soll	will	weiß
	du	darfst	kannst	magst	musst	sollst	willst	weißt
	er sie es	darf	kann	mag	muss	soll	will	weiß
	wir	dürfen	können	mögen	müssen	sollen	wollen	wissen
	ihr	dürft	könnt	mögt	müsst	sollt	wollt	wisst
	sie	dürfen	können	mögen	müssen	sollen	wollen	wissen
Konjunktiv I	ich	dürfe	könne	möge	müsse	solle	wolle	wisse
	du	dürfest	könnest	mögest	müssest	sollest	wollest	wissest
	er sie es	dürfe	könne	möge	müsse	solle	wolle	wisse
	wir	dürfen	können	mögen	müssen	sollen	wollen	wissen
	ihr	dürfet	könnet	möget	müsset	sollet	wollet	wisset
	sie	dürfen	können	mögen	müssen	sollen	wollen	wissen
Indikativ Präteritum	ich	durfte	konnte	mochte	musste	sollte	wollte	wusste
	du	durftest	konntest	mochtest	musstest	solltest	wolltest	wusstest
	er sie es	durfte	konnte	mochte	musste	sollte	wollte	wusste
	wir	durften	konnten	mochten	mussten	sollten	wollten	wussten
	ihr	durftet	konntet	mochtet	musstet	solltet	wolltet	wusstet
	sie	durften	konnten	mochten	mussten	sollten	wollten	wussten
Konjunktiv II	ich	dürfte	könnte	möchte	müsste	sollte	wollte	wüsste
	du	dürftest	könntest	möchtest	müsstest	solltest	wolltest	wüsstest
	er sie es	dürfte	könnte	möchte	müsste	sollte	wollte	wüsste
	wir	dürften	könnten	möchten	müssten	sollten	wollten	wüssten
	ihr	dürftet	könntet	möchtet	müsstet	solltet	wolltet	wüsstet
	sie	dürften	könnten	möchten	müssten	sollten	wollten	wüssten

Partizip II: gedurft, gekonnt, gemocht, gemusst, gesollt, gewollt, gewusst

Die gebräuchlichsten unregelmäßigen Verben

Verben mit Vorsilbe werden nur in Ausnahmefällen aufgeführt; in der Regel sind ihre Formen unter dem entsprechenden einfachen Verb nachzuschlagen. Bei der 1. Stammform wird die 2. Person Singular Präsens hinzugesetzt, wenn Umlaut oder *e/i*-Wechsel auftritt; bei der 2. Stammform wird der Konjunktiv II angegeben, wenn sich der Stammvokal im Vergleich zum Indikativ Präteritum ändert; bei der 3. Stammform wird deutlich gemacht, ob das Perfekt mit *haben* oder *sein* gebildet wird.

1. Stammform (Infinitiv)	2. Stammform (Präteritum)	3. Stammform (Partizip II)
backen du bäckst/backst	backte/buk büke	hat gebacken
befehlen du befiehlst	befahl beföhle/befähle	hat befohlen
beginnen	begann begänne/begönne	hat begonnen
beißen	biss	hat gebissen
bergen du birgst	barg bärge	hat geborgen
bersten du birst	barst bärste	ist geborsten
bewegen	bewog bewöge	hat bewogen
biegen	bog böge	hat/ist gebogen
bieten	bot böte	hat geboten
binden	band bände	hat gebunden
bitten	bat bäte	hat gebeten
blasen du bläst	blies	hat geblasen
bleiben	blieb	ist geblieben
braten du brätst	briet	hat gebraten
brechen du brichst	brach bräche	hat/ist gebrochen
brennen	brannte brennte	hat gebrannt
bringen	brachte brächte	hat gebracht
denken	dachte dächte	hat gedacht
dringen	drang	hat/ist gedrungen

1. Stammform (Infinitiv)	2. Stammform (Präteritum)	3. Stammform (Partizip II)
dürfen	durfte dürfte	hat gedurft
empfangen du empfängst	empfing	hat empfangen
empfehlen du empfiehlst	empfahl empföhle/empfähle	hat empfohlen
erlöschen du erlischst	erlosch erlösche	ist erloschen
erschrecken du erschrickst	erschrak erschräke	ist erschrocken
essen du isst	aß äße	hat gegessen
fahren du fährst	fuhr führe	hat/ist gefahren
fallen du fällst	fiel	ist gefallen
fangen du fängst	fing	hat gefangen
fechten du fichtst	focht föchte	hat gefochten
finden	fand fände	hat gefunden
flechten du flichtst	flocht flöchte	hat geflochten
fliegen	flog flöge	hat/ist geflogen
fliehen	floh flöhe	ist geflohen
fließen	floss flösse	ist geflossen
fressen du frisst	fraß fräße	hat gefressen
frieren	fror fröre	hat gefroren

Kurze Grammatik der deutschen Sprache

1. Stammform (Infinitiv)	2. Stammform (Präteritum)	3. Stammform (Partizip II)
gären	gor / göre	hat/ist gegoren
gebären du gebierst	gebar / gebäre	hat geboren
geben du gibst	gab / gäbe	hat gegeben
gedeihen	gedieh	ist gediehen
gehen	ging	ist gegangen
gelingen	gelang / gelänge	ist gelungen
gelten du giltst	galt / gölte/gälte	hat gegolten
genießen	genoss / genösse	hat genossen
geschehen es geschieht	geschah / geschähe	ist geschehen
gewinnen	gewann / gewönne/gewänne	hat gewonnen
gießen	goss / gösse	hat gegossen
gleichen	glich	hat geglichen
gleiten	glitt	ist geglitten
glimmen	glomm/glimmte / glömme/glimmte	hat geglommen/ geglimmt
graben du gräbst	grub / grübe	hat gegraben
greifen	griff	hat gegriffen
haben	hatte / hätte	hat gehabt
halten du hältst	hielt	hat gehalten
hängen	hing	hat gehangen
hauen	hieb/haute	hat gehauen
heben	hob / höbe	hat gehoben
heißen	hieß	hat geheißen
helfen du hilfst	half / hülfe/hälfe	hat geholfen
kennen	kannte / kennte	hat gekannt

1. Stammform (Infinitiv)	2. Stammform (Präteritum)	3. Stammform (Partizip II)
klingen	klang / klänge	hat geklungen
kneifen	kniff	hat gekniffen
kommen	kam / käme	ist gekommen
können	konnte / könnte	hat gekonnt
kriechen	kroch / kröche	ist gekrochen
laden du lädst	lud / lüde	hat geladen
lassen du lässt	ließ	hat gelassen
laufen du läufst	lief	ist gelaufen
leiden	litt	hat gelitten
leihen	lieh	hat geliehen
lesen du liest	las / läse	hat gelesen
liegen	lag / läge	hat gelegen
lügen	log / löge	hat gelogen
mahlen	mahlte	hat gemahlen
meiden	mied	hat gemieden
messen du misst	maß / mäße	hat gemessen
misslingen	misslang / misslänge	ist misslungen
mögen	mochte / möchte	hat gemocht
müssen	musste / müsste	hat gemusst
nehmen du nimmst	nahm / nähme	hat genommen
nennen	nannte / nennte	hat genannt
pfeifen	pfiff	hat gepfiffen
preisen	pries	hat gepriesen
quellen du quillst	quoll / quölle	ist gequollen

1. Stammform (Infinitiv)	2. Stammform (Präteritum)	3. Stammform (Partizip II)
raten du rätst	riet	hat geraten
reiben	rieb	hat gerieben
reißen	riss	hat/ist gerissen
reiten	ritt	hat/ist geritten
rennen	rannte rennte	ist gerannt
riechen	roch röche	hat gerochen
ringen	rang ränge	hat gerungen
rinnen	rann ränne/rönne	ist geronnen
rufen	rief	hat gerufen
saufen du säufst	soff söffe	hat gesoffen
schaffen	schuf schüfe	hat geschaffen
scheiden	schied	hat/ist geschieden
scheinen	schien	hat geschienen
scheißen	schiss	hat geschissen
schelten du schiltst	schalt schölte	hat gescholten
schieben	schob schöbe	hat geschoben
schießen	schoss schösse	hat/ist geschossen
schlafen du schläfst	schlief	hat geschlafen
schlagen du schlägst	schlug schlüge	hat geschlagen
schleichen	schlich	ist geschlichen
schleifen	schliff	hat geschliffen
schließen	schloss schlösse	hat geschlossen
schlingen	schlang schlänge	hat geschlungen
schmeißen	schmiss	hat geschmissen
schmelzen du schmilzt	schmolz schmölze	ist geschmolzen
schneiden	schnitt	hat geschnitten
schreiben	schrieb	hat geschrieben
schreien	schrie	hat geschrien
schreiten	schritt	ist geschritten
schweigen	schwieg	hat geschwiegen
schwimmen	schwamm schwömme/schwämme	hat/ist geschwommen
schwinden	schwand schwände	ist geschwunden
schwingen	schwang schwänge	hat geschwungen
schwören	schwor schwüre/schwöre	hat geschworen
sehen du siehst	sah sähe	hat gesehen
sein	war wäre	ist gewesen
senden	sandte/sendete sendete	hat gesandt/gesendet
singen	sang sänge	hat gesungen
sinken	sank sänke	ist gesunken
sinnen	sann sänne	hat gesonnen
sitzen	saß säße	hat gesessen
sollen	sollte	hat gesollt
spalten	spaltete	hat gespalten
speien	spie	hat gespien
sprechen du sprichst	sprach spräche	hat gesprochen
sprießen	spross sprösse	ist gesprossen
springen	sprang spränge	ist gesprungen
stechen du stichst	stach stäche	hat gestochen
stecken (= sich in etwas befinden)	stak/steckte stäke/steckte	hat gesteckt

Kurze Grammatik der deutschen Sprache

1. Stammform (Infinitiv)	2. Stammform (Präteritum)	3. Stammform (Partizip II)
stehen	stand stünde/stände	hat gestanden
stehlen du stiehlst	stahl stähle/stöhle	hat gestohlen
steigen	stieg	ist gestiegen
sterben du stirbst	starb stürbe	ist gestorben
stinken	stank stänke	hat gestunken
stoßen du stößt	stieß	hat/ist gestoßen
streichen	strich	hat gestrichen
streiten	stritt	hat gestritten
tragen du trägst	trug trüge	hat getragen
treffen du triffst	traf träfe	hat getroffen
treiben	trieb	hat getrieben
treten du trittst	trat träte	hat/ist getreten
trinken	trank tränke	hat getrunken
trügen	trog tröge	hat getrogen
tun	tat täte	hat getan
verderben du verdirbst	verdarb verdürbe	hat/ist verdorben
vergessen du vergisst	vergaß vergäße	hat vergessen

1. Stammform (Infinitiv)	2. Stammform (Präteritum)	3. Stammform (Partizip II)
verlieren	verlor verlöre	hat verloren
verlöschen du verlischst	verlosch verlösche	ist verloschen
wachsen du wächst	wuchs wüchse	ist gewachsen
waschen du wäschst	wusch wüsche	hat gewaschen
weben	wob/webte wöbe	hat gewoben/ gewebt
weichen	wich	ist gewichen
weisen	wies	hat gewiesen
wenden	wandte/wendete wendete	hat gewandt/ gewendet
werben du wirbst	warb würbe	hat geworben
werden du wirst	wurde würde	ist geworden
werfen du wirfst	warf würfe	hat geworfen
wiegen	wog wöge	hat gewogen
winden	wand wände	hat gewunden
wissen	wusste wüsste	hat gewusst
wollen	wollte	hat gewollt
ziehen	zog zöge	hat/ist gezogen
zwingen	zwang zwänge	hat gezwungen

Das Substantiv (Hauptwort; Nomen, Pl.: Nomina)

Substantive machen den bei Weitem größten Teil des Wortschatzes aus und können auf vielfältige Weise zu neuen Wörtern zusammengesetzt werden. Wörter aller anderen Wortarten können substantiviert werden. Substantive haben in der Regel ein festes Geschlecht. Sie verändern sich aber nach Zahl (Numerus) und Fall (Kasus). Man unterscheidet:

1. Gegenstandswörter (Konkreta) – Eigennamen; – Gattungsbezeichnungen; – Stoffbezeichnungen.	Tisch, Lampe; Tulpe, Rose; Auto, Hammer, Werkstatt, Schiedsrichter. Anna, Neumann, Japan, Rom, Goethehaus, Feldberg. Mensch, Frau, Freund, Katze, Rose, Stern, Haus, Tisch. Stahl, Silber, Holz, Leder, Leinen, Wolle, Öl, Fleisch.
2. Begriffswörter (Abstrakta).	Mut, Stress, Alter, Torheit, Verstand, Frieden, Abrüstung.

Die Deklinationsarten

Im Satz treten die Substantive in verschiedenen Fällen auf, und sie können – in der Regel – Einzahl (Singular) und Mehrzahl (Plural) bilden. Sie werden also nach Fall (Kasus), Zahl (Numerus) und Geschlecht (Genus) dekliniert. Nach den Formen des Genitivs Singular und der Bildung des Plurals unterscheidet man starke, schwache und gemischte Deklination:

Starke Deklination	Singular	männlich	weiblich	sächlich
Der Genitiv Singular der männlichen und sächlichen Substantive endet auf *-es/-s*.	Nominativ	der Vogel	die Nacht	das Bild
	Genitiv	des Vogel-s	der Nacht	des Bild-es
	Dativ	dem Vogel	der Nacht	dem Bild(-e)
	Akkusativ	den Vogel	die Nacht	das Bild
Es treten verschiedene Pluralformen auf.	Nominativ	die Vögel	die Nächt-e	die Bild-er
	Genitiv	der Vögel	der Nächt-e	der Bild-er
	Dativ	den Vögel-n	den Nächt-en	den Bild-ern
	Akkusativ	die Vögel	die Nächt-e	die Bild-er
-es steht: – bei Substantiven auf *-s, -ß, -ss, -x, -z, -tz*;		des Hauses, des Fußes, des Fasses, des Komplexes, des Schmerzes, des Gesetzes;		
– häufig bei einsilbigen Substantiven mit Konsonant (Mitlaut) am Ende;		des Bildes, des Raumes, des Buches, des Stuhles;		
– häufig bei mehrsilbigen Substantiven mit Endbetonung und bei Zusammensetzungen mit Fugen-*s*.		des Betrages, des Besuches, des Arbeitsplanes.		
-s steht: – immer bei Substantiven auf *-el, -em, -en, -er, -chen, -lein*; – meist bei Substantiven mit Vokal (+*h*) am Ende; – meist bei mehrsilbigen Substantiven ohne Endbetonung.		des Vogels, des Atems, des Gartens, des Lehrers, des Mädchens, des Bäumleins; des Knies, des Neubaus, des Schuhs; des Monats, des Antrags, des Urlaubs.		
Dativ-*e*: – heute nur noch ganz selten; – noch in bestimmten festen Wendungen.		am nächsten Tag(e), auf dem Weg(e); in diesem Sinne, im Laufe der Zeit, im Grunde.		

Kurze Grammatik der deutschen Sprache

Schwache Deklination		männlich	weiblich
(keine sächlichen Substantive): Der Singular der männlichen Substantive (außer Nominativ) endet auf -en.	Nominativ	der Mensch	die Frau
	Genitiv	des Mensch-en	der Frau
	Dativ	dem Mensch-en	der Frau
	Akkusativ	den Mensch-en	die Frau
Im Plural steht nur -en.	Nominativ	die Mensch-en	die Frau-en
	Genitiv	der Mensch-en	der Frau-en
	Dativ	den Mensch-en	den Frau-en
	Akkusativ	die Mensch-en	die Frau-en

Gemischte Deklination		Singular	Plural
Einige männliche und sächliche Substantive (*Auge, Ohr, Doktor* u.a.) werden im Singular stark und im Plural schwach dekliniert.	Nominativ	der Staat	die Staat-en
	Genitiv	des Staat-(e)s	der Staat-en
	Dativ	dem Staat(-e)*	den Staat-en
	Akkusativ	den Staat	die Staat-en

* Die Endung *-e* der starken männlichen Substantive im Dativ Singular kommt heute nur noch selten vor.

Die Deklination des Substantivs

		Männliche Substantive		
	Kasus	stark	schwach	gemischt
Singular	Nominativ: wer oder was?	der Tag	der Mensch	der Staat
	Genitiv: wessen?	des Tag-(e)s	des Mensch-en	des Staat-(e)s
	Dativ: wem?	dem Tag(-e)*	dem Mensch-en	dem Staat
	Akkusativ: wen oder was?	den Tag	den Mensch-en	den Staat
Plural	Nominativ: wer oder was?	die Tag-e	die Mensch-en	die Staat-en
	Genitiv: wessen?	der Tag-e	der Mensch-en	der Staat-en
	Dativ: wem?	den Tag-en	den Mensch-en	den Staat-en
	Akkusativ: wen oder was?	die Tag-e	die Mensch-en	die Staat-en

* Die Endung *-e* der starken männlichen Substantive im Dativ Singular kommt heute nur noch selten vor.

Kurze Grammatik der deutschen Sprache

	Männliche Substantive			
	Kasus	stark	schwach	gemischt
Merkmale		im Genitiv Singular: *-(e)s* im Dativ Plural: *-n* Pluralklassen: *-e*: der Tisch, die Tisch*e* *-e*, umgelautet: der Bart, die B*ä*rt*e* *-er*: der Geist, die Geist*er* *-er*, umgelautet: der Wald, die W*ä*ld*er* - (endungslos): der Balken, die Balken - (endungslos) umgelautet: der Faden, die F*ä*den *-s*: der Uhu, die Uhu*s*	im Singular: in allen Fällen außer dem Nominativ*-en* im Plural: in allen Fällen *-(e)n*	im Singular: *-(e)s* im Plural: *-(e)n*

		Weibliche Substantive		
	Kasus	stark	schwach	gemischt
Singular	Nominativ: wer oder was?	die Mutter	die Frau	–
	Genitiv: wessen?	der Mutter	der Frau	–
	Dativ: wem?	der Mutter	der Frau	–
	Akkusativ: wen oder was?	die Mutter	die Frau	–
Plural	Nominativ: wer oder was?	die Mütter	die Frau-en	–
	Genitiv: wessen?	der Mütter	der Frau-en	–
	Dativ: wem?	den Mütter-n	den Frau-en	–
	Akkusativ: wen oder was?	die Mütter	die Frau-en	–
Merkmale		im Singular: - (endungslos) im Dativ Plural: *-n* Pluralklassen: *-e*: die Drangsal, die Drangsal*e* *-e*, umgelautet: die Kraft, die Kr*ä*ft*e* - (endungslos) umgelautet: die Tochter, die T*ö*chter *-s*: die Kamera, die Kamera*s*	im Singular:- (endungslos) im Plural: *-(e)n*	

Kurze Grammatik der deutschen Sprache

	Sächliche Substantive			
	Kasus	stark	schwach	gemischt
Singular	Nominativ: wer oder was?	das Jahr	–	das Ohr
	Genitiv: wessen?	des Jahr-(e)s	–	des Ohr-(e)s
	Dativ: wem?	dem Jahr-e*	–	dem Ohr
	Akkusativ: wen oder was?	das Jahr	–	das Ohr
Plural	Nominativ: wer oder was?	die Jahr-e	–	die Ohr-en
	Genitiv: wessen?	der Jahr-e	–	der Ohr-en
	Dativ: wem?	den Jahr-en	–	den Ohr-en
	Akkusativ: wen oder was?	die Jahr-e	–	die Ohr-en
Merkmale		im Genitiv Singular: -(e)s im Dativ Plural: -n Pluralklassen: -e: das Pferd, die Pferde -e, umgelautet: das Floß, die Flöße -er: das Kind, die Kinder -er, umgelautet: das Dach, die Dächer - (endungslos): das Messer, die Messer - (endungslos) umgelautet: das Kloster, die Klöster -s: das Echo, die Echos		im Genitiv Singular: -(e)s im Plural: -en

* Die Endung -e der starken sächlichen Substantive im Dativ Singular kommt heute nur noch selten vor.

Zur Deklination der Personennamen vgl. die folgende Tabelle:

	ohne Artikel	mit Artikel		ohne Artikel	mit Artikel
ein Name	mit -s im Genitiv die Rede Meiers	ohne -s im Genitiv die Rede des Meier	mehrere Titel o.Ä. + Name	Der Name wird dekliniert die Rede Direktor Professor Meiers	Nur der 1. Titel wird dekliniert die Rede des Direktors Professor Meier
mehrere Namen	nur der letzte mit -s im Genitiv die Rede Horst Meiers	ohne -s im Genitiv die Rede des Horst Meier	Herr (+ Titel) + Name	*Herr* wird immer dekliniert die Rede Herrn Meiers	die Rede des Herrn Direktor Meier
ein Titel o.Ä. + Name	Der Name wird dekliniert die Rede Direktor Meiers	Der Titel wird dekliniert die Rede des Direktors Meier	Doktor (Dr.) + Name	*Dr.* wird nie dekliniert die Rede Doktor Meiers	die Rede des Doktor Meier
Geografische Namen erhalten, soweit sie männlich oder sächlich sind, im Genitiv die Endung -s, wenn sie ohne Artikel gebraucht werden.			die Einheit *Deutschlands*, *Schwedens* Königin, die Nationalmannschaft *Uruguays*, die Geschichte *Roms*.		

Singular und Plural (Einzahl und Mehrzahl)

Singular: Aufgrund ihrer Bedeutung nur im Singular stehen können:

– viele Abstrakta;	Adel, Epik, Hitze, Kälte, Verborgenheit;
– Stoffbezeichnungen (außer in Fachsprachen).	Gold, Stahl, Blei (technisch auch: Stähle, Bleie).

Plural: Es gibt im Deutschen verschiedene Arten, den Plural zu bilden. Manchmal kann eine Mehrzahl allerdings nur durch zusammengesetzte Wörter ausgedrückt werden (z. B. Fleisch – *Fleischsorten*, Regen – *Regenfälle*). Manche Substantive kommen nur im Plural vor (z. B. *Einkünfte, Jugendjahre, Kosten*).

Mit doppelten Pluralformen werden häufig verschiedene Bedeutungen des Wortes unterschieden, z.B. *Bank – Bänke* (Sitzgelegenheiten), *Banken* (Geldinstitute); besondere Pluralformen haben viele Fremdwörter aus dem Griechischen, Lateinischen und Italienischen (z.B. *das Album – die Alben, das Cello – die Celli, das Praktikum – die Praktika*).	-en -n	die Frau, der Mensch der Bote, die Nadel	die Frauen, die Menschen die Boten, die Nadeln
	-e -e + Umlaut	der Tag, das Brot die Nacht, der Sohn	die Tage, die Brote die Nächte, die Söhne
	– Umlaut	der Zettel, das Segel der Vogel, der Garten	die Zettel, die Segel die Vögel, die Gärten
	-er -er + Umlaut	das Bild, das Feld der Wald, das Haus	die Bilder, die Felder die Wälder, die Häuser
	-s	das Auto, der Park	die Autos, die Parks

Das Geschlecht (Genus)

Jedes Substantiv hat ein bestimmtes grammatisches Geschlecht. Es ist entweder männlich (maskulin), weiblich (feminin) oder sächlich (neutral). Einige Substantive haben schwankendes Geschlecht (z. B. *der/das Barock*). Bei manchen Substantiven zeigt verschiedenes Geschlecht unterschiedliche Bedeutung an (z. B. *der Band, die Bände – das Band, die Bänder*).

Das Geschlecht wird durch den bestimmten Artikel *(der, die, das)* angezeigt.	männlich (maskulin): der Baum, der Apfel, der Ball; weiblich (feminin): die Tanne, die Birne, die Uhr; sächlich (neutral): das Holz, das Obst, das Blei.

Kurze Grammatik der deutschen Sprache

Die Wortbildung des Substantivs

1. Substantivierungen: – des Verbs; – des Adjektivs; – von unflektierbaren Wörtern.	das *Rauschen* des Flusses; das *Blau* des Himmels; alles *Liebe* zum Geburtstag; vergiss das *Gestern*.
2. Zusammensetzungen: – Das Geschlecht des Grundwortes legt das Geschlecht des ganzen zusammengesetzten Substantivs fest (z. B. die Haustür).	Substantiv + Substantiv: Haus-tür, Hof-hund; Verb + Substantiv: Kehr-woche, Mal-kasten; Adjektiv + Substantiv: Hoch-altar, Blau-licht;
Bestimmungswort und (seltener) Grundwort können mehrgliedrig sein;	Um-welt-schutz-organisation
Bei einem Teil der Zusammensetzungen werden zwischen die Bestandteile bestimmte Laute bzw. Buchstaben eingefügt (Fugenzeichen).	*-(e)s* Geburtstag, Liebesdienst, Arbeitsplatz; *-e* Hundehütte, Mauseloch, Lesebuch, Wartesaal *-(e)n* Nummernschild, Taschentuch, Strahlenschutz; *-er* Wörterbuch, Kindergarten, Rinderbraten.
3. Ableitungen: – mithilfe von Vorsilben (Präfixen) aus Substantiven; – mithilfe von Nachsilben (Suffixen) aus anderen Wörtern.	Miss-erfolg, Un-sinn, Anti-teilchen, Ex-kanzler, Poly-gamie, Pseudo-krupp; landen → Landung, retten → Rettung; schön → Schönheit, heiter → Heiterkeit; reiten → Reiter, bohren → Bohrer; Lehrer → Lehrerin.
4. Kurzformen von Substantiven sind: – Kurzwörter; – Abkürzungswörter; – Buchstabenabkürzungen.	Rad ← Fahrrad; Krimi ← Kriminalroman; Kripo ← Kriminalpolizei; Juso ← Jungsozialist; Ufo ← (unbekanntes Flugobjekt).

Die Apposition (Beisatz)

Als Attribut (Beifügung) zu einem Substantiv oder Pronomen kann ein Substantiv (oder eine Substantivgruppe) treten, das (oder die) in der Regel im gleichen Fall wie das Bezugswort steht.

– Vornamen, Beinamen, Bezeichnungen des Berufs, Titel u.Ä. sind Appositionen; – nähere Bestimmungen für Mengen. – Appositionen können vor- oder nachgestellt sein; – Appositionen können mit *wie* oder *als* angeschlossen werden.	*Peter* Müller; er spricht über Karl *den Großen*; Direktor *Dr.* Schmidt; mein *Onkel* Theo; ein Glas *Wein*; mit einer Tasse *Kaffee*; mit einem Pfund *Nüssen*. Peter hat Herrn Müller, *seinen Klassenlehrer*, auf der Straße gesehen. Unternehmungen *wie einen Ausflug* schätzt er nicht. Ihm *als dem Kapitän* des Schiffes ist zu vertrauen.

Begleiter und Stellvertreter des Substantivs

Der **bestimmte Artikel** *(der, die, das)* tritt mit Substantiven auf; er bezeichnet in seinen deklinierten Formen deren Geschlecht, Zahl und Fall.

	Singular			Plural
Nom.	der Stuhl	die Lampe	das Bild	die Stühle, Lampen, Bilder
Gen.	des Stuhles	der Lampe	des Bildes	der Stühle, Lampen, Bilder
Dativ	dem Stuhl	der Lampe	dem Bild	den Stühlen, Lampen, Bildern
Akk.	den Stuhl	die Lampe	das Bild	die Stühle, Lampen, Bilder

Der **unbestimmte Artikel** *(ein, eine, ein)* tritt mit Substantiven auf, jedoch ohne Pluralform.

Nom.	ein Stuhl	eine Lampe	ein Bild
Gen.	eines Stuhles	einer Lampe	eines Bildes
Dativ	einem Stuhl	einer Lampe	einem Bild
Akk.	einen Stuhl	eine Lampe	ein Bild

Ohne Artikel stehen häufig:	
– Abstrakta;	*Widerstand* ist zwecklos. *Ende* der Woche.
– Stoffbezeichnungen;	Er trinkt gern *Wein*. *Gold* ist ein Edelmetall.
– Substantive in festen Fügungen oder in Aufzählungen;	*Fuß* fassen, *Widerstand* leisten, *Frieden* schließen, an *Bord* gehen, bei *Tisch*.
– Substantive in verkürzten Äußerungen;	*Fraktion* fordert *Mitspracherecht*.
– Personennamen.	*Johann Wolfgang von Goethe* starb in Weimar.
– Geografische Namen stehen teils ohne, teils mit Artikel. Namen von Bergen, Gebirgen, Flüssen, Seen und Meeren stehen mit Artikel.	Deutschland, Frankreich, die Niederlande; der Königstuhl, das Riesengebirge, der Rhein, der Bodensee

Das **Personalpronomen** bezeichnet den Sprecher (1. Person), den Angesprochenen (2. Person), die Person oder Sache, über die man spricht (3. Person). Nur in der dritten Person steht es stellvertretend für das Substantiv.

	Singular					Plural		
Nom.	ich	du	er	sie	es	wir	ihr	sie
Gen.	meiner	deiner	seiner	ihrer	seiner	unser	euer	ihrer
Dativ	mir	dir	ihm	ihr	ihm	uns	euch	ihnen
Akk.	mich	dich	ihn	sie	es	uns	euch	sie

Das **Reflexivpronomen** bezieht sich gewöhnlich auf das Subjekt des Satzes und stimmt in Person und Zahl mit ihm überein. Der Fall hängt vom Verb ab.

– Für die 3. Person hat es die Form sich.	(Dativ Singular:) (Akkusativ Singular:) (Dativ Plural:) (Akkusativ Plural:)	Damit schadet er *sich* nur. Sie schminkt *sich*. Sie haben *sich* viel erzählt. Die Gäste begrüßten *sich*.
– Für die 1. und 2. Person werden die entsprechenden Formen des Personalpronomens verwendet.		Ich langweile *mich*. Damit schadest du *dir* nur. Wir haben *uns* sehr über die Geschenke gefreut. Ihr werdet *euch* wundern!

Kurze Grammatik der deutschen Sprache

Das **Possessivpronomen** gibt ein Besitzverhältnis an, drückt aber auch eine Zugehörigkeit, Zuordnung oder Verbundenheit aus. Es kann Begleiter oder Stellvertreter des Substantivs sein; seine Form richtet sich nach der Person, auf die es sich bezieht; es stimmt in Fall, Zahl und Geschlecht mit dem Substantiv überein, vor dem es steht. Das Possessivpronomen lautet im Singular und Plural in der ersten Person *mein/unser,* in der zweiten Person *dein/euer* und in der dritten Person (männlich; weiblich; sächlich) *sein; ihr; sein/ihr.*

	Singular			Plural
Nom.	mein Sohn	mein-e Tochter	mein Kind	mein-e Söhne/Töchter/Kinder
Gen.	mein-es Sohnes	mein-er Tochter	mein-es Kindes	mein-er Söhne/Töchter/Kinder
Dativ	mein-em Sohn(e)	mein-er Tochter	meinem Kind(e)	mein-en Söhnen/Töchtern/Kindern
Akk.	mein-en Sohn	mein-e Tochter	mein Kind	mein-e Söhne/Töchter/Kinder

Steht das Possessivpronomen stellvertretend für ein Substantiv, hat die männliche Form im Nominativ Singular die Endung -er, die sächliche im Nominativ und Akkusativ Singular die Endung -(e)s.	Mein Mantel ist zerrissen und *deiner* auch. Ich habe genug Geld, du kannst *dein(e)s* behalten.

Das **Demonstrativpronomen** weist auf etwas hin, was entweder bereits bekannt oder im Folgenden näher zu bestimmen ist. Es richtet sich in Geschlecht, Zahl und Fall nach dem Substantiv, bei dem es steht oder das es vertritt.

		Singular			Plural
		männlich	weiblich	sächlich	
Dieser und *jener* kommen sowohl als Begleiter wie als Stellvertreter des Substantivs vor. Dabei weist *dieser* auf etwas Näheres, *jener* auf etwas Entfernteres hin.	Nom.	dies-er	dies-e	dies(-es)	dies-e
	Gen.	dies-es	dies-er	dies-es	dies-er
	Dativ	dies-em	dies-er	dies-em	dies-en
	Akk.	dies-en	dies-e	dies(-es)	dies-e
Derjenige kann bei einem Substantiv oder an der Stelle eines Substantivs stehen. *Derselbe/der gleiche* wird wie *derjenige* dekliniert.	Nom.	der-jenige	die-jenige	das-jenige	die-jenigen
	Gen.	des-jenigen	der-jenigen	des-jenigen	der-jenigen
	Dativ	dem-jenigen	der-jenigen	dem-jenigen	den-jenigen
	Akk.	den-jenigen	die-jenige	das-jenige	die-jenigen
Das Demonstrativpronomen *der* als Stellvertreter des Substantivs ist vom Artikel *der* (als Begleiter des Substantivs) zu unterscheiden. Es ist im Allgemeinen voraus- und zurückweisend.	Nom.	der	die	das	die
	Gen.	dessen	deren/derer	dessen	deren/derer
	Dativ	dem	der	dem	denen
	Akk.	den	die	das	die

Die Indefinitpronomen

jemand – niemand – etwas – nichts Mit *jemand* werden ganz allgemein und unbestimmt Lebewesen bezeichnet, mit *etwas* Dinge, Sachverhalte u.Ä.; *etwas* und *nichts* können nur im Nominativ, im Akkusativ oder nach Präpositionen gebraucht werden.	*jemanden/etwas* loben, *jemandes* gedenken, *jemandem etwas* schenken, *jemanden* an *jemanden* verweisen. *Etwas* ist geschehen. Ich weiß davon *nichts*. Ich habe *etwas* darüber gehört. Daraus wird *nichts*.
alle – jeder – kein *Alle* bezeichnet eine Gesamtheit und wird im Allgemeinen wie ein Adjektiv dekliniert, das vor einem Nomen steht; *jeder* bezieht sich dagegen auf die einzelnen Teile oder Glieder dieser Gesamtheit; es wird im Allgemeinen wie ein Adjektiv dekliniert, das vor einem Nomen steht; *kein* ist das Gegenwort zu *jeder*.	Sie haben *allen* Schülern etwas geschenkt. *Alles* Hoffen/*Alle* Mühe war umsonst. *Jeder* Schüler wurde aufgerufen. *Jeder* musste ein Gedicht vortragen. Sie habe *jedem* dasselbe Buch geschenkt. Ich habe *keinen* Hund besessen. Ich habe *keinen*.
manche – mehrere – einige bezeichnen eine unbestimmte Anzahl; sie werden im Allgemeinen wie ein Adjektiv vor einem Nomen dekliniert.	*Manche* kamen nie an. *Mehreren* von ihnen dauerte es zu lang. *Einige* sind gegangen.
man Mit *man* wird ganz unbestimmt von einer Person gesprochen; es hat nur diese Form und wird nur im Nominativ Singular gebraucht.	*Man* sagt, er gehe oft ins Theater. *Man* hat ihn gestern im Theater gesehen.

Die Interrogativpronomen

Das Fragepronomen *wer/was* wird als Stellvertreter des Substantivs gebraucht; es hat nur Singularformen und unterscheidet nur zwischen Person *(wer)* und Sache bzw. Sachverhalt *(was)*.
Das Fragepronomen *welcher, welche, welches* kommt als Begleiter und als Stellvertreter des Substantivs vor, fragt nach Personen oder Sachen, und zwar auswählend aus einer bestimmten Art oder Menge; es wird wie *dieser* dekliniert. Mit *was für ein(er)* fragt man nach der Art, Beschaffenheit von Personen oder Sachen; *was* bleibt immer unverändert; nur *ein(er)* wird dekliniert.

Nom.	*Wer* kauft ein?	*Was* ist das?
Gen.	*Wessen* Hemd ist das?	–
Dativ	*Wem* gehört das Hemd?	–
Akk.	*Wen* sehe ich da?	*Was* sehe ich da?

Welches Kleid soll ich nehmen (– das blaue oder das schwarze)? *Welches* steht mit besser? *Welche* Partei wählt er eigentlich? (Ich hätte gern 100 g Schinken.) *Welcher* darfs denn sein? Mit *welchem* Zug kommst du? *Welche* von diesen Sachen sollen wir aufheben, *welche* können weggeworfen werden?
Was für ein Mensch ist das eigentlich? – *Was für einer* ist das eigentlich? *Was für einen* Wein möchten Sie (– einen trockenen oder einen lieblichen)?

Die **Relativpronomen** *der, die, das* und das wenig gebräuchliche *welcher, welche, welches* leiten einen Nebensatz (Relativsatz) ein. In Geschlecht und Zahl richten sie sich nach dem Bezugswort im übergeordneten Satz; der Fall ist dagegen abhängig vom Verb (oder einer Präposition) des Relativsatzes selbst (z. B. Ich sah *den Mann, der* den Brief eingeworfen hat. Er begrüßt *die Frau, welche* ihn eingeladen hat. Wer ist *der Mann, dem* ich das Paket geben soll?).

Das Relativpronomen *wer/was* bezeichnet allgemein eine Person oder eine Sache bzw. einen Sachverhalt. Es leitet einen Nebensatz ein, der eine Ergänzung des übergeordneten Satzes vertritt.	*Wer* nicht hören will, muss fühlen. Ich kann mir denken, *wen/was* du meinst. Mach, *was* du willst.

Das Adjektiv (Eigenschaftswort)

Man unterscheidet im Allgemeinen drei Arten von Adjektiven:

Eigenschaftswörter im eigentlichen Sinne: Sie beschreiben/bewerten, wie jemand oder etwas beschaffen ist (Farbe, Form, Ausdehnung, Qualität), wie etwas vor sich geht.	*Rote* Rosen sind ihre Lieblingsblumen. Es war ein *kalter* Winter. Mit *großer* Freude haben wir von seinem *guten* Examen erfahren.
Beziehungsadjektive: Sie drücken eine bestimmte Beziehung zwischen Personen oder Gegenständen aus.	Urheber: *polizeiliche* Maßnahmen, *ärztliche* Hilfe; die *finnischen* Seen, Raum/Zeit: der *gestrige* Tag; *wirtschaftliche* Zusammenarbeit, Bezugspunkt/Bereich: *technischer* Fortschritt.
Zahladjektive: Adjektive sind alle Zahlwörter, die als Beifügung (Attribut) zu einem Substantiv stehen können: – Grundzahlen; – Ordnungszahlen; – Bruchzahlen; – Vervielfältigungszahlwörter; – unbestimmte Zahladjektive.	die *erste* Gruppe; mit *fünf* Punkten; am *zweiten* April; ein(s), zwei, siebzehn, achtundachtzigtausend; der/die/das Erste, Dritte, Siebenundzwanzigste; halb, drittel, achtel, zwanzigstel, hundertstel; dreifach, fünffach, tausendfach; ganz, viel, wenig, zahllos, sonstig.

Die Deklination des Adjektivs

Fast alle Adjektive werden, wenn sie als Attribut (Beifügung) vor einem Substantiv stehen, in Übereinstimmung (Kongruenz) mit dem Substantiv nach Geschlecht, Zahl und Fall dekliniert. Nach den Wortformen, die in einer Substantivgruppe vor dem Adjektiv stehen können, unterscheidet man die Deklination des Adjektivs:

ohne Artikel (starke Deklination): ebenso nach: – endungslosen Zahladjektiven (z. B. Er sah *zwei* helle Lichter.); – *manch, solch, welch, viel, wenig* (z. B. bei solch schönem Wetter; *welch* herrlicher Blick); – *etwas* und *mehr* (z. B. mit *etwas* gutem Willen; ich brauche *mehr* helles Licht); – *deren/dessen* (z. B. der Libero, von dessen überlegtem Spiel alle begeistert waren).	**Singular**			
	Nom.	hell-er Tag	hell-e Nacht	hell-es Licht
	Gen.	hell-en Tages	hell-er Nacht	hell-en Lichtes
	Dativ	hell-em Tag(e)	hell-er Nacht	hell-em Licht
	Akk.	hell-en Tag	hell-e Nacht	hell-es Licht
	Plural			
	Nom.	hell-e Tage/Nächte/Lichter		
	Gen.	hell-er Tage/Nächte/Lichter		
	Dativ	hell-en Tagen/Nächten/Lichtern		
	Akk.	hell-e Tage/Nächte/Lichter		

Kurze Grammatik der deutschen Sprache

nach dem bestimmten Artikel (schwache Deklination): ebenso nach den Pronomen *dieser, jener, derselbe, derjenige, jeder, welcher.*	**Singular**			
	Nom.	der hell-e Tag	die hell-e Nacht	das hell-e Licht
	Gen.	des hell-en Tages	der hell-en Nacht	des hell-en Lichtes
	Dativ	dem hell-en Tag(e)	der hell-en Nacht	dem hell-en Licht
	Akk.	den hell-en Tag	die hell-e Nacht	das hell-e Licht
	Plural			
	Nom.	die hell-en Tage/Nächte/Lichter		
	Gen.	der hell-en Tage/Nächte/Lichter		
	Dativ	den hell-en Tagen/Nächten/Lichtern		
	Akk.	die hell-en Tage/Nächte/Lichter		
nach dem unbestimmten Artikel (gemischte Deklination): ebenso nach den Pronomen *mein, dein, sein, ihr* usw.	**Singular**			
	Nom.	ein hell-er Tag	eine hell-e Nacht	ein hell-es Licht
	Gen.	eines hell-en Tages	einer hell-en Nacht	eines hell-en Lichtes
	Dativ	einem hell-en Tag(e)	einer hell-en Nacht	einem hell-en Licht
	Akk.	einen hell-en Tag	eine hell-e Nacht	ein hell-es Licht
	Plural			
	Nom.	keine hell-en Tage/Nächte/Lichter		
	Gen.	keiner hell-en Tage/Nächte/Lichter		
	Dativ	keinen hell-en Tagen/Nächten/Lichtern		
	Akk.	keine hell-en Tage/Nächte/Lichter		

– Mehrere Adjektive vor einem Substantiv werden parallel dekliniert. – Nach Personalpronomen wird das (substantivierte) Adjektiv im Allgemeinen stark dekliniert. – Bei *mir, dir, wir* und *ihr* wird das Adjektiv meist schwach dekliniert.	Es geschah an einem *schönen, sonnigen* Morgen. Er besitzt ein *altes, klappriges* Auto. Ich *altes* Kamel; du *armer* Junge; du *lieber* Himmel; du *Guter* (männlich), du *Gute* (weiblich). Mir *alten, erfahrenen* Frau; dir *jungen* Kerl (neben: dir *jungem* Kerl); wir *alten* Freunde.

Bei unbestimmten Pronomen (*alle, manche* usw.) und unbestimmten Zahladjektiven (*viele, wenige* usw.) schwankt die Deklination des Adjektivs:

	schwach (wie nach *der*)	parallel (gleiche Endung)	
all-	■		Bei allem *guten* Willen, das geht entschieden zu weit. Aller *guten* Dinge sind drei.
ander-		■	Man hat noch anderes *belastendes* Material gefunden. Es gibt noch andere *fähige* Leute.
beide	■		Die Vorsitzenden beider *großen* Parteien sind anwesend. Beide *kleinen* Mädchen weinten.
einig-		■	Wir haben noch einiges *französisches* Geld übrig. Ich greife einige *wichtige* Punkte heraus.

Kurze Grammatik der deutschen Sprache

	schwach (wie nach *der*)	parallel (gleiche Endung)	
etlich-		■	Im Keller stand etliches *altes* Gerümpel. Der Betrieb hat etliche *alte* Mitarbeiter entlassen.
folgend-	■ (im Sing.)	■ (im Plur.)	Die Maschine arbeitet nach folgendem *einfachen* Prinzip. Der Test hat folgende *neue* Erkenntnisse gebracht.
irgendwelch-	■		Er hat irgendwelches *dumme* Zeug geredet. Die Meinung irgendwelcher *fremden* Leute interessiert mich nicht.
manch-	■		Wir haben manches *freie* Wochenende dort verbracht. Man trifft dort manche *interessanten* Leute.
mehrere		■	Er hat mehrere *folgenschwere* Fehler gemacht. Er steht wegen mehrerer *kleiner* Vergehen vor Gericht.
sämtlich-	■		Sämtliches *gestohlene* Geld konnte sichergestellt werden. Sie alarmiert sämtliche *erreichbaren* Nachbarn.
solch-	■		Solches *herrliche* Wetter hatten wir lange nicht mehr. Sie sagt immer solche *merkwürdigen* Sachen.
viel-		■	Das hat er in vieler *mühsamer* Kleinarbeit gebastelt. Sie haben viele *schöne* Reisen zusammen gemacht.
wenig-		■	Die Flüsse führen nur noch weniges *trübes* Wasser. Er hat nur wenige *gute* Freunde.

Substantivierte Adjektive:
Substantivierte Adjektive werden dekliniert wie attributive (bei einem Substantiv stehende) Adjektive, also stark, wenn sie ohne Artikel oder nach endungslosen Wörtern stehen, und schwach, wenn sie nach Wörtern mit Endung stehen.

stark	schwach
Vorsitzender ist Herr Müller.	Der *Vorsitzende* heißt Müller.
Ich wünsche dir nur *Gutes*.	Ich wünsche dir alles *Gute*.
Liberale und *Grüne* stimmten dagegen.	Die *Liberalen* und die *Grünen* stimmten dagegen.
Mein *Bekannter* ist *Angestellter* bei der Bank.	Die *Angestellten* der Bank sind unsere *Bekannten*.
Reisende ohne Gepäck bitte zu Schalter 3.	Die *Reisenden* nach Hongkong bitte zur Abfertigung.
Im Westen nichts *Neues*.	Hast du schon das *Neueste* gehört?

Adjektive ohne Deklinationsformen:
– Grundzahlwörter ab *zwei*;
– Ableitungen von Orts- und Ländernamen;
– Adjektive wie *super, fit, egal, klasse*; nur wenige von ihnen können als Beifügung stehen;
– Farbadjektive wie *rosa, lila, orange*.

sieben Raben; die *sieben* Raben; von *sieben* Raben
die Türme des *Ulmer* Münsters;
ein *super* Essen; ein *klasse* Auto.

Er packt das Buch in *rosa* Geschenkpapier.

Die Steigerung des Adjektivs

Viele Adjektive können Vergleichs- oder Steigerungsformen bilden. Man unterscheidet: **Grundstufe** (Positiv: *schnell*), **Höherstufe** (Komparativ: *schneller*) und **Höchststufe** (Superlativ: *am schnellsten*). An *-er* und *-st* treten die üblichen Endungen, wenn das Adjektiv attributiv bei einem Substantiv steht.

Gebrauch der Vergleichsformen:	
– Positiv: Eine Eigenschaft ist bei den verglichenen Personen oder Gegenständen in gleichem Maße vorhanden;	Klaus ist so alt wie Peter.
– Komparativ: drückt den ungleichen (höheren oder niedrigeren) Grad einer Eigenschaft aus;	Maria ist älter als Claudia.
– Superlativ: drückt den höchsten Grad einer Eigenschaft aus oder, wenn kein Vergleich zugrunde liegt, ganz allgemein einen sehr hohen Grad (Elativ).	Er ist der *jüngste* von drei Brüdern. Das ist das *Neueste*, was es auf dem Markt gibt. Der Betrieb arbeitet mit *modernsten* Maschinen.

Bei manchen Adjektiven werden durch die Steigerung lautliche Veränderungen bedingt; *gut* bildet die Höher- und Höchststufe in einem anderen Wortstamm *(gut, besser, best)*.	-er, -st		tief	tiefer	tiefste
	-er, -st	Umlaut	warm	wärmer	wärmste
	-er, -st	Umlaut und Konsonantenwechsel	hoch	höher	höchste
			nah	näher	nächste
	-er, -st	e-Ausfall	dunkel	dunkler	dunkelste
	-er, -est		heiß	heißer	heißeste
	-er, -est	Umlaut	kalt	kälter	kälteste

Adjektive ohne Vergleichsformen:		
Bei vielen Adjektiven ist eine Steigerung nur möglich, wenn sie in übertragener Bedeutung zur Kennzeichnung einer Eigenschaft (z.B. das *lebendigste* Kind = das *lebhafteste* Kind) oder in bestimmten Kontexten umgangssprachlich gebraucht werden (z.B. Das neue Programm ist noch *optimaler* als der Vorgänger).	»absolute« Adjektive	tot, lebendig, stumm, blind, kinderlos
	Adjektive, die bereits einen höchsten Grad ausdrücken	maximal, minimal, optimal, total, absolut, erstklassig
	Formadjektive	rund, viereckig, quadratisch, kegelförmig
	Beziehungsadjektive	karibisch, finanziell, dortig, jetzig
	Zahladjektive	drei, halb, siebenfach, ganz, einzig

Die Wortbildung des Adjektivs

Die weitaus meisten Adjektive sind abgeleitete *(un-schön, berg-ig, zeit-lich)* oder zusammengesetzte *(hell-rot, stein-hart, bären-stark)* Adjektive. Daneben gibt es solche, die aus Fügungen »zusammengebildet« sind (ein *viertüriges* Auto = ein Auto *mit vier Türen*).

1. Ableitungen von Adjektiven:	
– mithilfe von Vorsilben (Präfixen);	atypisch, intolerant, unzufrieden, erzkonservativ, uralt;
– mithilfe von Nachsilben (Suffixen).	dehnbar, hölzern, seiden, fehlerhaft, sandig, italienisch, gewerblich, reparabel, katastrophal, formell, intensiv.

2. Zusammensetzungen:		
– Sie bestehen aus zwei (selten mehr) Wörtern, wovon das zweite immer ein Adjektiv (oder Partizip) ist.	Verb + Adjektiv:	röst-frisch, koch-fertig, denk-faul;
	Adjektiv + Adjektiv:	hell-rot, bitter-böse, nass-kalt;
	Substantiv + Adjektiv:	stein-hart, wetter-fest;
– Meist wird der zweite Bestandteil (das Adjektiv) durch das vorangehende Wort näher bestimmt.		steinhart = hart wie Stein, kochfertig = fertig zum Kochen, denkfaul = faul im Denken;
– Bei einigen Adjektiv-Adjektiv-Zusammensetzungen sind die Teile einander gleichgeordnet.		nasskalt (= nass und kalt), taubstumm, dummdreist, feuchtwarm, wissenschaftlich-technisch.

Kurze Grammatik der deutschen Sprache

Steigerung zusammengesetzter Adjektive: – Der erste Teil (Bestimmungswort) wird gesteigert, wenn beide Glieder noch ihre Bedeutung tragen. In diesen Fällen wird getrennt geschrieben. – Das Grundwort wird in die Steigerungsform gesetzt, wenn die Zusammensetzung einen einheitlichen, neuen Begriff bildet.	eine *leicht verdauliche* Speise – eine noch *leichter verdauliche* Speise – die *am leichtesten verdauliche* Speise; in *altmodischster* Kleidung; die *weittragendsten* Entscheidungen; die *hochfliegendsten* Pläne; *zartfühlender* sein.

Die Verwendung des Adjektivs im Satz

Adjektive können als Beifügung zu einem Substantiv (attributiv), in Verbindung mit *sein, werden* und ähnlichen Verben (prädikativ) und in Verbindung mit anderen Verben (adverbial) gebraucht werden.

Als Attribut steht das Adjektiv – in der Regel vor dem Substantiv und wird dekliniert; – gelegentlich hinter dem Substantiv und undekliniert.	ein *trockener* Wein; die *bunten* Bilder; *blaue* Augen; Whisky *pur*; Röslein *rot*.
Adjektive in Verbindung mit *sein, werden* und ähnlichen Verben: – Das Adjektiv ist Artergänzung und wird nicht dekliniert. – Bei Adjektiven in der Höchststufe wird das Adjektiv dekliniert und mit Artikel gebraucht.	Sie ist *neugierig*. Es wird *dunkel*. Sie blieben *freundlich*. Die Westküste ist die *schönste*. Diese Fotos sind die *neuesten*.
Adjektive bei anderen Verben: – Das Adjektiv ist nicht notwendige Artangabe und wird nicht dekliniert.	Der Vater liest *laut* vor. Sie spricht *leise*. Wir hatten ihn *sehnsüchtig* erwartet. Sie lag *ohnmächtig* da.

Adjektive können oder müssen in Verbindung mit bestimmten Verben eine Ergänzung zu sich nehmen. Man unterscheidet:

– Adjektive mit einer Ergänzung im Genitiv; – Adjektive mit einer Ergänzung im Dativ; – Adjektive mit einer Ergänzung im Akkusativ; – Adjektive mit einer Ergänzung, die mit einer Präposition angeschlossen wird; – Adjektive mit einer Ortsergänzung.	*einer Sache* schuldig, bewusst, eingedenk, gewiss sein; *jemandem* behilflich, bekömmlich, ähnlich, bekannt sein; *eine Sache* wert sein; *jemanden* leid sein; *auf etwas* angewiesen, gespannt sein; *bei jemandem* beliebt sein; *für jemanden* nachteilig sein; *irgendwo* wohnhaft, beheimatet, tätig sein.

Das Adverb (Umstandswort)

Adverbien beziehen sich auf einzelne Wörter, Wortgruppen oder auf den ganzen Satz. Sie bezeichnen die Umstände eines Geschehens. Adverbien gehören zu den undeklinierbaren Wortarten. Nur einige wenige Adverbien können gesteigert werden. Die wichtigsten Arten von Adverbien sind:

Lokaladverbien/ Umstandswörter des Ortes	wo? wohin? woher?	da, daher, dorthin, hierher, drinnen, innen, vorn, links, oben, unten, vorwärts, unterwegs ...
Temporaladverbien/ Umstandswörter der Zeit	wann? seit wann? bis wann? wie lange?	jetzt, nie, jemals, niemals, bald, stets, immer, einst, bisher, neuerdings, allezeit, heute, morgen, winters, zeitlebens, jahrelang, vorher ...
Modaladverbien/ Umstandswörter der Art und Weise	wie? wie sehr? auf welche Art und Weise?	allein, zusammen, umsonst, beinahe, fast, genau, gewiss, nur, gern, durchaus, leider, möglicherweise, etwa, wohl, kopfüber ...
Kausaladverbien/ Umstandswörter des Grundes	warum? weshalb? wozu? wodurch? worüber?	daher, darum, deswegen, demzufolge, folglich, dadurch, deshalb ...

Die Wortbildung des Adverbs

1. Ableitung von Adverbien: mithilfe von Nachsilben (Suffixen).	morgens, abends, anfangs, frühestens; ostwärts, talwärts; glücklicherweise, seltsamerweise; zugegebenermaßen.
2. Zusammengesetzte Adverbien: Größte Gruppe sind die Adverbien, die aus *da, hier, wo* und einer Präposition gebildet sind. Beginnt die Präposition mit einem Vokal, wird an *da* und *wo* ein *r* angefügt.	daran, dabei, dahinter, danach, darüber, dazwischen; hierauf, hierdurch, hierfür, hiermit, hierunter, hiervor; voraus; wobei, worin, worüber, wovon, wozu.

Die Pronominaladverbien (Präpositionaladverbien)

Pronominaladverbien wie *darauf, hierüber* etc. werden häufig wie bestimmte Pronomen stellvertretend für eine bestimmte Substantivgruppe (mit Präposition) gebraucht. Man unterscheidet:

Präpositionaladverb (Bezug auf Sachen):	Präposition + Pronomen (Bezug auf Personen):
Wir diskutieren gerade über die Pausenregelung. Wissen Sie etwas Genaueres *darüber*?	Wir sprechen gerade über den neuen Chef. Wissen Sie etwas Genaueres *über ihn*?
Kann ich mich *darauf* verlassen, dass die Arbeit morgen fertig ist?	Er ist eine gute Kraft. *Auf ihn* kann man sich verlassen.
Hiermit will ich nichts zu tun haben.	*Mit dem/ihm/denen* ... will ich nichts zu tun haben.

Die Steigerung von Adverbien

Nur einige wenige Adverbien haben Steigerungs- oder Vergleichsformen. Meist werden die Höher- und die Höchststufe von einem anderen Wortstamm als dem der Grundstufe gebildet.	oft bald gern sehr wohl (= gut)	öfter eher lieber mehr besser/wohler	am öftesten/häufigsten am ehesten am liebsten am meisten am besten/wohlsten

Kurze Grammatik der deutschen Sprache

Die Verwendung des Adverbs im Satz

– als selbstständiges Satzglied (adverbiale Bestimmung), wenn es sich auf das Verb oder den ganzen Satz bezieht;	*Hier* entstehen fünf Neubauten. *Gestern* hat esgeregnet. Ich konnte *leider* nicht kommen. Warum sagst du mir das *jetzt*?
– als Attribut, wenn es einzelnen Wörtern oder Wortgruppen zugeordnet ist;	Sie ist *sehr* nett. *Bald* nach dem Vorfall ist sie weggezogen. Die Läden schließen hier *schon* um 18 Uhr.
– als Attribute können Adverbien vor- oder nachgestellt werden.	*So* einfach ist das nicht. Die Vorstellung *gestern* war ausverkauft. Die zweite Straße *links* führt zum Bahnhof. In dem Haus *dort* haben wir früher gewohnt.
– Bei Präpositionalgruppen, die eine Zahlangabe enthalten, können Gradadverbien auch innerhalb der Fügung, d. h. hinter der Präposition, stehen.	Ich bin *spätestens* in zwei Tagen/in *spätestens* zwei Tagen zurück. Sie kommt *frühestens* in zwanzig Minuten/ in *frühestens* zwanzig Minuten zurück.

Die Präpositionen (Verhältniswörter)

Präpositionen sind ihrer Form nach unveränderlich. Sie treten immer mit einem anderen Wort, in der Regel einem Substantiv oder Pronomen, auf, dessen Fall sie bestimmen (»regieren«). Viele Präpositionen können auch zwei Fälle »regieren«. Präpositionen stehen meist vor dem regierten Wort. Zusammen mit diesem bilden sie die Präpositionalgruppe. Man kann vier Hauptbedeutungsgruppen unterscheiden:

1. Ort (lokal):	*an* (der Grenze), *auf* (dem Hof), *aus* (Frankreich), *in* (der Stadt), *neben* (dem Haus), *über* (den Wolken), *vor* (der Baustelle);
2. Zeit (temporal):	*an* (diesem Tage), *in* (der nächsten Woche), *seit* (zwei Jahren), *um* (12 Uhr), *während* (des Krieges);
3. Grund, Folge, Zweck u. a. (kausal):	*wegen* (Bauarbeiten), *dank* (seiner Hilfe), *aus* (Mitleid), *durch* (Neugierde), *zu* (Ihrer Information);
4. Art und Weise (modal):	*ohne* (mein Wissen), *mit* (ihrer Zustimmung), *gemäß* (den Vorschriften), *gegen* (seinen Rat).

Die wichtigsten Präpositionen und ihre Rektion

ab **Dat./Akk.**	bis **Akk.**	inklusive **Gen./Dat.**	um – willen **Gen.**
abseits **Gen.**	dank **Gen./Dat.**	inmitten **Gen.**	ungeachtet **Gen.**
abzüglich **Gen./Dat.**	diesseits **Gen.**	innerhalb **Gen./Dat.**	unter **Dat./Akk.**
an **Dat./Akk.**	durch **Akk.**	jenseits **Gen.**	unterhalb **Gen.**
angesichts **Gen.**	einschließlich **Gen./Dat.**	kraft **Gen.**	von **Dat.**
anhand **Gen.**	entgegen **Dat.**	längs **Gen./Dat.**	vor **Dat./Akk.**
anlässlich **Gen.**	entlang **Gen./Dat./Akk.**	laut **Gen./Dat.**	während **Gen./Dat.**
(an)statt **Gen./Dat.**	entsprechend **Dat.**	mangels **Gen./Dat.**	wegen **Gen./Dat.**
anstelle **Gen.**	exklusive **Gen./Dat.**	mit **Dat.**	wider **Akk.**
auf **Dat./Akk.**	für **Akk.**	mittels **Gen./Dat.**	zeit **Gen.**
aufgrund **Gen.**	gegen **Akk.**	nach **Dat.**	zu **Dat.**
aus **Dat.**	gegenüber **Dat.**	neben **Dat./Akk.**	zufolge **Gen./Dat.**
ausschließlich **Gen./Dat.**	gemäß **Dat.**	oberhalb **Gen.**	zuliebe **Dat.**
außer **Dat.**	halber **Gen.**	ohne **Akk.**	zu(un)gunsten **Gen.**
außerhalb **Gen./Dat.**	hinsichtlich **Gen./Dat.**	seit **Dat.**	zuzüglich **Gen./Dat.**
bei **Dat.**	hinter **Dat./Akk.**	trotz **Gen./Dat.**	zwischen **Dat./Akk.**
bezüglich **Gen./Dat.**	in **Dat./Akk.**	über **Dat./Akk.**	
binnen **Gen./Dat.**	infolge **Gen.**	um **Akk.**	

Präpositionen mit unterschiedlicher Rektion

lokal:	mit Dativ (Ort, wo?) mit Akkusativ (Richtung, wohin?)	Das Bild hängt an der Wand. Sie hängt das Bild an die Wand.	an, auf, hinter, in, neben, über, unter, vor, zwischen.
lokal: **temporal:**	mit Dativ mit Dativ oder Akkusativ	ab unserem Werk; ab erstem/ersten Juli;	ab.
	im Allgemeinen mit Genitiv; mit Dativ, wenn Wortformen nicht als Genitiv erkennbar sind oder die Präpositionalgruppe einen weiteren Genitiv enthält.	abzüglich der bezahlten Kosten; abzüglich Steuerfreibeträgen; während Herrn Meiers langem Vortrag.	abzüglich, zuzüglich, ausschließlich, einschließlich, außerhalb, innerhalb, mangels, mittels, trotz, während, wegen.
	– Präpositionen, die den gleichen Fall regieren, können gereiht und auf ein Substantiv oder Pronomen bezogen werden. – Bei unterschiedlicher Rektion wählt man den Fall der zuletzt stehenden Präposition.	Sie suchte *in und unter dem Schrank*. *Vor, hinter und neben dem Minister* drängten sich die Reporter. *Diesseits und jenseits der Grenze* herrschte reger Verkehr. Kommt ihr *mit oder ohne* (+ Akk.) *Kinder?* Sie kommen *teils ohne, teils mit* (+Dat.) *Kindern*.	

Die Stellung der Präposition

– Die meisten Präpositionen stehen vor dem regierten Wort. – Einige Präpositionen können vor oder hinter dem regierten Wort stehen. – Einige wenige Präpositionen werden nur nachgestellt; »Doppelpräpositionen« umschließen das regierte Element.	*für* mich, *nach* Feierabend, *im* Auto; *wegen* der Kinder/der Kinder *wegen*, *nach* meiner Meinung/meiner Meinung *nach*, *entlang* dem Fluss/des Flusses (Dativ/Gen.)/den Fluss *entlang* (Akk.); dem Pressesprecher *zufolge*, der Wahrheit *halber*; *um* des lieben Friedens *willen*, *von* morgen *an*.

Verschmelzung von Präposition und Artikel

– Einige Präpositionen können mit Formen des Artikels zu einer Wortform verschmelzen. – In vielen Fügungen und festen Wendungen sind nur die verschmolzenen Formen möglich.	an/in + dem → am/im, bei + dem → beim, an/in + das → ans/ins, von + dem → vom, zu + dem/der → zum/zur; *am schönsten* sein, *zum Tanzen* auffordern, *im Juli* beginnen, *aufs Ganze* gehen, *hinters Licht* führen.

Die Konjunktionen (Bindewörter)

Konjunktionen gehören zu den unveränderlichen Wörtern. Sie verbinden Sätze und Teile von Sätzen miteinander. Es gibt nebenordnende Konjunktionen *(und, oder, aber, denn)* und unterordnende Konjunktionen *(weil, obwohl, dass, ob)*. Konjunktionen stellen eine bestimmte inhaltliche Beziehung zwischen den verbundenen Sätzen bzw. Satzteilen her. Neben einfachen Konjunktionen wie *oder, aber, ob* gibt es mehrteilige wie z. B. *sowohl – als auch, entweder – oder.*

Nebenordnende Konjunktionen (s. o.) verbinden: – gleichrangige Haupt- und Nebensätze;	Es klingelte an der Tür, *aber* sie machte nicht auf. Wir hoffen, dass es dir gut geht *und* (dass) dir der Aufenthalt gefällt.
– Wortgruppen;	*Sowohl* in Rom *als auch* in Paris; durch List *oder* durch Gewalt;
– Wörter; – Wortteile. Zu den nebenordnenden Konjunktionen gehören *als* und *wie*, wenn sie bei den Vergleichsformen des Adjektivs stehen.	auf *und* ab; arm, *aber* glücklich; rechts *oder* links; West- *und* Osteuropa; be- *oder* entladen. Er ist ein besserer Schüler *als* sein Freund. Heute ist das Wetter nicht so schön *wie* gestern.
Unterordnende Konjunktionen: – Unterordnende Konjunktionen wie *dass, weil, nachdem, bis* schließen immer einen Nebensatz an einen Hauptsatz an; – *um zu, ohne zu, (an)statt zu* leiten Nebensätze ein, in denen das Verb im Infinitiv steht.	Er konnte nicht glauben, *dass* das schon die Entscheidung gewesen sein *sollte*. Es dauerte lange, *bis* das nächste Tor *fiel*. Die Mannschaft kämpfte, *um* das Spiel *herumzureißen*. Sie kämpfte, *ohne* zum Erfolg *zu kommen*.

Bei den **nebenordnenden Konjunktionen** unterscheidet man vier Bedeutungsgruppen:	Reihung, Zusammenfassung:	und, (so)wie, sowohl – als/wie, sowohl – als auch/wie auch;
	verschiedene Möglichkeiten:	oder, entweder – oder, bzw. (= beziehungsweise);
	Gegensatz, Einschränkung:	aber, (je)doch, allein, sondern;
	Grund:	denn.
Die wichtigsten Bedeutungsgruppen der **unterordnenden Konjunktionen** sind:	Zeit (temporal):	als, nachdem, bis, während, ehe, bevor, sobald, solange, wenn;
	Grund (kausal):	weil, da, zumal;
	Zweck (final):	damit, dass, um zu;
	Bedingung (konditional):	wenn, falls, sofern, soweit;
	Gegensatz (konzessiv):	obwohl, obgleich, obschon, wenn auch;
	Art und Weise (modal):	indem, wie, als ob, ohne dass;
	ohne eigene Bedeutung:	dass, ob.

Die Interjektionen (Ausrufe-, Empfindungswörter)

Interjektionen stellen eigene, selbstständige Äußerungen dar und stehen im Satz isoliert. Sie kommen vor allem in gesprochener Sprache vor und drücken oft eine Empfindung oder eine Haltung des Sprechers aus (Überraschung, Freude, Überlegen, Zögern, Schreck). Man unterscheidet:

– Empfindungswörter;	ach, ah, au, hurra, igitt, oh;
– Aufforderungswörter;	hallo, he, heda, tschüs, dalli, hü, pst;
– Lautnachahmungen;	haha, hatschi, miau, kikeriki, peng, klirr;
– Gesprächswörter;	hm, ja, aha, genau, richtig, bitte?, was?;
– Antwortpartikel.	ja, nein.

Der Satz

Sätze sind selbstständige sprachliche Einheiten, aus denen Texte bestehen. Nach Form und Äußerungsabsicht unterscheidet man:

Aussagesätze: In Aussagesätzen steht die Personalform des Verbs an zweiter Stelle.	Wir *fahren* heute Nachmittag nach Frankfurt. Stephan *kommt* heute aus Rostock zurück. Das *ist* ja toll!
Fragesätze: – Entscheidungsfragen (Antwort: ja/nein) beginnen mit der Personalform des Verbs; – Ergänzungsfragen (Antwort: Einzelheiten zu einem Sachverhalt) beginnen mit einem Fragewort.	*Fährst* du zum Zoo? *Kann* ich auch mitkommen? *Womit* fahrt ihr denn? *Über wen* sprecht ihr?
Aufforderungssätze: – Sie beginnen mit der Befehlsform (Imperativ) des Verbs. – Bezieht sich der Sprecher in die Aufforderung mit ein oder siezt er die angesprochene Person, steht das Verb im Konjunktiv I Präsens. – Bei allgemeinen Aufforderungen steht das Verb meist im Infinitiv.	*Fahr* doch endlich! *Seid* möglichst pünktlich! *Seien* wir doch ganz ehrlich! *Seien* Sie unbesorgt! Vor Gebrauch *schütteln!*

Gesamtsatz und Teilsatz

Der Sprecher kann in einfachen Sätzen (Einzelsätzen) oder aber in zusammengesetzten Sätzen sprechen, wenn er komplizierte Zusammenhänge (z. B. Begründung für ein Geschehen) ausdrücken will. Diese Gesamtsätze bestehen aus Teilsätzen (Hauptsatz und Nebensatz [Gliedsatz]).

Nebensätze sind durch Wörter wie *weil, als, nachdem* an einen anderen Satz gebunden oder gefügt; die gebeugte Form des Verbs (Personalform) steht am Satzende. Sie können nicht ohne den Hauptsatz, an den sie gebunden sind, gebraucht werden. Der Nebensatz kann dem Hauptsatz nachgestellt (a), vorangestellt (b) oder in ihn eingeschoben sein (c).	a) Er kam nach Mannheim zurück,
	    nachdem er drei Wochen in Rom gewesen war.
	b) *Nachdem er drei Wochen in Rom gewesen war,*
	    kam er nach Mannheim zurück.
	c) Er kam, *nachdem er drei Wochen in Rom gewesen war,* nach Mannheim zurück.

Kurze Grammatik der deutschen Sprache

Bauteile des Satzes

Ein Satz besteht aus Bauteilen (Satzgliedern), die in bestimmter Weise zusammengefügt sind. Die Satzglieder kann man mit der **Verschiebeprobe** oder der **Umstellprobe** ermitteln. Satzglieder sind in der Regel diejenigen Teile des Satzes, die man innerhalb des (Aussage)satzes als selbstständige Teile oder Blöcke verschieben kann. Sie sind mit Wörtern und Wortgruppen austauschbar, die im Satz an derselben Satzgliedstelle gebraucht werden können **(Ersatzprobe)**. Sie bestehen aus Einzelwörtern oder Wortgruppen.

Verschiebeprobe:	*Nach einer Weile*	*kommt*	*Pauls Schwester.*
	Pauls Schwester	*kommt*	*nach einer Weile.*
Ersatzprobe: Die Ersatzprobe zeigt, dass ein Satzglied immer nur durch ein Satzglied der gleichen Art ersetzt werden kann.	*Pauls Schwester*	*kommt*	*nach einer Weile.*
	Elke	*kommt*	*später.*
	Sie	*kommt*	*in einer Stunde.*

Die Satzaussage (Prädikat)

Der Satzteil, der durch die Personalform des Verbs vertreten wird und bei der Verschiebeprobe seinen festen Platz behält, heißt **Satzaussage (Prädikat)**. In der Prädikatsrolle stehen Verben, die nach Person und Zahl mit dem **Satzgegenstand (Subjekt)** übereinstimmen (grammatische Kongruenz). Die Personalform des Verbs drückt aus, was in der Prädikatsrolle geschieht (geschehen ist/wird/soll etc.), was jemand tut.

	Personalform			Restform (Infinitive/Verbzusatz)
Das Prädikat kann einteilig oder mehrteilig sein.	Peter	*hilft* *hat* *will* *pflegt* *hilft*	*seinem Vater*	– *geholfen.* *helfen.* *zu helfen.* *aus.*

Der Satzgegenstand (Subjekt)

Mit dem Prädikat wird etwas über denjenigen Teil des Satzes ausgesagt, der auf die Frage *wer?/was?* antwortet. Die *Wer?/Was?*-Rolle heißt **Satzgegenstand (Subjekt)**.

Das Subjekt kann aus einem Nomen, Pronomen oder einer Substantivgruppe bestehen.	*Der Lehrer/Er/Sie/Man* *Ein erkälteter Mensch* *Ein Mensch, der Schnupfen hat,* *Der Leiter der Schule* *Jeder in der Klasse*	*niest.*
Das Subjekt kann auch aus einem ganzen Satz bestehen **(Subjektsatz)**.	*Ob sie kommt/Dass sie kommt,* *Wann sie kommt,* *Wen sie besuchen will,*	*interessiert uns nicht.*

Das Prädikat und seine Ergänzungen

Die Satzglieder, die Subjekt und Prädikat zu einem Satz vervollständigen, nennt man **Ergänzungen**. Grundsätzlich hängt es vom Verb ab, wie viele und welche Ergänzungen nötig sind, damit ein vollständiger Satz entsteht. Verben ohne Ergänzungen nennt man **absolute Verben**, Verben mit einer oder mehreren Ergänzungen nennt man **relative Verben**, Verben mit Akkusativergänzung nennt man **transitiv**, alle anderen **intransitiv**.

Akkusativergänzung (Akkusativobjekt) (Fragewort: wen?/was?): Als Akkusativergänzungen kommen vor allem Substantivgruppen und Pronomen vor, bei bestimmten Verben auch Nebensätze. Einige Verben können nur mit einer »persönlichen« Akkusativergänzung stehen.	Der Junge ruft *den Hund/die Kinder/ihn*. Ich weiß, *dass er teilnimmt/was los ist*. *Mich* friert. Es ekelt *ihn*.
Dativergänzung (Dativobjekt) (Fragewort: wem?): Als Dativergänzungen kommen fast nur Substantivgruppen und Pronomen vor.	Sie hilft *ihrem Freund/den wilden Tieren/ihm*.
Dativ- und Akkusativergänzung: Die Akkusativergänzung ist in einem Satz mit mehreren Ergänzungen notwendiger Bestandteil; auf das Dativobjekt kann verzichtet werden.	Peter zeigt (wem?) *Frank / dem Vater / ihm/ihr / seiner Klasse* (was?) *das Buch. / das Bild. / den Bären. / Berlin.*
Genitivergänzung (Genitivobjekt) (Fragewort: wessen?): Nur wenige Verben stehen mit einer Genitivergänzung. Als Genitivergänzung kommen Substantivgruppen und Pronomen vor, selten auch Nebensätze (Infinitivsätze).	Wir gedenken *unserer Verstorbenen/seiner*. Sie enthielt sich *eines Urteils*. Er befleißigt sich *liebenswürdig zu sein*.
Ergänzung mit einer Präposition (Präpositionalobjekt) (Präposition + Fragewort): Als Präpositionalergänzung kommen vor allem Präpositionalgruppen und Pronominaladverbien vor. Bei einigen Verben steht es dem Sprecher frei, ob er das Objekt mit oder ohne Präposition anschließen will.	Die Spieler warten *auf den Anpfiff*. Er begnügt sich *damit*, dass er schweigt. Können wir uns *darauf* verlassen? Er beginnt *mit der Arbeit/die Arbeit*. Sie vertraut *auf ihn/ihm*.
Gleichsetzungsergänzung (Gleichsetzungsnominativ) (Fragewort: was?):	Inge ist (bleibt/wird ...) *Vorsitzende*.
Adverbiale Ergänzungen: – Raumergänzungen (Fragewort: wo?, wohin?, woher?); – Zeitergänzungen (Fragewort: wann?); – Artergänzungen (Fragewort: wie?).	Sein Onkel wohnt *in Bremen*/fährt *nach Hamburg*/kommt *aus München*. Das Unglück geschah *frühmorgens*. Die Lage ist *ernst*.

Kurze Grammatik der deutschen Sprache

Angaben (Umstandsangaben/adverbiale Bestimmungen)

Die Sprechenden können in einen Satz, in dem alle notwendigen Rollen besetzt sind, zusätzlich Angaben einfügen, die das Verb oder den ganzen Satz genauer bestimmen. Im Gegensatz zu den adverbialen Ergänzungen, die vom Verb gefordert werden und notwendige Satzglieder sind, handelt es sich bei den adverbialen Angaben um freie Satzglieder. Man unterscheidet vier Hauptgruppen von Angaben:

Raum-angaben	Ort	wo?	Sie traf ihn *auf dem Markt*.
	Richtung	wohin?	Sie verschwand *ins Freie*.
	Herkunft	woher?	Er kam *aus der Dunkelheit* zurück.
	Entfernung	wie weit?	Er ist *den ganzen Weg* zu Fuß gegangen.
Zeit-angaben	Zeitpunkt	wann?	*Eines Tages* stand sie einfach vor der Tür.
	Wiederholung	wie oft?	Er läuft *jeden Tag* diese Strecke.
	Erstreckung	wie lang?/seit/bis wann?	Sie arbeitet *ein ganzes Jahr/seit einem Jahr/bis 16 Uhr*.
Angaben des Grundes	Grund/Ursache	warum?	Er tötete sie *aus Eifersucht*. Er starb *an seinen Verletzungen*.
	Bedingung	in welchem Fall?/ unter welcher Bedingung?	*Bei Regen/Unter diesen Umständen* kommt sie nicht.
	Folge	mit welcher Folge?/ mit welchem Ergebnis?	Er weinte *zum Steinerweichen*.
	Folgerung	aufgrund welcher Prämisse?	*Angesichts des Wetters* gehen wir nicht. *Bei seinem Einkommen* kann er sich das leisten.
	Zweck	wozu?/in welcher Absicht?	Wir fahren *zur Erholung* ans Meer.
	(wirkungsloser) Gegengrund	mit welcher Einräumung?/ trotz welchen Umstands?	*Trotz/Ungeachtet des Regens* kam er.
Angaben der Art und Weise	Beschaffenheit	wie?	Wir gingen *sehenden Auges* ins Unglück.
	Quantität	wie viel?	Otto arbeitet *genug/zu wenig*.
	Grad/Intensität	wie sehr?	Er peinigt mich *bis aufs Blut*.
	graduelle Differenz	um wie viel?	Der Index ist *um fünf Punkte* gestiegen.
	stoffliche Beschaffenheit	woraus?	Sie schnitzt *aus Holz* eine Figur.
	Mittel/Werkzeug	womit/wodurch?	Er schneidet das Brot *mit dem Messer*.
	Begleitung	mit wem?	Sie fährt *mit ihrem Mann* nach Hamburg.

Die Wortstellung

Die Bedeutung eines Satzes ergibt sich aus seinen einzelnen Teilen und ihrer Anordnung (Wortstellung). Damit ist nicht die Stellung einzelner Wörter, sondern die **Satzgliedstellung** und die Stellung des Prädikats gemeint.

Im Unterschied zu anderen Sprachen hat das Deutsche eine relativ freie Wortstellung.	*Heute* liefert die Spedition die neuen Möbel an. Die Spedition liefert *heute* die neuen Möbel an. Die Spedition liefert die neuen Möbel *heute* an.

Die Stellung des Prädikats und die Satzklammer

Im einfachen Aussagesatz steht als zweites Satzglied die Personalform (finite Form) des Verbs. Ändert man die Zweitstellung der Personalform des Verbs im Satz, verändert sich auch die Satzart.

	Fragesatz Aufforderungssatz	Aussagesatz	Gliedsatz
Spitzenstellung	*Kommt* Elke später? *Komm* später, Elke!		
Zweitstellung		Elke *kommt* später.	
Endstellung			(Ich vermute,) dass Elke später *kommt*.

Man nennt die auseinandertretenden Prädikatsteile die **Satzklammer (Verbklammer)**. In den Nebensätzen besteht sie aus der einleitenden Konjunktion und dem Prädikat.	*Ist* sie heute wieder nicht *erschienen?* ... *weil* sie heute wieder nicht *erschienen ist.*

Nebensätze

Nebensätze sind Sätze, die einen Satzteil eines anderen Satzes vertreten. Sie können nicht für sich allein stehen, sind dem Hauptsatz untergeordnet und bilden mit ihm zusammen eine Äußerung. Nach der Form (abhängend vom Einleitungswort des Nebensatzes) unterscheidet man Konjunktionalsätze, Relativsätze, indirekte Fragesätze und Infinitiv- und Partizipialsätze. Je nachdem, welchen Teil des Hauptsatzes die Nebensätze vertreten, unterscheidet man Ergänzungssätze, Adverbialsätze und Attributsätze.

Konjunktionalsätze, Relativsätze, Fragesätze, Infinitiv- und Partizipialsätze

– Konjunktionalsatz (Einleitungswort: Konjunktion); – Relativsatz (Einleitungswort: Relativpronomen); – indirekter Fragesatz, *w*-Satz (Einleitungswort: *w*-Wort); – Infinitivsatz; – Partizipialsatz.	Es ist nicht sicher, *ob er spielen kann.* Siehst du die Frau, *die dort arbeitet?* Ich habe alles gesagt, *was ich weiß.* Zeig ihm, *wie man das Schloss ausbaut.* Weiß jemand, *wo die Küche ist?* *Vater werden* ist nicht schwer. Ich freue mich, *euch wiederzusehen.* *Vor Anstrengung keuchend* konnte er nichts sagen.

Kurze Grammatik der deutschen Sprache

Ergänzungssätze

Ergänzungssätze stehen anstelle eines notwendigen Satzgliedes im Hauptsatz. Man unterscheidet Subjektsätze und Objektsätze. Am häufigsten kommen Objektsätze anstelle einer Akkusativergänzung vor.

– Subjekt (wer oder was?);	*Dass du mich besuchen willst,* freut mich. *Ob er kommt,* ist völlig ungewiss.
– Akkusativergänzung (wen oder was?);	Er sagt, *dass er krank sei.* Ich weiß, *wo sie wohnt.*
	Sie beschloss, *eine Pause zu machen.* Er sagte, *Peter sei krank.*
	Ich glaube, *sie wohnt in Berlin.*
– Genitivergänzung (wessen?);	Peter rühmt sich, *dass er unschlagbar sei.* Peter rühmt sich *unschlagbar zu sein.*
– Dativergänzung (wem?);	Sie hilft nur, *wem sie helfen will.*
– Präpositionalergänzung;	Er kümmert sich darum, *dass nichts verloren geht.*
– Gleichsetzungsergänzung.	Peter ist [das], *was er schon immer war.*

Adverbialsätze

Ein Adverbialsatz liegt vor, wenn eine adverbiale Angabe (Umstandsangabe) in Form eines Satzes auftritt. Man unterscheidet:

Temporalsätze:
Zeitform des Verbs und bestimmte Konjunktionen zeigen an, ob das Geschehen des Nebensatzes
– vor dem Hauptsatzgeschehen liegt
   (Vorzeitigkeit: *nachdem, als, seit[dem]*);
– parallel zum Hauptsatzgeschehen abläuft
   (Gleichzeitigkeit: *als, während, wenn, wie, sobald, solange*);
– nach dem Hauptsatzgeschehen abläuft
   (Nachzeitigkeit: *bevor, ehe, bis*).
	Nachdem sie die Bestellung zusammengestellt hat, füllt sie den Lieferschein aus.
	Als er das Fenster öffnete, verursachte er einen gewaltigen Durchzug.
	Bevor wir verreisen, müssen wir noch manches erledigen.

Kausalsätze (Begründungssätze): – Kausalsätze werden mit *weil* oder *da* eingeleitet.	Sie kann nicht kommen, *weil sie keine Zeit hat.* *Da er verreist war,* konnte er nicht kommen.
Konditionalsätze (Bedingungssätze): – Konditionalsätze werden vor allem mit *wenn* und *falls* eingeleitet.	*Wenn das wahr ist,* dann müssen wir uns beeilen. *Falls die Tür geschlossen ist,* geh durch den Hof.
Konzessivsätze (Einräumungssätze): – Konzessivsätze werden mit *obwohl, obgleich, obschon, wenn auch* eingeleitet.	*Obwohl/Obgleich er nur wenig Zeit hatte,* kam er. Sie geht ins Büro, *obwohl/obgleich sie krank ist.*
Konsekutivsätze (Folgesätze): – Konsekutivsätze stehen immer hinter dem Hauptsatz; einleitende Konjunktion ist vor allem *(so)dass.*	Sie sangen, *dass sie heiser wurden.* Die Sonne blendete ihn, *sodass er nichts sah.*
Finalsätze (Absichtssätze): – Finalsätze werden meist mit *damit* oder *um zu + Infinitiv* eingeleitet.	Er beeilte sich, *damit er pünktlich war.*
Modalsätze: – Modalsätze sind Nebensätze, die die Art und Weise, auch das Mittel oder die Begleitumstände einer Handlung erläutern; die typische Konjunktion ist *indem*. Zu den Modalsätzen zählen auch Vergleichssätze.	Er begrüßte ihn, *indem er sich verbeugte.* Sie machte sich bemerkbar, *indem (dadurch, dass) sie schrie.* Er ist so groß, *wie sein Vater ist.*

Attributsätze

Ein Attributsatz ist ein Nebensatz, der nicht ein ganzes Satzglied, sondern nur einen Teil, und zwar ein Attribut (Beifügung), vertritt.

Relativsatz: Der Relativsatz ist die wichtigste Form des Attributsatzes; er wird durch ein Relativpronomen eingeleitet, das in Geschlecht und Zahl mit der Beifügung des Hauptsatzes übereinstimmt und sich im Fall (Kasus) nach dem Verb des Relativsatzes richtet; der Relativsatz steht unmittelbar hinter dem Bezugswort. Manche Relativsätze drücken einen neuen Gedanken aus, der sich auf den gesamten im Hauptsatz genannten Sachverhalt bezieht **(weiterführender Relativsatz)**.	Ich kenne den Mann nicht,	*der* (Subjekt) dort steht. *dem* (Dativergänzung) Gaby gerade zulächelt. *den* (Akkusativergänzung) du mir gezeigt hast. *mit dem* (Präpositionalergänzung) Eva spricht.
	Wir wollten unsere Lehrerin besuchen, *die aber nicht zu Hause war.* Ich komme aus der Stadt, *wo ich Zeuge eines Unglücks gewesen bin.*	
Andere Arten des Attributsatzes: – legen den Inhalt des Bezugswortes dar; Bezugswort ist oft eine Substantivbildung von einem Verb.	Mein Entschluss, *das Spiel abzubrechen*, stand fest. Die Vermutung lag nahe, *dass der Spion zu den engsten Mitarbeitern des Ministers gehörte.* Ihre Behauptung, *sie sei zu Hause gewesen*, trifft nicht zu.	

Die Verknüpfung von Sätzen

Man unterscheidet grundsätzlich zwei Arten von Satzverknüpfung: die nebenordnende und die unterordnende.

– Nebenordnung; – Unterordnung.	Ich wollte gehen, da schaltete die Ampel auf Rot. Sie war krank, deswegen konnte sie nicht kommen. Ich bin gegangen, als die Ampel auf Rot schaltete. Weil sie krank war, konnte sie nicht kommen.
Satzreihe: Eine Satzreihe besteht aus zwei oder mehreren Hauptsätzen. – Satzteile, die den aneinandergereihten Sätzen gemeinsam sind, können im angeschlossenen Satz (manchmal auch im ersten Satz) weggelassen werden.	Am Sonntag fuhren wir nach Frankfurt, denn wir wollten zum Flughafen. Wir kamen um 15 Uhr an und gerade landete die Maschine aus München. Vertrauen ist gut, Kontrolle ist besser. Er geht auf das Gymnasium und sein Bruder geht auf die Realschule. – Er geht auf das Gymnasium und sein Bruder auf die Realschule.
Satzgefüge: Ein Satzgefüge besteht aus einem Hauptsatz und mindestens einem Nebensatz. – Kommen mehrere Nebensätze im Satzgefüge vor, kann es verschiedene Stufen und Grade der Unterordnung geben. – Dem Hauptsatz können auch zwei oder mehrere gleichrangige Nebensätze untergeordnet sein.	Am Sonntag fuhren wir nach Frankfurt, weil wir zum Flughafen wollten. Der Fahrer des Unfallwagens hatte zu spät gebremst, weil er glaubte, dass er Vorfahrt vor dem Wagen, der von links kam, hätte. Sie ging nach Hause, weil es schon spät war und weil sie noch zu tun hatte.

Grundsätzlich gibt es drei Möglichkeiten der Stellung von Nebensätzen im Verhältnis zum Hauptsatz:

– vorangestellt; – nachgestellt; – eingeschoben.	*Wer einmal hier gewesen ist*, kommt immer wieder. Ich will wissen, *was hier gespielt wird.* Die Platte, *die du mir geschenkt hast*, gefällt mir.

ZUR GESCHICHTE DER DEUTSCHEN SPRACHE UND IHRER WÖRTER

Einleitung

Es gehört zum Erfahrungsschatz der meisten Menschen, dass sich Sprachen verändern. Meist sind es einzelne Wörter oder Redewendungen, die ursprünglich vielleicht im Englischen, in der Jugendsprache oder im Sprachgebrauch der Computerbenutzer zu Hause waren und nun auch im Alltag Verwendung finden. Gelegentlich werden wir sogar zu Zeugen tieferliegender sprachlicher Veränderungen. »Ich habe das Buch nicht zu Ende gelesen, weil, ich war zu müde!« ist ein Satz, der uns zumindest in der gesprochenen Sprache täglich begegnen könnte.

Viel stärker noch als bei der Beobachtung der Gegenwartssprache stoßen wir beim Lesen älterer Texte auf Zeichen der Veränderung. Unsere eigene Sprachkompetenz und der Sprachgebrauch eines historischen Autors sind offenbar nicht deckungsgleich. Dies macht sich durch zahlreiche Verständnisprobleme fortwährend bemerkbar. Je älter ein Text ist, umso stärker häufen sie sich. Von den Veränderungen sind von Anfang an alle Ebenen der Sprache betroffen. Es wandeln sich die Laute, die grammatischen Formen und Strukturen, besonders häufig aber die Wörter und ihre Bedeutungen. Manche Wörter verschwinden völlig oder werden nur noch in Namen konserviert, so etwa die zentralen Bezeichnungen für »groß« und »klein« in der deutschen Sprache des Mittelalters, dem Mittelhochdeutschen. Mhd. *michel* »groß« und *lützel* »klein« beggenen zwar noch in Ortsnamen wie *Michelstadt* sowie *Lützellinden* (Ortsteil von Gießen) oder *Lützel* (Ortsteil von Koblenz), sind sonst aber gänzlich untergegangen. Der deutsche Wortschatz wird deswegen aber nicht kleiner, denn ständig kommen neue Wörter hinzu. Zur Bezeichnung neuer Gegenstände, neuer Erkenntnisse oder neuer technischer Errungenschaften müssen neue Ausdrücke gebildet werden, die dann oft mit der Sache aus anderen Sprachen übernommen werden.

Besondere Aufmerksamkeit ist vor allem dann gefordert, wenn zwar die äußere Gestalt eines Wortes weitgehend unverändert bleibt, die Bedeutung des Wortes sich jedoch verändert hat. Dieser Bedeutungswandel ist auf den ersten Blick gar nicht zu erkennen und kann selbst das Verständnis neuerer Texte erschweren. So bedeutet das Adjektiv *billig* ursprünglich »angemessen, richtig«. Aus der Bedeutung »dem Wert einer Ware angemessen« entwickelte sich auch »nicht teuer«. Da billige Ware aber oft von geringerer Qualität ist als teurere, konnte *billig* dann auch die Bedeutung »minderwertig« annehmen. Ein solcher Bedeutungswandel wird oft als »Bedeutungsverschlechterung« verstanden. Sie zeigt sich auch beim Wort *Gift*, denn als Ableitung vom Verb *geben* war die ältere Bedeutung einfach »Gabe, Geschenk«, wie man noch an *Mitgift* oder engl. *gift* erkennen kann. Später wurde es verhüllend für eine todbringende, schädliche Gabe gebraucht. Die Bedeutung des Wortes hat sich gewissermaßen verschlechtert, man erkennt diesen Bedeutungswandel aber nur, wenn man die Herkunft eines Wortes kennt. Seltener sind »Bedeutungsverbesserungen«, etwa am Beispiel *Arbeit*, zu sehen, das im ältesten Deutsch vor allem »Mühe, Mühsal, Last, Plage, Unglück« bedeutet, und später dann in einem positiven Sinn die zweckgerichtete körperliche und geistige Tätigkeit des Menschen meint.

Es ist die Aufgabe der Sprachgeschichtsschreibung, diesen Wandel, aber auch die Konstanten in den Strukturen und den Wortschätzen der Sprachen zu beschreiben und so weit wie möglich zu erklären.

Die Vorgeschichte der deutschen Sprache

Die ersten Aufzeichnungen in deutscher Sprache führen uns in die Zeit um 750 n. Chr., an den Beginn der Herrschaft der Karolinger und damit zu einer politischen und kulturellen Tradition, die bis in die Gegenwart lebendig geblieben ist. Aber woher kommt diese Sprache? Die Bildungssprache der Spätantike und des frühen Mittelalters ist das Lateinische. Es wird von Mönchen in den Klöster als Sprache des Christentums sowie der antiken Literatur und Gelehrsamkeit gepflegt. Der Rest der Bevölkerung kannte nur die jeweils in einer Region verwendeten Alltagssprachen, die nur für den mündlichen Gebrauch verwendet wurden und noch nicht aufgeschrieben werden konnten. Die meisten in Europa beheimateten Sprachen gehen auf das sogenannte Indogermanische zurück. Wie es scheint, sind es in Europa nur Ungarisch, Finnisch und Estnisch, Maltesisch sowie Türkisch, Baskisch und Georgisch, die ganz anders gebildet und daher mit den übrigen indogermanischen Sprachen nicht verwandt sind.

Das Indogermanische

Im 18. und 19. Jahrhundert konnte durch sprachwissenschaftliche Forschungen nachgewiesen werden, dass nicht nur zwischen den meisten europäischen Sprachen eine enge Beziehung bestehen musste, sondern dass auch das Altindische und das Altpersische mit den europäischen Sprachen eng verwandt sind. Das können wir überprüfen, wenn wir bestimmte Wörter aus diesen Sprachen miteinander vergleichen.

deutsch	altindisch	altgriechisch	lateinisch	englisch	russisch
Mutter	mātár-	métēr	mater	mother	mat'
Bruder	bhrātr-	phrétēr	frater	brother	brat
drei	tráyas	treîs	tres	three	tri
neu	náva-	néos	novus	new	novyj
ist	ásti	estí	est	is	est'
(ge)bäre	bharami (=trage)	phérō	fero	bear	beru (=nehme)

Aus den Übereinstimmungen von Form und Bedeutung dieser Wörter ist ganz deutlich zu erkennen, dass diese Sprachen miteinander verwandt sind und dass sie auf eine gemeinsame »Ursprache« zurückgeführt werden können. Diese Ursprache nannte man zunächst **Indogermanisch** nach den Namen der jeweils am weitesten im Osten (Inder) und Westen (Germanen) siedelnden Völker. Nach 1945 wird oft auch der Name **Indoeuropäisch** verwendet, weil man den Germanen-Begriff vermeiden und die Bedeutung der anderen europäischen Völker betonen wollte. Beide Ausdrücke bedeuten dasselbe.

Für das Indogermanische gibt es allerdings keine schriftlichen Belege. Deshalb begannen die Sprachwissenschaftler, die indogermanischen Sprachen zu vergleichen und aus ihrem Wortschatz all das zusammenzutragen, was in gewisser Weise ähnlich war. Denn da man annahm, dass es eine Ursprache gegeben hatte, konnte man davon ausgehen, dass bestimmte Dinge, die in den indogermanischen Sprachen eine gleichlautende Bezeichnung hatten, auch in dieser Ursprache vorhanden gewesen sein mussten. War ein solches Wort gefunden worden, zogen die Sprachwissenschaftler die lautlichen Besonderheiten der jeweiligen Sprachen von diesem Wort ab und erschlossen so ein indogermanisches »Urwort«, die sogenannte indogermanische Wurzel. Wenn in etymologischen Wörterbüchern eine solche erschlossene Form steht, wird sie mit einem Sternchen (*) gekennzeichnet. Wir erkennen dann, dass dieses Wort in keinem Text überliefert, sondern durch Sprachvergleich erst nachträglich erschlossen worden ist.

Viele der alten indogermanischen Sprachen sind heute ausgestorben. Andere werden nur noch in kleinen Regionen von wenigen Menschen gesprochen. Ursprünglich große Sprachfamilien zählen heute zu den »toten Sprachen«. Sie werden nicht mehr als Verkehrssprachen verwendet. Aus ihnen hat sich durch den Wandel einzelner Laute eine große Zahl moderner Sprachen entwickelt, deren Wortschatz aber direkt auf die alten Sprachen zurückgeht. So entstanden etwa aus dem Lateinischen die romanischen Sprachen Französisch, Italienisch, Spanisch, Katalanisch, Portugiesisch, Rumänisch und Ladinisch. Aus dem Altslavischen entwickelten sich u.a. die slavischen Sprachen Russisch, Bulgarisch, Ukrainisch, Serbisch, Kroatisch, Polnisch, Tschechisch, Slovakisch und Slovenisch. Aus dem Altgriechischen bildete sich das Neugriechische heraus. Die Sprachwissenschaft des 19. Jahrhunderts konnte dann aber auch nachweisen, dass die heutigen Unterschiede im Lautbestand dieser Sprachen nicht willkürlich und zufällig sind, sondern auf festen Regeln beruhen. Diese Regeln waren in ihrem Kern »ausnahmslos« und wurden deswegen als »Lautgesetze« betrachtet.

Die Herausbildung der verschiedenen Einzelsprachen aus der indogermanischen »Ursprache« war ein langer Prozess. Für den Vorläufer der deutschen Sprache, das Germanische, begann er wahrscheinlich etwa im 2. Jahrtausend v.Chr.

Der indogermanische Erbwortschatz

Ein nicht ganz geringer Teil unseres heutigen Wortschatzes lässt sich durch den Sprachenvergleich also bis auf die indogermanische Zeit zurückführen und hat entsprechend verwandte Wörter in anderen indogermanischen Sprachen. Diese indogermanischen Erbwörter sagen einiges über das Leben und die Kultur der Indogermanen aus. So lebten die Menschen damals offensichtlich in Großfamilien, denn die meisten indogermanischen Sprachen haben gemeinsame Verwandtschaftsbezeichnungen wie *Vater, Mutter, Bruder, Schwester, Sohn* und *Tochter*. Es gab früher noch mehr und auch genauer unterscheidende Verwandtschaftsbezeichnungen als im heutigen Deutsch. So bedeutete z.B. *Vetter* ursprünglich »Vaterbruder«, während es heute »Sohn der Tante, des Onkels« bedeutet.

Die Sprecher des Indogermanischen betrieben intensive Vieh- und Weidewirtschaft. Das zeigen Wörter wie *Acker, (Pflug)schar* (eigentlich »Schneidewerkzeug«), *Furche, säen, Gerste* und *mahlen*. Auch verstanden sie, wilde Tiere zu *zähmen* und diese dann als Haustiere zu halten. Das wichtigste Haustier war das Schaf. Es wurde besonders wegen seiner Wolle gezüchtet. Seine indogermanische Bezeichnung steckt im heute veralteten landschaftlichen Wort *Aue* (ahd. *ouwi*) und in engl. *ewe* für »Mutterschaf«. Die Verwandtschaft mit dem lateinischen Wort *ovis* »Schaf« ist unverkennbar. Bei den späteren Westgermanen entstand bald ein anderes Wort, das die alte Tierbezeichnung verdrängte. Dieses germanische Wort ergab dann engl. *sheep* und auch dt. *Schaf* (ahd. *scâf*), was wohl so viel wie »geschorenes Tier« bedeutet. Als Zugtiere wurden die *Kuh* (ursprünglich vielleicht ein lautmalendes Wort) und der *Ochse* (ursprünglich Bezeichnung für den Stier) auf dem Feld eingesetzt.

Die Erfolgsgeschichte der indogermanischen Völker ist aber wohl vor allem mit ihrer Fähigkeit verbunden, das Pferd zu zähmen; gegen 3000 v. Chr. erfanden sie auch das Fuhrwerk. Erhalten haben sich die Erbwörter für *Rad, Achse, Deichsel, Geschirr* und *Nabe*.

Ihre Häuser waren aus Holz gebaut. Das *Dach* (eigentlich »das Deckende«) ruhte auf vier senkrecht stehenden *Balken* (eigentlich »dickes Stück Holz«). Die Wände bestanden wohl aus Flechtwerk. *Wand* bedeutet eigentlich »Gewundenes, Geflochtenes, Flechtwerk« und ist abgeleitet vom Verb *winden*.

Herde und Haus bewachte damals wie heute der *Hund* (mit dt. Wort sind lateinisch *canis* und altgriechisch *kýōn* für »Hund« urverwandt).

Die Urheimat der indogermanischen Sprachen, so vermutet man heute mehrheitlich, befindet sich in den Steppen nördlich und nordöstlich des Schwarzen Meers. Man versucht, diese Sprachen mit den dort während des Neolithikums und der frühen Bronzezeit lebenden Völkern zu identifizieren, die man nach ihrer charakteristischen Bestattungsweise in Grabhügeln (*Kurgan*) als Kurgankultur bezeichnet. Dieser Kurgan-Hypothese zufolge lebten die Indogermanen im 5. vorchristlichen Jahrtausend als kriegerisches Hirtenvolk in Südrußland. Die meisten der ältesten Erbwörter lassen sich mit dieser Kurgankultur verbinden. Vielleicht in der Folge von Klimaverschlechterungen sind diese Völker zwischen 4400 und 2200 v. Chr. in mehreren Wellen west-, süd- und ostwärts gezogen und erreichten auf ihren Wanderungen auch Mitteleuropa, wo sie sich mit der dort ansässigen einheimischen Bevölkerung vermischten.

Aus dieser Vermischung von Indogermanen und nicht indogermanischer alteuropäischer Urbevölkerung, gingen dann neue, unterschiedliche Kulturen mit neuen, eigenständigen Sprachentwicklungen hervor, die zu neuen Sprach- und Volksgruppen führten. Eine dieser Sprachgruppen war das Germanische, der Vorläufer des heutigen Deutschen.

Der Germanische

Das ursprüngliche Stammesgebiet der Germanen war Südskandinavien, Dänemark und Norddeutschland zwischen der Elbe und der Oder. Hier bildete sich seit Beginn der Bronzezeit (um die Mitte des 2. Jahrtausends v.Chr.) ein zusammenhängender Kulturkreis, der sich, wohl bedingt durch eine Verschlechterung des Klimas, bis zum 5. Jahrhundert v.Chr. immer weiter nach Süden ausbreitete. Schon vorher waren die Germanen auf ihren Wanderungen bis zum Schwarzen Meer vorgedrungen und hatten im Norden sogar Island besiedelt. Im 2. Jahrhundert v.Chr. setzte dann eine neue Wanderbewegung ein, in deren Verlauf die Germanen immer häufiger mit den Römern in Berührung kamen. Was der Name »Germanen« bedeutet, ist nicht genau bekannt. Die germanischen Völker haben sich selbst nie so genannt, es handelt sich also um eine Fremdbezeichnung. Dazu passt, dass sich das Wort am besten als keltisch erklären lässt: zu air. *gairm*, germ »Ruf, Schrei« oder zu air. *gair* »Nachbar«.

Die germanischen Stämme hatten eine weitreichend übereinstimmende Sprache, die wir das **Urgermanische** nennen. Wie die indogermanische Grundsprache können wir auch dieses Urgermanische fast nur aus den historisch bezeugten germanischen Sprachen erschließen.

Eine wichtige sprachliche Veränderung, die die germanischen Sprachen von den übrigen indogermanischen Sprachen unterschied, war die sogenannte erste (oder germanische) Lautverschiebung. Hierbei wurden die Verschlusslaute **p, t, k* und **b, d, g* verändert. So wird etwa lateinisch **p**iscis zu deutsch **F**isch, lateinisch **d**uo zu englisch **t**wo, lateinisch **g**enu zu deutsch **K**nie). Ebenfalls wichtig für die eigene Entwicklung der germanischen Sprachen war die jetzt eintretende Betonung der ersten Silbe eines Wortes. Das ist noch heute auch für das Deutsche typisch. Die Sache hat allerdings einen Haken. Mit der Betonung des Wortanfangs wird bereits fast die gesamte Energie für die Aussprache eines Wortes verbraucht. Die schwach- oder wenig betonten Vokale schwinden. So sagen wir *Érnst* statt *Ernésto* und in der gesprochenen Sprache, die diese Tendenz noch verstärkt, entstehen seltsame Gebilde wir *hámmernich* anstelle von (das) haben wir nicht.

Das Germanische teilt man heute in einen nordgermanischen, einen westgermanischen und in einen ostgermanischen Zweig ein. Die Sprachen des ostgermanischen Zweigs, von denen das Gotische durch eine frühe Bibelübersetzung die bekannteste ist, sind untergegangen.

Der germanische Erbwortschatz

Im Mittelpunkt des germanischen Erbwortschatzes steht ein System von sog. starken Verben, die wir aus heutiger Sicht unregelmäßige Verben nennen. Diese Verben hat die Sprachwissenschaft des 19. Jahrhunderts, insbesondere Jacob Grimm, einer ihrer Gründerväter, in romantischer Stimmung als »stark« bezeichnet, weil sie ihre Vergangenheitsformen aus sich selbst heraus, ohne die Verbindung mit einem angehängten Flexionselement, bilden können. Während die schwachen, aus heutiger Sicht regelmäßigen Verben ihre Vergangenheitsformen mithilfe eines angehängten -t bilden (*machen – machte – gemacht, schenken – schenkte – geschenkt*), bilden die starken Verben das Präteritum durch einen Vokalwechsel wie in *trinken – trank –*

getrunken, nehmen – nahm – genommen. Dieser Ablaut genannte Vokalwechsel gehört zu den besonderen Kennzeichen der germanischen Sprachen und wird auch für die Neubildung von Substantiven fruchtbar gemacht, denn neben *ziehen – zog – gezogen* steht auch *der Zug,* neben *binden – band – gebunden* auch *das Band* und *der Bund.*

Diese starken Verben, von denen heute nur ein kleiner Teil die starke Flexion erhalten hat, bilden zugleich die älteste Schicht des germanischen Erbwortschatzes. Sie bezeichnen weite Bereiche der elementaren Tätigkeiten des menschlichen Lebens, menschliche Grundbedürfnisse und Gefühle, die sich seitdem nicht grundsätzlich gewandelt zu haben scheinen. So etwa *backen, biegen, bitten, dreschen, fahren, fangen, geben, laufen, lügen, melken, reiten, rufen schmelzen, schneiden, sehen, sieden, springen, stehlen, verzeihen, waschen, ziehen;* sowie *essen* und *trinken, liegen, sitzen* und *schlafen, frieren* und *leiden.* (Ehemals starke Verben wie *bauen, bellen, blühen, nähen* oder *säen* sind später zur schwachen Flexion übergetreten oder wie *quedan* »sprechen« und *bluozan* »opfern« ganz verloren gegangen.) Die starken Verben sind nicht nur der Ausgangspunkt neuer Substantive wie *Zug* und *Band,* sondern knüpfen mit von ihnen abgeleiteten Verben wie *führen* (zu *fahren*), *sich setzen* (zu *sitzen*), *tränken* (zu *trinken*) oder *fällen* (zu *fallen*) auch ein Netz von Wörtern, das schließlich alle Tätigkeiten umspannt. Weitere charakteristische Besonderheiten betreffen die verschiedensten Lebensbereiche:

Germanischer Alltag

So zeigen die Erbwörter aus germanischer Zeit deutlich, dass die frühen Germanen große Fortschritte in der Wohnkultur gemacht hatten. Wir sehen das an Wörtern wie *Bett* (ursprünglich vielleicht »erhöhte gepolsterte Schlafstelle am Boden«), *Bank* (wohl eigentlich »Erhöhung«), *Saal* (ursprünglich die Bezeichnung für das Innere des aus einem Raum bestehenden germanischen Hauses).

Inzwischen kannte man auch schon eine ganze Reihe von Werkzeugen. Die Germanen arbeiteten mit dem (ursprünglich hölzernen) *Spaten* (eigentlich »langes, flaches Holzstück«), mit der *Säge* und mit der *Sense.* Die ursprüngliche Bedeutung dieser beiden Wörter ist »Werkzeug zum Schneiden«.

Auch die Esskultur begann sich zu verfeinern. Man aß *Schinken* (wohl wie *Schenkel* eigentlich »schräger [= schräg zu stellender] Körperteil«), *Speck* (eigentlich »Dickes, Fettes«) und Fladenbrot.

Mode – Waffen – Reisen

Auch in der Mode gab es neue Errungenschaften. Man trug jetzt ein *Hemd* (eigentlich »das Bedeckende«), einen *Rock* (eigentlich wohl »Gewebe«) und eine *Hose* (eigentlich »Hülle, Bedeckung«). Mit dem Wort »Hose« wurden allerdings wollene oder lederne Lappen bezeichnet, die um die Füße und die Unterschenkel gewickelt wurden, also eher eine Art Strumpf. Später bedeckte man damit auch die Oberschenkel. Erst gegen Ende des 15. Jahrhunderts begann man, die beiden Einzelteile zu dem zusammenzunähen, was wir heute Hose nennen.

Die Waffen der Germanen waren *Spieß, Speer, Ger* und *Schwert.* Geschossen wurde mit dem *Bogen* (eigentlich »der Gebogene«); der Name des Geschosses hat sich erhalten in unserem Wort *Strahl,* das ursprünglich »Pfeil« bedeutete.

Wer mit dem *Wagen* (eigentlich »der Fahrende«) unterwegs war, musste oft durch Sümpfe oder über Flüsse. Die älteste Form der Brücke in germanischer Zeit war der Knüppeldamm in sumpfigem Gelände. Über kleinere Gewässer baute man mit Bohlen belegte Stege. Die ursprüngliche Bedeutung des Wortes *Brücke* ist daher »Balken, Knüppel«.

Recht und Ordnung

Einen Einblick in das Rechtswesen der Germanen geben uns Wörter wie *Bann* (eigentlich »unter Strafandrohung zu befolgendes Gebot«), *Sühne* (ursprünglich »Urteil, Gericht, Versöhnung«), *schwören* (eigentlich »vor Gericht sprechen«) und *Eid* (wohl aus dem Keltischen entlehnt). Rechtsstreitigkeiten wurden vor der unter freiem Himmel tagenden Gerichtsversammlung geklärt. Diese Versammlung hieß *Thing,* und diese Bezeichnung ist identisch mit unserem heutigen Wort *Ding* (vergleiche dazu englisch *thing*). Mit *Thing* wurde ursprünglich die Versammlung der freien Männer zur Beratung oder zur Rechtsprechung bezeichnet, dann auch der Gegenstand der Verhandlung, die Rechts*sache.* Daraus entwickelte sich schließlich die allgemeine Bedeutung »Gegenstand, Sache«.

An der Spitze eines Stammes stand, besonders im Krieg, ein *König* (eigentlich »Mann aus vornehmem Geschlecht«). Er wachte auch über Recht und Ordnung. Die Gliederung der Stammesgemeinschaft zeigen uns Wörter wie *Adel, Volk* und *dienen.*

Adel bezeichnete zunächst das hohe Alter der Abstammung einer Sippe, dann die Sippe selbst und schließlich speziell das vornehme Geschlecht und den edlen Stand. *Volk* bedeutete »Heerhaufen, Kriegsschar«, und das Verb *dienen* hatte ursprünglich die Bedeutung »Knecht sein«.

Keltischer Einfluss

Am Mittel- und Oberrhein und in Süddeutschland waren die Kelten zu jener Zeit die unmittelbaren Nachbarn der Germanen. Dieses Volk hatte auf kulturellem Gebiet damals schon einen ziemlich hohen Entwicklungsstand erreicht. Von den Kelten übernahmen die Germanen daher Wörter aus dem Bereich der staatlichen Ordnung wie *Amt* (eigentlich »Dienst, Dienstleistung«), *Eid, Geisel, Reich.* Auch das Wort *Eisen* stammt wohl aus dem Keltischen, dafür spricht die hoch entwickelte keltische Technik der Eisenverhüttung. Ebenso ist eine Reihe von deutschen Ortsnamen keltischen Ursprungs, z.B. *Mainz*, *Worms* und das österreichische *Bregenz*, genauso wie der Flussname *Rhein*.

Die Frühgeschichte der deutschen Sprache: das Althochdeutsche

Aus der Gruppe der westgermanischen Sprachen spaltete sich schließlich die deutsche Sprache ab. Sie unterscheidet sich wie das Germanische vom Indogermanischen ebenfalls durch eine Reihe von lautlichen Sonderentwicklungen, die nur für das Deutsche, nicht aber für die anderen germanischen Sprachen, etwa Englisch gelten. Das haben wir im Abschnitt über das Germanische schon am Beispiel der Entwicklung von indogermanisch *d gesehen, das als lateinisch d*uo* und nach der ersten oder germanischen Lautverschiebung als *t erscheint, wie es sich etwa in englisch t*wo* erhalten hat. Im Deutschen aber wird der Laut zu z [tz] wie in *zwei*. Wegen der Ähnlichkeit des Lautwandels mit der ersten Lautverschiebung spricht man hier von der zweiten oder hochdeutschen Lautverschiebung. Sie hat sich im 4. und 5. Jahrhundert n. Chr. vollzogen und damit in einer Zeit, die in Europa durch die großen Wanderung der germanischen Stammesverbände geprägt war. Sie ist abgeschlossen, bevor Mitte des 8. Jahrhunderts die ersten Aufzeichnungen in althochdeutscher Sprache entstehen. Betroffen waren in erster Linie die Verschlusslaute p, t und k:

germanisch **p**
- **pf:** im Anlaut und nach Konsonant
- **ff:** nach Vokal

Pfeife:	ahd. **pf**īfa	niederdeutsch **P**ipe
stampfen:	ahd. stam**pf**ōn	niederländ. stam**p**en
Schiff:	ahd. ski**f**	niederdeutsch Schi**pp**

germanisch **t**
- **ts:** im Anlaut und nach Konsonant; geschrieben z oder tz
- **ss:** nach Vokal; ahd. ʒ, ʒʒ geschrieben, neuhochdeutsch ß, ss oder s

Zunge:	ahd. **z**unga	niederländisch **t**ong
schwarz:	ahd. swar**z**	niederländisch zwar**t**
essen:	ahd. e**ʒʒ**an	niederländisch e**t**en
Fuß:	ahd. fuo**ʒ**	englisch foo**t**

germanisch **k**
- **kch:** im Anlaut und nach Konsonant; heute nur noch in der alemannischen und schweizerdeutschen Aussprache von Kind, trinken
- **ch:** nach Vokal; ahd. h, hh geschrieben, neuhochdeutsch ch

| machen: | ahd. ma**hh**on | niederdeutsch ma**k**en |
| Buch: | ahd. bu**ch** | englisch boo**k** |

Durch diese zweite Lautverschiebung wurde das Sprachgebiet der alten germanischen Stammessprachen in einen südlichen und einen nördlichen Bereich geteilt. Sie trennte die hochdeutschen Mundarten von den altsächsischen und auch von den anderen westgermanischen Sprachen.

Die Mundarten des südlichen frühdeutschen Sprachraums, die die Verschiebung von p, t, k am konsequentesten durchgeführt haben, bezeichnet man zusammenfassend als das **Oberdeutsche**, die unverschobenen Mundarten des Nordens dagegen als Altsächsisch, der Vorstufe des heutigen **Niederdeutschen**. Die Mundarten zwischen Niederdeutsch und Oberdeutsch, die die Verschiebung nur teilweise durchgeführt haben, bezeichnet man als das **Mitteldeutsche**. Das Mitteldeutsche und das Oberdeutsche werden zusammenfassend als **Hochdeutsch** bezeichnet.

Diese Teilung durch die zweite Lautverschiebung ist noch heute zu erkennen. Allerdings sind die Trennungslinien nicht scharf gezogen. Im Westmitteldeutschen zum Beispiel verlaufen die Grenzen zwischen verschobenen und unverschobenen Wörtern oft zwischen den einzelnen Ortsdialekten hindurch.

Römischer Kultureinfluss

Der althochdeutsche Wortschatz gibt uns einige Hinweise darauf, wie stark der Einfluss der römischen Kultur und der lateinischen Sprache auf die germanischen Völker gewirkt hat.

In den ersten nachchristlichen Jahrhunderten war der Einfluss des Lateinischen auf die germanische Sprache besonders groß. Die Römer hielten große Teile Germaniens besetzt. In dieser Zeit wurden über 500 Wörter aus dem Lateinischen übernommen. Die sogenannte erste lateinische Welle ergänzte und bereicherte den alten germanischen Wortschatz durch Ausdrücke für Gegenstände und Kulturtechniken, die den germanischen Völkern vor der Begegnung mit den Römern nicht bekannt waren. Zusammen mit den neuen Dingen, die die Germanen von den Römern kennenlernten, übernahmen sie dann meist auch deren lateinische Bezeichnungen und machten sie sich »mundgerecht«.

Das wohl älteste Lehnwort aus dem Lateinischen ist wohl das Wort Kaiser. Die Germanen lernten es mit dem Namen des römischen Feldherrn Gaius Julius Caesar kennen, der in den Jahren von 58 bis 51 v. Chr. Gallien (etwas das heutige Frankreich) eroberte und den Rhein zur Grenze des römischen Reiches machte. Die Germanen gaben dem Eigennamen bald die Bedeutung »Herrscher des Römischen Reiches«. Als dann unter Claudius (Kaiser seit 41 n. Chr.) der Beiname *Caesar* Bestandteil des römischen Herrschertitels wurde, legten die Germanen das ihnen längst bekannte Wort auf die Bedeutung »Kaiser« fest.

Dass das Wort schon sehr früh ins Germanische gelangt ist, zeigt deutlich die Aussprache des anlautenden *c* als *k* und die Aussprache von *ae* als *ai*. Denn die ä-Aussprache von *ae* wurde im Lateinischen vom 1. Jahrhundert n.Chr. an üblich und die Aussprache von *c* als Zischlaut (zuerst wie *ts*, dann wie *tsch*) erst etwa vom 5. Jahrhundert an. Im 5. Jahrhundert gelangt das Wort auch in den slavischen Sprachraum, wo dann mit der *ts*-Aussprache aus *Caesar* der Herrschertitel *Zar* entsteht.

Kulturausgleich im »kleinen römisch-germanischen Grenzverkehr«

Die neuen Errungenschaften betreffen zum Beispiel den Hausbau, denn die Germanen übernahmen von den Römern nach und nach die Technik der festen Steinmauer. Mit der Sache wurde auch die lateinische Bezeichnung *murus* übernommen, aus der sich das Wort *Mauer* entwickelte. Auch die Technik des Verputzens übernahmen die Germanen von den Römern und damit auch den *Kalk* (lateinisch *calx*, Akkusativ: *calcem*), mit dem sie der rohen Mauer ein »Kleid« gaben. Dieser bildliche Gebrauch wurde von den Germanen sehr wörtlich genommen, denn unser Wort *tünchen* »mit Kalk bekleiden, verputzen« (althochdeutsch *mit kalke tunihhōn*) bedeutet eigentlich etwa »bekleiden, verkleiden« und ist vom althochdeutschen Substantiv *tunihha* »Kleid« abgeleitet. Dies wiederum ist aus dem gleichbedeutenden lateinischen *tunica* entlehnt. Die großen Öffnungen in den Außenwänden waren für die *Fenster* (lateinisch *fenestra*) bestimmt. Denn in jede *Kammer* (lateinisch *camera*) sollte genügend Licht einfallen.

Obst und Gartenbau

Weitere Beispiele für den römischen Kultureinfluss betreffen den Obst- und Gartenbau. Die Germanen kannten als einzige Obstsorten nur die wild wachsenden Holzäpfel und Holzbirnen. Alles andere Obst und Gemüse lernten sie durch römische Vermittlung und später in den Klostergärten des frühen Mittelalters kennen, wie z.B. die *Kirsche* (lateinisch *ceresia*), den *Pfirsich* (lateinisch *malum persicum*, eigentlich »persischer Apfel«), die *Zwiebel* (lateinisch *cepulla*) und die *Birne* (lateinisch *pira*, entlehnt erst nach der zweiten Lautverschiebung).

Daraus, dass der Pfirsich eigentlich »persischer Apfel« heißt, sehen wir, dass die Römer oft nur die Vermittler bestimmter Pflanzenbezeichnungen waren. Sie hatten selbst diese Früchte im Orient, besonders in Kleinasien, kennengelernt und die Ausdrücke dafür meist aus dem Altgriechischen entlehnt.

Käse und Wein

Von den Römern lernten die Germanen auch, wie man durch ein aus dem Magen junger Kälber, Schafe und Ziegen gewonnenes Enzym die Milch zum Gerinnen bringen konnte. Die so entstandene Masse wurde in eine längliche, feste Form gebracht und war nun viel länger haltbar als der bisher hergestellte quarkähnliche Sauermilchkäse. Man übernahm für diese Speise auch das lateinische Wort *caseus*, das über althochdeutsch *kāsi* zu unserem *Käse* wurde. Weinanbau und Weinzubereitung waren den Germanen völlig fremd. Erst die römischen Besatzungstruppen machten vor allem an Rhein, Mosel und Saar die einheimische Bevölkerung mit dem *Wein* (lateinisch *vinum*) bekannt. Mit der Sitte des Weintrinkens wurde auch der Wortschatz der Weinherstellung übernommen: Wörter wie süddeutsch *Most* für »junger Wein« (lateinisch *mustum*), *Winzer* (lateinisch *vinitor*), *Kelter* (lateinisch *calcatura*) und *Kelch* (lateinisch *calix*) gelangten so in den germanischen und damit in den althochdeutschen Wortschatz.

Der christliche Wortschatz

Die erste Schicht eines frühchristlichen Wortschatzes hatte sich schon in spätgermanischer Zeit herausgebildet. Hierzu zählen etwa Wörter wie:

Kirche (altgriechisch *kyriakón*, eigentlich »Haus des Herrn«); *Bischof* (lateinisch *episcopus*, aus altgriechisch *epískopos* »Aufseher«); *Almosen* (altgriechisch *eleēmosýnē* »Mitleid, Erbarmen«); *Engel* (altgriechisch *ággelos*, eigentlich »Bote«); *Teufel* (altgriechisch *diábolos* »Verleumder, Feind«). Ebenso *taufen* (nach dem Vorbild von altgriechisch *baptízein* »durch untertauchen taufen« zum Adjektiv *tief*) und *fasten* (aus gotisch *fastan* »festhalten, bewachen« wohl im Sinne von »an den Fastengeboten festhalten«).

Vom 8. Jahrhundert an drang dann das Christentum immer weiter in den Lebensbereich der Franken, Alemannen und Bayern vor. Mit dem Ausbau der Kirchenorganisation und der Einführung des Gottesdienstes kam damit auch eine zweite Welle lateinischer Bezeichnungen zu unseren Vorfahren.

Klosterleben und Gottesdienst

Die ersten Missionare, die bei den Germanen unterwegs waren, lebten außerhalb der befestigten Orte als Einsiedler. An geeigneten Plätzen bauten sie sich eine Hütte oder ein Steinhäuschen, das sie *Zelle* (lateinisch *cella*) nannten. Die lateinische Bezeichnung für einen solchen Einsiedler lautete *monachus* (zu altgriechisch *monachós* »allein lebend«), daraus entstand das Wort *Mönch*. Wir finden es auch in vielen Ortsnamen und können daran erkennen, dass hier in alter Zeit solche Einsiedeleien bestanden haben mussten (z.B. *Mönchengladbach*).

Neben der Zelle wurde oft ein kleines Bethaus errichtet, die *Kapelle* (lateinisch *capella*). So hieß zuerst das kleine Steinbauwerk über dem Grab des hl. Martin von Tours (etwa 316 bis 397, seit 371 Bischof von Tours). Das lateinische Wort bedeutet eigentlich »Mäntelchen«. Denn in dieser Grabkapelle wurde der Mantel des Heiligen aufbewahrt, den er der Legende nach mit einem Bettler geteilt hatte. Bald wurden alle Hauskapellen im merowingischen Frankenreich so genannt, und schließlich wurde diese Bezeichnung auf alle kleinen Bethäuser übertragen.

Oft geschah es, dass sich mehrere Mönche in einer solchen Einsiedelei ansiedelten. Diese musste dann vergrößert werden und wurde zum *Kloster* (lateinisch *claustrum* »abgeschlossener Raum«). Männer und Frauen bildeten eine sogenannte Ordensgemeinschaft und lebten als Mönche und *Nonnen* (lateinisch *nonna*, ursprünglich Anrede für eine ältere Frau) nach bestimmten *Regeln* (lateinisch *regula*) in solchen Klöstern.

Für die größer gewordene Gemeinschaft wurde eine größere Klosterkirche, ein *Münster* (lateinisch *monasterium*) gebaut. Ein neuer *Altar* (lateinisch *altare*) aus Stein wurde errichtet, ein neues, großes *Kreuz* (lateinisch *crux*, althochdeutsch *krūzi*) dahinter aufgestellt.

Regelmäßig wurde jetzt die *Messe* (lateinisch *missa*) gehalten. Der *Priester* (lateinisch *presbyter*, eigentlich »der Ältere; Gemeindevorsteher«, aus altgriechisch *presbýteros* »Gemeindeältester«) verlas von der *Kanzel* (lateinisch *cancelli* »Schranken, Gitter«, eigentlich »durch ein Gitter abgetrennter Platz für die Priester«) das *Evangelium* (lateinisch *euangelium*, altgriechisch *euaggélion*). Danach *predigte* er (lateinisch *praedicare*, eigentlich »öffentlich verkünden«). Am Ende des Gottesdienstes *segnete* (lateinisch *signare* »das Kreuzzeichen machen«, eigentlich »mit einem Zeichen versehen«) der Priester die Anwesenden.

Die althochdeutsche Kirchensprache

Für die Missionare war es oft sehr schwierig, die Begriffe der christlichen Religion aus der lateinischen Kirchensprache in die Sprache der Bevölkerung zu übersetzen. Am einfachsten war es dann, wenn vorhandene Bezeichnungen aus der Religion der Germanen im christlichen Sinn umzudeuten waren.

So wurde aus dem Reich der germanischen Totengöttin *Hel* der Ort der Strafe für die Verstorbenen, unsere *Hölle*. Dieses Wort trat an die Stelle des lateinischen *infernum*. Ursprünglich sächliches Geschlecht hatte *Gott*, weil das Wort zusammenfassend männliche und weibliche Gottheiten bezeichnete (wahrscheinlich eigentlich »das [Wesen], dem geopfert wird«). Die Missionare benutzten das Wort dann für lateinisch *deus* als Bezeichnung des Christengottes.

Das althochdeutsche *gilouben* gehört vermutlich zu *lieben* und bedeutet ursprünglich »vertrauend, folgend machen«. Schon früh ist das Wort auf das Vertrauen, das der Mensch zum Walten der Götter hatte, bezogen worden. In der Kirchensprache konnte man ihm dann leicht die Bedeutung von lateinisch *credere* geben, die heute noch *glauben* im religiösen Bereich hat.

Die eidesstattliche Erklärung vor Gericht und auch das Geständnis eines Angeklagten hießen im Althochdeutschen *bijiht*. Mit christlichem Sinngehalt angefüllt, wurde der Ausdruck für lateinisch *confessio* benutzt und bekam jetzt die Bedeutung »Sündenbekenntnis (vor einem Priester)«. Aus *bijiht* wurde dann *Beichte*.

Nord-Süd-Gegensatz im christlichen Wortgut

Bei der Übernahme einheimischen Wortgutes in die Kirchensprache standen sich oft Wörter aus dem nördlichen und südlichen Sprachraum als Konkurrenten gegenüber. So wurde im Süden das althochdeutsche *wīh* »heilig« von den Mönchen übernommen und mit christlichem Inhalt gefüllt. Die im Norden tätigen angelsächsischen Missionare brachten das altenglische *hālig* mit, das wie das althochdeutsche *heilag* aus dem germanischen Religionswesen stammte und eigentlich »mit günstigem Vorzeichen« oder »heil, unversehrt« bedeutete. Die Form aus dem Norden setzte sich durch und trat in der Kirchensprache an die Stelle von lateinisch *sanctus* »heilig« und ergab schließlich unser *heilig*. Das Adjektiv *wīh* ist im Verb *weihen* (eigentlich »heiligen«, dazu *Weihnachten*, *Weihrauch*) erhalten geblieben sowie in (bayrischen) Ortsnamen wie *Weihen*stephan, *Weihen*zell, *Weih*michl.

Aber nicht nur Lehnwörter und Lehnbedeutungen erweiterten in dieser Zeit den althochdeutschen Wortschatz. Gerade im religiösen Bereich gab es eine große Zahl von Neubildungen. Grundlage dieser Wörter war zwar ein lateinisches Vorbild, die Bestandteile wurden aber der einheimischen Sprache entnommen. So wurde aus dem lateinischen *domus dei* (*domus* = Haus, *dei* = Genitiv von *deus* »Gott«) das althochdeutsche *gotes hūs*, das »Gotteshaus«. Aus lateinisch *beneficium* (*bene* = gut, *-ficium* = vom Verb *facere* »machen, tun«) wird althochdeutsch *wolatāt*, daraus dann *Wohltat*.

Die Leistung der Mönche für die ältesten deutschen Schriftsprachen

Das frühe Althochdeutsche dieser Zeit darf man sich nicht als einheitliche Sprache vorstellen. Es gab ein frühes Fränkisch, Alemannisch oder Bairisch, aber es gab weder eine einheitliche Standardsprache noch eine einheitliche Schreibung. Wenn ein Mönch einen lateinischen Text übersetzte, dann schrieb er in dem Dialekt, den er auch zu Hause sprach. In den einzelnen Schreibstuben ging es in der Frühzeit vor allem darum, Texte für den eigenen lokalen Gebrauch herzustellen. Und dafür benötigte man zunächst für jede

Region eine möglichst eindeutige Verbindung von Laut und Schriftzeichen. Hier liegt die wichtigste sprachliche Leistung der frühmittelalterlichen Mönche, denn das Bemühen um ein möglichst exaktes Verhältnis von Lauten und Schreibungen ist der erste Schritt auf dem Weg zu einer funktionierenden Schriftsprache. An einer einheitlichen Norm für die überregionale Kommunikation in der Volkssprache war man dagegen noch gar nicht besonders interessiert.

Aus dieser frühen Zeit unserer Sprache ist nicht allzu viel an schriftlicher Überlieferung erhalten geblieben. Das meiste davon ist zudem noch vom Lateinischen geprägt und zeigt uns vor allem die Sprache der gebildeten Priester und Mönche.

In der Praxis sah die Arbeit dieser Spezialisten so aus, dass in jeder klösterlichen Schreibstube überlegt wurde, wie die deutsche Entsprechung zu einem bestimmten lateinischen Wort wohl aussehen könnte. Meist stellte sich diese Frage dann, wenn man bei der Lektüre eines lateinischen Textes, zum Beispiel für den Unterricht in einer Klosterschule, schwierige lateinische Wörter zum besseren Verständnis ins Deutsche übersetzen wollte. In jedem einzelnen Kloster konnten die Überlegungen zu recht unterschiedlichen Ergebnissen führen. So finden sich für lat. *frōns* »Stirn« etwa die althochdeutschen Entsprechungen *endi, endiluz, endīn, gebal, gibilla, houbit, stirna* und *tinna*; lat. *gurgulio* »Gurgel, Luftröhre« stehen gegenüber ahd. *ātemdrozze, drozza, gurgula, kela, querca, quercala* und *sluntbein*; für lat. *palma* »die flache Hand« sind bezeugt ahd. *breta, flazziu hant, flazza, folma, hant, munt, spanna* und *tenar*; lat. *supercilium* »Augenbraue« kann übersetzt werden als ahd. *brāwa, brā, obarbrāwa, ougbrāwa* oder *wintbrāwa*.

Aber auch dann, wenn ein Wort bereits durch seine hohe kommunikative Bedeutung in der mündlichen Alltagssprache überregional verbreitet war – denken wir an so elementare, alt ererbte Körperteilbezeichnungen wie *Arm* oder *Fuß* –, konnten die Wörter recht verschiedenartig aussehen. In den unterschiedlichen Texten aus den althochdeutschen Sprachlandschaften begegnen uns etwa: *arm, aram, arim, armo* und *fuoz, fuozs, fooz, foos, fuaz, fuez, fūz, fouz, fâz, fuz, vuoz, vûoz, uvôz, uuoz, uůz, uoaz, phuoz*. Diese Vielfalt lässt sich vor allem dadurch erklären, dass es trotz aller Versuche eben doch noch keine einheitliche Schreibnorm, also eine Orthografie – etwa wie die Norm des heutigen Rechtschreibdudens – für die Volkssprache gab. Die Schreiber mussten selbst herausfinden, wie das Verhältnis von Laut und Buchstabe in ihrer regionalen Ausprägung am besten ausgedrückt werden konnte.

Entscheidend für den hochdeutschen Sprachraum ist aber eine noch viel weitreichendere Besonderheit: Da es ja in althochdeutscher Zeit überhaupt noch keine überregionale Schrift- oder Standardsprache gegeben hat, können wir nur Wörter und Sätze in bairischer, alemannischer oder fränkischer Sprache vorfinden. Die Gemeinsamkeit erschöpft sich auf den ersten Blick im lateinischen Alphabet, dessen einheitstiftende Kraft durch eine Schriftreform mit der Einführung der karolingischen Minuskel allerdings noch verstärkt wurde, und in einigen Merkmalen der zweiten Lautverschiebung.

Die Anfänge der deutschen Sprache liegen daher noch nicht im 5. und 6. Jahrhundert, wenn sich die Konsonanten im Zuge der zweiten Lautverschiebung wandeln, sondern sie liegen in der Mitte des 8. Jahrhunderts, wenn diese neuen Laute in den Klöstern erstmals mit Hilfe des lateinischen Alphabets nach dem Vorbild der lateinischen Schriftkultur aufgezeichnet werden. Der Kontakt mit der christlichen und der klassischen lateinischen Literatur hat die zuvor nur gesprochene Volkssprache völlig umgestaltet. Sie wird jetzt zum Althochdeutschen.

Die Periodisierung der deutschen Sprachgeschichte

Die schriftliche Überlieferung der althochdeutschen Zeit geht mit dem Tod Notkers von St. Gallen im Jahre 1022 ihrem Ende entgegen. Notker ist der letzte herausragende Kopf der frühmittelalterlichen volkssprachigen Literatur.

Es dauert dann mehrere Jahrzehnte, bis der Strom deutscher Texte wieder stärker zu fließen beginnt. Was um das Jahr 1000 geschah, kann man sich vielleicht am ehesten vorstellen, wenn man an die Aufregungen denkt, die hier und da bei der Zeitenwende vor dem Jahr 2000 um sich gegriffen haben. Damals diskutierten Theologen und Propheten das Weltende und spekulierten über dessen Datum. Die Mythen vom Antichristen und dem endzeitlichen Kaiser faszinierten Kleriker wie Laien. Um die Wende zum zweiten Jahrtausend nach Christus wurde die Weltende-Erwartung erstmals auf dramatische Weise aktuell. Zu diesen Schrecken gesellten sich alle Arten von Unglück: Epidemien, Hungersnöte, dunkle Vorzeichen wie Kometen, Sonnen- und Mondfinsternisse. Die Gegenwart des Teufels schien überall spürbar. Die Christen führten diese Plagen auf ihre Sünden zurück. Der einzige Schutz waren die Buße und die Rückbesinnung auf die Heiligen und ihre Reliquien. Als dann aber zuerst das Jahr 1000 und dann auch das Jahr 1033, das tausendste Jahr seit der Passion Christi, vergangen und die Erde ganz offensichtlich doch noch immer da war, glaubten die Christen, dass ihre Bußübungen wohl erfolgreich gewesen waren. Es ist nun immerhin auffällig und bemerkenswert, dass auch der Übergang vom Sprachstadium Althochdeutsch zum Sprachstadium Mittelhochdeutsch genau in diese Zeitspanne fällt. Es stellt sich die Frage nach einem wie auch immer gearteten Zusammenhang von derart bedeutenden weltgeschichtlichen Einschnitten und den Veränderungen einer Sprache.

Daher lohnt sich an dieser Stelle ein kurzer Ausblick auf die weitere Entwicklung der deutschen Sprachgeschichte, insbesondere auf ihre Periodisierung. Wenn man akzeptiert, dass sprachliche Veränderungen nicht alle gleichermaßen am 1. Januar eines bestimmten neuen Jahres eintreten, sondern vielmehr das Ergebnis sich über viele Jahre langsam hinziehender Prozesse sind, dann kann man nach Auswertung aller sprachlichen Daten eine grobe Zeiteinteilung vornehmen:

ca. 750 – 1050:	Althochdeutsch
ca. 1050 – 1350:	Mittelhochdeutsch
ca. 1350 – 1650:	Frühneuhochdeutsch.
ca. 1650 – 1950	älteres Neuhochdeutsch
ab ca. 1950	Gegenwartsdeutsch

Die sprachlichen Epochengrenzen liegen dann an den Jahren um 1000/1050, um 1350, 1650 und 1950. Dabei wird ganz deutlich sichtbar, dass diese Epochengrenzen tatsächlich recht unmittelbar auf tiefe Einschnitte in der Geschichte folgen. Wir denken an den Zweiten Weltkrieg, den Dreißigjährigen Krieg und an den Ausbruch der Pest in Europa um das Jahr 1350.

Eine für uns möglicherweise wichtige Gemeinsamkeit dieser drei Ereignisse, die auch für die angesprochene Endzeiterwartung, die Epidemien und Hungersnöte vor und um das Jahr 1050 gelten sollte, ist der damit verbundene demografische Wandel. Kriege und Katastrophen, die zu einer starken Veränderung der Bevölkerungsstruktur führen, können nämlich durchaus auch einen Einfluss auf die Sprachentwicklung haben.

Man kann sich leicht vorstellen, dass sich in Zeiten von Krisen und Katastrophen, die stets zu großen demografischen Veränderungen und mit ihnen zur Auflösung sozialer Ordnungen führen, Neuerungen viel leichter und schneller durchsetzen. In demografisch und politisch stabilen Gesellschaften, in denen Traditionen für gewöhnlich eine große Rolle spielen, können sich Neuerungen dagegen vermutlich nur sehr viel schwerer ausbreiten. Demografischer Wandel verursacht also keinen Sprachwandel, aber er verhilft den sich ohnehin beständig vollziehenden Neuerungen zu ihrem Durchbruch. So erhalten wir eine plausible Erklärung für die Periodisierungs-Eckpunkte der deutschen Sprachgeschichte um 1050, 1350, 1650 und 1950. Auch der demografische Faktor »Völkerwanderungszeit« könnte dann bei der Erklärung des Durchbruchs der zweiten Lautverschiebung in vorkarolingischer, überwiegend schriftloser Zeit hilfreich sein. Die Auflösung konstanter Bevölkerungsstrukturen in historischen Wendezeiten lässt eine extreme Beschleunigung des Sprachwandels erwarten. Die mit der Endzeiterwartung, mit Epidemien und Hungersnöten einhergehenden demografischen Veränderungen in der ersten Hälfte des 11. Jahrhunderts haben nun tatsächlich einem Sprachwandel zum Durchbruch verholfen, der uns eine vergleichsweise deutliche Unterscheidung von älteren althochdeutschen und neuen mittelhochdeutschen Texten ermöglicht.

Die erste Blütezeit: Das Mittelhochdeutsche

MITTEL	HOCH	DEUTSCH
zwischen dem Althochdeutschen und dem Frühneuhochdeutschen liegend	im Gebiet, das durch die 2. Lautverschiebung vom Niederdeutschen abgegrenzt ist	Überregionale Literatursprache: in der Volkssprache Ausgleichstendenzen

Vom Althochdeutschen zum Mittelhochdeutschen

Der sprachliche Aufbau des Mittelhochdeutschen weist deutliche Unterschiede gegenüber dem Althochdeutschen auf. Diese Veränderungen haben sich schon länger angebahnt, im 11. und im 12. Jahrhundert treten sie jetzt aber immer stärker auf. Wir können diesen Wandel in der Sprache am besten erkennen, wenn wir einen althochdeutschen und einen mittelhochdeutschen Text miteinander vergleichen. Es handelt sich bei beiden Texten um den Anfang des christlichen Glaubensbekenntnisses, des sogenannten Credos.

Althochdeutsch	Kilaubu in kot fater almahticun, kiskaft himiles enti erda (Ende des 8. Jh.s)
Mittelhochdeutsch	Ich geloube an got vater almechtigen, schepfære himels und der erde (12. Jh.)

Der althochdeutsche Text beginnt mit der Verbform *kilaubu* »ich glaube«. Die Endung des Verbs zeigt deutlich, dass es sich hier um die erste Person Singular handelt, ein Personalpronomen war zur Verdeutlichung nicht nötig. Im Mittelhochdeutschen aber hatte sich die Endung stark abgeschwächt, da es sich hier um eine nicht betonte Nebensilbe handelte. Ein Personalpronomen musste jetzt die entsprechende Person kennzeichnen.

Eine solche starke Abschwächung der unbetonten Endsilbe trat auch bei den Substantiven ein: Aus althochdeutsch *erda* wurde mittelhochdeutsch *erde*.

Eine weitere lautliche Veränderung können wir im althochdeutschen Adjektiv *almahtīg* erkennen, das im Mittelhochdeutschen zu *almehtec* wurde. Das *i*, das dem in der betonten Silbe stehenden Vokal *a* folgt, bewirkte, dass dieser Vokal umgelautet wurde (die ä-Schreibung kommt erst später). Andere Beispiele für diese Umlautung sind die Veränderungen z.B. von althochdeutsch *ubir* zu mittelhochdeutsch *über*, von althochdeutsch *hūsir* zu mittelhochdeutsch *hiuser* »Häuser«.

Wenn wir uns das Partizip *kiskaft* »geschaffen« und das mittelhochdeutsche Substantiv *schepfære* »Schöpfer« ansehen, so fällt uns auf, dass das althochdeutsche *sk* zu *sch* geworden ist (ein weiteres Beispiel hierfür: althochdeutsch *skif* wurde im Mittelhochdeutschen zu *schiff*). Ein *sch-*

Laut hatte sich also gebildet. Im Frühneuhochdeutschen trat dieser Laut für das *s* im Anlaut auf: Mittelhochdeutsch *sne, swarz* wurden zu *Schnee* und *schwarz*.

Während man im Althochdeutschen die Schreibung der Konsonanten in den verschiedenen grammatischen Formen ein und desselben Wortes – wie im heutigen Deutschen – in der Regel nicht änderte, also althochdeutsch *kind* und im Genitiv *kindes* jeweils mit -d- schreibt, orientierte man sich im Mittelhochdeutschen stets am gesprochenen Wort. Man schrieb daher im Mittelhochdeutschen *kint* und im Genitiv *kindes*, man schrieb mittelhochdeutsch *leit* und im Genitiv *leides*, man schrieb *tac* und im Genitiv *tages*. Die Bezeichnung der »harten« Aussprache am Wortende ist charakteristisch für das mittelhochdeutsche Schriftsystem.

Der Sprachwandel und seine Folgen

Als der wichtigste Unterschied zwischen dem Althochdeutschen und dem Mittelhochdeutschen erweist sich die Abschwächung der unbetonten Silben und ihre Kennzeichnung in der Schrift. Dies ist eine späte Folge der Eigenart der germanischen Sprachen, die Wörter im Regelfall immer vorn zu betonen. In vielen anderen Sprachen ist der Wortakzent bis heute viel freier. Wenn nun die Endsilben abgeschwächt werden oder ganz schwinden, gehen viele semantische und grammatische Informationen, die auf den ehemals vollen Endsilben lagen, verloren. Sie mussten in einer Art Reparaturmaßnahme von den Endsilben auf die Präfixe oder gar den ganzen Satz verlagert werden. Dies führte zu einer weitgehenden Umgestaltung des deutschen Sprachsystems.

Wo im Althochdeutschen die vollen Endsilbenvokale als Träger unterschiedlicher semantischer Informationen dienten, war dies in mittelhochdeutscher Zeit nicht mehr möglich. So fielen etwa ahd. *wahhēn* »wach werden« und *wahhōn* »wach sein« nach der Endsilbenabschwächung zu mhd. *wachen* zusammen. Im Mittelhochdeutschen wurde daher neben *wachen* die Präfixbildung *er-wachen* zur Unterscheidung beider Bedeutungen produktiv. Die Sprecher reagierten jedoch nicht nur mit dem Ausbau von Präfixbildungen. Das Aufkommen neuer Suffixe spiegelt etwa das Beispiel der Wortfamilie um das Lexem *schön*. Da die althochdeutschen Wörter *scōni* »schön« (Adjektiv), *scōnī* »Schönheit« (Substantiv) und *scōno* »schön« (Adverb) in weiten Teilen des Mittelhochdeutschen allesamt zu *schōne* zusammenfallen, entstehen zur erneuten Unterscheidung neue Substantive wie mhd. *schôn-heit*, *schôn-lîche* und *schôn-de*. War *heit* im Althochdeutschen noch ein selbständiges Wort in der Bedeutung »Person, Gestalt«, so dient es nun mehr und mehr zur deutlichen Kennzeichnung der Adjektivabstrakta, deren altes Merkmal -*ī* (wie in ahd. *scōnī*) im Mittelhochdeutschen durch die Endsilbenabschwächung unkenntlich geworden war. Das vorübergehende Nebeneinander von *schôn-heit*, *schôn-lîche* und *schôn-de* zeigt, dass bei Neuerungen – hier der Ersetzung des abgeschwächten Suffixes mhd. -*e* aus ahd. -*ī* – zunächst meist mehrere Varianten zur Verfügung standen, von denen sich auf dem Weg zur neuhochdeutschen Schriftsprache schließlich mit *Schönheit* nur eine durchsetzen sollte.

Etwas schwieriger waren die Reparaturmaßnahmen dann, wenn nicht nur im weitesten Sinne semantische, sondern auch grammatische Informationen von der Abschwächung der unbetonten Silben betroffen waren. Dies trifft vor allem die Deklination der Substantive. Nach der Abschwächung der unbetonten Endsilben sind viele Kasusendungen nicht mehr vorhanden. Besonders auffällig ist dies in den Pluralformen der Substantive, denn hier lassen sich nun vielfach Nominativ, Genitiv und Akkusativ nicht mehr auseinander halten. So wird etwa aus ahd. *garta* (Nom.), *garto* (Gen.), *garta* (Akk.) in allen Fällen mhd. *garte*; aus *gesti, gesto, gesti* wird einheitlich mhd. *geste*.

Wo die Endungen nicht mehr erkennbar waren, mussten ihre Funktionen auf andere Weise ausgedrückt werden, etwa durch den im Althochdeutschen neu entstehenden bestimmten Artikel. Die Folgen der Abschwächung der unbetonten Silben dehnen sich somit auf den ganzen Satz aus. Die Unterschiede zwischen Althochdeutsch und Mittelhochdeutsch zeigen deutlich, wie sich auch die modernen Einzelsprachen im Laufe der Zeit verändern.

Die Zeit des Rittertums

Je weiter die Entwicklung der deutschen Sprache voranschreitet, desto deutlich wird dabei, dass nicht nur der Wandel von Lauten und grammatischen Formen die Geschichte einer Sprache bestimmt. Während das schriftliche Althochdeutsch noch ganz von der Welt des christlichen Mönchtums geprägt war, verlagert sich der Schwerpunkt nun auf die Adelshöfe. Das überlieferte Mittelhochdeutsche ist vor allem eine Sprache der Ritter und ihrer Kultur.

Das Lehnswesen

Das germanische Heer und auch die Streitmacht der fränkischen Könige wurden von den freien Männern des Reiches gebildet. In der Zeit vom 8. bis zum 10. Jahrhundert hatte sich das Kriegswesen in Europa gewandelt. Das Aufgebot aller Freien, das das Heer des Herrschers bildete, war durch ein schwer bewaffnetes und berittenes Berufskriegerheer ersetzt worden. Die Soldaten gingen also nach einer kriegerischen Auseinandersetzung nicht mehr nach Hause, sondern blieben in der Nähe ihres Dienstherrn oder auf einer ihm gehörenden Burg. Das Leben auf einer solchen Burg und der besondere Stand, dem sie angehörten, trennte sie aber immer mehr von der übrigen Bevölkerung ab.

Der Graf, Fürst oder Herzog, der Dienstherr dieser Soldaten war, hatte seinerseits eine Treueverpflichtung gegenüber dem Kaiser des Deutschen Reiches. Er war *Vasall* (mittelhochdeutsch *vassal* »Gefolgsmann«, aus gleichbedeutend altfranzösisch *vassal*) des Kaisers und musste eine Anzahl eigener Vasallen für dessen Heer zur Verfügung stellen. Der Kaiser entlohnte seine Vasallen mit Landbesitz, dem *Lehen* (eine Bildung zum Verb *leihen*). Hiervon mussten diese dann ihren eigenen Leuten Teile als Belohnung abtreten.

Im Heer leisteten jetzt auch immer öfter unfreie Dienstleute, etwa Gutsverwalter, ihren Dienst. Sie waren nicht – wie die übrigen Vasallen – adliger Herkunft. Diesen *Ministerialen* (lateinisch *ministerialis* »kaiserlicher Beamter«, zu lateinisch *minister* »Diener«, vergleiche unser Fremdwort *Minister*) war durch den Waffendienst zu Pferde, der als äußerst ehrenvoll angesehen wurde, die Möglichkeit gegeben, Karriere zu machen. Denn auch die Adelsrechte wurden jetzt auf sie ausgedehnt. Sie erhielten Lehen, die ihnen feste Einkünfte sicherten. Aus den »kleinen« Vasallen und den Ministerialen bildete sich vom 11. Jahrhundert an eine neue soziale Schicht, der Stand der *Ritter*.

Das mittelhochdeutsche Wort *ritter* wurde im 12. Jahrhundert aus dem Mittelniederländischen (aus dem Niederländischen etwa in der Zeit von 1200 bis 1500) übernommen. Mittelniederländisch *riddere,* das zum Verb *rijden* »reiten« gehört, ist eine Lehnübersetzung von französisch *chevalier* »Ritter«.

Die höfische Dichtung

Besonders die Erfolge auf den Kreuzzügen (Ende des 11. bis Ende des 13. Jahrhunderts) machten das europäische Rittertum sehr selbstbewusst. Dichter aus dem Stande der Ritter begannen, von den großen Taten ihrer Standesgenossen zu erzählen. Die ersten großen Dichtungen des Rittertums entstanden in Frankreich. Bald darauf gab es auch in Deutschland eine blühende ritterliche Dichtkunst.

Es versteht sich von selbst, dass eine gesellschaftliche und kulturelle Entwicklung, wie sie sich uns im Rittertum zeigt, auch auf den Wortschatz Einfluss genommen hat. Bereits in der Sprache vorhandene Wörter wurden mit neuen Bedeutungen versehen, die die Lebensführung und die Ideale der Ritter bezeichneten. Oft zitiert ist das Beispiel mhd. *mâze,* das bei einem volkstümlichen Prediger wie Berthold von Regensburg noch sehr konkret auf das richtige Maß beim Essen und Trinken, im Gegensatz nämlich zur *vrâzheit,* der »Völlerei«, bezogen ist, bei den höfischen Autoren hingegen viel feiner auf »das maßvolle Verhalten bei allen Handlungen« abzielt. Damit ist keineswegs Mittelmaß gemeint, sondern die Kontrolle der Gefühle.

Dichter wie etwa Heinrich von Veldeke, Hartmann von Aue, Wolfram von Eschenbach, Gottfried von Straßburg und Walther von der Vogelweide bemühten sich, so zu schreiben, dass sie möglichst in allen Landschaften des Reiches verstanden wurden. Daher lässt sich die Heimat dieser Dichter nur auf Grund ihrer Sprache auch nicht eindeutig lokalisieren. Sie alle ließen die dialektgeprägten Wörter weg, die im Norden niemand verstanden hätte oder umgekehrt niemand im Süden. Sie verwendeten auch nur solche Reime, die im gesamten deutschen Sprachraum gültig waren. Auf diese Weise entstand eine mittelhochdeutsche höfische Dichtersprache, die erstmals im Deutschen einen gewissen überregionalen Sprachausgleich hervorbrachte.

Der Einfluss des Französischen auf die höfische Dichtersprache

Ein weiteres Merkmal der mittelhochdeutschen Dichtersprache ist der große Anteil von ursprünglich französischen Ausdrücken im Wortschatz der Ritter. Das Rittertum in Frankreich und in Flandern war das Vorbild für die deutschen Ritter und Dichter. Mit den äußeren gesellschaftlichen Formen, die die deutschen Ritter übernahmen, gelangten jetzt auch viele Wörter aus dem Altfranzösischen (aus dem Französischen des 11. bis 13. Jahrhunderts) ins Mittelhochdeutsche. Sehr oft kamen diese Wörter über das Mittelniederländische zu uns, da sie bereits von den Rittern in Flandern und Brabant übernommen worden waren. Die meisten dieser Entlehnungen sind nach der Zeit des Rittertums aus der deutschen Sprache wieder verschwunden. Einige jedoch sind in den allgemeinsprachlichen Bereich übergegangen und begegnen uns heute noch.

Das Turnier

Von den Wettkämpfen und Kampfspielen der Ritter kennen wir heute noch Wörter wie *Turnier* (zum altfranzösischen Verb *turnier* »am Turnier teilnehmen«), *Lanze* (altfranzösisch *lance*), *Panzer* (altfranzösisch *pancier*), *Visier* (französisch *visière*), *Preis* (mittelhochdeutsch *prîs* »Kampfpreis«, altfranzösisch *pris*). Dem Wort *hurtig* sehen wir heute gar nicht mehr an, dass es auch aus der ritterlichen Turniersprache kommt. Mittelhochdeutsch *hurtec* ist zum Substantiv *hurt* »Stoß, Anprall« gebildet, das aus altfranzösisch *hurt* entlehnt wurde. Das dazugehörige französische Verb *heurter* wurde ins Englische entlehnt und dort zum Verb *to hurt* »verletzen«.

»Ritterliche« Ritter

Die deutschen Ritter nahmen sich auch das ritterliche Benehmen und den höfischen Anstand der Franzosen zum Vorbild. Denn wer nach einem Turnier, in dem viele berühmte in- und ausländische Teilnehmer um Ruhm und Ehre gekämpft hatten, an einem großen Hof in festlicher *Tafelrunde* saß, der musste schon gute *Manieren* haben (aus altfranzösisch *manière* »Art und Weise«). Die mittelhochdeutsche *tavelrunde* hatte Wolfram von Eschenbach dem französischen *table ronde* nachgebildet. Es war die Bezeichnung für die Tischgesellschaft bei König Artus und bedeutet eigentlich »runder Tisch«. Denn der Tisch, an dem bei König Artus gespeist wurde, war rund, damit kein Ritter einen besseren Platz als ein anderer haben sollte.

-ieren, -ei, -lei

Wie stark der Einfluss der französischen Sprache auf das Deutsche im 12. und 13. Jahrhundert war, können wir auch daran sehen, dass nicht nur Wörter übernommen worden sind, sondern sogar bestimmte Wortbildungselemente. Zuerst gelangten mit Wörtern wie *turnieren* (altfranzösisch *tornier*) und *kurtoisie* (altfranzösisch *courtoisie*) die französischen Endungen *-ier* und *-ie* in die deutsche Sprache. Dann wurden sie an lateinische Wörter angehängt (lateinisch *disputare* wird so zu mittelhochdeutsch *disputieren*), bald aber auch an deutsche Wörter wie mittelhochdeutsch *hovieren* (zu mittelhochdeutsch *hof* »Hof, Königshof«), *stolzieren* (zu *stolz* »hochmütig«), *ketzerīe* (zu *ketzer* »Irrgläubiger«), *zouberīe* (zu *zouber* »Zauber«). Die Betonung auf der letzten Silbe bei den Substantiven auf *-īe* (heute auf *-ei*) zeigt deutlich die Herkunft dieser Ableitungssilbe.

Das Deutsche als Sprache der Gelehrten und Bürger

Die Sprache der Kirche und der Verwaltung blieb während des Mittelalters immer noch das Lateinische. Ebenso blieb es die Sprache der Schulen, die in engster Verbindung mit der Kirche standen. Als Mittellatein sprachen es die Gebildeten bis zur Renaissance, in der dann das klassische Latein neu belebt wurde. Die sich ändernden gesellschaftlichen und wirtschaftlichen Bedingungen führten aber langfristig zu einer grundsätzlichen Neubestimmung der Funktionen der Schriftlichkeit. Das Ziel der meisten Schreiber war nicht länger eine hochstilisierte Dichtersprache mit Tendenzen zu einer überregionalen Vereinheitlichung, sondern es ging vorrangig um die Erfüllung konkreter lokaler kommunikativer Bedürfnisse. Recht, Handel und besondere Formen des Glaubens waren nun die Gebiete, auf denen die deutsche Sprache benötigt wurde, um neue Menschengruppen zu erreichen. Die Einheitlichkeit der Dichtersprache wich nun einer so noch nicht da gewesenen Vielfalt, die räumlich, und sozial gebunden war.

Mit dem öffentlichen Auftreten von Mönchen aus den Bettelorden der Dominikaner und Franziskaner entwickelte sich auch die deutsche Predigt. Zum ersten Mal finden wir hier von Wander- und Bußpredigern vor einer breiten Öffentlichkeit Religiöses in einer verständlichen und volkstümlichen Sprache ausgedrückt.

Die deutsche Mystik

Auch in die komplizierten Bereiche der religiösen Philosophie wagte sich die deutsche Sprache jetzt vor. Die Mystiker (zu lateinisch *mysticus*, altgriechisch *mystikós* »geheimnisvoll, zur Geheimlehre gehörend«, daher auch *mystisch*) versuchten, in deutscher Sprache schwierige religiöse und philosophische Probleme auszudrücken. Noch heute ist es uns kaum möglich, über Dinge im Bereich von Philosophie und Psychologie zu reden, ohne Begriffe zu verwenden, die von den Mystikern geprägt worden sind. Sie schufen vor allem eine große Zahl abstrakter Begriffe, darunter viele Ableitungen auf *-heit*, *-keit* und *-ung*, Adjektive auf Ableitungen auf *-lich* sowie substantivierte Infinitive.

Wir verdanken ihnen Substantive wie *Gleichheit, Hoheit, Gemeinsamkeit, Erleuchtung, Unwissenheit, Vereinigung, Wesen* (mittelhochdeutsch *daz wesen*, Substantivierung des Infinitivs *wesen* »sein, geschehen«). Sie bildeten neue Adjektive wie *anschaulich* (mittelhochdeutsch *anschouwelich* »beschaulich«), *bildlich* und *wesentlich* (eigentlich »Wesen habend, wirklich«).

Viele mystische Texte stehen in der Tradition des »Hohen Liedes« des Alten Testaments und knüpfen daher auch an den Wortschatz der mittelhochdeutschen Minnelyrik als Teil der Dichtersprache an. Die Popularisierung mystischer Gedanken in unzähligen Traktaten zur Beichte und Seelsorge, ihr Weiterleben in der Barockmystik und der pietistischen Sprache trägt den mystischen Wortschatz dann – anders als die Sprache der Ritter – bis in die Neuzeit weiter.

Im 13. Jahrhundert erlangte auch das Bürgertum in den Städten immer größere Eigenständigkeit und politische Bedeutung. Der Handel, das Handwerk und die Finanzwirtschaft blühten. Mit wachsendem Reichtum wuchs auch der Wunsch nach Bildung. Seit etwa 1200 stellten sich neben die Klosterschulen städtische Schulen, in denen die Bürgersöhne lesen und schreiben lernten und ihnen die Grundlagen für eine Verwaltungslaufbahn vermittelt wurden.
Ab dem 13. Jahrhundert begannen auch die städtischen Behörden, die die Urkunden ausstellten, die sogenannten Kanzleien, mehr und mehr deutsch zu schreiben. 1235 erließ Kaiser Friedrich II. das erste Reichsgesetz in deutscher Sprache, den Mainzer Reichslandfrieden.

Das Frühneuhochdeutsche

Zu Beginn der Neuzeit, also im ausgehenden 14. Jahrhundert, entwickelte sich aus dem Mittelhochdeutschen nun die Frühphase des Neuhochdeutschen. Dieser Vorgang dauerte einige Zeit. So wie sich das Althochdeutsche erst allmählich zur mittelhochdeutschen Sprachstufe weiterbildete, setzte dieser Prozess etwa in der Mitte des 14. Jahrhunderts ein und fand etwa in der Mitte des 17. Jahrhunderts seinen Abschluss. Diese Zeit zwischen dem Mittelhochdeutschen und dem Neuhochdeutschen bezeichnet man als das **Frühneuhochdeutsche**.

Die wichtigsten Veränderungen im Frühneuhochdeutschen gegenüber dem Mittelhochdeutschen waren einmal die Umformung der langen mittelhochdeutschen Vokale ī, ū, iu zu den Diphthongen ei, au und eu (mittelhochdeutsch *mīn niuwez hūs* wird zu neuhochdeutsch *mein neues Haus*), im Gegenzug die Vereinfachung der mittelhochdeutschen Diphthonge ie, uo, üe zu neuhochdeutsch langem i, langem u und langem ü (mittelhochdeutsch *liebe guote brüeder* wird zu neuhochdeutsch *liebe gute Brüder*). Dazu kommt die Dehnung der Vokale in kurzen offenen Silben: mittelhochdeutsch *loben* wird zu neuhochdeutsch *lọben*, *wege* wird zu *Wẹge*.

Alle diese Veränderungen setzten sich aber nicht gleichzeitig im gesamten deutschen Sprachraum durch. So waren bis zum 15. Jahrhundert die Unterschiede zwischen den einzelnen Mundarten immer größer geworden. Aber in den Amtsstuben der großen Fürstenhäuser und auch der großen Handelsstädte hatte sich gleichzeitig eine immer einheitlicher werdende Schreibweise herausgebildet. In Geschäftsbriefen und Urkunden wurden zunehmend Wörter vermieden, die zu sehr mundartlich waren und daher unter Umständen von anderen nicht verstanden wurden. Unter diesen »Schreibsprachen«, die sich so herausbildeten, bekam bald die des ostmitteldeutschen Raumes eine besondere Bedeutung. In dieser Kanzleisprache (so nannte man das Amtsdeutsch dieser Zeit) waren viele mundartliche Ausdrücke einander angeglichen und in eine einheitliche Form gebracht worden. Da in den ostmitteldeutschen Sprachraum zunehmend Siedler aus niederdeutschen, westdeutschen und besonders aus süddeutschen Gebieten eingewandert waren, hatte es sich als notwendig erwiesen, viele ihrer unterschiedlichen mundartlichen Ausdrücke in amtlichen Texten zu vereinheitlichen, damit keine Verständnisschwierigkeiten auftreten konnten. Diese jetzt entstandene Schreib- oder Kanzleisprache war aber noch immer durch viele lateinische Fachausdrücke geprägt und daher keineswegs die Sprache der einfachen Leute, sie war keine allgemeine Umgangssprache. Sie blieb die Sprache der Behörden. Einen Schritt weiter auf dem Weg zur Volkssprache kam die deutsche Sprache erst, als Martin Luther sie für seine Bibelübersetzung benutzte.

Aber nicht nur in den Behörden und in der Theologie, sondern in allen Bereichen des Lebens wurde die Schrift jetzt immer wichtiger. Die Zunahme der Bevölkerung führte zu der Notwendigkeit, neben den Rufnamen auch Familiennamen festzusetzen und diese schriftlich festzuhalten. Die »Verschriftlichung der Welt« wird so zum wesentlichen Kennzeichen der frühneuhochdeutschen Zeit.

Neue Wörter in Handel und Wirtschaft

Die städtischen Kaufmannssprachen bildeten nach und nach ihren eigenen Wortschatz heraus, Wörter wie *Gesellschaft*, *Kaufhaus*, *Wechsel* (mittelhochdeutsch *wehsel*, Lehnübersetzung von italienisch *cambio* »Austausch von Waren und Geld«) entstanden. Auch die Fügung *ein Ausbund von...* »Muster, Inbegriff von ...« ist ursprünglich ein Fachwort der Kaufmannssprachen. Sie bedeutete eigentlich »das an einer Ware nach außen Gebundene (= das beste Stück einer Ware, das dem Käufer deutlich gezeigt werden sollte)«.

Kredit von der Bank – Einfluss des Italienischen

Die enge Verbindung mit dem italienischen Wirtschaftsgebiet führte dazu, dass die deutschen Kaufmannssprachen im 15. und 16. Jahrhundert sehr viele Wörter aus dem Italienischen entlehnten. Ein Geschäftsmann, der in eine fremde Stadt reiste, musste sein Geld gegen solches umtauschen, das hier am Ort *gang und gäbe* war (mittelhochdeutsch *genge* »verbreitet, üblich«, mittelhochdeutsch *gæbe* »annehmbar, gut«): Die seit dem 14. Jahrhundert übliche Wendung bedeutete eigentlich »was sich leicht (oder gut) geben lässt« und bezog sich besonders auf Münzen. Zum Tauschen ging der Geschäftsmann zur *Bank* (italienisch *banco*, eigentlich »langer Tisch des Geldwechslers«, identisch mit unserem Wort *Bank* »Sitzgelegenheit«, das ins Romanische entlehnt worden ist). Hier konnte er auch einen *Kredit* erhalten (italienisch *credito*), um sein *Konto* (italienisch *conto* »Rechnung«) bei seinem Geschäftspartner auszugleichen.

Der Fernhandel mit dem Orient brachte über die italienischen und auch französischen Hafenstädte am Mittelmeer bisher unbekannte Früchte und Gewürze nach Deutschland. Wörter wie *Dattel* (italienisch *dattilo*, letztlich wohl orientalischen Ursprungs), *Marzipan* (italienisch *marzapane*), *Melone* (italienisch *mellone*), *Muskat* (mittellateinisch *muscata*), *Olive* (lateinisch *oliva*) oder *Zitrone* (älter italienisch *citrone*) stammen aus dieser Zeit.

Martin Luthers Einfluss auf die deutsche Sprache

Den größten Einfluss auf die Entwicklung der deutschen Sprache hat in dieser Zeit jedoch die Bibelübersetzung Martin Luthers. Innerkirchliche Missstände und das Bestreben einiger deutscher Fürsten, von Papst und Kaiser unabhängig zu werden, hatten zu einer Bewegung im Deutschen Reich geführt, die eine Erneuerung der Kirche anstrebte. Den entscheidenden Durchbruch dieser Bewegung bewirkte der als Professor der Theologie in Wittenberg lehrende Augustinermönch Martin Luther. Am 31. Oktober 1517 schlug er der Überlieferung nach an der Schlosskirche zu Wittenberg 95 in lateinischer Sprache abgefasste Thesen an. Sie wurden innerhalb kürzester Zeit in ganz Deutschland übersetzt und fanden schnell weite Verbreitung. So wurde Luther zur führenden Person einer Reform, die weit über die von ihm anfänglich beabsichtigte Erneuerung nur innerhalb der Kirche hinausging. Luther griff das Schlagwort von der immer wieder geforderten »Reformation der Kirche an Haupt und Gliedern« auf, und bald wurde das Wort *Reformation* (lateinisch *reformatio* »Umgestaltung, Erneuerung«) zur Bezeichnung der neuen Bewegung.

Luthers Bibelübersetzung am Beginn einer einheitlichen deutschen Schriftsprache

Nachdem Luther einen Widerruf seiner Lehre abgelehnt hatte, verfiel er der Reichsacht. Der sächsische Kurfürst gewährte ihm Asyl auf der Wartburg. Hier schuf der Reformator sein sprachliches Meisterwerk, das neben der großen theologischen Bedeutung, die ihm zukommt, auch die deutsche Sprache und ihre Entwicklung stark beeinflusst hat: die Übersetzung des Neuen Testaments. Mit dieser Übersetzung trug er zur Ausbildung und Verbreitung einer einheitlichen Schriftsprache bei.

Bei seiner Übersetzungstätigkeit war für Luther die gesprochene Volkssprache Vorbild. Er bemühte sich, klar und verständlich zu schreiben, aber es ging noch um mehr. Das zeigt ein Auszug aus dem Buch Daniel 5,4, in der Gegenüberstellung von lateinischem Vulgata-Text, der Mentel-Bibel, einer älteren Straßburger Bibel von 1466 und der Luther-Bibel in der Redaktion von 1546:

Vulgata

Bibebant vinum et laudabant deos suos aureos et argenteos et aereos ferreos ligneosque et lapideos.

Mentel-Bibel

Sy truncken den wein vnd lobten ir göt, die guldin vnd die silbrin vnd die erin vnd die eysnin vnd die hůltzin vnd die steinin.

Luther

Vnd da sie so soffen, lobeten sie die gülden, silbern, ehren, eisern, hültzern vnd steinern Götter.

Erst bei Luther ist der ganze Satz ohne Rückgriff auf das Latein als Ganzes zu erfassen: »Und während sie soffen, lobten sie die goldenen, silbernen, kupfernen, eisernen, hölzernen und steinernen Götter«. Auf der Wortebene selbst finden sich zwischen den beiden Übersetzungen nur wenige Veränderungen. Eher ist es der Ton, den Luther trifft, die Emotionen, die Luther aufbaut und damit eine Welt, die den Menschen auch im Alltag vertraut war: *Vnd da sie so soffen* ... eröffnet eine völlig andere Szenerie als *sy trunken den wein* oder **Vnd da si so tranken*. Dies ist sicher keine Änderung, die der überregionalen Verständlichkeit geschuldet ist, hier geht es um eine volksnahe Sprache überhaupt. Eine solche Sprache wird nun erstmals einer größeren Zahl von Menschen in schriftlicher Form zugänglich.

Weil Luther sich aber nicht nur an der gesprochenen Sprache und der ostmitteldeutschen Kanzleisprache, sondern auch an der Sprache der Wiener Kanzlei Kaiser Maximilians orientierte, fand er als Erster einen gewissen Ausgleich zwischen Mündlichkeit, Schriftlichkeit sowie dem durch die Kanzleien wichtigen ostmittel- und ostoberdeutschen Sprachgebrauch.

Die Erfindung des Buchdrucks sorgte schließlich für eine schnelle Verbreitung der Lutherbibel auch in den anderen deutschen Sprachräumen. Dadurch wurde bald eine große Zahl mitteldeutscher, ostmitteldeutscher und auch niederdeutscher Wörter allgemeinsprachlich.

Aber auch Luthers Sprachbegabung und die Erfindung des Buchdrucks reichten noch nicht aus, damit sich die Sprache der Bibelübersetzung, trotz ihrer weiten Verbreitung, als allgemein anerkannte Sprachform durchsetzen konnte. Luthers an der Mündlichkeit orientiertes Sprachwerk, seine teils sehr direkte, teils hoch emotionale Sprache entsprach nicht unbedingt den Vorlieben der Oberschicht der im 17. Jahrhundert aufkommenden Fürstenstaaten. Den Höflingen des Absolutismus muss Luthers Sprachgebrauch derb und formlos erschienen sein. Die barocke Repräsentationskultur erforderte nun eine ganz andere Sprache.

Das Neuhochdeutsche

DAS ÄLTERE NEUHOCHDEUTSCHE

Der Einfluss des Französischen im 17. Jahrhundert

Im Barockzeitalter orientierte man sich nun also wieder stärker an der kunstvoll geschriebenen Sprache. Mindestens genau so schwer wiegen die Veränderungen in der deutschen Sprache, die sich im 17. Jahrhundert durch den phasenweise fast erdrückenden Einfluss des Französischen vollzogen haben. Die deutschen Fürsten standen im Bann des französischen Hofes, der in allen Fragen der Bildung und des Geschmacks als unerreichtes Vorbild galt. Als dann noch eine große Zahl von Franzosen in Folge der Hugenottenkriege (1562–1598) in Deutschland eine neue Heimat fand, verstärkte sich dieser Einfluss sogar noch weiter. Da die Flüchtlinge nicht nur aus dem Adel stammten, sondern aus allen Gesellschaftsschichten, verbreiteten sie ihre Sprache nun tiefer und gründlicher auch im Alltag. Im Jahre 1744 wird französisch sogar zur offiziellen Verhandlungssprache an der Akademie der Wissenschaften in Berlin.

Alamodezeit

Während der Kriegswirren in der ersten Hälfte des 17. Jahrhunderts hatte das geistig-kulturelle Leben im Deutschen Reich sehr gelitten. Die allgemeine Not im Lande ließ nur wenig Interesse an Kunst und Wissenschaft zu. Frankreich, das als Siegermacht aus dem Dreißigjährigen Krieg hervorgegangen war, wurde jetzt das Vorbild in Sprache, Kunst, Mode und sogar in den täglichen Umgangsformen. Das Leben am französischen Königshof, die französische Gesellschaft, die Kunst und die Literatur Frankreichs wurden – wie zuvor das Militärwesen – Vorbild in Europa. Das Französische wurde jetzt die Umgangssprache der oberen Gesellschaftsschicht. Deutsch sprachen nur noch die einfachen Bürger, Handwerker und Bauern.

Wer besonders gebildet wirken wollte, gebrauchte zu passender, aber auch zu unpassender Gelegenheit französische Wörter, daneben auch Ausdrücke aus dem Italienischen, seltener auch aus dem Spanischen. Das französische Vorbild setzte sich in Sprache, Kunst, Sitte, Tracht, ja sogar in den alltäglichen Umgangsformen durch. Man orientierte sich nach der Mode (französisch *à la mode*) von Paris. Diese Zeit der Orientierung des gesellschaftlichen und kulturellen Lebens am französischen Vorbild bezeichnet man daher auch als Alamodezeit.

Galante Kavaliere, Puder und Perücken

Die *Garderobe* (französisch *garde-robe* »Kleidung«, ursprünglich »Kleiderzimmer«) des *eleganten* Herrn (französisch *élégant*, eigentlich »wählerisch, geschmackvoll«) war ganz nach französischem Vorbild ausgerichtet. Zum Anzug trug man eine seidene *Weste* (französisch *veste*, aus lateinisch *vestis* »Kleid«), und aus den Rockärmeln ragten Spitzenmanschetten. *Manschette* (französisch *manchette*) ist eine Verkleinerung von französisch *manche* »Ärmel« und bedeutete also eigentlich »Ärmelchen«.

Machte ein *Kavalier* (französisch *cavalier*, eigentlich »Reiter, Ritter«) einer von ihm verehrten *Dame* (französisch *dame*, aus lateinisch *domina* »[Haus]herrin«) eine *Visite* (französisch *visite* »Besuch«), hatte er sich zuvor *rasieren* lassen (aus französisch *raser*, über das Niederländische entlehnt), seine *Perücke* (französisch *peruque*, ursprünglich »Haarschopf«) kräftig mit *Puder* (französisch *poudre*, eigentlich »Staub, Pulver«) bestreut und auch nicht mit *Parfüm* (französisch *parfum*, eigentlich »Wohlgeruch«) gespart.

DIE SPRACHGESELLSCHAFTEN DES 17. JAHRHUNDERTS

Die Flut der modischen Wörter aus den romanischen Sprachen, die im 17. Jahrhundert in immer stärkerem Ausmaß ins Deutsche eindrangen, führte dazu, dass sich viele Dichter und Sprachgelehrte gemeinsam für die Stärkung der eigenen Sprache einsetzten. Es entstanden so gelehrte Vereinigungen, die sich die Pflege der deutschen Sprache zum Ziel setzten, die sogenannten Sprachgesellschaften. Ihre Mitglieder kamen aus dem Adel oder stammten aus den Kreisen des literarisch interessierten Bürgertums. Sie bemühten sich um die Übersetzung fremdsprachiger Texte in ein flüssiges Deutsch, um die Verdeutschung von »Fremdwörtern« und erstmals um eine umfassende Beschreibung der deutschen Grammatik. Das Französische als Sprache der vornehmen Gesellschaft sowie das Lateinische als Wissenschaftssprache sollten zurückgedrängt werden. Die deutsche Literatursprache sollte gepflegt werden und mit dazu beitragen, eine einheitliche nationale Kultur zu schaffen, die das zerrissene und schwache Deutschland wieder aufrichten könnte.

Am 24. August 1617 wurde in Weimar mit der »Fruchtbringenden Gesellschaft« die erste und wohl bedeutendste Sprachgesellschaft gegründet. Weitere Gründungen folgten mit der »Aufrichtigen Tannengesellschaft« in Straßburg 1633, der »Teutschgesinnten Genossenschaft« 1642 in Hamburg und 1644 mit dem »Pegnesischen Blumenorden« in Nürnberg, der bis heute besteht. Die Gründungsorte sind im 17. Jahrhundert Zentren der sprachlichen und kulturellen Entwicklung in Deutschland. Die Mitglieder waren der festen Überzeugung, dass gute Manieren und eine gepflegte Sprache sich wechselseitig bedingen und zentrale Aspekte des menschlichen Lebens wären. Ein Verfall der Sprache hätte daher auch einen Verfall der Sitten zur Folge, die ausschließliche Nachahmung französischer Vorbilder würde unweigerlich die einheimischen Sitten, Tugenden und Bräuche gefährden.

SPRACHPURISMUS IM 18. JAHRHUNDERT

Die sprachpflegerischen Versuche des 18. Jahrhunderts waren weiterhin auf die Suche nach dem besten Hochdeutsch ausgerichtet. Sollte das »beste Deutsch« der Sprachgebrauch einer bestimmten Region oder gar der besten Schriftsteller einer bestimmten Region sein? Oder stand das »beste Deutsch« über den regionalen Sprachen und war im Grunde genommen immer schon vorhanden und musste daher nur von den Fehlern des falschen Sprachgebrauchs befreit werden? Die Versuche, die als »Fremdwörter« empfundenen Übernahmen aus anderen Sprachen zu verdeutschen, wurden jetzt noch weiter verstärkt. Neben den kulturpatriotischen Ambitionen des 17. Jahrhunderts trat nun ein aufklärerisches Moment: Die deutsche Sprache sollte für alle Deutschen verständlich sein. Gegen Ende des 18. Jahrhunderts versuchte daher der Pädagoge Joachim Heinrich Campe (1746–1818), die deutsche Sprache durch die Verdeutschung der »Fremdwörter« von fremden Einflüssen zu befreien.

Von den während dieser Zeit neu geschaffenen deutschen Wörtern wurden viele durch die neuen Wochenzeitungen einem größeren Publikum bekannt. Manche konnten sich durchsetzen, andere wurden von den Sprachbenutzern nicht angenommen. Oft stellten sich die neuen Bildungen neben das fremde Wort, ohne es zu verdrängen, und bereicherten so das entsprechende Wortfeld inhaltlich oder stilistisch. Zu den Verdeutschungen, die noch heute – neben ihrer fremdwörtlichen Entsprechung – fest zu unserem Wortschatz gehören, zählen z.B. *Anschrift* (für *Adresse*), *Ausflug* (für *Exkursion*), *Briefwechsel* (für *Korrespondenz*), *Jahrbücher* (für *Annalen*), *Jahrhundert* (für *Säkulum*), *leidenschaftlich* (für *passioniert*), *Lustspiel* (für *Komödie*), *Mundart* (für *Dialekt*), *Rechtschreibung* (für *Orthografie*), *Stelldichein* (für *Rendezvous*), *Sterblichkeit* (für *Mortalität*), *Verfasser* (für *Autor*, gekürzt aus *Schriftverfasser*).

Auf diese Weise nebeneinanderstehende Formen waren aber keineswegs immer Synonyme, denn eine Verdeutschung wie z.B. *ergiebig* war nicht gleichbedeutend mit ihrer Entsprechung *lukrativ*, ebenso wenig wie *Schattenseite* immer für *Revers* »Rückseite« eingesetzt werden konnte. Auch *Zerrbild* und *Karikatur* sind schließlich nicht immer bedeutungsgleich. Zudem konnten die Verdeutschungsversuche der Sprachpfleger nicht in allen Fällen als gelungen bezeichnet werden, und ihre Zeitgenossen machten sich lustig über Bildungen wie *Zeugemutter* für *Natur*, *Meuchelpuffer* für *Pistole*, *Jungfernzwinger* für *Nonnenkloster*, *Dörrleiche* für *Mumie*, *Lotterbett* für *Sofa*, *Lusthöhle* für *Grotte*, *Zitterweh* für *Fieber*. Erbwörter wie *Nase* und *Sonne* wurden fälschlicherweise für Entlehnungen gehalten, und man versuchte, sie mit *Gesichtserker* und *Tageleuchter* zu verdeutschen. Es ist nicht mehr immer zu entscheiden, welche Vorschläge ernst und welche von vornherein als Parodie gemeint waren.

Deutsch wird international

Während sich der Einfluss anderer Sprachen in alt- und mittelhochdeutscher Zeit vor allem auf die gehobenen Bildungssprachen beschränkt zu haben scheint, wird das Deutsche seit dem 17. und 18. Jahrhundert, allen zunächst gut gemeinten Verdeutschungsversuchen zum Trotz, zu einer durchgängig internationalen Sprache. Viele Lebensbereiche sind ohne die – meist, aber nicht nur französischen – Lehnwörter gar nicht mehr vorstellbar.

Französische Fachwörter der Architektur und Gartenbaukunst

Durch das Vorbild des königlichen Schlosses im französischen Versailles und seiner Gartenanlagen und durch viele Versuche, den französischen Baustil zu kopieren, gelangten etwa im Bereich des Bauwesens und der bildenden Künste eine Fülle französischer Wörter ins Deutsche, etwa *Allee* (französisch *allée*, eigentlich »Gang«, dann »Weg zwischen Bäumen«), *Balkon* (französisch *balcon*, aus dem Italienischen, eigentlich »Balkengerüst«), *Bassin* (französisch *bassin* »Becken«), *Etage* (französisch *étage*, eigentlich »unterschiedliche Höhe«), *Fassade* (französisch *façade*, aus dem Italienischen), *Fontäne* (französisch *fontaine*, zu lateinisch *fons* »Quelle«), *Kaskade* (französisch *cascade* »künstlich angelegter Wasserfall«), *Kulisse* (französisch *coulisse*, eigentlich »Schiebewand«), *Nische* (französisch *niche*, eigentlich »Nest«), *Parkett* (französisch *parquet* »kleiner abgegrenzter Raum«, mit verschiedenen übertragenen Bedeutungen ins Deutsche entlehnt).

Cuisine française

Nicht nur im Bereich von Staats- und Baukunst war Frankreich Vorbild für die deutschen Fürsten. Die Kochkunst der französischen Hofküche übte ebenfalls einen großen Einfluss sowohl auf die Auswahl der Speisen in den Küchen der deutschen Fürstenhöfe als auch auf die Bezeichnungen der Gerichte selbst und sogar auf die zur Zubereitung benötigten Küchengeräte aus.

Auch das vornehme Großbürgertum orientierte sich am französischen Nachbarn. Man setzte sich nicht einfach zum Essen an den Tisch, sondern nahm das *Diner* (französisch *dîner* »Hauptmahlzeit«) ein. Hatte man Gäste geladen, wurde das kostbarste *Service* (= Tafelgeschirr; französisch *service*, eigentlich »Dienstleistung«) aufgelegt. Auf silbernen *Tabletts* (aus französisch *tablette*, eigentlich »kleiner Tisch«) trugen die Dienstmädchen große Terrinen (aus französisch *terrine,* eigentlich »Schüssel aus Ton«) herein, in denen *Bouillon* (= Fleischbrühe; französisch *bouillon,* zu französisch *bouillir* »kochen, sieden«) dampfte. Danach wurde als Vorspeise ein *Omelett* (französisch *omelette,* die weitere Herkunft ist unsicher) den Gästen vorgesetzt.

Italienischer Einfluss

Das Italienische vermittelte dem deutschen Wortschatz Fachwörter wie z.B. *Bronze* (aus italienisch *bronzo,* später über gleichbedeutend französisch *bronze* neu entlehnt), *Fresko* (= Wandmalerei auf frischem Verputz; gekürzt aus *Freskogemälde,* italienisch *pittura a fresco,* zu italienisch *fresco* »frisch«), *Galerie* (italienisch *galleria*), *Korridor* (aus italienisch *corridore* »Laufgang«), *Kuppel* (aus italienisch *cupola*), *Skizze* (aus italienisch *schizzo,* eigentlich »Spritzer [mit der Feder]«, daraus dann »Entwurf«), *Spalier* (aus italienisch *spalliera,* eigentlich »Stütze, Stützwand«), *Stuck* (italienisch *stucco,* verwandt mit unserem Wort »Stück«) und *Torso* (italienisch *torso,* eigentlich »[Kohl]strunk«).

Die Sprache Luthers hatte mit dem internationalen Deutschen des 17. und 18. Jahrhunderts auf den ersten Blick nicht mehr viel zu tun. Seine Wirkung war dort noch immer am stärksten, wo religiöse Motive, Emotionen und ein an der Mündlichkeit orientierter Sprachgebrauch im Vordergrund stehen. Dies finden wir im 17. Jahrhunderts in den Schriften der Pietisten oder im protestantischen Kirchenlied, wo die Texte eines Paul Gerhards noch heute, von Einzelheiten abgesehen, allen Muttersprachlern gut verständlich sind. Die Sprache Luthers und die neuhochdeutsche Schriftsprache finden aber am Ausgang des 18. Jahrhunderts im protestantischen Pfarrhaus und bei seinen schreibenden Pfarrerssöhnen erneut zusammen. Hier entsteht die Sprache der Klassik und damit eine neue Blütezeit der deutschen Sprache und Literatur.

Schriftsteller wie Christoph Maria Wieland, Gotthold Ephraim Lessing, Georg Christoph Lichtenberg oder Matthias Claudius stammen aus einem protestantischen Pfarrhaus und haben einen großen Anteil daran, dass sich die mündlich geprägte Traditionslinie vom Minnesang über die Mystiker, Luther und die Pietisten, die Sprache der Predigten und der Kirchenlieder jetzt wieder mit der Traditionslinie einer schriftlichen gehobenen Literatursprache verbindet.

Da etwa gleichzeitig auch die Kodifizierung der als vorbildlich empfundenen ostmitteldeutschen Schriftsprache in Grammatiken und Wörterbüchern voranschritt, verfestigte sich die deutsche Sprache in ihrer um 1800 gültigen Mischung nun mehr und mehr. Auch wenn noch nicht alle Menschen die Möglichkeit hatten diese Sprache zu erlernen und daher bei ihren dialektalen und regionalen Umgangssprachen bleiben mussten, so hatte man doch jetzt in Gestalt der Klassiker eine Vorstellung davon, wie gutes Deutsch aussehen sollte. Da Weimar, Leipzig, Berlin, Jena und Dresden damals Zentren der kulturellen Entwicklung waren und viele Schriftsteller, Grammatiker und Lexikographen hier lebten, blieb der alte ostmitteldeutsche Sprachraum weiterhin – wie schon in der Lutherzeit und der Zeit der schlesischen Barockdichter – der wichtigste deutsche Sprachraum.

Die technische Entwicklung und ihr Wortschatz

Zugleich wurde aber auch der Einfluss von Wissenschaft und Technik auf die deutsche Sprache immer größer. Der Wissenschaft war schon im 18. Jahrhundert die elektrische Energie (französisch *énergie,* aus lateinisch *energia,* altgriechisch *enérgeia* »wirkende Kraft«) bekannt. Allerdings wurde sie erst von der Mitte des 19. Jahrhunderts an verstärkt eingesetzt. Schon früher war beim Bernstein die geheimnisvolle Kraft beobachtet worden, nach Reibung andere Stoffe anzuziehen. So benannte man dann auch nach dem griechischen Namen des Bernsteins (altgriechisch *élektron*) bestimmte Anziehungs- und Abstoßungskräfte von verschieden geladenen Elementarteilchen und prägte das Adjektiv *elektrisch.* Später wurde dann hierzu *Elektrizität* (nach französisch *électricité*) und auch *elektrisieren* gebildet.

Ebenfalls – als Sache und als Wort – auf die Fachsprache beschränkt war das *Gas* (niederländisch *gas;* Neuschöpfung des Brüsseler Chemikers van Helmont, 1577–1644, zu altgriechisch *cháos* = leerer Raum, Luftraum. Es wird im Niederländischen mit anlautendem Ach-Laut ausgesprochen). Erst mit dem Aufkommen der Gasbeleuchtung im 19. Jahrhundert wurde das Wort allgemein üblich.

Die industrielle Revolution

Gegen Ende des 18. Jahrhunderts gewann die gewerbliche Fabrikation von halb fertigen oder fertigen Produkten aus Rohstoffen immer mehr an Bedeutung. Der Aufbau und Ausbau der Industrie (französisch *industrie,* ursprünglich »Fleiß, Betriebsamkeit«, dann »Gewerbe; Produktivität in einem bestimmten Gewerbe«, dann gegen Ende des 18. Jahrhunderts in der heutigen Bedeutung) begann. Der Prozess der Industrialisierung (zum Verb *industrialisieren,* erst im 20. Jahrhundert entlehnt aus französisch *industrialiser*) setzte zuerst gegen Ende des 18. Jahrhunderts in Großbritannien ein und griff zu Beginn des 19. Jahrhunderts auf Deutschland über. Das Zeitalter der modernen Technik begann. Das Wort *Technik* war bereits im 18. Jahrhundert aus dem neulateinischen Begriff *technica* »Kunst(wesen), Anweisung zur Ausübung einer Kunst oder Wissenschaft« gebildet worden (zugrunde liegt letztlich altgriechisch *technikós* »kunstvoll, sachverständig«, das zu altgriechisch *téchnē* »Handwerk; Kunstfertigkeit« gehört und im frühen 18. Jahrhundert über neulateinisch *technicus* das Adjektiv *technisch* ergab)

Mit Dampf, Strom und Tempo

Der Einsatz der Dampfmaschine bedeutete nicht nur in der industriellen Fertigung den großen Schritt nach vorne. Auch das Transportwesen erlebte durch den Einsatz des *Dampfschiffs* (nach englisch *steamship;* kurz auch *Dampfer,* über niederdeutsch *damper* nach englisch *steamer*) und die Erfindung der *Lokomotive* (englisch *locomotive engine,* eigentlich »Maschine, die sich von der Stelle bewegt«, zu lateinisch *locus* »Ort, Stelle«) einen ungeheuren Aufschwung. Die *Eisenbahn* (seit etwa 1820 in dieser Bedeutung) verdrängte mehr und mehr die Postkutsche. Ihr Fachwortschatz lieferte eine große Zahl von Wörtern, die bald auch allgemein Verwendung fanden, z.B. *Bahnhof, Lore* (englisch *lorry*), *Puffer* (zu *puffen* »stoßen, schlagen«), *Schranke* (für *Barriere*), *Tender* (englisch *tender*), *Tunnel* (englisch *tunnel*), *Waggon* (englisch *waggon*), *Weiche* (ursprünglich »Ausweichstelle in der Flussschifffahrt«), *Zug* (nach englisch *train*). *Lokomotive, Tunnel* und *Waggon* erhielten – obwohl aus dem Englischen übernommen – die französische Endbetonung.

Moderne Nachrichtenübermittlung: Telegrafie und Telefon

Wie der Verkehr, so nahm in der 2. Hälfte des 19. Jahrhunderts auch der Bereich der Nachrichtenübermittlung modernere Formen an. Bereits seit dem frühen 16. Jahrhundert war das Postwesen in Deutschland bekannt. Die Familie Taxis, später das Haus Thurn und Taxis, betrieb ab etwa 1500 die ersten größeren durch die deutschen Länder führenden Postlinien. Diese wurden im 17. und 18. Jahrhundert zu einem weiten Netz ausgebaut, das nach der Reichsgründung von 1871 einem *Reichspostamt* unterstellt wurde.

Für die Vereinheitlichung und Neuordnung des Postwesens war der Generalpostmeister Heinrich von Stephan (1831–1897) zuständig. Von den im Laufe der Zeit vor allem aus dem Französischen entlehnten Fachwörtern ersetzte er weit über 700 durch Ausdrücke, von denen die meisten noch heute gebraucht werden, wie z.B. *Briefumschlag* (für *Couvert*), *Eilbrief* (von F. J. Jahn gebildet, 1875 amtlich für *Expressbrief*), *eingeschrieben* (für französisch *recommandé*), *Postanweisung, Postkarte, postlagernd* (für französisch *poste restante*).

Die vielen Verdeutschungen französischer Ausdrücke zumindest im preußischen Herrschaftsgebiet machten die deutsche Sprache im 19. Jahrhundert wieder etwas weniger international. Die Bewohner Österreichs und der Schweiz blieben – wohl auch wegen des grundsätzlich mehrsprachigen Charakters dieser Länder – meist bei den französischen Fachbegriffen. Das Interesse an einer gemeinsamen, allen Deutschen aller Schichten gleichermaßen gut verständlichen deutschen Sprache hatte aber in Preußen auch etwas mit dem von vielen als Mangel empfundenen Fehlens eines deutschen Nationalstaates zu tun. Wenn es schon keine staatliche Einheit gab, sollte es wenigstens eine gemeinsame Sprache geben. Die mittelalterliche deutsche Sprache und Literatur, die man nun wieder neu entdeckte, konnte ein Vorbild für die erhoffte Einheit sein.

In dieser Atmosphäre entstanden einerseits Anfang des 19. Jahrhunderts an den Universitäten die ersten germanistischen Lehrstühle. Anderseits schrieb das deutsche Bürgertum der richtigen Verwendung der deutschen Sprache eine immens große Bedeutung zu. Es entsteht eine bürgerliche Sprachkultur, in der man dialekt- und jargonfrei kommunizieren soll. Wer das mangels Bildung oder Geschick nicht konnte, hatte keine Aussicht auf ein gesellschaftliches oder berufliches Fortkommen. Sprache ist hier deutlich nicht nur ein Kommunikationsmittel, sondern wird zu einem Sozialsymbol.

Orientierung bieten viele Sprachratgeber, zum Jahrhundertende auch Konrad Dudens Rechtschreibwörterbuch und Theodor Siebs Aussprachewörterbuch »Deutsche Bühnenaussprache«.

Der Einfluss des Englischen im 19. und im frühen 20. Jahrhundert

Die immer stärker werdende Rolle Großbritanniens und der USA im 19. Jahrhundert in vielen Bereichen des modernen Lebens beeinflusste zunehmend die deutsche Sprache. Bereits im 18. Jahrhundert waren einige Wörter wie z.B. *Bowle, boxen, Frack, Golf* (als Name eines Spiels), *Klub, Mob, Parlament* (schon Ende des 17. Jahrhunderts), *Pudding* (schon Ende des 17. Jahrhunderts), *Spleen* (englisch *spleen* »Zorn, Wut«, auch »Milz«, aus lateinisch *splen,* altgriechisch *splén,* also eigentlich »durch Erkrankung der Milz hervorgerufene Missmutigkeit«) entlehnt worden. Im 19. Jahrhundert folgten dann *Baby, Boykott, Bunker* (zuerst nur in der Bedeutung »großer Behälter zur Aufnahme von Massengütern«), *chartern, Clown, Detektiv, fair, Film* (zuerst für »dünne Schicht«), *Fußball* (als Lehnübersetzung von englisch *football*), *Gentleman, Globetrotter, Humbug, Klosett, Komfort, konservativ, Lift, Partner, Rowdy, Safe, Scheck, Snob, Sport, Start, Streik, Tennis, trainieren* (zuerst im Pferdesport), *Trick, Veranda*. In der Journalistensprache fanden *Reporter* (englisch *reporter,* zu *to report* »berichten«) und *Interview* (aus dem Amerikanischen, aus französisch *entrevue* »Verabredung, Treffen«, dazu *interviewen, Interviewer*) und das dem englischen *leading article* nachgebildete *Leitartikel* bald allgemeine Verbreitung.

Die Sportsprache: Tennis, Fußball und Boxen

Im späten 19. Jahrhundert und zu Anfang des 20. Jahrhunderts war es vor allem der Sport, der eine Fülle von neuen Wörtern ins Deutsche brachte. Auch das Wort *Sport* selbst gehörte dazu. Es bedeutete ursprünglich »Zeitvertreib, Spiel« und ist eine Kurzform von englisch *disport* »Vergnügen« (über das Französische zu lateinisch *deportare* »wegbringen« in einer vulgärlateinischen Bedeutung »amüsieren«).

Die von den Briten übernommenen Sportarten Tennis, Fußball und Boxen behielten zunächst ihren englischen Fachwortschatz bei. Nach und nach wurden aber viele englische Begriffe durch Umformungen, Übersetzungen oder Neubildungen ersetzt, z.B. *Aufschlag* (für englisch *service*), *Einstand* (für englisch *deuce*), *Schläger* (für englisch *racket*), *Vorteil* (für englisch *advantage*). Der Deutsche Fußballbund übernahm zu Anfang des 20. Jahrhunderts als offizielle Bezeichnungen die Verdeutschungen *abseits* (für englisch *offside*), *Aus* (Lehnübersetzung von englisch *out*), *Ecke* (für englisch *corner*), *Halbzeit* (Lehnübersetzung von englisch *half-time*), *Stürmer* (für englisch *forward*), *Tor* (für englisch *goal*, zuerst mit *Mal* wiedergegeben), *Verteidiger* (für englisch *back*).

Sprachkrise um 1900

Zur Sprache der Moderne gehören aber nicht nur neue Impulse aus Wirtschaft, Technik und Sport, die oft mit dem englischen Spracheinfluss verbunden sind. Dazu gehört auch ein seit den Tagen Schillers und Kleists immer stärker werdender Zweifel an den Möglichkeiten des Menschen, die sinnliche Welt mit den Möglichkeiten der Sprache darzustellen. Speziell in Deutschland hatten viele Menschen das Gefühl, dass die Sprache der Klassiker, die vom Bildungsbürgertum verbreitet und zum alltäglichen Gegenstand von Schulaufsätzen, Briefen und Festreden geworden war, mit den Entwicklungen der modernen Zeit nicht mithalten konnte. Sprachskepsis auf der einen und die Politisierung der Sprache auf der anderen Seite schwächten die bürgerliche Schriftkultur des Kaiserreichs und der Weimarer Republik. Die Orientierung an den Klassikern war in den 30er Jahren nicht mehr ausreichend, um der Sprache der neuen Machthaber etwas entgegenzusetzen.

Die Herrschaft der Nationalsozialisten: Wortschatz aus dem Wörterbuch des Unmenschen

Die durch die Weltwirtschaftskrise und die hohe Arbeitslosigkeit noch verschärfte Situation trieb immer mehr Wähler den radikalen Parteien zu. Der *Nationalsozialismus* erschien vielen Leuten, die der jungen deutschen Demokratie innerlich ablehnend gegenüberstanden und sich nach einer starken Führerpersönlichkeit sehnten, als einziger Ausweg. Am 30. Januar 1933 wurde die zentrale Gestalt der nationalsozialistischen Bewegung, Adolf Hitler, zum Reichskanzler ernannt. Zwölf Jahre, von 1933 bis zum Ende des Zweiten Weltkriegs im Jahre 1945, konnten die Nationalsozialisten den deutschen Wortschatz beeinflussen. Dabei wurden viele alte Ausdrücke der deutschen Sprache wiederbelebt. Sie bekamen eine neue, ideologisch geprägte Bedeutung und sollten so die Verbundenheit der nationalsozialistischen Machthaber mit dem Volk demonstrieren und gleichzeitig nationalistische Gefühle bei der Bevölkerung wachrufen. Solche Wörter waren z.B. *Gefolgschaft* (jetzt besonders verwendet im Sinne von »Belegschaft«), *Gau* (=bestimmter Bezirk als Organisationseinheit der NSDAP), *Ostmark* (für Österreich; *Mark* bedeutete im Mittelalter »Grenzgebiet«).

Das *Volksganze* hatte Vorrang vor allem, und jeder hatte dem *Volkswohl* zu dienen. Tat er es nicht, war er ein *Volksschädling*. Der nationalsozialistische Staat und die NSDAP (=Nationalsozialistische Deutsche Arbeiterpartei) waren bemüht, das deutsche Volk nach ihren Vorstellungen zu erziehen und jeden Einzelnen bis in kleinste Lebensbereiche hinein zu kontrollieren.

Immer wieder wurde der Zusammenhalt der *Volksgemeinschaft* beschworen, der gefestigt werden sollte durch Institutionen wie das *Winterhilfswerk* (=Hilfswerk zur Beschaffung von Kleidern, Heizmaterial und Nahrungsmitteln für Bedürftige), durch die *Kinderlandverschickung* oder durch den *Eintopfsonntag* (=Sonntag, an dem in allen Haushalten nur ein einfaches, preiswertes Eintopfgericht gegessen werden sollte). In fast jedem Haus stand ein *Volksempfänger* (=Radiogerät, das zu einem verbilligten Preis verkauft wurde, damit jeder die Propagandasendungen der Regierung hören konnte). Jeder sollte sich auch in Zukunft einen *Volkswagen* leisten können (=billiges Auto, das ebenso wie der Volksempfänger auf Anregung der Regierung gebaut wurde). Der *Volkssturm* schließlich sollte gegen Ende des Zweiten Weltkriegs an der sogenannten *Heimatfront* die Wehrmacht unterstützen.

Den menschenverachtenden Zynismus der Machthaber im »Tausendjährigen Reich« zeigen Bildungen aus dem Wörterbuch des Unmenschen (so der Titel eines 1957 erschienenen Buchs von D. Sternberger, G. Storz und W. E. Süßkind, das sich kritisch mit der Sprache des Nationalsozialismus auseinander setzt) wie *entartete Kunst*, *Endlösung*, *Sonderbehandlung*.

Bereits in den Dreißigerjahren entstand die abwertende Kurzform *Nazi* für »Nationalsozialist«: Sie ist der älteren Bezeichnung *Sozi* für »Sozialdemokrat« nachgebildet, wurde auch bald verboten, die große Zahl der Deutschen im Exil sorgte aber für eine rasche Verbreitung des Worts im Ausland.

Einen sehr guten Eindruck vom alltäglichen Sprachgebrauch unter der nationalsozialistischen Diktatur gibt Victor Klemperers 1947 erschienenes Buch »Lingua tertii imperii«, das die »Sprache des 3. Reiches« aus eigener leidvoller Erfahrung beschreibt. Der Dresdener Romanist behandelt nicht nur einzelne Wörter, sondern skizziert ihre Verwendung in ihren Kontexten.

Die meisten dieser Wörter sind heute wieder aus der Alltagssprache verschwunden, nur manchmal wird man durch meist gedankenlose Rede (zum Beispiel von einem »inneren Reichsparteitag«) an den Sprachgebrauch in der Zeit des Nationalsozialismus erinnert. Der Hang totalitärer Systeme zu Abkürzungen wie »HJ« für »Hitlerjugend« und Kurzwörtern wie »Gestapo« für »geheime Staatspolizei« verleidet noch heute an den Universitäten vielen Menschen die Abkürzung »SS« für »Sommersemester«; ganz undenkbar wäre das Autokennzeichen »KZ«, auch als Buchstabenkombinationen dürfen »HJ«, »KZ«, »NS«, »SA« und »SS« nicht vergeben werden.

Das Gegenwartsdeutsch

Die Nachkriegsjahre

Die unmittelbaren Auswirkungen des Zweiten Weltkriegs auf den Wortschatz erkennen wir zunächst in Bildungen wie *Ausgebombter* (= jemand, der durch einen Bombenangriff seine Wohnung und seinen Besitz verloren hat), *Heimatvertriebener*, *Spätheimkehrer* (= Kriegsgefangener, der erst lange nach Kriegsende entlassen wird), *entnazifizieren* (= einen ehemaligen Nationalsozialisten politisch überprüfen und ihn [durch Sühnemaßnahmen] entlasten), *Lastenausgleich* (= Entschädigung für Schäden und Verluste während der Kriegs- und Nachkriegszeit), *Suchdienst* (= Organisation, die sich mit Nachforschungen über den Verbleib vermisster Personen befasst), *Trümmerfrau* (= Frau, die sich nach dem Zweiten Weltkrieg an der Beseitigung der Trümmer der zerbombten Häuser beteiligte).

Einen entscheidenden Einfluss auf den deutschen Wortschatz übte die politische Entwicklung in den Jahren nach 1945 aus. Im Jahre 1949 wurden die Bundesrepublik Deutschland und die Deutsche Demokratische Republik gegründet. Die engere Bindung der Bundesrepublik Deutschland an den Westen, besonders an die USA, führte dazu, dass eine sehr große Zahl von Wörtern aus dem Englischen, besonders aus dem amerikanischen Englisch, übernommen wurde, die sogenannten Amerikanismen und Anglizismen.

Bei den wenigen Anglizismen in der Sprache der DDR handelt es sich oft um Wörter wie *Dispatcher* »Disponent«, die bereits zuvor aus dem Englischen ins Russische entlehnt worden waren (vgl. russisch *dispetčer* »leitender Angestellter in der Industrie«, aus englisch *dispatcher*, zu: *to dispatch* »erledigen«), und von dort aus im östlichen Deutschland Eingang fanden.

Die sprachliche Entwicklung in der DDR 1949–1990

Die in der DDR unmittelbar aus dem Russischen übernommenen Wörter sind meistens aus lateinischen und altgriechischen Bestandteilen gebildet und hätten als Internationalismen auch im Deutschen entstehen können. Hierzu gehören z.B. *Aktiv* (= Gruppe, die an der Erfüllung gesellschaftspolitischer oder wirtschaftlicher Aufgaben arbeitet, russisch *aktiv*, aus lateinisch *activus* »tätig, wirksam«), *Kollektiv* (= Arbeitsgemeinschaft, russisch *kollektiv*, zu lateinisch *collectivus* »angesammelt«), *Kombinat* (= aus mehreren Betrieben gebildeter Großbetrieb, russisch *kombinat*, zu lateinisch *combinare* »vereinigen«), *Kosmonaut* (= Raumfahrer, russisch *kosmonavt*, aus altgriechisch *kósmos* »Weltall« und *naútēs* »Seefahrer«), *Politbüro* (= oberstes Führungsorgan einer kommunistischen Partei, russisch *politbjuro*, aus lateinisch *politicus* »zur Staatsverwaltung gehörend« und französisch *bureau* »Büro«). Direkt aus dem Russischen entlehnt wurde *Datsche* (= Wochenend-, Landhaus, russisch *dača*). Lehnübersetzungen sind die Auszeichnung *Held der Arbeit* (russisch *geroj truda*) oder *Kulturhaus* (= Gebäude für öffentliche Veranstaltungen, russisch *dom kultury*).

Die über das Russische aus dem Englischen entlehnten Wörter wie *Dispatcher* oder *Kombine* (= Maschine, die verschiedene Arbeitsgänge gleichzeitig ausführt, russisch *kombajn*, aus englisch *combine*, zu: *to combine* »zu einer Einheit zusammenstellen«) waren in der Bundesrepublik nicht gebräuchlich, ebenso wenig *Broiler* (= Brathähnchen, englisch *broiler*, zu: *to broil* »grillen, braten«) und die dazu gebildeten Wörter *Broilermast* und *Goldbroiler*. Aus englisch *plastics* (zu englisch *plastic* »weich, verformbar«) entstand im Deutschen das Lehnwort *Plastik*, in der DDR sagte man *Plast* und umgangssprachlich auch *Plaste*, entsprechend auch *plastbeschichtet*, *Plastetüte*.

Amerikanismen und Anglizismen in den Fachsprachen

In der Bundesrepublik begünstigte die Vormachtstellung der USA in den Bereichen Wissenschaft und Technik die Verbreitung englischer Wörter auch in den Fachsprachen. Die wichtigste Fachliteratur war in Englisch geschrieben, und der Einfachheit halber übernahmen die Ingenieure und Wissenschaftler die meisten Fachwörter unverändert. Die Zahl der Wörter, die mit der fortschreitenden Spezialisierung und der stetigen Weiterentwicklung von Wissenschaft und Technik einherging, ist nahezu unübersehbar. Durch Rundfunk und Presse, später auch durch das Fernsehen, wurden viele Neuwörter in der Allgemeinsprache bekannt. Sie fanden schnell weite Verbreitung und wurden oftmals gar nicht mehr als so sehr fremd empfunden, auch wenn ihre Schreibweise nicht dem Deutschen angeglichen worden war. So kannte und verwendete fast jeder bald Wörter wie *Computer* (zu englisch *to compute* »zusammenzählen«, *Container* (eigentlich »Behälter«, zu englisch *to contain* »enthalten«), *Job, Know-how* (eigentlich »wissen, wie«), *Laser, Management* (zu englisch *to manage* »leiten, verwalten«), *Pipeline* (aus englisch *pipe* »Rohr« und *line* »Leitung«), *Radar, Team* (eigentlich »Gespann«).

Werbung und Mode

Über die Sprache der Werbung gelangten ebenfalls viele englische Wörter ins Deutsche. So glaubte die Kosmetikindustrie nicht ohne Grund, dass Warenbezeichnungen wie *Aftershave* (englisch *after shave* »nach der Rasur«), *Eyeliner* (aus englisch *eye* »Auge« und *to line* »liniieren«), *Lotion* oder *Spray* werbewirksamer seien als die entsprechenden deutschen Wörter. Und da auch die Modeexperten großen Wert auf *Marketing* legten, übernahmen auch sie mehr und mehr englische Ausdrücke. Das Französische, das bisher in der Modesprache führend war, wurde dagegen zurückgedrängt. *Designer* (zu englisch *to design* »zeichnen, entwerfen«) und *Stylisten* (zu englisch *to style* »entwerfen, gestalten«) waren bemüht, immer wieder einen neuen *Look* (englisch *look* »Aussehen«) zu präsentieren (man beachte dazu die Zusammensetzungen *Freizeit-, Safari-, Westernlook*).

In den Auslagen der Schuhgeschäfte sah man jetzt *Boots* (englisch *boot* »Stiefel«, häufig auch in der Zusammensetzung *Moonboots*), *Clogs* (englisch *clog* »Holzschuh«), *Mokassins* (englisch *moccasin,* eigentlich »Wildlederschuh der nordamerikanischen Indianer«) und *Slipper* (englisch *slipper* »Pantoffel«). Die Schaufenster der Bekleidungsgeschäfte zeigten modische *Blazer, Sweatshirts* (aus englisch *sweat* »Schweiß« und *shirt* »Hemd, Trikot«) und *T-Shirts* (wohl nach dem T-förmigen Schnitt). Wer könnte sich noch ein Leben ohne *Jeans* (zu *jean* »Baumwolle«) vorstellen? Sie sind längst nicht mehr nur ein Kleidungsstück für *Teenager* (aus englisch *-teen* »-zehn« in den Zahlwörtern von 13 bis 19 und *age* »Alter«), sondern fester Bestandteil der Kleidung nahezu aller Altersklassen geworden.

Rundfunk und Fernsehen

Rundfunk, Fernsehen (jetzt auch kurz *TV* für englisch *television*) und Presse haben ebenfalls eine kaum zu überblickende Anzahl von englischen Wörtern in ihren Fachjargon aufgenommen, entsprechend ihrer Ausrichtung nach den amerikanischen Vorbildern, so z.B. *Charts* (= Hitlisten), *Comics* (amerikanisch für *comic strips,* zu englisch *comic* »komisch« und *strip* »[Bilder]streifen«), *Jingle* (= kurze, einprägsame Melodie als Bestandteil einer Rundfunk- oder Fernsehwerbung, eigentlich »Geklingel«), *Headline* (= Überschrift, Schlagzeile, aus englisch *head* »Kopf, Überschrift« und *line* »Zeile«), *Hit* (eigentlich »Schlag, Treffer«, dazu *Hitparade*), *live* (eigentlich »lebend«, meist in der Zusammensetzung *Live-Sendung*), *LP* (= Langspielplatte, gekürzt aus englisch *long-playing record*), *News* (= Nachrichten, eigentlich »Neues«), *Playback* (eigentlich »das Abspielen, Wiedergabe«), *Show* (eigentlich »Schau«), *Single* (= kleine Schallplatte), *Special* (= Sendung, in der ein Künstler im Mittelpunkt steht), *Spot* (= Werbefilm, Werbetext, eigentlich »kurzer Auftritt«), *Trailer* (= aus einigen Szenen eines Films zusammengestellter Vorfilm, der als Werbung für diesen Film vorgeführt wird). Die Bezeichnung *Seifenoper* für eine oftmals rührselige Hörspiel- oder Fernsehspielserie ist eine Lehnübersetzung von englisch *soap opera,* da solche Sendungen meist im Werbefernsehen oder -funk – häufig von Waschmittelfirmen finanziert – laufen (auch in der Kurzform *Soap* oder als *Daily Soap* »täglich gesendete Serie« gebraucht).

Videoclips aus dem Internet

In neuester Zeit ist es der Bereich der Videotechnik gewesen, der einen weiteren Wortschub aus dem Englischen zu uns brachte. Zugrunde liegt englisch *video,* das als Bestimmungswort vieler Zusammensetzungen auftritt und zu lateinisch *videre* »sehen« gebildet ist. Hier hat sich schnell ein ziemlich großes Wortfeld gebildet, wie man leicht sehen kann, wenn man verschiedene Auflagen z.B. des Rechtschreibdudens unter dem Stichwort *Video-* vergleicht.

Das letzte Jahrzehnt des 20. Jahrhunderts war geprägt vom Bestreben nach weltweiter Kommunikation: Die *Informationsgesellschaft* stürzte sich auf die *Datenautobahn* (nach englisch *data highway*), das *Internet* (englisch *internet*, aus *inter-* = untereinander, zwischen und *net* = Netz[werk]) bot jetzt die Möglichkeit des Austauschs von sehr großen Datenmengen und vielfältigsten Informationen innerhalb kürzester Zeit. Begriffe wie *Browser, Cookie, Download, E-Mail, Homepage, Link, Provider, Server, Website* sind nahezu allgemein bekannt gewordene Fachwörter dieser neuen *virtuellen Realität* (= vom Computer simulierte Wirklichkeit; Lehnübersetzung von englisch *virtual reality*).

Ausblick

Rund 1 300 Jahre deutscher Wort- und Sprachgeschichte sind bis heute weder kontinuierlich noch zielgerichtet verlaufen. Es wechseln sich Phasen ab, die mal stärker die sprachliche Einheit, mal stärker die sprachliche Vielfalt betonen. Auch die Bedeutung der Sprache für die Kulturgemeinschaft wird in jeder Generation neu bestimmt. Die neuhochdeutsche Standardsprache ist das momentane Ergebnis dieses jahrhundertelangen Prozesses, den verschiedenste Faktoren – räumliche, soziale, politische und kulturelle – entscheidend beeinflusst haben.

QUELLENVERZEICHNIS DER BELEGZITATE

Adorno, Theodor W.: Prismen, Kulturkritik und Gesellschaft. München: dtv 159, 1963. – EA 1955.
Aichinger, Ilse: Die größere Hoffnung. Frankfurt a. M. Hamburg: Fischer Bücherei 327, 1960. – EA 1948.
Andersch, Alfred: Die Rote. Olten und Freiburg i. Br.: Walter-Verlag, 1960.
Andersch, Alfred: Sansibar oder der letzte Grund. Frankfurt a. M. – Hamburg: Fischer Bücherei 354, 1962. – EA 1957.
Arnim, Achim von: Der tolle Invalide auf dem Fort Ratonneau. In: Deutscher Novellenkranz. Hrsg. von Arthur Pfeiffer. Saarbrücken: Minerva-Verlag, 1949.
Bachmann, Ingeborg: Gedichte, Erzählungen, Hörspiel, Essays. München: Piper Verlag, 1964 (= Die Bücher der Neunzehn 111).
Becker, Jurek: Irreführung der Behörden. Frankfurt a. M.: Suhrkamp Verlag, 1973.
Becker, Jurek: Schlaflose Tage. Frankfurt a. M.: Suhrkamp Verlag, 1978.
Becker, Jurek: Amanda Herzlos. Frankfurt a. M.: Suhrkamp Verlag. 3. Aufl. 1992.
Benn, Gottfried: Die Stimme hinter dem Vorhang und andere Szenen. München: dtv 25 sr, 1964. – EA von Die Stimme hinter dem Vorhang 1952.
Benn, Gottfried: Provoziertes Leben. Frankfurt a. M. – Berlin: Ullstein Bücher 54, 1962. – EA 1955.
Bergengruen, Werner: Die Feuerprobe. Stuttgart: Reclams U.-B. 7214, 1933.
Bergengruen, Werner: Die Rittmeisterin. München: Nymphenburger Verlagshandlung, 1954.
Bernhard, Thomas: Der Stimmenimitator. Frankfurt a. M.: Suhrkamp Verlag, 1978.
Bloch, Ernst: Durch die Wüste. Frühe kritische Aufsätze. Frankfurt a. M.: edition suhrkamp 74, 1964. – EA 1923.
Böll, Heinrich: Ansichten eines Clowns. Köln – Berlin: Kiepenheuer & Witsch Verlag, 1963.
Böll, Heinrich: Doktor Murkes gesammeltes Schweigen und andere Satiren. Köln – Berlin: Kiepenheuer & Witsch Verlag, 1963. – EA 1958.
Böll, Heinrich: Erzählungen, Hörspiele, Aufsätze. Köln Berlin: Kiepenheuer & Witsch Verlag, 1961.
Böll, Heinrich: Haus ohne Hüter. Berlin: Ullstein Bücher 185, 1967. – EA 1954.
Böll, Heinrich: Irisches Tagebuch. München: dtv 1, 1957.
Böll, Heinrich: Der Mann mit den Messern. Stuttgart: Reclams U.-B. 8287, 1958.
Böll, Heinrich: Und sagte kein einziges Wort. Frankfurt a. M. – Berlin: Ullstein Bücher 141, 1962. – EA 1953.
Böll, Heinrich: Wo warst Du, Adam? Frankfurt a. M. – Berlin: Ullstein Bücher 84, 1962. – EA 1951.
Borchert, Wolfgang: Draußen vor der Tür und ausgewählte Erzählungen. Reinbek: rororo 170, 1962. – EA 1956. – EA von Draußen vor der Tür 1947.
Borchert, Wolfgang: Die traurigen Geranien und andere Geschichten aus dem Nachlaß. Reinbek: Rowohlt Verlag, 1962.
Brandstetter, Alois: Altenehrung. München: dtv 10595, 1986. – EA 1983.

Brecht, Bertolt: Drei Groschen Roman. Reinbek: rororo 263/264, 1961.
Brecht, Bertolt: Geschichten. Frankfurt a. M.: Bibliothek Suhrkamp 81, 1962.
Brecht, Bertolt: Der gute Mensch von Sezuan. Frankfurt a. M.: edition suhrkamp 73, 1964. – EA 1953.
Brecht, Bertolt: Songs aus der Dreigroschenoper. Berlin: Gebrüder Weiss Verlag, 1949.
Brecht, Bertolt: Hauspostille. Berlin – Frankfurt a. M.: Bibliothek Suhrkamp 4, 1956. – EA 1927.
Brentano, Clemens: Werke. Hrsg. von Max Preitz. 3 Bände. Leipzig und Wien. Bibliographisches Institut, 1914.
Broch, Hermann: Esch oder die Anarchie. Frankfurt a. M. – Hamburg: Fischer Bücherei 57, 1954. – EA 1931.
Broch, Hermann: Pasenow oder die Romantik. Frankfurt a. M.: Bibliothek Suhrkamp 92, 1962. – EA 1931.
Broch, Hermann: Der Versucher. Reinbek: rororo 343/344, 1960. – EA 1953.
Bruyn, Günter de: Zwischenbilanz. Eine Jugend in Berlin. Frankfurt a. M.: S. Fischer Verlag, 1992.
Buber, Martin: Gog und Magog. Frankfurt a. M. – Hamburg: Fischer Bücherei 174, 1957. – EA 1949.
Büchner, Georg: Dantons Tod. Husum: Hamburger Lesehefte-Verlag o. J. (113. Heft).
Büchner, Georg: Sämtliche Werke. Hrsg. von Paul Stapf. Berlin – Darmstadt – Wien: Deutsche Buchgemeinschaft, 1967.
Burger, Hermann: Blankenburg. Frankfurt a. M.: S. Fischer Verlag, 1986.
Burger, Hermann: Brenner. Erster Band: Brunsleben. Frankfurt a. M.: Suhrkamp Verlag, 1989.
Bürger, Gottfried August: Gedichte. Hrsg. von Arnold E. Berger. Leipzig und Wien: Bibliographisches Institut, [1891].
Canetti, Elias: Das Augenspiel. Lebensgeschichte 1931–1937. München – Wien: Carl Hanser Verlag, 1985.
Carossa, Hans: Aufzeichnungen aus Italien. Wiesbaden: Insel-Verlag, 1947. – EA 1946.
Chamisso, Adelbert von: Peter Schlemihls wundersame Geschichte. Stuttgart: Reclams U.-B. 93, 1989.
Döblin, Alfred: Berlin Alexanderplatz. Olten – Freiburg: Walter-Verlag, 1961. – EA 1929.
Döblin, Alfred: Märchen vom Materialismus. Stuttgart: Reclams U.-B. 8261, 1959.
Doderer, Heimito von: Die Dämonen. München: Biederstein Verlag, 1956.
Doderer, Heimito von: Die Wasserfälle von Slunj. München: Biederstein Verlag, 1963.
Doderer, Heimito von: Das letzte Abenteuer. Stuttgart: Reclams U.-B. 7806/07, 1958. – EA 1953.
Doderer, Heimito von: Die Strudlhofstiege oder Melzer und die Tiefe der Jahre. München: Biederstein Verlag, 1962.
Droste-Hülshoff, Annette von: Die Judenbuche. Stuttgart: Reclams U.-B. 1858, 1963.
Droste-Hülshoff, Annette von: Gedichte. Auswahl und Nachwort von Siegfrid Sudhof. Stuttgart: Reclams U.-B. 7662, 1989.
Dürrenmatt, Friedrich: Grieche sucht Griechin. Frankfurt a. M. – Berlin: Ullstein Bücher 199, 1962. – EA 1955.

Dürrenmatt, Friedrich: Der Meteor. Zürich: Verlag der Arche, 1966.
Dürrenmatt, Friedrich: Der Richter und sein Henker. Reinbek: rororo 150, 1961. – EA 1952.
Ebner-Eschenbach, Marie von: Das Gemeindekind. Stuttgart: Reclams U.-B. 8056, 1990.
Ebner-Eschenbach, Marie von: Krambambuli und andere Erzählungen. Reclams U.-B. 7887, 1990.
Edschmid, Kasimir: Der Liebesengel. Reinbek: rororo 254, 1961. – EA 1937.
Eich, Günter: Fünfzehn Hörspiele. Frankfurt a. M.: Suhrkamp Verlag, 1973.
Eichendorff, Joseph von: Aus dem Leben eines Taugenichts. Stuttgart: Reclams U.-B. 2354, 1963.
Eichendorff, Joseph von: Das Marmorbild. Stuttgart: Reclams U.-B. 2365, 1967.
Enzensberger, Hans Magnus: Einzelheiten I, Bewußtseins-Industrie. Frankfurt a. M.: edition suhrkamp 63, 1964. – EA 1962.
Enzensberger, Hans Magnus: Mittelmaß und Wahn. Frankfurt a. M.: Suhrkamp Verlag, 1989.
Fallada, Hans: Der Trinker. Reinbek: rororo 333, 1959. – EA 1950.
Fallada, Hans: Jeder stirbt für sich allein. Reinbek: rororo 671/672, 1964. – EA 1947.
Fallada, Hans: Junger Herr – ganz groß. Frankfurt a. M. – Berlin: Ullstein Verlag, 1965.
Fallada, Hans: Kleiner Mann was nun? Reinbek: rororo 1, 1960. – EA 1932.
Fallada, Hans: Wer einmal aus dem Blechnapf frißt. Reinbek: rororo 54/55, 1961. – EA 1934.
Feuchtwanger, Lion: Erfolg. Reinbek: Rowohlt Verlag, 1956. – EA 1930.
Feuchtwanger, Lion: Die häßliche Herzogin. Reinbek: rororo 265, 1962. – EA 1923.
Fontane, Theodor: Effi Briest. Wiesbaden: Emil Vollmer Verlag o. J.
Fontane, Theodor: Frau Jenny Treibel oder »Wo sich Herz zum Herzen find't«. Stuttgart: Reclams U.-B. 7635, 1988.
Freud, Sigmund: Abriß der Psychoanalyse. Das Unbehagen in der Kultur. Frankfurt a. M. – Hamburg: Fischer Bücherei 47, 1960. – EA 1940.
Freytag, Gustav: Die Ahnen. Leipzig Berlin-Grunewald: S. Hirzel u. Verlagsanstalt für Literatur und Kunst H. Klemm o. J.
Frisch, Max: Andorra. Frankfurt a. M.: Bibliothek Suhrkamp 101, 1975.
Frisch, Max: Homo faber. Frankfurt a. M.: Bibliothek Suhrkamp 87, 1957.
Frisch, Max: Mein Name sei Gantenbein. Frankfurt a. M.: Suhrkamp Verlag, 1964.
Frisch, Max: Montauk. Frankfurt a. M.: Suhrkamp Verlag, 1975.
Frisch, Max: Santa Cruz. Nun singen sie wieder. Frankfurt a. M.: Suhrkamp Verlag, 1962. – EA 1961. – EA von Santa .Cruz 1947. – EA von Nun singen sie wieder 1946.
Frisch, Max: Stiller. Frankfurt a. M.: Suhrkamp Verlag, 1963. – EA 1954.
Fussenegger, Gertrud: Das Haus der dunklen Krüge. Salzburg: Otto Müller Verlag, 1951.
Fussenegger, Gertrud: Zeit des Raben – Zeit der Taube. Stuttgart: Deutsche Verlags-Anstalt, 1960.

Quellenverzeichnis der Belegzitate

Gaiser, Gerd: Schlußball. Frankfurt a. M. – Hamburg: Fischer Bücherei 402, 1961. – EA 1958.
Gaiser, Gerd: Die sterbende Jagd. Frankfurt a. M. – Hamburg: Fischer Bücherei 186, 1962. – EA 1953.
Gellert, Christian Fürchtegott: Die Betschwester. Lustspiel in drei Aufzügen. Berlin: Walter de Gruyter & Co, 1962.
Goethe, Johann Wolfgang von: Werke. Hrsg. von Karl Heinemann. 30 Bde. Leipzig [und Wien]: Bibliographisches Institut [1901 ff.].
Goethe, Johann Wolfgang von: Werke. 143 Bde. Fotomechanischer Nachdruck der Weimarer Ausgabe von 1887 ff. München: dtv 5946, 1987.
Gotthelf, Jeremias: Die schwarze Spinne. Stuttgart: Reclams U.-B. 6489, 1990.
Gotthelf, Jeremias: Elsi, die seltsame Magd. In: Erzählungen deutscher Dichter. Band III. Braunschweig: Georg Westermann Verlag, 1958.
Grass, Günter: Der Butt. Darmstadt – Neuwied: Luchterhand Verlag, 1977.
Grass, Günter: Die Blechtrommel. Neuwied/Rhein – Berlin: Luchterhand Verlag, 1960. – EA 1959.
Grass, Günter: Hundejahre. Neuwied/Rhein – Berlin: Luchterhand Verlag, 1963.
Grass, Günter: Katz und Maus. Neuwied/Rhein – Berlin: Luchterhand Verlag, 1961.
Grass, Günter: Unkenrufe. Göttingen: Steidl Verlag, 1992.
Grillparzer, Franz: Werke. 5 Bände. Hrsg. von Rudolf Franz. Leipzig und Wien: Bibliographisches Institut [1903/04].
Habermas, Jürgen: Legitimationsprobleme im Spätkapitalismus. Frankfurt a. M.: edition suhrkamp 623, 1973.
Hacks, Peter: Fünf Stücke. Frankfurt a. M.: Suhrkamp Verlag, 1965.
Handke, Peter: Der kurze Brief zum langen Abschied. Frankfurt a. M.: Suhrkamp Verlag, 1973. – EA 1972.
Handke, Peter: Kaspar. Frankfurt a. M.: edition suhrkamp 322, 1969. – EA 1967.
Handke, Peter: Die linkshändige Frau. Frankfurt a. M.: Suhrkamp Verlag, 1976.
Handke, Peter: Mein Jahr in der Niemandsbucht. Frankfurt a. M.: Suhrkamp Verlag, 1994.
Härtling, Peter: Eine Frau. Darmstadt – Neuwied: Luchterhand Verlag, 1978.
Härtling, Peter: Hubert oder die Rückkehr nach Casablanca. Darmstadt – Neuwied: Luchterhand Verlag, 1978.
Hauff, Wilhelm: Jud Süß. In: Werke, Bd. 3. Hrsg. von Max Mendheim. Leipzig und Wien: Bibliographisches Institut, o. J.
Hauptmann, Gerhart: Bahnwärter Thiel. Stuttgart: Reclams U.-B. 6617, 1955. – EA 1892.
Hauptmann, Gerhart: Der Schuß im Park. München: Piper Verlag 39, 1951. – EA 1942.
Hebbel, Friedrich: Werke. 4 Bände. Hrsg. von Karl Zeiss. Leipzig und Wien: Bibliographisches Institut [1899/1900].
Hebel, Johann Peter: Aus dem Schatzkästlein des Rheinischen Hausfreunds. Ausgewählt u. mit einem Nachwort herausgegeben v. W. Zentner. Stuttgart: Reclams U.-B. 6705, 1967.
Heine, Heinrich: Sämtliche Werke. 7 Bände. Hrsg. von E. Elster. Leipzig: Bibliographisches Insitut [1890].
Herzmanovsky-Orlando, Fritz: Der Gaulschreck im Rosennetz. München – Wien: Langen Müller Verlag, 1964. – EA 1928.
Hesse, Hermann: Das Glasperlenspiel. 2 Bände. Berlin: Suhrkamp Verlag, 1946. – EA 1943, 2 Bände.

Hesse, Hermann: In der alten Sonne. Leipzig: Reclams U.-B. 7557, 1943. – EA 1914.
Hesse, Hermann: Narziß und Goldmund. Frankfurt a. M.: Suhrkamp Verlag, 1960. – EA 1930.
Hesse, Hermann: Der Steppenwolf. Frankfurt a. M.: Suhrkamp Verlag, 1961. – EA 1927.
Heym, Stefan: Nachruf. München: C. Bertelsmann Verlag, 1988.
Heym, Stefan: Schwarzenberg. München: C. Bertelsmann Verlag, 1984.
Hilbig, Wolfgang: »Ich« Frankfurt a. M.: S. Fischer Verlag, 1993.
Hildesheimer, Wolfgang: Tynset. Frankfurt a. M.: Suhrkamp Verlag, 1965.
Hildesheimer, Wolfgang: Lieblose Legenden. Frankfurt a. M.: Bibliothek Suhrkamp 84, 1962. – EA 1952.
Hochhuth, Rolf: Der Stellvertreter. Reinbek: Rowohlt Verlag, 1963.
Hoffmann, E[rnst] T[heodor] A[madeus]: Die Bergwerke zu Falun. Stuttgart: Reclams U.-B. 8991, 1991.
Hoffmann, E[rnst] T[heodor] A[madeus]: Das Fräulein von Scuderi. Stuttgart: Reclams U.-B. 25, 1989.
Hofmannsthal, Hugo von: Komödie. Graz und Wien: Stiasny-Bücherei 63, 1960. – EA 1945.
Hoppe, Felicitas: Paradiese, Übersee. Frankfurt a. M.: Fischer Taschenbuch Verlag 2006. – EA 2003.
Iffland, August Wilhelm: Die Hagestolzen. Leipzig und Wien: Bibliographisches Institut, o. J. (= Meyers Volksbücher 1646/47).
Jahnn, Hans Henny: 13 nicht geheure Geschichten. Frankfurt a. M.: Bibliothek Suhrkamp 105, 1963. – EA 1954.
Jahnn, Hans Henny: Die Nacht aus Blei. München: dtv 5 sr, 1962. EA 1956.
Jean Paul: Leben des vergnügten Schulmeisterlein Maria Wutz in Auenthal. Stuttgart: Reclams U.-B. 119, 1987.
Jean Paul: Siebenkäs. Stuttgart: Reclams U.-B. 274, 1983.
Jean Paul: Hesperus oder 45 Hundposttage. München: R. Piper Verlag, 1987.
Jelinek, Elfriede: Lust. Reinbek: Rowohlt Verlag, 1989.
Jirgl, Reinhard: Die Stille. München: Carl Hanser Verlag, 2009.
Johnson, Uwe: Das dritte Buch über Achim. Frankfurt a. M.: Suhrkamp Verlag, 1961.
Johnson, Uwe: Mutmaßungen über Jakob. Frankfurt a. M. – Hamburg: Fischer Bücherei 457, 1963. – EA 1959.
Johnson, Uwe: Zwei Ansichten. Frankfurt a. M.: Suhrkamp Verlag, 1965.
Jünger, Ernst: Capriccios. Stuttgart: Reclams U.-B. 7796, 1960. – EA 1953 (Auszüge aus: Das abenteuerliche Herz. Figuren und Capriccios, 1938).
Jünger, Ernst: Gläserne Bienen. Reinbek: rororo 385, 1960. – EA 1957.
Kafka, Franz: Amerika. Frankfurt a. M. – Hamburg: Fischer Bücherei 132, 1963. – EA 1927.
Kafka, Franz: Die Erzählungen. Frankfurt a. M.: S. Fischer Verlag, 1961.
Kafka, Franz: Der Prozeß. Frankfurt a. M. – Hamburg: Fischer Bücherei, Exempla Classica 3, 1962. – EA 1925.
Kafka, Franz: Das Schloß. Frankfurt a. M.: S. Fischer Verlag, 1958. – EA 1926.
Kaschnitz, Marie Luise: Wohin denn ich. Hamburg: Claasen Verlag, 1963.
Kästner, Erich: Die Schule der Diktatoren. Frankfurt a. M. – Hamburg: Fischer Bücherei 261, 1961. – EA 1956.

Kästner, Erich: Fabian. Frankfurt a. M. – Berlin: Ullstein Bücher 102, 1962. – EA 1931.
Kehlmann, Daniel: Ruhm. Ein Roman in neun Geschichten. Frankfurt a. M., Zürich und Wien: Büchergilde Gutenberg, 2009.
Keller, Gottfried: Kleider machen Leute. Stuttgart: Reclams U.-B. 7470, 1990.
Keller, Gottfried: Romeo und Julia auf dem Dorfe. Stuttgart: Reclams U.-B. 6172, 1991.
Keller, Gottfried: Werke. Hrsg. von Max Nußberger. 8 Bände. Leipzig [und Wien]: Bibliographisches Institut [1921].
Kempowski, Walter: Aus großer Zeit. Hamburg: Albrecht Knaus Verlag, 1978.
Kempowski, Walter: Tadellöser & Wolf. München: dtv 1043, 1975. – EA 1971.
Kempowski, Walter: Uns gehts ja noch gold. München: Carl Hanser Verlag, 1972.
Kirsch, Sarah: Die Pantherfrau. Ebenhausen: Langewiesche-Brandt, 1975. – EA 1974.
Kleist, Heinrich von: Michael Kohlhaas. Aus einer alten Chronik. Stuttgart: Reclams U.-B. 218, 1964.
Kleist, Heinrich von: Werke. Hrsg. von Erich Schmidt. 5 Bände. Leipzig und Wien: Bibliographisches Institut [1904–1905].
Klopstock, Friedrich Gottlieb: Der Messias. Hildburghausen und Amsterdam: Bibliographisches Institut, 1841 (= Familien-Bibliothek der Deutschen Classiker Bd. 3942).
Koeppen, Wolfgang: Nach Rußland und anderswohin. Frankfurt a. M. – Hamburg: Fischer Bücherei 359, 1961. – EA 1958.
Koeppen, Wolfgang: New York. Stuttgart: Reclams U.-B. 8602, 1961.
Kotzebue, August von: Die deutschen Kleinstädter. Leipzig und Wien: Bibliographisches Institut, o. J. (= Meyers Volksbücher 171).
Krolow, Karl: Nacht-Leben oder Geschonte Kindheit. Frankfurt a. M.: Suhrkamp Verlag, 1985.
Kronauer, Brigitte: Berittener Bogenschütze. Stuttgart: Klett-Cotta Verlag, 1987.
Kunze, Reiner: Die wunderbaren Jahre. Frankfurt a. M.: S. Fischer Verlag, 1976.
Langgässer, Elisabeth: Das unauslöschliche Siegel. Hamburg: Claassen Verlag, 1959. – EA 1946.
Lenau, Nikolaus: Werke. Hrsg. v. Carl Schaeffer. 2 Bände. Leipzig: Bibliographisches Institut [1910].
Lenz, Hermann: Der Tintenfisch in der Garage. Frankfurt a. M.: Insel Verlag, 1977.
Lenz, Siegfried: Brot und Spiele. München: dtv 233, 1964. – EA 1959.
Lenz, Siegfried: So zärtlich war Suleyken. Frankfurt a. M. Hamburg: Fischer Bücherei 312, 1962. – EA 1955.
Lenz, Siegfried: Heimatmuseum. Hamburg: Hoffmann & Campe Verlag, 1978.
Lessing, Gotthold Ephraim: Werke. Hrsg. von Georg Witkowski. 7 Bände. Leipzig: Bibliographisches Institut [1911].
Löns, Hermann: Das zweite Gesicht. Düsseldorf: Eugen Diederichs Verlag, 1965. – EA 1912.
Löns, Hermann: Der letzte Hansbur. Hannover: Sponholtz Verlag, 1909.
Mann, Heinrich: Die kleine Stadt. Hamburg: Claassen Verlag, 1960. – EA 1909.
Mann, Heinrich: Professor Unrat. Reinbek: rororo 35, 1951. – EA 1905.
Mann, Thomas: Bekenntnisse des Hochstaplers Felix Krull. Frankfurt a. M.: S. Fischer Verlag, 1957. – EA 1954 (Teildruck 1922, erweitert 1937).
Mann, Thomas: Buddenbrooks. Frankfurt a. M. – Hamburg: Fischer Bücherei, Exempla Classica 13, 1960. – EA 1901.

Quellenverzeichnis der Belegzitate

Mann, Thomas: Herr und Hund. Frankfurt a.M – Hamburg: Fischer Bücherei 85, 1961. – EA 1919.
Mann, Thomas: Joseph und seine Brüder. 2 Bände. Frankfurt a. M.: S. Fischer Verlag, 1962. – EA 193343. 4 Bände.
Mann, Thomas: Königliche Hoheit. Frankfurt a. M. – Hamburg: Fischer Bücherei 2, 1962. – EA 1909.
Mann, Thomas: Sämtliche Erzählungen. Frankfurt a. M.: S. Fischer Verlag, 1963 (= Die Bücher der Neunzehn 98).
Mann, Thomas: Der Tod in Venedig und andere Erzählungen. Frankfurt a. M. – Hamburg: Fischer Bücherei 54, 1962. – EA 1954. – EA von Der Tod in Venedig 1913.
Mann, Thomas: Der Zauberberg. Frankfurt a. M.: S. Fischer Verlag, 1960. – EA 1924.
Mayröcker, Friederike: Das Herzzerreißende der Dinge. Frankfurt a. M.: Suhrkamp Verlag, 1985.
Meckel, Christoph: Suchbild. Über meinen Vater. Düsseldorf: Claassen Verlag, 1980.
Meyer, Conrad Ferdinand: Das Amulett. Stuttgart: Reclams U.-B. 6943, 1962.
Meyer, Conrad Ferdinand: Gustav Adolfs Page. In: Erzählungen deutscher Dichter. Band III. Braunschweig: Georg Westermann Verlag, 1958.
Morgenstern, Christian: Jubiläumsausgabe in vier Bänden. Band 1: Galgenlieder, Palmström und andere Grotesken. München, Zürich: R. Piper & Co. Verlag, 1979.
Mörike, Eduard: Werke. Hrsg. von Harry Maync. 3 Bände. Leipzig und Wien: Bibliographisches Institut [1909].
Müller, Heiner: Krieg ohne Schlacht. Leben in zwei Diktaturen. Köln: Kiepenheuer & Witsch Verlag, 1992.
Müller, Herta: Der Fuchs war damals schon der Jäger. Reinbek: Rowohlt Verlag, 1992.
Müller, Herta: Niederungen. Berlin: Rotbuch-Verlag, 1984.
Muschg, Adolf: Gegenzauber. Frankfurt a. M.: Suhrkamp Verlag, 1981.
Muschg, Adolf: Im Sommer des Hasen. Frankfurt a. M.: Suhrkamp Verlag, 1982.
Musil, Robert: Der Mann ohne Eigenschaften. Reinbek: Rowohlt Verlag, 1960. – EA 1930_43. 3 Bände.
Musil, Robert: Die Verwirrungen des Zöglings Törleß. Reinbek: rororo 300, 1960. – EA 1906.
Nossack, Hans Erich: Begegnung im Vorraum. Erzählungen. Frankfurt a. M.: Suhrkamp Verlag, 1963.
Novalis: Heinrich von Ofterdingen. Stuttgart: Reclams U.-B. 8939, 1987.
Plenzdorf, Ulrich: Legende vom Glück ohne Ende. Frankfurt a. M.: Suhrkamp Verlag, 1979.
Plenzdorf, Ulrich: Die neuen Leiden des jungen W. Frankfurt a. M.: Suhrkamp Verlag, 1973.
Polgar, Alfred: Im Laufe der Zeit. Hamburg: Rowohlt Verlag, 1954.
Raabe, Wilhelm: Ausgewählte Werke, Band 6. Berlin und Weimar: Aufbau-Verlag, 1965.
Raabe, Wilhelm: Die Chronik der Sperlingsgasse. Stuttgart: Reclams U.-B. 7726, 1990.
Ransmayr, Christoph: Die letzte Welt. Nördlingen: Franz Greno Verlag, 1988.
Remarque, Erich Maria: Arc de Triomphe. München: Kurt Desch Verlag, 1960. Dt. – EA 1946.
Remarque, Erich Maria: Der Funke Leben. Frankfurt a. M. – Berlin: Ullstein Bücher 177, 1963. Dt. – EA 1952.
Remarque, Erich Maria: Der schwarze Obelisk. Frankfurt a. M. – Berlin: Ullstein Bücher 325/326, 1963. – EA 1956.

Remarque, Erich Maria: Im Westen nichts Neues. Frankfurt a. M. Berlin: Ullstein Bücher 56, 1967. – EA 1929.
Rezzori, Gregor von: Blumen im Schnee. München: C. Bertelsmann Verlag, 1989.
Rilke, Rainer Maria: Die Aufzeichnungen des Malte Laurids Brigge. München: dtv 45, 1962. – EA 1910. 2 Bände.
Rosegger, Peter: Als ich noch der Waldbauernbub war. Stuttgart: Reclams U.-B. 8563, 1989.
Roth, Joseph: Beichte eines Mörders, erzählt in einer Nacht. Frankfurt a. M.: Bibliothek Suhrkamp 79, 1962. – EA 1936.
Roth, Joseph: Die Kapuzinergruft. München: dtv 459, 1967. – EA 1938.
Roth, Joseph: Radetzkymarsch. Reinbek: rororo 222/223, 1967. – EA 1932.
Rühmkorf, Peter: Im Fahrtwind. Gedichte und Geschichte. Reinbek: Rowohlt Taschenbuch Verlag, 1969.
Schädlich, Hans Joachim: Versuchte Nähe. Reinbek: Rowohlt Verlag, 1977.
Schiller, Friedrich von: Werke. Hrsg. von Ludwig Bellermann. 15 Bände. Leipzig: Bibliographisches Institut [1922].
Schmidt, Arno: Der Platz, an dem ich schreibe. 17 Erklärungen zum Handwerk des Schriftstellers. Zürich: Haffmans Verlag, 1993.
Schmidt, Arno: Massenbach. Historische Revue. Frankfurt a. M.: Fischer Taschenbuch Verlag 1997. – EA 1961.
Schnitzler, Arthur: Liebelei. Reigen. Frankfurt a. M. – Hamburg: Fischer Bücherei 361, 1960. – EA von Liebelei 1896. – EA von Reigen 1903.
Schnurre, Wolfdietrich: Ein Fall für den Herrn Schmidt. Erzählungen. Stuttgart: Reclams U.-B. 8677, 1966. – EA 1962.
Schnurre, Wolfdietrich: Ich brauch dich. Frankfurt a. M. – Berlin – Wien: Ullstein Verlag, 1978.
Schnurre, Wolfdietrich: Der Schattenfotograf. München: Paul List Verlag, 1978.
Schnurre, Wolfdietrich: Als Vaters Bart noch rot war. Frankfurt a. M. – Berlin: Ullstein Bücher 382, 1958.
Seghers, Anna: Transit. Neuwied/Rhein – Berlin: Luchterhand Verlag, 1963. Dt. – EA 1948.
Stadler, Arnold: Sehnsucht, ich und wir zwei. Frankfurt a. M.: Suhrkamp-Taschenbuch 2864, 1998.
Stifter, Adalbert: Bergkristall. Stuttgart: Reclams U.-B. 3912, 1989.
Stifter, Adalbert: Granit. Stuttgart: Reclams U.-B. 7602, 1963.
Storm, Theodor: Der Schimmelreiter. Stuttgart: Reclams U.-B. 615/16, 1964.
Storm, Theodor: Die Söhne des Senators. Stuttgart: Reclams U.-B. 6022, 1960.
Storm, Theodor: Werke. Hrsg. von Theodor Hertel. 6 Bände. Leipzig und Wien: Bibliographisches Institut, o. J.
Strauß, Botho: Niemand anders. München – Wien: Carl Hanser Verlag, 1987.
Strauß, Botho: Rumor. München – Wien: Carl Hanser Verlag, 1980.
Streeruwitz, Marlene: Jessica, 30. Frankfurt a. M.: S. Fischer Verlag, 2004.
Strittmatter, Erwin: Der Laden. Köln: Kiepenheuer & Witsch Verlag, 1989.
Strittmatter, Erwin: Der Wundertäter. Berlin: Aufbau-Verlag, 1964. – EA 1957.
Süskind, Patrick: Das Parfum. Zürich: Diogenes Verlag, 1985.
Thieß, Frank: Neapolitanische Legende. Frankfurt a. M. – Hamburg: Fischer Bücherei 237, 1958. – EA 1942.

Thieß, Frank: Das Reich der Dämonen. Hamburg – Wien: Paul Zsolnay Verlag, 1960. – EA 1941.
Thieß, Frank: Stürmischer Frühling. Hamburg: rororo 62, 1952. – EA 1937.
Tieck, Ludwig. Der blonde Eckbert. Der Runenberg. Stuttgart: Reclams U.-B. 7732, 1990.
Tucholsky, Kurt: Ausgewählte Werke. Reinbek: Rowohlt Verlag, 1965.
Tucholsky, Kurt: Zwischen gestern und morgen. Reinbek: rororo 50, 1961. – EA 1952.
Uhland, Ludwig: Werke. Hrsg. von Ludwig Fränkel. Leipzig und Wien: Bibliographisches Institut [1893].
Walser, Martin: Eiche und Angora. Eine deutsche Chronik. Frankfurt a. M.: edition suhrkamp 16, 1962.
Walser, Martin: Ein fliehendes Pferd. Frankfurt a. M.: Suhrkamp Verlag, 1978.
Walser, Martin: Seelenarbeit. Frankfurt a. M.: Suhrkamp Verlag, 1979.
Walser, Robert: Der Gehülfe. Frankfurt a. M. – Hamburg: Fischer Bücherei 452, 1962. – EA 1908.
Weiss, Peter: Die Verfolgung und Ermordung Jean Paul Marats. Frankfurt a. M.: edition suhrkamp 68, 1965. – EA 1964.
Werfel, Franz: Das Lied von Bernadette. Frankfurt a. M. – Hamburg: Fischer Bücherei 240/241, 1962. – EA 1941.
Werfel, Franz: Der Tod des Kleinbürgers. Stuttgart: Reclams U.-B. 8268, 1959. – EA 1927.
Werfel, Franz: Der veruntreute Himmel. Frankfurt a. M. – Hamburg: Fischer Bücherei 9, 1958. – EA 1939.
Widmer, Urs: Der Kongreß der Paläolepidopterologen. Zürich: Diogenes Verlag, 1989.
Wiechert, Ernst: Die Jeromin-Kinder. Wien – München – Basel: Verlag Kurt Desch, 1957. – EA 1945–47. 2 Bände.
Winkler, Josef: Das wilde Kärnten. Frankfurt a. M.: Suhrkamp-Taschenbuch 2477, 1995.
Wohmann, Gabriele: Der Irrgast. Darmstadt – Neuwied: Luchterhand Verlag, 1986.
Wolf, Christa: Der geteilte Himmel. Berlin – Schöneberg: Gebrüder Weiss Verlag, 1964. – EA 1963.
Wolf, Christa: Nachdenken über Christa T. Neuwied/Rhein – Berlin: Luchterhand Verlag, 1969. – EA 1968.
Wollschläger, Hans: In diesen geistfernen Zeiten. Zürich: Haffmans Verlag, 1986.
Zuckmayer, Carl: Die Fastnachtsbeichte. Frankfurt a. M.: S. Fischer Verlag, 1960. – EA 1959.
Zuckmayer, Carl: Herr über Leben und Tod. Frankfurt a. M. – Hamburg: Fischer Bücherei 6, 1964. – EA 1938.
Zuckmayer, Carl: Die Magdalena von Bozen. Frankfurt a. M. – Hamburg: Fischer Bücherei 282, 1959. – EA 1936.
Zweig, Arnold: Novellen um Claudia. Reinbek: rororo 541, 1963. – EA 1912.
Zweig, Arnold: Der Streit um den Sergeanten Grischa. Berlin Weimar: Aufbau-Verlag, 1964. – EA 1927.
Zweig, Stefan: Joseph Fouché. Bildnis eines politischen Menschen. Frankfurt a. M. – Hamburg: Fischer Bücherei 4, 1962. – EA 1929.
Zwerenz, Gerhard: Die Quadriga des Mischa Wolf. Frankfurt a. M.: S. Fischer Verlag, 1975.
Zwerenz, Gerhard: Die Erde ist unbewohnbar wie der Mond. Frankfurt a. M.: S. Fischer Verlag, 1973.
Zwerenz, Gerhard: Kopf und Bauch. Frankfurt a. M.: Fischer Taschenbuch Verlag, 1973. – EA 1971.

a, A [a:], das; - ⟨ugs.: -s⟩, - ⟨ugs.: -s⟩ [mhd., ahd. a]: **1.** *erster Buchstabe des Alphabets:* ein kleines a, ein großes A; eine Broschüre mit praktischen Hinweisen von A bis Z *(unter alphabetisch angeordneten Stichwörtern);* R wer A sagt, muss auch B sagen *(wer etwas beginnt, muss es fortsetzen u. auch unangenehme Folgen auf sich nehmen);* * *das U und O,* (seltener:) *das A und das O (die Hauptsache, Quintessenz, das Wesentliche, Wichtigste, der Kernpunkt;* urspr. = der Anfang und das Ende, nach dem ersten [Alpha] und dem letzten [Omega] Buchstaben des griech. Alphabets); **von A bis Z** (ugs.; *von Anfang bis Ende, ganz und gar, ohne Ausnahme;* nach dem ersten u. dem letzten Buchstaben des dt. Alphabets). **2.** ⟨das; -, -⟩ *(Musik) sechster Ton der C-Dur-Tonleiter:* der Kammerton a, A.
ä, Ä [ɛ:], das; - ⟨ugs.: -s⟩, - ⟨ugs.: -s⟩ [mhd. æ]: *Buchstabe, der für den Umlaut aus a steht.*
¹**a** = a-Moll; Ar.
²**a** ⟨Präp.⟩ [ital. a < lat. ad = zu]: *auf, mit, zu* (in ital. Fügungen, z. B. a conto, a tempo).
a. = am (bei Ortsnamen, z. B. Frankfurt a. Main); alt ⟨schweiz.⟩; vor Amts- u. Berufsbezeichnungen, z. B. a. Bundesrat).
a. = anno.
A = A-Dur; Ampere; Autobahn.

a- [griech. a- = nicht, un-]: verneint in Bildungen mit Adjektiven deren Bedeutung: apolitisch, asinnlich, atypisch.

α, A: ↑ Alpha.
à [a] ⟨Präp.⟩ [frz. à < lat. ad = zu]: **1.** (Kaufmannsspr., ugs.) *[das Stück] zu:* zehn Marken à 45 Cent. **2.** *nach, um* (in formelhaft gebrauchten frz. Fügungen, z. B. à la carte, à tout prix).
Å, (früher auch:) A, ÅE = Ångström.
@ [et; urspr. auf amerik. Schreibmaschinentastaturen das Zeichen für »(commercial) at« = à]: **1.** meist als trennendes Zeichen in E-Mail-Adressen verwendetes Symbol. **2.** *in Bezug auf* (bes. in Mails, Chatrooms o. Ä.): @Schweinegrippe: sehe ich genauso ...
a. a. = ad acta.
¹**Aa** [a'la], das; -, [-s] [lautm.] (Kinderspr.): *feste menschliche Ausscheidung, Kot:* Aa machen *(seine große Notdurft verrichten);* musst du Aa [machen]?
²**Aa,** die; -, -s: Name europäischer Flüsse u. Bäche.
AA = Auswärtiges Amt; Anonyme Alkoholiker.
Aa|chen: Stadt in Nordrhein-Westfalen.
¹**Aa|che|ner,** der; -s, -: Ew.
²**Aa|che|ner** ⟨indekl. Adj.⟩: A. Printen.
Aa|che|ne|rin, die; -, -nen: w. Form zu ↑ ¹Aachener.
Aal, der; -[e]s, -e [mhd., ahd. āl; H. u.]: *in Süßwasser u. Meer lebender, schlangenförmiger Fisch mit schlüpfriger Haut:* A. grün (Kochkunst; *gedünsteter Aal),* A. blau (Kochkunst; *gekochter, durch Übergießen mit heißem Essigwasser blau verfärbter Aal),* -e fangen, stechen; Der Mann hatte Mühe, sie zu fangen; denn -e bewegen sich auf glatten, dazu noch feuchten Steinen schnell und geschickt (Grass, Blechtrommel 177); * **glatt wie ein A. sein** (abwertend; *nicht zu fassen sein, sich aus jeder Situation geschickt herauszuwinden verstehen);* **sich [drehen und] winden, krümmen wie ein A.** *(sich aus einer unangenehmen, schwierigen Lage zu befreien suchen).*
aa|len, sich ⟨sw. V.; hat⟩ [eigtl. = sich winden wie ein Aal] (ugs.): *sich behaglich ausgestreckt ausruhen:* sich am Strand, in der Sonne a.
Aal|fang, der ⟨o. Pl.⟩: *das Fangen von Aalen:* die Männer sind beim A.
aal|glatt ⟨Adj.⟩: **1.** (selten) *überaus glatt:* -e Griffe. **2.** (abwertend) *schwer zu fassen; fähig od. geeignet, sich aus jeder Situation herauszuwinden:* ein -er Typ; mit -em Charme.
Aal|korb, der: *einem Korb ähnliches Gerät zum Aalfang.*
Aal|lei|ter, die: *Fischpass für Aale.*
Aal|mut|ter, die ⟨Pl. -n⟩ *[nach der Ähnlichkeit der Jungen mit jungen Aalen]: (in kalten Meeren, teilweise in großen Tiefen lebender) Fisch, der lebende Junge zur Welt bringt.*
Aal|quap|pe, die [nach dem aalförmigen Körper]: **1.** *Rutte.* **2.** (bes. nordd.) *Aalmutter.*
Aal|rau|pe, die [2. Bestandteil (in Anlehnung an ↑ Raupe) mhd. ruppe, rutte < mlat. rubeta < lat. rubeta = Kröte]: *Rutte.*
Aal|reu|se, die: *Reuse für den Aalfang.*
Aal|speer, der: *einem Speer ähnliches Gerät mit mehreren Zinken zum Aalstechen.*
Aal|ste|chen, das; -s, -: *das Fangen von Aalen durch Stechen mit dem Aalspeer.*
Aal|strich, der [nach der schmalen, länglichen Form] (Zool.): *längs über die Rückenmitte verlaufender dunkler Streifen im Fell von [Wildformen von] Pferden, Rindern, Eseln, Ziegen u. anderen Säugetieren.*
Aal|sup|pe, die: *deftige, reichhaltige Suppe mit Stücken vom Aal u. Gemüse.*
Aal|tier|chen, das: *Älchen* (2).
a. a. O. = am angeführten, angegebenen Ort.
Aar, der; -[e]s, -e [mhd. ar(e), ahd. aro, daneben mhd., ahd. arn, verw. mit griech. órnis = Vogel] (dichter. veraltet): *Adler.*
Aar|au: Hauptstadt des Kantons Aargau: Dazu: **Aar|au|er,** der; -s, -, **Aar|aue|rin,** die; -, -nen.
Aa|re, die; -: *Fluss in der Schweiz.*
Aar|gau, der; -[e]s: Schweizer Kanton: Dazu: **Aar|gau|er,** der; -s, -, **Aar|gaue|rin,** die; -, -nen.
Aas, das; -es, -e u. Äser [im nhd. Wort sind zusammengefallen mhd., ahd. āz = Essen, Speise; Futter u. mhd. ās = Fleisch zur Fütterung der Hunde in Falken, Aas; beides zu ↑ essen u. eigtl. = Essen, Fraß]: **1. a)** ⟨Pl. Aase⟩ *[verwesende] Tierleiche, Kadaver:* Er stinkt wie ein A. (Jahnn, Geschichten 65); **b)** ⟨o. Pl.⟩ *Fleisch verendeter Tiere:* A. fressende Tiere. **2.** ⟨Pl. Äser⟩ (ugs. abwertend, oft als Schimpfwort) **a)** *durchtriebener, gemeiner, niederträchtiger Mensch:* so ein A.!; sie ist ein freches, raffiniertes, faules A.; (mitleidig:) du armes A.!; (mit dem Unterton widerstrebender Anerkennung:) ein tolles A.; * **ein A. auf der Bassgeige sein** (salopp; ↑ Ass 2 a); **kein A.** (ugs.; *kein Mensch, niemand:* kein A. ist gekommen); **b)** *widerspenstiges [Haus]tier:* das A. (= der Esel) bockt schon wieder; das A. hat mich gebissen.
Aas|blu|me, die: *Blume mit nach Aas* (1) *riechender Blüte, die Aasfliegen anzieht* (z. B. Aronstab, Stapelie u. a.).
aa|sen ⟨sw. V.; hat⟩ [zu ↑ Aas] (landsch.): *(mit etw.) verschwenderisch umgehen:* mit dem Geld, mit seinen Kräften a.
Aa|ser: ↑ Äser.
Aas|flie|ge, die: *größere Fliege, deren Weibchen die Eier an Aas* (1) *ablegt u. deren Larve von Aas lebt.*

aas|fres|send, Aas fres|send ⟨Adj.⟩: *sich von Aas* (1 b) *ernährend:* -e Tiere.
Aas|fres|ser, der: *Tier, das sich von Aas* (1 b) *ernährt* (z. B. Hyäne).
Aas|gei|er, der: **1.** *von Aas* (1 b) *lebender Geier.* **2.** (ugs. abwertend) *Mensch, der darauf aus ist, sich [am Unglück anderer] zu bereichern.*
Aas|ge|ruch, der: *Geruch von Aas* (1).
aa|sig ⟨Adj.⟩: **1.** *vom Aas* (1) *herrührend, faulig:* ein -er Hauch. **2.** *von Niedertracht, Infamie erfüllt; gemein:* ein -es Lächeln. **3.** ⟨intensivierend bei Verben u. Adjektiven⟩ (landsch.) *über alles Maß, sehr:* es war a. kalt; a. frieren.
Aas|jä|ge|rei, die; - (abwertend): *unweidmännisches Jagen.*
Aas|kä|fer, der: *Käfer, der sich von Aas* (1 b) *nährt.*
Aas|krä|he, die: *Rabenvogel (Nebelkrähe u. Rabenkrähe), der u. a. Aas* (1 b) *frisst.*
Aas|sei|te, die: (Gerberei): *Fleischseite der tierischen Haut.*
Aast, das; -[e]s, Äster (landsch.): *Aas* (2).
Aas|vo|gel, der: *Vogel, der sich von Aas* (1 b) *ernährt.*
¹**ab** ⟨Präp. mit Dativ⟩ [mhd. ab(e), ahd. ab(a), verw. mit griech. apó = von, ab]: **1.** ⟨räumlich⟩ **a)** (bes. Kaufmannsspr., Verkehrsw.) *von ... an, von ... weg:* [frei] ab Werk; ab [unserem] Lager; wir fliegen ab allen deutschen Flughäfen; ♦ **b)** ¹*von* (1): ...so will ich euch eine heilige Muschel mitbringen ab dem Meeresstrand von Askalon (Hebel, Schatzkästlein 16). **2.** ⟨zeitlich; bei artikellosen Substantiven mit adj. Attribut gelegtl. auch mit Akk.⟩ *von ... an:* ab dem 35. Lebensjahr; Jugendliche ab 18 Jahren/(auch:) Jahre; ab kommendem/(auch:) kommenden Montag; ab Mai; ab 1970; ab heute [Nacht]. **3.** ⟨bei artikellosen Substantiven mit adj. Attribut gelegtl. auch mit Akk.⟩ *bei einer Reihenfolge, Rangfolge o. Ä.; von ... an:* die Dienstgrade ab Unteroffizier; ab nächster/(auch:) nächste Ausgabe.

²**ab** ⟨Adv.⟩ [vgl. ¹ab]: **1.** *weg, fort, entfernt:* gleich hinter der Kreuzung links ab; nicht sehr weit ab vom Weg liegen; die Hütte soll weit ab von jeder menschlichen Behausung stehen; zwei Kilometer ab [von dieser Stelle]; (Verkehrsw.:) Darmstadt ab 7:30; Bayrischer Bahnhof ab, ab Bayrischer Bahnhof; (oft in Aufforderungen:) los, ab ins Bett!; (als Bühnenanweisung:) ab *(geht ab, soll abgehen);* * **ab trimo/trümo** (landsch.; *weg, ab; verschwinde!;* H. u.). **2. a)** *herunter, hinunter, nieder* (gewöhnlich in militär. Kommandos): Gewehr ab!; Helm ab zum Gebet!; **b)** *losgelöst, abgetrennt, abgegangen:* der Knopf wird bald ab sein; die Farbe ist fast ganz ab. **3.** * **ab und zu** (1. *gelegentlich; von Zeit zu Zeit.* 2. veraltend; *[in Bezug auf eine Bewegung] weg u. wieder herbei; aus u. ein:* die Bedienung ging ab und zu; Der Adjutant ging ab und zu und nahm denjenigen, der zunächst an der Reihe war, beiseite [Th. Mann, Hoheit 117]); **ab und an** (bes. nordd.; *gelegentlich; von Zeit zu Zeit:* er kommt ab und an mal wieder).
AB [a'be:], der; -[s], -s, selten -: Anrufbeantworter: eine Nachricht auf den AB sprechen, auf dem AB hinterlassen.
A. B. = Augsburger Bekenntnis.
Aba, die; -, -s [arab. ˈabā]: *weiter, kragenloser Mantel der Araber mit angeschnittenen Ärmeln.*
Abalka [a'baka], der; -[s] [span. abaca < Tagalog (eine Sprache auf den Philippinen) abaká]: *Manilahanf.*
Aba|kus [ˈa(:)bakʊs], der; -, -se u. ...ki [lat. abacus < griech. ábax (Gen.: ábakos); H. u.]: **1. a)** *Rechen- od. Spielbrett der Antike;* **b)** *Rechengerät, bei dem die Zahlen durch auf Stäben verschieb-*

bare Kugeln dargestellt werden. **2.** (Archit.) obere Platte auf dem Säulenkapitell.

Aba|lo|ne, die; -, -n [engl. abalone, zu gleichbed. span. (nordamerik.) abulones, Pl. von: abulón, aus einer Indianerspr. des südöstl. Nordamerika] (Gastron.): *eine essbare Meeresschnecke.*

ab|än|der|bar ⟨Adj.⟩: *sich abändern lassend:* -e Entscheidungen; a. sein. Dazu: **Ab|än|der|bar|keit,** die; -.

ab|än|der|lich ⟨Adj.⟩ (veraltet): *abänderbar:* Dazu: **Ab|än|der|lich|keit,** die; -.

ab|än|dern ⟨sw. V.; hat⟩: **1.** *ein wenig, in Teilen ändern:* das Testament, den Antrag, Beschluss, das Programm a. **2.** (Biol.) *(durch Mutation od. Umwelt) in den Artmerkmalen variieren, sich wandeln:* die Farben der Blüten ändern stark ab. **Ab|än|de|rung,** die; -, -en: *das Abändern.*

Ab|än|de|rungs|an|trag, der (Parlamentsspr.): *Antrag auf Abänderung eines Gesetzentwurfs o. Ä.*

Aban|don [abã'dõ:], der; -s, -s [frz. abandon < afrz. a bandon = zur freien Verfügung] (Rechtsspr.): *(bes. bei Gesellschaftsverhältnissen, in der Seeversicherung, auch im Börsenwesen) Verzicht auf ein Recht zugunsten einer Gegenleistung.*

ab|ängs|ti|gen, sich ⟨sw. V.; hat⟩ (veraltend): *sich im Übermaß ängstigen:* sich jmds., einer Sache wegen a.; ♦ *Nur der innere Trieb, die Luft, die Liebe helfen uns Hindernisse überwinden, Wege bahnen und uns aus dem engen Kreise, worin sich andere kümmerlich abängstigen, emporheben* (Goethe, Lehrjahre I, 14).

ab|ar|bei|ten ⟨sw. V.; hat⟩: **1. a)** *durch eine Arbeitsleistung nach u. nach abtragen, tilgen:* Schulden, einen Vorschuss, das Essen a.; **b)** *durch Arbeiten erledigen; als Arbeitszeit hinter sich bringen:* sein Pensum, die Wochentage a. **2. a)** *durch schwere körperliche Arbeit stark beanspruchen:* du hast dir die Finger abgearbeitet; ⟨oft im 2. Part.:⟩ abgearbeitete Hände; völlig abgearbeitet aussehen; **b)** *durch Arbeit [mit einem Gerät] fortschaffen, beseitigen:* die vorstehenden Enden a. **3.** ⟨a. + sich⟩ *längere Zeit im Übermaß arbeiten; sich abplagen:* ich arbeite mich ab, und du schaust zu; sich an einem Problem a. *(sich damit abmühen).*

Ab|ar|bei|tung, die; -, -en: *das Abarbeiten.*

Ab|art, die; -, -en: **a)** (bes. Biol.) *ähnliche, sich nur durch wenige Merkmale unterscheidende Art; Spielart; Varietät:* das Tannhörnchen ist eine A. des Eichhörnchens; **b)** (Philat.) *von der normalen Ausführung unbedeutend abweichende Briefmarke;* ♦ **c)** *verdorbener Mensch:* Liebt sie ihn nicht mehr, so ist diese A. auch euer Sohn nicht mehr (Schiller, Räuber I, 1).

ab|ar|tig ⟨Adj.⟩: **1.** *(emotional abwertend) (bes. in sexueller Hinsicht) vom als normal Empfundenen abweichend; pervers* (1): -e Neigungen, Vorlieben haben; auf etwas a. reagieren; sich a. verhalten. **2.** *(ugs. emotional verstärkend) (auf absurde Weise) unangemessen, merkwürdig:* einen a. hohen Preis für etw. verlangen.

Ab|ar|tig|keit, die; -, -en: *Abnormität, Widernatürlichkeit.*

Ab|ar|tung, die; -, -en (Biol.): *Mutation einer Tier- od. Pflanzenart.*

ab|äsen ⟨sw. V.; hat⟩ (Jägerspr.): **a)** *durch Äsen kahl fressen:* das Reh äste die ganze Stelle ab; **b)** *äsend fressen, abfressen:* Blätter a.

ab|as|ten, sich ⟨sw. V.; hat⟩ [zu ↑ asten] (salopp): *sich [schwer tragend] längere Zeit hindurch sehr mit etw. abplagen:* ich astete mich mit dem Koffer ab; * **sich einen a.** (ugs.; *sich mit etwas Schwerem abplagen:* ich habe mir mit der Kiste einen abgeastet).

ab|äs|ten ⟨sw. V.; hat⟩: *einen Baum von [überflüssigen] Ästen befreien:* einen gefällten Baum a.

Aba|ta: Pl. von ↑ Abaton.

¹Aba|te, der; -[n], -n u. (ital.:) ...ti [ital., span. abate < spätlat. abbas, ↑ Abt]: *Weltgeistlicher in Italien u. Spanien.*

²Aba|te, die; -, -[n], **Aba|te|bir|ne,** die [eigtl. Abate Fetel, nach dem frz. Abt Fétél]: *größere, überwiegend gelbe Birne von länglicher Form mit aromatischem süßem Fruchtfleisch.*

ab|at|men ⟨sw. V.; hat⟩ (Med.): *durch Atmen abgeben, ausatmen:* Kohlendioxid a. Dazu: **Ab|at|mung,** die; -, -en ⟨Pl. selten⟩.

Aba|ton ['a(:)batɔn], das; -s, Abata [griech. ábaton, zu: ábatos = unzugänglich] (Rel.): *Allerheiligstes* (1), *bes. der Altarraum in den Kirchen mit orthodoxem Ritus.*

a batt. = a battuta.

a bat|tu|ta [ital., zu: battuta = das Schlagen mit dem Taktstock)] (Musik): *(wieder streng) im Takt* (Abk.: a batt.).

ab|ät|zen ⟨sw. V.; hat⟩: **a)** *durch ätzende Mittel entfernen:* den Lack a.; **b)** *durch ätzende Mittel reinigen:* den Marmor a.

Ab|ät|zung, die; -, -en: *das Abätzen.*

Abb. = Abbildung.

Ab|ba [spätlat. abba(s) < spätgriech. abba(s) < aram. ab a' = Vater; Lallw.]: **1.** *Anrede Gottes im N. T.* **2.** *(früher) Anrede von Geistlichen der Ostkirche.*

ab|ba|cken ⟨unr. V.; bäckt ab/backt ab, backte/ (veraltend) buk ab, hat abgebacken⟩: *durch Backen fertigstellen:* Kuchen, Plätzchen bei mittlerer Hitze a.

ab|bag|gern ⟨sw. V.; hat⟩: *mit dem Bagger beseitigen:* eine Sandbank a. Dazu: **Ab|bag|ge|rung,** die; -, -en.

ab|bal|gen ⟨sw. V.; hat⟩ (Jägerspr.): *einem Tier den Balg abziehen:* einen Hasen a.

ab|bal|lern ⟨sw. V.; hat⟩ (salopp): *abschießen, niederschießen:* im Computerspiel Monster a.

ab|bal|zen ⟨sw. V.; hat⟩ (Jägerspr.): *(vom Federwild) die Balz beenden:* der Hahn balzt ab.

♦ **ab|bang|en** ⟨sw. V.; hat⟩: *durch das Versetzen in Angst abnötigen, abzwingen:* Wenn hätt' ich das gekonnt? Wo hätt' ich das gelernt? – Und soll das alles, ah, wozu? Wozu? – Um Geld zu fischen; Geld! – Um Geld, Geld einem Juden abzubangen (Lessing, Nathan III, 4).

Ab|bau, der; -[e]s, -e u. -ten: **1.** ⟨o. Pl.⟩ *Zerlegung von Aufgebautem in seine Einzelteile; Abbruch:* der A. von Gerüsten, Baracken, Ständen. **2.** ⟨o. Pl.⟩ *Herabsetzung, Senkung:* ein A. von Privilegien, Rückständen, Vorurteilen; dem sozialen A. *(der Verschlechterung der Lebensbedingungen)* entgegenwirken. **3.** ⟨o. Pl.⟩ *allmähliche Beseitigung, Auflösung:* der A. der Müllhalde. **4.** ⟨o. Pl.⟩ *Verringerung im Bestand, in der Zahl der Personen:* ein A. der Verwaltung, von Beamten, von Lehrstellen, Arbeitsplätzen, Planstellen. **5.** ⟨o. Pl.⟩ (Chemie, Biol.) *Zerlegung komplizierter Moleküle, Strukturen in einfachere: A. von Traubenzucker, von Eiweiß, Stärke;* der A. des Alkohols im Blut. **6.** (Bergbau) **a)** ⟨o. Pl.⟩ *Förderung, Gewinnung von Erzen u. Mineralien im Tief- od. Tagebau:* Der A. von Kohle; den A. *(das Ausbeuten* 1 a*) der Flöze;* Kali in A. nehmen *(abbauen);* **b)** ⟨Pl. -e⟩ *Ort des bergmännischen Abbaus* (6a): *ältere* -e. **7.** ⟨o. Pl.⟩ **a)** *Rückgang (von Kulturpflanzen) im Ertrag u. in der Qualität, Schwund:* die Weizensorte unterliegt dem A.; **b)** *Schwund, Rückgang von Kräften:* ein biologischer A.; der körperliche A. einer AIDS-Kranken. **8.** ⟨Pl. -ten⟩ (landsch., bes. nordostd.): *abseits der übrigen Gebäude liegendes Anwesen, Einzelgehöft, das zu einer größeren Siedlung gehört.*

ab|bau|bar ⟨Adj.⟩: *sich biologisch abbauen lassend:* leicht, schwer -e Stoffe. Dazu: **Ab|bau|bar|keit,** die; -.

ab|bau|en ⟨sw. V.; hat⟩: **1.** *Aufgebautes unter Erhaltung des Materials zwecks Wiederverwendung in seine Einzelteile zerlegen:* Gerüste, Zelte, Maschinen, Fabrikanlagen a.; Ü (Kunstkraftsport:) eine Pyramide a. **2.** *herabsetzen, senken:* die Gehälter, Löhne, Preise a. **3. a)** *allmählich beseitigen, abschaffen:* Steuervergünstigungen wieder a.; Vorurteile, Feindbilder a.; Ängste, Schuldgefühle, Aggressionen a.; **b)** ⟨a. + sich⟩ *allmählich verschwinden, sich auflösen:* die Vorurteile bauen sich immer stärker ab. **4.** *(in der Personenzahl) verkleinern, verringern:* die Firma baut Personal ab; Na, wieder mal ohne Antrag. Gut, den heutigen Kündigungstag ist, einen von Ihnen werde ich a. *(entlassen;* Fallada, Mann 63). **5.** (Bergbau) **a)** *(Erze, Mineralien) fördern, gewinnen:* Erze, Kohle, Schiefer a.; **b)** *ausbeuten* (1 a): die Flöze wurden im Tagebau abgebaut. **6. a)** (Chemie, Biol.) *komplizierte Moleküle, Strukturen in einfachere zerlegen:* Kohlehydrate zu Milchsäure a.; **b)** ⟨a. + sich⟩ *in niedrige Bauelemente zerfallen:* der Stoff baut sich nur langsam ab. **7.** (Landwirtsch.) *(von Kulturpflanzen) im Ertrag u. in der Qualität zurückgehen:* diese Kartoffelsorte hat [infolge einer Viruskrankheit] abgebaut. **8.** *in der Leistung nachlassen, an Kraft, Konzentration verlieren:* einige Zuhörer bauten stark ab; im Alter körperlich und geistig a.

Ab|bau|er|schei|nung, die: *Anzeichen, Merkmal, das ein Abbauen* (7,8) *erkennen lässt.*

Ab|bau|feld, das (Bergbau): *Bereich des Abbaus* (6b).

Ab|bau|ge|rech|tig|keit, die (Rechtsspr.): *Recht zum Abbau* (6a) *von Mineralien auf fremdem Grundstück.*

Ab|bau|pro|dukt, das: *durch Abbau* (5) *entstehendes Produkt.*

Ab|bau|pro|zess, der: *Prozess des Abbauens* (3–8).

Ab|bau|recht, das (Rechtsspr.): *Abbaugerechtigkeit.*

Ab|bau|stel|le, die (Bergbau): *Stelle des Abbaus* (6a); *Abbauort.*

Ab|bau|ver|mö|gen, das ⟨o. Pl.⟩ (Chemie, Biol.): *Fähigkeit zum Abbau* (5).

ab|bau|wür|dig ⟨Adj.⟩: *würdig, lohnend, bergmännisch abgebaut zu werden.*

Ab|bé [a'be:], der; -s, -s [frz. abbé < spätlat. abbas, ↑ Abt]: *Weltgeistlicher in Frankreich.*

ab|be|din|gen ⟨st. V.; hat⟩ (Rechtsspr.): *durch Vertrag außer Kraft setzen:* diese Vorschriften können nicht abbedungen werden. Dazu: **Ab|be|din|gung,** die; -, -en.

ab|bee|ren ⟨sw. V.; hat⟩ (landsch.): **a)** *Beeren von den Stielen lösen:* Johannisbeeren a.; **b)** *von Beeren leer pflücken:* wir haben den letzten Strauch noch nicht abgebeert.

♦ **ab|be|geh|ren** ⟨sw. V.; hat⟩: *[ab]verlangen, fordern:* Er hat mir doch gestern meinen Strauß abgebeert (Iffland, Die Hagestolzen V, 3).

ab|be|hal|ten ⟨st. V.; hat⟩: *die Kopfbedeckung nicht wieder aufsetzen:* den Hut a.

ab|bei|ßen ⟨st. V.; hat⟩: *(ein Stück von etw.) mit den Zähnen abtrennen:* einen Bissen vom Brot a.; jmdm. von etw. a. lassen; ihm wurde von einem Hund ein Ohr abgebissen; du hast dir wieder einen Fingernagel abgebissen; ... neulich hat doch ein Junge aus meiner Klasse ... der Kröte den Kopf abgebissen (Chr. Wolf, Nachdenken 135); * **einen a.** (landsch., bes. nordd.; *ein Glas eines alkoholischen Getränks trinken;* eigtl. = ein Glas abtrinken).

ab|bei|zen ⟨sw. V.; hat⟩: **1.** *(Farbe o. Ä.) mit einem chemischen Lösungsmittel entfernen:* den alten Anstrich, die Farbe a. **2.** *mit einem chemischen Lösungsmittel (von Farbe o. Ä.) befreien, reinigen:* ich habe die Tür abgebeizt.

Ab|beiz|mit|tel, das: *Mittel zum Abbeizen.*

ab|be|kom|men ⟨st. V.; hat⟩: **1.** *sein Teil von etw. bekommen:* [die Hälfte von] etw. a.; nichts von dem Erbe a. **2. a)** *der Einwirkung von etw. (Positivem) unterliegen:* nicht genug Sonne a.; **b)** *(einen Schaden) davontragen, (etw. Nachteiliges) hinnehmen müssen:* der Wagen hat nichts abbekommen *(ist nicht beschädigt worden);* Mag sein ..., dass ich im Krieg etwas abbekommen habe (Böll, Und sagte 124). **3.** *etw. fest Haftendes, fest Aufgeschraubtes o. Ä. lösen:* die Farbe nicht von den Fingern a.; den Deckel nicht a.

ab|be|ru|fen ⟨st. V.; hat⟩: *zum Zwecke der Amtsenthebung od. Versetzung von seinem Posten zurückrufen:* einen Botschafter [von seinem Posten] a.; Ü Gott hat ihn [aus diesem Leben, in die Ewigkeit] abberufen (geh. verhüll.; *er ist gestorben*). Dazu: **Ab|be|ru|fung,** die; -, -en.

ab|be|stel|len ⟨sw. V.; hat⟩: **1.** *eine Bestellung, einen Auftrag zurücknehmen, widerrufen:* die Zeitung, ein Hotelzimmer a. **2.** *eine Person, die jmd. wegen einer auszuführenden Arbeit zu sich bestellt hat, nicht kommen lassen:* den Klempner a.

Ab|be|stel|lung, die; -, -en: *das Abbestellen.*

ab|be|ten ⟨sw. V.; hat⟩: **1.** (abwertend) **a)** *etw. so rasch wie möglich u. mechanisch herunterbeten:* ohne Hebung, ohne Senkung das Breviarium a.; **b)** (ugs.) *monoton hersagen:* seinen Spruch, sein Sprüchlein a.; ♦ **c)** *eine bestimmte Anzahl [vorgeschriebener] Gebete verrichten:* ... will seine Taten, seine Worte mir wie Perlen ... zusammenreihn zu einem Rosenkranz und, den beschämt abbetend Tag für Tag, ersticken mein Gefühl (Hebbel, Genoveva II, 3). **2.** *durch Beten tilgen, wegschaffen:* seine Sünden a.

ab|bet|teln ⟨sw. V.; hat⟩ (ugs.): *durch Betteln od. drängendes Bitten von jmdm. erlangen:* der Mutter Geld für ein Eis a.

ab|beu|teln ⟨sw. V.; hat⟩ (bayr., österr.): *abschütteln.*

Ab|be|vil|li|en [abavɪ'ljɛ̃:], das; -[s] [nach dem frz. Fundort Abbeville]: *früheste Kulturstufe der Altsteinzeit in Westeuropa.*

ab|be|zah|len ⟨sw. V.; hat⟩: **1.** *(eine geschuldete Summe) in Teilbeträgen zurückzahlen:* seine Schulden [in Raten] a. **2.** *(eine Ware) in Teilbeträgen bezahlen:* den Fernseher a.

Ab|be|zah|lung, die; -, -en: *das Abbezahlen.*

ab|bie|gen ⟨st. V.⟩ **1.** ⟨ist⟩ *sich von einer eingeschlagenen Richtung entfernen, eine andere Richtung einschlagen:* ich, das Auto bog [von der Straße, nach links] ab; der Weg biegt [nach Norden] ab. **2. a)** *in eine andere Richtung biegen:* einen Finger nach hinten a.; **b)** ⟨hat⟩ (ugs.) *einer Sache geschickt eine andere Wendung geben u. dadurch eine unerwünschte Entwicklung verhindern:* sie bog das Gespräch ab; er hat die Sache noch einmal abgebogen *(mit Geschick abgewendet).* ♦ **3.** ⟨hat⟩ *(einen Teil von etw.) biegend lösen, abtrennen:* Mein Vater bog eben einen Deckel ab (Rosegger, Waldbauernbub 9).

Ab|bie|ger, der; -s, -: *Verkehrsteilnehmer, der mit einem Fahrzeug abbiegt (1);* **b)** *Fahrzeug, das abbiegt (1).*

Ab|bie|ge|rin, die; -, -nen: w. Form zu ↑ Abbieger (a).

Ab|bie|ge|spur, die: *Spur einer Fahrbahn, die für das Links- bzw. Rechtsabbiegen bestimmt ist.*

Ab|bie|gung, die; -, -en: **1.** *das Abbiegen (1).* **2.** *Stelle, an der ein Weg, eine Straße die Richtung ändert.*

Ab|bild, das; -[e]s, -er: *getreues Bild, genaue Wiedergabe, Spiegelbild:* ein getreues A. der Natur; Ü ein verklärtes A. der Wirklichkeit.

ab|bild|bar ⟨Adj.⟩: *sich abbilden lassend:* Dazu: **Ab|bild|bar|keit,** die; -, -en ⟨Pl. selten⟩.

ab|bil|den ⟨sw. V.; hat⟩: *nachbildend, bildlich darstellen, nachgestalten:* jmdn., einen Gegenstand naturgetreu a.; er ist auf dem Titelblatt abgebildet *(dargestellt);* ... die englischen Castles, die auf den Tellern abgebildet waren (Th. Mann, Krull 261).

Ab|bil|dung, die; -, -en: **1.** ⟨Pl. selten⟩ *das Abbilden; bildliches Darstellen:* sich nicht für eine A. eignen; Ü die Erkenntnis beruht auf der A. *(Widerspiegelung)* der objektiven Realität im Bewusstsein des Menschen. **2.** *das Abgebildete, bildliche Wiedergabe, einem Buch- od. Zeitschriftentext beigegebene bildliche Darstellung, die im Text Behandeltes veranschaulicht; Bild:* das Lexikon enthält viele -en. **3.** (Math.) *Zuordnung, durch die für jedes Element einer Menge x genau ein zugeordnetes Element einer Menge y festgelegt wird:* eine A. f der Menge A in die Menge B.

Ab|bil|dungs|feh|ler, der (Optik): *Fehler bei der Abbildung eines Gegenstandes durch ein optisches System.*

Ab|bil|dungs|frei|heit, die: *Freiheit der Presse, Abbildungen bekannter Persönlichkeiten zu veröffentlichen.*

ab|bim|sen ⟨sw. V.; hat⟩: **1.** (Fachspr.) *mit Bimsstein reinigen, glätten.* **2.** *abschreiben (1 c).*

ab|bin|den ⟨st. V.; hat⟩: **1.** *etw., was gebunden od. angebunden ist, losbinden, lösen, abnehmen:* die Schürze, das Kopftuch a.; darf ich mir die Krawatte a.? **2. a)** *abschnüren:* eine Arterie a.; die Nabelschnur a.; das verletzte Bein wurde abgebunden *(an einer Stelle mit einer Schnur fest umwickelt, um das Blut am Ausfließen zu hindern);* ein Kind a. *(bei der Geburt abnabeln);* **b)** *zubinden, zusammenbinden:* Wurstenden, Äste a.; das Haar am Hinterkopf a. **3. a)** (Zimmerei) *(Bauhölzer) durch Bearbeiten passend machen u. probeweise zusammenfügen, verbinden:* den Dachstuhl a.; **b)** (Böttcherei) *(Fässer) durch Reifen zusammenbinden:* das Fass muss nun abgebunden werden. **4.** (Landwirtsch.) *(ein Kalb) entwöhnen:* ein Kalb a. **5.** (Gastron.) *(mit einem Bindemittel) verdicken:* die Suppe mit Mehl a. **6.** (bes. Bauw.) *(von bestimmten Stoffen) hart werden:* der Beton hat noch nicht abgebunden; der Mörtel, Gips, Kalk bindet gut, schlecht ab. ♦ **7.** *kurz a.* (landsch.; *rasch zum Ende kommen:* Anstatt aber kurz abzubinden, seine Schulden gradaus zu bezahlen und abzureisen ... [Keller, Kleider 28]).

Ab|bin|dung, die; -, -en: *das Abbinden (2, 3, 5).*

Ab|biss, der; -es, -e (Jägerspr.): **a)** *vom Wild durch Abbeißen beschädigte Stelle an Pflanzen;* **b)** *vom Wild abgebissener Pflanzentrieb:* Abbisse von Staub u. a.

Ab|bit|te, die; -, -n ⟨Pl. selten⟩: *(förmliche) Bitte um Verzeihung:* jmdm. A. leisten, schulden; öffentlich A. tun; ... nimm diesen Brief als verspätete A. (Kafka, Felice 246).

ab|bit|ten ⟨st. V.; hat⟩: *jmdn. (für ein zugefügtes Unrecht) förmlich um Verzeihung bitten:* ich habe ihm vieles abzubitten; Bonadea hatte ihrem Freund schon hundertmal im Stillen ihre Eifersucht abgebeten (Musil, Mann 258).

ab|bla|sen ⟨st. V.; hat⟩: **1. a)** *durch Blasen entfernen;* durch Blasen von Staub o. Ä. reinigen: Bücher, den Tisch a. **2.** (Technik) **a)** *(unter Druck Stehendes) aus einem Behälter entweichen lassen:* Dampf a.; **b)** *(eine [industrielle] Feuerungsanlage) außer Betrieb setzen:* einen Hochofen a. **3. a)** (Jägerspr., Militär) *durch Blasen eines Signals beenden:* die Jagd, ein Manöver a.; **b)** (ugs.) *(von geplanten, angekündigten od. angelaufenen Aktionen) absagen, abbrechen:* sie haben das ganze Unternehmen abgeblasen.

ab|blas|sen ⟨sw. V.; ist⟩ (geh.): *blass, farblos werden; [ver]bleichen:* die Farben blassen ab.

ab|blät|tern ⟨sw. V.⟩: **1.** *(von Pflanzen, Blüten) einzelne Blätter verlieren:* die Rosen sind abgeblättert. **2.** ⟨ist⟩ *sich in Blättchen lösen u. abfallen:* die Farbe, der Bewurf blättert ab. **3.** ⟨hat⟩ (landsch.) *(die Blätter) von etw. entfernen:* die Rüben a.

ab|blei|ben ⟨st. V.; ist⟩ (ugs., bes. nordd.): *sich an einem nicht bekannten Ort aufhalten, befinden, zurückbleiben:* wo mag er nur abgeblieben sein?

Ab|blen|de, die; - (Film): *allmählicher Übergang von normaler Belichtung zu völliger Schwärze.*

ab|blen|den ⟨sw. V.; hat⟩: **1. a)** *eine Lichtquelle (mit einer Blende) verdecken, möglichst unsichtbar machen; abschirmen, abdunkeln:* die Lampe, Laterne, die Fenster a.; **b)** (Verkehrsw.) *die Abstrahlung von Scheinwerfern so einstellen, dass Entgegenkommende nicht geblendet werden:* die Scheinwerfer a.; ich blendete sofort ab. **2. a)** *(von Lichtquellen) verlöschen, abgeschaltet werden:* die Scheinwerfer blendeten ab; **b)** (Fotogr.) *die Öffnung der Blende kleiner stellen u. dadurch den Eintritt des Lichts durch die Linse verringern:* zu stark a.; **c)** (Film) *eine Aufnahme, Einstellung beenden:* bitte a.!

Ab|blend|licht, das: *abgeblendetes (1 b) Scheinwerferlicht bei Kraftfahrzeugen:* mit A. fahren.

Ab|blen|dung, die; -, -en: *das Abblenden.*

ab|blit|zen ⟨sw. V.; ist⟩ [urspr. = (vom Pulver) wirkungslos von der Pfanne des Gewehrs abbrennen] (ugs.): *mit etw. abgewiesen werden, keine Gegenliebe finden:* bei jmdm. mit einer Bitte a.; er ist bei ihr abgeblitzt.

ab|blo|cken ⟨sw. V.; hat⟩: **1. a)** (bes. Boxen, Volley-, Basket-, Handball) *(einen gegnerischen Angriff, Schlag, Wurf, Schuss) durch Blocken (3 a) abwehren:* den Ball am Netz, den linken Haken a.; **b)** (Ballspiele) *(einen gegnerischen Spieler) an einer beabsichtigten Aktion hindern:* als er zum Wurf ansetzen wollte, wurde er abgeblockt. **2.** *abrupt, ungerührt abwehren, verhindern:* Fragen, Forderungen, Initiativen a.

ab|blü|hen ⟨sw. V.; hat/ist⟩ (geh.): *aufhören zu blühen, verblühen:* die Rosen haben/sind abgeblüht.

ab|bö|schen ⟨sw. V.; hat⟩: *mit einer Böschung versehen:* das Ufer a.

Ab|bö|schung, die; -, -en: **1.** *das Abböschen.* **2.** *Böschung; abgeböschte Stelle.*

Ab|brand, der; -[e]s, Abbrände: **1.** (selten) *das Abbrennen, Verbrennen.* **2.** (Kerntechnik) *Umwandlung der spaltbaren Atomkerne im Reaktor.* **3.** (Hüttenw.) **a)** *Metallverlust durch Oxidation u. Verflüchtigung beim Schmelzen;* **b)** *Rückstand nach dem Rösten sulfidischer Erze.* **4.** (Raketentechnik) *das Abbrennen fester Treibstoffe.*

ab|brau|chen ⟨sw. V.; hat⟩: *durch ständigen Gebrauch abnutzen:* ⟨meist im 2. Part.:⟩ abgebrauchte Münzen.

ab|brau|sen ⟨sw. V.; hat⟩: **1.** ⟨hat⟩ *mit der Brause abspülen; duschen:* den Salat a.; ich habe mich, das Kind abgebraust. **2.** ⟨ist⟩ (ugs.) *geräuschvoll u. rasch davonfahren:* das Motorrad brauste ab; Ü Potz! Brausen Sie ab. Lassen Sie Schmidt verhaften und hierher schaffen (M. Walser, Eiche 31).

ab|bre|chen ⟨st. V.⟩: **1.** ⟨hat⟩ **a)** *(einen Teil von etw.) brechend lösen, abtrennen:* einen Zweig, [sich] einen Stock a.; den Stiel von etw. a.; (mit der Nebenvorstellung des Unabsichtlichen:) er hat im Ringkampf ein Stück vom Nüsseknacken einen Zahn abgebrochen; * *sich* ⟨Dativ⟩ **einen a.** (ugs.: **1.** *sich bei etw. sehr ungeschickt anstellen.* **2.** *sich übermäßig anstrengen.*

Abbrecher – abdämmen

3. *übertrieben vornehm tun*); **b)** (*etw. Aufgebautes*) *in seine Einzelteile zerlegen*: ein Gerüst, die Zelte a.; **c)** *ab-, niederreißen*: ein altes Haus a.; Ü die Brücken zur Vergangenheit a. **2.** ⟨hat⟩ **a)** *unvermittelt, vorzeitig beenden; mit etw. aufhören*: die diplomatischen Beziehungen zu einem Staat, eine fruchtlose Diskussion, ein Experiment, Verhandlungen a.; seinen Urlaub a.; (Med.:) eine Schwangerschaft a.; sein Studium a. *(aufgeben)*; (Math.:) eine Reihe nach dem zehnten Glied a.; den Verkehr mit jmdm. a.; der Kampf musste in der 3. Runde abgebrochen werden; abgebrochene *(halb unterdrückte, unzusammenhängende)* Sätze; ein abgebrochener Student (ugs.; *Student, der sein Studium nicht abgeschlossen hat*); ♦ **b)** *etw. ruhen lassen, davon ablassen* (6 a): Der Kommandant ... bat ihn, bis nach vollendeter Reise, von dieser Sache abzubrechen (Kleist, Marquise 259). **3.** ⟨ist⟩ *sich brechend lösen, durch einen Bruch entzweigehen*: der Henkel, das Stuhlbein brach ab; der Absatz ist [mir] abgebrochen; der Bleistift ist abgebrochen *(die Spitze des Bleistifts ist durch einen Bruch entzweigegangen)*. **4. a)** ⟨hat⟩ *in, mit etw. unvermittelt, vorzeitig aufhören, in einer Tätigkeit nicht fortfahren*: sie lachte laut, brach aber mitten im Lachen ab; **b)** ⟨ist⟩ *unvermittelt aufhören, enden, ein plötzliches, nicht erwartetes Ende haben*: die Unterhaltung, der Brief brach ab; die Verbindung ist abgebrochen, weil der Akku leer war; die Musik brach nach wenigen Takten ab. **5.** ⟨ist⟩ *(von Erhebungen, Aufragendem) [steil] abfallen*: der Felsen bricht fast senkrecht ab. **6.** (*meist im Imperativ*) (Militär) *in breiter Front sich bewegenden Kolonnen) sich [einzeln] hintereinander gliedern u. dadurch die Kolonne verlängern*: rechts brecht ab – im Schritt marsch! **7.** ⟨hat⟩ (Druckw. veraltend) *von einer Zeile auf die nächste übergehen*: hier a.! ♦ **8.** ⟨hat⟩ **a)** *verzichten*: Abbrechen, einziehn, sparen will ich gern ..., wenn es mich, bloß mich betrifft (Lessing, Nathan II, 2); **b)** ⟨a. + sich⟩ *sich absparen*: ... dass ich auch für sie sorge, ... mir alle Tage etwas abbreche für sie (Ebner-Eschenbach, Gemeindekind 61); **c)** *entziehen, wegnehmen*: ... das man den Sprachübungen ... Zeit und Aufmerksamkeit abbrach, um sie an sogenannte Realitäten zu wenden (Goethe, Dichtung u. Wahrheit 6).

Ab|bre|cher, der; -s, -: *jmd., der eine Ausbildung, eine Therapie o. Ä. vorzeitig abbricht*.

Ab|bre|che|rin, die; -, -nen: w. Form zu ↑ Abbrecher.

Ab|bre|cher|quo|te, die: *Prozentsatz der eine Ausbildung, Therapie o. Ä. vorzeitig Abbrechenden*.

ab|brem|sen ⟨sw. V.; hat⟩: *die Geschwindigkeit [von etw.] herabsetzen, [bis zum Stillstand] verringern*: die Fallgeschwindigkeit auf 400 km/h a.; der Fahrer konnte gerade noch a. Dazu: **Ab|brem|sung**, die; -, -en.

ab|bren|nen ⟨unr. V.⟩: **1. a)** ⟨hat⟩ *durch Brand zerstören, niederbrennen*: eine alte Baracke a.; ganze Dörfer wurden abgebrannt; **b)** ⟨ist⟩ *herunterbrennen*: das Feuer brennt langsam ab; die Kerzen sind abgebrannt; (Kernt.:) abgebrannte *(verbrauchte)* Brennstäbe, Brennelemente; **c)** ⟨hat⟩ *durch Feuer reine befreien, reinigen, säubern*: Felder, Wiesen, ein Moor a.; Geflügel a. *(absengen)*; **d)** ⟨hat⟩ *durch Feuer beseitigen, entfernen*: Benzinreste a.; ⟨hat⟩ *anzünden u. verbrennen, explodieren lassen*: ein Feuerwerk a. **2.** ⟨hat⟩ (österr. ugs. veraltend) *bräunen*: sich [von der Sonne] a. lassen. **3.** ⟨ist⟩ **a)** *durch Brand zerstört werden, niederbrennen*: die Gebäude sind bis auf die Grundmauern abgebrannt; **b)** (ugs.) *durch Brand geschädigt werden, Hab u. Gut verlieren*: wir sind schon zweimal abgebrannt; * **abgebrannt sein** (ugs.; *kein Geld mehr haben*): ich bin völlig abgebrannt).

Ab|bre|vi|a|tur, die; -, -en [wohl zu ↑ abbreviieren; mlat. abbreviatura = kurze Notariatsaufzeichnung] (bildungsspr.): *abgekürztes Wort in Schrift u. Druck; Abkürzung [in der Notenschrift]*.

ab|bre|vi|ie|ren ⟨sw. V.; hat⟩ [spätlat. abbreviare, zu lat. brevis = kurz] (veraltet): *(bes. ein Wort) [mit einem Zeichen] abkürzen*.

ab|brin|gen ⟨unr. V.; hat⟩: **1.** *dazu bringen, von etw. od. jmdm. abzulassen od. von etw. abzugehen*: jmdn. von einem Weg, von einer Richtung a.; er ist durch nichts von ihr, von seinem Plan abzubringen. **2.** (ugs.) *(Angefangenes) von etw. lösen*: bringst du den Flecken vom Tischtuch nicht ab? **3.** (Seemannsspr.) *(ein auf Grund gelaufenes od. gestrandetes Schiff) wieder flottmachen*: mit zwei Schleppern konnte der Tanker abgebracht werden.

ab|brö|ckeln ⟨sw. V.⟩: **1.** ⟨ist⟩ *sich brockenweise, in Bröckchen lösen u. abfallen*: der Verputz war abgebröckelt; abgebröckeltes Erdreich. **2.** ⟨ist⟩ (Börsenw.) *(von Kursnotierungen) leicht zurückgehen*: die Notierungen bröckeln überwiegend leicht ab.

Ab|brö|cke|lung, **Ab|bröck|lung**, die; -, -en: *das Abbröckeln*.

Ab|bruch, der; -[e]s, Abbrüche. **1.** ⟨o. Pl.⟩ *das Abbrechen* (1 b), *Zerlegen in einzelne Teile*: der A. der Zelte, des Lagers. **2.** ⟨o. Pl.⟩ *das Abbrechen* (1 c), Abreißen: der A. des alten Hauses; der Bau ist reif für den A., zum A.; * **etw. auf A. verkaufen** (*ein abbruchreifes, für den Abbruch vorgesehenes Gebäude zum entsprechenden Gegenwert verkaufen*). **3. a)** ⟨Pl. selten⟩ *das Abgebrochen-, Beendetwerden; plötzliches, unerwartetes oder vorzeitige Beendigung*: mit dem A. der diplomatischen Beziehungen drohen; der A. des Studiums; (Boxen:) durch A. unterliegen; * **auf A. heiraten** (ugs. scherzh.; *in Erwartung des baldigen Todes des Ehepartners heiraten*); **b)** Kurzf. von ↑ Schwangerschaftsabbruch. **4. a)** *das Abbrechen* (3); *[Los]lösung*: der A. von Eis bei einem Gletscher; **b)** *bei einem Abbruch* (4 a) *abgebrochenes Stück*: an dieser Stelle muss ein A. niedergegangen sein. **5.** ⟨o. Pl.; nur in Verbindung mit Verben⟩ *Beeinträchtigung, Schaden*: etw. erfährt, erleidet durch etw. [keinen] A.; das Regenwetter tat ihrer Fröhlichkeit keinen A. *(beeinträchtigte sie nicht)*.

Ab|bruch|ar|beit, die; (österr.:) Abbrucharbeit. ⟨meist Pl.⟩: *bei einem Abbruch* (2) *anfallende Arbeit*.

Ab|bruch|bir|ne, die (seltener): *Abrissbirne*.

Ab|bruch|fir|ma, die: *Firma, die Abbrüche* (2) *ausführt*.

Ab|bruch|ge|neh|mi|gung, (österr.:) *Abbruchsgenehmigung, die: Genehmigung zum Abbruch* (2).

Ab|bruch|haus, das: *Haus, das zum Abbruch* (2) *vorgesehen ist, abgerissen wird*.

Ab|bruch|ma|te|ri|al, das: *durch einen Abbruch* (2) *angefallenes Material*.

ab|bruch|reif ⟨Adj.⟩: *(von Bauwerken) in einem Zustand, der einen Abbruch* (2) *nötig macht, nötig erscheinen lässt*.

Ab|bruchs|ar|beit: ↑ Abbrucharbeit.

Ab|bruchs|ge|neh|mi|gung: ↑ Abbruchgenehmigung.

Ab|bruch|sieg, der: (Boxen) *Sieg durch Abbruch* (3) *des Kampfes*.

Ab|bruch|un|ter|neh|men, das: *Abbruchfirma*.

ab|brü|hen ⟨sw. V.; hat⟩: *durch Brühen mit kochendem Wasser zur Weiterverarbeitung vorbereiten*: Tomaten, ein geschlachtetes Schwein a.

ab|brum|men ⟨sw. V.; hat⟩ (ugs.): **a)** *eine Freiheitsstrafe in einer Haftanstalt verbüßen*: eine dreijährige Strafe, fünf Jahre a.; **b)** (Sport) *eine Zeitstrafe, Wettkampfsperre o. Ä. verbüßen*: eine Zwei-Minuten-Strafe, eine Rote Karte a.

ab|bu|chen ⟨sw. V.; hat⟩ (Bankw.): *von der Habenseite eines Kontos wegnehmen*: die Bank buchte den Betrag von meinem Konto ab.

Ab|bu|chung, die; -, -en (Bankw.): **1.** *das Abbuchen*. **2.** *abgebuchter Betrag*.

ab|bü|cken ⟨sw. V.; hat⟩ (Turnen): *mit einer Bücke vom Gerät abgehen, einen Übungsteil mit einer Bücke abschließen*: vom Reck, aus dem Handstand a.

ab|bü|geln ⟨sw. V.; hat⟩ (ugs.) [*umstandslos] ablehnen, zurückweisen*: einen Antrag, eine Beschwerde, unzufriedene Kunden a.

ab|bum|meln ⟨sw. V.; hat⟩ (ugs.): *(geleistete unbezahlte Mehrarbeit) durch Freistunden, Freizeit ausgleichen*: Überstunden a.

ab|bürs|ten ⟨sw. V.; hat⟩: **1. a)** *mit einer Bürste von etw. entfernen*: jmdm., sich die Fusseln von der Jacke a.; **b)** *mit der Bürste säubern*: ich habe [ihm] den Mantel, habe ihn abgebürstet. **2.** (ugs.) *in scharfer, unfreundlicher Form zurechtweisen, schelten*: einen Untergebenen a.

ab|bu|seln ⟨sw. V.; hat⟩ (ugs., bes. österr.): *abküssen*.

ab|bü|ßen ⟨sw. V.; hat⟩: **1.** (bes. Rel.) *büßend wiedergutmachen*: eine Schuld a. **2.** (bes. Rechtsspr.) *eine Straftat sühnen, die Strafe dafür auf sich nehmen u. voll ableisten*: eine lange Freiheitsstrafe a.

Abc [a(:)be(:)ˈt̯seː], das; -[s], -[s] ⟨Pl. selten⟩ [mhd. ābēcē, abc, nach den ersten drei Buchstaben des Alphabets]: **1.** *festgelegte Reihenfolge aller Buchstaben der deutschen Sprache, Alphabet*: das A. lernen, aufsagen. **2.** *Buch mit alphabetisch geordneten Stichwörtern*. **3.** *Anfangsgründe; Grundlage*: dieses Wissen gehört zum Abc der Wirtschaft.

ABC-Ab|wehr, die [ABC = Abk. für **a**tomar, **b**iologisch, **c**hemisch]: *Abwehr gegen ABC-Kampfmittel*.

ABC-Alarm, der: *bei Einsatz von ABC-Kampfmitteln ausgelöster Alarm*.

ab|ca|shen [...kɛʃn̩] ⟨sw. V.; hat⟩ [zu engl. cash, ↑ Cash] (ugs., bes. österr.): *[in rücksichtsloser od. fragwürdiger Weise] Geld [von jmdm.] kassieren: wir haben noch einen Tarifsystem centralisiert*.

Abc-Code [abeˈt̯seˌkoːt, ...koʊd], der ⟨o. Pl.⟩: *auf dem Abc basierender Code* (1).

Ab|cha|si|en [apˈxaː...]; -s: autonome Republik innerhalb Georgiens. Dazu: **Ab|cha|si|er**, der; -s, -; **Ab|cha|si|e|rin**, die; -, -nen; **ab|cha|sisch** ⟨Adj.⟩.

ab|che|cken ⟨sw. V.; hat⟩: **a)** *nach einem bestimmten Verfahren o. Ä. prüfen, kontrollieren*: Funktionen a.; **b)** *auf einer Liste aufgeführten Personen usw. kontrollierend abhaken*: die Passagiere a.; **c)** (ugs.) *überprüfen, klären*: hast du abgecheckt, wann der Film anfängt?

ABC-Kampf|mit|tel ⟨Pl.⟩: *ABC-Waffen*.

abc|lich ⟨Adj.⟩ (selten): *alphabetisch*.

Abc-Schüt|ze, der [veraltet *Schütze* = junger Schüler, nach lat. tiro = Rekrut, Anfänger]: *Schulanfänger*.

Abc-Schüt|zin, die: w. Form zu ↑ Abc-Schütze.

ABC-Staa|ten ⟨Pl.⟩ [nach den Anfangsbuchstaben der drei Staatennamen **A**rgentinien, **B**rasilien u. **C**hile]: *aus Argentinien, Brasilien u. Chile bestehende Staatengemeinschaft*.

ABC-Waf|fen ⟨Pl.⟩ [ABC = Abkürzung für **a**tomar, **b**iologisch, **c**hemisch]: *atomare, biologische, chemische Waffen*.

ABC-Waf|fen-frei ⟨Adj.⟩: *von ABC-Waffen frei*: eine -e Zone schaffen.

ab|däm|men ⟨sw. V.; hat⟩: *[durch geeignete Mate-*

rialien od. Baumaßnahmen) gegen das Eindringen von etw. (z. B. Wasser, Lärm) od. das Entweichen von etw. (z. B. Wasser, Wärme) schützen: Hauswände, einen Teich a. Dazu: **Ab|dämmung,** die; -, -en.

Ab|dampf, der; -[e]s, Abdämpfe (Technik): in einem Arbeitsvorgang bereits genutzter [abgeleiteter] Dampf.

ab|damp|fen ⟨sw. V.⟩: **1. a)** ⟨ist⟩ Dampf abgeben: die heiße Flüssigkeit a. lassen; **b)** ⟨ist⟩ (Chemie) als Dampf, Gas abgeschieden werden: Alkohol dampft ab; **c)** ⟨hat⟩ (Chemie) das Lösungsmittel einer Lösung durch Erhitzen u. Verdampfen vom gelösten Stoff trennen: das Wasser a. und dadurch das Salz gewinnen. **2.** ⟨ist⟩ [urspr. mit dem Dampfschiff od. mithilfe der Dampflokomotive] (ugs.) abfahren, abreisen; sich entfernen: die Urlauber sind heute abgedampft.

ab|dämp|fen ⟨sw. V.; hat⟩: **1.** [in seiner Wirkung] mildern; den Schall durch Isolierung a.; einen Aufprall a. **2.** abdampfen (1 a) lassen: Kartoffeln, Gemüse a.

Ab|dampf|scha|le, die (Chemie): flaches Gefäß, in dem flüssige Stoffe abdampfen können.

Ab|dampf|wär|me, die: **1.** (Technik) im Abdampf enthaltene Wärme. **2.** (Chemie) zum Abdampfen eines Stoffes aufzuwendende Wärmemenge.

ab|dan|ken ⟨sw. V.; hat⟩: **1.** von einem Amt zurücktreten: der König dankte ab (verzichtete auf den Thron); der Minister hat freiwillig abgedankt. **2.** (veraltet) (bes. Soldaten u. Dienstboten) verabschieden, aus dem Dienst entlassen: ⟨nur noch im 2. Part.:⟩ abgedankte Offiziere; ♦ Es ist wahr, er hat das Unglück gehabt, abgedankt zu werden (Lessing, Minna III, 4). **3.** (schweiz., sonst landsch.) die kirchliche Trauerfeier halten.

Ab|dan|kung, die; -, -en: **1. a)** das Zurücktreten von einem Amt, Rücktritt: seine A. erklären, vollziehen; **b)** (veraltet) Entlassung: die A. des Generals. **2.** (schweiz., sonst landsch.) Trauerfeier: Schugger Leos Beruf war, nach allen Begräbnissen – und er wusste um jede A. – ...die Trauergemeinde zu erwarten (Grass, Blechtrommel 198).

Ab|deck|creme, Ab|deck|crème, die: Creme zum Abdecken (2) von Hautunreinheiten u. Ä.

ab|de|cken ⟨sw. V.; hat⟩: **1. a)** (etw. Bedeckendes) von etw. weg-, herunternehmen: den Deckel a.; **b)** von etw. Bedeckendem, darauf Befindlichem frei machen: das Bett a.; den Tisch a. (abräumen) (die Ziegel, Teile des Daches flogen herunter). **2.** [zum Schutz] mit etw. Bedeckendem versehen; zudecken, bedecken, verdecken: ein Grab mit Zweigen a.; einen Kasten [mit Brettern] a. **3.** (Sport) schützen, abschirmen: den Ball mit dem Körper, den linken Torfpfosten a.; (Schach:) die Dame durch, mit dem Turm a. **4.** (Sport) decken (8): die angreifenden Stürmerinnen a. **5.** (bes. Kaufmannsspr.) ausgleichen, tilgen, bezahlen: bestehende Verpflichtungen a. **6.** befriedigen (1 a): Bedürfnisse a. **7.** vollständig umfassen, erfassen, ausfüllen, einnehmen: der gesamte Bereich, das ganze Spektrum des Impressionismus wird in dieser Ausstellung abgedeckt; die Firma deckt mit ihren Produkten ein Drittel des Marktes ab.

Ab|de|cker, der; -s, - (veraltend): jmd., der verendete Tierkörper verwertet und beseitigt.

Ab|de|cke|rei, die; -, -en (veraltend): Arbeitsstätte des Abdeckers, der Abdeckerin.

Ab|deck|pla|ne, die: Plane, mit der sich etw. abdecken (2) lässt.

Ab|deck|plat|te, die: Platte (1) zum Abdecken (2).

Ab|deck|stift, der: getönter Stift zum Abdecken (2) von Hautunreinheiten.

Ab|de|ckung, die; -, -en: das Abdecken (2, 4, 5, 6).

ab|dich|ten ⟨sw. V.; hat⟩: dicht, undurchlässig machen: ein Leck a.; etw. mit Filz, Kitt, Hanf a.; Wände gegen Feuchtigkeit a.

Ab|dich|tung, die; -, -en: **1.** ⟨o. Pl.⟩ das Abdichten: die A. der Rohre war nicht einfach. **2.** etw., was etw. abdichtet: die A. hält das Grundwasser fern.

ab|die|nen ⟨sw. V.; hat⟩: **1.** (veraltend) (eine vorgeschriebene Dienst-, Ausbildungszeit o. Ä.) voll ableisten. ♦ **2.** durch Dienen (1 a) abarbeiten: ...ist er am Waldbaume eingekommen. Die können sie ihm nicht schenken, ... die muss er a. (Rosegger, Waldbauernbub 79).

ab|ding|bar ⟨Adj.⟩ (Arbeitsrecht): durch (abweichende) freie Vereinbarung ersetzbar: -e Vertragsteile. Dazu: **Ab|ding|bar|keit,** die; -.

ab|do|cken ⟨sw. V.; hat⟩ (Raumfahrt): sich [im Weltall] abkoppeln: das Shuttle hat von der Raumstation abgedockt.

Ab|do|men, das; -s, -u. ...mina [lat. abdomen, viell. zu: abdere = verbergen u. eigtl. = Verborgenes, nicht Sichtbares]: **1.** (Med.) Bauch, Unterleib: akutes A. (plötzlich auftretende heftige Schmerzen im Bauch). **2.** (Zool.) Hinterleib bes. der Gliederfüßer.

ab|do|mi|nal ⟨Adj.⟩: **1.** (Med.) das Abdomen (1) betreffend, von ihm ausgehend. **2.** (Zool.) das Abdomen (2) betreffend, von ihm ausgehend.

ab|drän|gen ⟨sw. V.; hat⟩: von einer Stelle, aus einer eingeschlagenen Richtung drängen: sich nicht von seinem Platz abdrängen lassen.

ab|dre|hen ⟨sw. V.⟩: **1.** ⟨hat⟩ **a)** durch Drehen einer entsprechenden Vorrichtung ausschalten, abstellen: das Radio, den Heizofen, die Lampe a.; den Wasserhahn a. (zudrehen); **b)** durch Drehen einer entsprechenden Vorrichtung die Zufuhr von etw. unterbinden: den Strom, das Gas, das Wasser a. **2.** ⟨hat⟩ durch eine drehende Bewegung von etw. abtrennen, lösen: den Stiel vom Apfel, einen Knopf vom Mantel a. **3.** ⟨hat⟩ wegdrehen, abwenden: das Gesicht a.; er hatte sich halb abgedreht. **4.** ⟨hat⟩ (einen Film, Filmszenen) [fertig] drehen: einen Spiel-, Dokumentarfilm a.; die bereits abgedrehten Passagen. **5.** ⟨ist/hat⟩ eine andere Richtung einschlagen, einen anderen Kurs nehmen: das Flugzeug, das Schiff dreht [nach Osten] ab. **6.** ⟨ist⟩ (ugs.) sich aufregen, die Beherrschung verlieren: wenn ich so was höre, könnte ich a.

ab|dre|schen ⟨sw. V.⟩: ↑ abgedroschen.

Ab|drift, die; -, -en ⟨Pl. selten⟩ (bes. Seemannsspr., Fliegerspr.): durch Wind od. Strömung hervorgerufene Abweichung bes. eines Schiffes, Flugzeugs von seinem Kurs, von der eingeschlagenen Richtung: eine starke A.

ab|drif|ten ⟨sw. V.; ist⟩: Abdrift erleiden, vom Kurs, von der eingeschlagenen Richtung abweichen: das Boot driftete ab; Ü die Partei ist nach rechts abgedriftet.

♦ **ab|drin|gen** ⟨st. V.; hat⟩: abzwingen: Wie oft hat er Albrecht durch seinen Bruder die förmliche Entsagung abzudringen gesucht (Hebbel, Agnes Bernauer IV, 6).

ab|dros|seln ⟨sw. V.; hat⟩ (Technik): **a)** im Zustrom hemmen, die Zufuhr von etw. verringern od. ganz unterbinden: den Dampf a.; den Verkehr a.; **b)** durch Drosseln des Betriebsstoffes verlangsamen od. ganz zum Stillstand bringen: den Motor a.; **c)** so weit schließen, dass der Zustrom von etw. aufhört: den Gashahn a.

Ab|dros|se|lung, Ab|dross|lung, die; -, -en: das Abdrosseln.

¹**Ab|druck,** der; -[e]s, -e: **1.** ⟨o. Pl.⟩ das Abdrucken, Abgedrucktwerden: der A. des Romans beginnt im nächsten Heft. **2.** etw. Abgedrucktes: von dem Bild wurden mehrere -e hergestellt.

²**Ab|druck,** der; -[e]s, Abdrücke: **1.** ⟨o. Pl.⟩ das Abdrücken (5 a): der A. in Wachs dauert nicht lange. **2.** etw. Abgedrücktes; durch Eindrücken od. Berühren auf od. in etw. hinterlassene Spur: Abdrücke ihrer Finger, ihrer Füße im Sand.

ab|dru|cken ⟨sw. V.; hat⟩: in einer Zeitung, Zeitschrift gedruckt erscheinen lassen, edieren: etw. gekürzt, unverändert, wörtlich, in der Zeitung a.; ein Gedicht, einen Roman a.; die hier abgedruckten Bilder.

ab|drü|cken ⟨sw. V.; hat⟩: **1. a)** durch Drücken, Zudrücken o. Ä. im Zuströmen hemmen: sie umarmte ihn so stürmisch, dass es ihm fast die Luft abdrückte; **b)** etw. so drücken, dass der Zustrom von etw. gehemmt wird; abpressen: ich habe [mir] die Ader abgedrückt. **2.** drückend von etw. entfernen; wegdrücken: er drückte das Boot mit dem Fuß vom Ufer ab. **3. a)** den Abzug einer Schusswaffe betätigen, um den Schuss auszulösen: das Gewehr a.; der Verbrecher drückte sofort ab; auf jmdn. a.; **b)** den Auslöser beim Fotoapparat betätigen: aufs Display schauen und a. **4.** (ugs.) im Überschwang heftig an sich drücken, zu drücken, küssen: die Kinder wurden von Oma und Opa abgedrückt. **5. a)** durch Eindrücken in eine weiche Masse nachbilden: Zähne in Gips, einen Schlüssel in Wachs a.; **b)** ⟨a. + sich⟩ sich abzeichnen: die Spur hatte sich im Erdboden abgedrückt. **6.** (ugs.) (eine Geldsumme) bezahlen: mein Alter hat 100 Mäuse abgedrückt.

ab|du|cken ⟨sw. V.; hat⟩ (Boxen): dem Schlag eines Gegners durch Ducken ausweichen: er duckte blitzschnell ab.

♦ **ab|duf|ten** ⟨sw. V.; ist⟩ [zu ↑ Duft in der alten Bed. »Dunst«]: im Dunst der Ferne verschwimmen: ... gegen Südost hat das Auge die unendliche Fläche des Elsasses zu durchforschen, die sich in immer mehr abduftenden Landschaftsgründen dem Gesicht entzieht (Goethe, Dichtung u. Wahrheit 10).

Ab|duk|ti|on, die; -, -en [spätlat. abductio = Wegführen] (Med.): das Bewegen eines Körperteils von der Körperachse weg.

Ab|duk|tor, der; -s, ...oren (Med.): Muskel, der eine Abduktion bewirkt, zur Abduktion dient.

ab|dun|keln ⟨sw. V.; hat⟩: **a)** gegen den Einfall od. die Aussendung hellen Lichts abschirmen: die Positionslaternen a.; abgedunkelte Fenster; **b)** (bes. eine Farbe) dunkler machen: das Weiß zu einem Hellgrau a.

Ab|dun|ke|lung, Ab|dunk|lung, die; -, -en: **1.** das Abdunkeln, Abgedunkeltwerden. **2.** Vorrichtung zum Abdunkeln (1 a).

ab|du|schen ⟨sw. V.; hat⟩: durch Duschen der [reinigenden] Wirkung des Wassers aussetzen: wir duschten uns, die Kinder warm ab.

ab|dü|sen ⟨sw. V.; ist⟩ (ugs.): sich rasch [mit einem Fortbewegungsmittel] entfernen: in den Urlaub a.

♦ **abe:** ↑ ²ab: Abe, a., weißer Schädel, mürbe Knochen, fahret in die Grube mit Freuden (Schiller, Räuber IV, 3).

ab|eb|ben ⟨sw. V.; ist⟩: mit der Zeit an Intensität verlieren; abnehmen: der Lärm, der Sturm, seine Erregung ebbt langsam ab.

Abe|ce: ↑ Abc.

ab|eg|gen ⟨sw. V.; hat⟩ (Landwirtsch.): **1.** mit der Egge entfernen: er eggte das Kartoffelkraut ab. **2.** etw. in seiner Länge mit der Egge bearbeiten: den Acker a.

-a|bel [frz. -able < lat. -abilis]: drückt in Bildungen mit Verben (Verbstämmen) aus, dass etw. gemacht werden kann: konsumabel, reparabel, transportabel.

Abel|mo|schus [auch: ˈa:b...], der; -, -se [nlat. abelmoschus < arab. abū'l-misk = Vater des

Abend – Abenteuerbuch

Moschus]: *(zu den Malvengewächsen gehörende) Pflanze mit nach Moschus duftenden Samenkörnern, die zum Räuchern dienen.*

Abend, der; -s, -e [mhd. ābent, ahd. āband, eigtl. = der hintere od. spätere Teil des Tages, wahrsch. verw. mit ↑ After]: **1.** *Tageszeit um die Dämmerung, das Dunkelwerden vor Beginn der Nacht: ein warmer, kühler, klarer, sommerlicher A.; der letzte, folgende A.; heute, gestern, morgen A.; es wird A.; es ist schon später A. (die Nacht hat bereits begonnen, es ist schon Nacht); es war gestern ein langer A. bei euch (es dauerte bis [tief] in die Nacht); der A. kommt, naht, bricht herein; jeden, keinen A., alle -e fernsehen; viele -e warten; wie hast du den A. verbracht?; die Bedienung hat ihren freien A.; des -s (geh.; abends); eines [schönen] -s; am A. [vorher]; am frühen, späten, gestrigen, gleichen A.; am A. des 31. März; es gebt dem A., auf den A. zu; bis heute, morgen A.!; A. für A.; gegen A.; vom Morgen bis zum A.; während des -s; Wenn der A. (die Abenddämmerung) schroff in den Bäckereihof fiel ...* (Strittmatter, Wundertäter 217); *Aber köstlich war auch der A., wenn die Pflanzen des Parks balsamisch dufteten* (Th. Mann, Tod 38); R *je später der A., desto schöner die Gäste* (höflich-scherzhafte Begrüßung eines später hinzugekommenen Gastes); * **Guten/guten A.** (Grußformel: hallo und Guten/guten A. allerseits!; [zu] jmdm. Guten/guten A. sagen); **zu A. essen** *(die Abendmahlzeit einnehmen);* **der Heilige A.** *([Tag u.] Abend des 24. Dezember); er usw. kann mich am A. besuchen* (salopp; *er usw. soll mich in Ruhe lassen*). **2.** *[geselliges] Beisammensein am Abend: ein gemütlicher A.; der musikalische A. (die musikalische Soiree)* beim französischen Botschafter; *... oh, wie viel strahlende -e hatte ich einst nach solchen Konzerten mit den Künstlern hingebracht* (Hesse, Steppenwolf 151); * **bunter A.** (veraltend; *Abendveranstaltung mit heiterem, abwechslungsreichem Programm).* **3.** ⟨o. Pl.⟩ (veraltet, noch altertümelnd) *Westen:* der Wind weht von A. her; *Weiterhin wendet der Bachlauf sich gegen A. einer kleinen Ortschaft zu* (Th. Mann, Herr 86).

Abend|aka|de|mie, die: *Abendkurse anbietendes Lehrinstitut, oft an Volkshochschulen.*

Abend|an|dacht, die: *Andacht (2) am Abend.*

Abend|an|zug, der: *Gesellschaftsanzug.*

Abend|aus|ga|be, die: *abends erscheinende [Ausgabe einer] Zeitung.*

Abend|blatt, das: *Abendzeitung.*

Abend|brot, das ⟨Pl. selten⟩ [mhd. ābentbrōt]: *abends eingenommenes [bescheideneres] Essen, zumeist mit Brot: das A. machen, richten; zum A. bleiben; möchtest du mit uns A. essen?; was gibts heute zum A.?*

Abend|brot|tisch, der ⟨Pl. selten⟩: *für das Abendbrot gedeckter Tisch.*

Abend|däm|me|rung, die: *Dämmerung am Abend.*

aben|de|lang ⟨Adj.⟩: *sich über mehrere Abende hinziehend:* -e Gespräche.

Abend|emp|fang, der: *Empfang (3 b), den jmd. am Abend gibt.*

abend|es|sen ⟨unr. V.; hat; nur im Inf. u. 2. Part.⟩ (österr.): *zu Abend essen:* wir gehen a.; habt ihr schon abendgegessen?

Abend|es|sen, das [mhd. ābenteʒʒen]: *abends eingenommene Mahlzeit: das A. zubereiten, servieren; jmdn. zum A. einladen.*

Abend|frie|de, Abend|frie|den, der ⟨o. Pl.⟩ (geh.): *abendlicher Friede (2 c).*

abend|fül|lend ⟨Adj.⟩: *(von Darbietungen) den ganzen Abend ausfüllend:* ein -er Film; ein -es Thema; * **nicht a. sein** (ugs.; *eher langweilig*

sein, auf die Dauer wenig Interessantes bieten: die Wiederholung alter Witze ist nicht a.).

Abend|gar|de|ro|be, die: *Garderobe (1) für festliche od. offizielle Anlässe; Gesellschaftskleidung.*

Abend|ge|bet, das: *Gebet vor der Nachtruhe.*

Abend|ge|sell|schaft, die: vgl. Abendempfang.

Abend|got|tes|dienst, der: vgl. Abendandacht.

Abend|gym|na|si|um, das: *Abendschule, die berufstätige Erwachsene zum Abitur führt.*

Abend|hauch, der (dichter.): *kühler Abendwind.*

♦ **Abend|herr,** der: *regelmäßig abends in einer bestimmten Gaststätte verkehrender Gast; abendlicher Stammgast:* Die Rebhuhnpastete darf ich nicht anschneiden, sie das für die -en bestimmt ... ist (Keller, Kleider 5).

Abend|him|mel, der: *Himmel zur Zeit des Sonnenuntergangs.*

Abend|kar|te, die: **1.** *verbilligte Eintrittskarte, die erst für die Abendstunden gültig ist.* **2.** (Gastron.) *Speisekarte für das Abendessen im Restaurant.*

Abend|kas|se, die (bes. Theater, Kino): *unmittelbar vor einer Abendvorstellung geöffnete Kasse: es gibt noch Karten an der A.*

Abend|kleid, das: *[bodenlanges] festliches Kleid für den Abend.*

Abend|klei|dung, die: *festliche Kleidung für abendliche Veranstaltungen.*

Abend|kurs, Abend|kur|sus, der: *abends (meist für berufstätige Erwachsene) stattfindender Kurs.*

Abend|land, das ⟨o. Pl.⟩ [zu ↑ Abend (3)]: *durch Antike u. Christentum geformte kulturelle Einheit der europäischen Völker; Europa; Alte Welt; Okzident:* Dazu: **Abend|län|der,** der; -s, -; **Abend|län|de|rin,** die; -, -nen.

abend|län|disch ⟨Adj.⟩: *das Abendland betreffend:* das -e Denken; die -e Kultur, Kunst, Tradition; -er Geist.

Abend|läu|ten, das; -s: *abendliches Läuten der Kirchenglocke[n].*

abend|lich ⟨Adj.⟩ [mhd. ābentlich, ahd. ābandlīh]: *in die Abendzeit fallend; abends stattfindend, auftretend, erscheinend; für den Abend charakteristisch:* das -e Bad; -e Kühle, Stille; -e Gäste; zu -er Stunde.

Abend|licht, das ⟨o. Pl.⟩: *abendliches, während der Dämmerung herrschendes Licht (1 a).*

Abend|luft, die ⟨Pl. selten⟩: *abendliche Luft.*

Abend|mahl, das [mhd. ābentmāl]: **1.** (geh. veraltend) *Abendessen: ... die Töchter des Hauses waren daheim geblieben, um das A. vorzubereiten* (Th. Mann, Joseph 328). **2.** ⟨o. Pl.⟩ *Abschiedsmahl Christi mit seinen Jüngern in der Passahnacht.* **3.** ⟨o. Pl.⟩ (ev. Kirche) *Sakrament, bei dem mit Bezug auf Jesu Abendmahl (2) für den Gläubigen Christus in Brot u. Wein gegenwärtig ist: das A. empfangen, nehmen; am A. (an der Abendmahlsfeier) teilnehmen; zum A. gehen.*

Abend|mahl|brot: ↑ Abendmahlsbrot.

Abend|mahl|fei|er: ↑ Abendmahlsfeier.

Abend|mahl|ge|mein|schaft: ↑ Abendmahlsgemeinschaft.

Abend|mahl|ge|rät: ↑ Abendmahlsgerät.

Abend|mahl|got|tes|dienst: ↑ Abendmahlsgottesdienst.

Abend|mahl|kelch: ↑ Abendmahlskelch.

Abend|mahls|brot, Abendmahlbrot, das ⟨Pl. selten⟩ (ev. Kirche): *den Leib Christi symbolisierendes Brot, das beim Abendmahl (3) verteilt wird.*

Abend|mahls|fei|er, Abendmahlfeier, die (ev. Kirche): *Feier des heiligen Abendmahls.*

Abend|mahls|ge|mein|schaft, Abendmahlgemeinschaft, die (christl. Kirche): *Teilnahme von Angehörigen verschiedener Kirchen am gemeinsamen Abendmahl (3) bzw. Beteiligung von Geistlichen verschiedener Kirchen an der Lei-*

tung des Gottesdienstes od. an der Austeilung des Abendmahls (3).

Abend|mahls|ge|rät, Abendmahlgerät, das (ev. Kirche): *Karaffe, Kelch u. Teller, die beim Abendmahl (3) verwendet werden.*

Abend|mahls|kelch, Abendmahlkelch, der (ev. Kirche): *Kelch, mit dem der Wein beim Abendmahl (3) ausgeteilt wird.*

Abend|mahls|wein, Abend|mahl|wein, der ⟨Pl. selten⟩ (ev. Kirche): *Wein, der bei der Abendmahlsfeier verwendet wird.*

Abend|mahl|zeit, die: *am Abend eingenommene Mahlzeit.*

Abend|mes|se, die (kath. Kirche): *Feier der Eucharistie am Abend.*

Abend|mu|sik, die: *kleines Konzert am Abend [mit geistlicher Musik].*

Abend|nach|rich|ten ⟨Pl.⟩: *von Rundfunk u. Fernsehen am Abend gesendete Nachrichten.*

Abend|öff|nung, die: *Öffnung eines Geschäfts, eines Museums o. Ä. in den Abendstunden.*

Abend|pro|gramm, das: *abendliches [Rundfunk-, Fernseh]programm.*

Abend|ro|be, die: vgl. Abendgarderobe.

Abend|rot, das; -s, **Abend|rö|te,** die ⟨o. Pl.⟩: *rote Färbung des westlichen Himmels durch den Sonnenuntergang:* Hinter dem Gangfenster ... verglüht das letzte Abendrot (Fallada, Trinker 127).

abends ⟨Adv.⟩: *zur Zeit des Abends* (Abk.: abds.): a. um 8 [Uhr]; von morgens bis a.; dienstags a.

Abend|schu|le, die: *Bildungsstätte, an der sich bes. berufstätige Menschen im Abendunterricht weiterbilden.*

Abend|se|gen, der [mhd. ābentsegen]: *kurze Abendandacht.*

Abend|son|ne, die: *Abend sinkende Sonne:* Dazu: **Abend|son|nen|schein,** der; -[e]s.

Abend|spa|zier|gang, der: *Spaziergang am Abend.*

Abend|stern, der; -[e]s: *als auffallend hell leuchtender Stern erscheinender Planet Venus am westlichen Himmel nach Sonnenuntergang.*

Abend|stim|mung, die: *abendliche Stimmung (2).*

Abend|stun|de, die: *Zeit, Stunde am Abend.*

Abend|un|ter|hal|tung, die: *am Abend stattfindende, Unterhaltung (5 a) bietende Veranstaltung.*

Abend|un|ter|richt, der: *abends (meist für Berufstätige) stattfindender Unterricht.*

Abend|ver|an|stal|tung, die: *abendliche Veranstaltung.*

Abend|vor|stel|lung, die: *Aufführung eines Theaterstücks o. Ä. am Abend.*

Abend|wind, der: *abends aufkommender Wind.*

Abend|zeit, die ⟨o. Pl.⟩: *die Abendstunden umfassende Zeit:* ein Spaziergang in der A., zur A.

Abend|zei|tung, die: *abends erscheinende Zeitung.*

Abend|zug, der: *abends verkehrender Eisenbahnzug.*

Aben|teu|er, das; -s, - [mhd. ābentiure, āventiure < afrz. aventure, über das Vlat. zu lat. advenire, ↑ Advent]: **1.** *mit einem außergewöhnlichen, erregenden Geschehen verbundene gefahrvolle Situation, die jmd. zu bestehen hat:* A. bestehen, suchen; sich in ein gefährliches A. stürzen. **2.** *außergewöhnliches, erregendes Erlebnis:* die Fahrt war ein A. **3.** (auch abwertend) *riskantes Unternehmen:* wir beschlossen, uns auf das A. Hausbau einzulassen; Napoleon ..., der ... die Welt rücksichtslos in mörderische A. riss (St. Zweig, Fouché 187). **4.** *Liebesabenteuer, flüchtiges, erotisches A.:* Ich habe ... restlos das kurze A. gesucht (Strauß, Niemand 30).

Aben|teu|er|buch, das: *Buch, in dem Abenteuer (1) geschildert werden.*

Abenteuerfilm – Abfahrt

Aben|teu|er|film, der: vgl. Abenteuerbuch.
Aben|teu|er|ge|schich|te, die: vgl. Abenteuerbuch.
Aben|teu|e|rin: ↑ Abenteurerin.
Aben|teu|er|land, das ⟨Pl. selten⟩: **1.** *Land (3, 5), in dem man Abenteuer erleben kann.* **2.** *Spiel-, Vergnügungspark mit Attraktionen, die ein Gefühl von Abenteuer (1) vermitteln.*
aben|teu|er|lich ⟨Adj.⟩: **1.** *Abenteuer (1, 2) enthaltend:* -e Geschichten erzählen; Eine der -en Wunschvorstellungen der Zwillinge war es, sich einschließen zu lassen und in der Finsternis über das Tor zu klettern (Härtling, Frau 212). **2.** ⟨gelegtl. abwertend⟩ *gewagt; riskant:* ein -es Unternehmen, Vorhaben. **3.** *ungewöhnlich, seltsam, fantastisch, malerisch, bizarr:* ein -er Hut; in -er Vermummung; auf der Reise ging es recht a. zu. **4.** ⟨selten⟩ *(von Menschen) von Abenteuern (1) umwittert, Abenteuern zugeneigt:* Sie hatte sich ... einen schönen, reichen und -en Geliebten gewünscht (Musil, Mann 604).
Aben|teu|er|lich|keit, die; -, -en: **1.** ⟨o. Pl.⟩ *abenteuerliche Art.* **2.** ⟨selten⟩ *abenteuerliches Vorkommnis.*
Aben|teu|er|lust, die ⟨o. Pl.⟩: *Verlangen, Abenteuer zu erleben; Lust am Abenteuer.*
aben|teu|er|lus|tig ⟨Adj.⟩: *von dem Verlangen erfüllt, Abenteuer zu erleben; voller Lust am Abenteuer.*
aben|teu|ern ⟨sw. V.; ist⟩: *auf Abenteuer (1, 2) ausgehen, -ziehen:* durch die Welt a.
Aben|teu|er|ro|man, der: *[volkstümlicher] Roman, in dem der Held viele Abenteuer zu bestehen hat.*
Aben|teu|er|spiel|platz, der: *Spielplatz, der nicht mit den üblichen Geräten o. Ä. ausgestattet ist, sondern auf dem sich die Kinder mit zur Verfügung gestelltem Material selbstständig bauend usw. betätigen können.*
Aben|teu|er|ur|laub, der: *[von einem Reiseunternehmen organisierte] Urlaubsreise mit bestimmten, von den normalen touristischen Angeboten abweichenden [nicht alltäglichen] Unternehmungen.*
Aben|teu|rer, der; -s, - ⟨abwertend⟩: *jmd., das Abenteuer (1–3) liebt; Glücksritter.*
Aben|teu|re|rin, ⟨auch:⟩ Abenteuerin, die; -, -nen: w. Form zu ↑ Abenteurer.
¹aber ⟨Konj.⟩ [mhd., ahd. aber, aver, eigtl. = weiter weg; später; noch einmal wieder]: **1. a)** *drückt einen Gegensatz aus; [je]doch, dagegen:* heute nicht, a. morgen; er schlief, sie a. wachte; Ich a. besaß seidenweiches Haar (Th. Mann, Krull 17); **b)** *drückt aus, dass etw. der Erwartung nicht entspricht; indessen, [je]doch:* es wurde dunkel, a. wir machten kein Licht. **2. a)** *drückt eine Einschränkung, einen Vorbehalt, eine Berichtigung, Ergänzung aus; doch, jedoch, allerdings:* arm, a. nicht unglücklich; Keine Lüge, a. Vereinfachungen (Koeppen, Rußland 81); **b)** *drückt die Anknüpfung, die Weiterführung aus; jedoch:* als es a. dunkel wurde, machten sie Rast. **3.** *drückt einen Einwand, eine Entgegnung aus:* einer von uns muss es a. gewesen sein; a. warum denn?; »Es wird schon klappen.« »A. wenn es doch schiefgeht?«.
²aber ⟨Partikel; unbetont⟩ [vgl. ¹aber]: **a)** *drückt eine Verstärkung aus:* a. ja; a. gern; alles, a. auch alles würde er tun; verschwinde, a. dalli!; a. geh! (österr.; *abweisende Formel, mit der etwas nicht ernst Genommenes abgeschüttelt wird*); **b)** *nur emphatisch zur Kennzeichnung der gefühlsmäßigen Anteilnahme des Sprechers, der Sprecherin und zum Ausdruck von Empfindungen:* du spielst a. gut!; die sind a. dick!; a., meine Herrschaften; a., a.! *(nicht doch!, was soll das?)*; a. ich bitte dich!; Tulla ... maulte: »Mensch, das dauert a.« (Grass, Katz 38).

³aber ⟨Adv.⟩ [vgl. ¹aber] (veraltet): *wieder[um] (noch in festen Wortverbindungen):* **a.** und abermals *(immer wieder).*
Aber, das; -[s], -[s]: **1.** *Einwand, Bedenken:* kein A.!; er hat sich dafür entschieden ohne jedes Wenn und A. **2.** *bedenklicher Punkt; beeinträchtigende Gegebenheit, Schwierigkeit; Haken:* die Sache hat ihr A.
◆ **Aber|acht,** die; - [mhd. aberahte, zu ↑ ³aber]: *erneuerte u. verschärfte ²Acht:* ... das Reich steht hinter mir mit Acht und A. (Hebbel, Agnes Bernauer III, 13).
Aber|glau|be, der; -ns, ⟨seltener:⟩ **Aber|glau|ben,** der; -s [zu ↑ ¹aber in der veralteten Bed. »falsch, schlecht«; vgl. Abersinn, Aberwitz] ⟨abwertend⟩: *im Aberglauben befangener, törichter A.; einem Aberglauben anhängen;* aus Aberglauben.
aber|gläu|big ⟨Adj.⟩ ⟨seltener; meist von Personen⟩: *abergläubisch.*
aber|gläu|bisch ⟨Adj.⟩: *im Aberglauben befangen; dem Aberglauben entspringend:* -e Scheu; er ist ein -er Mensch; vorzeitige Glückwünsche lehnt sie a. ab.
Aber|hun|dert, aber|hun|dert ⟨unbest. Zahlw.; indekl.⟩ [zu ↑ ¹aber] (geh.): *viele Hundert:* A. Lichter.
Aber|hun|der|te, aber|hun|der|te ⟨Pl.⟩ (geh.): *viele Hunderte:* vor -n von Jahren.
ab|er|ken|nen ⟨unr. V.; erkennt ab/⟨bes. schweiz.:⟩ aberkennt, erkannte ab/⟨bes. schweiz.:⟩ aberkannte, hat aberkannt⟩: *(jmdm. etw.) [durch einen (Gerichts)beschluss] absprechen:* jmdm. die bürgerlichen Ehrenrechte a. Dazu: **Ab|er|ken|nung,** die; -, -en.
aber|ma|lig ⟨Adj.⟩: *erneut, nochmalig:* eine -e Verlängerung der Dienstzeit; ein -er Versuch.
aber|mals ⟨Adv.⟩: *von Neuem, wieder[um]:* er verlor a.
Aber|mil|li|ar|den ⟨Pl.⟩ [zu ↑ ³aber] (geh.): *viele Milliarden.*
Aber|mil|li|o|nen ⟨Pl.⟩ [zu ↑ ³aber] (geh.): *viele Millionen.*
ab|ern|ten ⟨sw. V.; hat⟩: **a)** *in seiner Gesamtheit ernten:* man erntete das Getreide ab; **b)** *durch Ernten der Frucht völlig leer machen:* das Feld a.
Ab|er|ra|ti|on, die; -, -en [lat. aberratio = Abweichung]: **1.** (Biol.) *[starke] Abweichung von der normalen Art durch strukturelle Änderung eines Chromosoms od. der Chromosomenzahl.* **2.** (Astron.) *scheinbare Ortsveränderung eines Gestirns in Richtung der Erdbewegung:* tägliche, jährliche A. **3.** (Optik) *Abweichung der Strahlen vom idealen Bildpunkt eines optischen Instruments:* sphärische, chromatische A.
◆ **Aber|schanz,** die; -, -en [zu ↑ ¹aber als Ausdruck eines Gegensatzes u. ↑ Schanze, also eigtl. = entgegengesetzt liegende, hintere Schanze; vgl. Hinterquartier, -viertel]: *Gesäß:* ... schenkt ihm nur etlich' gute Tritt' keck auf die A. (Mörike, Hutzelmännlein 24).
Aber|sinn, der; -[e]s [vgl. Aberglaube] (selten, altertümelnd): *Widersinn, Aberwitz.* Dazu: **aber|sin|nig** ⟨Adj.⟩.
Aber|tau|send, aber|tau|send ⟨unbest. Zahlw.; indekl.⟩ [zu ↑ ³aber] (geh.): *viele Tausend:* A. Lichter.
Aber|tau|sen|de, aber|tau|sen|de ⟨Pl.⟩ (geh.): *viele Tausende:* A. von Menschen.
◆ **aber|wei|se** ⟨Adj.⟩ [vgl. ↑ Aberglaube]: *auf verkehrte Art u. Weise klug; überklug:* ... euer ganzes -s Jahrhundert (Goethe, Götter, Helden und Wieland).
Aber|witz, der; -es [vgl. Aberglaube] (geh.): *Unsinnigkeit, Wahnwitz:* welch ein A.!

aber|wit|zig ⟨Adj.⟩ (geh.): *unsinnig; wahnwitzig:* ein -er Mensch, Plan.
ab|er|zie|hen ⟨unr. V.; hat⟩: *jmdm. etw. durch erzieherische Maßnahmen abgewöhnen:* einem Kind eine Unart a.
ab|es|sen ⟨unr. V.; hat⟩: **1. a)** *von etw. herunter-, wegessen:* wer hat die Streusel vom Kuchen abgegessen?; **b)** ⟨*säuberlich*⟩ *leer essen:* den Teller a.; **c)** (ugs.) *(einen für den Verzehr bestimmten Geldbetrag) aufbrauchen:* die hundert Euro kann man hier gar nicht a. **2.** ⟨meist nur in den Vergangenheitsformen⟩ *die Mahlzeit [durch Verzehr des Essens] beenden:* wir hatten gerade abgegessen; es ist abgegessen; Ü das Thema ist längst abgegessen *(nicht mehr aktuell, erledigt).*
Abes|si|ni|en; -s: **1.** *ältere Bez. für Äthiopien.* **2.** (ugs. scherzh., veraltet) *Nacktbadestrand.*
ab|fa|ckeln ⟨sw. V.; hat⟩: **1.** (Technik) *nicht verwertbare od. überschüssige Gase durch Abbrennen beseitigen od. unschädlich machen:* Gas, Kohlenwasserstoffe über den Schornstein a. **2.** (ugs.) *abbrennen, niederbrennen:* unbekannte Täter haben versucht das Haus abzufackeln.
Ab|fa|cke|lung, Ab|fack|lung, die; -, -en: *das Abfackeln.*
ab|fahr|be|reit ⟨Adj.⟩: *bereit zum Abfahren (1 a):* die -en Gäste; der Zug ist a.
ab|fah|ren ⟨st. V.⟩: **1.** ⟨ist⟩ **a)** *(von Personen od. Fahrzeugen) einen Ort zu einer bestimmten Zeit fahrend verlassen; weg-, davonfahren:* der Zug, der Bus fährt gleich ab; ich fahre in ein paar Tagen ab; **b)** *durch Einschlagen einer anderen Richtung fahrend verlassen:* die nächste Ausfahrt von der Autobahn a.; **c)** *abwärtsfahren, bes. auf Skiern:* ins Tal a.; **d)** [wohl urspr. Fechterspr., eigtl. = mit der Klinge abgleiten lassen] (salopp) *abgewiesen werden* (oft in Verbindung mit »lassen«): er war auf blamable Art abgefahren; sie ließ ihn a. **2. a)** ⟨hat⟩ *mit einem Fahrzeug abtransportieren:* Müll, Bauschutt a. [lassen]; **b)** ⟨hat/ist⟩ *an etw., jmdm. zum Zwecke der Besichtigung od. Kontrolle entlangfahren; von einem Fahrzeug aus besichtigen, absuchen:* die Beamten haben/sind die nähere Umgebung abgefahren; Zechow, Zantoch, Zanzin, Friedeberg, wir dreißig Einheimischen fuhren in Gedanken die Kleinbahnstrecke ab (Chr. Wolf, Nachdenken 11); **c)** ⟨hat⟩ *(ein Gelände) abwärtsfahren:* einen steilen Hang a.; **d)** ⟨hat⟩ *durch An-, Überfahren abtrennen, abreißen:* ich fuhr mit dem Wagen ein Stück von der Mauer ab; Ich bin schuldig ..., ich habe ihr ein Bein abgefahren (Strauß, Niemand 115); **e)** ⟨hat⟩ *durch vieles Fahren abnutzen:* die Reifen a.; **f)** ⟨a. + sich; hat⟩ *sich durch vieles Fahren abnutzen:* der rechte Hinterreifen hat sich, ist am stärksten abgefahren; **g)** ⟨hat⟩ (ugs.) *(eine zum [mehrmaligen] Fahren berechtigende Karte) aufbrauchen:* hast du deine Mehrfahrtenkarte schon abgefahren?; abgefahrene *(benutzte)* Fahrscheine; **h)** ⟨hat⟩ (Film, Rundfunk, Fernsehen) *[zu] spielen [beginnen]:* die MAZ a. **3.** ⟨ist⟩ (ugs.) *von jmdm., etw. persönlich besonders stark beeindruckt sein, sich angesprochen fühlen:* auf eine Musik, auf eine Band a.; die meisten Jungs sind auf die neue Mitschülerin sofort voll abgefahren.
Ab|fah|rer, der; -s, - (ugs.): *Abfahrtsläufer.*
Ab|fah|re|rin, die; -, -nen: w. Form zu ↑ Abfahrer.
Ab|fahrt, die; -, -en: **1.** *das Abfahren (1 a):* die A. verzögert sich; die A. des Zuges ist um 8.11 Uhr. **2.** (Ski, Rodeln) **a)** *abwärtsführende Fahrt; Lauf:* die A. war gefährlich; in der A. *(im Abfahrtslauf)* ist er stärker als in der Riesenslalom; **b)** *abwärtsführende Strecke:* der Berg mit seinen steilen -en; **c)** *Ort, Stelle, wo abgefahren wird:* zur A. der Rodelbahn hinaufgehen.

abfahrtbereit – abfieseln

3. (Amtsspr.) *Abtransport, Abfuhr:* die A. von Holz, Sperrmüll. **4.** *Autobahnausfahrt:* die A. [nach] Wiesbaden.
ab|fahrt|be|reit ⟨Adj.⟩: *zur Abfahrt* (1) *bereit; abfahrbereit.*
Ab|fahrt|gleis (fachspr.), **Ab|fahrts|gleis**, das: *Gleis, auf dem ein Zug o. Ä. abfährt.*
Ab|fahrt|si|g|nal: ↑ Abfahrt[s]signal.
Ab|fahrts|lauf, der (Ski): *das Abfahren* (1 d) *als Disziplin des alpinen Skilaufs.*
Ab|fahrts|läu|fer, der: *jmd., der Abfahrtslauf betreibt.*
Ab|fahrts|läu|fe|rin, die: w. Form zu ↑ Abfahrtsläufer.
Ab|fahrts|pis|te, die: *Piste, die für Abfahrten* (2 b) *vorgesehen ist.*
Ab|fahrts|ren|nen, das (Ski): *Rennen im Abfahrtslauf.*
Ab|fahrt[s]|si|g|nal, (fachspr.:) Abfahrtsignal, das: *Zeichen zur Abfahrt* (1).
Ab|fahrts|stre|cke, die (Ski): *Strecke für den Abfahrtslauf.*
Ab|fahrts|ta|fel, (fachspr.:) Abfahrttafel, die: *Tafel mit den Abfahrtszeiten der Züge.*
Ab|fahrts|ter|min, (fachspr.:) Abfahrttermin, der: vgl. Abfahrtszeit.
Ab|fahrts|trai|ning, das (Ski): *Training für den Abfahrtslauf.*
Ab|fahrts|welt|cup, der (Ski): *Wettbewerb im Abfahrtslauf, der nach den Platzierungen in mehreren Einzelwettbewerben einer Saison entschieden wird.*
Ab|fahrts|zei|chen, (fachspr.:) Abfahrtzeichen, das: *Abfahrtssignal.*
Ab|fahrts|zeit, (fachspr.:) Abfahrtzeit, die: *Zeitpunkt der Abfahrt* (1).
Ab|fahrt|ta|fel: ↑ Abfahrtstafel.
Ab|fahrt|ter|min: ↑ Abfahrtstermin.
Ab|fahrt|zei|chen: ↑ Abfahrtszeichen.
Ab|fahrt|zeit: ↑ Abfahrtszeit.
Ab|fall, der; -[e]s, Abfälle: **1.** *Reste, die bei der Zubereitung od. Herstellung von etw. entstehen; unbrauchbarer Überrest:* Kübel mit übel riechendem A.; radioaktive Abfälle; Ü ♦ ... aber still! dass kein Mann uns belausche, wie hoch wir uns mit dem A. seiner Fürtrefflichkeit brüsten (Schiller, Fiesco I, 1). **2.** ⟨o. Pl.⟩ (bes. Rel., Politik) *Lossagung von einem Glauben, einem Bündnis, einer bestehenden Bindung; das Abtrünnigwerden gegenüber jmdm., etw.:* ein A. von Gott, vom Glauben, von der Partei. **3.** ⟨o. Pl.⟩ *Neigung eines Geländes:* die Wiese erstreckt sich in sanftem A. bis zur Straße. **4.** ⟨Pl. selten⟩ *Abnahme, Rückgang:* der A. seiner Leistungen, in seiner Leistung ist unverkennbar; das ist ein A. gegen früher.
Ab|fall|be|häl|ter, der: *Behälter für Abfälle* (1).
Ab|fall|be|sei|ti|gung, die (Fachspr.): *Gesamtheit der Maßnahmen u. Methoden zur Verringerung, Ablagerung, Umwandlung od. Weiter- u. Wiederverwendung von festen, flüssigen u. gasförmigen Abfallstoffen.*
Ab|fall|con|tai|ner, der: *Container für Abfälle* (1).
Ab|fall|ei|mer, der: *Eimer für den Abfall* (1).
ab|fal|len ⟨st. V.; ist⟩: **1. a)** *bei der Zubereitung od. Herstellung von etw. übrig bleiben:* in der Küche fällt immer viel ab; beim Zuschneiden ist kaum Stoff abgefallen; **b)** *jmdm. nebenher als Anteil, Gewinn zufallen:* wenn er mir beim Verkaufen hilft, fallen auch ein paar Euro für ihn ab. **2.** *sich von etw. loslösend herunterfallen, sich lösen:* der Mörtel fällt [von der Wand] ab; Ü all seine Hektik war von ihm abgefallen. **3.** (bes. Rel., Politik) *sich von jmdm., etw. lossagen; jmdm., einer Sache gegenüber abtrünnig werden:* von Gott, vom Glauben, von der Partei a.; Einer von diesen Männern ... war ein abgefallener Priester

(Böll, Und sagte 7). **4.** *schräg nach unten verlaufen:* das Gebirge fällt nach Osten ab; abfallende Wege, Dächer, Schultern. **5. a)** *an Intensität, Leistung o. Ä. verlieren, abnehmen:* der Wasserdruck, die Leistung des Motors fiel ab; **b)** (bes. Sport) *im Vergleich zu anderen zurückbleiben, schwächer werden, einen schlechteren Eindruck machen:* der Läufer fällt ab; gegen seinen Freund fiel er sehr ab. **6.** (Seemannsspr.) *den Kurs so ändern, dass der Wind voller (mehr von hinten) in das Segel fällt; vom Kurs nach Lee abgehen.*
Ab|fall|ent|sor|ger, der: *Unternehmen o. Ä., das Abfälle entsorgt.*
Ab|fall|ent|sor|gung, die: *Entsorgung von Abfall* (1).
Ab|fall|gru|be, die: *Erdgrube zur Aufnahme von Abfallstoffen.*
Ab|fall|hau|fen, der: *aus Abfällen* (1) *bestehender Haufen:* etw. auf den A. werfen.
ab|fäl|lig ⟨Adj.⟩ [wohl als Gegenwort zu ↑ beifällig geb.]: *(in Bezug auf Äußerungen) ablehnend, missbilligend, abschätzig:* eine -e Bemerkung; sich a. über jmdn., etw. äußern; * ♦ **jmdm. a. sein** (*jmdm. kritisch ablehnend gegenüberstehen; jmdm. widersprechen:* Wenn ich ... euch auch eben nicht a. sein kann, in dem, was ihr von der Unfähigkeit der Geistlichen zu Führung und Beurteilung weltlicher Angelegenheiten behauptet [Novalis, Heinrich 24]).
Ab|fäl|lig|keit, die; -, -en: *abfällige Bemerkung, Haltung.*
Ab|fall|korb, der: *meist im Freien aufgestellter [korbartiger] Behälter für Abfälle* (1).
Ab|fall|kü|bel, der (bes. österr.): *Abfalleimer.*
Ab|fall|pro|dukt, das: **1.** *aus Abfällen hergestelltes Produkt.* **2.** *bei der Herstellung zusätzlich abfallendes Produkt.*
Ab|fall|stoff, der (Fachspr.): *Abfall* (1), *Rückstand* (1), *der bei Produktion, Konsum oder Energiegewinnung entsteht, gelegentlich auch als Nebenprodukt genutzt wird.*
Ab|fall|ton|ne, die: vgl. Abfalleimer.
Ab|fall|ver|mei|dung, die: ⟨Pl. selten⟩: *das Vermeiden des Entstehens überflüssiger Abfälle* (1).
Ab|fall|ver|wer|tung, die: *Recycling.*
Ab|fall|wirt|schaft, die: *Abfallbeseitigung [u. -verwertung].*
ab|fäl|schen ⟨sw. V.; hat⟩ (Ballspiele, Eishockey): *den Ball, die Scheibe durch [unabsichtliche] Berührung aus einer vorgegebenen Richtung lenken:* einen Schuss, den Ball [zur Ecke] a.
ab|fan|gen ⟨st. V.; hat⟩: **1. a)** *nicht sein Ziel, seinen Bestimmungsort erreichen lassen [u. in seine Gewalt bringen]:* einen Brief, einen Nachricht, einen Agenten a.; **b)** *jmdn., auf den jmd. gewartet hat, aufhalten, um sich wegen etw. an ihn zu wenden; abpassen:* den Briefträger a.; **c)** (Sport) *jmdn. ein- u. überholen u. dadurch seinen Sieg verhindern:* jmdn. erst auf den letzten zwanzig Metern a.; **d)** *einen Gegner, etw. von ihm Ausgehendes aufhalten, abwehren:* den Vorstoß des Feindes, den Feind a.; (Sport:) den Gegner, einen Angriff a.; **e)** (Bauw., Technik) *etw., was durch sein Gewicht drückt, durch Balken u. A. abstützen:* bei dem Umbau der unteren Stockwerke müssen die oberen abgefangen werden; **f)** *wieder unter Kontrolle [u. in die normale Richtung od. Lage] bringen:* die Maschine, einen schleudernden Wagen, sich a. **2.** *zu weidmänn. Fang = Stoß]* (Jägerspr.) *angeschossenem Wild mit dem Hirschfänger den Fang* (3) *geben.*
Ab|fang|jä|ger, der (Militär): *Jagdflugzeug der großräumigen Luftverteidigung mit bes. großer Steigfähigkeit, das gegen feindliche Bombenflugzeuge eingesetzt wird.*
Ab|fang|ra|ke|te, die (Militär): *der Luftverteidi-*

gung dienende Rakete, die gegen feindliche Flugzeuge u. Raketen eingesetzt wird.
ab|fär|ben ⟨sw. V.; hat⟩: **1.** *die eigene Farbe (unerwünscht) auf etw. anderes übertragen:* der blaue Pyjama färbte beim Waschen ab, färbte auf die andere Wäsche ab. **2.** *Einfluss auf jmdn., etw. ausüben:* der schlechte Umgang färbt auf den Jungen ab.
ab|fas|sen ⟨sw. V.; hat⟩: **1.** *einem vorgegebenen, nicht allzu umfangreichen Stoff die entsprechende sprachliche Form geben:* ein Testament a.; ein teils deutsch, teils französisch abgefasster Brief. **2.** (ugs.) *[bei etw. Verbotenem] abfangen* (1 a), *ergreifen:* einen Dieb a.
Ab|fas|sung, die; -, -en: *das Abfassen* (1).
ab|fau|len ⟨sw. V.; ist⟩: *sich durch Fäulnis[einwirkung] lösen:* die Blätter, die Wurzeln faulen ab.
ab|fe|dern ⟨sw. V.; hat⟩: **1. a)** *(einen Stoß, eine Erschütterung, ein Gewicht, Hindernis) federnd abfangen:* eine Bodenwelle a.; Ü soziale Härten, die Folgen der Arbeitslosigkeit a. *(abmildern);* **b)** (Sport, bes. Turnen) *mit Armen od. Beinen federn, um aus der nach unten gerichteten Bewegung eine nach oben gerichtete einzuleiten:* mit den Beinen vom niederen Holm a.; **c)** (Leichtathletik) *nachfedern.* **2.** (Technik) *mit einer Federung versehen:* man hat die Achsen schlecht abgefedert.
Ab|fe|de|rung, die; -, -en: *das Abfedern* (1 a, 2).
ab|fe|gen ⟨sw. V.;⟩: ⟨hat⟩ (bes. nordd.) **a)** *durch Fegen entfernen;* [²]*abkehren* (a): den Schnee [vom Geländer] a.; der Hirsch fegt den Bast ab (Jägerspr.; *streift ihn vom Geweih durch Reiben an Baumstämmen od. Ästen ab*); **b)** *durch Fegen reinigen;* ²*abkehren* (b): den Flur, die Fensterbank a.
ab|fei|ern ⟨sw. V.; hat⟩: **1.** (Jargon) *(Mehrarbeit) durch Freistunden, Freizeit ausgleichen:* Überstunden a. **2.** (ugs.) *ausgiebig feiern [und tanzen]:* die Besucher des Klubs haben ordentlich abgefeiert.
ab|fei|len ⟨sw. V.; hat⟩: **1. a)** *durch Feilen beseitigen:* ich feilte die scharfen Zacken ab; **b)** *durch Feilen [von etw.] entfernen:* er feilte die Krampen [von der Kiste] an; **c)** *durch Feilen glätten:* ich feilte [mir] den eingerissenen Fingernagel ab; **d)** *durch Feilen verkürzen:* ich habe den Schlüsselbart ein Stück abgefeilt. **2.** (ugs.) *abschreiben* (1 c): bei der Klassenarbeit a.; er hat ganze Passagen abgefeilt.
ab|fer|keln ⟨sw. V.; hat⟩ (Landwirtsch.): *ferkeln* (1); die Sau hat abgeferkelt.
ab|fer|ti|gen ⟨sw. V.; hat⟩: **1.** *zur Beförderung, zum Versand, zur Fahrt fertig machen:* Briefe, Pakete a. **2.** *jmdn. bedienen:* die Kunden der Reihe nach a.; die Reisenden [am Schalter] a. *(ihre Formalitäten erledigen).* **3.** (ugs.) *jmdn., der ein Anliegen hat, unfreundlich behandeln:* jmdn. kurz, schroff an der Tür a.; er wollte mich mit 20 Euro a. *(abspeisen).* **4.** (Sport) *überlegen schlagen:* die Gastmannschaft wurde klar 6 : 1 abgefertigt. **5.** (österr.) *abfinden:* bei seinem Ausscheiden hat man ihn reichlich abgefertigt.
Ab|fer|ti|gung, die; -, -en: **1.** *das Abfertigen, das Abgefertigtwerden.* **2.** (österr.) *Abfindung.*
Ab|fer|ti|gungs|ge|bäu|de, das: *Gebäude, in dem Reisende, Gepäck, Fracht abgefertigt* (1) *werden.*
Ab|fer|ti|gungs|hal|le, die: *Halle, in der Reisende, Gepäck, Fracht abgefertigt* (1) *werden.*
Ab|fer|ti|gungs|schal|ter, der: *Schalter in einer Abfertigungshalle o. Ä.*
ab|feu|ern ⟨sw. V.; hat⟩: **a)** *(eine Feuerwaffe) abschießen:* eine Kanone a.; **b)** *(ein Geschoss) abschießen:* eine Rakete, Salutschüsse a.
ab|fie|seln ⟨sw. V.; hat⟩ [zu veraltet fiseln = nagen]: **1.** (südd., österr. ugs.) *abnagen:* einen Knochen a. **2.** (ugs.) *deutlich, vernichtend besie-*

abfilmen – Abgabenordnung

gen: im Hinspiel hatten sie den Erzrivalen mit 5:1 abgefieselt.
ab|fil|men ⟨sw. V.; hat⟩: *auf Film aufnehmen [u. damit dokumentieren]:* alte Fotos a.; eine Demonstration, ein Konzert, ein Theaterstück a.; sie hatte den Alltag dieser Menschen abgefilmt.
ab|fin|den ⟨st. V.; hat⟩: **1.** *durch eine einmalige Geldzahlung, Sachleistung für etw. [teilweise] entschädigen:* jmdn. großzügig a. **2.** ⟨a. + sich⟩ **a)** *sich einigen, vergleichen:* ich fand mich mit den Gläubigern ab; **b)** *sich mit jmdm., etw. zufriedengeben; sich in etw. fügen:* sich mit den Gegebenheiten a.; ich fand mich mit meinem Schicksal ab; schließlich hat er sich abgefunden.
Ab|fin|dung, die; -, -en: **1.** *das Abfinden* (1): die A. der Gläubiger. **2.** *zum Abfinden* (1) *bestimmte Summe:* er hat eine einmalige A. von 50 000 Euro bekommen.
Ab|fin|dungs|an|spruch, der: *Anspruch* (1, 2) *auf eine Abfindung.*
Ab|fin|dungs|sum|me, die: *Abfindung* (2).
ab|fin|gern ⟨sw. V.; hat⟩: *überall mit den Fingern betasten:* Münzen, Geld a.
ab|fi|schen ⟨sw. V.; hat⟩: *(ein Gewässer) leer fischen:* den Teich a.
ab|fla|chen ⟨sw. V.⟩: **1.** ⟨hat⟩ *flach[er] machen:* die Seitenkanten der Steine a. **2.** ⟨a. + sich; hat⟩ **a)** *flacher werden:* die Schwellung flachte sich langsam ab; ⟨häufig im 2. Part.:⟩ abgeflachte Höhenzüge; **b)** *an Quantität verlieren, abnehmen:* der Zuwachs der Produktion wird sich weiter a. **3.** ⟨ist⟩ *im Niveau sinken:* die Unterhaltung flachte später merklich ab.
Ab|fla|chung, die; -, -en ⟨Pl. selten⟩: *das Abflachen.*
ab|flan|ken ⟨sw. V.; hat⟩ (Turnen): *mit einer Flanke (vom Gerät) abgehen:* vom Reck a.
ab|flau|en ⟨sw. V.; ist⟩: **1.** *allmählich schwächer werden, nachlassen:* der Wind war abgeflaut. **2.** *geringer werden, sinken:* die Begeisterung, der Verkehr, das Geschäft flaute ab; ⟨subst.:⟩ das Interesse an der Ausstellung war schon im Abflauen.
ab|flie|gen ⟨st. V.⟩: **1.** ⟨ist⟩ **a)** *(von Vögeln) weg-, davonfliegen:* die Taube flog ab; **b)** *(von Flugzeugen u. Personen) seinen Ort zu einer bestimmten Zeit fliegend verlassen:* er, seine Maschine fliegt noch in der Nacht Richtung Berlin ab. **2.** ⟨hat⟩ **a)** *[aus einer bedrohlichen Situation] mit dem Flugzeug wegbringen:* man flog die Verwundeten [aus dem Kessel] ab; **b)** *zum Zweck der Besichtigung od. Kontrolle überfliegen:* die Front a.
ab|flie|ßen ⟨st. V.; ist⟩: **1. a)** *herab-, herunterfließen:* der Regen fließt vom Dach ab; **b)** *sich fließend entfernen, wegfließen:* das Wasser im Waschbecken fließt nicht, nur langsam ab; aus der Wunde floss Eiter ab; das Regenwasser ist nicht abgeflossen *(versickert);* Ü der Verkehr fließt schlecht ab; das Geld fließt ins Ausland ab *(wird ins Ausland transferiert).* **2.** *sich durch Abfließen (des Wassers) leeren:* die Wanne fließt sehr schlecht ab.
Ab|flug, der; -[e]s, Abflüge: **1.** ⟨o. Pl.⟩ *das Weg-, Davonfliegen:* der weiche A. der Eule. **2.** *Start eines Flugzeugs:* der A. verzögert sich; den A. einer Maschine bekannt geben; * **einen A. machen** (ugs.; *fortgehen; verschwinden:* sei so gut und mach 'nen A.).
Ab|flug|ha|fen, der: *Flughafen, von dem ein Flugzeug startet.*
Ab|flug|hal|le, die: *Halle eines Flughafens, in der die abfliegenden Passagiere abgefertigt werden.*
Ab|flug|zeit, die: *Zeitpunkt des Abflugs* (2).
Ab|fluss, der; -es, Abflüsse: **1.** ⟨o. Pl.⟩ *das Abfließen* (1 b): den A. des Wassers erleichtern. **2.** *Stelle, an der etw. abfließt:* der A. der Badewanne ist verstopft.
Ab|fluss|ka|nal, der: *Kanal, durch den etw. abfließen kann.*
Ab|fluss|loch, das: vgl. Abflusskanal.
Ab|fluss|re|gime, das (Geogr.): *das vom Klima abhängige, auf ein monatliches Mittel umgerechnete Auftreten von Hoch- u. Niedrigwasser eines Flusses während eines Jahres.*
Ab|fluss|rohr, das: vgl. Abflusskanal.
Ab|fluss|ven|til, das: *Absperrventil für Abwasser.*
ab|foh|len ⟨sw. V.; hat⟩ (Landwirtsch.): *fohlen.*
Ab|fol|ge, die; -, -n: *Aufeinander-, Reihenfolge:* die A. der Ereignisse; in chronologischer, rascher, logischer A.
ab|for|dern ⟨sw. V.; hat⟩: *von jmdm. nachdrücklich fordern; jmdm. abverlangen:* jmdm. höhere Leistungen, mehr Konzentration a.; der Endspurt hatte ihr alle Kraft abgefordert; dem Händler wurden hohe Schutzgelder abgefordert.
ab|for|men ⟨sw. V.; hat⟩: *durch Eindrücken in eine weiche Masse, durch Formen einer weichen Masse nachbilden:* jmds. Züge in Gips a.
Ab|for|mung, die; -, -en: **1.** *das Abformen.* **2.** *etw. Abgeformtes.*
ab|fo|to|gra|fie|ren ⟨sw. V.; hat⟩: *durch Fotografieren abbilden, eine Fotografie von jmdm., etw. machen:* die Familie a.; abfotografiertes Theater.
Ab|fra|ge, die: **a)** *Ermittlung* (a) *bestimmter Informationen durch eine Anfrage, Umfrage, statistische Erhebung o. Ä.:* eine automatische, elektronische, richterlich angeordnete Abfrage; **b)** (EDV) *Gewinnung von Daten aus einem Datenspeicher od. Feststellung von Informationen auf bestimmten Speicherplätzen.*
ab|fra|gen ⟨sw. V.; hat⟩: **1.** *jmds. Kenntnisse durch Fragen [über]prüfen:* ich fragte ihn/ihm lateinische Vokabeln ab; das Einmaleins a.; der Lehrer hat mich abgefragt. **2.** (Elektrot., EDV) *[ermitteln, feststellen und] sich geben lassen:* Informationen, den Kontostand über den Computer a. **3.** (veraltend) *von jmdm. durch Fragen in Erfahrung bringen:* sie wollte ihm sein Geheimnis a.; So fragten wir uns unsere Erlebnisse ab (Chr. Wolf, Nachdenken 35).
ab|frä|sen ⟨sw. V.; hat⟩: *mit einer Fräse, einem Fräser entfernen:* den Asphalt von der Fahrbahn abfräsen.
ab|fres|sen ⟨st. V.; hat⟩: **a)** *von etw. wegfressen:* die Hasen fraßen den Kohl *(die Kohlblätter)* ab; (derb, meist abwertend von Menschen:) wer hat die Streusel [vom Kuchen] abgefressen?; **b)** *kahl fressen:* die Vögel fressen die Holundersträucher ab.
ab|frie|ren ⟨st. V.⟩: **1.** ⟨ist⟩ *durch Frost absterben [und abfallen]:* die Knospen froren ab; die Ohren waren [ihm] abgefroren. **2.** ⟨a. + sich; hat⟩ (ugs. übertreibend) *an einer Körperstelle Frost bekommen:* wir werden uns hier noch die Füße a.; * *sich* (Dativ) **einen a.** (ugs.; *sehr frieren:* ich habe mir bei der Warterei [ganz schön] einen abgefroren).
ab|früh|stü|cken ⟨sw. V.; hat⟩ (ugs.): *erledigen:* das Thema ist längst abgefrühstückt.
Ab|fuhr, die; -, -en: **1.** *Abtransport:* die A. von Müll, Sperrgut, Holz. **2.** [nach dem »Abführen«, d. h. der vorzeitigen Niederlage eines Teilnehmers in einer Mensur (2)] **a)** *entschiedene Abweisung:* sich eine A. holen; **b)** (Sport) *[hohe] Niederlage:* sich eine schwere A. holen.
ab|füh|ren ⟨sw. V.; hat⟩: **1. a)** *jmdn., der ergriffen wurde, auf Befehl jmds., der festgenommen wurde, in polizeilichen Gewahrsam bringen:* die Gangster wurden abgeführt; **b)** (Verbindungsw.) *wegen Verwundung, regelwidriger Haltung o. Ä. vor dem Ende der Fechtzeit aus der Mensur nehmen u. für besiegt erklären [lassen]:* wir mussten zwei Bundesbrüder auf Haltung und drei auf Schmiss a.; **c)** *ableiten:* Abgase, Abwärme a.; **d)** *von etw. wegführen, abbringen:* dieser Weg führt uns von unserem Ziel ab; Ü dieser Gedankengang führt nur vom Thema ab; **e)** *von etw. abzweigen:* an dieser Stelle führt der Weg von der Hauptstraße ab; **f)** *Gelder an jmdn., etw. abliefern, zahlen:* Steuern an das Finanzamt a.; ◆ **g)** ⟨a. + sich⟩ *sich entfernen, verschwinden:* ... er wird sie dir auf der Nase beschwatzen, dem Mädel eins hinsetzen und führt sich ab (Schiller, Kabale I, 1). **2. a)** *den Stuhlgang fördern:* Rhabarber führt ab; abführende Mittel; **b)** *den Darm leeren:* sie konnte schon drei Tage nicht a. **3.** (veraltend) *täuschen, anführen:* ... wenn zwei sich lieben und er führt das Mädchen ab, so bleibt er ein Ehrenmann (Th. Mann, Erzählungen 8). **4.** (Schrift- u. Druckw.) *(einen Satz, Textteil) mit einem schließenden Anführungszeichen versehen.* **5.** (Jägerspr.) *zum Jagdhund ausbilden:* einen Jagdhund a.
Ab|führ|mit|tel, das: *den Stuhlgang förderndes* ¹*Mittel* (2 a).
Ab|füh|rung, die; -, -en: *das Abführen.*
Ab|füll|an|la|ge, die: *technische Anlage zum Abfüllen von Stoffen.*
ab|fül|len ⟨sw. V.; hat⟩: **a)** *[im Rahmen eines Gewerbebetriebs] (Gefäße nacheinander) füllen:* man füllte die Flaschen [mit Apfelwein] ab; Ü er hat ihn in eine Bar geschleppt und abgefüllt (ugs.; *betrunken gemacht*); **b)** *aus einem größeren Behälter in kleinere einfüllen:* Wein a.; in Gläser abgefülltes Gelee.
Ab|fül|lung, die; -, -en: **1.** *das Abfüllen.* **2.** *etw. Abgefülltes.*
¹**ab|füt|tern** ⟨sw. V.; hat⟩: **a)** *die Fütterung von Tieren vornehmen:* ich füttere [das Vieh] ab; **b)** (salopp) *(Menschen in der Gruppe) zu essen geben:* die Kinder waren schon abgefüttert.
²**ab|füt|tern** ⟨sw. V.; hat⟩: *(ein Kleidungsstück) mit Futterstoff versehen:* einen Rock a.
¹**Ab|füt|te|rung,** die; -, -en: *das* ¹*Abfüttern.*
²**Ab|füt|te|rung,** die; -, -en: *das* ²*Abfüttern.*
Abg. = Abgeordnete[r].
Ab|ga|be, die; -, -n: **1.** ⟨o. Pl.⟩ *das Abgeben* (1 a): die A. der Stimmzettel, der Prüfungsarbeiten; gegen A. der Coupons. **2.** ⟨meist Pl.⟩ *einmalige od. laufende Geldleistung an ein öffentlich-rechtliches Gemeinwesen; Steuer:* hohe, jährliche, soziale -n; -n entrichten. **3.** (Wirtsch.) *Verkauf:* größere -n an der Börse. **4.** (Ballspiele, [Eis]hockey) **a)** *das Abgeben* (4), *Abspielen:* er hat mit der A. [des Balles] an den Mitspieler zu lange gezögert; **b)** *abgespielter Ball:* der gegnerische Läufer konnte die A. erlaufen; **c)** *Verlust:* die A. eines Satzes, Punktes, Titels. **5.** ⟨o. Pl.⟩ *das Abgeben* (5), *Abfeuern:* bei der A. eines Schusses. **6.** *das Abgeben* (6), *Ausströmen, Ausstrahlen:* unter A. von Wärme, Energie. **7.** *das Abgeben* (7), *Äußern:* die A. einer Erklärung, eines Urteils.
Ab|ga|be|druck, der (Börsenw.): *(bei Wertpapieren) sich durch die Situation des Marktes ergebender Druck, der Anleger zum Verkauf drängt.*
Ab|ga|ben|er|hö|hung, die: *Erhöhung der Abgaben* (2).
ab|ga|ben|frei ⟨Adj.⟩: *frei von Abgaben* (2), *keine Abgaben erfordernd:* Dazu: **Ab|ga|ben|frei|heit,** die; -.
Ab|ga|ben|last, die: *Belastung durch Steuern, Sozialabgaben o. Ä.*
Ab|ga|ben|ord|nung, die (Rechtsspr.): *grundlegendes, die Steuern betreffendes Gesetzeswerk* (Abk.: AO).

ab|ga|ben|pflich|tig ⟨Adj.⟩: *verpflichtet, Abgaben (2) zu entrichten.*

Ab|ga|ben|quo|te, die (Wirtsch.): *Verhältnis von Steuern u. Sozialabgaben zur gesamten Wirtschaftsleistung.*

Ab|ga|ben|sen|kung, die: *das Senken von Abgaben (2).*

ab|ga|be|pflich|tig ⟨Adj.⟩: **1.** (Wirtsch.) *zur Abgabe (3) verpflichtet.* **2.** ↑ abgabenpflichtig.

Ab|ga|be|preis, der: *Preis, zu dem eine Ware od. Dienstleistung angeboten wird.*

Ab|ga|be|ter|min, der: *Termin der Abgabe (1).*

Ab|gang, der; -[e]s, Abgänge: **1. a)** ⟨o. Pl.⟩ *das Weg-, Fortgehen:* Sie dürfen den A. vom Schalter nicht behindern; ein dramatischer A. (von der Bühne); der vom Beifall umrauschte A. des berühmten Schauspielers; **einen A. machen* (ugs.; *fortgehen, verschwinden*); *sich einen guten o. ä. A. verschaffen (beim Weggehen einen guten Eindruck hinterlassen);* **b)** *das Verlassen eines Wirkungskreises, das Ausscheiden:* nach dem A. von der Schule; der A. des Ministers aus seinem Amt; **c)** *jmd., der ausscheidet, einen Wirkungskreis verlässt:* an unserer Schule haben wir 5 Abgänge; **d)** (bes. Militär, Med.) *Todesfall, Tod:* es gab viele Abgänge. **2.** (veraltend) *Abfahrt:* kurz vor A. des Zuges, Schiffes, Flugzeuges. **3.** ⟨o. Pl.⟩ *Absendung:* der A. der Post, der Waren. **4.** (Turnen) *das Abgehen von einem Turngerät:* die Riesenfelge am Reck mit gegrätschtem A. **5. a)** ⟨o. Pl.⟩ *Ausscheidung:* das Mittel befördert den A. der Steine; **b)** (Med.) *Tot-, Fehlgeburt,* ²*Abort:* einen A. haben; **c)** (salopp) *[unwillkürlicher] Samenerguss:* einen A. haben, kriegen. **6.** *Nachgeschmack, bes. von Weinen:* große, ausgereifte Weine haben immer einen lange anhaltenden A. **7.** ⟨o. Pl.⟩ (Kaufmannsspr.) *Absatz (3):* diese Ware hat, findet reißenden A. **8.** ⟨Pl. selten⟩ (Kaufmannsspr., sonst veraltet) *Wegfall, Verlust:* der A. muss wieder ersetzt werden; beim Obsthandel gibt es viel A. **9.** (österr. Amtsspr.) *Fehlbetrag:* den A. von 10 Euro musste die Kassiererin ersetzen.

Ab|gän|ger, der; -s, - (bes. Amtsspr.): *Schüler, der von der Schule abgeht.*

Ab|gän|ge|rin, die; -, -nen: w. Form zu Abgänger.

ab|gän|gig ⟨Adj.⟩: **1.** (landsch.) *überzählig, überflüssig, weil unbrauchbar:* es wurden meist -e alte Kühe geschlachtet. **2.** (Amtsspr., bes. österr.) *(von Personen) nicht mehr vorhanden; vermisst, verschollen:* es werden alle -en Personen registriert.

Ab|gangs|ent|schä|di|gung, die (bes. schweiz.): *Abfindung (2).*

Ab|gangs|klas|se, die: *Klasse der Schulabgänger.*

Ab|gangs|zeug|nis, das: *Zeugnis, das ein Schüler ohne Schulabschluss statt eines Abschlusszeugnisses erhält.*

Ab|gas, das; -es, -e ⟨meist Pl.⟩: *bei technischen od. chemischen Prozessen (bes. bei Verbrennungsprozessen) entstehendes, meist nicht mehr nutzbares Gas:* die -e der Motoren.

ab|gas|arm ⟨Adj.⟩: *(von Kraftfahrzeugen) nur noch wenig [schädliche] Abgase produzierend:* -e Autos, Fahrzeuge.

Ab|gas|emis|si|on, die: *Emission, Ausstoß von Abgasen.*

ab|gas|frei ⟨Adj.⟩: **a)** *frei von Abgasen, keine Abgase enthaltend:* -e Luft; **b)** *keine Abgase produzierend:* ein -es Auto.

Ab|gas|grenz|wert, der: *Abgaswert (b).*

Ab|gas|ka|ta|ly|sa|tor, der: *Katalysator (2), mit dessen Hilfe die Abgase von Kraftfahrzeugen entgiftet werden.*

Ab|gas|norm, die: *die zulässigen Abgaswerte festlegende Norm (1 c).*

Ab|gas|rei|ni|gung, die: *Verminderung der Emission von Schadstoffen in Abgasen durch technische Maßnahmen u. Vorrichtungen wie Katalysator (2) oder Filter.*

Ab|gas|tur|bi|ne, die: *Turbine, die mit Abgasen getrieben wird.*

Ab|gas|un|ter|su|chung, die: *Kraftfahrzeuguntersuchung, bei der der Gehalt an Kohlenmonoxid im Abgas bei Leerlauf des Motors gemessen wird* (Abk.: AU).

Ab|gas|wert, der ⟨meist Pl.⟩: **a)** *gemessener Wert der Abgase in der Luft:* eine Überprüfung der -e eines Fahrzeugs; **b)** *zulässiger Grenzwert für Abgase:* Personenwagen auf die vorgeschriebenen -e einstellen.

Ab|gas|wol|ke, die: *Wolke (2) von Abgasen.*

ab|gau|nern ⟨sw. V.; hat⟩ (ugs. abwertend): *jmdm. etw. durch Gaunerei[en] abnehmen:* jmdm. etw. a.

ab|ge|ar|bei|tet: ↑ abarbeiten.

ab|ge|ben ⟨st. V.; hat⟩: **1. a)** *etw. dem zuständigen Empfänger [od. jmdm., der es an den Empfänger weiterleitet] geben, übergeben, aushändigen:* einen Brief, ein Geschenk [persönlich, eigenhändig], den Stimmzettel, die Klassenarbeit a.; er gab die Waren beim Nachbarn für mich ab; Ü die bearbeiteten Daten werden per Mausklick an den Zentralspeicher abgegeben; **b)** *zur Aufbewahrung geben:* den Mantel in der Garderobe a. **2. a)** *mit jmdm. teilend freiwillig überlassen, abtreten:* er hat mir die Hälfte des Kuchens, vom Kuchen abgegeben; er gibt von seinem Verdienst keinen Cent an den Haushalt ab; **b)** *jmdm. etw. od. jmdn. [gezwungenermaßen] überlassen, abtreten:* die Leitung, den Vorsitz a.; Personal, Mitarbeiter a. müssen; (Sport:) die Spitze, zwei Punkte a. **3.** *verkaufen:* Obst, Eier a.; gebrauchter Kinderwagen günstig abzugeben. **4.** (Ballspiele, [Eis]hockey) *(den Ball o. Ä.) an einen Mitspieler geben; abspielen:* den Ball an den Verteidiger a.; er muss schneller a. **5.** *(einen Schuss) abfeuern:* einen Warnschuss a. **6.** *von sich geben; ausströmen, ausstrahlen:* der Ofen gibt genügend Wärme ab; das Blut gibt Kohlensäure ab. **7.** *verlauten lassen, äußern:* sein Urteil, eine Erklärung, ein Statement a.; das U-Boot hatte einen Funkspruch abgegeben; seine Stimme [bei der Wahl] a. (abstimmen, wählen). **8.** (ugs.) **a)** *eine bestimmte Rolle bei der Bühne spielen; jmdn. darstellen:* den Wilhelm Tell a.; **b)** *jmdn. darstellen, als jmd., etw. figurieren:* einen guten Familienvater a.; ich hatte Hochwürden Gusewski versprochen, ... den Messdiener abzugeben (Grass, Katz 95); **c)** *die Grundlage für etw. bilden;* ¹*ergeben (1):* den Rahmen, den Hintergrund für etwas a. **9.** ⟨a. + sich⟩ ⟨meist abwertend⟩ **a)** *sich mit etw., jmdm. beschäftigen, befassen:* sich mit Gartenarbeit a.; sich viel mit kleinen Kindern, mit Tieren a.; damit gebe ich mich nicht ab; **b)** *mit jmdm. Umgang pflegen; sich mit jmdm. einlassen:* sich mit Prostituierten, mit Ganoven a.; Die Leute sagen, dass er sich in dieser kleinen Stadt mit einer anderen Frau abgab (Herta Müller, Niederungen 16).

ab|ge|blasst: ↑ abblassen.

ab|ge|brannt: ↑ abbrennen (1b, 3b).

ab|ge|braucht: ↑ abbrauchen (2).

ab|ge|bro|chen: ↑ abbrechen (2).

ab|ge|brüht ⟨Adj.⟩ [zu ↑ abbrühen, eigtl. = mit heißem Wasser übergossen] (ugs.): *[zynisch] abgestumpft, unempfindlich gegen etw.:* ein -er Bursche; du scheinst ja ziemlich a. zu sein. Dazu: **Ab|ge|brüht|heit,** die; -.

ab|ge|dankt: ↑ abdanken (2).

ab|ge|dreht ⟨Adj.⟩ [2. Part. von ↑ abdrehen] (ugs.): *absonderlich, skurril, verrückt, überspannt:* ein total -er Typ.

ab|ge|dro|schen ⟨Adj.⟩ [zu veraltet abdreschen, eigtl. = leer wie ausgedroschenes Getreide] (ugs.): *bis zum Überdruss gebraucht, phrasenhaft:* -e Redensarten; diese Ausdrücke sind schon sehr a.

Ab|ge|dro|schen|heit, die; -: *das Abgedroschensein.*

ab|ge|fah|ren ⟨Adj.⟩ [zu ↑ abfahren (3)] (ugs.): **a)** *beeindruckend, hervorragend, begeisternd:* eine -e Rockband; **b)** *außergewöhnlich, unkonventionell:* -e Klamotten.

ab|ge|feimt ⟨Adj.⟩ [zu veraltet abfeimen, eigtl. = von unreinem Schaum befreit u. dadurch gereinigt, zu ↑ ¹Feim]: *in allen Schlichen u. Schlechtigkeiten erfahren, in unmoralischer Weise schlau:* ein -er Schurke; eine -e Bosheit.

Ab|ge|feimt|heit, die; -, -en: **1.** ⟨o. Pl.⟩ *abgefeimte Art, Handlungsweise.* **2.** *abgefeimte Handlung.*

ab|ge|fuckt [...fakt] ⟨Adj.⟩ [zu engl. to fuck = koitieren (wohl nach dem Muster von »abgewichst«)] (derb): *in üblem Zustand, heruntergekommen:* ein -er Typ; ein -es Hotel; total a. sein.

ab|ge|grif|fen: ↑ abgreifen (1 a).

ab|ge|hackt ⟨Adj.⟩ [2. Part. von ↑ abhacken]: *(in Bezug auf Sprechweise, Bewegungen o. Ä.) nicht fließend, sondern ständig stockend, für einen Augenblick aussetzend:* a. sprechen; ... grünblonde Haare fielen ihm bei jeder seiner -en Bewegungen in die ... Stirn (Kaschnitz, Wohin 15).

ab|ge|half|tert: ↑ abhalftern (2).

ab|ge|han|gen: ↑ ¹abhängen (1).

ab|ge|härmt: ↑ abhärmen.

ab|ge|här|tet: ↑ abhärten.

ab|ge|hen ⟨unr. V.; ist⟩: **1. a)** *sich gehend entfernen, einen Schauplatz verlassen:* er drehte sich um und ging schimpfend ab; (Theater:) ... geht über den Korridor nach links ab; Eduard macht eine verzweifelte Geste und geht ab (Remarque, Obelisk 124); **b)** *an jmdn., etw. prüfend o. ä. entlanggehen; bei einem Rundgang besichtigen:* einen Weg noch einmal a.; der Bahnwärter geht die Strecke ab; **c)** *aus einem Wirkungsbereich ausscheiden; eine Ausbildungsstätte, bes. eine Schule, verlassen:* nach der achten Klasse a. **2.** *einen Platz, Ort, eine Stelle [fahrplanmäßig] verlassen (um irgendwohin zu gelangen):* das Schiff, der Zug geht gleich ab. **3.** *abgeschickt werden:* das Schreiben ist abgegangen; die Waren werden mit dem nächsten Schiff a. **4.** (Turnen) *ein Gerät mit einem Schwung, Sprung o. Ä. verlassen u. damit eine Übung beenden:* mit einem Grätschabschwung vom Reck a. **5. a)** *von etw. ausgehen, abzweigen:* der Weg geht von der Hauptstraße ab; **b)** *in anderer Richtung verlaufen (der Weg ging hier links, nach Norden a.* **6.** *sich lösen* (1 b): hier ist der Putz, die Farbe abgegangen; mir ist ein Knopf abgegangen; der Fleck geht nicht ab *(lässt sich nicht entfernen).* **7.** *ausgeschieden, abgesondert werden:* die Würmer gehen mit dem Stuhlgang ab; **jmdm. geht einer ab* (salopp: *jmd. hat [ohne Geschlechtsverkehr auszuüben] einen Samenerguss*). **8.** *(von einem Schuss) sich lösen* (6 b): plötzlich ging ein Schuss ab. **9.** *Absatz finden:* die Ware geht reißend ab. **10.** *abgezogen, abgerechnet werden:* von dem Gewicht geht noch die Verpackung ab. **11.** *jmdm. fehlen, mangeln;* jmdm. geht der Humor, jedes Taktgefühl ab; ... wir bekommen ja, was wir Brasilianer uns gaben (Grass, Butt 34). **12.** *von etw. Abstand nehmen:* von einer Gewohnheit, einem Grundsatz a. **13.** *in einer bestimmten Weise ablaufen* (5 c): es ist noch einmal glimpflich, ohne Geschrei abgegangen; ... unter einem halben Jahr wird es nicht a. (Wiechert, Jeromin-Kinder 892); ... ging es auch bei den Staatsprüfungen glatt ab (Doderer,

Wasserfälle 147). **14.** (ugs.) *sich abspielen; los sein:* er ist überall zu finden, wo etwas abgeht.
ab|ge|ho|ben: ↑ abheben (4).
ab|ge|hun|gert: ↑ abhungern (3).
ab|ge|kämpft: ↑ abkämpfen (2).
ab|ge|kar|tet: ↑ abkarten.
◆ **ab|ge|kit|zelt** ⟨Adj.⟩ [eigtl. = durch dauerndes Kitzeln abgestumpft, keine Reizempfindung mehr habend]: *übersättigt: ... die gesunde Volkskraft muss sich an die Stelle dieser nach allen Richtungen -en Klasse setzen* (Büchner, Dantons Tod I, 6).
ab|ge|klärt ⟨Adj.⟩: *aufgrund von Lebenserfahrung über den Dingen stehend; ausgeglichen und weise; voller Besonnenheit; eine entsprechende Geisteshaltung erkennen lassend:* ein -er Mensch; ein -es Urteil; a. über etw. sprechen.
Ab|ge|klärt|heit, die; -, -en: *abgeklärtes Wesen; besonnene Ruhe:* die A. des Alters.
ab|ge|la|gert: ↑ ablagern (2).
ab|ge|lau|fen [zu ↑ ablaufen (6)] (ugs.): *mit überschrittenem Verfallsdatum versehen:* -e Milch; die Konserve war längst a.
Ab|geld, das (Bankw.): *Disagio.*
ab|ge|lebt ⟨Adj.⟩ (geh.): **1.** *vom langen Leben verbraucht, entkräftet; alt u. kraftlos:* -e Greise. **2.** *überlebt, überholt, altmodisch:* eine -e Moral, Tradition.
Ab|ge|lebt|heit, die; -: *das Abgelebtsein.*
ab|ge|le|dert ⟨Adj.⟩ [zu ↑ abledern (1)] (landsch.): *abgerissen* (1 a).
ab|ge|le|gen ⟨Adj.⟩: *abseits, entfernt liegend:* ein -es Dorf; der Ort ist sehr a.; a. wohnen. **Dazu: Ab|ge|le|gen|heit,** die; -.
ab|ge|lei|ert: ↑ ableiern (2).
ab|gel|ten ⟨st. V.; hat⟩: *[pflicht-, ordnungsgemäß] ausgleichen; eine empfangene Leistung durch eine gleichwertige andere ersetzen:* mit dieser Zahlung sind alle Ansprüche abgegolten; eine Schuld in Devisen a. **Dazu: Ab|gel|tung,** die; -, -en.
Ab|gel|tungs|steu|er, Ab|gel|tung|steu|er, die (Steuerw.): *auf die einen bestimmten Freibetrag überschreitenden Zinserträge erhobene pauschale Steuer, durch deren Entrichtung die Steuerpflicht erlischt.*
ab|ge|macht: ↑ abmachen (2).
ab|ge|ma|gert: ↑ abmagern (1).
ab|ge|mel|det: ↑ abmelden (3).
ab|ge|mer|gelt: ↑ abmergeln.
ab|ge|mes|sen ⟨Adj.⟩ (geh.): *gleichmäßig, ruhig, gemessen:* sich a., in -em Schritt bewegen.
Ab|ge|mes|sen|heit, die; -: *abgemessene Art.*
ab|ge|neigt ⟨Adj.⟩ [zu veraltet *sich abneigen* = sich wegwenden]: in der Verbindung **jmdm., einer Sache a. sein** (*jmdm., einer Sache gegenüber ablehnend eingestellt sein:* einem Plan, Bündnis a. sein; nicht a. sein, etwas zu tun; er zeigte sich [nicht] a.; ⟨auch attr.:⟩ die der modernen Literatur -en Leser; *... in der Nähe der Natur lag die Kraft, die sie ... allem Gemeinen a. gemacht hat* [Musil, Mann 543]).
Ab|ge|neigt|heit, die; -: *das Abgeneigtsein.*
ab|ge|nu|delt: ↑ abnudeln (2).
ab|ge|nutzt: ↑ abnutzen.
Ab|ge|ord|ne|te, die/eine Abgeordnete; der/einer Abgeordneten, die Abgeordneten/zwei Abgeordnete [zu ↑ abordnen]: *vom Volk für eine festgelegte Zeit in eine parlamentarische Institution gewählte Vertreterin; Deputierte, Delegierte* (Abk. A.): viele A. (selten: viele -n); beide -n (seltener: beide A.); alle -n (selten: alle A.); sie ist als A. gewählt worden; der Wahlkreis der [Frau] -n Müller; (auch: Frau -n) Müller das Wort erteilen; der -n Müller (genannter -r) wurde ein Vorwurf gemacht; ihr als -r (auch: als -n); an Frau A. Müller; sie sprach

mit Frau -r (auch: Frau -n) Müller; der Besuch von -r (= der Abgeordneten) Müller; sie ist A.; ⟨österr.:⟩ A. zum Nationalrat, Bundesrat, Landtag, Gemeinderat.
Ab|ge|ord|ne|ten|bank, die ⟨Pl. ...bänke⟩: *Platz für Regierungsmitglieder mit Sitz im Parlament.*
Ab|ge|ord|ne|ten|di|ä|ten ⟨Pl.⟩: *Diäten.*
Ab|ge|ord|ne|ten|haus, das: **1.** *Körperschaft der Abgeordneten.* **2.** *Tagungsgebäude der Abgeordneten.*
Ab|ge|ord|ne|ten|kam|mer, die: vgl. *Abgeordnetenhaus.*
Ab|ge|ord|ne|ten|man|dat, das: *Mandat eines od. einer Abgeordneten.*
Ab|ge|ord|ne|ten|sitz, der: **1.** *Abgeordnetenbank.* **2.** *Abgeordnetenmandat.*
Ab|ge|ord|ne|ter, der Abgeordnete/ein Abgeordneter; des/eines Abgeordneten, die Abgeordneten/zwei Abgeordnete [↑ Abgeordnete]: *vom Volk für eine festgelegte Zeit in eine parlamentarische Institution gewählter Vertreter; Deputierter, Delegierter* (Abk.: Abg.): ein neuer A.; einige, mehrere Abgeordnete; viele Abgeordnete (selten: viele Abgeordneten); beide Abgeordneten (seltener: beide Abgeordnete); alle Abgeordnete (selten: alle Abgeordneten); er ist als A. gewählt worden; der Wahlkreis des [Herrn] Abgeordneten Müller; Herrn Abgeordneten Müller das Wort erteilen; dem Abgeordneten Müller; genanntem Abgeordnetem (veraltet: genanntem Abgeordnetem) wurde ein Vorwurf gemacht; ihm als Abgeordnetem (auch: als Abgeordneten); an Herrn Abgeordneten Müller; er sprach mit Herrn Abgeordneten Müller; der Besuch von Abgeordnetem (= dem Abgeordneten) Müller; er ist A.; ⟨österr.:⟩ A. zum Nationalrat, Bundesrat, Landtag, Gemeinderat.
ab|ge|plat|tet: ↑ abplatten.
ab|ge|ra|ten ⟨st. V.; ist⟩ (veraltend): *sich, ohne es zu merken, von etwas entfernen; abkommen:* sie waren vom Weg abgeraten.
ab|ge|rech|net: ↑ abrechnen.
ab|ge|ris|sen ⟨Adj.⟩: **1.** *zerlumpt:* -e Kleidung. **2.** *unzusammenhängend, zusammenhanglos:* -e Sprachfetzen, Gedanken; a. *(abgehackt, stoßweise) sprechen; ... habe ich ... alle möglichen Erscheinungen in -en Sätzen wiederzugeben versucht* (Kaschnitz, Wohin 197).
Ab|ge|ris|sen|heit, die; -: *das Abgerissensein.*
ab|ge|run|det: ↑ abrunden.
Ab|ge|sand|te, die/eine Abgesandte; der/einer Abgesandten, die Abgesandten/zwei Abgesandte: *weibliche Person, die mit einem bestimmten Auftrag, mit einer [offiziellen] Botschaft zu jmdm. geschickt wird.*
Ab|ge|sand|ter, der Abgesandte/ein Abgesandter; des/eines Abgesandten, die Abgesandten/zwei Abgesandte: *Person, die mit einem bestimmten Auftrag, mit einer [offiziellen] Botschaft zu jmdm. geschickt wird:* die Abgesandten des Königs; *... dass ich Lakatos fürchtete als den leibhaftigen Abgesandten des Teufels* (Roth, Beichte 151).
Ab|ge|sang, der; -[e]s, Abgesänge: **1.** (Verslehre) *abschließender, dritter Teil der Strophe in den Liedern der Minne- u. Meistersangs:* die A. folgt auf Stollen und Gegenstollen. **2.** (geh.) *Ausklang, [wehmütiger] Abschied:* das ist der A. des Herbstes; Ü die Ode ist der A. des greisen Dichters auf sein Jahrhundert.
ab|ge|schabt: ↑ abschaben (2).
ab|ge|schie|den ⟨Adj.⟩ [mhd. abegescheiden = zurückgezogen] (geh.): **1.** *entlegen, einsam, abgelegen:* ein abgeschiedenes Dorf; das Gehöft ist, liegt a. **2.** *verstorben, tot:* -e Seelen (die Seelen Verstorbener).
Ab|ge|schie|de|ne, die/eine Abgeschiedene; der/

einer Abgeschiedenen, die Abgeschiedenen/zwei Abgeschiedene (geh.): *Verstorbene.*
Ab|ge|schie|de|ner, der Abgeschiedene/ein Abgeschiedener; des/eines Abgeschiedenen, die Abgeschiedenen/zwei Abgeschiedene (geh.): *Verstorbener.*
Ab|ge|schie|den|heit, die; -: *das Abgeschiedensein:* sie lebten in der A. einer sommerlichen Idylle.
ab|ge|schlafft: ↑ abschlaffen (b).
ab|ge|schla|gen ⟨Adj.⟩: **1.** (bes. Sport) *vom Sieger hinter sich gelassen, klar besiegt:* der weit -e Favorit; sie landete a. auf dem letzten Platz. **2.** (landsch.) *ermattet, erschöpft:* einen -en Eindruck machen; ich fühle mich völlig a. **3.** *(von Geschirr) mit kleinen Beschädigungen:* -e Tassen.
Ab|ge|schla|gen|heit, die; -: *das Abgeschlagensein* (2): die Erkältung ging mit Kopfschmerzen und A. einher.
ab|ge|schlif|fen: ↑ abschleifen.
ab|ge|schlos|sen ⟨Adj.⟩: **1.** *abgesondert, isoliert, von der Welt getrennt:* ein -es Leben führen; mein Leben ist still und a. **2.** *in sich geschlossen [u. deshalb für Fremde nicht ohne Weiteres zugänglich]:* eine -e Anlage, Wohnung. **3.** *abgerundet, durchgestaltet, in sich vollendet:* ein -es Werk.
Ab|ge|schlos|sen|heit, die; -: *das Abgeschlossensein* (1, 3).
ab|ge|schmackt ⟨Adj.⟩ [zu gleichbed. veraltet abgeschmack; vgl. Geschmack; schmecken]: *dem Empfinden zuwider; fade, geistlos, töricht, albern:* -e Reden, Komplimente; seine Worte waren äußerst a.; etw. a. finden. **Dazu: Ab|ge|schmackt|heit,** die; -, -en.
ab|ge|schnit|ten: ↑ abschneiden (1, 2, 3).
Ab|ge|schnit|ten|heit, die; -: *das Abgeschnittensein.*
ab|ge|se|hen: ↑ absehen (4).
ab|ge|son|dert: ↑ absondern (1).
ab|ge|spannt ⟨Adj.⟩ [urspr. vom Bogen oder von Saiteninstrumenten, deren Spannung nachgelassen hat]: *(nach großer körperlicher od. geistiger Anstrengung) angegriffen, müde, erschöpft:* einen -en Eindruck machen; er sieht a. aus, ist sehr a. **Dazu: Ab|ge|spannt|heit,** die; -.
ab|ge|speckt: ↑ abspecken (2).
ab|ge|spielt: ↑ abspielen (1 b).
ab|ge|stan|den ⟨Adj.⟩ [zu veraltet, noch landsch. *abstehen* = schal, schlecht werden; zugrunde gehen]: **1. a)** *durch langes Stehen schal geworden:* -er Kaffee; das Bier ist, schmeckt a.; **b)** *nicht mehr frisch, verbraucht:* -e Luft; die Wärme, der Geruch war a. **2.** *fade, nichtssagend:* -e Phrasen.
ab|ge|stimmt: ↑ abstimmen (2).
ab|ge|stor|ben: ↑ absterben (1 a, 2).
ab|ge|stumpft: ↑ abstumpfen (2).
Ab|ge|stumpft|heit, die; -: *das Abgestumpftsein.*
ab|ge|ta|kelt ⟨Adj.⟩ (salopp abwertend): *vom Leben mitgenommen; verlebt, ausgedient, heruntergekommen:* ein -er Showstar.
ab|ge|tan: ↑ abtun (3).
ab|ge|tra|gen: ↑ abtragen (3).
ab|ge|tre|ten: ↑ abtreten (4).
ab|ge|trie|ben: ↑ abtreiben (4).
ab|ge|wetzt: ↑ abwetzen (1 b).
ab|ge|wichst ⟨Adj.⟩ (salopp): *in üblem Zustand, heruntergekommen:* ein -er Typ.
ab|ge|win|nen ⟨st. V.; hat⟩: **a)** *von jmdm. im Spiel oder [Wett]kampf erlangen, Sieger erlangen:* sie hat ihm [im Kartenspiel] viel Geld abgewonnen; **b)** *abnötigen, abringen; durch intensive Bemühungen entlocken:* dem Meer Land a.; jmdm. ein Lächeln abzugewinnen versuchen; **c)** *etw. Gutes, Positives an einer Sache finden:* diesem Vorschlag kann ich nichts a.
ab|ge|wirt|schaf|tet: ↑ abwirtschaften.

ab|ge|wo|gen: ↑ abwägen.
Ab|ge|wo|gen|heit, die; -: *das Abgewogensein.*
ab|ge|wöh|nen ⟨sw. V.; hat⟩: *jmdm., sich dazu bringen, eine [schlechte] Gewohnheit abzulegen:* jmdm. das Fluchen a.; ich habe mir das Rauchen abgewöhnt; ⟨subst.:⟩ einen noch zum Abgewöhnen (scherzh.; *noch ein letztes alkoholisches Getränk*); * **zum Abgewöhnen** (ugs.; *sehr schlecht u. daher keinen Reiz mehr bietend:* sie sahen Fußball zum A).
ab|ge|wohnt: ↑ abwohnen (1).
ab|ge|wrackt: ↑ abwracken.
ab|ge|zählt: ↑ abzählen (a).
ab|ge|zehrt: ↑ abzehren.
ab|ge|zir|kelt: ↑ abzirkeln.
ab|ge|zockt ⟨Adj.⟩ (salopp): *kaltschnäuzig, routiniert; nur schwer zu überraschen od. zu überlisten:* eine -e Profimannschaft. Dazu: **Ab|ge-zockt|heit,** die; -.
ab|gie|ßen ⟨st. V.; hat⟩: **1. a)** *einen Teil einer Flüssigkeit, der als zu viel erscheint, aus einem Gefäß heraus-, weggießen:* gieß Wasser [aus dem Eimer] ab!; **b)** *durch das Herausgießen von Flüssigkeit den Inhalt eines Gefäßes verringern:* den Eimer a. **2. a)** *von etwas gießen, weggießen:* das Wasser von den Nudeln a.; **b)** *etw. Gekochtes vom Kochwasser befreien:* die Kartoffeln a. **3.** (bild. Kunst; Gießerei) *durch einen Guss formen, nachbilden:* eine Büste a. **4.** (Gießerei) *(eine Form) mit flüssigem Metall füllen:* eine Form a.
Ab|glanz, der; -es: **1.** *Reflex glänzender Lichter, Farben; Widerschein:* der A. der Abendröte. **2.** *etw., worin etwas anderes von gleicher Wesensart noch spürbar ist; Nachklang:* ein schwacher, matter A. vergangener Pracht.
Ab|gleich, der; -[e]s, -e ⟨Pl. selten⟩: **1. a)** *das Abgleichen* (2 a): ein Programm für den flexiblen Abgleich von PC und Mobilgerät; **b)** *das Abgleichen* (2 b). **2.** (Funkt., Elektronik) *das Abgleichen* (3).
ab|glei|chen ⟨st. V.; hat⟩: **1.** (Bauw., Handwerk) *in der Höhe, im Verlauf gleichmachen:* den Beton a. **2. a)** (Fachspr.) *vergleichend auf etw. abstimmen:* die Maße der einzelnen Module a.; **b)** *vergleichen, um Abweichungen od. Übereinstimmungen zu erkennen:* den Istbestand mit dem Sollbestand a.; per Computer werden die Passagierlisten mit Fahndungslisten abgeglichen. **3.** (Funkt., Elektronik) *Spulen, Kondensatoren auf den richtigen Wert einstellen, um die Eigenfrequenzen von Schwingkreisen in Übereinstimmung zu bringen:* einen Rundfunkempfänger a. **4.** (Optik) *(zwecks richtiger Brillenbestimmung) die Sehschärfen beider Augen einander anpassen.*
Ab|glei|chung, die; -, -en: *das Abgleichen.*
ab|glei|ten ⟨st. V.; ist⟩ (geh.): **1.** *die Haftung, den Halt verlieren u. von etw. unbeabsichtigt seitwärts [und nach unten] gleiten:* sie glitt vom Beckenrand ab. **2. a)** *von etw. abirren, abschweifen:* ihre Gedanken glitten immer wieder ab; **b)** *(unbeabsichtigt) allmählich in einen schlechteren Zustand geraten:* das Land drohte in Anarchie abzugleiten.
ab|glie|dern ⟨sw. V.; hat⟩: *[sich] als Teil eines Ganzen räumlich abgrenzen, absondern:* die Essecke ist vom Wohnbereich abgegliedert. Dazu: **Ab|glie|de|rung,** die; -, -en.
Ab|gott, der; -[e]s, Abgötter [mhd.; ahd. abgot, wahrsch. zu einem alten Adj. mit der Bed. »gottlos« (vgl. got. afguþs, das griech. asebēs = gottlos wiedergibt)]: **1.** (veraltet) *falscher Gott; Götze:* sie umtanzten einen hölzernen A. **2.** *vergötterts Wesen; etw. leidenschaftlich Verehrtes:* dieses Kind ist der A. seiner Eltern.
Ab|göt|tin, die; -, -nen: **1.** w. Form zu ↑ Abgott (1). **2.** *abgöttisch geliebte weibliche Person.*

ab|göt|tisch ⟨Adj.⟩: **1.** (veraltend) *götzendienerisch:* ein hölzernes Bild a. verehren. **2.** ⟨intensivierend bei Adjektiven u. Verben⟩ *jedes normale Maß übersteigend; wie einen Abgott:* -e Liebe, Verehrung; jmdn. a. lieben.
Ab|gott|schlan|ge, die; -, -n [die Schlange genoss in ihrer Heimat, bes. in Mexiko, wegen ihrer Stärke und Schönheit göttliche Verehrung]: *(im tropischen Amerika lebende) meist dunkelbraun gefleckte Riesenschlange.*
ab|gra|ben ⟨st. V.; hat⟩: **1.** *mit dem Spaten o. Ä. abtragen:* er grub das Erdreich ab. **2.** *durch Graben, durch Gräben ableiten:* Wasser a.
ab|gra|sen ⟨sw. V.; hat⟩: **1.** *Gras, Kräuter o. Ä. von etw. abfressen; abweiden:* die Vieh graste die Böschung ab; Ü dieser Themenkreis ist schon abgegrast (ugs.; *bietet keine Möglichkeiten mehr für eine Bearbeitung*). **2.** (ugs.) *eine Gegend, Haus für Haus o. Ä. nach etw. absuchen, wegen etw. aufsuchen:* die ganze Umgebung a.
ab|grät|schen ⟨sw. V.; ist⟩ (Turnen): *mit einer Grätsche vom Gerät abgehen:* er grätschte [vom Barren] ab.
ab|grei|fen ⟨st. V.; hat⟩: **1. a)** *durch häufiges Anfassen abnutzen:* vielle Finger haben den alten Einband abgegriffen; ein abgegriffener Türknauf; **b)** ⟨a. + sich⟩ *durch häufiges Anfassen abgenutzt werden:* die Farbe greift sich rasch ab. **2.** *greifend abtasten:* die Ärztin griff die Körperstelle, den Knochen ab. **3.** *[greifend zwischen zwei Finger o. Ä. nehmen und dadurch] messen, ausmessen:* ich griff die Entfernung mit dem Zirkel ab. **4.** (Elektrot., Elektronik) *feststellen; wahrnehmen:* eine Spannung a.; ein Signal a. **5.** (salopp) *ohne Skrupel nehmen, sich bedenkenlos geben lassen:* wer Umsatz machte, konnte hohe Prämien a.
ab|grenz|bar ⟨Adj.⟩: *sich abgrenzen lassend:* klar -e Teile eines Ganzen.
ab|gren|zen ⟨sw. V.; hat⟩: **1.** *von etw. durch eine Grenze abtrennen:* einen Garten vom Nachbargrundstück [mit einem Zaun, einer Hecke] a. **2.** *etw., sich durch genaue Bestimmung von etw., anderem unterscheiden, trennen, gegenseitig:* die Aufgabengebiete sind genau abgegrenzt. **3.** ⟨a. + sich⟩ *sich distanzieren, von jmdm., einer Sache absetzen:* sich von Terror und Gewalt a.
Ab|gren|zung, die; -, -en: *das Abgrenzen.*
Ab|gren|zungs|kri|te|ri|um, das: *Kriterium für eine Abgrenzung.*
Ab|gren|zungs|pro|b|lem, das: *Schwierigkeit, etw. od. sich von etw. od. jmdm. abzugrenzen* (2, 3).
Ab|griff, der; -[e]s, -e (Elektrot., Elektronik): **1.** ⟨o. Pl.⟩ *das Abgreifen* (4): die Geschwindigkeit des -s a. **2.** *Vorrichtung zum Abgreifen* (4): pneumatische -e, fotoelektrische -e.
Ab|grund, der; -[e]s, Abgründe [mhd., ahd. abgrunt, eigtl. = abwärtsgehender (Erd)boden]: **1.** *unermessliche, gefährliche Tiefe:* ein A. tat sich vor mir auf; in den A. stürzen. **2.** (geh.) **a)** ⟨häufig Pl.⟩ *unergründlicher Bereich:* die Abgründe der menschlichen Seele; Die Kunst ist die heilige Fackel, die barmherzig hineinleuchte ... in alle scham- und gramvollen Abgründe des Daseins (Th. Mann, Tod u. a. Erzählungen 181); **b)** *unvorstellbares Ausmaß von etw.:* ein A. von Gemeinheit; Sie sah in seinen Augen plötzlich einen A. von Traurigkeit auftauchen (Edschmid, Liebesengel 215); **c)** *Untergang, Verderben:* am Rande des -s an den Rand des -s geraten; das Volk in den A. führen; **d)** *unüberbrückbare Kluft, Gegensatz:* einen A. zwischen Ost und West aufreißen.
ab|grund|häss|lich ⟨Adj.⟩ (emotional): *überaus hässlich.*
ab|grün|dig ⟨Adj.⟩ (geh.): **1.** *geheimnisvoll, rätselhaft [u. gefährlich] in seiner Unergründlichkeit:* ein -es Geheimnis; a. lächeln; ⟨subst.:⟩ Sie erschauern ... vor der Enthüllung des Abgründigen im Menschen (Koeppen, Rußland 47). **2.** *abgrundtief:* Eine -e Wut brüllt aus der Soldaten (A. Zweig, Grischa 286); ... dieser zweite Text ist von einer -en Verachtung eben jener Grundsätze diktiert (Enzensberger, Einzelheiten I, 60).
Ab|grün|dig|keit, die; -: *abgründige Art.*
ab|grund|tief ⟨Adj.⟩ (emotional): *(meist in Bezug auf negative Empfindungen) unermesslich [tief]:* -er Hass; jmdn. a. verachten.
ab|grup|pie|ren ⟨sw. V.; hat⟩: *in eine niedrigere Lohn- od. Gehaltsgruppe einstufen:* jmdn. [in eine niedrigere Lohnstufe] a. Dazu: **Ab|grup|pie|rung,** die; -, -en.
ab|gu|cken ⟨sw. V.; hat⟩: **1.** (ugs.) *durch genaues Hinsehen von jmdm. lernen, übernehmen:* bei wem hast du dir denn das abgeguckt?; jmdm. ein Kunststück, einen Trick a. **2.** (Schülerspr.) *(in der Schule, bei einer Prüfung) unerlaubt von jmdm. abschreiben:* sie ließ nur ihre Freundin a.; darf ich bei dir, von dir a.? **3.** * **jmdm. nichts a.** (ugs.; in Aufforderungen, sich beim Ausziehen nicht zu genieren: du brauchst keine Angst zu haben, ich gucke dir nichts ab!)
Ab|guss, der; -es, Abgüsse: **1.** (landsch.) *Ausguss.* **2.** (bild. Kunst) *durch Gießen hergestellte Nachbildung:* der A. einer Büste; einen A. in Gips, in Bronze anfertigen. **3.** (Gießerei) *Gussstück im Rohzustand.*
Abh. = Abhandlung.
ab|ha|ben ⟨unr. V.; hat⟩ (ugs.): **1.** ⟨meist im Inf.⟩ *(einen Teil von etw.) erhalten:* willst du was a.? **2.** *abgenommen, abgezogen haben:* er hatte den Schlips, den Hut, die Brille ab. **3.** *(etwas fest Haftendes) gelöst, entfernt haben:* hast du den Fleck, den Verschluss ab?
ab|ha|cken ⟨sw. V.; hat⟩: *einer Sache od. jmdm. [einen Teil von] etw. mit einem scharfen Werkzeug abschlagen, abtrennen:* sie hackte dem Huhn den Kopf ab; beinahe hätte ich mir den Daumen abgehackt; (emotional:) eher lasse ich mir die Hand a., als dass ich mich dafür hergebe; Das richtige Plündervolk, das sei ja noch gar nicht da ... Beil in der Hand: Finger a., wenn der Ring nicht abgeht (Kempowski, Uns 39).
ab|ha|ken ⟨sw. V.; hat⟩: **1.** *von einem Haken abnehmen, aus einer Öse o. Ä. loshaken:* den Tragriemen von der Tasche a.; die Fensterläden a. **2.** *als erledigt, ausgeführt, zur Kenntnis genommen mit einem Haken* (1 b) *kennzeichnen:* die Namen in einer Liste, eine Liste a.; Ü die Streitfragen in der Sache waren rasch abgehakt (erledigt).
ab|half|tern ⟨sw. V.; hat⟩: **1.** (selten) *einem Zugtier das Halfter abnehmen:* ich halfterte das Pferd ab. **2.** (ugs.) *aus seiner Stellung entfernen, seines Postens, Einflusses berauben:* sie einfach abgehalftert; ein abgehalfterter (abwertend; *heruntergekommener*) Rockstar.
ab|hal|ten ⟨sw. V.; hat⟩: **1. a)** *in Händen Gehaltenes von jmdm., sich od. etw. weg-, entfernt halten:* die Zeitung beim Lesen weiter [von sich] a.; **b)** *(ein Kind) so halten, dass es seine Notdurft verrichten kann:* der Vater hielt die Kleine ab. **2. a)** *nicht herankommen od. eindringen lassen; abwehren:* die Fliegen von dem schlafenden Säugling a.; die Scheibe hält den Wind ab; ... dass die Jacke die kalte Luft des Fensters abhielt (Johnson, Mutmaßungen 114); **b)** *von etw. zurückhalten; an etw. hindern:* jmdn. von einer überlegten Handlung a.; die Kinder vom Lernen a.; sie hielt ihn davon ab, noch mehr zu trinken. **3.** *eine Veranstaltung, Zusammenkunft durchführen:* eine Konferenz, eine Versammlung a.; Wahlen a. **4.** (Seemannsspr.)

Abhaltung – abhocken

a) *den Kurs so ändern, dass er von etwas wegführt; wegsteuern:* das Schiff hat von der Klippe abgehalten; b) *abfallen (6):* die Jolle hält [vom Wind] ab.

Ab|hal|tung, die; -, -en: **1.** *Verhinderung:* ich hatte eine dringende A. **2.** *Durchführung:* die A. von Wahlen.

ab|han|deln ⟨sw. V.; hat⟩: **1.** *jmdm. nach längerem Handeln abkaufen:* sie hat ihm die alte Uhr schließlich für die Hälfte abgehandelt; Ü ich lasse mir von meinem Recht nichts a. **2.** *[wissenschaftlich] darstellen, gründlich behandeln:* ein Thema, einen Gegenstand a.

ab|han|den|kom|men ⟨st. V.; ist⟩ [eigtl. = von den Händen weg kommen]: *verloren gehen:* mir ist meine Brieftasche abhandengekommen; die abhandengekommene Brieftasche.

Ab|hand|lung, die; -, -en: **1.** *das Abhandeln (2).* **2.** *schriftliche [wissenschaftliche] Darstellung; längerer Aufsatz* (Abk.: Abh.): eine A. über die einheimische Fauna; eine A. verfassen, schreiben.

Ab|hang, der; -[e]s, Abhänge: *sich neigende Seite einer Bodenerhebung, eines Gebirges:* ein schroffer A.; den A. hinunterrutschen; Sie war dreißig Jahre alt und lebte in einer terrassenförmig angelegten Bungalowsiedlung am südlichen A. eines Mittelgebirges (Handke, Frau 7).

ab|han|gen ⟨st. V.; hat⟩ (mundartl., schweiz., sonst veraltet): ↑ ¹abhängen; ♦ ... soll es einzig von meiner Minna a., ob ich sonst noch jemandem wieder zugehören soll als ihr (Lessing, Minna V, 9).

¹ab|hän|gen ⟨st. V.; hat; südd., österr., schweiz.: ist⟩: **1.** *(bes. von Schlachtfleisch) durch längeres Hängen mürbe werden:* der Hase kann mehrere Tage a.; ⟨meist im 2. Part.:⟩ gut abgehangene Steaks. **2.** (selten) *a) herunterhängen;* b) *abfallen (4):* ein nach Osten abhängiges Gelände. **3. a)** *durch etw. bedingt sein; jmds. Willen od. Macht unterworfen sein:* etw. hängt von den Umständen, vom Wetter, vom Zufall ab; ihre Zukunft hing von dieser Entscheidung ab; b) *auf jmdn. od. etw. angewiesen, von jmdn. od. etw. abhängig sein:* viele Studierende hängen finanziell von ihren Eltern ab. **4.** (Jugendspr.) *[in entspannter Atmosphäre] seine Freizeit verbringen:* im Urlaub einfach nur a.

²ab|hän|gen ⟨sw. V.; hat⟩: **1.** *von einem Haken, Nagel [ab-, herunter]nehmen:* ich hängte das Bild ab. **2.** *aus der Verbindung mit etw. lösen:* der Speisewagen wird in München abgehängt. **3. a)** (salopp) *jmdn. loswerden, die Bindung zu ihm lösen:* sie hat ihn einfach abgehängt; b) (ugs., bes. Sport) *jmdn. abschütteln, hinter sich lassen:* er hat alle Konkurrenten abgehängt. **4.** (veraltend) *den Telefonhörer auflegen u. damit das Gespräch beenden:* der Teilnehmer hat abgehängt. **5.** (Bauw.) *die Decke eines Raumes niedriger machen:* eine Decke a.

ab|hän|gig ⟨Adj.⟩: **1. a)** *durch etw. bedingt, bestimmt; von etw. entscheidend beeinflusst:* das ist von den Umständen a.; der Ausflug ist vom Wetter a.; etw. von einer Bedingung a. machen *(für etw. eine bestimmte Bedingung stellen);* b) *auf jmdn. od. etw. angewiesen, an jmdn. od. etw. gebunden:* von den Eltern [finanziell] a. sein; von einem Land wirtschaftlich a. sein; Er ... geriet ... in die Gewalt seiner ... Frau und wurde ... in allem fast unbedingt von ihr a. (Hauptmann, Thiel 7); ... eine von den Launen ihres Herrn -e Masse von Sklaven (Thieß, Reich 511); c) *in krankhafter Weise körperlich stark an Genuss-, Rauschmittel o. Ä. gebunden, darauf angewiesen:* von Alkohol, von Drogen a. **2.** *unselbstständig:* in -er Stellung sein; a. Beschäftigte, Erwerbstätige (Amtsspr.; *Personen, die nicht selbstständig, sondern als Angestellte, Beamte, Arbeiter od. Auszubildende arbeiten);* (Sprachwiss.:) -er *(untergeordneter)* Satz *(Neben-, Gliedsatz),* -e *(indirekte)* Rede, -er *(obliquer)* Fall. **3.** (veraltet) *abfallend, geneigt:* ein -es Gelände; ... und ließen die Tiere hinschreiten auf einem Grunde, der linkerseits a. war und moosig (Th. Mann, Joseph 588).

-ab|hän|gig ⟨drückt in Bildungen mit Substantiven eine Abhängigkeit aus⟩: **1.** *durch etw. bestimmt, von etw. entscheidend beeinflusst:* leistungs-, temperatur-, zeitabhängig. **2.** *körperlich und psychisch von etw. abhängend, auf etw. angewiesen:* heroin-, rauschgift-, tablettenabhängig.

Ab|hän|gi|ge, die/eine Abhängige; der/einer Abhängigen, die Abhängigen/zwei Abhängige: *weibliche Person, die von jmdm. oder etw. abhängig (1) ist.*

Ab|hän|gi|ger, der Abhängige/ein Abhängiger; des/eines Abhängigen, die Abhängigen/zwei Abhängige: *jmd., der von jmdm. oder etw. abhängig (1) ist.*

Ab|hän|gig|keit, die; -, -en: **1.** *das Abhängigsein (1 b):* die wirtschaftliche, politische A. von einem anderen Land; jmdn. seine A. fühlen lassen; in A. von jmdm. geraten. **2.** *das Abhängigsein (1 a, 2).*

Ab|hän|gig|keits|ge|fühl, das: *Gefühl des Abhängigseins.*

Ab|hän|gig|keits|ver|hält|nis, das: *Verhältnis, bei dem jmd. von einem andern abhängig ist:* in ein A. geraten.

ab|har|ken ⟨sw. V.; hat⟩ (nordd.): a) *mit der Harke entfernen:* Laub a.; b) *mit der Harke säubern:* den Rasen a.

ab|här|men, sich ⟨sw. V.; hat⟩: *sich jmds., einer Sache wegen stark härmen:* ich härmte mich seinetwegen/um ihn ab; ⟨oft im 2. Part.:⟩ abgehärmt aussehen.

ab|här|ten ⟨sw. V.; hat⟩: *an Beanspruchungen durch raues Wetter, Kälte, Entbehrungen gewöhnen u. dadurch widerstandsfähig machen:* seinen Körper durch Sport a.; sich gegen Erkältungen a.; die Kinder sind abgehärtet; Ü abgehärtet und gleichgültig wirken; ... eine so abgehärtete *(unempfindlich gewordene)* Seele von einem Menschenschinder (Remarque, Obelisk 293).

Ab|här|tung, die; -, -en: *das Abhärten.*

ab|has|peln ⟨sw. V.; hat⟩: **1.** *[von einer Rolle, Winde] abwickeln, abspulen:* ich hasp[e]le den Faden ab; Ü ... ein Mann, der bisher nur ... leichtfertige Abenteuer abgehaspelt hat (Fussenegger, Haus 392). **2.** *hastig, ohne rechte Betonung aufsagen, vortragen:* eine Rede, einen Vortrag a. **3.** ⟨a. + sich⟩ (landsch.) *sich abhetzen.*

ab|hau|en ⟨unr. V.; haute/(geh.:) hieb ab, abgehauen/(bayr., österr.:) abgehaut⟩: **1.** ⟨hat⟩ a) *abschlagen:* die Maurer hauten den Putz ab; b) *abtrennen:* ich hieb/(ugs.:) haute die Äste mit der Axt ab; beinahe hätte er sich den Daumen abgehauen. **2.** ⟨nur: haute; hat⟩ [eigtl. = flüchtig herunterhauen, vgl. abschmieren (2 a)] (Schülerspr.) *(in der Schule, in einer Prüfung) unerlaubt [schlecht, nicht sauber] abschreiben:* er haute die Rechenaufgaben [von mir] ab. **3.** ⟨nur: haute; ist⟩ [zu veraltet hauen = eilen, laufen, vom Einhauen der Sporen in die Weichen des Pferdes] (salopp) *sich davonmachen, verschwinden:* er haute mit dem ganzen Geld ab; Mensch, hau bloß, endlich ab!; sie sind über die Grenze abgehauen; von zu Hause a.; Machen Sie, dass sie fortkommen, Hauen Sie ab von der Stelle ab (Muschg, Gegenzauber 159).

ab|häu|ten ⟨sw. V.; hat⟩: *einem Tier die Haut abziehen:* einen Hasen, ein Lamm a.; Der Mensch ... häutete die Tiere ab und kleidete sich mit ihren Pelzen (Strittmatter, Wundertäter 246).

ab|he|ben ⟨st. V.; hat⟩: **1. a)** *anheben u. entfernen; ab-, herunternehmen:* den Deckel, den Hörer a.; Karten [von einem Kartenspiel] a.; eine Masche a. (Stricken; *durch Überziehen einer Masche über die davorliegende die Gesamtmaschenzahl um eins reduzieren);* du musst noch a. *(vor Spielbeginn einen Teil der [bereits gemischten] Karten vom Stapel herunternehmen u. die übrig gebliebenen obenauf legen);* b) ⟨a. + sich⟩ *sich ablösen:* die Kruste hebt sich ab. **2.** [für älter: heben, nach ital. levare] *sich etw. auszahlen lassen:* Geld [vom Konto] a.; ... geht er los, hebt auf der Sparkasse sein Guthaben ab (Fallada, Blechnapf 311). **3. a)** ⟨a. + sich⟩ *gegenüber einem Hinter-, Untergrund, seiner Umgebung deutlich unterscheidbar hervortreten:* die Bäume hoben sich vom/gegen den Abendhimmel ab; b) *etw. optisch gegenüber etw. hervortreten lassen:* etw. unterstreichen und es dadurch von seiner Umgebung a. **4.** (Fliegerspr.) *(von Flugzeugen, Raketen) sich in die Luft erheben:* die Rakete hat von der Startrampe abgehoben. **5.** [übertr. zu 4] *den Bezug zur Realität verlieren; er ist Realist geblieben, hat innerlich nicht abgehoben.* **6.** [wohl aus der Schützensprache] *auf etw. nachdrücklich Bezug nehmen, in einem gegebenen Zusammenhang hinweisen:* die Fraktionsvorsitzende hat bewusst auf die Gewissensentscheidung jedes und jeder einzelnen Abgeordneten abgehoben.

ab|he|bern ⟨sw. V.; hat⟩ (bes. Chemie): *eine Flüssigkeit aus etw. mit einem Heber entnehmen.*

Ab|he|bung, die; -, -en: *das Abheben (2):* ... dass er -en bis zur Höhe der Gesamtsumme vornehmen könne (Th. Mann, Krull 294).

ab|hef|ten ⟨sw. V.; hat⟩: **1.** *etw. in einen Hefter einordnen:* Rechnungen in einem Ordner a. **2.** *etw. mit Heftstichen befestigen:* sie hefteten die Falten ab.

Ab|hef|tung, die; -, -en: *das Abheften.*

ab|hei|len ⟨sw. V.; ist⟩: *verheilen [u. verschwinden]:* der Ausschlag heilte [nicht] ab; gut abheilende Wunden.

Ab|hei|lung, die; -, -en: *das Abheilen.*

ab|hel|fen ⟨st. V.; hat⟩: *eine Notlage, ein Übel beheben; der Ursache von etw. annehmen u. den Grund zur Unzufriedenheit o. Ä. beseitigen; einem Übel, einem Missstand, berechtigten Beschwerden a.; dem ist nicht leicht abzuhelfen.*

ab|het|zen ⟨sw. V.; hat⟩: **1.** *(Wild, Pferde, Hunde) durch ständiges Antreiben erschöpfen:* er hat die Pferde abgehetzt. **2.** ⟨a. + sich⟩ *sich bis zur Erschöpfung beeilen:* ich habe mich so abgehetzt, um den Zug noch zu erreichen; abgehetzt aussehen.

ab|heu|ern ⟨sw. V.; hat⟩: **1.** (Seemannsspr.) *aus dem Dienst auf einem Schiff entlassen:* ein Besatzungsmitglied a. **2.** (Seemannsspr.) *den Dienst auf einem Schiff aufgeben; abmustern:* der zweite Steuermann hat abgeheuert. **3.** (ugs.) *[jmdm.] jmdn. abwerben:* [einem Unternehmen] Arbeitskräfte a.

Ab|hieb, der; -[e]s (Forstwirtsch.): **1.** *das Abhauen, Fällen von Bäumen:* vom A. des Bestandes. **2.** *Stelle, an der ein Baum abgehauen worden ist:* drei Meter über A.

Ab|hil|fe, die; -, -n: *das Abhelfen:* A. versprechen, schaffen; auf A. sinnen; für A. sorgen; Schnellste A. sei vonnöten (Werfel, Bernadette 307).

ab|ho|beln ⟨sw. V.; hat⟩: **1.** *mit dem Hobel glätten:* die Kanten von etw. a. **2.** *mit dem Hobel entfernen:* ich hob[e]le noch 1 cm vom Brett ab. **3.** *mit dem Hobel dünner, kleiner machen:* die Türkante a.

ab|ho|cken ⟨sw. V.; ist⟩: **1.** (Turnen) *mit einer*

abhold – abkaufen

Hocke vom Gerät abgehen: in den Stand a. **2.** *(Ski) in die Hocke gehen:* vor dem Sprung tief a.

ab|hold ⟨Adj.⟩ [mhd. abholt = feindlich gesinnt, aus ↑¹ab u. ↑ hold]: in der Verbindung **jmdm., einer Sache a. sein** (geh.; *jmdm., einer Sache abgeneigt sein:* großen Worten a. sein; er war dem Alkohol nicht a.; ⟨auch attr.:⟩ ein allen Phrasen -er Politiker; Dass er auch anderen irdischen Freuden nicht ... a. war [Th. Mann, Tod 71]).

ab|ho|len ⟨sw. V.; hat⟩: **1.** *(Bereitliegendes) sich geben lassen u. mitnehmen:* ein Paket auf der Post, Theaterkarten an der Kasse a. **2.** *jmdn. an einem vereinbarten Ort treffen u. mit ihm weggehen:* jmdn. zum Spaziergang a.; sie holte mich am Bahnhof, von der Bahn ab. **3.** (ugs. verhüll.) *verhaften:* jmdn. nachts a. **4.** (bes. Kaufmannsspr.) *auf jmdn. zugehen u. [in direkter Ansprache] als Interessenten für ein Produkt, eine Dienstleistung o. Ä. zu gewinnen suchen:* wir müssen die Kunden dort a., wo sie sind.

Ab|ho|ler, der; -s, -: *Person, die etw. abholt* (1).
Ab|ho|le|rin, die; -, -nen: w. Form zu ↑ Abholer.
Ab|hol|markt, der: *Verkaufsstelle, bei der die Käufer[innen] Waren, die sonst üblicherweise geliefert werden, selbst abholen.*
Ab|ho|lung, die; -, -en: *das Abholen.*
ab|hol|zen ⟨sw. V.; hat⟩: **1.** *(Bäume) in einem Gebiet fällen:* Bäume, Wälder a.; Die ... Felder sind bestellt, der abgeholzte Wald ist nachgewachsen (Kempowski, Zeit 15). **2.** *ein Gebiet durch Kahlschlag seines Baumbestandes berauben:* die Hänge waren teilweise abgeholzt.
Ab|hol|zung, die; -, -en: *das Abholzen.*
Ab|hör|an|la|ge, die: vgl. Abhörgerät: eine A. installieren; Ursprünglich sollten mit der A. ausländische Diplomaten für die USA erpresst werden (Zwerenz, Quadriga 107).
ab|hor|chen ⟨sw. V.; hat⟩: **1. a)** *mit dem Ohr auf Geräusche prüfen:* den Boden a.; Er horchte ... den Himmel ab (Gaiser, Jagd 96); **b)** *durch Prüfen bestimmter Geräusche im Körper untersuchen:* das Herz, die Lunge a.; Er brachte den Jungen ... zu Bett und horchte ihn ab (Seghers, Transit 107). **2.** (selten) *heimlich überwachen, mit anhören:* Telefongespräche a.
Ab|hör|ein|rich|tung, die: vgl. Abhörgerät.
ab|hö|ren ⟨sw. V.; hat⟩: **1.** *jmdn. etw. Gelerntes ohne Vorlage aufsagen lassen, um festzustellen, ob er es beherrscht:* die Schülerinnen u. Schüler/den Schülerinnen u. Schülern die Vokabeln a.; jmdn., einander, sich [gegenseitig] a.; der Lehrer hat die Vokabeln abgehört; Habe ich den anderen ihren Katechismus abgehört? (Remarque, Obelisk 183); Sie setzte sich regelmäßig nach dem Mittagessen hin und half ihm bei seinen Aufgaben, hörte ihn ab (Bachmann, Erzählungen 122). **2.** *abhorchen* (1b), *auskultieren:* die Lunge a.; die Ärztin hörte den Kranken ab. **3.** *zur Überprüfung, zum Wissenserwerb, zum Vergnügen o. Ä. anhören:* eine Aufnahme, ein Band a. **4.** *heimlich überwachen, mit anhören:* die Telefonleitung, ein Gespräch a.; sie (ihre Gespräche) wurden abgehört. **5.** *wegen eines Verbots heimlich hören, um sich zu informieren:* ausländische Sender a.
Ab|hör|ge|rät, das: *hochempfindliches, mit Mikrofon u. Sender ausgestattetes Gerät zum Abhören von [Telefon]gesprächen.*
ab|hör|si|cher ⟨Adj.⟩: *gegen Abhören* (4) *gesichert:* -e Telefone. Dazu: **Ab|hör|si|cher|heit,** die; -, -.
Ab|hö|rung, die; -, -en: *das Abhören.*
Ab|hör|wan|ze, die (Jargon): *Abhörgerät in Form eines kleinen Senders, der in einem Raum versteckt angebracht wird.*

ab|hot|ten ⟨sw. V.; hat⟩ [zu ↑ Hot] (salopp): *sich tanzend austoben.*
Ab|hub, der; -[e]s: **1.** (veraltend abwertend) *Abschaum:* jmdn. zum A. der Gesellschaft erklären. ♦ **2.** *Abfall, [Speise]rest:* Der Armselige lebte vom A., kleidete sich in Fetzen (Ebner-Eschenbach, Spitzin 17); Es ist für dich gesorgt. – Gesorgt? O ja, wie man dem Bettler wohl den Napf mit A. an die Schwelle reicht (Grillparzer, Medea II).
ab|hun|gern ⟨sw. V.; hat⟩: **1.** ⟨a. + sich⟩ *sich durch Hungern absparen, ermöglichen:* ich habe mir das Geld dazu, die Reise abgehungert. **2.** *durch Hungern bewirken, dass das Körpergewicht geringer wird:* ich habe [mir] fünf Kilo, einige Pfunde abgehungert. **3.** ⟨a. + sich⟩ *sehr hungern; sich durch Hunger entkräften:* er hat sich im Lager abgehungert; abgehungert aussehen.
ab|hus|ten ⟨sw. V.; hat⟩: *durch Husten Schleim aus der Lunge entfernen:* ich kann nicht a.; du musst erst einmal ordentlich [den Schleim] a.
Abi, das; -s, -s ⟨Pl. selten⟩ (Schülerspr.): kurz für ↑ Abitur (a).
Abi|d|jan [abi'dʒa:n]: *Regierungssitz von* ¹Elfenbeinküste.
abio|tisch [auch: 'a...] ⟨Adj.⟩ (Fachspr.): *die unbelebte Natur betreffend; leblos.*
ab|ir|ren ⟨sw. V.; ist⟩ (geh.): *von der Richtung abkommen:* in der Dunkelheit vom Weg a.; ihr Blick, ihre Augen irrten ab; ihre Gedanken irrten immer wieder ab; Seine Rede wurde, nachdem sie so abgeirrt war, gleich wieder nüchtern (Jahnn, Geschichten 163).
Ab|ir|rung, die; -, -en: *das Abirren.*
ab|iso|lie|ren ⟨sw. V.; hat⟩ (Fachspr.): *die Isolierung von einem Kabelende entfernen.*
Ab|iso|lier|zan|ge, die: *besondere Zange zum Entfernen der Isolierung von einem Kabelende.*
Abi|tur, das; -s, -e ⟨Pl. selten⟩ [zu nlat. abiturire, ↑ Abiturient]: **a)** *Abschlussprüfung an einer höheren Schule; Reifeprüfung:* das, sein A. machen; das A. bestehen, nachholen; durchs A. fallen; **b)** *höherer Schulabschluss; Berechtigung, an einer Hochschule zu studieren:* [das, kein] A. haben.
Abi|tu|ri|ent, der; -en, -en [nlat. abituriens (Gen.: abiturientis), 1. Part. von: abiturire = (von der Schule) ab-, weggehen werden, zu lat. abire = abgehen]: *Schüler kurz vor, im u. nach dem Abitur.*
Abi|tu|ri|en|ten|lehr|gang, der (österr.): *einjähriger Lehrgang für Abgänger einer allgemeinbildenden höheren Schule, nach dem die Reifeprüfung einer berufsbildenden Schule abgelegt werden kann.*
Abi|tu|ri|en|tin, die; -, -nen: w. Form zu ↑ Abiturient.
Abi|tur|klas|se, die: *Schulklasse, die das Abitur vor sich oder [gerade] hinter sich hat.*
Abi|tur|no|te, die: *Gesamtnote im Abitur* (a).
Abi|tur|prü|fung, die: *Abitur* (a).
Abi|tur|zei|tung, die: *von Abiturienten in Form einer Zeitung zusammengestellte Beiträge, in denen humorvoll an Personen und Ereignisse des zurückliegenden Schullebens erinnert wird.*
Abi|tur|zeug|nis, das: *Zeugnis, mit dem die Abiturientinnen u. Abiturienten nach bestandener Reifeprüfung die höhere Schule verlassen; Reifezeugnis.*
ab|ja|gen ⟨sw. V.; hat⟩: **1.** *jmdm. etw. nach längerer Verfolgung entreißen, abnehmen:* die Polizei konnte den Dieben die Beute noch rechtzeitig a.; der Stürmer jagte ihm wieder den Ball ab; Ü jmdm. Kunden a.; ... ich kochte so gut, dass ich sogar dem Herrenhof Gäste abjagte (Kafka, Schloß 84); Ich würde ... Marie ihren Begleiter a. (Seghers, Transit 273). **2. a)** *durch ständiges Antreiben erschöpfen:* die Pferde a.; **b)** ⟨a. +

sich⟩ (ugs.) *sich abhetzen* (2): sie hatte sich abgejagt, um den Zug noch zu erreichen.
Abk. = Abkürzung.
ab|ka|cken ⟨sw. V.⟩ (derb): **1.** ⟨hat⟩ *[schnell] seine große Notdurft verrichten.* **2.** ⟨ist⟩ *[plötzlich] völlig versagen:* ihm ist der Motor abgekackt; die beiden Angeber sind am Ende total abgekackt.
ab|kal|ben ⟨sw. V.; hat⟩ (Landwirtsch.): *kalben.*
ab|käm|men ⟨sw. V.; hat⟩: **1.** *mit dem Kamm [aus dem Haar] entfernen.* **2.** *systematisch absuchen:* ein Waldstück [nach einem Sträfling] a.
ab|kämp|fen ⟨sw. V.; hat⟩: **1.** (veraltend) *jmdm., sich abringen:* ich habe ihm seine Zustimmung mit großer Mühe abgekämpft. **2.** ⟨a. + sich⟩ *sich bis zur Erschöpfung anstrengen:* die Raufenden haben sich abgekämpft; abgekämpft sein.
ab|kan|ten ⟨sw. V.; hat⟩: **1.** *scharfe Kanten bei etw. beseitigen:* ein Brett a. **2.** *die Kante von etw. umbiegen:* die Bleche sind abgekantet worden. **3.** *mit einer Kante versehen:* einen Stein scharf a. **4.** *über die Kante abladen:* Geräte vom Wagen a.
ab|kan|zeln ⟨sw. V.; hat⟩ [urspr. = jmdn. von der Kanzel (1) herab rügen] (ugs.): *(bes. einen Untergebenen) betont unhöflich, scharf tadeln:* er musste sich vor allen Anwesenden a. lassen; Weswegen, meint Ihr, fuhr ich hierher? ... Um mich von euch a. zu lassen (Hacks, Stücke 145).
Ab|kan|ze|lung, (seltener:) **Ab|kanz|lung,** die; -, -en (ugs.): *das Abkanzeln.*
ab|kap|pen ⟨sw. V.; hat⟩ [zu ↑ kappen]: **1.** *die Spitze von etw. abschneiden:* die oberen Zweige a. **2.** *kappen* (1): er kappte das Tau ab.
♦**ab|kap|pen** ⟨sw. V.; hat⟩ [zu ↑ Kappe in der Wendung jmdm. Kappen geben = jmdm. eine Abfuhr erteilen]: *abweisen* (a): ... und wie sauber sie ihn abkappte, wenn er ... seinen Antrag und sie zur gnädigen Frau machen wollte (Schiller, Räuber IV, 3).
ab|kap|seln ⟨sw. V.; hat⟩: **1. a)** *in einer Art Kapsel dicht abschließen:* die Krankheitserreger a.; **b)** ⟨a. + sich⟩ *sich in einer Art Kapsel dicht abschließen:* die Würmer kapseln sich in der Muskulatur ab. **2.** ⟨a. + sich⟩ *sich gegenüber der Umwelt absondern, abschließen:* ich kaps[e]le mich gegen meine Umwelt, von der Welt ab; abgekapselt leben.
Ab|kap|se|lung, (seltener:) **Ab|kaps|lung,** die; -, -en: *das Abkapseln.*
ab|kar|ren ⟨sw. V.; hat⟩: **1.** *mit der Karre abtransportieren:* Sand, Steine a.; Ü ... wie man die Juden aus den Städten abkarrt wie Vieh (Hochhuth, Stellvertreter 66). ♦ **2.** *abtreiben* (4): Sie wüssten nicht, wie das vollbringen in dieser Frist mit ihrem abgekarrten Vieh (Gotthelf, Spinne 35).
ab|kar|ten ⟨sw. V.; hat⟩ [eigtl. = die Karten nach heimlicher Verabredung einsehen] (ugs.): *zum Nachteil eines anderen heimlich verabreden:* die Sache war abgekartet; ⟨häufig im 2. Part.:⟩ ein abgekartetes Spiel.
ab|kas|sie|ren ⟨sw. V.; hat⟩ (ugs.): *Geld von jmdm. kassieren:* die Fahrgäste a.; die Bedienung hat [alle Tische, die Getränke] bereits abkassiert; Ü bei den Kunden, den Bürgern a. (*zu hohe Gebühren verlangen*).
ab|kau|en ⟨sw. V.; hat⟩: **1. a)** *durch ständiges Beknabbern, Kauen verunstalten, hässlich aussehen lassen:* Nägel a.; **b)** *durch häufiges Beißen abnutzen:* das Mundstück der Pfeife a.; abgekaute Zähne. **2.** (vulg.) *fellationieren:* jmdm. einen a.
ab|kau|fen ⟨sw. V.; hat⟩: *von jmdm. kaufen:* jmdm. ein altes Radio a.; er kaufte ihr einen Blumenstrauß ab; Ü was du da sagst, kauft dir keiner ab (ugs.; *glaubt dir niemand*); Lass dir nicht

jedes Wort a. *(sei nicht so wortkarg;* Erich Kästner, Schule 59).

Ab|kehr, die; -: *Abwendung von jmdm., etw.:* eine A. von der bisherigen Politik.

¹ab|keh|ren ⟨sw. V.; hat⟩: *abwenden:* sie kehrte ihr Gesicht ab; ich kehrte mich von ihr, vom Fenster ab; die uns abgekehrte Seite des Mondes; Ü sich von der Welt a.

²ab|keh|ren ⟨sw. V.; hat⟩ (bes. südd.): **a)** *durch ²Kehren [von etw.] entfernen; abfegen* (a): ich kehrte den Schmutz [von der Treppe] ab; **b)** *durch ²Kehren säubern; abfegen* (b): die Treppe a.

ab|ket|ten ⟨sw. V.; hat⟩: **1.** *von der Kette lösen:* ich kettete den Hund ab. **2.** *(Maschen) zu einem festen Rand verbinden.*

ab|kip|pen ⟨sw. V.⟩: **1. a)** ⟨hat⟩ *kippend nach unten fallen lassen:* die Bordwand des Lieferwagens a.; **b)** ⟨ist⟩ *nach unten fallen, abrutschen:* der Balken kippte plötzlich ab; Ü die Maschine ist abgekippt (Fliegerspr.: *ist aus der normalen Fluglage gekippt*). **2.** ⟨hat⟩ *[Müll o. Ä.] abladen, beseitigen:* Müll, Sand, Säure a.

ab|klap|pen ⟨sw. V.; hat⟩: **1.** *nach unten klappen:* die Seitenwände a. **2.** *(von Müll o. Ä.) abladen, beseitigen.*

ab|klap|pern ⟨sw. V.; hat⟩ [viell. nach dem Klappern der Holzpantoffeln von Hausierern, die ihre Kunden abgingen] (ugs.): *(eine Anzahl Personen, Orte) der Reihe nach aufsuchen:* Kunden a.; er hatte die halbe Stadt [nach einem Zimmer] abgeklappert.

ab|klä|ren ⟨sw. V.; hat⟩: *völlig klären:* Ü einen Sachverhalt, Tatbestand a.

Ab|klä|rung, die; -, -en (bes. schweiz.): *das Abklären.*

Ab|klatsch, der; -[e]s, -e: **a)** (Kunstwiss.) *Nachbildung, Negativ einer Vorlage:* der A. eines Reliefs; **b)** (abwertend) *bloße, minderwertige Nachahmung eines Vorbildes; Kopie:* ... ich sei ein ziemlicher A. von meinem Bruder (Kempowski, Tadellöser 334).

ab|klat|schen ⟨sw. V.; hat⟩: **1.** *durch Klatschen in die Hände jmdn., der gerade mit einem andern tanzt, für sich als Tanzpartner[in] erbitten u. erhalten:* sie klatschte mehrmals den Tanzpartner ihrer Freundin ab. **2.** (Theater, Film) *durch Klatschen in die Hände jmdn. in etw. unterbrechen:* die Akteure bei der Probe a.; der Regisseur musste mehrmals a. **3.** (Ballspiele) *(einen Ball) mit flachen Händen abwehren, zurückschlagen:* den Ball a. **4.** (Sport) *(zur Aufmunterung, als Zeichen der Anerkennung o. Ä.) die Handflächen gegen die eines Mitspielers, Mannschaftskameraden o. Ä. schlagen:* jmdn. a. **5. a)** (Kunstwiss.) *in einen Abklatsch* (a) *nachbilden:* ein Relief a.; **b)** (abwertend) *kopieren* (4); *unverarbeitet, unreflektiert wiedergeben:* in seinen Romanen klatscht er das Leben nur ab.

ab|kle|ben ⟨sw. V.; hat⟩: *mit Klebeband o. Ä. abdecken.*

ab|klem|men ⟨sw. V.; hat⟩: **1.** *durch Klemmen ab-, durchtrennen:* das Telefon [von der Leitung] a.; (mit der Nebenvorstellung des Unabsichtlichen) ich hätte mir beinahe einen Finger abgeklemmt. **2. a)** *[mit einer Klemme] zusammenpressen:* eine Ader, die Nabelschnur a.; **b)** *von einer Klemme, von Klemmen lösen:* die Verteilerkappe a.

Ab|klem|mung, die; -, -en: *das Abklemmen.*

Ab|kling|be|cken, das (Reaktortechnik): *durch dicke Betonschichten abgeschirmtes Wasserbecken, in dem Brennelemente aus Reaktoren nach dem Ausbau gelagert werden, bis ihre Radioaktivität auf einen bestimmten Wert gesunken ist.*

ab|klin|geln ⟨sw. V.; hat⟩: **1.** (ugs.) *an mehreren Haus-, Wohnungstüren nacheinander klingeln:* alle Haustüren, die ganze Straße a. **2.** (landsch.) *durch Klingeln das Zeichen zur Weiterfahrt geben:* die Schaffnerin klingelte ab.

ab|klin|gen ⟨st. V.; ist⟩: **1.** *in der Lautstärke abnehmen, leiser werden:* der Lärm klingt ab. **2.** *weniger werden; schwinden, nachlassen:* die Erregung, das Fieber klingt ab. **3.** (Physik) *in der radioaktiven Strahlung nachlassen.*

ab|klop|fen ⟨sw. V.; hat⟩: **1. a)** *durch Klopfen entfernen:* den Putz von den Wänden, den Schnee vom Mantel a.; **b)** *durch Klopfen säubern:* ich klopfte [mir] den Mantel ab, klopfte mich ab. **2.** *klopfend liebkosen:* das Pferd a. **3.** (bes. Med.) *durch Klopfen untersuchen, prüfen; perkutieren:* die Ärztin klopft den Patienten, die Brust des Patienten [mit dem Finger] ab; Fässer a.; Ü eine Aussage auf ihre Glaubwürdigkeit a.; ... der Arzt mochte es lieber sehen, wenn er sie a. und abhorchen konnte (Heym, Schwarzenberg 217). **4.** *(vorgetragene Musik) durch Klopfen mit dem Taktstock auf das Dirigentenpult unterbrechen:* der Dirigent klopfte nach den ersten Takten ab. **5.** [nach dem Klopfen an die Haustür] (ugs.): *(Orte, Gebäude u. Ä.) der Reihe nach aufsuchen:* die Nachtlokale a.

ab|klop|pen ⟨sw. V.⟩ (landsch. salopp): **1.** *abklopfen* (5). **2.** *abschreiben* (1 c).

ab|knab|bern ⟨sw. V.; hat⟩ (ugs., fam.): **1.** *in kleinen Bissen abbeißen:* ich knabbere gern die knusprige Brotrinde ab. **2.** *leer knabbern; abnagen* (2): einen Knochen a.

ab|knal|len ⟨sw. V.; hat⟩ (salopp abwertend): *hemmungslos, kaltblütig niederschießen:* jmdn. eiskalt a.

ab|knap|pen ⟨sw. V.; hat⟩ (landsch.): *abknapsen.*

ab|knap|sen ⟨sw. V.; hat⟩ (ugs.): *(einen Teil von etw.) wegnehmen:* für den Urlaub knapst sie jeden Monat ein paar Euro vom Haushaltsgeld ab; ... eins von den Bädern der Gründerjahre, dem noch der Raum für eine Mädchenkammer abgeknapst worden war (Johnson, Ansichten 111).

ab|knei|fen ⟨st. V.; hat⟩: *(mit einer Zange, mit Fingernägeln) abtrennen.*

ab|knib|beln ⟨sw. V.; hat⟩ (landsch. ugs.): *mit den Fingerspitzen entfernen, ablösen:* ein Etikett a.

ab|kni|cken ⟨sw. V.⟩: **1.** ⟨hat⟩ *nach unten knicken [u. abtrennen]:* einen Stiel, dünne Zweige a. **2.** ⟨ist⟩ *eine Knick machen, bilden:* in der Hüfte a. (bei der Gymnastik); abknickende Vorfahrt (Verkehrsw.: *Vorfahrt einer nach rechts od. links abbiegenden Straße*).

Ab|kni|ckung, die; -, -en: **1.** *das Abknicken.* **2.** *abgeknickte Stelle.*

ab|knip|sen ⟨sw. V.; hat⟩: **1.** *(etwas Dünnes, Kleines mit einer Schere, Zange o. Ä.) abtrennen:* eine Blüte, das Ende der Zigarre a. **2.** (ugs.) *fotografieren* (1 b).

ab|knöp|fen ⟨sw. V.; hat⟩: **1.** *(Angeknöpftes) abnehmen:* das Kind, sich die Kapuze von der Jacke a. **2.** [viell. mit Bezug auf Wertsachen, die (wie z. B. Uhren) am Knopfloch befestigt waren] (ugs.) *jmdm., ohne dass er sich dagegen recht wehren, sträuben kann, einen Geldbetrag abnehmen:* jmdm. beim Kartenspielen 5 Euro a.; du hast dir für den gebrauchten Wagen zu viel a. lassen; Wird man ... den reichen Leuten ihr Geld a. *(abnehmen, wegnehmen;* St. Zweig, Fouché 88).

ab|knut|schen ⟨sw. V.; hat⟩ (salopp, oft abwertend): *jmdn. unter Umarmungen fortgesetzt küssen:* er knutschte sie, sie knutschten sich im Hausflur ab.

ab|ko|chen ⟨sw. V.; hat⟩: **1. a)** (seltener) *bis zum Garsein kochen:* Futterkartoffeln, Eier für die Salat a.; **b)** *durch Kochen keimfrei machen:* wir mussten das Trinkwasser a.; **c)** *durch Kochen einen Extrakt aus etw. gewinnen:* [Heil]kräuter a. **2.** (salopp) *(jmdn.) zermürben, erledigen, fertigmachen:* sich nicht a. lassen. **3.** (salopp) *schröpfen, ausnehmen:* sie haben ihn beim Skat ganz gehörig abgekocht. **4.** (Sportjargon) *vor einem Kampf [durch Schwitzen] sein Körpergewicht in kurzer Zeit verringern [um für eine bestimmte Klasse zugelassen zu werden]:* eine Woche vor dem Fight musste der Europameister noch [2 Kilo] a.

ab|kom|man|die|ren ⟨sw. V.; hat⟩ (meist Militär): *dienstlich zur Erfüllung einer besonderen Aufgabe entsenden; abstellen, abordnen:* jmdn. an die Front, für etw., nach Südamerika, zum Ölschaufeln an der Küste a.

Ab|kom|man|die|rung, die; -, -en: *das Abkommandieren.*

Ab|kom|me, der; -n, -n [zu veraltet abkommen = abstammen] (veraltet): *Nachkomme:* er ist ein direkter A. des Kurfürsten.

ab|kom|men ⟨st. V.; ist⟩: **1. a)** *sich, ohne es zu merken, ohne es verhindern zu können, von einer eingeschlagenen Richtung entfernen:* vom Weg[e], vom Kurs, bei Glatteis von der Fahrbahn a.; **b)** *abschweifen* (2): vom Thema a.; **c)** *etw. aufgeben:* von einem Plan wieder a. **2. a)** (Sport) *einen Wettkampf, eine sportliche Übung in bestimmter Weise beginnen:* der Springer ist gut [von der Sprungschanze] abgekommen; **b)** (Schießen) *bei der Abgabe des Schusses eine bestimmte Zielrichtung haben:* ich bin zu tief, bin 8 hoch links abgekommen. **3.** ⟨meist im Inf.⟩ *eine Tätigkeit unterbrechen.* **4.** *außer Gebrauch, aus der Mode kommen:* diese Sitte ist heute ganz abgekommen; Blauer Trenchcoat ist ... ganz abgekommen. Die Leute haben ihn sich übergesehen (Fallada, Mann 94). **5.** (landsch.) *abmagern, körperlich herunterkommen:* er ist während seiner Krankheit sehr abgekommen. **6.** (Radball, Radpolo) *den Boden des Spielfeldes berühren, während der Ball im Spiel ist:* der Spieler ist abgekommen. ◆ **7.** *sich (von jmdm., etw.) entfernen, lösen:* ... an mir vorbeigeglitten ein Menschenschatten ..., welcher, allein daherwandelnd, von seinem Herrn abgekommen zu sein schien (Chamisso, Schlemihl 52).

Ab|kom|men, das; -s, - [zu veraltet abkommen = zu einer Abmachung kommen, mhd. abekomen = (von einer Schuld) durch eine Abmachung loskommen]: *[vertragliche] Übereinkunft [bes. zwischen Staaten, wirtschaftlichen Institutionen o. Ä.]:* ein geheimes A. zwischen zwei Staaten; ein A. [mit jmdm., über etw.] treffen, schließen.

ab|kömm|lich ⟨Adj.⟩: *imstande, sich von einer Tätigkeit frei zu machen; entbehrlich:* ich bin im Moment nicht, schlecht a. Dazu: **Ab|kömm|lich|keit,** die; -.

Ab|kömm|ling, der; -s, -e: **1.** [vgl. Abkomme] (bes. Rechtsspr.) *Nachkomme:* der A. einer alten Familie. **2.** (Chemie) *abgeleitete Verbindung; Derivat.*

ab|kön|nen ⟨unr. V.; hat; meist verneint⟩ (bes. nordd. ugs.): **a)** *leiden können, ertragen können, das kann ich einfach nicht ab;* **b)** *aushalten, vertragen:* ein Glas wirst du doch noch a.; es ist unglaublich, was der alles abkann.

ab|kop|peln ⟨sw. V.; hat⟩: **1.** *(ein Tier) von der ²Koppel* (3) *losmachen:* ich kopp[e]le die Hunde ab. **2.** *(einen Wagen o. Ä. von einem anderen) durch Lösen der Kupplung* (2) *trennen:* den Anhänger, die Mondlandefähre [von der Kommandokapsel] a.

Ab|kop|pe|lung, Ab|kopp|lung, die; -, -en: *das Abkoppeln.*

ab|kra|gen ⟨sw. V.; hat⟩ [zu ↑ Krage] (Bauw.): *(einen Stein) abschrägen:* ein nach unten abgekragter Stein.

ab|krat|zen ⟨sw. V.⟩: **1.** ⟨hat⟩ **a)** *durch Kratzen von etw. entfernen:* das Preisschild, alte Farbe a.; ... abends gingen wir ... auf Tour und kratzten die Naziplakate ab von den Zäunen (Schnurre, Bart 142); **b)** *durch Kratzen reinigen:* die Schuhe a. **2.** ⟨ist⟩ [urspr. mundartl. = weggehen (u. dabei einen Kratzfuß machen)] (derb) *sterben:* er wird wohl bald a.

Ab|krat|zer, der; -s, -: *neben Haustüren angebrachtes Eisen zum Abkratzen (1 a) des Schmutzes von den Schuhen.*

ab|krie|gen ⟨sw. V.; hat⟩ (ugs.): **1.** *abbekommen* (1): ein Stück, nichts a.; keine [Frau], keinen [Mann] a. *(unverheiratet, Single bleiben).* **2.** *in einer gefahrvollen Situation einen Schaden erleiden:* das Schiff hatte zwei Torpedotreffer abgekriegt; ich habe etwas abgekriegt (ugs.; bin in Mitleidenschaft gezogen worden). **3.** *etwas Haftendes, Festsitzendes mit Mühe lösen können, losbekommen:* den Deckel nicht a.

ab|ku|cken (nordd.): ↑ abgucken.

ab|küh|len ⟨sw. V.; hat⟩: **1.** *auf eine niedrigere Temperatur bringen:* die Milch a.; ich habe mich vor dem Schwimmen rasch abgekühlt; Ü das Erlebnis hat seine Liebe abgekühlt. **2.** ⟨a. + sich⟩ *kühl[er] werden, an Wärme verlieren:* nach dem Regen hat es sich stark abgekühlt; das Badewasser hat sich inzwischen, ist nun abgekühlt; ⟨auch ohne »sich«:⟩ der Motor, die Suppe muss noch a.; Ü ihre Beziehungen kühlten [sich] ab; Als ich ... zurückkehrte, merkte ich, dass die Stimmung ... abgekühlt war (Fallada, Herr 148).

Ab|küh|lung, die; -, -en ⟨Pl. selten⟩: **1.** *das Abkühlen, Sichabkühlen.* **2.** *Temperaturrückgang.*

ab|kün|di|gen ⟨sw. V.; hat⟩ (Kirche): *von der Kanzel herab bekannt geben:* der Pfarrer kündigte die Brautpaare ab.

Ab|kün|di|gung, die; -, -en: *das Abkündigen.*

Ab|kunft, die; - [zu ↑ ¹abkommen; 2. Bestandteil veraltet Kunft, mhd. kunft, kumft, ahd. chumft, ↑ ¹künftig]: *Abstammung, Herkunft:* ein Dichter indischer A.; bescheidener, bürgerlicher A. sein; ... ernst nahm dieser erfahrene Mann nur die Macht, die Pflicht, hohe A. und in einigem Abstand davon die Vernunft (Musil, Mann 106).

ab|kup|fern ⟨sw. V.; hat⟩ [eigtl. = einen Kupferstich vervielfältigen] (ugs. abwertend): *unerlaubt übernehmen, abschreiben:* einen Artikel aus einem Lexikon a.; bei jmdm., von jmdm. a.

ab|kup|peln ⟨sw. V.; hat⟩: *abkoppeln* (2).

ab|kür|zen ⟨sw. V.; hat⟩: **1.** *räumlich kürzer machen:* einen Weg a.; [den Weg] ein Stück a.; in abgekürztem (verhaltenem) Trab. **2.** *in seiner Zeitdauer beschränken; vorzeitig beenden:* eine Rede, ein Verfahren a.; er hatte seinen Besuch abgekürzt. **3.** *(in Sprache u. Schrift) kürzer ausdrücken, in einer verkürzten Form wiedergeben:* ein Wort, einen Namen a.

Ab|kür|zung, die; -, -en: **1.** *das Abkürzen, Verkürzen.* **2.** *eine Entfernung, Wegstrecke abkürzender Weg:* eine A. kennen, nehmen; Im Mittelalter hatten die Bauern hier (= durch die Marienkirche) Schweine durchgetrieben, die Kirche als A. benutzt (Kempowski, Uns 49). **3.** *abgekürztes Wort, abgekürzte Folge von Wörtern* (Abk.: Abk.): die A. Lke bedeutet Lastkraftwagen; Dass die etablierten Parteien nur mit ihren -en auftreten, ist kein Zufall, sondern ein Symptom für ihren minderen Realitätsgrad, ... für ihr schemenhaftes Wesen (Enzensberger, Mittelmaß 131).

Ab|kür|zungs|ver|zeich|nis, das: *Verzeichnis, in dem Abkürzungen* (3) *aufgeführt u. erklärt werden.*

Ab|kür|zungs|wort, das: *Kurzwort, Buchstabenwort, verkürztes Wort.*

Ab|kür|zungs|zei|chen, das: *Sigel.*

ab|küs|sen ⟨sw. V.; hat⟩: *oft u. heftig küssen:* sie küsst den Jungen ab; sie küssten sich [gegenseitig] ab.

ab|la|chen ⟨sw. V.; hat⟩ (ugs.): *ausgiebig u. herzhaft lachen.*

ab|la|den ⟨st. V.; hat⟩: **1. a)** *von einem Transportmittel laden:* das Gepäck, Fässer [vom Wagen] a.; Ü wo kann ich Sie a.? (ugs. scherzh.; absetzen); seinen Kummer im Wirtshaus a. *(loswerden);* die Schuld auf einen anderen a. *(abwälzen);* **b)** *durch Herunternehmen der Ladung leer machen:* einen Lastwagen, Waggon a. **2.** (Seew.) *ein Schiff mit Waren beladen:* Schiffe a.

Ab|la|ge, die; -, -n: **1.** ⟨o. Pl.⟩ *das Ablegen:* das Weibchen wurde bei der A. der Eier gestört; Akten zur A. geben; A. machen (Bürow.; Schriftstücke o. Ä. zur Aufbewahrung in einen Ordner legen). **2.** *Raum, Stelle, Vorrichtung, wo etw. abgelegt wird:* Akten in die A. bringen; * **Ablage rund; Ablage P** (ugs. scherzh.; *Papierkorb:* die Briefe landeten ungelesen in der Ablage P). **3.** ⟨meist Pl.⟩ (selten) *abgelegtes Schriftstück:* ... als eine Sekretärin ... die -n des Landratsamtes durchstöberte (Heym, Schwarzenberg 57). **4.** (schweiz.) *Annahme-, Zweigstelle:* den Totoschein zur A. bringen. **5.** (schweiz.) *das Ablagern; Ablagerung* (3).

ab|la|gern ⟨sw. V.; hat⟩: **1. a)** *sich absetzen, ansammeln lassen:* der Fluss lagert hier viel Geröll ab; **b)** ⟨a. + sich⟩ *sich absetzen, ansammeln:* der Stoff lagert sich im Bindegewebe ab. **2.** *durch (längeres) Lagern an Qualität gewinnen:* das Holz muss a., hat abgelagert; ⟨meist im 2. Part.:⟩ abgelagerte Weine. **3.** *etw. zur Lagerung geben, deponieren:* Fässer a.

Ab|la|ge|rung, die; -, -en: **1. a)** *das Ablagern* (1); **b)** *etw. Abgelagertes, Anhäufung fester Stoffe:* eiszeitliche -en. **2.** *das Ablagern* (2), *Lagerung.* **3.** *das Abladen, Deponieren.*

ab|lam|men ⟨sw. V.; hat⟩ (Landwirtsch.): *lammen.*

ab|lan|dig ⟨Adj.⟩ (Seemannsspr.): *(vom Land weg) seewärts gerichtet:* -er Wind; die Strömung ist a.; Er (= der Butt) sei gleich a. weggeschwommen (Grass, Butt 676).

Ab|lass, der; -es, Ablässe [mhd. aplâʒ, ahd. ablâʒ] (kath. Kirche): *Nachlass von auferlegten Strafen, die von dem Sünder nach seiner Umkehr noch zu verbüßen sind.*

Ab|lass|brief, der (MA.): *Urkunde über erteilten Ablass.*

ab|las|sen ⟨st. V.; hat⟩: **1. a)** *abfließen, herauslaufen lassen:* das Öl [aus dem Motor] a.; Wasser aus der Wanne a.; **b)** *ausströmen, entweichen lassen:* Dampf ablassen; die Luft aus einem Reifen a.; Ü seinen Ärger, seinen Frust a.; (ugs.:) Sprüche a.; **c)** *durch Ablassen* (1 a) *entleeren:* einen Teich a.; Der Kessel müssen für die Reparatur abgelassen werden. **2.** *sich in Bewegung setzen lassen:* Brieftauben a.; einen Zug a.; ... dass ein Zug in der Richtung von Breslau her aus der nächstliegenden Station abgelassen sei (Hauptmann, Thiel 20). **3.** *aus Gefälligkeit abgeben:* jmdm. die Hälfte seiner Portion a. **4.** *[jmdm.] einen bestimmten Preisnachlass gewähren:* er lässt [ihr] von dem Preis 15 % ab. **5.** (ugs.) *nicht [wieder] befestigen, nicht [wieder] anlegen:* das Schildchen a. **6. a)** *etw. nicht weiterverfolgen, von etw. absehen u. sich nicht mehr daran halten:* von einem Vorhaben a.; **b)** *sich nicht mehr mit jmdm. befassen:* von dem Unterlegenen a.

Ab|lass|schrau|be, die: *Schraube an einem Behälter, die dazu dient, etw. abzulassen.*

Ab|la|tiv ['ab..., 'ap...], der; -s, -e [lat. (casus) ablativus = der Wegnehmend(er Fall), zu: ablatum, 2. Part. von: auferre = wegnehmen] (Sprachwiss.): **1.** *Kasus in bestimmten Sprachen, der einen Ausgangspunkt, eine Entfernung oder Trennung angibt* (Abk.: Abl.) **2.** *Wort im Ablativ.*

Ab|la|ti|vus ab|so|lu|tus [auch: ...'tiːvʊs -], der; - -, ...vi ...ti [↑ Ablativ, ↑ absolut] (Sprachwiss.): *(in der lat. Sprache) syntaktisch einem Nebensatz gleichwertige Ablativkonstruktion.*

ab|lat|schen ⟨sw. V.⟩: **1.** ⟨hat⟩ (ugs.) *(Schuhwerk) [durch nachlässiges Gang] abnutzen:* seine Schuhe a.; abgelatschte Stiefel. **2.** ⟨ist/hat⟩ (ugs.) **a)** *(eine Entfernung) zu Fuß zurücklegen; ablaufen* (8 a): viele Kilometer a.; **b)** *(eine Anzahl Personen, Orte) der Reihe nach aufsuchen; ablaufen* (8 b): alle Geschäfte, Kunden a.

ab|lat|zen ⟨sw. V.; hat⟩ (salopp emotional): *bezahlen:* in der City muss man fürs Parken ordentlich a.

◆ **ab|lau|ern** ⟨sw. V.; hat⟩: *lauernd beobachten, verfolgen:* Sie haben uns die Spur abgelauert (Schiller, Räuber II, 3).

Ab|lauf, der; -[e]s, Abläufe: **1.** ⟨o. Pl.⟩ (Sport) *Startplatz, Start:* sich am A. einfinden; die Pferde am A. versammeln; an den A. gehen. **2. a)** ⟨o. Pl.⟩ *das Abfließen* (2): für schnellen A. des Wassers sorgen; **b)** *Stelle, an der etw. abläuft:* den A. mit einem Tuch verstopfen; ... ich ersäufte sie (= die Käfer), doch kletterten sie nach einer Weile immer wieder am A. hervor (Frisch, Homo 47). **3.** (Seemannsspr.) *Stapellauf.* **4. a)** *Verlauf:* der A. der Ereignisse, des Programms; die geschichtlichen Abläufe; **b)** (Rundfunk, Fernsehen) *Abfolge von Programmpunkten.* **5.** ⟨o. Pl.⟩ *Beendigung einer Zeit, Erlöschen einer Frist:* nach, vor A. der gesetzten Frist. **6.** (Leichtathletik) *Start des den Stab übernehmenden Läufers bei Staffelwettbewerben.*

Ab|lauf|berg, der (Eisenbahn): *(auf Verschiebebahnhöfen) Gefällstrecke mit Gleisverzweigungen, auf der Waggons zur Zusammenstellung von Güterzügen ablaufen* (4 a) *können.*

Ab|lauf|da|tum, das (bes. österr.): *Verfallsdatum* (1 a).

ab|lau|fen ⟨st. V.⟩: **1.** ⟨ist⟩ **a)** (selten) *sich laufend von einer Stelle entfernen:* alle liefen rasch ab von dem Platz; **b)** (Sport) *das Feld der Marathonläufer lief ab;* **c)** (Seemannsspr.) *einen [anderen] Kurs nehmen; abdrehen.* **2.** ⟨ist⟩ **a)** *ab-, wegfließen:* das Wasser aus der Wanne a. lassen; ablaufendes Wasser bei Ebbe; **b)** *abfließen* (2): die Badewanne läuft schlecht ab. **3.** ⟨ist⟩ **a)** *von etw. herab-, herunterfließen, -rinnen:* der Regen läuft ab [vom Mantel, vom Schirm] ab; Ü an ihm läuft alles ab *(alles lässt ihn gleichgültig);* * **jmdn. a. lassen** (ugs. selten): *kühl ab-, zurückweisen;* wohl aus der Fechterspr., von der Klinge des Gegners, die abgleitet, ohne zu verwunden: ... er ließ den Gatten der Zeset a. ..., weil er ihn nicht recht leiden konnte [Th. Mann, Joseph 837]); **b)** *durch das Ablaufen des Wassers trocken werden:* die Weintrauben müssen noch a.; das Geschirr a. lassen. **4.** ⟨ist⟩ **a)** (Eisenbahn) *den Ablaufberg hinunterfahren:* in 24 Stunden bis zu 5 000 Waggons a. lassen; **b)** (Seemannsspr.) *vom Stapel laufen:* das Schiff seitlich a. lassen. **5.** ⟨ist⟩ **a)** *sich (von Anfang bis Ende) abrollen, abwickeln:* das Kabel ist [von der Trommel] abgelaufen; der Tonband, den Film a. lassen; **b)** *mechanisch zu Ende laufen u. dann stehen bleiben:* die Uhr ist abgelaufen; **c)** *in bestimmter Weise vonstattengehen, vor sich gehen, verlaufen:* ist etw. gut, glimpflich a. gegangen; wie ist die Diskussion abgelaufen? **6.** ⟨ist⟩ *zu Ende gehen; zu bestehen, zu gelten aufhören:* die Frist, die Amtszeit läuft am 1. Januar ab; das Visum, der Pass, der Ausweis ist abgelaufen; wann läuft der Vertrag ab? **7.** ⟨ist⟩ (selten) *abgehen, abzweigen:* von der Landstraße läuft ein Weg ab. **8.** ⟨ist/hat⟩ **a)** *etw. zum Zweck der*

Besichtigung od. Kontrolle entlanggehen, -laufen: den ganzen Weg a.; **b)** *der Reihe nach nach jmdm., etw. absuchen:* alle Läden, Lokale, Kunden a.; ich habe/bin die ganze Gegend *(Haus für Haus)* abgelaufen. **9.** ⟨hat⟩ **a)** *durch vieles Gehen, Laufen abnutzen:* du hast die Absätze schon wieder ganz abgelaufen; **b)** ⟨a. + sich⟩ *sich durch vieles Gehen, Laufen abnutzen:* die Sohlen haben sich schnell abgelaufen; Ü Mit der Zeit lief sich die Neugier ab (Fussenegger, Haus 415).

Ab|lauf|plan, der: *Plan, nach dem ein bestimmtes Programm ablaufen soll.*

Ab|lauf|rin|ne, die: *Rinne, durch die eine Flüssigkeit ablaufen kann.*

ab|lau|gen ⟨sw. V.; hat⟩: **a)** *mit Lauge behandeln, reinigen:* die Tür a.; **b)** *mit Lauge entfernen:* die Farbe a.

Ab|lau|gung, die; -, -en: *das Ablaugen.*

ab|lau|sen ⟨sw. V.; hat⟩: **1.** (ugs.) *jmdm. die Läuse absuchen:* der Affe laust die Jungen, dem Jungen den Kopf ab. **2.** (salopp) *listig [Stück für Stück] abnehmen, ablisten:* sie haben sich ihre Millionen a. lassen.

Ab|laut, der; -[e]s, -e ⟨Pl. selten⟩ (Sprachwiss.): *gesetzmäßiger Vokalwechsel in der Stammsilbe etymologisch verwandter Wörter.*

ab|lau|ten ⟨sw. V.; hat⟩ (Sprachwiss.): *Ablaut aufweisen:* wie lautet dieses Verb ab?; ablautende Verben.

ab|läu|ten ⟨sw. V.; hat⟩: **a)** (bes. Sport) *durch Läuten beenden:* eine Runde a.; **b)** (ugs.) *durch Läuten das Zeichen zur Weiterfahrt geben:* der Schaffner läutete ab.

ab|le|ben ⟨sw. V.⟩ (veraltend): **1.** ⟨hat⟩ *einen Zeitraum (bis zu Ende) leben, durchleben:* er lebte die restlichen Jahre im Exil ab. **2.** ⟨ist⟩ (geh.) *sterben:* in dem Jahr, als sie abgelebt ist.

Ab|le|ben, das; -s (geh.): *Tod:* das frühe A. des Staatsoberhauptes.

ab|le|cken ⟨sw. V.; hat⟩: **a)** *durch Lecken entfernen:* das Blut mit der Zunge a.; **b)** *durch Lecken säubern; an jmdm., etw. leckend entlangfahren:* mit der Zunge die Zähne a.; der Hund hat mich abgeleckt.

ab|le|dern ⟨sw. V.; hat⟩: **1.** (veraltend) *einem Tier das Fell abziehen.* **2.** (landsch.) *heftig verprügeln:* jmdn. a. **3.** (ugs.) *etw. mit einem Ledertuch trocken wischen u. blank putzen:* das gewaschene Auto a.

ab|le|gen ⟨sw. V.; hat⟩: **1. a)** *(ein Kleidungsstück o. Ä.) ausziehen, abnehmen:* den Mantel a.; willst du nicht a.?; **b)** *(bes. Kleidung) nicht mehr tragen:* die Trauerkleidung a.; abgelegte Sachen; Ü seinen Namen a.; alte Gewohnheiten a. *(sie aufgeben);* alte Gewohnheiten abgelegt *(sich davon frei gemacht).* **2. a)** *an einen Ort legen:* den Hörer a.; den Schriftwechsel a. (Bürow.; *zur Aufbewahrung in einen Ordner o. Ä. legen);* die Daten in einem Speicher a. (EDV; *speichern);* Herzass a. (Kartenspiele; *beiseitelegen, weil die Karte nicht mehr benötigt wird);* **b)** (bes. Jägerspr.) *(einen Hund) sich niederlegen u. warten lassen.* **3.** ⟨in Verbindung mit bestimmten Substantiven⟩ [urspr. = (das Geld für) eine geschuldete Summe hinlegen (= bezahlen)] *vollziehen, leisten, machen:* eine Prüfung a. *(machen);* einen Eid a. *(schwören);* die Beichte a. (geh.; *beichten);* ein Gelübde a. *(geloben);* ein Geständnis a. *(gestehen);* ein Bekenntnis [über etwas] a. *([etw.] bekennen);* für jmdn. od. etw. Zeugnis a. *(für jmdn. zeugen, etw. bezeugen);* Rechenschaft [über etwas] a. *(geben);* einen Beweis [für etwas] a. *([etw.] beweisen).* **4.** (veraltet, noch landsch.) *etw. auf etw. anlegen, absehen.* **5.** (Seemannsspr.) *vom Kai o. Ä. wegfahren:* das Schiff hatte in der Nacht abgelegt.

Ab|le|ger, der; -s, - [eigtl. = Trieb, der vom Baum abgemacht u. in die Erde gelegt wird]: **1. a)** *vorjähriger Trieb, der zwecks vegetativer Vermehrung in ganzer Länge waagerecht in eine Rille gelegt u. festgehakt wird;* **b)** *Steckling.* **2.** *Zweigstelle:* der deutsche A. des amerikanischen Konzerns.

ab|leh|nen ⟨sw. V.; hat⟩: **1.** *(Angebotenes) nicht annehmen:* jmds. Einladung a.; ein Geschenk a.; er hat die Wahl abgelehnt. **2.** *einer Forderung o. Ä. nicht stattgeben:* einen Antrag a.; die Zahlung von tausend Euro a. **3.** *nicht gelten lassen, nicht gutheißen; missbilligen:* ein Regime a.; die moderne Malerei a.; er lehnt seinen Schwiegersohn ab. **4.** [eigtl. = die Lehne (= Stütze) von etw. wegnehmen] *als nicht in Betracht kommend zurückweisen:* ich muss jede Verantwortung a.; jmdn. als Zeugen a. **5.** *sich weigern, etw. zu tun; verweigern:* die Ausführung eines Befehls, die Behandlung eines Patienten a.; er lehnte es ab, einen mitzutrinken; eine ablehnende Antwort; sich ablehnend verhalten. ♦ **6.** *abwehren, fernhalten:* ...ein Mittel..., wodurch so manches Leiden gestillt, so manche Gefahr abgelehnt werden könnte (Goethe, Dichtung u. Wahrheit 8).

ab|leh|nend ⟨Adj.⟩: *abweisend, reserviert:* eine -e Reaktion; eine -e Haltung einnehmen.

Ab|leh|nung, die; -, -en: *das Ablehnen.*

Ab|leh|nungs|front, die: *Front (3), die etw. entschieden ablehnt:* gegen dieses Vorhaben hat sich eine breite A. gebildet.

ab|lei|ern ⟨sw. V.; hat⟩ (ugs. abwertend): **1.** *(etw. auswendig Gelerntes, einen Text) eintönig vortragen:* ich leiere das Gedicht ab. **2.** *(anderen bereits Bekanntes) immer wieder vorbringen:* ⟨meist im 2. Part.:⟩ abgeleierte Phrasen; Es wurden in geistlosen Variationen die festgelegten Dogmen abgeleiert (Thieß, Reich 492).

ab|leis|ten ⟨sw. V.; hat⟩: *[voll u. ganz, bis zum Ende] leisten:* den Wehrdienst, ein Probejahr, ein Praktikum a.

Ab|leis|tung, die; -, -en: *das Ableisten.*

ab|lei|ten ⟨sw. V.; hat⟩: **1.** *in eine andere Richtung leiten:* den Rauch [durch den Schacht] a.; einen Bach a.; der Blitz wurde abgeleitet. **2. a)** *von etw. od. jmdm. herleiten:* einen Anspruch, ein Vorrecht aus seiner Stellung a.; ein Wort a. (Sprachwiss.; *aus einem anderen Wort bilden);* eine Formel a. *(entwickeln);* eine Gleichung a. (Math.; *ermitteln);* **b)** *auf jmdn., etw. als seinen Ursprung zurückführen:* seine Herkunft aus der Einwanderern a.; **c)** ⟨a. + sich⟩ *sich herleiten* (b): der Anspruch leitet sich aus ererbten Privilegien ab; (Sprachwiss.:) das Wort leitet sich aus dem Griechischen ab.

Ab|lei|tung, die; -, -en: **1.** *das Ableiten (1, 2).* **2.** *abgeleitetes Wort:* »hämmern« ist eine A. von »Hammer«.

Ab|lei|tungs|mor|phem, das (Sprachwiss.): *der Bildung neuer Wörter dienendes Morphem.*

ab|len|ken ⟨sw. V.; hat⟩: **1.** *in eine andere Richtung lenken:* den Ball [zur Ecke] a.; die Lichtstrahlen werden abgelenkt. **2. a)** *von etw. abbringen, wegbringen:* jmdn. [von der Arbeit] a.; jmds. Aufmerksamkeit a.; vom Thema a. *(die Aufmerksamkeit auf etw. anderes [weniger Heikles] lenken);* er versuchte mit dem Verdacht von sich abzulenken; **b)** *auf andere Gedanken bringen; zerstreuen:* jmdn., sich mit etw. abzulenken versuchen; sie blätterte in einer Zeitschrift, um sich abzulenken; **c)** *das Gesprächsthema wechseln:* er lenkte schnell ab.

Ab|len|kung, die; -, -en: **1.** *das Ablenken* (1): die A. der Magnetnadel. **2.** *Zerstreuung, eine willkommene A.;* A. brauchen, suchen.

Ab|len|kungs|ma|nö|ver, das: *Maßnahme, Handlung, die jmdn. geschickt, unauffällig von etw. ablenken, seine Aufmerksamkeit, Konzentration o. Ä. auf etw. anderes lenken soll.*

ab|ler|nen ⟨sw. V.; hat⟩ (seltener): *von jmdm. durch Nachahmen lernen:* jmdm. bestimmte Kniffe a.; Ü ... den edlen Pferd, das du reiten willst, musst du seine Gedanken a. *(durch genaue Beobachtung erkennen;* Goethe, Egmont IV).

ab|les|bar ⟨Adj.⟩: *sich* ²*ablesen (2, 3) lassend:* auf, an etw. a. sein.

¹**ab|le|sen** ⟨st. V.; hat⟩: **a)** *[ein]sammelnd einzeln von etw. abnehmen:* der Koch liest Kartoffelkäfer ab; **b)** *durch* ¹*Ablesen (a) von etwas leer, frei machen:* Kartoffelpflanzen a.

²**ab|le|sen** ⟨st. V.; hat⟩: **1.** *nach einer schriftlichen Vorlage sprechen:* seine Rede [vom Blatt] a.; der Redner liest ab. **2. a)** *den Stand eines Messgerätes feststellen:* den Stromzähler a.; **b)** *die verbrauchte Menge, die [zurückgelegte] Entfernung o. Ä. an einem Messgerät feststellen:* Strom, die Entfernung a. **3. a)** *[bei jmdm. od. etw.] durch genaue Beobachtung erkennen:* jmdm. jeden Wunsch von den Augen a.; **b)** *aus etw. erschließen:* die Bedeutung des Ereignisses kann man daran a., dass alle erschienen waren.

Ab|le|ser, der; -s, -: *Person, die etw.* ²*abliest (2).*

Ab|le|se|rin, die; -, -nen: w. Form zu ↑ Ableser.

Ab|le|sung, die; -, -en: *das* ²*Ablesen (2).*

ab|leuch|ten ⟨sw. V.; hat⟩: **a)** *mit einer Lichtquelle absuchen:* ich habe mit der Taschenlampe den Hof [nach ihm] abgeleuchtet; **b)** (Bergmannsspr.) *die Luft in einer Grube (3 a) auf Methangehalt untersuchen.*

ab|leug|nen ⟨sw. V.; hat⟩: **1.** *mit großem Nachdruck leugnen:* seine Schuld a.; Niemand würde es glauben, wenn er es ableugnete (Böll, Adam 55). ♦ **2.** *absprechen* (1 b): ...das hieße, Göttern die Vernunft a. (Schiller, Iphigenie V, 3).

Ab|leug|nung, die; -, -en: *das Ableugnen.*

ab|lich|ten ⟨sw. V.; hat⟩: **1.** *fotokopieren:* er lichtete die Buchseite ab. **2.** (ugs.) *fotografieren.*

Ab|lich|tung, die; -, -en: **1.** *das Ablichten.* **2.** *Fotokopie:* eine A. machen, anfertigen.

ab|lie|fern ⟨sw. V.; hat⟩: **1.** *pflichtgemäß [einem zuständigen Empfänger] übergeben, aushändigen:* Waren bei der Firma a.; Ü sie hat eine bemerkenswerte Show abgeliefert *(präsentiert, dargeboten).* **2.** (ugs.) *an einen vereinbarten Ort bringen, einer zuständigen Stelle übergeben:* die Kinder bei den Eltern a.

Ab|lie|fe|rung, die; -, -en: *das Abliefern.*

Ab|lie|fe|rungs|ter|min, der: *Termin für die Ablieferung von etw.*

ab|lie|gen ⟨st. V.; hat⟩: **1.** *(von etw.) entfernt liegen:* der nächste Ort liegt drei Kilometer [weit] ab. **2.** ⟨ist⟩ (südd., österr.) *durch längeres Liegen mürbe werden, an Qualität gewinnen:* das Fleisch ist noch nicht [lange genug] abgelegen.

ab|lis|ten ⟨sw. V.; hat⟩: *jmdm. mit List dazu bringen, etw. herzugeben:* jmdm. sein Geld a.; Ü ... die Ernte muss der Natur abgelistet werden, dem Nebel, dem Regen, dem salzrauen Wind (Koeppen, Rußland 58).

ab|lo|cken ⟨sw. V.; hat⟩: **1.** *[durch Schmeicheln, Überreden] abgewinnen, ablisten:* etw. lockt jmdm. Bewunderung ab; er hat mir 50 Euro abgelockt. **2.** *weglocken:* jmdn. vom Weg a.

ab|lö|schen ⟨sw. V.; hat⟩: **1. a)** *(einen Brand) löschen:* das Feuer konnte erst am Morgen abgelöscht werden; **b)** (Kochkunst) *einer Sache kalte Flüssigkeit zusetzen:* das angebratene Fleisch mit einem Glas trockenem Weißwein a. **2.** *mit einem Löschblatt trocknen:* die Tinte a.; Sie... füllte ... den bläulichen Scheck aus, löschte ihn ab (Böll, Haus 89).

Ab|lö|se, die; -, -n: **1.** (selten) *Ablösung (2 a).* **2. a)** (Jargon) Kurzf. von ↑ Ablösesumme; **b)** (österr., sonst ugs.) *Summe, die an den Vor-*

ablösefrei – abmüßigen

mieter oder Verkäufer für übernommene Einbauten, Einrichtungsgegenstände o. Ä. gezahlt wird.

ab|lö|se|frei ⟨Adj.⟩: **a)** (Berufssport) nicht die Zahlung einer Ablösesumme erfordernd; **b)** (österr.) nicht die Zahlung einer Ablöse (2 c) erfordernd.

ab|lo|sen […lu:…] ⟨sw. V.; hat⟩ [zu engl. to lose = verlieren] (salopp): versagen, keinen Erfolg haben.

ab|lö|sen ⟨sw. V.; hat⟩: **1. a)** von seinem Untergrund lösen; abmachen: die Briefmarke behutsam a.; er löste das Fleisch von den Knochen ab; **b)** ⟨a. + sich⟩ sich lösen: die Sohle hat sich abgelöst. **2.** die Tätigkeit, den Dienst, die Stellung von jmdm. [im Wechsel] übernehmen: einen Kollegen [bei der Arbeit] a.; der Vorsitzende muss abgelöst (verhüll.; aus seinem Amt entfernt) werden. **3. a)** (Geldw.) durch eine einmalige Zahlung tilgen, abgelten: eine Hypothek a.; eine Rente a. (durch eine Abfindung mit einer bestimmten Summe ersetzen); **b)** (österr.) eine Ablöse (2 c) zahlen: beim Kauf der Wohnung löste er die Küche ab.

Ab|lö|se|sum|me, die (Berufssport): Geldsumme, die dem Verein, den ein Berufssportler verlässt, von dem neuen Verein, zu dem er überwechselt, gezahlt wird.

Ab|lö|sung, die; -, -en: **1.** das Ablösen (1 a). **2. a)** das Ablösen (2); **b)** Person, die jmdn. ablöst; ablösende Personengruppe: wann kommt unsere A.? **3.** (Geldw.) Tilgung, Abgeltung einer Schuld: die A. einer Rente, einer Hypothek.

Ab|lö|sungs|sum|me, die: (Berufssport) Ablösesumme.

ab|luch|sen ⟨sw. V.; hat⟩ (salopp): **1.** durch Überredung von jmdm. erhalten; ablisten: sie hat dem Großvater wieder Geld abgeluchst. **2.** durch aufmerksame Beobachtung von jmdm. erfahren: jmdm. ein Geheimnis a.

♦ **ab|lu|dern** ⟨sw. V.; hat⟩ [zu ↑ Luder]: abdecken: Meinethalb mag er sie (= die Pferde) jetzt a. und häuten (Kleist, Kohlhaas 68).

Ab|luft, die; -, Ablüfte (Technik): **1.** ⟨o. Pl.⟩ verbrauchte Luft, die aus Räumen abgesaugt wird: Reinigung der A. **2.** von einem Industrieunternehmen o. Ä. in die Außenluft abgegebene Luft.

Ab|luft|trock|ner, der: Wäschetrockner (1), der die feuchte Abluft über einen Schlauch ins Freie leitet.

ab|lut|schen ⟨sw. V.; hat⟩ (ugs.): **a)** durch Lutschen entfernen: er hat die Marmelade von den Fingern abgelutscht; **b)** durch Lutschen von etw. säubern, befreien: Pflaumenkerne a.; Ü ein abgelutschtes Thema; **c)** durch Lutschen verzehren: der Bonbon war schon zur Hälfte abgelutscht.

ABM [a:be:'|ɛm], die; -, -[s] = Arbeitsbeschaffungsmaßnahme.

ab|ma|chen ⟨sw. V.; hat⟩: **1.** (ugs.) von etw. loslösen u. entfernen: den Rost a.; das Schild [von der Tür] a.; Ü (berlin.:) ... das mach dir man ab, Vater! Schnaps kriegst du nie mehr (das schlag dir aus dem Kopf!; Fallada, Jeder 327). **2. a)** vereinbaren: einen neuen Termin, eine dreimonatige Kündigungsfrist a.; wir hatten abgemacht, dass jeder die Hälfte zahlen soll; es war zwischen ihnen noch nichts abgemacht worden; ⟨häufig im 2. Part.⟩ (bekräftigend, zustimmend in Bezug auf den Abschluss einer Vereinbarung:) abgemacht!; ♦ **b)** eine Vereinbarung treffen, einen Vertrag schließen: ... dass ich sogleich mit ihm abmachte und ihn in unsere Dienste nahm (C. F. Meyer, Amulett 9). **3.** (in bestimmter Weise) klären, ins Reine bringen: etwas gütlich a.; alle Geschäfte im Restaurant a.; wir wollen die Sache unter uns a.; das musst du mit dir

selbst a. (du musst selbst sehen, wie du damit fertig wirst); ... mein Fall war nicht im Sitzen abzumachen (ließ sich nicht ohne Mühe erledigen; Muschg, Gegenzauber 288). **4.** (ugs.) ableisten, hinter sich bringen: seine Dienstzeit abgemacht haben. **5.** (bes. ostösterr.) anmachen (3 a).

Ab|ma|chung, die; -, -en: Vereinbarung: mit jmdm. [über etw.] eine A., -en treffen; sich nicht an die -en halten.

ab|ma|gern ⟨sw. V.⟩: **1.** ⟨ist⟩ mager werden: sie ist [bis auf die Knochen, zu einem Skelett] abgemagert. **2.** ⟨hat⟩ das Volumen, den Gehalt von etwas verringern: eine abgemagerte Ausstattung.

Ab|ma|ge|rung, die; -, -en: das Abmagern.

Ab|ma|ge|rungs|kur, die: Kur, die der Verringerung des Körpergewichts dienen soll.

ab|mä|hen ⟨sw. V.; hat⟩: **1.** mit der Sense, Mähmaschine abschneiden: das Gras a. **2.** (eine Wiese o. Ä.) durch Mähen von hohem Gras frei machen: eine abgemähte Wiese.

ab|mah|nen ⟨sw. V.; hat⟩: (Rechtsspr.) zu vertragsod. gesetzgemäßem Verhalten auffordern, eindringlich [er]mahnen: die Firma ist vom Bundeskartellamt abgemahnt worden.

Ab|mah|nung, die; -, -en: (Rechtsspr.) **a)** das Abmahnen; **b)** Schreiben, das eine Abmahnung (a) enthält: die A. ist bereits abgeschickt.

ab|ma|len ⟨sw. V.; hat⟩: **1.** malend nachzeichnen, genau nach der Vorlage malen: ich habe das Haus abgemalt; sich a. lassen. **2.** ⟨a. + sich⟩ (geh.) sich in etw. widerspiegeln, zum Ausdruck kommen: in seinem Gesicht malte sich Verlegenheit ab.

Ab|marsch, der; -[e]s, Abmärsche ⟨Pl. selten⟩: das Abmarschieren: Vorbereitungen für den A. treffen; Er ist im A. zu seinem Stammtisch (Remarque, Obelisk 17).

ab|marsch|be|reit ⟨Adj.⟩: zum Abmarsch bereit.

ab|mar|schie|ren ⟨sw. V.⟩: **1.** ⟨ist⟩ **a)** (Militär) in Formation u. im Gleichschritt abziehen, abrücken: die Soldaten sind abmarschiert; **b)** (ugs.) weggehen, sich entfernen; aufbrechen (3): er ist beleidigt abmarschiert. **2.** ⟨ist⟩ zur Kontrolle [marschierend] abgehen: das ganze Gebiet a.

ab|meh|ren ⟨sw. V.; hat⟩ [vgl. Mehr (2)] (schweiz.): **1.** durch eine mit Handerheben festgestellte Mehrheit verwerfen, abschaffen: die Gemeinde mehrte den Antrag ab. **2.** durch Handerheben über etw. abstimmen, beschließen: eine Vorlage a.

ab|mei|ern ⟨sw. V.; hat⟩ [zu ↑ Meier] (Geschichte): jmdm. das Pachtgut, den Erbhof entziehen: man meierte die Pächter ab. Dazu: **Ab|mei|e|rung,** die, -, -en.

ab|mei|ßeln ⟨sw. V.; hat⟩: **1.** durch Meißeln entfernen: ich meiß[e]le die scharfe Kante ab. **2.** durch Meißeln kleiner machen: einen Stein stückchenweise a.

Ab|mei|ße|lung, (seltener:) **Ab|meiß|lung,** die; -, -en: das Abmeißeln.

ab|mel|den ⟨sw. V.; hat⟩: **1. a)** (bes. Militär) den Weggang ordnungsgemäß melden: sich, die Kameraden bei seinem Kommandeur a.; **b)** die Aufgabe des Wohnsitzes bei der dafür zuständigen Stelle melden: hast du dich, deine Familie schon [bei der Gemeindeverwaltung] abgemeldet?; **c)** das Ausscheiden bei der zuständigen Stelle melden: seinen Sohn von der Schule, sich bei seinem Verein a.; sich beim Amt a. (ugs.; der Agentur für Arbeit mitteilen, dass man nicht mehr arbeitslos ist); **d)** der zuständigen Stelle melden, dass etw. nicht mehr benutzt wird, nicht [mehr] in Betrieb ist: das Fernsehgerät, das Auto a.; **e)** (EDV) sich ausloggen; eine Community im Internet [dauerhaft] verlassen: dieser Benutzer hat sich leider von unserem

Forum abgemeldet. **2.** (Sportjargon) seinen Gegner nicht zur Entfaltung kommen lassen, ihn beherrschen: der Verteidiger hatte den englischen Linksaußen völlig abgemeldet. **3.** *[bei jmdm.] abgemeldet sein (ugs.; nicht mehr [von jmdm.] beachtet werden, seine Gunst verloren haben).

Ab|mel|dung, die; -, -en: das Abmelden (1).

ab|mel|ken ⟨st. u. sw. V.; melkt/(veraltet:) milkt ab, melkte/(veraltend:) molk ab, hat abgemelkt/ (häufiger:) abgemolken⟩ (Landwirtsch.): **1. a)** (bes. einer Kuh) durch Melken Milch abnehmen: der Kuh ein wenig Milch a.; **b)** (bes. eine Kuh beim Trächtigsein) bis zum letzten Tropfen melken: das Tier ist abgemolken (steht trocken). **2.** das Melken beenden.

Ab|melk|wirt|schaft, die; -, -en (Landwirtsch.): **1.** ⟨o. Pl.⟩ Rinderhaltung nur zur Milchgewinnung. **2.** Betrieb mit Abmelkwirtschaft (1).

ab|mer|geln, sich ⟨sw. V.; hat⟩ [↑ ausmergeln] (landsch.): sich durch übermäßige Arbeit u. ständige Sorge erschöpfen: ich merg[e]le mich ab; ⟨meist im 2. Part.⟩ eine abgemergelte Gesichter.

♦ **ab|mer|ken** ⟨sw. V.; hat⟩: **a)** anmerken (1): Sie sind nachdenklich, Jarno, ich kann es Ihnen schon einige Zeit a. (Goethe, Lehrjahre VIII, 7); **b)** beobachtend, zusehend (von jmdm.) lernen; ablernen: Sie merkte ... Wilhelmen seine Grundsätze ab, richtete sich nach seiner Theorie und seinem Beispiel (Goethe, Lehrjahre V, 16).

ab|mes|sen ⟨st. V.; hat⟩ [vgl. abgemessen]: **1.** nach einem bestimmten Maß (Länge, Größe, Umfang o. Ä.) bestimmen: eine Strecke a.; Ü das Ausmaß eines Schadens noch nicht a. (abschätzen, beurteilen) können. **2.** messend abteilen u. wegnehmen: einen Meter Stoff [vom Ballen] a.

Ab|mes|sung, die; -, -en: **1.** das Abmessen (1). **2.** [Aus]maß, Dimension: einheitliche -en; die -en des Schrankes.

ab|mil|dern ⟨sw. V.; hat⟩: abschwächen: den Aufprall a.; etw. in seinen Folgen abzumildern versuchen.

Ab|mil|de|rung, die; -, -en: das Abmildern.

ab|mi|schen ⟨sw. V.; hat⟩ (Film, Rundfunk, Fernsehen): mischen (6): den Sound, ein Album a.

Ab|mo|de|ra|ti|on, die (Rundfunk, Fernsehen): das Abmoderieren: die A. machen.

ab|mo|de|rie|ren ⟨sw. V.; hat⟩ (Rundfunk, Fernsehen): als Moderator[in] einer Sendung die abschließenden Worte sprechen: [eine Sendung] a.

ab|mon|tie|ren ⟨sw. V.; hat⟩: [einen Teil von] etw. mit technischen Hilfsmitteln entfernen: ein Rad [vom Auto], eine Antenne a.

ABM-Stel|le, die: Stelle (4), die im Zuge einer Arbeitsbeschaffungsmaßnahme geschaffen wird.

ab|mü|hen, sich ⟨sw. V.; hat⟩: sich (mit etw., jmdm.) bis zur Erschöpfung mühen: sich an einer Aufgabe, mit jmdm., etw. a.; ... die Lösung einer ... Aufgabe, an der sich schon die begabtesten, ja die bedeutendsten Fachleute vergeblich abgemüht hätten (Musil, Mann 1112).

ab|murk|sen ⟨sw. V.; hat⟩ [urspr. Studentenspr., zu niederd. murken = töten < mniederd. morken = zerdrücken] (salopp) umbringen: jmdn.; Ü den Motor a. (ugs.; durch unsachgemäßes Schalten od. Bremsen zum Stillstand bringen). **2.** ⟨a. + sich⟩ (ugs.) sich (mit etw.) abquälen.

♦ **ab|mü|ßi|gen** ⟨sw. V.; hat⟩: **a)** sich vorübergehend (von jmdm., einer Beschäftigung) freimachen, lösen: Es sind Personen bei ihm, von denen er sich keinen Augenblick a. kann (Lessing, Emilia Galotti IV, 5); **b)** als freie Zeit abringen, für sich gewinnen: ... dass er nur auf den Augenblick warte, den er seinen Geschäften

abmustern – Abort

würde a. können, um ihr seine Ehrerbietigkeit zu bezeugen (Kleist, Marquise 252).

ab|mus|tern ⟨sw. V.; hat⟩ [eigtl. = aus der Musterrolle gestrichen werden] (Seemannsspr.): **a)** *aus dem Dienst auf einem Schiff entlassen:* den Schiffskoch a.; **b)** *den Dienst auf einem Schiff aufgeben:* ich kann morgen schon a.

Ab|mus|te|rung, die; -, -en: *das Abmustern.*

ABM-Ver|trag [ɛrbiːˈlɛm...], der [ABM = Abk. für engl. anti-ballistic-missile = antiballistische Rakete] (Politik): *Vertrag über die Begrenzung von Raketenabwehrsystemen.*

ab|na|beln ⟨sw. V.; hat⟩: **1.** *(ein neugeborenes Kind) von der Nabelschnur trennen:* ich nab[e]le das Neugeborene ab. **2.** ⟨a. + sich⟩ *sich von etw. lösen:* sich vom Elternhaus a.; ⟨auch ohne »sich«:⟩ von diesem Traum konnte er nur schwer a.

Ab|na|be|lung, (seltener:) **Ab|nab|lung,** die; -, -en: *das Abnabeln, das Sichabnabeln.*

ab|na|gen ⟨sw. V.; hat⟩: **1.** *durch Nagen entfernen:* die Maus hat ein Stück [von dem Speck] abgenagt. **2.** *leer nagen:* die Knochen sauber a.

ab|nä|hen ⟨sw. V.; hat⟩: *durch eine keilförmige Naht, durch das Einnähen einer Falte in den Stoff enger machen:* sie nähte den Rock ab.

Ab|nä|her, der; -s, -: *keilförmige Naht, eingenähte Falte, mit der ein Kleidungsstück enger gemacht wird.*

Ab|nah|me, die; -, -n [2. Bestandteil mhd. nāme, ahd. nāma = das (gewaltsame) Nehmen, Verbalabstraktum von ↑ nehmen]: **1.** *das Abnehmen* (1 a), *Entfernung:* die A. des Kronleuchters, des Verbandes; die A. *(Amputation)* eines Beines. **2.** *Verminderung:* eine merkliche A. des Gewichts. **3.** *das Abnehmen* (7); *Kauf:* bei A. größerer Mengen gewähren wir Rabatt; *** A. finden** *(sich verkaufen lassen:* die Ware findet reißende A.). **4.** ⟨Pl. selten⟩ *das Abnehmen* (3): die A. eines Versprechens. **5. a)** *das Abnehmen* (5): die A. der Parade; die A. aller Handwerkerleistungen am Bau; **b)** ⟨Pl. selten⟩ *mit der Abnahme* (5 a) *betraute Personen:* die A. hat den Wagen beanstandet.

Ab|nah|me|ga|ran|tie, die: *Garantie für die Abnahme* (3) *von etw.*

Ab|nah|me|prü|fung, die: *bei einer Abnahme* (5) *stattfindende Prüfung.*

ab|nehm|bar ⟨Adj.⟩: *sich abnehmen* (1 a) *lassend:* -e Ärmel; der Deckel ist leicht a.

ab|neh|men ⟨st. V.; hat⟩: **1. a)** *von einer Stelle fort-, herunternehmen:* den Hut a.; den Deckel a.; die Wäsche von der Leine a.; niemand nahm den Hörer ab; ich nahm mir den Bart ab *(rasierte ihn mir ab);* Beeren, Äpfel a. *(abpflücken, ernten);* das Bein musste [ihm] schließlich abgenommen *(amputiert)* werden; **b)** (ugs.) *ein Telefongespräch durch Abheben des Hörers vom Fernsprechgerät entgegennehmen:* niemand hat abgenommen; Das Telefon klingelte ... aber er konnte nicht hingehen und a. (M. Walser, Seelenarbeit 269). **2. a)** *jmdm. helfend etw. [Schweres] aus der Hand nehmen:* jmdm. die Pakete, die Tasche a.; **b)** *etw., was jmdm. aufgebürdet ist, an seiner Stelle übernehmen.* **3.** *sich etw. von jmdm. geben lassen; etw. von jmdm. entgegennehmen:* dem Briefträger das Päckchen a.; sie nahm ihm die Blumen nicht ab; Ü *jmdm. einen Eid a. (jmdn. einen Eid ablegen lassen);* jmdm. ein Versprechen a. *(sich von jmdm. ein Versprechen geben lassen);* der Priester nahm ihm die Beichte ab *(ließ ihn sie ablegen).* **4.** *von jmdm. für eine Gegenleistung fordern:* er will mir für die Reparatur von 50 Euro a. **5.** *auf Fertigstellung, vor der Zulassung prüfen, ob alles den Vorschriften entspricht; prüfend begutachten:* einen Neubau, ein Fahrzeug a.; die Parade a.; wer hat die Prüfung abgenommen? **6. a)** *[widerrechtlich] wegnehmen, entreißen:* jmdm. die Brieftasche a.; der Mann nahm ihm die Uhr ab; der Polizist hat ihm den Führerschein abgenommen *(hat ihn beschlagnahmt);* **b)** *im Spiel oder Wettkampf abgewinnen:* jmdm. beim Skat viel Geld a. **7.** *jmdm. abkaufen:* der Händler will uns die alten Sachen a. **8.** (übertr. zu 7) (ugs.) *für wahr halten, glauben:* diese komische Geschichte nehme ich ihm nicht ab. **9. a)** *von einem Original übertragen:* Fingerabdrücke a.; **b)** (veraltend, noch scherzh.) *aufnehmen* (10 b), *fotografieren:* lass dich mal a.! **10.** (Handarb.) *Maschen zusammenstricken, um ihre Zahl zu verringern:* ich muss jetzt [Maschen] a. **11.** *an Körpergewicht verlieren:* ich muss noch einige Pfund a.; sie hat in der letzten Zeit sehr, stark abgenommen. **12.** *an Größe, Umfang, Substanz, Stärke o. Ä. verlieren; sich verringern:* die Geschwindigkeit, die Helligkeit nimmt ab; die Vorräte nehmen ab; seine Kräfte nahmen rasch ab; die Tage nehmen ab *(werden kürzer);* ⟨häufiger im 1. Part.:⟩ im abnehmenden Licht; bei abnehmendem Mond *(in der Zeit zwischen Vollmond u. Neumond).* **13.** (veraltend) *aus etw. schließen:* ich konnte an/aus ihrem Verhalten nichts a.; ◆ Hast du das von dir abgenommen? Hast du diese stolze Anmerkung über dich selbst gemacht (Goethe, Egmont III).

◆ **14.** (landsch.) *abschöpfen* (1): ... an der Nidel sollte es doch auch nicht fehlen, wie hätte dieselbe abgenommen, wie sie es sonst nicht alle Tage im Brauch hätte (Gotthelf, Spinne 10).

Ab|neh|mer, der; -s, -: **1.** *Person, die [als Zwischenhändler] eine Ware kauft.* **2.** *jmd., der etw. von einem anderen annimmt:* für etw. keinen A. finden *(niemanden finden, der etw. Bestimmtes, das jmd. abgeben will, gerne haben möchte).*

Ab|neh|me|rin, die; -, -nen: w. Form zu ↑ Abnehmer.

Ab|neh|mer|land, das ⟨Pl. ...länder⟩: *Land, in das Waren aus einem anderen Land exportiert werden.*

Ab|nei|gung, die; -, -en [vgl. abgeneigt]: *deutlich bewusste Empfindung, jmdn. od. etw. nicht zu mögen:* gegen jmdn., etw. eine unüberwindliche A. haben, empfinden.

ab|nib|beln ⟨sw. V.; ist⟩ [H. u.; viell. zu niederd. nibbeln = mit den Lippen, Zähnen kleine Stücke von etw. lösen] (salopp, bes. berlin.): *sterben:* ich nibb[e]le bald ab; Delikatessen-Krüger, wie der so allmählich abnibbelte, und Bölte, wie der hochkam (Kempowski, Tadellöser 247).

ab|ni|cken ⟨sw. V.; hat⟩ [eigtl. = mit einem Kopfnicken zustimmen] (ugs.): *[ohne Einwände, Diskussion, Kritik] genehmigen, befürworten:* die Geschäftsleitung hat großzügig alle Forderungen des Betriebsrats abgenickt.

ab|norm ⟨Adj.⟩ [lat. abnormis, zu: norma, ↑ normal]: **1.** *vom Normalen abweichend; krankhaft:* dieser Trieb, diese Veranlagung ist a. **2.** *das gewohnte Maß übersteigend, vom Üblichen abweichend, ungewöhnlich:* -e Ausmaße; der Junge ist a. dick.

ab|nor|mal ⟨Adj.⟩ [aus lat. ab- = weg-, ent-, un-, miss- u. ↑ normal] (bes. österr., schweiz.): *nicht normal: -e ein Kind;* sich a. benehmen.

Ab|nor|mi|tät, die; -, -en [lat. abnormitas]: **1.** *Abweichung vom Normalen, Fehlbildung:* der Psychiater stellte eine A. im Gehirn des Angeklagten fest. **2.** *fehlgebildetes Wesen:* früher stellte man auf Jahrmärkten oft -en zur Schau.

ab|nö|ti|gen ⟨sw. V.; hat⟩ (geh.): *bewirken, dass jmd. sich zu einem bestimmten Verhalten o. Ä. genötigt sieht; zwingend abgewinnen:* sein Verhalten nötigt mir Respekt ab.

ab|nu|deln ⟨sw. V.; hat⟩ (ugs.): **1.** *völlig ausdruckslos spielen, vortragen; abspielen:* sein Repertoire, die Nationalhymne a. **2.** *abnutzen, verschleißen:* die Reifen durch scharfes Bremsen a.; eine abgenudelte Filmkopie, Schraube; Ü ein abgenudeltes Thema.

ab|nut|zen, (südd., österr. u. schweiz. meist:) **ab|nüt|zen** ⟨sw. V.; hat⟩: **a)** *durch Gebrauch, Beanspruchung im Wert, in der Brauchbarkeit mindern:* die Autoreifen a.; ⟨häufig im 2. Part.:⟩ ein abgenutzter Teppich; **b)** ⟨a. + sich⟩ *durch Benutzung an Wert und Brauchbarkeit verlieren:* die Bürste hat sich rasch abgenutzt; Ü große Worte nutzen sich ab.

Ab|nut|zung, (südd., österr. u. schweiz. meist:) **Ab|nüt|zung,** die; -, -en ⟨Pl. selten⟩: *das Abnutzen.*

Ab|nut|zungs|er|schei|nung, (südd., österr. u. schweiz. meist:) **Ab|nüt|zungs|er|schei|nung,** die: vgl. Verschleißerscheinung.

Abo, das; -s, -s (ugs.): kurz für ↑ Abonnement.

Ab|o|li|ti|on, die; -, -en [lat. abolitio = Abschaffung, Aufhebung] (Rechtsspr.): *Niederschlagung eines Strafverfahrens vor seinem rechtskräftigen Abschluss.*

Abon|ne|ment [schweiz. auch: ...əˈmɛnt, auch, österr. meist: abɔnˈmã:, abɔnəˈmã:], das; -s, -s, schweiz. auch: -e [frz. abonnement, zu: ↑ abonnieren]: *für eine längere Zeit vereinbarter und deshalb meist verbilligter Bezug von Zeitungen, Zeitschriften, Eintrittskarten, Mittagessen o. Ä.:* das A. des »Sprachspiegels«/(bes. schweiz.:) auf den »Sprachspiegel« beginnt, endet, erlischt am 1. Januar; ein A. haben; sein A. (Anrecht) für die Oper erneuern, verlängern.

Abon|ne|ment|preis, Abonnementspreis, der: *Preis für ein Abonnement.*

Abon|ne|ment|ser|vice [...səˈvɪs], der, österr. auch: das: **a)** *als Dienstleistung angebotene Möglichkeit, etw. im Abonnement zu beziehen;* **b)** *Abteilung, die die Abonnentinnen und Abonnenten bedient.*

Abon|ne|ments|preis: ↑ Abonnementpreis.

Abon|nent, der; -en, -en: *Inhaber eines Abonnements:* neue -en werben.

Abon|nen|ten|zahl, die: *Anzahl der Abonnenten u. Abonnentinnen.*

Abon|nen|tin, die; -, -nen: w. Form zu ↑ Abonnent.

abon|nie|ren ⟨sw. V.; hat⟩ [frz. s'abonner (à), zu: abonner = etw. für jmdn. abonnieren, älter = eine zeitlich begrenzte Leistung vereinbaren < afrz. bonne, Nebenf. von: borne, ↑ borniert]: *im Abonnement beziehen:* eine Zeitung a.; wir haben im Theater abonniert; *** auf etw. abonniert sein** (1. *etw. abonniert haben; ein Abonnement haben.* etw. *immer wieder haben, bekommen, erringen:* auf Erfolg abonniert sein; die Mannschaft ist auf Sieg abonniert).

ab|oral [auch: ˈap...] ⟨Adj.⟩ [zu lat. ab- = weg u. os (Gen.: oris) = Mund] (Med.): *vom Mund entfernt liegend, zum After hin liegend* (von einzelnen Teilen des Verdauungstraktes im Verhältnis zu anderen).

ab|ord|nen ⟨sw. V.; hat⟩ [eigtl. = jmdn. aus einer Gruppe mit einem Auftrag absondern]: *dienstlich zur Erfüllung einer Aufgabe entsenden:* jmdn. nach Berlin, zu einer Konferenz a.

Ab|ord|nung, die; -, -en: **1.** ⟨o. Pl.⟩ *das Abordnen:* die A. eines Bevollmächtigten befürworten. **2.** *Gruppe von abgeordneten Personen:* eine A. empfangen.

¹Ab|o|ri|gi|ne [aploˈriːgine, engl.: æbəˈrɪdʒɪniː], der; -s, -s [engl. aborigine < lat. Aborigines (Pl.) = Name der Ureinwohner von Latium, zu: ab origine = vom Ursprung an]: *Ureinwohner [Australiens].*

²Ab|o|ri|gi|ne, der; -s, -s: w. Form zu ↑ ¹Aborigine.

¹Ab|ort [auch: aˈbɔrt, schweiz. nur: ˈabɔrt], der; -[e]s, -e [wohl aus dem Niederd., eigtl. = abgele-

Abort – abrechnen

gener Ort) (wird heute standardsprachlich gemieden, ist in der Amts- u. Fachspr. aber noch gebräuchlich): Toilette (2).

²**Ab|ort**, der; -s, -e [lat. abortus, zu: aboriri, ↑ abortieren] (Med.): **1.** Fehlgeburt (1). **2.** Schwangerschaftsabbruch.

³**Ab|ort**, der; -s, -s [engl. abort < lat. abortus, ↑ ²Abort] (Raumfahrt): Abbruch eines Raumfluges.

Ab|ort|gru|be, die: Grube beim Haus, die die Fäkalien aus den Toiletten aufnimmt.

ab|or|tie|ren ⟨sw. V.; hat⟩ [zu lat. abortum, 2. Part. von: aboriri = (von der Leibesfrucht) abgehen] (Med.): einen ²Abort haben.

ab|or|tiv ⟨Adj.⟩ [lat. abortivus] (Med.): einen ²Abort bewirkend; abtreibend.

Abo|ser|vice [...soːvɪs], der, österr. auch: das: kurz für ↑ Abonnementservice (a, b).

ab ovo [ap ˈoːvo; lat., eigtl. = vom Ei an] (bildungsspr.): von Anfang an; von vornherein.

ab|pa|cken ⟨sw. V.; hat⟩ (Kaufmannsspr.): (eine Ware) für den Verbraucher in einer bestimmten Menge verpacken: Zucker a.; abgepackte Waren.

ab|pas|sen ⟨sw. V.; hat⟩: **1.** [vgl. aufpassen] **a)** (den passenden Zeitpunkt) abwarten: den richtigen Zeitpunkt a.; **b)** auf jmdn. warten u. ihn aufhalten, um sich wegen etw. an ihn zu wenden: den Briefträger a. **2.** (veraltend) in Bezug auf etw. abstimmen u. passend anfertigen: den Rock, den Vorhang in der Länge a.

ab|pa|t|rouil|lie|ren ⟨sw. V.; hat⟩: [zum Zweck der Überwachung] patrouillierend abgehen, abfahren: die Straßen a.

♦ **ab|pat|schen** ⟨sw. V.; ist⟩ [zu patschen = ungeschickt gehen] (landsch.): weggehen, verschwinden: ... ihm zu sagen, wo der frühere Herr Lehrer sei. »Abgepatscht, und auch du patsch ab!«, lautete die Antwort (Ebner-Eschenbach, Gemeindekind 128).

ab|pau|sen ⟨sw. V.; hat⟩: mit Pauspapier übertragen: eine Zeichnung a.

ab|pel|len ⟨sw. V.; hat⟩ (landsch., bes. nordd.): pellen (1 a): Kartoffeln, die Wurst a.

ab|per|len ⟨sw. V.; ist⟩: (von Flüssigkeit) an etw. in Perlen herunterrinnen: das Wasser perlt an dem Mantel ab.

ab|pfei|fen ⟨st. V.; hat⟩ (Sport): **a)** (vom Schiedsrichter bei einem Spiel) durch Pfeifen unterbrechen: das Spiel wegen Abseits a.; der Schiedsrichter hatte schon vorher abgepfiffen; **b)** (vom Schiedsrichter bei einem Spiel) durch Pfeifen beenden: die erste Halbzeit a.; Ü die ganze Aktion wurde wieder abgepfiffen.

Ab|pfiff, der; -[e]s, -e (Sport): Pfiff als Zeichen zur Beendigung eines Spiels.

ab|pflü|cken ⟨sw. V.; hat⟩: **a)** pflückend von einer Pflanze, einem Baum entfernen: sie hat die Kirschen abgepflückt; **b)** eine Pflanze, einen Baum von etw. leer machen: die Stachelbeersträucher sind alle abgepflückt.

ab|pin|nen ⟨sw. V.; hat⟩ (Schülerspr.): abschreiben: vom Nachbarn a.

ab|pi|pet|tie|ren ⟨sw. V.; hat⟩ (Fachspr.): (eine Flüssigkeit) mit einer Pipette entnehmen: nach dem Zentrifugieren wurde das Blutplasma abpipettiert.

ab|pla|cken, sich ⟨sw. V.; hat⟩ (landsch.): sich abplagen.

ab|pla|gen, sich ⟨sw. V.; hat⟩: sich mit etw., jmdm. abmühen, mühselige Arbeit verrichten: sich mit den unartigen Kindern a.; ich habe mich mein ganzes Leben lang abgeplagt; Er hatte ruhig zugesehen, wie sich ... sich abplagte mit dieser Frage (Chr. Wolf, Himmel 24).

ab|plat|ten ⟨sw. V.⟩: **1.** ⟨hat⟩ platt[er] machen: Rundungen a. **2.** ⟨ist⟩ platt[er] werden: die Oberfläche plattet ab.

ab|plät|ten ⟨sw. V.; hat⟩ (nordd., md.): durch Bügeln auf einen Stoff übertragen: ein Muster a.

ab|plat|zen ⟨sw. V.; ist⟩: [einen Riss bekommen u.] sich ruckartig von etw. lösen: Gips platzt ab; mir ist ein Knopf von der Jacke abgeplatzt.

ab|pols|tern ⟨sw. V.; hat⟩: (zum Schutz gegen Stoß od. Schlag, zum Abdämpfen von Geräuschen o. Ä.) mit einer Polsterung versehen: etw. mit alten Autoreifen a.

ab|prä|gen ⟨sw. V.; hat⟩: in etw. prägend abbilden: der Künstler prägte ihre Gestalt in Metall ab; Ü das Wesen des Menschen prägt sich in seiner Geschichte ab.

Ab|prall, der; -[e]s, -e ⟨Pl. selten⟩: das Abprallen.

ab|pral|len ⟨sw. V.; ist⟩: beim harten Auftreffen auf etw. [federnd] zurückgeworfen werden: die Geschosse prallten an der Mauer ab; der Ball prallte von der Latte ab; Ü die Vorwürfe prallten an ihm ab.

Ab|pral|ler, der; -s, - (Ballspiele): vom Torpfosten, Spieler abprallender Ball: den A. aufnehmen, einschießen.

ab|pres|sen ⟨sw. V.; hat⟩: **1.** herauspressen; unter Druck absondern: die Hitze presste ihm manchen Schweißtropfen ab. **2.** abnötigen, abzwingen: jmdm. ein Versprechen, ein Geständnis a.; ich presste mir ein Lächeln ab. **3.** abschnüren (1 a): diese Vorstellung presste ihm den Atem ab.

Ab|pres|sung, die; -, -en: das Abpressen.

Ab|pro|dukt, das (Fachspr.): (bes. in Industrie und Landwirtschaft) bei der Produktion entstehende Abfälle.

ab|puf|fern ⟨sw. V.; hat⟩: abmildern, abfedern: die Auswirkungen von etw. nicht mehr a. können.

ab|pum|pen ⟨sw. V.; hat⟩: **1.** durch Pumpen entfernen: Öl, Wasser a.; sie pumpt ihre Milch ab und füllt sie in ein Fläschchen. **2.** (salopp) von jmdm. leihen, borgen.

ab|put|zen ⟨sw. V.; hat⟩: **1. a)** durch Wischen o. Ä. säubern, von etw. den Schmutz entfernen: sich die Hände a.; hast du dir die Schuhe richtig abgeputzt?; das Kind a. (von Kot säubern); **b)** (seltener) wischend, bürstend entfernen: die Flecken a. **2.** verputzen: ein Haus a. **3.** (landsch.) tadeln, zurechtweisen.

ab|quä|len ⟨sw. V.; hat⟩: **1. a)** ⟨a. + sich⟩ sich so abmühen, dass es einem zur Qual wird: sich lange [mit einer Arbeit] a.; **b)** sich mühsam abzwingen: ich quälte mir ein Lächeln ab. **2.** (veraltet) quälend erschöpfen: seinen Geist a.

ab|qua|li|fi|zie|ren ⟨sw. V.; hat⟩: abfällig beurteilen; in der Qualifizierung herabsetzen: ein Buch, eine politische Überzeugung a.; er hat sie als Dilettantin abqualifiziert.

Ab|qua|li|fi|zie|rung, die; -, -en: das Abqualifizieren.

ab|quat|schen ⟨sw. V.; hat⟩ (salopp): jmdn. überreden, etw. herzugeben.

ab|quet|schen ⟨sw. V.; hat⟩: durch Quetschen abtrennen: ich habe mir um ein Haar den Finger abgequetscht.

ab|ra|ckern, sich ⟨sw. V.; hat⟩ (salopp): sich abmühen, abarbeiten: ich rackerte mich [mit dem schweren Koffer] ab; sich für jmdn. a.

Ab|ra|ham: in der Wendung **wie in -s Schoß** (ugs.; sicher u. geborgen; gut aufgehoben; nach Luk. 16, 22).

ab|rah|men ⟨sw. V.; hat⟩: die Fettschicht von der Milch abschöpfen: die Milch vorher a.; Ü da hat jemand [alles] abgerahmt (ugs.; das Beste für sich genommen).

Ab|ra|ka|da|b|ra [auch: ˈa…ːd…], das; -s: **1.** ⟨o. Art.⟩ [spätlat. abracadabra, H. u.] Zauberformel. **2.** sinnloses, unverständliches, unsinniges Gerede.

ab|ra|sie|ren ⟨sw. V.; hat⟩: **a)** (Haare) mit dem Rasiermesser, -apparat unmittelbar an der Haut abschneiden: ich rasierte [ihm, ihr] Haare ab; **b)** (ugs.) dem Erdboden gleichmachen: die Luftminen haben ganze Straßenzüge abrasiert.

Ab|ra|sio, die; -, …ones [spätlat. abrasio = Abschabung] (Med.): Ausschabung, Auskratzung (bes. der Gebärmutter).

Ab|ra|si|on, die; -, -en [spätlat. abrasio = Abschabung]: **1.** (Fachspr.) Abschabung. **2.** (Geol.) Abtragung der Küste durch die Brandung. **3.** (Med.) Abrasio.

ab|ra|siv [zu lat. abradere = abkratzen, aus ab = los, weg u. radere, ↑ radieren] (bes. Technik): **a)** von reibender, schleifender Wirkung u. dadurch glättend, reinigend od. abnutzend: -e Materialien, Feststoffe, Eigenschaften; **b)** durch Reiben, Schleifen bewirkt: -er Verschleiß.

♦ **ab|ras|ten** ⟨sw. V.; hat⟩: (landsch.) rasten (1): Dazu errichten die Leute vier Altäre, damit »der Herrgott a. kann auf seiner Wanderschaft« (Rosegger, Waldbauernbub 237).

ab|ra|ten ⟨st. V.; hat⟩: raten, etw. nicht zu tun: [jmdm.] nach der Lektüre eines Buches a.; sie riet ihm [davon] ab, allein dorthin zu gehen; das rate ich dir ab.

Ab|raum, der; -[e]s: **1.** (Bergbau) [abgeräumte] Deckschicht über nutzbare Mineralien über Lagerstätten. **2.** (landsch.) Abfall (1).

ab|räu|men ⟨sw. V.; hat⟩: **1. a)** (von einer Oberfläche) weg-, herunternehmen od. zum Schaffen freier Fläche] machen: die Teller, das Frühstück a.; ⟨auch ohne Akk.-Obj.⟩ der Kellner räumt ab; Ü sie hat schon beim ersten Wurf abgeräumt (Kegeln; alle Kegel ausgeworfen); **b)** (Bergbau) (Abraum) wegschaffen: die Deckschicht a. **2.** durch Abräumen (1 a) von etw. leer machen: den Tisch a.

Ab|räu|mer, der; -s, -: **1.** (Fußballjargon) Spieler, der [durch kompromisslose Spielweise] das Spiel der gegnerischen Mannschaft besonders effektiv stört. **2.** (ugs.) Person od. Sache, die bei einer Preisverleihung, einer Verlosung o. Ä. einen od. mehrere Preise gewinnt; Gewinner (1). **3.** jmd., der in einer Gaststätte für das Abräumen (1 a) der Tische zuständig ist.

Ab|räu|me|rin: w. Form zu ↑ Abräumer.

Ab|raum|hal|de, die (Bergbau): Halde (2 a).

Ab|raum|kip|pe, die: Abraumhalde.

ab|rau|schen ⟨sw. V.; ist⟩ (ugs.): **a)** sich rasch (mit Auto, Motorrad o. Ä.) entfernen; **b)** sich auffällig entfernen: die Diva rauschte ab.

Ab|ra|xas ⟨o. Art.⟩ [spätgriech. Abráxas, H. u.]: Zauberformel.

ab|re|agie|ren ⟨sw. V.; hat⟩ (Psychol.): **1.** (eine psychische Spannung o. Ä.) durch eine bestimmte Reaktion verringern, ableiten, zum Verschwinden bringen: Aggressionen, seine schlechte Laune [an den Kindern] a. **2.** ⟨a. + sich⟩ sich durch eine bestimmte Reaktion beruhigen: nach dem Ärger hat er sich beim Joggen abreagiert.

Ab|re|ak|ti|on, die; -, -en (Psychol.): **a)** Beseitigung psychischer Hemmungen u. Spannungen durch das bewusste Nacherleben; **b)** Entladung psychischer Spannungen u. gestauter Affekte in Handlungen.

ab|rech|nen ⟨sw. V.; hat⟩: **1.** von einer Summe abziehen (bei der Mehrwertsteuer a.; Ü das abgerechnet (nicht berücksichtigt), bin ich einverstanden; ... abgerechnet das bisschen Einmaligkeit ist einer wie der andere beschaffen (Th. Mann, Krull 257). **2. a)** eine Schlussrechnung aufstellen: die Kasse a.; sie hat schon abgerechnet; **b)** mit jmdm. eine Geldangelegenheit in Ordnung bringen: mit dem Taxifahrer a. **3.** jmdn. wegen einer moralischen Schuld auseinandersetzen; jmdn. zur Rechenschaft ziehen: nach all diesen Ereignissen werden wir mit denen a.

Ab|rech|nung, die; -, -en: **1.** *das Abrechnen, Abzug:* nach A. der Unkosten; * *etw.* **in A. bringen** (Papierdt.; *etw. abziehen*); **in A. kommen** (Papierdt.; *abgezogen werden*). **2. a)** *Rechenschaft über Einnahmen u. Ausgaben, Schlussrechnung:* die A. machen; **b)** *Blatt mit einer Abrechnung* (2 a): er hat die A. unterschrieben. **3. a)** *Vergeltung, Rache:* mit jmdm. od. etw. A. halten; **b)** *[abschließende] kritische Auseinandersetzung* (1): das Buch ist eine gnadenlose A. mit dem Regime.

Ab|rech|nungs|stel|le, die: *Stelle* (4), *die Abrechnungen* (2) *vornimmt.*

Ab|rech|nungs|sys|tem, das: *für die Abrechnung genutztes System* (2, 5).

Ab|rech|nungs|ter|min, der: *Termin für bestimmte Abrechnungen* (2 a).

Ab|re|de, die; -, -n: **1.** 〈Pl. selten〉 (veraltend) *Verabredung, Vereinbarung:* keiner A. bedürfen. **2.** * *etw.* **in A. stellen** (bildungsspr.): *be-, abstreiten*).

ab|re|den 〈sw. V.; hat〉 (veraltend): **1.** *jmdn. durch eindringliches Reden davon zu überzeugen suchen, etw. nicht zu tun:* er versuchte vergebens, ihm davon abzureden. **2.** *verabreden, vereinbaren:* sie haben den Plan heimlich miteinander abgeredet; ◆ Das war nun eine abgeredte Kriegslist (Mörike, Mozart 241).

ab|re|geln 〈sw. V.; hat〉 (Fachjargon): *die Leistung eines Motors o. Ä. durch Feinabstimmung regulieren, begrenzen* [u. *dadurch der Geschwindigkeit eines Fahrzeugs eine Grenze setzen]:* Ruckeln wird durch das sanft abregelnde Triebwerk verhindert.

ab|re|gen, sich 〈sw. V.; hat〉 (ugs.): *sich beruhigen:* nun reg[e] dich wieder ab!

ab|reg|nen, sich 〈sw. V.; hat〉: *in Form von Regen niedergehen:* die Wolken haben sich an der Küste abgeregnet; 〈auch ohne »sich«〉: die Wolken regnen ab.

Abre|go, der; -s, -s [span. ábrego < lat. (ventus) africus, eigtl. = afrikanischer (Wind)]: *Südwestwind in Südspanien.*

ab|rei|ben 〈st. V.; hat〉: **1. a)** *durch Reiben entfernen, beseitigen:* den Rost [von dem Metall] a.; **b)** *durch Reiben säubern:* er rieb [mir] die Hände an den Hosen ab. **2. a)** *trocken reiben:* das Kind nach dem Baden a.; die Pferde wurden mit Stroh abgerieben; **b)** *frottieren:* jmdn. mit einem nassen Handtuch a. **3.** *durch Reiben abnutzen:* das Polster ist an dieser Stelle stark abgerieben; 〈auch a. + sich.〉: der Gummi hat sich abgerieben. **4.** *[die Schale von etw.] mit dem Reibeisen entfernen:* eine Muskatnuss a.; abgeriebene Zitronenschale.

Ab|rei|bung, die; -, -en: **1.** *das Abreiben* (2 b), *Frottieren:* eine feuchte A. **2.** (ugs.) **a)** [zu landsch. abreiben = prügeln] *Prügel:* jmdm. eine A. verpassen; **b)** *scharfe Zurechtweisung.*

◆ **ab|rei|chen** 〈sw. V.; hat〉: *erreichen:* ... doch ist's nicht für möglich acht ich's ... vom Schiff a (= das Steilufer) springend abzureichen (Schiller, Tell IV, 1).

ab|rei|chern 〈sw. V.; hat〉 (Fachspr.): *einen Anteil in einem Stoffgemisch o. Ä. verringern:* Uran a.

Ab|rei|se, die; -, -n: *Aufbruch, Abfahrt zu einer Reise:* die A. erfolgte, vollzog sich wie vorgesehen; seine A. um einen Tag verschieben.

ab|rei|sen 〈sw. V.; ist〉: **1.** *eine Reise antreten:* in aller Frühe nach München a. **2.** *die Rückreise antreten, einen Aufenthalt beenden u. abfahren:* ich reise morgen [wieder] ab.

Ab|rei|se|tag, der: *Tag der Abreise.*

Ab|reiß|block, der 〈Pl. ...blöcke u. ...blocks〉: *Schreibblock mit Blättern* (2 a), *die durch Abreißen am oberen u. seitlichen Rand leicht entfernt werden können.*

ab|rei|ßen 〈st. V.〉: **1.** 〈hat〉 **a)** *durch [ruckhaftes] Reißen [von jmdm., sich od. etw.] lösen, abtrennen:* ein Kalenderblatt, ein Pflaster, ein Plakat [von der Hauswand] a.; **b)** *[bei jmdm., sich. od. etw.] hastig, mit einem Ruck entfernen:* ich riss [mir] rasch den Kopfhörer ab. **2.** 〈ist〉 *sich [infolge starker Belastung, Beanspruchung] von jmdm. od. etw. ablösen, abgehen; entzweigehen, zerreißen:* der Schnürsenkel riss ab; ein abgerissener Knopf; **b)** *plötzlich unterbrochen werden, aufhören:* die Funkverbindung riss ab; Kontakte nicht a. lassen; der Strom der Flüchtlinge riss nicht a (nahm kein Ende); Hier war die Tradition abgerissen (Doderer, Wasserfälle 151). **3.** 〈hat〉 *(ein baufälliges od. nicht mehr gebrauchtes Bauwerk) durch Niederreißen beseitigen:* ein baufälliges Haus a. [lassen]. **4.** 〈hat〉 (salopp) *(einen Dienst o. Ä., eine vorgeschriebene [Dienst-, Ausbildungs]zeit) lustlos und ohne eigenes Engagement ableisten:* seinen Militärdienst a.

Ab|reiß|ka|len|der, der: *Kalender mit Blättern, die durch Reißen am [oberen] Rand leicht entfernt werden können.*

ab|rei|ten 〈st. V.〉: **1.** 〈ist〉 **a)** *weg-, davonreiten:* sie sind eben abgeritten; ... er sah Joseph nicht mehr, der abgeritten war (Th. Mann, Joseph 529); **b)** (Jägerspr.) *(von Auer- und Birkwild) wegfliegen:* der Auerhahn reitet ab. **2. a)** 〈hat/ist〉 *an etw. zum Zwecke der Besichtigung od. Kontrolle entlangreiten, etw. bei einem Ritt besichtigen:* die Front der Schwadron, die Posten, Stellungen a.; **b)** 〈hat〉 *(ein Pferd) müde reiten;* **c)** 〈hat〉 (Seemannsspr.) *(schlechtes Wetter, raue See) vor Anker liegend auf See überstehen:* wir müssen den Sturm draußen a.

ab|ren|nen 〈unr. V.〉 (ugs.): **1.** 〈hat, seltener: ist〉 *eine Anzahl Orte od. Personen der Reihe nach wegen etw. eilig aufsuchen:* alle Läden, die ganze Stadt, alle seine Bekannten nach etw. a. **2.** 〈a. + sich; hat〉 *sich durch Rennen ermüden:* warum rennst du dich so ab? ◆ **3.** [zu rennen (3)] *abstoßen* (4): Habt Ihr ein paar Zinken abgerennt? (habt Ihr Euch leicht verletzt, wie ein Hirsch sein erneuertes Geweih an einem Baum?; Goethe, Götz III).

Ab|ri, der; -s, -s [frz. abri = Obdach, Schutz, zu afrz. abrier = bedecken < lat. apricari = sich (in der Sonne) wärmen]: *altsteinzeitliche Wohnstätte unter Felsvorsprüngen od. in Felsnischen.*

ab|rich|ten 〈sw. V.; hat〉: *(ein Tier, bes. einen Hund) zu bestimmten Leistungen od. Fertigkeiten erziehen; dressieren:* einen Hund [falsch, richtig] a.; er richtete den Falken zur Beize ab.

Ab|rich|tung, die; -, -en: *das Abrichten, Dressur.*

Ab|rieb, der; -[e]s, -e: **1.** 〈o. Pl.〉 *das [Sich]abreiben:* der A. ist bei Winterreifen besonders stark. **2.** *etw. Abgeriebenes:* der A. von Steinkohle bei der Aufbereitung; die -e von Gummireifen auf der Fahrbahn.

ab|rieb|fest (Adj.): *gegen Abrieb* (1) *unempfindlich:* -e Reifen, Beläge.

ab|rie|geln 〈sw. V.; hat〉: **a)** *mit einem Riegel [ver]sperren:* den Stall a.; riegeln Sie bitte die Tür ab!; **b)** *den Zugang blockieren, absperren:* alle Zufahrtswege wurden hermetisch abgeriegelt.

Ab|rie|ge|lung, Ab|rieg|lung, die; -, -en: **1.** *das Abriegeln.* **2. a)** *Riegel* (1, 2); **b)** *Sperre* (1 a).

ab|rin|gen 〈st. V.; hat〉: *von jmdm., etw. durch intensive Bemühung erlangen; abzwingen:* dem Meer neues Land a.; a. sich das Versprechen abgerungen, nicht mehr zu rauchen; sich ein Lächeln a.

ab|rin|nen 〈st. V.; ist〉: **1.** *an etw. abwärtsrinnen:* das Wasser rann an der, von der Zeltwand ab. **2.** *rinnend verschwinden:* das Regenwasser rinnt nur langsam ab; Ü ... die Zeit, die da abrann (Zuckmayer, Herr 74).

ab|rip|pen 〈sw. V.; hat〉 [nach gleichbed. engl. to rip off, eigtl. = klauen]: **1.** *jmdm. Kleider od. Wertgegenstände vom Leib reißen, um sie zu stehlen:* beide hatten andere Schüler auf dem Heimweg mehrfach abgerippt. **2.** *(bei einem Handel) betrügen, übervorteilen:* war er abgerippt worden oder hatte er vielleicht sogar ein Schnäppchen gemacht?

Ab|riss, der; -es, -e [vgl. Reißbrett]: **1. a)** 〈o. Pl.〉 *das Ab-, Niederreißen:* der A. des Hauses; **b)** *Teil, der von etw. (z. B. von Eintrittskarten) abgerissen werden soll:* ohne A. ungültig. **2.** (veraltet) *[Umriss]zeichnung:* einen A. von etw. machen. **3.** *knappe Darstellung, Übersicht, Zusammenfassung, auch als kurz gefasstes Lehrbuch; Kompendium:* der Hauptteil enthält einen A. der Lautlehre.

Ab|riss|ar|bei|ten 〈Pl.〉: *Arbeiten, die mit einem Abriss* (1 a) *verbunden sind.*

Ab|riss|bir|ne, die: *beim Abriss von Häusern o. Ä. verwendete Stahlkugel, die an einem Kran hängt u. durch dessen Bewegung mit Wucht gegen das Mauerwerk geschleudert wird, das auf diese Weise zum Zusammenstürzen gebracht wird.*

Ab|riss|haus, das: *Haus, das abgerissen werden soll oder wird.*

ab|ro|cken 〈sw. V.; hat〉 (ugs.): **a)** *mit großer Hingabe Rockmusik spielen;* **b)** *ausgelassen zu Rockmusik u. ä. Musik tanzen.*

ab|rol|len 〈sw. V.〉: **1. a)** 〈hat〉 *von einer Rolle [ab]wickeln:* ein Kabel, Tau a. Ü ◆ ... den großen Gegenstand in einer Reihe von Gemälden nur vor euren Augen abzurollen (Schiller, Wallenstein, Prolog); **b)** 〈ist〉 *sich von einer Rolle abwickeln, ablaufen:* der Film, die Leine rollt ab. **2. a)** 〈hat〉 *(mit dem Fuß) eine rollende Bewegung von der Ferse zu den Zehen ausführen:* beim Laufen über den ganzen Fuß a.; **b)** 〈ist〉 (Turnen) *eine Rolle machen:* nach vorn, über den rechten Arm a.; **c)** 〈hat〉 (Boxen) *mit Kopf u. Oberkörper eine kreisförmige Bewegung in der Richtung eines gegnerischen Schlages ausführen u. so dem Schlag ausweichen;* **d)** 〈ist〉 (Basketball) *einen Verteidiger daran hindern, den Ball anzunehmen, ihn vorm Korb abschirmen u. sich dann zum Korb drehen.* **3. a)** 〈hat〉 (Fachspr.) *(Frachtgut mit einem Fahrzeug) abtransportieren:* Bierfässer a.; der hat die Kisten abgerollt; **b)** 〈ist〉 *sich (auf Rädern o. Ä.) rollend entfernen:* das Flugzeug rollt zum Start ab; der Zug ist eben abgerollt; Draußen rollt ein Panzer ab (Erich Kästner, Schule 121). **4.** 〈ist〉 *ablaufen, vonstattengehen, sich abspielen:* das Programm rollt reibungslos ab; ihr Leben rollte noch einmal vor ihren Augen ab. ◆ **5.** *hastig u. monoton aufsagen:* ... sodass er die ganze Geschlecht-Ausnahme ... vor der Quinta wie ein Wecker abrollte, bloß die Regel wusst' er nicht (Jean Paul, Wutz 11).

ab|rub|beln 〈sw. V.; hat〉 (landsch., bes. nordd.): *rubbelnd trocken reiben:* ich habe mir nach dem Bad den Körper, habe mich abgerubbelt.

ab|rü|cken 〈sw. V.〉: **1.** 〈hat〉 *von jmdm., etw. wegschieben:* ich rückte das Bett [von der Wand] ab. **2.** 〈ist〉 *sich von jmdm., etw., von seinem Platz rückend, ein kleines Stück entfernen:* er rückte ein wenig von ihm ab. **3.** 〈ist〉 *von jmdm., etw. distanzieren, lossagen:* er ist von seinen Äußerungen abgerückt. **4.** 〈ist〉 (bes. Militär) *in geschlossener Formation abmarschieren:* in die Quartiere, in die Kaserne a.; Ü später rückte er heimlich ab (ugs.; *ging er heimlich weg*).

Ab|ruf, der; -[e]s, -e 〈Pl. selten〉: **1.** *Aufforderung, sich von einem Ort, einer Stelle wegzubegeben; Abberufung:* sich auf A. (für die Weisung zu kommen) bereithalten; Ü Eine Unsumme von Stunden ... sind nun auf A. (abrufbar) im

Gedächtnis (Frisch, Stiller 396). **2.** (Kaufmannsspr.) *Weisung des Käufers an den Verkäufer, eine Ware zu einem bestimmten Zeitpunkt zu liefern:* eine Ware auf A. kaufen, bestellen; den Käufer zum A. *(zum Abrufen)* der Ware auffordern. **3.** (Bankw.) *Abheben vom Konto:* der A. einer Summe.

ab|ruf|bar ⟨Adj.⟩: *sich abrufen lassend.*

ab|ruf|be|reit ⟨Adj.⟩: *bereit zum Abgerufenwerden.*

ab|ru|fen ⟨st. V.; hat⟩: **1. a)** *veranlassen, sich von einem Ort, einer Stelle wegzubegeben:* jmdn. aus einer Sitzung a.; **b)** (seltener) *von einem Posten zurückrufen, abberufen:* einen Funktionär [von seinem Posten] a. **2. a)** (EDV) *abfragen* (2): Informationen, Daten a.; **b)** (Flugw.) *zur Landung auffordern:* eine Maschine a. **3. a)** (Kaufmannsspr.) *(vom Käufer) den Verkäufer anweisen, eine bereitgestellte Ware zu liefern:* den Rest einer Ware a.; **b)** (Bankw.) *(Geld von einem Konto) abheben, sich auszahlen lassen:* eine bestimmte Summe vom Konto a.; **c)** (bes. Sport) *zur Wirkung bringen:* im richtigen Moment die bestmögliche Leistung a. können.

ab|rüh|ren ⟨sw. V.; hat⟩: **1.** (Kochkunst) *mit etw. ver-, zusammenrühren:* die Suppe mit einem Ei ab. ♦ **2.** *fertig anrühren:* Noch keine Salben abgerührt (Hebbel, Agnes Bernauer I, 7).

ab|run|den ⟨sw. V.; hat⟩: **1.** *rund machen, in runde Form bringen:* die Ecken a.; alle Kanten sind sorgfältig abgerundet. **2.** *Landbesitz durch den Erwerb angrenzenden Landes vergrößern; arrondieren:* seinen Grundbesitz a. können. **3.** *(eine Zahl) durch Abziehen od. Hinzufügen auf die nächste runde Zahl bringen:* 81,5 auf 81 od. 82 a.; eine Summe a. (häufiger: *durch Abziehen auf die nächste runde Zahl bringen*). **4. a)** *(eine Sache) durch Hinzufügen von etw. ausgewogener, vollständiger machen:* einen Bericht mit etw. a.; Milch oder Sahne runden den Geschmack ab.; ⟨häufig im 2. Part.:⟩ eine stilistisch abgerundete Erzählung; ... ein kleines Klavier..., das zuweilen der Aufgabe diente, die Bildung und Erziehung des Sohnes Peter abzurunden (Musil, Mann 1291); **b)** ⟨a. + sich⟩ *eine abschließende, vervollständigte, ausgewogene Form bekommen:* mein Eindruck rundet sich allmählich ab.

Ab|run|dung, die; -, -en: **1.** *das Abrunden.* **2.** *abgerundete Form.*

ab|rup|fen ⟨sw. V.; hat⟩: *[auf unachtsame, lieblose Weise] ruckartig abreißen:* Blumen a.

ab|rupt ⟨Adj.⟩ [lat. abruptus, adj. 2. Part. von: abrumpere = abreißen]: **1.** *plötzlich und unvermittelt, ohne dass jmd. damit gerechnet hat:* alles fand ein -s Ende; etw. a. unterbrechen. **2.** *ohne erkennbaren Zusammenhang:* a. antworten.

ab|rüs|ten ⟨sw. V.; hat⟩: **1.** *die Rüstung, die Streitkräfte vermindern:* die Großmächte haben abgerüstet; ⟨seltener mit Akk.-Obj.:⟩ die Atomwaffen a. **2.** (Bauw.) *von einem Bauwerk das Gerüst wegnehmen:* wir haben das Haus schon längst abgerüstet.

Ab|rüs|tung, die; -, -en: *das Abrüsten* (1): eine totale, allgemeine, atomare A.

Ab|rüs|tungs|kon|fe|renz, die: *Konferenz, bei der zwei od. mehrere Staaten über Fragen der Abrüstung beraten.*

Ab|rüs|tungs|ver|hand|lung, die ⟨meist Pl.⟩: vgl. Abrüstungskonferenz.

ab|rut|schen ⟨sw. V.; ist⟩: **1.** *abgleiten* (1 a), *abwärts- od. seitwärtsrutschen:* vom Beckenrand a.; das Messer ist mir abgerutscht. **2. a)** *nach unten rutschen:* Erdmassen sind abgerutscht; Ü der Verein ist auf den letzten Tabellenplatz abgerutscht; **b)** *nachlassen,*

schlechter werden: ihre Leistungen rutschen immer mehr ab; in seinen Leistungen a.; **c)** *[moralisch] herunterkommen:* sie ist völlig abgerutscht.

Ab|ruz|zen ⟨Pl.⟩: **1.** *Gebiet im südlichen Mittelitalien.* **2.** *Abruzzischer Apennin.*

Ab|ruz|zi|sche Apen|nin, der Abruzzische Apennin; des Abruzzischen Apennins: *Teil des Apennins.*

Abs. = Absatz; Absender.

ABS [a:be:'ʔɛs], das; -: *Antiblockiersystem.*

ab|sä|beln ⟨sw. V.; hat⟩ (ugs.): *[in großen Stücken] ungeschickt, nicht säuberlich abschneiden:* ich säb[e]le [mir] ein Stück von der Wurst ab.

ab|sa|cken ⟨sw. V.; ist⟩ (ugs.): **1. a)** *nach unten sacken:* der Boden, das Fundament sackt ab; Ihr Gesicht wirkte wie abgesackt. Nur die Augen waren noch an der alten Stelle (M. Walser, Seelenarbeit 93); **b)** *(von Schiffen) sinken, untergehen;* **c)** *an Höhe verlieren:* das Flugzeug sackt ab. **2. a)** *absinken:* das Thermometer, sein Blutdruck sackt ab; der Umsatz ist abgesackt; **b)** *nachlassen, schlechter werden, abrutschen* (2 b): er ist [in seinen Leistungen, in Mathematik] stark abgesackt; **c)** *[moralisch] herunterkommen, abrutschen* (2 c): in der Großstadt sackte er völlig ab.

Ab|sa|cker, der; -s, - (ugs.): *am Ende eines Zusammenseins oder vor dem Schlafengehen getrunkenes letztes Glas eines alkoholischen Getränks:* sollen wir noch einen Weinbrand als A. trinken?

Ab|sa|ge, die; -, -n: **a)** *Zurücknahme [eines Übereinkommens], ablehnender Bescheid:* eine A. erhalten; **b)** *Ablehnung, Zurückweisung:* eine klare A. an totalitäre Politik; jmdm. eine A. erteilen.

ab|sa|gen ⟨sw. V.; hat⟩: **1.** *nicht stattfinden lassen:* eine Veranstaltung, das Training a. **2.** *(von einem Vorhaben) mitteilen, dass es nicht stattfindet:* seinen Besuch, die Teilnahme a. **3.** *jmdm. mitteilen, dass etw. Vereinbartes nicht stattfindet:* ich habe dem Mann, mit dem ich mich treffen wollte, abgesagt. **4.** (geh.) *etw. aufgeben, einer Sache entsagen:* dem Alkohol a.; ... sich entschließen muss man und allem Zweifelmut a. (Th. Mann, Hoheit 235).

ab|sä|gen ⟨sw. V.; hat⟩: **1.** *durch Sägen entfernen, abtrennen:* einen Baum, einen Ast a. **2.** (ugs.) *von seinem Posten entfernen, um seine Stellung bringen;* jmdm. kündigen: einen Beamten, den Trainer a.

ab|sah|nen ⟨sw. V.; hat⟩: **1.** (landsch.) *den Rahm von der Milch entfernen:* die Milch a. **2.** (ugs.) *sich (etw. Wertvolles, das Beste) [in nicht ganz korrekter Weise] aneignen:* der Staat sahnt wieder [Steuern] ab.

ab|sam|meln ⟨sw. V.; hat⟩: **1.** *Stück für Stück von etw. wegnehmen;* ¹ablesen (a): Raupen, Käfer a.; ... wo wir, in langer Kette auseinandergezogen, die Steine absammelten von seinem Kartoffelacker (Lenz, Suleyken 100). **2.** (landsch., bes. südd., österr.) *durch Absammeln* (1) *von etw. leer machen:* Sträucher, einen Acker a.

ab|sat|teln ⟨sw. V.; hat⟩: *(einem Pferd) den Sattel abnehmen:* das Pferd a.; wir haben schon abgesattelt.

Ab|satz, der; -es, Absätze: **1.** *erhöhter Teil der Schuhsohle unter der Ferse:* flache, hohe, spitze Absätze; (*unterste Schicht der Absätze*) ablaufen, schief treten; Sie stampfte mit dem Fuß auf ...; dabei brach ihr der A. ab (Handke, Frau 65); * *sich auf dem A. umdrehen, umwenden; auf dem A. kehrtmachen* (sogleich umkehren). **2. a)** *Unterbrechung in einem fortlaufend gedruckten od. geschriebenen Text (nach der mit einer neuen Zeile begonnen wird):* einen A. machen; **b)** *Abschnitt eines Textes auf einer gedruckten od. geschriebenen Seite* (Abk.: Abs.): Kapitel III, vorletzter A. **3.** (Kaufmannsspr.) *Verkauf:* der A. der Waren stockte; reißenden A. finden *(gut verkauft werden).* **4.** *Unterbrechung einer Fläche, von etw. Fortlaufendem:* der A. eines Berges, einer Treppe, einer Mauer. **5.** ⟨Pl. selten⟩ (Geol.) *Ablagerung.*

Ab|satz|chan|ce, die: *Chance, eine Ware abzusetzen, zu verkaufen.*

Ab|satz|flau|te, die (Kaufmannsspr.): *Flaute im Absatz* (3).

Ab|satz|för|de|rung, die: *Förderung des Absatzes* (3).

Ab|satz|for|schung, die: *den Absatz* (3) *betreffende Forschung.*

Ab|satz|ge|biet, das (Kaufmannsspr.): *Gebiet, in dem etw. abgesetzt* (9) *wird.*

Ab|satz|ka|nal, der (Kaufmannsspr.): *Absatzweg.*

Ab|satz|markt, der: *Markt* (3), *auf dem Produkte abgesetzt werden können.*

Ab|satz|men|ge, die (Kaufmannsspr.): *Menge, Volumen* (2) *des Absatzes.*

Ab|satz|plus, das ⟨o. Pl.⟩ (Kaufmannsspr.): *Steigerung des Absatzes* (3) *(gegenüber einem Vergleichszeitraum).*

Ab|satz|rück|gang, der: *Rückgang beim Absatz* (3); *Absatzeinbuße.*

Ab|satz|schwie|rig|keit, die ⟨meist Pl.⟩: *Schwierigkeit, Problem beim Absatz* (3).

Ab|satz|stei|ge|rung, die: *Steigerung des Absatzes* (3).

Ab|satz|vo|lu|men, das (Kaufmannsspr.): *Volumen des Absatzes* (3); *Absatzmenge.*

Ab|satz|weg, der: *Form, in der der Absatz* (3) *eines Produktes stattfindet.*

ab|satz|wei|se ⟨Adv.⟩: *in Absätzen* (2b).

Ab|satz|zahl, die ⟨meist Pl.⟩: *die Höhe des Absatzes* (3) *angebende Zahl:* sinkende, stagnierende, steigende -en.

ab|sau|fen ⟨st. V.; ist⟩: **1. a)** (salopp) *untergehen:* der Kutter ist abgesoffen; **b)** (derb) *ertrinken:* fünf Matrosen soffen ab. **2.** (ugs.) *(vom Kfz-Motor) nicht mehr laufen, weil dem Vergaser zu viel Benzin zugeführt wird:* im Leerlauf säuft der Motor ab. **3.** (bes. Bergmannsspr.) *sich mit Wasser füllen:* die Grube ist abgesoffen.

ab|sau|gen ⟨sw. V.; hat⟩: **1.** *durch Saugen entfernen:* die Pumpe saugt das Wasser ab. **2.** *durch Saugen von etw. frei machen, säubern:* den Teppich a.

ab|scha|ben ⟨sw. V.; hat⟩: **1. a)** *durch Schaben entfernen:* mit einem Spachtel den Putz [von der Mauer] a.; **b)** *durch Schaben von etw. frei machen:* die Wand a. **2.** *abwetzen* (1 b): ein abgeschabter Kragen; In Mode soll alles gekommen sein, was konventionell war, und am aktuellsten soll gewesen sein, wenn man ein wenig abgeschabt war (abgeschabte Kleidung trug; Plenzdorf, Legende 234).

♦ **Ab|schach**, das; -s, -s: *Abzugsschach:* ... dieses A. hab ich nicht gesehn, das meine Königin zugleich mit niederwirft (Lessing, Nathan II, 1).

ab|schaf|fen ⟨sw. V.; hat⟩: **1. a)** *aufheben* (3 a), *außer Kraft setzen, beseitigen, was bisher bestand, üblich war:* ein Gesetz, die Todesstrafe a.; **b)** *aus der Welt schaffen:* die Autos müssten alle abgeschafft werden; **c)** *etw., was jmd. besitzt, für immer fortgeben:* den Hund, sein Auto a. **2.** ⟨a. + sich⟩ (südwestd., schweiz.) *sich abarbeiten:* du schaffst dich zu sehr ab, bist abgeschafft.

Ab|schaf|fung, die; -, -en ⟨Pl. selten⟩: *das Abschaffen* (1): die A. der Sklaverei, aller Privilegien.

ab|schä|len ⟨sw. V.; hat⟩: **1. a)** *durch Schälen von etw. entfernen:* die Rinde a.; **b)** ⟨a. + sich⟩ *sich in kleinen Stücken ablösen:* die Haut schält sich ab. **2.** *durch Schälen von etw. frei machen:* einen

Baum[stamm] a.; Ü ♦ Knapp', schäl mich ab (*befreie mich von meiner Rüstung;* Hebbel, Agnes Bernauer I, 14); ♦ ... jetzt wär ich ja frei – abgeschält von allen Pflichten (Schiller, Kabale III, 6).

ab|schal|ten ⟨sw. V.; hat⟩: **1. a)** *durch Betätigung eines Schalters unterbrechen, ausmachen:* den Strom a.; er schaltete die Musik ab; **b)** *abstellen, ausschalten:* das Radio, den Motor a.; ein Kernkraftwerk, einen Reaktor a. *(vorübergehend od. endgültig stilllegen).* **2.** (ugs.) **a)** *nicht mehr konzentriert auf das achten, was eigentlich die Aufmerksamkeit beansprucht; unaufmerksam, geistesabwesend sein:* einige Zuhörer hatten bereits abgeschaltet; **b)** *Abstand gewinnen, sich entspannen:* im Urlaub einmal richtig a.; gut, nicht a. können.

Ab|schal|tung, die; -, -en: *das Abschalten* (1).

ab|schat|ten ⟨sw. V.; hat⟩: **1.** *abschattieren.* **2.** *mit Schatten* (1 b) *versehen, abdunkeln:* einen Raum a.

ab|schat|tie|ren ⟨sw. V.; hat⟩: *durch Schattieren abheben, nuancieren:* den Hintergrund eines Bildes a.

Ab|schat|tie|rung, die; -, -en: *das Abschattieren.*

Ab|schat|tung, die; -, -en: *das Abschatten.*

ab|schätz|bar ⟨Adj.⟩: *sich abschätzen lassend:* die Kosten für das Projekt sind nur schwer a.

ab|schät|zen ⟨sw. V.; hat⟩: **a)** *(nach Größe, Menge usw.) prüfend schätzen, veranschlagen, taxieren:* die Entfernung, die Kosten nicht richtig a. [können]; **b)** *nach bestimmten Gesichtspunkten beurteilen:* er versuchte sein Gegenüber abzuschätzen; sie schätzten einander ab, sich [gegenseitig] ab; Ich versuchte sie (= die Menschen) abzuschätzen, etwas von ihnen zu erfahren (Jahnn, Geschichten 160).

ab|schät|zig ⟨Adj.⟩ [urspr. schweiz., zu veraltet abschätzen = eine Ware als minderwertig beurteilen]: *geringschätzig, abfällig:* -e Bemerkungen; die Äußerung ist nicht a. gemeint; sich a. zu etw. äußern.

Ab|schät|zung, die; -, -en: *das Abschätzen* (a).

ab|schau|en ⟨sw. V.; hat⟩ (bes. südd., österr., schweiz.): *absehen* (1, 5, 6).

Ab|schaum, der; -[e]s (abwertend): *als minderwertig betrachteter Teil von einer Gesamtheit (gewöhnlich von Menschen):* A. der Menschheit; dieser Kerl ist A.

ab|schäu|men ⟨sw. V.; hat⟩ (Kochkunst): *den unreinen Schaum von etw. entfernen:* die Brühe a.

ab|schei|den ⟨st. V.⟩: **1.** ⟨hat⟩ **a)** (selten) *von jmdm. absondern, abtrennen:* die kranken Tiere von den gesunden a.; er scheidet sich von der Gruppe ab; **b)** (Fachspr.) *ausscheiden:* die Wunde scheidet Eiter ab; die Lösung hat Salz abgeschieden. **2.** ⟨ist⟩ (geh. verhüll.) *sterben:* in Frieden a.; ⟨subst.:⟩ vor, nach seinem Abscheiden; ... ide make wor a.; ... demnächst schon abzuscheiden (Fussenegger, Haus 142).

Ab|schei|dung, die; -, -en: *das Abscheiden* (1 b).

ab|schen|ken ⟨sw. V.; hat⟩ (Sportjargon): *[fast] ohne Gegenwehr verloren geben:* völlig demoralisiert hatte die Mannschaft das Spiel in der zweiten Halbzeit abgeschenkt.

ab|sche|ren ⟨st. V.; hat⟩: *durch ¹Scheren* (1 b) *völlig entfernen:* den Schafen wurde die Wolle abgeschoren; ich schor mir den Bart ab.

Ab|scheu, der; -s u. die; - [zu ↑ Scheu]: **a)** *starker physischer Ekel:* seine A. vor Spinnen ist unbeschreiblich; **b)** *heftiger Widerwille, starke [moralische] Abneigung:* seinen/(auch:) seine A. über, gegen etw. zum Ausdruck bringen; vor einem Menschen A. haben; jmds. A. erregen; bei, in jmdm. A. erregen; eine [großen] A. erregende Handlungsweise; etw. erfüllt jmdn. mit A.

ab|scheu|ern ⟨sw. V.; hat⟩: **1. a)** *durch Scheuern entfernen:* den Schmutz a.; **b)** *durch Scheuern reinigen:* den Fußboden, den Tisch a. **2.** *durch starkes Reiben ablösen:* ich habe mir die Haut am Arm abgescheuert. **3. a)** *durch beständiges Reiben abnutzen:* du hast den rechten Ärmel abgescheuert; **b)** ⟨a. + sich⟩ *durch beständiges Reiben abgenutzt werden, sich abnutzen:* der Kragen hat sich abgescheuert.

ab|scheu|er|re|gend, Ab|scheu er|re|gend ⟨Adj.⟩: *jmds. Abscheu erregend:* eine äußerst -e Tat; dieser Geruch ist a.

ab|scheu|lich ⟨Adj.⟩: **a)** *ekelhaft, widerwärtig:* ein -er Geruch, Anblick; a. schmecken; ich finde die Umgebung der Stadt a. *(hässlich);* **b)** *[moralisch] verwerflich, schändlich:* eine -e Tat; sich a. benehmen; **c)** ⟨intensivierend bei Adjektiven u. Verben⟩ (ugs.) *sehr, überaus:* es ist a. kalt; a. wehtun; Ich habe gehört, dass sie a. hässlich ist (Hacks, Stücke 8).

Ab|scheu|lich|keit, die; -, -en: **1.** ⟨o. Pl.⟩ *das Abscheulichsein:* die A. eines Verbrechens. **2.** *abscheuliche Handlung; abscheuliche Sache:* wir werden die in diesem Krieg begangenen -en nicht vergessen.

ab|schi|cken ⟨sw. V.; hat⟩: **a)** *ab-, versenden:* Waren, Post a.; **b)** *mit einem bestimmten Auftrag wegschicken:* einen Boten a.

Ab|schie|be|haft: *Abschiebungshaft.*

ab|schie|ben ⟨st. V.⟩: **1.** ⟨hat⟩ **a)** *von seinem bisherigen Standort weg[schieben, schiebend entfernen:* das Bett von der Wand a.; Ü die Verantwortung, die Schuld auf andere abzuschieben suchen; **b)** *gerichtlich des Landes verweisen, ausweisen:* jmdn. aus einem Land, über die Grenze, in sein Heimatland a.; er wurde ohne genaue Angabe des Grundes abgeschoben; **c)** (ugs.) *jmdn., um ihn seines Einflusses zu berauben od. weil er als lästig empfunden wird, aus seiner Umgebung entfernen:* einen Funktionär [in die Provinz] a.; Ü man wollte den invalide gewordenen Arbeiter in die Frührente a. **2.** ⟨ist⟩ (salopp) *weggehen:* er schob beleidigt ab; schieb ab!

Ab|schie|be|pra|xis, die: *Praxis* (1 b), *übliche Vorgehensweise bei Abschiebungen.*

Ab|schie|be|stopp, der (ugs.): *(vorläufiges) Aussetzen der Abschiebung.*

Ab|schie|bung, die; -, -en: *das Abschieben* (1); *das Abgeschobenwerden.*

Ab|schie|bungs|haft, die: *vom Richter angeordnete Haft, durch die erreicht werden soll, dass eine Person abgeschoben* (1 b) *werden kann.*

Ab|schied, der; -[e]s, -e [zu ↑ abscheiden]: **1.** ⟨Pl. geh.⟩ *Trennung von jmdm., etw.:* der erste A. von zu Hause fiel ihm sehr schwer; ein A. für immer; zum A. winken; * **A. nehmen** (geh.: **1.** *sich vor einer längeren Trennung verabschieden:* von den Freunden, von der Heimat A. nehmen; von den Freunden, von der Heimat A. nehmen. **2.** *einem Toten den letzten Gruß entbieten:* die Bevölkerung nahm A. von dem Verstorbenen). **2. a)** ⟨Pl. selten⟩ (veraltet) *Entlassung* (bes. von Offizieren, Beamten): den A. erteilen, geben; als Major seinen A. nehmen; seinen A. *(sein Entlassungsgesuch)* einreichen; ♦ **b)** *den Abschied* (2 a) *bestätigendes Schriftstück:* Ich antwortete nicht, weil ich dieses Blatt liegen ließ, bis mein A. vom Hofe da wäre (Goethe, Werther II, 19. April). **3.** (Geschichte) *festgestelltes Schlussergebnis beratender, tagender Versammlungen:* die Abschiede des Reichstages; * **aus A. und Traktanden fallen** (schweiz.: *als Verhandlungsgegenstand erledigt sein*).

Ab|schieds|brief, der: *Brief, in dem jmd. für längere Zeit od. für immer von jmdm. Abschied nimmt.*

Ab|schieds|fei|er, die: *Feier zu Ehren eines Abschiednehmenden.*

Ab|schieds|ge|schenk, das: **a)** *Geschenk des Verabschiedenden an den Abschiednehmenden;* **b)** *Geschenk des Abschiednehmenden an den Verabschiedenden.*

Ab|schieds|gruß, der: *Gruß zum, beim Abschied* (1).

Ab|schieds|kuss, der: *Kuss zum, beim Abschied* (1).

Ab|schieds|re|de, die: **a)** *Rede des Abschiednehmenden;* **b)** *Rede des Verabschiedenden.*

Ab|schieds|schmerz, der ⟨Pl. selten⟩: *Schmerz* (2) *über den Abschied* (1) *von jmdm.*

Ab|schieds|spiel, das (bes. Fußball): *Spiel, mit dem sich ein Spieler od. Trainer verabschiedet:* Pelés A. wurde fast in der ganzen Welt übertragen.

Ab|schieds|tour|nee, die: *Tournee, mit der sich Künstler[innen], Artist[inn]en od. Sportler[innen] von ihrem Publikum verabschieden.*

Ab|schieds|vor|stel|lung, die: *letzte Vorstellung* (3) *eines scheidenden Künstlers.*

Ab|schieds|wort, das ⟨Pl. -e⟩: *Wort[e] zum Abschied:* ich will nicht ohne ein A., ohne -e gehen.

ab|schie|ßen ⟨st. V.⟩: **1.** ⟨hat⟩ **a)** *losschießen, abfeuern:* einen Pfeil, Torpedo a.; Ü wütende Blicke a.; die Reporter schossen ihre Fragen ab; **b)** *(eine Schusswaffe) betätigen, abfeuern:* ein Gewehr a. **2.** ⟨hat⟩ **a)** *[hinterlistig] durch Schießen töten:* krankes Wild a.; jmdn. kaltblütig aus dem Hinterhalt a.; * **zum Abschießen aussehen, sein** (salopp: *überaus komisch, grotesk aussehen*); **b)** (ugs.) *aus seiner Stellung entfernen:* den Trainer, einen Politiker a. **3.** *ein Kriegsgerät, bes. ein Flugzeug, durch Schießen kampfunfähig machen, zerstören:* einen Panzer, ein Flugzeug a.; er ist über dem Atlantik abgeschossen worden. **4.** ⟨hat⟩ *ein Körperglied mit einem Schuss wegreißen:* man hat ihm im Krieg beide Beine abgeschossen. **5.** ⟨ist⟩ (südd., österr.) *in den Farben verblassen, verschießen:* der Stoff ist abgeschossen. **6.** ⟨hat⟩ (Ballspiele) *einen Ball wuchtig schießen:* er schoss aus linker Position kraftvoll ab. **7.** ⟨hat⟩ (Boxen) *jmdm. den entscheidenden Schlag versetzen, jmdn. k. o. schlagen.*

ab|schif|fen ⟨sw. V.; ist⟩ (ugs.): *ein angestrebtes Ziel nicht erreichen, keinen Erfolg haben, scheitern:* ein Projekt a. lassen; bei, mit etw. a.

ab|schil|dern ⟨sw. V.; hat⟩ (geh.): *durch Worte od. im Bild genau darstellen:* jmds. Leben, eine Landschaft a.; ♦ ... diese letzte Tagzeit seines Sabbats hab ich noch abzuschildern (Jean Paul, Wutz 29).

ab|schil|fern ⟨sw. V.; ist⟩ (landsch.): *(besonders von der Haut) sich in kleinen Schuppen ablösen.*

ab|schin|den, sich ⟨unr. V.; schindete sich ab, hat sich abgeschunden⟩ (ugs.): *sich längere Zeit übermäßig schinden:* ich habe mich jahrelang für den Jungen abgeschunden; Tagdieb du! Gelt, das gefällt dir, wenn sich andere Leute für dich abschinden? (Hesse, Sonne 30).

♦ **Ab|schin|ner,** der; -s, - [zu ↑ abschinnern]: *jmd., der etw. abschinnert:* ... das Personal..., durch dessen Hände ein Stück Eisen geht, bis es Sense ist, ich müsste den Kohlenbuben, Strecker, Breitenheizer, A. und Kramrichter nennen (Rosegger, Waldbauernbub 293).

♦ **ab|schin|nern** ⟨sw. V.; hat⟩ [zu Schinn = Haut, Leder/ Rinde, vgl. mhd. schint = Obstschale, mniederd. schin = Schorf, verw. mit ↑ schinden]: *(von etw. Unebenheiten, Rückstände, Rost o. Ä.) abscheifern:* ⟨subst.:⟩ ... das Abschinnern der fertigen Sensen (Rosegger, Waldbauernbub 293).

Ab|schirm|dienst, der (Militär): *Geheimdienst, der mit dem Schutz der eigenen Streitkräfte*

abschirmen – abschmieren

ab|schir|men ⟨sw. V.; hat⟩: **1. a)** *vor jmdm., etw. schützen, gegen jmdn., etw. absichern:* seine Augen mit der Hand a.; jmdn. gegen schädliche Einflüsse a.; sein Privatleben a.; **b)** *isolieren, nicht zur Wirkung kommen lassen:* der feindliche Spion wurde von unserem Geheimdienst abgeschirmt. **2. a)** *(Licht) durch etw. zurückhalten:* das grelle Licht mit einem Tuch, durch ein Tuch a.; **b)** *etw., was Licht aussendet, mit etw. verdecken, sodass es nicht stört:* eine Lampe mit einem Tuch a.

Ab|schir|mung, die; -, -en: **1.** *das Abschirmen; das Abgeschirmtwerden.* **2.** *etw., was etw. abschirmt.*

ab|schir|ren ⟨sw. V.; hat⟩: *(einem Zugtier) das Geschirr (2) abnehmen:* er schirrte das Pferd ab.

ab|schlach|ten ⟨sw. V.; hat⟩: **1.** *(Tiere [vorzeitig, notgedrungen]) schlachten:* die erkrankten Schweine mussten abgeschlachtet werden. **2.** *grausam töten:* der Despot hat Tausende a. lassen.

ab|schlaf|fen ⟨sw. V.⟩ (ugs.): **a)** ⟨hat⟩ *matt, kraftlos, schlaff machen:* das endlose Gerede hatte ihn abgeschlafft; **b)** ⟨ist⟩ *müde, erschöpft sein u. deshalb matt, kraftlos, schlaff werden, sich entspannen:* nach einem langen Tag a., endlich a. können; Ü langsam geistig a.; *⟨oft im 2. Part.:⟩* ein abgeschlaffter Typ *(ein energieloser, unentschlossener Mensch, der keine Initiative, Unternehmungslust hat).*

Ab|schlag, der; -[e]s, Abschläge: **1. a)** (Fußball) *Abstoß des Torwarts aus der Hand;* **b)** (Hockey) *das Abschlagen* (3 b); **c)** (Golf) *kleine rechtwinklige Fläche, von der aus bei jedem zu spielenden Loch mit dem Abschlagen des Balles begonnen wird:* der Golfer ging am ersten A. in Position. **2. a)** (Kaufmannsspr.) *Senkung eines Preises, Preisrückgang:* bei verschiedenen Waren ist ein A. [des Preises] festzustellen; **b)** *Disagio.* **3.** [zu veraltet abschlagen = (ratenweise) abzahlen] *Abschlagszahlung, Teilzahlung, Rate:* ein A. auf den Lohn; etw. auf A. kaufen, liefern. **4.** (Prähist.) *als Werkzeug benutzter, von Knollen des Feuersteins u. Flussgeröll abgeschlagener Teil:* herumliegende Abschläge und Knochensplitter. **5.** (Fachspr.) *Ableitung eines Wasserlaufs.* **6.** (Bergbau) *freier Raum, der unter Tage abschnittsweise durch Sprengarbeit entsteht.* **7.** (veraltet) *abschlägiger Bescheid.*

ab|schla|gen ⟨st. V.; hat⟩: **1.** *etw. durch Schlagen gewaltsam von etw. trennen, abhauen:* Äste vom Baum a.; den Putz [von den Wänden] a.; jmdm. den Kopf a. **2.** (landsch.) *(Aufgebautes) in seine Teile zerlegen, auseinandernehmen; abbrechen:* eine Bude, ein Gerüst a.; sie schlugen die Möbel für den Transport ab. **3. a)** (Fußball) *(vom Torwart) den Ball durch Abschlag* (1 a) *ins Spiel bringen:* der Torwart schlug [den Ball] weit und genau ab; **b)** (Hockey) *den ins Toraus gegangenen Ball vom Schusskreis durch einen Schlag mit dem Schläger ins Spiel bringen.* **4.** (bes. Militär) *abwehren, zurückschlagen, -weisen:* einen Angriff des Feindes, den Feind a. **5.** *ablehnen, verweigern, nicht gewähren:* jmdm. eine Bitte a.; er hat mein Anliegen glatt, rundweg abgeschlagen. **6.** ⟨a. + sich⟩ *sich niederschlagen:* die Feuchtigkeit hat sich an den Scheiben abgeschlagen.

ab|schlä|gig ⟨Adj.⟩ [zu ↑ abschlagen (5)] (Amtsspr.): *ablehnend, verweigernd:* eine -e Antwort erteilen; er wurde a. beschieden *(erhielt einen ablehnenden Bescheid);* ihre Bitte ist a. beschieden *(ist abgelehnt)* worden.

ab|schläg|lich ⟨Adj.⟩ [zu ↑ Abschlag (3)] (veraltet): *als Abschlagszahlung [gedacht]:* -e Zahlungen, ♦ Abschläglich ist der Sold entrichtet (Goethe, Faust II, 6045).

Ab|schlags|sum|me, die: *Abschlag* (3).

Ab|schlags|zah|lung, die: (BGB:) **Ab|schlag|zah|lung**, die: *(erster) Teil einer zu leistenden Zahlung; Teilzahlung:* eine A. auf sein Gehalt erhalten.

ab|schläm|men ⟨sw. V.; hat⟩: **1.** *Bodenteilchen wegspülen und als Schlamm absetzen* (6 a). **2.** *von Schlamm o. Ä. befreien:* Gold a. und so vom Gestein trennen.

ab|schle|cken ⟨sw. V.; hat⟩ (südd., österr., schweiz.): *ablecken.*

ab|schlei|fen ⟨st. V.; hat⟩: **1. a)** *durch Schleifen (von etw.) entfernen:* Unebenheiten a.; ich habe den Rost [vom Messer] abgeschliffen; **b)** *durch Schleifen glätten:* die Kanten der Bretter a.; das Parkett a. *(glätten u. dabei reinigen).* **2.** ⟨a. + sich⟩ *durch Reibung abgenutzt werden, nach und nach schwinden:* der Belag schleift sich im Laufe der Zeit ab; Ü seine rauen Seiten werden sich schon noch a. *(mildern).*

Ab|schlepp|dienst, der (Kfz-Wesen): *Unternehmen, das fahruntüchtig* (2) *gewordene Kraftfahrzeuge abschleppt.*

ab|schlep|pen ⟨sw. V.; hat⟩: **1. a)** *ein Fahrzeug mit einem anderen Fahrzeug irgendwohin ziehen, abtransportieren:* ein Auto, ein Schiff a.; ich musste mich a. lassen; **b)** (salopp scherzh.) *jmdn. (oft wider dessen Willen) irgendwohin bringen:* einen Betrunkenen a.; jmdn. noch für ein Bier, in eine Kneipe a.; er wollte sie [in seine Wohnung] abschleppen. **2.** ⟨a. + sich⟩ (ugs.) *sich mit dem Tragen eines schweren Gegenstandes abmühen:* ich habe mich mit dem Koffer, an dem Koffer abgeschleppt.

Ab|schlepp|seil, das: *Seil zum Abschleppen eines Kraftfahrzeugs.*

Ab|schlepp|wa|gen, der: *kleinerer Lastkraftwagen mit einer Vorrichtung zum Abschleppen von Kraftfahrzeugen.*

ab|schließ|bar ⟨Adj.⟩: *sich abschließen* (1, 2, 6) *lassend.*

ab|schlie|ßen ⟨st. V.; hat⟩: **1. a)** *(einen Raum o. Ä.) mit einem Schlüssel [ver]sperren, zuschließen:* das Zimmer, die Wohnung, den Schrank a.; das Auto a.; das Fahrrad a. *(mit einem Fahrradschloss gegen Diebstahl sichern);* die Tür war abgeschlossen; *⟨auch ohne Akk.-Obj.:⟩* du musst noch a.; **b)** (landsch.) *wegschließen, verschließen:* Geld a. **2.** *von etw., jmdm. absondern, trennen:* ein Gebiet, ein Tal, hermetisch a. **3.** *einen Abschluss von etw. bilden:* das Theater schloss die eine Seite des Platzes ab. **4.** *beenden, zum Abschluss bringen, zu Ende führen:* das Gespräch, seine Studien, einen Roman a.; die Bücher, ein Konto a. (Kaufmannsspr.; Bankw.; *Bilanz ziehen*); ihr Rücktritt schloss eine Epoche ab; die Reisevorbereitungen sind abgeschlossen; ein abgeschlossenes Universitätsstudium. **5. a)** *mit etw. enden, aufhören, seinen Abschluss finden:* die Tapete schließt mit einer goldenen Borte ab; der Roman schließt mit dem Tod des Helden ab; mit einem Fehlbetrag, mit Gewinn a. (Kaufmannsspr.; *Bilanz ziehen*); **b)** *mit jmdm., etw. zu einem Ende kommen, die Beziehungen zu jmdm., etw. abbrechen:* ich habe mit ihr abgeschlossen; mit dem Leben, der Welt abgeschlossen haben *(nichts mehr vom Leben erwarten, resignieren).* **6.** *(durch Vertrag o. Ä.) vereinbaren:* einen Vertrag mit jmdm., eine Versicherung, Geschäfte a.; eine Wette [mit jmdm., auf etw.] a. *(mit jmdm., in Bezug auf etw. wetten).*

ab|schlie|ßend ⟨Adj.⟩: *letzt..., zum Schluss [erfolgend]:* ein -es Urteil; eine -e Bemerkung; ... sagte er a.; »Ich will dich nicht länger aufhalten«, sagte Ellen höflich. Er suchte nach einer -en Geste und legte zögernd die Hand an den Helmrand (Aichinger, Hoffnung 35).

Ab|schluss, der; -es, Abschlüsse: **1.** *Verschluss:* einen luftdichten A. herstellen. **2.** *abschließender Teil, Verzierung u. Ä.:* der [obere] A. eines Kleides, der Tapete. **3. a)** (o. Pl.) *Ende, Beendigung:* der A. der Arbeiten; den A. bilden; in etw. seinen krönenden A. finden; die Verhandlungen nähern sich dem A., stehen kurz vor dem A.; nach A. des Studiums; zum A. kommen/gelangen (nachdrückl.; *abschließen, beendet werden*); etw. zum A. bringen (nachdrückl.; *etw. abschließen, beenden*); **b)** (Wirtsch., Kaufmannsspr.) *Bilanz mit Gewinn-und-Verlust-Rechnung:* der A. der Bücher, Konten; **c)** (Ballspiele) *Beendigung eines Spielzuges durch einen Schuss aufs Tor:* beim A. Pech haben; **d)** *Abschlusszeugnis, -examen:* keinen A., einen guten A. haben; einen A. anerkennen. **4. a)** (o. Pl.) *das Abschließen, Vereinbaren; abschließende Vereinbarung:* der A. eines Bündnisses, Vertrages; bei den Tarifverhandlungen kam man zu keinem A.; **b)** (Kaufmannsspr.) *geschäftliche, ein Geschäft abschließende Vereinbarung:* einen vorteilhaften A. [über 200 Tonnen Getreide] tätigen.

Ab|schluss|ar|beit, die: *einen Ausbildungsgang abschließende Arbeit* (4 a).

Ab|schluss|ball, der: ²*Ball, mit dem etw. abgeschlossen* (4) *wird.*

Ab|schluss|be|richt, der: *abschließender Bericht:* der A. der Forschungsgruppe wird nächste Woche veröffentlicht werden.

Ab|schluss|er|klä|rung, die: *abschließende gemeinsame Erklärung* (2) *der Teilnehmer einer Konferenz, eines [politischen] Treffens o. Ä.*

Ab|schluss|fei|er, die: *Feier nach einem Abschluss* (3 d).

Ab|schluss|klas|se, die: *letzte Klasse vor dem Ende der Schule od. Ausbildung.*

Ab|schluss|kon|zert, das: *eine Veranstaltung abschließendes Konzert.*

Ab|schluss|kund|ge|bung, die: *Kundgebung am Ende einer Veranstaltung.*

Ab|schluss|prü|fung, die: **1.** *letzte Prüfung vor Verlassen einer Klasse, Schule.* **2.** (Wirtsch.) *Prüfung des Jahresabschlusses.*

Ab|schluss|trai|ning, das (Sport): *letztes Training vor einem Wettkampf.*

Ab|schluss|ver|an|stal|tung, die: vgl. *Abschlusskundgebung.*

Ab|schluss|zeug|nis, das: *nach Absolvieren eines bestimmten Ausbildungsgangs erworbenes Zeugnis.*

ab|schmäl|zen ⟨sw. V.; hat⟩ (Kochkunst): *(eine Speise) mit gebräunter Butter [u. gerösteten Zwiebeln od. Bröseln] übergießen:* Nudeln a.

ab|schme|cken ⟨sw. V.; hat⟩: **a)** *den Geschmack einer zubereiteten Speise prüfen und danach würzen:* die Soße [mit Wein] a.; das Essen ist gut abgeschmeckt; **b)** *schmeckend prüfen:* er schmeckt [den Wein] ab; Ü Die folgende Geschichte hinwiederum muss man ins Berlinische übertragen, um ihre ganze Würze abzuschmecken (Tucholsky, Werke II, 205).

ab|schmei|ßen ⟨st. V.; hat⟩ (ugs.): *abwerfen* (1 a, b, 2 a, c).

ab|schmel|zen ⟨st. V.⟩: **1.** ⟨ist⟩ *(von Eis, Metallen) flüssig werden u. zerlaufen:* das Blei schmilzt ab; Wasser von abschmelzendem Eis. **2.** ⟨hat⟩ *(Eis, Metalle) flüssig machen u. zerlaufen lassen:* die Hitze schmolz das Blei ab; Ü der Schuldenberg muss abgeschmolzen werden.

Ab|schmel|zung, die; -, -en: *das Abschmelzen.*

ab|schmet|tern ⟨sw. V.; hat⟩ (ugs.): *entschieden, schroff ablehnen:* einen Antrag, eine Forderung a.

ab|schmie|ren ⟨sw. V.⟩: **1.** ⟨hat⟩ (Technik) *(eine*

Maschine o. Ä. [an den Schmierstellen]) mit Fett versehen: die Achsen, das Auto a. **2.** ⟨hat⟩ (Schülerspr.) **a)** *etw. unsauber abschreiben;* **b)** *unerlaubt abschreiben.* **3.** ⟨ist⟩ (Fliegerspr.) *abkippen [u. abstürzen]:* das Segelflugzeug schmierte plötzlich in 30 m Höhe ab.

ab|schmin|ken ⟨sw. V.; hat⟩: **1.** *das Gesicht, sich von Schminke säubern:* ich muss [mir] noch das Gesicht a.; ich schminkte mich ab; Abgeschminkt bist du ein Wrack (Schnurre, Ich 158). **2.** ⟨a. + sich⟩ (ugs.) *etw. aufgeben, auf etw. verzichten:* die Reise schminken wir uns besser ab; das kannst du dir gleich a. *(das kommt nicht infrage).*

ab|schmir|geln ⟨sw. V.; hat⟩: **1.** *durch Schmirgeln glätten, polieren:* das Werkstück a. **2.** *durch Schmirgeln entfernen:* Unebenheiten a.

ab|schmü|cken ⟨sw. V.; hat⟩ (ugs.): *den Weihnachtsschmuck entfernen.*

Abschn. = Abschnitt.

ab|schnal|len ⟨sw. V.; hat⟩: **1.** *durch Öffnen der Schnalle[n], Lösen von Riemen, eines Gurtes [mit einer Schnalle] abnehmen:* [jmdm.; sich] die Ski a.; … er war, alles in allem, ein ungewöhnlicher Mensch, schon aus dem Grunde, weil er sein Holzbein bei den taktischen Vorträgen abzuschnallen pflegte (Lenz, Suleyken 17). **2.** *durch Öffnen der Schnalle[n], Lösen von Riemen, eines Gurtes [mit einer Schnalle] befreien; losschnallen:* sich im Auto a.; ich schnallte schnell ich mich ab. **3.** (ugs.) *nicht mehr mitmachen, nicht mehr [geistig] folgen können:* restlos, völlig a.; R da schnallst du ab *(da bist du fassungslos vor Staunen; das ist nicht zu glauben).*

ab|schnap|pen ⟨sw. V.⟩: **1. a)** ⟨ist/hat⟩ (bes. schweiz.) *plötzlich abbrechen, aufhören:* die Musik schnappte ab; Er habe seine Formeln nicht fertig gesprochen, sondern unserer Phantasie anheimgestellt, sie zu ergänzen, indem er seine Stimme in erhobenem Zustande a. ließ (Muschg, Gegenzauber 379); **b)** ⟨ist⟩ (salopp) *sterben:* vor einer Stunde ist er abgeschnappt. **2.** ⟨hat⟩ (ugs.) *im letzten Augenblick noch erreichen, abfangen:* ich schnappte ihn an der Haustür gerade noch ab.

ab|schnei|den ⟨unr. V.; hat⟩: **1. a)** *durch Schneiden von etw. trennen:* Stoff [vom Ballen], ein paar Blumen, ein Stück Brot a.; **b)** *kürzer schneiden, bis zum Ansatz wegschneiden:* jmdm. die Haare, den Bart a.; ich habe mir die Fingernägel abgeschnitten. **2.** *jmdn. [wider seinen Willen] von jmdm., etw. trennen, isolieren:* man lebt hier völlig von der Welt abgeschnitten. **3.** *(bereits Eingeleitetes) vereiteln, unterbinden, jmdm. etw. entziehen:* einen Einwurf, das Wort, alle Einwände a.; die Möglichkeit zu Auslandsreisen war abgeschnitten. **4. a)** *(den Weg) ab-, verkürzen:* dieser Pfad schneidet [den Bogen der Straße] ab; wir schneiden ab, wenn wir hier schneiden; **b)** *(den Weg) [kreuzen u. dadurch] versperren:* die Autobahn schneidet den Weg ab; dem Einbrecher waren alle Fluchtwege abgeschnitten.; *jmdn. den Weg a.* (↑ Weg 2 b). **5.** [eigtl. wohl = vom Kerbholz abschneiden, d. h. als Schulden tilgen] *in bestimmter Weise Erfolg haben:* in einer Prüfung gut, schlecht a.; er hat bei diesem Vergleich nicht gut abgeschnitten.

ab|schnel|len ⟨sw. V.⟩: **1.** ⟨hat⟩ **a)** *durch Schnellen wegfliegen lassen:* einen Pfeil a.; Ü Schweigend hinkt er … über das glatte Parkett hinaus und schnellt dann im Vorsaal nur eins jener kleinen vergifteten Worte ab, die tödlicher verwunden als alle diese polternden Faustschläge (St. Zweig, Fouché 136); **b)** ⟨a. + sich⟩ *unter kräftigem Abstoßen vom Boden springen:* ich schnellte mich vom Brett ab. **2.** ⟨ist⟩ **a)** *schnellend wegfliegen:* der Pfeil schnellte [von der Sehne] ab; **b)** *sich kräftig vom Boden o. Ä. abstoßend springen:* er schnellt [vom Brett] ab.

ab|schnip|peln ⟨sw. V.; hat⟩ (ugs.): *[unsachgemäß] schnippelnd [in kleinen Stücken] abschneiden:* ich habe [mir] von dem harten Käse mühsam ein paar Stücke abgeschnippelt.

Ab|schnitt, der; -[e]s, -e: **1.** *Teil[stück] von etw. Geschriebenem od. Gedrucktem; Kapitel, Passus* (Abk.: Abschn.): hier endet der erste A.; die Schrift zerfällt in mehrere -e. **2. a)** *Teil eines Gebietes, eines Geländes, eines Weges o. Ä.:* einen A. nicht einsehen können, verteidigen; **b)** (DDR) *[Wohn]bereich, Bezirk.* **3.** *Zeitspanne, Periode:* eine neuer A. im Leben des Künstlers. **4. a)** *abgeschnittenes Stück:* ein A. Heftpflaster; **b)** *abtrennbarer Teil eines Formulars, einer Eintrittskarte o. Ä.:* der A. der Postanweisung. **5.** *abgegrenzter Teil eines Organs, eines Organismus o. Ä.:* im oberen A. des Darms.

Ab|schnitts|be|voll|mäch|tig|te ⟨vgl. Bevollmächtigte⟩ (DDR): *für einen bestimmten Abschnitt* (2 b) *zuständige Volkspolizistin* (Abk.: ABV).

Ab|schnitts|be|voll|mäch|tig|ter ⟨vgl. Bevollmächtigter⟩ (DDR): *für einen bestimmten Abschnitt* (2 b) *zuständiger Volkspolizist* (Abk.: ABV).

Ab|schnitts|glie|de|rung, die: *[alpha]numerische Gliederung eines Abschnitts* (1) *[nach bestimmten Richtlinien].*

ab|schnitts|wei|se, ab|schnitt|wei|se ⟨Adv.⟩: *in Abschnitten:* etw. a. gliedern; ⟨mit Verbalsubstantiven auch attr.:⟩ a. Gliederung.

ab|schnü|ren ⟨sw. V.; hat⟩: **1. a)** *durch festes Zusammenziehen einer Schnur o. Ä. das Strömen, Zirkulieren von etw. unterbrechen:* jmdm. die Luft a.; das Gummiband schnürt [mir] das Blut ab; Ü sie versuchten, ihm die Luft abzuschnüren *(ihn wirtschaftlich, finanziell zu ruinieren);* **b)** *mit einer Schlinge od. dgl. zuziehen; abbinden:* eine Ader a. *den Zugang blockieren, abriegeln:* Panzer schnüren die Ausfallstraßen ab. ♦ **3.** *mithilfe einer Schnur abmessen:* Wilhelm, half … die Umrisse a. (Goethe, Lehrjahre III, 4).

Ab|schnü|rung, die; -, -en: *das Abschnüren.*

ab|schöp|fen ⟨sw. V.; hat⟩: **1.** *etw. oben Befindliches schöpfend von etw.) herunternehmen:* Schaum, Fett, den Rahm von der Milch a. **2. a)** (Wirtsch.) *(eine Geldmenge) aus dem Verkehr ziehen:* Gewinne, Kaufkraft a.; **b)** (Jargon) *[Marktanteile, Gewinne, Stimmen] erlangen, den Konkurrenten abnehmen:* die Strategen wollen bei den anderen Parteien Wählerpotenzial a. **3.** (Jargon) *sich (jmdn., etw.) zunutze machen; jmdn. aushorchen:* sich von einem Spitzel a. lassen.

Ab|schöp|fung, die; -, -en: **1.** *das Abschöpfen.* **2.** *(von der EU verordnete) Abgabe auf Waren, die aus nicht der EU angehörenden Ländern eingeführt wurden.*

ab|schot|ten ⟨sw. V.; hat⟩: **1.** (bes. Schiffbau) *mit einem* ²Schott, *mit Schotten versehen.* **2.** *gegen äußere Einflüsse, gegen die Außenwelt abschließen:* jmdn., sich gegen jmdn., von jmdm. a.

Ab|schot|tung, die; -, -en: *das Abschotten.*

ab|schrä|gen ⟨sw. V.; hat⟩: *schräg* (1), *schräger machen:* Balken a.; eine abgeschrägte Wand.

ab|schrau|ben ⟨sw. V.; hat⟩: **a)** *etw. (mit einem Gewinde Versehenes) von etw. schrauben, aus etw. herausschrauben:* die Kappe [von der Tube], den Deckel a.; **b)** *etw., was an einer bestimmten Stelle an-, festgeschraubt ist, durch Lösen der Schrauben entfernen:* das Türschild a.

ab|schre|cken ⟨sw. V.; hat⟩: **1.** *(durch bestimmte Eigenschaften o. Ä.) vor etw. zurückschrecken lassen, von etw. zurückhalten, abbringen:* der hohe Preis, die Kälte, der weite Weg schreckte ihn ab; er lässt sich durch nichts a. **2. a)** (Technik) (Metall u. Ä.) *beschleunigt abkühlen, um bestimmte Eigenschaften zu erzielen:* glühenden Stahl a.; **b)** (Kochkunst) *nach dem Kochen mit kaltem Wasser be-, übergießen, in kaltes Wasser tauchen:* die gekochten Eier a.

ab|schre|ckend ⟨Adj.⟩: **a)** *als Warnung dienend, warnend:* ein -es Beispiel; die Maßnahmen, die Strafen sollen a. wirken; **b)** *abstoßend:* ein -es Äußeres; sie ist a. *(sehr, überaus)* hässlich; a. *(sehr, überaus)* hohe Steuertarife.

Ab|schre|ckung, die; -, -en: *das Abschrecken; abschreckende Wirkung.*

Ab|schre|ckungs|mit|tel, das: *Mittel zum Abschrecken* (1).

Ab|schre|ckungs|stra|fe, die (Rechtsspr.): *Strafe, die abschreckend* (1) *wirken soll.*

Ab|schre|ckungs|waf|fe, die (Militär): *Waffe, mit der ein potenzieller Gegner abgeschreckt werden soll.*

Ab|schre|ckungs|wir|kung, die: *abschreckende Wirkung von etw.*

ab|schrei|ben ⟨st. V.; hat⟩: **1. a)** *(von etw., was schriftlich od. gedruckt vorliegt) eine Abschrift machen:* [sich] eine Stelle aus einem Buch a.; **b)** *etw. [was im Konzept vorliegt] ins Reine schreiben; noch einmal schreiben:* das Ganze noch einmal sauber a.; **c)** *(bes. in der Schule) [unerlaubt] von jmds. Vorlage schreibend übernehmen:* von einem Mitschüler a.; diese Stelle hat er wörtlich aus dem Buch eines Kollegen abgeschrieben. **2.** (Wirtsch.) **a)** *einen Gegenstand des bewertbaren Anlagevermögens wegen Abnutzung im bilanzmäßigen Wert herabsetzen:* Maschinen a.; **b)** *(einen Betrag) streichen, abziehen:* ich habe den Betrag [von ihrer Rechnung] abgeschrieben. **3.** *brieflich absagen:* ich muss dir leider a. **4. a)** *durch Schreiben abnutzen:* einen Bleistift a.; **b)** ⟨a. + sich⟩ *durch Schreiben abgenutzt werden:* der Bleistift schreibt sich schnell ab. **5.** (ugs.) *aufgeben, verloren geben; mit jmdm., etw. nicht mehr rechnen:* den verlorenen Ring kannst du a.; er ist so krank, dass ihn schon alle abgeschrieben haben; Sie reden schlecht über mich. Über eine, die es verdient hat, abgeschrieben und vergessen zu werden (Strauß, Niemand 35).

ab|schreib|fä|hig: ↑ abschreibungsfähig.

Ab|schrei|bung, die; -, -en (Wirtsch.): **1.** *das Abschreiben* (2 a). **2.** *abzuschreibender Betrag.*

ab|schrei|bungs|fä|hig, (österr.:) **ab|schreib|fä|hig** ⟨Adj.⟩: *sich abschreiben* (2 a) *lassend.*

Ab|schrei|bungs|mög|lich|keit, die (Wirtsch.): *Möglichkeit, etw. abzuschreiben* (2).

ab|schrei|ten ⟨st. V.⟩ (geh.): **1. a)** ⟨hat/ist⟩ *an etw. [zur Kontrolle, prüfend o. ä. mit langsamen Schritten] entlanggehen:* der General hat/ist die Front abgeschritten; **b)** ⟨hat⟩ *mit Schritten abmessen:* die Entfernung a. **2.** ⟨ist⟩ (geh.) *mit gemessenen Schritten davongehen.*

Ab|schrift, die; -, -en: *etw. Abgeschriebenes; Doppel, Kopie:* beglaubigte -en von Zeugnissen und Bescheinigungen; eine A. von etw. anfertigen.

ab|schrub|ben ⟨sw. V.; hat⟩ (ugs.): **a)** *mit einer Bürste reinigen:* die Fensterrahmen a.; ich schrubbe mich, mir den Rücken mit einer Bürste ab; **b)** *durch Schrubben von etw. entfernen:* den Dreck a.

ab|schuf|ten ⟨sw. V.; hat⟩ (ugs.): *längere Zeit übermäßig arbeiten u. sich dadurch erschöpfen; sich abarbeiten:* mein ganzes Leben lang habe ich mich [für euch] abgeschuftet.

ab|schup|pen ⟨sw. V.; hat⟩: **1.** *(einen Fisch) von Schuppen befreien.* **2.** *(von der Haut) sich in Schuppen lösen:* die Hautpartikel schuppen ab; ⟨auch a. + sich:⟩ an dieser Stelle schuppen sich die Hautpartikel vermehrt ab.

Ab|schup|pung, die; -, -en: *das Sichabschuppen.*
ab|schür|fen ⟨sw. V.; hat⟩: **a)** *durch Schürfen verletzen, aufreißen:* du hast dir die Haut am Ellbogen abgeschürft; **b)** *durch Schürfen an der Oberfläche leicht verletzen:* ich habe mir bei dem Sturz die Knie abgeschürft.
Ab|schür|fung, die; -, -en: **1.** *das Abschürfen.* **2.** *abgeschürfte Stelle, Schürfwunde.*
Ab|schuss, der; -es, Abschüsse: **1. a)** *das Abschießen* (1 a): der A. des Torpedos; **b)** *das Abschießen* (1 b): die Abschüsse der Kanonen. **2.** *das Abschießen* (2 a): der A. von Wild. **3.** *das Abschießen* (3): der A. eines Flugzeugs. **4.** * *das ist der A.!* (ugs.; *das ist unglaublich, unerhört [frech]*).
Ab|schuss|ba|sis, die: *Basis* (4), *von der Raketen abgeschossen werden.*
ab|schüs|sig ⟨Adj.⟩ [zu veraltet Abschuss = steiler Abhang]: *stark abfallend:* eine -e Straße, Strecke.
Ab|schüs|sig|keit, die; -: *das Abschüssigsein.*
Ab|schuss|lis|te, die (bes. Jagdw.): *Liste, die Art und Zahl des innerhalb eines bestimmten Zeitraumes erlegten Wildes enthält:* geschossenes Wild in die A. eintragen; Ü jmdn. auf die A. setzen (*zur Entlassung vorsehen*); sie steht auf der A. (*ihre Entlassung steht bevor*).
Ab|schuss|ram|pe, die: *Gerüst zum Abschießen von Raketen.*
Ab|schuss|vor|rich|tung, die: *Startvorrichtung für Raketen.*
ab|schüt|teln ⟨sw. V.; hat⟩: **1. a)** *durch Schütteln entfernen, herunterschütteln:* den Schnee [von sich, vom Mantel] a.; Ü ein Joch, die Knechtschaft a. (*sich davon befreien*); **b)** *durch Schütteln von etw. säubern:* das Tischtuch, die Zeltplane a. **2. a)** *sich von etw. frei machen; überwinden:* die Müdigkeit, den Ärger, seine Sorgen a.; **b)** *es fertigbringen, jmdn. (dessen Nähe einen stört, der einem lästig ist o. Ä.) loszuwerden:* er hat den zudringlichen Menschen abgeschüttelt; **c)** *durch größere Schnelligkeit, durch geschicktes Taktieren o. Ä. einem Verfolger entkommen:* seine Verfolger, die Polizei a.
ab|schüt|ten ⟨sw. V.; hat⟩: **1. a)** *einen Teil einer Flüssigkeit, der als zu viel erscheint, aus einem Gefäß schütten:* die Hälfte des Wassers aus dem Eimer a.; **b)** *durch Herausschütten von Flüssigkeit den Inhalt eines Gefäßes verringern:* den Eimer a. **2. a)** *von etw. schütten:* das Wasser von den Kartoffeln a.; **b)** *(etw. Gekochtes) vom Kochwasser befreien:* die Kartoffeln a.
ab|schwä|chen ⟨sw. V.; hat⟩: **1.** *[allmählich] schwächer, geringer machen; mildern:* die Wirkung, einen bestimmten Eindruck von etw. a.; etw. in abgeschwächter Form wiederholen. **2.** ⟨a. + sich⟩ **a)** *schwächer werden, sich mildern:* der Lärm schwächte sich ab; **b)** (Meteorol.) *an Wirkung verlieren:* das Hoch über Osteuropa schwächt sich ab.
Ab|schwä|chung, die; -, -en: *das [Sich]abschwächen.*
ab|schwat|zen, (bes. südd.:) **ab|schwät|zen** ⟨sw. V.; hat⟩ (ugs.): *von jmdm. durch Überredung erlangen:* er hat ihm 300 Euro abgeschwatzt.
ab|schwei|fen ⟨sw. V.; ist⟩: **1.** (geh.) *den eingeschlagenen Weg [vorübergehend] verlassen:* sie waren vom Weg abgeschweift und hatten sich verlaufen. **2.** *(in Gedanken, in einer Erörterung o. Ä.) [vorübergehend] vom eigentlichen Ziel, von seinem Thema abkommen:* jmd. schweift, jmds. Gedanken schweifen [von etw.] ab.
Ab|schwei|fung, die; -, -en: *das Abschweifen:* Der etwaige Leser verzeihe mir diese A. ins rein Betrachtende (Th. Mann, Krull 57).
ab|schwel|len ⟨st. V.; ist⟩: **a)** *(durch Abbau von Flüssigkeit im Gewebe od. in den Gefäßen) an Umfang abnehmen:* das verletzte Knie schwoll ab; **b)** *allmählich auf ein normales Maß zurückgehen; abebben:* die Flüsse schwellen ab; Ü das Gebrüll schwillt ab *(wird leiser).*
ab|schwen|ken ⟨sw. V.⟩: **1.** ⟨ist⟩ *durch eine Schwenkung die Richtung ändern:* die Kolonne schwenkt links ab; Ü ... da bin ich schon wieder vom Thema abgeschwenkt (Mayröcker, Herzzerreißbare 101). **2.** ⟨hat⟩ **a)** *durch Hin-und-her-Schwenken von etw. entfernen:* die Tropfen [von den Gläsern] a.; **b)** *durch Hin-und-her-Schwenken reinigen:* die Gläser a.
ab|schwim|men ⟨st. V.⟩: **1.** ⟨ist⟩ **a)** *sich schwimmend entfernen, wegschwimmen:* er schwamm vom Boot ab und winkte noch einmal; **b)** (landsch.) *sich entfernen, weggehen:* eben ist er abgeschwommen. **2.** ⟨hat⟩ **a)** (ugs.) *durch Schwimmen verlieren:* überflüssige Pfunde a.; **b)** *(als Übung) eine bestimmte Strecke od. Zeit schwimmen:* ich hatte meine halbe Stunde abgeschwommen.
ab|schwin|deln ⟨sw. V.; hat⟩: *von jmdm. durch Schwindelei erlangen:* er hat ihr tausend Euro abgeschwindelt.
ab|schwin|gen ⟨st. V.; hat⟩: **1.** (bes. Turnen) *mit einem Schwung von etw. (einem Gerät) abgehen:* sich schwungvoll in den Stand a. **2.** (Ski) *mit einem Schwung die Fahrtrichtung ändern [und langsamer fahren].*
ab|schwir|ren ⟨sw. V.; ist⟩: **a)** *(von Vögeln, Insekten) schwirrend wegfliegen:* die Libelle, der Kolibri schwirrte ab; **b)** (salopp) *weggehen, wegfahren, sich entfernen:* nun schwirrt endlich ab, ihr beide!
ab|schwit|zen ⟨sw. V.; hat⟩: *durch Schwitzen das Körpergewicht verringern:* a. müssen; ⟨mit Akk.-Obj.:⟩ er hat Gewicht, die überflüssigen Pfunde abgeschwitzt; * *sich einen a.* (ugs.; *stark schwitzen*).
ab|schwö|ren ⟨st. V.; hat⟩: **1.** *sich von jmdm., etw. (mit einem Schwur) lossagen:* seinem Glauben a.; Ü dem Alkohol a. ⟨ihm aufgeben⟩; ♦ ⟨mit Akk.-Obj.:⟩ Ich habe meinen Glauben abgeschworen (Schiller, Maria Stuart II, 8). **2.** (veraltend) *ableugnen:* eine Schuld a.; Der Magistrat hat dein Urteil kassiert. Alle Zeugen haben abgeschworen (Süskind, Parfum 309). ♦ **3.** *durch eine Eidesformel bekräftigen; schwören* (1 b): ... spricht euch von ... aller wohlverdienten Strafe los, welches Ihr mit untertänigem Dank erkennen und dagegen die Urfehde a. (den Schwur, Urfehde zu halten, ablegen) werdet (Goethe, Götz IV).
Ab|schwung, der; -[e]s, Abschwünge: **1.** (bes. Turnen) *das Abschwingen* (1): ein A. vom Barren. **2.** (Ski) *das Abschwingen* (2): einen A. machen. **3.** (Wirtsch.) *Rückgang der Konjunktur, Rezession:* in wirtschaftlicher A. droht; Unternehmen, die Konjunktur ist im A.
ab|se|geln ⟨sw. V.⟩: **1.** ⟨ist⟩ *(von Segelschiffen, -booten) sich segelnd entfernen:* der Schoner segelte Ende des Monats von Hamburg ab. **2.** ⟨hat⟩ **a)** *(eine Strecke) segelnd zurücklegen:* [eine Strecke von] 10 000 km a.; **b)** *von etw. mit dem Segelschiff, -boot entlang fahren:* die Küste a. **3.** ⟨hat⟩ *(Segeln) zum letzten Mal gemeinschaftlich in der Saison segeln:* wir haben noch nicht abgesegelt; ⟨subst.:⟩ morgen ist Absegeln.
ab|seg|nen ⟨sw. V.; hat⟩ (ugs.): *die Ausführung eines Vorhabens o. Ä. (als höhere Instanz) befürworten, genehmigen:* das Vorhaben wurde noch nicht offiziell abgesegnet.
Ab|seg|nung, die; -, -en (ugs.): *das Absegnen.*
ab|seh|bar ⟨Adj.⟩: *sich absehen* (2) *lassend:* die -en Folgen seines Handelns; in -er *(nicht zu langer)* Zeit; das Ende ist nicht a.
ab|se|hen ⟨st. V.; hat⟩: **1.** *beobachtend, zusehend von jmdm. lernen:* das Kunststück hat er seinem Bruder abgesehen. **2.** *im Voraus erkennen, voraussehen:* das Ende der Kämpfe ist nicht abzusehen; die Folgen lassen sich nicht a. **3.** *auf etw. verzichten, von etw. Abstand nehmen:* von einer Anzeige, einem Besuch, von Beileidsbekundungen a. **4.** *etw. nicht in Betracht ziehen, außer Acht lassen:* wenn man von diesem Einwand absieht; ⟨oft im 2. Part.:⟩ von wenigen Ausnahmen abgesehen; abgesehen davon *(ungeachtet dessen),* dass ... **5.** *(von Schülern) unerlaubt vom Heft o. Ä. des Platznachbarn abschreiben:* er hat [die Lösung der Aufgabe] bei mir abgesehen. **6.** *(von Gehörlosen u. Schwerhörigen) durch Beobachtung der Mundbewegungen des Sprechers verstehen:* die Kinder lernen a. **7.** * *es auf etw. abgesehen haben* (etw. als Ziel im Auge haben); *es auf jmdn., etw. abgesehen haben* (auf jmdn., etw. begierig sein; jmdn., etw. gerne für sich haben wollen): die Frau hat es auf ihn, [nur] auf sein Geld abgesehen); *es auf jmdn. abgesehen haben* (jmdn. fortgesetzt schikanieren): der Chef hat es heute auf dich abgesehen; Auf Kropp, Tjaden, Westhus und mich hatte er es besonders abgesehen, weil er unsern stillen Trotz spürte [Remarque, Westen 22]). ♦ **8.** *einsehen* (2 b): ... und ich sah nicht ab, warum man mir das Geringere gewähren und das Größere entziehen wollte (Büchner, Dantons Tod I, 5).

♦ **Ab|se|hen,** das; -s: *Aufmerksamkeit* (1), *Augenmerk:* Worauf kann so ein Windfuß wohl sonst sein A. richten? (Schiller, Kabale I, 1).
ab|sei|fen ⟨sw. V.; hat⟩: *mit [Wasser u.] Seife reinigen:* den Holztisch a.; sie seifte ihm den Rücken ab; Sie stellte sich in ihren Bottich, seifte sich ab (Plenzdorf, Legende 23).
ab|sei|hen ⟨sw. V.; hat⟩: *durch ein Sieb gießen [u. dadurch reinigen od. von festen Bestandteilen befreien]:* Milch, Bratensaft a.
ab|sei|len ⟨sw. V.; hat⟩: **1.** *an einem Seil herunterlassen:* ich seilte ihn, mich ab. **2.** ⟨a. + sich⟩ (ugs.) *weggehen, sich davonmachen, verschwinden:* die Ganoven hatten sich längst mit dem Schmuck abgeseilt.

♦ **Ab|sein,** das; -s: *Abwesenheit* (1): ... der Biedermann hat nur mein Haus in meinem A. nicht betreten wollen (Lessing, Nathan I, 4).
Ab|sei|te, die; -, -n [eigtl. = Seite, die von etw. abliegt]: **1.** (Textilind.) *linke Seite eines Gewebes.* **2.** *Rückseite:* die A. eines Gebäudes. **3.** *abseits gelegener Bereich, abseits liegende Zone, Schattenseite:* eine Wanderung durch die Pariser -n (Andres, Liebesschaukel 38); Ü die -n der Psyche, der Gesellschaft.

♦ **ab|sei|ten** ⟨Präp. mit Gen.⟩ (Kanzleispr.): *seitens; wegen:* ... dass »kraft seines tragenden Amtes, a. des Ansehens der Familie« die Augen der ganzen Stadt auf ihn gerichtet seien (Storm, Söhne 25).
ab|sei|tig ⟨Adj.⟩: **a)** (geh.) *abseitsliegend:* eine -e Gasse; Ü er bewegte sich in Gedanken auf -em Terrain; Ich kam vor in ein großes, -es, noch immer bewohntes Bauernhaus (Seghers, Transit 10); **b)** *dem Üblichen, Normalen nicht entsprechend; ausgefallen, abwegig:* -e Interessen, eine Idee für a. halten; Ich muss gestehen, dass mir der Disput damals recht a. vorkam (Heym, Schwarzenberg 54); **c)** *in den Bereich der Perversion gehörend:* -e Neigungen haben.

¹**ab|seits** ⟨Präp. mit Gen.⟩ [älter: abseit; ↑ -seits]: *(ein wenig) entfernt von etw.:* a. des Weges, des Verkehrs; sie wohnen a. jeglicher Zivilisation; Ü er bewegte sich damals a. des Rechts.

²**ab|seits** ⟨Adv.⟩: **a)** *beiseite, fern, außerhalb:* das Haus befindet sich etwas a.; a. von jeder menschlichen Behausung; Der suchte nicht orthodox, was beim Pilzesuchen bedeutete eher a., sondern a. vom Abseits (Handke, Niemandsbucht 889); **b)** *[nach engl. offside] (Ballspiele) im Abseits* (1): a. sein.

Ab|seits, das; -, - (Ballspiele): **1.** *(beim Fußball) regelwidrige Stellung eines Spielers, dem der Ball zugespielt wird, wenn er sich näher an der gegnerischen Torlinie befindet als zwei gegnerische Spieler od. (beim Eishockey) wenn ein Spieler vor dem Puck in das Angriffsdrittel gelaufen ist:* im A. stehen; ins A. laufen; Ü im technologischen, politischen, gesellschaftlichen A. stehen. **2.** *Verstoß gegen die Abseitsregel:* der Schiedsrichter pfiff A.
Ab|seits|fal|le, die (Ballspiele): *Taktik, mit der die Abwehrspieler den angreifenden Gegner ins Abseits (1) locken.*
Ab|seits|po|si|ti|on, die (Ballspiele): *Abseitsstellung.*
Ab|seits|re|gel, die (Ballspiele): *das Abseits (1) betreffende Regel.*
ab|seits|ste|hen ⟨unr. V.; hat; südd., österr., schweiz. auch: ist⟩: **1.** *außerhalb, fern, entfernt von etw. stehen, sich befinden:* die Hütte stand abseits. **2.** (Ballspiele) *im Abseits (1) stehen:* bei diesem Treffer stand der Stürmer abseits.
Ab|seits|stel|lung, die (Ballspiele): *Stellung, bei der ein Spieler im Abseits (1) steht.*
Ab|seits|tor, das (Ballspiele): *von einem im Abseits (1) stehenden Spieler erzieltes, nicht anerkanntes Tor.*
ab|seits|ver|däch|tig ⟨Adj.⟩ (Ballspiele): *ein Abseits (1) vermuten lassend:* ein Tor aus -er Position erzielen.
Ab|sence [a'psã:s], die; -, -n [...sn̩] [frz. absence < lat. absentia, ↑ Absenz] (Med.): *(bes. bei Epilepsie auftretende) kurze Zeit dauernde Trübung des Bewusstseins; Absenz* ⟨d⟩: eine A. haben.
ab|sen|den ⟨unr. V.; sandte/(seltener:) sendete ab, hat abgesandt/(seltener:) abgesendet⟩: **a)** *etw. (an einen Empfänger) schicken; abschicken:* eine E-Mail, ein Paket a.; **b)** *jmdn. (mit einem Auftrag) losschicken:* einen Boten, einen Fahrradkurier a.
Ab|sen|der, der; -s, -: **1.** *jmd., der etw. absendet, abschickt:* er ist der A. des Briefes. **2.** *(auf einer Postsendung angegebene) Adresse von jmdm., der etw. absendet, abschickt* (Abk.: Abs.): steht ein A. auf dem Brief?
Ab|sen|de|rin, die; -, -nen: w. Form zu ↑ Absender (1).
Ab|sen|dung, die; -, -en: *das Absenden.*
ab|sen|gen ⟨sw. V.; hat⟩: **a)** *durch Sengen entfernen:* die Augenbrauen, Haare an den Ohrmuscheln a.; **b)** *durch Sengen von Resten von Flaum od. Federn befreien:* ein Huhn a.
ab|sen|ken ⟨sw. V.; hat⟩: **1.** ⟨a. + sich⟩ *sich mit einem bestimmten Gefälle senken, neigen:* das Gelände senkt sich zum Fluss hin ab. **2.** *niedriger, tiefer legen:* das Grundwasser, einen Stausee a.; Ü den Verbrauch, die Produktion, die Temperatur a.
Ab|sen|kung, die; -, -en: *das [Sich]absenken.*
ab|sent ⟨Adj.⟩ [lat. absens (Gen.: absentis), 1. Part. von: abesse = abwesend sein] (veraltet): *abwesend.*
Ab|senz, die; -, -en [lat. absentia]: **a)** *(bildungsspr.) das Fehlen, Nichtvorhandensein von etw.:* die A. von Störungen, von Lärm; eine A. aller Werte; **b)** *(bes. österr., schweiz.) das Abwesendsein von einem Ort: für seine -en entschuldigen;* **c)** *geistige Abwesenheit;* **d)** (Med.) *Absence.*
ab|ser|vie|ren ⟨sw. V.; hat⟩: **1. a)** *(gebrauchtes Geschirr) von Tisch abräumen:* das Geschirr a.; ⟨auch ohne Akk.-Obj.:⟩ würden Sie bitte a.; **b)** *(einen Tisch) von Geschirr frei machen:* den Tisch a. **2. a)** (ugs.) *seines Einflusses, seiner Wirkung od. Bedeutung berauben; kaltstellen:* ich lasse mich doch nicht so a.; sie hat ihren Freund abserviert; ... dass so ein kleiner ... Speichellecker kommen musste, um mich abzuservieren

(Härtling, Hubert 328); **b)** (ugs.) *unhöflich abweisen, fortschicken:* der Vertreter wurde an der Haustür abserviert; **c)** (salopp) *ermorden:* ein Killer hat ihn abserviert.
ab|setz|bar ⟨Adj.⟩: **1.** (Steuerw.) *sich von dem zu versteuernden Einkommen absetzen (10) lassend:* die Zinsen sind [steuerlich] a. **2.** (Kaufmannsspr.) *sich absetzen (9) lassend, verkäuflich:* leicht -e Ware. **3.** *(vom Träger eines Amtes o. Ä.) der Möglichkeit unterliegend, abgesetzt (7) zu werden:* der Papst ist nicht a.
Ab|setz|bar|keit, die; -: *das Absetzbarsein.*
ab|set|zen ⟨sw. V.; hat⟩: **1.** *etw., was jmd. auf dem Kopf, auf der Nase trägt, abnehmen, herunternehmen:* den Hut, die Brille a. **2.** *etw. [Schweres], was jmd. in Händen hält, auf den Boden, an eine Stelle setzen:* das Gepäck, den Koffer a.; ... ein paar Frauen, die zusammenstanden, die Taschen außerhalb (Handke, Brief 13). **3.** *von einer Stelle wegnehmen u. dadurch etw. unterbrechen od. beenden:* das Gewehr, den Geigenbogen, das Glas vom Mund a.; sie trinkt, ohne abzusetzen (in einem Zug). **4.** *jmdn. an einer bestimmten Stelle aus einem Fahrzeug aussteigen lassen:* jmdn. in seinem Wagen mitnehmen und am Bahnhof a. **5.** (Fachspr.) *absenden, übermitteln, von sich geben:* einen Notruf a. **6. a)** *[langsam] sinken lassen, ablagern:* der Fluss setzte eine Masse Geröll ab; **b)** ⟨a. + sich⟩ *sich irgendwo niederschlagen u. dort verbleiben:* eine Menge Staub hatte sich hier abgesetzt. **7.** *aus Amt od. Stellung entfernen:* einen Minister a.; die Regierung wurde abgesetzt. **8. a)** *(Anberaumtes, Angekündigtes) absagen, nicht stattfinden lassen:* von der Tagesordnung a.; ein Theaterstück, ein Fußballspiel a.; **b)** *abbrechen, nicht weiterführen:* eine Therapie, Behandlung a.; **c)** *nicht weiter einnehmen:* ein Medikament, die Pille a. **9.** (Kaufmannsspr.) *[in größeren Mengen] verkaufen:* wir haben alle Exemplare a. können. **10.** (Steuerw.) *etw., was nicht versteuert wird, von der zu versteuernden Summe abziehen:* die Kosten für etw. [von der Lohnsteuer] a. können. **11. a)** ⟨a. + sich⟩ *sich abheben (3 a): das Gebäude setzt sich von/gegen die Umgebung ab;* **b)** *abheben (3 b), unterscheiden:* der Grauton setzt die Wand gut ab. **12.** ⟨a. + sich⟩ *ein Stück zwischen sich u. die Verfolger legen, einen Vorsprung gewinnen:* an der Spitze des Feldes setzte sich die Polin ab. **13.** ⟨a. + sich⟩ *abrücken, sich distanzieren, zu jmdm., etw. auf Distanz gehen:* sich von der Parteilinie a. **14.** ⟨a. + sich⟩ (ugs.) *sich [heimlich] davonmachen:* ich hatte mich nach Österreich, ins Ausland, über die Grenze abgesetzt; **b)** (Militär) *sich zurückziehen.* **15.** (Landwirtsch.) *(ein junges Tier) entwöhnen:* ein Kalb a. **16. a)** (Schrift- u. Druckw.) *als neue Zeile beginnen lassen:* eine Zeile, die folgenden Zeilen, den Verse a.; **b)** (Druckw.) *den Drucksatz von etw. anfertigen:* ein Manuskript a. lassen. **17.** (Seemannsspr.) *von der Anlegestelle o. Ä. abstoßen, wegdrücken:* das Boot von der Brücke, vom Schiff a. **18.** *mit etw. besetzen, verzieren:* einen Saum mit einer Borte, eine Täfelung mit einer Leiste a.; ⟨oft im 2. Part.:⟩ mit Samt abgesetzte Ärmel. **19.** *(von einem Reittier) den Reiter abwerfen:* das Pferd setzte ihn ab. **20. * es setzt etw. ab** (1. ugs.; *es gibt, geschieht etw.:* es setzt Hiebe, Prügel ab. 2. *es wird etw. eintreten, es kommt zu etw.:* ... allemal, wenn sein Weib Hut ihm in Wirtshaus will, so setzt es Streit ab [Gotthelf, Elsi 126]).
Ab|setz|pos|ten, der (Steuerw. österr.): *Posten, Betrag, der absetzbar, abzuziehen ist.*
Ab|set|zung, die; -, -en: *das Absetzen (bes. 7, 8); das Abgesetztwerden.*
ab|si|chern ⟨sw. V.; hat⟩: **1. a)** *(eine Gefahrenstelle*

o. Ä.) gegen mögliche Unfälle sichern: eine Baustelle a.; die Unfallstelle mit Warnzeichen a.; **b)** *jmdn., etw. gegen mögliche Gefahren sichern; gefährdete Personen a.;* einen Tresorraum a.; Ü einen Direktkandidaten auf der Landesliste a. *(ihm für den Fall, dass er nicht direkt gewählt wird, einen sicheren Listenplatz geben);* tariflich abgesicherte *(durch einen Tarifabschluss festgelegte, gesicherte)* Löhne. **2.** *untermauern:* eine Methode wissenschaftlich a. **3.** ⟨a. + sich⟩ *sich bei etw. durch entsprechende Vorkehrungen gegen etw. schützen:* ich sicherte mich vertraglich ab; ... als wolle sie sich gegen eine noch gar nicht geäußerte Kritik von vornherein a. (Wohmann, Absicht 66).
Ab|si|che|rung, die; -, -en: *das Absichern; das Abgesichertsein.*
Ab|sicht, die; -, -en [zu ↑ absehen (7)]: *Bestreben; Wollen: edle, böse -en haben; was ist nur meine A.;* es war nicht meine A., das zu tun; ich hatte keine A. *(hatte nicht vor),* sie zu informieren; man weiß nicht, welche -en er hegt *(was er vorhat, plant);* die A. *(der Plan)* besteht allerdings; jmds. -en erkennen, durchschauen, vereiteln; das lag nicht in meiner A. *(das wollte ich nicht);* sie trägt sich mit der A. (geh.; *beabsichtigt)* zu verreisen; mit A. *(absichtlich, vorsätzlich, willentlich);* ohne A. *(absichtslos);* von einer A. weit entfernt sein; *** -en [auf jmdn.] haben** (ugs. veraltend; *jmdn. heiraten wollen:* er hat ernste -en auf sie); **♦ in A. auf** *(hinsichtlich, in Bezug auf:* O ja! versetzte der Gehülfe, in A. auf andre Frauen ganz gewiss [Goethe, Wahlverwandtschaften II, 7]).
ab|sicht|lich [nachdrücklich auch: ...'zɪçt...] ⟨Adj.⟩: *mit Absicht [gezeigt, geschehend usw.]; vorsätzlich:* eine -e Kränkung; das hat er a. getan.
Ab|sicht|lich|keit [auch: ...'zɪ...], die; -, -en ⟨Pl. selten⟩: *das Absichtlichsein.*
Ab|sichts|er|klä|rung, die (Rechtsspr., Wirtsch.): *Erklärung, durch die eine spezielle Absicht [offiziell] mitgeteilt od. schriftlich dokumentiert wird:* eine A. unterzeichnen, abgeben.
ab|sichts|los ⟨Adj.⟩: *ohne besondere Absicht; nicht absichtlich; unabsichtlich:* er drehte sich ganz a. um.
Ab|sichts|lo|sig|keit, die; -, -en ⟨Pl. selten⟩: *das Absichtslossein.*
ab|sichts|voll ⟨Adj.⟩: *mit voller Absicht [geschehend]:* sie sah ganz a. weg, als er vorbeikam.
ab|sie|deln ⟨sw. V.; hat⟩: **1.** ⟨hat⟩ (Med.) *Metastasen bilden; metastasieren:* der Tumor hat Tochtergeschwülste abgesiedelt. **2.** (bes. südd., österr.) **a)** ⟨hat⟩ *umsiedeln* (1): die Bevölkerung, die Gewerbebetriebe a.; **b)** ⟨ist⟩ *umsiedeln* (2): der Betrieb ist abgesiedelt; **c)** ⟨hat⟩ *durch Umsiedeln frei machen:* eine Fläche a.
Ab|sie|de|lung, Ab|sied|lung, die; -, -en: **1.** (Med.) *Metastase.* **2.** (bes. südd., österr.) *das Absiedeln (2), Abgesiedeltwerden.*
ab|sin|gen ⟨st. V.; hat⟩: **1.** *von Anfang bis Ende singen:* alle Strophen eines Liedes a.; ⟨subst.:⟩ sie zogen unter Absingen schmutziger Lieder (scherzh.; *mit großem Hallo, ausgelassen, fröhlich [singend])* weiter. **2.** *vom Blatt singen, ohne geübt zu haben:* sie singt [alle Lieder] vom Blatt ab.
ab|sin|ken ⟨st. V.; ist⟩: **1. a)** *in die Tiefe, auf Grund sinken; [im Wasser] versinken:* das Boot sank in Sekundenschnelle ab; **b)** *sich [allmählich] senken [u. dadurch niedriger werden]:* der Wasserspiegel ist abgesunken. **2. a)** *schwächer, niedriger werden:* der Blutdruck, das Fieber, die Temperatur sinkt ab; etw. sinkt um ein Drittel, auf die Hälfte ab; **b)** *schwächer, geringer werden:* das Interesse sinkt weiter ab; **c)** *nachlassen, schlechter werden:* in seinen Leistungen a.;

Absinth – abspiegeln

d) *[moralisch] herunterkommen:* er sinkt immer mehr ab.

Ab|sinth, der; -[e]s, -e [frz. absinthe < lat. absinthium < griech. apsínthion = Wermut]: *grünlicher Branntwein aus Wermut mit Zusatz von Anis u. Fenchel.*

ab|sit|zen ⟨unr. V.⟩: **1.** ⟨hat⟩ (ugs.) **a)** *(die Zeit an einem bestimmten Ort) widerwillig, nur durch sein Anwesendsein hinter sich bringen:* er sitzt in seinem Büro die Dienststunden ab; ...dass ich meine schönen Sommertage... in einer grauen Schulstube absitze (Fallada, Herr 100); **b)** *(eine Strafe, eine Zeit als Strafe) im Gefängnis o. Ä. verbüßen:* er hat seine Strafe abgesessen; neun Monate Gefängnis a. **2.** ⟨ist⟩ **a)** *von einem Reittier steigen:* er saß [vom Pferd] ab; (Reitkommando:) abgesessen!; Jaokobs ... Dromedar ging ungeheißen in die Knie, um seinen Reiter a. zu lassen (Th. Mann, Joseph 385); **b)** (Turnen) *(von einem Gerät) aus dem Sitz in den Stand auf den Boden springen:* vom Kasten a.; **c)** *(von einem Fahrzeug) absteigen, abspringen:* sie saßen [von ihren Rädern] ab. **3.** ⟨hat⟩ *von etw. entfernt sitzen:* du sitzt viel zu weit [vom Tisch] ab. **4.** ⟨hat⟩ *durch vieles Sitzen abnutzen:* du hast das Polster bereits abgesessen. **5.** ⟨ist⟩ (schweiz.) *sich [hin]setzen, sich niederlassen:* sitz doch bitte ab!

ab|so|lut ⟨Adj.⟩ [(frz. absolu <) lat. absolutus, adj. 2. Part. von: absolvere, ↑ absolvieren]: **1.** *allein herrschend, souverän; unumschränkt:* ein -er Herrscher; die -e Monarchie. **2.** *unbedingt, uneingeschränkt, unangefochten, völlig:* -e Glaubens- und Gewissensfreiheit; hier ist -es Halteverbot. **3.** *vollkommen, in höchster Weise ideal, ungetrübt, ungestört:* die Suche nach dem -en Glück; ...eine Stimmung von -em Feierabend, in der friedlich die Rauchsäulen von kleinen Feuerstellen aufstiegen (Lenz, Brot 14). **4.** *nicht mehr steigerbar, überbietbar:* eine -e Grenze erreichen; der -e Höhepunkt; der -e Nullpunkt (Physik; *die tiefste überhaupt mögliche Temperatur,* − 273,15 °C); -e Temperatur (Physik; *auf den absoluten Nullpunkt bezogene Temperatur*); etw. ist eine -e Notwendigkeit, etw. besitzt -e Priorität. **5.** *völlig, gänzlich, vollständig:* für -e Ruhe, Sicherheit sorgen. **6.** (meist Philos.) *rein, beziehungslos, für sich betrachtet:* -es Denken; das -e Sein; -e Kunst, Musik. **7.** *unabhängig; ohne Hilfsmittel, Bindungen, Beeinflussungen [auskommend]:* -e Größen. **8.** (Naturwiss.) *chemisch [fast] rein:* -er Alkohol, Äther. **9.** ⟨intensivierend bei Adjektiven u. Verben⟩ *überhaupt, ganz und gar:* das ist a. unsinnig; das kann ich a. nicht leiden.

Ab|so|lut|heit, die; -, -en: *das Absolutsein; absolute (2, 6, 7) Beschaffenheit.*

Ab|so|lut|heits|an|spruch, der: *Anspruch auf absolute Richtigkeit od. Gültigkeit:* einen A. erheben.

Ab|so|lu|ti|on, die; -, -en [lat. absolutio = das Freisprechen (vor Gericht), zu: absolutus, ↑ absolvieren] (kath. Kirche): *Vergebung von Sünden nach der Beichte:* die A. erhalten; jmdm. [die] A. erteilen; Ü dadurch dachte nicht, dass wir dir für deine Extravaganzen A. erteilen (oft scherzh.; *dass wir sie verzeihen*).

Ab|so|lu|tis|mus, der; - [frz. absolutisme] (Geschichte): **a)** *Regierungsform, bei der eine Person als Träger der Staatsgewalt eine von anderen Personen od. Institutionen nicht kontrollierte Macht ausübt;* **b)** *Epoche des europäischen Absolutismus im 17. u. 18. Jh.:* der aufgeklärte A.

Ab|so|lu|tist, der; -en, -en (Geschichte): **a)** *Anhänger des Absolutismus;* **b)** *Herrscher mit unumschränkter Macht.*

Ab|so|lu|tis|tin, die; -, -nen: w. Form zu ↑ Absolutist.

ab|so|lu|tis|tisch ⟨Adj.⟩: **a)** *den Absolutismus betreffend, auf ihm beruhend:* der -e Staat; **b)** *unumschränkt:* ein -er Herrscher.

Ab|sol|vent, der; -en, -en [lat. absolvens (Gen.: absolventis), 1. Part. von: absolvere, ↑ absolvieren]: *jmd., der die vorgeschriebene Ausbildung an einer Schule erfolgreich abgeschlossen hat:* die -en der Kunstschule.

Ab|sol|ven|tin, die; -, -nen: w. Form zu ↑ Absolvent.

ab|sol|vie|ren ⟨sw. V.; hat⟩: **1. a)** *(eine Schule o. Ä.) durchlaufen, [erfolgreich] beenden:* das Gymnasium, einen Lehrgang a.; **b)** *verrichten, bewältigen, ableisten:* einen Achtstundentag a. müssen; ein Training, ein anstrengendes Programm a.; **c)** *(eine Prüfung) bestehen:* hat er sein Examen absolviert? **2.** (kath. Rel.) *jmdm. Absolution erteilen:* jmdn. a.; »Ich befehle Ihnen, die heilige Messe Ihres Pfarrers zu hören..., wenn Sie absolviert sind« (Böll, Und sagte 74).

Ab|sol|vie|rung, die; -, -en ⟨Pl. selten⟩: *das Absolvieren.*

¹ab|son|der|lich ⟨Adj.⟩: *vom Gewöhnlichen, Üblichen abweichend:* -e Reaktionen; ein -er Mensch; sein Verhalten wirkte ziemlich a.

◆²ab|son|der|lich ⟨Adv.⟩: *besonders* (2 a): Heutzutage hätte man... nach den Schriften gefragt, a. nach dem Heimatscheine (Gotthelf, Elsi 124); Ihr Butterischen sollt auch mitreiten. – Und a. wir Wallonen (Schiller, Wallensteins Lager 11).

Ab|son|der|lich|keit, die; -, -en: **1.** ⟨o. Pl.⟩ *das Absonderlichsein.* **2.** *absonderliche Sache, Erscheinung, absonderlicher Vorgang:* die -en des Lebens.

ab|son|dern ⟨sw. V.; hat⟩: **1.** ⟨a. + sich⟩ *sich von jmdm., etw. fernhalten; Kontakte meiden; lieber für sich bleiben:* sie sonderte sich meist von ihren Mitschülerinnen ab; Er will so abgesondert sein, wie er ist, will allein sein und will von anderen im Grunde nichts wissen (Th. Mann, Krull 417). **2.** *isolieren, mit anderen nicht zusammenkommen lassen:* die an Diphtherie Erkrankten a. **3.** *von sich geben, ausscheiden:* Gifte a.; Schleim, Schweiß, eine Flüssigkeit a.; Ü er hat wieder lauter Unsinn, hat zynische Sprüche abgesondert (geredet, geäußert).

Ab|son|de|rung, die; -, -en: **1.** *das [Sich]absondern.* **2.** *ausgeschiedener Stoff; Ausscheidung.*

Ab|sor|bens, das; -, ...benzien u. ...bentia [lat. absorbens, 1. Part. von: absorbere, ↑ absorbieren] (Physik, Chemie): *absorbierender Stoff.*

Ab|sor|ber, der; -s, - [engl. absorber, zu: absorb = auf-, einsaugen < lat. absorbere, ↑ absorbieren] (Physik): **1.** *Absorbens.* **2.** *Vorrichtung zum Absorbieren von Gasen, Strahlen.*

ab|sor|bie|ren ⟨sw. V.; hat⟩ [lat. absorbere = verschlucken; aufsaugen]: **1.** (Naturwiss.) *aufsaugen, in sich aufnehmen:* Strahlen, Licht a.; Schall, Geräusche a. (schlucken). **2.** (geh.) *in Anspruch nehmen:* jmds. Aufmerksamkeit völlig a.; vor etw. absorbiert sein.

Ab|sorp|ti|on, die; -, -en [spätlat. absorptio = das Verschlingen]: *das Absorbieren.*

Ab|sorp|ti|ons|fä|hig|keit, die ⟨o. Pl.⟩: *Fähigkeit, etw. zu absorbieren.*

ab|sorp|tiv ⟨Adj.⟩ (Naturwiss.): *zur Absorption fähig.*

ab|spal|ten ⟨unr. V.; spaltete ab, hat abgespalten/ (auch:) abgespaltet⟩: **1.** *durch Spalten von etw. trennen:* ich habe ein Stück Holz abgespalten/ (auch:) abgespaltet; Ü Teilbereiche werden von der Muttergesellschaft abgespalten/(auch:) abgespaltet. **2.** ⟨a. + sich⟩ *sich von jmdm., etw. lösen:* eine Minderheit hat sich von der Partei abgespalten/(auch:) abgespaltet. **3.** (Chemie) *(einen Teil eines Moleküls, Moleküle durch chemische Reaktion) abtrennen:* das Enzym hat Phosphat abgespaltet.

Ab|spal|tung, die; -, -en: *das [Sich]abspalten.*

Ab|spann, der; -[e]s, -e u. ...spänne (Fernsehen): *Nachspann.*

ab|span|nen ⟨sw. V.; hat⟩: **1.** *(einem Zugtier, Zugtieren) das Geschirr (2) lösen:* hast du die Pferde abgespannt?; den Wagen a. *(das Zugtier, die Zugtiere vom Wagen nehmen).* **2.** (selten) *sich von einer Spannung lösen, entspannen:* die Glieder, sich einen langen Tag a. **3.** (Technik) *(in die Luft Ragendes) mit gespannten Seilen sichern:* einen Pylon mit Schrägseilen a.

Ab|spann|seil, das: *Seil zum Abspannen* (3).

Ab|span|nung, die; -, -en: **1.** ⟨o. Pl.⟩ *körperliche, geistige Ermüdung:* das Gesicht drückte äußerste A. aus. **2. a)** *das Abspannen* (3); **b)** (Technik) *Abspannseil; Gesamtheit der Abspannseile:* die A. ist gerissen.

ab|spa|ren, sich ⟨sw. V.; hat⟩: *[unter Entbehrungen] sparen u. für den Kauf von etw. erübrigen:* ich habe mir das Geld für das Rad [von meinem Taschengeld] abgespart; den Pelzmantel musste sie sich regelrecht vom Munde a. *(das Geld für den Pelzmantel musste sie unter großen Entbehrungen zurücklegen).*

ab|spe|cken ⟨sw. V.; hat⟩ (salopp): **1.** *eine Abmagerungskur machen, abnehmen:* unter ärztlicher Aufsicht a.; überflüssige Pfunde, 15 Kilo a.; Ü das Unternehmen muss a. *(Einsparungen vornehmen).* **2.** *Streichungen vornehmen, kürzen:* die Installation etwas a., damit genug Platz für Anwendungen bleibt; ⟨häufig im 2. Part.:⟩ eine abgespeckte Version des Protokolls.

ab|spei|chern ⟨sw. V.; hat⟩ (EDV): *(Daten) in einen Speicher* (2 b) *eingeben u. aufbewahren:* Daten, Musik a.; etw. auf Magnetband a.; einen Text auf die Festplatte, auf Diskette a.; Ü diese Informationen sind bei mir im Gehirn abgespeichert.

ab|spei|sen ⟨sw. V.; schweiz. auch st. V.; hat⟩: **a)** *(in liebloser Weise) mit einer Mahlzeit versorgen, beköstigen:* die Kinder werden in der Küche abgespeist; **b)** (ugs.) *mit weniger, als erhofft od. erwartet, abfertigen:* jmdn. mit Redensarten, mit Vertröstungen a.; ich lasse mich nicht mehr mit Versprechungen a.

ab|spens|tig [eigtl. = weggelockt, zu älter abspannig = weglocken, zu mhd. spanen, ↑ Gespenst]: in der Verbindung **jmdm. jmdn., etw. a. machen** *(jmdn. dazu bringen, sich von einem anderen abzuwenden; jmdn. durch Überreden dazu bringen, etw., was er besitzt, herzugeben):* er hat ihm die Freundin, die Kundschaft, seinen Wagen a. gemacht).

ab|sper|ren ⟨sw. V.; hat⟩: **1.** (österr., südd., westmd.) *(einen Raum o. Ä.) mit einem Schlüssel zu-, abschließen:* das Zimmer, die Wohnungstür a.; der Schrank war abgesperrt. **2.** *(den Zugang zu etw.) sperren, etw. abriegeln:* die Unglücksstelle hermetisch a. **3.** *(das Fließen, Strömen von etw.) unterbrechen, abdrosseln:* [jmdm.] das Wasser, das Gas a.

Ab|sperr|git|ter, das: *Gitter, das dazu dient, etw. abzusperren* (2).

Ab|sperr|hahn, der, (Technik): *Hahn, mit dem etw. abgesperrt* (3) *wird.*

Ab|sperr|ket|te, die: *Kette von Menschen, Polizisten, die etw. absperren.*

Ab|sper|rung, die; -, -en: **1.** *das Absperren.* **2.** *Sperre, Barriere, durch die ein Bereich abgesperrt* (2) *wird:* die -en durchbrechen.

ab|spie|geln ⟨sw. V.; hat⟩: **a)** *als Spiegelbild wiedergeben, spiegelnd zurückwerfen:* das Wasser spiegelt den Baum ab; **b)** ⟨a. + sich⟩ *als Spiegelbild zu sehen sein:* der Baum spiegelt sich [im Wasser] ab.

Ab|spie|ge|lung, (selten:) **Ab|spieg|lung,** die; -, -en: *das [Sich]abspiegeln.*

Ab|spiel, das; -s, -e (Ballspiele): **1.** *das Abspielen* (3): *der Verteidigerin unterlief ein schlampiges A.* **2.** *abgespielter Ball: sein schlechtes A. landete beim Gegner.*

ab|spie|len ⟨sw. V.; hat⟩: **1. a)** *[von Anfang bis Ende] spielen, ablaufen lassen:* eine CD, eine Kassette, ein Band a.; die Nationalhymne a.; **b)** *durch vieles Spielen abnutzen:* du hast die Videokassette schon ganz schön abgespielt; ⟨meist im 2. Part.:⟩ abgespielte Karten, Tennisbälle. **2.** *vom [Noten]blatt spielen, ohne geübt zu haben:* er kann alles vom Blatt a. **3.** (Ballspiele) *(den Ball, die Scheibe einem Spieler der eigenen Mannschaft) abgeben, zuspielen:* der Verteidiger muss früher, schneller a.; [den Ball] an den Linksaußen a. **4.** ⟨a. + sich⟩ *(als Vorgang) [in bestimmter Weise] seinen Verlauf nehmen; vor sich gehen:* alles spielte sich rasend schnell, vor ihren Augen ab; etw. spielt sich hinter den Kulissen, auf einer anderen Ebene ab; ... dass sich da so gar nichts abgespielt haben sollte, ... sei doch nicht recht glaubhaft (Heym, Schwarzenberg 290); ℝ da/hier spielt sich nichts ab! (ugs.; *das kommt nicht infrage, daraus wird nichts*).

Ab|spiel|ge|rät, das: *Gerät zum Abspielen von CDs, DVDs usw.*

ab|split|tern ⟨sw. V.⟩: **1.** ⟨hat⟩ *in Splittern von etw. ablösen:* der Blitz splitterte den Ast ab. **2.** ⟨ist⟩ *sich in Splittern ablösen:* der Lack, ein Stück Knochen ist abgesplittert; abgesplitterte Farbe. **3.** ⟨a. + sich; hat⟩ *sich abspalten:* die kleine Gruppe splitterte sich von der Partei ab.

Ab|split|te|rung, die; -, -en: *das [Sich]absplittern.*

Ab|spra|che, die; -, -n: *das [Sich]absprechen* (2); *Vereinbarung:* eine A. [mit jmdm.] treffen; ohne vorherige A.; sich nicht an die getroffene A. halten.

ab|spra|che|ge|mäß ⟨Adj.⟩: *einer getroffenen Absprache entsprechend:* zur Pause wurde ich a. ausgewechselt.

ab|spre|chen ⟨st. V.; hat⟩: **1. a)** *aufgrund eines [gerichtlichen] Urteils aberkennen:* jmdm. die bürgerlichen Ehrenrechte a.; ♦ ... dass ich zur philosophischen Spekulation keineswegs berufen bin und dass ich mir dieses Feld völlig abgesprochen habe (Chamisso, Schlemihl 61); **b)** *behaupten, dass jmdm. eine bestimmte Eigenschaft o. Ä. fehlt:* er sprach ihm jede Sachkenntnis ab; jmdm. ein Recht zu etw. a. *(streitig machen);* Weininger versuchte ... dem Weib die Seele abzusprechen (Grass, Hundejahre 202). **2.** ⟨a. + sich⟩ *sich im Gespräch über eine Frage einigen u. einen gemeinsamen Beschluss fassen:* ich hatte mich mit ihr abgesprochen; sie hatten sich abgesprochen *(einen gemeinsamen Beschluss gefasst);* **b)** *besprechen u. festlegen, vereinbaren:* eine Sache, neue Maßnahmen a.; sie haben ihre Aussagen offensichtlich miteinander abgesprochen. **3.** ⟨hat⟩ *sich ablehnend über etw. äußern, etw. negativ beurteilen.* ♦ **4. a)** *ein [Gerichts]urteil sprechen:* Dann sind noch zwei Richter daselbst ...; ... sprechen sie ab, so bleibt es gesprochen (Goethe, Reineke Fuchs 8, 328); **b)** *tadeln:* Seine Urteile waren richtig, ohne absprechend, treffend, ohne lieblos zu sein (Goethe, Lehrjahre IV, 16).

ab|spre|chend ⟨Adj.⟩ (seltener): *abfällig, ablehnend, tadelnd:* ein -es Urteil.

ab|sprei|zen ⟨sw. V.; hat⟩: **1.** *(ein Körperglied) seitwärts wegstrecken:* die Arme, den kleinen Finger a. **2.** (Bauw.) *(senkrecht verlaufende Bauteile) waagrecht gegeneinander abstützen.*

ab|spren|gen ⟨sw. V.; hat⟩: **1.** *von etw. lossprengen:* ein Gesteinsstück, den Hitzeschild a. **2.** *von einem Ganzen trennen u. isolieren:* den äußersten rechten Rand der Partei a.; abgesprengte Einheiten.

ab|sprin|gen ⟨st. V.; ist⟩: **1. a)** *sich aus einem Anlauf, dem Stand heraus abdrücken u. springen:* sie springt mit dem linken Bein ab; **b)** *von einem [fahrenden] Fahrzeug, einem Reittier o. Ä. herunterspringen:* von der Straßenbahn, vom Pferd a.; der Pilot ist mit dem Fallschirm abgesprungen; **c)** *sich plötzlich von etw. lösen:* die Fahrradkette ist abgesprungen; Von Kisten getrockneter Fische sprangen die Deckel ab (Gaiser, Jagd 184); **d)** *von etw. abplatzen:* an einigen Stellen war der Lack abgesprungen; **e)** *von etw. abprallen, zurückspringen:* der Ball sprang vom Pfosten ab. **2.** (ugs.) *von etw. Abstand nehmen, sich von etw. unvermittelt zurückziehen; zurücktreten; sich von etw. lösen:* von der Unterzeichnung eines Vertrages a.; ein Teil der Kundschaft wird a.

ab|sprit|zen ⟨sw. V.⟩: **1.** ⟨hat⟩ **a)** *(jmdn., sich, etw.) durch Bespritzen mit Wasser nass machen, reinigen:* ich habe den Wagen abgespritzt; er spritzte sich mit dem Gartenschlauch ab; **b)** *mithilfe eines Wasserstrahls entfernen:* ich werde den Dreck [mit dem Schlauch] a.; **c)** *(Pflanzen) mit einer chemischen Lösung besprühen:* die Sträucher a. **2.** ⟨hat⟩ *durch eine Injektion töten:* einen Hund vom Tierarzt a. lassen; Hätte die SS ihn gefunden, so wäre er als Verrückter sofort abgespritzt worden (Remarque, Funke 15). **3.** ⟨ist⟩ *von etw. spritzend abprallen:* die Wassertropfen spritzten von der Scheibe ab. **4.** ⟨ist⟩ (salopp) *eilig davongehen, -fahren:* sie spritzte ab. **5.** ⟨hat⟩ (derb) *ejakulieren:* Der Student presst die Frau an sich ... Er möchte noch nicht a. (Jelinek, Lust 113). **6.** ⟨hat⟩ (Kochkunst) *mit ein paar Tropfen von etw. würzen, abschmecken:* den Drink gut gekühlt und abgespritzt mit frischer Zitrone servieren.

Ab|sprung, der; -[e]s, Absprünge: **1. a)** *das Abspringen* (1 a): den Körper beim A. weit nach vorn werfen; **b)** *das Herunterspringen:* A. vom Sprungturm. **2.** *das Sichloslösen; Loslösung:* der A. des Sponsors, des Investors, der Geldgeber bereitete uns Probleme; den A. wagen; nach einer langen Drogenkarriere hat er den A. zurückgeschafft; A. doch noch geschafft; er steht vor dem A. [zum Konkurrenzverein] stehen; Die Zeit sei erfüllt ... Man dürfe nicht kneifen, müsse den A. wagen (Feuchtwanger, Erfolg 662).

Ab|sprung|bal|ken, der (Leichtathletik): *in den Boden eingelassener Balken, von dem aus beim Weit- u. Dreisprung abgesprungen werden muss.*

ab|spu|len ⟨sw. V.; hat⟩: **1. a)** ⟨a. + sich⟩ *sich von einer Spule o. Ä. abwickeln:* der Faden, das Garn spult sich ab; **b)** *von einer Spule o. Ä. abwickeln, herunterwickeln:* das Garn a.; einen Film a. *(von der Filmspule abrollen lassen, vorführen).* **2.** (ugs.) *in einfallsloser, immer gleicher Weise tun, hinter sich bringen:* sein übliches Programm, immer die gleichen Sprüche a.

ab|spü|len ⟨sw. V.; hat⟩: **a)** *durch Spülen entfernen, mit Wasser o. Ä. wegspülen:* den Seifenschaum a.; **b)** *durch Spülen von etw. reinigen, frei machen:* die Arme a.; den Teller mit heißem Wasser a.; **c)** (landsch., westösterr.) *(in der Küche) den Abwasch machen:* er spült nicht gerne ab.

Ab|spü|lung, die; -, -en (Geol.): *Abtragungstätigkeit des an der Oberfläche der Erde abfließenden Wassers.*

ab|stam|men ⟨sw. V.; hat⟩: *der Nachfahre einer Person, eines Lebewesens sein:* er stammte in direkter Linie von Karl dem Großen ab; ... Mensch, so hört man immer, stammt doch vom Affen ab (Th. Mann, Krull 312).

Ab|stam|mung, die; -, -en: *Herkunft, Abkunft:* er ist adliger A.; der Erwerb der Staatsbürgerschaft durch A.; sie ist Britin indischer A.

Ab|stam|mungs|leh|re, die (Biol.): *Lehre von der Abstammung aller die Erde bewohnenden Organismen von niederen Arten durch allmähliche Umbildung.*

Ab|stam|mungs|merk|mal, das: *(bei Zuchttieren) die Abstammung kennzeichnendes, für die Abstammung signifikantes Merkmal.*

Ab|stand, der; -[e]s, Abstände: **1. a)** *räumliche Entfernung zwischen zwei Punkten, Körpern; Zwischenraum, Distanz* (1): der A. beträgt 3 Meter; der A. zwischen ihnen hatte sich verkleinert, vergrößert; in 50 Meter A.; über einen A. von sechs Metern hinweg; Ü *der soziale A. (die gesellschaftlichen Rangunterschiede);* * *mit A.* (weitaus, bei Weitem: sie war mit A. die Beste); *von etw. A. nehmen* (geh.; *etw. nicht tun, von etw. absehen, auf etw. verzichten*); **b)** *Spanne zwischen zwei Zeitpunkten:* ein A. von 14 Sekunden; der A. beträgt 6 Minuten; jmdn. in regelmäßigen Abständen besuchen; mit einem deutlichen A. von zwei Sekunden siegen; Ü es fehlt ihm noch der innere A. zu den Ereignissen *(es ist noch nicht eine Zeit verstrichen, die ihm eine klarere, ruhigere Beurteilung der Ereignisse erlaubte).* **2.** *Zurückhaltung, gebührender Respekt im Umgang mit anderen Menschen; Distanz* (2 b): den gebührenden A. wahren; er kann nicht genügend A. halten. **3.** (ugs.) *Abstandssumme, Abfindung:* einen A. zahlen, verlangen.

Ab|stand|hal|ter, der: *seitlich am Fahrrad angebrachter waagerechter Arm* (2), *der überholende Autofahrer veranlassen soll, den richtigen Abstand zu halten.*

Ab|stands|sum|me, die [zu veraltet Abstand = *das Aufgeben eines Rechts*]: **a)** *Summe, die jmdm. gezahlt wird, damit er auf einen Besitz, ein Recht verzichtet; in Kaufen;* **b)** *Summe, die beim Auszug einer Mietpartei von der nachfolgenden Mietpartei für überlassene Einrichtungsgegenstände gezahlt werden muss.*

ab|stat|ten ⟨sw. V.; hat⟩ [zu mhd. staten = *an eine Stelle bringen*]: *etw. offiziell, formell, aus Pflichterfüllung tun:* jmdm. Bericht a. *(berichten);* jmdm. einen Besuch a. *(jmdn. besuchen);* jmdm. seinen Dank a. *(jmdm. danken);* Den größeren Teil dieses Berichts stattete Clarisse schon im Auto ab (Musil, Mann 1476).

ab|stau|ben ⟨sw. V.; hat⟩: **1.** *vom Staube befreien:* die Möbel, die Bilder a.; ⟨auch ohne Akk.-Obj.:⟩ gründlich a. **2.** (salopp) *sich auf nicht ganz korrekte Weise aneignen, irgendwo unbemerkt mitnehmen:* ein paar Zigaretten, eine Uhr a. **3.** (bes. Fußball) *durch Ausnutzen eines glücklichen Zufalls, durch Fehler des Gegners od. durch Vorarbeit der Mitspieler mühelos ein Tor erzielen:* zum 1:0 a. **4.** (landsch.) *ausschimpfen.*

ab|stäu|ben ⟨sw. V.; hat⟩ (landsch.): *abstauben* (1, 4).

Ab|stau|ber, der; -s, -: **1.** (bes. Fußball) **a)** *Spieler, der ein Tor durch Abstauben* (3) *erzielt;* **b)** *durch Abstauben* (3) *erzieltes Tor.* **2.** (salopp) *jmd., der etw. abstaubt* (2); *Schmarotzer, Nutznießer.*

Ab|stau|be|rin, die; -, -nen: w. Form zu ↑ Abstauber (1 a, 2).

ab|ste|chen ⟨st. V.; hat⟩: **1.** *(ein Schlachttier) durch das Durchstechen der Halsschlagader töten:* ein Schwein, einen Hammel a.; (derb von Menschen:) er hat seine Opfer brutal abgestochen. **2.** *(mit einem scharfen Gegenstand) aus einem zusammenhängenden Ganzen heraustrennen:* die Grasnarbe [mit dem Spaten] a.; Torf a.; Teig mit einem Löffel a.; Die meisten stachen sich von ihrer Margarine ein kleines

Abstecher – Abstimmungsverhalten

Stück ab (Gaiser, Jagd 105). **3. a)** *(etw. Flüssiges) durch eine Öffnung in einem Behälter o. Ä. abfließen lassen:* Bier a.; Stahl a.; **b)** *das Abflussloch o. Ä. öffnen:* einen Hochofen a. **4.** *zu jmdm., etw. einen Kontrast bilden, sich [stark] abheben:* sie stach durch ihr gepflegtes Aussehen von den anderen ab; eine abstechende Farbe. **5.** (seltener) **a)** *ausstechen* (5); **b)** *stechen* (17).

Ab|ste|cher, der; -s, - [aus dem Niederd., eigtl. = kurze Fahrt mit dem (Bei)boot, zu veraltet seemänn. abstechen = staken (1 a)]: *das Aufsuchen eines abseits von der Reiseroute liegenden Ziels:* einen kurzen A. nach Berlin, zu den Tempeln von Karnak machen, unternehmen; Ü die Autorin macht an dieser Stelle einen A. in die moderne Psychologie.

ab|ste|cken ⟨sw. V.; hat⟩: **1.** *(ein Gebiet, eine Strecke) mit in den Boden gesteckten Pfählen, Fähnchen u. Ä. abgrenzen:* die Zeltplätze a.; den Kurs für ein Skirennen a.; Ü seine Position a. *(umreißen)*; den finanziellen Rahmen für etw. a.; seine Kompetenzen, Ziele klar a. **2.** (Schneiderei) *(ein nicht passendes Kleidungsstück) mit Stecknadeln so stecken, dass es danach passend genäht werden kann:* die Schneiderin steckt das Kleid ab. **3.** *(etw. Festgestecktes) wieder abnehmen:* die Brosche, eine Nadel, eine Plakette a.

ab|ste|hen ⟨unr. V.; hat; südd., österr., schweiz. auch: ist⟩: **1. a)** *in einem bestimmten Abstand stehen:* der Schrank steht zu weit [von der Wand] ab; **b)** *nicht anliegen:* die Zöpfchen standen weit [von ihrem Kopf] ab; ⟨oft im 1. Part.:⟩ abstehende Ohren. **2.** (geh.) *von etw. ablassen, etw. aufgeben:* von einem Plan, einer Absicht a.; … dann verzichtete Bauschan und stand endgültig ab davon, mich ... zu begleiten (Th. Mann, Herr 36). **3.** (ugs.) *(eine Zeit) stehend hinter sich bringen:* zwei Stunden Wache a. **4.** *(bes. von einer Flüssigkeit) längere Zeit stehen:* zum Blumengießen soll das Wasser über Nacht in der Gießkanne a.

ab|stei|fen ⟨sw. V.; hat⟩: **1.** (Bauw.) *durch Balken o. Ä. stützen, abfangen:* die Mauer, der Schacht muss abgesteift werden. **2.** (Kochkunst) *(durch Erhitzen, Kühlen od. Zufügen von Gelatine) [halb]steif machen.*

Ab|stei|ge, die; -, -n (ugs. abwertend): *billiges [Stunden]hotel:* sie sind in einer schäbigen A. untergekommen.

ab|stei|gen ⟨st. V.; ist⟩: **1. a)** *von etw. heruntersteigen:* vom Rad, vom Pferd a.; (Turnen) *vorzeitig durch einen Fehler abgehen* 4) *müssen;* Ich stieg vom Karren ab und ging nebenher (Jahnn, Geschichten 197); **b)** *nach unten steigen, absteigen:* ins Tal a.; **c)** *abwärtsgehen, nach unten verlaufen:* ⟨oft im 1. Part.:⟩ ein absteigendes Heizungsrohr; Ü die absteigende Linie (Genealogie; *Nachkommenschaft*); eine absteigende Tonfolge. **2.** *in einem Gasthof, Hotel [einkehren u.] übernachten:* in einem billigen Hotel a. **3.** (Sport) *in eine niedrigere Leistungsklasse eingestuft werden:* der Verein ist in der vorigen Saison in die Kreisklasse abgestiegen. **4.** (ugs.) *einen Niedergang erleben:* wer zu Wohlstand gelangte, stieg bald darauf wieder ab.

Ab|stei|ge|quar|tier, (österr.:) Absteigquartier, das: **1.** *Hotel od. Privatquartier, in dem jmd. auf einer Reise absteigt* (2). **2.** *Absteige.*

Ab|stei|ger, der; -s, -: **1.** (Sport) *Mannschaft, die absteigt* (3). **2.** (salopp) *Person, Institution, Firma o. Ä., die einen Niedergang erlebt.*

Ab|stei|ge|rin, die; -, -nen: w. Form zu ↑ Absteiger (2).

Ab|steig|quar|tier, das (österr.): ↑ Absteigequartier.

ab|stel|len ⟨sw. V.; hat⟩: **1.** *(etw., was jmd. trägt, in der Hand hält) niedersetzen, an einen sich gerade anbietenden Platz stellen:* einen Korb, ein Tablett a.; sie hat die Tasse auf dem Fensterbrett abgestellt; er stellte seinen Koffer neben sich, auf dem Bürgersteig ab. **2. a)** *(etw., was nicht [mehr] benutzt wird) an einem sonst nicht genutzten Ort stellen:* die alten Möbel in der Dachkammer a.; **b)** *vorübergehend an einem geeigneten Platz unterbringen, hinstellen:* das Fahrrad an der Wand, das Auto im Hof a. **3.** *abrücken, weiter entfernt stellen:* wir müssen den Schrank ein wenig von der Wand a. **4. a)** *das Fließen, Strömen o. Ä. von etw. unterbrechen:* das Wasser, das Gas a.; bei modernen Waschmaschinen braucht man kein Mal das Wasser abzustellen; **b)** *(die Vorrichtung, Maschine u. Ä., mit der etw. betrieben wird) außer Betrieb setzen:* das Radio, den Motor, die Heizung, die Klingel a.; den Haupthahn a. *(zudrehen).* **5.** *unterbinden, beheben:* eine Unsitte, Missstände a. **6.** *abkommandieren, beordern, zur Verfügung stellen:* einen Häftling [für Außenarbeiten] a.; (Sport:) einen Spieler [für die Nationalmannschaft, für ein Länderspiel] a. **7. a)** *auf etw. gründen; nach etw. ausrichten, einstellen:* die Produktion auf den Publikumsgeschmack a.; **b)** *sich auf etw. beziehen, auf etw. Rücksicht nehmen, einer Sache Rechnung tragen:* er hatte bereits auf diesen Einwand abgestellt. ◆ **8.** (landsch.) *einkehren, Rast machen:* Zunächst bar der Kirche stand das Wirtshaus ... Dort stellte man ab (Gotthelf, Spinne 16).

Ab|stell|gleis, das: **1.** *totes Gleis, auf dem Eisenbahnwagen od. -züge abgestellt* (2 b) *werden.* **2.** *gesellschaftliches, berufliches, wirtschaftliches o. ä. Abseits: die Versetzung in eine andere Abteilung bedeutete das berufliche A. für ihn; auf dem A. stehen, sich befinden;* ***jmdn. aufs A. schieben** (ugs.: *jmdn. seines Wirkungsbereiches, Einflusses berauben*).

Ab|stell|hahn, der: *Hahn zum Abstellen* (4 a).

Ab|stell|kam|mer, die: *Abstellraum.*

Ab|stell|platz, der: *Platz zum Abstellen* (2 b).

Ab|stell|raum, der: *kleiner [Neben]raum, in dem Dinge, die nicht [mehr] benutzt werden, untergebracht werden können.*

Ab|stel|lung, die; -, -en: *das Abstellen; das Abgestelltwerden.*

ab|stem|peln ⟨sw. V.; hat⟩: **1.** *mit einem Stempel versehen:* Briefmarken, den Ausweis, eine Karte a. **2.** *einer meist negativen Wertung versehen u. darauf festlegen:* jmdn. zum, als Außenseiter a.; eine Bewegung als reaktionär a.

Ab|stem|pe|lung, Ab|stempl|ung, die; -, -en: *das Abstempeln; das Abgestempeltwerden.*

ab|step|pen ⟨sw. V.; hat⟩: *mit Steppnähten versehen:* Falten a.; ein abgesteppter Kragen.

ab|ster|ben ⟨st. V.; ist⟩: **1. a)** *(von Teilen des menschlichen, tierischen od. pflanzlichen Organismus) allmählich aufhören zu leben:* die Zellen, Blätter sterben ab; abgestorbene Bäume, Äste; **b)** *verschwinden, aufhören [zu existieren, zu funktionieren]:* das alte Brauchtum stirbt allmählich ab. **2.** *(von Gliedern) durch Frost od. mangelhafte Durchblutung gefühllos werden, die Empfindung verlieren:* die Zehen und vor Kälte [wie] abgestorben. **3.** (ugs.) *(vom Kfz-Motor) ausgehen* (11 b): vor der Ampel, durch die Kälte starb der Motor immer wieder ab. **4.** (selten) *aussterben:* die Leichname der hier abgestorbenen Personen.

Ab|stich, der; -[e]s, -e: **1.** ⟨o. Pl.⟩ *das Abstechen* (2): der Auf. von Torf, Rasen. **2.** (Schneiderei) *Art des Kantenverlaufs beim Sakko vom unteren bzw. mittleren Knopf bis zur unteren Kante:* stark fliehender A. **3.** (Hüttenw.) **a)** ⟨o. Pl.⟩ *das Abstechen* (3 b); **b)** *Teil eines Hochofens u. Ä., durch den das Eisen abgelassen wird:* die Gießpfanne unter den A. rücken. ◆ **4.** *das Abstechen* (4); *Kontrast:* ... dort erschien sie licht, im A. ihrer nächtlichen Umgebung (Grillparzer, Medea I).

Ab|stieg, der; -[e]s, -e: **1. a)** *das Abwärtssteigen von einer Erhöhung, aus der Höhe:* ein mühsamer A.; der A. vom Gipfel war recht beschwerlich; **b)** *abwärtsführender Weg:* ein steiler A. **2. a)** *Niedergang:* einen wirtschaftlichen, sozialen A. erleben; Seine neue Stellung sollte zwar nicht wieder die alte sein, aber ein A. war sie nicht (Plenzdorf, Legende 234); **b)** (Sport) *das Eingestuftwerden in eine niedrigere Leistungsklasse:* gegen den A. kämpfen.

ab|stiegs|be|droht ⟨Adj.⟩: *abstiegsgefährdet.*

Ab|stiegs|ge|fahr, die (Sport): *aufgrund eines schlechten Tabellenrangs drohender Abstieg* (2 b): nach der Heimniederlage geriet die Mannschaft erstmals in A.

ab|stiegs|ge|fähr|det ⟨Adj.⟩: **a)** (Sport) *vom Abstieg* (2 b) *bedroht:* eine -e Elf; **b)** (salopp) *vom Abstieg* (2 a) *bedroht, einem Niedergang entgegensehend:* das -e Unternehmen.

Ab|stiegs|kampf, der (Sport): **a)** *das Kämpfen gegen den drohenden Abstieg* (2 b); *angestrengte Bemühung, einen Abstieg abzuwenden:* der A. unter den Vereinen spitzt sich zu; **b)** *Spiel* (1 d), *bei dem der Verlierer absteigen* (3) *muss:* der A. wurde nach einem Remis durch Elfmeterschießen entschieden.

Ab|stiegs|kan|di|dat, der: **1.** (Sport) *abstiegsgefährdete* (a) *Mannschaft.* **2.** (salopp) *von einem Niedergang bedrohte Person, Institution, Firma o. Ä.*

Ab|stiegs|kan|di|da|tin, die: w. Form zu ↑ Abstiegskandidat (2).

Ab|stiegs|platz, der (Sportjargon): *Tabellenplatz, der dazu führt, dass eine Mannschaft nach dem Saisonende absteigt* (3).

ab|stil|len ⟨sw. V.; hat⟩: *das Stillen eines Säuglings endgültig beenden, ihn entwöhnen:* du musst die Kleine a.; sie hat abgestillt; Muss doch Gründe dafür geben, dass wir Männer so brustversessen sind und wie zu früh abgestillt sind (Grass, Butt 13).

ab|stim|men ⟨sw. V.; hat⟩: **1.** *durch Abgabe der Stimmen eine Entscheidung über etw. herbeiführen:* geheim, mit Ja od. Nein a.; über einen Antrag abstimmen, beraten. **2.** *[etw.] in Einklang mit etw. bringen:* seine Rede auf die Zuhörer a.; sie stimmten sich beim Spielen ab; ⟨häufig im 2. Part.:⟩ eine sehr fein abgestimmte Mischung. **3.** ⟨a. + sich⟩ *sich mit jmdm. absprechen:* wir müssen uns [miteinander, untereinander] a.; ich habe mich darüber, in dieser Frage mit ihm abgestimmt.

Ab|stim|mung, die; -, -en: **1.** *das Abstimmen* (1); *Stimmabgabe:* eine geheime A. vornehmen; eine Wahl durch A.; zur A. schreiten; zwei Anträge der Opposition gelangten, kamen zur A. *(wurden durch Stimmabgabe einer Entscheidung zugeführt);* * **jmdm. den Füßen** (ugs.: *Entscheidung für od. gegen etw. durch Hingehen, Weggehen od. Wegbleiben*). **2.** *das Abstimmen* (2), *In-Einklang-Bringen:* die A. von Interessen, Plänen; die A. (Kaufmannsspr.; *Kontrolle*) der Konten.

Ab|stim|mungs|er|geb|nis, das: *Ergebnis des Abstimmens* (1).

Ab|stim|mungs|nie|der|la|ge, die: *Niederlage bei einer Abstimmung* (1).

Ab|stim|mungs|ver|fah|ren, das: *Verfahrensweise bei einer Abstimmung* (1).

Ab|stim|mungs|ver|hal|ten, das: *typisches Verhalten bei einer Abstimmung* (1), *bei Abstimmungen; Art u. Weise, wie sich jmd. bei einer Abstimmung, bei Abstimmungen verhält.*

ab|s|ti|nent ⟨Adj.⟩ [lat. abstinens (Gen.: abstinentis), 1. Part. von: abstinere = sich enthalten]: *auf bestimmte Genüsse (bes. alkoholische Getränke) völlig verzichtend; enthaltsam:* a. leben; er ist ein Alkoholiker, der a. geworden ist.

Ab|s|ti|nent, der; -en, -en (schweiz., sonst selten): *Person, die abstinent lebt:* ... ein gesunder und friedlicher Mann, Witwer, A. (Frisch, Gantenbein 75).

Ab|s|ti|nen|tin, die; -, -nen: w. Form zu ↑ Abstinent.

Ab|s|ti|nenz, die; - [(unter Einfluss von engl. abstinence <) lat. abstinentia]: *das Abstinentsein:* jmdn. zur A. anhalten; A. halten; in A. leben.

Ab|s|ti|nenz|ler, der; -s, - (oft abwertend): *Person, die Abstinenz übt; Antialkoholiker.*

Ab|s|ti|nenz|le|rin, die; -, -nen: w. Form zu ↑ Abstinenzler.

Ab|s|ti|nenz|tag, der (kath. Kirche): *Tag, an dem die Gläubigen kein Fleisch essen dürfen:* Aschermittwoch und Karfreitag sind -e.

ab|stin|ken ⟨st. V.; ist⟩ (salopp): *den Kürzeren ziehen, unterliegen, ausgestochen werden:* gegen Mephisto kann Faust, gegen New York kann München nur a.

ab|stop|pen ⟨sw. V.; hat⟩: **1. a)** *(Fahrzeuge, Maschinen o. Ä.) zum Stehen, zum Stillstand bringen:* das Auto, die Maschine a.; **b)** *zum Stillstand kommen, [an]halten:* der Wagen, die Fahrerin stoppte plötzlich ab; der Stürmer konnte noch rechtzeitig a. *(im Laufen anhalten).* **2. a)** *mit der Stoppuhr messen:* die Zeit a.; **b)** (selten) *(die Geschwindigkeit von jmdm., etw.) mit der Stoppuhr messen:* die Läufer a.

Ab|stoß, der; -es, Abstöße: **1.** *Stoß von etw. weg:* ein kräftiger A. [vom Boden, Ufer]. **2.** (Fußball) *Beförderung des Balles aus dem Strafraum ins Spielfeld:* einen weiten A. machen; den A. ausführen; der A. landete beim Gegner.

ab|sto|ßen ⟨st. V.⟩: **1. a)** ⟨hat⟩ *mit einem kräftigen Stoß von etw. wegbewegen:* er hat das Boot, hat sich vom Ufer abgestoßen; ich stieß mich mit den Füßen [vom Boden] ab; **b)** ⟨ist/hat⟩ *sich mit einem kräftigen Stoß von etw. entfernen:* die Boote, die Segler stoßen ab; die Stelle, von der das Boot abgestoßen war/hatte. **2.** ⟨hat⟩ *von sich wegstoßen, abwerfen:* die Schlange stößt ihre alte Haut ab; Ü Transplantate werden oft vom Organismus abgestoßen *(sie verwachsen nicht damit);* das Gewebe stößt den Schmutz ab *(lässt ihn nicht eindringen).* **3.** ⟨hat⟩ **a)** *durch Bezahlen loswerden:* seine Schulden abzustoßen suchen; **b)** *(aus Gründen der Rentabilität) verkaufen:* Aktien a. **4.** ⟨hat⟩ **a)** *durch einen beschädigenden Stoß von etw. abtrennen:* Kanten, Splitter, Ränder a.; die Politur von den Möbeln a.; (mit der Nebenvorstellung des Unabsichtlichen:) ich habe mir die Haut am Knöchel abgestoßen *(abgeschürft);* **b)** *durch Anstoßen beschädigen:* die Möbel a.; abgestoßene Teller, Tassen. **5.** ⟨hat⟩ *mit Widerwillen, Abscheu, Ekel erfüllen:* dieser Mensch, sein Wesen, seine Art stößt mich ab; (auch ohne Akk.-Obj.:) ihr Geruch stößt ab.

ab|sto|ßend ⟨Adj.⟩: *abscheulich, ekelhaft:* ein -es Benehmen, Äußere[s]; etw. a. finden; er war a. *(sehr)* hässlich.

Ab|sto|ßung, die; -, -en: *das Abstoßen* (2, 3).

Ab|sto|ßungs|ge|fahr, die: *Gefahr, dass ein Transplantat abgestoßen wird.*

Ab|sto|ßungs|re|ak|ti|on, die: *Zerstörung eines Transplantats durch das Immunsystem des Empfängers.*

ab|stot|tern ⟨sw. V.; hat⟩ (ugs.): **a)** *in [kleineren] Raten bezahlen:* das Auto mussten sie mühsam a.; **b)** *(einen bestimmten Betrag) ratenweise zahlen:* seine Schulden a.

Ab|s|tract ['εpstrεkt], der od. das; -s, -s [engl. abstract, zu spätlat. abstractus, ↑ abstrakt]: *kurzer Abriss* (3), *kurze Inhaltsangabe eines Artikels od. Buches.*

ab|stra|fen ⟨sw. V.; hat⟩: *mit einer Strafe belegen, bestrafen:* die Soldaten wurden mit Streichung bestimmter Vergünstigungen abgestraft; Ü die Regierung, die Partei a.; Bankaktien wurden abgestraft.

Ab|stra|fung, die; -, -en: *das Abstrafen.*

ab|stra|hie|ren ⟨sw. V.; hat⟩ [lat. abstrahere = ab-, wegziehen] (bildungsspr.): **1.** *aus dem Besonderen das Allgemeine entnehmen, verallgemeinern:* aus etw. Normen, Begriffe, Prinzipien a.; der Maler begann in seinem Spätwerk stark zu a. *(abstrakt zu malen).* **2.** *von etw., von sich absehen, auf etw. verzichten:* die Darstellung abstrahiert völlig von konkreten Beispielen.

Ab|stra|hie|rung, die; -, -en (bildungsspr.): **1.** *das Abstrahieren; das Abstrahiertwerden.* **2.** *abstrahierte Form; Ergebnis einer Abstrahierung* (1).

ab|strah|len ⟨sw. V.; hat⟩: *in Form von Strahlen, Wellen aussenden:* Sonnenwärme a.; der Ofen strahlte behagliche Wärme ab; diese Programme werden über Satelliten abgestrahlt.

Ab|strah|lung, die; -, -en: *das Abstrahlen.*

ab|s|trakt ⟨Adj.⟩ [spätlat. abstractus, adj. 2. Part. von: abstrahere, ↑ abstrahieren]: **1.** (bes. Philos.) *die wesentlichen, gesetzmäßigen o. ä. Züge aus etw. Konkretem, sinnlich Wahrnehmbarem ableitend:* -e Begriffe; -es Denken. **2.** *sich [nur] im Gedanklichen, Theoretischen bewegend [u. keinen unmittelbar feststellbaren Bezug zur Wirklichkeit habend]:* -es Wissen; die Lehrsätze waren ihm zu a. **3.** *(von Kunstwerken des 20. Jh.s) nicht etw. sinnlich Wahrnehmbares, sondern den gedanklichen, abstrakten* (1) *Gehalt von etw. darzustellen suchend:* -e Kunst; a. malen.

Ab|s|trakt|heit, die; -, -en ⟨Pl. selten⟩: *das Abstraktsein.*

Ab|s|trak|ti|on, die; -, -en [spätlat. abstractio] (bildungsspr.): **a)** *das Abstrahieren* (1): *zu keiner A. fähig sein;* **b)** *verallgemeinernder, unanschaulicher Begriff:* eine A. aus etw. gewinnen.

Ab|s|trak|ti|ons|ver|mö|gen, das (bildungsspr.): *(geistige) Fähigkeit zu abstrahieren.*

Ab|s|trak|tum, das; -s, ...ta [lat.]: **1.** (Philos.) *etw. Abstraktes* (1), *abstrakte Idee.* **2.** (Sprachwiss.) *abstraktes Substantiv; Hauptwort, das etw. nicht Gegenständliches benennt:* »Freiheit« ist ein A.

ab|s|tram|peln, sich ⟨sw. V.; hat⟩ (ugs.): **a)** *sich beim Betätigen von Pedalen, beim Radfahren o. Ä. sehr anstrengen:* ich fahre ständig gegen den Wind, stramp[e]le mich ab; **b)** *sich abmühen:* ich stramp[e]le mich hier ab, und du liegst auf der faulen Haut.

◆ **Ab|streich,** der; -[e]s, -e [Gegensatzwort zu: Aufstreich = Mehrgebot]: *Mindergebot:* ... die Herren schlugen sich um die drei Dukaten, und kam's ein A. herab auf drei Batzen (Schiller, Räuber I, 2).

ab|strei|chen ⟨st. V.⟩: **1.** ⟨hat⟩ **a)** *durch Streichen* (1 b) *von etw. entfernen:* den Dreck von den Schuhen a.; **b)** *durch Streichen* (1 b) *von etw. frei machen:* den Pinsel am Lappen a. **2.** ⟨hat⟩ *abziehen* (14): er streicht von seiner Forderung hundert Euro ab. **3.** ⟨hat⟩ *absuchen:* Polizisten mit Spürhunden strichen das Gelände ab. **4.** (Jägerspr.) **a)** ⟨ist⟩ *(bes. vom Federwild) wegfliegen;* **b)** ⟨hat⟩ *(bes. von Greifvögeln) im Flug nach Beute absuchen.* **5.** ⟨hat⟩ *durch einen Strich kenntlich machen, aussondern, entfernen; streichen* (3): Namen auf einer Liste, Tage im Kalender a.

ab|strei|fen ⟨sw. V.⟩: **1.** ⟨hat⟩ **a)** *durch Herunterstreifen von etw. entfernen, ablegen, von sich tun:* die Asche [von der Zigarre], seine Armbanduhr, die Handschuhe, das Kleid a.; Ü Er streift das lästige Gewand der Toleranz ab (Thieß, Reich 270); **b)** *ablegen; sich einer Sache entledigen:* Vorurteile, Unarten a. **2.** ⟨hat⟩ *(ein Gelände) absuchen:* Polizisten streifen die ganze Umgegend nach flüchtigen Gefangenen ab. **3.** ⟨hat⟩ (landsch., österr., schweiz.) *durch Herunterstreifen von etw. reinigen:* ich habe [mir] die Füße, Schuhe abgestreift. **4.** ⟨ist⟩ (seltener) *sich umherstreifend von etw. entfernen:* vom Weg[e] a.

ab|strei|ten ⟨st. V.; hat⟩: **1.** *in Abrede stellen, leugnen, bestreiten:* jede Beteiligung an etw. a. **2.** *streitig machen, absprechen, aberkennen:* er ist ein guter Organisator, das kann ihm keiner a.; Was Mrs. Twentyman betrifft, so will ich ihr mütterliche Gefühle gar nicht a. (Th. Mann, Krull 241).

Ab|strich, der; -[e]s, -e: **1. a)** ⟨meist Pl.⟩ *Streichung, Kürzung, Abzug:* ein A. am Etat; Ü man muss im Leben oft -e machen *(zurückstecken);* **b)** ⟨Pl.⟩ *Einschränkungen:* einige -e an Bequemlichkeit muss man bei diesem Wagen in Kauf nehmen; die Torhüter überzeugte, mit -en *(Vorbehalt)* auch die Verteidigung. **2.** (Med.) **a)** *Entnahme von Haut, Schleimhaut o. Ä. für eine Untersuchung:* einen A. machen; **b)** *durch Abstrich* (2 a) *gewonnene Haut, Schleimhaut o. Ä.:* den A. einfärben. **3.** (Schriftw.) *Strich nach unten.* **4.** *(bei Streichinstrumenten) abwärtsgeführter Bogenstrich.*

ab|strö|men ⟨sw. V.; ist⟩: **1.** *strömend abfließen:* endlich strömte das Wasser ab; Ü die Menge strömte aus dem Stadion ab. **2.** (selten) *von etw. herabströmen, herabfließen:* abströmender Regen.

ab|s|t|rus ⟨Adj.⟩ [lat. abstrusus = verborgen, adj. 2. Part. von: abstrudere = verbergen]: *verworren u. daher unverständlich:* -e Ideen; -e Vorstellungen von etw. haben; die Sache ist völlig a.

Ab|s|t|ru|si|tät, die; -, -en: **1.** *abstruse Beschaffenheit.* **2.** *abstruse Sache, abstruses Ding.*

ab|stu|fen ⟨sw. V.; hat⟩: **1.** *in Stufen abteilen, stufenförmig machen:* einen Hang in Terrassen a. **2. a)** *staffeln* (2 a): die Gehälter a.; nach einem abgestuften System vorgehen; **b)** *abtönen* (1): ein vielfältig abgestuftes Grau. **3.** *eine od. mehrere Stufen herabsetzen:* die Lagerarbeiter a.; Ratingagenturen stuften das Unternehmen ab.

Ab|stu|fung, die; -, -en: **1.** *das Abstufen.* **2.** *stufenartige Gliederung, Staffelung.* **3.** *Nuance, Übergang:* Stoffe in allen -en der Farbenskala.

ab|stump|fen ⟨sw. V.⟩: **1. a)** ⟨hat⟩ *stumpf machen:* die Spitze, Kante etwas a.; **b)** ⟨ist⟩ (selten) *stumpf werden:* die Schneide ist abgestumpft. **2. a)** ⟨hat⟩ *gefühllos, teilnahmslos machen:* die Not hat sie abgestumpft; die monotone Tätigkeit stumpft ab; **b)** ⟨ist⟩ *gefühllos, teilnahmslos werden:* sie stumpfte allmählich völlig ab; abgestumpfte Menschen; ... so a. kann man durch Gewöhnung nicht (Kafka, Schloß 194).

Ab|stumpf|ung, die; -, -en ⟨Pl. selten⟩: *das Abstumpfen.*

Ab|sturz, der; -es, Abstürze: **1.** *das Abstürzen; Sturz in die Tiefe:* der A. des Flugzeuges; das Geländer soll Abstürze verhindern; Ü der A. von der Tabellenspitze, in die zweite Liga; ein A. in eine tiefe Depression; nach dem Karriereende folgte der A. **2.** *sehr steiler [Ab]hang:* ein fast senkrechter A. **3.** (EDV-Jargon) *das Abstürzen* (3); *Systemabsturz, -zusammenbruch.*

ab|stür|zen ⟨sw. V.; ist⟩: **1.** *aus großer Höhe herunterstürzen, in die Tiefe stürzen:* er, das Flugzeug stürzte ab; abgestürzte Felstrümmer; Ü die Aktienkurse sind abgestürzt; er stürzte ab in Hoffnungslosigkeit und Verzweiflung; Es ist der Regenbogen..., man kann über ihn gehen, aber wenn man zweifelt, stürzt man ab (Remarque, Obelisk 269). **2.** *steil abfallen:* der Hang stürzt fast senkrecht zum Meer ab. **3.** (EDV-Jargon) *(von einem Computerprogramm) durch ein Computervirus, einen Fehler im Programm od. einen falschen Befehl des Anwenders abgebrochen werden, keine Zugriffsmöglichkeit mehr bieten, funktionsunfähig werden.*

Ab|sturz|op|fer, das: *Opfer eines Flugzeug-, Hubschrauberabsturzes o. Ä. od. eines Absturzes beim Bergwandern, Bergsteigen o. Ä.*

ab|stüt|zen ⟨sw. V.; hat⟩: **1.** *gegen Einsturz stützen:* einen Stollen mit Balken, eine Decke a. **2.** (a. + sich) *sich stützend von etwas weghalten, sich auf etw. stützen:* sich mit einem Fuß a.; ich stützte mich von der Wand ab.

Ab|stüt|zung, die; -, -en: **1.** *das [Sich]abstützen.* **2.** *Vorrichtung zum Abstützen.*

ab|su|chen ⟨sw. V.; hat⟩: **1. a)** *suchend durchstreifen:* die Polizei suchte [mit Hunden] die Gegend ab; **b)** *den Blick suchend über etw. gleiten lassen:* den Himmel [nach Fallschirmen] a.; **c)** *gründlich durchsuchen:* das ganze Haus nach der Brille a. **2. a)** *suchend ablesen:* Läuse a.; Raupen [von den Sträuchern] a.; **b)** *durch gründliches Untersuchen, Absammeln von etw. befreien:* die Sträucher a.; die Affen suchen einander, sich gegenseitig [nach Läusen] ab.

ab|surd ⟨Adj.⟩ [lat. absurdus, eigtl. = unrein klingend, zusgez. aus: absonus = misstönend u. surdus = taub; nicht verstehend]: *gesundem Menschenverstand völlig fern:* eine -e Idee; a. sein, klingen; etw. a. finden.

Ab|sur|dis|tan, das; -s ⟨meist o. Art.⟩ (ugs. scherzh.): *fiktives Land, in dem absurde Verhältnisse herrschen.*

Ab|sur|di|tät, die; -, -en [spätlat. absurditas]: **1.** ⟨o. Pl.⟩ *das Absurdsein.* **2.** *etw. Absurdes.*

Abs|zess, der, österr. auch: das; -es, -e [lat. abscessus, zu: abscedere (2. Part.: abscessum) = sich ablagern] (Med.): *Ansammlung von Eiter im Gewebe; eitriges Geschwür:* einen A. haben.

Abs|zis|se, die; -, -n [nlat. (linea) abscissa = abgeschnittene(e) Linie] (Math.): **1.** *auf der Abszissenachse abgetragene erste Koordinate eines Punktes.* **2.** *Abszissenachse.*

Abs|zis|sen|ach|se, die (Math.): *horizontale Achse eines Koordinatensystems.*

Abt, der; -[e]s, Äbte [mhd. abt, ahd. abbat < spätlat. abbas (Gen.: abbatis), ↑ Abba]: *Vorsteher eines Klosters für Mönche.*

Abt. = Abteilung.

ab|ta|keln ⟨sw. V.; hat⟩ (Seemannsspr.): *die Takelage von einem Schiff entfernen [u. dieses dadurch außer Dienst stellen]:* ein Schiff a. müssen.

ab|tan|zen ⟨sw. V.⟩ (salopp): **1.** ⟨ist⟩ *fortgehen* (2): die beiden sind schon abgetanzt. **2.** ⟨hat⟩ **a)** *sich beim Tanzen völlig verausgaben, sich tanzend austoben* (1 b): dort kann man voll a.; **b)** *durch Tanzen überwinden:* seinen Frust a.

ab|tas|ten ⟨sw. V.; hat⟩: **1.** *tastend befühlen [um nach etw. zu suchen]:* jmds. Schädel a.; den Mann nach versteckten Waffen a.; Ü das Licht der Taschenlampe tastete die Wände ab; Er wurde angehalten. Zwei graue Augen tasteten ihn ab (Jahnn, Geschichten 148). **2.** (Technik) *mithilfe bestimmter elektronischer o. ä. Vorrichtungen (z. B. Scanner, Laserlicht) erfassen:* die Zahlen werden von elektrischen Fühlern abgetastet.

Ab|tast|na|del, die: *Nadel (2 g) am Tonabnehmer eines Plattenspielers zum Abtasten der rotierenden Schallplatte.*

Ab|tas|tung, die; -, -en: *das Abtasten.*

ab|tau|chen ⟨sw. V.; ist⟩: **1.** (Seemannsspr.) *(von U-Booten) unter Wasser gehen:* das Boot tauchte langsam ab. **2.** (Jargon) *in den Untergrund gehen:* nach der Haftentlassung ist er abgetaucht; in den Untergrund a. **3.** (Boxen) *abducken.*

ab|tau|en ⟨sw. V.⟩: **1.** ⟨hat⟩ **a)** *von Eis befreien:* die Fensterscheibe, den Kühlschrank a.; **b)** *Eis zum Abschmelzen bringen:* das Eis von den Scheiben a. **2.** ⟨ist⟩ **a)** *von Eis frei werden:* der Hang taute ab; **b)** *[weg]schmelzen:* das Eis taute ab.

Ab|tausch, der; -[e]s, -e u. Abtäusche: **1.** *Schlagabtausch.* **2.** (Schach) *das Abtauschen* (1 a): A. der Türme. **3.** (österr., schweiz.) *Tausch:* A. von Grundstücken.

ab|tau|schen ⟨sw. V.; hat⟩: **1. a)** (Schach) *(etwa gleichwertige Figuren) wechselseitig schlagen:* die Damen a.; Auf dem Tischlein... stand... sein Schachbrett. Die Damen hatte er gleich zu Anfang abgetauscht (Fussenegger, Haus 18); **b)** *von jmdm. tauschend erwerben:* diese Marken habe ich [ihm] abgetauscht. **2.** (österr., schweiz.) *tauschen:* den Platz mit jmdm. a.

ab|ta|xie|ren ⟨sw. V.; hat⟩: *abschätzen; einzuschätzen versuchen:* die Möglichkeiten für etw. a.; jmdn. kritisch a.

Ab|tei, die; -, -en [mhd. abbeteie, ahd. abbateia < kirchenlat. abbatia, zu: abbas, ↑ Abt]: *Kloster[gebiet], dem ein Abt od. eine Äbtissin vorsteht.*

Ab|teil [auch: ˈa...], das; -[e]s, -e: **1. a)** [gek. aus ↑ Abteilung (1 b), für ↑ Coupé (1)] *abgeteilter Raum in einem Personenwagen der Eisenbahn:* ein A. erster, zweiter Klasse; das A. ist besetzt; **b)** (ugs.) *Gesamtheit aller Insassen eines Abteils* (1 a): das ganze A. schlief. **2.** *durch etw. abgeteilter Platz, Stelle:* das hinterste A. des Kellers.

ab|tei|len ⟨sw. V.; hat⟩: *in einzelne Teile teilen, teilend voneinander trennen, abtrennen:* durch eine Trennwand einen Abstellraum a.; in einer abgeteilten Ecke des Raumes.

Ab|teil|tür, die: *Tür eines Abteils* (1 a).

Ab|tei|lung, die; -, -en: **1.** [ˈaptaɪlʊŋ] **a)** *das Abteilen;* **b)** *abgeteilte Stelle, abgeteilter Raum:* in der hinteren A. des Raums. **2.** [apˈtaɪlʊŋ] **a)** (Militär) *geschlossene Gruppe von Soldaten u. Ä.;* **b)** (Militär) *dem Bataillon entsprechender Verband bei bestimmten Einheiten (bis 1945);* **c)** *relativ selbstständiger Teil einer größeren Organisationseinheit (Unternehmen, Warenhaus, Krankenhaus u. a.)* (Abk.: Abt.): die chirurgische A.; A. für Haushaltswaren; **d)** (Geol.) *nächstfolgende Untergliederung einer Formation;* **e)** (Forstwirtsch.) *Gliederung eines Reviers.*

Ab|tei|lungs|lei|ter, der: *Leiter einer Abteilung* (2 c) (Abk.: Abt.-Leiter).

Ab|tei|lungs|lei|te|rin, die: w. Form zu ↑ Abteilungsleiter (Abk.: Abt.-Leiterin).

ab|te|le|fo|nie|ren ⟨sw. V.; hat⟩ (ugs.): **1.** *telefonisch absagen:* sie hat abtelefoniert, weil sie Besuch bekommt. **2.** *(zu einem bestimmten Zweck) eine größere Zahl von Personen, Stellen anrufen:* ich habe bestimmt dreißig Makler abtelefoniert – ohne Erfolg. **3.** *(z. B. eingeworfene Münzen od. das Guthaben einer Telefonkarte) durch Telefonieren aufbrauchen:* bereits elf Euro abtelefoniert haben.

ab|te|le|gra|fie|ren ⟨sw. V.; hat⟩ (ugs.): *telegrafisch absagen.*

ab|teu|fen ⟨sw. V.; hat⟩ [zu bergmannssprachlich Teufe < spätmhd. teuf(fe) = Tiefe] (Bergbau): *einen Schacht in die Tiefe bauen:* einen Schacht a.

ab|tip|pen ⟨sw. V.; hat⟩ (ugs.): *(einen vorliegenden Text) eintippen, auf der Schreibmaschine abschreiben:* ein Manuskript a.

Äb|tis|sin, die; -, -nen [mhd. eppetisse, ahd. abbatissa < kirchenlat. abbatissa, zu: abbas, ↑ Abt]: *Vorsteherin eines Nonnenklosters.*

ab|tö|nen ⟨sw. V.; hat⟩: **1.** *Farben ein wenig abändern, nuancieren [u. aufeinander abstimmen]:* Lack a. **2.** *(Töne von Musik) nuancieren:* einen Klang a.

Ab|tö|nung, die; -, -en: **1.** *das Abtönen.* **2.** *Nuance; abgetönte Feinheit.*

Ab|tö|nungs|par|ti|kel, die (Sprachwiss.): [1]*Partikel* (2), *die dazu dient, der eigenen Aussage eine bestimmte subjektive Tönung zu geben od. auf vorangegangene Äußerungen in bestimmter Weise mit Zustimmung, Ablehnung, Einschränkung, Erstaunen o. Ä. Bezug zu nehmen; Modalpartikel* (z. B. eben, halt, ja).

ab|tor|fen ⟨sw. V.; hat⟩: *Torf abbauen:* ein Moor a.; ein abgetorftes Gelände.

ab|tör|nen ⟨sw. V.; hat⟩ [Ggb. zu ↑ antörnen] (ugs.): *aus der Stimmung bringen:* junge Frauen befragen, was sie abtörnt.

ab|tö|ten ⟨sw. V.; hat⟩: **1.** *Mikroorganismen, Zellen o. Ä. vernichten:* Bakterien a. **2.** *ausschalten, tilgen:* Gefühle a.

Ab|tö|tung, die; -, -en: *das Abtöten.*

Ab|trag, der; -[e]s, Abträge: **1.** ⟨o. Pl.⟩ (geh.) *Beeinträchtigung, Minderung:* etw. ohne A. genießen; keinen A. erleiden; *jmdm., einer Sache A. tun (jmdm., einer Sache schaden).* **2. a)** *das Abtragen* (1 a, b); **b)** *etw., was abgetragen* (1 a, b) *wird.* **3.** (geh.) **a)** ⟨o. Pl.⟩ *das Abtragen* (1 a, b); **b)** *Abbau* (2): der A. von Schulden; **b)** *Summe, die abgetragen* (2) *wird.* **4.** (Physik, Chemie) **a)** *das Abtragen* (5); **b)** *etw., was abgetragen* (5) *wird.* ◆ **5.** *etw., was abgetragen* (1 c) *wird; Abfall, [Speise]rest:* Nehmen Sie mit dem A. von anderer Leute Gastung vorlieb? (Schiller, Fiesco I, 12). ◆ **6.** *Buße:* ...dass alle... so lange, bis sie dafür gebührenden A. getan haben werden, von den Wohltaten... ausgeschlossen sein... sollen (Wieland, Abderiten IV, 14).

ab|tra|gen ⟨st. V.; hat⟩: **1. a)** *(eine Geländeerhebung, etw. an einer Stelle Aufgehäuftes) beseitigen;* einen Erdhaufen, einen Hügel a.; das Wasser trägt das Erdreich ab; **b)** *abbrechen, abreißen:* eine Mauer, Ruine a.; **c)** (geh.) *vom Esstisch wegtragen:* die Speisen, die Teller a. *;...das Geschirr könne von dem Dienstmädchen abgetragen werden* (Härtling, Hubert 104). **2.** (geh.) *nach und nach bezahlen, zurückzahlen:* eine Schuld a. **3.** *durch Tragen abnutzen, verschleißen:* du hast den Anzug ziemlich rasch abgetragen; abgetragene Sachen, Kleider; Ü Dann wollen wir die dumme abgetragene, aufgeblasene Würde des Erwachsenseins wie eine vermottete Wolljacke ausziehen (Borchert, Geranien 45). **4.** (Math.) *[auf eine Gerade] übertragen:* die Strecke [auf der Geraden] a. **5.** (Physik, Chemie) *auf chemisch-physikalischem Weg von einer Oberfläche lösen, trennen.* ◆ **6.** (schweiz.) *einbringen* (5): So etwas trägt heutzutag nichts mehr ab (Gotthelf, Spinne 94).

ab|träg|lich ⟨Adj.⟩: *nachteilig, schädlich:* eine -e Bemerkung, Äußerung; das direkte Sonnenlicht ist dem empfindlichen Stoff a.

Ab|träg|lich|keit, die; -, ⟨Pl. selten⟩: *das Abträglichsein.*

Ab|tra|gung, die; -, -en: **1.** *das Abtragen.* **2.** *etw., was abgetragen* (1 a, b, 2) *worden ist.*

ab|trai|nie|ren ⟨sw. V.; hat⟩: **1.** *durch Training bewirken, dass [Über]gewicht abgebaut wird:* einige Pfunde a. müssen; Ü jmdm. die Angst, einem Tier die Aggressivität, sich den Nuscheln a. *(durch Training davon frei machen).* **2.** *das Training auslaufen lassen; immer weniger trainieren [bis zum völligen Einstellen des Trainings].*

Ab|trans|port, der; -[e]s, -e: *das Abtransportieren; das Abtransportiertwerden:* die Möbel warteten auf ihren A.

ab|trans|por|tie|ren ⟨sw. V.; hat⟩: *mit einem*

Fahrzeug wegbringen: die Möbel mit einem Lastwagen a.; die Gefangenen wurden abtransportiert.

ab|trei|ben, ⟨st. V.⟩: **1. a)** ⟨hat⟩ *Person od. Sache, die schwimmt od. fliegt, in eine andere, nicht gewünschte Richtung treiben:* die Strömung trieb mich, das Boot ab; der Wind hat den Ballon weit abgetrieben; **b)** ⟨ist⟩ *(von etw. Schwimmendem od. Fliegendem, von jmdm., der schwimmt) in eine nicht gewünschte Richtung geraten, vom Kurs abkommen:* das Boot, der Schwimmer treibt vom Ufer ab. **2.** ⟨hat⟩ **a)** *bewirken, dass etw. aus dem Körper ausgeschieden wird:* das Mittel hat die Würmer, die Gallensteine abgetrieben; **b)** *(eine Schwangerschaft) durch Bewirken einer Fehlgeburt od. durch Entfernung eines Embryos od. Fetus aus der Gebärmutter abbrechen [lassen]:* ein Kind a.; sie hat ihr Kind a. lassen; sie hat abgetrieben. **3.** ⟨hat⟩ *(Vieh) von der Hochweide zu Tal treiben.* **4.** ⟨hat⟩ *(veraltet) (ein Zugtier) durch ständiges Antreiben erschöpfen:* die Pferde a.; (meist im 2. Part.:) ein abgetriebener Klepper. **5.** ⟨hat⟩ (Forstwirtsch.) *(einen Wald, ein Waldgebiet) abholzen.* **6.** ⟨hat⟩ (Jägerspr.) *(ein Gebiet) auf einer Treibjagd durchkämmen:* das Revier a. **7.** ⟨hat⟩ **a)** (Metallurgie) *unedlere Bestandteile von Edelmetallen abtrennen:* man hat das Blei abgetrieben und dadurch reines Silber gewonnen; **b)** (Chemie) *einen Stoff durch chemische Umsetzung entfernen:* Brom a. **8.** (Bergbau) **a)** *Bohlen in schräger Richtung von innen nach außen in das Gestein treiben, um das umgebende Gestein abzuschließen;* **b)** ⟨hat⟩ *einen Grubenbau durch Abtreiben (8 a) herstellen.* **9.** ⟨hat⟩ (südd., österr.) *[Butter und/oder Ei (mit Zucker)] cremig rühren:* Eidotter schaumig a. ◆ **10.** ⟨hat⟩ *(jmdn.) verjagen, vertreiben:* Schon dreimal hatte er sich melden lassen und war nicht mehr hereingekommen (C. F. Meyer, Page 140); ...einer armen Witfrau ihren besten Mieter abzutreiben, is das in der Ordnung (Raabe, Chronik 71).

Ab|trei|bung, die; -, -en: *das Abtreiben* (2 b); *Schwangerschaftsabbruch:* eine A. vornehmen, durchführen.

Ab|trei|bungs|geg|ner, der: *jmd., der Abtreibungen aus moralischen Gründen ablehnt [u. aktiv bekämpft]:* radikale, militante A.

Ab|trei|bungs|geg|ne|rin, die: w. Form zu ↑ Abtreibungsgegner.

Ab|trei|bungs|kli|nik, die (ugs.): *Klinik, in der Schwangerschaftsabbrüche vorgenommen werden.*

Ab|trei|bungs|pa|ra|graf, Ab|trei|bungs|pa|ra|graph, der (ugs.): *die Abtreibung betreffender Paragraf des Strafgesetzbuchs.*

Ab|trei|bungs|pil|le, die: *Pille* (1 a), *durch deren Einnahme eine Fehlgeburt ausgelöst wird.*

Ab|trei|bungs|recht, das (ugs.): **1.** ⟨o. Pl.⟩ *den Schwangerschaftsabbruch betreffende Gesetzgebung.* **2.** *Recht einer Schwangeren auf einen Schwangerschaftsabbruch.*

Ab|trei|bungs|ver|bot, das: *Verbot abzutreiben* (2b).

ab|tren|nen ⟨sw. V.; hat⟩: **1. a)** *(An-, Festgenähtes) von etw. trennen, lösen:* die Knöpfe, die Ärmel a.; **b)** *(an einer dafür vorgesehenen Stelle) von etw. loslösen:* die Quittung, den Kassenzettel [vom Block], eine Briefmarke vom Bogen a.; **c)** *(ein Körperglied, einen Körperteil) [gewaltsam] vom Körper trennen:* bei dem Unfall wurde ihm ein Bein abgetrennt. **2. a)** *von jmdm., etw. räumlich trennen:* von der Truppe abgetrennt werden; **b)** *(einen Teil eines Raumes, Gebietes von dem anderen) trennen:* ein Vorhang trennt einen Teil des Raumes ab; Ü einen

Anklagepunkt von dem Hauptverfahren a. (Rechtsspr.; *gesondert behandeln*).

Ab|tren|nung, die; -, -en: *das Abtrennen; das Abgetrenntwerden.*

ab|tre|ten ⟨st. V.⟩: **1.** ⟨ist⟩ *[auf Befehl hin] eine bestimmte Stelle verlassen:* unter starkem Applaus trat die Schauspielerin ab (*verließ sie die Bühne*). **2. a)** ⟨hat⟩ *seinen Wirkungskreis verlassen, sich zurückziehen;* **b)** ⟨ist⟩ (ugs.) *sterben;* **c)** ⟨a. + sich; hat⟩ *sich durch Begehen abnutzen:* der Teppich tritt sich sehr schnell ab. **3.** ⟨hat⟩ **a)** *überlassen, zur Verfügung stellen:* jmdm. seinen Platz a.; **b)** *(das Schuhwerk) von anhaftendem Schmutz o. Ä. säubern:* hast du [dir] die Stiefel/(ugs.:) die Füße an der Fußmatte abgetreten?; **c)** *auf jmdn. [juristisch] übertragen:* seine Ansprüche, Rechte einem anderen, an einen anderen a. **4.** ⟨hat⟩ **a)** *durch häufiges Begehen abnutzen:* den Teppich a.; **b)** *Schuhwerk u. Ä. durch langen Gebrauch abnutzen:* seine Schuhe rasch a.; abgetretene Absätze. **5.** ⟨hat⟩ *(auf etw. tretend) den Schmutz o. Ä. von den Schuhen entfernen:* hast du [dir] den Schnee abgetreten? **6.** ⟨hat⟩ *durch Darauf-, Darantreten losreißen:* eine Wechte, ein Schneebrett a.; er hat ihr auf der Treppe den Absatz abgetreten. ◆ **7.** ⟨ist⟩ *absteigen* (2), *einkehren:* Als er in einem Wirtshause auf dem Markte abtrat, ging es darin sehr lustig... zu (Goethe, Lehrjahre II, 4); Lehnsvettern des Junkers, in deren Hause er abtrat (Kleist, Kohlhaas 60).

Ab|tre|ter, der; -s, -: *Fußmatte od. kleinerer Gitterrost zum Abtreten des Schmutzes von den Schuhen.*

Ab|tre|tung, die; -, -en: *das Abtreten* (3).

Ab|trieb, der; -[e]s, -e: *das Treiben des Viehs von der Hochweide zu Tal:* der A. des Viehs von der Alm.

Ab|trift usw.: ↑ Abdrift usw.

ab|trin|ken ⟨st. V.; hat⟩: **a)** *(aus einem bis zum Rand vollen Trinkgefäß) vorsichtig ein wenig trinken:* trink erst ab, damit du nichts verschüttest!; **b)** *(das Oberste von etw.) wegtrinken:* die Blume vom Bier a.

Ab|tritt, der; -[e]s, -e: **1. a)** *das Abtreten* (1); *Abgang:* der A. von der Bühne; ◆ **b)** *Hingang, Tod:* Was kommt mir denn auch ein, so kurz vor meinem A. ... einen anderen sein zu wollen (Lessing, Nathan V, 1). **2.** *das Abtreten* (2). **3.** (veraltend, noch landsch.) *[einfacher]* ¹Abort.

ab|trock|nen ⟨sw. V.⟩: **1.** ⟨hat⟩ **a)** *(mit einem Handtuch o. Ä.) trocken reiben:* der Sportler a.; die Mutter trocknete das Kind ab; ich trocknete mir die Hände ab; ⟨auch ohne Akk.-Obj.:⟩ sie half ihm a.; **b)** *(Nasses, Feuchtes) wegwischen:* ich trocknete mir, dem Kind die Tränen ab. **2.** ⟨ist/(auch:) hat⟩ *trocken werden:* die Straße trocknet ab; nach dem Regen ist/hat es schnell wieder abgetrocknet.

ab|trop|fen ⟨sw. V.; ist⟩: **1. a)** *in Form von Tropfen herabfallen:* der Regen tropft von den Bäumen ab; **b)** *anhaftende [Reste von] Flüssigkeit von etw. auslaufen lassen:* die Nudeln werden abgetropft; **c)** *Flüssigkeit in Form von Tropfen abgeben:* die Wäsche muss erst a. **2.** (Sportjargon) *(vom Ball) gegen den Körper od. einen Körperteil prallen, um dort fast senkrecht nach unten zu fallen:* den Ball von der Brust a. lassen.

ab|trot|zen ⟨sw. V.; hat⟩: *(von jmdm.) durch Beharrlichkeit, Trotz erzwingen:* sie hat den Eltern die Erlaubnis abgetrotzt.

ab|tru|deln ⟨sw. V.; ist⟩: **1.** (Fliegerspr.) *(von Flugzeugen) trudelnd abstürzen:* das Flugzeug trudelte vom Schwanz ab. **2.** (salopp) *weggehen:* ich trud[e]le ab.

ab|trün|nig ⟨Adj.⟩ [mhd. abetrünnec, ahd. ab(a)trunnig, eigtl. = wer sich von etw. trennt]: *ungetreu, treulos:* ein -er Vasall; sie ist [der Par-

tei] a. geworden (*hat sich [von ihr] abgewendet, ist abgefallen*).

Ab|trün|ni|ge, die/eine Abtrünnige; der/einer Abtrünnigen, die Abtrünnigen/zwei Abtrünnige: *abtrünnige weibliche Person.*

Ab|trün|ni|ger, der Abtrünnige/ein Abtrünniger; des/eines Abtrünnigen, die Abtrünnigen/zwei Abtrünnige: *jmd., der abtrünnig ist.*

Abts|stab, der: *einem Abt als Zeichen seiner Macht u. Würde verliehener Stab.*

ab|tun ⟨unr. V.; hat⟩: **1.** (ugs.) *ablegen* (1 a), *absetzen* (1): den Schlips, die Schürze, die Brille a. **2. a)** *einer [unangenehmen, lästigen] Sache keine Bedeutung beimessen u. sie von sich schieben, beiseiteschieben:* Einwände mit einer Handbewegung a.; etw. als unwichtig, unbegründet a.; **b)** *jmdm. die Anerkennung verweigern, ihn geringschätzig behandeln, ihn übergehen:* jmdn. arrogant a. **3.** (seltener) *erledigen:* eine Sache so schnell wie möglich a.; ⟨meist im 2. Part. + sein:⟩ die Affäre war abgetan. **4.** (schweiz., sonst veraltet) *töten:* Er ... griff zwei Kitzen, im Frühling geboren, die eine Geiß sprangen, und tat sie ab mit Kehlschnitt (Th. Mann, Joseph 206). ◆ **5.** *abmachen* (3): Mag sie's mit Gott a. (Schiller, Maria Stuart I, 1). ◆ **6.** ⟨a. + sich⟩ *sich entledigen:* ... ja mich selbst des Namens a. will, den ich geführt (Hebbel, Genoveva V, 6).

ab|tup|fen ⟨sw. V.; hat⟩: **a)** *[mit einem saugfähigen Stoff] tupfend entfernen:* ich tupfte das Blut [mit Watte] ab; **b)** *tupfend säubern:* ich tupfte mir die Stirn ab.

ab|tur|nen [ˈaptɐːɐ̯nən, ...tœrn...] ⟨sw. V.; hat⟩ (ugs.): *abtörnen.*

Abu [auch: ˈabu]: *Vater* (in arabischen Eigennamen).

¹**Abu Dha|bi**; - -s: *Scheichtum der Vereinigten Arabischen Emirate.*

²**Abu Dha|bi**: *Hauptstadt von* ¹Abu Dhabi.

Abu|ja [aˈbuːdʒa]: *Hauptstadt von Nigeria.*

ab|un|dant ⟨Adj.⟩ [lat. abundans (Gen.: abundantis), 1. Part. von: abundare = überfließen] (bildungsspr., Wissenschaftsspr.): *häufig [vorkommend], reichlich:* das -e Vorkommen von etw.; eine -e Zahl (Math.; *natürliche Zahl, deren Doppeltes kleiner ist als die Summe aller ihrer Teiler*).

Ab|un|danz, die; - [lat. abundantia] (bildungsspr., Wissenschaftsspr.): *[große] Häufigkeit; Häufigkeit, Dichte des Vorkommens, Fülle.*

ab ur|be con|di|ta [lat.]: *seit Gründung der Stadt [Rom]* (altrömische Zeitrechnung, beginnend 753 v. Chr.; Abk.: a. u. c.)

ab|ur|tei|len ⟨sw. V.; hat⟩: **1. a)** *[in einer Gerichtsverhandlung] verurteilen:* der Täter wurde vom Schwurgericht abgeurteilt; **b)** *mit einem Gerichtsurteil belegen:* eine Straftat a. **2.** *verdammen:* als Laie kann man diese Sache nicht einfach a.

Ab|ur|tei|lung, die; -, -en: *das Aburteilen.*

Ab|usus [apˈluːzʊs], der; -, - [...zuːs] [mlat. abusus] (bildungsspr., auch Med.): *Missbrauch, übermäßiger Gebrauch (z. B. von bestimmten Arznei- od. Genussmitteln).*

ABV = Abschnittsbevollmächtigte[r].

Ab|ver|kauf, der; -[e]s, -...käufe: **a)** (bes. österr.) *Verkauf von Waren unter ihrem Wert;* **b)** (Kaufmannsspr.) *Verkauf in großen Mengen.*

ab|ver|kau|fen ⟨sw. V.; hat⟩: **a)** (bes. österr.) *einen Abverkauf veranstalten:* Ausstellungsstücke a.; **b)** (Kaufmannsspr.) *in großen Mengen verkaufen.*

ab|ver|lan|gen ⟨sw. V.; hat⟩: *[mit Dreistigkeit] von jmdm. für eine Gegenleistung fordern, als Preis verlangen:* er hat für das alte Auto einen viel zu hohen Preis abverlangt; Ü du verlangst dir oft zu viel ab; ihr Verhalten verlangt uns Respekt ab.

ab|wä|gen ⟨st. u. sw. V.; wog/(auch:) wägte ab, hat abgewogen/(auch:) abgewägt⟩: **1.** *vergleichend u. prüfend genau bedenken, überlegen*: das Pro und Kontra einer Sache a.; man muss a., was wichtiger ist; etw. kritisch abwägend erörtern; sorgfältig abgewogene Worte. **2.** (veraltet) *das Gewicht, Maß von etw. feststellen*.

Ab|wä|gung, die; -, -en: *das Abwägen*.

Ab|wahl, die ⟨Pl. selten⟩: *das Abwählen; das Abgewähltwerden*: er hat die Vorwände für seine A. selbst geliefert.

ab|wähl|bar ⟨Adj.⟩: **1.** *sich abwählen lassend*: ein -es Schulfach. **2.** *absetzbar* (3): der Papst ist nicht a.

ab|wäh|len ⟨sw. V.; hat⟩: **1.** *jmds. Wahl rückgängig machen*: der Vorsitzende wurde von den Mitgliedern abgewählt; er wurde im ersten Wahlgang als Sprecher abgewählt. **2.** (Schule) *(ein Fach) nicht mehr belegen*: sie hat Latein abgewählt.

ab|wäl|zen ⟨sw. V.; hat⟩: **1.** *durch Wälzen von einer Stelle entfernen*. **2.** *(Lästiges, Unangenehmes, Unerwünschtes) von sich schieben und einem anderen aufbürden*: die Verantwortung, Schuld auf einen anderen a.

Ab|wäl|zung, die; -, -en: *das Abwälzen*.

ab|wan|deln ⟨sw. V.; hat⟩: *leicht verändern, teilweise anders machen, variieren*: ich wand[e]le das Thema ab; einen Ausspruch in abgewandelter Form wiederholen.

Ab|wan|de|lung ⟨seltener⟩: ↑ Abwandlung.

Ab|wan|de|rer, der; -s, -: *jmd., der irgendwo abwandert* (2, 3).

Ab|wan|de|rin, die; -, -nen: w. Form zu ↑ Abwanderer.

ab|wan|dern ⟨sw. V.⟩: **1. a)** ⟨ist⟩ (selten) *sich von einem Ort [wandernd] entfernen*: er wanderte morgens ab; **b)** ⟨hat/ist⟩ *ein Gebiet durchwandern*: wir wanderten den ganzen Schwarzwald ab. **2.** ⟨ist⟩ (in einen anderen [Lebens- od. Berufs]bereich) *überwechseln*: viele arme Bauern sind [in die Stadt] abgewandert; Ü die Inserenten wandern von den Tageszeitungen ab. **3.** ⟨ist⟩ (Sport) *seinen Verein verlassen, um bei einem anderen zu spielen*: einige Spielerinnen sind abgewandert.

Ab|wan|de|rung, die; -, -en: *das Abwandern* (1 b, 2, 3).

Ab|wan|de|rungs|ten|denz, die: *Tendenz abzuwandern* (2).

Ab|wand|lung, die; -, -en: **1.** *das Abwandeln*. **2.** *abgewandelte Form, Variation*: ein Muster in vielfachen -en.

Ab|wär|me, die (Technik): *bei einem wärmetechnischen Prozess entstehende, aber bei diesem nicht genutzte Wärme*: die A. von Kernkraftwerken; die A. nutzen, verwerten.

Ab|wart, der; -s, -e, (seltener:) Abwärte (schweiz.): *Hausmeister, Hauswart*.

ab|war|ten ⟨sw. V.; hat⟩: **1.** *auf das Eintreffen, Eintreten von etw., das Eintreffen von jmdm. warten*: eine günstige Gelegenheit, das Ende des Spieles, jmds. Antwort, die Entwicklung einer Sache [nicht] a.; den Briefträger a.; man musste untätig a.; sich abwartend verhalten. **2.** *auf das Ende von etw. warten*: das Unwetter a. ♦ **3.** *pflegen* (1 b): Der ... Wundarzt ... versicherte, dass sie (= die Wunden) leicht heilen würden, wenn der Patient sich ruhig hielte und sich abwartete (Goethe, Lehrjahre IV, 9).

Ab|war|tin, die; -, -nen: w. Form zu ↑ Abwart.

ab|wärts ⟨Adv.⟩ [↑ -wärts]: *nach unten, hinunter, hinab*: a. dahinfließen; Ü vom Major [an] a.; ♦ Die Mädchen erröteten und lächelten a. (mit gesenktem Kopf; Novalis, Heinrich 101).

Ab|wärts|be|we|gung, die: *nach unten führende Bewegung*.

Ab|wärts|ent|wick|lung, die: vgl. Abwärtstrend.

ab|wärts|fah|ren ⟨st. V.; ist⟩: *nach unten fahren; hinab-, hinunterfahren*: wir wollen mit der Seilbahn a.

ab|wärts|ge|hen ⟨unr. V.; ist⟩: *nach unten gehen, hinab-, hinuntergehen*: * **mit jmdm., etw. geht es abwärts** *(jmds. Situation o. Ä. verschlechtert sich*: mit ihr, mit ihrer Gesundheit, ihren Geschäften geht es abwärts).

Ab|wärts|spi|ra|le, die: *Wiederholung eines Geschehens, Zustandes o. Ä., die immer auf einem jeweils niedrigeren Niveau beginnt*.

Ab|wärts|trend, der: *Trend zum Schlechteren hin*: ein wirtschaftlicher A.; der A. setzt sich fort, ist nicht zu stoppen.

♦ **Ab|war|tung**, die; -, -en [zu veraltet abwarten = warten (2 a)]: *das Warten* (2 a), *Betreuung*: Annies A. und Pflege fiel Effi selber zu (Fontane, Effi Briest 169).

¹**Ab|wasch**, der; -[e]s, Abwäsche (ugs.): **a)** *das Abwaschen*: den A. übernehmen, erledigen; machst du den A.?; R das ist ein A.; das geht, das machen wir in einem A. (↑ Aufwasch); **b)** ⟨o. Pl.⟩ *zu spülendes bzw. gespültes Geschirr*: wir lassen den A. im Becken stehen.

²**Ab|wasch**, die; -, ...wäschen (österr.): *Spülbecken*.

ab|wasch|bar ⟨Adj.⟩: *sich abwaschen lassend*.

Ab|wä|sche, die; -, -n (österr.): *Spülbecken* (1).

ab|wa|schen ⟨st. V.; hat⟩: **1.** *mit Wasser [und Seife o. Ä.] entfernen, wegwaschen*: den Schmutz [vom Gesicht] a.; Ü ich bin gebrandmarkt ... Ich kann einen Schwur nicht a. (Jahnn, Geschichten 12). **2.** *mit Wasser [und Seife, Reinigungsmittel o. Ä.] reinigen*: das Gesicht a.; das Geschirr a.; ⟨auch ohne Akk.-Obj.:⟩ wollen wir gleich a.?; R das ist ein Abwaschen; das geht, das machen wir in einem Abwaschen (salopp; ↑ Aufwasch 1).

Ab|wä|scher, der; -s, -: *jmd., der Geschirr spült*.

Ab|wä|sche|rin, die; -, -nen: w. Form zu ↑ Abwäscher.

Ab|wasch|fet|zen, der (österr.): *[Schwamm]tuch zum Geschirrabwaschen*.

Ab|wasch|was|ser, das ⟨Pl. ...wässer oder ...wasser⟩: **1.** *für den ¹Abwasch bestimmtes Wasser*. **2.** *trübes Wasser, das zum ¹Abwasch gebraucht wurde*.

Ab|was|ser, das ⟨Pl. Abwässer oder Abwasser⟩ (Technik): *durch häuslichen, gewerblichen od. industriellen Gebrauch verunreinigtes abfließendes Wasser*: A. reinigen, aufbereiten; Abwässer in einen Fluss einleiten.

Ab|was|ser|auf|be|rei|tung, die (Technik): *das Aufbereiten von Abwasser*.

Ab|was|ser|be|sei|ti|gung, die: *das Beseitigen von Abwasser*.

Ab|was|ser|ka|nal, der: *Kanal für Abwasser*.

Ab|was|ser|lei|tung, die: vgl. Abwasserkanal.

Ab|was|ser|rei|ni|gung, die: *Reinigung von Abwasser (mithilfe von Kläranlagen o. Ä.)*.

Ab|was|ser|rohr, das: *Kanalrohr, durch das Abwasser abgeleitet wird*.

ab|wat|schen ⟨sw. V.; hat⟩ [zu ↑ Watsche] (bayr., österr. ugs.): **a)** *heftig ohrfeigen*: er hat ihn erbärmlich abgewatscht; **b)** *heftig kritisieren*: er musste sich für seine Äußerungen öffentlich a. lassen.

ab|wech|seln, sich ⟨sw. V.; hat⟩: **1.** *im Wechsel aufeinanderfolgen*: Regen und Sonnenschein wechselten sich/(auch:) einander ab; ⟨auch ohne »sich«:⟩ die Farben der Beleuchtung wechselten ständig ab; (oft im 1. Part.:) wir gingen schweigend und fluchend abwechselnd; ⟨auch ohne »sich«:⟩ Der Springbrunnen war angeleuchtet ... in verschiedenen Farben, die abwechselten (Gaiser, Schlußball 48). **2.** *eine bestimmte Zeit etw. ablösen, miteinander wechseln*: ich wechs[e]le mich bei der Wache immer mit ihr ab; wir wechselten uns/⟨auch:⟩ einander ab; ⟨auch ohne »sich«:⟩ die beiden wechseln in der Pflege des Kranken ab.

Ab|wech|se|lung (selten), **Ab|wechs|lung**, die; -, -en: *Unterbrechung des Einerleis*: eine willkommene A.; keine A. haben; A. in etw. bringen; das Leben hier bietet wenig A.; für A. sorgen; da fährt sie mal alleine fort; * **die A. lieben** (ugs.; *häufig den Partner, die Partnerin wechseln*).

Ab|wechs|lungs|los ⟨Adj.⟩: *ohne Abwechslung; eintönig*.

Ab|wechs|lungs|reich ⟨Adj.⟩: *reich an Abwechslung; nicht eintönig*: ein -es Programm; es waren -e Tage.

Ab|weg, der; -[e]s, -e ⟨meist Pl.⟩: *moralisch oder gedanklich falscher Weg, Irrweg*: auf -e geraten.

ab|we|gig ⟨Adj.⟩: *irrig, verfehlt*: ein -er Gedanke; eine -e Frage; ich finde das nicht so a.

Ab|we|gig|keit, die; -, -en ⟨Pl. selten⟩: *das Abwegigsein*.

Ab|wehr, die; -: **1. a)** *ablehnende Haltung, innerer Widerstand gegen jmdn., etw.*: ich spürte ihre stumme A.; auf A. stoßen; mit innerer A. reagieren; **b)** *das Abwehren von etw., Zurückweisung*: die A. staatlicher Eingriffe; **c)** *Verteidigung gegen jmdn., etw.*: die A. des Feindes war nur gering; Ü die körpereigene A. stärken. **2.** (Militär) **a)** *Widerstand leistende Truppe*: die A. wurde niedergekämpft; kurz für ↑ Abwehrdienst. **3.** (Sport) **a)** *Gesamtheit der verteidigenden Spieler einer Mannschaft*: eine stabile A.; die gegnerische A. überlaufen; **b)** *Aktion, mit der der Ball abgewehrt wird*: eine riskante A.

Ab|wehr|ak|ti|on, die: *Aktion des Abwehrens*.

ab|wehr|be|reit ⟨Adj.⟩: *bereit, etw. abzuwehren* (1, 2).

Ab|wehr|chef, der: **1.** (Militär) *Kommandant der Abwehr* (2). **2.** (Sportjargon) *Spieler, der die Abwehr* (3 a) *lenkt, steuert, dirigiert*.

Ab|wehr|che|fin, die: w. Form zu ↑ Abwehrchef.

Ab|wehr|dienst, der: *Geheimdienst zur Verhinderung von Spionage*.

ab|weh|ren ⟨sw. V.; hat⟩: **1.** *abschlagen, zurückschlagen*: den Feind, einen Angriff a.; (Sport:) einen Eckball a. **2.** *erfolgreich abwenden; vereiteln*: ein Unheil, eine Gefahr a.; das Schlimmste konnte ich a. **3.** *von sich weisen; zurückweisen*: sich gegen etw. wehren: eine Zumutung, einen Verdacht, jmds. Dank a. **4.** *nicht zulassen; fernhalten; verscheuchen*: einen Besucher, einige Neugierige, Fliegen von jmdm. a. **5.** *auf etw. ablehnend reagieren*: als sie das hörte, wehrte sie erschrocken ab; abwehrend die Hand heben.

Ab|wehr|hal|tung, die: *Haltung* (2 a,b) *des inneren Widerstands*: er hat eine A. gegenüber allem Fremden.

Ab|wehr|kampf, der: *Kampf, Maßnahme, mit der etw. abgewehrt wird*.

Ab|wehr|ket|te, die (Sport): *bei einem gegnerischen Angriff in abgestimmter Raumaufteilung spielende Gruppe von Abwehrspielern*: eine dichte A.

Ab|wehr|kraft, die ⟨meist Pl.⟩: **1.** (bes. Physiol.) *Fähigkeit des Organismus, Krankheitserreger, Allergene u. Ä. abzuwehren*: zur Stärkung der Abwehrkräfte empfiehlt sich Saunabaden. **2.** ⟨Pl.⟩ (Militär) *mit der Abwehr* (1 c) *betraute Streitkräfte*.

Ab|wehr|maß|nah|me, die ⟨meist Pl.⟩: *zur Abwehr von etw. ergriffene od. zu ergreifende Maßnahme*.

Ab|wehr|me|cha|nis|mus, der: **1.** (Psychoanalyse) *unbewusste Verhaltensweise gegenüber Triebforderungen, die von der Kontrollinstanz (dem sog. Über-Ich) nicht gebilligt werden*. **2.** (Physiol.) *im Körper wirksamer Mechanismus, der in der Abwehr fremder Stoffe besteht*.

Ab|wehr|re|ak|ti|on, die (bes. Physiol., Verhaltensf.): *Reaktion, mit etw. abgewehrt werden soll*.

Ab|wehr|schlacht, die (Militär): *heftige, der Ver-*

Abwehrspieler – Abwurf

teidigung dienende Schlacht: Ü *das Fußballspiel war eine einzige A.*
Ab|wehr|spie|ler, der (Sport): Verteidiger.
Ab|wehr|spie|le|rin, die: w. Form zu ↑ Abwehrspieler.
Ab|wehr|stoff, der (Med.): Antikörper.
Ab|wehr|sys|tem, das: **1.** (Militär) *System von militärischen Ein-, Vorrichtungen, die dazu dienen, jmdn., etw. abzuwehren.* **2.** (Med.) *System der Abwehr von Krankheitserregern od. deren Giften.*
Ab|wehr|zau|ber, der (Völkerkunde): *magische Handlung od. magisches Mittel zur Abwehr böser Geister.*
¹ab|wei|chen ⟨sw. V.⟩: **a)** ⟨hat⟩ *(Haftendes, Festgeklebtes) durch Feuchtigkeit weich machen u. ablösen:* das Etikett [von der Flasche] a.; **b)** ⟨ist⟩ *(von etw. Haftendem, Festgeklebtem) durch Feuchtigkeit weich werden u. sich ablösen:* das Plakat weichte ab.
²ab|wei|chen ⟨st. V.; ist⟩: **1.** *eine eingeschlagene Richtung verlassen, sich von ihr entfernen:* vom vorgeschriebenen Kurs, von der Straße a.; Ü sie ist niemals von ihren Grundsätzen abgewichen (*ihnen nicht untreu geworden*). **2.** *verschieden sein, sich unterscheiden:* die Fassung weicht im Wortlaut von der anderen ab.
ab|wei|chend ⟨Adj.⟩: *unterschiedlich:* -e Ansichten, Meinungen vertreten; eine -e Regelung, Vereinbarung wurde getroffen; sich a. von den Erwartungen verhalten.
Ab|weich|ler, der; -s, - [für russ. uklonist]: *jmd., der von einer [politischen] Lehrmeinung o. Ä. abweicht.*
Ab|weich|le|rin, die; -, -nen: w. Form zu ↑ Abweichler.
ab|weich|le|risch ⟨Adj.⟩: *in der Weise eines Abweichlers, einer Abweichlerin [handelnd]:* ein -er Kurs.
Ab|wei|chung, die; -, -en: **1.** *das ²Abweichen:* eine A. von der Regel; linke, rechte -en von der Parteilinie. **2.** *Unterschied, Differenz:* es gibt erhebliche -en in ihrer Auffassung von der Sache.
ab|wei|den ⟨sw. V.; hat⟩: **a)** *weidend abfressen:* das Gras a.; **b)** *abgrasen* (1): Wiesen, Hänge a.
ab|wei|sen ⟨st. V.; hat⟩: **a)** *nicht zu sich lassen, nicht vorlassen; von sich weisen, zurückweisen:* einen Bettler, die Besucher, Neugierigen a.; jmdn. abweisend behandeln; **b)** *ablehnen:* jmds. Angebot, einen Antrag, eine Klage a.; **c)** *zurückschlagen, abwehren:* die Angreifer, einen Angriff a.
♦ **ab|wei|ßen** ⟨sw. V.; hat⟩: *weißen:* Die Frau musste ihm helfen, das Mauerwerk von Gras und Moos zu reinigen, es abzuweißen (Arnim, Invalide 95).
Ab|wei|sung, die; -, -en: *das Abweisen; das Abgewiesenwerden.*
ab|wen|den ⟨unr. V.⟩: **1.** ⟨wandte/wendete ab, hat abgewandt/abgewendet⟩ *(sich, etw.) nach der anderen Seite wenden; von etw. wegwenden:* den Blick, die Augen, den Kopf a.; ich wandte/wendete mich schnell ab; er wendet sich entsetzt ab; mit abgewandtem/abgewendetem Gesicht dasitzen; Ü sie hat sich [innerlich] von ihren Freunden abgewandt/abgewendet. **2.** ⟨wendete ab, hat abgewendet⟩ **a)** *ablenken, ableiten:* einen Hieb, Schlag a.; **b)** *verhindern, von jmdm. fernhalten:* eine Katastrophe, Gefahr, drohendes Unheil a.
Ab|wen|dung, die; - ⟨Pl. selten⟩: **1.** *Abkehr von jmdm., etw.:* die A. von einer bestimmten Politik. **2.** *Verhinderung:* die A. der Not, Gefahr.
ab|wer|ben ⟨st. V.; hat⟩ (bes. Wirtsch.): *jmdn. einer Firma, Mannschaft o. Ä. durch Unterbreitung eines guten Angebots abspenstig machen, um ihn für die eigene zu gewinnen:* Arbeitskräfte a.

Ab|wer|bung, die; -, -en: *das Abwerben.*
ab|wer|fen ⟨st. V.; hat⟩: **1. a)** *aus der Höhe herabfallen lassen, herunterwerfen:* Bomben, Flugblätter, Ballast a.; **b)** *(etw. Lästiges) von sich werfen:* seinen Mantel, die Bettdecke a.; das Pferd warf die Reiterin ab; Ü Zwänge a.; **c)** (Kartenspiele) *(eine Karte, Farbe) ablegen:* eine Farbe, den König a.; **d)** *sich von etw. Bedrückendem befreien:* das Joch der Sklaverei, eine Bürde a. **2. a)** (Sport) *herunterstoßen:* beim Hochsprung die Latte a.; **b)** (Fußball) *(vom Torwart) den Ball ins Spielfeld werfen:* der Torwart wirft ab; **c)** (Schlag-, Völkerball) *einen Gegenspieler durch einen Wurf mit dem Ball treffen u. so ausschalten.* **3.** [urspr. von Früchten, die ein Obstbaum zur Erde wirft] *(finanziell, als Ertrag) einbringen:* Gewinne a.
ab|wer|ten ⟨sw. V.; hat⟩: **1.** (Geldw.) **a)** *die Kaufkraft einer Währung herabsetzen:* den Dollar a.; **b)** *an Wert verlieren, im Wert geringer werden; fallen, sinken:* der Yen wertet weiter ab. **2.** *in seinem Wert, in seiner Bedeutung herabsetzen:* Ideale a.; er wertet alles ab; eine -de Kritik.
ab|wer|tend ⟨Adj.⟩: *geringschätzig, herabwürdigend:* eine -e Kritik; das Wort *begaffen* wird a. gebraucht.
Ab|wer|tung, die; -, -en: *das Abwerten, Abgewertetwerden.*
ab|we|send ⟨Adj.⟩: **1.** [aus dem Niederd., für lat. absens, ↑ absent] *nicht an dem erwarteten Ort befindlich, nicht zugegen, nicht vorhanden, nicht da:* der -e Geschäftsführer; er war viel von zu Hause a. **2.** *in Gedanken verloren, nicht bei der Sache, unaufmerksam:* mit -en Blicken, Augen; a. lächeln; Ich war ... merkwürdig a., las wie im Schlafe (Kaschnitz, Wohin 190).
Ab|we|sen|de, der u. die Abwesende; der/einer Abwesenden, die Abwesenden/zwei Abwesende: *weibliche Person, die abwesend* (1) *ist.*
Ab|we|sen|der, der Abwesende/ein Abwesender; des/eines Abwesenden, die Abwesenden/zwei Abwesende: *jmd., der abwesend* (1) *ist.*
Ab|we|sen|heit, die; -, -en: **1.** *körperliches Abwesendsein;* ferienmäßig, häufig -en; jmds. A. zu etw. nutzen; in, während meiner A.; jmdn. in A. verurteilen; Ü die. (*das Fehlen*) *störender Einflüsse;* * *durch A. glänzen* (iron.; ↑ Abwesenheit 1; *durch Abwesenheit auffallen:* bei frz. briller par son absence, dies nach Tacitus, Annalen III, 76). **2.** *geistiges Abwesendsein:* er saß in völliger A. da.
Ab|wet|ter ⟨Pl.⟩ (Bergbau): *verbrauchte Grubenluft:* die A. abführen.
ab|wet|tern ⟨sw. V.; hat⟩ (Seemannsspr.): *(einen Sturm) auf See überstehen (bes. von Segelschiffen, -booten):* einen Sturm a.; Ü die Rezession a.
ab|wet|zen ⟨sw. V.⟩: **1.** ⟨hat⟩ **a)** (seltener) *durch Wetzen entfernen:* den Rost [von der Sense] a.; **b)** *durch Reiben bewirken, dass etw. dünn, speckig glänzend wird:* du hast den Mantel an der Seite mit der Tasche ganz abgewetzt; abgewetzte Hosen, Sitze; ... wie abgewetzt das Sofa ist, und dass ein Teppich fehlt (Chr. Wolf, Himmel 314); Chwostik zog sein abgewetztes Portefeuille aus der Brusttasche und entnahm ihm ein kleines Blatt Papier (Doderer, Wasserfälle 42). **2.** ⟨ist⟩ (ugs.) *schnell davonlaufen:* er ist eben zum Bus abgewetzt.
ab|wi|ckeln ⟨sw. V.; hat⟩: **1.** *(Aufgewickeltes, Aufgerolltes) vom Knäuel, von der Rolle u. Ä. wickeln:* ein Kabel a.; ich wick[e]le den Faden ab; ich wickelte [mir] den Verband ab. **2. a)** *ordnungsgemäß ausführen, erledigen:* ein Geschäft, einen Auftrag a.; **b)** *ordnungsgemäß ablaufen lassen:* eine Veranstaltung a. **3.** ⟨a. + sich⟩ *ordnungsgemäß hintereinander ablaufen:* der Ver-

kehr wickelt sich reibungslos ab. **4.** (Wirtsch.) *liquidieren* (1 a): eine Firma, ein Unternehmen a.
Ab|wi|cke|lung: ↑ Abwicklung.
Ab|wick|lung, Abwickelung, die; -, -en: *das [Sich]abwickeln; das Abgewickeltwerden.*
ab|wie|geln ⟨sw. V.; hat⟩: **1.** (seltener) *jmdn. (meist eine aufgebrachte Menschenmenge) beschwichtigen:* er versuchte, die erboste Menge abzuwiegeln. **2.** *jmds. (berechtigte) Erregung, bestimmten Erwartungen o. Ä. durch Herunterspielen, Verharmlosung ihrer Ursachen dämpfen:* in der Diskussion versuchte er immer wieder abzuwiegeln.
Ab|wie|ge|lung, Abwieglung, die; -, -en: *das Abwiegeln.*
ab|wie|gen ⟨st. V.; hat⟩: **1.** *so viel von einer größeren Menge wiegen, bis die gewünschte Menge erreicht ist:* Äpfel, Kartoffeln, die Zutaten a. **2.** *durch genaues Wiegen das präzise Gewicht von jmdm., einer Sache feststellen:* die Ernte a.
Ab|wieg|lung: ↑ Abwiegelung.
ab|wim|meln ⟨sw. V.; hat⟩ (ugs.): *(eine Person od. Sache, die als lästig empfunden wird) von sich schieben, abweisen:* eine Arbeit, einen Auftrag a.; ich wimm[e]le den Frager ab.
Ab|wind, der; -[e]s, -e: **1.** (Meteorol.) *abwärtsgerichtete Luftströmung.* **2.** (Flugw.) *abwärtsgerichteter Luftstrom im Bereich eines Tragflügels.*
ab|win|keln ⟨sw. V.; hat⟩: *so halten, dass ein Winkel entsteht:* das Bein a.
ab|win|ken ⟨sw. V.; hat; 2. Part. abgewinkt, auch, bes. ugs.: abgewunken⟩: **1.** *[mit einer Handbewegung] seine Ablehnung zum Ausdruck bringen, zu verstehen geben:* dankend, ärgerlich, ungeduldig a.; Sie hatte versucht, sich ihm anzuvertrauen, er hatte abgewinkt (Johnson, Ansichten 226). **2.** (Motorsport) **a)** *durch ein Winkzeichen beenden:* ein Rennen a.; * *bis zum Abwinken* (ugs.; *bis zum Überdruss*); **b)** *durch ein Winkzeichen zum Anhalten bewegen:* einen Rennfahrer a. ♦ **3.** [*durch einen Wink*] *wegrufen, weglocken: ...nie gehörte Stimmen werden wach, locken mit Sirenensang, flüstern unwiderstehlich, winken den Wandrer ab vom sicheren Wege* (Raabe, Chronik 16).
ab|wirt|schaf|ten ⟨sw. V.; hat⟩: **a)** *durch schlechtes Wirtschaften herunterwirtschaften, seine Existenzgrundlage vernichten:* die Firma, der Unternehmer hat abgewirtschaftet; Ü diese Partei hat [bei den Wählern] abgewirtschaftet; **b)** *durch schlechtes Wirtschaften herunterbringen:* seinen Hof abgewirtschaftet haben; ein abgewirtschaftetes Gut.
ab|wi|schen ⟨sw. V.; hat⟩: **a)** *durch Wischen entfernen:* den Staub, jmds. Tränen, sich den Schweiß von der Stirn a.; **b)** *durch Wischen reinigen:* den Tisch mit einem Tuch a.; ich wischte mir die Hände an der Hose ab.
ab|woh|nen ⟨sw. V.; hat⟩ (ugs.): **1.** *durch langes Wohnen abnutzen, verwohnen:* eine Wohnung a.; abgewohnte Räume. **2.** *eine im Voraus gezahlte Geldsumme mit der Miete verrechnen:* einen Baukostenzuschuss a.
ab|wra|cken ⟨sw. V.; hat⟩: *(bes. Schiffe) zerlegen u. verschrotten:* ein Schiff a.; Ü ein abgewrackter Komiker; Die Kerle sehen ja furchtbar aus ... So müde und abgewrackt (*erschöpft*; Kempowski, Zeit 299).
Ab|wrack|prä|mie, die (ugs.): *Prämie, die einem Autobesitzer für die Verschrottung seines alten Autos beim Kauf eines Neuwagens vom Staat gewährt wird.*
Ab|wra|ckung, die; -, -en: *das Abwracken.*
Ab|wurf, der; -[e]s, Abwürfe: **1.** *das Abwerfen* (1 a): der A. einer Wasserstoffbombe. **2. a)** (Sport) *das Abwerfen* (2 b); **b)** (Fußball)

abwürgen – abzweigen

vom Torwart abgeworfener Ball; **c)** (Schlag-, Völkerball) *Wurf, mit dem ein Gegenspieler getroffen u. ausgeschaltet wird.*

ab|wür|gen ⟨sw. V.; hat⟩: **1.** (selten) *durch Würgen töten:* der Marder würgte das Huhn ab. **2.** (ugs.) *(autoritär, mit undemokratischen Mitteln) unmöglich machen, unterdrücken:* eine Diskussion, eine Forderung, einen Streik a. **3.** (ugs.) *(den Kfz-Motor) durch Einlegen eines zu großen ^{1}Ganges (6 a) od. durch zu schnelles Loslassen der Kupplung beim Anfahren od. durch Unterlassen des Auskuppelns beim Anhalten zum Stillstand bringen:* den Motor a.

Abys|sus, der; - [mhd. abyss(e) < spätlat. abyssus < griech. ábyssos = Abgrund] (veraltet): **1.** *Abgrund* (1). **2.** *Unterwelt.*

ab|zah|len ⟨sw. V.; hat⟩: **a)** *in Raten bezahlen:* ein Auto, die Wohnungseinrichtung a.; **b)** *zurückzahlen:* ich muss das Darlehen [mit monatlich hundert Euro] a.

ab|zäh|len ⟨sw. V.; hat⟩: **a)** *zählen, um die vorhandene Anzahl festzustellen:* die Anwesenden a.; Wäsche a. *(die Anzahl der jeweiligen Stücke feststellen);* das Geld abgezählt *(passend) bereithalten;* **b)** (Sport, Militär) *Gruppen bilden, indem fortlaufend immer nur bis zu einer bestimmten Anzahl gezählt wird:* [zu zweien, zu vieren] a.!; **c)** *eine bestimmte Anzahl zählend von einer Menge wegnehmen:* Zigaretten, Knöpfe, Nägel, Schrauben a.; **d)** *durch Zählen entscheiden:* die Kinder zählen ab *(bestimmen mithilfe eines Abzählreims),* wer Räuber, wer Gendarm sein soll.

Ab|zähl|reim, der: *Abzählvers.*

Ab|zah|lung, die; -, -en: *Abzahlen; Raten-, Teilzahlung:* etw. auf A. [ver]kaufen.

Ab|zah|lungs|ver|pflich|tung, die: *Verpflichtung, Abzahlungen zu leisten.*

Ab|zähl|vers, der: *Reim* (b), *mit dessen Hilfe ein Kind durch eine Zufallsentscheidung für etw. (ein Spiel) bestimmt wird; Abzählreim.*

ab|zap|fen ⟨sw. V.; hat⟩: **a)** *zapfend entnehmen:* Wein, Bier a.; jmdm. Blut a. (ugs.: *aus der Vene abnehmen*); Ü jmdm. Geld a. (ugs.: *es unbescheiden, dreist von ihm probieren u. erhalten*); **b)** (selten) *zapfend allmählich leeren:* ein Fass a.

ab|zäu|men ⟨sw. V.; hat⟩: *einem Reit- od. Zugtier das Zaumzeug abnehmen.*

ab|zäu|nen ⟨sw. V.; hat⟩: *durch einen Zaun abtrennen:* ein Grundstück, Lager a.

Ab|zäu|nung, die; -, -en: **1.** *das Abzäunen; das Abgezäuntwerden.* **2.** *Zaun:* die A. wurde niedergerissen.

ab|zeh|ren ⟨sw. V.; hat; meist im 2. Part.⟩: *abmagern lassen, allmählich entkräften:* die Krankheit hatte ihn völlig abgezehrt; abgezehrt sein, aussehen; ein abgezehrter Körper; Diese fast nackte Frau ... war nicht schön, nicht hässlich, nicht üppig von Wohlleben, noch abgezehrt von Armut (Musil, Mann 1520).

Ab|zei|chen, das; -s, - [urspr. = (Kenn)zeichen]: **a)** *Anstecknadel als Kennzeichen einer Zugehörigkeit, Mitgliedschaft:* ein A. am Revers tragen; **b)** *Plakette:* wir verkaufen morgen A. für die Caritas; **c)** *[Erkennungs-, Kenn]zeichen, Merkmal, Attribut:* er trug die A. eines Generals; **d)** (Viehzucht) *bes Haustieren von der Grundfarbe abweichender, meist weißer Fleck im Fell.*

ab|zeich|nen ⟨sw. V.; hat⟩: **1.** *zeichnend genau wiedergeben, genau nach einer Vorlage zeichnen:* eine Blume, ein Bild a. **2.** *mit seinem Namenszeichen versehen; als gesehen kennzeichnen:* einen Bericht a. **3.** ⟨a. + sich⟩ **a)** *sich abheben, in seinen Umrissen [deutlich] erkennbar sein:* die Konturen, Umrisse von etw. zeichneten sich auf einem Hintergrund ab; **b)** *sich andeuten; erkennbar werden:* eine Entwicklung, Tendenz, Gefahr zeichnet sich ab; **c)** *sich wider-*

spiegeln, sichtbar werden: in seinem Gesicht zeichnete sich ein plötzliches Erschrecken ab.

Ab|zeich|nung, die; -, -en: *das Abzeichnen* (2).

Ab|zieh|bild, das: *Bild, das spiegelverkehrt auf ein wasserlöslich grundiertes Papier gedruckt ist u. nach Anfeuchten auf einen Gegenstand übertragen werden kann, wobei das Papier abgezogen wird:* -er abziehen.

ab|zie|hen ⟨unr. V.⟩: **1.** ⟨hat⟩ **a)** *[von, aus etw.] ziehend entfernen, weg-, herunter-, herausziehen:* den Zündschlüssel a.; einen Ring vom Finger a.; **b)** (landsch.) *(bes. eine Kopfbedeckung) abnehmen, ablegen:* die Mütze a. **2.** ⟨hat⟩ **a)** *(von einem Tier) das Fell, die Haut entfernen:* dem Hasen das Fell a.; **b)** *(vom Körper eines erlegten, geschlachteten Tieres) das Fell, die Haut abziehend entfernen:* den Hasen a. **3.** ⟨hat⟩ *durch Weg-, Herunterziehen von etw. frei machen:* Pfirsiche, Tomaten a.; die Bohnen müssen abgezogen *(von den Fäden befreit)* werden. **4.** ⟨hat⟩ **a)** *die Bettwäsche vom Bett abnehmen:* das Bettzeug, den Bezug a.; **b)** *ein Bett von der Bettwäsche frei machen:* die Betten a. **5.** ⟨hat⟩ *den Abzug einer Waffe o. Ä. betätigen:* die Handgranate a.; er lud durch und zog ab. **6.** ⟨hat⟩ *[durch Abschleifen] von Unebenheiten glätten:* das Parkett [mit Stahlspänen] a. **7.** ⟨hat⟩ ⟨hat⟩ *(eine Klinge) schärfen* (1): *das Messer auf einem Stein a.* **8.** ⟨hat⟩ **a)** (Fotogr.) *einen Abzug* (2 a) *machen:* ein Negativ a. lassen; **b)** (Druckw.) *einen Abdruck von etw. machen, vervielfältigen:* einen Text [20 Mal] a. **9.** ⟨hat⟩ (Kochkunst) *mit etw. (bes. Eidotter) verrühren u. dadurch eindicken; legieren:* die Suppe a. **10.** ⟨hat⟩ **a)** *(aus einem Fass o. Ä. entnehmen u.) in Flaschen abfüllen:* Wein, Most [auf Flaschen] a.; **b)** (Winzerspr.) *(von jungem Wein) von einem Fass in ein anderes umfüllen u. dadurch vom Bodensatz trennen.* **11.** ⟨hat⟩ (Textilind.) *(eine Farbe aus einem Stoff) herausziehen:* die alte dunkle Farbe a. **12.** ⟨hat⟩ (Militär) *(Truppen, Waffen) zurückziehen:* Truppen a. **13.** ⟨hat⟩ *weglocken, entziehen:* die vielen Ablenkungen zogen ihn von seiner Arbeit ab, zogen seine Aufmerksamkeit ab. **14.** ⟨hat⟩ **a)** *von etw. abrechnen, durch Subtraktion wegnehmen, subtrahieren:* 20 von 100 a.; Ü ... zog er wohl neunzig Prozent von dem ... Gerede ab (hielt es zu 90 Prozent für unglaubwürdig; Fallada, Herr 209); **b)** *den Preis berechnen u. kassieren:* können Sie bitte der Kundin rasch noch den Liter Milch a.? **15.** ⟨hat⟩ (salopp) *vonstattengehen lassen, routinemäßig durchführen, veranstalten:* eine Party, eine Fete a. **16.** ⟨ist⟩ *von einer Luftströmung weggetragen werden; wegziehen:* der Rauch, der Nebel, die Gewitterfront zieht ab. **17.** ⟨ist⟩ **a)** (Militär) *abrücken, abmarschieren:* die Truppen zogen ab; **b)** (ugs.) *weggehen, sich entfernen:* das kleine Mädchen zog strahlend ab. **18.** ⟨hat⟩ (Sportjargon) *plötzlich wuchtig schießen, werfen o. Ä.:* der Torjäger zog entschlossen ab.

ab|zie|len ⟨sw. V.; hat⟩: *zum Ziel haben, anstreben; auf etw. hinzielen, gerichtet sein:* sie zielt mit ihren Worten auf das Mitgefühl der Zuhörenden ab; eine auf Gewinn abzielende Taktik.

ab|zin|sen ⟨sw. V.; hat⟩ (Bankw.): *das Anfangskapital aus einem gegebenen Endkapital ermitteln:* später fällige Zahlungen a.; abgezinste Wertpapiere.

Ab|zin|sung, die; -, -en: *das Abzinsen.*

ab|zip|pbar ⟨Adj.⟩: *sich abzippen lassend.*

ab|zip|pen ⟨sw. V.; hat⟩ [vgl. zippen]: *(ein mit einem Reißverschluss verbundenes Kleidungsteil) vom Kleidungsstück abnehmen, entfernen.*

ab|zir|keln ⟨sw. V.; hat⟩: *[mit dem Zirkel] genau abmessen:* eine Entfernung auf der Karte a.; Beete, Wege genau a.; Ü seine Worte a. *(abwägen, wohlüberlegt setzen).*

Ab|zir|ke|lung, Ab|zirk|lung, die; -, -en: *das Abzirkeln.*

ab|zi|schen ⟨sw. V.; ist⟩ (salopp): *sich schnell entfernen:* zisch ab!

Ab|zo|cke, die; -, -n (salopp): *das Abzocken; Abgezocktwerden.*

ab|zo|cken ⟨sw. V.; hat⟩ (salopp): **a)** *ausnehmen* (3 a) *in der Art, wie wollen uns hier nicht a. lassen;* die Kunden wurden abgezockt; **b)** *abgaunern:* wegen abgezockter öffentlicher Mittel vor Gericht stehen.

Ab|zo|cker, der; -s, - (salopp): *jmd., der andere [auf hinterlistige, unredliche Weise] finanziell übervorteilt, sie um ihr Geld bringt:* er ist als A. bekannt.

Ab|zo|cke|rei, die; -, -en (salopp): *das Abzocken; das Abgezocktwerden.*

Ab|zo|cke|rin, die; -, -nen: w. Form zu ↑ Abzocker.

Ab|zug, der; -[e]s, Abzüge: **1.** *Hebel an Schusswaffen zum Auslösen des Schusses:* den Finger am A. haben; am A. spielen. **2. a)** (Fotogr.) *von einem Negativ od. einem Digitalfoto hergestelltes Bild* (1 b): *Abzüge machen lassen;* **b)** (Druckw.) *^{1}Abdruck* (2). **3. a)** *das Abziehen* (14 a); *Abrechnung:* nach A. der Unkosten; * etw. in A. bringen (Papierdt.; *etw. bei einer Berechnung abziehen*); **b)** ⟨Pl.⟩ *Steuern, Abgaben:* meine Abzüge sind sehr hoch. **4. a)** ⟨o. Pl.⟩ *das Abziehen* (16) *für ausreichenden A. [der Gase] sorgen;* **b)** *Vorrichtung, Öffnung, durch die etw. abziehen* (16) *kann:* ein A. für den Rauch. **5.** ⟨Pl. selten⟩ (bes. Militär) *das Abrücken, der Abmarsch:* der A. der Besatzungstruppen. ♦ **6.** ⟨o. Pl.⟩ *das Abheben u. Aufdecken einer Spielkarte vom Kartenstock:* O das verfluchte Spiel!... Beim A. war's nicht just (Goethe, Die Mitschuldigen I, 7).

ab|züg|lich ⟨Präp. mit Gen.⟩ (bes. Kaufmannsspr.): *nach, unter Abzug* (3 a): *a. des gewährten Rabatts;* ⟨ein folgendes allein stehendes, stark gebeugtes Subst. im Sg. bleibt ungebeugt:⟩ a. Rabatt; ⟨mit Dat. bei alleinstehendem Subst. im Pl.:⟩ a. Getränken.

ab|zugs|fä|hig ⟨Adj.⟩ (Steuerw.): *sich bei der Berechnung der steuerpflichtigen Einkommen abziehen lassend:* -e Ausgaben.

ab|zugs|frei ⟨Adj.⟩: *frei von Steuerabzügen.*

Ab|zugs|gra|ben, der: *Abfluss-, Entwässerungsgraben.*

Ab|zugs|hau|be, die: *Dunstabzugshaube.*

Ab|zugs|he|bel, der: *Hahn* (4).

Ab|zugs|schacht, der (Bauw.): *Schacht zum Abzug von Dämpfen, Gasen, Gerüchen.*

Ab|zugs|vor|rich|tung, die: *Vorrichtung zum Abziehen* (5, 16).

ab|zup|fen ⟨sw. V.; hat⟩: **a)** *durch Zupfen von etw. lösen, abtrennen:* die [Blüten]blätter, Beeren, Stiele a.; **b)** *durch Zupfen von etw. frei machen:* abgezupfte Traubenstiele.

ab|zwa|cken ⟨sw. V.; hat⟩ (ugs.): **1.** *abkneifen:* ein Stück Draht a. **2.** *[aus Kleinlichkeit] abziehen, entziehen; abknapsen:* vom Haushaltsgeld zehn Euro für Kosmetik a.; Ü sich ein wenig Zeit für etw. a.

Ab|zweig, der; -[e]s, -e: **1.** (Verkehrsw.) *abzweigende Strecke, abzweigender Weg:* ein A. von der Autobahn. **2.** (Technik) *Teilstück, das zum Abzweigen einer Rohrleitung verwendet wird.*

Ab|zweig|do|se, die (Elektrot.): *(bei elektrischen Installationen) einer Dose ähnlicher, mit Löchern versehener Gegenstand zum Abzweigen elektrischer Leitungen; Verteilerdose.*

ab|zwei|gen ⟨sw. V.⟩: **1.** ⟨ist⟩ **a)** *(von Wegen o. Ä.) seitlich abbiegen, in eine andere Richtung führen:* dort zweigt ein Weg zum Dorf ab; von diesem Weg zweigte ein schmaler Pfad ab; **b)** (seltener) *(von Personen) sich von einer als Hauptrichtung angesehenen Richtung entfernen,* sie

Abzweigung – Achsschenkel

verlassen: weiter unten zweigt er vom Weg ab. **2.** ⟨hat⟩ *zu einem bestimmten Zweck von etw. wegnehmen:* einen Teil des Geldes für den Urlaub a.

Ab|zwei|gung, die; -, -en: **1.** *Stelle, an der von einer Straße o. Ä. eine andere abzweigt.* **2.** *Strecke, Leitung o. Ä., die von einer zentralen Strecke, Leitung o. Ä. abzweigt.*

ab|zwi|cken ⟨sw. V.; hat⟩: *abkneifen:* ein Stück Draht a.

ab|zwin|gen ⟨st. V.; hat⟩: *durch intensive Bemühung, durch einen gewissen Zwang erhalten, erreichen; jmdm., sich abnötigen, abringen:* dem Gegner Bewunderung a.; jmdm. ein Versprechen, ein Zugeständnis a.; ich zwang mir ein Lächeln ab *(zwang mich zu lächeln);* Ü ... in Richtung Ornemündung..., wo einst die Engländer ihren künstlichen Hafen dem Meer abgezwungen hatten (Grass, Blechtrommel 682).

ab|zwit|schern ⟨sw. V.; ist⟩ (salopp): *davongehen, sich entfernen:* lasst uns nach dem Frühstück a.

a c. = a conto.

Ac = Actinium.

à c. = à condition.

Aca|de|my-Award [əˈkɛdəmɪəˈwɔːd], der; -, -s [engl. Academy award = Preis der Akademie, ↑ Award]: *von der amerikanischen »Akademie für künstlerische und wissenschaftliche Filme« in verschiedenen Kategorien jährlich verliehener Filmpreis; Oscar.*

a cap|pel|la [ital., zu: cappella = ¹Kapelle, d. h. in der Art eines hier singenden Chores] (Musik): *(vom Chorgesang) ohne Begleitung von Instrumenten:* die Chöre sind alle a c.; a c. singen.

A-cap|pel|la-Chor, der: *Chor, der ohne Instrumentalbegleitung singt.*

acc. c. inf. = accusativus cum infinitivo (↑ Akkusativ).

ac|cel. = accelerando.

ac|ce|le|ran|do [atʃeleˈrando] ⟨Adv.⟩ [ital., zu: accelerare = beschleunigen] (Musik): *schneller werdend* (Abk.: accel.)

Ac|cent ai|gu [aksɑ̃ˈteˈgy:], der; - -, -s -s [aksɑ̃zeˈgy:] [frz. accent aigu, aus: accent (< lat. accentus, ↑ Akzent) u. aigu < lat. acutus = scharf, spitz]: *Akut im Französischen* (Zeichen: ´, z. B. é).

Ac|cent cir|con|flexe [aksɑ̃sirkɔ̃ˈflɛks], der; - -, -s -s [aksɑ̃sirkɔ̃ˈflɛks] [frz. accent circonflexe, aus: accent (↑ Accent aigu) u. circonflexe < lat. circumflexum, 2. Part. von: circumflectere = umbiegen, eine Silbe lang betonen]: *Zirkumflex im Französischen* (Zeichen: ^, z. B. â).

Ac|cent grave [aksɑ̃ˈgraːv], der; - -, -s -s [aksɑ̃ˈgraːv] [frz. accent grave, aus: accent (↑ Accent aigu) u. grave < lat. gravis, ↑ Gravis]: *Gravis im Französischen* (Zeichen: `, z. B. è).

Ac|cess [ˈɛksɛs], der; -[es], - [engl. access = Zutritt < lat. accessus, zu: accessum, 2. Part. von: accedere = hinzukommen] (EDV): **1.** *Netzzugang.* **2.** *Zugriff, Zugriffsmöglichkeit auf Daten, die in einem Speicher abgelegt sind.*

Ac|ces|soire [aksɛˈsoaːɐ̯], das; -s, -s [akseˈsoaːɐ̯(s)] ⟨meist Pl.⟩ [frz. accessoires (Pl.), eigtl. = Nebensachen, zu lat. accessum, 2. Part. von: accedere = hinzukommen]: *modisches Zubehör zur Kleidung, zur Wohnung, zum Auto u. Ä.:* die -s aufeinander abstimmen.

Ac|count [əˈkaʊnt], der od. das; -s, -s [engl. account = Konto < lat. account = das Zählen, zu: aco(u)nter = zählen, zu: counter, ↑ Countdown] (EDV): *Zugangsberechtigung zum Internet, einem Intranet, einer Mailbox o. Ä.*

Ac|coun|tant [əˈkaʊntənt], der; -[s], -s [engl. acco(u)ntant = Buchhalter(in) < afrz. aco(u)ntant, 1. Part. von: aco(u)nter, ↑ Account] (Wirtsch.): *Rechnungs- od. Wirtschaftsprüfer.*

Ac|count-Ma|nage|ment, Ac|count|ma|nage-ment [...ˈmænɪdʒmənt], das [engl. account management] (Wirtsch.): *auf Kunden[gruppen] ausgerichtete Form der Betriebsführung mit kundenspezifischer Auftragsbearbeitung und Beratung [u. der Möglichkeit, sich besonders auf Schlüsselkunden zu konzentrieren].*

Ac|count-Ma|na|ger, Ac|count|ma|na|ger, der; (Wirtsch.): *jmd., der das Account-Management betreibt.*

Ac|count-Ma|na|ge|rin, Ac|count|ma|na|ge|rin, die: w. Form zu ↑ Account-Manager, Acountmanager.

Ac|cra: Hauptstadt von Ghana.

Ac|cro|cha|ge [akrɔˈʃaːʒə, österr. meist: ...ʃ], die; -, -n [...ʒn] [frz. accrochage = das Aufhängen, zu: accrocher = aufhängen]: *Ausstellung aus den eigenen Beständen einer Privatgalerie.*

Acet|al|de|hyd: ↑ Azetaldehyd.

Ace|tat usw.: ↑ Azetat usw.

Ace|ton: ↑ Azeton.

Ace|ty|len usw..: ↑ Azetylen usw.

Ace|tyl|sa|li|cyl|säu|re: ↑ Azetylsalizylsäure.

ach ⟨Interj.⟩ [mhd. ach, ahd. ah]: **1.** als Ausdruck des Schmerzes, der Betroffenheit, des Mitleids o. Ä.: a., musste das wirklich so kommen?; a. je; a., die Armen; * **a. und weh schreien** (ugs.; *jammern u. klagen*). **2.** ⟨meist betont⟩ **a)** als Ausdruck des [ironischen] Bedauerns: a., wie schade!; (verstärkend vor »so« + Adj.): ein a. so beliebtes Thema!; **b)** als Ausdruck der Verwunderung, des [freudigen] Erstaunens, des Unmuts: a., das ist mir neu!; a., ist das schön!; **a.,** lassen wir das; **c)** als Ausdruck des Verlangens o. Ä.: a., wäre doch schon Feierabend!; **d)** als Ausdruck des Verstehens (ach + so). **3.** ⟨unbetont⟩ als Ausdruck der Verneinung (ach + wo[her]; ugs.): a. wo, wir waren zu Hause. a. was, das ist doch gar nicht wahr.

Ach, das; -s, -[s]: *Ausruf, mit dem jmd. Betroffenheit, Bedauern, Verwunderung o. Ä. ausdrückt:* ein A. des Bedauerns; sein ewiges A. und Weh (Klagen, Gejammer) fällt mir auf die Nerven; * **A. und Weh schreien** (ugs.; *jammern u. klagen*); **mit A. und Krach** (ugs.; *mit Mühe und Not; nur unter großen Schwierigkeiten*: mit A. und Krach hat sie das Examen geschafft).

Achä|er, der; -s, -: *Angehöriger eines altgriechischen Volksstammes.*

Achä|e|rin, die; -, -nen: w. Form zu ↑ Achäer.

Acha|ia; -s: *griechische Landschaft im Nordwesten des Peloponnes.*

Achat, der; -[e]s, -e [mhd. achāt(es) < lat. achates < griech. achátēs; H. u.] (Mineral.): *gebänderter Chalzedon von verschiedener Färbung.*

acha|ten ⟨Adj.⟩: *aus Achat bestehend.*

Achen|see, der; -s: *See in Nordtirol.*

Ache|ron, der; -[s] [griech. Achérōn (Gen.: Achérontos)] (griech. Mythol.): *Fluss der Unterwelt.*

Achil|les|fer|se [aˈxɪləs...], die; -, -n ⟨Pl. selten⟩ [nach der einzigen verwundbaren Stelle am Körper des griech. Sagenhelden Achilles] (bildungsspr.): *jmds. verwundbare Stelle; empfindlicher, schwacher Punkt.*

Achil|les|seh|ne, die; -, -n [analog zu ↑ Achillesferse] (Anat.): *Sehne, die zwischen Fersenbein und Wadenmuskel verläuft.*

Ach|laut, Ach-Laut, der: *Laut, wie er im Deutschen nach a, o, u gesprochen wird* (z. B. ach, Koch, Geruch).

a. Chr. [n.] = ante Christum [natum].

Achs|ab|stand, der: *Abstand zwischen zwei Achsen; Radstand.*

Achs|an|trieb, der (Kfz-Technik): *Antrieb der Treibachse durch das vom Getriebe kommende Drehmoment.*

Achs|druck, der; ⟨Pl. meist ...drücke⟩: *Achslast.*

Ach|se, die; -, -n: **1.** (Technik) **a)** [mhd. a(c)hse, ahd. ahsa, urspr. = Drehpunkt (der geschwun-genen Arme)] *Teil, das zwei in Fahrtrichtung nebeneinanderliegende Räder eines Fahrzeugs, Wagens verbindet:* die A. ist gebrochen, hat sich heiß gelaufen; ... ein Güterzug von hundertzwanzig -n mit Kies und Schnittholz (Johnson, Mutmaßungen 14); * **auf [der] A. sein** (ugs.; *unterwegs, auf Reisen, auf Geschäftsreise sein*); **b)** *stabförmiges [mit Zapfen versehenes] Maschinenteil zum Tragen u. Lagern von Rollen, Rädern, Scheiben, Hebeln u. a.:* die A. der Schleifscheibe. **2.** *[gedachte] Mittellinie, um die sich ein Körper dreht; Drehachse.* **3. a)** (Math.) *Gerade, die bei einer Drehung ihre Lage nicht verändert; Koordinaten-, Symmetrieachse;* **b)** (Geol.) *gedachte Linie, um die die Schichtung herumgebogen ist;* **c)** (Archit.) *Linie senkrechter od. waagerechter Richtung, auf die Bauwerke, Grundrisse o. Ä. bezogen sind.* **4.** (Bot.) *Sprossachse.* **5.** *Verbindung, Verbindungslinie:* die Bahnlinie als A. zwischen dem Norden und dem Süden des Landes; Ü die A. Berlin–Rom *(Bezeichnung für die enge außenpolitische Zusammenarbeit zwischen dem faschistischen Italien u. dem nationalsozialistischen Deutschland;* 1936 von Mussolini in einer Rede geprägt); die A. des Bösen *(Verbund von Nordkorea, Iran u. Irak, die angeblich terroristische Ziele verfolgen;* 2002 von George W. Bush in einer Rede geprägt).

Ach|sel, die; -, -n: **1. a)** [mhd. ahsel, ahd. ahsla, vgl. Achse (1 a)] *Schulter* (1): die -n hochziehen, fallen lassen; die A., mit den -n zucken (↑ Schulter 1); * **jmdn. über die A. ansehen** (↑ Schulter 1): Man sprach mit Geringschätzung von ihnen, ... sie wurden über die A. angesehen (Th. Mann, Zauberberg 286); **b)** *Achselhöhle:* die -n ausrasieren; das Gewehr in die A. schieben; in, unter der A. Fieber messen; **c)** (Schneiderei veraltend) *Schulter* (2) *an einem Kleidungsstück:* die A. muss gehoben werden. **2.** (Bot.) *Blattachsel.*

Ach|sel|griff, der: *bei der Rettung eines Ertrinkenden angewandter Griff unter die Achseln.*

Ach|sel|haar: *in der Achselhöhle wachsendes Haar:* die -e ausrasieren.

Ach|sel|höh|le, die: *(beim Menschen) grubenartige Vertiefung unter dem Schultergelenk.*

Ach|sel|klap|pe, die ⟨meist Pl.⟩: *Schulterklappe.*

Ach|sel|knos|pe, die (Bot.): *in den Blattachseln angelegte seitliche Knospe.*

ach|seln ⟨sw. V.; hat⟩ (veraltend): *schultern.*

Ach|sel|schweiß, der: *von den Achseldrüsen abgesonderter Schweiß.*

Ach|sel|stück, das: *Schulterstück* (1).

Ach|sel|zu|cken, das; -s: *kurzes Hochziehen der Schultern (als Gebärde des Nichtwissens od. der Gleichgültigkeit):* ein A. war die Antwort.

ach|sel|zu|ckend ⟨Adj.⟩: *mit einem Achselzucken [aufgenommen]:* ein -es Bedauern; etw. a. sagen; sie ging a. hinaus; ... ein kleiner Fehlschlag..., der mit einem -en Bedauern hingenommen werden konnte (Fallada, Trinker 12).

Ach|sen|bruch, der: *Bruch der Achse* (1 a).

Ach|sen|dre|hung, die: *Drehung um die [eigene] Achse:* die A. der Erde.

Ach|sen|kreuz, das (Math.): *von den Achsen eines ebenen Koordinatensystems gebildetes Kreuz.*

ach|sig ⟨Adj.⟩: *axial.*

Ach|sig|keit, die; -, -en ⟨Pl. selten⟩: *Axialität.*

Achs|la|ger, das ⟨Pl. ...lager⟩ (Technik): *Lager* (6 a), *in dem eine Achse* (1 a) *liegt.*

Achs|last, die: *von einer Achse* (1 a) *auf Fahrbahn od. Schiene ausgeübte Kraft; Achsdruck.*

achs|recht ⟨Adj.⟩: *axial.*

Achs|schen|kel, der (Kfz-Technik): *Verbindung zwischen dem Ende der Vorderachse u. dem Vorderrad.*

Achs|sturz, der ⟨Pl. ...stürze⟩ (Kfz-Technik): *von der Senkrechten abweichende Neigung eines Rades.*

Achs|wel|le, die: **a)** *als Achse dienende Welle* (5); **b)** (Kfz-Technik) *Antriebswelle eines Kraftfahrzeugs.*

¹**acht** ⟨Kardinalz.⟩ [mhd. aht, ahd. ahto; wohl eigtl. = die beiden Viererspitzen (nämlich der Hände ohne Daumen); urspr. Zahl eines alten Vierersystems] (als Ziffer: 8): *a.* und eins ist/macht/gibt neun; wir sind a. (geh.:) unser a.; die ersten, letzten a.; das kostet a. Euro; es ist, schlägt a. [Uhr]; um a., Punkt a., (ugs.:) Schlag a.; ein Viertel vor/(seltener:) auf/nach a.; halb a.; sie kommt gegen a. [Uhr]; alle a. Tage; sie wird heute a. [Jahre], a. Jahre alt; im Jahre a. nach Christus; ich fahre mit der Linie a.; die Mannschaft gewann a. zu vier (8:4).

²**acht,** in der Fügung **zu a.** (*als Gruppe von acht Personen:* sie kamen zu a.).

acht... ⟨Ordinalz. zu ↑¹acht⟩ [mhd. aht..., ahted..., ahd. ahtod...] (als Ziffer: 8.): *das achte Kapitel;* heute ist der achte Januar; ⟨subst.:⟩ jeder Achte; er ist der Achte, den ich treffe; sie wurde Achte im Weitsprung; heute ist der Achte (*der achte Tag des Monats*); am Achten [des Monats]; Heinrich der Achte.

¹**Acht,** die; -, -en: **a)** *Ziffer 8:* eine A. schreiben; die Zahl, Ziffer A.; eine arabische, römische A.; eine A. schießen; **b)** *etw. von der Form der Ziffer 8:* sein Fahrrad hatte hinten eine A. (ugs.: *die hintere Felge des Fahrrads war zur Form einer 8 verbogen*); **c)** (ugs. scherzh.) *Handschellen:* jmdm. die [stählernen] A. anlegen; **d)** *Spielkarte mit acht Zeichen:* die A. abwerfen; **e)** (ugs.) *[Straßen]bahn, Omnibus der Linie 8;* **f)** *Figur, die die Form einer 8 beschreibt:* auf dem Eis eine A. laufen; **g)** *mit der Ziffer 8 in einer Liste o. Ä. Gekennzeichnetes:* ich nehme die A. und die Vierzehn (*die Gerichte Nummer 8 u. 14 auf der Speisekarte*).

²**Acht,** die; - [mhd. āhte, ahd. āhta; H. u.] (Geschichte): *Ausschluss einer Person vom Rechtsschutz, wodurch sie vogelfrei wird:* über jmdn. die A. verhängen; jmdn. mit der A. belegen; ***jmdn. in A. und Bann tun** (1. Geschichte; *aus der weltlichen u. kirchlichen Gemeinschaft ausschließen.* geh.; *aus einer Gemeinschaft ausschließen, verdammen*).

³**Acht,** die; - [mhd. ahte, ahd. ahta, eigtl. = das Nachdenken] (veraltet): *Aufmerksamkeit:* in bestimmten Wendungen **A. geben** (s. achtgeben b); **auf jmdn., etw. A. geben**/(geh.:) **A. haben** (s. achtgeben a, s. achthaben a: die allergrößte A. auf die Gesundheit geben/(geh.:) haben); **auf etw.**/(auch:) **einer Sache** ⟨Gen.⟩ **A. haben** (geh. veraltend; s. achthaben b: hab große A. auf den Verkehr!); **etw. außer A.**/(seltener:) **aus der A., außer aller A. lassen** (*etw. nicht beachten*); **etw. in A. nehmen** (*etw. vorsichtig, sorgsam behandeln*); **sich in A. nehmen** (*vorsichtig sein, aufpassen*).

acht|ar|mig ⟨Adj.⟩ (mit Ziffer: 8-armig): *mit acht Armen* (2) *versehen:* ein -er Leuchter.

acht|bän|dig ⟨Adj.⟩: *acht Bände umfassend:* ein -es Lexikon.

acht|bar ⟨Adj.⟩ [mhd. aht(e)bære, zu ↑³Acht]: **a)** *Achtung, Anerkennung, Wertschätzung verdienend:* -e Leute; eine -e Leistung; **b)** *beachtlich:* 2:3 ist ein -es Resultat; sie hat sich a. geschlagen, ihre Rolle a. gespielt.

Acht|bar|keit, die; - (geh.): *das Achtbarsein.*

acht|blätt|rig ⟨Adj.⟩ (Bot.) (mit Ziffer: 8-blättrig): *acht Blütenblätter aufweisend.*

Acht|eck, das; -[e]s, -e: *Figur mit acht Ecken, Oktogon.*

acht|eckig ⟨Adj.⟩: *acht Ecken aufweisend:* ein -er Bau.

acht|ein|halb ⟨Bruchz.⟩ (in Ziffern: 8¹/₂): vor a. Jahren.

ach|tel ⟨Bruchz.⟩ (als Ziffer: /₈): *den achten Teil einer genannten Menge ausmachend:* ein a. Zentner; drei a. Liter.

¹**Ach|tel,** das, schweiz. auch: der; -s, - [mhd. ahtel, ahd. ahto teila]: **1.** *achter Teil einer Menge, Strecke:* eine in A. Butter; ich habe zwei A. Rotwein getrunken; drei A. des Weges. **2.** (Musik) ²*Achtel; Achtelnote.*

²**Ach|tel,** die; -, - (Musik): *Achtelnote.*

Ach|tel|fi|nal, der (schweiz.), **Achtelsfinal** der (schweiz.), **Ach|tel|fi|na|le,** das (Sport): *Ausscheidungsrunde der sechzehn Mannschaften, die sich in einem Meisterschafts- od. Pokalwettbewerb qualifiziert haben.*

Ach|tel|li|ter, der: *achter Teil eines Liters:* einen A. Wein bestellen.

ach|teln ⟨sw. V.; hat⟩: *in acht Teile teilen, in Achtel zerlegen:* Tomaten a.

Ach|tel|no|te, die (Musik): *Note, die den achten Teil des Zeitwertes einer ganzen Note hat.*

Ach|tel|pau|se, die (Musik): *Pause für die Dauer einer Achtelnote.*

Ach|tels|fi|nal: ↑ Achtelfinal.

ach|ten ⟨sw. V.; hat⟩: **1.** *jmdm. Achtung entgegenbringen; jmdn. respektieren:* das Gesetz, das Alter, die Gefühle anderer a. **2. a)** [mhd. ahten, ahd. ahtōn, zu ↑³Acht] *jmdm., einer Sache Beachtung, Aufmerksamkeit schenken; jmdn., eine Sache beachten* (2): er achtete nicht auf die Passanten; er sprach weiter, ohne auf die Zwischenrufe zu achten; ⟨geh. veraltend mit Gen. u. veraltet mit Akk.:⟩ gewöhnlich in verneinten Sätzen:⟩ er achtete nicht des Schmerzes, die Gefahr; sie zogen weiter, ohne des Sturms, ohne die Kälte zu a. **b)** *aufpassen, achtgeben:* auf das Kind a.; auf Pünktlichkeit a.; Tante achtet auf ihre Kalorien (Schädlich, Nähe 138). **3.** [mhd. ahten, ahd. ahtōn, zu ↑³Acht] (geh. veraltend) *für jmdn., etw. halten, erachten:* etw. für Betrug a.; jmdn., etw. für wenig, für nichts a.; Er achtete es nicht für Raub, seine Kollegen mit Cocktailbissen zu versorgen (Muschg, Gegenzauber 254). ◆ **4.** ⟨a. + sich⟩ **a)** *beachten* (2): Du... achtest dich bei dem Mädchen nicht mehr (Gotthelf, Spinne 23); **b)** *sich (nach etw.) richten, beachten* (1): Der Rentmeister achtete sich nach diesen Worten (Immermann, Münchhausen 88).

äch|ten ⟨sw. V.; hat⟩: **a)** [mhd. æhten, ahd. āhten; zu ↑²Acht] (Geschichte) *über jmdn. die ²Acht verhängen:* er wurde [vom Kaiser] geächtet. **b)** *aus einer Gemeinschaft ausstoßen:* die anderen Häftlinge verachteten ihn; ich fühlte mich geächtet; **c)** *(als gemeinschaftsfeindlich) verdammen:* ein Land wegen seiner Rassenpolitik ä.; die Todesstrafe ä.

Ach|ten|der, der (Jägerspr.): *Hirsch, dessen Geweih an jeder Stange vier Enden hat.*

ach|tens ⟨Adv.⟩ (als Ziffer: 8.): *als achter Punkt, an achter Stelle.*

ach|tens|wert ⟨Adj.⟩: *wert, geachtet od. beachtet zu werden; [Be]achtung verdienend:* -e Leistungen; ein -er Mann.

ach|ter ⟨Adj.⟩ (Seemannsspr.): *hinten befindlich:* der -e Mast; die -e Aufbauten.

Ach|ter, der; -s, - : **1. a)** (Rudern) *Rennboot für acht Ruderer od. Ruderinnen (mit je einem Riemen) u. einem Steuermann od. einer Steuerfrau;* **b)** (Eis[kunst]lauf, Rollschuhlauf, Reiten) *Figur in Form einer ¹Acht* (a). **2.** (landsch.) **a)** ¹*Acht* (a); **b)** ¹*Acht* (b): sie hat einen A. im Vorderrad (*das Vorderrad ist zur Form einer 8 verbogen*); **c)** ¹*Acht* (e): A. (die [Straßen]bahn, der Omnibus der Linie 8) fährt zum Bahnhof.

Ach|ter|bahn, die: (*auf Jahrmärkten, Volksfesten o. Ä.) mit großer Geschwindigkeit auf- u. abwärtsfahrende Bahn mit Kurven, die z. T. die Form einer ¹Acht* (a) *haben.*

Ach|ter|bahn|fahrt, die: **1.** *Fahrt mit der Achterbahn.* **2.** *Schwanken zwischen Extremen; Auf und Ab:* eine A. der Gefühle; die A. der Börsenkurse setzte sich fort.

Ach|ter|deck, das [zu (m)niederd. achter, ↑ achterlich] (Seemannsspr.): *Hinterdeck.*

Ach|ter|kno|ten, der [nach der Form, die das Seil in diesem Knoten bildet] (Fachspr.): *Knoten, mit dem eine besonders sichere Schlaufe geknüpft wird (z. B. beim Bergsteigen, Segeln).*

ach|ter|lei ⟨best. Gattungsz.; indekl.⟩ [↑-lei]: **a)** ⟨attr.⟩ *von achtfach verschiedener Art:* in a. Farben; auf a. Weise; a. Sorten Papier; **b)** ⟨allein stehend⟩ *acht verschiedene (Dinge, Handlungen):* a. zu besorgen haben.

ach|ter|lich ⟨Adj.⟩ [zu (m)niederd. achter = hinter, niederd. Form von mhd. after, ↑ After] (Seemannsspr.): *von hinten kommend:* -e See.

ach|tern ⟨Adv.⟩ [zu (m)niederd. achter, ↑ achterlich] (Seemannsspr.): *hinten:* das Wasser läuft a. ab; nach a.

Ach|ter|rei|he, die: **a)** *von acht Personen od. Gegenständen gebildete Reihe:* sich in einer A. aufstellen; die Stühle standen in -n hintereinander; **b)** *Reihe (im Einmaleins), die sich aus mit 8 multiplizierten Zahlen ergibt.*

Ach|ter|ste|ven, der (Seemannsspr.): *Hintersteven.*

acht|fach ⟨Vervielfältigungsz.⟩ (mit Ziffer: 8-fach, 8fach): *achtmal genommen, ausgeführt u. Ä.:* die -e Menge, Portion; etw. a. aufeinanderlegen, ausfertigen.

Acht|fa|ches, das Achtfache/ein Achtfaches; des/eines Achtfachen (mit Ziffer: 8-Faches, 8faches): *achtfache Menge, Größe (von etw.):* etw. um das Achtfache erhöhen.

Acht|flach, das, **Acht|fläch|ner,** der; -s, - (Geom.): *Oktaeder.*

Acht|fü|ßer, Acht|füß|ler, der; -s, - (Zool.): *Oktopode.*

acht|ge|ben, Acht ge|ben ⟨st. V.; hat⟩ [zu ↑³Acht]: **a)** *auf etw. achten, aufpassen:* gib gut auf deine Gesundheit acht; **b)** *vorsichtig, achtsam sein:* man muss verteufelt achtgeben, um nicht zu fallen.

acht|ge|schos|sig, acht|ge|scho|ßig ⟨Adj.⟩ (südd., österr.:) **acht|ge|scho|ßig** ⟨Adj.⟩ (mit Ziffer: 8-geschossig, 8-geschoßig): *mit acht Geschossen gebaut:* ein -es Hochhaus.

acht|glie|de|rig, acht|glied|rig ⟨Adj.⟩ (mit Ziffer: 8-glied[e]rig): *mit acht Gliedern versehen.*

acht|ha|ben, Acht ha|ben ⟨unr. V.; hat⟩ (geh.): **a)** *achtgeben* (a); **b)** (veraltend) *einer Sache Aufmerksamkeit schenken, etw. beachten:* hab gut auf den Verkehr acht!

acht|hun|dert ⟨Kardinalz.⟩ (in Ziffern: 800): vgl. ¹acht.

acht|jäh|rig ⟨Adj.⟩ (mit Ziffer: 8-jährig): **a)** *acht Jahre alt:* ein -es Mädchen; **b)** *acht Jahre dauernd:* eine -e Amtszeit.

Acht|jäh|ri|ge, die/eine Achtjährige; der/einer Achtjährigen, die Achtjährigen/zwei Achtjährige (mit Ziffer: 8-Jährige): *Mädchen von acht Jahren.*

Acht|jäh|ri|ger, der Achtjährige/ein Achtjähriger; des/eines Achtjährigen, die Achtjährigen/zwei Achtjährige (mit Ziffer: 8-Jähriger): *Junge von acht Jahren.*

acht|jähr|lich ⟨Adj.⟩ (mit Ziffer: 8-jährlich): *sich alle acht Jahre wiederholend:* in -em Turnus.

Acht|kampf, der (Sport): *Mehrkampf im Turnen für Frauen, bei dem an vier verschiedenen Geräten je eine Pflicht- u. eine Kürübung ausgeführt werden.*

acht|kan|tig ⟨Adj.⟩ (mit Ziffer: 8-kantig): *mit acht Kanten versehen:* -e Muttern; ***jmdn. a.**

hinauswerfen/hinausschmeißen/rausschmeißen (salopp; jmdn. [handgreiflich u.] ausgesprochen grob aus dem Haus, dem Zimmer weisen, entlassen).

Acht|kläs|ser, der; -s, - (ugs. seltener): Schüler der achten Klasse.

Acht|kläs|se|rin, die; -, -nen: w. Form zu ↑ Achtklässer.

acht|klas|sig ⟨Adj.⟩ (mit Ziffer: 8-klassig): aus acht Schulklassen bestehend.

Acht|klass|ler (österr.), **Acht|kläss|ler** (ugs.), der; -s, -: Schüler der achten Klasse.

Acht|klass|le|rin, die; -, -nen: w. Form zu ↑ Achtklassler.

Acht|kläss|le|rin, die; -, -nen: w. Form zu ↑ Achtklässler.

acht|köp|fig ⟨Adj.⟩ (mit Ziffer: 8-köpfig): aus acht Personen bestehend: eine -e Familie, Jury; ein -es Team.

acht|los ⟨Adj.⟩ [zu ↑³Acht]: ohne jmdm., einer Sache Beachtung zu schenken; unachtsam, gleichgültig: etw. a. wegwerfen.

Acht|lo|sig|keit, die; -, -en: das Achtlossein; achtloses Verhalten.

acht|mal ⟨Wiederholungsz., Adv.⟩ (mit Ziffer: 8-mal): acht Male: ich bin a. in München gewesen; dieses Grundstück ist a. so groß wie das andere; acht- bis neunmal.

acht|ma|lig ⟨Adj.⟩ (mit Ziffer: 8-malig): acht Male stattfindend: -es Niederknien; nach -er Wiederholung.

Acht|me|ter, der: Strafstoß beim Hallenfußball.

acht|mo|na|tig ⟨Adj.⟩ (mit Ziffer: 8-monatig): **a)** acht Monate alt: ein -es Fohlen; **b)** acht Monate dauernd: ein -er Aufenthalt.

acht|mo|nat|lich ⟨Adj.⟩ (mit Ziffer: 8-monatlich): sich alle acht Monate wiederholend: a. wechseln.

Acht|mo|nats|kind, das: nach nur achtmonatiger Schwangerschaft geborenes Kind.

Acht|pfün|der, der; -s, - (mit Ziffer: 8-Pfünder): etw., was acht Pfund wiegt.

acht|pfün|dig ⟨Adj.⟩ (mit Ziffer: 8-pfündig): acht Pfund wiegend.

Acht|pol|röh|re, die (Elektrot.): Elektronenröhre mit acht Elektroden; Oktode.

acht|pro|zen|tig ⟨Adj.⟩ (mit Ziffer: 8-prozentig, 8 %ig): acht Prozent aufweisend, enthaltend, mit acht Prozent.

acht|sam ⟨Adj.⟩ [zu ↑³Acht] (geh.): **a)** aufmerksam, wachsam: ein -es Auge auf jmdn., etw. haben; **b)** vorsichtig, sorgfältig: mit etw. a. umgehen.

Acht|sam|keit, die; -: das Achtsamsein; achtsames Wesen, Verhalten.

acht|sei|tig ⟨Adj.⟩ (mit Ziffer: 8-seitig): **1.** acht Seiten (1 a) aufweisend: ein -es Vieleck. **2.** acht Seiten (6 a, b) enthaltend, umfassend: ein -er Prospekt.

acht|sil|big ⟨Adj.⟩ (mit Ziffer: 8-silbig): aus acht Silben bestehend: ein -es Wort.

acht|spän|nig ⟨Adj.⟩ (mit Ziffer: 8-spännig): mit acht Pferden bespannt: eine -e Kutsche; a. fahren.

acht|spu|rig ⟨Adj.⟩ (mit Ziffer: 8-spurig): acht Fahrspuren aufweisend: -e Highways.

acht|stel|lig ⟨Adj.⟩ (mit Ziffer: 8-stellig): aus acht hintereinander angeordneten Zahlen bestehend [die als Einheit zu lesen sind]: eine -e Zahl.

acht|stö|ckig ⟨Adj.⟩ (mit Ziffer: 8-stöckig): acht Stockwerke aufweisend: ein -es Haus.

Acht|stun|den|tag, der (mit Ziffer: 8-Stunden-Tag): acht Stunden dauernder Arbeitstag.

acht|stün|dig ⟨Adj.⟩ (mit Ziffer: 8-stündig): acht Stunden dauernd: ein -er Arbeitstag.

acht|stünd|lich ⟨Adj.⟩ (mit Ziffer: 8-stündlich): sich alle acht Stunden wiederholend: a. wechseln.

acht|tä|gig ⟨Adj.⟩ (mit Ziffer: 8-tägig): acht Tage dauernd: ein -er Kongress.

acht|täg|lich ⟨Adj.⟩ (mit Ziffer: 8-täglich): sich alle acht Tage wiederholend: die Mülltonnen werden a. geleert.

acht|tau|send ⟨Kardinalz.⟩ (in Ziffern: 8 000): vgl. ¹acht.

Acht|tau|sen|der, der: Gipfel von u. über 8 000 m Höhe: einen A. bezwingen.

acht|tei|lig ⟨Adj.⟩ (mit Ziffer: 8-teilig): aus acht Teilen bestehend: ein -es Service.

Acht|ton|ner, der; -s, - (mit Ziffer: 8-Tonner): Lastwagen mit acht Tonnen Ladegewicht.

Acht|uhr|vor|stel|lung, die (mit Ziffer: 8-Uhr-Vorstellung): Vorstellung in Theater, Kino o. Ä., die abends um acht Uhr beginnt.

Acht|uhr|zug, der (mit Ziffer: 8-Uhr-Zug): Zug, der morgens od. abends um acht Uhr abfährt.

acht|und|ein|halb ⟨Bruchzahl⟩: verstärkend für ↑achteinhalb.

Acht|und|sech|zi|ger, der; -s, - (mit Ziffer: 68er): jmd., der an der Studentenrevolte zu Ende der Sechzigerjahre des 20. Jh.s aktiv teilgenommen od. mit ihr sympathisiert hat.

Acht|und|sech|zi|ge|rin, die; -, -nen (mit Ziffer: 68erin): w. Form zu ↑ Achtundsechziger.

Acht|und|vier|zi|ger, [...'fɪr...], der; -s, - (mit Ziffer: 48er): Person, die an der deutschen Revolution von 1848 teilgenommen od. mit ihr sympathisiert hat.

Acht|und|vier|zi|ge|rin, [...'fɪr...], die; -, -nen (mit Ziffer: 48erin): w. Form zu ↑ Achtundvierziger.

Ach|tung, die; - [mhd. ahtunge, ahd. ahtunga = Meinung, Schätzung, zu ↑achten]: **1.** Hoch-, Wertschätzung, Respekt: das gebietet die gegenseitige A.; eine A. gebietende (imponierende) Persönlichkeit; jmdm. A. entgegenbringen; die A. der Kollegen genießen; vor jmdm., etw. A. haben; sich allgemeiner A. erfreuen; aus A. vor seinen Eltern; in der A. [der Menschen] gestiegen, gefallen, gesunken; * alle A.! (das verdient Anerkennung!; Ausruf der Bewunderung). **2.** als Ruf od. Aufschrift, um zur Vorsicht od. Aufmerksamkeit zu mahnen: A.!; A., Stufe!; A., Hochspannung!; A., Aufnahme! **3.** als militärisches Ankündigungskommando: A.!, präsentiert das Gewehr! ♦ **4.** *A. geben (achtgeben: Einfältiger Tropf... ein andermal gebt A. [Hebel, Schatzkästlein 58])

Äch|tung, die; -, -en: **a)** [mhd. æhtunge, ahd. āhtunga = ↑achten] (Geschichte) Verhängung der ²Acht über jmdn.; **b)** Verdammung, Boykott: der sozialen, gesellschaftlichen Ä. entgehen wollen, verfallen.

Ach|tung|ge|bie|tend, ach|tung|ge|bie|tend ⟨Adj.⟩: Anspruch auf Achtung (1) erhebend; imponierend.

Ach|tungs|ap|plaus, der: nur aus Achtung für die Darbietenden, nicht aus Begeisterung über das Dargebotene gespendeter Applaus.

Ach|tungs|er|folg, der: Erfolg, der jmdm. zwar Achtung einbringt, der aber nicht sehr bedeutend ist: das 1:1 war immerhin ein A.

ach|tungs|voll ⟨Adj.⟩: [große] Achtung erkennen lassend; respektvoll: jmdm. a. begegnen.

acht|wö|chent|lich ⟨Adj.⟩ (mit Ziffer: 8-wöchentlich): sich alle acht Wochen wiederholend.

acht|wö|chig ⟨Adj.⟩ (mit Ziffer: 8-wöchig): **a)** acht Wochen alt: ein -es Baby; **b)** acht Wochen dauernd.

acht|zehn ⟨Kardinalz.⟩ (in Ziffern: 18): vgl. ¹acht.

acht|zehn|hun|dert ⟨Kardinalz.⟩ (in Ziffern: 1 800): eintausendachthundert: der Berg ist a. Meter hoch; im Jahr a.

acht|zehn|jäh|rig ⟨Adj.⟩ (mit Ziffern: 18-jährig): **a)** achtzehn Jahre alt: ein -es Mädchen; **b)** achtzehn Jahre dauernd: nach -er Ehe.

acht|zei|lig ⟨Adj.⟩ (mit Ziffer: 8-zeilig): aus acht Zeilen (1) bestehend.

acht|zig ⟨Kardinalz.⟩ [mhd. ah(t)zec, ahd. ahtozug] (in Ziffern: 80): sie ist Mitte [der] a.; in die a. kommen; mit a. bin ich dafür zu alt; sie ist über a. [Jahre alt]; a. (ugs.; 80 Stundenkilometer) fahren; * **auf a. sein, kommen** (ugs.; sehr ärgerlich, wütend sein, werden); **jmdn. auf a. bringen** (ugs.; sehr ärgerlich, wütend machen); **zwischen a. und scheintot sein** (ugs. scherzh.; sehr alt sein).

Acht|zig, die; -, -en: Zahl 80.

acht|zi|ger ⟨indekl. Adj.⟩ (mit Ziffern: 80er): **1.** (ugs.) die Zahl, die Nummer, das Jahr, den Wert achtzig betreffend: eine a. Briefmarke, Schraube; der a. Bus; das ist ein a. Jahrgang (ein Jahrgang aus dem Jahr achtzig eines Jahrhunderts). **2. a)** das Jahre 80 bis 89 umfassende Jahrzehnt eines bestimmten Jahrhunderts betreffend: in den a. Jahren des vorigen Jahrhunderts; **b)** das zwischen achtzigstem u. neunzigstem Geburtstag liegende Lebensjahrzehnt betreffend: in den a. Jahren sein.

Acht|zi|ger, der; -s, -: **1. a)** Mann von achtzig Jahren; **b)** Mann in den Achtzigerjahren: er ist ein guter, hoher A.; **c)** (südd., österr., schweiz.) achtzigster Geburtstag; **(Pl.)** Kurzf. von ↑ Achtzigerjahre (1); **e)** (Pl.) Kurzf. von ↑ Achtzigerjahre (2): seit Mitte der A. **2.** (ugs.) Wein aus dem Jahre achtzig eines bestimmten Jahrhunderts.

Acht|zi|ge|rin, die; -, -nen: w. Form zu ↑ Achtziger (1a, b).

Acht|zi|ger|jah|re, acht|zi|ger Jah|re [auch: ˈa...'jaː...] ⟨Pl.⟩: **1.** zwischen achtzigstem u. neunzigstem Geburtstag liegendes Lebensjahrzehnt: in den -n sein. **2.** die Jahre 80 bis 89 eines bestimmten Jahrhunderts umfassendes Jahrzehnt: in den -n des zwanzigsten Jahrhunderts.

acht|zig|jäh|rig ⟨Adj.⟩: vgl. achtjährig.

acht|zigst... ⟨Ordinalz. zu ↑achtzig⟩ (in Ziffern: 80.): vgl. acht...

acht|zigs|tel ⟨Bruchz.⟩ (in Ziffern: /₈₀): vgl. achtel: in einer a. Sekunde.

Acht|zigs|tel, das, schweiz. auch: der; -s, -: vgl. ¹Achtel.

acht|zöl|lig, achtzollig ⟨Adj.⟩ (mit Ziffer: 8-zöllig, 8-zollig): acht Zoll lang: ein -es Rohr.

Acht|zy|lin|der, der: **a)** Kurzf. von ↑ Achtzylindermotor; **b)** Kraftwagen mit Achtzylindermotor.

Acht|zy|lin|der|mo|tor, der; -s, -en, auch: -e: Kfz-Motor mit acht Zylindern (2).

acht|zy|lin|d|rig ⟨Adj.⟩ (mit Ziffer: 8-zylindrig): acht Zylinder aufweisend: ein -er Motor.

äch|zen ⟨sw. V.; hat⟩ [mhd. echzen, achzen, eigtl. = (oft) Ach sagen]: vor Schmerzen od. bei einer körperlichen Anstrengung kurz u. mit gepresst klingendem Laut ausatmen: leise, laut ä.; ächzend aus dem Wagen steigen; Ü die Wirtschaft ächzt unter den hohen Energiepreisen; eine ächzende Tür; ... die Standuhr zählte ächzend die Zeit (Schnurre, Bart 192).

Äch|zer, der; -s, - (ugs.): ächzender Laut: einen Ä. von sich geben.

a. c. i. = accusativus cum infinitivo (↑ Akkusativ).

Acid [ˈæsɪd], das; -s: **1.** [engl. acid, eigtl. = Säure] (Jargon) LSD. **2.** (Musik) von schnellen [computererzeugten] Rhythmen geprägter Tanz- u. Musikstil, der die Tanzenden in einen rauschartigen Zustand versetzen soll.

Acid... [aˈtsiːt...; lat. acidus = scharf, sauer] (Fachspr.): Bestandteil von zusammengesetzten Wörtern, die sich auf Säure beziehen.

Acid House [ˈæsɪd ˈhaʊs], das; - - [engl. acid

house, aus: acid, adj. Bildung zu ↑ Acid, u. house; 2. Bestandteil viell. nach der Diskothek »The Warehouse« in Chicago]: *Abart des Acids* (2).

Aci|di|tät, Azidität, die; - [zu lat. acidus = sauer, scharf] (Chemie): *Säuregrad einer Flüssigkeit.*

Aci|do|se, Azidose, die; -, -n (Med.): *krankhafte Übersäuerung des Körpers.*

Acker, der; -s, Äcker u. (Feldmaß:) - [mhd. acker, ahd. ackar; urspr. = Viehweide]: **1.** *mit dem Pflug bearbeitete, für den Anbau von Nutzpflanzen bestimmte Bodenfläche:* ein fruchtbarer, ertragreicher, lehmiger A.; die Äcker liegen brach; den A. bestellen, düngen, pflügen; ** sich vom A. machen* (salopp; *sich davonmachen, weggehen, verschwinden:* ich mache mich jetzt vom A.). **2.** *altes Feldmaß:* 10 A. Land.

Acker|bau, der ⟨o. Pl.⟩: *systematische Bebauung des Ackers mit Nutzpflanzen; Feldbau, Agrikultur:* A. treiben; ** von A. treibenden Völkern; * von A. und Viehzucht keine Ahnung haben* (ugs.; *von einer Sache nicht das Geringste verstehen*).

Acker|bau|er, der; -n (selten: -s), -n: **1.** *Bauer, Landwirt, der insbesondere Ackerbau betreibt.* **2.** ⟨meist Pl.⟩ (Völkerkunde) *jmd., der Ackerbau treibt, dessen Existenzgrundlage der Ackerbau ist.*

Acker|bäu|e|rin, die: w. Form zu ↑ Ackerbauer.

Acker|bau trei|bend, acker|bau|trei|bend ⟨Adj.⟩: *mit Ackerbau beschäftigt, vom Ackerbau lebend.*

Acker|beet, das: *zwischen zwei Furchen liegender erhöhter Teil eines Ackers.*

Acker|bo|den, der: *landwirtschaftlich nutzbarer Boden:* das Land ist arm an A.

Äcker|chen, das; -s, -: Vkl. zu ↑ Acker.

Acker|flä|che, die: *für den landwirtschaftlichen Anbau genutzte Fläche.*

Acker|fur|che, die: *Furche* (1).

Acker|gaul, der (abwertend): *Ackerpferd.*

Acker|ge|rät, das ⟨meist Pl.⟩: *Gerät zur Bodenarbeitung u. Pflege der Saat.*

Acker|kru|me, die (Landwirtsch.): *oberste Schicht des bearbeiteten Ackerbodens mit hohem Humusgehalt.*

Acker|land, das ⟨o. Pl.⟩: *als Acker genutztes Land:* das A. neu verteilen.

◆ **Acker|län|ge**, die [mhd. ackerlenge]: *ungefähre Länge eines Ackers* (1) *als Entfernungsangabe:* Eine A. vor dem Tor geschah ihm etwas unverhofft (Mörike, Hutzelmännlein 175).

ackern ⟨sw. V.; hat⟩: **1.** [mhd. ackern] **a)** *den Acker bestellen:* die Bauern ackern; **b)** *mit dem Pflug bearbeiten:* das Feld a. **2.** (ugs.) **a)** *viel u. mühselig arbeiten:* er hat sein ganzes Leben lang für das Häuschen geackert; **b)** ⟨a. + sich⟩ *sich mühsam durcharbeiten.*

Acker|pferd, das: *in der Landwirtschaft als Zugtier bes. für Ackergeräte eingesetztes schweres, kräftiges Pferd.*

Acker|schach|tel|halm, der: *bes. auf Äckern u. an Wegrändern wachsender Schachtelhalm.*

Acker|schol|le, die: *beim Pflügen eines Ackers aufgeworfene Scholle* (1 a).

Acker|wa|gen, der: *in der Landwirtschaft gebrauchter Wagen* (1 a) *als Anhänger.*

Acker|wal|ze, die: *aus mehreren Walzen* (2) *bestehendes Ackergerät zum Walzen des Ackerbodens.*

Acker|win|de, die: *auf Äckern, an Zäunen wachsende kleine Winde mit weißen od. rosafarbenen Blüten.*

Ack|ja, der; -[s], -s [schwed. ackja < finn. ahkio]: **1.** *lappländischer Schlitten, der die Form eines Bootes hat.* **2.** *Rettungsschlitten der Bergwacht.*

à con|di|ti|on [a kõdi'sjõ; frz., zu: condition = Bedingung < lat. conditio, ↑ Kondition] (Kaufmannsspr.): *(bes. im Buchhandel) mit Rückgaberecht im Falle von ausbleibendem Weiterverkauf [geliefert, bezogen]* (Abk.: à c.).

a con|to [ital., zu: conto, ↑ Konto] (Bankw.): *auf [laufende] Rechnung, auf Konto von ...* (Abk.: a c.): eine Zahlung a c. leisten.

Ac|ro|le|in: ↑ Akrolein.

Ac|ryl, das; -s [zu ↑ Akrolein u. griech. hýlē = Materie, Stoff] (Chemie): *zur Herstellung von Textilien verwendete Chemiefaser aus hochmolekularen Stoffen.*

Ac|ryl|amid, das; -[e]s, -e [kurz für Acrylsäureamid; zu ↑ Akrolein u. griech. hýlē = Materie, Stoff u. Kunstwort aus ↑ Ammoniak u. -id] (Chemie): *krebserregende Substanz, die bei der Erhitzung stärkehaltiger Lebensmittel entsteht:* A. in Lebensmitteln; Angst vor A.

Ac|ryl|far|be, die: *(auf Acrylsäure basierende) wasserlösliche Farbe.*

Ac|ryl|fa|ser, die: *Chemiefaser wie Dralon u. a.*

Ac|ryl|säu|re, die: *(Ausgangsmaterial für viele Kunststoffe u. Lacke bildende) stechend riechende Karbonsäure.*

ACS = Automobil-Club der Schweiz.

Act [ɛkt], der; -s, -s [engl. act = Darbietung, Nummer, zu ↑¹ Akt (3)]: **1.** (Musikjargon) **a)** *Pop- od. Rockgruppe, Rockband, -interpret;* **b)** *Auftritt, Veranstaltung, bes. der Pop- od. Rockmusik.* **2.** (salopp) *großer Aufwand:* der Umzug war vielleicht ein A.!

Ac|ti|ni|um, das; -s [zu griech. aktís (Gen.: aktínos) = Strahl]: *radioaktives Metall (chemisches Element; Zeichen: Ac).*

Ac|tion ['ɛkʃn], die; - [engl. action < frz. action < lat. actio, ↑ Aktion]: *spannende Handlung, turbulente Szenen, Aktion (in einer Erzählung, im Film u. a.):* dieser Film hat nicht genug A.; Ü hier ist mir zu wenig A. los; *hier ist nichts los*); im Urlaub ist A. angesagt; A. machen, in A. sein.

Ac|tion|film, der: *Spielfilm mit spannungsreicher Handlung u. turbulenten, oft gewaltbetonten Szenen.*

Ac|tion|held, der: *männliche Hauptperson in einem Actionfilm.*

Ac|tion|hel|din, die: w. Form zu ↑ Actionheld.

Ac|tion|ko|mö|die, die: *Actionfilm, der statt gewaltbetonter komödienhafte, belustigende Szenen enthält.*

Ac|tion-Pain|ting, Ac|tion|pain|ting [...peɪntɪŋ], das; -[s], -s [engl. action painting, eigtl. = Aktionsmalerei] (Kunstwiss.): **1.** ⟨o. Pl.⟩ *(im amerikanischen abstrakten Expressionismus) Methode des Malens, bei der das Bild Ergebnis eines spontanen Malvorgangs ist.* **2.** *durch Action-Painting* (1) *hergestelltes Bild.*

Ac|tion|thril|ler, der: *Thriller mit turbulenten, oft gewaltbetonten Szenen.*

ad [lat. ad = (bis) zu, (bis) nach]: in formelhaft gebrauchten lat. Fügungen: 1. ad absurdum, ad acta]: ad 1: ..., ad 2: ... *(zu Punkt 1, zu Punkt 2).*

a d. = a dato.

a. d. = an der (bei Ortsnamen, z. B. Frankfurt a. d. Oder).

a. D. = außer Dienst.

A. D. = Anno Domini.

Ada, der; -s, -s [aus mundartl. a dabei = auch dabei] (bayr., österr. ugs.): *jmd., der überall dabei sein will, sich überall wichtig u. dazugehörig fühlt.*

ad ab|sur|dum [zu ↑ ad u. ↑ absurd]: in den Wendungen *etw., (selten:) jmdn. ad a. führen* (bildungsspr.; *das Widersinnige, die Sinnlosigkeit von etw. nachweisen, die Unsinnigkeit von etw. aufzeigen; jmdn. des Widersinns seiner Behauptung o. Ä. überführen:* dadurch werden die Reformen ad a. geführt), *sich ad a. führen* (bildungsspr.; *sich als widersinnig, sinnlos, unsinnig erweisen:* Gebühren zu erheben hat sich im Zeitalter des Internets ad a. geführt).

ADAC [a:de:la:'tseː], der; -[s]: Allgemeiner Deutscher Automobil-Club.

ad ac|ta [lat.; ↑ Akte] (Abk.: a. a.): in der Wendung *etw. ad a. legen* (1. veraltet; *ablegen, zu den Akten legen.* bildungsspr.; *eine [lästige] Sache, Angelegenheit als erledigt betrachten*).

ada|gio [a'da:dʒo] ⟨Adv.⟩ [ital., eigtl. = auf langsame Art, zu: agio = Bequemlichkeit, letztlich zu lat. adiacere = in der Nähe liegen] (Musik): *langsam, ruhig.*

Ada|gio, das; -s, -s (Musik): **1.** *langsames, ruhiges Tempo.* **2.** *Musikstück mit der Tempobezeichnung »adagio«.*

Adam, der; -[s], -s [hebr. adam = der erste, von Gott erschaffene Mensch im Alten Testament]: **1.** (ugs. scherzh.) *Mann [als Partner der Frau].* **2.** ** bei A. und Eva anfangen/beginnen* (ugs.; *in einem Vortrag, bei seinen Ausführungen sehr weit ausholen*); *seit -s Zeiten* (ugs.; *seit je, von jeher, solange man denken kann*); *von A. und Eva abstammen* (ugs.; *[von Dingen] sehr alt sein*).

◆ **ada|man|ten** ⟨Adj.⟩ [mhd. adamantīn = diamanten, ahd. adamantīn = stählern < lat. adamantinus = stählern, stahlhart, zu griech. adámas, ↑ Adamantin]: *diamanten:* Man sieht sich selbst und das fratzenhafte französische Weiberstreben im ... -en Spiegel (Goethe, An Schiller 16. 1. 1804).

Adam Rie|se: in der Fügung *nach A. R.* (ugs. scherzh.; *richtig gerechnet;* nach dem Rechenmeister Adam Ries[e], 1492–1559: das macht nach A. R. zehn Euro).

Adams|ap|fel, der [nach der Vorstellung, dass Adam das Kerngehäuse des verbotenen Apfels im Halse stecken geblieben sei] (ugs. scherzh.): *hervortretender Schildknorpel des männlichen Kehlkopfes:* Ein magerer ... Lümmel, mit einem kunstseidenen Schal um den dünnen Hals, an dem der A. auf- und abstieg (Remarque, Triomphe 118).

◆ **Adams|kind**, das: *Menschenkind* (b): ... was ich Gutes dir bestimme, an keinem A. hab ich es je getan (Wieland, Oberon 2, 40).

Adams|kos|tüm: in der Wendung *im A.* (ugs. scherzh. von männlichen Personen; *nackt:* im A. herumlaufen).

Ad|ap|ta|bi|li|tät, die; - (Fachspr.): *Fähigkeit, sich zu adaptieren* (1).

Ad|ap|ta|ti|on, die; -, -en [mlat. adaptatio, zu lat. adaptare, ↑ adaptieren]: **1.** (Biol.) *Anpassung des Organismus, von Organen an die jeweiligen Umweltbedingungen.* **2.** ⟨o. Pl.⟩ (Soziol.) *Anpassung des Menschen an die soziale Umwelt:* die A. des Menschen an seinen Lebensraum. **3.** (Literaturwiss.) *Adaption* (3).

Ad|ap|ter, der; -s, - [engl. adapter, zu: to adapt = anpassen < lat. adaptare, ↑ adaptieren] (Technik): *Zusatz- od. Verbindungsteil, das den Anschluss eines Gerätes od. Geräteteils an ein Hauptgerät od. an den elektrischen Strom ermöglicht.*

ad|ap|tie|ren ⟨sw. V.; hat⟩ [lat. adaptare = anpassen, passend herrichten]: **1.** (Fachspr.) *anpassen; einer Adaptation* (1) *unterziehen.* **2. a)** *(bes. eine Wohnung, ein Haus) renovieren, sanieren;* **b)** (österr.) *(bes. eine Wohnung, ein Haus) für einen bestimmten Zweck einrichten, herrichten:* ein Schloss als Museum a.

Ad|ap|tie|rung, die; -, -en: *das Adaptieren; das Adaptiertwerden.*

Ad|ap|ti|on, die; -, -en [zu: ↑ adaptieren]: **1.** (Biol.) *Adaptation* (1). **2.** (Soziol.) *Adaptation* (2). **3.** (Literaturwiss.) *Umarbeitung eines literarischen Werkes mit der Absicht, es den Erfordernissen einer anderen literarischen Gattung od. eines anderen Kommunikationsmediums (z. B. Film, Fernsehen) anzupassen.*

ad|ap|tiv ⟨Adj.⟩ (Fachspr.): *auf Adaptation beruhend; sich anpassend; anpassungsfähig.*

ad|äquat ⟨Adj.⟩ [zu lat. adaequatum, 2. Part. von: adaequare = angleichen] (bildungsspr.): *angemessen, entsprechend:* ein -er Ausdruck; etw. ist jmdm., einer Sache nicht a.

Ad|äquat|heit, die; - ⟨Pl. selten⟩ (bildungsspr.): *das Adäquatsein.*

a da|to [aus lat. a = von u. ↑dato] (Wirtsch.): *vom Tage der Ausstellung an* (Abk.: a d.)

ad ca|len|das grae|cas [lat.; zu ↑ad, ↑Kalenden u. graecus, ↑Graecum; eigtl. = an den griechischen Kalenden, d. h. niemals; die Griechen kannten keine Kalenden] (bildungsspr.): *niemals, am Sankt-Nimmerleins-Tag:* das geschieht ad c. g.

ad|den ['ædn̩] ⟨sw. V.; hat⟩ [zu engl. to add = hinzufügen] (EDV-Jargon): *(in sozialen Netzwerken im Internet) zu den eigenen Kontakten hinzufügen:* ich habe sie auf Facebook geaddet.

ad|die|ren ⟨sw. V.; hat⟩ [lat. addere = hinzutun, zu: ad = (hin)zu u. dare = geben]: **a)** *zusammenzählen:* Zahlen a.; **b)** *zu etw. hinzufügen:* etw. zu etw. a.; **c)** ⟨a. + sich⟩ *sich zu etw. summieren:* die Kosten addieren sich auf 100 000 Euro.

Ad|dis Abe|ba [- 'a(:)beba, auch: - a'be:ba]: Hauptstadt von Äthiopien.

Ad|di|ti|on, die; -, -en [lat. additio, zu: addere, ↑addieren]: *das Addieren, Zusammenzählen.*

ad|di|ti|o|nal ⟨Adj.⟩ (bildungsspr.): *zusätzlich, nachträglich.*

ad|di|tiv ⟨Adj.⟩ (bes. Fachspr.): *auf Addition beruhend, durch Addition entstanden; hinzufügend, aneinanderreihend:* ein -es Verfahren; -e Farbmischung (*Überlagerung von Farben, durch die eine neue Farbe entsteht*).

Ad|di|tiv, das; -s, -e [engl. additive, subst. aus: additive = hinzufügbar < spätlat. additivus, zu lat. addere, ↑addieren] (Chemie): *Zusatz zu Mineralölen, Kunststoffen, Waschmitteln u. a. zur Abschwächung unerwünschter od. zur Verstärkung erwünschter Eigenschaften.*

ad|di|zie|ren ⟨sw. V.; hat⟩ [lat. addicere, aus: ad = zu u. dicere = sagen, sprechen]: *(bes. einen Frühdruck, ein Gemälde) zuschreiben:* einem Maler ein Gemälde a.

Add-on ['ædˌɔn], das; -, -s [engl. add-on] (EDV): **a)** *Hilfsprogramm, mit dem ein Anwendungsprogramm erweitert wird;* **b)** *Zubehörteil der Hardware, mit dem die Fähigkeiten eines Rechners gesteigert werden.*

Ad|duk|ti|on, die; -, -en [spätlat. adductio = (Her)anziehen, zu lat. adducere = (her)anziehen] (Med.): *das Heranziehen einer Gliedmaße zur Körperachse hin.*

Ad|duk|tor, der; -s, -...oren (Med.): *Muskel, der eine Adduktion bewirkt.*

Ad|duk|to|ren|zer|rung, die (Med.): *(bes. im Sport vorkommende) Verletzung in Gestalt einer Zerrung des Adduktors am Bein.*

ade [mhd. adē < altfrz. adé = zu Gott, Gott befohlen! < lat. ad deum; vgl. adieu] (veraltend, noch landsch.): *auf Wiedersehen!, leb[t] wohl!:* jmdm. a. sagen; * *einer Sache a. sagen* (↑Ade).

Ade, das; -s, -s (veraltend, noch landsch.): *Lebewohl* (Abschiedsgruß): jmdm. A. sagen, ein A. zurufen; * *einer Sache A. sagen* (ugs.; *Abstand von etw. nehmen, etw. aufgeben*).

-a|de, die; -, -n [frz.]: *bezeichnet in Bildungen mit Substantiven (meist Namen) eine Handlung, eine Tätigkeit, die in der bestimmten Art von jmdm. ausgeführt wird:* Chaplinade, Harlekinade, Valentinade.

Ade|bar, der; -s, -e [mhd. odebar, ahd. odebero, eigtl. = Segensbringer, wohl umgedeutet aus dem germ. Wort für »Sumpfgänger«] (volkstüml. scherzh.): *Storch:* * *Meister A.* (↑Meister 7).

Adel, der; -s: **1. a)** *Klasse, Gesamtheit von Familien, die [durch Geburt] einem in früherer Zeit mit bestimmten Vorrechten ausgestatteten Stand angehören:* dem A. angehören; **b)** *adlige Familie[n]:* aus verarmtem A. stammen. **2.** [mhd. adel, ahd. adal = Geschlecht, Abstammung; H. u.] *adlige Herkunft, adliges Geschlecht:* von A. sein; R A. verpflichtet (*eine höhere gesellschaftliche Stellung verpflichtet zu Verhaltensweisen, die von anderen nicht unbedingt erwartet werden können;* Übersetzung von frz. ↑noblesse oblige). **3.** *Adelstitel:* den erblichen A. erwerben; ... mein Großvater hatte im Hofdienst den erblichen A. erworben (Zuckmayer, Fastnachtsbeichte 78). **4.** (geh.) *vornehme, edle Gesinnung; Würde, Vornehmheit:* der A. des Herzens.

ade|lig: ↑adlig.

Ade|li|ge: ↑Adlige.

Ade|li|ger: ↑Adliger.

adeln ⟨sw. V.; hat⟩: **1.** *in den Adelsstand erheben; jmdm. den Adelstitel verleihen:* er wurde für seine Verdienste vom König geadelt. **2.** (geh.) *(geistig, sittlich) über etw., jmdn. erheben; jmdm., einer Sache Adel (4) verleihen:* diese Gesinnung adelt sie; Ü Ein einziger alter Ahorn adelt einen ganzen Garten, eine einzige majestätische Buche, eine einzige riesige Kastanie, die die halbe Nacht in ihrer Krone trägt (Hofmannsthal, Komödie 33).

Adels|brief, der: *Urkunde, durch die die Erhebung in den Adelsstand bestätigt wird.*

◆ **Adel|schaft,** die; -: *Adel* (1 a): ... was braucht es mehr als ein Haar aus dem weißen Bart meines Onkels, Genuas ganze A. in alle Lüfte zu schnellen (Schiller, Fiesco I, 5).

Adels|fa|mi|lie, die: *adlige Familie.*

Adels|ge|schlecht, das: *adliges Geschlecht* (3 c).

Adels|haus, das: *Adelsgeschlecht:* die europäischen Adelshäuser.

Adels|herr|schaft, die: *Herrschaft des Adels* (1 a).

Adels|ka|len|der, der: *genealogisches Handbuch adliger* (1 b) *Familien.*

Adels|prä|di|kat, das: *dem Adel* (1 a) *zukommende Rangbezeichnung.*

Adels|stand, der: *Stand* (5 c) *des Adels* (1 a).

Adels|ti|tel, der: *dem Adel* (1 a) *zukommender Titel.*

Ade|lung, die; -, -en: *das Adeln* (1); *das Geadeltwerden.*

Aden: Hafenstadt in Jemen.

Ade|nin, das; -s, -e [zu griech. adḗn = Drüse] (Biochemie): *Bestandteil der Nukleinsäure.*

Ade|ni|tis, die; -, ...itiden [zu griech. adḗn = Drüse] (Med.): *Drüsenentzündung.*

Ade|nom, das; -s, -e (Med.): *meist gutartige, im Inneren von Organen abgekapselte, vom Drüsengewebe ausgehende Geschwulst.*

ade|no|ma|tös ⟨Adj.⟩ (Med.): *mit der Bildung von Adenomen verbunden; adenomartig.*

Ade|no|sin, das; -s, -e (Biochemie): *organische Verbindung aus Adenin u. Ribose.*

Ade|no|sin|tri|phos|phat, das (Biochemie): *für den Zellstoffwechsel wichtigstes energiereiches Nukleotid* (Abk.: ATP).

Ad|ept, der; -en, -en [lat. adeptus, subst. 2. Part. von: adipisci = erreichen, erfassen]: **a)** *(früher) in geheime Wissenschaften u. Künste (bes. in die Mysterien u. in die Alchemie) Eingeweihter;* **b)** (bildungsspr. scherzh.) *[als Schüler, Lernender] bes. in eine Wissenschaft Eingeweihter:* ein A. der Wissenschaft und der Künste.

Adep|tin, die; -, -nen: w. Form zu ↑Adept.

Ader, die; -, -n: **1.** [mhd. āder, ahd. ād(e)ra, eigtl. = Eingeweide, urspr. Bez. für alle Gefäße u. inneren Organe des menschlichen Körpers] *Blutgefäß:* die -n traten an seinen Schläfen hervor; ihre -n klopften; eine A. bei der Operation abklemmen, unterbinden; * *sich* ⟨Dativ⟩ **die -n öffnen** (geh.; *durch Öffnen der Pulsader[n] Selbstmord begehen);* **jmdn. zur A. lassen** (1. früher; *jmdm. zur Heilbehandlung Blut aus der Vene abnehmen.* ugs. scherzh.; *jmdm. Geld abnehmen*). **2.** ⟨o. Pl.⟩ *Veranlagung, Begabung:* sie hat eine dichterische A.; er hat eine soziale A.; keine A. für etw. haben (ugs.; *für etw. keinen Sinn haben, nicht aufgeschlossen sein*); eine leichte A. haben (*leichtlebig sein*). **3. a)** (Bot.) *Blattader;* **b)** (Zool.) *feine Röhre in den Flügeln der Insekten;* **c)** (Holztechnik) *schmale Verzierung aus andersartigem Holz zur Belebung der Fläche;* **d)** (Geol., Mineral., Bergbau) *kluftähnlicher kleiner Gang, der mit Mineralien, Erz o. Ä. ausgefüllt ist;* **e)** (Elektrot.) *einzelner, isolierter, Strom führender Leiter in Kabeln.*

Äder|chen, das; -s, -: Vkl. zu ↑Ader.

Ader|ge|flecht, das: *Geflecht* (b) *von Adern, das unter der Haut erkennbar ist.*

ade|rig, äde|rig, adrig, ädrig ⟨Adj.⟩ (Fachspr.): *mit [vielen] Adern versehen:* eine -e Hand; sich a., ä. verzweigen.

Ader|lass, der; -es, ...lässe: **a)** [mhd. āderlāʒ, āderlæʒe] (Med.) *Entnahme einer [größeren] Blutmenge aus einer Vene als Heilbehandlung:* bei jmdm. einen A. vornehmen; **b)** *Einbuße, spürbarer Verlust:* ein finanzieller, personeller A.

ädern, (fachspr.:) **adern** ⟨sw. V.; hat⟩ (selten): *mit Adern* (1, 3 a–c) *versehen.*

Äde|rung, (seltener:) **Ader|ung,** die; -, -en: *das Ädern; das Geädertsein.*

à deux mains [adø'mɛ̃:; frz., aus: à = mit, deux = zwei u. mains = Hände] (Musik): *mit zwei Händen, zweihändig [zu spielen].*

ADFC [a:de:|ɛf'tse:], der; -, - [-s]: Allgemeiner Deutscher Fahrrad-Club.

ad|hä|rent ⟨Adj.⟩ [lat. adhaerens, 1. Part. von: adhaerere, ↑adhärieren] (bes. Fachspr.): **1.** *anhaftend, anhängend.* **2.** *(von Geweben, Pflanzenteilen) angewachsen, verwachsen.*

ad|hä|rie|ren ⟨sw. V.; hat⟩ [lat. adhaerere, aus: ad = an, zu u. haerere = (fest)hängen, haften] (bildungsspr. veraltet): *an etw. hängen, haften.*

Ad|hä|si|on, die; -, -en [lat. adhaesio]: **1.** (Physik) *das Aneinanderhaften zweier Stoffe od. Körper;* [1]Haftung (1). **2.** (Med.) *Verklebung od. Verwachsung zweier Organe nach Operationen od. Entzündungen.* **3.** (Bot.) *Verwachsung in der Blüte einer Pflanze (z. B. des Staubblatts mit der Fruchtblatt).*

Ad|hä|si|ons|kraft, die (Physik): *an Berührungsflächen wirksam werdende molekulare Anziehungskraft.*

Ad|hä|si|ons|ver|schluss, der (Fachspr.): *mit einer Haftschicht versehener Verschluss an Briefumschlägen o. Ä., der geöffnet u. wieder geschlossen werden kann.*

ad|hä|siv ⟨Adj.⟩ (Fachspr.): *auf Adhäsion* (1) *beruhend, anhaftend, [an]klebend.*

ad hoc [at 'hɔk, at 'ho:k] ⟨in Verbindung mit bestimmten Verben⟩ [lat., eigtl. = zu diesem (bildungsspr.): **a)** *zu diesem Zweck, dafür:* einen Ausdruck ad h. bilden; **b)** *aus dem Augenblick heraus [entstanden]:* sich ad h. ein Urteil über etw. bilden.

Ad-hoc-Bil|dung, die: *ad hoc gebildetes Wort.*

Ad|hor|ta|tiv [auch: - -'ti:f], der; -s, -e [spätlat. adhortativus = mahnend, zu: adhortari = mahnen] (Sprachwiss.): *Imperativ, der zu gemeinsamer Tat auffordert* (z. B. hoffen wir es!)

ADHS = Aufmerksamkeitsdefizit-Hyperaktivitätsstörung.

adi|a|ba|tisch ⟨Adj.⟩ [griech. adiábatos = nicht hindurchtretend] (Physik, Meteorol.): *(von Gas,*

adies – adorabel

Luft) ohne Wärmeaustausch verlaufend: ein Gas a. verdichten.

◆ **adies** [aˈdi̯eːs]: volkstümlich für ↑ adieu: Adies, ihr Herrn (Kleist, Krug 2).

adi|eu [aˈdi̯øː; frz. adieu (= à dieu) = zu Gott, Gott befohlen, vgl. ade] (landsch., sonst veraltend): *auf Wiedersehen!, leb[t] wohl!:* jmdm. a. sagen; *** einer Sache a. sagen** (↑ Adieu).

Adi|eu, das; -s, -s: *Lebewohl (Abschiedsgruß):* jmdm. A. sagen, ein A. zurufen; Die Hand gab er ihm nicht ... Er sagte nur kurz A. (Süskind, Parfüm 141); ***** großer A. sagen** *(Abstand von etw. nehmen, etw. aufgeben).*

ad in|fi|ni|tum 〈in Verbindung mit bestimmten Verben od. nachgestellt bei Verbalsubstantiven〉 [lat., aus: ad (↑ ad) u. infinitum = das Unendliche] (bildungsspr.): *bis ins Unendliche, unbegrenzt [sich fortsetzen lassend]:* diese Aufzählung kann man ad i. fortsetzen; eine Verlängerung ad i.

adi|os [span. adiós, aus: a Dios (seas/seáis) = zu Gott, Gott befohlen!, vgl. ade] (salopp): *auf Wiedersehen!, leb[t] wohl!* (spanischer Gruß): jmdm. a. sagen.

Adi|os, das; -, - (salopp): *Lebewohl (Abschiedsgruß):* jmdm. A. sagen, ein A. zurufen.

adi|pös 〈Adj.〉 [zu lat. adeps (Gen.: adipis) = Fett] (Med.): **a)** *fett[reich];* **b)** *fettleibig; verfettet.*

Adi|po|si|tas, die; - [nlat.] (Med.): **a)** *Fettleibigkeit;* **b)** *Fettsucht.*

Ad|jek|tiv, das; -s, -e [spätlat. (nomen) adiectivum, eigtl. = zum Beifügen dienend(es Nomen), zu: adicere (2. Part.: adiectum) = bei-, hinzufügen] (Sprachwiss.): *Wort, das ein Wesen od. Ding, ein Geschehen, eine Eigenschaft od. einen Umstand als mit einem bestimmten Merkmal, mit einer bestimmten Eigenschaft versehen kennzeichnet; Eigenschaftswort.*

ad|jek|ti|vie|ren 〈sw. V.; hat〉 (Sprachwiss.): *(ein Substantiv, Adverb) zu einem Adjektiv machen* (z. B. ernst, schuld, spitze; selten).

Ad|jek|ti|vie|rung, die; -, -en (Sprachwiss.): *das Adjektivieren; Verwendung (eines Substantivs, Adverbs) als Adjektiv.*

ad|jek|ti|visch 〈Adj.〉 (Sprachwiss.): *das Adjektiv betreffend; als Adjektiv gebraucht; eigenschaftswörtlich.*

◆ **ad|jes**: volkstümlich für ↑ adieu: Ich rief den armen Leuten nach allen Seiten recht stolz ... a. zu (Eichendorff, Taugenichts 3).

ad|jus|tie|ren 〈sw. V.; hat〉 [relatinisiert aus frz. ajuster, zu: juste = genau, richtig < lat. iustus]: **1.** (Technik) **a)** *[Werkstücke] zurichten;* **b)** *justieren.* **2. a)** (österr., sonst veraltet, Amtsspr.) *jmdn., sich dienstmäßig kleiden, ausrüsten:* Soldaten a.; ... als mich nach fünf Wochen Geschirrdienst einer der beiden unteren Oberkellner ... mir eröffnete, man brauche mich im Saal, und mir auftrug, mich schleunig für diesen a. (Th. Mann, Krull 235); **b)** (österr.) *für einen bestimmten Zweck zurechtmachen;* **c)** (österr.) *richten, in Ordnung bringen.*

Ad|jus|tie|rung, die; -, -en: **1.** ([Mess]technik) *das Adjustieren.* **2.** (österr.) **a)** *dienstmäßige Kleidung, Uniform:* die Ordonnanz in ihrer dienstlichen A.; **b)** (scherzh.) *Aufmachung:* in sonderbarer A. auftreten.

Ad|ju|tant, der; -en, -en [span. ayudante, subst. 1. Part. von: ayudar = helfen < lat. adiutare, zu: adiuvare = helfen]: **1.** (Militär) *dem Kommandeur einer militärischen Einheit zur Unterstützung beigeordneter Offizier.* **2.** (salopp) *Helfer, Unterstützer, Gehilfe.*

Ad|ju|tan|tin, die; -, -nen: w. Form zu ↑ Adjutant.

Ad|ju|tan|tur, die; -, -en (Militär): *Dienststelle eines Adjutanten (1).*

Ad|ju|vans [auch: ...ˈjuː...], das; -, ...anzien u. ...antia [lat. adiuvans, 1. Part. von: adiuvare = ↑ Adjutant] (Med.): *Bestandteil eines Arzneimit-* *tels, der selbst nicht therapeutisch wirksam ist, aber die Wirkung des Hauptbestandteils unterstützt.*

ad l. = ad libitum.

Ad|la|tus, der; -, ...ten [aus lat. ad latus = zur Seite] (scherzh., veraltet): *meist jüngerer [Amts]gehilfe, untergeordneter Helfer:* der Trainer und sein A.

Ad|ler, der; -s, -: **1.** [mhd. adler, adelar(e), eigtl. = Edelaar, zu mhd. ar (↑ Aar), das auch die »unedlen« Jagdvögel wie Bussard u. Sperber bezeichnete] *großer Greifvogel mit kräftigem Hakenschnabel, befiederten Läufen u. starken Krallen.* **2.** *stilisierter Adler (als Wappentier):* der preußische A.; In der kaltischwüle stehen die Särge der Zaren, weiße Marmorsarkophage, vergoldete kaiserliche A., silberne und goldene Totenkränze (Koeppen, Rußland 146). **3.** 〈o. Pl.〉 *Sternbild beiderseits des Himmelsäquators.*

Ad|ler|au|ge, das: *scharfes, durchdringend blickendes Auge (eines Menschen).*

Ad|ler|blick, der: *scharfer, durchdringender Blick (eines Menschen).*

Ad|ler|horst, der: *Horst (1) eines Adlers.*

Ad|ler|na|se, die: *große, gebogene Nase (eines Menschen).*

ad lib. = ad libitum.

ad li|bi|tum [aus ↑ ad u. spätlat. libitus = Wunsch]: **a)** (bildungsspr.) *nach Belieben:* einige Beispiele ad l. herausgreifen; **b)** (Musik) *Vortragsbezeichnung, mit der das Tempo eines Stücks dem Interpreten freigestellt wird* (Abk.: ad l., ad lib., a. l.)

ad|lig, (geh.:) **adelig** 〈Adj.〉 [mhd. adellich, ahd. adallīh]: **1. a)** *den Adel (1, 2) betreffend, ihm gemäß:* von -er Herkunft sein; **b)** *dem Adel (1) angehörend:* eine -e Dame. **2.** (geh.) *von innerem Adel (4) zeugend:* eine -e Gesinnung. **3.** (geh.) *vornehm, edel, hoheitsvoll:* eine -e Haltung; ... die Katzen, ... Roms älteste Bewohner, adlig und geheimnisvoll (Koeppen, Rußland 182).

Ad|li|ge, die/eine Adlige; der/einer Adligen, die Adligen/zwei Adlige, (geh.:) Adelige, die/eine Adelige; der/einer Adeligen, die Adeligen/zwei Adelige: *Angehörige des Adelsstandes, des Adels (1 a).*

Ad|li|ger, der Adlige/ein Adliger; des/eines Adligen, den Adligen/zwei Adlige, (geh.:) Adeliger, der Adelige/ein Adeliger; des/eines Adeligen, die Adeligen/zwei Adelige: *Angehöriger des Adelsstandes, des Adels (1 a).*

Ad|mi|nis|t|ra|ti|on, die; -, -en [lat. administratio, eigtl. = Dienstleistung, zu: administrare, ↑ administrieren]: **1. a)** *Verwaltung (1);* **b)** *verwaltende Behörde;* *Verwaltung (2 a):* die neue A. in Washington (Politik); *der Regierungs- u. Verwaltungsapparat des Präsidenten der USA).* **2.** (DDR abwertend) *bürokratisches Anordnen, Verfügen.* **3.** (Militär) *Regelung militärischer Angelegenheiten außerhalb von Strategie u. Taktik.*

ad|mi|nis|t|ra|tiv 〈Adj.〉: **1. a)** *zur Verwaltung gehörend:* -e Aufgaben; etw. verursacht einen hohen -en Aufwand; **b)** *behördlich.* **2.** (DDR abwertend) *bürokratisch, von oben her [bestimmt].*

Ad|mi|nis|t|ra|tor, der; -s, ...oren [lat. administrator]: **1. a)** *Verwalter, Verwaltungsangestellter:* ein geschickter A.; **b)** (kath. Kirche) *Pfarrverweser:* er ist A. der Benediktenabtei; **c)** *selbstständiger Verwalter eines größeren Landwirtschaftsbetriebs bes. in Norddeutschland.* **2.** (EDV) *Betreuer eines Rechnersystems bzw. eines Netzwerks (z. B. eines Intranets) mit besonderen Zugriffsrechten.*

Ad|mi|nis|t|ra|to|rin, die; -, -nen: w. Form zu ↑ Administrator.

ad|mi|nis|t|rie|ren 〈sw. V.; hat〉 [lat. administrare, zu: ministrare, ↑ Ministrant]: **1.** *verwalten.* **2.** (DDR abwertend) *bürokratisch anordnen, verfügen.*

ad|mi|ra|bel 〈Adj.; ...abler, -ste〉 [lat. admirabilis] (veraltet): *bewundernswert.*

Ad|mi|ral, der; -s, -e, auch ...räle: **1.** [frz. amiral (afrz. admiral) < arab. amīr (ar-raḥl) = Befehlshaber (des Transports), ↑ Emir] (Militär) **a)** 〈o. Pl.〉 *[höchster] Dienstgrad der höchsten Rangordnung der Offiziere (bei der Marine);* **b)** *Offizier dieses Dienstgrades.* **2.** 〈Pl.: o. Pl.〉 (Zool.) *schwarzbrauner Tagfalter mit weißen Flecken u. orangeroter Bänderung.* **3.** 〈o. Pl.〉 (Kochkunst) *warmes Getränk aus Rotwein, Eiern, Zucker u. Gewürzen.*

Ad|mi|ra|lin, die; -, -nen: w. Form zu ↑ Admiral (1 b).

Ad|mi|ra|li|tät, die; -, -en (Militär): **a)** *Gesamtheit der Admirale (1 b);* **b)** *oberste Kommandostelle u. Verwaltungsbehörde einer Kriegsmarine.*

Ad|mi|ra|li|täts|in|seln 〈Pl.〉: *zum Bismarckarchipel gehörende Inselgruppe.*

Ad|mi|ral|stab, der (Militär): *oberster Führungsstab einer Kriegsmarine.*

Ad|nex, der; -es, -e [lat. adnexum, Nebenf. von: annexum, ↑ Annex]: **1.** (bildungsspr. veraltet) *Anhang.* **2.** (Med.) *Fortsatz bes. der Gebärmutter (Eierstock, Eileiter) od. eines anderen Organs.*

ad|no|mi|nal 〈Adj.〉 [zu ↑ ad u. ↑ Nomen] (Sprachwiss.): *zum Nomen (Substantiv) hinzutretend u. von ihm abhängig:* -es Attribut.

ado|les|zent 〈Adj.〉 [lat. adolescens, adj. 1. Part. von: adolescere = heranwachsen] (bildungsspr., Fachspr.): *heranwachsend, in jugendlichem Alter stehend.*

Ado|les|zent, der; -en, -en [lat. adolescens (Gen.: adolescentis)] (Med.): *Heranwachsender, Jugendlicher.*

Ado|les|zen|tin, die; -, -nen: w. Form zu ↑ Adoleszent.

Ado|les|zenz, die; - [lat. adolescentia] (Med.): *Endphase des Jugendalters.*

Ado|nai [hebr. ăḏōnay = mein Herr] (alttest.): *Name Gottes.*

¹Ado|nis (griech. Mythol.): *schöner, von Aphrodite geliebter Jüngling.*

²Ado|nis, der; -, -se (bildungsspr.): *schöner junger Mann:* er ist ein A.; ihr Freund war nicht gerade ein A.

³Ado|nis, die; -, - (Bot.): *Adonisröschen.*

Ado|nis|rös|chen, das [¹Adonis wurde von Aphrodite nach seinem Tod in eine Blume verwandelt] (Bot.): *(zu den Hahnenfußgewächsen gehörende) Pflanze mit gefiederten Blättern u. gelben od. roten Blüten.*

ad|op|tie|ren 〈sw. V.; hat〉 [lat. adoptare, eigtl. = hinzuwählen, aus: ad = (hin)zu u. optare, ↑ optieren]: **1.** *als eigenes Kind annehmen:* ein Kind a. **2.** *übernehmen, sich zu eigen machen:* jmds. Namen a.; die amerikanische Lebensform a.

Ad|op|ti|on, die; -, -en [lat. adoptio]: *das Adoptieren (1), Adoptiertwerden.*

Ad|op|tiv|el|tern 〈Pl.〉: *Eltern eines Adoptivkindes.*

Ad|op|tiv|kind, das: *adoptiertes Kind.*

Ad|op|tiv|mut|ter, die: *Mutter eines Adoptivkindes.*

Ad|op|tiv|sohn, der: *adoptierter männlicher Nachkomme.*

Ad|op|tiv|toch|ter, die: *adoptierter weiblicher Nachkomme.*

Ad|op|tiv|va|ter, der: *Vater eines Adoptivkindes.*

ado|ra|bel 〈Adj.; ...abler, -ste〉 [lat. adorabilis] (bildungsspr. veraltet): *anbetungswürdig:* adorable Heilige.

Adoration – Adverbialsatz

Ad|o|ra|ti|on, die; -, -en: a) [lat. adoratio] (bildungsspr.) *Anbetung, Verehrung;* b) (kath. Kirche) *dem neu gewählten Papst erwiesene Huldigung der Kardinäle (durch Kniefall u. Fußkuss).*

ad|o|rie|ren ⟨sw. V.; hat⟩ [lat. adorare, eigtl. = jmdn. anreden, zu: orare, ↑ Orakel] (bildungsspr.): *verehren, anbeten.*

Adr. = Adresse.

ad|re|nal ⟨Adj.⟩ (Med.): *die Nebennieren betreffend.*

Ad|re|na|lin, das; -s [zu lat. ad = (hin)zu u. ren = Niere] (Med.): *Hormon des Nebennierenmarks.*

Ad|re|na|lin|kick, der (ugs.): *Adrenalinstoß.*

Ad|re|na|lin|spie|gel, der (Med.): *Grad des Vorhandenseins von Adrenalin im Blut:* ... schließlich erzähle ich Ihnen das alles nicht, um Ihnen den Puls zu beschleunigen oder, wie es seit neuestem heißt, den A. zu heben (Heym, Schwarzenberg 252).

Ad|re|na|lin|stoß, der (Med.): *verstärkte Ausschüttung von Adrenalin bei Stress o. Ä., die zu erhöhtem Blutdruck u. gesteigerter Herztätigkeit führt.*

Ad|res|sant, der; -en, -en (veraltet): *Absender [einer Postsendung].*

Ad|res|san|tin, die; -, -nen: w. Form zu ↑ Adressant.

Ad|res|sat, der; -en, -en: *jmd., an den etw. gerichtet ist, für den etw. bestimmt ist; Empfänger [einer Postsendung]:* der A. ist nicht zu ermitteln; seine Kritik galt einem ganz anderen -en.

Ad|res|sa|tin, die; -, -nen: w. Form zu ↑ Adressat.

Ad|ress|buch, das: **1.** *alphabetisches Verzeichnis der geschäftlichen oder privaten Kontakte einer Person:* ein elektronisches A.; sein A. öffnen; sie hat in ihrem A. geblättert. **2.** *alphabetisches Verzeichnis der Adressen der Einwohner, Firmen, Behörden u. Ä. einer Stadt od. eines größeren Gebiets:* das A. der Stadt Nürnberg.

Ad|res|se, die; -, -n [frz. adresse, eigtl. = Richtung, zu: adresser, ↑ adressieren]: **1. a)** *Angabe von jmds. Namen u. Wohnung, Anschrift* (Abk.: Adr.): die A. ist, lautet ...; (österr.:) an der A. ...sein, wohnen, logieren; jmds. A. notieren, ausfindig machen; [jmdm.] seine A. hinterlassen; Ü eine Warnung an die A. der Aggressoren; das Unternehmen gehört zu den ersten -n *(den führenden Firmen)* auf diesem Sektor; * **sich an die richtige A. wenden** (ugs.; *sich an die zuständige Stelle wenden*); **bei jmdm. an die falsche/verkehrte A. kommen, geraten** (ugs.; *an den Falschen kommen, scharf abgewiesen werden*); **bei jmdm. an der falschen/verkehrten A. sein** (ugs.; *sich an den Falschen gewendet haben*) **b)** Kurzf. von ↑ Internetadresse; c) Kurzf. von ↑ E-Mail-Adresse. **2.** [engl. address, zu frz. adresser, ↑ adressieren] (bildungsspr.) **a)** *schriftlich formulierte [politische] Meinungsäußerung, Willenskundgebung, die von einzelnen Personen od. Gruppen an das Staatsoberhaupt od. die Regierung gerichtet wird;* **b)** *offizieller Gruß-, Dank- od. Huldigungsschreiben [an eine höhere Stelle]:* eine A. an den Parteitag richten. **3.** (EDV) *Nummer einer bestimmten Speicherzelle im Speicher einer Rechenanlage.* ♦ **4.** *Nachricht, [Gruß]botschaft:* Er ... schriebe eine A. an die Marquise und gab sie dem Boten, als Antwort, zurück (Kleist, Marquise 282).

Ad|res|sen|bü|ro, das: *Betrieb, der Adressen (1) von Personen od. Firmen ermittelt, zusammenstellt u. an Interessenten verkauft.*

Ad|res|sen|händ|ler, der: *Person od. Firma, die Adressen (1) anderer Personen od. Firmen ermittelt, zusammenstellt u. an Interessenten verkauft.*

Ad|res|sen|händ|le|rin, die: w. Form zu ↑ Adressenhändler.

Ad|res|sen|lis|te, die: vgl. Adressverzeichnis.

Ad|res|sen|samm|lung, die: vgl. Adressverzeichnis.

Ad|res|sen|ver|zeich|nis, das: ↑ Adressverzeichnis.

ad|res|sie|ren ⟨sw. V.; hat⟩ [frz. adresser, über das Vlat. zu lat. directum, 2. Part. von: dirigere, ↑ dirigieren]: **1.** *mit einer Adresse (1) versehen:* einen Brief falsch a. **2.** *an jmds. Adresse (1) richten:* der Brief, die Rechnung ist an dich adressiert; Ü seine Worte waren an mich adressiert *(für mich bestimmt).* **3.** (Ballspiele) *(mit einer Flanke, einem Pass) einen Mitspieler anspielen:* der Spieler adressiert seine Pässe haargenau. **4.** (veraltet) *sich an jmdn. wenden; gezielt ansprechen.*

Ad|res|sier|ma|schi|ne, die: *halb- od. vollautomatische Maschine, die regelmäßig gebrauchte Adressen (1 a) aufdruckt.*

Ad|res|sie|rung, die; -, -en: *das Adressieren.*

Ad|ress|raum, der (bes. EDV): *Segment, Teil[bereich, -stück] einer Adresse (1, 3).*

Ad|ress|ver|zeich|nis, das: *Verzeichnis von Adressen (1 a).*

ad|rett ⟨Adj.⟩ [älter: adroitt < frz. adroit = geschickt, über das Vlat. zu lat. directum, 2. Part.: directum), ↑ dirigieren]: *sauber u. ordentlich in der äußeren Erscheinung u. deshalb einen gefälligen, angenehmen, netten Eindruck machend:* ein -er junger Mann; sie ist immer a. [gekleidet].

Ad|ria, die; -: Adriatisches Meer.

Ad|ri|a|ti|sches Meer, das: *Adriatische Meer; des Adriatischen Meer[e]s: Teil des Mittelländischen Meeres zwischen Balkan- u. Apenninenhalbinsel.*

ad|rig, äd|rig ⟨Adj.⟩: ↑ aderig, äderig.

ADS [a:de:'|ɛs], das; - (Med., Psychol.): *Aufmerksamkeitsdefizit-Syndrom.*

Ad|sor|bens, das; -, ...nzien u. ...ntia (Physik, Chemie): *Mittel, das eine Adsorption bewirkt.*

ad|sor|bie|ren ⟨sw. V.; hat⟩ [zu lat. ad = (hin)zu u. sorbere = schlürfen] (Physik, Chemie): *Gase, Dämpfe od. gelöste Stoffe an der Oberfläche fester, bes. poröser Körper anlagern, binden.*

Ad|sorp|ti|on, die; -, -en (Physik, Chemie): *das Adsorbieren, Adsorbiertwerden.*

Ad|sorp|ti|ons|koh|le, die (Chemie, Med.): *Aktivkohle.*

ad|sorp|tiv ⟨Adj.⟩ (Physik, Chemie): *zur Adsorption fähig, nach Art einer Adsorption.*

Ad|sorp|tiv, das; -s, -e (Physik, Chemie): *adsorbierter Stoff.*

Ad|strin|gens [...gɛns], das; -, ...genzien u. ...gentia [lat. a(d)stringens, 1. Part. von: a(d)stringere, ↑ adstringieren] (Med.): *auf Schleimhäute und Wunden zusammenziehend wirkendes (entzündungshemmendes, blutstillendes) Mittel.*

Ad|strin|gent, das; -s, -s (Fachspr.): *Gesichtswasser, das ein Zusammenziehen der Poren bewirkt.*

ad|strin|gie|ren ⟨sw. V.; hat⟩ [lat. a(d)stringere = zusammenziehen] (Med.): *als Adstringens wirken, zusammenziehen:* ein adstringierender Stoff.

Adu|lar, der; -s, -e [ital. adularia, nach dem Gebirgsmassiv Adula in den Alpen] (Mineral.): *(zu den Feldspaten gehörender) farbloser od. weißlicher bis bläulicher Schmuckstein mit irisierendem Glanz.*

adult ⟨Adj.⟩ [zu lat. adultum, 2. Part. von: adulescere (adolescere), ↑ adoleszent] (Med.): ²*erwachsen (2); geschlechtsreif.*

A-Dur [auch: ˈaːdu:ɐ̯], das (Musik): *auf dem Grundton A beruhende Durtonart* (Zeichen: A).

A-Dur-Ton|lei|ter, die: *auf dem Grundton A beruhende Durtonleiter.*

Ad|van|tage [ədˈvɑːntɪdʒ], der; -s, -s [engl. advantage < frz. avantage, zu: avant = vor < spätlat. abante] (Tennis): engl. Bez. für: Vorteil (2).

Ad|vent, der; -[e]s, -e ⟨Pl. selten⟩ [mhd. advent(e) < lat. adventus = Ankunft, zu: advenire = ankommen; sich ereignen] (christl. Rel.): **a)** *vierwöchige Zeit vor dem Weihnachtsfest (mit vier Sonntagen):* im, vor, nach A.; **b)** ⟨mit vorangestellter Ordinalzahl⟩ *Sonntag in der Adventszeit, Adventssonntag:* erster, zweiter, dritter, vierter A.

Ad|vent|ge|mein|de, die: *adventistische Kirchengemeinde.*

Ad|ven|tis|mus, der; - [engl. adventism] (Rel.): *Glaubenslehre der Adventisten.*

Ad|ven|tist, der; -en, -en [engl. adventist] (Rel.): *Angehöriger einer der Glaubensgemeinschaften, die an die baldige Wiederkehr Christi glauben.*

Ad|ven|tis|tin, die; -, -nen: w. Form zu ↑ Adventist.

ad|ven|tis|tisch ⟨Adj.⟩ (Rel.): *den Adventismus betreffend.*

Ad|ven|tiv|pflan|ze, die (Bot.): *Pflanze eines Gebietes, die dort ursprünglich nicht heimisch war.*

Ad|vent|ka|len|der (österr.): ↑ Adventskalender.

Ad|vent|kranz (österr.): ↑ Adventskranz.

ad|vent|lich ⟨Adj.⟩: *zum Advent gehörend:* -e Bräuche, Musik.

Ad|vent|lied, das (österr.): ↑ Adventslied.

Ad|vent|sams|tag, der (österr.): ↑ Adventssamstag.

Ad|vent|sin|gen (österr.): ↑ Adventssingen.

Ad|vents|ka|len|der, der: *[für Kinder bestimmter] Kalender mit Bildern o. Ä. hinter 24 geschlossenen Fensterchen, von denen zwischen dem 1. und 24. Dezember täglich eines geöffnet wird.*

Ad|vents|ker|ze, die: *zur Feier des Advents entzündete Kerze [auf dem Adventskranz].*

Ad|vents|kranz, der: *von der Decke herabhängender od. auf einem Tisch stehender Kranz [aus Tannengrün] mit vier Kerzen für die vier Adventssonntage.*

Ad|vents|lied, das: *[Kirchen]lied, das in der Adventszeit gesungen wird.*

Ad|vent|sonn|tag (österr.): ↑ Adventssonntag.

Ad|vents|sams|tag, der: *Samstag vor einem Adventssonntag.*

Ad|vents|sin|gen, das; -s, - ⟨Pl. selten⟩: *Veranstaltung in der Adventszeit, in der meist ein Chor Adventslieder darbietet.*

Ad|vents|sonn|tag, der: *einer der vier Sonntage der Adventszeit.*

Ad|vents|zeit, (österr.:) **Ad|vent|zeit,** die: *Advent (a).*

Ad|verb, das; -s, -ien [lat. adverbium, eigtl. = das zum Verb Gehörende, zu ↑ ad u. lat. verbum, ↑ Verb] (Sprachwiss.): *[unflektierbares] Wort, das ein im Satz genanntes Verb, ein Substantiv, ein Adjektiv od. ein anderes Adverb seinem Umstand nach näher bestimmt; Umstandswort.*

ad|ver|bal ⟨Adj.⟩ (Sprachwiss.): **1.** *zum Verb hinzutretend, zu ihm gehörend:* -er Kasus. **2.** ↑ adverbial.

ad|ver|bi|al ⟨Adj.⟩ [spätlat. adverbialis] (Sprachwiss.): *zum Adverb gehörend, als Adverb gebraucht:* -e Bestimmung; ein Wort a. gebrauchen.

Ad|ver|bi|al, das; -s, -e (Sprachwiss.): *Adverbialbestimmung.*

Ad|ver|bi|al|be|stim|mung, die (Sprachwiss.): *Ergänzung od. freie Angabe, die einen im Satz genannten Umstand bezeichnet; Umstandsbestimmung.*

Ad|ver|bi|a|le, das; -s, ...lien (Sprachwiss.): *Adverbialbestimmung.*

Ad|ver|bi|al|satz, der (Sprachwiss.): *Gliedsatz,*

adverbiell – Affenschande

der den Umstand angibt, unter dem das Geschehen im Hauptsatz verläuft; Umstandssatz.

ad|ver|bi|ell ⟨Adj.⟩ (seltener): adverbial.

Ad|ver|ti|sing [ˈædvətaɪzɪŋ], das; -s, -s [engl. advertising, zu: advertise = ankündigen, zu frz. avertir = benachrichtigen < lat. advertere = aufmerksam machen] (bes. Fachspr.): *Werbung* (1 a).

Ad|vo|ca|tus Dei, der; - -, ...ti - [lat. = Anwalt Gottes, zu: advocatus (↑ Advokat) u. deus = Gott]: *Geistlicher, der im katholischen kirchlichen Prozess für eine Heilig- od. Seligsprechung eintritt.*

Ad|vo|ca|tus Di|a|bo|li, der; - -, ...ti - [lat. = Anwalt des Teufels, zu kirchenlat. diabolus, ↑ Diabolus]: **a)** *Geistlicher, der im katholischen kirchlichen Prozess Gründe gegen eine Heilig- oder Seligsprechung vorbringt;* **b)** (bildungsspr.) *jmd., der um der Sache willen mit seinen Argumenten die Gegenseite vertritt, ohne selbst zur Gegenseite zu gehören, od. jmd., der bewusst Gegenargumente in eine Diskussion einbringt, um sie zu beleben:* den A. D. spielen.

Ad|vo|kat, der; -en, -en [lat. advocatus, eigtl. = der Herbeigerufene, zu: advocare = herbeirufen] (bildungsspr.): *[Rechts]anwalt:* Richter und -en; Ü die -en *(Fürsprecher)* der sozialen Marktwirtschaft.

Ad|vo|ka|tin, die; -, -nen: w. Form zu ↑ Advokat.

Ad|vo|ka|tur, die; -, -en: **a)** ⟨o. Pl.⟩ (Fachspr., sonst veraltend) *Amt des [Rechts]anwalts, [Rechts]anwaltschaft;* **b)** (schweiz., sonst veraltend) *Anwaltsbüro:* sie arbeitet in einer A.

Ad|vo|ka|tur|bü|ro, das (schweiz.): *Anwaltsbüro.*

AE = astronomische Einheit.

ÅE = Ångström[einheit].

♦ **Aehl** [ɛːl], das; -s [schwed. öl, verw. mit engl. ale, ↑ Ale]: *Bier:* Die Macht des starken -s, des Branntweins hatte gesiegt (E. T. A. Hoffmann, Bergwerke 12).

aer-, Aer-: ↑ aero-, Aero-.

ae|ri|fi|zie|ren [aeri...] ⟨sw. V.; hat⟩ [zu lat. aer (↑ ¹Air) u. facere = machen] (Gartenbau): *(mit einem dafür vorgesehenen Gerät) eine Rasenfläche mit Löchern versehen, um den Boden zu lockern.*

aero-, Aero-, (vor Vokalen meist:) aer-, Aer- [zu griech. aḗr = Luft]: Best. in Zus. mit der Bed. *Luft* (z. B. Aeronautik).

ae|rob [aeˈroːp, auch: ɛ...] ⟨Adj.⟩ [zu ↑ Aerobier] (Biol.): *Luftsauerstoff benötigend, auf Sauerstoff aus der Luft angewiesen.*

Ae|ro|bic [ɛˈroːbɪk, ɛˈrobɪk], das; -s, auch: die; - ⟨meist o. Art.⟩, (seltener:) **Ae|ro|bics**, das; - ⟨meist o. Art.⟩ [engl.-amerik. aerobics, zu: aerobic = unter Einfluss von Sauerstoff stattfindend]: *Fitnesstraining, bei dem durch tänzerische u. gymnastische Übungen der Umsatz von Sauerstoff im Körper verstärkt werden soll.*

Ae|ro|bi|er [aeˈroː...], der; -s, - [zu griech. aḗr = Luft u. bíos = leben] (Biol.): *Organismus, der nur mit Luftsauerstoff leben kann.*

Ae|ro|bi|ont [aero...], der; -en, -en [zu griech. biōn (Gen.: bioūntos), 1. Part. von: bioūn = leben] (Biol.): *Aerobier.*

Ae|ro|club: ↑ Aeroklub.

Ae|ro|dy|na|mik [aero...], die; - (Physik): **1.** *Wissenschaft von den strömenden Gasen, bes. von der strömenden Luft.* **2.** *Verhalten, Eigenschaften in Bezug auf den Luftwiderstand:* die A. einer Karosserie verbessern.

ae|ro|dy|na|misch ⟨Adj.⟩ (Physik, Technik): **a)** *zur Aerodynamik gehörend;* **b)** *den Gesetzen der Aerodynamik unterliegend, sie berücksichtigend:* eine a. geformte Karosserie.

Ae|ro|flot, die; -: russische Luftfahrtgesellschaft.

Ae|ro|klub, Aeroclub, der; -s, -s: *Verein für Flugsport.*

Ae|ro|me|ter [aero...], das; -s, - (Physik): *Gerät zum Messen von Dichte u. Gewicht der Luft.*

Ae|ro|nau|tik, die; -: **1.** (veraltet, noch bildungsspr.) *Luftfahrt* (1 a). **2.** *Luftfahrt* (2).

Ae|ro|no|mie, die; - [griech. nómos = Gesetz] (Physik, Meteorol.): *Wissenschaftsgebiet, das sich mit der Erforschung der obersten Erdatmosphäre befasst.*

Ae|ro|pau|se, die; - [zu griech. paûsis = Ende] (Physik, Meteorol.): *Übergangszone zwischen der Erdatmosphäre u. dem Weltraum.*

Ae|ro|sa|lon, der; -s, -s: *Luftfahrtausstellung.*

Ae|ro|sol [aero...], das; -s, -e [zu lat. solutio = Lösung]: **a)** (Physik) *feinste Verteilung schwebender fester od. flüssiger Stoffe in Gasen, bes. in der Luft* (z. B. Rauch, Nebel); **b)** (Med.) *zur Einatmung bestimmtes, nebelförmig verteiltes Medikament.*

Ae|ro|ta|xi: ↑ Aerotaxe.

AF = Air France.

Af|fai|re [aˈfɛːrə]: ältere Schreibung für ↑ Affäre.

Af|fä|re, die; -, -n [frz. affaire, Zusammenrückung aus (avoir) à faire »zu tun haben«]: **a)** *unangenehme Angelegenheit; peinlicher, skandalöser [Vor-, Zwischen]fall:* die A. um die Vorsitzende; in dunkle -n verwickelt sein; jmdn. in eine A. mit hineinziehen; * **sich [mit etw.] aus der A. ziehen** (ugs.; *sich geschickt u. ohne Schaden [mit etw.] aus einer unangenehmen Situation herauswinden*); **b)** *Liebschaft, Verhältnis,* **c)** [frz. affaire, zusger. aus: (avoir) à faire = zu tun (haben)] (ugs.) *Sache, Angelegenheit:* das ist eine A. von höchstens zwei Stunden, von tausend Euro; ♦ **d)** *Scharmützel, Geplänkel* (1): ... warf er den kommandierenden General, der in einer A. den Rückzug des Regiments befahl, vom Pferde (Arnim, Invalide 89); ... ich wurde gleich in der ersten A. gefangen (Droste-Hülshoff, Judenbuche 70).

Äff|chen, das; -s, -: Vkl. zu ↑ Affe (1, 2 b).

Af|fe, der; -n, -n: **1.** [mhd. affe, ahd. affo; H. u.] *(zu einer Unterordnung der Primaten gehörendes) Säugetier mit zum Greifen geeigneten Händen u. gelegentlich mit aufrechter Körperhaltung, das vorwiegend in den Tropen u. meist auf Bäumen lebt:* die -n im Zoo anschauen, füttern; der Mensch stammt vom -n ab; sich benehmen wie ein wild gewordener A.; R [ich denke,] mich laust der A.! (salopp; *das überrascht mich sehr;* nach den von Gauklern mitgeführten Affen, die sich an einzelne Zuschauer heranmachten u. unter allgemeinem Spott für ihnen scheinbar nach Läusen suchten); * **dasitzen wie ein A. auf dem Schleifstein** (ugs. scherzh.; *krumm sitzen, eine unglückliche Figur machen;* wohl bezogen auf den früher von wandernden Scherenschleifern oftmals mitgeführten Affen); **seinem -n Zucker geben** (ugs.; *immer wieder über sein Lieblingsthema sprechen; seiner Marotte, Schwäche nachgeben);* **wie vom wilden -n gebissen** (salopp; *ganz von Sinnen, verrückt).* **2.** (derb) **a)** *dummer Kerl* (oft als Schimpfwort): dieser blöde A. soll mich in Ruhe lassen; Sie fühlt sich diesem doofen Kerl ... weit überlegen, sie hat ihn ausgenommen, und der A. merkt es nicht mal (Fallada, Jeder 68); **b)** *eitler, gezierter Mensch; Geck:* ein gelackter A. **3.** [H. u.] (salopp) *Rausch:* einen -n haben; * **einen -n [sitzen] haben** (*betrunken sein*). **4.** [nach dem Affen, den früher auf der Schulter des Gauklers saß] (ugs. veraltend) *Tornister.*

Af|fekt, der; -[e]s, -e: **a)** [lat. affectus, zu: afficere (2. Part.: affectum) = in eine Stimmung versetzen] *heftige Erregung, Gemütsbewegung; Zustand außergewöhnlicher psychischer Angespanntheit:* im A. handeln; **b)** ⟨Pl.⟩ (bildungsspr.) *Leidenschaften:* jmds. -e aufführen.

Af|fekt|aus|bruch, der: *das Hervorbrechen eines Affektes* (a).

Af|fekt|hand|lung, die: *im Affekt* (a) *begangene strafbare Handlung.*

af|fek|tiert ⟨Adj.⟩ [zu veraltet affektieren = sich zieren, verstellen] (bildungsspr.): *gekünstelt, geziert:* ein -es Benehmen.

Af|fek|tiert|heit, die; -, -en (bildungsspr.): **1.** ⟨o. Pl.⟩ *affektiertes Benehmen, Wesen.* **2.** *einzelne affektierte Handlung, Äußerung.*

Af|fek|ti|on, die; -, -en [lat. affectio »Einwirkung, Beeinflussung; Neigung«]: **1.** (Med.) *Befall eines Organs mit Krankheitserregern.* **2.** [frz. affection < lat. affectio] *[Bezeigung von] Wohlwollen, Neigung, Gunst; Liebhaberei.* * ♦ **jmdn. in A. nehmen** (*eine starke Zuneigung zu jmdm. fassen;* nach frz. prendre quelqu'un en affection: ... den meine Frau ... stark in A. genommen hatte [Fontane, Effi Briest 181]).

af|fek|tiv ⟨Adj.⟩ [spätlat. affectivus] (Psychol.): *gefühlsbetont, durch Affekte gekennzeichnet.*

Af|fek|ti|vi|tät, die; -, -en (Psychol.): **1.** ⟨Pl. selten⟩ *das Affektivsein; Neigung, emotional bis affektiv auf Umweltreize zu reagieren.* **2.** *Grundstimmung.*

af|fen-, Af|fen- (ugs. emotional verstärkend): **1.** *drückt in Bildungen mit Adjektiven eine Verstärkung aus;* viel: affenschnell, affenstark. **2.** *drückt in Bildungen mit Substantiven einen besonders hohen Grad von etw. aus:* Affengeduld, -geschwindigkeit, -kälte.

äf|fen ⟨sw. V.; hat⟩ [mhd. effen, zu ↑ Affe]: **1.** (geh.) *irreführen, täuschen:* man hat uns geäfft. **2.** (selten) *nachahmen.*

af|fen|ähn|lich ⟨Adj.⟩: *einem Affen, den Affen ähnlich.*

Af|fen|arsch, der (derb abwertend, meist als Schimpfwort): *jmd., der als verachtenswert angesehen wird:* du A.!

Af|fen|art, die: *Art von Affen.*

af|fen|ar|tig ⟨Adj.⟩: *in der Art u. Weise eines Affen sich vollziehend; wie bei einem Affen:* eine -e Behändigkeit; mit -er (ugs.; *sehr großer*) Geschwindigkeit liefen alle davon; sich a. bewegen; ... die mächtigen, a. langen Arme waren dicht behaart, allein sein nackter Oberkörper war tadellos geformt (Broch, Versucher 197).

Af|fen|brot|baum, der: *(bes. in den Steppengebieten Afrikas wachsender) hoher Baum mit ungewöhnlich dickem Stamm, waagerecht ausladenden Ästen u. gurkenförmigen, essbaren Früchten; Baobab.*

af|fen|geil ⟨Adj.⟩ [zu ↑ geil (3)] (salopp, bes. Jugendspr.): *in besonders begeisternder Weise schön, gut; äußerst großartig, ganz toll:* das war ein -er Film; sie trägt immer die -sten Klamotten.

Af|fen|haus, das: *Gebäude im Zoo, in dem die Affen untergebracht sind.*

Af|fen|hit|ze, die (ugs. emotional verstärkend): *sehr große Hitze.*

Af|fen|kä|fig, der: *Käfig [im Zoo], in dem Affen gehalten werden.*

Af|fen|lie|be, die (ugs.): *übertriebene, blinde Liebe:* mit wahrer A. an jmdm. hängen.

Af|fen|mensch, der (Paläontol.): *den Übergang zum Urmenschen bildender affenähnlicher Vormensch.*

Af|fen|pin|scher, der [nach der affenähnlichen Form u. Behaarung des Kopfes]: *Zwerghund mit struppigem Fell u. kugeligem Kopf.*

Af|fen|schan|de: in der Wendung **eine A. sein**

(ugs. emotional verstärkend; *unerhört, empörend, unglaublich sein*).
Af|fen|schau|kel, die: **1.** (Soldatenspr. scherzh.) *Fangschnur* (b), *Schulterschnur.* **2.** ⟨meist Pl.⟩ (ugs.) *zu beiden Seiten des Kopfes in Form einer Schlinge herabhängender Zopf:* das Mädchen trägt -n.
Af|fen|tem|po, das (ugs.): *große Geschwindigkeit, große Eile:* mit einem A. fahren.
Af|fen|the|a|ter, das (ugs. abwertend): *im Zusammenhang mit einer bestimmten Angelegenheit stehendes, als unsinnig, lästig od. übertrieben empfundenes Tun:* dieses A. mache ich nicht mehr länger mit.
Af|fen|zahn, der ⟨o. Pl.⟩ (salopp): *sehr hohe Geschwindigkeit:* der Wagen hatte einen A. drauf, raste mit einem A. vorbei.
Af|fen|zeck, der (ugs. abwertend): *Affentheater.*
af|fe|rent ⟨Adj.⟩ [lat. afferens (Gen.: afferentis), 1. Part. von: afferre = hinbringen] (Physiol., Med.): *zu einem Organ hinführend.*
Af|fe|renz, die; -, -en (Physiol., Med.): *Impuls, der über die afferenten Nervenfasern von peripheren (2) zum Zentralnervensystem geführt wird.*
af|fet|tu|o|so ⟨Adv.⟩ [ital. affettuoso < spätlat. affectuosus, zu lat. affectus, ↑Affekt] (Musik): *leidenschaftlich, bewegt.*
Af|fi|che [aˈfɪʃə, auch: aˈfiːʃə], die; -, -n [frz. affiche, zu: afficher, ↑affichieren] (Werbespr. u. schweiz., österr., sonst veraltet): *Anschlag, Plakat.*
af|fi|chie|ren [afiˈʃiːrən] ⟨sw. V.; hat⟩ [frz. afficher, zu: ficher, ↑¹Fiche] (österr., schweiz., sonst veraltet): *(Plakate) ankleben, befestigen.*
af|fig ⟨Adj.⟩ [zu ↑Affe] (ugs. abwertend): *übermäßig auf sein Äußeres bedacht; eitel u. geziert wirkend:* ein -es Benehmen.
Af|fig|keit, die; -, -en (ugs. abwertend): **a)** ⟨o. Pl.⟩ *affiges Wesen, affige Art;* **b)** *affige Handlung o. Ä.:* lass diese -en!
Af|fi|li|a|ti|on, die; -, -en [mlat. affiliatio = Adoption, zu kirchenlat. filiatio = die Sohnwerdung, zu lat. filius = Sohn]: **1.** (bildungsspr.) *(religiöse, soziale) Bindung; Zugehörigkeit.* **2.** (bildungsspr.) *Annäherung.* **3.** (Wirtsch.) *Kauf, Gründung einer Tochtergesellschaft.* **4.** (Sprachwiss.) *Verwandtschaftsverhältnis von Sprachen, die sich aus einer gemeinsamen Grundsprache entwickelt haben.* **5.** (Freimaurerei) *Wechsel der Loge* (2 a) *eines Mitgliedes u. das folgende Ritual der Aufnahme in die neue Loge.*
af|fin ⟨Adj.⟩ [lat. affinis, eigtl. = angrenzend, zu: finis, ↑Finis]: **1.** (bildungsspr.) *mit etw. verwandt; auf Affinität* (1) *beruhend:* ihre Ideologie war der der Kommunisten a. **2.** (Math.) *(von geometrischen Figuren) durch Parallelprojektion einer Ebene auf eine zweite auseinander hervorgehend.*

-af|fin (bildungsspr.): drückt in Bildungen mit Substantiven aus, dass die beschriebene Person oder Sache in enger Beziehung zu jmdm., etw. steht, einen Hang, eine Vorliebe für jmdn., etw. hat, jmdm., einer Sache nahesteht, zugeneigt ist: frauen-, kulturaffin, ÖVP-affin.

Äf|fin, die; -, -nen [mhd. effinne, affinne, ahd. affinna]: w. Form zu ↑Affe (1).
Af|fi|neur […ˈnøːɐ̯], der; -s, -e [frz. affineur, zu: affiner = verfeinern, zu lat. fin = Ende, Grenze, Vollkommenheit, aus lat. finis (↑Finis), od. zu: fin = fein] (Kochkunst): *Spezialist auf dem Gebiet der Käseveredelung.*
Af|fi|neu|rin, die; -, -nen: w. Form zu ↑Affineur.
Af|fi|ni|tät, die; -, -en [lat. affinitas, zu ↑affin]: **1.** *Wesensverwandtschaft, Ähnlichkeit u. dadurch bedingte Anziehung:* zu jmdm., etw. eine A. haben, fühlen. **2. a)** (Chemie) *Neigung von Atomen od. Atomgruppen, sich miteinander zu vereinigen bzw. sich umzusetzen;* **b)** (Geom.) *affine* (2) *Abbildung.*
Af|fir|ma|ti|on, die; -, -en [lat. affirmatio] (bes. Logik): *Bejahung, Versicherung.*
af|fir|ma|tiv ⟨Adj.⟩ [lat. affirmativus] (bes. Logik): *bejahend, bestätigend:* eine -e Antwort; ein -es Urteil (Logik; *Urteil, das einem Subjekt ein Prädikat zuspricht*); ein -er Aussagesatz.
äf|fisch ⟨Adj.⟩: *nach der Art eines Affen, affenähnlich:* ein -es Wesen.
Af|fix [auch: …ˈfɪks], das; -es, -e [zu lat. affixus = angeheftet, adj. 2. Part. von: affigere = anheften] (Sprachwiss.): *Bildungselement, das zur Wurzel od. zum Stamm eines Wortes hinzutritt (Präfix, Suffix).*
Af|fi|xo|id, das; -s, -e [zu griech. -oeidḗs = ähnlich] (Sprachwiss.): *affixähnlicher Bestandteil eines Wortes.*
af|fi|zie|ren ⟨sw. V.; hat⟩ [lat. afficere, ↑Affekt]: **a)** (bildungsspr.) *bewegen, reizen; auf jmdn. Eindruck machen, sich übertragen:* ♦ …wie in allem eine unaussprechliche Harmonie, ein Ton, eine Seligkeit sei, die in den höhern Formen mit mehr Organen aus sich herausgriffe, tönte, auffasste und dafür aber auch umso tiefer affiziert würde (Büchner, Lenz 88); **b)** (Med.) *angreifen, krankhaft verändern.*
Af|fri|ka|ta, Af|fri|ka|te, die; -, …ten [zu lat. affricare = anreiben, zu: fricare (2. Part.: fric[a]tum) = reiben] (Sprachwiss.): *Verschlusslaut mit folgendem Reibelaut (z. B. pf, z [= ts]).*
Af|front [aˈfrõː, auch: aˈfrɔnt], der; -s, -s [aˈfrõːs] u. (schweiz.:) -e [aˈfrɔ̃ːtə] [frz. affront, zu: affronter = beleidigen, vor den Kopf stoßen, zu: front, ↑Front] (bildungsspr.): *Schmähung, herausfordernde Beleidigung, Kränkung:* ein gezielter A. gegen ihn, gegen sein Land, gegenüber seiner Person, seinem Land; etw. als einen A. betrachten, empfinden.
Af|ghan, der; -[s], -e: *überwiegend aus dem nördlichen Afghanistan kommender handgeknüpfter, meist dunkelroter Wollteppich mit geometrischer Musterung.*
Af|gha|ne, der; -n, -n: **1.** Ew. zu ↑Afghanistan. **2.** *(aus Afghanistan stammender) Windhund mit langem, seidigem Fell unterschiedlicher Färbung u. langem, meist in einem Ringel endendem Schwanz.*
Af|gha|ni, der; -[s], -[s]: *Währungseinheit in Afghanistan* (1 Afghani = 100 Pul; Währungscode: AFN).
Af|gha|nin, die; -, -nen: w. Form zu ↑Afghane (1).
af|gha|nisch ⟨Adj.⟩: *Afghanistan, die Afghanen betreffend.*
Af|gha|nis|tan; -s: *Staat in Vorderasien.*
Af|la|to|xin, das; -s, -e [Kurzwort aus Aspergillus flavus (= auf Lebensmitteln wachsender Schimmelpilz) und ↑Toxin] (Biol., Med.): *durch bestimmte Schimmelpilze erzeugtes Gift.*
AFN [eɪˈɛfˈɛn], der; - [American Forces Network]: *Rundfunkanstalt der außerhalb der USA stationierten amerikanischen Streitkräfte.*
a fres|co [ital., zu: fresco = frisch; vgl. Fresko]: *(von Malereien) auf den noch feuchten Verputz einer Wand:* ein fresco a. malen.
Af|ri|ka [ˈaːfrika, auch, österr. u. schweiz. nur: ˈaf…]; -s: *drittgrößter Erdteil.*
Af|ri|kaan|der, der; -s, - [afrikaans, eigtl. = Afrikaner]: *in der Republik Südafrika geborener, Afrikaans sprechender Weißer.*
Af|ri|kaan|de|rin, die; -, -nen: w. Form zu ↑Afrikaander.
af|ri|kaans ⟨Adj.⟩ [eigtl. = afrikanisch]: **1.** *in Afrikaans gesprochen od. geschrieben, kapholländisch:* -e Literatur; a. sprechen. **2.** *die Afrikaaner betreffend:* die -e Bevölkerung.

Af|ri|kaans, das; -: *aus niederländischen Dialekten entstandene Sprache der Buren in Südafrika.*
Af|ri|kan|der, der: ↑Afrikaander.
Af|ri|ka|ner, der; -s, -: *aus Afrika stammende Person [von schwarzer Hautfarbe].*
Af|ri|ka|ne|rin, die; -, -nen: w. Form zu ↑Afrikaner.
af|ri|ka|nisch ⟨Adj.⟩: *Afrika, die Afrikaner betreffend; in Afrika gelegen, aus Afrika stammend:* die -en Staaten; im -en Dschungel.
af|ri|ka|ni|sie|ren ⟨sw. V.; hat⟩: *unter afrikanischen Einfluss bringen, unter afrikanische Herrschaft stellen.*
Af|ri|ka|ni|sie|rung, die; -: *das Afrikanisieren.*
Af|ri|ka|nis|tik, die; -: *Wissenschaft von der Kultur u. den Sprachen der afrikanischen Völker.*
Af|ro|ame|ri|ka|ner [ˈaːf…, auch: ˈaf…], der; -s, -: *Amerikaner schwarzer Hautfarbe, dessen Vorfahren aus Afrika stammen.*
Af|ro|ame|ri|ka|ne|rin [ˈaːf…, auch: ˈaf…], die; -, -nen: w. Form zu ↑Afroamerikaner.
af|ro|ame|ri|ka|nisch [ˈaːf…, auch: ˈaf…] ⟨Adj.⟩: **1.** *Afrika u. Amerika betreffend:* -e Beziehungen. **2.** *die Afroamerikaner betreffend:* -e Musik.
af|ro|asi|a|tisch [ˈaːf…, auch: ˈaf…] ⟨Adj.⟩: *Afrika u. Asien betreffend.*
af|ro|deutsch [ˈaːf…, auch: ˈaf…] ⟨Adj.⟩: *die Afrodeutschen betreffend.*
Af|ro|deut|sche [ˈaːf…, auch: ˈaf…] ⟨vgl. ¹Deutsche⟩: *Deutsche von afroamerikanischer od. schwarzafrikanischer Herkunft.*
Af|ro|deut|scher [ˈaːf…, auch: ˈaf…] ⟨vgl. Deutscher⟩: *Deutscher von afroamerikanischer od. schwarzafrikanischer Herkunft.*
af|ro|ka|ri|bisch [ˈaːf…, auch: ˈaf…] ⟨Adj.⟩: *von den schwarzhäutigen Menschen der Karibik stammend, ausgehend; eine Mischung schwarzafrikanischer u. karibischer Elemente betreffend.*
Af|ro|look [ˈaːf…, auch: ˈaf…], der; -s, -s: *Frisurenmode, bei der das Haar in stark gekrausten, dichten Locken nach allen Seiten hin absteht.*
Af|ter, der; -s, - [mhd. after, ahd. aftero, eigtl. = Hinterer, Substantivierung von mhd. after, ahd. aftero = hinter, nachfolgend, zu mhd. after, ahd. aftar (Adv. u. Präp.)]: *hinterer, der Ausscheidung dienender Ausgang des Darms (bei der Mehrzahl der Tiere u. beim Menschen); Anus.*
♦ **Af|ter|bräu|ti|gam,** der: *falscher Bräutigam:* Du wehrst dich mir, du A. (Kleist, Käthchen II, 8).
Af|ter|drü|se, die (Zool.): *in der am After mündende Drüse.*
Af|ter|flos|se, die (Zool.): *in der Aftergegend liegende Flosse bei Fischen.*
Af|ter|fur|che, die (Med.): *Einkerbung zwischen den beiden Gesäßhälften, in deren Zentrum der After liegt.*
♦ **Af|ter|kö|ni|gin,** die: *unrechtmäßige Königin:* …dass Euch allein gebührt, in Engelland zu herrschen, nicht dieser A., gezeugt im ehebrecherischen Bett (Schiller, Maria Stuart I, 6).
Af|ter|re|de, die (veraltet): *üble Nachrede:* ♦ -n, Lug und Verrat und Diebstahl…, man hört nichts anderes erzählen (Goethe, Reineke Fuchs 8, 161).
Af|ter|sau|sen, das; -s (derb): **a)** *Abgang von Blähungen:* der hat chronisches A.; **b)** *Angst:* du hast wohl A.?; nun krieg mal bloß kein A.
Af|ter|shave [ˈaːftɐʃeɪv], das; -[s], -s [engl. after shave = nach der Rasur]: *nach der Rasur zu verwendendes Gesichtswasser.*
Af|ter|shave-Lo|ti|on, Af|ter|shave|lo|ti|on [meist: …loʊʃn̩], die: *Aftershave.*
Af|ter-Show-Par|ty, Af|ter|show|par|ty [ˈaːftɐ(ˈ)ʃoʊpaɐ̯ti], die; -, -s [aus engl. after show = nach der Vorführung u. ↑Party]: *nach*

einem Konzert, einer Show o. Ä. stattfindende Party [für einen ausgewählten Kreis von Eingeladenen].

Af|ter-Sun-Lo|ti|on, Af|ter|sun|lo|ti|on [meist: ˈaːftɐ(ˈ)sʌnloʊʃn̩, die [aus engl. after = nach u. sun = Sonne]: *Hautpflegemittel zur Anwendung nach dem Sonnenbad.*

Af|ter|wis|sen|schaft, die (bildungsspr.): *Scheinwissenschaft.*

Af|ter-Work-Par|ty, Af|ter|work|par|ty [ˈaːftɐ(ˈ)wəːk...], die; -, -s [aus engl. after work = nach der Arbeit u. ↑ Party]: *am frühen Abend, nach der üblichen Arbeitszeit beginnende [kommerzielle] Party.*

a. G. = auf Gegenseitigkeit; als Gast (an einem Theater).

Ag = Argentum.

AG = Aktiengesellschaft; Amtsgericht; Arbeitsgemeinschaft.

Aga, der; -[s], -s [türk. ağa = Herr] (früher): *Titel höherer, dann auch niederer Offiziere u. Zivilbeamter in der Türkei.*

◆ **Aga|de,** die; -, -n [frz. agada < hebr. haggadā, ↑ Haggada]: *Haggada:*...*der Hausvater*...*liest ihnen vor aus einem abenteuerlichen Buche, das die A. heißt und dessen Inhalt eine seltsame Mischung ist von Sagen der Vorfahren, Wundergeschichten aus Ägypten*..., *Gebeten und Festliedern* (Heine, Rabbi 453).

Ägä|is, die; -, **Ägä|i|sches Meer,** das Ägäische Meer; des Ägäischen Meer[e]s: *Meer zw. Balkanhalbinsel u. Kleinasien.*

Aga Khan, der; - -s, - -e [aus ↑ Aga u. ↑ Khan]: *Oberhaupt der islamischen Sekte der Hodschas in Indien u. Ostafrika u. dessen erblicher Titel.*

Aga|mo|go|nie, die; - [zu griech. gonḗ = Erzeugung] (Biol.): *ungeschlechtliche Vermehrung durch Zellteilung.*

Aga|pe, die; -, -n [kirchenlat. agape < spätgriech. agápē, eigtl. = Liebe] (christl. Rel.): **1.** ⟨o. Pl.⟩ *selbstlose, nicht sinnliche Liebe* (z. B. die Liebe Gottes, die Nächstenliebe, die Feindesliebe). **2. a)** (Geschichte) *abendliches Mahl der frühchristlichen Gemeinde [mit Speisung der Bedürftigen]*; **b)** (Rel.) *gemeinsames Mahl nach einem Gottesdienst*; **c)** (österr.) *Sektempfang, bes. nach einer (kirchlichen od. standesamtlichen) Trauung.*

Agar-Agar, der od. das; -s [malai.]: *getrocknete u. gebleichte, in heißem Wasser lösliche Gallerte aus verschiedenen Rotalgenarten.*

Agalve, die; -, -n [frz. agave < griech. agauḗ, eigtl. = die Edle]: *Pflanze mit dickfleischigen, oft dornig-gezähnten Blättern.*

Agen|da, die; -, ...den [lat. agenda = Dinge, die zu tun sind, zu: agere, ↑ agieren]: **1.** *Buch, in das die zu erledigenden Dinge eingetragen werden; Notizbuch.* **2.** *Liste von Gesprächs-, Verhandlungspunkten: etw. auf die A. setzen; auf jmds. A. stehen; A. 21 [frz. Politik; international beschlossenes weltweites Programm, das entwicklungs-, wirtschafts- u. umweltpolitische Themen des 21. Jahrhunderts zum Inhalt hat*); Ü *ganz oben auf der politischen A. stehen (zu den vordringlichsten politischen Aufgaben gehören).* **3.** ⟨nur Pl.⟩ (bes. österr.) *zu erledigende Aufgaben, Obliegenheiten.*

Agen|de, die; -, -n: **1.** (ev. Kirche) **a)** *Buch, in dem Riten, Gebete u. a. für den Gottesdienst u. gottesdienstliche Handlungen aufgezeichnet sind*; **b)** *Gottesdienstordnung.* **2.** ⟨Pl.⟩ (bes. österr.) *zu erledigende Aufgaben, Obliegenheiten: die fremdenpolizeilichen -n wahrnehmen.*

Agens [ˈaːɡɛns, ua. (Sprachwiss. selten): der; -, Agenzien u. (Sprachwiss.:) -, (Med. auch:) Agentia [zu lat. agens, 1. Part. von: agere, ↑ agieren]: **1.** ⟨Pl. Agenzien⟩ (bildungsspr.) *treibende Kraft: die europäische Integration sollte das wichtigste A. in der deutschen Politik sein.* **2.** ⟨Pl. Agenzien⟩ (Philos.) *wirkendes, handelndes, tätiges Wesen od. Prinzip.* **3.** ⟨Pl. Agenzien, auch: Agentia⟩ (Med.) **a)** *medizinisch wirksamer Stoff*; **b)** *krank machender Faktor: Benzypren ist ein gefährliches A.* **4.** ⟨Pl. -⟩ (Sprachwiss.) *Träger eines durch das Verb ausgedrückten aktiven Verhaltens.*

Agent, der; -en, -en [ital. agente < lat. agens (Gen.: agentis), ↑ Agens]: **1.** *Person, die im Geheimauftrag einer Regierung, einer militärischen od. politischen Organisation o. Ä. bestimmte, meist illegale Aufträge ausführen soll; Spion: einen -en einschleusen, überführen, verhaften; einen -en auf jmdn. ansetzen.* **2. a)** (Wirtsch. veraltend) *jmd., der – meist auf Provisionsbasis – Geschäfte vermittelt u. abschließt; [Handels]vertreter*; **b)** *jmd., der berufsmäßig Künstlern Engagements vermittelt: die Künstlerin sucht einen neuen -en.* **3.** (Dipl.) *Person im diplomatischen Dienst ohne diplomatischen Charakter.*

Agen|ten|ring, der: *Ring* (4) *von Agenten* (1).

Agen|ten|ro|man, der: *Roman, in dessen Mittelpunkt die Tätigkeit von Agenten* (1) *steht.*

Agen|ten|tä|tig|keit, die: *Tätigkeit als Agent* (1): *ein Verfahren wegen geheimdienstlicher A.*

Agen|tia: Pl. von ↑ Agens.

Agen|tin, die; -, -nen: w. Form zu ↑ Agent.

Agent Pro|vo|ca|teur provocateur [aˈʒã provokaˈtøːɐ̯], der; - -, -s -s [aˈʒã provokaˈtøːɐ̯] [frz., eigtl. = provozierender Agent]: *Agent* (1), *der verdächtige Personen zu strafbaren Handlungen verleiten od. Zwischenfälle od. kompromittierende Handlungen beim Gegner provozieren soll; Lockspitzel.*

Agen|tur, die; -, -en [zu ↑ Agent]: **1.** (bes. Wirtsch.) **a)** *Institution, die jmdn., etw. vertritt, jmdn., etw. vermittelt: A. für Arbeit (staatliche Stelle mit den Aufgaben der Arbeitsvermittlung, der Gewährung von Arbeitslosengeld u. a.*); **b)** *Geschäftsstelle, Büro eines Agenten* (2). **2.** Kurzf. von ↑ Nachrichtenagentur.

Agen|tur|be|richt, der: vgl. Agenturmeldung.

Agen|tur|mel|dung, die: *Meldung einer Agentur* (2): *nach einer A., einer A. zufolge.*

Agen|zi|en: Pl. von ↑ Agens (1, 2, 3).

Ag|glo|me|rat, das; -[e]s, -e [zu lat. agglomerare = anhäufen, ↑ agglomerieren]: **1.** (bildungsspr.) *Anhäufung von etw.* **2. a)** (Metallurgie) *aus feinkörnigen Erzen durch Behandlung zu groben Stücken geformtes Erz*; **b)** (Geol.) *meist unverfestigte Anhäufung loser, eckiger, grober Gesteinsstücke aus vulkanischem Auswurf.*

Ag|glo|me|ra|ti|on, die; -, -en [mlat. agglomeratio]: **1.** (bildungsspr.) *Anhäufung, Zusammenballung:* -en *hässlicher Betonklötze.* **2.** (schweiz.) *Ballungsgebiet.*

ag|glo|me|rie|ren ⟨sw. V.⟩ [lat. agglomerare (bildungsspr., Fachspr.): **a)** ⟨hat⟩ *anhäufen, zusammenballen*; **b)** ⟨ist⟩ *sich anhäufen, sich zusammenballen: die Teilchen agglomerieren schon bei leicht bei niedrigen Temperaturen;* ⟨auch a. + sich; hat:⟩ *diese Partikel haben sich agglomeriert.*

Ag|glu|ti|na|ti|on, die; -, -en [spätlat. agglutinatio = das Ankleben]: **1.** (Med.) *Verklebung, Verklumpung von Zellen, Blutkörperchen o. Ä.* **2.** (Sprachwiss.) **a)** *Verschmelzung (z. B. des Artikels od. einer Präposition mit dem folgenden Substantiv)*; **b)** *Anfügung von Bildungselementen (Affixen) an den mehr od. weniger unveränderten Wortstamm.*

ag|glu|ti|nie|ren ⟨sw. V.⟩ [lat. agglutinare = ankleben]: **1.** (Med.) *eine Agglutination* (1) *herbeiführen: Blutkörperchen, Zellen a.* **2.** (Sprachwiss.) *eine Agglutination* (2) *herbeiführen: agglutinierende Sprache.*

Ag|gre|gat, das; -[e]s, -e [zu lat. aggregare = hinzunehmen; ansammeln]: **1.** (Technik) *Satz* (6) *von zusammenwirkenden einzelnen Maschinen, Apparaten, Teilen, bes. in der Elektrotechnik: ein A. für elektrischen Strom.* **2.** (Math.) *mehrgliedriger Ausdruck, dessen einzelne Glieder durch + od. – verknüpft sind.* **3.** (Geol.) *Verwachsung von Mineralien gleicher od. ungleicher Art.* **4.** [nach engl. aggregate] (Soziol.) *bloße Summe von Personen, die (z. B. bei statistischen Untersuchungen) ausgewählt werden, ohne in einer sozialen Beziehung zueinander zu stehen.* **5.** (Chemie) *Aggregation* (2).

Ag|gre|ga|ti|on, die; -, -en [lat. aggregatio]: **1.** (bes. Fachspr.) *Anhäufung: eine A. von Kenntnissen, Fakten.* **2.** (Chemie) *lockere Zusammenlagerung von Molekülen od. Ionen.* **3.** (Biol., Med.) **a)** *Anhäufung* (1), *Zusammenschluss von Teilchen, Kleinstlebewesen o. Ä.: eine A. von Blutplättchen;* **b)** *Anhäufung* (2), *Ansammlung* (1 b) *von Teilchen, Kleinstlebewesen o. Ä.* **4.** (Statistik) *Zusammenfassung von Daten nach mathematisch-statistischen Methoden.*

Ag|gre|gat|zu|stand, der (Chemie): *Erscheinungs- u. Zustandsform, in der die Materie existiert: fester, flüssiger, gasförmiger A.* Ü ...*die Konstellation von Allgemeinem und Besonderem wäre für den A. der Gesellschaft nicht länger relevant* (Habermas, Spätkapitalismus 172).

Ag|gres|si|on, die; -, -en [lat. aggressio = Angriff, zu: aggressum, 2. Part. von: aggredi = angreifen]: **1.** (Völkerrecht) *rechtswidriger militärischer Angriff auf ein fremdes Staatsgebiet: feindliche, militärische -en gegen Nachbarstaaten.* **2.** (Psychol.) **a)** *durch Affekte ausgelöstes, auf Angriff ausgerichtetes Verhalten des Menschen, das auf einen Machtzuwachs des Angreifers bzw. eine Machtverminderung des Angegriffenen zielt*; **b)** *feindselige, ablehnende Einstellung; Haltung: jmd. ist voller -en; etw. löst* -en *aus; seine* -en *nicht steuern, mit seinen* -en *nicht umgehen können; jmdm. gegenüber* -en *haben, entwickeln; -en abbauen, ausleben; die Empörung schlug in A. um.*

Ag|gres|si|ons|krieg, der: *Angriffskrieg.*

Ag|gres|si|ons|lust, die: *Neigung zu Aggressionen: jmds. A.; die A. eines Diktators, eines Kindes.*

Ag|gres|si|ons|po|li|tik, die: *auf eine Aggression* (1) *abzielende Politik: eine A. verfolgen, betreiben.*

Ag|gres|si|ons|trieb, der (Psychol., Verhaltensf.): *Antrieb* (2) *für Aggressionen* (2): *das ungehemmte Ausleben des* -s.

ag|gres|siv ⟨Adj.⟩ [nach frz. agressif, zu lat. aggressum, ↑ Aggression]: **1. a)** *angriffslustig, streitsüchtig: ein -er Mensch; ein -es Verhalten; seine Frau war sehr a.; a. reagieren;* **b)** *auf Aggression* (1) *gerichtet: eine -e Politik;* **c)** *herausfordernd [wirkend]: ein -er Tonfall; -e Songs.* **2. a)** (*von Dingen*) *aufdringlich: -e -e Farben; ein -er Duft;* **b)** *in schädigender Weise auf etw. einwirkend; zerstörend: -e Stoffe, chemische Substanzen; weiches Wasser ist gegen Metalle od. hartes.* **3.** *sich gezielt-kräftig auf etw., jmdn. richtend: ein -es Marketing; eine -e Preispolitik; -e Werbemethoden.* **4.** *rücksichtslos, hemmungslos u. nicht auf Sicherheit bedacht:* -*e (andere Verkehrsteilnehmer gefährdende) Fahrweise; er fährt sehr a.*

Ag|gres|si|vi|tät, die; -, -en: **1.** ⟨o. Pl.⟩ **a)** (Psychol.) *mehr od. weniger unbewusste, sich nicht immer offen zeigende aggressive Haltung eines Menschen: seine A. beim Sport ausleben;* **b)** *offen aggressive Haltung, aggressives Verhalten; Angriffslust: die Mannschaft hat von*

Anfang an eine hohe A. gezeigt. **2.** *einzelne aggressive Handlung:* er neigt zu -en. **3.** *zerstörerische Wirkung, aggressives* (2 b) *Verhalten.*
Ag|gres|sor, der; -s, ...oren [lat. aggressor] (Völkerrecht): *Staat, Führer eines Staates, der eine Aggression* (1) *begeht:* die faschistischen -en.
Ag|gres|so|rin, die; -, -nen: w. Form zu ↑ Aggressor.
Ägi|de, die; - [lat. aegis < griech. aigís (Gen.: aigídos) = Schild des Zeus]: in der Fügung **unter jmds. Ä.** (bildungsspr.: *unter jmds. Schirmherrschaft, Leitung*).
agie|ren ‹sw. V.; hat› [lat. agere = (an)treiben] (bildungsspr.): **1.** *handeln, tätig sein, wirken:* selbstständig zu a. versuchen; als Bremser, auf der politischen Bühne, gegen jmdn., mit unlauteren Mitteln a. **2. a)** (veraltend) *eine bestimmte Rolle* (5 a) *spielen:* die komische Alte a.; **b)** *als Schauspieler auftreten:* über 120 Nebendarsteller a. lassen. **3.** *etw. lebhaft bewegen; gestikulieren:* mit den Händen a.
agil ‹Adj.› [frz. agile < lat. agilis] (bildungsspr.): *von großer Beweglichkeit zeugend; regsam u. wendig:* ein -er Geschäftsmann; sie ist trotz ihres Alters körperlich und geistig noch sehr a.
Agi|li|tät, die; - [frz. agilité < lat. agilitas] (bildungsspr.): *agiles Wesen, agile Art.*
Agio [ˈaːdʒo, auch: ˈaːʒi̯o], das; -s, -s u. Agien [...i̯ən] ‹älter ital. agio, zu griech. allagḗ = Tausch] (Bankw., Börsenw.): *Betrag, um den der Preis eines Wertpapiers über dem Nennwert, der Kurs einer Geldsorte über der Parität* (2) *liegt; Aufgeld.*
Agio|ta|ge [aʒi̯oˈtaːʒə, österr. meist: ...ʃ], die; - [frz. agiotage]: **1.** (Börsenw.) *Spekulationsgeschäft durch Ausnutzung von Kursschwankungen an der Börse.* **2.** (österr.) *unerlaubter Handel mit Eintrittskarten.*
agio|tie|ren [aʒi̯oˈtiːrən] ‹sw. V.; hat› [frz. agioter] (Börsenw.): *Agiotage* (1) *treiben.*
Agi|ta|ti|on, die; -, -en [engl. agitation < lat. agitatio = das In-Bewegung-Setzen, zu: agitare, ↑ agitieren]: **a)** (abwertend) *aggressive Tätigkeit zur Beeinflussung anderer, vor allem in politischer Hinsicht; Hetze:* A. betreiben; eine radikale A. gegen alle bestehenden Ordnungsbegriffe; **b)** *politische Aufklärungstätigkeit; Propaganda für bestimmte politische od. soziale Ziele.* A. für eine Koalition.
agi|ta|to [adʒiˈtaːto] ‹Adv.› [ital.] (Musik): *sehr bewegt, erregt.*
Agi|ta|tor, der; -s, ...oren [ag...; engl. agitator < lat. agitator = Treiber (eines Tieres)]: **a)** *Person, die Agitation* (a) *betreibt;* **b)** (DDR) *Person, die Agitation* (b) *betreibt:* ein A. der Partei.
Agi|ta|to|rin, die; -, -nen: w. Form zu ↑ Agitator.
agi|ta|to|risch ‹Adj.›: **a)** *die Agitation betreffend:* -e Mittel einsetzen; eine -e Rede halten; **b)** *den Agitator betreffend.*
agi|tie|ren ‹sw. V.; hat› [engl. agitate < lat. agitare = eifrig betreiben, zu: agere, ↑ agieren]: **a)** (abwertend) *Agitation betreiben:* für Streik a.; gegen jmdn. a.; **b)** *auf jmdn. agitatorisch einwirken:* die Werktätigen a.
Agit|prop, die; - [Kurzwort für: ↑ Agitation (b) und ↑ Propaganda (1)] (marx.): *ideologisch-propagandistische Arbeit mit dem Ziel, die Massen zur Entwicklung des revolutionären Bewusstseins zu führen u. zur aktiven Teilnahme am Klassenkampf zu veranlassen.*
Agit|prop|the|a|ter, das: *Laientheater der Arbeiterbewegung in den 1920er-Jahren.*
Ag|ni: *indischer Gott des Feuers.*
Ag|no|men, das; -s, ...mina [lat. agnomen, zu ↑ ad u. lat. nomen, ↑ Nomen]: *(im antiken Rom) Beiname, der persönliche Eigenschaften od. besondere Verdienste kennzeichnet (z. B. P. Cornelius Scipio Africanus).*

Ag|no|sie, die; - [griech. agnōsía = Unkenntnis]: *(in der Philosophie) Nichtwissen (als Ausgangspunkt od. Endergebnis allen Philosophierens).*
Ag|nos|ti|ker, der; -s, -: *Vertreter des Agnostizismus.*
Ag|nos|ti|ke|rin, die; -, -nen: w. Form zu ↑ Agnostiker.
ag|nos|tisch ‹Adj.›: *den Agnostizismus betreffend, ihn vertretend, von ihm ausgehend.*
Ag|nos|ti|zis|mus, der; - [zu griech. ágnōstos = nicht erkennbar] (Philos.): *Weltanschauung, nach der die Möglichkeit einer Existenz des Göttlichen bzw. Übersinnlichen rational nicht zu klären ist, also weder bejaht noch verneint wird.*
Ag|nus Dei, das; - -, - - [lat. = Lamm Gottes, zu: agnus = Lamm u. deus = Gott]: **a)** ‹o. Pl.› (christl. Rel.) *Bezeichnung Christi im Neuen Testament* (Joh. 1, 29); **b)** (kath. Kirche) (*in der* ¹*Messe* 1) *dreifacher Bittruf um Sündenvergebung u. Frieden;* **c)** (kath. Kirche) *Wachstäfelchen mit einem eingeprägten (mit bestimmten Attributen versehenen) Lamm sowie Namen u. Regierungsjahr des Papstes.*
à go|go [aɡɔˈɡo; engl. a gogo = in Hülle und Fülle, aus frz. à gogo, zu: gogo = scherzh. Verdoppelung der Anfangssilbe von afrz. gogue = Scherz]: *in Hülle und Fülle, nach Belieben:* Hits à g.
Agon, der; -s, -e [griech. agṓn, eigtl. = Versammlung] (griech. Antike): **1.** *sportlicher u. musischer Wettkampf.* **2.** *Streitgespräch als Hauptbestandteil der attischen Komödie.*
ago|nal ‹Adj.› (bildungsspr.): *kämpferisch, streitbar; auf [Wett]kampf ausgerichtet.*
Ago|nie, die; -, -n [kirchenlat. agonia < griech. agōnía = Kampf, auch: Angst] (bildungsspr., Med.): *Todeskampf:* in der A. liegen; Ü in A. (Passivität) *verfallen.*
Ago|nist, der; -en, -en [**1.** griech. agōnistḗs] *Teilnehmer an einem Agon* (1). **2.** Gegs. aus ↑ Antagonist] (Anat.) *Muskel, der eine Bewegung bewirkt, die der des Antagonisten* (2) *entgegengesetzt ist.*
¹**Ago|ra,** die; -, -s u. Agoren [griech. agorá]: *Marktplatz der altgriechischen Stadt.*
²**Ago|ra,** die; -, Agorot [hebr. ăġōrā̆]: *israelische Währungseinheit* (100 New Agorot = 1 Schekel).
Ago|ra|pho|bie, die; -, -n [aus ↑ ¹Agora u. ↑ Phobie] (Med., Psychol.): *zwanghafte, mit Schwächegefühl od. Panik verbundene Angst, freie Plätze o. Ä. zu überqueren; Platzangst* (2).
Ago|ras, Ago|ren: Pl. von ↑ ¹Agora.
Ago|rot: Pl. von ↑ ²Agora.
Ag|raf|fe [auch: ˈa...], die; -, -n [frz. agrafe = Spange, zu: agrafer = an-, zuhaken, zu afrz. grafe = Haken < ahd. krāpho]: **1.** *als Schmuckstück dienende Spange od. Schnalle.* **2.** (Archit.) *klammerförmige Verzierung an Rundbogen als Verbindung mit einem darüberliegenden Gesims.* **3.** (Med.) *Wundklammer.* **4.** (schweiz.) *Krampe.* **5.** (Kochkunst) *Drahtgestell, -geflecht, das einen Sektkorken in der Flasche zurückhält.*
Ag|ram: *früherer dt. Name von Zagreb.*
Ag|rar|be|reich, der: *landwirtschaftlicher Bereich* (b).
Ag|rar|be|trieb, der: *landwirtschaftlicher Betrieb.*
Ag|rar|er|zeug|nis, das: *landwirtschaftliches Erzeugnis.*
Ag|rar|ex|port, der: *landwirtschaftlicher Export.*
Ag|rar|fa|b|rik, die (meist abwertend): *landwirtschaftlicher Großbetrieb.*
Ag|rar|ge|sell|schaft, die: *agrarische Gesellschaft* (1).
Ag|ra|ri|er, der; -s, - [zu lat. agrarii (Pl.) =] *Freunde der Ackergesetze u. Ackerverteilung, zu:* agrarius = zu den Äckern, Feldern gehörend; Acker-, Feld-]: **1.** *Großgrundbesitzer, Gutsbesitzer, Landwirt.* **2.** *Experte auf dem Gebiet des Agrarwesens.*
Ag|ra|ri|e|rin, die; -, -nen: w. Form zu ↑ Agrarier.
ag|ra|risch ‹Adj.›: *landwirtschaftlich:* -e Erzeugnisse; ein -er Staat (*Agrarstaat*).
Ag|rar|kom|mis|sar, der (Politik): *für den Agrarbereich zuständiges Mitglied der Europäischen Kommission.*
Ag|rar|kom|mis|sa|rin, die: w. Form zu ↑ Agrarkommissar.
Ag|rar|land, das ‹Pl. ...länder›: **1.** *Agrarstaat.* **2.** ‹o. Pl.› (selten) *landwirtschaftlich genutzter Boden.*
Ag|rar|markt, der: *Markt* (3 a) *für Agrarprodukte.*
Ag|rar|mi|nis|ter, der: *Landwirtschaftsminister.*
Ag|rar|mi|nis|te|rin, die: w. Form zu ↑ Agrarminister.
Ag|rar|mi|nis|te|ri|um, das: *Landwirtschaftsministerium.*
Ag|rar|po|li|tik, die: *Gesamtheit der staatlichen Maßnahmen zur Regelung u. Förderung der Landwirtschaft.*
ag|rar|po|li|tisch ‹Adj.›: *die Agrarpolitik betreffend.*
Ag|rar|preis, der ‹meist Pl.›: *Preis* (1) *von landwirtschaftlichen Produkten.*
Ag|rar|pro|dukt, das: *landwirtschaftliches Erzeugnis.*
Ag|rar|re|form, die: *landwirtschaftliche Reform* (z. B. Bodenreform).
Ag|rar|sek|tor, der: *landwirtschaftlicher Sektor, Bereich.*
Ag|rar|staat, der: *Staat, dessen Wirtschaft überwiegend durch die Landwirtschaft bestimmt wird.*
Ag|rar|struk|tur, die: *Struktur* (1) *der Landwirtschaft eines Landes.*
Ag|rar|sub|ven|ti|on, die ‹meist Pl.›: *Subvention im Agrarbereich.*
Ag|rar|tech|nik, die: *Technik der Bodenbearbeitung u. -nutzung.*
Ag|rar|wen|de, die: *Wende in der Agrarpolitik.*
Ag|rar|wirt|schaft, die: *die Landwirtschaft umfassender Wirtschaftszweig.*
Ag|rar|wis|sen|schaft, die: *Agronomie.*
Ag|rar|wis|sen|schaft|ler, der: *Wissenschaftler auf dem Gebiet der Agrarwissenschaft.*
Ag|rar|wis|sen|schaft|le|rin, die; -, -nen: w. Form zu ↑ Agrarwissenschaftler.
ag|rar|wis|sen|schaft|lich ‹Adj.›: *die Agrarwissenschaft betreffend.*
Ag|ree|ment [əˈɡriːmənt, ɛˈɡriːmənt], das; -s, -s [engl. agreement < frz. agrément = Einwilligung, zu: agréer = einwilligen]: **1.** (Jargon) **a)** *(bes. im Geschäftsleben) mündliche Vereinbarung, Übereinkunft:* [mit jmdm.] ein A. treffen; **b)** *schriftliche Vereinbarung:* ein A. unterzeichnen. **2.** (Völkerrecht) *zwischen Staatsmännern getroffene Übereinkunft auf Treu u. Glauben, die nicht der parlamentarischen Zustimmung od. Ratifikation bedarf.*
Ag|ré|ment [aɡreˈmã], das; -s, -s [frz. agrément, ↑ Agreement]: **1.** (Dipl.) *Zustimmung einer Regierung zur Ernennung eines ausländischen diplomatischen Vertreters in ihrem Land:* jmdm., für jmdn. das A. als Botschafter erteilen. **2.** ‹Pl.› (Musik) *Verzierungen* (z. B. Triller, Tremolo).
äg|rie|ren ‹sw. V.; hat› [frz. aigrir, zu: aigre = sauer, bitter, über das Vlat. zu lat. acer = sauer] (veraltet): **a)** *erbittern;* ♦ **b)** ‹ä. + sich› *sich erbittern:* ...ich kann mich nicht darüber ä. (Fontane, Jenny Treibel 66).
Ag|ri|kul|tur, die; - [lat. agricultura, zu: ager = Acker u. cultura, ↑ Kultur]: *Ackerbau, Landwirtschaft.*

Ag|ro|busi|ness, das; -: **1.** *Vermarktung u. Verarbeitung landwirtschaftlicher Erzeugnisse durch große private Unternehmen.* **2.** *Gesamtheit aller die Landwirtschaft betreffenden Wirtschaftsbereiche.*

Ag|ro|nom, der; -en, -en: **a)** [griech. agronómos = Aufseher über die Stadtländereien, zu: agrós = Acker] *akademisch ausgebildeter Landwirt, Diplom-Landwirt;* **b)** [nach russ. agronom] (DDR) *Landwirtschaftssachverständiger in der LPG.*

Ag|ro|no|mie, die; - [zu griech. nómos = Gesetz]: *wissenschaftliche Lehre vom Ackerbau; Landwirtschaftswissenschaft.*

Ag|ro|no|min, die; -, -nen: w. Form zu ↑ Agronom.

ag|ro|no|misch ⟨Adj.⟩: *die Agronomie betreffend, dazu gehörend, darauf beruhend.*

Ägyp|ten; -s: arabischer Staat in Nordostafrika.

Ägyp|ter; der; -s, -: Ew.

Ägyp|te|rin, die; -, -nen: w. Form zu ↑ Ägypter.

ägyp|tisch ⟨Adj.⟩: **a)** *Ägypten, die Ägypter betreffend; von den Ägyptern stammend, zu ihnen gehörend;* **b)** *in der Sprache der alten Ägypter [verfasst].*

Ägyp|tisch, das; -[s], (nur mit best. Art.:) **Ägyptische,** das; -n: *die Sprache der alten Ägypter.*

Ägyp|to|lo|ge, der; -n, -n [zu griech. lógos, ↑ Logos]: *Wissenschaftler auf dem Gebiet der Ägyptologie.*

Ägyp|to|lo|gie, die; - [zu griech. lógos, ↑ Logos]: *Wissenschaft von Kultur u. Sprache der alten Ägypter.*

Ägyp|to|lo|gin, die; -, -nen: w. Form zu ↑ Ägyptologe.

ägyp|to|lo|gisch ⟨Adj.⟩: *die Ägyptologie betreffend.*

ah ⟨Interj.⟩ [mhd. ã]: **a)** *Ausruf der Verwunderung, der [bewundernden] Überraschung, der Freude:* ah, das wusste ich nicht!; ah, wie schön!; **b)** *Ausruf zum Ausdruck des plötzlichen Verstehens:* ah so [ist das]!; ah deshalb!; ah ja!

Ah, das; -s, -s: *Ausruf der Verwunderung o. Ä., der Freude, des plötzlichen Verstehens:* ein lautes Ah ertönte.

Ah = Amperestunde.

¹äh [ε(:)] ⟨Interj.⟩: *Ausruf des Ekels:* äh, das kann ich nicht sehen!

²äh [ε(:)] ⟨Gesprächspartikel⟩: *dient dazu, bei unkonzentriertem Sprechen kurze Sprechpausen zu überbrücken:* das ... äh ... kann ich im Moment ... äh ... nicht so genau sagen.

aha [auch: a'ha:] ⟨Gesprächspartikel⟩: *dient dazu, eine Information zu bestätigen, auszudrücken, dass man etw. verstanden hat:* a., so hängt das zusammen!

Aha-Er|leb|nis, Aha|er|leb|nis, das (Psychol.): *plötzliches Erkennen eines Zusammenhanges zweier Vorgänge o. Ä.*

Ahas|ver [ahas've:ɐ̯, auch: a'hasvɐ], der; -s, -s u. -e [Ahasverus = der Ewige Jude < Ăḥašwērôš, hebr. Form von Xerxes]: *ruhelos umherirrender Mensch.*

ahd. = althochdeutsch.

ähem: ↑ ähm.

ahis|to|risch ⟨Adj.⟩ [aus griech. a- = nicht, un- u. ↑ historisch]: *nicht historisch, von der Historie nicht beeinflusst, außerhalb der Historie stehend:* eine -e Betrachtungsweise.

Ah|le, die; -, -n: **a)** [mhd. āle, ahd. āla, verw. mit aind. ā́rā = Ahle, alter idg. Werkzeugname] *Werkzeug, mit dem Löcher in Leder, Pappe usw. gestochen werden; Pfriem;* **b)** *Werkzeug des Schriftsetzers bei der Ausführung von Korrekturen;* **c)** *Reibahle.*

ähm, ähem ⟨Gesprächspartikel⟩: *dient dazu, kurze Sprechpausen od. Verlegenheit zu überbrücken.*

Ahn, der; -[e]s u. -en, -en [mhd. an(e), ahd. ano, urspr. Lallwort der Kinderspr. für ältere Personen aus der Umgebung des Kindes]: **1.** ⟨meist Pl.⟩ (geh.) *Vorfahr:* ... ob seine Vorfahren, die im Dorf -en genannt werden, Herren oder Knechte waren (Herta Müller, Niederungen 127). **2.** (veraltet, noch landsch.) *Großvater.*

ahn|den ⟨sw. V.; hat⟩ [mhd. anden, ahd. antōn, zu mhd. ande = Kränkung; Unwille, ahd. anto = das Eifern; Eifersucht; Ärger; Zorn, wahrsch. zu ↑ ¹an u. eigtl. = das, was einen ankommt] (geh.): *(eine missliebige Verhaltensweise o. Ä.) bestrafen:* ein Unrecht, Vergehen streng a.; einen Verstoß mit einer Geldbuße a.

²ahn|den ⟨sw. V.; hat⟩ (dichter. veraltet): ¹*ahnen:*
◆ Mir ahndet heut nichts Guts, Gevatter Licht (Kleist, Krug 3).

Ahn|dung, die; -, -en: *das Ahnden.*

♦²Ahn|dung, die; -, -en: *Ahnung:* Woher bringst (hast) du diese A. (Schiller, Kabale I, 4).

¹Ah|ne, der; -n, -n: ↑ Ahn.

²Ah|ne, die; -, -n [mhd. ane, ahd. ana]: w. Form zu ↑ Ahn.

äh|neln ⟨sw. V.; hat⟩ [für älter: ähnlichen, mhd. anelīche, zu ↑ ähnlich]: **1.** *ähnlich sehen, sein:* er ähnelt seinem Bruder; die Geschwister ähneln sich/(geh.:) einander. ◆ **2.** *ähnlich machen:* ... sie (= die Narrenkappe) ähnelt ihn verrückten Toren (Goethe, Faust II, 5079).

¹ah|nen ⟨sw. V.; hat⟩ [mhd. anen, wohl zu ↑ ¹an u. eigtl. = einen an- oder überkommen]: **1.** *ein undeutliches Vorgefühl von etw. Kommendem haben:* ein Unglück, nicht das Mindeste a.; (geh.:) mir ahnte nichts Gutes; der nichts ahnenden Besucher; Was wir uns später zu sagen haben werden, können wir nur a., auch Worte haben ihre Zeit und lassen sich nicht aus der Zukunft hervorziehen nach Bedarf (Chr. Wolf, Nachdenken 235). **2. a)** *ein undeutliches Wissen von etw. haben, vermuten:* die Wahrheit a.; sie ahnte dunkel ein Geheimnis; wer konnte das a.!; (geh.:) ihm ahnte nichts von den Schwierigkeiten; *[ach], du ahnst es nicht! (ugs.; Ausruf der unangenehmen Überraschung); **b)** (im Infinitiv mit zu) *(nur) undeutlich, schwach zu erkennen:* die Gestalt war in der Dunkelheit nur zu a., mehr zu a. als zu sehen.

♦²ah|nen ⟨sw. V.; hat⟩: *ahnden:* Männer, die ihn (= den Kabinettsminister) im Stillen hassten ..., zogen ... zu der prachtvollen Versammlung, überzeugt, dass ihre Namen gar wohl ins Register eingetragen und die Lücken schwer geahnet würden (Hauff, Jud Süß 381).

Ah|nen|bild, das: **1.** *Bild, Gemälde, das einen Ahnen od. eine ²Ahne darstellt.* **2.** (Völkerkunde) *Ahnenfigur.*

Ah|nen|fi|gur, die (Völkerkunde): *figürliche Darstellung, in der der Ahne gegenwärtig ist.*

Ah|nen|for|schung, die: *Genealogie.*

Ah|nen|gal|le|rie, die: *Galerie mit Ahnenbildern* (1).

Ah|nen|kult, der (Völkerkunde): *kultische Verehrung einer Reihe vorhergegangener Generationen.*

Ah|nen|rei|he, die: *Reihe, Gesamtheit der nachweisbaren Vorfahren.*

Ah|nen|ta|fel, die: **1.** (geh.) *genealogische Tafel, auf der die Ahnen einer Person in aufsteigender Linie angegeben sind.* **2.** (Tierzucht) *nach Generationen geordnete Übersicht der Vorfahren eines Zuchttieres mit Angaben über die jeweiligen Eigenschaften.*

Ah|nen|ver|eh|rung, die: *Ahnenkult.*

Ahn|frau, die (geh. veraltend): *Stammmutter eines Geschlechts.*

Ahn|herr, der (geh. veraltend): *Stammvater eines Geschlechts.*

Ahn|her|rin, die: w. Form zu ↑ Ahnherr.

Ah|nin, die; -, -nen: ²Ahne.

ähn|lich ⟨Adj.⟩ [vermischt aus mhd. ane-, enlich = ähnlich, gleich (für ahd. anagilīh, zu ↑ ¹an u. ↑ ¹gleich) u. mhd. einlich, ostmd. enlich »einheitlich« (zu ↑ ¹ein)]: **1.** *in bestimmten Merkmalen übereinstimmend:* -e Interessen, Gedanken; ein sehr -es Porträt; auf -e Weise; ein inhaltlich -er Vortrag; sie ist ihrer Schwester sehr wenig ä., wird ihr immer -er; es erging mir ä. wie damals; jmdm., einer Sache täuschend, zum Verwechseln, kaum, auffallend ä. sehen; (südd., österr.:) die beiden schauen sich sehr ä.; ä. schöne Bilder; ⟨subst.:⟩ man erlebt Ähnliches, wenn man ...; und Ähnliche[s]; eines Ähnlichen. **2.** ⟨in der Funktion einer Präp. mit Dativ⟩ *wie das nachfolgend Genannte; dem nachfolgend Genannten vergleichbar:* ä. einer Stilistik/einer Stilistik ä. gibt dieses Buch gute sprachliche Ratschläge;
◆ Von ihren fünf Kindern umringt, einer Niobe ä. (Frisch, Stiller 50).

Ähn|lich|keit, die; -, -en: *ähnliches Aussehen, ähnlicher Zug:* mit jmdm., einer Sache Ä. haben; es besteht eine Ä. zwischen beiden.

ähn|lich|schau|en ⟨sw. V.; hat⟩ (südd., österr.): *ähnlichsehen: das schaut dir ähnlich!*

ähn|lich|se|hen ⟨st. V.; hat⟩ (ugs.): *zu jmds. Charakter, sonstigem Verhalten passen; jmdm. zuzutrauen sein:* eine solche Gemeinheit würde ihm ä.

Ah|nung, die; -, -en [zu ↑ ¹ahnen]: **1.** *undeutliches, dunkles Vorgefühl:* eine dunkle, düstere A.; eine A. des kommenden Unheils; meine bösen -en trogen mich nicht; Sie habe dauernd -en, glaube, dass was passiert. Sie wisse nur nicht was (Kempowski, Tadellöser 262). **2.** *intuitives Wissen, Vermutung, Vorstellung von etw.:* von etw. absolut keine A., keine blasse, nicht die geringste, mindeste, entfernteste A. haben; hast du eine A. (ugs.; *weißt du*), wo sie hingegangen ist?; keine A. (ugs.; als Antwort auf eine Frage; *ich weiß es nicht*); hast du eine A.! (ugs.; *da irrst du dich aber sehr!; wenn du wüsstest!*); eine A. von etw. bekommen; der Bericht vermittelt eine A. davon, was sich damals abgespielt hat.

ah|nungs|los ⟨Adj.⟩: *nichts ahnend, völlig unwissend:* der -e Betrachter, Besucher; völlig a. sein; a. hereinkommen.

Ah|nungs|lo|sig|keit, die; -, -en: *Unwissenheit in Hinblick auf etw. Bestimmtes; das Ahnungslossein.*

ah|nungs|voll ⟨Adj.⟩ (geh.): *von Ahnung* (1) *erfüllt; etw. [Schlimmes] ahnend:* ein -er Blick.

ahoi ⟨Interj.⟩ [engl. ahoy, zu: hoy = he!] (Seemannsspr.): *Anruf eines Schiffes (dem Namen des Schiffes od. der Bezeichnung der Schiffsart folgend):* »Pfeil« a.!; Boot a.!

Ahorn, der; -s, -e [mhd., ahd. ahorn, verw. mit lat. acer = scharf, spitz (nach den spitz eingeschnittenen Blättern)]: **1.** *(in mehreren Arten vorkommender) Laubbaum mit meist gelappten Blättern u. zweigeteilten, geflügelten Früchten.* **2.** ⟨o. Pl.⟩ *Holz des Ahorns:* ein Schlafzimmer in A. dunkel.

Ahorn|blatt, das: *Blatt des Ahorns* (1).

Ahorn|si|rup, der: *Sirup, der aus dem Saft des Zuckerahorns gewonnen u. vor allem als Süßmittel verwendet wird.*

Ahr, die; -: linker Nebenfluss des Rheins.

Ähr|chen, das; -s, -: **1.** Vkl. zu ↑ Ähre. **2.** *Teilblütenstand der zusammengesetzten Ähre der Gräser.*

Äh|re, die; -, -n [mhd. eher, ahd. ehir, verw. mit lat. acer = scharf, spitz (nach den spitzen Grannen)]: **1.** (Bot.) *Blütenstand mit unverzweigter Hauptachse, an der die ungestielten Blüten sitzen.* **2.** *oberster Teil des Getreidehalms, an dem die Körner sitzen:* reife, volle, schwere -n; -n lesen.

Äh|ren|feld, das (geh.): *in Ähren stehendes Getreidefeld.*

Äh|ren|le|se, die: *Sammeln der bei der Ernte auf dem Feld zurückgebliebenen Ähren.*

AHS [aːhaːˈlɛs], die; -, - (österr.): allgemeinbildende höhere Schule, Gymnasium.

Ai, das; -s, -s [port. aí < Tupi (südamerik. Indianerspr.) ai]: *in verschiedenen Arten vorkommendes Faultier mit drei sichelförmigen Krallen an den Vordergliedmaßen.*

Aide [ɛːt], der; -n, -n [ˈɛːdn̩] [frz. aide, zu: aider = helfen < lat. adiutare]: **1.** (schweiz.) *Küchengehilfe, Hilfskoch.* **2.** *Mitspieler, Partner beim Kartenspiel, bes. im Whist.*

Aide-Mé|moire [ɛːtmeˈmo̯aːɐ̯], das; -[s], -[s] [frz., eigtl. = Gedächtnishilfe, zu: mémoire, ↑ Memoiren] (Dipl., Politik): *auf diplomatischem Wege zugestellte Niederschrift einer Stellungnahme, eines Sachverhalts, um Missverständnisse od. Unklarheiten zu beseitigen.*

Aids [eɪts], das; - ⟨meist o. Art.⟩ [Kurzwort für engl. acquired immune deficiency syndrome] (Med.): *Erkrankung, die zu schweren Störungen im Abwehrsystem des Körpers führt und meist tödlich verläuft.*

aids|in|fi|ziert ⟨Adj.⟩: *mit dem Aidsvirus infiziert.*

aids|krank [ˈeɪts...] ⟨Adj.⟩: *an Aids erkrankt:* ein -er Bluter.

Aids|kran|ke [ˈeɪts...] ⟨vgl. Kranke⟩: *weibliche Person, die an Aids erkrankt ist.*

Aids|kran|ker [ˈeɪts...] ⟨vgl. Kranker⟩: *jmd., der an Aids erkrankt ist.*

Aids|test [ˈeɪts...], der: *medizinisches Untersuchungsverfahren zur Feststellung von Aids:* sie will [sich] einen A. machen lassen.

aids|ver|seucht [ˈeɪts...] ⟨Adj.⟩: *durch das Aidsvirus verseucht:* -es Blut.

Aids|vi|rus [ˈeɪts...], das, *außerhalb der Fachspr. auch:* der; *HIV.*

Ai|g|ret|te [ɛˈɡrɛtə], die; -, -n [frz. aigrette < provenz. aigreta, zu: aigron = Reiher]: **1.** *als Schmuck im Haar od. am Hut getragenes, in einem Ring aus Edelmetall zusammengefasstes Bündel von [Reiher]federn.* **2.** *büschelförmiges Gebilde bei Feuerwerken.*

Ai|ki|do, das; -[s] [jap., aus: ai = Harmonie, ki = (lenkende) Kraft u. dō = Weg]: *in Japan entwickelte, betont defensive Form der Selbstverteidigung.*

Ai|o|li [auch: ajɔˈli], die; - od. das; -[s] [frz. aïoli < provenz. aioli, aus: ai = Knoblauch u. oli = Öl]: *Knoblauchsoße, -mayonnaise.*

¹**Air** [ɛːɐ̯], das; -s, -s ⟨Pl. selten⟩ [frz. air < lat. aer < griech. aḗr = Luft(schicht), Dunstkreis) (bildungsspr.): **a)** *Aussehen, Haltung:* sich ein weltmännisches A. geben; **b)** *Hauch, Fluidum:* er war vom A. des Abenteurers umgeben.

²**Air,** das; -s, -s [frz. air < ital. aria, ↑ Arie] (Musik): *vorwiegend für den vokalen, aber auch für den instrumentalen Vortrag bestimmte, einfach angelegte Komposition ohne formale Bindung.*

Air|bag [ˈɛːɐ̯bɛk], der; -s, -s [engl. air bag, aus: air < (a)frz. air = Luft (↑¹Air) u. bag = Beutel, Sack]: *Luftkissen im Auto, das sich bei einem Aufprall automatisch aufbläst, um die Insassen vor schweren Verletzungen zu schützen.*

Air|brush [ˈɛːɐ̯braʃ], der; -[s], -s, *auch:* die; -, -s [engl. airbrush = Spritzpistole, aus: air (↑ Airbag) u. brush = Bürste, Besen, Pinsel]: *Farbsprühgerät, mit dessen Hilfe besondere grafische Effekte erzielt werden können.*

air|bru|shen ⟨sw. V.; hat⟩ (ugs.): *grafische Arbeiten in Airbrushtechnik ausführen.*

Air|brush|tech|nik, die: *bes. in der Werbegrafik u. der Kunst verwendete Technik zur Erzielung bestimmter grafischer Effekte.*

Air|bus®, der; -[ses], -se [engl. airbus, aus: air (< frz. air, ↑¹Air) u. bus, ↑ Bus]: *Großraumflugzeug eines gleichnamigen europäischen Herstellers.*

Air|con|di|tion, Air-Con|di|tion [ˈɛːɐ̯kɔndɪʃn̩], die; -, -s [zu engl. air conditioner, air conditioning]: *Klimaanlage.*

Air|con|di|tio|ner, Air-Con|di|tio|ner [...ʃ(ə)nɐ], der; -s, - [engl. air conditioner]: *Klimaanlage.*

Air|con|di|tio|ning, Air-Con|di|tio|ning [...kɔndɪʃ(ə)nɪŋ], das; -s, -s [engl. air conditioning]: *Klimaanlage.*

Aire|dale|ter|ri|er [ˈɛːɐ̯deɪl...], der; -s, - [nach einem »Airedale« genannten Talabschnitt des Aire (England), zu engl. dale = Tal]: *größerer, muskulöser Hund mit kurzem, rauhaarigem, hellbraunem, am Rücken u. an der Oberseite von Hals u. Schwanz dunkelgrauem bis schwarzem Fell.*

Air France [ɛːɐ̯ˈfrãːs], die; - -: *französische Luftfahrtgesellschaft (Abk.: AF).*

Air|line [ˈɛːɐ̯laɪn], die; -, -s [engl. airline]: *Fluglinie, Fluggesellschaft.*

Air|mail [ˈɛːɐ̯meɪl], die; -: engl. Bez. für: Luftpost.

Air|port [ˈɛːɐ̯pɔrt, ...poːɐ̯t], der; -s, -s [engl. airport]: *Flughafen.*

ais, Ais, das; -, -: *um einen halben Ton erhöhtes a, A (2).*

Aja|tol|lah, (engl. Schreibung:) Ayatollah, der; -[s], -s [pers. āyaˈtullāh = Zeichen Gottes]: *Ehrentitel für geistliche Würdenträger im schiitischen Islam.*

ajour [aˈʒuːɐ̯] ⟨Adv.⟩: österr. für: ↑ à jour (2–4).

à jour [aˈʒuːɐ̯; frz., aus: à = zu u. jour = Tag < lat. diurnum = Tagesratio, zu: diurnus = täglich, Tages-]: **1.** [eigtl. = bis zum (heutigen) Tag] **a)** *aktualisiert:* etw. à j.; etw. à j. bringen *(aktualisieren);* **b)** (Buchf.) *auf dem Laufenden, ohne Buchungsrückstand.* **2.** [zu frz. jour in der Bed. »Fenster«, eigtl. = durchbrochen] *(von Edelsteinen) nur an den Kanten, am Rand u. mit freier Rückseite:* à j. gefasst. **3.** [zu frz. jour in der Bed. »Fenster«, eigtl. = durchbrochen] (Textilind.) *(von Spitzen, Geweben) durchbrochen, mit Durchbrüchen.* **4.** [zu frz. jour in der Bed. »Fenster«, eigtl. = durchbrochen] (Archit.) *(von Ornamenten u. Bauteilen) frei gegen den Raum stehend.*

Ajour|ar|beit, die; -, -en: **a)** *à jour (2) gearbeitete Fassung (1 a) für Edelsteine;* **b)** (Textilind.) *Durchbrucharbeit (1);* **c)** (Archit.) *Fläche mit Ornamenten, die à jour (4) gestaltet sind.*

ajou|rie|ren [aʒuˈriːrən] ⟨sw. V.; hat⟩ (österr.): **1.** *Ajourarbeit (1) machen.* **2.** (österr., sonst bildungsspr.) *auf dem Laufenden halten, aktualisieren:* das Handbuch muss in kurzen Abständen ajouriert werden.

Ajour|sti|cke|rei [aˈʒuːɐ̯...], die (Textilind.): **1.** ⟨o. Pl.⟩ *Stickereitechnik, bei der eine Durchbrucharbeit (1) entsteht.* **2.** *Durchbrucharbeit (1), bei der durch Ausziehen, Ausschneiden u. Umsticken von Fäden eines Stoffs ein bestimmtes Muster entstanden ist.*

Ajour|stil [aˈʒuːɐ̯...], der (Archit.): *für die gotische u. die islamische Baukunst charakteristischer Stil, bei dem Oberflächen siebartig durchbrochen werden.*

A-Ju|gend [ˈaː...], die [A nach der Reihenfolge im Alphabet] (Sport): *älteste Altersgruppe der Jugendlichen im Sport.*

A-Ju|gend|li|che [ˈaːjuːɡntlɪçə] ⟨vgl. Jugendliche⟩ (Sport): *weibliche Person, die der A-Jugend angehört.*

A-Ju|gend|li|cher [ˈaːjuːɡntlɪçɐ] ⟨vgl. Jugendlicher⟩ (Sport): *männliche Person, die der A-Jugend angehört.*

A-Ju|gend|mann|schaft [ˈaːjuːɡntmanʃaft], die (Sport): *Mannschaft der A-Jugend.*

A-Ju|ni|or [ˈaːjuːnjoːɐ̯], der (Sport): *A-Jugendlicher.*

A-Ju|ni|o|rin [ˈaːjunjoːrɪn], die: w. Form zu ↑ A-Junior.

AK = Aktienkapital; Armeekorps.

AK, die; -, -s: Arbeiterkammer.

aka ⟨Adv.⟩ [Abk. für engl. also known as]: *alias.*

Aka|de|mie, die; -, -n: **1. a)** [frz. académie < lat. Academia < griech. Akadḗmeia = Lehrstätte Platons bei Athen] *wissenschaftliche Gesellschaft; Vereinigung von Gelehrten, Künstlern od. Dichtern:* A. der Wissenschaften, der Künste; **b)** *Gebäude, in dem eine Akademie (1 a) ihren Sitz hat.* **2.** *Fach[hoch]schule.* **3.** (österr. veraltend) *literarische od. musikalische Veranstaltung.*

Aka|de|mie|mit|glied, das: *Mitglied einer Akademie (1 a).*

Aka|de|mi|ker, der; -s, -: *jmd., der eine Universitäts- od. Hochschulausbildung hat:* Es ist der Ehrgeiz von Vater und Mutter, dass wir A. werden (Frisch, Montauk 171). **2.** [nach russ. akademik = Akademiemitglied] (selten) *Mitglied einer Akademie (1 a).*

Aka|de|mi|ke|rin, die; -, -nen: w. Form zu ↑ Akademiker.

Aka|de|mi|ker|kreis, der: ↑ Kreis (3 b) *von Akademikern:* ein reiner A.; in -en war das längst bekannt.

aka|de|misch ⟨Adj.⟩: **1.** *an einer Universität od. Hochschule erworben, erfolgend, üblich, vorhanden:* eine -e Position; a. [vor]gebildet sein. **2. a)** (bild. Kunst abwertend) *herkömmlich u. formal musterhaft, aber unlebendig u. ohne Verve:* eine Kunst von -er Blässe; ein a. gemaltes Porträt; **b)** (abwertend) *lebensfern, trocken, theoretisch, voller Abstraktionen:* ein in -em Stil verfasster Aufsatz; **c)** *müßig, überflüssig:* wenn es bei diesem Preis bleibt, werden alle inhaltlichen Fragen sowieso a.

Akan|thus, der; -, - [1. [lat. acanthus < griech. ákanthos, zu: ákantha = Dorn] (Bot.) *Bärenklau (1).* **2.** (Kunst) *Ornament nach dem Vorbild der Blätter des Akanthus (1), bes. am korinthischen Kapitell.*

Akan|thus|blatt, das: *Akanthus (2).*

akau|sal [auch: ...ˈzaːl] ⟨Adj.⟩ [aus griech. a- = nicht u. ↑ kausal] (Philos.): *nicht kausal; ohne ursächlichen Zusammenhang.*

Aka|zie, die; - [lat. acacia < griech. akakía]: **1.** *(zu den Mimosengewächsen gehörender) Baum od. Strauch mit gefiederten Blättern u. meist gelben od. weißen, in Büschen dicht beieinanderstehenden kleinen, kugeligen Blüten.* **2.** (volkstüml.) *Robinie.*

Ake|lei, die; -, -en [mhd. akelei, ahd. agaleia < mlat. aquile(g)ia, H. u.]: *(zu den Hahnenfußgewächsen gehörende) Pflanze mit großen, meist blauen, orange od. gelben Blüten, deren innere Blütenblätter in einen nach hinten gerichteten Sporn auslaufen.*

AKH [aːkaːˈhaː], das; -[s], -[s]: Allgemeines Krankenhaus.

Aki|ne|sie, die; - [griech. akinēsía, zu: a- = nicht, un- u. kínēsis = Bewegung] (Med.): *Bewegungshemmung, -unfähigkeit.*

Akk. = Akkusativ.

Ak|kla|ma|ti|on, die; -, -en [lat. acclamatio, zu: acclamare, ↑ akklamieren]: **1.** (bildungsspr., bes. österr., schweiz.) *Beifall; Zustimmung.* **2.** (bildungsspr., bes. österr., schweiz.) *Abstimmung durch Zuruf:* jmdn. durch/per A. [wieder] wählen. **3.** (christl. Rel.) *(im Gottesdienst) Zuruf des Geistlichen od. Erwiderung der Gemeinde.*

ak|kla|mie|ren ⟨sw. V.; hat⟩ [lat. acclamare, zu: ad = zu u. clamare = rufen] (bildungsspr.): **1.** (bes. österr.) **a)** *mit Beifall bedenken, aufnehmen:* der Solist, die Szene wurde heftig akklamiert; **b)** *zustimmen, beipflichten:* »Gut gesagt!«, akklamierte ihm der Vater. **2.** *in einer*

Akklimatisation – Akrolein

Versammlung durch Zuruf wählen: das Volk akklamierte den Kaiser.

Ak|kli|ma|ti|sa|ti|on, die; -, -en: **1.** (Biol.) *Anpassung von Lebewesen an veränderte klimatische Verhältnisse:* den Organismus zur A. bringen. **2.** (bildungsspr.) *Gewöhnung an veränderte Lebensumstände.*

ak|kli|ma|ti|sie|ren, sich ⟨sw. V.; hat⟩ [(unter Einfluss von frz. acclimater) zu ↑ Klima] (bildungsspr.): **1.** *sich an veränderte klimatische Verhältnisse anpassen:* akklimatisiere dich erst mal! **2.** *sich an veränderte Lebensumstände gewöhnen:* sich in Amerika völlig akklimatisiert haben.

Ak|kli|ma|ti|sie|rung, die; -, -en: *Akklimatisation.*

Ak|kom|mo|da|ti|on, die; -, -en [frz. accommodation < lat. accommodatio = das Anpassen]: **1.** (Physiol.) **a)** *Anpassung;* **b)** *Einstellung des Auges auf die jeweilige Entfernung.* **2.** (Theol.) *Angleichung einer Religion an die Ideen u. Werte einer anderen.*

ak|kom|mo|die|ren ⟨sw. V.; hat⟩ [frz. accommoder < lat. accommodare] (Physiol.): **a)** *anpassen;* dadurch wird das Auge akkommodiert; **b)** ⟨a. + sich⟩ *sich anpassen, sich einfügen:* die Muskeln akkommodieren sich den gegebenen Verhältnissen; ... gab es noch genügend Leute, die sich akkommodierten, indem sie sich auf die Seite der Herrschenden schlugen (Heym, Schwarzenberg 144).

Ak|kord, der; -[e]s, -e [frz. accord, zu: accorder = (Instrumente) stimmen, ↑ akkordieren]: **1.** (Musik) *Zusammenklang von mehr als zwei Tönen mit verschiedener Tonhöhe:* volle, dissonante -e; -e anschlagen; Ü Es war ein melodischer A. von Düften (Thieß, Frühling 91). **2.** (Wirtsch.) **a)** *Bezahlung nach der erzeugten Stückzahl; Stücklohn:* einen schlechten A. haben; die -e herabsetzen; **b)** *Arbeitsverhältnis, in dem jmd. nach Stückzahlen entlohnt wird:* im, (selten auch:) in, auf A. arbeiten. **3. a)** (Rechtsspr.) *Übereinkommen, Vergleich, Vereinbarung:* einen A. mit seinen Gläubigern abschließen; **b)** (veraltet) *Übereinstimmung, Einklang.* ◆ **4.** *Arbeitsvertrag:* Gleich am ersten Tage hatte der Mann seinen A. mit der Gutsverwaltung abgeschlossen (Ebner-Eschenbach, Gemeindekind 3).

Ak|kor|dant, der; -en, -en: **1.** (selten) *jmd., der im Akkord (2) arbeitet.* **2.** (schweiz.) *kleiner Unternehmer (bes. im Bauwesen u. Ä.), der Aufträge zu einem Pauschalpreis je Einheit auf eigene Rechnung übernimmt.*

Ak|kor|dan|tin, die; -, -nen: w. Form zu ↑ Akkordant.

Ak|kord|ar|beit, die: *Arbeit im Akkord (2).*

Ak|kord|ar|bei|ter, der: *jmd., der Akkordarbeit verrichtet.*

Ak|kord|ar|bei|te|rin, die: w. Form zu ↑ Akkordarbeiter.

Ak|kor|de|on, das; -s, -s [1829 (als »Accordion«) geb. zu ↑ Akkord von dem östr. Instrumentenmacher C. Demian]: *bes. für Volks- u. Unterhaltungsmusik verwendetes Harmonikainstrument mit gleichem Ton bei Zug u. Druck; Schifferklavier:* A. spielen.

Ak|kor|de|o|nist, der; -en, -en: *jmd., der [berufsmäßig] Akkordeon spielt.*

Ak|kor|de|o|nis|tin, die; -, -nen: w. Form zu ↑ Akkordeonist.

ak|kor|die|ren ⟨sw. V.; hat⟩ [frz. accorder, zu lat. cor (Gen.: cordis) = Herz, Verstand, Gestimmtheit]: **a)** (österr., sonst veraltet) *etw. vereinbaren, verabreden:* sie akkordierten Gewinnbeteiligung; **b)** ⟨a. + sich⟩ (österr., sonst veraltet) *sich mit jmdm. einigen:* ich akkordierte mich mit meinen Gläubigern; **c)** (österr.) *aufeinander abstimmen, gemeinsam festlegen.*

ak|kor|disch ⟨Adj.⟩ (Musik): **a)** *den Akkord (1) betreffend;* **b)** *in Akkorden (1) geschrieben.*

Ak|kord|leh|re, die ⟨o. Pl.⟩ (Musik): *Harmonielehre.*

Ak|kord|lohn, der (Wirtsch.): *Stücklohn.*

Ak|kord|zu|schlag, der (Wirtsch.): *Zuschlag zum Akkordlohn.*

ak|kre|di|tie|ren ⟨sw. V.; hat⟩ [frz. accréditer, zu: crédit, ↑ ¹Kredit]: **1.** (bes. Dipl.) *einen [diplomatischen] Vertreter beglaubigen, bevollmächtigen:* einen Botschafter a.; bei der Kammer akkreditiert sein; ein akkreditierter Korrespondent. **2.** (Bankw.) *jmdm. Kredit einräumen, ein Akkreditiv (2) stellen:* jmdn. für den Gesamtbetrag von 50 000 Euro a.

Ak|kre|di|tie|rung, die; -, -en: *das Akkreditieren, Akkreditiertsein.*

Ak|kre|di|tiv, das; -s, -e: **1.** (Dipl.) *Beglaubigungsschreiben eines diplomatischen Vertreters, das dem Staatsoberhaupt des fremden Landes überreicht wird.* **2.** (Bankw.) *Anweisung eines Kunden an seine Bank, auf seine Rechnung einem benannten Dritten einen bestimmten Betrag zur Verfügung zu stellen:* ein A. stellen, eröffnen.

Ak|ku, der; -s, -s: kurz für ↑ Akkumulator (1).

Ak|ku|lauf|zeit, die (ugs.): *bestimmte Zeit, die ein Akku benötigt, um den gespeicherten Strom abzugeben.*

Ak|kul|tu|ra|ti|on, die; -, -en [zu lat. ad u. ↑ Kultur] (Völkerkunde, Sozialpsychol.): *Übernahme von Elementen einer fremden Kultur durch den Einzelnen od. eine Gruppe; kultureller Anpassungsprozess.*

ak|kul|tu|rie|ren ⟨sw. V.; hat⟩ (Völkerkunde, Sozialpsychol.): *einer Akkulturation unterziehen:* eine fremde Religion a.

Ak|ku|mu|la|ti|on, die; -, -en [lat. accumulatio = Aufhäufung]: **1.** (bildungsspr.) *[An]häufung, [Auf]häufung, [An]sammlung, Speicherung:* eine A. von Insektizides. **2. a)** (Wirtsch.) *Anhäufung von Reichtum, bes. von Produktionsmitteln:* die A. von Kapital; **b)** (Geol.) *mechanische Anhäufung von Gesteinsmaterial durch Flüsse, Meer, Wind u. a.;* **c)** (Stilkunde) *syndetische od. asyndetische Aneinanderreihung mehrerer Unterbegriffe vor einem [gedachten] zusammenfassenden Oberbegriff.*

Ak|ku|mu|la|tor, der; -s, ...oren [lat. accumulator = Anhäufer] (Technik): **1.** *auf elektrochemischer Basis arbeitender Stromspeicher:* der A. ist leer. **2.** *(z. B. bei hydraulischen Pressen vorhandener) Behälter mit Druckwasser o. Ä., der mechanische Energie speichert.* **3.** (EDV) *Speicherzelle einer Rechenanlage.*

ak|ku|mu|lie|ren ⟨sw. V.; hat⟩ [lat. accumulare, zu: cumulare, ↑ kumulieren] (bildungsspr., Fachspr.): **a)** *ansammeln, anhäufen, zusammentragen:* Kapital, Wissen a.; kleine Mengen der Pflanzenschutzmittel werden durch die Meerestiere akkumuliert; **b)** ⟨a. + sich⟩ *sich anhäufen, in großer Zahl zusammenkommen:* die Risiken akkumulieren sich; ⟨auch ohne »sich«:⟩ die Forderungen akkumulieren.

¹ak|ku|rat ⟨Adj.⟩ [lat. accuratus = sorgfältig, zu: accurare = mit Sorgfalt tun, zu: curare, ↑ kurieren]: **1.** *sorgfältig, ordentlich:* ein -er Mensch; äußerst a. gekleidet sein. **2.** *exakt, genau:* die -e Führung der Gesangsstimmen; ein -er Scheitel.

²ak|ku|rat ⟨Adv.⟩ [zu ↑ ¹akkurat] (landsch.): *genau, gerade:* a. das habe ich gemeint; es ist a. sechs Uhr; Sechs von ihnen lebten am rechten Ufer, sechs a. einen Ufer und einer a. dazwischen (Süskind, Parfum 59).

Ak|ku|ra|tes|se, die; - [geb. mit frz. Endung] (bildungsspr.): *Sorgfalt, Genauigkeit:* mit äußerster A. gemalt sein.

Ak|ku|sa|tiv, der; -s, -e [lat. (casus) accusati-

vus = die Anklage betreffend(er Fall), zu: accusare = anklagen; falsche lat. Übersetzung von griech. (ptōsis) aitiatiké = Ursache u. Wirkung betreffend(er Fall)] (Sprachwiss.): **1.** ⟨o. Pl.⟩ *Kasus, in dem bes. das Objekt eines transitiven Verbs u. bestimmte Umstandsangaben stehen; Wenfall, vierter Fall* (Abk.: Akk.): A. mit Infinitiv (lat.: accusativus cum infinitivo; *eine grammatische Konstruktion, in der ein mit einem Infinitiv verbundener Akkusativ für einen Objektsatz steht*) (Abk.: acc. c. inf., a. c. i.); die Präposition »gegen« regiert den A.; das Wort steht im A. **2.** *Wort, das im Akkusativ (1) steht:* der Satz enthält zwei -e.

Ak|ku|sa|tiv|ob|jekt, das (Sprachwiss.): *Ergänzung eines (transitiven) Verbs im Akkusativ.*

Ak|ne, die; -, -n [falsche Lesart von griech. akmế, urspr. wohl = Spitze] (Med.): *mit Knötchen- u. Pustelbildung einhergehende Entzündung der Talgdrüsen.*

Ako|lyth, der; -en u. -s, -en [mlat. acolythus, acoluthus < griech. akólouthos = Begleiter, Diener] (kath. Kirche): **1.** *Laie (2), der während der ¹Messe (1) bestimmte Dienste am Altar verrichtet.* **2.** *(früher) Kleriker im 4. Grad der niederen Weihen.*

Ako|nit, das; -s, -e [lat. aconitum < griech. akóniton] (Bot.): *Eisenhut (1).*

Akon|to, das; -s, ...ten u. -s [↑ a conto] (österr., schweiz.): *Anzahlung:* ein A. leisten.

Akon|to|zah|lung, die (Bankw.): *Anzahlung, Abschlagszahlung.*

ak|qui|rie|ren ⟨sw. V.; hat⟩ [lat. acquirere]: **1.** *erwerben, an-, herbeischaffen, beibringen:* Aufträge a. **2.** (Wirtsch.) *als Akquisiteur tätig sein, Kunden werben:* er akquiriert auf dem russischen Markt.

Ak|qui|se, die; -, -n: *Akquisition (2).*

Ak|qui|si|teur [akvizi'tø:ɐ̯], der; -s, -e [französierende Bildung]: **a)** (Wirtsch.) *jmd., der Akquisition betreibt;* **b)** (Zeitungsw.) *Person, die Anzeigen für eine Zeitung einholt.*

Ak|qui|si|teu|rin [...'tø:rɪn], die; -, -nen: w. Form zu ↑ Akquisiteur.

Ak|qui|si|ti|on, die; -, -en [(frz. acquisition <) lat. acquisitio]: **1.** *Erwerbung, Anschaffung.* **2.** (Wirtsch.) *Gewinnung von Kunden, Aufträgen, Fördergeldern o. Ä.:* Talent zur A. von Kunden haben. **3.** (Wirtsch.) *Kauf, Übernahme eines Unternehmens[bereichs].*

ak|qui|si|to|risch ⟨Adj.⟩: *die Akquisition (2) betreffend:* -e Fähigkeiten haben.

Ak|ri|bie, die; - [kirchenlat. acribia < griech. akríbeia] (bildungsspr.): *höchste Genauigkeit, Sorgfalt in Bezug auf die Ausführung von etw.:* wissenschaftliche A.; A. im Detail.

ak|ri|bisch ⟨Adj.⟩ (bildungsspr.): *peinlich genau, höchst sorgfältig, äußerst gründlich:* -es Quellenstudium; etw. a. kontrollieren.

Ak|ro|bat [österr. auch: ...'bat], der; -en, -en [zu griech. akróbatos = auf den Fußspitzen gehend, zu: ákros = äußerst..., oberst...; spitz]: *jmd., der turnerische, gymnastische od. tänzerische Übungen ausführt, die besondere körperliche Beweglichkeit u. Gewandtheit erfordern, beherrscht [u. im Zirkus od. Varieté vorführt].*

Ak|ro|ba|tik [österr. auch: ...'bat...], die; -: **a)** *Körperbeherrschung u. Geschicklichkeit, große körperliche Gewandtheit:* eine bewundernswerte A.; **b)** *Kunst, Leistung, Gesamtheit der Übungen eines Akrobaten:* sie sieht gern A.

Ak|ro|ba|tin, die; -, -nen: w. Form zu ↑ Akrobat.

ak|ro|ba|tisch [österr. auch: ...'bat...] ⟨Adj.⟩: **a)** *Akrobaten, Akrobatik u. ihre Leistung betreffend;* **b)** *körperlich besonders gewandt, geschickt:* -e Figuren, Tanzeinlagen.

Ak|ro|le|in, (chem. fachspr.:) Acrolein, das; -s [zu griech. ákros (↑ Akrobat) u. lat. olere = riechen]

(Chemie): *scharf riechender Aldehyd, der den beißenden Geruch von angebranntem Fett verursacht.*

Ak|ro|nym, das; -s, -e [zu griech. ákros = Spitze, äußerstes Ende u. ónyma = Name] (Sprachwiss.): *aus den Anfangsbuchstaben mehrerer Wörter gebildetes Kurzwort (z. B. EDV aus elektronische Datenverarbeitung).*

Ak|ro|po|lis, die; -, Akropolen [griech. akrópolis]: **a)** ⟨o. Pl.⟩ *Burg oberhalb Athens;* **b)** *(in vielen griechischen Städten der Antike) auf einem Hügel oberhalb einer Stadt gelegene Burg.*

Ak|ros|ti|chon, das; -s, ...chen u. ...cha [zu griech. akron = Höchstes, Spitze u. stíchos = Vers, erster Buchstabe eines Verses] (Literaturwiss.): **a)** *Gedicht, bei dem die Anfangsbuchstaben, -silben od. -wörter der Verszeilen od. Strophen ein Wort od. einen Satz ergeben;* **b)** *Gesamtheit der Anfangsbuchstaben, -silben od. -wörter der Verszeilen od. Strophen, die ein Wort od. einen Satz ergeben.*

Ak|ro|ter, der; -s, -e, (älter:) **Ak|ro|te|rie,** die; -, -n, **Ak|ro|te|ri|on,** das; -s, ...ien, **Ak|ro|te|ri|um,** das; -s, ...ien [lat. acroterium < griech. akrōtérion]: *(in der antiken Architektur) bekrönende Verzierung auf dem First u. an den Ecken des Giebels repräsentierender Bauten.*

Ak|ryl usw.: ↑ Acryl usw.

Akt, der; -[e]s, -e u. -en [lat. actus, zu: agere (2. Part. actum) = handeln, tätig sein]: **1.** ⟨Pl. -e⟩ **a)** *Handlung, Vorgang, Tat:* ein schöpferischer A.; rechtswidrige -e; ein A. der Vernunft, der Gerechtigkeit, der Nächstenliebe, der Verzweiflung; ...die Anerkennung einer Norm sollte als ein A. des Willens angesehen werden (Habermas, Spätkapitalismus 143); **b)** *Feierlichkeit, Zeremonie:* dem A. der Einweihung beiwohnen; **c)** *juristisches Verfahren, Rechtsvorgang.* **2.** ⟨Pl. -e⟩ *Aufzug (4):* ein Schauspiel in fünf -en; im ersten A. **3.** ⟨Pl. -e⟩ *(im Zirkus, Varieté) Darbietung, Nummer:* ein akrobatischer A. **4.** ⟨Pl. -e⟩ *(bild. Kunst) künstlerisch [stilisiert] dargestellter nackter menschlicher Körper:* sie malt einen A. **5.** ⟨Pl. -e⟩ *Kurzf. von* ↑ Geschlechtsakt. **6.** ⟨Pl. -en⟩ (bes. südd., österr.) *Akte.*

◆²Akt, der; -[e]s, -e [seltenere Form von: Ack(e), fries. acki = Zufahrt] (nordd.): *an der Außenod. Innenseite eines Deiches angelegte Auffahrt:* ... ging sie den A., wie man bei uns die Trift- und Fußwege nennt, die schräg an der Seite des Deiches hinab- oder hinaufführen, zu den Häusern hinunter (Storm, Schimmelreiter 20).

Ak|tant, der; -en, -en [frz. actant]: **1.** (Sprachwiss.) *[vom Verb] abhängiges Satzglied.* **2.** (bildungsspr., Soziol.) *Akteur* (1). **3.** (Literaturwiss.) **a)** *Person, die in irgendeiner Weise am Literaturbetrieb beteiligt ist, teilnimmt* (z. B. Autor, Leser, Kritiker); **b)** *literarische Figur, Gestalt.*

Ak|tan|tin, die; -, -nen: w. Form zu ↑ Aktant (2,3).

Akt|auf|nah|me, die: *fotografische Aufnahme eines Aktes* (4).

Akt|bild, das: *Bild, das einen Akt* (4) *darstellt.*

Akt|dar|stel|lung, die: *[Art u. Weise der] Darstellung eines Aktes* (4).

Ak|te, die; -, -n [rückgeb. aus: Akten (Pl.) < lat. acta, eigtl. = das Verhandelte, die Ausführungen] (bes. Verwaltung, Gericht), **Akt:** *[Sammlung von] Unterlagen zu einem geschäftlichen od. gerichtlichen Vorgang:* eine A. anlegen, einsehen, bearbeiten, ablegen; in einer A. blättern; das kommt in die -n (wird als Notiz in die Akten eingetragen); * über etw. die -n schließen (etw. für erledigt erklären, über etw. nicht mehr verhandeln); etw. **zu den -n legen** (ugs.; etw. als erledigt betrachten).

Ak|ten|de|ckel, der: *gefalzter Karton, in dem Akten u. andere Papiere aufbewahrt werden.*

Ak|ten|ein|sicht, die (Verwaltungsspr.): *Einsicht* (1 b) *in eine Akte:* jmdm. A. gewähren.

Ak|ten|kof|fer, der: *kleinerer Koffer zum Transport von Akten, Schriftstücken u. Ä.*

ak|ten|kun|dig ⟨Adj.⟩ (Amtsspr.): *in Akten vermerkt, durch eine Akte beweisbar, belegbar:* ihre Psychose ist a.

Ak|ten|la|ge, die ⟨Pl. selten⟩: *sich in den Akten widerspiegelnder Stand der Dinge:* die A. hat sich nicht geändert; ich kenne die A.; (Amtsspr.:) nach A.

Ak|ten|map|pe, die: **1.** *Sammelmappe aus Pappe für Akten.* **2.** (nordd.) *Aktentasche.*

Ak|ten|no|tiz, die: *Notiz, Vermerk in einer Akte:* eine A. machen.

Ak|ten|ord|ner, der: *Ordner* (2) *für Akten.*

Ak|ten|schrank, der: *Schrank zum Aufbewahren von Akten.*

Ak|ten|stück, das: *einzelne Akte, Vorgang* (2): in einem A. blättern.

Ak|ten|ta|sche, die: *größere Tasche mit Tragegriff für Akten, Bücher, Schriftstücke u. Ä.*

Ak|ten|ver|merk, der (Verwaltungsspr.): *Vermerk in einer Akte:* einen A. machen.

Ak|ten|zahl, die: *Aktenzeichen.*

Ak|ten|zei|chen, das: *Signatur zur Kennzeichnung einer Akte* (Abk.: AZ).

Ak|teur [ak'tøːɐ̯], der; -s, -e [frz. acteur < lat. actor]: **1.** (bildungsspr.) *Handelnder, an einem bestimmten Geschehen Beteiligter; handelnde Person.* **2. a)** (bildungsspr.) *Schauspieler:* ◆ ⟨Pl. -s:⟩ ... die großen Hunde ... rannten wider die -s (Goethe, Lehrjahre II, 3); **b)** (Sportjargon) *Spieler, Wettkämpfer.*

Ak|teu|rin [...'tøːrɪn], die; -, -nen: w. Form zu ↑ Akteur.

Akt|fo|to, das, schweiz. auch: die: *Aktaufnahme.*

Akt|fo|to|graf, Aktphotograph, der: *Fotograf, der auf Aktdarstellungen spezialisiert ist.*

Akt|fo|to|gra|fie, Aktphotographie, die: **1.** ⟨o. Pl.⟩ *Bereich der Fotografie, der die Aktdarstellung zum Gegenstand hat.* **2.** *Aktfoto.*

Akt|fo|to|gra|fin, Aktphotographin, die: w. Formen zu ↑ Aktfotograf, Aktphotograph.

Ak|tie ['aktsi̯ə], die; -, -n [niederl. actie < lat. actio = Tätigkeit; klagbarer Anspruch] (Wirtsch.): *Urkunde, in der das Anteilsrecht am Grundkapital einer Aktiengesellschaft festgelegt u. der Anspruch auf einen bestimmten Teil des Gewinnes verbrieft ist:* die -n steigen, fallen; sein Vermögen in -n anlegen; R wie stehen die -n? (ugs. scherzh.; wie gehts?); * **jmds. -n steigen** (ugs.; *jmds. Aussichten auf Erfolg werden besser*).

Ak|ti|en|an|teil, der: **1.** *Anteil, den Aktien am gesamten Vermögen, am gesamten Besitz, an den gesamten finanziellen Mitteln ausmachen:* ein Fonds mit einem kleinen A. **2.** *Anteil an den gesamten Aktien eines Unternehmens o. Ä.:* seinen A. verkaufen wollen.

Ak|ti|en|aus|ga|be, die: *das Ausgeben* (1 c) *von Aktien.*

Ak|ti|en|be|sitz, der: *Besitz in Form von Aktien.*

Ak|ti|en|bör|se, die: *Effektenbörse.*

Ak|ti|en|fonds, der (Wirtsch.): *Investmentfonds, der überwiegend in Aktien anlegt.*

Ak|ti|en|ge|schäft, das: *Geschäft mit Aktien.*

Ak|ti|en|ge|sell|schaft, die: *Handelsgesellschaft, deren Grundkapital von einzelnen Gesellschaftern aufgebracht wird, die in Höhe ihrer Einlage an dem Unternehmen beteiligt sind* (Abk.: AG).

Ak|ti|en|ge|setz, das (Rechtsspr.): *Aktiengesellschaften betreffende Gesetzgebung* (Abk.: AktG).

Ak|ti|en|han|del, der: *Handel mit Aktien.*

Ak|ti|en|in|dex, der ⟨Pl. ...dizes, auch: ...dices⟩ (Börsenw.): *Index der durchschnittlichen Kurswerte der wichtigsten an der Börse gehandelten Aktien.*

Ak|ti|en|in|ha|ber, der: *Aktionär.*

Ak|ti|en|in|ha|be|rin, die: w. Form zu ↑ Aktieninhaber.

Ak|ti|en|ka|pi|tal, das: *in Aktien gestückeltes Grundkapital einer Aktiengesellschaft* (Abk.: AK).

Ak|ti|en|kauf, der: *Kauf von Aktien.*

Ak|ti|en|kurs, der: *Kurs* (4) *von Aktien:* die -e steigen, fallen, erholen sich, ziehen an.

Ak|ti|en|markt, der: **1.** *Börse, an der Aktien gehandelt werden:* die wichtigsten Aktienmärkte. **2.** ⟨o. Pl.⟩ *Handel mit Aktien.*

Ak|ti|en|markt|in|dex, der (Börsenw.): *Index der durchschnittlichen Kurswerte der wichtigsten Aktien des Aktienmarktes.*

Ak|ti|en|mehr|heit, die: *den Aktienbesitz betreffende Mehrheit eines Gesellschafters:* die A. besitzen.

Ak|ti|en|op|ti|on, die (Börsenw.): *Wertpapier, das zum Kauf von Aktien eines bestimmten Unternehmens zu einem festgelegten Preis innerhalb einer zeitlichen Frist berechtigt.*

Ak|ti|en|pa|ket, das: *größerer Posten von Aktien eines Unternehmens in einer Hand.*

Ak|ti|en|recht, das: **1.** ⟨o. Pl.⟩ *Gesamtheit der Aktiengesetze.* **2.** *Recht zum Erwerb von Aktien.*

Ak|ti|en|spe|ku|la|ti|on, die: *Spekulation* (2) *mit Aktien.*

Ak|ti|en|wert, der (Börsenw.): *Wert einer Aktie od. der Aktien einer Aktiengesellschaft.*

Ak|tin, das; -s, -e [zu lat. agere (actum) = handeln, tätig sein] (Biochemie): *Eiweißverbindung im Muskel.*

Ak|ti|nie, die; -, -n [zu griech. aktís (Gen.: aktínos) = Strahl] (Zool.): *sechsstrahlige Koralle, Seeanemone.*

Ak|ti|ni|um: ↑ Actinium.

Ak|ti|on, die; -, -en [lat. actio, ↑ Aktie]: **1.** *[gemeinschaftlich geplante] Unternehmung, Maßnahme:* eine gemeinsame, gewaltfreie, militärische A. planen; die A. kommt nicht in Gang, wird eingestellt; eine konzertierte A. (bes. Politik; durch Übereinstimmung aller Partner erzieltes gemeinsames Vorgehen; 1967 geprägt von Karl Schiller). **2.** *das Handeln, Tätigsein:* A. und Kontemplation; * **in A.** (*in Tätigkeit*): in A. sein, setzen, treten; etw. in A. zeigen). **3.** (Reiten) *bestimmte charakteristische Beinbewegung beim Pferd; Gangart.* **4.** (Physik) *Wirkung.* **5.** (österr., schweiz.) *Sonderangebot.*

Ak|ti|o|när, der; -s, -e [frz. actionnaire, zu: action = Aktie]: *Gesellschafter einer Aktiengesellschaft; Aktieninhaber.*

Ak|ti|o|nä|rin, die; -, -nen: w. Form zu ↑ Aktionär.

Ak|ti|o|närs|schüt|zer, der (ugs.): *jmd., der die Interessen der Aktionäre, bes. der Kleinaktionäre, meist gegenüber der Unternehmensleitung vertritt.*

Ak|ti|o|närs|schüt|ze|rin, die: w. Form zu ↑ Aktionärsschützer.

Ak|ti|o|närs|tref|fen, das: *Treffen der Aktionäre einer Aktiengesellschaft.*

Ak|ti|o|närs|ver|samm|lung, die: *zu bestimmten Terminen einberufene Versammlung der Aktionäre.*

Ak|ti|o|närs|ver|tre|ter, der: *jmd., der die Interessen der Aktionäre vertritt.*

Ak|ti|o|närs|ver|tre|te|rin, die: w. Form zu ↑ Aktionärsvertreter.

Ak|ti|o|nis|mus, der; -: **1.** (oft abwertend) *übertriebener Betätigungsdrang:* blinder A. **2.** *Bestreben, das Bewusstsein der Menschen od. bestehende Zustände durch [provozierende, revolutionäre, künstlerische] Aktionen zu verändern.*

Ak|ti|o|nist, der; -en, -en: *Vertreter des Aktionismus* (2).

Ak|ti|o|nis|tin, die; -, -nen: w. Form zu ↑ Aktionist.

ak|ti|o|nis|tisch ⟨Adj.⟩: **1.** (oft abwertend) *Aktionismus* (1) *verbreitend.* **2.** *den Aktionismus* (2), *den od. die Aktionisten betreffend:* -e *Gruppen.*
Ak|ti|ons|art, die (Sprachwiss.): *Art u. Weise, wie die Aktion* (2), *das durch das Verb ausgedrückte Geschehen vor sich geht* (z. B. durativ, iterativ).
Ak|ti|ons|be|reich, der: *Tätigkeitsbereich.*
Ak|ti|ons|bünd|nis, das: *Zusammenschluss zweier od. mehrerer Gruppen zu gemeinsamen Aktionen.*
Ak|ti|ons|ein|heit, die: *gemeinsames Vorgehen politischer Kräfte:* A. *der Arbeiterklasse.*
ak|ti|ons|fä|hig ⟨Adj.⟩: *zur Aktion* (2) *fähig, handlungsfähig:* a. *sein, bleiben.*
Ak|ti|ons|feld, das: *Tätigkeitsfeld.*
Ak|ti|ons|ge|mein|schaft, die: *zum Zweck des gemeinsamen Vorgehens gebildete Gemeinschaft.*
Ak|ti|ons|ko|mi|tee, das: *Aktionsgemeinschaft.*
Ak|ti|ons|kunst, die ⟨o. Pl.⟩: *Kunstform, die künstlerische Aktionen an die Stelle von Kunstobjekten stellt.*
Ak|ti|ons|künst|ler, der: *bildender Künstler, der Aktionskunst hervorbringt.*
Ak|ti|ons|künst|le|rin, die: w. Form zu ↑ *Aktionskünstler.*
Ak|ti|ons|plan, der: *Plan, nach dem Aktionen vorgenommen, Maßnahmen ergriffen werden sollen.*
Ak|ti|ons|po|ten|zi|al, Ak|ti|ons|po|ten|ti|al, das (Physiol.): *elektrische Spannungsänderung mit Aktionsströmen bei Erregung von Nerven, Muskeln, Drüsen.*
Ak|ti|ons|preis, der: *herabgesetzter Verkaufspreis im Rahmen einer Sonderaktion:* Brathähnchen zum A.
Ak|ti|ons|pro|gramm, das: *Programm für Aktionen, die einem bestimmten Ziel dienen sollen:* ein landesweites A. gegen den Alkoholmissbrauch.
Ak|ti|ons|ra|di|us, der: **1.** *Wirkungsbereich, Reichweite.* **2.** *Entfernung, die ein Schiff, [Kampf]flugzeug, Fahrzeug zurücklegen kann, ohne neuen Treibstoff aufzunehmen; Fahr-, Flugbereich.*
Ak|ti|ons|tag, der: *Tag, an dem eine bestimmte Aktion* (1) *durchgeführt wird.*
ak|ti|ons|un|fä|hig ⟨Adj.⟩: *nicht aktionsfähig.*
Ak|ti|ons|wo|che, die: *Woche, in der von bestimmten Gruppierungen, Organisationen in gemeinschaftlichen Aktionen für eine bestimmte Sache geworben, gearbeitet wird:* eine A. durchführen.
Ak|ti|ons|zen|t|rum, das: **1.** *Zentrum, von dem eine Aktion* (1) *ausgeht.* **2.** (Meteorol.) *die Großwetterlage bestimmendes Gebiet überwiegend hohen od. tiefen Luftdrucks.*
ak|tiv [auch: ˈa...] ⟨Adj.⟩ [lat. activus, zu: agere (2. Part.: actum) ↑ Akt]: **1. a)** *tätig, rührig, zielstrebig, eifrig, unternehmend, tatkräftig:* ein -er Teilnehmer; politisch, sexuell a. sein; **b)** *selbst in einer Sache tätig, sie ausübend (im Unterschied zum bloßen Erdulden o. Ä. von etw.); nicht passiv:* eine -e Rolle spielen; -e Sterbehilfe; a. beteiligt sein; a. Politik betreiben; bei etw. a. werden (etw. unternehmen); **c)** *in besonderer Weise wirksam:* biologisch -es Insulin; die Kur wirkt a. auf Haar und Kopfhaut; **d)** *durch Aktivitäten* (1) *gekennzeichnet:* -e Erholung, Nachbarschaftshilfe; er Umweltschutz; im -en Ruhestand leben. **2.** (Militär) **a)** *[als Berufssoldat] im Militärdienst stehend:* ein -er Offizier; a. dienen; **b)** *den militärischen Pflichtdienst betreffend:* -e Dienstzeit. **3. a)** *als Mitglied einer Vereinigung die von ihr geforderten Tätigkeiten regelmäßig ausübend:* -es Mitglied; sie ist a. in der Tierschutzbewegung; **b)** (Sport) *als Mitglied einer Sportgemeinschaft an Übungen u. Wettkämpfen*

teilnehmend: ein -er Sportler; in seiner -en Zeit spielte er Rechtsaußen. **4.** (Chemie) *besonders reaktionsfähig.* **5.** (Sprachwiss.) *aktivisch:* -e Verbformen.
¹Ak|tiv, das; -s, -e ⟨Pl. selten⟩ [lat. (genus) activum] (Sprachwiss.): *Verbform, die eine vom Satzgegenstand her gesehene Richtung einer Tätigkeit, eines Verhaltens, eines Geschehens o. Ä. ausdrückt* (z. B. Fritz schlägt den Hund; die Rosen blühen): das Verb steht im A.
²Ak|tiv, das; -s, -s, (seltener:) -e [russ. aktiv] (DDR): *Gruppe von Personen, die sich für eine wirtschaftliche, gesellschaftspolitische od. kulturelle Aufgabe innerhalb eines Kollektivs, einer Organisation u. Ä. besonders aktiv einsetzen.*
Ak|ti|va: Pl. von ↑ ¹Aktivum.
Ak|tiv|be|zug, der (österr. Amtsspr.): *Gehalt von Beamten.*
Ak|tiv|bür|ger, der (schweiz.): *Bürger mit aktivem Wahlrecht; Staatsbürger, der in vollem Besitz seiner politischen u. bürgerlichen Rechte ist.*
Ak|tiv|bür|ge|rin, die: w. Form zu ↑ Aktivbürger.
Ak|tiv|bür|ger|schaft, die (schweiz.): *Gesamtheit der Aktivbürger u. Aktivbürgerinnen.*
¹Ak|ti|ve, der/eine Aktive; des/einen Aktiven, die Aktiven/zwei Aktive: **1.** *aktiv Sport treibende weibliche Person, die ständig an Wettkämpfen teilnimmt.* **2.** *weibliche Person, die irgendwo [noch] aktiv mitmacht, tätig ist.*
²Ak|ti|ve, die/eine Aktive; der/einer Aktiven, die Aktiven/zwei Aktive (ugs. veraltet): *nicht selbst gedrehte Zigarette.*
Ak|ti|ven: Pl. von ↑ ¹Aktivum.
Ak|ti|ver, der Aktive/ein Aktiver; des/eines Aktiven, die Aktiven/zwei Aktive: **1.** *aktiv Sport treibende Person, die ständig an Wettkämpfen teilnimmt.* **2.** *jmd., der irgendwo [noch] aktiv mitmacht, tätig ist.*
Ak|tiv|ge|schäft, das (Bankw.): *Bankgeschäft, bei dem die Bank Kredite an Dritte gewährt.*
ak|ti|vie|ren ⟨sw. V.; hat⟩ [frz. activer, zu: actif = tätig, aktiv < lat. activus, ↑ aktiv]: **1. a)** *zu größerer Aktivität* (1) *veranlassen, zu aktivem Verhalten bewegen:* die Jugend, die Mitglieder a.; in Gang, Schwung bringen; die Wirkung von etw. verstärken; etw. wirksamer machen; einer Sache zu größerer Wirksamkeit verhelfen: die Arbeit an einem Projekt a.; durch dieses Präparat wird die Drüsentätigkeit aktiviert. **2.** (Chemie) *Elemente od. Verbindungen in einen besonders reaktionsfähigen Zustand bringen.* **3.** (Physik) *stabile Atomkerne durch Beschuss mit energiereichen Teilchen zu künstlich radioaktiven Atomkernen machen.* **4.** (Wirtsch.) *in der Bilanz als Aktivposten erfassen, in die Bilanz als Vermögensteil einsetzen, durch buchhalterische Belastung ausgleichen:* eine Werterhöhung, Kosten a. **5.** (EDV) *(eine nicht arbeitende Komponente eines Computersystems o. Ä.) in einen aktiven Zustand bringen:* die Software a.
Ak|ti|vie|rung, die; -, -en: *das Aktivieren; das Aktiviertwerden.*
Ak|ti|vie|rungs|ener|gie, die: **1.** (Physik, Chemie) *Energiemenge, die für die Einleitung gehemmter chemischer u. physikalischer Reaktionen nötig ist.* **2.** (Kernphysik) *Energie, die einem atomaren System zugeführt werden muss, um es in einen angeregten Energiezustand zu bringen.*
ak|ti|visch [auch: ˈak...] ⟨Adj.⟩ (Sprachwiss.): *das ¹Aktiv betreffend, im ¹Aktiv stehend:* die -en Formen des Verbs; den Satz a. konstruieren.
Ak|ti|vis|mus, der; -: **1.** *aktives* (1) *Verhalten, [fortschrittliches] zielstrebiges Handeln, Betätigungsdrang.* **2.** (Literaturwiss.) *(von etwa 1915 bis 1920 herrschende) die Literatur als Mittel*

zur Durchsetzung bestimmter Ziele begreifende geistig-politische Bewegung.
Ak|ti|vist, der; -en, -en: **1.** *bes. politisch aktiver* (1) *Mensch, zielstrebig Handelnder.* **2.** [russ. aktivist] (DDR) *Person, die im sozialistischen Wettbewerb durch wesentliche Erhöhung der Leistungen u. durch neue Arbeitsmethoden die Produktion steigert:* A. der sozialistischen Arbeit.
Ak|ti|vis|ten|be|we|gung, die (DDR): *Bewegung, die sich die höchstmögliche Produktionssteigerung in einem Betrieb o. Ä. zum Ziel gesetzt hat.*
Ak|ti|vis|tin, die; -, -nen: w. Form zu ↑ Aktivist (1).
ak|ti|vis|tisch ⟨Adj.⟩: **1.** *die Aktivisten* (1) *betreffend.* **2.** *den Aktivismus betreffend, ihn vertretend.*
Ak|ti|vi|tät, die; -, -en [(frz. activité <) mlat. activitas]: **1.** ⟨o. Pl.⟩ *aktives Verhalten, Betätigungsdrang, Energie; Wirksamkeit:* die A. der Partei hat sich verstärkt; A. entfalten. **2.** ⟨meist Pl.⟩ *Handlung, Tätigkeit, Maßnahme:* illegale, terroristische -en; sportliche, wirtschaftliche -en; weltweite -en (geschäftliche Aktionen, Unternehmungen); jede A. ist hier verboten. **3.** (Chemie) *wirksame chemische Konzentration.* **4.** *Radioaktivität.*
Ak|tiv|kohle, die (Chemie): *aktivierte* (2) *staubfeine, poröse Pflanzenkohle.*
Ak|tiv|pos|ten, der: **1.** (Buchf.) *auf der Aktivseite der Bilanz aufgeführter Vermögensposten.* **2.** (ugs.) *Gewinn, Bereicherung:* solche Vorzüge sind ein wichtiger, wertvoller A.; sie zählt zu den A. dieser Regierung.
Ak|tiv|sei|te, die (Buchf.): *linke Seite, Stelle eines Kontos, einer Bilanz, auf der die Vermögensposten aufgeführt sind.*
Ak|tiv|stoff, der (Chemie): *Stoff von großer chemischer Reaktionsfähigkeit.*
¹Ak|ti|vum [schweiz.: ˈak...], das; -s, ...va u., bes. österr., ...ven ⟨meist Pl.⟩ [subst. Neutr. von lat. activus, ↑ aktiv] (Wirtsch.): *auf der Aktivseite der Bilanz eines Unternehmens stehender Vermögenswert.*
²Ak|ti|vum, das; -s, ...va (veraltet): ¹*Aktiv.*
Ak|tiv|ur|laub, der: *Urlaub mit sportlichen Aktivitäten.*
Akt|ma|le|rei, die: **1.** ⟨o. Pl.⟩ *das Malen von Akten* (4). **2.** *gemalter Akt* (4).
Akt|mo|dell, das: *Modell für einen Akt* (4).
Akt|pho|to|graph usw.: ↑ Aktfotograf usw.
Ak|t|ri|ce [akˈtriːsə], die; -, -n [frz. actrice, w. Form von: acteur, ↑ Akteur]: *Schauspielerin.*
Akt|stu|die, die: *Studie zu einem Akt* (4).
ak|tu|a|li|sie|ren ⟨sw. V.; hat⟩ (bildungsspr.): **a)** *auf die Gegenwart beziehen, in die gegenwärtige Wirklichkeit überführen für die Gegenwart verwirklichen:* einen alten Film wieder a.; **b)** *auf den neuesten Stand bringen:* ein Lehrbuch, Daten, Texte a.
Ak|tu|a|li|sie|rung, die; -, -en: **1.** *das Aktualisieren.* **2.** *aktualisierte Form; etw., was einer Aktualisierung* (1) *unterzogen wurde.*
Ak|tu|a|li|tät, die; -, -en: **1.** ⟨o. Pl.⟩ [nach frz. actualité, zu ↑ aktuell] *gegenwärtige Wirklichkeit, Bedeutsamkeit für die unmittelbare Gegenwart, Gegenwartsbezogenheit, Zeitnähe:* der Film ist von außerordentlicher A.; etw. gewinnt, verliert an A., büßt an A. ein. **2.** ⟨Pl.⟩ *Tagesereignisse, jüngste Geschehnisse.*
Ak|tu|a|li|tä|ten|ki|no, das (veraltend): *Filmtheater mit [durchgehend laufendem] aus Kurzfilmen verschiedener Art gemischtem aktuellem Programm.*
Ak|tu|ar, der; -s, -e [lat. actuarius = Buchhalter]: **1.** (schweiz.) *Schriftführer eines Vereins.* **2.** *Versicherungs- u. Wirtschaftsmathematiker.*
Ak|tu|a|rin, die; -, -nen: w. Form zu ↑ Aktuar.
Ak|tu|a|ri|us, der; -, ...ien (veraltet): *Aktuar:*

◆ ...das ist der... fürtreffliche Herr juris utriusque Doctor Lanbek, leiblicher Sohn des berühmten Landschaftskonsulenten Lanbek, welchem er als A. substituiert ist (Hauff, Jud Süß 386).

ak|tu|ell ⟨Adj.⟩ [frz. actuel < spätlat. actualis = tätig, wirksam]: **1.** *gegenwärtig vorhanden, bedeutsam für die unmittelbare Gegenwart; gegenwartsbezogen, -nah, zeitnah, zeitgemäß:* ein -es Thema; dieses Problem ist heute nicht mehr a.; eine -e *(für aktuelle Themen bestimmte)* Fragestunde im Bundestag. **2.** (Mode, Wirtsch.) *ganz neu, modisch, up to date, en vogue:* bei den Sakkos sind feine Streifen sowie Fischgräten a.

Ak|tus, der; -, - [...u:s] [lat. actus = Handlung] (veraltet): **a)** *[Schul]feier;* ◆ **b)** *Festschrift, Rede anlässlich eines Aktus* (a): ...da hab ich öfter in die Schulprogramme hineingeguckt und in die Dissertationen und ‚Aktusse', wie sie vordem im Schwange waren (Fontane, Jenny Treibel 66).

Akt|zeich|nen, das; -s *Zeichnen von Akten* (4).

Akt|zeich|nung, die: *Zeichnung, die einen Akt* (4) *darstellt.*

Aku|i|tät, die; - [frz. acuité = Schärfe, Heftigkeit, zu lat. acutus, ↑ akut] (Med.): *akuter* (2) *Verlauf einer Krankheit; akutes* (2) *Krankheitsbild.*

Aku|pres|sur, die; -, -en [zu lat. acus = Nadel u. pressura = Druck]: *(mit der Akupunktur verwandtes) Verfahren, bei dem durch kreisende Bewegungen der Fingerkuppen – unter leichtem Druck – auf bestimmten Stellen des Körpers Schmerzen od. andere Beschwerden* (1 b) *beeinflusst werden sollen.*

Aku|punk|teur [...'tøːɐ], der; -s, -e: *jmd., der akupunktiert.*

Aku|punk|teu|rin [...'tøːrɪn], die; -, -nen: w. Form zu ↑ Akupunkteur.

aku|punk|tie|ren ⟨sw. V.; hat⟩: *mit Akupunktur behandeln.*

Aku|punk|tur, die; -, -en [zu lat. punctura = der Stich] (Med.): *(aus China u. Japan stammende) Heilbehandlung, bei der durch Einstiche mit feinen Nadeln in bestimmte Hautstellen Schmerzen od. andere Beschwerden* (1 b) *beeinflusst werden sollen.*

Aku|punk|tur|punkt, der: *bestimmte Hautstelle, in die bei der Akupunktur mit feinen Nadeln eingestochen wird.*

Akus|tik, die; -, -en: **1.** (Physik) *Lehre vom Schall, von den Tönen.* **2.** *Beschaffenheit, Eigenschaft eines Raumes hinsichtlich der den Klang, den Schall betreffenden Gegebenheiten, der klanglichen Wirkung:* der Konzertsaal hat eine gute A.

Akus|ti|ker, der; -s, -: *Fachmann auf dem Gebiet der Akustik.*

Akus|ti|ke|rin, die; -, -nen: w. Form zu ↑ Akustiker.

akus|tisch ⟨Adj.⟩ [zu griech. akoustikós = das Gehör betreffend]: **1.** *die Akustik betreffend.* **2.** *den Schall, Klang betreffend, klangmäßig, durch das Gehör:* -e Signale; -er Typ[us] (Psychol.; *Typus, der Gehörtes besser behält als Gesehenes);* etw. a. wahrnehmen.

akut ⟨Adj.⟩ [lat. acutus, eigtl. = scharf, spitz, adj. 2. Part. von: acuere = schärfen, spitzen]: **1.** *im Augenblick herrschend; vordringlich, brennend; unmittelbar:* eine -e Frage; eine -e Gefahr bilden; dieses Problem wird jetzt a.; du musst a. *(unmittelbar, für den Augenblick)* etwas unternehmen. **2.** (Med.) *unvermittelt [auftretend], schnell u. heftig [verlaufend]:* eine -e fieberhafte Erkrankung; a. auftreten.

Akut, der; -[e]s, -e [lat. acutus (accentus) = scharf(e Betonung)]: **1.** (Sprachwiss.) *steigende Stimmführung und ansteigender Akzent.* **2.** (Schriftw.) *diakritisches Zeichen* (´), *das* (*z. B. im Französischen*) *die geschlossene Aussprache eines e angibt.*

Akut|dienst, der: *Bereitschaftsdienst für Akutkranke.*

Akut|kli|nik, die: *Klinik für Akutkranke.*

Akut|kran|ke ⟨vgl. Kranke⟩: *weibliche Person, die an einer akuten Krankheit leidet.*

Akut|kran|ken|haus, das: *Krankenhaus für Akutkranke.*

Akut|kran|ker ⟨vgl. Kranker⟩: *jmd., der an einer akuten Krankheit leidet.*

AKW [aːkaːˈveː], das; -[s], -s, selten: -: Atomkraftwerk.

AKW-Geg|ner [aːkaːˈveː...], der: *Atomkraftwerkgegner.*

AKW-Geg|ne|rin, die: w. Form zu ↑ AKW-Gegner.

Ak|ze|le|ra|ti|on, die; -, -en [lat. acceleratio = Beschleunigung]: **1. a)** (bildungsspr.) *Beschleunigung des Wachstums u. Vorverlagerung der sexuellen Reife bei Jugendlichen;* **b)** (Biol.) *Beschleunigung in der Aufeinanderfolge der Entwicklungsvorgänge bei Tieren.* **2.** (Fachspr.) *allmähliche Beschleunigung eines Vorgangs.* **3.** (Astron.) *Zunahme der Umlaufgeschwindigkeit des Mondes.*

ak|ze|le|rie|ren ⟨sw. V.; hat⟩ [lat. accelerare, zu: celer = schnell] (Fachspr.): *beschleunigen, vorantreiben; fördern.*

Ak|zent, der; -[e]s, -e [lat. accentus, eigtl. = das An-, Beitönen, zu: accinere = dazu tönen, dazu singen, zu: canere = singen]: **1.** (Sprachwiss.) **a)** *Betonung (einer Silbe, eines Wortes, eines Satzes):* dynamischer, musikalischer A.; der A. liegt auf der zweiten Silbe; den A. tragen; **b)** *Zeichen über einem Buchstaben, das Aussprache od. Betonung angibt.* **2.** ⟨o. Pl.⟩ *bestimmter Tonfall, Aussprache, Sprachmelodie:* mit ausländischem A. sprechen. **3.** *Betonung, Nachdruck, Gewicht, Schwerpunkt, Bedeutsamkeit:* modische -e und Rückengurte, Schlitze; auf etw. einen besonderen A. legen; nur ↔ setzen *(nur Hinweise, Anregungen geben);* das Jahr 1989 hat neue -e gesetzt *(gezeigt, was in Zukunft sein wird, na eine neue Richtung weisen)*.

ak|zent|frei ⟨Adj.⟩: *ohne Akzent* (2); *frei von Akzent:* sie spricht das Russische a.

ak|zent|los ⟨Adj.⟩: **1.** (selten) *akzentfrei*. **2. a)** *keine Betonung* (1) *aufweisend, ohne Betonung:* ich verstand sie kaum, da sie fast alle Wörter a. aussprach; **b)** *keinen Akzent* (1 b) *aufweisend:* eine -e Schreibweise wie »Separee«. **3.** *ohne Akzentuierung, Hervorhebung; eintönig, monoton:* eine -e Rede. **4.** *keine Besonderheit aufweisend, ohne besondere Kennzeichen:* seine Entwürfe werden immer -er.

Ak|zent|set|zung, die (bildungsspr.): *Setzung von Akzenten* (3).

ak|zen|tu|ie|ren ⟨sw. V.; hat⟩ [mlat. accentuare, zu lat. accentus, ↑ Akzent]: **1.** *(einen Buchstaben, eine Silbe, ein Wort) betonen, scharf aussprechen:* [die Wörter] genau a.; deutlich und akzentuiert sprechen. **2.** *hervorheben, deutlich zeigen:* diese Duftnote akzentuiert das Gefühl des Wohlbefindens; **b)** *etw. besonders kennzeichnen; einer Sache eine besondere Bedeutung geben:* weiße Nähte akzentuieren die Tasche; **c)** ⟨a. + sich⟩ *deutlich werden; sich nachdrücklich zeigen:* eine Frage hat sich akzentuiert.

Ak|zen|tu|ie|rung, die; -, -en: *das Akzentuieren; Betonung.*

Ak|zent|ver|schie|bung, die: **a)** (Sprachwiss.) *Verlagerung des Akzents* (1 a); **b)** *Verlagerung des Akzents* (3).

Ak|zept, das; -[e]s, -e [lat. acceptum = das Empfangene, subst. 2. Part. von: accipere, ↑ akzeptieren] (Bankw.): **a)** *Annahmeerklärung des Bezogenen (Zahlungspflichtigen) auf einem Wechsel;* **b)** *akzeptierter Wechsel.*

ak|zep|ta|bel ⟨Adj.⟩ [frz. acceptable < spätlat. acceptabilis]: *annehmbar, brauchbar:* akzeptable Preise; ein akzeptables Angebot; Ihr Vorschlag ist nicht a.; die Mannschaft hat ganz a. gespielt.

Ak|zep|ta|bi|li|tät, die; - (bildungsspr.): *Annehmbarkeit.*

Ak|zep|tant, der; -en, -en [lat. acceptans (Gen.: acceptantis), 1. Part. von: acceptare, ↑ akzeptieren]: **a)** (Bankw.) *Annehmer, Bezogener eines Wechsels;* **b)** (bildungsspr.) *Empfänger, Aufnehmender.*

Ak|zep|tan|tin, die; -, -nen: w. Form zu ↑ Akzeptant.

Ak|zep|tanz, die; -, -en (bildungsspr.): *Bereitschaft, etw. zu akzeptieren:* eine hohe, geringe A. von etw.; keine A. in der Bevölkerung haben.

ak|zep|tier|bar ⟨Adj.⟩: *akzeptabel.*

ak|zep|tie|ren ⟨sw. V.; hat⟩ [lat. acceptare, Intensivbildung zu gleichbed. accipere, zu: capere, ↑ kapieren]: *annehmen, hinnehmen, billigen; anerkennen; mit jmdm. od. etw. einverstanden sein:* eine Entschuldigung a.; der Vorschlag wurde so akzeptiert; sie wurde [als Chefin] von allen akzeptiert; er akzeptierte schließlich, dass er zurückstehen musste; er akzeptierte *(nahm das Angebot an).*

Ak|zep|tie|rung, die; -, -en (bildungsspr.): *das Anerkennen, Einverstandensein mit etw., jmdm.*

Ak|zept|kre|dit, der (Bankw.): *Wechselkredit.*

Ak|zep|tor, der; -s, ...oren [lat. acceptor = Empfänger]: **1.** (Bankw.) *Annehmer, Empfänger [eines Wechsels].* **2.** (Chemie) *Stoff od. Körper, der einen anderen bindet.*

Ak|zep|to|rin, die; -, -nen: w. Form zu ↑ Akzeptor (1).

Ak|zess, der; -es, -e [lat. accessus = Zutritt, Zugang, zu: accessum, ↑ akzessorisch] (schweiz.): **1.** (österr.) *Zwischenprüfung.* **2.** *[Zulassung zum] Vorbereitungsdienst an Gerichten u. Verwaltungsbehörden.*

ak|zes|so|risch ⟨Adj.⟩ [mlat. accessorius, zu lat. accessum, 2. Part. von: accedere = hinzukommen] (bildungsspr.): *hinzutretend; nebensächlich, weniger wichtig:* -e Rechte (Rechtsspr.; *von einem anderen, übergeordneten Recht abhängige Rechte).*

Ak|zi|dens, das; -, ...denzien (Fachspr. für b auch: ...dentien) u. ...dentia: **a)** [lat. accidens, 1. Part. von: accidere = anfallen, vorkommen] (Philos.) *etw. Zufälliges, nicht unbedingt zum Wesen einer Sache Gehörendes; Zufall, Zufälligkeit; Akzidenz* (2); **b)** (Musik) *Vorzeichen, Versetzungszeichen.*

ak|zi|den|tell, ak|zi|den|ti|ell ⟨Adj.⟩ [frz. accidentel < mlat. accidentalis]: **a)** (Philos., bildungsspr.) *zufällig; unwesentlich;* **b)** (Med.) *zufällig auftretend; nicht unbedingt zum Krankheitsbild gehörend.*

Ak|zi|den|ti|en: Pl. von ↑ Akzidens (b).

Ak|zi|denz, die; -, -en **1.** [urspr. = gelegentliche (Druck)arbeit] (Druckw.) *Druck-Erzeugnis, das nicht zum Buch- od. Zeitschriftendruck gehört (z. B. Anzeige, Formular, Prospekt).* **2.** [lat. accidentia] (Philos.) *Akzidens* (a).

Ak|zi|den|zi|en: Pl. von ↑ Akzidens (b).

al [ital., aus: a (↑ ² a) u. il = m. Form des best. Art.] (bes. Musik): *(in italienischen Fügungen bes. aus der Musik) [bis] zu, auf* (z. B. al fine, al pari)

a. l. = ad libitum.

Al = Aluminium.

ä. L. = ältere[r] Linie.

à la [ala; aus ↑ a u. frz. la = w. Form des best. Art.]: **a)** (ugs.) *im Stile von; so wie...; auf eine bestimmte Art:* eine Kurzgeschichte à la Poe; **b)** (Kochkunst) *nach Art von:* Schnitzel à la Holstein.

alaaf ⟨Interj.⟩ [eigtl. allaf = all(es) ab, (= alles

Alabama – Alchemie

andere weg)]: Kölner Karnevalsruf; *hoch!; hurra!*

Ala|ba|ma, -s: *Bundesstaat der USA.*

Ala|bas|ter, der; -s, -: **1.** ⟨Pl. selten⟩ [mhd. alabaster < lat. alabaster, alabastrum < griech. alábastros] *feinkörniger, weißlicher, meist durchscheinende Gipsart:* Schmuck aus A.; weiß wie A. **2.** (nordd.) *Murmel; bunte Glaskugel, die die Kinder beim Murmelspiel gegen die kleineren Tonkügelchen werfen.*

ala|bas|ter|far|ben ⟨Adj.⟩: *durchscheinend weiß.*

ala|bas|tern ⟨Adj.⟩: **a)** *aus Alabaster bestehend;* **b)** (geh.) *wie Alabaster wirkend; durchscheinend weiß.*

à la bonne heure [alabɔ'nœːr; frz.; zu: bonne, w. Form von: bon = gut (< lat. bonus) u. heure < lat. hora = Stunde, eigtl. = »zur guten Stunde«] (bildungsspr.): *recht so!, bravo!*

à la carte [ala'kart; frz., zu: carte, ↑ Karte] (Kochkunst): *so, wie es auf der Speisekarte steht; nach der Tageskarte zusammengestellt, nicht als Menü:* à la c. essen; Ü eine Änderung à la c. *(nach eigenen Wünschen, Vorstellungen o. Ä.).*

à la jar|di|nière [alaʒardi'njɛːr; frz., zu: jardinière = Gärtnerin, zu: jardin = Garten, aus dem Germ.] (Kochkunst): *nach Gärtnerinart.*

à la longue [ala'lõːg; frz., zu longue = Dauer, zu lat. longus = lang] (bildungsspr.): *auf die Dauer, auf längere Zeit [hin]:* à la l. ist das nicht akzeptabel.

à la mai|son [alamɛ'zõː; frz.] (Kochkunst): *nach Art des Hauses.*

à la mode [ala'mɔd; frz., vgl. Mode] (veraltet): *der Mode entsprechend, nach der neuesten Mode:* sie ist ganz à la m. gekleidet.

Aland, der; -[e]s, -e [mhd. alant, alent, ahd. alant, alunt; H. u.] (Zool.): *(in nördlichen Seen u. ruhigen Flüssen lebender) großer Karpfenfisch, der sehr viele Gräten hat.*

Alant, der; -[e]s, -e [mhd., ahd. alant; H. u.] (Bot.): *(zu den Korbblütlern gehörende) hochwachsende, gelb blühende, bes. auf feuchten Wiesen vorkommende Pflanze, die als Heilkraut verwendet wird.*

Alant|öl, das ⟨o. Pl.⟩: *aus der Wurzel des Alants gewonnenes Öl (das in der Volksmedizin bei Magen- u. Lungenleiden sowie als Gallen- u. Wurmmittel verwendet wird).*

Alarm, der; -[e]s, -e [ital. allarme, zusgez. aus: all'arme! = zu den Waffen!, zu: arme, Pl. von: arma < spätlat. arma = Waffe < lat. arma (Pl.) = »Waffen«]: **1.** *Notsignal; Warnung bei Gefahr:* A.!; A. auslösen, geben; er hat den A. gehört; Ü Eine leichte Tuberkulose, ... die nicht zum A. *(zur Beunruhigung, Aufregung)* nötigte (Frisch, Stiller 105); * **blinder A.** (1. *versehentlich ausgelöster, falscher Alarm.* 2. *grundlose Aufregung*); **A. schlagen** (1. *laut Hilfe fordern, ein Notsignal geben.* 2. *die öffentliche Aufmerksamkeit auf etw. Bedrohliches, Gefährliches lenken*). **2.** *Alarmzustand:* ein längerer A.; heute Nacht war A. *(Fliegeralarm).*

Alarm|an|la|ge, die: *Anlage, durch die Alarm ausgelöst wird:* optische, akustische -n.

alarm|be|reit ⟨Adj.⟩: *einsatzfähig; auf Abruf stehend:* ein stets -er Löschzug; man war, hielt sich a.

Alarm|be|reit|schaft, die ⟨o. Pl.⟩: *alarmbereiter Zustand:* in A. stehen, sein; die Truppen in A. versetzen; die Polizei hielt sich in höchster A.

Alarm|glo|cke, die: *vgl. Alarmklingel:* -n läuten, schrillen; Ü als kein Anruf von ihm kam, schrillte bei ihr die A. *(rechnete sie sofort mit etwas Bedrohlichem, Unerfreulichem o. Ä.).*

alar|mie|ren ⟨sw. V.; hat⟩ [frz. alarmer, zu: alarme < ital. allarme, ↑ Alarm]: **1.** *(eine Hilfsorganisation) zum Einsatz, zu Hilfe rufen:* die Feuerwehr, Polizei a. **2. a)** *aufschrecken, warnen:* das nächtliche Klingeln alarmierte alle; sie alarmierte den Chef mit einer beunruhigenden Mitteilung; **b)** *beunruhigen:* diese Ereignisse sollten jeden Demokraten a.; der Leistungsabfall ist alarmierend; eine alarmierende Luftverschmutzung.

Alar|mie|rung, die; -, -en: *das Alarmieren.*

Alarm|klin|gel, die: *Klingel, mit der Alarm gegeben wird.*

Alarm|schal|ter, der: *Schalthebel, der [automatisch] Alarm auslösen kann.*

Alarm|si|g|nal, das: *akustisches od. optisches Zeichen, mit dem Alarm gegeben wird:* Ü die Schwäche des Dollars ist ein A. *(ein Warnzeichen)* für die Konjunktur.

Alarm|si|re|ne, die: *vgl. Alarmklingel:* die -n heulten.

Alarm|stu|fe, die: *bestimmte Stufe der Alarmbereitschaft, des Alarmiertseins bei Gefahr:* A. 3; A. Rot; Ü nach dem Anstieg der Arbeitslosigkeit herrscht hier höchste A., herrscht A. eins, A. Rot (ugs.: *ist man sehr beunruhigt*).

Alarm|zei|chen, das: *Alarmsignal:* das A. geben; Ü diese Entwicklung ist ein ernstes A.

Alarm|zu|stand, der: *Zustand des Vorbereitetseins auf eine möglicherweise unmittelbar auftretende Gefahr:* eine Stadt in [den] A. versetzen; die Polizei war, befand sich im, in A.

Alas|ka, -s: **1.** *nordamerikanische Halbinsel.* **2.** *Bundesstaat der USA.*

Alaun, der; -s, -e [mhd. alūn < lat. alumen] (Chemie): *Doppelsalz des Schwefels, das u. a. als blutstillendes Mittel, als Beiz- u. Färbemittel verwendet wird.*

Alaun|er|de, die: *schwefelhaltiger Ton.*

alaun|hal|tig ⟨Adj.⟩: *Alaun enthaltend.*

Alaun|stein, der: **1.** (Mineral.) *farbloses weißes od. rötlich gelbes Mineral, das zur Gewinnung von Alaun dient.* **2.** (Chemie) *meist aus Bauxit od. Kaolin gewonnene Alaunverbindung (Kalialaun), die als mildes Ätzmittel od. als blutstillendes Mittel verwendet wird.*

a-Laut, der: *Klang des Vokals a:* verschiedene -e.

¹Alb, der; -[e]s, -en ⟨meist Pl.⟩ [mhd., ahd. alb, alp; H. u.] (germ. Mythol.): *unterirdischer Naturgeist.*

²Alb, Alp, der; -[e]s, -e [mhd., ahd. alb, alp; H. u.]: **1.** *(im alten Volksglauben) koboldhaftes, gespenstisches Wesen, das sich nachts auf die Brust des Schlafenden setzt u. bei ihm ein drückendes Gefühl der Angst hervorruft; [Nacht]mahr:* etw. lastet wie ein A. auf jmds. Brust. **2.** ⟨o. Pl.⟩ (geh.) *schwere seelische Last, seelische Bedrückung, Beklemmung:* ein A. ist von mir genommen; Ü diese Erklärung war eine A. befreit sein.

Al|ba|ner, der; -s, -: *Ew. zu ↑ Albanien.*

Al|ba|ne|rin, die; -, -nen: w. Form zu ↑ Albaner.

Al|ba|ni|en: *Staat in Südosteuropa.*

al|ba|nisch ⟨Adj.⟩: **a)** *Albanien, die Albaner betreffend; von den Albanern stammend, zu ihnen gehörend;* **b)** *in der Sprache der Albaner [verfasst].*

Al|ba|nisch, das; -[s], (nur mit best. Art.:) **Al|ba|ni|sche**, das; -n: *albanische Sprache.*

Al|bat|ros, der; -, -se [niederl. albatros < engl. albatross, unter Einfluss von lat. albus = weiß (wegen des weißen Gefieders) < span. alcatraz = älter alcaduz = Brunnenrohr < arab. al-qādūs = Schöpfkrug; der Vogel ist nach der hornigen Nasenröhre auf dem Schnabel benannt]: **1.** (Zool.) *(auf den Meeren der südlichen Halbkugel beheimateter) großer Meeresvogel, meist weißem u. grauem Gefieder, großen Hakenschnabel u. sehr langen, schmalen Flügeln.* **2.** (Golf) *das Erreichen eines Lochs mit drei Schlägen weniger als nötig.*

Alb|druck, Alpdruck, der ⟨Pl. selten: ...drücke⟩: *²Alb (2): von einem A. befreit sein.*

Alb|drü|cken, Alpdrücken, das; -s: *drückendes Gefühl der Angst im [Halb]schlaf:* A. haben.

¹Al|be, die; -, -n [mhd. albe, ahd. alba < kirchenlat. alba, zu lat. albus, ↑ Album]: *weißes liturgisches [Unter]gewand katholischer u. anglikanischer Geistlicher.*

²Al|be, der; -n, -n: ↑ ¹Alb.

Al|ben: Pl. von ↑ ¹Alb, ↑ ¹Albe, ↑ ²Albe, ↑ Album.

Al|be|rei, die; -, -en: *albernes Benehmen; kindischer Spaß:* lass doch diese -en!

¹al|bern ⟨sw. V.; hat⟩: *sich ²albern benehmen, Dummheiten machen:* ich albere ein bisschen mit ihr; er kann nichts als a.

²al|bern ⟨Adj.⟩ [mhd. alwære = schlicht; einfältig, ahd. alawāri = freundlich, zu einem untergegangenen Adj. mit der Bed. »freundlich« u. eigtl. = ganz freundlich]: **a)** *(leicht abwertend) einfältig, töricht, kindisch:* ein -er Name; ein -es Mädchen; -e Gags, Witze; sei nicht so a.!; sich a. benehmen; **b)** (ugs.) *klein, wertlos, unbedeutend:* wegen dieser -en Fünf ist sie sitzen geblieben!

Al|bern|heit, die; -, -en (leicht abwertend): **1.** ⟨o. Pl.⟩ *alberne Art, albernes Benehmen.* **2.** *alberne Handlung, Äußerung.*

Al|bi|gen|ser, der; -s, -: *Angehöriger einer mittelalterlichen häretischen (1) Gruppe in Südfrankreich.*

Al|bi|gen|se|rin, die; -, -nen: w. Form zu ↑ Albigenser.

Al|bi|nis|mus, der; - (Biol., Med.): *erbliches Fehlen von Farbstoffen in Haut, Haaren u. Augen.*

Al|bi|no, der; -s, -s [span. albino, zu: albo = weiß < lat. albus]: **1.** *an Albinismus leidender Mensch.* **2. a)** *Tier mit fehlender Farbstoffbildung;* **b)** *[Blüten]blatt, Samenkorn o. Ä. mit fehlender Farbstoffbildung.*

Die Bezeichnung *Albino* gilt bei Bezug auf Menschen inzwischen häufig als diskriminierend. Die neutralere Ausweichform *Mensch mit Albinismus* setzt sich immer mehr durch.

al|bi|no|tisch ⟨Adj.⟩ (Biol., Med.): *den Albino betreffend; auf Albinismus beruhend.*

Al|bi|on; -s (dichter.): *England.*

Alb|traum, Alptraum, der: *mit Albdrücken verbundener Traum; Angsttraum:* von Albträumen/Alpträumen geplagt werden; Ü etw. ist ein A. für jmdn.; ein A. von einem Tisch; ein A. aus Beton.

Al|bum, das; -s, Alben, ugs. -s [lat. album = weiße Tafel für Aufzeichnungen, zu: albus = weiß]: **1.** *einem Buch ähnlicher Gegenstand mit meist unbedruckten starken Seiten, Blättern, auf denen Fotografien, Briefmarken, Postkarten u. a. zum Aufbewahren befestigt werden:* ein dickes A.; Bilder ins A. kleben. **2. a)** (veraltend) *Sammlung von zwei zusammengehörigen Langspielplatten in zwei zusammenhängenden Hüllen;* **b)** (veraltend) *Langspielplatte;* **c)** (bes. im Bereich der Unterhaltungsmusik) *[CD mit einer] Zusammenstellung, Publikation (1) von mehreren Musiktiteln [derselben Künstler]:* ein A. aufnehmen, abmischen, produzieren.

Al|bu|men, das; -s [lat. albumen, eigtl. = das Weiße] (Biol.): *Eiweiß* (1).

Al|bu|min, das; -s, -e (Biol.): *einfacher, wasserlöslicher tierischer Eiweißkörper.*

al|bu|mi|nös ⟨Adj.⟩ (Biol.): *eiweißhaltig.*

Al|bu|mi|nu|rie, die; -, -n [zu griech. oũron = Harn] (Med.): *Ausscheidung von Eiweiß im Harn.*

Al|can|ta|ra®, das; -[s] [Kunstwort] (Textilind.): *hochwertiges Velourslederimitat.*

Al|cá|zar: ↑ Alkazar.

Al|che|mie, die; - [frz. alchimie < span. alquimia < arab. al-kīmiyā' = Kunst des Legierens, viell. beeinflusst von (spät)griech. chymeía, chēmeía = (Kunst der) Metallmischung, zu:

Alchemist – Alimente

chýma = Bleilegierung, eigtl. = Guss, zu: cheīn = gießen]: *mittelalterliche, mystisch u. symbolisch verbrämte Chemie.*

Al|che|mist, der; -en, -en [mlat. alchimista]: *jmd., der sich mit Alchemie befasst; Goldmacher:* ein mittelalterlicher A.

Al|che|mis|ten|kü|che, die: *Arbeitsstätte eines Alchemisten:* eine mittelalterliche A.

Al|che|mis|tin, die; -, -nen: w. Form zu ↑ Alchemist.

al|che|mis|tisch ⟨Adj.⟩: *die Alchemie betreffend, zu ihr gehörend; mit den Mitteln der Alchemie [hergestellt].*

Äl|chen, das; -s, -: **1.** Vkl. zu ↑ Aal. **2.** (Zool.) *[in Pflanzen u. Tieren als Parasit lebender] sehr kleiner Fadenwurm.*

Al|chi|mie usw.: ↑ Alchemie usw.

Al|co|pop, Alkopop, der od. das; -[s], -s [engl. alcopop, zu: alcohol = Alkohol u. pop = Limonade, Brause]: *fertig zu kaufendes Mischgetränk aus hochprozentigem Alkohol u. Limonade:* an -s finden immer mehr Jugendliche Gefallen.

Al|de|hyd, der od. das; -s, -e [gek. aus nlat. Alcoholus **dehyd**rogenatus = Alkohol, dem Wasserstoff entzogen wurde] (Chemie): *organische Verbindung, die entsteht, wenn Alkoholen Wasserstoff entzogen wird.*

al den|te [ital., etwa = für den Zahn (zu spüren), aus ↑ al u. dente = Zahn] (Kochkunst): *(von Nudeln, Reis) nicht ganz weich gekocht:* die Spaghetti könnten etwas mehr al d. sein.

◆ **Al|der|mann,** der; -[e]s, ...männer [eindeutschende Bildung]: ↑ Alderman: Und wenn euch, ihr Kinder, mit treuem Gedächtnis ein Vater, ein Lehrer, ein A. spricht (Goethe, Eckart).

Ale [eːl, engl.: eɪl], das; -s, -s [engl. ale < aengl. (e)alu, H. u.]: *helles, obergäriges englisches Bier.*

alea iac|ta est [lat. = der Würfel ist geworfen (↑ Würfel 2; angeblich Ausspruch Caesars, als er 49 v. Chr. durch Überschreiten des Rubikons den Bürgerkrieg entfesselte]: *die Entscheidung ist gefallen, es ist entschieden.*

Ale|a|to|rik, die; - [zu lat. aleator = Würfel-, Glücksspieler] (Musik): *Kompositionsverfahren der zeitgenössischen Musik mit individueller Notation (2) und beabsichtigten großen Interpretationsspielräumen.*

ale|a|to|risch ⟨Adj.⟩ [lat. aleatorius = zum Würfelspieler gehörend] (bildungsspr.): *vom Zufall abhängig, auf Zufall beruhend, dem Zufall überlassen:* -e Technik, Musik; -e Dichtung.

Ale|man|ne, der; -n, -n: *Angehöriger eines germanischen Volksstammes.*

Ale|man|nin, die; -, -nen: w. Form zu ↑ Alemanne.

ale|man|nisch ⟨Adj.⟩: **a)** *die Alemannen betreffend, von ihnen stammend, zu ihnen gehörend;* **b)** *in der Mundart der Alemannen [gesprochen, verfasst].*

Ale|man|nisch, das; -[s], (nur mit best. Art.:) **Ale|man|ni|sche,** das; -n: *alemannische Mundart.*

Alep|po|kie|fer, die; -, -n [nach der syrischen Stadt Aleppo]: *(im Mittelmeerraum heimische) harzreiche Kiefer.*

alert ⟨Adj.⟩ [frz. alerte, zusges. aus: à l'erte < ital. all'erta = auf die (An)höhe!]: **a)** *flink, munter:* ein -er Page; sei fest, Gott sei Dank, wieder a. (munter, nicht mehr krank); Der Baron war geschickter als ich, er verhinderte durch gelenkiges Schwenken der Pfanne, dass die Spiegeleier festsitzen, hieß mich a. sein und dann den Tisch im Esszimmer decken (Thieß, Frühling 161); **b)** *geistig beweglich, aufgeweckt:* -e Geschäftsleute.

Ale|u|ten ⟨Pl.⟩: *Inseln zwischen Beringmeer u. Pazifischem Ozean.*

Ale|vit [auch: ...ˈvɪt...], der; -en, -en [arab.: nach dem Kalifen Ali, dem Schwiegersohn des Propheten Mohammed]: *Anhänger einer islamischen Religionsgemeinschaft in Vorderasien.*

Ale|vi|tin [auch: ...ˈvɪ...], die; -, -nen: w. Form zu ↑ Alevit.

ale|vi|tisch [auch: ...ˈvɪ...] ⟨Adj.⟩: *die Aleviten betreffend.*

Ale|xan|d|ria, Ale|xan|d|ri|en: ägypt. Stadt.

¹Ale|xan|d|ri|ner, der; -s, -: Ew.

²Ale|xan|d|ri|ner, der; -s, - [nach frz. vers alexandrin = Vers des Alexanderromans (von 1180)] (Verslehre): *sechshebiger Reimvers mit 12 oder 13 Silben.*

Ale|xan|d|ri|ne|rin, die; -, -nen: w. Form zu ↑¹Alexandriner.

ale|xan|d|ri|nisch ⟨Adj.⟩: *Alexandria, Alexandrien betreffend.*

Ale|xan|d|rit [auch: ...ˈdrɪt], der; -s, -e [nach russ. Zaren Alexander II. (1818–1881)]: *seltener, sehr harter Edelstein von tiefgrüner bis roter Farbe.*

Ale|xie, die; -, -n [zu griech. a- = nicht, un- u. léxis = das Sprechen, Wort] (Med.): *Unfähigkeit, Geschriebenes zu lesen bzw. Gelesenes trotz intakten Sehvermögens zu verstehen.*

Al|fa, die; -, -s [arab. ḥalfāʾ], **Al|fa|gras,** das; -es, ...gräser: *Esparto* (a).

◆ **Al|fanz,** der; -es, -e [mhd. alevanz = Narretei, Schwindel, Gewinn < ital. all'avanzo = zum Vorteil]: *Gewinn, Vorteil; Geschenk:* Der A. hat mir gleich nicht halb gefallen; ... wer weiß, was für ein Rauner sie (= die Wunderschuhe) hingestellt hat (Mörike, Hutzelmännlein 152).

al fres|co: ↑ a fresco.

ALG, Alg [aːˈlɛlˈgeː, auch: alk], das; - [Abk. für: Arbeitslosengeld]: *von der Arbeitslosenversicherung an stellensuchende Arbeitslose gezahltes Geld:* A. I beziehen *(Arbeitslosengeld der Stufe I beziehen, das im ersten Jahr nach Eintreten der Arbeitslosigkeit gezahlt wird und dessen Höhe sich am vormaligen Nettoeinkommen orientiert);* A. II empfangen *(sich an das ALG I anschließendes Arbeitslosengeld, dessen Höhe sich an den Bedürfnissen der Empfänger orientiert).*

Al|gar|ve, die u. der; -: *südlichste Provinz Portugals.*

Al|ge, die; -, -n [lat. alga = Seegras, Seetang]: *(in vielen Arten vorkommende) niedere blütenlose Wasserpflanze:* Die letzte Mole, schwarz von -n ..., gleitet vorüber (Frisch, Gantenbein 435).

Al|ge|b|ra (österr. u. schweiz.: alˈgeːbra], die; -, Algebren [arab. al-ǧabr, eigtl. = die Einrenkung (gebrochener Teile)] (Math.): **a)** *Lehre von den Gleichungen; Theorie der Verknüpfungen mathematischer Strukturen;* **b)** *algebraische Struktur.*

Al|ge|b|ra|i|ker, der; -s, -: *jmd., der berufsmäßig Algebra betreibt.*

Al|ge|b|ra|i|ke|rin, die; -, -nen: w. Form zu ↑ Algebraiker.

al|ge|b|ra|isch ⟨Adj.⟩: *die Algebra betreffend:* eine -e Gleichung, Funktion, Zahl; -e Struktur *(Menge von Elementen mit den zwischen ihnen definierten Verknüpfungen).*

al|gen|ähn|lich ⟨Adj.⟩: *algenartig.*

al|gen|ar|tig ⟨Adj.⟩: **a)** *mit den Algen verwandt;* **b)** *wie Algen aussehend.*

Al|gen|kun|de, die: *Wissenschaft von den Algen; Algologie.*

Al|gen|pest, die: *übermäßiges, Schaden bewirkendes Auftreten von Algen im Meer.*

Al|gen|pilz, der: *niederer, algenähnlicher Pilz; Fadenpilz.*

Al|ge|ri|en; -s: *Staat in Nordafrika.* Dazu: **Al|ge|ri|er,** der; -s, -; **Al|ge|ri|e|rin,** die; -, -nen; **al|ge|risch** ⟨Adj.⟩.

Al|ge|sie, die; -, -n [zu griech. álgēsis = Schmerz] (Med.): *Schmerzempfindlichkeit; Schmerzfindung.*

Al|gier [...ʒiːɐ]: *Hauptstadt Algeriens.*

Al|gol, der; -[s]: *Stern im Sternbild Perseus.*

ALGOL, das; -[s] [Kurzwort aus engl. **al**gorithmic **l**anguage] (EDV): *bes. auf wissenschaftliche u. technische Aufgaben ausgerichtete Programmiersprache.*

Al|go|lo|gie, die; - [zu griech. lógos, ↑ Logos]: *Algenkunde.*

¹Al|gon|kin, der; -[s], - ⟨meist Pl.⟩: *Angehöriger einer Sprachfamilie der nordamerikanischen Indianer.*

²Al|gon|kin, das; -[s]: *Sprache der Algonkin.*

al|gon|kisch ⟨Adj.⟩: **1.** (Geol.) *dem Algonkium angehörend; das Algonkium betreffend.* **2.** *das ²Algonkin, die ¹Algonkin betreffend.*

Al|gon|ki|um, das; -s [nach dem Land der ¹Algonkin] (Geol.): *Formation des jüngeren Präkambriums; Proterozoikum.*

al|go|rith|misch ⟨Adj.⟩: *einem Algorithmus folgend.*

Al|go|rith|mus, der; -, ...men [mlat. algorismus = Art der indischen Rechenkunst, in Anlehnung an griech. arithmós = Zahl entstellt aus dem Namen des pers.-arab. Mathematikers Al-Ḫwārizmī, gest. nach 846] (Math., EDV): *Verfahren zur schrittweisen Umformung von Zeichenreihen; Rechenvorgang nach einem bestimmten [sich wiederholenden] Schema.*

Al|ham|b|ra, die; -: *Palast bei Granada.*

Alia: Pl. von ↑ Aliud.

ali|as ⟨Adv.⟩ [lat. alias]: *anders ...; sonst ...; eigentlich ...; oft auch ... genannt:* der Beschuldigte Meyer a. Müller a. Schulze.

Ali|as [auch: ˈeɪlɪəs], der od. das; -, -[se]:
a) [ˈaːlɪəs] *anderer Name, Deckname* (a), *Pseudonym;* b) [engl. alias] *Ersatzname in einem E-Mail-Verzeichnis.*

Ali|bi, das; -s, -s [lat. alibi = anderswo]:
a) (Rechtsspr.) *[Nachweis der] Abwesenheit vom Tatort zur Tatzeit:* ein lückenloses, wasserdichtes A. haben; ein hieb- u. stichfestes, perfektes A. beibringen; für die Tatzeit besitzt er kein A.; b) *Ausrede, Entschuldigung; Rechtfertigung:* die Wirtschaftskrise als willkommenes A. für Entlassungen nehmen; jmdm. ein A. für den Abbruch der Gespräche liefern.

> **Ali|bi-:** drückt in Bildungen mit Substantiven aus, dass jmd. oder etw. nur als Alibi, als Ausrede dient und keine wirkliche Funktion oder Bedeutung hat: Alibibeitrag, -charakter, -dezernat.

Ali|bi|frau, die (abwertend): *Frau, der unterstellt wird, sie habe ihre berufliche Position nur erhalten, um der Verwirklichung der Chancengleichheit zu dokumentieren.*

Ali|bi|funk|ti|on, die: *jmdm., einer Sache zugeteilte Funktion, die den Zweck hat, einen Missstand zu verschleiern.*

Ali|en [ˈeɪliən], der, der od. das; -s, -s [engl. alien = Ausländer, Fremder, Außenseiter; ausländisch, fremd < lat. alienus]: *(bes. in Filmen, Romanen, Comicstrips auftretendes) außerirdisches Wesen, utopisches Lebewesen fremder Planeten.*

ali|men|tär ⟨Adj.⟩ [lat. alimentarius] (Med.): *die Ernährung betreffend.*

Ali|men|ta|ti|on, die; -, -en [mlat. alimentatio, zu: alimentare, ↑ alimentieren] (Amtsspr.): *Versorgung, finanzielle Leistung [für den Lebensunterhalt]:* staatliche A.; die A. der Beamten.

Ali|men|te ⟨Pl.⟩ [lat. alimenta (Sg.: alimentum) = Nahrungsmittel, zu: alere = ernähren; aufziehen]: *regelmäßig zu zahlender Unterhaltsbeitrag, Aufwendungen für den Lebensunterhalt, bes. für ein nicht eheliches Kind:* er muss A. für das Kind zahlen; ... es würde einen Prozess mit

Leo geben wegen der A. für Wilma (Böll, Haus 39).

ali|men|tie|ren ⟨sw. V.; hat⟩ [mlat. alimentare, zu lat. alimentum, ↑ Alimente] (Fachspr.): *mit Geldmitteln unterstützen, unterhalten.*

ali|pha|tisch ⟨Adj.⟩ [zu griech. áleiphar (Gen.: aleíphatos) = Fett] (Chemie): *(von bestimmten Verbindungen) in der Strukturformel azyklische* (1) *Kohlenstoffketten aufweisend:* -e Kohlenwasserstoffe.

ali|quot ⟨Adj.⟩ [lat. aliquot = einige]: **1.** (Math. veraltet) *ohne Rest teilend:* fünf ist ein -er Teil von zehn. **2.** (österr.) *anteilmäßig:* etw. a. zurückzahlen.

Al|ita|lia, die; -: italienische Luftfahrtgesellschaft.

Ali|ud, das; -, Alia (Rechtsspr.): *etw. anderes als der vereinbarte Gegenstand, als die vertraglich festgelegte Leistung.*

¹Alk, der; -[e]s od. -en, -e[n] [anord. alka]: *(in mehreren Arten vorkommender) einem Pinguin ähnlicher Meeresvogel.*

²Alk, der; -[e]s (Jargon): kurz für ↑ Alkohol (2 b).

Al Kai|da: ↑ El Kaida.

al|kä|isch ⟨Adj.⟩ [lat. Alcaicus < griech. Alkaïkós (nach dem griech. Lyriker Alkaios)] (Verslehre): *ein bestimmtes antikes Odenmaß betreffend:* -e Strophe (vierzeilige Odenstrophe).

Al|kal|de, der; -n, -n [span. alcalde < arab. al-qādī = Richter]: *[Straf]richter, Bürgermeister in Spanien.*

Al|ka|li [al'ka:li, auch: 'alkali], das; -s, Alkalien ⟨meist Pl.⟩ [frz. alcali < span. álcali < arab. al-qalī = Pottasche] (Chemie): **a)** *[ätzende] Verbindung eines Alkalimetalls mit einer Hydroxylgruppe;* **b)** *Karbonat eines Alkalimetalls.*

al|ka|li|frei ⟨Adj.⟩: *keinen Seifenrückstand aufweisend, ohne Seifenrückstand:* ein -es Waschmittel.

Al|ka|li|me|tall, das (Chemie): *zur ersten Hauptgruppe des Periodensystems gehörendes sehr reaktionsfähiges Metall* (z. B. Lithium, Natrium, Kalium).

Al|ka|li|salz, das (Chemie): *Salz eines Alkalimetalls.*

al|ka|lisch ⟨Adj.⟩ (Chemie): *basisch; laugenhaft; Laugenwirkung zeigend:* eine -e Reaktion; die Lösung ist a.; a. reagieren.

Al|ka|lo|id, das; -[e]s, -e [zu griech. -eidḗs = -förmig] (Chemie): *basische, bes. in Pflanzen vorkommende Stickstoffverbindung.*

Al|ka|zar [al'ka:zar, auch: alka'tsa:ɐ̯], der; -[s], -e [span. alcázar < arab. al-qasr = Burg]: *Burg, Schloss, Palast in Spanien.*

Al|ki, der; -s, -s (Jargon): *Alkoholiker:* ... wahrscheinlich ist er sexsüchtig, und viel besser als Alkoholismus ist das auch nicht, die Zusammenbrüche sind jedenfalls genauso peinlich wie bei einem A. (Streeruwitz, Jessica 197).

Al|ko|hol ['alkoho:l, auch: ...'ho:l], der; -s, -e: **1.** (Chemie) *organische Verbindung mit einer oder mehreren Hydroxylgruppen:* primärer, mehrwertiger A. **2. a)** ⟨o. Pl.⟩ [aus der Sprache der Alchemisten, urspr. = feines, trockenes Pulver < span. alcohol < arab. al-kuḥl = (Augenschminke aus) Antimon] *brennbare, brennend schmeckende, desinfizierende Flüssigkeit; Ethanol, Spiritus:* reiner A.; A. destillieren; eine Wunde mit A. betupfen; **b)** ⟨Pl. selten⟩ *Äthanol enthaltendes Getränk; geistiges* (3) *Getränk:* keinen A. trinken; den A. nicht vertragen; dem A. ergeben, verfallen sein; dem A. zusprechen (geh.; *viel Alkohol trinken*); seine Sorgen in/im A. ertränken; nach A. riechen; * **jmdn. unter A. setzen** (ugs.; *jmdn. betrunken machen*); **unter A. stehen** (*betrunken sein*).

al|ko|hol|ab|hän|gig ⟨Adj.⟩: *alkoholsüchtig.*

Al|ko|hol|ab|hän|gi|ge ⟨vgl. Abhängige⟩: *Alkoholsüchtige.*

Al|ko|hol|ab|hän|gi|ger ⟨vgl. Abhängiger⟩: *Alkoholsüchtiger.*

Al|ko|hol|ab|hän|gig|keit, die: *Alkoholsucht.*

al|ko|hol|arm ⟨Adj.⟩: *(von Getränken) wenig Alkohol enthaltend:* ein -es Getränk.

Al|ko|hol|aus|schank, der: *¹Ausschank* (1) *von alkoholischen Getränken.*

Al|ko|hol|ein|fluss, der ⟨o. Pl.⟩: *Einfluss, Einwirkung des Genusses von Alkohol auf das Handeln u. Verhalten von jmdm.:* unter A.

Al|ko|hol|ex|zess, der: *exzessiver Alkoholgenuss.*

Al|ko|hol|fah|ne, die (ugs.): *unangenehmer Geruch des Atems nach Alkohol:* eine A. haben.

al|ko|hol|frei ⟨Adj.⟩: **a)** *(von Getränken) keinen Alkoholgehalt aufweisend:* -es Bier; **b)** *keinen Alkoholausschank bietend:* ein -es Gasthaus.

Al|ko|hol|ge|halt, der: *Gehalt einer Flüssigkeit an Alkohol.*

Al|ko|hol|ge|nuss, der ⟨o. Pl.⟩: *Genuss von Alkohol.*

al|ko|hol|hal|tig, (österr.:) **al|ko|hol|häl|tig** ⟨Adj.⟩: *Alkohol enthaltend.*

Al|ko|ho|li|ka ⟨Pl.⟩: *alkoholische Getränke, Spirituosen.*

Al|ko|ho|li|ker, der; -s, -: *jmd., der in krankhafter Weise abhängig vom Alkoholgenuss ist:* er ist A.; *Anonyme A.* (*Selbsthilfeorganisation von Alkoholabhängigen, deren Mitglieder anonym bleiben* [Abk.: AA]).

Al|ko|ho|li|ke|rin, der; -, -nen: w. Form zu ↑ Alkoholiker.

al|ko|ho|lisch ⟨Adj.⟩: **1. a)** *Alkohol enthaltend:* -e Getränke; **b)** *Alkoholika betreffend; durch sie bewirkt:* -e Exzesse. **2.** (Chemie) *Alkohol* (1, 2 a) *betreffend, zur Bildung von Alkoholen führend:* -e Gärung; etw. a. vergären.

al|ko|ho|li|sie|ren ⟨sw. V.; hat⟩: **1.** *mit Alkohol* (2) *versetzen:* Wein a.; alkoholisierte Früchte aus dem Rumtopf. **2.** *betrunken machen; jmdm. reichlich alkoholische Getränke vorsetzen:* den Kollegen werden wir heute Abend a.

al|ko|ho|li|siert ⟨Adj.⟩: *unter der Wirkung alkoholischer Getränke stehend, betrunken:* der offenkundig -e Mann; in -em Zustand.

Al|ko|ho|lis|mus, der ⟨o. Pl.⟩: **a)** *Trunksucht; fortgesetzter Alkoholmissbrauch;* **b)** (Med.) *durch Alkoholmissbrauch hervorgerufene Schäden; chronische Alkoholvergiftung.*

Al|ko|hol|kon|sum, der ⟨o. Pl.⟩: *das Konsumieren von alkoholischen Getränken:* er hat einen beträchtlichen A.

al|ko|hol|krank ⟨Adj.⟩: *an Alkoholismus* (b) *leidend.*

Al|ko|hol|miss|brauch, der ⟨o. Pl.⟩: *übermäßiger [suchthafter] Gebrauch von Alkohol; übermäßiger Alkoholkonsum.*

Al|ko|hol|pe|gel, der (ugs.): *Alkoholspiegel:* ein hoher A.

Al|ko|hol|pro|b|lem, das (verhüll.): *Alkoholismus* (a): sie hat -e/hat ein A. (ist alkoholsüchtig).

al|ko|hol|reich ⟨Adj.⟩: *viel Alkohol enthaltend:* -e Getränke.

Al|ko|hol|spie|gel, der: *Grad der Konzentration von Alkohol im Blut:* sein A. betrug 1,5 Promille.

Al|ko|hol|sucht, die: *krankhafte Sucht nach Alkohol.*

al|ko|hol|süch|tig ⟨Adj.⟩: *an Alkoholsucht leidend.*

Al|ko|hol|süch|ti|ge ⟨vgl. Süchtige⟩: *alkoholsüchtige weibliche Person.*

Al|ko|hol|süch|ti|ger ⟨vgl. Süchtiger⟩: *jmd., der alkoholsüchtig ist.*

Al|ko|hol|sün|der, der (ugs.): *jmd., der Alkohol in einer Menge getrunken hat, die das (im jeweiligen Zusammenhang) erlaubte Maß überschreitet.*

Al|ko|hol|sün|de|rin, die: w. Form zu ↑ Alkoholsünder.

Al|ko|hol|test, der: *Test zur Ermittlung des Alkoholspiegels.*

Al|ko|hol|ver|bot, das: **a)** *Verbot, alkoholische Getränke zu sich zu nehmen:* vom Arzt bekam er striktes A.; **b)** *Prohibition* (b).

Al|ko|hol|ver|gif|tung, die (Med.): *durch übermäßigen Alkoholgenuss verursachte Vergiftung.*

Al|ko|li|mit, das; -s, -s (österr.): *gesetzlich festgelegter Grenzwert des Alkoholgehalts im Blut bei Kraftfahrern; Promillegrenze.*

Al|ko|pop: ↑ Alcopop.

Al|ko|ven [al'ko:vn, auch: 'a...], der; -s, - [frz. alcôve < span. alcoba = Schlafgemach < arab. al-qubbaʰ = Kuppel]: **a)** *Nische mit Bett;* **b)** *kleiner, abgetrennter Nebenraum ohne Fenster;* **c)** *(in einem Lkw, Wohnmobil o. Ä.) abgeteilte Schlafgelegenheit meist über od. hinter dem Führerstand.*

Al|kyl, das; -s, -e [zu ↑ Alkohol u. griech. hýle = Stoff, Materie] (Chemie): *einwertiger Kohlenwasserstoffrest, dessen Verbindung z. B. mit einer Hydroxylgruppe einfache Alkohole* (1) *liefert.*

all ⟨Indefinitpron. u. unbest. Zahlw.⟩ [mhd., ahd. al, eigtl. = ausgewachsen, wahrsch. verw. mit ↑ alt]: **1. a)** ⟨Sg.⟩ *auf etw. in seiner Gesamtheit, in seinem ganzen Umfang, seiner ganzen Größe od. Stärke bezogen; ganz, gesamt:* ⟨attr.:⟩ aller gesunde Fortschritt; alle Freude; alles Glück dieser Erde; alles Übrige; er hat alles Geld verloren; die Wurzel alles (veraltet: alles) Übels; in allem guten (auch: gutem) Willen; in aller Öffentlichkeit; mit allem Nachdruck, aller Kraft; trotz aller Mühe; ⟨für »ganz« + Adj.:⟩ in aller Unschuld (ganz unschuldig); in aller Stille (ganz still); mit aller Deutlichkeit (ganz deutlich); ⟨unflekt.:⟩ all dies[es]; all das andere; all deine Mühe; all ihr bisschen magere Kraft; in all seiner Unschuld; ⟨allein stehend:⟩ alles in Ordnung; alles in mir sträubt sich dagegen; das ist alles; nach allem, was man hört; trotz allem; dies[es] alles; was soll das alles?; ⟨mit Trennung vom Demonstrativpron. usw.:⟩ das geht Sie doch alles nichts an!; dies hier kannst du alles wegwerfen; * **alles in allem** *(im Ganzen gesehen, zusammengenommen):* alles in allem war er kein Macho; **vor allem** *(hauptsächlich, besonders, in erster Linie):* vor allem [in] Berlin; **b)** ⟨Sg.⟩ *stärker vereinzelnd, die Einzelteile einer Gesamtheit betrachtend; jeder, jedes, jegliches:* ⟨attr.:⟩ alle wesentliche Information; Bücher aller Art; die Grenze alles Übersetzens; alles Gute wünschen; führend in aller Art von Schmuck; auf alle Weise *(in jeder Beziehung);* ⟨allein stehend:⟩ es geht alles vorüber; alles in einem; *(jedes Ding)* hat [seine] zwei Seiten; wir waren in allem *(in jeder Beziehung)* Antipoden; ⟨alles (unflekt.):⟩ wem alles *(welchen Leuten insgesamt u. im Einzelnen)* hat er wohl diese Geschichte erzählt!; was war dort alles zu sehen?; vorn sind alles *(nur, ausschließlich)* Wagen erster Klasse; R was es [nicht] alles gibt! (Ausruf der Verwunderung); * **all[es] und jedes** *(jegliches ohne Ausnahme);* **allen voran** *(hauptsächlich, besonders, in erster Linie, vor allen anderen);* **c)** ⟨Neutr. Sg.⟩ (ugs.) *alle Leute hier; jeder Anwesende; jeder Einzelne:* alles aussteigen! **2. a)** ⟨Pl. alle, unflekt.: all⟩ *sämtliche, die gesamten, vollzähligen:* ⟨attr.:⟩ alle Leute, alle schönen (veraltet: schöne) Mädchen; das durchschnittliche Einkommen aller Versicherten; in allen Farben schimmern; alle die Jahre über; ⟨nachgestellt, nachdrücklich:⟩ diese Vorurteile alle taten ihre Wirkung; ⟨allein stehend:⟩ alle sind dagegen; alle miteinander; das Wohl aller *(das Gemeinwohl);* ⟨nachgestellt, nachdrücklich:⟩ wir, ihr, sie alle; diese alle; **b)** ⟨Pl.⟩ *stärker vereinzelnd; jede[r] [von diesen]; jeder,* *jede, jedes Einzelne aus einer bestimmten Anzahl:* ⟨attr.:⟩ *das übersteigt alle Erwartungen; dem Wunsch aller Teilnehmer (jedes einzelnen Teilnehmers) entsprechen; alle Deutschen; für alle solche Überraschungen gut sein;* ⟨allein stehend:⟩ *alle vier; alle diejenigen, die fehlen; der Kampf aller gegen alle (jedes Einzelnen gegen jeden);* ⟨nachgestellt, nachdrücklich:⟩ *die Leute können alle nicht mehr (keiner kann mehr).* **3.** ⟨alle + Zeit- oder Maßangabe im Pl., seltener im Sg. [in Verbindung mit einem Zahlbegriff]⟩ *zur Bezeichnung von etwas regelmäßig Wiederkehrendem; im Abstand von ...: alle Jahre (jedes Jahr) wieder; der Omnibus fährt alle 12 Minuten; alle halbe[n] Stunden/alle halbe Stunde; alle fünf Meter;* ⟨landsch., bes. md., im Gen.:⟩ *aller vierzehn Tage.*

All, *das; -s* [für: *Universum*]: *Weltraum, Universum: das weite, unendliche A.; das A. erforschen.*

al̲|la [ital., aus †²a u. la = w. Form des best. Art.] (in italienischen Fügungen aus der Musik, Malerei, Kochkunst): *in der Art von; nach ... Art; auf ... Weise* (z. B. alla breve).

all|a̲bend|lich ⟨Adj.⟩: *jeden Abend [geschehend, stattfindend]: der -e Spaziergang; Ruhig sah er dem Vorgang zu, wie im Augenblick des Sonnenuntergangs alles noch einmal mit besonderer Milde aufflammte* (Edschmid, Liebesengel 142).

al̲|la bre̲|ve [ital., aus †alla u. breve = Doppeltaktnote] (Musik): *im Alla-breve-Takt* (Zeichen: ¢).

A̲l|la-bre̲|ve-Takt, *der* (Musik): *Taktart, bei der die halben Noten wie Viertelnoten zählen.*

A̲l|lah [auch: aˈlaː]; -s [arab., wohl zusgest. aus al-ilāʰ = der Gott od. aram. aḷāhā = der Gott] (islam. Rel.): *Gott* (1): *sie beten zu A.*

al̲|la mar̲|cia [- ˈmartʃa; ital., aus †alla u. marcia = ¹Marsch] (Musik): *nach Art eines ¹Marsches* (2); *marschmäßig.*

Al̲|lan|to̲|in, *das; -s* [zu griech. allās (Gen.: allāntos) = Wurst, nach der Form] (Chemie): *(als Naturstoff in vielen Pflanzen u. im Harn bestimmter Tiere vorkommendes) Produkt des Harnstoffwechsels.*

al̲|la pri̲|ma [ital., aus †alla u. prima, †prima] (Malerei): *mit nur einer Farbschicht [gemalt].*

al̲|lar|gan̲|do [ital., zu allargare = verbreitern] (Musik): *langsamer, breiter werdend.*

al̲|la te̲|des|ca [ital., aus †alla u. tedesca = deutsch] (Musik): *nach Art eines deutschen Tanzes; im deutschen Stil.*

◆ **all|au̲|gen|blick|lich** ⟨Adj.⟩ (verstärkend): *augenblicklich* (1): *... als wollten sie a. anfangen* (Novalis, Heinrich 9).

al̲|la zin̲|ga|re̲|se [ital., aus †alla u. zingarese = zigeunerhaft] (Musik): *in der Art der Zigeunermusik.*

all|be̲|kannt ⟨Adj.⟩: *allgemein, überall bekannt: ein -es Sprichwort; eine -e Tatsache; es ist a., dass sie ausscheidet.*

◆ **all|be|reits** ⟨Adv.⟩: *bereits, schon: ... dort oben regt in Menge sich A. ... viele Dienerschaft* (Goethe, Faust II, 9148 ff.).

all|da ⟨Adv.⟩ (veraltend): *ebenda, dort.*

all|dem̲: †alledem.

all|deutsch ⟨Adj.⟩ (Geschichte): *die politischen Ziele des Alldeutschen Verbandes (1894 bis 1939) betreffend, nationalistisch im Sinn einer Zusammenfassung aller Deutschsprechenden.*

¹all|die|weil ⟨Konj.⟩ [mhd. al(le) die wīl(e)]: **1.** (scherzh., sonst veraltend) *weil:* ich kann die Frage nicht beantworten, a. ich es nicht weiß. **2.** †während (1): du kannst aufräumen, a. ich koche. **3.** ¹während (2).

²all|die|weil ⟨Adv.⟩ [vgl. ¹alldieweil]: ¹*währenddessen, inzwischen.*

al̲|le ⟨Adv.⟩ [wohl elliptisch für: †alle (2) verbraucht] (ugs.): **a)** *aufgebraucht, zu Ende gegangen: der Schnaps ist, wird a.; du kannst die Suppe a. machen; der Wald war a. (zu Ende);* **b)** *abgespannt, erschöpft:* ich bin ganz a.

al̲|le|dem̲, alldem ⟨nur in Verbindung mit einer Präp.⟩: *all diesem:* aus, bei, mit, von, trotz a.

Al|lee̲, *die; -, Alleen* [frz. allée, eigtl. = Gang, zu: aller = gehen, über das Vlat. zu lat. ambulare, †ambulant]: *von hohen Bäumen dicht gesäumte Straße, [Park]weg:* eine endlose A. mit hellen Birken.

Al|lee̲|baum, *der: Baum am Rand einer Allee.*

Al|le|go̲|re|se, *die; -, -n* (bild. Kunst, Literaturwiss.): *allegorische Deutung.*

Al|le|go̲|rie, *die; -, -n* [lat. allegoria < griech. allēgoría, eigtl. = das Anderssagen] (bild. Kunst, Literaturwiss.): *[personifizierendes] rational fassbares Bild als Darstellung eines abstrakten Begriffs:* diese Frauengestalt ist eine A. der Gerechtigkeit.

Al|le|go̲|rik, *die; -* (bild. Kunst, Literaturwiss.): *allegorische Darstellungsweise; Übertragung in eine Metapher.*

al|le|go̲|risch ⟨Adj.⟩ [lat. allegoricus < griech. allēgorikós] (bild. Kunst, Literaturwiss.): *die Allegorie betreffend, für sie charakteristisch, in der Art einer Allegorie:* -e Gestalten.

al|le|go|ri|sie̲|ren ⟨sw. V.; hat⟩ [kirchenlat. allegorizare] (bes. bild. Kunst, Literaturwiss.): *als Allegorie, gleichnishaft darstellen, versinnbildlichen.*

al|le|gret̲|to ⟨Adv.⟩ [ital. allegretto, Vkl. von †allegro] (Musik): *nicht so schnell wie allegro, mäßig schnell, mäßig lebhaft.*

Al|le|gret̲|to, *das; -s, -s u. ...tti* (Musik): **1.** *mäßig schnelles, mäßig lebhaftes Tempo.* **2.** *Musikstück mit der Tempobezeichnung »allegretto«.*

al|le̲|g|ro ⟨Adv.⟩ [ital. allegro, über das Vlat. zu lat. alacer (Gen.: alacris)] (Musik): *schnell, lebhaft:* a. ma non troppo *(nicht allzu schnell);* Ü »... mich freut das Leben nicht mehr.« »Wie das? ... Du bist doch sonst immer so a.« (Fussenegger, Haus 491).

Al|le̲|g|ro, *das; -s, -s u. ...gri* (Musik): **1.** *schnelles, lebhaftes Tempo.* **2.** *Musikstück mit der Tempobezeichnung »allegro«.*

¹al|lein̲, (ugs. auch:) alleine ⟨Adj.⟩ [mhd. alein(e), aus: al †al u. ein(e) = allein, einzig]: **a)** *(von einer od. mehreren Personen) ohne die Anwesenheit, Gegenwart eines anderen od. anderer, getrennt von anderen, ohne Gesellschaft, für sich:* a. reisen, fahren; sie wohnt a. in dem großen Haus; hier sind wir [ganz] a. *(ungestört);* soll ich dich jetzt a. lassen?; **b)** *einsam, vereinsamt:* sich a. fühlen; ich bin unvorstellbar a.; **c)** *ohne fremde Hilfe, Unterstützung, ohne fremdes Zutun:* das habe ich a. gemacht; das Kind kann schon a. stehen, kann jetzt a. laufen; eine a. erziehende *(ein Kind, Kinder ohne Partner erziehende) Mutter;* alle a. Erziehenden; * **von allein[e]** (ugs.; *von sich aus, automatisch:* das weiß ich von a.; das geschieht nicht von a.).

²al|lein̲ ⟨Adv.⟩ [zu ¹allein] (geh.): **a)** (geh.) *nur, ausschließlich:* er a. ist daran schuld; a. bei ihr liegt die Entscheidung; das a. gültige Zahlungsmittel ist der Euro; die a. verbindliche Regelung; ***a. selig machend/seligmachend** (kath. Kirche; *einzig zum Heil führend:* die a. selig machende/seligmachende Kirche; [iron.:] den Marxismus für die a. selig machende/seligmachende Lehre halten); **b)** (ugs. auch: alleine) *von allem anderen abgesehen, anderes nicht gerechnet, schon* (häufig in Verbindung mit »schon«): [schon] a. der Gedanke/[schon] der Gedanke a./a. schon der Gedanke ist schrecklich; die Baukosten a. betragen 20 Millionen Euro.

³al|lein̲ ⟨Konj.⟩ [zu ¹allein] (geh.): ¹*aber* (1 b), *jedoch, indessen:* ich hoffte auf ihn, a. ich wurde bitter enttäuscht.

Al|lein̲|be|rech|ti|gung, *die: Berechtigung, über etw. allein zu verfügen, etw. allein zu tun usw.*

Al|lein̲|be|sitz, *der* ⟨o. Pl.⟩: *Besitz, der jmdm. allein gehört.*

Al|lein̲|be|sit|zer, *der: alleiniger Besitzer.*

Al|lein̲|be|sit|ze|rin, *die:* w. Form zu †Alleinbesitzer.

alleine: †¹allein.

Al|lein̲|ei|gen|tum, *das: Sache, die jmd. allein zum Eigentum hat.*

Al|lein̲|ei|gen|tü|mer, *der: alleiniger Eigentümer.*

Al|lein̲|ei|gen|tü|me|rin, *die:* w. Form zu †Alleineigentümer.

Al|lein̲|er|be, *der: Person, die jmdn. allein, ohne Miterben beerbt; einziger Erbe, Universal-, Gesamterbe.*

Al|lein̲|er|bin, *die:* w. Form zu †Alleinerbe.

al|lein̲|er|zie|hend, al|lein̲ er|zie|hend ⟨Adj.⟩: *(von einem Elternteil) ein Kind, Kinder* ¹*allein* (c) *erziehend:* ein -er Vater; sie ist a.

Al|lein̲|er|zie|hen|de, al|lein̲ Er|zie|hen|de, *die/eine Alleinerziehende, die Alleinerziehenden/zwei Alleinerziehende,* **al|lein̲ Er|zie|hen|de,** *die/eine allein Erziehende; der/einer allein Erziehende; weibliche Person, die ihr Kind, ihre Kinder* ¹*allein* (c) *erzieht.*

Al|lein̲|er|zie|hen|der, *der Alleinerziehende/ein Alleinerziehender; des/eines Alleinerziehenden, die Alleinerziehenden/zwei Alleinerziehende,* **al|lein̲ Er|zie|hen|der,** *die allein Erziehende/ein allein Erziehender; des/eines allein Erziehenden; jmd., der sein Kind, seine Kinder* ¹*allein* (c) *erzieht.*

Al|lein̲|er|zie|her, *der* (österr.): *Alleinerziehender.*

Al|lein̲|er|zie|he|rin, *die* (österr.): w. Form zu †Alleinerzieher.

Al|lein̲|gang, *der:* **a)** (bes. Pferdesport, Radsport, Leichtathletik) *Wettkampf, Rennen ohne [ernsthaften] Konkurrenten:* er unterbot den bestehenden Rekord im A.; **b)** *(im Mannschaftsspiel) Durchbruch eines einzelnen Spielers mit dem Ball o. Ä. durch die gegnerische Verteidigung, ohne ihn abzuspielen:* zu einem A. starten; **c)** (Alpinistik) *Aufstieg, den ein Einzelner ohne die Hilfe anderer unternimmt;* **d)** *das Handeln, Unternehmen im Vertrauen auf die eigene Kraft unter [bewusstem] Verzicht auf die Hilfe od. Zustimmung anderer:* ein nationaler A.

Al|lein̲|ge|sell|schaf|ter, *der: alleiniger* (1) *Gesellschafter eines Unternehmens.*

Al|lein̲|ge|sell|schaf|te|rin, *die:* w. Form zu †Alleingesellschafter.

al|lein̲|gül|tig, al|lein̲ gül|tig ⟨Adj.⟩: *als Einziges anerkannt, Geltung besitzend:* die allein gültige Wahrheit.

Al|lein̲|herr|schaft, *die* ⟨Pl. selten⟩: *alleinige* (1), *uneingeschränkte Herrschaft einer einzigen Person, Gruppe, Partei o. Ä.:* die A. anstreben.

Al|lein̲|herr|scher, *der* [LÜ für *Monarch*]: *Person, die die Alleinherrschaft innehat.*

Al|lein̲|herr|sche|rin, *die:* w. Form zu †Alleinherrscher.

al|lein̲|ig ⟨Adj.⟩: **1.** *einzig, ausschließlich:* der -e Vertreter, Erbe, Gegner; das -e Mittel. **2.** (selten) *allein, auf sich selbst gestellt, allein auftretend:* eine -e Dame; a. sein.

Al|lein̲|in|ha|ber, *der* (Wirtsch.): *alleiniger* (1) *Inhaber.*

Al|lein̲|in|ha|be|rin, *die:* w. Form zu †Alleininhaber.

al|lein̲|las|sen ⟨st. V.; hat⟩: *im Stich lassen.*

Al|lein̲|recht, *das: alleiniges* (1) *Recht; Monopol.*

Al|lein̲|rei|sen|de, al|lein̲ Rei|sen|de (vgl. Reisende): *weibliche Person, die allein reist.*

Al|lein|rei|sen|der, al|lein Rei|sen|der ⟨vgl. Reisender⟩: *jmd., der allein reist.*
Al|lein|sam|keit, die, -, -en ⟨Pl. selten⟩ (geh.): *das Allein-und-einsam-Sein:* Furchtbares sehe ich kommen aus meiner A., bin mir selbst Wolke und Rabe (Hacks, Stücke 62).
Al|lein|schuld, die ⟨o. Pl.⟩: *alleinige (1) Schuld:* die A. an etw. tragen.
Al|lein|sein, das: **1.** *Fürsichsein; Beisammensein ohne [störende] Dritte.* **2.** *Verlassenheit, Isoliertheit, Einsamkeit:* das A. des Menschen in der Menge.
al|lein|ste|hen ⟨unr. V.; hat; südd., österr., schweiz.: ist⟩: *nicht verheiratet, ohne Familie, Verwandte sein:* Kinder, deren Mütter alleinstehen.
al|lein|ste|hend ⟨Adj.⟩: *unverheiratet, ledig; ohne Familie od. Verwandte:* eine -e Frau; a. sein; mehr als die Hälfte der weiblichen Führungskräfte ist a. und kinderlos.
Al|lein|ste|hen|de, die/eine Alleinstehende; der/einer Alleinstehenden, die Alleinstehenden/zwei Alleinstehende: *weibliche Person, die allein lebt, keine Familie hat.*
Al|lein|ste|hen|der, der Alleinstehende/ein Alleinstehender; des/eines Alleinstehenden, die Alleinstehenden/zwei Alleinstehende: *jmd., der allein lebt, keine Familie hat.*
Al|lein|stel|lung, die: **1.** (Patentrecht) *besonderer Schutz eines bekannten Warenzeichens od. Unternehmens aufgrund seiner Einmaligkeit.* **2.** *Besonderheit, Einmaligkeit.*
Al|lein|stel|lungs|merk|mal, das (bes. Marketing, Werbung): *die Alleinstellung (2) kennzeichnendes, für die Alleinstellung (2) charakteristisches Merkmal.*
Al|lein|un|ter|hal|ter, der: *Unterhaltungskünstler, der sein Programm allein bestreitet:* Ü der Reiseführer machte den A.
Al|lein|un|ter|hal|te|rin, die: w. Form zu ↑ Alleinunterhalter.
al|lein ver|bind|lich, al|lein|ver|bind|lich ⟨Adj.⟩: *als Einziges bindend, verpflichtend:* eine allein verbindliche Heilslehre.
Al|lein|ver|die|ner, der: *einzige Person einer Familie, die verdient.*
Al|lein|ver|die|ne|rin, die: w. Form zu ↑ Alleinverdiener.
Al|lein|ver|kauf, der ⟨o. Pl.⟩: *Verkauf bestimmter Waren, der ausschließlich von einer einzigen Person (Gruppe, Firma, Land) getätigt wird.*
Al|lein|ver|tre|ter, der (Wirtsch.): *Händler, der in einem bestimmten Bezirk allein berechtigt ist, Erzeugnisse einer Firma zu verkaufen.*
Al|lein|ver|tre|te|rin, die: w. Form zu ↑ Alleinvertreter.
Al|lein|ver|tre|tung, die (Politik, Wirtsch.): *Vertretung, die ausschließlich von einer einzigen Person (Gruppe, Firma usw.) übernommen wird.*
Al|lein|ver|tre|tungs|an|spruch, der (bes. Politik): *Anspruch auf die alleinige Vertretung.*
Al|lein|ver|trieb, der: *Alleinverkauf.*
Al|lein|wort (schweiz.): meist in der Wendung das A. führen *(allein das Wort führen).*
al|lel ⟨Adj.⟩ (Biol.): *das Allel betreffend:* -e Gene.
Al|lel, das; -s, -e [zu griech. allélōn = einander] (Biol.): *eines von zwei einander entsprechenden Genen homologer Chromosomen.*
al|le|lu|ja usw.: ↑ halleluja usw.
al|le|ma|chen ⟨sw. V.; hat⟩ (ugs.): *töten:* wer nicht zahlen wollte, den haben sie allegemacht.
al|le|mal ⟨Adv.⟩: **1.** *immer, jedes Mal:* er hat a. versagt. **2.** (ugs.) *gewiss, ganz bestimmt,* in jedem Fall: bis morgen schaffen wir das noch a./a. noch; »Sie fahren?« – »Allemal!«.
al|len|falls ⟨Adv.⟩: **a)** *höchstens, bestenfalls:* a.

noch eine Stunde; **b)** *möglicherweise, vielleicht, gegebenenfalls:* das Mittel könnte a. helfen.
al|lent|hal|ben ⟨Adv.⟩ [↑ -halben]: **1.** *überall* (a): das Lied ist jetzt a. zu hören. **2.** (bes. südd.) *bei jeder Gelegenheit, sich in kurzen zeitlichen Abständen wiederholend:* die drei Musiker wechselten während des Konzerts a. ihre Instrumente.
Al|ler, die; -: *Nebenfluss der Weser.*
al|ler|al|ler|best... ⟨Adj.⟩: verstärkend für ↑ allerbest...: die allerallerbesten Wünsche.
al|ler|art ⟨unbest. Gattungsz.; indekl.⟩ (veraltend): *allerlei:* a. schöne Dinge.
al|ler|äu|ßerst... ⟨Adj.⟩: verstärkend für ↑ äußerst...: die alleräußerste Ecke.
Al|ler|bar|mer, der; -s (Rel.): *Gott, Christus, Allah (od. ein anderer Gott) als jmd., der sich aller Menschen erbarmt.*
Al|ler|bar|me|rin, die; -: w. Form zu ↑ Allerbarmer.
al|ler|best... ⟨Adj.⟩: verstärkend für ↑ best...: in den allerbesten Jahren; dein Kuchen ist der allerbeste, am allerbesten; ⟨subst.:⟩ es ist das Allerbeste, zu schweigen.
¹al|ler|dings [auch: ′ale...] ⟨Adv.⟩: **1.** *freilich, jedoch* (drückt eine Einschränkung aus): ich muss a. zugeben, dass dies gewollt ist; er ist sehr stark, a. wenig geschickt. **2.** *natürlich, gewiss [doch], aber gewiss* (als nachdrückliche Bejahung einer Frage): »Hast du das gewusst?« – »Allerdings!«.
²al|ler|dings ⟨Partikel; meist unbetont; vor Adj. u. Adv.⟩: *in der Tat* (drückt verstärkend die Anteilnahme des Sprechers aus): das ist a. fatal; das war a. dumm von dir.
al|ler|en|den ⟨Adv.⟩ (veraltend, noch regional): *überall:* es gab Schwierigkeiten a.
al|ler|erst... ⟨Adj.⟩: verstärkend für ↑ erst...: die allerersten Tropfen; allererste *(beste)* Qualität; ⟨subst.:⟩ er war der Allererste.
al|ler|frü|hes|tens ⟨Adv.⟩: verstärkend für ↑ frühestens: er kommt a. Montag.
al|ler|gen ⟨Adj.⟩ [zu ↑ Allergie und ↑ -gen (2 a)] (Med.): *Allergien auslösend:* a. wirkende Proteine.
Al|ler|gen, das; -s, -e ⟨meist Pl.⟩ [zu ↑ Allergie u. griech. -genés = verursacht] (Med.): *Stoff, der bei dafür empfindlichen Menschen eine Allergie hervorrufen kann* (z. B. Blütenpollen).
Al|ler|gie, die; -, -n [zu griech. állos = anderer u. érgon = Tätigkeit, eigtl. = Fremdeinwirkung] (Med.): *krankhafte Reaktion des Organismus auf bestimmte körperfremde Stoffe (Allergene); Überempfindlichkeit:* an einer A. leiden; eine A. gegen Birkenpollen, Pilzsporen können -n auslösen.
Al|ler|gie|pass, der (Med.): *Ausweis eines Allergikers, auf dem vom Arzt festgestellte Allergien mit ihren auslösenden Substanzen eingetragen sind.*
Al|ler|gie|schock, der (Med.): *durch starke allergische Reaktion ausgelöster schockartiger Zustand:* einen A. erleiden.
Al|ler|gie|test, der (Med.): *Test zur Feststellung einer Allergie.*
Al|ler|gi|ker, der; -s, - (Med.): *jmd., der an Allergien leidet.*
Al|ler|gi|ke|rin, die; -, -nen: w. Form zu ↑ Allergiker.
al|ler|gisch ⟨Adj.⟩ (Med.): **a)** *von einer Allergie herrührend, auf ihr beruhend:* -e Krankheiten; ein -er Schock; auf Fremdstoffe a. reagieren. Ü auf jede Kritik a. *(überempfindlich)* reagieren; **b)** *an einer Allergie leidend:* -e Menschen; ich bin a. gegen das Waschmittel; Ü gegen Busfahrten bin ich a. *(ich verabscheue sie).*
Al|ler|gi|sie|rung, die; -, -en: *Ausbildung einer Allergie.*
al|ler|gnä|digst... ⟨Adj.⟩ (früher): verstärkend für

gnädigst..., bes. in Anreden an Kaiser, Könige u. andere hochgestellte Personen: unser allergnädigster Herr.
Al|ler|go|lo|ge, der; -n, -n (Med.): *Wissenschaftler auf dem Gebiet der Allergologie.*
Al|ler|go|lo|gie, die; - [zu ↑ Allergie u. ↑ -logie] (Med.): *Teilgebiet der Medizin, das sich mit der Untersuchung der verschiedenen Allergien befasst.*
Al|ler|go|lo|gin, die; -, -nen: w. Form zu ↑ Allergologe.
al|ler|go|lo|gisch ⟨Adj.⟩ (Med.): *die Allergologie betreffend.*
al|ler|größt... ⟨Adj.⟩: verstärkend für größt...: die allergrößten Probleme; ⟨subst.:⟩ du bist die Allergrößte.
al|ler|hand ⟨unbest. Gattungsz.; indekl.⟩ (ugs.): *ziemlich viel, allerlei, vielerlei:* sie weiß a. [Neues]; a. Schwierigkeiten; a. Gerümpel; 100 Euro ist sein a. Geld; ich bin ja a. gewöhnt, ... wo auf dem Gelände einer großen Transportfirma a. Auktionen durchgeführt wurden (Muschg, Gegenzauber 127); R das ist [ja, doch o. Ä.] a. *(das ist unerhört).*
Al|ler|hei|li|gen ⟨o. Art.; mit Attr.: das nächste A.; des nächsten A.⟩ [gek. aus: Allerheiligentag, für kirchenlat. omnium sanctorum dies] (kath. Kirche): *Fest zum Gedenken an alle Heiligen* (1. November): heute ist A.; bis, nach, vor, zu A.
Al|ler|hei|li|gen|bild, das: *Darstellung der Anbetung des Lammes od. Christus' durch Vertreter der gesamten Menschheit.*
Al|ler|hei|li|gen|fest, das: vgl. Allerheiligen.
al|ler|hei|ligst... ⟨Adj.⟩: verstärkend für: heiligst...
Al|ler|hei|ligs|te, das Allerheiligste/ein Allerheiligstes; des/eines Allerheiligsten: **1.** *Abaton.* **2.** (jüd. Rel.) *hinterster Raum des Tempels in Jerusalem mit der Bundeslade:* Ü es gelang ihr, in sein A., seine Bibliothek, vorzudringen. **3.** (kath. Kirche) *geweihte Hostie im Tabernakel od. in der Monstranz; Sanktissimum.* **4.** (Sportjargon) *Tor:* das Allerheiligste hüten.
al|ler|herz|lichst ⟨Adj.⟩: verstärkend für: herzlichst: -e Grüße; Sie sind a. eingeladen.
al|ler|höchst... ⟨Adj.⟩: verstärkend für ↑ höchst...: in allerhöchster Erregung; ⟨subst.:⟩ der Allerhöchste (geh.; *Gott*); Ein böses Kesseltreiben setzte ein, jedoch auf allerhöchste Weisung blieb ich verschont (Hochhuth, Stellvertreter 62).
al|ler|höchs|tens ⟨Adv.⟩: verstärkend für ↑ höchstens: »Wie alt mag er sein?«, fragt Kropp. Ich schätze: »Allerhöchstens zweiundzwanzig...« (Remarque, Westen 104).
al|ler|lei ⟨unbest. Gattungsz.; indekl.⟩ [mhd. aller lei(e), ↑ -lei]: **a)** ⟨attr.⟩ *[von] ziemlich verschiedener Art; mancherlei, vielerlei, divers:* a. Ausgaben, Gerümpel; a. Gutes, Beachtenswertes; a. war passiert; **b)** ⟨meist: ...′lai⟩ ⟨allein stehend⟩ *alle möglichen, verschiedene Dinge, Sachen:* man munkelt so a.
Al|ler|lei, das; -s, -s ⟨Pl. selten⟩: *buntes Gemisch, kunterbuntes Durcheinander; Mischung, Kunterbunt:* das ganze A.; * Leipziger A. *(Mischgemüse aus Möhren, Erbsen, Spargelköpfen u. a.)*
al|ler|letzt... ⟨Adj.⟩: **1.** verstärkend für ↑ letzt...: der allerletzte Rest; im allerletzten Moment, Augenblick; ⟨subst.:⟩ er ist der Allerletzte. **2.** ⟨nur attr.⟩ (salopp) *äußerst schlecht, hässlich, geschmacklos:* das ist ja die allerletzte Hose, die du da anhast; R ⟨subst.:⟩ jmd., etw. ist [ja, wirklich] das Allerletzte! (Ausruf des Tadels, Missfallens, der Entrüstung, Empörung).
al|ler|liebst ⟨Adj.⟩: verstärkend für: ↑ liebst...: es ist sein -es Spielzeug; das wäre mir am -en; ⟨subst.:⟩ du bist mir das Allerliebste. **2.** *ganz reizend, wunderhübsch, niedlich:* ein -es Kleid-

chen; sie ist a.; hat sie es nicht a. gesagt?; Von Zeit zu Zeit nämlich kam der Marquis ... nicht allein, sondern auf -e Weise zu zweit (Th. Mann, Krull 262).

Al|ler|liebs|te ⟨vgl. Liebste⟩ (geh. od. scherzh.): *Frau, die ein Mann sehr liebt.*

Al|ler|liebs|ter ⟨vgl. Liebster⟩ (geh. od. scherzh.): *Mann, den eine Frau sehr liebt.*

al|ler|meist ⟨Adv.⟩: verstärkend für ↑ meist: es wird a. so entschieden; man hat a. anders entschieden.

al|ler|meist... ⟨Indefinitpron. u. unbest. Zahlwort⟩: verstärkend für ↑ meist...: in den allermeisten Fällen; das freut mich am allermeisten; die allermeisten/Allermeisten handeln nicht so.

al|ler|min|dest... ⟨Adj.⟩: verstärkend für ↑ mindest...: sie hat nicht die allermindeste Ahnung; ⟨subst.:⟩ er versteht nicht das allermindeste/Allermindeste davon; zum allermindesten/Allermindesten (*zumindest, wenigstens*) hätte er sich entschuldigen können.

al|ler|min|des|tens ⟨Adv.⟩: verstärkend für ↑ mindestens: a. die Hälfte; Von den Zehntausenden verkaufter Exemplare ... bleibt a. die Hälfte ungelesen (Enzensberger, Einzelheiten I, 165).

al|ler|nächst... ⟨Adj.⟩: verstärkend für nächst...: in allernächster Zeit; er wohnt am allernächsten.

al|ler|neu|est..., al|ler|neust... ⟨Adv.⟩: verstärkend für: neu[e]st...: das allerneu[e]ste Modell; auf dem allerneu[e]sten Stand sein; ⟨subst.:⟩ wissen Sie schon das Allerneu[e]ste?

al|ler|nö|tigst..., al|ler|not|wen|digst... ⟨Adj.⟩: verstärkend für: nötigst..., notwendigst...: die allernötigsten/allernotwendigsten Dinge, Vorkehrungen; ⟨subst..:⟩ sie konnten nur das Allernotwendigste mitnehmen.

al|ler|or|ten ⟨Adv.⟩ (geh.): *überall.*

al|ler|orts ⟨Adv.⟩ (geh.): *überall:* a. wird davor gewarnt.

al|ler|schlimmst... ⟨Adj.⟩: verstärkend für: schlimmst...: die allerschlimmste denkbare Lage; das war am allerschlimmsten; ⟨subst.:⟩ das Allerschlimmste war, dass niemand ihr half; sich auf das Allerschlimmste gefasst machen.

al|ler|schlimms|ten|falls ⟨Adv.⟩: verstärkend für ↑ schlimmstenfalls.

al|ler|schönst... ⟨Adj.⟩: verstärkend für: schönst...: in allerschönster Harmonie; das war am allerschönsten; ⟨subst.:⟩ das hat sich aufs Allerschönste/allerschönste bestätigt; es ist das Allerschönste, was ich je gesehen habe.

Al|ler|see|len ⟨o. Art.; mit Attr.: das nächste A., des nächsten A.⟩ [gek. aus: Allerseelentag, für kirchenlat. omnium animarum dies] (kath. Kirche): *Gedenktag für alle Verstorbenen* (gewöhnlich am 2. November).

Al|ler|see|len|tag, der: *Allerseelen.*

al|ler|seits ⟨Adv.⟩ [↑-seits]: **1.** *alle [zusammen]:* guten Abend a. **2.** *allseits:* eine a. beliebte Lehrerin.

al|ler|spä|tes|tens ⟨Adv.⟩: verstärkend für ↑ spätestens.

al|ler|un|ter|tä|nigst ⟨Adj.⟩ (früher): verstärkend für: untertänigst: Hohe Ehre, Euer Gnaden. Alleruntertänigst willkommen (Hacks, Stücke 257).

al|ler|wärts ⟨Adv.⟩ [↑-wärts] (veraltend): *überall:* Es war einmal ein Mann mit so feinen Gehörnerven, dass er auf den Gedanken kam, die Schallwellen der ganzen Welt in a. angebrachten Trichtern aufzufangen und mit ihnen eine eigens dazu gebaute, kunstvolle Mühle zu treiben (Morgenstern, Galgenlieder 213).

al|ler|we|ge, al|ler|we|gen, al|ler|wegs ⟨Adv.⟩ (veraltet, noch landsch.): *überall u. immer, unaufhörlich:* ◆ ...durch zweier Zeugen Mund wird allerwegs die Wahrheit kund (Goethe, Faust I, 3013 f.).

al|ler|weil: ↑ allweil.

Al|ler|welts- (ugs. leicht abwertend): drückt in Bildungen mit Substantiven aus, dass etw. nichts Außergewöhnliches, sondern das Übliche, das Normale ist: Allerweltsname, -philosophie, -wohnung.

Al|ler|welts|ge|sicht, das (ugs. leicht abwertend): *Gesicht, wie es häufig zu finden ist; gewöhnliches Gesicht ohne besondere Ausprägung; Durchschnittsgesicht.*

Al|ler|welts|kerl, der (ugs.): *jmd., der auf allen möglichen Gebieten beschlagen ist; Tausendsassa, Hansdampf in allen Gassen, Allroundman:* Auf den alten Markt ... stand ein A., der gleichzeitig fünf Instrumente spielte (Kempowski, Zeit 106).

Al|ler|welts|na|me, der: *häufiger, nicht auffallender Name.*

Al|ler|welts|wort, das ⟨Pl. ...wörter⟩ (ugs. leicht abwertend): *nicht gehobenes, häufig gebrauchtes Wort ohne besonderen Bedeutungsgehalt:* »interessant« sei ein A.

al|ler|we|nigst... ⟨Adj.⟩: verstärkend für: wenigst...: das hatte ich am allerwenigsten erwartet; die allerwenigsten/Allerwenigsten wissen, was damals tatsächlich passierte.

al|ler|we|nigs|tens ⟨Adv.⟩: verstärkend für ↑ wenigstens.

Al|ler|wer|tes|ter, der Allerwerteste/ein Allerwertester; des/eines Allerwertesten, die Allerwertesten/zwei Allerwerteste (ugs. scherzh. verhüll.): *Gesäß.*

al|ler|wich|tigst... ⟨Adj.⟩: verstärkend für: wichtigst...: der Beruf ist ihr am allerwichtigsten.

al|les: ↑ all.

al|le|samt ⟨Indefinitpron. u. unbest. Zahlwort⟩ (ugs.): *alle zusammen, alle miteinander, alle ohne Ausnahme:* es sind a. Teilzeitkräfte; wir standen a. auf.

Al|les|fres|ser, der: **1.** (Zool.) *Tier, das sowohl von pflanzlicher wie von tierischer Nahrung lebt.* **2.** (ugs. abwertend) *Mensch, der wahllos alle Art von Essen meist in größerer Menge zu sich nimmt.*

Al|les|fres|se|rin, die: w. Form zu ↑ Allesfresser (2).

Al|les|kle|ber, der: *wasserfester Klebstoff, der die verschiedensten Materialien zusammenklebt.*

Al|les|kön|ner, der: *jmd. mit zahlreichen Fähigkeiten u. Fertigkeiten in verschiedenen Bereichen, auf den verschiedensten Gebieten.*

Al|les|kön|ne|rin, die: w. Form zu ↑ Alleskönner.

Al|les|wis|se|rei, die; - (abwertend): *Besserwisserei, Rechthaberei.*

al|le|we|ge: ↑ allerwege.

al|le|weil: ↑ allweil.

al|lez [a'le:] ⟨Interj.⟩ [frz., eigtl. = geht!, gehen Sie!] (veraltet, noch landsch.): *vorwärts!, los!:* a. hopp, los gehts!

al|le|zeit, allzeit ⟨Adv.⟩ (veraltend, noch landsch.): *immer:* a. gültig sein.

all|fäl|lig [österr.: al'fel...] ⟨Adj.⟩ (bes. österr., schweiz.): *etwa[ig]; allenfalls, gegebenenfalls [vorkommend], eventuell:* wir unterstützen Sie bei -en Schwierigkeiten; a. zu treffende Maßnahmen prüfen; Kein -er Mond blickte in diese Nächte (Muschg, Gegenzauber 209).

All|fäl|li|ge [österr.: al'fel...], das; -n (österr., schweiz.): **1.** *das gegebenenfalls, eventuell Vorkommende.* **2.** *Sonstiges: ein Tagesordnungspunkt »Allfälliges«.*

◆ **all|fort** ⟨Adv.⟩: *immerfort:* Nach Regensburg geht ihr doch noch; ... die Hübschin und die Feinen hält er sich a. dicht in der Nähe (Keller, Liebesbriefe 55); ... es liegt euch a. in Gedanken (Mörike, Hutzelmännlein 160).

All|gäu, das; -s: *süddeutsche Landschaft.*

¹All|gäu|er, der; -s, -: Ew.

²All|gäu|er ⟨indekl. Adj.⟩.

All|gäu|e|rin, die; -, -nen: w. Form zu ↑ ¹Allgäuer.

all|gäu|isch ⟨Adj.⟩: *das Allgäu, die ¹Allgäuer betreffend; von den ¹Allgäuern stammend, zu ihnen gehörend.*

All|ge|gen|wart, die; -: **1.** (christl. Theol.) *Eigenschaft Gottes, überall u. in allem gegenwärtig zu sein.* **2.** (geh.) *ständiges Vorhandensein:* die A. des Meeres.

all|ge|gen|wär|tig ⟨Adj.⟩: **1.** *(von Gott) die Eigenschaft der Allgegenwart* (1) *besitzend.* **2.** *überall u. immer gegenwärtig:* die Technik -er Überwachung.

all|ge|mach ⟨Adv.⟩ (geh. veraltend): *allmählich, nach u. nach:* wir waren a. alt geworden; Der Raum begann sich zu leeren, da es a. sieben Uhr geworden war (Th. Mann, Krull 163).

all|ge|mein ⟨Adj.⟩ [mhd. allgemeine ⟨Adv.⟩ = auf ganz gemeinsame Weise; insgesamt, aus ↑ all u. ↑ gemein]: **1. a)** *allen gemeinsam, von allen, für alle:* auf -en Wunsch; die -e Meinung; im -en Sprachgebrauch; -es Erstaunen, Verwunderung; Allgemeine Ortskrankenkasse (Abk.: AOK); eine a. gültige Definition des Wortes »Bürger«; die Enttäuschung ist a.; die Nervosität wird a. (*erfasst alle*); **b)** *überall verbreitet, bei allen:* so wird leider a. erzählt; a. geachtet, beliebt, bekannt sein; ... man ist a. des festen Glaubens, sie sei zu faul, zu erwachen und vom Bett aufzustehen (R. Walser, Gehülfe 70); A. galt er als schöner Mann (Herzmanowsky-Orlando, Gesamtwerk 15); **c)** *gemeinsam, von allen ausgehend:* -er Aufbruch; ein -er Beschluss; **d)** *alle Bereiche betreffend, umfassend:* ihre -e Bildung, Belesenheit ist erstaunlich. **2.** *für alle geltend, verbindlich:* das -e Wahlrecht; -e Geschäftsbedingungen; die -e Wehrpflicht. **3. a)** *nicht auf Einzelheiten eingehend; nicht besonders, nicht speziell:* wenige, ganz -e Grundsätze; -ste Fragestellungen; eine a. gehaltene Darstellung; das Gespräch war mir zu a.; ⟨subst.:⟩ er bewegt sich stets nur im Allgemeinen; * **im Allgemeinen** (*ohne Beachtung kleinerer Unterschiede, im Großen und Ganzen, meist[ens], [für] gewöhnlich, generell:* im Allgemeinen schaffe ich mein Pensum [Abk.: i. Allg.]; **b)** (oft leicht abwertend) *unbestimmt, unverbindlich, unklar:* -es Geschwätz; ihre Ausführungen blieben viel zu a.

All|ge|mein|arzt, der: *Allgemeinmediziner.*

All|ge|mein|ärz|tin, die: w. Form zu ↑ Allgemeinarzt.

All|ge|mein|be|fin|den, das (Med.): *allgemeines ↑ Befinden* (1), *allgemeiner Gesundheitszustand:* Störungen des -s.

All|ge|mein|be|griff, der (Philos., Sprachwiss.): *Begriff, der eine Gattung, Klasse, Art zusammenfasst.*

All|ge|mein|be|sitz, der ⟨o. Pl.⟩: *Besitz aller, etw. allen Gehörendes:* die Weiden sind A.; Ü leider ist diese Erkenntnis noch nicht A. geworden.

all|ge|mein|bil|dend, all|ge|mein bil|dend ⟨Adj.⟩: *Allgemeinbildung vermittelnd:* -e Schulen, Lernsoftware.

All|ge|mein|bil|dung, die ⟨o. Pl.⟩: **a)** ↑ allseitige (c) *Bildung:* eine umfassende A. besitzen; eine Spezialisierung, die auf Kosten der A. geht; **b)** *nicht berufs- oder fachbezogener Teil der Bildung.*

all|ge|mein|gül|tig, all|ge|mein gül|tig ⟨Adj.⟩: *für alle geltend, gültig:* -e Kriterien; etw. a. festlegen.

All|ge|mein|gül|tig|keit, die: *allgemeine Gültigkeit, Geltung, Verbindlichkeit:* Anspruch auf A. erheben.

All|ge|mein|gut, das ⟨Pl. selten⟩: *etw., das alle geistig besitzen, worüber alle geistig verfügen:* diese Ideen, Gedanken sind A. geworden.

Allgemeinheit – allstündlich

All|ge|mein|heit, die; -, -en: **1.** ⟨o. Pl.⟩ *Öffentlichkeit, Gesamtheit, alle:* etw. für die A. tun; eine Tätigkeit im Dienste der A.; etw. geht auf Kosten der A. **2.** ⟨o. Pl.⟩ *Unbestimmtheit, Undifferenziertheit, Unverbindlichkeit:* Ausführungen, Erklärungen von [zu] großer A. **3.** ⟨Pl.⟩ *allgemeine, oberflächliche Redensarten, Bemerkungen; Allgemeinplätze:* sich in -en ergehen, erschöpfen.

All|ge|mein|in|te|r|es|se, das: *allgemeines Interesse:* etwas liegt im A.

All|ge|mein|me|di|zin, die; -: *fachärztlicher Bereich der Medizin, der die Erkennung u. Behandlung jeder Art von Erkrankungen u. die Krankheitsvorsorge (ohne Spezialisierung in einem Teilgebiet) umfasst:* [Fach]arzt für A.

All|ge|mein|me|di|zi|ner, der: *Arzt für Allgemeinmedizin.*

All|ge|mein|me|di|zi|ne|rin, die: w. Form zu ↑ Allgemeinmediziner.

All|ge|mein|platz, der ⟨meist Pl.⟩ (abwertend): *abgegriffene, banale Redensart, Gemeinplatz, Plattheit, Plattitüde:* sich in Allgemeinplätzen ergehen, erschöpfen.

All|ge|mein|spra|che, die: *Gemeinsprache* (a).

all|ge|mein|sprach|lich ⟨Adj.⟩: *die Allgemeinsprache betreffend, zu ihr gehörend.*

all|ge|mein ver|bind|lich, all|ge|mein|ver|bind|lich ⟨Adj.⟩: *für alle verbindlich:* allgemein verbindliche Tariflöhne; etw. a. v. regeln.

All|ge|mein|ver|bind|lich|keit, die: **1.** ⟨o. Pl.⟩ *allgemeine Verbindlichkeit.* **2.** *etw. allgemein Verbindliches.*

all|ge|mein ver|ständ|lich, all|ge|mein|ver|ständ|lich ⟨Adj.⟩: *für alle verständlich u. daher leicht fasslich; populär:* allgemein verständliche Erläuterungen; etw. a. v. erklären.

All|ge|mein|ver|ständ|lich|keit, die: *Verständlichkeit für alle.*

All|ge|mein|wis|sen, das: *allgemeines Wissen:* ein gutes A. haben.

All|ge|mein|wohl, das: *Wohlergehen aller.*

All|ge|mein|zu|stand, der (Med.): *Gesundheitszustand im Allgemeinen:* ein schlechter, guter A.

All|ge|walt, die; -, -en ⟨Pl. selten⟩ (geh.): *Gewalt über alles; unbeschränkte, umfassende, höchste Gewalt; Allmacht:* mit der A. eines Naturereignisses; die A. Gottes.

all|ge|wal|tig ⟨Adj.⟩: **a)** (geh.) *Allgewalt besitzend, allmächtig:* der -e Gott; **b)** (scherzh.) *uneingeschränkt führend:* der -e Chef der Notenbank.

all|gü|tig ⟨Adj.⟩: *(bes. von Gott) gütig:* die -e Mutter; Gott ist allwissend und a.

All|gü|ti|ger, der Allgütige; des Allgütigen (geh.): *Gott.*

All|heil|mit|tel, das; -s, -: *[Haus]mittel gegen alle möglichen Beschwerden; Universalmittel:* etw. als A. preisen; Ü Rationalisierung ist kein A. *(Mittel, das mit einem Mal alle Schwierigkeiten behebt).*

All|heit, die; -, -en (Philos.): *Gesamtheit, Totalität.*

all|hier ⟨Adv.⟩ (Amtsspr. veraltet): *eben hier:* Herzog Ernst weilt a. zu Nürnberg (Hacks, Stücke 66).

Al|li|anz, die; -, -en [frz. alliance, zu afrz. aleier] (↑ alliieren): **1.** *(Völkerrecht) Bündnis zwischen Staaten:* eine A. zwischen zwei Staaten; eine A. bilden; die Atlantische A. *(die NATO).* **2.** *Bündnis, Vereinigung, Gemeinschaft:* eine europäische A. der Autohersteller. **3.** (veraltet) *Heirat, eheliche Verbindung.*

Al|li|ga|tor, der; -s, ...oren [engl. alligator < span. el lagarto = die Eidechse < lat. lacertus, lacerta, zu: lacertus = Oberarm u. wohl eigtl. = Biegsame; die Bewegliche]: *(in tropischen u. subtropischen Flüssen u. Sümpfen Amerikas u. Südostasiens lebendes) zu den Krokodilen gehörendes Reptil mit verhältnismäßig kurzer Schnauze.*

al|li|ie|ren, sich ⟨sw. V.; hat⟩ [frz. allier < afrz. aleier < lat. alligare = an-, verbinden]: *(von Mächten, Truppen) sich verbünden:* die beiden Staaten haben sich alliiert.

al|li|iert ⟨Adj.⟩: **a)** *verbündet:* die -en Truppen, Soldaten; **b)** *von den Alliierten ausgehend, durchgeführt, eingerichtet:* die -en Beschlüsse.

Al|li|ier|te, die/eine Alliierte; der/einer Alliierten, die Alliierten/zwei Alliierte: *Mitstreiterin:* meine Mutter ist meine wichtigste A.

Al|li|ier|ter, der Alliierte/ein Alliierter; des/eines Alliierten, die Alliierten/zwei Alliierte: *einem Bündnis angehörende Macht, Verbündeter, Bundesgenosse:* unser A.; die Alliierten *(die im Zweiten Weltkrieg gegen Deutschland verbündeten Staaten).*

all-in|clu|sive [ˈɔːl(l)ɪnˈkluːsɪv] ⟨Adv.⟩ [engl., aus: all = alles u. inclusive < mlat. inclusivus, ↑¹inklusive] (bes. Touristik): *alles [ist im Preis] enthalten (bei Pauschalreisen u. Ä.):* wir reisen a.; eine Woche a. zum Schnäppchenpreis.

All-in|clu|sive-Ur|laub [ˈɔːl(l)ɪnˈkluːsɪv...], der (bes. Touristik): *Urlaub, bei dem alle Kosten für Unterkunft u. Verpflegung in einem pauschal zu entrichtenden Preis enthalten sind.*

All-in-one-Ge|rät [ˈɔːlɪ(l)ɪnˈwʌn...], das; -[e]s, -e [zu engl. all in one = alles in einem] (Fachspr.): *Gerät mit verschiedenen Funktionen.*

Al|li|te|ra|ti|on, die; -, -en [zu ↑ ad u. lat. littera = Buchstabe] (Verslehre): *gleicher Anlaut der betonten Silben aufeinanderfolgender Wörter; Anlautreim* (vgl. Stabreim).

al|li|te|rie|ren ⟨sw. V.; hat⟩ (Verslehre): *Alliteration zeigen:* diese Verse alliterieren nicht; alliterierende Dichtung.

all|jähr|lich ⟨Adj.⟩: *jedes Jahr [geschehend, stattfindend]:* -e Zusammenkünfte, Treffen; a. besuchen viele Touristen diese Kirche.

all|lie|bend ⟨Adj.⟩ (geh.): *(von Gott) alle u. alles liebend:* der -e Vater.

All|macht, die; - (geh.): *Macht über alle u. alles, grenzenlose Machtfülle, uneingeschränkte Macht; Allgewalt:* die A. Gottes, des Staates, des Geldes; seine A. beginnt zu bröckeln.

all|mäch|tig ⟨Adj.⟩ [LÜ von lat. omnipotens, ↑ omnipotent]: *über alle u. alles herrschend, grenzenlos mächtig, allgewaltig; omnipotent:* der -e Gott; (Ausruf des erschreckten Erstaunens:) -er Gott!

All|mäch|ti|ger, der Allmächtige/ein Allmächtiger; des/eines Allmächtigen (geh.): *Gott:* beim Allmächtigen schwören; A.! (Ausruf des erschreckten Erstaunens).

All|mäch|tig|keit, die; -: *das Allmächtigsein; Allmacht.*

All|machts|fan|ta|sie, die ⟨meist Pl.⟩, **Allmachts|phan|ta|sie**, die: *Vorstellung von grenzenloser Macht.*

all|mäh|lich ⟨Adj.⟩ [mhd. almechlich, zu ↑ gemach]: *langsam [fortschreitend], fast unmerklich:* mit der Zeit, nach u. nach: das -e Nachlassen der Kräfte; sich a. wieder beruhigen.

All|meind, All|mend, die; -, -en (schweiz.): *Allmende.*

All|men|de, die; -, -n [mhd. almende, al(ge)meinde]: *Gemeindegut, -flur.*

all|mo|nat|lich ⟨Adj.⟩: *jeden Monat [geschehend, stattfindend]:* -e Zahlungen; die a. fälligen Gebühren; sich a. mit jmdm. treffen.

all|mor|gend|lich ⟨Adj.⟩: *jeden Morgen [geschehend, stattfindend]:* das -e Zeremoniell; a. seinen Kaffee trinken; ... jenes weiße Getränk, welches Madame Gaillard a. ihren Zöglingen verabreichte (Süskind, Parfum 33).

All|mut|ter, die; - (dichter.): *Mutter alles Lebenden:* A. Natur.

all|nächt|lich ⟨Adj.⟩: *jede Nacht [geschehend, stattfindend]:* das -e Lichtermeer.

Al|lo|ka|ti|on, die; -, -en [mlat. allocatio = Verpachtung, zu ↑ ad u. lat. locare = setzen, stellen] (Wirtsch.): *[in einem Etat] Zuweisung von finanziellen Mitteln, Materialien u. Produktivkräften.*

all'on|ga|re|se: ↑ all'ongharese.

Al|lon|ge|pe|rü|cke, die; -, -n [zu frz. allonge, eigtl. = Verlängerung, zu allonger = verlängern, zu lat. longus = lang u. ↑ Perücke]: *Perücke des 17. u. 18. Jh.s für den Mann mit langen, Schultern u. Nacken bedeckenden Locken.*

all'on|gha|re|se [alˈɔŋɡaˈreːzə; ital., zu: ungherese = ungarisch] (Musik): *nach Art ungarischer (zigeunerischer) Musik.*

Al|lo|pa|thie, die; - (Med.): *Heilmethode der Schulmedizin, bei der die Krankheiten im Unterschied zur Homöopathie mit entgegengesetzt wirkenden Medikamenten behandelt werden.*

al|lo|pa|thisch ⟨Adj.⟩ (Med.): *die Allopathie betreffend.*

Al|lot|ria, das; -, [-s], - ⟨Pl. selten⟩ [griech. allótria = fremde, abwegige Dinge, zu: allótrios = fremd, zu: állos = anderer]: *mit Lärm, Tumult o. Ä. ausgeführter Unfug; dummes Zeug, Dummheiten, Albernheiten:* A. treiben; lasst das A.!; ◆ ⟨Pl. Allotrien:⟩ Nichts als Allotrien, Herr Schreiber (Kleist, Krug 7).

all'ot|ta|va [ital., zu ↑ alla u. ottava, ↑ Oktave] (Musik): *eine Oktave höher [zu spielen]* (Zeichen: 8ᵛᵃ... über den betreffenden Noten).

al|lo|zie|ren ⟨sw. V.; hat⟩ [zu ↑ Allokation] (Wirtsch.): **1.** *eine Allokation vornehmen.* **2.** (EDV) *(Speicherplatz) zuweisen, reservieren.*

All|par|tei|en|re|gie|rung, die (Politik): *Regierung, in der alle im Parlament vertretenen Parteien vertreten sind.*

All|rad, der; -[e]s ⟨o. Pl.⟩ (Kfz-Technik-Jargon): **1.** *Fahrzeug mit Allradantrieb:* per A. durch die Wüste. **2.** *Allradantrieb.*

All|rad|an|trieb, der (Kfz-Technik): *auf sämtliche Räder eines Fahrzeugs wirkender Antrieb.*

all|rad|ge|trie|ben ⟨Adj.⟩ (Kfz-Technik): *mit Allradantrieb versehen:* -e Traktoren.

All|roun|der [ˈɔːlˈraʊndɐ], der; -s, - [engl. all-rounder, zu: all-round = vielseitig] (ugs.): **1.** *wendige, vielseitig interessierte männliche Person, die Kenntnisse u. Fähigkeiten auf zahlreichen Gebieten besitzt u. anwendet:* für unsere Niederlassung suchen wir einen A. **2.** *vielseitig einsetzbares Gerät:* diese Kamera ist ein A.

All|roun|de|rin, die; -, -nen: w. Form zu ↑ Allrounder (1).

All|round|man [ˈɔːlˈraʊndmən, ...mɛn], der; -s, ...men [...mən] [engl. man = Mann] (ugs.): *Allrounder.*

all|sei|tig ⟨Adj.⟩: **a)** *an, auf allen Seiten (2 a) [vorhanden]:* ein a. von Gebäuden umschlossener Hof; **b)** *allgemein; auf, von allen Seiten (9 a):* -e Unterstützung, Zufriedenheit; **c)** *umfassend, vielfältig, vielseitig:* eine -e Ausbildung; a. interessiert sein.

all|seits ⟨Adv.⟩ [↑-seits]: *überall; nach, von allen Seiten (9 a); von, bei allen:* man war a. einverstanden; eine a. verbreitete Meinung; ein a. geschätzter, beliebter Kollege.

All-Star-Band [ˈɔːlstaːɐ̯bænd], die; -, -s [aus engl. amerik. all-star = aus den hervorragendsten Spielern bestehend (↑²Star 1 u. ↑³Band)] (Musik): **a)** *Jazzband, die nur aus berühmten Musikern besteht;* **b)** *erstklassige Tanz- u. Unterhaltungskapelle.*

all|stünd|lich ⟨Adj.⟩: *jede Stunde [geschehend, stattfindend].*

All|tag, der; -[e]s, -e [zu älter alletag = täglich, gewöhnlich]: **1.** ⟨o. Pl.⟩ *tägliches Einerlei, gleichförmiger Ablauf im [Arbeits]leben:* der politische, berufliche A.; der graue A. hat uns wieder; aus dem A. ausbrechen. **2.** ⟨Pl. selten⟩ *Werktag, Arbeitstag:* die Feier fand an einem A. statt.

all|täg|lich [auch: ˈaltɛːklɪç] ⟨Adj.⟩: **1.** [alˈtɛːk...] *gewöhnlich, üblich, nichts Besonderes aufweisend, ohne außergewöhnliche Kennzeichen, durchschnittlich; banal, trivial:* die -[st]en Dinge; ein -er Mensch; ihre Gesichter waren sehr a.; die Geschichte kommt mir recht a. vor. **2.** *jeden Tag [geschehend, stattfindend]:* im -en Leben; Es wurde a. ein guter Tisch bei uns geführt (Th. Mann, Krull 23). **3.** [ˈaltɛːklɪç] (selten) *für den Alltag* (2) *bestimmt, werktäglich:* -e Kleidung; a. und sonntäglich.

All|täg|lich|keit, die; -, -en: **a)** ⟨o. Pl.⟩ *Üblichkeit, Gewöhnlichkeit;* **b)** *durch nichts Außergewöhnliches gekennzeichnete, übliche, alltägliche Erscheinung, alltäglicher Vorgang:* etw. wird zu einer A.

all|tags ⟨Adv.⟩: *an einem Alltag* (2), *Arbeitstag; werktags, wochentags:* a. stürmt er für Liverpool.

All|tags|an|zug, der: *Anzug, der alltags getragen wird.*

All|tags|din|ge ⟨Pl.⟩: **1.** *Dinge, Tätigkeiten, die im Alltag* (1) *verrichtet werden [müssen].* **2.** *alltägliche Gegenstände,* ¹*Dinge* (1 a) *des Alltags* (1).

All|tags|er|fah|rung, die: *Erfahrung, die jmd. im Alltag* (1) *macht.*

All|tags|ge|gen|stand, der: *alltäglicher Gegenstand; Gegenstand* (1) *des Alltags* (1).

All|tags|ge|schäft, das: *alltägliches Geschäft* (3); *Gesamtheit alltäglicher Aufgaben, Angelegenheiten.*

All|tags|ge|schich|te, die: *alltägliche Geschichte, Geschichte aus dem Alltag.*

All|tags|klei|dung, die: vgl. Alltagsanzug.

All|tags|kul|tur, die: *Gesamtheit der von einer bestimmten Gemeinschaft während einer bestimmten Epoche geschaffenen charakteristischen Dinge, Gegebenheiten des täglichen Lebens.*

All|tags|le|ben, das: *Leben, das im Alltag* (1) *geführt wird.*

All|tags|sor|gen ⟨Pl.⟩: *Sorgen, die der Alltag* (1) *mit sich bringt.*

All|tags|spra|che, die: **a)** (Sprachwiss.) *Sprache, die im alltäglichen Verkehr der Menschen untereinander angewendet wird u. zwischen Standardsprache u. Umgangssprache steht;* **b)** *im alltäglichen Verkehr der Menschen untereinander verwendete Sprache, die nicht die offizielle Amtssprache ist.*

all|tags|taug|lich: *sich [gut] für die alltägliche Verwendung eignend;* ¹*praktisch* (2): -e Autos, Kleidung, Tipps; eine neue Technik a. machen; Ü -e Menschen.

All|tags|trott, der (leicht abwertend): *alltäglicher Trott; immer gleichbleibender, etwas eintöniger Tagesablauf:* den A. hinter sich lassen.

All|tags|wort, das ⟨Pl. ...wörter⟩: *gewöhnliches, übliches Wort, das von jedem verwendet wird.*

all|über|all ⟨Adv.⟩ (geh.): *verstärkend für* ↑ *überall:* Sie sind so unbeständig, diese Schiffer. Heute hier und morgen a. (Strittmatter, Wundertäter 170).

all|um|fas|send ⟨Adj.⟩ (geh.): *alle u. alles umfassend:* eine -e Organisation, Regelung.

all|un|ghe|re|se: ↑ all'ongharese.

Al|lü|re, die; -, -n ⟨meist Pl.⟩ [frz. allure = Gang(art), Benehmen, zu: aller, ↑ Allee] (bildungsspr., oft abwertend): **a)** *aus dem Rahmen fallende Umgangsform; auffallendes Benehmen, Gehabe:* seine -n beibehalten, ablegen, verlieren; er ist ein Mensch ohne -n.

al|lu|vi|al ⟨Adj.⟩ (Geol.): **a)** *das Alluvium betreffend;* **b)** *[durch Ströme] angeschwemmt, abgelagert.*

Al|lu|vi|um, das; -s [lat. alluvium = Anschwemmung]: älter für ↑ Holozän.

All|va|ter, der ⟨meist ohne Art.⟩ (Mythol., Rel.): *Gott als Vater aller Götter u. Menschen, Schöpfer aller Dinge:* A. Wodan; Ü der rote A. Lenin.

all|weg ⟨Adv.⟩ (schwäb.): *jedenfalls.*

all|weil, allerweil, alleweil ⟨Adv.⟩ (bes. österr. ugs.): *... er wisse es von einem Kameraden, dass die feindlichen Flieger alleweil Erdäpfelkäfer heruntersch missen (Carossa, Aufzeichnungen 177).

All|wet|ter|klei|dung, die: *Kleidung, die auch bei schlechtem Wetter getragen werden kann.*

All|wet|ter|rei|fen, der: *Ganzjahresreifen.*

all|wis|send ⟨Adj.⟩: *alles wissend:* der -e Gott; niemand ist a.

All|wis|sen|der, der: *der Allwissende; des Allwissenden:* Gott.

All|wis|sen|heit, die; -: *das Alles-Wissen, das Wissen von allem:* die A. Gottes.

all|wo ⟨Adv.⟩ (Amtsspr. veraltet): *[ebenda]* ¹*wo* (2 a): ♦ *...* um mir ein Plätzchen auszubitten, a. ich meinem Gott... dienen könne (Lessing, Nathan IV, 7).

all|wö|chent|lich ⟨Adj.⟩: vgl. alljährlich.

All|zeit|hoch, das; -s, -s (Börsenw.): *höchster Stand bes. von Aktien, Währungen u. Ä.*

all|zu ⟨Adv.⟩: *verstärkend für* ↑ ²*zu* (1); *in zu hohem Grade, übertrieben, übermäßig:* a. bald, früh, gern, lange, leicht, oft, schnell, sehr, selten, weit; ein a. gewagtes Unternehmen; das weiß sie nur a. gut; es ging dort a. menschlich zu; nichts a. Schweres verlangen; (mit Verneinung:) keiner Sache kein a. großes *(kein sehr großes)* Gewicht beilegen.

all|zu bald, all|zu früh, all|zu gern: s. allzu.

all|zu|gleich ⟨Adv.⟩: **a)** (dichter.) *verstärkend für* ↑ *zugleich;* **b)** (geh.) *alle gemeinsam.*

all|zu groß, all|zu gut, all|zu lang, all|zu lan|ge, all|zu leicht: s. allzu.

all|zu|mal ⟨Adv.⟩: **1.** *insbesondere, besonders, erst recht:* Intellektuelle, Künstler a., meldeten sich zu Wort. **2.** *immer, überhaupt:* Gleichheit lässt sich a. nur so herstellen. **3.** *alle zusammen, ohne Ausnahme; insgesamt.*

all|zu mensch|lich, all|zu oft usw.: s. allzu.

All|zweck|rei|ni|ger, der; -s, -: *vielseitig verwendbares Reinigungsmittel.*

All|zweck|waf|fe, die; -, -n (ugs., oft scherzh.): *Person, Sache, die vielseitig, bei verschiedenen Gelegenheiten eingesetzt, verwendet werden kann.*

Alm, die; -, -en [aus mhd. alben, gebeugte Form von: albe, ↑ ²Alp]: *im Sommer als Weide dienende Wiese im Gebirge; Hochweide:* eine A. bewirtschaften; das Vieh auf die A. treiben, von der A. abtreiben; droben auf der A.

Al|ma-Ata: früherer Name von ↑ Almaty.

Alm|ab|trieb, der: *das Abtreiben* (3) *des Viehs von der Alm in die Winterställe im Herbst.*

Al|ma Ma|ter, die; - - [lat. = nährende Mutter] (bildungsspr., oft scherzh.): *Universität.*

Al|ma|nach, der; -s, -e [mniederl. almanag < mlat. almanachus = (astronomisches) Jahrbuch < arab. al-manāḫ (mit unklarer Bed.)] (Verlagsw.): **a)** (früher) *[mit einem Kalender verbundene] bebilderte Sammlung von Texten aus verschiedenen Sachgebieten (Belletristik, Theater, Mode, Reisen u. a.);* **b)** *bei besonderem Anlass od. aus Werbegründen veröffentlichter Querschnitt aus der Jahresproduktion eines Verlages.*

Al|ma|ty: frühere Hauptstadt von Kasachstan.

Alm|auf|trieb, der: *das Hinauftreiben des Viehs auf die Alm im Frühjahr.*

al|men ⟨sw. V.; hat⟩ (bes. bayr., westösterr.): *(Vieh) auf der Alm halten:* die Bergbauern almen ihr Vieh.

Al|men|rausch: ↑ Almrausch.

Alm|hüt|te, die: *Wohn- u. Wirtschaftsgebäude auf der Alm.*

Al|mo|sen, das; -s, -: **1.** [mhd. almouse, ahd. alamousa < kirchenlat. eleemosyna < griech. eleēmosýnē = Mitleid, Erbarmen] (geh.) *einem Bedürftigen gewährte kleinere Gabe:* einem Bettler ein A. geben; um ein A. bitten; kein A. annehmen; von A. leben. **2.** (abwertend) *geringes, dürftiges Entgelt, das in keinem Verhältnis zu jmds. angemessener Forderung steht:* für ein A. arbeiten müssen.

Alm|rausch, der; -[e]s [2. Bestandteil wohl zu lat. ruscus = Mäusedorn] (südd., österr.): *behaarte, rostrote Alpenrose.*

Alm|ro|se, die (südd., österr., auch ostmd.): *Alpenrose.*

Alm|wirt|schaft, die: **a)** ⟨o. Pl.⟩ *Wirtschaftssystem bes. der Alpen, das auf der sommerlichen Nutzung der Alm beruht;* **b)** *Fläche, Betrieb mit Almwirtschaft* (a).

Aloe [ˈaːloe], die; -, -n [...oən]: **1.** [mhd., ahd. ālōe < lat. aloe < griech. alóē] *(zu den Liliengewächsen gehörende) in den Tropen u. Subtropen wachsende Pflanze mit Wasser speichernden, dicken Blättern.* **2.** ⟨o. Pl.⟩ *bitterer Saft vieler Aloearten.*

Aloe ve|ra, die; - - [nlat. aloe vera = Echte Aloe]: *feuchtigkeitsspeichernde Aloe, deren Inhaltsstoffe bes. für Hautpflegemittel verwendet werden.*

alo|gisch ⟨Adj.⟩ [aus griech. a- = nicht, un- u. ↑ logisch]: *nicht logisch, außerhalb der Logik.*

alo|ha [hawaiisch aloha, eigtl. = Liebe, Zuneigung, Mitgefühl]: *hawaiisches Begrüßungs- u. Abschiedswort.*

¹**Alp:** ↑ ²Alb.

²**Alp,** die; -, -en [mhd. albe, ahd. alba, wahrsch. urspr. = Berg; schon früh volksetym. an lat. albus = weiß (↑ Album) angeschlossen] (landsch., bes. schweiz. u. westösterr.): *Alm.*

¹**Al|pa|ka,** das; -s, -s [span. alpaca < Ketschua (südamerik. Indianerspr.) (al)paco, aus: paco = rot(braun)]: **1.** *langhaariges, schwarzes od. schwarzbraunes Lama in den Anden.* **2.** ⟨o. Pl.⟩ **a)** *Wolle des* ¹*Alpakas* (1); **b)** *Reißwolle aus aufbereitetem Mischgewebe.*

²**Al|pa|ka,** der; -s: *glänzendes Gewebe aus* ¹*Alpaka* (2 a) *u. Baumwolle, bes. für Kleider u. Schürzen.*

³**Al|pa|ka®,** das; -s [H. u.]: *frühere Bez. für:* ↑ Neusilber.

Al|pa|ka|wol|le, die: *Wolle des* ¹*Alpakas* (1 a).

al pa|ri [ital., eigtl. = zu gleichem (Wert), aus ↑ al u. pari, ↑ pari] (Börsenw.): *zum Nennwert.*

Alp|druck: ↑ Albdruck.

Alp|drü|cken: ↑ Albdrücken.

Al|pe, die; -, -n (westösterr.): ↑ ²Alp.

al|pen ⟨sw. V.; hat⟩ (schweiz., westösterr.): **a)** *(Vieh) auf der* ²*Alp halten;* **b)** *(bes. vom Vieh) auf der* ²*Alp sein.*

Al|pen ⟨Pl.⟩ [ahd. alben, alpen, mhd. alben, Pl. von: ahd. alba, mhd. albe, ↑ ²Alp]: *höchstes europäisches Gebirge.*

Al|pen|glöck|chen, das: *Troddelblume.*

Al|pen|glü|hen, das; -s: *rötlicher Widerschein des Lichtes auf den [schneebedeckten] Alpengipfeln.*

Al|pen|jä|ger, der: **1.** *Angehöriger der italienischen u. französischen Gebirgstruppen.* **2.** (selten) *Jäger in den Alpen.*

Al|pen|land, das ⟨Pl. ...länder⟩: **1.** ⟨o. Pl.⟩ *Gebiet, Region der Alpen.* **2.** ⟨meist Pl.⟩ *Staat, Land, zu dessen Territorium ein Teil der Alpen gehört (z. B. Österreich, die Schweiz, Italien u. a.).*

al|pen|län|disch ⟨Adj.⟩: *das Alpenland* (1), *die Alpenländer* (2) *betreffend.*

Al|pen|pass, der: *über die Alpen führender Pass* (2).

Al|pen|raum, der ⟨o. Pl.⟩: *Alpenland* (1).

Al|pen|re|pu|b|lik, die (ugs. scherzh.): **1.** ⟨o. Pl.⟩ *Österreich.* **2.** ⟨Pl.⟩ *Österreich u. die Schweiz.*

Al|pen|ro|se, die (Bot.): *(zu den Heidekrautgewächsen gehörende) rot blühende, als Strauch wachsende Pflanze der Hochgebirgsregion.*

Al|pen|rot, das; -s: *(meist durch Blutalgen verursachte) rötliche Färbung des Schnees in Gebirgen u. Polargebieten.*

◆ **Al|pen|steiger,** der: *jmd., der häufig in den Alpen umhersteigt [u. wildert]:* Der Schuster war es, der einstige A. (Stifter, Bergkristall 58).

Al|pen|veil|chen, das: *(zu den Primelgewächsen gehörende) Pflanze mit großen runden bis herzförmigen Blättern u. einzeln an langen Stielen sitzenden roten, rosa od. weißen Blüten.*

Al|pen|ver|ein, der: *gemeinnütziger Verein, der das Bergsteigen u. Wandern im Hochgebirge unterstützen u. zu dessen Erschließung u. Erforschung beitragen will.*

Al|pen|vor|land, das; -[e]s, ...lande od. ...länder ⟨Pl. selten⟩: *[nördliches] Vorland der Alpen.*

Al|pha, das; -[s], -s [griech. álpha < hebr. a̱lef, eigtl. = Ochse (nach der Ähnlichkeit des althebr. Buchstabens mit einem Ochsenkopf), aus dem Phönikischen]: *erster Buchstabe des griechischen Alphabets* (Α, α).

Al|pha|bet, das; -[e]s, -e [mhd. alfabēte < kirchenlat. alphabetum < griech. alphábētos, aus: álpha (↑ Alpha) u. bēta (↑ Beta)]: *festgelegte Reihenfolge aller Schriftzeichen einer Sprache; Abc:* das kleine A. *(das Alphabet in Kleinbuchstaben);* das große A. *(das Alphabet in Großbuchstaben);* das russische A.; Namen nach dem A. ordnen.

al|pha|be|tisch ⟨Adj.⟩: *nach dem Alphabet [geordnet]; abecelich:* ein -es Register; eine Kartei a. ordnen.

al|pha|be|ti|sie|ren ⟨sw. V.; hat⟩: **1.** *nach dem Alphabet ordnen:* Karteikarten, Namen für eine Liste a. **2.** *(Analphabeten) lesen u. schreiben lehren:* sie sind nicht zu alt, um alphabetisiert zu werden.

Al|pha|be|ti|sie|rung, die; -, -en: *das Alphabetisiertsein.*

Al|pha|mäd|chen, das (salopp): *durchsetzungsfähige, andere Menschen dominierende junge Frau.*

Al|pha|männ|chen, das: (Verhaltensf.) *(bei Tieren, die in Gruppen mit Rangordnung leben) ranghöchstes Männchen einer Gruppe.*

al|pha|nu|me|risch ⟨Adj.⟩ [geh. aus ↑ Alphabet u. ↑ numerisch] (EDV): *(von Zeichenfolgen) im Gegensatz zu numerischen Ausdrücken nicht nur Ziffern u. Operationszeichen, sondern auch beliebige Zeichen eines Alphabets enthaltend.*

Al|pha|strah|len, α-Strahlen ⟨Pl.⟩ (Kernphysik): *aus Alphateilchen bestehende radioaktive Strahlen.*

Al|pha|teil|chen, α-Teilchen, das (Kernphysik): *beim radioaktiven Zerfall bestimmter Elemente u. bei bestimmten Kernreaktionen ausgesendetes, aus zwei Protonen u. zwei Neutronen bestehendes Teilchen.*

Al|pha|tier, das: **1.** (Verhaltensf.) *(bei Tieren, die in Gruppen mit Rangordnung leben) ranghöchstes Tier einer Gruppe.* **2.** (salopp) *durchsetzungsfähige, andere Menschen dominierende Person.*

Alp|horn, das ⟨Pl. ...hörner⟩ [zu ↑ ²Alp]: *volkstümliches, wegen seiner Länge auf dem Boden aufliegendes Blasinstrument in Hochgebirgsgegenden (bes. der Schweiz).*

Alp|hüt|te, die (schweiz., westösterr.): *Almhütte.*

al|pin ⟨Adj.⟩ [lat. alpinus = zu den Alpen gehörig, zu: Alpes = Alpen]: **1.** *die Alpen bzw. das Hochgebirge betreffend; Hochgebirgscharakter aufweisend:* -e Skigebiete; die Landschaft ist fast a. **2.** *in den Alpen, im Hochgebirge vorkommend:* -e Flora. **3.** (Ski) *den Abfahrtslauf, Slalom, Riesenslalom u. Superriesenslalom betreffend:* die -en Disziplinen. **4.** *den Alpinismus betreffend:* -e Ausrüstung.

Al|pi|nis|mus, der; -: *Bergsteigen in den Alpen, im Hochgebirge.*

Al|pi|nist, der; -en, -en: *Bergsteiger in den Alpen, im Hochgebirge.*

Al|pi|nis|tik, die; -: *Alpinismus.*

Al|pi|nis|tin, die; -, -nen: w. Form zu ↑ Alpinist.

al|pi|nis|tisch ⟨Adj.⟩: *den Alpinismus, den Alpinisten betreffend.*

Älp|ler, der; -s, -: **1.** (meist abwertend) *bäuerlicher Bewohner der Alpen.* **2.** (schweiz., westösterr., sonst veraltet) *Bewirtschafter einer Alm.*

Älp|le|rin, die; -, -nen: w. Form zu ↑ Älpler.

älp|le|risch ⟨Adj.⟩: *den Älpler betreffend.*

Alp|traum: ↑ Albtraum.

Alp|wei|de, die (schweiz., westösterr.): *Almweide.*

al-Qai|da usw.: ↑ El Kaida usw.

Al|rau|ne, die; -, -n: **1.** [mhd. alrūn(e), ahd. alrūn(a), aus ahd. alb (↑¹Alb) u. rūnēn, ↑ raunen, wohl eigtl. der Name des in die Wurzel gebannten Geistes] *einer menschlichen Gestalt ähnliche od. entsprechend zurechtgeschnitzte Alraunwurzel, die nach dem Volksglauben Zauberkräfte besitzt u. zu Reichtum u. Glück verhilft.* **2.** *über Zauberkräfte verfügendes Wesen.*

Al|raun|wur|zel, die: *(hauptsächlich im Mittelmeergebiet vorkommendes) Nachtschattengewächs mit giftiger, in der Volksmedizin verwendeter Wurzel.*

¹als ⟨Konj.; temporal; in Gliedsätzen⟩ [mhd. als(e), alsō, ahd. alsō, ↑ ¹also]: **1.** *drückt die Vor-, Gleich- od. Nachzeitigkeit aus:* a. wir das Haus erreicht hatten, [da] fing es an zu regnen; kaum hatte sie sich umgezogen, a. der Besuch eintraf. **2.** *in Verbindung mit einer näher erläuternden Zeitangabe:* zu der Zeit, a. seine Eltern noch lebten; damals, a. sie noch klein war.

²als ⟨Konj.; modal; in Satzteilen u. Gliedsätzen⟩ [mhd. als(e), alsō, ahd. alsō, ↑ ¹also]: **1. a)** *bei Ungleichheit nach Komparativ:* ich bin älter a. er; eher heute a. morgen; lieber sterben a. unfrei sein; mehr aus Mitleid a. aus Liebe; Maria ist noch schöner, a. es ihre Mutter im gleichen Alter war; **b)** *bei Ungleichheit nach ander..., anders, nichts, kein, niemand, umgekehrt, entgegengesetzt od. nach einem Fragepronomen [+ sonst, überhaupt u. a.]:* alles andere a. schön; anders, a. ich es mir gedacht hatte; nichts a. Unfug; mit keinem Menschen a. ihm; entgegengesetzt, a. ich [es] erwartet hatte; wohin sonst a. zu ihr hätte er gehen sollen? **2.** *bei Gleichheit in Sätzen, in denen ein Geschehen mit einem anderen Geschehen verglichen wird, oft mit Verweis auf »ob« oder »wenn«:* so, a. spräche er eine ganz fremde Sprache; er sah, a. habe er nichts gehört, aus dem Fenster; nicht, a. wenn es schon sehr eilig wäre; mir kam es vor, a. ob ich schon Stunden gewartet hätte; ⟨gelegentlich mit Indikativ des Verbs:⟩ mir kam es vor, a. ob ich schon Stunden über Stunden in diesem Keller saß; *verkürzt zum Ausrufesatz:* ob es mir etwas Neues gewesen wäre! **3.** *bei Gleichheit in verschiedenen, meist festen Verbindungen neben »wie«:* so schnell a. möglich; so viel a. ein Eid; doppelt so groß a.; sowohl ... a. [auch]. **4. a)** (veraltend, noch ugs.) *in Verbindung mit »wie« statt bloßem »wie« bei Gleichheit:* obgleich er sich da nicht so fühlte a. wie zu Hause; **b)** (ugs.) *bei Ungleichheit in Verbindung mit »wie« nach einem Komparativ statt bloßem »als«:* eine schönere Umgebung, a. wie man sie hier in der Stadt hat. **5.** *in Verbindung mit »insofern, insoweit« einschränkend:* ich werde kommen, insofern a. ich dazu überhaupt imstande bin; insofern[,] a. du an ihre Rückkehr glaubst, hast du dich gründlich geirrt. **6.** (veraltet) *zur Einleitung einer Aufzählung.* **7.** *zur Einleitung der näheren Erläuterung eines Bezugswortes:* Schmidt a. Vorgesetzter; ihm a. leitendem Arzt; meine Aufgabe a. Lehrer ist es, ...; das Wirken Albert Schweitzers a. Tropenarzt, des Herrn Müller a. des eigentlichen Führers der Opposition; ich habe a. Mädchen *(in meiner Mädchenzeit, als ich ein Mädchen war)* immer davon geträumt; du fühlst dich a. Held; ich rate dir a. guter Freund zur Annahme dieser Bedingungen; er war a. Schriftsteller erfolgreicher denn a. Kaufmann; die Geschichte erwies sich a. wahr; ◆ ⟨bei Zeitangaben:⟩ Doch morgen, a. am ersten Ostertage, erlaubt mir ein' und andre Frage (Goethe, Faust I, 598 f.); ◆ ... wenn der Himmel nicht beizeit noch einfallen wollte, so werde er morgen am Tag – das war a. heut – den Weg alles Fleisches gehen müssen (Schiller, Räuber II, 3). **8.** *in der Verbindung »zu + Adj., als dass«* eine Folge ausdrückend: *die Aufgabe ist viel zu schwierig, a. dass man sie auf Anhieb lösen könnte.* **9.** *in der Verbindung »umso (seltener: desto) + Komp., als«* einen Grund ausdrückend: *der Vorfall ist umso bedauerlicher, a. er unserem Ansehen schadet.* ◆ **10. a)** ²*wie* (1 a): Sie nahm ihre Schürze a. ein Mäntelchen um (Cl. Brentano, Kasperl 345); Man unterhält sich manchmal mit einem gegenwärtigen Menschen a. mit einem Bilde (Goethe, Wahlverwandtschaften II, 2); Dass Ihr doch immer so gut a. klug, so klug a. weise seid (Lessing, Nathan I, 3); **b)** *(in der Kanzleisprache)* ²*so* (7 a): Nachdem unser hochgebietender Feldherr ... des Kaisers Dienst zu verlassen gemeint gewesen, auf einen einstimmiges Bitten aber sich bewegen lassen, noch länger bei der Armee zu verbleiben ...; a. verpflichten wir uns ... auch bei ihm ehrlich und getreu zu halten (Schiller, Piccolomini IV, 1).

al s. = al segno.

als|bald ⟨Adv.⟩ [gek. aus ↑ alsobald]: *sogleich; kurz danach.*

als|bal|dig ⟨Adj.⟩ (Papierdt.): *umgehend, sofortig:* die Ware ist zum -en Verbrauch bestimmt.

als|dann ⟨Adv.⟩: **1.** (geh.) *sodann, darauf, hierauf:* a. erwarb sie ihr Diplom. **2.** (südd., österr.) *also [dann]; nun [denn]* (als auffordernder Ausruf od. [zur Einleitung einer] abschließende[n] Bemerkung): a., Leute! Wir sind da.

al se|gno [alˈzɛnjo; ital., aus ↑ al u. segno = Zeichen < lat. signum] (Musik): *(bei Wiederholung eines Tonstückes) bis zum Zeichen* (Abk.: al s.)

◆ **als|ge|mach** ⟨Adv.⟩: *nach u. nach; langsam u. stetig; allgemach:* Als er ... den Frieder nimmer sah, war sein erster Gedanke: »Was gilts, der Herr Bruder ist a. vorausgegangen.« (Hebel, Schatzkästlein 56).

¹al|so ⟨Adv.⟩ [mhd., ahd. alsō, urspr. = ganz so, aus ↑ ²all u. ↑ ²so]: **1.** *folglich, demzufolge, demnach, somit, mithin:* er litt um sie, a. liebte er sie; er war Beamter, a. *(das heißt)* ein gewissenhafter Mensch/ein gewissenhafter Mensch. **2. a)** *fasst Vorausgegangenes zusammen, nimmt es erläuternd od. weiterführend auf:* Laufvögel, a. Strauße, Nandus, Emus, sind flugunfähig; **b)** *dient der Fortsetzung eines unterbrochenen Gedankenganges:* a. ich meine, dass etwas geschehen muss. **3.** (veraltet) *verstärkend für* ↑ ²so; *in ebendieser Weise:* a. geschah es.

²al|so ⟨Partikel⟩ [vgl. ¹also]: *wirkt verstärkend bei gefühlsbetonten Aussagen, Fragen, Ausrufen, Aufforderungen:* a. schön; a., kommst du jetzt

alsobald – Alter

oder nicht?; a., gute Nacht!; na a.! *(siehst du!; warum nicht gleich!)*

al|so|bald ⟨Adv.⟩ (veraltet, noch altertümelnd): alsbald.

al|so|gleich ⟨Adv.⟩ (geh. veraltend): verstärkend für ↑ [so]gleich.

Als|ter, die; -: rechter Nebenfluss der unteren Elbe.

Als|ter|was|ser, das ⟨Pl. ...wässer oder ...wasser⟩: **1.** (landsch.) *Erfrischungsgetränk aus Bier u. Limonade.* **2.** ⟨o. Pl.⟩ *Wasser der Alster.*

alt ⟨Adj.; älter, älteste⟩ [mhd., ahd. alt, eigtl. = aufgewachsen, verw. mit lat. alere, ↑ Alimente]: **1.** *(von Menschen, Tieren, Pflanzen) nicht [mehr] jung, in vorgerücktem Lebensalter, bejahrt:* ein -er Mann, Hund, Baum; sie ist nicht sehr a. geworden; mit 35 fühlte ich mich a.; * **nicht a. werden** (ugs.; *es nicht mehr lange aushalten:* hier, heute werde ich nicht a.); **a. aussehen** (ugs.; *das Nachsehen haben:* wenn er uns zuvorkommt, sehen wir sehr, ziemlich a. aus); **Alt und Jung** (1. *alte und junge Menschen:* Alt und Jung müssen zusammenhalten. 2. *jedermann:* ein Buch für Alt und Jung). **2. a)** *(im Vergleich zu einem, einer anderen, zu anderen) ein höheres Lebensalter habend:* die -e Generation; der -e [Herr] Meier (ugs.; *der Vater des jungen Herrn Meier*); meine ältere Schwester; unser ältester Sohn/⟨subst.:⟩ unser Ältester; ⟨subst.:⟩ die Älteren unter euch werden dies alles noch wissen; ⟨als Ergänzung bei Eigennamen⟩: Lucas Cranach der Ältere (Abk.: d. Ä.); **b)** *ein bestimmtes Alter habend:* ein drei Wochen -er Säugling; R man ist so a., wie man sich fühlt; **c)** *Merkmale des Alters, Alterserscheinungen aufweisend:* ein -es Gesicht; mit ihren -en, zittrigen Händen; er ist a. geworden. **3. a)** *eine bestimmte Zeit vorhanden, im Gebrauch befindlich:* ein drei Jahre -er Wagen; das Spiel ist gerade zwei Minuten a. (Sportjargon; *es sind gerade zwei Minuten Spielzeit vergangen*); **b)** *nicht [mehr] neu, lange gebraucht, getragen; abgenutzt:* -e Schuhe; mit -en *(antiquarischen)* Büchern handeln; die -en *(baufälligen)* Häuser abreißen; R aus Alt mach Neu. **4. a)** *seit längerer Zeit vorhanden, bestehend; vor längerer Zeit erzeugt, hergestellt u. daher nicht [mehr] frisch:* eine -e Wunde; der Fisch ist schon a., schmeckt a.; **b)** *vom letzten Jahr, vorjährig:* die -en Kartoffeln aufbrauchen; das -e Jahr geht zu Ende. **5. a)** *seit Langem vorhanden, bestehend; vor langer Zeit entstanden, begründet u. deshalb bewährt:* eine -e Erfahrung, Tradition; *(ugs. im Besitz:)* **b)** *langjährig:* ein -es Mitglied; wir sind -e Freunde; **c)** *längst [überall] bekannt u. daher überholt, langweilig:* ein -er Witz. **6. a)** *einer früheren Zeit, Epoche entstammend; eine vergangene Zeit betreffend:* -e Meister; -e deutsche Sagen; die ältere Kolonialzeit; **b)** *antik; klassisch:* die -en Griechen, Römer; -e Sprachen *(Griechisch, Latein)* studieren; **c)** *durch Alter wertvoll [geworden]:* -es Porzellan; -er *(abgelagerter)* Wein. **7.** *unverändert, [von früher her] bekannt, vertraut, gewohnt [u. daher lieb geworden, geschätzt]:* es bot sich ihnen das -e Bild; alles geht seinen -en Gang *(wie immer);* ⟨subst.:⟩ sie ist ganz die Alte *(hat sich nicht verändert);* es bleibt alles beim Alten *(ein Platz wieder einnehmen;* ⟨schweiz. vor Amts- u. Berufsbezeichnungen unflekt.:⟩ a. Botschafter, a. Nationalrat. **9. a)** *(fam.) in vertraulicher Anrede:* na, -er Junge, wie gehts?; **b)** *(ugs. abwertend) verstärkend bei negativ charakterisierenden Personenbezeichnungen u. Schimpfwörtern:* der -e Geizkragen!; *(derb:)* -es Schwein!

¹Alt, der; -s, -e ⟨Pl. selten⟩ [älter ital. alto, zu lat. altus = hoch, hell; urspr. Bez. für eine hohe Männerstimme, die später von einer tiefen Frauenstimme gesungen wurde] (Musik): **1. a)** *tiefe Singstimme einer Frau:* sie hat einen schönen A., singt A.; **b)** *Knabenalt;* **c)** *wie ein* ¹*Alt* (1 a) *gefärbte Sprechstimme einer Frau:* sie hat einen angenehmen A.; **d)** ⟨o. Pl.⟩ *Gesamtheit der tiefen Frauen- od. Knabensingstimmen in einem Chor:* der A. singt unrein; sie singt jetzt im A. mit. **2.** ⟨o. Pl.⟩ **a)** *solistische Altpartie in einem Musikstück:* den A. übernehmen; **b)** *Altstimme im Satz* (4 a) *eines Chors* (2): den A. einüben, studieren. **3.** (selten) *Sängerin mit Altstimme, Altistin:* der A. war indisponiert.

²Alt, das; -s, -: Kurzf. von ↑ Altbier.

alt|ade|lig, alt|ad|lig ⟨Adj.⟩: *aus altem Adel* (1) *stammend.*

Al|tai, der; -[s]: Gebirge in Zentralasien.

Alt|ak|ti|o|när, der (Börsenw.): *jmd., der vor einer Kapitalerhöhung od. einer Ausgabe junger Aktien bereits Aktien besitzt.*

Alt|ak|ti|o|nä|rin, die: w. Form zu ↑ Altaktionär.

Al|ta Mo|da, die; - - [ital. alta moda, zu alto = hoch (< lat. altus) u. moda = Mode, geb. nach frz. haute couture, ↑ Haute Couture]: *italienische Variante der Haute Couture (bes. in Mailand).*

Al|tan, der; -[e]s, -e, **Al|ta|ne,** die; -, -n [ital. altana, zu: alto = hoch < lat. altus] (Archit.): *vom Erdboden aus gestützter balkonartiger Anbau, Söller.*

Al|tar, der; -[e]s, Altäre [mhd. altāre, altære, ahd. altāri, altār(e) < spätlat. altar(e) < lat. altaria (Aufsatz auf dem) Opferstock, Brandaltar]: **1.** *erhöhter, einem Tisch ähnlicher Aufbau für gottesdienstliche Handlungen in christlichen Kirchen:* an den, vor den, zum A. treten; * **jmdn. zum A. führen** (geh.; *eine Frau heiraten*). **2.** *heidnische [Brand]opferstätte:* der A. des Zeus in Pergamon; * **jmdn., etw. auf dem A. der Gerechtigkeit, der Freundschaft, der Liebe o. Ä. opfern** (geh.; *jmdn., etw. für die Gerechtigkeit, die Freundschaft, die Liebe o. Ä. preisgeben*).

Al|tar|auf|satz, der: *auf dem Altar* (1) *errichtete, künstlerisch gestaltete Rückwand; Retabel.*

Al|tar|bild, das: *Gemälde, religiöse Darstellung an od. über dem Altar.*

Al|tar|blatt, das: *meist auf Leinwand gemalte religiöse Darstellung, die den Mittelpunkt des Altaraufsatzes bildet; Altargemälde.*

Al|tar|de|cke, die: *über den Altar gebreitete, meist reich verzierte Schutzdecke.*

Al|tar|ge|mäl|de, das: *Altarbild.*

Al|tar|raum, der: *Bereich innerhalb einer Kirche, in dem sich der Altar befindet.*

Al|tar|sak|ra|ment, Al|tars|sak|ra|ment, das ⟨o. Pl.⟩: *Sakrament des Abendmahls in der christlichen Kirche; Eucharistie.*

Al|tar|tuch, das ⟨Pl. ...tücher⟩: *über den Altar gebreitetes [Leinen]tuch.*

alt|ba|cken ⟨Adj.⟩: **1.** *(von Backwaren) nicht [mehr] frisch; trocken, hart:* -es Brot. **2.** *(abwertend) altmodisch, überholt, veraltet:* -e Ansichten; sie kleidet sich ziemlich a.

Alt|bau, der ⟨Pl. -ten⟩: *älteres, vor einem bestimmten Zeitpunkt fertiggestelltes Gebäude:* sie wohnen in einem A.

Alt|bau|mo|der|ni|sie|rung, die: *Modernisierung von Altbauten, von Altbauwohnungen.*

Alt|bau|sub|stanz, die ⟨Pl. selten⟩: *Substanz* (2) *von Altbauten.*

Alt|bau|woh|nung, die: *Wohnung in einem Altbau.*

alt|be|kannt ⟨Adj.⟩: *seit Langem, von alters her bekannt:* eine -e Tatsache.

Alt-Ber|lin: *das alte, historische Berlin.*

alt|be|währt ⟨Adj.⟩: *seit Langem, von alters her bewährt:* -e Arzneimittel; ⟨subst.:⟩ sich an das Altbewährte halten.

Alt|bier, das: *obergäriges, meist dunkles, bitterwürziges Bier.*

Alt|block|flö|te, die: *in Altlage gestimmte Blockflöte.*

alt|bul|ga|risch ⟨Adj.⟩: *altkirchenslawisch.*

Alt|bun|des|kanz|ler, der: *nicht mehr amtierender Bundeskanzler.*

Alt|bun|des|kanz|le|rin, die: w. Form zu ↑ Altbundeskanzler.

Alt|bun|des|prä|si|dent, der: *nicht mehr amtierender Bundespräsident.*

Alt|bun|des|prä|si|den|tin, die: w. Form zu ↑ Altbundespräsident.

alt|christ|lich ⟨Adj.⟩: *aus dem Frühchristentum stammend:* die -e Kirche, Kunst.

alt|deutsch ⟨Adj.⟩: *aus früheren deutschen Kulturepochen (bes. dem 15./16. Jh.) stammend od. sie nachahmend:* -e Malerei, -e Stilmöbel.

Al|te, die/eine Alte; der/einer Alten, die Alten/zwei Alte: **1.** *Frau, die alt* (1) *ist:* die gutmütige A.; komische A. **2.** (salopp) *Mutter:* meine A. **3. a)** (salopp) *Ehefrau, Freundin:* ich habe Krach mit meiner -n; **b)** (Jugendspr.) *junge weibliche Person* (bes. als Anrede). **4.** (salopp) *Vorgesetzte, Arbeitgeberin, Chefin.* **5.** (Zool.) *Muttertier.*

alt|ehr|wür|dig ⟨Adj.⟩ (geh.): *aufgrund des hohen Alters, der Tradition als besonders ehrwürdig geltend:* ein -er Name.

alt|ein|ge|ses|sen ⟨Adj.⟩: *seit Langem [an einem Ort] wohnend, ansässig:* -e Bürger; ⟨subst.:⟩ sie gehören zu den Alteingesessenen; Einer -en jüdischen Schneiderfamilie aus Preußisch-Stargard entstammte er (Grass, Hundejahre 36).

Alt|ei|sen, das ⟨o. Pl.⟩: *gebrauchtes, noch verwertbares Eisen; Schrott:* A. sammeln.

Al|ten|heim, das: *öffentliches od. privates Heim, in dem alte Menschen wohnen und betreut werden.*

Al|ten|hil|fe, die: *Unterstützung u. Betreuung hilfsbedürftiger alter Menschen mit öffentlichen Mitteln.*

Al|ten|pfle|ge, die: *Betreuung u. Versorgung alter Menschen in Pflegeheimen u. in häuslicher Pflege:* in der A. tätig sein.

Al|ten|pfle|ger, der: *jmd., der berufsmäßig alte Menschen betreut u. pflegt* (Berufsbez.).

Al|ten|pfle|ge|rin, die: w. Form zu ↑ Altenpfleger.

Al|ten|ta|ges|stät|te, die: *Tagesstätte für alte Menschen.*

Al|ten|teil, das: *Anteil am Besitz, den sich jmd. bei Übergabe seines Besitztums (meist eines Bauernhofes) an den Nachfolger vorbehält:* sich auf sein A. zurückziehen; Ü jmdn. auf das A. schicken; sich aufs/ins A. zurückziehen, sich aufs A. setzen, auf dem A. sitzen *(sich vom öffentlichen Leben zurückziehen, nicht mehr aktiv tätig sein).*

Al|ten|wohn|heim, das: *Einrichtung mit Altenwohnungen.*

Al|ten|woh|nung, die: *selbstständige Kleinwohnung speziell für alte Menschen in einem Altenwohnheim.*

¹Al|ter, der Alte/ein Alter; des/eines Alten, die Alten/zwei Alte: **1.** *jmd., der alt* (1) *ist:* ein A. bettelte; das machte der Junge wie ein A. *(wie ein erwachsener, erfahrener Mensch);* (Rollenfach im Theater) komischer A. **2.** (salopp) *Vater:* mein A. **3. a)** (salopp) *Ehemann, Freund:* ihr A. ist sehr eifersüchtig; **b)** (Jugendspr.) *[junge] männliche Person* (bes. als Anrede): hey, A., alles klar? **4.** (salopp) *Vorgesetzter, Arbeitgeber, Meister, Chef:* der Alte hat gebohrt. **5.** ⟨Pl.⟩ (salopp) *Eltern:* meine Alten leben noch beide. **6.** ⟨Pl.⟩ (veraltet) **a)** *Vorfahren, Ahnen;* **b)** *Menschen, Völker der Antike.* **7.** (österr.) *Wein aus* *einem vergangenen Jahr, bereits ausgegorener Wein.* **8.** ⟨Pl.⟩ (Zool.) *Tiereltern:* die Alten sind noch beim Füttern, beim Brutgeschäft; **Spr** wie die Alten sungen, so zwitschern auch die Jungen *(das [negative] Beispiel der Eltern ist den Kindern oft Grund zur Nachahmung).*

²**Al|ter,** das; -s, - [mhd. alter, ahd. altar]: **1. a)** *höhere Anzahl von Lebensjahren; Bejahrtheit; letzter Lebensabschnitt:* ein biblisches, gesegnetes A.; 50 ist noch kein A. *(mit 50 Jahren ist man noch nicht alt);* das A. macht sich langsam bemerkbar; man sieht ihm sein A. nicht an *(er sieht jünger aus, als er ist);* die Würde, Weisheit des -s; sie kokettiert mit ihrem A. *(macht sich mit der Angabe ihres Alters interessant u. glaubt jünger eingeschätzt zu werden);* **Spr** A. schützt vor Torheit nicht; **b)** *letzter Lebensabschnitt:* ein sorgenfreies A. haben; für sein A. vorsorgen; **c)** *lange Zeit des Bestehens, des Vorhandenseins:* das A. hat die Handschriften brüchig gemacht; die Tapete ist vom A. vergilbt. **2. a)** *Anzahl der Lebensjahre, Lebenszeit; Lebensabschnitt:* ein jugendliches, blühendes A.; jedes A. war vertreten; das gesetzliche A. haben; ein hohes A. erreichen; das A. von Pferden erkennt man an ihren Zähnen; im fortgeschrittenen, vorgerückten A.; er ist im besten, in einem schwierigen A.; ins schulpflichtige A. kommen; Männer im gefährlichen A.; seine Frau ist im kritischen A. *(in den Wechseljahren);* mein Freund ist in meinem A.; er starb im A. von 70 Jahren; ein Mann unbestimmten -s, von unbestimmtem A.; aus einem bestimmten A. heraus sein; **b)** *Zeit des Bestehens, Vorhandenseins:* das A. eines Gemäldes schätzen. **3. a)** *alte Menschen:* man soll das A. ehren; **b)** *bestimmte Altersstufe, in der sich Menschen befinden:* das reifere A.

äl|ter ⟨Adj.⟩: **1.** ⟨absoluter Komp.⟩ **a)** *über das mittlere Lebensalter, die mittlere Zeit des Bestehens hinaus; nicht mehr jung, aber auch noch nicht ganz alt:* eine ä. Dame; das Haus, das Auto ist schon ä.; **b)** ⟨verhüll.⟩ *alt.* **2.** Komp. zu ↑alt (2, 6 a).

Al|te|ra|ti|on, die; -, -en [mlat. alteratio, zu lat. alterare, ↑alterieren]: **1. a)** *(veraltet) Aufregung, Gemütsbewegung; Schreck, Verwirrung:* ♦ ... ich hatte eine A. gehabt. Denken Sie, ich habe meine Haushälterin fortgeschickt (Iffland, Die Hagestolzen I, 7); **b)** (Med.) *krankhafte Veränderung, Verschlimmerung eines Zustands.* **2.** (Musik) *chromatische Veränderung eines Tones innerhalb eines Akkords.*

Al|ter|chen, das; -s, -: *alter Mann* (häufig als vertrauliche Anrede).

Al|ter Ego [auch: - 'ego], das; - -[s], - -s [lat. = anderes Ich, aus: alter = ander... u. ego, ↑Ego]: *Person, mit der jmd. eng verbunden ist, häufig zusammen ist, sich ergänzt:* da kommt mein A. E.

al|te|rie|ren ⟨sw. V.; hat⟩ [spätlat. alterare = anders machen, zu lat. alter = ander...]: **1.** ⟨a. + sich⟩ (landsch., sonst veraltend) *sich aufregen, sich erregen, sich ärgern.* **2.** (Musik) *einen od. mehrere Töne eines Akkords* (1) *chromatisch verändern:* alterierte Akkorde.

♦ **Al|ter|mann,** der; -[e]s, ...männer [vgl. Aldermann]: ↑ Alderman: Elis Fröbom erfuhr auf Befragen, dass der Mann Pehrson Dahlsjö sei, Masmeister, A. (E. T. A. Hoffmann, Bergwerke 20).

al|tern ⟨sw. V.⟩: **1.** ⟨ist/(selten:) hat⟩ *Merkmale des Alters zeigen, [sichtlich] älter werden; alt werden:* in Würde, a.; sie ist stark, vorzeitig, um Jahre gealtert; der alternde Rockstar; eine schnell alternde Gesellschaft, Bevölkerung; ...wenn ich meine Hand betrachte, wie sie altert, vor meinen Augen fortwährend zu a.

scheint, gealtert erscheint (Mayröcker, Herzzerreißende 36); Ü ... man löste aufgekommene Konflikte nicht, sondern ließ sie a., bis sie an Altersschwäche eingingen (Hilbig, Ich 117). **2. a)** ⟨ist/(selten:) hat⟩ *sich in seiner Beschaffenheit im Laufe der Zeit verändern:* Metalle altern *(ihre Werkstoffeigenschaften ändern sich, das Gefüge ihrer Kristalle wird verändert);* Öl lässt den Kat schneller a.; gealterter *(lange gelagerter)* Wein; **b)** ⟨hat⟩ *in seiner Beschaffenheit verändern, alt machen:* Weine [künstlich] a.

Al|ter|nanz, die; -, -en [zu lat. alternare, ↑alternieren] (geh.): *das Alternieren; Wechsel, Abwechslung.*

Al|ter|na|ti|on, die; -, -en [lat. alternatio = Wechsel] (bildungsspr.): *Alternanz.*

al|ter|na|tiv ⟨Adj.⟩ [frz. alternatif, zu: alterne, ↑¹Alternative] (bildungsspr.): **1.** *zwischen zwei Möglichkeiten die Wahl lassend; eine andere, zweite Möglichkeit darstellend:* ein -er Plan; -e Lebensentwürfe. **2. a)** *eine Haltung, Einstellung vertretend, die bes. durch Ablehnung bestimmter gesellschaftlicher Vorgehens- u. Verhaltensweisen (z. B. übermäßiger Technisierung, unbegrenzter Steigerung des wirtschaftlichen Wachstums o. Ä.) Vorstellungen von anderen, als menschen- u. umweltfreundlicher empfundenen Formen des [Zusammen]lebens zu verwirklichen sucht:* -e Gruppen; a. leben; **b)** *im Gegensatz zum Herkömmlichen stehend; anders im Hinblick auf die ökologische Vertretbarkeit o. Ä.:* -e Medizin, Landwirtschaft, Energie; ein -er Laden.

Al|ter|na|tiv|be|we|gung, die (früher): *Protest- u. Reformbewegung (vor allem der 70er- und 80er-Jahre des 20. Jh.s), die sich als Alternative zu Kultur u. Wertordnung der bürgerlichen Gesellschaft versteht.*

¹**Al|ter|na|ti|ve,** die; -, -n [frz. alternative, zu: alterne = abwechselnd, wechselweise < lat. alternus, ↑alternieren] (bildungsspr.): **1.** *freie, aber unabdingbare Entscheidung zwischen zwei Möglichkeiten; das Entweder-oder:* die A. zwischen Plan A und Plan B; vor die A. gestellt sein, werden. **2.** *zweite, andere Möglichkeit; Möglichkeit des Wählens zwischen zwei oder mehreren Dingen:* eine echte A. sein, darstellen; es gibt verschiedene -n, keine A. zu Europa; nur eine A. zur Lösung dieses Problems.

²**Al|ter|na|ti|ve,** die/eine Alternative; der/einer Alternativen, die Alternativen/zwei Alternative (früher): *weibliche Person, die der Alternativbewegung angehört od. ihr nahesteht.*

Al|ter|na|tiv|ener|gie, die: *durch neuartige Verfahren gewonnene od. nutzbar gemachte Energie (im Gegensatz zu Energie aus herkömmlichen Wärme- od. Kernkraftwerken).*

Al|ter|na|ti|ver, der Alternative/ein Alternativer; des/eines Alternativen, die Alternativen/zwei Alternative (früher): *jmd., der der Alternativbewegung angehört od. ihr nahesteht.*

Al|ter|na|tiv|kul|tur, die: vgl. *Alternativbewegung.*

al|ter|na|tiv|los ⟨Adj.⟩: *keine Alternativlösung zulassend, keine andere Möglichkeit bietend, ohne Alternative:* unser Handeln ist a.

Al|ter|na|tiv|lö|sung, die: *Lösung* (1), *die eine* ¹*Alternative* (2) *darstellt; andere, auch mögliche Lösung.*

Al|ter|na|tiv|me|di|zin, die ⟨o. Pl.⟩: *Medizin, die als Alternative od. Ergänzung zu schulmedizinischen Behandlungsmethoden zu verstehen ist.*

Al|ter|na|tiv|pro|gramm, das: *alternatives* (1) *Programm.*

Al|ter|na|tiv|sze|ne, die: *alternative* (2 a) *Szene* (4).

Al|ter|na|tiv|vor|schlag, der: vgl. *Alternativlösung.*

al|ter|nie|ren ⟨sw. V.; hat⟩ [lat. alternare, zu alternus = abwechselnd, einer um den anderen, zu: alter = ander...] (bildungsspr.): *wechseln, sich abwechseln, einander ablösen:* mit jmdm. a.; in dieser Szene alternieren die schärfsten Kontraste; es geschieht alternierend *(im Wechsel)* einmal an diesem u. einmal an jenem Ort; alternierende Besetzung (Theater); alternierende Blattstellung (Bot.; *besondere Anordnung der Blätter am Stiel einer Pflanze);* alternierendes Fieber (Med.; *Erkrankung mit abwechselnd fiebrigen u. fieberfreien Zuständen);* alternierende Persönlichkeit (Psychol. veraltet; *Person, die an Schizophrenie erkrankt ist);* alternierender Strom (Elektrot.; *Wechselstrom);* alternierende Reihe (Math.; *Reihe mit wechselnden Vorzeichen vor den einzelnen Gliedern);* alternierende Verse (Verslehre; *Verse, die einen regelmäßigen Wechsel zwischen unbetonten u. betonten bzw. langen u. kurzen Silben aufweisen);* ⟨subst.:⟩ ein Alternieren zwischen zwei Formen.

Al|terns|for|schung, die: *Erforschung des Prozesses des Alterns u. seiner Ursachen; Gerontologie.*

al|ters: in den Verbindungen **von a. her/seit a.** (geh.; *von jeher, seit langer Zeit, schon immer:* das haben wir von a. her so gemacht; seit a. wird an diesem Tag gefeiert).

Al|ters|ab|stand, der: *Spanne zwischen verschiedenen Lebensaltern; Altersunterschied:* ein A. von 10 Jahren.

Al|ters|an|ga|be, die: *Nennung des Alters.*

Al|ters|ar|beits|lo|sig|keit, die: *Arbeitslosigkeit, von der Menschen fortgeschrittenen Alters in großer Zahl betroffen sind.*

Al|ters|ar|mut, die: *Armut im Alter durch mangelhafte Altersversorgung.*

Al|ters|asyl, das (schweiz.): *Altenheim.*

Al|ters|auf|bau, der ⟨o. Pl.⟩: *Gliederung einer Gruppe (bes. einer Bevölkerung) nach dem Lebensalter.*

al|ters|be|dingt ⟨Adj.⟩: **1.** *durch das jeweilige Lebensalter, durch die Altersstufe bedingt:* -e hormonelle Änderungen, die A. nicht erst bei den Junioren starten. **2.** *durch hohes Alter, durch Bejahrtheit bedingt:* -e Krankheiten.

Al|ters|be|schwer|den ⟨Pl.⟩: *im vorgerückten Alter auftretendes, durch das Alter bedingtes Leiden, Gebrechen.*

Al|ters|be|stim|mung, die: *Feststellung des Alters von Funden; Datierung in [Kunst]geschichte, Paläontologie, Archäologie, Geologie o. Ä.*

Al|ters|be|zü|ge ⟨Pl.⟩: *Einkünfte von Personen, die die erforderliche Altersgrenze* (2) *erreicht haben.*

Al|ters|de|menz, die (Med.): *Demenz, die im fortgeschrittenen Alter auftritt; senile Demenz.*

Al|ters|di|a|be|tes, der: *im fortgeschrittenem Alter auftretender Diabetes mellitus.*

Al|ters|durch|schnitt, der: *aus den verschiedensten Altersangaben sich ergebender mittlerer Wert.*

Al|ters|er|schei|nung, die: *Merkmal, typisches Zeichen des [nahenden] Alters:* sein Starrsinn ist eine A.

al|ters|feind|lich ⟨Adj.⟩: *alten Menschen gegenüber feindselig eingestellt:* dass der Arbeitsmarkt a. ist, kann nahezu jeder Statistik entnommen werden.

Al|ters|fleck, der ⟨meist Pl.⟩: *dunkelbraune Verfärbung der Haut, die im fortgeschrittenen Alter bevorzugt an häufig der Sonne ausgesetzten Stellen auftritt.*

al|ters|ge|mäß ⟨Adj.⟩: *altersgerecht* (1).

Al|ters|ge|nos|se, der: *Lebewesen im gleichen Alter.*

Al|ters|ge|nos|sin, die: w. Form zu ↑ Altersgenosse.
al|ters|ge|recht ⟨Adj.⟩: **1.** *einem bestimmten ²Alter (2 a) gemäß, seinen Anforderungen entsprechend:* -es Spielzeug. **2.** *den Bedürfnissen älterer Menschen entsprechend:* -e Wohnungen.
Al|ters|gren|ze, die: **1.** *Lebensalter, mit dessen Erreichen bestimmte Rechte od. Pflichten verbunden sind:* eine A. festlegen. **2.** *Lebensalter, mit dessen Erreichen jmd. in den Ruhestand versetzt wird:* die flexible A.; die A. erreicht haben; über die A. hinaus.
Al|ters|grün|de ⟨Pl.⟩: *durch fortgeschrittenes Alter bedingte Gründe, Ursachen:* sein Amt, sein Geschäft aus -n aufgeben.
Al|ters|grup|pe, die: *Gesamtheit von Personen im gleichen Lebensalter.*
al|ters|hal|ber ⟨Adv.⟩: *aus Altersgründen:* a. aus seinem Amt ausscheiden.
Al|ters|heil|kun|de, die: *Teilgebiet der Medizin, das sich mit den spezifischen Erkrankungen des alten Menschen, ihrer Vorbeugung u. Behandlung befasst;* Geriatrie.
Al|ters|heim, das: Altenheim.
Al|ters|jahr, das (schweiz.): *Lebensjahr.*
Al|ters|klas|se, die: **1.** *Altersgruppe.* **2.** (Sport) *Gesamtheit der Wettkämpferinnen u. Wettkämpfer einer bestimmten Altersstufe, z. B. der Junioren, der Senioren.*
Al|ters|krank|heit, die: *durch fortgeschrittenes Alter begünstigte, vorzugsweise im Alter auftretende Krankheit.*
al|ters|los ⟨Adj.⟩: *keine [An]zeichen des Alters aufweisend:* ein -es Gesicht.
al|ters|mä|ßig ⟨Adj.⟩: *das Alter betreffend, hinsichtlich des Alters, in Bezug auf das Alter, was das Alter betrifft:* wir sind a. nicht weit auseinander.
Al|ters|pen|si|on, die (bes. österr.): *im gesetzlichen Pensionsalter angetretener Ruhestand.*
Al|ters|prä|si|dent, der: *ältestes Mitglied einer Körperschaft od. eines Parlaments, das bis zum Amtsantritt eines gewählten Präsidenten den Vorsitz führt.*
Al|ters|prä|si|den|tin, die: w. Form zu ↑ Alterspräsident.
Al|ters|py|ra|mi|de, die: *Altersaufbau einer Bevölkerung (die in Form einer Pyramide grafisch dargestellt wird).*
Al|ters|ren|te, die: *regelmäßige Geldzahlung an Personen, die die erforderliche Altersgrenze (2) erreicht haben.*
Al|ters|ru|he|geld, das: *Leistung der gesetzlichen Rentenversicherung, die Versicherten nach Erreichen der Altersgrenze (2) gewährt wird;* Rente.
Al|ters|ru|he|sitz, der: *Alterssitz.*
al|ters|schwach ⟨Adj.⟩: **a)** *vom Alter geschwächt; hinfällig:* -e Menschen, Tiere; **b)** *(von Gegenständen) durch lange Benutzung unbrauchbar, wacklig; ausgedient; im Verfall begriffen:* -e Möbel; eine -e Batterie.
Al|ters|schwä|che, die: *das Altersschwachsein* (a, b).
Al|ters|si|che|rung, die: *materielle Vorsorge für das Alter.*
al|ters|sich|tig ⟨Adj.⟩: *an Alterssichtigkeit leidend.*
Al|ters|sich|tig|keit, die; -, -en: *Weitsichtigkeit durch altersbedingten Verlust der Fähigkeit des Auges zur Akkommodation* (1 b).
Al|ters|sitz, der: *Wohnsitz, Ort, an den sich jmd. im Alter zurückzieht.*
Al|ters|starr|sinn, der: *altersbedingter Starrsinn.*
Al|ters|struk|tur, die: *Altersaufbau.*
Al|ters|stu|fe, die: *Abschnitt im Lebensalter:* Menschen verschiedener, aller -n.
Al|ters|teil|zeit, die; -, -en: *(bes. Schaffung neuer Arbeitsplätze dienende) verkürzte Arbeitszeit für ältere Arbeitnehmer vor der Verrentung.*
Al|ters|un|ter|schied, der: *Unterschied im Lebensalter.*
Al|ters|ver|si|che|rung, die: *Versicherung, die den Lebensunterhalt im Alter gewährleistet.*
Al|ters|ver|sor|gung, die: *[gesetzlich geregelte] Versorgung alter Menschen:* eine betriebliche A.
Al|ters|vor|sor|ge, die: *Vorsorge für das ²Alter (1 a):* private, betriebliche A.
Al|ters|werk, das: *Spätwerk.*
Al|ter|tum, das; -s [im 17. Jh. = das Altsein, seit dem 18. Jh. in der heutigen Bed.]: **a)** *älteste historische Zeit eines Volkes od. einer Kultur:* Sagen aus dem deutschen A.; **b)** *älteste historische Zeit der Griechen u. Römer;* klassisches Altertum; Antike.
Al|ter|tü|me|lei, die; -, -en: *übertriebene Nachahmung [von Stil u. Wesen] des Altertums.*
al|ter|tü|meln ⟨sw. V.; hat⟩: *Stil u. Wesen des Altertums übertrieben nachahmen; archaisieren:* eine altertümelnde Ausdrucksweise.
Al|ter|tü|mer ⟨Pl.⟩: *[Kunst]gegenstände, Denkmäler aus dem Altertum:* A. sammeln.
al|ter|tüm|lich ⟨Adj.⟩: **a)** *aus einer Zeit stammend; in der Art früherer Zeiten; archaisch:* eine -e Wohnungseinrichtung, Schrift; ein -er Ausdruck; ◆ **b)** *das Altertum (b) betreffend, daraus stammend:* ... dass Freude und Belehrung nur dem genauesten Kenner -er Baukunst daraus entspringen kann (Goethe, Italien. Reise 6. 5. 1787 [Sizilien]).
Al|ter|tüm|lich|keit, die; -, -en: **1.** ⟨o. Pl.⟩ *altertümliche Beschaffenheit.* **2.** *etw. altertümlich, veraltet Wirkendes.*
Al|ter|tums|for|scher, der: *Vertreter der Altertumsforschung;* Archäologe.
Al|ter|tums|for|sche|rin, die: w. Form zu ↑ Altertumsforscher.
Al|ter|tums|for|schung, die: *wissenschaftliche Erforschung der Kulturen des Altertums;* Archäologie.
Al|ter|tums|kun|de, die: *Lehre von den Kulturen des Altertums;* Archäologie.
Al|ter|tums|wert, der ⟨o. Pl.⟩: *besonderer Wert, den etw. wegen seines Alters hat:* A. haben; sein Fahrrad hat nur noch A. (scherzh.; *ist schon sehr alt u. kaum noch zu gebrauchen*).
Al|ter|tums|wis|sen|schaft, die: *Wissenschaft von den Kulturen des Altertums.*
Al|te|rung, die; -, -en: **1.** ⟨o. Pl.⟩ *(von Lebewesen, hauptsächlich vom Menschen) Vorgang des Alterwerdens, das ↑ Altern (1 a):* die A. der Bevölkerung. **2. a)** *(von Gebäuden, Materialien, Geräten, Flüssigkeiten) das ↑ Altern (2 a):* eine vorzeitige A.; das Material unterliegt einer natürlichen A.; **b)** *Veränderung des Gefüges, der Zusammensetzung od. der Eigenschaften durch natürliches od. künstliches ↑ Altern (2 b):* die künstliche A. von Wein.
al|te|rungs|be|stän|dig ⟨Adj.⟩: *(von Materialien, Geräten, [Werk]stoffen) nicht alternd; widerstandsfähig, beständig gegen Alterung:* ein -er Kunststoff.
Al|te|rungs|pro|zess, der: *Vorgang, Ablauf der Alterung.*
Äl|ter|va|ter, der; -s, ...väter (landsch. veraltet): *[Ur]großvater; Ahn:* ◆ Ihr stammt von einem lockern Ä. (Kleist, Krug 1).
Al|tes, das (in der Art des Alten; des/eines Alten: *vergangene, aus früheren Zeiten stammende Konventionen, Bräuche, Gewohnheiten:* A. und Neues; am Alten hängen; ... überall standen Menschen auf, um gegen das Alte zu kämpfen (Musil, Mann 55).
äl|test...: ↑ alt.
Äl|tes|te, die/eine Älteste; der/einer Ältesten, die Ältesten/zwei Älteste: **1. a)** *ältestes weibliches Mitglied einer Gemeinschaft;* **b)** *Vorsteherin, Oberhaupt einer [Kirchen]gemeinde;* Presbyterin. **2.** *älteste Tochter:* an unserer -n haben wir eine große Stütze.
Äl|tes|ten|kreis, der: *Gesamtheit der Ältesten* (1 b) *einer Kirchengemeinde.*
Äl|tes|ten|rat, der ⟨Pl.: ...räte⟩: **1.** ⟨o. Pl.⟩ (Politik) *Ausschuss (2) des Bundestages, der aus Vertretern der Fraktionen besteht u. den Bundestagspräsidenten unterstützen soll.* **2.** (Völkerkunde) *(bei Naturvölkern) aus den Ältesten eines Gemeinwesens bestehende Institution zur Regelung des gesellschaftlichen Lebens.*
Äl|tes|ter, der ⟨Pl.: Älteste/ein Älterer; des/eines Ältesten, die Ältesten/zwei Älteste: **1. a)** *ältestes Mitglied einer Gemeinschaft:* der Rat der Ältesten; **b)** *Vorsteher, Oberhaupt einer [Kirchen]gemeinde;* Presbyter. **2.** *ältester Sohn:* der Älteste hat jetzt geheiratet.
Alt|flö|te, die: *in Alt[lage] gestimmte Flöte.*
alt|frän|kisch ⟨Adj.⟩ [mhd. altvrenkisch, eigtl. = in der Art der alten Franken] (geh.): *altmodisch, altväterisch.*
alt|ge|dient ⟨Adj.⟩: *lange im Dienst, in einer bestimmten Position gewesen, bewährt, erprobt:* ein -er Soldat; -e Mitarbeiter.
alt|ge|wohnt ⟨Adj.⟩: *seit Langem gewohnt, bekannt, vertraut:* die -e Ordnung.
Alt|glas, das ⟨o. Pl.⟩: *altes, noch als Rohmaterial verwertbares Glas.*
Alt|glas|be|häl|ter, der: *Altglascontainer.*
Alt|glas|con|tai|ner, der: *Container, in dem Altglas zur Wiederverwendung gesammelt wird.*
Alt|gold, das: **1.** *bereits verarbeitetes Gold.* **2.** *durch chemische Behandlung künstlich gedunkeltes Gold.*
alt|grie|chisch [auch: ˈalt'griː...] ⟨Adj.⟩: *das antike Griechenland, die Griechen der Antike betreffend.*
Alt|grie|chisch, (nur mit best. Art.:) **Alt|grie|chi|sche** [auch: ˈalt'griː...], das: *die altgriechische Sprache.*
alt|her|ge|bracht ⟨Adj.⟩: *seit Langem üblich, überliefert, gewohnt:* -e Sitten; ⟨subst.:⟩ *das Althergebrachte.*
Alt|her|ren|mann|schaft, die (Sport): *Mannschaft aus Spielern, die ein bestimmtes Alter (meist 32 Jahre) überschritten haben.*
alt|hoch|deutsch ⟨Adj.⟩: *das Althochdeutsche betreffend* (Abk.: ahd.)
Alt|hoch|deutsch, (nur mit best. Art.:) **Alt|hoch|deut|sche,** das: *älteste, vom Beginn der schriftlichen Überlieferung bis ins 11. Jh. reichende Stufe (2 a) in der Entwicklung der hochdeutschen Sprache.*
Al|tist, der; -en, -en [älter ital. altista, zu: alto, ↑ Alt]: *Sänger (meist Knabe) mit Altstimme.*
Al|tis|tin, die; -, -nen: *Sängerin mit Altstimme:* Ihren darstellerischen Höhepunkt erklomm die A. während des klavieristischen Nachspiele (Polgar, Zeit 132).
Alt|jahrs|tag, der (schweiz., österr. landsch.): *letzter Tag des Jahres;* Silvester.
alt|jüng|fer|lich ⟨Adj.⟩ (abwertend): *altmodisch, verschroben, überängstlich:* -es Gehabe.
Alt|kanz|ler, der: *nicht mehr amtierender Kanzler.*
Alt|kanz|le|rin, die: w. Form zu ↑ Altkanzler.
Alt-Ka|tho|lik, Alt|ka|tho|lik, der: *Angehöriger der alt-katholischen Religionsgemeinschaft.*
Alt-Ka|tho|li|kin, Alt|ka|tho|li|kin, die: w. Form zu ↑ Alt-Katholik, Altkatholik.
alt-ka|tho|lisch, alt|ka|tho|lisch ⟨Adj.⟩: *sich zu derjenigen katholischen Religionsgemeinschaft bekennend, die sich um 1870 von Rom u. dem Dogma der Unfehlbarkeit des Papstes lossagte.*
Alt-Ka|tho|li|zis|mus, Alt|ka|tho|li|zis|mus, der: *Geist u. Lehre des alt-katholischen Glaubens.*

alt|kir|chen|sla|wisch ⟨Adj.⟩: *aus der ältesten Sprachstufe des Slawischen stammend; altbulgarisch.*

Alt|kla|ri|net|te, die: *Klarinette in Altlage.*

Alt|klei|der|samm|lung, die: *Sammlung* (1) *von getragener Kleidung bes. für karitative Zwecke:* eine A. des Roten Kreuzes; etw. in die A. geben.

alt|klug ⟨Adj.; -er, -ste⟩ [eigtl. = durch Alter klug]: *(von einem Kind) in seinen Äußerungen nicht kindgemäß, nicht seinem Alter, sondern eher Erwachsenen entsprechend.*

Alt|klug|heit, die: *altkluge Art.*

Alt|knecht, der (veraltet): *ältester Knecht eines Hofs:* ◆ ... *als mir der A. oft zurief:* »Trag nur, Bub, und sei fleißig« (Rosegger, Waldbauernbub 61).

Alt|la|ge, die: *Stimmlage des* ¹*Alts* (1 a).

Alt|last, die: *stillgelegte Müllkippe, Halde mit Produktionsrückständen; Aufschüttung, Auffüllung o. Ä., die eine Gefahr für Umwelt und Grundwasser darstellt.*

ält|lich ⟨Adj.⟩: *nicht mehr ganz jung, Anzeichen des Alters zeigend, nicht frisch* (3), *nicht rüstig wirkend:* eine -e, ä. wirkende Person; Ich wollte am liebsten nur seine Hand sehen ... nur diese seine -e blasse Hand (Mayröcker, Herzzerreißende 27).

alt ma|chen, alt|ma|chen ⟨sw. V.; hat⟩: **a)** *ein höheres Lebensalter herbeiführen:* die Lebensumstände machten ihn frühzeitig alt; **b)** *Merkmale des Alters erscheinen lassen:* die Frisur macht sie alt.

Alt|ma|te|ri|al, das: *gebrauchtes, noch verwertbares Material.*

Alt|meis|ter, der: **1.** (früher) *Zunftmeister, Vorsteher einer Innung.* **2.** *bedeutendster, als Vorbild geltender Vertreter eines Berufszweigs od. Fachgebiets; Nestor, Senior:* er gehört zu den -n in der Kunstwissenschaft. **3.** (Sport) *Verein od. Spieler, der früher einen Meistertitel errungen hat:* A. Schalke 04.

Alt|meis|te|rin, die: w. Form zu ↑ Altmeister (2, 3).

Alt|me|tall, das: *gebrauchtes, noch verwertbares Metall; Schrott.*

◆ **alt|mo|dig:** ↑ altmodisch: ... auf einem Brette von a. geformtem Zinn (Keller, Das Sinngedicht 32).

alt|mo|disch ⟨Adj.⟩: *nicht mehr der herrschenden Mode, dem Zeitgeschmack entsprechend; überholt, rückständig, gestrig, antiquiert, passé:* ein -es Hemd; -e Ansichten haben; darin bin ich sehr a., a. gekleidet sein.

Alt|mühl, die; -: linker Nebenfluss der Donau.

alt|nor|disch ⟨Adj.⟩: *das Altnordische betreffend.*

Alt|nor|disch, das; -[s], (nur mit best. Art.): **Alt|nor|di|sche,** das; -n: *von etwa 800 bis zum 15. Jh. reichende Stufe* (2 a) *in der Entwicklung der nordgermanischen Sprachen.*

Alt|öl, das: *verbrauchtes Schmieröl.*

Alt|pa|pier, das; -[e]s, (Sorten:) -e: *gebrauchtes, wiederverwertbares Papier.*

Alt|pa|pier|samm|lung, die: [öffentliche] *Sammlung von Altpapier.*

Alt|par|tie, die; -, -n: *für die Altstimme geschriebener Teil eines Musikstücks.*

Alt|phi|lo|lo|ge, der: *Fachmann auf dem Gebiet der Altphilologie.*

Alt|phi|lo|lo|gie, die: *Sprach- u. Literaturwissenschaft des klassischen Altertums; klassische Philologie.*

Alt|phi|lo|lo|gin, die: w. Form zu ↑ Altphilologe.

alt|phi|lo|lo|gisch ⟨Adj.⟩: *die Altphilologie betreffend, auf ihr beruhend.*

alt|rö|misch ⟨Adj.⟩: *das antike Rom, das antike römische Reich betreffend; römisch* (2).

alt|ro|sa ⟨indekl. Adj.⟩: *von dunklem, bläulichem Rosa:* ein a. Kleid.

Al|t|ru|is|mus, der; -: [frz. altruisme, zu lat. alter = der andere] (bildungsspr.): *selbstlose Denk- u. Handlungsweise; Uneigennützigkeit.*

Al|t|ru|ist, der; -en, -en [frz. altruiste] (bildungsspr.): *selbstloser, uneigennütziger Mensch.*

Al|t|ru|is|tin, die; -, -nen: w. Form zu ↑ Altruist.

al|t|ru|is|tisch ⟨Adj.⟩ (bildungsspr.): *selbstlos, uneigennützig, aufopfernd:* ein -er Spender; -e Ziele verfolgen; a. handeln.

Alt|sän|ger, der: *Altist.*

Alt|sän|ge|rin, die: *Altistin.*

Alt|sa|xo|fon, Alt|sa|xo|phon, das: *in Altlage gestimmtes Saxofon.*

Alt|schlüs|sel, der: *auf der mittleren Linie des Notensystems liegender C-Schlüssel; Bratschenschlüssel.*

Alt|schnee, der: *schon vor längerer Zeit gefallener, bereits körniger Schnee.*

Alt|schnee|de|cke, die: *Decke* (2) *aus Altschnee.*

Alt|schul|den (Pl.) (Wirtsch.): *bereits früher entstandene Schulden.*

Alt|sil|ber, das; -s: **1.** *bereits verarbeitetes Silber.* **2.** *durch chemische Behandlung künstlich gedunkeltes Silber.*

alt|sprach|lich ⟨Adj.⟩: *die altgriechische, lateinische* [u. hebräische] *Sprache betreffend.*

Alt|stadt, die: *ältester Teil einer Stadt; historischer Stadtkern.*

Alt|stadt|sa|nie|rung, die: *Sanierung von Gebäuden in einer Altstadt.*

Alt|star, der: **a)** ²*Star* (1), *der schon alt, älter ist;* **b)** *früherer* ²*Star* (1).

Alt|stein|zeit, die: *älteste Epoche der Menschheitsgeschichte; Paläolithikum.*

Alt|stim|me, die; -, -n: **1.** ¹*Alt* (1 a). **2.** *Noten für den* ¹*Alt* (1 d).

Alt|stoff, der: *gebrauchter, wiederverwertbarer Stoff* (2 a); *Altmaterial.*

Alt|stoff|sam|mel|zen|t|rum, das; (österr.): *Recyclinghof.*

alt|tes|ta|men|ta|risch ⟨Adj.⟩: **a)** *alttestamentlich:* -e Schriften; **b)** *nach Art des Alten Testaments:* -e Strenge.

alt|tes|ta|ment|lich ⟨Adj.⟩: *das Alte Testament betreffend, auf ihm beruhend:* -e Schriften; -e Theologie.

alt|über|kom|men ⟨Adj.⟩: *seit Langem überkommen, überliefert, ererbt.*

alt|über|lie|fert ⟨Adj.⟩: *seit Langem überliefert, weitergegeben, tradiert.*

Al|tus, der; -, ...ti [zu lat. altus = hoch, hell; vgl. ¹Alt] (Musik): **1.** (bes. in der Musik des 16.–18. Jh.s) *falsettierende Männerstimme in Altlage.* **2.** *Altist.*

alt|vä|te|risch, (österr. auch:) **alt|va|te|risch** ⟨Adj.⟩: *altmodisch, veraltet, antiquiert:* -e Kleidung; -e Anschauungen.

alt|vä|ter|lich ⟨Adj.⟩: [ehr]*würdig, patriarchalisch:* eine -e Haltung; sein -es Auftreten.

alt|ver|traut ⟨Adj.⟩: *seit Langem, von alters her vertraut, gut bekannt:* eine -e Umgebung.

Alt|vor|de|re, die/eine Altvordere; der/eines Altvorder[e]n, die Altvorder[e]n/zwei Altvordere [vgl. Altvorderer] (geh.): *Vorfahrin, Ahnin.*

Alt|vor|de|rer, der, Altvordere/ein Altvorderer; des/eines Altvorder[e]n, die Altvorder[e]n/zwei Altvordere [eigtl. = Altfrühere] (geh.): *Vorfahre, Ahne:* unsere Altvorder[e]n nannten den August Erntemond; Ü der Präsident bezog sich in seiner Rede auf den berühmten Altvordern (Vorgänger).

Alt|wa|re (meist Pl.): *gebrauchter, noch verwertbarer* [Kunst]*gegenstand.*

Alt|wa|ren|han|del, der: *Ein- u. Wiederverkauf von Altwaren.*

Alt|wa|ren|händ|ler, der: *Trödler, Gebrauchtwarenhändler.*

Alt|wa|ren|händ|le|rin, die: w. Form zu ↑ Altwarenhändler.

Alt|was|ser, das ⟨Pl. -⟩: *abgetrennter Arm eines begradigten Flusses mit stehendem Wasser.*

Alt|wei|ber|fas|nacht, (häufiger:) **Alt|wei|ber|fast|nacht,** die (landsch.): *letzter Donnerstag vor Aschermittwoch.*

Alt|wei|ber|müh|le, die: (in der Sage) *Mühle, in der alte Frauen wieder in junge Mädchen verwandelt werden.*

Alt|wei|ber|som|mer, der [19. Jh.; H. u.]: **1.** *sonniger, warmer Nachsommer.* **2.** (veraltet) *im Spätsommer in der Luft schwebende lange Spinnfäden; Marienseide.*

alt|welt|lich ⟨Adj.⟩ (bes. Biol.): *aus der Alten Welt (Europa, Asien, Afrika) stammend.*

Alu, das; -s (ugs.): kurz für ↑ Aluminium.

Alu|fo|lie, die: kurz für ↑ Aluminiumfolie.

Alu|mi|ni|um, das; -s [zu lat. alumen (Gen.: aluminis) = Alaun (nach seinem natürlichen Vorkommen in der Alaunerde)]: *silberweißes Leichtmetall* (chemisches Element; Zeichen: Al).

Alu|mi|ni|um|fo|lie, die: *Folie aus Aluminium für Verpackungs- u. Isolationszwecke.*

alu|mi|ni|um|hal|tig ⟨Adj.⟩: *Aluminium enthaltend.*

Alum|na, die; -, ...nae: w. Form zu ↑ Alumnus.

◆ **Alum|ne|um,** das; -s, ...neen [zu lat. alumnus, Alumnus]: *Alumnat:* Unter allen Nischen des -s war nur eine so gescheuert und geordnet (Jean Paul, Wutz 11).

Alum|ni: Pl. von ↑ Alumnus.

Alum|ni|netz|werk, Alum|ni-Netz|werk, das: *soziales Netzwerk* (4) *von Alumni u. Alumnae.*

Alum|nus, der; -, ...ni [lat. alumnus = Pflegekind, Schüler]: *Absolvent einer Schule, Hochschule; Ehemaliger.*

Al|ve|o|lar, der; -s, -e (Sprachwiss.): *an den Alveolen des Oberkiefers gebildeter Laut* (z. B. d, t).

Al|ve|o|le, die; -, -n (meist Pl.) [lat. alveolus = kleine Mulde] (Anat.): **a)** *Mulde, Vertiefung im Kieferknochen, in der die Zahnwurzel sitzt;* **b)** *Lungenbläschen.*

Alz|hei|mer, der; -s: Kurzf. von ↑ Alzheimerkrankheit.

Alz|hei|mer|krank|heit, Alz|hei|mer-Krank|heit, die ⟨o. Pl.⟩ [nach dem dt. Neurologen Alois Alzheimer (1864–1915)]: *in einer Atrophie des Gehirns bestehende Krankheit, die mit fast völligem Erlöschen des Gedächtnisses und mit Persönlichkeitsverlust einhergeht.*

am ⟨Präp. + Art.⟩ [mhd. ame]: **1. a)** *an dem:* am Hang, am Berg, am See; Frankfurt am Main; am [kommenden, nächsten] Donnerstag; am Mittwoch (mittwochs) hat er nie Sprechstunde; am Ende der Ferien, des Weges; am Ziel, am Anfang, am Werk sein; am Rande (nebenbei) bemerkt; 200 Gramm Käse am Stück (nicht geschnitten od. gerieben); (Kaufmannsspr.:) am Markt behaupten, etw. am Lager haben; ⟨nach bestimmten Verben:⟩ er zweifelte am Gelingen, Erfolg; (österr.) *auf dem:* am Programm, am Speiseplan stehen. **2.** ⟨nicht auflösbar; dient zur Bildung des Superlativs undeklinierter Adjektive u. steigerbarer Adverbien⟩ *am besten, am schönsten, am liebsten, am meisten.* **3.** ⟨nicht auflösbar; bildet mit dem subst. Infinitiv u. »sein« die Verlaufsform⟩ (ugs.): ich bin noch am Überlegen; das Wasser ist am Kochen; er ist am Essen.

Am = Americium.

ama|bi|le ⟨Adv.⟩ [ital. amabile < lat. amabilis] (Musik): *liebenswürdig, sanft, zart.*

Amal|gam, das; -s, -e [mlat. amalgama, wohl < arab. al-malġam = erweichende Salbe, zu griech. málagma = das Erweichende] (Chemie):

Amalgamfüllung – Ameisenstraße

Legierung eines Metalls mit Quecksilber: Ü Sein Denken ist ein A. *(eine Mischung) aus Positivismus und historischem Materialismus* (Adorno, Prismen 72).

Amal|gam|fül|lung, die (Zahnmed.): *Zahnfüllung aus Silber- od. Kupferamalgam.*

amal|ga|mie|ren ⟨sw. V.; hat⟩ [mlat. amalgamare]: **1.** (Technik) **a)** *(ein Metall) mit Quecksilber legieren:* Zinn, Zink, Kalium a.; **b)** (a. + sich) *sich zu einer Legierung verbinden:* Zinn und Silber amalgamieren sich sehr unterschiedlich. **2.** (Technik) *mithilfe von Quecksilber aus Erzen gewinnen:* Gold, Silber a. **3.** (bildungsspr.) *jmdn., sich od. etw. mit etw. verbinden, verschmelzen, vereinigen:* Menschen verschiedener Herkunft [zu einer Einheit] a.

Ama|nu|en|sis, der; -, ...ses [...ze:s] [spätlat. amanuensis, aus: a manu servus = Sklave, der als Schreibkraft (»als Hand«) gebraucht wird, zu lat. manus = Hand] (veraltet): *Gehilfe, Schreiber; Sekretär [eines Gelehrten]:* ◆ Admonition und Verpflichtung des anatomischen A. (Goethe, Tagebuch 18. 11. 1812).

Ama|ryl|lis, die; -, ...llen [griech. Amaryllís = Name einer Hirtin, eigtl. = die Glänzende]: *Pflanze mit riemenförmigen Blättern u. großen, trichterförmigen, oft leuchtend roten Blüten auf hohem Schaft.*

Ama|teur [ama'tøːɐ̯], der; -s, -e [frz. amateur < lat. amator = Liebhaber]: **1. a)** *jmd., der eine Tätigkeit aus Liebhaberei, als Hobby betreibt:* den Film hat ein A. gedreht; **b)** (leicht abwertend) *jmd., der eine Aufgabe ohne die nötigen Fachkenntnisse zu bewältigen versucht:* du arbeitest wie ein A. **2.** (Sport) *Aktiver in einem Sportverein, der seinen Sport regelmäßig, aber nicht gegen Entgelt betreibt:* er tanzt als A.; ein Turnier für -e.

Ama|teur-: drückt in Bildungen mit Substantiven aus, dass jmd. eine bestimmte Tätigkeit nicht berufsmäßig, sondern aus Spaß an der Sache selbst (und deshalb weniger perfekt) ausübt: Amateurarchäologin, -detektiv, -koch.

Ama|teur|film, der: *von einem Amateur* (1 a) *gedrehter Film.*
Ama|teur|fil|mer, der: *jmd., der als Amateur* (1 a) *Filme dreht.*
Ama|teur|fil|me|rin, die: w. Form zu ↑ Amateurfilmer.
Ama|teur|fo|to, das, schweiz. auch: die: *Foto, das von einem Amateur* (1 a) *aufgenommen wurde.*
Ama|teur|funk, der: *mit behördlicher Genehmigung als Hobby betriebener privater Funkkehr in bestimmten dafür zugelassenen Kurz- und Ultrakurzwellenbereichen.*
Ama|teur|fuß|ball, der: *Fußballsport, den jmd. als Amateur* (2) *betreibt.*
Ama|teur|fuß|bal|ler, der: *Fußballer, der Amateur* (2) *ist.*
Ama|teur|fuß|bal|le|rin, die: w. Form zu ↑ Amateurfußballer.
ama|teur|haft ⟨Adj.⟩: *dilettantisch, stümperhaft:* a. wirken.
Ama|teu|rin [...'tøːrɪn], die; -, -nen: w. Form zu ↑ Amateur.
Ama|teur|li|ga, die (Sport): *Spielklasse für Amateursportler(innen) und -mannschaften.*
Ama|teur|mann|schaft, die (Sport): *aus Amateuren* (2) *bestehende Mannschaft.*
Ama|teur|spiel, das (Sport): *Wettkampf zwischen Amateurmannschaften.*
Ama|teur|sport, der ⟨o. Pl.⟩: *Sport, den jmd. als Amateur* (2) *od. Amateurin betreibt.*
Ama|teur|sport|ler, der: *jmd., der sich als Amateur* (2) *sportlich betätigt.*
Ama|teur|sport|le|rin, die: w. Form zu ↑ Amateursportler.
Ama|teur|sta|tus, der ⟨Pl. selten⟩ (Sport): *Eigenschaft, Stellung als Amateur* (2).

Ama|zo|nas, der; -: *südamerikanischer Strom.*
Ama|zo|ne, die; -, -n: **1.** [lat. Amazon < griech. Amazṓn] (griech. Mythol.) *Angehörige eines in Kleinasien beheimateten Volkes kriegerischer Frauen.* **2.** [frz. amazone = (kühne) Reiterin] (Reiten) *[Turnier]reiterin.*
Ama|zo|nen|strom, der; -[e]s (veraltet): *anderer Name des Flusses Amazonas:* ◆ Welch ein Schatz von Pflanzen in dem wunderbaren... Lande zwischen dem Orinoko und dem -e... (Alexander von Humboldt [1769–1859], zitiert in: NZZ 5. 4. 2003, 78).

Am|bas|sa|deur [...sa'døːɐ̯], der; -s, -e [frz. ambassadeur] (veraltet): *Botschafter, Gesandter:* ◆ Der König... hudelte den A. vor uns Patriziern, dass einem deutschen Mann das Herz im Leibe lachen musste (C. F. Meyer, Page 140).

Am|ber, der; -s, -[n] [frz. ambre < arab. ʿanbar], Ambra, die; -, -s [ital. ambra < mlat. ambra, ambar < arab. ʿanbar]: **a)** *fettige Ausscheidung aus dem Darm des Pottwals;* **b)** *aus Amber* (a) *hergestellter Duftstoff.*

Am|bi|ance [ã'bjã:s(ə)], die; - [frz. ambiance, zu: ambiant < lat. ambiens, ↑ Ambiente] (schweiz.): *Ambiente.*

Am|bi|en|te, das; - [ital. ambiente < lat. ambiens (Gen.: ambientis), 1. Part. von: ambire = herumgehen, aus: amb- = um – herum u. ire = gehen]: *Umwelt, Atmosphäre; Milieu, das eine Persönlichkeit, eine Räumlichkeit o. ä. eine künstlerische Darstellung umgibt, ihr eigen ist:* ein italienisches A.; ... das Essen in dieser Trattoria ist nicht teuer und schmeckt; das A. italienisch (Frisch, Montauk 200).

am|bie|ren ⟨sw. V.; hat⟩ [zu lat. ambire (↑ Ambiente) in der Bed. »jmdn. um etw. angehen«] (veraltet): *sich [um eine Stelle] bewerben; nach etw. trachten:* ◆ ... das klingt ohnehin so nach Generalstab, worauf er, glaub ich, ambiert (Fontane, Effi Briest 25).

am|big, am|bi|gue [...guə] ⟨Adj.⟩ [(frz. ambigu <) lat. ambiguus, zu: ambigere = bezweifeln, unschlüssig sein] (bes. Fachspr.): *mehrdeutig, doppelsinnig.*

Am|bi|gu|i|tät, die; -, -en [(frz. ambiguïté <) lat. ambiguitas] (bes. Fachspr.): *Mehr-, Doppeldeutigkeit.*

Am|bi|ti|on, die; -, -en ⟨meist Pl.⟩ [frz. ambition < lat. ambitio, eigtl. = das Herumgehen (als Bittsteller), zu: ambire, ↑ Ambiente] (bildungsspr.): *auf ein bestimmtes Ziel gerichtetes Streben; [beruflicher] Ehrgeiz:* künstlerische -en; er hat keine -en *(ist mit seinem Rang, Status zufrieden).*

am|bi|ti|o|niert ⟨Adj.⟩ (geh.): *ehrgeizig, anspruchsvoll, strebsam:* ein -es Projekt, Vorhaben; der Politiker ist sehr a.

am|bi|ti|ös ⟨Adj.; -er, -este⟩ [lat. ambitiosus] (bildungsspr., oft abwertend): *ehrgeizig, geltungsbedürftig:* -e Pläne.

am|bi|va|lent ⟨Adj.⟩ [zu lat. ambi- = von zwei Seiten, beide (vgl. Gen.: valentis) = stark, mächtig, adj. 1. Part. von: valere, ↑ Valenz] (bildungsspr., Fachspr.): *in sich widersprüchlich; zwiespältig:* -e Gefühle, Beziehungen; seine Haltung in dieser Frage ist höchst a.

Am|bi|va|lenz, die; -, -en (bildungsspr., Fachspr.): *Zwiespältigkeit; Spannungszustand; Zerrissenheit [der Gefühle u. Bestrebungen].*

¹Am|bo, der; -s, -s u. ...bi [ital. ambo < lat. ambo = beide] (österr.): **a)** (Math.) *Verbindung zweier Größen in der Kombinationsrechnung;* **b)** *Lottotreffer mit zwei gezogenen Nummern.*

²Am|bo, der; -s, -s, **Am|bon,** der; -s, Ambonen [kirchenlat. ambo < (spät)griech. ámbōn]: *erhöhtes Pult in christlichen Kirchen für gottesdienstliche Lesungen.*

Am|boss, der; -es, -e: **1.** [mhd. anebōȝ, ahd. anabōȝ, eigtl. = woran (worauf) man schlägt, aus ↑ ¹an u. mhd. bōȝen, ahd. bōȝan = schlagen, stoßen, klopfen] *eiserner Block mit ebener Fläche, auf dem der Schmied das Eisen schmiedet:* das glühende Eisen auf den A. legen; er schlug auf den A. **2.** [nach der Form] (Anat.) *eines der drei Gehörknöchelchen.*

Am|böss|chen, das; -s, -: Vkl. zu ↑ Amboss.
Am|b|ra: ↑ Amber.
Am|b|ro|sia, die; - [lat. ambrosia < griech. ambrosía, eigtl. = Unsterblichkeit]: **1.** (griech. Mythol.) *Nahrung der Götter, die ihnen ewige Jugend und Unsterblichkeit verleiht.* **2.** *Süßspeise aus Apfelsinen, Ananas, Mandeln, Zucker u. Sherry.*

am|b|ro|sisch ⟨Adj.⟩ [zu ↑ Ambrosia] (geh. veraltend): *himmlisch, göttlich; köstlich:* -e Düfte.

am|bu|lant ⟨Adj.⟩ [frz. ambulant < lat. ambulans (Gen.: ambulantis), 1. Part. von: ambulare = herumgehen]: **1.** *wandernd, umherziehend; nicht ortsgebunden:* -er Handel; -e Händler, Dienste; ein Gewerbe a. betreiben. **2.** (Med.) *nicht an eine Krankenhausaufnahme gebunden; nicht stationär:* -e Behandlung; -e Patienten; der Verletzte konnte a. versorgt werden.

Am|bu|lanz, die; -, -en [frz. ambulance] (Med.): **a)** *Abteilung zur ambulanten Behandlung in [größeren] Kliniken;* **b)** *Kranken-, Rettungswagen:* jmdn. mit der A. ins Krankenhaus bringen; **c)** *Sanitäts-, Behandlungsraum für Kranke [in Betrieben];* **d)** (veraltet) *bewegliches Feldlazarett; [fahrbare] ärztliche Untersuchungs- u. Behandlungsstation.*

Am|bu|lanz|ge|bühr, die (österr.): *Praxisgebühr.*
Am|bu|lanz|wa|gen, der (Med.): *Ambulanz* (a, b).
am|bu|la|to|risch ⟨Adj.⟩ [lat. ambulatorius = beweglich] (Med. veraltend): *ambulant* (2).
Am|bu|la|to|ri|um, das; -s, ...ien (österr., schweiz.): *Einrichtung zur ambulanten Behandlung.*
am|bu|lie|ren ⟨sw. V.; hat/ist⟩ [lat. ambulare, ↑ ambulant] (veraltet): *spazieren gehen; lustwandeln.*

Amei|se, die; -, -n [mhd. āmeiȝe, ahd. āmeiȝa, zu ahd. meiȝan = (ab)schneiden, eigtl. = die Abgeschnittene, wohl nach dem scharfen Einschnitt zwischen Vorder- und Hinterkörper]: *kleineres, in vielen Arten auftretendes, meist rotbraunes bis schwärzliches, Staaten bildendes Insekt, dessen Bau häufig die Form eines Haufens hat u. für das sein emsig empfundenes Tätigsein charakteristisch ist:* sie ist fleißig wie eine A.; hier wimmelt es von -n.

Amei|sen|bär, der: *(in Mittel- und Südamerika beheimatetes) Ameisen und Termiten fressendes Säugetier mit röhrenförmig ausgebildeter Schnauze.*

Amei|sen|ei, das: **1.** (ugs.) *Puppe* (3) *der Ameise.* **2.** *Ei der Ameise.*

Amei|sen|fleiß, der (ugs.): *großer Fleiß.*

Amei|sen|hau|fen, der: *Bau der Ameisen, der an der Erdoberfläche als kleiner Hügel sichtbar wird.*

Amei|sen|krib|beln, Amei|sen|lau|fen, das; -s: *Kribbeln od. feines Stechen in der Haut (ähnlich der Empfindung, die über die Haut laufende Ameisen hervorrufen).*

Amei|sen|säu|re, die ⟨o. Pl.⟩ (Chemie): *einfachste organische Säure, die bes. als Konservierungsmittel verwendet wird.*

Amei|sen|staat, der: *Insektenstaat der Ameisen.*

Amei|sen|stra|ße, die (Zool.): *von Ameisen zwischen ihrem Nest und den wichtigsten Nahrungsquellen angelegter Weg:* Ungeziefer, ganze

amen – Amoralität

-n laufen durch die Küche (Strauß, Niemand 82).

amen ['a:mɛn, 'a:mən] ⟨Adv.⟩ [mhd. āmen < lat. amen < griech. amḗn < hebr. amen = wahrlich; es geschehe!]: dient dem bekräftigenden Abschluss nach Gebet, Segen, Schriftlesung, Predigt: * **zu allem ja und a. sagen** (ugs.; ↑ Amen).

Amen, das; -s, - ⟨Pl. selten⟩: bekräftigende liturgische Abschlussformel nach Gebet, Segen o. Ä.: die Gemeinde sang das A.; R das ist so sicher wie das A. in der Kirche/(österr.:) im Gebet *(das ist ganz gewiss);* * **zu allem Ja und A./ja und amen sagen** *(mit allem einverstanden sein, sich mit allem abfinden).*

Ame|ri|can Foot|ball [əˈmɛrɪkən ˈfʊtbɔːl], der; -[s]: *Football.*

Ame|ri|can Way of Life [əˈmɛrɪkən ˈweɪ əv ˈlaɪf], der; - - - - [engl. = US-amerikanische Lebensweise]: *Lebensstil der Amerikaner* (1).

Ame|ri|ci|um, das; -s [engl. americium, nach dem Erdteil Amerika]: *künstlich hergestelltes metallisches Element* (chemisches Element; Zeichen: Am).

Ame|ri|ka; -s, -[s]: **1. a)** ⟨o. Pl.⟩ aus den Teilen Nord-, Zentral- u. Südamerika bestehender Kontinent; **b)** einer der Teile des amerikanischen Kontinents: eine Freihandelszone für die beiden Amerika[s]. **2.** ⟨o. Pl.⟩ kurz für ↑ Vereinigte Staaten von Amerika.

Ame|ri|ka|deut|sche ⟨vgl. ¹Deutsche⟩: *in Amerika geborene od. lebende weibliche Person deutscher Herkunft.*

Ame|ri|ka|deut|sche ⟨vgl. Deutscher⟩: *in Amerika geborene od. lebende männliche Person deutscher Herkunft.*

Ame|ri|ka|haus, das: *von den USA in Deutschland u. Österreich unterhaltenes Kulturzentrum.*

Ame|ri|ka|ner, der; -s, -: **1.** Ew. zu ↑ Amerika. **2.** [H.u.] *rundes Gebäckstück aus Weizenmehl mit Zucker- od. Schokoladenguss.*

Ame|ri|ka|ne|rin, die; -, -nen: w. Form zu ↑ Amerikaner (1).

Ame|ri|ka|ner|wa|gen, der (schweiz.): *Automobil amerikanischer Herkunft.*

ame|ri|ka|nisch ⟨Adj.⟩: **1. a)** *Amerika* (2), *die Amerikaner* (1) *betreffend;* **b)** *in amerikanischem Englisch: die -e Sprache, Literatur.* **2.** (Film) *eine Einstellung betreffend, bei der eine Person bis etwa zum Knie zu sehen ist.*

Ame|ri|ka|nisch, das; -[s], (nur mit best. Art.:) **Ame|ri|ka|ni|sche,** das; -n: *amerikanisches Englisch: eine Übersetzung aus dem Amerikanischen.*

ame|ri|ka|ni|sie|ren ⟨sw. V.; hat⟩: **a)** *mit typisch US-amerikanischen Eigenschaften ausstatten;* **b)** (Wirtsch.) *(einen Betrieb, eine Firma) mit US-amerikanischem Kapital ausstatten, unter US-amerikanische Leitung stellen.*

Ame|ri|ka|ni|sie|rung, die; -, -en: *das Amerikanisieren, Amerikaniertwerden.*

Ame|ri|ka|nis|mus, der; -, ...men [engl. americanism] (Sprachwiss.): **1.** *sprachliche Besonderheit des amerikanischen Englisch.* **2.** *Entlehnung aus dem amerikanischen Englisch [ins Deutsche].*

Ame|ri|ka|nist, der; -en, -en: *Wissenschaftler auf dem Gebiet der Amerikanistik.*

Ame|ri|ka|nis|tik, die; -: **1.** *Wissenschaft von der Geschichte, Kultur, Sprache u. Literatur der USA.* **2.** *Teilgebiet der Völkerkunde, das sich mit Geschichte, Sprache u. Kultur der amerikanischen Indianer befasst.*

Ame|ri|ka|nis|tin, die; -, -nen: w. Form zu ↑ Amerikanist.

ame|ri|ka|nis|tisch ⟨Adj.⟩: *die Amerikanistik betreffend.*

Ame|thyst, der; -[e]s, -e [lat. amethystus < griech. améthystos, eigtl. = nicht betrunken (nach der Annahme, dass der Stein vor Trunkenheit schütze)] (Mineral.): *violetter bis purpurroter Schmuckstein.*

ame|thyst|far|ben ⟨Adj.⟩: *violett.*

Ami, der; -s, -s (ugs.): kurz für ↑ Amerikaner (1).

Amid, das; -[e]s, -e [Kunstwort aus ↑ Ammoniak u. -id] (Chemie): **a)** *chemische Verbindung des Ammoniaks, bei der ein Wasserstoffatom des Ammoniaks durch ein Metallatom ersetzt ist;* **b)** *Ammoniak, dessen Wasserstoffatome durch Säurereste ersetzt sind.*

Ami|go, der; -s, -s [span. amigo < lat. amicus = Freund]: **1.** (ugs. abwertend) *jmd., der als Freund u. Gönner eines Politikers auftritt u. sich dadurch Vorteile erhofft.* **2.** span. Bez. für: Freund.

Amin, das; -s, -e [Kunstwort] (Chemie): *von Ammoniak abgeleitete Stickstoffverbindung.*

Ami|no|grup|pe, die (Chemie): *chemische Gruppe aus einem Stickstoffatom und zwei Wasserstoffatomen.*

Ami|no|säu|re, die (Chemie): *Karbonsäure mit einer oder mehreren Aminogruppen.*

Amil|sche, die/eine Amische; der/einer Amischen, die Amischen/zwei Amische [nach Jakob Amman]: *Angehörige der Glaubensgemeinschaft der Amischen* (2).

Amil|scher, der Amische/ein Amischer; des/eines Amischen, die Amischen/zwei Amische [nach Jakob Amman]: **1.** *Angehöriger der Glaubensgemeinschaft der Amischen* (2). **2.** ⟨Pl.⟩ *(ursprünglich in der Schweiz entstandene) christliche Glaubensgemeinschaft in den USA: die Amischen.*

Amish [ˈaːmɪʃ] ⟨Pl.⟩ [nach Jakob Amman]: engl. Form von »Amischen« (↑ Amischer 2): die A.

◆ **Ami|zist,** der; -en, -en: *Angehöriger einer studentischen Verbindung, die sich »Amicitia« nennt:* Ich begleite meinen Bruder (= Bundesbruder), weil wir alte -en sind (Hauff, Jud Süß 439).

Am|man: Hauptstadt von Jordanien.

Am|mann, der; -[e]s, Ammänner [mhd. amman, ambetman, ahd. ambahtman, zu ↑ Amt] (schweiz.): **1.** Kurzf. von ↑ Stadtammann (1). **2.** *Gemeindepräsident (im Kanton Freiburg).*

Am|män|nin, die; -, -nen: w. Form zu ↑ Ammann.

Am|me, die; -, -n [mhd. amme, ahd. amma, urspr. Lallw.]: *Frau, die ein fremdes Kind [mit ihrem eigenen zusammen] stillt u. betreut.*

Am|men|mär|chen, das (abwertend): *unwahre, erfundene Geschichte, die für einen naiven, leichtgläubigen Zuhörer gedacht ist.*

Am|mer, die; -, -n, fachspr. auch: der; -s, -n [mhd. amer, ahd. amaro, zu ahd. amar = Dinkel (↑ Emmer), also eigtl. »Dinkelvogel«; der Vogel ernährt sich vorwiegend von Getreidekörnern]: *(zu den Finkenvögeln gehörender) in vielen Arten verbreiteter Vogel mit kurzem, kegelförmigem Schnabel u. langem Schwanz* (z. B. Goldammer).

Am|mo|ni|ak [auch: ˈa..., österr.: aˈmo:...], das; -s [lat. (sal) Ammoniacum = ammonisch(es Salz); nach der Ammonsoase (heute Siwa) in Ägypten] (Chemie): *stechend riechende, gasförmige Verbindung von Stickstoff und Wasserstoff.*

Am|mo|nit [auch: ...ˈnɪt], der; -en, -en [zu lat. cornu Ammonis = Horn des Ammon (nach der Gestalt des Kalkgehäuses, die einem Widderhorn – dem Attribut des ägyptischen Gottes Ammon – ähnelt): **a)** (Paläontol.) *zu einer ausgestorbenen Gruppe von Kopffüßern aus dem Mesozoikum gehörendes Tier;* **b)** (Geol.) *spiralförmige Versteinerung eines Ammoniten* (a).

Am|mo|ni|um, das; -s (Chemie): *Ammoniak enthaltende Atomgruppe, die sich in vielen chemischen Verbindungen wie ein Metall verhält.*

Am|mo|ni|um|nit|rat, das (Chemie): *zur Herstellung von Düngemitteln u. Sprengstoffen verwendete Stickstoffverbindung.*

Am|mons|horn, das ⟨Pl. ...hörner⟩ [für älter: cornu Ammonis (nach der Form; vgl. Ammonit)]: **1.** *Teil des Großhirns bei Säugetieren u. beim Menschen.* **2.** *Ammonit.*

Am|ne|sie, die; -, -n [zu griech. a- = nicht, un- u. mnēsis = Gedächtnis, zu: mimnḗskein = (sich) erinnern] (Med.): *Ausfall des Erinnerungsvermögens bezüglich eines bestimmten Zeitraums vor od. während einer Bewusstseinsstörung; Gedächtnislücke, -schwund.*

Am|nes|tie, die; -, -n [lat. amnestia < griech. amnēstía = Vergessen, Vergebung] (Rechtsspr.): *durch ein besonderes Gesetz verfügter Straferlass od. verfügte Strafmilderung für eine Gruppe bestimmter Fälle, bes. für politische Vergehen:* eine A. für politische Gefangene fordern, erlassen; unter die A. fallen.

Am|nes|tie|ge|setz, das (Rechtsspr.): *die Amnestie betreffendes Gesetz.*

am|nes|tie|ren ⟨sw. V.; hat⟩ (Rechtsspr.): begnadigen, jmdm. durch Gesetz die weitere Verbüßung einer Freiheitsstrafe erlassen: einige politische Häftlinge wurden amnestiert.

Am|nes|tie|rung, die; -, -en (Rechtsspr.): *das Amnestieren, Amnestiertwerden.*

am|nes|tisch ⟨Adj.⟩ (Med.): *die Amnesie betreffend, auf Amnesie beruhend.*

Am|nes|ty In|ter|na|tio|nal [ˈæmnɪsti ɪntəˈnæʃn̩l]: *internationale Organisation zum Schutz der Menschenrechte, bes. für Gefangene, die aus politischen od. weltanschaulich-religiösen Gründen festgehalten werden.*

Am|ni|on, das; -s [griech. amníon] (Biol., Med.): *Eihaut der höheren Wirbeltiere u. des Menschen.*

Am|ni|o|zen|te|se, die; -, -n [zu griech. amníon = Eihaut und kéntēsis = das Stechen] (Med.): *Fruchtwasseruntersuchung.*

Amö|be, die; -, -n [zu griech. amoibḗ = Wechsel, Veränderung]: *in sehr vielen Arten vorkommender Einzeller, der durch Fließbewegungen des Plasmas ständig die Gestalt wechselt; Wechseltierchen.*

Amö|ben|ruhr, die (Med.): *(in den Tropen u. Subtropen verbreitete) Dickdarmerkrankung.*

amö|bo|id ⟨Adj.⟩ [zu griech. -oeidḗs = ähnlich] (Biol.): *amöbenartig.*

Amok [ˈaːmɔk, auch: aˈmɔk], der; -[s] [malai. amuk = wütend; rasend]: meist in den Verbindungen **A. laufen** (in einem Zustand krankhafter Verwirrung [mit einer Waffe] umherlaufen u. blindwütig töten); **A. fahren** (in wilder Zerstörungswut in einem Fahrzeug umherfahren).

Amok|fah|rer, der: jmd., der Amok fährt.

Amok|fah|re|rin, die: w. Form zu ↑ Amokfahrer.

Amok|fahrt, die: das Amokfahren.

Amok|lauf, der: das Amoklaufen.

Amok|läu|fer, der: jmd., der Amok läuft.

Amok|läu|fe|rin, die: w. Form zu ↑ Amokläufer.

Amok|schüt|ze, der: mit einer Waffe blindwütig schießender Amokläufer.

Amok|schüt|zin, die: w. Form zu ↑ Amokschütze.

a-Moll [ˈaːmɔl, auch: ˈaːˈmɔl], das; -(Musik): *auf dem Grundton a beruhende Molltonart (Zeichen: a).*

a-Moll-Ton|lei|ter, die: *auf dem Grundton a beruhende Molltonleiter.*

Amor (röm. Mythol.): *Gott der Liebe:* * **von -s Pfeil getroffen** (dichter.; verliebt).

amo|ra|lisch [auch: ...ˈraː...] ⟨Adj.⟩ (bildungsspr.): **a)** *nicht moralisch, sich über die herrschende Moral hinwegsetzend; unmoralisch:* ein -er Mensch; **b)** *sich außerhalb moralischer Bewertung befindend:* ich verdiene a. wenig.

Amo|ra|li|tät, die; - (bildungsspr.): *Haltung,*

Amorette–Amtmann

Lebensführung, die keine Moral für sich anerkennt.

Amo|ret|te, die; -, -n [mit französierender Endung zu ↑ Amor] (Kunstwiss.): *Figur eines nackten, geflügelten Knaben (als Begleiter des römischen Liebesgottes); Putte.*

amo|ro|so ⟨Adv.⟩ [ital. amoroso, zu: amore < lat. amor = Liebe] (Musik): *zärtlich, innig.*

amorph ⟨Adj.⟩ [griech. ámorphos, zu: a- = nicht, un- u. morphḗ = Gestalt, Form]: **1.** (bildungsspr.) *ungeformt, gestaltlos:* eine -e Masse. **2. a)** (Physik) *glasartig, nicht kristallin:* -e Stoffe; **b)** (Biol.) *ohne feste Gestalt:* -e Protozoen.

Amor|ti|sa|ti|on, die; -, -en [zu ↑ amortisieren] (Wirtsch.): **a)** *allmähliche Tilgung einer Schuld nach einem bestimmten Plan:* eine kurzfristige, langfristige A.; **b)** *Deckung der für ein Investitionsgut aufgewendeten Anschaffungskosten aus dem damit erwirtschafteten Ertrag:* dadurch hat sich die A. des Mähdreschers verzögert; **c)** (DDR) *Abschreibung des Verschleißes, dem die Grundmittel in der Produktion ausgesetzt sind.*

amor|ti|sie|ren ⟨sw. V.; hat⟩ [zu frz. amortir, eigtl. = abtöten, über das Vlat. zu lat. mortuus = tot] (Wirtsch.): **1.** *(eine Schuld) nach einem vorgegebenen Plan allmählich tilgen:* eine Hypothek, ein Darlehen a. **2. a)** *(die Kosten, Investitionen) durch die Erträge wieder einbringen;* **b)** ⟨a. + sich⟩ *(von Kosten, Investitionen) sich bezahlt machen, wieder eingebracht werden.* **3.** (DDR) *den Verschleiß der Grundmittel in der Produktion einrechnen.*

Amor|ti|sie|rung, die; -, -en: *Amortisation.*

Amou|ren [a'muːrən] ⟨Pl.⟩ [frz. amours, Pl. von: amour = Liebe < lat. amor] (veraltend, noch scherzh.): *Liebschaften, Liebesabenteuer;* ♦ ⟨Sg. Amour, die; -:⟩ ... *deine Amour mit der Jüdin ist überdies jetzt ganz und gar nicht an der Zeit* (Hauff, Jud Süß 402).

Amour fou [amur'fu:], die; - - [frz. amour fou, aus amour (↑ Amouren) u. fou = närrisch, verrückt] (bildungsspr.): *verhängnisvolle leidenschaftliche, rasende Liebe:* zwischen den beiden entwickelte sich eine A. f.

amou|rös [amu'røːs] ⟨Adj.⟩ [frz. amoureux] (bildungsspr.): *Liebschaften betreffend, von Liebesbeziehungen handelnd:* -e Abenteuer.

Am|pel, die; -, -n: **1.** [mhd. ampel, ampulle, ahd. amp(ul)la < lat. ampulla, ↑ Ampulle] *[schalenförmige, kleinere] Hängelampe.* **2.** *Beleuchtungsanlage, die der Verkehrsregelung dient; Verkehrsampel:* die A. zeigt Rot, ist auf Grün gesprungen; eine A. überfahren *(das Signal einer Ampel nicht beachten).* **3.** *hängendes Gefäß für Topfpflanzen.*

Am|pel|an|la|ge, die (Verkehrsw.): *meist aus mehreren Ampeln (2) bestehende technische Einrichtung:* die A. warten, ausschalten; die A. ist ausgefallen.

Am|pel|kar|te, die (Fußballjargon): *Gelbe u. Rote Karte als optisches Zeichen des Verweisen eines Spielers vom Spielfeld nach einem Foul.*

Am|pel|ko|a|li|ti|on, die [nach den Parteifarben Rot, Gelb, Grün] (Politikjargon): *Koalition aus SPD, FDP und Grünen.*

Am|pel|männ|chen, das: *im grünen u. im roten Licht einer Ampel (2) für Fußgänger sichtbares stilisiertes gehendes bzw. stehendes Männchen (1), mit dem das Signal zum Gehen bzw. zum Warten verdeutlicht wird.*

Am|pel|pflan|ze, die: *Pflanze, die sich besonders für das Bepflanzen einer Ampel (3) eignet.*

Am|pel|schirm, der: *Sonnenschirm, der frei hängend an einer bogenförmig verlaufenden Stange angebracht ist.*

Am|pere [am'pɛːɐ̯], das; -[s], - [nach dem französischen Physiker A. M. Ampère (1775–1836)]: *Einheit der elektrischen Stromstärke (Zeichen: A).*

Am|pere|me|ter, das (Elektrot.): *Messinstrument für die elektrische Stromstärke.*

Am|pere|se|kun|de, die: *Einheit der Elektrizitätsmenge; Coulomb (Zeichen: As).*

Am|pere|stun|de, die: *Einheit der Elektrizitätsmenge* (Zeichen: Ah).

Am|phe|ta|min, das; -s, -e [engl. amphetamine, Kunstwort aus: a(lpha), m(ethyl), ph(enyl), et(hyl) u. amine] (Chemie, Med.): *als Weckamin u. Droge verwendete chemische Verbindung.*

Am|phi|bie, die; -, -n [spätlat. amphibion < griech. amphíbion, zu: amphíbios = doppellebig, aus: amphí = zweifach u. bíos = Leben] (Zool.): *(meist Pl.) sowohl auf dem Land wie auch im Wasser lebendes wechselwarmes Wirbeltier; Lurch;* Ü *In den unentwegt kalten Hotelzimmern ... war ich zu einer Art Amphibium geworden* (Seghers, Transit 244).

Am|phi|bi|en|fahr|zeug, das: *schwimmfähiges Kraftfahrzeug, das im Wasser u. auf dem Land verwendet werden kann.*

am|phi|bisch ⟨Adj.⟩: **1.** *im Wasser u. auf dem Land lebend od. sich bewegend:* ein -es Lebewesen; Ü *In solchen Augenblicken der Spannung, zwei Minuten vor der Entscheidung, fühlt seine -e Natur sich am wohlsten* (St. Zweig, Fouché 99). **2.** (Militär) *zu Lande u. zu Wasser operierend:* -e Kampfeinheit, Invasion.

Am|phi|the|a|ter, das; -s, - [lat. amphitheatrum < griech. amphithéatron, aus: amphí = ringsum u. théatron, ↑ Theater, also eigtl. = Theater, in dem man von allen Seiten zuschauen kann]: *[nicht überdachtes] in elliptischer Form angelegtes [antikes] Theater mit stufenweise ansteigenden Sitzreihen.*

Am|pho|ra, die; -, ...oren, **Am|pho|re,** die; -, -n [lat. amphora < griech. amphoreús, gek. aus: amphiphoreús = an beiden Seiten zu tragender (Krug), zu: amphí = beidseitig u. phérein = tragen]: *bauchiges, enghalsiges Gefäß der Antike mit zwei Henkeln (zur Aufbewahrung von Wein, Öl, Honig usw.).*

am|pli|fi|zie|ren ⟨sw. V.; hat⟩ [lat. amplificare, zu: amplus = weit u. facere = machen] (bildungsspr.): *erweitern, weiter ausführen; unter verschiedenen Gesichtspunkten betrachten.*

Am|pli|tu|de, die; -, -n [lat. amplitudo = Größe, Weite] (Math., Physik): *größter Ausschlag einer Schwingung od. eines Pendels aus der Mittellage; Schwingungsweite:* die Messung einer A.

Am|pul|le, die; -, -n [lat. ampulla, Vkl. von: amphora, ↑ Amphora] (bes. Med.): *kleiner, keimfrei zugeschmolzener Glasbehälter [bes. für Injektionslösungen]:* die -n in den Schrank schließen.

Am|pu|ta|ti|on, die; -, -en [lat. amputatio, zu: amputare, ↑ amputieren] (Med.): *operative Abtrennung eines Körperteils, bes. einer Gliedmaße:* eine A. vornehmen.

Am|pu|ta|ti|ons|stumpf, der (Med.): *nach einer Amputation verbleibendes Reststück.*

am|pu|tie|ren ⟨sw. V.; hat⟩ [lat. amputare, eigtl. = ringsum abschneiden] (Med.): **a)** *(einen Körperteil, eine Gliedmaße) operativ entfernen:* [jmdm.] ein Arm a.; ... es ist bekannt, dass die Ärzte in den Feldlazaretten leicht amputieren (Remarque, Westen 170); **b)** *bei jmdm. eine Amputation vornehmen:* jmdn. a.

Am|sel, die; -, -n [mhd. amsel, ahd. ams(a)la, H. u.]: *(zu der Drosseln gehörender) größerer Singvogel mit beim Männchen schwarzem Gefieder und gelbem Schnabel, beim Weibchen dunkelbraunem Gefieder und braunem Schnabel.*

Ams|ter|dam [amstɐ'dam, auch: ˈa...]: *Hauptstadt der Niederlande.*

¹Ams|ter|dal|mer, der; -s, -: Ew.

²Ams|ter|dal|mer ⟨indekl. Adj.⟩.

Ams|ter|dal|me|rin, die; -, -nen: w. Form zu ↑ ¹Amsterdamer.

Amt, das; -[e]s, Ämter [mhd. amt, amb(e)t, ambahte, ahd. ambaht(i) = Dienst(leistung), aus dem Kelt.]: **1. a)** *offizielle Stellung (in Staat, Gemeinde, Kirche u. Ä.), die mit bestimmten Pflichten verbunden ist; Posten:* ein geistliches A.; das höchste A. im Staat; ein A. übernehmen, verwalten, antreten, ausüben, bekleiden, innehaben; sein A. niederlegen; jmdn. aus einem A. entfernen; für ein A. kandidieren; [noch] im A. sein; sich um ein A. bewerben; * **in A. und Würden** (oft iron.: *in einer festen, gesicherten Position*), zu der sich jmd. bereitgefunden hat; Obliegenheit, Verpflichtung: ihm wurde das schwere A. zuteil, diese Nachricht zu überbringen; * **seines -es walten** (geh.; *Handlungen, die in jmds. Aufgabenbereich liegen, ausführen*). **2. a)** *Behörde, Dienststelle:* das A. für Denkmalpflege, für Statistik; in einem A. vorsprechen; * **Auswärtiges A.** (*Außenministerium;* Abk.: AA); **von -s wegen** (1. *auf behördliche Anordnung, in amtlichem Auftrag.* 2. *dienstlich, aus beruflichen Gründen*); **b)** *Gebäude, Raum, in dem ein A. (2 a) untergebracht ist:* das A. betreten; **c)** (veraltend) *Telefonamt; Amtsleitung:* das A. anrufen; das Fräulein vom A. (*die Telefonistin*). **3.** (in einigen Bundesländern) *Gemeindeverband.* **4.** (kath. Kirche) *Messe mit Gesang (des Priesters u. des Chors):* ein A. halten, besuchen; einem A. beiwohnen.

Ämt|chen, das; -s, - (oft abwertend): *Vkl. zu ↑ Amt (1).*

Amt|tei, die; -, -en (schweiz. regional, sonst veraltet): *Amtsbereich;* ♦ *Sonst war doch der Preis* (= für den Ämterkauf) *einer A. zweitausend* (Hauff, Jud Süß 410).

am|ten ⟨sw. V.; hat⟩ [mhd., ahd. ambahten] (bes. schweiz.): *sein Amt ausüben; amtieren.*

Äm|ter|häu|fung, die: *Bekleidung mehrerer öffentlicher Ämter durch eine Person.*

Äm|ter|kauf, der: *Erwerb eines Amtes durch Bestechung o. Ä.*

Äm|ter|pa|t|ro|na|ge, die: *Günstlingswirtschaft bei der Vergabe von Ämtern.*

Amt|frau, die: *Beamtin des gehobenen Dienstes (über dem Oberinspektor).* **2.** (österr.) *Leiterin eines Gemeindeamtes (im österr. Bundesland Burgenland).*

am|tie|ren ⟨sw. V.; hat⟩: **a)** *ein Amt innehaben, ausüben; im Amt sein:* der Minister amtiert seit Gründung der Republik; der [derzeit] amtierende Bürgermeister; der amtierende (*derzeitige*) Weltmeister; **b)** *eine bestimmte Aufgabe übernehmen, als etw. fungieren:* in einem Streit als Schiedsrichter a.

amt|lich ⟨Adj.⟩ [mhd. ambetlich, ahd. ambahtlīh]: **1. a)** *von einem Amt, einer Behörde ausgehend; behördlich:* -e Bekanntmachungen; der Wagen mit dem -en Kennzeichen ...; eine Abschrift, Fotokopie a. beglaubigen lassen; **b)** *dienstlich, von Amts wegen:* er ist in -em Auftrag, a. hier; Früher hatte ich a. viel mit ihm zu tun (Hesse, Steppenwolf 220); **c)** *von einer Behörde, einem [Regierungs]amt stammend u. daher zuverlässig, glaubwürdig; offiziös:* eine -e Stellungnahme; Ü Die Sache ist a. (ugs.; *ganz sicher, wirklich wahr*). **2.** *wichtig, ernst [aussehend]:* er machte eine -e Miene.

amt|li|cher|seits ⟨Adv.⟩: *von amtlicher (1 a) Seite:* a. wurde dazu nicht Stellung genommen.

Amt|mann, der; -[e]s, Amtmänner, auch: Amtleute [mhd. amtman, ambetman, ahd. ambahtman, ↑ Ammann]: **1.** *Beamter des gehobenen Dienstes (über dem Oberinspektor).* **2.** (österr.)

Leiter des Gemeindeamtes (im österr. Bundesland Burgenland).

Amt|män|nin, die; -, -nen (früher): w. Form zu ↑ Amtmann.

Amts|an|ma|ßung, die (Rechtsspr.): *unbefugte Ausübung eines öffentlichen Amtes; unbefugte Vornahme einer amtlichen Handlung.*

Amts|an|tritt, der: *Antritt eines Amtes* (1 a): *bei, seit, nach jmds. A.*

Amts|ap|pa|rat, der ⟨o. Pl.⟩: *Gesamtheit der Menschen [u. Hilfsmittel], die die staatlichen Funktionen ausüben.*

Amts|arzt, der: *beamteter Arzt im öffentlichen Gesundheitswesen.*

Amts|ärz|tin, die: w. Form zu ↑ Amtsarzt.

amts|ärzt|lich ⟨Adj.⟩: *den Amtsarzt betreffend, von ihm ausgehend:* ein -es Gutachten.

amts|be|kannt (österr. Amtsspr.): *aktenkundig.*

Amts|be|reich, der: *Bereich, Umkreis, innerhalb dessen ein Beamter seine Funktion auszuüben hat.*

Amts|be|zeich|nung, die: *amtliche Benennung für eine Dienststellung; Titel.*

Amts|blatt, das: *von kommunalen od. staatlichen Dienststellen herausgegebene Zeitung mit amtlichen Bekanntmachungen u. Mitteilungen.*

Amts|bru|der, der: *Kollege im geistlichen Amt.*

Amts|chef, der (ugs.): *Amtsleiter.*

Amts|che|fin, die: w. Form zu ↑ Amtschef.

Amts|dau|er, die: *Amtsperiode.*

Amts|deutsch, das (abwertend): *gespreizte, umständliche, unanschauliche Ausdrucksweise, wie sie oft formelhaft in Ämtern verwendet wird.*

Amts|eid, der: *bei Antritt eines öffentlichen Amtes geleisteter feierlicher Eid, seine Amtspflichten treu zu erfüllen.*

Amts|ein|füh|rung, die: *feierliche Einsetzung in ein Amt.*

Amts|ein|set|zung, die: *Einsetzung in ein Amt.*

Amts|ent|he|bung, die: *unehrenhafte Entlassung aus einem Amt.*

Amts|ent|he|bungs|ver|fah|ren, das: *rechtliches Verfahren zur unehrenhaften Entlassung einer Person aus ihrem Amt.*

Amts|ent|set|zung, die (bes. österr., schweiz.): *Amtsenthebung.*

Amts|füh|rung, die ⟨Pl. selten⟩: *Führung eines Amtes (bes. im Hinblick auf die Art u. Weise, die Strategie).*

Amts|ge|bäu|de, das: *Gebäude, in dem ein od. mehrere Ämter* (2 a) *untergebracht sind.*

Amts|ge|heim|nis, das: **a)** ⟨o. Pl.⟩ *dienstliche Schweigepflicht:* sich auf das A. berufen; **b)** *Angelegenheit, die der Schweigepflicht unterliegt; geheime Tatsache:* -se ausplaudern.

Amts|ge|richt, das: **a)** *Gericht unterster Instanz für kleinere Strafsachen u. Zivilangelegenheiten;* **b)** *Gebäude, in dem das Amtsgericht* (a) *untergebracht ist.*

Amts|ge|richts|di|rek|tor, der: *Leiter eines Amtsgerichts.*

Amts|ge|richts|di|rek|to|rin, die: w. Form zu ↑ Amtsgerichtsdirektor.

Amts|ge|richts|prä|si|dent, der: *Leiter eines größeren Amtsgerichts.*

Amts|ge|richts|prä|si|den|tin, die: w. Form zu ↑ Amtsgerichtspräsident.

Amts|ge|schäft, das (meist Pl.): *dienstliche Obliegenheit, die zur Verwaltung eines [öffentlichen] Amtes gehört.*

Amts|ge|walt, die ⟨Pl. selten⟩: *mit einem Amt* (1 a) *verbundene Befugnis, Vollmacht, Ermächtigung:* seine A. missbrauchen.

amts|hal|ber ⟨Adv.⟩: *wegen eines Amtes; aus amtlichen Gründen:* etwas a. beschlagnahmen.

amts|han|deln ⟨sw. V.; hat⟩ (österr.): *in amtlicher Eigenschaft vorgehen:* der Gendarm hat auf höheren Befehl amtsgehandelt.

Amts|hand|lung, die: *Handlung in Ausübung eines öffentlichen Amtes.*

Amts|hel|fer, der (österr.): *Leitfaden für Behördenwege:* der virtuelle A. hilft Ihnen durch den Dschungel der Behördenangebote.

Amts|hil|fe, die: *Beistandsleistung einer Behörde für eine andere (beispielsweise durch Gewährung von Akteneinsicht):* A. leisten.

Amts|hil|fe|er|su|chen, das: *Bitte um Amtshilfe.*

Amts|in|ha|ber, der: *jmd., der ein öffentliches Amt innehat.*

Amts|in|ha|be|rin, die: w. Form zu ↑ Amtsinhaber.

Amts|jahr, das: *Jahr, während dessen jmd. ein Amt innehat:* kurz vor Ende seines ersten -es.

Amts|ka|len|der, der (österr.): *jährlich erscheinendes Verzeichnis der öffentlichen Dienststellen.*

Amts|ket|te, die: *um den Hals getragene Kette als Zeichen der Würde, mit der ein Amt verbunden ist:* der Bürgermeister mit seiner goldenen A.

Amts|kir|che, die: *von kirchlichen Amtsträgern, hauptsächlich Führungskräften repräsentierte Kirche als öffentliche Institution.*

Amts|klei|dung, die: *bei bestimmten Amtshandlungen vorgeschriebene Kleidung.*

Amts|kol|le|ge, der: *jmd., der mit [einem/einer] andern zusammen das gleiche Amt versieht.*

Amts|kol|le|gin, die: w. Form zu ↑ Amtskollege.

Amts|lei|ter, der: *Leiter eines Amtes.*

Amts|lei|te|rin, die: w. Form zu ↑ Amtsleiter.

Amts|lei|tung, die: *öffentliche Telefonleitung (die nicht zu einer Nebenstelle, sondern über das Fernsprechamt zu einem anderen Hauptanschluss od. Knotenpunkt führt).*

Amts|mie|ne, die (meist spött.): *übertrieben strenger Gesichtsausdruck einer Amtsperson:* eine A. aufsetzen, machen, zur Schau tragen.

Amts|miss|brauch, der: *Missbrauch der Amtsgewalt (zur Erringung persönlicher Vorteile):* jmdn. des -s überführen, beschuldigen, anklagen.

amts|mü|de ⟨Adj.⟩: *nicht mehr gewillt, sein derzeitiges Amt in Zukunft weiter auszuüben:* der Präsident ist a.

Amts|nach|fol|ger, der: *Nachfolger in einem kommunalen, staatlichen od. geistlichen Amt.*

Amts|nach|fol|ge|rin, die: w. Form zu ↑ Amtsnachfolger.

Amts|pe|ri|o|de, die: *festgesetzte Zeitspanne der Tätigkeit in einem Amt.*

Amts|per|son, die: *jmd., der in amtlicher Eigenschaft auftritt od. tätig wird.*

Amts|pflicht, die: *Verpflichtung einer Amtsperson, die ihr übertragenen Aufgaben gewissenhaft auszuführen.*

Amts|pflicht|ver|let|zung, die (Rechtsspr.): *[fahrlässiges] Nichterfüllen dienstlicher Verpflichtungen gegenüber Dritten.*

Amts|rat, der: *Beamter des gehobenen Dienstes (über dem Oberinspektor).*

Amts|rä|tin, die: w. Form zu ↑ Amtsrat.

Amts|raum, der: *zu einem Amt* (2 a) *gehörender Raum.*

♦ **Amts|re|ve|nu|en** […ny:ən] ⟨Pl.⟩ [↑ Revenue]: *Dienstbezüge:* …das Frühstück, das mit seinen A. bestritten wurde (Jean Paul, Wutz 25).

Amts|rich|ter, der (ugs.): *Richter an einem Amtsgericht.*

Amts|rich|te|rin, die: w. Form zu ↑ Amtsrichter.

Amts|schim|mel, der [2. Bestandteil viell. volksetym. umgestaltet aus älter österr. Simile = Formular od. viell. urspr. = Schimmel der (berittenen) Schweizer Amtsboten] (scherzh.): *übertrieben genaue Handhabung der Dienstvorschriften; Bürokratismus:* R der A. wiehert (es herrscht Bürokratismus).

Amts|sie|gel, das: *Dienstsiegel.*

Amts|sitz, der: **a)** *Ort, an dem sich die zuständige Behörde befindet;* **b)** *Dienstgebäude.*

Amts|spra|che, die: **1. a)** *offizielle Sprache eines Staates, Sprache der Gesetzgebung;* **b)** *in internationalen Organisationen zugelassene u. maßgebliche Sprache für Texte von Verträgen, Veröffentlichungen usw.* **2.** ⟨o. Pl.⟩ *(oft abwertend) Sprache der Verwaltung, der Behörden; trockenes Amtsdeutsch.*

Amts|stu|be, die: *Dienstzimmer:* nicht in allen Büros und -n herrscht ein freundlicher Umgangston; Mein Pass war, auf seinem Wege durch die -n, verloren gegangen (Kaschnitz, Wohin 204).

Amts|tag, der (österr.): *Sprechstunden bei einer Behörde.*

Amts|tracht, die: *Amtskleidung.*

Amts|trä|ger, der: *jmd., der in einer bestimmtes Amt, bes. in einer Partei, innehat.*

Amts|trä|ge|rin, die: w. Form zu ↑ Amtsträger.

Amts|über|ga|be, die: *[feierliche] Übergabe* (1) *eines Amtes* (1 a).

Amts|über|nah|me, die: *[feierliche] Übernahme* (1) *eines Amtes* (1 a).

Amts|ver|ständ|nis, das ⟨o. Pl.⟩: **1.** *grundsätzliche Auffassung von, Einstellung zu dem Amt, das man innehat.* **2.** (Theol.) *(in den Konfessionen unterschiedliche) Herleitung des geistlichen Amtes.*

Amts|ver|we|ser, der (geh.): *Statthalter, stellvertretender Verwalter eines [hohen] Amtes.*

Amts|ver|we|se|rin, die: w. Form zu ↑ Amtsverweser.

Amts|ver|zicht, der: *Verzicht auf ein Amt.*

Amts|vor|gän|ger, der: *Vorgänger in einem kommunalen, staatlichen od. geistlichen Amt.*

Amts|vor|gän|ge|rin, die: w. Form zu ↑ Amtsvorgänger.

Amts|vor|stand, Amts|vor|ste|her, der: *Leiter einer [kleineren] Behörde.*

Amts|vor|ste|he|rin, die: w. Form zu ↑ Amtsvorsteher.

Amts|weg, der ⟨Pl. selten⟩: *Dienstweg.*

Amts|zeit, die: *Zeitspanne, in der jmd. ein Amt innehat.*

Amts|zim|mer, das: *Amtsraum.*

Amu|lett, das; -[e]s, -e [lat. amuletum, H. u.]: *kleiner, oft als Anhänger getragener Gegenstand, dem Unheil abwehrende u. Glück bringende Kräfte zugeschrieben werden.*

amü|sant ⟨Adj.⟩ [frz. amusant, zu: amuser, ↑ amüsieren]: *unterhaltsam, belustigend, erheiternd; vergnüglich, Vergnügen bereitend:* -e Geschichten; ein -er Gesellschafter; er weiß a. zu erzählen.

Amuse-Gueule [amy:z'gœl], das; -[s], -s [frz., zu: gueule = Maul, ugs. für: Mund] (Kochkunst): *kleiner Appetithappen, der vor der eigentlichen Mahlzeit gereicht wird.*

Amü|se|ment [amyz(ə)'mã:], das; -s, -s [frz. amusement] (bildungsspr.): *unterhaltsamer, belustigender Zeitvertreib; [oberflächliches] Vergnügen.*

Amü|sier|be|trieb, der (oft abwertend): **1.** *Amüsierlokal.* **2.** ⟨o. Pl.⟩ *dem Amüsement gewidmetes Treiben.*

amü|sie|ren ⟨sw. V.; hat⟩ [frz. s'amuser, refl. Form von: amuser = belustigen; mit leeren Versprechungen abspeisen, zu einem vlat. Wort mit der Bed. »Maul, Schnauze«]: **1.** ⟨a. + sich⟩ *sich vergnügen; sich auf angenehme Art die Zeit vertreiben, seinen Spaß haben:* sich köstlich, großartig, königlich a.; amüsiert euch gut! **2.** ⟨a. + sich⟩ *sich über jmdn. od. etw. lustig machen:* die Leute amüsierten sich über ihn, sein Hobby. **3.** *jmdn.*

belustigen, erheitern; jmdm. angenehm u. vergnüglich unterhalten: der Gedanke amüsierte ihn; er war sehr amüsiert, lachte amüsiert.
Amü|sier|lo|kal, das (oft abwertend): *Nachtlokal mit leichter Unterhaltung unterschiedlicher Art.*
Amü|sier|vier|tel, das: *Stadtviertel, in dem sich Unterhaltungslokale, Bars, Bordelle usw. befinden; Rotlichtviertel.*
amu|sisch [auch: ...'mu:...] ⟨Adj.⟩ [aus ↑ a- u. ↑ musisch] (bildungsspr.): *nicht musisch, ohne Kunstverständnis, ohne Kunstsinn.*
Amy|la|se, die; -, -n [zu griech. ámylon = Stärke] (Chemie): *Enzym, das Stärke u. Glykogen spaltet.*
Amy|lo|se, die; - (Chemie, Biol.): *in Wasser löslicher innerer Bestandteil stärkehaltiger Körner (wie Getreidekörner, Erbsen).*
¹an ⟨Präp. mit Dativ u. Akk.⟩ [mhd. an(e), ahd. an(a), urspr. = an etw. hin od. entlang]: **1.** ⟨räumlich⟩ **a)** ⟨mit Akk.⟩ zur Angabe der Richtung: die Leiter an den Baum lehnen; an eine andere Schule versetzt werden; ein Paket an jmdn. schicken; ♦ ... ich ... warf mich an die Erde und weinte mich aus (Goethe, Werther I, 3. September); **b)** ⟨mit Dativ⟩ zur Angabe der Lage, der Nähe, der Berührung o. Ä.: die Leiter lehnt an diesem Baum; eine Verletzung an der Wirbelsäule; Trier liegt an der Mosel; er geht an *(mithilfe von)* Krücken; der Blumentopf steht an ⟨südd., österr.; *auf*⟩ der Fensterbank; ⟨österr.:⟩ sie wohnt an der Adresse Goethestraße 5; ♦ ⟨auch mit Akk.:⟩ ...ließ er ihn an die Stätte begraben, die er sich erwählt hatte (Goethe, Werther II, Der Herausgeber an den Leser); **c)** in Verbindung mit zwei gleichen Substantiven zur Angabe der Vielzahl od. der Regelmäßigkeit einer Reihe: sie standen Kopf an Kopf *(dicht gedrängt)*; sie wohnen Tür an Tür *(in unmittelbarer Nachbarschaft)*. **2.** ⟨mit Dativ⟩ zur Angabe des Zeitpunkts: an einem Wintermorgen; an diesem 31. Januar; an dem unvermeidlichen Ende der Ferien; (bes. südd., schweiz.:) an Ostern, an Weihnachten, an Pfingsten. **3.** ⟨mit Dativ u. Akk.⟩ stellt unabhängig von räumlichen od. zeitlichen Vorstellungen eine Beziehung zu einem Objekt od. Attribut her: an einer Krankheit sterben; an einem Roman schreiben; Mangel an Lebensmitteln; an jmdn., etw. glauben; sich an jmdn. entsinnen; er war noch jung an Jahren; er ist schuld an dem Unglück; das gefällt mir nicht an ihm; das ist das Wichtigste an der ganzen Sache; was er an der Rente bekam, war nicht viel; * **an [und für] sich** *(eigentlich, im Grunde genommen:* dagegen ist an sich nichts einzuwenden; **etw. an sich haben** (ugs.; *eine besondere Eigenart haben*); **an sich halten** *(sich mit großer Mühe beherrschen)*; **es ist an dem** *(es ist so);* **es ist an jmdm., etw. zu tun** (geh.; *es ist jmds. Aufgabe, etw. zu tun).* **4.** ⟨mit Akk. u. vorausgehendem »bis«⟩ zur Angabe einer räumlichen od. zeitlichen Erstreckung: das Wasser reichte ihm bis an die Knie; er war gesund bis an sein Lebensende.
²an ⟨Adv.⟩ [zu: ↑ ¹an]: **1. a)** (Verkehrsw.) zur Angabe der Ankunft: Frankfurt an: 17.30; **b)** in Verbindung mit der Präp. »von«, räumlich u. zeitlich: von Rom an; von der achten Reihe an; von [nächstem] Montag an; von heute an. **2. a)** *angeschaltet, angedreht, angestellt, angezündet:* die Heizung, das Radio, der Motor, das Feuer, der Ofen ist an; ⟨häufig elliptisch in Aufforderungen:⟩ Licht, Scheinwerfer an *(einschalten)!*; **b)** ⟨elliptisch⟩ (ugs.): *ohne etwas an (unbekleidet);* (häufig in Aufforderungen): an sich halten; Mantel an und weg von hier! **3.** (ugs.) *ungefähr, etwa* (in Verbindung mit Maß- u. Mengenangaben): die Strecke war an [die] 30 Kilometer lang; sie halfen an die fünfzig Kindern.

Ana, die; -, -s [subst. Endung -ana (z. B. in Goetheana)] (veraltend): *Sammlung von Aussprüchen berühmter Personen.*
Ana|bap|tist, der; -en, -en [mlat. anabaptista, zu mgriech. anabaptízein = nochmals taufen]: *Wiedertäufer.*
ana|bol ⟨Adj.⟩ [vgl. Anabolikum] (Pharm.): *die Aufbauphase des Stoffwechsels betreffend; den Aufbau von Eiweiß in einem Organismus steigernd.*
Ana|bo|li|kum, das; -s, ...ka ⟨meist Pl.⟩ [zu griech. aná = (hin)auf u. bállein = werfen] (Pharm.): *Präparat, das den Aufbau von Eiweiß in einem Organismus steigert u. zum Aufbau von Muskeln verwendet wird.*
Ana|cho|ret (anaço're:t, auch: ...xo..., auch: ...ko...], der; -en, -en [lat. anachoreta < griech. anachōrētés, eigtl. = zurückgezogen (Lebender)] (Rel.): *frühchristlicher Einsiedler mit strenger Lebensform; Klausner.*
Ana|cho|re|ten|tum, das; -s (Rel.): *Lebensform der Anachoreten.*
ana|cho|re|tisch ⟨Adj.⟩ [lat. anachoreticus < griech. anachōrētikós] (Rel.): *die Anachoreten, das Anachoretentum betreffend; einsiedlerisch.*
Ana|chro|nis|mus [...k..., auch: ...x...], der; -, ...men [engl. anachronism = Verwechslung der Zeiten] (bildungsspr.): **1.** *falsche zeitliche Einordnung.* **2.** *durch die Zeit überholte Einrichtung:* etw. als A. empfinden.
ana|chro|nis|tisch ⟨Adj.⟩ (bildungsspr.): **1.** *zeitlich falsch eingeordnet.* **2.** *nicht in eine bestimmte Zeit, Epoche passend u. daher überholt; zeitwidrig:* das erscheint a.; ein für die Demokratie -es Amt, Verfahren.
an|ae|rob [an|ae'ro:p, an|e..., 'an...] ⟨Adj.⟩ [aus griech. an- = nicht, un- und ↑ aerob] (Biol.): *ohne Sauerstoff lebend.*
An|ae|ro|bi|er, der; -s, -, **An|ae|ro|bi|ont,** der; -en, -en [aus griech. an- = nicht, un- u. ↑ Aerobiont] (Biol.): *niederes Lebewesen, das ohne Sauerstoff leben kann* (z. B. Darmbakterie).
Ana|gramm, das; -s, -e [griech. anágramma] (bildungsspr.): **1.** *durch Umstellung von Buchstaben od. Silben innerhalb eines Wortes entstandenes neues sinnvolles Wort.* **2.** *Buchstabenrätsel.*
♦ **an|ähn|li|chen** ⟨sw. V.⟩ hat⟩: *ähnlich machen, angleichen:* Schröder ... hat sie (= englische Lustspiele) von Grund aus verändert, dem deutschen Sinne angeähnlich (Goethe, Dichtung u. Wahrheit III, 13).
Ana|kon|da, die; -, -s [engl. anaconda, wahrsch. aus dem Singhal.]: *(in Südamerika beheimatete, überwiegend im Wasser lebende) Riesenschlange mit runden schwarzen Flecken auf dem gelbbraunen Rücken.*
Ana|kre|on|tik, die; - [nach dem altgriech. Lyriker Anakreon] (Literaturwiss.): *literarische Richtung, Lyrik zur Zeit des Rokokos mit den Hauptthemen Liebe, Wein, heitere Geselligkeit.*
Ana|kre|on|ti|ker, der; -s, - (Literaturwiss.): *Vertreter der Anakreontik.*
Ana|kre|on|ti|ke|rin, die; -, -nen: w. Form zu ↑ Anakreontiker.
ana|kre|on|tisch ⟨Adj.⟩ (Literaturwiss.): *in der Art Anakreons, zur Anakreontik gehörend:* ein -es Gedicht.
anal ⟨Adj.⟩ [zu lat. anus, ↑ Anus] (Med.): *den After betreffend, zum After gehörend:* -e Phase (Psychoanalyse; *frühkindliche, durch Lustgewinn im Bereich des Afters gekennzeichnete Entwicklungsphase).*
Anal|ero|tik, die (Psychoanalyse: *[frühkindliches] sexuelles Lustempfinden im Bereich des Afters.*
An|al|ge|sie, die; -, -n [aus griech. an- = nicht, un- u. ↑ Algesie] (Med.): *Aufhebung der Schmerzempfindung, Schmerzlosigkeit.*

An|al|ge|ti|kum, das; -s, ...ka [zu griech. an- = nicht, un- u. álgos = Schmerz] (Pharm.): *schmerzstillendes Mittel.*
an|al|ge|tisch ⟨Adj.⟩ (Med.): *schmerzstillend.*
Anal|ko|i|tus, der (Sexualkunde): *Analverkehr.*
¹ana|log ⟨Adj.⟩ [frz. analogue < lat. analogos < griech. análogos, eigtl. = dem Logos, der Vernunft entsprechend, zu: aná = gemäß u. lógos, ↑ Logos]: **1.** (bildungsspr.): *ähnlich, vergleichbar, gleichartig; entsprechend:* eine -e Erscheinung; a. verlaufen; Mit dem »Hochgeboren« und »Hochwohlgeboren« ist es gerade wie mit der »Familie« und der »guten Familie«, ganz a. (Th. Mann, Krull 270). **2. a)** (EDV) *kontinuierlich, stufenlos;* **b)** (Physik) *durch ein und dieselbe mathematische Beziehung beschreibbar; einen Wert durch eine physikalische Größe darstellend:* -es Signal *(Analogsignal).*
²ana|log ⟨Präp. mit Dativ⟩ [zu: ↑ ¹analog]: *entsprechend:* a. diesem Fall.
Ana|lo|gie, die; -, -n [lat. analogia < griech. analogía] (bildungsspr.): *Entsprechung, Ähnlichkeit, Gleichwert von Verhältnissen:* zwischen den beiden Fällen besteht eine A.; etw. in A. zu etw. anderem beurteilen.
Ana|lo|gie|bil|dung, die (Sprachwiss.): *nach dem Vorbild eines anderen Wortes od. einer anderen Form gebildetes Wort, gebildete Form.*
Ana|lo|gie|schluss, der (Philos.): *logisches Schlussverfahren, bei dem von der Übereinstimmung zweier Dinge in einigen Punkten auf Gleichheit auch in anderen Punkten geschlossen wird.*
ana|lo|gisch ⟨Adj.⟩ (bildungsspr.): *auf Analogie beruhend.*
Ana|log|kä|se, der: *dem Käse (1) ähnliches, aber nicht hauptsächlich aus Milch hergestelltes Nahrungsmittel.*
Ana|lo|gon [auch: a'na...], das; -s, ...ga [griech. análogon] (bildungsspr.): *analoger, ähnlicher, gleichgearteter Fall.*
Ana|log|rech|ner, der (EDV): *Rechenanlage, in der die Ausgangswerte u. das Ergebnis einer Rechenaufgabe als physikalische Größen dargestellt werden.*
Ana|log|si|g|nal, das (Physik, Informatik): *Signal (3), das durch eine Größe repräsentiert od. mit einer Größe moduliert wird, die stufenlos jeden Wert annehmen kann.*
Ana|log|uhr, die: *Uhr, bei der die Zeitangabe auf einem Zifferblatt durch Zeiger erfolgt.*
An|al|pha|bet [auch: 'an...], der; -en, -en [griech. analphábētos, aus: an- = nicht, un- u. alphábētos, ↑ ¹Alphabet]: *jmd., der nicht lesen u. schreiben gelernt hat:* Ü ein politischer A.
An|al|pha|be|tin, das; -s: *Vorhandensein, Verbreitung von Analphabeten in einem bestimmten Gebiet, Land.*
An|al|pha|be|tin, die; -, -nen: w. Form zu ↑ Analphabet.
an|al|pha|be|tisch [auch: 'an...] ⟨Adj.⟩: *des Lesens u. Schreibens unkundig, durch Analphabetismus gekennzeichnet.*
An|al|pha|be|tis|mus, der; -: *Unfähigkeit, zu schreiben u. zu lesen.*
Anal|ver|kehr, der (Sexualkunde): *Geschlechtsverkehr, bei dem der Penis in den After eingeführt wird.*
Ana|ly|sand, der; -en, -en (Psychoanalyse): *jmd., der sich einer psychoanalytischen Behandlung unterzieht.*
Ana|ly|san|din, die: w. Form zu ↑ Analysand.
Ana|ly|sa|tor, der; -s, ...toren: **1.** (Physik) *Messvorrichtung zur Untersuchung von polarisiertem Licht.* **2.** (Physik) *Vorrichtung zum Zerlegen einer Schwingung in harmonische Schwingungen.* **3.** (Psychoanalyse) *jmd., der eine psychotherapeutische Behandlung durchführt.*

Ana|ly|sa|to|rin, die: w. Form zu ↑ Analysator (3).

Ana|ly|se, die; -, -n [mlat. analysis < griech. análysis = Auflösung, Zergliederung, zu: analýein = auflösen, zu: lýein, ↑ Lysis]: **1.** (bildungsspr.) *Untersuchung, bei der etw. zergliedert, ein Ganzes in seine Bestandteile zerlegt wird:* eine wissenschaftliche, sorgfältige A.; die A. der Marktlage; eine A. machen, vornehmen, durchführen. **2.** (Chemie) *Ermittlung der Einzelbestandteile von zusammengesetzten Stoffen od. Stoffgemischen mit chemischen od. physikalischen Methoden:* eine quantitative, qualitative A. durchführen.

ana|ly|sie|ren ⟨sw. V.; hat⟩ (bildungsspr.): *auf einzelne Merkmale hin untersuchen; zergliedern u. dadurch klarlegen:* einen Roman, eine Sonate, die Lage, eine Beziehung, seine Mitmenschen, sich selbst, seine Gefühle a.

Ana|ly|sis, die; - [mlat. analysis < griech. análysis, ↑ Analyse]: **1.** (Math.) *Teil der Mathematik, in dem mit Grenzwerten gearbeitet, die Infinitesimalrechnung angewendet wird.* **2.** (Geom.) *Voruntersuchung beim Lösen geometrischer Aufgaben.*

Ana|lyst [engl.: 'ænəlɪst], der; -en, -en u. (bei engl. Ausspr.:) -s, -s (Bank-, Börsenw.): *Fachmann, der das Geschehen an der Börse, auf den Finanzmärkten u. a. beobachtet u. analysiert.*

Ana|lys|tin, die; -, -nen: w. Form zu ↑ Analyst.

Ana|ly|tik, die; - [lat. analytice < griech. analytikḗ (téchnē)]: **1.** (Philos.) *Kunst der Analyse, Lehre von den Schlüssen u. Beweisen.* **2.** *analytische Chemie.*

Ana|ly|ti|ker, der; -s, - (bildungsspr.): *jmd., der [in seinem Fachgebiet, bes. in der Psychoanalyse] nach der analytischen Methode vorgeht.*

Ana|ly|ti|ke|rin, die; -, -nen: w. Form zu ↑ Analytiker.

ana|ly|tisch ⟨Adj.⟩ [lat. analyticus < griech. analytikós] (bildungsspr.): *zergliedernd, zerlegend; auf logischer Zergliederung, auf einem logisch zergliedernden Verfahren beruhend:* eine -e Arbeit, Untersuchung, Methode, Begabung; -e Chemie *(Gebiet der Chemie, das sich mit der Analyse 2 befasst);* -e Geometrie *(Geometrie, bei der für geometrische Gebilde Funktionsgleichungen aufgestellt werden);* -e Sprachen (Sprachwiss.; *Sprachen, bei denen syntaktische Beziehungen nicht am Wort selbst, sondern durch selbstständige Wörter ausgedrückt werden);* Grenouille besaß ... die beste Nase der Welt, sowohl a. als auch visionär (Süskind, Parfum 122).

An|ä|mie, die; -, -n [griech. anaimía, zu haîma = Blut] (Med.): *Verminderung des roten Blutfarbstoffs u. der roten Blutkörperchen; Blutarmut.*

an|ä|misch ⟨Adj.⟩ (Med.): *die Anämie betreffend; blutarm; blutleer:* ein -er Patient.

Anam|ne|se, die; -, -n [spätlat. anamnesis < griech. anámnēsis = Erinnerung] (Med.): *Vorgeschichte einer Krankheit:* die A. aufnehmen.

Ana|nas, die; -, - u. -se [port. ananás < indian. (südamerik.) (a)naná]: **1.** *tropische Pflanze mit rosettenartig angeordneten Blättern u. Blütenständen, die bei Entstehung der Frucht mit Teilen der Blüte u. der Deckblätter zu großen zapfenförmigen Früchten verwachsen.* **2.** *gelbe bis orangefarbene Frucht der Ananas (1) mit hellgelbem, saftig fleischigem, süßsäuerlich schmeckendem Fruchtfleisch:* * **die goldene A.** (ugs. scherzh.; *Sieg od. sonstiger Erfolg, für den es sich eigentlich nicht lohnt, sich anzustrengen:* die goldene A. gewinnen).

Ana|päst, der; -[e]s, -e [lat. anapaestus < griech. anápaistos] (Verslehre): *aus zwei Kürzen u. einer Länge bestehender Versfuß.*

Ana|pha|se, die; -, -n [aus griech. aná = (hin)auf u. ↑ Phase] (Biol.): *bestimmtes Stadium bei der Kernteilung der Zelle.*

Ana|pher, die; -, -n [aus lat. anaphora < griech. anaphorá, eigtl. = das Emportragen; Beziehung (auf etw.)]: **1.** (Rhet., Stilkunde) *Wiederholung eines od. mehrerer Wörter zu Beginn aufeinanderfolgender Sätze od. Satzteile.* **2.** (Sprachwiss.) *zurückverweisendes Element eines Textes* (z. B. ein Personalpronomen in der dritten Person).

ana|phy|lak|tisch ⟨Adj.⟩ (Med.): *die Anaphylaxie betreffend:* -er Schock (Med.; *Schock infolge von Überempfindlichkeit gegenüber wiederholter Zufuhr desselben Eiweißes durch Injektion* 1).

Ana|phy|la|xie, die; -, -n [zu griech. aná = (hin)auf u. phýlaxis = Beschützung] (Med.): *Überempfindlichkeit, schockartige allergische* (a) *Reaktion, bes. gegen artfremdes Eiweiß.*

An|ar|chie, die; -, -n [griech. anarchía, zu: ánarchos = führerlos; zügellos, zu: an- = nicht, un- u. árchein = Führer sein, herrschen]: **a)** *Zustand der Herrschaftslosigkeit, Gesetzlosigkeit; Chaos in rechtlicher, politischer, wirtschaftlicher, gesellschaftlicher Hinsicht:* einen Staat, die Wirtschaft an den Rand der A. bringen; in diesem Land herrscht A.; **b)** (Philos.) *gesellschaftlicher Zustand, in dem eine minimale Gewaltausübung durch Institutionen u. maximale Selbstverantwortung des Einzelnen vorherrschen.*

an|ar|chisch ⟨Adj.⟩: *gesetzlos, ohne eine gesetzliche Ordnung, chaotisch:* -e Zustände, Verhältnisse; a. leben.

An|ar|chis|mus, der; -, ...men: *Lehre, die eine Gesellschaftsform ohne Staatsgewalt u. gesetzlichen Zwang propagiert:* sich zum A. bekennen.

An|ar|chist, der; -en, -en [frz. anarchiste, zu: anarchie < griech. anarchía, ↑ Anarchie]: *Anhänger des Anarchismus.*

An|ar|chis|tin, die; -, -nen: w. Form zu ↑ Anarchist.

an|ar|chis|tisch ⟨Adj.⟩: *den Anarchismus betreffend, ihn vertretend, dem Anarchismus entspringend:* -e Ideen, Parolen, Gruppen, Aktionen.

An|ar|cho, der; -s, -s ⟨Jargon⟩: *jmd., der sich gegen die bestehende bürgerliche Gesellschaft u. deren Ordnung gewaltsam auflehnt.*

An|äs|the|sie, die; -, -n [griech. anaisthēsía = Gefühllosigkeit] (Med.): **1.** *Betäubung, Ausschaltung der Schmerzempfindung bes. durch Narkose:* lokale A.; ohne A. operieren. **2.** *Unempfindlichkeit des Nervensystems gegen bestimmte Reize, Fehlen der Schmerzempfindung infolge von Erkrankungen od. Narkose.*

an|äs|the|sie|ren ⟨sw. V.; hat⟩ (Med.): *die Schmerzempfindlichkeit machen, betäuben:* den Patienten vor der Operation a.

An|äs|the|sio|lo|gie, die; - [zu griech. lógos, ↑ Logos] (Med.): *Wissenschaft von der Anästhesie* (1) *u. den verschiedenen Narkoseverfahren.*

An|äs|the|sist, der; -en, -en (Med.): *Facharzt für Anästhesie* (1).

An|äs|the|sis|tin, die; -, -nen: w. Form zu ↑ Anästhesist.

An|äs|the|ti|kum, das; -s, ...ka (Pharm.): *schmerzstillendes, den Schmerz ausschaltendes Mittel:* ein allgemeines, örtliches A.

an|äs|the|tisch ⟨Adj.⟩ (Med.): **1.** *den Schmerz ausschaltend.* **2.** *mit Unempfindlichkeit gegen bestimmte Reize, bes. gegen Schmerzen, verbunden.*

an|äs|the|ti|sie|ren ⟨sw. V.; hat⟩ (Med. seltener): *anästhesieren.*

Ana|tol ['anato:l, auch: ...'to:l], der; -[s], -s [nach ↑ Anatolien]: *handgeknüpfter buntfarbiger Teppich aus Kleinasien.*

Ana|to|li|en, -s: *asiatischer Teil der Türkei.*

ana|to|lisch ⟨Adj.⟩: *Anatolien betreffend.*

Ana|tom, der; -en, -en: *Wissenschaftler auf dem Gebiet der Anatomie.*

Ana|to|mie, die; -, -n [spätlat. anatomia < griech. anatomía, zu: anatémnein = aufschneiden; sezieren]: **1.** ⟨o. Pl.⟩ **a)** *Wissenschaft vom Bau des [menschlichen] Körpers u. seiner Organe:* systematische A.; **b)** *Aufbau, Struktur des [menschlichen] Körpers:* die A. des Menschen, der Hauskatze; die weibliche, männliche A.; Ü Diese Unterlagen ermöglichen es ..., die A. einer Wochenschau zu studieren (Enzensberger, Einzelheiten I, 107). **2.** *anatomisches Institut:* eine Leiche an die A. geben. **3.** *Lehrbuch der Anatomie* (1).

Ana|to|mie|saal, der (Med.): *Hörsaal der Anatomie* (1).

Ana|to|min, die; -, -nen: w. Form zu ↑ Anatom.

ana|to|misch ⟨Adj.⟩: **a)** *den Bau des [menschlichen] Körpers betreffend:* -e Unterschiede, Merkmale; **b)** *die Wissenschaft der Anatomie betreffend:* ein -es Lehrbuch, Institut.

¹an|ba|cken ⟨unr. V.; bäckt/(auch:) backt an, backte/(veraltend:) buk an, angebacken⟩: **1.** ⟨hat⟩ **a)** *kurze Zeit, nicht fertig backen:* den Kuchen nur a.; **b)** *nur kurze Zeit zum Backen im Backofen sein:* der Kuchen soll 10 Minuten a. **2.** ⟨backte an, backte an, ist angebacken⟩ **a)** *sich während des Backens an der Backform festsetzen:* die Plätzchen sind alle am Blech angebacken; **b)** (landsch.) *sich festsetzen, ankleben:* der Schnee, der Dreck backt [an den Schuhen] an.

an|bag|gern ⟨sw. V.; hat⟩ (salopp): *[herausfordernd] ansprechen u. unmissverständlich sein Interesse für die angesprochene Person zeigen:* da versucht er wieder, eine anzubaggern.

an|bah|nen ⟨sw. V.; hat⟩ **a)** *in die Wege leiten, anknüpfen:* eine Verbindung, Handelsbeziehungen, Gespräche a.; **b)** ⟨a. + sich⟩ *sich zu entwickeln beginnen, sich andeuten:* eine Freundschaft, ein neues Verhältnis bahnte sich zwischen ihnen an; in ihrer Beziehung bahnt sich eine Wende an.

An|bah|nung, die; -, -en: *das Anbahnen, das Sichanbahnen.*

an|ban|deln, (bes. schweiz.:) **an|bän|deln** [zu ↑ Bändel] ⟨sw. V.; hat⟩ (ugs.): **a)** *mit jmdm. eine [nicht ernsthaft] Liebesbeziehung anknüpfen:* er wollte mit ihr a.; **b)** *mit jmdm. Streit anfangen.*

An|bau, der; -[e]s, -ten: **1. a)** ⟨o. Pl.⟩ *das Anbauen (eines Gebäudes od. Gebäudeteils an ein Hauptgebäude):* mit dem A. eines Seitenflügels beginnen; **b)** *Gebäude, das angebaut ist; angebauter Gebäudeteil:* er wohnt in einem A. **2.** ⟨o. Pl.⟩ (Landwirtsch.) *das Anbauen* (2)*, Anpflanzen:* der A. von Getreide, Kartoffeln, Tabak; A. betreiben.

an|bau|en ⟨sw. V.; hat⟩: **1. a)** *an etw. bauend anfügen; hinzubauen:* eine Veranda, eine Garage a.; sie bauten einen Seitenflügel an das/(seltener:) an dem Hauptgebäude an; Ü Dominosteine a. *(ansetzen);* **b)** *ein Gebäude durch einen Anbau erweitern, vergrößern:* wir müssen a.; Ü wenn wir a. (ugs.; *einen zusätzlichen Tisch an die Tafel heranrücken),* finden alle Gäste Platz. **2.** *auf Feldern anpflanzen:* Gemüse, Getreide, Tabak, Wein a.

an|bau|fä|hig ⟨Adj.⟩ (Landwirtsch.): *für den Anbau* (2) *geeignet:* das -e Land.

An|bau|flä|che, die: *Fläche für den Anbau* (2): die A. einschränken.

An|bau|ge|biet, das: *Gebiet für den Anbau* (2).

An|bau|kü|che, die: *Kücheneinrichtung, die aus Anbaumöbeln besteht.*

An|bau|me|tho|de, die: *Anbauverfahren.*

An|bau|mö|bel, das: *Möbelstück, das als Teil eines ganzen Programms mit anderen Stücken*

Anbauverfahren – anbräunen

An|bau|ver|fah|ren, das: *Verfahren, nach dem der Anbau* (2) *betrieben wird:* biologisches A.

An|bau|wand, die: *Kombination von Anbaumöbeln, die eine Wand bilden.*

an|be|feh|len ⟨st. V.; hat⟩ (geh.): **1.** *dringend anraten; ausdrücklich befehlen:* jmdm. größte Zurückhaltung a. **2.** *anvertrauen; unter jmds. Schutz stellen:* er befahl seine Kinder, sich, sein Haus der Obhut seines Freundes an.

An|be|ginn, der; -[e]s (geh.): *Beginn, Anfang:* seit A. der Welt; von A. war die Sache verfahren; Manchen Gefängnissen entrinnen wir überhaupt nicht. Sie halten uns von A. an gefangen (Zwerenz, Kopf 201).

an|be|hal|ten ⟨st. V.; hat⟩ (ugs.): *nicht ablegen, nicht ausziehen:* den Mantel, die Schuhe, die Handschuhe a.

an|bei [auch: 'an...] ⟨Adv.⟩ (Amtsspr.): *als Anlage:* a. [schicken wir Ihnen] die gewünschten Unterlagen; Porto a.

an|bei|ßen ⟨st. V.; hat⟩: **1.** *von etw. das erste Stück abbeißen; durch Hineinbeißen zu verzehren beginnen:* einen Pfirsich, eine Praline a.; ein angebissenes Stück Brot; * **zum Anbeißen sein, aussehen** (ugs.: *reizend anzusehen sein*). **2.** *den Köder an der Angel anfressen, verschlucken:* am besten beißen die Fische am Abend an; Ü er wollte nicht so recht a. (ugs.: *auf das Angebot eingehen*); keine Frau will bei ihm a. (ugs.: *ihn heiraten*).

an|be|kom|men ⟨st. V.; hat⟩: **1.** *(nur mit Mühe) anziehen können:* ich habe die Schuhe nicht anbekommen. **2.** *(nur mit Mühe) anzünden, in Gang bringen usw. können:* ich bekomme das Streichholz, den Motor, das Auto nicht an.

an|be|lan|gen ⟨sw. V.; hat⟩ [zu veraltet belangen = betreffen u. ↑anlangen]: *in der Verbindung* **was jmdn., etw. anbelangt** (*jmdn., etw. betreffend:* was mich, diese Sache anbelangt, [so] bin ich einverstanden.

an|bel|len ⟨sw. V.; hat⟩: *bellende Laute gegen jmdn., etw. ausstoßen:* der Dackel bellte ihn, das Denkmal, den Mond an.

an|be|que|men, sich ⟨sw. V.; hat⟩ (veraltend): *sich anpassen:* sich einer Forderung, den Verhältnissen, den herrschenden Sitten a.

an|be|rau|men ⟨sw. V.; hat⟩ [unter Einfluss von ↑Raum zu spätmhd. berämen = als Ziel festsetzen, zu mhd. rāmen, ahd. rāmēn = zielen, streben] (Amtsspr.): *[für einen bestimmten Zeitpunkt, Termin] ansetzen, bestimmen:* er beraumte eine Sitzung an/(seltener auch:) er anberaumte eine Sitzung; der anberaumte Termin.

◆ **An|berg**, der; -[e]s, -e (landsch.): *Böschung, Abhang:* ... die beiden blanken Rappen zogen ihn schon den sandigen A. zur Geest hinauf (Storm, Schimmelreiter 59).

an|be|ten ⟨sw. V.; hat⟩: a) *(ein höheres Wesen) betend verehren:* Götzen, Götter a.; b) *jmdn. überschwänglich verehren, vergöttern:* er betet seine Frau an.

An|be|ter, der; -s, -: a) (seltener) *jmd., der jmdn., etw. betend verehrt;* b) *Verehrer:* ein heimlicher A.; eine Schar von -n erwartete den Künstler.

An|be|te|rin, die; -, -nen: w. Form zu ↑Anbeter.

An|be|tracht: *in der Verbindung* **in A.** (*im Hinblick auf, angesichts:* in A. der Lage, seines hohen Alters; in A. dessen, dass er noch so gut war, ließ man ihn laufen).

an|be|tref|fen ⟨st. V.; hat⟩: *in der Verbindung* **was jmdn., etw. anbetrifft** (*jmdn., etw. betreffend:* was mich, das anbetrifft, [so] bin ich einverstanden).

an|bet|teln ⟨sw. V.; hat⟩: *sich bettelnd an jmdn. wenden; jmdn. nachdrücklich um etw., bes. eine Gabe bitten:* Kinder bettelten die Passanten [um Geld, Brot] an.

An|be|tung, die; -, -en ⟨Pl. selten⟩: a) *betende Verehrung:* die A. des Jesuskindes; in A. versunken sein; b) *bewundernde Verehrung, Vergötterung.*

an|be|tungs|wür|dig ⟨Adj.⟩: *in höchstem Maße verehrungswürdig, Bewunderung, Entzücken hervorrufend:* eine -e Frau.

an|be|zah|len ⟨sw. V.; hat⟩: *anzahlen.*

an|bie|dern, sich ⟨sw. V.; hat⟩ [zu ↑bieder] (abwertend): *sich jmdm. auf plump-vertrauliche Weise nähern, sich bei jmdm. einzuschmeicheln suchen:* ich dachte nicht daran, mich bei ihm anzubiedern; sich dem, an das Publikum a.; »Wie gefällt Ihnen denn unser Häuschen?«, biederte ich mich an (Grass, Blechtrommel 680).

An|bie|de|rung, die; -, -en: *das Sichanbiedern.*

An|bie|de|rungs|ver|such, der: *Versuch, sich bei jmdm. anzubiedern:* einen A. machen.

an|bie|ten ⟨st. V.; hat⟩: **1.** a) *zur Verfügung stellen u. seine Bereitschaft dazu erkennen lassen, zeigen:* jmdm. seine Hilfe, seinen Platz, seine Dienste a.; er bot ihn, sie nach Hause zu fahren; b) ⟨a. + sich⟩ *sich für einen bestimmten Zweck bereithalten, zur Verfügung stellen:* er bietet sich als Vermittler an; ich biete mich zum Vorlesen an; c) *(einem Gast) zum Essen, Trinken o. Ä. reichen:* jmdm. etw. zu essen, ein Getränk, eine Zigarette a.; nichts anzubieten ⟨subst.:⟩ zum Anbieten [im Haus] haben; d) *zur Wahl stellen, bereithalten:* jmdm. etw. als Gegengabe, als Ersatz a.; an dem Gymnasium wird Griechisch angeboten. **2.** a) *vorschlagen; anregen:* eine Lösung, neue Verhandlungen a.; jmdm. das Du a.; der Minister hat seinen Rücktritt angeboten (*hat sein Amt zur Verfügung gestellt*); b) *einen Handel vorschlagen, ein [Waren]angebot machen, offerieren:* auf dem Markt Waren zum Verkauf a.; etw. zu günstigem Preis a.; einem Verlag ein Manuskript a.; sich als Babysitter, Fotomodell a.; sich auf der Straße a. (*der Prostitution auf der Straße nachgehen*); c) *(ein Amt) antragen:* jmdm. eine neue Position, den Ministersessel a. **3.** ⟨a. + sich⟩ a) *in Betracht kommen, naheliegen:* hier bietet sich eine Lösung bietet sich an; b) *geeignet sein zu etw.:* der Ort bietet sich für das Treffen [geradezu] an.

An|bie|ter, der; -s, -: *Person, Firma, Institution, die etw. anbietet* (2 b): *die Konkurrenz zwischen öffentlichen und privaten -n.*

An|bie|te|rin, die; -, -nen: w. Form zu ↑Anbieter.

◆ **an|bil|den**, sich ⟨sw. V.; hat⟩: *sich aneignen* (2): Unter die lässlichen Versuche, sich etwas Höheres anzubilden, ... gehört wohl der jugendliche Trieb, sich mit Romanfiguren zu vergleichen (Goethe, Dichtung u. Wahrheit 11).

an|bin|den ⟨st. V.; hat⟩: **1.** a) *mit einer Leine, Schnur o. Ä. an etw. befestigen, festmachen:* das Boot am Ufer a.; den Hund, das Pferd an einen Pflock a.; einen Rosenstrauch a.; Ü ich lasse mich nicht a. (*lasse mir meine Freiheit nicht nehmen, will ungebunden leben*); man kann die Kinder nicht a. (*kann sie nicht daran hindern, ihre eigene Wege zu gehen*); sie ist wegen ihrer großen Familie sehr angebunden (*hat viele Verpflichtungen u. daher wenig Zeit*); * **kurz angebunden [sein]** (*unfreundlich, abweisend [sein]:* er ist immer sehr kurz angebunden); b) (Landwirtsch.) *(ein Tier) entwöhnen u. großziehen (statt es zum Schlachten zu geben):* ein Kalb a. **2.** (geh.) a) *mit jmdm. Streit beginnen, suchen; anbändeln:* er wagt nicht, mit ihm anzubinden; b) *mit jmdm. ein nicht ernsthaftes Liebesverhältnis anfangen:* er versuchte, mit der Kellnerin anzubinden. **3.** (Verkehrsw.) *einen Ort, Bereich, einen Verkehrsweg o. Ä. mit anderen verbinden; eine Verkehrsverbindung herstellen.*

◆ **4.** *beschenken:* Des Jahres erster Tag ... heißt mich ... Sie jetzo anzubinden mit Versen (Goethe, Neujahrswunsch 1757).

An|bin|dung, die; -, -en (Verkehrsw.): *das Anbinden* (3): die direkte A. an den Eisenbahnverkehr; die A. an das öffentliche Verkehrssystem verbessern.

An|biss, der; -es, -e: **1.** *das Anbeißen:* der A. des Apfels. **2.** *Stelle, an der etw. angebissen wurde:* den A. abschneiden.

an|blaf|fen ⟨sw. V.; hat⟩ (ugs. abwertend): **1.** *(von einem Hund) anbellen, mit Gekläff belästigen:* der Dackel blaffte ihn an. **2.** *heftig anfahren, zurechtweisen.*

an|bla|sen ⟨st. V.; hat⟩: **1.** *in Richtung auf jmdn., etw. blasen:* blas mich nicht mit dem Zigarettenrauch an! **2.** (salopp) *heftig anfahren, zurechtweisen:* vom Oberst angeblasen werden. **3.** (Musik) *zu blasen beginnen; ganz leicht blasen:* einen Ton, eine Trompete a. **4.** *durch Blasen anfachen:* die Glut, das Feuer a. Ü den Lebensfunken wieder a. (*die Lebenskraft neu wecken*). **5.** *durch ein Horn, Signal o. Ä. das Zeichen für den Beginn von etw. geben; etw. ankündigen:* die Jagd, das neue Jahr a.

An|blick, der; -[e]s, -e: a) *etw., was sich dem Auge darbietet; Bild:* sich ihm a. bot ein erfreulicher, trostloser A. bot sich dar; das war kein schöner A.; man wollte ihm den traurigen A. ersparen; sich in einen A. vertiefen, verlieren, R ein A. für Götter (ugs.: *ein köstlicher, lustiger Anblick*); b) ⟨o. Pl.⟩ *das Anblicken, Betrachten, Beobachten;*
◆ c) *Blick* (1 b): Ergreife sie schnell, die holde Tochter, ... verbirg sie fern vor aller Menschen A. (Goethe, Natürliche Tochter II, 1).

an|bli|cken ⟨sw. V.; hat⟩: *[mit dem Ausdruck einer bestimmten Gefühlsregung] ansehen, seinen Blick, seine Augen auf jmdn., etw. richten:* er blickte sie lächelnd, vielsagend, von oben herab, unverwandt, mit großen Augen an; Ü die Rosen blickten sie traurig an.

an|blin|ken ⟨sw. V.; hat⟩: a) *blinkendes Licht auf jmdn. fallen lassen:* eine Taschenlampe blinkte mich an; b) *jmdm. ein Blinkzeichen geben:* sie blinkte ihn kurz an und er folgte ihr.

an|blin|zeln ⟨sw. V.; hat⟩: **1.** *blinzelnd ansehen, bes. um das Auge vor zu großem Lichteinfall zu schützen:* er blinzelte mich verschlafen an; Unter seinen weißen Brauen blinzelte er alle verächtlich prüfend an (H. Mann, Stadt 64). **2.** *augenzwinkernd seines [heimlichen] Mitgefühls, seiner Komplizenschaft versichern:* sie blinzelte ihn verstohlen an.

an|blit|zen ⟨sw. V.; hat⟩: *jmdn. mit blitzenden Augen (in einer Weise, die einen inneren Affekt verrät) ansehen:* jmdn. wütend a.; ihre Augen blitzten mich an.

an|boh|ren ⟨sw. V.; hat⟩: **1.** *mit einem Bohrer o. Ä. zu bearbeiten beginnen, ein Loch in etw. zu bohren beginnen:* einen Zahn a.; Käfer bohren das Holz an. **2.** *durch Bohrung erschließen:* neue Quellen, ein Erdölvorkommen a. **3.** (ugs.) *jmdn. um etw. angehen, etw. von jmdm. bittend, fragend zu erlangen suchen:* jmdn. mit Fragen a.; Es komme ja nicht darauf an, einfach in einem Land zu sein ..., sondern darauf, sofort die richtigen Leute anzubohren (Muschg, Sommer 246).

An|bot, das; -[e]s, -e (österr.): *auf eine Ausschreibung hin erstelltes Angebot, Kostenvoranschlag.*

an|bran|den ⟨sw. V.; ist⟩: *schäumend an etw. branden, sich an etw. brechen:* die anbrandenden Fluten.

an|bra|ten ⟨st. V.; hat⟩: *(Fleisch) bei großer Hitze kurz braten (um die Zubereitung auf andere Weise fortzusetzen):* das Fleisch [kurz] a.

an|bräu|nen ⟨sw. V.⟩: **1.** ⟨hat⟩ (Kochkunst) *(auf dem Herd) nur ein wenig braun werden lassen, leicht bräunen:* Fleisch, Mehl a. **2.** ⟨ist⟩ (ugs.)

anbrausen – ander...

eine leichte Sonnenbräune bekommen: du bist im Urlaub etwas angebräunt.

an|brau|sen ⟨sw. V.; ist⟩: *mit großer Geschwindigkeit unter Getöse herankommen:* der Zug brauste an; ⟨meist im 2. Part. in Verbindung mit »kommen«:⟩ ein Motorrad kam angebraust.

an|bre|chen ⟨st. V.⟩: **1.** ⟨hat⟩ *nicht ganz [durch-, zer]brechen:* ich habe mir einen Wirbel angebrochen; das Stuhlbein ist angebrochen. **2.** ⟨hat⟩ *(einen Vorrat) zu verbrauchen beginnen, (etw. Verpacktes) zum Verbrauch öffnen:* ein neues Paket Zucker a.; eine angebrochene Flasche; Ü ein angebrochener (ugs.; *nur zum Teil noch vor einem liegender*) Abend; Ich zähle noch einmal das Geld ... und entschließe mich endgültig, es anzubrechen (Böll, Und sagte 22/23). **3.** ⟨ist⟩ (geh.) *(von einem Zeitabschnitt) anfangen, beginnen, eintreten:* eine neue Zeit, Ära bricht an; der Tag bricht an *(die Morgendämmerung tritt ein).*

an|bren|nen ⟨unr. V.⟩: **1.** ⟨hat⟩ *anzünden, zum Brennen bringen:* den Holzstoß, die Pfeife, ein Feuerchen a.; sich eine Zigarette an. **2.** ⟨ist⟩ *zu brennen beginnen:* der Holzstoß, die Kohlen sind angebrannt. **3.** ⟨ist⟩ *(von einem Gericht, einem Nahrungsmittel) beim Kochen zu viel Hitze bekommen u. sich dadurch am Boden des Topfes o. Ä. in einer verkohlten Schicht ansetzen:* das Essen ist angebrannt; Milch brennt leicht an; das Gemüse schmeckt angebrannt; * **nichts a. lassen** (1. ugs.; *sich nichts entgehen lassen:* die Angst junger Leute, ja nichts a. zu lassen. 2. Sportjargon; *kein Tor zulassen:* die Mannschaft, der Torwart ließ nichts a.).

an|brin|gen ⟨unr. V.; hat⟩: **1.** (ugs.) *von irgendwoher herbeibringen, heranschleppen; mit nach Hause bringen:* die Kinder brachten eine Katze an. **2.** *an einer bestimmten Stelle festmachen, befestigen:* eine Lampe an der/(seltener:) an die Decke a.; eine Gedenktafel a.; Ü in einem Manuskript ein paar Korrekturen, kleine Änderungen a. **3.** *vorbringen, [beiläufig] zur Sprache bringen; äußern:* eine Beschwerde, eine Bitte bei jmdm. a.; sein Wissen a. *(zeigen, beweisen)* können; eine Bemerkung a.; einen Trinkspruch a. *(vortragen).* **4.** (landsch.) *anbekommen:* die Schuhe habe ich kaum angebracht.

An|brin|gung, die; -: *das Anbringen* (2), *Befestigen.*

An|bruch, der; -[e]s, Anbrüche: **1.** ⟨o. Pl.⟩ (geh.) *Anfang, Beginn:* der A. einer neuen Epoche; bei, vor, mit A. der Dunkelheit. **2.** *Beginn eines Bruchs, einer Beschädigung durch Brechen.* **3.** *das Anbrechen* (2).

an|brül|len ⟨sw. V.; hat⟩: **1. a)** *(von bestimmten Tieren) brüllende Laute gegen jmdn. ausstoßen:* der Löwe, die Kuh brüllte mich an; **b)** (ugs.) *mit großem Stimmaufwand zurechtweisen, anfahren, seinen Unmut an jmdm. auslassen:* er brüllte den Jungen an; sie haben sich/(geh.:) einander angebrüllt. **2.** (ugs.) *mit lauter Stimme einen Lärm zu übertönen versuchen:* gegen den Motorenlärm a.

an|brum|men ⟨sw. V.; hat⟩: **1.** *(von bestimmten Tieren) Brummlaute gegen jmdn. ausstoßen:* der Bär brummte ihn an. **2.** (ugs.) *in brummigem Ton anfahren:* er brummte sie unwirsch an.

an|brü|ten ⟨sw. V.; hat⟩: *zu bebrüten anfangen, kurze Zeit bebrüten:* die Gans hat die Eier bereits angebrütet; angebrütete Eier.

ANC [a:|en'tse:], der; -[s] [Abk. für: African National Congress]: politische Partei in der Republik Südafrika.

An|chor|man ['ɛŋkəmən], der; -, ...men [...mən] [engl. anchorman, aus: anchor = Anker u. man = Mann]: *Journalist o. Ä., der im Rundfunk, Fernsehen bes. in Nachrichtensendungen die einzelnen journalistischen Beiträge vorstellt, die verbindenden Worte u. Kommentare spricht.*

An|chor|wo|man ['ɛŋkəwʊmən], die; -, ...women [...wɪmɪn] [engl. anchorwoman, zu: woman = Frau]: *Journalistin o. Ä., die im Rundfunk, Fernsehen bes. in Nachrichtensendungen die einzelnen journalistischen Beiträge vorstellt, die verbindenden Worte u. Kommentare spricht.*

An|cho|vis [an'ʃo:vɪs], Anchovis, die; -, - [niederl. ansjovis < span. anchoa, über das Ital. u. Vlat. < griech. aphýē = Sardelle]: *gesalzene Sardelle, auch Sprotte, kleiner Hering in Würztunke:* mit Ei und A. belegte Brötchen.

An|ci|en|ni|tät [āsjɛni'tɛ:t], die; -, -en [frz. ancienneté, zu: ancien = alt, zu lat. ante = vorher] (Fachspr.): **1.** *Dienstalter.* **2.** *Rang-, Reihenfolge nach dem Dienstalter.*

An|ci|en Ré|gime [ā'sjɛ̃: re'ʒi:m], das; - - [frz. = alte Regierungsform, aus: ancien, ↑ Ancienniät u. régime, ↑ Regime] (Geschichte): *Zeit des französischen Absolutismus (vor der Revolution 1789).*

-and, der; -en, -en [lat. -andus]: bezeichnet in Bildungen mit Verben (Verbstämmen) eine Person, mit der etw. getan wird: Analysand, Konfirmand.

An|dacht, die; -, -en [mhd. andāht, ahd. anadāht, eigtl. = das Denken an etwas, zu ↑ denken]: **1.** ⟨o. Pl.⟩ *Sammlung der Gedanken im Gebet;* in frommer A. vor dem Altar knien. **2.** *kurzer Gottesdienst, der den dem Gebet gewidmet ist:* eine A. halten. **3.** ⟨o. Pl.⟩ *innere Sammlung, Anteilnahme:* in tiefe A. versinken; mit A. zuhören; etw. mit A. essen (scherzh.; *bedächtig u. mit Genuss*) verspeisen; Der Friseur vertiefte sich in den Brief, las ihn ... mit dankbarer A. (Lenz, Suleyken 25).

an|däch|tig ⟨Adj.⟩ [mhd. andæhtec, ahd. anadāhtīg]: **1.** *in Andacht* (1) *versunken:* die -e Gemeinde; a. niederknien. **2.** *innerlich gesammelt, ergriffen, beteiligt:* jmdm. a. lauschen, zuhören; das Glas a. (scherzh.; *bedächtig u. mit Genuss*) austrinken; Er veränderte ... seine Haltung, die Haltung eines a. Lesenden kaum (Koeppen, Rußland 24). **3.** *Andacht* (3) *erzeugend; feierlich:* eine -e Stille, Stimmung.

An|dachts|bild, das; -[e]s ⟨Kunst⟩ *Bild, Bildwerk aus dem Marienleben od. der Passion* (2 a); **b)** *Miniatur meist mit Motiven aus dem Leben der Heiligen als Einlage für das Gebetbuch.*

an|dachts|voll ⟨Adj.⟩ (geh.): *andächtig.*

An|da|lu|si|en, -s: *Region in Spanien.*

An|da|lu|si|er, der; -s, -: *Ew.*

An|da|lu|si|e|rin, die; -, -nen: *w. Form zu ↑ Andalusier.*

an|da|lu|sisch ⟨Adj.⟩: *Andalusien, die Andalusier betreffend; von den Andalusiern stammend, zu ihnen gehörend.*

an|damp|fen ⟨sw. V.; ist⟩: *dampfend, zischend näher kommen:* die Lokomotive dampfte an; ⟨meist im 2. Part. in Verbindung mit »kommen«:⟩ die Lok kam angedampft; Ü der Inspektorin kam angedampft.

an|dan|te ⟨Adv.⟩ [ital. andante, eigtl. = gehend, zu: andare = gehen < vlat. ambitare, zu lat. ambire, ↑ Ambiente] (Musik): *langsam, gemessen, ruhig.*

An|dan|te, das; -[s], -s (Musik): **1.** *langsames, ruhiges Tempo.* **2.** *Musikstück mit der Tempobezeichnung »andante«.*

an|dan|ti|no ⟨Adv.⟩ [ital. andantino] (Musik): *ein wenig bewegter, leichter akzentuiert als andante.*

An|dan|ti|no, das; -s, -s u. ...ni (Musik): **1.** *ein wenig bewegteres Tempo mit leichter akzentuiertem Vortrag als bei Andante.* **2.** *Musikstück mit der Tempobezeichnung »andantino«.*

An|dau|er, die; -: *Fortbestehen eines Zustandes auf unbestimmte Dauer:* bei längerer A. des Regens, des Fiebers.

an|dau|ern ⟨sw. V.; hat⟩: *nicht aufhören, weiter bestehen, anhalten; Dauer haben, von Dauer sein:* die Niederschläge dauerten den ganzen Tag an; andauernder Frost.

an|dau|ernd ⟨Adj.⟩: *[in ärgerlicher od. lästiger Weise] unausgesetzt, fortwährend; immer wieder:* diese -en Störungen!; a. fragt er dasselbe.

An|den ⟨Pl.⟩: *Gebirge in Südamerika.*

an|den|ken ⟨unr. V.; hat⟩: **1.** (selten) *gedanklich gegen etw. angehen:* gegen Vorurteile a. **2.** *beginnen über etw. nachzudenken, sich über etw. Gedanken zu machen:* ein Projekt a. **3.** * **denk [mal] an, denken Sie [mal] an** (ugs.; *das hättest du, hätten Sie wohl nicht gedacht, nicht wahr?*)

An|den|ken, das; -s, - [spätmhd. andenken = Erinnerung, Wissen]: **1.** ⟨o. Pl.⟩ *Erinnerung, Gedenken an jmdn., etw.:* jmdm. ein liebevolles A. bewahren; jmds. A. in Ehren halten; bei jmdm. in gutem A. stehen; jmdm. etw. zum A. schenken; ◆ Folgende Begebenheit verdient, dass sie im A. bleibe (Hebel, Schatzkästlein 10). **2.** [nach frz. souvenir, ↑ Souvenir] *Gegenstand, an den sich die Erinnerung an jmdn., etw., eine Zeit knüpft; Souvenir:* ein kleines, hübsches, bleibendes A.; das Schmuckstück ist ein A. an ihre verstorbene Mutter; ein Laden, der A. verkauft; einen Teppich als A. mitbringen; etw. als A. aufbewahren; Ü da hast du dir ja ein schönes A. mitgebracht (spött.; *etw. Übles eingehandelt*).

an|der... ⟨Indefinitpron. u. unbest. Zahlw.⟩ [mhd., ahd. ander, alte Komparativbildung]: **1. a)** *gibt an, dass ein Wesen oder Ding nicht identisch ist mit dem, dem es gegenübergestellt wird (bei zwei Wesen oder Dingen); nähert sich der Bedeutung von »der Zweite«:* die eine Hälfte essen, die andere aufheben; von einer Seite auf die andere; am anderen Ende; weder das eine noch das andere *(keins von beiden);* das eine tun und das andere nicht lassen *(beides tun);* **b)** *gibt an, dass ein Wesen oder Ding nicht identisch ist mit dem, dem es gegenübergestellt wird (bei mehreren Wesen oder Dingen); nähert sich der Bedeutung von »der Nächste, der Folgende, der Weitere«:* ein anderes Problem besteht darin, dass sie keine Arbeit findet; er durfte bleiben, die beiden anderen mussten den Saal verlassen; ein[e]s nach dem anderen erledigen *(etwas der Reihe nach, nacheinander erledigen);* eine Zigarette nach der anderen rauchen; ein Jahr um das andere *(die Jahre hindurch);* einen Brief über den anderen nach dem ander[e]n *(Briefe in rascher Folge)* schreiben; sie sprach unter anderem *(außerdem, auch noch;* Abk.: u. a.) über ihre neuen Pläne; zu den Rednern gehörte unter anderen *(auch noch;* Abk.: u. a.) sein Bruder; sie saßen einer hinter dem ander[e]n *(saßen hintereinander);* am ander[e]n Tag *(am folgenden Tag).* **2.** *nicht gleich, verschieden, andersartig:* sie ist eine andere Welt; andere Maßstäbe anlegen; mit anderen Worten, er hat die Wette verloren; er ist anderer Meinung als ich; anderes gedrucktes Material; bei anderer seelischer Verfassung; er stand zwischen anderem wertlosen/(seltener:) wertlosem Gerümpel, zwischen anderem Wertlosen/(seltener:) Wertlosen; das ist etwas [ganz] anderes; mit jemand anderem sprechen; jemand anderen fragen; ein anderer Mensch werden *(sich völlig verändern);* er ist auf der Suche nach einem anderen *(neuen)* Arbeitsplatz; sie hat jetzt einen anderen *(einen anderen Partner);* da müssen schon andere *(Tüchtigere)* kommen; man hat mich eines anderen *(Besseren)* belehrt; das machst du anderen *(Dümme-*

änderbar – andeuten

ren) weis; dem hätte ich an deiner Stelle etwas anderes erzählt *(ihm klar und deutlich die Meinung gesagt)*; beinahe hätte ich etwas anderes (ugs.; *Unangebrachtes, Anstößiges*) gesagt; das ist alles andere als *(genau das Gegenteil von)* gelungen; das ist mal was ganz anderes *(ist etwas Neues gegenüber Bisherigem).*
än|der|bar ⟨Adj.⟩: *sich ändern lassend:* der Entwurf, Plan ist jederzeit ä.
Än|der|bar|keit, die; -: *Eigenschaft, geändert werden zu können, änderbar zu sein:* die Ä. der Gesetzesvorlage.
an|de|ren|falls, andernfalls ⟨Adv.⟩: *sonst, im andern Fall:* die Anweisungen müssen befolgt werden, a. können Komplikationen eintreten; ich musste ihm helfen, weil er a. zu spät gekommen wäre.
an|de|ren|orts, andernorts, anderorts ⟨Adv.⟩ (geh.): *an anderer Stelle, an einem anderen Ort; anderswo:* ich kann a. mein Geld verdienen; ...er hatte Verpflichtungen anderenorts (Heym, Schwarzenberg 296).
an|de|ren|tags, andertags ⟨Adv.⟩ (geh.): *am nächsten, folgenden Tag:* a. wurde die Diskussion fortgeführt.
an|de|ren|teils, anderenteils ⟨Adv.⟩: *andererseits:* einesteils ärgerte ihn diese Entscheidung, a. erleichterte sie ihn.
an|de|rer|seits, anderseits, andrerseits ⟨Adv.⟩ [dafür mhd. andersît, ↑-seits]: *auf der anderen Seite, zum andern:* es kränkte ihn a. machte es ihn auch stolz; (in Verbindung mit »einerseits«:) einerseits machte das Spaß, a. Angst.
An|der|kon|to, das; -s, ...ten (Bankw.): *Konto, über das nicht der Vermögensbesitzer, sondern dessen Notar, Anwalt o. Ä. als Treuhänder verfügt:* ein A. einrichten.
an|der|lei ⟨unbest. Gattungsz.; indekl.⟩ [↑-lei] (geh.): *von verschiedener Art, verschieden:* a. Meinungen kamen auf.
an|der|mal: nur in der Fügung **ein a.** *(zu einem anderen Zeitpunkt, bei anderer Gelegenheit):* wir befassen uns damit ein a.; heute nicht, ein a.).
än|dern ⟨sw. V.; hat⟩ [mhd. endern, zu ↑¹ander...]: **1. a)** *[durch Hinzufügen oder Streichen, durch Veränderung von Details] abändern, modifizieren:* einen Mantel, einen Text ä.; das Flugzeug ändert seinen Kurs um 30 Grad; daran ist nichts zu ä. *(damit muss man sich abfinden);* **b)** *wechseln, durch etw. anderes ersetzen, umformen, wandeln:* seine Meinung, seine Ansicht, den Ton ä.; alte Menschen kann man nicht mehr ä. *(von ihren Gewohnheiten abbringen).* **2.** ⟨ä. + sich⟩ *anders werden, sich verändern:* sich grundlegend ä.; das Wetter, die Lage ändert sich; du hast dich sehr geändert; ⟨schweiz. auch ohne »sich«:⟩ wie rasch die Dinge ändern.
an|dern|falls: ↑ anderenfalls.
an|dern|orts: ↑ anderenorts.
an|dern|tags: ↑ anderentags.
an|dern|teils: ↑ anderenteils.
an|der|orts: ↑ anderenorts.
an|ders ⟨Adv.⟩ [mhd. anders, ahd. anderes, eigtl. = Gen. Sg. Neutr. von ↑¹ander...]: **1. a)** *auf andere, abweichende Art u. Weise, abweichend, verschieden:* a. denken, handeln, fühlen; die a. denkende *(eine andere Meinung vertretende)* Minderheit; die a. Denkenden, Gesinnten; a. gesinnt sein; a. geartete Probleme; a. lautende *(etw. anderes aussagende)* Berichte, Meldungen; sie a. als er *(im Gegensatz zu ihm),* nicht geflohen; so und nicht a. *(genau so);* etw. nicht a. *(nur so)* kennen; **b)** *andersartig, fremd, ungewohnt:* a. aussehen, wirken, sein; **c)** *besser, schöner:* früher war alles ganz a.; hätte ich es doch nicht getan, dann wäre es bestimmt a. gekommen. **2. a)** (in Verbindung mit Indefinit-, Interrogativpronomen u. Adver-

bien) *sonst:* wer, jemand, niemand, irgendwo, nirgends a.; wer, wie, was, wo a.; wie könnte es a. sein; wie a. könnte man sich das erklären; hier und nirgendwo a.; **b)** (ugs.) *im anderen Fall, anderenfalls, sonst:* wir müssen ihm zuerst helfen, a. lässt er uns nicht gehen.
an|ders|ar|tig ⟨Adj.⟩: *von anderer Art, verschiedenartig:* ein -es Aussehen, Verhalten.
An|ders|ar|tig|keit, die; -, -en: *Eigenschaft des Andersseins; Verschiedenheit; Eigenart.*
an|ders|den|kend, an|ders den|kend ⟨Adj.⟩: *eine andere Meinung vertretend, einen anderen Glauben habend o. Ä.:* politisch, religiös -e Minderheiten.
An|ders|den|ken|de, die/eine Andersdenkende; der/einer Andersdenkenden, die Andersdenkenden/zwei Andersdenkende, **an|ders Den|ken|de,** die/eine anders Denkende; der/einer anders Denkenden/zwei anders Denkende: *andersdenkende weibliche Person.*
An|ders|den|ken|der, der Andersdenkende/ein Andersdenkender; des/eines Andersdenkenden, die Andersdenkenden/zwei Andersdenkende, **an|ders Den|ken|der,** der anders Denkende/ein anders Denkender; des/eines anders Denkenden, die anders Denkenden/zwei anders Denkende: *andersdenkende männliche Person.*
an|der|seits: ↑ andererseits.
an|ders|far|big ⟨Adj.⟩: *in einer anderen Farbe, nicht gleichfarbig:* ein -es Kleid.
An|ders|far|bi|ge ⟨vgl. Farbige⟩: *weibliche Person mit anderer Hautfarbe.*
An|ders|far|bi|ger ⟨vgl. Farbiger⟩: *männliche Person mit anderer Hautfarbe.*
an|ders|ge|ar|tet, an|ders ge|ar|tet ⟨Adj.⟩: *von anderer Art:* -e Probleme; die Schwierigkeiten sind a.
an|ders|ge|schlecht|lich ⟨Adj.⟩: *dem anderen Geschlecht zugehörend:* ein -er Partner.
an|ders Ge|sinn|te, die/eine anders Gesinnte; der/einer anders Gesinnten, die anders Gesinnten/zwei anders Gesinnte, **An|ders|ge|sinn|te,** die/eine Andersgesinnte; der/einer Andersgesinnten/zwei Andersgesinnte: *anders gesinnte weibliche Person.*
an|ders Ge|sinn|ter, der anders Gesinnte/ein anders Gesinnter; des/eines anders Gesinnten, die anders Gesinnten/zwei anders Gesinnte, **An|ders|ge|sinn|ter,** der Andersgesinnte/ein Andersgesinnter; des/eines Andersgesinnten, die Andersgesinnten/zwei Andersgesinnte: *anders gesinnte männliche Person.*
an|ders|gläu|big ⟨Adj.⟩: *sich zu einem anderen Glauben bekennend.*
An|ders|gläu|bi|ge ⟨vgl. ²Gläubige⟩: *andersgläubige weibliche Person.*
An|ders|gläu|bi|ger ⟨vgl. ²Gläubiger⟩: *andersgläubige männliche Person.*
an|ders|he|r|um ⟨Adv.⟩: **1. a)** *in die andere, in die entgegengesetzte Richtung:* etw. a. stellen; **b)** *in anderer, entgegengesetzter Richtung:* der Kühlschrank sieht hier a.; **c)** *von der anderen, entgegengesetzten Richtung:* jetzt versucht er, a. an das Kabel zu kommen. **2.** (ugs. verhüll.) *homosexuell.*
an|ders|lau|tend, an|ders lau|tend ⟨Adj.⟩: *etw. anderes aussagend:* -e Berichte, Meldungen.
an|ders|rum ⟨Adv.⟩ (ugs.): *andersherum.*
An|ders|sein, das (geh.): *das Andersgeartetsein, Von-der-Norm-Abweichen:* das A. von Menschen aus einem anderen Kulturkreis.
an|ders|spra|chig ⟨Adj.⟩: **a)** *eine andere Sprache sprechend;* **b)** *in einer anderen Sprache verfasst:* die -e Literatur steht im zweiten Regal; englische Wörter gegen anderssprachige austauschen.
an|ders|wie ⟨Adv.⟩ (ugs.): *auf eine andere Weise:*

das hättest du a. machen müssen; es hängt a. zusammen.
an|ders|wo ⟨Adv.⟩ (ugs.): *an einer anderen Stelle, nicht hier, woanders:* hier ist es schöner als a.
an|ders|wo|her ⟨Adv.⟩ (ugs.): *von einer anderen Seite, einer anderen Stelle:* die Waffen bekamen sie a.
an|ders|wo|hin ⟨Adv.⟩ (ugs.): *an eine andere Stelle, an einen anderen Ort:* wir stellen den Schrank a.
an|dert|halb ⟨Bruchz.⟩ [mhd. anderhalp, ahd. anderhalb, zu veraltet ander... = zweit... u. ↑ halb, eigtl. = das zweite halb]: *eineinhalb:* a. Liter Milch; a. Meter Stoff; ich habe a. Stunden gewartet.
an|dert|halb|fach ⟨Vervielfältigungsz.⟩: *eineinhalbfach.*
an|dert|halb|mal ⟨Wiederholungsz.; Adv.⟩: *eineinhalbmal.*
Än|de|rung, die; -, -en: **1.** *Veränderung, Umgestaltung, Modifikation:* eine Ä. der Verfassung; technische -en; -en vorbehalten; -en vornehmen; es wird nur geringfügige -en geben; ...alles ist ganz wie sonst, in ihrem Ton zueinander nicht die leiseste Ä. (Musil, Mann 1 562). **2.** *Wechsel, Wandel, Erneuerung:* eine Ä. der Meinung, der Situation.
Än|de|rungs|an|trag, der (Politik): *Antrag an ein Parlament zur Änderung eines Gesetzes.*
Än|de|rungs|be|darf, der: *Notwendigkeit, Bedarf, etw. zu ändern:* es gibt noch Ä. bei dem geplanten Gesetz; keinen Ä. sehen.
Än|de|rungs|kün|di|gung, die (Rechtsspr., bes. Arbeitsrecht): *Kündigung eines Vertrages, mit der eine Änderung der Bedingungen zwischen zwei Vertragspartnern herbeigeführt wird, nach der aber das vertragliche Verhältnis (zu den geänderten Bedingungen) fortgesetzt wird.*
Än|de|rungs|schnei|de|rei, die: *Schneiderei (1), die nur Änderungen an Kleidungsstücken, keine Neuanfertigungen vornimmt.*
Än|de|rungs|vor|schlag, der: *Vorschlag, eine Änderung (1) vorzunehmen.*
Än|de|rungs|wunsch, der: *Wunsch nach einer Änderung (1).*
an|der|wär|tig ⟨Adj.⟩ [↑-wärtig] (geh.): *an einer anderen Stelle befindlich; von anderer Stelle stammend:* -e Informationen.
an|der|wärts ⟨Adv.⟩ [↑-wärts] (geh.): *an einem anderen Ort, anderswo:* hier ist es immer kälter als a.
an|der|weit ⟨Adv.⟩ [mhd. anderweit, anderweide = zum zweiten Mal, zu veraltet ander... = zweit... u. ↑²Weide in der alten Bed. »Weg«] (geh.): *in anderer Hinsicht:* a. benötigt, entschädigt werden.
an|der|wei|tig ⟨Adj.⟩: **1.** *sonst noch vorhanden, sonstig, weiter..., ander...:* mit -en Dingen beschäftigt sein; die -e Verwendung. **2. a)** *anderswo erfolgend, an anderer Stelle:* sich a. mit allem Nötigen versorgen können; **b)** *anderswohin erfolgend, an eine andere Stelle, Person:* eine Vergabe; eine a. Ausbildung.
An|de|sit [auch: ...'zɪt], der; -s, -e [nach ↑ Anden] (Geol.): *graues Ergussgestein.*
an|deu|ten ⟨sw. V.; hat⟩: **1. a)** *vorsichtig, durch einen leisen Hinweis, eine Bemerkung o. Ä. durchblicken lassen, zu verstehen geben:* einen Wunsch, ein Vorhaben vorsichtig a.; sie deutete ihr an, dass es Zeit sei aufzubrechen; Der Kommandeur deutete etwas von einem Umbesetzungen (Gaiser, Jagd 48); **b)** *ahnen lassen, ankündigen:* der Grundriss deutet den Aufbau des Hauses an; **c)** *etw. nur skizzenhaft, in wenigen Grundzügen o. Ä. darstellen, nicht ausführen:* einen Plan nur in Umrissen a.; eine Verbeugung andeuten *(eine leichte Verbeugung machen).* **2.** ⟨a. + sich⟩ *sich abzeichnen, sich bemerkbar*

machen: eine günstige Wendung, jmds. Absicht deutet sich an.

An|deu|tung, die; -, -en: **1.** *[versteckter] Hinweis, Anspielung auf etw.:* geheimnisvolle, dunkle -en; -en über etw. machen; in -en sprechen *(sich nicht deutlich ausdrücken).* **2.** *schwache Spur, geringes Anzeichen von etw.:* die A. eines Lächelns, einer Verbeugung.

an|deu|tungs|wei|se ⟨Adv.⟩: *in Andeutungen (2); indirekt:* etw. a. erzählen, durchblicken lassen; ⟨mit Verbalsubstantiven auch attr.:⟩ der a. Versuch einer Annäherung.

an|dich|ten ⟨sw. V.; hat⟩: *zu Unrecht zuschreiben, nachsagen, unterschieben:* jmdm. unlautere Absichten, übernatürliche Fähigkeiten a.; angedichtete Verhaltensweisen.

an|di|cken ⟨sw. V.; hat⟩ (Kochkunst): *mit Mehl o. Ä. sämig machen:* sie dickte die Soße mit Mehl an.

an|die|nen ⟨sw. V.; hat⟩: *(mit einer gewissen Aufdringlichkeit) [zum Kauf] anbieten; antragen, offerieren:* jmdm. eine Position, eine Aufgabe a.; Ü sich als Vermittler, als Zeugin a.

An|die|nung, die; -, -en: **1.** *das Andienen:* die A. von Waren. **2.** (Versicherungsw.) *Erklärung des Versicherten, dass er entschädigt sein will.*

an|din ⟨Adj.⟩: *die Anden betreffend, in den Anden [lebend, vorkommend].*

-an|din, die; -, -nen: w. Form zu ↑-and.

an|dis|ku|tie|ren ⟨sw. V.; hat⟩: *etw. zu besprechen, über etw. zu diskutieren beginnen:* ein Thema a.

an|do|cken ⟨sw. V.; hat⟩ (Raumfahrt): *sich (im Weltraum) ankoppeln:* ein Raumschiff dockt an die Raumstation an.

an|don|nern ⟨sw. V.; hat⟩ (ugs.): **1.** *(von Maschinen) unter großem Lärm, donnernd näher kommen:* ein Güterzug donnert an; ⟨oft im 2. Part. in Verbindung mit »kommen«:⟩ ein Lastwagen kam angedonnert. **2.** *zornig anfahren, anbrüllen:* der Unteroffizier hat den Rekruten schon wieder angedonnert.

An|dor|ra, -s: Staat in den Pyrenäen.

An|dor|ra|ner, der; -s, -: Ew.

An|dor|ra|ne|rin, die; -, -nen: w. Form zu ↑Andorraner.

an|dor|ra|nisch ⟨Adj.⟩: *Andorra, die Andorraner betreffend; von den Andorranern stammend, zu ihnen gehörend.*

An|drang, der; -[e]s: **1.** *andrängende Menschenmenge; Gedränge; Zustrom von Menschen an einen Ort, an dem sich etw. Bestimmtes abspielt:* der A. bei der Eröffnung war enorm; es herrschte großer A. von Kauflustigen; wegen des zu erwartenden -es. **2.** *heftiges Zuströmen, Heranströmen von etw.; Wallung:* er litt unter häufigem A. des Blutes zum Kopf; Ü ... müssen die Soldaten den Kaiser vor dem lebensgefährlichen A. der Begeisterung schützen (St. Zweig, Fouché 178).

an|drän|gen ⟨sw. V.; ist⟩: *an etw. herandrängen, andringen:* ⟨oft im 1. Part.:⟩ die andrängenden Wassermassen.

and|re...: ↑ander...

An|dre|as|kreuz, das; -es, -e [nach dem Apostel Andreas, der an einem solchen Kreuz gestorben sein soll]: **1.** *Kreuz mit diagonal gekreuzten Balken, das im Christentum als Symbol des Leidens Christi gilt.* **2.** (Verkehrsw.) *Verkehrszeichen in Form eines rot-weißen Andreaskreuzes (1), das zur Warnung an Bahnübergängen dient.*

an|dre|hen ⟨sw. V.; hat⟩: **1. a)** *durch Betätigung eines [Dreh]schalters, Knopfes o. Ä. zum Fließen, Strömen o. Ä. bringen; die Zufuhr von etw. ermöglichen:* das Licht, das Gas, das Wasser a.; **b)** *durch Betätigung eines Knopfes o. Ä. in*

Betrieb setzen, einschalten, anstellen: die Dusche, das Radio, eine Maschine a.; **c)** (ugs.) *einschalten:* die Nachrichten a. **2.** *durch Drehen befestigen, festdrehen:* die Schrauben, den Griff a. **3.** (ugs.) *[jmdm.) etw. [Minderwertiges, Unnötiges] aufschwatzen, verkaufen:* sich einen Staubsauger a. lassen. **4.** (Film) *(einen Film) zu drehen anfangen:* Anfang des Jahres wird [der Film] angedreht.

and|rer|seits: ↑andererseits.

an|dres|sie|ren ⟨sw. V.; hat⟩: *einem Tier etw. mithilfe der Dressur beibringen:* einem Hund ein Kunststück a.; Ü den Kindern Höflichkeit a. *(durch Drill o. Ä. anerziehen).*

an|drin|gen ⟨sw. V.; ist⟩: **1.** (geh.) *mit Ungestüm, gewaltsam auf jmdn., etw. losstürmen, gegen jmdn., etw. anstürmen:* das feindliche Heer dringt gegen die Stadt an; andringende Massen, Fluten. ♦ **2.** *[mit Worten] bedrängen, zudringlich werden:* ... er war keineswegs schmeichelnd und andringend (Goethe, Lehrjahre IV, 16); ⟨subst.:⟩ ... die Seldwyler zogen die Vermittlung des ihnen wohlbekannten ehrlichen Mitbürgers dem Andringen der fremden Händler ... vor (Keller, Lachen 166).

♦ **An|dring|ling,** der; -s, -e: *jmd., der andringt (2), zudringlich ist:* ... nicht dem verwegenen und frechen A., sondern sich selbst zu gewähren, was ihr Lust und Erfrischung bringen könne (Keller, Grüner Heinrich Regel 160).

an|d|ro|gen ⟨Adj.⟩ (Med.): **a)** *von der Wirkung eines Androgens; die Wirkung eines Androgens betreffend;* **b)** *männliche Geschlechtsmerkmale hervorrufend.*

An|d|ro|gen, das; -s, -e [zu griech. -genés = verursachend] (Med.): *männliches Geschlechtshormon.*

an|d|ro|gyn ⟨Adj.⟩ [zu griech. anḗr (Gen.: andrós) = Mann u. gynḗ = Frau] (bildungsspr., Fachspr.): *männliche u. weibliche Merkmale aufweisend, in sich vereinigend.*

An|d|ro|gy|nie, die; - (bildungsspr., Fachspr.): *androgyne Beschaffenheit.*

an|dro|hen ⟨sw. V.; hat⟩: *mit etw. drohen; etw. unter Drohungen ankündigen:* jmdm. Rache, ein Gerichtsverfahren, Schläge, Prügel a.; die USA drohen Sanktionen, Konsequenzen an.

An|dro|hung, die; -, -en: *drohende Ankündigung:* die A. einer Strafe; unter A. von Gewalt.

An|d|ro|i|de, der; -n, -n [zu griech. anḗr (Gen.: andrós) = Mann, Mensch u. -id < griech. -eidés = -förmig, zu: eidos, ↑Eidos]: *(bes. in der futuristischen Literatur) menschenähnliche Maschine; künstlicher Mensch.*

An|d|ro|lo|gie, die; - [zu griech. lógos, ↑Logos]: *Männerheilkunde.*

an|d|ro|lo|gisch ⟨Adj.⟩: *die Andrologie betreffend.*

An|d|ro|me|da, die; -: *Sternbild am nördlichen Sternenhimmel.*

An|d|ro|phi|lie, die; -, -n (bildungsspr.): *sexuelle Neigung zu älteren, reifen Männern.*

An|d|ro|pho|bie, die; -, -n [↑Phobie] (bildungsspr.): *Furcht vor Männern, Hass vor Männer.*

An|d|ro|sper|mi|um, das; -s, ...ien [zu griech. anḗr (Gen.: andrós) = Mann u. ↑Sperma] (Biol.): *Samenfaden des Mannes, der ein Y-Chromosom enthält u. damit das Geschlecht des gezeugten Kindes als männlich bestimmt.*

an|d|ro|zen|t|risch ⟨Adj.⟩ (bildungsspr.): *den Androzentrismus betreffend:* -es Denken.

An|d|ro|zen|t|ris|mus, der; - [zu griech. anḗr (Gen.: andrós) = Mann u. ↑Zentrum] (bildungsspr.): *das Männliche, den Mann ins Zentrum des Denkens stellende Anschauung.*

An|druck, der; -[e]s, -e: **1.** (Druckw.) *Probedruck:* der A. ist auf der Handpresse hergestellt worden. **2.** ⟨o. Pl.⟩ (bes. Technik) *Kraft, mit der jmd., etw. bei Beschleunigung gegen etw. gedrückt wird.*

an|dru|cken ⟨sw. V.; hat⟩ (Druckw.): **a)** *einen Andruck (1) von etw. herstellen:* Bilder a.; **b)** *mit dem ²Druck (1 a) eines Werks beginnen:* der Verleger will erst im Herbst a. lassen.

an|drü|cken ⟨sw. V.; hat⟩: **1.** *an etw. drücken, durch Druck an etw. befestigen:* mit Klebstoff bestrichene Bruchstellen fest a. **2.** *durch Betätigen eines Druckknopfs in Funktion setzen:* das Licht a.

an|du|deln ⟨sw. V.; hat⟩: in der Wendung **sich** ⟨Dativ⟩ **einen a.** (ugs.; *sich betrinken:* gestern hatte er sich ganz schön einen angedudelt).

an|düns|ten ⟨sw. V.; hat⟩ (Kochkunst): *kurz dünsten lassen:* Gemüse in heißem Öl kurz a.

an|e|cken ⟨sw. V.; hat⟩: **1.** *versehentlich an etw. anstoßen:* mit dem Rad [am Bordstein] a. **2.** (ugs.) *unangenehm auffallen:* irgendwo, bei jmdm., mit etw. a.; er ist bei seinem Lehrer angeeckt.

an|ei|fern ⟨sw. V.; hat⟩ (südd., österr.): *ansporren, anfeuern:* die Freunde eiferten sie an.

an|eig|nen, sich ⟨sw. V.; hat⟩: **1.** *sich in den Besitz einer Sache setzen, etw. widerrechtlich an sich nehmen:* du hast dir das Buch einfach angeeignet. **2.** *sich in etw. üben, bis man es beherrscht; sich etw. zu eigen machen, etw. lernen:* sich Kenntnisse, Fremdsprachen, Wissen, Fertigkeiten a.; Wozu sich also Fertigkeiten a...., die man später niemals brauchen wird? (Kunze, Jahre 36).

An|eig|nung, die; -, -en ⟨Pl. selten⟩: **1. a)** (Rechtsspr.) *Eigentumserwerb von herrenlosen Sachen od. Tieren;* **b)** *widerrechtliche Inbesitznahme:* die A. fremden Eigentums wird bestraft. **2.** (Päd.) *das Lernen:* in diesem Lebensalter hat die A. von Fremdsprachen Vorrang.

an|ei|n|an|der ⟨Adv.⟩: *einer, eine, eines an den, die, das andere[n], an dem, der anderen:* a. denken; a. vorbeigehen; die Geschwister, die sehr a. hingen *(innerlich miteinander verbunden waren).*

an|ei|n|an|der|bin|den ⟨st. V.; hat⟩: **1.** *eines an das andere binden, zusammenbinden:* sie haben die Gefangenen aneinandergebunden. **2.** *zwei Faden-, Schnur-, Seilenden miteinander verknoten:* die Enden der Schnur a.

an|ei|n|an|der|drän|gen ⟨sw. V.; hat⟩: **1.** *eines an das andere drängen, zusammendrängen:* die entgegenströmenden Menschen wurden bei den beiden dicht aneinander. **2.** ⟨a. + sich⟩ *sich [als Reaktion auf etw. von außen Kommendes] zusammenscharen, sich aneinanderdrücken:* in der Kälte, vor Angst drängten sich die Menschen dicht aneinander.

an|ei|n|an|der|drü|cken ⟨sw. V.; hat⟩: **1.** *eines an das andere drücken, zusammendrücken:* zum Kleben muss man beide Teile fest a. **2.** ⟨a. + sich⟩ *sich ganz eng aneinanderdrängen:* die beiden Kinder drückten sich fest aneinander.

an|ei|n|an|der|fes|seln ⟨sw. V.; hat⟩: *einen an den anderen fesseln.*

an|ei|n|an|der|fü|gen ⟨sw. V.; hat⟩: **1.** *eines an das andere fügen, zusammenfügen, -setzen:* Einzelteile a. **2.** ⟨a. + sich⟩ *sich zusammenfügen, -setzen:* die einzelnen Teile des Bildes fügen sich harmonisch aneinander.

an|ei|n|an|der|ge|ra|ten ⟨st. V.; ist⟩: *in Streit geraten, ein Handgemenge anfangen:* er geriet mit ihm, die beiden gerieten aneinander.

an|ei|n|an|der|gren|zen ⟨sw. V.; hat⟩: *unmittelbar nebeneinanderliegen, eine gemeinsame Grenze haben:* unsere Gärten grenzen aneinander; Wir ließen uns zwei aneinandergrenzende Zimmer geben (Handke, Brief 79).

an|ei|n|an|der|haf|ten ⟨st. V.; hat⟩: *eines an dem anderen haften.*

an|ei|n|an|der|hal|ten ⟨st. V.; hat⟩: *eines an das andere halten:* zwei Stücke a.

¹an|ei|n|an|der|hän|gen ⟨sw. V.; hat⟩: *eines an das andere hängen:* sie begann, Girlanden aneinanderzuhängen.

²an|ei|n|an|der|hän|gen ⟨st. V.; hat⟩: **1.** *eines am anderen, dicht bei dem anderen hängen:* die Lampions hingen zu dicht aneinander. **2.** *zusammenhängen* (1).

an|ei|n|an|der|hef|ten ⟨sw. V.; hat⟩: *eines an das andere heften, durch Heften aneinander befestigen.*

an|ei|n|an|der|klam|mern ⟨sw. V.; hat⟩: **1.** *eines an das andere klammern, mit Klammern aneinanderheften:* die Fotokopie und den Brief a. **2.** ⟨a. + sich⟩ *sich gegenseitig mit den Armen umklammern:* die beiden Äffchen hatten sich fest aneinandergeklammert.

an|ei|n|an|der|kle|ben ⟨sw. V.; hat⟩: **1.** *eines an das andere kleben, zusammenkleben:* erst müssen die beiden Hauptteile aneinandergeklebt werden. **2.** *(von Teilen) aneinanderhaften, zusammengeklebt sein:* die Einzelteile kleben fest aneinander.

an|ei|n|an|der|kop|peln ⟨sw. V.; hat⟩ (Technik): *ein Teil beweglich mit einem anderen verbinden:* Wagen, Raumschiffe a.

an|ei|n|an|der|le|gen ⟨sw. V.; hat⟩: *eines an das andere legen, zusammenlegen:* die Teile des Puzzles a.

an|ei|n|an|der|pas|sen ⟨sw. V.; hat⟩: *sich passend aneinanderfügen:* die Puzzlesteine passen genau aneinander.

an|ei|n|an|der|pral|len ⟨sw. V.; ist⟩: *eines an das andere prallen, zusammenprallen.*

an|ei|n|an|der|pres|sen ⟨sw. V.; hat⟩: *eines an das andere pressen, zusammenpressen.*

an|ei|n|an|der|rei|hen ⟨sw. V.; hat⟩: **1.** *eines an das andere reihen, unmittelbar nebeneinandersetzen:* die Kisten alle a. **2.** ⟨a. + sich⟩ **a)** *im zeitlichen Ablauf aufeinanderfolgen:* die Nächte, Jahre, Minuten reihten sich aneinander; **b)** *sich in räumlicher Folge aneinanderfügen:* die Bücher reihen sich im Regal aneinander.

An|ei|n|an|der|rei|hung, die; -, -en: *das Aneinanderreihen.*

an|ei|n|an|der|rü|cken ⟨sw. V.⟩: **1.** ⟨hat⟩ *zusammenrücken* (1): die Stühle, die Tische a. **2.** ⟨ist⟩ *zusammenrücken* (2): in dem kleinen Saal mussten die Zuschauer eng a.

an|ei|n|an|der|schie|ben ⟨st. V.; hat⟩: *schiebend in unmittelbare Nähe zueinander bringen:* zwei Tische a.

an|ei|n|an|der|schla|gen ⟨st. V.; hat⟩: *eines an das andere schlagen, gegeneinanderschlagen:* sie schlugen im Takt die Hölzer aneinander.

an|ei|n|an|der|schmie|gen ⟨sw. V.; hat⟩: *sich schmiegend aneinanderdrücken:* eng aneinandergeschmiegt daliegen.

an|ei|n|an|der|set|zen ⟨sw. V.; hat⟩: *eines an das andere ansetzen, aneinanderfügen* (1): zwei Teile a.

an|ei|n|an|der|sto|ßen ⟨st. V.; ist⟩: **1.** *mit einem Stoß zusammentreffen:* die beiden Kegel stoßen aneinander. **2.** *zusammentreffen, aneinandergrenzen:* an dieser Nahtstelle stoßen Ost und West aneinander.

An|ek|döt|chen, das; -s, -: Vkl. zu ↑Anekdote: Roswitha erzählte mir A. aus dem Alltag der Propagandakompanie (Grass, Blechtrommel 396).

An|ek|do|te, die; -, -n [frz. anecdote, nach »Anekdota« (griech. anékdota = Unveröffentlichtes), dem Titel eines Werkes des byzantinischen Geschichtsschreibers Prokop]: *kurze, meist witzige Geschichte, die eine Persönlichkeit, eine soziale Schicht, eine Epoche u. Ä. treffend charakterisiert:* eine kleine, hübsche, wahre A. erzählen; sie gab eine A. zum Besten.

an|ek|do|ten|haft ⟨Adj.⟩: *im Stil einer Anekdote:* eine -e Geschichte; etw. a. wiedergeben.

an|ek|do|tisch ⟨Adj.⟩: *in Form einer Anekdote verfasst:* -e Bilder unserer Gesellschaft.

an|ekeln ⟨sw. V.; hat⟩: *jmdn. anwidern, jmds. Ekel, Abscheu, Widerwillen erregen:* der Anblick, die Person ekelte mich an; von etw. angeekelt sein; sich angeekelt abwenden.

Ane|mo|me|ter, das; -s, -: *Windmesser.*

Ane|mo|ne, die; -, -n [lat. anemone < griech. anemṓnē (unter Anlehnung an: ánemos = Wind), H. u.]: *kleine, im Frühling bes. in Laubwäldern blühende Pflanze mit meist nach unten geneigten weißen bis rosa Blüten; Buschwindröschen.*

an|emp|feh|len ⟨st. V.; empfiehlt an/(auch:) anempfiehlt, empfahl an/(auch:) anempfahl, hat anempfohlen⟩ (geh.): **1.** *dringend empfehlen:* jmdm. ein Verhalten ausdrücklich, wärmstens a.; Ich sollte der Sache doch mal auf den Grund gehen, das könne er mir a. (Kempowski, Uns 265). **2.** *nahelegen, ans Herz legen:* dem Herrn im Himmel die armen Seelen a.

An|er|be, der; -n, -n (Rechtsspr.): *bäuerlicher Alleinerbe, Hoferbe.*

An|er|ben|recht, das (Rechtsspr.): *altes bäuerliches Erbrecht, nach dem das Gesamterbe geschlossen an einen Alleinerben (meist den ältesten Sohn) übergeht.*

An|er|bie|ten, das; -s, - ⟨Pl. selten⟩ (geh.): *Angebot, Vorschlag:* ein großmütiges, ehrenvolles A.; Ich brauche nicht zu sagen, dass Ihr A. mich ... ehrt (Th. Mann, Krull 251).

¹an|er|bie|ten ⟨st. V.; hat⟩: **1.** ⟨a. + sich⟩ (geh.) *sich zu etw. bereit erklären, anbieten:* ich erbiete mich an, dich zu begleiten. ♦ **2.** *anbieten:* Die treue Neigung eines redlichen Gemüts genügt ihr und das stille Los, das ich mit dieser Hand ihr anerbiete (Schiller, Jungfrau III, 4).

An|er|bin, die; -, -nen: w. Form zu ↑Anerbe.

an|er|kannt ⟨Adj.⟩: *allgemein angesehen, angesehen; unbestritten:* eine -e Fachfrau, Wissenschaftlerin; sich a. (bestätigt) fühlen.

an|er|kann|ter|ma|ßen ⟨Adv.⟩: *wie allgemein anerkannt, bestätigt:* er gehört a. zu den tüchtigsten Metzgermeistern der Stadt.

an|er|ken|nen ⟨unr. V.; erkennt an/(bes. schweiz.:) anerkennt, erkannte an/(bes. schweiz.:) anerkannte, hat anerkannt⟩: **1. a)** *gutheißen, billigen, akzeptieren, (einer Sache) zustimmen:* den neuen Chef a.; Änderungen a.; ich will a., dass du dich bemüht hast; sie anerkennt die Tatsachen; etw. neidlos a.; **b)** *würdigen, loben, respektieren, achten:* die Mitmenschen, die Spielregeln, jmds. Bemühungen a.; anerkennende Worte. **2.** *(als jmdn., etw.) öffentlich bestätigen, für gültig erklären, legitimieren:* eine neue Regierung, einen Staat diplomatisch a.; die Vaterschaft a.

an|er|ken|nens|wert ⟨Adj.⟩: *lobenswert:* ein -es Verhalten; eure Bemühungen sind a.

¹An|er|kennt|nis, die; -, -se ⟨Pl. selten⟩ (geh.): *Anerkennung, Billigung:* tu A. der Zwangslage.

²An|er|kennt|nis, das; -ses, -se (Rechtsspr.): *Erklärung des Beklagten im Zivilprozess, dass er gerichtlich gegen ihn erhobenen Anspruch anerkenne:* sich auf seiner Schuld.

An|er|kennt|nis|ur|teil, das (Rechtsspr.): *Urteil im Zivilprozess aufgrund des Anerkenntnisses des Beklagten.*

An|er|ken|nung, die; -, -en: **1.** *Würdigung, Lob, Achtung, Respektierung:* A. von Leistungen; keine A. finden; nach A. dürsten; jmdm. seine A. zollen; in A. von jmds. Verdiensten; mit A. von jmdm. sprechen; Ich bin gern bereit, ihrer Tüchtigkeit meine A. zu zollen (Nossack, Begegnung 63). **2.** ⟨Pl. selten⟩ **a)** *[offizielle] Bestätigung, Erklärung der Gültigkeit, der Rechtmäßigkeit:* die diplomatische A. eines Staates durch andere Staaten; **b)** *Billigung, Zustimmung:* unter A. des Prinzips der Gleichberechtigung.

Ane|ro|id, das; -[e]s, -e [zu griech. a- = nicht, un- u. nērós = fließend, nass; das Barometer arbeitet ohne Flüssigkeit], Ane|ro|id|ba|ro|me|ter, das (Meteorol.): *Gerät zum Messen des Luftdrucks.*

an|er|zie|hen ⟨unr. V.; hat⟩: *durch Erziehung angewöhnen, beibringen:* jmdm. Pünktlichkeit a.

an|es|sen, sich ⟨unr. V.; hat⟩: **1.** *durch Essen bekommen, erwerben:* du hast dir ein Bäuchlein angegessen. **2.** (österr. ugs.) *anstoßen.*

An|eu|rys|ma, das; -s, ...men od. ...mata [griech. aneúrysma = Erweiterung] (Med.): *krankhafte, örtlich begrenzte Erweiterung einer Arterie.*

an|fa|chen ⟨sw. V.; hat⟩ (geh.): *[durch Blasen] zum Brennen, Aufflammen bringen:* ein Feuer, eine Glut a.; Ü jmds. Leidenschaften a. (erregen); jmds. Begierden a. (anstacheln); einen Streit a.

An|fa|chung, die; -, -en (geh.): *das Anfachen.*

an|fah|ren ⟨st. V.⟩: **1.** ⟨ist⟩ *(von Fahrzeugen) zu fahren beginnen, losfahren, starten:* die Straßenbahn fuhr an; langsam, weich, ruckartig a.; auf den anfahrenden Zug springen; ⟨subst.:⟩ das Anfahren am Berg. **2.** *(mit einem Fahrzeug) heranfahren, fahrend näher kommen:* ein Auto fuhr hupend an; ⟨bes. im 2. Part. in Verbindung mit »kommen«:⟩ in rasendem Tempo angefahren kommen. **3.** ⟨hat⟩ **a)** *bei einer Fahrt einen bestimmten Ort als Ziel haben:* Berlin a.; die nächste Tankstelle a.; **b)** *fahrend auf etw. zusteuern; sich in seiner Fahrweise auf ein kommendes Hindernis einstellen:* er fuhr die Kurve falsch an. **4.** ⟨ist⟩ *unter Überwindung einer entgegengerichteten Kraft fahren:* gegen den Wind a. **5.** ⟨hat⟩ *mit einem Fahrzeug herbeibringen:* Erde, Kartoffeln a.; Ü Getränke a. lassen (ugs.; *in größerer Menge auftragen lassen, spendieren*). **6.** ⟨hat⟩ *beim Fahren durch das Fahrzeug verletzen; mit einem Fahrzeug streifen:* er hat eine alte Frau, ein Kind angefahren; sie ist von einem Auto angefahren worden. **7.** ⟨hat⟩ *in heftigem Ton zurechtweisen:* den Schüler heftig, in barschem Ton a.; ... es hieß von ihr, sie sei die einzige lebende Mensch, von der Sir Norbert noch niemals angefahren oder abgekanzelt worden war (Zuckmayer, Herr 85). **8.** ⟨hat⟩ (Technik) *eine technische Anlage in Betrieb nehmen, die Produktion von etw. beginnen:* einen Atomreaktor a. **9.** (Bergbau) **a)** ⟨ist⟩ *zur Arbeit unter Tage fahren:* in die Grube a.; **b)** ⟨hat⟩ *eine Lagerstätte durch einen Grubenbau für den Abbau zugänglich machen.*

An|fahrt, die; -, -en: **1. a)** *das Heranfahren, die Ankunft mit einem Fahrzeug:* sie konnten nur die A. zweier Autos melden; Es geschah ... nichts anderes als die A. von zwei Motorrädern (Seghers, Transit 11); **b)** *Fahrt zu einem Ort (an den man sich zu einem bestimmten Zweck begibt):* die A. dauert mindestens eine Stunde, ist sehr lang. **2.** *Zufahrt, Zufahrtsstraße:* das Krankenhaus hat für die Krankenwagen eine besondere A. **3.** (Bergbau) *das Fahren zur Arbeit unter Tage.*

An|fahrts|kos|ten ⟨Pl.⟩: *für die Anfahrt* (1 b) *z. B. eines Handwerkers zu bezahlende Summe.*

An|fahrts|stra|ße, die: *Zufahrtsstraße.*

An|fahrts|weg, der: *für die Anfahrt bestimmter od. benutzter Weg.*

An|fahrts|zeit, die: *Zeit, die für die Anfahrt* (1 b) *benötigt wird.*

An|fall, der; -[e]s, Anfälle: **1.** *plötzliches Auftreten u. Wiederabklingen krampfartiger Symptome einer physischen od. psychischen Krankheit, Attacke:* einen epileptischen A. bekommen;

anfallartig – anfechten

einen A. von Hysterie haben, erleiden; Ü ein A. *(plötzlich auftretende Stimmung, Anwandlung)* von Fleiß, Energie, Eifersucht; * **einen A. bekommen, kriegen** (ugs.; *außer sich geraten:* wenn ich den nur sehe, kriege ich schon einen A.). **2.** ⟨o. Pl.⟩ *Ausbeute, Ertrag:* der A. an Roheisen, an Getreide ist sehr gering. **3.** ⟨o. Pl.⟩ *das Entstehen, Anfallen* (3) *von etw.:* der A. an Arbeit war sehr gering. ♦ **4.** *zufallendes Erbe:* Euch Treuen sprech' ich zu ... das hohe Recht, euch ... durch A., Kauf und Tausch ins Weitre zu verbreiten (Goethe, Faust II, 10940 ff.).

an|fall|ar|tig ⟨Adj.⟩: *in der Art eines Anfalls* (1)*, kurz u. zugleich heftig:* die Schmerzen kommen a.

an|fal|len ⟨st. V.⟩: **1.** ⟨hat⟩ *plötzlich angreifen:* sie haben ihn aus dem Hinterhalt, im Dunkeln angefallen; ein bissiger Köter fiel uns an; Ü er hat sie mit groben Worten angefallen *([unvermutet] heftig angefahren)*. **2.** ⟨hat⟩ *(von Stimmungen, Gefühlen) befallen, überkommen:* Angst, Müdigkeit fiel ihn an; Heimweh hat uns angefallen. **3.** ⟨ist⟩ *[nebenher, in der Folge von etw.] entstehen, sich ergeben:* hohe Kosten sind angefallen; ⟨im 1. u. 2. Part.:⟩ die Summe muss inklusive der [jährlich] anfallenden Zinsen zurückgezahlt werden; die [bei der Kontrolle] anfallenden Daten werden in einer Datei gespeichert; angefallene Überstunden abfeiern. ♦ **4.** *(jmdm.) durch Erbschaft zufallen:* ... als wär' ein Königreich ihm angefallen (Wieland, Geron 388).

an|fäl|lig ⟨Adj.⟩: *zu Krankheiten, Störungen neigend, ihnen ausgesetzt; nicht widerstandsfähig:* seit seiner Operation ist er sehr a.; sie ist ziemlich a. für/(seltener:) gegen Erkältungen; Ü der wirtschaftlich -e Mittelstand.

-an|fäl|lig: 1. drückt in Bildungen mit Substantiven aus, dass jmd., etw. leicht von etw. ergriffen wird, einer Sache ausgesetzt ist: bakterien-, stressanfällig. **2.** drückt in Bildungen mit Substantiven aus, dass jmd., etw. leicht zu etw. neigt: fehler-, panik-, pannenanfällig.

An|fäl|lig|keit, die; -, -en: *das Anfälligsein; Empfindlichkeit* (3): A. für Krankheiten; Ü Motor und Getriebe zeichnen sich durch geringe A. aus.

an|falls|wei|se ⟨Adv.⟩: *in Form eines Anfalls* (1) *auftretend:* die a. auftretende spastische Verengung von Herzkranzgefäßen; ⟨mit Verbalsubstantiven auch attr.:⟩ -s Hinken.

An|fang, der; -[e]s, Anfänge [mhd. an[e]vanc, ahd. anafang]: **a)** ⟨Pl. selten⟩ *Entstehung, Ursprung, Beginn:* der A. der Weltgeschichte; der A. aller Leiden; von [allem] A. an; * **von A. bis Ende** *(vollständig, ohne etw. auszulassen);* **b)** *Ausgangspunkt, Start, Beginn:* ein vielversprechender A.; den A. nicht finden, verpassen; einen neuen A. machen [mit etw.] *(noch einmal [unter anderen Voraussetzungen] beginnen);* R das ist der A. vom Ende *(das schlimme Ende ist nicht mehr fern);* Spr aller A. ist schwer *(zu Beginn einer Arbeit o. Ä. treten immer Schwierigkeiten auf);* * **den A. machen** *(als Erster mit etw. beginnen:* einer muss ja den A. machen); **seinen A. nehmen** (geh.; *anfangen, beginnen);* **c)** *erster Teil, erstes Stadium, Ansatz:* der A. der Erzählung, der Vorlesung war ziemlich unklar; die Erforschung des Weltraums steckt erst in den Anfängen; **d)** ⟨o. Pl.⟩ *erster Teil eines Zeitabschnitts, eines Alters:* A. 2011; A. des Monats; [seit] A. Januar; (ugs.:) die Frau dürfte so A. [der] fünfzig/der Fünfziger sein; **e)** *Beginn einer räumlichen Gegebenheit:* der A. einer Strecke, einer Straße; bei billiger Frischhaltefolie findet man den A. immer schlecht.

an|fan|gen ⟨st. V.; hat⟩ [mhd. an[e]vähen, ahd. anafähan, urspr. = anfassen, in die Hand nehmen]: **1. a)** *etw. in Angriff nehmen, mit etw. beginnen:* eine Arbeit, einen Brief, eine Freundschaft, ein Gespräch, ein neues Leben a.; sie fing wieder an zu paddeln/fing wieder an zu paddeln an; gleich werden die Sirenen zu heulen a./a. zu heulen; hat das angefangen (ugs.; *hast den Streit o. Ä. begonnen);* ein Verhältnis, etwas mit jmdm. a. (ugs.; *eine Liebesbeziehung mit jmdm. beginnen);* **b)** *eine Ausbildung, eine berufliche Arbeit beginnen:* am 1. März können Sie a.; [ganz] von vorn[e], von klein auf a. *(mit dem untersten, am schlechtesten bezahlten Posten beginnen);* sie hat als Handelsvertreterin angefangen; **c)** *zu reden beginnen:* »Liebe Freundinnen und Freunde«, fing er an; sie fing mit diesen Worten an; **d)** (ugs.) *ein bestimmtes Thema anschneiden:* er fing immer wieder von Politik an; nun fang du auch noch damit/davon an! **2. a)** *zu etw. gebrauchen, anstellen:* nichts, etwas mit sich, mit seiner Freizeit anzufangen wissen; mit ihm ist heute nichts anzufangen *(er ist heute nicht in Form, nicht ansprechbar);* **b)** *machen, tun:* was können, sollen wir nachher a.?; eine Sache richtig, verkehrt a. **3.** *[mit etw.] einsetzen, beginnen, seinen Anfang nehmen:* hier fängt das Sperrgebiet an; der Unterricht fing um halb neun an; das Wort fängt mit p an; (iron.:) das fängt ja gut, schön, heiter, nett an.

An|fän|ger, der; -s, - [im 16. Jh. = Urheber]: *jmd., der am Beginn einer Ausbildung od. einer Tätigkeit steht, der zum ersten Mal etw. macht u. noch keine Übung darin hat:* A. und Fortgeschrittene; er ist noch ein blutiger A. (ugs.; *hat noch keinerlei Erfahrung);* Kurse für A.; A.! (abwertend; Schimpfwort für einen ungeschickten Menschen).

An|fän|ge|rin, die; -, -nen: w. Form zu ↑ Anfänger.

An|fän|ger|kurs, An|fän|ger|kur|sus, der: *Kurs für Anfänger.*

an|fäng|lich ⟨Adj.⟩: *zu Beginn noch vorhanden:* nach -em Zögern, Misstrauen; Der Fall ... ist jedem Zeitungsleser bekannt, so auch Gantenbein; a. war's nur eine Schlagzeile (Frisch, Gantenbein 421).

¹**an|fangs** ⟨Adv.⟩: *am Anfang, zuerst:* a. ging alles gut; die a. aufgestellte Hypothese war falsch.

²**an|fangs** ⟨Präp. mit Gen.⟩ (nicht standardspr.): *am Anfang, zu Beginn eines Zeitraums:* a. des Jahres.

An|fangs|buch|sta|be, der: **a)** *erster Buchstabe eines Wortes; Initiale:* mit großen -n; die reich verzierten -n des alten Buches; **b)** ⟨Pl.⟩ *die ersten Buchstaben von Eigennamen, Monogramm:* in die Wäsche eingestickte -n *(eingesticktes Monogramm).*

An|fangs|er|folg, der: *Erfolg zu Beginn einer Tätigkeit.*

An|fangs|for|ma|ti|on, die (Ballspiele): *Aufstellung einer Mannschaft, mit der das Spiel begonnen wird:* der Stürmer steht heute zum ersten Mal in der A., rückt in die A.

An|fangs|ge|halt, das: *erstes, nach einer Probezeit meist gesteigertes Gehalt in einer neuen Anstellung:* als A. bekam sie 2 000 Euro.

An|fangs|ge|schwin|dig|keit, die: *Geschwindigkeit am Anfang einer Bewegung:* eine hohe, niedrige A.

An|fangs|grün|de ⟨Pl.⟩ [für lat. elementa, Pl. von: elementum, ↑ Element]: *Grundlagen, elementare Kenntnisse:* die A. der Mathematik.

An|fangs|jah|re ⟨Pl.⟩: *erste Jahre einer Tätigkeit, eines Zustandes o. Ä.:* in den -n hatte die Firma große finanzielle Probleme.

An|fangs|ka|pi|tal, das: *Kapital, das bei der Gründung eines Unternehmens od. bei der Tätigung eines größeren Geschäftes bereitsteht, bereitstehen muss:* ein hohes, niedriges A.

An|fangs|pha|se, die: *anfängliche Phase.*

An|fangs|schwie|rig|keit, die ⟨meist Pl.⟩: *am Anfang typischerweise auftretende Schwierigkeit:* keine, große -en haben.

An|fangs|sil|be, die: *erste Silbe.*

An|fangs|sta|di|um, das: *erster [Zeit]abschnitt eines Entwicklungsprozesses o. Ä.:* das A. einer Krankheit; der Bau ist noch im A.

An|fangs|stück, das: *erstes, vorderstes Stück:* das A. eines Brotes, eines Rohrs.

An|fangs|un|ter|richt, der: *Unterricht für Schulanfänger, Erstunterricht.*

An|fangs|ver|dacht, der (Rechtsspr.): *auf gesicherten Anhaltspunkten beruhender gegen jmdn. gerichteter Verdacht, der das Einschreiten der Staatsanwaltschaft rechtfertigt.*

An|fangs|wert, der (Math., Physik): *Wert einer gesuchten Funktion zu Beginn eines Vorgangs, dessen Ablauf von dieser Funktion beschrieben wird.*

An|fangs|wort, das ⟨Pl. ...wörter⟩: *erstes Wort einer Zeile, einer Strophe, eines Textes.*

An|fangs|zeit, die: **a)** *Zeitpunkt des Beginns (z. B. einer Veranstaltung);* **b)** *erste Zeit einer Tätigkeit, eines Zustandes o. Ä.*

an|fär|ben ⟨sw. V.; hat⟩: *[leicht] färben; tönen:* Stoffteile a.; (Med., Biol.:) einen Zellkern, Bakterien a.

An|fär|bung, die; -, -en: *das Anfärben.*

an|fas|sen ⟨sw. V.; hat⟩: **1. a)** *mit der Hand berühren, ergreifen, mit den Fingern befühlen:* etw. vorsichtig a.; sie lässt sich nicht gern a.; Riesenfeld zuckt ... zusammen, als hätte er einen elektrischen Kontakt mit nassen Pfoten angefasst (Remarque, Obelisk 242); * **zum Anfassen** (ugs.; *die Möglichkeit zu engstem Kontakt bietend, [etwas Abstraktes] aus unmittelbarer Nähe miterleben; hautnah* 2 a: Europa zum Anfassen; Verhütungsmittel zum Anfassen); **b)** (landsch.) *bei der Hand nehmen:* die Mutter fasst das Kind an; **c)** (a. + sich) *sich in einer bestimmten Weise anfühlen:* der Stoff fasst sich glatt, wie Wolle an. **2.** *auf eine bestimmte Art u. Weise behandeln:* jmdn. verständnisvoll, zart, rücksichtslos, hart a. **3. a)** *bei etw. zupacken, helfen:* der Korb ist schwer, fass doch mal [mit] an!; **b)** *[in bestimmter Weise] in Angriff nehmen, anpacken, angehen:* eine Arbeit, eine Sache, ein Problem klug, geschickt, mit Eifer a. **4.** (geh.) *anwandeln, befallen, packen:* Angst, Schrecken, Sehnsucht fasste ihn an. ♦ **5.** *(jmdn.) treffen, (mit jmdm.) zusammentreffen:* ... wer weiß, wen er unterwegs angefasst hat (Goethe, Egmont II).

an|fau|chen ⟨sw. V.; hat⟩: **1.** *fauchende Laute (gegen jmdn.) ausstoßen:* die Katze faucht den Hund an. **2.** *heftig anfahren, zurechtweisen:* »Hör auf damit«, fauchte sie ihn an.

an|fau|len ⟨sw. V.; ist⟩: *zu faulen beginnen, in Fäulnis übergehen:* das Korn faulte schon an; angefaulte Äpfel; Ü ... ein langer, im Lauf der Zeit angefaulter Friede (H. Lenz, Tintenfisch 62).

an|fecht|bar ⟨Adj.⟩: *nicht ohne Weiteres gültig; bestreitbar, angreifbar:* ein -es Urteil, Testament; der Vertrag, die Entscheidung ist [nicht] a.

An|fecht|bar|keit, die; -, -en: **1.** ⟨o. Pl.⟩ *das Anfechtbarsein.* **2.** *etw. Anfechtbares.*

an|fech|ten ⟨st. V.; hat⟩ [mhd. anevehten, ahd. anafehtan = (an)kämpfen, schlagen]: **1.** *die Richtigkeit, Rechtmäßigkeit von etw. nicht anerkennen, bestreiten, angreifen; (gegen etw.) Einspruch erheben:* ein Urteil, einen Vertrag a.; ... das Zeugnis der Prostituierten könne vor Gericht angefochten werden (Brecht, Gro-

Anfechtung – Anführungszeichen

schen 277). **2.** (geh.) *beunruhigen, bekümmern:* Versuchungen, Sorgen fechten sie an; das ficht mich nicht an; ich ließ es mich nicht a. *(ließ mich nicht davon beirren);* was ficht dich an? *(was ist mit dir?)*

An|fech|tung, die; -, -en: **1.** (bes. Rechtsspr.) *das Anfechten* (1), *Einspruch gegen etw.:* die A. eines Urteils, eines Testaments. **2.** (geh.) *Versuchung:* eine innere A.; er war ablehnend gegenüber allen -en der Großstadt; schweren -en ausgesetzt sein; Er hatte sich in weises Schweigen gehüllt und wich allen Fragen und -en dieser Welt mit einem leisen Lächeln aus (Strittmatter, Wundertäter 360).

An|fech|tungs|kla|ge, die (Rechtsspr.): *Klage, mit der jmd. eine Anfechtung* (1) *anhängig macht.*

an|fe|gen ⟨sw. V.; ist⟩ (ugs.): *mit großer Geschwindigkeit herankommen:* er hörte schon von Weitem, wie sie anfegten; ⟨meist im 2. Part. in Verbindung mit »kommen«:⟩ sie kamen mit ihren Motorrädern angefegt.

♦ **an|feil|schen** ⟨sw. V.; hat⟩: *mit dem Feilschen, Handeln (um etw.) beginnen:* ... prüften die Ware, feilschten sie an; ... abgeschlossen sollte der Handel erst nach der Messe werden (Ebner-Eschenbach, Gemeindekind 137).

an|fein|den ⟨sw. V.; hat⟩: *bekämpfen, jmdm. feindselig begegnen:* jmdn. heftig, unaufhörlich a.; sie wurde von allen angefeindet.

An|fein|dung, die; -, -en: *das Anfeinden; das Angefeindetwerden; feindselige Haltung, Feindseligkeit:* dauernden -en ausgesetzt sein.

an|fer|ti|gen ⟨sw. V.; hat⟩: *als Ergebnis einer Arbeit in sach-, kunstgerechter, oft bestimmten Plänen entsprechender Weise entstehen lassen, hervorbringen; herstellen, produzieren, fabrizieren, machen:* ein Gutachten, ein Protokoll, eine Zeichnung a.; Kopien a.; sich beim Schneider einen Anzug, ein Kostüm a. lassen.

An|fer|ti|gung, die; -, -en: **1.** ⟨o. Pl.⟩ *das Anfertigen.* **2.** *etw. Angefertigtes.*

An|fer|ti|gungs|kos|ten ⟨Pl.⟩: *Kosten, die bei der Anfertigung von etw. entstehen.*

an|feuch|ten ⟨sw. V.; hat⟩: *[ein wenig] feucht machen:* Bügelwäsche, Briefmarken a.; ich feuchte mir die Lippen an.

an|feu|ern ⟨sw. V.; hat⟩: **1.** *anzünden, anheizen:* den Ofen, einen Herd, den Kessel a. **2.** *antreiben, anspornen:* die Sportlerinnen, jmds. Mut a.; jmdn. zu immer größeren Leistungen a.; Bogatini ... feuert das Orchester zu rasendem Fortissimo an (Thieß, Legende 196).

An|feu|e|rung, die; -, -en: **1.** ⟨o. Pl.⟩ *das Anfeuern.* **2.** *anfeuernder* (2) *Zuruf.*

an|fin|den, sich ⟨st. V.; hat⟩ (landsch.): *sich wiederfinden, wieder zum Vorschein kommen, auftauchen:* das Fehlende wird sich schon [wieder] a.

an|fi|xen ⟨sw. V.; hat⟩ [zu ↑ fixen (2)] (Jargon): jmdn., der noch kein Rauschgift genommen hat, dazu überreden, sich zum ersten Mal eine Droge zu injizieren.

an|flach|sen ⟨sw. V.; hat⟩ (ugs.): *verulken, veralbern:* er flachste die Mädchen an.

an|flat|tern ⟨sw. V.; ist⟩: *flatternd angeflogen kommen:* unsicher flatterte der kleine Vogel an; ⟨meist im 2. Part. in Verbindung mit »kommen«:⟩ ein Schmetterling, ein Blatt kommt angeflattert.

an|fle|hen ⟨sw. V.; hat⟩: *sich flehend an jmdn. wenden, eine flehentliche Bitte an jmdn. richten:* Gott a.; jmdn. weinend [um Hilfe] a.; ich flehe dich an, geh nicht fort!

An|fle|hung, die; -, -en ⟨Pl. selten⟩: *das Anflehen.*

an|fli|cken ⟨sw. V.; hat⟩ (ugs.): *etw. an etw. flicken, ansetzen:* zur Verlängerung ein Stück Draht a.

an|flie|gen ⟨st. V.⟩: **1.** ⟨ist⟩ *fliegend herankom-* *men:* der Hubschrauber musste mehrmals a., bevor er landen konnte; die anfliegenden Flugzeuge; ⟨oft im 2. Part. in Verbindung mit »kommen«:⟩ ein Schneeball kam, Spatzen kamen angeflogen. **2.** ⟨hat⟩ *fliegend, mit einem Flugzeug o. Ä. ansteuern:* den nächsten Flughafen a.; die Vögel fliegen das Futterhäuschen an; Bombengeschwader flogen deutsche Städte an; der Ort wird von verschiedenen Fluggesellschaften angeflogen. **3.** ⟨ist⟩ *unter Überwindung einer entgegengerichteten Kraft fliegen:* gegen den Wind a. **4. a)** ⟨ist⟩ *(von Fertigkeiten, Kenntnissen u. Ä.) jmdm. mühelos zufallen:* alles ist ihr [nur so] angeflogen; Bildung wird nicht in stumpfer Fron und Plackerei gewonnen, man ... man kann wohl sagen, dass sie dem Erwählten im Schlafe anfliegt (Th. Mann, Krull 92); **b)** ⟨hat⟩ (geh.) *befallen, überkommen:* Angst, Sehnsucht fliegt ihn an.

an|flit|zen ⟨sw. V.; ist⟩ (ugs.): *schnell laufend, fahrend, fliegend herankommen:* sie sah sie alle a.; ⟨meist im 2. Part. in Verbindung mit »kommen«:⟩ die Rennwagen kommen angeflitzt.

An|flug, der; -[e]s, Anflüge: **1.** (Flugw.) **a)** *Flugweg zu einem bestimmten Ziel:* einen zu weiten, dreistündigen A. haben; **b)** *letzte Phase des Flugs vor der Landung:* die Maschine befindet sich bereits im A. [auf die Stadt]. **2.** *Hauch, Spur, Schimmer, Andeutung:* ein leichter, winziger A. von Ironie; mit einem A. von feierlicher Heiterkeit. **3.** (Forstwirtsch.) **a)** *Verbreitung von Samen durch den Wind;* **b)** *durch Anflug* (3 a) *hervorgebrachter junger Baumbestand.*

An|flug|zeit, die (Flugw.): **a)** *Zeitpunkt für den Beginn eines Anflugs* (1 a): Anflugzeit: 0:45; **b)** *Zeitraum, über den sich ein Anflug* (1 a) *erstreckt:* die A. ist abhängig von der Witterung.

an|flun|kern ⟨sw. V.; hat⟩ (ugs.): *anlügen, beschwindeln.*

an|for|dern ⟨sw. V.; hat⟩: *dringend verlangen, bestellen, erbitten:* Unterlagen, einen Katalog, ein Gutachten, zusätzliche Arbeitskräfte a.; jmdn. über Funk a.

An|for|de|rung, die; -, -en: **1.** *das Anfordern:* eine schriftliche, telefonische A. von Ersatzteilen, Arbeitskräften. **2.** ⟨meist Pl.⟩ *Anspruch, Forderung an jmds. Leistung o. Ä.:* die Aufgabe stellt hohe -en an Geist und Ausdauer; allen -en genügen, gerecht werden.

An|for|de|rungs|pro|fil, das (Fachspr.): **a)** *Gesamtheit der Anforderungen, denen jmd., der sich um eine Stelle* (4) *bewirbt, im Hinblick auf eine bestimmte berufliche Position genügen soll:* eine Position mit hohem A.; das A. eines Managers; **b)** *Gesamtheit der Eigenschaften, die ein bestimmtes Produkt haben soll.*

An|fra|ge, die; -, -n: *Ersuchen, Bitte um Auskunft:* Ihre A. bei unserer Firma wegen der Reparatur; eine telefonische, schriftliche A. an jmdn. richten; Kleine/kleine A. (Parlamentsspr.; *in der Regel schriftlich gestellte u. beantwortete Frage an die Regierung*); Große/große A. (Parlamentsspr.; *in einer Parlamentssitzung behandelte Frage an die Regierung*); Dringliche/dringliche Anfrage (österr.; schweiz. Parlamentsspr.; *schriftliche an eine Regierungsmitglied, die unmittelbar am Tag des Eingangs im Parlament debattiert wird*).

an|fra|gen ⟨sw. V.; hat⟩: *sich mit einer Frage an jmdn., eine Institution wenden:* brieflich, telefonisch, höflich wegen etw. bei jmdm. a.; bei jmdm. a. lassen, ob ein Besuch möglich ist; ⟨schweiz. auch mit Akk.:⟩ jmdn. höflich wegen etw. a.; die angefragte Referentin hat abgesagt.

an|fres|sen ⟨st. V.; hat⟩: **1.** *zu einem [kleinen] Teil fressen; annagen:* die Raupen haben den Kohl, die Mäuse den Kuchen angefressen. **2.** ⟨a. + sich⟩ (derb) *anessen:* du hast dir einen Bauch angefressen. **3.** *zu zersetzen, aufzulösen beginnen:* Rost frisst Eisen an; ... hat der deutsche Kaiser Otto den Kaiser Karl Sachsentöter in seiner Gruft in Aachen aufgesucht und ihn ... unverwest gefunden. Nur die Nase war etwas angefressen (Jahnn, Geschichten 124).

an|freun|den, sich ⟨sw. V.; hat⟩: **1.** *sich mit jmdm., miteinander befreunden, eine Freundschaft beginnen:* sich leicht, schwer mit jmdm. a.; die beiden haben sich rasch angefreundet *(sind miteinander vertraut, zu Freunden geworden).* **2.** *sich an etw. gewöhnen, sich mit etw. vertraut machen:* sich mit einem Gedanken, einer Vorstellung a.

an|frie|ren ⟨st. V.⟩: **1.** ⟨ist⟩ *an etw. festfrieren:* das Eis friert an den Behälter an. **2.** ⟨ist⟩ *ein wenig gefrieren, Frost abbekommen:* die Kartoffeln, die Blumen sind angefroren. **3.** ⟨a. + sich; hat⟩ (ugs.) *sich etw. leicht erfrieren:* ich habe mir die Nase, die Füße angefroren. **4.** ⟨hat⟩ *leicht gefrieren lassen:* das Fleisch wird zwei Stunden angefroren.

an|fri|schen ⟨sw. V.; hat⟩: **1.** (Jägerspr.) *[den Hund] durch Zureden anspornen.* ♦ **2. a)** *auffrischen* (1 a): Ich muss diesen Hass verstärken! Dieses Interesse a. (Schiller, Fiesco II, 8); **b)** *anregen, ermuntern:* Sind uns die kurzen bunten Lumpen zu missgönnen, die ein jugendlicher Mut, eine angefrischte Phantasie um unsers Lebens arme Blöße hängen mag (Goethe, Egmont II).

an|fü|gen ⟨sw. V.; hat⟩: *hinzusetzen, hinzufügen:* einem Brief einige Zeilen a., einem Gutachten einen Kommentar a.

An|fü|gung, die; -, -en: *das Anfügen.*

an|füh|len ⟨sw. V.; hat⟩: **a)** *prüfend betasten, anfassen:* einen Stoff a.; **b)** ⟨a. + sich⟩ *durch den Tastsinn o. Ä. ein bestimmtes Gefühl vermitteln:* etw. fühlt sich weich, rau, wie Leder an.

An|fuhr, die; -, -en: *Heranschaffung größerer Mengen von etw.:* die A. von Holz und Kohle.

an|füh|ren ⟨sw. V.; hat⟩: **1. a)** *einer Gruppe o. Ä. führend vorangehen:* einen Festzug, die Polonaise a.; Ü der Verein führt die Tabelle an (Sport; *ist Spitzenreiter*); **b)** *(eine Gruppe o. Ä.) leiten, befehligen:* eine Truppe a. **2. a)** *vorbringen, erwähnen, aufzählen:* etw. als Beispiel, Argument, Grund, Begründung für etw. a.; die oben *(weiter vorne im Text)* angeführten Thesen; Wenn ich etwas zu meiner Entschuldigung a. darf ... (Jünger, Bienen 61); **b)** *benennen:* jmdn. als Zeugen a.; einen Gewährsmann a.; **c)** *zitieren, wörtlich wiedergeben:* seinen Vorredner a.; er führte mehrere Zitate, Stellen aus der Bibel an. **3.** (ugs.) *zum Besten haben; foppen, hereinlegen:* du hast mich aber gründlich angeführt. **4.** (Schrift- u. Druckw.) *einen Satz, Textteil mit einem beginnenden Anführungszeichen versehen.* ♦ **5.** *anleiten, unterweisen:* ... seid nur redlich, und so führt ihr ihn (= den Pöbel) zum Menschlichen an (Goethe, Venez. Epigramme 55).

An|füh|rer, der; -s, - (oft abwertend): *Führer einer Gruppe, Bande:* der A. einer radikalen Gruppe.

An|füh|re|rin, die; -, -nen: w. Form zu ↑ Anführer.

An|füh|rung, die; -, -en: **1.** *Führung, Leitung:* unter A. eines Generals. **2. a)** *Erwähnung, Aufzählung:* besondere A. von Ereignissen, Daten, Namen; **b)** *Zitierung, Wiedergabe:* der Vortrag war aufgelockert durch die A. einiger Zitate. **3.** *angeführtes Zitat, angeführter Satz-, Textteil.* **4.** (Schrift- u. Druckw.) *das Anführen* (4).

An|füh|rungs|strich, der ⟨meist Pl.⟩: *Anführungszeichen.*

An|füh|rungs|zei|chen, das ⟨meist Pl.⟩: *paarweise gesetztes [strichförmiges] Satzzeichen, das bes. den Anfang u. das Ende einer ange-*

anfüllen – angehen

führten Rede markiert; Gänsefüßchen: halbe A.; ein Wort in A. setzen, mit A. versehen; Ü ich sage das in A. *(meine es nicht ganz wörtlich).*

an|fül|len ⟨sw. V.; hat⟩: *vollständig mit etw. füllen:* eine Grube mit Abfällen a.; das Zimmer ist mit Gerümpel angefüllt; ...ein Eckgeschäft, dessen unergründliche Tiefen angefüllt waren mit einem Wirrwarr von Möbeln (Kronauer, Bogenschütze 104).

an|fun|keln ⟨sw. V.; hat⟩: *jmdn. [böse] mit funkelnden Augen, Blicken ansehen:* ich funk[e]le ihn wütend an; Ich sehe ihn noch vor mir, wie er uns durch seine Brillengläser anfunkelte (Remarque, Westen 14).

an|fun|ken ⟨sw. V.; hat⟩: *durch Funkspruch anrufen:* einen Truppenteil, den Taxikollegen a.

an|fut|tern, sich ⟨sw. V.; hat⟩ (ugs.): *anessen.*

an|füt|tern ⟨sw. V.; hat⟩: **1.** (bes. Angelsport) *mithilfe von Ködern anlocken.* **2.** *jmdn. zu bestechen versuchen, indem man ihm, scheinbar ohne eine Gegenleistung zu erwarten, über einen längeren Zeitraum hinweg kleinere Geschenke, Vergünstigungen o. Ä. zukommen lässt.*

An|ga|be, die; -, -n: **1.** *Aussage, Auskunft, Information:* alle -n ohne Gewähr; genaue, falsche, zweckdienliche, keine, widersprechende -n zu etw., über jmdn., etw. machen; nach jmds. -n, nach eigenen, offiziellen -n; ohne A. der Adresse *(ohne die Adresse anzugeben, zu nennen).* **2.** ⟨o. Pl.⟩ (ugs.) *Prahlerei, Angeberei:* diese Behauptung ist reine A. **3.** (Sport) **a)** *Anspielen des Balls über eine Leine, ein Netz hinweg:* der Spieler verfügt über eine starke A.; **b)** *bei der Angabe (3 a) gespielter Ball:* die A. ging ins Aus. **4.** (österr.) *Anzahlung:* eine A. leisten. **5.** (Sprachwiss.) *(in bestimmten Grammatiktheorien) Satzglied, das keine Ergänzung (3) u. kein Prädikativ ist: freie, grammatisch weglassbare A.*

an|gaf|fen ⟨sw. V.; hat⟩ (abwertend): *neugierig, aufdringlich anstarren:* sie gafften diese Frau unentwegt an.

an|gäh|nen ⟨sw. V.; hat⟩: *in die Richtung von jmdm., etw. gähnen:* mein Gegenüber gähnte mich fortwährend an.

an|ga|lop|pie|ren ⟨sw. V.; ist⟩: **1.** *[auf einem Reittier] im Galopp herankommen:* er sah die Pferde a.; ⟨meist im 2. Part. in Verbindung mit »kommen«:⟩ die Reiterinnen, die Pferde kommen angaloppiert; Ü die Kinder kamen angaloppiert (ugs.; *kamen in großen Sätzen rasch herbei).* **2.** *zu galoppieren beginnen:* der Reiter galoppierte hart an.

an|gän|gig ⟨Adj.⟩ [zu veraltet angehen = gelingen]: *möglich, erlaubt, zulässig:* eine nicht -e Handlungsweise; wenn irgend a.,...; ...dass es nämlich nicht a. ist, ein so schwieriges und weittragendes Problem jetzt im Kriege aufzurollen (Hochhuth, Stellvertreter [Nachwort], 245).

an|geb|bar ⟨Adj.⟩: *sich angeben (1), benennen lassend:* -e Gründe; etw. ist nicht a.

an|ge|ben ⟨st. V.; hat⟩: **1. a)** *nennen, mitteilen, Auskunft über etw. geben:* Personalien, seine Adresse, einen Termin a.; etw. nicht mit Bestimmtheit a. *(sagen)* können; etw. als Grund a.; zur angegebenen Zeit kommen; **b)** *bestimmen, festsetzen:* den Takt, die Richtung, das Tempo a.; **c)** *andeuten, markieren:* die Umrisse des Gebäudes, die Lage einem Anhöhe [auf der Karte] a. **2.** *anzeigen, melden, denunzieren, bes. einer Lehrperson Mitteilung über unerlaubte Handlungen o. Ä. anderer machen:* einen Diebstahl a.; ich habe seinen Mitschüler beim Rektor angegeben. **3.** (ugs.) *sich mit etw. sehr wichtigtun, in großspuriger Weise damit prahlen, großtun:* gib bloß nicht so an!; er hat mit seinen Eroberungen furchtbar vor seinen Freunden angegeben. **4.** *(bei Ballspielen) als Erste[r] anspielen.*

An|ge|ber, der; -s, -: **1.** *Verräter, Denunziant:* im Lager gab es einen A. **2.** (ugs.) *Prahler, Wichtigtuer:* er ist nichts als ein A.

An|ge|be|rei, die; -, -en (ugs.): **1.** ⟨o. Pl.⟩ *Prahlerei, Protzerei, Großtuerei:* was er sagt, ist alles A. **2.** *angeberische Handlung, Äußerung:* ihre -en beruhen auf einem Minderwertigkeitskomplex.

An|ge|be|rin, die; -, -nen: w. Form zu ↑Angeber.

an|ge|be|risch ⟨Adj.⟩ [zu: Angeber (2)] (ugs.): *prahlerisch, großtuerisch:* ein -er Kerl; a. daherkommen.

An|ge|be|te|te, die/eine Angebetete; der/einer Angebeteten, die Angebeteten/zwei Angebetete (meist scherzh.): *angebetete* (b) *weibliche Person.*

An|ge|be|te|ter, der Angebetete/ein Angebeteter; des/eines Angebeteten, die Angebeteten/zwei Angebetete (meist scherzh.): *angebetete* (b) *männliche Person.*

an|geb|lich ⟨Adj.⟩: *wie behauptet wird; vermeintlich; nicht verbürgt:* ein -er Augenzeuge, Onkel; sie war a. verreist.

an|ge|bo|ren ⟨Adj.⟩: *von Geburt an vorhanden, bestehend:* -e Instinkte; ein -er Fehler; die Krankheit ist a.

An|ge|bot, das; -[e]s, -e: **1. a)** *Kaufangebot, Offerte:* jmdm. ein [günstiges, unverbindliches] A. machen; ein A. erhalten, ablehnen; wir bitten Sie um Ihr A. über [die], für [die] Lieferung von ...; **b)** *etw., was jmdm. angeboten, vorgeschlagen wird:* das kulturelle A. der Stadt ist dürftig; auf ein A. eingehen; von einem A. Gebrauch machen; **c)** *(bei einer Auktion) erstes Gebot:* das A. beträgt 500 Euro. **2.** ⟨o. Pl.⟩ (Kaufmannsspr.) *angebotene Ware, Warenangebot:* ein großes, reichhaltiges A.; das A. ist breit gefächert; preiswertes A. an, von Kleidern; wir haben heute griechischen Spargel im A. *(zum Sonderpreis).* **3.** ⟨o. Pl.⟩ (Wirtsch.) *Gesamtheit der Güter (Waren u. Dienstleistungen), die auf den Markt kommen:* das Verhältnis von A. und Nachfrage.

An|ge|bots|frist, die: *Frist, innerhalb deren ein Angebot* (1 a) *eingereicht werden muss.*

An|ge|bots|kurs, der (Wirtsch.): *Kurs, zu dem im Wertpapier od. eine Ware angeboten wird.*

An|ge|bots|lü|cke, die (Wirtsch.): *Mangel an Angeboten in einem bestimmten Bereich:* eine A. im Konsumgüterbereich.

an|ge|bots|ori|en|tiert ⟨Adj.⟩ (Wirtsch.): *auf die Erhöhung des Angebots* (3) *gerichtet:* der Gegensatz zwischen -er und nachfrageorientierter Wirtschaftspolitik.

An|ge|bots|pa|let|te, die (Werbespr.): *Palette* (1 b) *von Angeboten:* die A. um bestimmte Produkte ergänzen.

An|ge|bots|preis, der (Wirtsch.): *vom Anbieter geforderter Preis für angebotene Güter.*

An|ge|bots|sei|te, die ⟨o. Pl.⟩ (Wirtsch.): *Seite* (9 b) *der Anbieter:* die Senkung der Unternehmenssteuer soll auf der A. für Entlastung sorgen.

An|ge|bots|spek|trum, das (bildungsspr.): *Spektrum* (2) *von Angeboten:* das A. der Galerie reicht von antiker Kunst bis zu zeitgenössischen Werken; das A. erweitern.

An|ge|bots|über|hang, der (Wirtsch.): *Gütermenge, um die das Angebot die Nachfrage übersteigt.*

An|ge|bots|viel|falt, die: *Vielfalt von Angeboten.*

an|ge|bracht ⟨Adj.⟩: *einer bestimmten Situation angemessen, für einen bestimmten Fall genau passend; sinnvoll, opportun:* eine keineswegs -e Bemerkung; etw. für a. halten.

an|ge|brannt: ↑anbrennen (2, 3).

an|ge|bräunt: ↑anbräunen.

an|ge|braust: ↑anbrausen.

an|ge|bro|chen: ↑anbrechen.

an|ge|brü|tet: ↑anbrüten.

an|ge|bun|den: ↑anbinden (1 a).

an|ge|dampft: ↑andampfen.

an|ge|dei|hen: nur in der Verbindung **jmdm. etw. a. lassen** (geh. od. iron.; *zuteilwerden, zukommen lassen, gewähren:* jmdm. Schonung, Schutz, Gerechtigkeit a. lassen).

An|ge|den|ken, das; -s (geh.): *Erinnerung, Gedenken:* jmdm. ein treues A. bewahren; der Preis wird im A. an den verstorbenen Politiker verliehen; zum ewigen A.; *seligen -s (1. veraltend; verstorben:* mein Großvater seligen -s. ugs. scherzh.; *einstig; früher vorhanden:* die gute Postkutsche seligen -s).

an|ge|don|nert: ↑andonnern (1).

an|ge|du|selt ⟨Adj.⟩ [zu ↑Dusel] (salopp): *[leicht] betrunken.*

an|ge|ekelt: ↑anekeln.

an|ge|fah|ren: ↑anfahren (2).

an|ge|fault: ↑anfaulen.

an|ge|fegt: ↑anfegen.

an|ge|fein|det: ↑anfeinden.

an|ge|flat|tert: ↑anflattern.

an|ge|flitzt: ↑anflitzen.

an|ge|flo|gen: ↑anfliegen (1).

an|ge|fres|sen ⟨Adj.⟩ (salopp): *verärgert:* a. sein, reagieren, wirken.

an|ge|fro|ren: ↑anfrieren.

an|ge|fuckt ⟨Adj.⟩ [vgl. abgefuckt] (derb): *abgerissen-salopp:* ich laufe gerne so a. rum, um meine Alten zu schocken.

an|ge|gilbt ⟨Adj.⟩: *leicht vergilbt:* -e Buchseiten, Blätter.

an|ge|glie|dert: ↑angliedern.

an|ge|gos|sen: ↑angießen (3).

an|ge|graut ⟨Adj.⟩: *leicht ergraut:* ein Herr mit -en Schläfen; ihr Haar ist schon a.

an|ge|grif|fen: ↑angreifen (5 a).

An|ge|grif|fen|heit, die; -, -en ⟨Pl. selten⟩: *angegriffener Zustand; das Angegriffen-, Geschwächtsein.*

an|ge|haucht: ↑anhauchen (1).

an|ge|hei|ra|tet ⟨Adj.⟩: *durch Heirat Mitglied einer Familie geworden:* ein -er Onkel; eine -e Tante; die -e Verwandtschaft.

an|ge|hei|tert ⟨Adj.⟩: *durch Genuss von Alkohol beschwingt, in gehobene Stimmung versetzt; leicht angetrunken:* eine -e Gesellschaft; er war ziemlich a.; Am Affentorplatz lärmte ein Trupp -er Nachtschwärmer (Zwerenz, Quadriga 39).

an|ge|heizt: ↑anheizen.

an|ge|hen ⟨unr. V.⟩: **1.** ⟨ist⟩ (ugs.) *beginnen, anfangen, losgehen:* das Theater geht um halb acht an; die Schule geht morgen wieder an *(nach den Ferien beginnt der Unterricht wieder).* **2.** ⟨ist⟩ (ugs.) *zu brennen, zu leuchten beginnen:* das Feuer, das Licht geht an. **3.** ⟨ist⟩ **a)** (ugs.) *anwachsen, festwachsen, Wurzeln schlagen:* die Ableger, Pflanzen sind [nicht] alle angegangen; **b)** (Biol., Med.) *(von Bakterien, Pilzen) auf präpariertem Grund anwachsen.* **4.** ⟨hat; südd., österr., schweiz. auch: ist⟩ *gegen jmdn. vorgehen, ihn angreifen, sich ihm in feindlicher Absicht nähern:* einen Gegner a.; der Bär ging den Jäger an. (Sport:) der Verteidiger hat den Stürmer von hinten angegangen. **5.** ⟨hat; südd., österr., schweiz. auch: ist⟩ *anpacken, in Angriff nehmen, zu bewältigen suchen; an etw. herangehen:* sie ging die anstehenden Probleme, Schwierigkeiten zielstrebig an; das Vorhaben von verschiedenen Seiten a.; (Sport:) die Mannschaft hat das Spiel zu schnell angegangen; der Rennfahrer ist die Kurve, Strecke zu überhastet angegangen; die Reiterin ging das letzte Hindernis im Galopp an *(ritt im Galopp darauf zu);* ein mutig, zu schnell angegangenes Projekt. **6.** ⟨ist⟩

gegen etw. Maßnahmen ergreifen, vorgehen; bekämpfen: gegen die Umweltverschmutzung, gegen ein Gerichtsurteil a.; gegen jmds. Willen, Absicht a. **7.** ⟨hat; südd., österr., schweiz. auch: ist⟩ *jmdn. um etw. bitten, sich mit einer Bitte an jmdn. wenden:* er hat sie um ein Darlehen, um ihre Zustimmung, Hilfe, Vermittlung angegangen; jmdn. um [seinen] Rat a. **8.** ⟨ist⟩ *jmds. Sache sein:* das geht ihn nichts, wenig, viel an; die Geschichte ist dich doch überhaupt nichts angegangen; was geht mich das an? *(was habe ich damit zu schaffen?)* **9.** ⟨ist⟩ *möglich, zulässig, vertretbar sein:* das mag, mochte noch an a.; die Hitze ist gerade noch angegangen; ⟨auch unpers.:⟩ mit dem Verkehr ging es noch an. **10.** in der Verbindung **was jmdn., etw. angeht/ jmdn., etw. angehend** (*jmdn., etw. betreffend:* was deine Frage angeht, [so] kann ich dir leider nicht weiterhelfen).

an|ge|hend ⟨Adj.⟩: *in Ausbildung stehend; künftig:* die -en Lehrer, Schauspielerinnen; sie ist eine -e Physikerin.

an|ge|hetzt: ↑ anhetzen.

an|ge|heult: ↑ anheulen (2).

an|ge|hö|ren ⟨sw. V.; hat⟩: **a)** *zu etw., jmdm. gehören, einer Gruppe o. Ä. an-, eingegliedert sein:* der Regierung, einer Organisation, einer Nation a.; einem Verein als Mitglied a.; sie gehört der älteren Generation an; **b)** *mit jmdm., miteinander eng verbunden sein:* sie gehören einander an; Hier werden wir endlich uns wiedersehen..., um einander so vollkommen anzugehören (Langgässer, Siegel 433).

an|ge|hö|rig ⟨Adj.⟩: *zu etw., jmdm. gehörend, jmdm., einer Sache angehörend, zugehörig, zuzuordnen:* die einem Fußballverein -en Jugendlichen.

An|ge|hö|ri|ge, die/eine Angehörige; der/einer Angehörigen, die Angehörigen/zwei Angehörige: **a)** ⟨meist Pl.⟩ *dem engsten Familienkreis angehörende Verwandte;* **b)** *weibliche Person, die einer bestimmten Gruppe angehört; Mitglied.*

An|ge|hö|ri|ger, der Angehörige/ein Angehöriger; des/eines Angehörigen, die Angehörigen/ zwei Angehörige: **a)** ⟨meist Pl.⟩ *dem engsten Familienkreis angehöriger Verwandter:* er hat keine Angehörigen mehr; **b)** *Person, die einer bestimmten Gruppe angehört; Mitglied:* A. eines Berufsstandes sein.

an|ge|jagt: ↑ anjagen.

an|ge|jahrt ⟨Adj.⟩: *leicht gealtert, nicht mehr ganz jung:* ein -er Mann.

an|ge|keucht: ↑ ankeuchen.

an|ge|klagt: ↑ anklagen.

An|ge|klag|te, die/eine Angeklagte; der/einer Angeklagten, die Angeklagten/zwei Angeklagte: *weibliche Person, die unter gerichtlicher Anklage steht:* eine A. vernehmen.

An|ge|klag|ter, der Angeklagte/ein Angeklagter; des/eines Angeklagten, die Angeklagten/zwei Angeklagte: *jmd., der unter gerichtlicher Anklage steht.*

an|ge|kle|ckert: ↑ ankleckern.

an|ge|knab|bert: ↑ anknabbern.

an|ge|knackst ⟨Adj.⟩ (ugs.): *nicht mehr in guter Verfassung:* eine -e Gesundheit; ein -es Selbstbewusstsein; er, sein Prestige ist a.

an|ge|knackt: ↑ anknacken.

an|ge|kohlt ⟨Adj.⟩ [zu ↑ ¹kohlen]: *teilweise schwarz verbrannt, verkohlt:* -e Balken; das Holz war a.

an|ge|ko|kelt: ↑ ankokeln.

an|ge|krän|kelt ⟨Adj.⟩: *nicht widerstandsfähig:* ein -es Adelsgeschlecht; Ü er war von Selbstsucht und Eitelkeit a.

an|ge|kratzt ⟨Adj.⟩ (ugs.): *[vom Leben] mitgenommen:* ein leicht -er Fünfziger; ein -es Ner-

venkostüm; seine Gesundheit ist a.; Ü er versucht sein -es Image aufzupolieren.

an|ge|kro|chen: ↑ ankriechen.

an|ge|kün|digt: ↑ ankündigen.

An|gel, die; -, -n [mhd. angel, ahd. angul, zu ahd. ango = Haken (eigtl. = der Gekrümmte, Gebogene), verw. mit ↑ ²Anker]: **1.** *Gerät zum Fischfang, das aus einer Rute besteht, an deren Ende eine Schnur mit einem Haken befestigt ist:* die A. auswerfen, einziehen; einen dicken Fisch an der A. haben; Ü er ist ihr an die A. gegangen; ◆ ⟨auch: der; -s, -:⟩ Das Wasser rauscht', das Wasser schwoll, ein Fischer saß daran, sah nach dem A. ruhevoll (Goethe, Der Fischer); ◆ ⟨auch: der; -s, -:⟩ ... wohl seh' ich den A., womit man dich zu fangen denkt (Schiller, Piccolomini V, 1). **2.** *Zapfen, an dem eine Tür, ein Fenster o. Ä. drehbar befestigt ist:* quietschende -n; die Tür aus den -n heben; die Tür hängt schief in den -n; * **etw. aus den -n heben** *(etw. aus dem Gleichgewicht bringen, grundlegend ändern:* die Welt aus den -n heben wollen). **3.** *im Messergriff befestigte [spitz zulaufende] Verlängerung der Klinge.*

an|ge|latscht: ↑ anlatschen.

an|ge|lau|fen (1).

an|ge|le|gen ⟨Adj.⟩ [zu veraltet anliegen = wichtig sein]: in der Verbindung **sich** ⟨Dativ⟩ **etw. a. sein lassen** (geh.; *sich [aus innerem Antrieb] um etw. bemühen, kümmern:* ich ließ mir die Erziehung meiner Kinder sehr a. sein).

An|ge|le|gen|heit, die; -, -en: *Sachverhalt, dessen Lösung od. Erledigung für jmdn. von [großer] Bedeutung ist; Sache, Problem:* eine schwierige, ernste, dringliche, missliche, teure, peinliche, leidige A.; private, öffentliche, interne, kulturelle -en; das ist meine A. *(geht keinen anderen etwas an);* für ihn war die A. damit erledigt; eine A. in Ordnung bringen, klären, regeln, besprechen; sich in jmds. -en mischen; er kam in einer dienstlichen A. zu ihr.

¹an|ge|le|gent|lich ⟨Adj.⟩ (geh.): **1.** *eingehend, nachdrücklich:* eine -e Bitte; sich a. nach jmdm. erkundigen. **2.** *gelegentlich:* das wirkte a. etwas unrealistisch.

²an|ge|le|gent|lich ⟨Präp. mit Gen.⟩ (geh.): *anlässlich:* a. des Papstbesuchs.

an|ge|legt ⟨Adj.⟩: *mit Anlagen zu etw. versehen; veranlagt:* Kinder sind von Natur aus A. zum Sparsamkeit a. sein; Er ist von Natur aus ordentlich und gar nicht a., etwas Unordentliches zu tun (Gaiser, Schlußball 78).

an|ge|lernt: ↑ anlernen.

An|ge|lern|te, die/eine Angelernte; der/einer Angelernten, die Angelernten/zwei Angelernte: *weibliche Person, die keine Berufsausbildung besitzt u. für die von ihr ausgeübte Tätigkeit nur angelernt wurde.*

An|ge|lern|ter, der Angelernte/ein Angelernter; des/eines Angelernten, die Angelernten/zwei Angelernte: *jmd., der keine Berufsausbildung besitzt u. für die von ihm ausgeübte Tätigkeit nur angelernt wurde.*

An|gel|fi|sche|rei, die: *(oft als Sport betriebener) Fang von Fischen mit einer Angel (1).*

An|gel|ge|rät, das: *zum Angeln benutztes Gerät.*

An|gel|ha|ken, der: *Haken an der Angelleine.*

An|ge|li|ka, die; -, ...ken u. -s [mlat. angelica, zu spätlat. angelicus = Engeln zukommend < griech. aggelikós, zu: ággelos, ↑ Engel; wohl nach der mit dem Wirken von Engeln verglichenen Heilkraft]: *Engelwurz.*

An|gel|kö|der, der: *am Angelhaken befestigter Köder.*

An|gel|lei|ne, die: *am oberen Ende mit der Angelrute verbundene Leine, die mit einem Köder am unteren Ende zum Angeln ins Wasser geworfen wird.*

an|geln ⟨sw. V.; hat⟩ [mhd. angeln]: **1. a)** *das Fangen von Fischen mit einer Angel (1) betreiben:* er angelt gern; wir gehen a.; sie saß am Bach und angelte; auf Hechte, nach Barschen a.; ⟨subst.:⟩ [das] Angeln ist mein Hobby; **b)** *mit der Angel (1) fangen:* er hat zwei Forellen geangelt; Ü (ugs.:) sich einen Freund mit Geld a.; Bert angelte sich den Hocker, setzte sich neben das Sofa (Lenz, Brot 58). **2.** (ugs.) *etw. entfernter Befindliches [vorsichtig] zu fassen, zu ergreifen suchen:* nach den Hausschuhen a.

an|ge|lo|ben ⟨sw. V.; hat⟩: **1.** (geh.) *feierlich zusagen, versprechen:* jmdm. Treue a. **2.** (österr.) *feierlich vereidigen.*

◆ **An|ge|löb|nis,** das; -ses, -se: *feierliches Versprechen, Gelöbnis:* ... seines -ses jedoch eingedenk, enthielt er sich jeder Frage (Goethe, Wanderjahre III, 1).

An|ge|lo|bung, die; -, -en (österr.): *feierliche Vereidigung.*

An|gel|platz, der: *Stelle zum Angeln an einem Gewässer [für die ein Angelschein ausgestellt wurde].*

An|gel|punkt, der [zu ↑ Angel (2)]: *Punkt, um den sich alles dreht; Hauptsache; Zentrum:* diese Ereignisse sind zum A. der späteren Politik geworden.

An|gel|ru|te, die: *Angel (1).*

An|gel|sach|se, der; -n, -n: **1.** (Geschichte) *Angehöriger eines der im 5./6. Jh. nach England ausgewanderten westgermanischen Stämme der Angeln, Sachsen u. Jüten.* **2.** *Person englischer Abstammung u. Muttersprache, bes. Engländer od. aus England stammender Amerikaner.*

An|gel|säch|sin, die; -, -nen: w. Form zu ↑ Angelsachse.

an|gel|säch|sisch ⟨Adj.⟩: **1.** *die Angelsachsen (1) betreffend, von ihnen stammend, zu ihnen gehörend.* **2.** *die Angelsachsen (2) betreffend, zu ihnen gehörend, von ihnen stammend:* -e Literatur.

An|gel|säch|sisch, das; -[s], (nur mit best. Art.:) **An|gel|säch|si|sche,** das; -n: *die angelsächsische (1) Sprache.*

An|gel|schein, der: *[von einer Behörde ausgestellte] Genehmigung (b) zum Angeln.*

An|gel|schnur, die: *Angelleine.*

An|gel|sport, der: *sportlich ausgeübte Angelfischerei.*

An|gel|sport|ver|ein, der: *Verein zur Pflege des Angelsports.*

An|ge|lus [ˈaŋgelʊs], der, auch: das; -, - [lat. angelus (domini) = Engel (des Herrn)]: *nach dem Anfangswort des Gebets* [kath. Kirche]: **a)** *Dankgebet, das morgens, mittags u. abends gebetet wird;* **b)** *Glockenzeichen für den Angelus (a).*

An|ge|lus|läu|ten, das; -s ⟨kath. Kirche⟩: *Angelus (b).*

an|ge|mes|sen ⟨Adj.⟩: *richtig bemessen; adäquat:* ein -er Preis; etw. gegen -e Bezahlung tun; etw. für a. halten.

An|ge|mes|sen|heit, die; -: *das Angemessensein:* die A. der Preise.

an|ge|na|gelt: ↑ annageln.

an|ge|nä|hert: ↑ annähern.

an|ge|nehm ⟨Adj.⟩: *eine positive Empfindung auslösend, erfreulich, wohltuend:* eine -e Nachricht; eine -e Atmosphäre; ein -es Klima; ein -es Gefühl; ein -er Mensch; [ich wünsche dir eine] -e Reise!; -e Ruhe!; es wäre mir [sehr] a., wenn ...; (formelhafte Antwort bei einer Vorstellung) »Frau Dr. Müller«, stellte er vor. – »Sehr a.«; a. überrascht sein; a. berührt sein; a. auffallen; ich war a. enttäuscht (die negativen Befürchtungen haben sich glücklicherweise nicht bestätigt); ⟨subst.:⟩ das ist das Angenehme daran.

an|ge|neh|mer|wei|se ⟨Adv.⟩: *zu jmds. Zufriedenheit, erfreulicherweise.*

an|ge|nom|men: ↑ annehmen.
An|ge|nom|men|sein, das; -s: *das Akzeptiertwerden, Geliebtwerden.*
an|ge|passt ⟨Adj.⟩: **a)** *den Gegebenheiten angemessen:* eine der Witterung -e Fahrweise; a. fahren; **b)** *(von Personen) konformistisch; sich [aus opportunistischen Gründen] arrangiert habend:* allzu -e Typen.
An|ge|passt|heit, die; -: *Zustand des Angepasstseins.*
an|ge|pest: ↑ anpesen.
an|ge|pol|tert: ↑ anpoltern.
an|ge|prescht: ↑ anpreschen.
An|ger, der; -s, - [mhd. anger, ahd. angar, eigtl. = Biegung, Bucht] (landsch.): *kleinere Grasfläche, Grasplatz [in einem Dorf]:* abends treffen sich die Einwohner auf dem A.
an|ge|ra|delt: ↑ anradeln.
an|ge|rannt: ↑ anrennen (1).
an|ge|ras|selt: ↑ anrasseln.
an|ge|rast: ↑ anrasen.
an|ge|rat|tert: ↑ anrattern.
an|ge|raucht ⟨Adj.⟩: ↑ anrauchen (1).
an|ge|rauscht: ↑ anrauschen.
an|ge|raut: ↑ anrauen.
an|ge|regt ⟨Adj.⟩: *(bes. von einer Unterhaltung, einem Gespräch) lebhaft, interessant; animiert:* eine angeregte Unterhaltung; sich a. unterhalten.
An|ge|regt|heit, die; -, -en ⟨Pl. selten⟩: *das Angeregtsein; gehobene Stimmung:* Diotima und ihr Stubenmädchen blieben nach Ulrichs Fortgang in einer leisen A. zurück (Musil, Mann 95).
an|ge|rei|chert: ↑ anreichern.
an|ge|rit|ten: ↑ anreiten.
an|ge|rollt: ↑ anrollen (1 b).
an|ge|ros|tet: ↑ anrosten.
an|ge|rührt: ↑ anrühren.
an|ge|sagt ⟨Adj.⟩ [2. Part. von ↑ ansagen] (ugs.): *in Mode, sehr gefragt:* eine total -e Kneipe; Treue ist bei jungen Menschen heute wieder a.; *** a. sein** (ugs.): 1. *bevorstehen, anstehen; gemacht werden sollen:* Frühstück ist jetzt a.; heute ist ein Ausflug a.; jetzt ist Handeln/handeln a.; hier ist eine Renovierung a. 2. *nötig, angebracht sein:* bei diesem Wetter ist wasserdichte Kleidung a.
an|ge|säu|selt ⟨Adj.⟩ (ugs.): *leicht betrunken:* ein bisschen a. sein.
an|ge|saust: ↑ ansausen.
an|ge|schest: ↑ anschesen.
an|ge|schi|ckert ⟨Adj.⟩ (ugs.): *leicht betrunken:* leicht, reichlich, von Champagner a. sein.
an|ge|schim|melt: ↑ anschimmeln.
an|ge|schis|sen: ↑ anscheißen (3).
an|ge|schla|gen ⟨Adj.⟩: *nicht mehr im Vollbesitz seiner Kräfte, nicht mehr [voll] leistungsfähig; erschöpft:* einen -en Eindruck machen; eine -e Gesundheit; a. sein, wirken; Ü die -e Autoindustrie.
an|ge|schlen|dert: ↑ anschlendern.
an|ge|schli|chen: ↑ anschleichen (1).
an|ge|schlos|sen: ↑ anschließen.
an|ge|schmud|delt ⟨Adj.⟩ (ugs.): *angeschmutzt.*
an|ge|schmutzt ⟨Adj.⟩: *leicht verschmutzt:* -e Wäsche; das Buch ist etwas a.
an|ge|schnauft: ↑ anschnaufen.
an|ge|schnit|ten: ↑ anschneiden.
an|ge|schos|sen: ↑ anschießen (3).
an|ge|schrie|ben: ↑ anschreiben (2).
An|ge|schul|dig|te, die/eine Angeschuldigte; der/einer Angeschuldigten, die Angeschuldigten/zwei Angeschuldigte: *weibliche Person, die (wegen etw.) angeschuldigt wird.*
An|ge|schul|dig|ter, der Angeschuldigte/ein Angeschuldigter, des/eines Angeschuldigten, die Angeschuldigten, zwei Angeschuldigte: *jmd., der (wegen etw.) angeschuldigt wird.*
an|ge|schwankt: ↑ anschwanken.

an|ge|schwärmt: ↑ anschwärmen (1).
an|ge|schwärzt: ↑ anschwärzen.
an|ge|schwirrt: ↑ anschwirren.
an|ge|schwom|men: ↑ anschwimmen (1 b).
an|ge|se|gelt: ↑ ansegeln (1 b).
an|ge|se|hen ⟨Adj.⟩: *Ansehen genießend; geachtet, geschätzt:* eine -e Familie; sie ist überall a.
An|ge|sicht, das; -[e]s, -er u. (österr.:) -e [mhd. angesiht = das Ansehen, Aussehen; Angesicht, zu mhd. gesiht, ↑ ¹Gesicht] (geh.): *Gesicht: das geliebte, vertraute A.; sein A. verhüllen; jmdn. von A. kennen; Sie hörte das unbewegten -s mit an (Tucholsky, Zwischen 40); ... er sah ihr voll ins A. (Strittmatter, Wundertäter 162); Ich wollte sie sehen ... von A. zu A. (Frisch, Nun singen 108); Ü Der Wind brachte uns bis ins A. (bis in Sichtweite) der Türme von Stralsund (Fallada, Herr 67);* *** im A.** (geh.: 1. *im, beim Anblick:* im A. der Gefahr. 2. *im Hinblick auf:* im A. dieser Tatsache wollen wir vertrauen; im A. des Todes).
¹an|ge|sichts ⟨Präp. mit Gen.⟩ (geh.): **a)** *im, beim Anblick:* a. des Todes, der Bergwelt; **b)** *im Hinblick auf, in Anbetracht:* a. dieser Tatsachen; a. der Lage, der wachsenden sozialen Spannungen.
²an|ge|sichts ⟨Adv.⟩: *beim Anblick von:* a. von so viel Elend.
an|ge|spannt ⟨Adj.⟩: **a)** *angestrengt, konzentriert:* mit -er Aufmerksamkeit zuhören; **b)** *kritisch, bedenklich:* eine -e Lage; der -e Wohnungsmarkt; die Finanzlage ist a.
An|ge|spannt|heit, die; -: *das Angespanntsein.*
an|ge|sprengt: ↑ ansprengen.
an|ge|spritzt: ↑ anspritzen (2).
an|ge|sprun|gen: ↑ anspringen (3).
an|ge|stammt ⟨Adj.⟩ [zu veraltet anstammen = durch Abstammung erwerben]: *durch Erbschaft od. Tradition erworben; überkommen:* -er Besitz; diese Rechte sind a.
an|ge|stapft: ↑ anstapfen.
an|ge|staubt ⟨Adj.⟩: **1.** *leicht verstaubt:* die Vasen waren a. **2.** (ugs.) *bereits etwas veraltet, überholt:* leicht -e Ansichten haben; das Design ist, wirkt schon etwas a.
an|ge|stellt: ↑ anstellen (3 a).
An|ge|stell|te, die/eine Angestellte; der/einer Angestellten; die Angestellten/zwei Angestellte: **a)** *weibliche Person, die in einem vertraglichen Arbeitsverhältnis mit monatlicher Gehaltszahlung steht:* sie ist kaufmännische A.; **b)** *Angestellte* (a) *im Unterschied zur Beamtin u. zur Arbeiterin.*
An|ge|stell|ten|ge|werk|schaft, die: *Arbeitnehmerorganisation für Angestellte* (Abk.: DAG).
An|ge|stell|ten|schaft, die; -: *Gesamtheit der Angestellten.*
An|ge|stell|ten|ver|hält|nis, das: *vertragliches Arbeitsverhältnis mit monatlicher Gehaltszahlung:* im A. stehen.
An|ge|stell|ten|ver|si|che|rung, die: *Sozialversicherung für Angestellte:* Beiträge für die A. entrichten.
An|ge|stell|ten|ver|si|che|rungs|ge|setz, das ⟨o. Pl.⟩: *Gesetz zur Regelung der Pflichtversicherung der Angestellten* (Abk.: AVG).
An|ge|stell|ter, der Angestellte/ein Angestellter; des/eines Angestellten, die Angestellten/zwei Angestellte: **a)** *jmd., der in einem vertraglichen Arbeitsverhältnis mit monatlicher Gehaltszahlung steht:* in höherer, leitender Stellung A.; **b)** *Angestellter* (a) *im Unterschied zum Beamten u. zum Arbeiter:* die Arbeiter und Angestellten unserer Firma.
an|ge|stie|felt: ↑ anstiefeln.
an|ge|strengt ⟨Adj.⟩: **a)** *mit Anstrengung; konzentriert:* mit -er Aufmerksamkeit; a. nachdenken; **b)** *verkrampft, nicht locker:* Sitz doch nicht

so a. da!; Elsa wagte nicht, die Dichterin zu bitten, sich nicht so a. in Pose zu setzen (Strauß, Niemand 162).
An|ge|strengt|heit, die; -, -en: **1.** ⟨o. Pl.⟩ *das Angestrengtsein.* **2.** *etw. angestrengt* (b) *Wirkendes.*
an|ge|strömt: ↑ anströmen (2).
an|ge|stü|ckelt, an|ge|stückt: ↑ anstückeln, anstücken.
an|ge|stürmt: ↑ anstürmen (b).
an|ge|stürzt: ↑ anstürzen.
an|ge|tan: in den Wendungen **danach/dazu a. sein** *(geeignet sein, günstig für etw. sein:* die Lage ist nicht dazu a., Feste zu feiern); **es jmdn. a. haben** (↑ antun 2); **von jmdm., etw. a. sein** (↑ antun 2).
an|ge|tanzt: ↑ antanzen.
an|ge|tobt: ↑ antoben.
an|ge|trabt: ↑ antraben (2).
an|ge|traut: ↑ antrauen.
An|ge|trau|te, die/eine Angetraute; der/einer Angetrauten, die Angetrauten/zwei Angetraute (scherzh.): *Ehepartnerin.*
An|ge|trau|ter, der Angetraute/ein Angetrauter; des/eines Angetrauten, die Angetrauten/zwei Angetraute (scherzh.): *Ehepartner.*
an|ge|trun|ken ⟨Adj.⟩: *leicht betrunken:* der -e Fahrer wurde festgenommen.
An|ge|trun|ken|heit, die; -: *das Angetrunkensein.*
an|ge|turnt: ↑ ¹anturnen.
an|ge|wa|ckelt: ↑ anwackeln.
an|ge|wandt ⟨Adj.⟩: *in der Praxis nutzbar gemacht, angewendet:* -e Chemie, Mathematik; -e Kunst (Kunsthandwerk).
an|ge|wärmt: ↑ anwärmen.
an|ge|wetzt: ↑ anwetzen.
an|ge|wi|dert: ↑ anwidern.
an|ge|wie|sen ⟨Adj.⟩: in der Wendung **auf jmdn., etw. a. sein** *(von jmdm., etw. abhängig sein, jmdn., etw. brauchen:* auf sich selbst a. sein *(keine Hilfe von außen bekommen);* aufeinander a. sein *(gegenseitiger Unterstützung bedürfen);* auf jmdn., jmds. Hilfe, Wohlwollen a. sein).
an|ge|wöh|nen ⟨sw. V.; hat⟩: *zur Gewohnheit machen:* sich Pünktlichkeit a.; gewöhne dir endlich an, deutlich zu sprechen; den Kindern gute Manieren a. *(anerziehen).*
An|ge|wohn|heit, die; -, -en: *[schlechte] Gewohnheit, Eigenheit:* eine A. annehmen, ablegen; ... diese schreckliche A., mit sich selber Gespräche zu führen, nahm in letzter Zeit merkwürdig zu (Langgässer, Siegel 49).
An|ge|wöh|nung, die; -, -en: *das Angewöhnen.*
an|ge|wur|zelt: ↑ anwurzeln.
an|ge|zeigt ⟨Adj.⟩ (geh.): *angebracht, ratsam, passend:* etw. [nicht] für a. halten; es war nicht a., sich zu der Angelegenheit zu äußern.
an|ge|zischt: ↑ anzischen (3).
an|ge|zo|ckelt: ↑ anzockeln.
an|ge|zo|gen: ↑ anziehen.
an|ge|zwit|schert: ↑ anzwitschern (1).
an|gie|ßen ⟨st. V.; hat⟩: **1.** *frisch gesetzte Pflanzen, Stecklinge zum Anwachsen, Anwurzeln gießend wässern:* die Salatpflanzen a. **2.** (Kochkunst) *bei der Zubereitung einer Speise eine Flüssigkeit dazugießen:* das gebräunte Fleisch mit Wein a.; den restliche Sahne a. **3.** (Gießerei) *durch Guss an etw. anderes anfügen:* ein Metallstück a.; *** wie angegossen sitzen, passen** (ugs.; *genau passen, einen tadellosen Sitz haben:* Ich trug lacklederne Reitstiefel..., die wie angegossen saßen [Fallada, Herr 7]; In seiner Montur sah er ... verkleidet aus. Sie saß ihm nicht wie angegossen [Härtling, Hubert 50]).
an|gif|ten ⟨sw. V.; hat⟩ (ugs.): *böse, wütend, gehässig zurechtweisen, beschimpfen:* jmdn., sich gegenseitig a.

An|gi|na, die; -, ...nen [lat. angina, zu griech. agchónē = das Erwürgen] (Med.): *Entzündung des Rachenraumes, bes. der Mandeln.*
An|gi|na Pec|to|ris, die; - - [zu lat. pectus (Gen.: pectoris) = Brust] (Med.): *anfallartig auftretende Schmerzen hinter dem Brustbein infolge Erkrankung der Herzkranzgefäße.*
An|gio|gra|fie, die; -, -n [zu griech. gráphein = schreiben] (Med.): *röntgenologische Darstellung von Blutgefäßen mithilfe injizierter Kontrastmittel.*
An|gio|gramm, das; -s, -e [zu griech. aggeîon = (Blut)gefäß u. grámma, ↑Gramm] (Med.): *bei der Angiografie erstelltes Röntgenbild.*
An|gio|gra|phie: ↑Angiografie.
An|gio|lo|gie, die; -: *Teilgebiet der Medizin, das sich mit den Blutgefäßen u. ihren Erkrankungen befasst.*
An|gi|om, das; -s, -e (Med.): *Geschwulst aus Blut- od. Lymphgefäßen.*
An|gio|pa|thie, die; -, -n [↑-pathie] (Med.): *Gefäßkrankheit.*
An|gio|sper|mi|um, das; -s, ...ien [zu ↑Sperma] (Bot.): *Blütenpflanze mit Fruchtknoten.*
An|glai|se [ã:ˈglɛ:zə], die; -, -n: **1.** [frz. (danse) anglaise = englischer Tanz] *alter, ursprünglich englischer Gesellschaftstanz.* ♦ **2.** [frz. (redingote) anglaise, vgl. Redingote] *lange Herrenjacke mit* ¹*Schößen* (3 a): ... *aber wenn ich ein Herr wär und hätt ein' Hut und eine Uhr und eine A. und könnt vornehm reden* (Büchner, Woyzeck, Beim Hauptmann).
an|glei|chen (st. V.; hat): *jmdm., einer Sache gleichmachen, anpassen:* die Löhne den Preisen/an die Preise a.; sie haben sich [einander] angeglichen.
An|glei|chung, die; -, -en: *das Angleichen, das Angeglichenwerden:* die A. des Lebensstandards in Ost- und Westdeutschland.
Ang|ler, der; -s, -: **1.** *jmd., der mit einer Angel* (1) *Fische fängt.* **2.** *Anglerfisch.*
Ang|ler|fisch, der: *essbarer Seefisch, dessen Kopf ein köderförmiges Anhängsel zum Anlocken von Beutetieren hat.*
Ang|le|rin, die; -, -nen: w. Form zu ↑Angler (1).
an|glie|dern (sw. V.; hat): *an etw. anschließen, einer Sache hinzufügen:* der Schule ist ein Internat angegliedert; etw. einer A. a.
An|glie|de|rung, die; -, -en: *das Angliedern; das Angegliedertwerden.*
An|gli|ka|ner [aŋgli...], der; -s, - [engl. Anglican, ↑anglikanisch]: *Angehöriger der Kirche von England od. einer ihrer Tochterkirchen.*
An|gli|ka|ne|rin, die; -, -nen: w. Form zu ↑Anglikaner.
an|gli|ka|nisch (Adj.) [engl. Anglican, zu lat. Anglii = Angeln (westgerm. Stamm)]: *zur Kirche von England od. einer ihrer Tochterkirchen gehörend.*
An|gli|ka|nis|mus, der; -: *Lehre der Kirche von England.*
an|gli|sie|ren (sw. V.; hat): **1.** *an die Sprache, die Sitten od. das Wesen der Engländer angleichen.* **2.** *englisieren.*
An|gli|sie|rung, die; -, -en: *das Anglisieren; das Anglisiertwerden.*
An|glist, der; -en, -en: *jmd., der sich mit der Anglistik befasst.*
An|glis|tik, die; -: *Wissenschaft von der englischen Sprache u. Literatur.*
An|glis|tin, die; -, -nen: w. Form zu ↑Anglist.
an|glis|tisch (Adj.): *die Anglistik betreffend.*
An|gli|zis|mus, der; -, ...men (Sprachwiss.): *Übertragung einer für [das britische] Englisch charakteristischen sprachlichen Erscheinung auf eine nicht englische Sprache:* Anglizismen in eine Rede einstreuen.
An|glo|ame|ri|ka|ner, der; -s, -: **1.** *aus England stammender Amerikaner.* **2.** *Einwohner eines der angelsächsischen Länder.*
An|glo|ame|ri|ka|ne|rin, die; -, -nen: w. Form zu ↑Angloamerikaner.
an|glo|ame|ri|ka|nisch (Adj.): zu ↑Angloamerikaner.
an|glo|fon, anglophon (Adj.) [zu griech. phonḗ, ↑¹Fon] (bildungsspr.): *Englisch als Muttersprache sprechend.*
an|glo|phil (Adj.) (bildungsspr.): *England, seinen Bewohnern u. seiner Kultur besonders aufgeschlossen gegenüberstehend.*
An|glo|phi|lie, die; - [zu griech. philía = Liebe] (bildungsspr.): *Vorliebe für England, seine Bewohner, seine Kultur.*
an|glo|phob (Adj.) (bildungsspr.): *gegen alles Englische eingenommen.*
An|glo|pho|bie, die; - [↑Phobie] (bildungsspr.): *Abneigung gegen alles Englische.*
an|glo|phon: ↑anglofon.
an|glot|zen (sw. V.; hat): (salopp): *ausdruckslos, starr, aufdringlich o. ä. ansehen:* glotz mich doch nicht so dämlich an!
an|glü|hen (sw. V.; hat): **1.** *kurz zum Glühen bringen:* ein Hufeisen a. **2.** *einen glühenden Schein auf jmdn. werfen:* das Feuer glühte sie an; Ü die Augen der Katze glühten ihn an.
An|go|la; -s: *Staat in Afrika.*
An|go|la|ner, der; -s, -: Ew.
An|go|la|ne|rin, die; -, -nen: w. Form zu ↑Angolaner.
an|go|la|nisch (Adj.): *Angola, die Angolaner betreffend; von den Angolanern stammend, zu ihnen gehörend.*
An|go|ra|kat|ze, die [Angora = früherer Name von ↑Ankara]: **a)** *Perserkatze;* **b)** (ugs.) *langhaarige Katze.*
An|go|ra|wol|le, die: *Wolle, die von Haustieren mit feinem, seidigem Langhaar, bes. der Angoraziege, stammt; Mohair.*
An|go|ra|zie|ge, die: *in Vorderasien gezüchtete kleinere Hausziege mit feinem, langem Haar.*
An|gos|tu|ra®, der; -[s], -s [Angostura = früherer Name der venezolanischen Stadt Ciudad Bolívar]: *(bes. zum Würzen u. zum Mixen von Getränken verwendeter) Bitterlikör.*
an|gra|ben (st. V.; hat): (salopp): *jmdn. [herausfordernd] ansprechen u. unmissverständlich sein Interesse an ihm zeigen:* 'ne Schnecke a. (ugs.; *eine Frau, ein Mädchen ansprechen*); Ü die regionale Wirtschaft als Sponsor a.
an|greif|bar (Adj.): *sich leicht angreifen, kritisieren, bezweifeln lassend; Kritik ermöglichend, kritisierbar:* ein -es Urteil; seine Thesen sind alle a.
An|greif|bar|keit, die; -, -en: **1.** ⟨o. Pl.⟩ *das Angreifbarsein:* die A. seiner Thesen. **2.** *etw. Angreifbares.*
an|grei|fen (st. V.; hat) [mhd. an(e)grīfen, ahd. anagrīfan = berühren, anfassen]: **1. a)** *in feindlicher Absicht den Kampf gegen jmdn., etw. beginnen:* die Stadt mit Panzern, Geschützen a.; jmdn. tätlich a.; er wurde von einem Löwen angegriffen; **b)** *im sportlichen Wettkampf gegenüber dem Gegner die Initiative ergreifen, ihm Vorteile abzugewinnen, ihn zu besiegen suchen:* der Sturm der Fußballmannschaft griff planlos und hektisch an; **c)** *heftig kritisieren, zu widerlegen suchen, attackieren:* jmdn., jmds. Standpunkt, jmds. Rede, öffentlich, scharf a. **2.** (österr., sonst landsch.) **a)** *anfassen, berühren:* du darfst hier nichts a.; **b)** ⟨a. + sich⟩ *sich in bestimmter Weise anfühlen:* der Stoff greift sich weich, rau, derb an. **3.** *[notgedrungen] zu verbrauchen beginnen, anbrechen:* den Vorrat, die letzten Reserven, die Ersparnisse a. **4. a)** *[auf bestimmte Weise] anpacken, in Angriff nehmen, anfangen:* eine Aufgabe richtig, entschlossen a.; Das Problem werden wir später anzugreifen versuchen (Freud, Abriß 28); **b)** *an einer Stelle ansetzen, von etw. ausgehen:* die Reformpläne greifen nicht an der richtigen Stelle an. **5. a)** *schwächen, reduzieren; jmdm., einer Sache schaden:* die Anstrengung, Krankheit greift ihn an; ⟨oft im 2. Part.:⟩ er wirkte etwas angegriffen; angegriffen aussehen; sich in einem angegriffenen Zustand befinden; **b)** *etw. beschädigen, zersetzen:* der Rost greift das Eisen an.
An|grei|fer, der; -s, -: *jmd., der jmdn., etw. angreift* (1 a): *den, die A. zurückschlagen.*
An|grei|fe|rin, die; -, -nen: w. Form zu ↑Angreifer.
an|gren|zen (sw. V.; hat): *eine gemeinsame Grenze mit etw. haben, benachbart sein, an etw. stoßen:* das Grundstück grenzt [unmittelbar] an den Fluss an; das angrenzende Zimmer.
An|gren|zer, der; -s, - (bes. Verwaltungsspr.): *Nachbar, Anlieger.*
An|gren|ze|rin, die; -, -nen: w. Form zu ↑Angrenzer.
An|gren|zung, die; -, -en: **1.** *das Angrenzen.* **2.** *etw. Angrenzendes; angrenzendes Gebiet.*
an|grie|nen (sw. V.; hat) (ugs.): *angrinsen.*
An|griff, der; -[e]s, -e [mhd. an(e)grif, ahd. anagrif = Berührung, Umarmung]: **1. a)** *das Angreifen* (1 a) *eines Gegners; Offensive; Eröffnung eines Kampfes:* heftige, feindliche, terroristische, militärische, atomare -e; einen A. auf/ gegen das Nachschublager fliegen, abwehren, vortragen, abschlagen; zum A. übergehen; **b)** (Sport) *beim sportlichen Wettkampf Versuch, dem Gegner Vorteile abzugewinnen, ihn zu besiegen:* einen A. starten, parieren; einen gegnerischen A. unterbinden; **c)** *Gesamtheit der Angriffsspieler:* der A. war ausgesprochen schlecht. **2.** *heftige [aggressive] Kritik; Anfeindung:* versteckte, massive -e gegen jmdn. richten; heftigen -en ausgesetzt sein; die Abwehr von -en gegen den Staat. **3. * etw. in A. nehmen** (*mit etw. beginnen; etw. entschlossen anpacken*): eine Arbeit in A. nehmen.
an|grif|fig (Adj.) (bes. schweiz.): **a)** *kämpferisch, streitbar; draufgängerisch;* **b)** *aggressiv* (2 b): die Säure ist, wirkt zu a. auf die Oberfläche.
An|griffs|be|we|gung, die; **a)** (Militär) *Bewegung der Truppe zum Zweck des Angreifens, der Offensive;* **b)** (Sport) *Bewegung, die den Gegner zur Verteidigung zwingt.*
An|griffs|drit|tel, das (Eishockey): *Drittel* (2 a), *in dem das Tor der gegnerischen Mannschaft steht.*
An|griffs|flä|che, die: *Fläche, die einer bestimmten Kraft, einem bestimmten Einfluss ausgesetzt ist:* er legte sich flach auf den Boden, um dem Wind möglichst wenig A. zu bieten, eine möglichst kleine A. zu bieten; Ü er wollte einem so gefährlichen Mann keinerlei A. bieten.
An|griffs|fuß|ball, der ⟨o. Pl.⟩ (Sport): *betont auf Angriff angelegter, offensiver Fußball.*
An|griffs|geist, der ⟨o. Pl.⟩: *in einer Gemeinschaft entstehende geistige Haltung, die die Angriffslust anregt:* einen Mangel an A. feststellen.
An|griffs|krieg, der: *Krieg, der im Angriff auf fremdes Territorium geführt wird; Aggressionskrieg.*
An|griffs|li|nie, die: **1.** (Volleyball) *Linie, die die hintere Zone (der Verteidiger) von der vorderen Zone (der Angreifer) trennt.* **2.** (Ballsport) *[in einer Linie postierte] angreifende Spieler; Sturm:* die gegnerische A. formierte sich blitzschnell.
An|griffs|lust, die ⟨Pl. selten⟩: *Bereitschaft, jederzeit jmdn. anzugreifen; Aggressivität.*
an|griffs|lus|tig (Adj.): *Angriffslust zeigend.*
An|griffs|punkt, der: **1.** (Militär) *Punkt, an dem ein Angriff* (1 a) *stattfindet od. von dem ein*

Angriff ausgeht. **2.** *Stelle, auf die etw. [schädlich] einwirken kann.*

An|griffs|spiel, das (Sport): *auf Angriff* (1 b) *eingestellte Spielweise:* ein dynamisches A. zeigen.

An|griffs|spie|ler, der (Ballsport): **1.** *Spieler, der offensiv spielt.* **2.** *angreifender Spieler einer Mannschaft, Stürmer.* **3.** (Volleyball) *Netzspieler.*

An|griffs|spie|le|rin, die: w. Form zu ↑ Angriffsspieler.

An|griffs|tak|tik, die: *planmäßiges Vorgehen beim Angriff:* die A. ändern; die A. des Gegners durchschauen.

An|griffs|waf|fe, die (Militär): *Waffe, die speziell für den Angriff* (1 a) *entwickelt wurde.*

an|griffs|wei|se ⟨Adv.⟩: *in der Art eines Angriffs:* eine a. geführte Verteidigung.

An|griffs|ziel, das: *Ziel eines Angriffs* (1 a, 2).

an|grin|sen ⟨sw. V.; hat⟩: *grinsend ansehen:* jmdn. albern, dümmlich, gutmütig a.; die beiden grinsen sich vorsichtig an.

angst in der Wendung *jmdm. ist, wird [es] a.* **[und bange]** *(jmdn. hat, bekommt Angst);* ♦ **a. sein** *(sich fürchten).*

Angst, die; -, Ängste [mhd. angest, ahd. angust, eigtl. = Enge, verw. mit ↑ eng]: *mit Beklemmung, Bedrückung, Erregung einhergehender Gefühlszustand [angesichts einer Gefahr]; undeutliches Gefühl des Bedrohtseins:* eine wachsende, würgende, bodenlose, panische A. befällt, beschleicht, quält jmdn.; die A., schwächer zu sein; jmdm. sitzt die A. im Nacken; A. um jmdn., etw., vor jmdm., etw. haben; er hat A. *(er fürchtet sich);* sie hat A. *(sie befürchtet),* dass alles entdeckt wird; jmdm. durch, mit etw. A. einjagen; jmdn. in A. [u. Schrecken] versetzen; in A. leben; in großer A.; in tausend Ängsten schweben *(in starker Unruhe, Sorge sein);* vor [lauter] A.; A. macht blind (Schnurre, Ich 115); ♦ ... war ihm alle A. jenes schauerlichen Augenblicks *(vor jenem schauerlichen Augenblick)* entnommen (E. T. A. Hoffmann, Bergwerke 19); R die A. hat tausend Namen *(es gibt viele Formen von Angst);* * mehr A. als Vaterlandsliebe haben *(scherzh.; sehr ängstlich, furchtsam sein);* jmdm. A. **[und Bange] machen** *(jmdn. in Angst versetzen);* **es mit der A. [zu tun] bekommen/kriegen** *(plötzlich ängstlich werden, in Panik geraten).*

In der Fachsprache der Psychologie u. Philosophie wird [öfter] zwischen »Angst« als unbegründet, nicht objektbezogen und »Furcht« als objektbezogen differenziert; in der Allgemeinsprache ist diese Differenzierung nicht üblich.

Angst|bei|ßer, der: *Hund, der in Angstsituationen beißt:* Ü die A. in der Partei sinnen auf Rache.

angst|be|setzt ⟨Adj.⟩ (bildungsspr., Fachspr.): *Angst verursachend:* -e Bereiche; Krieg ist ein -es Thema.

angst|er|füllt ⟨Adj.⟩: *von Angst erfüllt, voll[er] Angst; bang:* ein -es Gesicht.

angst|er|re|gend, Angst er|re|gend ⟨Adj.⟩: *bei jmdm. Angst hervorrufend:* ein besonders -er Anblick.

angst|frei ⟨Adj.⟩: *frei von Ängsten, ohne Angstgefühle auszulösen:* -e Erziehung; a. lernen.

Angst|ge|fühl, das: *Anflug von Angst.*

Angst|geg|ner, der (Sportjargon): *Gegner, der jmdm. nicht liegt, den jmd. fürchtet.*

Angst|geg|ne|rin, die: w. Form zu ↑ Angstgegner.

Angst|ge|schrei, das: **a)** *vor Angst ausgestoßene Schreie;* **b)** (Jagdw.) *Geschrei des vom Bock getriebenen weiblichen Rehwildes.*

Angst|ha|se, der (ugs.): *ängstlicher Mensch, Feigling:* du A.!; ist ein A.

ängs|ti|gen ⟨sw. V.; hat⟩: **1.** *in Angst, Sorge, Unruhe versetzen; jmdm. Angst einjagen:* ein unheimlicher Traum ängstigte ihn. **2.** ⟨ä. + sich⟩ *(vor jmdm., etw./um jmdn., etw.) Angst haben; sich (um jmdn., etw.) Sorgen machen:* die Mutter ängstigte sich um ihr Kind; ich ängstige mich vor der Zukunft.

Ängs|ti|gung, die; -, -en: *das Ängstigen, Sichängstigen.*

Angst|kauf, der: *Panikkauf:* Angstkäufe vornehmen.

Angst|klau|sel, die (Bankw.): *Vermerk auf einem Wechsel, mit dem die Haftung für diesen Wechsel ausgeschlossen wird.*

ängst|lich ⟨Adj.⟩ [mhd. angestlich, ahd. angustlīh]: **1. a)** *leicht Angst empfindend:* ein -er Typ; unser Kind ist sehr ä.; sie wirkte ein wenig ä.; **b)** *von Angst erfüllt; verängstigt; besorgt:* ein -es Gesicht machen; ihr wurde ganz ä. zumute; sich ä. umblicken, antworten. **2.** *sehr sorgsam, peinlich genau:* ein Geheimnis ä. hüten. **3.** * **[mit etw.] nicht ä. sein** (landsch.; *nicht dringend, nicht eilig sein*): mit der Rückgabe ist es nicht so ä.; das ist nicht so ä.). ♦ **4.** *beängstigend; Angst, Beklemmung erregend:* ... wie sie den Sarg hinunterließen ..., dann die erste Schaufel hinunterschollerte und die -e Lade einen dumpfen Ton wiedergab (Goethe, Werther II, Der Herausgeber an den Leser [Werthers letzter Brief an Lotte]); ⟨subst.:⟩ Und nun hat selbst Cardillacs Betragen ... für mich etwas sonderbar Ängstliches und Unheimliches (E. T. A. Hoffmann, Fräulein 28).

Ängst|lich|keit, die; -, -en: *das Ängstlichsein; ängstliches Verhalten;* ♦ ... welchen Traum von -en schafft ihr um mich her (Goethe, Epimenides II, 6).

angst|lö|send ⟨Adj.⟩: *einen Angstzustand auflösend, beseitigend:* -e Medikamente.

Angst|lust, die; - (Psychol.): *mit Angst verbundenes Gefühl der Lust, z. B. bei risikoreichen Sportarten wie Skilaufen, Klettern, aber auch bei Masochismus o. Ä.*

Angst|ma|cher, der (ugs.): *jmd., der Angst erweckt od. schürt.*

Angst|ma|che|rei, die; -, -en (abwertend): *absichtsvolles Ängstigen, Einflößen von Angst.*

Angst|ma|che|rin, die: w. Form zu ↑ Angstmacher.

Angst|neu|ro|se, die (Med., Psychol.): *sich in Angstzuständen äußernde Neurose.*

Ång|s|t|röm [ˈɔŋstrœm, auch: ...aːɔːm, auch: ˈaː...], das; -[s], - [nach dem schwed. Physiker A. J. Ångström (1814 bis 1874)] (früher): *veraltete Einheit der Licht- u. Röntgenwellenlänge* (1 Å = 10^{-10} m; Zeichen: Å).

Angst|schrei, der: *vor Angst ausgestoßener Schrei.*

Angst|schweiß, der: *Schweiß, der jmdm. bei Angst ausbricht:* mir brach der A. aus.

Angst|stö|rung, die (Psychol.): *durch bestimmte Ängste sich äußernde psychische Störung.*

Angst|traum, der: *Angst auslösender [Alb]traum:* Es war ein angenehmer Traum, vielmehr ein A., noch jetzt, wenn ich an ihn denke, fühle ich mich schlecht (Kaschnitz, Wohin 48).

angst|ver|zerrt ⟨Adj.⟩: *große Angst widerspiegelnd, von Angst verzerrt:* ein -es Gesicht.

angst|voll ⟨Adj.⟩: *von Angst erfüllt, voller Angst:* -e Stimmung; sich a. umschauen.

Angst|zu|stand, der ⟨meist Pl.⟩: *unkontrollierbares Gefühl der Angst, das physische Störungen (Schwindel, Herzbeklemmung, Ohnmacht u. a.) auslöst; bedingt:* Angstzustände haben, bekommen.

an|gu|cken ⟨sw. V.; hat⟩ (ugs.): **1.** *[in bestimmter Weise] ansehen:* jmdn. komisch a.; jmdn. groß *(verwundert),* erstaunt a.; sich etw. sehr genau a. **2.** *prüfend ansehen, eingehend betrachten:* [sich] einen Text noch einmal genau a. **3.** *(im Kino, im Fernsehen o. Ä.) ansehen:* einen Film, ein Fußballspiel a.

an|gur|ten ⟨sw. V.; hat⟩: *mit einem Sicherheitsgurt auf dem Sitz eines Autos, Flugzeugs festschnallen:* es ist Vorschrift, sich im Auto anzugurten.

Anh. = Anhang.

an|ha|ben ⟨unr. V.; hat⟩: **1.** (ugs.) *ein Kleidungsstück (ausgenommen Kopfbedeckungen) tragen, mit einem Kleidungsstück angetan sein:* wenig, nichts a.; sie hat immer schöne Kleider an; ich sah, dass er neue Schuhe anhatte. **2.** ⟨nur im Inf. in Verbindung mit Modalverben; gewöhnlich verneint⟩ *jmdm., einer Sache Schaden zufügen:* der Sturm konnte dem Boot nichts a.; niemand konnte ihm etwas a. (ugs.; *ihm etwas Nachteiliges nachsagen*). **3.** (ugs.) *eingeschaltet haben:* das Radio, den Fernsehapparat a.; sie hatte kein Licht an.

an|haf|ten ⟨sw. V.; hat⟩: **1.** *an jmdm., etw. haften, kleben:* der Schmutz haftet an dieser Stelle fest an; anhaftende Farbreste. **2.** *jmdm., einer Sache eigen sein, zugehören:* ein Nachteil, ein Risiko haftet dieser Sache an; Es blieben Geschäfte, denen ein Risiko anhaftete (Jünger, Bienen 6).

an|ha|ken ⟨sw. V.; hat⟩: **1.** *mit einem Haken an etw. befestigen:* er hakte die Feldflasche am Gürtel an. **2.** *in einer Liste durch einen Haken kennzeichnen:* Daten, Namen auf einer Liste a.

an|hal|tern ⟨sw. V.; hat⟩: *einem Pferd das Halfter anlegen.*

¹**An|halt,** der; -[e]s, -e ⟨Pl. selten⟩: **1.** *Anhaltspunkt, Erklärung:* keinen A. für ein Verdacht haben; einen A. für, zu etw. suchen, finden. ♦ **2.** *Halt* (2): Fast wären sie in ihrer Eile ohne A. durch Seldwyla gefahren (Keller, Kleider 53).

²**An|halt:** *Land des Deutschen Reichs.*

an|hal|ten ⟨st. V.; hat⟩: **1. a)** *zum Halten, zum Stillstand bringen, stoppen:* das Fahrzeug, den Wagen a.; von einer Streife angehalten werden; den Schritt a. *(stehen bleiben);* die Luft a. *(zurückhalten);* **b)** *stehen bleiben, zum Stillstand kommen, innehalten:* das Auto hielt vor dem Haus an. **2.** *[durch wiederholte Hinweise] zu etw. anleiten, erziehen:* ein Kind zur Sauberkeit a.; die Schülerinnen u. Schüler [dazu] a., selbstständig zu arbeiten. **3.** *andauern, fortdauern:* das schöne Wetter, seine gute Laune hält [immer noch, schon einige Tage] an. **4.** (veraltet) *die Eltern eines Mädchens um die Erlaubnis bitten, ihre Tochter heiraten zu dürfen:* um die Hand der Tochter a. **5.** *an jmdm., etw. halten, anlegen:* ich hielt mir den Rock [zur Probe] an. **6.** ⟨a. + sich⟩ *sich [an etw.] festhalten, sich stützen:* du musst dich am Geländer, an einem Freund a. ♦ **7. a)** (landsch.) *zu etw. drängen, zu einem Tun ermahnen:* ... je mehr man ihr anhielt, umso härter schiene sie zu werden (Gotthelf, Spinne 49); **b)** *gefangen halten:* ... wurde jener ... arretiert und eine ziemliche Zeit gefänglich angehalten worden (Goethe, Dichtung u. Wahrheit 15).

an|hal|tend ⟨Adj.⟩: *unaufhörlich, ununterbrochen, permanent, ausdauernd:* -er Regen; ein -es Wachstum der Wirtschaft; die -e Schwäche des Dollars; er hielt trotz -er Kritik an seinem Entschluss fest; a. husten, lachen.

♦ **An|hal|te|punkt,** der: *Anhaltspunkt:* Diese sind denn auch mit die -e, an welche ich ... den stellenweis unterbrochenen Faden meiner Chronik wieder anknüpfe (Raabe, Chronik 19).

¹**An|hal|ter,** der; -s, -: *Tramper:* als A. unterwegs sein; * **per A. fahren/reisen** (ugs.; *trampen*).

²**An|hal|ter:** ↑ Anhaltiner.

¹**An|hal|te|rin,** die; -, -nen: w. Form zu ↑ ¹Anhalter.

²**An|hal|te|rin,** die; -, -nen: w. Form zu ↑ ²Anhalter.

An|hal|ti|ner, ²Anhalter, der; -s, -: Ew.

Anhaltinerin – anhimmeln

An|hal|ti|ne|rin, die; -, -nen: w. Form zu ↑ Anhaltiner.

an|hal|ti|nisch: ↑ anhaltisch.

an|hal|tisch, anhaltinisch ⟨Adj.⟩: ²Anhalt betreffend.

◆ **An|halt|sam|keit,** die; -: *Beharrlichkeit, Ausdauer:* ... er hatte alles nur durch unsäglichen Fleiß, A. und Wiederholung erworben (Goethe, Dichtung u. Wahrheit I).

An|halts|punkt, der: *Stütze für eine Annahme; Hinweis:* einen A. geben, suchen, finden, bieten; es gab neue -e für ihre Schuld.

¹**an|hand** ⟨Präp. mit Gen.⟩: *mithilfe:* a. des Zeugnisses; a. der Indizien.

²**an|hand** ⟨Adv.⟩: *mithilfe:* a. von Indizien, Gewebeproben.

An|hang, der; -[e]s, Anhänge: **1.** *nachträglicher schriftlicher Zusatz, Nachtrag* (Abk.: Anh.): der A. zu dem Vertrag; ein A. von fünfzig Seiten; die Anmerkungen befinden sich im A. ⟨o. Pl.⟩ **a)** *Anhängerschaft, Freundes-, Bekanntenkreis:* diese Bewegung hat keinen großen A.; mit etw. A. gewinnen; **b)** (ugs.) *Verwandtschaft; Angehörige:* Mann, Frau ohne A.

An|hän|ge|kupp|lung: ↑ Anhängerkupplung.

¹**an|hän|gen** ⟨st. V.; hat⟩ (geh.): **1.** *mit jmdm., einer Sache verknüpft sein; jmdm., einer Sache anhaften:* das Gefühl der Schuld wird ihm immer a. **2.** *sich jmdm., einer Sache verschrieben haben, zugehörig fühlen:* einer Sekte, der neuen Mode, einer Lehre, einem Glauben a.; ... weil er dem Glauben anhing, Zwiebeln seien gut zu Beflügelung des Geistes (Lenz, Suleyken 123). **3.** *(von Speisen) sich beim Kochen am Topfboden festsetzen [u. anbrennen]:* dass nur nicht der Kohlrabi unten im Topf anhängt.

²**an|hän|gen** ⟨sw. V.; hat⟩: **1. a)** *etw. an etw. hängen:* ein Schildchen [an die Tür] a.; den Mantel [an einen Haken] a.; **b)** *(ein Fahrzeug [mit einem anderen]) befestigen, ankuppeln:* einen Schlafwagen [an den Zug] a.; den Wohnwagen a. **2.** ⟨a. + sich⟩ **a)** *sich an etw. festklammern, hängen:* die Jungen hängen sich an den Wagen an; **b)** (ugs.) *sich jmdm., einem Lauf, Fahren usw. unmittelbar anschließen:* ich hängte mich an meinen Vordermann, an die Autoschlange an. **3.** *an etw. anschließen, anfügen:* ein Nachwort a.; an die Tagung noch 5 Tage Urlaub a. **4.** (ugs. abwertend) **a)** *jmdm. etw. [Übles] zuschreiben, aufbürden, in die Schuhe schieben:* jmdm. einen Betrug, einen Diebstahl a.; Wie ich höre, soll mein treuester Freund nun ein Gerichtsverfahren angehängt werden (Biermann, Klartexte 19); **b)** *jmdm. etw. [Unbrauchbares, Schlechtes] verkaufen, andrehen:* jmdm. eine ganze Lieferung schlechter Ware a.

An|hän|ger, der; -s, -: **1.** *jmd., der entschieden, überzeugt für jmdn., eine bestimmte Sache, politische Richtung o. Ä. eintritt:* ein leidenschaftlicher, glühender, überzeugter A. des Liberalismus, seiner Partei sein; ein A. des Rechtsstaates; seine Lehre hatte viele A. **2.** *angehängter Wagen ohne eigenen Antrieb.* **3.** *Schmuckstück, das an einer Kette getragen wird:* ein wertvoller A.; sie trug einen A. aus Rosenquarz. **4.** *Schildchen mit Namen, Adresse od. Nummer, das an einem Gepäckstück befestigt wird:* einen A. am Koffer befestigen. **5.** (landsch.) *Aufhänger an Kleidungs- u. Wäschestücken:* der A. des Handtuchs ist abgerissen.

An|hän|ge|rin, die; -, -nen: w. Form zu ↑ Anhänger (1).

An|hän|ger|kupp|lung, Anhängekupplung, die (Kfz-Technik): *Kupplung, die einen Anhänger (2) mit einem Fahrzeug verbindet.*

An|hän|ger|schaft, die; -, -en: *Gesamtheit der Anhängerinnen u. Anhänger (1):* seine ver-größert sich; die gesamte A. [für eine Aktion] mobilisieren.

An|hän|ger|zahl, die: *Zahl der Anhängerinnen u. Anhänger (1).*

An|hän|ge|vor|rich|tung, die (Kfz-Technik): *Anhängerkupplung.*

an|hän|gig ⟨Adj.⟩: *in den Wendungen* -es Verfahren *(schwebendes Verfahren);* etw. a. machen *(vor Gericht bringen);* a. sein *(bei Gericht zur Entscheidung stehen).*

An|hän|gig|keit, die; - (Rechtsspr.): *das Anhängigsein.*

an|häng|lich ⟨Adj.⟩: *an jmdm. sehr hängend, treu:* eine -e Art; der Hund ist sehr a.

An|häng|lich|keit, die; -: *anhängliche Haltung:* aus [alter] A.; Zahme Nachtraubvögel entwickeln eine große A. an ihre Besitzer (Hildesheimer, Legenden 98).

an|hang|los ⟨Adj.⟩: *ohne Anhang (2 b):* er ist alt und a.

An|häng|sel, das; -s, -: **1.** *kleines Schmuck- od. Erinnerungsstück, das an einer Kette o. Ä. getragen werden kann.* **2.** *als minderwertig, überflüssig betrachtete Begleiterscheinung von etw.:* in der Fabrik waren die Arbeiter nur A. der Maschinen; War der Patient nur eine Nummer hier, lästiges A. eines Krankenscheins? (Koeppen, Rußland 157).

An|hauch, der; -[e]s (geh.): **1.** *[gegen jmdn., etw. gerichteter] Hauch:* mein A. lässt die Eisblumen langsam schmelzen; Ü ein A. des Unheimlichen.

an|hau|chen ⟨sw. V.; hat⟩: **1.** *jmdn. [im Gesicht], etw. mit seinem Atem berühren, auf jmdn., etw. hauchen:* einen Spiegel, die Brille [zum Reinigen] a.; Ü ihre Wangen waren rosig angehaucht sein *(eine leicht grün, alternativ, marxistisch ausgerichtete Haltung einnehmen).* **2.** (salopp) *jmdn. heftig anfahren, zurechtweisen, tadeln:* der Chef hat ihn ordentlich angehaucht.

an|hau|en ⟨unr. V.; hieb/(ugs.:) haute an, hat angehauen⟩: **1.** *mit einem Werkzeug zu schlagen, zu hauen beginnen:* er hieb mit der Axt an den Baum an. **2.** (salopp) *jmdn. plump-vertraulich ansprechen, um von ihm etw. zu erbitten od. zu erreichen:* jmdn. um 50 Euro a. ◆ **3.** (landsch.) *anschneiden (1 a), anbrechen:* Lange wollte die Gotte nicht zulassen, dass ihretwegen die Zöpfe (= Weißbrot in Zopfform) angehauen würden (Gotthelf, Spinne 9). **4.** (ugs.) *anstoßen, anschlagen:* sich den Kopf an der Tür a.; sich das Knie am Stuhlbein a.

an|häu|fen ⟨sw. V.; hat⟩: **a)** *zusammentragen, sammeln u. aufbewahren, aufspeichern:* Vorräte, Reichtümer a.; **b)** ⟨a. + sich⟩ *sich [an]sammeln, auflaufen:* die Arbeit häuft sich immer mehr an.

An|häu|fung, die; -, -en: **1.** *das Anhäufen, Sichanhäufen:* die A. von Kernwaffen. **2. a)** *etw., was angehäuft worden ist;* **b)** *etw., was sich angehäuft hat.*

an|he|ben ⟨st. V.; hat⟩: **1.** *ein wenig hochheben:* einen Schrank, die Gläser a. **2.** *erhöhen:* Preise, Gebühren a.; die Löhne um 10 % a.; die Mehrwertsteuer von 16 % auf 17 % a. **3.** ⟨Prät. veraltet: hub a.⟩ (geh.) *[mit einer Tätigkeit o. Ä.] beginnen:* von Neuem zu sprechen a.; Der Gesang hob an; Wir krochen ... am Rande des Feldes entlang, dann setzten wir uns, um den Regen mitanzusehen, wenn es zu regnen anhübe (Tucholsky, Werke II, 504).

An|he|bung, die; -, -en: *das Anheben (1, 2).*

an|hef|ten ⟨sw. V.; hat⟩: *mit großen Stichen, mit Nadeln, Heftklammern u. a. an etw. heften, [lose] an etw. befestigen:* den Saum a.; mit Reißnägeln ein Schild a.; einen Zettel an die/an der Tür a.; jmdm. einen Orden [an das Revers] a.

An|hef|tung, die; -, -en: *das Anheften.*

an|hei|len ⟨sw. V.; ist⟩: *in einem Heilungsprozess wieder anwachsen:* die Haut ist völlig angeheilt.

an|hei|meln ⟨sw. V.; hat⟩ [zu ↑ Heim]: *jmdn. behaglich, vertraut anmuten:* das Zimmer heimelte ihn an.

an|hei|melnd ⟨Adj.⟩: *vertraut, behaglich wirkend, heimelig:* eine -e Atmosphäre, Wärme; Karg und öd war es, und doch a. (Strauß, Niemand 215).

an|heim|fal|len ⟨st. V.; ist⟩ (geh.): **1.** *als Eigentum zufallen:* die Güter der Flüchtlinge fielen dem Staat anheim. **2.** *einer Sache zum Opfer fallen:* der Vergessenheit a.; der Zerstörung, einem Betrug a.

an|heim|ge|ben ⟨st. V.; hat⟩ (geh.): **a)** *anvertrauen, übergeben:* das Kind wird der Obhut der Schwester anheimgegeben; **b)** ⟨a. + sich⟩ *hingeben:* sich dem leichten Schaukeln des Bootes a.; ... es war ihm nicht gegeben, gedankenlos sich einer Anziehung anheimzugeben (Hesse, Narziß 39).

an|heim|stel|len ⟨sw. V.; hat⟩ (geh.): *jmdm. etw. ²überlassen (3); etw. in jmds. Ermessen stellen:* ich stelle das Ihnen, Ihrem Belieben anheim.

an|hei|schig [unter Anlehnung an ↑ heischen zu mhd. anthei3ec = verpflichtet, zu mhd., ahd. anthei3 = Gelübde]: *nur in der Wendung* sich a. machen *(geh.; sich erbieten; sich verpflichten [zur Lösung eines schwierigen Sachverhalts]:* ich machte mich a., Beweise zu liefern).

an|hei|zen ⟨sw. V.; hat⟩: **1.** *(in einem Ofen o. Ä.) ein Feuer entfachen, zu heizen beginnen:* den Ofen, den Herd a. **2.** (ugs.) **a)** *steigern, größer, heftiger, stärker werden lassen; schüren:* die Stimmung, die Spannung, die Inflation a.; eine Diskussion über etw. a.; eine angeheizte Atmosphäre; **b)** *jmdn. in eine angeregte, ausgelassene, ekstatische o. ä. Stimmung versetzen:* die Bands heizten das Publikum an.

An|hei|zer, der; -s, - (ugs.): *jmd., der anheizt.*

An|hei|ze|rin, die; -, -nen: w. Form zu ↑ Anheizer.

◆ **an|her** ⟨Adv.⟩: *hierher:* Mit nicht geringer Erwartung segelte er a. (Keller, Das Sinngedicht 60).

an|herr|schen ⟨sw. V.; hat⟩: *in herrischem, heftigem Ton zurechtweisen:* jmdn. grob, barsch, wütend a.; sie herrschte ihn wegen seines Fehlers an.

an|het|zen ⟨sw. V.; ist⟩ (ugs.): *in großer Hast, erschöpft, atemlos herankommen:* da vorne hetzt er an; ⟨meist im 2. Part. in Verbindung mit »kommen«:⟩ jeden Morgen kommt er als Letzter angehetzt.

an|heu|ern ⟨sw. V.; hat⟩: **1.** (Seemannsspr.) **a)** *auf einem Schiff in Dienst stellen, zum Dienst auf einem Schiff anwerben:* Matrosen, einen Schiffskoch a.; **b)** *auf einem Schiff in Dienst treten:* er heuerte auf der »Bremen« an. **2.** (ugs.) **a)** *anwerben:* ein Model für die Modenschau a.; **b)** *in Dienst treten:* der Masseur würde gern in unserem Hotel a.

an|heu|len ⟨sw. V.; hat⟩: **1.** *sich mit Geheul gegen jmdn., etw. wenden:* der Hund heult den Mond an. **2.** *mit einem (infolge der hohen Geschwindigkeit) heulenden Ton herankommen:* ein schweres Motorrad heulte an; ⟨meist im 2. Part. in Verbindung mit »kommen«:⟩ der Rennwagen kam angeheult.

An|hieb: nur in der Wendung auf [den ersten] A. (*beim ersten Versuch, sofort, gleich zu Beginn:* auf [den ersten] A. etw. bewirken, erreichen können; alles klappte auf A.; etw. auf A. schaffen; sie verstanden sich auf A.).

An|him|me|lei, die; -, -en (ugs. abwertend): *beständiges Anhimmeln.*

an|him|meln ⟨sw. V.; hat⟩ (ugs.): **a)** *schwärmerisch ansehen:* sie himmelte ihn den ganzen Abend an; **b)** *schwärmerisch verehren:* die Schauspielerin wurde von Millionen Verehrern angehimmelt.

An|him|me|lung, (seltener:) **An|himm|lung,** die; -, -en: *das Anhimmeln; das Angehimmeltwerden.*

an|hin ⟨Adv.⟩ (schweiz.): *bisher:* wie a.; * *bis a. (bis jetzt, bisher).*

An|hö|he, die; -, -n: *mäßig hohe Erhebung im Gelände:* felsige -n; eine kleine A.; auf einer A. stehen.

an|hö|ren ⟨sw. V.; hat⟩: **1. a)** *bereitwillig, aufmerksam zuhören, was jmd. als Anliegen o. Ä. vorträgt, jmdm. Gehör schenken:* jmds. Beschwerden, Klagen a.; ich hörte mir die Pläne meines Freundes geduldig an; »So hören Sie mich doch zu Ende an«, sagte ich leise (Seghers, Transit 70); **b)** *[etw.] aufmerksam, bewusst bis zu Ende hören:* ein Konzert, eine Debatte, eine Rede a.; heute Abend höre ich mir [im Radio] ein Hörspiel an; eine CD a. **2.** *etw. unbeabsichtigt, unfreiwillig hören, mithören:* ein Gespräch am Nachbartisch [mit] a.; ich kann das nicht mehr mit a. *(es regt mich auf, wird mir lästig o. Ä.)* **3.** *jmdm. an der Stimme, an den Äußerungen oder deren Art etw. anmerken:* man hörte ihr die Verzweiflung an. **4.** ⟨a. + sich⟩ *durch einen typischen Klang, ein typisches Geräusch einen bestimmten Eindruck vermitteln:* das hört sich aber hässlich, nach Zank an; es hörte sich an, als ob sie stritten.

An|hö|rung, die; -, -en: **1.** *öffentliche] Befragung von Fachleuten, Sachverständigen, Zeugen zu einem bestimmten Thema, Fall o. Ä. durch einen Untersuchungsausschuss, das Parlament o. Ä.; Hearing:* eine A. zum Bebauungsplan. **2.** *das Anhören, Befragen:* ein Verfahren mit A. von Zeugen.

An|hö|rungs|ver|fah|ren, An|hör|ver|fah|ren, das: *Verfahren einer Anhörung, eines Hearings:* ein A. vorbereiten, einleiten.

an|hus|ten ⟨sw. V.; hat⟩: **1.** *jmdm. ins Gesicht husten:* huste mich bitte nicht an! **2.** (salopp) *jmdn. heftig anfahren, zurechtweisen, tadeln:* der Chef hat ihn angehustet.

An|hy|d|rid, das; -s, -e [zu griech. ánhydros = wasserlos] (Chemie): *Verbindung, die durch Wasserentzug entstanden ist.*

An|hy|d|rit [auch: ...ˈdrɪt], der; -s, -e (Mineral.): *wasserfreier Gips.*

Änig|ma: ↑ Enigma.

Anil|in, das; -s [zu port. anil = Indigopflanze < arab. an-nīl; Anilin wurde erstmals aus Indigo gewonnen] (Chemie): *farblose, ölige Flüssigkeit als Ausgangsstoff für zahlreiche Arzneimittel, Farb- u. Kunststoffe.*

Ani|lin|le|der, das: *bereits während des Gerbens gefärbtes Leder.*

Ani|ma, die; -, -s [lat. anima, eigtl. = Lufthauch, Atem]: **1.** (Philos.) *Seele.* **2.** ⟨o. Pl.⟩ (Psychol.) *Seelenbild der Frau im Unbewussten des Mannes* (nach C. G. Jung). **3.** *aus unedlem Metall bestehender innerer Kern einer mit Edelmetall überzogenen Münze.*

ani|ma|lisch ⟨Adj.⟩ [zu lat. animal = Tier, Lebewesen]: **a)** *vom Tier stammend, tierisch:* -er Dünger; **b)** *tierhaft, urwüchsig-kreatürlich:* -e Wärme ausstrahlen; **c)** *triebhaft:* das bereitet ihm ein geradezu -es Vergnügen; -er Hass.

Ani|ma|teur [...ˈtøːɐ̯], der; -s, -e [frz. animateur = Unterhalter; Initiator, zu: animer, ↑ animieren]: *jmd., der von einem Reiseunternehmen o. Ä. zu dem Zweck angestellt ist, den Gästen Spiele, Sport o. a. Möglichkeiten für die Gestaltung ihres Urlaubs anzubieten.*

Ani|ma|teu|rin [...ˈtøːrɪn], die; -, -nen: w. Form zu ↑ Animateur.

Ani|ma|ti|on, die; -, -en [lat. animatio = das Beleben]: **1.** *organisierte Sport- und Freizeitaktivitäten für Urlauber bes. in Ferienklubs.* **2.** (Film) *Verfahren, das unbelebten Objekten im Trickfilm Bewegung verleiht.* **3.** Kurzf. von ↑ Computeranimation.

Ani|ma|ti|ons|film, der: *Trick-, Zeichentrickfilm.*

ani|ma|to ⟨Adv.⟩ [ital. animato < lat. animatus = beseelt] (Musik): *lebhaft, belebt, beseelt.*

Ani|ma|tor, der; -s, ...oren [lat. animator = Beleber] (Film): *Trickzeichner.*

Ani|ma|to|rin, die; -, -nen: w. Form zu ↑ Animator.

Ani|me [auch: ˈanime:], der; -[s], -s [engl. anime, aus den Jap.]: *japanischer Zeichentrickfilm.*

Ani|mier|da|me, die: *möglichst verführerisch zurechtgemachte Frau, die in [Nacht]lokalen die Gäste, bes. Männer, zum Trinken von Alkohol animiert:* sie arbeitete als A.

ani|mie|ren ⟨sw. V.; hat⟩ [frz. animer < lat. animare = beseelen]: **1.** *anregen; ermuntern; in Stimmung versetzen; bei jmdm. Lust zu etw. wecken:* jmdn. zum Trinken, zu einem neuen Vorhaben a.; animierende Musik. **2.** (Film) *aus einer Folge einzelner, den Bewegungsablauf wiedergebender Bilder einen Film drehen.*

Ani|mier|lo|kal, das: *[Nacht]lokal mit Animierdamen.*

Ani|mier|mäd|chen, das: *Animierdame.*

Ani|mis|mus, der; -, ...men [zu lat. anima = Seele]: **1.** (Völkerkunde) *Glaube, dass die Dinge der Natur beseelt od. Wohnsitz von Geistern sind:* primitiver A. **2.** (Parapsychol.) *Theorie innerhalb des Okkultismus, die parapsychologische Erscheinungen auf die Einwirkung lebender Personen zurückführt.* **3.** *Lehre von der unsterblichen Seele als oberstem Prinzip des Organismus.*

ani|mis|tisch ⟨Adj.⟩: *die Lehre des Animismus* (3) *vertretend, sie betreffend.*

Ani|mo, das; -s [ital. animo < lat. animus, ↑ Animus] (österr.): **a)** *Schwung, Lust:* die Musiker sind mit A. bei der Sache; **b)** *Vorliebe:* er hat ein A. für gutes Essen.

Ani|mo|si|tät, die; -, -en [lat. animositas] (geh.): **a)** *feindselige Einstellung:* eine A. gegen jmdn., etw. haben; **b)** *feindselige Äußerung:* in der Zeitung standen ein paar -en gegen den Kandidaten.

Ani|mus, der [lat. animus = Seele; Gefühl, Gemüt]: **1.** (Psychol.) *Seelenbild des Mannes im Unbewussten der Frau* (nach C. G. Jung). **2.** (ugs. scherzh.) *Ahnung [die einer Aussage od. Entscheidung zugrunde gelegen hat u. die durch die Tatsachen bestätigt u. als eine Art innerer Eingebung angesehen wird]:* mein A. hat mich den rechten Weg geführt; ich habe da so einen A.

An|ion [ˈanjoːn], das; -s, Anionen [zu griech. aná = hinauf u. ↑ Ion] (Physik, Chemie): *negativ geladenes elektrisches Teilchen, das bei der Elektrolyse zur Anode wandert.*

an|io|nisch ⟨Adj.⟩ (Physik, Chemie): *das Anion betreffend.*

Anis [aˈniːs, auch, österr. u. schweiz. nur: ˈanɪs], der; -[es], -e [mhd. anīs < lat. anisum < griech. ánison, ánēs(s)on, ánēthon = Dill]: **1. a)** *(zu den Doldengewächsen gehörende) Pflanze mit kleinen weißen Doldenblüten, die als Gewürz- u. Heilpflanze verwendet wird;* **b)** *als Gewürz verwendete dem Kümmel ähnliche getrockneten Früchte des Anis* (1 a). **2.** *auf der Grundlage von Anis* (1 b) *hergestellter Branntwein.*

Anis|bröt|chen, das (schweiz.): *Anisplätzchen.*

Anis|öl, das: *aus den Früchten des Anis gewonnenes Öl zur Herstellung von Medikamenten u. Gewürz.*

an|iso|trop ⟨Adj.⟩: *die Anisotropie betreffend; Anisotropie aufweisend.*

An|iso|tro|pie, die; - [aus griech. an- = nicht, un- u. ↑ Isotropie]: **1.** (Biol.) *Fähigkeit von bestimmten Organismen, unter gleichen Bedingungen verschiedene Wachstumsrichtungen anzunehmen.* **2.** (Physik) *Richtungsabhängigkeit verschiedener physikalischer und chemischer Eigenschaften eines Stoffes, insbesondere bei Kristallen.*

Anis|plätz|chen, das: *mit Anis* (1 b) *gewürztes Plätzchen.*

Anis|schnaps, der: *auf der Grundlage von Anis* (1 b) *hergestellter Schnaps.*

an|ja|gen ⟨sw. V.; ist⟩ (ugs.): *in großer Hast herankommen:* (meist im 2. Part. in Verbindung mit »kommen«:) sie kamen auf ihren Motorrädern angejagt.

♦ **an|jetzt** ⟨Adv.⟩ [verstärkende Bildung]: *jetzt:* Da fanden sich auch ... seine Verwandten a. (Goethe, Reineke Fuchs 12, 215 f.); Vergiss a., was du gelitten (Novalis, Heinrich 47).

an|kämp|fen ⟨sw. V.; hat⟩: *gegen jmdn., etw. kämpfen, vorgehen, Widerstand leisten:* gegen den Sturm, gegen die Wellen a.; sie kämpften gegen das Regime an; Ü gegen den Schlaf, die Inflation a.

An|ka|ra: Hauptstadt der Türkei.

an|kar|ren ⟨sw. V.; hat⟩ (ugs.): *eine größere Ladung von etw. anfahren:* Kartoffeln, Kohlen a.

An|ka|the|te, die; -, -n (Math.): *einem der beiden spitzen Winkel eines rechtwinkligen Dreiecks als dessen einer Schenkel anliegende Kathete.*

an|kau|en ⟨sw. V.; hat; meist im 2. Part. gebr.⟩: *(an etw.) kauen:* ein angekauter Bleistift.

An|kauf, der; -[e]s, Ankäufe: *Kauf, Erwerb:* der A. des Geländes, von Wertpapieren, Altgold, Grundstücken; Ankäufe machen, tätigen.

an|kau|fen ⟨sw. V.; hat⟩: **1.** *durch Kauf erwerben:* Aktien, Getreide a.; die Galerie hat ein Gemälde von einem niederländischen Meister angekauft; der Sender hat eine Unterhaltungsserie angekauft. **2.** ⟨a. + sich⟩ *ein Grundstück, ein Haus, eine Wohnung kaufen, um dort zu leben:* sie hat sich in einem kleinen Ort im Gebirge angekauft.

An|käu|fer, der; -s, -: *jmd., der etw. ankauft; Käufer.*

An|käu|fe|rin, die: w. Form zu ↑ Ankäufer.

An|kaufs|etat, der: *für eine bestimmte Frist festgesetzter Geldbetrag, der für Ankäufe ausgegeben werden kann:* der A. des Landesmuseums.

an|keh|rig ⟨Adj.⟩ [zu landsch. ankehren = zur Hand nehmen] (schweiz.): *anstellig, geschickt.*

an|kei|fen ⟨sw. V.; hat⟩: *mit keifender Stimme zurechtweisen:* das Ehepaar keift sich an.

¹**An|ker,** der; -s, - [(m)niederl. anker < mlat. anc(h)eria = kleine Tonne, H. u.]: *früheres Flüssigkeitsmaß von etwa 34 bis 39 Litern.*

²**An|ker,** der; -s, - [mhd., spätahd. anker < lat. ancora < griech. ágkyra, eigtl. = Gebogenes, Gekrümmtes, verw. mit ↑ Angel]: **1.** *schweres eisernes, an einer Kette od. einem Tau befestigtes, meist zweiarmiges hakenartiges Gerät, das vom Schiff auf den Grund eines Gewässers hinabgelassen wird, wo es sich festhakt u. dadurch das Schiff an seinem Platz festhält:* den A. auswerfen, einholen; den A. hieven, lichten; einen Sturm vor A. abwettern; klar bei A.!; * *sich vor A. legen* (den Anker auswerfen); *vor A. liegen/treiben* (mit dem Anker am Grund festgemacht sein); *A. werfen/vor A. gehen* (1. *den Anker auswerfen.* ugs.; *an einer Stelle, bei jmdm. Rast machen, sich niederlassen:* Hier warf ich A., hier war es für eine Stunde auszuhalten [Hesse, Steppenwolf 47]). **2.** (Uhrmacherei) *ankerförmiges bewegliches Teil der mechanischen Steuerung der Uhr.* **3.** (Bauw.) *Eisenhaken zur Befestigung von Mauerwerk, Balken o. Ä.* **4.** (Elektrot.) *beweglicher Teil eines elektromagnetischen Geräts, der von einem Magneten angezogen wird.*

An|ker|bo|je, die (Seew.): *Boje, die auf der Wasseroberfläche die Lage des ²Ankers (1) anzeigt.*
An|ker|ket|te, die (Seew.): *schwere, bes. bruchfeste Kette als Verbindung zwischen Schiff u. ²Anker (1).*
An|ker|kreuz, das (Kunstwiss.): *Kreuz mit ankerförmig auslaufenden Balken.*
An|ker|mie|ter, der (Fachspr.): *Mieter in einem Einkaufszentrum od. einer sonstigen gewerblichen Immobilie, der eine große Anziehungskraft auf Kunden u. auf andere Mieter ausübt.*
an|kern ⟨sw. V.; hat⟩: **a)** *den ²Anker (1) auswerfen, vor Anker gehen: das Schiff muss im nächsten Hafen a.;* **b)** *vor ²Anker (1) liegen: das Schiff ankert hier schon einen Monat; Die Stadt liegt an einem Fluss, ... auf dem zahlreiche Segelschiffe ankern* (Kempowski, Zeit 7).
An|ker|platz, der (Seew.): *Stelle zum Ankern.*
An|ker|tau, das (Seew.): *Tau, das einen leichteren ²Anker (1) mit dem Schiff verbindet.*
An|ker|wi|cke|lei, die; -, -en: *Werkstatt, in der Elektromotoren repariert werden.*
An|ker|wick|lung, die (Elektrot.): *Umwicklung eines ²Ankers (4) mit Leitungsdraht.*
An|ker|win|de, die (Seew.): *Vorrichtung zum Hochziehen des ²Ankers (1).*
an|ket|ten ⟨sw. V.; hat⟩: *mit einer Kette an etw. festmachen, an die Kette legen: das Fahrrad an einen, an einem Zaun a.; du musst den Hund unbedingt a.; die Gefangenen waren alle angekettet; die Jugendlichen ketteten sich aus Protest an die Fabriktore an;* Ü *durch unseren Besuch sind wir zurzeit sehr angekettet* (ugs.; *zeitlich beansprucht, gebunden*).
an|keu|chen ⟨sw. V.; ist⟩ (ugs.): *in großer Hast, keuchend herankommen: stöhnend keuchte er mit zwei großen Koffern an;* ⟨meist im 2. Part. in Verbindung mit »kommen«:⟩ *sie kamen in letzter Sekunde angekeucht.*
an|kie|ken ⟨sw. V.; hat⟩ (nordd.): *ansehen: du kannst dir das Boot ja mal a.*
an|kip|pen ⟨sw. V.; hat⟩: *ein wenig* ↑ *kippen (2): den Schrank [etwas] a.; die Fenster sind angekippt; ... sind die Fenster so gebaut, dass man sie nur a., also den Kopf nicht hinausstecken kann* (Plenzdorf, Legende 191).
an|kläf|fen ⟨sw. V.; hat⟩ (ugs.): *wütend, laut anbellen: der Köter kläffte mich die ganze Zeit an.*
An|kla|ge, die; -, -n: **1.** ⟨o. Pl.⟩ **a)** *Klage, Beschuldigung vor Gericht: die A. lautet auf Totschlag; eine A. wegen Betrugs; die A. stützt sich auf Indizien; A. gegen jmdn. erheben; eine A. einreichen, zurückziehen; unter A. stehen; jmdn., etw. zur A. bringen* (Papierdt.; *anklagen*); *es ist noch offen, ob es zur A. kommt;* **b)** *Anklagevertretung: die A. wirft ihm Untreue vor; die Plädoyers der A. und der Verteidigung.* **2.** *Klage, Vorwurf, Beschuldigung: massive, flammende -n gegen jmdn. vorbringen; soziale -n.*
An|kla|ge|bank, die ⟨Pl. [selten] ...bänke⟩: *Bank im Gericht, die für den Angeklagten bestimmt ist: sie brach auf der A. zusammen.*
An|kla|ge|be|hör|de, die: *Staatsanwaltschaft.*
An|kla|ge|er|he|bung, die (Rechtsspr.): *Antrag auf gerichtliche Voruntersuchung od. Einreichung einer Anklageschrift.*
an|kla|gen ⟨sw. V.; hat⟩: **1.** *vor Gericht zur Verantwortung ziehen, beschuldigen; gegen jmdn. Anklage (1 a) wegen etw. erheben: jmdn. des Hochverrats, des Mordes an jmdm. a.; er wurde angeklagt und zum Tode verurteilt; das Gericht hat ihn wegen Hochverrats angeklagt; der Richter sprach die angeklagten Männer des Mordes schuldig.* **2.** *wegen etw. beschuldigen, für etw. verantwortlich machen: er klagte sich als der eigentliche Schuldige/(seltener:) den eigentlichen Schuldigen an; der Film klagt die sozialen Missstände an* ⟨zeigt sie in anklägerischer Weise⟩; *Das ist mir ganz einerlei, ob dieser oder jener mich wegen der Selbstgefälligkeit anklagt* (Th. Mann, Krull 18).
An|kla|ge|punkt, der: *einzelner Punkt der Anklage[schrift].*
An|klä|ger, der; -s, -: *jmd., der vor Gericht die Anklage vertritt: der öffentliche A.*
An|klä|ge|rin, die: w. Form zu ↑ Ankläger.
an|klä|ge|risch ⟨Adj.⟩: *anklagend, vorwurfsvoll: in -em Ton; ihr Blick war a.*
An|kla|ge|schrift, die (Rechtsspr.): *vom Staatsanwalt eingereichte Schrift, die alle Punkte der Anklage zusammenfasst.*
An|kla|ge|ver|tre|ter, der (Rechtsspr.): *vom Gericht bestellter Ankläger, bes. Staatsanwalt.*
An|kla|ge|ver|tre|te|rin, die: w. Form zu ↑ Anklagevertreter.
An|kla|ge|ver|tre|tung, die: *Vertreter der Anklage; Staatsanwaltschaft.*
an|klam|mern ⟨sw. V.; hat⟩: **1.** *mit einer Klammer an etw. befestigen: Kleidungsstücke an den Wäscheleine a.; eine Fotokopie an einen/an einem Brief a.* **2.** ⟨a. + sich⟩ *sich krampfhaft festhalten: das Kind klammerte sich ängstlich an die/an der Mutter an;* Ü *sich an eine Hoffnung a.*
An|klang, der; -[e]s, Anklänge: **1.** *Ähnlichkeit, Reminiszenz: das Theaterstück enthält viele Anklänge an Brecht; Anklänge von Stolz empfinden; Momente, in denen er Anklänge von so etwas wie Genugtuung ... erlebte* (Süskind, Parfum 148). **2. * A. finden** (*mit Zustimmung, Beifall aufgenommen werden*).
an|klat|schen ⟨sw. V.; hat⟩ (salopp): *achtlos, ohne Sorgfalt ankleben: Plakate a.;* Ü *das Haar ist angeklatscht* (*durch Feuchtigkeit flach anliegend*).
an|kle|ben ⟨sw. V.⟩: **1.** ⟨hat⟩ *mit Klebstoff o. Ä. festmachen: ein Plakat [an die/an der Wand] a.; Tapeten a.; jmdm., sich falsche Wimpern, einen Bart a.* **2.** ⟨ist⟩ *festkleben, haften: der Teig ist an der Schüssel angeklebt.* ◆ **3.** *anhaften (2): Das Kindische klebt ihnen noch an* (Goethe, Theatralische Sendung I, 11).
an|kle|ckern ⟨sw. V.; ist⟩ (ugs.): **1.** *immer wieder mit etw. belästigen;* ⟨meist im 2. Part. in Verbindung mit »kommen«:⟩ *komm doch nicht wegen jeder Kleinigkeit angekleckert.* **2.** *nach u. nach eintreffen;* ⟨meist im 2. Part. in Verbindung mit »kommen«:⟩ *die Gäste kommen einer nach dem anderen angekleckert.*
An|klei|de|ka|bi|ne, die: *kleiner abgeteilter Raum zum An- u. Ausziehen od. Sichumziehen: die -n im Schwimmbad.*
an|klei|den ⟨sw. V.; hat⟩: *Kleidung anziehen: die Schwester kleidet die Kranke an; ich bin noch nicht angekleidet.*
An|klei|de|raum, der: *Raum zum An- u. Ausziehen od. Sichumziehen, in dem die Kleidung aufbewahrt wird.*
an|kleis|tern ⟨sw. V.; hat⟩ (salopp): *ankleben.*
an|kli|cken ⟨sw. V.; hat⟩ (EDV): *auf der Benutzeroberfläche mithilfe der Maus (5) markieren od. anwählen (c): ein Menü a.; die neuen Nachrichten auf der Website a.*
an|klin|geln ⟨sw. V.; hat⟩ (landsch.): *anrufen (3).*
an|klin|gen ⟨st. V.; hat⟩: **a)** *hier und da mit etw. übereinstimmen; eine leichte Ähnlichkeit mit etw. haben; Erinnerungen an etw. wecken: die Melodie klingt an etw. an;* **b)** *andeutungsweise zum Ausdruck kommen; spürbar, hörbar werden: in ihren Worten klang so etwas wie Wehmut an;* ◆ **c)** *anstoßen (4): Doch ich trinke! Trinke, trinke! Angeklungen!* (Goethe, Faust II, 5275 f.); ⟨auch sw. V.:⟩ *... so war nichts natürlicher, als dass die Gesellschaft ... gleichfalls anklinge und die Günstlinge ... hochleben ließ* (Goethe, Lehrjahre II, 10).

an|klop|fen ⟨sw. V.; hat⟩: **1. a)** (als Zeichen für die Absicht, einen Raum zu betreten) *an die Tür klopfen: leise, vorsichtig, energisch an die Tür/an der Tür a.; er trat ein, ohne [vorher] anzuklopfen;* **b)** (Telefonie) *sich als Anrufer durch ein Signal im Hörer eines gewünschten, bereits telefonierenden Gesprächspartners bemerkbar machen, um mit diesem verbunden zu werden: sie unterbrach das Gespräch kurz, weil sie wissen wollte, wer anklopfte.* **2.** (ugs.) *bei jmdm. vorsichtig um etw. bitten, wegen etw. fragen: bei jmdm. um Geld a.; Am Morgen klopfen sie bei mir an um etwas Spiritus für den Kocher* (Seghers, Transit 254).
an|knab|bern ⟨sw. V.; hat⟩: **a)** (von Tieren) *an etw. knabbern, nagen: Mäuse knabbern die Nüsse an;* Ü *sein angeknabbertes* (ugs.; *verletztes*) *Selbstbewusstsein;* *** zum Anknabbern aussehen** (ugs.; *reizend aussehen*); **b)** (ugs.) *anbrechen: eine Tafel Schokolade a.*
an|kna|cken ⟨sw. V.; hat⟩: **a)** *leicht, ein wenig knacken;* **b)** (ugs.) *(von etw. Brechbarem) leicht anbrechen: die Erschütterung hat die Scheiben angeknackt; das Stuhlbein ist angeknackt.*
an|knack|sen ⟨sw. V.; hat⟩ (ugs.): *(von etw. Brechbarem) leicht anknacken: Geschirr, eine Fensterscheibe a.; ich habe mir den Fuß angeknackst; ein angeknackstes Tischbein;* Ü *ihre Gesundheit, ihr Stolz war ziemlich angeknackst.*
an|knal|len ⟨sw. V.; hat⟩ (salopp): **1.** *heftig anstoßen: mit dem Kopf gegen einen Pfosten a.* **2. * sich (Dativ) einen a.** (salopp; *sich betrinken*). **3.** *schwängern.* **4.** *befestigen: etw. an die/an der Wand a.*
an|kni|cken ⟨sw. V.; hat⟩: *leicht knicken: ein angeknickter Zweig lag auf der Erde.*
an|knip|sen ⟨sw. V.; hat⟩: *durch Knipsen, Drücken des Schalters an-, einschalten: das Licht, die Taschenlampe a.*
an|knöp|fen ⟨sw. V.; hat⟩: *durch Knöpfen an etw. befestigen: die Träger an den Rock a.*
an|kno|ten ⟨sw. V.; hat⟩: *durch Knoten mit etw. verbinden: ein Seil, einen Faden a.*
an|knüp|fen ⟨sw. V.; hat⟩: **1.** *durch Knüpfen an etw. befestigen: eine Schnur, ein Band wieder a.* **2.** (in der Absicht, eine Sache fortzuführen) *etw. wieder aufnehmen, an etw. anschließen: an einen Gedanken, eine Entwicklung, an alte Traditionen, längst Vergangenes, alte Bräuche a.* **3.** (als Kontakt zu jmdm.) *in Gang bringen, herstellen: eine Unterhaltung, ein Gespräch, Beziehungen a.; Bekanntschaften a.*
An|knüp|fung, die; -, -en: *das Anknüpfen.*
An|knüp|fungs|punkt, der: *Punkt, an dem [im Gespräch] angeknüpft werden (3) kann: einen A. suchen; etw. bietet sich als A. an.*
an|knur|ren ⟨sw. V.; hat⟩: **1.** *knurrende Laute gegen jmdn., etw. ausstoßen: der Hund knurrte den Vertreter an.* **2.** (ugs.) *jmdn. böse anfahren: jmdn. wütend a.*
an|ko|chen ⟨sw. V.; hat⟩: *etw. kurze Zeit kochen: die Spargel sollen nur kurz angekocht werden.*
an|kö|dern ⟨sw. V.; hat⟩: **1.** (Angelsport) *einen Köder am Angelhaken anbringen: er nahm den Fang vom Haken und köderte neu an.* **2.** (Jagdw.) *Wild mit Futter anlocken.* **3.** *durch Versprechungen anlocken, zu gewinnen suchen: man hatte versucht, ihn mit Geld anzuködern.*
¹**an|koh|len** ⟨sw. V.; hat⟩ [zu ↑ ¹kohlen]: *leicht anbrennen: das Holz a.*
²**an|koh|len** ⟨sw. V.; hat⟩ [zu ↑ ²kohlen] (ugs.): *jmdn. [im Scherz] belügen; jmdm. [spaßeshalber] Unwahrheiten erzählen: du kohlst mich mit deiner Geschichte ja nur an!*
an|ko|keln ⟨sw. V.; hat⟩ (landsch.): *ansengen,* ↑ *ankohlen: Papier a.; ich habe mir die Haare angekokelt.*
an|kom|men ⟨st. V.; ist⟩: **1.** *einen Ort erreichen,*

Ankömmling – anlangen

an einem Ort eintreffen: ein Brief, ein Päckchen ist angekommen; pünktlich, völlig unerwartet, [glücklich] in Berlin, mit der Bahn, um 8 Uhr, zu Hause a.; Ü bei unseren Nachbarn ist kürzlich das vierte Kind angekommen *(geboren worden)*; wir waren schon beim Nachtisch angekommen, als er endlich eintraf. **2.** (ugs.) *sich [wiederholt, in lästiger Weise] mit etw. an jmdn. wenden:* kommst du schon wieder an!; die Zuhörer kamen mit immer neuen Fragen an. **3.** (ugs.) *eine Stellung finden:* er ist in diesem Betrieb als Werbefachmann angekommen. **4.** (ugs.) *Anklang, Widerhall finden:* dieser Schlager, das Buch, die Werbung kommt bei den Leuten an; die Sängerin kam gut, schlecht, nicht [beim Publikum] an. **5.** *gegen jmdn., etw. aufkommen, sich durchsetzen; jmdm., einer Sache beikommen:* gegen ihn, gegen diese Entwicklung kann man nicht, nur schwer a. **6.** (geh.) **a)** *befallen, überkommen:* ein Gefühl, Angst, ein Verlangen kommt ihn/(veraltet:) ihm an; **b)** *(in bestimmter Weise) auf jmdn. wirken, ihn berühren:* jmdn. hart, sauer a. *(jmdm. schwerfallen).* **7.** *von jmdm., etw. abhängen:* auf ihn, seine Initiative, auf den Stand der Dinge, auf einen Versuch kommt es an; auf ein paar Euro kommt es mir nicht an; es kommt aufs Wetter an, ob wir morgen fahren können; er glaubt, es käme auf ihn an *(er hält sich für besonders wichtig);* * **es auf etw. a. lassen** *(vor etw. nicht zurückschrecken, etw. riskieren:* es auf einen Versuch, einen Prozess mit jmdm. a. lassen); **es d[a]rauf a. lassen** (ugs.; *abwarten, wie etw. kommt, wie etw. von selbst fügt*). **8.** *[für jmdn.] wichtig, von Bedeutung sein:* es kommt mir nicht darauf an; es kommt ihr auf gutes Benehmen an.

An|kömm|ling, der; -s, -e: *soeben, kürzlich Angekommene[r]:* der Empfang, die Begrüßung der -e.

an|kön|nen ⟨unr. V.; hat⟩ (ugs.): *sich gegen jmdn., etw. durchsetzen, etw. gegen jmdn. ausrichten können:* gegen seine Konkurrenten kann er nicht an.

an|kop|peln ⟨sw. V.; hat⟩: **1. a)** *mithilfe einer Kupplung* (2a) *mit etw. verbinden:* Güterwagen a.; **b)** *sich mithilfe einer Kupplung* (2a) *mit etw. verbinden:* das Landegefährt koppelte an das Mutterschiff an. **2.** *Tiere in Gruppen festbinden:* sie koppelten die Jagdhunde an.

An|kop|pe|lung, An|kopp|lung, die; -, -en: *das Ankoppeln.*

an|kör|nen ⟨sw. V.; hat⟩: **1.** (Jägerspr.) *Wild durch Ausstreuen von Körnerfutter anlocken.* **2.** (Handwerk) *zu bohrende Löcher in Werkstoffen mit dem* ¹*Körner markieren.*

an|kot|zen ⟨sw. V.; hat⟩ (derb): **1.** *anekeln, anwidern; jmdm. zuwider sein:* euer Gejammere, dein ewiges Geschwätz kotzt mich an; du kotzt mich gewaltig an. **2.** *grob anfahren:* der Spieß hat ihn gehörig angekotzt.

an|kral|len, sich ⟨sw. V.; hat⟩: *sich mit den Krallen festhalten:* der Vogel krallt sich am Käfig an; Ü das Kind krallte sich an das Gitter des Laufstalls an *(hielt sich krampfhaft daran fest).*

♦ **an|krän|keln** ⟨sw. V.; hat⟩: *kränklich, krank machen:* der besonnenen Farbe der Entschließung wird des Gedankens Blässe angekränkelt (Shakespeare, Hamlet III, 1 [Schlegel]).

an|krat|zen ⟨sw. V.; hat⟩: *etw. [durch Kratzer] leicht beschädigen:* bei dem Unfall wurde der Wagen nur leicht angekratzt; Ü seine Ehre, sein Image, sein Ruf, seine Glaubwürdigkeit ist angekratzt; die Niederlage hatte ihr Selbstvertrauen stark angekratzt.

an|krau|sen ⟨sw. V.; hat⟩: *Stoff mit einem Faden zusammenziehen, um die Weite zu verringern:* ein leicht angekrauster Rock.

an|krei|den ⟨sw. V.; hat⟩: *zum Vorwurf machen;* *anlasten:* jmdm. etw. übel a.; der Fehler wurde ihr angekreidet; jmdm. sein Verhalten als Schwäche a.

An|kreis, der; -es, -e (Geom.): *Kreis, der eine Seite eines Dreiecks von außen u. die Verlängerungen der beiden anderen Seiten von innen berührt.*

an|kreu|zeln (bayr., österr. ugs.): *ankreuzen* (1): *etw. Falsches a.*

an|kreu|zen ⟨sw. V.⟩: **1.** ⟨hat⟩ *in einem Text, in einer Liste zur Hervorhebung mit einem Kreuz markieren:* er kreuzte den Namen an. **2.** ⟨hat/ist⟩ (Segeln) *gegen den Wind segeln.*

an|krie|chen ⟨st. V.; ist⟩: *kriechend herankommen:* ⟨meist im 2. Part. in Verbindung mit »kommen«:⟩ der Hund kam unterwürfig angekrochen.

an|krie|gen ⟨sw. V.; hat⟩ (ugs.): *anbekommen.*

an|ku|cken (nordd.): ↑ *angucken.*

an|kün|den ⟨sw. V.; hat⟩ (geh. veraltend): **a)** *ankündigen* (a): Ü Manchmal dachte ich, dass dieses Gefühl einfach das Alter ankünde (Jünger, Bienen 25); **b)** (a. + sich) *ankündigen* (b).

an|kün|di|gen ⟨sw. V.; hat⟩: **a)** *im Voraus bekannt geben; in Aussicht stellen; jmdn. wissen lassen:* etw. rechtzeitig, feierlich a.; seinen Besuch a.; eine Veranstaltung in der Zeitung a.; sich zum Abendessen ankündigen *(wissen lassen, dass man zum Abendessen nach Hause kommt);* der angekündigte Rückzug der Truppen verzögert sich; **b)** ⟨a. + sich⟩ *durch bestimmte Anzeichen sein Herannahen erkennen lassen:* die Krankheit kündigt sich durch Kopfschmerzen und Durchfall an; Im März, als eben mit Vogelgezwitscher ... der Frühling sich lieblich ankündigte ... (Th. Mann, Krull 105).

An|kün|di|gung, die; -, -en: *das Ankündigen, Sichankündigen.*

An|kün|di|gungs|kom|man|do, das (Militär): *erster, gedehnt gesprochener Teil eines Kommandos.*

An|kunft, die; -, (selten) Ankünfte [zum 2. Bestandteil vgl. Abkunft]: *das Ankommen:* die rechtzeitige, verspätete A. [des Zuges]; jmds. A. mitteilen, erwarten; Ü die glückliche A. *(Geburt)* eines Stammhalters.

An|kunfts|hal|le, die: *großer Warteraum für ankommende Fluggäste im Flughafen.*

An|kunfts|ta|fel, die: *(in Flughäfen od. Bahnhöfen) Tafel mit den Ankunftszeiten.*

An|kunfts|zeit, die: *Uhrzeit, zu der jmd., ein Zug, Flugzeug o. Ä. irgendwo fahrplanmäßig ankommt.*

an|kup|peln ⟨sw. V.; hat⟩: *(einen Anhänger an ein Motorfahrzeug o. Ä.)* ²*anhängen* (1b), *anschließen:* einen Waggon a.; die Mondfähre an das Raumschiff a.

An|kup|pe|lung, An|kupp|lung, die; -, -en: *das Ankuppeln.*

an|kur|beln ⟨sw. V.; hat⟩: **1.** *(einen Motor) mithilfe einer Kurbel in Gang bringen:* den Motor, ein Grammofon a. **2.** *etw. [was darniederliegt, was beschleunigt werden soll] in Schwung bringen:* die Wirtschaft, die Produktion a.; den Tourismus, das Geschäft a.

An|kur|be|lung, An|kurb|lung, die; -, -en: *das Ankurbeln.*

an|ku|scheln, sich ⟨sw. V.; hat⟩: *sich anschmiegen:* die Kinder kuscheln sich an die Mutter an.

An|ky|lo|se, die; -, -n [zu griech. agkýlos = gekrümmt; vgl. ²*Anker*] (Med.): *Gelenkversteifung.*

an|la|bern ⟨sw. V.; hat⟩ (ugs. abwertend): *in lästiger od. herausfordernder Weise ansprechen* (1): sie wurde ständig angelabert.

an|lä|cheln ⟨sw. V.; hat⟩: *lächelnd ansehen:* jmdn. freundlich, bedeutungsvoll, hintergründig a.

an|la|chen ⟨sw. V.; hat⟩: **1.** *lachend ansehen:* jmdn. fröhlich, freundlich a.; sie lachten sich/ (geh.:) einander an; Ü ein blauer Himmel lachte uns an; der Kuchen auf dem Tisch lachte uns an *(sah sehr einladend, appetitanregend aus).* **2.** ⟨a. + sich⟩ (ugs.) *mit jmdm. anbändeln, ein Liebesverhältnis beginnen:* sie hat sich einen reichen Liebhaber angelacht.

An|la|ge, die; -, -n: **1.** *das Anlegen* (5), *Schaffen:* jmdn. mit der A. seines Gartens beauftragen. **2.** *das Anlegen* (6a) *von Geld:* eine sichere prämienbegünstigte A. **3.** *nach einem Plan für einen bestimmten Zweck gestaltete Gesamtheit von Flächen, Bauten o. Ä.:* städtische, öffentliche -n *(Grünflächen, Parks);* -n für den Sport. **4.** *Vorrichtung, Einrichtung:* eine technische, elektronische A.; der Betrieb ist mit den modernsten -n ausgestattet; sanitäre -n *(Toiletten).* **5.** *Entwurf, Gliederung:* die A. des Romans, der Sinfonie. **6.** *Veranlagung:* eine krankhafte A.; eine A. *(Begabung)* zur Musik. **7.** (Bürow.) *Beilage zu einem Schreiben:* in der/als A. sende ich ein Attest; -n: 1 Lichtbild, 1 Lebenslauf.

an|la|ge|be|dingt ⟨Adj.⟩: *durch eine Anlage* (6) *bedingt, verursacht:* die Krankheit ist a.

An|la|ge|be|ra|ter, der (Wirtsch.): *jmd., der bei Anlagen* (2) *berät* (Berufsbez.): einen A. konsultieren.

An|la|ge|be|ra|te|rin, die: w. Form zu ↑ Anlageberater.

An|la|ge|be|ra|tung, die (Wirtsch.): *Beratung in Fragen der Anlage* (2).

An|la|ge|be|trug, der (Wirtsch.): *Betrug durch Vortäuschung hoher Gewinne bei Anlagen* (2).

An|la|ge|fonds, der (Wirtsch.): *Fonds, in den mehrere Anleger* (2) *zum Zwecke gemeinschaftlicher Kapitalanlage einzahlen.*

An|la|ge|form, die (Wirtsch.): *Form, Art der Anlage* (2).

An|la|ge|ka|pi|tal, das (Wirtsch.): *bestimmter Teil des Anlagevermögens.*

An|la|ge|mög|lich|keit, die (Wirtsch.): *Möglichkeit, Geld, Kapital anzulegen.*

An|la|gen|bau, der ⟨o. Pl.⟩: *Planung u. Bau technischer Anlagen* (4).

An|la|gen|bau|er, der: **1.** *Unternehmen, das technische Anlagen plant u. baut.* **2.** *Person, die technische Anlagen baut* (Berufsbez.).

An|la|gen|bau|e|rin, die: w. Form zu ↑ Anlagenbauer (2).

An|la|gen|fi|nan|zie|rung, die (Wirtsch.): *Finanzierung* (2), *bei der das beschaffte Kapital der Erneuerung od. Erweiterung von betrieblichen Anlagen* (4) *dient.*

An|la|ge|pa|pier, das ⟨meist Pl.⟩ (Wirtsch.): *[festverzinsliches] Wertpapier, das einer längerfristigen Anlage* (2) *von Geldmitteln dient.*

An|la|ge|pro|dukt, das (Wirtsch.): *Anlageform, die von Banken o. Ä. angeboten wird.*

an|la|gern ⟨sw. V.; hat⟩ (Chemie): **a)** *an sich binden:* die Kolloidteilchen lagern Wassermoleküle an; **b)** *sich mit einem anderen Stoff o. Ä. verbinden:* das Molekül lagert sich an ein Ion an.

An|la|ge|rung, die; -, -en (Chemie): *das Anlagern, Sichanlagern.*

An|la|ge|ver|mö|gen, das (Wirtsch.): *unveräußerlicher Teil des Vermögens eines Unternehmung.*

an|lan|den ⟨sw. V.⟩: **a)** ⟨hat⟩ *vom Schiff an Land bringen:* Truppen a.; **b)** ⟨ist⟩ *an einem Ort landen, anlegen:* das Schiff landete in einer Bucht an; **c)** *vom Schiff an Land gehen:* die Touristen landen in Übersee an; **d)** ⟨hat/ist⟩ (Geol.) *sich durch Schlick od. Ansammlung von Sand verbreitern:* die Sandbank, die Insel landet an.

An|lan|dung, die; -, -en: **a)** *das* ↑ *Anlanden* (a); **b)** (Geol.) *Entstehung von Land durch Anlanden* (d).

an|lan|gen ⟨sw. V.⟩: **1.** ⟨ist⟩ *an einem Ziel ankommen:* glücklich am Ziel, zu Hause, unten a.; Ü er war auf der Höhe des Ruhmes angelangt. **2.** ⟨hat⟩ (landsch.) *anfassen:* du darfst die Ausstellungsstücke, Waren nicht a. **3.** *in der Verbindung* **was jmdn., etw. anlangt** *(jmdn., etw. betreffend:* das ist meine Antwort, was mich, unsere Familie, diese Frage anlangt).

An|lass, der; -es, ...lässe: **1.** *Veranlassung; Ausgangspunkt; äußerer Beweggrund:* der A. des Streites, des Gesprächs; A. für seine Beschwerde; ein unmittelbarer A. zur Besorgnis besteht nicht; jmdm. A. zu etw. geben; allen A. haben, etw. zu tun; keinen A. zu etw. sehen; die äußeren A. zu etw. bieten, darstellen; jmdm. A. geben, sich zu beschweren; beim geringsten, ohne besonderen A. **2.** *Gelegenheit; Ereignis:* ein willkommener, besonderer A.; festliche Anlässe; alle waren dem A. entsprechend gekleidet. **3.** (schweiz.) *Veranstaltung, Lustbarkeit.*

an|las|sen ⟨st. V.; hat⟩: **1.** *(einen Motor) in Gang setzen:* den Motor, Wagen a. **2.** (ugs.) *anbehalten, nicht ausziehen:* den Mantel, die Schuhe a. **3.** *in Funktion belassen, nicht ausmachen, nicht abstellen:* das Radio, Licht, die Lampe a.; ... wir ließen unsere Scheinwerfer an, obschon wir nicht fuhren (Frisch, Homo 97). **4.** ⟨a. + sich⟩ (ugs.) *sich zu Beginn in bestimmter Weise entwickeln, erweisen:* der Lehrling ließ sich gut an; das Geschäft, der Tag lässt sich gut an. **5.** (geh.) *schelten, anfahren* (6): jmdn. grob, hart a.; ◆ Wenn in Augenblicken des Kummers und der Galle meine Laune dich übel anließ (Lessing, Nathan III, 2). **6.** (Technik) *erwärmen u. dadurch härten:* Stahl a. ◆ **7.** ⟨a. + sich⟩ *sich einlassen* (5): ... wie eine Katze schnurrt, wenn man sich mit ihr anlässt, ihr den Balg streicht (Gotthelf, Spinne 94).

An|las|ser, der; -s, - (Technik): *Vorrichtung zum Anlassen eines Motors.*

An|lass|fall, der (österr.): *Ausgangspunkt eines Geschehens; Ereignis, das eine Reaktion auslöst (z. B. die Einführung einer Vorschrift od. eines Gesetzes).*

an|läss|lich ⟨Präp. mit Gen.⟩: *aus Anlass* (2): eine Feier a. seines Geburtstages.

an|las|ten ⟨sw. V.; hat⟩: **a)** *die Schuld an etw. zuschreiben; jmdm. etw. vorwerfen, zur Last legen:* jmdm. ein Verbrechen, die Schuld an etw. a.; **b)** (veraltend) *aufbürden:* die Kosten den Verursachern a.

an|lat|schen ⟨sw. V.; ist⟩ (salopp): *latschend herankommen:* ein abgerissener Kerl latschte an; ⟨meist im 2. Part. in Verbindung mit »kommen«:⟩ nach einer Stunde kam sie endlich angelatscht.

An|lauf, der; -[e]s, Anläufe: **1.** *das Anstürmen gegen etw.:* eine Festung im ersten A. nehmen. **2.** (Sport) **a)** *das Anlaufen* (3a): A. nehmen; ein Sprung mit, ohne A.; beim A. zu langsam sein; **b)** *Strecke für das Anlaufen:* ein kurzer A., der A. muss verlängert werden. **3.** ⟨o. Pl.⟩ *das Einsetzen, der Beginn einer Tätigkeit, Aktion o. Ä.:* der A. der Produktion. **4.** *Versuch:* der Reform hat zu stecken geblieben; sie schafften es, es gelang [noch nicht] im, beim ersten A.; * **einen neuen A. nehmen/machen** (*erneut anfangen; einen neuen Versuch machen:* sie machte immer wieder neue Anläufe, ihn umzustimmen).

An|lauf|ad|res|se, die: *Adresse einer [öffentlichen] Stelle, an die sich jmd. mit einem bestimmten Anliegen, bestimmten Fragen, in einer Notlage o. Ä. wenden kann.*

an|lau|fen ⟨st. V.⟩: **1.** *herbeilaufen:* ⟨meist im 2. Part. in Verbindung mit »kommen«:⟩ die Kleine kam [heulend] angelaufen. **2.** ⟨ist⟩ **a)** *beim Laufen gegen jmdn., etw. prallen:* gegen die Parkuhr a.; **b)** *angehen, Schritte unternehmen:* gegen Vorurteile a.; **c)** *unter Überwindung einer entgegengerichteten Kraft laufen:* gegen den Wind a. **3.** ⟨ist⟩ **a)** (Sport) *durch Laufen Schwung holen:* für den Hochsprung kräftig a.; **b)** (Leichtathletik) *ein Rennen, den ersten Teil eines Rennens (in einer bestimmten Art u. Weise od. Zeit) laufen:* die ersten 200 m zu langsam a.; die 400 m in 57 Sekunden a. **4.** ⟨hat⟩ *(von Schiffen, mit dem Schiff) ansteuern:* einen Hafen a. **5.** ⟨ist⟩ *in Gang kommen, zu laufen beginnen:* der Motor läuft an. **6.** ⟨ist⟩ *einsetzen, beginnen:* die Fahndung läuft sofort an; die Produktion läuft an; der Film läuft demnächst in den Kinos an (*wird in den Kinos gezeigt*); die Saison läuft an. **7.** ⟨ist⟩ (landsch.) *anschwellen:* die Backe läuft an. **8.** ⟨ist⟩ *eine bestimmte Farbe annehmen:* sein Gesicht war rot angelaufen. **9.** ⟨ist⟩ ¹*beschlagen* (2 a, b): die Fensterscheibe läuft an; Seine Gläser waren angelaufen. Seine Stirne glänzte. Er stieß die Barriere auf (Aichinger, Hoffnung 141). **10.** ⟨ist⟩ *zunehmen, sich steigern:* die Kosten laufen leider ziemlich an.

An|lauf|kos|ten ⟨Pl.⟩ (Wirtsch.): *Kosten, die zu Anfang eines Unternehmens o. Ä. entstehen.*

An|lauf|pha|se, die: *Phase zu Anfang eines Unternehmens o. Ä.*

An|lauf|punkt, der: *Ort, Einrichtung o. Ä., wohin sich jmd. mit einem bestimmten Anliegen, bestimmten Fragen, in einer Notlage o. Ä. wenden kann.*

An|lauf|schwie|rig|keit, die ⟨meist Pl.⟩: *Anfangsschwierigkeit.*

An|lauf|stel|le, die: *Anlaufpunkt:* eine A. für Hilfesuchende.

An|lauf|ver|lust, der ⟨meist Pl.⟩ (Wirtsch.): *Verlust* (4)*, der zu Anfang eines Unternehmens o. Ä. entsteht.*

An|lauf|zeit, die: **a)** (Kfz-Technik) *Zeit, die der Motor zum Warmlaufen braucht;* **b)** *Vorbereitungszeit;* **c)** (Theater, Film) *Zeit der ersten Aufführungen.*

An|laut, der; -[e]s, -e (Sprachwiss.): *Laut am Beginn einer Silbe od. eines Wortes:* Wörter mit einem Vokal im A.

an|lau|ten ⟨sw. V.; hat⟩ (Sprachwiss.): *mit einem bestimmten Laut beginnen:* Wörter, die mit einem Vokal anlauten; der anlautende (*im Anlaut stehende*) Vokal.

an|läu|ten ⟨sw. V.; hat⟩: **1.** (südd., österr. veraltend, schweiz.) *anrufen* (3): bei jmdm. a.; den/ ⟨schweiz.:⟩ dem Vater a. **2.** (Sport) *durch Läuten beginnen lassen:* ein Spiel a. **3.** *an der Tür klingeln.*

an|le|cken ⟨sw. V.; hat⟩: *ein wenig an etw. lecken* [*um es zu befeuchten*]: den Lutscher, die Briefmarke a.

An|le|ge|ap|pa|rat, der (Druckw.): *Vorrichtung zum automatischen Anlegen von Druckbogen bei Druckpressen.*

An|le|ge|brü|cke, die: *Landungsbrücke.*

An|le|ge|ma|nö|ver, das: *Manöver* (2) *des Anlegens:* das A. eines Raumkapsel, eines Schiffes.

an|le|gen ⟨sw. V.; hat⟩: **1.** *an jmdn., etw. legen:* Leiter, ein Lineal, Karten a.; [jmdm.] einen Verband a.; den Sicherheitsgurt a.; dem Säugling a. (*zum Trinken an die Brust legen*); Ü einen strengen Maßstab a. (*streng beurteilen*). **2.** *Brennmaterial aufs Feuer legen:* Kohlen, Holz a. **3. a)** *das Gewehr in Anschlag bringen:* er legte an und schoss; sei legte das Gewehr auf jmdn. zielen: auf den Flüchtenden a. **4.** (geh.) *anziehen, sich mit etw. Bestimmtem schmücken:* Trauerkleidung, die Uniform, Orden, Schmuck a. **5.** *planvoll erstellen, gestalten:* einen Garten a.; Statistiken, ein Verzeichnis, eine Akte a.; Reserven, einen Vorrat a.; (EDV:) eine Datei, eine Datenbank a. **6. a)** *investieren:* sein Geld vorteilhaft [in Wertpapieren] a.; **b)** *zahlen, ausgeben:* wie viel wollen Sie für das Bild a.? **7.** *absehen, abzielen:* es auf jmdn. a.; alles darauf a., jmdn. zu täuschen. **8.** ⟨a. + sich⟩ *Streit suchen:* sich mit jmdm. a. wollen. **9.** *landen, festmachen:* das Schiff legt pünktlich am Kai an. **10.** (Elektrot.) *mit einer Stromquelle verbinden:* eine Spannung a.

An|le|ge|platz, der: *Landungsplatz.*

An|le|ger, der; -s, -: **1.** (Druckw.) *jmd., der bei der Druckpresse das Papier einführt* (Berufsbez.). **2.** (Wirtsch.) *Investor.* **3.** (Seemannsspr.) *Landungsplatz.*

An|le|ge|rin, die; -, -nen: w. Form zu ↑ Anleger (1, 2).

An|le|ger|schutz, der ⟨o. Pl.⟩: *Gesamtheit der Bestimmungen und Maßnahmen, die Anleger* (2) *schützen sollen.*

An|le|ge|steg, der: *Landesteg.*

An|le|ge|stel|le, die: *Landungsplatz.*

an|leh|nen ⟨sw. V.; hat⟩: **a)** *an jmdn., etw. lehnen:* eine Leiter an die Mauer a.; sich [mit dem Rücken] an die Wand a.; nicht a.!; Ü sich eng an ein Vorbild a. (*einem Vorbild folgen*); **b)** *nicht ganz schließen, einen Spalt offen lassen:* die Tür nur a.; ein angelehntes Fenster.

An|leh|nung, die; -, -en: **a)** *das Sichstützen; Halt:* A. an jmd. Stärkeren, Größeren suchen, finden; **b)** *enge Orientierung:* die A. an Brecht ist deutlich zu merken; in/unter A. an die Romantik; Bezahlung in A. an die ortsüblichen Dienst.

An|leh|nungs|be|dürf|nis, das: *Bedürfnis, sich an jmdn. anzuschließen:* starkes A. zeigen, haben.

an|leh|nungs|be|dürf|tig ⟨Adj.⟩: *voll Anlehnungsbedürfnis:* -e Menschen; [besonders] a. sein.

An|leh|re, die; -, -n (schweiz.): *berufliche Ausbildung für Jugendliche mit fehlenden od. ungenügenden Voraussetzungen für eine* ¹*Lehre* (1).

an|lei|ern ⟨sw. V.; hat⟩ (ugs.): *in Gang setzen:* wer hat die ganze Sache angeleiert?

An|lei|he, die; -, -n (Wirtsch.): **1.** *größere langfristige Geldaufnahme am Kapitalmarkt:* eine bis 2015 unkündbare A.; öffentliche, staatliche -n; eine A. [auf etw.] aufnehmen; eine A. bei jmdm. machen (*sich von jmdm. Geld borgen*); Ü -n bei Bach machen (*bestimmte Elemente von Bach übernehmen*). **2.** *Anleihepapier:* -n kaufen, begeben; der Kurs der A. ist gestiegen; in -n investieren.

An|lei|he|ka|pi|tal, das (Wirtsch.): *durch Anleihe* (1) *beschafftes Kapital.*

An|lei|he|markt, Anleihenmarkt, der (Wirtsch.): *Markt, auf dem Anleihen* (2) *gehandelt werden.*

An|lei|hen, das; -s, - (schweiz.): *Anleihe.*

An|lei|hen|markt: ↑ Anleihemarkt.

An|lei|he|pa|pier, das (Wirtsch.): *Wertpapier.*

An|lei|he|schuld, die (Wirtsch.): *Geldschuld durch Aufnahme von Anleihen* (1).

an|lei|men ⟨sw. V.; hat⟩: **1.** *mit Leim an etw. befestigen:* ein abgeplatztes Stück Holz an den Tisch/ (seltener) am Tisch wieder a.; ein Stuhlbein a. **2.** (ugs.) *betrügen:* eine alte Frau a.

an|lei|nen ⟨sw. V.; hat⟩: *(ein Tier) an die Leine nehmen; mit der Leine festmachen, festbinden:* den Hund [am Türpfosten] a.

an|lei|ten ⟨sw. V.; hat⟩: **a)** *unterweisen; jmdn. bei etw. leiten, führen:* die Schüler [bei der Arbeit] a.; **b)** *zu etw. anhalten, etw. lehren:* die Kinder zur Selbstständigkeit a.

An|lei|tung, die; -, -en: **1.** *Anweisung, Unterweisung:* etw. unter [der] A. eines anderen tun. **2.** *Zettel mit einer aufgedruckten Anleitung* (1): die A. befolgen.

An|lern|be|ruf, der: *Beruf, der keine Lehrzeit, sondern nur eine bestimmte Anlernzeit voraussetzt.*

an|ler|nen ⟨sw. V.; hat⟩: **1.** *in eine bestimmte berufliche Tätigkeit [die keine Berufsausbildung* voraussetzt] *einarbeiten:* einen Hilfsarbeiter a.; jmdn. als Maler anlernen; ein angelernter Arbeiter. **2.** ⟨a. + sich⟩ (ugs.) *sich etw. durch Übung aneignen:* das habe ich mir angelernt.

An|lern|ling, der; -s, -e (österr., sonst veraltend): *jmd., der angelernt (1) wird, einen Anlernberuf ausübt.*

An|lern|zeit, die: *Ausbildungszeit eines Anlernlings.*

an|le|sen ⟨st. V.; hat⟩: **1.** *nur die ersten Seiten von etw. lesen:* ein Buch, einen Aufsatz a. **2.** *sich durch Lesen [oberflächlich] aneignen:* ich habe mir dieses Wissen angelesen; angelesene Kenntnisse.

an|leuch|ten ⟨sw. V.; hat⟩: *Licht auf jmdn., etw. richten:* den Dieb mit der Taschenlampe a.; ein angeleuchtetes Schloss; Der Springbrunnen war angeleuchtet, automatisch in verschiedenen Farben, die abwechselten (Gaiser, Schlußball 48).

an|lie|fern ⟨sw. V.; hat⟩: *eine größere Sendung von etw. zustellen, liefern:* Waren, Möbel [fristgerecht] a.; die Firma hat noch nicht angeliefert.

An|lie|fe|rung, die; -, -en: **1.** *das Anliefern.* **2.** *angelieferte Ware.*

an|lie|gen ⟨st. V.; hat; südd., österr., schweiz. auch: ist⟩: **1.** *sich der Körperform anpassen:* der Pullover liegt eng an; (oft im 1. Part.:) sie trug ein sehr eng anliegendes Kleid; anliegende (*nicht abstehende*) Ohren haben. **2.** (ugs.) *zur Bearbeitung anstehen, zu erledigen sein:* liegt etwas Besonderes an? **3.** (geh.) *jmdn. bewegen, beschäftigen:* dem Minister liegt die Reform an. **4. a)** (geh.) *belästigen, mit etw. behelligen, jmdm. in den Ohren liegen:* jmdm. mit Beschwerden a.; ◆ **b)** *angehen* (7): ... beschloss der Kurfürst, der Majestät des Kaisers zu Wien einen Bericht ... vorzulegen ... und sie ... anzuliegen, den Kohlhaas bei dem Hofgericht zu Berlin ... zur Rechenschaft zu ziehen (Kleist, Kohlhaas 89). **5.** (Seemannsspr.) *steuern:* seewärts a.

An|lie|gen, das; -s, -: *Angelegenheit, die jmdm. am Herzen liegt; Wunsch, Bitte:* ein A. an jmdn. haben; ein dringendes A. vorbringen, vortragen.

an|lie|gend ⟨Adj.⟩: **1.** *angrenzend, benachbart:* -e Grundstücke, Häuser. **2.** (Bürow.) *beigefügt, beiliegend:* -e Schriftstücke, Kopien.

An|lie|ger, der; -s, - (bes. Verkehrsw.): *Anwohner:* frei für A.

An|lie|ge|rin, die; -, -nen: w. Form zu ↑ Anlieger.

An|lie|ger|staat, der: *bes. großen Gewässern, Meeren anliegender Staat:* die -en der Nordsee.

An|lie|ger|ver|kehr, der: *auf die Anlieger einer Straße o. Ä. beschränkter Verkehr.*

an|lo|ben ⟨sw. V.; hat; meist im Passiv⟩ (österr.): *vereidigen:* er wird heute als neuer Bundespräsident angelobt.

an|lo|cken ⟨sw. V.; hat⟩: *zu sich locken, heranlocken:* Vögel [mit Futter] a.; Ü die Musik hatte viele Leute, Schaulustige angelockt.

an|lö|ten ⟨sw. V.; hat⟩: *durch Löten anbringen, befestigen:* den Draht an den/(seltener:) dem Bügel a.

an|lü|gen ⟨st. V.; hat⟩: *jmdn. ohne Zögern, Bedenken belügen:* jmdn. frech, unverschämt a.

Anm. = Anmerkung.

An|ma|che, die; -, -n (salopp): **a)** *das Anmachen* (4a): Frauen vor A. und Vergewaltigung schützen; **b)** *das Anmachen* (4d): in der U-Bahn gibt es Rüpeleien und A.

an|ma|chen ⟨sw. V.; hat⟩: **1.** (ugs.) *befestigen, anbringen:* Gardinen a.; ein Schild an der Haustür a. **2.** (ugs.) **a)** *anschalten; einschalten:* die Lampe, das Radio a.; wir müssen die Heizung a.; mach doch bitte mal das Licht an!; **b)** *anzünden:* Feuer a. **3. a)** *mischend gebrauchsfertig machen, zubereiten, anrühren:* Gips, Mörtel a.; Salat mit Öl und Essig a.; ◆ **b)** *panschen* (1): Sie verkauften ihm auch ein paar Fässchen angemachten Weines (Keller, Romeo 24). **4.** (salopp) **a)** *[herausfordernd] ansprechen u. dabei unmissverständlich [sexuelles] Interesse zeigen:* in der Disco Mädchen a.; dürfen Frauen auch Männer a.?; **b)** *zum Mitmachen animieren:* der Sänger fing an zu klatschen und machte das Publikum an; **c)** *in irgendeiner Weise ansprechen, anregen, reizen; in Stimmung bringen:* das macht mich nicht an; mach mich nicht an! (*lass mich in Ruhe!*); **d)** *jmdm. hartnäckig zusetzen; jmdn. behelligen, belästigen:* einen Menschen wegen seines fremdländischen Aussehens dumm a.

an|mah|nen ⟨sw. V.; hat⟩: *eine Verpflichtung o. Ä. mündlich od. schriftlich in Erinnerung bringen:* eine Ratenzahlung, ein ausgeliehenes Buch a.

An|mah|nung, die; -, -en: **1.** *Erinnerung an eine Verpflichtung.* **2.** *Schreiben, das eine Anmahnung* (1) *enthält.*

an|ma|len ⟨sw. V.; hat⟩: **a)** *anzeichnen* (a): Bilder [an die Wände] a.; **b)** (ugs.) *anstreichen* (1 a); *mit Farbe versehen:* etw. blau a.; den Gartenzaun a.; **c)** (ugs.) *bemalen:* die Vorlage, Bilderbücher a.; **d)** (ugs.) *schminken:* ich male mir, ihr die Lippen an; **e)** *mit etw. bemalen.*

An|marsch, der; -[e]s: **1.** *das Anmarschieren:* der A. der Truppen; ****im A. sein*** (1. *anrücken:* der Feind ist im A. ugs. scherzh.; *auf dem Weg hierher sein:* sie ist bereits im A. ugs. scherzh.; *sich ankündigen:* Nachwuchs ist im A.). **2.** (ugs.) *Anmarschweg:* ein A. von einer halben Stunde.

an|mar|schie|ren ⟨sw. V.; ist⟩: **1.** *marschierend herankommen:* die Truppen marschierten an; ⟨oft im 2. Part. in Verbindung mit »kommen«:⟩ die Wanderer kommen anmarschiert (ugs.; *nähern sich zügig*). **2.** *unter Überwindung einer entgegengerichteten Kraft marschieren:* gegen den Wind a.

An|marsch|weg, der: *Wegstrecke, die bis zu einem bestimmten Ziel zurückzulegen ist:* ein langer A.

an|ma|ßen, sich ⟨sw. V.; hat⟩: *ohne Berechtigung für sich in Anspruch nehmen:* sich Vorrechte, Kritik a.; du maßt dir ein Urteil darüber an.

an|ma|ßend ⟨Adj.⟩: *überheblich, arrogant:* ein -er Ton; a. auftreten.

◆ **an|maß|lich** ⟨Adj.⟩: *anmaßend:* Anmaßlich find ich, das zur schlechten Frist man etwas sein will, wo man nichts mehr ist (Goethe, Faust II, 6774 f.)

An|ma|ßung, die; -, -en: **a)** *Überheblichkeit, Arroganz:* diese unglaubliche, freche A. weisen wir zurück; **b)** *unberechtigte Inanspruchnahme:* die A. von Rechten, Befugnissen; die A. eines Amtes.

an|mau|len ⟨sw. V.; hat⟩ (ugs. abwertend): *mürrisch, unfreundlich anreden.*

an|me|ckern ⟨sw. V.; hat⟩ (ugs.): *grundlos, in kleinlicher Weise kritisieren, [dauernd] der Kritik unterwerfen:* er wird immer nur angemeckert.

An|mel|de|for|mu|lar, das: *Vordruck für eine Anmeldung.*

An|mel|de|frist, die: *festgesetzter Zeitraum für eine Anmeldung.*

an|mel|den ⟨sw. V.; hat⟩: **1.** *ankündigen:* seinen Besuch telefonisch a.; sich beim Direktor a. lassen; Ü Nachwuchs, ein Baby hat sich angemeldet. **2.** *bei einer zuständigen Stelle (Behörde, Institution o. Ä.) eintragen lassen:* seinen Wohnsitz, das Radio a.; ein Patent, etw. zum Patent a.; ein Gewerbe a.; Konkurs a.; sich polizeilich a. **3.** *die Teilnahme an etw., den Eintritt in etw., den Besuch bei jmdm. vormerken lassen:* das Kind in der Schule, im Kindergarten a.; sich beim Arzt, zu einem Kurs a. **4.** *geltend machen, vorbringen:* seine Bedenken, Forderungen, Wünsche, Zweifel a.

An|mel|de|pflicht, die: *gesetzliche Verpflichtung zur Anmeldung* (1) *bei einer Behörde.*

an|mel|de|pflich|tig ⟨Adj.⟩: *der Anmeldepflicht unterworfen:* -e Krankheiten.

An|mel|der, der; -s, - (ugs.): *jmd., der etw. anmeldet* (2).

An|mel|de|rin, die; -, -nen: w. Form zu ↑ Anmelder.

An|mel|de|schluss, der: *Ende der Anmeldefrist.*

An|mel|dung, die; -, -en: **1.** *das Anmelden* (1–4). **2.** (ugs.) *Raum, in dem man sich anmeldet:* zuerst müssen Sie in die A. gehen.

an|mer|ken ⟨sw. V.; hat⟩: **1.** *an jmdm., einer Sache feststellen, spüren:* jmdm. den Ärger, die Erregung, die Besorgnis a.; sie lässt sich etw. von ihrem Entsetzen (*bewahrt die Haltung*). **2.** *notieren, anstreichen:* einen Tag im Kalender [rot] a. **3.** (geh.) *zu einer Sache äußern, bemerken:* dazu möchte ich noch Folgendes a. ...

An|mer|kung, die; -, -en: **1.** *mündliche Äußerung zu einer Sache, Bemerkung:* eine beiläufige, flüchtige A.; er machte in der Diskussion einige kritische -en. **2.** *kurze Erläuterung zu einem Text; Fuß- od. Endnote* (Abk.: Anm.): einen Text mit -en versehen.

an|mes|sen ⟨st. V.; hat⟩: **1.** *nach Maß anfertigen:* jmdm. einen Anzug, ein Paar Stiefel a. [lassen]. **2.** (Physik) *den Abstand eines Himmelskörpers von der Erde messen:* den Mond, den Jupiter, einen Sternennebel a.

an|mie|ten ⟨sw. V.; hat⟩: *[vorübergehend] für einen bestimmten Zweck o. Ä. mieten:* Räume, einen Leihwagen a.; Büroräume, ein Ladenlokal a.

An|mie|tung, die; -, -en: *das Anmieten.*

an|mi|schen ⟨sw. V.; hat⟩: *durch Mischen herstellen:* Farben, Beton, Verputz a.

an|mit ⟨Adv.⟩ (schweiz. Amtsspr.): *hiermit:* a. wird bekannt gegeben, dass ...

An|mo|de|ra|ti|on, die (Rundfunk, Fernsehen): *das Anmoderieren.*

an|mo|de|rie|ren ⟨sw. V.; hat⟩ (Rundfunk, Fernsehen): *als Moderator/Moderatorin einer Sendung die einführenden Worte sprechen:* [eine Sendung] a.

an|mon|tie|ren ⟨sw. V.; hat⟩: *mit technischen Hilfsmitteln anbringen:* einen Feuerlöscher [an die/der Wand] a.

An|mon|tie|rung, die; -, -en: *das Anmontieren.*

an|mot|zen ⟨sw. V.; hat⟩ (ugs.): *beschimpfen:* die Männer motzten sich lautstark an; Man motzte sich mit den ... Reizwörtern der längst verebbten Studentenbewegung an (Grass, Butt 48).

an|mus|tern ⟨sw. V.; hat⟩ (Seemannsspr.): **a)** *für ein Schiff in Dienst stellen:* zwei neue Leichtmatrosen a.; sich a. lassen; **b)** *Dienst auf einem Schiff nehmen:* als Schiffsjunge, auf einem Windjammer a.

An|mus|te|rung, die; -, -en: *das Anmustern; das Angemustertwerden.*

An|mut, die; - [mhd. anemuot = Vergnügen, Lust, eigtl. = der an etw. gesetzte Sinn, aus: ane (↑ ¹an) u. muot, ↑ Mut]: *Harmonie [der Bewegung]:* A. besitzen; sich mit A. bewegen; Ü die A. (*Lieblichkeit*) einer Landschaft; ... mit welch vollendeter A. die Bäume sich über die Ufermauer ... neigen (Langgässer, Siegel 221).

an|mu|ten ⟨sw. V.; hat⟩: **1.** *[auf jmdn.] einen bestimmten Eindruck machen, in bestimmter Weise wirken:* das mutet mich seltsam, wie im Märchen an; ein seltsam anmutender Anblick; Nach einem kurzen Wortwechsel mit der Beamtin wurde er in ein anderes Büro gebeten; der Raum mutete überraschend freundlich an (Hilbig, Ich 97). **2.** (schweiz., sonst veraltet) *zumuten:* jmdm. etw., zu viel a.

an|mu|tig ⟨Adj.⟩ [spätmhd. anemüetic = Verlangen, Lust hervorrufend]: *voller Anmut:* eine -e

Anmutigkeit – Annullierung

Erscheinung; -e Bewegungen; a. tanzen; Der Fahrer des Wagens war ein junger Mann mit a. langen Haaren (Becker, Tage 91).

◆ **An|mu|tig|keit,** die; -: *Anmut:* ...*bringet, zärtliche Doriden, Galateen, der Mutter Bild: ernst, den Göttern gleich zu schauen, würdiger Unsterblichkeit, doch wie holde Menschenfrauen lockender A.* (Goethe, Faust II, 8385 ff.)

an|muts|voll, anmutvoll ⟨Adj.⟩: *sehr anmutig, voll Grazie.*

An|mu|tung, die; -, -en: **1.** (bes. schweiz.) *Zumutung.* **2.** *gefühlsmäßiges, unbestimmtes Eindruckserlebnis:* die äußere A. des Autos.

an|mut|voll: ↑ anmutsvoll.

an|na|geln ⟨sw. V.; hat⟩: *mit Nägeln befestigen:* Bretter a.; wie angenagelt sitzen bleiben.

an|na|gen ⟨sw. V.; hat⟩: *an etw. zu nagen beginnen:* Mäuse haben das Brot angenagt; angenagte Äpfel; Ü die Ersparnisse sind angenagt.

an|nä|hen ⟨sw. V.; hat⟩: *durch Nähen [wieder] an etw. befestigen:* einen Knopf, den Saum a.

an|nä|hern ⟨sw. V.; hat⟩: **1.** ⟨a. + sich⟩ *sich nähern* (1 a): die Raumsonde nähert sich der Erde an; **b)** *sich nähern* (1 c): sich dem westlichen, östlichen Block a. **2.** *einer Sache anpassen, angleichen, in weitgehende Übereinstimmung bringen:* etw. einem Vorbild a.; verschiedene Standpunkte einander a.

an|nä|hernd ⟨Adv.⟩: *ungefähr, fast:* die Kinder sind a. gleich groß; (seltener auch attr.:) mit -er Sicherheit.

An|nä|he|rung, die; -, -en: **1. a)** *das Herannahen, Herankommen:* bei der A. feindlicher Flugzeuge; **b)** *das [gegenseitige] menschliche Sichnäher-Kommen; Anknüpfen menschlicher Beziehungen:* die A. der beiden geschah im Verborgenen. **2.** *Anpassung, Angleichung:* eine A. der gegenseitigen Standpunkte erzielen; eine A. an europäische Verhältnisse.

An|nä|he|rungs|po|li|tik, die: *Politik mit dem Ziel engerer Beziehungen zwischen [zwei] Staaten.*

An|nä|he|rungs|ver|such, der: *[aufdringlicher] Versuch, jmdm. näher in Kontakt zu kommen:* ein plumper A.; -e machen.

an|nä|he|rungs|wei|se ⟨Adv.⟩: *annähernd:* etw. nur a. erreichen.

An|nä|he|rungs|wert, der: *ungefährer, annähernder Wert:* -e angeben, berechnen.

An|nah|me, die; -, -n [zum 2. Bestandteil vgl. Abnahme]: **1.** ⟨Pl. selten⟩ **a)** *das Annehmen* (1 a), *Entgegennehmen:* die A. verweigern; **b)** (Sport) *Ballannahme;* **c)** *Billigung; Zustimmung zu etw.:* die A. einer Gesetzesvorlage, Resolution; **d)** *Übernahme, Aneignung; das Annehmen:* die A. einer Gewohnheit; die A. eines anderen Namens; **e)** *Zulassung, Einstellung:* über jmds. A. entscheiden; *⃰ A. an Kindes statt (früher für ↑Adoption).* **2.** *Annahmestelle:* etw. bei der A. abgeben. **3.** *Vermutung, Ansicht:* eine weitverbreitete A.; ich war der A., er sei krank; etw. beruht auf der irrtümlichen A., dass ...; gehe ich recht in der A., dass ...; Diotima erläuterte, worauf sich ihre A. stütze (Musil, Mann 273).

An|nah|me|be|stä|ti|gung, die: *Bescheinigung über die Annahme einer Postsendung o. Ä.:* eine A. vorlegen, unterschreiben.

An|nah|me|er|klä|rung, die (bes. Rechtsspr.): *Erklärung, durch die etwas angenommen wird.*

An|nah|me|frist, die: *für die Annahme* (1 a) *gesetzte Frist.*

An|nah|me|stel|le, die: *Ort der Annahme* (1 a): etw. an der A. abgeben.

An|nah|me|ver|wei|ge|rung, die: *das Verweigern der Annahme einer Postsendung o. Ä.:* das Recht der A./auf, zur A.

An|na|len ⟨Pl.⟩ [lat. (libri) annales, zu: annus = Jahr] (bildungsspr.): *chronologisch geordnete Aufzeichnungen von [geschichtlichen] Ereignissen; Jahrbücher:* in den A. verzeichnet sein; Ü in die A. [der Geschichte] eingegangen sein (*unvergessen bleiben*).

an|nehm|bar ⟨Adj.⟩: **a)** *geeignet, angenommen od. gebilligt zu werden; akzeptabel:* ein -er Vorschlag; diese Bedingungen, die Preise sind a.; **b)** *ziemlich gut:* ein -es Wetter; sie spielt ganz a. Klavier.

An|nehm|bar|keit, die; -: *das Annehmbarsein.*

an|neh|men ⟨st. V.; hat⟩: **1. a)** *etw. [gerne, ohne Bedenken] entgegennehmen, nicht zurückweisen:* ein Geschenk, Trinkgeld a.; einen Brief für den Nachbarn a.; einen Wechsel a. (*einlösen*); Reiseschecks a. (*umwechseln*); **b)** *mit etw. einverstanden sein, mit etw. übereinstimmen:* eine Einladung, jmds. Hilfe a.; eine Wette, die Herausforderung a.; das Urteil, die Methoden a.; die Bevölkerung hat die neue Einrichtung noch nicht angenommen (*hat sich noch nicht damit vertraut gemacht*); Ü die Vergangenheit a. (*sich ihr stellen*); **c)** *übernehmen:* eine Arbeit, einen Job a. **2.** *seine Zustimmung geben, billigen:* eine Resolution a.; der Antrag wurde einstimmig angenommen. **3. a)** *sich eine eigene machen, zulegen:* schlechte Gewohnheiten, Starallüren, einen anderen Namen, ein Pseudonym a.; **b)** *verblasst in Verbindung mit Substantiven, drückt aus, dass sich etw. in bestimmter Weise verändert, entwickelt:* der Arbeitskampf nimmt immer schärfere Formen an; etw. nimmt unvorstellbare Ausmaße an. **4. a)** *aufnehmen, zulassen:* einen Bewerber a.; im Kindergarten nicht angenommen werden; **b)** (ugs.) *adoptieren:* sie wollen ein kleines Mädchen a.; **c)** (Zool.) *ein neugeborenes Junges als eigenes ansehen u. ein entsprechendes Verhalten zeigen:* das Lamm war von seiner Mutter nicht angenommen worden. **5.** *eindringen, haften lassen:* dieser Stoff nimmt Farbe, Feuchtigkeit gut an. **6. a)** *vermuten, meinen, glauben:* mit Recht, ernstlich a., dass ...; er ist nicht, wie vielfach angenommen wird, der Autor; **b)** *voraussetzen:* etw. als Tatsache a. (*oft im 2. Part.:*) angenommen, dass ...; R das kannst du a. (ugs.; *das ist sicher*). **7.** ⟨a. + sich⟩ *sich um jmdn., etw. kümmern:* sich der Verletzten, der/(österr. meist:) um die Kinder a.; die Stadt will sich verstärkt der/(österr. meist:) um die Ausländerbetreuung a. **8.** ⟨a. + sich⟩ (veraltend) *sich etw. zu Herzen nehmen:* ich werde mir das a. **9.** (Jägerspr.) **a)** *(eine Fährte) aufnehmen u. ihr folgen:* eine Fährte a.; **b)** *(einen Wechsel) betreten:* einen Wechsel a. **10.** (Jägerspr.) *(Futter) nicht verschmähen; fressen:* Futter a. **11.** (Jägerspr.) *angreifen:* jmdn., ein Tier a.; *⃰ jmdn. [hart] a.* (ugs.; *attackieren*). **12.** (Sport) *den gespielten Ball in seinen Besitz, unter Kontrolle bringen:* den Ball a.

an|nehm|lich ⟨Adj.⟩ (veraltet): **a)** *angenehm, zufriedenstellend:* eine -e Position; **b)** *annehmbar:* die Bedingungen sind a.

An|nehm|lich|keit, die; -, -en ⟨meist Pl.⟩: *Bequemlichkeit, Vorteil:* sich viele -en leisten können; -en genießen; dort muss er auf manche A. verzichten.

◆ **An|nei|gung,** die; -, -en ⟨Pl. selten⟩: *Neigung* (5), *Zuneigung:* Sie ... konnte sich eine besondere A. zu jenem, dem sie das Glück schuldig geworden, nicht versagen (Goethe, Wanderjahre II, 7).

an|nek|tie|ren ⟨sw. V.; hat⟩ [frz. annexer; relativisiert nach lat. annectere = verknüpfen] (bildungsspr.): *gewaltsam u. widerrechtlich in seinen Besitz bringen:* ein Gebiet a.

An|nek|tie|rung, die; -, -en (bildungsspr.): *das Annektieren, Annektiertwerden.*

an|ner|ven ⟨sw. V.; hat⟩ (ugs.): *lästig werden u. dabei verärgern, nervös machen; nerven:* ihre ständigen Ermahnungen haben mich ziemlich angenervt; ein angenervtes Eichhörnchen floh vor den Hunden auf den nächsten Baum.

An|nex, der; -es, -e [zu lat. annexum, 2. Part. von: annectere, ↑ annektieren] (bildungsspr.): **1.** *Anhängsel, Zubehör:* die Vereinbarungen werden in -en festgehalten. **2.** *Annexbau.*

An|nex|bau, der ⟨Pl. -ten⟩: *Anbau, Seitenbau.*

An|ne|xi|on, die; -, -en [frz. annexion < lat. annexio = Verknüpfung] (bildungsspr.): *gewaltsame u. widerrechtliche Aneignung fremden Gebiets.*

an|nie|sen ⟨sw. V.; hat⟩: **1.** *jmdm. ins Gesicht niesen:* jmdn. a. **2.** (ugs.) *grob anfahren:* er hat ihn wieder einmal angeniest.

an|nie|ten ⟨sw. V.; hat⟩: *durch Nieten an etw. befestigen.*

An|ni|hi|la|ti|on, die; -, -en [zu ↑ annihilieren]: **1.** (bildungsspr.) **a)** *Vernichtung, Zunichtemachung;* **b)** *Ungültigkeitserklärung.* **2.** (Kernphysik) *das Annihilieren* (2).

an|ni|hi|lie|ren ⟨sw. V.; hat⟩ [zu lat. ad (in Zus. an-) = zu u. nihil = nichts]: **1.** (bildungsspr.) **a)** *zunichtemachen;* **b)** *für nichtig erklären.* **2.** (Kernphysik) *Elementar- u. Antiteilchen zerstören.*

An|ni|ver|sar, das; -s, -e [mlat. anniversarium, zu lat. anniversarius = alljährlich, zu: annus = Jahr u. vertere, ↑ Vers]: **1.** (bildungsspr.) *Jahrestag, Jubiläum:* sein 50. A. begehen, feiern. **2.** (kath. Kirche) *jährlich wiederkehrende Gedächtnisfeier für einen Toten.*

an|no [lat. anno, Ablativ von: annus = Jahr] (geh.): *im Jahre* (Abk.: a.): erbaut a. 1911; *⃰ a. dazumal/*(ugs. scherzh.:) *dunnemals (früher, in jener [alten, vergangenen] Zeit);* Anno Domini (veraltet; *im Jahre des Herrn;* lat. [Abk.: A. D.] Anno Domini 1584); a. Tobak (ugs. scherzh.; *alte [längst überholte] Zeit; in, aus alter [längst überholter] Zeit:* dein Hut ist noch von a. Tobak); a. Schnee (österr. scherzh.; *vor sehr langer Zeit*).

◆ **an|noch** [auch: ...ˈnɔx] ⟨Adv.⟩ [verstärkende Bildung]: [1](ugs.) **(1 a):** Ich freue mich ..., Euch a. wohl zu sehen (Lessing, Nathan IV, 7); ... wenn Ihr im Tode a. feste steht (Schiller, Räuber V, 1).

An|non|ce [aˈnõːsə], die; -, -n [frz. annonce, zu: annoncer, ↑ annoncieren]: *Anzeige in einer Zeitung od. Zeitschrift:* eine A. aufgeben, in die Zeitung setzen, schalten; sich auf eine A. melden.

An|non|cen|blatt, das: *Zeitung, die vorwiegend od. nur aus Annoncen besteht; Anzeigenblatt:* das A. aufschlagen, durchlesen.

An|non|cen|teil, der: *in sich abgeschlossener Teil einer Zeitung, der nur Annoncen enthält.*

an|non|cie|ren [anõˈsiːrən] ⟨sw. V.; hat⟩ [frz. annoncer < lat. annuntiare = an-, verkündigen]: **a)** *eine Annonce in einer Zeitung o. Ä. aufgeben:* in einer Zeitung a.; **b)** *durch eine Annonce ankündigen:* neue Modelle, das Erscheinen eines Buches a.; **c)** *ankündigen, bekannt geben:* er hat seinen Besuch für morgen annonciert.

An|no|ta|ti|on, die; -, -en ⟨meist Pl.⟩: **1.** [lat. annotatio] (bildungsspr.) *Anmerkung, Vermerk.* **2.** (Verlagsw.) *kurze inhaltliche Zusammenfassung eines Buches (für bibliothekarische Zwecke).*

an|nu|ell ⟨Adj.⟩ [frz. annuel < spätlat. annualis = ein Jahr alt od. dauernd] (Bot.): *(von Pflanzen) einjährig.*

an|nul|lie|ren ⟨sw. V.; hat⟩ [spätlat. annullare, zu lat. nullus, ↑ [1]null]: **a)** *[amtlich] für ungültig, nichtig erklären:* ein Gerichtsurteil, einen Vertrag, die Ehe a.; **b)** (bes. südd., österr., schweiz.) *absagen, stornieren:* einen Flug a.

An|nul|lie|rung, die; -, -en: **a)** *das Annullieren* (a), *Annulliertwerden* (a); **b)** (bes. südd., österr., schweiz.) *Streichung, Stornierung.*

Anode – anpinseln

A|no|de, die; -, -n [engl. anode < griech. ánodos = Aufweg, Eingang; von Faraday (vgl. Farad) 1834 eingeführt] (Physik): *positiv geladene Elektrode (Pluspol) in einer elektrolytischen Zelle.*

an|öden ⟨sw. V.; hat⟩ (ugs.): *langweilen:* die Arbeit ödet ihn an; ... ich war nie ein großer Kinderfreund. Sie konnten einen a. auf die Dauer (Plenzdorf, Leiden 47).

A|no|den|span|nung, die (Physik): *(in Elektronenröhren) Spannung zwischen Anode u. Kathode.*

A|no|den|strom, der (Physik): *von der Kathode zur Anode fließender Elektronenstrom.*

ano|disch ⟨Adj.⟩ (Physik): *die Anode betreffend, mit ihr zusammenhängend.*

an|o|mal ['anoma:l, auch:...'ma:l] ⟨Adj.⟩ [spätlat. anomalus < griech. anómalos = unregelmäßig, ungleich, aus: an- = nicht, un- u. omalós = gleich, eben]: *nicht normal [entwickelt]; abnorm:* -e Beziehungen, Verhältnisse; eine -e Entwicklung; sich a. verhalten.

An|o|ma|lie, die; -, -n [lat. anomalia < griech. anōmalía]: **a)** ⟨o. Pl.⟩ *Abweichung vom Normalen; Abnormität;* **b)** (Biol.) *körperliche Fehlbildung:* eine angeborene A.; -n des Gehirns; **c)** (Physik) *unregelmäßiges Verhalten des Wassers im Vergleich mit den meisten anderen Stoffen bei Temperaturänderungen;* **d)** (Astron.) *Winkel zur mathematischen Beschreibung der Stellung eines Planeten in seiner Bahn um die Sonne.*

Ano|mie, die; -, -n [griech. anomía = Gesetzlosigkeit] (Soziol.): *Zustand mangelhafter gesellschaftlicher Integration innerhalb eines sozialen Gebildes, der bes. durch Normabweichung u. Nichtbeachtung bisher gültiger Verhaltensweisen gekennzeichnet ist.*

ano|misch ⟨Adj.⟩ [griech. ánomos = gesetzlos] (Soziol.): *Anomie zeigend, aufweisend.*

an|o|nym ⟨Adj.⟩ [spätlat. anonymus < griech. anṓnymos, zu: an- = nicht, un- u. ónoma (ónyma) = Name]: **a)** *ungenannt, ohne Namensnennung:* ein -er Verfasser, Brief; eine -e Anzeige; -e Waren (No-Name-Produkte); ein[en] Traktat a. herausgeben; **b)** *unpersönlich, durch Fremdheit geprägt:* -e Wohnblocks; er ist bestrebt, a. (unbekannt) zu leben, zu bleiben.

An|o|ny|ma ⟨Pl.⟩: *Schriften ohne Angabe des Verfassers.*

an|o|ny|mi|sie|ren ⟨sw. V.; hat⟩: *(aus einer Statistik, aus Fragebogen, Unterlagen u. Ä.) den Namen einer Person, persönliche Daten löschen:* eine Statistik a.; anonymisierte Daten, Fragebogen.

An|o|ny|mi|tät, die; - (bildungsspr.): *das Nichtbekanntsein, Nichtgenanntsein; Namenlosigkeit:* die A. wahren, aufgeben.

An|o|ny|mus, der; -, ...mi u. Anonymen (bildungsspr.): *namentlich nicht genannter Autor, Briefschreiber o. Ä.:* der Autor ist ein A. aus dem 17. Jh.

An|o|phe|les, die; -, - [zu griech. anōphelés = schädlich]: *(in tropischen u. südeuropäischen Ländern vorkommende) Stechmücke [die Malaria überträgt].*

An|o|pie, An|op|sie, die; -, -n [zu griech. a- = nicht, un- u. ōps (Gen.: ōpós) = Auge] (Med.): *Funktionsuntüchtigkeit eines Auges (z. B. beim Schielen).*

Ano|rak, der; -s, -s [eskim. anorak = Pelzüberzug, Schneejacke]: *Windjacke mit Kapuze.*

an|ord|nen ⟨sw. V.; hat⟩: **1.** *in einer bestimmten Weise, nach einem bestimmten Plan ordnen, aufstellen:* die Bücher neu a.; das Verzeichnis ist nach Sachgruppen angeordnet; Zahllose Kleinigkeiten ... waren auf Etageren und Plüschtischchen angeordnet (Th. Mann, Krull 13). **2.** *veranlassen, befehlen, verfügen:* etw. dienstlich a.; der Arzt ordnete strenge Bettruhe an.

An|ord|nung, die; -, -en: **1.** *das Anordnen* (1), *Gruppierung:* eine übersichtliche A. vornehmen. **2.** *Verfügung* (Abk.: AO): eine polizeiliche A.; eine einstweilige A. (Rechtsspr.; *eine Entscheidung des Gerichts, die vorläufigen Rechtsschutz bezweckt*); -en erlassen, treffen; jmds. -en nachkommen, befolgen; sich einer A. widersetzen; das geschah auf meine, auf ärztliche A. (Veranlassung).

an|o|rek|tisch ⟨Adj.⟩: *die Anorexie betreffend; magersüchtig.*

An|o|re|xia ner|vo|sa, die; - - [nlat., zu ↑ Anorexie u. nlat. nervosus = nervös] (Med.): *Magersucht.*

An|o|re|xie, die; -, -n [griech. anorexía]: **a)** (Med.) *Appetitlosigkeit;* **b)** *Anorexia nervosa.*

an|or|ga|nisch ⟨Adj.⟩ [aus griech. an- = nicht, un- u. ↑ organisch]: **1. a)** *zum unbelebten Teil der Natur gehörend, ihn betreffend:* -er Dünger; organischen und -en Abfall trennen; **b)** (Chemie) *die chemischen Elemente sowie alle chemischen Verbindungen, die keinen Kohlenstoff enthalten, u. einige einfache Kohlenstoffverbindungen betreffend:* -e Verbindungen; die -e Chemie. **2.** *nicht nach bestimmten [natürlichen] Gesetzmäßigkeiten erfolgend:* -es Wachstum.

anor|mal ⟨Adj.⟩ [mlat. anormalis, aus lat. a- = nicht, un- u. normalis, ↑ normal]: *nicht normal; von der Norm abweichend; ungewöhnlich:* einen -en Eindruck auf jmdn. machen.

an|pa|cken ⟨sw. V.; hat⟩: **1. a)** *fest [mit den Händen] fassen:* jmdn. grob am Arm a.; er packte die Kiste mit beiden Händen an; **b)** *jmdn. durch Zufassen angreifen:* der Vogel packte das Jungtier mit den Klauen an; pack an! (Aufforderung an einen Hund: beiß zu!); **c)** *mit zugreifen; mithelfen:* wenn alle mit a., haben wir die Sachen schnell weggeschafft. **2.** *in Angriff nehmen:* ein Problem, eine Arbeit a. **3.** (ugs.) *in einer bestimmten Art behandeln; mit jmdm. auf eine bestimmte Weise umgehen:* der Lehrer hat die Schüler hart angepackt; eine Sache richtig anzupacken verstehen.

an|pap|pen ⟨sw. V.⟩: **1.** ⟨hat⟩ (ugs.) *[notdürftig od. behelfsmäßig] ankleben:* ich pappe einen Zettel an meine/meiner Tür an; ein angepapptes Bärtchen. **2.** ⟨ist⟩ (landsch.) *festkleben, festsitzen:* der Schnee pappt an.

an|pass|bar ⟨Adj.⟩: *sich anpassen* (1) *lassend:* eine individuell -e Benutzeroberfläche; die Software ist an Kundenwünsche a.

an|pas|sen ⟨sw. V.; hat⟩: **1.** *jmdm., einer Sache anmessen; für jmdn., etw. passend machen:* jmdm. einen Anzug, Kleider a.; Türrahmen und Türen müssen einander angepasst werden. **2.** *etw. einer Sache angleichen; etw. auf etw. abstimmen:* seine Kleidung dem festlichen Anlass a.; die Renten wurden angepasst (den Lebenshaltungskosten angeglichen). **3.** ⟨a. + sich⟩ *sich jmdm., einer Sache angleichen; sich nach jmdm., etw. richten:* sich der/an die Umgebung, Wirklichkeit a.; sich in der Kleidung den anderen a.; sich [gegenseitig]/(geh.:) einander a. können.

An|pas|ser, der; -s, - (ugs.): *jmd., der [ständig] geneigt ist, sich anzupassen* (3).

An|pas|se|rin, die; -, -nen: w. Form zu ↑ Anpasser.

An|pas|sung, die; -, -en ⟨Pl. selten⟩: *das Sicheinstellen auf jmdn., etw.; das [Sich]einfügen, Angleichen:* A. der Löhne, Gehälter, Renten; die A. an bestimmten Normen; über den Mangel an A. klagen; A. an veränderte räumliche Gegebenheiten; A. (Med.; *Adaptation* 1) *des Auges;* der Begriff der A. (*Adaptation* 2)wurde hauptsächlich in der amerikanischen Psychologie und Soziologie entwickelt.

an|pas|sungs|be|reit ⟨Adj.⟩: *bereit, sich anzupassen:* eine -e Kollegin; er ist überhaupt nicht a.

An|pas|sungs|druck: *Druck, sich neuen, veränderten Gegebenheiten o. Ä. anzupassen.*

an|pas|sungs|fä|hig ⟨Adj.⟩: *fähig, sich anzupassen:* ein -er Mensch; er ist sehr a.

An|pas|sungs|fä|hig|keit, die: *Anpassungsvermögen.*

An|pas|sungs|pro|zess, der: *Prozess, Vorgang des [Sich]anpassens.*

An|pas|sungs|schwie|rig|kei|ten ⟨Pl.⟩: *[psychische] Schwierigkeiten bei der Umstellung auf andere Umwelt-, Lebens- od. Arbeitsverhältnisse:* bei der Eingliederung der ausländischen Arbeitskräfte ist mit A. zu rechnen.

An|pas|sungs|ver|mö|gen, das ⟨Pl. selten⟩: *Fähigkeit, sich anzupassen:* er hat keinerlei A.

an|pei|len ⟨sw. V.; hat⟩: **a)** (Schifffahrt, Flugw.) *mittels Peilung ansteuern:* den Leuchtturm a.; Ü diesen Meistertitel hatte sie stets angepeilt; **b)** (Rundfunk) *durch Peilung den Standort o. Ä. von etw. bestimmen:* ein Flugzeug, einen feindlichen Agentensender a.

an|peit|schen ⟨sw. V.; hat⟩: *brutal [mit Drohungen] zu etw. antreiben:* die Arbeiter werden zu immer neuen Sonderschichten angepeitscht.

an|pe|sen ⟨sw. V.; ist⟩ (ugs.): **a)** *eilig, hastig herbeilaufen:* ganz aufgeregt peste er an; ⟨meist im 2. Part. in Verbindung mit »kommen«:⟩ da kommt er angepest; **b)** *sich schnell fahrend nähern:* ⟨meist im 2. Part. in Verbindung mit »kommen«:⟩ gerade kommt sie mit ihrem Motorrad angepest.

an|pfei|fen ⟨st. V.; hat⟩: **1.** (Sport) *(vom Schiedsrichter) ein Spiel od. einen Spielabschnitt durch Pfeifen eröffnen:* ein Spiel a.; die zweite Halbzeit wurde angepfiffen; der Schiedsrichter hat angepfiffen. **2.** (ugs.) *in scharfem Ton zurechtweisen:* der Chef hat ihn angepfiffen.

An|pfiff, der; -[e]s, -e: **1.** (Sport) *Pfiff als Zeichen für den Beginn eines Spiels od. Spielabschnitts:* nach dem A. des Schiedsrichters. **2.** (ugs.) *scharfe Zurechtweisung, Rüge:* einen A. bekommen; ... jeder musste einen unvermuteten und unverdienten A. gewärtigen (Feuchtwanger, Erfolg 409).

an|pflan|zen ⟨sw. V.; hat⟩: **a)** *an eine bestimmte Stelle pflanzen:* Blumen, Sträucher, Obstbäume [im Garten] a.; **b)** *(einen Garten, ein Beet) bepflanzen:* die Beete sind frisch angepflanzt; **c)** *(eine bestimmte Pflanzenart) anbauen:* Mais, Tabak, Kaffee a.

An|pflan|zung, die; -, -en: **1.** *das Anpflanzen* (a, b): dieser Boden ist zur A. von Getreide nicht geeignet. **2.** *bepflanzte Fläche:* auf dem Kahlschlag wurde eine neue A. angelegt.

an|pflau|men ⟨sw. V.; hat⟩ [wohl zu ↑ ²Pflaume] (ugs.): **1.** *jmdn. verulken, verspotten, necken, hänseln:* er hat mich ständig angepflaumt. **2.** *jmdn. scharf zurechtweisend ansprechen:* ihr Vorgesetzter pflaumt sie schon beim kleinsten Fehler sofort an.

an|pflo|cken ⟨sw. V.; hat⟩: **a)** *an einem Pflock befestigen:* ein Boot, eine Ziege a.; **b)** *mit Pflöcken befestigen:* die Zelte müssen angepflockt werden.

¹an|pi|cken ⟨sw. V.; hat⟩: *pickend anfressen.*

²an|pi|cken ⟨sw. V.⟩ (bayr., österr.) **a)** ⟨ist⟩ *festsitzen, angeklebt sein:* das Blatt pickt an; **b)** ⟨hat⟩ *an-, festkleben:* er hat den Henkel wieder angepickt.

an|pin|keln ⟨sw. V.; hat⟩ (salopp): **1.** *an, auf etw. urinieren:* einer pinkelte das Wahlplakat an. **2.** *gegen jmdn. äußerst auffällig werden:* von dem lass ich mich nicht a.

an|pin|nen ⟨sw. V.; hat⟩ (ugs.): *mit Pinnen* (3) *anheften:* Fotos an die Schranktür a.; etw. ans Schwarze Brett a.

an|pin|seln ⟨sw. V.; hat⟩ (ugs.): *bemalen, anmalen, anstreichen:* Fenster, Wände [bunt] a.; hast du

den Namen [an die Tür] angepinselt?; du hast dich aber gewaltig angepinselt *(geschminkt).*
an|pir|schen ⟨sw. V.; hat⟩: **a)** (Jägerspr.) *sich leise u. vorsichtig einem Wild nähern:* Wild in der freien Steppe a.; **b)** ⟨a. + sich⟩ *sich heranschleichen:* ich pirschte mich mit schussbereiter Kamera an.
an|pis|sen ⟨sw. V.; hat⟩ (derb): **1.** *an, auf etw. urinieren.* **2. a)** *verärgern:* dass mir keiner glaubt, pisst mich an; **b)** *beschimpfen.*
◆ **an|pla|cken** ⟨sw. V.; hat⟩ [zu landsch. placken = mit einem Flicken besetzen, zu ↑Placken]: *ankleben:* Dabei plackte er das bewusste Mandat wieder, und zwar an die Ecken des Rathauses selbst, an (Kleist, Kohlhaas 37).
An|pö|be|lei, die; -, -en (ugs. abwertend): *das Anpöbeln:* Schluss mit der A.!; von denen haben wir nur -en zu erwarten.
an|pö|beln ⟨sw. V.; hat⟩ (ugs. abwertend): *durch beleidigende, unflätige o. ä. Äußerungen od. entsprechende Handlungen belästigen, provozieren o. Ä.:* die Leute auf der Straße a.
An|pö|be|lung, An|pöb|lung, die; -, -en (abwertend): *das Anpöbeln, Angepöbeltwerden.*
an|pol|chen ⟨sw. V.; hat⟩ (landsch. od. geh.): *[vorsichtig] anklopfen; [bittend] an die Tür klopfen:* bei jmdm. zaghaft a.; Ü ich werde einmal bei meiner Mutter a. *(vorsichtig, bittend nachfragen),* ob sie uns helfen kann.
an|pol|tern ⟨sw. V.; ist⟩: *mit polterndem Schritten herankommen:* von Weitem schon hörte ich ihn a.; ⟨meist im 2. Part. in Verbindung mit »kommen«:⟩ da kommt sie angepoltert.
An|prall, der; -[e]s: *das Anprallen; heftiger Stoß gegen etwas Hartes; [plötzliches] Aufschlagen:* der A. der Wellen gegen den Deich; dem A. standhalten.
an|pral|len ⟨sw. V.; ist⟩: **1.** *an od. gegen jmdn., etw. prallen, heftig anstoßen:* hart an, gegen die Mauer a. ◆ **2.** *(in der Sprache der Reiter) schnell herangeritten od. -gefahren kommen u. dann die Pferde unvermittelt zum Halten bringen:* Strapinski fuhr in einem prächtigen Halbbogen auf und ließ die feurigen Pferde aufs beste a. (Keller, Kleider 15).
an|pran|gern ⟨sw. V.; hat⟩: *öffentlich tadeln, verurteilen, brandmarken, als Missstand herausstellen, an die Öffentlichkeit bringen:* jmdn. als Betrüger a.; die Missstände, die niedrigen Gehälter wurden angeprangert; das muss als Missbrauch der Amtsgewalt angeprangert werden.
An|pran|ge|rung, die; -, -en: *das Anprangern; das Angeprangertwerden.*
an|prei|sen ⟨st. V.; hat⟩: *wegen besonderer Vorzüge empfehlen, rühmen:* eine Ware, ein Lokal, eine Sehenswürdigkeit a.; das Hotel preist sich als mit allem Komfort ausgestattet an.
An|prei|sung, die; -, -en: *das Anpreisen; das Angepriesenwerden.*
◆ **an|prel|len** ⟨sw. V.; hat⟩: *anprallen:* ...den Platz, wo... der Teufel bei mir angeprellt (Kleist, Krug 11).
an|pre|schen ⟨sw. V.; ist⟩ (ugs.): *[im Laufschritt] eilig herankommen:* wutschnaubend preschte sie an; ⟨meist im 2. Part. in Verbindung mit »kommen«:⟩ atemlos angeprescht kommen.
an|pres|sen ⟨sw. V.; hat⟩: *fest an etw. pressen:* sie presste das Ohr an die Tür und horchte; ich habe mich an den Baum angepresst.
An|pro|be, die; -, -n: *das Anprobieren eines [in Arbeit befindlichen] Kleidungsstückes:* zur A. kommen; ich bin um 10 Uhr zur A., zu einer A. bestellt.
an|pro|bie|ren ⟨sw. V.; hat⟩: **a)** *etw. anziehen, um zu sehen, ob es passt:* einen Anzug, Kleider, Schuhe a.; morgen können Sie a. (ugs.; *zur Anprobe)* kommen; **b)** *veranlassen, dass jmd.*

etw. zur Probe anzieht: der Schneider probierte ihm den Anzug an.
an|pum|pen ⟨sw. V.; hat⟩ (ugs.): *sich Geld von jmdm. leihen:* sie hat mich [um 50 Euro] angepumpt.
an|pus|ten ⟨sw. V.; hat⟩ (ugs.): *seinen Atem gegen jmdn., etw. blasen, pusten:* das Feuer a.; eine Pusteblume a.; sie ist so schwach, dass sie umfällt, wenn man sie anpustet; Ü draußen pustet uns ein starker Wind an.
an|quas|seln ⟨sw. V.; hat⟩ (ugs.): *anquatschen.*
an|quat|schen ⟨sw. V.; hat⟩ (ugs.): *ungeniert ansprechen:* ich habe keine Lust, mich von jedem Flegel a. zu lassen.
an|quir|len ⟨sw. V.; hat⟩ (Kochkunst): **a)** *an etw. quirlen, mit dem Quirl in etw. einrühren:* du musst noch ein Ei a.; **b)** *etw. anrühren, mit dem Quirl verquirlen:* das Puddingpulver wird mit einigen Esslöffeln Milch angequirlt.
an|ra|deln ⟨sw. V.; ist⟩ (ugs.): **1.** *mit dem Fahrrad herankommen:* ohne große Eile radelte sie an; ⟨meist im 2. Part. in Verbindung mit »kommen«:⟩ schnell kam sie angeradelt. **2.** *unter Überwindung einer entgegengerichteten Kraft radeln:* gegen den Wind a.
an|rai|nen ⟨sw. V.; hat⟩ [zu ↑Rain]: *angrenzen:* die anrainenden Siedlungen.
An|rai|ner, der; -s, -: *Grundstücksnachbar; Anlieger:* die Straßenbaukosten müssen von den -n mitgetragen werden; darüber müssen Sie sich mit Ihrem A. verständigen; Ü die arabischen A. des Roten Meeres.
An|rai|ner|grund|stück, das: *angrenzendes Grundstück.*
An|rai|ne|rin, die; -, -nen: w. Form zu ↑Anrainer.
An|rai|ner|staat, der: *Staat, dessen Gebiet an etw. Bestimmtes angrenzt:* die Staaten an der Ostsee.
An|rai|ner|ver|kehr, der ⟨o. Pl.⟩ (bes. österr.): *Anliegerverkehr.*
an|ran|zen ⟨sw. V.; hat⟩ (ugs.): *scharf tadeln, in barschem Ton zurechtweisen:* seine Untergebenen a.
An|ran|zer, der; -s, - (ugs.): *scharfer Tadel; barsche Zurechtweisung:* einen A. bekommen.
an|ra|sen ⟨sw. V.; ist⟩ (ugs.): *in rasendem Tempo herankommen:* wild gestikulierend raste er an; ⟨meist im 2. Part. in Verbindung mit »kommen«:⟩ er kam angerast und stürzte ins Haus.
an|ras|seln ⟨sw. V.; ist⟩ (ugs.): *rasselnd heranfahren:* die Feuerwehr rasselte an; ⟨meist im 2. Part. in Verbindung mit »kommen«:⟩ die alte Straßenbahn kam angerasselt.
an|ra|ten ⟨st. V.; hat⟩: *empfehlen; jmdm. raten, etw. zu tun:* das wollte ich dir auch angeraten haben!; ⟨subst.:⟩ auf Anraten des Arztes; Nun rate ich Ihnen Vorsicht an (Seghers, Transit 270).
an|rat|tern ⟨sw. V.; ist⟩ (ugs.): *unter Rattern, mit großem Lärm herankommen:* endlich ratterte die alte Tram an; ⟨meist im 2. Part. in Verbindung mit »kommen«:⟩ sie kam in ihrem alten Wägelchen angerattert.
an|rau|chen ⟨sw. V.; hat⟩: **1.** *(eine Zigarette, Zigarre, Pfeife) anzünden u. die ersten Züge tun:* rauch mir bitte eine Zigarette an!; die angerauchte Zigarette ausdrücken. **2.** *mit Rauch belästigen; jmdm. Rauch ins Gesicht blasen.*
an|räu|chern ⟨sw. V.; hat⟩: *leicht, kurz räuchern:* mageres Schweinefleisch, leicht angeräuchert.
an|rau|en ⟨sw. V.; hat⟩: *(Stoff, Leder o. Ä.) an der Oberfläche ein wenig rau machen:* der Stoff ist auf der Unterseite leicht angeraut.
An|raum (landsch., bes. bayr., österr.), Anreim (landsch.), der; -[e]s [zu mhd., ahd. rām = Schmutz]: *Raureif.*
an|rau|nen ⟨sw. V.; hat⟩ (ugs.): *anfahren; mit groben Worten scharf zurechtweisen.*
An|raun|zer, der; -s, - (ugs.): *grobe, scharfe Zurechtweisung.*

an|rau|schen ⟨sw. V.; ist⟩ (ugs.): **a)** *mit einem rauschenden Geräusch herankommen:* der Zug rauschte an; ⟨meist im 2. Part. in Verbindung mit »kommen«:⟩ er kam auf seinem Motorrad angerauscht; **b)** *mit großer Gebärde, Aufmerksamkeit auf sich lenkend herankommen:* ⟨meist im 2. Part. in Verbindung mit »kommen«:⟩ der Schauspieler kam mit großer Entourage angerauscht.
◆ **an|re|beln** ⟨sw. V.; hat⟩ [viell. zu landsch. rebeln = (ab)zupfen, zu: Räppes, Raps, Nebenf. von ↑Rapp] (landsch.): *anfahren* (6), *anschnauzen:* ...wenn sie vom Pfarrer nicht wollten angerebelt werden (Gotthelf, Spinne 17).
an|re|chen|bar ⟨Adj.⟩: *sich anrechnen* (1 c) *lassend; anrechnungsfähig:* diese Beitragsmonate sind a.
an|rech|nen ⟨sw. V.; hat⟩: **1. a)** *[gesondert] in Rechnung stellen, berechnen:* die vielen privaten Telefongespräche muss ich Ihnen a.; diese Zusatzleistung hat sie [uns] nicht [mit] angerechnet; **b)** *bewerten:* der Schülerin war so lange krank, dass ihr die schlechte Arbeit nicht angerechnet wurde; **c)** *gegen etw. aufrechnen, in etw. einbeziehen; bei etw. berücksichtigen:* das Auto wurde ihnen mit 5000 Euro angerechnet; die Untersuchungshaft wurde [auf die Strafe] angerechnet. **2.** *in einer bestimmten Weise werten; [vergleichend] einschätzen:* etwas als strafmildernd a.; jmdm. etw. als Verfehlung a.; jmdm. etw. übel a.; * **jmdm. etw. hoch a.** *(jmds. Verhalten besonders anerkennen, würdigen).*
An|rech|nung, die; -, -en ⟨Pl. selten⟩: *das Anrechnen; Berechnung, Berücksichtigung:* eine A. der Transportkosten erfolgt nicht; unter A. der Untersuchungshaft; etw. in A. bringen (Papierdt., nachdrücklich; *anrechnen; mit berechnen).*
an|rech|nungs|fä|hig ⟨Adj.⟩: *sich anrechnen* (1 c) *lassend; geeignet, angerechnet zu werden:* -e Versicherungszeiten.
An|recht, das; -[e]s, -e: *Recht auf etw., was einem zusteht; Anspruch:* sie hat, besitzt ein altes A. auf diese Wohnung; sein A. geltend machen; auf sein A. verzichten.
An|rechts|schein, der (Wirtsch.): *Zwischenschein, den ein Aktionär vor der Emission der eigentlichen Aktien erhält.*
An|re|de, die; -, -n: **1.** *Bezeichnung, mit der jmd. angeredet wird:* eine höfliche, steife, vertrauliche A.; wie lautet die A. für einen Kardinal?; eine A. umgehen, vermeiden. **2. a)** *das Ansprechen eines anderen; an einen anderen gerichtete Worte:* ◆ ... brachte die A. an den Geist (= in einer Hamlet-Aufführung) so verwirrt ... vor (Goethe, Lehrjahre, V, 11); **b)** (schweiz. veraltet) *Ansprache* (1).
An|re|de|fall, der (Sprachwiss.): ¹*Fall* (5), *in dem jmd. angesprochen wird* (vgl. Vokativ).
An|re|de|für|wort, das (Sprachwiss.): *Anredepronomen.*
an|re|den ⟨sw. V.; hat⟩: **1. a)** *ansprechen; Worte an jmdn. richten:* der Nachbarin redete mich an; **b)** *in einer bestimmten Form, mit einer bestimmten Bezeichnung ansprechen:* jmdn. mit Sie, mit dem Vornamen, mit seinem Titel a. **2.** *sich durch Reden gegen jmdn., etw. durchzusetzen versuchen, redend gegen etw. angehen:* gegen solchen Lärm kann ich nicht mehr a.
An|re|de|pro|no|men, das (Sprachwiss.): *zum Anreden gebrauchtes Personalpronomen:* du, ihr und Sie sind Anredepronomen/Anredepronomina.
an|re|gen ⟨sw. V.; hat⟩: **1. a)** *jmdn. zu etw. veranlassen, ermuntern, inspirieren:* das Ereignis regte sie zum Nachdenken, zu einer Bemerkung an; angeregt durch das Beispiel der anderen,

machte sie sich an die Arbeit; **b)** *etw. vorschlagen, den Anstoß zu etw. geben:* ich möchte die Frage a., ob ...; Prof. Müller hat diese Dissertation angeregt. **2.** *(von bestimmten Stoffen) beleben, aufmuntern:* Kaffee und Tee regen [die Lebensgeister] an; etw. regt den Appetit, das Wachstum, die Fantasie an; ein anregendes Mittel; Ü die Diskussion war sehr anregend; in angeregtem Gespräch. **3.** *(Physik) Atom[kern]e od. Moleküle (im Quantensprung) aus dem Grundzustand in einen höheren Energiezustand versetzen:* ein Atom kann nur sprunghaft angeregt werden. ◆ **4.** *anspornen* (1)*:* Sogleich regte Felix sein Pferd an, sprengte auf die Stelle los (Goethe, Wanderjahre I, 6).

An|re|ger, der; -s, -: *jmd., der Anregungen gibt:* Herder war der große A. für seine Zeitgenossen; er ist einer der A. dieser Arbeitsgemeinschaft.

An|re|ge|rin, die; -, -nen: w. Form zu ↑ Anreger.

An|re|gung, die; -, -en: **1. a)** ⟨o. Pl.⟩ *das Anregen:* die A. von Diskussionen, Debatten; **b)** *Impuls, [Denk]anstoß:* [fruchtbare] -en geben, erhalten; sich wertvolle -en holen; eine A. befolgen, aufgreifen; -en unterbreiten; in diesem Buch finden Sie viele -en; Platon hat seine -en ... in den Weistümern des Orients geschöpft (Musil, Mann 1 337). **2.** ⟨o. Pl.⟩ *das Beleben; Belebung:* ein Mittel zur A. des Appetits, der Verdauung, der Herztätigkeit. ◆ **3.** *Regung* (2)*, Anwandlung:* Ich bin nicht abergläubisch ... und gebe nichts auf diese dunklen -en, insofern sie nur solche wären (Goethe, Wahlverwandtschaften I, 1).

An|re|gungs|mit|tel, das: *Aufputschmittel, Stimulans:* der Arzt hat ihr ein A. verschrieben.

an|rei|ben ⟨st. V.; hat⟩ (Fachspr.) **a)** *(Farbe mit Wasser od. einem Bindemittel) mischen, anrühren:* sie hat etwas Farbe angerieben; **b)** *ein einem Klebemittel beschichtetes Material auf der zu beklebenden Fläche durch Reiben festdrücken:* das Einbandgewebe wird auf dem Buchdeckel angerieben.

an|rei|chen ⟨sw. V.; hat⟩ (landsch.): *helfend zureichen, hinüberreichen:* ich muss die Bücher dort oben einordnen, kannst du sie mir mal anreichen?

an|rei|chern ⟨sw. V.; hat⟩: **1. a)** *ansammeln, aufspeichern:* die giftigen Stoffe werden im Körpergewebe angereichert; bestimmte Pflanzen reichern Stickstoff im Boden an; mit Rauch, Gas, Staub und Dämpfen angereicherte Luft; **b)** ⟨a. + sich⟩ *sich ansammeln, aufgespeichert werden:* diese Stoffe können sich im Nervensystem a. **2.** *verbessern, vermehren; gehaltvoller machen:* Lebensmittel mit Vitaminen a.; ein angereichertes Gemisch (Kfz-Technik; *Kraftstoff-Luft-Gemisch mit besonders hohem Kraftstoffanteil*); angereichertes Uran (Kernt.; *Uran, bei der der Anteil von spaltbarem U 235 erhöht wurde*).

An|rei|che|rung, die; -, -en: *das Anreichern, Sichanreichern, Angereichertwerden.*

¹an|rei|hen ⟨sw. V.; hat⟩: **a)** *einer Reihe anfügen:* Perlen a.; **b)** ⟨a. + sich⟩ (geh.) *sich [einer Reihe] anschließen:* ein weiterer Bericht reiht sich an; das reiht sich seinen Taten würdig an.

²an|rei|hen ⟨sw., auch st. V.; reihte-/(seltener:) rieh an, hat angereiht/angeriehen⟩: *mit großen Stichen, lose annähen, anheften:* sie hat den Rock zur Anprobe erst einmal angeriehen.

An|reim: ↑ Anraum.

An|rei|se, die; -, -n: **a)** *Hinfahrt, Fahrt (an ein bestimmtes Ziel):* eine weite, lange A. haben; die A. erfolgt über München, die Rückfahrt über Ulm; die A. dauert 10 Stunden; **b)** *[erwartetes] Eintreffen, Ankunft:* wir erwarten die A. einer größeren Reisegesellschaft.

an|rei|sen ⟨sw. V.; ist⟩: **a)** *an ein bestimmtes Ziel reisen, fahren:* sie reisen mit einem Sonderzug an; **b)** *eintreffen; von weit her (mit einem Verkehrsmittel) ankommen:* die Teilnehmer reisen aus allen Himmelsrichtungen an; aus Hamburg angereist kommen.

An|rei|se|tag, der: *Tag der Anreise:* der Montag gilt als A.

an|rei|ßen ⟨st. V.; hat⟩: **1. a)** *zu zerreißen beginnen, am Rande einreißen:* Stoff, Papier a.; das Buch hat schon angerissene Ecken; **b)** *einen Riss bekommen:* das vordere rechte Kreuzband ist angerissen; **c)** *sich einen Riss zuziehen:* im letzten Spiel habe ich mir das Innenband im Knie angerissen. **2.** (ugs.) *(nach dem Aufreißen der Verpackung) zu verbrauchen beginnen:* seine Vorräte a.; Sie konnte nicht anders, sie riss die westliche Zigarettenpackung an, die zum Reiseproviant gehörte (Johnson, Ansichten 222). **3.** (landsch.) *(ein Streichholz o. Ä.) anzünden.* **4.** *einen Motor (mithilfe einer Leine) in Gang setzen, anwerfen:* sie riss den Außenbordmotor an, und das Boot schoss los. **5.** [vgl. Reißbrett] (Technik) *(auf einem zu bearbeitenden Werkstück, bes. Metall) zeichnen; mit einem spitzen Gerät Linien angeben:* der Blechschneider reißt [das Material] an. **6.** (Forstwirtsch.) *zu fällende Bäume mit einem besonderen Werkzeug markieren.* **7.** *zur Sprache bringen, gesprächsweise berühren:* soziale Probleme, ein Thema a.; die Aufgaben der Kunst kurz a. **8.** (ugs.) *in aufdringlicher Weise als Kunden anlocken:* er hatte sich auf dem Markt gestellt, um die Leute anzureißen.

an|rei|ße|risch ⟨Adj.⟩ (ugs.): *in aufdringlicher, billiger Art werbend; unseriös:* ein -es Plakat; der -e Titel eines Buches.

an|rei|ten ⟨st. V.⟩: **1.** ⟨ist⟩ *reitend herankommen:* sie sind angeritten; ⟨meist im 2. Part. in Verbindung mit »kommen«:⟩ da kommen die Ersten angeritten. **2. a)** ⟨hat⟩ *auf einen bestimmten Punkt (ein Ziel, ein Hindernis) zureiten:* ein Hindernis energisch a.; **b)** ⟨ist⟩ (Militär) *gegen jmdn., etw. reiten; reitend kämpfen:* die Schwadron reitet gegen den Feind an. **3. a)** ⟨ist⟩ *zu reiten beginnen; losreiten:* er ist gerade angeritten; ⟨subst.:⟩ das Anreiten im Schritt; **b)** ⟨hat⟩ *die Reitsaison eröffnen:* morgen wird angeritten. **4.** ⟨hat⟩ *ein Pferd abrichten, zureiten:* er hat das Pferd gut angeritten.

An|reiz, der; -es, -e: *etw., was jmds. Interesse erregt, ihn motiviert, etw. zu tun; Antrieb:* ein materieller, finanzieller, steuerlicher A.; ein A. zum Sparen; etw. erhöht den A., bietet keinen A. mehr; die Reform soll zusätzliche -e schaffen, in neue Technologien zu investieren.

an|rei|zen ⟨sw. V.; hat⟩: **a)** *den Anreiz zu etw. geben:* Steuermäßigungen sollen zum Sparen a.; die ausgesetzte Prämie hat ihn zu höheren Leistungen angereizt; **b)** *anregen, wecken:* den Appetit a.; der Unfall hat die Sensationsgier der Leute angereizt.

An|rem|pe|lei, die; -, -en (ugs.): **a)** *dauerndes Anrempeln* (a)*:* auf dieser Straße ist man oft -en von Betrunkenen ausgesetzt; **b)** *Anrempeln* (b)*:* ich kann die dauernden -en nicht mehr hören.

an|rem|peln ⟨sw. V.; hat⟩ (ugs.): **a)** *[absichtlich] im Vorübergehen anstoßen:* ich remp[e]le im Dunkeln so leicht irgendwo an; von einem Betrunkenen angerempelt werden; **b)** *beschimpfen, beleidigen.*

An|rem|pe|lung, An|remp|lung, die; -, -en (ugs.): *das Anrempeln, das Angerempeltwerden.*

an|ren|nen ⟨unr. V.⟩: **1.** ⟨ist⟩ *rennend, laufend herankommen:* ⟨meist im 2. Part. in Verbindung mit »kommen«:⟩ da kommt er ja schon angerannt! **2.** ⟨ist⟩ *(gegen etw.) anlaufen:* er ist die ganze Zeit gegen den Sturm angerannt. **3.** ⟨ist⟩ **a)** (ugs.) *an od. gegen etw. rennen, rennend anstoßen [u. sich dabei verletzen]:* mit dem Ellbogen an, gegen die Fensterecke a.; **b)** *[in feindlicher Absicht] gegen jmdn., etw. laufen, anstürmen: gegen feindliche Stellungen a.;* der Feind versucht überall anzurennen, kommt aber nicht durch; Ü gegen Konkurrenten, gegen die Zeit a.; ...diese ganzen erbärmlichen Einrichtungen, gegen die man nicht mehr a. kann, gegen die auch nie jemand anrennt (Bachmann, Erzählungen 120). **4.** ⟨hat⟩ **a)** (landsch., österr.) *anstoßen:* er hat mich angerannt; **b)** ⟨a. + sich⟩ (ugs.) *sich einen Körperteil an etw. stoßen:* an dieser Ecke renne ich mir immer wieder das Knie an.

An|rich|te, die; -, -n: **a)** *Geschirrschrank mit einer Fläche zum Anrichten u. Bereitstellen der Speisen; Büfett:* das Essen steht auf der A.; die Teller aus der A. nehmen; **b)** *Raum mit Geschirrschränken u. Flächen zum Anrichten:* in der A. arbeiten.

an|rich|ten ⟨sw. V.; hat⟩: **1.** *vorbereitete Speisen, Salate, Brote u. Ä. auf Schüsseln u. Platten [garnieren u.] zum Verzehr bereitstellen:* das Essen a.; Ragout im Reisrand a.; es ist angerichtet. **2.** *[unbeabsichtigt] etw. Negatives verursachen:* Unfug, heillose Verwirrung, ein Blutbad a.; was hast du wieder alles angerichtet!; der Orkan richtete schwere Verwüstungen an; Unheil a.; man muss für den angerichteten Schaden aufkommen; die Kinder können hier nichts a. (*sie können keinen Schaden stiften*).

an|rie|chen ⟨st. V.; hat⟩: **a)** (selten) *beriechen, beschnüffeln:* der Hund riecht den Knochen an; **b)** *jmdm., einer Sache durch den Geruch anmerken:* man riecht der Wurst an, dass sie nicht mehr frisch ist; den Alkohol riecht man ihm schon von Weitem an.

An|riss, der; -es, -e: **1.** *kleiner Riss; Beginn eines Risses:* sich beim Bodenturnen einen A. der Achillessehne zuziehen. **2.** (Technik) *als Vorlage dienende Zeichnung, Vorzeichnung auf einem danach zu bearbeitenden Material:* einen A. auf einem Werkstück anfertigen. **3.** (Ruder-, Kanusport) *kräftiges Durchziehen beim Eintauchen des Ruderblattes od. Paddels:* den A. verstärken.

an|rit|zen ⟨sw. V.; hat⟩: *ein wenig ritzen:* einen Baum a.; zur Blutentnahme wurde dem Patienten das Ohr leicht angeritzt.

an|rol|len ⟨sw. V.⟩: **1.** ⟨ist⟩ **a)** *zu rollen beginnen; losfahren:* der Zug rollte an; Ü die Produktion des neuen Modells rollt langsam an; **b)** *heranrollen:* mit Gütern beladene Waggons rollen an; ⟨subst.:⟩ die Maschine war beim Anrollen zur Startbahn von der Piste abgekommen; ⟨oft im 2. Part. in Verbindung mit »kommen«:⟩ da kommen sie angerollt! **2.** ⟨ist⟩ *(in feindlicher Absicht) auf jmdn., etw. zufahren:* dann rollten Panzer gegen die Stadt an; Ü die Wellen rollten gegen den Deich an. **3.** ⟨hat⟩ *rollend heranschaffen:* er hat die Fässer angerollt; Ü sie haben ein tolles Menü a. lassen (ugs.; *bestellt, kommen lassen*).

an|ros|ten ⟨sw. V.; ist⟩: *zu rosten beginnen, ein wenig rostig werden:* wenn die Speichen erst einmal anrosten, sieht das Rad bald unansehnlich aus; angerostete Messer; der Wagen ist schon ziemlich angerostet.

an|rös|ten ⟨sw. V.; hat⟩: *leicht rösten:* die Weißbrotscheiben dürfen nur angeröstet werden.

an|rot|zen ⟨sw. V.; hat⟩ (salopp): **1.** *jmdn. anspucken.* **2.** *mit Kraftausdrücken beschimpfen:* ich lasse mich doch von so einem Schnösel nicht a.!

an|rü|chig ⟨Adj.⟩ [in Anlehnung an »riechen, Geruch« zu mniederd. anrüchtig = *von schlechtem Leumund*]: **a)** *von sehr zweifelhaftem Ruf:* ein -es Lokal; es handelt sich um eine ziemlich -e Person; **b)** *[leicht] anstößig:* -e Witze; ⟨subst.:⟩ Herr Kruzowski war ... Privatlehrer. Nicht, als ob das etwas Anrüchiges wäre (Schnurre, Bart 135).

An|rü|chig|keit, die; -, -en: **1.** ⟨o. Pl.⟩ *das Anrüchigsein, zweifelhafte Beschaffenheit, Natur.* **2.** *etw. anrüchig Wirkendes.*

an|ru|cken ⟨sw. V.; hat⟩: **a)** *(von einem Fahrzeug) mit einem Ruck anfahren:* der Zug ruckte an; **b)** (selten) *ruckartig an etw. ziehen:* die Taucherleine kurz a.

an|rü|cken ⟨sw. V.⟩: **1.** ⟨ist⟩ *in einer Gruppe od. [militärischen] Formation näher kommen, herankommen:* die Polizei rückte an; die anrückenden Truppen; Ü (ugs.:) wir kamen mit Sack und Pack angerückt. **2. a)** ⟨hat⟩ *an jmdn., etw. heranrücken:* den Tisch an die Wand a.; **b)** ⟨ist⟩ *näher heranrücken:* das Kind rückte aus Furcht an die Mutter an.

An|ruf, der; -[e]s, -e: **1.** *an eine bestimmte Person gerichteter, auffordernder Ruf, Zuruf:* auf einen A. reagieren; ohne A. schießen; Ü der A. des Gewissens. **2.** *telefonische Verbindung; Telefongespräch:* heute kamen sechs -e; ein anonymer A.; einen A. erwarten, erhalten, entgegennehmen.

An|ruf|be|ant|wor|ter, der; -s, -: *Gerät, das bei Abwesenheit des Inhabers dem Anrufer eine aufgezeichnete Mitteilung durchgibt [u. eine Nachricht des Anrufers aufzeichnet]:* dieser Anschluss ist mit einem automatischen A. ausgerüstet.

an|ru|fen ⟨st. V.; hat⟩: **1.** *durch Rufen jmdn. auf sich aufmerksam machen, jmds. Namen rufen:* der Wachposten rief ihn an. **2.** *jmdn. bitten, vermittelnd, helfend o. ä. einzugreifen:* jmdn. als Zeugen, um Hilfe a.; eine Schiedsstelle, das Verfassungsgericht a.; Gott um Gnade a.; sie haben die Gerichte angerufen *(sind vor Gericht gegangen).* **3.** *mit jmdm. telefonisch Verbindung aufnehmen:* einen Bekannten, die Auskunft, die Polizei a.; bei der Bank, in München a.; jeden Tag a.; er hat schon dreimal angerufen; jmdn. auf dem Handy a.; ⟨südwestd. u. schweiz. ugs. auch mit Dativ:⟩ du sagtest, du wolltest heute Abend noch anrufen. **4.** *etw. rufend zu übertönen versuchen:* gegen den Lärm a. ◆ **5.** *rufend verkünden, ausrufen* (2 a): ... der Nachtwächter rief die elfte Stunde an (Cl. Brentano, Kasperl 345); Wie weit ist's in der Nacht? – Eben itzt ruft der Nachtwächter zwei an (Schiller, Räuber V, 1).

An|ru|fer, der; -s, -: *jmd., der telefonisch Verbindung mit einem anderen aufnimmt:* ein anonymer A.

An|ru|fe|rin, die; -, -nen: w. Form zu ↑ Anrufer.

An|ru|fung, die; -, -en: *das Anrufen* (2); *Beschwörung.*

◆ **an|rüh|men** ⟨sw. V.; hat⟩: *empfehlen, anraten:* Ich kann euch nicht genug a., Euren Verstand, Euren natürlichen Trieb zu wissen, wie alles sich begibt und untereinander nach Gesetzen der Folge zusammenhängt, mit Fleiß und Mühe zu unterstützen (Novalis, Heinrich 109).

an|rüh|ren ⟨sw. V.; hat⟩: **1. a)** *[mit der Hand] berühren, anfassen:* rühr mich nicht an!; sein Bett ist nicht angerührt *(ist unbenutzt);* er rührt seine Frau nicht mehr an (verhüll.: *hat keinen Geschlechtsverkehr mehr mit ihr);* kein Buch a. *(nie ein Buch lesen);* **b)** *von etw. essen, trinken, nehmen, verbrauchen* (meist verneint od. eingeschränkt): das Essen kaum a.; keine Zigarette a. **2.** (geh.) *jmdn. innerlich berühren:* das Leid der Flüchtlinge rührte ihn an; eine anrührende Geschichte. **3.** *[mit etw.] verrühren, mischen:* Farbe, Gips [mit Wasser] a.; einen Teig a.; frisch angerührter Kleister.

an|ru|ßen ⟨sw. V.; hat⟩: *leicht verrußen, durch Ruß schwarz machen:* die vielen Kerzen haben die Zimmerdecke angerußt; angerußte Häuserwände.

ans ⟨Präp. + Art.⟩: *an das:* ans Meer reisen; sich a. Steuer setzen; ⟨nicht auflösbar in festen Verbindungen:⟩ ans Tageslicht kommen; ⟨nicht auflösbar in Verbindung mit einem subst. Inf.:⟩ ans Weggehen denken.

an|sä|en ⟨sw. V.; hat⟩: *(etw.) säen, anbauen:* [auf diesem Feld will er] Weizen a.; Gras a.

An|sa|ge, die; -, -n: **1.** *das Ansagen, das Bekanntgeben von etw. [zu Beginn od. während einer Sendung, Veranstaltung o. Ä.]:* die A. des Programms, des nächsten Titels; eine A. machen; auf die A. der Ergebnisse warten. **2.** (Kartenspiel, bes. Bridge, Whist) *Angabe des Kartenwerts beim Bieten.* **3.** (österr.) *Diktat in der Volksschule.*

An|sa|ge|dienst, der: Kurzf. von ↑ Telefonansagedienst.

an|sa|gen ⟨sw. V.; hat⟩: **1.** *ankündigen, bekannt geben:* die Zeit, das Programm a.; Bankrott a. *(seine Zahlungsunfähigkeit erklären);* * **angesagt sein** (↑ angesagt). **2.** ⟨a. + sich⟩ *seinen Besuch ankündigen:* sich bei jmdm., für Dienstag, in Bonn, zum nächsten Wochenende a.; beim Arzt angesagt sein. **3.** (Bürow.) *diktieren:* [jmdm.] einen Brief a.; ⟨subst.:⟩ der Chef ist gerade beim Ansagen.

an|sä|gen ⟨sw. V.; hat⟩: *eine Kerbe, einen Einschnitt in etw. sägen:* ein Brett, einen Balken a.

An|sa|ger, der; -s, -: **a)** *Sprecher im Rundfunk, Fernsehen;* **b)** *jmd., der im Kabarett, Varieté usw. [auf witzig unterhaltende Art] die einzelnen Teile des Programms ansagt.*

An|sa|ge|rin, die; -, -nen: w. Form zu ↑ Ansager.

an|sam|meln ⟨sw. V.; hat⟩: **1.** *verschiedene Dinge nach u. nach zusammentragen u. aufbewahren:* Reichtümer, Kunstschätze a. **2.** ⟨a. + sich⟩ **a)** *zusammenströmen, sich versammeln:* immer mehr Leute, Neugierige sammelten sich an; **b)** *sich anhäufen, zusammenkommen:* es hat sich viel Staub, Schmutz angesammelt; im Bindegewebe sammelt sich Flüssigkeit an; Ü Zorn, Missmut und Empörung haben sich in ihnen angesammelt.

An|samm|lung, die; -, -en: **1. a)** *das Ansammeln* (1); **b)** *etw., was sich angesammelt hat:* eine A. von Gerümpel. **2.** *Menschenmenge, die sich angesammelt hat:* eine A. von Schaulustigen.

an|säs|sig ⟨Adj.⟩: [zu frühnhd. anseß = fester Wohnsitz, zu mhd. seʒ, ↑ sesshaft]: *mit festem Wohnsitz wohnend, lebend:* eine in England -e französische Familie; die -e *(eingesessene)* Bevölkerung; in Düsseldorf -a. sein.

An|säs|sig|keit, die; -: *das Ansässigsein.*

An|satz, der; -es, Ansätze: **1.** (Technik) *das Angesetzte; Verlängerungsstück:* ein Rohr mit einem A. versehen. **2. a)** *erstes sichtbares Zeichen; Spross, Anflug von etw.:* der A. von Knospen; der Baum zeigte einen reichlichen A. von Früchten; du hast schon einen ganz klein wenig A. zum Bauch; ◆ **b)** *Voraussetzung, Fähigkeit o. Ä. für etw., Bestimmtes zu werden:* In der Tat, du hast einen sehr glücklichen A. zu einem guten Manne (Lessing, Misogyn I, 2). **3. a)** *das Ansetzen* (5 b): *dieses Mittel verhindert den A. von Kalkstein;* **b)** *Schicht, die sich angesetzt hat:* der A. [von Kalkstein] lässt sich nur schwer entfernen. **4.** (Anat.) *Stelle, wo ein Körperteil, Glied ansetzt, beginnt:* der A. der Oberarme, der Halses. **5.** *erstes Anzeichen:* der erste A. zu einer Besserung; etw. schon im A. unterdrücken; in den Ansätzen stecken bleiben; sie kam nicht über die ersten Ansätze hinaus; die Sache war schon vom A. her *(von Anbeginn)* falsch. **6.** (Musik) **a)** *bestimmte Stellung und Spannung der Lippen beim Anblasen von Blasinstrumenten:* einen weichen, harten A. haben; den A. üben; keinen [guten] A. mehr haben; **b)** *Art der Tonerzeugung beim Singen:* einen schönen, reinen A. haben. **7.** (Wirtsch.) *Veranschlagung, Voranschlag, Kalkulation:* der ursprüngliche A. im Bundeshaushalt für die Verteidigung ist überschritten worden; in A. bringen (Papierdt.; *ansetzen, veranschlagen);* für den Wohnungsbau sind 187 Millionen Euro in A. gebracht worden; außer A. bleiben (Papierdt.; *nicht berechnet, nicht mit eingerechnet werden);* die Sonderausgaben bleiben außer A. **8.** (Math.) *Umsetzung einer Textaufgabe in eine mathematische Form:* der A. ist falsch; eine Aufgabe in A. bringen. **9.** (Chemie) *Zusammenstellung der Bestandteile für eine chemische Reaktion.* ◆ **10.** *Forderung; Vorschlag:* Männer ..., die ... sich nach ruhiger Überlegung den billigen Ansätzen ihres Deichgrafen unterwarfen (Storm, Schimmelreiter 93).

An|satz|punkt, der: *Punkt, an dem angefangen, angesetzt werden kann:* ein methodischer A.; ein A. zur Kritik; einen A. für etw. suchen, bieten; ein neuer A. bei der Suche nach einer Lösung.

an|satz|wei|se ⟨Adv.⟩: *im Ansatz* (2), *in Ansätzen [zu erkennen].*

◆ **an|säu|er|lich** ⟨Adj.⟩: *säuerlich* (2): ... ihre zwei sehr ältlichen und sehr -en Töchter Heloise und Klara (Raabe, Chronik 27).

an|säu|ern ⟨sw. V.⟩: **1.** ⟨ist⟩ *anfangen, sauer zu werden:* die Milch ist schon ein wenig angesäuert. **2.** ⟨hat⟩ **a)** *(einen Teig) mit Sauerteig versetzen:* den Brotteig a.; **b)** (Chemie) *mit einer Säure versetzen:* eine Lösung a.

an|sau|fen, sich ⟨st. V.; hat⟩ (salopp): *sich betrinken [u. sich dadurch in einen bestimmten Zustand bringen]:* sich einen Rausch a.; du hast dir wohl erst Mut a. müssen?; * **sich** ⟨Dativ⟩ **einen a.** (salopp; *sich betrinken).*

an|sau|gen ⟨sw., geh. auch: st. V.; hat⟩: **1.** *durch Saugen anziehen:* Luft, Wasser [mit einer Pumpe] a. **2.** ⟨a. + sich⟩ *sich saugend festsetzen:* ein Blutegel hat sich [an meiner Wade] angesaugt.

An|saug|rohr, das (bes. Kfz-Technik): *Rohr, durch das Luft angesaugt wird.*

an|säu|seln, sich ⟨sw. V.; hat⟩: in der Wendung **sich** ⟨Dativ⟩ **einen a.** (ugs.; *sich [leicht] betrinken):* heute säusel ich mir einen an).

an|sau|sen ⟨sw. V.; ist⟩ (ugs.): *in sehr schnellem Tempo herankommen:* (meist im 2. Part. in Verbindung mit »kommen«:) atemlos kam er angesaust.

An|schaf|fe, die; -: **1.** (bayr.) *Anordnung, Befehl.* **2.** (landsch.) *Erwerbsmöglichkeit:* eine A. suchen. **3.** (salopp) *Prostitution:* auf [die] A. gehen. **4.** (salopp) *Diebstahl.*

an|schaf|fen ⟨sw. V.; hat⟩: **1.** *etw. erwerben, kaufen, was länger Bestand hat, nicht zum direkten Verbrauch bestimmt ist:* ich habe mir ein Auto, einen Hund angeschafft; wir haben neue Möbel angeschafft; Ü Du sollst dir einen stillen, sanften Mut a. (Wohmann, Absicht 315). **2. a)** (landsch.) *Geld verdienen:* ich muss a. [gehen]; **b)** (salopp) *Prostitution betreiben:* sie muss a. [gehen]; **c)** (salopp) *stehlen.* **3.** (südd., österr.) *anordnen; befehlen:* wer hat ein angeschafft?; Spr wer zahlt, schafft an *(wer die Kosten zu tragen hat, darf auch bestimmen).*

An|schaf|fung, die; -, -en: **a)** *das Anschaffen* (1): *die A. eines Autos;* [größere, kleinere] -en machen; **b)** *etw., was sich jmd. angeschafft hat:* das Sofa ist unsere neueste A.

An|schaf|fungs|kos|ten ⟨Pl.⟩: *Kosten, die beim Erwerb von etw. entstehen.*

An|schaf|fungs|preis, der: *Preis, den etw. bei seiner Anschaffung hat.*

An|schaf|fungs|wert, der: *Wert eines Gegenstandes zur Zeit der Anschaffung.*

◆ **an|schaf|ten** ⟨sw. V.; hat⟩ (landsch.): *als* ¹*Schaft* (1 a) *anbringen:* ... hat den klein' Maxel ...

anschalten – anschlagen

sein Schlagbeil hervorgezogen. Er schaftete einen neuen Stiel an, er machte es ... wieder scharf (Rosegger, Waldbauernbub 82).

an|schal|ten ⟨sw. V.; hat⟩: *durch Betätigen eines Hebels od. Schalters in Betrieb setzen, anstellen, einschalten:* das Radio, den Computer, das Licht a.

an|schau|en ⟨sw. V.; hat⟩ (südd., österr., schweiz., sonst geh.): **1.** *ansehen* (1): jmdn. nachdenklich, aufmerksam, prüfend, vorwurfsvoll, erstaunt, von oben bis unten a.; sich/(geh.:) einander unverwandt a.; sich im Spiegel a.; lass dich mal a.!; Er schaut einen an. So durch und durch (Strittmatter, Wundertäter 77). **2.** *ansehen* (2): ich habe mir die Stadt angeschaut; sich Fotos a. **3.** *ansehen* (5b): jmdn. für dumm a.; etw. als/für überholt a.

an|schau|lich ⟨Adj.⟩ [mhd. anschouwelich = beschaulich]: *deutlich, verständlich [dargestellt]; bildhaft, lebendig:* eine -e Darstellung, Erzählung; [jmdm.] etw., durch etw. a. machen; a. erklären, erzählen, schildern; Der Gegensatz der beiden Tanten wird a. an ihrem Verhalten zur Kutscherschaft (Bergengruen, Rittmeister 161).

An|schau|lich|keit, die; -, -en: **1.** *bildhafte Deutlichkeit, Verständlichkeit:* die Darstellung gewinnt auf diese Weise an A. **2.** *etw. Anschauliches, mit den Sinnen* (1a) *Wahrnehmbares.*

An|schau|ung, die; -, -en: **1.** *grundsätzliche Meinung, Betrachtungsweise:* moderne, veraltete, politische, soziale -en; ich teile deine A. von der Sache; nach neuerer A.; Sie sind in europäischen -en befangen (Kafka, Erzählungen 110). **2. a)** ⟨o. Pl.⟩ *das Anschauen, Betrachten; Meditation:* in A. versunken vor einem Bild stehen; **b)** *Vorstellung, Eindruck:* etw. aus eigener, unmittelbarer A. kennen, wissen.

An|schau|ungs|kraft, die ⟨Pl. selten⟩: *Vorstellungskraft.*

An|schau|ungs|ma|te|ri|al, das: *Material, das [im Unterricht] dazu dient, etw. zu verdeutlichen, zu veranschaulichen:* er hatte reichliches A. zusammengetragen.

An|schau|ungs|ob|jekt, das: *als Anschauungsmaterial dienendes Objekt.*

An|schau|ungs|un|ter|richt, der (Päd.): *Unterricht, Belehrung mithilfe von Anschauungsmaterial:* Ü ein nützlicher A. für Kritiker der Globalisierung.

An|schau|ungs|wei|se, die: *Denkweise, Art der Anschauung* (1).

An|schein, der; -[e]s [mhd. anschīn = Deutlichkeit, Verständlichkeit]: *äußerer Schein, [falscher] Eindruck:* hat den A., als ob ...; den A. erwecken; sich den A. geben, sehr wissend zu sein; einer Sache einen wissenschaftlichen A. geben; * **dem/allem A. nach** (vermutlich; offenbar; anscheinend).

an|schei|nen ⟨sw. V.; hat⟩: *bescheinen:* sich von der Sonne a. lassen.

an|schei|nend ⟨Adv.⟩ [zu frühnhd. anscheinen = sich zeigen]: *wie es scheint; dem Augenschein, Anschein nach; offenbar:* er ist a. begabt; a. wusste er noch nicht, was ihm bevorstand.

An|scheins|be|weis, der (Rechtsspr.): *Beweis* (1), *bei dem ein Sachverhalt nach der allgemeinen Lebenserfahrung als gegeben angenommen wird.*

an|schei|ßen ⟨st. V.⟩ (derb): **1.** ⟨hat⟩ *betrügen:* der Verkäufer hat mich angeschissen. **2.** ⟨hat⟩ *jmdn. grob zurechtweisen, beschimpfen:* ich lass mich nicht ständig von dir a. **3.** in der Verbindung **angeschissen kommen** (*lästigerweise irgendwohin kommen:* jetzt kommt der auch noch angeschissen!)

an|sche|sen ⟨sw. V.; ist⟩ (ugs.): *[eilig, hastig] herankommen:* nach einer Stunde scheste er endlich an; ⟨meist im 2. Part. in Verbindung mit »kommen«:⟩ endlich kam sie angeschest.

an|schi|cken, sich ⟨sw. V.; hat⟩ (geh.): *sich bereit machen, im Begriff sein, etw. zu tun:* sich a. zu gehen; sich zum Gehen a.

an|schie|ben ⟨st. V.; hat⟩: **1.** *(ein Fahrzeug) durch Schieben in Bewegung setzen:* den Karren a.; der Motor springt nicht an, könnt ihr mich, den Wagen mal a.; den Ball a. (Hallenhockey; *den Ball durch Schieben mit dem Schläger ins Spiel bringen*); Ü jmds. Karriere a. **2.** *etw. dicht an etw. schieben, heranrücken:* das Sofa an die Wand a.

an|schie|len ⟨sw. V.; hat⟩ (ugs.): *schielend, von der Seite her ansehen:* jmdn. ängstlich, misstrauisch a.

an|schie|ßen ⟨st. V.⟩: **1.** ⟨hat⟩ *durch einen Schuss verletzen; mit einem Schuss treffen:* der Bankräuber wurde bei seinem Fluchtversuch angeschossen; er raste umher wie ein angeschossener Eber. **2.** ⟨hat⟩ (Militär, Jagdw.) *Waffen auf ihre Genauigkeit u. Treffsicherheit prüfen; einschießen:* schwere Waffen a. **3.** ⟨ist⟩ **a)** *mit Böllerschüssen begrüßen:* das neue Jahr a.; **b)** (Leichtathletik) *den Beginn eines Rennens od. der letzten Runde eines Rennens durch einen Schuss signalisieren:* die letzte Runde a. **4.** ⟨hat⟩ (Bergbau) *durch Lossprengen des Gesteins bloß legen:* eine Ader a. **5.** ⟨hat⟩ (Fußball) *den Ball gegen einen Spieler schießen:* den herauslaufenden Torwart a. **6.** ⟨hat⟩ (ugs.) *[durch üble Nachrede] schädigen; kritisieren; [geschäftlich] in Verruf bringen:* die Konkurrenz in ganz hässlicher Weise a. **7.** ⟨ist⟩ *eilig herankommen; sich in schnellem Tempo, geräuschvoll nähern:* donnernd schossen die schweren Maschinen an; ⟨meist im 2. Part. in Verbindung mit »kommen«:⟩ der Damm war gebrochen, das Wasser kam brausend angeschossen.
◆ **8. a)** *plötzlich hervortreten:* Neue Weltteile sollen entstehen, neue Geschlechter sollen aus der großen Auflösung a. (Novalis, Heinrich 115); **b)** *sich ansetzen* (5c): ... aus seinem Blut sprießen nicht Rosen hervor, sondern schießen Quecksilberblüten an (Büchner, Dantons Tod I, 5).

an|schim|meln ⟨sw. V.; ist⟩: *zu schimmeln beginnen:* die Wurst ist schon angeschimmelt; angeschimmeltes Brot.

an|schimp|fen ⟨sw. V.; hat⟩ (landsch.): *beschimpfen, mit lauten Worten zurechtweisen.*

an|schir|ren ⟨sw. V.; hat⟩: *(ein Zugtier) anspannen; (einem Zugtier) das Geschirr anlegen:* die Pferde a.

An|schiss, der; -es, -e [zu ↑ anscheißen (2)] (salopp): *heftiger Tadel, grobe Zurechtweisung:* einen A. kriegen.

An|schlag, der; -[e]s, Anschläge: **1.** *Bekanntmachung, die am Schwarzen Brett, an einer Mauer, Litfaßsäule o. Ä. angeschlagen ist:* die Anschläge der gegnerischen Partei wurden heruntergerissen; am Schwarzen Brett hängt ein neuer A.; einen A. machen; etw. durch A. bekannt machen; [ich stand vor einer Plakatsäule, ich las die Anschläge ein Dutzend Mal (Chr. Wolf, Nachdenken 111). **2.** *gewalttätiger, auf Vernichtung, Zerstörung zielender Angriff:* ein verbrecherischer, gemeiner A.; der A. ist missglückt; einen A. auf das Staatsoberhaupt, auf jmds. Leben planen, verüben; einen A. verhindern; der Terrorgruppe bekannte sich zu dem A.; Ü einen A. auf jmdn. vorhaben (ugs.; *jmdn. um etw. bitten wollen*). **3.** ⟨o. Pl.⟩ *das Anschlagen* (2a): den gleichmäßigen A. der Wellen an die Schiffswand hören. **4. a)** ⟨Pl. selten⟩ *Art des Anschlagens* (5b): einen weichen, schönen A. haben; er spielt mit zu hartem A.; **b)** ⟨o. Pl.⟩ *Art, in der sich etw. anschlagen* (5a) *lässt:* diese Maschine hat einen ganz leichten A. **5. a)** ⟨Pl.⟩ *das einzelne Anschlagen* (5a), *Niederdrücken einer Taste (auf der Tastatur* b, c): sie schreibt 300 Anschläge in der Minute; **b)** ⟨meist Pl.⟩ *Maß für ein Zeichen od. einen Zwischenraum im Text:* die Zeilenlänge auf 50 Anschläge einstellen. **6. a)** (Schwimmen) *das Anschlagen* (3a); **b)** (beim Versteckspiel) *verabredete Stelle, an die man mit der Hand schlägt zum Zeichen, dass man einen andern gesehen hat:* er ist ganz schnell zum A. gelaufen; **c)** (beim Versteckspiel) *das vom Ausruf »Anschlag für ...« begleitete Anschlagen* (3b) *mit der Hand an der verabredeten Stelle:* A. für Emil!; A. für mich! **7.** (Militär, Jagdw.) *schussbereite Stellung:* A. liegend, kniend, stehend freihändig; ein Posten mit dem Karabiner im A.; die Gewehre gehen in A. **8.** (Kaufmannsspr.) *Kostenvoranschlag:* der A. beläuft sich auf dreitausend Euro; einen A. machen; in A. bringen (*Papierdt.; Maß für ein Zeichen od. einen Zwischenraum berechnen, einbeziehen, berücksichtigen*); die geleisteten Vorarbeiten bei der Berechnung in A. bringen. **9.** ⟨Pl. selten⟩ *Stelle, bis zu der sich etw. bewegen od. drehen lässt.* **10.** (Bergbau) *Füllort.* **11.** (Handarb.) *erste Maschenreihe beim Häkeln u. Stricken:* für den A. rechnet man 30 Luftmaschen; 80 Maschen A., dann jede zweite Reihe 2 Maschen zunehmen. **12.** (Sport, Radball, Radpolo) *Schlag, mit dem der Ball ins Spiel gebracht wird.* **13.** (selten) *kurzes, warnendes Bellen:* der A. des Hundes schreckte ihn auf. **14.** (Angeln) *Drehbewegung mit Hand oder Arm, durch die nach dem Anbiss der Angelhaken fest in das Maul des Fisches getrieben werden soll:* der A. glückt nur, wenn er unmittelbar auf den Biss erfolgt; die Forelle saß beim A. sofort fest. ◆ **15. a)** *Antrag* (2): Eben jetzt liegt der A. im Kabinett, dass ... Lady Milford zum Schein den Abschied erhalten ... soll (Schiller, Kabale I, 5); **b)** *Vorschlag* (1): Es ist nichts unmöglich, gib mir einen A. (*mach mir einen Vorschlag*; Goethe, Egmont V); **c)** *Vorhaben, Plan:* Eure großen Anschläge könnten darüber zugrunde gehen (Goethe, Götz III); ... die lange Mutter voll bitterer Worte und nutzloser Anschläge (Keller, Das Sinngedicht 70).

An|schlag|brett, das: *Schwarzes Brett; Tafel für Anschläge* (1).

an|schla|gen ⟨st. V.⟩: **1.** ⟨hat⟩ *(als Bekanntmachung, Ankündigung, Inserat o. Ä.) zur allgemeinen Kenntnisnahme irgendwo anbringen:* das Programm am Schwarzen Brett a.; ich habe diese Mitteilung irgendwo angeschlagen gesehen. **2. a)** ⟨ist⟩ *an etw. stoßen, auf etw. auftreffen:* mit dem Kopf [an die Wand] a.; die Wellen schlugen kaum hörbar [an den A. des Ufer] an; **b)** ⟨hat⟩ *mit einem Körperteil an etw. stoßen [u. sich verletzen]:* ich habe mir an einer scharfen Ecke das Knie angeschlagen. **3.** ⟨hat⟩ **a)** (Schwimmen) *beim Wenden u. am Ziel mit der Hand den Beckenrand kurz berühren:* bei der Wende hatte er als Erster [am Beckenrand] angeschlagen; **b)** (beim Versteckspiel) *den vereinbarten Anschlag* (6b) *mit dem Ausruf »Anschlag für ...« berühren:* er schlug einen nach dem andern an; ⟨subst.:⟩ wir spielen Verstecken mit Anschlagen. **4.** ⟨hat⟩ *(durch Anstoßen) beschädigen:* beim Geschirrspülen den Teller a.; angeschlagene Tassen, Biergläser. **5.** ⟨hat⟩ **a)** *die Tasten (einer Maschine) bis zum Anschlag* (9) *niederdrücken:* die Tasten lassen sich gut a.; **b)** *(durch Tastendruck od. Schlag gegen etw.) zum Tönen bringen:* die Stimmgabel, einzelne Tasten, ein Saiteninstrument a.; **c)** *erklingen lassen:* den Kammerton, eine Melodie a.; **d)** *etw. anders weiterführen; in anderer Weise mit etw. beginnen od. fortfahren:* eine schnellere Gangart a.; die Reiterin schlug scharfen Galopp an. **6.** ⟨hat⟩ *erklingen, ertönen [u.*

dadurch etw. anzeigen]: die Turmuhr schlägt [die Stunden] an. **7.** ⟨hat⟩ **a)** *durch Hämmern, Nageln o. Ä. an etw. befestigen:* ein Brett, eine Leiste, Beschläge a.; **b)** (Seemannsspr.) *mit etw. verbinden; fest [an etw.] anmachen:* die Leine a.; **c)** (Technik, Bergbau) *(eine Last, ein Fördergefäß) am Seil befestigen, um es hochzuziehen:* der Steiger schlug den Förderkorb an. **8.** ⟨hat⟩ **a)** *(mit einer Axt o. Ä.) einkerben, zum Fällen vorbereiten:* ein Dutzend Bäume a.; **b)** *(ein Fass) anstechen, anzapfen.* **9.** ⟨hat⟩ (Militär, Jagdw. veraltend) **a)** *eine Feuerwaffe in Anschlag (7) bringen;* **b)** *auf jmdn., etw. mit einer angeschlagenen (9a) Waffe zielen:* auf den Fuchs a. **10.** ⟨hat⟩ *den Ball durch Anschlag (12) ins Spiel bringen.* **11.** ⟨hat⟩ (geh.) *in bestimmter Weise einschätzen, veranschlagen:* jmds. Verdienste hoch a. **12.** ⟨hat⟩ *einen bestimmten Erfolg haben; [s]eine Wirkung zeigen:* die Kur, das Mittel schlägt bei ihm an; das gute Essen hat bei ihr gleich angeschlagen (ugs.; *hat sie zunehmen lassen*). **13.** ⟨hat⟩ **a)** *kurz u. warnend bellen;* **b)** *(von bestimmten Vögeln) schlagen* (7 c).
An|schlag|plan: ↑ Anschlagsplan.
An|schlag|säu|le, die: Litfaßsäule.
An|schlag|se|rie: ↑ Anschlagsserie.
An|schlags|plan, Anschlagplan, der: *Plan für einen Anschlag* (2), *für Anschläge.*
An|schlags|se|rie, Anschlagserie, die: *Serie von Anschlagen* (2): eine A. erschütterte das Land.
An|schlag|ta|fel, die: Anschlagbrett.
An|schlag|win|kel, der (Handwerk): *Winkelmaß aus Holz od. Metall zur genauen Ausrichtung von rechten Winkeln.*
an|schlei|chen ⟨st. V.⟩: **1.** ⟨ist⟩ *heranschleichen, sich langsam [heimlich] nähern:* ⟨oft im 2. Part. in Verbindung mit »kommen«:⟩ auf leisen Sohlen angeschlichen kommen; kommst du schon wieder angeschlichen? **2.** ⟨hat⟩ **a)** ⟨a. + sich⟩ *sich schleichend nähern:* sich mit dem Fotoapparat in der Hand [an das Wild] a.; **b)** *sich an jmdn., etw. anschleichen* (2 a): das Wild a.
¹an|schlei|fen ⟨st. V.; hat⟩: **a)** *ein wenig ¹schleifen:* einen Stein an einer Seite a.; **b)** *durch ¹Schleifen anschärfen, anspitzen:* Werkzeugstähle a.; **c)** *einer Sache durch ¹Schleifen eine bestimmte Form geben:* dem Messer eine Spitze a.
²an|schlei|fen ⟨sw. V.; hat⟩ (ugs.): *²schleifend heranbringen:* einen schweren Sack a.; er schleifte viele Bücher an.
an|schlen|dern ⟨sw. V.; ist⟩ (ugs.): *sich nachlässig, gemütlich, langsam nähern:* mit unschuldiger Miene schlenderte sie an.; ⟨meist im 2. Part. in Verbindung mit »kommen«:⟩ Arm in Arm kamen sie angeschlendert.
an|schlep|pen ⟨sw. V.; hat⟩: **1.** *mühsam heranbringen:* Tische und Stühle a.; etw. angeschleppt bringen; Ü viele Freunde a. (ugs.; *unerwartet, unerwünscht mitbringen*). **2.** *ein Kraftfahrzeug ziehen, um das Starten des Motors zu ermöglichen:* der Wagen musste angeschleppt werden.
an|schlie|ßen ⟨st. V.; hat⟩: **1.** *festmachen, (durch ein Schloss) sichern:* das Fahrrad [am/(seltener:) an] den Zaun] a. **2.** *anbringen; verbinden:* einen Schlauch an den/(auch:) am Wasserhahn a.; der Herd muss noch angeschlossen werden; das Haus an die Fernheizung a.; angeschlossenen *(die dasselbe Programm ausstrahlenden)* Sender. **3.** *folgen lassen, anfügen, hinzufügen:* ich möchte meiner Frage/an meine Frage eine weitere a.; einige Bemerkungen a. **4.** ⟨auch a. + sich⟩ *räumlich od. zeitlich unmittelbar folgen, sich anreihen:* an das Haus schließen [sich] im Norden Stallungen an; an den Vortrag schließt [sich] eine Diskussion an; ⟨oft im 1. Part.:⟩ eine Stadtrundfahrt mit anschließendem Theaterbesuch. **5.** ⟨a. + sich⟩ **a)** *sich zugesellen:* sich jmdm., einer Reisegesellschaft a.; sich einer Par-

tei a. *(ihr beitreten);* **b)** *zustimmen, beipflichten:* sich einer Meinung, einer Theorie a.; ich schließe mich an *(bin der gleichen Ansicht);* **c)** *sich zuwenden, sich hinwenden:* sich an einen Menschen, großen Vorbildern a.; sich aneinander a.; sich schnell, leicht, schwer a. [können] *(Kontakt finden).* **6.** *(von Kleidungsstücken) anliegen:* der Kragen schließt eng [am Hals] an.
an|schlie|ßend ⟨Adv.⟩: *danach, hinterher:* a. verreisen wir.
An|schliff, der; -[e]s, -e: **a)** ⟨o. Pl.⟩ *das ¹Anschleifen;* **b)** *durch ¹Anschleifen hergestellte Form, Schnittfläche:* ein Stichel mit elliptischem A.
An|schluss, der; -es, Anschlüsse: **1. a)** *Verbindung zu einem Leitungsnetz:* A. an die Kanalisation, ans Internet erhalten; **b)** *Telefonanschluss:* einen A. beantragen; der A. ist gestört; kein A. unter dieser Nummer; **c)** *telefonische Verbindung:* keinen A. bekommen. **2.** *anschließende Verkehrsverbindung:* sofort A. haben; seinen A. *(Anschlusszug)* erreichen, verpassen; der Zug hat A. an den ICE nach Berlin; ***den A. verpassen** (ugs.: 1. *keinen Ehepartner finden.* 2. *im Beruf nicht vorwärtskommen*). **3.** ⟨o. Pl.⟩ **a)** *menschliche Verbindung, Kontakt, Bekanntschaften:* A. suchen, finden; **b)** *Verbindung (nach vorn).* A. an die Spitzengruppe; unsere Mannschaft darf nicht den A. verlieren; ***im A. an** (1. *unmittelbar nach:* im A. an den Vortrag findet eine Aussprache statt. 2. *nach dem Vorbild von, in Anlehnung an:* im A. an Schönberg komponieren); **c)** (Sport) *Anschlusstreffer:* den A. herstellen, besorgen, schaffen; zum A. kommen. **4.** *Angliederung, politische Vereinigung:* der A. des Saargebiets [an das Deutsche Reich].
An|schluss|fi|nan|zie|rung, die (Wirtsch.): *Prolongation* (a).
An|schluss|flug, der: *Flug, durch den man auf einer Reise Anschluss* (2) *hat.*
An|schluss|ge|bühr, die: *für die Einrichtung eines Anschlusses* (1a, b) *zu zahlende Gebühr.*
An|schluss|ka|bel, das: *Kabel, mit dem ein Anschluss* (1a) *hergestellt wird.*
An|schluss|kon|kurs, der (Rechtsspr. früher): *Konkurs* (1) *im Anschluss* (3b) *an ein Vergleichsverfahren.*
An|schluss|mög|lich|keit, die: *Möglichkeit des Anschlusses* (1a, b, 2, 3).
An|schluss|stel|le, An|schluss-Stel|le, die: *Autobahnanschlussstelle:* Stau an der A. Hockenheim.
An|schluss|tor, das (Sport): *Tor, das eine zurückliegende Mannschaft [bis auf ein Tor] an die Torzahl der anderen heranbringt:* das A. schießen.
An|schluss|tref|fer, der (Ballspiele): *Anschlusstor.*
An|schluss|zug, der: *Zug, mit dem jmd. Anschluss* (2) *hat:* den A. verpassen.
an|schmach|ten ⟨sw. V.; hat⟩: *schmachtend, schwärmerisch ansehen:* einen Filmstar a.
an|schme|cken ⟨sw. V.; hat⟩: **1.** *am Geschmack ablesen, erkennen:* man kann dem Getränk den Süßstoff a.; dem Wein schmeckt man den Alkoholgehalt an. **2.** ⟨a. + sich⟩ *einen bestimmten Geschmack haben:* ich will gar nicht wissen, wie sich der Kaugummi anschmeckt.
an|schmei|ßen ⟨st. V.; hat⟩ (salopp): *anlassen; in Gang setzen, anwerfen:* den Motor, die Maschine a.
an|schmie|den ⟨sw. V.; hat⟩: *durch Schmieden befestigen.*
an|schmie|gen ⟨sw. V.; hat⟩: *zärtlich an jmdn., etw. schmiegen:* das Kind schmiegte sich, sein Gesicht [an die Mutter] an; Ü das Kleid schmiegt sich dem Körper, [eng] an den Körper an.
an|schmieg|sam ⟨Adj.⟩: *sich zärtlich anschmiegend; anpassungsfähig:* a. sein.

An|schmieg|sam|keit, die; -: *das Anschmiegsamsein.*
an|schmie|ren ⟨sw. V.; hat⟩: **1. a)** *versehentlich beschmutzen:* sich [mit Tinte] a.; **b)** (ugs. abwertend) *achtlos, lieblos anmalen, anstreichen:* sie hat sich allzu sehr angeschmiert *(zu stark geschminkt).* **2.** (salopp) *täuschen, betrügen:* der Verkäufer wollte mich a.; mit diesem Teppich ist er angeschmiert worden.
an|schmo|ren ⟨sw. V.; hat⟩ (Kochkunst): *nur kurz schmoren:* das Fleisch a.
an|schnal|len ⟨sw. V.; hat⟩: *mit einem mit einer Schnalle o. Ä. versehenen Riemen od. Gurt (an etw.) befestigen, festmachen:* die Steigeisen a.; jmdm., sich die Schlittschuhe a.; das Kind im Wagen a.; sich a. *(im Auto od. Flugzeug den Sicherheitsgurt anlegen);* bitte a.!
An|schnall|gurt, der: *Halte-, Sicherheitsgurt.*
An|schnall|pflicht, die ⟨o. Pl.⟩: *Verpflichtung, sich [beim Autofahren] anzuschnallen.*
◆ **an|schnar|chen** ⟨sw. V.; hat⟩: *heftig anfahren* (6): Sie riefen sie heraus, schnarchten sie fürchterlich an (Novalis, Heinrich 136).
an|schnau|fen ⟨sw. V.; ist⟩: *sich schnaufend nähern:* völlig abgehetzt schnaufte er an; ⟨meist im 2. Part. in Verbindung mit »kommen«:⟩ der letzte Läufer, die Lokomotive kommt angeschnauft.
an|schnau|zen ⟨sw. V.; hat⟩ (ugs. abwertend): *mit groben Worten anfahren:* die Kinder a.; dauernd angeschnauzt werden; sie schnauzten sich [gegenseitig] an.
An|schnau|zer, der; -s, - (ugs.): *Rüffel, grobe Zurechtweisung.*
an|schnei|den ⟨unr. V.; hat⟩: **1. a)** *durch Abschneiden des ersten Stückes zu verbrauchen beginnen:* das Brot, den Kuchen a.; **b)** *(von Schnittblumen) den Stiel ein wenig kürzen [u. unten einritzen]:* du musst die Tulpen a., bevor du sie in die Vase stellst. **2.** *zur Sprache bringen:* ein Thema, Problem a. **3.** (Schneiderei) *im Teil mit dem anderen in einem Stück zuschneiden:* eine Kapuze a.; angeschnittene Ärmel. **4. a)** (Verkehrsw., Motorsport) *eine Kurve von innen her anfahren, nicht voll ausfahren:* eine Kurve a.; **b)** (Ski) *ein Tor dicht an der Torstange durchfahren:* beim Slalom die Tore geschickt a. **5.** (Ballspiele) *dem Ball einen Drall geben, damit er die Richtung ändert:* ein gefährlich angeschnittener Ball. **6.** (Film, Fotogr.) *nur zu einem Teil mit in den Bildausschnitt nehmen:* die Menschen sind nur angeschnitten auf dem Foto.
An|schnitt, der; -[e]s, -e: **1. a)** *Schnittfläche:* den A. der Wurst mit einer Folie vor dem Austrocknen schützen; **b)** *abgeschnittenes erstes Stück:* der A. des Brots. **2.** (Film, Fotogr.) *Ausschnitt.*
an|schnor|ren ⟨sw. V.; hat⟩ (ugs.): *anbetteln; unverfroren, aufdringlich um etw. bitten:* jmdn. [um etw.] a.
An|scho|vis: ↑ Anchovis.
an|schrau|ben ⟨sw. V.; hat⟩: **a)** *mit Schrauben befestigen:* ein Schild a.; ◆ ⟨auch starkes Verb:⟩ ... die Luken müssen angeschrauben werden (Storm, Schimmelreiter 132); **b)** *locker Gewordenes wieder festschrauben:* die Scharniere wieder a.
an|schrei|ben ⟨st. V.; hat⟩: **1.** *an eine für andere sichtbare Stelle schreiben:* Vokabeln [an die Tafel] a.; an den Hauswänden/an die Hauswände angeschriebene Parolen; der Name steht dort angeschrieben. **2.** *(eine Geldsumme, die jmd. schuldig bleibt) für die spätere Bezahlung notieren;* im erw. lass. ***bei jmdm. gut, schlecht angeschrieben sein** (ugs.; *bei jmdm. in gutem/schlechtem Ansehen stehen* [u. *dadurch leicht/schwer etw. erreichen können*]: er ist beim Chef nicht gut angeschrieben).

3. (Amtsspr., Papierdt.) *sich schriftlich an jmdn. wenden:* jmdn., eine Behörde, eine Versicherung a. **4.** (schweiz.) *mit einer Aufschrift versehen; beschriften:* Akten a. **5.** *schreibend gegen etw. angehen:* der Dichter schrieb gegen die Verzweiflung an.

An|schrei|ben, das; -s, - (Amtsspr.): *[kurzes] Begleitschreiben:* die Unterlagen mit einem A. an die zuständige Stelle schicken.

an|schrei|en ⟨st. V.; hat⟩ (abwertend): **1.** *laut ansprechen; mit lauter Stimme zurechtweisen:* jmdn., sich [gegenseitig]/(geh.:) einander aufgeregt, wütend a.; ich lasse mich nicht dauernd a.! **2.** *etw. schreiend zu übertönen versuchen:* gegen den Lärm a.

An|schrift, die; -, -en: *[postamtliche] Angabe der Wohnung; Adresse:* seine A. angeben.

An|schrif|ten|ver|zeich|nis, das: *Verzeichnis von Anschriften.*

An|schub, der; -[e]s, Anschübe: **1.** *das Anschieben* (1). **2.** *auslösende Wirkung, Impuls.*

An|schub|fi|nan|zie|rung, die (Wirtsch.): *Finanzierung* (1), *stützende finanzielle Maßnahme, mit der Anfangsschwierigkeiten eines Projekts überwunden u. eine schnellere günstige Entwicklung herbeigeführt werden soll.*

an|schub|sen ⟨sw. V.; hat⟩ (ugs.): *jmdm., einer Sache einen leichten Stoß geben:* das Kind schubst den Ball an.

an|schul|di|gen ⟨sw. V.; hat⟩ [zu ↑ *schuldig*] (geh.): *[öffentlich] bezichtigen, [vor Gericht] anklagen:* jmdn. des Diebstahls/wegen eines Diebstahls a.; Sie sind angeschuldigt, den Mord begangen zu haben.

An|schul|di|gung, die; -, -en: *das Anschuldigen; Bezichtigung:* eine schwere, falsche A.; die -en zurückweisen.

an|schü|ren ⟨sw. V.; hat⟩: **a)** *durch Schüren [neu] entfachen, in Gang setzen:* das Feuer, die Flammen a.; **b)** *anheizen:* den Ofen a.

an|schwan|ken ⟨sw. V.; ist⟩: *sich schwankend nähern:* ⟨meist im 2. Part. in Verbindung mit »kommen«:⟩ zwei Betrunkene kamen angeschwankt.

an|schwär|men ⟨sw. V.⟩: **1.** ⟨ist⟩ *in Schwärmen herbeifliegen:* die Bienen schwärmen an; Ü ⟨meist im 2. Part. in Verbindung mit »kommen«:⟩ sie kommen [in Scharen] angeschwärmt. **2.** ⟨hat⟩ *schwärmerisch verehren:* seinen Lehrer, einen Schauspieler a.

an|schwär|zen ⟨sw. V.; hat⟩: **1.** (selten) *schwarz machen:* Glas mit Ruß a. **2.** (ugs. abwertend) *schlechtmachen, denunzieren, in Misskredit bringen, verdächtigen, verleumden:* einen Kollegen [beim Chef] a.

An|schwär|zung, die; -, -en (ugs. abwertend): **1.** *das Anschwärzen.* **2.** *anschwärzende Äußerung o. Ä.*

an|schwe|ben ⟨sw. V.; ist⟩: *schwebend herankommen:* ein anschwebendes (*zur Landung ansetzendes*) *Flugzeug;* ⟨meist im 2. Part. in Verbindung mit »kommen«:⟩ da kommt ein Ballon angeschwebt.

an|schwei|gen ⟨st. V.; hat⟩: *jmdm. mit Schweigen begegnen; demonstrativ jedes Gespräch vermeiden:* jmdn., sich [gegenseitig]/(geh.:) einander a.

an|schwei|ßen ⟨sw. V.; hat⟩ (Technik): *durch Schweißen befestigen:* ein Winkeleisen [an das/an dem Gerät] a.; (Med.:) mithilfe der Lasertechnik die abgelöste Netzhaut des Auges a.

an|schwel|len ⟨st. V.; ist⟩: **1. a)** *dicker werden,* (*in einem krankhaften Prozess*) *an Umfang zunehmen:* die Beine schwellen an; angeschwollene Lymphdrüsen; **b)** *lauter werden:* der Lärm, die Musik, die Stimme schwoll an. **2.** *[bedrohlich] wachsen, an Umfang, Menge o. Ä. zunehmen:* das Wasser, die Wassermenge schwillt an; nach dem Regen schwoll der Fluss an (*führte er zunehmend mehr Wasser*); Ü die Arbeit schwillt immer mehr an.

An|schwel|lung, die; -, -en: *Verdickung, leichte Schwellung:* eine A. am Knie.

an|schwem|men ⟨sw. V.; hat⟩: *ans Ufer spülen:* die Flut schwemmt Baumstämme an; angeschwemmter Sand.

An|schwem|mung, die; -, -en: **1.** *das Anschwemmen.* **2.** *angeschwemmtes Land.*

an|schwim|men ⟨st. V.⟩: **1. a)** ⟨hat⟩ *auf etw. zuschwimmen, zu etw. hinschwimmen:* eine Boje a.; **b)** ⟨ist⟩ *sich schwimmend nähern:* pfeilschnell schwamm der Hai an; ⟨meist im 2. Part. in Verbindung mit »kommen«:⟩ da kommt er angeschwommen. **2.** ⟨ist⟩ *sich schwimmend einer Kraft entgegenbewegen, schwimmend gegen etw. angehen, ankämpfen:* gegen die Strömung a.

an|schwin|deln ⟨sw. V.; hat⟩ (ugs.): *anlügen, jmdm. ins Gesicht schwindeln:* jmdn. [mit etw.] a.; du willst mich wohl a.?

an|schwir|ren ⟨sw. V.; ist⟩: (*von Vögeln od. Insekten*) *schwirrend herbeifliegen.*

an|schwit|zen ⟨sw. V.; hat⟩ (Kochkunst): *in heißem Fett leicht gelb werden lassen:* Zwiebeln, Mehl a.

an|se|geln ⟨sw. V.⟩: **1. a)** ⟨hat⟩ *sich segelnd auf ein Ziel zubewegen:* eine Insel a.; **b)** ⟨ist⟩ *sich segelnd oder im Gleitflug nähern:* elegant segelte das Flugzeug an; ⟨meist im 2. Part. in Verbindung mit »kommen«:⟩ eine Möwe kommt angesegelt; **c)** ⟨ist⟩ *unter Überwindung einer entgegengerichteten Kraft segeln:* gegen die Strömung a. **2.** ⟨hat⟩ *zum ersten Mal gemeinschaftlich in der Saison segeln od. segelfliegen:* wir haben gestern angesegelt; ⟨subst.:⟩ heute ist Ansegeln.

an|se|hen ⟨st. V.; hat⟩: **1.** *den Blick auf jmdn., etw. richten; ins Gesicht blicken, betrachten:* einen Menschen ernst, tadelnd, freundlich, böse, herausfordernd, fragend, missbilligend, von der Seite a., sich nicht [nicht so] an!; sich [gegenseitig]/(geh.:) einander a.; jmdn. groß a. (*erstaunt, mit großen Augen anblicken*); Ü jmdn. von oben [herab] a. (*herablassend, gönnerhaft behandeln*); * [nur] von/vom Ansehen (*[nur] vom Sehen, nicht mit Namen:* er ist mir nur vom Ansehen bekannt); **ohne Ansehen der Person** (*ganz gleich, um wen es sich handelt:* es müssen alle ohne Ansehen der Person gehört werden). **2.** *etw. [aufmerksam, prüfend] betrachten* (*um es kennenzulernen*): [sich] Bilder, einen Film, ein Theaterstück a.; eine Wohnung a. (*besichtigen*); das ist nicht des Ansehens wert; ⟨subst.:⟩ vom bloßen Ansehen wird man nicht satt; Ü ich werde mir die Sache a. (*mich damit beschäftigen*); R kostet nichts! (*für das bloße Anschauen muss man nichts bezahlen*); * **sieh [mal] [einer] an!** (ugs.; *wer hätte das gedacht!*); **[das] sehe [sich] einer an!** (ugs.; *das ist doch nicht zu glauben, ist ganz erstaunlich!*) **3. a)** ⟨a. + sich⟩ *in bestimmter Weise aussehen:* das sieht sich ganz hübsch an; es sah sich an (*hatte den Anschein*), als würde es sich bessern; **b)** * **anzusehen sein** (*aussehen:* sie ist in diesem Kleid hübsch anzusehen; der Verletzte war schrecklich anzusehen). **4.** *vom Gesicht ablesen können; an der äußeren Erscheinung erkennen:* jmdm. etw. schon von Weitem a.; jmdm. sein Alter [nicht] a.; man sieht ihm seine Unsicherheit an. **5. a)** *einschätzen, beurteilen:* etw. anders, mit anderen Augen a.; **b)** *als etw. betrachten, auffassen; für jmdn., etw. halten:* jmdn. als seinen Freund, als Betrüger a.; etw. als/für seine Pflicht a.; etw. als/für eilig a.; sich als Held, (veraltend:) als Helden a.; * **jmdn. nicht für voll a.** (*nicht für ganz zurechnungsfähig halten, nicht ernst nehmen*). **6.** ⟨meist verneint⟩ *Zeuge sein; zusehen, ohne etw. dagegen zu unternehmen:* er musste mit ansehen, wie sie in den Fluten versank; das Elend nicht mehr [mit] a. können.

An|se|hen, das; -s: **1.** *Achtung, Wertschätzung, hohe Meinung:* großes A. genießen; der Vorfall schadet seinem A.; [bei jmdm.] in hohem A. stehen; zu A. kommen. **2.** (geh.) *Aussehen:* ein Greis von ehrwürdigem A.

An|se|hens|ver|lust, der: *Verlust an Ansehen* (1).

an|se|hens|wert ⟨Adj.⟩: *wert, betrachtet zu werden:* eine -e Ausstellung.

an|sehn|lich ⟨Adj.⟩: **1.** *beträchtlich; so groß, dass es Beachtung verdient:* ein -er Betrag; -e Mengen. **2.** *gut aussehend, stattlich:* eine -e Person; die Dekoration ist recht a.

An|sehn|lich|keit, die; -: *das Ansehnlichsein.*

An|se|hung, die: nur in der Fügung **in A.** (veraltend) *unter Berücksichtigung; angesichts:* in A. der Tatsache, dass ...; in A. seiner Verdienste).

an|sei|len ⟨sw. V.; hat⟩: (*bes. beim Bergsteigen zur Sicherung gegen das Abstürzen*) *an ein Seil binden:* jmdn., sich a.

an|sen|gen ⟨sw. V.; hat⟩: *ein wenig versengen:* ich habe mir die Haare, das Kleid angesengt; es riecht angesengt (*brenzlig*).

an|set|zen ⟨sw. V.⟩: **1.** ⟨hat⟩ *etw. für eine bestimmte Tätigkeit in die entsprechende Lage, Stellung bringen:* das Glas [zum Trinken], den Bohrer, die Trompete, den Geigenbogen a.; den Wagenheber a.; er setzte die Feder, den Pinsel an. **2.** ⟨hat⟩ *anfügen u. befestigen:* ein Verlängerungsstück [an ein/einem Rohr] a.; einen Saum [am/an das Kleid] a.; tief angesetzte Taschen. **3.** ⟨hat⟩ *seinen Ausgang haben, beginnen:* die Haare setzen bei ihm sehr tief, über einer hohen Stirn an. **4.** ⟨hat⟩ **a)** *mit etw. beginnen:* zum Reden, zum Sprung a.; [mit der Arbeit, den Überlegungen] an einer bestimmten Stelle a.; zum Überholen a. (*einen Überholvorgang einleiten*); die finnische Läuferin setzt zum Endspurt an; Er setzte mehrmals zum Sprechen an, aber es schien, dass er sich zwang zu warten (Musil, Mann 968); **b)** *beginnen, einsetzen:* hier muss die Kritik a. **5.** ⟨hat⟩ **a)** *hervorbringen, zu bilden beginnen:* die Bäume setzen Knospen an; die Erdbeeren haben gut angesetzt (*viele Früchte gebildet*); **b)** (*etw. Unerwünschtes*) *ausbilden:* Patina a.; das Eisen setzt Rost an; Kummerspeck a. (*dick werden, weil man aus Kummer zu viel isst*); **c)** ⟨a. + sich⟩ *sich festsetzen:* an den Seiten hat sich Kalk, Grünspan angesetzt. **6.** ⟨hat⟩ **a)** (*für einen bestimmten Zeitpunkt*) *bestimmen, festsetzen:* eine Besprechung a.; die Aufführung ist für den/auf den 1. Mai angesetzt; Neuwahlen a.; **b)** *veranschlagen, vorausberechnen:* die Kosten mit drei Millionen, zu niedrig a.; für die Proben vier Monate a.; **c)** (Math.) *einen Ansatz* (8) *machen:* eine Gleichung a. **7.** ⟨hat⟩ **a)** *für etw. vorsehen, einsetzen, mit etw. beauftragen:* Hunde [auf eine Spur] a.; acht Mitarbeiter auf ein neues Projekt a.; **b)** (Sportjargon) *einen Spieler zur besonderen Bewachung, Abschirmung eines anderen einsetzen:* der Trainer hatte gleich zwei Spieler auf den Torjäger angesetzt; **c)** *mit jmds. Beobachtung beauftragen:* einen Detektiv auf jmdn. a. **8.** ⟨hat⟩ **a)** *mischen, anrühren o. Ä. u. zur weiteren Verarbeitung vorbereiten:* eine Bowle, Kuchenteig a.; Leim, Gips a.; **b)** (landsch.) *aufsetzen* (2): die Kartoffeln a.; sie hatte das Essen schon angesetzt. **9.** ⟨hat⟩ *sich beim Erhitzen am Boden des Topfes festsetzen; anbrennen:* Milch setzt [sich] leicht an. **10.** ⟨a. + sich; hat⟩ (Jägerspr.) *auf dem Ansitz warten:* der Jäger setzt sich auf Sauen an. **11.** ⟨ist⟩ *sich mit großen Sprüngen,*

Ansetzung – anspringen

Sätzen nähern: ein Hund setzte an. ♦ **12.** ⟨a. + sich⟩ *sich anstrengen, sich bemühen:* Die (= die Erlaubnis) werde zu haben sein, der Herr Lehrer solle sich nur recht a.!, meinte Pavel (Ebner-Eschenbach, Gemeindekind 80).

An|set|zung, die; -, -en: *das Ansetzen.*

An|sicht, die; -, -en: **1.** *Meinung, Überzeugung:* die richtige, eine irrige A.; altmodische, vernünftige -en haben; eine A. vertreten, teilen; ich bin anderer, deiner, derselben A.; wir sind einer *(derselben)* A.; nach meiner A./meiner A. nach; ich kenne deine -en davon, darüber, über ihn; ...rings um ihn saßen auf gewohnten Plätzen Männer in festen Stellungen, mit festen -en (Feuchtwanger, Erfolg 12). **2.** *Bild, Abbildung:* eine A. der Stadt, der Landschaft; bunte -en von der alten Kirche. **3.** *sichtbarer Teil, Seite, Front:* die vordere, hintere A. des Schlosses. **4.** ** zur A.* (zum prüfenden Ansehen: eine Ware, ein Buch zur A. bestellen, liefern).

an|sich|tig ⟨Adj.⟩: nur in der Verbindung **jmds., einer Sache a. werden** (geh.; *jmdn., etw. sehen, erblicken:* er erschrak, als er des Feuerscheins a. wurde).

An|sichts|kar|te, An|sichts|post|kar|te, die: *Karte mit einer Ansicht* (2).

An|sichts|sa|che: in der Wendung **das/etw. ist A.** *(darüber kann man verschiedene Ansichten 1 haben:* das Wie ist [hier] A.).

an|sie|deln ⟨sw. V.; hat⟩: **a)** ⟨a. + sich⟩ *sich niederlassen, sesshaft werden:* sich [auf dem Land, in der Stadt] a.; **b)** *ansässig, sesshaft machen:* Flüchtlinge auf dem Land, eine Tierart in Europa a.; **c)** *zeitlich, rangmäßig o. ä. einordnen:* dieses Kunstwerk ist in der frühen Gotik anzusiedeln; eine Angelegenheit sehr hoch a. *(ihr einen hohen Rang beimessen).*

An|sie|de|lung: ↑ Ansiedlung.

An|sied|ler, der; -s, -: *jmd., der sich ansiedelt; Kolonist:* die ersten A. kamen aus Holland.

An|sied|le|rin, die; -, -nen: w. Form zu ↑ Ansiedler.

An|sied|lung, Ansiedelung, die; -, -en: **a)** *das Ansiedeln, Angesiedeltwerden:* die A. von Flüchtlingen in einem Gebiet; **b)** *Niederlassung, kleine Siedlung, Einzelgehöft:* dort entstanden die ersten -en.

an|sin|gen ⟨st. V.; hat⟩: **1. a)** *sich mit einem Lied an jmdn., etw. wenden:* die Freundin, den Mond a.; **b)** *das Kommen, den Anfang von etw. besingen:* den Frühling, den Advent a.; **c)** *das gemeinsame Singen eröffnen:* dieser Chor singt an. **2.** *mit Gesang jmdn., etw. zu übertönen versuchen:* gegen das Orchester, gegen den Sturm a.

an|sin|nen ⟨st. V.; hat⟩: **a)** (geh. selten) *zumuten, von jmdm. verlangen:* so etwas hat man mir angesonnen!; ♦ **b)** (landsch.) *zutrauen:* ...ich weiß nicht, warum ihr mir das Schlimmste ansinnet (Gotthelf, Elsi 132).

An|sin|nen, das; -s, -: *unannehmbare Forderung; Vorschlag, Zumutung:* ein freches, seltsames A.; jmds. A. ablehnen, zurückweisen; ein A. an jmdn. stellen, richten.

An|sitz, der; -es, -e: **1.** (Jägerspr.) **a)** *Platz, von dem aus das Wild erwartet wird; Hochsitz:* auf den A. gehen; **b)** *das Warten auf dem Ansitz* (1 a): nach zweistündigem A. **2.** (bayr., westösterr.) *großer, repräsentativer Wohnsitz:* einen A. in den Bergen haben.

an|sit|zen ⟨unr. V.; hat; südd., österr., schweiz. auch: ist⟩: **1.** (Jägerspr.) *das Erscheinen des Wildes erwartend auf dem Ansitz* (1 a) *sitzen.* **2.** *seinen Ansitz* (2) *haben; ansässig sein.*

an|sonst (seltener), **an|sons|ten** (ugs.) ⟨Adv.⟩: **a)** *im Übrigen, sonst:* a. gibt es nichts Neues; **b)** (österr., schweiz., bes. Amtsspr. veraltend) *im anderen Falle, sonst:* zur Vermeidung von Steuererhöhungen, die a. notwendig wären; ⟨bayr., österr., schweiz. auch als unterordnende Konj.:⟩ er verlangte eine Entschuldigung, a. er sie wegen Beleidigung anzeigen werde.

an|span|nen ⟨sw. V.; hat⟩: **1.** *(ein Zugtier, Zugtiere) vor etw. spannen* (3): die Pferde a.; den Wagen a. *(ein Zugtier vor den Wagen spannen);* a. lassen; der Kutscher hat angespannt. **2.** *straffer spannen:* ein Seil, die Zügel a. **3. a)** *anstrengen, zur Höchstleistung zusammenfassen:* die Muskeln, Nerven a.; ich muss alle meine Kräfte an, um diesem Verhör gewachsen zu sein (Werfel, Bernadette 444); **b)** ⟨a. + sich⟩ *sich spannen:* alle Muskeln spannen sich an.

An|span|nung, die; -, -en: **1.** ⟨o. Pl.⟩ *das Anspannen, Angespanntsein* (3 a): unter A. aller Kräfte. **2.** *Anstrengung, Konzentration:* die A. war zu groß; man merkt ihr die A. an.

an|spa|ren ⟨sw. V.; hat⟩: *durch [regelmäßiges] Sparen zusammenbringen:* 40 % der Bausparsumme, das Geld für einen neuen Wagen a.

An|spa|rung, die; -, -en: *das Ansparen.*

an|spa|zie|ren ⟨sw. V.; ist⟩ (ugs.): *in gemütlichem Tempo herankommen:* gemächlich spazierte sie an; ⟨meist im 2. Part. in Verbindung mit »kommen«:⟩ kommt sie endlich anspaziert.

an|spei|en ⟨st. V.; hat⟩ (geh.): *anspucken:* sie haben ihn angespien.

An|spiel, das; -[e]s, -e (Sport, Spiele): *das Anspielen* (1, 2).

an|spiel|bar ⟨Adj.⟩ (Sport): *frei stehend; bereit, angespielt* (2) *zu werden:* ein -er Spieler.

an|spie|len ⟨sw. V.; hat⟩: **1.** (Sport) *(den Ball, die Scheibe) jmdm. zuspielen:* den Linksaußen a. **2.** (Sport, Spiel) *das Spiel beginnen; die erste Karte ausspielen:* Trumpf, Herz a.; der Spielführer hat angespielt. **3.** *versteckt hinweisen:* auf die Vorgänge, auf sein Alter a.; er spielte auf den Minister an. **4.** *sich im Spiel gegen jmdn., etw. zu behaupten suchen:* gegen jmdn., etw. a.

An|spie|lung, die; -, -en: *Andeutung, versteckter Hinweis:* eine persönliche, freche, ironische A.; [zweideutige] -en absichtlich überhören; Sie machen -en, die ich nicht verstehe und die sie komisch finden (Wohmann, Absicht 16).

an|spie|lungs|reich ⟨Adj.⟩: *mit vielen Anspielungen:* -e Äußerungen.

an|spie|ßen ⟨sw. V.; hat⟩: *auf einen spitzen Gegenstand spießen, auf einer Spitze befestigen:* Kartoffeln, den Braten a.

an|spin|nen ⟨st. V.; hat⟩: **a)** (selten) *behutsam beginnen, anknüpfen:* eine Unterhaltung, ein Liebesverhältnis [mit jmdm.] a.; **b)** ⟨a. + sich⟩ *sich allmählich entwickeln, anbahnen:* ein Gespräch spinnt sich an; da, zwischen den beiden spinnt sich etwas angesponnen; Er fühlte, wie sich ein Netz von Beziehungen anspann, zwischen dem Burschen in der Kirche und dem Mädchen und ihm (Andersch, Sansibar 73).

an|spit|zen ⟨sw. V.; hat⟩: **1.** *spitz machen:* Bleistifte, Pfähle a. **2.** (ugs.) *in Schwung, Trab bringen; zu besonderen Leistungen) antreiben:* der Meister hat den Lehrling tüchtig angespitzt. **3.** (ugs.) *zu etw. veranlassen, anstiften:* du musst ihn einmal a., dass er sich um die Sache kümmert.

An|spit|zer, der; -s, -: *Gerät zum Anspitzen* (1).

An|sporn, der; -[e]s: *Antrieb, Anreiz:* etw. ist ein A. für jmdn.

an|spor|nen ⟨sw. V.; hat⟩: **1.** *(dem Pferd) die Sporen geben:* die Reiterin spornt das Pferd an. **2.** *antreiben, anfeuern; jmdm. einen Ansporn geben:* der Trainer spornt die Sportlerin zu größeren Leistungen an; ihr Lob hat ihn angespornt.

An|spra|che, die; -, -n: **1.** *kurze Rede:* eine zündende, witzige A. **2.** (bes. Militär) *kennzeichnende Beschreibung eines Ziels durch genaue Angaben über Richtung, Entfernung, Orientierungshilfen; Zielansprache.* **3. a)** (geh. selten) *Anrede;* **b)** *das Angesprochenwerden:* der Kunde vermisst heute im Laden oft die A. des Verkäufers. **4.** (bes. südd., österr.) *Gespräch, Aussprache, Kontakt:* sie suchte die persönliche A.; keine, viel A. *(Umgang)* hin ... froh, dass die Tini eine A. hat und nicht in einem fort zu Hause sitzt (Schnitzler, Liebelei 41).

an|sprech|bar ⟨Adj.⟩: **1.** *nicht mit etw. beschäftigt u. daher bereit, eine Mitteilung o. Ä. entgegenzunehmen:* ich bin jetzt nicht a., ich muss mich zu sehr konzentrieren. **2.** *fähig, in der Lage, auf etw. einzugehen, auf etw. zu reagieren:* der Kranke ist noch nicht wieder a.

An|sprech|bar|keit, die; -: *das Ansprechbarsein.*

an|spre|chen ⟨st. V.; hat⟩: **1.** *Worte an jmdn. richten; mit jmdm. ein Gespräch beginnen:* jmdn. auf der Straße a.; sie wird dauernd von Männern angesprochen. **2.** *in einer bestimmten Weise anreden:* jmdn. in der dritten Person, mit Vornamen, mit seinem Titel a. **3. a)** *sich an eine Gruppe wenden:* die Bürger, die Betriebsangehörigen [direkt] a.; **b)** *sich in einer bestimmten Angelegenheit an jmdn. wenden:* jmdn. auf einen Vorfall a. *(seine Stellungnahme erbitten);* jmdn. um seine Hilfe, um Geld a. *(bitten).* **4.** *zur Sprache bringen, behandeln:* das Thema, die Schwierigkeiten a. **5.** *als etw. bezeichnen, ansehen:* jmdn. als Nachfolger a. **6.** *einen bestimmten positiven Eindruck hinterlassen; gefallen, anrühren:* der Vortrag hat viele Menschen angesprochen; das Stück sprach nicht besonders an; ... gern gestehe ich, dass ich in tiefster Seele angesprochen war von der berauschenden Seltsamkeit der Vorkommnisse (Th. Mann, Krull 136). **7. a)** *in positiver Form reagieren, eine Reaktion zeigen:* der Patient spricht auf das Mittel an; das Messgerät spricht auf die kleinsten Schwankungen an; gut ansprechende Bremsen; **b)** *Wirkung haben, wirken:* das Mittel spricht [bei ihm] nicht an. **8.** (Musik) *zum Klingen gebracht werden:* diese Flöte spricht leicht an.

an|spre|chend ⟨Adj.⟩: *gefällig, reizvoll:* ein -es Wesen; ein wenig -es Äußeres haben; das ist recht a. gestaltet; -e Resultate, Leistungen.

An|spre|cher, der; -s, - (schweiz.): *Bittsteller.*

An|spre|che|rin, die; -, -nen: w. Form zu ↑ Ansprecher.

An|sprech|part|ner, der: *jmd., den man ansprechen kann, um eine Auskunft o. Ä. zu erhalten, um ein Kontaktgespräch zu führen:* Ihr A. in unserer Firma ist Herr Müller.

An|sprech|part|ne|rin, die; -, -nen: w. Form zu ↑ Ansprechpartner: sie ist unsere A.

an|spren|gen ⟨sw. V.; ist⟩: **1.** *wie im Galopp reitend nähern:* die Schwadron sprengte ihn an; ⟨meist im 2. Part. in Verbindung mit »kommen«:⟩ da kommen sie angesprengt. ♦ **2.** *bestürmen* (2): Luise (sprengt ihn ängstlich an): Was, Vater, was (Schiller, Kabale II, 4).

an|sprin|gen ⟨st. V.⟩: **1. a)** ⟨hat⟩ *sich mit einem Sprung auf jmdn. od. ein Tier stürzen; anfallen:* der Luchs springt sein Opfer an; Ü Furcht springt sie an (geh.; *überkommt sie);* Mit voller Gewalt sprang die Wahrheit ihn an (Langgässer, Siegel 255); **b)** ⟨hat⟩ *an jmdn. hochspringen:* der Hund springt seinen Herrn an; **c)** *gegen etw. springen:* gegen die Tür a. **2.** ⟨hat/ist⟩ (Turnen) **a)** *nach kurzem Anlauf od. aus dem Stand an das Gerät springen:* den hohen Holm a., in den Stütz a.; **b)** *aus einem Sprung heraus turnen:* eine Rolle a.; ein angesprungener Überschlag. **3.** ⟨ist⟩ *sich in großen Sprüngen nähern:* ⟨meist im 2. Part. in Verbindung mit »kommen«:⟩ die

Kinder kommen angesprungen. **4.** ⟨ist⟩ *in Gang kommen:* der Wagen, der Motor springt [gut, schwer, nicht] an; Ü die anspringende Konjunktur. **5.** ⟨ist⟩ (ugs.) *zustimmend auf etw. eingehen:* auf ein Angebot [sofort, nicht] a.; mal sehen, ob er [drauf] anspringt.

an|sprit|zen ⟨sw. V.⟩: **1.** ⟨hat⟩ **a)** *mit etw. bespritzen:* die Kinder [mit dem Gartenschlauch] a.; **b)** *auf jmdn., etw. spritzen:* ich habe ihr, mir Parfüm angespritzt. **2.** ⟨ist⟩ (ugs.) *sich schnell nähern:* ⟨meist im 2. Part. in Verbindung mit »kommen«:⟩ sie kam sofort angespritzt.

An|spruch, der; -[e]s, Ansprüche: **1.** *Forderung:* ein berechtigter A.; bescheidene Ansprüche; Ansprüche an das Leben haben; seine Ansprüche anmelden, befriedigen, durchsetzen; er erhebt A. auf *(beansprucht)* sein Erbteil; sie erhob A. darauf *(verlangte),* angemessen beteiligt zu werden; er stellt Ansprüche, keine Ansprüche *(er ist nicht bescheiden, ist bescheiden);* die Pflanze stellt keine großen Ansprüche an den Boden; * *jmdn., etw. in A. nehmen* (1. *jmdn. beanspruchen, von etw. Gebrauch machen:* er nahm ihn, seine Hilfe gern in A. 2. *erfordern, beanspruchen:* der Beruf nimmt sie ganz in A.; das nimmt alle meine Kräfte in A.); *etw. für sich in A. nehmen (etw. Bestimmtes von sich behaupten).* **2.** *Recht, Anrecht:* sein A. ist erloschen; [keinen] A. auf Ruhegeld haben; A. auf einen Kindergartenplatz haben. **3.** *Niveau, Qualität:* ein Werk mit hohem künstlerischem, wissenschaftlichem A. ♦ **4.** *gerichtliche Forderung:* ... er solle sich stellen, gegen A. und Klage sein Recht zu wahren (Goethe, Reineke Fuchs 2, 264 f.)

an|spruchs|be|rech|tigt ⟨Adj.⟩ (Amtsspr.): *berechtigt, einen Anspruch zu stellen:* -e Gläubiger.

An|spruchs|be|rech|tig|te ⟨vgl. Berechtigte⟩ (Amtsspr.): *weibliche Person, die in einem bestimmten Zusammenhang anspruchsberechtigt ist.*

An|spruchs|be|rech|tig|ter ⟨vgl. Berechtigter⟩ (Amtsspr.): *jmd., der in einem bestimmten Zusammenhang anspruchsberechtigt ist.*

An|spruchs|den|ken, das: *Einstellung, Denkweise, die in der Überzeugung gründet, bestimmte, meist überzogene Ansprüche zu haben:* das A. der im Wohlstand aufgewachsenen Kinder gegenüber ihren Eltern.

An|spruchs|grund|la|ge, die (Rechtsspr.): *rechtliche Grundlage, auf der ein Anspruch beruht:* A. ist Paragraf 16 des BGB.

An|spruchs|hal|tung, die: *auf Anspruchsdenken beruhende Haltung.*

an|spruchs|los ⟨Adj.⟩: **a)** *genügsam, ohne große Ansprüche:* ein -er Mensch; **b)** *schlicht; bescheidenen Ansprüchen genügend:* ein -es Vergnügen; diese Musik ist sehr a.

An|spruchs|lo|sig|keit, die; -, -en: **1.** ⟨o. Pl.⟩ *das Anspruchslossein* (a). **2. a)** ⟨o. Pl.⟩ *Schlichtheit; geringer (künstlerischer, wissenschaftlicher) Anspruch;* **b)** *etw. anspruchsloses* **(1)** *Wirkendes.*

An|spruchs|ni|veau, das: *Niveau* (2) *der Ansprüche, der Forderung:* ein steigendes A.

an|spruchs|voll ⟨Adj.⟩: **a)** *mit großen [Qualitäts]ansprüchen; wählerisch:* ein -es Publikum; zu a. sein; **b)** *hohen Ansprüchen genügend; hohe Anforderungen stellend; einen hohen Anspruch* (1) *erhebend:* -e Lektüre.

an|sprü|hen ⟨sw. V.; hat⟩: **1.** *besprühen:* Pflanzen a. **2.** *auf jmdn., etw. sprühen:* sich/jmdn. ein Parfüm a.

An|sprung, der; -[e]s, Ansprünge ⟨Pl. selten⟩: **1.** *das Anspringen (gegen jmdn. od. etw.):* eine Raubkatze im A. **2.** (Turnen) **a)** *nach kurzem Anlauf od. aus dem Stand erfolgender Sprung an das Gerät;* **b)** *mit einem Bein ausgeführter Sprung, der den beidbeinigen Absprung einleitet:* der A. zum Absprung vom Reutherbrett.

an|spu|cken ⟨sw. V.; hat⟩: *gegen jmdn., etw. spucken.*

an|spü|len ⟨sw. V.; hat⟩: *an das Ufer, an den Strand spülen:* Strandgut a.; die Strömung spülte einen Ertrunkenen an.

An|spü|lung, die; -, -en: **1.** *das Anspülen.* **2.** *durch angespülten Sand, Schlamm entstandenes Land.*

an|spü|ren ⟨sw. V.; hat⟩ (geh.): *an jmds. Verhalten, Reaktion o. Ä. spüren, merken:* man konnte ihm den Schrecken [kaum] a.

an|sta|cheln ⟨sw. V.; hat⟩: *anfeuern, anspornen:* jmds. Ehrgeiz, Eifer [durch Lob] a.; der Erfolg hat sie zu neuen Anstrengungen angestachelt.

An|sta|che|lung, die; -, -en ⟨Pl. selten⟩: *das Anstacheln.*

An|stalt, die; -, -en [mhd. anstalt = Richtung, Beziehung; Aufschub, zu: an(e)stellen = einstellen; aufschieben; die heutigen Bed. unter Anlehnung an veraltet anstellen = einrichten; anordnen]: **a)** *[öffentliche] einem bestimmten Zweck dienende Einrichtung u. das sie beherbergende Gebäude* (z. B. Schule, Internat, Erziehungsheim u. Ä.): nach wiederholtem Verweis hat der Gymnasiast die A. zu verlassen; **b)** (veraltend) *Heilstätte für psychisch Kranke, Alkoholkranke, Drogenabhängige u. a.:* eine geschlossene A. (Amtsspr., *Anstalt, in der Personen unter Freiheitsentziehung untergebracht sind*); jmdn. in eine A. einweisen; **c)** *Betrieb, Institut:* eine kartografische A.; eine A. des öffentlichen Rechts (Rechtsspr.: *Verwaltungseinrichtung mit einem bestimmten Nutzungszweck);* ♦ **d)** *Einrichtung; Anordnung:* Vor ganz Genua hast du meine fürstliche Ehre besudelt, weil du für meine A. keine Achtung zeigtest (Schiller, Fiesco II, 13).

An|stal|ten ⟨Pl.⟩: *Vorbereitungen, Vorkehrungen:* A. zu einer Reise treffen; * **[keine] A. machen** *(etw. [nicht] tun wollen, [keine] Absichten zu etw. zeigen):* er machte A. wegzugehen.

An|stalts|arzt, der: *Arzt an einer Anstalt* (b).

An|stalts|ärz|tin, die: w. Form zu ↑ Anstaltsarzt.

An|stalts|geist|li|che ⟨vgl. Geistliche⟩: *Geistliche an einer Anstalt* (a).

An|stalts|geist|li|cher ⟨vgl. Geistlicher⟩: *Geistlicher an einer Anstalt* (a).

An|stalts|klei|dung, die: *bestimmte einheitliche Kleidung, die in einer Anstalt* (a, b) *getragen wird.*

An|stalts|lei|ter, der: *Leiter einer Anstalt* (a).

An|stalts|lei|te|rin, die: w. Form zu ↑ Anstaltsleiter.

An|stalts|lei|tung, die: *Leitung* (1 a) *einer Anstalt.*

An|stalts|pa|ckung, die: *große Packung eines Medikaments, wie sie bes. von Krankenhäusern o. Ä. verwendet wird.*

An|stand, der; -[e]s, Anstände [mhd. anstant = Waffenstillstand; Aufschub, zu: an(e)stān = zum Stehen kommen; sich gehören]: **1.** ⟨o. Pl.⟩ *gute Sitte, schickliches Benehmen:* A. haben; keinen A. besitzen; das erfordert der A., ist gegen allen A.; *♦ **mit leichtem A.** (*ohne eine Anstrengung in ungezwungener Art u. Weise:* Herr John machte die Honneurs mit leichtem A. [Chamisso, Schlemihl 19]). **2.** [zu älter Anstand = Einwand, Aufschub] (südd., österr. veraltend) *Schwierigkeit, Ärger:* Anstände bei der Zollkontrolle; es hat keinen A. gegeben; * **A. an etw. nehmen** *(Anstoß an etw. nehmen, etw. beanstanden:* die Nachbarn haben an dem nächtlichen Lärm [keinen] A. genommen); **A. [daran] nehmen, etw. zu tun** *(sich scheuen, davor zurückschrecken, etw. zu tun):* er nahm keinen A., den Platz räumen zu lassen. **3.** (Jäger.) *Ansitz* (1). ♦ **4.** * **ohne A.** *(ohne Zögern):* **A. haben** *(Zeit* 3 b *haben; aufgeschoben werden können):* zu Anstand = das Stillstehen, das Innehalten; Aufschub).

an|stän|dig ⟨Adj.⟩: **1. a)** *den Sitten, den geltenden Moralbegriffen entsprechend:* -es Betragen; sich a. benehmen; **b)** *ehrbar, korrekt:* er ist ein -er Mensch, Kerl; eine -e Gesinnung; a. handeln. **2.** (ugs.) *zufriedenstellend, durchaus genügend:* -es Aussehen; die Leistung war ganz a.; jmdn. a. bezahlen; ⟨subst.:⟩ etw. Anständiges in den Magen bekommen. **3.** (ugs.) *beträchtlich, ziemlich:* eine -e Tracht Prügel bekommen; wir mussten a. draufzahlen.

an|stän|di|ger|wei|se ⟨Adv.⟩: *aus Anstand* (1), *Rücksicht:* sie hat a. geschwiegen.

An|stän|dig|keit, die; -, -en: **1.** ⟨o. Pl.⟩ *anständige Gesinnung:* sie tat es aus lauter A. **2.** *etw. Anständiges* (1); *etw., was anständig* (1 a) *wirken soll.*

An|stands|be|such, der: *formeller Höflichkeitsbesuch:* einen A. machen.

An|stands|da|me, die (früher): *Begleiterin eines jungen Mädchens, die dessen Umgang überwacht.*

An|stands|frist, die: *Frist, die man anstandshalber einhält od. verstreichen lässt:* eine A. verstreichen lassen.

An|stands|ge|fühl, das ⟨o. Pl.⟩: *Gefühl für Anstand* (1): etw. verletzt jmds. A.; kein A. im Leib haben.

an|stands|hal|ber ⟨Adv.⟩: *um die Form zu wahren; nur aus Höflichkeit:* a. müssen wir ihn besuchen.

an|stands|los ⟨Adv.⟩ [zu älter Anstand = Einwand, Aufschub; vgl. Anstand (2)]: *ohne Weiteres; ohne Schwierigkeiten zu machen:* etw. a. bezahlen, anerkennen, umtauschen.

An|stands|re|gel, die ⟨meist Pl.⟩: *Regel, die der Anstand vorschreibt.*

An|stands|un|ter|richt, der ⟨o. Pl.⟩: *bes. in Tanzschulen erteilte Unterweisung in den Regeln des guten Benehmens.*

An|stands|wau|wau, der (ugs. scherzh.): *jmd., der durch seine Anwesenheit über Sitte u. Anstand bes. eines jungen Mädchens wachen soll.*

an|stän|kern ⟨sw. V.; hat⟩ (salopp abwertend): *sich mit groben, beleidigenden Worten gegen jmdn., etw. wenden:* jmdn., sich [gegenseitig] a.

an|stap|fen ⟨sw. V.; ist⟩: *sich mit schweren, stapfenden Schritten nähern:* ⟨meist im 2. Part. in Verbindung mit »kommen«:⟩ die Männer kamen durch den Schnee angestapft.

an|star|ren ⟨sw. V.; hat⟩: *den Blick starr auf jmdn., etw. richten:* jmdn. [unverwandt, neugierig] a.; was starrst du mich so an?; sie starren sich [gegenseitig]/(geh.:) einander an.

¹**an|statt** ⟨Konj.⟩ [mhd. an stat, ↑ Statt]: *statt, anstelle von:* er las, a. zu arbeiten; a. dass die Experten sich zusammentun, bastelt jeder an seinem eigenen Konzept.

²**an|statt** ⟨Präp. mit Gen.⟩ [vgl. ¹anstatt]: *anstelle:* a. eines Helms trug er nur eine Mütze; ⟨mit Dativ, wenn der Genitiv formal nicht zu erkennen ist:⟩ a. Worten will ich Taten sehen.

an|stau|ben ⟨sw. V.; ist⟩: *ein wenig staubig werden:* Wäsche, leicht angestaubt, billig abzugeben; angestaubte Bücher.

an|stau|en ⟨sw. V.; hat⟩: **1.** *(eine Flüssigkeit, Wasser eines Flusses o. Ä.) stauend aufhalten u. sich ansammeln lassen:* einen Fluss, einen Bach a.; Wasser a. **2.** ⟨a. + sich⟩ *sich ansammeln:* Geröllmassen stauen sich an den Brückenpfeilern an; das Blut hat sich in den Beinen angestaut; Ü angestaute Wut; Eine starke Sehnsucht nach Licht... hatte sich in allen angestaut (Chr. Wolf, Himmel 126).

anstaunen – Anstößigkeit

an|stau|nen ⟨sw. V.; hat⟩: *staunend betrachten, bestaunen:* jmdn., etw. neugierig, ängstlich, lange a.

An|stau|ung, die; -, -en: *das Anstauen, das Sichanstauen.*

an|ste|chen ⟨st. V.; hat⟩: **1. a)** *in etw. ein wenig hineinstechen:* ein Stück Fleisch [mit der Gabel] a.; die Kartoffeln a. *(prüfen, ob sie gar sind)*; **b)** *durch Hineinstechen beschädigen od. verletzen:* Autoreifen a.; ein angestochener *(durch den Stich eines Insekts madig gewordener)* Apfel; angestochenes *(vom Holzwurm befallenes)* Holz; (ugs.:) er brüllt, rennt umher, fährt hoch wie ein angestochenes Schwein, ein angestochener Eber. **2.** *durch Einstich öffnen, anzapfen:* ein Fass Bier, den Wein a.; wir haben eben angestochen. **3.** (Archäol.) *durch eine Grabung öffnen:* den Hügel a.; die Mauern eines assyrischen Palastes a. *(beim Graben darauf stoßen).* ♦ **4.** (in der Jägerspr.) *verletzen:* Ü »Ist sie auch wie all das Volk!«, dachte ich und war angestochen und wollte gehen (Goethe, Werther II, 15. März).

An|steck|blu|me, die: *künstliche Blume zum Anstecken.*

an|ste|cken ⟨sw. V.; hat⟩: **1. a)** *[mit einer Nadel] befestigen; an etw. stecken:* eine Blume, eine Nadel [am/an den Rockaufschlag] a.; [sich] falsche Zöpfe a.; **b)** *(einen Ring) an den Finger stecken:* er steckt ihr einen Ring an. **2.** (landsch.) **a)** *anzünden:* Gas, Kerzen a.; die Heizung a.; **b)** *anbrennen:* ich steckte mir eine Zigarette an; **c)** *in Brand stecken:* die Scheune a. **3. a)** *(eine Krankheit) auf jmdn. übertragen:* er steckt uns alle [mit seiner Erkältung] an; Ü andere mit seinem Lachen, seiner Angst a.; **b)** ⟨a. + sich⟩ *sich (durch Kontakt mit einem Kranken) eine Krankheit zuziehen:* ich habe mich [bei ihr (mit Grippe)] angesteckt; **c)** *sich übertragen; leicht auf andere übergehen:* Grippe steckt an; Ü Lachen, Gähnen steckt an. **4.** (landsch.) *anstechen* (2).

an|ste|ckend ⟨Adj.⟩: *(von Krankheiten, Krankheitserregern) durch Infektion übertragbar:* -e Krankheiten; die Grippe, das Virus ist äußerst a.; Ü Lachen, Gähnen wirkt a.

An|ste|cker, der; -s, -: *Anstecknadel* (2) *als Souvenir kaufte er sich einen A.*

An|steck|na|del, die: **1.** *längliche Schmucknadel zum Anstecken* (1 a). **2.** *Plakette* (1) *als Kennzeichen einer Zugehörigkeit, Mitgliedschaft.*

An|ste|ckung, die; -, -en ⟨Pl. selten⟩: *das Anstecken* (3), *Angestecktwerden:* A. durch Berührung; sich vor A. schützen.

An|ste|ckungs|ge|fahr, die: *Gefahr der Ansteckung.*

An|ste|ckungs|herd, der: *Ansteckungsquelle.*

An|ste|ckungs|quel|le, die: *Ausgangspunkt einer Welle von Erkrankungen:* nach der A. suchen.

an|ste|hen ⟨unr. V.; hat; südd., österr., schweiz. auch: ist⟩: **1.** *gemeinsam mit anderen Wartenden bis zur Abfertigung* [*in etw. a.*] *stehen:* [stundenlang] bei einer Behörde, nach Eintrittskarten, um Brot a. **2. a)** *auf Erledigung warten:* diese Arbeit steht schon lange an; * *etw. a. lassen (etw., was dringend getan od. Ä. werden müsste, vor sich herschieben, hinausschieben; mit etw. warten);* **b)** *festgelegt, angesetzt sein:* die Wahl eines neuen Präsidenten steht in diesem Jahr an; ein Termin steht noch nicht, steht auf Montag an. **3. a)** (geh.) *sich ziemen; zu jmdm., einer Sache in bestimmter Weise passen:* das steht ihm nicht, übel, nicht an; **b)** * *nicht a., etw. zu tun* (geh.; *etw. ohne Weiteres, ohne Bedenken tun*); ♦ **c)** ¹gefallen (1): Stehen Sie ihr an – wohl und gut, so mag sie zusehen, wie sie glücklich mit Ihnen wird (Schiller, Kabale I, 2). **4.** (Bergbau, Geol.) *hervortreten, zutage liegen:* hier steht Gneis an; anstehender Schiefer. **5.** ⟨ist⟩ (österr.) *auf jmdn., etw. angewiesen sein:* auf ihn, auf sein Geld stehe ich nicht an. ♦ **6.** *schwanken* (3), *zögern:* ...dass der Junker Wenzel a. müsse, sie (= die Pferde) für die dem Kohlhaas gehörigen anzuerkennen (Kleist, Kohlhaas 66).

an|ste|hend ⟨Adj.⟩: *[in naher Zukunft] zu erwartend, zu erledigen:* die -en Probleme, Aufgaben.

an|stei|gen ⟨sw. V.⟩: **a)** *aufwärtsführen:* die Straße, das Gelände steigt an; sanft ansteigende Wiesen; **b)** *aufwärtssteigen, aufsteigen:* schräg a. **2. a)** *höher werden:* das Wasser, die Flut, die Temperatur steigt an; **b)** *zunehmen, wachsen:* die Besucherzahlen sind stark angestiegen; ansteigende Preise.

¹**an|stell|le** ⟨Präp. mit Gen.⟩: *statt, stellvertretend für:* a. seines Bruders; a. großer Reden.

²**an|stel|le** ⟨Adv. in Verbindung mit »von«⟩: *statt, stellvertretend für:* a. von großen Reden werden Taten erwartet.

an|stel|len ⟨sw. V.; hat⟩: **1. a)** *etw. an etw. stellen, lehnen:* eine Leiter an den/(seltener:) am Baum a.; **b)** ⟨a. + sich⟩ *sich anreihen, sich in eine Reihe von Wartenden stellen (um abgefertigt zu werden od. etw. zu erhalten):* sich hinten a.; sich stundenlang nach Eintrittskarten a. **2. a)** *zum Fließen, Strömen bringen:* das Gas, das Wasser a.; den Haupthahn a. *(aufdrehen);* **b)** *einschalten, in Betrieb setzen:* die Maschine, das Radio a. **3. a)** *einstellen; in eine Stelle einsetzen:* jmdn. als Sachbearbeiter a.; er ist fest, auf Probe angestellt; **b)** (ugs.) *mit einer Arbeit beauftragen, beschäftigen:* jmdn. zum Schuhputzen a.; du willst dauernd jemanden für dich a. *(einen anderen eine Arbeit machen lassen).* **4.** *vornehmen* (in Verbindung mit bestimmten Substantiven; häufig verblasst): mit jmdm. ein Verhör a. *(jmdn. verhören);* Vermutungen a. *(irgendetwas vermuten);* Überlegungen über etw. a. *(etw. überlegen);* keine Experimente a. *(nicht experimentieren);* Nachforschungen a. *(nachforschen).* **5.** (ugs.) **a)** *versuchen, tun:* der Arzt hat alles Mögliche [mit ihm] angestellt; **b)** *anrichten; etw. Dummes, Übermütiges tun:* Unfug a.; was hast du da wieder angestellt!; **c)** *in einer bestimmten Weise anfangen:* wie soll ich das a.? **6.** ⟨a. + sich⟩ (ugs.) *sich in einer bestimmten Weise verhalten:* sich geschickt, dumm [bei etw.] a.; stell dich nicht so an! *(sei nicht so wehleidig!, sei nicht so!)* ♦ **7.** *veranstalten, durchführen* (2 d): ...dass der Kurfürst ... zu einem großen Hirschjagen, das man, um ihn zu erheitern, angestellt hatte, nach Dahme gereist war (Kleist, Kohlhaas 89).

an|stel|lig ⟨Adj.⟩: *geschickt:* ein -er Mensch; er ist a. und flink.

An|stel|lig|keit, die; -: *Geschicklichkeit.*

An|stel|lung, die; -, -en: **a)** *das Anstellen* (3 a); *Einstellung:* die A. weiterer Mitarbeiter; **b)** *Stellung:* eine feste A. [in einer Schneiderei] finden.

An|stel|lungs|ver|trag, der: *Vertrag über eine Anstellung* (a) *u. ihre Bedingungen.*

an|stem|men ⟨sw. V.; hat⟩: *gegen etw. stemmen:* die Füße a.; sich mit den Schultern [gegen die Tür] a.; Ü vergeblich gegen den Lauf der Zeit a.

an|steu|ern ⟨sw. V.; hat⟩: **1.** *auf etw. zusteuern, die Richtung auf etw. einschlagen:* einen Hafen, den Flugplatz a.; den nächsten Parkplatz, freien Tisch a.; Ü ein ehrgeiziges Ziel a.; eine Karriere als Musiker a. **2.** (Elektronik) *eine Spannung an ein bestimmtes Schaltelement legen.*

An|steu|e|rung, die; -, -en: *das Ansteuern.*

An|stich, der; -[e]s, -e: **1.** *das Anstechen* (2): der A. eines Bierfasses. **2.** *erster Ausschank aus dem angestochenen Fass:* den frischen A. probieren.

an|stie|feln ⟨sw. V.; ist⟩ (ugs.): *herankommen, -laufen:* ⟨meist im 2. Part. in Verbindung mit »kommen«:⟩ endlich kam sie angestiefelt.

An|stieg, der; -[e]s, -e: **1.** ⟨o. Pl.⟩ *Steigung; das Ansteigen* (1): der A. der Straße. **2.** ⟨o. Pl.⟩ *Erhöhung; Zunahme:* der A. der Temperatur, der Kosten. **3. a)** *das Hinaufsteigen, Aufstieg:* ein mühsamer A.; der A. zum Kraterrand dauerte drei Stunden; **b)** *Weg zum Gipfel:* der nördliche A.

an|stie|ren ⟨sw. V.; hat⟩ (abwertend): *mit starrem Blick ansehen:* er stierte mich unverwandt an.

an|stif|ten ⟨sw. V.; hat⟩: **a)** *(etw. Unheilvolles) ins Werk setzen:* Unheil, Verschwörungen a.; **b)** *zu etw. Schlechtem, Bösem verleiten, überreden:* jmdn. zum Betrug, zu dummen Streichen a.

An|stif|ter, der; -s, -: *jmd., der andere zu etw. anstiftet* (b).

An|stif|te|rin, die; -, -nen: w. Form zu ↑ Anstifter.

An|stif|tung, die; -, -en: *Verleitung, Verführung:* A. zum Mord, zum Widerstand.

an|stim|men ⟨sw. V.; hat⟩: **a)** *zu singen, zu spielen beginnen:* ein Lied a.; Angestimmt wurde: »Ich hatt' einen Kameraden ...« (Grass, Hundejahre 284); **b)** *in etw. ausbrechen:* ein Gelächter, Geschrei a.; Klagen a.

an|stin|ken ⟨st. V.; hat⟩ (ugs.): **1.** *jmdn. anwidern:* der Kerl stinkt mich an!; die Sache stinkt mich allmählich an. **2.** *angehen, sich auflehnen:* wenn du gegen mich a. willst, musst du mehr bieten!; gegen die da oben nicht a. können *(nichts gegen sie ausrichten können).*

an|stol|zie|ren ⟨sw. V.; ist⟩: *sich stolzierend nähern:* grinsend anstolzierte er an; ⟨meist im 2. Part. in Verbindung mit »kommen«:⟩ da kommt er anstolziert.

An|stoß, der; -es, Anstöße: **1.** *das Anstoßen, Ruck.* **2.** (Fußball) *erstes Stoßen des Balles zum Spielbeginn od. nach einer Unterbrechung:* den A. haben, ausführen. **3.** *auslösende Wirkung; Impuls:* zu dieser Tat; es bedurfte nur eines -es; die Ablehnung des Antrags gab den A. zum Aufstand. **4.** * **A. erregen** *(jmds. Unwillen hervorrufen):* mit seinem Benehmen hat er A. [bei ihr] erregt); **an etw. A. nehmen** *(Ärger, Unwillen über etw. empfinden):* ich nehme an seiner saloppen Kleidung keinen A.; ♦ **5.** *Anfall* (2): Es ist nur ein A. von Schwindel (Schiller, Räuber V, 1).

an|sto|ßen ⟨st. V.⟩: **1.** ⟨hat⟩ **a)** *einen kleinen Stoß geben:* das Pendel einer Uhr a.; jmdn. [aus Versehen] a.; jmdn. mit dem Fuß [unter dem Tisch] a. *(heimlich auf etw. aufmerksam machen);* **b)** (Fußball) *den Anstoß* (2) *ausführen.* **2.** ⟨ist⟩ *an etw. stoßen, prallen:* mit dem Kopf [an eine scharfe Ecke] a.; sie hat mit dem Tablett angestoßen. **3.** ⟨hat⟩ *lispeln:* sie stößt beim Sprechen an. **4.** ⟨hat⟩ *die gefüllten Gläser leicht gegeneinanderstoßen (um mit einander zu trinken):* auf jmds. Wohl, auf die Zukunft a.; mit Sekt a.; ...der Vater füllte die Rotweingläser. Er stieß mit ihr an, es gab einen schönen und edlen Ton (Zuckmayer, Herr 105). **5.** ⟨hat⟩ *jmds. Unwillen hervorrufen, Anstoß* (4) *erregen:* mit dieser Bemerkung ist sie beim Chef angestoßen; jmd. stößt überall an; ♦ **b)** *reizen* (1): ...wenn er mich aber anstieße, so sollte ich ihm Tritte geben ärger als ein Esel (Goethe, Benvenuto Cellini, I, 2, 12). **6.** ⟨hat⟩ (selten) *angrenzen:* das Grundstück stößt an den Wald an.

An|stö|ßer, der; -s, - (schweiz.): *[Grundstücks]nachbar, Anlieger.*

An|stö|ße|rin, die; -, -nen: w. Form zu ↑ Anstößer.

an|stö|ßig ⟨Adj.⟩: *anstoßerregend:* -e Witze; etw. a. finden.

An|stö|ßig|keit, die; -, -en: **1.** *das Anstößigsein; Unanständigkeit.* **2.** *anstößige Bemerkung, Handlung.*

an|strah|len ⟨sw. V.; hat⟩: **1.** *Licht[strahlen] auf jmdn., etw. richten:* das Schloss a.; der Schauspieler wurde hell angestrahlt; von der Sonne angestrahlte Berggipfel. **2.** *strahlend anblicken:* sie, ihre Augen strahlten ihn an.

an|stre|ben ⟨sw. V.; hat⟩ (geh.): *zu erreichen suchen; nach etw. streben:* das Glück, eine bessere Stellung, den Kauf eines Hauses a.; das angestrebte Ziel nicht erreichen.

an|stre|bens|wert ⟨Adj.⟩: *wert, angestrebt zu werden:* ein -es Ziel.

an|strei|chen ⟨st. V.; hat⟩: **1. a)** *Farbe auf etw. streichen:* Gartenmöbel [bunt] a.; das Haus frisch a. lassen; ◆ **b)** *bestreichen* (1): Ich fuhr während des Verbandes fort, ihn mit Wein anzustreichen (Goethe, Lehrjahre VI, Schöne Seele). **2.** *durch einen Strich kennzeichnen, hervorheben:* die wichtigen Stellen in einem Aufsatz, Buch a.; die Fehler [rot] a.; die angestrichenen Stellen. **3.** *(ein Streichholz) anzünden.* **4.** (landsch.) *heimzahlen:* das werde ich ihr a. **5.** (Jägerspr.) **a)** *(vom Federwild) anfliegen:* Feldhühner strichen an; **b)** *(von Wild) mit dem Körper an Gras, Zweige usw. streichen (u. damit Witterung hinterlassen):* an dieser Schonung hat ein Reh angestrichen.

An|strei|cher, der; -s, -: *Maler* (2).

An|strei|che|rin, die; -, -nen: w. Form zu ↑Anstreicher.

an|stren|gen ⟨sw. V.; hat⟩ [wohl zu ↑streng]: **1. a)** ⟨a. + sich⟩ *sich mit allen Kräften einsetzen; sich große Mühe geben, um etw. zu leisten:* sich sehr, nicht sonderlich a. (du musst dich [in der Schule] mehr a.; **b)** *zu besonderer Leistung steigern:* seinen Geist, Verstand, seine Kräfte, sein Gehör a. **2.** *stark beanspruchen, strapazieren:* die kleine Schrift strengt die Augen an; der Besuch, das Reden bei den Kranken [zu sehr] angestrengt; diese Arbeit strengt an *(ist anstrengend)*. **3.** (Rechtsspr.) *(ein gerichtliches Verfahren) einleiten, veranlassen:* eine Klage [gegen jmdn.] a.

an|stren|gend ⟨Adj.⟩: *ermüdend, strapaziös:* ein -es Leben; -e Arbeit; es war ein -er Tag; es ist sehr a., diesem Vortrag zu folgen.

An|stren|gung, die; -, -en: **1.** *Bemühung, Kraftaufwand, Einsatz (für ein Ziel):* vergebliche -en; seine -en verstärken, verdoppeln; mit äußerster, letzter A.; -en machen, (geh.:) unternehmen *(sich anstrengen, sich sehr bemühen)*. **2.** *[Über]beanspruchung, Strapaze:* geistige, körperliche -en; sich von den -en einer Reise erholen.

An|strich, der; -[e]s, -e: **1. a)** ⟨o. Pl.⟩ *das Anstreichen* (1: ein neuer A. wird 2 000 Euro kosten; **b)** *aufgetragene Farbe:* der helle A. gefällt mir. **2.** ⟨o. Pl.⟩ *Aussehen, Note:* die Sache hat einen offiziellen, einen gelehrten A.; einer Veranstaltung einen künstlerischen A. geben.

an|stri|cken ⟨sw. V.; hat⟩: *durch Stricken anfügen:* Ärmel, einen Rand an den Pullover a.

an|strö|men ⟨sw. V.; ist⟩: **1.** *strömend heranfließen:* anströmende Kaltluft. **2.** *in großer Zahl herbeikommen:* ⟨meist im 2. Part. in Verbindung mit »kommen«:⟩ viele kamen [zum Fußballspiel] angeströmt.

an|stü|ckeln, an|stü|cken ⟨sw. V.; hat⟩: **a)** *(ein kleineres Stück, kleinere Stücke) ansetzen* (2); **b)** *(durch Anfügen eines kleineren Stückes, kleinerer Stücke) ausbessern od. verlängern:* das Kleid a.

an|stu|fen ⟨sw. V.; hat⟩: *stufig* (2) *schneiden:* ein angestufter Pony.

an|stup|sen ⟨sw. V.; hat⟩ (ugs.): *anstoßen:* sie stupste ihren Tischnachbarn an.

An|sturm, der; -[e]s, Anstürme ⟨Pl. selten⟩: **a)** *das Heranstürmen; stürmisches Andrängen:* der A. des Feindes; dem A. des Gegners trotzen, nicht gewachsen sein; Ü ein A. der Gefühle; ...unter dem A. einer schrecklichen Erinnerung (H. Mann, Unrat 115); **b)** *großer Andrang:* der A. von Autogrammjägern; A. nach Karten, auf die Ware.

an|stür|men ⟨sw. V.; ist⟩: **a)** *gegen etw. stürmend andrängen; angreifen:* gegen eine Festung a.; Wellen stürmen gegen die Küste an; **b)** *sich eilig u. ungestüm nähern:* eine Schar lärmender Kinder stürmte an; anstürmende Elefanten. ⟨meist im 2. Part. in Verbindung mit »kommen«:⟩ auf ihren Ruf kamen die Jungen angestürmt.

an|stür|zen ⟨sw. V.; ist⟩: *sich eilig, in großer Hast nähern:* atemlos stürzte er an; ⟨meist im 2. Part. in Verbindung mit »kommen«:⟩ im letzten Augenblick kamen sie angestürzt.

an|su|chen ⟨sw. V.; hat⟩: **a)** (österr.) *ein Gesuch, einen Antrag einreichen;* **b)** (veraltend) *förmlich bitten:* um Asyl, Einreiseerlaubnis, um einen Kredit a.

An|su|chen, das; -s, -: (österr.) *Gesuch, Antrag:* einem A. stattgeben; auf A. meines Mandanten.

An|su|cher, der; -s, - (österr.): *Antragsteller.*

An|su|che|rin, die; -, -nen: w. Form zu ↑Ansucher.

---

ant-, Ant-: ↑anti-, Anti-.

-ant, der; -en, -en [lat. -ans (Gen.: -antis)]: bezeichnet in Bildungen mit Verben (Verbstämmen) eine Person – selten eine Sache –, die etw. tut: Demolant, Informant, Sympathisant.

An|t|a|go|nis|mus, der; -, ...men [zu griech. antagōnisma = (Wider)streit, zu: antí = gegen u. agōn, ↑Agon] (bildungsspr.): *Gegensatz, Widerstreit:* der A. der Geschlechter, Klassen; Antagonismen innerhalb einer Gesellschaft.

An|t|a|go|nist, der; -en, -en [spätlat. antagonista < griech. antagōnistḗs]: **1.** (bildungsspr.) *Gegner, Gegenspieler, Widersacher:* die beiden sind -en. **2.** (Med.) *Muskel, der dem Agonisten* (2) *entgegenwirkt:* der Beuger ist der A. des Streckers. **3.** (Biochemie) *Stoff, der in seiner Wirkung einem anderen entgegengesetzt ist u. dessen Wirkung aufhebt.*

An|t|a|go|nis|tin, die; -, -nen: w. Form zu ↑Antagonist (1).

an|t|a|go|nis|tisch ⟨Adj.⟩ (bildungsspr.): *gegensätzlich, widerstreitend:* -e Gefühle; eine -e Ordnung.

An|ta|na|na|ri|vo: Hauptstadt von Madagaskar.

an|tan|zen ⟨sw. V.; ist⟩ (salopp): *[auf eine Einladung, ein Kommando hin] herbeikommen, erscheinen, sich irgendwo einstellen:* er musste bei seiner Chefin a.; ⟨im 2. Part. in Verbindung mit »kommen«:⟩ kommst du schon wieder angetanzt? (abwertend: *störst du mich schon wieder?*)

An|ta|res [auch: ˈantarɛs], der; -: *hellster Stern im Sternbild Skorpion.*

Ant|ark|ti|ka; -s: *antarktischer Kontinent.*

Ant|ark|tis, die; -: *Gebiet um den Südpol.*

ant|ark|tisch ⟨Adj.⟩: *zur Antarktis, zu Antarktika gehörend:* der -e Kontinent.

an|tas|ten ⟨sw. V.; hat⟩: **1.** (selten) *mit den Händen tastend anfühlen, berühren:* einen ausgestellten Gegenstand [vorsichtig] a. **2.** *zu verbrauchen beginnen (meist verneint):* das Geld, die Vorräte [nicht] a. **3.** *etw. schmälern, beeinträchtigen, verletzen:* jmds. Ehre, Würde a.; ein Staat darf die Freiheit des Individuums nicht a.

an|tat|schen ⟨sw. V.; hat⟩ (ugs.) *jmdn., etw. [tollpatschig] anfassen; angreifen:* tatsch nicht alles an!

an|tau|en ⟨sw. V.⟩: **1.** ⟨hat/ist⟩ *an der Oberfläche leicht zu tauen beginnen:* die Schneedecke war wider Erwarten angetaut. **2. a)** ⟨hat⟩ *etw. kurze Zeit tauen lassen:* die gefrorenen Lebensmittel a.; **b)** ⟨ist⟩ *ein wenig auftauen:* das Fleisch aus der Kühltruhe taut an, ist angetaut.

an|täu|schen ⟨sw. V.; hat⟩ (Sport): *so tun, als liefe, schösse man in eine bestimmte Richtung, u. dadurch den Gegner täuschen:* links a., rechts vorbeischießen.

An|te, die; -, -n [lat. antae (Pl.), urspr. = Türpfosten] (Archit.): *[pfeilerartige] Stirn einer frei endenden Mauer in der griechischen u. römischen Baukunst.*

an|te Chris|tum [na|tum] [lat.]: *vor Christus, vor Christi Geburt* (Abk.: a. Chr. [n.]).

◆ **An|te|di|lu|vi|a|ner**, der; -s, - [zu lat. ante = vor u. lat. diluvium = Überschwemmung; Sintflut, also eigtl. = Mensch, der vor der Sintflut gelebt hat]: *Mensch auf einer sehr frühen Entwicklungsstufe:* Sie möchten uns zu -n machen. St. Just säh' es nicht ungern, wenn wir wieder auf allen vieren kröchen (Büchner, Dantons Tod I, 1).

An|teil, der; -[e]s, -e: **1. a)** *Teil von einem Ganzen [der jmdm. zukommt od. gehört, den Personen od. Sachen o. Ä. bilden]:* der A. des Einzelnen am Sozialprodukt; seinen A. fordern; jmdm. seinen ihm gebührenden A. geben; auf seinen A. am Erbe verzichten; *A. an etw. haben (an etw. beteiligt sein:* sie hatte großen A. am Sieg ihrer Mannschaft; **b)** *Beteiligung am Kapital einer Firma, eines Fonds o. Ä.:* seine -e verkaufen. **2.** ⟨o. Pl.⟩ *das Beteiligtsein; [geistige] Teilnahme:* voller A. für alles sein; Er war voll A. für alles, was um ihn geschah (Feuchtwanger, Erfolg 353); *[tätigen] A. an etw. nehmen (an etw. beteiligen, daran mitwirken:* sie nahm A. an der Diskussion; *A. an jmdm., etw. nehmen/zeigen/*(geh.:) *bekunden* (1. *Interesse zeigen:* sie zeigte regen A. an den Tagesereignissen. 2. *Teilnahme, Mitgefühl zeigen:* A. an jmds. Schicksal, Trauer nehmen).

an|tei|lig ⟨Adj.⟩: *den Anteilen* (1) *entsprechend:* der -e Urlaub.

An|teil|mä|ßig, anteilsmäßig ⟨Adj.⟩ (Papierdt.): *in Bezug auf die Anteile* (1 a), *anteilig:* a. ist das nicht viel.

An|teil|nah|me, die; -, -n ⟨Pl. selten⟩ [zum 2. Bestandteil vgl. Abnahme]: **1.** *Beteiligung:* unter reger, starker A. der Bevölkerung. **2.** *innere Beteiligung; Interesse; Mitgefühl:* menschliche A.; seine [tief empfundene] A. aussprechen, ausdrücken; mit A. zuhören.

An|teil|schein, der (Wirtsch.): *Wertpapier, das Ansprüche an eine Gesellschaft od. das Anrecht auf eine Aktie nachweist.*

An|teils|eig|ner, der (Wirtsch.): *Inhaber eines Investmentzertifikats od. eines sonstigen Anteilscheins.*

An|teils|eig|ne|rin, die: w. Form zu ↑Anteilseigner.

an|teils|mä|ßig: ↑anteilmäßig.

An|teils|schein, der (Wirtsch.): **1.** *urkundlich garantierter Anteil an einem Fonds einer Kapitalanlagegesellschaft.* **2.** *Aktie.*

an|te|le|fo|nie|ren ⟨sw. V.; hat⟩ (ugs.): *anrufen* (3): die Freundin, bei der Firma a.

An|ten|ne, die; -, -n [ital. antenna, eigtl. = (Segel)stange < lat. antenna]: **1.** *[an einem erhöhten Punkt angebrachte, hoch aufragende] Vorrichtung zum Empfang od. zur Ausstrahlung elektromagnetischer Wellen:* eine A. [auf dem Dach] anbringen; *eine A. für etw. haben* (ugs.; *ein Gefühl, Gespür für etw. haben; etw. vorausahnen, fühlen können:* er hat keine A. dafür). **2.** (Zool.) *Fühler der Gliedertiere.*

An|ten|nen|mast, der: *Mast, an dem eine Antenne* (1) *befestigt ist.*

An|ten|nen|wald, der (ugs. scherzh.): *Häufung von Antennen* (1) *auf Hausdächern.*

Antezedenzien – antik

An|te|ze|den|zi|en ⟨Pl.⟩: **1.** Pl. von ↑ Antezedens. **2.** (veraltet) *Vorleben, frühere Lebensumstände:* ◆ *Die Neigung kümmert sich um keine A. ..., so mag sie weder von Vergangenheit noch Zukunft wissen* (Goethe, Dichtung u. Wahrheit 19).

An|te|zes|sor, der; -s, ...oren [(spät)lat. antecessor] (veraltet): *[Amts]vorgänger:* ◆ *...das Gekrächz hungriger Raben, der an meinem halbfaulen A.* (= am Galgen) *zu dreißig hingen* (Schiller, Räuber II, 3).

An|them ['ænθəm], das; -s, -s [engl. anthem < aengl. antefn, antifne < spätlat. antiphona, ↑ Antifon] (Musik): *(in der englischen Kirchenmusik seit der 2. Hälfte des 16. Jh.s) mottenod. kantatenartige Vertonung eines biblischen Textes in englischer Sprache.*

An|tho|lo|gie, die; -, -n [griech. anthología, eigtl. = Blütenlese, zu: ánthos = Blume u. légein = sammeln, ²lesen] (bildungsspr.): *Sammlung von ausgewählten literarischen Texten (Gedichten od. Prosa):* eine A. moderner Lyrik.

An|th|ra|cen, Anthrazen, das; -s, -e [zu griech. ánthrax, ↑ ¹Anthrax] (Chemie): *aus Steinkohlenteer gewonnene chemische Verbindung, die als Ausgangsmaterial für viele Farbstoffe dient.*

¹An|th|rax, der; - [griech. ánthrax = fressendes Geschwür, eigtl. = Kohle] (Med.): *Milzbrand.*

²An|th|rax, das; -: *Erreger von* ¹*Anthrax enthaltende Substanz, die bes. als Impfstoff od. als Kampfstoff dient.*

An|th|ra|zen: ↑ Anthracen.

an|th|ra|zit [auch: ...'tsɪt] ⟨indekl. Adj.⟩: Kurzf. von ↑ anthrazitfarben.

An|th|ra|zit, der; -s, -e ⟨Pl. selten⟩ [lat. anthracites < griech. anthrakités = Kohle(nstein)]: *hochwertige, glänzende Steinkohle.*

an|th|ra|zit|far|ben, an|th|ra|zit|far|big, an|th|ra|zit|grau ⟨Adj.⟩: *von der Farbe des Anthrazits; schwarzgrau:* ein -er Anzug.

An|th|ra|zit|koh|le, die: *Anthrazit.*

an|thro|po-, An|th|ro|po- [griech. ánthrōpos = Mensch, H.u.]: Best. in Zus. mit der Bed. *menschen-, Menschen-* (z.B. anthropologisch, Anthropologe).

an|th|ro|po|gen ⟨Adj.⟩ [zu griech. -genḗs = verursacht]: *durch den Menschen beeinflusst, verursacht.*

An|th|ro|po|lo|ge, der; -n, -n [zu griech. lógos, ↑ Logos]: *Wissenschaftler auf dem Gebiet der Anthropologie.*

An|th|ro|po|lo|gie, die; -, -n: *Wissenschaft vom Menschen u. seiner Entwicklung:* philosophische, biologische, kulturelle, forensische A.

An|th|ro|po|lo|gin, die; -, -nen: w. Form zu ↑ Anthropologe.

an|th|ro|po|lo|gisch ⟨Adj.⟩: *die Anthropologie betreffend, zu ihr gehörend.*

an|th|ro|po|morph ⟨Adj.⟩ [griech. anthrōpómorphos] (bildungsspr.): *von menschlicher Gestalt, menschenähnlich:* ein -er Gott.

an|th|ro|po|mor|phisch ⟨Adj.⟩ (bildungsspr.): *die menschliche Gestalt betreffend, sich auf sie beziehend.*

an|th|ro|po|mor|phi|sie|ren ⟨sw. V.; hat⟩ (bildungsspr.): *vermenschlichen; menschliche Eigenschaften auf Nichtmenschliches übertragen:* Tiere a.; eine anthropomorphisierende Betrachtung Gottes. Dazu: **An|th|ro|po|mor|phi|sie|rung**, die.

An|th|ro|po|mor|phis|mus, der; -, ...men (bildungsspr.): **1.** ⟨o. Pl.⟩ *Übertragung menschlicher Eigenschaften auf Nichtmenschliches, bes. in der Vorstellung, die man sich von Gott macht.* **2.** *menschliche Eigenschaft an nicht menschlichen Wesen.*

An|th|ro|po|soph, der; -en, -en: *Anhänger der Anthroposophie.*

An|th|ro|po|so|phie, die; - [griech. sophía = Weisheit]: *zu Beginn des 20. Jahrhunderts von Rudolf Steiner (1861–1925) begründete weltanschauliche Lehre, auf der u. a. die Waldorfpädagogik basiert.*

An|th|ro|po|so|phin, die; -, -nen: w. Form zu ↑ Anthroposoph.

an|th|ro|po|so|phisch ⟨Adj.⟩: *auf der Anthroposophie beruhend, die Grundsätze der Anthroposophie vertretend:* eine -e Weltanschauung.

an|th|ro|po|zen|t|risch ⟨Adj.⟩ (bildungsspr.): *den Menschen in den Mittelpunkt stellend:* ein -es Weltbild; a. denken.

An|thu|rie, die; -, -n, **An|thu|ri|um**, das; -s, ...ien [zu griech. ánthos = Blüte u. ourá = Schwanz] (Bot.): *(zu den Aronstabgewächsen gehörende) Zimmerpflanze mit meist auffallend rot gefärbtem Hochblatt u. schmalen, gestielten dunkelgrünen Blättern; Flamingoblume.*

an|ti-, An|ti-, (vor Vokalen u. gelegentlich vor h:) ant-, Ant- [griech. antí]: **1.** bedeutet in Bildungen mit Substantiven od. Adjektiven *gegen[über], entgegen, nicht:* Antonym, Antidiabetikum; antipathisch. **2.** drückt in Bildungen mit Substantiven oder Adjektiven eine gegnerische Einstellung gegenüber einer Person oder Sache, eine ablehnende Haltung gegen jmdn. oder etw. aus: antiautoritär, -bürgerlich, -demokratisch; Antifaschist, -kommunismus, -sozialismus. **3.** drückt in Bildungen mit Adjektiven oder in Bildungen mit Substantiven aus, dass etw. verhindert wird oder werden soll, dass einer Sache entgegengewirkt wird: antiallergisch, Antiinflationspolitik, Antikriegsfilm. **4.** drückt in Bildungen mit Substantiven einen [ergänzenden] Gegensatz zu etw. oder etw. Entgegengesetztes aus: Antirakete, -schnulze, -teilchen. **5.** drückt in Bildungen mit Substantiven aus, dass jmd. oder etw. nicht das ist, was man üblicherweise darunter versteht: Antifußball, -held, -star.

An|ti-Aging, An|ti|aging [...'eɪdʒɪŋ], das; -s [engl. antiaging ⟨Adj.⟩ < anti = gegen u. to age = altern]: *Gesamtheit der [medizinischen] Maßnahmen zum Hinauszögern des Alterungsprozesses.*

An|ti|al|ko|ho|li|ker, der; -s, -: *jmd., der grundsätzlich keinen Alkohol trinkt.*

An|ti|al|ko|ho|li|ke|rin, die; -, -nen: w. Form zu ↑ Antialkoholiker.

an|ti|ame|ri|ka|nisch ⟨Adj.⟩: *gegen die USA gerichtet.*

An|ti|ame|ri|ka|nis|mus, der; -: *ablehnende Haltung gegenüber Gesellschaftssystem, Politik und Lebensstil der USA.*

an|ti|au|to|ri|tär ⟨Adj.⟩: *autoritäre Normen, [missbrauchte] Autorität ablehnend; nicht autoritär:* -e Erziehung; sein Kind a. erziehen.

An|ti|ba|by|pil|le [...'beː.bi...], die; -, -n (ugs.): *empfängnisverhütendes Mittel in Pillenform auf hormonaler Grundlage.*

an|ti|bak|te|ri|ell ⟨Adj.⟩: *gegen Bakterien wirkend:* -e Medikamente.

An|ti|bio|ti|kum, das; -s, ...ka [zu griech. biōtikós = zum Leben gehörig] (Pharm.): *aus Stoffwechselprodukten von Mikroorganismen gewonnener Wirkstoff gegen Krankheitserreger.*

an|ti|bio|tisch ⟨Adj.⟩ (Med.): *dem Wachstum von Mikroorganismen entgegenwirkend.*

An|ti|blo|ckier|sys|tem, das; -s, -e (Kfz-Technik): *Bremssystem, das den Bremsvorgang so steuert, dass ein Blockieren der Räder ausgeschlossen wird* (Abk.: ABS): ein Wagen mit A.

an|ti|cham|b|rie|ren [antiʃamˈbriːrən] ⟨sw. V.; hat⟩ [zu veraltet Antichambre = Vorzimmer < frz. antichambre < ital. anticamera, zu: ante (< lat. ante) = vor u. camera < lat. camera, ↑ Kammer] (bildungsspr.): *(mit dem Ziel, etw. Bestimmtes zu erreichen) sich unterwürfig, dienstfertig um jmds. Gunst bemühen:* im Ministerium, beim Präsidenten a.

¹An|ti|christ, der; -[s] [mhd., ahd. Antikrist < spätlat. antichristus < griech. antíchristos]: *Widersacher Christi; Teufel.*

²An|ti|christ, der; -en, -en: *Gegner des Christentums.*

an|ti|christ|lich ⟨Adj.⟩: *gegen das Christentum gerichtet.*

an|ti|de|mo|kra|tisch ⟨Adj.⟩: *gegen die Demokratie gerichtet:* -e Gesetze; -e Tendenzen; a. eingestellt sein.

An|ti|de|pres|si|vum, das; -s, ...va ⟨meist Pl.⟩ (Pharm.): *Medikament gegen Depressionen.*

An|ti|dis|k|ri|mi|nie|rungs|ge|setz, das (ugs.): *Gleichbehandlungsgesetz.*

An|ti|do|ping|agen|tur, die: *für Dopingbekämpfung zuständige [inter]nationale Instanz (1), zu deren Aufgaben u. a. Dopingkontrollen gehören.*

An|ti|do|ping|ge|setz, das: *Gesetz zur Bekämpfung von Doping.*

An|ti|dot, das; -[e]s, -e [lat. antidotum < griech. antídoton] (Med.): *Gegenmittel, Gegengift.*

an|ti|eu|ro|pä|isch ⟨Adj.⟩: *gegen Europa, gegen die Europäische Union gerichtet:* -e Stimmungen, Ressentiments.

An|ti|fa, die; - (Jargon): kurz für ↑ Antifaschismus (1): sie ist in der A. aktiv.

An|ti|fa|schis|mus, der; -: **1.** *Gesamtheit der Bewegungen u. Ideologien, die sich gegen Faschismus u. Nationalsozialismus richten.* **2.** *Gegnerschaft gegen Faschismus u. Nationalsozialismus.*

An|ti|fa|schist, der; -en, -en: *Vertreter des Antifaschismus.*

An|ti|fa|schis|tin, die; -, -nen: w. Form zu ↑ Antifaschist.

an|ti|fa|schis|tisch ⟨Adj.⟩: *den Antifaschismus betreffend:* -e Bücher, Filme.

An|ti|fon, die; -, -en, Antifone, die; -, -n, Antiphon, die; -, -en, Antiphone, die; -, -n [spätlat. antiphona < griech. antíphōna, zu antiphōneīn = dagegen tönen, antworten]: *liturgischer Wechselgesang.*

An|ti|gen [auch: ...'geːn], das; -s, -e [zu griech. -genḗs, ↑ gen] (Biol., Med.): *artfremder Eiweißstoff, der im Körper die Bildung von Antikörpern gegen sich selbst bewirkt.*

An|ti|gua, -s: Insel im Bereich der Kleinen Antillen.

An|ti|gua und Bar|bu|da, - - -s: Inselstaat im Karibischen Meer.

An|ti|haft|schicht, die (Technik): *Beschichtung (2), an der andere Substanzen nicht od. kaum haften bleiben.*

An|ti|hal|tung, die; -, -en: *[bewusst zur Schau getragene] Haltung, die jmds. Gegnerschaft gegen etw. Bestimmtes ausdrückt:* eine A. einnehmen.

An|ti|held, der; -en, -en: *inaktive, negative od. passive Hauptfigur in Drama, Roman, Film im Unterschied zum aktiv handelnden Helden.*

An|ti|his|t|a|mi|ni|kum, das; -s, ...ka (Pharm.): *Arzneimittel gegen allergische Reaktionen.*

an|ti|im|pe|ria|lis|tisch [auch: 'an...] ⟨Adj.⟩: *gegen den Imperialismus gerichtet.*

an|ti|in|tel|lek|tu|ell [auch: 'an...] ⟨Adj.⟩: *gegen den Intellekt gerichtet.*

an|tik ⟨Adj.⟩ [frz. antique < lat. antiquus = alt]: **1.** *das klassische Altertum, die Antike betreffend; aus dem klassischen Altertum stammend:* ein -es Bauwerk; die -e Kultur. **2.** *aus einer ver-*

antikapitalistisch – Antizionismus

gangenen Epoche stammend bzw. in deren Stil gemacht (von Sachen, bes. von Einrichtungsgegenständen): -er Schmuck; a. eingerichtet sein.

an|ti|ka|pi|ta|lis|tisch [auch: ʹan...] ⟨Adj.⟩: *gegen den Kapitalismus gerichtet.*

¹An|ti|ke, die; -: *klassisches Altertum u. seine Kultur:* die griechische, römische A.

²An|ti|ke, die; -, -n ⟨meist Pl.⟩ [zu ↑ antik]: *aus der Antike stammendes Kunstwerk.*

An|ti|ken|samm|lung, die: *Sammlung antiker (1) Kunstgegenstände.*

an|ti|kisch ⟨Adj.⟩: *in der Art der ¹Antike, ihr nachstrebend:* eine -e Statue; a. stilisierte Figuren; ...ein -es Brunnenbecken, über dem ... zwei kupferne Eimer hängen (Carossa, Aufzeichnungen 124).

an|ti|ki|sie|ren ⟨sw. V.; hat⟩ (bildungsspr., Fachspr.): ⟨meist im 1. Part.⟩ *nach der Art der ¹Antike gestalten; die ¹Antike nachahmen:* antikisierende Dichtung.

an|ti|kle|ri|kal ⟨Adj.⟩: *kirchenfeindlich:* -e Strömungen; a. eingestellt sein.

An|ti|kle|ri|ka|lis|mus, der; -: *kirchenfeindliche Einstellung; Gegnerschaft gegen den Klerikalismus.*

An|ti|kli|max [auch: ʹan...], die; - (Stilkunde): *Übergang vom stärkeren zum schwächeren Ausdruck, vom Wichtigeren zum weniger Wichtigen.*

An|ti|klopf|mit|tel, das; -s, - (Kfz-Technik): *die Klopffestigkeit erhöhender Zusatz zu Vergaserkraftstoffen.*

An|ti|kom|mu|nis|mus, der; -: *Gegnerschaft gegen den Kommunismus u. seine Vertreter.*

An|ti|kom|mu|nist, der; -en, -en: *Vertreter des Antikommunismus.*

An|ti|kom|mu|nis|tin, die; -, -nen: w. Form zu ↑ Antikommunist.

an|ti|kom|mu|nis|tisch ⟨Adj.⟩: *gegen den Kommunismus u. seine Vertreter gerichtet.*

An|ti|kon|zep|ti|vum, das; -s, ...va (Pharm.): *empfängnisverhütendes Mittel.*

An|ti|kör|per, der; -s, - ⟨meist Pl.⟩ (Med.): *im Blutserum als Reaktion auf das Eindringen von Antigenen gebildeter Schutzstoff.*

An|til|len ⟨Pl.⟩: Inselgruppe im Bereich der Westindischen Inseln: die Großen, die Kleinen A.

An|ti|lo|pe, die; -, -n [frz., niederl. antilope < engl. antelope < mlat. ant[h]alopus < mgriech. anthólōps = ein Fabeltier, eigtl. = Blumenauge]: *(in Afrika u. Asien vorkommendes, in Herden lebendes) Säugetier (von unterschiedlicher Größe) mit schlankem Körper u. gekrümmten od. geringelten Hörnern.*

An|ti|ma|te|rie, die; - (Kernphysik): *Form der Materie, deren Atome aus Antiteilchen zusammengesetzt sind.*

An|ti|mi|li|ta|ris|mus, der; -: *grundsätzliche Ablehnung jeder Form militärischer Rüstung.*

An|ti|mi|li|ta|rist, der; -en, -en: *Anhänger des Antimilitarismus.*

An|ti|mi|li|ta|ris|tin, die; -, -nen: w. Form zu ↑ Antimilitarist.

an|ti|mi|li|ta|ris|tisch ⟨Adj.⟩: *den Antimilitarismus betreffend, auf ihm beruhend.*

An|ti|mon, das; -s [mlat. antimonium, H. u.]: *silberweiß glänzendes Halbmetall (chemisches Element; vgl. Stibium; Zeichen: Sb).*

-an|tin, die; -, -nen: w. Form zu ↑ -ant.

An|ti|no|mie, die; -, -n [lat. antinomia < griech. antinomía] (Philos., Rechtsspr.): *Widerspruch eines Satzes in sich od. zweier Sätze, von denen jeder Gültigkeit beanspruchen kann:* eine wahre Aussage und ihre Negation bilden eine A.

An|ti|oxi|dans, das; -, ...dantien u. ...danzien (Chemie): *Zusatz, der die Autoxidation bei Kraftstoffen, Kunststoffen, Lebensmitteln u. a. verhindert.*

An|ti|pas|to, der od. das; -[s], ...ti ⟨meist Pl.⟩ [ital., aus: anti- = vor u. pasto = Mahlzeit < lat. pastus = Nahrung]: ital. Bez. für: Vorspeise.

An|ti|pa|thie, die; -, -n [lat. antipathia < griech. antipátheia] (bildungsspr.): *Abneigung, Widerwille:* eine unüberwindliche A. gegen jmdn., etw. haben.

An|ti|per|so|nen|mi|ne, die; -, -n (Militär): *Landmine, die bes. gegen Zivilisten bei innerstaatlichen Konflikten eingesetzt wird.*

An|ti|phlo|gis|ti|kum, das; -s, ...ka (Pharm.): *antiphlogistisches Mittel.*

an|ti|phlo|gis|tisch ⟨Adj.⟩ (Med.): *entzündungshemmend.*

An|ti|phon, die: ↑ Antifon.

An|ti|po|de, der; -n, -n [griech. antípodes (Pl.), eigtl. = Gegenfüßler]: **1.** (Geogr.) *an einem diametral entgegengesetzten Punkt der Erde wohnender Mensch.* **2.** (bildungsspr.) *Mensch von entgegengesetzter Geisteshaltung, Eigenart:* wir beide waren in allem -n.

An|ti|po|din, die; -, -nen: w. Form zu ↑ Antipode.

an|tip|pen ⟨sw. V.; hat⟩: *leicht u. kurz berühren:* er tippte mich vorsichtig an; um das Programm zu öffnen, muss man das Symbol auf dem Touchscreen a.; Ü ein heikles Thema a.

An|ti|pro|ton [auch: ʹan...], das; -s, Antiprotonen [auch ʹan...] (Kernphysik): *Elementarteilchen, dessen Eigenschaften denen des Protons entgegengesetzt sind.*

An|ti|qua, die; - [lat. antiqua = die alte (Schrift)] (Druck- u. Schriftwesen): *allgemein gebräuchliche Buch- u. Schreibschrift; Lateinschrift.*

An|ti|quar, der; -s, -e [lat. antiquarius = Kenner u. Anhänger des Alten]: *jmd., der ein Antiquariat (b) od. einen Kunsthandel betreibt.*

An|ti|qua|ri|at, das; -[e]s, -e **a)** ⟨o. Pl.⟩ *Handel mit [wertvollen] gebrauchten Büchern:* das moderne A. *(der Restebuchhandel);* **b)** *Buchhandlung, in der antiquarische Bücher verkauft werden:* ein wissenschaftliches A. betreiben.

An|ti|qua|rin, die; -, -nen: w. Form zu ↑ Antiquar.

an|ti|qua|risch ⟨Adj.⟩: **a)** *aus dem, im Antiquariat:* -e Bücher; eine Zeitschrift a. erwerben; **b)** *alt, gebraucht:* ein Liebhaber -en Spielzeugs.

An|ti|qua|schrift, die: *Antiqua.*

an|ti|quiert ⟨Adj.⟩ (abwertend): *veraltet; altmodisch, überholt:* ein -es Frauenbild; diese Verordnung ist völlig a.; a. denken.

An|ti|quiert|heit, die; -: *das Antiquiertsein.*

An|ti|qui|tät, die; -, -en ⟨meist Pl.⟩ [lat. antiquitates = Altertümer, Pl. von: antiquitas = Altertum (a)]: *altertümlicher Gegenstand aus dem Kunsthandwerk.*

An|ti|qui|tä|ten|han|del, der: *An- u. Verkauf von Antiquitäten.*

An|ti|qui|tä|ten|händ|ler, der: *jmd., der mit Antiquitäten handelt.*

An|ti|qui|tä|ten|händ|le|rin, die: w. Form zu ↑ Antiquitätenhändler.

An|ti|qui|tä|ten|samm|ler, der: *jmd., der Antiquitäten sammelt.*

An|ti|qui|tä|ten|samm|le|rin, die: w. Form zu ↑ Antiquitätensammler.

An|ti|qui|tä|ten|samm|lung, die: *Sammlung von Antiquitäten.*

An|ti|ra|ke|te, An|ti|ra|ke|ten|ra|ke|te, die; -, -n (Militär): *Rakete zur Abwehr von Interkontinentalraketen.*

An|ti|rau|cher|kam|pa|gne, die; -, -n: *Kampagne (1) gegen das Rauchen von Tabakprodukten.*

an|ti|re|tro|vi|ral ⟨Adj.⟩: *gegen Retroviren gerichtet:* -e Medikamente.

An|ti|rheu|ma|ti|kum, das; -s, ...ka (Pharm.): *Medikament gegen Rheumatismus.*

An|ti|se|mit [auch: ...ʹmɪt], der; -en, -en [geb. um 1879 von dem dt. Publizisten W. Marr]: *jmd., der antisemitisch eingestellt ist; Gegner des Judentums.*

An|ti|se|mi|tin, die; -, -nen: w. Form zu ↑ Antisemit.

an|ti|se|mi|tisch [auch: ...ʹmɪ...] ⟨Adj.⟩: *feindlich gegenüber den Juden [eingestellt], gegen das Judentum gerichtet:* -e Äußerungen.

An|ti|se|mi|tis|mus, der; -, ...men: **a)** *Abneigung od. Feindschaft gegenüber den Juden;* **b)** *[politische] Bewegung mit ausgeprägt antisemitischen Tendenzen.*

An|ti|sep|ti|kum, das; -s, ...ka (Pharm.): *keimtötendes Mittel, bes. zur Wundbehandlung.*

an|ti|sep|tisch ⟨Adj.⟩ (Med.): *keimtötend, Wundinfektionen verhindernd:* ein -er Verband; a. wirken.

An|ti|se|rum, das; -s, ...ren od. ...ra (Med.): *spezifische Antikörper enthaltendes Heilserum.*

An|ti|star, der; -s, -s: *Schauspieler, Schauspielerin o. Ä., die nicht die charakteristischen Eigenschaften eines Stars aufweist.*

an|ti|sta|tisch ⟨Adj.⟩ (Physik): *elektrostatische Aufladungen verhindernd od. aufhebend.*

An|ti|s|tes, der; -, ...stites [...ʹtiːteːs] [lat. antistes, eigtl. = Vorsteher]: **1.** *Titel von Priestern in der Antike.* **2.** *Ehrentitel katholischer Bischöfe u. Äbte.*

An|ti|stro|phe [...st...], die; -, -n [lat. antistrophe < griech. antistrophḗ] (Fachspr.): *(in der altgriechischen Tragödie) die der Strophe folgende, eine tänzerische Wendung des Chors begleitende Strophe.*

An|ti|teil|chen, das; -s, - (Kernphysik): *Elementarteilchen, dessen Eigenschaften zu denen eines anderen Elementarteilchens in bestimmter Weise komplementär sind.*

An|ti|ter|ror|ein|heit, die; -, -en: *Einheit (3), die bei terroristischen Anschlägen od. Überfällen (z. B. zur Befreiung von Geiseln) eingesetzt wird.*

An|ti|ter|ror|kampf, der; -[e]s, ...kämpfe: *Bekämpfung des Terrorismus.*

An|ti|ter|ror|krieg, der; -[e]s, -e: *militärische Bekämpfung des Terrorismus.*

An|ti|the|a|ter, das; -s: *modernes, experimentelles Theater unterschiedlichster Richtung.*

An|ti|the|se, die; -, -n [lat. antithesis < griech. antíthesis]: **1.** (bildungsspr.) *einer These entgegengesetzte Behauptung; Gegensatz.* **2.** (Stilkunde) *Gegenüberstellung gegensätzlicher Begriffe u. Gedanken (z. B. Freund und Feind).*

an|ti|the|tisch ⟨Adj.⟩ [spätlat. antitheticus < griech. antithetikós] (bildungsspr.): *gegensätzlich; Gegensätze enthaltend.*

An|ti|to|xin, das; -s, -e (Med.): *vom Körper gebildetes Gegengift gegen von außen eingedrungene Gifte.*

an|ti|to|xisch ⟨Adj.⟩ (Med.): *als Antitoxin wirkend.*

An|ti|trans|pi|rant, das; -s, -e u. -s [↑ transpirieren] (Pharm.): *die Schweißabsonderung hemmendes Mittel.*

An|ti|ty|pus, der; -, ...typen: **a)** *jmd., der von seiner Persönlichkeit, seinem Auftreten, seinem Aussehen her den allgemein üblichen Vorstellungen von einem bestimmten Typ (1 a) in keiner Weise entspricht:* sie ist der A. der deutschen Hausfrau; **b)** *Gegenfigur:* Pompidou: der A. zu de Gaulle.

an|ti|vi|ral ⟨Adj.⟩ (Med.): *gegen Viren (1) gerichtet (von Substanzen).*

An|ti|vi|ren|pro|gramm, das; -[e]s, -e (EDV): *Computerprogramm, das vorhandene Viren (2) entfernt u. gegen Virenbefall schützt.*

An|ti|vi|ren|soft|ware, die (EDV): *Antivirenprogramm.*

An|ti|zi|o|nis|mus [auch: ʹan...], der; -: *ablehnende Haltung gegenüber dem Zionismus.*

an|ti|zi|o|nis|tisch [auch: 'an...] ⟨Adj.⟩: *gegen den Zionismus gerichtet.*

An|ti|zi|pa|ti|on, die; -, -en [lat. anticipatio]: **1. a)** (bildungsspr.) *Vorwegnahme von etwas, was erst später kommt od. kommen sollte, von zukünftigem Geschehen:* die A. eines Gedankens; **b)** (Musik) *Vorwegnahme von Tönen eines folgenden* ↑ *Akkords* (1): die A. von Tönen eines folgenden Akkords. **2.** (Philos.) *Bildung eines philosophischen Begriffs od. einer Vorstellung vor der Erfahrung.* **3.** (Fachspr.) **a)** *Vorgriff des Staates [durch Aufnahme von Anleihen] auf erst später fällig werdende Einnahmen;* **b)** *Zahlung von Zinsen u. a. vor dem Fälligkeitstermin.* **4.** (kath. Kirche) *Vorwegnahme eines Teils des Stundengebets am Nachmittag des vorangehenden Tages.* **5.** (Med.) ↑ *Anteposition.* **6.** (Biol.) *das bei einer jüngeren Generation gegenüber älteren Generationen frühere Erreichen einer bestimmten Entwicklungsstufe.* ◆ **7.** *Vorschuss, Vorauszahlung:* Der Jude wird mich nicht verschonen, der schafft -en, ein Jahr um Jahr voraus (Goethe, Faust II, 4870 ff.).

an|ti|zi|pa|to|risch ⟨Adj.⟩ (bildungsspr.): *[bewusst] vorwegnehmend.*

an|ti|zi|pie|ren ⟨sw. V.; hat⟩ [lat. anticipare, zu: ante = vor(her) u. capere = nehmen]: **1.** (bildungsspr.) *vorwegnehmen:* den Stil späterer Epochen a. **2.** (Kaufmannsspr.) *vor dem Fälligkeitstermin zahlen.*

an|ti|zy|k|lisch [auch: 'an..., ...tsyk...] ⟨Adj.⟩: **1.** (bildungsspr.) *einem Zyklus entgegengerichtet.* **2.** (Wirtsch.) *einem bestehenden Zustand der Konjunktur entgegenwirkend:* eine -e Wirtschaftspolitik.

An|ti|zy|k|lo|ne, die; -, -n (Meteorol.): *Hochdruckgebiet.*

Ant|litz, das; -es, -e ⟨Pl. selten⟩ [mhd. antlitze, ahd. antlizzi, eigtl. = das Entgegenblickende] (geh.): *Gesicht, Angesicht:* ein edles A.; sein A. verhüllen; Ü das A. der Macht; dem Tod ins A. blicken.

an|to|ben ⟨sw. V.⟩: **1.** ⟨hat⟩ **a)** *gegen jmdn., etw. toben, wüten, rasen:* die Gefangene tobte gegen seine Wärter, seine Fesseln an; **b)** *wütend anschreien:* er hat mich furchtbar angetobt. **2.** ⟨ist⟩ *sich lärmend u. tollend nähern:* ⟨meist im 2. Part. in Verbindung mit »kommen«:⟩ die Kinder kamen angetobt.

An|ton: in der Fügung **blauer A.** (ugs.: *blauer Monteuranzug:* In der Ecke saßen zwei im blauen A. Es waren der Michel und der Toni, beide Automechaniker [H. Lenz, Tintenfisch 128]).

an|tö|nen ⟨sw. V.⟩: **1.** ⟨ist⟩ (geh. selten) *erklingen, anklingen:* eine Melodie tönt an. **2.** ⟨hat⟩ (österr., schweiz.) *andeuten.*

An|to|nym, das; -s, -e [zu griech. antí = gegen u. ónyma = Name] (Sprachwiss.): *Gegen[satz]wort, Oppositionswort:* (z. B. schwarz – weiß).

an|tör|nen ⟨sw. V.; hat⟩ [nach engl. to turn on, eigtl. = aufdrehen] (ugs.): **1.** *in einen Drogenrausch versetzen.* **2.** *in [sexuelle] Erregung, Rausch o. Ä. versetzen:* sie törnt mich ganz schön an; die Musik törnte sie an.

an|tra|ben ⟨sw. V.⟩: **1.** ⟨hat⟩ *zu traben beginnen:* der Gaul trabte an. **2.** ⟨ist⟩ *sich trabend nähern:* schnaubend trabte der Hengst an; ⟨meist im 2. Part. in Verbindung mit »kommen«:⟩ sie kam auf einer Stute angetrabt; Ü wenig später kam die zweite Gruppe angetrabt (ugs.: *anmarschiert*).

An|trag, der; -[e]s, Anträge: **1. a)** *Gesuch, Forderung:* ein formloser A.; einen A. auf Beihilfe stellen; (Papierdt.:) dem A. wurde [nicht] stattgegeben; jmdn. auf A. verfolgen; **b)** *Antragsformular:* sich am Schalter einen A. besorgen. **2.** *zur Abstimmung eingereichter Entwurf; Vorschlag:* einen A. im Parlament einbringen; über einen A. abstimmen, beraten; auf/(österr. auch:) über A. von Frau Schmidt. **3.** *Heiratsantrag:* einer Frau einen A. machen.

an|tra|gen ⟨st. V.; hat⟩: **1. a)** (geh.) *anbieten:* man trug ihr den Vorsitz an; er hat mir das Du angetragen; sie hat mir ihre Freundschaft angetragen; ich habe mich ihr als Begleiter angetragen; ...der Brief ist abgeschickt ... Ich habe ihr die Ehe angetragen (Frisch, Montauk 146); ◆ **b)** *beantragen, einen Antrag (auf etw.) stellen:* ...eine Beschwerde, in welcher er ... auf gesetzmäßige Bestrafung ... und auf Ersatz des Schadens antrug (Kleist, Kohlhaas 17); So trag' ich darauf an, dass die Vollstreckung des Richterspruchs ihm übertragen werde (Schiller, Maria Stuart IV, 6). **2.** (Jägerspr.) *(auf Wild) einen Schuss abgeben.*

An|trags|for|mu|lar, das: *Formular für einen Antrag* (1 a).

An|trags|geg|ner, der: **1.** *jmd., gegen den ein Antrag* (1 a) *gestellt wird:* die Beweislast liegt beim A. **2.** *jmd., der sich gegen einen Antrag* (2) *ausspricht:* bei der Abstimmung waren die A. in der Überzahl.

An|trags|geg|ne|rin, die: w. Form zu ↑ Antragsgegner.

an|trags|ge|mäß ⟨Adj.⟩: *einem Antrag* (1 a, 2) *entsprechend.*

An|trag|stel|ler, der; -s, -: *jmd., der einen Antrag* (1 a) *stellt.*

An|trag|stel|le|rin, die; -, -nen: w. Form zu ↑ Antragsteller.

an|trai|nie|ren ⟨sw. V.; hat⟩: *durch Training vermitteln; sich durch Training aneignen:* sich Muskeln, gute Nerven a.; einem Tier bestimmte Verhaltensweisen a.; Der gute Lehrer muss gute Nerven haben. Die kann er sich nicht a. (Becker, Tage 59).

an|trans|por|tie|ren ⟨sw. V.; hat⟩: *an einen bestimmten Ort transportieren; anliefern:* die Möbel sind gerade antransportiert worden.

an|trau|en ⟨sw. V.; hat⟩ (veraltend): *mit jmdm. verheiraten:* der [ihr] angetraute Ehemann.

an|tref|fen ⟨st. V.; hat⟩: *vorfinden:* jmdn. bei der Arbeit, bei guter Gesundheit, in großer Armut a.; sie trifft mich nie zu Hause an; diese Tiere sind überall anzutreffen; ich habe eine völlig veränderte Situation angetroffen.

an|trei|ben ⟨st. V.⟩: **1.** ⟨hat⟩ **a)** *vorwärtsstreiben:* sie trieb die Pferde [mit der Peitsche] an; **b)** *zu höherer Leistung zwingen, anstacheln:* der Chef trieb uns zur Eile an; **c)** *zu etw. bringen, veranlassen:* die Neugier hat sie [dazu] angetrieben, den Raum zu betreten. **2.** ⟨hat⟩ *in Bewegung setzen bzw. halten:* eine Turbine durch Dampf a.; die Mühlräder werden vom Wasser angetrieben. **3. a)** ⟨ist⟩ *angeschwemmt werden:* Eisschollen sind [ans Ufer/am Ufer] angetrieben; Leichen trieben an; **b)** ⟨hat⟩ *ans Ufer spülen, anschwemmen:* die Flut treibt den Tang [am Ufer/ans Ufer] an; **c)** ⟨ist⟩ *herantreiben:* graue Wolken sind von Westen angetrieben. **4.** ⟨hat⟩ (Gartenbau) *künstlich zum Treiben bringen:* die Pflanzen im Gewächshaus a.

An|trei|ber, der; -s, - (abwertend): *jmd., der andere [zur Arbeit] antreibt.*

An|trei|be|rin, die; -, -nen: w. Form zu ↑ Antreiber.

an|tre|ten ⟨st. V.⟩: **1.** ⟨hat⟩ *festtreten:* die Erde um die Pflanzen herum a. **2.** ⟨hat⟩ *durch Treten auf den Anlasser in Gang bringen:* das Motorrad a. **3.** ⟨ist⟩ (Sport) *zu spurten beginnen:* plötzlich, kräftig a. **4.** ⟨ist⟩ **a)** *sich in einer Formation aufstellen:* in einer Reihe, zum Appell a.; die Rekruten a. lassen; die Schüler sind/stehen der Größe nach angetreten; **b)** *sich zum Wettkampf stellen,* konkurrieren: gegen den Weltmeister a.; **c)** *sich zu etw. an einem bestimmten Ort einfinden, erscheinen:* wir sind pünktlich zum Dienst angetreten; **d)** *seinen Dienst aufnehmen.* **5.** ⟨hat⟩ **a)** *sich zu etw. anschicken, mit etwas beginnen:* eine Reise, den Heimweg a.; er hat eine neue Stelle, die Lehrzeit angetreten; eine Haftstrafe a. *(abzubüßen beginnen);* den Urlaub a.; die Regierung a.; **b)** *übernehmen:* jmds. Nachfolge, ein Amt, ein Erbe a. **6.** ⟨ist⟩ (Sprachwiss.) *zu etw. hinzutreten:* die Endung tritt an den Stamm an. **7.** ⟨hat⟩ **a)** (geh.) *sich jmdm. nähern:* unverhofft trat ihn der Tod an; ◆ **b)** *zutreten* (1): ...um den Landesherrn, im Schlosse selbst, anzutreten (Kleist, Kohlhaas 5).

An|trieb, der; -[e]s, -e: **1.** *Triebkraft, bewegende Kraft:* den A. drosseln; ein Auto mit elektrischem A. **2.** *Anreiz, Impuls, Beweggrund, innere Triebfeder:* der Erfolg gab ihr neuen A.; aus eigenem A. *(von sich aus)* handeln; * ◆ **auf jmds. A. [hin]** *(auf jmds. Veranlassung:* Konstanze hatte ... auf seinen A. ein Stückchen Land ... gepachtet [Mörike, Mozart 260]; Wurde Andreas in den Wald geschickt auf A. des Grafen [Raabe, Chronik 40]).

An|triebs|ach|se, die (Technik): *Achse, an der die Antriebsräder eines Fahrzeugs angebracht sind.*

An|triebs|ag|gre|gat, das (Technik): *Aggregat* (1), *das einen Antrieb* (1) *erzeugt.*

an|triebs|arm ⟨Adj.⟩ (Psychol.): *unter einem Mangel an innerem Antrieb* (2) *leidend.*

An|triebs|kraft, die (Technik): *Kraft, die beim Umsetzen eines Antriebs* (1) *in Bewegung wirksam ist.*

an|triebs|los ⟨Adj.⟩ (Psychol.): *ohne inneren Antrieb* (2), *zur Passivität neigend:* **Dazu: An|triebs|lo|sig|keit**, die.

An|triebs|rad, das (Technik): *Rad, das von einem Motor [direkt] angetrieben wird.*

an|triebs|schwach ⟨Adj.⟩ (Psychol.): *mit nur schwachem Antrieb* (2) *ausgestattet, zur Passivität neigend:* ein -er Mensch.

an|triebs|stark ⟨Adj.⟩ (Psychol.): *mit starkem Antrieb* (2) *ausgestattet.*

An|triebs|sys|tem, das (Technik): *Anlage u. Funktion eines [Raketen]triebwerks.*

An|triebs|tech|nik, die: *für den Antrieb* (1) *einer Maschine, eines Fahrzeugs o. Ä. entwickelte Technik* (1).

An|triebs|wel|le, die (Technik): *Welle* (5), *die einen Antrieb* (1) *überträgt.*

an|trin|ken ⟨st. V.; hat⟩: **1.** *nur wenig von etw. trinken, nicht austrinken:* den Wein a.; ⟨oft im 2. Part.:⟩ angetrunkene Bierflaschen. **2.** *sich durch Trinken in einen bestimmten Zustand bringen:* sich einen Rausch, Schwips a.; du hast dir Mut angetrunken; * *sich* ⟨Dativ⟩ **einen a.** (ugs.; *sich betrinken*). **3.** ⟨a. + sich⟩ (österr. ugs.) *sich betrinken.*

An|tritt, der; -[e]s, -e ⟨Pl. selten⟩: **1. a)** *der Beginn, das Antreten (5 a):* der A. einer Reise; bei/vor A. der Fahrt; **b)** *Übernahme:* der A. eines Amtes, einer Regierung, einer Erbschaft. **2.** (Sport) *[Fähigkeit zur plötzlichen] Erhöhung des Lauftempos:* der Läufer hat einen schnellen A.

An|tritts|be|such, der: *der Vorstellung dienender Höflichkeitsbesuch:* seinen A. abstatten, bei jmdm. machen.

An|tritts|re|de, die: *erste Rede, die jmd. nach Übernahme eines [akademischen, politischen] Amtes hält.*

An|tritts|vor|le|sung, die (Hochschulw.): *[im Rahmen einer festlichen Veranstaltung gehaltene] Vorlesung eines Hochschullehrers nach Übernahme eines Lehrstuhls.*

an|trock|nen ⟨sw. V.; ist⟩: **1.** *an etw. trocken werden u. festkleben:* die Reste sind am Teller angetrocknet; angetrocknete Blutspuren. **2.** *ein*

antun – Anweisung

wenig trocknen: die Wäsche ist nur angetrocknet.
an|tun ⟨unr. V.; hat⟩: **1. a)** *etw. tun, zuteilwerden lassen, erweisen:* jmdm. Gutes, eine Wohltat a.; sich etw. Gutes a. *(sich etw. gönnen);* **b)** *zufügen:* jmdm. Böses, ein Leid, großes Unrecht a.; tu mir das ja nicht an; tut euch kein Zwang an *(zwingt euch nicht zu etwas, was ihr nicht wollt);* * sich ⟨Dativ⟩ etwas a. (ugs. verhüll.; *Selbstmord begehen).* **2.** * **es jmdm. angetan haben** *(jmdm. besonders gut gefallen:* er, sein Geigenspiel hat es ihr angetan; ihr Aussehen hat es ihm angetan; mir hatte es der Clown angetan); **von jmdm., etw. angetan sein** *(Gefallen an jmdm., etw. finden:* sie waren von dem Konzert sehr angetan). **3.** (geh.) **a)** *etw. Bestimmtes anziehen:* sie tat ihre Jacke an; **b)** *jmdm., sich Kleidung anlegen:* sie hat sich elegant angetan; ⟨meist im 2. Part. in Verbindung mit »angetan«:⟩ er war angetan mit Jeans und T-Shirt.
¹an|tur|nen ⟨sw. V.; ist⟩ (ugs.): *sich tollend, sich ausgelassen bewegend nähern:* lachend turnte sie an; ⟨meist im 2. Part. in Verbindung mit »kommen«:⟩ die Kinder kamen fröhlich angeturnt.
²an|tur|nen [ˈantøːɐ̯nən, ...tœr...] ⟨sw. V.; hat⟩ (ugs.): *in Stimmung, Erregung o. Ä. versetzen.*
Ant|wer|pen: Stadt in Belgien.
¹Ant|wer|pe|ner, der; -s, -: Ew.
²Ant|wer|pe|ner (indekl. Adj.).
Ant|wer|pe|ne|rin, die; -, -nen: w. Form zu ↑ ¹Antwerpener.
Ant|wort, die; -, -en [mhd. antwürte, ahd. antwurti, eigtl. = Gegenrede]: **a)** *mündliche od. schriftliche Erwiderung, Entgegnung:* eine höfliche, bissige, witzige, kluge A.; die A. blieb aus; die A. lautet folgendermaßen ...; eine, freche -en geben; keine A. geben; die A. verweigern; nur eine ausweichende A. [auf eine Frage] bekommen; jmdm. eine abschlägige A. erteilen; [jmdm.] die A. schuldig bleiben *([jmdm.] keine Antwort geben);* (geh.:) jmdm. keiner A. würdigen; um keine A. verlegen sein; etw. zur A. geben; (auf Einladungsschreiben, meist in abgekürzter Form; Abk.: u./U. A. w. g.:) um A. wird gebeten; Spr keine A. ist auch eine A. *(das Ausbleiben einer Antwort lässt sich seinerseits als Antwort auslegen);* wer viel fragt, bekommt viel A./-en *(wenn man Fragen stellt, muss man auch mit unliebsamen Antworten rechnen);* **b)** *Reaktion:* als A. wies er stumm auf die Tür; ihr Fernbleiben ist die A. auf deine Beleidigung.
Ant|wort|brief, der: *schriftliche Erwiderung auf einen Brief.*
ant|wor|ten ⟨sw. V.; hat⟩ [mhd. antwürten, ahd. antwurten]: **a)** *mündlich od. schriftlich erwidern; Antwort, Auskunft geben:* auf eine Frage ausführlich, ausweichend, der Wahrheit gemäß a.; mit Ja oder Nein a.; er hat mir noch nicht [auf meinen Brief] geantwortet; wie/was soll ich ihr a.?; Ü Kurzes, gewissermaßen bitteres Lachen antwortete mir vom Sitzungstische her (Th. Mann, Krull 123); **b)** *reagieren:* sie antwortete mit einem Achselzucken.
Ant|wort|kar|te, die: *Karte, auf der eine Rückantwort vorbereitet ist.*
ant|wort|lich ⟨Präp. mit Gen.⟩ (Kaufmannsspr. veraltet): *in Beantwortung:* a. Ihres Schreibens ([als Antwort] auf Ihr Schreiben).
Ant|wort|no|te, die (Dipl.): *offizielle Antwort einer Regierung an eine andere.*
Ant|wort|schein, der (Postw.): in der Fügung **internationaler A.** *(international gültiger Gutschein für das Rückporto eines Briefes).*
Ant|wort|schrei|ben, das: *Antwortbrief.*
Anus, der; -, Ani [lat. anus, eigtl. = Ring] (Anat.): *After.*
Anus prae|ter, der; - -, Ani - -, ugs. auch: - - [nlat.,

kurz für Anus praeternaturalis] (Med.): *künstlich angelegter Darmausgang.*
an|ver|trau|en ⟨sw. V.; hat⟩: **1.** *vertrauensvoll übergeben, überlassen:* jmdm. ein Amt, ein Dokument, eine Geldsumme a.; wir haben uns ihrer Führung, seiner Obhut anvertraut; Ü sie vertrauten ihre sterbliche Hülle der Erde an (geh. verhüllend; *begruben sie).* **2. a)** *im Vertrauen mitteilen:* jmdm. ein Geheimnis, seine Pläne a.; ich vertraue dir meine Entdeckung an, (selten:) ich anvertraue dir meine Entdeckung; Ü das Geständnis nur dem Papier anvertrauen; **b)** (a. + sich) *sich vertrauensvoll offenbaren:* sich jmdm. rückhaltlos a.
an|ver|wan|deln ⟨sw. V.; hat⟩ (geh.): *sich zu eigen machen:* du verwandelst dir gern fremde Auffassungen an/du anverwandelst dir gern fremde Auffassungen.
An|ver|wand|lung, die; -, -en: *das Anverwandeln.*
an|ver|wandt ⟨Adj.⟩ (geh. selten): **1.** *mit jmdm. verwandt:* eine mir -e Dame. **2.** ²*verwandt* (2): -e Branchen.
An|ver|wand|te, die/eine Anverwandte; der/einer Anverwandten, die Anverwandten/zwei Anverwandte (geh.): *Verwandte.*
An|ver|wand|ter, der, Anverwandte/ein Anverwandter; des/eines Anverwandten, die Anverwandten/zwei Anverwandte (geh.): *Verwandter.*
an|vi|sie|ren ⟨sw. V.; hat⟩: **1.** *ins Visier nehmen, als Zielpunkt nehmen:* einen feindlichen Panzer a.; einen Berg am Horizont a.; Ü die anvisierte Zielgruppe. **2.** *ins Auge fassen, anstreben:* eine Aufgabe, ein Ziel a.
Anw. = Anweisung.
an|wach|sen ⟨st. V.; ist⟩: **1. a)** *festwachsen:* die transplantierte Haut ist angewachsen; angewachsene Ohrläppchen; **b)** *Wurzeln schlagen:* die verpflanzten Bäume sind gut angewachsen; Ü wir wollen auf dieser Bank nicht a. **2.** *stetig zunehmen:* die Bevölkerung, der Verkehr wächst bedrohlich an; die Anzahl der Mitglieder ist auf über 1 000 angewachsen *(gestiegen);* anwachsende Schulden; die Fachliteratur ist zu einer unübersehbaren Flut angewachsen; ⟨subst.:⟩ das Anwachsen der Produktivität.
an|wa|ckeln ⟨sw. V.; ist⟩ (ugs.): *sich langsam [unbeholfen] nähern:* schlurfend wackelte sie an; ⟨meist im 2. Part. in Verbindung mit »kommen«:⟩ eine Ente kam angewackelt.
An|wahl, die ⟨Pl. selten⟩: *das Anwählen* (a, b, c,): die A. eines Menüs auf dem Bildschirm.
an|wäh|len ⟨sw. V.; hat⟩: **a)** *durch Wählen der entsprechenden Nummer eine telefonische Verbindung herzustellen versuchen:* jmdn., eine Nummer, einen Anschluss a.; London kann direkt angewählt werden; **b)** *durch ein [Funk]signal rufen, mit jmdm., etw. in Verbindung treten:* die angeschlossene Funkstation wird durch Tastendruck a.; **c)** (EDV) *(am Computer) ein zu bearbeitendes Programm aufrufen, aktivieren.*
An|walt, der; -[e]s, Anwälte [mhd. anwalte = Bevollmächtigte, ahd. anawalto = Machthaber, zu ↑ walten, eigtl. = jmd., der über etw. Gewalt hat]: **1.** *Rechtsanwalt:* sich als A. niederlassen; ich habe mir einen A. genommen; sich vor Gericht durch seinen A./von seinem A. vertreten lassen. **2.** *Verfechter einer Sache; Fürsprecher:* als A. einer guten Sache auftreten; er machte sich zum A. der Armen.
An|wäl|tin, die; -, -nen: w. Form zu ↑ Anwalt.
an|walt|lich ⟨Adj.⟩: *die Tätigkeit als Rechtsanwalt betreffend:* eine -e Tätigkeit ausüben; sie benötigt -en Beistand.
An|walts|bü|ro, das: **1.** *Geschäftsräume eines Anwalts* (1). **2.** *aus mehreren Anwälten* (1) *bestehende Firma.*
An|walt|schaft, die; -, -en ⟨Pl. selten⟩: **1.** *Gesamt-*

heit der Anwälte (1) *u. Anwältinnen:* die A. unserer Stadt. **2.** ⟨o. Pl.⟩ *Amt des Anwalts* (1): das Prinzip der freien A. **3.** ⟨o. Pl.⟩ *Vertretung einer Sache als Anwalt* (1, 2): die A. in einem Prozess [für jmdn. od. etw.] übernehmen.
an|walt|schaft|lich ⟨Adj.⟩: *von einem Anwalt* (1) *ausgehend, ihn betreffend:* jmds. -e Vertretung übernehmen.
An|walts|ge|bühr, die ⟨meist Pl.⟩: *Gebühr, die ein Mandant seinem Anwalt zu zahlen hat.*
An|walts|ge|hil|fe, der: *Rechtsanwalt[s]gehilfe.*
An|walts|ge|hil|fin, die: w. Form zu ↑ Anwaltsgehilfe.
An|walts|kam|mer, die: *Berufsorganisation der Rechtsanwälte u. Rechtsanwältinnen.*
An|walts|kanz|lei, die: *Anwaltsbüro.*
An|walts|zwang, der ⟨o. Pl.⟩ (Rechtsspr.): *Notwendigkeit, sich in einem gerichtlichen Verfahren durch einen zugelassenen Rechtsanwalt vertreten zu lassen.*
an|wan|deln ⟨sw. V.; hat⟩ (geh.): *erfassen, befallen, überkommen:* eine Stimmung, ein Gefühl, eine Laune wandelte sie an.
An|wand|lung, die; -, -en: *plötzlich auftretende Stimmung, Laune:* eine A. von Furcht, Heimweh überkam, befiel ihn; sonderbare -en haben *(sich merkwürdig benehmen);* einer plötzlichen A. folgend, aus einer A. heraus; in einer A. von Großzügigkeit; Nicht umsonst hat ihn der Satan achtundzwanzig Jahre an jeder Anwandlung einer Sünde bewahrt (Buber, Gog 138).
an|wär|men ⟨sw. V.; hat⟩: *ein wenig wärmen:* die Suppe, die Milch a.; Ü manche Interpreten müssen sich erst a. *(langsam einspielen);* ... bei Hammelfleisch ist es ratsam, von angewärmten Tellern zu essen (Grass, Butt 10).
An|wär|ter, der; -s, - [zu mhd. an(e)warten, ahd. anawartēn = erwarten]: *aussichtsreicher Bewerber, Kandidat für etw.:* ein sicherer A. auf Mitgliedschaft, auf olympische Medaillen; A. auf einen Posten sein.
An|wär|te|rin, die; -, -nen: w. Form zu ↑ Anwärter.
An|wart|schaft, die; -, -en ⟨Pl. selten⟩: *Anspruch, begründete Aussicht auf etw.:* die A. auf ein Amt, eine Stellung haben, anmelden.
an|wat|scheln ⟨sw. V.; ist⟩ (salopp): *sich watschelnd nähern:* ⟨meist im 2. Part. in Verbindung mit »kommen«:⟩ eine Ente kam angewatschelt.
an|we|hen ⟨sw. V.⟩: **1.** ⟨hat⟩ (geh.) *gegen jmdn. wehen;* ein kühler Hauch wehte sie an; der Tod wehte einen an. **2. a)** ⟨hat⟩ *durch Wehen anhäufen:* der Wind hat viel Schnee, Sand, viele Blätter angeweht; **b)** ⟨ist⟩ *sich durch Wehen anhäufen:* hier weht immer viel Sand an.
an|wei|sen ⟨st. V.; hat⟩: **1.** *zuweisen, zuteilen:* jmdm. ein Quartier, ein Zimmer, einen Stuhl, im Restaurant einen Tisch a.; man wies mir eine Arbeit an. **2.** *beauftragen, jmdm. etw. befehlen:* ich habe ihn angewiesen, die Sache sofort zu erledigen; sie ist angewiesen, uns sofort zu verständigen. **3.** *anleiten:* den Lehrling [bei der Arbeit] a. **4. a)** *die Auszahlung veranlassen:* das Gehalt, ein Honorar a.; **b)** *durch die Post überweisen:* ich habe [ihr] den Betrag nach Melbourne angewiesen.
An|wei|sung, die; -, -en: **1.** *das Anweisen* (1). **2.** *Anordnung, Befehl:* eine A. befolgen; wir haben strikte A. weiterzuarbeiten; auf ausdrückliche A. des Ministeriums, von Herrn Meyer; eine A. von oben. **3.** *[gedruckte] Anleitung:* eine A. ist dem Gerät beigefügt. **4. a)** *Überweisung:* um A. des Geldes auf ein Konto bitten; **b)** *Anordnung zur Auszahlung:* die A. des Gehalts erfolgt demnächst; **c)** (Bankw.) *Bankanweisung o. Ä., die zur Überweisung od. Auszahlung eines Betrages ermächtigt* (Abk.: Anw.):

eine A. auf/über einen Betrag ausstellen, ausschreiben; Hier haben Sie eine A. auf die Kasse. Lassen Sie sich das Geld geben (Fallada, Blechnapf 180).

an|wend|bar ⟨Adj.⟩: *zur Anwendung geeignet:* eine -e Methode finden; die Theorie erwies sich als nur bedingt auf die Praxis/in der Praxis a. Dazu: **A|nwend|bar|keit,** die.

an|wen|den ⟨unr. V.; wandte/wendete an, hat angewandt/angewendet⟩: **1.** *gebrauchen, verwenden; mit etw. arbeiten (um etw. zu erreichen):* eine Technik, ein [Heil]mittel richtig a.; Gewalt, eine List a. **2.** *auf etw. beziehen, übertragen:* einen Paragrafen auf einen Fall a.; eine Verfügung auf jmdn. a. ◆ **3.** *Mühe, Fleiß aufbringen, aufwenden; sich anstrengen:* Die Jungfrau hatte auch a. wollen nach Kräften, um auch schön zu sein (Gotthelf, Spinne 15).

An|wen|der, der; -s, -: *jmd., der etw. (bes. ein Programm 4) anwendet, verwendet.*

an|wen|der|freund|lich ⟨Adj.⟩: *für den Anwender angenehm, praktisch (in der Handhabung):* ein -es System.

An|wen|de|rin, die; -, -nen: w. Form zu ↑ Anwender.

An|wen|der|pro|gramm, das (EDV): *Programm (4), das es dem Anwender ermöglicht, am Computer spezielle Aufgaben (z. B. Textverarbeitung, Tabellenkalkulation, Erstellung einer Datenbank) durchzuführen; Anwendungsprogramm.*

An|wen|dung, die; -, -en: **1. a)** *das Anwenden (1):* die A. eines Verfahrens; auf A. von Gewalt verzichten; etw. in/zur A. bringen (Papierdt.; anwenden); zur A. kommen/gelangen/A. finden (Papierdt.; angewendet werden); **b)** *das In-Beziehung-Setzen:* die A. einer Bestimmung auf einen Fall. **2.** (Med.) *therapeutische, bes. hydrotherapeutische Maßnahme [im Rahmen einer Kur]:* -en haben, bekommen, nehmen. **3.** (EDV) *Anwenderprogramm.*

An|wen|dungs|bei|spiel, das: *Beispiel, das die Anwendung eines Verfahrens, einer Theorie o. Ä. demonstriert:* ein praxisnahes A.

An|wen|dungs|be|reich, der: *Bereich, in dem etw. Anwendung findet:* der A. eines Heilmittels.

An|wen|dungs|ge|biet, das: *Anwendungsbereich.*

An|wen|dungs|mög|lich|keit, die: *Möglichkeit der Anwendung.*

an|wen|dungs|ori|en|tiert ⟨Adj.⟩: *praxisbezogen:* -es Denken; eine -e Technologie.

An|wen|dungs|pro|gramm, das (EDV): *Anwenderprogramm.*

An|wen|dungs|soft|ware, die (EDV): *Software, die ein od. mehrere Anwenderprogramme enthält.*

an|wer|ben ⟨st. V.; hat⟩: *durch Werben für eine bestimmte Tätigkeit zu gewinnen suchen:* Soldaten, Arbeitskräfte, Kunden, Freiwillige a. lassen [für einen/zu einem Dienst] a. lassen.

An|wer|be|stopp, der: *Beendigung der Anwerbung (bes. ausländischer Arbeitskräfte).*

An|wer|bung, die; -, -en: *das Anwerben.*

an|wer|fen ⟨st. V.; hat⟩: **1.** *etw. an etw., jmdn. werfen:* zum Verputzen wird Kalk [an die Wand] angeworfen. **2. a)** *in Gang setzen:* den Motor, den Wagen, den Propeller a.; **b)** (ugs. scherzh.) *anschalten, einschalten:* das Radio, den Fernseher, den Staubsauger a.; Ich schoss in die Bude, warf den Recorder an (Plenzdorf, Leiden 51). **3.** (bes. Hand-, Korbball) *den Ball ins Spiel bringen.*

An|we|sen, das; -s, - [eigtl. Subst. von mhd. anewesen, ↑ anwesend]: *[bebautes] größeres Grundstück:* ein ländliches A.; er besitzt ein großes A.

an|we|send ⟨Adj.⟩ [zu mhd. an(e)wesen, ahd. anawesan, LÜ von lat. adesse = dabei sein, da

sein]: *aus einem bestimmten Anlass an einem Ort befindlich, zugegen:* alle -en Personen; bei einer Sitzung a. sein; Ü nicht ganz a. sein (ugs. scherzh.; *geistesabwesend sein, nicht aufpassen*).

An|we|sen|de, die/eine Anwesende; der/einer Anwesenden, die Anwesenden/zwei Anwesende: *weibliche Person, die anwesend ist.*

An|we|sen|der, der Anwesende/ein Anwesender; des/eines Anwesenden, die Anwesenden/zwei Anwesende: *jmd., der anwesend ist:* verehrte Anwesende!; alle Anwesenden erhoben sich; Anwesende ausgenommen.

An|we|sen|heit, die; -: **1.** *das Zugegensein:* jmds. A. feststellen, vermissen; bei, während meiner A.; in A. sämtlicher Mitglieder; jmdn. mit seiner A. beglücken (meist iron.; *jmdn. stören, jmdm. lästig fallen*). **2.** *das Vorhandensein:* die A. von Metall feststellen.

An|we|sen|heits|lis|te, die: *Liste, in der die Anwesenheit (1) von Personen verzeichnet ist.*

an|wet|zen ⟨sw. V.; ist⟩ (salopp): *sich eilig nähern:* atemlos wetzte er an; ⟨meist im 2. Part. in Verbindung mit »kommen«:⟩ da kam meine Freundin angewetzt.

an|wi|dern ⟨sw. V.; hat⟩ (abwertend): *jmdm. zuwider sein; jmds. Ekel erregen:* er, sein Anblick widert mich an; sich von etw. angewidert fühlen.

an|win|keln ⟨sw. V.; hat⟩: *ein wenig winkeln, zu einem Winkel beugen, biegen:* die Arme a.; leicht angewinkelter Ellbogen.

an|win|seln ⟨sw. V.; hat⟩: *winselnde Laute gegen jmdn. ausstoßen:* der Hund winselte seinen Herrn an; Ü er winselte mich um Hilfe an (abwertend; *er flehte mich unterwürfig an, ihm zu helfen*).

An|woh|ner, der; -s, -: *jmd., der in unmittelbarer Nähe von etw. wohnt; Anlieger:* die A. einer Straße.

An|woh|ne|rin, die; -, -nen: w. Form zu ↑ Anwohner.

An|woh|ner|schaft, die; -: *Gesamtheit der Anwohner.*

An|wurf, der; -[e]s, Anwürfe: **1.** ⟨o. Pl.⟩ (bes. Hand-, Korbball) *das Anwerfen (3), Anspiel in der Mitte des Spielfeldes:* den A. ausführen; A. haben. **2.** (veraltend) *das Angeworfene (1); Verputz.* **3.** *Vorwurf, unbegründete Anschuldigung:* scharfe Anwürfe gegen jmdn. erheben, richten.

an|wur|zeln ⟨sw. V.; ist⟩: *Wurzeln schlagen:* die Pflanzen sind gut angewurzelt; * **wie angewurzelt [da]stehen, stehen bleiben** (*ohne sich zu bewegen dastehen, stehen bleiben*).

An|zahl, die; -, (Fachspr.:) -en: **a)** *eine gewisse Zahl, eine gewisse Menge von Sachen:* eine unbedeutende, eine stattliche A.; eine ganze A. Kinder/von Kindern kam/(seltener:) kamen uns entgegen; eine A. leer stehender/ (seltener:) leer stehende Häuser; **b)** *[Gesamt]zahl:* die A. der Teilnehmer war nicht ausreichend; die Mannschaften waren in ungleicher A. angetreten.

an|zah|len ⟨sw. V.; hat⟩: **a)** *als ersten Teilbetrag zahlen:* die Hälfte des Preises a.; was, wie viel hat sie angezahlt?; **b)** *den ersten Teilbetrag für etw. zahlen:* die Waschmaschine a.

an|zäh|len ⟨sw. V.; hat⟩ (Sport): *einen Boxer bei Kampfunfähigkeit auszuzählen beginnen:* der Boxer wurde bis acht angezählt; Ü der Politiker wirkte schwer angezählt.

An|zah|lung, die; -, -en: **1.** *Zahlung des ersten Teilbetrages einer Kaufsumme:* eine A. leisten, machen; etw. ohne A. kaufen, bekommen. **2.** *angezahlter erster Teilbetrag einer Kaufsumme:* die A. wird später mit dem Kaufpreis verrechnet.

An|zah|lungs|sum|me, die: *als Anzahlung gezahlte Summe.*

an|zap|fen ⟨sw. V.; hat⟩: **a)** *etw. anstechen (2) u. daraus herausfließen lassen:* ein Fass a.; Bäume zur Harzgewinnung a.; der Wirt hat frisch angezapft *(angestochen);* **b)** (ugs.) *sich durch bestimmte technische Manipulationen die Möglichkeit zum heimlichen Abhören einer Telefonverbindung o. Ä. verschaffen:* eine Leitung, das Telefon, einen Draht a.; **c)** (ugs.) *von jmdm. Geld leihen.*

An|zei|chen, das; -s, -: **a)** *Vorzeichen:* A. eines Gewitters; die A. für eine Krise mehren sich; die ersten A. *(Symptome)* einer Krankheit; wenn nicht alle A. trügen, verlässt sie bald unsere Abteilung; **b)** *Zeichen, das etw. erkennen lässt; Merkmal:* A. von Reue erkennen lassen; An allerhand A. konnte ich bald bemerken, dass den Lehrern ... das Geheimnis meiner Geburt bekannt war (Roth, Beichte 23).

an|zeich|nen ⟨sw. V.; hat⟩: **a)** *etw. an eine senkrechte Fläche zeichnen:* etw. [an die Wandtafel] a.; **b)** *durch ein Zeichen kenntlich machen, kennzeichnen:* eine Stelle in einem Buch a.

An|zei|ge, die; -, -n: **1.** *Meldung einer strafbaren Handlung an eine Behörde:* bei der Polizei ist eine anonyme A. eingegangen; A. gegen jmdn. [wegen etw.] erstatten *(jmdn. [wegen etw.] anzeigen);* eine A. verfolgen, niederschlagen; jmdm. mit einer A. drohen; jmdn., etw. zur A. bringen (Papierdt.; *anzeigen*). **2. a)** *gedruckte Bekanntgabe eines privaten Ereignisses:* wir haben die A. ihrer Vermählung erhalten; **b)** *in einer Zeitung, Zeitschrift, Website o. Ä. veröffentlichte private, geschäftliche oder amtliche Mitteilung; Inserat; Annonce:* eine A. aufgeben, in die Zeitung setzen, schalten; sich auf eine A. [hin] melden. **3. a)** *das Anzeigen (3), ablesbarer Stand:* die A. eines Messinstruments; **b)** *Anlage, die anzeigt:* die elektrische A. ist ausgefallen. ◆ **4.** *Anzeichen, Merkmal:* Bei den ersten -n des Erdbebens flüchtete sie dahin (Goethe, Italien. Reise 25. 5. 1787 [Neapel]).

An|zei|ge|blatt: ↑ Anzeigenblatt.

An|zei|ge|ge|rät, das: *Gerät, das etw. anzeigt (3).*

an|zei|gen ⟨sw. V.; hat⟩: **1.** *Strafanzeige erstatten:* einen Dieb, einen Diebstahl [bei der Polizei] a.; den rücksichtslosen Autofahrer a. **2. a)** *durch eine Anzeige bekannt geben:* die Geburt eines Kindes a.; der Verlag hat die neuen Bücher angezeigt; **b)** *wissen lassen, mitteilen, ankündigen:* der Trainer zeigte der Mannschaft die restliche Spielzeit an; sie hat uns ihren Besuch angezeigt (geh.; *sich zu einem Besuch angemeldet*). **3. a)** *den Stand von etw. angeben, zeigen:* das Barometer hatte schönes Wetter angezeigt; der Zähler zeigt den Stromverbrauch an; **b)** *erkennen lassen;* **c)** (EDV) *mithilfe eines Bildschirms, eines Displays sichtbar machen:* die Daten werden am/auf dem Bildschirm angezeigt. ◆ **4.** ⟨a. + sich⟩ *sich ankündigen:* Nicht vergebens zeigt sich's mir in Träumen an und ängstlichen Gesichten (Schiller, Jungfrau, Prolog 2).

An|zei|gen|ak|qui|se, die: *Akquise von Anzeigen (2b):* sie ist bei der Zeitung für die A. verantwortlich.

An|zei|gen|blatt, Anzeigenblatt, das (Zeitungsw.): *überwiegend aus Anzeigen (2b) bestehende kleine Zeitung.*

An|zei|gen|ge|schäft, das: *mit Anzeigen (2b) betriebenes Geschäft (1a) einer Zeitung.*

An|zei|gen|kam|pa|gne, die: *Kampagne (1) mit Anzeigen (2b).*

An|zei|gen|kun|de, der: *jmd., der in einer Zeitung o. Ä. eine Anzeige aufgibt; Kunde im Anzeigengeschäft.*

An|zei|gen|kun|din: w. Form zu ↑ Anzeigenkunde.

An|zei|gen|teil, der: *Teil der Zeitung, der die Anzeigen (2b) enthält.*

An|zei|ge|pflicht, die: *Meldepflicht.*
an|zei|ge|pflich|tig ⟨Adj.⟩: *meldepflichtig.*
An|zei|ger, der; -s, -: **1.** *Gerät, das etw. anzeigt:* der A. für den Ölstand ist defekt. **2.** *kleinere Zeitung, Zeitschrift* (oft im Titel von Zeitungen): im lokalen, im literarischen A. blättern.
An|zei|ge|ta|fel, die: *Tafel* (1 a) *in Flughäfen, Bahnhöfen, Stadien usw., auf der elektronisch Informationen wie Ankunfts- u. Abfahrtszeiten, Ergebnisse u. Ä. angezeigt werden.*
an|zet|teln ⟨sw. V.; hat⟩ [zu ↑ ¹Zettel, eigtl. = durch das Aufziehen der Längsfäden mit dem Weben beginnen] (abwertend): *(etw. Negatives) [heimlich] vorbereiten u. in die Wege leiten:* einen Streit, eine Schlägerei a.; einen Krieg, einen Aufstand a.
An|zet|te|lung, An|zett|lung, die; -, -en: *das Anzetteln.*
an|zie|hen ⟨unr. V.⟩: **1.** ⟨hat⟩ **a)** *an sich ziehen, heranziehen:* die Beine, die Knie a.; Die Schauspielerin saß in die Ecke gedrückt, krumm mit angezogenen Knien (Johnson, Ansichten 232); **b)** *(bes. von Lebensmitteln) etw. aus der Luft der Umgebung, in der es sich befindet, aufnehmen:* Salz zieht die Feuchtigkeit an; **c)** *in seinen Bann ziehen, anlocken:* sie scheint das Unglück geradezu anzuziehen; die Ausstellung zog viele Besucher an; sich von jmdm. angezogen fühlen; Dann geht er, angezogen von dem Blick des Fremden, durch die Reihen der ... Schüler (Thieß, Legende 105); **d)** *eine Anziehungskraft (auf etw.) ausüben:* ein Magnet zieht Eisen an. **2.** ⟨hat⟩ **a)** *straffer spannen:* die Zügel a.; **b)** *festziehen:* eine Schraube a.; er hatte vergessen, die Handbremse anzuziehen; Ü der Staat hat die Steuerschraube angezogen *(höhere Steuern erhoben).* **3.** ⟨hat⟩ (landsch.) *bis auf einen Spalt schließen:* die Tür leise a. **4. a)** ⟨hat⟩ *sich in Bewegung setzen:* die Pferde zogen an; der Zug zog langsam an; **b)** ⟨ist⟩ (veraltet) *anrücken, heranziehen:* das feindliche Heer zog an; (oft im 2. Part. in Verbindung mit »kommen«:) die Herden kamen langsam angezogen; **c)** ⟨hat⟩ (Brettspiele) *den ersten Zug machen, das Spiel eröffnen:* Weiß zieht an. **5.** ⟨hat⟩ **a)** *jmdm., sich Kleidung anlegen:* zieht euch an; sie ist noch nicht angezogen *(ist noch nicht fertig angekleidet);* Er ist halb angezogen und hat einen Schlafrock darüber (Musil, Mann 1430); **b)** *(ein Kleidungsstück) anlegen:* den Mantel, die Hosen, die Schuhe a.; die Mütze, den Hut a. (landsch.; *aufsetzen);* nichts anzuziehen haben; sich, dem Kind frische Wäsche a.; **c)** *jmdm., sich in bestimmter Weise kleiden:* sich, das Kind warm, dick, zu dünn a.; sie ist sportlich, elegant, flippig, gut, lässig angezogen. **6.** ⟨hat⟩ (Börsenw., Kaufmannsspr.) *[im Preis] steigen:* die Aktien, die Preise ziehen an; Baumwolle hat angezogen. **7.** ⟨hat⟩ *[das Tempo vom Stand an] in bestimmter Weise beschleunigen:* der Wagen zieht gut an; der Sprinter zog vom Start weg energisch an. **8.** ⟨hat⟩ (veraltend) *zitieren:* einen Autor, eine Stelle a.
an|zie|hend ⟨Adj.⟩: *reizvoll, gewinnend, sympathisch; attraktiv:* ein -es Äußeres; sie war, wirkte sehr a.
An|zieh|pup|pe, die: *Puppe, für die es verschiedene Kleidungsstücke zum An- u. Ausziehen gibt.*
An|zieh|sa|chen ⟨Pl.⟩ (ugs.): *Kleidungsstücke.*
An|zie|hung, die; -, -en: **1.** ⟨o. Pl.⟩ *das Anziehen* (1 c); *Anziehungskraft:* eine starke A. auf jmdn. ausüben. **2.** *Verlockung, Reiz:* den -en der Großstadt erliegen.
An|zie|hungs|kraft, die: **1.** (Physik) *magnetische Kraft; Schwerkraft:* die A. der Erde. **2.** ⟨o. Pl.⟩ *Vermögen, jmdn. in seinen Bann zu ziehen:* eine erotische A. besitzen; eine starke, unwiderstehliche A. auf jmdn. ausüben.
An|zie|hungs|punkt, der: *Ort, Einrichtung o. Ä., die viele Menschen anzieht:* das Schloss, der Park ist ein A. für die Besucher der Stadt.
an|zie|len ⟨sw. V.; hat⟩: *etw. zum Ziel haben, etw. anstreben:* Verbesserungen a.; das angezielte Ergebnis wurde nicht erreicht; Ü das Medikament zielt eine bestimmte Wirkung an.
an|zi|schen ⟨sw. V.⟩: **1.** ⟨hat⟩ *zischende Laute gegen jmdn. ausstoßen:* der Schwan hat mich böse angezischt. **2.** ⟨hat⟩ (ugs.) *(jmdn.) heftig, böse anfahren:* sie zischte ihre Mutter an; Er hat Paula angezischt: »Bist du wahnsinnig!« (Plenzdorf, Legende 65). **3.** ⟨ist⟩ (salopp) *sich schnell nähern:* ⟨meist im 2. Part. in Verbindung mit »kommen«:⟩ er kam sofort angezischt.
an|zo|ckeln ⟨sw. V.; ist⟩ (ugs.): *sich langsam nähern:* ⟨meist im 2. Part. in Verbindung mit »kommen«:⟩ ein Pferdegespann kam angezockelt.
An|zucht, die; -, Anzüchte: **1.** (Bergmannsspr.) *Abwassergraben.* **2.** ⟨o. Pl.⟩ *das Heranziehen* (2 a) *von etw.:* die A. von Pflanzen, Stauden.
an|züch|ten ⟨sw. V.; hat⟩: *heranzüchten; die Anzucht* (2) *von etw. betreiben:* Pflanzen a.; Ü Haltungsschäden werden geradezu angezüchtet.
An|zug, der; -[e]s, Anzüge: **1.** [zu ↑ anziehen (5)] *aus Hose u. Jacke [u. Weste] bestehendes Kleidungsstück (für Männer):* ein eleganter, abgeschabter, zweireihiger A.; der A. sitzt schlecht, passt nicht; einen A. von der Stange *(einen Konfektionsanzug)* kaufen; einen A. nach Maß anfertigen lassen; im dunklen A. erscheinen; *jmdn. aus dem A. stoßen/boxen* (salopp; *jmdn. verprügeln); aus dem A. fallen* (salopp; *stark abgemagert sein*); *aus dem A. kippen* (salopp: 1. *zu Boden fallen:* der kippt ja schon nach drei Bier aus dem A. 2. *sehr überrascht sein:* als ich hörte, dass sie schwanger sei, bin ich aus dem A. gekippt). **2.** [zu ↑ anziehen (7)] *Beschleunigungsvermögen:* das Auto ist schlecht im A. **3.** ** im A. sein (sich nähern, herankommen:* der Feind, ein Gewitter ist im A.). **4.** *das Anziehen* (4 c). **5.** (schweiz.) *[Bett]bezug, Überzug.* **6.** (schweiz.) *Antrag im Parlament:* ein A. zur Einschränkung der Gewerbefreiheit.
An|zug|ho|se, die: *zu einem Anzug* (1) *gehörende Hose.*
An|zug|ja|cke, die: *zu einem Anzug* (1) *gehörende Jacke.*
an|züg|lich ⟨Adj.⟩ [zu spätmhd. anzuc = Beschuldigung]: **1.** *auf etw. Unangenehmes anspielend:* -e Fragen stellen; werde nur nicht a.!; er lächelte a. **2.** *zweideutig, anstößig:* -e Witze erzählen. ♦ **3.** *anziehend:* ⟨subst.:⟩ Die kleine Mauer ..., die hohen Bäume ..., das hat alles so was Anzügliches (Goethe, Werther I, 12. Mai); Vieles von dem Anzüglichsten der Schönheit liegt ganz außer den Grenzen derselben (Lessing, Emilia Galotti I, 4).
An|züg|lich|keit, die; -, -en: **1.** ⟨o. Pl.⟩ *anzügliche Art.* **2.** *anzügliche Bemerkung, Äußerung:* seine Rede war voller -en.
An|zugs|kraft, die: *Kraft des Anzugs* (2).
An|zug|stoff, der: *Stoff für Anzüge* (1).
An|zug|trä|ger, der (ugs.): *Mann, der [häufig] einen Anzug trägt; Geschäftsmann.*
an|zün|den ⟨sw. V.; hat⟩: **a)** *zum Brennen bringen:* ein Streichholz, das Gas, ein Feuer im Ofen a.; **b)** *anbrennen:* ich zündete mir eine Zigarette an; **c)** *in Brand stecken:* ein Haus a.; die Felder a.; Ich stand am Fenster und hasste ... meine Wohnung. Ich hätte sie a. wollen! (Frisch, Homo 87).
An|zün|der, der; -s, -: *Gerät, mit dem etw. (bes. Gas) angezündet wird.*

an|zwei|feln ⟨sw. V.; hat⟩: *nicht recht glauben; infrage stellen:* jmds. Glaubwürdigkeit, die Echtheit eines Bildes a.; eine nicht anzuzweifelnde Tatsache; Die geschichtliche Überlieferung, nach der man dem Holzschnitzer Riemenschneider ... beide Hände abgehackt habe, wird neuerdings angezweifelt (Kaschnitz, Wohin 138).
An|zwei|fe|lung, An|zweif|lung, die; -, -en.
an|zwin|kern ⟨sw. V.; hat⟩: *zwinkernd ansehen:* jmdn. verschmitzt a.
an|zwit|schern ⟨sw. V.; hat⟩: **1.** ⟨ist⟩ (ugs.) *lässig, ohne Eile ankommen:* nach etwa einer Stunde zwitscherte er wieder an; ⟨meist im 2. Part. in Verbindung mit »kommen«:⟩ endlich kamen sie angezwitschert. **2.** *** ⟨hat⟩ *sich* (Dativ) *einen a.* (ugs.; *sich einen Schwips antrinken*).
ao., a. o. = außerordentlich.
AO = Abgabenordnung; Anordnung.
AOK [aːloːˈkaː], die; -, -[s] (Versicherungsw.) = Allgemeine Ortskrankenkasse.
Äo|li|en, -s: antike Landschaft an der Nordwestküste Kleinasiens.
äo|lisch ⟨Adj.⟩: **1.** *Äolien betreffend, von dort stammend:* -e Tonart (Musik; *auf dem Grundton a stehende Kirchentonart*). **2.** (Geol.) *durch Windeinwirkung entstanden.*
Äo|li|sche In|seln ⟨Pl.⟩: Inselgruppe nordöstlich von Sizilien; Liparische Inseln.
Äo|lus, (griech. Mythol.): Gott des Windes.
Äon [auch: ˈɛːɔn], der; -s, -en ⟨meist Pl.⟩ [lat. aeon < griech. aiōn] (bildungsspr.): *Zeitalter, [unendlich] langer Zeitraum; Weltalter, Ewigkeit.*
a. o. Prof. = außerordentliche Professorin, außerordentlicher Professor.
Ao|rist, der; -[e]s, -e [spätlat. aoristos < griech. aóristos] (Sprachwiss.): *[erzählende] Zeitform der Vergangenheit, bes. im Griechischen.*
Aor|ta, die; -, ...ten [griech. aortḗ, zu aeírein = zusammen-, anbinden u. eigtl. = das Anbinden, (am Herzbeutel) Angebundenes, Angehängtes] (Anat.): *Hauptschlagader.*
Aor|ten|klap|pe, die (Anat.): *eine der drei taschenförmigen Klappen an der Mündung der Herzkammer in die Aorta.*
AP [ɛɪˈpiː]: = Associated Press.
APA = Austria Presse Agentur.
Apa|che [aˈpatʃə, auch: ...xə], der; -n, -n: **1.** *Angehöriger eines Indianerstammes im Südwesten der USA.* **2.** [aˈpaxə; frz. apache, nach 1] (veraltend) *Großstadtganove (bes. in Paris zum Ende des 19. Jh.s).*
Apa|na|ge [...ʒə, österr. meist: ...ʃ], die; -, -n [frz. apanage, zu altfrz. apaner = ausstatten, zu lat. panis = Brot]: **a)** *Zuwendung in Form von Geld od. Grundbesitz an nicht regierende Mitglieder eines Fürstenhauses zur Sicherung des standesgemäßen Unterhalts:* eine A. beziehen, erhalten; **b)** *regelmäßige finanzielle Zuwendung größeren Stils:* eine jährliche A. von 2 Millionen Euro.
apart ⟨Adj.⟩ [frz. à part = beiseite, besonders, eigenartig, aus: à = zu u. part = Seite < lat. pars, ↑ Part]: **1. a)** *von eigenartigem Reiz; besonders reizvoll, geschmackvoll:* ein -es Kleid, Aussehen, Gesicht; der Mantel ist a.; sie ist sehr a., kleidet sich a.; **b)** *ungewöhnlich, pikant.* **2.** (Buchhandel) *einzeln, gesondert:* fehlende Einzelbände werden a. nachgeliefert. ♦ **3. a)** *eigen* (1): ⟨subst.:⟩ Hätt' ich mir nicht die Flamme vorbehalten, ich hätte nichts Aparts für mich (Goethe, Faust I, 1377 f.); **b)** ⟨Adv.⟩ *eigens:* Auch der Teil, der nicht uns gehört, der solle a. für sie erobert werden (Hebbel, Agnes Bernauer III, 6).
Apart|heid, die; - [afrikaans apartheid, eigtl. = Abgesondertheit, zu: apart = besonders, einzeln, vgl. apart] (Politik): *politisch-gesellschaftliche Doktrin der Rassentrennung, nach der früher die einzelnen ethnischen Bevölkerungsgrup-*

pen in der Republik Südafrika voneinander getrennt wurden.

Apart|heid|po|li|tik, die: *auf Apartheid beruhende Politik.*

Apart|heit, die; -: *das Apartsein; apartes Wesen.*

Apart|ho|tel, das [aus ↑ Apartment u. ↑ Hotel]: *Hotel, das Appartements vermietet, in denen die Gäste auch selbst wirtschaften können.*

Apart|ment [engl.: əˈpɑːtmənt], das; -s, -s [engl.-amerik. apartment = Wohnung, Etage < frz. appartement, ↑ Appartement]: *Appartement* (b).

Apart|ment|haus, das: *modernes Mietshaus mit einzelnen Kleinwohnungen.*

Apa|thie, die; -, -n [lat. apathia < griech. apátheia]: **a)** (bildungsspr.) *Teilnahmslosigkeit; Zustand der Gleichgültigkeit gegenüber den Menschen und der Umwelt:* aus seiner A. erwachen; in A. verfallen, versinken; **b)** (Med.) *krankhaft verminderte Ansprechbarkeit des Gefühls.*

apa|thisch ⟨Adj.⟩ (bildungsspr.): *teilnahmslos; abgestumpft, gleichgültig:* ein -er Mensch; in -em Zustand; völlig a. sein, dasitzen.

Apa|tit [auch: ...ˈtɪt], der; -s, -e [zu griech. apátē = Täuschung (bei der Bestimmung sind mehrmals Irrtümer vorgekommen)] (Mineral.): *kristallenes Mineral.*

Apa|to|sau|ri|er, der; -s, -, **Apa|to|sau|rus,** der; -, ...rier [zu griech. apátē = Täuschung; man hielt die ersten Funde möglicherweise für Überreste einer anderen Saurierart] (Paläontol.): *pflanzenfressender Dinosaurier der Kreidezeit.*

Apen|nin, der; -s, **Apen|ni|nen** ⟨Pl.⟩: *Gebirge in Italien.*

Apen|ni|nen-Halb|in|sel, Apen|ni|nen|halb|insel, die; -: *zu Italien gehörende u. den größten Teil des italienischen Staatsgebiets ausmachende Halbinsel im Mittelmeer.*

aper ⟨Adj.⟩ [mhd. āber, ahd. ābar, eigtl. = nicht (Schnee) tragend, zu: beran, ↑ gebären] (südd., österr., schweiz.): *schneefrei:* die Straßen sind a.

Aper|çu [aperˈsyː], das; -s, -s [frz. aperçu = kurzer Überblick, subst. 2. Part. von: apercevoir = wahrnehmen, zu: percevoir = wahrnehmen < lat. percipere] (bildungsspr.): *geistreiche, prägnant formulierte Bemerkung.*

Ape|ri|tif, der; -s, -s, auch: -e [...iːvə] [frz. apéritif, eigtl. = (Magen)öffner, zu lat. aperire = öffnen]: *appetitanregendes alkoholisches Getränk:* einen A. nehmen, servieren.

apern ⟨sw. V.; hat⟩ [zu ↑ aper] (südd., österr., schweiz.): **a)** *schneefrei werden:* die Hänge apern bereits; es apert *(taut);* **b)** (selten) *schneefrei machen.*

Apé|ro, Ape|ro [...ˈroː, ˈapero], der, selten: das; -s, -s [frz. apéro, Kurzf. von: apéritif, ↑ Aperitif] (bes. schweiz.): *Aperitif.*

Apex, der; -, Apizes [ˈaːpitseːs] [lat. apex = Spitze]: **1.** (Astron.) *Zielpunkt eines Gestirns (bes. der Sonne u. der Erde), auf den dieses in seiner Bewegung gerade zusteuert.* **2.** (Sprachwiss.) *Zeichen zur Kennzeichnung langer Vokale* (ˆ od. ˊ). **3.** (Sprachwiss.) *Hilfszeichen zur Kennzeichnung einer betonten Silbe, das über den Vokal gesetzt wird* (ˊ).

Ap|fel, der; -s, Äpfel [mhd. apfel, ahd. apful, ursprüngl. wohl = Holzapfel; H. u.]: **1.** *rundliche, festfleischige, aromatisch schmeckende Frucht mit Kerngehäuse; Frucht des Apfelbaums:* ein grüner, saurer, wurmstichiger, rotbackiger, gebratener A.; A. im Schlafrock *(ein Gebäck);* Äpfel pflücken, [vom Baum] schütteln, schälen, reiben; Spr der A. fällt nicht weit vom Stamm/ (ugs. scherzh.:) nicht weit vom Pferd *(jmd. ist in seinen [negativen] Anlagen, in seinem Verhalten den Eltern sehr ähnlich);* * Äpfel und Birnen zusammenzählen, Äpfel mit Birnen vergleichen (ugs.; *Unvereinbares zusammenbringen);* **für einen A. und ein Ei** (ugs.; *sehr billig, für einen unbedeutenden Betrag:* etw. für einen A. und ein Ei kriegen); **in den sauren A. beißen** (ugs.; *etwas Unangenehmes notgedrungen tun).* **2. a)** *Apfelbaum:* die Äpfel blühen dieses Jahr spät; **b)** *Apfelsorte:* dies ist ein früher A. **3.** ⟨Pl.⟩ (verhüll.) *Brüste.*

Ap|fel|baum, der: *rötlich weiß blühender Obstbaum mit Äpfeln als Früchten.*

Ap|fel|blü|te, die: **a)** *Blüte des Apfelbaums;* **b)** *Zeit, in der die Apfelbäume blühen; das Blühen der Apfelbäume:* die A. war dieses Jahr besonders schön.

Äp|fel|chen, das; -s, -: Vkl. zu ↑ Apfel (1, 3).

Ap|fel|es|sig, der: *aus Äpfeln gewonnener Essig.*

Ap|fel|ge|häu|se, das: *Kerngehäuse des Apfels.*

Ap|fel|ge|lee, der od. das: *Gelee aus Äpfeln.*

ap|fel|grün ⟨Adj.⟩: *kräftig hellgrün.*

Ap|fel|kern, der: *Samenkern im Gehäuse des Apfels.*

Ap|fel|korn, Ap|fel|korn|schnaps, der: *Kornbranntwein mit Zusatz von Apfelsaft[konzentrat].*

Ap|fel|ku|chen, der: *mit Äpfeln belegter Kuchen.*

Ap|fel|most, der: **a)** *aus Äpfeln hergestellter unvergorener, alkoholfreier Saft; Apfelsaft;* **b)** (bes. südd.) *leicht alkoholisches Getränk aus vergorenem Apfelsaft.*

Ap|fel|mus, das: *helles, dickes Mus aus gekochten Äpfeln;* * gerührt [sein] wie A. (ugs. scherzh.; *sehr gerührt* (4) *[sein]).*

äp|feln ⟨sw. V.; hat⟩: (*vom Pferd) Pferdeäpfel fallen lassen.*

Ap|fel|saft, der: *aus Äpfeln hergestellter unvergorener, alkoholfreier Saft.*

Ap|fel|saft|kon|zen|trat, das: *eingedickter, konzentrierter Apfelsaft.*

Ap|fel|saft|schor|le, die: *Getränk aus Apfelsaft und Mineralwasser.*

Ap|fel|schim|mel, der: *Schimmel* (2), *in dessen Fell die graue bis weiße Grundfärbung von dunkleren, apfelförmigen Flecken durchsetzt ist.*

Ap|fel|schor|le, die (ugs.): *Apfelsaftschorle.*

Ap|fel|si|ne, die; -, -n [aus dem Niederl. < älter niederl. appelsina, eigtl. = Apfel aus China]: **a)** *rötlich gelbe, runde Zitrusfrucht mit saftreichem, wohlschmeckendem Fruchtfleisch u. dicker Schale; Frucht des Apfelsinenbaums; Orange:* süße, saftige -n; eine A. schälen, auspressen; **b)** *Apfelsinenbaum.*

Ap|fel|si|nen|baum, der: *kleiner Baum mit länglich-eiförmigen Blättern u. weißen Blüten mit Apfelsinen als Früchten.*

Ap|fel|sor|te, die: *bestimmte Sorte von Äpfeln.*

Ap|fel|stru|del, der: *mit einer Füllung aus Äpfeln u. anderen Zutaten eingerolltes Gebäck aus Nudelteig.*

Ap|fel|wein, der: *durch alkoholische Gärung aus dem Saft von Äpfeln erzeugtes, weinähnliches Getränk.*

Aph|ä|re|se, die; -, -n [lat. aphaeresis < griech. aphaíresis, eigtl. = das Wegnehmen] (Sprachwiss.): *Wegfall eines Lauts od. einer Silbe im Wortanfang* (z. B. ʼs für es).

Apha|sie, die; -, -n [griech. aphasía = Sprachlosigkeit]: **1.** (Med.) *Verlust des Sprechvermögens od. Sprachverstehens infolge einer Erkrankung des Sprachzentrums im Gehirn.* **2.** (Philos.) *Enthaltung des Urteils in Bezug auf Dinge, über die nichts Sicheres bekannt ist.*

Aph|el [aˈfeːl, apˈheːl], das; -s, -e, **Aph|e|li|um,** das; -s, ...ien [zu griech. aphʼ hēlíou = von der Sonne weg] (Astron.): *Punkt der größten Entfernung eines Planeten von der Sonne.*

Apho|ris|mus, der; -, ...men [lat. aphorismus < griech. aphorismós, eigtl. = Abgrenzung, Bestimmung] (bildungsspr.): *prägnant-geistreicher, in sich geschlossener Sinnspruch in Prosa, der eine Erkenntnis, Erfahrung, Lebensweisheit vermittelt:* geschliffene Aphorismen.

Apho|ris|tik, die; -: *Kunst, Fähigkeit, Aphorismen zu formulieren, zu schreiben.*

Apho|ris|ti|ker, der; -s, - (bildungsspr.): *Verfasser von Aphorismen.*

Apho|ris|ti|ke|rin, die; -, -nen: w. Form zu ↑ Aphoristiker.

apho|ris|tisch ⟨Adj.⟩: *in der Art eines Aphorismus; kurz u. treffend, prägnant-geistreich [formuliert]:* in -er Stil; über etw. a. (*andeutungsweise) berichten, sprechen;* ein Thema nur a. (*kurz) behandeln.*

Aph|ro|di|si|a|kum, das; -s, ...ka [zu griech. aphrodisiakós = zum Liebesgenuss gehörend] (Pharm.): *Mittel zur Anregung u. Steigerung des Geschlechtstriebs u. der Potenz* (1 a).

aph|ro|di|sie|ren ⟨sw. V.; hat⟩ (Med., Sexualkunde): *sexuell anregen, den Sexualtrieb steigern:* ⟨meist im 1. Part.:⟩ aphrodisierende Wirkstoffe.

Aph|ro|di|te (griech. Mythol.): *Göttin der Liebe.*

Aph|the, die; -, -n [lat. aphtha < griech. áphtha] (Med.): *[schmerzhaftes] kleines Geschwür an der Mundschleimhaut.*

a pia|ce|re [a pjaˈtʃeːra; ital., zu: piacere = Vergnügen, Belieben] (Musik): *nach Belieben (Vortragsanweisung in der Notenschrift).*

api|kal ⟨Adj.⟩ [zu lat. apex (Gen.: apicis), ↑ Apex] (Bot.): *an der Spitze gelegen, nach oben gerichtet* (z. B. vom Wachstum einer Pflanze).

Api|zes: Pl. von ↑ Apex.

Ap|lomb [aˈplõː], der; -s [frz. aplomb, eigtl. = senkrechte Stellung, Gleichgewicht, subst. aus: à plomb = senkrecht, aus: à = zu, nach (< lat. ↑ ad) u. plomb = (Senk)blei < lat. plumbum]: **1.** (bildungsspr.) **a)** *Sicherheit* [im Auftreten], *Nachdruck;* **b)** *Forschheit, Dreistigkeit:* etw. mit A. durchzusetzen versuchen. **2.** (Ballett) *Standfestigkeit; Abfangen einer Bewegung in den unbewegten Stand.*

Ap|noe [aˈpnoːə], die; -, -n [griech. ápnoia = Windstille, Atemlosigkeit] (Med.): *Atemstillstand; Atemlähmung.*

Ap|no|i|ker (Med.): *jmd., der an Apnoe leidet.*

Ap|no|i|ke|rin, die; -, -nen: w. Form zu ↑ Apnoiker.

APO, Apo, die; - [Kurzwort für au**ß**erparlamentarische **O**pposition]: (bes. während der Regierungszeit der Großen Koalition zwischen CDU u. SPD von 1966 bis 1969 in der Bundesrepublik Deutschland) *nicht fest organisierte Aktionsgemeinschaft bes. von Studierenden u. Jugendlichen, die als antiautoritäre Bewegung die Durchsetzung politischer u. gesellschaftlicher Reformen außerhalb der (als handlungsunfähig erachteten) parlamentarischen Opposition versuchte.*

apo|dik|tisch ⟨Adj.⟩ [spätlat. apodicticus < griech. apodeiktikós = beweiskräftig]: **1.** (Philos.) *unwiderleglich, unumstößlich; unbedingt sicher; unmittelbar evident:* -e Beweise, Urteile. **2.** (bildungsspr.) *keinen Widerspruch duldend:* etw. in -er Form, Weise, mit -er Bestimmtheit behaupten; etw. a. erklären.

Apo|gä|um, das; -s, ...äen [griech. apógeion] (Astron., Raumfahrt): *von der Erde am weitesten entfernter Punkt auf der Bahn eines Körpers um die Erde; Erdferne.*

à point [aˈpoɛ̃ː; frz. à point = auf den Punkt] (Gastron.): *gerade richtig gebraten, gegart.*

Apo|ka|lyp|se, die; -, -n [kirchenlat. apocalypsis < griech. apokálypsis, eigtl. = Enthüllung]: **1.** (Rel.) *Schrift, die sich in Visionen, Träumen, Abschiedsreden, Weissagungen mit dem kommenden Weltende befasst.* **2.** (bildungsspr.) *Untergang; Unheil; Grauen.*

Apo|ka|lyp|tik, die; -: 1. (Rel.) *Gesamtheit der Apokalypsen* (1); *apokalyptisches Schrifttum*. 2. (bildungsspr.) *Deutung von Ereignissen im Hinblick auf ein nahendes Weltende*.

Apo|ka|lyp|ti|ker, der; -s, -: 1. (Rel.) *Verfasser od. Ausleger einer Apokalypse* (1). 2. (bildungsspr.) *Mensch, für den die Vorstellung eines kommenden Weltendes, einer Weltkatastrophe Realität hat*.

Apo|ka|lyp|ti|ke|rin, die; -, -nen: w. Form zu ↑ Apokalyptiker.

apo|ka|lyp|tisch ⟨Adj.⟩: 1. (Rel.) *die Apokalypse [des Johannes], die Apokalyptik betreffend, in ihr vorkommend, auf ihr beruhend*: -e Schriften; * **die -en Reiter** (Sinnbilder für Pest, Krieg, Hunger, Tod; nach Offenb. 6, 2–8). 2. (bildungsspr.) **a)** *auf das Weltende hinweisend, Unheil bringend*: Eminenz, es wird apokalyptisch zugehen (Hochhut, Stellvertreter 119); **b)** *dunkel, geheimnisvoll*; **c)** *die Apokalypse* (2) *betreffend*.

Apo|ko|pe [aˈpoːkope], die; -, Apokopen [lat. apocope < griech. apokopḗ, eigtl. = das Abschlagen] (Sprachwiss.): *Abfall eines Auslauts oder einer auslautenden Silbe* (z. B. hatt für: hatte).

apo|ko|pie|ren ⟨sw. V.; hat⟩ (Sprachwiss.): *ein Wort durch Apokope verkürzen*.

apo|kryph ⟨Adj.⟩ [lat. apocryphus < griech. apókryphos = unecht]: 1. (Rel.) *zu den Apokryphen gehörend*. 2. (bildungsspr.) *zweifelhaft; nicht zum Gültigen, Anerkannten gehörend; unecht*.

Apo|kryph, das; -s, -en, **Apo|kry|phon**, das; -s, …pha u. Apokryphen [spätlat. apocrypha (Pl.)] (Rel.): *nicht in den Kanon aufgenommene, den biblischen Büchern sehr ähnliche Schrift*.

apo|li|tisch ⟨Adj.⟩ [aus griech. a- = nicht, un- u. ↑ politisch] (bildungsspr.): *gleichgültig, ohne Interesse gegenüber politischem Geschehen; unpolitisch*: ein -er Mensch; er ist völlig a.

Apoll, der; -s, -s ⟨Pl. selten⟩ (geh.): ²Apollo: er ist nun wirklich kein A.

apol|li|nisch ⟨Adj.⟩ [lat. Apollineus]: 1. (griech.-röm. Mythol.) *den Gott Apollo betreffend, in der Art Apollos*. 2. (bes. Philos.) *harmonisch, maßvoll, ausgeglichen*.

¹Apol|lo (griech.-röm. Mythol.): *Gott der Dichtkunst*.

²Apol|lo, der; -s, -s: (geh.) *schöner [junger] Mann*.

³Apol|lo: *US-amerikanisches Raumfahrtprogramm für die Landung bemannter Raumfahrzeuge auf dem Mond*.

Apo|lo|get, der; -en, -en [zu ↑ apologetisch]: **a)** (bildungsspr.) *jmd., der mit seiner ganzen Überzeugung hinter einer Auffassung od. Lehre steht u. diese mit Nachdruck nach außen vertritt*; **b)** (Rel.) *Vertreter einer Reihe griechischer für das Christentum eintretender Schriftsteller aus dem 2. Jh.*

Apo|lo|ge|tik, die; -, -en [zu ↑ apologetisch < griech. apologētikón]: 1. (bildungsspr.) *Verteidigung, wissenschaftliche Rechtfertigung von [christlichen] Lehrsätzen o. Ä.* 2. ⟨o. Pl.⟩ (Theol.) *Teilgebiet der Theologie, das sich mit der rationalen Rechtfertigung des Glaubens befasst*.

Apo|lo|ge|tin, die; -, -nen: w. Form zu ↑ Apologet (a).

apo|lo|ge|tisch ⟨Adj.⟩ [spätlat. apologeticus < griech. apologētikós, zu apologeīsthai = sich verteidigen] (bildungsspr.): *eine Ansicht, Lehre o. Ä. verteidigend, rechtfertigend*.

Apo|lo|gie, die; -, -n [spätlat. apologia < griech. apología] (bildungsspr.): **a)** *Verteidigung, Rechtfertigung (einer Lehre, Position o. Ä.)*; **b)** *Verteidigungsrede, -schrift*: eine A. halten, schreiben.

apo|lo|gi|sie|ren ⟨sw. V.; hat⟩ (bildungsspr.): *rechtfertigen, verteidigen*.

Apo|plek|ti|ker, der; -s, - [zu ↑ apoplektisch] (Med.): **a)** *jmd., der zu Schlaganfällen neigt*; **b)** *jmd., der an den Folgen eines Schlaganfalles leidet*.

Apo|plek|ti|ke|rin, die; -, -nen: w. Form zu ↑ Apoplektiker.

apo|plek|tisch ⟨Adj.⟩ [spätlat. apoplecticus < griech. apoplēktikós] (Med.): **a)** *zu einem Schlaganfall gehörend, davon zeugend, damit zusammenhängend; durch einen Schlaganfall bedingt*: ein -er Anfall; ein -es Gesicht; **b)** *zu Schlaganfällen neigend*: er ist stark a.

Apo|ple|xie, die; -, -n [spätlat. apoplexia < griech. apoplēxía]: 1. (Med.) *Schlaganfall; Gehirnschlag*. 2. (Bot.) *plötzliches teilweises od. gänzliches Absterben der Krone von Steinobstbäumen*.

Apop|to|se, die; -, -n [griech. apóptōsis = das Abfallen, Wegfall, aus apó = ab, weg u. ptōsis = das Fallen] (Biol.): *genetisch programmierter Zelltod, der für die Entwicklung vielzelliger Organismen notwendig ist*.

Apo|rie, die; -, -n [spätlat. aporia < griech. aporía = Ratlosigkeit]: **a)** (Philos.) *Unmöglichkeit, eine philosophische Frage zu lösen, da Widersprüche vorhanden sind, die in der Sache selbst od. in den zu ihrer Klärung gebrauchten Begriffen liegen*; **b)** (bildungsspr.) *Unmöglichkeit, in einer bestimmten Situation die richtige Entscheidung zu treffen; Ausweglosigkeit*.

Apos|ta|sie, die; -, -n [spätlat. apostasia < griech. apostasía]: **a)** (bildungsspr.) *Abfall, Lossagung, bes. vom christlichen Glauben*; **b)** (kath. Rel.) *Austritt eines Klosterangehörigen unter Bruch des Gelübdes*.

Apos|tat, der; -en, -en [lat. apostata < griech. apostátēs] (bildungsspr.): *Abtrünniger, bes. jmd., der sich vom christlichen Glauben lossagt; Renegat*.

Apos|tel, der; -s, -: 1. [mhd. apostel, ahd. apostolo < kirchenlat. apostolus < griech. apóstolos, eigtl. = abgesandt; Bote, zu: apostéllein = (als Gesandten) wegschicken] **a)** *einer aus dem Kreis der zwölf Jünger Jesu*: der A. Paulus; **b)** *urchristlicher Missionar*. 2. (bildungsspr.; oft iron.) *[allzu] eifriger Befürworter, Vertreter einer [neuen] Lehre o. Ä.*: ein A. der Gewaltlosigkeit, der Enthaltsamkeit, der freien Marktwirtschaft.

Apos|tel|brief, der (Theol.): *eine der 21 in Briefform verfassten Schriften im Neuen Testament, die den Aposteln zugeschrieben werden*.

Apos|tel|ge|schich|te, die (Theol.): 1. *eine der Apokryphen Schriften über das Wirken der Apostel*. 2. ⟨o. Pl.⟩ *Buch im Neuen Testament über das Wirken der Apostel nach der Auferstehung Jesu* (Abk.: Apg.).

Apos|te|lin, die; -, -nen: w. Form zu ↑ Apostel (1b, 2).

Apos|tel|ku|chen, der (Kochkunst): *Brioche*.

a pos|te|ri|o|ri [lat. = vom Späteren her]: **a)** (Philos.) *aus der Erfahrung gewonnen, auf Erfahrung gründend*: eine Erkenntnis a p.; **b)** (bildungsspr.) *nachträglich, später*: das lässt sich erst a p. feststellen.

apos|te|ri|o|risch ⟨Adj.⟩ (Philos.): *auf Erfahrung beruhend, gründend; erfahrungsgemäß*.

Apos|to|lat, das, Fachspr. auch: der; -[e]s, -e [kirchenlat. apostolatus, zu: apostolus, ↑ Apostel] (Theol.): **a)** *Amt der Apostel, auch der Bischöfe u. Priester*; **b)** *Auftrag der Kirche, bes. auch der Laien in der katholischen Kirche*.

Apos|to|li|kum, das; -s (Theol.): *Apostolisches Glaubensbekenntnis*.

apos|to|lisch ⟨Adj.⟩ [kirchenlat. apostolicus < griech. apostolikós] (Theol.): **a)** *von den Aposteln ausgehend, in der Art der Apostel; die Apostel u. ihre Lehre betreffend*: Apostolisches Glaubensbekenntnis; **b)** (kath. Kirche) *päpstlich*: Apostolischer Nuntius, -er Segen (vom Papst od. einem von ihm bevollmächtigten Bischof od. Priester erteilter Segen, mit dem ein vollkommener Ablass verbunden ist); Apostolischer Stuhl (↑ Stuhl 3).

Apo|s|t|roph {schweiz.: 'apo…], der; -s, -e [spätlat. apostrophos < griech. apóstrophos, eigtl. = abgewandt; abfallend, zu: apostréphein, ↑ Apostrophe] (Sprachwiss.): *Häkchen, das den Ausfall eines Lautes od. einer Silbe kennzeichnet; Auslassungszeichen* (z. B. in: hatt', 'naus): einen A. setzen.

Apo|s|t|ro|phe [apoˈstroːfɐ, aˈpɔstrofe], die; -, Apostrophen [lat. apostrophe < griech. apostrophḗ, zu: apostréphein = abwenden, zu: stréphein, ↑ Strophe] (Rhet.): *überraschende Hinwendung des Redners zum Publikum od. zu abwesenden Personen*.

apo|s|t|ro|phie|ren ⟨sw. V.; hat⟩: 1. (Sprachwiss. selten) *mit einem Apostroph versehen*. 2. (bildungsspr.) **a)** *erwähnen, anführen; sich auf jmdn., etw. beziehen*: jmdn., etw. a.; **b)** *als etwas bezeichnen, in einer bestimmten Eigenschaft herausstellen*: jmdn. als naiv, als Ignoranten a.; **c)** (selten) *gezielt ansprechen, sich [feierlich] an jmdn. wenden*: einen hohen Gast mit wohlgesetzten Worten a.

Apo|s|t|ro|phie|rung, die; -, -en: *das Apostrophieren; das Apostrophiertwerden*.

Apo|the|ke, die; -, -n [mhd. apotēke < lat. apotheca < griech. apothḗkē = Aufbewahrungsort, zu thḗkē, ↑ Theke]: 1. *Geschäft, in dem Arzneimittel verkauft u. zum Teil auch hergestellt werden*: welche A. hat Nachtdienst?; Ü aus der A. der Natur. 2. (ugs. abwertend) *Geschäft, das für hohe Preise bekannt ist*: der Laden ist eine A.

Apo|the|ken|hel|fe|rin, die: *weibliche Fachkraft, die in einer Apotheke Arbeiten ausführt, die keine pharmazeutische Vorbildung erfordern* (Berufsbez.).

apo|the|ken|pflich|tig ⟨Adj.⟩: *nur in Apotheken erhältlich*: das Mittel ist a.

Apo|the|ker, der; -s, - [mhd. apotēker < (m)lat. apothecarius]: *jmd., der aufgrund seiner Berufsausbildung u. seiner Approbation berechtigt ist, eine Apotheke zu betreiben* (Berufsbez.).

Apo|the|ker|gar|ten, der: *Gartenanlage mit Heilpflanzen, die [unter fachkundiger Anleitung] besichtigt werden können*.

Apo|the|ker|ge|wicht, das: *(früher vorgeschriebene) Gewichtseinheit für Arzneimittel* (z. B. Gran, Unze).

Apo|the|ke|rin, die; -, -nen: w. Form zu ↑ Apotheker.

Apo|the|ker|kam|mer, die: *Berufs- u. Standesvertretung der Apotheker*.

Apo|the|ker|waa|ge, die: *gleicharmige Präzisionswaage*.

Apo|the|o|se, die; -, -n [lat. apotheosis < griech. apothéōsis, zu: theós = Gott]: 1. (bildungsspr.) **a)** *Erhebung eines Menschen zum Gott; Vergöttlichung eines Menschen*: die A. Napoleons; **b)** *Verherrlichung, Verklärung*: die A. der modernen Naturwissenschaft; **c)** (Kunst) *Darstellung einer Apotheose* (1 a). 2. (Theater) *wirkungsvolles [verherrlichendes] Schlussbild eines Bühnenstücks*.

apo|tro|pä|isch ⟨Adj.⟩ [griech. apotrópaios = abwendend] (bildungsspr.): *Unheil abwehrend*.

App [ɛp], die; -, -s, ⟨auch:⟩ das; -s, -s [Kurzf. von engl. application, ↑ Applikation (7)]: *zusätzliche Applikation* (7), *die auf bestimmte Mobiltelefone heruntergeladen werden kann*.

Ap|pa|loo|sa [ɛpəˈluːsa], der, die od. das; -s, -s [amerik. Appaloosa (Indian. Wort), wohl nach dem Weidegebiet am Palouse River (Idaho)]: *aus den USA stammende Pferderasse mit marmorierter Haut und gescheckten Fell*.

Ap|pa|rat, der; -[e]s, -e: 1. [lat. apparatus =

Apparatebau – Applikation

Zubereitung, Einrichtung, Werkzeuge, zu: apparare = beschaffen; ausrüsten) **a)** *aus mehreren Bauelementen zusammengesetztes technisches Gerät, das bestimmte Funktionen erfüllt:* ein kleiner, komplizierter A.; den A. ausschalten; **b)** Kurzf. von ↑ Rasierapparat, ↑ Fotoapparat, ↑ Radioapparat, ↑ Fernsehapparat; **c)** Kurzf. von ↑ Telefonapparat: du wirst am A. verlangt; (auf die Bitte, mit einer bestimmten Person sprechen zu können:) am A.! *(Sie sprechen mit ihm, ihr selbst);* wer ist am A.? *(mit wem spreche ich?);* bleiben Sie bitte am A.!; **d)** (Telefonie) *Nebenstelle:* verlangen Sie bei der Zentrale A. 721; Schneider, A. Kaufmann. **2.** *Gesamtheit der für eine bestimmte Aufgabe, Tätigkeit, Institution benötigten Personen u. Hilfsmittel:* ein technischer, militärischer A.; der schwerfällige A. der Verwaltung. **3.** (Fachspr.) **a)** *Zusammenstellung von Büchern als Hilfsmittel für eine wissenschaftliche Arbeit:* ein wissenschaftlicher A. [zu einem Kolloquium]; das Buch steht im A.; **b)** *Zusammenstellung von Lesarten u. Verbesserungen von Texten:* eine Textausgabe mit [kritischem] A. **4.** (Anat.) *System von Organen od. Köperteilen, die einer gemeinsamen Funktion dienen* (meist in Zusammensetzungen, z. B. Bewegungs-, Verdauungsapparat). **5.** (ugs.) *etw., was durch ungewöhnliche Größe, durch seine Besonderheit, Ausgefallenheit Aufsehen od. Staunen erregt:* die Äpfel waren -e von mindestens 10 cm Durchmesser.

Ap|pa|ra|te|bau, der ⟨o. Pl.⟩ (Technik): *Herstellung, Konstruktion von Apparaten.*

Ap|pa|ra|te|me|di|zin, die; - (oft abwertend): *Form der medizinischen Versorgung, die durch den Einsatz technischer Apparate zur Diagnose u. Therapie gekennzeichnet ist u. bei der die Betreuung durch den Arzt selbst zurücktritt.*

ap|pa|ra|tiv ⟨Adj.⟩ (Fachspr.): **a)** *die Apparate, den Apparatebau betreffend:* neuere -e Entwicklungen; **b)** *mit Apparaten arbeitend, mithilfe von Apparaten:* -e Diagnostik, Medizin; -e Methoden; a. (mit Apparaten) gut ausgestattet sein.

Ap|pa|rat|schik, der; -s, -s [russ. apparatčik, zu: apparat = (Verwaltungs)apparat] (abwertend): *Funktionär im Staats- u. Parteiapparat totalitärer Staaten des Ostens, der Weisungen u. Maßnahmen bürokratisch durchzusetzen sucht.*

Ap|pa|ra|tur, die; -, -en: *Gesamtanlage von Apparaten od. Instrumenten, die einem gemeinsamen Zweck dienen:* eine komplizierte, automatische A.

Ap|par|te|ment [apart(ə)ˈmãː, schweiz. auch: …ˈment], das; -s, -s u. -e […ˈmãːtəˌ] ⟨frz. appartement < ital. appartamento = abgeteilte, abgeschlossene Wohnung, zu: appartare = abteilen, zu: parte = abgetrennt] *Zimmerflucht in einem größeren [luxuriösen] Hotel;* **b)** *moderne Kleinwohnung* (meist in einem [komfortablen] Mietshaus)*, Apartment.*

Ap|par|te|ment|haus, das: *modernes Mietshaus mit einzelnen Kleinwohnungen.*

Ap|par|te|ment|woh|nung, die: *Appartement* (b).

ap|pas|sio|na|to ⟨Adv.⟩ [ital., zu: passione = Leidenschaft < lat. passio, ↑ Passion] (Musik): *leidenschaftlich, stürmisch.*

Ap|peal [əˈpiːl], der; -s [engl. appeal < frz. appel, ↑ Appell]: **a)** (bildungsspr.) *Anziehungskraft, Ausstrahlung, Reiz* (häufig als Grundwort von Zusammensetzungen): der publikumswirksame A. eines Showmasters; der sportliche A. eines Autos; **b)** (Werbespr.) *Anreiz, Aufforderungscharakter:* wir müssen dem Produkt einen lang andauernden A. geben.

Ap|pease|ment [əˈpiːzmənt, …mənt], das; -[s]

[engl. appeasement < frz. apaisement = Beschwichtigung, zu: apaiser = beruhigen, besänftigen, zu altfrz. pais = Friede < lat. pax] (Politik, oft abwertend): *Politik ständigen Nachgebens gegenüber expansiver od. subversiver Machtpolitik bes. totalitärer Staaten; Beschwichtigungspolitik.*

Ap|pell, der; -s, -e [frz. appel, zu: appeler = (auf)rufen < lat. appellare, ↑ appellieren]: **1. a)** *auffordernde, aufrüttelnde Mahnung:* ein A. an die Vernunft; einen dringenden A. an die Öffentlichkeit richten; **b)** *Aufruf, Aufforderung:* ein dringender A. an die Nation, zum Frieden, zur Zusammenarbeit. **2.** (Militär) *Aufstellung, Antreten zur Überprüfung, Entgegennahme einer Nachricht, eines Befehls o. Ä.:* der morgendliche A.; einen A. abhalten; zum A. antreten.

Ap|pel|la|ti|on, die; -, -en [lat. appellatio, eigtl. = das Ansprechen] (schweiz. Rechtsspr., sonst veraltet): *Berufung (im Zivil- u. Strafprozess).*

Ap|pel|la|ti|ons|ge|richt, das (Rechtsspr. veraltet): *Berufungsgericht.*

Ap|pel|la|tiv [auch: ˈape…], das; -s, -e (Sprachwiss.): *Substantiv, das eine Gattung von Dingen od. Lebewesen u. zugleich jedes einzelne Wesen od. Ding dieser Gattung bezeichnet; Gattungsbezeichnung, -name* (z. B. Mensch, Blume, Tisch).

ap|pel|la|ti|visch ⟨Adj.⟩ (Sprachwiss.): *als Appellativ [verwendet]:* -e Substantive; ein Wort a. verwenden.

ap|pel|lie|ren ⟨sw. V.; hat⟩: **1.** [mhd. appellieren < lat. appellare = (um Hilfe) ansprechen] (bildungsspr.) **a)** *sich nachdrücklich mit einer Mahnung, einer Aufforderung an jmdn. wenden; jmdn. zu etwas aufrufen:* an das Volk, an die Belegschaft, an die Bevölkerung a.; **b)** *mit Nachdruck etwas Bestimmtes in jmdm. ansprechen, es wachzurufen, herauszufordern suchen:* an jmds. Ehrgefühl, Humor, Einsicht a.; an das Gewissen a. **2.** (Rechtsspr. veraltet) *Berufung einlegen:* an ein höheres Gericht, gegen ein Urteil a.

Ap|pell|platz, der (Militär): *Platz, auf dem Appelle* (2) *abgehalten werden.*

¹Ap|pen|dix, der; -, …dizes […ditseːs], selten der; -es, -e [lat. appendix = Anhang]: **1.** (bildungsspr.) *Anhängsel:* die Organisation ist ein bloßer A. der Staatspartei. **2.** (Fachspr.) *Anhang eines Buches:* ein A. zur Syntax.

²Ap|pen|dix, der; -, …dizes […ditseːs] od. der; -es, -e [↑ ¹Appendix] (Anat.): **1.** *Wurmfortsatz.* **2.** *einem Organ anhängendes Gebilde.*

Ap|pen|di|zi|tis [auch: …ˈtsɪ…], die; -, …itiden (Med.): *Blinddarmentzündung.*

Ap|pen|zell: Hauptort von Appenzell Innerrhoden.

Ap|pen|zell Au|ßer|rho|den; - -s: Schweizer Kanton.

¹Ap|pen|zel|ler, der; -s, -: Ew.

²Ap|pen|zel|ler ⟨indekl. Adj.⟩: A. Käse.

³Ap|pen|zel|ler ⟨nur attr.⟩: s. *Appenzeller Käse.*

Ap|pen|zel|le|rin, die; -, -nen: w. Form zu ↑ ¹Appenzeller.

Ap|pen|zell In|ner|rho|den; - -s: Schweizer Kanton.

ap|pen|zel|lisch ⟨Adj.⟩: *Appenzell, die Appenzeller betreffend.*

Ap|per|zep|ti|on, die; -, -en [frz. aperception, geb. von Leibniz zu: apercevoir, ↑ Aperçu]: **1.** (Philos.) *durch Reflexion des unterscheidenden Verstandes bewirktes Erfassen u. Einordnen in einen Bewusstseinszusammenhang.* **2.** (Psychol.) *bewusste Wahrnehmung; aktive Aufnahme von [sinnlich] Gegebenem ins Bewusstsein.*

ap|per|zep|tiv ⟨Adj.⟩ (Psychol.): *durch Apperzep-*

tion (2) *bewirkt, zustande kommend:* -e Wahrnehmungen; etwas a. erfassen.

Ap|pe|tenz, die; -, -en [lat. appetentia = das Begehren] (Verhaltensf.): *Bedürfnis, Trieb, triebbedingtes Verhalten.*

Ap|pe|tenz|ver|hal|ten, das (Verhaltensf.): *sich in noch ungerichteter Aktivität äußerndes triebhaftes Verhalten [bei Tieren], das eine auslösende Reizsituation anstrebt, die zur Befriedigung eines Triebes führt.*

Ap|pe|tit [auch: apəˈtɪt], der; -[e]s, -e ⟨Pl. selten⟩ [(m)lat. appetitus (cibi) ~ Verlangen (nach Speise), zu: appetere = verlangen, begehren, zu: petere, ↑ Petition]: *Lust, Verlangen, etwas [Bestimmtes] zu essen:* der A. ist mir vergangen; A. auf Leberwurst; einen guten, gesegneten A. haben; den A. anregen; etw. hebt den A.; jmdm. den A. verderben, nehmen, verlegen; A. auf etwas haben, bekommen; [etw.] mit A. essen; das kann man mit A. essen *(das ist sauber, appetitlich, gut zubereitet);* Ü ich habe von den Bildern direkt A. auf Australien bekommen; R der A. kommt beim/mit dem Essen *(wenn man erst einmal angefangen hat, macht es auch Spaß);* * guten A.! (Wunschformel vor dem Essen).

ap|pe|tit|an|re|gend ⟨Adj.⟩: **a)** *appetitlich:* das sieht sehr a. aus; **b)** *den Appetit fördernd:* ein -es Mittel.

Ap|pe|tit|häpp|chen, das, **Ap|pe|tit|hap|pen,** der: *kleines Stück Brot od. Brötchen o. Ä. mit pikantem Belag:* A. reichen; Ü einzelne Szenen als A. vorführen.

ap|pe|tit|lich [auch: apəˈtɪtlɪç] ⟨Adj.⟩: **a)** *zum Essen reizend:* a. angerichtete Speisen; a. aussehen, duften; **b)** *sauber, hygienisch einwandfrei u. dadurch ansprechend:* etwas ist a. verpackt; **c)** (ugs.) *adrett u. frisch aussehend.*

ap|pe|tit|los ⟨Adj.⟩: *ohne Appetit; keinen Appetit habend:* a. im Essen herumstochern.

Ap|pe|tit|lo|sig|keit, die; -: *Zustand des Appetitlosseins.*

Ap|pe|tit|züg|ler, der; -s, - (Pharm.): *das Hungergefühl, den Appetit verminderndes Medikament.*

Ap|pe|ti|zer [ˈɛpətaɪzɐ], der; -s, - [engl. appetizer, zu lat. appetitus, ↑ Appetit]: **a)** (Pharm.) *appetitanregendes Mittel;* **b)** *kleines Appetithäppchen.*

ap|plau|die|ren ⟨sw. V.; hat⟩ [lat. applaudere, zu: plaudere (2. Part.: plausum), ↑ plausibel] (bildungsspr.): **a)** *Beifall klatschen:* lebhaft, begeistert a.; dem Solisten a.; **b)** (seltener) *mit Beifall bedenken, beklatschen:* etw., jmdn. a. ⟨meist im Passiv⟩.

Ap|plaus, der; -es, -e ⟨Pl. selten⟩ [lat. applausus] (bildungsspr.): *Beifall, das Beifallklatschen:* frenetischer, stürmischer A.; es gab viel A. für die Künstlerin; der A. verebbte; unter donnerndem A.

Ap|plet [ˈæplɪt], das; -s, -s [engl. applet, geb. mit der Verkleinerungssilbe -let zu: application = Anwenderprogramm] (EDV): *Anwendungsprogramm, das der Benutzer vom Internet auf seinen Computer lädt und dort ausführt.*

ap|pli|ka|bel ⟨Adj.⟩ [zu lat. applicare, ↑ applizieren] (bildungsspr.): *anwendbar:* ein applikables Modell.

Ap|pli|ka|ti|on, die; -, -en [lat. applicatio = das Sichanschließen]: **1.** (bildungsspr.) **a)** *Anwendung, Verwendung, Gebrauch;* **b)** *Anbringung, Befestigung.* **2.** (veraltet) **a)** *Bewerbung;* **b)** *Bittschrift, Gesuch.* **3.** (Med.) *Verabreichung (von Medikamenten); Anwendung (von Heilverfahren).* **4.** (veraltet) *Fleiß, Eifer:* ◆ … da ist ein Abgrund, doch wäre mit Ernst und A. hier auch weiterzukommen (Goethe, Italien. Reise 27. 7. 1787). **5.** (kath. Rel.) *das Feiern der Messe für einen bestimmten Zweck.* **6.** (Textilind., Schnei-

applizieren – Aquakultur

derei) *auf ein Gewebe aufgenähte Verzierung aus Stoff, Leder, Filz, dünnem Metall o. Ä.:* ein Kleid mit schwarzen -en. **7.** [engl. application] (EDV) *Anwenderprogramm.*

ap|pli|zie|ren ⟨sw. V.; hat⟩ [lat. applicare = anfügen, an-, hinwenden]: **1.** (bildungsspr.) *anwenden, verwenden, gebrauchen:* [sich] ein Parfum a.; eine Terminologie a.; diese Denkmodelle lassen sich nicht auf unsere Verhältnisse an. **2.** (Med.) *(ein Medikament) verabreichen, (bei jmdm. im Heilverfahren) anwenden:* der Arzt applizierte ihm eine Spritze in den Unterarm. **3. a)** (bildungsspr.) *etw. irgendwo anbringen, befestigen;* **b)** (Textilind., Schneiderei) *eine Verzierung aus Stoff, Leder, Filz, dünnem Metall o. Ä. auf ein Gewebe aufnähen;* **c)** (selten) *(Farben) auftragen, auflegen.* ♦ **4.** ⟨a. + sich⟩ *sich (auf etw.)* ¹*verlegen* (6): ... dass wir nicht so unnütz in der Welt herumschweifen, sondern uns besser auf die Wissenschaften a. sollen (Eichendorff, Taugenichts 87).

ap|port [frz. apporte, Imperativ Sg. von: apporter, ↑ apportieren] (Jägerspr.): *bring [es] her!* (Befehl an einen Hund).

Ap|port, der; -s, -e [frz. apport, eigtl. = das Herbeibringen, zu: apporter, ↑ apportieren]: **1.** (Jägerspr.) *das Herbeibringen von Gegenständen od. erlegtem kleinem Wild durch einen Hund.* **2.** (Parapsychol.) *(im Verständnis der Parapsychologie) von Geistern od. durch ein Medium bewirkte Lage- oder Ortsveränderung von Gegenständen; das Herbeischaffen, Erscheinenlassen von Gegenständen.*

ap|por|tie|ren ⟨sw. V.; hat⟩ [(beeinflusst von gleichbed. frz. rapporter) < frz. apporter = herbeibringen < lat. apportare] (Jägerspr.): *(von einem Hund) (Gegenstände od. erlegtes kleineres Wild) herbeibringen:* der Hund apportiert den Stock; der Hund kann a.

Ap|por|tier|hund, der: *Hund, der zum Apportieren abgerichtet ist od. sich dazu eignet.*

Ap|po|si|ti|on, die; -, -en [lat. appositio = das Hinsetzen, Zusatz] (Sprachwiss.): *substantivische nähere Bestimmung, die meist im gleichen Fall steht wie das Substantiv od. Pronomen, zu dem sie gehört; Beisatz* (z. B. Karl *der Große,* sie *als behandelnde Ärztin*).

ap|po|si|ti|o|nal, ap|po|si|ti|o|nell ⟨Adj.⟩ (Sprachwiss.): *die Apposition betreffend; als Apposition, in der Art einer Apposition gebraucht.*

Ap|pre|hen|si|on, die; -, -en [spätlat. apprehensio = das Verstehen, Begreifen, zu: apprehendere = sich aneignen]: **1.** (bildungsspr.) *Erfassung eines Gegenstandes durch die Sinne.* **2.** (Philos.) **a)** *(in der scholastischen Philosophie) erster geistiger Schritt bei der Gewinnung von Erkenntnis;* **b)** *(im deutschen Rationalismus u. bei Kant) vorbegriffliches Erfassen von den in der Vorstellung gegebenen Gegenständen.* ♦ **3.** [frz. appréhension = Befürchtung, zu: appréhender, ↑ apprehensiv] *Widerwille, Abneigung; Unbehagen:* ... weil sie nicht gemeint war, in ihrer Umgebung etwas zuzulassen, wovor sie immerfort eine starke A. gefühlt hatte (Goethe, Wahlverwandtschaften II, 11); Sein Gesicht, nicht allein von Blattern entstellt, sondern auch des einen Auges beraubt, sah man die erste Zeit nur mit A. (Goethe, Dichtung u. Wahrheit 4).

ap|pre|tie|ren ⟨sw. V.; hat⟩ [frz. apprêter = zubereiten, zu lat. praestus = gegenwärtig, zur Hand] (bes. Textilind.): *Gewebe (auch Leder, Holz, Papier) durch entsprechende Bearbeiten ein besseres Aussehen, Glätte, Glanz, größere Festigkeit geben:* Ü ♦ ... durch ... Qualen appretiert *(gefestigt)* und sublimiert zu werden (Jean Paul, Wutz 12); ♦ ⟨subst.:⟩ Es war einmal ein braver Koch, geschickt im Appretieren (*im Anrichten, Zubereiten;* Goethe, Katzenpastete).

Ap|pre|tur, die; -, -en (bes. Textilind.): **a)** *mechanische u. chemische Bearbeitung von Geweben (auch von Leder, Holz, Papier) zur Erzielung von Glätte, Glanz, Festigkeit o. Ä.; Veredlung, Ausrüstung;* **b)** *Mittel, Masse zum Appretieren.*

Ap|proach [əˈproʊtʃ]; engl. approach, zu: to approach = sich nähern < frz. approcher < spätlat. appropiare]: **1.** (Wissensch.) *Annäherung an ein wissenschaftliches Problem; Vorgehensweise; Ansatz:* er hat einen anderen A.; ein ganz neuer A. **2.** (Werbespr.) *wirkungsvolle Werbezeile (als Annäherung des Werbenden an den Konsumenten), bes. Anfang eines Werbetextes, der die Aufmerksamkeit des Konsumenten erregen soll.* **3.** (Flugw.) *Anflug* (1 b).

Ap|pro|ba|ti|on, die; -, -en [lat. approbatio]: **1.** *zur Ausübung des Berufs als Arzt od. Apotheker erforderliche staatliche Bestätigung, Zulassung:* der Zahnärztin wurde die A. erteilt. **2.** (österr.) *behördliche Zulassung eines [Schul]buches o. Ä. als Unterrichtsmittel:* eine Formelsammlung beim Unterrichtsministerium zur A. einreichen.

ap|pro|bie|ren ⟨sw. V.; hat⟩ [lat. approbare, zu: probare, ↑ probieren] (österr., sonst veraltet): *[behördlich] genehmigen, zulassen:* ein Buch [für den Gebrauch an Schulen] a.

ap|pro|biert ⟨Adj.⟩: *als Arzt od. Apotheker zur Berufsausübung staatlich zugelassen, anerkannt:* ein -er Tierarzt.

Ap|pro|xi|ma|ti|on, die; -, -en [mlat. approximatio, zu lat. approximare = sich nähern]: **1.** (bildungsspr.) *Annäherung (an einen bestimmten Zielpunkt o. Ä.).* **2.** (Math.) *Näherung, Näherungswert.*

ap|pro|xi|ma|tiv ⟨Adj.⟩ (bildungsspr.): *angenähert; ungefähr:* -e Werte, Angaben; die Preise lauten a. wie folgt.

Apr. = April.

Ap|ra|xie, die; -, -n [griech. apraxía = Untätigkeit] (Med.): *Unfähigkeit, richtige Bewegungen auszuführen (infolge krankhaft geschädigter Nervenbahnen).*

Ap|rès-Ski [apʀɛˈʃi], das; - [frz. après ski = nach dem Ski(laufen)]: **a)** *sportlich-saloppe, modisch-elegante Kleidung, die von Winterurlaubern im Allgemeinen nach dem Skilaufen getragen wird;* **b)** *Unterhaltung, Vergnügen, Zerstreuung [nach dem Skilaufen] im Winterurlaub.*

Ap|rès-Ski-Klei|dung, die: *Après-Ski* (a).

ap|ri|cot [...ˈko:] ⟨indekl. Adj.⟩ [frz. abricot, in der Schreibung an ↑ Aprikose angelehnt]: *von der Farbe der Aprikose; aprikosenfarben:* eine a. Bluse.

Ap|ri|ko|se, die; -, -n [niederl. abrikoos < frz. abricot < span. albaricoque < arab. al-barqūq = Pflaumen, über das Spätgriech. < spätlat. praecoca = Pfirsiche, eigtl. = frühreife (Früchte)]: **a)** *rundliche, samtig behaarte, gelbe bis orangefarbene, oft rotwangige Frucht mit [saftigem] wohlschmeckendem Fruchtfleisch u. glattem, scharfkantigem Stein;* **b)** *Aprikosenbaum.*

Ap|ri|ko|sen|baum, der: *weiß bis hellrosa blühender Obstbaum mit Aprikosen als Früchten.*

ap|ri|ko|sen|far|ben ⟨Adj.⟩: *apricot.*

Ap|ri|ko|sen|mar|mel|la|de, die: *aus Aprikosen hergestellte Marmelade.*

Ap|ri|ko|sen|saft, der: *Saft von Aprikosen.*

Ap|ril, der; -[s], -e ⟨Pl. selten⟩ [mhd. aberelle, ahd. abrello < lat. Aprilis (mensis), H. u.]: *vierter Monat des Jahres (Abk.: Apr.): der launische, unbeständige A.; im Laufe des April[s], des Monats A.; Anfang, Ende A.; *jmdn. **in den A. schicken** (jmdn. am 1. April mit etw., mit einem scherzhaften Auftrag o. Ä. zum Narren halten;* H. u.); **A., A.!** (*spottender Zuruf an jmdn., der in den April geschickt wurde*).

Ap|ril|schau|er, der: *plötzlicher, meist heftiger Regenschauer, wie er im April häufig auftritt.*

Ap|ril|scherz, der: *Spaß, Ulk, mit dem jmd. in den April geschickt wird:* auf einen A. hereinfallen; Ü das ist doch wohl ein A.! (*kann doch nicht wahr sein, ist doch wohl nicht ernst zu nehmen!*).

Ap|ril|wet|ter, das ⟨Pl. selten⟩: *unbeständiges, meist kühles Wetter mit raschem Wechsel zwischen heftigen Schauern u. Aufheiterungen, wie es im April häufig ist.*

a pri|ma vis|ta [ital. = auf den ersten Blick, aus a (↑²a), prima (↑ prima) u. vista = das Sehen, zu: vedere < lat. videre = sehen] (bildungsspr.): *ohne vorherige Kenntnis; unvorbereitet:* a p. v. etwas schwer beurteilen können.

a pri|o|ri [lat. = vom Früheren her, zu: prior, ↑ Prior]: **a)** (Philos.) *von der Erfahrung od. Wahrnehmung unabhängig; aus der Vernunft durch logisches Schließen gewonnen; aus Vernunftgründen:* eine Erkenntnis, ein Urteil a p.; **b)** (bildungsspr.) *von vornherein; grundsätzlich; ohne weitere Beweise:* etw. a p. verurteilen; das bedeutet a p. keinen Widerspruch.

Apri|o|ri, das; -, - ⟨Philos.⟩: *Vernunftsatz; Inbegriff apriorischer Erkenntnisse.*

apri|o|risch ⟨Adj.⟩ (Philos.): *aus der Vernunft gewonnen, durch Denken erschlossen; erfahrungsunabhängig; aus Vernunftgründen, vernunftgemäß.*

Apri|o|ris|mus, der; -, ...men (Philos.): *Lehre, die eine von der Erfahrung unabhängige Erkenntnis annimmt.*

A-Pro|be [ˈaː...], die (Sport): *Dopingprobe* (2), *die in Anwesenheit des überprüften Sportlers untersucht wird.*

ap|ro|pos [aproˈpoː] ⟨Adv.⟩ [frz. à propos = der Sache, dem Thema angemessen, zu: propos = Gespräch(sthema), zu: proposer = vorschlagen] (bildungsspr.): *übrigens; nebenbei bemerkt; da wir gerade davon sprechen:* das kostet eine Menge Geld – a. Geld, ich muss ja noch zur Bank!

Ap|si|den: Pl. von ↑ Apsis.

ap|si|di|al ⟨Adj.⟩ (Archit.): *die Apsis* (1) *betreffend, nach Art einer Apsis gebaut.*

Ap|sis, die; -, Apsiden. **1.** [(spät)lat. apsis (Gen.: absidis); hapsis < griech. (ionisch) apsís = Gefüge; Masche eines Netzes, zu: háptein = (an)knüpfen] (Archit.) *über einem halbkreisförmigen, oft auch vieleckigen Grundriss errichteter, mit einer Halbkuppel überwölbter Raum, der einen Hauptraum, meist einen Kirchenraum, abschließt:* eine halbrunde A. **2.** *[halbrunde] Nische im Zelt zur Aufnahme von Gepäck u. Ä.*

Apu|li|en, -s: italienische Region.

apu|lisch ⟨Adj.⟩: *Apulien, die Apulier betreffend.*

Aquä|dukt, der, auch: das; -[e]s, -e [lat. aquae ductus = Leitung des Wassers]: *(in der römischen Baukunst) Wasserleitung, bei der das Wasser in offenen od. abgedeckten Kanälen über eine oft mehrgeschossige Bogenbrücke in natürlichem Gefälle dem Ziel zugeleitet wird.*

Aqua|farm, die [zu lat. aqua = Wasser u. ↑ Farm]: *Anlage, in der Fische u. andere im Wasser lebende, für die menschliche Ernährung nutzbare Tiere gezüchtet werden:* Lachs, Kaviar aus -en.

Aqua|jog|ging, das: *kraftvolles Sichvorwärtsbewegen in brusthohem Wasser.*

Aqua|kul|tur, die; -, -en: **1.** ⟨o. Pl.⟩ **a)** *systematische Bewirtschaftung u. Nutzung von Meeren, Seen u. Flüssen für die Gewinnung bes. von für die menschliche Ernährung nutzbaren, im Wasser lebenden Pflanzen u. Tieren (z. B. durch*

Anlegen von Muschelkulturen); **b)** *(in bestimmten Anlagen, Aquarien u. Ä. durchgeführtes) Verfahren zur Intensivierung der Fischzüchtung u. Fischproduktion.* **2.** *Anlage zur Aquakultur* (1).

äqual ⟨Adj.⟩ [lat. aequalis] (Fachspr.): *gleich [groß]; nicht verschieden.*

aqua|ma|rin ⟨Adj.⟩: *von der Farbe des Aquamarins.*

Aqua|ma|rin, der; -s, -e [lat. aqua marina = Meerwasser]: *hellblauer bis meergrüner Edelstein, Abart des Berylls.*

aqua|ma|rin|blau, aqua|ma|rin|far|ben ⟨Adj.⟩: *aquamarin.*

Aqua|naut, der; -en, -en [zu griech. naútēs = Seemann]: *jmd., der [in einer Unterwasserstation o. Ä.] die besonderen Lebens- u. Umweltbedingungen in größeren Meerestiefen erforscht.*

Aqua|nau|tik, die; -: *Forschungsbereich der Ozeanografie, der sich vor allem mit den Möglichkeiten des Aufenthaltes von Menschen unter Wasser sowie mit der Erkundung u. Ausnutzung von Meeresbodenschätzen befasst; Unterwasserforschung.*

Aqua|nau|tin, die; -, -nen: w. Form zu ↑ Aquanaut.

Aqua|pla|ning, das; -[s] [engl. aquaplaning, zu: to aquaplane = (auf nasser Straße) rutschen, schleudern, eigtl. = Wasserski fahren, zu: aquaplane = Wasserski]: *Wasserglätte; bei höheren Geschwindigkeiten vorkommendes Rutschen, Gleiten der Reifen eines Kraftfahrzeugs auf Wasser, das sich auf einer regennassen Straße gesammelt hat.*

Aqua|rell, das; -s, -e [ital. acquerello, zu: acqua = Wasser < lat. aqua] (Malerei): *mit Aquarellfarben auf meist weißem, saugfähigem Papier gemaltes Bild, bei dem der Grund durchscheint, teilweise auch ausgespart ist:* ein A. von Nolde; * **A. malen** (*mit Aquarellfarben malen*); **in A.** (*in Aquarellfarben:* eine Landschaft in A.).

Aqua|rell|far|be, die: *durchscheinende, nicht deckende Wasserfarbe.*

aqua|rel|lie|ren ⟨sw. V.; hat⟩ (Malerei): *mit Aquarellfarben malen.*

Aqua|rel|list, der; -en, -en: *Aquarellmaler.*

Aqua|rel|lis|tin, die; -, -nen: w. Form zu ↑ Aquarellist.

Aqua|rell|ma|ler, der: *Künstler, der Aquarelle malt.*

Aqua|rell|ma|le|rei, die: **1.** ⟨o. Pl.⟩ *das Malen, die Kunst des Malens mit Aquarellfarben.* **2.** *mit Aquarellfarben gemaltes Bild; Aquarell.*

Aqua|rell|ma|le|rin, die: w. Form zu ↑ Aquarellmaler.

Aqua|rell|tech|nik, die (Malerei): *beim Malen von Aquarellen angewandte Technik.*

Aqua|ri|a|ner, der; -s, -: *jmd., der sich aus Liebhaberei mit der Haltung u. Züchtung von Wassertieren u. -pflanzen in Aquarien beschäftigt.*

Aqua|ri|a|ne|rin, die; -, -nen: w. Form zu ↑ Aquarianer.

Aqua|ri|en: Pl. von ↑ Aquarium.

Aqua|ri|en|fisch, der: **a)** *zur Haltung in einem Aquarium geeigneter Fisch;* **b)** *Fisch, der in einem Aquarium gehalten wird.*

Aqua|ri|en|haus, das: *Gebäude, in dem zur Besichtigung von Wassertieren u. -pflanzen Aquarien untergebracht sind.*

Aqua|ri|en|kun|de, die: *Lehre vom sachgerechten Halten u. Züchten von Tieren u. Pflanzen in Aquarien; Aquaristik.*

Aqua|ri|en|pflan|ze, die: **a)** *Wasser- od. Sumpfpflanze, die in einem Aquarium gehalten wird;* **b)** *Wasser- od. Sumpfpflanze, die sich zur Haltung in einem Aquarium eignet.*

Aqua|ris|tik, die; -: *Aquarienkunde.*

Aqua|ri|um, das; -s, ...ien [zu lat. aquarius = zum Wasser gehörend]: **1.** *meist viereckiger Glas- od. Plexiglasbehälter, der mit Süß- od. Seewasser gefüllt ist und zur Pflege, Zucht u. Beobachtung von Wassertieren (meist Fischen) u. Wasserpflanzen dient:* ein beleuchtetes A.; ein A. anlegen. **2.** *Aquarienhaus.*

aqua|tisch ⟨Adj.⟩ (Fachspr.): *dem Wasser zugehörend, im Wasser befindlich, lebend, entstanden:* eine -e Fauna; -e Sedimente.

Äqua|tor, der; -s, ...oren [lat. aequator = Gleichmacher, zu: aequare = gleichmachen, zu: aequus = gleich]: **1.** ⟨o. Pl.⟩ (Geogr.) *größter Breitenkreis auf der Erde, der die Erdkugel in die nördliche u. südliche Halbkugel teilt; Erdäquator:* das Schiff hat den Ä. passiert, überquert. **2.** (Math.) *Großkreis auf einer Kugel, dessen Ebene senkrecht auf einem vorgegebenen Kugeldurchmesser steht u. der die Kugel in zwei gleiche Hälften teilt.*

äqua|to|ri|al ⟨Adj.⟩ (Geogr.): **a)** *zum Äquator gehörend;* **b)** *unter dem Äquator od. in der Nähe des Äquators befindlich:* -e Meere.

Äqua|to|ri|al|gui|nea; -s: *Staat in Afrika.*

Äqua|tor|tau|fe, die (Schifffahrt): *seemännischer Brauch, nach dem jede Person, die zum ersten Mal den Äquator passiert, unter Wasser getaucht wird.*

Aqua|vit [auch: '...'vɪt], der; -s, -e [zu lat. aqua vitae = Lebenswasser, urspr. in der Apothekerspr. Bez. für »Branntwein«]: *meist wasserheller od. gelblicher, vorwiegend mit Kümmel [u. anderen Gewürzen] aromatisierter Branntwein.*

Äqui|di|s|tanz, die; -, -en (bes. Fachspr.): *gleich großer Abstand.*

äqui|li|b|rie|ren ⟨sw. V.; hat⟩ [frz. équilibrer] (selten): *ins Gleichgewicht bringen.*

Äqui|li|b|rist, der; -en, -en [frz. équilibriste, zu lat. aequilibrium = Gleichgewicht, zu: aequus = gleich u. libra = Waage]: *Artist, der die Kunst des Gleichgewichthaltens beherrscht; Gleichgewichtskünstler, bes. Seiltänzer.*

Äqui|li|b|ris|tin, die; -, -nen: w. Form zu ↑ Äquilibrist.

äqui|nok|ti|al ⟨Adj.⟩ [lat. aequinoctialis] (Astron., Geogr.): *das Äquinoktium betreffend, zu ihm gehörend.*

Äqui|nok|ti|um, das; -s, ...ien [lat. aequinoctium, zu: aequus = gleich u. nox (Gen.: noctis) = Nacht] (Geogr.): *Zeitpunkt, zu dem die Sonne auf ihrer jährlichen scheinbaren Bahn den Himmelsäquator schneidet u. für alle Orte auf der Erde Tag u. Nacht gleich lang sind; Tagundnachtgleiche.*

Aqui|ta|ni|en; -s: *historische Landschaft in Südwestfrankreich.*

äqui|va|lent ⟨Adj.⟩ [mlat. aequivalens (Gen.: aequivalentis), zu lat. aequus = gleich u. valere = wert sein] (bildungsspr.): *gleichwertig:* zwei -e Ausdrücke; -e Mengen (Math.; *Mengen, deren Elemente einander umkehrbar eindeutig zugeordnet werden können; Mengen gleicher Mächtigkeit*).

Äqui|va|lent, das; -[e]s, -e (bildungsspr.): *gleicher Wert, Gegenwert; gleichwertiger Ersatz, gleichwertige Entschädigung; Ausgleich, Entsprechendes:* es gibt für dieses englische Wort im Deutschen kein [wirkliches] Ä.

Äqui|va|lenz, die; -, -en [mlat. aequivalentia]: **1.** (bildungsspr.) *Gleichwertigkeit:* die Ä. zweier Begriffe, verschiedener Tauschobjekte. **2.** (Logik) *Gleichwertigkeit des Wahrheitsgehaltes, der Bedeutung zweier Aussagen.* **3.** (Math.) *Gleichwertigkeit zweier Mengen, die dann besteht, wenn es sich um Mengen gleicher Mächtigkeit* (4) *handelt.*

äqui|vok ⟨Adj.⟩ [spätlat. aequivocus, zu: aequus = gleich u. vocare, ↑ Vokabel]: **a)** (Philos., Sprachwiss.) *zwei-, mehrdeutig, von verschiedener Bedeutung trotz gleicher Lautung* (z. B. »einsilbig« als Eigenschaft von Wörtern u. von Menschen); **b)** (bildungsspr.) *doppelsinnig, verschieden deutbar:* eine -e Aussage.

¹**Ar,** das, österr. nur so, auch: der; -s, -e (aber: 10 Ar) [frz. are < lat. area = freier Platz, Fläche]: *Flächenmaß von 100 m² (Zeichen: a):* 25 Ar Land; eine Fläche von 87 Ar.

²**Ar** = Argon.

Ara, der; -s, -s [frz. ara < Tupi (südamerik. Indianerspr.) arara]: *(vor allem in den Wäldern Mittelamerikas lebender) in Baumhöhlen nistender großer, sehr bunter Papagei mit langem Schwanz.*

Ära, die; -, Ären ⟨Pl. selten⟩ [spätlat. aera, eigtl. = gegebene Zahl]: **1. a)** (Geschichte) *Zeitrechnung, der als Ausgangspunkt ein wirkliches od. fiktives Ereignis zugrunde liegt u. die durch fortlaufende Weiterzählung der einzelnen Jahre zustande kommt:* die christliche Ä. zählt die Jahre nach und vor Christi Geburt; **b)** (bildungsspr.) *in bestimmter Weise durch eine Person od. Sache geprägtes Zeitalter, gekennzeichnete Epoche; unter einem bestimmten Aspekt gesehener Zeitabschnitt:* eine neue Ä. begann; die Ä. der Raumfahrt; die Ä. des Feudalismus; die Ä. de Gaulle *(die Amtszeit de Gaulles).* **2.** (Geol.) **a)** *größte, mehrere Formationen umfassende Zeiteinheit der Erdgeschichte; Erdzeitalter;* **b)** *Zeitraum, in dem eine Reihe von zusammengehörenden Gebirgsfaltungen abläuft.*

Ara|ber [auch: 'a..., österr. u. schweiz. auch: a'raːbɐ], der; -s, - [lat. Arabes (Pl.) < griech. Árabes < arab. ʿarab, eigtl. = Wüstenbewohner]: **1.** Ew. zu ↑ Arabien. **2.** *Pferd einer bestimmten von der Arabischen Halbinsel stammenden Rasse.*

Ara|be|rin, die; -, -nen: w. Form zu ↑ Araber (1).

ara|besk ⟨Adj.⟩ [frz. arabesque < ital. arabesco = arabisch] (bild. Kunst): *Arabesken* (1) *aufweisend; rankenförmig verziert, verschnörkelt.*

Ara|bes|ke, die; -, -n [frz. arabesque < ital. arabesco, zu: arabo = arabisch]: **1.** (bild. Kunst) *aus der Dekorationskunst der römisch-hellenistischen Welt entwickeltes, stilisiertes Rankenornament, das vorherrschende Dekorationselement in allen Gattungen der islamischen Kunst darstellt:* -n aus Gips. **2.** (Musik) **a)** *Verzierung einer Melodie, reiche Figuration;* **b)** *heiteres Musikstück bes. für Klavier.*

Ara|bi|en; -s: *das Gebiet der Arabischen Halbinsel.*

ara|bisch ⟨Adj.⟩: **a)** *Arabien, die Araber betreffend; von den Arabern stammend, zu ihnen gehörend;* **b)** *in der Sprache der Araber.*

Ara|bisch, das; -[s], (nur mit best. Art.:) **Ara|bi|sche,** das; -n: *arabische Sprache.*

Ara|bi|sie|rung, die; -: *das Arabisieren.*

Ara|bist, der; -en, -en: *Wissenschaftler auf dem Gebiet der Arabistik.*

Ara|bis|tik, die; -: *wissenschaftliche Erforschung der arabischen Sprachen u. Literaturen.*

Ara|bis|tin, die; -, -nen: w. Form zu ↑ Arabist.

Arach|ni|den, Arach|no|i|den ⟨Pl.⟩ [zu griech. aráchnē = Spinne] (Zool.): *Spinnentiere.*

Arach|no|lo|gie, die; -: *Teilgebiet der Zoologie, das sich mit den Spinnentieren befasst.*

Ara|gón [...'ɡɔn], -s: span. Form von ↑ Aragonien.

Ara|go|ni|en; -s: *Region in Nordostspanien.*

Aralie, die; -, -n [H. u.]: *Kurzf. von ↑ Zimmeraralie.*

Aral|see, der; -s: *See in Mittelasien.*

Ara|mäa; -s: *alter Name Syriens.*

Ara|mäer, der; -s, -: *Angehöriger eines westsemitischen Nomadenvolkes.*

Ara|mä|e|rin, die; -, -nen: w. Form zu ↑ Aramäer.

ara|mä|isch ⟨Adj.⟩: **a)** *Aramäa, die Aramäer betreffend;* **b)** *in der Sprache der Aramäer.*

Aramäisch – Arbeiterwohlfahrt

Ara|mä|isch, das; -[s], (nur mit best. Art.): **Ara|mä|i|sche**, das; -n: *aramäische Sprache*.
Ärar, das; -s, -e [lat. aerarium = Staatskasse, Schatzkammer, zu: aes = Kupfer (das älteste röm. Geld bestand aus Kupfer)] (österr. Amtsspr. veraltend): *Fiskus*.
Ara|rat, der; -[s]: *Berg in der Türkei*.
Arau|ka|rie, die; -, -n [nach der chilenischen Provinz Arauco]: *auf der Südhalbkugel vorkommender Baum mit schuppen- bis nadelförmigen Blättern u. quirlig stehenden Ästen*.
Ar|beit, die; -, -en [vgl. 1c; die heutige Bedeutung seit Luther]: **1. a)** *Tätigkeit mit einzelnen Verrichtungen, Ausführung eines Auftrags o. Ä.*: eine leichte, anstrengende, mühsame, zeitraubende, langweilige, interessante A.; die -en können beginnen; die A. geht voran; diese A. geht mir gut, leicht von der Hand; die A. läuft uns nicht davon *(scherzh.; wir brauchen uns nicht damit zu beeilen)*; eine A. übernehmen, ausführen, verrichten, erledigen; durch diese Maßnahmen können wir A. sparen; eine A. sparende Methode; in A. ertrinken, mit A. überhäuft sein; über einer A. sitzen; * **ganze, gründliche** o. ä. **A. leisten/tun/**(ugs.:) **machen** *(etw. so gründlich tun, dass nichts mehr zu tun übrig bleibt; oft im negativen Sinn);* **b)** ⟨o. Pl.⟩ *das Arbeiten, Schaffen, Tätigsein, das Beschäftigtsein mit etw., mit jmdm.*: körperliche, geistige A.; schöpferische A. am Schreibtisch; die A. an einem Buch; die A. mit Jugendlichen; soziale A. leisten; gute A. leisten; viel A. haben *(viel arbeiten müssen);* seine A. tun; die A. hat er auch nicht erfunden *(er ist nicht gerade arbeitsam);* sich an die A. machen; an die A. gehen; Spr nach getaner A. ist gut ruh[e]n; * **etw. in A. geben** *(etw. anfertigen, machen lassen);* **etw. in A. haben** *(an etw. zurzeit arbeiten; mit der Anfertigung von etw. gerade beschäftigt sein);* **in A. sein** *(gerade hergestellt werden);* **c)** ⟨o. Pl.⟩ [mhd. ar(e)beit, ahd. ar(a)beit = schwere körperliche Anstrengung, Mühsal, Plage] *Mühe, Anstrengung; Beschwerlichkeit, Plage*: das war eine ziemliche A.; viel A. mit jmdm., etw. haben; du hast dir [damit, dadurch] unnötige A. gemacht; keine Mühe und A. scheuen; das macht viel A.; Ü das war ein hartes Stück A. *(eine große Mühe);* **d)** ⟨o. Pl.⟩ *Berufsausübung, Erwerbstätigkeit; Arbeitsplatz*: eine A. suchen, finden; A. suchende Frauen; die A. verlieren; A. haben *(eine Stelle, eine Anstellung haben);* unsere Firma hat A. *(hat Aufträge);* ohne A. sein *(arbeitslos sein);* (ugs.:) auf A. gehen *(berufstätig sein);* von der A. kommen; zur A. gehen, fahren; einer [geregelten] A. nachgehen *(berufstätig sein);* Spr jede A. ist ihres Lohnes wert; * **[bei jmdm.] in A. sein, stehen** *([bei jmdm.] beschäftigt, angestellt sein);* **von seiner Hände A. leben** (geh.; *sich seinen Lebensunterhalt durch Erwerbstätigkeit verdienen).* **2.** ⟨o. Pl.⟩ (Sport) *körperliche Vorbereitung auf bestimmte Leistungen; Training*: die A. am Sandsack, mit der Hantel. **3.** ⟨o. Pl.⟩ **a)** (Pferdesport) *der Ausbildung für den jeweiligen Verwendungszweck dienende Beschäftigung mit dem Pferd*: die A. an der Longe, an der Hand; **b)** (Jagdw.) *Abrichtung u. Führung eines Jagdhundes, dessen Einübung in die Suche nach Wild*: die A. mit einem Leithund auf der Schweißfährte. **4. a)** *als Ergebnis einer Betätigung entstandenes Werk; Erzeugnis, Produkt*: eine sorgfältige, grundlegende A.; handgefertigte -en; eine A. veröffentlichen; junge Künstler stellen ihre -en aus; Ü das ist bestellte A. *(dahinter steckt Absicht, das war geplant);* * **nur halbe A. machen** *(etw. nur unvollkommen ausführen);* **b)** *Klassenarbeit*: wir schreiben morgen eine A.; Jan hat die A. in Deutsch nicht mitgeschrieben; **c)** *Werk in seiner Beschaffenheit, in der Art seiner Ausführung; Gestaltung*: eine saubere, tadellose A.; getriebene -en; diese Vase ist eine italienische A.; eine A. aus Silber, in Marmor. **5.** (Physik) *Produkt aus der an einem Körper angreifenden Kraft u. dem unter ihrer Einwirkung vom Körper zurückgelegten Weg (wenn Kraft u. Weg in ihrer Richtung übereinstimmen).*

ar|bei|ten ⟨sw. V.; hat⟩ [mhd. ar(e)beiten, ahd. ar(a)beiten = (sich) plagen, angestrengt tätig sein, zu ↑ Arbeit]: **1. a)** *Arbeit leisten, verrichten; tätig sein*: körperlich, geistig a.; angestrengt, fleißig, hart, den ganzen Tag, am Schreibtisch, im Garten a.; an einem Roman a. *(schreiben);* der Schauspieler hat viel an sich gearbeitet *(hat sich viel mit der Ausbildung seiner schauspielerischen Fähigkeiten beschäftigt);* für, gegen Geld a.; mit den Händen, mit dem Kopf a.; im Akkord, mit Hochdruck, unter schlechten Bedingungen, unter Tarif a.; er lässt gern andere für sich a.; Ü sein Geld a. lassen *(es gewinnbringend anlegen);* **b)** *beruflich tätig, beschäftigt sein*: halbtags a. [gehen]; [in] Vollzeit, Teilzeit a.; auf dem Bau, bei der Bahn, in einer Fabrik, mit Kindern a.; er arbeitet als Monteur, fürs Fernsehen; die [nicht] arbeitende Bevölkerung; **c)** *sich mit jmdm., etw. befassen [u. darüber schreiben]*: er arbeitet über den Expressionismus; **d)** ⟨a. + sich; unpers.⟩ *sich in bestimmter Weise arbeiten* (1 a, b) *lassen*: es arbeitet sich gut mit diesem Gerät; am Abend arbeitet es sich ungestörter. **2. a)** *sich für etw. einsetzen; auf ein bestimmtes Ziel, Ergebnis hinarbeiten*: an der Lösung eines Problems a.; für eine bessere Zukunft a.; **b)** *jmdm., einer Sache zu schaden suchen*: gegen das Regime a. **3. a)** *alle Kräfte aufbieten*: der Ruderer musste schwer a., um gegen die Strömung anzukommen; Ü das Schiff arbeitete schwer in der Dünung; **b)** ⟨a. + sich⟩ *einen Weg [zu einem Ziel hin] mühevoll zurücklegen*: sich durch das Gebüsch a.; der Wurm arbeitete sich nach oben. **4. a)** ⟨a. + sich⟩ *durch Arbeit, körperliche Anstrengung in einen bestimmten Zustand gelangen*: sich müde, krank a.; du musst dich warm a.; **b)** *sich körperlich so sehr betätigen, dass ein Körperteil in einen bestimmten Zustand gerät*: ich arbeitete mir die Hände wund, den Rücken lahm. **5.** *in Funktion, Bewegung, Tätigkeit sein; in Betrieb, in Gang sein*: das Herz des Patienten arbeitet regelmäßig; ihr Gehirn arbeitete fieberhaft; die Maschine arbeitet einwandfrei, vollautomatisch; Ü das Holz arbeitet *(verzieht sich);* der Wein, Most arbeitet *(gärt);* der Teig arbeitet *(geht auf).* **6.** *jmdm. zu schaffen machen, jmdn. innerlich beschäftigen*: die Kränkung arbeitete in ihr. **7.** (Sport) *sich körperlich auf bestimmte Leistungen vorbereiten; trainieren*: mit Hanteln, am Sandsack a. **8.** (bes. Handwerk) *anfertigen, herstellen*: er arbeitet in Kostüm u. Taille a.; wo, bei wem lassen Sie a.?; eine Schale in Ton, in Silber a.

Ar|bei|ter, der; -s, - [mhd. arbeiter = Tagelöhner, Handwerker]: **a)** *jmd., der körperlich od. geistig [in bestimmter Weise] tätig ist*: er ist ein umsichtiger, gewissenhafter A.; **b)** *Arbeitnehmer, der überwiegend körperliche Arbeit leistet; Lohnarbeiter*: ein ungelernter A.; die A. am Gewinn beteiligen; die Gewerkschaft vertritt die Interessen der A.

Ar|bei|ter|auf|stand, der: *Aufstand, Revolte von Arbeitern*.
Ar|bei|ter|be|we|gung, die (Politik): *(im 19. Jh. sich entwickelnde) gegen die besitzenden Klassen u. deren politische Vertreter gerichtete, auf Verbesserung der ökonomischen, sozialen u. politischen Verhältnisse abzielende Bewegung der abhängigen Lohnarbeiter*.
Ar|bei|ter|bie|ne, die (Zool.): *Arbeiterin* (2) *in einem Bienenvolk*.
Ar|bei|ter|denk|mal, das: **1.** *die Arbeit glorifizierendes Standbild eines Arbeiters.* **2.** (ugs. scherzh.) *jmd., der (statt seine Arbeit zu verrichten) untätig dasteht.*
Ar|bei|ter|fa|mi|lie, die: *der Schicht der Arbeiter* (b) *angehörende Familie*: er kommt aus einer A.
Ar|bei|ter|füh|rer, der: *in der Arbeiterbewegung aktiver politischer Führer*.
Ar|bei|ter|füh|re|rin, die; -, -nen: w. Form zu ↑ Arbeiterführer.
Ar|bei|te|rin, die; -, -nen: **1.** w. Form zu ↑ Arbeiter. **2.** (Zool.) *unfruchtbare weibliche Biene, Ameise, Termite, deren Aufgabe u. a. in Brutpflege, Bewachung, Beschaffung von Nahrung besteht*.
Ar|bei|ter|ju|gend, die: *meist organisierte, der Arbeiterschaft entstammende od. ihr nahestehende Jugendliche*.
Ar|bei|ter|kam|mer, die: *gesetzliche Interessenvertretung der Arbeitnehmer in Österreich* (Abk.: AK).
Ar|bei|ter|kampf|gruß, der: *in der Arbeiterbewegung üblicher, Solidarität u. Kampfbereitschaft signalisierender Gruß, bei dem die zur Faust geballte rechte Hand erhoben wird*.
Ar|bei|ter|kind, das: *Kind aus einer Arbeiterfamilie*: die Bildungschancen der -er.
Ar|bei|ter|klas|se, die: *gesellschaftliche Schicht der Arbeiter*: der Kampf der A. um Verbesserung der sozialen Bedingungen.
Ar|bei|ter|lied, das: *Kampflied der Arbeiterklasse*.
Ar|bei|ter|mi|lieu, das: *Milieu, in dem die Arbeiter leben*.
Ar|bei|ter|or|ga|ni|sa|ti|on, die: *(im Zuge der Arbeiterbewegung entstandene) Organisation (wie Partei, Gewerkschaft, Verband), in sich Arbeiter zusammenschließen*.
Ar|bei|ter|par|tei, die: *politische Partei, die die Interessen der Arbeiter vertritt u. deren Mitglieder überwiegend Arbeiter sind*.
Ar|bei|ter|rat, der: *(früher in einigen kommunistischen Ländern) Vertretungsorgan der Belegschaftsmitglieder in Betrieben u. Unternehmen*.
Ar|bei|ter|schaft, die; -, -en: *Gesamtheit der Arbeiter u. Arbeiterinnen*: die Partei sieht ihre politische Basis in der A.
Ar|bei|ter|schutz, der ⟨o. Pl.⟩ (österr.): *Arbeitsschutz*.
Ar|bei|ter|selbst|ver|wal|tung, die: *Verwaltung von Betrieben u. Institutionen durch die dort beschäftigten Arbeiter*.
Ar|bei|ter|sied|lung, die: *für Arbeiter errichtete, von Arbeitern bewohnte Siedlung*: eine A. aus dem 19. Jahrhundert.
Ar|bei|ter|sohn, der: *Sohn eines Arbeiters*: der Präsident ist ein A.
Ar|bei|ter|stadt, die: *durch einen hohen Anteil von Arbeitern geprägte [Industrie]stadt*: Duisburg ist eine A.
Ar|bei|ter|toch|ter, die: *Tochter eines Arbeiters*.
Ar|bei|ter-und-Bau|ern-Staat, der (DDR): *von der Klasse der Arbeiter u. Bauern getragener u. geführter Staat*.
Ar|bei|ter-und-Sol|da|ten-Rat, der (Geschichte): *aus Arbeitern u. Soldaten gebildeter Rat* (3 c).
Ar|bei|ter|ver|ein, der: *[konfessionell od. politisch gebundener] Verein zur kulturellen u. wirtschaftlichen Förderung der Arbeiter innerhalb der Arbeiterbewegung*.
Ar|bei|ter|ver|tre|tung, die: *Interessenvertretung* (b) *der Arbeiter*.
Ar|bei|ter|vier|tel, das: *bes. von Arbeitern bewohntes Stadtviertel*.
Ar|bei|ter|wohl|fahrt, die ⟨o. Pl.⟩: *Verband der freien Wohlfahrtspflege, der auf allen Gebieten*

der Sozialarbeit u. in der Entwicklungshilfe tätig ist.
Ar|beit|ge|ber [auch: ...'ge:...], der: *Firma o. Ä., Person, die Arbeitnehmer im Arbeitsverhältnis beschäftigt.*
Ar|beit|ge|ber|an|teil, der: *Anteil an der Sozialversicherung des Arbeitnehmers, der vom Arbeitgeber getragen werden muss.*
Ar|beit|ge|ber|bei|trag, der: *Arbeitgeberanteil.*
Ar|beit|ge|be|rin, die; -, -nen: w. Form zu ↑ Arbeitgeber.
ar|beit|ge|ber|nah: *den Arbeitgebern politisch nahestehend.*
Ar|beit|ge|ber|prä|si|dent, der: *Präsident einer Vereinigung der Arbeitgeber.*
Ar|beit|ge|ber|sei|te, die ⟨o. Pl.⟩: *Seite (9 a), Partei der Arbeitgeber:* die A. hat die Forderung zurückgewiesen.
Ar|beit|ge|ber|ver|band, der: *Interessenverband von Arbeitgebern.*
Ar|beit|ge|ber|ver|tre|ter, der: *Vertreter (1 b) der Arbeitgeberseite.*
Ar|beit|ge|ber|ver|tre|te|rin, die: w. Form zu ↑ Arbeitgebervertreter.
Ar|beit|neh|mer [auch: ...'ne:...], der; -s, -: *jmd., der von einem Arbeitgeber beschäftigt wird.*
Ar|beit|neh|mer|frei|be|trag, der (Steuerw.): *Steuerfreibetrag für Arbeitnehmer.*
Ar|beit|neh|me|rin, die; -, -nen: w. Form zu ↑ Arbeitnehmer.
Ar|beit|neh|mer/-innen, Ar|beit|neh|mer(innen): Kurzformen für: Arbeitnehmerinnen und Arbeitnehmer.
Ar|beit|neh|mer|or|ga|ni|sa|ti|on, die: *Organisation zur Vertretung der Interessen der Arbeitnehmer.*
Ar|beit|neh|mer|schaft, die ⟨Pl. selten⟩: *Gesamtheit der Arbeitnehmerinnen u. Arbeitnehmer.*
Ar|beit|neh|mer|sei|te, die ⟨o. Pl.⟩: *Seite (9 a), Partei der Arbeitnehmer.*
Ar|beit|neh|mer|ver|an|la|gung, die (österr.): *Lohnsteuerjahresausgleich.*
Ar|beit|neh|mer|ver|tre|ter, der: *Vertreter (1 b) der Arbeitnehmerseite.*
Ar|beit|neh|mer|ver|tre|te|rin, die: w. Form zu ↑ Arbeitnehmervertreter.
Ar|beit|neh|mer|ver|tre|tung, die: *Vertretung (3 a) von Arbeitnehmern, z. B. Betriebsrat, Gewerkschaft:* Gespräche zwischen Konzernleitung und A.
Ar|beits|ab|lauf, der: *das Ablaufen (5 c), Verlauf einer Arbeit (1):* den A. regeln; eine Unterbrechung im A.
Ar|beits|ab|schnitt, der: *einzelner Abschnitt, einzelne Phase (1) einer Arbeit (1).*
Ar|beits|agen|tur, die: *staatliche Behörde mit den Aufgaben der Arbeitsvermittlung, der Gewährung von Arbeitslosengeld u. a.*
Ar|beits|all|tag, der: *täglicher gleichförmiger Ablauf im Arbeitsleben:* Aufgaben wie diese gehören bei ihr zum A.
ar|beit|sam ⟨Adj.⟩ (veraltend): *eifrig u. viel arbeitend, fleißig:* ein -er Mensch.
Ar|beits|amt, das: *Arbeitsagentur.*

Zum 1. 1. 2004 wurden die Arbeitsämter offiziell in *Agentur für Arbeit* umbenannt. In nicht offiziellen Kontexten, besonders in der Umgangssprache, ist die Bezeichnung *Arbeitsamt* aber noch sehr gebräuchlich.

Ar|beits|an|fall, der: *das Anfallen von Arbeit; anfallende Arbeit.*
Ar|beits|an|fang, der: *Anfang der täglichen beruflichen Arbeit:* um 8 Uhr ist A.
Ar|beits|an|ge|bot, das: *Angebot an Arbeitsmöglichkeiten.*

Ar|beits|an|lei|tung, die: *Anleitung, nach der eine Arbeit auszuführen ist.*
Ar|beits|an|tritt, der: *Beginn einer beruflichen Tätigkeit.*
Ar|beits|an|wei|sung, die: *Anleitung, nach der eine Arbeit auszuführen ist.*
Ar|beits|an|zug, der: *bei der Arbeit getragener Anzug.*
Ar|beits|at|mo|sphä|re, die ⟨Pl. selten⟩: *am Arbeitsplatz herrschende Atmosphäre (2 a).*
Ar|beits|auf|fas|sung, die: *innere Einstellung zur Berufsarbeit in Bezug auf deren gewissenhafte Erledigung:* eine vorbildliche A.
Ar|beits|auf|trag, der: *Auftrag, eine bestimmte Arbeit, Aufgabe zu erledigen:* das Team erhielt einen klar definierten A.
Ar|beits|auf|wand, der: *Aufwand an Arbeit:* etw. mit großem, geringem A. erreichen; der A. für etw. ist unverhältnismäßig hoch.
ar|beits|auf|wen|dig, ar|beits|auf|wän|dig ⟨Adj.⟩: *mit viel Arbeit (1 a) verbunden:* eine -e Aktion; ein -es Verfahren; das ist zu a.
Ar|beits|aus|fall, der: *Ausfall (2 a) von Arbeit, die hätte getan werden sollen (bes. in der Produktion):* ein A. von einigen Stunden.
Ar|beits|aus|schuss, der: *arbeitsfähiger Ausschuss, der sich mit einem begrenzten Sachbereich befasst:* einen A. bilden; mit diesem Problem soll sich ein A. von Parlamentariern befassen.
Ar|beits|be|din|gung, die ⟨meist Pl.⟩: *Umstand, unter dem Arbeit stattfindet.*
Ar|beits|be|ginn, der ⟨o. Pl.⟩: *Arbeitsanfang.*
Ar|beits|be|hör|de, die: *Behörde, in deren Zuständigkeit Arbeitsgerichtbarkeit, Arbeitsvermittlung, Arbeitslosenversicherung u. a. fallen.*
Ar|beits|be|las|tung, die: *Belastung, die durch die zu leistende Arbeit für jmdn. entsteht:* eine geringe, erhöhte A.
Ar|beits|be|ra|ter, der: *jmd., der [in einer Arbeitsagentur] Arbeitnehmer, die ihre Arbeitsstelle od. ihren Beruf wechseln od. wieder berufstätig werden wollen, über die Lage auf dem Arbeitsmarkt, über Umschulung, Fortbildung o. Ä. informiert (Berufsbez.).*
Ar|beits|be|ra|te|rin, die; -, -nen: w. Form zu ↑ Arbeitsberater.
Ar|beits|be|reich, der, selten das: **1.** *Gebiet, auf dem jmd. arbeitet:* diese Aufgabe fällt, gehört in ihren A. **2.** *Bereich, in dem jmd., etw. arbeitet:* eine spanische Wand trennt den A. vom übrigen Zimmer; der A. des Drehkrans.
Ar|beits|be|richt, der: *Bericht über geleistete Arbeit:* den monatlichen A. vorlegen.
Ar|beits|be|schaf|fung, die ⟨Pl. selten⟩: *öffentliche Bereitstellung od. Subventionierung von Arbeitsplätzen, bes. bei allgemeiner Arbeitslosigkeit.*
Ar|beits|be|schaf|fungs|maß|nah|me, die ⟨meist Pl.⟩: *der Bereitstellung zusätzlicher Arbeitsplätze dienende Maßnahme* (Abk.: ABM).
Ar|beits|be|schaf|fungs|pro|gramm, das: *Programm zur Arbeitsbeschaffung.*
Ar|beits|be|spre|chung, die: *die Arbeit betreffende Besprechung:* regelmäßige -en abhalten.
Ar|beits|be|such, der (bes. Politik): *Besuch zum Zwecke gemeinsamen Arbeitens.*
Ar|beits|bie|ne, die: **1.** (Zool.) *Arbeiterbiene.* **2.** (ugs.) *außerordentlich fleißige [weibliche] Person.*
Ar|beits|blatt, das: *Blatt (2 a) mit zu bearbeitenden Aufgaben:* die Arbeitsblätter wurden ausgeteilt.
Ar|beits|buch, das: **1.** (bes. Päd.) *Übungsbuch.* **2.** *Buch (2), in das sämtliche Arbeitsverhältnisse eines Arbeitnehmers eingetragen werden.*

Ar|beits|büh|ne, die (Technik): *Plattform (mit Geländer) zum Ausführen von Arbeiten in größerer Höhe:* eine fahrbare, drehbare A.
Ar|beits|dau|er, die: *Dauer einer Arbeit; für eine bestimmte Arbeit notwendiger Zeitaufwand.*
Ar|beits|dienst, der: **1.** *nicht voll entlohnte, freiwillige od. gesetzlich erzwungene körperliche Arbeit im Dienst der Allgemeinheit:* A. leisten; jmdn. zum A. heranziehen. **2. a)** *für den Arbeitsdienst (1) zuständige Organisation:* der Freiwillige A. der Regierung Brüning; **b)** (nationalsoz.) Kurzf. von ↑ Reichsarbeitsdienst.
Ar|beits|di|rek|tor, der: *Direktor für Personalwesen u. Soziales in Unternehmen, die dem Mitbestimmungsgesetz unterliegen, der einerseits als Mitglied in den Vorstand od. die Geschäftsführung eingebunden ist, andererseits im Rahmen der Mitbestimmung die Belange der Arbeitnehmer zu wahren hat; Sozialdirektor.*
Ar|beits|di|rek|to|rin, die: w. Form zu ↑ Arbeitsdirektor.
Ar|beits|ei|fer, der: *Eifer, ernstes Bemühen bei der Arbeit:* mit viel A. anfangen.
Ar|beits|ein|heit, die: **1.** (DDR) *Maßeinheit für Arbeitsleistung.* **2.** *Maßeinheit für physikalische Arbeit.*
Ar|beits|ein|kom|men, das: *Einkommen aus körperlicher od. geistiger Arbeit.*
Ar|beits|ein|satz, der: **a)** *Einsatz (2 a) bei der Arbeit:* seinen nächsten A. hat er in Rom; **b)** *das Sicheinsetzen (4 a) bei der Arbeit:* ein überdurchschnittlicher A.
Ar|beits|ein|stel|lung, die: **1.** *Niederlegung der Arbeit, Streik:* demonstrative -en in den Metall verarbeitenden Betrieben. **2.** *Arbeitsauffassung:* eine vorbildliche A. zeigen.
Ar|beits|elan, der: *Elan, Schwung, Eifer bei der Arbeit.*
Ar|beits|emi|g|rant, der (Soziol.): *jmd., der sein Land verlässt, um im Ausland zu arbeiten.*
Ar|beits|emi|g|ran|tin, die: w. Form zu ↑ Arbeitsemigrant.
Ar|beits|en|de, das: *Anfang der täglichen beruflichen Arbeit:* A. ist um 17 Uhr.
Ar|beits|ent|gelt, das: *Arbeitslohn.*
Ar|beits|er|fah|rung, die: *Erfahrung, die bes. in langjähriger Arbeit gewonnen wurde:* A. einbringen.
Ar|beits|er|geb|nis, das: *Ergebnis einer Arbeit:* gute -se.
Ar|beits|er|laub|nis, die: *Erlaubnis, (in einem bestimmten Land) berufstätig zu sein:* eine A. erteilen; um A. nachsuchen.
Ar|beits|er|leich|te|rung, die: *Erleichterung, Vereinfachung der Arbeit.*
Ar|beits|es|sen, das: *Essen, das dazu dient, anliegende Fragen, geschäftliche Dinge zu besprechen; Arbeitsbesprechung während eines Essens.*
Ar|beits|ethik, die: *auf die Arbeit bezogene Ethik:* die calvinistische A.
Ar|beits|ethos, das: *im Ethisch-Sittlichen gegründetes Verhältnis zur beruflichen Arbeit:* ein vorbildliches, preußisches A.
Ar|beits|ex|em|p|lar, das: *Exemplar, bes. Buch, mit dem jmd. arbeitet od. das jmd. bearbeitet.*
ar|beits|fä|hig ⟨Adj.⟩: *in der Lage befindlich, seine Arbeit zu verrichten;* eine -e Regierung; vom Arzt a. geschrieben werden.
Ar|beits|fä|hig|keit, die ⟨o. Pl.⟩: *das Arbeitsfähigsein:* der Arzt hat ihm seine volle A. bestätigt.
Ar|beits|feld, das (geh.): *Gebiet, auf dem jmd. arbeitet, das jmd. bearbeitet; Arbeitsgebiet, Aufgabenbereich:* jmdm. eröffnet sich ein neues, weites A.
Ar|beits|flä|che, die: *für bestimmte Arbeiten vorgesehene Fläche:* den Teig auf einer bemehlten A. ausrollen.

ar|beits|frei ⟨Adj.⟩: *von beruflicher Arbeit frei:* einen -en Tag haben; [einen Tag] a. haben, bekommen; heute ist a. *(ein arbeitsfreier Tag).*

Ar|beits|frie|de, (häufiger:) **Ar|beits|frie|den,** der ⟨o. Pl.⟩: *dem Arbeitsrecht gemäßer, konfliktfreier Zustand des Verhältnisses zwischen Arbeitgeber u. Arbeitnehmer:* den Arbeitsfrieden gefährden.

Ar|beits|gang, der: **1.** *abgeschlossener Teil eines größeren Arbeitsvorgangs:* die einzelnen Arbeitsgänge bei der Herstellung von etw.; Zählen und Sortieren in einem A. abwickeln. **2.** *(selten) [Fort]gang einer Arbeit:* jmdm. den A. erklären.

Ar|beits|ge|biet, das: *Gebiet, auf dem jmd. arbeitet; Aufgabenbereich.*

Ar|beits|ge|mein|schaft, die: **1.** *Gemeinschaft, Gruppe, die mit einer bestimmten Arbeit, Aufgabe beschäftigt ist* (Abk.: AG): eine A. von Architekten; eine A. bilden, gründen; in der Schule gibt es eine A. »Theater«. **2.** *(seltener) Gemeinsamkeit, Gedanken- u. Erfahrungsaustausch bei der Arbeit; Aufgabenteilung bei gemeinsamer Arbeit:* er hat das Werk in A. mit anderen geschrieben.

Ar|beits|ge|neh|mi|gung, die: *Arbeitserlaubnis.*

Ar|beits|ge|rät, das: **1.** *für eine bestimmte Arbeit benötigtes Gerät* (1 a). **2.** ⟨o. Pl.⟩ *für eine bestimmte Arbeit benötigtes Gerät* (2).

Ar|beits|ge|richt, das: *Gericht, das für arbeitsrechtliche Streitigkeiten zuständig ist.*

ar|beits|ge|richt|lich ⟨Adj.⟩: *ein Arbeitsgericht betreffend, zu einem Arbeitsgericht gehörend, von ihm ausgehend:* -e Entscheidungen.

Ar|beits|ge|richts|pro|zess, der: *Prozess vor einem Arbeitsgericht.*

Ar|beits|grund|la|ge, die: *Grundlage, Basis, auf der jmd. arbeitet, von der jmd. bei der Arbeit ausgeht:* eine vernünftige A.

Ar|beits|grup|pe, die: *Personengruppe, die gemeinsam [u. arbeitsteilig] an etw. arbeitet, etw. bearbeitet.*

Ar|beits|haus, das (früher): *Besserungs- u. Strafanstalt mit Arbeitszwang:* jmdn. in ein A. einweisen.

Ar|beits|heft, das: **1.** ²*Heft* (a) *für Klassenarbeiten.* **2.** *Unterrichtszwecken dienendes, Übungsaufgaben u. dgl. enthaltendes* ²*Heft* (c): -e sind von der Lehrmittelfreiheit ausgenommen. **3.** ²*Heft* (a), *in das sämtliche Arbeitsverhältnisse eines Arbeitnehmers eingetragen werden.*

Ar|beits|hil|fe, die: *Hilfe, Hilfsmittel bei der Arbeit:* Bücher und andere -n für die Schülerinnen u. Schüler.

Ar|beits|ho|se, die: *bei der Arbeit getragene Hose:* eine A. aus blauem Drillich.

Ar|beits|hy|po|the|se, die: *vorläufige Hypothese, die der weiteren Arbeit zugrunde gelegt wird:* diese Behauptung ist nur eine A.

Ar|beits|im|mi|grant, der (Soziol.): *jmd., der in ein Land einwandert, um dort für [un]bestimmte Zeit zu arbeiten.*

Ar|beits|im|mi|gran|tin, die: w. Form zu ↑ Arbeitsimmigrant.

Ar|beits|in|s|pek|ti|on, die: *(in Österreich und in der Schweiz) staatliches Organ zur Durchführung der Arbeitsschutzgesetzgebung; Gewerbeaufsicht.*

ar|beits|in|ten|siv ⟨Adj.⟩ (Wirtsch.): **a)** *ein hohes Maß von Arbeit* (a) *erfordernd:* das Redigieren des Artikels war sehr a.; **b)** (Wirtsch.) *(gegenüber anderen Produktionsfaktoren, z. B. Kapital) überwiegend durch menschliche Arbeit bestimmt:* in -es Verfahren; die Herstellung ist sehr a.

Ar|beits|kampf, der: *unter Anwendung bestimmter Kampfmaßnahmen geführte Auseinandersetzung um Fragen der Arbeitsbedingungen, des zu zahlenden Entgelts u. Ä.*

Ar|beits|kit|tel, der: *bei der Arbeit getragener Kittel.*

Ar|beits|klei|dung, die: *bei der Arbeit getragene Kleidung.*

Ar|beits|kli|ma, das ⟨o. Pl.⟩: *durch ein bestimmtes gemeinschaftliches Verhalten bei der Arbeit geprägte Stimmung, Atmosphäre:* in diesem Betrieb herrscht ein gutes A.

Ar|beits|kluft, die (ugs.): *Arbeitskleidung.*

Ar|beits|kol|le|ge, der: *Kollege* (b).

Ar|beits|kol|le|gin, die: w. Form zu ↑ Arbeitskollege.

Ar|beits|kol|lek|tiv, das (DDR): *Arbeitsgruppe, Arbeitsgemeinschaft.*

Ar|beits|kon|flikt, der: *kollektiver Konflikt zwischen Arbeitnehmer[inne]n u. Arbeitgebern:* der A. wurde beigelegt.

Ar|beits|ko|pie, die (EDV): *Kopie eines Anwenderprogramms, die [aus Sicherheitsgründen] anstelle des Originals für die Arbeit am Computer verwendet wird.*

Ar|beits|kos|ten ⟨Pl.⟩: *Gesamtheit der Aufwendungen eines Betriebs für den Produktionsfaktor Arbeit.*

Ar|beits|kraft, die: **1.** *Kraft zu geistiger od. körperlicher Arbeit, Leistungskraft:* jmds. A. beanspruchen; die menschliche A. durch eine Maschine ersetzen. **2.** *Arbeit leistender Mensch:* eine tüchtige A.

Ar|beits|kräf|te|man|gel, der ⟨o. Pl.⟩: *Mangel an [bestimmten] Arbeitskräften* (2).

Ar|beits|kreis, der: *Arbeitsgemeinschaft* (1): einen A. bilden.

Ar|beits|la|ger, das ⟨Pl. Arbeitslager⟩: *Lager für Zwangsarbeiter.*

Ar|beits|le|ben, das ⟨o. Pl.⟩: **1.** *durch die Erwerbstätigkeit geprägter Teil des Lebens (eines Menschen):* ein erfülltes A.; im A. stehen. **2.** *Arbeitswelt:* Szenen aus dem A.

Ar|beits|leis|tung, die: *durch Arbeiten erbrachte Leistung:* eine gewaltige A. vollbringen; er steigerte seine A.

Ar|beits|lohn, der: *Lohn für Arbeits- u. Dienstleistungen:* jmdm. seinen A. [aus]zahlen.

ar|beits|los ⟨Adj.⟩: *trotz Arbeitsfähigkeit ohne berufliche Arbeit; beschäftigungslos, erwerbslos:* sie war, wurde a.

Ar|beits|lo|se, die/eine Arbeitslose; der/einer Arbeitslosen, die Arbeitslosen/zwei Arbeitslose: **1.** *weibliche Person, die arbeitslos ist.* **2.** ⟨o. Pl.⟩ (österr. ugs.) *Kurzf. von* ↑ Arbeitslosenunterstützung.

Ar|beits|lo|sen|geld, das: *von der Arbeitslosenversicherung an stellensuchende Arbeitslose gezahltes Geld:* A. beziehen, bekommen, beantragen.

Ar|beits|lo|sen|hil|fe, die: **1.** *Organisation u. Durchführung (bes. öffentlicher) finanzieller Hilfe zur Verhütung, Überbrückung, Beendigung von Arbeitslosigkeit.* **2.** *finanzielle Unterstützung für Erwerbslose:* einen Antrag auf A. stellen.

Ar|beits|lo|sen|quo|te, die: *Quote* (a) *der Arbeitslosen in einem bestimmten Bereich.*

Ar|beits|lo|sen|ra|te, die: *Arbeitslosenquote.*

Ar|beits|lo|sen|sta|tis|tik, die: *über die Zahl der Arbeitslosen und die Arbeitslosenquote angefertigte Statistik* (2).

Ar|beits|lo|sen|un|ter|stüt|zung, die: *an Arbeitslose gezahlte finanzielle Unterstützung.*

Ar|beits|lo|sen|ver|si|che|rung, die: **1.** *gesetzlich geregelte Pflichtversicherung gegen Nachteile durch Arbeitslosigkeit.* **2.** *staatliche Einrichtung, Anstalt für Arbeitslosenversicherung* (1).

Ar|beits|lo|sen|zahl, die: *Anzahl der Arbeitslosen:* eine steigende A.

Ar|beits|lo|ser, der Arbeitslose/ein Arbeitsloser; des/eines Arbeitslosen, die Arbeitslosen/zwei Arbeitslose: *jmd., der arbeitslos ist.*

Ar|beits|lo|sig|keit, die; -: **1.** *das Arbeitslossein; Zustand, arbeitslos zu sein.* **2.** *das Vorhandensein von Arbeitslosen:* es gab kaum, keine A.

Ar|beits|man|gel, der ⟨o. Pl.⟩: ¹*Mangel* (1) *an Arbeit:* wir können nicht über A. klagen.

Ar|beits|markt, der (Wirtsch.): *Bereich der Wirtschaft, in dem sich Angebot von u. Nachfrage nach Arbeit begegnen:* die Lage auf dem A.; der zweite A. *(Gesamtheit aller staatlich subventionierten Arbeitsverhältnisse).*

Ar|beits|markt|po|li|tik, die: *Gesamtheit der Maßnahmen zur Regelung u. Förderung des Arbeitsmarktes.*

ar|beits|markt|po|li|tisch ⟨Adj.⟩: *die Arbeitsmarktpolitik betreffen:* -e Maßnahmen, Ziele.

Ar|beits|markt|re|form, die: *den Arbeitsmarkt betreffende Reformen:* -en fordern, beschließen, verabschieden.

Ar|beits|markt|ser|vice [...sə:vɪs], der, auch: das (österr.): *staatliche Behörde mit den Aufgaben der Arbeitsvermittlung, der Gewährung von Arbeitslosengeld u. -hilfe* (Abk.: AMS).

Ar|beits|ma|schi|ne, die: *für bestimmte Arbeiten eingesetzte Maschine:* Bagger und andere -n.

Ar|beits|ma|te|ri|al, das: *für eine Arbeit benötigtes Material.*

Ar|beits|me|di|zin, die; -: *Sondergebiet der Medizin, das sich mit dem Menschen beschäftigt, sofern er den Einwirkungen des Arbeitsprozesses ausgesetzt ist.*

Ar|beits|me|di|zi|ner, der: *Facharzt auf dem Gebiet der Arbeitsmedizin.*

Ar|beits|me|di|zi|ne|rin, die: w. Form zu ↑ Arbeitsmediziner.

ar|beits|me|di|zi|nisch ⟨Adj.⟩: *die Arbeitsmedizin betreffend.*

Ar|beits|me|tho|de, die: *Methode, nach der gearbeitet wird.*

Ar|beits|mi|nis|ter, der: *Minister für das Ressort »Arbeit [u. Soziales]«.*

Ar|beits|mi|nis|te|rin, die: w. Form zu ↑ Arbeitsminister.

Ar|beits|mi|nis|te|ri|um, das: *für das Ressort »Arbeit [u. Soziales]« zuständiges Ministerium.*

Ar|beits|mit|tel, das: *etw., was zur Ausführung einer Arbeit benötigt wird:* als benötigten A., insbesondere Zement und Sand, liegen bereit.

Ar|beits|mo|dell, das: *Modell, das als Vorlage für die weitere Arbeit dient:* der Zahnarzt ließ ein A. des Kiefers anfertigen.

Ar|beits|mög|lich|keit, die: *Möglichkeit zum Arbeiten:* sie hat eine A. entdeckt, gefunden.

Ar|beits|mo|ral, die: *Einstellung, Haltung gegenüber der eigenen Arbeit:* jmds. hohe A. loben; eine schlechte A. haben; die A. sinkt, steigt.

Ar|beits|nach|weis, der: **1.** *Nachweis offener Arbeitsstellen.* **2.** *behördliche Stelle, die offene Arbeitsstellen nachweist.*

Ar|beits|nie|der|le|gung, die: *als Kampfmaßnahme eingesetzte Niederlegung der Arbeit.*

Ar|beits|norm, die: **1.** *für einen bestimmten Arbeitsvorgang (bes. zur Ermittlung des Akkords) festgesetzte Leistungsnorm.* **2.** (DDR) *vorgeschriebene Arbeitsleistung; für eine bestimmte Leistung vorgeschriebene Zeit:* -en erhöhen.

Ar|beits|or|ga|ni|sa|ti|on, die: *Organisation der Arbeit:* die A. verbessern.

Ar|beits|ort, der: *Ort, in dem jmd. arbeitet:* Fahrten zwischen Wohn- und A.

Ar|beits|pa|pier, das: **1.** (bes. Politik) *Papier, dessen Inhalt der weiteren Arbeit zugrunde gelegt werden soll:* der Minister hat ein A. vorgelegt. **2.** ⟨Pl.⟩ *das bestehende u. die bisherigen Arbeitsverhältnisse betreffende, vom Arbeitgeber ver-*

wahrte Papiere des Arbeitnehmers, der Arbeitnehmerin: seine -e abgeben; sich seine -e geben lassen.

Ar|beit spa|rend, ar|beit|spa|rend ⟨Adj.⟩: weniger Arbeit verursachend: eine Arbeit sparende Methode.

Ar|beits|pau|se, die: bei der Arbeit eingelegte Pause.

Ar|beits|pen|sum, das: Pensum (a): mein tägliches A.; ein großes A. bewältigen.

Ar|beits|pferd, das: für bestimmte Arbeiten eingesetztes Pferd: der Bauer spannt die -e an; Ü er, sie ist ein A. (eine unermüdliche, tüchtige Arbeitskraft).

Ar|beits|pflicht, die (Rechtsspr.): Forderung an den Bürger, seine Arbeitskraft der Allgemeinheit zur Verfügung zu stellen.

Ar|beits|plan, der: Plan, nach dem bei der Arbeit vorgegangen werden soll: der A. dieser Woche.

Ar|beits|pla|nung, die: Planung von Arbeit.

Ar|beits|plat|te, die: Platte zum Verrichten von [Küchen]arbeiten.

Ar|beits|platz, der: **1. a)** zum Arbeiten bestimmter Platz: das Kind braucht einen A., an dem es seine Aufgaben macht; **b)** Arbeitsstätte (2): sein letzter A. war das Deutsche Museum. **2.** Stellung, (berufliche) Beschäftigung: ein gut bezahlter A.; Sicherung der Arbeitsplätze; seinen A. verlieren.

Ar|beits|platz|ab|bau, der: Abbau (4) von Arbeitsplätzen, Stellenabbau.

Ar|beits|platz|ga|ran|tie, die: Garantie für das Behalten od. Erlangen eines Arbeitsplatzes.

Ar|beits|platz|si|che|rung, die: Sichern von Arbeitsplätzen im Hinblick auf einen möglichen Abbau von Arbeitsplätzen.

Ar|beits|platz|ver|lust, der: Verlust des Arbeitsplatzes.

Ar|beits|platz|wech|sel, der: Wechsel des Arbeitsplatzes.

Ar|beits|pro|be, die: Teil, Stück als Muster der [ganzen] Arbeit und ihrer Beschaffenheit: seiner Bewerbung mehrere -n beifügen.

Ar|beits|pro|duk|ti|vi|tät, die (Wirtsch.): Arbeitsertrag im Verhältnis zum Arbeitseinsatz: die A. steigern.

Ar|beits|pro|gramm, das: Programm für eine Arbeit, für den Ablauf einer Arbeit: ein A. aufstellen; das A. der Regierung.

Ar|beits|pro|zess, der: **1.** ⟨o. Pl.⟩ durch die Erwerbstätigkeit geprägter Lebensbereich des Menschen: jmdn. in den A. eingliedern. **2.** Ablauf einer Arbeit: den A. vereinfachen.

Ar|beits|psy|cho|lo|gie, die: Psychologie des Arbeitslebens.

Ar|beits|raum, der: (geschlossener) Raum, in dem gearbeitet wird.

Ar|beits|recht, das: **1.** ⟨o. Pl.⟩ Gesamtheit der Gesetze u. Regelungen zur vertraglichen, abhängigen Arbeit. **2.** eines der Rechte der Arbeitnehmerschaft.

Ar|beits|recht|ler, der; -s, -: Jurist auf dem Gebiet des Arbeitsrechts.

Ar|beits|recht|le|rin, die; -, -nen: w. Form zu ↑ Arbeitsrechtler.

ar|beits|recht|lich ⟨Adj.⟩: das Arbeitsrecht betreffend, ihm entsprechend, zu ihm gehörend: ein -er Streitfall.

ar|beits|reich ⟨Adj.⟩: reich an Arbeit, erfüllt von Arbeit: ein -es Leben; die Woche war, verlief a.

Ar|beits|rhyth|mus, der: bestimmte Regelmäßigkeit in Arbeitsabläufen.

Ar|beits|rich|ter, der: Richter für arbeitsrechtliche Streitigkeiten.

Ar|beits|rich|te|rin, die: w. Form zu ↑ Arbeitsrichter.

Ar|beits|ru|he, die: das Ruhen der Arbeit (aus besonderen Gründen): 5 Minuten A.

ar|beits|scheu ⟨Adj.⟩: geregelter Arbeit abgeneigt, faul: -e Elemente, Burschen.

Ar|beits|schicht, die: Schicht (3 a) der Industriearbeiter u. Bergleute.

Ar|beits|schritt, der: Schritt eines Arbeitsvorgangs: etw. in drei -en bewerkstelligen.

Ar|beits|schutz, der ⟨o. Pl.⟩: [gesetzlicher] Schutz der Arbeitnehmer[innen] gegen Gefährdungen, die bei ihrer beruflichen Tätigkeit auftreten können.

Ar|beits|schutz|be|stim|mung, die: dem Arbeitsschutz dienende [gesetzliche] Bestimmung.

Ar|beits|sieg, der (Sportjargon): nur mit Mühe errungener Sieg gegen einen eigentlich unterlegenen Gegner.

Ar|beits|sit|zung, die: Sitzung, bei der gemeinsam an einem Thema, Problem gearbeitet wird.

Ar|beits|skla|ve, der (früher): Sklave, der körperlich arbeiten muss: er wurde als A. verkauft; Ü die -n (emotional abwertend; die ausgebeuteten Arbeiter) am Fließband.

ar|beits|spa|rend ⟨Adj.⟩: weniger Arbeit verursachend: eine -e Methode.

Ar|beits|spei|cher, der (EDV): Speicher (3), der die Aufgabe hat, bestimmte Daten o. Ä. aufzunehmen u. für die gerade ablaufende Verarbeitung verfügbar zu halten; Hauptspeicher, Zentralspeicher.

Ar|beits|stab, der: Stab (2 b), dessen Mitglieder an einer bestimmten Aufgabe arbeiten.

Ar|beits|stät|te, die: **1.** (geh.) zum Arbeiten bestimmte Stätte, bestimmter Raum: dieses Zimmer war Beethovens A. **2.** Stätte, Stelle beruflicher Tätigkeit, Arbeitsplatz (1 b), Arbeitsstelle (1 a): Fahrten zwischen Wohnort und A.

Ar|beits|stel|le, die: **1. a)** Arbeitsstätte (2): zu seiner A. fahren; **b)** Arbeitsplatz (2): eine A. finden. **2.** kleinere, mit einer bestimmten Arbeit, [Sonder]aufgabe beschäftigte Abteilung [eines Instituts]: eine A. leiten.

Ar|beits|stil, der: persönlicher Stil, in dem jmd. arbeitet, seine Arbeit tut.

Ar|beits|streit, der (Rechtsspr.): arbeitsrechtlicher Streit.

Ar|beits|stun|de, die: (bes. im Hinblick auf eine Entlohnung) arbeitend verbrachte Stunde: der Installateur hat zwei -n berechnet.

Ar|beits|su|che, Arbeitsuche, die ⟨Pl. selten⟩: Suche nach einer Arbeit, Stellung, [beruflichen] Beschäftigung: auf A. sein.

ar|beits|su|chend ⟨Adj.⟩: eine Arbeit, Stellung, [berufliche] Beschäftigung suchend: -e Männer und Frauen.

Ar|beits|su|chen|de, die/eine Arbeitsuchende; der/einer Arbeitsuchenden, die Arbeitsuchenden/zwei Arbeitsuchende: Arbeitsuchende.

Ar|beits|su|chen|der, der Arbeitsuchende/ein Arbeitsuchender; des/eines Arbeitsuchenden, die Arbeitsuchenden/zwei Arbeitsuchende: Arbeitsuchender.

Ar|beits|sucht, die ⟨o. Pl.⟩: krankhafter Drang, ständig zu arbeiten.

ar|beits|süch|tig ⟨Adj.⟩: an Arbeitssucht leidend.

Ar|beits|tag, der: Tag, an dem [berufliche] Arbeit geleistet wird od. zu leisten ist: ein schwerer, harter A.

ar|beits|täg|lich ⟨Adj.⟩: an jedem Arbeitstag [stattfindend, geschehend]: die -e Produktion; zunächst 160 Einheiten a. herstellen.

Ar|beits|ta|gung, die: zu gemeinsamer Arbeit einberufene Tagung.

Ar|beits|takt, der: **1.** (Mechanik) dauernd wiederkehrende Phase bei der Arbeit einer Maschine: mit dem Steuergerät lassen sich unterschiedliche -e einstellen. **2.** in einer bestimmten kürzeren Zeitspanne (Taktzeit) wiederholter Abschnitt der Fließbandarbeit.

Ar|beits|team, das: Team (1).

Ar|beits|tech|nik, die: Technik, Methode des Arbeitens; technische Verfahrensweise bei der Arbeit: eine spezielle A. anwenden.

ar|beits|tei|lig ⟨Adj.⟩: auf Arbeitsteilung beruhend, in Arbeitsteilung: die -e Gesellschaft; etw. a. betreiben.

Ar|beits|tei|lung, die: Verteilung einer Arbeit, Aufgabe auf verschiedene Personen [u. Gebiete], Tiere, [Teile von] Organismen: die gesellschaftliche A.; Tierstöcke mit A.

Ar|beits|tem|po, das; -s, -s: Tempo, in dem jmd. arbeitet.

Ar|beits|the|ra|pie, die: Therapie, Heilbehandlung durch kontrollierte körperliche [u. geistige] Arbeit.

Ar|beits|tier, das: zur Leistung von Arbeit eingesetztes Tier: den Elefanten als A. abrichten; Ü sie ist ein richtiges A. (arbeitet unermüdlich).

Ar|beits|tisch, der: Tisch, an dem gearbeitet wird: der A. des Schneiders.

Ar|beits|ti|tel, der: vorläufiger Titel einer geplanten od. entstehenden Arbeit: der A. eines Films.

Ar|beits|tref|fen, das: [informelles] Treffen zur gemeinsamen Arbeit an einer Aufgabe.

Ar|beits|über|las|tung, die: übermäßige, nicht mehr zu bewältigende Arbeitsbelastung.

Ar|beit|su|che: ↑ Arbeitssuche.

Ar|beit su|chend, ar|beit|su|chend ⟨Adj.⟩: auf Arbeitssuche seiend: Arbeit suchende Jugendliche.

Ar|beit|su|chen|de, die/eine Arbeitsuchende; der/einer Arbeitsuchenden, die Arbeitsuchenden, zwei Arbeitsuchende, **Ar|beit Su|chen|de,** die/eine Arbeit Suchende; der/einer Arbeit Suchenden, die Arbeit Suchenden, zwei Arbeit Suchende: weibliche Person, die auf Arbeitssuche ist.

Ar|beit|su|chen|der, der Arbeitsuchende, ein Arbeitsuchender; des/eines Arbeitsuchenden, die Arbeitsuchenden, zwei Arbeitsuchende, **Arbeit Su|chen|der,** der Arbeit Suchende, ein Arbeit Suchender; des/eines Arbeit Suchenden, die Arbeit Suchenden, zwei Arbeit Suchende: jmd., der auf Arbeitssuche ist.

ar|beits|un|fä|hig ⟨Adj.⟩: durch Krankheit, Körperschaden o. Ä. unfähig zur Arbeit: vom Arzt a. geschrieben werden.

Ar|beits|un|fä|hig|keit, die: Zustand des Arbeitsunfähigseins: bei A. infolge Krankheit oder Mutterschaft.

Ar|beits|un|fall, der: Unfall, der in ursächlichem Zusammenhang mit der beruflichen Tätigkeit des Betroffenen steht.

Ar|beits|un|ter|la|ge, die ⟨meist Pl.⟩: für eine Arbeit benötigte, benutzte Unterlage (2): meine -n sind alle im Büro.

ar|beits|un|wil|lig ⟨Adj.⟩: nicht gewillt zu arbeiten.

Ar|beits|ver|dienst, der: Verdienst aus beruflicher Arbeit.

Ar|beits|ver|fah|ren, das: Verfahren, nach dem eine Arbeit erledigt wird: ein neues A. anwenden.

Ar|beits|ver|gü|tung, die: Vergütung für geleistete Arbeit.

Ar|beits|ver|hält|nis, das: **1.** Rechtsverhältnis zwischen Arbeitnehmer[in] u. Arbeitgeber: das A. lösen; ein A. eingehen (eine Stellung annehmen); in einem A. stehen (Arbeitnehmer[in] bei jmdm. sein). **2.** ⟨Pl.⟩ die berufliche Arbeit betreffende Verhältnisse (4).

Ar|beits|ver|lust, der: Verlust des Arbeitsplatzes.

Ar|beits|ver|mitt|ler, der: jemand, der Arbeitsplätze (2) vermittelt: private A.

Ar|beits|ver|mitt|le|rin, die: w. Form zu ↑ Arbeitsvermittler.

Ar|beits|ver|mitt|lung, die: Vermittlung von Arbeitskräften (2) u. Stellen (4).

Ar|beits|ver|trag, der: *zwischen Arbeitgeber u. Arbeitnehmer[in] abgeschlossener Vertrag, der ein Arbeitsverhältnis begründet:* einen A. abschließen, verlängern, unterschreiben.

Ar|beits|ver|wei|ge|rung, die: *Verweigerung der Arbeit (die zu tun jmd. verpflichtet ist):* A. ist ein Kündigungsgrund.

Ar|beits|vor|gang, der: *Vorgang, Prozess, Ablauf einer Arbeit:* den A. beschleunigen, verlangsamen.

Ar|beits|vor|la|ge, die: *Vorlage, Muster, Modell für die Arbeit:* der Zeichner hat mehrere Skizzen als A. benutzt.

Ar|beits|wa|gen, der: *Straßen- od. Eisenbahnwagen für Arbeiten an den Gleisanlagen.*

Ar|beits|wei|se, die: **1.** *Art u. Weise, Methode des Arbeitens:* eine überholte A. **2.** *Art zu funktionieren [u. Arbeit zu leisten]; technische Funktionsweise.*

Ar|beits|welt, die: *Lebensbereich, Welt der Arbeit:* die industrielle A.

Ar|beits|wil|le, der: *Wille zu arbeiten.*

ar|beits|wil|lig ⟨Adj.⟩: *willig, bereit zu arbeiten:* sich a. zeigen; ⟨subst.:⟩ Streikposten hinderten die Arbeitswilligen am Betreten des Werks.

Ar|beits|wis|sen|schaft, die: *Wissenschaft von der menschlichen Arbeit, ihrem ökonomischen Einsatz, ihren medizinischen, psychologischen, gesellschaftlichen u. wirtschaftlichen Problemen.*

Ar|beits|wo|che, die: *Woche, in der [berufliche] Arbeit geleistet wird od. zu leisten ist.*

Ar|beits|wut, die (oft scherzh.): *[über]großer, leidenschaftlicher Arbeitseifer:* von einer wahren A. gepackt sein.

ar|beits|wü|tig ⟨Adj.⟩ (oft scherzh.): *von Arbeitswut erfüllt, beherrscht:* ein -er Mensch; a. sein.

Ar|beits|zeit, die: **1.** *für die Arbeit vorgesehene od. festgelegte Zeitspanne:* die ausfallende A.; verkürzte Arbeitszeit[en] in der Textilindustrie; gleitende A. *(zeitliche Regelung, nach der Arbeitsanfang u. -ende innerhalb eines bestimmten Rahmens variabel sind);* **2.** *Zeit, die für eine bestimmte Arbeit benötigt wird:* die -en einzeln anschreiben und in Rechnung stellen.

Ar|beits|zeit|kon|to, das: *(zur Flexibilisierung der Arbeitszeit beitragende) Maßnahme bzw. Möglichkeit für Arbeitnehmer[innen], die zu einer bestimmten Zeit geleistete Mehrarbeit zu einer anderen Zeit in Freizeit umzuwandeln.*

Ar|beits|zeit|mo|dell, das: *Modell* (5 b), *nach dem die Arbeitszeit geregelt wird:* ein flexibles, familienfreundliches A.

Ar|beits|zeit|ver|kür|zung, die: *Verkürzung der [täglichen, wöchentlichen] Arbeitszeit für Arbeitnehmer.*

Ar|beits|zeit|ver|län|ge|rung, die: *Verlängerung der täglichen, wöchentlichen od. der Lebensarbeitszeit für Arbeitnehmer[innen].*

Ar|beits|zeug, das ⟨o. Pl.⟩ (ugs.): **1.** *Arbeitskleidung:* ein Mechaniker in seinem A. **2.** *Werkzeug für die Arbeit:* sein A. auspacken.

Ar|beits|zeug|nis, das: *einem Arbeitnehmer, einer Arbeitnehmerin vom Arbeitgeber ausgestelltes schriftliches Zeugnis.*

Ar|beits|zim|mer, das: **1.** *Arbeitsraum.* **2.** (bes. in einer Wohnung) *Zimmer zum geistigen Arbeiten:* ein A. steuerlich absetzen.

Ar|beits|zwang, der: *Anwendung hoheitlicher Mittel, mit denen jmd. zum Erbringen bestimmter Arbeiten gezwungen wird, z. B. bei der Zwangsarbeit.*

Ar|bit|ra|ge [arbi'tra:ʒə, österr. meist: ...], die; -, -n [frz. arbitrage, zu: arbitrer = als Schiedsrichter auftreten < lat. arbitrari]: **1.** (Handelsrecht) *Entscheidung eines Streits durch ein Schiedsgericht.* **2.** (Wirtsch., Börsenwesen) *Ausnutzung von Kurs- od. Preisunterschieden an verschiedenen Börsen bzw. Märkten.*

ar|bit|rär ⟨Adj.⟩ [frz. arbitraire < lat. arbitrarius] (bildungsspr.): *dem Ermessen überlassen, beliebig; nach Ermessen, willkürlich:* eine -e Entscheidung; eine -e Größe.

Ar|bit|ra|ti|on, die; - [engl. arbitration = Schlichtung] (Börsenw.): *Schiedswesen für Streitigkeiten an der Börse.*

ar|bit|rie|ren ⟨sw. V.; hat⟩ [(frz. arbitrer <) lat. arbitrari, ↑ Arbitrage]: **1.** (veraltet) *schätzen.* **2.** (Wirtsch., Börsenwesen) *eine Arbitrage (2) vollziehen.* **3.** (schweiz.) *Schiedsrichter[in] sein.*

Ar|bo|re|tum, das; -s, ...ten [lat. arboretum, zu: arbor = Baum] (Bot.): *zu Studienzwecken angelegte Pflanzung verschiedener Bäume; Baumschule.*

arc = Arcus.

Ar|cha|ik, die; - [griech. archaïkós = altertümlich, zu: archaîos = alt, altertümlich; ursprünglich, zu: archē, ↑ Architekt]: **1.** *frühzeitliche Kulturepoche.* **2.** *archaische* (1 a, 2) *Art.*

Ar|cha|i|kum, Ar|chä|i|kum, das; -s (Geol.): *Archäozoikum.*

ar|cha|isch ⟨Adj.⟩ [griech. archaîos, ↑ Archaik]: **1. a)** *der Vor-, Frühzeit angehörend od. aus ihr überkommen; vor-, frühzeitlich:* eine -e Pflanzenwelt, Fauna; die Wandzeichnungen sind noch ganz a.; **b)** (Psychol.) *entwicklungsgeschichtlich älteren Schichten der Persönlichkeit angehörend:* -es Denken. **2.** *altertümlich, veraltet:* -e Wortformen. **3.** *der Frühstufe eines Stils, bes. der vorklassischen Epoche der griechischen Kunst angehörend, entstammend:* -e Vasenmalereien; die -e Plastik; -es Lächeln *(einem Lächeln ähnelnder Gesichtsausdruck in der frühgriechischen Kunst).*

ar|chä|isch ⟨Adj.⟩: *das Archäikum betreffend, ihm angehörend, ihm entstammend:* eine -e Formation.

ar|cha|i|sie|ren ⟨sw. V.; hat⟩ [griech. archaḯzein] (bildungsspr.): *archaische Sprach- od. Kunstformen verwenden:* eine Kunstepoche, in der man gern archaisierte; ⟨meist im 1. Part.:⟩ eine archaisierende *(altertümelnde)* Sprache.

Ar|cha|is|mus, der; -, ...men [griech. archaïsmós] (Sprachwiss., Stilkunde, Kunstwiss.): **1.** *einzelnes archaisches Element (in Sprache od. Kunst):* die Archaismen in Thomas Manns Romanen; »weiland« ist ein A. **2.** ⟨o. Pl.⟩ *archaisierende sprachliche od. künstlerische Haltung, Gestaltungsweise:* der A. in der modernen Kunst.

Ar|chan|gelsk: *Stadt in Russland.*

Ar|chäo|lo|ge, der; -n, -n [griech. archaiológos]: *Wissenschaftler auf dem Gebiet der Archäologie.*

Ar|chäo|lo|gie, die; - -n [griech. archaiologïa = Erzählungen aus der alten Geschichte, zu: archaîos (↑ Archaik) u. lógos, ↑ Logos]: *Wissenschaft von den sichtbaren Überresten alter Kulturen; Altertumsforschung, -kunde, -wissenschaft:* industrielle A. *(Industriearchäologie).*

Ar|chäo|lo|gin, die; -, -nen: w. Form zu ↑ Archäologe.

ar|chäo|lo|gisch ⟨Adj.⟩: *auf die Archäologie beruhend, sie anwendend, betreffend, dazu gehörend.*

Ar|chäo|p|te|ryx, Archaeopteryx [arçɛ...], der; -, -e u. ...pteryges [...'te:ryge:s] [zu griech. ptéryx = Flügel] (Paläontol.): *Urvogel.*

Ar|chäo|zo|i|kum, das; -s (Geol. zōḗ = Leben) (Geol.): *vor dem Algonkium liegende Formation des Präkambriums.*

Ar|che, die; -, -n [mhd. arche, ahd. archa, arka < lat. arca = Kasten]: * **die A.** [Noah] (bibl.): *schiffähnlicher Kasten, in dem Noah mit seiner Familie u. zahlreichen Tierpaaren die Sintflut überlebte.*

Ar|che|typ, der; -s, -en [lat. archetypum < griech. archétypon, zu: týpos, ↑ Typ]: **1.** (Philos.) *Urbild, Urform des Seienden:* die platonischen »Ideen« sind [die] -en des Seienden. **2. a)** (Psychol.) *eins der ererbten, im kollektiven Unbewussten bereitliegenden urtümlichen Bilder, die Gestaltungen [vor]menschlicher Grunderfahrungen sind u. zusammen die genetische Grundlage der Persönlichkeitsstruktur repräsentieren* (nach C. G. Jung); **b)** (bildungsspr.) *Urform, Musterbild:* Byron, der A. des modernen Touristen. **3.** (Fachspr.) **a)** *älteste überlieferte od. erschließbare Fassung einer Handschrift, eines Druckes;* **b)** *Original eines Kunst- od. Schriftwerks im Gegensatz zu Nachbildungen od. Abschriften.* **4.** (Biol.) *rekonstruierte, die stammesgeschichtliche Verwandtschaft von Lebewesen begründende Ausgangsform.*

ar|che|ty|pisch ⟨Adj.⟩: *einem Archetyp entsprechend, zugehörend:* -e Bilder, Symbole.

Ar|che|ty|pus, der; -, ...pen: *Archetyp.*

ar|chi|me|disch ⟨Adj.⟩ [nach dem griech. Mathematiker Archimedes (um 285–212 v. Chr.)]: *von Archimedes herrührend, nach ihm benannt:* (Physik:) -es Prinzip; -er Punkt *(von Archimedes geforderter fester Standpunkt außerhalb der Erde, von dem aus die Erde in Bewegung gesetzt könne);* die -en Körper; -e Schraube *(Gerät zur Be- od. Entwässerung);* (Math.:) -es Axiom; (Geom.:) -e Spirale.

Ar|chi|pel, der; -s, -e [älter ital. archipelago, eigtl. = Hauptmeer, wohl umgebildet aus griech. Aigaîon pélagos = Ägäisches Meer] (Geogr.): *Inselgruppe:* der Malaiische A.

Ar|chi|tekt, der; -en, -en [lat. architectus < griech. architéktōn = Baumeister, aus: archi- = Haupt-, Ober- (zu: árchein = der Erste, Führer sein, archós = Anführer, Oberhaupt, zu: archḗ = Herrschaft, Regierung, Anfang, Ursprung) u. téktōn = Baumeister]: *auf dem Gebiet der Baukunst ausgebildeter Fachmann, der Bauwerke entwirft u. gestaltet, Baupläne ausarbeitet u. deren Ausführung einleitet u. überwacht; Baumeister:* die Bauten des -en Müller; [An] Herrn -en Schulze; Ü die -en *(Schöpfer)* der Europäischen Union.

Ar|chi|tek|ten|bü|ro, das: **1.** *Büro eines Architekten, einer Architektin.* **2.** *geschäftlicher, wirtschaftlicher Zusammenschluss mehrerer Architekt[inn]en:* ein A. gründen.

Ar|chi|tek|ten|wett|be|werb, der: *Wettbewerb, bei dem Architekt[inn]en zu einem bestimmten Projekt Entwürfe einreichen, von denen eine od. mehrere prämiert werden.*

Ar|chi|tek|tin, die; -, -nen: w. Form zu ↑ Architekt.

Ar|chi|tek|to|nik, die; -, -en **1.** ⟨o. Pl.⟩ *Wissenschaft vom Bauen, von der Baukunst.* **2. a)** *[kunstgerechter] Aufbau eines Bauwerks:* die A. der Loireschlösser; **b)** *strenger, gesetzmäßiger [künstlerischer od. geistiger] Aufbau:* die A. des menschlichen Körpers, einer Dichtung.

ar|chi|tek|to|nisch ⟨Adj.⟩ [spätlat. architectonicus < griech. architektonikós]: **1.** *die Architektonik* (1, 2 a), *die Architektur betreffend, auf ihr beruhend, ihren Gesetzen gemäß; baulich.* **2.** *die Architektonik* (2 b) *betreffend, gemäß der Architektonik, auf ihr beruhend, ihr gemäß:* die -e Gliederung der Fabel.

Ar|chi|tek|tur, die; -, -en [lat. architectura]: **1.** ⟨o. Pl.⟩ *Baukunst [als wissenschaftliche Disziplin]:* maurische A.; A. studieren; Ü geistige A. **2. a)** *[mehr od. weniger kunstgerechter] Aufbau u. [künstlerische] Gestaltung von Bauwerken:* die kühne, gotische A. eines Bauwerks; **b)** *Konstruktion, Struktur des Aufbaus:* die A. des Internets; die A. eines Musikstücks. **3.** ⟨o. Pl.⟩ *Gesamtheit von Erzeugnissen der Bau-*

kunst (bes. eines Volkes, Bereichs, Stils, einer Zeit); Baustil: die A. der Griechen u. Römer.
ar|chi|tek|tu|ral ⟨Adj.⟩ [frz. u. engl. architectural]: architektonisch (1).
Ar|chi|tek|tur|bild, das (Kunst): Darstellung von Innen- od. Außenansicht eines Bauwerks (als Bildgattung), bei der die nicht zur Architektur gehörigen Motive nur als Staffage dienen.
Ar|chi|tek|tur|bü|ro, das: Architektenbüro.
Ar|chi|tek|tur|mo|dell, das (Archit.): plastisches Modell eines Bauwerks in verkleinertem Maßstab zur Veranschaulichung eines geplanten Baus.
Ar|chi|tek|tur|mu|se|um, das: Museum, das eine Sammlung von Bauentwürfen u. Baumodellen präsentiert.
Ar|chi|tek|tur|zeich|nung, die: Zeichnung, die den Entwurf eines Gebäudes od. einzelner Teile eines Gebäudes (z. B. Grundriss, Aufriss od. Details) zeigt.
Ar|chi|t|rav, der; -s, -e [ital. architrave, zu griech. archi- (↑ Architekt) u. lat. trabs = Balken] (Archit.): auf Säulen ruhender tragender Querbalken [aus Stein od. Holz] in der antiken u. späteren Baukunst.
Ar|chiv, das; -s, -e [spätlat. archivum < griech. archeĩon = Regierungs-, Amtsgebäude, zu: árchein = regieren, herrschen, zu: arché, ↑ Architekt]: **a)** Einrichtung zur systematischen Erfassung, Erhaltung u. Betreuung von Schriftstücken, Dokumenten, Urkunden, Akten, insbesondere soweit sie historisch, rechtlich od. politisch von Belang sind: das A. für Wohlfahrtspflege; **b)** geordnete Sammlung von [historisch, rechtlich, politisch belangvollen] Schriftstücken, Dokumenten, Urkunden, Akten: ein umfangreiches A.; ein A. anlegen; Ü im A. der Geschichte versinken; **c)** Raum, Gebäude für ein Archiv (a, b): im A. arbeiten.
Ar|chiv|ak|ten ⟨Pl.⟩: in einem Archiv aufbewahrte Akten.
Ar|chi|va|le, das; -s, ...lien ⟨meist Pl.⟩: Schriftstück, Dokument, Urkunde; Akte in, aus einem Archiv: die Benutzung der Archivalien erlauben.
ar|chi|va|lisch ⟨Adj.⟩: **1.** ein od. mehrere Archive betreffend: eine -e Tätigkeit ausüben. **2.** zu einem od. mehreren Archiven gehörend, darin enthalten, daraus stammend: -es Material.
Ar|chi|var, der; -s, -e: fachlich ausgebildeter Betreuer eines Archivs.
Ar|chi|va|rin, die; -, -nen: w. Form zu ↑ Archivar.
Ar|chiv|be|am|ter ⟨vgl. Beamter⟩: Beamter im Archivdienst.
Ar|chiv|be|am|tin, die: w. Form zu ↑ Archivbeamter.
Ar|chiv|bild, das: Bild, Foto aus einem Bildarchiv.
Ar|chiv|dienst, der: Dienst der beamteten od. öffentlich angestellten Archivarinnen u. Archivare: die Laufbahn des gehobenen -es.
Ar|chiv|di|rek|tor, der; -s, -en: Direktor eines Archivs.
Ar|chiv|di|rek|to|rin, die: w. Form zu ↑ Archivdirektor.
ar|chi|vie|ren ⟨sw. V.; hat⟩: (Schriftstücke, Urkunden, Dokumente, Akten) in ein Archiv aufnehmen: Dokumente a.; der Name ist archiviert.
Ar|chi|vie|rung, die; -, -en: das Archivieren: die A. von Bildmaterial.
Ar|chiv|ma|te|ri|al, das: in einem Archiv aufbewahrtes Material.
Ar|chiv|we|sen, das ⟨o. Pl.⟩: Gesamtheit dessen, was mit der Funktion, Aufgabe, Organisation u. Verwaltung von Archiven zusammenhängt.
Ar|chon, der; -s, Archọnten, **Ar|chont,** der; -en, -en [lat. archon < griech. árchōn, subst. 1. Part. von árchein, ↑ Archiv]: einer der [neun] höchsten Beamten in Athen u. anderen Städten der Antike.

Ar|cus, Arkus, der; -, - […ku:s] [lat. arcus] (Math.): Kreisbogen, Bogenmaß eines Winkels (Zeichen: arc).
ARD [aːlɛrˈdeː], die; -: Arbeitsgemeinschaft der öffentlich-rechtlichen Rundfunkanstalten der Bundesrepublik Deutschland.
Ar|den|nen ⟨Pl.⟩: größtenteils in Belgien gelegenes Gebirge.
Are, die; -, -n (schweiz.): Ar.
are|al ⟨Adj.⟩ [zu mlat. arealis- = Flächen-, zu lat. area = Fläche] (Fachspr.): Verbreitungsgebiete betreffend: -e Linguistik.
Are|al, das; -s, -e [zu mlat. arealis = Fläche, zu lat. area = Fläche]: **1.** Bodenfläche: ein A. von mehreren Quadratkilometern. **2.** abgegrenztes Gebiet, Gelände, Stück Land, Grundstück: ein geschlossenes A.; das A. der Akademie, des Schießplatzes. **3.** (Fachspr.) Verbreitungsgebiet (bes. von Tieren, Pflanzen, sprachlichen Erscheinungen).
Are|ka|nuss, die; -, ...nüsse [port. areca < Malayalam atecca]: Betelnuss.
are|li|gi|ös ⟨Adj.⟩ [aus griech. a- = nicht, un- u. ↑ religiös] (bildungsspr.): nicht religiös; außerhalb der Religion [stehend]; irreligiös.
Ären: Pl. von ↑ Ära.
Are|na, die; -, -nen [lat. (h)arena, H. u.]: **1. a)** Kampfbahn, [sandbestreuter] Kampfplatz im Amphitheater der römischen Antike: die Gladiatoren in der A.; Ü die politische A. verlassen; **b)** Sportplatz, Wettkampfstätte mit ringsum steigend angeordneten Zuschauersitzen: sie trugen den Torschützen auf den Schultern aus der A. **2. a)** Vorführplatz für Stierkämpfe; **b)** Manege eines Zirkus. **3.** (österr. veraltend) Sommerbühne.
Are|o|pag, der; -s [lat. Areopagus < griech. Areió-pagos]: höchster Gerichtshof im alten Athen.
Ares (griech. Mythol.): Kriegsgott.
Are|te, die; - [griech. aretḗ] (griech. Philos.): Tugend, Tüchtigkeit; Tauglichkeit der Seele.
Are|zzo: italienische Stadt.
arg ⟨Adj.; ärger, ärgste⟩ [mhd. arc, ahd. arg, eigtl. wohl = zitternd; erregt]: **1. a)** (geh. veraltet) von böser, niederträchtiger Gesinnung [erfüllt], niederträchtig, böse: die -e Welt; -e Gedanken; a. denken, handeln; ⟨subst.:⟩ nichts Arges im Sinn haben; **b)** (landsch.) schlimm, übel; unangenehm: -es Wetter; es war eine -e Zeit; ein -es Schicksal; das ist denn doch zu a.; ihr treibt es aber auch gar zu a.!; das Schicksal hat ihm a. mitgespielt; es ist mir a. (tut mir sehr leid, ist mir sehr unangenehm), dass er das erfahren hat; etw. noch ärger machen, als es schon ist; sein ärgster Feind; ⟨subst.:⟩ ich sehe nichts Arges darin; an nichts Arges denken (völlig ahnungslos sein; a. unangenehm überrascht werden); das Ärgste befürchten; *im Argen liegen (geh.; in Unordnung, in einer verworrenen, ungeordneten Lage sein).* **2. a)** (landsch., österr., schweiz., auch geh.) [unangenehm] groß, stark, heftig: eine -e Enttäuschung; ein -er Spötter; (nur landsch. auch in Bezug auf Positives:) eine -e Freude; ♦ ...der Hiasel..., der eine a. (guter) Kletterer war (Roseggger, Waldbauernbub 93); **b)** ⟨intensivierend bei Adjektiven u. Verben⟩ (landsch.) sehr, überaus: es ist a. warm; sich a. freuen.
Arg, das; -s [mhd. arc, ahd. arg] (geh. veraltet): **a)** ⟨meist verneint in festen Verbindungen ohne Art.⟩ Falschheit, Boshaftigkeit, Böses: es ist kein A. an ihm, in ihm, daran; kein A. an einer Sache finden; er ist ohne A.; ♦ **b)** (landsch.) Fehler, ¹Mangel (2): »Wer von euch hat einen Hut, der kein Loch hat?«... Nur Jakoberles Hut war ohne A. (Roseggger, Waldbauernbub 44).
Ar|gen|ti|ni|en; -s: Staat in Südamerika.
Ar|gen|ti|ni|er, der; -s, -: Ew.

Ar|gen|ti|ni|e|rin, die; -, -nen: w. Form zu ↑ Argentinier.
ar|gen|ti|nisch ⟨Adj.⟩: Argentinien, die Argentinier betreffend.
Ar|gen|tit [auch: …ˈtɪt], der; -s [zu lat. argentum = Silber] (Mineral.): graues, metallisch glänzendes Mineral; Silberglanz.
Ar|gen|tum, das; -[s]: lat. Bez. für ↑ Silber.
är|ger: ↑ arg.
Är|ger, der; -s [zu ↑ ärgern]: **1.** bewusstes, von starker Unlust u. [aggressiver] innerer Auflehnung geprägtes [erregtes] Erleben [vermeintlicher] persönlicher Beeinträchtigung, bes. dadurch, dass etw. nicht ungeschehen zu machen, nicht zu ändern ist; Aufgebrachtsein, heftige Unzufriedenheit, [heftiger] Unmut, Unwille, [heftige] Verstimmung, Missstimmung: ohnmächtiger Ä. über jmdn., etw.; ihr Ä. verflog; Ä. empfinden; seinen Ä. an jmdm. od. etw. auslassen; seinen Ä. unterdrücken, herunterschlucken; seinem Ä. Luft machen; Ä. [bei jmdm., mit etw.] erregen; etw. aus Ä. tun; in Ä. geraten; du warst außer dir vor Ä.; (ugs.:) grün und gelb/schwarz vor Ä. werden; zu meinem großen Ä. kam sie nicht. **2.** ärgerliches Erlebnis od. Gesamtheit ärgerlicher Erlebnisse; Verdruss, Unannehmlichkeit[en], Schererei[en]: geschäftlicher, beruflicher, häuslicher Ä.; der tägliche Ä. im Beruf, mit den Kunden; viel Ä. [mit jmdm., etw., wegen einer Sache] haben; sich Ä. ersparen; macht doch keinen Ä.!; lass das, sonst bekommst/kriegst du Ä.!; es gibt Ä.!
är|ger|lich ⟨Adj.⟩: **1.** voller Ärger, verärgert, [sehr] verdrossen, verdrießlich, ungehalten, aufgebracht, unwillig, unmutig: ein -er Blick; er war, wurde sehr ä.; sie ist ä. auf/über mich, über den Misserfolg; ä. reagieren. **2.** Ärger erregend, bereitend; misslich, unerfreulich, unangenehm, unerquicklich, leidig: ein -er Vorfall; eine sehr -e Geschichte, Angelegenheit; es ist sehr ä., dass wir uns verpasst haben; ⟨subst.:⟩ das ist das Ärgerliche an, bei der Sache.
är|ger|li|cher|wei|se ⟨Adv.⟩: in einer ärgerlichen (2), unerfreulichen Weise.
Är|ger|lich|keit, die; -, -en: **1.** ⟨o. Pl.⟩ ärgerliche (1) Stimmung: seine Ä. zeigen. **2.** ⟨o. Pl.⟩ ärgerlicher (2) Charakter: bei aller Ä. brachte die Sache auch ein Gutes mit sich. **3.** ärgerlicher Umstand, Ärger bereitende Angelegenheit: solche -en waren vermeidbar.
är|gern ⟨sw. V.; hat⟩ [mhd. ergern, argern, ahd. argerōn, geb. zum Komp. von ↑ arg u. eigtl. = ärger, schlechter machen]: **1.** [dauernd] ärgerlich machen, [heftig] verstimmen, aufbringen: sie hat mich mit ihrer Bemerkung, mit ihrem Verhalten sehr, bis aufs Blut geärgert; er hat bloß getan, um mich zu ä.; seine Anwesenheit ärgerte mich; es ärgerte mich, dass er nicht kam; ihn ärgert die Fliege an der Wand (ugs.; über jede Kleinigkeit ist er verstimmt); die Jungen ärgerten (neckten, reizten) den Hund; Sie... hat wohl ihren Mann ins Grab geärgert (so geärgert, dass er starb; Thieß, Legende 28). **2.** ⟨ä. + sich⟩ ärgerlich, verstimmt, aufgebracht sein, werden; Ärger empfinden: ich ärgere mich darüber, dass sie nicht die Wahrheit gesagt hat; ich habe mich über ihn, über mich selbst, über den Fehler furchtbar, maßlos geärgert; sich krank, zu Tode ä. (großen Ärger empfinden); R nicht ä., nur wundern!; *sich schwarz/sich grün und blau/sich gelb und grün ä.* (ugs.; sich sehr ärgern): Der Brigadier... ärgert sich grün und blau über das, was er sieht [Werfel, Bernadette 170]; Edwins schöne Mama wird sich chromoxydgrün und pariserblau geärgert haben [Burger, Brenner 110]).
Är|ger|nis, das; -ses, -se [im 15. Jh. ergerniß]: **1.** ⟨o. Pl.⟩ Anstoß, Verletzung des [religiösen od.

Arglist – Arithmetik

sittlichen] Gefühls: bei jmdm. Ä. erregen; jmdm. ein Ä. geben (veraltend; *jmdn. kränken*); Ä. an etwas nehmen (veraltend; *Anstoß an etwas nehmen*); Erregung öffentlichen -ses (Rechtsspr.; *Verletzung des sittlichen Gefühls eines durchschnittlichen Beobachters in geschlechtlicher Hinsicht, z. B. durch öffentlich vorgenommene sexuelle Handlungen*). **2.** *etw. Ärgerliches, Anstößiges, Skandalöses:* es ist jedes Mal ein Ä. für mich *(es ärgert mich jedes Mal),* wenn ich so etwas sehe; diese Kerle sind ein Ä.; dieses Bauwerk ist ein öffentliches Ä. *(bei seinem Anblick empfindet man Ärger).* **3.** ⟨meist Pl.⟩ *Ärger* (2), *Unannehmlichkeit; Widerwärtigkeit:* berufliche -se; die kleinen -se des Alltags. ♦ **4.** ⟨auch: die; -, -se:⟩ ... und innerlich verzehrt' ihn die Ä. (Goethe, Egmont V).

Arg|list, die ⟨o. Pl.⟩ [mhd. arclist, zu ↑ arg]: **1.** (geh.) *Hinterlist, Heimtücke:* jmds. A. kennen; ohne A.; voll A. **2.** (Rechtsspr.) *bewusste Täuschung; Verstoß gegen Treu u. Glauben.*

arg|lis|tig ⟨Adj.⟩ [mhd. arclistec]: *voll Arglist, hinterlistig, heimtückisch, verschlagen:* ein -er Mensch, Plan; -e Täuschung (Rechtsspr.; *bewusste, böswillige Täuschung im Rechtsverkehr*); sie lockten ihn a. in die Falle.

Arg|lis|tig|keit, die ⟨1. ⟨o. Pl.⟩ *das Arglistigsein; arglistiges Wesen.* **2.** *arglistige Handlung.*

arg|los ⟨Adj.⟩: **1.** *ohne Arg; nichts Böses vorhabend; unschuldig, harmlos:* eine -e Bemerkung, Frage; -es *(gedankenloses)* Wegwerfen von Abfällen; a. lächeln. **2.** *nichts Böses ahnend, ohne Argwohn, vertrauensselig:* ein -es Kind; sie ging völlig a. darauf ein.

Arg|lo|sig|keit, die; -, -en: ⟨Pl. selten⟩ *argloses Wesen:* die A. einer Frage; jmds. A. bezweifeln. **2.** *etw. arglos Wirkendes.*

Ar|go, die; -: **1.** [griech. Argó, entw. = die Schnelle od. nach dem Erbauer Argo, einem der ↑ Argonauten] (griech. Mythol.) *Name des Schiffs, mit dem mehrere Helden ausfuhren, das Goldene Vlies zu holen.* **2.** [nach der griech. Mythol. wurde das Schiff von Athene in den Himmel versetzt] *Sternbild am südlichen Sternenhimmel.*

Ar|gon [ˈargɔn, auch: arˈɡoːn], das; -s [zu griech. argós = untätig, träge]: *sehr träge reagierendes, farb- u. geruchloses Edelgas* (chemisches Element; Zeichen: Ar).

Ar|go|naut, der; -en, -en: **1.** [lat. Argonauta < griech. Argonaútēs] (griech. Mythol.) *auf dem Schiff Argo fahrender Held.* **2.** *Tintenfisch einer bestimmten Gattung.*

Ar|got [arˈɡoː], das od. der; -s, -s [frz. argot, H. u.]: **1.** ⟨o. Pl.⟩ *Sondersprache der französischen Gauner u. Bettler.* **2.** *Sondersprache einer sozialen od. beruflichen Gruppe; Jargon* (a): das A. der Banker.

ärgs|te: ↑ arg.

Ar|gu|ment, das; -[e]s, -e [lat. argumentum, zu: arguere = erhellen; beweisen, eigtl. = etw., was der Erhellung u. Veranschaulichung dient]: **1.** *Rechtfertigungsgrund, [stichhaltiger, plausibler] Beweisgrund, Punkt einer Beweisführung:* ein stichhaltiges, schlagendes A.; dieses A. überzeugt mich; gewichtige -e waren ihr ausgegangen; -e für, gegen etw. vorbringen, vortragen; das ist kein A. [gegen meine Behauptung] *(keine stichhaltige Entgegnung);* jmdm., einer Sache mit -en beizukommen suchen. **2.** (Math.) *unabhängige Variable einer Funktion.* **3.** (Sprachwiss.) *Satzglied, mit dem eine Leerstelle ausgefüllt wird.*

Ar|gu|men|ta|ti|on, die; -, -en [lat. argumentatio]: *Darlegung der Argumente, Beweisführung:* ihre A. für, gegen den Plan stützt sich auf Erfahrung; er hat mit seiner A. recht; Johanna ließ sich auf die umständliche A. nicht ein (Feuchtwanger, Erfolg 111).

Ar|gu|men|ta|ti|ons|hil|fe, die: *Hilfe in Form von Argumenten, die jmdm. an die Hand gegeben werden für seine Argumentation (in einem bestimmten Zusammenhang):* A. erhalten; er braucht, benötigt A. für seine Vorschlag.

ar|gu|men|ta|tiv ⟨Adj.⟩ [lat. argumentativus] (bildungsspr.): **1.** *[die] Argumente betreffend:* eine -e Verunsicherung. **2.** *mithilfe von Argumenten [durchgeführt]:* eine -e Auseinandersetzung; a. auf etw. eingehen; der Wahlkampf soll a. geführt werden.

ar|gu|men|tie|ren ⟨sw. V.; hat⟩ [lat. argumentari]: *seine Argumente [für od. gegen etw.] darlegen, seine Gründe auseinandersetzen, den Beweis führen:* sachlich, schlagend [für, gegen etw.] a.; dahin gehend a., dass eine andere Lösung nicht möglich ist.

Ar|gus, der; -, -se [nach dem hundertäugigen Riesen der griech. Sage] (bildungsspr.): *scharf u. misstrauisch beobachtender Wächter:* als A. über etw. wachen; sie war ein A., der uns nicht aus den Augen ließ.

Ar|gus|au|gen ⟨Pl.⟩ [nach dem hundertäugigen Riesen der griech. Sage] (bildungsspr.): *scharf beobachtender Blick:* ihren A. entging nichts; jmdn., etw. mit A. bewachen, beobachten.

Arg|wohn, der; -[e]s [mhd. arcwān, ahd. argwān, zu ↑ arg u. ↑ Wahn] (geh.): *Einstellung, Neigung, hinter dem Tun od. dem Verhalten eines anderen eine gegen die eigenen Interessen gerichtete, feindselige od. unredliche Absicht zu vermuten; Misstrauen, Verdacht, schlimme Vermutung:* A. schöpfen; A. [gegen jmdn., etw.] hegen; jmds. A. erregen, zerstreuen; jmdn. mit A., voller A. betrachten.

arg|wöh|nen ⟨sw. V.; hat⟩ [mhd. arcwænen, ahd. argwānen] (geh.): *mit Argwohn, misstrauisch vermuten, befürchten:* er argwöhnte eine Falle; man argwöhnte in ihm einen Verräter.

arg|wöh|nisch ⟨Adj.⟩ [mhd. arcwænec, ahd. argwānīc] (geh.): *voll Argwohn, misstrauisch:* ein -er Blick, Mensch; jmdn. a. ansehen, betrachten.

Arhyth|mie usw.: ↑ Arrhythmie usw.

Ari|ad|ne|fa|den, der; -s [nach der griech. Sagengestalt Ariadne, die Theseus ein Wollknäuel gibt, das ihn aus dem Labyrinth wieder herausführt] (bildungsspr.): *etw., was jmdn. durch Wirrnis hindurchleitet, ihm aus einer unüberschaubaren Situation heraushilft.*

arid [lat. aridus] (Geogr.): *trocken, dürr, wüstenhaft:* -e Böden; eine -e, vegetationsarme Region.

Arie, die; -, -n [ital. aria, urspr. = Weise (des Auftretens) < lat. aera (Akk. von: aer); vgl. ²Aer] (Musik): *Gesangsstück für Solo mit Instrumental-, bes. Orchesterbegleitung [in Oper od. Oratorium]:* eine A. singen.

¹Ari|el: alter Name Jerusalems.

²Ari|el, der; -s: Mond des Uranus.

Ari|er, der; -s, - [sanskr. ārya = Edler]: **1.** (Völkerkunde, Sprachwiss.) *Angehöriger eines der frühgeschichtlichen Völker mit indogermanischer Sprache in Indien u. Iran.* **2.** (nationalsoz.) *(in der rassistischen Ideologie des Nationalsozialismus) Angehöriger einer (bes. in Gegensatz zu den Juden definierten) angeblich geistig, politisch und kulturell überlegenen nordischen (2) Menschengruppe.*

Ari|e|rin, die; -, -nen: w. Form zu ↑ Arier.

Ari|er|nach|weis, der (nationalsoz.): *(in der rassistischen Ideologie des Nationalsozialismus) amtlicher Nachweis der sog. arischen (2) Abstammung.*

Ari|er|pa|ra|graf, Ari|er|pa|ra|graph, der (nationalsoz.): *die Ausschließung (bes. aus dem öffentlichen Dienst) der als arisch (2) geltenden, jüdischen Bevölkerung beinhaltende gesetzliche Bestimmung.*

Aries, der; -: *das Sternbild Widder.*

ari|os ⟨Adj.⟩ [ital. arioso, zu: aria, ↑ Arie] (Musik): *liedhaft, gesanglich, melodiös:* -e Einschübe.

ari|o|so ⟨Adv.⟩ [ital. arioso] (Musik): *liedhaft [vorzutragen].*

Ari|o|so, das; -s, -s u. ...si (Musik): **1.** *instrumental begleitetes [gegen den Sprechgesang abgehobenes] liedhaft-ausdrucksvolles od. arienähnliches Gesangsstück, Zwischenstück [in einem größeren Vokalwerk].* **2.** *liedhaft-ausdrucksvolles Instrumentalstück.*

arisch ⟨Adj.⟩: **1.** (Völkerkunde, Sprachwiss.) *die Arier* (1) *od. ihre Sprachen betreffend, ihnen zugehörend, eigentümlich, von ihnen stammend:* die -en Völker, Sprachen. **2.** (nationalsoz.) *die sog. Arier* (2) *betreffend, ihnen zugehörend, ihnen eigentümlich; von sog. Ariern* (2) *stammend; nicht jüdisch:* -e Abstammung; -e Großeltern.

ari|sie|ren ⟨sw. V.; hat⟩ (nationalsoz.): *(zur Zeit der nationalsozialistischen Herrschaft) durch Enteignung od. zwangsweisen Verkauf jüdischen Besitz in arischen* (2) *Besitz überführen:* ein Grundstück, Unternehmen a.; Rosenthals haben früher ein Wäschegeschäft an der Prenzlauer Allee gehabt. Das ist dann arisiert worden (Fallada, Jeder 8).

Ari|sie|rung, die; -, -en (nationalsoz.): *das Arisieren:* die A. des jüdischen Besitzes.

Aris|to|krat, der; -en, -en [zu ↑ Aristokratie]: **1.** *Angehöriger der Aristokratie, Adliger.* **2.** *Mensch von vornehmer Gesinnung und kultivierter Lebensart.*

Aris|to|kra|tie, die; -, -n [lat. aristocratia < griech. aristokratía, zu: krateîn = herrschen]: **1. a)** ⟨o. Pl.⟩ *Staatsform, in der die Herrschaft im Besitz einer privilegierten sozialen Gruppe (Adel, Oberschicht) ist; Adelsherrschaft;* **b)** *Staat, Gemeinwesen, in dem eine Aristokratie* (1 a) *besteht.* **2.** *adlige Oberschicht, Adel[sstand]:* A. und Bourgeoisie; Ü die A. des Geldes, des Geistes *(durch Besitz einflussreiche, durch Bildung hervorragende Minderheit).* **3.** ⟨o. Pl.⟩ *Würde, Vornehmheit:* die A. ihres Wesens.

Aris|to|kra|tin, die; -, -nen: w. Form zu ↑ Aristokrat.

aris|to|kra|tisch ⟨Adj.⟩: **1.** *die Aristokratie* (1) *betreffend, ihr zugehörend, entsprechend, von ihr stammend:* -e Kreise. **2.** *adlig:* -e Kreise. **3.** *edel, vornehm:* eine -e Haltung; Das -e Profil, sein kurzes Kraushaar, das war ... bewundernswürdig (Kempowski, Tadellöser 145); Gar nicht fein geschnitten und wenig a. war die überstarke, fast klobige Nase (Th. Mann, Krull 246).

Aris|to|te|li|ker, der; -s, -: **a)** *Schüler des altgriechischen Philosophen Aristoteles (384–322 v. Chr.);* **b)** *Vertreter, Anhänger der Philosophie des Aristoteles.*

Aris|to|te|li|ke|rin, die; -, -nen: w. Form zu ↑ Aristoteliker (b).

aris|to|te|lisch ⟨Adj.⟩: *Aristoteles u. seine Lehre betreffend, seiner Lehre entsprechend, gemäß, auf seiner Lehre beruhend; nach Art des Aristoteles, nach Aristoteles benannt:* einen -en Standpunkt vertreten.

Aris|to|te|lis|mus, der; -, -: *von Aristoteles ausgehende, über die Scholastik bis in die Gegenwart reichende Philosophie.*

Arith|me|tik, die; -, -en [lat. arithmetica < griech. arithmētikḗ (téchnē) = Rechenkunst, zu: arithmētikós = zum Rechnen gehörend, zu: arithmeîn = zählen, rechnen, zu: arithmós = Zahl]: **1.** ⟨o. Pl.⟩ *Teilgebiet der Mathematik, das sich mit bestimmten u. allgemeinen Zahlen, Reihentheorie, Kombinatorik u. Wahrscheinlichkeitsrechnung befasst:* A. der natürlichen Zahlen; Ü die A. (bildungsspr., oft abwertend; *[System]*

ausgeklügelte[r] Berechnung) bei der Verteilung von Ämtern. **2.** *Lehrbuch der Arithmetik* (1).
arith|me|tisch ⟨Adj.⟩: *die Arithmetik betreffend, zu ihr gehörend, ihr entsprechend, gemäß; auf ihr beruhend:* -e Formeln, Probleme; -es Mittel (Math.; *Quotient aus dem Zahlenwert einer Summe u. der Anzahl der Summanden*); -e Folge, Reihe (Math.; *Folge, Reihe mit gleichbleibender Differenz zwischen je zwei benachbarten Gliedern*).
Ari|zo|na, -s: Bundesstaat der USA.
Ar|ka|de, die; -, -n [frz. arcade < ital. arcata, zu: arco = Bogen(gewölbe) < lat. arcus]: **1.** *Bogen* (2) *auf zwei Pfeilern od. Säulen.* **2.** ⟨meist Pl.⟩ *Reihe von Bogen* (2); *[einseitig offener] Bogengang [an Gebäuden]:* gedeckte -n.
Ar|ka|di|en: 1. ⟨-s⟩ [alt]griechische Landschaft. **2.** ⟨das; -[s]⟩ (bildungsspr.) *Schauplatz glückseligen, idyllischen [Land]lebens; glückseliges Land.*
Ar|ka|di|er, der; -s, - (bildungsspr.): *Bewohner von Arkadien.*
Ar|ka|di|e|rin, die; -, -nen: w. Form zu ↑ Arkadier.
ar|ka|disch ⟨Adj.⟩ (bildungsspr.): *Arkadien, die Arkadier betreffend; Arkadien, den Arkadiern zugehörend, eigentümlich:* in -en Gefilden; eine -e Landschaft (Literaturwiss., Malerei; *ideale, idyllische Landschaft*); -e Dichtung.
Ar|kan|sas; Arkansas': Bundesstaat der USA.
Ar|ko|na; -s: Vorgebirge im Norden der Insel Rügen.
Ark|tis, die; -: Gebiet um den Nordpol.
ark|tisch ⟨Adj.⟩ [spätlat. arcticus < griech. arktikós = nördlich, zu: árktos = Bär (nach den Sternbildern des Großen u. Kleinen Bären am nördlichen Himmel)]: **a)** *die Arktis betreffend, in der Arktis vorkommend:* die -e Fauna; **b)** *wie in der Arktis üblich:* -e Temperaturen.
Ark|tur, der; -[s], **Ark|tu|rus,** der; -: hellster Stern im Sternbild Bootes.
Ar|kus: ↑ Arcus.
Ar|lec|chi|no [arleˈkiːno], der; -s, -s u. ...ni [ital. arlecchino, ↑ Harlekin]: ital. Bez. für: Harlekin.
Arles [arl]: Stadt in Südfrankreich.
arm ⟨Adj.; ärmer, ärmste⟩ [mhd., ahd. arm, wahrsch. urspr. = verwaist, wohl verw. mit ↑ ¹Erbe]: **1. a)** *ohne [genügend] Geld zum Leben, wenig besitzend, bedürftig, mittellos:* eine -e Familie; ein Kind -er Leute; a., aber glücklich; sie waren [sehr] a.; ihre Spielleidenschaft hat sie a. gemacht; ⟨subst.:⟩ *der Gegensatz zwischen Arm und Reich, zwischen Armen und Reichen; die Ärmsten der Armen;* R es trifft ja keinen Armen (ugs.; *er hat ja genug Geld, sodass es ihn nicht sehr hart trifft*); * **Arm und Reich** (veraltet; *alle Menschen ohne Unterschied*); **b)** *wenig habend, aufweisend od. hergebend, ohne nutzbringenden Gehalt, ärmlich:* -e (*wenig ergiebige, wenig fruchtbare*) Böden; um das auszudrücken, ist unsere Sprache zu a.; geistig a. (abwertend; *geistig anspruchslos*) sein; * **a. an etw. sein** (*wenig von etw. haben:* diese Früchte sind a. an Vitaminen; das Leben ist a. an Freuden); **um etw. ärmer werden** (*etw. verlieren:* der Sport ist um zwei Meister ärmer geworden; mit diesem Vorfall war sie um eine Illusion ärmer geworden). **2.** *unglücklich, bedauernswert, beklagenswert:* das -e Kind; der -e Kerl; die -en Seelen [im Fegefeuer]; meine -en (ugs.; *übermäßig strapazierten, geschundenen, schmerzenden o. ä.*) Beine!; sie ist a. dran (ugs.; *es geht ihr nicht gut*); ⟨subst.:⟩ *der Ärmste,* was hat er [alles] erdulden müssen!; du Arme[r]!
Arm, der; -[e]s, -e [mhd., ahd. arm, urspr. = Fügung; Gelenk, Glied]: **1.** *bes. zum Greifen u. Halten dienendes, aus Ober- u. Unterarm [sowie Hand] bestehendes Körperglied an der rechten bzw. linken Schulter des Menschen* (u. des *Affen*): *kräftige, behaarte* -e; *ihr linker A. ist steif;* die -e aufstützen, [nach jmdm.] ausstrecken, [über der Brust] kreuzen; jmds. A. nehmen *(jmdn. unterhaken);* im Krieg hatte er einen A. verloren; sie schlang ihre -e um seinen Hals; beide -e voll haben *(bepackt sein u. daher nichts anderes mit den Armen machen können);* wir können hier noch zwei starke -e gebrauchen *(jmdn., der kräftig zupacken, helfen kann);* ich habe mir den A. gebrochen; er nahm, packte ihn am/beim A.; ein Kind auf den A. nehmen; sie riss sich aus seinen -en [los]; jmdn. in den A. nehmen *(umarmen);* jmdn. im A., in den -en halten; A. in A. mit jmdm. gehen; sie lagen sich gerührt in den -en; den Mantel über den A. nehmen, über dem A. tragen; er nahm die Mappe unter den A.; Ü der A. *(die Reichweite)* des Gesetzes; * **jmds. verlängerter A. sein** *(im Auftrag u. anstelle von jmdm. handeln, dessen Anliegen zu erfüllen suchen);* **einen langen A. haben** *(weitreichenden Einfluss haben);* **jmdn. am steifen/ausgestreckten A. verhungern lassen** (ugs.; *auf jmdn., der in irgendeiner Weise von einem abhängig ist, durch Entzug von etw. über längere Zeit Druck ausüben, um dadurch zu erreichen, dass er sich einer Forderung o. Ä. nicht mehr widersetzt;* meist als Drohung); **jmdn. auf den A. nehmen** (ugs.; *jmdn. zum Besten haben, foppen*); jmd. wird sozusagen auf den Arm genommen wie ein kleines Kind, mit dem man scherzt u. spielt); **jmdm. in den A. fallen** *(jmdn. an etw. hindern);* **jmdm. in die -e laufen** (ugs.; *jmdm. zufällig begegnen:* ich bin gestern deiner Frau in die -e gelaufen); **jmdn. jmdm., einer Sache in die -e treiben** *(verursachen, verschulden, dass sich jmd. zu seinem Schaden jmdm., einer Sache zuwendet:* der ewige Streit hat ihn dem Alkohol in die -e getrieben); **sich jmdm., einer Sache in die -e werfen** (oft abwertend; *sich jmdm., einer Sache ganz verschreiben, hingeben*); **jmdm. offenen -en aufnehmen/empfangen** *(jmdn. ohne Bedenken, als einen höchst Willkommenen empfangen);* **jmdn. [mit etw.] unter die -e greifen** *(jmdm. in einer Notlage [mit etw.] helfen).* **2.** *armartiger, armförmiger [Körper]teil; schmaler, seitlich abstehender, abzweigender Teil:* ein Kronleuchter mit acht -en; die beiden -e einer Waage, eines Hebels; ein toter A. des Rheins; der Fluss teilt sich an der Mündung in drei -e; Eine mächtige alte Kastanie reckte ihre alten -e aufwärts zum ... Himmel (Remarque, Triomphe 88). **3.** (Fachspr.) *Ärmel:* ein Kleid mit kurzem, halbem A., mit weiten -en; * **die -e hochkrempeln** (↑ Ärmel). **4.** (salopp verhüll.) **a)** *Arsch:* setz dich auf deinen A.!; **b)** *Arsch* (2): du A.!

-arm: 1. drückt in Bildungen mit Substantiven aus, dass etw. nur in äußerst geringem Umfang vorhanden ist: emotions-, fleisch-, handlungsarm. **2.** drückt in Bildungen mit Substantiven aus, dass etw. nur in äußerst geringem Umfang entwickelt, dass etw. nur in äußerst geringem Grad hervorgerufen wird: austausch-, schadstoffarm. **3. a)** drückt in Bildungen mit Verben (Verbstämmen) aus, dass die beschriebene Sache etw. nur in äußerst geringem Grad macht: knitter-, klirrarm; **b)** drückt in Bildungen mit Verben (Verbstämmen) aus, dass etw. nur in äußerst geringem Grad gemacht zu werden braucht: bedien-, bügel-, pflegearm.

Ar|ma|da, die; -, ...den u. -s [span. armada, zu lat. armatus = bewaffnet] (bildungsspr.): *große [Kriegs]flotte; Pulk, Schwarm:* eine A. segelte voraus; Ü eine ganze A. von Omnibussen.

Ar|ma|ged|don, Harmagedon, das; - [griech. Harmagedṓn, wohl < hebr. har-Maġiddô = Berg von Megiddo, nach Offenb. Joh. 16, 16 der mythische Ort, an dem die bösen Geister die Könige der gesamten Erde für einen großen Krieg versammeln] (bildungsspr.): *Katastrophe.*
Ar|ma|gnac [armanˈjak], der; -[s], -s [nach der frz. Landschaft Armagnac]: *französischer Weinbrand hoher Qualität.*
arm|am|pu|tiert ⟨Adj.⟩: *einen Arm durch Amputation verloren habend.*
Ar|ma|tur, die; -, -en [lat. armatura = Ausrüstung, zu: arma, ↑ armieren] (Technik): **a)** *Ausrüstung von technischen Anlagen, Maschinen od. Fahrzeugen;* **b)** ⟨meist Pl.⟩ *Gerät zum Schalten, Bedienen, Anzeigen, Messen o. Ä. an einer technischen Anlage, einer Maschine, einem Fahrzeug;* **c)** ⟨meist Pl.⟩ *Vorrichtung zum Drosseln od. Absperren von etw., Wasserhahn o. Ä. (in Badezimmern, an Duschen u. a.).*
Ar|ma|tu|ren|brett, das (Technik): *Tafel, Fläche, auf der die Armaturen* (b) *befestigt sind.*
Arm|bad, das: *bei der Heilbehandlung angewandtes Bad* (1 a), *bei dem die Arme bis zur Mitte des Oberarms in [kaltes] Wasser getaucht werden.*
Arm|band, das ⟨Pl. ...bänder⟩: *am Arm über dem Handgelenk zu tragendes [kettenähnliches, schmückendes] Band.*
Arm|band|uhr, die: *über dem Handgelenk an einem Armband zu tragende Uhr.*
Arm|beu|ge, die: **1.** *Innenseite des Ellbogengelenks.* **2.** (Turnen) *das Beugen der Arme im Liegestütz.*
Arm|be|we|gung, die: *mit einem Arm ausgeführte Bewegung.*
Arm|bin|de, die: **1.** *Stoffstreifen, der als Kennzeichen o. Ä. um den Arm getragen wird:* ein Blinder mit einer gelben A. **2.** *bei Verletzungen des Armes getragene Binde* (1 b).
Arm|bruch, der: *Bruch eines Arms:* sie musste mit einem A. ins Krankenhaus.
Arm|brust, die; -, ...brüste, auch: -e [mhd. armbrust, umgebildet aus mlat. arbalista < spätlat. arcuballista = Bogenschütze, zu lat. arcus = Bogen u. ballista = Wurfmaschine]: *alte, aus dem Bogen entstandene Schusswaffe, mit der Bolzen, Pfeile, Stein- u. Bleikugeln geschleudert werden:* Der Blaue Turm diente zum Aufbewahren von Waffen, von Hellebarden der verschiedensten Machart, von -en und Morgensternen (Kempowski, Zeit 8).
Ärm|chen, das; -s, -: Vkl. zu ↑ Arm (1).
arm|dick ⟨Adj.⟩: *dick wie ein Arm:* ein -er Schlauch.
Ar|me, die/eine Arme; der/einer Armen, die Armen/zwei Arme: *weibliche Person, die arm ist.*
Ar|mee, die; -, -n [frz. armée, zu: armer, ↑ armieren]: **1. a)** *gesamte Streitmacht eines Landes, Staates:* eine A. aufstellen, unterhalten; die Angehörigen der A.; so viel Lebensmittel, dass eine ganze A. davon satt würde; die Rote A. (früher; *Armee der Sowjetunion*); * **zur großen A. abberufen werden** (veraltet verhüll.; *sterben*); **b)** *großer Truppenverband:* die zweite **A. sehr große Anzahl:** eine A. von Arbeitslosen; -n von Käfern.
Ar|mee|fahr|zeug, das: *Fahrzeug einer Armee.*
Ar|mee|füh|rung, die: *Führung* (1 c) *einer Armee.*
Ar|mee|ge|ne|ral, der (Militär): *eine Armee führender General.*
Ar|mee|korps, das: *Großverband des Heeres* (Abk.: AK).
Är|mel, der; -s, - [mhd. ermel = Ärmel, ahd. armilo = Armring, Armfessel, zu ↑ Arm]: *den Arm teilweise od. ganz bedeckender Teil eines Kleidungsstückes:* die Ä. hochkrempeln; jmdn.

am Ä. zupfen; ein Kleid mit langen, kurzen -n, ohne Ä.; *[sich ⟨Dativ⟩] die Ä. hochkrempeln (ugs.: *bei einer Arbeit tüchtig zupacken*); **leck mich am Ä.!** (salopp verhüll.; *leck mich am Arsch!*); [sich ⟨Dativ⟩] **etw. aus dem Ä./aus den -n schütteln** (ugs.; *etw. mit Leichtigkeit hervorbringen, [be]schaffen*; wohl mit Bezug auf die weiten Ärmel bes. der spätmittelalterlichen Kleidung, die oft als Taschen dienten).
Är|mel|auf|schlag, der: *Aufschlag am unteren Ende eines Ärmels.*
Ar|mel|eu|tes|sen, das (abwertend): *aus sehr einfachen Zutaten bereitetes, bescheidenes Gericht.*
Är|mel|ka|nal, der; -s: Kanal (6).
Är|mel|län|ge, die: *Länge des Ärmels.*
är|mel|los ⟨Adj.⟩: *keine Ärmel habend:* ein -es Kleid.
Är|mel|scho|ner, Är|mel|schüt|zer, der: *über einen Ärmel zu streifende Manschette (zur Schonung des Ärmels).*
Ar|men|für|sor|ge, die (früher): *Fürsorge* (2 a), *Hilfe für Arme.*
Ar|men|haus, das (früher): *Haus, in dem Arme untergebracht u. betreut werden:* Kinder aus dem A.; Ü dieses Land ist das A. Europas.
Ar|me|ni|en; -s: *Staat in Vorderasien.*
Ar|me|ni|er, der; -s, -: Ew.
Ar|me|ni|e|rin, die; -, -nen: w. Form zu ↑ Armenier.
ar|me|nisch ⟨Adj.⟩: a) *Armenien, die Armenier betreffend; von den Armeniern stammend, zu ihnen gehörend;* b) *in der Sprache der Armenier.*
Ar|me|nisch, das; -[s], (nur mit best. Art.:) **Ar|me|ni|sche,** das; -n: *die armenische Sprache.*
Ar|men|kas|se, die ⟨o. Pl.⟩ (früher): *soziale Einrichtung, Kasse zur Unterstützung der Armen:* * etw. aus der A. kriegen (landsch. verhüll. scherzh.; *Schläge bekommen*; unter scherzh. Anlehnung an ↑ Arm).
Ar|men|pfle|ge, die (früher): *Fürsorge für die Armen.*
Ar|men|recht, das ⟨Pl. selten⟩ (Rechtsspr. früher): *Recht auf Prozesskostenhilfe.*
Ar|men|sün|der|glo|cke: ↑ Armsünderglocke.
Ar|men|vier|tel, das: *Stadtviertel, in dem vor allem Arme wohnen.*
Ar|mer, der, *Arme/ein Armer; des/eines Armen, die Armen/zwei Arme: jmd.,* der Arm (1 a) ist: die Armen dieser Welt; Ü die Sprache der geistig Armen; * **für Arme** (salopp abwertend; *in billiger, minderwertiger Art, Ausführung:* ein Karajan für Arme).
är|mer: ↑ arm.
Ar|mes|län|ge, die; -, -n (geh.): *Länge eines Armes (als Entfernungs-, Maßangabe):* sich jmdm. auf A. nähern; er war ihr um zwei -n voraus.
Ar|me|sün|der, der (früher): *zum Tode Verurteilter:* er sitzt da wie ein A., die beiden A.
Ar|me|sün|der|bank, Ar|me-Sün|der-Bank, die (früher): *Bank im Gericht für die Angeklagten:* die A. des Stadtgerichts; Ü Italien auf der A.!
Ar|me|sün|der|glo|cke, Ar|me-Sün|der-Glo|cke: ↑ Armsünderglocke.
Ar|me|sün|de|rin, die; -, -nen: w. Form zu ↑ Armesünder.
arm|för|mig ⟨Adj.⟩: *die Form eines Arms.*
Arm|fü|ßer, Arm|füß|ler, der; -s, - (Zool.): *zu den Tentakelträgern gehörendes Tier mit Rücken- u. Bauchschale u. langen, spiralig eingerollten, um den Mund angeordneten Armen.*
Arm|gei|ge, die (veraltet): *Bratsche.*
Arm|ge|lenk, das: *Ellbogengelenk.*
Arm|hal|tung, die: *Haltung der Arme.*
ar|mie|ren ⟨sw. V.; hat⟩ [frz. armer < lat. armare = *bewaffnen*; zu: arma = *Geräte; Waffen*]: **1.** (Militär veraltet) *mit Waffen ausrüsten od. bestücken:* ein Heer a.; eine Festung [mit Kanonen] a.

2. a) (Bauw., Technik) *mit einer [verstärkenden] Ein-, Auflage, Umkleidung versehen;* **b)** (Technik) *mit Armaturen versehen.*
Ar|mie|rung, die; -, -en: a) *das Armieren;* b) (Bautechnik) *Eisen-, Stahleinlage in Beton.*
Arm|krei|sen, das (Turnen): *kreisende Bewegung der Arme (als Übung).*
arm|lang ⟨Adj.⟩: *so lang wie ein Arm.*
Arm|län|ge, die: *Länge eines Arms:* die A. messen; jmdn. auf A., auf zwei -n herankommen lassen.
Arm|leh|ne, die: *seitliche Lehne (an einem Sitzmöbel, neben einem Sitz) zum Aufstützen eines Arms.*
Arm|leuch|ter, der: **1.** *Leuchter mit mehreren Armen* (2). **2.** (salopp abwertend) **a)** *blöder Kerl, Dummkopf;* **b)** (verhüll.) *Arschloch* (2).
ärm|lich ⟨Adj.⟩ [mhd. ermelich, ahd. armalīh, zu ↑ arm]: **a)** (selten) *recht arm, bedürftig:* -e Familien; **b)** *aufgrund von materieller Armut dürftig, kümmerlich:* eine -e Wohnung, Kost; die Verhältnisse, in denen sie lebte, waren ä.; ä. gekleidet sein; ⟨seltener⟩ *armselig, unzulänglich:* ein -er Lichtschein.
Ärm|lich|keit, die; -, -en: **1.** *das Ärmlichsein;* ¹*Mangel* (1, 2). **2.** *etw. ärmlich, armselig Wirkendes.*
Ärm|ling, der; -s, -e [mhd. ermelinc]: *Ärmel zum Überstreifen; Ärmelschoner.*
Arm|loch, das (Schneiderei): **1.** *für den Arm ausgeschnittene Öffnung an einem Kleidungsstück.* **2.** (salopp verhüll.) *Arschloch* (2).
arm ma|chen, arm|ma|chen ⟨sw. V.; hat⟩: *bewirken, dass jmd. arm* (1 a) *wird:* seine Spielleidenschaft hat ihn arm gemacht.
Arm|mus|kel, der: *zum Arm gehörender Muskel,* bes. *Bizeps.*
Arm|pro|the|se, die: *als Ersatz für einen fehlenden Arm dienende Prothese.*
Arm|reif, Arm|ring, der: *um den Arm, ums Handgelenk zu tragende Reif.*
Arm|schlag, der (Kraul- u. Rückenschwimmen): **1.** *einzelne vorwärtsstreibende Armbewegung.* **2.** *Rhythmus der (vorwärtsstreibenden) Armbewegungen; Schlagzahl od. -schnelligkeit der Arme.*
Arm|schutz, der: *Leder o. Ä. zum Schutz des Unterarms, z. B. vor den zurückschnellenden Bogensehne.*
Arm|schüt|zer, der: **1.** *Armschutz.* **2.** *Ärmelschoner.*
arm|se|lig ⟨Adj.⟩ [zu mhd. armsal = Armut, Elend, zu ↑ arm]: **a)** *aufgrund von materieller Armut kümmerlich, dürftig, ärmlich:* in einer -en Hütte hausen; die Mahlzeit war a.; a. leben; **b)** (abwertend) *als klein, wertlos, arm, unzureichend usw. empfunden; unzulänglich, jämmerlich:* er ist eine -e Figur, ein -er Stümper; für -e (*lächerliche*) fünf Euro.
Arm|se|lig|keit, die; -, -en: **1.** ⟨o. Pl.⟩ *das Armseligsein.* **2.** *etw. armselig Wirkendes.*
Arm|ses|sel, der; -s, -: *Sessel mit Armlehnen.*
Arm|span|ge, die: *Armreif in der Art einer Spange* (1).
Arm|spei|che, die (Anat. selten): *Speiche* (2).
ärms|te: ↑ arm.
Arm|stumpf, der: *am Körper verbliebener Rest eines amputierten Armes.*
Arm|sün|der|glo|cke, (österr.:) Armensünderglocke, Armesünderglocke, Arme-Sünder-Glocke, die (früher): *bei Hinrichtungen läutende Glocke.*
Ar|mut, die; - [mhd. armuot(e), ahd. armuoti, zu ↑ arm u. dem Suffix -ōti; schon ahd. fälschlich an Mut angelehnt]: **1. a)** *das Armsein, Mittellosigkeit, Bedürftigkeit:* es herrscht drückende A.; in A. leben, geraten, sterben; »Armut«, heißt es wohl, »ist keine Schande« (Th. Mann, Krull 148); R A. ist keine Schande; **b)** *Dürftigkeit,*

Kümmerlichkeit, Kargheit: innere A.; diese Schrift verrät A. des Ausdrucks; die A. *(der Mangel)* eines Landes an Bodenschätzen. **2.** (veraltet) *Gesamtheit der Armen:* die Wohnungen der städtischen A.; ◆ (auch: das; -s:) Das A. ist mehrenteils ein freches Gesindel (Iffland, Die Hagestolzen II, 1); ◆ ...mag das A. sehn, wie's fertig wird (Lessing, Nathan IV, 3).
Ar|muts|be|richt, der: *Bericht über die wirtschaftliche und soziale Situation der Bürger eines Landes, einer Stadt o. Ä.*
Ar|muts|flucht, die (Soziol.): *das Abwandern in ein wirtschaftlich höher entwickeltes Land, um dort Arbeit zu suchen u. so der Armut im eigenen Land zu entgehen.*
Ar|muts|flücht|ling, der (Soziol.): *Wirtschaftsflüchtling.*
Ar|muts|gren|ze, die: *Einkommensniveau, unterhalb dessen lebenswichtige Artikel des täglichen Bedarfs unerschwinglich sind:* sie leben unterhalb der A.
Ar|muts|gür|tel, der [LÜ von engl. poverty belt] (Soziol.): *Zone der Länder der Dritten u. der Vierten Welt, in der besonders große Armut herrscht.*
Ar|muts|zeug|nis, das [für lat. testimonium paupertatis] (Rechtsspr. früher): *behördliche Beglaubigung des Anspruchs auf Armenrecht:* * ein A. für jmdn., etw. sein (*der Nachweis für jmds. Unvermögen, Unfähigkeit sein*); jmdm., sich, einer Sache mit etw. ein A. ausstellen *(jmdn., sich, etw. als unfähig in Bezug auf etw. hinstellen; sein Unvermögen offenbaren).*
Arm|voll, der; -, -, ⟨**Arm voll,** der; - -, - -:⟩ *Menge, die man im Arm tragen kann:* zwei A. Reisig.
Ar|ni|ka, die; -, -s [nlat.; mhd. arnich, H. u.]: **1.** *krautige, würzig riechende Heilpflanze.* **2.** ⟨o.⟩ *aus den Blüten u. Wurzeln der Arnika hergestellter, heilkräftiger Extrakt.*
Ar|ni|ka|tink|tur, die: *aus dem Extrakt von Arnika hergestellte Tinktur.*
Ar|no, der; -s: *italienischer Fluss.*
Arom, das; -s, -e (dichter.): *Aroma.*
Aro|ma, das; -s, ...men, -s u. (bildungsspr. veraltend:) -ta [lat. aroma < griech. árōma = Gewürz]: **1.** *ausgeprägter angenehmer Geschmack, würziger Duft; kräftiger, intensiver [Wohl]geruch; ausgeprägter Eigengeschmack od. Eigengeruch bes. eines pflanzlichen Genussmittels:* ein starkes, kräftiges, volles A.; kein A. haben; das A. des Kaffees. **2.** *[künstlicher] Geschmacksstoff für Lebensmittel, aromatisches Würzmittel:* natürliche, künstliche Aromen.
Aro|mat, der; -en, -en (Chemie): *aromatische* (2) *[Kohlenstoff]verbindung.*
aro|ma|tisch (österr. auch: ...'mat...⟩ ⟨Adj.⟩ [lat. aromaticus < griech. arōmatikós]: **1.** *voller Aroma* (1)*, würzig, wohlschmeckend, wohlriechend:* ein -er Tee, Tabak; ein -er Duft, Geschmack; a. riechen. **2.** (Chemie) *(von organischen Verbindungen) in der Strukturformel zyklische* (3) *Kohlenstoffketten aufweisend:* -e Kohlenwasserstoffe.
aro|ma|ti|sie|ren ⟨sw. V.; hat⟩: *mit Aroma versehen:* Tabak, Tee a.
Aro|ma|ti|sie|rung, die; -, -en: *das Aromatisieren.*
Aron|stab, (auch:) **Arons|stab,** der; -[e]s, ...stäbe [zu lat. aron < griech. áron, volkstym. angelehnt an den Hohepriester A(a)ron im A. T.]: *(bes. in Laubwäldern wachsende) Pflanze mit pfeilförmigen Blättern, kolbenförmigem, rotbraunem Blütenstand u. roten Beeren.*
Arons|tab|ge|wächs, das (Bot.): *(in zahlreichen Gattungen) als Staude, Kraut, seltener als Strauch wachsende Pflanze mit einem als Ähre od. als Kolben ausgebildeten Blütenstand, der*

von einem tüten-, glocken- od. röhrenförmigen Hochblatt umgeben ist.

ar|peg|gio [ar'pedʒo] ⟨Adv.⟩ (Musik): *in Form von Akkorden, deren einzelne Töne sehr schnell nacheinander erklingen.*

Ar|peg|gio, das; -s, -s u. ...ggien [...dʒiən] [ital. arpeggio, zu: arpeggiare = Harfe spielen, zu: arpa = Harfe < spätlat. harpa, aus dem Germ.] (Musik): *arpeggio gespieltes Musikstück.*

Ar|rak, der; -s, -e u. -s [frz. arak < arab. 'araq, eigtl. = Schweiß]: *[ostindischer] Branntwein aus Reis od. Melasse.*

Ar|ran|ge|ment [arãʒə'mã:, arãŋʒə'maŋ], das; -s, -s [frz. arrangement]: **1.** (bildungsspr.) **a)** *das Anordnen; [künstlerische] Anordnung; organisierende Vorbereitung:* das A. [einer Veranstaltung, von Gesellschaftsspielen] übernehmen; **b)** *das künstlerisch Angeordnete; Anordnung, geschmackvoll zusammengestelltes Ganzes:* jmdm. ein A. überreichen. **2.** (Musik) **a)** *das Einrichten, die Bearbeitung eines Musikstückes für andere Instrumente:* ein A. für Klavier; **b)** *Festlegung des Verlaufs von Harmonien, Stimmen, Formen im Jazz:* geschmackvolle -s. **3.** (bildungsspr.) *das Sicharrangieren; Übereinkommen, Abmachung, Vereinbarung:* ein A. mit seinem Gläubigen treffen; ein A. zwischen zwei Staaten. **4.** (Bankw.) *Abwicklung der Börsengeschäfte.*

Ar|ran|geur [...'ʒøːɐ̯], der; -s, -e [frz. arrangeur]: **1.** (bildungsspr.) *jmd., der etwas arrangiert* (1 b). **2.** (Musik) *jmd., der ein Musikstück einrichtet, einen Schlager instrumentiert.*

Ar|ran|geu|rin [...'ʒøːrɪn], die; -, -nen: w. Form zu ↑ Arrangeur.

ar|ran|gie|ren [...'ʒiː...] ⟨sw. V.; hat⟩ [frz. arranger, zu: ranger, ↑ rangieren]: **1. a)** *für die Durchführung u. den Ablauf einer Sache, für die Gestaltung einer Veranstaltung o. Ä. sorgen; einrichten, in die Wege leiten, bewerkstelligen:* ein Fest, eine Reise, ein Treffen a.; die Sache lässt sich a.; **b)** *gestalten, künstlerisch anordnen; geschmackvoll, künstlerisch zusammenstellen:* eine Sitzgruppe a.; eine effektvoll arrangierte Story; **c)** (Musik) *ein Musikstück für andere Instrumente einrichten, bearbeiten; einen Schlager instrumentieren:* eine Polka für eine Big Band a.; die Schlager waren neu arrangiert. **2.** ⟨a. + sich⟩ *[trotz gegensätzlicher Standpunkte] eine Übereinkunft treffen, sich verständigen u. eine Lösung für etw. finden:* sich [mit dem politischen Gegner] a.; du musst dich [mit den Verhältnissen] abfinden u. dich darauf einstellen.)

Ar|ray [ə'reɪ], das u. der; -s, -s [engl. array < afrz. arei, aroi, zu: areer, aroier = anordnen, aus dem Germ.] (Fachspr.; bes. EDV): *bestimmte Anordnung von Objekten, Bauelementen, Schaltelementen, Daten u. a.*

Ar|rest, der; -[e]s, -e [mlat. arrestum = Verhaftung, vgl. arretieren]: **1.** *Haft, Freiheitsentzug (bes. als Strafe innerhalb einer Gemeinschaft, z. B. Militär, früher auch Schule):* drei Tage leichten, strengen A. bekommen; der Schüler bekam eine Stunde A. *(musste eine Stunde nachsitzen);* in A. sitzen; unter A. stehen *(eine Haftstrafe verbüßen).* **2.** (Rechtsspr.) *Beschlagnahme, Sicherstellung:* jmds. Vermögen unter A. stellen, mit A. belegen.

Ar|res|tant, der; -en, -en [mlat. arrestans (Gen.: arrestantis)]: *jmd., der sich im [Jugend]arrest befindet.*

Ar|res|tan|tin, die; -, -nen: w. Form zu ↑ Arrestant.

Ar|rest|zel|le, die: *Zelle zur Unterbringung von Arrestanten.*

ar|re|tier|bar ⟨Adj.⟩: *sich arretieren* (2) *lassend:* der Kinderwagen hat -e Räder.

ar|re|tie|ren ⟨sw. V.; hat⟩ [frz. arrêter, über das Vlat. zu lat. restare = stillstehen]: **1.** (veraltend) *festnehmen, verhaften:* den Dieb a. **2.** *(bewegliche Teile eines Geräts) feststellen, sperren, blockieren:* einen Hebel a.; die Räder des Buggys, des Rollstuhls können arretiert werden.

Ar|re|tie|rung, die; -, -en: **1.** *das Arretieren* (1, 2). **2.** *Vorrichtung zum Arretieren* (2).

Ar|rhyth|mie, Arhythmie, die; -, -n [lat. arrhythmia < griech. arrhythmía, zu: a- = nicht, un- u. rhythmós, ↑ Rhythmus]: **1.** *Unregelmäßigkeit, unregelmäßige Bewegung im Ablauf eines rhythmischen Vorgangs.* **2.** (Med.) *unregelmäßige Herztätigkeit.*

ar|rhyth|misch, arhythmisch ⟨Adj.⟩ (bildungsspr.): *Arrhythmie aufweisend; nicht rhythmisch* (1).

Ar|ri|val [ə'raɪvl] ⟨o. Art.⟩ [engl. arrival, zu frz. arriver, ↑ arrivieren]: *Ankunft (Hinweis auf Flughäfen).*

ar|ri|ve|der|ci [arive'dertʃi; ital., zu ↑ ²a, rivedere = wiedersehen. ci = uns]: *auf Wiedersehen (italienischer Gruß).*

ar|ri|vie|ren ⟨sw. V.; ist⟩ [frz. arriver, eigtl. = ankommen, über das Vlat. zu lat. ripa = Ufer, also eigtl. = ans Ufer gelangen] (bildungsspr.): *in der Karriere vorwärtskommen, Erfolg haben; beruflich od. gesellschaftlich emporkommen:* rasch a.; als wir arriviert waren, Ü er ist inzwischen zum Staatsfeind Nummer eins arriviert.

ar|ri|viert ⟨Adj.⟩ (bildungsspr.): *beruflich od. gesellschaftlich emporgekommen, Ansehen erlangt habend, erfolgreich:* eine -e Künstlerin; in diesem Lokal treffen sich die -en Bürger; das Publikum ist sehr a.; ⟨subst.:⟩ er gehört zu den Arrivierten.

ar|ro|gant [frz. arrogant < lat. arrogans (Gen.: arrogantis), 1. Part. von arrogare = sich anmaßen] (abwertend): *anmaßend, dünkelhaft, überheblich, eingebildet:* ein ganz -er Kellner; ein -es Wesen, Benehmen; a. lächeln.

Ar|ro|ganz, die; - [lat. arrogantia] (abwertend): *arrogante Art, arrogantes Wesen:* er ist von unglaublicher A.

ar|ron|die|ren [auch: arõ...] ⟨sw. V.; hat⟩ [frz. arrondir, zu: rond = rund < lat. rotundus]: **1.** *abrunden, zusammenlegen:* seinen Besitz, sein Grundstück [mit, durch etw.] a. **2.** *(Kanten) abrunden:* Leisten a.

Ar|ron|die|rung, die; -, -en: *das Arrondieren.*

Ar|ron|dis|se|ment [arõdɪs(ə)'mã:], das; -s, -s [frz. arrondissement, eigtl. = Abrundung]: **a)** *das Departement untergeordneter Verwaltungsbezirk in Frankreich;* **b)** *Verwaltungseinheit, Stadtbezirk in französischen Großstädten:* das 4. Pariser A.

ARS = *internationaler Währungscode für: argentinischer Peso.*

Arsch, der; -[e]s, Ärsche [mhd. ars, ahd. ars, urspr. wohl = Erhebung; vorstehender Körperteil] (derb): **1.** *Gesäß:* ein fetter A.; auf den A. fallen; jmdm. in den A. treten; * **jmdm. geht der A. auf/mit Grundeis** (derb; *jmd. hat große Angst;* Grundeis ist die unterste Eisschicht auf dem Boden von Gewässern, die bei Tauwetter polternd losbricht; jmdm., der große Angst hat, rumort es in den Eingeweiden wie in einem Fluss, der mit Grundeis geht); **den A. offen haben** (derb; *nicht recht bei Verstand sein*); **den A. zukneifen** (derb; *sterben*); **sich** ⟨Dativ⟩ **den A. abfrieren** (derb; *sehr frieren*); **einen kalten A. kriegen** (derb; *sterben*); **einen kalten A. haben** (derb; *tot, gestorben sein*); **sich** ⟨Dativ⟩ **den A. aufreißen** (derb; *sich sehr anstrengen*); **jmdm. den A. aufreißen** (derb; *jmdn. hart herannehmen, drillen*); **jmdn. am A. haben/kriegen** (derb; *jmdn. zu etw. weniger Angenehmem heranziehen, jmdn. zur Rechenschaft ziehen, eines Vergehens überführen*); **am A. der Welt** (derb; *am Ende der Welt, sehr abgelegen*): sie wohnt am A. der Welt); **leck mich am A.!** (derb; *lass mich in Ruhe!*); **sich** ⟨Dativ⟩ **etw. am A. abfingern können** (derb; *sich etw. denken können*); **sich auf den A. setzen** (derb: 1. *fleißig lernen, arbeiten.* 2. *aufs Gesäß fallen.* 3. *völlig überrascht sein*); **jmdm. in den A. kriechen** (derb; *sich in würdeloser Form unterwürfigschmeichlerisch einem anderen gegenüber zeigen*); **sich in den A. beißen [können]** (derb; *sich sehr ärgern*); **in den A. gehen** (derb; *danebengehen, misslingen:* die Sache ist in den A. gegangen); **im/am A. sein** (derb; *verdorben, zerstört, vernichtet sein:* das Auto ist im A.). **2.** (oft als Schimpfwort) *Trottel, Dummkopf:* dieser A. hat mir alles vermasselt; du feiger A. mit Ohren!

arsch- (derb emotional): *drückt in Bildungen mit Adjektiven eine Verstärkung aus; sehr:* arschkahl, -kalt.

Arsch|ba|cke, die (derb): ²Backe: Ihre größte Besonderheit war vielleicht, dass, grob gesagt, die eine A. dicker war als die andere. (Stadler, Tod 70).

Arsch|bom|be, die (derb): *Sprung [ins Wasser] mit nach vorne hochgezogenen Beinen u. dem Gesäß voran.*

Arsch|fi|cker, der; -s, - (derb abwertend): *Homosexueller.*

Arsch|gei|ge, die (derb abwertend): *Person, auf die jmd. wütend ist* (oft als Schimpfwort): du A.!

Arsch|ge|weih, das (salopp): *geschwungene Tätowierung am unteren Rücken, deren Form an ein Geweih erinnert.*

Arsch|kar|te, die: in der Wendung **die A. ziehen** (derb; *der od. die Benachteiligte sein, den Schaden tragen;* wohl nach dem Umstand, dass früher die Fußballschiedsrichter die Rote Karte in der Gesäßtasche trugen: als Vierter hast du die A. gezogen).

Arsch|krie|cher, der (derb abwertend): *übertrieben schmeichlerischer Mensch.*

Arsch|krie|che|rin, die: w. Form zu ↑ Arschkriecher.

Arsch|le|cker, der (derb abwertend): *Arschkriecher.*

Arsch|le|cke|rin, die: w. Form zu ↑ Arschlecker.

ärsch|lings ⟨Adv.⟩ (derb): *mit dem Hinterteil voran:* ä. hinplumpsen; ♦ ...die Plumpen schlagen Rad auf Rad und stürzen ä. in die Hölle (Goethe, Faust II, 11737 f.)

Arsch|loch, das (derb): **1.** *After.* **2.** *Person, auf die jmd. wütend ist* (oft als Schimpfwort): dieses A.!

Ar|sen, das; -s [gek. aus ↑ Arsenik]: *Halbmetall, das in farblich unterschiedlichen Formen auftritt (chemisches Element; Zeichen: As).*

Ar|se|nal, das; -s, -e [ital. arsenale < arab. där assinā'a", eigtl. = Haus des Handwerks]: **1.** *Waffenlager:* ein A. anlegen, zerstören; Ü geistige und seelische -e nutzen. **2.** *Sammlung, Anhäufung:* ein A. von leeren Bierflaschen.

ar|sen|hal|tig ⟨Adj.⟩: *Arsen enthaltend.*

ar|se|nig: in der Fügung **-e Säure** (Chemie; *in Wasser gelöstes Arsenik*)

Ar|se|nik, das; -s [spätlat. arsenicum < griech. arsenikón, aus dem Pers.] (Chemie): *giftige Verbindung von Arsen mit Sauerstoff.*

Ar|sen|ver|gif|tung, die (Med.): *Vergiftung durch Arsen.*

Ars Mo|ri|en|di, die; - -, Artes Moriendi ['arteːs - , 11737 f.] [lat. = Kunst des Sterbens] (Literaturwiss.): *zur spätmittelalterlichen Erbauungsliteratur gehörende Schrift* (2), *die eine Anleitung zur Beichte für den Sterbenden u. tröstlichen Zuspruch enthält; Sterbebüchlein.*

Art, die; -, -en [mhd. art, H. u.]. **1.** ⟨o. Pl.⟩ *angebo-*

Art. – Artillerie

rene Eigenart, Eigentümlichkeit; Wesen[sart], Natur, die jmdm. innewohnt: das ist nun einmal ihre A.; er hat eine lebhafte A.; es lag nicht in ihrer A., war nicht ihre A., voreilig Schlüsse zu ziehen; das entspricht nicht ihrer A.; der Junge war von stiller A. **2.** *Weise, Verhaltensweise, Verfahrensweise, Gewohnheit im Handeln* (häufig in intensivierender Verbindung mit »Weise«): *eine höfliche, merkwürdige A.; es gibt verschiedene -en, darauf zu reagieren; das ist nicht gerade die feine [englische] A. (das ist sehr unschön), wie du dich verhältst; emotionale Ausbrüche waren nicht ihre A. (gehörten nicht zu ihren Verhaltensweisen);* er hat eine ungenierte A. zu sprechen; das ist die einfachste A., sein Ziel zu erreichen; auf geheimnisvolle A. verschwinden; sie wollte auf natürliche A. leben; das ist die rechte A. und Weise; (Sprachwiss.:) *Umstandsbestimmung der A. und Weise;* auf die eine oder andere A. und Weise *(so oder so);* auf unterschiedliche -en und Weisen; * **in der A. [von]** *(im Stil, wie);* **nach A.** *(jmdm. entsprechend; wie es irgendwo, bei jmdm. üblich ist:* Eintopf nach A. des Hauses). **3.** ⟨o. Pl.⟩ *(ugs.) gutes Benehmen:* das ist doch keine A.!; was ist denn das für eine A.? *(was soll das?);* das ist da vielleicht eine A.? *(gehört sich das?);* * **dass es [nur so] eine A. hat** *(wie es kaum besser sein könnte).* **4. a)** *besondere, bestimmte Sorte von etw.:* alle -en von Blumen; jede A. von Gewalt ablehnen; Antiquitäten aller A.; er ist ein Verbrecher übelster A.; einzig in seiner A. sein; Spr A. lässt nicht von A. *(besondere Charaktereigenschaften der Eltern werden weitervererbt);* **b)** *(Biol.) Einheit im System der Tiere u. Pflanzen, in der Individuen zusammengefasst sind, die in allen wesentlichen Merkmalen übereinstimmen u. die untereinander fruchtbare Nachkommen hervorbringen können:* diese A. ist ausgestorben; * **eine A. [von]** *(etwas Ähnliches wie:* eine A. Ratgeber; eine A. grober Schotter/(geh.:) groben Schotters/von grobem Schotter; der Weg war mit einer A. grobem Schotter/(geh.:) groben Schotters/von grobem Schotter befestigt); **aus der A. schlagen** *(anders als die übrigen Familienangehörigen sein;* urspr. zu mhd. art = Geschlecht); **in jmds. A. schlagen** *(einem seiner Verwandten ähneln).*
Art. = Artikel.
Art|be|griff, der: *Begriff* (1), *der eine Art* (4 a) *bezeichnet.*
Art|bil|dung, die. (Biol.): *Bildung von Arten.*
Art dé|co [arde'ko:], der u. das; - - [frz. art déco(ratif), aus: art (< lat. ars, Gen.: artis) = Kunst u. décoratif, ↑Dekorativ]: *künstlerische Richtung (bes. im Kunstgewerbe) in den Jahren von 1920 bis 1940.*
Art|di|rec|tor ['a:ɐ̯tdɪrɛktɐ, ...daiɹɛktɐ], der; -s, -s [engl. art director, zu: director, über das (A)frz. < spätlat. director, ↑Direktor]: *künstlerischer Leiter, künstlerische Leiterin des Layouts in einer Werbeagentur o. Ä.*
Ar|te|fakt, das; -[e]s, -e [zu lat. arte = mit Geschick (Ablativ von: ars = Kunst, Geschick) u. factum = das Gemachte]: **1.** *(Archäol.) Gegenstand, der seine Form durch menschliche Einwirkung erhielt:* -e aus dem Paläolithikum. **2.** *(Med.) [mit Täuschungsabsicht] am eigenen Körper herbeigeführte Veränderung, Schädigung; Selbstverstümmelung: die Verletzung sieht sehr nach einem A. aus.* **3.** *(bildungsspr.) etw. von Menschenhand Geschaffenes.* **4.** *(Elektronik) Störsignal.*
art|ei|gen ⟨Adj.⟩ (Biol.): *der eigenen Art zugehörend:* -es Eiweiß.
Ar|te|mis (griech. Mythol.): *Göttin der Jagd.*
ạr|ten|arm ⟨Adj.⟩ (Biol.): *arm an Arten.*

ạr|ten|reich ⟨Adj.⟩ (Biol.): *reich an Arten:* eine -e Tierwelt, Flora.
Ạr|ten|reich|tum, der ⟨o. Pl.⟩ (Biol.): *Reichtum an Arten.*
Ạr|ten|schutz, der ⟨o. Pl.⟩: *Schutz für vom Aussterben bedrohte Tier- und Pflanzenarten durch bestimmte [behördliche] Maßnahmen.*
Ạr|ten|schutz|ab|kom|men, das: *[internationales] Abkommen über den Artenschutz.*
Ạr|ten|ster|ben, das; -s: *das Aussterben bestimmter Tier- od. Pflanzenarten.*
Ạr|ten|viel|falt, die (Biol.): *Vielfalt der in einem bestimmten Bereich vorkommenden Tier- und Pflanzenarten:* ein Rückgang der A.
Ạr|te po|ve|ra, die; - - [ital. = arme Kunst, aus: arte (< lat. ars, Gen.: artis) = Kunst u. povera = arm] (Kunstwiss.): *Objektkunst, vor allem in den 60er- u. 70er-Jahren des 20. Jh.s in Italien, die unkonventionelle (»arme«) Materialien wie Erde, Holz, Stroh, Filz verwendet u. diese formlos u. bewusst unästhetisch darbietet.*
ạr|ter|hal|tend ⟨Adj.⟩ (Biol., Verhaltensf.): *der Erhaltung der eigenen Art dienend:* -e Instinkte.
Ạrt|er|hal|tung, die (Biol.): *Erhaltung der eigenen Art.*
Ar|te|rie, die; -, -n [lat. arteria < griech. artēría, zu: aeírein = anbinden; vgl. Aorta] (Anat.): *Schlagader.*
ar|te|ri|ell ⟨Adj.⟩ (Biol., Med.): *die Arterien betreffend, von einer Arterie gehörend:* -es Gewebe; -es Blut *(in einer Arterie fließendes, helles, sauerstoffhaltiges Blut).*
Ar|te|ri|en|ver|kal|kung, die (ugs.): *Arteriosklerose.*
Ar|te|ri|o|le, die; -, -n [nlat. Vkl. von lat. arteria, ↑Arterie] (Anat.): *kleinste Arterie, die sich in die Kapillaren* (1) *verzweigt.*
Ar|te|rio|skle|ro|se, die [zu ↑Arterie u. ↑Sklerose] (Med.): *krankhafte Veränderung der Arterien vor allem als Folge von Kalkablagerungen an der inneren Wand, Arterienverkalkung.*
ar|te|sisch ⟨Adj.⟩: ↑Brunnen (1).
Ar|tes li|be|ra|les ['arte:s libe'ra:le:s] ⟨Pl.⟩ [lat. artes liberales (Pl.), zu: ars = Kunst u. liberalis, ↑liberal]: *die sieben freien Künste (Grammatik, Rhetorik, Dialektik, Arithmetik, Geometrie, Astronomie, Musik), die zum Grundwissen der Antike u. des Mittelalters gehörten.*
ạrt|fremd ⟨Adj.⟩ (Biol.): *der eigenen Art fremd:* -es Eiweiß; -e Verhaltensweisen; -e Sitten.
ạrt|ge|mäß ⟨Adj.⟩: *so, wie es einer bestimmten Tierart gemäß ist, entspricht:* eine -e Tierhaltung.
Ạrt|ge|nos|se, der: *Individuum derselben Art.*
Ạrt|ge|nos|sin, die: w. Form zu ↑Artgenosse.
ạrt|ge|recht ⟨Adj.⟩: *den Ansprüchen einer bestimmten Tierart genügend:* -e Ernährung.
ạrt|gleich ⟨Adj.⟩: *derselben Art angehörend, von gleicher Art.*
Ar|th|ri|tis, die; -, ...itiden [lat. arthritis < griech. arthrītis] (Med.): *Gelenkentzündung.*
ar|th|ri|tisch [auch: ...'trɪ...] ⟨Adj.⟩ (Med.): *von Arthritis befallen:* -e Knie.
Ar|th|ro|plas|tik, die; -, -en (Med.): *künstliche Bildung eines neuen Gelenks nach Resektion des alten:* eine A. durchführen; sich eine A. machen lassen.
Ar|th|ro|po|den ⟨Pl.⟩ [zu griech. poús (Gen.: podós) = Fuß] (Zool.): *Gliederfüßer.*
Ar|th|ro|se, die; -, -n (Med.): *chronische, auf Abnutzung beruhende Erkrankung eines Gelenks* (a).
Ar|th|ro|s|ko|pie, die; -, -n [zu griech. skopeĩn = betrachten] (Med.): *Untersuchung des Inneren eines Gelenks* (a) *mithilfe einer Sonde.*
ar|ti|fi|zi|ell ⟨Adj.⟩ [frz. artificiel < lat. artificialis, zu: artifex = Künstler, zu: ars (Gen.: artis) =

Kunst u. facere = machen] (bildungsspr.): **a)** *künstlich:* die -e Umwelt; die Inszenierung war sehr a.; **b)** *gekünstelt:* eine etwas -e Freundlichkeit.
ạr|tig ⟨Adj.⟩ [mhd. ertec = angestammte gute Beschaffenheit habend, zu ↑Art]: **1.** *sich so verhaltend, wie es Erwachsene von einem Kind erwarten; sich gut und folgsam benehmend:* -e Kinder; sei a.!; sich a. verhalten; ... ein kleines Mädchen mit sauberen Schleifen im Haar hockte a. am Klavier (Koeppen, Rußland 147). **2. a)** *(geh. veraltend) höflich, galant:* mit einer -en Verbeugung; -e Komplimente; er küsste ihr a. die Hand; **b)** *(veraltet) anmutig, nett:* -es Aussehen; a. geflochtene Zöpfe; ... die Mädchen trugen weiße Schleifen in ihren a. gebundenen Zöpfen (Koeppen, Rußland 113).

-ar|tig: drückt in Bildungen mit Substantiven – selten mit Adjektiven – aus, dass die beschriebene Person oder Sache vergleichbar mit etw., so beschaffen wie etw. ist: balladen-, brei-, jazzartig.

Ạr|tig|keit, die; -, -en: **1.** ⟨o. Pl.⟩ *(geh. veraltend) Höflichkeit, Zuvorkommenheit:* er umwarb sie mit größter A.; mit ausgesuchter A. **2.** ⟨meist Pl.⟩ *höfliche Redensart, Schmeichelei:* -en austauschen; jmdm. -en sagen.
Ar|ti|kel [auch: ar'tɪk...], der; -s, - [lat. articulus = Abschnitt, Teilchen, Vkl. von: artus = Gelenk, Glied]: **1.** *Aufsatz, Abhandlung; Beitrag:* ein A. in der Zeitung, im Lexikon; wissenschaftliche A.; einen A. über Ameisen lesen, schreiben. **2. a)** *[mit einer Nummer gekennzeichneter] Abschnitt in einem Gesetz, Vertrag o. Ä.* (Abk.: Art.): nach A. 4 des Grundgesetzes; **b)** *Glaubenssatz; Abschnitt eines Bekenntnisses od. Manifestes, These* (Abk.: Art.) **3.** [nach frz. article] *[Handels]gegenstand, Ware* (Abk.: Art.): preiswerte, beliebte, gefragte A. **4.** (Sprachwiss.) *der Bezeichnung des Genus von Substantiven dienende] Wortart mit identifizierender, individualisierender od. generalisierender Funktion; Geschlechtswort* (Abk.: Art.): der bestimmte, unbestimmte A.
Ar|ti|kel|rei|he, die: *Folge von Artikeln* (1) *zu einem Hauptthema.*
Ar|ti|kel|se|rie, die: *Artikelreihe.*
Ar|ti|ku|la|ti|on, die; -, -en [spätlat. articulatio = gegliederter Vortrag]: **1. a)** *deutliche Aussprache, Gliederung des Gesprochenen;* **b)** (Sprachwiss.) *Bildung von Lauten mithilfe der Sprechwerkzeuge.* **2.** *das Artikulieren* (2): die A. der Gedanken. **3.** (Musik) *Binden od. Trennen der Töne.*
Ar|ti|ku|la|ti|ons|art, die (Sprachwiss.): *Art u. Weise, wie Artikulation* (1 b) *zustande kommt.*
Ar|ti|ku|la|ti|ons|or|ga|ne ⟨Pl.⟩ (Sprachwiss., Anat.): *Sprechwerkzeuge.*
Ar|ti|ku|la|ti|ons|ver|mö|gen, das: *Ausdrucksfähigkeit.*
ar|ti|ku|la|to|risch ⟨Adj.⟩: *die Artikulation betreffend.*
ar|ti|ku|lie|ren ⟨sw. V.; hat⟩ [lat. articulare]: **1.** *(Silben, Wörter, Sätze) in phonetisch gegliederter Form aussprechen:* deutlich, klar, einwandfrei a.; undeutlich artikulierte Laute. **2.** *(bildungsspr.)* **a)** *(Gedanken, Gefühle) in Worte fassen, [formuliert] zum Ausdruck bringen:* seinen Willen, seine Sorgen a.; **b)** ⟨a. + sich⟩ *sich angemessen Ausdruck verschaffen:* sich nicht a. können; **c)** ⟨a. + sich⟩ *zum Ausdruck kommen:* der Umschwung artikuliert sich im Wahlergebnis.
Ar|ti|ku|lie|rung, die; -, -en: *Artikulation* (1, 2).
Ar|til|le|rie, die; -, -n ⟨Pl. selten⟩ [frz. artillerie, zu afrz. artill(i)er = mit Kriegsgerät bestü-

Artillerieangriff – Äsche

cken, ausrüsten, H. u.] (Militär): **a)** *mit meist schweren Geschützen ausgerüstete Kampfunterstützungstruppe;* **b)** *schweres Geschütz, Geschütze.*

Ar|til|le|rie|an|griff, der (Militär): *Angriff durch Artillerie.*

Ar|til|le|rie|be|schuss, der (Militär): *Beschuss durch Artillerie.*

Ar|til|le|rie|feu|er, das (Militär): *konzentrierter Beschuss durch Artillerie.*

Ar|til|le|rie|ge|schoss […gɔʃɔs], (südd., österr.:) **Ar|til|le|rie|ge|schoß** […gɔʃo:s], das (Militär): *von der Artillerie verwendetes Geschoss.*

Ar|til|le|rist, der; -en, -en (Militär): *Soldat der Artillerie* (a).

Ar|til|le|ris|tin, die; -, -nen: w. Form zu ↑ Artillerist.

ar|til|le|ris|tisch ⟨Adj.⟩ (Militär): *die Artillerie betreffend; von der Artillerie ausgehend.*

Ar|ti|scho|cke, die; -, -n [nordital. articiocco, H. u.]: **1.** *(mit den Disteln verwandte) Pflanze mit großen Blütenköpfen, deren verdickter unterer Teil als Gemüse gegessen wird.* **2.** *wohlschmeckende Blütenknospe der Artischocke* (1).

Ar|ti|scho|cken|bo|den, der: *als Delikatesse geltender Blütenboden der Artischocke* (1).

Ar|ti|scho|cken|herz, das; -ens, -en: *als Delikatesse geltender unterer, verdickter Teil eines Kelchblatts der Artischocke.*

Ar|tist, der; -en, -en [unter Einfluss von frz. artiste < mlat. artista, zu lat. ars = Geschicklichkeit]: **1.** *[Geschicklichkeitsübungen vorführender] Künstler in Zirkus u. Varieté.* **2.** (selten) *Darstellungsmittel u. -formen souverän beherrschender Künstler:* ein A. unter den Filmemachern.

Ar|tis|tik, die; -: **1.** *Varieté- u. Zirkuskunst.* **2. a)** *außerordentliche körperliche Geschicklichkeit:* die A. der Abfahrtsläufer; **b)** *großes Maß an formaler Beherrschung:* mit bewundernswerter A.

Ar|tis|tin, die; -, -nen: w. Form zu ↑ Artist.

ar|tis|tisch ⟨Adj.⟩: **1.** *Zirkuskunst u. -künstler[innen] betreffend:* -e Kunststücke, Glanzleistungen. **2. a)** *in der Art einer Artistin, eines Artisten; überaus geschickt:* eine -e Ballbehandlung; **b)** *große formalkünstlerische Fertigkeiten zeigend:* -e Technik.

Art|nap|ping [ˈɑːtnɛp…], das; -s, -s [engl. artnapping, Analogiebildung zu: kidnap(p)ing (↑ Kidnapping), zu: art = Kunst] (Jargon): *Diebstahl von Kunstwerken mit dem Ziel, für ihre Rückgabe ein Lösegeld zu erpressen.*

Art nou|veau [arnuˈvo:], der, die u. das; - - [frz. = neue Kunst; urspr. Name einer 1895 in Paris gegründeten Galerie]: *für: Jugendstil* (in Großbritannien, den USA u. Frankreich).

Ar|to|thek, die; -, -en [zu lat. ars (Gen.: artis) = Kunst u. griech. thḗkē, ↑ Theke]: *Galerie, Museum, das Bilder od. Plastiken an Privatpersonen ausleiht.*

art|ver|schie|den ⟨Adj.⟩: *von verschiedener Art.*

art|ver|wandt ⟨Adj.⟩: *von ähnlicher Art:* -e Typen, Seelen.

Arz|nei, die; -, -en [mhd. arzenīe, für: arzātīe, zu ahd. arzāt, ↑ Arzt] (veraltend): *Heilmittel, Medikament, [flüssige] Medizin:* eine A. verordnen, verschreiben; seine A. einnehmen; die Preise für -en erhöhen; Ü etw. ist für jmdn. eine bittere, heilsame A. *(Erfahrung, Lehre).*

Arz|nei|buch, das: *[amtliches] Verzeichnis für die Zubereitung, Beschaffenheit usw. von Arzneien:* Deutsches A. (Abk.: DAB).

Arz|nei|kun|de, die; - ⟨Pl. selten⟩ *Pharmazie.* **2.** *Lehrbuch der Arzneikunde* (1).

arz|nei|lich ⟨Adj.⟩: *Arznei betreffend.*

Arz|nei|mit|tel, das: *Heilmittel, Medikament:* die Preisbindung für A.

Arz|nei|mit|tel|for|schung, die: *Forschung auf dem Gebiet der Pharmazie; Pharmakologie.*

Arz|nei|mit|tel|ge|setz, das: *Gesetz, das bes. Herstellung u. Verbrauch von Arzneimitteln betrifft.*

Arz|nei|mit|tel|her|stel|ler, der: *Hersteller* (1) *von Arzneimitteln; pharmazeutisches Unternehmen.*

Arz|nei|mit|tel|her|stel|le|rin, die: w. Form zu ↑ Arzneimittelhersteller.

Arz|nei|mit|tel|miss|brauch, der: *[suchthafter] Missbrauch von Arzneimitteln.*

Arz|nei|mit|tel|ver|ord|nung, die: *das Verordnen von Arzneimitteln.*

Arz|nei|pflan|ze, die: *Heilpflanze.*

Arz|nei|stoff, der: *die entsprechende Wirkung erzielende Substanz in einem Arzneimittel.*

Arzt, der; -es, Ärzte [mhd. arzet, arzāt, ahd. arzāt < spätlat. archiater < griech. archíatros = Oberarzt, zu: archi- (↑ Architekt) u. iatrós = Arzt]: *jmd., der nach Medizinstudium u. klinischer Ausbildung die staatliche Zulassung (Approbation) erhalten hat, Kranke zu behandeln* (Berufsbez.): der behandelnde, leitende A.; er ist praktischer A.; den A. fragen, konsultieren, holen; zum A. gehen; *** bis der A. kommt** (ugs.: *ohne [zeitliche] Begrenzung, ohne Einschränkung, bis zum Überdruss:* feiern, bis der A. kommt).

Arzt|be|ruf, der: *Beruf des Arztes, der Ärztin:* den A. ergreifen.

Arzt|be|such, der: **a)** *Besuch der Sprechstunde eines Arztes od. einer Ärztin;* **b)** (selten) *Besuch, den ein Arzt, eine Ärztin jmdm. zu Hause abstattet.*

Arzt|brief, der: *Arztbericht.*

Ärz|te|kam|mer, die: *Berufs- u. Standesvertretung der Ärztinnen u. Ärzte.*

Ärz|te|man|gel, der ⟨o. Pl.⟩: *Mangel an Ärztinnen u. Ärzten.*

Ärz|te|schaft, die; -: *Gesamtheit der Ärztinnen u. Ärzte.*

Ärz|te|schwem|me, die (salopp): *den Bedarf weit übersteigende Zahl an ausgebildeten Ärztinnen u. Ärzten.*

Ärz|te|team, das: *Team von Ärzten od. Ärztinnen u. Ärzten.*

Ärz|te|ver|tre|ter, der: *Vertreter, der in Arztpraxen für die Medikamente o. Ä. einer Firma wirbt.*

Ärz|te|ver|tre|te|rin, die: w. Form zu ↑ Ärztevertreter.

Arzt|ge|löb|nis, das: *dem hippokratischen Eid entsprechendes Gelöbnis der Ärzte.*

Arzt|hel|fer, der: *Angestellter, der einem Arzt od. einer Ärztin in der Praxis hilft, Instrumente u. Patientenkartei betreut sowie Verwaltungsarbeiten erledigt* (früher Berufsbez.).

Arzt|hel|fe|rin, die: *Angestellte, die einem Arzt od. einer Ärztin in der Praxis hilft, Instrumente u. Patientenkartei betreut sowie Verwaltungsarbeiten erledigt* (früher Berufsbez.).

Arzt|hil|fe|schein, der (österr. Amtsspr.): *Krankenschein.*

Arzt|ho|no|rar, das: *für eine ärztliche Leistung zu zahlendes Honorar.*

Ärz|tin, die; -, -nen [mhd. arzātinne, arzātīn]: w. Form zu ↑ Arzt.

Arzt|kit|tel, der: *über der Kleidung getragener, meist weißer Kittel für Ärztinnen u. Ärzte.*

Arzt|kos|ten ⟨Pl.⟩: *Kosten für ärztliche Behandlung:* die A. senken.

ärzt|lich ⟨Adj.⟩ [mhd. arzātlich]: *vom Arzt, von der Ärztin ausgehend; sich auf den Arzt, die Ärztin beziehend:* -e Untersuchung, Verordnung; die -e Schweigepflicht; ein -es Attest; alle -e Kunst war vergebens; die -e Hilfe kam zu spät; auf -en Rat; unter -er Aufsicht.

ärzt|li|cher|seits ⟨Adv.⟩ [↑ -seits] (Papierdt.): *vonseiten des Arztes, der Ärztin:* ä. gibt es keine Bedenken gegen eine Flugreise.

Arzt-Pa|ti|en|ten-Ver|hält|nis, das: *Beziehung, die zwischen einem Arzt u. seinen Patienten besteht.*

Arzt|pra|xis, die: **a)** *Räumlichkeiten für die ärztliche Berufsausübung;* **b)** ⟨o. Pl.⟩ *Patientenkreis eines Arztes, einer Ärztin:* eine große A. haben.

Arzt|rech|nung, die: *vom Arzt, von der Ärztin erstellte Rechnung.*

Arzt|ro|man, der: *im ärztlichen Milieu spielender Unterhaltungsroman.*

Arzt|se|kre|tä|rin, die: *Sekretärin, die in einer Arztpraxis die schriftlichen Arbeiten erledigt.*

Arzt|se|rie, die: *Fernsehserie, die von einzelnen od. mehreren Ärztinnen u. Ärzten handelt.*

Arzt|sohn, der: *Sohn eines Arztes od. einer Ärztin.*

Arzt|ta|sche, die: *die notwendigsten Utensilien enthaltende Tasche, die ein Arzt, eine Ärztin bei Hausbesuchen mitnimmt.*

Arzt|ter|min, der: *Termin für den Besuch bei einem Arzt, einer Ärztin.*

Arzt|toch|ter, die: *Tochter eines Arztes od. einer Ärztin.*

Arzt|wahl, die: *Wahl des Arztes, den jmd. im Bedarfsfalle konsultiert:* viele Kassenpatienten haben schon heute keine freie A. mehr.

as, ¹As, das; -, - (Musik): *um einen halben Ton erniedrigtes a, A* (2).

²As: *frühere Schreibung für* ↑ Ass.

³As, der; -ses, -se [lat. as = *das Ganze als Einheit;* als Münzeinheit eigtl. = *viereckiges Metalltäfelchen* (nach der alten Form der Münze)]: *altrömische Münz- u. Gewichtseinheit.*

⁴As = Arsen.

A-Sai|te, die: *auf den Ton a, A* (2) *gestimmte Saite eines Saiteninstruments.*

Asant, der; -s [zu dem nlat. bot. Namen (Ferula) as(s)a-foetida, zu lat. foetidum = übel riechend]: *(zu den Doldenblütlern gehörende) unangenehm riechende krautige Pflanze, die zu einem großen Teil aus Harz besteht u. bes. in Indien als Gewürz verwendet wird.*

As|best, der, auch: das; -[e]s, -e [lat. asbestos < griech. ásbestos (líthos) = Asbest(stein), eigtl. = unzerstörbar (er Stein)] (Mineral.): *mineralischer, feuerfester Faserstoff.*

As|best|an|zug, der: *feuerfeste Schutzkleidung.*

As|bes|to|se, die; -, -n (Med.): *durch das Einatmen von Asbeststaub hervorgerufene Lungenerkrankung.*

As|best|staub, der: *bei der Verarbeitung von Asbest entstehender Staub.*

As|best|ze|ment, der: *Gemisch aus Asbestfasern u. Zement, das bes. als Dämm- od. Isolierstoff verwendet wird.*

Aschan|ti, der; -, -, **Aschan|ti|nuss,** die [nach dem afrik. Stamm der Aschanti] (ostösterr. veraltend): *Erdnuss.*

Asch|be|cher, der: *Aschenbecher.*

asch|blond ⟨Adj.⟩: *(bezogen auf das Kopfhaar) von stumpfer blonder Farbe.*

Asche, die; -, (techn.:) -n [mhd. asche, ahd. asca, verw. mit ↑ ¹Esse]: **1.** *staubig-pulveriger Rückstand verbrannter Materie:* heiße, kalte, glühende A.; die A. [von der Zigarre] abstreifen, abklopfen; die A. in alle Winde zerstreuen; A. zu A.; etw. wird zu A. *(brennt nieder);* Ü Langsam begann ich zu begreifen. Die Liebe war schon zu A. geworden (Jahnn, Geschichten 208); R das ist doch A.! (ugs.: *das taugt doch nichts*); ***sich** (Dativ) **A. aufs Haupt streuen** (umständl. scherzh.; *demütig bereuen;* nach 1. Makkabäer 3, 47). **2.** ⟨o. Pl.⟩ (ugs.) *Geld:* A. zusammenkratzen; blanke A. *(Silbermünzen).*

Äsche, die; -, -n [mhd. asche, ahd. asco, H. u.]: *im*

Süßwasser lebender Lachsfisch mit hoher Rückenflosse.

Asch|ei|mer, der: *Eimer für die Asche (aus dem Herd).*

aschen ⟨sw. V.; hat⟩: *[Zigaretten]asche abstreifen, fallen lassen:* bitte nicht in die Blumenkästen a.!

Aschen|bahn, die (Sport): *mit einer Unterlage aus gemahlener Schlacke befestigte Bahn für Laufwettbewerbe:* auf der A. trainieren.

Aschen|be|cher, der: *Schale o. Ä. zum Abstreifen od. Ausklopfen von Tabakasche u. für Zigaretten- u. Zigarrenreste.*

Aschen|brö|del, das; -s, - [mhd. aschenbrodele = Küchenjunge, eigtl. = jmd., der in der Asche wühlt]: **1.** ⟨o. Pl.⟩ *weibliche Figur des gleichnamigen Volksmärchens.* **2.** *unscheinbare weibliche Person, die ständig zurückgesetzt* (5) *wird.*

Aschen|ei|mer, der: *Aschemer.*

Aschen|platz, der (Tennis): *Hartplatz mit einer Unterlage aus gemahlener Schlacke.*

Aschen|put|tel, das; -s, - [zu hess. Pud(d)el = unordentliches, schmutziges Mädchen]: *Aschenbrödel.*

Aschen|re|gen, Ascheregen, der: *Niederschlag von [vulkanischer] Asche.*

◆ **Aschen|zie|her**, der; -s, - [der Turmalin wird durch Reibung u. Erwärmung magnetisch, u. man kann mit ihm (Torf)asche anziehen]: *Turmalin:* ... der Magnet ist bloß erschaffen, um seine hinangeworfnen Ladenschlüssel zu tragen, der A., um seine Tabakasche zu sammeln (Jean Paul, Siebenkäs 13).

Ascher, der; -s, - (ugs.): *Aschenbecher.*

Asche|re|gen: ↑ Aschenregen.

Ascher|mitt|woch, der [im 15. Jh. für mhd. aschtac, geb. mit dem älteren Pl. Ascher von ↑ Asche (an diesem Tag zeichnet der Priester im kath. Gottesdienst den Gläubigen mit Holzasche ein Kreuz als Zeichen der Buße auf die Stirn)]: *Tag nach Fastnacht; erster Tag der Fastenzeit.*

Asche|wol|ke, die: *bes. aus vulkanischer Asche bestehende Wolke* (2): der Vulkan speit, schleudert -n in den Himmel, stößt riesige -n aus.

asch|fahl ⟨Adj.⟩: *fahl, grau wie Asche:* ein -es Gesicht.

asch|grau ⟨Adj.⟩: *von stumpfem Grau:* der -e Himmel; ihr Gesicht war a.; * **bis ins Aschgraue** (ugs.; *unendlich lange, bis zum Überdruss so weiter).*

Asch|ke|na|se, der; -n, -n, **Asch|ke|na|si**, der; -, ...sim [...zi:m, auch ...'zi:m], meist im Pl. *Aschkenasim verwendet* [hebr. aškěnazzy, nach einem biblischen Völkernamen, der auf Aschkenas, einen Enkel des Noah im A. T. (vgl. 1. Mos. 10, 3), zurückgeht]: *ost- od. mitteleuropäischer Jude.*

Asch|ram, der; -s, -s [sanskr. āśram(a)]: **a)** *Einsiedelei eines indischen Asketen;* **b)** *einem Kloster ähnliche Anlage in Indien (bes. als Ort der Meditation für die Anhänger einer Lehre).*

ASCII-Code ['aski...], der; -s [Abk. für engl. American Standard Code of Information Interchange] (EDV): *Zeichencode, der in Rechnern zur Darstellung bestimmter Informationen verwendet wird.*

As|co|na, der: schweizerischer Ort am Lago Maggiore.

As|cor|bin|säu|re, Askorbinsäure, die; - [zu griech. a- = nicht, un- u. ↑ Skorbut] (Chemie): *Vitamin C.*

As|cot ['æskət]: *Dorf bei London (Austragungsort von Pferderennen).*

As-Dur ['asdu:ɐ̯, auch: 'as'du:ɐ̯], das (Musik): *auf dem Grundton As beruhende Durtonart (Zeichen: As).*

Ase, der; -n, -n [anord. āss] (germ. Mythol.): *Vertreter des gewaltigsten Göttergeschlechts.*

ASEAN ['a:zean, 'æsiæn], die; - [Kurzwort aus engl. Association of South East Asian Nations]: *Vereinigung südostasiatischer Staaten zur Förderung von Frieden und Wohlstand.*

a sec|co [ital. = auf dem Trockenen, zu: secco < lat. siccus = trocken] (Kunstwiss.): *auf trockenem Putz [gemalt] (mittelalterliche Maltechnik).*

äsen ⟨sw. V.; hat⟩ [mhd. æʒen, zu: āʒ = Essen, Futter] (Jägerspr.): *(vom Wild mit Ausnahme des Schwarz- u. Raubwilds) Nahrung aufnehmen:* ein Hirsch äste zwischen den Kühen; ⟨auch ä. + sich:⟩ der Bock äst sich.

Asep|sis, die; - [aus griech. a- = nicht, un- u. ↑ Sepsis] (Med.): *Keimfreiheit (von Wunden, Instrumenten, Verbandsstoffen u. Ä.)*

asep|tisch ⟨Adj.⟩ (Med.): **a)** *nicht septisch; keimfrei:* septische und -e Bereiche eines Krankenhauses; eine Wunde a. behandeln; **b)** *nicht auf Infektion beruhend.*

Aser, Aaser, der; -s, - [mhd. āser, zu: āʒ, ↑ Aas]: **1.** (Jägerspr. bes. südd.) *Jagdtasche.* **2.** (Jägerspr. schweiz.) *im Freien eingenommene Mahlzeit.*

¹**Äser**, der; -s, - (Jägerspr.): *(vom Wild mit Ausnahme des Schwarz- u. Raubwildes) Maul.*

²**Äser**: Pl. von ↑ Aas.

Aser|baid|schan, -s; **1.** Landschaft u. Provinz im nordwestlichen Iran. **2.** Staat am Kaspischen Meer.

Aser|baid|scha|ner, der; -s, -: Ew.

Aser|baid|scha|ne|rin, die; -, -nen: w. Form zu ↑ Aserbaidschaner.

aser|baid|scha|nisch ⟨Adj.⟩: **a)** *Aserbaidschan, die Aserbaidschaner betreffend; von den Aserbaidschanern stammend, zu ihnen gehörend;* **b)** *in der Sprache der Aserbaidschaner.*

ase|xu|al [auch: azɛ'ksu̯a:l], **ase|xu|ell** [auch: azɛ'ksu̯ɛl] ⟨Adj.⟩ [aus griech. a- = nicht, un- u. ↑ sexual]: **a)** *sexuell gefühllos;* **b)** *alles Sexuelle ausklammernd:* eine -e Erziehung. **2.** *ungeschlechtlich, geschlechtslos.*

Asi|at, [österr. auch: aˈzi̯at], der; -en, -en: Ew.

Asi|a|tin, [österr. auch: aˈzi̯atɪn], die; -, -nen: w. Form zu ↑ Asiat.

asi|a|tisch [österr. auch: aˈzi̯atɪʃ] ⟨Adj.⟩: *zu Asien gehörend; aus Asien kommend.*

Asi|en, -s: größter Erdteil.

As|ke|se, die; - [griech. áskēsis = Übung, Lebensweise]: **a)** *streng enthaltsame u. entsagende Lebensweise [zur Verwirklichung sittlicher u. religiöser Ideale]:* A. üben; in strenger A. leben; **b)** *Bußübung zur Überwindung von Lastern u. Abtötung von Begierden.*

As|ket, der; -en, -en [mlat. asceta < griech. askētēs]: *enthaltsam [in Askese] lebender Mensch.*

As|ke|tin, die; -, -nen: w. Form zu ↑ Asket.

as|ke|tisch ⟨Adj.⟩: **a)** *die Askese* (a) *betreffend; entsagend, enthaltsam:* ein -es Leben; **b)** *Askese* (b) *übend;* **c)** *wie ein Asket:* ein -es Gesicht; eine -e Erscheinung; **d)** *formal zurückhaltend, sparsam, streng:* eine -e Farbgebung.

As|kle|pi|os, **As|k|le|pi|us**: *Äskulap.*

◆ **as|kle|pisch** ⟨Adj.⟩: *nach den Heilmethoden des Asklepios verordnet:* Helenen will er sich gewinnen, und weiß nicht wie und wo beginnen; -e Kur vor andern wert (Goethe, Faust II, 7485ff.).

As|kor|bin|säu|re: ↑ Ascorbinsäure.

Äs|ku|lap [auch: 'ɛ...] (griech.-röm. Mythol.): *mit Schlange u. Stab dargestellter Gott der Heilkunde.*

Äs|ku|lap|nat|ter [auch: 'ɛ...], die: *oberseits glänzend braune, unterseits gelblich weiße Natter.*

Äs|ku|lap|stab [auch: 'ɛ...], der: *von einer Schlange umwundener Stab Äskulaps (Sinnbild der Heilkunst).*

As|ma|ra, -s: Hauptstadt von Eritrea.

as-Moll ['asmɔl, auch: 'as'mɔl], das (Musik): *auf dem Grundton as beruhende Molltonart (Zeichen: as).*

äso|pisch ⟨Adj.⟩ (bildungsspr. veraltend): *in der Art, im Geist des altgriechischen Fabeldichters Äsop; witzig:* -er Stil; -e Erzählweise.

Asow|sches Meer, das Asowsche Meer; des Asowschen Meer[e]s: Teil des Schwarzen Meeres.

aso|zi|al [auch: ...ˈtsja:l] ⟨Adj.⟩ [aus griech. a- = nicht, un- u. ↑ sozial]: **1.** *unfähig zum Leben in der Gemeinschaft, sich nicht in die Gemeinschaft einfügend; am Rand der Gesellschaft lebend:* ein -er Charakter. **2.** (meist abwertend) *die Gemeinschaft, Gesellschaft schädigend:* -es Verhalten; er ist a. **3.** (meist abwertend) *ein niedriges geistiges, kulturelles Niveau aufweisend; ungebildet u. ungehobelt:* eine -e Kneipe; der Typ sieht ziemlich a. aus.

Aso|zi|a|le, die/eine Asoziale; der/einer Asozialen, die Asozialen/zwei Asoziale (meist abwertend): *weibliche Person, die asozial ist.*

Aso|zi|a|ler, der/ein Asozialer; des/eines Asozialen, die Asozialen/zwei Asoziale (meist abwertend): *Person, die asozial ist.*

Aso|zi|a|li|tät, die; -: *das Asozialsein.*

As|pa|ra|gin, das; -s [zu ↑ Asparagus]: *Derivat der Asparaginsäure.*

As|pa|ra|gin|säu|re, die: *in vielen Eiweißstoffen (bes. in Spargel) enthaltene Aminosäure.*

As|pa|ra|gus [as'pa:ragʊs, auch: ...'ra:...], der; - [lat. asparagus < griech. aspáragos]: **a)** *Spargel (Gemüsepflanze);* **b)** *Spargelart, deren Kraut in der Blumenbinderei verwendet wird.*

As|pekt, der; -[e]s, -e [lat. aspectus, eigtl. = das Hinsehen]: **1.** (bildungsspr.) *Blickwinkel, Blickrichtung, Betrachtungsweise, Blick-, Gesichtspunkt:* finanzielle -e; den sozialen A. eines Problems betonen; etw. unter einem bestimmten A. sehen, betrachten. **2.** (Astron., Astrol.) *bestimmte Stellung von Sonne, Mond u. Planeten zueinander u. zur Erde.* **3.** (Sprachwiss.) *[in den slawischen Sprachen bes. ausgeprägte] grammatische Kategorie, mit der die Sprecher[innen] die Vollendung od. Nichtvollendung eines Geschehens aus ihrer Sicht ausdrücken:* ein perfektiver, imperfektiver A.

As|phalt [auch: 'as...], der; -[e]s, (techn.:) -e [frz. asphalte < lat. asphaltus < griech. ásphaltos, eigtl. = unzerstörbar]: *Gemisch von Bitumen u. Mineralstoffen, das besonders als Straßenbelag verwendet wird:* der nasse A.; die Luft flimmert über dem A.

As|phalt|de|cke, die: *Straßenbelag aus Asphalt.*

as|phal|tie|ren ⟨sw. V.; hat⟩: *eine Straße o. Ä. mit einer Asphaltdecke versehen:* eine Straße a.; asphaltierte Gehwege.

as|phal|tisch ⟨Adj.⟩: *aus Asphalt bestehend.*

As|phalt|lack, der: *Lack aus einer Lösung von stark bitumenhaltigem Asphalt u. anderen organischen Lösungsmitteln.*

As|phalt|pad, das; -s, -s ⟨meist Pl.⟩ (Sport): *für festen Untergrund (z. B. Asphalt) geeigneter, abnehmbarer Gummiüberzug für die Spitzen der Stöcke beim Nordic Walking.*

As|phalt|stra|ße, die: *asphaltierte Straße.*

As|pik [as'pi:k, auch: ...'pik, 'as...], der (österr. meist: das); -s, -e [frz. aspic, H. u.]: *Gallert aus Gelatine od. Kalbsknochen:* Fleisch, Fisch in A.

As|pi|rant, der; -en, -en [frz. aspirant, zu: aspirer, ↑ aspirieren]: **1.** *Bewerber, [Beamten]anwärter:* ein A. für/(seltener:) auf einen Posten. **2.** (österr.) *jmd., der nach dem abgeschlossenen Pharmaziestudium ein Praxisjahr in einer Apotheke absolviert.* **3.** (DDR) *wissenschaftliche Nachwuchskraft an der Hochschule.*

As|pi|ran|tin, die; -, -nen: w. Form zu ↑ Aspirant.

As|pi|ra|ti|on, die; -, -en [lat. aspiratio]: **1.** ⟨meist Pl.⟩ (bildungsspr.) *Bestrebung, Hoffnung, ehrgeiziger Plan:* -en auf, nach etw. haben. **2.** (Sprachwiss.) *[Aussprache eines Verschlusslautes mit] Behauchung.*

as|pi|rie|ren ⟨sw. V.; hat⟩: **1.** [frz. aspirer = nach etw. streben < lat. aspirare, eigtl. = (ein-, hin-, zu)hauchen] (bes. österr. veraltend) *sich um etw. bewerben:* auf einen Posten a. **2.** [lat. aspirare] (Sprachwiss.) *mit Behauchung aussprechen:* einen [Verschluss]laut a.

¹As|pi|rin®, das; -s [Kunstwort]: *bestimmtes Schmerz- und Fiebermittel.*

²As|pi|rin®, die; -, -, auch: das; -s, -, selten: -e: *Pille des Medikaments* ¹*Aspirin.*

aß: ↑ essen.

Ass, das; -es, -e [frz. as < lat. as = das Ganze als Einheit]: **1.** *(in vielen geläufigen Kartenspielen) höchste Spielkarte, Eins:* kein A., alle vier -e in der Hand haben. **2.** (ugs.) **a)** *eine durch [sportliche] Leistung besonders hervorragende Persönlichkeit:* die -e der Mannschaft; ein A. in Mathematik sein; * **ein A. auf der Bassgeige sein** (salopp; *clever sein;* Aas 2 a); **b)** (Werbespr.) *besonders beliebter Artikel:* das A. unter den neuen Wagen. **3.** (Sport) **a)** (Tennis) *für den Gegner unerreichbarer Aufschlagball:* ein A. servieren; **b)** (Golf) *mit einem Schlag vom Abschlag ins Loch gespielter Ball.*

Ass. = Assessor; Assistent.

ASS [aːɛsˈɛs] = Azetylsalizylsäure.

as|sai [ital. assai < vlat. ad satis = genug] (Musik; in Verbindung mit einer Tempobezeichnung): *sehr, ziemlich:* allegro a.

¹As|sam, -s: Bundesstaat der Republik Indien.

²As|sam, der; -s, -s [nach dem ind. Bundesstaat]: *kräftiger, würziger Tee aus* ¹*Assam.*

As|sas|si|ne, der; -n, -n [ital. assassino < arab. ḥaššāšīn, zu: ḥaššāš = Haschischgenießer]: **1.** ⟨meist Pl.⟩ *Angehöriger eines islamischen Geheimbundes, der seine Ziele auch mit Mordanschlägen durchzusetzen sucht.* **2.** (veraltet) *Meuchelmörder.*

As|saut [aˈsoː], das; -s, -s [frz. assaut, über das Vlat. zu lat. assultus = das Anspringen]: *Übungskampf beim Fechten, bei dem das Erlernte erprobt werden soll.*

äße: ↑ essen.

As|se|ku|rant, der; -en, -en (Fachspr.): *Versicherer, Versicherungsträger.*

As|se|ku|ranz, die; -, -en [älter ital. assicuranza] (Fachspr.): *Versicherung[sgesellschaft].*

As|sel, die; -, -n [viell. aus lat. asellus = Eselchen (nach der grauen Farbe)] (Zool.): *(zu den Krebsen gehörendes) kleines Tier mit abgeflachtem, deutlich gegliedertem Körper, das sich vorwiegend an dunklen, sumpfigen Stellen u. in Tümpeln aufhält:* Wer an der Küste lebte, der lebte ... im Verborgenen unter den Steinen wie eine A. (Ransmayr, Welt 13).

As|sem|b|la|ge [asɑ̃ˈblaːʒə, österr. meist: ...ʃ], die; -, -n [frz. assemblage = das Zusammenfügen, zu: assembler = zusammenfügen, versammeln, über das Vlat. zu lat. simul = zugleich, zusammen] (Kunst): *Hochrelief od. dreidimensionaler Gegenstand, der aus einer Kombination verschiedener Objekte entstanden ist.*

♦ **As|sem|b|lee,** die; -, -n [frz. assemblée]: *Versammlung; Gesellschaft* (2 b): Wenn Sie sich unpässlich fühlen, Mylady – berufen Sie die A. hier zusammen (Schiller, Kabale II, 1).

As|sem|b|ler [eˈsɛmblɐ, auch: a...], der; -s, - [engl. assembler, zu frz. assembler, ↑ Assemblage] (EDV): **1.** *maschinenorientierte Programmiersprache:* das Programmieren in A. **2.** *Programm, das eine maschinenorientierte Programmiersprache in die spezielle Maschinensprache umsetzt.*

As|sem|b|ling, das; -s, -s [engl. assembling] (Wirtsch.): *das Zusammenbringen, -schließen einzelner Komponenten zu einem Ganzen:* durch A. Kosten bei der Autoproduktion sparen.

as|se|rie|ren ⟨sw. V.; hat⟩ [lat. asserere, zu: serere, ↑ Serie] (Philos.): *behaupten, versichern: die Richtigkeit einer Theorie a.*

As|ser|ti|on, die; -, -en [lat. assertio] (Philos.): *bestimmte, feststellende Behauptung, Versicherung.*

as|ser|to|risch ⟨Adj.⟩ [lat. assertorius] (Philos.): *behauptend, versichernd:* eine -e Aussage; -e Urteile (Logik; *Behauptungen von Tatsachen, die ohne Beweis Gültigkeit beanspruchen*).

As|ser|vat, das; -[e]s, -e [zu lat. asservatum, 2. Part. von: asservare = (amtlich) bewachen]: *in amtliche Verwahrung genommener, für eine Gerichtsverhandlung als Beweismittel wichtiger Gegenstand.*

As|ser|va|ten|kam|mer, die: *Aufbewahrungsort für Asservate (bei Gerichten od. Polizeidienststellen).*

As|sess|ment [əˈsɛsmənt], das; -s, -s [engl. assessment, ↑ Assessment-Center]: **1.** *Steuerveranlagung, -betrag, -zahlung.* **2.** *Bewertung, Einschätzung.* **3.** *Kurzf. von* ↑ Assessment-Center.

As|sess|ment-Cen|ter, As|sess|ment|cen|ter [əˈsɛsməntsɛntɐ, ...ment...], das; -s, - [engl. assessment centre, aus: assessment = Einschätzung, Beurteilung u. centre, Center]: *psychologisches Testverfahren, bei dem jmds. Eignung (bes. für eine Führungsposition) festgestellt werden soll* (Abk.: AC): ein A. absolvieren, durchlaufen.

As|ses|sor, der; -s, ...oren [lat. assessor = Beisitzer, Gehilfe, zu assidere (2. Part.: assessum) = (als Berater) zur Seite sitzen; verweilen]: **1.** *jmd., der die zweite juristische Staatsprüfung bestanden u. die Befähigung zum Richteramt erworben hat* (Abk.: Ass. jur.). **2.** *(früher) Anwärter der höheren Beamtenlaufbahn nach der zweiten Staatsprüfung.*

As|ses|so|rin, die; -, -nen: w. Form zu ↑ Assessor.

♦ **As|ses|sur,** die; -, -en: *Assessorat:* ... sah ich ihn den Doktorgrad erreichen, über die A. emporheben (Goethe, Dichtung u. Wahrheit 8).

As|set [ˈɛsɛt], das; -s, -s [engl. asset = Stütze, Hilfe]: **1.** (Wirtsch.) *Vermögenswert eines Unternehmens.* **2.** (Wirtsch.) *Kapitalanlage.* **3.** (bes. österr.) *entscheidender Vorteil, Trumpf.* **4.** ⟨meist Pl.⟩ *Besonderheit, Ergänzung, Zusatz (z. B. einem Multimediaprodukt).*

As|set-Ma|nage|ment, As|set|ma|nage|ment [ˈɛsɛtmænɪdʒmənt, ...ment], das; -s, -s [engl. asset management]: *Vermögensverwaltung durch eine Bank od. eine spezielle Vermögensgesellschaft, die die Anlageentscheidungen im Interesse der Anleger, aber nach eigenem Ermessen trifft.*

as|si (ugs., oft abwertend): Kurzf. von ↑ asozial: der Typ war total a. drauf.

¹As|si, der; -s, -s (ugs.): kurz für ↑ Assistent.

²As|si, die; -, -s (ugs.): kurz für ↑ Assistentin.

³As|si, der; -s, -s (ugs., oft abwertend) kurz für ↑ Asozialer.

⁴As|si, der; -s, -s (ugs., oft abwertend) kurz für ↑ Asoziale.

As|si|et|te, die; -, -n [frz. assiette, über das Vlat. zu lat. assidere = zur Seite stehen]: **1.** (veraltet) *Teller, flache Schüssel:* Käse auf einer A. reichen; ♦ ... die Saladière, die Sauciäre, die A. zu Käse und die Senfdose war ein einziger Teller, der aber vor jeder Rolle einmal abgescheuert wurde (Jean Paul, Wutz 33). **2.** (österr. veraltet) *kleines Vor- od. Zwischengericht:* eine kalte A. servieren. **3.** (veraltet) *Stellung, Lage:* eine gute A. haben; in keiner guten A. (*Verfassung, Stimmung*) sein.

as|si|g|nie|ren ⟨sw. V.; hat⟩ [lat. assignare = an-, zuweisen, zu: signare, ↑ signieren] (veraltet): *[Geld] anweisen.*

As|si|mi|la|ti|on, die; -, -en [lat. assimila-tio = Ähnlichmachung, zu: assimilare, ↑ assimilieren]: **1. a)** (Biol.) *das Assimilieren* (1); **b)** *Angleichung, Anpassung:* die A. an bestehende Verhältnisse. **2.** (Sprachwiss.) *Angleichung eines Konsonanten an einen anderen (z. B. das b in mhd. lamb zu m in nhd. Lamm).* **3.** (Soziol.) *Angleichung eines Einzelnen od. einer Gruppe an die Eigenart einer anderen Gruppe, eines anderen Volkes.* **4.** (Psychol.) *Angleichung neuer Wahrnehmungsinhalte u. Vorstellungen an bereits vorhandene.* **5.** (Physiol.) *Bildung von Assimilaten.* **6.** (Genetik) *erbliche Fixierung eines erworbenen Merkmals.*

as|si|mi|la|to|risch ⟨Adj.⟩: **a)** *die Assimilation betreffend;* **b)** *durch Assimilation gewonnen, entstanden:* -er Lautwandel.

as|si|mi|lie|ren ⟨sw. V.; hat⟩: **1.** (Biol.) *aufgenommene Nährstoffe in körpereigene Stoffe umwandeln:* die Pflanzen assimilieren Kohlensäure. **2.** [lat. assimilare, zu: similare (simulare), ↑ simulieren] (bildungsspr.) *[sich] angleichen, [sich] anpassen:* sich leicht anderen Gepflogenheiten, an eine neue Umgebung a.; die neue Schülerin wurde von der Klasse rasch assimiliert.

As|si|mi|lie|rung, die; -, -en: *Assimilation.*

As|si|sen ⟨Pl.⟩ [frz. assises, zu: asseoir = (sich) setzen, zu lat. sedere = (zu Gericht) sitzen]: *Schwurgericht u. dessen Sitzungen in der Schweiz u. in Frankreich.*

As|si|si: Stadt in Italien.

As|sist [əˈsɪst], der; -s, -s [engl. assist, zu: to assist = helfen; mitarbeiten < frz. assister < lat. assistere, ↑ assistieren] (schweiz.; Eishockey, Basketball): *Zuspiel, das zu einem Tor od. Korb führt.*

As|sis|tent, der; -en, -en [lat. assistens (Gen.: assistentis), 1. Part. von: assistere, ↑ assistieren]: **a)** *jmd., der einem anderen assistiert; Mitarbeiter, Gehilfe;* **b)** *mit bestimmten Lehraufgaben betrauter wissenschaftlicher Mitarbeiter eines Hochschullehrers* (Abk.: Ass.): er ist A. bei Professor Müller, am Institut für Phonetik.

As|sis|ten|ten|stel|le, die: *Arbeitsstelle einer Assistentin, eines Assistenten* (Abk.: Ass.): eine A. haben.

As|sis|ten|tin, die; -, -nen: w. Form zu ↑ Assistent.

As|sis|tenz, die; -, -en ⟨Pl. selten⟩ [mlat. assistentia, zu lat. assistere, ↑ assistieren]: *das Assistieren; Beistand, Mithilfe:* jmdm. A. leisten; jmds. A. anfordern; unter A. (*mithilfe*) von freiwilligen Helfern.

As|sis|tenz|arzt, der: *approbierter Arzt, der einem Chefarzt, einer Chefärztin unterstellt ist.*

As|sis|tenz|ärz|tin, die: w. Form zu ↑ Assistenzarzt.

As|sis|tenz|pro|fes|sor, der: *wissenschaftliche Fachkraft, die vorübergehend mit den Aufgaben eines Hochschullehrers betraut wird.*

As|sis|tenz|pro|fes|so|rin, die: w. Form zu ↑ Assistenzprofessor.

As|sis|tenz|trai|ner, der (Sport): *Mitarbeiter eines Cheftrainers:* er wurde von seinen Aufgaben als A. entbunden.

As|sis|tenz|trai|ne|rin, die: w. Form zu ↑ Assistenztrainer.

as|sis|tie|ren ⟨sw. V.; hat⟩ [lat. assistere = dabeistehen; unterstützen]: *jmdm. nach dessen Anweisungen zur Hand gehen, bei einer Arbeit oder Tätigkeit behilflich sein:* jmdm. [bei etw.] a.; er lässt sich von einem Roboter a.

Ass. jur. = Assessor.

As|so|cia|ted Press [əˈsoʊʃieɪtɪd -; engl.]: *US-amerikanische Nachrichtenagentur* (Abk.: AP).

As|so|lu|ta, die; -, -s [ital. assoluta = die Vollkommene, zu: assoluto < lat. absolutus, ↑ absolut]: *weiblicher Spitzenstar in Ballett u. Oper.*

As|so|nanz, die; -, -en [zu lat. assonare = tönend beistimmen, zu: sonare, ↑ Sonant] (Metrik): *sich*

assortieren – astrein

auf die Vokale beschränkender Gleichklang zwischen zwei od. mehreren Wörtern [am Versende] (z. B. laben: klagen).

as|sor|tie|ren ⟨sw. V.; hat⟩ [frz. assortir, zu: sorte, ↑Sorte] (Kaufmannsspr.): *nach Warenarten ordnen u. vervollständigen:* die Bestände neu a.; ⟨meist im 2. Part.:⟩ ein gut assortiertes *(gut ausgestattetes)* Lager; Ü ...ein Mann..., der den Eindruck von gut assortiertem finanziellen Hintergrund vermittelte (Wohmann, Irrgast 200).

As|so|zi|a|ti|on, die; -, -en [frz. association]: **1.** (bildungsspr.) *ursächliche Verknüpfung von Vorstellungen:* -en erwecken, auslösen, erzeugen; eine bestimmte A. haben. **2.** (bes. Politik) *Zusammenschluss, Vereinigung:* die A. afrikanischer Staaten; in A. mit den Nachbarländern.

as|so|zi|a|tiv ⟨Adj.⟩ (bildungsspr.): **a)** *auf Assoziationen* (1) *beruhend, durch Verknüpfung von Vorstellungen entstehend:* eine -e Gedankenkette; a. reagieren. a. erzählen, schreiben; **b)** *verbindend, vereinigend:* -e Bestrebungen.

as|so|zi|ie|ren ⟨sw. V.; hat⟩ [frz. associer = vereinigen, verbinden < spätlat. associare, zu lat. sociare = vereinigen, verbinden, zu: socius, ↑Sozius] (bildungsspr.): **1.** *Vorstellungen mit etw. verknüpfen, in Verbindung bringen:* mit Schnee assoziiert ein Kälte; sie assoziiert dabei Unangenehmes. **2.** (a. + sich) *sich zusammenschließen, vereinigen; sich anschließen:* sich [mit] einer Gemeinschaft a.; eine Gemeinschaft a.; assoziierte Staaten (1. *Staaten, die in einer Organisation tätig sind, ohne formelle Mitglieder zu sein.* 2. *bestimmte Staaten der Französischen Union [1946-1958]*); die [mit] der EU assoziierten Staaten.

As|so|zi|ie|rung, die; -, -en: *vertraglicher Zusammenschluss:* die A. mit einer/an eine Gemeinschaft.

ASSR = Autonome Sozialistische Sowjetrepublik (der ehemaligen Sowjetunion).

As|su|an; -s: Stadt in Ägypten.

As|sum|ti|on, die; -, -en [lat. assumptio = das An-, Aufnehmen, zu: assumptum, ↑Assunta]: **1.** ⟨o. Pl.⟩ (kath. Kirche) *Mariä Himmelfahrt.* **2.** (Kunstwiss.) *bildliche Darstellung der Himmelfahrt Mariens; Assunta.*

As|sun|ta, die; -, ...ten [ital. assunta, zu lat. assumptum, 2. Part. von: assumere = an-, aufnehmen]: *Assumtion* (2).

As|sy|rer, der; -s, -: Ew.

As|sy|re|rin, die; -, -nen: w. Form zu ↑Assyrer.

As|sy|ri|en; -s: (im Altertum) Reich in Mesopotamien.

As|sy|ri|er, der; -s, -: Ew.

As|sy|ri|e|rin, die; -, -nen: w. Form zu ↑Assyrier.

As|sy|ri|o|lo|gie, die; - [zu griech. lógos, ↑Logos]: *Wissenschaft von der assyrisch-babylonischen Geschichte, Kultur u. Sprache.*

as|sy|risch ⟨Adj.⟩: *Assyrien betreffend.*

a. St. = alten Stils (Zeitrechnung: nach dem gregorianischen Kalender).

Ast, der; -[e]s, Äste [mhd., ahd. ast, eigtl. = das, was (am Stamm) ansitzt]: **1.** *stärkerer Zweig eines Baumes [der unmittelbar aus dem Stamm hervorgeht]:* ein dicker, knorriger A.; der Vogel hüpft von A. zu A.; Ü die Äste einer Arterie; (Math.): die Äste einer Parabel; *den A. absägen, auf dem man sitzt* (ugs.; *sich selbst seiner Lebensgrundlage berauben); auf dem absteigenden A. sein* (1. *in seinen Fähigkeiten, Leistungen nachlassen.* 2. *in schlechtere Lebensverhältnisse geraten); einen A. durchsägen* (ugs. scherzh.; *laut schnarchen).* **2.** *Stelle im bearbeiteten Holz, an der ein Ast abzweigte.* **3.** ⟨o. Pl.⟩ (landsch.) **a)** *Rücken:* den Rucksack auf den A. nehmen; **b)** *krummer, verwachsener Rücken:* einen A. haben; * *sich* ⟨Dativ⟩ *einen A. lachen* (salopp; *sehr heftig lachen).*

ASta, der; -[s], -[s], auch: **ASten** [Abk. für: Allgemeiner Studentenausschuss; Allgemeiner Studierendenausschuss]: *Vertretung der Studierenden einer Hochschule.*

As|ta|na: Hauptstadt von Kasachstan.

As|tat, As|ta|tin, das; -s [zu griech. ástatos = unbeständig; wegen des raschen radioaktiven Zerfalls des Elements]: *radioaktives Nichtmetall (chemisches Element)* (Zeichen: At).

Äst|chen, das; -s, -: Vkl. zu ↑Ast (1).

as|ten ⟨sw. V.⟩ [zu ↑Ast] (landsch.): **1.** ⟨hat⟩ *sich sehr anstrengen:* er hat ganz schön a. müssen. **2.** ⟨hat⟩ *etwas Schweres irgendwohin tragen, schleppen:* ein Klavier in den 4. Stock a.

äs|ten ⟨sw. V.; hat⟩ [mhd. esten] (selten): *Äste treiben.*

As|ter, die; -, -n [lat. aster < griech. astḗr, eigtl. = Stern]: *(zu den Korbblütlern gehörende) von Sommer bis Herbst in vielen Farben blühende Pflanze, deren Blüten strahlenförmig um das Körbchen angeordnete Blätter aufweisen; Sternblume.*

Äs|ter: Pl. von ↑Aast.

As|te|risk, der; -s, -e, **As|te|ris|kus,** der; -, ...ken [lat. asteriscus < griech. asterískos] (Buch- u. Schriftw.): *Sternchen als Hinweis auf eine Fußnote bzw. als Kennzeichnung von erschlossenen, nicht belegten Wortformen* (Zeichen: *).

As|te|ro|id, der; -en, -en [zu griech. astḗr = Stern und -oeidḗs = ähnlich]: *kleiner Planet; Planetoid.*

Ast|ga|bel, die; -, -n: *Stelle, an der ein Ast abzweigt od. sich verzweigt.*

As|the|nie, die; -, -n [griech. astheneía, zu: asthenḗs = kraftlos, schwach] (Med.): **1.** ⟨o. Pl.⟩ *Schwäche, Kraftlosigkeit.* **2.** *[durch Krankheit bedingte] Entkräftigung.*

As|the|ni|ker, der; -s, - (Med.): *Mensch mit schmalem, schmächtigem, muskelarmem Körperbau:* vom Typ her A. sein.

As|the|ni|ke|rin, die; -, -nen: w. Form zu ↑Astheniker.

as|the|nisch ⟨Adj.⟩: *dem Körperbau des Asthenikers entsprechend; schlank-, schmalwüchsig:* ein -er Typ; Sie war eine sehr liebliche, wenn auch ... -e Erscheinung (Th. Mann, Zauberberg 186).

Äs|thet, der; -en, -en [griech. aisthētḗs = der Wahrnehmende]: *Mensch mit [übermäßig] stark ausgeprägtem Schönheitssinn:* er war ein ausgesprochener Ä.

Äs|the|tik, die; -, -en [griech. aisthētiké (téchnē) = Wissenschaft vom sinnlich Wahrnehmbaren, zu: aisthētikós = wahrnehmend, zu: aisthánesthai = wahrnehmen]: **1.** *Wissenschaft, Lehre vom Schönen:* Hegels Ä. **2.** ⟨o. Pl.⟩ *das stilvoll Schöne; Schönheit:* die Ä. darf nicht zu kurz kommen; sie hat einen Sinn für Ä. **3.** ⟨o. Pl.⟩ *Schönheitssinn:* der Gestaltung fehlen Geschmack und Ä.

Äs|the|tin, die; -, -nen: w. Form zu ↑Ästhet.

äs|the|tisch ⟨Adj.⟩: **1.** *den Gesetzen der Ästhetik entsprechend, gemäß:* -e Maßstäbe, Gesichtspunkte; ihr -es Empfinden; die Darbietung war ein -er Genuss *(befriedigte das Stilempfinden).* **2.** *stilvoll, schön, geschmackvoll, ansprechend:* ein -er Anblick; sein Aussehen war nicht gerade ä. (verhüll.; *war ekelerregend, unappetitlich o. Ä.*)

äs|the|ti|sie|ren ⟨sw. V.; hat⟩: *[einseitig] nach den Gesetzen der Ästhetik [be]urteilen od. gestalten:* den Tod ä.; eine ästhetisierende Literatur.

Äs|the|ti|sie|rung, die; -, -en: *das Ästhetisieren.*

Äs|the|ti|zis|mus, der; -: *einseitig das Ästhetische betonende Haltung.*

Asth|ma, das; -s [griech. ásthma = schweres, kurzes Atemholen, Beklemmung]: *anfallsweise auftretende Atemnot, Kurzatmigkeit:* A. haben, bekommen.

Asth|ma|an|fall, der: *Anfall* (1) *von Asthma; Atemnot.*

Asth|ma|ti|ker, der; -s, -: *jmd., der an Asthma leidet.*

Asth|ma|ti|ke|rin, die; -, -nen: w. Form zu ↑Asthmatiker.

asth|ma|tisch [österr. auch:...'mat...] ⟨Adj.⟩ [nach griech. asthmatikós]: **1.** *durch Asthma bedingt:* -e Beschwerden. **2.** *an Asthma leidend, kurzatmig:* a. sein.

As|ti, der; -[s], -: *Wein aus dem Gebiet um die oberitalienische Stadt Asti.*

as|tig ⟨Adj.⟩: *reich an Ästen* (2): -es Holz.

äs|tig ⟨Adj.⟩: **1.** (selten) *reich an Ästen* (1), *[reich] verzweigt, verästelt:* eine -e Baumkrone. **2.** ↑astig.

as|tig|ma|tisch [österr. auch:...'mat...] ⟨Adj.⟩: *(von Linsen od. vom Auge) Punkte strichförmig verzerrend.*

As|tig|ma|tis|mus, der; -, ...men [zu griech. a- = nicht, un- u. stígma, ↑Stigma]: **1.** (Physik) *Abbildungsfehler von Linsen.* **2.** (Med.) *Sehstörung infolge krankhafter Veränderung der Hornhautkrümmung.*

Äs|ti|ma|ti|on, die; -, -en [frz. estimation < lat. aestimatio] (veraltend): **1.** *das Ästimiertwerden; Würdigung.* **2.** ⟨o. Pl.⟩ *Wertschätzung, [Hoch]achtung, Anerkennung:* ♦ Meinst du, er habe mich mit seiner besonderen Ä. beehrt (Hauff, Jud Süß 400).

äs|ti|mie|ren ⟨sw. V.; hat⟩ [frz. estimer < lat. aestimare, zu: aes = Geld, Vermögen] (veraltend): *jmdn. od. etw. schätzen, [hoch] achten:* Ich ... wurde ... weiterhin akzeptiert – wenn auch weniger ästimiert als ignoriert (Brandstetter, Altenehrung 71).

Ast|loch, das: *Loch im bearbeiteten Holz an einer Stelle, an der ein Ast abzweigte.*

¹As|t|ra|chan: Stadt an der Wolga.

²As|t|ra|chan, der; -s, -s [nach ↑¹Astrachan]: **1.** *Fell südrussischer Lämmer.* **2.** *Plüschgewebe mit fellartigem Aussehen.*

As|t|ra|gal, der; -s, -e [lat. astragalus < griech. astrágalos, eigtl. = Knöchel] (Archit.): *rundum laufende Verzierung, besonders zwischen Schaft u. Kapitell einer Säule.*

α-Strah|len: ↑Alphastrahlen.

as|t|ral ⟨Adj.⟩ [lat. astralis, zu: astrum = Stern(bild) < griech. ástron]: *die Gestirne betreffend, zu ihnen gehörend, von ihnen stammend:* ein -es Wesen; ein -r Mythos.

♦ **as|t|ra|lisch** ⟨Adj.⟩: *himmlisch:* ...weil ich einer solchen göttlichen Gnade nicht wert sei, so würden jene -en Einflüsse wohl ihre Bösartigkeit an mir beweisen (Goethe, Benvenuto Cellini I, 2, 12).

♦ **As|t|ral|lam|pe,** die: *Petroleumlampe, die so konstruiert ist, dass ihr Licht kaum Schatten wirft:* Zwei mit roten Schleiern bedeckte -n (Fontane, Effi Briest 40).

As|t|ral|leib, der: **1.** (Anthroposophie) *(bei Menschen u. Tieren) nicht materieller Träger der seelischen Kräfte u. des Bewusstseins; [unsichtbarer] Leib der höchsten, geistigen Stufe; Seelenleib.* **2.** (Okkultismus) *den Tod überdauernder unsichtbarer Leib des Menschen.* **3.** (ugs., meist iron.) *[schöner] menschlicher Körper.*

As|t|ra|lon®, das; -s [Kunstwort]: *durchsichtiger Kunststoff.*

ast|rein ⟨Adj.⟩: **1.** *frei von Ästen* (2): -es Holz. **2.** (ugs.) *moralisch einwandfrei:* die Sache, der Typ ist nicht ganz a.; Ich glaub, der ist nicht ganz a., der ist bestimmt ein Spion (Kempowski, Tadellöser 155). **3.** (Jugendspr.) *sehr schön, gut:* eine -e Party.

as|t|ro-, As|t|ro- [zu griech. ástron = Stern(bild)]: Best. in Zus. mit der Bed. *Gestirn-, Stern-, Weltraum-*.

As|t|ro|graf, As|t|ro|graph, der; -en, -en [zu griech. ástron = Stern(bild) u. gráphein = schreiben]: **1.** *astronomisches Fernrohr zur fotografischen Aufnahme von Gestirnen.* **2.** *Vorrichtung zum Zeichnen von Sternkarten.*

As|t|ro|lo|ge, der; -n, -n [lat. astrologus < griech. astrológos]: *jmd., der sich mit Astrologie beschäftigt; Sterndeuter.*

As|t|ro|lo|gie, die; - [lat. astrologia < griech. astrología]: *Lehre, die aus der mathematischen Erfassung der Örter u. Bewegungen der Himmelskörper sowie orts- u. zeitabhängiger Koordinatenschnittpunkte Schlüsse zur Beurteilung von irdischen Gegebenheiten u. deren Entwicklung zieht.*

As|t|ro|lo|gin, die; -, -nen: w. Form zu ↑ Astrologe.

as|t|ro|lo|gisch ⟨Adj.⟩ [lat. astrologicus < griech. astrologikós]: **a)** *die Astrologie betreffend, zur Astrologie gehörend;* **b)** *mit den Mitteln der Astrologie erfolgend.*

As|t|ro|naut, der; -en, -en [zu griech. naútēs = Seemann]: *Teilnehmer an einem Raumfahrtunternehmen.*

As|t|ro|nau|tik, die; -: *[Wissenschaft von der] Raumfahrt.*

As|t|ro|nau|tin, die; -, -nen: w. Form zu ↑ Astronaut.

As|t|ro|nom, der; -en, -en [spätlat. astronomus < griech. astronómos]: *Wissenschaftler auf dem Gebiet der Astronomie.*

As|t|ro|no|mie, die; - [lat. astronomia < griech. astronomía]: *Stern-, Himmelskunde als exakte Naturwissenschaft.*

As|t|ro|no|min, die; -, -nen: w. Form zu ↑ Astronom.

as|t|ro|no|misch ⟨Adj.⟩ [lat. astronomicus < griech. astronomikós]: **1.** *die Astronomie betreffend, zu ihr gehörend, auf ihr beruhend:* -e Einheit *(mittlere Entfernung Erde–Sonne als astronomische Längeneinheit; Abk.: AE);* -e Uhr *(in der Astronomie, Geophysik u. a. gebrauchte Präzisionsuhr);* -e Zeichen. **2.** *(emotional)* (dem Betrag, der Menge nach) *riesig, unvorstellbar, ungeheuer, überaus groß:* -e Zahlen, Gehälter; der Preisanstieg war a.

As|t|ro|phy|sik [auch: …'ziːk, auch, österr. nur: …ztk], die; -: *Teilgebiet der Astronomie, das den Aufbau u. die physikalische Beschaffenheit der Gestirne u. des Weltalls zum Gegenstand hat.*

as|t|ro|phy|si|ka|lisch [auch: …'kaː…] ⟨Adj.⟩: *die Astrophysik betreffend, zu ihr gehörend.*

As|t|ro|phy|si|ker [auch: …'fyː…], der; -s, -: *Wissenschaftler auf dem Gebiet der Astrophysik.*

As|t|ro|phy|si|ke|rin [auch: …'fyː…], die; -, -nen: w. Form zu ↑ Astrophysiker.

Ast|werk, das ⟨Pl. selten⟩: *Gesamtheit der Äste eines Baumes; Geäst.*

ASU, die; - (früher) = Abgassonderuntersuchung.

Asun|ci|ón […'sjon]: *Hauptstadt von Paraguay.*

Äsung, die; -, -en ⟨Jägerspr.⟩: *durch Äsen zu gewinnende Nahrung:* Ä. finden.

Asyl, das; -s, -e [lat. asylum < griech. ásylon, eigtl. = Unverletzliches, aus: a- = nicht, un- u. sŷlon = Plünderung; Raub; Beute]: **1.** *Heim, Unterkunft bes. für Obdachlose.* **2.** ⟨Pl. selten⟩ *Aufnahme u. Schutz [für Verfolgte], Zuflucht[sort]:* politisches A. *(Zuflucht vor politischer Verfolgung);* A. beantragen, erhalten; A. suchende Flüchtlinge; bei jmdm. [ein] A. finden; jmdm. A. gewähren, geben; um A. bitten, nachsuchen; zum A. für Verfolgte werden.

Asy|lant, der; -en, -en: *jmd., der um Asyl (2) nachsucht; jmd., der Asylrecht beansprucht* (wird gelegentlich als abwertend empfunden): -en aufnehmen, abweisen, in ihr Land zurückschicken; anerkannte -en.

Asy|lan|ten|heim, das: *Heim (2) für Asylanten.*

Asy|lan|tin, die; -, -nen: w. Form zu ↑ Asylant.

Asyl|an|trag, der: *Antrag auf Gewährung von Asyl (2): ein abgelehnter A.; die Zahl der Asylanträge steigt, sinkt.*

Asyl|be|scheid, der: *Bescheid (b) über einen Asylantrag.*

Asyl|be|wer|ber, der: *jmd., der um Asyl (2) nachsucht.*

Asyl|be|wer|ber|heim, das: *Heim (2) für Asylbewerber[innen].*

Asyl|be|wer|be|rin, die; -, -nen: w. Form zu ↑ Asylbewerber.

Asyl|ge|richt, das (österr.): Kurzf. von ↑ Asylgerichtshof.

Asyl|ge|richts|hof, der (österr.): *Gerichtshof in Österreich, der als letzte Instanz bei Asylverfahren entscheidet.*

Asyl|miss|brauch, der: *Missbrauch des Asylrechts* (1).

Asyl|po|li|tik, die: *Gesamtheit der staatlichen Maßnahmen in Bezug auf das Asylrecht.*

Asyl|recht, das: **1.** *Recht aus politischen, religiösen od. anderen Gründen Verfolgter auf Asyl (2) im Zufluchtsstaat:* A. genießen. **2.** *Recht souveräner Staaten, aus politischen, religiösen od. anderen Gründen Verfolgten Asyl (2) zu gewähren.*

Asyl su|chend, asyl|su|chend ⟨Adj.⟩: *Asyl anstrebend, wünschend:* Asyl suchende Flüchtlinge.

Asyl|su|chen|de, die/eine Asylsuchende; der/einer Asylsuchenden, die Asylsuchenden/zwei Asylsuchende, **Asyl Su|chen|de,** die/eine Asyl Suchende; der/einer Asyl Suchenden, die Asyl Suchenden/zwei Asyl Suchende: *Asylbewerberin.*

Asyl|su|chen|der, der Asylsuchende/ein Asylsuchender; des Asylsuchenden/eines Asylsuchenden, die Asylsuchenden/zwei Asylsuchende, **Asyl Su|chen|der,** der Asyl Suchende/ein Asyl Suchender; des/eines Asyl Suchenden, die Asyl Suchenden/zwei Asyl Suchende: *Asylbewerber.*

Asyl|ver|fah|ren, das: *rechtliches Verfahren, in dem über jmds. Recht auf die Gewährung von Asyl (2) entschieden wird:* ein verkürztes A.

Asyl|wer|ber, der; -s, - (österr.): *Asylant.*

Asyl|wer|be|rin, die; -, -nen: w. Form zu ↑ Asylwerber.

Asym|me|t|rie [auch: …'triː], die; -, -n [griech. asymmetría, zu: a- = nicht, un- u. ↑ Symmetrie]: *Ungleichmäßigkeit, Mangel an Symmetrie:* die A. der Form; Ü die A. *(Ungleichheit)* beider Parteien war deutlich sichtbar.

asym|me|t|risch [auch: …'meː…] ⟨Adj.⟩: *nicht symmetrisch, ohne Symmetrie:* ein -es Gesicht; -e Figuren; Ü -e Gespräche (Soziol.; *autoritativ, nicht partnerschaftlich geführte Gespräche*).

Asym|p|to|te, die; -, -n [griech. asýmptōtos, eigtl. = nicht zusammenfallend, zu: a- = nicht, un- u. sympíptein, ↑ Symptom] (Math.): *Gerade, der sich eine ins Unendliche verlaufende Kurve beliebig nähert, ohne sie zu erreichen.*

asyn|chron [auch: …'kroːn] ⟨Adj.⟩ [aus griech. a- = nicht, un- u. ↑ synchron] (Fachspr.): *nicht synchron verlaufend, nicht mit gleicher Geschwindigkeit [ab]laufend.*

asyn|de|tisch [auch: …'deː…] ⟨Adj.⟩ (Sprachwiss.): *nicht durch eine Konjunktion verbunden.*

as|zen|dent ⟨Adj.⟩: **1.** (Fachspr.) *aufsteigend* (3 a, c). **2.** (Geol.) *(von wässrigen Lösungen, Dämpfen, Gasen) aus dem Erduntergrund aufsteigend.*

As|zen|dent, der; -en, -en [lat. ascendens (Gen.: ascendentis), 1.Part. von: ascendere, ↑ aszendieren]: **1.** (Geneal.) *Vorfahr, Verwandter in aufsteigender Linie.* **2. a)** (Astrol.) *im Augenblick der Geburt über den Osthorizont tretendes Tierkreiszeichen:* sie hat den Jupiter im -en; **b)** (Astron.) *Gestirn im Aufgang;* **c)** (Astron.) *Aufgangspunkt eines Gestirns.*

As|zen|denz, die; -, -en: **1.** (Geneal.) *Verwandtschaft in aufsteigender Linie.* **2.** (Astron.) *Aufgang eines Gestirns.*

as|zen|die|ren ⟨sw. V.⟩ [lat. ascendere, zu: scandere, ↑ skandieren]: **1.** ⟨ist⟩ (Astron.) *(von Gestirnen) aufgehen.* **2.** ⟨ist/hat⟩ (veraltet) *befördert werden, im Rang aufsteigen.*

¹at (veraltet) = technische Atmosphäre.

²at [ɛt; nach gleichbed. engl. at] (EDV): engl. Bez. für: bei.

At = Astat.

A. T. = Altes Testament.

ata: in der Verbindung **a.** [**a.**] **gehen** (Kinderspr.; *spazieren gehen*).

Ata|ir, der; -[s]: *hellster Stern im Sternbild Adler.*

Ata|man, der; -s, -e [russ. ataman, H. u.]: *frei gewählter Stammes- u. militärischer Führer der Kosaken.*

Ata|vis|mus, der; -, …men [zu lat. atavus = Großvater des Urgroßvaters, Urahne] (Fachspr.): **1.** ⟨o. Pl.⟩ *(bei Pflanzen, Tieren, Menschen) das Wiederauftreten von Merkmalen od. Verhaltensweisen, die den unmittelbar vorhergehenden Generationen fehlen.* **2.** *entwicklungsgeschichtlich als überholt geltendes, unvermittelt wieder auftretendes körperliches od. geistigpsychisches Merkmal.*

ata|vis|tisch ⟨Adj.⟩: **a)** (Fachspr.) *den Atavismus betreffend, zu ihm gehörend, auf ihm beruhend;* **b)** (bildungsspr. abwertend) *in Gefühlen, Gedanken, Handlungen usw. einem früheren, primitiven Stadium der Menschheit entsprechend:* ein -es Verhalten.

Ata|xie, die; -, -n [griech. ataxía = Unordnung, zu: a- = nicht, un- u. táxis = Ordnung] (Med.): *Störung im geordneten Ablauf u. in der Koordination von Muskelbewegungen.*

α-Teil|chen: ↑ Alphateilchen.

Ate|li|er [atə'lje:], das; -s, -s [frz. atelier < afrz. astelier = Werkstatt, urspr. = Haufen von Spänen (u. danach Bez. für die Werkstatt des Zimmermanns), zu afrz. astele = Splitter, Span < spätlat. astella]: **a)** *Arbeitsraum, Arbeitsstätte eines Künstlers, Maßschneiders, Fotografen:* das A. aufräumen; **b)** *Raum, Gebäude[komplex] für Filmaufnahmen.*

Ate|li|er|auf|nah|me, die: *im Atelier gemachte fotografische od. Filmaufnahme.*

Ate|li|er|fens|ter, das: *schräges, in das Dach eingebautes Fenster einer Atelierwohnung.*

Ate|li|er|woh|nung, die: *großzügige Wohnung unter dem Dach eines Hauses.*

Atem, der; -s [mhd. ātem, ahd. ātum, H. u.]: **1.** *das Atmen; Atmung:* kurzer, schneller, gleichmäßiger A.; ihm stockt der A.; ihr A. pfeift, fliegt, geht stoßweise, geht ruhig; * einen langen, den längeren A. haben *(es bei einer Auseinandersetzung o. Ä. lange, länger als der Gegner aushalten);* einen kurzen A. haben (geh.; *asthmatisch sein*); jmdm., etw. in A. halten *(jmdn., etw. in Spannung halten, nicht zur Ruhe kommen lassen, pausenlos beschäftigen);* in einem/im selben/im gleichen A. (*[fast] gleichzeitig*). **2.** *ein- u. ausgeatmete Luft:* warmer, dampfender A.; [tief] A. holen, schöpfen; [vor Schreck, Spannung] den A. anhalten; das Tempo verschlägt, raubt ihr den A.; außer A. sein, kommen *(atemlos sein, werden);* nach Atem, Luft ringen; wieder zu A. kommen; * A. holen/ (geh.:) schöpfen *(eine Pause machen u. sich zu weiterem Tun rüsten);* jmdm. den A. verschlagen *(jmdn. sprachlos machen);* jmdm. geht der A. aus *(jmd. ist mit seiner Kraft, mit seinen Mitteln, wirtschaftlich am Ende).*

Atem|be|klem|mung, die: *Gefühl der Beklemmung beim Atmen.*
atem|be|rau|bend ⟨Adj.⟩: *für jmdn. so erregend, dass es ihm fast den Atem nimmt; ungewöhnlich erregend:* eine -e Spannung, Darbietung; ein -es Tempo; Schluchten mit -en *(großartigen)* Wasserfällen; sie ist a. schön.
Atem|be|schwer|den ⟨Pl.⟩: *Beschwerden beim Atmen.*
Atem|fre|quenz, die (Med.): *Frequenz der Atemzüge pro Zeiteinheit (Minute).*
Atem|ge|räusch, das: *atmungsbedingtes, mit der Atmung verbundenes Geräusch:* normale, krankhafte -e; [beim Abhorchen] ein kurzes, rasselndes, pfeifendes A. hören.
Atem|ho|len, das; -s: *Einziehen der Luft beim Atmen.*
Atem|läh|mung, die (Med.): *Lähmung der Atmung.*
atem|los ⟨Adj.⟩: **1.** *außer Atem, keuchend, abgehetzt:* eine -e Läuferin; a. ankommen, berichten. **2.** *schnell, ununterbrochen:* ein -es Tempo; in -er Folge. **3.** *voller Spannung, Erregung:* -e Stille; a. lauschen.
Atem|lo|sig|keit, die; -: *das Atemlossein.*
Atem|luft, die ⟨Pl. selten⟩: *zum Atmen benötigte, gebrauchte Luft:* Jetzt scheint ihm die A. erneut genommen, schnaufend schweigt er abermals (Jirgl, Stille 272).
Atem|mas|ke, die. **1.** (Med.) *dicht am Gesicht anliegende Maske zum Einatmen von Sauerstoff, Narkosegemisch o. Ä.* **2.** *Atemschutzmaske.*
Atem|not, die ⟨o. Pl.⟩: *Zustand, in dem jmd. nicht durchatmen kann, nach Atem ringt.*
Atem|pau|se, die: *kurze Unterbrechung, kurze Pause zur Erholung.*
a tem|po [ital., aus ↑ ²a u. tempo < lat. tempus = Zeit]: **1.** (Musik) *wieder im ursprünglichen Tempo.* **2.** (ugs.) *sofort, schnell:* etw. a t. besorgen.
Atem|pro|b|lem, das ⟨meist Pl.⟩: *Problem mit der Atmung:* sie klagte über Husten, Schnupfen und -e.
atem|rau|bend: *atemberaubend:* Arnheim erzählte zuweilen a. interessant (Musil, Mann 329).
Atem|schutz|ge|rät, das: *Gerät, das den Aufenthalt in Räumen ermöglicht, deren Luft nicht gefahrlos geatmet werden kann.*
Atem|schutz|mas|ke, die: *Maske (2 a), die als Schutz gegen das Einatmen giftiger Gase bzw. verseuchter Luft vor dem Gesicht getragen wird.*
Atem|spen|de, die (Med.): *künstliche Beatmung bei der Ersten Hilfe:* Wiederbelebung mit Herzmassage und A.
Atem|still|stand, der (Med.): *Stillstand (b) der Atmung.*
Atem|tech|nik, die: *Technik des richtigen Atmens (z. B. beim Gesang, bei einem Vortrag).*
Atem|übung, die: *Übung zur Normalisierung u. Vertiefung der Atmung.*
Atem|we|ge ⟨Pl.⟩: *Bahnen der Atemluft im Körper.*
Atem|wegs|er|kran|kung, die: *Erkrankung der Atemwege:* Asthma, Bronchitis und andere -en.
Atem|zen|t|rum, das (Med.): *Nervenzentrum, das die Atmung reguliert.*
Atem|zug, der: *einmaliges Einziehen [u. Ausstoßen] des Atems:* ein tiefer A.; einen A. tun, machen; ruhige Atemzüge; Zwei Atemzüge lang fiel Totenstille ein (Werfel, Himmel 186); * **bis zum letzten A.** (geh.): *bis zuletzt*); **im nächsten A.** *(gleich danach);* **in einem/im selben/im gleichen A.** *([fast] gleichzeitig mit etwas im Grunde Gegensätzlichem).*
Äthan, (chem. fachspr.) Ethan, das; -s [zu ↑ ¹Äther]: *gasförmiger Kohlenwasserstoff.*

Äthanol, (chem. fachspr.:) Ethanol, das; -s [zu ↑ Äthan u. ↑ Alkohol]: *chemische Verbindung aus der Gruppe der Alkohole.*
Athe|is|mus, der; - [zu griech. átheos = gottlos, aus: a- = nicht, un- u. theós = Gott]: *Weltanschauung, die die Existenz [eines] Gottes verneint bzw. bezweifelt.*
Athe|ist, der; -en, -en: *Anhänger des Atheismus.*
Athe|is|tin, die; -, -nen: w. Form zu ↑ Atheist.
athe|is|tisch ⟨Adj.⟩: **a)** *dem Atheismus anhängend:* ein -er Mensch, Staat; **b)** *zum Atheismus gehörend, ihm entsprechend.*
athe|ma|tisch [auch: ...'ma:..., österr. auch: ...'mat...] ⟨Adj.⟩ [aus griech. a- = nicht, un- u. ↑thematisch] (Musik): *ohne Thema, ohne Verarbeitung eines Themas.*
Athen: *Hauptstadt von Griechenland.*
Athe|ne (griech. Mythol.): *Göttin der Weisheit.*
¹Athe|ner, der; -s, -: Ew.
²Athe|ner ⟨indekl. Adj.⟩.
Athe|ne|rin, die; -, -nen: w. Form zu ↑ ¹Athener.
athe|nisch ⟨Adj.⟩: *Athen, die Athener betreffend; von den Athenern stammend, zu ihnen gehörend.*
¹Äther, der; -s [lat. aether < griech. aithḗr, eigtl. = der Brennende, Glühende, Leuchtende]: **1.** (geh.) *Weite, Raum des Himmels:* die Bläue des -s. **2.** *den Weltraum durchdringendes feines Medium, durch dessen Schwingung sich die elektrischen Wellen ausbreiten:* eine [Radio]nachricht durch den Ä. schicken; eine Rundfunksendung geht in den Ä. [hinaus]; eine Sendung geht über den Ä. **3.** (griech. Philos.) *lebendiger, feiner Urstoff, Weltseele.*
²Äther, (fachspr. auch:) Ether, der; -s, -: **1.** (Chemie) *Verbindung, bei der zwei Kohlenwasserstoffreste über ein Sauerstoffatom miteinander verbunden sind.* **2.** (Med.) *farblose, als Narkosemittel (auch Fettlösungsmittel) verwendete Flüssigkeit.*
¹äthe|risch ⟨Adj.⟩: **1.** (veraltet) *himmlisch:* -e Sphären. **2.** *[hauch]zart, engelhaft zart u. vergeistigt:* eine -e Erscheinung; -e Wesen.
²äthe|risch ⟨Adj.⟩, (fachspr. auch:) etherisch ⟨Adj.⟩: **1.** *ätherartig [daher flüchtig] u. angenehm riechend:* ein -er Duft; -e Öle *(Duftöle).* **2.** (Chemie veraltet) *ätherhaltig.*
äthe|ri|sie|ren, (in der Med. fachspr. auch:) etherisieren ⟨sw. V.; hat⟩: *mit ²Äther (2) behandeln.*
Äther|nar|ko|se, (in der Med. fachspr. auch:) Ethernarkose, die: *mit ²Äther (2) vorgenommene Narkose.*
Äther|wel|le, die ⟨meist Pl.⟩: *Radiowelle.*
Äthi|o|pi|en; -s: *Staat in Ostafrika.*
Äthi|o|pi|er, der; -s, -: Ew.
Äthi|o|pi|e|rin, die; -, -nen: w. Form zu ↑ Äthiopier.
äthi|o|pisch ⟨Adj.⟩: *Äthiopien, die Äthiopier betreffend; von den Äthiopiern stammend, zu ihnen gehörend.*
Ath|let, der; -en, -en [lat. athleta < griech. athlētḗs, zu: âthlos, âthlon = Wettkampf; Kampfpreis, H. u.]: **1.** (ugs.) *kräftig gebauter, muskulöser Mann; Kraftmensch.* **2.** (Sport) *Wettkämpfer.*
Ath|le|tik, die; - [lat. athletica]: **1. a)** *Leicht- u. Schwerathletik;* **b)** *Wettkämpfe der Athleten (2) im antiken Griechenland.* **2.** *Wettkampflehre.*
Ath|le|ti|ker, der; -s, - (Med.): *dem Körperbautyp nach starkknochiger, muskulöser Mensch.*
Ath|le|ti|ke|rin, die; -, -nen: w. Form zu ↑ Athletiker.
Ath|le|tin, die; -, -nen: w. Form zu ↑ Athlet.
ath|le|tisch ⟨Adj.⟩ [lat. athleticus < griech. athlētikós]: **1. a)** *kräftig [gebaut] u. muskulös:* ein -er Typ; einen -en Körper[bau] haben; a. gebaut sein; **b)** *kräftig u. sportlich durchtrainiert, gestählt.* **2.** *der Athletik zugehörig, eigentümlich:* -e Übungen.

Athos, der; -: *Berg auf der nordgriechischen Halbinsel Chalkidike.*
Äthyl|al|ko|hol, (chem. fachspr.:) Ethylalkohol, der [zu ↑ ²Äther u. ↑ Alkohol]: *gewöhnlicher Alkohol, Weingeist.*
Äthy|len, (chem. fachspr.:) Ethylen, das; -s: *einfachster ungesättigter Kohlenwasserstoff (im Leuchtgas enthalten).*
Ätio|lo|gie, die; -, -n [lat. aetiologia < griech. aitiología, zu: aitía = Grund, Ursache, zu: aítion = Ursache, zu: aítios = schuldig; Urheber u. lógos, ↑ Logos]: **1.** (o. Pl.) (bildungsspr.) *Lehre von den Ursachen (bes. der Krankheiten).* **2.** *zugrunde liegender ursächlicher Zusammenhang (bes. von Krankheiten):* Krankheiten der verschiedensten -n. **3.** (Mythol., Rel.) *Erzählung, durch die etw. Unerklärliches erklärt, begründet, interpretiert, verständlich gemacht wird.*

-a|ti|on, die; -, -en [(frz. -ation <) lat. -atio]: *bezeichnet in Bildungen mit Verben (Verbstämmen) das Ergebnis von etw. (einer Handlung, einer Tätigkeit) oder diese Handlung selbst:* Kanalisation, Sozialisation, Zementation.

At|lant, der; -en, -en [griech. Átlas (Gen.: Átlantos), nach dem altgriech. Gott vgl. ¹Atlas; ²Atlas] (Archit.): *Gebälkträger in Form einer männlichen Figur.*
At|lan|ten: Pl. von ↑ Atlant, ²Atlas.
At|lan|tik, der; -s: *Atlantischer Ozean.*
At|lan|tis; Atlantis': *der Sage nach im Meer versunkenes Inselreich.*
at|lan|tisch ⟨Adj.⟩ [lat. atlanticus < griech. atlantikós, eigtl. = zum ⁶Atlas gehörend]: **1.** *den Atlantischen Ozean betreffend, zu ihm gehörend, von ihm ausgehend:* -e Störungen; Ausläufer eines -en Tiefs. **2.** *den Atlantikpakt betreffend, zu ihm gehörend, von ihm ausgehend:* die -e Gemeinschaft.
At|lan|ti|scher Oze|an, der: *Atlantische Ozean; des Atlantischen Ozeans: Ozean, der den amerikanischen Kontinent von Europa u. Afrika trennt.*
¹At|las (griech. Mythol.): *einer der Titanen.*
²At|las, der; - od. -ses, Atlanten, auch: -se [nach ¹Atlas, der die Erdkugel auf seinen Schultern trug]: **1.** *Sammlung [gleichartig bearbeiteter] geografischer Karten in Buchform.* **2.** *Sammlung von Bildtafeln aus einem Wissensgebiet (z. B. der Anatomie) in Buchform.* **3.** ⟨o. Pl.⟩ (Med.) *erster Halswirbel.*
³At|las, der; - od. -ses (Med.): *erster Halswirbel; Halswirbel, der den Kopf trägt.*
⁴At|las, der; - od. -ses, -se [arab. aṭlas, eigtl. = glatt, fein]: *schweres, hochglänzendes Seidengewebe in Atlasbindung, Satin.*
⁵At|las, der; - u. -ses, -se u. Atlanten (selten): *Atlant.*
⁶At|las, der; -: *Gebirge in Nordwestafrika.*
At|las|bin|dung, die (Textilind.): *Grundbindung einseitiger Gewebe.*
At|las|sei|de, die: *Seide in Atlasbindung.*
at|men ⟨sw. V.; hat⟩ [mhd. ātemen, ahd. ātamōn, zu ↑ Atem]: **1.** *Luft einziehen u. ausstoßen lassen:* tief, schwer, mühsam a.; durch den Mund, durch die Nase a.; vor Angst kaum zu a. wagen; der Verunglückte atmete noch; ⟨subst.:⟩ man hörte das Atmen der Schlafenden; Ü frei a. können *(nicht unterdrückt werden);* ⟨subst.:⟩ In dem Schlafsaal hörte man das ruhige und gleichmäßige Atmen der Zöglinge (Musil, Törleß 88). **2.** (geh.) *einatmen:* die feuchte Nachtluft a. **3.** (geh.) *ausströmen, von etw. erfüllt sein:* das Buch atmet den Geist der Vergangenheit.
At|mo, die; -, -s: **1.** (bes. Jugendspr.) *kurz für*

↑ Atmosphäre (2 a): geile A. hier! **2.** (Film, Rundfunk, Fernsehen) *unbestimmte Hintergrundgeräusche bei Film- u. Tonaufnahmen.*

At|mo|sphä|re, die; -, -n [zu griech. atmós = Dunst u. sphaĩra = (Erd)kugel]: **1. a)** ⟨o. Pl.⟩ *Lufthülle der Erde; Luft:* der Satellit verglühte beim Wiedereintritt in die A.; **b)** *Gashülle eines Gestirns:* die A. der Venus. **2. a)** *eigenes Gepräge, Ausstrahlung; Stimmung; Fluidum:* eine kühle, frostige, angespannte A.; eine A. des Vertrauens; eine A. von Behaglichkeit; diese Stadt hat keine A. um sich verbreiten; eine angenehme, behagliche A. schaffen; **b)** *Umgebung, Umwelt, Milieu:* die fremde A. ängstigte mich. **3.** (Physik) *Einheit des Druckes:* absolute A. (Zeichen: ¹ata); physikalische A. (Zeichen: atm); technische A. (Zeichen: at); der Kessel steht unter einem Druck von 40 -n.

At|mo|sphä|ren|druck, der ⟨Pl. ...drücke⟩: *in Atmosphären (3) gemessener Druck.*

At|mo|sphä|ren|über|druck, der ⟨Pl. ...drücke⟩: *in Atmosphären (3) gemessener Druck über dem normalen Luftdruck* (Zeichen: atü).

At|mo|sphä|ri|li|en (Pl.): *physikalisch u. chemisch wirksame Bestandteile der Atmosphäre (1 a).*

at|mo|sphä|risch ⟨Adj.⟩: **1. a)** *die Atmosphäre (1) betreffend:* -e Beobachtungen; das -e Geschehen; **b)** *in der Atmosphäre (1) [befindlich]:* -e Elektrizität; -e Störungen, Erscheinungen. **2. a)** *Atmosphäre (2) schaffend:* das Buch besitzt -e Dichte; **b)** *nur in sehr feiner Form vorhanden u. daher kaum feststellbar:* eine -e Nuance.

AT-Mo|tor, der; -s, -en, auch: -e = Austauschmotor.

At|mung, die; -: *das Atmen:* künstliche A.; die A. beschleunigt sich.

at|mungs|ak|tiv ⟨Adj.⟩ (Werbespr.): *luftdurchlässig:* der Stoff ist a.

At|mungs|or|gan, das ⟨meist Pl.⟩ (Biol., Med.): *Organ beim Mensch u. Tier, durch das die Atmung ermöglicht wird:* Erkrankung der -e.

Ät|na [ˈɛ:tna, auch: ˈɛtna], der; -[s]: Vulkan auf Sizilien.

Äto|li|en, -s: altgriechische Landschaft: Gebiet im westlichen Griechenland.

Atoll, das; -s, -e [engl. atoll < Malayalam adal = verbindend]: *aus einem ringförmigen Riff u. einer Lagune bestehende Koralleninsel in tropischen Meeren.*

Atom, das; -s, -e [lat. atomus < griech. átomos = unteilbar(er Urstoff), zu: átomos = ungeschnitten; unteilbar, zu: a- = nicht, un- u. témnein = schneiden]: **a)** *kleinste, mit chemischen Mitteln nicht, jedoch mit physikalischen Mitteln noch weiter zerlegbare Einheit eines chemischen Elements, die noch die für das Element charakteristischen Eigenschaften besitzt;* **b)** *winziges Teilchen, kaum wahrnehmbares Bruchstück:* nicht ein A.; kein A. *(gar nichts);* sich in -e auflösen (ugs.; *verschwinden);* Drei Jahre später sollte ein Sprengmine dieses Heim in -e zerreißen *(völlig zerstören, in Trümmer legen;* Fallada, Jeder 59); Ü ... aber sie haben es nicht vermocht, auch nur das A. eines Gedankens aufzubringen, der außerhalb der Banalität stände! (Benn, Stimme 10).

Atom|ab|fall, der: *radioaktiver Abfall.*

Atom|an|griff, der: *Angriff mit Atomwaffen.*

Atom|an|la|ge, die: *kerntechnische Anlage zur Verarbeitung, Verwertung od. Lagerung von Kernbrennstoff:* Explosion in A. (Schlagzeile).

ato|mar ⟨Adj.⟩: **1.** *das Atom[innere], die Atome betreffend, darauf beruhend, dazu gehörend:* -e Vorgänge; die -e Struktur der Materie. **2. a)** *die Kernumwandlung u. Kernenergie betreffend, dazu gehörend, darauf beruhend:* das -e Zeitalter; -e Waffen; -e Sprengsätze, Brennstäbe; -er Antrieb; a. angetrieben werden; **b)** *Atomwaffen, die Ausrüstung mit, den Einsatz von Atomwaffen betreffend; durch Atomwaffen bewirkt:* die -e Bedrohung, Rüstung, Überlegenheit; ein -er *(mit Atomwaffen geführter)* Krieg, Gegenschlag; das -e Gleichgewicht, Patt; der -e Holocaust; eine -e Verseuchung des Wassers, der Lebensmittel; a. bewaffnet sein.

Atom|aus|stieg, der: *Ausstieg (2) aus der [zivilen] Nutzung der Kernenergie:* der beschlossene, sofortige, vereinbarte, vollständige A.; den A. kippen; Ausstieg aus dem A.; Gründe für, Argumente gegen den A.; Unterschriften für den A. sammeln.

atom|be|trie|ben ⟨Adj.⟩: *mit Atomenergie betrieben.*

Atom|bom|be, die: *Sprengkörper, bei dessen Explosion Atomkerne unter Freigabe größter Energiemengen zerfallen.*

Atom|bun|ker, der: *Bunker zum Schutz gegen die Wirkung von Atombombenexplosionen.*

Atom|bu|sen, der (ugs. scherzh.): *[attraktiver] üppiger Busen.*

Atom|ei, das (ugs. scherzh.): *Kernreaktor.*

Atom|end|la|ger, das ⟨Pl. Atomendlager⟩: *Atommüllendlager.*

Atom|ener|gie, die ⟨o. Pl.⟩: *bei Kernspaltung frei werdende Energie, Kernenergie.*

Atom|ex|plo|si|on, die: *Explosion einer Atombombe.*

Atom|for|schung, die: *Forschung auf dem Gebiet der Atomphysik im Hinblick auf die Nutzung der Kernenergie.*

Atom|geg|ner, der: *Kernkraftgegner.*

Atom|geg|ne|rin, die: w. Form zu ↑ Atomgegner: die engagierteste A. im Senat.

Atom|ge|wicht, das: *Vergleichszahl, die angibt, wievielmal die Masse eines Atoms größer ist als die eines Standardatoms.*

Atom|grup|pe, die: *bestimmte Anzahl gleicher od. verschiedenartiger Atome.*

Atom|in|dus|t|rie, die: *Industriezweig, der sich mit der Gewinnung u. Nutzung von Atomenergie befasst.*

ato|misch ⟨Adj.⟩: (schweiz.) *atomar:* das -e Potenzial.

ato|mi|sie|ren ⟨sw. V.; hat⟩: **1. a)** *in kleinste Teilchen zertrümmern, völlig zerstören:* ganze Häuserblocks wurden bei der Explosion atomisiert; **b)** *(von Flüssigkeiten) zerstäuben:* eine Flüssigkeit a. **2.** (abwertend) *etw. zerstückelnd, zersplitternd behandeln, betrachten u. dabei seine geistig-begriffliche Einheit, Ganzheit vernachlässigen, zerstören:* eine atomisierende Betrachtungsweise.

Ato|mi|sie|rung, die; -, -en: *das Atomisieren.*

Atom|kern, der: *aus Neutronen u. Protonen bestehender Kern eines Atoms, der von der Elektronenhülle umgeben ist.*

Atom|kraft, die ⟨o. Pl.⟩: *Kernkraft.*

Atom|kraft|geg|ner, der: *Kernkraftgegner.*

Atom|kraft|geg|ne|rin, die: w. Form zu ↑ Atomkraftgegner.

Atom|kraft|werk, das: *Kraftwerk, das aus Atomenergie elektrische Energie gewinnt* (Abk.: AKW): eine Bürgerinitiative gegen den Bau eines -s.

Atom|krieg, der: *Krieg, in dem Atomwaffen eingesetzt werden.*

Atom|lob|by, die: *Gesamtheit derjenigen, die ungeachtet der Gefahren am Ausbau der Atomwirtschaft festhalten.*

Atom|macht, die: **1.** *Staat, der über Atomwaffen verfügt.* **2.** ⟨o. Pl.⟩ *mit Atomwaffen ausgerüstete Streitmacht, Streitkräfte.*

Atom|mei|ler, der: *großer Kernreaktor.*

Atom|mo|dell, das (Physik): *hypothetisch konstruiertes Bild eines Atoms, mit dessen Hilfe viele seiner Eigenschaften u. Wirkungen gedeutet werden können.*

Atom|müll, der: *radioaktiver Abfall.*

Atom|müll|end|la|ger, das ⟨Pl. Atommüllendlager⟩: *Deponie, Platz für die endgültige Lagerung von radioaktivem Abfall.*

Atom|müll|trans|port, der: *Transport von Atommüll (über weite Strecken).*

Atom|phy|sik, die: *Physik der Atome, Ionen u. Moleküle.*

Atom|phy|si|ker, der: *auf Atomphysik spezialisierter Physiker.*

Atom|phy|si|ke|rin, die: w. Form zu ↑ Atomphysiker.

Atom|pilz, der: *bei einer Atomexplosion entstehende, riesige pilzförmige Wolke.*

Atom|po|li|tik, die: *Gesamtheit der politischen Maßnahmen zur Regelung der [zivilen] Nutzung der Kernenergie sowie zur Begrenzung von Atomwaffen.*

Atom|pro|gramm, das: *[Regierungs]programm zur [zivilen] Nutzung der Kernenergie.*

Atom|ra|ke|te, die: **1.** *Rakete mit atomarem Sprengkopf.* **2.** *Rakete mit Strahlantrieb, der durch die gerichtete Abstrahlung der Zerfallsprodukte von Kernreaktionen entsteht.*

Atom|re|ak|tor, der: *Kernreaktor.*

Atom|rüs|tung, die ⟨Pl. selten⟩: *Rüstung mit Atomwaffen.*

Atom|schmug|gel, der; -s: *gesetzwidrige Einfuhr u. Ausfuhr von atomaren Materialien.*

Atom|spal|tung, die: *Kernspaltung.*

Atom|sperr|ver|trag, der ⟨o. Pl.⟩: *zwischenstaatlicher Vertrag über die Nichtweitergabe von Atomwaffen u. der zu ihrer Herstellung erforderlichen Produktionsmittel.*

Atom|spreng|kopf, der (Militär): *nuklearer Sprengkörper, der auf der Spitze einer Trägerrakete montiert ist:* Raketen mit Atomsprengköpfen ausstatten.

Atom|staat, der: *Atommacht (1).*

Atom|stopp, der: *Einstellung der Atombombenversuche u. der Herstellung spaltbaren Materials.*

Atom|strah|len ⟨Pl.⟩: *bei der Atomumwandlung entstehende Strahlen.*

Atom|streit|macht, die: *mit Atomwaffen ausgerüstete Streitmacht.*

Atom|strom, der; -[e]s ⟨o. Pl.⟩: *von Kernreaktoren erzeugter elektrischer Strom.*

Atom|tech|nik, die ⟨Pl. selten⟩: *mit der Atomkraft arbeitende Technik.*

Atom|test, der: *Erprobung von atomaren Sprengkörpern.*

Atom|tod, der ⟨o. Pl.⟩: *Tod durch Atomwaffen, Atomstrahlen.*

Atom|trans|port, der: *Transport radioaktiver Materialien (über weite Strecken).*

Atom-U-Boot, das: *Atomunterseeboot.*

Atom|uhr, die: *Uhr, deren hohe Genauigkeit darauf beruht, dass die Schwingung bestimmter Atome od. Moleküle für die Zeitmessung benutzt wird.*

Atom|um|wand|lung, die: *Veränderung des Atoms, des Atomkerns durch natürlichen Zerfall od. Beschuss mit Elementarteilchen.*

Atom|un|fall, der: *Unfall o. Ä. (z. B. in einem Kernkraftwerk), bei dem Radioaktivität freigesetzt wird.*

Atom|un|ter|see|boot, das: *mit Atomkraft angetriebenes Unterseeboot.*

Atom|ver|such, der: *Atomtest.*

Atom|waf|fe, die ⟨meist Pl.⟩: *Waffe, deren Wirkung auf Kernspaltung od. Kernverschmelzung beruht.*

atom|waf|fen|frei ⟨Adj.⟩: *von Atomwaffen frei:* eine -e Zone.

Atom|waf|fen|sperr|ver|trag, der ⟨o. Pl.⟩: *Atomsperrvertrag.*
Atom|wirt|schaft, die: *Teil der Wirtschaft* (1), *der sich mit der Gewinnung u. Nutzung von Atomenergie befasst.*
Atom|wis|sen|schaft|ler, der: *Wissenschaftler auf dem Gebiet der Atomwissenschaft.*
Atom|wis|sen|schaft|le|rin, die: w. Form zu ↑ Atomwissenschaftler.
Atom|zeit|al|ter, das ⟨o. Pl.⟩: *Zeitalter, in dem die Atomphysik beherrschend ist.*
ato|nal [auch: ...'na:l] ⟨Adj.⟩ [aus griech. a- = nicht, un- u. ↑ tonal] (Musik): *nicht den herkömmlichen Gesetzen der Tonalität folgend, sie systematisch umgehend; nicht tonal:* -e Musik; a. komponieren.
Ato|na|li|tät, die; -, -en (Musik): **1.** ⟨o. Pl.⟩ *atonale Kompositionsweise.* **2.** *dissonante* (1), *nicht harmonisch* (1 b) *wirkende Passage in einem Musikstück.*
Ato|nie, die; -, -n [zu griech. átonos = abgespannt, schlaff] (Med.): *Schlaffheit, Erschlaffung der Muskulatur.*
ato|nisch ⟨Adj.⟩ (Med.): *(vom Zustand der Muskulatur) schlaff, spannungslos, ohne Tonus.*
Atout [a'tu:], das, auch: der; -s, -s [frz. atout, aus: à tout = für alles (stehend)]: *Trumpf im Kartenspiel.*
à tout prix [atu'pri:; frz., aus: à = zu, für u. prix, ↑ Prix] (bildungsspr.): *um jeden Preis.*
ạ|to|xisch [auch: a'tɔ...] ⟨Adj.⟩ [aus griech. a- = nicht, un- u. ↑ toxisch] (Fachspr.): *nicht toxisch, ungiftig.*
¹ATP [a:te:'pe:] = Adenosintriphosphat.
²ATP [eiti:'pi:], die; -: Association of Tennis Professionals.
ATP-Tur|nier, das: *von der ²ATP veranstaltetes Tennisturnier.*
At|ri|um, das; -s, ...ien [lat. atrium, H. u.] (Archit.): **1.** *offener Hauptraum, Innenhof altrömischer od. moderner (bes. einstöckiger) Häuser.* **2.** *Säulenvorhalle (Paradies) altchristlicher u. romanischer Kirchen.*
At|ri|um|haus, das: *Haus mit Atrium* (1).
Atro|phie, die; -, -n [lat. atrophia < griech. atrophía = Auszehrung] (Med.): *Schwund von Organen, Geweben, Zellen.*
atro|phie|ren ⟨sw. V.; ist⟩ (Med.): *aufgrund einer Atrophie schwinden, schrumpfen:* der Muskel ist atrophiert.
At|ro|pin, das; -s [zu nlat. Atropa belladonna = Tollkirsche]: *bes. als krampflösendes Arzneimittel verwendetes starkes Gift der Tollkirsche.*
At|ro|pos (griech. Mythol.): *eine der drei Schicksalsgöttinnen.*
ätsch ⟨Interj.⟩ (Kinderspr.): *Ausruf zum Ausdruck des schadenfrohen Spotts (oft verbunden mit einer besonderen Geste).*
ätsch, bätsch ⟨Kinderspr.⟩: *Ausruf zum Ausdruck des schadenfrohen Spotts (oft verbunden mit einer besonderen Geste).*
At|tac [Kurzwort für frz. Action pour une Taxation des Transactions pour l'Aide aux Citoyens]: *internationale globalisierungskritische Bewegung.*
At|ta|ché [ata'ʃe:], der; -s, -s [frz. attaché, subst. 2. Part. von: attacher, ↑ attachieren]: **1.** *Mitarbeiter einer diplomatischen Vertretung im niedrigsten Rang.* **2.** *diplomatischen Vertretungen zugeteilter Berater in Fragen der Kultur, des Handels u. des Militärs.*
At|ta|chée, die; -, -n [...'ʃe:ən]: w. Form zu ↑ Attaché.
At|ta|che|ment [ataʃ(ə)'mã:], das; -s, -s [frz. attachement] (veraltet): *Anhänglichkeit, Zuneigung:* sein A. an den verehrten Lehrer; ♦ ... das alles gab mir ein solches A. an diesen Plan ..., dass ich darüber ... den größten Teil meiner übrigen sizi-

lianischen Reise verträumte (Goethe, Italien. Reise II, Aus der Erinnerung [Sizilien]).
at|ta|chie|ren [ata'ʃi:rən] ⟨sw. V.; hat⟩ [frz. attacher = zuweisen, zuordnen < afrz. estachier = festmachen, befestigen, zu: estache = Pfosten, Pfahl, aus dem Germ.; vgl. attackieren] (veraltet): **1.** *zuteilen, zur Unterstützung zuordnen:* einem Sachbearbeiter einen Berater [lose] a. **2.** ⟨a. + sich⟩ *sich jmdm. anschließen:* sich jmdm., an jmdn. a.; jmdm., an jmdn. attachiert *(in Zuneigung verbunden)* sein; ♦ ... vornehmlich attachierte sich an uns ein Abbate am See (Mörike, Mozart 238).
At|tach|ment [ə'tætʃmənt, ...ment], das; -s, -s [engl. attachment, eigtl. = Zuordnung, Anhänglichkeit < frz. attachement, zu: attacher = festmachen, anschließen, zuordnen] (EDV): *einer E-Mail als Anhang beigefügte Datei.*
At|tack [ə'tæk], die; -, -s [engl. attack, eigtl. = Angriff < frz. attaque, attaquer, ↑ Attacke] (Musik): **1.** *(im Jazz) intensives u. lautes Anspielen eines Tones.* **2.** *(beim Synthesizer) Zeitdauer des Ansteigens eines Tones bis zum Maximum.*
At|ta|cke, die; -, -n: **1.** [frz. attaque, zu: attaquer, ↑ attackieren] **a)** *Reiterangriff:* eine A. [auf, gegen den Feind] reiten; zur A. blasen; zur A. [gegen den Feind] übergehen; Ü eine A. gegen unsere Gesundheit; Berittene Polizei wartete ... darauf, zur A. befohlen zu werden (Erich Kästner, Fabian 127); *** eine A. gegen jmdn., etw. reiten** *(sich scharf gegen jmdn., etw. wenden):* **b)** *scharfe Kritik, Feldzug gegen etwas:* eine A. der Opposition gegen die [Gesetzesvorlage der] Regierung. **2.** (Mannschaftsspiele) *Spielzug, durch den der Gegner in die Verteidigung gedrängt wird:* eine A. abwehren, zurückschlagen. **3.** (Med.) *Anfall* (1): der Herzkranke hat die A. überstanden. **4.** [engl. attack] (Musik) *lautes, explosives Anspielen des Tones im Jazz.*
at|ta|ckie|ren ⟨sw. V.; hat⟩ [frz. attaquer < ital. attaccare = Streit anfangen, mit jmdm. anbinden, eigtl. = festhalten; befestigen, wohl aus dem Germ.; vgl. attachieren]: **a)** *einen militärischen Gegner zu Pferde angreifen:* den Feind, die feindlichen Stellungen a.; **b)** *angreifen* (1): plötzlich wurde er von hinten attackiert; **c)** *scharf kritisieren, gegen jmdn., etw. zu Felde ziehen:* jmdn. [wegen seines Verhaltens], jmds. Verhalten a.
♦ **at|tent** ⟨Adj.⟩ [lat. attentus, adj. 2. Part. von: attendere, ↑ Attentismus]: *aufmerksam, achtsam:* ... unsereiner muss sich in der Fremde herumschlagen und immer a. sein (Eichendorff, Taugenichts 31); ... eine Madonna von Andrea del Sarto für 600 Zechinen ... Im vergangenen März hatte Angelica schon 450 drauf geboten, hätte auch das Ganze dafür gegeben, wenn ihr -er *(auf sein Vermögen sehr bedachter)* Gemahl nicht etwas einzuwenden gehabt hätte (Goethe, Italien. Reise 16. 7. 1787).
At|ten|tat [auch: ...'ta:t], das; -[e]s, -e [älter = versuchtes Verbrechen; unter Einfluss von frz. attentat < lat. attentatum = Versuchtes, zu: attentare, attemptare = versuchen]: *politisch od. ideologisch motivierter [Mord]anschlag auf eine im öffentlichen Leben stehende Persönlichkeit:* ein A. [auf jmdn.] verüben; ein A. vereiteln, vorbereiten; einem A. zum Opfer fallen; Dies war kein Mann, den ihm Verdacht stehen konnte, -e zu begehen (Roth, Beichte 71); *** ein A. [auf jmdn.] vorhaben** (ugs. scherzh.: *von jmdm. etwas Bestimmtes wollen*).
At|ten|tä|ter [auch: ...'tɛ:tɐ], der; -s, -: *jmd., der ein Attentat verübt.*
At|ten|tä|te|rin [auch: ...'tɛ...], die; w. Form zu ↑ Attentäter.
♦ **At|ten|ti|on,** die; -, -en [frz. attention < lat.

attentio, zu: attendere, ↑ Attentismus]: *Aufmerksamkeit* (3): Der Verständige Mann nahm noch ein Pastetchen, für die gnädige A. dankend (Goethe, Italien. Reise 12. 3. 1787. Abends [Neapel]).
At|ten|tis|mus, der; - [frz. attentisme, zu: attendre = (ab)warten < lat. attendere]: *von Opportunismus bestimmte, abwartende Haltung.*
At|test, das; -[e]s, -e [für älter Attestat < lat. attestatum, subst. 2. Part. von: attestari = bezeugen, bestätigen]: **1.** *ärztliche Bescheinigung (bes. über jmds. Gesundheitszustand):* [jmdm.] ein A. ausstellen, [aus]schreiben; ein A. [über jmds. Gesundheitszustand] beibringen, vorlegen. **2.** (veraltet) *Gutachten, Zeugnis:*
♦ ... ich will euch ein A. schreiben über wohlgeführte Administration (Immermann, Münchhausen 88).
At|tes|ta|ti|on, die; -, -en [lat. attestatio = Bescheinigung] (DDR): **a)** *Erteilung der Lehrbefähigung unter Erlass bestimmter Prüfungen;* **b)** *Titelverleihung bzw. Bescheinigung einer bestimmten Qualifikation ohne Prüfungsnachweis (als Anerkennung für langjährige Praxis im Beruf);* **c)** *regelmäßige schriftliche Beurteilung der Fähigkeiten eines Offiziers der Nationalen Volksarmee.*
at|tes|tie|ren ⟨sw. V.; hat⟩ [lat. attestari]: **1.** *bescheinigen, bestätigen, zugestehen:* jmdm. seine Leistungen, seiner Sache ihre hohe Qualität a.; die amtlich attestierte Unschädlichkeit des Medikaments. **2.** (DDR) *jmdm. eine Attestation erteilen:* als Lehrer der Oberstufe attestiert werden.
Ät|ti, der; -[s] [mhd. atte, ahd. atto, Lallw. der Kinderspr.] (schweiz.): **1.** *Vater.* **2.** *Alter; Ältester.*
¹At|ti|ka, -s: griechische Halbinsel.
²At|ti|ka, die; -, ...ken [lat. (columna) Attica = attischer od. athenischer (Pfeiler), zu: Atticus = griech. Attikós = attisch; aus Athen] (Archit.): *halbgeschossartiger Aufsatz über dem Hauptgesims eines Bauwerks, bes. als Träger von Skulpturen u. Inschriften (z. B. an römischen Triumphbogen).*
¹At|ti|la, König der Hunnen (5. Jh. n. Chr.).
²At|ti|la, die; -, -s [nach ¹Attila]: **1.** *kurzer Rock der ungarischen Nationaltracht.* **2.** *mit Schnüren besetzte Husarenjacke.*
at|tisch ⟨Adj.⟩: *¹Attika betreffend, zu ¹Attika gehörend.*
At|ti|tude [ati'ty:d], die; -, -s [...'ty:d]: ↑ Attitüde (3).
At|ti|tü|de, die; -, -n [frz. attitude < ital. attitudine < lat. aptitudo = Brauchbarkeit] (bildungsspr.): **1.** *bewusst eingenommene [gekünstelte] körperliche Haltung, affektiert wirkende Geste:* eine A. an-, einnehmen. **2.** *[zum Ausdruck gebrachte innere] Haltung, Einstellung:* mit, in der A. des Experten auftreten. **3.** (Ballett) *Körperhaltung, bei der der Oberkörper u. ein Bein in die Waagerechte gebracht sind.*
At|ti|zis|mus, der; - [griech. attikismós, zu: Attikós, ↑ ²Attika]: *konservative, sich an der klassischen Sprache orientierende Stilrichtung im antiken Griechenland; Nachahmung u. Pflege der attischen Klassiker.*
At|trak|ti|on, die; -, -en [engl. attraction < frz. attraction = Anziehung(skraft) < spätlat. attractio = das An(sich)ziehen, zu lat. attrahere = anziehen]: **1.** ⟨o. Pl.⟩ (bildungsspr.) *Anziehung, Anziehungskraft: von jmdm., etw. geht eine A. aus.* **2.** *etw., was durch seine Außerordentlichkeit, sein Hervorstechen große Anziehungskraft ausübt, staunendes u. gespanntes Interesse erregt:* der Aussichtsturm mit dem Drehrestaurant ist eine besondere A. für die Besucher; der Zirkus wartet mit neuen -en auf.
at|trak|tiv ⟨Adj.⟩ [frz. attractif < spätlat. attracti-

vus, zu lat. attrahere, ↑ Attraktion]: **1.** *starken Anreiz bietend, verlockend, begehrenswert, erstrebenswert:* -e Löhne, Arbeitsbedingungen, Berufe; als Wahlkandidat nicht a. genug sein. **2.** *[sehr] anziehend aufgrund eines ansprechenden Äußeren, hübsch, reizvoll:* eine -e Frau, Erscheinung; das Kleid ist sehr a.
At|trak|ti|vi|tät, die; -: *das Attraktivsein; Anziehungskraft:* von jmdm., etw. geht eine A. aus; etw. gewinnt an A., verliert seine A.
At|trap|pe, die; -, -n [frz. attrape, eigtl. = Falle, zu: attraper = anführen, täuschen; fangen, zu: trappe = Falle, Schlinge, aus dem Germ.]: **1.** *täuschend ähnliche Nachbildung von etw. (bes. für Ausstellungszwecke):* leere -n; im Schaufenster liegen nur -n; die A. eines atomaren Geschosses; Ü diese Institution ist eine reine A. (bildungsspr. abwertend; *hat keine echte Funktion);* in diesem Staat waren die Parteien nur noch -n (bildungsspr. abwertend; *sie hatten keine eigenständige Bedeutung, waren wirkungslos)*. ◆ **2.** *Fopperei, Neckerei; Fallstrick:* Wir hatten uns in unsern Knabenjahren einander oft angeführt; viele Spiele beruhen auf solchen Mystifikationen und -n (Goethe, Dichtung u. Wahrheit 5).
at|trap|pie|ren ⟨sw. V.; hat⟩ [frz. attraper] (veraltet): *erwischen, ertappen:* ◆ Attrappiert mich unterwegs der Schwed' (= schwedische Soldaten), so geht's zu bösen Häusern oder gar zu bösen Bäumen (Hebel, Schatzkästlein 51).
at|tri|bu|ie|ren ⟨sw. V.; hat⟩ [lat. attribuere = zuteilen, verleihen; beifügen, zu: tribuere, ↑ Tribut]: **1.** (bildungsspr.) **a)** *als Attribut* (1 b) *beigeben:* der Justitia ist die Waage attribuiert; **b)** *als Eigenschaft beilegen:* jmdm., einer Sache Unfehlbarkeit a. **2.** (Sprachwiss.) **a)** *ein Attribut* (2 b) *beilegen:* einem Substantiv ein Adjektiv a.; **b)** (selten) *mit einem Attribut* (2 b) *versehen:* ein Substantiv a.
At|tri|bu|ie|rung, die; -, -en: *das Attribuieren; das Attribuiertwerden.*
At|tri|but, das; -[e]s, -e [lat. attributum, subst. 2. Part. von: attribuere, ↑ attribuieren]: **1. a)** (bildungsspr.) *charakteristische Eigenschaft, Wesensmerkmal:* jmdm. das A. der Unfehlbarkeit zuschreiben; Kälte ist ein A. des Teufels (Strauß, Niemand 73); **b)** *charakteristische Beigabe* (*als Kennzeichen):* die Waage ist ein A. der Justitia. **2. a)** (Philos.) *wesentliche Eigenschaft, Wesensmerkmal einer Substanz;* **b)** (Sprachwiss.) *einem Substantiv, Adjektiv od. Adverb beigefügte nähere Bestimmung; Beifügung:* das A. eines Substantivs.
at|tri|bu|tiv ⟨Adj.⟩ (Sprachwiss.) *als Attribut* (2 b) *fungierend; beifügend.*
At|tri|but|satz, der; -es, ...sätze (Sprachwiss.): *Nebensatz in der Rolle eines Attributs.*
atü (veraltet) = Atmosphärenüberdruck.
ATX [aːtɛˈɪks], der; -: *Austrian Traded Index; österreichischer Aktienindex mit den ermittelten Durchschnittskursen der 20 wichtigsten österreichischen Aktien.*
aty|pisch [auch: aˈtyː...] ⟨Adj.⟩ [aus griech. a- = nicht, un- u. ↑ typisch]: *nicht typisch, vom Typus abweichend, untypisch:* ein -er Krankheitsverlauf.
¹At|ze, die; -, -n, selten: der; -n, -n [wohl zu ↑ atzen (Ü)] (berlin.): **a)** *Bruder;* **b)** *Freund;* **c)** ⟨o. Art.⟩ *vertrauliche Anrede.*
²At|ze, die; -, -n (berlin.): **a)** *Schwester;* **b)** *Freundin.*
Ät|ze, die; -, -n (graf. Technik): *Säurelösung zum Ätzen.*
At-Zei|chen [ˈɛt...], das, [urspr. auf amerik. Schreibmaschinentastaturen das Zeichen für »(commercial) at« = à]: *das Zeichen @: das A. als Teil einer E-Mail-Adresse.*
at|zen ⟨sw. V.; hat⟩ [mhd. atzen, ahd. āz[z]en,

Nebenf. von ↑ ätzen] (Jägerspr.): *Jungvögel mit Futter, Nahrung versorgen, füttern:* die Jungen a.; Ü jmdn. a. (scherzh.: *ihm zu essen geben).*
ät|zen ⟨sw. V.; hat⟩ [mhd. etzen, ahd. ezzen = füttern, weiden, eigtl. = essen machen; die Säure frisst sich gleichsam in das Metall hinein]: **1.** *etw. mit Säure, Lauge o. Ä. behandeln, um es aufzulösen od. zu entfernen:* Wundränder mit Höllenstein ä. **2.** (*von Säuren, Laugen o. Ä.) zerstörend, zerfressend auf etw. wirken:* die Säure ätzt; ätzende Chemikalien; Ü ätzender (*beißender, scharfer*) Rauch; ätzender (*beißender, verletzender*) Spott. **3.** *durch Gebrauch von Säuren, Laugen o. Ä. etw. auf der Oberfläche eines Materials erzeugen, einätzen:* ein Bild auf, in die Kupferplatte ä.; geätztes (*durch Einätzung verziertes*) Glasgeschirr. **4.** (salopp) *mit beißendem Spott belegen, ätzend äußern.*
ät|zend ⟨Adj.⟩: **1.** (Jugendspr.) *abscheulich, furchtbar:* diese -e Musik!; Hausaufgaben sind ä. **2.** (Jugendspr., seltener) *toll, sehr gut:* der Film ist echt ä. **3.** (emotional) *beißend, verletzend:* -er Spott; -e Kritik.
Ätz|kalk, der: *Branntkalk.*
Ätz|kunst, die ⟨o. Pl.⟩: *Radierkunst.*
Ätz|stift, der: *zum Ätzen* (1) *verwendeter Stift aus Höllenstein.*
Ät|zung, die; -, -en: *das Ätzen; das Geätztwerden.*
au ⟨Interj.⟩ [mhd. ou]: **1.** *als Ausdruck des körperlichen Schmerzes:* au, das tut weh!; Ü au! (bei schlechten Witzen, als ob dem Hörer Schmerzen verursacht). **2.** *als Ausdruck der Freude:* na ja!; au [fein], das macht Spaß!
Au = Aurum, Gold.
Au, die; -, -en (südd., österr.): *Aue* (1).
AU = Abgasuntersuchung.
aua ⟨Interj.⟩ (Kinderspr.; auch ugs.): *als Ausdruck des körperlichen Schmerzes:* a., du hast mich getreten!
au|ber|gi|ne [oberˈʒiːn(ə)] ⟨indekl. Adj.⟩: *rötlich violett:* a. gefärbte Haare.
Au|ber|gi|ne [...nə], die; -, -n [frz. aubergine < katal. alberginía < arab. al-bāḏinǧān]: **a)** *Eierpflanze;* **b)** *Eierfrucht.*
a. u. c. = ab urbe condita.
¹auch ⟨Adv.⟩ [mhd. ouch, ahd. ouh; wahrsch. Vermischung aus einem adverbial erstarrten Kasus u. einer alten Partikel]: **1.** *ebenfalls, genauso wie du bist a.* [so] *einer von denen;* ich bin a. nur ein Mensch *(mehr kann ich auch nicht tun);* a. gut *(damit bin ich ebenfalls einverstanden);* alle schwiegen, a. der Fahrer sprach kein Wort; in Wortpaaren: sowohl... als/wie a.; nicht nur..., sondern a. **2.** *außerdem, zudem, überdies,* im Übrigen: ich kann nicht, ich will a. nicht; ich hatte a. [noch] die Kosten zu zahlen. **3.** *selbst, sogar:* a. die kleinste Freude wird einem verdorben; er arbeitete weiter, a. als er es nicht mehr nötig gehabt hätte; es gab mir a. nicht *(nicht einmal)* einen Cent.
²auch ⟨Partikel; unbetont⟩ [vgl. ¹auch]: **1.** *drückt gefühlsmäßige Anteilnahme, Ärger, Verwunderung o. Ä. aus:* du bist aber a. stur; der ist a. überall dabei; a. das noch; warum kommst du a. so spät? **2.** *bekräftigt od. begründet eine vorangegangene Aussage:* sie sah krank aus, und sie war es a.; er wartete auf einen Brief, und dann a. am Vormittag eintraf; ich gehe jetzt, es ist a. schon spät. **3.** *drückt im Fragesatz eine gewisse Zweifel, Unsicherheit o. Ä. aus:* darf er das a. tun?; hast du dir das a. überlegt? **4. a)** *verallgemeinernd; in Verbindung mit Interrogativ- oder Relativpronomen bzw. -adverbien:* wer a.; immer... *(jeder, der);* was a. [immer] geschieht... *(alles, was geschieht);* wo er a. *(überall, wo er)* hinkommt, wird er jubelnd begrüßt; wie dem a. sei... *(ob das falsch od. rich-*

tig ist); **b)** *einräumend; in Verbindung mit* »wenn«, »so« od. »wie«: er hat Zeit, wenn er a. *(obwohl er)* das Gegenteil behauptet; es meldete sich niemand, sooft ich a. anrief; wenn a.! (ugs.; *das macht doch nichts!*)
au con|t|raire [okõˈtrɛːr; frz., zu: contraire = Gegenteil; gegensätzlich, ↑ konträr] (bildungsspr.): *im Gegenteil.*
au cou|rant [okuˈrɑ̃; frz.; zu: courant, ↑ kurant] (bildungsspr.): *auf dem Laufenden.*
AUD = internationaler Währungscode für: australischer Dollar.
Au|di|enz, die; -, -en [lat. audientia = Gehör, Aufmerksamkeit, zu: audire (2. Part.: auditum) = hören]: *offizieller Empfang bei einer hochgestellten politischen od. kirchlichen Persönlichkeit:* jmdm. [eine] A. geben, gewähren; jmdn. in A. empfangen; jmdn. um eine A. bitten; jmdn. zur A. zulassen.
Au|di|max, das; -, - (Studentenspr.): *kurz für* ↑ Auditorium maximum.

au|dio-, Au|dio- [engl. audio-, zu lat. audire = hören]: Best. in Zus. mit der Bed. *hörbar; Gehör.*

Au|dio|book [...bʊk], das; -s, -s [engl. audiobook, aus audio- (↑ audio-, Audio-) u. book = Buch]: *Hörbuch.*
Au|dio-CD [ˈaudiotseːˈdeː], die [zu ↑ audio-, Audio-]: ¹*CD* (3).
Au|dio|da|tei, die (EDV): *Datei zur Speicherung von Musik, gesprochenem Text, Geräuschen u. Ä.; Audiofile.*
Au|dio|file [...faɪl], das, auch: der [engl. audio file, aus: audio- (↑ audio-, Audio-) u. file, ↑ File] (EDV): *Audiodatei.*
Au|dio|guide [...gaɪd], der; -s, -s: *kleineres tragbares Gerät, das elektronisch gespeicherte akustische Informationen zu Ausstellungs-, Museums- od. Stadtbesichtigungen wiedergibt.*
Au|dio|me|ter, das (Med.): *Gerät zum Messen der menschlichen Hörleistung auf elektroakustischem Wege.*
Au|dio|me|t|rie, die; - (Med.): *Prüfung des Gehörs mit Hörmessgeräten.*
Au|dio|stream [...striːm], der; -s, -s [engl. audio stream, aus: audio- (↑ audio-, Audio-) u. stream = (Daten)strom] (EDV): *über das Internet hörbare Datei.*
Au|dio|vi|si|on, die; - (Fachspr.): **1.** *Technik des Aufnehmens, Speicherns u. Wiedergebens von Ton u. Bild.* **2.** *Information durch Bild u. Ton.*
au|dio|vi|su|ell ⟨Adj.⟩ (Fachspr.): *zugleich hörbar u. sichtbar; Auge u. Ohr ansprechend [u. dadurch den Lernprozess unterstützend]:* -er Unterricht *(Unterricht mit technischen Lehr- u. Lernmitteln).*
Au|dit [auch: ˈɔːdɪt], das, auch: der; -s, -s [engl. audit < lat. auditus = das (An)hören] (Wirtsch.): *[unverhofft durchgeführte] Überprüfung, Revision* (1 a).
¹Au|di|ti|on, die; -, -en [lat. auditio, zu: auditare = oft hören] (Theol.): *das innere Hören von Worten u. das damit verbundene Vernehmen von Botschaften einer höheren Macht* (z. B. bei den Propheten).
²Au|di|tion [ɔːˈdɪʃn], die; -, -s [engl. audition < lat. auditio, ↑ ¹Audition]: *Veranstaltung, bei der Sänger, Tänzer, Schauspieler wegen eines Engagements vorsingen, vortanzen, vorsprechen.*
au|di|tiv ⟨Adj.⟩: **1.** (Med.) **a)** *das Hören, den Gehörsinn betreffend, darauf beruhend;* **b)** *(in Bezug auf das menschliche Gehör) fähig, Sprachlaute wahrzunehmen u. zu analysieren.* **2.** (Psychol.) *vorwiegend mit Gehörsinn begabt.*
Au|di|tor, der; -s, ...oren [lat. auditor]: **1. a)** *Richter an der Rota* (1); **b)** *Richter in kirchlichen*

Prozessen mit der Aufgabe, Beweise zu erheben u. bestimmte Fragen zu entscheiden; **c)** *Beamter der römischen Kurie.* **2. a)** (österr. früher, schweiz.) *öffentlicher Ankläger bei einem Militärgericht;* **b)** (schweiz.) *(im Kanton Zürich) angehender Jurist, der die vorgeschriebene praktische Ausbildung bei einem [Bezirks]gericht absolviert.* **3.** (Wirtsch.) *jmd., der Audits durchführt, die Qualitätssicherung kontrolliert o. Ä.*

Au|di|to|rin, die; -, -nen: w. Form zu ↑ Auditor (2b, 3).

Au|di|to|ri|um, das; -s, ...ien [lat. auditorium]: **1.** *Hörsaal.* **2.** (bildungsspr.) *Zuhörerschaft.*

Au|di|to|ri|um ma|xi|mum, das; - -, ...ia ...ma [zu lat. maximus = größter]: *größter Hörsaal einer Hochschule.*

Aue, (südd., österr.:) **Au,** die; -, Auen [mhd. ouwe, ahd. ouw[i]a = Land im od. am Wasser, urspr. subst. Adj. u. eigtl. = die zum Wasser Gehörende]: **1.** (landsch., dichter.) *[an einem (fließenden) Gewässer gelegenes] flaches Gelände mit saftigen Wiesen [u. verstreuten Büschen od. Bäumen].* **2.** (landsch.) *Insel (bes. in einem fließenden Gewässer).*

Au|en|land|schaft, die: *Landschaft, für die das Vorhandensein von Auen (1) charakteristisch ist.*

Au|en|wald, der: *Wald innerhalb einer Aue (1).*

Au|er|hahn, der [mhd. ūrhan, unter dem Einfluss von ūr (↑ Auerochse) umgebildet aus mhd. orhan, urspr. = männlich(es Tier)]: *männliches Auerhuhn.*

Au|er|hen|ne, die: *weibliches Auerhuhn.*

Au|er|huhn, das: *(in den Wäldern Eurasiens lebender) zu den Raufußhühnern gehörender großer Vogel.*

Au|er|och|se, der [mhd. ūrohse, ahd. ūrohso, verdeutlichte Zus. für gleichbed. mhd. ūr[e], ahd. ūro, urspr. wohl = (Samen)spritzer]: *ausgestorbenes wildes Großrind; Ur.*

Au|er|wild, das (Jägerspr.): *Auerhähne u. Auerhennen.*

¹auf ⟨Präp. mit Dativ u. Akk.⟩ [mhd., ahd. ūf, urspr. = von unten an etwas heran od. hinauf]: **1.** ⟨räumlich⟩ **a)** ⟨mit Dativ⟩ zur Angabe der Berührung von oben, der Lage, des Aufenthalts in einem Raum, einem Gebäude o. Ä., eines Seins-, Tätigkeitsbereichs o. Ä.: a. einer Bank, a. dem Pferd sitzen; die Vase steht a. dem Tisch; a. Deck, a. See sein; a. dem Mond landen; die Vegetation an den Inseln; a. (in) seinem Zimmer bleiben; a. *(in, bei)* der Post arbeiten; a. *(in)* im Rathaus etwas erledigen; a. dem *(beim)* Bau arbeiten; sie ist noch a. der Schule *(ist noch Schülerin)*; zur Angabe der Teilnahme an etw., des Sichaufhaltens bei einer Tätigkeit (zeitlichem Gebrauch nahestehend): a. einer Hochzeit, a. Wanderschaft, a. Urlaub sein; a. *(bei, während)* der Rückreise erkranken; ♦ *Du sollst mich hier nebenan a. dem Kaffeehause treffen* (Lessing, Minna I, 10); **b)** ⟨mit Akk.⟩ zur Angabe der Richtung, in Verbindung mit einer Stelle, Oberfläche, auf einen Erstreckungsbereich, einen Zielpunkt o. Ä., bezeichnet den Gang zu einem/in einen Raum, zu einem/in ein Gebäude; gibt die Richtung in einen Seins-, Tätigkeitsbereich o. Ä. an: a. den Baum klettern; a. das Meer hinausfahren; aufs Land ziehen; die Vase a. den Schrank stellen; jmdn. a. die Post schicken; er geht a. sein Zimmer; er geht a. die Stadt zu; sie geht a. die Universität *(sie ist Studentin)*; a. Urlaub gehen; gibt die Hinwendung zur Teilnahme an etw., den Beginn einer Handlung, den Antritt von etw. an: a. eine Tagung fahren; a. einen Ball gehen; Ü er geht schon a. die achtzig zu *(er wird bald achtzig)*; »Na also«, sagt Pinneberg und geht wieder aufs Büro (Fal-

lada, Mann 61); ♦ *Ich will aufs nächste Dorf und sehn, ob ...* (Goethe, Götz III); **c)** ⟨mit Akk.⟩ zur Angabe der Entfernung: a. 100 Meter *(bis zu einer Entfernung von 100 Metern)* herankommen; die Explosion war a. zwei Kilometer [Entfernung] zu hören. **2. a)** ⟨zeitlich; mit Akk.⟩ zur Angabe der Zeitspanne; *für [die Dauer von]:* a. längere Zeit mit etw. beschäftigt sein; a. ein paar Tage verreisen; ♦ *... wischt mir ... an der rechten Frisur allen Puder weg, und ich bin ruiniert a. den ganzen Ball* (Schiller, Kabale III, 2); **b)** ⟨zeitlich; mit Akk.⟩ (landsch.) zur Angabe des Zeitpunkts: a. den Abend *(am Abend)* Gäste erwarten; a. Weihnachten *(an Weihnachten)* verreisen wir; das Taxi ist a. *(für)* 16 Uhr bestellt; * **a. einmal** (ugs.: 1. *plötzlich:* a. einmal hatte er keine Lust mehr. 2. *zugleich, in einem Zug:* sie hat alles a. einmal gegessen); **c)** ⟨zeitlich; mit Akk.⟩ zur Angabe des Übergangs, des Nacheinanders, der Aufeinanderfolge: von einem Tag a. den anderen *(überraschend schnell)* änderte sich das Bild; in der Nacht von 4. a. den *(zum)* 5. September; a. *(nach)* Regen folgt Sonnenschein; **d)** (emotional verstärkend) in Verbindung mit zwei gleichen Substantiven zur Angabe der Wiederholung, der direkten Aufeinanderfolge: Welle a. Welle; es folgte Angriff a. Angriff. **3.** ⟨mit Akk.⟩ zur Angabe der Art u. Weise: a. elegante Art; sich a. Deutsch unterhalten; vor dem Superlativ: jmdn. a. das/ aufs Herzlichste, *(auch:)* herzlichste *(sehr herzlich)* begrüßen. **4.** ⟨mit Akk.⟩ zur Angabe des Ziels, des Zwecks od. Wunsches: a. Hasen jagen; a. Zeit spielen (Sport; *verlangsamt spielen, um Zeit zu gewinnen)*; a. jmds. Wohl trinken; ♦ *Der Schulz gab ihm eine Bollete* (= schriftliche Anweisung) *an den Gemeindswirt a. eine Mehlsuppe und einen Schoppen Wein* (Hebel, Schatzkästlein 57). **5.** ⟨mit Akk.⟩ zur Angabe des Grundes, der Voraussetzung: a. Veranlassung, Initiative seiner Mutter, von seiner Mutter; a. wiederholte Aufforderung [hin]; a. einen Brief antworten. **6.** ⟨mit Akk.⟩ zur Angabe der bei der Aufteilung einer Menge gerundeten gelegten Einheit: a. jeden entfallen 50 Euro; 2 Esslöffel Waschpulver a. einen Liter. **7.** in idiomatisch-phraseologischer Abhängigkeit von anderen Wörtern: **a)** ⟨mit Akk.⟩ a. jmdn., etw. achten; sich a. jmdn., etw. freuen; böse a. jmdn. sein; das Recht a. Arbeit; **b)** ⟨mit Dativ⟩ a. einer Sache beruhen, beharren, fußen.

²auf ⟨Adv.⟩ [vgl. ¹auf]: **1. a)** *in die Höhe, nach oben* (bes. als Aufforderung, sich zu erheben): Sprung a., marsch, marsch! *(militär. Kommando)*; * **a. und davon** (ugs.: *[schnell] fort*); **b)** *los, vorwärts* (als Aufforderung, mit etw. zu beginnen): a. an die Arbeit!; a. zum nächsten Kaufhaus! **2.** (ugs.) **a)** *geöffnet, aufgemacht:* die Tür, der Schrank ist a.; Fenster a.!; Augen a. im Straßenverkehr!; **b)** *nicht verschlossen, nicht abgeschlossen:* das Türschloss, der Koffer ist a.; die Tür wird a. sein; **c)** *(für den Verkauf o. Ä.) geöffnet, offen, nicht geschlossen:* wie lange werden die Läden heute a. sein? **3.** (ugs.) *[nicht mehr od. noch] nicht im Bett:* früh a. sein; bist du noch a.?; der Patient darf schon ein paar Stunden a. sein. **4.** ⟨in Wortpaaren wie auf und ab, auf und nieder⟩ *nach oben u. nach unten, hinauf u. hinab:* die Schaukel wippte a. und ab, a. und nieder; Ü ⟨subst.:⟩ *das Auf und Ab des Lebens;* ein ständiges Auf und Nieder; **b)** *hin u. her:* sie ging im Garten a. und ab, a. und nieder. **5.** in der Verbindung mit »von« in festen Wendungen; *von... an:* von Jugend a.; von klein a.; von Grund a. *(ganz u. gar; völlig)*.

auf|äch|zen ⟨sw. V.; hat⟩: *plötzlich, kurz ächzen:* er ächzte laut auf.

auf|ad|die|ren ⟨sw. V.; hat⟩ (ugs.): **1.** *zusammen-*

zählen: er addierte die Zahlenkolonnen noch einmal rasch auf. **2.** ⟨a. + sich⟩ *sich summieren:* die Beträge addieren sich zu einer beträchtlichen Summe auf.

auf|ar|bei|ten ⟨sw. V.; hat⟩: **1. a)** *(Liegengebliebenes) erledigen:* die Rückstände, die Akten a.; **b)** *aufbrauchen, völlig verarbeiten:* die Wolle a.; die Bestände sind noch nicht aufgearbeitet. **2.** *zusammenfassend betrachten, bearbeiten:* er hat die jüngsten Forschungsergebnisse [kritisch] aufgearbeitet. **3.** *sich mit etw. auseinandersetzen, um Klarheit darüber zu gewinnen; etw. geistig verarbeiten:* die Vergangenheit, die Kindheit, Konflikte a. **4.** *(alt u. unansehnlich Gewordenes) erneuern, überholen, auffrischen:* Polstermöbel, einen alten Schrank a. [lassen]. **5.** ⟨a. + sich⟩ (seltener) *sich aufraffen, sich unter Anstrengung langsam erheben:* der gestrauchelte Gegner konnte sich nur mühsam a.

Auf|ar|bei|tung, die; -, -en: *das Aufarbeiten (1–4).*

auf|at|men ⟨sw. V.; hat⟩: **1.** *einmal tief [und hörbar] atmen:* laut a. **2.** *erleichtert sein, sich befreit fühlen:* ich werde a., wenn alles vorüber ist.

auf|ba|cken ⟨unr. V.; bäckt/backt auf, backte (veraltend:) buk auf, hat aufgebacken⟩: **1.** *(nicht mehr frisches Gebäck) durch kurzes Erhitzen wieder knusprig machen:* Brötchen a. **2.** (landsch.) *aufwärmen:* das Mittagessen a.

auf|bah|ren ⟨sw. V.; hat⟩: *einen Toten auf einer Bahre o. Ä. liegend, den Sarg mit einem Toten an einem bestimmten Ort aufstellen:* einen Toten a.

Auf|bah|rung, die; -, -en: *das Aufbahren.*

Auf|bau, der; - [e]s, -ten **1.** ⟨o. Pl.⟩ **a)** *das Aufbauen (1 a); Errichtung:* der A. der Tribünen, des Zeltlagers; **b)** *das Von-Neuem-Aufbauen, die Wiedererrichtung von Zerstörtem:* der A. der durch Bomben zerstörten Innenstadt. **2.** ⟨o. Pl.⟩ *die Errichtung, Schaffung, Organisation von etw.:* den wirtschaftlichen A. beschleunigen; der A. des Sozialismus; der A. des Heeres soll stufenweise erfolgen; der A. von Beziehungen. **3.** ⟨o. Pl.⟩ *Gliederung, Anordnung, Art der Anlage, Komposition, Struktur:* der A. der Erzählung, des Dramas; der A. der Gesellschaft, des Staates; der A. der Zelle darstellen. **4. a)** *das Aufgebaute, Aufgesetzte:* ein bühnenartiger A.; der A. *(der aufgestockte Gebäudeteil)* muss noch verputzt werden; **b)** (Kfz-Technik) *Karosserie:* Autos mit festem, offenen -ten.

Auf|bau|ar|beit, die: *Arbeit des [Wieder]aufbaus.*

auf|bau|en ⟨sw. V.; hat⟩: **1. a)** *[vorübergehend] aufstellen, errichten; (aus Einzelteilen) zusammensetzen u. aufrichten:* ein Haus aus Fertigteilen a.; Zelte, Baracken a. *(aufschlagen)*; Kameras für eine Fernsehübertragung a.; **b)** *(Zerstörtes, Niedergerissenes) von Neuem errichten:* zerstörte Häuser wieder a.; **c)** *an einer bestimmten Stelle aufstellen, hinstellen, arrangieren:* ein kaltes Büfett, Geschenke auf dem Tisch a. **2.** *schaffen, organisieren, gestalten:* eine Partei zentralistisch a.; ich baue mir eine neue Existenz auf; eine Beziehung a. **3. a)** *auf eine Aufgabe vorbereiten:* eine Politikerin, ein Talent, Sänger a.; **b)** *(jmdm.) Kraft, Zuversicht, Selbstbewusstsein geben:* der Trainer hat der Mannschaft nach ihrer Niederlage [wieder] aufgebaut. **4.** *gliedern, anordnen, strukturieren:* sie hat ihren Vortrag, ihre wissenschaftliche Arbeit gut aufgebaut; das Musikstück ist kunstvoll aufgebaut. **5. a)** *etw. als Grundlage, Voraussetzung für etw. nehmen:* eine Theorie auf einer Annahme a.; die Anklage auf einem Gutachten a.; **b)** *auf etw. fußen, sich auf etw. gründen:* diese Lehre baut

Aufbaugymnasium – Aufblick

auf vagen Beobachtungen auf; seine Darstellung der Epoche baut auf ganz neuen Quellen auf; ⟨auch a. + sich:⟩ mein Plan baut sich auf folgenden Erwägungen auf. **6.** (Chemie) **a)** *zu einer Verbindung zusammensetzen:* diese Moleküle bauen die Verbindung auf; **b)** ⟨a. + sich⟩ *sich zusammensetzen, gebildet sein:* der Stoff baut sich aus folgenden Elementen auf. **7.** ⟨a. + sich⟩ **a)** *entstehen, sich bilden:* ein neues Hochdruckgebiet baut sich auf; **b)** *sich auftürmen:* schwere Gewitterwolken hatten sich aufgebaut. **8.** ⟨a. + sich⟩ (ugs.) *sich in bestimmter Haltung, an einer bestimmten Stelle meist vor jmdn. hinstellen:* er baute sich neben der Telefonzelle, vor ihm auf; ... ein Uniformierter ... baut sich in seiner ganzen Größe vor Lambert auf (Heym, Schwarzenberg 98).

Auf|bau|gym|na|si|um, das: *Gymnasium, das Schüler der Hauptschule nach dem 6. od. 7. bzw. Schüler der Realschule nach dem 9. od. 10. Schuljahr zur Hochschulreife führt.*

Auf|bau|hel|fer, der (DDR): *jmd., der durch seine Arbeitsleistung zur einer Baustelle zum [Wieder]aufbau beiträgt.*

Auf|bau|hel|fe|rin, die: w. Form zu ↑ Aufbauhelfer.

Auf|bau|hil|fe, die (Politik, Wirtsch.): *[finanzielle] Unterstützung beim [Wieder]aufbau von etw.:* wirtschaftliche, internationale, finanzielle A.; A. leisten, zusagen, anbieten.

auf|bäu|men ⟨sw. V.; hat/ist⟩ (Jägerspr.): *(von Raub- u. Federwild) vom Boden aus auf einen Baum fliegen, klettern u. sich dort niederlassen.*

auf|bäu|men, sich ⟨sw. V.; hat⟩: **1.** *sich ruckartig hoch, steil aufrichten:* das Pferd bäumte sich jäh auf (erhob sich auf die Hinterbeine). **2.** *sich auflehnen, sich empören:* sich gegen sein Schicksal a.; du bäumst dich vergebens gegen ihn auf; alles in ihr bäumte sich dagegen auf.

Auf|bau|pha|se, die: *Phase des Aufbaus (2).*

Auf|bau|pro|gramm, das: *Programm für den Aufbau (2).*

Auf|bau|pro|zess, der: *Verlauf, Entwicklung des Aufbaus (1, 2).*

Auf|bau|re|al|schu|le, die: *Realschule, die Hauptschüler nach dem 6. od. 7. Schuljahr zur mittleren Reife führt.*

auf|bau|schen ⟨sw. V.; hat⟩: **1. a)** *prall machen, aufblähen, aufschwellen:* der Wind bauscht die Segel, die Vorhänge auf; **b)** ⟨a. + sich⟩ *aufgebauscht (1 a) werden:* die Röcke bauschten sich im Wind auf. **2. a)** *einer Sache mehr Bedeutung beimessen, als ihr zukommt; übertreiben:* Kleinigkeiten unnötig a.; etw. zu einem Skandal a.; **b)** ⟨a. + sich⟩ *unvorhergesehene Ausmaße annehmen, sich auswachsen:* (Unverhältnismäßigem) entwickeln, auswachsen: sich zu einer Krise a.

Auf|bau|schu|le, die: **a)** *Aufbaugymnasium;* **b)** *Aufbaurealschule.*

Auf|bau|spiel, das (Ballspiele): *Spiel, das der systematischen Vorbereitung im Hinblick auf schwierigere Spiele dient.*

Auf|bau|spie|ler, der (Ballspiele): *Spieler, der den Angriff (1 b) planvoll einleitet u. dirigiert.*

Auf|bau|spie|le|rin, die: w. Form zu ↑ Aufbauspieler.

Auf|bau|stu|di|um, das: *Studium, das auf eine bestimmte Ausbildung bzw. auf ein vorangegangenes Studium aufbaut.*

Auf|bau|stu|fe, die: *Aufbauzug.*

Auf|bau|ten ⟨Pl.⟩ (Schiffbau): *über das Oberdeck des Schiffes hinausragende Teile u. technische Anlagen.*

Auf|bau|trai|ning, das (Sport): *Training, in dem Leistungsfähigkeit u. -bereitschaft aufgebaut werden.*

auf|be|geh|ren ⟨sw. V.; hat⟩ (geh.): *heftigen Widerspruch erheben; sich auflehnen, wehren,*

empören: dumpf a.; er begehrte gegen sein Schicksal auf; ⟨subst.:⟩ spontanes Aufbegehren.

auf|be|hal|ten ⟨st. V.; hat⟩: **1.** (ugs.) *(bes. eine Kopfbedeckung) nicht abnehmen:* behalten Sie ruhig Ihren Hut auf; sie behält die Sonnenbrille auch am Abend noch auf. **2.** (ugs.) *geöffnet lassen:* den Schirm a. **3.** (veraltet) *aufheben, aufbewahren:* Ü ♦ Er schließt daraus, dass Gott zu großen, großen Dingen euch müss' aufbehalten haben (Lessing, Nathan I, 5).

auf|bei|ßen ⟨st. V.; hat⟩: **1.** *durch Beißen öffnen:* eine Nuss a. **2.** *durch Beißen verletzen, sodass eine klaffende Stelle, Wunde entsteht:* sich die Lippe a.

auf|be|kom|men ⟨st. V.; hat⟩ (ugs.): **1.** *(nur mit Mühe) öffnen können:* einen Koffer, eine Konservenbüchse schwer a.; schließlich bekam er die Tür doch auf; die Augen a. **2.** *(eine [Haus]aufgabe) erhalten, aufgetragen bekommen:* wir haben für morgen 10 Rechenaufgaben aufbekommen. **3.** (bes. nordd.) *ganz aufessen können:* ich bekomme das Stück Torte schon noch auf. **4.** *[richtig] aufsetzen können:* die Mütze nur mit Mühe a.

auf|be|rei|ten ⟨sw. V.; hat⟩: **1.** *(bestimmte Rohstoffe) zur [weiteren] Verwendung vorbereiten, geeignet machen:* Trinkwasser a. (reinigen, klären); Wasser als Trinkwasser a.; etw. zu etw. a.; Erze, Kohlen, Salze a. **2.** *Vorgegebenes in bestimmter Weise bearbeiten [u. so für etw. Bestimmtes vorbereiten]:* einen alten Text a.; einen Stoff, einen Roman fürs Fernsehen a. **3.** *(statistisch erhobene Daten o. Ä.) auswerten:* Statistiken, Zahlenmaterial a.

Auf|be|rei|tung, die; -, -en: *das Aufbereiten.*

Auf|be|rei|tungs|an|la|ge, die: *Anlage, die dem Aufbereiten (1) von etw. dient.*

auf|bes|sern ⟨sw. V.; hat⟩: *in der Qualität od. Quantität steigern; verbessern:* das Gehalt, die Renten, die Verpflegung a.; seine Sprachkenntnisse, sein Image a.; das Gehalt um 800 Euro a.

Auf|bes|se|rung, die; -, -en: *das Aufbessern.*

auf|bet|ten ⟨sw. V.; hat⟩: **1.** *aufbahren:* Der Verstorbene wurde in Rosen aufgebettet. **2.** (Touristik) *um zusätzliche Betten erweitern:* die Ferienwohnung kann gegen Aufpreis aufgebettet werden. **3. a)** (landsch., bayr., österr.) *das Bett machen, herrichten;* **b)** *im Bett höher legen:* einen Kranken a.

auf|be|wah|ren ⟨sw. V.; hat⟩: *in Verwahrung nehmen; sorgsam hüten, aufheben:* etw. gut, sorgfältig a.; Fotografien als, zum Andenken a. *etw. für die Nachwelt a. (bewahren, erhalten);* die Medikamente sind kühl, im Kühlschrank aufzubewahren *(zu lagern);* Ü etw. in seinem Gedächtnis a.

Auf|be|wah|rung, die; -, -en: **a)** *das Aufbewahren, Verwahren:* jmdm. etw. zur A. geben; **b)** *Gepäckaufbewahrung (2):* eine Reisetasche an, bei der A. abgeben.

Auf|be|wah|rungs|ort, der ⟨Pl. -e⟩: *Stelle, Platz, wo etw. aufbewahrt wird.*

Auf|be|wah|rungs|raum, der: *Raum zum Aufbewahren bestimmter Dinge.*

auf|bie|gen ⟨st. V.; hat⟩: **a)** *auseinanderbiegen:* den Schlüssel a.; den Draht a.; **b)** *nach oben biegen:* den Deckel der Büchse a.

auf|bie|ten ⟨st. V.; hat⟩ [mhd. ūfbieten = (zeigend) in die Höhe heben]: **1.** *einsetzen, zusammenraffen, aufwenden:* alle Kräfte, seinen Einfluss, seine ganze Überredungskunst a., um jmdn. zu überzeugen. **2.** *zur Erledigung einer Aufgabe aufrufen, für die Erledigung einer Aufgabe einsetzen:* Militär, Polizei a.; alle verfügbaren Kräfte waren zum Einsatz aufgeboten; Soldaten a. (veraltet; einberufen); die aufgebotenen Streitkräfte. **3.** *(bei Versteigerungen) den festgelegten Ausgangspreis ausrufen:* ein Bild mit 400 Euro a.

Auf|bie|tung, die; -, -en: **1.** ⟨o. Pl.⟩ *das Aufbieten (1), Aufwendung; Anspannung:* unter, (seltener) mit, bei A. aller Kräfte, ihrer ganzen Energie. **2. a)** *das Aufbieten (2), Aufruf:* die A. der Jugend; **b)** *Einsatz:* die A. des Polizeiapparates. **3.** (früher) *die öffentliche Bekanntgabe der beabsichtigten Eheschließung, Aufgebot:* die A. des Brautpaares.

auf|bin|den ⟨st. V.; hat⟩: **1.** *(Zusammengebundenes, Zugeschnürtes) lösen, öffnen:* die Schnürsenkel, eine Schleife, die Schürze a.; ich band [mir] die Krawatte auf. **2.** *(Herunterhängendes) hochbinden:* Reben a.; die Nasenflügel a.; ein Mädchen mit aufgebundenem (hochgestecktem) Haar. **3. a)** *auf etw. festbinden:* das Kochgeschirr auf den Rucksack a.; **b)** (ugs.) *sich (Unangenehmes u. Beschwerliches) aufbürden:* mit dieser Einladung hast du dir ja was aufgebunden! **4.** (ugs.) *jmdm. etw. Unwahres erzählen, weismachen:* wer hat dir diese Lüge aufgebunden? **5.** (Verlagsw.) *(ein Buch) binden (5 d):* Bücher neu a.

auf|blä|hen ⟨sw. V.; hat⟩: **1. a)** *rund, prall machen, aufbauschen, aufschwellen:* die Nasenflügel a.; der Bauch der Kuh ist aufgebläht (aufgetrieben); Ü ein aufgeblähter (in unangemessener Weise vergrößerter) Verwaltungsapparat; **b)** ⟨a. + sich⟩ *aufgebläht (1 a) werden:* die Segel blähten sich im Wind auf. **2.** ⟨a. + sich⟩ (abwertend) *sich wichtigtun, sich großtun:* bläh dich nicht so auf!; dieser aufgeblähte Mensch!

Auf|blä|hung, die; -, -en: **1.** *das Aufblähen.* **2.** (Tiermed.) *Blähsucht (bes. bei Wiederkäuern).*

auf|blas|bar ⟨Adj.⟩: *sich aufblasen lassend:* eine -e Schwimmweste; -e Kleiderbügel, Möbel.

auf|bla|sen ⟨st. V.; hat⟩: **1. a)** *(durch kräftiges Hineinblasen) rund, prall machen, anschwellen lassen:* eine Papiertüte, einen Luftballon a.; vor Anstrengung die Backen a.; **b)** (ugs. abwertend) *etw. aufbauschen (2 a); eine Person, eine Sache größer, wichtiger erscheinen lassen, als sie tatsächlich ist:* kleine Unterschiede aufgebläht a.; der Fall wurde zur Staatsaffäre aufgeblasen. **2.** ⟨a. + sich⟩ (ugs. abwertend) *sich wichtigtun:* blas dich doch nicht so auf!; so ein aufgeblasener (eingebildeter, überheblicher) Kerl.

auf|blät|tern ⟨sw. V.; hat⟩: **1. a)** *(die Seiten eines Buches, einer Zeitung o. Ä.) aufschlagen [um etw. zu suchen]:* ein Wörterbuch, den Anzeigenteil der Zeitung a.; **b)** *die Seiten eines Buches o. Ä. flüchtig u. schnell umschlagen:* gelangweilt eine Illustrierte a. **2.** ⟨a. + sich⟩ (geh.) *(von Blüten) sich öffnen:* die Rosen haben sich schon aufgeblättert.

auf|blei|ben ⟨st. V.; ist⟩ (ugs.): **1.** *geöffnet bleiben, offen bleiben:* das Fenster ist die ganze Nacht über aufgeblieben. **2.** *nicht zu Bett gehen:* bis 23 Uhr, die ganze Nacht a.

Auf|blen|de, die; - (Film): *allmählicher Übergang von völliger Schwärze zu normaler Belichtung.*

auf|blen|den ⟨sw. V.; hat⟩: **1.** *mit voller Lichtstärke scheinen:* die Scheinwerfer, die Lichter des Leuchtturms blendeten plötzlich auf. **2.** (Verkehrsw.) *(die Scheinwerfer) auf Fernlicht einstellen:* die Scheinwerfer a.; aufgeblendete Scheinwerfer; der Lkw blendete auf *(der Fahrer des Lkw schaltete das Fernlicht ein).* **3.** (Fotogr.) *durch Größerstellen der Blende reichlich Licht einfallen lassen:* voll a. **4.** (Film) **a)** *eine Filmaufnahme, eine Einstellung beginnen:* Szene 1, bitte a.!; **b)** *(vom Film[ausschnitt]) abzulaufen beginnen:* eine Szene aus dem alten Film blendete auf.

Auf|blick, der; -[e]s, -e ⟨Pl. selten⟩ (geh.): *das Aufblicken, aufwärtsgerichteter Blick:* ein kurzer, erstaunter A.

auf|bli|cken ⟨sw. V.; hat⟩: **1.** *den Blick nach oben, in die Höhe richten; hochschauen, aufsehen:* kurz, verwundert, freundlich a.; von seiner Arbeit, zu jmdm. a.; sie antwortete, ohne von ihrer Arbeit aufzublicken. **2.** *(jmdn.) bewundernd verehren:* ehrfürchtig, in Verehrung zu jmdm. a.; er ist ein Mensch, zu dem man a. kann.

auf|blin|ken ⟨sw. V.; hat⟩: *plötzlich, kurz blinken, schimmern; blinkend, schimmernd aufleuchten:* Lichter, Sterne blinken im Dunkel auf; Ü in seinen Augen blinkte Begierde auf.

auf|blit|zen ⟨sw. V.⟩: **a)** ⟨hat⟩ *plötzlich blitzend, blinkend aufleuchten:* eine Taschenlampe blitzte plötzlich auf; in seinen Händen blitzte ein Messer auf; ... wenn es in dunklen Nächten hier und da aufblitzte, wussten sie nicht, ob es das Mündungsfeuer ferner Geschütze oder ein Wetterleuchten war (Wiechert, Jeromin-Kinder 468); **b)** ⟨ist⟩ *plötzlich in jmds. Bewusstsein auftauchen:* eine Idee, eine Erinnerung blitzte in ihm auf.

auf|blo|cken ⟨sw. V.; hat⟩ [zu ↑ Block] (Jägerspr.): *(von Raubvögeln) sich auf einem Baum od. Felsen niederlassen.*

auf|blü|hen ⟨sw. V.; ist⟩: **1.** *sich blühend entfalten, die Blüten öffnen:* die Rosen fangen gerade an aufzublühen; Ü (geh.:) das Mädchen ist eine voll aufgeblühte Schönheit. **2. a)** *sich entfalten, sich entwickeln, Aufschwung nehmen:* Wissenschaft und Handel blühten auf; eine aufblühende Branche; **b)** *aufleben, eine positive Stimmung, eine lebensbejahende Haltung gewinnen:* er blüht sichtbar auf, seit er den Arbeitsplatz gewechselt hat.

auf|bo|cken ⟨sw. V.; hat⟩: *etw. mithilfe einer besonderen Vorrichtung auf ein Gestell, einen Bock stellen:* ein Auto a.; sie hatte ihr Motorrad am Straßenrand aufgebockt *(auf den Kippständer gestellt).*

auf|boh|ren ⟨sw. V.; hat⟩: *durch Bohren eine Öffnung schaffen; ein Loch in etw. bohren:* einen Backenzahn, die Schädeldecke a.; den Tresor, die Straßendecke a.

auf|bran|den ⟨sw. V.; ist⟩ (geh.): *(von Wellen) tosend hochschlagen (an Felsen o. Ä.):* die aufbrandende Flut.

auf|brau|chen ⟨sw. V.; hat⟩: *ganz, bis auf den letzten Rest verbrauchen:* alle Ersparnisse, seine Barschaft, seine Urlaubstage a.; seine Energie, seine Geduld ist aufgebraucht *(ist erschöpft).*

auf|brau|sen ⟨sw. V.; ist⟩: **1.** *brausend, schäumend hochsteigen; zu wallen beginnen:* Natron braust im Wasser auf; Ü Beifall, Jubel braust auf *(setzt plötzlich ein).* **2.** *zornig auf-, hochfahren:* schnell, leicht a.; er ist immer gleich aufgebraust; ein aufbrausendes *(cholerisches)* Temperament.

auf|bre|chen ⟨st. V.⟩: **1.** ⟨hat⟩ **a)** *(Verschlossenes) gewaltsam öffnen:* ein Schloss, eine Tür, eine Kiste, einen Safe mit einem Stemmeisen a.; ein Auto a.; **b)** *(eine geschlossene Fläche) auseinanderbrechen:* den Asphalt mit dem Bohrer a.; das Schwarzwild hat die Erde aufgebrochen; Ü ein System, eine Situation a.; **c)** (geh.) *hastig, ohne Sorgfalt öffnen:* einen Brief, ein Telegramm a.; **d)** (Jägerspr.) *(erlegtes Wild) ausweiden:* einen Hirsch a. **2.** ⟨ist⟩ **a)** *sich öffnen, aufgehen, aufspringen:* die Kastanienknospen sind aufgebrochen; **b)** *(von einer Oberfläche) aufreißen, aufplatzen, auseinanderbrechen:* die Eisdecke, der Asphalt ist aufgebrochen; ein Geschwür, eine Wunde bricht [wieder] auf; Ü alte Wunden brachen in ihm auf; **c)** (geh.) *plötzlich hervortreten, auf einmal spürbar sein:* ein Gegensatz war zwischen ihnen aufgebrochen. **3.** ⟨ist⟩ [eigtl. = das Lager aufbrechen (= abbrechen)] *einen Ort verlassen, fortgehen, sich auf den Weg machen:* in aller Frühe, in den Urlaub a.; pünktlich a.; ⟨subst.:⟩ es ist Zeit zum Aufbrechen.

auf|bren|nen ⟨unr. V.⟩: **1.** ⟨hat⟩ *(ein Weidetier) mit einem Brandmal versehen, kennzeichnen:* den Kälbern das Zeichen der Ranch a.; **jmdm. eins a.* (salopp: *jmdm. einen kräftigen Schlag versetzen:* sie hat ihm in ihrer Not eins aufgebrannt. 2. *anschießen:* dem vermeintlichen Wilddieb eins a.). **2.** ⟨hat⟩ *(seltener) durch Brennen öffnen:* einen Verschluss mit dem Schneidbrenner a. **3.** ⟨hat⟩ *(Weinbau) (das Fass) mit einem Schwefelspan ausräuchern.* **4.** ⟨ist⟩ *(seltener) emporlodern:* die Flamme war leuchtend aufgebrannt.

auf|bre|zeln, sich ⟨sw. V.; hat⟩ [H. u.] (ugs.): *sich auffällig schminken u. kleiden:* sie hatten sich für die Party schwer aufgebrezelt.

auf|brin|gen ⟨unr. V.; hat⟩ [mhd. ūfbringen = großziehen; erfinden, zustande bringen]: **1.** *(Geldmittel) beschaffen, zusammenbringen, auftreiben:* die notwendigen Mittel, eine Kaution von 10 000 Euro a.; viel Geld für Reparaturen a. müssen; Ü Kraft, Energie, Geduld, den Mut zu etw. a. *(zusammennehmen, aufbieten);* sie hat sehr viel Zeit für ihren Sport aufgebracht. **2.** (ugs.) *mit Mühe [nicht] können]:* die Tür, das Schloss kaum a. **3.** *einführen, in Umlauf setzen:* eine neue Mode, ein Schlagwort a.; wer hat denn nur dieses Gerücht aufgebracht? **4. a)** *in Wut bringen, erzürnen:* der geringste Anlass bringt ihn auf; mit aufgebrachter Stimme; Aus irgendeinem Grunde gegen Tante Alix aufgebracht, hatte sie diese einmal für eine ganze Nacht ausgesperrt (Bergengruen, Rittmeistein 345); **b)** *aufreizen, aufwiegeln, erzürnt machen:* sie versuchst, ihn gegen seine Eltern aufzubringen. **5. a)** *beim Auftakeln Stengen, Rahen u. a. montieren;* **b)** (Seemannsspr.) *(ein [feindliches] Schiff) zwingen, einen bestimmten Hafen anzulaufen:* der Tanker wurde auf hoher See aufgebracht. **6.** *auf etw. anbringen, auftragen, verteilen:* ein Isolierschicht, Farben u. Creme auf das Gesicht a. **7.** (veraltet) *großziehen:* er ist von Pflegeeltern aufgebracht worden; einen Jungvogel a. ♦ **8.** *vorbringen* (1 a): Getraut Er sich, etwas dagegen aufzubringen (Kleist, Krug 7).

Auf|brin|gung, die; -, -en: *das Aufbringen* (1, 5, 6).

auf|bri|sen ⟨sw. V.; hat⟩ [zu ↑ Brise]: *(vom Wind) an Stärke zunehmen:* am Morgen briste der Wind auf.

auf|bröckeln ⟨sw. V.⟩: **a)** ⟨ist⟩ *in kleine Brocken auseinanderfallen:* das Gestein bröckelt auf; **b)** ⟨hat⟩ *in Bröckchen brechen:* ein Brötchen a.

auf|bro|deln ⟨sw. V.; ist⟩: *brodelnd emporsteigen:* Dampf, glühende Lava brodelt auf; Ü Unzufriedenheit war im Land aufgebrodelt.

Auf|bruch, der; -[e]s, Aufbrüche: **1.** ⟨Pl. selten⟩ *das Aufbrechen* (3): ein allgemeiner, überstürzter, verspäteter A.; der A. zur Jagd; im A. begriffen sein; zum A. mahnen, drängen; Lärmender A. schwemmte sie ins Foyer (Johnson, Achim 203). **2.** *aufgebrochene Stelle:* durch Frost entstandenen Aufbrüche auf der Autobahn. **3.** (Jägerspr.) *Eingeweide des erlegten Wildes.* **4.** (geh.) *geistiges Erwachen u. das Sicherheben:* der A. der Völker Afrikas. **5.** (Bergbau) *von unten nach oben, aber nicht bis zur Erdoberfläche geführter Schacht im Grubenbau.* **6.** *das Aufbrechen* (1 a): der A. des Wagens.

auf|bruchs|be|reit, Auf|bruchs|be|reit ⟨Adj.⟩: *gewillt u. bereit aufzubrechen; fertig zum Aufbruch* (1): a. dastehen.

Auf|bruchs|stim|mung, Auf|bruch|stim|mung, die; -: *allgemeine Unruhe, die den bevorstehenden Aufbruch* (1) *ankündigt:* es herrschte A.; die Gäste waren in A.; Ü im Land in A.

auf|brü|hen ⟨sw. V.; hat⟩: *(ein Getränk) durch Übergießen mit kochendem Wasser bereiten:* Kaffee, Tee a.

auf|brum|men ⟨sw. V.⟩: **1.** ⟨hat⟩ *plötzlich, kurz brummen:* das Nebelhorn brummte mehrmals auf. **2.** ⟨hat⟩ (ugs.) *(als Strafe o. Ä.) auferlegen:* jmdm. Arrest, Zwangsarbeit a.; wir bekamen eine Strafarbeit aufgebrummt; jmdm. die Kosten für etw. a. **3.** ⟨ist⟩ **a)** (ugs.) *auffahren, mit etw. zusammenstoßen;* **b)** (Seemannsspr.) *auf Grund geraten.*

auf|bü|geln ⟨sw. V.; hat⟩: **a)** *durch Bügeln wieder glätten, in die gehörige Form bringen:* ich büg[e]le den Rock auf; ⟨subst.:⟩ er gab seine Hosen zum Aufbügeln; **b)** *durch Bügeln auf einen Stoff übertragen.*

auf|bür|den ⟨sw. V.; hat⟩ (geh.): **1.** *jmdn. mit etw. belasten, ihm etw. abverlangen, was eine Bürde für ihn darstellt:* jmdm. Verantwortung, eine schwere Arbeit a. **2.** *(seltener) eine Traglast auflegen.*

auf|däm|mern ⟨sw. V.; ist⟩ (geh.): **1.** *allmählich hell, sichtbar werden:* der Tag dämmerte im Osten auf; Ü in Hoffnungsschimmer dämmert auf. **2. a)** *jmdm. allmählich zu Bewusstsein kommen:* eine Vermutung, ein Verdacht dämmert in jmdm. auf; **b)** *jmdm. klar werden, jmdm. endlich aufgehen:* dämmert dir immer noch nicht auf, warum er das gesagt hat?

auf|damp|fen ⟨sw. V.⟩: **1.** ⟨ist⟩ *dampfend aufsteigen:* über dem Fluss dampfte Nebel auf. **2.** ⟨hat⟩ (Technik) *verdampfende Metalle o. Ä. auf die Oberfläche von etw. einwirken lassen, die dadurch mit einer Schutzschicht überzogen wird:* auf Zink eine Goldschicht a.

auf|däm|pfen ⟨sw. V.; hat⟩: *feucht aufbügeln, durch Dampf auffrischen:* eine Hose a.

auf|da|tie|ren ⟨sw. V.; hat⟩ [LÜ von engl. to update]: *auf den neuesten, aktuellen Stand bringen, aktualisieren:* Analysen überprüfen und a.

auf|de|cken ⟨sw. V.; hat⟩: **1.** *die Decke o. Ä. von etw., jmdm. ab-, herunternehmen:* das Kind, den Kranken, den zugedeckten Käfig a.; das Bett a. *(die Bettdecke zurückschlagen);* du hast dich im Schlaf aufgedeckt *(hast deine Bettdecke weggeschoben).* **2.** *(Spielkarten) mit der Bildseite nach oben hinlegen:* willst du deine Karten nicht endlich a.? **3. a)** ⟨ugs.⟩ *einen Tischdecke) auflegen:* zum Abendessen ein neues Tischtuch a.; **b)** *den Tisch decken:* die Kinder hatten schon aufgedeckt. **4.** *(etw. Verborgenes, nicht Erkennbares) enthüllen, bloßlegen:* Missstände, Schwächen schonungslos a.; eine Verschwörung, eine Straftat, einen Skandal a.; Ursachen, Zusammenhänge a. *(aufzeigen, bewusst machen).*

Auf|de|ckung, die; -, -en: *das Aufdecken* (4): die A. des Betrugs, dieses Geheimnisses.

auf|don|nern, sich ⟨sw. V.; hat⟩ [H. u.] (salopp): *sich geschmacklos u. übertrieben zurechtmachen, kleiden:* sich fürchterlich a.; Schrecklich gewöhnlich sah die Person aus, so aufgedonnert (Fallada, Mann 66).

auf|drän|gen ⟨sw. V.; hat⟩: **1.** *hartnäckig anbieten, aufzunötigen versuchen:* jmdm. eine Ware a.; jmdm. seine Ansichten a. *(aufoktroyieren);* er hat mir seine Begleitung förmlich aufgedrängt; lass dir nichts a. **2.** ⟨a. + sich⟩ *sich (seine Dienste o. Ä.) jmdm. in aufdringlicher Weise, unaufgefordert anbieten:* allen Leuten hast du dich [als Ratgeber] aufgedrängt; sich nicht a. *(will nicht lästig fallen).* **3.** ⟨a. + sich⟩ *sich unwillkürlich bei jmdm., in jmds. Bewusstsein einstellen:* ein Gedanke, ein Verdacht drängt sich [mir] auf.

auf|dre|hen ⟨sw. V.; hat⟩: **1. a)** *durch Drehen öffnen:* den Verschluss, den Wasserhahn a.; **b)** (ugs.) *durch Öffnen eines Ventils, einer Schließvorrichtung zuströmen lassen:* das Gas,

das Wasser a.; **c)** *durch Drehen lockern:* eine Schraube a.; **d)** (ugs.) *durch Betätigen eines Knopfes lauter stellen:* das Radio, den Fernseher a.; sie hatte die Musik laut aufgedreht; **e)** (südd., österr.) *ein-, anschalten:* die Beleuchtung im Flur a.; **f)** (landsch.) *durch Drehen aufziehen, in Gang setzen:* die Spieldose a. **2. a)** *(das Haar) auf Lockenwickler aufwickeln:* ich drehte [mir] nach dem Waschen die Haare auf; **b)** *nach oben drehen, aufzwirbeln:* den Schnurrbart a. **3.** (ugs.) *Gas geben, beschleunigen:* auf der Autobahn mächtig, ordentlich a.; Ü in der zweiten Halbzeit hatte die Mannschaft noch einmal aufgedreht *(die Leistung, das Tempo gesteigert).* **4. a)** (ugs.) *in Stimmung kommen:* nach dem dritten Glas drehte er mächtig auf; **b)** (südd., österr.) *zu schimpfen anfangen, wütend werden.* **5.** (Seemannsspr.) *(das Schiff) gegen den Wind od. gegen die Strömung drehen.*
auf|drin|gen ⟨st. V.; hat⟩ (veraltet): *aufdrängen* (1, 2): ◆ Des Königs Absicht ist, ... ihr eigenes Heil, wenn's sein muss, ihnen aufzudringen (Goethe, Egmont IV).
auf|dring|lich ⟨Adj.⟩: *sich aufdrängend, lästig fallend, [durch Bitten, Fragen o. Ä.] andere belästigend:* ein -er Vertreter; -e Musik; die Fans werden immer -er; Ü ein -er *(sehr starker, als unangenehm empfundener)* Geruch.
Auf|dring|lich|keit, die; -, -en: **a)** ⟨o. Pl.⟩ *das Sichaufdrängen, aufdringliche Art:* die freche A. dieses Reporters; **b)** *aufdringliche Äußerung, Annäherung:* jmds. -en nicht mögen.
auf|drö|seln ⟨sw. V.; hat⟩ (ugs.): *(Zusammengedrehtes o. Ä.) auf mühevolle u. einige Zeit beanspruchende Weise wieder entwirren:* verheddertte Wolle a.; Ü ein Problem a. *(analysieren).*
Auf|druck, der; -[e]s, -e: **1.** *kurzer, auf etw. aufgedruckter Text.* **2.** (Physik) *in einer Flüssigkeit nach oben wirkender Druck.*
auf|dru|cken ⟨sw. V.; hat⟩: *druckend auf etw. übertragen, aufbringen:* Postwertstempel auf Drucksachen a.; seinen Namen auf etwas a.
auf|drü|cken ⟨sw. V.; hat⟩: **1. a)** *durch Drücken, durch Druck öffnen:* die Tür, das Fenster a.; **b)** *durch Knopfdruck öffnen:* auf ihr Klingeln hin wurde aufgedrückt *(die Haustür geöffnet);* **c)** (ugs.) *durch Drücken aufplatzen lassen [und auspressen]:* [sich, jmdm.] einen Pickel, ein Geschwür a. **2. a)** (ugs.) *fest auf den Kopf setzen:* jmdm., sich einen Kranz, einen Hut a.; **b)** *(als Stempel) auf etw. drücken, aufprägen:* das Amtssiegel auf ein Schriftstück a.; *jmdm. einen a.* (salopp; *einen Kuss geben);* **c)** *fest auf etw. drücken, mit starkem Druck aufsetzen:* den Bleistift beim Schreiben nicht zu sehr a. **3.** (ugs.) *aufzwingen, mit Druck auferlegen:* dieser Region will man eine große Industrieanlage a.
auf|ein|an|der ⟨Adv.⟩: **1.** *eines auf dem andern, auf den anderen:* a. abgestimmt sein; a. auffahren. **2.** *auf sich [gegenseitig]; einer auf den anderen:* a. warten; a. angewiesen sein; sich a. einstellen.
auf|ein|an|der|bei|ßen ⟨st. V.; hat⟩: *die oberen Zähne auf die unteren pressen:* die Zähne a.
auf|ein|an|der|drü|cken ⟨sw. V.; hat⟩: *auf, gegen etw. drücken:* die mit Klebstoff bestrichenen Seiten fest a.
Auf|ein|an|der|fol|ge, die; ⟨o. Pl.⟩: *Reihenfolge, Abfolge:* zeitliche A.; in rascher A. *(schnell nach-, hintereinander)* schoss er eine Tore.
auf|ein|an|der|fol|gen, auf|ein|an|der fol|gen ⟨sw. V.; ist⟩: *einer auf den anderen folgen:* an mehreren aufeinanderfolgenden Tagen.
¹**auf|ein|an|der|hän|gen** ⟨sw. V.; hat⟩: *auf, über etw. anderes hängen:* die beiden Mäntel a.
²**auf|ein|an|der|hän|gen** ⟨st. V.; hat⟩: *eines über dem anderen hängen:* die Anzüge hingen aufeinander.

auf|ein|an|der|häu|fen ⟨sw. V.; hat⟩: *eines so auf das andere legen, dass ein Haufen entsteht:* Steine a.
auf|ein|an|der|het|zen ⟨sw. V.; hat⟩: *einen auf den anderen hetzen:* die Hunde a.
auf|ein|an|der|le|gen ⟨sw. V.; hat⟩: *eines auf das andere legen:* die Kissen a.
auf|ein|an|der|lie|gen ⟨st. V.; hat; südd., österr., schweiz. auch: ist⟩: *so liegen, dass sich eines auf dem anderen befindet:* den Stoff so falten, dass die Streifen genau a.
auf|ein|an|der|pral|len ⟨sw. V.; ist⟩: *gegeneinander-, zusammenprallen:* die beiden Autos prallten aufeinander; Ü die Meinungen prallten hart aufeinander *(es gab heftige Meinungsverschiedenheiten).*
auf|ein|an|der|pres|sen ⟨sw. V.; hat⟩: *eines auf das andere pressen:* die Lippen a.
auf|ein|an|der|schich|ten ⟨sw. V.; hat⟩: *eines auf das andere schichten:* Holzscheite a.
auf|ein|an|der|set|zen ⟨sw. V.; hat⟩: *eines auf das andere setzen.*
auf|ein|an|der|sit|zen ⟨unr. V.; hat; südd., österr., schweiz. auch: ist⟩ (ugs.): *so sitzen (3), dass sich eines unmittelbar auf dem anderen befindet:* die Teile sitzen fest aufeinander; Ü die Reisenden mussten dicht a. *(sehr gedrängt sitzen).*
auf|ein|an|der|sta|peln ⟨sw. V.; hat⟩: *eines auf das andere stapeln:* Zeitungen a.
auf|ein|an|der|sto|ßen ⟨st. V.; ist⟩: *zusammen-, gegeneinanderstoßen:* die Autos stießen aufeinander; Ü die Meinungen waren heftig aufeinandergestoßen; wir sind gestern zufällig aufeinandergestoßen.
auf|ein|an|der|tref|fen ⟨st. V.; ist⟩: *zusammentreffen u. sich im [Wett]kampf messen:* die Sieger treffen im Halbfinale aufeinander.
auf|en|tern ⟨sw. V.; ist⟩: *entern* (2 a).
Auf|ent|halt, der; -[e]s, -e [mhd. ûfenthalt = Beistand, Unterhalt, Bleibe, zu ûfenthalten = aufrecht halten, beistehen, zurückhalten]: **1.** *das Sichaufhalten; zeitlich begrenzte Anwesenheit an einem Ort:* der A. im Depot ist verboten; bei meinem A., während meines -s in München. **2. a)** *Unterbrechung (einer Fahrt o. Ä.):* der Zug hat in Basel nur wenige Minuten A.; ohne A. durchfahren; **b)** (geh.) *Verzögerung, Unterbrechung:* es gab einen kleinen A. **3.** (geh.) *Ort, an dem sich jmd. aufhält; Wohnort:* sein jetziger A. ist Rom.
Auf|ent|hal|ter, der; -s, - (schweiz.): *jmd., der nur vorübergehend in einer Stadt o. Ä. seinen Wohnsitz hat.*
Auf|ent|hal|te|rin, die; -, -nen: w. Form zu ↑ Aufenthalter.
Auf|ent|halts|be|fug|nis, die: *Aufenthaltsgenehmigung aus völkerrechtlichen od. dringenden humanitären Gründen od. zur Wahrung politischer Interessen.*
Auf|ent|halts|be|rech|ti|gung, die: *Recht zu einem zeitlich u. räumlich unbeschränkten Aufenthalt in einem Land.*
Auf|ent|halts|be|schrän|kung, die: *behördliche Beschränkung der Aufenthaltsdauer in einem Land.*
Auf|ent|halts|be|wil|li|gung, die: *Aufenthaltsgenehmigung für einen bestimmten, nur einen vorübergehenden Aufenthalt erfordernden Zweck.*
Auf|ent|halts|dau|er, die: *Dauer des Aufenthalts an einem Ort.*
Auf|ent|halts|er|laub|nis, die: *Aufenthaltsgenehmigung für einen bestimmten Aufenthaltsort.*
Auf|ent|halts|ge|neh|mi|gung, die: *behördlich erteilte Genehmigung für Ausländer, sich unter bestimmten Bedingungen in einem Land aufzuhalten:* eine A. erteilen, verlängern.

Auf|ent|halts|ort, der ⟨Pl. -e⟩: *Ort, an dem sich jmd. [vorübergehend] aufhält; Wohnort.*
Auf|ent|halts|raum, der: *größerer Raum (eines nicht privaten Hauses) zum Verweilen, zur freien Beschäftigung, Unterhaltung.*
Auf|ent|halts|ver|bot, das: *[behördliches] Verbot, sich an einem bestimmten Ort aufzuhalten.*
Auf|ent|halts|ver|län|ge|rung, die: *amtliche Erlaubnis, sich für eine weitere befristete Zeit an einem Ort, in einem Land aufzuhalten.*
◆ **auf|er|bau|en** ⟨sw. V.; erbaute auf/(auch:) auferbaute, hat auferbaut⟩: **1.** *aufbauen, errichten:* Die Schauspieler ... ziehen jedoch immer in kleineren Chören umher, und ihre bewegliche Welt ist an jeder Stelle behänd genug auferbaut (Goethe, Wanderjahre III, 9); Ü ... die Jugend selbst, wenn man ihr nur vertraut, steht, eh' man sich's versieht, zu Männern auferbaut (Goethe, Faust II, 10915 f.) **2.** ⟨a. + sich⟩ **a)** *aufgebaut, errichtet sein, sich als Bauwerk erheben:* ... wo der Zeisig sich das Nest gebaut, ... soll sich im Sommersitz die a. (Kleist, Käthchen V, 12); **b)** *sich zu einem Ganzen fügen:* ... diese Form, die sich ... in tausendfalt'gen Zügen auferbaut (Goethe, Die natürliche Tochter III, 4). **3.** *erbauen* (2 b), *[innerlich] stärken:* ... so wird der beste Trank gebraut, der alle Welt erquickt und auferbaut (Goethe, Faust I, 172 f.)
auf|er|le|gen ⟨sw. V.; erlegte auf/(auch:) auferlegte, hat auferlegt⟩ (geh.): *aufbürden, zur Pflicht machen, als Verpflichtung auftragen:* jmdm. eine Geldbuße a.; du brauchst dir keinen Zwang aufzuerlegen *(kannst dich zwanglos geben).*
Auf|er|le|gung, die: *das Auferlegen.*
auf|er|ste|hen ⟨unr. V.; ersteht auf/aufersteht, erstand auf/auferstand, ist auferstanden; meist im Inf. u. im 2. Part. gebr.⟩ [mhd. ûferstên, ahd. ûfarstên = sich erheben; auferstehen; erst nhd. auf den religiösen Sinn eingeengt] (Rel.): *wieder zum Leben erwachen, erweckt werden:* die Toten werden a.; ⟨subst. 2. Part.:⟩ O bist du wieder auferstanden ? (ugs. scherzh.: *[nach längerer Krankheit] wieder gesund?*)
Auf|er|ste|hung, die; -, -en ⟨Rel.⟩: *das Auferstehen:* die A. der Toten zum ewigen Leben; Ü ⟨geh.:⟩ die alten Formen erlebten ihre A.; * **[fröhliche] A. feiern** (scherzh., iron.; *von längst Vergessenem, Abgetanem, Überholtem] plötzlich wieder in Mode kommen, wieder Geltung haben).*
Auf|er|ste|hungs|fest, das ⟨o. Pl.⟩ (geh.): *Ostern.*
auf|er|we|cken ⟨sw. V.; auferweckt, auferweckte, hat auferweckt⟩: *wieder lebendig machen, vom Tode erwecken:* einen Toten a.
Auf|er|we|ckung, die; -, -en: *das Auferwecken.*
◆ **auf|er|zie|hen** ⟨unr. V.; erzog auf/(auch:) auferzog, hat auferzogen⟩: *aufziehen* (5): Es hasst die Kirche, die mich auferzog, der Sinne Reiz (Schiller, Maria Stuart I, 6).
auf|es|sen ⟨unr. V.; hat⟩: *ganz verzehren:* du brauchst nicht die ganze Portion aufzuessen; den Teller nicht a. ; *etw. auf dem Teller zurücklassen);* iss bitte rasch auf!
auf|fä|chern ⟨sw. V.; hat⟩: **1.** *fächerartig ausbreiten, anordnen:* die Spielkarten a. **2. a)** *klar gegliedert ausbreiten:* in einem Buch den gesamten Bereich der Rhetorik aufgefächert finden; **b)** ⟨a. + sich⟩ *sich klar gegliedert aufteilen:* der große Bereich lasse sich in mehrere Abteilungen auf. **3.** ⟨a. + sich⟩ *von einem Punkt aus fächerförmig auseinanderstreben:* die Straßen fächern sich von einem Punkt aus auf.
Auf|fä|che|rung, die; -, -en: *das Auffächern.*
auf|fä|deln ⟨sw. V.; hat⟩: *auf einen Faden o. Ä. aufziehen; aufreihen:* Glasperlen a.
Auf|fä|de|lung, Auf|fäd|lung, die; -, -en: **1.** ⟨o. Pl.⟩ *das Auffädeln.* **2.** *etw. Aufgefädeltes.*

auf|fah|ren ⟨st. V.⟩: **1.** ⟨ist⟩ *während der Fahrt von hinten auf etw. aufprallen, gegen etw. fahren:* auf ein parkendes Auto a. **2.** ⟨ist⟩ *sich dem Davorfahrenden dicht anschließen:* [zu] dicht a. **3. a)** ⟨ist⟩ *an eine bestimmte Stelle heranfahren; vorfahren:* die Busse fuhren in Reihen vor dem Rathaus auf; **b)** ⟨ist⟩ (Militär) *an eine bestimmte Stelle heranfahren u. in Stellung gehen:* Panzer sind aufgefahren; **c)** ⟨hat⟩ (Militär) *an eine bestimmte Stelle fahren u. in Stellung bringen:* Batterien a. **4.** ⟨hat⟩ (salopp) *(Speisen, Getränke) auftischen:* etwas Vortreffliches a. **5.** ⟨hat⟩ (selten) *heranfahren u. aufschütten:* Torf, Kies a. **6.** ⟨hat⟩ *durch vieles Befahren beschädigen, aufreißen, aufwühlen:* der Traktor hat den Waldweg aufgefahren. **7.** ⟨ist⟩ **a)** *[aus einem Ruhezustand] aufschrecken, hochfahren:* plötzlich, verstört a.; aus dem Schlaf a.; **b)** *auf etw. zornig reagieren, aufbrausen:* verärgert a.; ein aufahrendes Naturell haben. **8.** ⟨ist⟩ (selten) *sich plötzlich u. heftig erheben, aufkommen:* ein Sturm fuhr auf. **9.** ⟨ist⟩ (selten) *sich plötzlich weit öffnen.* **10.** (Bergbau) **a)** ⟨ist⟩ *aufwärtsfahren, aus dem Schacht herausfahren:* die Kumpel sind [aus der Grube] aufgefahren; **b)** ⟨hat⟩ *einen Grubenbau durch Aushauen des Gesteins herstellen od. erweitern:* Sohlen, Schächte a. **11.** ⟨ist⟩ (christl. Rel.) *in den Himmel aufsteigen:* zum Himmel a.

Auf|fahrt, die; -, -en: **1.** *das Berganfahren, Hinauffahren:* die A. zum Gipfel dauert eine Stunde. **2. a)** *die [ansteigende] Zufahrtsstraße [zur Autobahn]:* an der A. standen zwei Anhalter; **b)** *[ansteigender] Fahrweg zu einem größeren Gebäude:* eine breite A.; die A. zum Palais. **3.** *das [geordnete] Vorfahren vor einem Gebäude:* die A. der Polizeiautos vor dem Rathaus. **4. a)** (veraltet) *feierlicher Aufzug:* in großer A. erscheinen; **b)** (österr. landsch.) *festlicher Umzug mit geschmückten Festwagen, Parade besonderer Fahrzeuge.* **5.** ⟨o. Pl.⟩ (christl. Rel.; südwestd. veraltend, schweiz.) **a)** *Himmelfahrt Christi;* **b)** *Himmelfahrtstag:* an H. hat es geregnet. **6.** (Bergbau) *das Auffahren* (10a).

Auf|fahr|un|fall, der: *durch Auffahren* (1) *verursachter Unfall.*

auf|fal|len ⟨st. V.; ist⟩ [eigtl. = auf jmdn. fallen]: **1. a)** *Aufsehen erregen, die Aufmerksamkeit auf sich lenken, stark in Erscheinung treten:* sein Benehmen, ihre musikalische Begabung fiel auf; bloß nicht a.!; sie fiel durch ihr schrilles Lachen unangenehm auf; es fiel allgemein auf, dass du nicht da warst; auf fällt, dass sich keiner zu den Vorfällen geäußert hat; durch seinen Fleiß a.; **b)** *ins Auge fallen, von jmdm. bemerkt werden:* sie ist mir [wegen ihrer Frisur] sofort aufgefallen; ist Ihnen nichts aufgefallen?; die Ähnlichkeit zwischen beiden ist uns gleich aufgefallen. **2.** *auftreffen, aufprallen:* das Licht fiel schräg [auf die Wasserfläche] auf; auffallende Strahlen.

auf|fal|lend ⟨Adj.⟩: **1.** *eindrucksvoll, bemerkenswert:* eine -e Erscheinung; eine Frau von -er Schönheit. **2.** *auffällig:* die Ähnlichkeit zwischen ihnen ist a.; sie hat sich a. gekleidet; [das] stimmt a.! (ugs.) *da hast du wirklich recht!*; ⟨subst.:⟩ *Auffallendes in ihren waren die Hände.* **3.** ⟨intensivierend bei Adj.⟩ *sehr, überaus:* ein a. ernstes Kind; sie ist a. schön.

auf|fäl|lig ⟨Adj.⟩: *die Aufmerksamkeit erregend, auf sich ziehend:* ein -es Benehmen; -e (verdächtige) Spuren; -e (kräftige, grelle) Farben; für mich ist bei der ganzen Sache a. *(mir fällt dabei auf),* dass nur er zu spät kommt; [zu] a. kleiden; er ist a. *(un-, außergewöhnlich)* oft bei ihr; er ist schon mit 14 Jahren zum ersten Mal a. geworden *(ist durch gesetzwidriges o. ä. Verhalten aufgefallen);* ⟨subst.:⟩ sie vermeidet alles Auffällige.

Auf|fäl|lig|keit, die; -, -en: **1.** ⟨o. Pl.⟩ *das Auffälligsein.* **2.** *etw. Auffälliges.*

auf|fal|ten ⟨sw. V.; hat⟩: **1. a)** *(etw. Gefaltetes) auseinanderfalten:* einen Brief a.; **b)** ⟨a. + sich⟩ *sich entfalten, sich öffnen:* der Fallschirm hatte sich nicht aufgefaltet. **2.** ⟨a. + sich⟩ (Geol.) *Falten bilden, aufwerfen.*

Auf|fal|tung, die; -, -en (Geol.): *das Sichauffalten.*

Auf|fang|be|cken, das: **a)** (selten) *Sammelbecken zum Auffangen von Regenwasser u. Ä., Zisterne, Reservoir;* **b)** *Sammelbecken, Tummelplatz:* die Einrichtung ist ein A. für Künstler aller Art.

auf|fan|gen ⟨st. V.; hat⟩: **1.** *in einer Bewegung, im Fallen fassen:* den Ball geschickt a.; der Hund fängt den Bissen auf. **2. a)** *(in einem Gefäß o. Ä.) sammeln:* Regenwasser in einer Tonne a.; sie fingen das Blut des Opfertiers in einer Schale auf; **b)** *Flüchtlinge, Einwanderer u. a. an einem Ort zusammenfassen u. vorläufig unterbringen:* die Flüchtenden in Lagern a. **3.** *[durch ein flugtechnisches o. ä. Manöver] abfangen u. einen Absturz verhindern:* der Pilot konnte die abtrudelnde Maschine noch a. **4. a)** *(einen Schlag, Stoß o. Ä.) in seiner Wucht abstoppen, abwehren:* einen Schlag, Stoß [mit dem Arm] a.; die Polsterung soll die Erschütterung a. *(abschwächen);* **b)** *aufhalten, zum Stehen bringen:* den feindlichen Vorstoß a. **5.** *(in seinen negativen Auswirkungen) dämpfen, mildern, ausgleichen:* den Konjunkturrückgang, Preissteigerungen a. **6.** *jmdn. auf der Flucht o. Ä. aufgreifen u. festnehmen:* entflohene Häftlinge a. **7.** (Handarb.) *eine von der Stricknadel heruntergerutschte Masche wieder auf die Nadel nehmen:* eine gefallene Masche a. **8.** *durch Zufall hören, bemerken, beobachten:* Brocken der Unterhaltung a. **9.** (Funkt.) *zufällig aufnehmen, abhören:* einen Funkspruch a. ◆ **10.** *auffassen* (1): Ich danke deiner Liebe, Wilhelm, dass du das Wort so aufgefangen hast (Goethe, Werther II, 20. Dezember).

Auf|fang|ge|sell|schaft, die: *eine den Geschäftsbetrieb eines insolventen Unternehmens fortführende Gesellschaft:* die Mitarbeiter wurden in einer A. weiterbeschäftigt.

Auf|fang|la|ger, das ⟨Pl. Auffanglager⟩: *Sammellager, in dem bes. Flüchtlinge vorübergehend aufgenommen werden.*

Auf|fang|stel|lung, die (Militär): *Ersatzstellung hinter der Front, die im Falle eines feindlichen Durchbruchs bezogen wird.*

auf|fas|sen ⟨sw. V.; hat⟩: **1.** *etw. in einer bestimmten Weise verstehen, auslegen, deuten:* jmds. Worte als Vorwurf, als Befehl a.; er hat meine Bemerkung persönlich aufgefasst *(als persönliche Kränkung, als Angriff empfunden);* er hat meine Bemerkung falsch aufgefasst *(missverstanden);* wie soll ich deine Worte a.? **2.** *mit dem Verstand aufnehmen, erfassen, begreifen:* auch schwierige Zusammenhänge schnell a.; Schüler, die leicht auffassen; ... es bereitet mir Schwierigkeiten, alles zu fassen, was rundum geschieht, ich fasse auch nichts mehr auf, man kann es mir so oft erzählen, wie man will (Mayröcker, Herzzerreißende 146). ◆ **3. a)** *auffangen* (2a): Ich wollte, ich könnte den Nachttau in Eimern a. (Kleist, Käthchen II, 3); **b)** *fassen* (1): Er fasst die Schwerter auf (Schiller, Fiesco IV, 6).

Auf|fas|sung, die; -, -en: **1.** *Anschauung von etw., Meinung, Ansicht:* eine herkömmliche, [weit]verbreitete A.; eine strenge A. von der Ehe; unterschiedliche -en haben; sie war der A., dass man es besser hätte machen können; nach christlicher A.; er war zu der A. gelangt, dass er die richtige Entscheidung getroffen hatte. **2.** ⟨o. Pl.⟩ *Auffassungsgabe:* eine gute A.

Auf|fas|sungs|ga|be, die ⟨Pl. selten⟩: *Fähigkeit, Vermögen zu begreifen:* eine leichte und schnelle A. besitzen.

Auf|fas|sungs|sa|che, die: in der Wendung *etw. ist A.* (etw. lässt sich unterschiedlich beurteilen: wie das Problem am besten gelöst wird, ist weitgehend A.; ist reine A.).

auf|fe|gen ⟨sw. V.; hat⟩: (bes. nordd.) *zusammen- u. auf eine Schaufel fegen:* den Schmutz a.

auf|fi: ↑ *aufi.*

auf|find|bar ⟨Adj.⟩: *(meist verneint) sich auffinden lassend:* der Schlüssel ist nicht a.

auf|fin|den ⟨st. V.; hat⟩: *[zufällig] finden, entdecken:* jmdn. erfroren a.; der Schmuck war nirgends aufzufinden.

Auf|fin|dung, die; -, -en: *das Auffinden.*

auf|fi|schen ⟨sw. V.; hat⟩: **1.** (ugs.) *aus dem Wasser herausholen, herausziehen:* sie wurden von einem Dampfer aufgefischt. **2.** (salopp) *zufällig finden, treffen, kennenlernen; aufgabeln:* jmdn. in der Disco a.

auf|fla|ckern ⟨sw. V.; hat⟩: *flackernd, zuckend aufleuchten:* Kerzen flackerten auf; Ü der Widerstand war noch einmal kurz aufgeflackert *(hatte noch einmal für kurze Zeit eingesetzt).*

auf|flam|men ⟨sw. V.; ist⟩: *plötzlich flammend aufleuchten:* ein Feuerzeug flammte kurz auf; Ü in seinen Augen flammte Zorn auf.

auf|flat|tern ⟨sw. V.; ist⟩: *flatternd auffliegen:* eine Krähe flatterte auf; die Buchseiten flatterten auf *(wurden durch einen Windzug aufgeschlagen).*

auf|flech|ten ⟨st. V.; hat⟩: **a)** *auflösen, entwirren,* **b)** (selten) *zu einem Zopf, zu Zöpfen flechten.*

auf|flie|gen ⟨st. V.; ist⟩: **1.** *hochfliegen; emporfliegen:* die Amsel flog erschreckt auf; Staubwolken, die aufflogen *(aufwirbelten).* **2.** *sich plötzlich u. schnell öffnen:* das Fenster, das Gartentor flog auf. **3.** (ugs.) *ein jähes Ende nehmen:* die Versammlung, das Unternehmen ist aufgeflogen; eine Konferenz a. lassen; der Rauschgiftschmuggel ist aufgeflogen *(ist entdeckt worden u. hat damit ein Ende gefunden).* **4.** (veraltet) *in die Luft gehen, explodieren.*

auf|flim|mern ⟨sw. V.; ist⟩: *zu flimmern beginnen.*

◆ **auf|fo|dern:** ↑ *auffordern:* Sie haben die Engländerin in mir aufgefodert (Schiller, Kabale II, 3).

auf|for|dern ⟨sw. V.; hat⟩: **a)** *von jmdm. verlangen, ihn nachdrücklich ersuchen, etw. zu tun:* dringend, wiederholt wurde er aufgefordert, sich zu melden; jeder Bürger ist aufgefordert, seine Pflichten wahrzunehmen; die Wählerschaft zur Stimmabgabe a.; **b)** *bitten, einladen, etwas zu tun:* jmdn. zum Sitzen, zu einer Partie Schach a.; er nickte ihr auffordernd *(ermunternd)* zu; **c)** *zum Tanz bitten, engagieren:* er forderte die Tochter seines Chefs auf.

Auf|for|de|rung, die; -, -en: **a)** *mit Nachdruck vorgebrachte Bitte:* eine freundliche, energische, versteckte A.; die A. an die Zuschauer, Fragen zu stellen, ging im Beifall unter; wir können Ihrer A. zu sofortiger Zahlung leider nicht nachkommen; auf wiederholte A. [hin] öffnete er; **b)** *Einladung:* eine A. zu einem Besuch; * **A. zum Tanz:** *(Forstwirtsch.): ein [abgeholztes] Gelände mit Bäumen bepflanzen:* Ödland a. [sic: Herausforderung]

Auf|for|de|rungs|cha|rak|ter, der (Psychol.): *von einer Sache od. einem Geschehen ausgehender Reiz, der zu einem bestimmten Verhalten auffordert, ein bestimmtes Verhalten provoziert.*

Auf|for|de|rungs|satz, der (Sprachwiss.): *Satz, der einen Wunsch od. Befehl ausdrückt* (z. B. wärst du doch gekommen!; folge ihm!).

auf|fors|ten ⟨sw. V.; hat⟩ (Forstwirtsch.): *ein [abgeholztes] Gelände mit Bäumen bepflanzen:* Ödland a.

Auf|fors|tung, die; -, -en: *das Aufforsten.*

auf|fres|sen ⟨st. V.; hat⟩: **1.** *ganz fressen* (1b), bis

auffrischen – aufgedonnert

nichts mehr übrig ist: das Futter a.; unsere Katze hat das ganze Fleisch aufgefressen; (derb von Personen:) die Jungen fraßen die Torte im Handumdrehen auf; Ü jmdn. vor Liebe a. können (ugs.; *überschwänglich lieben*); wenn die Sache schiefgeht, frisst uns der Chef auf (ugs.; *ist er sehr ärgerlich auf uns*); die Männer fraßen sie mit den Augen auf (ugs.; *blickten ihr gierig hinterher*). **2.** (ugs.) *völlig, bis zur Erschöpfung beanspruchen, ruinieren:* die Arbeit frisst mich auf; der Ärger frisst sie, ihre Nerven auf.

auf|fri|schen ⟨sw. V.⟩: **1.** ⟨hat⟩ **a)** *(Abgenutztes, Verbrauchtes) wieder frisch machen, erneuern, wiederherstellen:* die Politur, die verblichenen Farben a.; Ü sie hat ihre Englischkenntnisse [wieder] aufgefrischt *(aktiviert);* **b)** *(einen Vorrat o. Ä.) ergänzen:* den Weinvorrat [wieder] a. **2.** ⟨hat/ist⟩ *(vom Wind) stärker werden, heftiger wehen:* der Wind hatte/war aufgefrischt.

Auf|fri|schung, die; -, -en: *das Auffrischen.*

auf|führ|bar ⟨Adj.⟩: *zur Aufführung geeignet:* eine kaum -e Oper; ist dieses Drama überhaupt a.?

Auf|führ|bar|keit, die; -: *Eignung zur Aufführung* (1).

auf|füh|ren ⟨sw. V.; hat⟩ [mhd. ûfvüeren = hinaufführen = hinauftragen]: **1.** [im 17. Jh. = jmdn. auf die Bühne (hinauf)führen] *(Theaterstück, Film, Musik o. Ä.) einem Publikum darbieten:* Stücke moderner Autoren, ein Ballett, einen historischen Film a.; Ringkämpfe a.; Ü musst du denn gleich so ein Theater a. (ugs.; *dich unnötig erregen*). **2.** ⟨a. + sich⟩ *sich in bestimmter Weise benehmen, betragen:* sich anständig, normal, schlecht a.; er hat sich wie ein Verrückter aufgeführt; sie hat sich wieder einmal aufgeführt! *(unpassend, skandalös benommen).* **3.** *nennen, anführen, aufzählen:* jmdn. als Zeugen a.; Beispiele [für etw.] a.; die in der Rechnung aufgeführten Posten. **4.** (geh.) *errichten, hochziehen, bauen:* eine Mauer a.; das Haus ist aus grauen Quadersteinen aufgeführt. ◆ **5.** *[in feierlichem Rahmen] vorstellen, einführen* (5 a): Wir sind gesandt, dir seinen Dank zu überbringen, als Herolde bloß bei ihm aufzuführen (Schiller, Macbeth I, 6).

Auf|füh|rung, die; -, -en: **1.** *das Spielen eines Stückes, Vorführung, Vorstellung:* eine gute, gelungene, mittelmäßige A.; bei der A. von Schnitzlers »Reigen« kam es zu einem Skandal; (Papierdt.:) etw. zur A. bringen *(aufführen).* **2.** ⟨Pl. selten⟩ (geh.) *Betragen, Verhalten:* eine sonderbare, unwürdige A. **3.** *das Aufführen* (3), *Nennen:* die A. der Ausgaben im Jahresbericht. **4.** (geh.) *das Aufführen* (4), *Errichten:* bei der A. des Gerüstes stürzte ein Bauarbeiter ab.

Auf|füh|rungs|pra|xis, die ⟨o. Pl.⟩ (Musik): *die zur akustischen Darbietung eines Notentextes gehörigen Techniken, Regeln u. Ä.:* von der A. mittelalterlicher Gesänge wissen wir nur sehr wenig.

Auf|füh|rungs|recht, das: *Recht des Urhebers od. der Urheberin, sein bzw. ihr Werk öffentlich aufzuführen.*

auf|füh|rungs|reif ⟨Adj.⟩: *so weit gediehen, dass eine Aufführung* (1) *angebracht wäre:* das Stück ist noch nicht a.

auf|fül|len ⟨sw. V.; hat⟩: **1. a)** *nachfüllen:* Öl, Benzin a.; **b)** *[wieder] vollmachen, [wieder] füllen:* den Tank a.; die Kanister mit Petroleum a. **2.** *ergänzen; zahlenmäßig wieder auf einen bestimmten Stand bringen:* einen Vorrat, Bestände wieder a. **3.** (ugs.) *in einen Teller o. Ä. füllen:* jmdm., sich die Suppe a.; ich ließ mir zum zweiten Mal a. *(noch einen Nachschlag geben).* **4.** (Kochkunst) *zur etw. ausgiebige Menge Flüssigkeit hinzufügen:* das Gemüse mit Fleischbrühe a. **5.** *(tiefer Liegendes durch Aufschütten) höher machen:* das Ufer a. **6.** ⟨a. + sich⟩ (Meteorol.) *(von einem Tief) schwächer werden, [sich] abflachen:* das Tief hat sich aufgefüllt.

Auf|fül|lung, die; -, -en: *das Auffüllen* (1, 2, 5).

auf|fut|tern ⟨sw. V.; hat⟩ (ugs. scherzh.): *mit großem Appetit aufessen:* die letzten Brötchen a.

¹**auf|füt|tern** ⟨sw. V.; hat⟩: **a)** *(ein junges Tier) großziehen:* einen jungen Falken mit Hackfleisch a.; **b)** (fam.) *jmdn., der ausgehungert, geschwächt ist, durch reichliche Ernährung wieder kräftigen:* die Rekonvaleszentin a.

²**auf|füt|tern** ⟨sw. V.; hat⟩ (Bauw.): *eine feste Unterlage mit Brettern, Spänen o. Ä. belegen, bis eine bestimmte Höhe erreicht ist.*

Auf|ga|be, die; -, -n: **1.** ⟨Pl. selten⟩ *das Aufgeben* (1): die A. eines Pakets, einer Annonce; die A. des Gepäcks am Gepäckschalter. **2. a)** *etw., was jmdm. zu tun aufgegeben ist; Auftrag, Obliegenheit:* eine verantwortungsvolle, reizvolle, dankbare A.; wichtige -n stehen ihr bevor, warten auf sie; das ist nicht meine A. *(Pflicht);* es ist nicht [die] A. *(Sinn, Zweck, Absicht)* dieser Darstellung, alle möglichen Fälle zu berücksichtigen; eine A. übernehmen, bewältigen; sie sah es als ihre A. an, den Chef zu unterrichten; er bekam, erhielt die A., Geld zu beschaffen; dieses Instrument hat die A. *(Funktion),* das Tempo anzuzeigen; sich einer A. [nicht] gewachsen fühlen; vor einer neuen A. stehen; sie sah sich vor die A. gestellt, die Absatzzahlen zu erhöhen; ich habe es mir zur A. gemacht *(zum Ziel gesetzt),* das Büro neu zu organisieren; **b)** *dem Denken aufgegebenes Problem:* eine schwierige, verwickelte, unlösbare A.; **c)** ⟨bayr., österr. auch im Sg., sonst meist Pl.⟩ *Hausarbeit für die Schule, Schularbeit:* mündliche, schriftliche -n, -n machen, erledigen; keine -n [für/zum Montag, für den/zum 3. Februar] aufhaben; **d)** *Rechenübung:* in der letzten Mathematikarbeit hatte sie von fünf -n zwei nicht lösen können. **3.** ⟨Pl. selten⟩ **a)** *das Aufgeben* (7 a), *das Nichtfortsetzen:* die A. des Widerstandes; die A. *(vorzeitige Beendigung)* des Kampfes; **b)** *das Aufgeben* (7 b): die A. ihrer Pläne, Gewohnheiten; die A. *(Niederlegung)* seiner verschiedenen Ehrenämter; die Besitzer haben sich zur A. *(Schließung)* ihres Geschäftes entschlossen; sie wurde zur A. der Wohnung gezwungen. **4.** (Sport, bes. Volleyball) *das Hineinspielen des Balles in das gegnerische Feld:* eine platzierte geschlagene A.; die A. ausführen.

auf|ga|beln ⟨sw. V.; hat⟩: **1.** (salopp) **a)** *jmdn. irgendwo auffinden u. mit sich nehmen:* die Polizei hat zwei jugendliche Ausreißer aufgegabelt; **b)** *irgendwo zufällig kennenlernen u. eine private, dienstliche Beziehung anknüpfen:* er hatte das Mädchen in einem Lokal aufgegabelt. **2.** *(Heu) mit der Heugabel aufnehmen u. aufladen.*

Auf|ga|ben|be|reich, der: *Bereich, in dem jmds. Aufgaben liegen:* das fällt nicht in ihren A.

Auf|ga|ben|feld, das: *Aufgabenbereich.*

Auf|ga|ben|ge|biet, das: *Aufgabenbereich:* sich mit einem neuen A. vertraut machen.

Auf|ga|ben|stel|lung, die: *Art u. Weise der Aufgabe, die sich jmdm. stellt:* unterschiedliche -en; eine neue A. bewältigen müssen.

Auf|ga|ben|ver|tei|lung, die: *Zuteilung, Zuweisung der Aufgaben, Pflichten.*

Auf|ga|be|stem|pel, der (Postw.): *Poststempel, der Ort, Datum u. Zeit einer Aufgabe* (1) *angibt.*

Auf|ga|lopp, der; -s, -e u. (selten:) -e: **a)** (Reiten) *Probegalopp der Pferde an den Schiedsrichtern vorbei zum Start;* **b)** (Sport) *Probespiel, Beginn, Auftakt:* Ü bei dem Parteitag bestritt der Kanzler selbst den A.

Auf|gang, der; -[e]s, Aufgänge: **1.** *(von einem Gestirn) das Aufgehen, Erscheinen über dem Horizont:* der A. des Mondes, der Sonne; Ü die Erde vom A. der Sonne bis zu ihrem Niedergang (geh.; *die ganze Erde*). **2. a)** *aufwärtsführende Treppe (zu einem Eingang hin):* das Theater hat mehrere Aufgänge; benutzen Sie die anderen Aufgänge!; **b)** (selten) *aufwärtsführender Weg:* wir benutzten den bequemeren A. zum Gipfel. **3.** (Turnen) *Anfang, erster Teil einer Geräteübung:* sie nahm den A. mit elegantem Schwung. **4.** ⟨o. Pl.⟩ (Jagdw.) *Wiederaufnahme der Jagd nach Beendigung der Schonzeit.*

Auf|gangs|punkt, der (Astron.): *Stelle, an der ein Gestirn aufgeht:* der A. der Sonne im Osten verschiebt sich von Tag zu Tag.

auf|ge|bauscht: ↑ aufbauschen (2).

auf|ge|ben ⟨st. V.; hat⟩ [mhd. ûfgeben = übergeben, fahren lassen; anheimstellen]: **1.** *zur Weiterleitung, Beförderung, Bearbeitung übergeben:* ein Paket am Schalter, bei/auf der Post a.; wir gaben die Koffer bei der Bahn, am Bahnhof auf; eine Annonce a. *(in die Zeitung setzen);* der Gast gab beim Ober seine Bestellung auf. **2. a)** *als Schularbeit auftragen:* der Lehrer gab ihnen eine Nacherzählung auf; **b)** *als Aufgabe stellen, zur Auflösung vorlegen:* die Sphinx, die jedem Vorübergehenden ein Rätsel aufgab; **c)** (geh.) *auferlegen; aufgeben, etw. zu tun:* sie hat ihm einiges zum Nachdenken aufgegeben. **3.** (landsch.) *auffüllen* (3): wir ließen uns Bratkartoffeln a. **4.** (Technik) *zu verarbeitendes Gut auf ein Fördergerät geben [u. an eine Maschine o. Ä. übergeben]:* Schotter a. **5.** (Kaufmannsspr.) *angeben* (1 a): der Auftraggeber muss richtige Maße a. **6.** (Ballspiele) *aufschlagen* (4). **7. a)** *mit etw. aufhören:* das Rauchen a.; seinen Widerstand, die Verfolgung a.; ich habe es aufgegeben, darüber nachzudenken; gibs auf! (ugs.; *bemühe dich nicht, es ist doch zwecklos!*); den Kampf, das Studium a. *(abbrechen, vorzeitig beenden);* **b)** *sich von etw. trennen; auf etw. verzichten:* sein Geschäft, seine Praxis a. *(schließen);* seine Wohnung a.; seinetwegen hat sie ihren Beruf, ihre Karriere aufgegeben *(nicht weiter ausgeübt);* ein Amt a. *(niederlegen);* Ansprüche, Gewohnheiten, Pläne, Grundsätze a.; alle Hoffnung a.; seine Träume a.; **c)** *als verloren od. tot ansehen, keine Hoffnung mehr auf jmdn. setzen:* du darfst dich nicht a.; die Ärzte hatten die Patientin schon aufgegeben *(hatten mit ihrem Tod gerechnet);* **d)** *nicht weitermachen; aufhören:* trotz aller Schwierigkeiten nicht a.; sie gibt nicht so leicht auf *(lässt sich nicht entmutigen);* **e)** (Sport) *ein Spiel, einen Wettkampf vorzeitig abbrechen:* der Europameister musste in der 7. Runde a.

auf|ge|bläht: ↑ aufblähen.

auf|ge|bla|sen: ↑ aufblasen (2).

Auf|ge|bot, das; -[e]s, -e [für mhd. ûfbôt, zu ↑ aufbieten]: **1.** ⟨Pl. selten⟩ *eine (zur Erledigung einer Aufgabe) aufgebotene Anzahl:* ein starkes A. von Polizeikräften; mit einem gewaltigen A. an Hubschraubern und Sanitätswagen. **2.** (früher) *öffentliche Bekanntmachung der beabsichtigten Eheschließung eines Paares [durch Aushang im Standesamt]:* das standesamtliche A. bestellen. **3.** (Rechtsspr.) *öffentliche gerichtliche Aufforderung zur Anmeldung von Ansprüchen, Rechten.* **4.** ⟨o. Pl.⟩ (veraltend) *Aufbietung:* mit dem A., unter dem A. *(unter Aufbietung)* ihrer letzten Kräfte. **5.** (Militär) **a)** (früher) *Aufruf zum Waffendienst; Heranziehung zum Kriegsdienst:* das A. von Landwehren in den Befreiungskriegen; Ü ihr seid das letzte A. *(die letzte Reserve);* **b)** (schweiz.) *Befehl, zur Erfüllung der allgemeinen Dienstpflicht einzurücken.*

auf|ge|bracht: ↑ aufbringen (4 a).

Auf|ge|bracht|heit, die; -: *das Aufgebrachtsein; Wut, Zorn.*

auf|ge|don|nert: ↑ aufdonnern.

aufgedreht – aufhaben

auf|ge|dreht ⟨Adj.⟩ [zu ↑aufdrehen (4 a)] (ugs.): *überaus angeregt, animiert, in Stimmung:* eine -e Gesellschaft; sie war heute mächtig a.
Auf|ge|dreht|heit, die; -: *aufgedrehte Art.*
auf|ge|druckt: ↑aufdrucken.
auf|ge|dun|sen ⟨Adj.⟩ [2. Part. von veraltet aufdunsen = aufschwellen machen, ↑gedunsen]: *ungesund aufgequollen, aufgeschwemmt:* ein -er Leib; ihr Gesicht war müde und a.
Auf|ge|dun|sen|heit, die; -: *aufgedunsenes Aussehen.*
auf|ge|hen ⟨unr. V.; ist⟩: **1.** *am Horizont erscheinen:* der Mond, die Sonne ist aufgegangen; das Land der aufgehenden Sonne *(Japan).* **2. a)** *sich öffnen:* plötzlich ging die Tür auf; das Fenster geht nur schwer auf *(lässt sich kaum öffnen);* endlich ging der Vorhang auf und die Vorstellung begann; **b)** *aufplatzen:* ihre Lippen waren aufgegangen; sie drückte, bis das Geschwür aufging; **c)** *(von etw. Befestigtem, fest Zugemachtem) nicht zubleiben:* der Reißverschluss, der Verband, der Knoten geht immer wieder auf; das Einmachglas ist aufgegangen; **d)** *sich entfalten:* die Knospen, die Tulpen gehen auf; der Fallschirm ging nicht auf. **3.** *(von Gewachsenem) sichtbar werden; aufkeimen, hervorkommen, emporwachsen:* der Samen, die Saat ging [nicht] auf; die Pocken gehen auf *(die Pockenimpfung verläuft positiv);* Ü diese Teufelssaat wird eines Tages a. **4.** *(von Teig) durch ein Treibmittel aufgetrieben werden:* der Hefeteig geht auf; Hefestollen, die im Backofen prächtig aufgingen. **5.** *jmdm. zu Bewusstsein kommen, klar werden:* ihr geht der Sinn, die Tragweite dieses Geschehens [nicht] auf. **6.** (Math.) *keinen Rest lassen [u. in sich stimmen]; sich ohne Rest ausrechnen, teilen lassen:* alle geraden Zahlen gehen durch 2 geteilt auf; die Rechnung, die Division, die Patience ist [nicht] aufgegangen. **7. a)** *sich jmdm., einer Sache ganz widmen u. darin seine Erfüllung finden:* ganz in der Familie, in seinem Beruf, in den Kindern a.; **b)** *mit etw. eins sein u. in dieser Einheit verschwinden:* nicht in der Masse a. wollen; die kleineren Betriebe gingen in den großen auf *(wurden von ihnen geschluckt);* **c)** *übergehen, sich auflösen, sich verwandeln:* in blauen Dunst a. **8.** (Jagdw.) *(von der Jagd) nach Beendigung der Schonzeit von Neuem beginnen.* **9.** (Jagdw.) *(vom Federwild) aufsteigen, auffliegen.* **10.** (Bergmannsspr.) *(vom Grubenwasser) in die Höhe steigen.*
♦ **11.** *aufgebraucht, verbraucht werden:* Er verhielt ihm nicht, wie viel Geld aufgegangen, glaubte aber, dass es doch am Ende wohl angewendet sei (Goethe, Theatralische Sendung IV, 9); Einem Mann wie meinem Herrn..., der ein paar Monate her nicht prompt bezahlt hat, weil er nicht mehr so viel a. lässt... – in der Abwesenheit des Zimmers auszuräumen! (Lessing, Minna I, 2).
auf|ge|ho|ben: ↑aufheben (2, 3 a).
auf|gei|len ⟨sw. V.; hat⟩ (derb): *jmdn., sich in geschlechtliche Erregung bringen:* er geilte sich an Pornos auf.
auf|ge|klärt ⟨Adj.⟩: *frei von Aberglauben u. Vorurteilen:* ein -er Geist; sie gibt sich sehr a.
Auf|ge|klärt|heit, die; -: *aufgeklärte Art.*
auf|ge|knöpft ⟨Adj.⟩ [zu ↑aufknöpfen] (ugs.): *zugänglich u. mitteilsam:* sie war an diesem Abend erstaunlich a.
auf|ge|kratzt ⟨Adj.⟩ [zu ↑aufkratzen (3)] (ugs.): *gut gelaunt u. lebhaft:* er war völlig a., lachte und redete ohne Unterlass.
Auf|ge|kratzt|heit, die; -: *aufgekratzte Art.*
Auf|geld, das; -[e]s, -er: **1.** (Bankw., Börsenw.) *Agio.* **2. a)** *zusätzlicher Betrag:* er kann alle Spiele der Nationalelf im Fernsehen ohne A. sehen; **b)** *zusätzlicher Betrag, den derjenige zahlen muss, der ein Kunstwerk ersteigert, u. der den Gewinn (1) des Auktionators darstellt* (bes. bei Auktionen). **3.** (landsch. veraltend) *Anzahlung bei Abschluss eines Kaufes.*
auf|ge|legt ⟨Adj.⟩: **1.** *in bestimmter Weise gestimmt, gelaunt:* der gut, schlecht -e Vater; ich fühlte mich glänzend a.; sie ist heute besser a. als gestern; die gut aufgelegte (Sport; *sich in guter Verfassung befindende)* Amerikanerin gewann in zwei Sätzen; * **zu etw. a. sein** *(in der Stimmung sein, etw. zu tun:* sie war zum Tanzen a.; die Schüler sind mal wieder zu Streichen a.; ich bin heute nicht [dazu] a., Besuch zu empfangen). **2.** (abwertend) *klar, offensichtlich, offenkundig:* das ist ein -er Unsinn; Es ist nicht angezeigt, sich einem -en Narren verwandt zu fühlen (Musil, Mann 120).
Auf|ge|legt|heit, die; -: *das Aufgelegtsein.*
auf|gel|len ⟨sw. V.; ist⟩: *plötzlich, kurz gellen:* ein Schrei gellte auf.
auf|ge|lo|ckert: ↑auflockern (1, 3b).
auf|ge|löst ⟨Adj.⟩: **a)** *aus der Fassung gebracht; verwirrt:* sie war durch diesen Vorfall, über diese Nachricht ganz a.; sie war vor Freude, Schmerz, Trauer ganz a.; **b)** *erschöpft, schwach u. benommen:* sie war ganz a. bei dieser Hitze.
Auf|ge|löst|heit, die; -: *das Aufgelöstsein.*
auf|ge|macht: ↑aufmachen (4).
auf|ge|putzt: ↑aufputzen.
auf|ge|räumt ⟨Adj.⟩: *gut gelaunt; in gelöster, heiterer Stimmung:* er war heute besonders a.
Auf|ge|räumt|heit, die; -, -en (Pl. selten): *aufgeräumte Art.*
auf|ge|raut: ↑aufrauen.
auf|ge|regt: ↑aufregen (1 a).
Auf|ge|regt|heit, die; -, -en: **a)** (o. Pl.) *aufgeregte Art:* mediterrane A.; **b)** *aufgeregte Äußerung, aufgeregtes Verhalten.*
Auf|ge|sang, der; -[e]s, Aufgesänge (Verslehre): *meist aus zwei gleich gebauten Stollen (4) bestehender erster Teil der Meistersangstrophe.*
auf|ge|schlos|sen ⟨Adj.⟩: *am geistigen Leben interessiert u. bereit, neue Gedanken u. Erkenntnisse zu verarbeiten:* sie macht einen -en Eindruck; er war an diesem Abend heiter und a. *(zugänglich);* einem Problem a. gegenüberstehen; sie sind a. für religiöse, politische Fragen.
Auf|ge|schlos|sen|heit, die; -, -en: *das Aufgeschlossensein:* A. für die Probleme junger Menschen, gegenüber neuen literarischen Strömungen zeigen.
auf|ge|schmis|sen [2. Part. von: aufschmeißen = stranden (vom Schiff)]: *nur in der Verbindung* **a. sein** (salopp: *sich in einer schwierigen Lage befinden u. nicht mehr weiterwissen:* wenn sie uns nicht hilft, sind wir a.; ohne unseren Wagen wären wir hier restlos a.).
auf|ge|schos|sen: ↑aufschießen (1 b).
auf|ge|schwemmt: ↑aufschwemmen.
Auf|ge|schwemmt|heit, die; -: *aufgeschwemmtes Aussehen.*
auf|ge|setzt ⟨Adj.⟩: *unnatürlich, übertrieben:* ihr Lächeln, ihre Fröhlichkeit wirkt a.
auf|ge|sprun|gen: ↑aufspringen (5).
♦ **auf|ge|steift** ⟨Adj.⟩ (landsch.): *steif aufgerichtet:* Dieser lachte dem alt und a. vor ihm stehenden Leutnant ziemlich ungeniert ins Gesicht (Fontane, Jenny Treibel 21).
auf|ge|ta|kelt: ↑auftakeln (2).
auf|ge|weckt ⟨Adj.⟩: *für sein Alter von erstaunlich rascher Auffassungsgabe u. geistiger Regheit:* ein -es Kind; sie war a. und ehrgeizig; ein a. wirkender junger Mann.
Auf|ge|weckt|heit, die; -: *das Aufgewecktsein; aufgeweckte Art.*
auf|ge|wor|fen: ↑aufwerfen (1 c, 3, 5).
auf|ge|zo|gen: ↑aufziehen (2).

auf|gie|ßen ⟨st. V.; hat⟩: **a)** *(ein Getränk) aufbrühen:* Tee, Kaffee a.; **b)** *(Wasser o. Ä.) auf, über etw. gießen:* langsam das kochende Wasser a.; **c)** (Kochkunst) *[mit etw.] auffüllen* (4): eine Mehlschwitze a.; man zieht den Topf vom Feuer und gießt mit kaltem Wasser auf.
auf|glei|sen ⟨sw. V.; hat⟩ (Technik): **1.** *etw. auf Gleise setzen:* einen neuen Güterwagen a.; die Arbeiter gleisten die Straßenbahn wieder auf. **2.** *in die Wege leiten:* ein neues Projekt wurde aufgegleist.
auf|glei|ten ⟨st. V.; ist⟩ (Meteorol.): *(von Luftmassen) sich [gleitend] über etw. schieben:* Wetterlagen, bei denen Warmluft über Kaltluft aufgleitet; ⟨subst.:⟩ das Aufgleiten wärmerer Luftmassen.
Auf|gleit|flä|che, die (Meteorol.): *Trennfläche zwischen kalten u. warmen Luftmassen, bei denen das Aufgleiten eintritt.*
auf|glie|dern ⟨sw. V.; hat⟩: *(ein Ganzes) nach bestimmten Gesichtspunkten aufteilen:* die Gesellschaft soziologisch, in Klassen a.; die Verben sind aufgegliedert in starke, schwache und unregelmäßige.
Auf|glie|de|rung, die; -, -en: *das Aufgliedern.*
auf|glim|men ⟨st. u. sw. V.; glomm/(selten): glimmte auf, ist aufgeglommen/(selten:) aufgeglimmt⟩ (geh.): *zu glimmen beginnen; glimmend aufleuchten:* ein einzelner Stern glomm auf; die Scheite glommen im Windzug noch einmal auf; Ü die in ihr aufglimmende Hoffnung.
auf|glit|zern ⟨sw. V.; hat/ist⟩: *glitzernd aufscheinen:* die Tautropfen glitzerten in der Sonne auf.
auf|glü|hen ⟨sw. V.; hat/ist⟩: *zu glühen beginnen; glühend aufleuchten:* die Zigarette glühte in der Dunkelheit auf; unter der Asche glühte das Feuer noch einmal auf; Ü ihr Gesicht glühte auf *(wurde rot)* vor Empörung, Scham; die plötzlich in ihm aufglühende Leidenschaft.
auf|gra|ben ⟨st. V.; hat⟩: **a)** *(Erde) umgraben, durch Graben auflockern:* die Weinbauern gruben den trockenen Lehmboden auf; **b)** *durch Graben öffnen, freilegen:* eine Wasserader a.
Auf|gra|bung, die; -, -en: *das Aufgraben.*
auf|grei|fen ⟨st. V.; hat⟩: **1.** *(jmdn., der sich herumtreibt, bes. einen Jugendlichen, einen Verdächtigen o. Ä.) ergreifen, festnehmen:* den entlaufenen Häftling, einen jugendlichen Ausreißer bei einer Razzia a. **2. a)** *[als Anregung] aufnehmen u. sich damit befassen:* ein Thema, einen Gedanken, einen Vorschlag a.; die Presse griff den Fall auf; **b)** *an etw. anknüpfen:* das frühere Gespräch a. **3.** (selten) *aufheben, aufnehmen:* den Degen vom Boden a.
¹auf|grund, auf Grund ⟨Präp. mit Gen.⟩: *begründet, veranlasst durch; wegen:* a. dessen; a. des schlechten Wetters; a. der schwierigen Marktverhältnisse.
²auf|grund, auf Grund ⟨Adv. in Verbindung mit »von«⟩: *begründet, veranlasst durch; wegen:* a. von Armut; a. von unterschiedlichen Untersuchungen.
auf|gu|cken ⟨sw. V.; hat⟩ (ugs.): *[aus der Versunkenheit herausgerissen] aufblicken* (1): er guckt kaum von der Arbeit auf.
Auf|guss, der; -es, Aufgüsse: **1.** *aufgegossene Flüssigkeit; Lösung aus mit [siedendem] Wasser übergossenen Pflanzenteilen:* einen A. von Sennesblättern bereiten; Ü wie sie später schrieb, war nur noch ein zweiter, ein schwacher A. (abwertend; *Abklatsch)* ihrer ersten Gedichte. **2.** *das Begießen heißer Steine in einer Sauna mit Wasser (zur Erhöhung der Luftfeuchtigkeit):* einen A. machen.
Auf|guss|beu|tel, der: *Teebeutel.*
auf|ha|ben ⟨unr. V.; hat⟩ (ugs.): **1.** *aufgesetzt haben:* einen Hut, einen Helm a.; sie hat ihre Brille nicht aufgehabt. **2.** *(Hausaufgaben) aufge-*

tragen bekommen haben: viel, wenig a.; haben wir für morgen etwas in Englisch auf? **3. a)** *geöffnet haben:* wir hatten die Tür auf *(offen stehen);* das Kind hatte die Augen schon auf; **b)** *[nur mit Mühe] aufbekommen haben:* endlich den Knoten a.; hast du den Koffer noch nicht auf?; **c)** *(von Geschäften, Behörden o. Ä.) geöffnet haben:* der Bäcker hat schon ab 7 Uhr a.; der Supermarkt hat auch abends auf. **4.** (landsch.) *aufgegessen haben:* sie hat ihr Brot noch nicht auf. **5.** (Jägerspr.) *Geweih od. Gehörn tragen.*

auf|ha|cken ⟨sw. V.; hat⟩: **a)** *mit der Spitzhacke öffnen, aufbrechen:* die Eisfläche, das Straßenpflaster a.; **b)** *(von Vögeln) mit dem Schnabel öffnen:* eine Nuss a.

auf|hal|sen ⟨sw. V.; hat⟩ [eigtl. = auf den Hals laden] (ugs.): *jmdm., sich mit etw. od. jmdm. belasten:* jmdm. zu viel Arbeit, zu viel Verantwortung a.; sie hat ihrer Mutter auch noch das dritte Kind aufgehalst.

Auf|halt, der; -[e]s, -e (landsch.): *Verzug, Unterbrechung:* das Volk tanzte ohne A.

auf|hal|ten ⟨st. V.; hat⟩: **1. a)** *[für eine Weile] daran hindern, weiterzugelangen:* einen Fliehenden, scheuende Pferde, den Vormarsch der feindlichen Truppen a.; ich bin auch heute Nachbarin aufgehalten worden; Ü eine Entwicklung, die Katastrophe nicht a. *(verhindern, abwenden)* können; das hält doch bloß den ganzen Betrieb auf *(wirkt hemmend);* **b)** *[für eine Weile] von einer anderen [wichtigeren] Tätigkeit abhalten; stören:* sie wollte ihn mit ihren Fragen nicht a.!; **c)** ⟨a. + sich⟩ *sich mit jmdm., etw. zu eingehend befassen:* sie kann sich nicht mit jedem schwachen Schüler a.; wir wollen uns nicht länger bei, mit diesen Fragen a. **2.** ⟨a. + sich⟩ *bei jmdm., irgendwo vorübergehend leben, verweilen, sein:* sich zu Hause, bei Freunden a.; ich halte mich viel in Museen auf. **3.** *[für einen anderen] öffnen u. geöffnet halten:* jmdm. die Tür aufhalten; halten Sie bitte das Netz auf, damit ich die Kartoffeln hineinschütten kann; das Kind hielt seine, die Hand auf *(hielt sie mit der Innenfläche nach oben, um etwas hineingelegt zu bekommen).* **4.** ⟨a. + sich⟩ *sich über einen andern u. seine Angelegenheiten o. Ä., die einen nichts angehen, entrüsten u. abfällig äußern:* sich über jmds. Lebenswandel, Aussehen a.; Man tauscht Belanglosigkeiten aus, hält sich auf über die mangelhafte Bedienung in dem winterlich öden Badehotel (Strauß, Niemand 104). **5.** (nordd.) *aufhören:* kannst du nicht endlich mit dem Quatsch a.?

auf|häl|tig ⟨Adj.⟩ (bes. Amtsspr.): *sich [vorübergehend] irgendwo aufhaltend; derzeit wohnhaft:* im Ausland -e Personen.

auf|hält|lich ⟨Adj.⟩ (bes. Amtsspr.): *aufhältig.*

auf|hän|gen ⟨sw. V.; hat⟩: **1. a)** *auf eine entsprechende Vorrichtung hängen:* Gardinen a.; den Mantel a.; das Bild [an einem Nagel] a.; Wäsche zum Trocknen a.; wo darf ich mich a.? (ugs. scherzh.; *meinen Mantel o. Ä. hinhängen?*); **b)** *den Hörer an den Haken am Telefonapparat hängen [u. dadurch das Gespräch beenden]:* ich wollte noch etwas sagen, aber er hat [den Hörer] schon aufgehängt. **2.** (emotional) **a)** *erhängen* (b): den Mörder [an einem Baum] a.; (als scherzh. Drohung:) ich häng dich auf, wenn du nicht pünktlich bist; **b)** ⟨a. + sich⟩ *sich erhängen:* er hat sich an seinen Hosenträgern, mit einem Kabel aufgehängt. **3.** (ugs. abwertend) **a)** *aufschwatzen, andrehen* (3): du hast dir einen viel zu teuren Teppich a. lassen; **b)** *aufbinden* (4): wer hat dir denn dieses Märchen aufgehängt?; **c)** *jmdm. etw. (Unangenehmes, Mühevolles) aufbürden, zuschieben:* warum hast du dir diese langweilige Arbeit a. lassen?; er hat ihr

ein Kind aufgehängt *(sie geschwängert).* **4.** *von einem Aufhänger* (2) *aus entwickeln:* die Journalistin wartete auf ein Ereignis, an dem sie ihren Bericht a. konnte.

Auf|hän|ger, der; -s, -: **1.** *Bändchen, Schlaufe an Kleidungsstücken o. Ä. zum Aufhängen:* an den Handtüchern müssen noch A. angenäht werden. **2.** *[aktuelles] Ereignis o. Ä., das als Anlass für die [journalistische] Behandlung eines Themas dient:* der Bestechungsskandal erwies sich als geeigneter A. für eine breit angelegte Kritik an der Regierung.

Auf|hän|gung, die; -, -en (Technik): **1.** *Art und Weise, wie etw. aufgehängt, angebracht ist:* die A. der Räder ist bei den Automodellen unterschiedlich. **2.** *Vorrichtung, durch die bzw. mit der etw. aufgehängt, angebracht werden kann.*

Auf|här|tung, die; - (Technik): *die beim Schweißen von Werkstücken erreichte höchste Härte:* die A. von Stählen.

auf|hau|en ⟨unr. V.; hieb/(ugs.:) haute auf, aufgehauen⟩: **1.** ⟨hat⟩ *gewaltsam öffnen, aufschlagen* (3): die Kokosnuss mit einem Hammer a. **2.** (ugs.) **a)** ⟨ist⟩ *aufschlagen* (1): sie ist mit dem Kopf auf die/(auch:) auf den Fliesen aufgehauen; **b)** ⟨hat⟩ *aufschlagen* (2): sich das Knie a. **3.** ⟨hat⟩ (österr. ugs.) *schlemmen, prassen.* **4.** ⟨hat⟩ (Bergmannsspr.) *(bei schrägem Grubenbau) die Strecke einer Lagerstätte von unten nach oben vortreiben.*

auf|häu|fen ⟨sw. V.; hat⟩: **a)** *zu [einem] Haufen aufeinanderlegen, aufschichten:* Erde, Kartoffeln a.; Ü sie hat Reichtümer aufgehäuft *(angesammelt);* **b)** ⟨a. + sich⟩ *sich zu einem Haufen auftürmen, zu einem Haufen anwachsen:* in der Abfallgrube häuft sich der Müll auf; Ü seine Schulden hatten sich so aufgehäuft *(angesammelt),* dass er Konkurs anmelden musste.

Auf|häu|fung, die; -, -en: *das Aufhäufen.*

auf|he|beln ⟨sw. V.; hat⟩: *mit einem Hebel gewaltsam aus einer Verankerung lösen, aufbrechen:* die Einbrecher hebelten die Haustür auf.

auf|he|ben ⟨st. V.; hat⟩: **1. a)** *[vom Boden] aufnehmen:* einen Stock a.; etw. Heruntergefallenes wieder a.; wir versuchten, den hilflos Daliegenden aufzuheben *(wieder aufzurichten);* Er hob mich vom Stuhl auf, als wäre ich eine Puppe (Jahnn, Geschichten 218); **b)** ⟨a. + sich⟩ (geh., veraltend) *sich erheben, aufstehen:* ich hob mich mühsam vom Sessel auf; Ü Die menschliche Klage, die sich zu Gott aufhob (Wiechert, Jeromin-Kinder 176); **c)** *in die Höhe heben; erheben:* die Hand [zum Schwur] a.; die Schüler wagten nicht, den Kopf aufzuheben; sie hob den Blick, die Augen fragend zu ihm auf (geh.; blickte zu ihm auf). **2.** *aufbewahren:* etw. gut, sorgfältig a.; Briefe zur Erinnerung a.; sie hebt alles auf *(wirft nichts weg);* du hebst dir das Beste nicht bis zum Schluss auf; * **bei jmdm., irgendwo gut/schlecht o. ä. aufgehoben sein** (1. *bei jmdm., irgendwo [nicht] in guter Obhut sein:* das Kind war bei seinen Pflegeeltern gut aufgehoben; ich fühlte mich in diesem Hospital bestens aufgehoben. 2. *bei jmdm., irgendwo [nicht] sicher, geschützt sein:* Geheimnisse sind bei ihr schlecht aufgehoben *[sie pflegt sie auszuplaudern].* 3. Sport; *von jmdm., irgendwo gut/ schlecht gedeckt werden:* der Stürmer war bei dem kleinen Verteidiger gut aufgehoben). **3. a)** *nicht mehr bestehen lassen:* die Todesstrafe a.; der Jesuitenorden wurde in manchen Ländern aufgehoben; einen Haftbefehl a. *(rückgängig machen);* ein Urteil a. *(für ungültig erklären);* R aufgehoben ist nicht aufgeschoben; **b)** *den gleichen Wert, die gleiche Wirkung wie etw. Entgegengesetztes haben u. es dadurch ausgleichen:* der Verlust hebt den Gewinn wie-

der auf; + 2 und − 2 heben sich gegenseitig auf; das hebt sich [gegenseitig] auf; **c)** *etw. offiziell beenden:* die Belagerung, die Versammlung a. **4.** (veraltet) *festnehmen, verhaften:* die Bande wurde in der Nacht aufgehoben; ♦ ...dass er dich auf Befehl des General Römchingen heute Nacht ... a. müsse (Hauff, Jud Süß 439). ♦ **5.** *sich von allen bisherigen Bindungen lösen; brechen* (5): Denn damals, Sire, als ich auf immer mit der Krone aufgehoben (Schiller, Don Carlos III, 10).

Auf|he|ben, das; -s [nach den umständlichen Zeremonien der (Schau)fechter beim Aufheben der Waffe vom Boden vor einem Kampf]: meist in den Wendungen **viel Aufheben[s] von etw., jmdm. machen** *(etw., jmdn. übertrieben, ungerechtfertigt wichtig nehmen u. überflüssigerweise die Aufmerksamkeit anderer darauf, auf ihn lenken);* **kein A. von etw., jmdm. machen** *(etw., jmdn. nicht wichtig nehmen, als nebensächlich abtun);* **ohne [jedes, großes o. ä.] A.** *(ohne Aufsehen zu erregen, ohne große Umstände).*

Auf|he|bung, die; -, -en: **1. a)** *das Aufheben* (3 a): die A. der Zölle; die A. der ehelichen Gemeinschaft (Rechtsspr.); *das Aufheben* (3 c); **b)** *das Aufheben* (3 c): die A. der Sitzung. **2.** (veraltet) *das Aufheben* (4).

Auf|he|bungs|ver|trag, der (Rechtsspr.): *Vertrag, durch den ein bestehendes Rechtsverhältnis aufgehoben wird.*

auf|hef|ten ⟨sw. V.; hat⟩: **1.** *mit Heftstichen aufnähen:* eine Papierrose auf ein Kleid a. **2.** (veraltet) *aufbinden* (4): die Männer ließen sich das Märchen nicht a.; ♦ Was hat uns der Lügner nicht alles aufgeheftet (Goethe, Reineke Fuchs 7, 98 f.).

auf|hei|tern ⟨sw. V.; hat⟩: **1.** *jmdn., der bedrückt ist, froher, heiterer stimmen:* vielleicht heitert ein Spaziergang sie etwas auf. **2.** ⟨a. + sich⟩ **a)** *einen heiteren* (1) *Ausdruck annehmen; heiter[er]* (1) *werden:* sein Gesicht, die Stimmung hatte sich aufgeheitert; **b)** *heiter* (2) *werden:* der Himmel hatte sich am Vormittag aufgeheitert; ⟨auch unpers., auch wohn »sich«:⟩ es heitert [sich] auf; gegen Nachmittag örtlich aufheiternd. ♦ **3.** ⟨a. + sich⟩ *wieder heiter* (1) *werden, sich erheitern* (2 b): Der Herr erkannte seinen Fehler, heiterte sich im Anblick der schönen Frühlingshimmels auf, lächelte (Hebel, Schatzkästlein 22); Heitre dich auf! Sieh diese malerische Landschaft (Schiller, Räuber III, 2).

Auf|hei|te|rung, die; -, -en: **1.** *das Aufheitern:* die A. misslang. **2.** *etw., was aufheitert:* für -en sorgen.

auf|hei|zen ⟨sw. V.; hat⟩: (Physik, Technik) **a)** *allmählich erwärmen, erhitzen:* Luft, Gas a.; Ü das oppositionelle Misstrauen a. *(verstärken, verschärfen);* **b)** ⟨a. + sich⟩ *sich allmählich erhitzen:* das Wasser heizt sich auf.

Auf|hei|zung, die; -, -en: *das [Sich]aufheizen, Aufgeheiztwerden.*

auf|hel|fen ⟨st. V.; hat⟩: **a)** *beim Aufstehen behilflich sein; jmdm. helfen, sich [wieder] aufzurichten:* dem gestürzten Radfahrer a.; sie half der alten Dame [vom Sessel] auf; Ü dem in finanzielle Schwierigkeiten geratenen Schriftsteller a.; **b)** *etw. aufbessern:* dieser Erfolg half seinem lädierten Selbstbewusstsein auf *(stärkte es);* durch zusätzliche Heimarbeit seinem Lohn a.

auf|hel|len ⟨sw. V.; hat⟩: **1. a)** *hell[er] machen:* ein altes Gemälde, das Haar a.; Ü diese Reise hatte ihr Gemüt etwas aufgehellt *(aufgeheitert);* **b)** *Klarheit in etw. (Ungeklärtes) bringen:* die Motive eines Verbrechens a. **2.** ⟨a. + sich⟩ **a)** *hell[er] werden:* der Himmel hatte sich am Horizont etwas aufgehellt; Ü ihre Miene hellte sich auf *(wurde heiter, freundlich);* **b)** *durch-*

Aufheller – Aufklärungspflicht

schaubar werden, sich klären: erst nach mehrmaligem Lesen hellte sich [mir] der Sinn des Gedichtes auf.

Auf|hel|ler, der; -s, -: **1.** (Fotogr.) Beleuchtungsgerät zur Aufhellung mit stark lichtstreuender Wirkung. **2.** Substanz, die vergilbte od. grau gewordene Textilien u. a. aufhellt: einen [optischen] A. benutzen.

Auf|hel|lung, die; -, -en: das Aufhellen.

auf|hen|ken ⟨sw. V.; hat⟩ (veraltet): aufhängen (2): ◆ Ich ... erlebte bald, dass der falsche Münzer vor der Türe der Münze aufgehenkt, sein Mitschuldiger auf die Galeere verbannt wurde (Goethe, Benvenuto Cellini I, 1, 11).

auf|het|zen ⟨sw. V.; hat⟩ [eigtl. = Wild durch Hetzhunde aufjagen]: **a)** durch Hetze (2) aufwiegeln: das Volk [gegen jmdn.] a.; **b)** durch Hetze (2) zu etw. aufstacheln: er hetzte die Masse zu Gewalttaten auf.

Auf|het|ze|rei, die; -, -en: dauerndes Aufhetzen.

Auf|het|zung, die; -, -en: das Aufhetzen.

auf|heu|len ⟨sw. V.; hat⟩: **a)** plötzlich, kurz heulen: der Motor heulte auf; die Menge heulte auf vor Wut; **b)** (ugs.) plötzlich für einen Augenblick laut weinen: das Kind heulte von Neuem auf.

auf|hin ⟨Adv.⟩ (bayr., österr.): hinauf.

auf|his|sen ⟨sw. V.; hat⟩: hissen: die Segel a.

¹auf|ho|cken ⟨sw. V.⟩: **1.** ⟨hat/ist⟩ (Turnen) auf ein Gerät springen und in Hockstellung aufkommen: hast du/bist du noch einmal [auf das Pferd, auf den Barren] aufgehockt? **2.** ⟨a. + sich, hat⟩ (landsch.) aufsitzen: ich hatte mich hinten aufgehockt.

²auf|ho|cken ⟨sw. V.; hat⟩: **1.** (landsch.) ↑ aufhucken. **2.** (Landwirtsch.) (Heu, Getreide) in Hocken aufstellen.

auf|ho|len ⟨sw. V.; hat⟩: **1. a)** (einen Rückstand) wieder ausgleichen: der Zug holte die Verspätung auf; die zwei Tore der gegnerischen Mannschaft können noch aufgeholt werden; **b)** den Unterschied zwischen dem eigenen Rückstand u. dem Vorsprung des anderen [um ein bestimmtes Maß] verringern: der deutsche Läufer holte in der letzten Runde noch [ein paar Meter] auf; Bremer Jute holt auf (Börsenw.; steigt im Kurs). **2.** (Seemannsspr.) nach oben holen, in die Höhe ziehen: die Segel, den Anker a.

Auf|hol|jagd, die (Sport): Bemühen, einen Rückstand im Wettkampf auszugleichen: nach einer A. in Führung gehen; in der Rückrunde gelang es dem abstiegsbedrohten Verein durch eine furiose A., sich auf den rettenden 15. Platz zu verbessern; Ü die Industrie rüstet zur A., um der ausländischen Konkurrenz Marktanteile abnehmen zu können.

auf|hol|zen ⟨sw. V.; hat⟩: **a)** (Forstwirtsch.) aufforsten; **b)** (Jägerspr.) aufbaumen; **c)** (landsch.) aufbürden.

Auf|hol|zung, die; -, -en: das Aufholzen.

auf|hor|chen ⟨sw. V.; hat⟩: plötzlich etw. hören, was die Aufmerksamkeit erregt, u. gespannt hinzuhören beginnen: als sie ihren Namen hörte, horchte sie auf; misstrauisch a.; Ü in den Fünfzigerjahren erschienen von ihr Gedichte, die a. ließen (Aufmerksamkeit erregten).

auf|hö|ren ⟨sw. V.; hat⟩ [mhd. ūfhœren, eigtl. wohl = aufhorchend von etw. ablassen]: **a)** nicht länger andauern; enden: der Regen hat aufgehört; das Schwindelgefühl hörte plötzlich auf; an dieser Stelle hört der Weg auf (führt er nicht weiter); das muss a.! (ugs.; so kann es nicht weitergehen!); da hört der Spaß auf (ugs.; das kann man nicht länger einfach so hinnehmen!); R da hört [sich] doch alles auf! (ugs.; nun ist es aber genug!; das ist ja unerhört!); **b)** mit etw. nicht fortfahren; Schluss machen: sie hörte nicht auf zu schimpfen; ⟨unpers.:⟩ es hat aufgehört zu schneien; hör endlich auf! (schweig!; lass das sein!); wir haben heute Abend früher aufgehört (mit der Arbeit o. Ä. Schluss gemacht); sie hört am nächsten Ersten [mit der Arbeit, in der Firma] auf (beendet das Arbeitsverhältnis).

auf|hüb|schen ⟨sw. V.; hat⟩ (ugs.): hübscher, anziehender machen; verschönern: Bahnhöfe a.; du hast dich aber aufgehübscht!; Ü eine Bilanz gezielt a.

auf|hu|cken ⟨sw. V.; hat⟩ [zu ↑ Hucke] (ugs.): **a)** (eine Last) auf den Rücken, auf die Schulter nehmen: den Sack Kartoffeln a.; **b)** jmdm. etw. aufladen, aufpacken: er huckte ihm den Rucksack auf.

au|fi, auffi ⟨Adv.⟩ [aus ↑ aufhin] (bayr., österr.): hinauf, nach oben.

auf|ja|gen ⟨sw. V.; hat⟩: (ein Tier) in seiner Ruhe stören u. aus seinem Versteck o. Ä. heraustreiben; hochjagen: Rebhühner, Feldhasen a.; Ü das Klingeln jagte sie aus dem Schlaf auf.

auf|jau|len ⟨sw. V.; hat⟩: plötzlich, kurz jaulen: der Hund jaulte vor Schmerz auf; Ü vor dem Haus jaulte ein Motor auf.

auf|ju|beln ⟨sw. V.; hat⟩: einen kurzen Jubelruf ausstoßen: er wird a., wenn er vom Sieg seiner Mannschaft hört.

◆ **auf|kap|fen** ⟨sw. V.; hat⟩ [mhd. nicht belegt, ahd. ūfkapfen = in die Höhe sehen, aufsehen zu: kapfēn = schauen, gaffen]: hochstehen: ... da doch einmal die Geistlichen die Perückenwammen anhängen müssen, wenigstens die Herzblätter eines aufkapfenden Perückchens herum (Jean Paul, Wutz 12).

auf|kau|en ⟨sw. V.; hat⟩ (selten): zerkauen: sie kaute das harte Brot auf.

Auf|kauf, der; -[e]s, Aufkäufe: das Aufkaufen.

auf|kau|fen ⟨sw. V.; hat⟩: (einen Gesamtbestand, noch vorhandene Bestände von etw., ein größeres Objekt, einen ganzen Besitz) kaufen: in Erwartung von Missernten Getreide a.; sie hat die Aktien der Firma aufgekauft.

Auf|käu|fer, der; -s, -: jmd., der etw. aufkauft (auch Berufsbez.): dieser Antiquar ist A. von Erstausgaben.

Auf|käu|fe|rin, die; -, -nen: w. Form zu ↑ Aufkäufer.

auf|keh|ren ⟨sw. V.; hat⟩ (bes. südd., österr.): zusammenkehren u. aufnehmen; auffegen.

auf|kei|men ⟨sw. V.; ist⟩: keimend aus der Erde herauskommen: der Weizen ist schon aufgekeimt; ⟨subst.:⟩ das Aufkeimen der Pflänzchen; Ü Zweifel, Zuneigung keimt in ihr auf (beginnt in ihr zu entstehen); er versuchte, die aufkeimende Leidenschaft zu ersticken.

auf|klaf|fen ⟨sw. V.; hat⟩: (von etw., was sonst geschlossen ist) auseinanderklaffen, weit offen stehen, einen [breiten] Spalt bilden: die Wunde des Verletzten klaffte grässlich auf; aufklaffende Querspalten im Fels; Ü die Gegensätze zwischen den Siegermächten klaffen nach dem Krieg erneut auf (brechen wieder auf).

auf|klapp|bar ⟨Adj.⟩: sich aufklappen lassend: ein -es Verdeck.

auf|klap|pen ⟨sw. V.⟩: **1. a)** ⟨hat⟩ etw., was aufeinanderliegt, an einer Seite befestigt od. geschlossen ist, durch Bewegen, Anheben eines od. mehrerer Teile öffnen: einen Liegestuhl, das Kofferraum eines Pkws a.; das Butterbrot, das Messer a.; das Buch a. (aufschlagen); **b)** ⟨ist⟩ aufschlagen: der Fensterladen ist aufgeklappt. **2.** ⟨hat⟩ hochschlagen, nach oben klappen: den Mantelkragen a.

auf|kla|ren ⟨sw. V.; hat⟩ [aus der niederd. Seemannsspr.]: **1.** (Meteorol.) klar, wolkenlos werden, sich aufklaren: das Wetter, der Himmel klarte am Nachmittag wieder auf; örtlich aufklarend; ⟨subst.:⟩ nachts bei Aufklaren Frostgefahr; Ü ihre Mienen klarten auf. **2.** (Seemannsspr.) aufräumen, in Ordnung bringen: die Kombüse a.

auf|klä|ren ⟨sw. V.; hat⟩: **1. a)** Klarheit in etw. Ungeklärtes bringen: ein Verbrechen a.; Vorkommnisse, die niemals aufgeklärt wurden; einen Irrtum, Widersprüche a.; **b)** ⟨a. + sich⟩ klar werden, sich auflösen u. nicht mehr rätselhaft sein: Die Missverständnisse haben sich längst aufgeklärt. **2. a)** jmds. Unwissenheit, ungenügende Kenntnis über etw., jmdn. beseitigen; jmdn. genau unterrichten, informieren (damit er sich in Zukunft entsprechend verhalten kann): sie klärte mich über den wahren Sachverhalt auf; die Bevölkerung über Suchtgefahren a.; können Sie mich [darüber] a. (mir erklären), was dieser Ausdruck bedeutet?; **b)** (ein Kind, einen Jugendlichen) über geschlechtliche Vorgänge unterrichten: seine Kinder a.; das Mädchen war noch nicht aufgeklärt; **c)** (DDR) jmdn. in politischer Hinsicht etw. klarzumachen, jmdn. zu überzeugen versuchen; agitieren. **3.** ⟨a. + sich⟩ (vom Wetter) sich aufhellen; wolkenlos, klar werden: der Himmel hatte sich nach dem Gewitter wieder aufgeklärt; Ü ihre finstere Miene, ihr Gesicht klärte (heiterte) sich auf; Ü sich auf auf einem Wolkenbruch (↑ Wolkenbruch). **4.** (Militär) die Verhältnisse auf der feindlichen Seite erkunden, auskundschaften.

Auf|klä|rer, der; -s, -: **1.** Vertreter der Aufklärung (3). **2.** (Militär) **a)** Aufklärungsflugzeug; **b)** jmd., der die Verhältnisse beim Gegner erkundet. **3.** (DDR) Agitator.

Auf|klä|re|rin, die; -, -nen: w. Form zu ↑ Aufklärer (1, 2 b, 3).

auf|klä|re|risch ⟨Adj.⟩: **a)** nach Art der Aufklärer (1) beschaffen: -e Schriften; **b)** Aufklärung (2 c) gegen Unwissenheit, Vorurteile angehend: die -e Absicht seiner Romane; a. tätig sein.

Auf|klä|rung, die; -, -en: **1.** ⟨Pl. selten⟩ völlige Klärung: dieses Verbrechen harrt noch der restlosen A.; das trägt nicht gerade zur A. des Missverständnisses bei. **2. a)** ⟨Pl. selten⟩ Darlegung, die über bisher unbekannte Zusammenhänge aufklärt, über etw., jmdn. den gewünschten Aufschluss gibt: von jmdm. die gewünschte A. erhalten; a. bitten; **b)** ⟨o. Pl.⟩ Belehrung über geschlechtliche Vorgänge: die [sexuelle] A. der Jugendlichen; **c)** Belehrung, Information über politische o. ä. Fragen: die A. der Bevölkerung über Möglichkeiten der Geburtenregelung; A. durch Presse und Rundfunk; **d)** (DDR) Agitation. **3.** ⟨o. Pl.⟩ von Rationalismus u. Fortschrittsglauben bestimmte europäische geistige Strömung des 17. u. bes. des 18. Jahrhunderts, die sich gegen Aberglauben, Vorurteile u. Autoritätsdenken wendet: das Zeitalter der A.; die A. als Wegbereiterin der Französischen Revolution. **4.** (Militär) Erkundung der militärischen Situation des Feindes: taktische A.

Auf|klä|rungs|ar|beit, die: das tätige Bemühen um Aufklärung (2 c, d).

Auf|klä|rungs|buch, das: Buch, das über geschlechtliche Vorgänge unterrichtet.

Auf|klä|rungs|film, der: Film, der über geschlechtliche Vorgänge unterrichtet.

Auf|klä|rungs|flug, der (Militär): der Aufklärung (4) dienender Flug.

Auf|klä|rungs|flug|zeug, das (Militär): mit automatischen Kameras ausgerüstetes Flugzeug zur Aufklärung (4).

Auf|klä|rungs|kam|pa|gne, die: Propagandaaktion zur Aufklärung über bestimmte Fragen: die Verbraucherorganisation startete eine A.

Auf|klä|rungs|pflicht, die (Rechtsspr.): Pflicht, über etw. aufzuklären: die A. des Arztes (Pflicht des Arztes, den Patienten über mögliche Gefah-

ren einer geplanten Operation, einer medikamentösen Behandlung o. Ä. aufzuklären).
Auf|klä|rungs|quo|te, die: *Anzahl der aufgeklärten Straftaten in einem bestimmten Zeitraum:* die A. bei Diebstählen ist deutlich gestiegen.
Auf|klä|rungs|tä|tig|keit, die: *Tätigkeit, die der Aufklärung (1, 2, 4) dient.*
Auf|klä|rungs|zeit|al|ter, das ⟨o. Pl.⟩: *Zeitalter, das durch die Aufklärung (3) geprägt war.*
auf|klat|schen ⟨sw. V.; ist⟩: **1.** *im Fall klatschend auftreffen:* der flache Stein war auf das Wasser aufgeklatscht. **2.** (Jugendspr.) *verprügeln, fertigmachen; aufmischen (2):* die Angeklagten räumten ein, sie hätten Ausländer a. wollen.
auf|klau|ben ⟨sw. V.; hat⟩ (bes. südd., österr.): *(verstreut Umherliegendes) aufheben, aufsammeln:* Kartoffeln a.; die heruntergefallenen Briefmarken wieder a.
Auf|kle|be|eti|kett, Aufklebeetikett, das: *beschrifteter Zettel, der (zur Auszeichnung von Waren o. Ä.) auf etw. aufgeklebt wird.*
auf|kle|ben ⟨sw. V.; hat⟩: *auf etw. kleben:* die Adresse [auf ein Paket] a.; dem Kind ein Pflaster a.; säuberlich aufgeklebte Scherenschnitte.
Auf|kle|ber, der; -s, -: *(für einen bestimmten Zweck vorgefertigter) aufklebbarer Zettel.*
Auf|kleb|eti|kett: ↑ Aufklebeetikett.
auf|klin|gen ⟨st. V.; ist⟩: *plötzlich für kurze Zeit erklingen, zu klingen beginnen:* Melodien, Stimmen klangen auf einmal neben ihm im Dunkel auf; Ü Wendungen, in denen noch etwas von alten Bräuchen aufklingt.
auf|klin|ken ⟨sw. V.; hat⟩: *durch Druck auf die Klinke öffnen:* die Tür mit dem Ellenbogen a.
auf|klop|fen ⟨sw. V.; hat⟩: **1.** *auf etw. klopfen:* vor jedem Bildwechsel klopfte der Vortragende [mit dem Zeigestock] auf. **2.** *(eine harte Schale) durch Klopfen zerstören, öffnen:* wir klopften die Nüsse [mit einem Hammer] auf; die Eierschale a. **3.** *(die Federfüllung eines Kissens o. Ä.) durch Klopfen aufschütteln:* [jmdm.] das Kopfkissen a.
auf|knab|bern ⟨sw. V.; hat⟩ (fam.): *(Festes) mit kleinen Bissen, knabbernd aufessen:* eine Tüte Erdnüsse a.
auf|kna|cken ⟨sw. V.; hat⟩: **a)** *knackend aufbrechen:* Nüsse, Mandeln [mit den Zähnen, mit dem Nussknacker] a.; **b)** (ugs.) *(unerlaubt) gewaltsam aufbrechen, um Zugang zu etw. zu erhalten:* ein Auto, einen Tresor a.
auf|knal|len ⟨sw. V.⟩ (salopp): **1.** ⟨ist⟩ *heftig auf etw. aufprallen:* mit dem Kopf [auf den Asphalt] a.; das Auto ist auf einen Lkw aufgeknallt. **2.** ⟨hat⟩ *(Unangenehmes) [als Strafe] auferlegen:* ich habe den Brüdern eine Stunde Mehrarbeit aufgeknallt. **3.** ⟨hat⟩ **a)** (selten) *(die Tür o. Ä.) so heftig aufreißen, dass sie mit einem Knall anschlägt;* **b)** *(den Hörer o. Ä.) so heftig auflegen, dass er mit einem Knall zu liegen kommt:* wütend knallte sie den Hörer auf.
auf|knien ⟨sw. V.⟩: **a)** ⟨hat/ist⟩ (Turnen) *so auf ein Gerät springen, dass man bei gestrecktem Oberkörper kniend aufkommt:* auf den Kasten a.; **b)** ⟨a. + sich; hat⟩ *sich auf die Knie niederlassen:* sie kniete sich [auf die Bank] auf.
auf|knip|sen ⟨sw. V.; hat⟩ (ugs.): *(Druckknöpfe o. Ä.) aufmachen, wobei ein kurzer heller [metallener] Ton erzeugt wird:* sie knipste ihre Handtasche auf.
auf|knöp|fen ⟨sw. V.; hat⟩: **1.** *(Zugeknöpftes) öffnen:* den Kissenbezug a.; ich knöpfte mir den Mantel auf; Ü knöpf [dir] die Ohren auf! (ugs. scherzh.; *hör gut, besser zu!*) **2.** *auf etw. knöpfen:* einen weißen Kragen auf das Hemd a.
◆ **3.** [eigtl. = den Geldbeutel aufmachen] *freigebig sein; Geld hergeben:* ...der Württemberger wird nicht a., ich sag's Euch! – Nicht a.? Ei! Ei!

Hab ich nicht mein Pfand? (Hebbel, Agnes Bernauer II, 6).
auf|kno|ten ⟨sw. V.; hat⟩: **a)** *den, die Knoten in etw. lösen, aufmachen:* sie knotete die Schnur, ihre Schnürsenkel auf; **b)** *(Zugeknotetes) öffnen:* ein Paket, ein Aktenbündel a.
auf|knüp|fen ⟨sw. V.; hat⟩: **1.** (emotional) **a)** *erhängen* (b): jmdn. an einem Laternenpfahl a.; **b)** ⟨a. + sich⟩ *sich erhängen:* sie hat sich in einem Anfall von Schwermut aufgeknüpft. **2.** *Zusammengeknotetes öffnen:* das zusammengeknotete Tuch, den Schifferknoten wieder a.
auf|ko|chen ⟨sw. V.⟩: **1. a)** ⟨hat⟩ *etw. so lange erhitzen, bis es zu kochen beginnt:* die Suppe unter Umrühren a.; **b)** ⟨ist⟩ *zu kochen, sieden beginnen:* warte, bis das Wasser aufkocht; aufkochende Milch; Ü in mir kochte die Wut auf. **2.** ⟨hat⟩ *(schon einmal Gekochtes) erneut kurz kochen lassen:* jmdm. aufgekochten Kaffee vorsetzen; Ü alte Geschichten noch mal a. **3.** ⟨hat⟩ (südd., österr.) *[bei besonderen Anlässen] gut u. in großer Menge kochen:* für das Fest wurde groß aufgekocht.
auf|kom|men ⟨st. V.; ist⟩: **1.** *[unvermutet] entstehen:* Wind kommt auf; tagsüber stark bewölkt, aufkommende Niederschläge; ⟨subst.:⟩ diese Wetterlage begünstigt das A. von Nebel; Ü es kamen Gerüchte auf, er wolle zurücktreten; Misstrauen kam auf *(regte sich);* um keinerlei Zweifel a. zu lassen; es wollte keine rechte Stimmung a.; im 18. Jahrhundert kam der Frack auf *(wurde er Mode);* ⟨subst.:⟩ das A. der Kunststoffe. **2. a)** *entstehende Kosten übernehmen:* für die Kinder, für den Unterhalt der Kinder a.; für den entstandenen Sachschaden a.; **b)** *für etw. tätige Verantwortung tragen:* für die Sicherheit Berlins a. **3. a)** *sich gegenüber jmdm., etw. durchsetzen:* gegen einen mächtigen Mann nicht a. können; gegen die berechtigten Ansprüche war schwer aufzukommen; **b)** *jmdm. gleichkommen; an jmdn. heranreichen* (meist verneint): du wolltest niemanden neben dir a. lassen. **4. a)** *sich erheben, wieder aufstehen können:* sie kam nur mit Mühe vom Boden auf; **b)** (geh.) *wieder gesund werden:* sie hatte einen so schlimmen Rückfall erlitten, dass sie wohl nicht mehr a. wird. **5.** (landsch.) *entdeckt werden, bekannt werden, herauskommen:* der Schwindel kam auf. **6.** *beim Sprung od. Fall auf etw. auftreffen, aufsetzen:* die Akrobatin kam auf das/ auf den Netz auf; der Skispringer kommt nicht so mühelos auf. **7.** (Sport) *aufholen (1 b); besser, überlegen werden:* dann aber kam die gegnerische Mannschaft auf und beherrschte das Geschehen bis zur Pause. **8.** (Seemannsspr.) *(von Schiffen) in Sicht kommen, herankommen.*
Auf|kom|men, das; -s, -: **1.** (Wirtsch.) **a)** *Summe der Einnahmen (aus Steuerabgaben o. Ä.) in einem bestimmten Zeitraum:* das A. [aus] der Körperschaftssteuer; **b)** (DDR) *in der Höhe festgelegte Abgabe; Pflichtablieferung landwirtschaftlicher Güter, Soll:* das staatliche A. an Eiern. **2.** ⟨o. Pl.⟩ (geh.) *Genesung:* wir dürfen wohl nicht mehr mit ihrem A. rechnen. **3.** *Entstehung u. Ausbreitung eines Phänomens:* das A. des Militarismus.
auf|kom|mens|neu|t|ral ⟨Adj.⟩: *keine Kosten verursachend:* eine Reform a. umsetzen.
auf|kor|ken ⟨sw. V.; hat⟩ (ugs.): *entkorken:* korkst du bitte noch die Flasche auf?
auf|kra|chen ⟨sw. V.; ist⟩ (ugs.): **1.** *(von etw. Genähtem) aufplatzen, aufreißen:* der Rock, die Naht ist aufgekracht. **2.** *mit einem krachenden Geräusch auffallen, aufschlagen:* der schwere Ast ist auf das/auf dem Wagendach aufgekracht. **3.** *sich plötzlich mit einem krachenden Geräusch öffnen:* die Tür krachte auf einmal auf.

auf|krat|zen ⟨sw. V.; hat⟩: **1. a)** *(eine abheilende Wunde o. Ä.) durch Kratzen wieder öffnen:* du kratzt die Wunde am Knie immer wieder auf; **b)** *durch Kratzen verletzen:* die Dornen kratzten ihm das Gesicht auf. **2.** *rau, wund machen:* der saure Wein kratzt mir ja die Kehle auf! **3.** (ugs. selten) *aufheitern.*
auf|krei|schen ⟨sw. V.; hat⟩: *plötzlich, kurz kreischen:* vor Entsetzen, voller Schrecken laut a.; Ü aufkreischende Bremsen.
auf|krem|peln ⟨sw. V.; hat⟩: *(den unteren Teil eines Kleidungsstückes) mehrmals umschlagen; hochkrempeln:* ich kremp[e]le [mir] die Hemdsärmel bis zum Ellbogen auf; mit aufgekrempelten Hosen im Wasser waten.
auf|kreu|zen ⟨sw. V.⟩: **1.** ⟨ist⟩ (salopp) *bei jmdm., irgendwo unvermutet erscheinen:* dann ist sie auf einmal wieder in ihrer Heimatstadt aufgekreuzt; er ist gestern schon wieder bei uns aufgekreuzt *(hat uns ... besucht).* **2.** ⟨ist/hat⟩ (Seemannsspr.) *in Zickzacklinie gegen den Wind segeln:* der Schoner kreuzte gegen den starken Ostwind auf.
auf|krie|gen ⟨sw. V.; hat⟩ (ugs.): *aufbekommen.*
auf|kün|di|gen ⟨sw. V.; hat⟩: **a)** *(eine [vertragliche] Verpflichtung) durch Kündigung für beendet, für aufgehoben erklären:* das Miet-, das Arbeitsverhältnis a.; jmdm. den Dienst a.; **b)** (geh.) *(eine Beziehung o. Ä.) für beendet erklären:* sie hat ihm die Freundschaft aufgekündigt.
Auf|kün|di|gung, die; -, -en: *das Aufkündigen.*
auf|kur|beln ⟨sw. V.; hat⟩: **1.** *durch Drehen einer Kurbel öffnen:* das Wagenfenster a. **2.** (Schneiderei) *(mit der Nähmaschine) applizieren:* sie hatte auf die Bluse eine farbige Borte aufgekurbelt.
Aufl. = Auflage.
auf|la|chen ⟨sw. V.; hat⟩: *plötzlich, kurz lachen:* schallend, herzlich, höhnisch a.; sie antwortete hell auflachend.
auf|lad|bar ⟨Adj.⟩: *sich aufladen (2 a) lassend:* eine -e Chipkarte.
auf|la|den ⟨st. V.; hat⟩: **1. a)** *(Ladegut) auf ein Transportmittel laden:* Kartoffelsäcke, Rüben [auf den Lastwagen] a.; wir müssen noch a.; ⟨subst.:⟩ die Kinder halfen beim Aufladen; **b)** (ugs.) *eine Last auf den Rücken o. Ä. packen:* lädst du dir denn nicht noch den schweren Seesack auf?; Ü er lädt sich zu viel Arbeit auf; er lud seiner Frau die Verantwortung, die Sorge für die Kinder auf. **2.** (Physik) **a)** *elektrisch laden:* eine Batterie a.; Ü eine emotional aufgeladene Diskussion; **b)** ⟨a. + sich⟩ *sich elektrisch laden:* manche Textilien laden sich elektrostatisch auf. **3.** (Technik) *die Leistung eines Motors durch Einbringen verdichteter Luft erhöhen:* einen Dieselmotor a.
Auf|la|der, der; -s, -: *jmd., der Ladegut auf Transportmittel lädt* (Berufsbez.).
Auf|la|de|rin, die; -, -nen: w. Form zu ↑ Auflader.
Auf|la|dung, die; -, -en: *das Aufladen, Aufgeladensein.*
Auf|la|ge, die; -, -n [mhd. ûflage = Befehl, Gebot]: **1. a)** (Verlagsw.) *Gesamtzahl der nach einer bestimmten unveränderten Satzvorlage gedruckten Exemplare* (Abk.: Aufl.): die erste A. dieses Werkes erschien 1923; sechste, neu bearbeitete u. erweiterte A.; Vorwort zur dritten A.; die Bücher dieser Autorin erreichten hohe -n; **b)** (Wirtsch.) *Menge hergestellter Gegenstände, Waren; Anzahl der Serie in einem bestimmten Zeitraum:* die A. des VW. **2.** (Amtsspr.) *mit etw. verbundene, auferlegte Verpflichtung:* die Strafaussetzung wird mit -n verbunden; er durfte hier ohne irgendwelche -n filmen; jmdm. etw. zur A. machen. **3. a)** *etw., was auf etw. gelegt wird:* die Matratze hat eine A. aus Schaumgummi; **b)** *aufgelegte [Metall]schicht; Überzug:*

die Bestecke haben eine A. aus Silber. **4.** *Unterlage, Stütze, auf der etw. aufliegt od. auf die etw. aufgelegt werden kann:* ohne A. schießen.

Auf|la|ge|flä|che, die: *Stützfläche, auf der etw. aufliegt od. auf die etw. aufgelegt werden kann.*

Auf|la|ge|hö|he, Auf|la|gen|hö|he, die (Verlagsw.): *Höhe einer Auflage* (1 a): diese Illustrierte hat eine A. von über einer Million Exemplaren; eine schwindelerregende A.

Auf|la|gen|hö|he: ↑ Auflagehöhe.

auf|la|gen|stark ⟨Adj.⟩: *(bes. von Zeitungen od. Zeitschriften) eine hohe Auflage* (1 a) *habend:* eine -e Wochenzeitung.

Auf|la|ger, das; -s, - (Bauw.): *Stützkörper, Fläche (aus Holz, Stein o. Ä.) zum Tragen von Bauteilen.*

auf|la|gern ⟨sw. V.; hat⟩: **a)** *(zur Abstützung o. Ä.) auf etw. legen:* Bretter auf Stützböcke a.; **b)** *über etw. liegen, einer Sache aufliegen:* eine jüngere Gesteinsschicht, die den Granitmassen auflagert.

Auf|la|ge|rung, die; -, -en: *das Auflagern.*

auf|län|dig ⟨Adj.⟩ (Seemannsspr.): *(von der See weg) landwärts gerichtet:* -er Wind; die Strömung ist a.

auf|las|sen ⟨st. V.; hat⟩: **1.** (ugs.) *offen lassen:* den Mantel a.; lass doch das Fenster auf. **2.** (ugs.) *aufbehalten:* sie ließ während ihres Besuches den Hut auf. **3.** (ugs.) *aufbleiben* (2) *lassen:* sie lassen ihre Kinder abends lange auf. **4.** *in die Höhe steigen lassen:* ganze Bündel von Luftballons wurden aufgelassen. **5. a)** (landsch., bes. südd., österr.) *(einen Betrieb o. Ä.) aufgeben, auflösen, schließen:* Die kleinen Geschäfte in den Ortschaften sind längst schon aufgelassen worden (Jelinek, Lust 165); **b)** (Bergbau) *stilllegen:* Stollen a.; eine aufgelassene Grube. **6.** (Rechtsspr.) *(ein Grundstück o. Ä.) abtreten, übertragen, übereignen:* sie hat mehrere Hektar Wald aufgelassen; die Erbengemeinschaft hat den Bauplatz aufgelassen.

auf|läs|sig ⟨Adj.⟩ (Bergbau): *stillgelegt:* -e Bergwerke.

Auf|las|sung, die; -, -en ⟨Pl. selten⟩: **1. a)** (landsch., bes. südd., österr.) *Schließung, Aufgabe;* **b)** (Bergbau) *Stilllegung.* **2.** (Rechtsspr.) *Übereignung eines Grundstücks beim Grundbuchamt od. vor einem Notar in Anwesenheit von Veräußerer u. Erwerber.* **3.** * **die A. geben** (landsch. scherzh.; *als Gastgeber eine Festlichkeit eröffnen:* der Jubilar hob sein Glas und gab die A.).

auf|las|ten ⟨sw. V.; hat⟩ (selten): *aufladen* (1 b): musst du mir den schweren Sack Kartoffeln a.?; Ü mit aller Kraft seiner Arbeit, Sorge aufgelastet.

auf|lau|ern ⟨sw. V.; hat⟩: *auf jmdn. lauern* (a): der Reporter lauerte ihm an einer dunklen Straßenecke auf; Ü sie hatte das Gefühl, als würde Tod oder Wahnsinn ihr a.; Gelegentlich schoss er ein Schaf, weil er zu faul war, anderem Wild aufzulauern (Jahnn, Geschichten 230).

Auf|lauf, der; -[e]s, Aufläufe: **1.** *das spontane Zusammenströmen, Zusammenlaufen vieler erregter Menschen u. das auf solche Weise entstandene Ansammlung auf Straßen od. Plätzen:* vor dem Rathaus gab es einen A. empörter Bürger; es bildete sich ein A. **2.** [zu ↑ auflaufen (2 a)] *im Herd (in einer feuerfesten Form) überbackene [Mehl]speise:* ein A. mit Käse und Schinken.

auf|lau|fen ⟨st. V.⟩: **1.** ⟨ist⟩ **a)** (Seemannsspr.) *von oben her auf etw. auffahren, auf Grund laufen, sich festfahren:* der Dampfer lief auf eine Klippe auf; auf feine[r] Sandbank a.; Ü der Kanzler lief mit seiner Atompolitik auf (konnte sich nicht durchsetzen); **b)** *im Lauf, in der Fahrt gegen jmdn., etw. prallen:* ich wäre beinahe auf dich aufgelaufen; der Wagen lief auf die Fahrbahnbegrenzung auf; der Verteidiger ließ seinen Gegenspieler a. (Fußball; *veranlasste, dass sein Gegner im Lauf gegen ihn prallte [um ihn vom Ball zu trennen]*). **2.** ⟨ist⟩ **a)** (selten, landsch.) *anschwellen:* ihm liefen die Adern auf über den Schläfen; **b)** *anwachsen, zunehmen; sich anhäufen:* die Zinsen sind auf 150 Euro aufgelaufen; die eingegangene Post ist während seines Urlaubs stark aufgelaufen. **3.** ⟨ist⟩ *(vom Wasser) mit der Flut ansteigen:* das Wasser lief so schnell auf, dass die Schafe ertranken; auflaufendes Wasser *(landwärts gerichtete, durch die Tide bewirkte Strömung).* **4.** ⟨ist⟩ (Landwirtsch.) *(von Gesätem o. Ä.) aufgehen:* die Erbsen sind aufgelaufen. **5.** ⟨ist⟩ (Sport) *auf jmdn. Anschluss gewinnen; aufrücken:* im Endspurt lief sie zur Spitzengruppe auf; Ü Hemingway lief erst betrunken zu großer Form auf. **6.** ⟨a. + sich; hat⟩ (ugs.) *sich etw. wund laufen:* sich die Füße a. **7.** ⟨ist⟩ (Sport) *einlaufen.*

Auf|lauf|form, die: *Backform für Aufläufe* (2): eine A. aus feuerfestem Glas.

Auf|lauf|kind, das (Fußball): *Kind, das beim Einlaufen einer Fußballmannschaft mitgenommen wird u. vor Beginn des Spiels das Spielfeld wieder verlässt.*

auf|le|ben ⟨sw. V.; ist⟩: **a)** *neue Lebenskraft bekommen u. dies erkennen lassen:* sie lebt sichtlich auf, seit sie wieder für jemanden sorgen kann; die Regenfälle ließen die ausgetrocknete Natur wieder a.; Ü beim Anblick der Flasche Korn lebte er plötzlich auf *(wurde er plötzlich munter);* **b)** *von Neuem beginnen, zu neuem Leben erwachen:* das Gespräch lebte auf; antisemitische Gedanken lebten wieder auf.

auf|le|cken ⟨sw. V.; hat⟩: *vom Boden o. Ä. leckend wegnehmen:* die Katze hat die Milchlache vom Boden aufgeleckt.

Auf|le|ge|mat|rat|ze, die: *Matratze, die auf den Lattenrost o. Ä. eines Bettes aufgelegt wird.*

auf|le|gen ⟨sw. V.; hat⟩: **1. a)** *auf etw. legen:* eine neue Tischdecke a.; ein Gedeck a. *(beim Tischdecken hinlegen);* eine alte [Schall]platte a. *(auf den Teller des Plattenspielers legen u. abspielen);* wer legt heute auf? *(wer arbeitet heute als Discjockey?);* wir müssen noch mehr [Holz] a. *(in das Feuer legen, nachlegen);* Make-up a. *(auf das Gesicht auftragen);* ein Ellbogen a. *(zum Abstützen auf die Tischplatte legen);* sie legte den Hörer auf *(legte den Hörer auf den Telefonapparat zurück);* man legte der Kranken kalte Kompressen auf; dem Pferd den Sattel a.; **b)** *durch das Auflegen des Hörers das Telefongespräch beenden:* der Teilnehmer hat aufgelegt; er wollte noch etwas sagen, aber sie hatte schon aufgelegt. **2.** (seltener) *auferlegen:* sich freiwillig Entbehrungen a. **3.** *zur Einsichtnahme o. Ä. auslegen:* die Liste für die Gemeinderatswahl wird erst morgen aufgelegt; den Umweltbericht öffentlich a. **4.** ⟨a. + sich⟩ (landsch.) *anlegen* (8): warum legst du dich ständig mit deinen Nachbarn auf? **5. a)** (Verlagsw.) *ein Werk [in einer Neuauflage] drucken, herausgeben:* einen Gedichtband neu a.; seine Romane sind später nicht wieder aufgelegt worden; **b)** (Wirtsch.) *mit der Herstellung eines Fabrikats in großer Stückzahl beginnen:* eine neue Serie von etw. a. **6.** (Geldw., Finanzw.) *(ein Wertpapier) ausschreiben, anbieten:* an der Börse waren neue Aktien aufgelegt worden. **7.** (Seemannsspr.) *(ein Schiff) für eine bestimmte Zeit stilllegen, außer Dienst stellen.*

Auf|le|ger, der; -s, -: **1.** *Auflegematratze.* **2.** *jmd., der etw. auflegt.* **3.** *Anhänger, der einer Zugmaschine aufgelegt, aufgesattelt* (2) *wird.*

Auf|le|ge|rin, die; -, -nen: w. Form zu ↑ Aufleger (2).

Auf|le|gung, die; -, -en ⟨Pl. selten⟩: *das Auflegen.*

auf|leh|nen ⟨sw. V.; hat⟩: **1.** ⟨a. + sich⟩ [mhd. ufleinen, eigtl. = sich aufrichten, zu ↑ lehnen] *jmdm., jmds. Willen od. Anschauung Widerstand entgegensetzen:* sich gegen den Vater, gegen die bestehende Ordnung a.; sein Stolz lehnt sich dagegen auf, bevormundet zu werden; sich gegen den Tod a. *(sich dagegen wehren zu sterben).* **2.** (landsch.) *(die Arme) auf etw. lehnen; aufstützen:* die Arme [auf das/auf dem Fenstersims] a.

Auf|leh|nung, die; -, -en: *das Sichauflehnen:* die erbitterte A. der Flüchtlinge gegen ihr Schicksal.

auf|lei|men ⟨sw. V.; hat⟩: *mit Leim auf etw. befestigen, festkleben:* die abgebrochenen Figuren wieder auf die/auf der Unterlage a.; aufgeleimte Leisten.

auf|le|sen ⟨st. V.; hat⟩: **1. a)** *(verstreut Umherliegendes) mit der Hand aufsammeln:* Fallobst, Scherben a.; die heruntergefallenen Glasperlen wieder a.; **b)** (ugs.) *(zufällig Gefundenes) [aufheben u.] mitnehmen:* ihre Hosentaschen waren voll von Dingen, die sie irgendwo aufgelesen hatte; Ü sie hatte ein paar spanische Redensarten aufgelesen; **c)** (ugs. scherzh.) *sich irgendwo holen* (4): ich hatte in den Tropen eine Viruskrankheit aufgelesen. **2.** (ugs.) *jmdn. irgendwo auffinden u. mit sich nehmen:* wo hast du den Kerl bloß aufgelesen?

auf|leuch|ten ⟨sw. V.; hat/ist⟩: *plötzlich, für kurze Zeit leuchten:* eine Lampe leuchtete auf; ein Sonnenstrahl ließ die Herbstlandschaft a.; Ü ihre Augen hatten freudig aufgeleuchtet.

Auf|licht, das; -[es (Optik, Fotogr.): *auf einen Gegenstand auffallendes [künstliches] Licht.*

auf|lich|ten ⟨sw. V.; hat⟩ (geh.): **1.** *die Dichte von etw. auflockern; irgendwo Zwischenraum schaffen (in den Licht einfallen kann):* er hat den Wald a.; von Gärten aufgelichtete Stadtbezirke. **2.** *heller machen:* die Räume durch hellere Tapeten etwas a.; er hat die dunklen Partien des Bildes mit Deckweiß aufgelichtet (1 b), *aufklären:* ein Geheimnis a. **4.** ⟨a. + sich⟩ **a)** *heller werden:* der Himmel lichtete sich nachmittags etwas auf; **b)** *durchschaubar werden, sich aufklären:* die Zusammenhänge haben sich aufgelichtet.

Auf|lich|tung, die; -, -en: *das Auflichten.*

auf|lie|fern ⟨sw. V.; hat⟩: *zur Beförderung aufgeben:* eine Sendung bei der Bahn a.; ich liefere mein Reisegepäck morgen auf.

Auf|lie|fe|rung, die; -, -en: *das Aufliefern.*

auf|lie|gen ⟨st. V.⟩: **1.** ⟨hat; südd., österr., schweiz. auch: ist⟩ **a)** *auf etw. liegen:* die Bretter liegen auf Querbalken auf; der Deckel liegt nicht richtig auf; **b)** (geh. veraltend) *auf jmdm. lasten:* die Verantwortung lag ihr schwer auf; ♦ *zur Last fallen:* Wenn sie (= die Männer) nur nicht gleich heiraten wollten, und wenn man einmal freundlich mit ihnen ist, einem hernach den ganzen Tag aufliegen (Goethe, Jery u. Bätely). **2.** ⟨hat; südd., österr., schweiz. auch: ist⟩ *zur Einsicht o. Ä. ausliegen:* von morgen an liegen die Wahlverzeichnisse auf. **3.** (ugs.) **a)** ⟨a. + sich; hat⟩ *sich wund auflegen:* ich habe mich aufgelegen; **b)** ⟨a. + sich; hat⟩ *wund liegen:* ich habe mir den Rücken aufgelegen. **4.** ⟨hat⟩ (Seemannsspr.) *(von Schiffen) für eine bestimmte Zeit außer Dienst gestellt sein:* das Schulschiff liegt bis auf Weiteres im Hafen auf.

auf|lis|ten ⟨sw. V.; hat⟩: *[mithilfe einer elektronischen Anlage] eine Liste von etw. herstellen; zu einer Liste zusammenstellen:* Zutaten, Adressen a.; der Verbindungsnachweis listet auf, mit wem, wann u. wie lange in dem jeweiligen Abrechnungszeitraum telefoniert wurde; ⟨subst.:⟩ das Sammeln u. Auflisten von Wortmaterial.

Auf|lis|tung, die; -, -en: **1.** *das Auflisten:* die A.

von Verbrechen. **2.** *aufgelistete Zusammenstellung.*

auf|lo|ckern ⟨sw. V.; hat⟩: **1.** *locker machen:* ich lockere die Erde mit der Hacke auf; aufgelockerte *(leichte)* Bewölkung. **2.** ⟨a. + sich⟩ *seine Muskeln lockern* (1 c): ich kreise die Schultern, um mich aufzulockern. **3. a)** *abwechslungsreicher machen:* ein Wohngebiet durch Grünanlagen a.; **b)** *gelöster, unbeschwerter machen:* an diesem Abend war sie aufgelockerter als sonst; der Alkohol trug dazu bei, die Atmosphäre aufzulockern *(zu entspannen, zwangloser zu machen);* das Gespräch durch einen Witz a.

Auf|lo|cke|rung, die; -, -en: *das Auflockern.*

auf|lo|dern ⟨sw. V.; ist⟩: **a)** *plötzlich lodernd emporflammen:* die Flammen loderten hoch auf; Ü in der Hauptstadt loderten die Straßenkämpfe wieder auf; in ihren Augen loderte Hass auf; **b)** *in Flammen aufgehen:* die alten Briefe waren im Ofen aufgelodert.

auf|lös|bar ⟨Adj.⟩: **1.** *sich auflösen* (1 a) *lassend:* ein -er Stoff. **2.** *sich auflösen* (2 a) *lassend:* ein schwer -er Knoten. **3. a)** *sich auflösen* (3 a) *lassend:* ein -er Vertrag; **b)** *sich auflösen* (4 b) *lassend:* die Gleichung ist nicht weiter a.

Auf|lös|bar|keit, die; -: *das Auflösbarsein.*

auf|lö|sen ⟨sw. V.; hat⟩: **1. a)** *(in einer Flüssigkeit) zerfallen, zergehen lassen:* Tabletten in einem Glas Wasser a.; ... auf einer abgeschnagte Tasse, in der sie immer Kernseife auflöste, um Seifenblasen zu machen (Böll, Haus 101); Ü ... meine Persönlichkeit war aufgelöst im Festrausch wie Salz im Wasser (Hesse, Steppenwolf 197 f.); **b)** ⟨a. + sich⟩ *sich zerteilen:* der Zucker hat sich aufgelöst; die Wolke löste sich auf; Ü das Traumbild löste sich auf; Zeichen des sich auflösenden *(zerfallenden)* Reiches; **c)** ⟨a. + sich⟩ *in etw. übergehen, sich in etw. verwandeln:* die dunklen Wolken lösten sich in prasselnden Regen auf; alles wird sich in eitel Freude a. **2.** (geh.) **a)** *(Gebundenes, Geflochtenes o. Ä.) aufbinden:* eine Schleife, Verschnürung a.; löste mir das Haar auf; mit aufgelösten Haaren; Ü eine die ältere Einheit von Politik und Ethik auflösende Lehre; Als kleiner Junge ist er mal anlässlich einer größeren Festivität unter den Tisch gekrochen und hat allen Gästen die Schnürsenkel aufgelöst (Kempowski, Zeit 155); **b)** ⟨a. + sich⟩ *sich nicht in einer bestimmten Form halten; aufgehen:* die Schleife löst sich immer wieder auf. **3. a)** *nicht länger bestehen lassen:* einen Haushalt, ein Geschäft, das Parlament, eine Versammlung, einen Vertrag a.; einen Zug von Demonstranten a.; die Verlobung a. *(rückgängig machen);* die Ehe wurde aufgelöst *(geschieden);* du musst die Klammern a. (Math.: *durch Rechenoperationen entfernen);* **b)** ⟨a. + sich⟩ *nicht länger bestehen:* die alten Ordnungen lösten sich auf; der Verein löste sich bald wieder auf; die Menschenmassen hatten sich aufgelöst *(zerstreut, verteilt).* **4. a)** *klären, entwirren u. dadurch beheben:* wie kann man diesen Widerspruch a.?; **b)** *die Lösung von etw. finden:* ein Rätsel, eine mathematische Gleichung a.; **c)** ⟨a. + sich⟩ *sich aufklären* (1 b): das Missverständnis wird sich a. **5.** (Musik) **a)** *ein Versetzungszeichen aufheben u. dadurch den ursprünglichen Ton wiederherstellen:* das Kreuz ist im nächsten Takt wieder aufgelöst; **b)** *(eine Dissonanz a.* auflösen) *in Konsonanz fortführen:* die Dissonanz a. **6.** (Optik, Fotogr.) *nah beieinanderliegende Details eines Objekts deutlich unterscheidbar abbilden.*

Auf|lö|sung, die; -, -en ⟨Pl. selten⟩: **1. a)** *das Sichauflösen* (1 b): die A. der Nebelfelder; der Körper des Toten ist schon in A. begriffen *(beginnt schon zu verwesen);* Er ... hielt ihm die sittliche A. vor, der seine Klasse sichtlich entgegenfieht (H. Mann, Unrat 97); **b)** *das Sichauflösen* (3 b): so führte diese Gewohnheit zu einer A. jeder wirklichen Tradition; **c)** *das Aufgelöstsein* (a): in einem Zustand völliger A. betrat sie das Zimmer. **2.** *das Auflösen* (3 a): die A. einer Institution, eines Verhältnisses, einer Form. **3.** *das Auflösen* (4): die A. der Gleichung, des Geheimnisses; die A. *(Lösung)* des Rätsels finden Sie auf Seite 27. **4.** (Musik) *das Auflösen* (5). **5.** (Optik, Fotogr.) *das Auflösen* (6): diese Aufnahmen zeigen eine bessere A. von Einzelheiten.

Auf|lö|sungs|er|schei|nung, die: *Zerfallserscheinung.*

Auf|lö|sungs|pro|zess, der: *Zerfallsprozess.*

Auf|lö|sungs|ver|mö|gen, das (Optik, Fotogr.): *Vermögen, Fähigkeit, nah beieinanderliegende Details eines Objekts deutlich unterscheidbar abzubilden.*

Auf|lö|sungs|zei|chen, das (Musik): *Zeichen, mit dem die Geltung eines Versetzungszeichens aufgehoben wird* (Zeichen: ♮).

auf|lö|ten ⟨sw. V.; hat⟩: *auf etw. löten:* der Juwelier hatte Goldpailletten auf das Schmuckstück aufgelötet.

auf|lut|schen ⟨sw. V.; hat⟩: *lutschend verzehren:* hast du die Bonbons schon alle aufgelutscht?

auf|lu|ven ⟨sw. V.; hat⟩ [zu ↑ Luv] (Seemannsspr.): *den Winkel zwischen Kurs u. Windrichtung verkleinern.*

aufm (ugs.): *auf dem, einem.*

auf|ma|chen ⟨sw. V.; hat⟩: **1.** (ugs.) **a)** *öffnen:* das Fenster, den Koffer, den Mund a.; den Mantel, den obersten Knopf a. *(aufknöpfen);* sie hat mir nicht aufgemacht *(mich nicht eingelassen);* **b)** *öffnen, um an den Inhalt zu gelangen:* einen Brief, eine Flasche, einen Tresor a. (Gaunerspr.: *aufbrechen*); jmdn. a. *(jmds. Leib durch Operation öffnen);* das Haar a.; **c)** *zum Verkauf öffnen:* die Geschäfte machen um 8 Uhr auf. **2.** (ugs.) **a)** *eröffnen, gründen:* ein Geschäft, eine Filiale, eine Kneipe, ein Konto a.; **b)** *eröffnet werden:* hier haben viele neue Geschäfte aufgemacht. **3.** (Zeitungsw.) *mit etw. als Aufmacher versehen:* in der vorigen Woche war diese Zeitung mit folgenden Schlagzeilen aufgemacht: ... **4.** *effektvoll gestalten:* Auslagen, ein Buch hübsch a.; Restaurants, die im Stil der Schenken aufgemacht sind; sie hatte sich auf großer a. (ugs.: *zurechtgemacht).* **5.** ⟨a. + sich⟩ *auf den Weg machen:* sich zu einem Spaziergang a.; uns zu besuchen; Ich machte mich dann tagtäglich auf in die Vororte (Handke, Niemandsbucht 277). **6.** (Skispringen) *den Aufsprung einleiten, indem man die Arme vom Körper weg nach vorn bewegt.* **7.** (ugs.) *anmachen* (1): Gardinen a.; ein Plakat a.

Auf|ma|cher, der; -s, -: **a)** (Zeitungsw.) *als Blickfang dienender Titel, Hauptartikel einer Zeitung, Illustrierten:* diese Zeitung hatte als einzige im A. über den Spendenskandal berichtet; diese Neuigkeit war für die BZ gestern einen A. wert; **b)** (Fernsehen) *die erste Meldung einer Nachrichtensendung.*

Auf|ma|cher|sei|te, die (Zeitungsw.): *die erste Seite eines Hauptartikels in einer Illustrierten.*

Auf|ma|chung, die; -, -en: **1.** *Art u. Weise, in der jmd., etw. aufgemacht* (4) *ist:* eine geschmackvolle A.; sie erschien in eleganter A.; die Blätter berichteten darüber in großer A. (Zeitungsw.) **a)** *das Aufmachen* (3); **b)** *Aufmacher.*

◆ **auf|mah|nen** ⟨sw. V.; hat⟩: *aufbieten* (2): Wenn ein Kaufmann einen Pfefferack verliert, soll man das ganze Reich a. (Goethe, Götz III).

auf|ma|len ⟨sw. V.; hat⟩: **a)** *auf etw. malen, zeichnen:* ein großes Schild, auf/auf dem eine schwarze Hand aufgemalt war; **b)** (ugs.) *umständlich groß, unbeholfen schreiben:* ein Zettel, auf den/auf dem das Kind einige Wörter aufgemalt hatte.

Auf|marsch, der; -[e]s, Aufmärsche: *das Aufmarschieren:* der A. der Truppe; das Regime liebte Aufmärsche; eine Veranstaltung, die einen großen A. (schweiz.; *zahlreichen Besuch*) verdient.

auf|mar|schie|ren ⟨sw. V.; ist⟩: *in größerer Zahl marschierend herankommen u. sich aufstellen:* die Einheit marschierte in Viererreihen auf; Ü (scherzh.:) sie ließ ihre sieben Kinder a.; Zeugen a. *(auftreten)* lassen.

auf|mei|ßeln ⟨sw. V.; hat⟩: *durch Meißeln öffnen.*

auf|mer|ken ⟨sw. V.; hat⟩: **1.** (geh.) *aufpassen* (a): [auf alles] gut a. **2.** *plötzlich aufmerksam werden, aufhorchen:* bei diesem Namen merkte er auf.

auf|merk|sam ⟨Adj.⟩: **1.** *sehend, hörend seine geistige Aufnahmefähigkeit bereitwillig auf etw. richtend:* -e Zuhörer, Beobachter, Blicke; einer Darbietung a. folgen; er hörte sich das alles a. an; * [jmdn.] auf jmdn., etw. a. machen *(hinweisen: ich mache [Sie] darauf a., dass ...);* [auf jmdn., etw.] a. werden *(jmdn., etw. wegen einer gewissen Auffälligkeit wahrnehmen:* ich bin bei den Festspielen auf ihn a. geworden; Vorsicht, die Leute werden schon a.). **2.** *höflich u. dienstbereit:* ein [mir gegenüber] sehr -er junger Mann; das ist sehr a. von Ihnen.

Auf|merk|sam|keit, die; -, -en: **1.** ⟨o. Pl.⟩ *das Aufmerksamsein:* die A. der Zuhörer lässt nach; seine A. auf etw. richten; A. für etw. zeigen, bekunden; der Vorfall erregte meine A.; er schenkte ihr große A.; er scheint Ihrer A. entgangen zu sein, ... *(Sie haben offenbar noch nicht bemerkt, dass ...).* **2.** ⟨Pl. selten⟩ *aufmerksame* (2) *Art; aufmerksames Verhalten:* er umgab sie mit großer A. **3.** *kleines Geschenk:* jmdm. eine kleine A. mitbringen.

Auf|merk|sam|keits|de|fi|zit-Syn|drom, Aufmerk|sam|keits|de|fi|zit|syn|drom, das (Med., Psychol.): *(meist bei Kindern auftretende) Störung der Konzentrationsfähigkeit in Verbindung mit sprunghaftem, impulsivem Handeln [u. Hyperaktivität]* (Abk.: ADS).

Auf|merk|sam|keits|span|ne, die: *Zeitspanne, in der sich die Aufmerksamkeit einer Person voll auf eine Sache konzentriert.*

auf|merk|sam|keits|stark ⟨Adj.⟩ (Werbespr.): *große Aufmerksamkeit erzielend:* eine -e Werbekampagne.

auf|mi|schen ⟨sw. V.; hat⟩: **1.** *neu mischen, aufrühren:* Farben a.; Ü die Sache wurde noch einmal kräftig aufgemischt (ugs.: *aufgewirbelt*); den Markt a. **2.** (ugs.) *verprügeln:* die Skinheads wollten die Demonstranten a.

auf|mö|beln ⟨sw. V.; hat⟩ [urspr. wohl = alte Möbelstücke aufarbeiten] (ugs.): **1.** *etw. [wieder] in einen ansehnlicheren, besseren Zustand bringen:* einen alten Kahn a.; Ü die Mannschaft muss ihren Ruf a. **2.** *beleben* (1 a): der Kaffee hat mich aufgemöbelt. **3.** *jmdn. aus einer gedrückten Stimmung o. Ä. heraushelfen, jmdn. aufmuntern:* der Besuch hatte sie wieder aufgemöbelt.

auf|mon|tie|ren ⟨sw. V.; hat⟩: *auf etw. montieren:* einen Gepäckträger [aufs Dach] a.

auf|mot|zen ⟨sw. V.; hat⟩ [spätmhd. ûfmutzen = herausputzen; zu: mutzen = schmücken, H. u.] (ugs.): *effektvoller gestalten:* ein Auto a.; die Maskenbildnerin hatte ihn schwer aufgemotzt.

auf|mu|cken, (auch:) **auf|muck|sen** ⟨sw. V.; hat⟩ (ugs.): *aufbegehren, Widerspruch erheben, sein Missfallen zum Ausdruck bringen:* keiner wagte es, gegen solche Willkür aufzumucken.

auf|mun|tern ⟨sw. V.; hat⟩: **1. a)** *aufheitern:* sie versuchte, die anderen mit lustigen Geschichten aufzumuntern; **b)** *beleben, leicht aufputschen:* der Sekt munterte sie auf. **2.** *jmdm. zu etw. Mut*

Aufmunterung – aufpfropfen

machen: jmdn. [mit Zurufen] zum Weitermachen a.; jmdn. aufmunternd ansehen.
Auf|mun|te|rung, die; -, -en: *das Aufmuntern.*
auf|müp|fig ⟨Adj.⟩ [zu müpfig = widersprechend, schweiz. Form von ↑²muffig] (österr., sonst landsch.): *aufsässig, widersetzlich:* aus dem früher so braven Jungen war ein -er Bursche geworden.
Auf|müp|fig|keit, die; -, -en (landsch.): **1.** ⟨o. Pl.⟩ *Aufsässigkeit* (1). **2.** *Aufsässigkeit* (2).
auf|mut|zen ⟨sw. V.; hat⟩ [spätmhd. ûfmutzen = herausputzen; zu: mutzen = schmücken, H. u.]: **1.** (landsch.) *vorwerfen:* jmdm. seine Fehler a. **2.** (seltener) *aufmotzen.* ◆ **3.** (landsch.) *[erläuternd] hervorheben:* Das ist dein Wachtmeister, Franziska? – Wegen des spöttischen Tones habe ich nicht Zeit, dieses dein nochmals aufzumutzen (Lessing, Minna IV, 5).
aufn (ugs.): *auf den, auf einen.*
auf|nä|hen ⟨sw. V.; hat⟩: *auf etw. nähen:* eine Tasche [auf das Kleid] a.
Auf|nä|her, der; -s, -: *aufnähbare Plakette* (1).
Auf|nah|me, die; -, -n [zum 2. Bestandteil vgl. *Abnahme*]: **1.** *das Aufnehmen* (2): die A. von Verhandlungen, von diplomatischen Beziehungen. **2. a)** *Unterbringung, Beherbergung:* die A. von Flüchtlingen; jmds. A. in ein Krankenhaus veranlassen; **b)** *Art, in der jmd. irgendwo aufgenommen wird:* die A. [in der Familie] war überaus herzlich; die Vertriebenen fanden in anderen Ländern bereitwillige A.; **c)** *Raum, in dem die neu Aufzunehmenden ihre Personalien angeben müssen:* in der A. [des Krankenhauses] warten. **3.** *das Aufnehmen* (4 a) *Erteilung der Mitgliedschaft:* die A. in einen Verein beantragen. **4.** *das Aufnehmen* (8): die A. eines Kredits. **5. a)** *Übernahme:* die A. eines Wortes in eine Sprache; **b)** *das Registrieren, Verzeichnen in etw.:* die A. eines Wortes ins Wörterbuch. **6.** *Aufzeichnung:* die A. eines Protokolls, Diktats, Telegramms; die A. (kartografische Vermessung) eines Geländes. **7. a)** *das Fotografieren, Filmen:* Achtung, A.!; **b)** *Fotografie, Bild:* eine [un]scharfe, verwackelte A.; der Fotograf machte eine A. von dem Paar. **8. a)** *das Aufnehmen* (10c) *auf einen Ton- od. Datenträger:* die -n dauerten 3 Monate; bei der A. muss absolute Ruhe herrschen; **b)** *Ton-, Musikaufzeichnung:* sich A. eines Konzerts noch einmal anhören. **9.** *das Aufnehmen* (9): wie war die A. beim Publikum?; die Sendung fand [eine] begeisterte A. *(wurde begeistert aufgenommen).* **10.** ⟨o. Pl.⟩ *das Zusichnehmen:* die A. der Nahrung.
Auf|nah|me|be|din|gung, die ⟨meist Pl.⟩: *Bedingung für die Aufnahme* (3).
auf|nah|me|be|reit ⟨Adj.⟩: *bereit, etwas [in sich] aufzunehmen.*
Auf|nah|me|be|reit|schaft, die ⟨o. Pl.⟩: *das Aufnahmebereitsein.*
auf|nah|me|fä|hig ⟨Adj.⟩: **1.** *in der Lage, etw. aufzunehmen* (6): abends ist er nicht mehr a. für Musik. **2.** *in der Lage, etw. aufzunehmen* (5): -e Märkte.
Auf|nah|me|fä|hig|keit, die ⟨Pl. selten⟩: *Fähigkeit, etw. aufzunehmen* (5, 6).
Auf|nah|me|ge|bühr, die: *Gebühr, die für die Aufnahme als Mitglied od. Teilnehmer zu zahlen ist.*
Auf|nah|me|lei|ter, der ⟨Film⟩: *jmd., der für die organisatorischen Arbeiten am Drehort zuständig ist.*
Auf|nah|me|lei|te|rin, die: w. Form zu ↑ *Aufnahmeleiter.*
Auf|nah|me|lei|tung, die: **a)** ⟨o. Pl.⟩ *Leitung* (1 a) *der organisatorischen Arbeiten am Drehort;* **b)** *die mit der Aufnahmeleitung (a) betrauten Personen.*
Auf|nah|me|prü|fung, die: *für die Aufnahme in eine Ausbildungsstätte erforderliche Prüfung.*

Auf|nah|me|stopp, der: *[vorläufiges] Aussetzen der bisherigen Aufnahmepraxis:* Tierheime verhängen A.
Auf|nah|me|ver|mö|gen, das ⟨o. Pl.⟩: **1.** *Aufnahmefähigkeit.* **2.** *Fassungsvermögen.*
auf|nahms|fä|hig ⟨Adj.⟩ (österr.): *aufnahmefähig.*
Auf|nahms|prü|fung, die (österr.): *Aufnahmeprüfung.*
auf|neh|men ⟨st. V.; hat⟩: **1. a)** *vom Boden zu sich heraufnehmen:* den Handschuh [vom Boden] a.; den Rucksack a. *(auf den Rücken nehmen);* die Mutter nahm das Kind auf *(auf den Arm);* **b)** (bes. Fußball) *den Ball an sich nehmen, in seinen Besitz bringen:* eine Flanke a.; **c)** (nordd.) *(vom Boden o. Ä.) aufwischen:* die verschüttete Milch mit dem Lappen a.; * **es mit jmdm. a.** [können] *(den Wettstreit mit jmdm. nicht zu scheuen brauchen; mit jmdm. konkurrieren, sich messen können;* eigtl. = die Waffen aufnehmen: mit dem nehme ich es [im Trinken] noch allemal auf). **2.** *etw. zu tun, zu schaffen, herzustellen beginnen:* den Kampf, die Verfolgung a.; ein Studium a.; Verhandlungen [mit jmdm.] a.; mit jmdm. Kontakt, Fühlung a.; diplomatische Beziehungen mit einem Land, zu einem Staat a.; ein Thema, einen Gedanken, eine Anregung a. *(aufgreifen u. weiterführen).* **3.** *empfangen; bei sich unterbringen, beherbergen:* jmdn. freundlich a.; Flüchtlinge [bei sich, in seinem Haus] a.; in einem Krankenhaus aufgenommen werden. **4. a)** *die Mitgliedschaft gewähren, ein-, beitreten lassen:* jmdn. als Teilhaber in sein Geschäft a.; sie wurde in den Verein aufgenommen; **b)** (österr.) *an-, einstellen:* eine Hilfskraft a.; **c)** *in etw. mit hineinnehmen, [mit] einbeziehen:* ein Stück in den Spielplan a.; einen Punkt in die Tagesordnung a.; einen Artikel in sein Sortiment a. **5.** *Platz für jmdn., etw. bieten; fassen:* eine Gondel der Seilbahn nimmt 40 Personen auf; Ü der Arbeitsmarkt nimmt noch Arbeitskräfte auf. **6.** *in sein Bewusstsein dringen lassen; erfassen:* ich wollte neue Eindrücke, die Atmosphäre [in mich/(selten:) in mir] a.; das Gedächtnis kann das nicht alles a.; der Schüler nimmt leicht, schnell auf. **7.** *in sich hineinnehmen u. als chemischen Stoff verarbeiten:* der Rasen hat das Wasser aufgenommen; die Zellen nehmen Sauerstoff auf. **8.** *(Geld) von jmdm. leihen:* Geld, ein Darlehen, eine Hypothek, einen Kredit a. **9.** *in bestimmter Weise auf etw., was sich an einen wendet, reagieren:* einen Vorschlag, eine Darbietung, ein Theaterstück beifällig, freundlich, kühl, mit Zurückhaltung a.; eine vom Publikum begeistert aufgenommene Uraufführung. **10. a)** *aufzeichnen, schriftlich festhalten:* jmds. Personalien, ein Protokoll, eine Bestellung a.; ein Gelände [in einer genauen Karte] a. *(kartografisch vermessen u. aufzeichnen);* **b)** *fotografieren, filmen:* jmdn. [für die Zeitung] a.; eine Szene, mehrere Bilder a.; **c)** *auf einem Ton- od. Datenträger festhalten:* ein Konzert a.; ein Gespräch auf ein neues Band a.; eine CD a. *(besingen, bespielen).* **11.** (Handarb.) *(von Maschen) beim Stricken zusätzlich auf die Nadel nehmen:* 10 Maschen a.
Auf|neh|mer, der; -s, - (nordd.): **1.** *Aufwischlappen.* **2.** *Kehrichtschaufel.*
äu|fnen ⟨sw. V.; hat⟩ [mhd. ûfenen = erhöhen, zu: ûf, ↑¹*auf*] (schweiz.): *[ver]mehren; (Kapital, Geld) bilden, ansammeln:* eine Sammlung, ein Kapital a.
auf|nes|teln ⟨sw. V.; hat⟩: *(durch Schnur, Haken, Knöpfen, Knoten o. Ä. Verschlossenes) nestelnd öffnen:* die Verschnürung, einen Knoten, die Haare, die Schuhe a.
auf|nö|ti|gen ⟨sw. V.; hat⟩: *jmdn. nötigen, etw. anzunehmen, sich zu etw. bereitzufinden:* jmdm. ein zweites Stück Kuchen, einen Vertrag

a.; die Lage nötigt uns Zurückhaltung auf *(zwingt uns zur Zurückhaltung).*
auf|ok|t|ro|y|ie|ren ⟨sw. V.; hat⟩ (bildungsspr.): *aufzwingen:* jmdm. seine Meinung, seinen Willen, dem Staat eine Verfassung a.
auf|op|fern ⟨sw. V.; hat⟩: **1.** (geh.) *einem höheren Zweck opfern, hingeben:* sein Leben für jmdn. a.; seine Existenz einer Idee a. **2.** ⟨a. + sich⟩ *sich ohne Rücksicht auf die eigene Person einsetzen:* sich für die Familie, für eine Sache a.
auf|op|fernd ⟨Adj.⟩: *sich hingebungsvoll einem höheren Zweck opfernd:* -e Liebe, Arbeit; sich a. einer Sache widmen.
Auf|op|fe|rung, die; -, -en ⟨Pl. selten⟩: *das Aufopfern:* die A. [des Lebens] für jmdn., etw.; für jmdn. mit A. *(aufopfernd)* sorgen.
auf|op|fe|rungs|be|reit ⟨Adj.⟩: *bereit, sich od. etw. aufzuopfern.*
Auf|op|fe|rungs|be|reit|schaft, die ⟨o. Pl.⟩: *Bereitschaft, sich od. etw. aufzuopfern.*
auf|op|fe|rungs|voll ⟨Adj.⟩: *aufopfernd.*
auf|pa|cken ⟨sw. V.; hat⟩: **1. a)** *auf etw. packen:* dem Lasttier, dem Pferd, dem Tornister a.; Koffer [auf den Wagen] a.; Ü jmdm. alle Verantwortung a.; **b)** *[hoch] vollpacken:* den Wagen a. **2.** (selten) *auspacken* (1 b): ein Paket a.
auf|päp|peln ⟨sw. V.; hat⟩ (fam.): *(einen Kranken, ein Kind) mit sorgfältiger Ernährung [wieder] zu Kräften bringen:* ein Kind a.; einen Kranken [mit Diätkost] [wieder] a.
auf|pap|pen ⟨sw. V.; hat⟩ (österr., sonst landsch.): *aufkleben:* einen Zettel [auf den Koffer] a.
auf|pas|sen ⟨sw. V.; hat⟩ [zu veraltet passen = aufmerksam Vorübergehendes verfolgen]: **a)** *aufmerksam sein, achtgeben:* beim Unterricht in der Schule, im Straßenverkehr a.; auf die Verkehrszeichen a.; ihr müsst a., dass nichts passiert; aufgepasst! *(Achtung!, Vorsicht!);* pass auf (ugs.; *du wirst sehen),* das ändert sich; **b)** *beaufsichtigend auf jmdn., etw. achthaben, um einen Schaden o. Ä. zu verhüten:* auf die Kinder a.; auf die Gans im Ofen a.; **c)** (ugs.) *durch Unterbrechen des Geschlechtsverkehrs vor dem Samenerguss dafür sorgen, dass keine Empfängnis stattfindet:* wir müssen a.
Auf|pas|ser, der; -s, -: **1.** (abwertend) *jmd., der die Aufgabe hat, auf andere [heimlich] aufzupassen, ihr Tun zu beobachten:* jmdn. als A. verdächtigen. **2.** *Wächter, Beobachter:* auf dem Hügel war ein A. postiert.
Auf|pas|se|rin, die; -, -nen: w. Form zu ↑ *Aufpasser.*
auf|peit|schen ⟨sw. V.; hat⟩: **1.** *heftig bewegen u. in die Höhe treiben:* der Sturm peitscht das Meer, die Wellen auf. **2.** *in heftige Erregung versetzen:* die Musik peitscht die Sinne auf; die Redner peitschen das Volk auf; die Zeitungen sind voll mit aufpeitschenden Artikeln.
auf|pel|zen ⟨sw. V.; hat⟩ [zu ↑ *Pelz* im Sinne von »Rücken, Buckel«] (österr., sonst landsch.): *aufbürden:* jmdm. eine Arbeit, eine Strafe a.
auf|pep|pen ⟨sw. V.; hat⟩ (ugs.): *einer Sache Pep geben; effektvoller, wirkungsvoller gestalten:* ein schlichtes Kleid mit einem Tuch a.; eine langweilige Konferenz a.
auf|pflan|zen ⟨sw. V.; hat⟩: **1. a)** *aufstellen, aufrichten:* eine Fahne a.; **b)** *aufsetzen, auf das Gewehr stecken:* das Seitengewehr a.; mit aufgepflanztem Bajonett vorrücken. **2.** (ugs.) *sich provozierend vor jmdm., irgendwo hinstellen:* sich vor jmdn., vor den Eingang a.
auf|pflü|gen ⟨sw. V.; hat⟩: *durch Pflügen aufreißen, auf-, umbrechen:* den Boden a.
auf|pfrop|fen ⟨sw. V.; hat⟩: **1.** *auf etw. pfropfen:* ein Edelreis [auf einen Stamm] a. **2.** *aufzwingen, aufoktroyieren:* einem Volk eine fremde Kultur a.; Ü einem Roman eine bestimmte Tendenz a. *(als etwas Wesensfremdes aufzwingen).*

Auf|pfrop|fung, die; -, -en: **1.** *das Aufpfropfen.* **2.** *etw., was aufgepfropft worden ist.*

¹**auf|pi|cken** ⟨sw. V.; hat⟩: **1.** *mit dem Schnabel pickend aufnehmen:* der Vogel pickt Körner [vom Boden] auf; Ü aufgepickte (ugs.: *durch Lesen zufällig gefundene*) Klassikerzitate. **2.** *durch Picken öffnen:* die Elster pickt Eier auf.

²**auf|pi|cken** ⟨sw. V.; hat⟩ [↑ ²picken] (österr. ugs.): *aufkleben.*

auf|plät|ten ⟨sw. V.; hat⟩ (nordd., md.): *aufbügeln.*

auf|plat|zen ⟨sw. V.; ist⟩: *sich platzend öffnen; auseinanderplatzen, platzend aufgehen, aufspringen:* die Knospen platzen auf; die Naht, die Wunde ist aufgeplatzt.

auf|plus|tern ⟨sw. V.; hat⟩ [zu ↑ plustern]: **1.** *(das Gefieder) aufrichten:* der Vogel plustert seine Federn auf; Ü ein Ereignis a. (ugs. abwertend; *aufbauschen*). **2.** ⟨a. + sich⟩ **a)** *sich durch Aufrichten des Gefieders aufblähen:* der Vogel plustert sich auf; **b)** (ugs. abwertend) *sich wichtigtun:* sich [mit seinem Können] gewaltig a.

auf|po|lie|ren ⟨sw. V.; hat⟩: **1.** *durch Polieren wieder glänzend machen:* Möbel a.; Ü einen Text [durch Bearbeitung], seine Kenntnisse a. (ugs.; *auffrischen*). **2.** *verbessern:* sein Ansehen, sein [angeschlagenes] Selbstbewusstsein, sein Image, seinen Ruf a.

auf|pols|tern ⟨sw. V.; hat⟩: *die Polsterung von etw. aufarbeiten:* ein Sofa a. [lassen].

auf|pop|pen ⟨sw. V.; hat⟩: **1.** (ugs.) *nach Art der Popmusik, -kunst gestalten:* aufgepoppte Folksongs. **2.** (EDV) *als Pop-up (1) erscheinen:* das Startmenü poppt auf, wenn ..

auf|prä|gen ⟨sw. V.; hat⟩: *auf etw. prägen:* auf die Vorderseite ließ er sein Wappen a.

Auf|prall, der; -[e]s, -e ⟨Pl. selten⟩: *das Aufprallen:* der A. der Maschine auf das/(seltener:) auf dem Wasser.

auf|pral|len ⟨sw. V.; ist⟩: *auf etw. prallen:* das Auto prallte auf den Mast auf; das Flugzeug war auf das/(seltener:) auf dem Wasser aufgeprallt.

Auf|prall|schutz, der: *Vorrichtung zum Schutz bei Aufprall.*

◆ **auf|pras|seln** ⟨sw. V.; hat⟩: *prasselnd auflodern:* Ü ... ich bin nicht gewohnt, bei jedem Anlass in kindische Flammen aufzuprasseln (Schiller, Fiesco IV, 13).

Auf|preis, der; -es, -e: *Aufschlag auf den regulären Preis:* der Wagen wird gegen einen A. auch mit Automatik geliefert; für einen A. erhalten Privatpatienten ein besseres Essen.

◆ **auf|prel|len** ⟨sw. V.; hat⟩ [Nebenf. von ↑ aufprallen]: *auffliegen (2):* Ich war nicht lange hier, so prellte auf einmal die Türe bei dem gnädigen Fräulein auf (Lessing, Minna III, 3).

auf|pro|bie|ren ⟨sw. V.; hat⟩: *probeweise aufsetzen:* eine Mütze, eine neue Brille a.; Sie probierte gerade einer Kundin den Hut auf (Seghers, Transit 258).

◆ **auf|pu|ckeln** ⟨sw. V.; hat⟩ (landsch.): *aufbuckeln:* Mr. Nelson, ihren uns gütigst überlassenen oder, um es berlinisch zu sagen, ihren uns aufgepuckelten Ehrengast (Fontane, Jenny Treibel 91).

◆ **auf|puf|fen** ⟨sw. V.; hat⟩: *puffen (3), bauschen:* Wams und Hosen von feuergelbem Tuch, an Armen und Lenden weit aufgepufft (Heine, Rabbi 468).

auf|pum|pen ⟨sw. V.; hat⟩: **1. a)** *durch Pumpen mit Luft füllen:* einen Reifen, eine Luftmatratze a.; **b)** *die Reifen von etw. durch Pumpen mit Luft füllen:* ein Fahrrad a. **2.** ⟨a. + sich⟩ (ugs.) **a)** *sich aufblasen;* **b)** *sich ereifern; zornig werden.*

auf|pus|ten ⟨sw. V.; hat⟩ (ugs.): *aufblasen.*

auf|put|schen ⟨sw. V.; hat⟩ [zu ↑ Putsch] (abwertend): **1.** *aufhetzen, aufwiegeln:* die Bevölkerung [zu Gewalttaten] a.; die öffentliche Meinung gegen jmdn., etw. a. **2.** *durch starke Reize, Drogen o. Ä. in einen Zustand unnatürlicher, künstlich gesteigerter Erregung [u. Leistungsfähigkeit] versetzen:* die Leidenschaften a.; jmdn., sich, seine Nerven durch Kaffee, Tabletten a.; die Athleten wurden durch frenetischen Beifall [zu einmaligen Leistungen] aufgeputscht; aufputschende Mittel.

Auf|putsch|mit|tel, das: *Mittel zum Aufputschen (2).*

Auf|putz, der; -es: *auffallender Schmuck (1 b), übertriebene Aufmachung:* in festlichem, lächerlichem, barockem A. erscheinen.

auf|put|zen ⟨sw. V.; hat⟩: **1.** *auffallend, übertrieben schmücken:* jmdn., sich, etw. [mit Bändern, Blumen, festlich] a. **2.** (ugs., meist abwertend) *durch künstliche Mittel wirkungsvoller erscheinen lassen:* sein Image, sich a.; eine Bilanz a. (*frisieren*). **3.** (landsch., bes. rhein., südd., schweiz.) *aufwischen.*

auf|quel|len ⟨st. V.; ist⟩: **1.** *quellend größer, umfänglicher werden:* der Teig quillt auf; Erbsen a. lassen; aufgequollene Augen, Wangen. **2.** (geh.) *quellend aufsteigen, empordringen:* Rauch quoll aus den Hütten auf; aufquellendes Blut; Ü Hass quillt in ihr (*steigt in ihrem Gemüt*) auf; aufquellender Zorn.

auf|raf|fen ⟨sw. V.; hat⟩: **1.** *raffend aufnehmen, aufheben:* Steine a. und damit werfen; den Rock a. (*raffend ein wenig hochnehmen*). **2.** ⟨a. + sich⟩ **a)** *mühsam, mit Überwindung aufstehen, sich erheben:* sich [vom Boden, vom Sitz] a. und weitertaumeln; **b)** *sich zu etw. überwinden:* sich zu einer Arbeit, Entscheidung a.; sich dazu a., etwas zu tun.

auf|ra|gen ⟨sw. V.; hat⟩: *in die Höhe ragen:* die Türme ragten [hoch] [in den, zum Himmel] auf.

auf|rap|peln, sich ⟨sw. V.; hat⟩ (ugs.): **a)** *sich aufraffen (2 a); aufstehen:* die Leute auf dem Fußboden rappelten sich auf; **b)** *einen Zustand von Schwäche, Krankheit mit Anstrengung, Energie überwinden:* es ging ihm eine Zeit lang sehr schlecht, aber jetzt hat er sich wieder aufgerappelt.

auf|rau|chen ⟨sw. V.; hat⟩: **1.** *zu Ende rauchen:* wenn ich [die Zigarre] aufgeraucht habe, gehe ich; die halb aufgerauchte Zigarette. **2.** *durch Rauchen verbrauchen:* die Packung ist schon wieder fast aufgeraucht.

auf|rau|en ⟨sw. V.; hat⟩: *durch Bearbeitung an der Oberfläche rau machen:* Leder, Stoffe a.

Auf|räum|ar|beit, die ⟨meist Pl.⟩: *Aufräumungsarbeit.*

auf|räu|men ⟨sw. V.; hat⟩: **1. a)** *[wieder] Ordnung in etw. bringen:* das Zimmer, die Schublade a.; ich muss noch a. (*Ordnung machen*); **b)** *wegräumen; an seinen Platz stellen, legen:* die Spielsachen a. **2.** (emotional) *wüten, Opfer fordern:* die Seuche hat unter der Bevölkerung furchtbar aufgeräumt. **3.** (mit etw.) *Schluss machen; nicht länger bestehen lassen:* mit Vorurteilen, Missständen a.

Auf|räu|mung, die; -, -en: *das Aufräumen (1).*

Auf|räu|mungs|ar|beit, die ⟨meist Pl.⟩: *Arbeit, durch die irgendwo aufgeräumt (1 a), etw. weggeräumt wird.*

auf|rau|schen ⟨sw. V.; hat/ist⟩: *plötzlich rauschend laut werden, zu rauschen beginnen:* die Wasserspülung hatte plötzlich aufgerauscht; Musik, aufgerauschter Beifall war aufgerauscht.

auf|rech|nen ⟨sw. V.; hat⟩: **1.** *in Rechnung stellen, anrechnen:* dem Hausbesitzer die Reparaturkosten a. **2.** *mit etw. verrechnen:* eine Forderung gegen die andere a.; Ü man kann doch nicht die Kriegsverbrechen der einen Seite noch gegen die der anderen a.

Auf|rech|nung, die; -, -en: *das Aufrechnen.*

auf|recht ⟨Adj.⟩ [mhd. ûfreht = aufrecht (1); *aufrichtig; unverfälscht, zu* ↑ recht]: **1.** *gerade aufgerichtet:* eine -e Haltung; sein Gang war a.; etw. a. hinstellen; Ü diese Hoffnung hielt ihn bis zuletzt a.; *sich nicht mehr/kaum noch a. halten können* (*zum Umsinken müde, erschöpft sein*). **2.** *rechtschaffen, redlich:* ein -er Mann; eine -e Gesinnung; der -e Gang (*das von Zivilcourage geprägte Verhalten*).

auf|recht|er|hal|ten ⟨st. V.; hat⟩: *weiter bestehen lassen:* den Kontakt [mit jmdm.] a.; eine Behauptung, eine Illusion, eine Lüge a.

Auf|recht|er|hal|tung, die; - ⟨Pl. selten⟩: *das Aufrechterhalten.*

auf|re|cken ⟨sw. V.; hat⟩: **a)** *in die Höhe recken:* die Arme, den Kopf a.; **b)** ⟨a. + sich⟩ *sich in die Höhe recken, sich [aus gebückter Haltung] aufrichten:* der Gorilla reckte sich drohend auf; Ü ein Hochhaus reckt sich riesenhaft vor den Betrachtern auf.

auf|re|gen ⟨sw. V.; hat⟩: **1. a)** *in Erregung versetzen, beunruhigen:* die Nachricht regte sie sehr auf; er war sehr aufgeregt; Nun dürfe man die Mutter, weil sie so schwach und müde sei, nicht unnütz a. (Kafka, Schloß 146); **b)** ⟨a. + sich⟩ *in Erregung geraten:* sich über jmdn., etw. a.; du darfst dich nicht so a. **2.** ⟨a. + sich⟩ (ugs.) *sich über jmdn., etw. entrüsten, abfällig äußern:* die Nachbarn regen sich über ihren Lebenswandel auf. ◆ **3. a)** *anregen (1 a):* ... und indem der Schüler so dem besten Humor aufgeregt wird, geht auch alles zu schönsten vonstatten (Goethe, Dichtung u. Wahrheit 4); **b)** *bewirken, hervorrufen:* Zu löschen lauft die Schar herbei ..., und wie es patscht und wie es schlägt, wie neues Flammen aufgeregt (Goethe, Faust II, 5938 ff.); **c)** *auffordern (a):* ... sollte der Schulmeister an die Hand gehen, welchen aufzuregen er denn auch sogleich forteilte (Goethe, Dichtung u. Wahrheit 11).

auf|re|gend ⟨Adj.⟩: **1.** *dramatisch, spannend:* ein -es Ereignis; die letzten Tage waren ziemlich a. **2.** *interessant, erregend:* eine -sten Städte der Welt; eine -e Frau; ihr neuer Roman ist nicht sehr, nicht besonders a.

Auf|re|ger, der; -s, - (ugs.): *Begebenheit, Äußerung, die als provokant, skandalös empfunden wird, die heftig diskutiert wird.*

Auf|re|gung, die; -, -en: **a)** *heftige Gefühlsbewegung, Erregung:* in A. geraten; wir müssen alle -en von dem Kranken fernhalten; in der A. (weil ich so aufgeregt war) hatte ich alles vergessen; er stotterte vor A.; **b)** *Verwirrung, Durcheinander:* alles war in heller A.

auf|rei|ben ⟨st. V.; hat⟩: **1.** ⟨a. + sich⟩ *wund reiben:* ich habe mir beim Kartoffelreiben die Fingerspitze aufgerieben. **2. a)** ⟨a. + sich⟩ *seine Kräfte völlig verbrauchen:* du reibst dich bei dieser Arbeit, in deinem Beruf auf; **b)** *jmds. Kräfte völlig aufzehren, zermürben:* die Sorge [um ihre Familie] hat sie vorzeitig aufgerieben. **3.** *völlig vernichten:* die Kompanie wurde völlig aufgerieben; Unser Chef war besorgt. Eine Patrouille wurde aufgerieben, kehrte nicht zurück (Härtling, Hubert 130).

auf|rei|bend ⟨Adj.⟩: *anstrengend, mühselig:* eine -e Tätigkeit; ihr Job war a.

auf|rei|hen ⟨sw. V.; hat⟩: **a)** *hintereinander auf einen Faden aufziehen:* Perlen [auf eine Schnur] a.; **b)** *in einer Reihe aufstellen:* Bücher im Regal a.; die Sessel sind nebeneinander aufgereiht; **c)** ⟨a. + sich⟩ *sich in einer Reihe aufstellen:* die Polizisten reihten sich längs der Straße auf.

auf|rei|ßen ⟨st. V.; hat⟩: **1.** ⟨hat⟩ *durch [Zer]reißen [der Umhüllung] öffnen:* einen Brief, eine Zigarettenpackung a. **2.** ⟨hat⟩ *schnell, ruckartig öffnen:* die Tür a.; den Mund, die Augen a. (ugs.; *vor Schreck, Staunen o. Ä. weit öffnen*); Die Frau lief offenbar zielstrebig in der Wohnung umher, riss

Aufreißer – aufschaukeln

quietschende Schubladen und Fächer auf (Kronauer, Bogenschütze 133). **3.** ⟨hat⟩ *aufbrechen:* das Straßenpflaster a. **4. a)** *sich plötzlich öffnen:* eine Naht, die Hose ist an der Seite aufgerissen; die Wolkendecke reißt auf; **b)** ⟨hat⟩ *durch Reißen beschädigen; ein Loch in etw. reißen:* ich habe [mir] den Rocksaum aufgerissen; der Schiffsrumpf wurde aufgerissen; **c)** ⟨hat⟩ (Sportjargon) *die gegnerische Deckung durch geschicktes Spiel auseinanderziehen u. somit Platz für einen Durchbruch schaffen:* die Stürmer rissen mit direkten Pässen die Abwehr auf. **5.** ⟨hat⟩ (Technik) *einen Aufriss* (1) *machen:* ein Konstruktionsteil a. **6.** ⟨hat⟩ *in großen Zügen darstellen:* ein Thema a. **7.** ⟨hat⟩ (salopp) **a)** *jmds. Bekanntschaft suchen, um miteinander geschlechtlich zu verkehren;* **b)** *sich etw. verschaffen:* einen Job a. ◆ **8.** ⟨a. + sich⟩ *sich mit aller Kraft aufraffen, zusammennehmen:* Es fasste ihn eine namenlose Angst in diesem Nichts: er war im Leeren! Er riss sich auf und flog den Abhang hinunter (Büchner, Lenz 82).
Auf|rei|ßer, der; -s, - (salopp): *jmd., der jmdn. aufreißt* (7 a).
Auf|rei|ße|rin, die; -, -nen: w. Form zu ↑ Aufreißer.
auf|rei|zen ⟨sw. V.; hat⟩: **1.** *aufhetzen, aufwiegeln:* jmdn. zum Widerstand, zur Opposition a. **2.** *in Erregung versetzen:* etw. reizt [die Leidenschaften, die Sinne] auf.
auf|rei|zend ⟨Adj.⟩: *lasziv* (a), *verführerisch, erregend:* -e Posen; sie hat einen -en Gang.
Auf|rei|zung, die; -, -en: *das Aufreizen.*
Auf|richt|te, die; -, -n (schweiz.): *Richtfest.*
auf|rich|ten ⟨sw. V.; hat⟩: **1.** *aus liegender od. gebeugter Haltung in die Höhe richten, gerade richten:* einen Kranken, sich im Bett a.; den Oberkörper a.; das Boot wieder a.; jmdn. wieder a. *(auf die Beine stellen).* **2.** *errichten, aufbauen:* ein Baugerüst a.; Ü ein Reich a. **3. a)** *trösten, jmdn. Mut zusprechen:* einen Verzweifelten [durch Zuspruch] a.; **b)** ⟨a. + sich⟩ *wieder Mut schöpfen:* ich habe mich an ihm, an seinem Zuspruch aufgerichtet.
auf|rich|tig ⟨Adj.⟩: *dem innersten Gefühl, der eigenen Überzeugung ohne Verstellung Ausdruck gebend:* ein -er Mensch; -e Teilnahme, Bewunderung; -es Bemühen; a. sein; etw. a. bedauern; sie war a. entsetzt.
Auf|rich|tig|keit, die; -, -en: **1.** ⟨o. Pl.⟩ *das Aufrichtigsein.* **2.** *etw. aufrichtig Wirkendes.*
Auf|rich|tung, die; -, -en: *das Aufrichten.*
Auf|riss, der; -es, -e [zu ↑ aufreißen (5)]: **1.** (Bautechnik) *Zeichnung der Vorder- od. Seitenansicht eines Körpers:* ein Gebäude im A. darstellen. **2.** *kurz gefasste Darstellung eines Stoffes; Abriss:* ein A. der Literaturgeschichte.
auf|rit|zen ⟨sw. V.; hat⟩: **a)** *durch Ritzen öffnen:* die Verpackung an der dafür vorgesehenen Stelle a.; **b)** *durch Ritzen verletzen:* ich habe mir die Haut an dem Blech aufgeritzt.
auf|rol|len ⟨sw. V.; hat⟩: **1. a)** *auf eine Rolle, zu einer Rolle wickeln, zusammenrollen:* ein Kabel, den Teppich, die Jalousie a.; **b)** (ugs.) *auf Lockenwickler aufdrehen:* jmdm., sich die Haare a.; **c)** *aufkrempeln:* die Ärmel, Hosenbeine a.; **d)** ⟨a. + sich⟩ *sich zu einer Rolle winden, verbinden; sich zusammenrollen:* das Papier rollt sich immer wieder auf. **2. a)** *auseinanderrollen:* eine Landkarte, Fahne a.; **b)** *durch Rollen öffnen:* eine Schiebetür a. **3.** *als Gegenstand einer umfassenden Erörterung aufgreifen:* eine Frage, ein Problem a.; einen Prozess, einen Fall noch einmal a. **4.** (Militär) *[von der Seite her] angreifen u. einen Durchbruch erzielen:* eine feindliche Stellung a.; Ü das Feld von hinten a. (Sport; *[in einem Rennen]* den Gegner aus einer hinteren Position heraus angreifen u. sich an die Spitze setzen).

Auf|rol|lung, die; -, -en: *das Aufrollen.*
auf|rü|cken ⟨sw. V.; ist⟩: **1.** *vorrücken u. dadurch eine entstehende Lücke in einer Reihe schließen:* bitte a.!; können Sie etwas weiter a.? **2.** *befördert werden, in einen höheren [Dienst]rang aufsteigen:* in eine leitende Stellung, zum Abteilungsleiter, zur Weltspitze a.
Auf|rü|ckung, die; -, -en: *das Aufrücken.*
Auf|ruf, der; -[e]s, -e: **1.** *das Aufrufen* (1): Eintritt nur nach A. **2.** *öffentlicher Appell:* einen A. [an die Bevölkerung] erlassen, veröffentlichen; einen A. lesen, befolgen. **3.** (EDV) *das Aufrufen* (3).
auf|ru|fen ⟨st. V.; hat⟩: **1.** *jmdn. aus einer Menge heraus [beim Namen] rufen, um ihn zu etw. zu veranlassen:* einen Schüler, einen Patienten, jmds. Namen, Nummer a.; ist unser Flug schon aufgerufen worden? (Flugw.; *sind die Passagiere unseres Fluges schon aufgefordert worden, sich zum Flugzeug zu begeben?*). **2. a)** *öffentlich zu einem bestimmten Handeln od. Verhalten auffordern:* die Bevölkerung zu Spenden, zum Widerstand a.; **b)** ⟨geh.⟩ *etw. in jmdm. wachrufen:* jmds. Rechtsempfinden, Hilfsbereitschaft a. **3.** (EDV) *abrufen, in Gang setzen:* ein Programm a.
Auf|ru|fung, die; -: *das Aufrufen.*
auf|ru|hen ⟨sw. V.; hat⟩ ⟨geh.⟩: *mit seiner Schwere, seinem Gewicht auf etw. liegen, ruhen:* die Figuren ruhen auf einem Sockel auf.
Auf|ruhr, der; -s, -e ⟨Pl. selten⟩ [zu ↑ ¹Ruhr in der alten Bed. »(heftige) Bewegung, Unruhe«]: **1.** *Auflehnung u. Zusammenrottung bes. gegen die Staatsgewalt:* das Land, Militär ist in offenem A.; die Menschenmenge geriet in A. **2.** ⟨o. Pl.⟩ *heftige Erregung:* jmds. Gefühle, Sinne, Leidenschaften in A. bringen, versetzen; sein neues Buch sorgte für A.; Ü in A. der Elemente (geh.; *Unwetter*).
auf|rüh|ren ⟨sw. V.; hat⟩: **1.** *durch Rühren o. Ä. nach oben, in aufsteigende Bewegung bringen:* Teeblätter, Schlamm, den Bodensatz a. **2. a)** ⟨geh.⟩ *hervorrufen, wecken:* Gefühle, die Leidenschaften a.; **b)** *etw. glücklicherweise [fast] in Vergessenheit Geratenes wieder in Erinnerung rufen:* eine längst vergessene, unangenehme Geschichte a. **3.** ⟨geh.⟩ *in heftige Erregung versetzen, innerlich aufwühlen:* etw. rührt jmdn. im Innersten auf. **4.** (selten) *in Aufruhr* (1) *versetzen:* die Massen a.
Auf|rüh|rer, der; -s, - [zu ↑ Aufruhr (1)]: *jmd., der sich gegen die Staatsgewalt o. Ä. auflehnt, einen Aufruhr* (1) *verursacht:* die A. verhaften, vor Gericht stellen.
Auf|rüh|re|rin, die; -, -nen: w. Form zu ↑ Aufrührer.
auf|rüh|re|risch ⟨Adj.⟩: **a)** *zum Aufruhr* (1) *anstachelnd:* -e Ideen, Schriften; seine Reden waren a.; **b)** *in Aufruhr* (1) *befindlich:* eine -e Volksmenge.
auf|run|den ⟨sw. V.; hat⟩: *nach oben runden:* die Summe [von 9,60 auf 10 Euro] a.
Auf|run|dung, die; -, -en: *das Aufrunden.*
auf|rüs|ten ⟨sw. V.; hat⟩: **a)** *die Rüstung verstärken:* alle Länder der Region rüsten auf; **b)** *mit einer Streitmacht, mit bestimmten Waffen versehen:* ein Land [atomar] a.; Ü der Wagen wurde mit einigen Extras aufgerüstet.
Auf|rüs|tung, die; -, -en: *das Aufrüsten.*
auf|rüt|teln ⟨sw. V.; hat⟩: **1.** *durch Rütteln aufwecken:* jmdn. [aus dem Schlaf] a. **2.** *wachrütteln:* das Gewissen der Menschen a.; jmdn. aus seiner Lethargie a.; aufrüttelnde Worte finden; Wissen Sie, wie oft ich mich ... aus all meinen üblen Gewohnheiten haben a. müssen? (R. Walser, Gehülfe 12).
Auf|rüt|te|lung, Auf|rütt|lung, die; -, -en: *das Aufrütteln.*

aufs ⟨Präp. + Art.⟩: *auf das:* a. Dach; a. Äußerste; häufig unauflösbar in festen Fügungen: a. Neue.
auf|sa|gen ⟨sw. V.; hat⟩: **1.** *etw. auswendig Gelerntes fehlerlos, aber nicht kunstvoll sprechend zu Gehör bringen:* ein Gedicht, das Einmaleins a. **2.** ⟨geh.⟩ *(ein Verhältnis, in dem man zu jmdm. steht) für beendet erklären u. sich für die Zukunft nicht mehr daran gebunden fühlen:* seinen Dienst a.; jmdm. die Freundschaft, den Gehorsam a.
auf|sam|meln ⟨sw. V.; hat⟩: **1.** *(verstreut Liegendes) aufheben:* die Scherben [vom Boden] a. **2.** (ugs.) *aufgreifen u. mitnehmen:* die Polizei hat einige Betrunkene [auf der Straße] aufgesammelt.
auf|säs|sig ⟨Adj.⟩ [zu sitzen, vgl. mhd. sæʒe = Lage, Stellung; Nachstellung, Hinterhalt]: **a)** *widersetzlich, trotzig:* ein -es Kind; a. sein; sich a. gegen jmdn. verhalten; **b)** *rebellisch, sich auflehnend:* -e Reden führen; das Volk ist a.; ◆ **c)** *jmdm. a. sein* (*jmdm. gegenüber eine ablehnende, feindliche Haltung einnehmen*).
Auf|säs|sig|keit, die; -, -en: **1.** ⟨o. Pl.⟩ *aufsässige Art.* **2.** *aufsässige Handlung, trotzige Äußerung.*
auf|sat|teln ⟨sw. V.; hat⟩: **1.** *(einem Reittier) den Sattel auflegen:* ein Pferd a. **2.** (Kfz-Wesen) *an der dafür vorgesehenen Stelle auf den Sattelschlepper auflegen:* den Hänger, Trailer a.
Auf|satz, der; -es, Aufsätze: **1. a)** *im Sprach-, bes. im Deutschunterricht über ein bestimmtes Thema unter Berücksichtigung bestimmter formaler u. stilistischer Prinzipien angefertigte Niederschrift:* einen A. schreiben; im A. (*im Aufsatzschreiben*) ist er gut; **b)** *kürzere Abhandlung über ein bestimmtes Thema:* einen [wissenschaftlichen] A. veröffentlichen; das Buch ist eine Sammlung von Aufsätzen. **2. a)** *Aufbau, aufgesetzter Teil bei einem Möbelstück o. Ä.:* den A. des Küchenschranks abnehmen; **b)** (Orgelbau) *auf die Pfeifen aufgesetzter Teil, der Klangfarbe u. Tonqualität beeinflusst;* **c)** kurz für ↑ Tafelaufsatz: einen A. mit Konfekt auf den Tisch stellen.
Auf|satz|the|ma, das; -s, ..men: *Thema eines Aufsatzes* (1 a).
auf|sau|gen ⟨sw. u. st. V.; saugte/sog auf, hat aufgesaugt/aufgesogen⟩: **1. a)** ⟨sw. u. st. V.⟩ *saugend in sich aufnehmen:* das Schwamm saugte/sog das Feuchtigkeit auf; Ü den Wissensstoff begierig in sich a. *(aufnehmen);* von der Menge aufgesogen werden (*in der Menge verschwinden*); **b)** ⟨sw. V.⟩ *mit dem Staubsauger entfernen:* saug doch mal schnell die Krümel auf. **2.** ⟨sw. u. st. V.⟩ *jmdn. ganz in Anspruch nehmen, absorbieren:* die Arbeit hatte ihn völlig aufgesogen.
auf|schal|ten ⟨sw. V.; hat⟩ (Telefonie): *eine Verbindung zu einem besetzten Anschluss herstellen [u. in das stattfindende Gespräch eingreifen]:* [sich] auf einen besetzten Anschluss a.
Auf|schal|tung, die; -, -en: *das Aufschalten, Aufgeschaltetwerden.*
auf|schar|ren ⟨sw. V.; hat⟩: **a)** *durch Scharren aufreißen:* die Erde [mit den Hufen] a.; **b)** *durch Scharren freilegen:* das Wild hat die Saat aufgescharrt.
auf|schau|en ⟨sw. V.; hat⟩: **1.** (landsch., bes. südd., österr., schweiz.) *aufblicken; den Kopf heben u. jmdn., etw. ansehen:* verwundert [von seiner Arbeit] a.; zum Himmel a. **2.** (jmdn. *verehren*): *ehrfürchtig, voll Bewunderung zu jmdm. a.:* er ist ein Vorbild, zu dem man a. kann.
auf|schau|feln ⟨sw. V.; hat⟩: **a)** *mit der Schaufel aufhäufen:* Erde, Schnee [mit einer Schaufel] a.; **b)** *mit der Schaufel aufgraben, freilegen:* ein Grab a.
auf|schau|keln, sich ⟨sw. V.; hat⟩: **1.** *zunehmend in Schwingung geraten:* beim Bremsen schau-

kelt sich das Fahrzeug auf. **2.** (ugs.) *sich [in der Wirkung] steigern:* in Kombination mit Quecksilber kommt es zu komplizierten, sich aufschaukelnden Reaktionen; Ü die Erregung der Massen schaukelte sich immer mehr auf.

auf|schäu|men ⟨sw. V.⟩: **1.** ⟨ist, auch: hat⟩ *unter Schaumbildung in die Höhe steigen:* der Sekt schäumt [im Glas] auf; das Wasser, das Meer schäumte auf. **2.** ⟨hat⟩ *[schäumend] aufquellen lassen:* Styropor a.

auf|schei|nen ⟨st. V.; ist⟩: **1.** (geh.) *aufleuchten:* in der Ferne schienen Lichter auf. **2.** (österr., sonst landsch.) *begegnen* (2 a), *auftauchen* (2 b): sein Name schien in den Spalten der Zeitungen auf.

auf|scheu|chen ⟨sw. V.; hat⟩: **1.** *scheuchend aufjagen:* Rehe a.; Tiere durch ein lautes Geräusch a.; die aufgescheuchten Vögel flatterten über uns. **2.** (ugs.) *in seiner Ruhe o. Ä. stören u. in Unruhe versetzen; aus einer Tätigkeit o. Ä. herausreißen:* jmdn. aus seiner Ruhe, aus seiner Kontemplation a.

auf|scheu|ern ⟨sw. V.; hat⟩: **a)** *durch Scheuern* (2 a) *verletzen:* jmdn., sich die Haut a.; aufgescheuerte Knie; **b)** ⟨a. + sich⟩ *durch Scheuern* (2 a) *verletzt werden:* seine Knie haben sich bei dem Sturz aufgescheuert.

auf|schich|ten ⟨sw. V.; hat⟩: **a)** *zu einem Stapel o. Ä. schichten:* Holzscheite [an der Hauswand] a.; **b)** *durch Übereinanderschichten herstellen:* einen Holzstoß a.

auf|schie|ben ⟨st. V.; hat⟩: **1. a)** *durch Schieben öffnen:* ein Schiebefenster, eine Tür a.; **b)** *zurückschieben:* den Riegel a. **2.** *auf einen späteren Zeitpunkt verschieben:* die Abreise, die Entscheidung [auf den, bis zum nächsten Tag] a.; R aufgeschoben ist nicht aufgehoben.

Auf|schie|bung, die, -, -en: *das Aufschieben* (2).

auf|schie|ßen ⟨st. V.; ist⟩: **1. a)** *sich rasch nach oben bewegen; in die Höhe schießen:* ein Wasserstrahl, eine Stichflamme schießt auf; **b)** *schnell in die Höhe wachsen:* nach dem Regen ist die Saat aufgeschossen; ein hoch aufgeschossener Junge; **c)** *hochfahren, sich rasch erheben:* wütend schoss er von seinem Stuhl auf. **2.** (geh.) *plötzlich in jmdm. aufkommen, entstehen:* Angst schoss in ihr auf; ein aufschießendes Gefühl von Hass.

auf|schim|mern ⟨sw. V.; hat/ist⟩ (geh.): *schimmernd aufleuchten:* Lichter schimmern in der Ferne auf; Ü in seinen Augen schimmerte Hoffnung auf.

Auf|schlag, der; -[e]s, Aufschläge: **1.** *das Aufschlagen* (1); *heftiger Aufprall auf einer Fläche:* ein dumpfer, harter A.; beim A. zerschellen; ... die Eiskörner prasselten, prallten in schrägem A. gegen die Wände (Langgässer, Siegel 578). **2.** (bes. Badminton, Tennis, Tischtennis) *das Spiel eröffnender Schlag:* ein harter A.; A. haben. **3.** *Betrag, um den ein Preis erhöht wird:* einen A. von 10 % erheben. **4.** *nach außen umgeschlagener Teil an Kleidungsstücken* (an Ärmel, Mantel, Hose): eine Uniform mit roten Aufschlägen; Hosen ohne A.

Auf|schlag|ball, der (bes. Badminton, Tennis, Tischtennis): *zur Eröffnung eines Spiels über das Netz geschlagener Ball.*

auf|schla|gen ⟨st. V.⟩: **1.** ⟨ist⟩ *im Fall hart auftreffen, aufprallen:* bei dem Sturz [mit dem Kopf auf dem/das Pflaster] a.; sein Hinterkopf schlug hart auf. **2.** ⟨hat⟩ *durch Aufschlagen* (1) *verletzen:* ich habe mir bei dem Sturz das Knie aufgeschlagen. **3.** ⟨hat⟩ *durch einen od. mehrere Schläge* (1 a) *öffnen:* eine Kokosnuss a.; ein Ei [mit einem Löffel, am Tellerrand] a.; das Eis a. (ein Loch in die Eisdecke schlagen). **4.** ⟨hat⟩ (Badminton, Tennis, Tischtennis, Volleyball) *den Ball zur Eröffnung des Spiels über das Netz schlagen.* **5.** ⟨hat⟩ *sich mit einer heftigen Bewegung bis zum Anschlag öffnen:* durch den Wind schlug die Tür auf. **6.** ⟨hat⟩ *ein od. mehrere Blätter eines Druck-Erzeugnisses o. Ä. zur Seite schlagen, sodass eine od. zwei Seiten darin offen daliegen:* die Zeitung, ein Buch a.; sie überflog die aufgeschlagene Seite. **7.** ⟨hat⟩ *durch Aufheben der Lider öffnen:* die Augen a. **8.** ⟨hat⟩ *nach außen umschlagen:* den Kragen, die Ärmel a. **9.** ⟨hat⟩ *durch Zusammenfügen der Teile aufstellen, aufbauen:* ein Bett, ein Zelt a. **10.** ⟨hat⟩ *sich irgendwo eine Wohnung einrichten:* seinen Wohnsitz in München a. **11.** ⟨ist⟩ *auflodern:* die Flammen schlugen hoch auf. **12. a)** ⟨hat⟩ *(den Preis) erhöhen, heraufsetzen:* die Händler haben [die Preise, mit den Preisen] aufgeschlagen; **b)** ⟨hat⟩ *als Aufschlag* (3) *hinzurechnen:* die Schreibgebühren werden auf diese Summe aufgeschlagen; **c)** ⟨hat, seltener: ist⟩ *sich als, im Preis erhöhen:* die Preise schlagen auf; das Bier, die Miete hat [um 10 %] aufgeschlagen; Die Steuern waren drückend, und das Brot hatte erst kürzlich wieder aufgeschlagen (Brecht, Geschichten 102). **13.** ⟨hat⟩ (Kochkunst) *schlagen* (11).

Auf|schlä|ger, der; -s, - (Badminton, Tennis, Tischtennis): *Spieler, der den Aufschlag* (2) *ausführt.*

Auf|schlä|ge|rin, die; -, -nen: w. Form zu ↑ Aufschläger.

Auf|schlag|feh|ler, der (Badminton, Tennis, Tischtennis): *Fehler beim Aufschlag* (2).

Auf|schlag|li|nie, die (Badminton, Tennis): *Begrenzungslinie des Feldes, die beim Spielen des Aufschlags nicht überschritten werden darf.*

Auf|schlag|spiel, das: **1.** (Tennis) *Spiel eines Spielers, der den Aufschlag hat:* sie gewann ihre letzten beiden a. **2.** ⟨o. Pl.⟩ (Badminton, Tennis, Tischtennis) *Art und Weise, wie ein Spieler aufschlägt:* sein A. verbessern.

auf|schläm|men ⟨sw. V.; hat⟩: *schlämmen* (2).

Auf|schläm|mung, die; -, -en: **1.** *das Aufschlämmen.* **2.** *aufgeschlämmte Schicht.*

auf|schle|cken ⟨sw. V.; hat⟩ (südd., österr.): *auflecken.*

auf|schleu|dern ⟨sw. V.; hat⟩: *in die Höhe schleudern:* die Räder schleuderten Erde u. Steine auf.

Auf|schleu|de|rung, die; -, -en: *das Aufschleudern.*

auf|schlie|ßen ⟨st. V.; hat⟩: **1.** *durch Betätigen eines Schlosses öffnen, zugänglich machen:* den Schrank, die Haustür [mit einem Nachschlüssel] a.; Ü der Lehrer hat den Schülern den Sinn des Gedichts aufgeschlossen (geh.; *erklärt*); eine neue Welt schloss sich ihr auf *(tat sich ihr auf, erschloss sich ihr).* **2.** (geh.) *offenbaren; mitteilen:* jmdm. sein Herz, sein Inneres a. **3. a)** *aufrücken; den Abstand zu jmdm., der einen Vorsprung hat, verringern, beseitigen:* bitte a.!; der Fahrer schloss zum Hauptfeld auf; **b)** (Sport) *einen führenden Spieler, eine führende Mannschaft einholen, erreichen:* mit diesem Sieg schloss die Mannschaft zur Spitzengruppe auf; Ü weitere Reformen sind in China unerlässlich, um zu den Industriestaaten des Westens aufzuschließen. **4.** (Amtsspr.) *an die öffentlichen Versorgungsanlagen anschließen:* einen Distrikt [für die Bebauung] a. **5.** (Chemie, Biol.) *löslich machen; auflösen:* Eiweiß a.; die Nahrung wird im Magen aufgeschlossen. **6.** (Bergbau) *für den Abbau erschließen, abbaureif machen:* Uranvorkommen a. **7.** (Hüttenw.) *durch Zerkleinern aufbereiten:* Erze a.

Auf|schlie|ßung, die; -, -en: *das Aufschließen* (4–7).

auf|schlit|zen ⟨sw. V.; hat⟩: *durch einen Einschnitt, durch Aufreißen mit einem scharfen Gegenstand öffnen [u. beschädigen]:* einen Brief[umschlag], einen Sack, einen Reifen a.; (ugs. emotional:) jmdn. [mit einem Messer] den Bauch a.

auf|schluch|zen ⟨sw. V.; hat⟩: *plötzlich, kurz schluchzen:* ihre Mutter schluchzte leise auf.

auf|schlür|fen ⟨sw. V.; hat⟩: *schlürfend [zu Ende] trinken:* den Tee a.

Auf|schluss, der; -es, Aufschlüsse: **1.** *[Auf]klärung, Auskunft:* über jmdn., etw. A. geben, bekommen; sich A. über etw. verschaffen; in der Philosophie, Religion A. über das Leben zu erlangen suchen. **2.** (Bergbau) *Erschließung von Bodenschätzen:* der A. neuer Kohlevorkommen. **3.** (Hüttenw.) *Aufbereitung.* **4.** (Chemie, Biol.) *das Löslichmachen, Auflösen von Stoffen.* **5.** (Geol.) *Stelle im Gelände, die Einblick in die Lagerung der Gesteine u. Ä. zulässt:* Felswände sind natürliche, Steinbrüche künstliche Aufschlüsse. **6.** *das Aufschließen der Tür einer Zelle im Gefängnis.*

auf|schlüs|seln ⟨sw. V.; hat⟩: *nach einem bestimmten Schlüssel* (3 c) *aufteilen, aufgliedern:* die Kosten a.; etw. nach Typen a.; eine Gruppe nach Alter, Beruf, Religion a.

Auf|schlüs|se|lung, Auf|schlüss|lung, die; -, -en: *das Aufschlüsseln:* die A. der Todesfälle nach den Ursachen.

auf|schluss|reich ⟨Adj.⟩: *Aufschlüsse gebend; informativ:* eine -e Äußerung; die Vergleichszahlen sind höchst a.

auf|schmei|ßen ⟨st. V.; hat⟩ (österr. ugs.): *bloßstellen, blamieren.*

auf|schmel|zen ⟨st. V.⟩: **1.** ⟨hat⟩ (Technik) *einen Stoff in geschmolzener Form auf einen anderen aufbringen:* einen Überzug auf ein Metallgefäß a. **2.** (seltener) **a)** ⟨ist⟩ *sich durch Schmelzen verflüssigen, auflösen:* das Eis ist aufgeschmolzen; **b)** ⟨hat⟩ *durch Erwärmen zum Schmelzen, zur Auflösung bringen:* das Magma ist gerade dabei, die Erdkruste aufzuschmelzen.

auf|schnal|len ⟨sw. V.; hat⟩: **1.** *die Schnalle[n] von etw. lösen [u. öffnen]:* den Rucksack, die Schuhe a. **2.** *mit Riemen o. Ä. auf etw. befestigen:* das Gepäck auf das Autodach a.; jmdm., sich den Rucksack a. *(auf den Rücken schnallen).*

auf|schnap|pen ⟨sw. V.⟩: **1.** ⟨ist⟩ *aufspringen, aus dem Schloss springen u. sich öffnen:* die Tür, das Schloss schnappt auf. **2.** ⟨hat⟩ *schnappend mit dem Maul auffangen:* der Hund schnappt das Stück Wurst auf. **3.** ⟨hat⟩ (ugs.) *zufällig hören, erfahren, mitbekommen:* im Vorbeigehen jmds. Worte a.; die Kinder haben etw. aufgeschnappt, was sie nicht hören sollten.

auf|schnei|den ⟨unr. V.; hat⟩: **1.** *durch Schneiden, durch einen Schnitt öffnen:* die Verpackung, einen Verband a.; ein Buch a. *(seine außen zusammenhängenden Seiten trennen);* [jmdm.] ein Geschwür a.; jmdm. den Bauch a. (salopp; *jmdn. operieren*); ich habe mir an dem Grashalm den Finger aufgeschnitten. **2.** *in Scheiben od. Stücke schneiden:* den Braten, die Torte, den Käse, das Brot a. **3.** [urspr. = (den Braten) mit dem großen Messer aufschneiden (= große Stücke abschneiden u. vorlegen)] (ugs. abwertend) *großsprecherisch übertreiben:* wenn er von seinen Erlebnissen berichtet, schneidet er immer fürchterlich auf.

Auf|schnei|der, der; -s, - (ugs. abwertend): *jmd., der aufschneidet* (3).

Auf|schnei|de|rei, die; -, -en (ugs. abwertend): *das Aufschneiden* (3).

Auf|schnei|de|rin, die; -, -nen: w. Form zu ↑ Aufschneider.

auf|schnel|len ⟨sw. V.; ist⟩: **a)** *in die Höhe schnellen:* er schnellte erschrocken, wütend von seinem Sitz auf; **b)** (selten) *sich plötzlich öffnen:* der Deckel schnellte auf.

Auf|schnitt, der; -[e]s: *[verschiedene Sorten von*

aufschnüren – Aufsichtführende

Wurst, Braten, Schinken in Scheiben: eine Platte mit kaltem A.

auf|schnü|ren ⟨sw. V.; hat⟩: **1.** *die Verschnürung von etw. lösen:* ein Päckchen a.; [jmdm., sich] die Schuhe a. **2.** (selten) *mit Schnüren o. Ä. auf etw. befestigen:* den Schlafsack auf den Rucksack a.

◆ **auf|schö|bern** ⟨sw. V.; hat⟩ (südd., österr.): *zu Schobern aufschichten:* ... musste ich auf bestimmte Plätze die Garben zusammentragen, wo sie dann zu je zehn in »Deckeln« zum Trocknen aufgeschöbert wurden (Rosegger, Waldbauernbub 6).

◆ **Auf|schöss|ling**, der; -s, -e: *Schössling, Spross* (1 a): Ü Wie heiter werde ich die Verlegenheiten der jungen -e *(der noch unerfahrenen, heranwachsenden jungen Menschen)* betrachten (Goethe, Wahlverwandtschaften II, 15).

auf|schram|men ⟨sw. V.; hat⟩: *durch Schrammen verletzen:* ich habe mir den Arm, die Haut [am Arm] aufgeschrammt.

auf|schrau|ben ⟨sw. V.; hat⟩: **1. a)** *durch [Ab]schrauben [des Schraubverschlusses] öffnen:* ein Marmeladenglas, einen Füller a.; **b)** *durch [Ab]schrauben lösen, lockern:* den Deckel a. **2. a)** *schraubend auf etw. befestigen:* den Verschluss, den Deckel [auf das Glas] a.; **b)** *mithilfe von Schrauben anbringen, auf etw. befestigen:* ein Namensschild [auf die Tür] a.

¹**auf|schre|cken** ⟨sw. V.; hat⟩: *jmdn. so erschrecken, dass er darauf mit einer plötzlichen heftigen Bewegung o. Ä. reagiert:* mit seinem Geschrei jmdn. aus dem Schlaf a.; das Wild dort Schüsse a. *(aufscheuchen);* Ü die Ereignisse hatten die Menschen aus ihrer Gleichgültigkeit aufgeschreckt *(herausgerissen).*

²**auf|schre|cken** ⟨st. u. sw. V.; schreckt/(veraltend:) schrickt auf, schreckte/schrak auf, ist aufgeschreckt⟩: *vor Schreck hochfahren:* aus seinen Gedanken a.; er schreckte/schrak aus dem Schlaf auf.

Auf|schrei, der; -[e]s, -e: **1.** *plötzlicher [kurzer] Schrei:* ein A. der Freude, der Überraschung; einen A. des Entsetzens ausstoßen, unterdrücken. **2.** *Proteststurm:* es gab einen A.; (geh.:) ein A. der Empörung ging durch das Land.

auf|schrei|ben ⟨sw. V.; hat⟩: **a)** *schriftlich festhalten; niederschreiben:* seine Beobachtungen, seine Gedanken a.; **b)** *notieren:* ich habe [mir, dir] die Handynummer aufgeschrieben; der Polizist hat den Verkehrssünder aufgeschrieben (ugs.; *seine Personalien notiert);* **c)** (ugs.) *verschreiben, verordnen:* der Arzt hat mir ein Kopfschmerzmittel aufgeschrieben.

auf|schrei|en ⟨st. V.; hat⟩: *plötzlich, kurz schreien:* entsetzt, vor Schmerz a.; die Zuschauer schrien laut auf.

Auf|schrift, die; -, -en: *kurzer Text, der auf etw. zur Bezeichnung, als Hinweis o. Ä. geschrieben ist:* das Schild, der Ordner, die Flasche trägt die A....; etw. mit einer A. versehen; Ein Seidenband mit goldgewirkter A. fasst seine Matrosenmütze ein (Grass, Hundejahre 158).

Auf|schub, der; -[e]s, Aufschübe: *das Aufschieben* (2): etwas duldet keinen A.; etw. ohne A. *(unverzüglich)* tun; um A. bitten; einem Schuldner A. *(Fristverlängerung)* geben, gewähren.

auf|schür|fen ⟨sw. V.; hat⟩: *durch Schürfen verletzen:* ich habe mir das Knie, die Haut aufgeschürft.

Auf|schür|fung, die; -, -en: **1.** *das Aufschürfen.* **2.** *Schürfwunde.*

auf|schüt|teln ⟨sw. V.; hat⟩: *durch Schütteln auflockern:* das Kissen, das Bett a.

Auf|schüt|te|lung, Aufschüttlung, die; -, -en: *das Aufschütteln.*

auf|schüt|ten ⟨sw. V.; hat⟩: **1.** *auf etw. schütten,*

gießen: Wasser [auf die Teeblätter] a. **2. a)** *schüttend aufhäufen:* Steine, Abraum, Stroh a.; **b)** *durch Aufhäufung von Erdmassen o. Ä. bauen, errichten:* einen Damm, einen Deich a.; **c)** *durch Aufbringung bestimmter Materialien erhöhen, verbreitern:* eine Straße a.

Auf|schütt|lung: ↑ Aufschüttelung.

Auf|schüt|tung, die; -, -en: **1.** *das Aufschütten.* **2.** *durch Aufschütten, Aufhäufen bestimmter Materialien entstandene Erhöhung.*

auf|schwat|zen (ugs.), **auf|schwät|zen** (landsch. ugs.) ⟨sw. V.; hat⟩: *jmdn. zum Kauf, zum Annehmen o. Ä. von etw. überreden; jmdm. eine Sache od. Person aufreden:* ich habe mir [an der Haustür, von einem Vertreter] ein Zeitschriftenabonnement a. lassen; seine Mutter hat ihm die Putzhilfe aufgeschwatzt.

auf|schwei|ßen ⟨sw. V.; hat⟩: **1.** *durch Schweißen auf etw. befestigen, mit etw. verbinden.* **2.** *mithilfe des Schneidbrenners öffnen:* ein Wrack a.

¹**auf|schwel|len** ⟨st. V.; ist⟩: **1.** *stark anschwellen* (1 a): sein Leib schwoll auf; ihre Füße sind aufgeschwollen. **2.** *stark anschwellen* (1 b): Lärm, Beifall schwillt auf.

²**auf|schwel|len** ⟨sw. V.; hat⟩: *stark anschwellen lassen:* der Wind schwellte die Segel auf; Ü die vielen Nachträge haben das Buch unnötig aufgeschwellt.

Auf|schwel|lung, die; -, -en: *das Aufschwellen.*

auf|schwem|men ⟨sw. V.; hat⟩: *durch Ansammlung von Flüssigkeit im Gewebe dick, schwammig werden lassen:* übermäßiger Biergenuss hatte seinen Körper aufgeschwemmt; ein aufgeschwemmtes Gesicht.

Auf|schwem|mung, die; -, -en: *das Aufschwemmen.*

auf|schwim|men ⟨st. V.; ist⟩: **a)** *infolge des Auftriebs an die Wasseroberfläche kommen:* die luftgefüllten Behälter schwimmen auf; in Vorklärbecken werden aufschwimmende *(an die Wasseroberfläche gelangende)* Lösungsmittel von der Wasseroberfläche entfernt; **b)** (Schiffbau) *(beim Stapellauf) zu schwimmen beginnen:* auf der Werft schwimmt heute schon der zweite Frachter auf; **c)** (Verkehrsw.) *(von Kfz-Reifen beim Aquaplaning) auf dem Wasser der regennassen Straße gleiten:* die Reifen schwimmen auf.

auf|schwin|gen ⟨st. V.; hat⟩: **1.** ⟨a. + sich⟩ *sich in die Höhe schwingen, emporfliegen:* der Bussard schwingt sich [in die Luft] auf. **2.** (Turnen) *einen Aufschwung machen:* der Turner schwingt auf. **3.** ⟨a. + sich⟩ **a)** *sich hocharbeiten:* sie hat sich zur Klassenbesten aufgeschwungen; **b)** *sich zu etw. aufwerfen* (4): er schwingt sich zum Richter über andere auf; **c)** *sich zu etw. aufraffen:* endlich hast du dich zu einem Brief aufgeschwungen. **4.** *sich schwingend öffnen:* die Flügeltüren schwangen auf.

Auf|schwung, der; -[e]s, Aufschwünge: **1.** (Turnen) *Schwung nach oben an einem Turngerät:* einen A. [am Barren] machen. **2.** (geh.) *innerer Auftrieb, Schwung:* etw. gibt jmdm. [einen] neuen A. **3.** *lebhafte Aufwärtsentwicklung:* der A. der Naturwissenschaften, der Künste, der Kultur; der konjunkturelle A.; die Wirtschaft erlebte, nahm einen stürmischen A.

auf|se|hen ⟨st. V.; hat⟩: **1.** *aufblicken* (1): fragend, erstaunt [von der Arbeit] a.; zu jmdm. a.; Und obwohl ich mich nicht umdrehte, fühlte ich, wie meine Mutter von ihrer Beschäftigung aufsah und mir ... nachblickte (Nossack, Begegnung 51). **2.** *aufblicken* (2): [ehrfürchtig] zu jmdm. a. ◆ **3. a)** *ausschauen* (1): ... vergeblich sah er auf weitläufige Anzeigen ... in gelehrten ... Blättern auf (Jean Paul, Siebenkäs 5); **b)** *sich (nach etw.) umsehen, (auf etw.) achten:* Mußt' er

nicht einen Bettlerjungen, der bloß auf einen Pfennig aufsah, herumkatechisieren (Jean Paul, Wutz 23).

Auf|se|hen, das; -s: *durch etw. Außer- od. Ungewöhnliches ausgelöste allgemeine starke Beachtung, Aufregung, Verwunderung, Überraschung:* das Buch verursachte großes A.; ein viel, großes A. erregender Film; der Prozess ging ohne A. über die Bühne.

auf|se|hen|er|re|gend, **Auf|se|hen er|re|gend** ⟨Adj.⟩: *einiges Aufsehen erregend; sensationell:* ein [höchst] -es Ereignis; seine wissenschaftlichen Arbeiten waren äußerst a.

Auf|se|her, der; -s, - (ugs.): *jmd., der Aufsicht zu führen hat:* er ist A. in einem Museum, Gefängnis.

Auf|se|he|rin, die; -, -nen: w. Form zu ↑ Aufseher.

auf sein: s. ²auf (2, 3).

auf|sei|ten, auf Sei|ten ⟨Präp. mit Gen.⟩: *seitens, auf jmds. Seite* (9 c): das Ergebnis der Verhandlungen wurde auch a. der Arbeitnehmerschaft begrüßt.

auf|set|zen ⟨sw. V.; hat⟩: **1.** *auf den Kopf, die Nase setzen:* sich, dem Kind eine Mütze a.; die Brille a.; Ü eine freundliche Miene a. *(bewusst zeigen, zur Schau tragen).* **2.** *(ein Gefäß mit etw. zum Kochen) auf den Herd stellen:* Milch, das Essen, einen Topf mit Kartoffeln a. **3.** *in einem bestimmten Wortlaut angemessen schriftlich formulieren:* einen Vertrag, eine Anzeige, [jmdm., für jmdn.] eine Rede a. **4.** (landsch.) *aufschichten:* Holz a. **5.** *wieder aufrecht hinstellen:* Kegel a. **6.** *auf etw. bereits Vorhandenes bauen; auf etw. bereits Vorhandenem errichten:* ein weiteres Stockwerk, einen Dachreiter a. **7.** *aufnähen:* Taschen auf das Kleid a. **8.** *mit einer Unterlage, dem Boden in Berührung bringen:* den Tonarm [auf die Schallplatte] a.; Füße auf den Boden a. **9.** *bei einer Landung in bestimmter Weise auf dem Boden auftreffen:* das Flugzeug setzte hart, weich auf der (/seltener:) auf die Piste auf; (Skisport:) der Skispringer setzte im zweiten Durchgang schon bei 93,5 m auf. **10.** *aufrichten u. aufrecht hinsetzen:* sich, das Kind [im Bett] a. **11.** (Fußball, Handball) **a)** *den Ball vom Boden aufprallen lassen:* der Torwart setzte den Ball auf; **b)** *(von einem Ball) einmal kurz auf den Boden aufprallen:* der Ball setzte noch einmal auf und sprang dann ins Netz.

Auf|set|zer, der; -s, - (Fußball, Handball): *Ball, der einmal auf dem Boden aufprallt, kurz bevor er das Tor od. beim Zuspiel den Mitspieler erreicht.*

auf|seuf|zen ⟨sw. V.; hat⟩: *unvermittelt, kurz seufzen:* tief, erleichtert a.

Auf|sicht, die; -, -en: **1.** ⟨o. Pl.⟩ *das Achten darauf, dass bestimmte Vorschriften eingehalten werden, dass nichts passiert:* die A. haben [über jmdn., etw.]; wer führt heute [die] A.? *(wer beaufsichtigt, bewacht die Personen, Sachen heute?);* die Kinder können nicht ohne A. sein; unter ärztlicher, polizeilicher A. stehen *(sich regelmäßig einer ärztlichen Untersuchung unterziehen, bei der Polizei melden müssen);* * ◆ jmdn., etw. in A. haben *(jmdn., etw. beaufsichtigen):* ... und hand mich nicht weit von einigen Kanonen, die ein Bombardier von Florenz ... in A. hatte [Goethe, Benvenuto Cellini I, 1, 7]). **2.** ⟨Pl. selten⟩ *Aufsicht führende Person, Stelle:* frag doch mal die A. **3.** *die Sicht von oben auf etw.:* einen Körper in [der] A. zeichnen.

Auf|sicht füh|rend, auf|sicht|füh|rend ⟨Adj.⟩: *die Aufsicht* (1) *innehabend:* der Aufsicht führende/aufsichtführende Lehrer.

Auf|sicht|füh|ren|de, die/eine Aufsichtführende; der/einer Aufsichtführenden, die Aufsichtführenden/zwei Aufsichtführende, **Auf|sicht Füh-**

ren|de, die/eine Aufsicht Führende; der/einer Aufsicht Führenden, die Aufsicht Führenden/ zwei Aufsicht Führende: *weibliche Person, die Aufsicht führt.*

Auf|sicht|füh|ren|der, der Aufsichtführende/ein Aufsichtführender; des/eines Aufsichtführenden, die Aufsichtführenden/zwei Aufsichtführende, **Auf|sicht Füh|ren|der,** der Aufsicht Führende/ein Aufsicht Führender; des/eines Aufsicht Führenden, die Aufsicht Führenden/zwei Aufsicht Führende: *Person, die Aufsicht führt.*

Auf|sichts|be|am|ter ⟨vgl. Beamter⟩: *Beamter, der Aufsicht führt.*

Auf|sichts|be|am|tin, die: w. Form zu ↑ Aufsichtsbeamter.

Auf|sichts|be|hör|de, die: *Behörde, die die Staatsaufsicht durchführt.*

Auf|sichts|gre|mi|um, das: *Gremium, das die Aufsicht über etw. hat.*

Auf|sichts|per|so|nal, das: *Personal, das Aufsicht führt.*

Auf|sichts|pflicht, die (Rechtsspr.): *vom Gesetz vorgeschriebene Pflicht, bestimmte Personen (bes. Minderjährige) od. Sachen zu beaufsichtigen.*

Auf|sichts|rat, der (Wirtsch.): a) *Gremium, das die Geschäftsführung eines Unternehmens überwacht;* b) *Mitglied des Aufsichtsrats (a).*

Auf|sichts|rä|tin, die: w. Form zu ↑ Aufsichtsrat (b).

Auf|sichts|rats|chef, der (ugs.): *Aufsichtsratsvorsitzender.*

Auf|sichts|rats|che|fin, die (ugs.): w. Form zu ↑ Aufsichtsratschef.

Auf|sichts|rats|mit|glied, das: *Mitglied eines Aufsichtsrats.*

Auf|sichts|rats|sit|zung, die: *Sitzung* (1 a) *des Aufsichtsrats.*

Auf|sichts|rats|vor|sit|zen|de ⟨vgl. Vorsitzende⟩: *Vorsitzende eines Aufsichtsrats (a).*

Auf|sichts|rats|vor|sit|zen|der ⟨vgl. Vorsitzender⟩: *Vorsitzender eines Aufsichtsrats (a).*

auf|sit|zen ⟨unr. V.⟩: **1.** ⟨ist⟩ a) *sich auf ein Reittier setzen:* die Reiter saßen auf und ritten davon; aufgesessen!; b) *als Mitfahrer auf ein Fahrzeug aufsteigen:* auf dem Rücksitz des Motorrads a.; hinter jmdm. a.; c) (Turnen) *auf dem Gerät in den Sitz springen od. schwingen:* a. auf den Holm a. **2.** ⟨hat; südd., österr., schweiz. auch: ist⟩ (ugs.) a) *(im Bett) aufgerichtet sitzen:* der Kranke hat [im Bett] aufgesessen; b) *während der Nacht aufbleiben, nicht zu Bett gehen:* über seiner Arbeit nächtelang a. **3.** ⟨hat; südd., österr., schweiz. auch: ist⟩ *auf etw. ausruhen, fest auf etw. sitzen:* das Gebälk sitzt [auf] den tragenden Wänden auf. **4.** ⟨hat⟩ (Seemannsspr.) *auf Grund geraten sein; festsitzen:* das Schiff saß [auf der Sandbank] auf. **5.** ⟨hat; südd., österr., schweiz. auch: ist⟩ (landsch.) *lästig werden:* sie sitzen ihren Nachbarn auf. **6.** ⟨ist⟩ *auf jmdn., etw. hereinfallen:* einem Betrüger, einem Gerücht a. **7.** ⟨ist⟩ (ugs.) *im Stich gelassen werden:* wir sind ganz schön aufgesessen; der Handwerker hat uns a. lassen (ist nicht gekommen).

auf|spal|ten ⟨unr. V.⟩; spaltete auf, hat aufgespaltet/aufgespalten: a) *durch Spalten zerlegen, teilen:* ein Stück Holz a.; Eiweiß wird durch Enzyme aufgespalten (Chemie; *in einfachere Bestandteile zerlegt*); b) ⟨a. + sich⟩ *sich spalten, trennen:* die Partei hat sich in zwei Lager aufgespalten; einen Konzern in mehrere Gesellschaften a.

Auf|spal|tung, die; -, -en: *das Aufspalten, Aufgespaltetwerden.*

auf|span|nen ⟨sw. V.; hat⟩: **1.** a) *öffnen, ausbreiten u. spannen:* ein Sprungtuch, den Schirm a.; b) *auf etw. spannen:* Papier auf das Zeichenbrett a.; Leinwand [auf einen Rahmen] a. ♦ **2.** *anspannen, erregen:* Über diätische und medizinische Behandlung der unglücklichen aufgespannten Aurelie vertraute der Arzt Wilhelmen noch seinen Rat (Goethe, Lehrjahre V, 16).

auf|spa|ren ⟨sw. V.; hat⟩: *für einen späteren Zeitpunkt, für eine andere Verwendung o. Ä. aufheben:* einen Vorrat für Notzeiten a.; ich habe [mir] ein Stück Kuchen aufgespart; Ü sie hatte [sich] die Pointe bis zum Schluss aufgespart; sparen Sie sich die Komplimente für jüngere Damen auf!

Auf|spa|rung, die; -, -en: *das Aufsparen.*

auf|spei|chern ⟨sw. V.; hat⟩: a) *als Vorrat speichern:* Lebensmittel, Getreide a.; Ü Ärger in sich a.; aufgespeicherte Wut; b) ⟨a. + sich⟩ *sich in jmdm. ansammeln:* der Zorn hatte sich in ihm aufgespeichert.

auf|sper|ren ⟨sw. V.; hat⟩: a) (ugs.) *weit öffnen, aufreißen:* den Schnabel, den Rachen a.; alle Fenster a.; b) (landsch., bes. südd., österr.) *aufschließen* (1): die Wohnung [mit einem Nachschlüssel] a.

auf|spie|len ⟨sw. V.; hat⟩: **1.** *zum Tanz, zur Unterhaltung Musik machen:* eine Musikkapelle spielte [zum Tanz] auf. **2.** (Sport) *in bestimmter Weise spielen:* die Mannschaft spielte glänzend, stark, hervorragend auf. **3.** ⟨a. + sich⟩ (ugs. abwertend) a) *sich wichtigtun; angeben:* du spielst dich [vor Fremden] immer furchtbar auf; b) *sich als etw. Bestimmtes hinstellen:* du spielst dich gerne als Held/(veraltet:) als Helden auf.

auf|spie|ßen ⟨sw. V.; hat⟩: **1.** a) *mit einem spitzen Gegenstand aufnehmen:* einen Bissen, ein Stück Fleisch a.; b) *auf eine Nadel, auf etw. stecken u. auf etw. befestigen:* Schmetterlinge a. **2.** (ugs.) *öffentlich kritisieren, anprangern:* Missstände a.

auf|split|ten ⟨sw. V.; hat⟩: *(ein größeres Ganzes) [auf]teilen:* ein komplexes Vorhaben in Teilprojekte a.

auf|split|tern ⟨sw. V.⟩: **1.** ⟨ist⟩ *sich in Splitter auflösen:* das Holz splittert durch den Druck auf. **2.** a) ⟨hat⟩ *in einzelne Teile, Gruppierungen auflösen:* der Konflikt hat die Partei aufgesplittert; b) ⟨a. + sich; hat⟩ *sich in einzelne Teile, Gruppierungen aufteilen:* die Gruppe wird in a.

Auf|split|te|rung, die; -, -en: *das Aufsplittern, Aufgesplittertwerden.*

Auf|split|tung, die; -, -en: *das Aufsplitten.*

auf|spray|en ⟨sw. V.; hat⟩ (ugs.): *in Form von Spray auftragen:* Haarspray, Schuhpflegemittel a.

♦ **auf|sprei|zen** ⟨sw. V.; hat⟩ (landsch.): *aufschichten, aufstellen:* ...ich musste Garben tragen und dem Vater die Kornschöberlein a. helfen (Rosegger, Waldbauernbub 93).

auf|spren|gen ⟨sw. V.; hat⟩: a) *(Verschlossenes) mit Gewalt öffnen:* eine Tür, ein Schloss, einen Geldschrank a.; b) *durch Sprengen in etw. eine Öffnung herstellen:* die Eisdecke wurde aufgesprengt.

auf|sprin|gen ⟨st. V.; ist⟩: **1.** *hochspringen* (1 a): vor Freude, erregt vom Stuhl a. **2.** *auf ein [fahrendes] Fahrzeug springen:* er versuchte [auf die anfahrende Straßenbahn] aufzuspringen. **3.** *sich plötzlich [ohne äußere Einwirkung] öffnen:* die Tür, das Schloss ist aufgesprungen; die Knöpfe an der Bluse sprangen auf; er ließ das Messer a. (die Klinge des Messers aus dem ¹Heft schnellen); die Knospen, Samenkapseln werden bald a. (geh.); (Schneiderei: *Falten, die so gelegt sind, dass sie leicht klaffen*). **4.** *springend auf dem Boden auftreffen:* der Ball sprang hinter der Torlinie auf. **5.** *durch Witterungseinflüsse o. Ä. rissig werden, aufplatzen:* die Hände sind aufgesprungen; aufgesprungene Lippen.

auf|sprit|zen ⟨sw. V.⟩: **1.** ⟨ist⟩ *in die Höhe spritzen:* Schmutz, Wasser spritzte auf. **2.** ⟨ist⟩ (salopp) *aus sitzender Haltung o. Ä. rasch aufspringen:* hastig spritzten sie von ihren Sitzen auf. **3.** ⟨hat⟩ a) *mit einer Spritze aufbringen:* die Aufschrift wird mithilfe einer Schablone [auf die Karosserie] aufgespritzt; Farbe, Lack a.; b) *durch Injektionen vergrößern, voller u. üppiger machen:* aufgespritzte Lippen.

auf|spru|deln ⟨sw. V.⟩: **1.** ⟨hat⟩ *mit Kohlensäure versetzen:* Leitungswasser a. **2.** ⟨ist⟩ *in die Höhe sprudeln:* beim Öffnen der Flasche ist die Limonade aufgesprudelt.

auf|sprü|hen ⟨sw. V.⟩: **1.** ⟨ist⟩ *in die Höhe sprühen:* Funken sprühen auf; Gischt, Schaum sprüht auf. **2.** ⟨hat⟩ *sprühend auf etw. aufbringen:* Lack, Farbe a.; die Aufschrift wird mithilfe einer Schablone [auf die Karosserie] aufgesprüht.

Auf|sprung, der; -[e]s, Aufsprünge (Sport): **1.** a) *das Auftreffen auf dem Boden nach dem Sprung:* mit einem weichen A. auf der Erde aufsetzen; b) *das Aufspringen auf dem Sprungbrett vor dem Absprung.* **2.** a) *Sprung an od. auf das Gerät:* der A. am Barren; b) *Sprung nach oben:* ein A. am Trampolin.

auf|spu|len ⟨sw. V.; hat⟩: *auf eine Spule aufwickeln:* einen Film, Garn [auf eine Spule] a.

auf|spü|len ⟨sw. V.; hat⟩: **1.** *anspülen u. ablagern:* der Fluss, das Meer hat Sand aufgespült. **2.** (Seew.) *mit Baggersand, Schlick erhöhen:* einen Deich, das Ufer zur Befestigung mit Sand, Schlick a.

auf|spü|ren ⟨sw. V.; hat⟩: *durch intensives Nachforschen, Verfolgen einer Spur entdecken, ausfindig machen, finden:* eine Fährte, das Wild a.; einen Verbrecher a.; Ü die Ursache a.

auf|sta|cheln ⟨sw. V.; hat⟩: **1.** *durch aufhetzende Reden o. Ä. zu bestimmtem Tun veranlassen; aufwiegeln:* das Volk [zum Widerstand] a. **2.** *anspornen:* jmds. Ehrgeiz a.; die Schüler zu größerem Eifer a.

Auf|sta|che|lung, Auf|stach|lung, die; -, -en: *das Aufstacheln.*

auf|stal|len ⟨sw. V.; hat⟩ (Landwirtsch.): *(Nutztiere) in einem geschlossenen Stall unterbringen:* Hühner, Enten und Gänse müssen aufgestallt werden.

Auf|stal|lung, die; -, -en (Landwirtsch.): *das Aufstallen.*

Auf|stal|lungs|ge|bot, das (Landwirtsch.): *Verpflichtung zur Aufstallung.*

auf|stamp|fen ⟨sw. V.; hat⟩: *fest, stampfend auftreten:* vor Wut mit dem Fuß a.

Auf|stand, der; -[e]s, Aufstände: *Empörung, Aufruhr, Erhebung:* ein bewaffneter A. des Volkes; einen A. [gegen den König] niederschlagen; das Signal zum A. geben; Ü wenn ich das sage, wird es einen A. geben (ugs.; *wird man empört sein*); mach keinen A.!

auf|stän|dern ⟨sw. V.; hat⟩: *mithilfe eines Ständers aufbauen, aufstellen; auf einem Ständer, auf Ständern errichten o. Ä.:* eine Hochstraße a.; eine aufgeständerte Maschine.

auf|stän|disch ⟨Adj.⟩: *in einem Aufstand begriffen; rebellisch, aufrührerisch:* -e Bauern, Arbeiter.

Auf|stän|di|sche, die/eine Aufständische; der/einer Aufständischen, die Aufständischen/zwei Aufständische: *weibliche Person, die an einem Aufstand beteiligt ist.*

Auf|stän|di|scher, der Aufständische/ein Aufständischer; des/eines Aufständischen, die Aufständischen/zwei Aufständische: *Person, die an einem Aufstand beteiligt ist.*

auf|sta|peln ⟨sw. V.; hat⟩: *zu einem Stapel, aufeinanderschichten:* Kisten, Bretter, alte Zeitungen a.

Auf|sta|pe|lung, Auf|stap|lung, die; -, -en: *das Aufstapeln.*

auf|stäu|ben ⟨sw. V.; ist⟩: *als, wie Staub aufwirbeln:* der Sand, Schnee stäubte auf.

auf|stau|en ⟨sw. V.; hat⟩: a) *durch Stauen (in einem Stausee o. Ä.) sammeln, anstauen:* einen Fluss, zu Tal fließende Wassermassen [zu einem See] a.; b) ⟨a. + sich⟩ *sich anstauen, sammeln:* das Wasser staut sich hinter dem Damm auf; Ü Wut, Ärger, Aggressionen stauen sich in jmdm. auf.

Auf|stau|ung, die; -, -en: *das Aufstauen.*

auf|ste|chen ⟨st. V.; hat⟩: **1.** *durch einen Einstich öffnen:* [jmdm., sich] eine Blase, ein Geschwür a.; jmdm. die Reifen a. **2.** (ugs.) *bemerken, finden, aufdecken:* Fehler, Nachlässigkeiten a.

auf|ste|cken ⟨sw. V.; hat⟩: **1.** *in die Höhe stecken, hochstecken:* [jmdm., sich] das Haar a. **2.** *auf etw. stecken:* eine Fahne a.; [jmdm., sich] einen Ring a.; Kerzen [auf den Leuchter] a. **3.** *durch seine Mimik erkennen lassen, bewusst zeigen:* eine Amtsmiene a. **4.** (ugs.) *aufgeben, nicht weiter tun, nicht weiterverfolgen:* ein Vorhaben, das Studium a.; der Favorit musste wegen einer Verletzung a. **5.** (landsch.) *an einer entsprechenden Vorrichtung befestigen, aufhängen:* Gardinen a.

auf|ste|hen ⟨unr. V.⟩: **1.** ⟨ist⟩ a) *sich [von seinem Sitzplatz] erheben:* mühsam [von seinem Platz], vom Stuhl a.; zur Begrüßung stand er [vor der alten Dame] auf; packte die Säcklein aus (Gotthelf, Spinne 11); b) *sich aus liegender Stellung aufrichten, auf die Füße stellen:* * nicht mehr, nicht wieder a. (verhüll.; nicht mehr genesen u. sterben); c) *(nach dem Schlaf, nach einem Krankenlager) das Bett verlassen:* in aller Herrgottsfrühe, spät a.; der Kranke darf noch nicht a.; aus dem Bett a.; ⟨subst.:⟩ das frühe Aufstehen fällt ihm schwer; R da musst du früher, eher a. (salopp; da musst du dir mehr Mühe geben, um zu erreichen, was du im Sinne hast). **2.** ⟨ist⟩ (geh. veraltend) *sich auflehnen, Widerstand leisten, rebellieren:* gegen die Unterdrücker, gegen die Unterdrückung a. **3.** ⟨ist⟩ (geh.) *in jmdm. wach werden, auflehnen, entstehen:* Hass stand in den Gepeinigten auf; eine Frage, eine Erinnerung war in ihm aufgestanden. **4.** ⟨hat; südd., österr., schweiz. auch: ist⟩ (ugs.) *auf etw. stehen; aufruhen:* der Tisch steht nicht fest, nur mit drei Beinen [auf dem Boden] auf. **5.** ⟨hat; südd., österr., schweiz. auch: ist⟩ (ugs.) *offen stehen, geöffnet sein:* der Schrank, die Tür, das Fenster steht auf. **6.** ⟨ist⟩ (Jägerspr.) *auffliegen:* Feldhühner standen plötzlich auf.

auf|stei|gen ⟨st. V.; ist⟩: **1.** *auf ein Fahrzeug steigen, ein Fahrzeug, ein Reittier besteigen:* auf das Fahrrad, den Traktor a.; auf das Pferd a.; er startete sein Motorrad, ehe er mich [hinten] a. ließ. **2.** *bergan, auf einen Berg steigen; hinaufsteigen:* auf einen Berg, zum Gipfel a. **3.** a) *in die Höhe, nach oben steigen, hochsteigen:* die warme Luft steigt auf; Nebel steigt [aus den Wiesen] auf; aus der Junte stieg Rauch auf; der Saft steigt [in den Bäumen] auf; b) *sich fliegend in die Höhe bewegen:* ein Hubschrauber steigt auf; mit/in einem Ballon a.; die Sonne steigt am Horizont auf (erhebt sich über den Horizont); c) *an die Oberfläche steigen:* aus dem Meer a.; Blasen steigen [vom Grund des Sees] auf. **4.** (geh.) *aufragen, sich in große Höhe erheben:* vor ihnen, vor ihren Augen stieg ein Bergmassiv auf. **5.** (geh.) *in jmdm. aufkommen; wach werden:* Angst, Zweifel, ein Verdacht, ein Gedanke steigt, Tränen steigen in jmdm. auf. **6.** a) *beruflich, gesellschaftlich einen höheren Rang einnehmen, eine höhere Stellung erreichen:* beruflich a.; zur Abteilungsleiterin, aus der Arbeiterklasse, in die Oberschicht a.; er ist zu Macht und Einfluss aufgestiegen; das aufsteigende Bürgertum; b) (Sport) *in die nächsthöhere Spielklasse eingestuft werden, sich dafür qualifizieren:* die Mannschaft ist [in die Bundesliga] aufgestiegen; c) (österr.) *in die nächste Klasse kommen, versetzt werden:* die Schülerin ist geeignet, in die zweite Klasse aufzusteigen.

Auf|stei|ger, der; -s, -: **1.** (ugs.) *jmd., der in eine höhere Position u. damit in eine angesehenere gesellschaftliche Stellung aufgerückt ist:* ein sozialer A. **2.** (Sport) *Mannschaft, die in die nächsthöhere Spielklasse eingestuft wurde.*

Auf|stei|ge|rin, die; -, -nen: w. Form zu ↑ Aufsteiger (1).

auf|stel|len ⟨sw. V.; hat⟩: **1.** a) *in einer bestimmten Ordnung o. Ä., an einen vorgesehenen Platz stellen, hinstellen:* Tische und Stühle [auf der Terrasse] a.; im Keller eine Mausefalle a.; b) *Aufstellung nehmen [lassen]; postieren:* einen Posten [an der Tür] a.; wir haben uns in Reih und Glied aufgestellt; c) *errichten, aufbauen:* ein Gerüst, eine Baracke, ein Denkmal a.; d) *(Umgestürztes) wieder aufrecht hinstellen:* die Kegel a. **2.** a) *aufrichten, aufwärtsstellen, hochstellen:* den Kragen a.; der Hund stellt die Ohren auf; b) ⟨a. + sich⟩ *(von Fell, Haaren) sich aufrichten:* die Borsten, Haare haben sich aufgestellt. **3.** a) *zu einem bestimmten Zweck zusammenstellen, formieren:* eine Mannschaft, eine Truppe a.; b) *sich (als Gruppe) so formieren, organisieren, dass man für zukünftige Aufgaben gerüstet ist:* das Unternehmen hat sich ganz neu, ist gut aufgestellt für die neuen Herausforderungen. **4.** *für eine Wahl, einen Wettkampf o. Ä. vorschlagen, benennen:* einen Kandidaten, jmdn. [als Kandidaten] a.; sich a. lassen. **5.** a) *ausarbeiten, niederschreiben:* einen Plan, eine Liste, eine Bilanz a.; eine Gleichung a.; b) *erarbeiten:* eine Theorie, Regeln, Normen a.; c) *erringen, erzielen:* einen Rekord a.; d) *aussprechen:* eine Forderung, Vermutung, Behauptung a. (etw. fordern, vermuten, behaupten). **6.** (österr., sonst landsch.) *zum Kochen aufs Feuer setzen:* die Suppe, Kartoffeln a.

Auf|stel|ler, der; -s, -: **1.** (Werbespr.) *Werbeträger, der so beschaffen ist, dass man ihn, z. B. in einem Laden, auf dem Fußboden od. auf dem Ladentisch aufstellen kann.* **2.** *jmd., der etw. aufstellt, aufgestellt hat:* bei Reklamationen wenden Sie sich an den A. des Automaten.

Auf|stel|le|rin, die; -, -nen: w. Form zu ↑ Aufsteller (2).

Auf|stel|lung, die; -, -en: **1.** a) *das Aufstellen:* * A. nehmen (sich aufstellen); b) *etw., was unter bestimmten Gesichtspunkten aufgestellt (3, 4, 5 a, b) worden ist.* **2.** (Sport) Kurzf. von ↑ Mannschaftsaufstellung (b).

auf|stem|men ⟨sw. V.; hat⟩: **1.** *gewaltsam, mit dem Stemmeisen öffnen:* die Tür, den Deckel der Kiste a. **2.** *mit viel Kraft aufstützen:* seinen Fuß, sich [mit seinem Fuß auf etw.] a. **3.** (Turnen) *seinen Körper ruckartig in den Stütz bringen.*

auf|stem|peln ⟨sw. V.; hat⟩: *mit einem Stempel aufprägen:* seinen Namen [auf den Briefkopf] a.

auf|step|pen ⟨sw. V.; hat⟩: a) *mit Steppstichen aufnähen, auf etw. steppen:* Taschen [auf den Mantel] a.; b) *mit Steppereien versehen:* Muster, Verzierungen auf etw. a.; aufgesteppte Blumen.

auf|sti|cken ⟨sw. V.; hat⟩: *auf etw. sticken:* ein Monogramm [auf ein Wäschestück] a.

auf|stie|ben ⟨st. V.; ist⟩: **1.** *stiebend in die Höhe fliegen:* Funken, Schneeflocken stieben auf. **2.** (Jägerspr.) *erschreckt, schnell auffliegen:* das Federwild stob auf.

Auf|stieg, der; -[e]s, -e: **1.** a) *das Aufwärtssteigen, Hinaufsteigen:* ein gefährlicher, beschwerlicher A. [zum Gipfel]; A. einer U. unternehmen; b) *aufwärtsführender Weg:* es gibt einen steilen u. einen bequemen A. auf den Berg; c) (Pl. selten) *das Hochfliegen, In-die-Höhe-Fliegen:* den A. des Ballons, der Rakete beobachten. **2.** a) *Aufwärtsentwicklung:* ein beruflicher, sozialer A.; der A. eines Landes zur Weltmacht; einen konjunkturellen, wirtschaftlichen A. (Aufschwung) erleben; b) (Sport) *das Eingestuftwerden in eine höhere Leistungsklasse:* der A. des Vereins in die Bundesliga.

Auf|stiegs|chan|ce, die: **1.** *Möglichkeit zu beruflichem Vorwärtskommen.* **2.** (Sport) *Möglichkeit, in eine höhere Leistungsklasse eingestuft zu werden.*

Auf|stiegs|mög|lich|keit, die: *Aufstiegschance.*

Auf|stiegs|platz, der (Sportjargon): *Tabellenplatz, der dazu führt, dass eine Mannschaft nach dem Saisonende aufsteigt* (6 b).

Auf|stiegs|run|de, die (Sport): *Runde, in der der Aufstieg* (2 b) *ausgespielt wird.*

Auf|stiegs|spiel, das (Sport): *Ausscheidungsspiel um den Aufstieg* (2 b).

auf|stö|bern ⟨sw. V.; hat⟩: **1.** *(ein Tier) aus seinem Versteck aufjagen:* die Hunde stöbern das Wild auf. **2.** *[nach längerem Suchen] finden, aufspüren, entdecken:* ich habe das gesuchte Buch endlich aufgestöbert; ich stöberte ihn schließlich in seinem Wochenendhaus auf.

Auf|stö|be|rung, die; -, -en: *das Aufstöbern, Aufgestöbertwerden.*

auf|sto|cken ⟨sw. V.; hat⟩: **1.** *(um ein od. mehrere Stockwerke) erhöhen:* ein Gebäude a.; wir haben aufgestockt. **2.** *um eine bestimmte größere Menge, Anzahl o. Ä. vermehren, erweitern:* einen Etat, einen Kredit [um 10 Millionen auf 50 Millionen] a.; die Gesellschaft stockt auf (erhöht ihr Kapital).

Auf|sto|cker, der; -s, - (Jargon): *jmd., dessen geringes Arbeitseinkommen zur Sicherung des Lebensunterhalts aus öffentlichen Mitteln erhöht wird:* viele A. erhalten nur vorübergehend Arbeitslosengeld II.

Auf|sto|cke|rin, die; -, -nen: w. Form zu ↑ Aufstocker.

Auf|sto|ckung, die; -, -en: *das Aufstocken, Aufgestocktwerden.*

auf|stöh|nen ⟨sw. V.; hat⟩: *plötzlich, unvermittelt laut stöhnen:* vor Schmerz, erleichtert a.

auf|stö|ren ⟨sw. V.; hat⟩ a) [1]*aufschrecken:* das Wild, Rebhühner durch Schüsse a.; b) *jmdn. durch eine Störung aus etw. herausreißen:* jmdn. [durch lautes Reden aus seinen Betrachtungen] a.

auf|sto|ßen ⟨st. V.⟩: **1.** ⟨hat⟩ *durch einen Stoß öffnen:* die Tür, die Fensterläden a. **2.** a) ⟨hat⟩ *durch einen Stoß verletzen:* sein Knie, sich ⟨Dativ⟩ das Knie a.; b) ⟨ist⟩ *mit etw. hart auf etw. auftreffen:* mit der Stirn auf die Tischkante a. **3.** ⟨hat⟩ *fest auf etw. aufsetzen:* beim Gehen stößt er den Stock [auf den Boden] auf. **4.** a) ⟨hat⟩ *Luft, die aus dem Magen aufgestiegen ist, hörbar durch den Mund entweichen lassen:* das Baby muss nach jeder Mahlzeit a.; ⟨subst.:⟩ er leidet unter Aufstoßen; b) ⟨ist/hat⟩ *ein [hörbares] Entweichen od. Ausstoßen von Luft, auch Mageninhalt aus dem Magen verursachen:* das Essen ist/hat ihm aufgestoßen. **5.** ⟨ist⟩ (ugs.) *jmdm. auffallen, begegnen:* diese Bemerkung des Ministers ist der Opposition besonders übel aufgestoßen; bei seinen Beobachtungen ist ihm einiges Verdächtige aufgestoßen.

auf|strah|len ⟨sw. V.; hat⟩: **1.** *strahlend aufleuchten:* Scheinwerfer strahlen auf. **2.** *einen Ausdruck von Freude, Glück o. Ä. bekommen, widerspiegeln:* ihre Augen strahlten auf.

auf|stre|ben ⟨sw. V.; hat⟩: **1.** (geh.) *in die Höhe streben, sich erheben:* Bauten, Hochhäuser streben auf; aufstrebende Berge. **2.** *danach streben, vorwärtszukommen; vorwärtsstreben:* dieses Entwicklungsland strebt mit Macht auf; eine aufstrebende Industriestadt.

◆ **Auf|streich,** der; -[e]s, -e [zu landsch. aufstrei-

aufstreichen – auftreten

chen = bei einer Versteigerung sein Mehrgebot durch einen Schlag auf den Tisch kundtun] (landsch.): *Versteigerung: ...möchten einander vergiften um ein Unterbett, das ihnen beim A. überboten wird* (Schiller, Räuber I, 2).

auf|strei|chen ⟨st. V.⟩: **1.** ⟨hat⟩ *streichend auftragen, auf etw. streichen:* Farbe [auf die Wand], Salbe [auf die Wunde] a.; du streichst [dir] die Butter zu dick auf. **2.** ⟨ist⟩ *(Jägerspr.) vom Boden auffliegen:* Federwild streicht auf.

auf|streu|en ⟨sw. V.; hat⟩: **a)** *auf etw. streuen:* Puderzucker [auf den Kuchen] a.; **b)** *(als Streu) aufschütten:* den Tieren im Stall Stroh a.

Auf|strich, der; -[e]s, -e: **1.** *Brotaufstrich.* **2.** *aufwärtsgeführter Strich in der Handschrift.* **3.** *(bei Streichinstrumenten) aufwärtsgeführter Bogenstrich:* mit A. spielen.

auf|stül|pen ⟨sw. V.; hat⟩: **1. a)** *auf od. über etw. stülpen:* einen Schirm auf die Lampe a.; **b)** *ohne große Sorgfalt auf den Kopf setzen, aufsetzen:* sich, dem Kind rasch eine Mütze a. **2.** *hochschlagen:* den Mantelkragen a.; Ü die Lippen a. *(schürzen, aufwerfen):* eine aufgestülpte *(am Ende etw. nach oben gerichtete)* Nase.

auf|stüt|zen ⟨sw. V.; hat⟩: **1.** *etw., sich auf etw. stützen:* die Arme [auf den Tisch] a.; ich habe mich [mit den Armen] aufgestützt; mit aufgestütztem Kopf dasitzen. **2.** *stützend aufrichten:* sich, den Kranken [auf seinem Lager] a.

auf|sty|len ⟨sw. V.; hat⟩ (ugs.): *zurechtmachen* (2).

auf|su|chen ⟨sw. V.; hat⟩: **1.** *sich zu jmdm., an einen bestimmten Ort begeben:* Freunde [in ihrer Wohnung] a.; sie muss einen Arzt a. (konsultieren); die Toilette a.; ein Café a.; früh das Bett a. (geh.: *zu Bett gehen*). **2. a)** (selten) *am Boden Befindliches aufsammeln:* Geldstücke [vom Boden] a.; **b)** *(in einem Buch blätternd) eine bestimmte Textstelle o. Ä. suchen:* eine Adresse im Telefonbuch, eine Textstelle a.

auf|sum|men, (häufiger:) **auf|sum|mie|ren** ⟨sw. V.; hat⟩: **a)** *(EDV) Werte addieren od. subtrahieren;* **b)** ⟨a. + sich⟩ *eine bestimmte Summe erreichen, sich zu einer bestimmten Summe addieren, sich summieren:* die Spenden haben sich zu einem hohen Betrag aufgesummt/aufsummiert.

auf|ta|keln ⟨sw. V.; hat⟩: **1.** *(Seemannsspr.) mit Takelwerk versehen; Segel setzen:* die Segelboote a. **2.** ⟨a. + sich⟩ (ugs. abwertend) *sich sehr auffällig kleiden, zurechtmachen:* sie hat sich scheußlich aufgetakelt.

Auf|takt, der; -[e]s, -e: **1.** ⟨Pl. selten⟩ *Beginn, Eröffnung (einer Veranstaltung o. Ä.):* ein festlicher A.; die Demonstration bildete den A. zu einer Reihe von Krawallen. **2.** *(Musik) unvollständiger Takt, der ein Musikstück o. Ä. eröffnet.* **3.** *(Verslehre) eine od. mehrere Silben vor der ersten tontragenden Silbe eines Verses.*

Auf|takt|spiel, das (Sport): *erstes Spiel (in einer Saison, in einem Turnier o. Ä.).*

Auf|takt|ver|an|stal|tung, die: *Veranstaltung, die den Auftakt* (1) *von etw. darstellt.*

auf|tan|ken ⟨sw. V.; hat⟩: **a)** *durch Tanken den Treibstoff auffüllen, den Treibstoffvorrat ergänzen:* die Maschine tankte auf; wir müssen noch [Benzin] a.; Ü im Urlaub mal wieder ein bisschen a. *(neue Kräfte sammeln);* **b)** *ein Fahrzeug mit Treibstoff volltanken:* der Jagdbomber, das Auto a.; der Wagen steht aufgetankt und fahrbereit im Hof.

auf|tau|chen ⟨sw. V.; ist⟩: **1.** *an die Wasseroberfläche kommen, emportauchen:* das U-Boot ist wieder aufgetaucht; die Froschmänner tauchten nach einer Weile wieder [aus der Tiefe] auf; Ü Erinnerungsbilder tauchten in ihr auf *(traten in ihr Bewusstsein).* **2. a)** *unerwartet, plötzlich in Erscheinung treten, sichtbar werden:* aus dem Dunkel, in der Ferne, vor ihren Augen tauchten die Berge auf; **b)** *unerwartet, plötzlich auftreten, da sein:* nachdem er lange verschollen war, ist er auf einmal wieder [bei seiner Familie] aufgetaucht; keine Sorge, die Akte wird schon wieder a. *(gefunden werden);* **c)** *aufkommen, auftreten:* Fragen, Zweifel, Probleme tauchten ein Verdacht tauchte auf.

auf|tau|en ⟨sw. V.⟩: **1.** ⟨hat⟩ **a)** *(Gefrorenes) zum Tauen bringen:* die Sonne taut das Eis, den Schnee auf; Tiefkühlkost a.; **b)** *von Eis befreien:* die Wärme hat die Fensterscheiben aufgetaut. **2.** ⟨ist⟩ **a)** *sich tauend auflösen:* das Eis, der Schnee taut auf; **b)** *von Eis frei werden:* der See ist wieder aufgetaut. **3.** ⟨ist⟩ *die Befangenheit verlieren, gesprächig werden:* er taut in Gesellschaft nur ganz langsam auf.

◆ **auf|tau|meln** ⟨sw. V.; hat⟩: *in die Höhe taumeln* (b): Auftaumelnd wird sie, die fürstliche Drahtpuppe (Schiller, Kabale IV, 9); ... sie taumelte bebend auf (Schiller, Räuber V, 1).

auf|teen [...ti:ən] ⟨sw. V.; hat⟩ [engl. *to tee up*] (Golf): *den Ball zum Abschlag auf das* ²*Tee aufsetzen:* sie hat den Ball zu weit vorn aufgeteet.

auf|tei|len ⟨sw. V.; hat⟩: **1.** *(ein größeres Ganzes) in Teile zerlegen u. verteilen:* das Land [an die Bauern] a.; die Schokolade unter den Kindern a.; den Gewinn, die Beute [untereinander, unter sich] a. **2. a)** *aufgliedern:* ein Raum a.; das Gelände in Parzellen a.; **b)** *in Gruppen o. Ä. einteilen:* die Exkursionsteilnehmer in mehrere Gruppen a.

Auf|tei|lung, die; -, -en: *das Aufteilen; das Aufgeteiltwerden.*

auf|tip|pen ⟨sw. V.; ist⟩: *(von einem Ball) leicht auf den Boden auftreffen u. zurückprallen:* den Ball kurz a. lassen; der Ball tippte mehrmals auf und rollte dann ins Aus.

auf|ti|schen ⟨sw. V.; hat⟩: **1.** *zum Essen auf den Tisch bringen; zum Verzehr anbieten:* das Beste aus Küche und Keller a.; [jmdm.] reichlich a. *(ihn gut bewirten);* Die Kinder wurden vorgestellt, und im Abendbrot wurde aufgetischt (Strauß, Niemand 80). **2.** (ugs. abwertend) *etw. erzählen, berichten [was nicht der Wahrheit entspricht]:* [jmdm.] Lügen a.

◆ **auf|tou|pie|ren** ⟨sw. V.; hat⟩: *aufkämmen:* ... lass mir die Perück' hier a. (Kleist, Krug 11).

Auf|trag, der; -[e]s, Aufträge: **1.** *Weisung; zur Erledigung übertragene Aufgabe:* ein wichtiger, schwieriger, ehrenvoller A.; sich eines Auftrages entledigen; er kam im A. *(beauftragt von)* seiner Firma; Abk. in Briefunterschriften: i. A. od. [nach abgeschlossenem Text od. allein vor einer Unterschrift] I. A. **2.** *Bestellung (einer Ware od. Leistung):* ein A. in Höhe von 2 Millionen; ein A. über/(seltener:) auf die Lieferung von Schreibtischen; [jmdm.] einen Auftrag erteilen, vergeben; *etw. in A. geben (Kaufmannsspr.: bestellen).* **3.** ⟨Pl. selten⟩ *Verpflichtung, Mission:* der gesellschaftliche, geschichtliche A. der Partei. **4.** ⟨Pl. selten⟩ *das Auftragen, Aufbringen von etw. auf etw.:* der Pinsel ermöglicht einen gleichmäßigen A. der Farbe.

auf|tra|gen ⟨st. V.; hat⟩: **1.** (geh.) *zum Essen auf den Tisch bringen, servieren:* schon mal die Suppe a.; es ist aufgetragen!; Der Wirt trug von sich aus eine zweite Runde auf (Härtling, Hubert 190). **2.** *auf etw. streichen* (2 a); *über etw. verteilen:* Salbe, Farbe a.; das Make-up [leicht auf das/(seltener:) auf dem Gesicht] a. **3.** *(jmdm.) den Auftrag* (1) *geben, etw. Bestimmtes zu tun:* sie hat mir einen Gruß an dich aufgetragen. **4.** *(ein Kleidungsstück) so lange tragen, bis es völlig abgetragen, zerschlissen ist:* eine Jeans a.; die jüngeren Geschwister mussten die Sachen der älteren a. **5.** *dicker erscheinen lassen:* dieser Stoff, dieses Unterhemd trägt kaum a. zu sehr auf.

Auf|trag|ge|ber, der: *Person, Firma, Institution o. Ä., die einen Auftrag* (1, 2) *erteilt.*

Auf|trag|ge|be|rin, die; -, -nen: w. Form zu ↑ Auftraggeber.

Auf|trag|neh|mer, der; -s, -: *Person, Firma, Institution o. Ä., die einen Auftrag* (1, 2) *übernimmt.*

Auf|trag|neh|me|rin, die; -, -nen: w. Form zu ↑ Auftragnehmer.

Auf|trags|ab|wick|lung, die: *Erledigung eines Auftrags* (1, 2).

Auf|trags|ar|beit, die: *Arbeit* (4 a), *die aufgrund eines Auftrags* (2) *ausgeführt wird.*

Auf|trags|be|stand, der: *Bestand* (2) *an Aufträgen* (2): der A. liegt auf Rekordniveau.

Auf|trags|boom, der: *[plötzlicher] Anstieg von Aufträgen* (2): ein gewaltiger, erwarteter, unverhoffter, plötzlicher A.

Auf|trags|buch, das (Kaufmannsspr.): *Orderbuch.*

Auf|trags|ein|gang, der (Kaufmannsspr.): *Eingang* (4 a) *von Aufträgen.*

auf|trags|ge|mäß ⟨Adj.⟩: *gemäß einem Auftrag* (1): eine -e Erledigung; der Transport wurde a. durchgeführt.

Auf|trags|kil|ler, der (ugs.): *jmd., der ohne Skrupel einen Auftragsmord begeht.*

Auf|trags|kil|le|rin, die: w. Form zu ↑ Auftragskiller.

Auf|trags|la|ge, die (Kaufmannsspr.): *Stand der vorhandenen Aufträge* (2): eine schlechte A.

Auf|trags|mord, der: *für einen Auftraggeber [gegen Bezahlung] begangener Mord.*

Auf|trags|pols|ter, das, österr. auch: der (Kaufmannsspr.): *größerer Bestand an Aufträgen* (2), *die eine Firma noch auszuführen hat.*

Auf|trags|rück|gang, der: *Rückgang der Aufträge:* die Automobilindustrie verzeichnet einen deutlichen A.

Auf|trags|ver|ga|be, die: *Vergabe von Aufträgen* (2).

Auf|trags|vo|lu|men, das: *Gesamtumfang, den ein bestimmter, aus vielen Einzelposten bestehender Auftrag umfasst:* das A. beträgt, liegt bei 800 Mio. Euro.

Auf|trags|werk, das: *Kunstwerk, das einem Auftrag* (2) *gemäß entsteht, angefertigt wird.*

auf|tref|fen ⟨st. V.; ist⟩: *[bei einem Sturz o. Ä.] auf eine Fläche treffen, aufprallen, aufschlagen:* beim Sturz auf eine scharfe Kante a.; die auftreffenden Strahlen werden reflektiert.

auf|trei|ben ⟨st. V.⟩: **1.** ⟨hat⟩ **a)** *aufwirbeln, in die Höhe treiben:* der Wind treibt die Blätter, den Staub auf; **b)** *aus seiner Ruhe aufscheuchen, aufjagen:* die Sorge treibt sie [früh aus dem Bett] auf. **2. a)** ⟨hat⟩ *(durch Druck, Gasbildung o. Ä.) in die Höhe treiben, aufblähen:* die Hefe treibt den Teig auf; die Krankheit hat seinen Körper aufgetrieben; **b)** ⟨ist⟩ *in die Höhe getrieben, aufgebläht werden:* der Teig treibt auf; der Kadaver ist aufgetrieben. **3.** ⟨hat⟩ (ugs.) *etw., wonach man einige Zeit gefragt, gesucht hat, finden; ausfindig machen, beschaffen:* einen Handwerker a.; wir müssen ein Taxi, etwas zu essen, das nötige Geld a.

auf|tren|nen ⟨sw. V.; hat⟩: **1.** *(etwas Genähtes) durch Auflösen der Nähte in seine Bestandteile zerlegen:* eine Naht, den Saum a.; das Genähte wieder a. **2.** (österr., sonst landsch.) *(etw. Gestricktes od. Gehäkeltes) aufziehen:* den Pullover a.

auf|tre|ten ⟨st. V.⟩: **1.** ⟨ist⟩ *(die Füße) in bestimmter Weise aufsetzen:* fest, leise a.; sie kann mit dem verletzten Fuß nicht a.; Wir traten vorsichtig auf, um nicht in den Netzen hängen zu bleiben (Seghers, Transit 266). **2.** ⟨hat⟩ *durch einen Tritt gewaltsam öffnen:* er trat die Tür auf.

Auftreten – aufwenden

3. ⟨ist⟩ **a)** *ein bestimmtes Verhalten zeigen; sich in bestimmter Art benehmen:* selbstbewusst, bescheiden, forsch a.; **b)** *in einer besonderen Eigenschaft od. mit einer bestimmten Absicht [öffentlich] in Erscheinung treten, hervortreten:* als Sachverständiger, Zeuge, Käufer, Vermittler a.; er trat [in der Versammlung, vor einem großen Publikum] als Redner auf; gegen etw., mit Forderungen a.; **c)** *(als Schauspieler o. Ä.) spielen, auf die Bühne treten:* heute wird ein bekannter Sänger a.; bei dem Rockfestival treten viele weltbekannte Gruppen auf; als Hamlet, auf einer großen Bühne a. **4.** ⟨ist⟩ **a)** *[plötzlich] eintreten, auftauchen:* Schwierigkeiten, Probleme, Meinungsverschiedenheiten traten auf; **b)** *plötzlich da sein, vorkommen:* Krankheiten, Seuchen, Schädlinge traten auf.

Auf|tre|ten, das; -s: **a)** *Benehmen, Verhalten (mit dem jmd. auftritt);* **b)** *das In-Erscheinung-Treten (in bestimmter Eigenschaft);* **c)** *das Spielen (als Schauspieler, Künstler).*

Auf|tre|tens|wahr|schein|lich|keit, die: *Wahrscheinlichkeit des Auftretens eines Verhaltens, eines Schadens o. Ä.*

Auf|trieb, der; -[e]s, -e: **1.** ⟨o. Pl.⟩ (Physik) *der Schwerkraft entgegengesetzte Kraft, der ein in eine Flüssigkeit od. in ein Gas eingetauchter od. untergetauchter Körper unterworfen ist:* aerodynamischer, statischer A.; der Körper erfährt im Wasser einen A. **2.** ⟨o. Pl.⟩ *Schwung, Elan, Schaffenskraft:* der Erfolg gab ihr A. **3. a)** *Menge der zum Verkauf auf den Markt gebrachten Schlachttiere:* der A. an/von Kälbern; zum A. kommen; **b)** *das Hinauftreiben des Viehs auf die Bergweide:* der A. findet im Frühjahr statt.

Auf|triebs|kraft, die: *Auftrieb (1).*

Auf|tritt, der; -[e]s, -e: **1.** *Auftreten* (c): auf seinen A. warten; vor seinem A. Lampenfieber haben; Ü der Minister hatte einen großen A., verpasste seinen A.; der Vortrag war sein erster öffentlicher A., sein erster A. vor so einem großen Publikum. **2.** (Theater) *Teil eines Aufzugs, Szene:* der fünfte Akt hat nur zwei -e. **3.** *heftige Auseinandersetzung, Streit:* ein peinlicher A.; einen A. mit jmdm. haben, provozieren, vermeiden.

Auf|tritts|ver|bot, das: *Verbot, irgendwo aufzutreten* (3 c): 1938 erhielt die Sängerin A.

auf|trump|fen ⟨sw. V.; hat⟩ [eigtl. = im Spiel die höchsten Karten einsetzen]: **1.** *seine Überlegenheit deutlich zeigen, unter Beweis stellen:* [mit Rekorden] a. **2.** *seine Meinung, seinen Willen od. eine Forderung [aufgrund seiner Überlegenheit] durchzusetzen versuchen:* sie trumpfte auf und forderte bessere Bezahlung. ◆ **3.** *scharf zurechtweisen, unmissverständlich seinen Unwillen zu erkennen geben:* Ich hätt' dem Major besser a. sollen (Schiller, Kabale I, 1).

auf|tun ⟨unr. V.; hat⟩: **1.** (geh. veraltend) *aufmachen, öffnen:* die Tür a.; den Mund a. (ugs.; sprechen). **2.** ⟨a. + sich⟩ (geh.) **a)** *sich öffnen:* die Tür tat sich auf; Ü eine breite Straße, ein Abgrund tat sich [vor ihr] auf; **b)** *sich jmdm. erschließen, darbieten:* eine neue Welt, ein neuer Horizont tat sich ihr auf. **3.** (ugs.) *durch Zufall entdecken, ausfindig machen:* ein gutes Lokal a. **4.** (ugs.) *zum Essen auf den Teller legen:* sich, jmdm. [Kartoffeln] a. **5.** (landsch.) *auf den Kopf, auf die Nase setzen:* den Hut, die Brille a.

auf|tup|fen ⟨sw. V.; hat⟩: **1.** *durch Tupfen entfernen, aufsaugen:* Blutstropfen, Tränen, Wasserflecke [mit einem Tuch] a. **2.** *tupfend auftragen:* Creme um die Augen a.

auf|tür|men ⟨sw. V.; hat⟩: **a)** *hoch aufschichten, stapeln:* Schachteln [zu einem Berg] a.; **b)** ⟨a. + sich⟩ *sich stapeln, zu einem großen Berg anwachsen:* Aktenberge türmen sich auf.

auf|wa|chen ⟨sw. V.; ist⟩: *wach werden, erwachen:* plötzlich, aus einem Traum, durch ein Geräusch, mit schwerem Kopf a.; aus der Narkose a. *(wieder zum Bewusstsein kommen).*

Auf|wach|raum, der: *(in einer Klinik) Raum, der der Überwachung aus der Vollnarkose erwachender Patienten dient.*

auf|wach|sen ⟨st. V.; ist⟩: **1.** *groß werden, heranwachsen:* auf dem Lande, in kleinen Verhältnissen a.; wir sind zusammen aufgewachsen. **2.** (geh.) *auftauchen, immer größer werdend hervortreten:* Türme wachsen aus dem Dunkel auf.

auf|wal|len ⟨sw. V.; ist⟩: **a)** *(beim Erhitztwerden) ¹wallend* (1 a) *hochsteigen:* die Soße kurz, einmal a. lassen; die Milch wallt [im Topf] auf; **b)** *in dichten Schwaden aufsteigen:* Nebel, Dunst wallt [aus einer Niederung] auf; **c)** (geh.) *plötzlich in jmdm. als heftige innere Bewegung hochsteigen:* Hass, Dankbarkeit wallte in ihr auf.

Auf|wal|lung, die; -, -en: *das Aufwallen* (c).

auf|wal|zen ⟨sw. V.; hat⟩ (Bauw.): *durch Walzen dünn auftragen:* eine neue Teerschicht a.

Auf|wand, der; -[e]s, Aufwände: **a)** *das Aufwenden; Einsatz:* ein großer A. an Energie, Geld; ein A. von zwei Millionen Euro; **b)** *aufgewendete Mittel, Kosten:* der A. hat sich [nicht] gelohnt; **c)** *übertriebener Prunk, Verschwendung:* unnötigen A. [mit etw.] treiben.

auf|wän|dig: ↑ *aufwendig.*

Auf|wands|ent|schä|di|gung, die: *Ausgleichszahlung für besondere im Dienst entstandene Kosten:* eine A. von 500 Euro erhalten.

Auf|wands|steu|er, die (Steuerw.:) **Auf|wand|steu|er**, die: *Steuer, die auf bestimmte Einkommensverwendungen erhoben wird* (z. B. Kfz-Steuer, Hundesteuer).

auf|wär|men ⟨sw. V.; hat⟩: **1. a)** *(etw. Gekochtes) noch einmal, wieder warm machen:* das Essen vom Mittag a.; **b)** (ugs.) *wieder in Erinnerung, zur Sprache bringen, aufleben lassen:* alte Geschichten, einen alten Streit wieder a. **2.** ⟨a. + sich⟩ *sich an einer Wärmequelle o. Ä. wieder wärmen:* sich in einer Kneipe, am Ofen, mit einem Grog wieder a. **3.** ⟨a. + sich⟩ (Sport) *durch leichte Übungen die Muskulatur lockern, den Körper warm werden lassen (als Vorbereitung auf eine sportliche Betätigung):* der Sprinter wärmt sich vor dem Start auf.

Auf|wärm|trai|ning, das: *Training zum Aufwärmen der Muskeln.*

Auf|war|te|frau, die; -, -en (landsch.): *Putzfrau, Zugehfrau.*

auf|war|ten ⟨sw. V.; hat⟩: **1. a)** (geh.) *anbieten, vorsetzen:* den Gästen mit einer Flasche Champagner, mit einem fünfgängigen Menü a.; **b)** *zu bieten haben:* mit großen Neuigkeiten, Verbesserungen a. [können]; die Mannschaft wartete mit einer großen Leistung auf *(bot eine große Leistung).* **2.** (veraltend) *(Gäste) bedienen:* den Gästen a. **3.** (geh. veraltet) *jmdm. einen Höflichkeitsbesuch, seine Aufwartung machen:* gleich nach seiner Ankunft wartete er dem Bürgermeister auf. ◆ **4. a)** *(eine Frau) umwerben:* Der Bruder hat unter der Truppe eine Tänzerin, mit der er schöntut..., in dem Stadt noch einige Frauen, denen er noch aufwartet (Goethe, Lehrjahre IV, 14); **b)** *(vom Hund) Männchen machen:* Du stehest still, er (= der Pudel) wartet auf (Goethe, Faust I, 1168); **c)** *zu Diensten sein, gehorchen:* ...breitete er ihn (= den Schatten) auf der Sonnenseite zu seinen Füßen aus, so, dass er zwischen den beiden ihm aufwartenden Schatten, den meinen und den seinen, daherging (Chamisso, Schlemihl 49).

auf|wärts ⟨Adv.⟩ [mhd. ūfwert(es); ↑ -wärts]: *nach oben:* sich a. fortbewegen; Ü von 100 Euro a., vom Leutnant a.

Auf|wärts|be|we|gung, die: *Bewegung nach oben.*

Auf|wärts|ent|wick|lung, die: *günstig verlaufende Entwicklung.*

auf|wärts|fah|ren ⟨st. V.; ist⟩: *nach oben fahren:* der Fahrstuhl fährt aufwärts.

auf|wärts|ge|hen ⟨unr. V.; ist⟩: *nach oben gehen, hinaufgehen:* wenn wir gleich a., wird dir schon warm werden; *mit jmdm., etw. geht es aufwärts* (bei jmdm., etw. ist eine günstige Entwicklung zu verzeichnen): mit ihr, mit ihrer Gesundheit, mit der Wirtschaft geht es wieder aufwärts).

Auf|wärts|ha|ken, der (Boxen): *mit der Faust bei abgewinkeltem Arm nach oben geführter Stoß.*

auf|wärts|rich|ten ⟨sw. V.; hat⟩: *nach oben richten:* den Blick a.

Auf|wärts|ten|denz, die: *sich abzeichnende, jmdm. od. einer Sache innewohnende Entwicklung zum Besseren hin; Entwicklungslinie, die nach oben führt.*

Auf|wärts|trend, der: *Aufwärtsentwicklung.*

Auf|war|tung, die; -, -en: **1. a)** (veraltet) *das Bedienen:* eine Hilfe zur A. haben; **b)** (landsch.) *das Saubermachen, Reinigen:* sie macht die A. im Hause. **2.** (landsch.) *Aufwartefrau.* **3.** (geh.) *Höflichkeitsbesuch:* jmdm. eine, seine A. machen.

Auf|wasch, der; -[e]s (landsch.): **1.** *das Aufwaschen:* den A. besorgen, machen; R das ist ein A.; das geht/das machen wir in einem A. (ugs.; *das lässt sich alles zusammen erledigen).* **2.** *abzuwaschendes Geschirr:* in der Küche steht noch der ganze A.

auf|wa|schen ⟨st. V.; hat⟩: **a)** (landsch.) *spülen, abwaschen:* Geschirr a.; **b)** (österr., sonst landsch.) *wischen, feucht reinigen:* den Boden a.; R das ist ein Aufwaschen, das geht/das machen wir in einem Aufwaschen (ugs.; *das lässt sich alles zusammen erledigen).*

Auf|wasch|was|ser, das ⟨Pl. ...wässer oder ...wasser⟩ (landsch.): *Spülwasser.*

auf|we|cken ⟨sw. V.; hat⟩: **1.** *wach machen, aus dem Schlaf wecken:* die Kinder nicht a.; das Klingeln hat sie aufgeweckt. **2.** *auf-, wachrütteln:* wir bemühen uns, unsere Branche aufzuwecken.

auf|we|hen ⟨sw. V.; hat⟩: **1. a)** *in die Höhe wehen:* eine Bö wehte Sand auf; **b)** *wehend auftürmen:* der Wind hatte den Schnee zu hohen Wehen aufgeweht; **c)** *aufgewirbelt werden:* der Straßenstaub weht auf. **2.** (geh.) *wehend öffnen:* der Sturm hat Fenster und Türen aufgeweht.

auf|wei|chen ⟨sw. V.⟩: **1.** ⟨hat⟩ *durch Feuchtigkeit weich machen:* ein Brötchen in Wasser a.; der Regen hat den Boden aufgeweicht; Ü ein System a. *(von innen her allmählich zerstören).* **2.** ⟨ist⟩ *weich werden:* der Boden weicht auf; Ü die Fronten weichen auf.

Auf|wei|chung, die; -, -en: *das Aufweichen.*

Auf|weis, der; -es, -e: *das Aufzeigen, Darlegen:* der A. großer Irrtümer ist ihm nicht gelungen.

auf|wei|sen ⟨st. V.; hat⟩: **a)** *auf etw. hinweisen, etw. aufzeigen:* die Bedeutung, Wichtigkeit von etw. a.; der Redner wies neue Möglichkeiten auf; **b)** *durch etw. Bestimmtes gekennzeichnet sein u. dies zeigen, erkennen lassen:* Parallelen zu etw., einen Mangel, Vorzüge a.; *etw. aufzuweisen haben (etw. haben, über etw. verfügen:* gute Zeugnisse, große Erfolge aufzuweisen haben); ◆ **c)** *aufwiegeln, aufbringen* (4 b): Von den Knechten meinte ein jeder, er sei sein Freund, und gegen jeden wies er die andern auf (Gotthelf, Spinne 106).

auf|wen|den ⟨unr. V.; hat⟩: *(für einen bestimmten Zweck, ein erstrebtes Ziel) aufbringen; für etw. verwenden, einsetzen:* viel Kraft, Zeit, Kosten [für etw.] a.; er wendete/wandte alles auf, ihn zu überreden.

auf|wen|dig, aufwändig ⟨Adj.⟩ [zu ↑ aufwenden]: mit großem Aufwand verbunden; kostspielig: ein -er Lebensstil; eine -e Dekoration.

Auf|wen|dung, die; -, -en: **a)** das Aufwenden: unter A. seiner ganzen Beredsamkeit etw. durchsetzen; **b)** ⟨meist Pl.⟩ Ausgabe; für etw. Bestimmtes aufzuwendender Betrag: hohe -en haben; die ein für Löhne und Gehälter.

auf|wer|fen ⟨st. V.; hat⟩: **1. a)** nach oben, in die Höhe werfen: die Schiffsschrauben warfen das Wasser auf; das Schiff warf eine hohe Bugwelle auf; den Kopf a. (ruckartig heben); **b)** auf etw. werfen: Kohlen, Holzscheite a. (auf das Feuer werfen); die Karten a. (auf den Tisch werfen); **c)** aufhäufen, aufschütten: einen Damm, ein Grab a.; Schnee zu Wällen a.; aufgeworfene Erdmassen. **2.** mit Wucht öffnen: mit einem Schwung die Tür a. **3.** zur Sprache bringen, zur Diskussion stellen: eine Frage a. **4.** ⟨a. + sich⟩ sich eigenmächtig zu etw. machen, sich (zu etw.) erheben (3 a): sich zum Richter, Beschützer, Tyrannen a. **5.** (selten) (die Lippen) schürzen: die Lippen a.; ein aufgeworfener Mund.

auf|wer|ten ⟨sw. V.; hat⟩: dem Wert nach verbessern, den Wert von etw. erhöhen: den Euro a.; die Renten, die Währung a.; Ü sein Ansehen, seine Stellung in der Gesellschaft wurde aufgewertet.

Auf|wer|tung, die; -, -en: das Aufwerten, Aufgewertetwerden.

auf|wi|ckeln ⟨sw. V.; hat⟩: **1. a)** wickelnd zusammenrollen: einen Bindfaden [auf eine Spule], Stoff [zu einem Ballen] a.; **b)** (ugs.) auf Wickler aufdrehen: jmdm., sich die Haare a. **2.** Verpacktes durch Auseinanderwickeln der Hülle öffnen: ein Paket vorsichtig a.

Auf|wi|cke|lung, Auf|wick|lung, die; -, -en: das Aufwickeln.

Auf|wie|ge|lei, die; -, -en (abwertend): das Aufhetzen zur Auflehnung: jmdn. wegen A. anklagen.

auf|wie|geln ⟨sw. V.; hat⟩ [2. Bestandteil zu mhd. wegen = sich bewegen (↑ ²bewegen), also eigtl. = in heftige Bewegung versetzen]: [eine Menschengruppe] zur Auflehnung aufhetzen: Menschen [gegen etw.] a.; das Volk [zum Widerstand] a.

Auf|wie|ge|lung, Aufwieglung, die; -, -en: das Aufwiegeln.

auf|wie|gen ⟨st. V.; hat⟩: ausgleichen, Ersatz für etw. bieten: die Vorteile wiegen die Nachteile auf; der Erfolg hat den Einsatz nicht aufgewogen.

Auf|wieg|ler, der; -s, -: jmd., der andere aufwiegelt.

Auf|wieg|le|rin, die; -, -nen: w. Form zu ↑ Aufwiegler.

auf|wieg|le|risch ⟨Adj.⟩: andere aufwiegelnd: -e Reden führen; -e Kundgebungen; a. reden.

Auf|wieg|lung: ↑ Aufwiegelung.

Auf|wind, der; -[e]s, -e: **1.** (Meteorol.) vom Boden aufsteigende Luftbewegung: das Segelflugzeug hat guten A. **2.** Auftrieb, Aufschwung: durch erste Erfolge A. bekommen; die Wirtschaft ist im A.

auf|wir|beln ⟨sw. V.⟩: **a)** ⟨hat⟩ etw., was locker irgendwo liegt, hoch-, in die Luft wirbeln: Staub, altes Laub a.; **b)** ⟨ist⟩ in die Höhe wirbeln, aufstieben: Schnee wirbelte hoch auf; Mückenschwärme wirbelten auf und summten quälend um ihn (Kuper, Jagd 193).

auf|wi|schen ⟨sw. V.; hat⟩: **a)** wischend aufnehmen, entfernen: verschüttetes Wasser, Bier a.; Die Wirtin hatte die Glasscherben mit einem großen, nassen Lumpen aufgewischt (M. Walser, Seelenarbeit 250); **b)** mit einem feuchten Lappen wischend bearbeiten: den Boden, die Diele [feucht] a.; im Flur muss ich noch a. (den Boden aufwischen).

Auf|wisch|lap|pen, der: Lappen zum Aufwischen.

auf|wo|gen ⟨sw. V.; hat⟩: in die Höhe wogen, heftig wogen: das Meer, die See wogte wild auf.

auf|wöl|ben, sich ⟨sw. V.; hat⟩: eine Wölbung bilden: das Blech hat sich aufgewölbt.

Auf|wuchs, der; -es: das Hochwachsen, Heranwachsen: der A. der Pflanze ist von der Sonnenbestrahlung abhängig.

auf|wüh|len ⟨sw. V.; hat⟩: **1. a)** wühlend an die Oberfläche bringen: Steine, Knochen a.; **b)** wühlend aufreißen: den Boden a. **2.** Wassermassen o. Ä. aufrühren, in stürmische Bewegung bringen: der Sturm wühlte die See auf; aufgewühlter Schlamm verdunkelt das Wasser. **3.** innerlich stark erregen, erschüttern: die Nachricht wühlte sie bis ins Innerste auf; ein aufwühlendes Erlebnis; aufgewühlt verließ er das Theater.

auf|zah|len ⟨sw. V.; hat⟩ (südd., österr.): (eine bestimmte Summe) zuzahlen.

auf|zäh|len ⟨sw. V.; hat⟩: einzeln angeben, nacheinander aufführen, nennen: bestimmte Namen, Daten, Verdienste a.; jmdm. seine Versäumnisse a.; ... ihre Unterhaltungen ... bestanden meistens darin, dass sie Maltes Unarten aufzählten und sich über ihn beklagten (Rilke, Brigge 71).

Auf|zah|lung, die; -, -en (südd., österr.): **1.** das Aufzahlen. **2.** aufzuzahlende Summe.

Auf|zäh|lung, die; -, -en: **1.** das Aufzählen. **2.** aufgezählte Zusammen-, Aufstellung.

auf|zäu|men ⟨sw. V.; hat⟩: den Zaum anlegen: Pferde a.; Ü etw. verkehrt a. (ugs.: falsch anpacken).

auf|zeh|ren ⟨sw. V.; hat⟩ (geh.): **a)** völlig aufbrauchen: seine Vorräte, Ersparnisse a.; Ü die Krankheit zehrte sie auf, ihre gesamte Lebensfreude auf; **b)** ⟨a. + sich⟩ sich verbrauchen, verzehren über etw.: du hast dich die Jahre hindurch [innerlich] aufgezehrt.

Auf|zeh|rung, die; -, -en (geh.): das Aufzehren, Sichaufzehren.

auf|zeich|nen ⟨sw. V.; hat⟩: **1. a)** auf etw. zeichnen: ein Muster, einen Grundriss [auf ein Blatt] a.; **b)** erklärend hinzeichnen: jmdm. den Weg a. **2.** zur Dokumentation schriftlich, auf Tonträger od. Film festhalten: seine Erinnerungen, die Vorfälle wahrheitsgetreu a.; eine Rede wortwörtlich a.; eine Sendung a.

Auf|zeich|nung, die; -, -en: **1.** das Zeichnen auf etw.: eine genaue A. des Entwurfs. **2. a)** das Festhalten von etw. durch Schrift, Bild od. Ton: eine stenografische, -en [mit der Kamera, mit dem Tonbandgerät] machen: die Dichterin berichtet darüber in ihren -en; **b)** (Funkw., Fernsehen) in Bild od. Ton Festgehaltenes: das war eine A. und keine Livesendung.

auf|zei|gen ⟨sw. V.; hat⟩: **1.** (geh.) deutlich zeigen, nachweisen, darlegen, demonstrieren: Fehler, Schwächen a.; er zeigte auf, wie groß die Umweltschäden sein würden. **2.** (österr., sonst landsch.) sich melden (5): wer es weiß, soll a.

auf|zer|ren ⟨sw. V.; hat⟩: **1.** durch Zerren aufmachen, lösen: die Krawatte, ein Paket ungeduldig a. **2.** durch Zerren hochheben: jmdn. mit Gewalt vom Boden a.

auf|zie|hen ⟨unr. V.⟩: **1.** ⟨hat⟩ nach oben ziehen: eine Fahne, Segel a. (hissen). **2.** ⟨hat⟩ **a)** ziehend öffnen: einen Reißverschluss a.; den Vorhang a. (auseinanderziehen); **b)** durch Herausziehen öffnen: die Schublade a.; entkorken: Flaschen a. **3.** ⟨hat⟩ auf etw. spannen: eine Landkarte, Saiten [auf ein Instrument] a.; die Leinwand musste auf Pappe aufgezogen werden (aufgeklebt, geklebt werden); eine Stickerei a. (in den Rahmen spannen). **4.** ⟨hat⟩ **a)** (eine Feder) spannen: die Feder einer Spieluhr a.; **b)** durch Spannen der Feder o. Ä. bereit machen: die Armbanduhr, das Spielzeugauto a.; Ü sie war heute sehr aufgezogen (angeregt, animiert). **5.** ⟨hat⟩ großziehen: ein Kind im christlichen Glauben, nach bestimmten Grundsätzen a.; ein fremdes Kind wie sein eigenes a.; sie war von ihren Großeltern aufgezogen worden; ein Tier mit der Flasche a. **6.** ⟨hat⟩ (ugs.) ins Werk setzen, arrangieren: ein Fest, eine Unternehmung a.; die Sache war falsch, richtig, zu einseitig aufgezogen; der Prozess sollte politisch aufgezogen werden. **7.** ⟨hat⟩ (ugs.) necken, verspotten: jmdn. wegen seiner, mit seinen zu kurzen Hosen a. **8.** ⟨ist⟩ **a)** aufmarschieren: die Wache, der Posten ist aufgezogen; **b)** näher kommen, aufkommen (1): ein Gewitter, eine schwarze Wolke zieht auf. **9.** ⟨hat⟩ etw. aufgezogen auftrennen: den Ärmel noch einmal a. **10.** ⟨hat⟩ (landsch.) aufwischen. **11.** ⟨hat⟩ (Med.) **a)** eine zur Injektion bestimmte Flüssigkeit in die Spritze einsaugen: eine Traubenzuckerlösung a.; **b)** eine Spritze durch Einsaugen des flüssigen Präparates für eine Injektion vorbereiten: eine Spritze a. **12.** ⟨hat⟩ bei der Schaufensterdekoration Kleiderpuppen anziehen: Figuren a. ♦ **13.** ⟨hat⟩ vertrösten, hinhalten: ... wie sehr man Sie mit Ihren Forderungen an die Generalkriegskasse aufzieht (Lessing, Minna I, 4).

Auf|zucht, die; -, -en: das Aufziehen, Großziehen: die A. von Kälbern.

Auf|zucht|sta|ti|on, die: Stelle, Käfig o. Ä. für das Aufziehen junger Tiere.

auf|zu|cken ⟨sw. V.⟩: **1.** ⟨hat/ist⟩ (geh.) wie ein Blitz aufleuchten: ein Lichtschein, eine Flamme zuckte auf. **2.** ⟨hat⟩ ruckartig auffahren, zusammenzucken: plötzlich zuckte er auf.

Auf|zug, der; -[e]s, Aufzüge: **1. a)** das Aufziehen (8 a), Aufmarschieren, Anrücken: der A. der Wache beobachten; Aufzüge veranstalten; der feierliche A. der Professoren; das Aufziehen (8 b), Herankommen: der A. größerer Wolkenfelder. **2.** mechanische Vorrichtung zum Auf- bzw. Abwärtsbefördern von Personen od. Lasten; Fahrstuhl: den A. nehmen, benutzen; in den A. steigen. **3.** (abwertend) Aufmachung (1); Art der Kleidung: ein lächerlicher, unmöglicher A.; in diesem A. kann ich mich nirgends blicken lassen. **4.** größerer, in sich geschlossener Abschnitt einer Theateraufführung; ¹Akt (2): das Drama hat fünf Aufzüge. **5.** (Turnen) Übung, bei der man sich mit einem Ziehen in den Stütz hochzieht: einen A. am Reck turnen.

Auf|zug|füh|rer, der: jmd., der einen Aufzug (2) bedient.

Auf|zug|füh|re|rin, die: w. Form zu ↑ Aufzugführer.

Auf|zug|schacht, Auf|zugs|schacht, der: Schacht, in dem sich der Aufzug (2) bewegt.

auf|zün|geln ⟨sw. V.; ist⟩ (geh.): in die Höhe züngeln: Flammen züngelten auf; Ü hier und da züngelte Aufruhr auf.

auf|zup|fen ⟨sw. V.; hat⟩: **1.** zupfend auftrennen: eine Stickerei a. **2.** durch Zupfen entwirren: einen Knoten a.

auf|zwin|gen ⟨st. V.; hat⟩: **1.** gewaltsam auferlegen; zwingen, etw. anzunehmen: einem Volk eine neue Staatsform a.; jmdm. seinen Willen, seine Meinung a. **2.** ⟨a. + sich⟩ sich aufdrängen, zwingend bewusst werden: ein Gedanke, eine Melodie zwang sich ihr auf.

auf|zwir|beln ⟨sw. V.; hat⟩: (einen Schnauzbart) mit den Fingerspitzen nach oben drehen: die Bartenden a.

Aug. = ¹August.

Aug|ap|fel, der; -s, ...äpfel [mhd. ougapfel, ahd. ougapfil]: teilweise sichtbarer, gewölbter, in der Augenhöhle liegender Teil des Auges: hervorquellende Augäpfel; mit den Augäpfeln/die Augäpfel rollen; *jmdn., etw. wie seinen A. hüten (besonders sorgsam behüten).

Au|ge, das; -s, -n [mhd. ouge, ahd. ouga, viell. eigtl. = Seher]: **1.** *Sehorgan des Menschen u. vieler Tiere:* blaue, mandelförmige, tief liegende -n; die -n strahlen, glänzen, leuchten, tränen; die -n öffnen, aufschlagen, auf jmdn. richten; sich die -n reiben, verderben; einem Toten die -n zudrücken; ein blaues A. haben *(durch eine Verletzung o. Ä. um das Auge einen Bluterguss haben);* schlechte, gute -n haben *(schlecht, gut sehen können);* auf einem A. blind sein; jmdm. nicht in die -n sehen können *(jmdm. gegenüber ein schlechtes Gewissen haben);* jmdm. stehen die Tränen in den -n *(jmd. ist dem Weinen nahe);* etw. mit bloßem, unbewaffnetem, (österr.:) freiem A. *(ohne optisches Hilfsmittel)* sehen können; etw. mit eigenen -n gesehen haben; ein klares Ziel vor -n haben; das Kind verunglückte vor den -n seiner Mutter; R die -n waren größer als der Magen *(jmd. hat sich mehr auf den Teller getan, als er essen kann);* in diese Suppe schauen mehr -n hinein als heraus (ugs. scherzh.; *sie ist sehr dünn, wenig gehaltvoll);* **Spr** aus den -n, aus dem Sinn *(wer abwesend ist, wird leicht vergessen);* * **das A. des Gesetzes** (scherzh.; *die Polizei);* **so weit das A. reicht** *(so weit man sehen kann);* **jmds. -n brechen** (geh.; *jmd. stirbt);* **jmdm. gehen die -n auf** *(jmd. durchschaut plötzlich einen Sachverhalt, erkennt Zusammenhänge, die er vorher nicht gesehen hatte);* **jmdm. gehen die -n noch auf** (ugs.; *jmd. wird noch die bittere Erfahrung machen, dass sich etw. anders verhält, als er glaubte);* **jmdm. gehen die -n über** (1. *jmd. ist durch einen Anblick überwältigt.* geh.; *jmd. beginnt zu weinen;* nach Joh. 11, 35); **sehenden -s** (geh.; *leichtsinnig; obwohl man die Gefahr kommen sieht);* **seinen [eigenen] -n nicht trauen** (geh.; *vor Überraschung etw. nicht fassen können);* **das A. beleidigen** *(von einem ästhetischen Gesichtspunkt aus betrachtet sehr unschön, unharmonisch sein);* **ein A. voll Schlaf nehmen** *(ein wenig, für ganz kurze Zeit schlafen);* **-n wie ein Luchs haben** *(sehr scharf sehen u. alles bemerken);* **hinten keine -n haben** (ugs.; *nicht sehen können, was hinter einem vor sich geht);* **seine -n überall haben** *(auf alles aufpassen, sich nichts entgehen lassen);* **[große] -n machen** (ugs.; *staunen, sich wundern);* **jmdm. [schöne] -n machen** (ugs.; *mit jmdm. einen Flirt anfangen);* **die -n offen haben/halten** *(achtgeben, aufpassen);* **die -n schließen/zumachen** (verhüll.; *sterben);* **die -n vor etw. verschließen** *(etw. nicht zur Kenntnis nehmen, nicht wahrhaben wollen);* **sich [nach jmdm., etw.] die -n aus dem Kopf sehen/schauen** (ugs.; *intensiv [vergeblich] suchen od. erwartend Ausschau halten);* **jmdm. am liebsten die -n auskratzen mögen** (ugs.; *so wütend sein auf jmdn., dass man ihm am liebsten etw. Böses antäte);* **ein A./beide A. zudrücken** (ugs.; *etw. nachsichtig, wohlwollend übersehen);* **ein A. riskieren** (ugs.; *einen verstohlenen Blick auf jmdn., etw. werfen);* **ein A. auf jmdn., etw. werfen** (ugs.; *sich für jmdn., etw. zu interessieren beginnen);* **ein A. auf jmdn., etw. haben** (1. *auf jmdn., etw. achtgeben.* 2. *an jmdm., etw. Gefallen finden);* **die -n auf null gestellt haben** (salopp; *tot sein);* **-n machen wie ein [ab]gestochenes Kalb** (ugs.; *töricht dreinschauen);* **ein A. für etw. haben** *(das richtige Verständnis, ein Urteilsvermögen für etw. haben);* **kein A. zutun** (ugs.; *nicht schlafen [können]);* **-n im Kopf haben** (ugs.; *etw. durchschauen, beurteilen können);* **keine -n im Kopf haben** (ugs.; *nicht aufpassen);* **nur Augen für jmdn., etw. haben** (ugs.; *jmdn., etw. ganz allein beachten);* **jmdm. die -n öffnen** *(jmdn. darüber aufklären, wie unerfreulich etw. in Wirklichkeit ist);* **sich die -n ausweinen/aus dem Kopf weinen** *(sehr weinen;* aus dem Klagelied Jeremias 2, 11); **jmdm. etw. an den -n ablesen** *(die unausgesprochenen Wünsche des anderen von allein erkennen);* **jmdm. etw. aufs A. drücken** (salopp; *jmdm. etw. [Unangenehmes] aufbürden);* **jmdn., etw. nicht aus den -n lassen** *(jmdn., etw. scharf beobachten);* **jmdn., etw. aus dem A./aus den -n verlieren** *(die Verbindung mit jmdm. verlieren, etw. nicht weiterverfolgen);* **nicht mehr/ kaum noch aus den -n sehen können** (ugs.; *sehr müde, erschöpft, mitgenommen sein);* **geh mir aus den -n!** *(geh weg!, lass dich hier nicht mehr blicken!);* **jmdm. aus den -n sehen** *(jmds. Augen anzusehen sein);* **jmdm., einander A. in A. gegenüberstehen** *(jmdm., einander ganz nahe gegenüberstehen);* **etw. im A. haben** *(etw. im Sinn haben, vorhaben);* **jmdn., etw. im A. behalten** *(jmdn. beobachten, etw. verfolgen);* **in jmds. -n** *(nach jmds. Ansicht);* **[jmdm.] ins A./in die -n fallen/springen** *(auffallen);* **jmdm. ins A./in die -n stechen** (ugs.; *jmds. Wunsch wecken, es zu besitzen);* **jmdm. zu tief in die -n gesehen haben** *(sich in jmdn. verliebt haben);* **etw. ins A. fassen** *(sich etw. vornehmen);* **einer Gefahr ins A. sehen** *(einer Gefahr mutig entgegentreten);* **ins A. gehen** (ugs.; *schlecht enden, üble Folgen haben);* **in jmds. -n steigen/sinken** *(bei jmdm. an Ansehen, Achtung gewinnen, verlieren);* **mit einem lachenden und einem weinenden A.** *(teils erfreut, teils betrübt;* wohl nach Shakespeare, Hamlet I, 2); **mit offenen -n schlafen** (ugs.: 1. oft als Vorwurf an jmdn. gerichtet; *nicht aufpassen u. daher etw. nicht wissen od. wahrnehmen, was unangenehme od. nachteilige Auswirkungen haben kann.* 2. *dösen);* **mit einem blauen A. davonkommen** (ugs.; *ohne großen Schaden, glimpflich davonkommen);* **etw., jmdn. mit anderen/neuen -n [an]sehen/ betrachten** *(mit einem neuen Verständnis betrachten);* **jmdn., etw. mit den -n verfolgen** *(jmdn., einer Sache genau zusehen, aufmerksam hinterherblicken);* **jmdn., etw. mit den -n verschlingen** (ugs.; *mit begehrlichen Blicken ansehen);* **jmdn. mit den -n ausziehen** (ugs.; *jmdn. voll sexueller Begierde ansehen);* **etw. nicht nur um jmds. schöner blauer -n willen tun** *(nicht aus reiner Gefälligkeit tun);* **A. um A., Zahn um Zahn** *(Gleiches wird mit Gleichem vergolten;* nach 2. Mos. 21, 24); **unter vier -n** *(zu zweit, ohne weitere Zeugen);* **unter jmds. -n** *(in jmds. Anwesenheit);* **jmdm. nicht [wieder] unter die -n kommen/treten dürfen** *(bei jmdm. unerwünscht sein, nicht wieder erscheinen dürfen);* **jmdm. wird [es] schwarz vor [den] -n** *(jmd. wird ohnmächtig:* Der Arzt stochert in der Wunde herum, dass mir schwarz vor den -n wird [Remarque, Westen 170]); **vor aller -n** *(in der Öffentlichkeit; öffentlich);* **jmdm., sich etw. vor -n führen/halten/stellen** *(jmdm., sich etw. deutlich zeigen, klarmachen);* **jmdm. vor -n schweben** *(jmdm. deutlich ins Bewusstsein treten).* **2.** *(bei Pflanzen, bes. bei Kartoffel, Rebe, Obstbaum) Keim, Knospenansatz:* die -n aus der Kartoffel ausschneiden. **3. a)** *Punkt auf dem Spielwürfel:* er hat sieben -n geworfen; **b)** *Zählwert bei bestimmten Spielen:* beim Skat zählt die Dame drei -n. **4.** *auf einer Flüssigkeit – meist auf der Suppe – schwimmender Fetttropfen:* auf der Suppe schwimmen viele -n. **5.** *weitgehend windstiller Bereich im Zentrum eines Wirbelsturms:* das A. des Hurrikans.

Äu|gel|chen, das; -s, -: Vkl. zu ↑ Auge.

Äu|ge|lein, Äuglein, das; -s, -: Vkl. zu ↑ Auge (1).

äu|geln ⟨sw. V.; hat⟩ [mhd. öugeln]: **1.** *heimliche, verstohlene Blicke werfen:* nach jmdm. ä. **2.** (Gartenbau) *veredeln, okulieren:* Obstbäume, Rosen ä.

äu|gen ⟨sw. V.; hat⟩ [mhd. öugen]: *suchend blicken:* er äugte durch eine Luke, in unsere Richtung.

Au|gen|ab|stand, der (Med.): *Entfernung zwischen beiden Pupillen.*

Au|gen|arzt, der: *Facharzt für Augenkrankheiten;* Ophthalmologe.

Au|gen|ärz|tin, die: w. Form zu ↑ Augenarzt.

au|gen|ärzt|lich ⟨Adj.⟩: *vom Augenarzt ausgehend.*

Au|gen|auf|schlag, der: *das Heben der Augenlider:* ein treuherziger A.

Au|gen|aus|druck, der: *Ausdruck der Augen.*

Au|gen|bin|de, die: a) *Binde zum Schutz des erkrankten Auges, der erkrankten Augen;* b) *Binde zum Verbinden der Augen.*

Au|gen|blick [auch: ...'blɪk], der [mhd. ougenblick, eigtl.: (schneller) Blick der Augen]: *Zeitraum von sehr kurzer Dauer, Moment:* einen A. warten, aufpassen; einen A., bitte!; in dem A., wo/(geh. veraltend:) da ...; im richtigen A. *(zum richtigen Zeitpunkt);* den Zug im letzten A. erreichen; Er hatte stets, wie ein Kind, nur dem A. gelebt (Strittmatter, Wundertäter 389); * **alle -e** (ugs.; *immer wieder);* **jeden A.** *(schon im nächsten Augenblick, sofort);* **keinen A.** *(niemals, zu keiner Zeit);* **einen lichten A. haben** (1. *vorübergehend bei klarem Verstand sein.* scherzh.; *eine gute Idee haben);* **im A.** *(jetzt, momentan).*

au|gen|blick|lich [auch: ...'blɪk...] ⟨Adj.⟩: **1.** *unverzüglich, sofort:* auf -e Hilfe hoffen; a. beginnen. **2.** *derzeitig, momentan:* -e Bedürfnisse; wo ist er a. beschäftigt?

au|gen|blicks ⟨Adv.⟩: *sogleich, sofort:* etw. a. vergessen; a. verlässt du das Zimmer!

Au|gen|blicks|bil|dung, die: Ad-hoc-Bildung.

Au|gen|blicks|sa|che, die: *Sache, die nur einen Augenblick dauert.*

Au|gen|blin|zeln, das; -s: *durch Blinzeln gegebenes Zeichen der Verständigung.*

◆ **Au|gen|blitz,** der [zu ↑ Blitz in der alten Bed. »Blick«]: *scharfer Blick, scharfes, aufmerksames Auge:* Dies ist ... der Mann, mit seltnem A. vom hohen Turm umherzuschaun bestellt (Goethe, Faust II, 9198 ff.)

Au|gen|braue, die: *Haarbogen über dem Auge:* buschige -n; sich die -n ausrasieren, auszupfen; eine Platzwunde an der A.

Au|gen|brau|en|stift, der: *Farbstift zum Nachziehen der Augenbrauen.*

◆ **Au|gen|braun,** das; -s, -e: *Augenbraue:* ...sein finsteres, überhangendes, buschichtes A. (Schiller, Räuber IV, 2).

◆ **Au|gen|brau|ne,** die; -n, -n: *Augenbraue:* Sorgfalt sodann für Haut und Haare, für -n und Zähne (Goethe, Wanderjahre II, 4).

Au|gen|de|ckel, der (ugs.): *[oberes] Lid:* mit den -n klappern; ... da ... saß dünn und zerbrechlich eine uralte Dame vorm Spiegel, die sich konzentriert die A. betupfte (Schnurre, Bart 164 f.)

Au|gen|di|a|gno|se, die: *Methode, Krankheiten aus der Veränderung der Iris des Auges zu erkennen.*

◆ **Au|gen|die|ner,** der: *Schmeichler; Kriecher:* ...wo mir sonst ein ganzes Heer geschäftiger A. entgegenstürzte (Lessing, Emilia Galotti IV, 3).

au|gen|fäl|lig ⟨Adj.⟩: *auffällig, nicht zu übersehen:* ein -er Zusammenhang, Unterschied.

Au|gen|fält|chen ⟨meist Pl.⟩: *kleine Falten im Bereich des Auges:* beim Lachen wurden A. sichtbar.

Au|gen|far|be, die: *Farbe der Iris des Auges:* eine helle A. haben; A.: Graugrün.

Au|gen|feh|ler, der: *Mangel in Bezug auf die Sehfähigkeit des Auges.*

Au|gen|fleck, der (Biol.): *Sehorgan der Einzeller.*

Au|gen|flim|mern, das; -s: *nervöse Sehstörung durch scheinbares Flimmern vor den Augen.*

Au|gen|glas, das ⟨Pl. ...gläser⟩: **a)** ⟨meist Pl.⟩ (österr.) *Brille;* **b)** (veraltet) *Vorrichtung aus Glas zur Verbesserung der Sehleistung des Auges* (z. B. Brille, Zwicker, Monokel u. a.)

Au|gen|heil|kun|de, die: *Fachrichtung der Medizin, die sich mit den Krankheiten des Auges befasst; Ophthalmologie.*

Au|gen|hö|he, die: in den Fügungen **in A.** (*in Höhe der Augen:* ein Bild in A. anbringen); **auf [gleicher] A.** (*gleichberechtigt:* [mit jmdm.] auf A. verhandeln, diskutieren, verkehren).

Au|gen|höh|le, die: *Vertiefung im Schädel, in die der Augapfel eingebettet ist.*

Au|gen|in|nen|druck, der (Med.): *auf der Innenwand des Auges lastender* ¹*Druck* (1), *der bes. von bestimmten Vorgängen im Augapfel beeinflusst wird.*

Au|gen|klap|pe, die: *schwarze Klappe zum Schutz des erkrankten od. verletzten Auges.*

Au|gen|kli|nik, die: *Klinik für Augenkrankheiten.*

◆ **Au|gen|kno|chen,** der: *Jochbein:* Die Nas' hat auch gelitten. – Und das Auge. – Das Auge nicht, Gevatter ... Das ist der A. (Kleist, Krug 1).

Au|gen|kon|takt, der: **1.** *Kontakt einer Substanz mit den Augen:* bei A. die Augen sofort mit Wasser spülen. **2.** *Blickkontakt:* sie sucht A. mit/zu den Zuschauern.

Au|gen|krank|heit, die: *Erkrankung des Auges.*

Au|gen|licht, das ⟨o. Pl.⟩ (geh.): *Sehkraft, Sehfähigkeit:* das A. verlieren, zurückgewinnen.

Au|gen|lid, das: *Lid.*

Au|gen|maß, das ⟨o. Pl.⟩: **1.** *Fähigkeit, mit den Augen Entfernungen abzuschätzen:* [ein gutes, schlechtes] A. haben. **2.** *Fähigkeit, in angemessener Weise zu handeln; Besonnenheit, Umsicht:* das rechte A. verloren haben; Politik mit A. (*Besonnenheit, Realitätssinn*).

Au|gen|mensch, der (ugs.): *jmd., der Eindrücke am leichtesten visuell gewinnt.*

Au|gen|merk, das; -[e]s: *Aufmerksamkeit:* ihr A. galt den spielenden Kindern; sein A. auf Wirtschaftsfragen richten, lenken, konzentrieren, legen.

Au|gen|mus|kel, der: *Muskel am od. innerhalb des Augapfels.*

Au|gen|op|ti|ker, der: *Optiker, der Sehhilfen (bes. Brillen) herstellt* (Berufsbez.).

Au|gen|op|ti|ke|rin, die: w. Form zu ↑ Augenoptiker.

Au|gen|paar, das (geh.): *Paar zweier zusammengehörender Augen:* er sah erstaunte -e auf sich gerichtet.

Au|gen|par|tie, die: *Gesichtspartie um die Augen.*

Au|gen|pul|ver, das (ugs.): *Schrift o. Ä., die sehr klein* [u. *diffizil*] *u. daher für die Augen sehr anstrengend zu entziffern ist.*

Au|gen|rand, der: *Rand vom Oberlid od. Unterlid des Auges:* einen Lidstrich am oberen A. auftragen; gerötete Augenränder haben.

Au|gen|ring, der: **1.** ⟨Pl.⟩ *Augenschatten.* **2.** (*bei Tieren, bes. bei Vögeln*) *ringförmige Färbung um das Auge herum.*

Au|gen|sal|be, die: *Heilsalbe für ein erkranktes Auge.*

Au|gen|schat|ten ⟨Pl.⟩: *halbkreisförmige Schatten unter den Augen:* große, dunkle A. haben.

Au|gen|schein, der ⟨o. Pl.⟩ (geh.): *das Anschauen, die unmittelbare Wahrnehmung durch das Auge:* wie der A. zeigt, lehrt; sich durch A. von etw. überzeugen; dem A. nach (*wahrscheinlich*); * *jmdn., etw. in A. nehmen* (*jmdn., etw. genau u. kritisch betrachten*).

au|gen|schein|lich [auch: ...'ʃai...] ⟨Adj.⟩ (geh.): *offenbar, offensichtlich:* in -er Mangel.

Au|gen|schmaus, der: *besonders erfreulicher Anblick:* das bunte Fastnachtstreiben war ein rechter A.

Au|gen|schwä|che, die: *Schwäche der Sehkraft.*

Au|gen|spie|gel, der (Med.): *besonderer Spiegel für die Untersuchung des Auges; Ophthalmoskop.*

Au|gen|spin|ner, der [nach dem augenähnlichen Fleck auf der Flügelmitte bei den meisten Arten]: *(in zahlreichen Arten bes. in den Tropen u. Subtropen vorkommender) vor allem nachts fliegender, großer, meist bunt gefärbter Schmetterling.*

Au|gen|stern, der. **1.** (fam.) *Liebling:* das Kind war ihr [ganzer] A., war der A. der Mutter; mein A.! **2.** (dichter.) *Pupille:* leuchtende -e; Ü ◆ ... das kitzelt unsern A. (*unser Auge* 1), das schmeichelt unsern Ohren gern (Schiller, Räuber IV, 2).

Au|gen|täu|schung, die: *optische Täuschung.*

Au|gen|tier|chen, das: *Geißeltierchen.*

Au|gen|trop|fen ⟨Pl.⟩: ⟨Pl.⟩ *tropfenweise anzuwendende Flüssigkeit zur Heilung erkrankter Augen.*

Au|gen|trost, der [die Pflanze dient als Heilmittel bei Augenleiden]: *(auf Wiesen wachsende) kleine Pflanze mit weißen od. violetten Blüten u. eiförmigen Blättern.*

Au|gen|wei|de, die; -, -n ⟨Pl. selten⟩ [mhd. ougenweide, eigtl. = Speise, Labsal für die Augen, zu ↑² Weide in der alten Bed. »Nahrung, Speise«]: *sehr schöner, ästhetischer Anblick, den etw. od. jmd. bietet:* sie ist eine A.; es ist eine A. zu sehen, wie er tanzt.

Au|gen|wim|per, die: *Wimper* (1).

Au|gen|win|kel, der: (*beim geöffneten Auge*) *von Ober- u. Unterlid gebildeter Winkel:* jmdn. aus den -n betrachten.

Au|gen|wi|sche|rei, die; -, -en [für älter Augenauswischerei, entstanden aus der veralteten Wendung »jmdm. die Augen auswischen« = *jmdn. täuschen, übervorteilen, betrügen*]: *Betrug, Schwindel.*

Au|gen|zahl, die: (*beim Spiel*) *Anzahl der erreichten Augen* (3b): eine niedrige A.; seine A. zu erhöhen versuchen.

Au|gen|zeu|ge, der: *Zeuge, der ein Geschehen mit eigenen Augen verfolgt hat:* die zwei Männer waren A./(seltener:) -n der Tat.

Au|gen|zeu|gen|be|richt, der: *Bericht eines Augenzeugen.*

Au|gen|zeu|gin, die: w. Form zu ↑ Augenzeuge.

Au|gen|zwin|kern, das; -s: *kurzes Zwinkern als Zeichen der Verständigung:* sich durch A. verständigen.

au|gen|zwin|kernd ⟨Adj.⟩: *mit [einem] Augenzwinkern erfolgend:* -er Humor; jmdm. a. zuprosten.

Au|gi|as|stall [auch: 'augjas...], der ⟨o. Pl.⟩ [nach dem 30 Jahre lang nicht ausgemisteten Rinderstall des Königs Augias, den nach der altgriech. Sage Herkules reinigen musste]: **a)** *Raum, der sich in einem besonders verschmutzten, od. vernachlässigten Zustand befindet;* **b)** *korrupte Verhältnisse, Zustände:* * den A. ausmisten/ reinigen (geh.; *eine durch Schlamperei, Nachlässigkeit entstandene große Unordnung mit Mühe beseitigen; die Ordnung wiederherstellen*).

Au|git [auch: ...'gɪt], der; -s, -e [lat. augitis, zu griech. augé = Glanz, nach dem Glanz einiger Arten] (Geol.): (*in verschiedenen Arten vorkommendes) silikathaltiges Mineral von dunkelgrünem, dunkelbrauner od. schwarzer Färbung.*

Äug|lein: ↑ Äugelein.

Aug|men|ta|ti|on, die; -, -en [spätlat. augmentatio = Vermehrung] (Musik): **a)** *Wertverlängerung einer Note in der Mensuralnotation.* **b)** *Wiederaufnahme des Themas einer Komposition in größeren rhythmischen Werten.*

Aug|men|ta|tiv, das; -s, -e (Sprachwiss.): *durch ein Präfix od. ein Suffix gekennzeichnete Vergrößerungsform.*

Aug|men|ta|ti|vum: ↑ Augmentativ.

au gra|tin [ogra'tɛ̃:; frz. = mit Kruste, zu: gratin, ↑ Gratin] (Kochkunst): *überbacken.*

Augs|burg: *Stadt am Lech.*

¹**Augs|bur|ger,** der; -s, -: *Ew.*

²**Augs|bur|ger** (indekl. Adj.): A. Bekenntnis (*wichtigste lutherische Bekenntnisschrift von 1530;* Abk.: A. B.)

Augs|bur|ge|rin, die; -, -nen: w. Form zu ↑¹Augsburger.

Au|gur, der; -s u. ...uren, ...uren [lat. augur = Vogelschauer u. Priester im antiken Rom] (bildungsspr., oft spött.): *jmd., der als Eingeweihter Urteile, Interpretationen von sich anbahnenden, bes. politischen Entwicklungen ausspricht.*

Au|gu|ren|lä|cheln, das; -s (geh.): *überheblich-wissendes Lächeln [des Einverständnisses unter Eingeweihten]:* mit A.

Au|gu|rin, die; -, -nen: w. Form zu ↑ Augur.

¹**Au|gust,** der; -[e]s u. -, -e ⟨Pl. selten⟩ [lat. (mensis) Augustus, zu Ehren des Kaisers Augustus (63 v. Chr. bis 14 n. Chr.)]: *achter Monat des Jahres* (Abk.: Aug.).

²**Au|gust** [nach dem m. Vorn.]: in der Fügung *dummer A.* (*Zirkusclown, Spaßmacher*).

au|gus|te|isch ⟨Adj.⟩ [nach dem röm. Kaiser Augustus, ↑¹August]: in der Fügung -es Zeitalter (bildungsspr.; *Epoche, in der Kunst u. Literatur besonders gefördert werden*).

Au|gus|ti|ner, der; -s, - [nach dem Kirchenlehrer Augustinus (354–430)]: *Angehöriger der auf der Augustinerregel aufgebauten Ordensgemeinschaften.*

Au|gus|ti|ne|rin, die; -, -nen: *Angehörige einer nach der Augustinerregel lebenden weiblichen Ordensgemeinschaft.*

Au|gus|ti|ner|re|gel, die: (*angeblich von Augustinus stammende) um 1200 aufgestellte Regel, die Weisungen für das Zusammenleben und -wirken in einer Ordensgemeinschaft gibt.*

Auk|ti|on, die; -, -en [lat. auctio, eigtl. = Vermehrung, vgl. Autor]: *Versteigerung:* sich etw. auf einer A. ersteigern.

Auk|ti|o|na|tor, der; -s, ...oren [spätlat. auctionator]: *Versteigerer.*

Auk|ti|o|na|to|rin, die; -, -nen: w. Form zu ↑ Auktionator.

auk|ti|o|nie|ren ⟨sw. V.; hat⟩ [lat. auctionari]: *versteigern.*

Auk|ti|ons|haus, das: *Unternehmen, das Auktionen durchführt.*

auk|to|ri|al ⟨Adj.⟩ [zu lat. auctor, ↑ Autor] (Literaturwiss.): **a)** *aus der Sicht des Autors (dargestellt, berichtet):* eine -e Erzählweise; **b)** *den Autor betreffend, ihm eigentümlich, für ihn charakteristisch:* -e Eigenheiten des Stils.

Au|la, die; -, ...len u. -s [lat. aula < griech. aulé]: **1.** *größerer Raum für Veranstaltungen, bes. in Schulen u. Universitäten.* **2.** *in der Antike Hof des griechischen u. römischen Hauses.* **3.** *Palast in der römischen Kaiserzeit.* **4.** *Vorhof einer Basilika* (1).

au na|tu|rel [onaty'rɛl; frz. = nach der Natur, ↑ Naturell] (Kochkunst): (*von Speisen u. Getränken*) *ohne künstlichen Zusatz.*

au pair [o'pɛ:ɐ̯; frz.; eigtl. = zum gleichen Wert, zu: pair = gleich < lat. par]: (*in Bezug auf einen Arbeitsplatz meist in einem Haushalt im Ausland) ohne Bezahlung; nur gegen Unterkunft, Verpflegung u. Taschengeld:* ein Jahr au p. in Frankreich verbringen.

¹**Au-pair** [o'pɛ:ɐ̯], die; -, -s od. das; -s, -s: Kurzf. von ↑ Au-pair-Mädchen: sie arbeitet als A.

²**Au-pair** [o'pɛ:ɐ̯], der; -s, -s: Kurzf. von ↑ Au-pair-Junge.

Au-pair-Jun|ge, der: *junger Mann, der au pair*

arbeitet, um die Sprache des jeweiligen Landes zu erlernen.

Au-pair-Mäd|chen, das: *junge Frau, die au pair arbeitet, um die Sprache des jeweiligen Landes zu erlernen:* sie arbeitet als A.

Au-pair-Stel|le, die: *Arbeitsstelle eines Au-pair-Mädchens, eines Au-pair-Jungen:* eine A. in England suchen.

AU-Pla|ket|te [aːˈluː...], die: *auf dem Nummernschild von Kraftfahrzeugen angebrachte Plakette (1), die die Abgasuntersuchung bescheinigt.*

Au|ra, die; -, Auren (Med.: Aurae) [lat. aura = Luft(hauch, -zug), Wehen; Schimmer, spätlat. auch = Duft, Dunst < griech. aúra, zu aḗr = Luft]: **1.** (geh.) *besondere [geheimnisvolle] Ausstrahlung:* von der A. eines Geheimnisses umgeben sein. **2.** (Med.) *Erweiterung des Bewusstseins, bes. Unbehagen, das einem epileptischen Anfall vorausgeht.*

Au|rar: Pl. von ↑ Eyrir.

au|ra|tisch ⟨Adj.⟩ [zu ↑ Aura]: *die Aura betreffend, zur Aura gehörend.*

Au|re|o|le, die; -, -n [mlat. aureola, zu lat. aureolus = schön, golden, zu: aurum, ↑ Aurum]: **1.** (bildungsspr.) *die Gestalt umgebender Strahlenkranz, Heiligenschein.* **2.** (Meteorol.) *die Sonne od. den Mond wie ein Kranz umgebende atmosphärische Leuchterscheinung.*

Au|rig|na|ci|en [orɪnjaˈsjɛ̃ː], das; -[s] [nach der frz. Stadt Aurignac]: *Kulturstufe der Jüngeren Altsteinzeit.*

Au|ri|kel [auch: ...rɪ...], die; -, -n [lat. auricula = Öhrchen (nach der Form der Blätter), Vkl. von: auris = Ohr]: *(in den Alpen vorkommende) zu den Primeln gehörende Pflanze mit glatten, fleischigen Blättern u. leuchtend gelben Blüten; Schlüsselblume.*

au|ri|ku|lar, au|ri|ku|lär ⟨Adj.⟩ [spätlat. auricularis] (Med.): *zum Ohr, zu den Ohren gehörend.*

¹Au|ro|ra (röm. Mythol.): *Göttin der Morgenröte.*

²Au|ro|ra, die; - ⟨meist o. Art.⟩ (dichter.): *Morgenröte.*

Au|ro|ra|fal|ter, der [nach der der Morgenröte (↑ ²Aurora) ähnlichen Färbung]: *Tagfalter, dessen Vorderflügel zur Hälfte leuchtend orangerot od. leuchtend gelb gefärbt sind.*

Au|rum, das; -[s] [lat. aurum, eigtl. = das Leuchtende; lat. Bez. für ↑ Gold (Zeichen: Au).

¹aus ⟨Präp. mit Dativ⟩ [mhd., ahd. ūʒ, urspr. = auf etw. hinauf, aus etwas hinaus]: **1. a)** zur Angabe der Richtung von innen nach außen: a. der Badewanne steigen; a. dem Haus gehen; ein Buch a. dem Schrank nehmen; ♦ ... als ich bemerkte, dass ich a. dem Wege gekommen (vom Wege abgekommen) war (Chamisso, Schlemihl 70); **b)** zur Angabe der räumlichen od. zeitlichen Herkunft, des Ursprungs, des Bereichs, aus dem jmd. herkommt, etw. her- od. weggenommen wird: sie kommt, stammt, ist gebürtig a. Hamburg; ein Werk a. dem Jahr 1750; a. der Nähe; a. 100 m Entfernung; sie liest a. ihrem Roman; **c)** zur Angabe der Veränderung eines Zustandes: die Waage a. dem Gleichgewicht bringen; jmdn. a. seinen Träumen herausreißen; a. tiefem Schlaf erwachen. **2.** zur Angabe des Grundes, der Ursache für etw.: a. Angst, Überzeugung, Hunger; *verstärkt durch das Adv. »heraus«:* er handelte a. einer Laune, a. einer Notlage heraus; Er sah sie jetzt a. Tick, nicht a. (Kronauer, Bogenschütze 22); * **a. sich heraus** (unaufgefordert).* **3. a)** zur Angabe des Materials, aus dem etw. besteht, des Ausgangsstoffes, aus dem etw. hergestellt wird od. entsteht: eine Bank a. Holz, a. Stein; ein Haus a. Fertigteilen; **b)** zur Angabe eines früheren Entwicklungsstadiums in Verbindung mit Verben, die ein Werden bezeichnen: a. den Raupen entwickeln sich Schmetterlinge; a. seiner Tochter wurde eine tüchtige Ärztin. **4.** (österr.) bei der Angabe eines [Schul]faches; *in:* eine Eins a. Mathematik; er hat die Prüfung a. Latein abgelegt.

²aus ⟨Adv.⟩ (ugs.): **1.** ⟨häufig imperativisch od. elliptisch od. in Verbindung mit »sein«⟩ **a)** *vorbei, Schluss, zu Ende:* die Schule, das Kino war a.; endlich ist der Krieg a. *(ist er beendet worden, hat er ein Ende gefunden);* a. der Traum von einem Sieg; (Boxen:) sieben, acht, neun – a.!; nachdem sie den Ball dreimal verfehlt hatte, war sie a. *(ausgeschieden);* ⟨auch unpers.:⟩ mit dem schönen Leben ist es a.; zwischen uns ist es a. *(unsere Beziehung, Freundschaft besteht nicht mehr);* Ü mit ihm, mit der Firma ist es a. *(er, die Firma ist ruiniert);* mit ihr ist es a. *(sie stirbt, es gibt keine Hoffnung mehr für sie; sie ist am Ende [ihrer Kraft, ihrer Möglichkeiten]);* **b)** *erloschen, nicht mehr brennend, ausgeschaltet:* das Feuer, die Kerze ist a.; der Ofen ist schon a. gewesen; die Lampe, das Radio war a.; Licht, Scheinwerfer a.! *(ausschalten!);* Motor a. und aussteigen! **2.** ⟨in Verbindung mit »sein«⟩ *ausgegangen:* wir waren gestern a.; sonntags sind sie immer a. *(sind sie nie zu Hause).* **3.** (Sport) *außerhalb des Spielfeldgrenze:* der Ball ist a.! **4.** * **auf etw., jmdn. a. sein** *(etw. sehr gern haben wollen, erreichen wollen; auf etw., jmdn. versessen sein):* auf Abenteuer, auf eine Belohnung, auf diesen Posten a. sein); **bei jmdm. ein und a./a. und ein gehen** *(bei jmdm. verkehren);* **nicht a. noch ein/nicht ein noch a./nicht a. und ein/nicht ein noch a./weder a. noch ein/weder ein noch a. wissen** *(völlig ratlos sein).*

Aus, das; -, - [LÜ von engl. out]: **1.** ⟨o. Pl.⟩ (Ballspiele) *Raum außerhalb der Spielfeldgrenzen:* der Ball rollte ins A. **2.** ⟨o. Pl.⟩ **a)** (Sport) *das Ausscheiden eines einzelnen Sportlers od. einer Mannschaft:* diese Niederlage bedeutete für die Mannschaft das A.; **b)** (ugs.) *Ende, das Scheitern:* die Kürzungen im Etat bedeuten das A. für das Projekt; vor dem A. stehen.

aus|agie|ren ⟨sw. V.; hat⟩ (Psychol.): *(eine Emotion [ungehemmt]) in Handlung umsetzen u. dadurch eine innere Spannung abreagieren:* seine Wut a.

aus|apern ⟨sw. V.⟩ (südd., österr., schweiz.): **a)** ⟨ist⟩ *schneefrei werden:* eine ausgeaperte Skipiste; **b)** ⟨hat⟩ *schneefrei machen:* die Sonne hat die Felder ausgeapert.

Aus|ape|rung, die; -, -en (südd., österr., schweiz.): **a)** *das Ausapern;* **b)** *ausgeaperte Stelle.*

aus|ar|bei|ten ⟨sw. V.; hat⟩: **1. a)** *erarbeiten, erstellen:* einen Plan, ein Konzept a.; **b)** *(etw., was im Entwurf vorliegt) vollständig, bis ins Einzelne ausführen:* etw. sorgfältig, in allen Einzelheiten, im Detail a.; Beine, Arme und Köpfe der Figur sind plastisch ausgearbeitet. **2.** ⟨a. + sich⟩ *sich durch körperliche Arbeit einen Ausgleich zu anderer Tätigkeit verschaffen:* an den Wochenenden arbeite ich mich im Garten, bei Gartenarbeit aus.

Aus|ar|bei|tung, die; -, -en: *das Ausarbeiten; das Ausgearbeitetwerden.*

aus|ar|ten ⟨sw. V.; ist⟩: **1.** (oft abwertend) **a)** *sich ins Negative entwickeln, steigern:* der Streit artete in eine Schlägerei aus; **b)** *sich ungehörig benehmen:* wenn er Alkohol getrunken hat, artet er extrem a. **2.** (Biol., Zool.) *Degenerationserscheinungen zeigen.*

Aus|ar|tung, die; -, -en: *das Ausarten (2).*

aus|at|men ⟨sw. V.; hat⟩: **1.** *(vom Atem) aus der Lunge ausströmen lassen:* kräftig, langsam a.; atmen Sie ruhig ein und aus; Luft [durch die Nase, den Mund] a. **2.** ⟨nur im Perf.⟩ (geh., selten) *aufhören zu leben; sterben:* er hat ausgeatmet. ♦ **3.** ⟨a. + sich⟩ *verschnaufen:* ... nachdem wir uns ein wenig ausgeatmet hatten (Stifter, Granit 27).

Aus|at|mung, die; -, -en ⟨Pl. selten⟩: *das Ausatmen.*

aus|ät|zen ⟨sw. V.; hat⟩: *wegätzen:* Farbe a.

aus|ba|cken ⟨unr. V.; bäckt/backt aus, backte/(veraltend:) buk aus, hat ausgebacken⟩ (Kochkunst): **1.** *in [schwimmendem] Fett backen, garen:* die Pfannkuchen [in Öl] a. **2. a)** ⟨meist im 2. Part.⟩ *zu Ende backen, fertig backen:* der Kuchen ist noch nicht ganz ausgebacken; gut ausgebackenes Brot; **b)** * **etw. so lange backen lassen, bis es gar ist:** du hast den Kuchen nicht ausgebacken.

aus|ba|den ⟨sw. V.; hat⟩: **1.** [früher musste im öffentlichen Bad der letzte Badegast das von mehreren Badenden benutzte Badewasser ausgießen u. das Bad säubern] (ugs.) *die Folgen tragen für etw., was man selbst od. (häufiger) ein anderer verschuldet hat.* ♦ **2.** *gänzlich baden:* Und haben wir im Traubensaft die Gurgel ausgebadet (Schiller, Räuber IV, 5).

aus|bag|gern ⟨sw. V.; hat⟩: **a)** *mit dem Bagger (eine Vertiefung) herstellen:* eine Baugrube a.; **b)** *mithilfe des Baggers säubern, von etw. befreien:* das Flussbett, die Kiesgrube a.; **c)** *(aus etw.) mithilfe des Baggers herausheben:* Schlamm, Geröll [aus der Fahrrinne] a.

Aus|bag|ge|rung, die; -, -en: *das Ausbaggern.*

aus|ba|lan|cie|ren ⟨sw. V.; hat⟩: **a)** *ins Gleichgewicht bringen, in den Zustand des Gleichgewichts halten:* etw. richtig, genau a.; Ü Kräfte, Interessen a.; **b)** ⟨a. + sich⟩ *sich ausgleichen, ins Gleichgewicht kommen:* die Gewichte müssen sich exakt a.; Ü die verschiedenen Standpunkte haben sich [nicht] ausbalanciert.

Aus|ba|lan|cie|rung, die; -, -en: *das Ausbalancieren, Sichausbalancieren.*

aus|bal|do|wern ⟨sw. V.; hat⟩ [zu ↑ baldowern] (salopp): **a)** *auskundschaften, mit Geschick ausfindig machen:* ein Versteck, eine geheime Zusammenkunft a.; **b)** *planen, sich ausdenken, ausklügeln:* die Minister haben eine neue Reform ausbaldowert.

Aus|ball, der; -[e]s, Ausbälle ⟨Pl. selten⟩ (Ballspiele): *über die (seitliche) Außenlinie od. die Torauslinie des Spielfeldes geratener Ball:* es gab einen A.

Aus|bau, der; -[e]s: **1.** *das Ausbauen (1):* der A. des Motors. **2.** *das Vergrößern, Erweitern von etw. Vorhandenem:* ein zügiger A. des Straßennetzes; sie planen den A. ihres Hauses; Ü der A. des Schulwesens; (Sport:) der A. seines Vorsprungs [an Punkten]. **3.** *das Umbauen, [Aus]gestalten von etw. zu etw. anderem:* der A. einer Scheune zu einem Wohngebäude.

aus|bau|en ⟨sw. V.; hat⟩: **1.** *(ein Teilstück von etw.) mithilfe von Werkzeugen entfernen:* den Motor, die Batterie [aus dem Auto] a.; das Türschloss muss ausgebaut werden; ausgebaute Maschinenteile; die ausgebauten Filter noch verpacken. **2.** *erweitern, vergrößern, [weiter] ausgestalten:* das Straßennetz a.; die Straße ist nicht ausgebaut *(nicht mit einem festen Belag versehen);* Ü (Sport:) einen Vorsprung a. **3.** *weiterentwickeln; verbessern, vermehren:* eine Position, ein Thema, Handelsbeziehungen a. **4.** *(zu etw.) umbauen, umgestalten:* das Dachgeschoss zu einer Wohnung a. **5.** (Weinbau) *(Wein) durch entsprechende Behandlung zur vollen Entwicklung und Ausreifung bringen.*

aus|bau|fä|hig ⟨Adj.⟩: *geeignet, ausgebaut (2, 3, 4) zu werden.*

Aus|bau|plan, der: *Plan für den Ausbau (2, 3) von etw.*

Aus|bau|stu|fe, die: *einzelner Abschnitt eines Ausbaus (2, 3); einzelne von mehreren Phasen, in die ein Ausbau eingeteilt ist:* die zweite A. beginnt nun.

aus|be|din|gen, sich ⟨st., seltener auch: sw. V.; bedang/(auch:) bedingte sich aus, hat sich ausbedungen⟩: *sich etw. vorbehalten, zur Bedingung machen:* ich bedang/(auch:) bedingte mir Bedenkzeit aus; ich habe mir bestimmte Freiheiten, Rechte, die Verfügungsgewalt ausbedungen.

aus|bei|nen ⟨sw. V.; hat⟩ [zu ↑ Bein (5)] (Kochkunst): *entbeinen:* Schinken, Koteletts a.

aus|bei|ßen ⟨st. V.; hat⟩: **1.** ⟨a. + sich⟩ *einen Zahn beim Zubeißen, Kauen ab-, herausbeißen:* sich ⟨Dativ⟩ [an etw.] einen Zahn a. **2.** (Geol.) *(von einer geologischen Schicht) an die Erdoberfläche treten:* hier beißt an mehreren Stellen das Gestein aus. **3.** (landsch.) *ausstechen, verdrängen:* er versuchte seinen Bruder auszubeißen.

aus|be|kom|men ⟨st. V.; hat; häufig verneint⟩ (ugs.): **1.** *(nur mit Mühe) ausziehen können:* die Schuhe, die Handschuhe, den Ring nicht a. **2.** (landsch.) *leer essen, leer trinken können:* seinen Becher nicht a. **3.** (landsch.) *bis zum Ende lesen können:* ein Buch in einem Tag [nicht] a.

aus|bes|sern ⟨sw. V.; hat⟩: **a)** *schadhaft Gewordenes) reparieren, instand setzen, wiederherstellen:* das Dach, das Polster, den Zaun a.; die Wäsche musste ausgebessert *(geflickt)* werden; **b)** *(eine schadhaft gewordene Stelle an etw.) beseitigen:* einen Schaden [an der Tapete] a.

Aus|bes|se|rung, die; -, -en: *das Ausbessern, Ausgebessertwerden.*

Aus|bes|se|rungs|ar|beit, die ⟨meist Pl.⟩: *Arbeit, durch die etw. ausgebessert, repariert wird:* -en durchführen.

aus|bes|se|rungs|be|dürf|tig ⟨Adj.⟩: *einer Reparatur, Ausbesserung bedürfend, sie nötig habend.*

Aus|bes|se|rungs|werk, das (Eisenbahn): *Werkstätte, in der die Fahrzeuge, Weichen u. a. überprüft u. instand gesetzt werden.*

aus|be|to|nie|ren ⟨sw. V.; hat⟩: *vollständig mit einer Betonschicht versehen:* den Boden a.; ein ausbetonierter Raum.

◆ **aus|beu|gen** ⟨sw. V.; hat⟩: *ausweichen; aus dem Wege gehen:* Ihm auszubeugen, war der Schlag zu schnell (Lessing, Nathan III,8); ... bleibt bei der Sache! Beugt nicht aus! (Schiller, Maria Stuart I,7).

aus|beu|len ⟨sw. V.; hat⟩: **1. a)** *ein Kleidungsstück durch [längeres] Tragen an einer Stelle so dehnen, dass es die Form verliert, sich nach außen wölbt:* die Ärmel seiner Jacke a.; eine ausgebeulte Hose; **b)** ⟨a. + sich⟩ *(von einem Kleidungsstück) sich [an einer Stelle] so dehnen, dass die Form verloren geht u. eine Wölbung nach außen entsteht:* der Rock hat sich schnell ausgebeult. **2.** *eine eingedrückte Stelle, eine Beule aus etw. entfernen, herausschlagen:* den Kotflügel, den zerdrückten Hut a.

Aus|beu|lung, die; -, -en: **1.** *das Ausbeulen, Sichausbeulen.* **2.** *ausgebeulte Stelle, Vertiefung.*

Aus|beu|te, die; -, -n ⟨Pl. selten⟩: *Ertrag, Gewinn aus einer bestimmten Arbeit:* die wissenschaftliche A. dieser Arbeit ist bescheiden; eine reiche, spärliche A. [an Erzen, Kohle].

aus|beu|teln ⟨sw. V.; hat⟩ (landsch.): **1.** *ausschütteln:* das Staubtuch, die Tischdecke a. **2.** *(ein Kleidungsstück) ausbeulen* (1 a): ausgebeutelte Hosenbeine.

aus|beu|ten ⟨sw. V.; hat⟩ [zu mhd. biuten = Kriegsbeute machen < niederd. büten, ↑ ¹Beute]: **1. a)** *wirtschaftlich nutzen, abbauen:* eine Grube, ein Erzvorkommen, Bodenschätze a.; **b)** *systematisch nutzen, ausschöpfen:* alle historischen Quellen a.; sie hat die Arbeiten anderer Wissenschaftler schamlos ausgebeutet *(ohne Nennung der Quelle für ihre Arbeit verwendet);* ... vermutlich habe ich die Musik immer nur für meine literarischen Vorhaben ausgebeutet (Mayröcker, Herzzerreißende 102). **2. a)** (abwertend) *[skrupellos] für sich ausnutzen:* jmds. Arbeitskraft a.; **b)** (marx.) *sich als Eigentümer von Produktionsmitteln das von den Arbeitnehmern erzeugte Arbeitsprodukt aneignen;* **c)** (abwertend) *sich skrupellos zunutze machen:* jmds. Unkenntnis, Gutmütigkeit a.; die Not der Obdachlosen a.

Aus|beu|ter, der; -s, -: **a)** (abwertend) *jmd., der andere Menschen ausbeutet, ausnutzt;* **b)** (marx.) *privater Eigentümer von Produktionsmitteln.*

Aus|beu|te|rei, die; -, -en (ugs. abwertend): *das Ausbeuten* (2).

Aus|beu|te|rin, die; -, -nen: w. Form zu ↑ Ausbeuter.

aus|beu|te|risch ⟨Adj.⟩: *in der Weise eines Ausbeuters verfahrend.*

Aus|beu|ter|klas|se, die (marx.): *Klasse* (2) *der Ausbeuter* (b).

Aus|beu|tung, die; -, -en ⟨Pl. selten⟩: *das Ausbeuten; das Ausgebeutetwerden.*

aus|be|zah|len ⟨sw. V.; hat⟩: **a)** *jmdm. eine Geldsumme [die ihm zusteht] auszahlen:* jmdm. das Gehalt a.; das Darlehen wird sofort ausbezahlt *(zur Verfügung gestellt);* **b)** (landsch.) *[bei Beendigung einer Tätigkeit] entlohnen, bezahlen:* die Tagelöhner, die Hilfskräfte a.; **c)** *(jmdn., dem ein Teil von einem Vermögen zusteht, gehört) mit Bargeld abfinden:* die Erben, den Teilhaber a.

Aus|be|zah|lung, die; -, -en: *das Ausbezahlen; das Ausbezahltwerden.*

aus|bie|gen ⟨st. V.; hat⟩: *(Verbogenes) gerade biegen, durch Biegen wieder in die ursprüngliche Form bringen:* einen Draht a.; sie hat die verbogenen Metallstäbe wieder ausgebogen.

aus|bie|ten ⟨st. V.; hat⟩: **1.** (Fachspr.) **a)** *zum Kauf anbieten, feilbieten:* die Bauern bieten ihre Erzeugnisse auf dem Markt aus; **b)** *bei einer Versteigerung zum Kauf anbieten, versteigern.*
◆ **2.** *verbieten, das Haus, die Wohnung zu betreten:* ... ich biete den Junker aus (Schiller, Kabale I, 1).

aus|bil|den ⟨sw. V.; hat⟩ [mhd. ūʒbilden = zu einem Bild ausprägen]: **1. a)** *durch Vermittlung von Kenntnissen, Fertigkeiten für einen bestimmten Beruf, eine bestimmte Tätigkeit vorbereiten:* Nachwuchs, Lehrlinge a.; mehr Techniker a. *(heranbilden);* ein Land, das Terroristen ausbildet; jmdn. an einer Maschine, im Zeichnen, zum Facharzt a.; sie stellt nur ausgebildete Kräfte ein; **b)** ⟨a. + sich⟩ *sich einer bestimmten Ausbildung unterziehen:* sich als Pianist, zum Pianisten a.; **c)** *durch Schulung bilden, zur Entfaltung bringen:* seine Anlagen, seine Stimme a.; seinen Geist, Verstand a.; **d)** *(einem Tier) bestimmte Fertigkeiten beibringen:* ein Pferd, einen Hund a. **2. a)** *sich entwickeln, hervorbringen:* bestimmte Eigenschaften im Verhalten a.; die Pflanzen bilden Blätter aus; **b)** *(in bestimmter Weise) gestalten, formen, herstellen:* etw. hohl a.; **c)** ⟨a. + sich⟩ *in bestimmter Weise entstehen, sich entwickeln:* die Blüten bilden sich sehr langsam aus.

Aus|bil|den|de, die/eine Ausbildende; der/einer Ausbildenden, die Ausbildenden/zwei Ausbildende: *weibliche Person, die die Aufgabe hat, andere auszubilden; Lehrherrin.*

Aus|bil|den|der, der Ausbildende/ein Ausbildender; des/eines Ausbildenden, die Ausbildenden/zwei Ausbildende: *Person, die die Aufgabe hat, andere auszubilden; Lehrherr.*

Aus|bil|der, der; -s, -: *Ausbildender, bes. beim Militär.*

Aus|bil|de|rin, die; -, -nen: w. Form zu ↑ Ausbilder.

Aus|bild|ner, der; -s, -: **1.** (österr.) *Ausbilder beim Militär.* **2.** (schweiz.) *Ausbildender.*

Aus|bild|ne|rin, die; -, -nen: w. Form zu ↑ Ausbildner (2).

Aus|bil|dung, die; -, -en: **1.** *das Ausbilden* (1 a, b), *das Ausgebildetwerden:* eine gute A. ist das Wichtigste für beruflichen Erfolg; die A. zur Bankkauffrau; (Militär:) die A. am Geschütz, mit der Waffe. **2.** *das Ausbilden* (2), *Sichausbilden:* die A. von Knospen bei Obstbäumen.

Aus|bil|dungs|ab|ga|be, die: *Ausbildungsplatzabgabe.*

Aus|bil|dungs|bei|hil|fe, die: *finanzielle staatliche Zuwendung für eine in der Ausbildung befindlichen Jugendlichen.*

Aus|bil|dungs|be|ruf, der: *Lehr- od. Anlernberuf.*

Aus|bil|dungs|be|trieb, der: *Betrieb, der Lehrlinge ausbildet.*

Aus|bil|dungs|dau|er, die: *Dauer der Ausbildung.*

Aus|bil|dungs|för|de|rung, die: *finanzielle staatliche Zuwendung aus Mitteln des Bundes u. der Länder für in der Ausbildung befindliche Jugendliche.*

Aus|bil|dungs|för|de|rungs|ge|setz, das: *Gesetz, das die Ausbildungsförderung regelt.*

Aus|bil|dungs|gang, der: *geregelter Verlauf der Ausbildung.*

Aus|bil|dungs|jahr, das: **1.** *mit demjenigen Termin im Jahr, an dem regelmäßig Jugendliche eine Ausbildung anfangen, beginnender Zeitraum von einem Jahr:* für dieses A. werden noch Lehrstellen angeboten. **2.** *meist in Verbindung mit einer Ordinalzahl; Lehrjahr:* sie ist im zweiten A.

Aus|bil|dungs|kurs, **Aus|bil|dungs|kur|sus**, der: *Kurs, der zu etw. ausbildet.*

Aus|bil|dungs|la|ger, das ⟨Pl. Ausbildungslager⟩: *Lager, in dem A. militär. Kenntnisse, praktische Fertigkeiten (z. B. für den bewaffneten Kampf) vermittelt werden.*

Aus|bil|dungs|markt, der (ugs.): *Bereich der Wirtschaft, in dem sich Angebot von u. Nachfrage nach Ausbildung begegnen.*

Aus|bil|dungs|mög|lich|keit, die: *Möglichkeit, sich auszubilden, eine Ausbildung zu erhalten.*

Aus|bil|dungs|ord|nung, die: *Rechtsverordnung, die den Ausbildungsgang staatlich anerkannter Berufe festlegt.*

Aus|bil|dungs|platz, der: *Stelle* (4), *auf der jmd. zu etw. ausgebildet wird.*

Aus|bil|dungs|platz|ab|ga|be, die: *Abgabe, ein Betrieb bzw. ein Arbeitgeber zu zahlen hat, wenn er keine od. zu wenig Ausbildungsplätze zur Verfügung stellt.*

Aus|bil|dungs|pro|gramm, das: *Konzept, Programm, nach dem jmd. ausgebildet wird.*

Aus|bil|dungs|stand, der ⟨o. Pl.⟩: *in einer bestimmten Zeit erreichte Höhe einer Ausbildung.*

Aus|bil|dungs|stät|te, die: *Gebäude, in dem Ausbildung, Unterricht stattfindet.*

Aus|bil|dungs|stel|le, die: *Ausbildungsplatz.*

Aus|bil|dungs|sys|tem, das: *System, in dem der Verlauf der Ausbildung geregelt ist:* unser duales A.

Aus|bil|dungs|ver|gü|tung, die: *Vergütung während der Ausbildungszeit.*

Aus|bil|dungs|ver|trag, der: *die Ausbildung betreffender Vertrag zwischen der ausbildenden Person od. Institution u. der Person, die ausgebildet werden soll.*

Aus|bil|dungs|zeit, die: *Ausbildungsdauer.*

Aus|bil|dungs|ziel, das: *formuliertes Ziel, zu dem eine Ausbildung hinführen soll.*

aus|bit|ten ⟨st. V.; hat⟩: **a)** (geh.) *sich etw. erbitten, jmdn. um etw. bitten:* ich bat mir Bedenkzeit aus; die Nachbarin hat sich den Staubsauger ausgebeten *(geliehen);* er bat sich ein Buch als Andenken aus; **b)** *verlangen, mit*

ausblasen – ausbrennen

Nachdruck fordern: ich bitte mir Ruhe, etwas mehr Höflichkeit aus; das möchte ich mir ausgebeten haben! *(das erwarte ich als selbstverständlich!)*

aus|bla|sen ⟨st. V.; hat⟩: **1.** *(etw. mit offener Flamme Brennendes) durch Blasen auslöschen:* das Streichholz, die Kerze, das Licht a. **2. a)** *durch Blasen entfernen:* den Dotter aus dem Ei a.; **b)** *(von etw.) leer blasen, durch Blasen säubern:* Eier a.; den Kamm, den Hobel a. **3.** *blasend ausatmen, ausstoßen:* den Rauch a. **4.** *aufhören zu blasen, zu wehen.* **5.** (Hüttenw.) *(den Hochofen) außer Betrieb setzen, indem man den Ofenraum völlig entleert.*

aus|blei|ben ⟨st. V.; ist⟩: **a)** *(von etw. Erwartetem) nicht eintreten:* der Erfolg, die erhoffte Wirkung, das befürchtete Chaos blieb aus; die Folgen deines Leichtsinns werden nicht a. *(werden zwangsläufig eintreten);* es konnte nicht a. *(musste so kommen),* dass an dieser Stelle gelacht wurde; **b)** *nicht [mehr] kommen, fernbleiben:* die Kunden, Besucher, Gäste bleiben aus; ihre Regel war ausgeblieben *(hatte ausgesetzt);* **c)** *fortbleiben; nicht zurückkommen, nicht heimkommen:* tagelang, bis zum nächsten Tag, über Nacht a.; **d)** *stocken, aussetzen:* der Puls, die Atmung blieb aus; ...weil ihr die Milch nach wenigen Tagen ausblieb und Möller keine Amme zahlen wollte (Grass, Butt 345).

¹**aus|blei|chen** ⟨unr. V.; blich aus, ist ausgeblichen/(auch:) ausgebleicht⟩: *die Farbe, an Farbintensität verlieren; abblassen:* das Material, der Stoff bleicht aus; ausgeblichene Farben; ausgebleichte Gebeine.

²**aus|blei|chen** ⟨sw. V.; hat⟩: *bewirken, dass etw. seine Farbe verliert, blass wird:* die Sonne hat den Stoff, die Vorhänge, das Gerippe ausgebleicht; ein vom Licht ausgebleichter Gobelin.

aus|blen|den ⟨sw. V.; hat⟩: **1. a)** (Film, Rundfunk, Fernsehen) *(Ton, Bild) durch Ausschalten aus einer Sendung, einen Film herausnehmen:* während einer Livesendung den Ton a.; **b)** ⟨a. + sich⟩ (Rundfunk, Fernsehen) *(von einem Sender o. Ä.) sich aus einer Sendung ausschalten:* der Bayerische Rundfunk wollte sich a. **2.** *(eine Gegebenheit, Tatsache) nicht zur Kenntnis nehmen od. verschweigen, nicht zeigen:* die Realität a.; Probleme a.

Aus|blen|dung, die; -, -en: *das Ausblenden, Sichausblenden.*

Aus|blick, der; -[e]s, -e: **a)** *weiter Blick, Aussicht:* ein herrlicher, weiter A. [über das Tal] bietet sich; den A. versperren; **b)** *Vorausschau auf in der Zukunft Liegendes:* ein kurzer A. auf die bevorstehende Entwicklung.

aus|bli|cken ⟨sw. V.; hat⟩ (geh.): *[wartend od. suchend] nach jmdm., etw. Ausschau halten:* sehnsüchtig, verstohlen, ängstlich nach jmdm., etw. a.

aus|blü|hen ⟨sw. V.; hat⟩: *aufhören zu blühen, verblühen:* die Kastanienbäume haben schon ausgeblüht.

Aus|blü|hung, die; -, -en: **1.** *das Ausblühen.* **2.** (Geol., Mineral.) *durch Verdunstung der Bodenfeuchtigkeit entstehende Kruste aus Salzen.*

aus|blu|ten ⟨sw. V.⟩: **a)** ⟨ist⟩ *leer bluten:* ein geschlachtetes Tier a. lassen; das Schaf ist ausgeblutet; Ü das Land wird a.; **b)** ⟨hat⟩ *aufhören zu bluten:* die Wunde hat endlich ausgeblutet; **c)** ⟨hat⟩ *durch hohe Verluste an Menschenleben schwächen:* eine durch den Krieg ausgeblutete Stadt; Ü das Unternehmen soll ausgeblutet *(durch Verknappung finanzieller Zuwendungen)* werden; **d)** ⟨a. + sich⟩ *sich finanziell ganz verausgaben:* sich beim Bauen a.

aus|boh|ren ⟨sw. V.; hat⟩: **a)** *(ein Loch o. Ä.) durch Bohren herstellen od. erweitern:* ein Bohrloch, einen Brunnen a.; **b)** *durch Bohren aus etw. entfernen, herausbohren:* Äste a.; das Kerngehäuse aus dem Apfel a.

aus|bom|ben ⟨sw. V.; hat; meist im Passiv u. im 2. Part.⟩: **a)** *durch einen Bombenangriff um Wohnung u. Habe bringen:* die Familie wurde im Krieg zweimal ausgebombt; **b)** *durch einen Bombenangriff zerstören:* sein Geschäft ist ausgebombt worden.

Aus|bom|bung, die; -, -en: *das Ausbomben; das Ausgebombtwerden.*

aus|boo|ten ⟨sw. V.; hat⟩: **1.** (Seew.) **a)** *vom Schiff mit einem Boot an Land bringen; ausschiffen:* die Passagiere, Fahrgäste werden ausgebootet; **b)** *mit einem Boot das Schiff verlassen, um an Land zu gehen:* vor der Insel mussten sie a.; **c)** *aus einem Boot heranschaffen:* die Heringe a. **2.** (ugs.) *[als nicht mehr genehm] aus seiner Stellung entfernen; aus einer Position verdrängen:* einen Rivalen, Konkurrenten a.

Aus|boo|tung, die; -, -en: *das Ausbooten; das Ausgebootetwerden.*

aus|bor|gen ⟨sw. V.; hat⟩ (österr., sonst landsch.): **a)** *sich ausleihen* (1): ich habe [mir] ein Buch [bei, von ihr] ausgeborgt; **b)** *leihen* (1): die Nachbarin hat mir ihre Leiter ausgeborgt; er wollte sein neues Handy nicht an einen Fremden a.

aus|bra|ten ⟨st. V.⟩: **a)** ⟨ist⟩ *(von Fett) sich beim Braten absondern:* aus dem Speck ist viel Fett ausgebraten; ausgebratenes Fett; **b)** ⟨hat⟩ *durch Braten das Fett aus etw. auslassen:* sie hat Speck ausgebraten; **c)** ⟨hat⟩ *bis zum Garsein braten:* das Fleisch muss gut ausgebraten sein.

aus|bre|chen ⟨st. V.⟩: **1. a)** ⟨hat⟩ *(aus etw.) herausbrechen:* Steine [aus der Mauer, aus der Wand], eine Wand a.; ich habe mir einen Zahn ausgebrochen; **b)** ⟨ist⟩ *durch Verankerung herausbrechen, sich aus etw. lösen;* **c)** ⟨hat⟩ *durch Herausbrechen von Mauerwerk herstellen:* eine zusätzliche Tür, ein Fenster a. **2.** ⟨hat⟩ (Gartenbau, Weinbau) **a)** *unfruchtbare, überzählige Triebe ausschneiden, entfernen:* Geize a.; **b)** *von überzähligen Trieben befreien:* die Reben, Tomaten a.; **c)** *durch Ablösen von der Pflanze ernten:* Bohnen a. **3.** ⟨hat⟩ *(etw., was man gegessen hat) wieder erbrechen:* der Kranke brach das Essen [wieder] aus. **4.** ⟨ist⟩ **a)** *aus einem Gewahrsam entkommen:* ein Gefangener ist [aus dem Gefängnis] ausgebrochen; die Raubtiere brachen [aus den Käfigen] aus; **b)** (Militär) *eine Einkreisung durch feindliche Truppen durchbrechen:* aus einem Kessel a.; **c)** *sich aus einer Bindung lösen, eine Gemeinschaft verlassen:* aus seiner Ehe, aus der bürgerlichen Gesellschaft a. **5.** ⟨ist⟩ **a)** *(von Reittieren) vor einem Hindernis verweigern u. sich seitwärts aus der vorgesehenen Richtung wegdrehen, wegbewegen:* das Pferd ist vor der Hürde ausgebrochen; **b)** *die eingeschlagene Richtung, Bahn verlassen:* bei einer Bremsprobe war [ihm] der Wagen seitlich ausgebrochen *(aus der Spur geraten);* in der Kurve wollte der Wagen mit dem Heck a. **6.** ⟨ist⟩ **a)** *(von Schweiß) aus den Poren austreten;* dem Kranken brach der Schweiß aus; **b)** *mit Heftigkeit einsetzen; plötzlich beginnen:* Jubel, Streit, eine Meuterei, ein Aufstand, eine Panik, ein Krieg, eine Feuersbrunst bricht aus; ...lich bricht draußen die Angst vor dem Sonntag aus (Böll, Und sagte 22); **c)** *(von Krankheiten o. Ä.) zum Ausbruch kommen; mit Heftigkeit auftreten:* eine Epidemie, Krankheit bricht aus. **7.** ⟨ist⟩ *(von einem Vulkan) aktiv werden:* ein Vulkan bricht aus. **8.** ⟨ist⟩ *(in Bezug auf Gefühlsäußerungen) plötzlich u. heftig in etw. verfallen; mit etw. beginnen:* in Gelächter, Weinen, Zorn a.; in Klagen, Tränen, Schluchzen a.; die Menge war in Jubel ausgebrochen; Manchmal passierte es Franziska, dass sie plötzlich ... in eine sprachlose Gerührtheit ausbrach (Handke, Frau 29). ◆ **9.** ⟨ist⟩ *aufbrechen* (2 a): ... dass ... der vertrocknete Saft in der Rinde gewaltsam anschwillt, schon jungen Laub ausbricht (Mörike, Mozart 249).

Aus|bre|cher, der; -s, -: **1.** (ugs.) *Gefangener, der aus dem Gewahrsam ausgebrochen ist:* der A. wurde wieder gefasst. **2.** (Jargon) *Reittier, das die Neigung hat, vor einem Hindernis auszubrechen:* dieses Tier ist ein A.

Aus|bre|che|rin, die; -, -nen: w. Form zu ↑ Ausbrecher (1).

Aus|bre|cher|kö|nig, der: *Gefängnisinsasse, dem immer wieder ein Ausbruch gelingt.*

Aus|bre|cher|kö|ni|gin, die: w. Form zu ↑ Ausbrecherkönig.

Aus|bre|cher|krebs, der (Med.): **a)** *bösartiger Tumor, der auf benachbarte Organe übergreift;* **b)** ⟨o. Pl.⟩ *das umgebende Knochen- u. Weichteilgewebe in Mitleidenschaft ziehender expansiver Krebs der Lunge od. der Bronchien im Bereich der Lungenspitze.*

aus|brei|ten ⟨sw. V.; hat⟩: **1. a)** *(Zusammengelegtes, -gefaltetes) zu seiner ganzen Größe auseinanderbreiten:* einen Stadtplan auf dem Tisch a.; eine Decke, eine Zeitung a.; sie breitete ein Tuch über den/(auch:) dem Käfig aus *(deckte es ausgebreitet darüber);* Ü seine Ansichten, Gedanken, Probleme, sein Leben [vor jmdm.] a. *(darlegen);* Manchmal hätte er gern sein Glück und seine Pläne vor Johanna ausgebreitet (Feuchtwanger, Erfolg 623); **b)** *(aus Einzelteilen Bestehendes) nebeneinander hinlegen, auf einer Fläche verteilen:* seine Bücher, den Inhalt eines Paketes auf dem Tisch a.; die Händler breiten ihre Waren [auf dem Markt, vor den Käufern] aus. **2.** *[paarweise Angeordnetes] nach den Seiten hin ausstrecken:* die Flügel, Schwingen, Fittiche a.; die Bäume breiten ihre Äste, Zweige aus; mit ausgebreiteten Armen auf jmdn. zukommen. **3.** ⟨a. + sich⟩ **a)** *sich verbreiten; Raum, Boden gewinnen:* das Unkraut breitet sich auf dem Beet aus; Rauchschwaden breiten sich über der/(auch:) die Stadt aus; Dunkelheit, Stille, ein übler Geruch breitet sich aus; **b)** *um sich greifen:* das Feuer breitete sich mit Windeseile aus; Seuchen, Krankheiten breiten sich aus; **c)** *sich über eine bestimmte Fläche ausdehnen, erstrecken:* Wiesen und Felder breiten sich vor seinen Augen aus. **4.** ⟨a. + sich⟩ (abwertend) *sich über etw. verbreiten, weitschweifig erörtern:* sie konnte sich stundenlang über ihr Lieblingsthema a. **5.** ⟨a. + sich⟩ (ugs.) *es sich an einem Platz bequem machen [und dabei viel Raum für sich beanspruchen]:* breite dich nicht so sehr aus!; sie hat sich auf dem Sofa ausgebreitet.

Aus|brei|tung, die; -, -en: *das Ausbreiten, Sichausbreiten.*

Aus|brei|tungs|ge|biet, das: *Gebiet, in dem sich etw. ausbreitet, ausgebreitet hat.*

aus|brem|sen ⟨sw. V.; hat⟩: **1. a)** (Rennsport) *(einen Fahrer, ein Fahrzeug) beim Einfahren in eine Kurve durch absichtlich spätes Bremsen überholen;* **b)** *sich vor jmdn. setzen und durch Bremsen behindern.* **2.** (ugs.) *überlisten, geschickt als Konkurrenten o. Ä. ausschalten:* die Konkurrenz a.

aus|bren|nen ⟨unr. V.⟩: **1.** ⟨ist⟩ *(von etw. mit offener Flamme Brennendem) zu Ende brennen, völlig herunterbrennen:* die Kerze, das Feuer brennt aus; eine ausgebrannte Glühbirne; ein ausgebrannter *(erloschener)* Krater; (Kernt.:) ausgebrannte Kernbrennstäbe. **2.** ⟨ist⟩ **a)** *im Innern durch Feuer völlig zerstört werden:* die Wohnung, das Gebäude, das Schiff brannte völlig aus; **b)** (ugs.) *durch Brand seine Habe verlieren:* sie waren im Krieg zweimal ausgebrannt.

3. ⟨hat⟩ (landsch.) *durch Feuer vernichten; ausräuchern:* ein Wespennest a. **4.** ⟨hat⟩ **a)** *durch Ätzen reinigen:* eine Wunde a.; Weinfässer a.; **b)** *durch Ätzen entfernen:* eine Warze a.; ... *als wäre diese kleine Republik ... etwas Schlimmes gewesen, eine Art Krankheit, eine Pestbeule, die man ausbrennt* (Heym, Schwarzenberg 9). **5.** ⟨meist im 2. Part.; ist⟩ *sich physisch u. körperlich nicht in der Lage befinden, [Hoch]leistungen zu erbringen;* vgl. ausgebrannt: wir achten darauf, dass unsere Mitarbeiter nicht ausbrennen; dieser Läufer ist ausgebrannt; sich ausgebrannt fühlen. **6.** ⟨hat⟩ (selten) *völlig ausdörren, versengen:* die Sonne hat die Wiesen ausgebrannt; Ü die Narbe war ihm [wie] ausgebrannt. **7.** ⟨hat⟩ (Textilind.) *(ein Gewebe) mit einer ätzenden Paste bedrucken, die eine Faserart des aus verschiedenen Fasern bestehenden Gewebes zerstört u. dadurch ein Muster entstehen lässt.*
aus|brin|gen ⟨unr. V.; hat⟩: **1.** *(mit erhobenem Glas einen Trinkspruch o. Ä.) sprechen, darbringen:* einen Trinkspruch, Toast, ein Hoch auf jmdn., etw. a.; jmds. Gesundheit a. (geh. selten; *auf jmds. Gesundheit trinken*). **2.** (Seemannsspr.) *(vom Schiff) ins Wasser bringen, zu Wasser lassen, nach außenbords bringen:* die Netze, den Anker, das Rettungsboot a. **3.** (ugs.) *(nur mit Mühe) ausziehen können:* ich bringe die Schuhe nicht aus. **4.** (Druckw.) *beim Schriftsatz durch nachträgliches Vergrößern der Wortzwischenräume die Anzahl der gesetzten Zeilen erhöhen:* eine Zeile a. **5.** (Fachspr.) *(auf Straßen, Äcker o. Ä.) verteilen:* Streusalz, flüssigen Stickstoff, die Saat a. **6.** (Amtsspr.) *ausweisen* (6 b): Planstellen a. **7.** (Rechtsspr.) *veranlassen:* eine Pfändung a.
Aus|brin|gung, die; -, -en: *das Ausbringen; das Ausgebrachtwerden.*
Aus|bruch, der; -[e]s, Ausbrüche: **1. a)** *das gewaltsame Ausbrechen aus einer Gewahrsam; Flucht:* der A. der Gefangenen; **b)** (Militär) *das Durchbrechen der feindlichen Linie bei dem Bemühen, aus einer Einkesselung durch feindliche Truppen herauszukommen:* einen A. wagen; **c)** *das Sichlösen aus einer Bindung, das Verlassen einer Gemeinschaft:* der A. aus der bürgerlichen Gesellschaft. **2. a)** *plötzlicher Beginn:* der A. des Krieges, der Meuterei, des Streites; **b)** *plötzliches, heftiges Einsetzen von etw.:* der A. einer Krankheit, Krise; ein A. von Heiterkeit; der A. *(die Eruption, die mit Heftigkeit einsetzende Tätigkeit)* des Vulkans; der Konflikt kam ganz plötzlich zum A. **3.** *plötzliche Affektentladung; sich mit Heftigkeit äußernde Gemütsbewegung, Gefühlsentladung:* sich vor jmds. unbeherrschten Ausbrüchen fürchten; Ulrich hat den Brief Clarissens als eine Störung empfunden. Die sprunghaften Ausbrüche darin beunruhigen ihn (Musil, Mann 716).
aus|bruch|si|cher, (seltener:) **aus|bruchs|si|cher** ⟨Adj.⟩: *gegen Ausbruch* (1 a) *geschützt.*
Aus|bruchs|ver|such, der: *a) Versuch, gewaltsam aus einem Gewahrsam auszubrechen;* **b)** *Versuch, sich aus einer Bindung, einer Gemeinschaft zu lösen;* **c)** (Militär) *Versuch, aus einer feindlichen Einkreisung auszubrechen.*
aus|brül|len ⟨sw. V.; hat⟩: **1.** (im Allg. im Perf.) (ugs.) *aufhören zu brüllen:* hast du bald ausgebrüllt? ♦ **2.** (verstärkend) *brüllen* (1): ... *wenn sie euch unter dem Messe zu zucken, a. wie die Kälber* (Schiller, Räuber IV, 5).
aus|brü|ten ⟨sw. V.; hat⟩: **1. a)** *(junge Vögel) durch Bebrüten der Eier zum Ausschlüpfen bringen:* Enten a.; **b)** *(Eier) bis zum Ausschlüpfen der Jungen bebrüten:* die Henne brütet die Eier aus. **2. a)** (ugs.) *ersinnen, sich ausdenken:* Pläne, Ideen, Skizzen a.; **b)** (ugs. scherzh.) *im*

Begriff sein, krank zu werden: die Kinder brüten etwas aus.
Aus|brü|tung, die; -: *das Ausbrüten* (1).
aus|bu|chen ⟨sw. V.; hat⟩: **1.** *bis zum letzten Platz belegen, ausverkaufen, vollständig reservieren:* Hotels, Flugzeuge, Busse und Fähren waren wochenlang ausgebucht; Ü (ugs.:) der Künstler ist auf Monate hin ausgebucht *(hat keinen freien Termin mehr);* die beiden nächsten Wochenenden bin ich vollkommen ausgebucht. **2.** (Kaufmannsspr., Bankw.) *eine Buchung austragen, streichen:* einen Posten aus dem Konto a.
aus|buch|ten ⟨sw. V.; hat⟩ [zu ↑Bucht]: **1.** *sich buchtähnlich ausweiten:* die Straße buchtet hier aus. **2.** *mit einer Ausbuchtung versehen:* die Wände des Gewölbes sind ausgebuchtet *(nach außen gewölbt);* ein ausgebuchtetes *(viele Buchten aufweisendes)* Ufer.
Aus|buch|tung, die; -, -en: **a)** *buchtähnlich nach außen gewölbte Form:* -en der Küste; **b)** *ausgebuchtete Stelle.*
aus|bud|deln ⟨sw. V.; hat⟩ (landsch.): *ausgraben* (1): eine vergrabene Kiste [aus der Erde] a.; Kartoffeln a. *(ernten);* Ü alte Briefe aus der Schublade a. *(hervorziehen, hervorholen).*
aus|bü|geln ⟨sw. V.; hat⟩: **1. a)** *durch Bügeln glätten:* den Anzug, eine Hose a.; die Nähte müssen noch ausgebügelt werden; **b)** *durch Bügeln aus etw. entfernen:* Falten, Knitter [aus einem Kleidungsstück] a. **2.** (salopp) *bereinigen, wieder in Ordnung bringen:* die Angelegenheit, dieser Fehler muss wieder ausgebügelt werden; Mängel auszubügeln suchen.
aus|bu|hen ⟨sw. V.; hat⟩ (ugs.): *durch Buhrufe sein Missfallen an jmdm., etw. bekunden:* die Theateraufführung, der Künstler, Redner wurde ausgebuht.
Aus|bund, der; -[e]s [urspr. Kaufmannsspr., eigtl. = das an einer Ware nach außen Gebundene, d. h. beste Stück als Schaustück] (oft abwertend od. iron.): *Muster* (2), *Inbegriff:* sie ist ein A. an/von Charme, Tugend, Bosheit, Hässlichkeit; ... *stieg, ein A. von Großmutter, in Filzschuhen die Stiege zur Küche hinab* (Grass, Hundejahre 27).
aus|bün|dig ⟨Adj.⟩ (veraltet): *außerordentlich, ungewöhnlich, sehr groß:* das war a. dumm von ihm; ♦ *Das ist gewiss das -e Bübel, das lesen und rechnen kann und allerhand Gedichte's austüpfelt* (Rosegger, Waldbauernbub 134).
aus|bür|gern ⟨sw. V.; hat⟩ [für bez. expatriieren]: *jmdm. [gegen seinen Willen] die Staatsangehörigkeit aberkennen, entziehen:* sie wurde unter Honecker ausgebürgert.
Aus|bür|ge|rung, die; -, -en: *das Ausbürgern; das Ausgebürgertwerden.*
aus|bürs|ten ⟨sw. V.; hat⟩: **a)** *mit einer Bürste aus etw. entfernen:* den Staub [aus dem Mantel] a.; **b)** *mit einer Bürste reinigen:* die Kleider a.; **c)** *(Haare) kräftig bürsten, durchbürsten:* das Haar a.
aus|bux|en ⟨sw. V.; ist⟩ [niederd. utbücksen, H. u.] (ugs. scherzh.): *sich davonmachen:* die Kinder waren [auf dem Weg zum Spielplatz] ausgebüxt; sie ist ihrem Freund ausgebüxt *(hat ihn verlassen).*
aus|che|cken ⟨sw. V.; hat⟩: **1.** (Flugw.) **a)** *(nach der Ankunft) abfertigen* (2): Passagiere, Gepäck a.; **b)** *(nach der Ankunft) abgefertigt werden:* vor der Passkontrolle müssen wir noch a.; Ü in diesem Hotel müssen die Gäste vor zwölf Uhr a. *(die Formalitäten erledigt haben).* **2.** *(aus einem Hotel o. Ä.) ausziehen, abreisen u. dabei die entsprechenden Formalitäten erledigen.*
aus|chil|len [ˈaʊstʃɪlən] ⟨sw. V.; hat⟩ [engl. to chill out = sich entspannen] (Jugendspr.): *sich [nach einer Anstrengung] entspannen, erholen; ausru-*

hen: ⟨subst.:⟩ die Bar ist perfekt zum Auschillen und Abhängen.
Ausch|witz: Stadt in Polen, in der im Zweiten Weltkrieg unter deutscher Besatzung das größte nationalsozialistische Vernichtungslager errichtet wurde: nach A. *(in das Vernichtungslager) kommen;* Ü ist Dichtung nach A. *(nach dem nationalsozialistischen Holocaust)* überhaupt noch möglich?
aus|damp|fen ⟨sw. V.⟩: **a)** ⟨ist⟩ *in Form von Dampf abgeschieden werden:* Feuchtigkeit, Nässe ist aus den Wäldern ausgedampft; **b)** ⟨hat⟩ *bis zur Abkühlung Dampf abgeben:* die heiße Flüssigkeit dampft aus; **c)** ⟨hat⟩ *zu Ende dampfen; aufhören zu dampfen:* die Kartoffeln haben noch nicht ausgedampft.
♦ **aus|damp|fen** ⟨sw. V.; hat⟩ [zu ↑dämpfen (3 a)]: *[aus]löschen:* ... *der Kirchenmann ging wieder herum und dämpfte mit seinem Blechkäppchen an den Wänden und Bildern und Altären die Lichter aus* (Rosegger, Waldbauernbub 113).
Aus|dau|er, die; - [rückgeb. aus veraltet ausdauern = ertragen, aushalten]: *Beharrlichkeit (bei einer Arbeit, Tätigkeit):* sie hat keine A. bei der Arbeit; nur mit großer A. wird er sein Ziel erreichen; das steigert die A. *(Kondition* 2 b) um 15 %.
aus|dau|ern ⟨sw. V.; hat⟩: **1.** (geh. veraltend) *überdauern; Dauer, Bestand haben.* ♦ **2. a)** *aushalten, ertragen:* ... *ob er das Maß seines Leidens a. kann* (Goethe, Werther I, 12. August); **b)** *durch Ausdauer besiegen:* Der Bürger hinter seinen Mauern, der Ritter auf dem Felsennest verschwindet sich, uns auszudauern (Goethe, Faust II, 4815 ff.).
aus|dau|ernd ⟨Adj.⟩: **1.** *beharrlich; unermüdlich; von großer Ausdauer:* ein -er Läufer; an -es Arbeiten gewohnt sein. **2.** (Bot.) *(von Stauden, Halbsträuchern u. Holzgewächsen) mehrere Jahre überdauernd u. austreibend; perennierend:* -e Pflanzen.
Aus|dau|er|sport, der: *Ausübung einer Ausdauersportart.*
Aus|dau|er|sport|art, die: *Sportart, bei der es besonders auf Ausdauer ankommt.*
Aus|dau|er|trai|ning, das: *Training, das eine Steigerung der Leistung bes. von Herz, Lunge u. Kreislauf für bestimmte sportliche Belastungen bewirken soll.*
aus|dehn|bar ⟨Adj.⟩: **a)** *die Möglichkeit zur Erweiterung bietend:* die Handelsbeziehungen sind noch erheblich a.; **b)** *von elastischem Material so beschaffen, dass ein Ausdehnen möglich ist; sich dehnen lassend:* -es Material; das Gewebe ist wenig a.
Aus|dehn|bar|keit, die; -: *das Ausdehnbarsein.*
aus|deh|nen ⟨sw. V.; hat⟩: **1. a)** *den Umfang, das Volumen von etw. vergrößern, ausweiten:* die Hitze hatte die Eisenbahnschienen ausgedehnt; **b)** ⟨a. + sich⟩ *an Umfang, Volumen zunehmen:* Metall, Wasser, Gas dehnt sich bei Erwärmung aus; **c)** *über einen bestimmten Bereich hinaus erweitern:* die Grenzen eines Staates a.; **d)** *jmdn., etw. in etw. einbeziehen:* die Nachforschungen auf die ganze Stadt a.; Ich ging herum und dehnte meinen Hass aus auf alles, was von den Menschen kam (Bachmann, Erzählungen 120). **2.** ⟨a. + sich⟩ *sich ausbreiten, verbreiten; räumliche Ausdehnung gewinnen:* das Schlechtwettergebiet dehnt sich [rasch über das Land] aus; der Handel dehnte sich bis nach Indien aus. **3. a)** *verlängern, zeitlich in die Länge ziehen:* seinen Besuch, Aufenthalt bis zum folgenden Tag, über mehrere Woche a.; ausgedehnte *(lange)* Morgenspaziergänge; ein ausgedehntes Frühstück; **b)** ⟨a. + sich⟩ *(sehr lange) dauern:* die Besprechung, Sitzung dehnte sich bis nach Mitternacht, über viele Stunden,

Ausdehnung – auseinander

über Gebühr lange aus. **4.** ⟨a. + sich⟩ *sich (räumlich) erstrecken, über einen größeren Bereich ausbreiten:* weites Land dehnt sich vor seinen Augen aus; sie besaß ausgedehnte *(große)* Ländereien.

Aus|deh|nung, die; -, -en: *das Ausdehnen, Ausgedehntwerden, Sichausdehnen; Verbreitung.*

Aus|deh|nungs|ko|ef|fi|zi|ent, der ⟨Physik⟩: *Zahl, die das Ausdehnungsvermögen eines Stoffes ausdrückt.*

Aus|deh|nungs|ver|mö|gen, das: *Expansionsvermögen.*

aus|den|ken ⟨unr. V.; hat⟩: **1. a)** *ersinnen; sich in Gedanken, in seiner Vorstellung zurechtlegen:* sich eine Überraschung, einen Trick, etwas Lustiges a.; neue Methoden, Systeme a.; ich hatte mir den Plan in allen Einzelheiten ausgedacht; Morgen würde sie sich allerlei Entschuldigungen a. (Chr. Wolf, Nachdenken 75); R da musst du dir schon etwas anderes a. (ugs.: *damit kannst du mich davon nicht überzeugen; das, was du sagst, glaube ich dir nicht*); **b)** *sich etw. ausmalen, vorstellen:* ich hatte mir die Sache so schön ausgedacht; das ist eine ausgedachte *(erfundene)* Geschichte; * **nicht auszudenken [sein]** *(unvorstellbar sein:* die Folgen dieses Leichtsinns sind gar nicht auszudenken; nicht auszudenken, was passiert wäre, wenn …!) **2.** *zu Ende denken; durchdenken:* er hat die Sache nicht konsequent ausgedacht.

aus|deu|ten ⟨sw. V.; hat⟩: *(einer Sache) eine bestimmte Deutung geben:* jmds. Worte, Äußerungen [richtig, falsch] a.

Aus|deu|tung, die; -, -en: **1.** ⟨o. Pl.⟩ *das Ausdeuten.* **2.** *ausdeutende Auslegung, Interpretation:* die theologische A. eines Gleichnisses.

aus|die|nen ⟨sw. V.; hat; nur im 2. Part. u. in den mit »haben« gebildeten Zeitformen⟩: **1.** (veraltend) *seine Militärzeit beenden:* ein ausgedienter Offizier. **2.** (ugs.) *unbrauchbar werden:* diese Schuhe haben ausgedient.

aus|dif|fe|ren|zie|ren, sich ⟨sw. V.; hat⟩: *sich in einem Differenzierungsprozess von etw. ablösen u. verselbstständigen.*

Aus|dif|fe|ren|zie|rung, die; -, -en: **1.** ⟨o. Pl.⟩ *das Ausdifferenzieren:* die starke A. der Organisation im modernen Arbeitsprozess. **2.** *etw., was sich aus etw. ausdifferenziert hat.*

aus|dis|ku|tie|ren ⟨sw. V.; hat⟩: *(eine Frage, ein Problem) so lange diskutieren, bis man in allen strittigen od. unklaren Punkten zur Übereinstimmung kommt:* ein Problem a.; ein noch nicht ausdiskutierter Punkt.

aus|dor|ren ⟨sw. V.; ist⟩: *[durch anhaltende Hitze, Wärmezufuhr] völlig trocken werden:* der Erdboden ist durch die Hitze völlig ausgedorrt.

aus|dör|ren ⟨sw. V.⟩: **a)** ⟨ist⟩ *ausdorren:* Wiesen und Felder sind ausgedörrt; mein Hals ist ausgedörrt; **b)** ⟨hat⟩ *(etw.) völlig austrocknen, trocken werden lassen:* die Hitze hat das Land ausgedörrt; ⟨häufig im 2. Part.:⟩ ausgedörrtes Holz.

aus|dre|hen ⟨sw. V.; hat⟩: **1. a)** *ausschalten, abstellen:* das Radio, das Licht a.; **b)** *durch Drehen eines Schalters o. Ä. die Zufuhr von etw. unterbinden:* das Gas a. **2.** (landsch.) *aus etw. herausdrehen:* die Sicherungen, die Birnen a. **3.** (landsch.) *ausrenken; auskugeln:* die Schulter a. **4.** (Kfz-Technik) *(den Motor eines Wagens bis zur höchstzulässigen Drehzahl) belasten, ausfahren:* die Gänge zu hoch a.; die Maschine voll a.

¹Aus|druck, der; -[e]s, Ausdrücke [nach frz. expression für älteres Ausdruckung, aber schon mhd. (Mystik) ūȝdruc]: **1.** *Wort, Bezeichnung, Terminus, Wendung:* ein gewählter, umgangssprachlicher, fachsprachlicher, mundartlicher, ordinärer A; einen A. nicht verstehen; nicht kennen; Ausdrücke gebrauchen, im Munde führen, an sich haben *(derbe Wörter, Schimpfwörter gebrauchen);* sich im A. vergreifen *(in unangemessenem Ton sprechen);* Dieser süße spießige Salongoethe freilich hätte nie einen krassen, einen echten, unmittelbaren A. gebraucht (Hesse, Steppenwolf 79); R das ist gar kein A.! *(das ist viel zu schwach ausgedrückt, zu zurückhaltend formuliert).* **2.** ⟨o. Pl.⟩ **a)** *sprachlicher Stil, Ausdrucksweise:* sie besitzt große Gewandtheit im A.; Welche Gunst ist es doch, über einen polierten und gefälligen A. zu verfügen (Th. Mann, Krull 334); **b)** *Aussagekraft, künstlerische Gestaltung:* ein Gedicht mit viel A. vortragen; sein Gesang, sein Spiel ist ohne A. **3.** ⟨o. Pl.⟩ *äußeres, sichtbares Zeichen, in dem sich eine innere Beschaffenheit od. Struktur widerspiegelt; Kennzeichen:* Monumentalität ist der A. dieser Epoche; eine Äußerung mit dem A. *(mit der Bekundung)* tiefen Bedauerns zurücknehmen; einer Sache A. geben/verleihen (geh.; *etw. zu erkennen geben, äußern*); in ihren Worten kam ihre Verbitterung zum A. *(drückte sich darin aus).* **4.** ⟨Pl. selten⟩ *Miene, [Gesichts]zug o. Ä., der Widerspiegelung einer psychischen Verfassung, einer Gemütsbewegung, Einstellung u. a. ist:* sein Gesicht bekam einen ärgerlichen A. **5.** (Math.) *durch eine spezielle Zeichenreihe dargestellte Aussage.*

²Aus|druck, der; -[e]s, -e: **a)** (Nachrichten.) *vom Fernschreiber gelieferter ausgedruckter Text;* **b)** (EDV) *Output* (2); **c)** *von einem Drucker* (2) *geliefertes ausgedrucktes Dokument:* dem Kunden wird ein A. mit sämtlichen Buchungsvorgängen zugeschickt.

aus|dru|cken ⟨sw. V.; hat⟩: **1.** (EDV, Nachrichten.) *gedruckt wiedergeben, ausgeben:* der Drucker druckt den Text aus. **2.** *(in einem Katalog o. Ä.) aufführen, angeben:* unsere Angebote finden Sie im Katalog ausgedruckt.

aus|drü|cken ⟨sw. V.; hat⟩: **1. a)** *(Flüssigkeit) aus etw. herausdrücken:* den Saft [aus der Apfelsinen] a.; **b)** *durch Drücken, Pressen die enthaltene Flüssigkeit aus etw. austreten lassen; auspressen:* eine Zitrone, den Schwamm a. **2.** *(Brennendes od. Glimmendes) durch Zerdrücken zum Erlöschen bringen:* die Zigarette, die Glut [im Aschenbecher] a. **3. a)** *in bestimmter Weise formulieren; etw. verständlich, klar, präzise a.;* etw. kaum mit Worten a. können *(in Worte fassen, aussprechen können);* etw. in Prozenten a. *(angeben);* Wie soll ich bloß a., was in mir vorging? (Bachmann, Erzählungen 112); **b)** ⟨a. + sich⟩ *in bestimmter Weise sprechen, sich äußern:* sich gewählt, verständlich a.; sie hatte manchmal Mühe, sich in der fremden Sprache auszudrücken; **c)** *mit Worten zum Ausdruck bringen, aussprechen:* [jmdm.] sein Mitgefühl, Bedauern, seine Dankbarkeit a. **4. a)** *erkennen lassen, zeigen, widerspiegeln:* seine Haltung, seine Miene, sein Gesicht drückte Trauer und Müdigkeit aus; **b)** ⟨a. + sich⟩ *in etw. sichtbar, offenbar werden, in Erscheinung treten:* in ihren Worten drückte sich ihre Dankbarkeit, ihre Freude aus.

aus|drück|lich [auch: …ˈdrүk…] ⟨Adj.⟩: *mit Nachdruck, unmissverständlich [vorgebracht]; explizit:* auf -en Wunsch; etw. a. *(extra, besonders)* betonen.

Aus|drück|lich|keit, die; -: *ausdrückliche Betonung, Forderung o. Ä.*

Aus|drucks|be|we|gung, die (Psychol.): *Bewegung (Geste, Mimik u. a.), die unwillkürlicher ¹Ausdruck* (4) *eines psychischen Vorgangs ist.*

aus|drucks|fä|hig ⟨Adj.⟩: *von Ausdrucksfähigkeit zeugend, Ausdrucksfähigkeit beweisend.*

Aus|drucks|fä|hig|keit, die: *Fähigkeit, Gabe, etw. durch Sprache od. durch außersprachliche Mittel auszudrücken.*

Aus|drucks|form, die: *Form, Weise, in der etw. ¹Ausdruck* (3) *findet.*

Aus|drucks|kraft, die ⟨Pl. selten⟩: *Kraft des [künstlerischen] ¹Ausdrucks* (2).

aus|drucks|los ⟨Adj.⟩: **a)** *keinen ¹Ausdruck* (4) *zeigend:* ein -es Gesicht; **b)** *ohne Emphase, keinen ¹Ausdruck* (2 b) *aufweisend:* a. sprechen, singen.

Aus|drucks|lo|sig|keit, die; -: *das Ausdruckslossein.*

Aus|drucks|mit|tel, das ⟨meist Pl.⟩: *etw., was geeignet ist, einen [künstlerischen] Gedanken od. eine Empfindung auszudrücken:* sprachliche, künstlerische A.

Aus|drucks|mög|lich|keit, die ⟨meist Pl.⟩: *Möglichkeit, etw. auszudrücken, zu gestalten.*

Aus|drucks|psy|cho|lo|gie, die: *Teilgebiet der Psychologie, das sich mit der Erforschung des menschlichen Ausdrucksverhaltens befasst.*

aus|drucks|schwach ⟨Adj.⟩: *schwach im ¹Ausdruck* (2).

Aus|drucks|sei|te, die (Sprachwiss.): *Lautkörper eines sprachlichen Zeichens im Unterschied zu dem damit verbundenen Inhalt.*

aus|drucks|stark ⟨Adj.⟩: *stark im ¹Ausdruck* (2), *expressiv.*

Aus|drucks|tanz, der: **1.** ⟨o. Pl.⟩ *künstlerische Form des Tanzes, die seelische Empfindungen durch Bewegung ausdrücken will.* **2.** *einzelner Tanz des Ausdruckstanzes* (1).

Aus|drucks|ver|hal|ten, das ⟨o. Pl.⟩ (Verhaltensf.): *für einen Partner derselben od. einer anderen Art bestimmte Ausdrucksbewegung, durch die etw. bestimmtes signalisiert wird.*

Aus|drucks|ver|mö|gen, das ⟨o. Pl.⟩: *Fähigkeit, Gabe, sich mit sprachlichen Mitteln auszudrücken.*

Aus|drucks|voll ⟨Adj.⟩ [nach frz. expressif]: **a)** *voll ¹Ausdruck* (4): sie hat -e Augen; **b)** *mit Emphase, viel ¹Ausdruck* (2 b) *aufweisend:* er singt a.

Aus|drucks|wei|se, die: *Art des mündlichen od. schriftlichen ¹Ausdrucks* (2 a); *Diktion:* eine gewählte A.

aus|dün|nen ⟨sw. V.; hat⟩ [zu ↑ dünn]: **1. a)** (Gartenbau) *(an Obstbäumen) zu dicht stehende Blüten od. Fruchtansätze entfernen, um dadurch größere u. besser entwickelte Früchte zu erzielen;* (Landwirtsch.) *(zu dicht stehende Pflanzen) vereinzeln; Saat lichten;* Rüben werden [maschinell] ausgedünnt. **2.** *(zu dichtes Kopfhaar) durch Herausschneiden reduzieren; effilieren:* [jmdm.] das Haar a. **3. a)** *bewirken, dass etw. in geringerem Maß vorhanden ist; verringern, vermindern:* das Angebot an Luxusgütern a.; **b)** *sich verringern; spärlicher, weniger werden:* die Bevölkerung in den Ballungsgebieten dünnt aus.

Aus|dün|nung, die; -, -en: *das Ausdünnen, Ausgedünntwerden.*

aus|duns|ten (seltener): ↑ ausdünsten.

aus|düns|ten ⟨sw. V.; hat⟩: **a)** *Feuchtigkeit u. andere flüchtige Substanzen an die Luft abgeben, absondern:* der Boden, die Wiese dünstet aus; **b)** *(einen Geruch o. Ä.) ausströmen:* den Geruch unsauberer Wäsche a.

Aus|düns|tung, Aus|düns|tung, die; -, -en: **1.** *das Ausdünsten.* **2.** *häufig unangenehmer [Körper]geruch, der von jmdm., etw. ausgeschieden wird:* er kam ihr so nah, dass sie seine A. roch.

aus|ei|n|an|der ⟨Adv.⟩: **1.** *an voneinander entfernten Orten [befindlich]; räumlich od. zeitlich voneinander getrennt:* die Köpfe waren zu weit a., um auf ein Bild zu passen; die Kinder sind im Alter nicht weit a. (ugs.; *sind fast gleich alt*); * **a. sein** (1. ugs.; *[von Personen] nicht mehr zusammen sein, sich getrennt haben:* die beiden sind schon lange a. ugs.; *nicht mehr bestehen, aufgelöst sein:* die Ehe ist a. landsch.; *aufgeregt, verstört sein).* **2.** *eines aus dem anderen heraus:* Formeln a. ableiten.

aus|ei|n|an|der|be|kom|men ⟨st. V.; hat⟩: *(Zusammenhängendes, aus einem Stück Bestehendes) zerteilen, zertrennen, voneinander lösen:* die Kordel nicht a.; er hat das zähe Fleisch nicht a.

aus|ei|n|an|der|bie|gen ⟨st. V.; hat⟩: *etw. so biegen, dass es nicht mehr dicht zusammensteht:* Drähte, Zweige a.

aus|ei|n|an|der|bre|chen ⟨st. V.⟩: **a)** ⟨hat⟩ *in zwei od. mehr Teile brechen:* einen Stock, die Schokolade a.; **b)** ⟨ist⟩ *in Teile auseinanderfallen, den Zusammenhalt verlieren:* der Stuhl, der Tisch ist auseinandergebrochen; Ü die Koalition brach auseinander *(löste sich auf).*

aus|ei|n|an|der|drif|ten ⟨sw. V.; ist⟩: **1.** *(Geol.) sich in einer geologischen Verschiebung voneinander entfernen:* die Afrikanische und die Amerikanische Platte driften auseinander. **2.** (ugs.) *sich geistig voneinander entfernen, sich in entgegengesetzte Richtungen entwickeln:* die westlichen Staaten drohen immer weiter auseinanderzudriften.

aus|ei|n|an|der|ent|wi|ckeln, sich ⟨sw. V.; hat⟩: *sich im Laufe einer Entwicklung voneinander entfernen, trennende Unterschiede entwickeln:* die Partner haben sich im Laufe der Jahre auseinanderentwickelt.

Aus|ei|n|an|der|ent|wick|lung, die: *das Sichauseinanderentwickeln.*

aus|ei|n|an|der|fä|chern, sich ⟨sw. V.; hat⟩: *sich untergliedern:* der Bereich fächerte sich in mehrere Unterbereiche auseinander.

Aus|ei|n|an|der|fä|che|rung, die: *das Sichauseinanderfächern.*

aus|ei|n|an|der|fah|ren ⟨st. V.; har/ist⟩: **a)** ⟨ist⟩ *sich mit einer raschen Bewegung voneinander wegbewegen, sich in entgegengesetzte Richtung bewegen:* die beiden, ihre Köpfe fuhren auseinander; **b)** ⟨hat⟩ *rollend auseinanderbewegen:* die einzelnen Teile werden auseinandergefahren.

aus|ei|n|an|der|fal|len ⟨st. V.; ist⟩: **1.** *in einzelne Teile zerfallen, sich auflösen:* das Auto, der Stuhl fällt bald auseinander. **2.** *den Zusammenhalt verlieren:* die Gruppe fiel völlig auseinander.

aus|ei|n|an|der|fal|ten ⟨sw. V.; hat⟩: **1.** *(Zusammengelegtes, -gefaltetes) entfalten:* ein Tuch, einen Stadtplan a. **2.** ⟨a. + sich⟩ *sich aufgliedern:* ein Bereich faltet sich in viele Unterbereiche auseinander.

aus|ei|n|an|der|ge|hen ⟨unr. V.; ist⟩: **1. a)** *sich (in verschiedene Richtungen) voneinander fortbewegen:* an der Ecke gingen sie auseinander; **b)** *sich in bestimmter Weise voneinander trennen:* grußlos a.; im besten Einvernehmen a. **2.** (ugs.) *(von menschlichen Bindungen) sich wieder [auf]lösen:* ihre Verlobung, die Ehe ging auseinander. **3. a)** *sich verzweigen:* die Fahrbahnen, Straßen gehen an dieser Stelle auseinander; **b)** *sich teilen u. nach den Seiten hin sich zurückbewegen:* der Vorhang ging auseinander. **4.** (ugs.) *entzweigehen, in einzelne Teile auseinanderfallen:* der Stuhl, das Spielzeug ist auseinandergegangen. **5.** *verschieden sein, nicht übereinstimmen; divergieren:* die Urteile, Ansichten gehen auseinander; wie das zu bewältigen sei, darüber gingen die Meinungen auseinander. **6.** (ugs.) *dick werden:* in letzter Zeit ist er sehr auseinandergegangen.

aus|ei|n|an|der|hal|ten ⟨st. V.; hat⟩: *(Personen, Sachen) voneinander unterscheiden, nicht verwechseln:* er konnte die Zwillinge nicht a.

aus|ei|n|an|der|klaf|fen ⟨sw. V.; hat⟩: **1.** *klaffend offen stehen:* die Wunde klaffte auseinander. **2.** *nicht übereinstimmen, in unüberbrückbarer Weise verschieden sein:* die Meinungen klafften auseinander.

aus|ei|n|an|der|kla|mü|sern ⟨sw. V.; hat⟩ (landsch.): **1.** *(eine verworrene Sache) mit Mühe entwirren, ordnen:* es war schwierig, die Sache auseinanderzuklamüsern. **2.** *erklären, im Einzelnen darlegen:* kannst du mir das mal a.?

aus|ei|n|an|der|klapp|bar ⟨Adj.⟩: *sich auseinanderklappen lassend:* ein -es Gestell.

aus|ei|n|an|der|klap|pen ⟨sw. V.; hat⟩: *(Zusammengelegtes, Zusammenhängendes) durch Bewegung öffnen, voneinander trennen:* er klappte seinen Liegestuhl auseinander.

aus|ei|n|an|der|ma|chen ⟨sw. V.; hat⟩ (salopp): **1.** *in Einzelteile zerlegen:* er hat den Apparat ganz auseinandergemacht, um nach dem Fehler zu suchen. **2.** *auseinanderfalten:* kannst du mal den Stadtplan a.? **3.** *ausbreiten, zu den Seiten hin ausstrecken, spreizen:* die Arme a.

aus|ei|n|an|der|neh|men ⟨st. V.; hat⟩: **1.** *in Einzelteile zerlegen:* den Motor a. **2.** (salopp) *vollständig besiegen, zusammenschlagen, körperlich erledigen:* er hat seinen Gegner auseinandergenommen; Ü der Journalist hat den Minister auseinandergenommen *(mit Argumenten völlig widerlegt).*

aus|ei|n|an|der|rei|ßen ⟨st. V.; hat⟩: **1. a)** *(Zusammenhängendes) in Stücke reißen, zerreißen:* Kartons a.; **b)** *zerfetzen:* die Sprengladung hat das Auto auseinandergerissen. **2.** *(Personen [gegen ihren Willen]) voneinander trennen:* durch die Scheidung der Eltern wurden die Geschwister auseinandergerissen; er will die erfolgreiche Mannschaft nicht a.

aus|ei|n|an|der|schrei|ben ⟨st. V.; hat⟩ (ugs.): *getrennt schreiben; in zwei od. mehr Wörtern schreiben:* das Wort muss auseinandergeschrieben werden.

aus|ei|n|an|der|set|zen ⟨sw. V.; hat⟩: **1.** *im Bemühen, sich verständlich zu machen, eingehend erläutern, darlegen:* jmdm. seine Pläne, Absichten [umständlich] a. **2.** ⟨a. + sich⟩ **a)** *sich eingehend mit etw. beschäftigen, etw. kritisch durchdenken:* sich mit einem Problem, einer Frage a.; ich habe mich lange mit diesem Philosophen (= mit seinem Werk) auseinandergesetzt; **b)** *mit jmdm. strittige Fragen, unterschiedliche Standpunkte im Gespräch klären:* sich mit seinem Kontrahenten a.; Ü der Vizemeister muss sich auf der Sprintstrecke mit mehreren starken Gegnern a. (Sport; *im Wettkampf messen*). **3. a)** (Rechtsspr.) *auf dem Rechtswege gemeinschaftlichen Besitz aufteilen:* Besitz a.; **b)** ⟨a. + sich⟩ (Rechtsspr.) *sich über die Aufteilung eines Erbes auseinandersetzen:* die Erben haben sich auseinandergesetzt. **4.** *voneinander wegsetzen:* Schüler a.; die Lehrerin hatte die beiden Freundinnen auseinandergesetzt.

Aus|ei|n|an|der|set|zung, die: **1.** *eingehende Beschäftigung mit etw.:* die politische und ideologische A. mit dem Nationalsozialismus. **2. a)** *Diskussion, Debatte, [Streit]gespräch:* scharfe, erbitterte -en; **b)** *[mit Worten ausgetragener] heftiger Streit, Kontroverse:* erregte, heftige -en zwischen Eheleuten; gewalttätige, tätliche -en; **c)** *(zwischen Völkern) mit militärischen Mitteln ausgetragener Streit, Kampfhandlung:* eine militärische, kriegerische A.; Ü (Sport:) gleich nach der ersten A. *(im ersten Wettkampf)* des Abends stand der Sieger fest. **3.** (Rechtsspr.) *auf dem Rechtsweg vorgenommene Aufteilung von gemeinschaftlichem Besitz:* eine gerichtliche A. herbeiführen; die Erben beantragten die A.

aus|ei|n|an|der|sprei|zen ⟨sw. V.; hat⟩: *nach den Seiten hin spreizen:* die Beine a.

aus|ei|n|an|der|sprin|gen ⟨sw. V.⟩: **1.** ⟨hat⟩ **a)** *durch Sprengen zerstören:* einen alten Bunker a.; **b)** *zerbersten lassen:* die Wucht des Aufpralls sprengte das Gefäß auseinander. **2.** ⟨hat⟩ *(eine Ansammlung von Menschen, eine militärische Einheit) voneinander wegtreiben, zersprengen:* eine demonstrierende Menge a. **3.** ⟨ist⟩ *(bes. von Wild) sich fluchtartig in unterschiedliche Richtungen voneinander entfernen:* durch Geräusche aufgeschreckt, sprengte das Rudel auseinander.

aus|ei|n|an|der|sprin|gen ⟨st. V.; ist⟩: *zerspringen, in Stücke springen:* das Glas fiel auf den Boden und sprang auseinander.

aus|ei|n|an|der|ste|hen ⟨unr. V.; hat; südd., österr., schweiz.: ist⟩: *räumlich voneinander getrennt stehen:* seine Zähne standen weit auseinander.

aus|ei|n|an|der|woh|nen ⟨sw. V.; hat⟩: *räumlich voneinander getrennt wohnen:* die beiden Familien wohnen weit auseinander; schade, dass wir so weit auseinanderwohnen.

aus|ent|wi|ckeln, sich ⟨sw. V.; hat⟩: *sich vollständig, bis zu seiner Vollendung entwickeln:* der Embryo konnte sich [nicht] a.

aus|er|kie|sen ⟨unr. V.; hat; im Inf. u. im Präs. Aktiv ungebr.⟩ [↑ erkiesen] (geh.): *auserwählen, erwählen:* man erkor ihn dazu aus; (scherzh.:) ich habe mir dieses Auto auserkoren; sie war auserkoren, die Rede zu halten.

aus|er|ko|ren ⟨Adj.⟩ [2. Part. von ↑ auserkiesen] (geh.): *auserwählt:* er war a., dieses Amt zu übernehmen.

Aus|er|ko|re|ne, die/eine Auserkorene; der/einer Auserkorenen, die Auserkorenen/zwei Auserkorene: *Auserwählte.*

Aus|er|ko|re|ner, der Auserkorene/ein Auserkorener; des/eines Auserkorenen, die Auserkorenen/zwei Auserkorene: *Auserwählter.*

¹aus|er|le|sen ⟨st. V.; hat⟩ (geh. selten): *auswählen, erwählen:* man erlas ihn aus, den Preis zu überreichen.

²aus|er|le|sen ⟨Adj.⟩ (geh.): **a)** *erlesen, fein, von besonderer Güte:* -e Speisen, Genüsse; -e Eleganz; die Weine sind a.; **b)** ⟨intensivierend bei Adj.⟩ *sehr, ausgesucht:* a. schöne Stücke.

Aus|er|le|sen|heit, die; -: *das ²Auserlesensein* (a).

aus|er|se|hen ⟨st. V.; hat⟩ (geh.): *zu jmdm. od. etw. bestimmen, auswählen, für etw. vorsehen:* jmdn. als Leiter der Delegation a.; zu Großem a. sein.

aus|er|wäh|len ⟨sw. V.; hat⟩ (geh.): **a)** *auswählen, aussuchen:* sie war auserwählt worden, die Hauptrolle zu spielen; **b)** *erwählen, zu Besonderem bestimmen:* viele sind berufen, aber wenige sind auserwählt (nach Matth. 20, 16).

Aus|er|wähl|te, die/eine Auserwählte; der/einer Auserwählten, die Auserwählten/zwei Auserwählte: **a)** (geh.) *weibliche Person, die zu etw. Bestimmtem, zu Besonderem ausersehen ist:* sie hält sich für eine A.; **b)** (scherzh.) *Freundin, Verlobte.*

Aus|er|wähl|ter, der Auserwählte/ein Auserwählter; des/eines Auserwählten, die Auserwählten/zwei Auserwählte: **a)** (geh.) *Person, die zu etw. Bestimmtem, zu Besonderem ausersehen ist;* **b)** (scherzh.) *Freund, Verlobter.*

Aus|er|wäh|lung, die; -, -en (Pl. selten): *das Auserwählen.*

aus|es|sen ⟨unr. V.; hat⟩: *leer essen:* du sollst den Teller, den Joghurtbecher a.; eine Pampelmuse, Melone a. *(mit einem Löffel leer essen).*

aus|fa|chen ⟨sw. V.; hat⟩: **1.** *(Tischlerei) (ein Möbelstück) mit Fächern versehen:* einen Schrank a. **2.** (Bauw.) *die Fächer im Fachwerk ausmauern:* Fachwerkwände a.

aus|fä|chern ⟨sw. V.⟩: **1. a)** ⟨ist⟩ *fächerförmig auseinandergehen, -streben, sich verteilen:* der Fluss fächert in ein Delta aus; die kleinen Inseln

Ausfächerung – ausfeilen

fächern vor der Küste aus; ausfächernde Zweige; **b)** ⟨a. + sich; hat⟩ *sich fächerförmig verteilen, auseinanderstreben:* am Bauwerk sich ausfächernde Streben; Ü *die gesellschaftlichen Verhältnisse fächern sich aus.* **2.** ⟨hat⟩ *in mehrere Untergruppen o. Ä. verteilen:* ein Thema a.; wir wollen die Lohngruppen nach unten a. **3.** ⟨hat⟩ *ausfachen* (1).
Aus|fä|che|rung, die; -, -en: *das [Sich]ausfächern.*
Aus|fa|chung, die; -, -en: *das Ausfachen.*
aus|fä|deln ⟨sw. V.; hat⟩: **1. a)** *(einen Faden) aus dem Nadelöhr ziehen:* das Nadelöhr a.; **b)** ⟨a. + sich⟩ *aus dem Nadelöhr rutschen:* der Faden hat sich ausgefädelt; das Garn ist schon wieder ausgefädelt. **2.** ⟨a. + sich⟩ (Verkehrsw.) *im fließenden Verkehr aus einer Fahrspur, einer Wagenkolonne ausscheren:* du musst versuchen, dich jetzt auszufädeln.
aus|fahr|bar ⟨Adj.⟩: *sich ausfahren (4 a) lassend:* eine -e Antenne.
aus|fah|ren ⟨st. V.⟩: **1.** ⟨ist⟩ **a)** *hinausfahren, um [in der Ferne] ein Ziel zu erreichen:* am frühen Morgen fahren die Fischerboote zum Heringsfang aus; **b)** *aus etw. herausfahren, fahrend einen Ort verlassen:* das Schiff fuhr aus dem Hafen aus; aus einem Grundstück a. **2. a)** ⟨ist⟩ *eine Ausfahrt machen, spazieren fahren:* mit der Familie a.; **b)** ⟨hat⟩ *(bes. ein Kind) in einem Wagen spazieren fahren:* die Mutter fährt das Baby aus. **3.** ⟨hat⟩ *(Waren u. a.) mit einem Fahrzeug ausliefern, verteilen:* Getränke, Pakete, Pizzas a. **4.** (Technik) **a)** ⟨hat⟩ *(den ausfahrbaren Teil eines Apparates u. Ä.) mithilfe der Mechanik nach außen bringen:* die Landeklappen, das Fahrwerk, die Antenne a.; **b)** ⟨ist⟩ *(von etw. Ausfahrbarem) hervorkommen,* ausgefahren (4 a) *werden:* die Gangway fährt aus. **5.** ⟨hat⟩ (Seemannsspr.) **a)** *ausbringen* (2): die Matrosen haben den Anker ausgefahren; **b)** *(eine Trosse o. Ä.) mit dem Beiboot zur Stelle bringen, wo das Schiff festmacht:* eine Leine ausgefahren. **6.** ⟨hat⟩ *(eine Pontonbrücke o. Ä.) für die Durchfahrt öffnen:* die Schiffsbrücke a. **7.** ⟨hat⟩ *(Straßen, Wege) durch Befahren stark beschädigen:* die Panzer haben die Wege völlig ausgefahren; ausgefahrene Feldwege. **8. a)** ⟨ist⟩ *(eine Strecke) in ihrer ganzen Länge durchfahren:* das gesamte Straßennetz a.; **b)** ⟨hat⟩ *(eine Kurve) auf der äußersten Seite der Fahrbahn durchfahren:* der Fahrer fuhr alle Kurven aus. **9.** ⟨hat⟩ (Rennsport) *(ein Rennen o. Ä.) austragen:* ein Rennen, eine Meisterschaft, den Großen Preis von Europa a. **10.** ⟨hat⟩ **a)** *(ein Fahrzeug) so fahren, dass die Leistungsfähigkeit des Motors voll ausgenutzt wird:* er hat seinen Wagen niemals voll ausgefahren; **b)** *(eine technische Anlage o. Ä. in ihrer Kapazität) voll ausnutzen:* eine Anlage nur zum Teil, voll a. **11.** ⟨ist⟩ *ausrutschen* (2): das Messer war ausgefahren und ihm in die Hand eingedrungen; die Schere war ihm ausgefahren. **12.** ⟨ist⟩ *eine heftige Bewegung machen:* sein Arm fuhr aus, war ausgefahren; ausfahrende Bewegungen machen; ⟨subst.:⟩ ... wenn er auf die Wandtafel deutete, blieb seine Hand in halbem Ausfahren stecken (Johnson, Mutmaßungen 68). **13.** ⟨ist⟩ *(in Bezug auf einen Dämon o. Ä.) den Körper eines Besessenen verlassen:* der Teufel ist aus dem Kranken ausgefahren. **14.** ⟨ist⟩ (Jägerspr.) *(bes. von Fuchs, Dachs, Kaninchen) aus dem Bau herauskommen:* der Fuchs war ausgefahren. **15.** ⟨hat⟩ (Jägerspr.) *(in Bezug auf bestimmte erlegte Tiere, bes. auf Federwild) die Eingeweide herausnehmen:* einen Hasen, einen Fasan a.
Aus|fahr|gleis, das (Eisenbahn): *Gleis, auf dem Züge aus dem Bahnhof ausfahren können.*
Aus|fahr|si|g|nal, das (Eisenbahn): *Signal, das die Ausfahrt (1 b) freigibt.*

Aus|fahrt, die; -, -en: **1. a)** *das Ausfahren* (1 a): die A. zum Heringsfang; **b)** *das Ausfahren* (1 b): die A. aus dem Schacht dauert wenige Minuten; der Zug hat noch keine A. *(darf noch nicht aus dem Bahnhof fahren).* **2. a)** *Stelle, an der ein Fahrzeug aus einem bestimmten umgrenzten Raum hinausfährt:* die A. des Hofes, des Hafens; bitte die A. frei halten; **b)** *Kurzf. von* ↑ Autobahnausfahrt: die A. Mannheim-Süd. **3.** *Spazierfahrt:* eine kleine A. machen.
Aus|fahrt|er|laub|nis, die: *Erlaubnis zum Ausfahren* (1).
Aus|fahrt|gleis: ↑ Ausfahrgleis.
Aus|fahrts|er|laub|nis: ↑ Ausfahrterlaubnis.
Aus|fahrt|si|g|nal: ↑ Ausfahrsignal.
Aus|fahrts|schild, das: *Schild, das auf eine Ausfahrt* (2) *aufmerksam macht.*
Aus|fahrt|si|g|nal: ↑ Ausfahrsignal.
Aus|fahrts|stra|ße, Aus|fahrt|stra|ße, die: *Straße, die aus einem Ort hinausführt.*
Aus|fall, der; -[e]s, Ausfälle: **1.** ⟨o. Pl.⟩ **a)** *das Ausfallen* (1 a): der A. der Zähne, der Haare; **b)** (Sprachwiss.) *das Ausfallen* (1 b): der A. des »e«. **2. a)** *das Ausfallen* (3 a), *Nichtstattfinden:* der A. des Unterrichts; **b)** *das Ausfallen* (3 b), *Wegfall, Einbuße:* es war des Verdienstes, der Einnahmen; es gab Ausfälle in der Produktion. **c)** *das Fehlen, Nichtanwesendsein:* mit einem mehrwöchigen A. des Erkrankten muss gerechnet werden; es gab Ausfälle durch Krankheit; dieser Spieler ist ein glatter A. (Sport; *ein Versager);* **d)** ⟨o. Pl.⟩ *das Ausfallen* (3 d), *das Nichtmehrfunktionieren:* der A. eines Triebwerks. **3.** *Ergebnis, Beschaffenheit von etw.:* der A. der Ernte. **4. a)** (Fechten) *Angriffsbewegung, bei der sich der bewaffnete Arm u. das ihm entsprechende Bein nach vorn bewegen:* einen A. parieren; **b)** (Gewichtheben) *Vor- bzw. Rückwärtsschritt mit einem Bein beim Umsetzen der Hantel:* er setzt ein Bein mit weitem A. nach hinten. **5.** (Militär) *Ausbruch aus einer feindlichen Umklammerung od. Einschließung:* einen A. versuchen, wagen. **6.** *beleidigende Äußerung:* erspar dir deine Ausfälle.
aus|fall|bar ⟨Adj.⟩ (Chemie): *in Form von Kristallen, Flocken od. Tröpfchen ausscheidbar.*
Aus|fall|bürg|schaft, die (Rechtsspr.): *Form der Bürgschaft, bei der der Bürge erst eintreten muss, wenn der Gläubiger eine völlig od. teilweise erfolglose Zwangsvollstreckung gegen den Schuldner nachweisen kann.*
aus|fal|len ⟨st. V.⟩: **1.** ⟨ist⟩ **a)** *sich aus einem organischen Zusammenhalt lösen; herausfallen, ausgehen:* die Zähne fallen [jmdm.] aus; die Federn sind ausgefallen; das Korn fällt schon aus *(die Körner fallen heraus);* ausgefallene Haare; **b)** (Sprachwiss.) *synkopiert werden:* das »e« ist in diesem Wort ausgefallen. **2.** ⟨hat⟩ (ugs.) *sich durch einen Sturz etw. ausbrechen:* ich habe mir bei dem Sturz einen Zahn ausgefallen. **3.** ⟨ist⟩ **a)** *wegen eines widrigen Umstandes nicht stattfinden:* die Veranstaltung fällt aus; der Unterricht, die Schule ist ausgefallen; etw. a. lassen; **b)** *wegfallen:* sein Verdienst ist durch seine längere Krankheit ausgefallen; **c)** *fehlen, nicht anwesend, nicht verfügbar sein:* er ist wegen Krankheit eine Woche lang ausgefallen; **d)** *plötzlich nicht mehr funktionieren, aussetzen:* die Maschine, ein Triebwerk ist ausgefallen; ... sodass dann die Bodenverständigung für eine Weile ausgefallen war (Gaiser, Jagd 96). **4.** ⟨ist⟩ *in bestimmter Weise geartet, beschaffen sein; ein bestimmtes Ergebnis zeigen:* etw. fällt gut, schlecht, zufriedenstellend aus; die Niederlage in diesem Spiel fiel sehr deutlich aus; ... selbst wenn die endgültige Entscheidung ungünstig a. sollte (Kafka, Schloß 95). **5.** ⟨ist⟩ (Militär veraltet) *aus einer feindlichen*

Umklammerung od. Einschließung ausbrechen, einen Ausfall (5) machen: die eingeschlossenen Soldaten waren ausgefallen. **6.** ⟨ist⟩ (Chemie) *sich abscheiden:* aus der Lösung fällt Eiweiß aus. ◆ **7.** (landsch.) *herausspringen* (4): Sobald jedoch die Leute merkten, es fiele ... weiter nichts für sie aus, wurde ihnen die Sache langweilig (Rosegger, Waldbauernbub 90).
aus|fäl|len ⟨sw. V.; hat⟩: **1.** (Chemie) *gelöste Stoffe in Form von Kristallen, Flocken, Tröpfchen ausscheiden:* aus einer gesättigten Lösung Kochsalz a. **2.** (Rechtsspr.) *(eine Strafe) verhängen:* eine Haftstrafe a.
aus|fal|lend ⟨Adj.⟩ [zu ↑ ausfallen (5)]: *in grober Weise beleidigend, frech:* eine -e Bemerkung; er wird leicht a. [gegen andere].
Aus|fall|er|schei|nung: ↑ Ausfallserscheinung.
aus|fäl|lig ⟨Adj.⟩: *ausfallend:* eine -e Bemerkung, Äußerung; er wird leicht a.
Aus|fäl|lig|keit, die; -, -en: **1.** ⟨o. Pl.⟩ *das Ausfälligsein.* **2.** *ausfällige Äußerung, Geste o. Ä.*
Aus|fall|ri|si|ko, das (Geldw.): *Gefahr, dass ein Kredit nicht zurückgezahlt wird.*
Aus|fall|schritt, der (Sport): *großer Schritt nach vorn, zur Seite oder nach hinten.*
Aus|falls|er|schei|nung, die (Med.): *Symptom, das durch den vorübergehenden od. dauernden Ausfall einer Organfunktion o. Ä. hervorgerufen wird.*
Aus|fall|stra|ße, die (Verkehrsw.): *Straße, die aus einem Ortsbereich hinausführt.*
Aus|fäl|lung, die; -, -en: **1.** (Chemie) **a)** *das Ausfällen* (1); **b)** *ausgefällter Stoff.* **2.** (schweiz. Rechtsspr.) *das Ausfällen* (2).
Aus|fall|zeit, die: **1.** (in der Rentenversicherung) *Zeit, in der jmd. keinen Versicherungsbeitrag zahlt.* **2.** (meist Pl.) *Zeit, in der jmd., etw. ausfällt, nicht zur Verfügung steht:* ihre Krankheit brachte lange -en mit sich.
aus|falt|bar ⟨Adj.⟩: *sich ausfalten (1) lassend:* der Reiseführer enthält mehrere -e Karten.
Aus|falt|bar|keit, die; -, -: *das Ausfaltbarsein.*
aus|fal|ten ⟨sw. V.; hat⟩: **1.** *(Gefaltetes) aus etw. ausklappen:* einen eingehefteten Stadtplan a. **2.** ⟨a. + sich⟩ (geh.) *sich entfalten:* geistige Anlagen falten sich aus.
aus|fär|ben ⟨sw. V.; hat⟩: **1.** *sich intensiv färben:* die Früchte sind voll ausgefärbt. **2.** *die Farbe verlieren, auslaufen* (10): die Farbe war völlig ausgefärbt.
Aus|fär|bung, die; -, -en: **1.** *[durch etw. entstehende] intensive Färbung.* **2.** *das Farbeverlieren, Auslaufen der Farbe.*
aus|fa|sern ⟨sw. V.; ist/(auch:) hat⟩: *sich (am Rand o. Ä.) in einzelne Fasern, Fäden auflösen:* die Decke, der Teppich fasert aus; Ü ihr Unterricht fasert immer aus.
aus|fas|sen ⟨sw. V.; hat⟩ (österr.): *bekommen, empfangen:* er hat schon einige Vorstrafen ausgefasst.
aus|fech|ten ⟨st. V.; hat⟩: *bis zu einer Entscheidung durchfechten, durchkämpfen:* einen Streit, einen Prozess, eine Fehde a.; er hatte manchen Strauß auszufechten.
aus|fe|dern ⟨sw. V.; hat⟩: **1.** *(einen Stoß, eine Erschütterung o. Ä.) federnd auffangen:* die Stöße a. **2.** (Technik) *mit einer Federung versehen, ausstatten:* ein Polster gut a.; die Achse ist schlecht ausgefedert.
aus|fe|gen ⟨sw. V.; hat⟩: **1.** (bes. nordd.) **a)** *durch Fegen [aus etw.] entfernen:* den Schmutz (aus dem Raum) a.; **b)** *(einen Raum o. Ä.) durch Fegen reinigen:* den Flur a. **2.** (landsch.) *auslichten:* die Apfelbäume a.
Aus|fe|ger, der; -s, - (landsch.): **1.** *Kehrbesen.* **2.** *Kehraus, letzter Tanz.*
aus|fei|len ⟨sw. V.; hat⟩: **1. a)** *durch Feilen in die gewünschte Form bringen; zurechtfeilen:* einen

ausfertigen – ausfransen

Schlüssel a.; **b)** *durch Feilen herstellen:* ein Loch a. **2.** *bis ins Einzelne ausformen, ausarbeiten:* eine Rede, einen Aufsatz a.

aus|fer|ti|gen ⟨sw. V.; hat⟩: **1.** (Amtsspr.) **a)** *in amtlicher Funktion schreiben, ausstellen:* einen Pass, ein Zeugnis, Attest a.; **b)** *in schriftlicher Form erstellen, ausarbeiten:* einen Vertrag a.; **c)** *in amtlicher Funktion unterzeichnen:* Gesetze a. **2.** (österr.) *(Gegenstände, Waren) fertigstellen, die letzten Feinheiten durchführen.*

Aus|fer|ti|ger, der; -s, - (Amtsspr.): *jmd., der etw. ausfertigt.*

Aus|fer|ti|ge|rin, die; -, -nen: w. Form zu ↑ Ausfertiger.

Aus|fer|ti|gung, die; -, -en: **a)** *das Ausfertigen;* **b)** *ausgefertigtes Schriftstück o. Ä.:* ein Lebenslauf in vier -en *(in vier Exemplaren, vierfach ausgefertigt);* **c)** (Rechtsspr.) *als Ersatz der Urschrift in gesetzlich vorgeschriebener Form gefertigte Abschrift eines amtlichen Schriftstücks (z. B. Urteil, notarielle Urkunde):* die A. hat die Kraft des Originals; **d)** *durch Unterschrift vorgenommene Beurkundung eines Gesetzestextes vor dessen Verkündung.*

aus|fet|ten ⟨sw. V.; hat⟩ (landsch.): *(eine Backform o. Ä.) innen mit Fett bestreichen:* vor dem Einfüllen des Teiges muss die Kuchenform ausgefettet werden.

aus|fie|ren ⟨sw. V.; hat⟩ (Seemannsspr.): *die Segelleine (Schot) nachlassen, um das Segel in die richtige Stellung zum Wind zu bringen.*

aus|fil|tern ⟨sw. V.; hat⟩: *herausfiltern.*

Aus|fil|te|rung, die; -, -en: *das Ausfiltern.*

aus|fi|nan|zie|ren ⟨sw. V.; hat⟩: *die Finanzierung für etwas sicherstellen:* Studienplätze a.

Aus|fi|nan|zie|rung, die: *das Ausfinanzieren; das Ausfinanziertwerden.*

aus|fin|den ⟨st. V.; hat⟩ (selten): **1.** *herausfinden.* ◆ ...dem Leben war sein Inhalt ausgefunden (Schiller, Braut v. Messina 723). **2.** ⟨a. + sich⟩ *sich zurechtfinden:* ich finde mich noch nicht gut aus in dem neuen System.

aus|fin|dig ⟨Adv.⟩: in der Verbindung **jmdn., etw. a. machen** *(jmdn., etw. [lange, mühsam] suchen u. schließlich finden:* eine Adresse, jmds. Aufenthaltsort, ein Urlaubsquartier, eine Möglichkeit a. machen).

aus|fi|schen ⟨sw. V.; hat⟩: **1. a)** *aus etw. herausfischen:* Karpfen [aus dem Teich] a.; **b)** *(ein [stehendes] Gewässer o. Ä.) leer fischen:* sie haben den See völlig ausgefischt. **2.** ⟨meist in einer zusammengesetzten Zeitform⟩ *aufhören zu fischen:* sie haben für dieses Jahr ausgefischt.

aus|flag|gen ⟨sw. V.; hat⟩: **1.** (Seemannsspr.) *(ein Schiff) bei festlichen Anlässen über die Toppen flaggen, die Takelage mit aneinandergereihten Flaggen ausschmücken:* bei der Ausfahrt aus dem Hafen war das Schiff ausgeflaggt. **2.** (Seemannsspr.) *(ein Schiff) unter einer anderen nationalen Flagge fahren [lassen].* **3.** *durch Flaggen od. Fähnchen markieren, kennzeichnen:* einen Kurs a.; die ausgeflaggte Strecke für den Slalom. **4.** (Wirtsch.) *auslagern* (3), *verlagern* (b): Speditionen in Billiglohnländer a.; Beschäftigte in Zeitarbeitsfirmen a.

aus|fli|cken ⟨sw. V.; hat⟩ (ugs.): *notdürftig flicken, ausbessern:* ein Dach, einen Zaun, eine Hose a.

aus|flie|gen ⟨st. V.⟩: **1.** ⟨ist⟩ **a)** *(von Vögeln, Insekten) hinausfliegen, ausschwärmen:* die beiden Störche sind ausgeflogen, um Futter zu suchen; Ü die ganze Familie ist ausgeflogen (ugs.: *war nicht zu Hause*); **b)** *(von Jungvögeln) flügge geworden sein u. das Nest verlassen:* die jungen Vögel fliegen bald aus. **2. a)** ⟨ist⟩ *einen [eingeschlossenen] Ort, einen gefährdeten Bereich mit dem Flugzeug o. Ä. verlassen:* aus einer Gefahrenzone a.; **b)** ⟨ist⟩ *(von Flugzeugen o. Ä.) einen bestimmten Luftraum verlassen:* die unbekannten Flugzeuge sind wieder ausgeflogen; **c)** ⟨hat⟩ *mit dem Flugzeug o. Ä. von einem [gefährdeten] Ort wegbringen, abtransportieren:* man hatte Frauen und Kinder ausgeflogen. **3.** ⟨hat⟩ *(ein Flugzeug) so schnell fliegen, dass die Leistungsfähigkeit voll ausgenutzt wird:* eine Maschine a.

aus|flie|sen ⟨sw. V.; hat⟩: *(einen Raum o. Ä.) mit Fliesen auslegen, auskleiden:* das Bad wird neu ausgefliest.

aus|flie|ßen ⟨st. V.; ist⟩: **a)** *(aus einem Behälter, Gefäß o. Ä.) herausfließen:* durch ein Leck im Fass floss das Benzin aus; ausfließendes Öl; **b)** *[durch ein Leck, eine undichte Stelle] Flüssigkeit austreten lassen, auslaufen:* ein Wasserbehälter, ein Fass fließt aus; **c)** *(von einem fließenden Gewässer) seine Austrittsstelle haben:* bei Stein fließt der Rhein [aus dem Bodensee] aus.

aus|flip|pen ⟨sw. V.; ist⟩ [nach engl. to flip (out) = *verrückt werden*] (ugs.): **a)** *sich bewusst außerhalb der gesellschaftlichen Norm stellen, die Gesellschaft verlassen, weil ihre Wertmaßstäbe nicht akzeptiert werden:* sie flippte aus, kündigte und reiste nach Indien; **b)** *die Nerven verlieren, kopflos werden:* er flippt bei jeder ungewöhnlichen Belastung aus; **c)** *ärgerlich, wütend werden:* mein Vater flippt aus, wenn er das hört!; **d)** *vor Freude, Begeisterung o. Ä. ganz außer sich geraten:* über ihren Erfolg war sie total ausgeflippt.

aus|flo|cken ⟨sw. V.⟩ (Chemie): **a)** ⟨hat⟩ *(einen kolloiden Stoff) aus einer Lösung ausscheiden, ausfällen* (1): Kasein a.; **b)** ⟨ist⟩ *sich in Form von Flocken aus einer Flüssigkeit abscheiden:* die Milch ist ausgeflockt.

Aus|flucht, die; -, Ausflüchte [spätmhd. ūʒvluht = *heimliche Flucht (aus der Haft),* zu: ūʒvliehen = *entfliehen*]: **1.** ⟨meist Pl.⟩ [im 15. Jh. aus der Sonderbed. »Berufung an ein höheres Gericht« entstanden] *Ausrede, Vorwand:* nicht um Ausflüchte verlegen sein; Ausflüchte machen *(Ausreden vorbringen).* **2.** (seltener) *das Ausweichen; Flucht.*

Aus|flug, der; -[e]s, Ausflüge [mhd. ūʒvluc = *erster Flug der Jungvögel u. Bienen*]: **1.** *Wanderung, Ausfahrt:* eine A. machen; Ausflüge unternehmen; Ü der Torhüter liebt weite Ausflüge (Sportjargon; *dringt weit über die ihm vorgeschriebene Position im Spielfeld vor*); ein A. (eine *Abschweifung*) in die Theorie. **2. a)** *(von Bienen, Vögeln u. a.) das Ausfliegen, Ausschwärmen:* der A. der Bienen; **b)** (Imkerspr.) *Flugloch des Bienenstocks.*

Aus|flüg|ler, der; -s, -: *jmd., der einen Ausflug* (1) *macht.*

Aus|flüg|le|rin, die; -, -nen: w. Form zu ↑ Ausflügler.

Aus|flug|schnei|se, die (Flugw.): *Flugschneise für die von einem Flughafen ausfliegenden Flugzeuge.*

Aus|flugs|damp|fer, der: *im Ausflugsverkehr eingesetzter Dampfer.*

Aus|flugs|fahrt, die: *als Ausflug unternommene Fahrt.*

Aus|flugs|ort, der ⟨Pl. -e⟩: *Ort, der als Ausflugsziel beliebt ist.*

Aus|flugs|schiff, das: *im Ausflugsverkehr eingesetztes Schiff.*

Aus|flugs|ver|kehr, der: *Verkehr von Ausflüglern.*

Aus|flugs|ziel, das: *Ziel eines Ausflugs* (1).

Aus|fluss, der; -es, Ausflüsse: **1. a)** ⟨o. Pl.⟩ *(von Flüssigkeiten, Gas u. a.) das Ausfließen, Ausströmen:* den A. des Öls einzudämmen suchen; **b)** (Technik) *in einer bestimmten Zeiteinheit aus einer Öffnung ausströmende Flüssigkeitsod. Gasmenge:* der A. wurde auf 100 Liter pro Minute verringern. **2. a)** *Stelle, an der etw. ausfließen kann; Abfluss:* der A. des Beckens, der Wanne ist verstopft; **b)** *Austrittsstelle (eines Flusses o. Ä. aus einem größeren Gewässer):* der A. des Rheins aus dem Bodensee. **3.** (Med.) **a)** *Absonderung:* ein übel riechender A. von Eiter; **b)** *vermehrte Absonderung aus den weiblichen Geschlechtsorganen;* ²*Fluor:* an A. leiden. **4.** (geh.) *Auswirkung, Folge, Hervorbringung:* ein A. gesellschaftlicher Strömungen.

aus|fol|gen ⟨sw. V.; hat⟩ [zu veraltet folgen = *folgen lassen, zuteilen*] (bes. österr. Amtsspr.): *aushändigen, übergeben.*

Aus|fol|gung, die; -, -en (bes. österr. Amtsspr.): *das Ausfolgen; das Ausgefolgtwerden.*

◆ **Aus|for|de|rer**, der; -s, -: *Herausforderer* (a): Darf ich den Namen dieses seltsamen -s wissen (Schiller, Fiesco I, 8).

◆ **aus|for|dern** ⟨sw. V.; hat⟩: *herausfordern* (1 a): ...auch er ... würde gern ... seinen Nebenbuhler ausgefordert haben (Th. Mann, Lehrjahre II, 14).

◆ **Aus|for|de|rung**, die; -, -en: *Herausforderung* (1): ...dass dem andern nichts übrigblieb, als Hut und Stock zu ergreifen und beim Abschiede eine ziemlich zweideutige A. zurückzulassen (Goethe, Dichtung u. Wahrheit 9).

◆ **Aus|för|de|rung**, die; -, -en [zu: ausfördern = *fördern* (2)]: *Förderung* (2): ...nachdem ich anfänglich bei der A. der losgehauenen Stufen in Körben angestellt war (Novalis, Heinrich 65).

aus|for|men ⟨sw. V.; hat⟩: **a)** *(eine weiche, formbare Masse) formen:* Wachs, Teig zu Klößen a.; **b)** *aus einer weichen, formbaren Masse formen:* Klöße, ein Tongefäß a. **2. a)** *einer Sache endgültige Form, Gestalt geben:* einen Text, ein Kunstwerk a.; **b)** ⟨a. + sich⟩ *bestimmte Form, Gestalt gewinnen, zu etw. Bestimmtem werden:* die Sache formte sich zu einem kompletten Fehlschlag aus.

aus|for|mu|lie|ren ⟨sw. V.; hat⟩: *(seine Gedanken, Vorstellungen, einen Text o. Ä.) bis ins Einzelne formulieren; sprachlich ausarbeiten, in eine sprachliche Form bringen:* seine Gedanken, Auffassungen a.; ein Referat aufgrund von Stichworten a.

Aus|for|mu|lie|rung, die; -, -en: **1.** *das Ausformulieren.* **2.** *ausformulierter Text.*

Aus|for|mung, die; -, -en: **1.** *das Ausformen.* **2.** *Form, Gestalt.*

aus|for|schen ⟨sw. V.; hat⟩: **1.** *eingehend, bis ins Einzelne über jmdn. od. etw. befragen; ausfragen.* **2.** *durch eifriges Nachforschen herausfinden, erkunden; erforschen:* jmds. Versteck a. **3.** (österr. Amtsspr.) *ausfindig machen:* die Verantwortlichen konnten nicht ausgeforscht werden.

Aus|for|schung, die; -, -en: **1.** *das Ausforschen* (1, 2). **2.** (österr. Amtsspr.) *[polizeiliche] Ermittlung.*

aus|frach|ten ⟨sw. V.; hat⟩ (Seew.): *(Frachtgut) ausladen:* Container a.

aus|fra|gen ⟨sw. V.; hat⟩: **a)** *durch gezieltes Fragen von jmdm. zu erfahren suchen; aushorchen:* lass dich nicht von mir a.!; jmdn. nach einem Sachverhalt, über eine Person, wegen einer Angelegenheit a.; R so fragt man die Leute aus (*ich lasse mich nicht ausfragen;* als Antwort auf jmds. als zu dreist empfundene Fragen); **b)** ⟨meist in einer zusammengesetzten Zeitform⟩ *aufhören zu fragen:* hast du bald ausgefragt?

Aus|fra|ger, der; -s, -: *jmd., der einen anderen ausfragt.*

Aus|fra|ge|rei, die; -, -en (ugs. abwertend): *beständiges, als lästig empfundenes Ausfragen.*

Aus|fra|ge|rin, die; -, -nen: w. Form zu ↑ Ausfrager.

aus|fran|sen ⟨sw. V.⟩: ⟨ist⟩ *(von Textilien, bes. Kleidungsstücken) sich an den Rändern in*

ausfräsen – Ausgabepost

Fasern auflösen, ausfasern: die Ärmel fransen aus; in ausgefransten Jeans herumlaufen; ⟨auch a. + sich; hat:⟩ der Teppich hat sich ausgefranst; Ü die Stadt, die Partei franst an ihren Rändern aus; der Arbeitsmarkt franst aus; **b)** ⟨hat⟩ *(ein Gewebe) am Rand durch Ausziehen der Schussfäden mit Fransen versehen:* eine Tischdecke rundum a.

aus|frä|sen ⟨sw. V.; hat⟩ (Technik): **a)** *mit der Fräse beseitigen:* Unebenheiten an einem Werkstück a.; **b)** *durch Fräsen glätten:* ein Werkstück a.

Aus|frä|sung, die; -, -en: *das Ausfräsen.*

aus|fres|sen ⟨st. V.; hat⟩: **1. a)** *(Futter) aus etw. fressend herausholen:* die Vögel haben die Körner [aus dem Futternapf] ausgefressen; **b)** *(ein Gefäß, eine Frucht u. a.) leer fressen:* den Trog a.; (derb in Bezug auf Menschen:) er hat die ganze Schüssel [Pudding] ausgefressen; **c)** ⟨meist in einer zusammengesetzten Zeitform⟩ *zu Ende fressen:* die Pferde haben noch nicht ausgefressen. **2.** *(von Wasser) auswaschen, durch Unterspülen zerstören:* das Wasser hat die Ufer über weite Strecken ausgefressen. **3.** (salopp) *die Folgen tragen müssen für etw., was jmd. selbst od. häufiger ein anderer verschuldet hat; ausbaden müssen:* das musst du allein a. **4.** (ugs.) *etw. Unrechtes, Strafbares o. Ä. tun:* hat er was ausgefressen?

aus|frie|ren ⟨st. V.⟩: **1.** ⟨ist⟩ (Landwirtsch.) *durch Frost zugrunde gehen, erfrieren, auswintern:* die Saat ist in dem kalten Winter fast ganz ausgefroren. **2.** ⟨ist⟩ *(von Gewässern) bis zum Grunde frieren:* der See ist den Kälte ausgefroren. **3.** (im 2. Part. häufig in Verbindung mit »sein«⟩ (landsch.) *durch u. durch frieren:* sie waren ganz ausgefroren, kamen ganz ausgefroren *(durchgefroren)* nach Hause. **4.** ⟨hat⟩ (Technik) *einen Stoff durch Kälteeinwirkung in einen festen Aggregatzustand überführen, um ihn so von Stoffen mit einem anderen Gefrierpunkt zu trennen.*

aus|fu|gen ⟨sw. V.; hat⟩ (Bauw.): *(bei einer Ziegelmauer o. Ä.) die Fugen ausfüllen, verfugen:* Steine mit Lehm a.; die Mauer muss noch ausgefugt werden.

Aus|fu|gung, die; -, -en (Bauw.): *das Ausfugen.*

Aus|fuhr, die; -, -en: **a)** ⟨o. Pl.⟩ *das Ausführen (2), Exportieren;* ¹*Export* (1): die A. von Weizen; die A. fördern, drosseln; **b)** *das Ausgeführte, Menge an ausgeführten Waren;* ¹*Export* (2): die A. steigern; von der A. abhängig sein; die -en nach Übersee.

aus|führ|bar ⟨Adj.⟩: **1.** *durchführbar; geeignet, verwirklicht zu werden:* er hält den Plan nicht für a. **2.** *für die Ausfuhr, den* ¹*Export geeignet:* diese leicht verderblichen Produkte sind nicht a.

Aus|führ|bar|keit, die; -, -en: *das Ausführbarsein* (1); *Grad, in dem etw. ausführbar ist.*

aus|füh|ren ⟨sw. V.; hat⟩: **1. a)** *ins Freie führen, spazieren führen:* einen Kranken, Blinden a.; sie führt morgens und abends ihren Hund aus; **b)** *zum Ausgehen* (1 b) *einladen; mit jmdm. ausgehen* (1 b): sich gerne a. lassen; die Eltern führen ihre Töchter aus; **c)** (ugs. scherzh.) *(ein [neues] Kleidungsstück) in der Öffentlichkeit tragen, sich damit sehen lassen:* sie wollte sofort den neuen Hosenanzug a. **2.** *Waren ins Ausland verkaufen; exportieren:* Getreide, Südfrüchte a. **3. a)** *verwirklichen, realisieren:* ein Vorhaben, einen Plan a.; **b)** *einen Auftrag gemäß tun, vollziehen:* einen Befehl, eine Order, eine übertragene Aufgabe a.; die ausführende Gewalt *(Exekutive);* **c)** *(eine bestimmte Arbeit) machen, erledigen:* eine Reparatur a.; die Arbeiten zur vollen Zufriedenheit a. **4. a)** *in Einzelheiten ausarbeiten u. vollenden:* der Schluss des vierten Aktes ist vom Dichter nicht ausgeführt worden; **b)** *in bestimmter Weise mit bestimmtem Material herstellen, gestalten:* ein Bild in Öl, in Wasserfarben a. **5.** *(eine bestimmte Bewegung o. Ä.) machen:* bestimmte Tanzschritte a.; (Fußball, Eishockey:) einen Freistoß, Strafstoß, Eckball a. **6.** *mündlich od. schriftlich ausführlich erläutern, darlegen:* etw. umständlich, an zahlreichen Beispielen a.; Weitschweifig führte sie aus, wie der Pfarrer getötet wurde (Langgässer, Siegel 86). **7.** (landsch. scherzh.) *wegnehmen; (was einem anderen gehört) an sich bringen:* sie wollte mir meinen neuen Schal a.

Aus|füh|ren|de, die/eine Ausführende; der/einer Ausführenden, die Ausführenden/zwei Ausführende: *(bei künstlerischen Veranstaltungen) Vortragende, Mitwirkende.*

Aus|füh|ren|der, der Ausführende/ein Ausführender; des/eines Ausführenden, die Ausführenden/zwei Ausführende: *(bei künstlerischen Veranstaltungen) Vortragender, Mitwirkender.*

Aus|füh|rer, der; -s, -: *Exporteur.*

Aus|füh|re|rin, die; -, -nen: w. Form zu ↑ Ausführer.

Aus|fuhr|ga|ran|tie, die: *staatliche Garantie für Exportgeschäfte von Privaten mit Privaten im Ausland.*

Aus|fuhr|ge|neh|mi|gung, die: *staatliche Genehmigung für die Ausfuhr von Waren, deren Ausfuhr Beschränkungen unterliegt.*

Aus|fuhr|ha|fen, der: *Hafen, von dem aus Güter ausgeführt werden.*

aus|führ|lich [auch: …ˈfyːɐ̯…] ⟨Adj.⟩: *eingehend, in allen Einzelheiten, detailliert:* eine -e Darstellung, Beschreibung; a. über etw. berichten.

Aus|führ|lich|keit [auch: …ˈfyːɐ̯…], die; -, -en: **1.** ⟨o. Pl.⟩ *das Ausführlichsein.* **2.** ⟨Pl.⟩ *etw. [zu] Ausführliches.*

Aus|fuhr|über|schuss, der: *Exportüberschuss.*

Aus|füh|rung, die; -, -en: **1.** ⟨o. Pl.⟩ **a)** *das Ausführen, Verwirklichen, Realisieren:* die A. des Plans, des Vorhabens scheiterte; etw. zur A. bringen (nachdrücklich; *etw. ausführen*); zur A. gelangen/kommen (nachdrücklich; *ausgeführt werden*); **b)** *das weisungsgemäße Ausführen; Vollzug:* die A. eines Auftrags; **c)** *das Ausführen (einer Arbeit o. Ä.), Erledigung:* die A. der Reparatur nimmt mehrere Wochen in Anspruch. **2. a)** ⟨o. Pl.⟩ *Ausarbeitung, Vollendung:* die A. [der Skizzen] vornehmen; **b)** *Herstellungsart, Qualität, Ausstattung:* eine einfache, elegante A.; Ledertaschen in verschiedenen -en. **3.** ⟨o. Pl.⟩ *das Ausführen einer bestimmten Bewegung:* die exakte A. der Tanzschritte ist wichtig; (Fußball, Eishockey:) die A. eines Freistoßes. **4.** ⟨meist Pl.⟩ *Darlegung:* seine -en waren langweilig, nicht sehr überzeugend.

Aus|füh|rungs|be|stim|mung, die ⟨meist Pl.⟩: *Gesetz, Rechtsverordnung od. Verwaltungsvorschrift, die Einzelheiten zu einer im Allgemeinen höherrangigen Rechtsnorm enthält.*

Aus|füh|rungs|ge|setz, das: *Gesetz, das Einzelheiten zu anderen Gesetz enthält; Durchführungsgesetz.*

Aus|fuhr|ver|bot, das: *Verbot durch staatliche Organe, bestimmte Waren (in bestimmte Länder) auszuführen.*

aus|fül|len ⟨sw. V.; hat⟩: **1. a)** *(einen Hohlraum) mit etw. [ganz] füllen, zuschütten:* einen Graben [mit Steinen] a.; Ü *Lücken in der Gesetzgebung* a.; **b)** *einen begrenzten Raum) völlig einnehmen, beanspruchen:* die Tür füllte fast die Breite der Zelle aus; (scherzh.:) … wenn jemand seine Kleidungsstücke nicht richtig ausfüllt (*wenn sie sie nicht wirklich füllen,* Horváth, Absicht 73). **2.** *(ein Formular, einen Vordruck o. Ä.) mit den erforderlichen Eintragungen versehen:* ein Formular, einen Scheck, ein Kreuzworträtsel a.; füllen Sie bitte diesen Fragebogen aus! **3. a)** *(eine Zeitspanne) mit etw. zubringen, hinbringen, überbrücken:* eine Pause, Wartezeit, seine freie Zeit mit etw. a.; **b)** *(einen bestimmten Zeitraum) ganz beanspruchen, einnehmen:* die Tage waren mit Arbeit ausgefüllt; Indessen füllte dies Grübeln Goldmunds Tage nicht aus (Hesse, Narziß 52). **4.** *(ein Amt o. Ä.) in bestimmter Weise versehen:* sie füllt ihren Posten zuverlässig aus. **5. a)** *(von einer Tätigkeit, Aufgabe o. Ä.) jmdn. innerlich befriedigen, ganz in Anspruch nehmen:* die Hausarbeit füllt sie nicht aus; **b)** *(von Vorstellungen, Gedanken u. Ä.) jmdn. völlig beherrschen:* der Gedanke an eine baldige Heimkehr füllte sie ganz aus.

Aus|fül|lung, die; -, -en (seltener): *das Ausfüllen* (1–3).

aus|fut|tern: ¹ausfüttern (2).

¹aus|füt|tern ⟨sw. V.; hat⟩: **1. a)** *(ein Kleidungsstück o. Ä.) mit einem Innenfutter versehen:* der Mantel war mit Pelz ausgefüttert; **b)** *auskleiden, ausschlagen:* der Koffer ist [mit Stoff] ausgefüttert. **2.** (Bauw.) *(Hohl- od. Zwischenräume bei zusammengehörenden Teilen eines Bauwerks) ausfüllen:* die Hohlräume müssen noch ausgefüttert werden.

²aus|füt|tern ⟨sw. V.; hat⟩: *ein Tier reichlich mit* ¹*Futter versorgen:* das Vieh a.; er hat seine Tiere gut ausgefüttert; Ü (scherzh.:) in den Ferien sind die Kinder bei den Großeltern [ordentlich] ausgefüttert worden.

¹Aus|füt|te|rung, die; -: *das* ¹*Ausfüttern.*

²Aus|füt|te|rung, die; -: *das* ²*Ausfüttern.*

Ausg. = Ausgabe (4a, b).

Aus|ga|be, die; -, -n: **1.** ⟨o. Pl.⟩ **a)** *das Ausgeben, Verteilen, Austeilen von etw.:* die A. des Essens, des Proviants; **b)** *das Aushändigen von etw.:* die A. der Bücher, der Post; (c) (Bankw., Postw.) *das Ausgeben (Verkauf, Emission) von Wertpapieren, Aktien, Briefmarken o. Ä.;* **d)** (Bankw.) *(von Banknoten o. Ä.) das Ausgeben, Inumlaufbringen:* die A. neuer Zweieurostücke; **e)** *das Bekanntgeben, Verkünden von etw.:* die A. eines Befehls, einer Losung. **2.** *Ort, Stelle, wo etw. ausgegeben, ausgehändigt wird:* die A. ist heute geschlossen. **3.** ⟨meist Pl.⟩ *Geldausgabe, aufzuwendende Geldsumme:* abzugsfähige, laufende, ungewöhnliche -n. **4. a)** *(von einem Druckwerk o. Ä.) Form der Veröffentlichung; Edition* (Abk.: Ausg.): eine gebundene, broschierte, kommentierte A.; eine A. erster, letzter Hand (*die erste, letzte vom Autor selbst betreute Ausgabe eines Werkes*); **b)** (selten) *Auflage* (1 a) (Abk.: Ausg.): die neueste A. des Wörterbuchs. **5. a)** *zu einem bestimmten Zeitpunkt erscheinende Nummer od. Folge einer Zeitung od. Zeitschrift:* alte -n einer Zeitschrift sammeln; **b)** *(bei Rundfunk u. Fernsehen) zu einem bestimmten Zeitpunkt gesendete od. ausgestrahlte Sendung:* die letzte A. der Tagesschau kommt heute um 0.45 Uhr. **6.** *Ausführung; Form, in der etw. hergestellt wird:* die viertürige A. des Autos. **7.** (EDV) *Arbeitsergebnis eines Rechners, Output* (2).

Aus|ga|be|auf|schlag, der (Bankw.): *Aufschlag* (3), *den ein Käufer von Investmentfonds zu zahlen hat.*

aus|ga|ben|freu|dig ⟨Adj.⟩: *zu Geldausgaben stets geneigt:* eine -e Politik.

Aus|ga|be|kurs, der (Bankw.): *Kurs, zu dem ein Wertpapier ausgegeben wird.*

Aus|ga|ben|kür|zung, die (Bankw.): *Kürzung, Verringerung der Ausgaben* (3).

Aus|ga|ben|po|li|tik, die: *die staatlichen Ausgaben betreffende Politik.*

Aus|ga|ben|sei|te, die (ugs.): *die Ausgaben* (3) *betreffende Seite* (8 a): auf der A. müssen sinnvolle Lösungen gefunden werden.

♦ **Aus|ga|be|post**, die [2. Bestandteil ältere Nebenf. von ↑ Posten (3)]: *als Ausgabe verbuch-*

ter Posten (3 b): ... *in den Büchern meines Großvaters läuft ... eine jährliche A.: zehn Pfund Tabak und ein Gewandstück für den armen Krischan Möller* (Storm, Söhne 34).
Aus|ga|be|preis, der (Bankw.): *Ausgabekurs.*
Aus|ga|be|stel|le, die: *Stelle, Ort, wo etw. ausgegeben wird.*
Aus|gang, der; -[e]s, Ausgänge: **1. a)** *das Hinausgehen, Verlassen des Hauses; Spaziergang:* es war der erste A. für den Rekonvaleszenten; **b)** *(von Hausangestellten u. Soldaten) freier Tag; Erlaubnis zum Ausgehen* (1): er hatte bis sechs A. **2. a)** *Tür, Öffnung, durch die jmd. hinausgehen, ein Gebäude, einen Raum verlassen kann:* den A. suchen; das Gebäude hat mehrere Ausgänge; am A. warten; **b)** *Stelle am Rand eines [Orts]bereichs, wo der Weg aus diesem hinausführt:* sie wohnen am A. des Dorfes, des Waldes; **c)** *Anschlussstelle an technischen Geräten (meist Buchse od. ²Port) für weitere Geräte;* **d)** *Öffnung an einem Organ, durch die etw. austreten kann:* ein Abszess am A. des Magens, des Darmes; bei der Operation wurde ein künstlicher A. *(Darmausgang)* geschaffen. **3. a)** ⟨o. Pl.⟩ *(von einem größeren Zeitraum, einer Epoche) Ende:* der A. des Mittelalters; **b)** *Ende, Ergebnis eines Vorgangs:* ein glücklicher, unerwarteter A. des Unternehmens; der A. des Krieges, des Prozesses, der Verhandlungen war ungewiss; **c)** *(von einer Zeile, einem Vers u. Ä.) Ende, Schluss:* der A. der Zeile, des Wortes *(Wortauslaut).* **4.** ⟨o. Pl.⟩ *Anfang, Ausgangspunkt:* sie kehrten an den A. ihres Gesprächs zurück; (geh.:) seinen A. von etw. nehmen *(von etw. ausgehen).* **5.** (Bürow.) **a)** ⟨o. Pl.⟩ *(von Post o. Ä.) das Abschicken;* **b)** ⟨meist Pl.⟩ *zum Abschicken vorbereitete Post o. Ä.:* die Ausgänge fertig machen, erledigen.

¹aus|gangs ⟨Adv.⟩: *am Ausgang* (2 b), *am Rand:* a. von München.
²aus|gangs ⟨Präp. mit Gen.⟩: **a)** *(räumlich) am Ausgang* (2 b): a. des Dorfes; **b)** *(zeitlich) am Ende:* ein Mann a. der Fünfziger *(Ende fünfzig).*
Aus|gangs|ba|sis, die: *Grundlage, von der etw. ausgeht, auf der etw. aufbaut:* ein hohes Startkapital ist eine gute A.
Aus|gangs|fra|ge, die: *Frage, an die sich eine weitläufigere Erörterung anschließt.*
Aus|gangs|ge|stein, das (Geol.): *Gestein, aus dem ein Boden entsteht.*
Aus|gangs|la|ge, die: *Lage, Situation, die am Beginn von etw. besteht.*
Aus|gangs|ma|te|ri|al, das: *Material, das als Grundlage für die Herstellung eines Produkts, für die Erarbeitung einer Konzeption o. Ä. verwendet wird.*
Aus|gangs|po|si|ti|on, die: *Situation, Position am Beginn von etw.*
Aus|gangs|pro|dukt, das: *Produkt als Grundlage für die Herstellung eines neuen Artikels o. Ä.*
Aus|gangs|punkt, der: **a)** *Stelle, Ort, von wo aus etw. seinen Ausgang nimmt, wo etw. beginnt:* der A. ihrer Reise; **b)** *Ursprung, Grundlage für die Entstehung, Entwicklung von etw.:* der A. eines Gesprächs; die Not hat ihren A. in der schlechten Wirtschaftslage.
Aus|gangs|si|tu|a|ti|on, die: *Ausgangslage:* eine interessante A. für einen Kriminalroman.
Aus|gangs|sper|re, die: *Verbot auszugehen* (1 a), *das Haus, die Wohnung, die Kaserne zu verlassen.*
Aus|gangs|spra|che, die (Sprachwiss.): **1.** *Sprache, aus der übersetzt wird.* **2.** *Sprache des Muttersprachlers im Hinblick auf eine Zielsprache* (2).
Aus|gangs|stel|le, die: *Stelle, Ort, von wo etw. ausgeht.*
Aus|gangs|stel|lung, die: **1.** (Sport) *Stellung des Körpers, von der aus eine Übung erfolgt:* in A. gehen. **2.** (Militär) *Stellung* (6), *von der aus angegriffen wird.*
Aus|gangs|stoff, der: *Stoff, Material als Grundlage für ein bestimmtes Produkt.*
Aus|gangs|wert, der (Steuerw.): *Wert, von dem bei der Ermittlung eines Grundstückswertes ausgegangen wird.*
Aus|gangs|zu|stand, der: *ursprünglicher Zustand am Beginn einer Entwicklung.*
aus|gä|ren ⟨sw. u. st. V.; gärte/(auch:) gor aus, hat/ist ausgegärt/(auch:) ausgegoren⟩: *zu Ende gären, aufhören zu gären:* der Wein hat/ist ausgegärt, ausgegoren; noch nicht ausgegorener Most.
aus|ga|sen ⟨sw. V.⟩: **1.** ⟨hat⟩ *(einen Raum) mithilfe von Gas desinfizieren od. von Ungeziefer befreien:* Stallungen, Krankenzimmer a. **2. a)** ⟨hat⟩ *(von festen od. flüssigen Stoffen) Gas austreten lassen:* das Metall gast aus; Kohle gast aus (Bergbau; *lässt Grubengas austreten);* **b)** ⟨ist⟩ *in Gasform aus etw. austreten.*
Aus|ga|sung, die; -, -en: *das Ausgasen.*
◆ **aus|gat|tern** ⟨sw. V.; hat⟩ [eigtl. = durch ein Gatter erspähen]: *auskundschaften:* Der Patriarch ... hat ausgegattert, wie die Feste sich nennt (Lessing, Nathan I, 5).
aus|ge|ar|bei|tet: ↑ ausarbeiten (1 b).
aus|ge|ba|cken: ↑ ausbacken (2 a).
aus|ge|baut: ↑ ausbauen (1–3).
aus|ge|ben ⟨st. V.; hat⟩: **1. a)** *(in offizieller Funktion) verteilen, austeilen:* Verpflegung, Proviant a.; **b)** *(an zuständiger Stelle) aushändigen:* die Gutscheine werden am Infostand ausgegeben; **c)** (Bankw., Postw.) *(Aktien, Briefmarken o. Ä.) zum Kauf anbieten:* die Gesellschaft gibt neue Aktien aus; **d)** (Bankw.) *(neue Banknoten, Geldstücke) in Umlauf bringen:* neue Zweieurostücke a.; **e)** (bes. Militär) *(in offizieller Funktion) bekannt geben, verkünden, erlassen:* einen Befehl, eine Parole a.; **f)** (EDV) *(einen Output) ausdrucken, gedruckt wiedergeben:* der Computer gibt einen Text aus. **2. a)** *(Geld) für etw. verbrauchen, aufwenden:* sie gibt gerne Geld aus *(ist verschwenderisch);* **b)** (ugs.) *(jmdm., einer Gruppe von Personen) spendieren:* [für die Kollegen] eine Runde, eine Lage Bier a.; * **einen a.** (ugs.; *eine Runde 4 spendieren).* **3.** ⟨a. + sich⟩ *sich kräftemäßig verausgaben, seine Kräfte völlig verbrauchen:* du hast dich bei dieser Arbeit völlig ausgegeben. **4.** *fälschlich als jmdn., etw. bezeichnen; behaupten, jmd. od. etw. Bestimmtes zu sein:* du gibst dich für seinen Freund aus. **5.** (landsch.) **a)** *(in bestimmter Weise) ergiebig sein, (eine bestimmte Menge o. Ä.) ergeben:* der Teig, die Wolle gibt viel, wenig aus; **b)** *einen bestimmten Ertrag geben, bringen:* der Acker hat wenig ausgegeben. **6.** (landsch.) *zur Bearbeitung weggeben, außer Hause arbeiten, fertigen lassen:* die Wäsche a.; sie gibt viele Arbeiten aus.
Aus|ge|beu|te|te, die/eine Ausgebeutete; der/einer Ausgebeuteten, die Ausgebeuteten/zwei Ausgebeutete: *weibliche Person, die ausgebeutet ist.*
Aus|ge|beu|te|ter, der Ausgebeutete/ein Ausgebeuteter; des/eines Ausgebeuteten, die Ausgebeuteten/zwei Ausgebeutete: *Person, die ausgebeutet ist.*
aus|ge|bis|sen: ↑ ausbeißen (1).
aus|ge|bleicht: ↑ ² ausbleichen (1).
aus|ge|blie|ben: ↑ ¹ ausbleichen.
aus|ge|blu|tet: ↑ ausbluten (1).
aus|ge|bombt: ↑ ausbomben (1).
Aus|ge|bomb|te, die/eine Ausgebombte; der/einer Ausgebombten, die Ausgebombten/zwei Ausgebombte: *weibliche Person, die ausgebombt wurde.*
Aus|ge|bomb|ter, der Ausgebombte/ein Ausgebombter; des/eines Ausgebombten, die Ausgebombten/zwei Ausgebombte: *Person, die ausgebombt wurde.*
aus|ge|brannt: ↑ ausbrennen (5).
aus|ge|bra|ten: ↑ ausbraten.
aus|ge|bucht: ↑ ausbuchen (1).
aus|ge|buch|tet: ↑ ausbuchten (2).
aus|ge|bufft ⟨Adj.⟩ [zu landsch. buffen = stoßen, schlagen, Nebenf. von ↑ puffen, eigtl. = durch Schläge, Püffe erfahren, gewitzt] (salopp, häufig abwertend): *(in einem bestimmten Bereich) erfahren u. trickreich, raffiniert mit Raffinesse vorgehend, clever:* ein -er Profi, Geschäftsmann.
Aus|ge|buff|te, die/eine Ausgebuffte; der/einer Ausgebufften, die Ausgebufften/zwei Ausgebuffte: *weibliche Person, die ausgebufft ist:* das ist eine ganz A.
Aus|ge|buff|ter, der Ausgebuffte/ein Ausgebuffter; des/eines Ausgebufften, die Ausgebufften/zwei Ausgebuffte: *Person, die ausgebufft ist:* das ist ein ganz A.
Aus|ge|burt, die; -, -en (geh. abwertend): **a)** *[üble] Hervorbringung, Auswuchs:* die -en eines kranken Geistes; **b)** *jmd., der etw. Negatives, eine negative Eigenschaft in besonders ausgeprägter Form verkörpert; Ausbund:* er ist eine A. von Boshaftigkeit.
aus|ge|dacht: ↑ ausdenken.
aus|ge|dehnt: ↑ ausdehnen (3 a, 4).
aus|ge|dient: ↑ ausdienen.
Aus|ge|ding, das; -[e]s, -e [zu ↑ Gedinge] (landsch.): *Ausgedinge.*
Aus|ge|din|ge, das; -s, - [zu ↑ Gedinge] (österr., sonst landsch.): *Altenteil (bes. eines Bauern):* er hat sich auf sein. A. zurückgezogen.
aus|ge|druckt: ↑ ausdrucken.
aus|ge|fah|ren: ↑ ausfahren (7).
aus|ge|fal|len ⟨Adj.⟩ [eigtl. = aus dem Üblichen herausgefallen]: *ungewöhnlich, nicht alltäglich, extravagant:* ein -es Muster; ihr Geschmack ist etwas a.
aus|ge|feilt ⟨Adj.⟩: **1.** *bis ins Einzelne ausgearbeitet:* eine -e Skizze, Rede. **2.** *ausgereift:* eine -e Technik, Methode; das System ist noch nicht richtig a.
aus|ge|feimt ⟨Adj.⟩: *abgefeimt.*
aus|ge|flippt: ↑ ausflippen.
Aus|ge|flipp|te, die/eine Ausgeflippte; der/einer Ausgeflippten, die Ausgeflippten/zwei Ausgeflippte: *weibliche Person, die ausgeflippt ist.*
Aus|ge|flipp|ter, der Ausgeflippte/ein Ausgeflippter; des/eines Ausgeflippten, die Ausgeflippten/zwei Ausgeflippte: *Person, die ausgeflippt ist.*
aus|ge|franst: ↑ ausfransen.
aus|ge|fuchst ⟨Adj.⟩ [zu Fuchs = angehender Student] (ugs.): *(in einem bestimmten Bereich) sehr erfahren u. trickreich:* ein -er Verkäufer.
aus|ge|füllt: ↑ ausfüllen (5 a).
aus|ge|gli|chen ⟨Adj.⟩: **a)** *harmonisch, in sich ruhend, gelassen:* ein -er Mensch; **b)** *gleichmäßig, frei von Schwankungen:* eine -e Bilanz; ein -es Klima; die Mannschaft ist ein -es *(auf allen Positionen gleich gut besetztes)* Team.
Aus|ge|gli|chen|heit, die; -, -en: *das Ausgeglichensein.*
aus|ge|glüht: ↑ ausglühen.
aus|ge|go|ren: ↑ ausgären.
Aus|geh|an|zug, der: *Anzug, der zum Ausgehen* (1) *bestimmt ist.*
aus|ge|hen ⟨unr. V.; ist⟩: **1. a)** *(zu einem bestimmten Zweck, mit einer bestimmten Absicht) die Wohnung verlassen, aus dem Haus gehen:* sie war ausgegangen, um einen Besuch, um Einkäufe zu machen; **b)** *(zum Vergnügen, zum*

ausgehend – ausgewogen

Essen, Tanzen u. Ä.) ein Lokal o. Ä. aufsuchen: häufig, selten, sonntags a.; wir gehen ganz groß aus; ⟨subst.:⟩ sich zum Ausgehen fertig machen. **2.** *von einer bestimmten Stelle seinen Ausgang nehmen, abgehen, abzweigen:* von diesem Knotenpunkt gehen mehrere Fernstraßen aus. **3.** *(von Postsendungen) abgeschickt werden:* die aus- und eingehende Post; Herr von Balk hatte die Einladungen a. lassen *(hatte veranlasst, dass sie abgeschickt wurden;* Wiechert, Jeromin-Kinder 710). **4. a)** *von jmdm. herrühren, vorgebracht, geäußert, vorgeschlagen werden:* die Anregung geht vom Minister aus; **b)** *ausgestrahlt, hervorgebracht werden:* Ruhe, Sicherheit, ein bestimmtes Fluidum geht von jmdm. aus. **5.** *zum Ausgangspunkt nehmen, etw. zugrunde legen:* du gehst von falschen Voraussetzungen aus; ich gehe davon aus *(nehme als sicher an, bin davon überzeugt),* dass die Tarifparteien sich bald einigen werden. **6.** *sich etw. zum Ziel setzen, es auf etw. absehen:* auf Gewinn, Betrug a. **7. a)** *in bestimmter Weise enden:* das kann nicht gut a.; der Autounfall hätte schlimmer a. können; **b)** (landsch.) *aufhören, zu Ende gehen:* die Schule geht um 12 Uhr aus; das Theater war spät ausgegangen; **c)** (Sprachwiss.) *(auf einen bestimmten Buchstaben, eine bestimmte Silbe o. Ä.) enden:* auf einen Vokal a.; Namen, die alle auf »hippos«, »Pferd«, ausgehen (Th. Mann, Krull 306); **d)** (selten) *in etw. übergehen, auslaufen:* das Muster geht am Rand in Bogen aus. **8.** *(von etw., was in bestimmter Menge vorhanden ist) sich erschöpfen, zu Ende gehen, schwinden:* die Vorräte sind ausgegangen; das Geld ging uns aus; Ü allmählich ging mir die Geduld aus. **9.** *sich aus einem organischen Zusammenhalt lösen, ausfallen:* die Zähne, Federn gehen aus; die Haare gehen ihm aus. **10.** (ugs.) *sich in bestimmter Weise ausziehen lassen:* die nassen Handschuhe gingen schwer aus. **11. a)** *aufhören zu brennen od. zu leuchten; erlöschen:* das Licht, die Lampe ging aus; die Pfeife war ihm ausgegangen; **b)** *(von einem Motor) stehen bleiben, aufhören zu laufen:* bei der Zündung stimmt etwas nicht, der Motor geht an jeder Ampel aus. **12.** (landsch.) **a)** *(von Farbe) beim Waschen aus einem Gewebe o. Ä. schwinden od. auslaufen:* die Farbe, das Rot in diesem Stoff ist beim Waschen ausgegangen; **b)** *(von Gewebe o. Ä.) beim Waschen die Farbe verlieren, Farbe abgeben:* der Stoff geht beim Waschen [nicht] aus. **13. a)** *(ein Gelände, eine Strecke o. Ä.) gehend durchmessen;* **b)** ⟨a. + sich⟩ (österr. ugs.) *gerade ausreichen:* das Geld, die Zeit geht sich aus; ⟨oft unpers.:⟩ es geht sich noch aus, dass wir den Zug erreichen.

aus|ge|hend ⟨Adj.⟩: *(von einem größeren Zeitraum, einer Epoche) sich dem Ende zuneigend, zu Ende gehend:* im -en Mittelalter.

aus|geh|fer|tig ⟨Adj.⟩: *fertig, bereit zum Ausgehen* (1).

aus|ge|ho|ben: ↑ ausheben.

aus|ge|hun|gert ⟨Adj.⟩: **a)** *sehr hungrig; großen Hunger leidend:* nach dem langen Marsch waren wir ganz a.; **b)** *durch langes Hungern entkräftet:* die Flüchtlinge waren vollständig a.

Aus|geh|ver|bot, das: *Verbot, das Haus, Heim, die Kaserne zu verlassen.*

aus|gei|zen ⟨sw. V.; hat⟩ (Landwirtsch., Weinbau): *Nebentriebe (Geize), die die Entwicklung des Haupttriebes beeinträchtigen, entfernen.*

aus|ge|klü|gelt ↑ ausklügeln.

aus|ge|kocht ⟨Adj.⟩ (ugs. abwertend): *raffiniert, durchtrieben:* ein -er Bursche, Gauner, Betrüger.

aus|ge|las|sen ⟨Adj.⟩ [2. Part. von: auslassen = los-, freilassen]: *in übermütiger, unbeschwerter Weise fröhlich:* eine -e Gesellschaft; in -er Stimmung sein; a. feiern.

Aus|ge|las|sen|heit, die; -, -en ⟨Pl. selten⟩: **a)** ⟨o. Pl.⟩ *das Ausgelassensein; unbekümmerte, überschäumende Fröhlichkeit;* **b)** *ausgelassene Handlung.*

aus|ge|las|tet: ↑ auslasten.

aus|ge|lernt ⟨Adj.⟩ [vgl. gelernt]: *seine Lehrzeit beendet habend.*

Aus|ge|lern|te, die/eine Ausgelernte; der/einer Ausgelernten, die Ausgelernten/zwei Ausgelernte: *weibliche Person, die ihre Lehrzeit beendet hat.*

Aus|ge|lern|ter, der Ausgelernte/ein Ausgelernter; des/eines Ausgelernten, die Ausgelernten/zwei Ausgelernte: *Person, die ihre Lehrzeit beendet hat.*

Aus|ge|lie|fert|sein, das; -s: *das Preisgegebensein; das Schutzloszein gegenüber einer Macht:* das A. des Menschen an das Schicksal, den Tod.

aus|ge|lit|ten nur in der Verbindung **a. haben** (geh.; *nach schwerem Leiden gestorben sein*).

aus|ge|lutscht ⟨Adj.⟩ [zu ↑ auslutschen] (salopp): **1.** *kraftlos:* ein -er Typ; ich fühlte mich a. **2.** *abgenutzt [u. entsprechend reizlos]:* -e Klischees; das Thema war bereits a.

aus|ge|macht ⟨Adj.⟩ [zu veraltet ausmachen = bis zu Ende machen]: **1.** *sicher, gewiss feststehend, beschlossen:* eine -e Sache; etw. als a. voraussetzen; als a. gelten. **2. a)** *sehr groß, ausgesprochen, vollkommen:* eine -e Dummheit, Schurkerei; er ist ein -er Snob; **b)** ⟨intensivierend bei Adjektiven⟩ *sehr, überaus, ausgesprochen:* das war ein a. schäbiges Verhalten.

aus|ge|mer|gelt ⟨Adj.⟩ [zu ↑ ausmergeln]: *abgemagert [und entkräftet]:* ein -es Gesicht; sein Körper ist ganz a.

aus|ge|nom|men ⟨Konj.⟩: ⟨mit nachgestelltem Bezugswort od. mit Gliedsatz *außer [wenn]:* er widerspricht allen, a. dem Vater; wir werden kommen, a. es regnet; ⟨bei einem Bezugswort im Nom.:⟩ alle waren da, a. sein Bruder/sein Bruder a.

aus|ge|picht ⟨Adj.⟩ [2. Part. von veraltet auspichen = inwendig mit Pech verschmieren] (ugs.): **a)** *(in einem bestimmten Bereich) sehr erfahren [u. zugleich durchtrieben, raffiniert]:* ein -er Junge; **b)** *bis ins Letzte verfeinert:* -e Feinschmeckereien.

aus|ge|po|wert ⟨Adj.⟩: ↑¹ auspowern.

aus|ge|prägt ⟨Adj.⟩: ↑ ausprägen (2 b).

Aus|ge|prägt|heit, die; -: *das Ausgeprägt-, Ausgebildetsein.*

aus|ge|pumpt ⟨Adj.⟩ (salopp): *nach einer körperlichen Anstrengung o. Ä. völlig erschöpft:* nach dem anstrengenden Training war die Mannschaft völlig a.

aus|ge|rech|net [auch: ˈaʊsɡəˌrɛç...] ⟨Partikel⟩ [zu ↑ ausrechnen] (ugs.): **1.** *drückt in emotionaler Ausdrucksweise Verärgerung, Unwillen, Verwunderung o. Ä. aus; gerade:* a. heute, wo ich keine Zeit habe; das muss a. mir passieren!; unter den Bewerbern war a. er ausgewählt worden. **2.** *drückt aus, dass der Sprecher einen Sachverhalt o. Ä. als unwahrscheinlich ansieht:* es wird schon nicht a. mir passieren.

aus|ge|reift: ↑ ausreifen.

Aus|ge|reift|heit, die; -: *das Ausgereift-, Entwickeltsein.*

aus|ge|ris|sen: ↑ ausreißen.

aus|ge|ruht ⟨Adj.⟩: *erholt, frisch.*

aus|ge|schamt, aus|ge|schämt ⟨Adj.⟩ [eigtl. = aufgehört habend, sich zu schämen] (landsch.): *unverschämt, schamlos:* er ist ein -er Kerl.

aus|ge|schie|den: ↑ ausscheiden.

aus|ge|schil|dert: ↑ ausschildern.

aus|ge|schis|sen: ↑ ausscheißen.

aus|ge|schla|fen ⟨Adj.⟩ (ugs.): *aufgeweckt, gewitzt:* eine ganz -e junge Frau.

aus|ge|schla|gen: ↑ ausschlagen (2, 5, 12).

aus|ge|schlos|sen [auch: ˈaʊsɡəˈʃlɔsn̩] ⟨Adj.⟩ [zu ↑ ausschließen (4)]: *unmöglich, undenkbar:* es ist nicht [ganz] a., dass sie noch kommt; a.! *(das kommt nicht infrage!);* etw. für a. halten, für a. erklären.

aus|ge|schnit|ten ⟨Adj.⟩: *(von einem Kleid, einer Bluse o. Ä.) am Hals mit einem größeren Ausschnitt (2 b) versehen:* ein -es Kleid; sie trägt gerne tief a. (ugs.; *Kleidung mit tiefem Ausschnitt, mit Dekolleté*).

aus|ge|schos|sen: ↑ ausschießen.

aus|ge|schrie|ben ⟨Adj.⟩: *(von der Schrift) ausgeprägt:* er hat eine -e Handschrift.

aus|ge|setzt: ↑ aussetzen.

Aus|ge|setzt|heit, die; - (geh.): *das Ausgesetzt-, Preisgegebensein.*

aus|ge|sorgt ⟨Adj.⟩: in der Verbindung **a. haben** (ugs.; *sich nicht mehr um seinen Lebensunterhalt sorgen müssen*): mit dieser Stellung hat er [für sein Leben] a.

aus|ge|spielt ⟨Adj.⟩: in den Verbindungen **a. haben** (*nichts mehr gelten, keine Macht, Bedeutung, keinen Einfluss mehr haben:* dieser Politiker hat a.); **bei jmdm. a. haben** (ugs.; *jmds. Wohlwollen verscherzt haben, sich bei jmdm. für immer unbeliebt gemacht haben:* er hat bei mir a.).

aus|ge|spro|chen ⟨Adj.⟩: **a)** *ausgeprägt:* eine -e Vorliebe für etw. haben; sie ist eine -e Schönheit; ... die Festlaune war von Anfang an sehr a. (Th. Mann, Zauberberg 451); **b)** ⟨intensivierend bei Adj.⟩ *sehr, besonders:* eine a. malerische Landschaft.

aus|ge|spro|che|ner|ma|ßen ⟨Adv.⟩: *unverkennbar:* die Lage hat sich a. gebessert.

aus|ge|stal|ten ⟨sw. V.; hat⟩: **1. a)** *(in seinem Ablauf o. Ä.) planend gestalten, arrangieren:* ein Fest, eine Feier a.; **b)** *einer Sache eine bestimmte Gestalt od. Form geben; in bestimmter Weise ausformen:* einen Raum geschmackvoll a. **2.** *[umgestaltend] zu etw. erweitern, ausbauen:* eine Idee zu einer Methode a.

Aus|ge|stal|tung, die; -, -en: **a)** ⟨o. Pl.⟩ *das Ausgestalten, Ausgestaltetwerden;* **b)** *Gestalt, Form:* der Staat in der spezifischen A. des 19. Jahrhunderts.

aus|ge|stan|den: ↑ ausstehen.

aus|ge|stellt: ↑ ausstellen (5 b).

aus|ge|sto|chen: ↑ ausstechen.

aus|ge|stopft: ↑ ausstopfen.

aus|ge|stor|ben ⟨Adj.⟩: *unbelebt, menschenleer:* abends ist die Innenstadt völlig a.

aus|ge|sto|ßen: ↑ ausstoßen.

aus|ge|sucht ⟨Adj.⟩: **1.** *besonders fein; erlesen, hervorragend:* -e Weine, Früchte, Stoffe, Speisen. **2. a)** *über das Übliche hinausgehend:* mit -er Freundlichkeit; **b)** ⟨intensivierend bei Adj.⟩ *sehr, überaus:* a. höflich; a. schöne Früchte. **3.** *übrig geblieben (nachdem das Gute herausgesucht wurde), wenig Auswahl bietend:* -e Ware; die Stoffe sind schon sehr a.

Aus|ge|sucht|heit, die; -: *das Ausgesuchtsein, ausgesuchte* (1) *Beschaffenheit.*

aus|ge|tre|ten: ↑ austreten (2).

aus|ge|wach|sen ⟨Adj.⟩: **1.** *zur vollen Größe herangewachsen:* ein -er Bursche; Ü ein -er (großer) Skandal; ein -er (ugs.; *ausgesprochener*) Blödsinn. **2.** (landsch.) *schief, bucklig gewachsen, verwachsen:* der arme Kerl ist a.

aus|ge|wählt: ↑ auswählen.

aus|ge|wa|schen: ↑ auswaschen.

aus|ge|wech|selt: ↑ auswechseln.

aus|ge|win|tert: ↑ auswintern.

aus|ge|wo|gen ⟨Adj.⟩: *genau, sorgfältig abgestimmt, harmonisch; sich in einem bestimmten*

Gleichgewicht befindend: ein -er Rhythmus, Wechsel; eine -e Diät, Ernährung.
Aus|ge|wo|gen|heit, die; -, -en: *das Ausgewogen-, Abgestimmtsein; Harmonie.*
aus|ge|zehrt: ↑ auszehren.
Aus|ge|zehrt|heit, die; -: *das Ausgezehrt-, Entkräftetsein.*
aus|ge|zeich|net [auch: ...'ʦaiç...] ⟨Adj.⟩ [zu ↑ auszeichnen (3 a)]: **1.** *sehr gut, hervorragend, vortrefflich; exzellent:* -e Weine; das Essen war a.; a. Deutsch sprechen. ♦ **2.** *gekennzeichnet, (als ein.,)* feststehend: ... dass ehestens eine Amnestie ausgesprochen würde über alle, die nicht -e Rädelsführer seien (Keller, Frau Regel 188).
aus|gie|big ⟨Adj.⟩ [zu ↑ ausgeben (5 b)]: **1.** *reichlich, in reichem Maße:* sie machte von dem Angebot -en Gebrauch; einen -en *(ausgedehnten)* Mittagsschlaf halten; sie hatten a. gefrühstückt. **2.** *(veraltend) ergiebig, viel ausgebend:* -es Mehl.
Aus|gie|big|keit, die; -: *das Ausgiebigsein.*
aus|gie|ßen ⟨st. V.; hat⟩: **1. a)** *aus einem Gefäß gießen, weggießen:* das Wasser, den restlichen Kaffee [in den Ausguss] a.; **b)** *durch Ausgießen (1 a) der Flüssigkeit leeren:* eine Flasche [mit abgestandenem Bier] a.; sie goss ihr Glas aus. **2.** (geh.) *über jmdn., etw. gießen, gießend über jmdn., etw. verteilen:* sie haben Öl über die Toten ausgegossen; Ü Hohn über jmdn. a. **3.** (Technik) *(einen Hohlraum o. Ä.) mit einer zunächst flüssigen, später erstarrenden Masse füllen:* Fugen, Risse, Löcher [mit Teer] a.; die Glockenform wird mit dem flüssigen Metall ausgegossen. **4.** *(etw. Brennendes, Schwelendes) durch Übergießen mit einer Flüssigkeit löschen:* sie versuchten, das schwelende Feuer auszugießen.
Aus|gie|ßer, der; -s, -: *Schnabel an einer Kanne od. einem Krug; Tülle.*
Aus|gie|ßung, die; -, -en ⟨Pl. selten⟩: **1.** *das Ausgießen von Hohlräumen mit einer flüssigen, später erstarrenden Masse:* die A. der Fugen soll mit Zement vorgenommen werden. **2.** *die A. des Heiligen Geistes* (christl. Rel.): *das Erfülltwerden der Apostel mit dem Heiligen Geist).*
aus|gip|sen ⟨sw. V.; hat⟩: *mit Gips ausfüllen, ausschmieren:* Löcher, Risse [in der Wand] a.
Aus|gleich, der; -[e]s, -e ⟨Pl. selten⟩: **1. a)** *das Ausgleichen von Ungleichheiten, Gegensätzlichkeiten, Verschiedenheiten; Herstellung eines Gleichgewichts, einer Übereinstimmung:* auf [einen] A. bedacht sein; **b)** *etw., was ein Gleichgewicht wiederherstellt; Entschädigung, Ersatz:* er hat einen A. für den Schaden erhalten; als A., zum A. für seine sitzende Lebensweise treibt er Sport. **2.** (Bankw.) Kurzf. von ↑ Kontoausgleich. **3.** ⟨o. Pl.⟩ (Ballspiele) *Gleichstand des Torverhältnisses:* er erzielte den A. **4.** (Reiten) **a)** *das Bemühen, bei nach Alter, Leistung u. a. unterschiedlichen Voraussetzungen von Rennpferden bei Rennen durch Auflegen von Gewichten auszugleichen;* **b)** *Ausgleichsrennen (a).*
aus|glei|chen ⟨st. V.; hat⟩: **1. a)** *(Unterschiedliches, Gegensätzliches o. Ä.) durch Angleichung beseitigen, aufheben:* Höhenunterschiede, Niveauunterschiede a.; **b)** ⟨a. + sich⟩ *(von Unterschiedlichem, Gegensätzlichem) sich aufheben:* die Unterschiede zwischen den beiden Gruppen glichen sich wieder aus; Einnahmen und Ausgaben gleichen sich aus. **2. a)** *(Unterschiedliches, Gegensätzliches o. Ä.) durch Vermitteln mildern od. aufheben:* Spannungen, Differenzen, Konflikte a.; ihre ruhige Art wirkte ausgleichend; **b)** ⟨a. + sich⟩ *(von Gegensätzen o. Ä.) sich mildern, nivellieren (1 b):* die Spannungen glichen sich allmählich wieder aus. **3.** *(Fehlendes, einen Mangel o. Ä. durch anderes) wettmachen:* er

versucht seinen Mangel an Bewegung durch sportliche Betätigung auszugleichen. **4. a)** (Kaufmannsspr.) *(eine Rechnung o. Ä.) bezahlen, begleichen:* eine Rechnung, Schulden, Verbindlichkeiten a.; **b)** (Bankw.) *(bei einem Konto o. Ä.) Soll- u. Habenseite einander angleichen:* das Konto a.; **c)** ⟨a. + sich⟩ (Bankw.) *(von einem Konto o. Ä.) auf einen Gleichstand kommen:* das Konto hat sich wieder ausgeglichen. **5.** (Ballspiele) *den Ausgleich (3) erzielen:* die Mannschaft konnte a.
Aus|gleichs|ab|ga|be, die (Finanzw.): *Abgabe zum Ausgleich von Schäden, Nachteilen, Belastungen, bes. im Rahmen des Lastenausgleichs, der Fürsorge für Schwerbehinderte o. Ä.*
Aus|gleichs|amt, das (ugs.): *Behörde, die mit der Durchführung des Lastenausgleichs befasst ist.*
Aus|gleichs|an|spruch, der (Rechtsspr.): *Anspruch auf Ausgleichszahlung.*
Aus|gleichs|fonds, der (Finanzw.): *Fonds des Bundes, dem die Ausgleichsabgaben u. a. zufließen u. aus dem Zahlungen an Berechtigte geleistet werden.*
Aus|gleichs|ge|trie|be, das (Technik): *Differenzialgetriebe.*
Aus|gleichs|gym|nas|tik, die: *Gymnastik, die einen Ausgleich bei einseitiger Körperbeanspruchung [im Beruf] schaffen soll.*
Aus|gleichs|leis|tung, die (Finanzw.): *Leistung an Vertriebene u. Kriegsgeschädigte nach dem Lastenausgleichsgesetz.*
Aus|gleichs|ren|nen, das: **a)** (Pferdesport) *Rennen, bei dem einzelnen Pferden Gewichte aufgelegt werden, womit ein möglicher Ausgleich der Gewinnchancen herzustellen versucht wird;* **b)** (Segelsport) *Rennen, an dem Jachten unterschiedlicher Größe teilnehmen.*
Aus|gleichs|sport, der: *Sport, den jmd. betreibt, um die einseitige Körperbeanspruchung [im Beruf] auszugleichen.*
Aus|gleichs|tor, das (Ballspiele): *Tor, das den Gleichstand des Torverhältnisses herstellt.*
Aus|gleichs|tref|fer, der (Ballspiele): *Ausgleichstor.*
Aus|gleichs|ver|fah|ren, das (österr. Rechtsspr.): *gerichtliches Verfahren zur Abwendung eines drohenden Konkurses (3) durch einen gütlichen Ausgleich (1).*
Aus|gleichs|zah|lung, die: *einen Ausgleich (1 b) darstellende Zahlung (2).*
Aus|gleichs|zu|la|ge, die: **1.** *finanzielle Förderung für landwirtschaftliche Betriebe in Gebieten, in denen wirtschaftliche od. natürliche Nachteile bestehen (z. B. in Berggebieten).* **2.** (österr.) *Zulage, die Pensionsbeziehern ein Mindesteinkommen sichert.*
aus|glei|ten ⟨st. V.; ist⟩ (geh.): **1.** *ausrutschen (1):* meine Füße glitten auf den feuchten Blättern aus; er ist auf der gebohnerten Treppe ausgeglitten. **2.** *ausrutschen (2):* das Messer war ihm ausgeglitten. **3.** *bis zum Stillstehen gleiten:* in einer Bucht ließ er das Boot a.
aus|glie|dern ⟨sw. V.; hat⟩: **a)** *(aus einem größeren Ganzen) herauslösen, von etw. abtrennen:* einzelne Gebiete wurden aus dem Verwaltungsbereich ausgegliedert; **b)** *ausklammern, nicht behandeln:* ein besonders heikles Problem wurde bei den Verhandlungen ausgegliedert.
Aus|glie|de|rung, die; -, -en: *das Ausgliedern.*
aus|glit|schen ⟨sw. V.; ist⟩ (landsch.): *auf glattem, schlüpfrigem Boden o. Ä. ausrutschen:* er war auf den nassen Holzplanken ausgeglitscht.
aus|glü|hen ⟨sw. V.⟩: **1.** ⟨hat⟩ **a)** *[zum Zweck der Reinigung, der Weiterverarbeitung] großer Hitze aussetzen:* Draht a.; Instrumente, Nadeln a.; **b)** *vollständig ausdörren:* die Hitze hatte das Land ausgeglüht. **2.** ⟨hat⟩ *aufhören zu glühen:* die Drähte der Lampe glühten aus. **3.** ⟨ist⟩ *im*

Innern völlig ausbrennen: ein ausgeglühtes Autowrack. **4.** ⟨hat⟩ (Technik) (Metall) *erhitzen u. langsam abkühlen lassen u. so eine Änderung des Materialgefüges erreichen.*
♦ **aus|glu|ten** ⟨sw. V.; ist⟩ [zu gluten = glühend brennen, zu ↑ Glut]: *ausglühen (3):* Alsdann den Stoß anzünden, brennen lassen, a. lassen (Roseggger, Waldbauernbub 148).
aus|gra|ben ⟨st. V.; hat⟩: **1. a)** *durch Graben wieder aus der Erde o. Ä. hervor-, heraus holen:* einige Kisten mit Wertsachen a.; **b)** *(unter der Erdoberfläche Liegendes [Verschüttetes]) freilegen:* eine Amphore, einen Tempel a.; **c)** *(Pflanzen, Bäume) grabend aus dem Erdreich, in dem sie verwurzelt sind, herausnehmen:* Sträucher [mit den Wurzeln] a.; **d)** *(Altes, Vergessenes) wieder hervorholen, wieder ans Licht ziehen; (Abgetanes) wieder aufleben lassen:* ein altes Theaterstück, alte Familiengeschichten wieder a.; **e)** ⟨a. + sich⟩ *sich freischaufeln.* **2.** (selten) *(eine Vertiefung o. Ä.) durch Graben herstellen; ausheben:* eine Grube, ein Loch a.
Aus|grä|ber, der; -s, -: *Archäologe, der Ausgrabungen durchführt.*
Aus|grä|be|rin, die: w. Form zu ↑ Ausgräber.
Aus|gra|bung, die; -, -en: **a)** *systematisches, wissenschaftliches Ausgraben u. Freilegen von Gebäuden, Gegenständen u. a. aus der vor- u. frühgeschichtlichen Zeit:* die A. einer vorgeschichtlichen Siedlung; **b)** *archäologischer Fund:* das Museum zeigt -en aus dem mittelrheinischen Raum.
Aus|gra|bungs|ar|beit, die ⟨meist Pl.⟩: *Tätigkeit bei Ausgrabungen (a).*
Aus|gra|bungs|fund, der: *Ausgrabung (b).*
Aus|gra|bungs|ort, der ⟨Pl. -e⟩: *Ausgrabungsstätte.*
Aus|gra|bungs|stät|te, die: *Stätte, an der Ausgrabungen (a) vorgenommen werden.*
aus|grä|ten ⟨sw. V.; hat⟩ (seltener): *entgräten.*
aus|grau|en ⟨sw. V.; hat; meist im 2. Part.⟩ (EDV): *auf dem Bildschirm in grauer Schrift, als graues Feld erscheinen lassen u. damit als nicht aktiviert kennzeichnen.*
aus|grei|fen ⟨st. V.; hat⟩: **a)** *(von Pferden) die Vorderbeine vorsetzen zur Vorwärtsbewegung:* ein Pferd zum Trab a. lassen; **b)** *ausholen (1 b):* sie ging mit ausgreifenden Schritten; Ü weit ausgreifende Pläne.
aus|gren|zen ⟨sw. V.; hat⟩: **a)** *aus einem größeren Ganzen herausnehmen, ausklammern:* diesen Bereich hat er bei seiner Untersuchung bewusst ausgegrenzt; **b)** *aus einer Gemeinschaft, Gruppe heraushalten, ausschließen:* Minderheiten nicht a.; sie fühlte sich ausgegrenzt.
Aus|gren|zung, die; -, -en: **a)** *das ↑ Ausgrenzen (a):* die A. eines Aspekts aus einer Fragestellung; **b)** *das Ausgrenzen (b):* die A. von Frauen aus Spitzenpositionen.
aus|grün|den ⟨sw. V.; hat⟩ (Wirtsch.): *ein Unternehmen gründen durch Herausnahme u. Verselbstständigung eines Teiles einer bereits bestehenden größeren Firma:* eine Tochtergesellschaft a.
Aus|grün|dung, die; -, -en: **1.** *das Ausgründen.* **2.** *ausgegründetes Unternehmen.*
Aus|guck, der; -[e]s, -e [für niederd. ūtkīk < niederl. uitkijk]: **1.** (ugs.) *Stelle, von der aus jmd. ausgucken, Ausschau halten kann:* einen A. beziehen; eine A. nicht verlassen; die A. halten *(ausgucken).* **2.** (Seemannsspr.) **a)** *Beobachtungsplatz (an erhöhter Stelle) auf einem Schiff:* der A. war nicht besetzt; **b)** *Matrose, der auf dem Beobachtungsplatz Wache hält:* der A. war nicht im Boot.
aus|gu|cken ⟨sw. V.; hat⟩ (ugs.): **1.** *ausschauen, Ausschau halten:* der Vater guckte ungeduldig nach den Kindern aus. **2.** *sich etw. genau anse-*

hen, auskundschaften: ich habe mir genau ausgeguckt, wie der Weg verläuft. **3.** *aussuchen:* sie haben sich schon ihren Favoriten unter den Bewerbern ausgeguckt.

Aus|guck|pos|ten, der: *Ausguck* (2 b).

Aus|guss, der; -es, Ausgüsse: **1. a)** *an die Abwasserleitung angeschlossenes Becken zum Ausgießen von Flüssigkeiten:* das Waschwasser, den Kaffee in den A. schütten; **b)** *Abfluss eines Ausgusses* (1 a): ein verstopfter A. **2.** (landsch.) *[durch den Ausguss] ausgegossenes Wasser:* der A. rinnt über die Steine. **3.** (landsch.) *Schnabel an einer Kanne, einem Krug; Tülle:* der A. der Kaffeekanne ist abgebrochen.

Aus|guss|be|cken, das: *Ausguss* (1 a).

aus|ha|ben ⟨unr. V.; hat⟩ (ugs.): **1.** *(ein Kleidungsstück) ausgezogen, abgelegt haben:* die Schuhe, den Mantel a. **2.** *zu Ende, ausgelesen haben:* sie hat das Buch schon aus. **3.** (landsch.) **a)** *leer gegessen, leer getrunken haben:* den Teller, die Flasche a.; **b)** *zu Ende gegessen, zu Ende getrunken haben:* hast du die Suppe, die Milch bald aus? **4.** *Schulschluss* (1) *haben:* wann habt ihr heute aus?

aus|ha|cken ⟨sw. V.; hat⟩: **1. a)** *mit der Hacke aus der Erde herausholen, ernten:* Kartoffeln, Rüben a.; **b)** *durch Hacken entfernen:* Unkraut a. **2.** *mit dem Schnabel hackend herauspicken:* Möwen hatten dem Toten die Augen ausgehackt; die Vögel hackten sich gegenseitig, hackten sich/ (geh.) einander die Federn aus. **3.** (österr.) *(ein geschlachtetes Tier) zerlegen:* ein Schwein a.

aus|haf|ten ⟨sw. V.; hat⟩ (österr.): *noch zu zahlen sein:* aushaftende *(noch nicht zurückgezahlte)* Kredite.

aus|ha|ken ⟨sw. V.; hat⟩: **a)** *durch Lösen des Hakens öffnen, losmachen; loshaken:* eine Kette, die Fensterladen a.; **b)** ⟨a. + sich⟩ *sich aus der Verhakung lösen:* der Verschluss hatte sich ausgehakt; * **bei jmdm. hakt es aus** (ugs.: *jmd. versteht, begreift die Handlungsweise eines anderen nicht, hat kein Verständnis dafür:* wenn ich so etwas höre, dann hakts bei mir aus. **2.** *[bei einer Darlegung o. Ä.] jmd. verliert den gedanklichen Zusammenhang, weiß plötzlich nicht mehr weiter:* während er sprach, hakte es plötzlich bei ihm aus und er kam völlig aus dem Konzept. *jmds. Geduld ist zu Ende, jmd. verliert die Nerven:* da hakte es bei ihm aus und er schrie ihn an).

aus|hal|ten ⟨st. V.; hat⟩: **1.** *(Unangenehmes) ertragen, (Unangenehmem, bestimmten Belastungen) ausgesetzt sein:* sie hatten Hunger, Schmerzen, Strapazen auszuhalten; es lässt sich a.; hier lässt es sich a. *(hier ist es sehr angenehm, hier lässt es sich gut leben);* ⟨subst.:⟩ es ist nicht zum Aushalten (ugs.; *es ist unerträglich).* **2.** *einer Sache standhalten, nicht ausweichen:* den Blick des Gegners a. **3.** *irgendwo unter bestimmten, schwierigen Umständen bleiben, ausharren, durchhalten:* sie hatte bei ihm ausgehalten bis zu seinem Tod. **4.** (Musik) *(einen Ton) eine durch bestimmte Zeichen in der Notenschrift angegebene Zeit anhalten, erklingen lassen:* eine Note, einen Dreiklang, eine Terz a. **5.** (ugs. abwertend) *den Lebensunterhalt für jmdn. bezahlen u. ihn so von sich abhängig machen:* sie lässt sich von ihm a.; ... wer sich a. lässt, muss sich unterordnen (Frisch, Gantenbein 139).

aus|han|deln ⟨sw. V.; hat⟩: *durch Verhandeln* (1 a) *erreichen, zustande bringen:* einen Kompromiss, Vertrag, neue Tarife a.

aus|hän|di|gen ⟨sw. V.; hat⟩: *(jmdm., der zu dem Empfang berechtigt ist) etw. übergeben, in die Hand geben:* jmdm. Dokumente, Geld, seine Papiere a.; die Schlüssel an den Hausverwalter a.

Aus|hän|di|ger, der; -s, -: *Person, die einer anderen etw. aushändigt.*

Aus|hän|di|ge|rin, die: w. Form zu ↑ Aushändiger.

Aus|hän|di|gung, die; -, -en ⟨Pl. selten⟩: *das Aushändigen.*

Aus|hand|lung, die; -: *das Aushandeln.*

Aus|hang, der; -[e]s, Aushänge: *öffentlich ausgehängte Bekanntmachung, Anschlag:* die A. machen, lesen; etw. durch A. bekannt machen.

Aus|hän|ge|bo|gen, der (Druckw.): *[in der Druckerei] einem Druckwerk zur Qualitätskontrolle o. Ä. entnommener einzelner Bogen; Aushänger.*

Aus|hän|ge|kas|ten, der: *Schaukasten, in dem öffentliche Bekanntmachungen, Anschläge* (1) *o. Ä. ausgehängt werden.*

¹aus|hän|gen ⟨st. V.; hat⟩: *zur allgemeinen Kenntnisnahme öffentlich angeschlagen, an dafür vorgesehener Stelle aufgehängt sein:* ein Anschlag, eine Bekanntmachung hängt aus; die Teilnehmerinnen haben am Schwarzen Brett ausgehangen (ugs.; *ihre Namen, Bilder wurden am Schwarzen Brett öffentlich bekannt gegeben);* die Brautleute hingen im Bürgermeisteramt aus (ugs.; *ihr Aufgebot war dort im Aushängekasten öffentlich bekannt gemacht worden).*

²aus|hän|gen ⟨sw. V.; hat⟩: **1.** *zur allgemeinen Kenntnisnahme öffentlich, an dafür vorgesehener Stelle aufhängen, anschlagen:* eine Bekanntmachung, eine Zeitung, den neuen Fahrplan a. **2. a)** *aus der Haltevorrichtung herausheben:* eine Tür, einen Fensterflügel a.; **b)** ⟨a. + sich⟩ *sich aus der Haltevorrichtung lösen:* der Fensterladen, die Kette hat sich ausgehängt. **3.** ⟨a. + sich⟩ (ugs.) *den Arm, den jmd. bei jmdm. eingehängt hat, wieder zurückziehen:* plötzlich hängte sie sich bei ihm aus. **4.** (ugs.) *ausrenken:* ich habe mir das Kreuz ausgehängt; er hat ihm den Arm ausgehängt. **5.** ⟨a. + sich⟩ *(von Kleidungsstücken u. Ä.) sich durch Hängen wieder glätten:* die Hose hängt sich wieder aus.

Aus|hän|ger, der; -s, -: *Aushängebogen.*

Aus|hän|ge|schild, das ⟨Pl. -er⟩: **1.** (seltener) *Werbeplakat, Reklameschild.* **2.** *jmd., etw., mit dem für jmdn., etw. Reklame gemacht, um Vertrauen geworben wird:* sie diente mit ihrem bekannten Namen nur als A. für die Firma.

aus|har|ken ⟨sw. V.; hat⟩ (bes. nordd.): **a)** *mit der Harke entfernen:* das Unkraut zwischen den Bäumen a.; **b)** *mit der Harke von etw. frei machen:* ein Beet a.

aus|har|ren ⟨sw. V.; hat⟩ (geh.): *an einem bestimmten Ort [trotz widriger Umstände] geduldig weiter, bis zum Ende warten, ausharren:* sie wollte nicht länger in der Kälte a.

aus|här|ken ⟨sw. V.⟩ (Technik): **1. a)** ⟨hat⟩ *(in Bezug auf Metalllegierungen u. bestimmte Kunststoffe) durch bestimmte Verfahren eine bessere Festigkeit erzielen:* eine Aluminiumlegierung a.; **b)** ⟨ist⟩ *durch bestimmte Verfahren eine bessere Festigkeit erlangen:* die Legierung härtet aus. ⟨ist⟩ *(von Leimen o. Ä.) vom löslichen in den unlöslichen Zustand übergehen:* der Lack, der Leim ist sehr rasch ausgehärtet.

♦ **Aus|hau**, der; -[e]s, -e: *durch Aushauen* (2) *entstandene baumlose Stelle im Wald:* ... während sein schneller Blick den A. des Waldes entlang und in das fremde Tal vor ihm flog (Freytag, Ahnen 2).

aus|hau|chen ⟨sw. V.; hat⟩ (geh.): **a)** *hauchend ausatmen:* den Atem, die Luft a.; **b)** *ausströmen:* Düfte, einen üblen Geruch a.; der Steinboden hauchte eisige Kälte aus; **c)** *leise, hauchend aussprechen, hören lassen:* leise Worte a.

aus|hau|en ⟨unr. V.; haute/hieb aus, hat ausgehauen/(landsch. auch:) ausgehaut⟩: **1. a)** *mit einem Werkzeug eine Vertiefung, ein Loch in etw. schlagen:* ein Loch im Eis, Stufen im Fels a.; **b)** *mit Schlagwerkzeugen einen Durchbruch durch etw. schaffen:* einen Weg durch den Fels, eine Schneise a.; **c)** *durch Behauen herstellen, gestalten:* ein Standbild in Marmor a.; ein Steinmetz hat die Inschrift auf den Grabstein ausgehauen *(ausgemeißelt).* **2. a)** *einzelne Bäume u. Ä. aus einem Baumbestand herausschlagen u. diese dadurch lichten:* Fichten a.; **b)** *(einen Wald, einen Weinberg) roden:* die alten Weinberge müssen ausgehauen werden; **c)** *(einen Baum) auslichten, dürre Zweige, Äste herausschneiden:* die Obstbäume werden ausgehauen.

aus|häu|sig ⟨Adj.⟩: *außer Haus [sich aufhaltend, stattfindend, geschehend]:* -e Aktivitäten; er ist oft a. *(unterwegs, nicht zu Hause).*

Aus|häu|sig|keit, die; -: *das Aushäusigsein.*

aus|he|beln ⟨sw. V.; hat⟩ (Ringen): *mit einem Hebelgriff* (1) *zu Fall bringen:* den Gegner a.; Ü die Verordnung wurde durch einen Gerichtsbeschluss wieder ausgehebelt *(zu Fall gebracht).*

aus|he|ben ⟨st. V.; hat⟩: **1. a)** *(Erde o. Ä.) ausschaufeln* (a): *für das Fundament, den Graben musste viel Erde a.;* **b)** *durch Ausschaufeln von Erde o. Ä. herstellen, ausschachten:* eine Baugrube, einen Graben a. **2.** *aus seiner Haltevorrichtung herausheben, aushängen:* einen Fensterflügel a. **3. a)** *(in zerstörerischer od. räuberischer Absicht) aus dem Nest herausnehmen, wegnehmen:* sie haben heimlich die Eier, die jungen Vögel ausgehoben; **b)** *(ein Nest) durch Herausnehmen der Eier od. der jungen Vögel leeren:* die Jungen haben ein Krähennest ausgehoben; die Bäuerin hebt abends die Nester aus *(sammelt die Eier ein);* **c)** (landsch.) *(einen Briefkasten) leeren:* dieser Briefkasten wird dreimal am Tag ausgehoben. **4.** *(eine Gruppe von Personen, die gesucht werden) in ihrem Versteck auffinden u. verhaften:* eine Bande von Verschwörern a. **5.** (schweiz., sonst veraltet) *(Soldaten) zum Wehrdienst einberufen, einziehen:* ganze Regimenter a. **6.** (Ringen) *(den Gegner) durch Hochheben zu Fall zu bringen suchen.* **7.** (ugs.) *ausrenken:* ich habe mir den Arm, die Schulter ausgehoben. **8.** (ugs.) *aushebern:* bei der Untersuchung wurde ihm der Magen ausgehoben. **9.** (Druckw.) **a)** *von Hand gesetzte Zeilen aus dem gefüllten Winkelhaken nehmen;* **b)** *die Druckform nach dem Druck aus der Druckmaschine nehmen.*

Aus|he|ber, der; -s, - (Ringen): *Griff, mit dem der Gegner ausgehoben* (6) *wird.*

aus|he|bern ⟨sw. V.; hat⟩ [zu ↑ Heber] (Med.): *Magensaft od. Mageninhalt durch Ansaugen über einen durch Mund u. Speiseröhre in den Magen eingeführten Schlauch entnehmen.*

Aus|he|bung, die; -, -en: *das Ausheben* (1, 3 c, 4, 5, 8).

aus|he|cken ⟨sw. V.; hat⟩ [zu ↑ hecken] (ugs.): *mit List ersinnen, sich ausdenken, planen:* einen Plan, einen neuen Streich a.

aus|hei|len ⟨sw. V.⟩: **1.** ⟨hat⟩ (selten) *vollständig heilen, wieder gesund werden lassen:* der Arzt hat den Patienten nie ganz a. können; du musst dich erst a. *(musst erst gesund werden),* bevor du wieder anfängst zu arbeiten. **2.** ⟨ist⟩ **a)** *(von Krankheiten) in einem Heilungsprozess wieder verschwinden:* die Tuberkulose ist vollständig ausgeheilt; **b)** *(von Organen, Körperteilen o. Ä.) wiederhergestellt werden, gesunden:* der Fuß kann bei dauernder Beanspruchung nicht a.

Aus|hei|lung, die; -, -en ⟨Pl. selten⟩: *das Ausheilen.*

aus|hel|fen ⟨st. V.; hat⟩: **a)** *jmdm. etw. geben od. leihen u. ihm damit in einer vorübergehenden Notlage, aus einer Verlegenheit helfen:* die Nachbarin hat mir mit Salz ausgeholfen; **b)** *vorübergehend helfen, Beistand leisten; für jmdn. einspringen:* sich gegenseitig, sich/(geh.:) ein-

Aushelfer – auskleben

ander a.; in der Erntezeit beim Bauern a.; sie musste vorübergehend in einer anderen Abteilung seines Betriebes a.

Aus|hel|fer, der; -s, -: *jmd., der vorübergehend irgendwo aushilft* (b); *Aushilfe* (2).

Aus|hel|fe|rin, die; -, -nen: w. Form zu ↑ Aushelfer.

◆ **aus|hel|len**, sich ⟨sw. V.; hat⟩: *sich aufhellen, aufklaren* (1): Das Wetter hellt sich aus, wir haben einen schönen Tag zu gewarten (Goethe, Götz V).

aus|heu|len ⟨sw. V.; hat⟩: **1. a)** *aufhören zu weinen:* hast du bald ausgeheult?; **b)** ⟨a. + sich⟩ *sich ausweinen:* das Kind hat sich bei der Mutter ausgeheult. **2.** *aufhören zu heulen* (1): die Sirene hat ausgeheult.

Aus|hil|fe, die; -, -n: **1.** *das Aushelfen; Hilfe in einer bedrängten Situation:* jmdn. um A. bitten; jmdn. zur A. einstellen. **2.** *jmd., der Aushilfsarbeiten macht; Aushilfskraft:* wir suchen für vier Wochen eine A.

Aus|hilfs|ar|beit, die ⟨meist Pl.⟩: *Arbeit, die nur vorübergehend, aushilfsweise gemacht wird.*

Aus|hilfs|kell|ner, der: *nur vorübergehend beschäftigter Kellner.*

Aus|hilfs|kell|ne|rin, die: w. Form zu ↑ Aushilfskellner.

Aus|hilfs|kraft, die: *nur vorübergehend beschäftigte Arbeitskraft.*

aus|hilfs|wei|se ⟨Adv.⟩: *zur Aushilfe:* er arbeitet a. in einer Buchhandlung; ⟨mit Verbalsubstantiven auch attr.⟩ eine a. Beschäftigung, Tätigkeit.

aus|ho|beln ⟨sw. V.; hat⟩: *etw. aus Holz Bestehendes mit dem Hobel bearbeiten, bis die gewünschte Form erreicht ist:* Bretter a.

aus|höh|len ⟨sw. V.; hat⟩: *inwendig hohl, leer machen, eine Höhlung in etw. schaffen:* einen Kürbis a.; Ü Kompetenzen Stück für Stück a. *(schwächen, untergraben).*

Aus|höh|lung, die; -, -en: **1.** *das Aushöhlen.* **2.** *ausgehöhlte Stelle, Vertiefung.*

aus|ho|len ⟨sw. V.; hat⟩: **1. a)** *mit einem rückwärtigen Schwung zu einer heftigen Bewegung ansetzen:* er holte aus und versetzte seinem Gegner einen Schlag; mit dem Arm, der Hand a.; Ü zu einer verbalen Attacke a. *(ansetzen);* **b)** *sich mit großen, aus-, raumgreifenden Schritten fortbewegen:* die Wanderer mussten jetzt mächtig a.; sie ging mit [weit] ausholenden ⟨mit großen, raumgreifenden⟩ Schritten. **2.** *beim Erzählen, Berichten auf weit Zurückliegendes zurückgreifen; umständlich erzählen:* sie holt immer sehr weit aus bei ihren Berichten; Ich habe Ihnen eine kurze Geschichte versprochen..., aber ich sehe, dass ich wenigstens a. Anfangs weit a. muss (Roth, Beichte 16); Es ist nicht einfach, die Stellung der Religion innerhalb dieser Reihe anzugeben. Wir wollen weiter a. müssen (Freud, Unbehagen 104). **3.** (ugs.) *jmdn. ausfragen, aushorchen:* jmdn. über sein Privatleben a. **4.** (Seemannsspr.) *das Segel mithilfe des Ausholers festzurren:* das Segel a.

Aus|ho|ler, der; -s, - (Seemannsspr.): *Leine, die zum Ausholen* (4) *des Segels dient.*

aus|hol|zen ⟨sw. V.; hat⟩: **1.** *(einen Baumbestand o. Ä.) lichten:* die Fichten müssen ausgeholzt werden. **2.** *(eine mit Bäumen bestandene Fläche) abholzen, kahl schlagen:* ein Waldstück a.

Aus|hol|zung, die; -, -en: *das Ausholzen* (1): die A. eines Fichtenbestands.

aus|hor|chen ⟨sw. V.; hat⟩: *unauffällig ausfragen:* er kommt nur, um mich auszuhorchen.

Aus|hor|chung, die; -, -en ⟨Pl. selten⟩: *das Aushorchen.*

Aus|hub, der; -[e]s (Tiefbau): **1.** *das Ausheben von Erde, Erdmassen beim Herstellen von Gräben, Einschnitten, Baugruben:* mit dem A. beginnen. **2.** *ausgehobene Erde, Erdmassen:* den A. abtransportieren.

aus|hül|sen ⟨sw. V.; hat⟩: *(Hülsenfrüchte) von den Hülsen befreien:* Erbsen, Bohnen a.

aus|hun|gern ⟨sw. V.; hat⟩: **a)** *[bis zur völligen Entkräftung] hungern lassen:* unsere Leute werden vor unseren Augen ausgehungert; **b)** *(eine Gruppe von Eingeschlossenen, eine Stadt o. Ä.) durch Hungernlassen zur Kapitulation o. Ä. zwingen:* die Stadt, die Belagerten, die Eingeschlossenen a.

◆ **aus|hun|zen** ⟨sw. V.; hat⟩ [↑ hunzen]: *ausschimpfen, beschimpfen:* Kämmt' ich dieses Haar mir nicht? Legt' ich dies reingewaschne Kleid nicht an? Und das, um ausgehunzt von dir zu werden (Kleist, Amphitryon I, 5).

aus|hus|ten ⟨sw. V.; hat⟩: **1.** *durch Husten aus den Luftwegen entfernen:* Schleim a.; bitte husten Sie einmal aus! **2.** *zu Ende husten:* Sie müssen richtig a.; ⟨auch a. + sich:⟩ du hast dich nicht richtig ausgehustet.

aus|ixen ⟨sw. V.; hat⟩: *(auf der Schreibmaschine Geschriebenes) durch Übertippen mit dem Buchstaben x unleserlich machen, tilgen:* ein Wort, eine Zeile a.

aus|jam|mern ⟨sw. V.; hat⟩: **a)** *aufhören zu jammern; zu Ende jammern:* ⟨meist in einer zusammengesetzten Zeitform:⟩ hast du bald ausgejammert?; **b)** ⟨a. + sich⟩ *sich durch Klagen in seinem Schmerz Erleichterung verschaffen:* er hat sich bei der Nachbarin ausgejammert.

aus|jä|ten ⟨sw. V.; hat⟩: **a)** *(Unkraut) jätend entfernen:* Unkraut [aus den Beeten] a.; **b)** *(ein Beet o. Ä.) von Unkraut befreien, säubern.*

aus|ju|di|zie|ren ⟨sw. V.; hat⟩ (österr.): *vor dem obersten Gericht entscheiden lassen:* der Mieterschutzverband ließ da Sache a.; ein noch nicht ausjudizierter Fall.

aus|kal|ku|lie|ren ⟨sw. V.; hat⟩: *genau berechnen, vollständig veranschlagen, kalkulieren:* die Kosten genau a.

aus|käm|men ⟨sw. V.; hat⟩: **1. a)** *mit dem Kamm aus dem Haar entfernen:* den Staub, Schmutz [aus den Haaren] a.; jmdm., sich etw. [aus dem Haar] a.; **b)** *(Haare) durch Kämmen zum Ausgehen bringen:* [sich] beim Frisieren eine Menge Haare a. **2. a)** *(das Haar) durch kräftiges Kämmen ordnen, glätten:* [jmdm., sich] das Haar, die Frisur a.; **b)** *kämmen, frisieren:* der Friseur muss die Kundin noch a. **3. a)** *(eine Anzahl von Personen aus einer größeren Gruppe in bestimmter Absicht) heraussuchen, auswählen:* aus der ganzen Einheit wurden zehn Spezialisten ausgekämmt; **b)** (seltener) *(ein Gebiet, Gelände) systematisch nach jmdm., etw. durchsuchen.*

aus|kämp|fen ⟨sw. V.; hat⟩: **1.** *bis zu seinem Ende od. bis zu einer Entscheidung durchfechten, ausfechten:* einen Rechtsstreit, einen Interessenkonflikt a. **2.** (selten) *(einen Kampf) zu Ende kämpfen.* **3.** **ausgekämpft haben* (geh. verhüll.) *[nach schwerem Leiden] gestorben sein).*

aus|kau|fen ⟨sw. V.; hat⟩: **1.** (ugs.) *leer kaufen:* die Touristen haben den ganzen Laden ausgekauft. **2.** *gegen Geld aus einer Stellung, Position verdrängen:* der Abteilungsleiter wurde gegen eine hohe Abfindung ausgekauft. **3.** (geh. selten) *nutzen:* die Zeit, die Tage a.

aus|ke|geln ⟨sw. V.; hat⟩: **1.** *um einen bestimmten Preis kegeln:* morgen werden sie den Pokal a. **2.** *[zu kelschen. Kegel = Gelenk(knochen)]* (landsch.) *ausrenken:* ich habe mir, er hat ihm den Arm ausgekegelt.

aus|keh|len ⟨sw. V.; hat⟩: (Tischlerei): *halbrunde, rinnenförmige o. ä. Vertiefungen, Hohlkehlen herstellen:* Bretter a.; ausgekehlte Balken.

Aus|keh|lung, die; -, -en: **1.** ⟨o. Pl.⟩ *das Auskehlen.* **2.** *Stelle, an der etw. ausgekehlt ist.*

¹aus|keh|ren ⟨sw. V.; hat⟩ (bes. südd.): **a)** *durch ²Kehren aus etw. entfernen:* mit dem Besen den Schmutz [aus der Werkstatt] a.; kannst du mal a., bitte?; **b)** *(einen Raum o. Ä.) durch ²Kehren reinigen;* ◆ **c)** *ausbürsten* (a, b): ...er solle daher die Kleider a. (Goethe, Werther II, Der Herausgeber an den Leser).

²aus|keh|ren ⟨sw. V.; hat⟩ (seltener): *an jmdn. eine Summe, auf die er Anspruch hat, auszahlen:* eine Versicherungssumme a.

Aus|keh|rung, die; -, -en (seltener): *das ²Auskehren.*

aus|kei|len ⟨sw. V.; hat⟩: **1.** *(von einer geologischen Schicht, einem Flöz od. Gang) nach einer Seite hin keilförmig auslaufen:* eine Gesteinsschicht keilt aus; ⟨auch a. + sich:⟩ der Gang hat sich an dieser Stelle ausgekeilt. **2.** *(von Huftieren) ausschlagen:* das Pferd keilt aus.

aus|kei|men ⟨sw. V.; ist⟩: *Keime bekommen, keimen; sich keimend entwickeln:* die Kartoffeln im Keller keimen aus; der Weizen ist ausgekeimt.

Aus|kei|mung, die; -, -en: *das Auskeimen.*

aus|kel|tern ⟨sw. V.; hat⟩ (Weinbau): *keltern:* die Trauben werden ausgekeltert.

Aus|kel|te|rung, die; -, -en: *das Auskeltern.*

aus|ken|nen, sich ⟨unr. V.; hat⟩: *mit etw. vertraut sein, umzugehen wissen; etw. gut kennen, in einem bestimmten Bereich genau Bescheid wissen:* ich kenne mich gut, nicht aus hier; sie kennt sich bei uns aus; in dieser Materie kenne ich mich aus *(ich bin darin bewandert).*

aus|ker|ben ⟨sw. V.; hat⟩: *mit Kerben versehen, Kerben in etw. schneiden:* einen Haselnstock a.

Aus|ker|bung, die; -, -en: **1.** ⟨o. Pl.⟩ *das Auskerben.* **2.** *ausgekerbte Stelle.*

aus|ker|nen ⟨sw. V.; hat⟩: **1. a)** *(Steinobst) von Kernen befreien, entkernen:* Kirschen, Zwetschen, Mirabellen a.; **b)** (landsch.) *enthülsen:* Erbsen a. **2.** *das Innere eines Gebäudes entfernen, völlig umbauen:* das Gebäude wurde bis auf die Fassade ausgekernt.

Aus|ker|nung, die; -, -en: *das Auskernen.*

aus|kip|pen ⟨sw. V.; hat⟩: **a)** *einem Gefäß o. Ä.) durch Kippen ausschütten:* Zigarettenasche a.; **b)** *(ein Gefäß o. Ä.) durch Kippen leeren:* einen Eimer, Papierkorb a.

aus|kit|ten ⟨sw. V.; hat⟩: *mit Kitt ausstreichen u. dadurch schließen:* Löcher, Risse in der Wand a.

aus|klam|mern ⟨sw. V.; hat⟩: **1.** (Math.) *vor od. hinter die eingeklammerte algebraische Summe stellen:* x, eine Zahl a. **2.** (Sprachwiss.) *einen Satzteil od. Attributsatz, der üblicherweise vor dem schließenden Prädikat steht, hinter dieses stellen:* einen Relativsatz a. **3.** *in einem bestimmten Zusammenhang unberücksichtigt, beiseitelassen, ausschließen:* eine heikle Frage, ein Thema, ein Problem a.

Aus|klam|me|rung, die; -, -en: *das Ausklammern.*

aus|kla|mü|sern ⟨sw. V.; hat⟩ [zu ↑ klamüsern] (ugs.): *durch langes Nachdenken od. Probieren herausfinden:* eine neue Methode a.

Aus|klang, der; -[e]s, Ausklänge ⟨Pl. selten⟩: **1.** (selten) *Schluss eines Musikstücks o. Ä.:* die Sinfonie hat einen heiteren A. **2.** (geh.) *Ende, Abschluss von etw.:* das Fest hatte mit der Rede einen passenden A.; zum A. des Tages ein Gläschen trinken.

aus|klapp|bar ⟨Adj.⟩: *sich ausklappen lassend:* -e Bildtafeln.

Aus|klapp|bild, das: *ausklappbare Bildtafel (in einem Lexikon o. Ä.).*

aus|klap|pen ⟨sw. V.; hat⟩: *heraus-, nach außen klappen:* eine Schreibplatte a.

aus|klau|ben ⟨sw. V.; hat⟩ (landsch.): *mit den Fingern [mühsam] auslesen:* Erbsen, Linsen a.

aus|kle|ben ⟨sw. V.; hat⟩: *inwendig, auf den*

Innenflächen mit etw. bekleben: eine Schublade, ein Schrankfach a.
aus|klei|den ⟨sw. V.; hat⟩: **1.** (geh.) *ausziehen, entkleiden:* einen Kranken a.; ich hatte mich bereits ausgekleidet. **2.** *die Innenflächen von etw. mit etw. überziehen, bedecken:* einen Raum mit einer Vertäfelung, einer Seidentapete a.; der Ofen ist mit feuerfesten Steinen ausgekleidet.
Aus|klei|dung, die; -, -en: **1. a)** *das Auskleiden* (2); **b)** *etw., womit die Innenflächen von etw. bedeckt, ausgekleidet sind; Futter* (2, 4): eine abwaschbare A. für die Schrankfächer. **2.** ⟨o. Pl.⟩ (Militär) *Rücknahme der Bekleidung u. persönlichen Ausrüstung eines Soldaten nach Beendigung der Dienstzeit.*
aus|kleis|tern ⟨sw. V.; hat⟩ (ugs.): *auskleben.*
aus|klin|gen ⟨st. V.⟩: **1. a)** ⟨hat⟩ *aufhören zu klingen:* die Glocken klingen aus; **b)** ⟨ist⟩ *verklingen:* als das letzte Lied ausgeklungen war, gingen sie nach Hause. **2.** ⟨ist⟩ **a)** *in bestimmter Weise enden; zu Ende gehen:* der Tag war harmonisch, festlich ausgeklungen; **b)** *an seinem Ende, Ausgang in etw. Bestimmtes übergehen:* der Roman klingt mit einem Appell an die Leser aus; Auf die Ablenkungen zielt Voltaire, wenn er seinen »Candide« in den Rat a. lässt, seinen Garten zu bearbeiten (Freud, Unbehagen 104).
aus|klin|ken ⟨sw. V.⟩: **1. a)** ⟨hat⟩ *durch Betätigen eines Hebels o. Ä. aus einer Haltevorrichtung lösen, aushaken [und fallen lassen]:* die Flugzeuge hatten ihre Bombenladung über der Stadt ausgeklinkt; **b)** ⟨ist⟩ *sich aus einer Haltevorrichtung lösen:* das Seil muss automatisch a. ⟨auch a. + sich; hat:⟩ das Halteseil darf sich nicht von selbst a. **2.** (ugs.) **a)** ⟨a. + sich; hat⟩ *sich aus etw., bes. aus einer Gemeinschaft zurückziehen:* ich kann nicht bis zum Ende bleiben und werde mich daher schon früher a.; **b)** ⟨ist⟩ *die Beherrschung verlieren;* [1]*ausrasten* (2): das war zu viel für ihn, und er ist ausgeklinkt; *bei jmdm. klinkt es aus* (ugs.: *jmd. verliert die Beherrschung, rastet aus*); **c)** ⟨hat⟩ (Jargon) *für jmdn. Geld geben, bezahlen:* das nächste Mal musst du a.
aus|klop|fen ⟨sw. V.; hat⟩: **a)** *durch Klopfen aus etw. entfernen; aus etw. herausklopfen:* den Schmutz [aus der Fußmatte] a.; die Asche [aus der Pfeife] a.; **b)** *durch Klopfen von etw. befreien, reinigen; säubern:* einen Teppich, Kleidungsstücke a.
Aus|klop|fer, der; -s, -: *Teppichklopfer.*
aus|klü|geln ⟨sw. V.; hat⟩: *mit Scharfsinn ausdenken, ersinnen; austüfteln:* eine Methode a.; das hast du dir aber fein ausgeklügelt; ein raffiniert ausgeklügeltes System.
Aus|klü|ge|lung, Aus|klüg|lung, die; -, -en: *das Ausklügeln.*
aus|knip|sen ⟨sw. V.; hat⟩ (ugs.): **1.** *durch Betätigen eines Schalters o. Ä. ein elektrisches Gerät od. Licht ausschalten:* die Taschenlampe, das Licht a. **2.** *(eine Zigarette o. Ä.) abkneifend ausdrücken:* die Zigarette a.
aus|kno|beln ⟨sw. V.; hat⟩ (ugs.): **1.** *durch Knobeln ermitteln; durch Knobeln entscheiden, auswürfeln:* wir knobelten aus, wer beginnen, wer die Sache bezahlen sollte. **2.** *durch intensives Nachdenken, Überlegen herausfinden, ersinnen; ausklügeln:* einen Plan, eine Methode a.
aus|k. o.|cken [ˈaʊsnɔkn] ⟨sw. V.; hat⟩ [für engl. to knock out, ↑ knock-out] (Boxen): *den Gegner durch einen Niederschlag, durch K. o. besiegen:* bereits in der dritten Runde knockte er seinen Gegner aus; Ü einen Konkurrenten a. *(ausstechen, ihm eine Niederlage beibringen).*
aus|knöpf|bar ⟨Adj.⟩: *sich ausknöpfen lassend:* ein Mantel mit -em Pelzfutter.
aus|knöp|fen ⟨sw. V.; hat⟩: *etw. Eingeknöpftes*

[losknöpfen u.] herausnehmen: das Futter [aus dem Mantel] a.
aus|ko|chen ⟨sw. V.⟩: **1.** ⟨hat⟩ *(Suppenfleisch, Knochen o. Ä.) längere Zeit kochen lassen, um eine Brühe daraus zu gewinnen:* sie hat Knochen, ein Stück Rindfleisch ausgekocht. **2.** ⟨hat⟩ (landsch.) *(Fett o. Ä.) auslassen:* Gänsefett a. **3.** ⟨hat⟩ **a)** ⟨selten⟩ *(Wäsche) durch Kochenlassen säubern;* **b)** *in kochendem Wasser steril, keimfrei machen:* die Arzthelferin hat die Instrumente ausgekocht. **4.** ⟨hat⟩ (salopp abwertend) *[Übles] ersinnen, planen; ausdenken:* das hat er ausgekocht, um mir zu schaden. **5.** ⟨hat⟩ (salopp) *durchdenken, entscheiden:* ausgekocht ist die Frage noch lange nicht. **6.** ⟨ist⟩ (Sprengtechnik) *(von einer Sprengladung) ohne Detonation abbrennen.* **7.** ⟨ist⟩ ⟨selten⟩ *aus einem Gefäß herauskochen; überkochen:* die Milch ist [aus dem Topf] ausgekocht. **8.** ⟨hat⟩ (österr.) *für jmdn. kochen u. ihn voll verpflegen:* sie kocht für ihren Untermieter aus.
aus|kom|men ⟨st. V.; ist⟩ [mhd. ūʒkomen, ahd. ūʒqueman, eigtl. = aus etw. herauskommen, bis zum Ende kommen]: **1.** *von etw. so viel zur Verfügung haben od. etw. so einteilen, dass es für einen bestimmten Zweck reicht:* mit dem Haushaltsgeld auszukommen versuchen; ich komme einigermaßen aus *(ich schaffe es mit dem, was ich habe).* **2.** *in einer gegebenen Situation, Lage zurechtkommen:* er kommt nicht ohne seine Frau aus; die beiden kommen nicht ohneeinander aus. **3.** *sich vertragen, verstehen:* sie kommen glänzend miteinander aus. **4.** ⟨südd., österr.⟩ *entkommen, entfliehen, entwischen:* ein Gefangener ist [aus der Haftanstalt] ausgekommen.
Aus|kom|men, das; -s: **1.** *ausreichender Lebensunterhalt; für jmds. Lebensunterhalt ausreichendes Einkommen:* ein, sein [gutes, bescheidenes] A. haben, finden. **2.** * *mit jmdm. ist kein A.* (ugs.: *jmd. ist unverträglich, mit jmdm. ist nicht auszukommen*).
aus|kömm|lich ⟨Adj.⟩: *ausreichend (für den Lebensunterhalt):* -e Verhältnisse.
aus|kom|po|nie|ren ⟨sw. V.; hat⟩: *(im Rahmen einer musikalischen Komposition) bis in alle Einzelheiten ausführen, gestalten:* ein sorgfältig auskomponiertes Musikstück; Jene cis-moll-Fuge... enthüllt sich... als ein unaufhaltsam auskomponiertes Crescendo (Adorno, Prismen 140).
aus|kop|peln ⟨sw. V.; hat⟩: **1.** *(ein Tier, bes. einen Hund) aus der Koppel nehmen, losmachen.* **2.** *ein Lied, einen Song o. Ä., der bereits auf einer Langspielplatte, CD aufgenommen wurde, auf einer Single herausbringen.* **3.** *aus einem Zusammenhang herausnehmen, herauslösen:* diesen Aspekt darf man bei dem Thema nicht a.
Aus|kop|pe|lung, Aus|kopp|lung, die; -, -en: **1.** *das Auskoppeln.* **2.** *aus einer Langspielplatte, CD ausgekoppeltes Lied o. Ä.*
aus|kor|ri|gie|ren ⟨sw. V.; hat⟩: *(einen Fehler o. Ä.) durch Korrektur beseitigen, ausgleichen:* das Gerät korrigiert die Schwankungen selbst aus.
aus|kos|ten ⟨sw. V.; hat⟩ (geh.): **a)** *ausgiebig bis zum Ende genießen, ganz ausschöpfen:* die Urlaubstage a.; einen Triumph a. *(auf sehr wenig schöne Weise triumphieren);* **b)** *erleiden, durchleiden:* einen Schmerz a. müssen.
aus|kot|zen ⟨sw. V.; hat⟩ (derb): **1.** *erbrechen* (2): das ganze Abendessen a.; ⟨auch a. + sich:⟩ er hat sich ganz schön ausgekotzt. **2.** ⟨a. + sich⟩ *seinem Groll Luft machen; jmdm. sein Leid klagen:* ich habe mich bei ihm ausgekotzt.
aus|kra|gen ⟨sw. V.; hat⟩ [zu ↑ Krage] (Archit.): **a)** *(von Trägern od. Bauteilen an Bauwerken) überstehen, hinausragen; vorkragen* (a): ein

Erker, ein Geschoss kragt aus; **b)** *einen Bauteil hervorspringen, hervorragen lassen; vorkragen* (b): einen Sims a.
Aus|kra|gung, die; -, -en (Archit.): **1.** ⟨o. Pl.⟩ *das Auskragen.* **2.** *aus der Fluchtlinie eines Baus vorspringender od. die Unterstützung übernagender Bauteil (wie Balkon, Sims o. Ä.).*
♦ **aus|kral|len** ⟨sw. V.; hat⟩: *auskratzen* (1): ... krallet den Verwegnen, den verfluchten Vogelstellern ungesäumt die Augen aus (Goethe, Vögel).
aus|kra|men ⟨sw. V.; hat⟩ (ugs.): **1. a)** *irgendwo hervorsuchen, hervorkramen:* alte Fotografien, Briefe [aus der Schublade] a.; Ü Erinnerungen, alte Geschichten a. *(wieder ins Gedächtnis rufen);* **b)** *hervorkramend hervorsuchen:* sie hat die ganze Kiste ausgekramt, ohne das Gesuchte zu finden. **2.** *[Geheimnisse] ausplaudern:* er hat alles, die ganze Geschichte ausgekramt.
aus|krat|zen ⟨sw. V.⟩: **1.** ⟨hat⟩ *durch Kratzen mit einem scharfen Gegenstand tilgen, beseitigen; wegkratzen:* einen Flecken a. **2.** ⟨hat⟩ **a)** *durch Kratzen aus etw. entfernen, aus einem Gefäß o. Ä. herauskratzen:* sie hat den Rest [aus der Schüssel] ausgekratzt; **b)** *(ein Gefäß o. Ä.) durch Herauskratzen von Anhaftendem reinigen:* sie hat die Schüssel ausgekratzt. **3.** ⟨hat⟩ (Med.) *ausschaben* (c): man hat [bei ihr] die Gebärmutter ausgekratzt; die Patientin wurde ausgekratzt *(ihre Gebärmutter wurde ausgeschabt).* **4.** ⟨ist⟩ (salopp) *ausreißen, sich davonmachen:* er ist [vor dem Lehrer] ausgekratzt.
Aus|krat|zung, die; -, -en (Med.): *das Auskratzen* (3), *Ausschabung; Abrasion, Kürettage.*
aus|kreu|zen ⟨sw. V.; hat⟩ (Bot.): *veränderte Gene auf in freier Natur wachsende Pflanzen übertragen:* der Genmais kreuzte auf benachbarte Felder aus und verschmutzte die Ernte dort gentechnisch; ⟨auch a. + sich:⟩ nicht auf alle Pflanzen ließen sich die Gene a.
Aus|kreu|zung, die; -, -en: *das Auskreuzen:* die A. auf Wildkräuter, in Maiskulturen.
aus|krie|chen ⟨st. V.; ist⟩: *ausschlüpfen.*
aus|krie|gen ⟨sw. V.; hat⟩ (ugs.): *ausbekommen.*
Aus|kris|tal|li|sa|ti|on, die; -, -en: *das Auskristallisieren; Kristallbildung.*
aus|kris|tal|li|sie|ren ⟨sw. V.⟩: **1.** ⟨hat⟩ *aus etw. herauskristallisieren; durch Kristallisation gewinnen:* durch Verdunstenlassen der Lösung Kochsalz a. **2.** ⟨ist⟩ *sich als Kristall niederschlagen:* die Salze können in der Lösung a.; ⟨auch a. + sich; hat:⟩ die Sole hat sich auskristallisiert.
aus|kü|geln ⟨sw. V.; hat⟩ [volksetym. umgedeutet aus ↑ auskegeln]: *ausrenken.*
aus|küh|len ⟨sw. V.⟩: **1.** *durch u. durch kühl werden lassen; die Temperatur [eines Körpers] stark herabsetzen:* bei dem Aufenthalt in der Kälte hatte sie, ihren Körper völlig ausgekühlt. **2.** ⟨ist⟩ *stark an Temperatur verlieren, abkühlen:* der Raum kühlt schnell aus.
Aus|küh|lung, die; -, -en: *das Auskühlen, Ausgekühltwerden.*
Aus|kul|ta|ti|on, die; -, -en [lat. auscultatio] (Med.): *das Auskultieren.*
Aus|kul|ta|tor, der; -s, ...oren [lat. auscultator = Zuhörer; vgl. Auskultant] (Rechtsspr. veraltet): *Gerichtsreferendar:* ♦ »Auf keinen Fall, mein Fräulein!«, sagt der A. Krippenstapel (Raabe, Chronik 137).
aus|kul|ta|to|risch ⟨Adj.⟩ (Med.): *durch Auskultieren feststellend od. feststellbar.*
aus|kul|tie|ren ⟨sw. V.; hat⟩ [lat. auscultare = mit Aufmerksamkeit zuhören, lauschen] (Med.): *(ein Organ) auf Geräusche hin abhorchen:* das Herz, die Lunge a.
aus|kund|schaf|ten ⟨sw. V.; hat⟩: *[heimlich] durch Nachforschen herausfinden, erkunden, ausmachen:* ein Versteck a.; jmds. Vermögensverhältnisse a.

Aus|kund|schaf|ter, der; -s, -: *jmd., der etw. auskundschaftet; Kundschafter.*
Aus|kund|schaf|te|rin, die; -, -nen: w. Form zu ↑ Auskundschafter.
Aus|kund|schaf|tung, die; -, -en: *das Auskundschaften.*
Aus|kunft, die; -, Auskünfte [früher = Weg od. Mittel, um aus etw. herauszukommen; zu ↑ auskommen, zum 2. Bestandteil vgl. Abkunft]: **1.** *auf eine Frage hin gegebene Information, aufklärende Mitteilung über jmdn., etw.:* eine A. erteilen, geben, einholen, verweigern; mit detaillierten Auskünften dienen können. **2.** ⟨o. Pl.⟩ *Stelle, die bestimmte Auskünfte* (1) *erteilt, bes. Fernsprechauskunft, Bahnauskunft:* die A. [im Hauptbahnhof] anrufen. **3.** (veraltet, noch landsch.) *Hilfsmittel, Ausweg.*
Aus|kunf|tei, die; -, -en [1889 gepr. von dem Germanisten v. Pfister]: *Unternehmen, das gewerbsmäßig Auskünfte über private od. geschäftliche Verhältnisse anderer, bes. über deren Kreditwürdigkeit erteilt.*
Aus|kunfts|bü|ro, das: *Informationsbüro, bes. für Touristen.*
Aus|kunfts|dienst, der: *Einrichtung zur Erteilung von Auskünften* (z. B. Telefonauskunft).
♦ **Aus|kunfts|mit|tel,** das [zu ↑ Auskunft (3)]: *Hilfsmittel, Ausweg:* ... wenn die Gemeinde sich den Luxus eines Gewissens gestatten dürfte, würde es gegen dieses A. protestieren (Ebner-Eschenbach, Gemeindekind 11).
Aus|kunfts|per|son, die: *Person, die (bei einer Umfrage, einer [behördlichen] Befragung o. Ä.) Auskünfte über bestimmte Sachverhalte gibt:* -en für eine Umfrage auswählen.
Aus|kunfts|pflicht, die (Rechtsspr.): *einer Person auferlegte Verpflichtung, einer anderen Person Auskünfte über bestimmte Sachverhalte zu geben.*
aus|kunfts|pflich|tig ⟨Adj.⟩ (Rechtsspr.): *der Auskunftspflicht unterliegend, nachkommen müssend.*
Aus|kunfts|recht, das ⟨o. Pl.⟩ (Rechtsspr.): *Recht einer Person, von einer anderen Person Auskunft über bestimmte Sachverhalte zu verlangen.*
Aus|kunfts|stel|le, die: *[amtliche] Stelle, die bestimmte Auskünfte erteilt.*
Aus|kunfts|ver|wei|ge|rungs|recht, das ⟨o. Pl.⟩ (Rechtsspr.): *Recht eines Zeugen, auf bestimmte Fragen die Auskunft verweigern zu dürfen.*
aus|kun|geln ⟨sw. V.; hat⟩ (ugs. abwertend): *in fragwürdiger Weise u. nicht offen getroffener Absprache aushandeln:* bei der Weihnachtsfeier kungelten sie seine Beförderung zum Abteilungsleiter aus.
aus|kup|peln ⟨sw. V.; hat⟩: *durch Bedienen der Kupplung die Verbindung von Motor u. Getriebe aufheben:* vor dem Schalten muss ausgekuppelt werden.
Aus|kup|pe|lung, Aus|kupp|lung, die; -, -en: *das Auskuppeln.*
aus|ku|rie|ren ⟨sw. V.; hat⟩ (ugs.): *vollständig heilen, ausheilen* (1), *wieder gesund werden lassen:* es dauerte lange, bis ich mich, meine Krankheit wieder auskuriert hatte.
aus|la|chen ⟨sw. V.; hat⟩: **1.** *sich lachend über jmdn. lustig machen, jmdn. wegen eines Verhaltens o. Ä. verspotten:* für seine seltsame Frisur wurde er kräftig ausgelacht; lass dich nicht a.! *(mache dich nicht lächerlich!).* **2.** ⟨a. + sich⟩ *so lange lachen, bis man sich wieder gefangen hat.* **3.** ⟨meist in einer zusammengesetzten Zeitform⟩ *aufhören zu lachen:* endlich hatten sie ausgelacht.
Aus|lad, der; -[e]s (schweiz.): *das* ¹*Ausladen* (1).
¹**aus|la|den** ⟨st. V.; hat⟩: **1. a)** *(eine Ladung, Fracht o. Ä.) aus dem Transportfahrzeug herausnehmen, -holen:* die Fracht [aus dem Waggon] a.; Bierkästen, Gepäck a.; einen Verletzten [aus dem Krankenwagen] a.; **b)** *ein Transportfahrzeug entladen:* den Lastwagen, das Schiff a. **2. a)** *auskragen* (a): der Erker, das Vordach lädt [weit] aus; **b)** *sich ausdehnen, ausbreiten;* **c)** *weit ausgreifen, ausholen.* ♦ **3.** *sich entladen* (3 a): Schnell, unverhofft, bei nächtlich stiller Weile gärt's in dem tück'schen Feuerschlunde, ladet sich aus mit tobender Gewalt (Schiller, Wallensteins Tod III, 18).
²**aus|la|den** ⟨st. V.; hat⟩ [Gegenbildung zu ↑ ²einladen]: *eine Einladung, die jmdm. gegenüber ausgesprochen wurde, rückgängig machen:* einen Gast wieder a.
aus|la|dend ⟨Adj.⟩: **a)** *weit hervortretend:* -e Äste, Konsolen; **b)** *weit ausgreifend, ausholend:* -e Gesten, Bewegungen.
Aus|la|de|ram|pe, die; -, -n: *dem Entladen eines Transportfahrzeugs dienende Rampe.*
¹**Aus|la|dung,** die; -, -en: **1.** *das* ¹*Ausladen* (1). **2. a)** *Auskragung;* ♦ **b)** *etw., was ab-, hervorübersteht:* ... ein rosafarbenes Indiennikleid mit verschollenen -en und Verzierungen (Keller, Kammacher 233).
²**Aus|la|dung,** die; -, -en: **a)** *das* ²*Ausladen, das Rückgängigmachen einer Einladung:* eine A. der Gäste zu diesem Zeitpunkt ist unmöglich; **b)** *das Ausgeladenwerden, -sein:* er berichtete von seiner A.
Aus|la|ge, die; -, -n: **1. a)** *im Schaufenster o. Ä. ausgestellte Ware:* die Auslage[n] eines Juweliers bewundern; **b)** *Schaufenster, Schaukasten, Vitrine:* ein Kleid in die A. legen. **2.** ⟨meist Pl.⟩ *Geldbetrag, den jmd. ausgelegt* (3) *hat [u. der erstattet wird]; Unkosten, Ausgaben, Spesen:* hohe -n haben; jmdm. seine -n erstatten. **3. a)** ⟨Pl. selten⟩ (Fechten) *Haltung in der Ausgangsstellung hinter der Startlinie:* in [die] A. gehen; **b)** ⟨Boxen⟩ *Körperhaltung des Boxers in der Grund- od. Ausgangsstellung vor, zwischen u. nach den einzelnen Aktionen;* **c)** (Rudern) *Körperhaltung des Ruderers in der ersten Phase eines Ruderschlags;* **d)** ⟨Pl. selten⟩ (Leichtathletik) *Grundstellung, Ausgangsstellung.* **4.** (Jägerspr.) *das Auseinanderstehen der Stangen eines Geweihs.*
aus|la|gern ⟨sw. V.; hat⟩: **1.** *(Wert-, Kunstgegenstände) zum Schutz vor möglicher Zerstörung an einen sicheren Ort bringen:* während des Krieges waren die Gemälde des Museums ausgelagert. **2.** *(eingelagerte Bestände) aus dem Lager herausnehmen u. zum Verkauf bringen:* Warenbestände a. **3.** *(eine Firma, Behörde o. Ä. od. Teile davon) an einen anderen Ort verlegen:* die Abteilung wird aus dem Konzern ausgelagert.
Aus|la|ge|rung, die; -, -en: *das Auslagern; das Ausgelagertwerden.*
Aus|land, das; -[e]s [rückgeb. aus ↑ Ausländer, ausländisch]: **1.** *fremdes, anderes Land, Staatsangehörigkeit jmd. nicht besitzt; (von einem Staat aus gesehen) nicht zum eigenen Hoheitsbereich gehörendes Territorium:* im A. leben, in A. reisen; sein Bruder ist im A. gegangen *(hat sich in einem fremden Land angesiedelt, ist ausgewandert).* **2.** *Gruppe von fremden Ländern (im Hinblick auf ihre Regierungen, ihre Bewohner):* das feindliche, neutrale A.
Aus|län|der, der; -s, - [mhd. uʒlender = Ausländer, Fremder]: *Angehöriger eines fremden Staates; jmd. ausländischer Staatsangehörigkeit od. Staatenloser:* er ist A.; einem A. helfen.

> Die Bezeichnung *Ausländer* für (aus Sprecherperspektive) im eigenen Land lebende Menschen ausländischer Herkunft gilt immer mehr als diskriminierend. Sie wird deshalb zunehmend durch Bezeichnungen wie *ausländischer Mitbürger* ersetzt.

Aus|län|der|amt, das (ugs.): *Ausländerbehörde.*
Aus|län|der|an|teil, der (ugs.): *Anteil der Ausländer an der Gesamtbevölkerung.*
Aus|län|der|be|auf|trag|te ⟨vgl. Beauftragte⟩: *in Verwaltungen, Landesregierungen o. Ä. mit dem Themenbereich Migration beauftragte weibliche Person.*
Aus|län|der|be|auf|trag|ter ⟨vgl. Beauftragter⟩: *in Verwaltungen, Landesregierungen o. Ä. mit dem Themenbereich Migration beauftragte Person.*

> Um dem Aspekt der Integration den Vorrang vor dem Aspekt des Fremdseins zu geben, werden immer mehr Ausländerbeauftragte in *Integrationsbeauftragte* umbenannt, z. B. *der Integrationsbeauftragte der Bundesregierung.*

Aus|län|der|be|hör|de, die: *für Ausländer (bes. deren Einbürgerung bzw. Ausweisung) zuständige Behörde.*
Aus|län|der|bei|rat, der: *Beirat* (1), *der in Städten u. Gemeinden die Interessen von Ausländern vertritt.*
aus|län|der|feind|lich ⟨Adj.⟩: *im Inland lebenden Ausländern gegenüber feindlich eingestellt, eine entsprechende Einstellung erkennen lassend:* -e Parolen.
Aus|län|der|feind|lich|keit, die: **1.** ⟨o. Pl.⟩ *feindliche Einstellung gegenüber im Inland lebenden Ausländern:* dort offenbart sich eine erschreckende A. **2.** *ausländerfeindliche Handlung:* den -en der Bewohner ausgesetzt sein.
Aus|län|der|ge|setz, das: *Gesetz zur Regelung des Aufenthalts von Menschen, die nicht die Staatsangehörigkeit des Aufenthaltsstaats besitzen.*
Aus|län|der|hass, der: *Hass auf [im Inland lebende] Ausländer:* A. war die Triebfeder zu all seinen verbrecherischen Taten.
Aus|län|de|rin, die; -, -nen: w. Form zu ↑ Ausländer.
Aus|län|der|kind, das: *Kind* (1 b, 2) *von Ausländern.*
Aus|län|der|po|li|tik, die ⟨o. Pl.⟩: *Ausländer betreffende Politik.*
Aus|län|der|recht, das: **1.** ⟨o. Pl.⟩ *Gesamtheit der Rechtsvorschriften zur Regelung des Aufenthalts von Personen, die nicht die Staatsangehörigkeit des Aufenthaltsstaats besitzen.* **2.** *einzelnes Recht einer Person, die in einem Staat lebt, dessen Staatsangehörigkeit sie nicht besitzt.*
aus|län|disch ⟨Adj.⟩ [mhd. uʒlendic = ausländisch, fremd]: **a)** *aus dem Ausland kommend, stammend; einem fremden Land angehörend:* -e Waren, Zeitungen, Sender; ein -er Geheimdienst; -e Arbeitnehmer; **b)** (selten) *fremdländisch, exotisch:* er hat ein -es Aussehen.
Aus|lands|ab|tei|lung, die: *Abteilung eines Unternehmens, die den Handelsverkehr mit dem Ausland abwickelt.*
Aus|lands|an|lei|he, die (Bankw.): *im Ausland aufgelegte, auf ausländische Währung laufende festverzinsliche Schuldverschreibung.*
Aus|lands|an|teil, der: *Anteil der Auslandsgeschäfte am Gesamtvolumen.*
Aus|lands|auf|ent|halt, der: *Aufenthalt im Ausland.*
Aus|lands|be|zie|hun|gen ⟨Pl.⟩: *Kontakte zum Ausland.*
Aus|lands|brief, der: *Brief, der ins Ausland geht.*
aus|lands|deutsch ⟨Adj.⟩ (veraltend): *als Deutscher im Ausland lebend.*
Aus|lands|deut|sche ⟨vgl. ¹Deutsche⟩ (veraltend): *im Ausland lebende deutsche weibliche Person.*
Aus|lands|deut|scher ⟨vgl. Deutsche⟩ (veraltend): *im Ausland lebende deutsche Person.*
Aus|lands|ein|satz, der: *Einsatz* (3 c, 4) *im Ausland:* ein A. der Bundeswehr.

Aus|lands|er|fah|rung, die: *Erfahrung, die jmd. bei einem Auslandsaufenthalt gemacht hat.*
Aus|lands|ge|heim|dienst, der: *für das Ausland zuständiger Geheimdienst:* nach Erkenntnissen des deutschen -es.
Aus|lands|ge|schäft, das: *Geschäft, das mit dem Ausland abgewickelt wird; geschäftliche Beziehungen zum Ausland.*
Aus|lands|ge|spräch, das: *Telefongespräch mit einem Teilnehmer im Ausland.*
Aus|lands|hil|fe, die ⟨o. Pl.⟩: *wirtschaftliche o. ä. Hilfe, die einem ausländischen Staat gewährt wird.*
Aus|lands|in|ves|ti|ti|on, die (Wirtsch.): *langfristige Anlage inländischen Kapitals im Ausland.*
Aus|lands|ka|pi|tal, das ⟨o. Pl.⟩ (Wirtsch.): *ausländisches Kapital, das in der inländischen Wirtschaft eingesetzt wird.*
Aus|lands|kon|to, das: *Konto, das jmd. bei einer ausländischen Bank unterhält.*
Aus|lands|kor|re|s|pon|dent, der: *im Ausland tätiger Korrespondent (von Zeitung, Rundfunk od. Fernsehen).*
Aus|lands|kor|re|s|pon|den|tin, die: w. Form zu ↑ Auslandskorrespondent.
Aus|lands|kun|de, die: *Lehre u. Wissen von den besonderen geografischen, ethnologischen, politischen, sozialen, wirtschaftlichen, kulturellen Verhältnissen ausländischer Staaten.*
Aus|lands|markt, der (Wirtsch.): *Markt für wirtschaftliche Erzeugnisse, der sich im Ausland bietet.*
Aus|lands|nie|der|las|sung, die: *Niederlassung eines inländischen Unternehmens im Ausland.*
Aus|lands|pres|se, die: *Presse (2 a) des Auslands.*
Aus|lands|rei|se, die: *Reise ins Ausland.*
Aus|lands|schuld, die ⟨meist Pl.⟩: *Schuld (3) inländischer Schuldner gegenüber ausländischen Gläubigern.*
Aus|lands|schutz|brief, der (Versicherungsw.): *Schutzbrief (2) für Reisen ins Ausland.*
Aus|lands|sen|der, der: *Rundfunksender, der Sendungen für das Ausland ausstrahlt.*
Aus|lands|sen|dung, die: **1.** *Postsendung ins Ausland od. aus dem Ausland.* **2.** *Rundfunksendung, die ins Ausland ausgestrahlt od. aus einem anderen Land übernommen wird.*
Aus|lands|tour|nee, die: *Gastspielreise eines Künstlers od. einer Gruppe von Künstlern im Ausland.*
Aus|lands|um|satz, der (Wirtsch.): *Umsatz, der mit Auslandsgeschäften erwirtschaftet wird.*
Aus|lands|ver|mö|gen, das: *im Ausland befindliches Vermögen einer Privatperson, eines Unternehmens od. Staates.*
Aus|lands|ver|tre|tung, die: a) *Vertretung eines Unternehmens (2) im Ausland;* b) *diplomatische Vertretung eines Landes im Ausland.*
aus|lan|gen ⟨sw. V.; hat⟩ (landsch.): **1.** *ausholen* (1 a): er langte mit dem Arm [zum Schlag] aus. **2.** *für einen bestimmten Zweck reichen, ausreichen:* das Geld langt nicht aus; *⁎ das/sein Auslangen finden, haben* (österr.; *den Lebensunterhalt bestreiten können; auskommen*).
Aus|lass, der; -es, Auslässe (bes. Technik): *Öffnung, durch die etw. austreten, entweichen kann.*
aus|las|sen ⟨st. V.; hat⟩: **1.** (selten) *aus etw. austreten, entweichen, herausfließen lassen:* Dampf a.; das Wasser [aus dem Kessel] a. **2.** (südd., österr.) a) *freilassen, loslassen, nicht länger fest-, eingeschlossen halten:* wer hat den Hund ausgelassen?; b) *in Ruhe lassen, nicht weiter belästigen:* kannst du mich nicht a.? **3.** a) *weglassen, wegfallen lassen:* ein Wort, einen Satz [beim Schreiben versehentlich] a.; b) *in einer Reihenfolge überspringen, übergehen:* das Dessert werde ich a.; c) *versäumen, verpassen; sich etw. entgehen lassen:* kein Geschäft, keine Chance a.; Konnte man ihnen einen Streich spielen, so ließ man die Gelegenheit nicht aus (Bergengruen, Rittmeistern 131). **4.** *(Ärger, Zorn o. Ä.) an einem Unschuldigen abreagieren; einen Unschuldigen etw. entgelten lassen:* seinen Ärger an den Untergebenen a. **5.** ⟨a. + sich⟩ *sich in bestimmter Weise äußern; sich [urteilend] über jmdn., etw. verbreiten:* er ließ sich eingehend über ihr Missgeschick aus. **6.** (Kochkunst) *durch längeres Erhitzen zum Schmelzen bringen u. dadurch den reinen Fettanteil herauslösen; ausschmelzen:* Butter a.; ausgelassener Speck. **7.** (Schneiderei) *durch Auftrennen einer Naht länger, weiter machen:* den [Rock]saum, die Ärmel a. **8.** (ugs.) *(ein Kleidungsstück) weglassen, darauf verzichten, es anzuziehen:* es ist so warm, du kannst die Weste, den Mantel a. **9.** (ugs.) a) *(einen elektrischen Apparat, eine Lampe o. Ä.) ausgeschaltet lassen, nicht einschalten:* das Radio, das Licht a.; b) *(einen Ofen o. Ä.) nicht anzünden, nicht in Gang setzen:* wir lassen den Heizofen aus.
Aus|las|sung, die; -, -en: a) *Weglassung, Wegfall:* die A. eines Wortes, Satzes; b) ⟨meist Pl.⟩ *Äußerung:* ihre -en über dich waren nicht sehr freundlich.
Aus|las|sungs|punk|te ⟨Pl.⟩: **1.** *drei Punkte, die gesetzt werden, um eine Auslassung im Text zu kennzeichnen.* **2.** *(in mathematischen Formeln) drei Punkte, die für Größen u. Zeichen stehen, die aus dem Vorhergehenden od. Nachfolgenden eindeutig zu erschließen sind.*
Aus|las|sungs|satz, der (Sprachwiss.): *Ellipse* (2 b).
Aus|las|sungs|zei|chen, das (Sprachwiss.): *Apostroph.*
aus|las|ten ⟨sw. V.; hat⟩: **1.** a) *(ein Fahrzeug o. Ä.) bis zur Grenze der Tragfähigkeit belasten:* ein Fahrzeug a.; b) *bis zur Grenze des Möglichen, der Leistungsfähigkeit nutzen:* die Kapazitäten des Betriebs sind völlig ausgelastet. **2.** *(von einer Arbeit, Tätigkeit) jmdn. ausfüllen, befriedigen; jmds. Kräfte voll beanspruchen:* die Hausarbeit lastete ihn nicht aus.
Aus|las|tung, die; -, -en: *das Auslasten; das Ausgelastetsein.*
aus|lat|schen ⟨sw. V.; hat⟩ (ugs.): *(von Schuhwerk) durch häufiges, langes Tragen austreten, ausweiten:* seine Schuhe a.; er trägt völlig ausgelatschte Stiefel, Pantoffeln.
Aus|lauf, der; -[e]s, Ausläufe: **1.** a) ⟨o. Pl.⟩ (selten) *das Herauslaufen, Abfließen:* der A. des Kühlwassers; b) *Stelle, an der etw. heraus-, abfließen kann:* das Wasser sucht sich einen A. **2.** a) ⟨o. Pl.⟩ *Möglichkeit, sich im Freien zu bewegen, zu spielen; Bewegungsfreiheit:* die Kinder haben zu wenig A.; b) *Raum zum Umherlaufen:* den A. für die Hühner einfrieden. **3.** (Sport) a) *Bereich hinter dem Ziel od. um die abgegrenzte, markierte Fläche zum Auslaufen;* b) (Skispringen) *Strecke, die dem Skispringer nach dem Aufsprung zum Abbremsen zur Verfügung steht;* c) (Fechten) *hinter der eigentlichen Fechtbahn gelegene Fläche.* **4.** a) *Bereich, in dem etw. aufhört:* am A. der Brandung; in den Ausläufen der Stadt; b) *Zeit, in der etw. aufhört, zu Ende geht:* der A. der Saison.
aus|lau|fen ⟨st. V.⟩: **1.** ⟨ist⟩ a) *aus einem Gefäß o. Ä. herausfließen:* das Benzin ist [aus dem Tank] ausgelaufen; b) *durch Herauslaufen der Flüssigkeit leer werden:* das ganze Fass ist ausgelaufen. **2.** ⟨ist⟩ *den Hafen verlassen, in See stechen:* das Schiff wird morgen a.; der Trawler sind zum Fang ausgelaufen. **3.** ⟨ist⟩ *aufhören, in Tätigkeit, in Bewegung zu sein; allmählich zum Stillstand kommen:* die Schwungräder, die Motoren laufen langsam aus. **4.** ⟨ist⟩ (Sport) *den Lauf hinter dem Ziel bis zum Stillstehen abbremsen:* die Sprinter laufen locker aus. **5.** ⟨ist⟩ *nicht weiterführen; enden, aufhören:* der Weg läuft am Waldrand aus. **6.** ⟨ist⟩ *nicht fortgesetzt, weitergeführt werden:* eine Serie, ein Modell läuft aus; eine Aktion a. lassen (*nicht weiterführen*). **7.** ⟨ist⟩ *in etw. einmünden, übergehen:* das Tal läuft in eine ausgedehnte Ebene aus; Einige Nebenstraßen der Stadt liefen zwischen Kleingärten und Feldern zu Landwegen aus (Johnson, Ansichten 25). **8.** ⟨ist⟩ *aufhören zu bestehen, sich dem Ende zuneigen:* der Mietvertrag, die Amtszeit der Präsidentin läuft bald aus. **9.** ⟨ist⟩ *einen bestimmten Ausgang nehmen:* der Streit, die Angelegenheit wird bös für ihn a. **10.** ⟨ist⟩ *(von Farben, Mustern u. Ä.) verlaufen, auseinanderlaufen, ausgehen, sich verwischen:* die Farben sind beim Waschen ausgelaufen. **11.** ⟨a. + sich⟩ *sich durch Laufen, Spazierengehen Bewegung verschaffen:* ich habe mich wieder einmal ordentlich ausgelaufen.
Aus|läu|fer, der; -s, -: **1.** *etw., worin etw. ausläuft* (7), *endet:* die A. des Schwarzwaldes; (Meteorol.:) die A. einer Randstörung, eines Hochdruckgebietes streifen das Vorhersagegebiet. **2.** (Bot.) *Seitenspross, -trieb.* **3.** (österr., schweiz., sonst veraltet) *Bote:* einen A. suchen; ♦ ... er hatte ... seinem draußen beschäftigten A. etwas zugerufen (Storm, Söhne 43).
Aus|läu|fe|rin, die; -, -nen: w. Form zu ↑ Ausläufer (3).
Aus|lauf|mo|dell, das (Kaufmannsspr.): *Modell* (3 b), *das nicht mehr hergestellt wird:* diese Waschmaschine ist ein A., deshalb ist sie so preisgünstig; Ü die Hauptschule ist ein A. (*wird allmählich aufhören weiterzubestehen*).
aus|lau|gen ⟨sw. V.; hat/ist⟩ [zu ↑ Lauge]: **1.** a) *(lösliche Bestandteile) aus etw. herauswaschen, herausziehen:* Salze [aus der Asche] a.; b) *(von Wasser, Lauge o. Ä.) einem Stoff bestimmte Bestandteile entziehen:* das Wasser laugt die Böden aus. **2.** *erschöpfen, entkräften:* die Arbeit hatte sie ausgelaugt; ein ausgelaugter Körper.
Aus|lau|gung, die; -, -en: *das Auslaugen* (1), *Ausgelaugtwerden.*
Aus|laut, der; -[e]s, -e (Sprachwiss.): *Laut, auf den ein Wort, eine Silbe endet.*
aus|lau|ten ⟨sw. V.; hat⟩ (Sprachwiss.): *mit einem bestimmten Laut enden:* Wörter, die mit einem Vokal auslauten; ein auslautendes (*im Auslaut stehendes*) d.
aus|läu|ten ⟨sw. V.; hat⟩: **1.** *das Ende von etw. mit Glockengeläut ankündigen, begleiten:* den Gottesdienst, das alte Jahr a. **2.** (früher) *unter Zuhilfenahme einer Handglocke ausrufen u. so allgemein bekannt machen:* die Fastnacht a., der Gemeindediener läutet eine Nachricht aus. **3.** *aufhören zu läuten:* die Glocken haben ausgeläutet.
Aus|laut|ver|här|tung, die (Sprachwiss.): *Verwandlung eines stimmhaften auslautenden Konsonanten in einen stimmlosen.*
aus|le|ben ⟨sw. V.; hat⟩: **1.** ⟨a. + sich⟩ a) *das Leben ohne Einschränkung genießen, auskosten; ungebunden leben:* du willst dich ungehemmt a.; b) *(von einem Gefühl, einer Eigenschaft o. Ä.) sich ungehemmt entfalten.* **2.** a) (geh.) *[in seinem Leben, Schaffen o. Ä.] voll zur Entfaltung bringen, verwirklichen:* seine Begabung, Individualität, Persönlichkeit a.; b) *[ungezügelt] abreagieren:* seinen Hass, seine Wut, seine Liebe, seine Sehnsucht a. **3.** ⟨a. + sich⟩ (geh.) *Gestalt gewinnen.* ♦ **4.** *den Lebensabend verbringen:* ... ein sehr alter, aber gesunder, frohmütiger Mann, still, fein, klug, auslebend nun (Goethe, Wanderjahre I, 8).
aus|le|cken ⟨sw. V.; hat⟩: a) *aus einem Gefäß*

lecken: den Brei a.; **b)** *durch Lecken leer machen, von Resten befreien:* die Schüssel a.

aus|lee|ren ⟨sw. V.; hat⟩: **a)** *(aus einem Gefäß) schütten; wegschütten:* das Blumenwasser a.; **b)** *(durch Ausschütten des Inhalts) völlig leer machen, leeren:* einen Eimer a.

aus|le|gen ⟨sw. V.; hat⟩: **1. a)** *zur Ansicht, Einsichtnahme o. Ä. hinlegen, ausbreiten:* Waren [im Schaufenster] a.; eine Liste a.; *(als Köder, Fangvorrichtung o. Ä.) an dafür ausgesuchten Stellen hinlegen:* Köder, Rattengift, Schlingen, eine Aalreuse a.; **c)** *(zur Entwicklung u. zum Wachstum) in die Erde bringen; setzen:* Saatgut, Kartoffeln a.; **d)** *in die für die Funktion erforderliche Lage bringen:* Leitungen, Kabel a.; die Ruder a. *(in die für das Gleichgewicht des Bootes erforderliche Lage bringen).* **2. a)** *an den dafür vorgesehenen Flächen ganz mit etw. bedecken, auskleiden:* einen Raum mit Teppichboden, einen Schrank [mit Papier] a.; **b)** *mit einer Einlegearbeit schmücken:* eine Tischplatte mit Elfenbein a. **3.** *(eine Geldsumme) vorlegen, jmdm. vorübergehend zur Verfügung stellen:* Geld [für jmdn.] a.; jmdm. 20 Euro, das Eintrittsgeld a. **4.** *in bestimmter Weise deutend interpretieren:* ein Gesetz, ein Gleichnis a.; eine Vorschrift, jmds. Worte falsch a.; etw. zu jmds. Gunsten a. **5.** (Technik) *auf eine bestimmte Leistung o. Ä. hin anlegen, einrichten, konstruieren:* der Wagen ist für so hohe Geschwindigkeiten nicht ausgelegt.

Aus|le|ger, der; -s, -: **1.** *jmd., der etw. auslegt* (4), *interpretiert.* **2.** (Technik) *über die tragende Konstruktion hinausragender Teil, bes. um diese zu stabilisieren:* der A. eines Baggers. **3.** (Rudern) **a)** *Metallgestell, auf dem das Ruder liegt;* **b)** *seitlich am Boot angebrachte Kufe, die das Kentern verhindern soll.*

Aus|le|ger|boot, das: *Ruderboot mit Auslegern (3b).*

Aus|le|ge|wa|re, Auslegware, die ⟨Pl. selten⟩: *Teppichstoff zum Auslegen (2a) von Fußböden.*

Aus|le|gung, die; -, -en: *das Auslegen* (1, 4).

Aus|leg|wa|re: ↑ Auslegeware.

aus|lei|ern ⟨sw. V.⟩ (ugs.): **a)** ⟨hat⟩ *etw. durch vieles Drehen, häufigen Gebrauch so abnutzen, dass es sich nicht mehr fest ineinanderfügt;* **b)** ⟨ist⟩ *seine Festigkeit, Elastizität verlieren, locker werden:* der Mechanismus leiert mit der Zeit aus; ⟨auch a. + sich; hat:⟩ das Gummiband hat sich ausgeleiert; ausgeleierte Federn.

Aus|lei|he, die; -, -n: **1.** ⟨o. Pl.⟩ *das Ausleihen von etw.:* die A. der Bücher in einer Bibliothek. **2. a)** *Raum in einer Bibliothek, in dem Bücher u. andere Medien ausgegeben werden:* die A. hat geschlossen; **b)** *Abteilung einer Bibliothek, deren Aufgabe die Ausgabe u. Rücknahme von Büchern u. anderen Medien ist.*

aus|lei|hen ⟨st. V.; hat⟩: **1.** *sich etw., jmdn. bei jmdm. leihen:* ich habe [mir] ein Buch [bei, von ihrem Freund] ausgeliehen. **2.** *jmdm. etw., jmdm. leihen, borgen; etw. verleihen:* ich habe ihm/an ihn ein Buch ausgeliehen.

Aus|lei|hung, die; -, -en: *das Ausleihen, Ausgeliehenwerden.*

aus|ler|nen ⟨sw. V.; hat⟩: *die Lehrzeit abschließen:* sie lernt in diesem Jahr aus; R man lernt nie aus *(hört nie auf, Erfahrungen zu sammeln).*

Aus|le|se, die; -, -n: **1.** ⟨o. Pl.⟩ *das Aussuchen, Auswahl:* gezielte A. zur Erzielung bestimmter Eigenschaften; eine strenge A.; natürliche A. (Biol.; *Ausmerzung schwächerer, weniger gut an ihre Umwelt angepasster Individuen u. Überleben der am besten angepassten*). **2.** *Gesamtheit der Besten aus einer Gruppe; Elite:* die A. der besten Sportlerinnen. **3.** *(nach dem deutschen Weingesetz) Wein einer bestimmten Kategorie der Qualitätsweine mit Prädikat.*

¹**aus|le|sen** ⟨st. V.; hat⟩: **1. a)** *(Minderwertiges) aussondern:* die faulen Äpfel a.; **b)** *von unbrauchbaren, verdorbenen Teilen befreien:* Erbsen a. **2.** (geh.) *auswählen:* die besten Schüler, die schönsten Früchte a.

²**aus|le|sen** ⟨st. V.; hat⟩: **1. a)** *zu Ende lesen:* ein Buch in einem Zug a.; **b)** *aufhören zu lesen:* hast du bald ausgelesen? **2.** (EDV) *Daten od. Informationen auf einen Bildschirm, Drucker o. Ä. ausgeben:* die gespeicherten Bilder a.

aus|leuch|ten ⟨sw. V.; hat⟩: **1.** *vollständig u. gleichmäßig beleuchten:* einen Raum, die Fahrbahn a. **2.** *beleuchten* (2), *erforschen:* die Hintergründe eines Vorgangs a.

Aus|leuch|tung, die; -, -en: *das Ausleuchten; das Ausgeleuchtetwerden.*

aus|lich|ten ⟨sw. V.; hat⟩: *bei einem Baum, Strauch zu dicht stehende Äste, Zweige entfernen:* Obstbäume a.

aus|lie|fern ⟨sw. V.; hat⟩: **1.** *[auf eine Forderung hin] übergeben, überantworten:* einen straffällig gewordenen Flüchtling [an seinen Heimatstaat] a.; einen Verbrecher der Justiz a.; sich selbst der Polizei a. *(stellen);* Ü hilflos seinen Feinden, seinem Schicksal ausgeliefert *(preisgegeben)* sein; ... in all den Erniedrigungen, die ich erfahre und denen ich mich bei meinen Abenteuern selber ausliefere (Strauß, Niemand 114); ... sie fürchtete sich und fühlte sich ausgeliefert wie irgendein kleines Mädel, das vor dem Lehrer zittert (A. Zweig, Claudia 86). **2.** (Kaufmannsspr.) *zum Weiterverkauf an den Handel liefern:* Waren a.; wir liefern am 1. Dezember aus.

Aus|lie|fe|rung, die; -, -en: **1.** *das Ausliefern* (1) *einer Person:* die A. eines Verbrechers [an die Gerichte]; jmds. A. fordern, verweigern. **2. a)** *das Ausliefern* (2) *von Waren:* die A. [des Buchs] erfolgt Anfang Dezember; **b)** *für die Auslieferung* (2 a) *zuständige Abteilung eines Betriebs;* ↑ Auslieferungslager.

Aus|lie|fe|rungs|an|trag, der (Völkerrecht): *Antrag auf Auslieferung eines Flüchtlings, Verbrechers o. Ä.*

Aus|lie|fe|rungs|la|ger, das: *Lager, von dem aus Waren an Handel od. Verbraucher ausgeliefert werden.*

Aus|lie|fe|rungs|ver|trag, der (Völkerrecht): *zwischen Staaten bestehender Vertrag, der die Auslieferung strafrechtlich verfolgter Personen regelt.*

aus|lie|gen ⟨st. V.; hat⟩ südd., österr., schweiz. auch: ⟨ist⟩: **1.** *zur Ansicht, Einsichtnahme hingelegt, ausgebreitet sein:* Waren liegen im Schaufenster aus; Zeitschriften liegen [in der Bibliothek] aus. **2.** *(als Fangvorrichtung o. Ä.) daliegen, ausgelegt sein:* Schlingen, Netze liegen aus.

Aus|li|nie, die; -, -n (Ballspiele): *Begrenzungslinie entlang der Längsseiten des Spielfeldes:* der Ball hatte die A. überschritten.

aus|lis|ten ⟨sw. V.; hat⟩: *ein Produkt aus dem Sortiment nehmen:* Einwegverpackungen a.

aus|lo|ben ⟨sw. V.; hat⟩: **1.** (Rechtsspr.) *als Belohnung aussetzen:* für die Aufklärung eines Verbrechens einen Geldbetrag a. **2.** *(einen Wettbewerb) ausschreiben* (3): ein Preisrätsel a.

Aus|lo|bung, die; -, -en: *das Ausloben; das Ausgelobtwerden.*

aus|löf|feln ⟨sw. V.; hat⟩: **a)** *mit dem Löffel herausnehmen u. aufessen:* die Suppe, den Honig a.; **b)** *mithilfe eines Löffels leer essen:* den Teller, das Marmeladenglas a.

aus|log|gen, sich ⟨sw. V.; hat⟩ [aus gleichbed. engl. to log out] (EDV): *durch Eingabe bestimmter Daten die Verbindung zu einer Datenverarbeitungsanlage beenden.*

¹**aus|lö|schen** ⟨sw. V.; hat⟩: **1. a)** *vollständig löschen:* das Feuer im Herd, die Glut a.; **b)** *zum Verlöschen bringen:* die Kerzen, die Fackel a.; **c)** (geh.) *ausmachen, ausschalten:* das Licht a. **2.** *wegwischen, tilgen:* die Schrift an der Tafel, die Spuren a.; Ü die Erinnerung an jmdn., etw. a. (geh.; *aus dem Bewusstsein tilgen*). **3.** (emotional) *vernichten, zerstören:* ein Menschenleben a.; ganze Familien wurden im Krieg ausgelöscht.

²**aus|lö|schen** ⟨st. u. sw. V.; lischt aus, losch/(auch:) löschte aus, ist ausgelöscht/(auch:) ausgeloschen⟩ (geh.): *völlig verlöschen:* das Feuer, die Kerze losch aus.

Aus|lö|schung, die; -, -en (emotional): *völlige Vernichtung:* die A. ganzer Städte im Krieg; die A. des Individuums in der Massengesellschaft.

Aus|lö|se|me|cha|nis|mus, der: **1.** (Technik) *Mechanismus, der dazu dient, einen bestimmten Vorgang auszulösen.* **2.** (Verhaltensf.) *Mechanismus, der auf bestimmte Reize der Umwelt anspricht u. eine entsprechende Verhaltensweise in Gang setzt.*

aus|lo|sen ⟨sw. V.; hat⟩: *durch das Los ermitteln:* Teilnehmer, eine Reihenfolge a.

aus|lö|sen ⟨sw. V.; hat⟩: **1. a)** *in Gang setzen, betätigen:* einen Mechanismus (durch Knopfdruck), den Verschluss des Fotoapparates a.; **b)** ⟨a. + sich⟩ *in Gang kommen:* die Alarmanlage löst sich automatisch aus. **2.** *hervorrufen, bewirken:* [bei jmdm.] eine bestimmte Reaktion, Freude, Überraschung a. **3.** (österr., sonst landsch.) *herauslösen, herausschälen:* die Knochen [aus dem Fleisch] a. **4.** (veraltend) **a)** *einlösen, durch Zahlung zurückerhalten:* ein Pfand a.; **b)** *loskaufen, freikaufen:* eine Geisel, einen Gefangenen a.

Aus|lö|ser, der; -s, -: **1.** (Technik) *Mechanismus, durch den etw. ausgelöst* (1 a) *wird:* der A. des Fotoapparates, einer Bombe a. drücken. **2.** *etw., was etw. auslöst* (2): dieser Vorwurf war [der] A. des Streits. **3.** (Psychol., Verhaltensf.) *Reiz, der bestimmte instinktmäßige Verhaltensweisen auslöst* (2).

Aus|lo|sung, die; -, -en: *das Auslosen, das Ausgelostwerden.*

Aus|lö|sung, die; -, -en: *das Auslösen, das Ausgelöstwerden.*

aus|lo|ten ⟨sw. V.; hat⟩: **1.** (Seew.) *mit dem Lot die Wassertiefe bestimmen.* **2.** (Technik) *mit dem Lot die Senkrechte bestimmen:* Wände, Mauern a. **3.** *ermitteln, erforschen:* etwaige Schwachpunkte des Gegners a.; jmds. Wesen auszuloten suchen.

Aus|lo|tung, die; -, -en: *das Ausloten; das Ausgelotetwerden.*

aus|lüf|ten ⟨sw. V.; hat⟩: **1. a)** *gründlich lüften; frischer Luft aussetzen:* einen Raum, die Kleider a.; **b)** *frischer Luft ausgesetzt sein:* die Wintersachen müssen erst a. **2.** ⟨a. + sich⟩ (ugs. scherzh.) *sich in frischer Luft bewegen, spazieren gehen.*

Aus|lüf|tung, die; -, -en: *das Auslüften* (1).

Aus|lug, der; -[e]s, -e (veraltend): *Ausguck.*

aus|lut|schen ⟨sw. V.; hat⟩ (ugs.): **a)** *lutschend aus etw. herausaugen:* den Saft [aus einer Zitrone] a.; **b)** *durch Lutschen bewirken, dass kein Saft o. Ä. mehr in etw. ist:* eine Zitronenscheibe a.

ausm, aus'm ⟨Präp. + Art.⟩ (ugs.): *aus dem, aus einem.*

aus|ma|chen ⟨sw. V.; hat⟩: **1.** (ugs.) **a)** *durch Bedienen eines Schalters o. Ä. abschalten, ausschalten:* das Radio, das Licht a.; **b)** *nicht weiterbrennen lassen; auslöschen:* das Gas, das Feuer, die Kerze, die Zigarette a. **2.** *jmdn. stören; Mühe, Unbequemlichkeiten o. Ä. bereiten:* es macht ihm nichts, schon etwas, eine ganze Menge aus; macht es Ihnen etwas aus, wenn das Fenster geöffnet wird?; würde es Ihnen etwas a., die Zigarette auszumachen? **3.** *vereinbaren, verabreden:* einen Termin, Treffpunkt a.; etw. mit jmdm., miteinander a. **4.** *durch scharfes Beobachten (z. B. mit dem Fernglas) in der Ferne erkennen, entdecken, ermitteln:* ein Flugzeug in

ausmahlen – ausnützen

großer Höhe a.; den Standort eines Schiffes, ein Versteck a.; etw. ist schwer auszumachen. **5.** *austragen, abmachen:* einen Rechtsstreit vor Gericht a.; etw. mit sich selbst, mit sich alleine, untereinander a. **6.** *betragen; als Preis, Menge o. Ä. haben, ergeben:* die Gesamtsumme macht 100 Euro aus; der Unterschied in der Entfernung hat 5 km ausgemacht. **7. a)** *das Wesentliche an etw. sein, darstellen, bilden:* die Farben machen den Reiz seiner Bilder aus; ihm fehlt alles, was einen großen Künstler ausmacht; **b)** (ugs.) *sich in bestimmtem Maße auswirken, in bestimmter Weise ins Gewicht fallen:* die hellere, die neue Tapete macht sehr viel aus; fünf PS [mehr oder weniger] machen kaum was aus. **8.** *der Inhalt von etw. sein; ausfüllen:* die Sorge für ihre Familie macht ihr Leben aus. **9.** (landsch.) *[bei der Ernte] aus der Erde herausholen, ausgraben:* Kartoffeln, einen Baumstumpf a.

aus|mah|len ⟨unr. V.; hat⟩: *vollständig mahlen, zu Mehl verarbeiten:* Korn, Weizen a.; fein ausgemahlenes Weizenmehl.

aus|ma|len ⟨sw. V.; hat⟩: **1. a)** *mit Farbe ausfüllen:* die Figuren im Malbuch a.; einen Holzschnitt a. *(kolorieren);* **b)** *(die Flächen eines Innenraumes) bemalen, mit Malereien ausschmücken:* einen Kirchenraum a.; **c)** (österr., sonst landsch.) *in seiner ganzen Fläche, vollständig streichen:* den Flur [mit Ölfarbe] a. **2. a)** *anschaulich darstellen, schildern:* [jmdm.] ein Erlebnis, die Folgen einer Handlung [in grellen Farben] a.; **b)** ⟨a. + sich⟩ *sich etw. in allen Einzelheiten vorstellen:* ich hatte mir das Wiedersehen [in Gedanken] so schön ausgemalt.

Aus|ma|lung, die; -, -en: *das Ausmalen; das Ausgemaltwerden.*

aus|ma|nö|v|rie|ren ⟨sw. V.; hat⟩: *durch geschickte Manöver, Winkelzüge als Konkurrenten o. Ä. ausschalten, hinausdrängen:* die Gegner a.

aus|mar|chen ⟨sw. V.; hat⟩ (schweiz.): *(Rechte, Interessen) abgrenzen, durch Auseinandersetzung festlegen.*

aus|mä|ren, sich ⟨sw. V.; hat⟩ (landsch.): **1.** *langsam arbeiten, trödeln, sich bei seiner Arbeit o. Ä. nicht beeilen:* der märt sich heute wieder aus und wird den Zug verpassen. **2.** *aufhören zu trödeln, fertig werden:* mär dich endlich aus!

Aus|marsch, der; -[e]s, Ausmärsche: *das Ausmarschieren, Hinausmarschieren.*

aus|mar|schie|ren ⟨sw. V.; ist⟩: *aus einem umgrenzten Bereich o. Ä. marschieren, ausrücken:* die Kompanie ist ausmarschiert.

Aus|maß, das; -es, -e: **1.** *Größe, Ausdehnung, Dimension:* ein Bergmassiv von gewaltigen -en. **2.** *Umfang, Grad, Maß:* das A. der Zerstörung war furchtbar; ein Betrug größten -es, von größtem A.; bis zu einem gewissen A.

aus|mau|ern ⟨sw. V.; hat⟩: *die Innenfläche von etw. mit Mauerwerk auskleiden:* ein Gewölbe, einen Ofen a.

Aus|mau|e|rung, die; -, -en: *das Ausmauern; das Ausgemauertwerden.*

aus|mei|ßeln ⟨sw. V.; hat⟩: **a)** *mit dem Meißel aus einem harten Material herausarbeiten:* Inschriften aus dem Marmorblock a.; **b)** *meißelnd, mit dem Meißel herauslösen:* einen Zahn a.

Aus|mei|ße|lung, Aus|meiß|lung, die; -, -en: *das Ausmeißeln.*

aus|mel|ken ⟨st. V.; hat⟩: **a)** *leer melken:* die Euter ganz a.; eine Kuh a. *(das Euter einer Kuh melken, bis es leer ist);* Ü *das Unternehmen wurde regelrecht ausgemolken* (salopp): *ausgesaugt, ausgeplündert);* **b)** *melkend, durch Melken entnehmen:* die Milch vollständig a.

aus|mer|geln ⟨sw. V.; hat⟩ [zu ↑³Mark, eigtl. = das Mark ausziehen]: *entkräften, auszehren:* die Krankheit hatte sie völlig ausgemergelt; der Kalk mergelt den Boden aus *(entzieht ihm die Nährstoffe, macht ihn unfruchtbar).*

aus|mer|zen ⟨sw. V.; hat⟩ [H. u.; viell. zu ↑März, weil um diese Zeit schwache u. zur Zucht nicht taugliche Schafe aus den Herden ausgesondert wurden]: **1. a)** *ausrotten, vertilgen:* Ungeziefer a.; **b)** *als zur Zucht ungeeignet aussondern:* die zur Zucht ungeeigneten Tiere a. **2. a)** *(als fehlerhaft, unerwünscht o. Ä.) tilgen, beseitigen, eliminieren:* Fehler, schlechte Angewohnheiten, heidnische Bräuche, Krankheiten a.; seine Konzentrationsschwäche, das Restrisiko a. müssen; Ü etw. aus der Erinnerung a.; **b)** *(emotional) töten:* Terroristen a.

Aus|mer|zung, die; -, -en: *das Ausmerzen.*

aus|mes|sen ⟨st. V.; hat⟩: *die Größenverhältnisse von etw. durch Messen genau bestimmen:* ein Grundstück, einen Raum a.

Aus|mes|sung, die; -, -en: *das Ausmessen.*

aus|mie|ten ⟨sw. V.; hat⟩ (schweiz.): *[gelegentlich] vermieten:* ein Zimmer a. [an jmdn.] a.

aus|mis|ten ⟨sw. V.; hat⟩: **1.** *von Mist säubern, reinigen:* einen Stall a. **2.** (ugs.) **a)** *nicht mehr Gebrauchtes aus etw. entfernen, wegwerfen [u. dadurch Ordnung schaffen]:* eine Schublade, den Kleiderschrank a.; **b)** *als unbrauchbar aussortieren u. wegwerfen:* die alte Jacke wurde ausgemistet.

aus|mon|tie|ren ⟨sw. V.; hat⟩: *ein Teil aus etw. ausbauen:* den Motor [aus dem Auto], ein Maschinenteil a.

aus|mus|tern ⟨sw. V.; hat⟩: **1. a)** (Militär) *bei der Musterung als für den Militärdienst untauglich einstufen:* er wurde [wegen seiner Krankheit] ausgemustert; **b)** (Militär österr.) *vom Fähnrich zum Leutnant befördert werden.* **2.** *unbrauchbar Gewordenes aussondern, ausscheiden:* alte Modelle, Fahrzeuge a. **3.** (Textilind.) *Muster anfertigen:* neue Stoffe a.

Aus|mus|te|rung, die; -, -en: *das Ausmustern; das Ausgemustertwerden.*

Aus|nah|me, die; -, -n [zu ↑ausnehmen; zum 2. Bestandteil vgl. ↑Abnahme]: **a)** *Abweichung von der geltenden Regel; Sonderfall:* eine A. machen; etw. bildet eine A., gilt als große A.; es beteiligten sich alle ohne A. an der Feier; alle ohne A.; von wenigen -n abgesehen; R -n bestätigen die Regel; **b)** (südd., österr.) *Altenteil:* in die A. gehen.

Aus|nah|me|ath|let, der (Sport): *Athlet, der in seiner Besonderheit, mit seinen besonderen Leistungen unter vielen eine Ausnahme bildet.*

Aus|nah|me|ath|le|tin, die: w. Form zu ↑Ausnahmeathlet.

Aus|nah|me|be|stim|mung, die: *Bestimmung über [mögliche] Ausnahmen.*

Aus|nah|me|er|schei|nung, die: *Erscheinung (2), die in ihrer Besonderheit unter vielen eine Ausnahme bildet.*

Aus|nah|me|fall, der: *Sonderfall.*

Aus|nah|me|ge|neh|mi|gung, die: *Genehmigung, durch die für jmdn. od. etw. eine Sonderregelung getroffen wird:* eine A. haben, bekommen; für jmdn. eine A. erteilen; mit A.

Aus|nah|me|mensch, der: *Mensch, der in seiner Besonderheit unter vielen eine Ausnahme bildet.*

Aus|nah|me|re|ge|lung, die: *eine Ausnahme darstellende Regelung.*

Aus|nah|me|si|tu|a|ti|on, die: *außergewöhnliche, unübliche, eine Ausnahme darstellende Situation.*

Aus|nah|me|stel|lung, die: *Sonderstellung.*

Aus|nah|me|zu|stand, der: **a)** *außergewöhnlicher, unüblicher, eine Ausnahme darstellender Zustand;* **b)** (Staatsrecht) *in Ausnahmesituationen, wie sie z. B. durch Krieg, Aufruhr, eine Naturkatastrophe hervorgerufen werden können, geltender Rechtszustand, in dem bestimmte Staatsorgane (z. B. Regierung, Polizei, Militär) besondere Vollmachten erhalten:* während des -s kann die Verfassung außer Kraft gesetzt werden; den A. verhängen.

Aus|nahms|fall: ↑ Ausnahmefall.

aus|nahms|los ⟨Adj.⟩: *ohne Ausnahme [erfolgend].*

♦ **Aus|nahm|stüb|chen,** das, **Aus|nahm|stu|be,** die [zu Ausnahme (b)]: *kleinere Wohnung im Altenteil:* ... ein kleineres Häuschen ... Es hat die Bestimmung, dem Hausbesitzer ... als so genanntes Ausnahmstübchen zu dienen (Stifter, Bergkristall 14).

aus|nahms|wei|se ⟨Adv.⟩: *als Ausnahme:* sie hat es a. erlaubt; ⟨mit Verbalsubstantiven auch attr.:⟩ eine a. Zustimmung.

aus|neh|men ⟨st. V.; hat⟩: **1. a)** *aus einem Nest o. Ä. herausnehmen, wegnehmen:* die Eier, junge Vögel [aus dem Nest] a.; **b)** *ein Nest o. Ä. durch Herausnehmen des Inhalts leeren:* das Nester im Hühnerstall a.; Ü ein Diebesnest, eine feindliche Stellung a. *(ausheben).* **2. a)** *(Eingeweide) aus einem geschlachteten od. erlegten Tier entfernen:* das Eingeweide, Herz, Leber a.; **b)** *(ein geschlachtetes od. erlegtes Tier) von den Eingeweiden befreien:* ein Huhn, einen Hasen a. **3.** (ugs. abwertend) **a)** *jmdm. auf listige od. hinterhältige Weise Geld abnehmen; schröpfen:* jmdn. beim Spiel a.; er ist von seiner Geliebten tüchtig ausgenommen worden; **b)** *auf dreiste Art ausforschen, ausfragen:* er versuchte mich auszunehmen; Bert nahm ihn nicht aus, fragte nicht, warum er geflohen war (Lenz, Brot 57). **4.** *von etw. ausschließen; gesondert behandeln; nicht mitrechnen:* du kannst dich, ihn bei der Schuldfrage nicht a.; sie vertraute allen, einen Einzigen ausgenommen. **5.** ⟨a. + sich⟩ (geh.) *in bestimmter Weise erscheinen, wirken:* das Bild nimmt sich in diesem Raum sehr gut, unpassend aus; ... er wollte doch wissen, ob er sich lächerlich ausnahm, im gewagten Gespräch mit zwei Mädchen (Andersch, Rote 83/84). **6.** (österr.) *erkennen, unterscheiden, wahrnehmen:* ... in den Ecken, wo die Betten standen, ragten undurchdringliche Schattenmassen, und Clarisse konnte nicht a., was geschah (Musil, Mann 438).

aus|neh|mend ⟨Adj.⟩ (geh.): **a)** *sehr groß, außergewöhnlich, außerordentlich:* er sprach mit A. Höflichkeit; **b)** ⟨intensivierend bei Adjektiven u. Verben⟩ *sehr, ungewöhnlich:* sie ist a. hübsch.

aus|nüch|tern ⟨sw. V.; hat⟩: **1.** *nach übermäßigem Alkoholgenuss wieder nüchtern werden:* die Polizei hatte ihn in eine Arrestzelle gebracht, wo er a. sollte; ⟨auch a. + sich:⟩ im Krankenhaus musste er sich a. **2.** *nach übermäßigem Alkoholgenuss wieder nüchtern machen:* in dieser Zelle werden Betrunkene ausgenüchtert.

Aus|nüch|te|rung, die; -, -en: *das Ausnüchtern.*

Aus|nüch|te|rungs|zel|le, die: *Zelle (1), die der Ausnüchterung Betrunkener dient.*

aus|nut|zen, (südd., österr. u. schweiz. meist:) **aus|nüt|zen** ⟨sw. V.; hat⟩: **1. a)** *ganz nutzen, von einer bestehenden Möglichkeit vollen Gebrauch machen:* eine Gelegenheit, eine Situation a.; die zur Verfügung stehenden Mittel, den Raum, seine Zeit [gut, für etw.] a.; **b)** *aus seiner vorteilhaften Situation für sich bedenkenlos Nutzen, Vorteil ziehen:* seine Stellung, seine Bekanntheit in der Öffentlichkeit a. **2.** *in rücksichtsloser, egoistischer Weise für seine Zwecke in Anspruch nehmen:* jmds. Schwäche, Notlage, Gutmütigkeit schamlos a.; er hat seine Freunde, seine Angestellten immer ausgenutzt.

Aus|nut|zung, (südd., österr. u. schweiz. meist:) **Aus|nüt|zung,** die; -, -en ⟨Pl. selten⟩: *das Ausnutzen.*

aus|pa|cken ⟨sw. V.; hat⟩: **1. a)** *(Eingepacktes) aus der Verpackung auswickeln; aus dem Behältnis, in das etw. eingepackt ist, herausnehmen:* die Geschenke a.; die Kleider [aus dem Koffer] a.; **b)** *ein Behältnis, in das etw. eingepackt ist, durch Herausnehmen des Inhalts leeren:* den Koffer, das Päckchen a.; hast du schon ausgepackt?; Er packt die gestickte Tasche aus, es kommen ein paar gute Würste zum Vorschein (Remarque, Westen 187). **2.** (ugs.) **a)** *[was jmd. lange für sich behalten hat] anderen mitteilen, in aller Breite berichten:* seine Sorgen, seine Erlebnisse a.; **b)** *Geheimnisse verraten [u. damit andere belasten]:* über die Machenschaften der Partei a.; das Opfer, ein Komplize des Täters hat [bei der Polizei] ausgepackt; ... weil es einen zu großen Skandal gäbe, wenn ich a. würde (Andersch, Rote 227); **c)** *seinem Ärger Luft machen u. unmissverständlich seine Meinung sagen, Dinge beim Namen nennen:* jetzt werde ich aber a.

aus|par|ken ⟨sw. V.; hat⟩: *aus der Parklücke herausfahren:* ich kann nicht a.

aus|peit|schen ⟨sw. V.; hat⟩: *mit der Peitsche brutal schlagen, durch Peitschenhiebe bestrafen:* die Gefangenen wurden ausgepeitscht.

Aus|peit|schung, die; -, -en: *das Auspeitschen; das Ausgepeitschtwerden.*

aus|pen|deln ⟨sw. V.⟩: **1.** ⟨ist⟩ *bis zum Stillstand hin u. her pendeln:* die Schaukel, die Waage a. lassen. **2.** ⟨hat⟩ *durch Pendeln (4) erschließen:* jmds. Schicksal a. **3.** ⟨ist⟩ *sich täglich zu seinem auswärtigen Arbeitsplatz begeben:* wir müssen bis ins Ruhrgebiet a.

aus|pen|nen ⟨sw. V.; hat⟩ (salopp): *ausschlafen.*

♦ **aus|pfän|den** ⟨sw. V.; hat⟩: *vollständig pfänden:* Mag ihn der Wirt a. (Ebner-Eschenbach, Gemeindekind 145); ... welcher Mann wird nicht erschrecken vor dem Gedanken, in drei Jahren ausgefändet zu werden (Iffland, Die Hagestolzen I, 6).

aus|pfei|fen ⟨st. V.; hat⟩: *durch wiederholte Pfiffe zum Ausdruck bringen, dass einem etw. sehr missfällt, man jmdn., jmds. Leistung nicht akzeptiert, nicht gut, empörend findet:* der Schauspieler, das Stück wurde ausgepfiffen.

aus|pflan|zen ⟨sw. V.; hat⟩: **1.** *(junge Pflanzen) ins Freiland setzen:* Salat, Gemüse a. **2.** *explantieren.*

Aus|pflan|zung, die; -, -en: **1.** *das Auspflanzen (1), das Ausgepflanztwerden.* **2.** *Explantation.*

Au|s|pi|zi|um, das; -s, ...ien ⟨meist Pl.⟩ [lat. auspicium, eigtl. = Vogelschau, zu: avis = Vogel u. specere = sehen] (bildungsspr.): *Vorbedeutung, Aussichten für etw.:* die Sache begann unter guten, schlechten Auspizien; ***** *unter jmds., einer Sache Auspizien* (bildungsspr.): *unter der Schirmherrschaft, Oberhoheit o. Ä. einer Person od. Institution o. Ä.)*

aus|plau|dern ⟨sw. V.; hat⟩: **1.** *(etw., was geheim bleiben sollte) weitererzählen, verraten:* Geheimnisse a. **2.** ⟨a. + sich⟩ (landsch.) *ausgiebig plaudern; sich aussprechen:* habt ihr euch wieder einmal ausgeplaudert?

aus|plau|schen ⟨sw. V.; hat⟩ (österr. veraltet): **1.** *ausplaudern* (1). **2.** ⟨a. + sich⟩ *ausplaudern* (2).

aus|plün|dern ⟨sw. V.; hat⟩: **a)** *jmdm. alles, was er besitzt od. bei sich trägt, mit Gewalt wegnehmen; jmdn. ausrauben:* die Reisenden, die Karawanen wurden ausgeplündert; **b)** *(ein Gebiet, einen Raum o. Ä.) durch Plünderung ganz ausrauben:* das Land, einen Laden a.; sie plündern die Völker aus *(beuten sie rücksichtslos aus).*

Aus|plün|de|rung, die; -, -en: *das Ausplündern.*

aus|pol|stern ⟨sw. V.; hat⟩: *die Innenflächen von etw. vollständig mit einer Polsterung versehen:* eine Kiste für das Porzellan [mit Holzwolle] a.; einen Mantel a. (wattieren); Ü er ist ganz schön ausgepolstert (scherzh.; *ziemlich dick*).

Aus|pols|te|rung, die; -, -en: **1.** *das Auspolstern.* **2.** *etw., was zum Auspolstern dient.*

aus|po|sau|nen ⟨sw. V.; hat⟩ (ugs. abwertend): *[etw., was nicht bekannt werden sollte] überall erzählen:* er hat alles gleich ausposaunt.

¹aus|po|w|ern [...pau...] ⟨sw. V.; hat⟩ [zu ↑ Power] (ugs.): **1.** ⟨meist nur im Infinitiv u. 2. Part. gebr.⟩ *seine Kräfte vollständig aufbrauchen:* sind Sie müde und ausgepowert? **2.** ⟨a. + sich⟩ *sich verausgaben:* der Ruderer hatte sich völlig ausgepowert.

²aus|po|wern ⟨sw. V.; hat⟩ [zu ↑ power] (ugs. abwertend): *[bis zur Verelendung] ausbeuten:* ein Land a.; Aber in der Sowjetunion kostet das Wettrüsten die ausgepowerten Völker nicht nur die Wurst aufs Brot, sondern das Brot selbst (Biermann, Klartexte 21).

Aus|po|we|rung, die; - (ugs. abwertend): *das ²Auspowern.*

aus|prä|gen ⟨sw. V.; hat⟩: **1. a)** *(Metall) zu Münzen o. Ä. prägen:* Silber [zu Münzen, Medaillen] a.; **b)** *(Münzen o. Ä.) prägen:* Münzen, Medaillen a. **2.** ⟨a. + sich⟩ *sich in etw. ausdrücken, zeigen; offenbar werden:* ihr Erstaunen hat sich in ihrem Gesicht ausgeprägt; ⟨a. + sich⟩ *sich herausbilden:* sein Verstand war nicht sonderlich ausgeprägt; ein ausgeprägter Wesenszug; **c)** *herausbilden* (b); *sich ausprägen* (2 b) *lassen:* durch Übung jmds. Fähigkeiten a.

Aus|prä|gung, die; -, -en: **1.** *das Ausprägen; das Ausgeprägtsein.* **2.** *Prägung* (2 a).

aus|prei|sen ⟨sw. V.; hat⟩ (Kaufmannsspr.): *(Waren) mit Preisschildern versehen.*

aus|pres|sen ⟨sw. V.; hat⟩: **a)** *durch Pressen herausholen, herausfließen lassen:* den Saft [aus der Zitrone] a.; **b)** *aus etw. durch Pressen die darin enthaltene Flüssigkeit austreten lassen, herausholen:* eine Apfelsine a.; Ü der Reporter versuchte, mich auszupressen (ugs.; *ausfragen*); **c)** *ausbeuten:* die Bevölkerung, die Arbeiter a.

aus|pro|bie|ren ⟨sw. V.; hat⟩: *[Neues] benutzen, um seine Brauchbarkeit festzustellen:* ein Rezept, ein Waschmittel a.; eine Methode a. *(erproben);* ein neues Medikament [an jmdm.] a.

Aus|puff, der; -[e]s, -e (Technik): *Gesamtheit der Bauteile, bes. Rohre, durch die die Abgase von Verbrennungsmotoren abgeleitet werden:* der A. ist verrostet.

Aus|puff|an|la|ge, die (Technik): *gesamte Anlage eines Auspuffs.*

Aus|puff|gas, das ⟨meist Pl.⟩: *dem Auspuff entweichendes Abgas von Verbrennungsmotoren:* stinkende, giftige -e.

Aus|puff|rohr, das (Technik): *Rohr an einem Auspuff, durch das die Abgase abgeleitet werden.*

Aus|puff|topf, der (Technik): *Teil des Auspuffs, der schalldämpfende Funktion hat.*

aus|pum|pen ⟨sw. V.; hat⟩: **a)** *durch Pumpen herausholen, herausfließen lassen:* Wasser [aus der Baugrube] a.; **b)** *durch Pumpen leeren:* die Baugrube, den Keller a.; [jmdm.] den Magen a. *(aushebern).*

aus|punk|ten ⟨sw. V.; hat⟩ (bes. Boxen): *(den Gegner) nach Punkten besiegen:* den Gegner a.

aus|pus|ten ⟨sw. V.; hat⟩ (ugs.): **1.** *ausblasen* (1): die Kerze a. **2.** *ausblasen* (2). **3.** *ausblasen* (3): den Rauch, die Luft a.

aus|put|zen ⟨sw. V.; hat⟩: **1. a)** (österr., sonst landsch.) *von überflüssigen od. dürren Ästen od. Trieben befreien:* Bäume a.; **b)** (landsch.) *säuberlich (bes. an den Innenflächen) reinigen:* den Ofen a.; du musst dir die Ohren a. **2.** (veraltend) **a)** *[mit etw.] ausschmücken:* das Zimmer festlich mit Blumen a.; **b)** *festlich kleiden, herausputzen:* sie hatte die Kinder ausgeputzt. **3.** (Fußball) *als Ausputzer spielen:* er putzte souverän aus.

Aus|put|zer, der; -s, - (Fußballjargon früher): *Vorstopper.*

Aus|put|ze|rin, die; -, -nen: w. Form zu ↑ Ausputzer.

aus|quar|tie|ren ⟨sw. V.; hat⟩: *jmdn. dazu veranlassen, [vorübergehend] sein Quartier, seine Unterkunft zu räumen:* wir mussten eines der Kinder wegen unseres Besuches a.

Aus|quar|tie|rung, die; -, -en: *das Ausquartieren; das Ausquartiertwerden.*

aus|quat|schen ⟨sw. V.; hat⟩ (salopp): **1.** *ausplaudern* (1): einen Namen a. **2.** ⟨a. + sich⟩ *sich aussprechen; alles erzählen, was man auf dem Herzen hat:* wir hätten uns mal richtig a. sollen.

aus|quet|schen ⟨sw. V.; hat⟩: **1. a)** (seltener) *auspressen* (a): den Saft [aus den Früchten] a.; **b)** *auspressen* (b): Früchte, Beeren, Zitronen a. **2.** (ugs.) *aufdringlich ausfragen:* sie haben ihn über vieles ausgequetscht.

aus|ra|deln, aus|rä|deln ⟨sw. V.; hat⟩: **1. a)** *mit einem Teigrädchen ausschneiden:* Teigstreifen, Plätzchen a.; **b)** *(ausgerollten Teig) mit einem Teigrädchen in bestimmte Formen schneiden:* den Teig ausrollen u. zu Formen a. **2.** *(ein Schnittmuster) vom Schnittmusterbogen mit einem Kopierrädchen auf eine Unterlage übertragen:* einen Schnitt, ein Schnittmuster a.

aus|ra|die|ren ⟨sw. V.; hat⟩: **1.** *(Geschriebenes) durch Radieren tilgen:* den Preis, ein Wort [mit dem Radiergummi] a.; Ü etw. aus seinem Gedächtnis a. *(die Erinnerung an etw. tilgen).* **2.** (salopp) **a)** *völlig zerstören, dem Erdboden gleichmachen:* die Stadt wurde [im Krieg durch Bomben] fast völlig ausradiert; **b)** *töten, vernichten:* der Schurke will die gesamte Menschheit a.

aus|ran|gie|ren ⟨sw. V.; hat⟩ (ugs.) **a)** *(unbrauchbar Gewordenes) aussondern, nicht weiterverwenden:* einen alten Mantel a.; ausrangierte Möbel; **b)** *(einen Eisenbahnwaggon) auf ein Abstellgleis rangieren.*

aus|ra|sie|ren ⟨sw. V.; hat⟩: **a)** *(Haare) durch Rasieren entfernen:* [jmdm., sich] die Haare [im Nacken] a.; **b)** *durch Rasieren von Haaren befreien:* [jmdm., sich] den Nacken a.; ausrasierte Achselhöhlen; **c)** *(eine Haartracht o. Ä.) durch Rasieren herstellen, in eine bestimmte Form bringen:* ein ausrasierter Backenbart.

¹aus|ras|ten ⟨sw. V.; ist⟩: **1.** (Technik) *sich aus einer ineinandergreifenden Befestigung lösen, herausspringen:* aus einer Halterung a. **2.** (ugs.) *durchdrehen, die Nerven verlieren:* wenn du das tust, rastet sie aus; *** bei jmdm. rastet es aus** (ugs.; *jmd. verliert die Nerven*).

²aus|ras|ten ⟨sw. V.; hat⟩ (südd., österr.): *[sich] ausruhen:* wir müssen jetzt a.; ⟨auch a. + sich:⟩ ich muss mich von Zeit zu Zeit a.

Aus|ras|ter, der; -s, - (salopp): *(sich meist als Tobsuchtsanfall ausdrückender) plötzlicher Verlust der Selbstkontrolle.*

aus|rau|ben ⟨sw. V.; hat⟩: **1.** *durch Raub völlig leeren; ausplündern:* ein Geschäft, eine Wohnung, die Kasse a. **2.** *jmdm. unter Gewaltanwendung alles wegnehmen, was er besitzt od. bei. sich trägt:* sie wurde unterwegs ausgeraubt.

aus|räu|bern ⟨sw. V.; hat⟩: **1.** *in einen Raum o. Ä. eindringen u. die darin befindlichen sie sich bringen u. mitnehmen:* er hatte den Weinkeller ausgeräubert. **2.** *jmdn. überfallen u. ihm alles, was er besitzt od. bei sich trägt, abnehmen:* er wurde

Ausräuberung – ausrotten

niedergeschlagen u. ausgeräubert; Ü wir haben ihn beim Skat ganz schön ausgeräubert *(ihm viel Geld abgenommen).*
Aus|räu|be|rung, die; -, -en: *das Ausräubern.*
Aus|rau|bung, die; -, -en: *das Ausrauben.*
aus|räu|chern ⟨sw. V.; hat⟩: **1. a)** *(Schädlinge o. Ä.) mithilfe von Rauch od. Gas vertreiben od. vernichten:* Ungeziefer a.; **b)** *(Jägerspr.) durch Rauch, Gas aus dem Bau heraustreiben:* einen Fuchs, Dachs [aus dem Bau] a. **2.** *(einen Raum o. Ä.) durch Räuchern von Ungeziefer befreien:* einen verwanzten Raum a.
Aus|räu|che|rung, die; -, -en: *das Ausräuchern; das Ausgeräuchertwerden.*
aus|rau|fen ⟨sw. V.; hat⟩: *in großer Menge [her]ausreißen, ausrupfen:* Gras, Unkraut a.; ich raufte mir aus Versehen ein Büschel Haare aus.
aus|räu|men ⟨sw. V.; hat⟩: **1. a)** *aus einem Raum herausschaffen, aus einem Behältnis o. Ä. herausnehmen:* die Möbel [aus dem Zimmer] a.; die Bücher aus dem Regal a.; **b)** *einen Raum, ein Behältnis o. Ä. durch Herausnehmen des Inhaltes leer machen:* die Schränke, die Wohnung a.; **c)** (ugs.) *ausrauben:* Diebe haben die Ladenkasse ausgeräumt. **2.** (Med.) **a)** *nach einer Fehlgeburt Gewebsreste aus der Gebärmutter entfernen:* einen Abort a.; **b)** *Gewebspartien bes. aus vorgebildeten Körperhöhlen operativ entfernen:* Lymphdrüsen im Bereich der Achselhöhle a. **3.** *(etw., was einer Sache hinderul im Wege steht) beseitigen, aus dem Weg räumen:* Bedenken, einen Verdacht, Missverständnisse a.
Aus|räu|mung, die; -, -en: *das Ausräumen.*
aus|re|chen ⟨sw. V.; hat⟩ (bes. md., südd.): **a)** *mit dem Rechen aus etw. entfernen:* das Unkraut auf den Wegen a.; **b)** *mit dem Rechen von etw. frei machen:* einen Weg, ein Beet a.
aus|rech|nen ⟨sw. V.; hat⟩: **1. a)** *durch Rechnen lösen:* eine Rechenaufgabe a.; **b)** *durch Rechnen ermitteln, errechnen:* das Gewicht, den Preis, die Entfernung a.; Ü ... die berufsmäßigen Propheten in den Zeitungen..., die sorgfältig ausgerechnet hatten, warum Bert seine Medaille erhalten müsste (Lenz, Brot 130); * *sich* ⟨Dativ⟩ *etw. a. können (etw. vorhersehen können).* **2.** *mit etw. rechnen, etw. erwarten:* ich hatte mir [keine] Chancen ausgerechnet.
Aus|rech|nung, die; -, -en: *das Ausrechnen.*
Aus|re|de, die; -, -n: *nicht wirklich zutreffender Grund, der als Entschuldigung für etw. vorgebracht wird:* so eine faule A.!; sie hat immer eine passende A.; er ist um -n niemals verlegen.
aus|re|den ⟨sw. V.; hat⟩: **1. a)** *zu Ende sprechen:* darf ich erst a.?; jmdn. [nicht] a. lassen; **b)** *seine Rede beenden:* hoffentlich hat er bald ausgeredet. **2.** *jmdn. durch Worte von etw., jmdm. abbringen:* jmdm. ein Vorhaben, eine Idee a.; die Eltern versuchten, ihm das Mädchen auszureden. **3.** ⟨a. + sich⟩ (südd., österr., schweiz.) *sich aussprechen, jmdm. sein Leid klagen:* sie musste sich einmal [bei ihrer Freundin] a.
4. ⟨a. + sich⟩ (veraltend) *sich herausreden; Ausflüchte gebrauchen; etw. als Ausrede, Entschuldigung anführen:* ... hätte er sich vielleicht durch verlegenes Stammeln ... verdächtig gemacht oder sich mit mangelnder Vollmacht schlecht ausgeredet (A. Zweig, Grischa 266).
aus|reg|nen ⟨sw. V.; hat⟩: **a)** ⟨unpers.⟩ *aufhören zu regnen:* es hat ausgeregnet; **b)** ⟨a. + sich⟩ *so lange regnen, bis alles vollständig abgeregnet ist:* es hat sich, die Wolke hat sich ausgeregnet.
aus|rei|ben ⟨st. V.; hat⟩: **1. a)** *durch Reiben aus etw. entfernen:* einen Flecken a.; **b)** *die Innenflächen von etw. durch Reiben säubern:* Gläser mit einem Tuch a.; **c)** *die Innenflächen von etw. einreiben:* die Fonduepfanne mit Knoblauch a.

2. (österr.) *eine Fläche mit einer Bürste scheuern:* den Fußboden, die Küche a.
Aus|reib|tuch, das ⟨Pl. ...tücher⟩ (österr.): *Scheuerlappen.*
aus|rei|chen ⟨sw. V.; hat⟩: **1.** *in einem Maß od. einer Menge vorhanden sein, die für etw. reicht, genügt:* der Platz, der Vorrat, das Geld reicht [für den vorgesehenen Zweck, zu dem Vorhaben] aus. **2.** (ugs.) *mit einer vorhandenen Menge o. Ä. auskommen:* mit dem Stoff nicht a.
aus|rei|chend ⟨Adj.⟩: **1.** *den Erfordernissen entsprechend, genügend:* etw. ist in -em Maße, in -er Menge, Zahl vorhanden; sie war nicht a. informiert. **2.** *der drittschlechtesten der sechs Schulnoten entsprechend:* seine Leistungen in Mathematik sind leider nur a.; er bekam für die Klassenarbeit die Note »ausreichend«.
aus|rei|fen ⟨sw. V.; ist⟩: **a)** *(von Früchten o. Ä.) völlig reif werden:* die Bananen reifen an der Staude aus; **b)** *voll, zur Reife entwickeln:* der Wein in diesen Fässern muss noch a. **2.** *sich bis zu einer möglichen Vollkommenheit entwickeln:* eine Methode a. lassen; die Konstruktion ist ausgereift.
Aus|rei|fung, die; -: *das Ausreifen.*
Aus|rei|se, die; -, -n: *das Verlassen eines Landes [mit einem Verkehrsmittel]:* jmdm. die A. verweigern.
Aus|rei|se|er|laub|nis, die: *offizielle Erlaubnis zur Ausreise.*
Aus|rei|se|ge|neh|mi|gung, die: *Ausreiseerlaubnis.*
aus|rei|sen ⟨sw. V.; ist⟩: *ins Ausland reisen, die Landesgrenze überschreiten:* jmdn. nicht a. lassen.
Aus|rei|se|ver|bot, das: *Verbot der Ausreise.*
Aus|rei|se|wil|lig ⟨Adj.⟩: *willig, bereit auszureisen.*
aus|rei|ßen ⟨st. V.⟩: **1.** ⟨hat⟩ *aus etw. herausreißen, durch Herausreißen entfernen:* Blumen, Unkraut a.; jmdm. sich ein Haar a. **2.** ⟨ist⟩ **a)** *sich aus etw. gewaltsam lösen, von etw. abreißen:* der Ärmel, Henkel ist ausgerissen; **b)** *einreißen, durch einen Riss weiter werden:* die Knopflöcher sind ausgerissen. **3.** ⟨ist⟩ (ugs.) *weglaufen [um sich einer unangenehmen Situation, jmds. Zugriff zu entziehen]:* von zu Hause a.; seine Frau ist ihm ausgerissen *(hat ihn verlassen);* Unterstützen Sie nur doch diesen Feigling, damit er auch sicher a. kann vor den Ansprüchen einer schutzlosen ... Frau! (Fallada, Herr 129). **4.** ⟨ist⟩ (Sport) *durch plötzliches Erhöhen der Geschwindigkeit einen Vorsprung gegenüber anderen Teilnehmern eines Rennens o. Ä. gewinnen:* er ist seinen Konkurrenten ausgerissen.
Aus|rei|ßer, der; -s, -: (ugs.) *jmd., der aus dem Haus weggelaufen ist, bes. ein Kind:* die beiden A. wurden von der Polizei aufgegriffen und wieder nach Hause gebracht. **2.** (salopp) *Einzelwert, Einzelding o. Ä., das von den übrigen Werten, Dingen in auffälliger Weise abweicht:* die überdurchschnittlichen Verkaufszahlen im Februar waren bloß ein A. **3.** (Sport) *jmd., der durch plötzliches Erhöhen der Geschwindigkeit einen Vorsprung gegenüber anderen Teilnehmern eines Rennens o. Ä. gewinnt.* **4.** (Schießsport) *Schuss, der weit vom Ziel abweicht.*
Aus|rei|ße|rin, die; -, -nen: w. Form zu ↑ Ausreißer (1, 3).
Aus|reiß|ver|such, der (Sport): *Versuch, durch Ausreißen (4) einen Vorsprung zu gewinnen.*
aus|rei|ten ⟨st. V.⟩: **1. a)** ⟨ist⟩ *einen Ort reitend verlassen:* die Kompanie ist [aus der Kaserne] ausgeritten; **b)** ⟨hat⟩ *einen Ausritt machen:* sie reitet jeden Sonntag aus; **c)** ⟨hat⟩ *einem Pferd durch einen Ausritt Bewegung verschaffen:* sie hat versprochen, unser Pferd täglich auszurei-

ten. **2.** ⟨hat⟩ (Reitsport) **a)** *(in einem Rennen) einem Pferd die äußerste Leistung abfordern:* ein Pferd [nicht voll] a.; **b)** *eine gekrümmte Strecke korrekt abreiten:* die Ecken richtig a.
aus|rei|zen ⟨sw. V.; hat⟩ (Kartenspiele): *bis zur höchsten Zahl reizen:* seine Karten a.; * **ausgereizt sein** (ugs.; ausgeschöpft 2 sein: das Thema ist ausgereizt).
aus|ren|ken ⟨sw. V.; hat⟩ [↑ renken]: *aus dem Gelenk drehen:* jmdm., sich den Arm a.; ich habe mir fast den Hals a. müssen, um etwas zu sehen.
Aus|ren|kung, die; -, -en: *das Ausrenken.*
♦ **aus|reu|ten** ⟨sw. V.; hat⟩ [↑ reuten]: *ausroden:* ... um das wilde Unkraut und Gestrüpp auszureuten (Keller, Romeo 15); ... eine Matte ..., das Rütli heißt sie ..., weil dort die Waldung ausgereutet ward (Schiller, Tell I, 4).
aus|rich|ten ⟨sw. V.; hat⟩: **1.** *im Auftrag eines anderen mitteilen, bestellen, übermitteln:* jmdm. Grüße [von jmdm.] a.; richte ihr aus, dass sie heute nicht zu kommen braucht. **2.** *bei etw. Erfolg haben; erreichen, tun können, wirken:* bei jmdm. etwas, nicht viel a. können; Nein, mit Vernunft ist hier nichts auszurichten (Hildesheimer, Tynset 224). **3.** *in eine bestimmte einheitliche Richtung bringen:* etw., sich in einer Linie a. **4. a)** *auf etw., jmdn. einstellen, einrichten, abstellen:* das Warenangebot auf die Bedürfnisse/nach den Bedürfnissen/an den Bedürfnissen der Käufer a.; **b)** *in bestimmter Weise, an einer bestimmten Ideologie o. Ä. orientieren:* die Arbeit der Verbände einheitlich a.; diese Gruppe ist kommunistisch ausgerichtet. **5.** *(für jmdn.) gestalten, arrangieren:* sie haben für ihre Tochter die Hochzeit ausgerichtet; eine Tagung, Meisterschaften a. *(veranstalten).* **6.** (südd., österr., ugs.) *jmdn. herabsetzen, schlechtmachen:* sie richten gerne andere Menschen aus. **7.** (schweiz.) *zahlen, auszahlen:* die Witwenrente, eine Subvention a.
Aus|rich|ter, der; -s, -: *Person, Organisation, Institution o. Ä., die eine [sportliche] Veranstaltung ausrichtet (5);* *Veranstalter:* A. der Veranstaltung ist das Kulturamt der Stadt.
Aus|rich|te|rin, die; -, -nen: w. Form zu ↑ Ausrichter.
Aus|rich|tung, die; -, -en: *das Ausrichten (3–6); das Ausgerichtetwerden.*
aus|rin|gen ⟨st. V.; hat⟩ [entstanden durch Vermischung von ↑²ringen mit dem nicht verwandten ↑wringen] (landsch.): ↑ auswringen.
aus|rin|nen ⟨st. V.; ist⟩ (bes. südd., österr.): **a)** *langsam aus etw. fließen, herauslaufen:* das Benzin rinnt [aus dem Fass] aus; **b)** *durch Herausfließen leer werden:* das Fass rinnt aus.
Aus|riss, der; -es, -e: *Ausschnitt mit unregelmäßigen Rändern, die wie durch Reißen entstanden aussehen.*
Aus|ritt, der; -[e]s, -e: **a)** *das Ausreiten (1 a):* der A. der Reiter aus dem Stadion; **b)** *kürzerer Ritt im Gelände:* einen A. machen.
aus|ro|den ⟨sw. V.; hat⟩: *mit den Wurzeln ausgraben, vollständig roden:* Bäume, Buschwerk a.
aus|rol|len ⟨sw. V.; hat⟩: **1.** ⟨ist⟩ *langsam aufhören, sich rollend fortzubewegen:* das Flugzeug rollt [auf der Landebahn] aus. **2.** ⟨hat⟩ **a)** *(Zusammengerolltes) auf einer Fläche auseinanderrollen:* einen Läufer [auf dem Boden] a.; **b)** *(Teig) auf einer Fläche in die Länge ziehend ausbreiten:* ... ich rolle den Teig aus, knete den Rand hoch und drücke die Früchte in den Kuchen hinein (Böll, Und sagte 59).
aus|rot|ten ⟨sw. V.; hat⟩ [zu veraltet rotten = völlig vernichten, mhd. rotten, Nebenf. von: riuten, ↑reuten]: **1.** *vollständig, bis zum letzten Exemplar vernichten, vertilgen:* Ungeziefer, Unkraut [mit Stumpf u. Stiel] a.; sie wollten alle ihre

Feinde a. **2.** *beseitigen, aus der Welt schaffen:* ein Übel, eine Unsitte a.

Aus|rot|tung, die; -, -en: *das Ausrotten; das Ausgerottetwerden.*

aus|rü|cken ⟨sw. V.⟩: **1.** ⟨ist⟩ **a)** *(bes. Militär) sich (in Formation) von einem Standort aus irgendwohin begeben, ausmarschieren:* die Kompanie rückt aus; **b)** *zu einem Einsatz fahren (bes. von Notfalldiensten wie Feuerwehr, Rettung, Bergwacht o. Ä.):* die Feuerwehr ist ausgerückt. **2.** ⟨ist⟩ (ugs.) *weglaufen, sich heimlich davonmachen:* sie ist aus Angst vor Strafe, von daheim] ausgerückt. **3.** ⟨hat⟩ (Druckw.) *(im fortlaufenden Text) vor den Zeilenbeginn od. hinter den rechten Zeilenrand rücken:* ein Wort, eine Zahl a. **4.** ⟨hat⟩ (Technik) *durch Verschieben die Übertragung des Antriebs aufheben, auskuppeln:* die Kupplung, einen Treibriemen a.

Aus|ruf, der; -[e]s, -e: **1.** *kurze, laute Äußerung als Ausdruck einer Gemütsbewegung:* ein A. des Entsetzens, der Überraschung; jmdn. mit einem freudigen A. begrüßen. **2.** *(selten) öffentliche Ankündigung, Bekanntmachung durch Ausrufen* (2 a): etw. durch A. bekannt machen.

aus|ru|fen ⟨st. V.; hat⟩: **1.** *spontan, in einem Ausruf* (1) *äußern:* »Wie schön!«, rief sie begeistert aus. **2. a)** *[laut rufend] nennen, mitteilen, bekannt geben:* die Stationen, eine Bekanntmachung, die Schlagzeilen einer Zeitung a.; man hat sie auf dem Bahnsteig ausgerufen; Aus der Kuckucksuhr in der Wand schießt der Vogel und ruft die Stunde aus (Remarque, Obelisk 342); **b)** *öffentlich, offiziell verkünden, proklamieren:* die Republik, einen Streik, den Notstand a.; jmdn. als Sieger a.; er wurde zum Kaiser ausgerufen; **c)** *rufend zum Kauf anbieten, feilbieten:* die Abendzeitung a.

Aus|ru|fer, der; -s, -: *jmd., der öffentliche Bekanntmachungen ausruft* (2 a).

Aus|ru|fe|rin, die; -, -nen: w. Form zu ↑ Ausrufer.

Aus|ru|fe|satz, der (Sprachwiss.): *Satz, der einen Sachverhalt mit starker innerer Anteilnahme des Sprechers ausdrückt* (z. B. Wie schnell die Zeit vergeht!)

Aus|ru|fe|wort, das ⟨Pl. ...wörter⟩ (Sprachwiss.): Interjektion.

Aus|ru|fe|zei|chen, das: *Satzzeichen in Form eines senkrechten Strichs mit einem Punkt darunter, das nach Ausrufe-, Wunsch- u. Aufforderungssätzen sowie nach Ausrufewörtern steht.*

Aus|ru|fung, die; -, -en: *das Ausrufen* (2); *Proklamation.*

Aus|ru|fungs|zei|chen, das: *Ausrufezeichen.*

aus|ru|hen ⟨sw. V.; hat⟩: **a)** *ruhen, um neue Kräfte zu sammeln, sich zu erholen:* du musst ein wenig a.; ⟨meist a. + sich:⟩ sich auf einer Bank, nach der Arbeit, von den Strapazen a.; sie kamen ausgeruht (erholt) aus den Ferien zurück; **b)** *vorübergehend in Ruhelage bringen, nicht beanspruchen:* seine Augen, Beine a.

♦ **aus|run|den** ⟨sw. V.; hat⟩: *rund aushöhlen:* ...man geht aber immer in einer Rinne, gleichsam wie in einem ausgerundeten Graben, hinan (Stifter, Bergkristall 11).

aus|ru|pfen ⟨sw. V.; hat⟩: *[mutwillig] ausreißen:* Gras, Unkraut, Blumen a.

aus|rüs|ten ⟨sw. V.; hat⟩: **1.** *mit etw. versehen, ausstatten, was zur Erfüllung einer bestimmten Aufgabe notwendig od. nützlich ist:* jmdn., sich, etw. [für etw.] a.; eine Expedition, ein Schiff a.; die Streitkräfte mit modernstem Waffen a.; dieser Wagentyp kann wahlweise mit zwei oder mit vier Türen ausgerüstet werden; für eine Aufgabe gut, unzureichend ausgerüstet sein. **2.** (Textilind.) *Stoffe durch Nachbehandlung veredeln:* einen Stoff bügelfrei a.

Aus|rüs|ter, der; -s, -: **1.** *Person, Firma, die jmdn., etw. ausrüstet* (1): der offizielle, langjährige A. der Nationalmannschaft. **2.** (Schifffahrt) **a)** *jmd., der ein ihm nicht selbst gehörendes Seeschiff für seine Rechnung verwendet, indem er es selbst führt bzw. einem anderen die Führung überträgt;* **b)** *Eigentümer eines Binnenschiffes.*

Aus|rüs|te|rin, die; -, -nen: w. Form zu ↑ Ausrüster.

Aus|rüs|tung, die; -, -en: **1.** *das Ausrüsten, Ausgerüstetsein.* **2. a)** *Gesamtheit der Gegenstände, mit denen jmd., etw. für einen bestimmten Zweck ausgestattet ist:* eine A. für den Wintersport; **b)** *bestimmte technische Anlage, deren Vorhandensein für das Funktionieren von etw. unbedingt nötig ist:* der Export elektronischer A.

Aus|rüs|tungs|ge|gen|stand, der: *zu einer Ausrüstung gehörender Gegenstand.*

Aus|rüs|tungs|in|ves|ti|ti|on, die (Wirtsch.): *(in der volkswirtschaftlichen Gesamtrechnung) mobiles Investitionsgut (wie z. B. Maschinen, Geräte).*

aus|rut|schen ⟨sw. V.; ist⟩: **1.** *durch Rutschen auf einer glatten Fläche o. Ä. das Gleichgewicht verlieren [und zu Fall kommen]; ausgleiten:* auf einer Bananenschale a. [und hinfallen]. **2.** *aus der Hand rutschen, wegrutschen:* beim Brotschneiden ist [ihr] das Messer ausgerutscht.

Aus|rut|scher, der; -s, - (ugs.): **1.** *das Ausrutschen auf einer glatten Fläche.* **2.** *Fauxpas:* seine Bemerkung war ein peinlicher A. **3.** *nicht zu erwartender, überraschender Misserfolg:* ein guter Schüler kann sich auch mal einen A. leisten.

Aus|saat, die; -, -en: **1.** *das Aussäen:* die A. verzögert sich; mit der A. beginnen. **2.** *Saatgut; Pflanzgut:* es mangelt an -en.

aus|sä|en ⟨sw. V.; hat⟩: *Samen, Saatgut in die Erde bringen.*

Aus|sa|ge, die; -, -n: **1.** *geäußerte Meinung, Feststellung, Urteil:* die -n der Fachleute sind widersprüchlich. **2.** *[vor Gericht, vor der Polizei] abgegebene Erklärung zu einem Tatbestand:* eine belastende, eidliche A.; eine A. [über etw.] machen, entkräften; die A. verweigern; es steht A. gegen A. **3.** *geistiger Gehalt; etw., was ein Werk ausdrückt:* die künstlerische, dichterische A. des Romans.

aus|sa|ge|fä|hig ⟨Adj.⟩: **1.** *aussagekräftig:* ein -es Ergebnis; die Daten sind nicht a. genug. **2.** *sich in der Lage befindend, eine Aussage* (2) *zu machen:* die Zeugin ist nicht a.

Aus|sa|ge|kraft, die ⟨o. Pl.⟩: **1.** *Wirkung, Wirksamkeit einer Aussage* (3). **2.** *Geltung als Aussage* (1); *Beweiskraft:* die A. der Daten, von Statistiken.

aus|sa|ge|kräf|tig ⟨Adj.⟩: *Aussagekraft* (2) *besitzend:* -e Zahlen; das Bild, das Ergebnis ist nicht sehr a.

aus|sa|gen ⟨sw. V.; hat⟩: **1.** *zum Ausdruck bringen, ausdrücken, erkennen lassen, sagen; als Meinung o. Ä. kundtun:* diese Äußerung sagt einiges über ihre Einstellung aus; ♦ Das Schlechte, was die Leute von mir aussagen (von dir erzählen; Ebner-Eschenbach, Gemeindekind 39). **2.** *vor Gericht, vor der Polizei eine Aussage* (2) *machen:* als Zeuge, gegen jmdn., vor Gericht a.; zugunsten des Angeklagten a. **3.** *[in künstlerischer Form] ausdrücken; eine bestimmte Ausdruckskraft besitzen:* die frühen Bilder des Malers sagen wenig aus.

Aus|sa|ge|satz, der (Sprachwiss.): *Satz, der einen Sachverhalt einfach berichtend wiedergibt* (z. B. die Sonne scheint).

Aus|sa|ge|ver|wei|ge|rung, die (Rechtsspr.): *Verweigerung einer Aussage* (2).

Aus|sa|ge|wei|se, die (Sprachwiss.): *Modus* (2).

Aus|sa|ge|wert, der: *Wert, Bedeutsamkeit einer Aussage* (1): nur einen begrenzten A. haben.

aus|sal|men ⟨sw. V.; hat⟩: *sich durch Samen verbreiten:* durch zu häufiges Mähen der Wiesen können viele Pflanzenarten nicht mehr a.

Aus|satz, der; -es [mhd. ūʒsaz, rückgeb. aus: ūʒsetzic, ↑ aussätzig] (Med.): *(in den Tropen u. Subtropen verbreitete) Infektionskrankheit, die bes. zu entstellenden Veränderungen der Haut führt;* Lepra.

aus|sät|zig ⟨Adj.⟩ [mhd. ūʒsetzic, älter: ūʒsetze, ahd. ūʒsāzeo, zu ↑ setzen u. eigtl. = ausgesetzt, abgesondert]: *von Aussatz befallen.*

Aus|sät|zi|ge, die/eine Aussätzige/der/einer Aussätzigen, die Aussätzigen/zwei Aussätzige: *weibliche Person, die Aussatz hat.*

Aus|sät|zi|ger, der Aussätzige/ein Aussätziger; des/eines Aussätzigen, die Aussätzigen/zwei Aussätzige: *Person, die Aussatz hat:* man behandelte uns wie Aussätzige.

aus|sau|fen ⟨st. V.; hat⟩: **a)** *(von Säugetieren) von etw. saufen, bis nichts mehr übrig ist:* die Tiere haben alles Wasser [aus dem Trog] ausgesoffen; (derb in Bezug auf Menschen:) hast du den ganzen Wein ausgesoffen?; **b)** *leer saufen:* den Trog, den Eimer a.; (derb in Bezug auf Menschen:) die Schnapsflasche a.

aus|sau|gen ⟨st. u. sw. V.; saugte/(geh.:) sog aus, hat ausgesaugt/(geh.:) ausgesogen⟩: **1. a)** *aus etw. saugen:* den Saft [aus der Zitrone] a.; Blut [aus der Wunde] a.; **b)** *durch Saugen von etw. befreien, leer saugen:* die Wunde a. **2.** *ausbeuten, das Letzte herausholen:* die Herrscher haben das Land, die Menschen ausgesaugt.

aus|scha|ben ⟨sw. V.; hat⟩: **a)** *durch Schaben entfernen, aus etw. herausholen:* das Fleisch [aus einer Frucht] a.; **b)** *durch Ausschaben* (a) *leer machen, aushöhlen, von seinem Inhalt befreien:* Gurken a.; **c)** (Med.) *von Gewebe befreien, kürettieren:* die Gebärmutter a.

Aus|scha|bung, die; -, -en (Med.): *das Ausschaben* (c); *Abrasion, Kürettage.*

aus|schach|ten ⟨sw. V.; hat⟩ [zu ↑ Schacht]: **a)** *[zur Herstellung einer Baugrube] ausheben, ausschaufeln:* Erde a.; **b)** *durch Ausheben von Erde herstellen:* eine Baugrube a.

Aus|schach|tung, die; -, -en: **1.** *das Ausschachten.* **2.** *durch Ausschachten entstandene Grube o. Ä.*

Aus|schach|tungs|ar|bei|ten ⟨Pl.⟩: *Arbeiten beim Ausschachten von etw.*

Aus|schaf|fung, die; -, -en (schweiz.): *Abschiebung einer abgewiesenen Asylbewerberin bzw. eines abgewiesenen Asylbewerbers.*

aus|scha|len ⟨sw. V.; hat⟩ (Bauw.): **a)** *die Schalung von einer Konstruktion entfernen:* das Gewölbe a.; **b)** *eine zu errichtende Baukonstruktion verschalen, einschalen:* eine Wand, die Decke a.

aus|schä|len ⟨sw. V.; hat⟩: **1.** *aus dem Fleisch (eines Schlachttiers) herauslösen, herausschneiden:* den Knochen aus dem Schinken a. **2.** (Med.) *durch Herausschneiden aus dem Gewebe o. Ä. entfernen:* die Mandeln, einen Abszess a.

aus|schal|ten ⟨sw. V.; hat⟩: **1. a)** *durch Bedienen eines Schalters o. Ä. abstellen:* den Motor, das Licht, das Radio, den Strom a.; **b)** ⟨a. + sich⟩ *durch einen Schalter in bestimmter Weise außer Betrieb gesetzt werden:* die Maschine schaltet von selbst, automatisch aus. **2. a)** *beseitigen, unschädlich machen:* eine Fehlerquelle, ein Risiko, eine Gefahr a.; das Gefühl bei etw. ganz a.; **b)** *an einer weiteren Einflussnahme hindern:* die Konkurrenz, seine Rivalen a.; einen Gegner im Wettkampf a. *(zum Ausscheiden bringen).*

Aus|schal|tung, die; -, -en: *das Ausschalten; das Ausgeschaltetwerden.*

Aus|schä|lung, die; -, -en (Med.): *das Ausschälen* (2).

¹Aus|schank, der; -[e]s, Ausschänke [zu ↑¹Schank]: **1.** ⟨o. Pl.⟩ *das Ausschenken von Getränken:* der A. alkoholischer Getränke. **2. a)** *Gastwirtschaft, Raum, in dem alkoholische Getränke ausgeschenkt werden:* einen A. aufsuchen; **b)** *Schanktisch, Büfett* (2 a): am A. stehen.

²Aus|schank, die; -, -en (österr.): ↑¹*Ausschank* (2).

aus|schar|ren ⟨sw. V.; hat⟩: **a)** *durch Scharren aus der Erde herausholen:* Leichenteile a.; **b)** *durch Scharren herstellen:* eine Vertiefung, Mulde, ein Loch a.

Aus|schau, die: in der Wendung **nach jmdm., etw. A. halten** (nachdrücklich; *ausschauen* 1).

aus|schau|en ⟨sw. V.; hat⟩: **1.** *einer Sache, jmdm., auf dessen Erscheinen man wartet, entgegensehen; ausblicken:* sehnsüchtig, ungeduldig nach jmdm., nach dem Schiff a. **2.** (landsch.) *sich nach etw., jmdm. umsehen; etw., jmdn. zu erlangen, zu bekommen suchen:* nach einer guten Gelegenheit, einer neuen Arbeit a. **3.** (südd., österr.) **a)** *aussehen* (1 a): er schaut gut, krank aus; **b)** ⟨unpers.⟩ *aussehen* (1 b): mit ihr, mit dieser Sache schaut es nicht gut aus; wie schauts aus? (ugs.; *wie geht es dir [Ihnen, euch]?; wie steht es mit der Sache?*).

aus|schau|feln ⟨sw. V.; hat⟩: **a)** *schaufelnd [aus etw.] herausholen:* Erde [aus dem Graben] a.; **b)** *schaufelnd herstellen:* ein Grab a.; **c)** *ausgraben, durch Schaufeln freilegen:* einen Verschütteten a.

aus|schäu|men ⟨sw. V.; hat⟩: *mit Schaumstoff ausfüllen:* die Hohlräume a.

aus|schei|den ⟨st. V.⟩: **1.** ⟨ist⟩ **a)** *eine Tätigkeit aufgeben, [u. damit zugleich] eine Gemeinschaft, Gruppe verlassen:* am, zum, mit dem 31. 3. aus der Firma a.; aus einem Verein, aus dem Dienst a.; sie ist im vergangenen Jahr bei uns als Mitarbeiterin ausgeschieden; **b)** *an einem Spiel od. Wettkampf nicht weiter teilnehmen können:* n, nach der ersten Runde, nach einem Sturz [aus dem Rennen] a. **2.** ⟨ist⟩ *nicht infrage, nicht in Betracht kommen:* dieser Bewerber, diese Möglichkeit scheidet aus. **3. a)** ⟨hat⟩ *aussondern, entfernen:* fehlerhafte Stücke aus einer Produktionsserie a.; Sie achten, wogen und sortierten Edelsteine oder Banknoten, wobei sie die Fälschungen ausschieden (Jünger, Bienen 9); ♦ **b)** ⟨a. + sich; hat⟩ *nachlassen, sich legen:* ... muss wenigstens ein paar Jahre in warmen Klima ... zubringen, ob sich das Übel (= die Krankheit) vielleicht ausscheide (Arnim, Invalide 92). **4.** ⟨hat⟩ *von sich geben, absondern:* der Körper hat die Giftstoffe [mit dem Stuhl, über die Haut] ausgeschieden.

Aus|schei|dung, die; -, -en: **1.** ⟨o. Pl.⟩ *das Ausscheiden* (1 b, 2–4). **2.** ⟨meist Pl.⟩ *abgesondertes, ausgeschiedenes Stoffwechselprodukt, bes. vom Darm Ausgeschiedenes.* **3.** (Sport) *Ausscheidungs[wett]kampf, -runde, -spiel:* die Mannschaft scheiterte in der A.

Aus|schei|dungs|kampf, der: *sportlicher Wettkampf, bei dem die schwächeren Bewerber[innen] ausscheiden bzw. sich die besseren für den weiteren Wettbewerb qualifizieren.*

Aus|schei|dungs|or|gan, das: *Körperorgan, das der Ausscheidung bes. von Stoffwechselprodukten dient.*

Aus|schei|dungs|pro|dukt, das: *Stoffwechselprodukt, das ausgeschieden wird.*

Aus|schei|dungs|run|de, die (Sport): *Runde in einem Wettkampf od. Turnier, in der die schwächeren Bewerber[innen] ausscheiden bzw. sich die besseren für die nächste Runde qualifizieren.*

Aus|schei|dungs|spiel, das (Sport): *Spiel, bei dem die schwächeren Bewerber[innen] ausscheiden bzw. sich die besseren für das weitere Spiel qualifizieren.*

aus|schei|ßen ⟨st. V.; hat⟩ (derb): **1. a)** *etw. als Verdautes od. mit Verdautem ausscheiden:* alles, was er gegessen hat, hat er fast unverdaut wieder ausgeschissen; **b)** ⟨meist in einer zusammengesetzten Zeitform⟩ *aufhören, Kot zu entleeren:* hast du bald ausgeschissen?; * **[bei jmdm.] ausgeschissen haben** (derb; *jmds. Achtung verloren haben:* nach diesem Vorfall hat er bei mir ausgeschissen). **2.** ⟨a. + sich⟩ **a)** *den Darm völlig entleeren:* sich richtig a.; **b)** *sich aussprechen* (5 a): immer kommt er zu mir, um sich auszuscheißen.

aus|schel|ten ⟨st. V.; hat⟩ (geh., landsch.): *(jmdn.) heftig schelten:* sie schalt ihn wegen seiner Dummheit aus.

aus|schen|ken ⟨sw. V.; hat⟩: **a)** *Getränke (im Lokal) verkaufen:* Alkohol darf an Kinder nicht ausgeschenkt werden; **b)** *in ein Trinkgefäß gießen, ausgießen:* Kaffee a.; würdest du bitte [den Wein] a.?

aus|sche|ren ⟨sw. V.; ist⟩ [zu ↑⁴*scheren* (2)]: **a)** *eine Linie, Reihe, Gruppe [seitlich ausbiegend] verlassen:* drei Boote, Flugzeuge, Läufer scherten aus; aus einer Kolonne [nach links] a. und zum Überholen ansetzen; Ü die jüngeren Politiker möchten gern a.; **b)** *rutschend aus der Spur geraten:* bei Glätte schert das Fahrzeug leicht aus.

aus|scheu|ern ⟨sw. V.; hat⟩: *innen durch Scheuern reinigen:* Töpfe [mit Sand] a.

aus|schi|cken ⟨sw. V.; hat⟩: *zur Erfüllung eines Auftrags wegschicken:* jmdn. nach Brot, auf Kundschaft a.; ein Rettungsboot a.

aus|schie|ßen ⟨st. V.⟩: **1.** ⟨hat⟩ *aus etw. herausschießen, durch einen Schuss zerstören:* jmdm. ein Auge a. **2.** ⟨hat⟩ (landsch.) *(Brot) schiebend aus dem Ofen herausholen:* Brot a. **3.** ⟨hat⟩ (veraltet) *aussondern:* fehlerhafte Stücke einer Ware a. **4.** ⟨hat⟩ (Druckw.) *die Druckstöcke der Seiten eines Druckwerks so anordnen, dass die Seiten nach dem Falzen der bedruckten Bogen in der richtigen Reihenfolge liegen:* Seiten a. **5.** ⟨hat⟩ (Schießsport) *durch Schießen die Entscheidung um den Sieg, um einen Preis o. Ä. herbeiführen:* einen Preis, Pokal, den besten Schützen a.; eine Meisterschaft a. (*im Wettschießen austragen*). **6.** ⟨ist⟩ *(von Pflanzen) aus der Erde sprießend heraus-, hervorkommen:* die Petersilie schoss aus. **7.** ⟨ist⟩ (südd., österr.) *bleichen, verschießen:* die Vorhänge sind ausgeschossen.

aus|schif|fen ⟨sw. V.; hat⟩: *vom Schiff ans Land bringen:* Passagiere, Waren a.; sich ausschiffen (*an Land gehen*).

Aus|schif|fung, die; -, -en ⟨Pl. selten⟩: *das Ausschiffen.*

aus|schil|dern ⟨sw. V.; hat⟩: **a)** *mit allen erforderlichen [Verkehrs]schildern ausstatten:* der Wanderweg wurde vorbildlich ausgeschildert; eine vorschriftsgemäß ausgeschilderte Straße; **b)** *durch Hinweisschilder kenntlich machen, markieren:* die Parkplätze besser ausschildern; die Umleitung ist ausgeschildert.

Aus|schil|de|rung, die; -, -en: *das Ausschildern; das Ausgeschildertwerden.*

aus|schimp|fen ⟨sw. V.; hat⟩: *durch Schimpfen zurechtweisen, ausschelten:* Kinder wegen etw. ausschimpfen.

aus|schlach|ten ⟨sw. V.; hat⟩: **1.** *die Eingeweide von geschlachtetem Vieh herausnehmen:* ein Schwein a. **2.** (ugs.) *die noch brauchbaren Teile aus etw. ausbauen:* einen Unfallwagen, eine Waschmaschine vor der Verschrottung a.; Ü einen Konzern a. **3.** (ugs. abwertend) *bedenkenlos für seine Zwecke ausnutzen:* einen Fall [politisch, weidlich] a.; der Skandal wird jetzt von der Presse ausgeschlachtet.

Aus|schlach|tung, die; -, -en: *das Ausschlachten; das Ausgeschlachtetwerden.*

aus|schla|fen ⟨st. V.; hat⟩: **1.** *schlafen, bis die Müdigkeit überwunden ist:* ordentlich, gründlich a.; ausgeschlafen haben, sein; ⟨auch a. + sich:⟩ ich muss mich endlich einmal a. **2.** *durch Schlafen vergehen lassen, überwinden:* seinen Rausch a.

Aus|schlag, der; -[e]s, Ausschläge ⟨Pl. selten⟩: **1.** *an der Haut auftretende krankhafte Veränderung:* A. bekommen, haben; sie leidet an einem A. im Gesicht, an den Händen; Seine Haut ist flammig und gelb, weil von einem A. entstellt (Weiss, Marat 14). **2.** *das Abweichen vom Ruhe- od. Gleichgewichtszustand od. das Verlassen dieses Zustandes:* der A. des Pendels, der Magnetnadel, der Waage; * **den A. geben** (*entscheidend sein; die Entscheidung herbeiführen*; urspr. bezogen auf den Ausschlag des Züngleins an der Waage): dieses Argument hat den A. [für seine Entscheidung] gegeben).

aus|schla|gen ⟨st. V.⟩: **1.** ⟨hat⟩ (gewöhnlich von Pferden) *nach jmdm. schlagen, stoßen:* das Pferd hat vorn und hinten ausgeschlagen. **2.** ⟨hat⟩ *durch einen Schlag gewaltsam entfernen:* ein Stück aus einer Platte a.; er hat ihr einen Zahn ausgeschlagen. **3.** ⟨hat⟩ (landsch.) *durch eine schlagende Handbewegung von etw. befreien:* ein Staubtuch a. **4.** ⟨hat⟩ *durch Ausschlagen ersticken:* ein Feuer mit nassen Decken a. **5.** ⟨hat⟩ *mit Stoff auskleiden:* ein Zimmer, die Wände eines Zimmers schwarz, mit schwarzem Samt a. **6.** ⟨hat⟩ (Handwerk) *breit schlagen, hämmern:* Gold zu dünnen Blättchen a. **7.** ⟨hat⟩ [viell. aus der Fechtersprache, einen Streich ausschlagen = einen Gegenschlag parieren] *ablehnen, zurückweisen:* ein Geschenk, ein Angebot, eine Einladung, einen Bewerber a. **8.** ⟨hat/ist⟩ **a)** *aus dem Ruhe- od. Gleichgewichtszustand geraten:* das Pendel, die Wünschelrute schlägt aus; die Magnetnadel ist/hat nach links, um zwei Striche ausgeschlagen; **b)** *einen Ausschlag* (2) *anzeigen.* **9.** ⟨hat/ist⟩ *neue Triebe hervorbringen:* die Birken haben/sind schon ausgeschlagen. **10.** (selten) **a)** ⟨ist⟩ *austreten:* Salpeter schlägt aus; **b)** ⟨hat⟩ *etw. austreten lassen, ausschwitzen:* die Wände haben [Salpeter] ausgeschlagen. **11.** ⟨ist⟩ *sich entwickeln, zu etw. werden:* die Sache ist gut, günstig, zu ihrem Nachteil ausgeschlagen. **12.** ⟨hat⟩ *aufhören zu schlagen:* Die Turmuhr hatte ausgeschlagen; Ü (geh.:) sein müdes Herz hat ausgeschlagen. ♦ **13.** *durchprügeln:* Den schlug ich wacker aus dazumal (Goethe, Götz I).

aus|schlag|ge|bend ⟨Adj.⟩: *entscheidend, bestimmend:* die Wahl war von -er Bedeutung; das ist dabei, dafür nicht a.

aus|schlei|cken ⟨sw. V.; hat⟩: *auslecken.*

aus|schlei|chen ⟨st. V.; hat⟩ (Fachspr.): *(ein Medikament o. Ä.) in immer kleiner werdender Dosis verabreichen u. schließlich ganz absetzen:* ein Suchtgift, ein Medikament a.

aus|schleu|sen ⟨sw. V.⟩: **1.** ⟨hat⟩ **a)** *aus der Schleuse herausfahren lassen:* ein Schiff, Personen a.; **b)** *durch geschicktes Verfahren [heimlich] aus einem bestimmten Bereich herausbringen:* Islamisten a.; er hatte viele Bürger der DDR in die BRD ausgeschleust. **2.** ⟨ist⟩ *aus der Schleuse herausfahren.*

Aus|schleu|sung, die; -, -en: *das Ausschleusen; das Ausgeschleustwerden.*

aus|schlie|ßen ⟨st. V.; hat⟩: **1.** *durch Verschließen der Tür jmdm. den Zutritt unmöglich machen:* sie konnte nicht ins Haus, man hatte sie ausgeschlossen. **2.** *aus einer Gemeinschaft entfernen:* sie schlossen ihn aus der Partei aus.

3. a) *nicht teilhaben lassen:* jmdn. von einer Feier a.; Arbeiter nicht von der Vermögensbildung a.; **b)** *ausnehmen, nicht mit einbeziehen:* eine Möglichkeit a.; sie lobte alle, ohne einen auszuschließen; reduzierte Ware ist vom Umtausch ausgeschlossen *(wird nicht umgetauscht).* **4.** *unmöglich machen:* jeden Zweifel, Irrtum a. **5.** (Druckw.) *durch Füllen mit Ausschluss* (2) *die genaue Zeilenlänge herstellen:* Zeilen a.

¹**aus|schließ|lich** ⟨Adj.⟩: *alleinig, uneingeschränkt:* das -e Recht a. haben; sie dominiert, wenn auch nicht mehr so a. wie früher.

²**aus|schließ|lich** ⟨Adv.⟩: *nur:* das ist a. ihr Verdienst; er lebt a. für seine Familie; Er benutzte a. weiße Krawatten, was seiner Erscheinung etwas Festliches verlieh (Th. Mann, Hoheit 54).

³**aus|schließ|lich** ⟨Präp. mit Gen.⟩: *ohne, außer:* die Kosten a. des genannten Betrages; ⟨ein stark deklinietes Subst. im Sg. bleibt ungebeugt, wenn es ohne Art. od. Attr. steht:⟩ die Kosten a. Porto; ⟨im Pl. mit dem Dativ, wenn der Gen. nicht erkennbar ist:⟩ der Preis für die Mahlzeiten a. Getränken.

Aus|schließ|lich|keit [auch: …ˈʃliː…], die; -, -en: **1.** *Uneingeschränktheit, Absolutheit:* sie widmet sich ihrem Beruf mit a. **2.** *etw. Ausschließliches; Ausschluss* (1 b).

Aus|schlie|ßung, die; -, -en: *das Ausschließen* (1–4).

Aus|schlupf, der; -[e]s, -e u. Ausschlüpfe: *Öffnung, Stelle zum Herausschlüpfen, Entwischen:* ein A. für die Hühner; einen A. finden.

aus|schlüp|fen ⟨sw. V.; ist⟩: *aus dem Ei, aus der Puppe schlüpfen:* der Schmetterling ist ausgeschlüpft; ⟨subst.:⟩ Vögel kurz nach dem Ausschlüpfen; Die Glucke hat die frisch ausgeschlüpften gelben Flaumbällchen so sich in das junge Gras gelockt (Fussenegger, Zeit 162).

aus|schlür|fen ⟨sw. V.; hat⟩: **a)** *schlürfend leer trinken:* ein Glas a.; **b)** *schlürfend zu Ende trinken:* seinen Tee a.

Aus|schluss, der; -es, Ausschlüsse: **1. a)** *das Ausschließen* (2); *das Ausgeschlossenwerden:* den A. [aus der Partei] beantragen; **b)** *das Ausschließen* (3 a); *das Ausgeschlossenwerden:* das Verfahren fand unter A. der Öffentlichkeit statt. **2.** (Druckw.) *nicht druckende, niedrigere Typen für die Zwischenräume.*

Aus|schluss|frist, die (Rechtsspr.): *Frist, nach deren Ablauf Ansprüche erlöschen.*

aus|schmel|zen ⟨st., seltener sw. V.; hat⟩: *durch Schmelzen zum Herausfließen bringen:* das Metall aus dem Erz a.

aus|schmie|ren ⟨sw. V.; hat⟩: **a)** *durch Schmieren innen gänzlich mit etw. bedecken:* eine Backform [mit Fett] a.; **b)** *mit einer schmierfähigen Masse ausfüllen:* Fugen [mit Gips] a.

aus|schmü|cken ⟨sw. V.; hat⟩: **1.** *[einen Raum innen] vollständig schmücken, dekorieren:* einen Saal, eine Kirche [mit Blumen] a. **2.** *durch Zusätze ergänzen; durch zusätzliche, erfundene Einzelheiten vorteilhafter erscheinen lassen:* eine Geschichte, einen Bericht a.

Aus|schmü|ckung, die; -, -en: **1.** *das Ausschmücken.* **2.** *etw. Ausschmückendes; Dekoration.*

◆ **aus|schnal|len** ⟨sw. V.; hat⟩: *abschnallen* (1): Ich wollt' den Harnisch a. (Goethe, Götz I).

aus|schnau|ben ⟨sw., veraltend st. V.; hat⟩ (landsch.): *sich die Nase gründlich putzen:* du musst kräftig a.; ⟨auch a. + sich:⟩ du schnaubst dich umständlich a.

aus|schnau|fen ⟨sw. V.; hat⟩ (südd., österr. ugs.): *verschnaufen, rasten, ausruhen:* nach der Anstrengung muss ich ein wenig a.; ⟨auch a. + sich:⟩ hier kannst du dich etwas a.

aus|schnäu|zen ⟨sw. V.; hat⟩: *gründlich schnäuzen.*

Aus|schnei|de|bo|gen, der: *Bogen mit Bildern zum Ausschneiden.*

aus|schnei|den ⟨unr. V.⟩: **a)** *durch Schneiden herauslösen, heraustrennen:* eine Annonce aus der Zeitung a.; faule, schwarze Stellen a.; **b)** *durch Herausschneiden [mit der Schere] herstellen:* Figuren, Sterne [aus Buntpapier] a.; **c)** *durch Herausschneiden von etw. befreien:* einen angefaulten Apfel a.; Bäume a. *(die überflüssigen Äste herausschneiden);* **d)** *mit einem Ausschnitt für den Hals versehen, dekolletieren:* ein Kleid tief a.

Aus|schnei|dung, die; -, -en (bes. Med.): *operative Entfernung durch Herausschneiden.*

Aus|schnitt, der; -[e]s, -e: **1. a)** *etw., was aus etw. ausgeschnitten* (a) *ist:* ein A. aus einer Zeitung; **b)** *kleinerer Teil, der eine bestimmte Kenntnis des Ganzen vermittelt, zu dem er gehört:* ein A. aus einem Brief, Bild, Film; etw. in -en zeigen, lesen, kennenlernen; Das Zeitelement der Musik ist nur eines; ein A. menschlicher Erdenzeit (Th. Mann, Zauberberg 748). **2. a)** *durch Herausschneiden hergestellte Öffnung: die herzförmige -e der Fensterläden;* **b)** *Öffnung für den Hals an Kleidungsstücken:* ein Kleid, Pullover mit rundem, spitzem, tiefem A.

aus|schnitt|wei|se ⟨Adv.⟩: *im Ausschnitt* (1 b), *in Ausschnitten:* einen Vortrag a. abdrucken; ⟨mit Verbalsubstantiven auch attr.:⟩ eine nur a. Zitierung der Rede.

aus|schnit|zen ⟨sw. V.; hat⟩: *durch Schnitzen herausarbeiten.*

aus|schnüf|feln ⟨sw. V.; hat⟩ (ugs. abwertend): *durch Schnüffeln, Spionieren herausbekommen, ausspionieren:* er will immer alles a.; ich lasse mich nicht a. *(aushorchen).*

aus|schöp|fen ⟨sw. V.; hat⟩: **1. a)** *durch Schöpfen herausnehmen, herausschöpfen:* das Wasser [aus der Tonne] a.; **b)** *leer schöpfen:* eine Tonne, einen Kahn, einen Brunnen a. **2.** *sich etw. bis ins Letzte zunutze machen, ganz ausnutzen:* alle Möglichkeiten, Reserven a.

Aus|schöp|fung, die; -: *das Ausschöpfen.*

aus|schop|pen ⟨sw. V.; hat⟩ (bayr., österr. ugs.): *ausstopfen.*

aus|schrau|ben ⟨sw. V.; hat⟩: *herausschrauben:* eine Birne [aus der Fassung] a.

aus|schrei|ben ⟨st. V.; hat⟩: **1.** *nicht abgekürzt schreiben:* seinen Vornamen, ein Wort a. **2.** *ausfüllen, ausfertigen, ausstellen:* einen Scheck, eine Rechnung, ein Rezept, ein Attest a.; jmdm. eine Quittung a. **3.** *öffentlich u. schriftlich für Interessenten, Bewerber, Teilnehmer o. Ä. zur Kenntnis bringen, bekannt geben:* einen Wettbewerb, eine Meisterschaft a.; eine Wohnung [zum Vermieten], eine Stelle a.; Lieferungen a.; Wahlen a. *(ansetzen);* jmdn. [zwecks Festnahme] polizeilich a.; Er sah darauf, dass die ausgeschriebenen *(festgesetzten)* Steuern auch unnachsichtig eingetrieben wurden (Thieß, Reich 511). **4. a)** *(aus einem gegebenen Text o. Ä.) herausschreiben:* eine Stelle [aus einem Buch] a.; die Rollen eines Theaterstücks, die Stimmen [für die einzelnen Instrumente] aus einer Partitur a.; **b)** *für seine Zwecke ausschöpfen, ausbeuten:* eine wissenschaftliche Arbeit, einen Autor a. **5.** ⟨a. + sich⟩ **a)** *sich schreibend, schriftstellerisch entfalten;* **b)** (meist in einer zusammengesetzten Zeitform) *sich als Schriftsteller(in) erschöpfen.* ◆ **6.** *zu Ende schreiben:* So schreib doch deine Geschichte aus, die du angefangen hast (Goethe, Götz IV).

Aus|schrei|bung, die; -, -en: **1.** *das Ausschreiben* (3); *das Ausgeschriebenwerden:* die A. der geplanten Halle soll bald erfolgen. **2.** *Text, mit dem etw. ausgeschrieben wird:* die Lieferbedingungen stehen in der A.

aus|schrei|en ⟨st. V.; hat⟩: **1. a)** *(veraltet) schreiend, rufend zum Verkauf anbieten, ausrufen:* Zeitungen, Lose, Waren a.; **b)** *laut schreiend bekannt machen, mitteilen:* eine Nachricht a. **2. a)** ⟨a. + sich⟩ *anhaltend, heftig, ungezügelt schreien:* das Kind muss sich einfach a.; **b)** *schreien, so laut man kann:* ich habe mir beinahe den Hals, die Kehle, die Lunge ausgeschrien; **c)** ⟨meist mit einer zusammengesetzten Zeitform⟩ *aufhören zu schreien:* hast du bald ausgeschrien? ◆ **3.** *(jmdn.) in abschätziger Weise charakterisieren, in den Ruf bringen, bestimmte negative Eigenschaften zu haben:* …taten schon damals ihr Bestes, den guten Aristipp für einen Wollüstigen auszuschreien (Wieland, Agathon 11, 1).

Aus|schrei|er, der; -s, - (veraltet): *jmd., der etw. ausschreit* (1 a).

Aus|schrei|e|rin, die; -, -nen: w. Form zu ↑ Ausschreier.

aus|schrei|ten ⟨st. V.⟩ (geh.): **1.** ⟨hat⟩ *mit Schritten ausmessen:* eine Strecke, den Weg bis zum Stall a. **2.** ⟨ist⟩ *sich mit raumgreifenden Schritten vorwärtsbewegen:* eilig, forsch, rüstig, rasch a.

Aus|schrei|tung, die; -, -en ⟨meist Pl.⟩ [zu veraltet ausschreiten = vom Weg abgehen]: **1.** *Übergriff, Gewalttätigkeit:* nach dem Fußballspiel kam es zu schweren -en. **2. a)** ⟨o. Pl.⟩ *Ausschweifung:* die zügellose A. seiner Fantasie.

aus|schu|len ⟨sw. V.; hat⟩: **1.** *(einen Schüler, eine Schülerin) aus der Schule nehmen.* **2. a)** (bes. westösterr., sonst österr. veraltend) *aus der Schule entlassen;* **b)** (österr.) *ausgeschult* (2 a) *werden; von der Schule abgehen.*

Aus|schu|lung, die; -, -en: *das Ausschulen; das Ausgeschultwerden.*

Aus|schuss, der; -es, Ausschüsse: **1.** *Austrittsstelle eines Geschosses:* der A. war ziemlich groß. **2.** [zu ↑ ausschießen (3)] *für besondere Aufgaben aus einer größeren Gemeinschaft, Körperschaft ausgewählte Personengruppe:* ein ständiger A.; ein A. von Expertinnen; ein A. tagt, tritt zusammen; einen A. bilden, wählen, in einen A. gewählt werden; …in jedem A. saß schon ein Vertreter des entsprechenden Ministeriums (Musil, Mann 224). **3.** ⟨o. Pl.⟩ [zu ↑ ausschießen (3)] *Gesamtheit von fehlerhaften, minderwertigen Produkten, Werkstoffen, Werkstücken, Waren, die aussortiert werden:* das ist alles A.; …die große Masse der Schafe was weiß und nur eine Minderzahl scheckig, sodass denn Jaakob auch tat, als handle es sich um eine Art von A. (Th. Mann, Joseph 354).

Aus|schuss|mit|glied, das: *Mitglied eines Ausschusses* (2).

Aus|schuss|sit|zung, Aus|schuss-Sit|zung, die: *Sitzung eines Ausschusses* (2).

Aus|schuss|wa|re, die: *Ausschuss* (3): A. verbilligt verkaufen.

aus|schüt|teln ⟨sw. V.; hat⟩: **a)** *durch Schütteln aus etw. entfernen;* den Staub [aus einem Tuch] a.; **b)** *durch Schütteln von etw. befreien:* ein Staubtuch, den nassen Schirm a.

aus|schüt|ten ⟨sw. V.; hat⟩: **1. a)** *durch Schütten aus etw. entfernen, ausleeren:* Sand, schmutziges Wasser a.; das Kind hat die Milch ausgeschüttet *(verschüttet);* Ü Geschenke über jmdn. a. (geh.; *ihn reichlich beschenken);* jmdm. seinen Kummer a. *(erzählen, um sich zu erleichtern);* * **sich vor Lachen a.** (ugs.; *sehr heftig u. anhaltend lachen);* **b)** *durch Ausschütten des Inhalts gegenstandslos machen:* den Sack, den Aschenbecher a.; sie schüttete den Kübel in den, im Rinnstein aus. **2. a)** *auszahlen, verteilen:* Dividende, Prämien, Gewinne a.; **b)** *(von Wirkstoffen o. Ä.) abgeben:* bestimmte Proteine werden dann von der Leber ausgeschüttet.

Aus|schüt|tung, die; -, -en: **1. a)** *das Ausschütten* (2 a): die A. der Dividende; **b)** *ausgeschütte-*

ter Geldbetrag: die A. beläuft sich auf über 100 €. **2.** *Produktion u. Abgabe bestimmter Wirkstoffe:* die A. von Adrenalin bewirken.

aus|schwär|men ⟨sw. V.; ist⟩: **1.** *schwärmend, in Schwärmen aus-, wegfliegen:* die Bienen schwärmen aus; Ü die Touristen schwärmten aus *(zogen, fuhren massenweise [in die Umgebung] hinaus).* **2.** (Militär) *sich mit einem bestimmten Auftrag im Gelände verteilen:* die Infanterie schwärmte aus.

aus|schwat|zen, (bes. südd.:) **aus|schwät|zen** ⟨sw. V.; hat⟩ (abwertend): *unangebrachterweise, aus Geschwätzigkeit weitererzählen:* ein Geheimnis a.

aus|schwe|feln ⟨sw. V.; hat⟩: **1.** *mit Schwefeloxid od. schwefliger Säure innen desinfizieren, ausräuchern* (2): ein Fass a. **2.** *(Schädlinge o. Ä.) mithilfe von Schwefeldämpfen vertreiben od. vernichten, ausräuchern* (1 a): Insekten, Ungeziefer a.

aus|schwei|fen ⟨sw. V.⟩: **1.** ⟨ist⟩ *das normale Maß [des Lebensgenusses o. Ä.] stark überschreiten:* in seinen Vorstellungen, Gefühlen, Leidenschaften a. **2.** ⟨hat⟩ (bes. Tischlerei) *nach außen schweifen* (2): die Stuhlbeine werden vom Tischler ausgeschweift; ausgeschweifte Biedermeierstühle.

aus|schwei|fend ⟨Adj.⟩: *maßlos, übertreibend, übertrieben:* -e Gefühle, Gedanken; eine -e Darstellung, Fantasie; ein -es *(zügelloses, sittenloses)* Leben führen; a. leben.

Aus|schwei|fung, die; -, -en: *Maßlosigkeit, Übertreibung, bes. im Lebensgenuss; Zügellosigkeit; Exzess:* nächtliche -en; -en der Fantasie; ... ich habe niemals das so allgemeine Vergnügen an der Zote verstanden, sondern die A. des Mundes stets für die abstoßendste erachtet (Th. Mann, Krull 59); Er mied alle -en, scheute als junger Mensch der Frauen, studierte unablässig (Bergengruen, Rittmeistein 338/339).

aus|schwei|gen, sich ⟨st. V.; hat⟩: *zu etw. beharrlich schweigen; nicht äußern, nicht Stellung nehmen:* sich [über einen Vorfall] a.

aus|schwem|men ⟨sw. V.; hat⟩: **1.** *aus etw. schwemmen, nach draußen schwemmen:* das Meer schwemmt Muscheln aus. **2.** *durch Fließen aushöhlen, auswaschen* (2): das Ufer wurde stark ausgeschwemmt. **3.** *durch Schwemmen, Spülen reinigen, von etw. befreien:* eine Wunde a.; Sand a., um Gold zu gewinnen.

Aus|schwem|mung, die; -, -en: **1.** *das Ausschwemmen; das Ausgeschwemmtwerden.* **2.** *etw. Ausgeschwemmtes.*

aus|schwen|ken ⟨sw. V.⟩: **1.** ⟨hat⟩ *durch Schwenken in od. mit Flüssigkeit reinigen, mit Wasser ausspülen:* einen Topf, Gläser [mit Wasser] a.; Wäsche a. **2.** ⟨hat⟩ *nach außen schwenken:* einen Drehkran a. **3.** ⟨ist⟩ *zur Seite schwenkend die Richtung ändern:* der Bus ist [nach] rechts ausgeschwenkt.

aus|schwin|gen ⟨st. V.⟩: **1. a)** ⟨hat⟩ *allmählich aufhören zu schwingen:* die Glocken schwingen aus; **b)** ⟨ist⟩ (geh.) *auslaufen:* die Jacke hat eine leicht ausschwingende Schoßpartie. **2.** ⟨hat⟩ **a)** *weit nach außen, bis zum äußersten Punkt schwingen:* die Schaukel schwang weit aus; ⟨subst.:⟩ das Ausschwingen des Pendels; **b)** *weit nach außen, bis zum äußersten Punkt schwingen lassen:* die Arme, Beine a. **3.** ⟨hat/ist⟩ (Ski) *schwingend, schwenkend eine andere Richtung nehmen:* beim Wedeln schwingt der Skiläufer nach links und rechts aus. **4.** ⟨ist⟩ *mit weitem Schwung, in weitem Bogen verlaufen:* eine weit ausschwingende Kurve. **5.** ⟨hat⟩ ⟨schweiz.⟩ *den Endkampf im Schwingen* (9) *bestreiten, kämpfen.*

Aus|schwin|get, der; -s ⟨schweiz.⟩: *Endkampf, Entscheidungskampf im Schwingen* (9).

aus|schwit|zen ⟨sw. V.⟩: **1.** ⟨hat⟩ *schwitzend, durch Schwitzen ausscheiden:* eine Flüssigkeit a.; Ü eine Erkältung a. *(durch Schwitzen heraustreiben).* **2. a)** ⟨ist⟩ *austreten, sich absondern:* aus den Wänden schwitzt Salpeter aus; **b)** ⟨hat⟩ *austreten lassen, absondern:* die Wände schwitzten Feuchtigkeit aus. **3.** ⟨hat⟩ (Kochkunst) *durch Erhitzen von Feuchtigkeit befreien:* Mehl a.

Aus|schwit|zung, die; -, -en: **1.** ⟨o. Pl.⟩ *das Ausschwitzen* (1, 2). **2.** *etw. Ausgeschwitztes* (2 a).

aus|seg|nen ⟨sw. V.; hat⟩ (Rel.): **a)** *einem Verstorbenen den letzten Segen erteilen:* einen Verstorbenen a.; **b)** *weihen, segnen:* sie ließ das Haus a.

Aus|seg|nung, die; -, -en (Rel.): *das Aussegnen.*

aus|se|hen ⟨st. V.; hat⟩: **1. a)** *einen bestimmten Anblick bieten; einen bestimmten Eindruck machen; wirken:* hübsch, gut, krank, bleich, wie das blühende Leben a.; sie sah traurig, schuldbewusst aus; er sieht aus, als ob er krank wäre; wie siehst du denn aus? (Ausruf des Erstaunens über auffallendes od. unordentliches u. schmutziges Aussehen meist bei Kindern); der Fremde sah zum Fürchten aus; die Verletzung sieht gefährlich aus; im Zimmer sah es wüst aus; das Kleid sieht nach nichts aus (ugs.; *ist allzu schlicht);* Ü du siehst wie Verrat aus, nach Verrat aus *(scheint Verrat zu sein);* gegen jmdn. gut, schlecht a. (Sport; *ein gutes, schlechtes Spiel gegen jmdn. liefern);* ⟨auch unpers.:⟩ es sieht nach Gewitter aus *(es scheint ein Gewitter zu geben);* Kanonen sehen im Frieden immer ein bisschen plump aus (Tucholsky, Werke II, 259); Einsilbigkeit sieht nach Hinterlist aus (Wohmann, Absicht 121); R so siehst du aus! (ugs.; *das stellst du dir so vor!; da irrst du dich aber!);* sehe ich so/danach aus? (ugs.; *kann man das von mir glauben?);* **b)** ⟨unpers.⟩ *in einer bestimmten Weise um jmdn., um etw. bestellt sein:* es sieht mit unseren Vorräten noch ganz gut aus; wie sieht es mit der Terminplanung aus? **2.** (selten) *ausschauen, Ausschau halten:* sie sah nach den Gästen aus.

Aus|se|hen, das; -s: *äußere Erscheinung; Beschaffenheit; Erscheinungsbild, Gesicht[sausdruck]:* ein gesundes, blühendes, vertrauenswürdiges A.; einer Sache ein harmloses A. geben; es hat das A. (veraltend; *es hat den Anschein),* wie wenn/als ob sie sich bei uns nicht wohlfühlte.

aus sein: s. ²aus.

au|ßen ⟨Adv.⟩ [mhd. ūʒen, ahd. ūʒan(a), zu ↑ ¹aus]: **1. a)** *auf der Außenseite:* der Becher ist a. und innen vergoldet; a. (Sport; *auf der äußeren Bahn)* laufen; die Tür geht nach a. (*nach der Außenseite hin)* auf; die Füße beim Gehen nach a. *(nach der Außenseite hin, nach auswärts)* setzen; wir haben die Kirche nur von a. *(von der Außenseite, von ihr nur die äußere Seite)* gesehen; Ü diese Angelegenheit wollen wir einmal a. vor lassen (ugs.; *unberücksichtigt lassen);* jmdn. a. vor halten (bes. nordd.; *jmdn. nicht zulassen, nicht teilnehmen lassen);* das Thema muss zunächst a. vor bleiben (bes. nordd.; *kann zunächst nicht behandelt werden);* R a. hui und innen pfui *(die inneren Qualitäten entsprechen nicht der schönen Fassade);* **b)** *in Bezug auf andere, von anderen; außerhalb einer Gruppe:* sie ist nur auf Wirkung nach a. [hin] bedacht; Hilfe von a. brauchen. **2.** (österr.) **a)** (hier) draußen; **b)** (veraltend) *(von drinnen gesehen)* draußen; ♦ Es harre jemand a.,... doch der nicht eher trete... ein,... bis er ihm Fried' gelobt und Sicherheit (Grillparzer, Medea I).

¹Au|ßen, der; -, - (Sport): *Außenstürmer:* er spielt A. (*als Außenstürmer*).

²Au|ßen, die; -, -: w. Form zu ↑ ¹Außen.

Au|ßen|amt, das (ugs.): *Außenministerium.*

Au|ßen|an|la|ge, die: *sich außen befindende Anlage:* eine Kinderkrippe mit A. errichten.

Au|ßen|an|sicht, die: **1.** *äußere Ansicht* (3). **2.** *Ansicht* (2) *von außen.* **3.** *Sicht nach außen.*

Au|ßen|an|ten|ne, die: *die außen an einem Gebäude angebrachte Antenne.*

Au|ßen|ar|bei|ten ⟨Pl.⟩: *Arbeiten, die außen an einem Bau ausgeführt werden.*

Au|ßen|auf|nah|me, die ⟨meist Pl.⟩ (Film): *Aufnahme, die außerhalb eines Studios gedreht wird.*

Au|ßen|bahn, die (Sport): **1.** *an der äußeren Krümmung einer Kurve bzw. am Beckenrand gelegene Bahn:* auf der A. starten. **2.** *sich nicht im Innern, sondern am Rand befindende äußere Seite des Spielfeldes.*

Au|ßen|be|leuch|tung, die: *außen an einem Gebäude, einem Fahrzeug o. Ä. angebrachte Beleuchtung.*

Au|ßen|be|reich, der: *äußerer Bereich:* das Heim hat einen begrünten A.

Au|ßen|be|zirk, der: *Randbezirk, bes. einer Stadt.*

Au|ßen|bor|der, der; -s, - (ugs.): **1.** *Außenbordmotor.* **2.** *Boot mit Außenbordmotor.*

Au|ßen|bord|mo|tor, der; -s, -en, auch: -e: *kleiner Motor, der außen am Heck eines Bootes befestigt ist.*

au|ßen|bords ⟨Adv.⟩ (Seemannsspr.): *außerhalb der Schiffswände; außen an der Schiffswand; vom Schiff aus [nach] außen.*

Au|ßen|dar|stel|lung, die: *Darstellung der eigenen Person, Gruppe o. Ä. nach außen.*

aus|sen|den ⟨unr. V.; sandte/sendete aus, hat ausgesandt/ausgesendet⟩: **1.** *zur Erledigung eines Auftrags o. Ä. irgendwohin schicken:* sie sandten/sendeten eine Expedition aus; einen Boten nach jmdm. a. **2.** *nach verschiedenen Seiten, in die Weite senden, ausstrahlen:* Radium sendet Strahlen aus; das Gerät hat Signale ausgesandt/ausgesendet.

Au|ßen|dienst, der: *Dienst außerhalb der eigentlichen Dienststelle:* im A. arbeiten.

Au|ßen|dienst|ler, der; -s, - (ugs.): *jmd., der im Außendienst arbeitet.*

Au|ßen|dienst|le|rin, die; -, -nen: w. Form zu ↑ Außendienstler.

Au|ßen|dienst|mit|ar|bei|ter, der: *Mitarbeiter, der im Außendienst arbeitet.*

Au|ßen|dienst|mit|ar|bei|te|rin, die: w. Form zu ↑ Außendienstmitarbeiter.

Aus|sen|dung, die; -, -en: **1.** *das Aussenden.* **2.** (österr. Amtsspr.) *Rundschreiben, Verfügung, Verlautbarung.*

Au|ßen|flä|che, die: *äußere Fläche.*

Au|ßen|gren|ze, die: *Grenze, die ein politisches Gebilde in seiner Gesamtheit von anderen nach außen hin trennt:* die EU und ihre -n.

Au|ßen|han|del, der: *Handel mit dem Ausland; zwischenstaatlicher Handel.*

Au|ßen|han|dels|bi|lanz, die: *Gegenüberstellung der Warenein- und -ausfuhrwerte eines Landes.*

Au|ßen|han|dels|kauf|frau, die: *im internationalen Import- u. Exportgeschäft tätige Kauffrau* (Berufsbez.).

Au|ßen|han|dels|kauf|mann, der: *im internationalen Import- u. Exportgeschäft tätiger Kaufmann* (Berufsbez.).

Au|ßen|haut, die: *glatte äußere Verkleidung, Verschalung, Bespannung (bes. eines Schiffes, Flugzeugs).*

Au|ßen|kan|te, die: *äußere, an der Außenseite befindliche Kante:* die A. des Schuhs.

Au|ßen|läu|fer, der (Ballspiele): *rechter od. linker Läufer, Mittelfeldspieler.*

Au|ßen|läu|fe|rin, die: w. Form zu ↑ Außenläufer.

au|ßen lie|gend, au|ßen|lie|gend ⟨Adj.⟩: *nach außen hin, an der Außenseite liegend, sich befindend:* die außen liegenden Kabinen.

Au|ßen|li|nie, die (Ballspiele): *Linie, die das Spielfeld nach außen abgrenzt.*
Au|ßen|luft, die ⟨o. Pl.⟩: *Luft im Freien:* bei dem Störfall ist keine Radioaktivität in die A. gelangt.
Au|ßen|mau|er, die: *ein Gebäude nach außen abschließende Mauer:* massive -n.
Au|ßen|mi|nis|ter, der: *Minister für auswärtige Angelegenheiten.*
Au|ßen|mi|nis|te|rin, die: w. Form zu ↑ Außenminister.
Au|ßen|mi|nis|te|ri|um, das: *Ministerium für auswärtige Angelegenheiten.*
Au|ßen|netz, das (Ballspiele): *seitliches Tornetz von außen.*
Au|ßen|po|li|tik, die: *Teil der Politik eines Staates, der sich mit der Regelung auswärtiger Angelegenheiten befasst.*
Au|ßen|po|li|ti|ker, der: *vorwiegend auf dem Gebiet der Außenpolitik tätiger Politiker.*
Au|ßen|po|li|ti|ke|rin, die: w. Form zu ↑ Außenpolitiker.
au|ßen|po|li|tisch ⟨Adj.⟩: *die Außenpolitik betreffend, zu ihr gehörend, auf ihr beruhend.*
Au|ßen|pos|ten, der: *außerhalb der Zentralstelle eingerichteter Posten.*
Au|ßen|rist, der: *äußere Seite des Fußrückens:* den Ball mit dem A. schießen.
au|ßen|rum ⟨Adv.⟩ (ugs.): *außen (um etw. Bestimmtes) herum:* ein Platz mit einer Mauer a.; wir gehen heute mal a.
Au|ßen|sei|te, die: *äußere Seite:* die A. eines Stoffes; Ü die glänzende, blendende, raue A. (*[trügendes] Äußeres, äußerer Anschein*) einer Sache.
Au|ßen|sei|ter, der; -s, - [LÜ von engl. *outsider*]: **1.** (Sport) *Wettkampfteilnehmer, dessen Siegeschancen als gering erachtet werden:* ein krasser A. **2.** *abseits der Gesellschaft, einer Gruppe Stehender; jmd., der seine eigenen Wege geht:* er ist immer ein A. gewesen.
Au|ßen|sei|ter|chan|ce, die: *Siegeschance für einen Außenseiter, eine Außenseiterin.*
Au|ßen|sei|te|rin, die; -, -nen: w. Form zu ↑ Außenseiter.
Au|ßen|sei|ter|rol|le, die: *Rolle einer Außenseiterin, eines Außenseiters* (2).
Au|ßen|sei|ter|tum, das; -s: *das Außenseitersein.*
Au|ßen|ski, der: *beim Fahren von Bogen u. Schwüngen jeweils auf der Außenseite befindlicher Ski.*
Au|ßen|spie|gel, der: *außen angebrachter Spiegel (bes. beim Auto).*
Au|ßen|stän|de ⟨Pl.⟩: *Gesamtheit ausstehender Geldforderungen:* A. haben, einziehen, eintreiben.
au|ßen|ste|hend, **au|ßen ste|hend** ⟨Adj.⟩: *unbeteiligt:* ein -er Beobachter.
Au|ßen|ste|hen|de, die/eine Außenstehende; der/einer Außenstehenden/zwei Außenstehende, **au|ßen Ste|hen|de**, die/eine außen Stehende; der/einer außen Stehenden/zwei außen Stehende: *weibliche Person, die außerhalb einer Gruppe, Gemeinschaft steht, unbeteiligt, nicht eingeweiht ist, keinen Einblick hat:* für eine A. ist das unerklärlich.
Au|ßen|ste|hen|der, der Außenstehende/ein Außenstehender; des/eines Außenstehenden, die Außenstehenden/zwei Außenstehende, **au|ßen Ste|hen|der**, der außen Stehende/ein außen Stehender; des/eines außen Stehenden, die außen Stehenden/zwei außen Stehende: *Person, die außerhalb einer Gruppe, Gemeinschaft steht, unbeteiligt, nicht eingeweiht ist, keinen Einblick hat.*
Au|ßen|stel|le, die: *außerhalb einer Zentralstelle eingerichtete Zweigstelle:* die -n des Instituts.

Au|ßen|stür|mer, der (Ballspiele): *Stürmer auf der äußersten Seite des Spielfeldes.*
Au|ßen|stür|me|rin, die: w. Form zu ↑ Außenstürmer.
Au|ßen|ta|sche, die: *äußere Tasche.*
Au|ßen|tem|pe|ra|tur, die: *im Freien herrschende Temperatur.*
Au|ßen|trep|pe, die: *Treppe, die außen an einem Gebäude hochführt.*
Au|ßen|tür, die: *äußere Tür.*
Au|ßen|ver|tei|di|ger, der (Ballspiele): *vorwiegend auf der äußersten Seite des Spielfeldes spielender Verteidiger* (2).
Au|ßen|ver|tei|di|ge|rin, die: w. Form zu ↑ Außenverteidiger.
Au|ßen|wand, die: *äußere Wand, bes. eines Gebäudes:* das Zimmer hat zwei Außenwände (*Wände, die gleichzeitig Außenwände des Hauses sind*).
Au|ßen|welt, die: **1.** *äußere Welt, Welt außerhalb des Ichs, außerhalb des Menschen, des eigenen Körpers:* die uns umgebende reale A. **2.** *Welt, Gesellschaft außerhalb des eigenen Bereichs; Umwelt:* von der A. völlig abgeschnitten sein.
Au|ßen|wert, der (Finanzw.): *Geldwert (b) einer Währung im Ausland.*
Au|ßen|win|kel, der (Math.): *außen an einer geometrischen Figur durch Verlängerung einer Seite gebildeter Winkel.*
Au|ßen|wir|kung, die: *Wirkung nach außen:* eine gute Website ist wichtig für die A. eines Unternehmens; sie ist sehr auf ihre A. bedacht.
Au|ßen|wirt|schaft, die: *Gesamtheit der wirtschaftlichen Beziehungen zum Ausland; internationale Wirtschaft.*
au|ßen|wirt|schaft|lich ⟨Adj.⟩: *die Außenwirtschaft betreffend, zu ihr gehörend, auf ihr beruhend.*
²au|ßer ⟨Konj.⟩ [zu: ↑ ¹außer]: *ausgenommen, es sei denn:* ich habe nichts erfahren können, a. dass sie abgereist ist; ich komme, a. es regnet, a. wenn es regnet; das tut keiner a. ich selbst.

au|ßer-: drückt in Bildungen mit Adjektiven eine Verneinung aus, drückt aus, dass die beschriebene Sache außerhalb von etw. liegt: außersportlich, -tariflich, -universitär.

äu|ßer... ⟨Adj.⟩ [mhd. *ūzer*, ahd. *ūzaro*, zu ↑ ¹außer; Umlaut nach dem Superlativ ↑ äußerst]: **a)** *sich außen befindend:* die äußere Schicht ablösen; es ist nur eine äußere Verletzung; **b)** *von außen kommend:* ein äußerer Anlass; **c)** *von außen wahrnehmbar, unmittelbar in Erscheinung tretend:* der äußere Rahmen; die äußere Ähnlichkeit täuscht; **d)** *auswärtig* (2): die äußeren Angelegenheiten; ⟨subst.:⟩ der Minister des Äußeren.
¹au|ßer ⟨Präp. mit Dativ⟩ [mhd. *ūzer*, ahd. *ūzar* = außerhalb, heraus, zu ↑ ¹aus]: **1.** *ausgenommen, abgesehen von:* a. dir hat sie keinen Freund; man hörte nichts a. dem Ticken der Uhr; a. (*neben*) ihrem Beruf hat sie noch einen großen Haushalt zu versorgen; ♦ Bewacht ihn. Dass niemand mit ihm rede a. eurer Gegenwart (*ohne dass ihr dabei seid*; Goethe, Götz V). **2.** drückt aus, dass etw. außerhalb einer räumlichen od. zeitlichen Gegebenheit, Zuordnung od. einer anders gearteten Beziehung geschieht, sich abspielt, befindet o. Ä.: a. Sicht, Hörweite, [aller] Gefahr sein; a. Dienst sein; etw. a. Zweifel setzen; das Schiff wurde a. Dienst gestellt; die Fabrik ist jetzt a. Betrieb (*arbeitet nicht mehr*); ich bin a. Atem (*bekomme nur keuchend Luft, bin atemlos*); er ist wieder a. Bett (veraltend; *kann wieder aufstehen*); du kannst auch a. der Zeit kommen; sie sind alle a. Haus[e]/⟨auch mit Gen.:⟩ a. Hauses (geh.; *haben das Haus verlassen, sind ausgegangen*); ⟨mit Gen.:⟩ a. Landes gehen (veraltend; *das Land verlassen*); ⟨in Verbindung mit bestimmten Verben, meist in festen Wendungen, auch mit Akk.:⟩ etw. a. jeden Zusammenhang stellen; * **a. sich** ⟨Dativ⟩ **sein** (*sich nicht zu fassen wissen*): ich bin ganz a. mir [vor Freude]; **a. sich** ⟨Dativ/Akk.⟩ **geraten** (*die Selbstbeherrschung verlieren*): ich geriet a. mir/mich vor Wut).
Au|ßer|acht|las|sung, die; -, -en ⟨Pl. selten⟩: *das Außerachtlassen.*
au|ßer|amt|lich ⟨Adj.⟩: *nicht amtlich.*
au|ßer|be|ruf|lich ⟨Adj.⟩: *nicht beruflich, außerhalb des Berufs.*
au|ßer|be|trieb|lich ⟨Adj.⟩: *außerhalb des Betriebes (1 a) [stattfindend]:* die -e Ausbildung.
au|ßer|börs|lich ⟨Adj.⟩: *außerhalb der Börse stattfindend:* -er Handel.
au|ßer|dem ⟨Adv.⟩: *darüber hinaus, überdies:* der Angeklagte ist a. vorbestraft; …, und a. ist es gesünder; es gab Bier und a. [noch] Sekt.
au|ßer|deutsch ⟨Adj.⟩: *nicht deutsch; außerhalb Deutschlands, des deutschen Sprachgebiets befindlich.*
au|ßer|dienst|lich ⟨Adj.⟩: *nicht dienstlich, außerhalb des Dienstes:* -e Telefongespräche; a. nicht mit jmdm. verkehren.
au|ßer|ehe|lich ⟨Adj.⟩: *nicht ehelich, außerhalb einer bestehenden Ehe:* eine -e Beziehung; das Kind ist a. [geboren].
Äu|ße|res, das Äußere/ein Äußeres; des/eines Äußeren: *äußere Erscheinung:* ein gepflegtes, angenehmes, ansprechendes Ä./(veraltend:) Äußere; auf sein Ä. achten; auf das Äußere Wert legen; nach dem Äußeren zu urteilen; ein Herr von jugendlichem Äußerem/(seltener:) Äußeren.
au|ßer|eu|ro|pä|isch ⟨Adj.⟩: *nicht europäisch; außerhalb Europas.*
au|ßer|fahr|plan|mä|ßig ⟨Adj.⟩: *nicht fahrplanmäßig, über den Fahrplan hinaus [verkehrend]:* -e Züge; a. verkehren.
au|ßer|ga|lak|tisch ⟨Adj.⟩: *extragalaktisch.*
au|ßer|ge|richt|lich ⟨Adj.⟩ (Rechtsspr.): *ohne Mitwirkung eines Gerichts; nicht auf der Tätigkeit des Gerichts beruhend:* ein -er Vergleich.
au|ßer|ge|wöhn|lich ⟨Adj.⟩: **a)** *nicht in, von der gewöhnlichen, üblichen Art; vom Üblichen, Gewohnten abweichend; ungewöhnlich:* ein -er Umstand; sie ist ein -er Mensch; dieser Fall ist ganz a.; **b)** *über das gewohnte Maß hinausgehend; sehr groß:* eine -e Begabung; **c)** ⟨intensivierend bei Adj.⟩ *sehr, überaus:* es war a. heiß.
¹au|ßer|halb ⟨Präp. mit Gen.⟩ [mhd. *ūzerhalp*, ahd. *ūzarhalb*, eigtl. = (auf der) äußere(n) Seite]: **a)** *nicht in einem bestimmten, umgrenzten Raum:* a. der Stadt, der Landesgrenzen; a. Bayerns; Ü a. der Gemeinschaft; das ist a. *(nicht im Rahmen)* der Legalität; ♦ ⟨auch mit Dativ:⟩ …und sah man ihn nur selten a. den Ringmauern seines kleinen Schlosses (Tieck, Eckbert 3); **b)** *nicht in einem bestimmten Zeitraum; nicht während eines bestimmten Zeitraums:* a. der Geschäftszeit, der Sprechstunden.
²au|ßer|halb ⟨Adv.⟩ [zu: ↑ ¹außerhalb]: *nicht am Ort; draußen, in der näheren Umgebung:* sie hat ihr Geschäft in der Stadt, wohnt aber a.; der Flugplatz liegt [ziemlich weit] a.; er kommt von a. (*von auswärts*).
au|ßer|häus|lich ⟨Adj.⟩: *außerhalb des Hauses erfolgend:* -e Arbeiten.
au|ßer|ir|disch ⟨Adj.⟩: **1.** *außerhalb der Erde [befindlich]; extraterrestrisch* (1): eine -e Station. **2.** *nicht der Erde angehörend, nicht aus dem Bereich des Planeten Erde stammend; extraterrestrisch* (2): -e Wesen.
au|ßer|kirch|lich ⟨Adj.⟩: *nicht kirchlich, außerhalb der kirchlichen Ordnung, Organisation.*

Au|ßer|kraft|set|zung, die; -, -en (Papierdt.): *das Außerkraftsetzen:* die A. eines Erlasses.

äu|ßer|lich ⟨Adj.⟩ [mhd. ūʒerlich, zu ↑ äußer...]: **1. a)** *an der Außenseite; außen wahrnehmbar, anwendbar o. Ä.:* eine -e Verletzung; nur zur -en Anwendung! *(nicht zum Einnehmen!;* auf Beipackzetteln); **b)** *nach außen hin, dem äußeren Anschein nach:* ä. blieb sie ganz ruhig, aber innerlich kochte sie vor Wut. **2. a)** *von außen gesehen, oberflächlich [betrachtet], dem äußeren Anschein nach, scheinbar, [nur] das Äußere betreffend, darauf bezogen:* die beiden Gegenstände haben eine -e Ähnlichkeit, sind ä. [betrachtet] gleich; **b)** *oberflächlich, nicht wesentlich:* das sind [nur] -e Einzelheiten; diese Eigenschaften sind der Sache ä. (veraltend; *nicht wesentlich dafür).* **3.** (selten) *oberflächlich [eingestellt]:* ein sehr -er Mensch. ◆ **4.** *draußen* (a), *in der Außenwelt [vorhanden, sichtbar]:* Dagegen ist von der Dichtkunst sonst nirgends ä. etwas anzutreffen (Novalis, Heinrich 26).

Äu|ßer|lich|keit, die; -, -en: **a)** *äußere Form des Umgangs, Verhaltens, Auftretens:* meine Eltern legen keinen Wert auf -en; **b)** *äußerliche, oberflächliche, unwesentliche Einzelheit:* das sind lächerliche, den Kern der Sache nicht berührende -en.

äu|ßerln ⟨sw. V.; nur im Inf. gebr.⟩ (österr. ugs.): *(einen Hund) [zur Verrichtung der Notdurft] ins Freie führen:* seinen Dackel ä. [führen]; ä. gehen.

äu|ßern ⟨sw. V.; hat⟩ [mhd. ūʒern (refl.) = aus der Hand, aus dem Besitz geben, verzichten, zu ↑ außer...]: **1.** *aussprechen, kundtun:* seine Meinung, einen Wunsch, [seine] Bedenken ä.; Zweifel [an etw.], sein Befremden [über etw.] ä.; die Ansicht ä., dass ...; »Frieden gibt's nicht!«, äußert Albert kurz (Remarque, Westen 60). **2.** (ä. + sich) *seine Meinung sagen, Stellung nehmen:* sich freimütig, anerkennend ä.; sich dahin [gehend] ä., dass alles in Ordnung sei; sich über jmdn. abfällig ä.; sich über etw., zu etw. ä. **3.** (ä. + sich) *in bestimmter Weise in Erscheinung treten:* die Krankheit äußert sich in, durch Schüttelfrost.

au|ßer|or|dent|lich ⟨Adj.⟩: **a)** *vom Gewohnten abweichend; ungewöhnlich:* eine -e Situation, Begebenheit; **b)** *außerhalb der gewöhnlichen Ordnung stehend, stattfindend o. Ä.:* eine -e Sitzung einberufen; ein -es Gericht *(Sondergericht);* -er Professor (österr., sonst veraltet; *Hochschulprofessor, der kein Institut leitet*); **c)** *über das Gewöhnliche hinausgehend; hervorstechend, bemerkenswert, überdurchschnittlich; enorm:* eine -e Begabung; ⟨subst.:⟩ Außerordentliches leisten; **d)** ⟨intensivierend bei Adjektiven u. Verben⟩ *sehr, überaus:* eine a. wichtige Sache; etw. a. schätzen.

au|ßer|orts ⟨Adv.⟩: *(in Bezug auf den Straßenverkehr) außerhalb des Ortes:* a. kommen.

au|ßer|par|la|men|ta|risch ⟨Adj.⟩: *nicht parlamentarisch:* die -e Präsidialregierung; die -e Opposition (↑ APO).

au|ßer|plan|mä|ßig ⟨Adj.⟩: **1.** *nicht planmäßig; außerhalb eines Plans; über den Plan hinaus:* -e Staatsausgaben; -er Professor (früher; *Hochschulprofessor ohne bindende Anwartschaft auf einen Lehrstuhl).* **2.** kurz für ↑ außerfahrplanmäßig.

au|ßer|schu|lisch ⟨Adj.⟩: *nicht schulisch; außerhalb der Schule:* -es Lernen.

au|ßer|sinn|lich ⟨Adj.⟩ (Parapsychol.): *außerhalb des sinnlich Wahrnehmbaren liegend:* -e Wahrnehmung.

au|ßer|sprach|lich ⟨Adj.⟩: *nicht sprachlich; außerhalb des sprachlichen Bereichs liegend, sich vollziehend:* -e Mittel der Kommunikation.

äu|ßerst ⟨Adv.⟩: *in höchstem Maße, überaus;*

sehr: ein ä. schwieriger Fall; ä. nervös sein; das ist ä. gefährlich.

äu|ßerst... ⟨Adj.⟩ [mhd. ūʒerst..., ahd. ūʒarest...]: **1.** *am weitesten entfernt:* am äußersten Ende; im äußersten Norden der Insel. **2.** *in stärkstem, höchstem Maße gegeben, größtmöglich:* mit äußerster Konzentration; von äußerster Wichtigkeit; auf das/aufs Äußerste gefasst *(sehr)* erregt sein. **3.** *noch als Letztes möglich:* der äußerste Termin, Preis; ⟨subst.:⟩ das Äußerste wagen; sie geht bis zum Äußersten. **4.** *in höchstem Maße schlimm, ungünstig:* wenn der äußerste Fall eintritt; ⟨subst.:⟩ auf das Äußerste gefasst sein.

au|ßer|stand, au|ßer Stand (seltener), **au|ßer|stan|de, au|ßer Stan|de** ⟨nur in Verbindung mit bestimmten Verben⟩: *nicht in der Lage, nicht fähig:* a./a. S. sein, etw. zu tun; sich a./a. S. sehen, fühlen, zeigen, erklären; a./a. S. zu helfen, lief sie weg.

äu|ßers|ten|falls ⟨Adv.⟩: *im äußersten, schlimmsten, ungünstigsten Fall:* das kostet ä. fünfzig Euro.

Au|ßer|streit|ver|fah|ren, das (österr. Rechtsspr.): *zivilrechtliches Verfahren ohne Prozess.*

au|ßer|ta|rif|lich ⟨Adj.⟩: *nicht tariflich gebunden:* -e Arbeitsverträge.

au|ßer|tour|lich [...tuːɐ̯...] ⟨Adj.⟩ (österr.): *außerhalb der Reihenfolge; zusätzlich [eingesetzt]:* -er Arbeitseinsatz.

Äu|ße|rung, die; -, -en [mhd. ūʒerunge, zu ↑ äußern]: **1.** *etw. Geäußertes; Bemerkung; Stellungnahme:* eine freimütige, unvorsichtige, befremdliche ä.; politische -en; eine Ä. tun; sich jeder Ä. enthalten. **2.** *sichtbares Zeichen, Ausdruck:* eine Ä. großer Freude, seelischen Schmerzes; sein Benehmen war eine Ä. des Trotzes.

Äu|ße|rungs|form, die: *Form der Äußerung* (2).

au|ßer|uni|ver|si|tär ⟨Adj.⟩: *nicht universitär; außerhalb der Universität:* -e Forschungseinrichtungen.

aus|set|zen ⟨sw. V.; hat⟩: **1. a)** *an einen Ort bringen [u. dort sich selbst überlassen]:* ein Kind a.; Tiere in einem bestimmten Gebiet a. *(heimisch machen);* das Schiff setzt Boote aus *(bringt sie zu Wasser);* die Passagiere werden ausgesetzt *(an Land gebracht);* **b)** (kath. Kirche) *zur Anbetung auf den Altar stellen:* das Allerheiligste a.; **c)** (Kaufmannsspr.) *zur Verpackung vorbereiten:* eine Sendung a.; ausgesetzt von ..., gepackt von ...; **d)** (Billard) *zum Spielen hinsetzen:* die Kugel a. **2.** *[der Einwirkung von] jmdm. od. etw. preisgeben:* seinen Körper der Sonne a.; sich Vorwürfen, einer Gefahr, dem Verdacht a.; hohen Beanspruchungen ausgesetzt sein; Heute zwingt das Geschäftsleben sie ..., ihre Waden den Blicken der Männerwelt auszusetzen (Brecht, Groschen 318). **3.** *in Aussicht stellen, versprechen:* eine Belohnung von 1 000 €. a.; für Neuanschaffungen wurde eine große Summe ausgesetzt; jmdm. ein Erbteil a. **4. a)** *mitten in einer Tätigkeit o. Ä. plötzlich [für eine gewisse Zeit] abbrechen, aufhören:* der Motor, der Atem, das Herz setzt aus; die Musik hat plötzlich ausgesetzt; **b)** *eine Pause machen:* ich muss eine Weile [wegen Krankheit] a.; beim Spiel einmal a. *(nicht mitspielen);* mit der Ratenzahlung a. **5. a)** (seltener) *vorübergehend unterbrechen, nicht weiterführen:* die Kur auf einige Zeit a.; **b)** (Rechtsspr.) *auf-, hinausschieben:* die Verhandlung, eine endgültige Entscheidung a.; das Urteil zur Bewährung a. **6.** (im Inf. mit »zu« in Verbindung mit bestimmten Verben) [eigtl. = bei der Warenprüfung als fehlerhaft aus der Reihe setzen] *beanstanden, kritisieren:* immer etwas [an jmdm.] auszusetzen haben; ich finde nichts, es gibt wenig [daran] auszusetzen.

◆ **7.** *ansetzen* (6 a), *festsetzen:* ... es sollen kaiserliche Kommissionen ernannt und ein Tag ausgesetzt werden, wo die Sache dann verglichen werden mag (Goethe, Götz I).

Aus|set|zer, der; -s, -: **1.** (ugs.) *plötzlicher, vorübergehender Ausfall von etw.:* ihr Herz hat manchmal einen A.; einen A. haben *(unaufmerksam sein, nicht aufpassen [und dadurch einen Fehler machen]).* **2.** *jmd., der Waren, Sendungen o. Ä. aussetzt* (1 c).

Aus|set|ze|rin, die; -, -nen: w. Form zu ↑ Aussetzer (2).

Aus|set|zung, die; -, -en: *das Aussetzen* (1, 3, 5).

Aus|si: ↑ Aussie.

Aus|sicht, die; -, -en [zuerst um 1700 in der Gartenkunst geprägt]: **1.** ⟨Pl. selten⟩ *Sicht* (1 a) *nach verschiedenen Seiten, ins Weite, in die Ferne:* jmdm. die A. verbauen, versperren; ein Zimmer mit A. *(Blick)* aufs Meer; die schöne A. *(das, was man sieht, wenn man hinaus-, ins Weite blickt)* betrachten. **2.** *für die Zukunft sich ergebende, zeigende Möglichkeit:* eine erfreuliche A.; seine -en, den Posten zu bekommen, sind gering; weitere -en: Wetterbesserung und leichter Temperaturanstieg; * **A. auf etw. haben** *(auf etw. begründete Hoffnung haben; etw. erwarten lassen, annehmen können:* er hat A. auf eine neue Stelle); **etw. in A. haben** *(etw. Positives erwarten, damit rechnen können:* wir haben endlich eine Wohnung in A.); **jmdm., etw. für etw. in A. nehmen** (Papierdt.; *jmdn., etw. für etw. vorsehen:* man hatte sie für diesen Posten in A. genommen); **jmdm. etw. in A. stellen** *(jmdm. etw. versprechen).*

aus|sichts|los ⟨Adj.⟩: *ohne Aussicht* (2) *auf Erfolg; hoffnungslos:* eine -e Lage.

Aus|sichts|lo|sig|keit, die; -, -en: *das Aussichtslosein; Mangel an Perspektive* (3).

Aus|sichts|platt|form, die: *Plattform, von der aus man eine schöne Aussicht* (1) *hat.*

Aus|sichts|punkt, der: *[hochgelegene] Stelle, von der aus man eine schöne Aussicht* (1) *hat:* an einem A. stehen bleiben.

aus|sichts|reich ⟨Adj.⟩: **1.** *mit Aussicht* (2) *auf Erfolg; Erfolg versprechend:* ein -es Projekt; ein -er *(gute Chancen auf den Titelgewinn bietender)* Tabellenplatz. **2.** *eine gute Aussicht* (1) *bietend:* ein Haus in -er Wohnlage.

Aus|sichts|turm, der: *Turm, von dem aus man eine schöne Aussicht* (1) *hat.*

Aus|sichts|wa|gen, der: *[zweistöckiger Eisenbahn]wagen mit großen Fenstern.*

Aus|sie, Aussi, der; -s, -s [engl. Aussie, Bildung zu: Australia = Australien] (Jargon): *Australier.*

aus|sie|ben ⟨sw. V.; hat⟩: **1.** *durch Sieben aus etw. aussondern:* Steine [aus dem Sand] a. **2.** (ugs.) **a)** *aus einer größeren Gruppe nach kritischer Prüfung als geeignet o. Ä. auswählen:* aus den Bewerberinnen wurden zwei ausgesiebt und angenommen; **b)** *aus einer größeren Gruppe nach kritischer Prüfung als nicht geeignet o. Ä. aussondern:* beim Übergang in die höhere Schule wurden die schwachen Schüler ausgesiebt.

aus|sie|deln ⟨sw. V.⟩: **1.** ⟨hat⟩ **a)** *durch amtliche Aufforderung zum Verlassen des ursprünglichen Wohngebietes u. zum Ansiedeln in einem anderen Gebiet veranlassen:* die Angehörigen der Minderheit wurden [zwangsweise] ausgesiedelt; **b)** *jmds. [landwirtschaftlichen] Betrieb aus einer geschlossenen Ortschaft aufs freie Land verlegen:* der Hof wurde in Sichtweite der Ortschaft ausgesiedelt. **2.** ⟨ist⟩ **a)** *sich aussiedeln* (1 a) *lassen, ausgesiedelt werden:* die Familie ist über Polen ausgesiedelt; **b)** *ausgesiedelt* (1 b) *werden.*

Aus|sie|de|lung, die; -, -en: *das Aussiedeln; das Ausgesiedeltwerden.*

Aus|sied|ler, der; -s, - (Amtsspr.): jmd., der von der unter bestimmten Bedingungen bestehenden Möglichkeit Gebrauch macht, aus einem osteuropäischen Land in die Bundesrepublik Deutschland überzusiedeln.
Aus|sied|ler|hof, der: *aus einer geschlossenen Ortschaft aufs freie Land, Feld verlegter Bauernhof.*
Aus|sied|le|rin, die; -, -nen: w. Form zu ↑ Aussiedler.
Aus|sied|lung: ↑ Aussiedelung.
aus|sin|gen ⟨st. V.; hat⟩: **1.** *zu Ende singen:* das Lied a.; den Sänger erst a. lassen. **2.** *singend ausformen:* das Lied in seinem ganzen Stimmungsgehalt a. **3.** (Seemannsspr.) *mit tönender Stimme ausrufen:* die gelotete Wassertiefe a.
aus|sin|nen ⟨st. V.; hat⟩ (geh.): *sich ausdenken; sinnend erfinden:* einen Plan a.; das hat sie klug ausgesonnen.
aus|sit|zen ⟨unr. V.; hat⟩: **1.** (Reiten) *(beim Trab) fest im Sattel sitzen bleiben und sich den Bewegungen des Reittiers anpassen:* die Reiterin sitzt den Trab, den Galopp aus. **2.** *durch Daraufsitzen ausbeulen:* einen Sessel, eine Hose a. **3.** (ugs.) *sich untätig verhalten in der Hoffnung, dass sich etw. Bestimmtes von selbst erledigt:* ein Problem, einen Skandal a.; ⟨subst.:⟩ seine Fähigkeit, Unangenehmes durch Aussitzen zu erledigen, war bekannt. **4.** *ausbrüten:* Eier a.
aus|söh|nen ⟨sw. V.; hat⟩ [spätmhd. ūʒsūenen, zu ↑ sühnen]: **a)** ⟨a. + sich⟩ *sich (oft nach entsprechenden, meist über einige Zeit hin sich erstreckenden Bemühungen) wieder ganz mit jmdm. versöhnen:* er hat sich mit seinem Bruder, die beiden Brüder haben sich endlich wieder ausgesöhnt; Ü sich mit seinem Schicksal a.; **b)** *(zwei miteinander im Streit liegende Personen, Parteien) veranlassen, sich auszusöhnen* (a); *miteinander versöhnen:* die verfeindeten Brüder wieder [miteinander] a.
Aus|söh|nung, die; -, -en: **a)** *das Sichaussöhnen;* **b)** *das Aussöhnen* (b); *das Ausgesöhntwerden.*
aus|son|dern ⟨sw. V.; hat⟩: **a)** *(nicht mehr Brauchbares o. Ä.) aus einer Menge heraussuchen u. entfernen:* die schlechten Früchte a.; **b)** (seltener) *als geeignet aus einer größeren Menge auswählen:* geeignete Leute für eine Aufgabe a.; die besten Stücke a.
Aus|son|de|rung, die; -, -en: *das Aussondern; das Ausgesondertwerden.*
aus|sor|gen ⟨sw. V.; hat⟩: *durch geeignete Maßnahmen sicherstellen, dass man sich [später] nicht mehr um seinen Lebensunterhalt sorgen muss:* ⟨meist im 2. Partizip in Verbindung mit »haben«:⟩ für die Zukunft ausgesorgt haben.
aus|sor|tie|ren ⟨sw. V.; hat⟩: **a)** *(nicht mehr Brauchbares o. Ä.) durch Sortieren ausscheiden:* alte Kleidungsstücke a.; Ausschuss wird von dieser Maschine selbsttätig aussortiert; **b)** *sortierend aus einer größeren Menge auswählen:* die besten Stücke a.
Aus|sor|tie|rung, die; -, -en: *das Aussortieren; das Aussortiertwerden.*
aus|sour|cen [...sɔːsn̩] ⟨sw. V.; hat⟩: *outsourcen.*
aus|spä|hen ⟨sw. V.; hat⟩: **a)** *spähend, forschend Ausschau halten:* nach Nahrung, nach Hilfe a.; **b)** *auskundschaften, ausspionieren:* Geheimnisse a.; jmdn. a.
aus|span|nen ⟨sw. V.; hat⟩: **1.** *weit ausbreiten u. gespannt halten:* ein Netz, ein Tuch a. **2. a)** *(ein Zugtier, Zugtiere) abspiren u. abspannen* (1): die Pferde a.; **b)** *etw. Eingespanntes lösen:* den Pflug a.; einen Bogen aus der Schreibmaschine a. **3.** (salopp) **a)** *mit sanfter Gewalt wegnehmen, von jmdm. entleihen:* für einen Abend der Mutter den Schmuck a.; **b)** *abspenstig machen:* er hat mir meine Freundin ausgespannt. **4.** *eine Zeit lang mit der Arbeit aufhören, um sich zu erholen:* von der Arbeit a.; sie will vier Wochen an der See a.
Aus|span|nung, die; -, -en ⟨Pl. selten⟩: **1.** *Erholung, Ruhe:* er braucht dringend A. **2.** (Versicherungsw.) *das Ausspannen* (3b).
aus|spa|ren ⟨sw. V.; hat⟩: **1.** *(in einem Raum, von einer Fläche) einen Teil für etw. frei lassen; in etw. nicht mit einbeziehen; für etw. Platz lassen:* einen Raum für die Zuhörer a.; eine ausgesparte Lücke in der Mauer. **2.** *ausnehmen, [für später] beiseitelassen:* eine wichtige Frage a.; das heikle Thema blieb ausgespart. ◆ **3.** *(mit etw.) sparsam umgehen; aufsparen:* Wie steht's Pulver? – So ziemlich. Wir sparen unsere Schüsse wohl aus (Goethe, Götz III).
Aus|spa|rung, die; -, -en: **a)** *das Aussparen;* **b)** *ausgesparter Raum:* eine A. für den Wandschrank.
aus|spei|en ⟨st. V.; hat⟩ (geh.): **1. a)** *ausspucken* (1a): verächtlich, zornig [vor jmdm.] a.; **b)** *ausspucken* (1b): die Kerne spie er aus; **c)** *erbrechen:* sie spie das Essen wieder aus. **2.** *ausspucken* (2a).
aus|spei|sen ⟨sw. V.; hat⟩: **1.** (österr. veraltend) *Notleidende, Kinder verpflegen:* Flüchtlinge a. **2.** (Technik) *[gespeicherte] Energie o. Ä. aus den Zuleitungen bringen, aus einer technischen Anlage o. Ä. abführen:* Erdgas aus den Untergrundspeichern a.
Aus|spei|sung, die; -, -en: *das Ausspeisen.*
aus|sper|ren ⟨sw. V.; hat⟩: **1.** *durch Verschließen der Tür jmdn. den Eintritt verwehren, ihn ausschließen:* sie hat ihn einfach ausgesperrt; die Tür fiel zu, und ich war ausgesperrt (konnte nicht mehr in die Wohnung). **2.** [rückgebildet aus ↑ Aussperrung] *jmdn. im Rahmen eines Arbeitskampfes von der Arbeit ausschließen:* eine große Zahl Gewerkschaftsmitglieder wurde ausgesperrt.
Aus|sper|rung, die; -, -en [nach engl. lockout]: *das Aussperren* (2); *das Ausgesperrtwerden:* die Direktion droht mit A.
aus|spie|len ⟨sw. V.; hat⟩: **1.** (Kartenspiele) **a)** *(durch Hinlegen der ersten Karte) zu spielen beginnen:* geschickt, überlegt a.; wer spielt aus?; **b)** *(eine Karte) zum Spielbeginn auf den Tisch legen:* Herzass, Trumpf a.; Ü seine Erfahrung, seine künstlerischen Mittel a. *(zu seinen eigenen Gunsten ins Spiel bringen, einsetzen).* **2. a)** (Sport) *um einen Titel, Pokal o. Ä. spielen:* einen Wanderpreis a.; **b)** *(in der Lotterie o. Ä.) als Gewinn aussetzen:* es werden rund zwanzig Millionen ausgespielt. **3.** (Sport) *nicht zur Entfaltung, nicht an den Ball kommen lassen:* den gegnerischen Verteidiger a. **4.** (Theater) *in allen Einzelheiten spielen, durchgestalten:* eine Szene a.; die Rolle breit a. **5.** *(wechselseitig) eine Person gegen eine andere (zum eigenen Vorteil) einsetzen:* sie hat den Freund gegen den Bruder ausgespielt.
Aus|spie|lung, die; -, -en: *Verlosung, Spielrunde in der Lotterie.*
aus|spin|nen ⟨st. V.; hat⟩: *Worte, Gedanken, eine Erzählung weiter ausbreiten, fortführen, ausmalen:* einen Gedanken a.; sie hat die Geschichte fantasievoll ausgesponnen.
aus|spio|nie|ren ⟨sw. V.; hat⟩: **a)** *durch Spionieren entdecken, ausfindig machen:* jmdn., jmds. Versteck a.; **b)** *aushorchen; durch Spionieren zu erfahren suchen:* jmdn. von einem Spitzel a. lassen.
Aus|spra|che, die; -, -n: **1.** ⟨o. Pl.⟩ **a)** *richtiges Aussprechen, Artikulation eines Wortes:* die A. ist in Lautschrift angegeben; **b)** *Art des Aussprechens, Artikulierens:* eine gute, schlechte, deutliche, klare A. haben; * **eine feuchte A. haben** (ugs. scherzh.; beim Sprechen ungewollt spucken). **2.** *Unterredung, klärendes Gespräch:* eine geheime, vertrauliche A.; eine offene A. wünschen; jmdn. um eine A. bitten.
aus|sprech|bar ⟨Adj.⟩: *(in bestimmter Weise) zum Aussprechen* (1, 3 a) *geeignet.*
aus|spre|chen ⟨st. V.; hat⟩: **1. a)** *in Lauten wiedergeben, artikulieren:* ein Wort deutlich, richtig, falsch, mit Akzent a.; dieser Laut ist schwer auszusprechen; den hörte das Wort Dollar auf allen Wegen, ... es wurde immer mit Andacht ausgesprochen (Koeppen, New York 24); **b)** ⟨a. + sich⟩ *sich in bestimmter Weise aussprechen* (1 a) *lassen:* ihr Name spricht sich schwer aus. **2.** *zu Ende sprechen:* er hatte kaum ausgesprochen, als es klopfte; man soll die anderen immer a. lassen! **3. a)** *äußern, ausdrücken, zur Kenntnis geben:* einen Gedanken, Wünsche, seine Meinung, sein Beileid a.; jmdm. sein Bedauern a.; der Regierung das Vertrauen a. (Parlamentsspr.; *ein Vertrauensvotum für sie abgeben*); ein Urteil, eine Strafe a. *(verkünden);* **b)** ⟨a. + sich⟩ *in bestimmter Weise über jmdn., etw. sprechen:* sich lobend, tadelnd, anerkennend über jmdn. a.; sie hat sich nicht näher darüber ausgesprochen; **c)** ⟨a. + sich⟩ (seltener) *sich zeigen, zum Ausdruck kommen:* in ihren Gesichtern spricht sich Angst aus; In dem Manne ... sprach sich eine gewaltige Kraft aus (Bergengruen, Rittmeisterin 169). **4.** ⟨a. + sich⟩ **a)** *(für jmdn. od. etw.) Stellung nehmen; etw. befürworten:* sich für die Bewerberin, für Reformen a.; **b)** *(gegen jmdn. od. etw.) Stellung nehmen; jmdn., etw. ablehnen:* sich gegen den Bewerber, gegen eine Maßnahme, gegen Atomwaffen a. **5.** ⟨a. + sich⟩ **a)** *sagen, was einen bewegt; sich etw. von der Seele reden:* sich offen a.; sie hat sich bei ihrer Mutter [darüber] ausgesprochen; sprich dich aus! *(iron.; was hast du mir noch alles vorzuwerfen?);* Sprechen Sie sich aus *(äußern Sie sich freimütig),* lieber Freund (Grass, Hundejahre 465); **b)** *zur Klärung einer Meinungsverschiedenheit o. Ä., in dem Wunsch nach Verständigung miteinander reden:* sie einmal in Ruhe a. ◆ **aus|sprei|ten** ⟨sw. V.; hat⟩ [↑ spreiten]: *ausbreiten, spreizen:* ... mit ausgespreiteten Flügeln (Schiller, Räuber I, 2).
aus|sprit|zen ⟨sw. V.; hat⟩: **1. a)** *spritzend leeren:* den Schlauch a.; **b)** *spritzend herausschleudern, von sich geben:* das Insekt spritzt Gift aus; Ü sein Gift gegen jmdn. a. *(jmdn. mit Gehässigkeiten überschütten).* **2.** *durch Spritzen reinigen:* das Becken a.
Aus|sprit|zung, die; -, -en: *das Ausspritzen* (1 b, 2).
Aus|spruch, der; -[e]s, Aussprüche: *[von einer bekannten Persönlichkeit geprägter] Satz, in dem eine Ansicht, Weisheit ausgesprochen ist:* einen A. von Goethe zitieren.
aus|spu|cken ⟨sw. V.; hat⟩: **1. a)** *Speichel aus dem Mund ausstoßen:* er spuckte aus; (als Zeichen der Verachtung, des Abscheus:) verächtlich a.; der Gefangene spuckte vor ihm aus; **b)** *spuckend von sich geben:* Kirschkerne a.; **c)** (ugs.) *erbrechen:* er hat das Essen wieder ausgespuckt. **2.** (ugs.) **a)** *ausgeben, liefern:* der Automat spuckt 10-Euro-Scheine aus; der Computer spuckt Informationen aus; dafür musste sie viel Geld a. (salopp; *bezahlen*); **b)** *sagen, nennen:* die geheime Telefonnummer a.; spuck [es] aus!
aus|spü|len ⟨sw. V.; hat⟩: **1. a)** *durch Spülen aus etw. entfernen:* die Rückstände a.; **b)** *durch Spülen reinigen:* ein Glas, die Spritze a.; ich muss mir den Mund a. **2.** *(von rasch fließendem Wasser o. Ä.) spülend aus etw. entfernen, von irgendwo wegreißen:* das Hochwasser hatte das Erdreich ausgespült.
aus|staf|fie|ren ⟨sw. V.; hat⟩: *ausstatten, mit etw. versehen:* sie hat ihr Zimmer mit allerlei Trödel ausstaffiert; sich völlig neu a. *(einkleiden);* du

Ausstaffierung – Ausstoßung

hast dich aber mächtig ausstaffiert (iron.; *herausgeputzt*)!
Aus|staf|fie|rung, die; -, -en: *das Ausstaffieren; das Ausstaffiertwerden.*
Aus|stand, der; -[e]s, Ausstände: **1.** ⟨Pl. selten⟩ [Ende 19. Jh. aus den oberdeutschen Mundarten] *Streik:* in den A. treten; sich im A. befinden; im A. stehen. **2.** ⟨Pl.⟩ [spätmhd. ūʒstant = ausstehendes Geld] (veraltend) *Außenstände.* **3.** ⟨Pl. selten⟩ **a)** (bes. südd., österr. veraltet) *das Ausscheiden aus der Schule od. aus einer Stellung;* **b)** (bes. südd., österr.) *kleine Feier, Umtrunk zum Ausstand* (3 a).
aus|stän|dig ⟨Adj.⟩ (südd., österr.): *[noch] ausstehend, fehlend; nicht erledigt:* -e Gebühren.
aus|stan|zen ⟨sw. V.; hat⟩: *durch Stanzen hervorbringen, formen:* Schilder a.; ausgestanzte Metallteile.
aus|stat|ten ⟨sw. V.; hat⟩ [zu veraltet statten, mhd. staten = zu etw. verhelfen, zufügen]: **a)** *bestimmten Zwecken entsprechend vollständig mit etw. versehen, ausrüsten:* jmdn. mit Geldmitteln, mit Vollmachten a.; sie ist mit großen Fähigkeiten ausgestattet *(hat große Fähigkeiten);* **b)** *mit einer bestimmten Ausstattung* (2 b, c) *versehen:* ein Hotel neu, modern a.; ein prächtig ausgestatteter Bildband.
Aus|stat|ter, der; -s, -: *jmd., der beruflich etw. (z. B. ein Wohnhaus, eine Theaterinszenierung) mit einer Ausstattung versieht.*
Aus|stat|te|rin, die; -, -nen: w. Form zu ↑ Ausstatter.
Aus|stat|tung, die; -, -en: **1.** *das Ausstatten:* Firma N. übernimmt die A. der Räume. **2. a)** *Ausrüstung:* die A. der Expedition; die technische A. eines Autos; **b)** *[Innen]einrichtung:* die Räume zeigen eine moderne, praktische A.; **c)** *Aufmachung, äußere Gestaltung:* Bücher in gediegener A.; die Revue wurde zum großen Erfolg durch ihre A. *(durch die in der Inszenierung verwendeten Bühnenbilder, Kostüme usw.);* **d)** (Rechtsspr.) *alles, was einem Kind zur Berufsausbildung, Geschäftsgründung od. Heirat mitgegeben, zugewendet wird.*
Aus|stat|tungs|film, der: *Spielfilm mit besonders aufwendiger Ausstattung* (2 c).
Aus|stat|tungs|stück, das: *Theaterstück, dessen Wirkung auf der Ausstattung beruht.*
aus|ste|chen ⟨st. V.; hat⟩: **1.** *durch einen Stich zerstören:* jmdm. ein Auge a. **2. a)** *mit einem spitzen, scharfen Gerät entfernen, herausholen:* Torf, Unkraut a.; **b)** *durch Ausstechen* (2 a), *Ausheben von Erde o. Ä. herstellen:* einen Graben a.; **c)** *mithilfe von Ausstechformen aus ausgerolltem Teig herstellen:* Sterne, Plätzchen a. **3.** [urspr. = beim Turnier aus dem Sattel stechen] *eindeutig übertreffen* [u. *verdrängen*]: einen Konkurrenten a.; jmdn. bei seiner Freundin, im Beruf a. **4.** (Eishockey) *durch einen schnellen Schlag vom Gegner trennen:* die Scheibe mit dem Schläger a. **5.** *durch Betätigen der Stechuhr das Arbeitsende dokumentieren.* ♦ **6.** *leeren, austrinken:* Haben doch ... lang' keine Flasche miteinander ausgestochen (Goethe, Götz I).
Aus|stech|form, die, **Aus|stech|förm|chen**, das: *etw. (Herzen, Sterne u. a.) im Umriss ausstellende Figur aus Metall od. Plastik zum Ausstechen von Plätzchen.*
aus|ste|cken ⟨sw. V.; hat⟩: **1.** *eine Strecke durch Fähnchen markieren:* eine Slalomstrecke a. **2.** (österr.) *zum Zeichen, dass neuer Wein ausgeschenkt wird, einen Strauß, Kranz aus Zweigen o. Ä. an den Eingangstür des Gasthauses hängen.* ♦ **3.** *abstecken* (1): Jeder hat sein Plätzchen auf der Erde ausgesteckt, hat seinen warmen Ofen (Eichendorff, Taugenichts 12).
aus|ste|hen ⟨unr. V.⟩ [spätmhd. ūʒstēn = aus-

bleiben]: **1.** ⟨hat; südd., österr., schweiz. auch: ist⟩ *[zum Verkauf] ausgestellt sein:* die neuen Modelle stehen im Schaufenster aus. **2.** ⟨hat; südd., österr., schweiz. auch: ist⟩ *noch zu erwarten, noch nicht eingetroffen sein:* die Antwort, die Lösung steht noch aus; ausstehende Gelder *(Außenstände).* **3.** ⟨hat⟩ *ertragen, aushalten:* Angst, Schmerz, Qualen a.; hast um ihn viel ausgestanden; * **es ausgestanden haben** (verhüll.; *von seinem Leiden erlöst, gestorben sein:* »Nun mal los, alter Junge!«, mahnte der Scharfrichter. »Mach jetzt keine langen Geschichten. In zwei Minuten hast du es ausgestanden ...« [Fallada, Jeder 397]); **ausgestanden sein** *(endlich vorbei, durchgestanden sein:* damit ist der Fall, die Sache ausgestanden); **jmdn., etw. nicht a. können** (*jmdn., etw. absolut nicht leiden können, unerträglich finden:* ich kann diesen Menschen, diesen furchtbaren Lärm nicht a.).
aus|stei|gen ⟨st. V.; ist⟩: **1.** *ein Fahrzeug, Beförderungsmittel verlassen:* nicht a., bevor der Zug hält!; aus dem Auto a.; der Pilot musste a. (Fliegerspr. Jargon; *musste sich durch Abspringen mit dem Fallschirm retten).* **2. a)** (ugs.) *sich bei etw. nicht mehr beteiligen:* aus einem Vertrag, einer Filmrolle a.; er ist aus dem Geschäft ausgestiegen; **b)** (Sport) *etw. aufgeben, bei etw. nicht mehr mitmachen:* aus einem Rennen a.; * **jmdn. a. lassen** (Fußballjargon; *jmdn. ausspielen, umspielen);* **c)** (Jargon) *(meist ziemlich abrupt) seinen Beruf, seine gesellschaftlichen Bindungen o. Ä. aufgeben (um von allen Zwängen frei zu sein).*
Aus|stei|ger, der; -s, - (Jargon): *jmd., der aussteigt* (2 c) *od. ausgestiegen ist.*
Aus|stei|ge|rin, die; -, -nen: w. Form zu ↑ Aussteiger.
aus|stel|len ⟨sw. V.; hat⟩: **1.** *zur Ansicht, zum Verkauf ins Schaufenster o. Ä. stellen:* Waren, neue Modelle [im Schaufenster] a.; ⟨oft auch mit Akk.-Obj.:⟩ bekannte Künstlerinnen und Künstler stellen aus *(stellen ihre Kunstwerke zur Schau).* **2.** *(aus bestimmten Gründen) an einem Platz sichtbar aufstellen:* Warnschilder, Posten a. **3.** *ausschreiben, ausfertigen:* ein Visum, Attest a.; [jmdm.] ein Zeugnis, eine Bescheinigung a.; eine Rechnung auf jmds. Namen a. **4.** (ugs.) *ausschalten* (1 a), *abstellen* (4 b): den Motor, das Radio, die Heizung a. **5. a)** *schräg, nach außen stellen:* den Rollladen, das Fenster a.; **b)** ⟨meist im 2. Part.⟩ (Mode) *(ein Kleidungsstück) so zuschneiden, dass es sich nach unten erweitert:* ein leicht ausgestellter Rock.
Aus|stel|ler, der; -s, -: *jmd., der etw. ausstellt* (1), *auf einer Ausstellung* (2) *vertreten ist.*
Aus|stel|le|rin, die; -, -nen: w. Form zu ↑ Aussteller.
Aus|stell|fens|ter, das (Technik): *Fenster, bes. im Auto, das sich ausstellen* (5 a) *lässt:* das vordere A. öffnen.
Aus|stel|lung, die; -, -en: **1.** ⟨Pl. selten⟩ *das Ausstellen* (1, 2, 3). **2.** *Veranstaltung, bei der bestimmte wirtschaftliche od. künstlerische Erzeugnisse zur Schau gestellt werden; Schau:* eine landwirtschaftliche A.; eine A. moderner Kunst; eine A. über A. gehen.
Aus|stel|lungs|be|su|cher, der: *jmd., der eine Ausstellung* (2) *besucht.*
Aus|stel|lungs|be|su|che|rin, die: w. Form zu ↑ Ausstellungsbesucher.
Aus|stel|lungs|er|öff|nung, die: *Eröffnung einer Ausstellung* (2).
Aus|stel|lungs|flä|che, die: *gesamte Fläche, die für eine Ausstellung* (2) *zur Verfügung steht.*
Aus|stel|lungs|ge|län|de, das: *Gelände für eine Ausstellung* (2), *auf dem eine Ausstellung stattfindet.*

Aus|stel|lungs|hal|le, die: *Halle für eine Ausstellung* (2), *in der eine Ausstellung stattfindet.*
Aus|stel|lungs|ka|ta|log, der: *nummeriertes Verzeichnis der ausgestellten Gegenstände od. Werke [mit Abbildungen].*
Aus|stel|lungs|ma|cher, der (salopp): *jmd., der eine Ausstellung* (2) *gestaltet.*
Aus|stel|lungs|ma|che|rin, die: w. Form zu ↑ Ausstellungsmacher.
Aus|stel|lungs|ort, der: ¹*Ort* (1 b, 2 a), *wo etw. ausgestellt wird.*
Aus|stel|lungs|raum, der: *Raum für eine Ausstellung* (2), *in dem eine Ausstellung stattfindet.*
Aus|stel|lungs|stück, das: *auf einer Ausstellung* (2) *gezeigtes [unverkäufliches] Einzelstück, Muster; Exponat.*
aus|ster|ben ⟨st. V.; ist⟩: *sich nicht fortpflanzen, zu bestehen aufhören:* eine Familie, Pflanze stirbt aus; Mammuts sind ausgestorben; ⟨subst.:⟩ vom Aussterben bedroht sein; Ü diese Mundart, Sitte stirbt aus *(es gibt bald niemanden mehr, der noch diese Mundart spricht, der diese Sitte weiter pflegt);* ein aussterbendes Handwerk.
Aus|steu|er, die; -, -n ⟨Pl. selten⟩ [rückgeb. aus ↑ aussteuern (3)] (veraltend): *vor allem aus Tisch- u. Bettwäsche bestehende Ausstattung, die einer Braut zur Hochzeit von den Eltern geschenkt wird:* eine komplette, wertvolle A.; eine A. bekommen.
aus|steu|ern ⟨sw. V.; hat⟩: **1.** *durch geschicktes Steuern unter Kontrolle bringen:* wenn ein Reifen platzt, darf man nicht bremsen, sondern muss den Wagen a. **2.** (Elektronik) *so einstellen, dass unerwünschte Verzerrungen vermieden werden:* einen Verstärker a. **3.** (veraltet) *jmdm., bes. der Tochter, eine Aussteuer geben:* sie mussten drei Töchter a. **4.** (Versicherungsw.) *die Versicherungsleistungen an einen Versicherten beenden:* die Krankenkasse will ihn a.
Aus|steu|e|rung, die; -, -en: *das Aussteuern; das Ausgesteuertwerden.*
Aus|stieg, der; -[e]s, -e: **1. a)** *das Heraussteigen aus etw.:* der A. aus der Höhle erfolgt über eine Leiter; **b)** *Öffnung, Stelle zum Heraussteigen:* der A. ist hinten. **2.** *das Aussteigen* (2 a): den A. aus der Atomenergie fordern.
Aus|stieg|lu|ke, die: *dem Ausstieg* (1 a) *dienende Luke* (2).
Aus|stiegs|klau|sel, die (ugs.): *Klausel, die ein Aussteigen* (2 a) *bes. aus einem Vertrag ermöglicht.*
aus|stop|fen ⟨sw. V.; hat⟩: **a)** *durch Hineinstopfen von etw. ganz ausfüllen:* ein Kissen a.; die Ritzen [mit Stroh] a.; **b)** *(den Balg eines Tieres) füllen, entsprechend präparieren u. ihm damit die natürliche Form geben:* einen Adler, Fuchs a.
Aus|stoß, der; -es, Ausstöße ⟨Pl. selten⟩: **1.** *das Ausstoßen* (1): der A. von Kohlendioxid. **2.** (Wirtsch.) *Produktionsmenge einer Maschine, eines Industriebetriebes in einer bestimmten Zeiteinheit:* ein A. von 10 000 Stück am Tag.
aus|sto|ßen ⟨st. V.; hat⟩: **1.** *durch Druck nach außen pressen:* den Atem [durch die Nase] a.; der Vulkan stößt Rauchwolken aus; Schadstoffe a. *(abgeben).* **2.** *von sich geben, laut hervorbringen, äußern:* einen Seufzer, Schrei a.; Er stieß einen schluchzenden Laut aus und wandte sich ab (Thieß, Legende 103). **3.** *durch einen Stoß verletzen, zerstören:* er hat mit der Stange fast das Auge ausgestoßen. **4.** *aus einer Gemeinschaft ausschließen:* jmdn. aus dem Verein a.; sich ausgestoßen fühlen. **5.** (Wirtsch.) *in einer bestimmten Zeiteinheit produzieren:* das Werk stößt täglich 400 Autos aus.
Aus|sto|ßung, die; -, -en: *das Ausstoßen* (4); *das Ausgestoßenwerden.*

aus|strah|len ⟨sw. V.; hat⟩: **1. a)** *nach allen Seiten, wie in Strahlen aussenden, verbreiten:* der Ofen strahlt Wärme aus; die Lampe strahlt ein mildes Licht aus; Ü sein Gesicht strahlt Zufriedenheit aus; ... sie strahlte so viel Würde aus, dass man ganz andächtig wurde in ihrer Nähe (Schnurre, Bart 151); **b)** *strahlenähnlich von einer Stelle ausgehen:* ein Licht strahlt von dem Turm aus; Ü die Schmerzen strahlten vom Kopf in den Arm aus. **2.** *vollständig mit Licht erfüllen; ausleuchten:* die Straße, die Bühne voll a. **3.** *auf jmdn., etw. wirken:* seine Ruhe strahlt auf die Umgebung aus. **4.** ⟨Rundfunk, Fernsehen⟩ *über den Sender verbreiten, senden:* Nachrichten a.; das Programm wird von allen Sendern ausgestrahlt.

Aus|strah|lung, die; -, -en: **1.** ⟨Rundfunk, Fernsehen⟩ *das Ausstrahlen* (4); *das Ausgestrahltwerden:* die Sendung wird ein paar Stunden vor der A. aufgezeichnet. **2.** *starke Wirkung:* [eine erregende, intensive, umwerfende] A. haben; von ihrer Person ging eine große A. aus.

Aus|strah|lungs|kraft, die: *Ausstrahlung* (b).

aus|stre|cken ⟨sw. V.; hat⟩: **1.** *in ganzer Länge von sich strecken:* die Beine [unter dem Tisch], den Arm [nach der Mutter] a.; die Schnecke streckt ihre Fühler aus; mit ausgestrecktem Zeigefinger. **2.** ⟨a. + sich⟩ *sich der Länge nach [auf etw.] hinlegen; sich hinstrecken:* er streckte sich behaglich [auf dem Sofa] aus; [auf dem Bauch] ausgestreckt daliegen.

aus|strei|chen ⟨st. V.; hat⟩: **1. a)** *streichend verteilen:* die Farbe auf den Brettern gut a.; **b)** *mit einer fest werdenden Masse ausstreichen:* die Fugen [mit Lehm] a.; **c)** *auf den Innenflächen ganz mit etw. bestreichen:* eine Backform [mit Butter] a.; **d)** *über etw. streichend glätten:* Knitterfalten a. **2.** *durch einen Strich Geschriebenes o. Ä. ungültig machen, durchstreichen:* ein Wort, das Geschriebene wieder a.; Ü diese Tat möchte er aus seinem Leben a.

aus|streu|en ⟨sw. V.; hat⟩: **1.** *durch Streuen verbreiten, (auf dem Boden) verstreuen:* [den Vögeln, für die Vögel] Futter a.; Ü ein Gerücht a.; sie ließ a. *(die Nachricht verbreiten),* sie sei verreist. **2.** *gänzlich bestreuen:* den Stall mit Häcksel, das Kuchenblech mit Semmelbröseln a.

aus|strö|men ⟨sw. V.⟩: **a)** ⟨hat⟩ *von sich geben u. verbreiten:* Wärme a.; die Blumen strömen betörenden Duft aus; Ü der Raum strömt Behaglichkeit aus; **b)** ⟨ist⟩ *herausströmen, in großer Menge strömen:* Gas, Dampf strömt aus; Ü von ihr strömt Ruhe, Sicherheit aus.

Aus|strö|mung, die; -, -en: *das Ausströmen.*

aus|stül|pen ⟨sw. V.; hat⟩: *nach außen stülpen, kehren.*

Aus|stül|pung, die; -, -en: **1.** *das Ausstülpen; das Ausgestülptwerden.* **2.** *Stelle, an der etw. ausgestülpt ist.*

aus|su|chen ⟨sw. V.; hat⟩: *aus einer Menge prüfend, wählend heraussuchen, auswählen:* ein Kleid, Bilder a.; drei Leute für eine Arbeit a.; ich habe mir, ihr eine Halskette ausgesucht.

aus|ta|pe|zie|ren ⟨sw. V.; hat⟩: *(einen Raum) vollständig tapezieren:* einen Raum, zwei Zimmer a.

aus|ta|rie|ren ⟨sw. V.; hat⟩: *ins Gleichgewicht bringen:* eine Waage a.; Ü Rechte und Pflichten a. *(abwägen);* das Verhältnis zwischen Sicherheit und Freiheit a.

aus|tas|ten ⟨sw. V.; hat⟩: **1.** (bes. Med.) *(einen Hohlraum) mit einem od. mehreren Fingern tastend innen berühren:* das Rektum a. **2.** (Elektronik) *durch Drücken einer Taste (2) unterdrücken, ausschalten* (2): Störsignale a.

Aus|tausch, der; -[e]s u. ...e u. ...täusche ⟨Pl. selten⟩: **a)** *das Austauschen* (a): etw. im A. [gegen etw. anderes] erhalten; Ü ein A. von Erfahrungen, Erinnerungen, von Höflichkeiten, von Informationen; **b)** *das Austauschen* (1 a): ein A. der Ventile ist nötig geworden; **c)** Kurzf. von ↑ Studentenaustausch, ↑ Schüleraustausch: es wurden bereits mehrere -e durchgeführt.

aus|tausch|bar ⟨Adj.⟩: *zum Austauschen geeignet.*

Aus|tausch|bar|keit, die; -, -en: **1.** ⟨o. Pl.⟩ *das Austauschbarsein.* **2.** *etw. Austauschbares.*

Aus|tausch|dienst, der: *Institution für den Austausch innerhalb eines bestimmten Personenkreises.*

aus|tau|schen ⟨sw. V.; hat⟩: **1. a)** *durch Entsprechendes ersetzen:* den Motor a.; einen verletzten Spieler gegen einen anderen a.; **b)** *wechselseitig übergeben:* Botschafter, Gefangene, Geiseln a.; sie tauschten Geschenke, die Telefonnummer aus. **2. a)** *wechseln* (1 b): Höflichkeiten, Erinnerungen, Gedanken, Meinungen, Informationen a.; Zärtlichkeiten a. *(zärtlich zueinander sein);* Die beiden Damen kannten den Namen und tauschten Mutmaßungen aus über die Person (Brecht, Groschen 28); **b)** ⟨a. + sich⟩ (geh.) *diskutieren, sich unterhalten:* sich mit jmdm. a.; sie haben sich [über die gemachten Erfahrungen] ausgetauscht.

Aus|tausch|mo|tor, der; -s, -en, auch: -e ⟨Kfz-Wesen⟩: *vom Werk überholter, teilweise aus neuen Teilen bestehender Ersatzmotor* (Abk.: AT-Motor).

Aus|tausch|pro|gramm, das: *Programm* (3) *zur Förderung des Austauschs von Schülern, Studierenden u. a.*

Aus|tausch|schü|ler, der: *Schüler, der im Austausch gegen einen anderen Schüler, eine andere Schülerin eine Zeit lang in dessen bzw. deren Land lebt u. die Schule geht.*

Aus|tausch|schü|le|rin, die: w. Form zu ↑ Austauschschüler.

Aus|tausch|stu|dent, der: *Student, der im Austausch gegen einen anderen Studenten, eine andere Studentin eine Zeit lang in dessen bzw. deren Land lebt u. studiert.*

Aus|tausch|stu|den|tin, die: w. Form zu ↑ Austauschstudent.

aus|tei|len ⟨sw. V.; hat⟩: **1.** *an einen bestimmten Personenkreis verteilen:* Post, die Suppe a.; den Schülern die Hefte/die Hefte an die Schüler a.; Lebensmittel unter die Flüchtlinge/(selten:) unter den Flüchtlingen a. **2.** *geben, zukommen lassen:* den Segen, Schläge, Ohrfeigen, Fußtritte, Prügel a. **3.** (salopp) *(scharf) kritisieren:* sie kann ganz schön a.

Aus|tei|lung, die; -, -en: *das Austeilen; das Ausgeteiltwerden.*

Aus|te|nit [auch: ...'nɪt], der; -s, -e [nach dem engl. Metallurgen Sir W. Ch. Roberts-Austen (1843–1902)]: *bestimmter Kristall im System Eisen-Kohlenstoff.*

Aus|ter, die; -, -n [niederd. üster < (m)niederl. oester, über das Roman. < lat. ostreum < griech. óstreon; = Knochen (nach der harten Schale)]: *essbare Meeresmuschel, die sich am Untergrund mit ihrer Schale festsetzt:* eine A. aufbrechen, ausschlürfen; -n essen.

Aus|tern|bank, die ⟨Pl. ...bänke⟩: *Ansiedlung von Austern auf flachem Meeresgrund.*

Aus|tern|fisch, der: *Seewolf.*

Aus|tern|fi|scher, der: **1.** *(an Meeresküsten beheimateter) Watvogel mit schwarzer Oberseite, weißer Unterseite, roten Beinen u. rotem, spießartig verlängertem Schnabel.* **2.** (seltener) *jmd., der [gewerbsmäßig] nach Austern fischt, sie vom Meer holt.*

Aus|tern|fi|sche|rin, die: w. Form zu ↑ Austernfischer (2).

Aus|tern|pilz, der: *Austernseitling.*

Aus|tern|seit|ling, der: *meist in Büscheln wachsender, schmackhafter Ständerpilz mit breitem, muschelförmigem Hut.*

Aus|tern|zucht, die: *Zucht* (1) *von Austern.*

aus|tes|ten ⟨sw. V.; hat⟩: *ganz und gar durch Tests erforschen, untersuchen:* ein Medikament a.

aus|the|ra|piert ⟨Adj.⟩ [eigtl. = zu Ende therapiert; zu: ↑ ¹aus u. ↑ therapieren] (Medizinjargon): *auf keine mögliche Therapie [mehr] reagierend; therapieresistent:* -e Schmerzpatientinnen; als schulmedizinisch a. gelten.

aus|ti|cken ⟨sw. V.; ist⟩ (ugs.): *durchdrehen, die Nerven verlieren:* während des Entzugs ist sie fast ausgetickt.

aus|til|gen ⟨sw. V.; hat⟩: **a)** *vernichten, ganz und gar beseitigen:* Ungeziefer, eine Krankheit a.; **b)** *gänzlich tilgen:* die Schrift a.

aus|til|len ⟨sw. V.; ist⟩ [zu: ↑ tillen] (salopp): *die Beherrschung ausdrehen, austoben; er ist wohl völlig ausgetillt;* ⟨subst.:⟩ meine Bekannte ist seit heute Morgen am Toben und Austillen.

aus|to|ben ⟨sw. V.; hat⟩: **1.** ⟨a. + sich⟩ **a)** *ungezügelt toben, wild spielen:* Kinder müssen sich a. [können]; **b)** *seine überschüssige Kraft ungezügelt verausgaben:* die Jugend will sich a.; er hat sich vor der Ehe ausgetobt; **c)** *mit großer Vehemenz wüten:* draußen tobt sich ein Sturm aus. **2.** *ungezügelt abreagieren:* seinen Zorn, seine Wut [an jmdm.] a. **3.** ⟨meist in zusammengesetzten Zeitformen⟩ *zu Ende toben; (aus Erschöpfung) allmählich aufhören zu toben:* die Kinder haben ausgetobt; Ü das Fieber hat [sich] ausgetobt.

aus|tol|len, sich ⟨sw. V.; hat⟩ (ugs.): *sich vergnügen, austoben* (1 a): hier können die Kinder sich nach Herzenslust a.

Aus|trag, der; -[e]s, ...träge: **1.** *das Austragen* (3 a): der A. von Streitigkeiten; zum A. kommen/gelangen (Papierdt.; *ausgetragen, entschieden werden*). **2.** (Sport) *Durchführung:* der A. der Wettkämpfe. **3.** ⟨o. Pl.⟩ (südd., österr.) *Altenteil:* im A. leben; in den A. gehen.

aus|tra|gen ⟨st. V.; hat⟩: **1.** *jmdm. ins Haus bringen, zustellen:* Brötchen, Zeitungen, die Post a. **2.** *(bis zur völligen Reife) im Mutterleib tragen, behalten:* ein Kind nicht a. können. **3. a)** *klärend abschließen, entscheiden, ausfechten:* einen Streit, einen Konflikt, einen Kampf a.; Man... hatte sich daran gewöhnt, religiöse Fragen nicht anders auszutragen als in Meinungsverschiedenheiten in der Schenke (Thieß, Reich 336); **b)** (Sport) *durchführen:* ein Rennen a. **4.** *eine Eintragung löschen:* Daten, Zahlen a.; sich aus der Anwesenheitsliste a. **5.** (österr.) *sich ausbedingen:* ich muss mir strengste Verschwiegenheit a.

Aus|trä|ger, der; -s, -: *jmd., der etw. austrägt* (1); *Bote.*

Aus|trä|ge|rin, die; -, -nen: w. Form zu ↑ Austräger.

Aus|träg|ler, der; -s, - (südd., österr.): *jmd., der im Austrag* (3) *lebt.*

Aus|träg|le|rin, die; -, -nen: w. Form zu ↑ Austrägler.

Aus|tra|gung, die; -, -en ⟨Pl. selten⟩: *das Austragen* (1, 2).

Aus|tra|gungs|mo|dus, der: *Art u. Weise einer Austragung.*

Aus|tra|gungs|ort, der: *Ort, an dem ein Wettkampf ausgetragen* (3 b) *wird.*

aus|trai|niert ⟨Adj.⟩ (Sport): *durch ausgewogenes Training in Hochform befindlich.*

Aus|t|ra|li|en, -s: **1.** *kleinster Erdteil.* **2.** *aus Australien* (1) *u. einigen Inseln bestehender Staat.*

Aus|t|ra|li|er, der; -s, -: Ew.

Aus|t|ra|li|e|rin, die; -, -nen: w. Form zu ↑ Australier.

aus|t|ra|lisch ⟨Adj.⟩: *Australien, die Australier betreffend; aus Australien stammend.*

Aus|t|ra|lo|pi|the|ci|nen ⟨Pl.⟩ (Anthropol.): *Unterfamilie der Hominiden, zu der die Gattung Australopithecus gehört.*

Aus|t|ra|lo|pi|the|cus, der; -, ...ci [zu lat. australis = südlich u. griech. píthēkos = Affe] (Anthropol.): *in Süd- u. Ostafrika gefundener Hominide des Pliozäns u. des Pleistozäns.*

aus|träu|men ⟨sw. V.; hat⟩: *zu Ende träumen:* hast du ausgeträumt und bist wach?; Ü der Traum vom Glück ist ausgeträumt.

aus|trei|ben ⟨st. V.; hat⟩: **1.** *(Vieh) auf die Weide treiben:* die Kühe a. **2. a)** *(geh.) vertreiben:* die Bewohner wurden aus ihren Häusern ausgetrieben; Ü der Frühling treibt den Winter aus; **b)** *durch Beschwörung verbannen; exorzieren:* den Teufel, Dämonen a.; **c)** *(aus den Poren) austreten lassen:* das trieb mir den Schweiß aus. **3.** *jmdn. dazu bringen, von etw. abzulassen; (auf recht grobe Weise) abgewöhnen:* ich habe ihr ihre Launen, ihren Hochmut ausgetrieben. **4. a)** *neue Triebe hervorbringen; ausschlagen:* die Birken treiben aus; **b)** *hervorbringen:* die Sträucher treiben Blüten aus. **5.** *(österr.) Teig ausrollen:* den Teig a.

Aus|trei|bung, die; -, -en: *das Austreiben* (2).

aus|tren|nen ⟨sw.V.; hat⟩: *durch Trennen entfernen:* das Futter [aus dem Mantel] a.

aus|tre|ten ⟨st. V.⟩: **1.** ⟨hat⟩ *(Brennendes, Glühendes) durch Darauftreten ersticken:* ein Feuer, eine Zigarette a. **2.** ⟨hat⟩ **a)** *durch häufiges Treten bahnen, festtreten:* eine Spur im Schnee a.; ausgetretene Pfade; **b)** *durch häufiges Darauftreten abnutzen:* ausgetretene Stufen, Dielen; **c)** *durch Tragen ausweiten:* neue Schuhe a.; ausgetretene *(durch langes Tragen [übermäßig] ausgeweitete)* Latschen. **3.** ⟨ist⟩ (Jägerspr.) *ins Freie treten:* das Rudel tritt aus dem Wald aus. **4.** ⟨nur im Inf. gebr.⟩ (ugs.) *einen Raum verlassen, um seine Notdurft zu verrichten:* ich muss [mal] a.; a. gehen. **5.** ⟨ist⟩ *(aus einer Institution) freiwillig ausscheiden:* aus einer Partei, aus der Kirche a. **6.** ⟨ist⟩ *nach außen, ins Freie gelangen:* hier tritt Öl aus; in den oberen Räume war Gas ausgetreten. ♦ **7.** *über die Ufer treten:* Die Wasser sind von den entsetzlichen Regen alle ausgetreten (Goethe, Götz V); ...die Wiesen ... waren ... von ausgetretenen Gräben überschwemmt (Goethe, Kampagne in Frankreich 1792, 11. Oktober).

Aus|t|ria: lat. Bez. für: Österreich.

Aus|t|ri|a|zis|mus, der; -, ...men [zu ↑ Austria]: *nur in Österreich übliche Variante der deutschen Sprache (z. B. »Melanzane« für Aubergine).*

aus|trick|sen ⟨sw. V.; hat⟩: **a)** (bes. Ballspieljargon) *(einen Gegner) mit einem Trick geschickt aus-, umspielen:* er trickste den Verteidiger aus; **b)** (ugs.) *geschickt, durch List [als Konkurrenten] ausschalten:* jmdn. mit einer Finte a.

Aus|trieb, der; -[e]s, -e ⟨Pl. selten⟩: *das Austreiben* (1, 4).

aus|trin|ken ⟨st. V.; hat⟩: **a)** *restlos, bis zum letzten Tropfen trinken; zu Ende trinken:* den Kaffee, das Bier a.; die Milch ist ausgetrunken; **b)** *leer trinken:* ein Glas, die Flasche a.; trinkt aus!; Er hatte den Kopf in den Nacken gelegt und trank mit geschlossenen Augen ein Hühnerei aus (Schnurre, Bart 285).

Aus|tritt, der; -[e]s, -e: **1.** ⟨Pl. selten⟩ *das Hinaustreten:* beim A. aus dem Zimmer, ins Freie. **2.** *das Austreten* (5): seinen A. [aus einer Partei] erklären; zahlreiche -e zu verzeichnen haben. **3.** *das Austreten* (6): den A. von Gas bemerken. **4.** (veraltend) *kleiner Balkon.*

Aus|tritts|er|klä|rung, die: *Kündigung der Mitgliedschaft in einer Partei, einem Verein o. Ä.*

aus|trock|nen ⟨sw. V.⟩: **1.** ⟨hat⟩ **a)** *alle Feuchtigkeit aus etw. herausziehen, ausdörren:* die Sonne trocknet den Boden aus; **b)** *trockenlegen:* den Sumpf, das Moor a.; Ü wir wollen die Steueroasen a. **2.** ⟨ist⟩ *völlig trocken werden:* der Fluss, das Brot, die Haut trocknet aus; meine Kehle war wie ausgetrocknet; das Mädchen war unterernährt und ausgetrocknet *(dehydriert).* **3.** ⟨hat⟩ *mit einem trockenen Tuch o. Ä. im Innern von anhaftender Feuchtigkeit befreien; trocken machen:* ich habe die Gläser innen ausgetrocknet.

Aus|trock|nung, die; -, -en: *das Austrocknen.*

Aus|t|ro|fa|schis|mus, der; - [zu ↑ Austria]: *in Österreich zwischen 1933 u. 1938 entwickelte Ausprägung des Faschismus.*

Aus|t|ro|mar|xis|mus, der; - [zu ↑ Austria]: *in Österreich vor 1938 entwickelte Sonderform des Marxismus.*

aus|trom|pe|ten ⟨sw. V.; hat⟩ (ugs.): *überall laut verkünden, ausposaunen:* eine Neuigkeit, ein Geheimnis a.

Aus|t|ro|pop, der; -[s]: *österreichische Popmusik.*

♦ **aus|tu|bakt** [zu: austubaken = zu Ende rauchen, zu: tubaken = Tabak rauchen, zu: Tubak, mundartl. Form von ↑ Tabak] (bes. schweiz.): *in der Fügung* **es ist a.** *(es ist nichts mehr zu machen).*

aus|tüf|teln ⟨sw. V.; hat⟩ (ugs.): *durch sorgfältiges Nachdenken ausarbeiten, ersinnen, ausdenken:* [sich] einen Plan a.

♦ **aus|tüp|feln** ⟨sw. V.; hat⟩: *austüfteln:* Das ist gewiss das ausbündige Bübel, das lesen und rechnen kann und allerhand Gedichte's austüpfelt (Rosegger, Waldbauernbub 135).

aus|tup|fen ⟨sw. V.; hat⟩: *an den Innenseiten durch Tupfen trocknen, säubern:* ein Gefäß a.; eine Wunde a.

aus|üben ⟨sw. V.; hat⟩: **1.** *(eine Tätigkeit regelmäßig od. längere Zeit) [berufsmäßig] ausführen:* ein Gewerbe, Handwerk, einen Beruf a.; eine Kunst a.; eine Praxis a. *(praktizieren).* **2.** *innehaben u. anwenden:* die Macht, die Herrschaft a.; sein Wahlrecht a. *(davon Gebrauch machen).* **3.** *wirksam werden lassen:* Zwang, Einfluss, Druck auf jmdn. a.; ihr Name übt eine magische Wirkung aus; Unendlichen Reiz übt auf die Jugend das Neue aus (Th. Mann, Krull 89).

Aus|übung, die; -, -en: *das Ausüben; das Ausgeübtwerden.*

aus|ufern ⟨sw. V.; ist⟩: **1.** (selten) *(von Gewässern) über die Ufer treten:* der Strom ist ausgeufert. **2.** *sich unkontrolliert, im Übermaß entwickeln; ausarten:* die Diskussion drohte auszuufern; ausufernde Kosten, Ausgaben.

Aus|ufe|rung, die; -, -en: *das Ausufern.*

aus|ver|han|deln ⟨sw. V.; hat⟩ (bes. österr.): *aushandeln, zu Ende verhandeln, sich einigen.*

Aus|ver|kauf, der; -[e]s, ...käufe: *vollständiger [verbilligter] Verkauf von Waren zur Räumung des Lagers:* A. wegen Geschäftsaufgabe; im A. ein paar Schnäppchen machen; Ü der A. *(die Missachtung)* aller Werte.

aus|ver|kau|fen ⟨sw. V.; hat⟩: **a)** *restlos verkaufen:* alle Waren a.; (meist im 2. Part.:) die Karten sind ausverkauft; das Kino, die Vorstellung ist ausverkauft *(die Eintrittskarten dafür sind alle verkauft);* vor ausverkauftem *(voll besetztem)* Haus spielen; **b)** *durch restlosen Verkauf räumen:* wir müssen das Lager diesmal a.

aus|wach|sen ⟨st. V.⟩: **1.** ⟨ist⟩ *(von Getreide o. Ä.) infolge bestehend feuchtwarmer Witterung auf dem Halm keimen:* das Getreide, das Korn wächst aus. **2.** ⟨hat⟩ (selten) *(von Kindern) aus einem Kleidungsstück herauswachsen:* er wird die Sachen bald a.; (meist im 2. Part.:) ein ausgewachsenes Hemd. **3.** ⟨a. + sich; hat⟩ **a)** *sich beim Wachstum normalisieren:* die Fehlbildung in der Zahnstellung wird sich noch a.; **b)** (geh.) *sich vergrößern, sich weiterentwickeln:* die Unruhe im Volk wächst sich aus; **c)** *sich zu etw. Bestimmtem entwickeln:* die Unruhen haben sich zur Rebellion ausgewachsen. **4.** ⟨ist⟩ (ugs.) *die Geduld verlieren:* ich bin bei den stundenlangen Warten fast ausgewachsen; ⟨subst.:⟩ das ist ja zum Auswachsen! *(das ist kaum zum Aushalten!)*

aus|wä|gen ⟨V.; wog /(selten:) wägte aus, hat ausgewogen⟩: **1.** (Physik, Chemie) *das Gewicht von etw. genau feststellen:* eine Lösung a. **2.** (Physik) *eichen:* Gewichte a.

Aus|wahl, die; -, -en: **1.** ⟨o. Pl.⟩ *das Auswählen:* die [freie] A. haben *(wählen können);* eine A. treffen *(auswählen).* **2. a)** *Zusammenstellung ausgewählter Dinge, Auslese:* eine A. von Goethes Werken; **b)** (Sport) *Auswahlmannschaft:* in der A. spielen. **3.** *[Waren]angebot, Sortiment, das die Möglichkeit der Wahl bietet:* eine große A. an/von Gardinen haben; wenig A. *(Auswahlmöglichkeit)* bieten; in reicher A. vorhanden sein.

aus|wäh|len ⟨sw. V.; hat⟩: *prüfend aussuchen [u. zusammenstellen]:* Kleidung, Geschenke a.; unter mehreren Bewerberinnen eine a.; ich habe mir/für mich das Beste ausgewählt; ausgewählte *(in Auswahl zusammengestellte)* Werke.

Aus|wahl|kri|te|ri|um, das: *Kriterium, nach dem jmd., etw. ausgewählt wird.*

Aus|wahl|mann|schaft, die (Sport): *Mannschaft von ausgewählten Spielern od. Spielerinnen.*

Aus|wahl|mög|lich|keit, die: *Möglichkeit zur Auswahl* (1).

Aus|wahl|spie|ler, der (Sport): *einer Auswahlmannschaft angehörender Spieler.*

Aus|wahl|spie|le|rin, die; -, -nen: w. Form zu ↑ Auswahlspieler.

Aus|wahl|ver|fah|ren, das: *Verfahren, in dem bes. Personen für einen bestimmten Zweck ausgewählt werden.*

Aus|wahl|wet|te, die: *Wette, bei der bestimmte Fußballergebnisse vorausgesagt werden müssen:* die A. 6 aus 45.

aus|wal|zen ⟨sw. V.; hat⟩: **1.** *(einen halbfesten Stoff) in Länge u. Breite walzen:* Stahl a.; Aluminium zu Folien a. **2.** (ugs. abwertend) *breitwalzen, weitschweifig darlegen:* die Geschichte wurde lang und breit ausgewalzt.

Aus|wan|de|rer, der; -s, -: *jmd., der auswandert od. ausgewandert ist; Emigrant.*

Aus|wan|de|rer|schiff, das: *Schiff, das Auswanderer in ihre neue Heimat bringt.*

Aus|wan|de|rin, die; -, -nen: w. Form zu ↑ Auswanderer.

aus|wan|dern ⟨sw. V.; ist⟩: *seine Heimat für immer verlassen [u. in einem andern Land eine neue Heimat suchen]; emigrieren:* nach Australien, in die USA a.; er ist [vor zwanzig Jahren, aus Deutschland] ausgewandert.

Aus|wan|de|rung, die; -, -en ⟨Pl. selten⟩: *das Auswandern; Emigration.*

Aus|wan|de|rungs|be|hör|de, die: *für die Auswanderung zuständige Behörde.*

aus|wan|de|rungs|wil|lig ⟨Adj.⟩: *bereit, willig auszuwandern:* -e Unternehmer.

♦ **aus|war|ten** ⟨sw. V.; hat⟩: *das Ende (von etw.) abwarten:* ...und ich mein müdes Leben ruhig a. könnte (Goethe, Benvenuto Cellini II, 3, 8).

aus|wär|tig ⟨Adj.⟩ [↑ -wärtig]: **1. a)** *an einem anderen Ort befindlich:* unsere -en Geschäftsstellen; ein -es Unternehmen; **b)** *von auswärts kommend, stammend:* -e Gäste, Kundinnen, Schüler. **2.** *das Ausland, die Beziehungen zum Ausland betreffend:* -e Angelegenheiten; unsere -e Politik; im -en Dienst tätig sein; ⟨subst.:⟩ Bundesministerium des Auswärtigen *(Auswärtiges Amt* 2 a*).*

Aus|wär|ti|ge, die/eine Auswärtige; der/einer Auswärtigen, die Auswärtigen/zwei Auswärtige: *weibliche Person, die von auswärts kommt.*

Aus|wär|ti|ger, der Auswärtige/ein Auswärtiger; des/eines Auswärtigen, die Auswärtigen/zwei Auswärtige: *Person, die von auswärts kommt.*

aus|wärts ⟨Adv.⟩ [↑ -wärts]: **1.** *nach außen*: die Stäbe sind stark nach a. gebogen. **2. a)** *nicht zu Hause*: a. essen; **b)** *nicht am Ort*: viele Schulkinder kommen von a. *(von einem anderen Ort)*; a. (Sport; *auf dem gegnerischen Platz, in der gegnerischen Halle o. Ä.*) spielen, antreten müssen.

aus|wärts|bie|gen ⟨st. V.; hat⟩: *nach außen biegen*: auswärtsgebogene Gitterstäbe.

Aus|wärts|er|folg, der (Sport): *Auswärtssieg.*

aus|wärts|ge|hen ⟨st. V.; ist⟩ (ugs.): *mit nach außen gerichteten Füßen gehen*: ♦ Totgeschlagen, wer auswärtsgeht *(ins Ausland zieht)* (Büchner, Dantons Tod I, 2).

Aus|wärts|schwä|che, die (Sport): *[häufige, auffällige] Schwäche, Erfolglosigkeit bei auswärts* (2 b) *ausgetragenen Spielen, Wettkämpfen.*

Aus|wärts|sieg, der (Sport): *auswärts* (2 b) *errungener Sieg.*

Aus|wärts|spiel, das (Sport): *auswärts* (2 b) *ausgetragenes Spiel.*

aus|wa|schen ⟨st. V.; hat⟩: **1. a)** *durch Waschen aus etw. entfernen*: den Schmutz [aus dem Kleid] a.; **b)** *durch Ausspülen o. Ä. von etw. säubern*: den Pinsel, Gläser a.; ich habe mir die Wunde ausgewaschen; **c)** *durch Waschen von Schmutz, Flecken o. Ä. befreien*: Socken, Unterwäsche a. **2.** *durch Wassereinwirkung abtragen, aushöhlen; erodieren*: vom Regen ausgewaschenes Gestein.

Aus|wa|schung, die; -, -en: *durch Wassereinwirkung entstandene Abtragung, Aushöhlung.*

Aus|wech|sel|bank, die ⟨Pl. ...bänke⟩ (Sport): **1.** *Bank, Gesamtheit von Sitzen, auf der während des Spieles die Auswechselspieler[innen] sitzen*: der Nationalstürmer sitzt heute nur auf der A. **2.** *Gesamtheit der Auswechselspieler[innen]*: der Verein leistet sich eine teure A.

aus|wech|sel|bar ⟨Adj.⟩: *zum Auswechseln geeignet*: -e Blechteile.

aus|wech|seln ⟨sw. V.; hat⟩: *durch einen anderen, durch etw. anderes ersetzen*: alte Zündkerzen gegen neue a.; der Torwart musste ausgewechselt werden a.; sie war wie ausgewechselt *(in Stimmung u. Benehmen völlig verändert).*

Aus|wech|sel|spie|ler, der (Sport): *Spieler, der nicht von Spielbeginn an eingesetzt wird, sondern während des Spiels eventuell eingewechselt wird.*

Aus|wech|sel|spie|le|rin, die: w. Form zu ↑ Auswechselspieler.

Aus|wech|se|lung, Aus|wechs|lung, die; -, -en: *das Auswechseln; das Auswechseltwerden.*

Aus|weg, der; -[e]s, -e: **1.** *Hilfe, rettende Lösung in einer schwierigen Situation*: das ist kein A.; sich einen A. offenhalten; ich sehe keinen anderen A., als sie zu heiraten; etw. erscheint als letzter, einziger A. ♦ **2.** *nach draußen führender, hinausführender Weg*: ...sieht sich unvermerkt in Höhen eingeschlossen, wo bald die Möglichkeit des -s verliert (Wieland, Oberon 8, 2).

aus|weg|los ⟨Adj.⟩: *ohne Ausweg; hoffnungslos*: sich in einer -en Lage befinden; die Situation scheint a.

Aus|weg|lo|sig|keit, die; -, -en: *das Ausweglossein; ausweglose Situation.*

aus|wei|chen ⟨st. V.; hat⟩: **1. a)** *aus der Bahn eines anderen gehen [und Platz machen]*: der Fahrer wich [dem Auto, der Fußgängerin] geschickt, in letzter Sekunde aus; [nach] rechts, nach der/zur Seite a.; **b)** *vor etw. zur Seite weichen, zu entgehen versuchen*: einem Schlag, einem Angriff blitzschnell a.; er konnte dem Stein nicht mehr a.; **c)** *aus dem Weg gehen; jmdm., etw. meiden*: jmdm. [auf der Straße] a.; einer Frage, jmds. Bli-

cken a.; sie wich [höflich] aus *(ging auf Fragen nicht ein)*; ausweichende Antworten geben; Das Ich strebt nach Lust, will der Unlust a. (Freud, Abriß 8). **2. a)** *(gezwungenermaßen od. aus guten Gründen) etw. anderes wählen*: auf eine andere Möglichkeit a.; **b)** (Sport) *eine andere als in der Spielanlage vorgesehene Position einnehmen*: der Mittelstürmer wich immer wieder auf die Flügel aus.

Aus|weich|ma|nö|ver, das: *Manöver* (2), *durch das jmd. mit seinem Fahrzeug einem Hindernis ausweicht*: bei einem A. wurde das Auto beschädigt; Ü das sind nur A. *(Ausflüchte).*

Aus|weich|mög|lich|keit, die: *Möglichkeit, irgendwohin od. auf irgendetw. auszuweichen.*

Aus|weich|quar|tier, das: *Räumlichkeit, in die ausgewichen werden kann.*

aus|wei|den ⟨sw. V.; hat⟩: *einem geschlachteten, erlegten Tier die Eingeweide entnehmen, sie daraus entfernen*: ein Stück Wild a.; Ü einen Konzern zerschlagen und a.

aus|wei|nen ⟨sw. V.; hat⟩: **1. a)** ⟨a. + sich⟩ *sich durch Weinen erleichtern*: sich in einer Ecke, bei jmdm. a.; **b)** (geh.) *durch Weinen zu lindern versuchen*: seinen Kummer a. **2.** *zu Ende weinen*: lass sie a.!

Aus|weis, der; -es, -e: **1. a)** *[amtliches] Dokument, das als Bestätigung, Legitimation für etw. ausgestellt worden ist, Angaben zur Person enthält [u. zu etw. berechtigt]*: ein gültiger A.; mein A. verfällt; einen A. beantragen, ausstellen, vorzeigen; Er war umstanden von Leuten, die alle schon ihre -e zu oft hatten zeigen müssen (Johnson, Ansichten 21); **b)** *Beweis, Nachweis*: ihr Kleid war ein A. ihres guten Geschmacks. **2.** (österr. Amtsspr.) *inoffizielles Zeugnis nach dem ersten Schulhalbjahr.* **3.** * *nach A.* (Papierdt.; *wie aus etw. zu erkennen ist*: nach A. der Statistik, des Berichts).

aus|wei|sen ⟨st. V.; hat⟩: **1.** *des Landes verweisen, jmdm. nicht länger den Aufenthalt in einem bestimmten Land gestatten*: einen Staatenlosen a.; jmdn. als unerwünschte Person a. **2.** (mithilfe eines Ausweises) **1)** *seine, jmds. Identität nachweisen*: ich kann mich nicht a. weisen!; die Dokumente haben ihn als Unterhändler ausgewiesen. **3. a)** ⟨a. + sich⟩ *sich erweisen*: sich als guter/ (selten:) guten Geschäftsmann a.; **b)** *unter Beweis stellen*: sein Talent a.; **c)** ⟨a. + sich⟩ (schweiz.) *(Kenntnisse, Fähigkeiten) nachweisen*: sich über eine abgeschlossene handwerkliche Berufslehre a. können; **d)** ⟨a. + sich⟩ (schweiz.) *beweisen* (2). **4.** *rechnerisch nachweisen, zeigen*: wie die Statistik ausweist; ausgewiesene Überschüsse. **5.** (Bauw.) *für einen bestimmten Zweck vorsehen, zur Verfügung stellen*: ein Gelände als Gartenstadt a.; der Bebauungsplan weist auch Grünflächen aus. **6. a)** *offiziell als etw. bezeichnen, zu etw. erklären, deklarieren*: in Gutachten, das Haus als einsturzgefährdet a.; **b)** *kennzeichnen, angeben*: die Kosten werden separat ausgewiesen.

Aus|weis|kar|te, die: *Ausweis* (1).

Aus|weis|kon|t|rol|le, die: *Kontrolle bestimmter Ausweise.*

aus|weis|lich ⟨Präp. mit Gen.⟩ (Papierdt.): *wie die entsprechenden Unterlagen ausweisen; wie aus etw. ersichtlich ist*: a. der Meinungsumfragen.

Aus|weis|pa|pier, das ⟨meist Pl.⟩: *[amtliches] Papier, das jmdn. od. etw. legitimiert.*

aus|wei|ßen ⟨sw. V.; hat⟩: *einen Raum vollständig weißen, tünchen*: den Keller a.

Aus|wei|sung, die; -, -en: *das Ausweisen, das Ausgewiesenwerden.*

aus|wei|ten ⟨sw. V.; hat⟩: **1. a)** *(beim Gebrauch) ausdehnen u. so zu weit machen*: du darfst meine Schuhe nicht anziehen, sonst weitest du

sie aus; **b)** ⟨a. + sich⟩ *ein wenig zu weit werden, sich zu sehr dehnen*: das Gummiband weitet sich schnell aus; ein ausgeweiteter Pullover. **2. a)** *erweitern, vergrößern*: den Handel mit dem Ausland a.; **b)** ⟨a. + sich⟩ *sich erweitern; größer, umfangreicher werden*: die Unruhen drohten sich zu einer Revolution auszuweiten; **c)** ⟨a. + sich⟩ *sich zu etw. Bestimmten entwickeln*: sich zu einem Skandal a.

Aus|wei|tung, die; -, -en: *das Ausweiten* (2); *das Sichausweiten.*

aus|wen|dig ⟨Adv.⟩ [eigtl. = von außen, ohne in das Buch zu sehen]: *ohne Vorlage, aus dem Gedächtnis*: ein Gedicht a. können; eine Klaviersonate a. spielen; etw. a. lernen *(etw. so lernen, dass es aus dem Gedächtnis wiedergegeben werden kann; memorieren)*; a. gelernte Formeln; Ü etw. schon a. können (ugs. abwertend; *etw. bis zum Überdruss gehört od. gesehen haben*).

Aus|wen|dig|ler|nen, das; -s: *das Lernen eines Textes o. Ä. zur Wiedergabe aus dem Gedächtnis.*

aus|wer|fen ⟨st. V.; hat⟩: **1.** *durch Werfen zu einem bestimmten Zweck an eine vorgesehene entferntere Stelle bringen*: eine Angel, Netze a.; das Schiff wirft den Anker aus. **2.** *nach außen schleudern*: der Vulkan wirft Asche aus; **b)** *als Auswurf* (2) *durch den Mund ausstoßen*: Schleim a. **3. a)** *schaufelnd herausschleudern, -werfen*: Erde a.; **b)** *durch Auswerfen* (3 a) *von Erde anlegen*: einen Graben a. **4.** *zur Ausgabe festsetzen, bestimmen*: hohe Prämien a.; hohe Beträge für ein Projekt a. **5.** *(in größeren Mengen in einem bestimmten Zeitraum) automatisch herstellen, fertigstellen, produzieren*: wie viel Tabletten wirft die Maschine täglich aus? **6.** (Bürow.) *ausrücken, gesondert aufführen*: einen Posten rechts a.

aus|wert|bar ⟨Adj.⟩: *zum Auswerten geeignet.*

Aus|wert|bar|keit, die; -: *das Auswertbarsein.*

aus|wer|ten ⟨sw. V.; hat⟩: *im Hinblick auf seine Aussagekraft prüfen [u. aufbereiten], nutzbar machen*: Daten, Statistiken a.; den Flugschreiber auswerten *(die Daten, die der Flugschreiber geliefert hat, aufnehmen u. begutachten).*

Aus|wer|tung, die; -, -en: *das Auswerten*: die A. der Umfrageergebnisse.

aus|wet|zen ⟨sw. V.; hat⟩: meist in der Wendung *eine Scharte a.* (*ein Versagen ausgleichen; einen Fehler wiedergutmachen;* nach dem Ausschleifen der Scharten in der Sense mit dem Wetzstein).

aus|wi|ckeln ⟨sw. V.; hat⟩: **a)** *die Umhüllung von etw. entfernen*: ein Bonbon, ein Päckchen, ein Geschenk a.; **b)** *etw., worin jmd. steckt, eingehüllt hatte, wieder entfernen*: jmdn., sich aus den Decken a.; sie wickelte das Kind aus seinen Windeln a.

aus|wie|gen ⟨st. V.; hat⟩: **1.** *das Gewicht von etw. genau feststellen*: die Ware a.; soll ich Ihnen das Stück Fleisch so a.? (soll ich es bei diesem zu hohen Gewicht des Fleisches belassen od. ein Stück davon wegnehmen?) **2.** *kleine Mengen von etw. abwiegen*: Butter zu Portionen a.

aus|wil|dern ⟨sw. V.; hat⟩: *(Wild, das längere Zeit in Gefangenschaft gehalten od. in Gefangenschaft aufgezogen worden ist) in die freie Wildbahn entlassen*: Wanderfalken a.

Aus|wil|de|rung, die; -, -en: *das Auswildern; das Ausgewildertwerden*: die A. von Walen.

aus|win|tern ⟨sw. V.; ist⟩ (Landwirtsch.): *(von Kulturpflanzen) durch Frost Schaden leiden, ausfrieren*: das Getreide ist ausgewintert.

Aus|win|te|rung, die; -: *das Auswintern.*

aus|wir|ken, sich ⟨sw. V.; hat⟩: *eine Wirkung ausüben, sich geltend machen*: der Streik wirkte sich verhängnisvoll auf die Wirtschaft aus; die

Skandale wirken sich in den Wahlergebnissen aus.

Aus|wir|kung, die; -, -en: **1.** *das Sichauswirken.* **2.** *Wirkung, sich auswirkende Folge*: negative -en sind nicht auszuschließen; die -en der Entdeckung sind noch nicht abzusehen.

aus|wi|schen ⟨sw. V.⟩: **1.** ⟨hat⟩ **a)** *durch Wischen aus etw. entfernen*: den Staub [aus dem Regal] a.; **b)** *durch Wischen [an den Innenseiten] säubern*: das Glas a.; den Schrank feucht a.; ich habe mir die Augen ausgewischt; **c)** *durch Wischen tilgen, auslöschen*: Kreidestrich a. **2.** ⟨ist⟩ (landsch.) *entwischen*: die Jungen sind uns ausgewischt. **3.** ⟨hat⟩ * **jmdm. eins a.** (ugs.; jmdm. [in boshafter Absicht, aus Rache o. Ä.] etw. Übles antun, einen Schaden zufügen; wohl gek. aus älter: einem [im Nahkampf] ein Auge auswischen).

aus|wrin|gen ⟨st. V.; hat⟩: *die Feuchtigkeit durch Zusammendrehen u. Drücken aus etw. herauspressen*: die Wäsche a.

aus|wu|chern ⟨sw. V.; hat⟩: *stark wuchern* (1), *ausarten.*

Aus|wuchs, der; -es, Auswüchse: **1.** *[krankhafte] Wucherung*: krankhafte Auswüchse an Obstbäumen; einen A. am Hals operativ entfernen. **2.** (Landwirtsch.) *vorzeitiges Keimen der Getreidekörner auf dem Halm.* **3.** ⟨meist Pl.⟩ *ungesunde Entwicklung, Übersteigerung*: Auswüchse der Fantasie; gegen die Auswüchse in der Verwaltung vorgehen.

aus|wuch|ten ⟨sw. V.; hat⟩ [zu ↑Wucht (1)] (Technik): *sich drehende Teile von Maschinen, Fahrzeugen so ausbalancieren, dass sie sich einwandfrei um ihre Achse drehen*: die Reifen a. lassen.

Aus|wuch|tung, die; -, -en: *das Auswuchten.*

Aus|wurf, der; -[e]s, Auswürfe: **1.** ⟨o. Pl.⟩ *das Auswerfen* (2 a): der A. von Asche aus dem Krater. **2.** ⟨Pl. selten⟩ (Med.) *in den Mund gelangte schleimige Absonderung aus den Luftwegen; Sputum*: zäher, blutiger A.; starken A. haben. **3.** ⟨o. Pl.⟩ (abwertend) *als minderwertig betrachtete Menschengruppe*: der A. der Gesellschaft.

aus|wür|feln ⟨sw. V.; hat⟩: *durch Würfeln entscheiden, um etwas würfeln*: es wurde ausgewürfelt, wer bezahlen sollte.

Aus|würf|ling, der; -s, -e: **1.** (Geol.) *von einem Vulkan ausgeworfenes Magma- od. Gesteinsbruchstück*: -e bedeckten die Halde. ◆ **2.** *minderwertiger Mensch, Abschaum*: Die fünf Wegemacherbuben konnte der A. nichts Böses lehren, sie wussten ohnehin schon alles (Ebner-Eschenbach, Spitzin 19).

aus|wür|gen ⟨sw. V.; hat⟩: *durch Würgen von sich geben.*

aus|wü|ten ⟨sw. V.; hat⟩: *sich austoben, zu Ende toben*: er hat ausgewütet; ⟨auch a. + sich:⟩ er wütet sich wieder aus; der Sturm hat sich ausgewütet.

aus|zah|len ⟨sw. V.; hat⟩: **1.** *jmdm. einen ihm zustehenden Geldbetrag zahlen, aushändigen*: Gehälter, Prämien a.; sich sein Erbteil a. lassen. **2. a)** *entlohnen*: die Saisonarbeiter a. und entlassen; **b)** *abfinden* (1): er hat seine Teilhaber ausgezahlt; Dass sie a. + sich ⟨ugs.⟩ ihr Mann sie beinahe zugrunde gerichtet habe, als sie ihn ohne Aufschub a. musste (Härtling, Hubert 306). **3.** ⟨a. + sich⟩ (ugs.) *sich bezahlt machen; sich lohnen*: Verbrechen zahlen sich nicht aus; jetzt zahlt sich meine Mühe aus.

aus|zäh|len ⟨sw. V.; hat⟩: **1.** *durch Zählen die genaue Zahl feststellen*: nach der Wahl die Stimmen a. **2.** (Boxen) *die Niederlage eines kampfunfähigen Boxers durch Zählen (bis zum Aus) feststellen.* **3.** (österr., sonst landsch.) *durch Abzählen aussondern u. zu etw. bestim-*

men: für das nächste Spiel haben die Kinder schon ausgezählt.

Aus|zah|lung, die; -, -en: **1.** *das Auszahlen* (1, 2). **2.** *ausgezahlter* (1) *Geldbetrag*: hohe, monatliche, steuerfreie -en.

Aus|zäh|lung, die; -, -en: *das Auszählen* (1).

aus|zeh|ren ⟨sw. V.; hat⟩ (geh.): *körperlich sehr schwächen, entkräften*: die Anstrengungen zehrten ihn völlig aus; eine ausgezehrte Gestalt.

Aus|zeh|rung, die; -, -en: **1.** *Kräfteverfall*: das lange Hungern führte zu totaler A. **2.** (veraltet) *Lungentuberkulose.*

aus|zeich|nen ⟨sw. V.; hat⟩: **1.** (Waren) *mit einem Preisschild versehen*: die ausgestellten Stücke müssen noch ausgezeichnet werden. **2. a)** *durch etw. mit Vorzug behandeln, ehren*; **b)** *durch die Verleihung einer Auszeichnung ehren*: eine Forscherin mit dem Nobelpreis a. **3. a)** *aus einer Menge positiv herausheben, kennzeichnen*: Klugheit und Fleiß zeichneten ihn aus; gute Fahreigenschaften zeichnen diesen Wagen aus; **b)** ⟨a. + sich⟩ *sich hervortun* (2 a): dieser Kunststoff zeichnet sich durch große Härte aus (*unterscheidet sich dadurch von allen übrigen*). **4.** (Druckw.) **a)** *durch eine besondere Schriftart hervorheben*: ein Zitat durch Sperrung a.; **b)** *ein Manuskript durch Angaben der Schriftarten u. a. zum Satz fertig machen*: er hat das Manuskript ausgezeichnet. ◆ **5.** *durch ein Zeichen kenntlich machen, anzeichnen*: ... aus den Briefen unserer Freunde ... geistreiche Worte auszuzeichnen (Goethe, Wahlverwandtschaften II, 9).

Aus|zeich|nung, die; -, -en: **1.** *das Auszeichnen* (1, 2, 4). **2.** *Orden, Medaille, Preis*: eine hohe A. erringen. **3.** * **mit A.** (*mit dem Prädikat »ausgezeichnet«*: eine Prüfung mit A. bestehen).

Aus|zeich|nungs|pflicht, die: *Pflicht, zum Verkauf ausgestellte Waren mit ihrem Preis zu versehen.*

Aus|zeit, die; -, -en (Sport): *Pause, Spielunterbrechung, die einer Mannschaft zusteht*: eine A. nehmen; Ü eine A. für die Familie; eine A. vom Alltag nehmen.

aus|ze|men|tie|ren ⟨sw. V.; hat⟩: *die Innenseiten von etw. mit einer Zementschicht versehen*: einen Stollen a.

aus|zieh|bar ⟨Adj.⟩: *sich ausziehen* (1 d) *lassend*: ein -er Tisch.

aus|zie|hen ⟨unr. V.⟩: **1.** ⟨hat⟩ **a)** *aus etw. herausziehen*: den Nagel mit der Zange a.; sich, jmdm. einen Splitter a.; **b)** (Farben) *durch Bleichen entfernen*: das Chlor hat die Farben ausgezogen; **c)** *einen Extrakt aus etw. herstellen*: Pflanzenstoffe a.; **d)** *durch Herausziehen von ineinandergeschobenen Teilen verlängern, vergrößern*: ein Stativ, den Tisch a. **2.** ⟨hat⟩ **a)** (*ein Kleidungsstück*) *von sich tun, ablegen*: die Hose, den Mantel, Schuhe und Strümpfe a.; **b)** *jmdm. die Kleidung vom Körper nehmen; entkleiden*: die Mutter zieht die Kleinen aus; sich a.; ganz ausgezogen sein; * **jmdm. a.** (ugs.; *jmdm. überdurchschnittlich viel Geld abverlangen*: der zieht seine Kunden ganz schön aus); **c)** (bes. süd[west]dt.) *ablegen* (1 a, b). **3.** ⟨ist⟩ *ins Freie ziehen, ausrücken*: zur Jagd a.; auf Raub, auf Abenteuer a. **4.** ⟨ist⟩ *eine Wohnung, einen Arbeitsraum aufgeben u. verlassen*: am Ersten müssen wir a. **5.** ⟨ist⟩ *aus etw. herausquellen, schwinden, verloren gehen*: das Aroma ist dem Kaffee ausgezogen. **6.** ⟨hat⟩ (Fachspr.) *herausschreiben, exzerpieren*: bestimmte Wörter aus einem Text a.; einen Roman a. **7.** ⟨hat⟩ *zu einer Linie vervollständigen, nachzeichnen*: eine punktierte Linie a.; Umrisse mit Tusche a.

Aus|zieh|tisch, der: *ausziehbarer Tisch.*

aus|zir|keln ⟨sw. V.; hat⟩: *genau aus-, abmessen*:

den Kurs genau a.; Ü er bedankte sich mit einer sorgfältig ausgezirkelten (*überlegten, abgewogenen*) Ansprache.

aus|zi|schen ⟨sw. V.⟩: **1.** ⟨hat⟩ *durch Zischen sein Missfallen über jmdn., etw. kundtun*: das Stück wurde ausgezischt. **2.** ⟨ist⟩ (selten) *zischend verlöschen*: die Zigarette zischte aus.

Aus|zu|bil|den|de, der/die Auszubildende; der/ einer Auszubildenden, die Auszubildenden/ zwei Auszubildende (Amtsspr.): *weibliche Person, die ausgebildet wird, eine Lehre macht, eine Berufsausbildung erfährt; Lehrling, Anlernling* (Kurzwort: ↑²Azubi).

Aus|zu|bil|den|der (Amtsspr.): *jmd., der ausgebildet wird, eine Lehre macht, eine Berufsausbildung erfährt; Lehrling, Anlernling* (Kurzwort: ↑¹Azubi).

Aus|zug, der; -[e]s, Auszüge: **1. a)** *das Hinausziehen; geordnetes Verlassen eines Raumes o. Ä.*: ein überstürzter A.; der feierliche A. des Lehrkörpers aus der Aula; der A. der Kinder Israel aus Ägypten; **b)** *das Aufgeben u. Verlassen einer Wohnung, eines Arbeitsraumes*: der A. muss bis zum Ersten nächsten Monats erfolgen. **2.** *aus etw., bes. aus Kräutern, gewonnener Saft*: einen A. aus Heilkräutern bereiten. **3. a)** *herausgeschriebener Ausschnitt, Teilabschrift*: ein beglaubigter A. aus dem Grundbuch; die Bank schickt die Auszüge (*Mitteilungen über den Kontostand*); **b)** *ausgewählte [wichtige] Stelle aus etw., bes. aus einem Schriftwerk*: Auszüge aus einer Rede hören; **c)** *Kurzf. von* ↑Klavierauszug: einen A. [aus einer Oper] anfertigen. **4.** *ausziehbarer Teil*: der A. am Fotoapparat. **5.** (südd., österr.) *Altenteil*: im A. leben. **6.** (schweiz. früher) *erste Altersklasse der Wehrpflichtigen*: Soldaten des -es. ◆ **7.** *gezogene Nummer in der Lotterie o. Ä.*: ... dieses bunte Lotto des Lebens ... – Nullen sind der A. (Schiller, Räuber III, 2).

Aus|zü|ger, Aus|züg|ler, der; -s, - (schweiz.): *Wehrpflichtiger der ersten Altersklasse.*

Aus|zugs|bau|er, der; -n (selten: -s), -n (österr.): *auf dem Altenteil lebender Bauer.*

Aus|zugs|bäu|e|rin, die: w. Form zu ↑Auszugsbauer.

Aus|zugs|mehl, das: *besonders feines, kleiefreies Weizenmehl.*

aus|zugs|wei|se ⟨Adv.⟩: *in Auszügen* (3 b): eine Rede a. wiedergeben; ⟨mit Verbalsubstantiven auch attr.:⟩ ein -r Abdruck.

aus|zup|fen ⟨sw. V.; hat⟩: *zupfend herausziehen*: sich, jmdm. ein Haar a.

au|t|ark ⟨Adj.⟩ [griech. autárkēs, zu: autós = selbst u. arkeīn = genügen, hinreichen]: **a)** (Politik, Wirtsch.) *[vom Ausland] wirtschaftlich unabhängig*: ein autarker Staat; die Wirtschaft dieses Landes ist a.; **b)** (bildungsspr.) *sich selbst genügend, auf niemanden angewiesen*: -es Denken; geistig a. sein.

Au|t|ar|kie, die; -, -n [griech. autárkeia]: **a)** (Politik, Wirtsch.) *wirtschaftliche Unabhängigkeit eines Landes [vom Ausland]*: dieses Land strebt nach völliger A.; **b)** (bildungsspr.) *Unabhängigkeit von äußeren Dingen, Einflüssen, Affekten*: religiöse, innere A. besitzen.

au|t|ar|kisch ⟨Adj.⟩: *die Autarkie betreffend.*

Au|then|tie, die; - (bildungsspr.): *Authentizität.*

Au|then|ti|fi|ka|ti|on, die; -, -en [zu ↑authentifizieren] (EDV): *Identitätsprüfung eines Benutzers als Zugangs- und Rechtekontrolle für ein System (z. B. durch Passwort).*

au|then|ti|fi|zie|ren ⟨sw. V.; hat⟩ [zu ↑authentisch u. lat. facere = machen, tun] (bildungsspr.): *beglaubigen, die Echtheit von etw. bezeugen.*

Au|then|ti|fi|zie|rung, die; -, -en: **a)** (bildungs-

spr.) *das Authentifizieren; das Authentifiziertwerden;* **b)** (EDV) *Authentifikation.*
au|then|tisch ⟨Adj.⟩ [spätlat. authenticus < griech. authentikós] (bildungsspr.): *echt; den Tatsachen entsprechend u. daher glaubwürdig:* ein -er Text; -en Berichten zufolge; eine -e Darstellung; die Meldung ist nicht a.; Die Buchpublikationen der ersten Nachkriegsjahre geben auf die Frage nach -er *(echter, zeitgemäßer)* Lyrik meist nur enttäuschende Auskunft (Rühmkorf, Fahrtwind 258); Es waren zwar auch -e *(richtige, unverfälschte)* Jeans, aber es war nicht die echte Sorte (Plenzdorf, Leiden 105).
au|then|ti|sie|ren ⟨sw. V.; hat⟩ (Rechtsspr.): *glaubwürdig, rechtsgültig machen.*
Au|then|ti|zi|tät, die; - (bildungsspr.): *das Authentischsein.*
au|thi|gen ⟨Adj.⟩ [griech. authigenés = einheimisch] (Geol.): *(von Gesteinen) am Fundort entstanden; autogen* (3).
Aut-idem-Re|ge|lung, die [lat. aut idem = oder das Gleiche] (Pharm.): *Regelung, nach der der Apotheker anstelle des verordneten Arzneimittels ein preisgünstigeres, wirkstoffgleiches Präparat auswählt.*
Au|tis|mus, der; - [zu griech. autós = selbst] (Med., Psychol.): *angeborene Entwicklungsstörung, die sich durch extreme Selbstbezogenheit und soziale Kontaktunfähigkeit ausdrückt.*
Au|tist, der; -en, -en (Med., Psychol.): *jmd., der an Autismus leidet.*
Au|tis|tin, die; -, -nen: w. Form zu ↑ Autist.
au|tis|tisch ⟨Adj.⟩ (Med., Psychol.): **a)** *den Autismus betreffend, auf ihm beruhend, durch ihn gekennzeichnet:* -e Sprache; -e Verhaltensweisen; **b)** *an Autismus leidend:* ein -es Kind.
Au|to, das; -s, -s [Kurzf. von ↑ Automobil]: **1.** *durch einen Motor angetriebenes Straßenfahrzeug mit gummibereiften Rädern u. offener od. geschlossener Karosserie zum Transport von Personen od. Gütern; Kraftwagen, Kraftfahrzeug, Automobil:* sein, das A. geriet ins Schleudern; A. fahren können; sie fährt gut A.; A. und Rad fahren; mit einem A. unterwegs sein; er ist unter ein A. gekommen *(wurde von einem Auto überfahren);* * **wie ein A. gucken** (ugs.; *sehr erstaunt, verblüfft dreinblicken).* **2.** *als Spielzeug od. Fahrzeug für Kinder dienende kleine Nachbildung eines Autos* (1): mit -s spielen.

au|to-, Au|to- [zu griech. autós]: bedeutet in Bildungen mit Substantiven od. Adjektiven *selbst, persönlich, eigen:* Autokinese; autodynamisch.

Au|to|ag|gres|si|ons|krank|heit, die (Med.): *Autoimmunkrankheit.*
Au|to|at|las, der: *Atlas mit eingezeichneten Straßenverbindungen für die Autofahrt.*
Au|to|bahn, die: *Schnellstraße, die kreuzungsfrei u. zwei- od. mehrspurig nur für bestimmte Kraftfahrzeuge zugelassen ist.*
Au|to|bahn|an|schluss, der: *Straße, die von einer anderen Straße auf die Autobahn führt:* ein Standort in guter Lage mit direktem A.
Au|to|bahn|an|schluss|stel|le, die: *Stelle an einer Autobahn, an der die Möglichkeit zur Ab- bzw. zur Auffahrt gegeben ist.*
Au|to|bahn|auf|fahrt, die: *Straße, die auf die Autobahn führt.*
Au|to|bahn|aus|fahrt, die: *Straße, die von der Autobahn herunterführt.*
Au|to|bahn|brü|cke, die: **a)** *Brücke als Teilstück einer Autobahn;* **b)** *über eine Autobahn führende Brücke.*
Au|to|bahn|di|rek|ti|on, die: *(in Bayern) Verwaltungsorgan, das für den Ausbau, den Erhalt u. den Betrieb der Autobahnen zuständig ist.*
Au|to|bahn|drei|eck, das: *ein Dreieck bildende kreuzungsfreie Straßenführung, in der eine Autobahn mit einer anderen zusammentrifft.*
Au|to|bahn|ge|bühr, die: *für die Benutzung einer Autobahn zu entrichtende Gebühr.*
Au|to|bahn|kno|ten, der (bes. österr.): **1.** *Autobahnkreuz.* **2.** *Autobahndreieck.*
Au|to|bahn|kreuz, das: *Kreuzung zweier Autobahnen auf verschiedenen Ebenen (meist in kleeblattförmiger Anlage), die den kreuzungsfreien Anschluss nach allen Richtungen erlaubt.*
Au|to|bahn|meis|te|rei, die; -, -en: *bautechnische Dienststelle, die für die Erhaltung eines Stückes Autobahn zuständig ist.*
Au|to|bahn|po|li|zei, die: *für die Regelung u. Überwachung des Verkehrs auf Autobahnen zuständige Polizei.*
Au|to|bahn|rast|stät|te, die: *an einer Autobahn gelegene, mit den auf die Bedürfnisse von Reisenden auf der Autobahn ausgerichteten Einrichtungen ausgestattete Gaststätte.*
Au|to|bahn|ring, der: *ringförmig angelegte, um eine Stadt o. Ä. verlaufende Autobahn.*
Au|to|bahn|zu|brin|ger, der: *Straße, die zu einer Autobahn hinführt.*
Au|to|bat|te|rie, die: *Batterie* (2 a) *eines Autos.*
Au|to|bau|er, der; -s, - (ugs.): *Person od. Firma, die Autos herstellt.*
Au|to|bau|e|rin, die: w. Form zu ↑ Autobauer.
Au|to|be|sit|zer, der: *jmd., der ein Auto besitzt.*
Au|to|be|sit|ze|rin, die: w. Form zu ↑ Autobesitzer.
Au|to|bio|graf, Autobiograph, der: *Verfasser einer Autobiografie.*
Au|to|bio|gra|fie, Autobiographie, die: *literarische Darstellung des eigenen Lebens.*
Au|to|bio|gra|fin, Autobiographin, die: w. Formen zu ↑ Autobiograf, Autobiograph.
au|to|bio|gra|fisch, autobiographisch ⟨Adj.⟩: **a)** *das eigene Leben beschreibend:* sein Werk hat -e Züge; **b)** *in Form einer Autobiografie verfasst:* ein -er Roman.
Au|to|bio|graph usw.: ↑ Autobiograf usw.
Au|to|bom|be, die: *in einem [abgestellten] Auto versteckter Sprengsatz:* eine A. explodierte vor der Botschaft; der Selbstmordattentäter zündete eine A.
Au|to|bran|che, die (ugs.): *Automobilbranche.*
Au|to|bus, der: *Bus* (1).
Au|to|car, der [frz. autocar, zu: auto(mobile) u. engl. car = (Kraft)wagen] (schweiz.): *Omnibus für Gesellschaftsreisen, Reiseomnibus.*
Au|to|cho|re [...ˈkoːrə], die; -, -n [zu griech. chorein = sich fortbewegen] (Biol.): *Pflanze, die ihre Früchte od. Samen selbst verbreitet (z. B. Springkraut).*
Au|to|cho|rie [...koˈriː], die; - (Biol.): *Verbreitung von Früchten od. Samen durch die Pflanze selbst.*
au|to|ch|thon [...ɔxˈtoːn] ⟨Adj.⟩ [griech. autóchthōn]: **1.** (Völkerkunde) *(von Völkern od. Stämmen) eingeboren, einheimisch, indigen:* die Slowenen bilden in Österreich eine -e Volksgruppe. **2.** (Biol., Geol.) *(von Tieren, Pflanzen, Gesteinen) am Fundort vorkommend:* -e Rebsorten, Bienenrassen.
Au|to|ch|thon, der/eine Autochthone/ein Autochthoner; des/eines Autochthonen, die Autochthonen/zwei Autochthone (Völkerkunde): *Ureinwohner,* *Alteingesessene.*
Au|to|ch|tho|ne, die/eine Autochthone; der/einer Autochthone, die Autochthonen/zwei Autochthone (Völkerkunde): *Ureinwohnerin, Alteingesessene.*
Au|to|cross, Au|to-Cross, das; -, -e [↑ Crosscountry]: *Autorennen auf einer abgesteckten Strecke im Gelände.*
Au|to|dach, das: *Dach* (2 a) *eines Autos.*
Au|to|da|fé [autodaˈfeː], das; -s, -s [port. auto-de-fé, eigtl. = Urteil über den Glauben (für lat. actus fidei)]: **1.** (Geschichte) *öffentliche Verkündigung des Urteils eines Inquisitionsgerichts u. feierliche Durchführung dieses Urteils (meist Verbrennung von Ketzern).* **2.** (bildungsspr.) *Verbrennung von Büchern u. Schriften.*
Au|to|di|dakt, der; -en, -en [griech. autodídaktos = selbstgelehrt, zu ↑ auto- u. griech. didaktikós, ↑ didaktisch] (bildungsspr.): *jmd., der sich ein bestimmtes Wissen, bestimmte Kenntnisse ausschließlich durch Selbstunterricht angeeignet hat.*
Au|to|di|dak|tin, die; -, -nen: w. Form zu ↑ Autodidakt.
au|to|di|dak|tisch ⟨Adj.⟩ (bildungsspr.): **a)** *den Selbstunterricht betreffend;* **b)** *durch Selbstunterricht erworben.*
Au|to|dieb, der: *jmd., der Autos stiehlt, der ein od. mehrere Autos gestohlen hat.*
Au|to|die|bin, die: w. Form zu ↑ Autodieb.
Au|to|dieb|stahl, der: *Diebstahl eines Autos.*
Au|to|drom, das; -s, -e: **1.** [frz. autodrome, vgl. Motodrom] *Motodrom.* **2.** (österr.) *Fahrbahn für Skooter.*
au|to|dy|na|misch ⟨Adj.⟩: *selbstwirkend, selbsttätig.*
Au|to|elek|t|rik, die: *elektrische Ausstattung moderner Kraftfahrzeuge.*
Au|to|fäh|re, die: *Fähre, auf die Autos verladen werden können.*
Au|to|fah|rer, der: *Fahrer eines Autos.*
Au|to|fah|re|rin, die: w. Form zu ↑ Autofahrer.
Au|to|fahrt, die: *Fahrt mit dem Auto.*
Au|to|fir|ma, die: *Firma, die Autos herstellt u. vertreibt.*
Au|to|fo|kus, der (Fotogr.): *Einrichtung bei Kameras und Diaprojektoren, durch die sich die Bildschärfe automatisch einstellt:* eine Kamera mit A.
au|to|frei ⟨Adj.⟩: *keinen Autoverkehr aufweisend:* -e Zonen.
Au|to|fried|hof, der (ugs.): *Sammelstelle für zu verschrottende Autos:* Die Auferstehung der Toten müsste auch auf dem A. stattfinden (Adorno, Prismen 280).
au|to|gen ⟨Adj.⟩ [griech. autogenés = selbst erregt, ↑ -gen]: **1.** (Technik) *(von Schweißen u. Brennschneiden) mit Stichflamme [ohne Zuhilfenahme eines Bindematerials] erfolgend:* -e Metallbearbeitung; a. schweißen, schneiden. **2.** (Psychol.) *aus eigenen Kräften, von innen heraus erfolgend:* -es Training (Med.; *Entspannung durch Konzentrationsübungen mit autosuggestiven Vorstellungen; nach dem dt. Arzt J. H. Schultz, 1884 bis 1970).* **3.** (Geol.) *authigen.*
Au|to|graf, Autograph, das; -s, -e[n] [spätlat. autographum, zu lat. autographus = mit eigener Hand geschrieben < griech. autógraphos] (Verlagsw.): *von einer bekannten Persönlichkeit eigenhändig geschriebenes Schriftstück.*
Au|to|gra|fen|samm|lung, Autographensammlung, die: *Sammlung von Autografen.*
au|to|gra|fisch, autographisch ⟨Adj.⟩: **1.** (veraltet) *eigenhändig geschrieben.* **2.** *(nach einem heute veralteten Verfahren) vervielfältigt.*
Au|to|gramm, das; -s, -e: *eigenhändig geschriebener Namenszug einer bekannten Persönlichkeit.*
Au|to|gramm|jä|ger, der (ugs.): *leidenschaftlicher Sammler von Autogrammen.*
Au|to|gramm|jä|ge|rin, die: w. Form zu ↑ Autogrammjäger.
Au|to|gramm|stun|de, die: *festgesetzte Zeit, in*

Autograph – Autonomiebehörde

der eine bekannte Persönlichkeit öffentlich Autogramme gibt.
Au|to|graph usw.: ↑ Autograf usw.
Au|to|han|del, der: *Handel mit Autos.*
Au|to|händ|ler, der: *jmd., der Autohandel betreibt.*
Au|to|händ|le|rin, die: w. Form zu ↑ Autohändler.
Au|to|haus, das: **1.** *Firma, die Autos verkauft.* **2.** *Haus* (1 b), *in dem ein Autohaus* (1) *ansässig ist.*
Au|to|her|stel|ler, der (ugs.): *Automobilhersteller.*
Au|to|her|stel|le|rin, die: w. Form zu ↑ Autohersteller.
Au|to|hyp|no|se, die (bildungsspr.): *hypnotischer Zustand, in den sich jmd. selbst versetzt; Selbsthypnose.*
Au|to|im|mun|er|kran|kung, die (Med.): *Erkrankung, bei der das Immunsystem Antikörper gegen körpereigene Stoffe bildet.*
Au|to|im|mun|krank|heit, die (Med.): *Krankheit, die durch die Bildung von Antikörpern, die gegen körpereigene Substanzen wirken, hervorgerufen wird; Autoaggressionskrankheit:* Rheuma, Arthritis, multiple Sklerose und andere -en.
Au|to|in|dus|t|rie, die: *Automobilindustrie.*
Au|to|in|fek|ti|on, die (Med.): *Infektion des eigenen Körpers durch einen Erreger, der bereits im Körper vorhanden ist.*
Au|to|kar|te, die: *Karte mit eingezeichneten Straßenverbindungen für die Autofahrt.*
Au|to|kauf, der: *Kauf eines Autos.*
Au|to|käu|fer, der: *Käufer eines Autos.*
Au|to|käu|fe|rin, die: w. Form zu ↑ Autokäufer.
Au|to|kenn|zei|chen, das: *polizeiliches Kennzeichen eines Autos, das im Allgemeinen aus [Buchstaben u.] Zahlen besteht.*
Au|to|ki|ne|se, die; - [zu griech. kínēsis = Bewegung] (Fachspr.): *scheinbare Eigenbewegung eines Gegenstandes.*
Au|to|ki|no, das: *Kino, das aus einem großen Gelände u. einer Leinwand im Freien besteht u. in dem der Film vom Auto aus angesehen wird.*
Au|to|kna|cker, der (ugs.): *jmd., der Autos aufbricht, um daraus etw. zu stehlen.*
Au|to|kna|cke|rin, die; -, -nen: w. Form zu ↑ Autoknacker.
Au|to|ko|lon|ne, die: *Kolonne* (1 b) *von Autos.*
Au|to|kon|zern, der: *Automobilkonzern.*
Au|to|kor|rek|tur, die (EDV): *Funktion in Textverarbeitungsprogrammen, die während der Eingabe typische Schreibfehler automatisch korrigiert u. bestimmte Kürzel in vollständige Wortformen umwandelt.*
Au|to|kor|so, der: *Korso* (1 a)*, der aus Autos besteht.*
Au|to|krat, der; -en, -en [zu griech. autokratés = unumschränkt herrschend; eigenmächtig, zu: kratein = herrschen]: **1.** (Geschichte, Politik) *Alleinherrscher, der die unumschränkte Staatsgewalt für sich beansprucht.* **2.** (bildungsspr.) *selbstherrlicher Mensch.*
Au|to|kra|tie, die; -, -n [griech. autokráteia] (Geschichte, Politik): *unumschränkte Staatsgewalt in der Hand eines einzelnen Herrschers.*
Au|to|kra|tin, die; -, -nen: w. Form zu ↑ Autokrat.
au|to|kra|tisch ⟨Adj.⟩: **1.** (Geschichte, Politik) *Autokratie betreffend, auf ihr beruhend; unumschränkt:* -e Gewalt ausüben. **2.** (bildungsspr.) *selbstherrlich.*
Au|to|len|ker, der (bes. österr., schweiz.): *Autofahrer.*
Au|to|len|ke|rin, die: w. Form zu ↑ Autolenker.
Au|to|ly|se, die; - [zu griech. lýsis, ↑ Lysis]: **1.** (Med.) *Abbau von Körpereiweiß ohne Mitwir-*

kung von Bakterien. **2.** (Biol.) *Auflösung des Larvengewebes im Verlauf der Metamorphose bei Insekten.*
Au|to|mar|ke, die: *Marke* (2 a) *von Autos:* er fährt immer die gleiche A. *(Wagen des gleichen Fabrikats).*
Au|to|markt, der (ugs.): *Automobilmarkt.*
Au|to|mat, der; -en, -en [unter Einfluss von frz. automate zu griech. autómatos = sich selbst bewegend, aus eigenem Antrieb]: **1. a)** *Apparat, der nach Münzeinwurf od. nach Einstecken einer Geldkarte, eines Geldscheins o. Ä. selbsttätig etw. ab-, herausgibt od. eine Dienst- od. Bearbeitungsleistung erbringt:* Zigaretten, Kondome am -en ziehen; **b)** *Werkzeugmaschine, die Arbeitsvorgänge nach Programm selbsttätig ausführt:* die Werkstücke werden von einem -en noch einmal geprüft; Ü Ein todmüder A. *(wie ein Automat arbeitender Mensch)* arbeitete da mechanisch weiter (Remarque, Funke 241); **c)** *(in elektrischen Anlagen) automatische Sicherung zur Verhinderung von Schäden durch Überlastung.* **2.** (Math., EDV) *kybernetisches System, das Informationen an einem Eingang aufnimmt, selbstständig verarbeitet u. an einem Ausgang abgibt.*
Au|to|ma|ten|kna|cker, der (ugs.): *jmd., der Verkaufsautomaten aufbricht u. ausraubt.*
Au|to|ma|ten|kna|cke|rin, die; -, -nen: w. Form zu ↑ Automatenknacker.
Au|to|ma|tik [österr. auch: ...'mat...], die; -, -en (Technik): **a)** *Vorrichtung, die einen eingeleiteten technischen Vorgang ohne weiteres menschliches Zutun steuert u. regelt:* die A. einer Armbanduhr; ein Auto mit A. *(Automatikgetriebe);* **b)** *Vorgang der Selbststeuerung:* die A. der Entlüftung setzt ein; Ü die tödliche A. des Verbrechens wird dargestellt.
Au|to|ma|tik|ge|trie|be, das (Kfz-Technik): *automatisch schaltendes Getriebe.*
Au|to|ma|ti|on, die; -, -en [engl. automation, zu griech. autómatos, ↑ Automat]: **1.** *durch Automatisierung erreichter Zustand der modernen technischen Entwicklung, der durch den Einsatz weitgehend bedienungsfreier Arbeitssysteme gekennzeichnet ist.* **2.** (EDV) *zusammenfassende Programmierung wiederkehrender Abläufe.*
Au|to|ma|ti|sa|ti|on, die; -, -en: *Automatisierung.*
au|to|ma|tisch [österr. auch: ...'mat...] ⟨Adj.⟩ [frz. automatique]: **1. a)** *(von technischen Geräten) mit einer Automatik ausgestattet:* ein -er Wärmeregler; **b)** *durch Selbststeuerung od. -regelung erfolgend:* ein -es Glockenzeichen; etw. a. regeln. **2. a)** *unwillkürlich, zwangsläufig:* der Prozess läuft a. ab; **b)** *von selbst erfolgend:* eine -e Reaktion.
au|to|ma|ti|sie|ren ⟨sw. V.; hat⟩ [nach frz. automatiser]: *auf vollautomatische Fabrikation, Steuerung o. Ä. einstellen:* einen Betrieb a.; Ü bei dieser schnellen Sportart müssen viele Bewegungsabläufe vollkommen automatisiert *(automatisch u. unbewusst)* erfolgen; ... der Betrieb war völlig automatisiert, kein Mensch war zu sehen, die Schleusentore ... schlossen sich wie von Geisterhand (Koeppen, Rußland 112).
Au|to|ma|ti|sie|rung, die; -, -en: *das Automatisieren; das Automatisiertwerden.*
Au|to|ma|ti|sie|rungs|tech|nik, die: *Teilgebiet der Elektrotechnik, das sich mit dem Automatisieren von etw. befasst.*
Au|to|ma|tis|mus, der; -, ...men [griech. automatismós = was von selbst geschieht]: **1.** (Technik) *programmgesteuerter od. selbsttätig geregelter Mechanismus:* der A. eines Roboters. **2.** (Biol., Med.) *spontan ablaufender Vorgang od. Bewegungsablauf, der nicht vom Bewusstsein od.*

Willen beeinflusst wird. **3.** (Psychol.) *vom Bewusstsein nicht kontrolliert ablaufende Tätigkeit.*
Au|to|me|cha|ni|ker, der: *Mechaniker in einer Kfz-Werkstatt.*
Au|to|me|cha|ni|ke|rin, die; -, -nen: w. Form zu ↑ Automechaniker.
Au|to|mi|nu|te, die: *Zeitraum von etwa einer Minute, in der ein Auto mit durchschnittlicher Geschwindigkeit eine bestimmte Strecke zurücklegen kann:* der Strand ist zehn -n entfernt.
au|to|mo|bil ⟨Adj.⟩ (bildungsspr.): **a)** *das Auto betreffend, in Bezug auf das Auto:* der -e Laie; **b)** *vom Auto bestimmt:* eine -e Gesellschaft.
Au|to|mo|bil, das; -s, -e [zu lat. mobilis = beweglich] (geh. od. scherzh., sonst veraltend): *Auto.*
Au|to|mo|bil|aus|stel|lung, die: *Ausstellung, auf der die neuesten Modelle verschiedener Automarken vorgestellt werden.*
Au|to|mo|bil|bau, der ⟨o. Pl.⟩: *Bau, Fabrikation von Automobilen.*
Au|to|mo|bil|bran|che, die: *den Bereich des Automobils umfassende Branche.*
Au|to|mo|bil|club: ↑ Automobilklub.
Au|to|mo|bil|her|stel|ler, der: *Hersteller von Automobilen.*
Au|to|mo|bil|her|stel|le|rin, die: w. Form zu ↑ Automobilhersteller.
Au|to|mo|bil|in|dus|t|rie, die: *Autos herstellende Industrie.*
Au|to|mo|bi|list, der; -en, -en [frz. automobiliste] (bes. schweiz.): *Autofahrer.*
Au|to|mo|bi|lis|tin, die; -, -nen: w. Form zu ↑ Automobilist.
Au|to|mo|bil|klub, Automobilclub, der: *Vereinigung von Autofahrenden zur Durchsetzung gemeinsamer Interessen.*
Au|to|mo|bil|kon|zern, der: *Konzern, dessen wirtschaftlicher Schwerpunkt auf der Produktion von Kraftfahrzeugen liegt:* ein großer, internationaler, unabhängiger A.
Au|to|mo|bil|markt, der: **1.** *Markt* (3 a) *für Automobile.* **2.** *[von Händlern organisierte] Veranstaltung zum Verkauf von Automobilen.*
Au|to|mo|bil|sa|lon, der: *Automobilausstellung.*
Au|to|mo|bil|zu|lie|fe|rer, der (ugs.): *Zulieferbetrieb für die Automobilindustrie.*
au|to|nom ⟨Adj.⟩ [griech. autónomos, zu: nómos = Gesetz]: **a)** (bildungsspr.) *verwaltungsmäßig selbstständig, unabhängig* (b): ein -er Staat; -e Gebiete; **b)** (bildungsspr.) *unabhängig* (1 a), *eigenständig:* jedes Team arbeitet a. auf dem Gelände; **c)** (Politik) *zu den Autonomen gehörend, von ihnen ausgehend o. Ä.:* militante -e Gruppen störten die Demonstration.
Au|to|no|me, die/eine Autonome; der/einer Autonomen, die Autonomen/zwei Autonome (Politik): *Angehörige einer politisch der* ²*Linken* (2) *zuzuordnenden, nach eigenem Selbstverständnis aber keiner Ideologie verpflichteten Gruppierung, die Staat u. Gesellschaftssystem ablehnt u. mit Gewaltaktionen bekämpft.*
Au|to|no|mer, der; Autonome/ein Autonomer; des/eines Autonomen, die Autonomen/zwei Autonome (Politik): *Angehöriger einer politisch der* ²*Linken* (2) *zuzuordnenden, nach eigenem Selbstverständnis aber keiner Ideologie verpflichteten Gruppierung, die Staat u. Gesellschaftssystem ablehnt u. mit Gewaltaktionen bekämpft.*
Au|to|no|mie, die; -, -n [griech. autonomía]: **1.** (bildungsspr.) *[verwaltungsmäßige] Unabhängigkeit, Selbstständigkeit:* die A. dieses Landes ist gefährdet; A. fordern. **2.** (Philos.) *Willensfreiheit.*
Au|to|no|mie|be|hör|de, die: **1.** ⟨o. Pl.⟩ *(für das Westjordanland u. den Gasastreifen zuständige)*

regierungsamtliche palästinensische Behörde mit bestimmten Befugnissen. **2.** *(in autonomen Gebieten) regierungsamtliche Behörde mit bestimmten Befugnissen.*

Au|to|no|mie|ge|biet, das (Völkerrecht): *autonomes Gebiet.*

Au|to|num|mer, die (ugs.): *Autokennzeichen.*

Au|to|pi|lot, der (Technik): *automatische Steuerungsanlage in Flugzeugen, Raketen o. Ä.*

Au|top|sie, die; -, -n [griech. autopsía = das Sehen mit eigenen Augen]: **1.** (Med.) *Leichenöffnung; Untersuchung des [menschlichen] Körpers nach dem Tod zur Feststellung der Todesursache.* **2.** (Fachspr.) *Prüfung durch persönliche Inaugenscheinnahme.*

Au|tor, der; -s, ...oren [lat. auctor = Urheber, Schöpfer, eigtl. = Mehrer, Förderer, zu: augere (2. Part.: auctum) = wachsen machen, mehren]: **a)** *Verfasser eines Werkes der Literatur, eines Textes:* ein viel gelesener A.; neue -en gewinnen; unter Mitwirkung eines bekannten -s; von diesem A. bin ich enttäuscht; **b)** (seltener) *Urheber eines Werks der Musik, Kunst, Fotografie, Filmkunst.*

Au|to|ra|dio, das: *speziell zum Betrieb in Kraftfahrzeugen eingerichtetes Rundfunkgerät.*

Au|to|rei|fen, der: *Reifen für das Auto.*

Au|to|rei|se|zug, der: *Zug, der Personen mit ihren Autos transportiert.*

Au|to|ren|film, der: *Film (3 a), bei der der Verfasser bzw. die Verfasserin des Drehbuchs auch die Regie führt.*

Au|to|ren|kol|lek|tiv, das (bes. DDR): *Gruppe von Autorinnen u. Autoren, die ein Werk in Zusammenarbeit herausgibt.*

Au|to|ren|le|sung, die: *Veranstaltung, bei der ein Autor bzw. eine Autorin aus seinen bzw. ihren Werken vorliest.*

Au|to|ren|nen, das: *mit [Renn]autos ausgetragenes Rennen.*

Au|to|renn|sport, der: *mit Autos ausgeübter Rennsport.*

Au|to|ren|re|gis|ter, das: *am Ende eines Buches aufgeführte alphabetische Namenliste der zitierten Autorinnen u. Autoren.*

Au|to|re|verse [...rɪvaːs], das: *Automatik, bes. bei Kassettenrekordern, die nach Ablauf einer Seite der Kassette auf die andere umschaltet.*

Au|to|rin, die; -, -nen: w. Form zu ↑ Autor.

Au|to|r(inn)en: Kurzform für: Autorinnen und Autoren.

Au|to|ri|sa|ti|on, die; -, -en (bildungsspr.): *Ermächtigung, Vollmacht:* die A. erteilen.

au|to|ri|sie|ren (sw. V.; hat) [mlat. auctorizare] (bildungsspr.): **1.** *jmdn. bevollmächtigen, [als Einzigen] zu etw. ermächtigen:* jmdn. zu etw. a. **2.** *die Genehmigung zu etw. erteilen:* autorisierte *(vom Autor genehmigte u. für gut befundene)* Übersetzungen.

Au|to|ri|sie|rung, die; -, -en (bildungsspr.): *das Autorisieren; das Autorisiertwerden.*

au|to|ri|tär ⟨Adj.⟩ [frz. autoritaire, zu: auteur < lat. auctor, ↑ Autor]: **1. a)** *totalitär, diktatorisch:* ein -es Regime; **b)** *unbedingten Gehorsam fordernd:* eine -e Erziehung; sein Vater war sehr a. **2.** (veraltend) **a)** *auf Autorität beruhend:* -e Gewalt; **b)** *mit Autorität ausgestattet:* ein -er Herrscher.

Au|to|ri|ta|ris|mus, der; - [frz. autoritarisme] (bildungsspr.): *absoluter Autoritätsanspruch:* bürokratischer, rechter, linker A.

Au|to|ri|tät, die; -, -en [lat. auctoritas]: **1.** ⟨o. Pl.⟩ *auf Leistung od. Tradition beruhender Einfluss einer Person od. Institution u. daraus erwachsendes Ansehen:* kirchliche, elterliche A.; die A. des Staates; A. haben, besitzen; sich A. verschaffen. **2.** *Persönlichkeit mit maßgeblichem Einfluss u. hohem [fachlichem] Ansehen:* eine medizinische A.; sie ist eine A., gilt als A. auf ihrem Gebiet; er ist für mich keine A.

au|to|ri|ta|tiv ⟨Adj.⟩ (bildungsspr.): *auf Autorität beruhend; maßgebend; aufgrund, mithilfe seiner Autorität, Stellung:* der -e Umgangston des Dirigenten.

au|to|ri|täts|gläu|big ⟨Adj.⟩ (abwertend): *eine Autorität (2) für unfehlbar haltend.*

Au|to|ri|täts|gläu|big|keit, die ⟨o. Pl.⟩: *das Autoritätsgläubigsein.*

Au|tor|schaft, die; -, -en: *Urheberschaft:* seine A. bestreiten.

Au|to|sa|lon, der: *Automobilausstellung.*

Au|to|schlan|ge, die (ugs.): *Reihe dicht aufeinanderfolgender, langsam fahrender Autos bei sich stauendem Verkehr.*

Au|to|schlüs|sel, der: *Schlüssel für die Autotür, den Kofferraum, das Zündschloss o. Ä.*

Au|to|scoo|ter, der: [...skuːtɐ]: ↑ Autoskooter.

Au|to|sex, der: **1.** (Fachspr.) *am eigenen Körper vorgenommene sexuelle Handlung.* **2.** (ugs.) *Sex (2) im Auto.*

Au|to|sitz, der: *Sitz in einem Auto.*

Au|to|skoo|ter, der: *Skooter.*

Au|to|sla|lom, der (Motorsport): *Geschicklichkeitswettbewerb in der Art eines Slaloms.*

Au|to|som, das; -s, -en [zu ↑ auto-, Auto- u. ↑ Chromosom] (Med.): *Chromosom, das im Unterschied zu den Geschlechtschromosomen in den diploiden Zellen beider Geschlechter paarweise vorkommt.*

Au|to|speng|ler, der (südd., österr., schweiz.): *Karosserieschlosser.*

Au|to|speng|le|rin, die: w. Form zu ↑ Autospengler.

Au|to|stadt, die: **1. a)** *Stadt, die von der Automobilindustrie od. von einer wichtigen Autofirma geprägt ist:* die A. Detroit, Wolfsburg; **b)** *Stadt, die eine od. mehrere wichtige Autofirmen beherbergt:* in der A. Stuttgart, Leipzig. **2.** ® *Freizeitpark mit Einrichtungen, die auf das Thema Auto bezogen sind.*

Au|to|ste|reo|typ, das (Sozialpsych., Psychol.): *Stereotyp, das eine Person od. Gruppe von sich selbst hat.*

Au|to|stopp, der [eindeutschende Schreibung von frz. autostop, aus: auto(mobile) u. engl. stop = das Anhalten, vgl. stoppen]: *das Anhalten von Autos zu dem Zweck, sich mitnehmen zu lassen:* A. machen; mit/per A. fahren; Er kauft einen offenen Wagen, allzeit bereit für A. (Frisch, Gantenbein 368); Ihre Idee, mit A. nach Rom zu reisen, war ihr nicht auszureden; sie hatte sogar ein genaues Programm (Frisch, Homo 143).

Au|to|stra|ße, die: *Straße, die nur für Kraftfahrzeuge von einer bestimmten mindestens zu fahrenden Geschwindigkeit an zugelassen ist.*

Au|to|strich, der (ugs.): **a)** *Straße, Gegend, in der sich Prostituierte aufhalten, um sich Autofahrern anzubieten:* der A. am Rande der Stadt; **b)** *Form der Prostitution, bei der sich Prostituierte an Autostraßen aufhalten, um sich Autofahrern anzubieten:* der A. hat sie kaputt gemacht.

Au|to|stun|de, die: *Zeitraum von etwa einer Stunde, in der ein Auto mit durchschnittlicher Geschwindigkeit eine bestimmte Strecke zurücklegen kann.*

Au|to|sug|ges|ti|on, die (bildungsspr.): *Steuerung des eigenen Verhaltens mit den Mitteln der Suggestion (1 a).*

au|to|sug|ges|tiv ⟨Adj.⟩ (bildungsspr.): *sich selbst beeinflussend.*

¹Au|to|teil, das ⟨meist Pl.⟩: *Teil[stück] eines Autos, für Autos.*

²Au|to|teil, der: *Teil einer Zeitung, Zeitschrift, in dem die mit dem Thema Auto zusammenhängenden Berichte, Inserate o. Ä. stehen.*

Au|to|te|le|fon, das (ugs.): *drahtloses Telefon, das in Kraftfahrzeugen eingebaut ist.*

Au|to|tour, die: *Tour (1) mit dem Auto.*

Au|to|tou|ris|mus, der: *touristischer Verkehr, Urlaubsverkehr mit Privatautos.*

Au|to|to|xin, das (Med.): *im eigenen Körper entstandenes Gift.*

au|to|troph ⟨Adj.⟩ [zu griech. trophḗ = Nahrung] (Biol.): *sich nur von anorganischen Stoffen ernährend.*

Au|to|tro|pis|mus, der; -, ...men [zu griech. tropé = (Hin)wendung] (Bot.): *Bestreben eines Pflanzenorgans, die Richtung einzuhalten od. sie nach einem Reiz wiederzugewinnen.*

Au|to|tür, die: *Tür eines Autos:* die vorderen, die hinteren -en.

Au|to|ty|pie, die; -, -n [↑ Type] (Druckw.): *Druckverfahren, bei dem gerasterte Negative auf Glasplatten kopiert werden.*

Au|to|un|fall, der: *Unfall mit dem Auto:* die Zahl der Autounfälle ist leicht rückläufig; sie ist bei einem A. schwer verletzt worden.

Au|to|ver|käu|fer, der (ugs.): *Verkäufer von Autos.*

Au|to|ver|käu|fe|rin, die: w. Form zu ↑ Autoverkäufer.

Au|to|ver|kehr, der: *durch Autos entstehender Straßenverkehr.*

Au|to|ver|leih, der: *Unternehmen, das gegen Entgelt Autos verleiht.*

Au|to|ver|mie|ter, der (ugs.): *Person od. Firma, die Autos vermietet.*

Au|to|ver|mie|te|rin, die: w. Form zu ↑ Autovermieter.

Au|to|ver|mie|tung, die: *Unternehmen, das Leihwagen vermietet.*

Au|to|ver|si|che|rung, die (ugs.): **1.** *Versicherung (2 a, b, d) für Autos.* **2.** *Unternehmen, das Autoversicherungen (1) abschließt.*

Au|to|wasch|an|la|ge, die: *Anlage zum maschinellen Waschen (3 a) von Autos.*

Au|to|wä|sche, die: **1.** *Wagenwäsche.* **2.** *Autowaschanlage.*

Au|to|werk|statt, die: *Werkstatt, in der Autos gewartet u. repariert werden.*

Au|to|wert, der ⟨meist Pl.⟩ (Börsenw.): *Aktie o. Ä. eines Automobilkonzerns:* gefragt waren -e.

Au|to|wrack, das (ugs.): *auch äußerlich stark beschädigtes funktionsunfähiges Auto.*

au|to|zen|t|riert ⟨Adj.⟩ [zu ↑ Auto]: *[einseitig] auf das Auto ausgerichtet.*

Au|to|zoom, das u. der; -s, -s: **1.** (Film, Fotogr.) *Vorrichtung an einer Filmkamera, die automatisch die Brennweite in Abhängigkeit der Entfernung einstellt.* **2.** (EDV) *automatisch gesteuerter Zoom (3).*

Au|to|zu|be|hör, das: *Gesamtheit von Teilen, die nachträglich in ein Auto eingebaut werden u. die seine Ausstattung ergänzen od. verbessern.*

Au|to|zu|lie|fe|rer, der (ugs.): *Automobilzulieferer.*

autsch ⟨Interj.⟩: *Ausruf bei unvermutetem körperlichem Schmerz:* a., ich habe mir den Finger verbrannt!

Au|ver|g|ne [oˈvɛrnjə], die; -: *Region in Frankreich.*

Au|wald, der: *Auenwald.*

au|weh ⟨Interj.⟩: *Ausruf des Schmerzes und des Bedauerns.*

au|wei ⟨Interj.⟩ (ugs.): *Ausruf, durch den jmd. Überraschung, Bestürzung, Beklommenheit ausdrückt:* a., ich habe meine Schlüssel vergessen!

au|weia ⟨Interj.⟩ (ugs.): *auwei.*

aux fines herbes [ofinˈzɛrb; frz., ↑ Fines Herbes] (Kochkunst): *mit frisch gehackten Kräutern.*

Au|xi|li|ar|verb, das; -s, -en [lat. auxiliaris, zu: auxilium = Hilfe] (Sprachwiss.): *Hilfsverb.*

Au|xin, das; -s, -e [zu griech. aúxein = wachsen machen] (Bot.): *organische Verbindung, die das Pflanzenwachstum fördert; Wuchsstoff.*

a v. = a vista.

Avan|ce [aˈvã:sə], die; -, -n [frz. avance, zu: avancer, ↑avancieren]: **1.** (veraltet) **a)** *Vorteil, Gewinn;* **b)** *Geldvorschuss.* **2.** *jmdm. -n machen (1. geh.: *jmdm. gegenüber sein Interesse an ihm, an einer Beziehung mit ihm deutlich erkennen lassen. jmdm. bestimmter Vorteile wegen deutliches Entgegenkommen zeigen, um ihn für sich zu gewinnen*).

Avan|ce|ment [avãsəˈmã:, avãsˈmã:], das; -s, -s [frz. avancement] (geh.): *Beförderung, Aufrücken in eine höhere Stelle:* Da Sie Laufjunge und Bürodirektor in einem sind, brauchen Sie sich ja nicht ums A. zu kümmern (Remarque, Obelisk 241).

avan|cie|ren [avãˈsiːrən] ⟨sw. V.; ist⟩ [frz. avancer, zu einem vlat. Verb mit der Bed. »nach vorwärtsbringen«, zu spätlat. abante = vorweg]: **1.** (geh.) *befördert werden, in einen höheren Dienstrang aufrücken:* er avancierte zum Direktor, zum Leiter des Kompetenzzentrums. **2.** *zu etw. werden, aufsteigen, aufrücken:* er ist zum besten Spieler der Mannschaft, zum einflussreichsten Politiker avanciert. **3.** (veraltet) *vorwärtsgehen, vorrücken:* ◆ Es lief darauf hinaus, dass man (= bei dem Duell) a tempo a. und auf zehn Schritt Distanz feuern sollte (Fontane, Effi Briest 198); ◆ ⟨subst.:⟩ Zwei Fechtmeister ...: ein älterer ernster Deutscher ... und ein Franzose, der seinen Vorteil durch Avancieren und Retirieren ... zu erreichen suchte (Goethe, Dichtung u. Wahrheit 4).

Avant|gar|de [avãˈgardə], die; -, -n [frz. avantgarde, aus: avant = vorn (< spätlat. abante, ↑avancieren) u. garde, ↑Garde]: **1.** *Gruppe von Vorkämpfern einer geistigen Entwicklung:* er gehört zur A. **2.** (veraltet) *Vorhut einer Armee:* ◆ Der Herzog von Weimar führte die A. und deckte zugleich den Rückzug der Bagage (Goethe, Kampagne in Frankreich 1792, 1. Oktober).

Avant|gar|dis|mus, der; -: *für neue Ideen eintretende kämpferische Richtung auf einem bestimmten Gebiet (bes. in der Kunst); fortschrittliche Haltung.*

Avant|gar|dist, der; -en, -en: *Vorkämpfer, Neuerer (bes. auf dem Gebiet der Kunst u. Literatur).*

Avant|gar|dis|tin, die; -, -nen: w. Form zu ↑Avantgardist.

avant|gar|dis|tisch ⟨Adj.⟩: *den Avantgardismus betreffend, zu ihm gehörend:* -e Literatur, Malerei.

avan|ti ⟨Interj.⟩ [ital. avanti < spätlat. abante, ↑avancieren]: *vorwärts!, los!, weiter!*

Ava|tar [auch: ˈɛvətaːɐ̯], auch: [ˈɛvətaːɐ̯s] ⟨engl. avatar, eigtl. = Inkarnation, Verkörperung < sanskr. avatāra] (EDV): **a)** *grafische Darstellung, Animation, Karikatur o. Ä. als Verkörperung des Benutzers im Cyberspace:* einen A. entwickeln, selbst konstruieren, installieren; **b)** *virtuelle Kunstfigur im Cyberspace:* dieser A. kann die Lippen synchron bewegen.

AvD = Automobilclub von Deutschland.

Ave [ˈaːve], das; -[s], -[s]: Kurzf. von ↑Ave-Maria: ein A. beten.

Ave-Ma|ria, das; -[s], -[s] [nach den Anfangsworten des Gebets (nach Lukas 1, 28)] (kath. Kirche): *Gebet zur Verehrung Marias; Angelus* (a); *Englischer Gruß:* drei A. beten.

Ave-Ma|ria-Läu|ten, das; -s: *morgens, mittags u. abends ertönendes kurzes Glockenläuten als Aufforderung, das Ave-Maria zu beten.*

Ave|ni|da, die; -, -s u. ...den [span., port. avenida, zu lat. advenire = herankommen, hereinbrechen]: **1.** *breite Prachtstraße spanischer, portugiesischer u. lateinamerikanischer Städte.* **2.** span. u. port. Bez. für: *Sturzflut nach heftigen Regengüssen.*

Aven|tiu|re [avɛnˈtyːrə], die; -, -n [mhd. ãventiure, ↑Abenteuer] (Literaturwiss.): **1.** *(in der mittelhochdeutschen Artusdichtung) ritterliche Bewährungsprobe, die der Held bestehen muss.* **2.** *Abschnitt in einem mittelhochdeutschen Epos, das nach einzelnen ritterlichen Bewährungsproben gegliedert ist.*

Aven|tu|rin, der; -s, -e [frz. aventurine, H. u., viell. zu: aventure (↑Abenteuer), den Einlagerungen erscheinen wie zufällig eingestreut] (Bergbau): *gelber, roter od. golden flimmernder Quarz mit metallisch glänzenden Einlagerungen.*

Ave|nue [avəˈnyː], die; -, -n [...ˈnyːən] [frz. avenue, zu lat. advenire = herankommen]: *mit Bäumen bepflanzte Prachtstraße in einer Stadt.*

Ave|rage [ˈævərɪdʒ], der; -, -s [engl. average < frz. avarie, ↑Havarie]: **1.** (bes. Statistik) *Durchschnitt, Mittelwert.* **2.** (Kaufmannsspr.) *Ware mittlerer Güte.* **3.** (Seew.) *Havarie* (1).

Avers [österr.: aˈvɛːr], der; -es, -e [frz. avers < lat. adversus = mit der Vorderseite zugewendet] (Münzkunde): *Vorderseite einer Münze od. einer Medaille.*

Aver|si|on, die; -, -en [frz. aversion < lat. aversio, eigtl. = das (Sich)abwenden] (bildungsspr.): *Abneigung, Widerwille:* gegen jmdn., etw. eine A. haben, -en hegen.

aver|siv ⟨Adv.⟩ [zu ↑Aversion] (bildungsspr.): *Widerwillen hervorrufend:* -e Konditionierung; -e Reize aus dem Bereich der Verhaltenstherapie.

aver|tie|ren ⟨sw. V.; hat⟩ [frz. avertir < lat. advertere = aufmerksam machen, eigtl. = auf etw. richten] (veraltet): **a)** *benachrichtigen:* ◆ ... ist Gerhardi ist ein Strohwein angekommen – ich war da; er hat Sie einladen wollen (Iffland, Die Hagestolzen I, 7); **b)** *warnen.*

AVG = Angestelltenversicherungsgesetz.

Avi|a|ri|um, das; -s, ...ien [lat. aviarium, zu: avis = zu den Vögeln gehörend, Vogel-, zu: avis = Vogel]: *großes Vogelhaus (in zoologischen Gärten).*

Avi|a|tik, die; -: *Flugtechnik, Flugwesen.*

Avi|a|ti|ker, der; -s, -: *Flugtechniker; Kenner des Flugwesens.*

Avi|a|ti|ke|rin, die; -, -nen: w. Form zu ↑Aviatiker.

Avi|g|non [aviˈnjõː]: *Stadt in Südfrankreich.*

avi|ru|lent ⟨Adj.⟩ [aus griech. a- = nicht, un- u. ↑virulent] (Med.): *(von Mikroorganismen) nicht virulent* (1).

Avis [aˈviː, auch: aˈviːs], der od. das; - [aˈviː(s)], - [aˈviːs], auch: -es [...zəs], -e [...zə] [frz. avis, aus afrz. ce m'est a vis = das ist meine Ansicht < vlat. mihi visum est = es scheint mir]: **1.** (Kaufmannsspr.) *Anzeige, Ankündigung [einer Sendung an den Empfänger].* **2.** (Bankw.) *Mitteilung des Ausstellers eines Wechsels an den Schuldner über die Deckung der Wechselsumme.*

avi|sie|ren ⟨sw. V.; hat⟩: **a)** (bildungsspr.) *das Bevorstehen von etw., die Ankunft, das Eintreffen von jmdm. od. etw. schriftlich o. ä. ankündigen:* eine Warenlieferung a.; **b)** (schweiz.) *benachrichtigen.*

¹**Avi|so**, der; -s, -s [frz. aviso aus span. barca de aviso = Nachrichtenschiff, zu frz. avis, ↑Avis] (veraltet): *leichtes, schnelles, wenig bewaffnetes Kriegsschiff.*

²**Avi|so**, das; -s, -s [ital. avviso, aus afrz. ce m'est a vis, ↑Avis] (österr.): *Avis* (1).

a vis|ta [ital. = bei Sicht, aus a = bei u. ↑Vista] (Bankw.): *bei Vorlage fällig* (Abk.: a v.)

Avis|ta|wech|sel, der: *Wechsel, der bei Vorlage fällig ist; Sichtwechsel.*

Avo|ca|do, die; -, -s [älter span. avocado, volksetym. Umdeutung (unter Anlehnung an älter: abocado = Advokat) von aguacate < Nahuatl (mittelamerik. Indianerspr.) ahuacatl]: *birnenförmige, essbare Frucht eines südamerikanischen Baumes.*

◆ **Avo|set|te**, die; -, -n [frz. avocette < ital. avocetta, H. u.]: *Säbelschnäbler:* ... in anmutigem Fluge schwebten Möwen und -n über Land und Wasser hin und wider (Storm, Schimmelreiter 108).

Avus, die; - [Kurzwort für: Automobil-Verkehrs- u. -Übungsstraße]: *frühere Rennstrecke für Autorennen in Berlin (heute Teil der Autobahn).*

¹**AWACS** [ˈavaks, engl.: ˈɛtwæks; Abk. für engl. Airborne early warning and control system]: *Frühwarnsystem der NATO.*

²**AWACS**, die; -, -, auch: das; -, - [zu ↑¹AWACS]: *mit ¹AWACS ausgerüstetes Aufklärungsflugzeug.*

Award [əˈwɔːd], der; -s, -s [engl. award, zu: anglofrz. awarder < afrz. esguarder = verfügen, bestimmen, aus dem Germ.]: *von einer Jury vergebener Preis, bes. in der Film- und Musikbranche:* der A. ist mit 50000 Euro dotiert, wird an die beste Nachwuchskünstlerin verliehen.

Axel, der; -s, - [nach dem norw. Eiskunstläufer Axel Paulsen (1855–1938)] (Eiskunstlauf, Rollkunstlauf): *von der Außenkante des linken Fußes vorwärts ausgeführter Sprung, bei dem der Läufer bzw. die Läuferin nach einer Umdrehung rückwärtslaufend mit der Außenkante des rechten Fußes wieder aufsetzt:* den dreifachen A. beherrschen, stehen.

axi|al ⟨Adj.⟩ [zu lat. axis = (Erd)achse, verw. mit ↑Achse] (Technik): *in der Achsenrichtung, längs der Achse, achsig:* -e Verschiebung; -e Belastung.

Axi|a|li|tät, die; -, -en: *axiale Anordnung, Achsigkeit.*

Axi|al|ver|schie|bung, die: *Verschiebung in Richtung der Längsachse.*

axil|lar ⟨Adj.⟩ [zu lat. axilla = Achselhöhle, Vkl. von: ala = Achsel]: **1.** (Med.) *zur Achselhöhle gehörend, in ihr gelegen.* **2.** (Bot.) *unmittelbar über der Ansatzstelle eines Blattes hervorbrechend od. gewachsen.*

Axi|om, das; -s, -e [lat. axioma < griech. axíōma, eigtl. = Würdigung; Würde, Ansehen, zu: áxios = würdig, wert] (Wissensch., Philos.): **1.** *als absolut richtig erkannter Grundsatz; gültige Wahrheit, die keines Beweises bedarf.* **2.** *nicht abgeleitete Aussage eines Wissenschaftsbereichs, aus der andere Aussagen deduziert werden.*

Axi|o|ma|tik, die; - (Wissensch.): **1.** *Lehre vom Definieren u. Beweisen mithilfe von Axiomen.* **2.** *axiomatisches Verfahren, Vorgehen.*

axi|o|ma|tisch [österr. auch: ...ˈmat...] ⟨Adj.⟩ [griech. axiōmatikós] (Wissensch.): **1.** *auf Axiomen beruhend.* **2.** *unanzweifelbar, gewiss.*

axi|o|ma|ti|sie|ren ⟨sw. V.; hat⟩ (Wissensch.): **1.** *zum Axiom erklären.* **2.** *axiomatisch festlegen.*

Ax|mins|ter|tep|pich, Ax|mins|ter-Tep|pich [ˈɛksmɪnstɐ...], der; -s, -e [nach der engl. Stadt Axminster in Devonshire]: *gewebter Florteppich.*

Axon, das; -s, Axone u. Axonen [griech. áxōn = Achse, verw. mit ↑Achse] (Biol.): *[mit einer besonderen Isolierschicht umgebener] Neurit.*

Axo|no|me|t|rie, die; -, -n [zu griech. áxōn = Achse u. métron, ↑Meter] (Math.): *geometrisches Verfahren, räumliche Gebilde durch Parallelprojektion auf eine Ebene darzustellen.*

Axt, die; -, Äxte [mhd. ackes, ax(t), ahd. ackus,

wahrsch. aus einer kleinasiat. Spr.]: *Werkzeug mit schmaler Schneide u. langem Stiel, bes. zum Fällen von Bäumen:* die A. schwingen; R die A. im Haus erspart den Zimmermann (*jemand, der geschickt ist im Umgang mit Handwerkzeug, braucht für vieles nicht die Hilfe eines Fachmanns;* Schiller, Wilhelm Tell III, 1); (ugs. scherzh.:) die A. im Haus ersetzt die Ehescheidung; * wie eine/die A. im Walde (ugs.; *ungehobelt, rüpelhaft in seinem Benehmen:* er benimmt sich wie die A. im Walde); **einer Sache die A. an die Wurzel legen, an einer Sache die A. anlegen** (*sich anschicken, einen Missstand zu beseitigen;* nach Matthäus 3, 10).

Axt|hieb, der: *Hieb mit einer Axt.*

Aya|tol|lah: ↑ Ajatollah.

¹Ayur|ve|da, Ayurweda, der; -[s] [sanskr. = Veda (= Wissen) von der (Verlängerung der) Lebensdauer; ↑ Veda]: *Sammlung der wichtigsten Lehrbücher der altindischen Medizin aus der brahmanischen Epoche.*

²Ayur|ve|da, Ayurweda, das; -[s], auch: der; -[s] 〈meist o. Art.〉: *auf dem ¹Ayurveda beruhende Gesundheitslehre und Gesundheitspflege:* viele Hotels bieten heute A. an.

ayur|ve|disch, ayurwedisch 〈Adj.〉: **1.** *den ¹Ayurveda betreffend, in ihm enthalten:* -e Schriften. **2.** *²Ayurveda betreffend, darauf beruhend:* -e Medizin, Ernährung; -e Massagen.

Ayur|we|da ↑ ¹Ayurveda, ²Ayurveda.

ayur|we|disch: ↑ ayurvedisch.

a. Z. = auf Zeit.

AZ, Az. = Aktenzeichen.

Aza|lee, die; -, -...een, (fachspr. auch:) **Aza|lie,** die; -, -n [griech. azaléa, zu: azaléos = trocken, dürr]: *(zu den Heidekrautgewächsen gehörende) als Strauch wachsende Pflanze mit großen, weißen, rosa od. roten, trichterförmigen Blüten u. kleinen, dunkelgrünen Blättern.*

azen|t|risch 〈Adj.〉 [aus griech. a- = nicht, un- u. ↑ zentrisch] (bes. Fachspr.): *ohne Zentrum; nicht zentrisch.*

aze|o|trop 〈Adj.〉 [zu griech. a- = nicht, un-, zeĩn = sieden u. tropé = (Hin)wendung] (Chemie): *(von einem Flüssigkeitsgemisch aus mehreren Komponenten) einen konstanten Siedepunkt besitzend.*

Azet|al|de|hyd, (chem. fachspr.:) Acetaldehyd, der *od.* das; -s, -e [zu ↑ Azetat u. ↑ Aldehyd] (Chemie): *farblose Flüssigkeit von betäubendem Geruch, die ein wichtiger Ausgangsstoff od. ein wichtiges Zwischenprodukt bei chemischen Synthesen ist.*

Aze|tat, (chem. fachspr.:) Acetat, das; -s, -e [zu lat. acetum = (Wein)essig] (Chemie): **1.** 〈o. Pl.〉 *(auf der Basis von Zellulosederivaten hergestellte) Chemiefaser.* **2.** *Salz od. Ester der Essigsäure.*

Aze|tat|sei|de, die (Fachspr.): *Kunstseide, die aus mit Essigsäure behandeltem Zellstoff hergestellt wird.*

Aze|ton, (chem. fachspr.:) Aceton, das; -s (Chemie): *farblose, stark riechende Flüssigkeit, die als Lösungsmittel verwendet wird.*

Aze|ty|len, (chem. fachspr.:) Acetylen, das; -s [aus lat. acetum (↑ Azetat) u. griech. hýlē = Stoff, Materie] (Chemie): *aus Kalziumkarbid u. Wasser gewonnenes, farbloses, brennbares Gas.*

Aze|tyl|sa|li|zyl|säu|re, (fachspr.:) Acetylsalicylsäure, die (Med.): *schmerzlindernder, entzündungshemmender Wirkstoff, der auch die Zusammenballung der Blutplättchen verhindert* (Abk.: ASS).

Azi|di|tät: ↑ Acidität.

Azi|do|se: ↑ Acidose.

Azi|mut, das, auch: der; -s, -e [arab. as-sumūt = die Wege] (Astron.): *Winkel zwischen der Vertikalebene eines Gestirns u. der Südhälfte der Meridianebene, gemessen von Süden über Westen, Norden u. Osten.*

azi|mu|tal 〈Adj.〉: *das Azimut betreffend.*

Azi|ne 〈Pl.〉 [zu frz. azote = Stickstoff] (Chemie): *stickstoffhaltige Verbindungen des Benzols.*

Azo|grup|pe, die [zu frz. azote = Stickstoff] (Chemie): *chemische Gruppe aus zwei Stickstoffatomen.*

Azo|i|kum, das; -s [zu griech. ázōos = ohne Leben, aus a- = nicht, un- u. zōós = lebendig] (Geol.): *älteste erdgeschichtliche Formation.*

azo|isch 〈Adj.〉 (Geol.): **1.** *zum Azoikum gehörend.* **2.** *keine Spuren organischen Lebens aufweisend.*

Azoo|sper|mie [atsoo...], die; -, -n [zu griech. ázōos (↑ Azoikum) u. ↑ Sperma] (Med.): *das Fehlen von beweglichen Spermien in der Samenflüssigkeit.*

Azo|ren 〈Pl.〉: *Inselgruppe im Atlantischen Ozean.*

Azo|ren|hoch, das (Meteorol.): *häufig über dem mittleren Nordatlantik liegendes Hoch* (2) *mit Kern südlich od. westlich der Azoren, das zur Zone des subtropischen hohen Luftdrucks gehört u. großen Einfluss auf das Wettergeschehen West- u. Mitteleuropas hat.*

Az|te|ke, der; -n, -n: *Angehöriger eines Indianerstammes in Mexiko.*

Az|te|ken|reich, das: *Reich der Azteken in Mexiko vor der spanischen Eroberung.*

Az|te|kin, die; -, -nen: w. Form zu ↑ Azteke.

az|te|kisch 〈Adj.〉: *die Azteken betreffend; von den Azteken stammend, zu ihnen gehörend.*

Az|te|kisch, das; -[s], (nur mit best. Art.:) **Az|te|ki|sche,** das; -n: *Sprache der Azteken.*

¹Azu|bi [a'tsu:bi, 'a:tsubi], der; -s, -s (ugs.): *Kurzwort für:* Auszubildender.

²Azu|bi [a'tsu:bi, 'a:tsubi], die; -, -s (ugs.): *Kurzwort für:* Auszubildende.

Azu|bi|ne, Azubine, die; -, -n [zusgez. aus ↑ ²Azubi u. ↑ Biene (2)] (ugs. scherzh.): *weiblicher Lehrling; Auszubildende.*

Azu|le|jo [atsu'lɛxɔ, asu...], der; -[s], -s 〈meist Pl.〉 [span. azulejos < arab. (mit Art.) az-zulaijj = glasierte Keramik, Kacheln]: *mehrfarbig (vor allem dunkelgrün, blau, violett, rot) glasierte Wandkachel aus Spanien.*

Azu|len, das; -s [zu ↑ Azur] (Chemie): *blauer, bizyklischer aromatischer Kohlenwasserstoff.*

Azur, der; -s [frz. azur < mlat. azzurum < arab. lāzawurd (< pers. lāgward) = Lapislazuli] (dichter.): **1.** *blaue Farbe des Himmels.* **2.** *blauer Himmel:* Glorreich und lieblich, mit vergoldeten Wölkchen im reinen A., kam der Tag herauf (Th. Mann, Hoheit 250).

azur|blau 〈Adj.〉: *himmelblau, leuchtend blau:* -er Himmel.

Azu|ree|li|ni|en 〈Pl.〉 [frz. azurée, 2. Part. von: azurer = lasurblau färben]: *waagerechtes, meist wellenförmiges Linienband auf Vordrucken, z. B. Schecks, zur Erschwerung von Änderungen od. Fälschungen.*

azu|riert 〈Adj.〉: *mit Azureelinien versehen.*

Azu|rit [auch: ...'rɪt], der; -s: *blaues durchscheinendes Mineral, das als Schmuckstein verwendet wird.*

azurn 〈Adj.〉 (geh.): *himmelblau:* ein -er Himmel.

azy|k|lisch ['atsy:klɪf, a'tsy:k..., ...tsyk...] 〈Adj.〉 [aus griech. a- = nicht, un- u. ↑ zyklisch]: **1.** (Chemie) *nicht kreisförmig:* -e Verbindungen. **2.** (bes. Med.) *zeitlich unregelmäßig, nicht zyklisch* (1): eine -e Menstruation. **3.** (Bot.) *(von Blütenblättern) spiralig angeordnet.*

Az|zur|ri, (ugs. auch:) **Az|zu|ris** 〈Pl.〉 [ital. azzurri (Pl.) = die Blauen (nach der Farbe ihres Trikots), zu: azzurro < arab. lāzaward, ↑ Azur]: *italienische Sportmannschaft[en].*

b, B [beː], das; - (ugs.: -s), - (ugs.: -s): **1.** [mhd., ahd. b] *zweiter Buchstabe des Alphabets, ein Konsonantenbuchstabe:* ein kleines b, ein großes B schreiben. **2.** (Musik) *um einen halben Ton erniedrigtes h.* **3.** (Musik) *Erniedrigungszeichen* (♭).

b = ²Bar; b-Moll.

b. = bei[m].

B = B-Dur; Bel; Bor; Bundesstraße.

B. = Bachelor.

β, B: ↑ Beta.

Ba = Barium.

¹BA = Berufsakademie.

²BA [biːˈeɪ] = British Airways (britische Luftfahrtgesellschaft).

B. A. = Bachelor of Arts.

Baal: semitischer Wetter- u. Himmelsgott.

Baas, der; -es, -e [niederl. baas < mniederl. baes, H. u.] (nordd., bes. Seemannsspr.): *Herr, Meister, Aufseher, Vermittler.*

BAB = Bundesautobahn.

ba|ba, bä|bä (Kinderspr.): *weist auf etwas Schmutziges, Ekelhaftes hin, was nicht angefasst, nicht getan werden soll: nicht anfassen, das ist b.*

¹Ba|ba, der; - [türk. baba = Vater] (früher): *türkischer Ehrentitel für einen Geistlichen.*

²Ba|ba, die; -, -s [slaw., vgl. poln. baba = Großmutter, russ. baba = alte Frau; Lallwort der Kinderspr.] (landsch.): *Großmutter.*

bab|beln 〈sw. V.; hat〉 [lautm. nach den ersten kindlichen Sprechversuchen ba-ba] (landsch.): **1.** *(von Kleinkindern, bevor sie richtig sprechen können) noch unverständlich, einzelne Laute, Silben sprechen:* das Baby babbelt schon ein bisschen. **2.** *andauernd [töricht] reden, schwatzen; sich unterhalten:* dummes Zeug b.

¹Ba|bel, das; -s, - [hebr. Bavel für griech. Babylon < babyl. bābilāni = Pforte der Götter] (selten): **1.** *Ort des Lasters, der Verworfenheit; Sündenbabel.* **2.** (abwertend) *Stadt, in der viele verschiedene Sprachen gesprochen werden:* New York ist ein B.

²Ba|bel: ↑ Babylon.

Ba|bu|sche [auch: baˈbuːʃə], die; -, -n 〈meist Pl.〉 [frz. babouche < pers. pāpuš = Fußbekleidung] (landsch., bes. ostmd.): *Puschen.*

Ba|busch|ka, die; -, -s [russ. babuška, vgl. ²Baba] (landsch.): *Großmutter.*

Ba|by ['beːbi, engl.: 'beɪbi], das; -s, -s [engl. baby, Lallwort der Kinderspr.]: **1. a)** *Säugling, Kleinkind im ersten Lebensjahr:* ein süßes B.; er ist noch ein richtiges B. (unselbstständig, hilflos); sie benimmt sich wie ein B.; **b)** *Kind:* sich ein B. wünschen; sie erwartet, bekommt ein B. **2.** (Kosew.) *Schätzchen, Liebling:* Sie lächelt. »Versuch es auch gar nicht erst, B. ....« (Remarque, Obelisk 302).

Ba|by|al|ter, das 〈o. Pl.〉: *erstes Lebensjahr eines Kindes:* das B. ist bei ihm jetzt vorbei; sie ist noch im B.

Ba|by|aus|stat|tung, die: *Kleidung für das Baby* (1) *[u. Gegenstände für die Säuglingspflege].*

Ba|by|bauch, der (ugs.): *gewölbter Bauch einer schwangeren Frau:* sie zeigt stolz ihren B.
Ba|by|blues [ˈbeːbibluːs], der; - [engl. baby blues] (ugs.): *Wochenbettdepression.*
Ba|by|boom, der (↑ Boom) (ugs.): *[plötzlicher] Anstieg der Geburtenziffer.*
Ba|by|boo|mer, der; -s, -[s] (ugs.): *jmd., der einem geburtenstarken Jahrgang entstammt.*
Ba|by|boo|me|rin, die; -, -nen: w. Form zu ↑ Babyboomer.
Ba|by|fon® [ˈbeːbifoːn], das; -s, -e [geb. aus ↑ Baby u. ↑ Telefon]: *telefonähnliches Gerät, das Geräusche aus dem Kinderzimmer überträgt.*
Ba|by|jahr, das (ugs.): **1.** *bes. Müttern für jedes Kind zusätzlich anzurechnendes Jahr bei der Berechnung der Rente.* **2.** *ein Jahr dauernde Elternzeit.*
Ba|by|klap|pe, die: *meist in einer öffentlichen Einrichtung installierte Vorrichtung, in die ein Säugling anonym [in ein Wärmebett] abgelegt werden kann.*
ba|by|leicht ⟨Adj.⟩ (fam.): *sehr leicht; ganz einfach; mühelos:* Schuhe zubinden ist doch wohl b.!
Ba|by|lon: *Ruinenstadt am Euphrat.*
Ba|by|lo|ni|en, -s: *antikes Reich zwischen Euphrat u. Tigris.*
Ba|by|lo|ni|er, der; -s, -: Ew.
Ba|by|lo|ni|e|rin, die; -, -nen: w. Form zu ↑ Babylonier.
ba|by|lo|nisch ⟨Adj.⟩: *Babylon, die Babylonier betreffend:* die -en Einwohner; die Babylonische Gefangenschaft; * **-e Sprachverwirrung/-es Sprachengewirr** (bildungsspr.): *Vielfalt von Sprachen, die an einem Ort, meist in einer Weltstadt, gesprochen werden;* nach 1. Mos. 11, 9).
Ba|by|nah|rung, die: *für Säuglinge besonders zubereitete, geeignete Nahrung.*
Ba|by|pau|se, die (ugs.): *Unterbrechung der Erwerbstätigkeit nach der Geburt eines Kindes.*
ba|by|sit|ten ⟨V., meist im Inf.⟩ (ugs.): *sich als Babysitter betätigen:* heute Abend gehe ich b., muss ich b.; sie babysittet, hat babygesittet.
Ba|by|sit|ter, der; -s, - [engl. baby-sitter]: *Person, die kleine Kinder bei Abwesenheit der Eltern [gegen Entgelt] beaufsichtigt.*
Ba|by|sit|te|rin, die; -, -nen: w. Form zu ↑ Babysitter.
Ba|by|sit|ting, das; -s [engl. baby-sitting, zu: to baby-sit = babysitten, aus: baby (↑ Baby) u. to sit = sitzen]: *Beaufsichtigung kleiner Kinder bei Abwesenheit der Eltern.*
Ba|by|speck, der ⟨o. Pl.⟩ (ugs. scherzh.): **a)** *rundliche Formen, die die Körper eines Säuglings od. Kleinkindes aufweist;* **b)** *Fettpolster als (meist unerwünschte) rundliche Körperformen eines Teenagers.*
Ba|by|strich, der (ugs.): **a)** ⟨o. Pl.⟩ *Prostitution von Minderjährigen;* **b)** *Straße, Gegend, in der sich Minderjährige für sexuelle Handlungen anbieten.*
Ba|by|zel|le, die: *kleine, längliche Batterie (2 a).*
¹Bac|ca|ra [ˈbakaˌraː, österr. auch: …ˈraː], Baccarat [ˈbakaraːt), auch: …ˈraː], Bakkarat [ˈbakaraː], auch: …ˈraː], das; -[s] [frz. baccara, H. u.]: *Glücksspiel mit 104 Karten, an dem ein Bankhalter und zwei Mitspieler beteiligt sind.*
²Bac|ca|ra, die; -, -s [zu ↑ ¹Baccara]: *Baccararose.*
Bac|ca|ra|ro|se, die: *tiefrote, sehr langstielige Rose.*
Bac|ca|rat: ↑ ¹Baccara.
Bac|cha|nal [baxaˈnaːl, österr. meist: …ka…], das; -s, -e [lat. Bacchanal, zu ↑ ¹Bacchus] (geh.): *ungezügeltes, ausschweifendes Fest, Trinkgelage:* Die Folge war, dass die geplante Hinrichtung eines der verabscheuungswürdigsten Verbrecher seiner Zeit zum größten B. ausartete (Süskind, Parfum 303).

bac|chan|tisch ⟨Adj.⟩ (bildungsspr.): *ausgelassen, trunken, überschäumend:* ein -es Fest, Gelage; Ein -er Zug wälzte sich an mir vorbei (Hildesheimer, Legenden 123).
¹Bac|chus [ˈbaxʊs, österr. auch: ˈbakʊs; lat. Bacchus < griech. Bákchos] (griech.-röm. Mythol.): *römischer Gott des Weines:* * **[dem] B. huldigen** (geh. verhüll.; *Wein trinken*).
²Bac|chus, der; -, -: **a)** ⟨o. Pl.⟩ *Rebsorte aus einer Kreuzung von Silvaner, Riesling u. Müller-Thurgau;* **b)** *aus ²Bacchus (a) hergestellter fruchtiger Weißwein mit mehr od. weniger stark ausgeprägtem muskatähnlichem Bukett.*
Bach, der; -[e]s, Bäche [mhd. bach, ahd. bah, H. u.]: **1.** *kleiner natürlicher Wasserlauf von geringer Tiefe u. Breite:* der B. rauscht, windet sich durch das Tal. **2.** *Rinnsal, das sich aus abfließendem Regenwasser, Schmutzwasser o. Ä. gebildet hat:* das Regenwasser floss in Bächen ab; Ü Bäche von Schweiß flossen an ihm herunter; * **[einen] B., [ein] Bächlein machen** (Kinderspr.; *urinieren*); **den B. runtergehen** (ugs.; *zunichtewerden:* unsere Renten gehen eines Tages den B. runter).
bach|ab ⟨Adv.⟩ (schweiz.): *verloren; zunichte:* * **etw. b. schicken** (*etw., bes. einen Antrag o. Ä., verwerfen, ablehnen*); **b. gehen** (*zunichtewerden*).
Ba|cha|ta [...ˈtʃaː...], die; -, -s [span.]: **1.** *aus der Dominikanischen Republik stammende Musikrichtung, die durch einen charakteristischen, hohen Klang der Gitarren u. durch einen Vierviertaltakt gekennzeichnet ist.* **2.** *zu Bachata (1) getanzter Tanz.*
Bach|bett, das: *kleine Vertiefung, in der der Bach fließt.*
Bach-Blü|ten®, Bach|blü|ten ⟨Pl.⟩ [nach dem brit. Arzt E. Bach]: *Essenz aus bestimmten Blüten u. Pflanzenteilen zur Beeinflussung energetischer Zustände:* Dazu: **Bach-Blü|ten-The|ra|pie, Bach|blü|ten|the|ra|pie,** die; -.
Bal|che, die; -, -n [mhd. bache, ahd. bacho = Speckseite, Schinken, zu ahd. bah = Rücken (↑ ²Backe): *weibliches Wildschwein vom 3. Lebensjahr an.*
Bä|chel|chen, das; -s, -: Vkl. zu ↑ Bach.
Ba|che|lor [ˈbɛtʃələ], der; -[s], -s [engl. bachelor < afrz. bacheler < mlat. baccalaris, ↑ Bakkalaureus]: *niedrigster akademischer Grad (Abk.: B.):* (ugs.:) den B. machen; das Studium mit dem B. abschließen.
Ba|che|lor|ab|schluss, der: *Studienabschluss, bei dem der Bachelorgrad verliehen wird.*
Ba|che|lo|rand, der; -en, -en: *jmd., der sich auf einen Bachelorabschluss vorbereitet.*
Ba|che|lo|ran|din, die; -, -nen: w. Form zu ↑ Bachelorand.
Ba|che|lor|grad, der: *Bachelor.*
Ba|che|lor of Arts [ˈbɛtʃələ ɔf ˈaːɐ̯ts], der; -[s] - -, -s - - [engl., zu: arts = Geisteswissenschaften, Pl. von: art = Kunst]: *niedrigster akademischer Grad, bes. in den Geisteswissenschaften (Abk.: B. A.)*
Ba|che|lor of Sci|ence [ˈbɛtʃələ ɔf ˈsaɪəns], der; -[s] - -, -s - - [engl., zu sciences = Naturwissenschaften, Pl. von: science = Wissenschaft]: *niedrigster akademischer Grad, bes. in den Naturwissenschaften (Abk.: B. Sc.)*
Ba|che|lor|stu|di|en|gang, der: *Studiengang, der mit dem Bachelorgrad abschließt.*
Ba|che|lor|stu|di|um, das: *Bachelorstudiengang.*
Bach|fo|rel|le, die: *in klaren, sauerstoffreichen Gewässern lebende Forelle mit dunklem Rücken u. hellen Seiten, die große dunkelrote Tupfen aufweist.*
Bach|lauf, der: *Verlauf eines Baches.*
Bäch|lein, das; -s, -: Vkl. zu ↑ Bach.
Bach|stel|ze, die [mhd. bachstelz, volksetym.

nach dem stelzenden Gang des wasserliebenden Vogels, aber urspr. wohl = Vogel, der seinen Sterz (= Schwanz) ständig auf und ab bewegt]: *schwarz-weiß gefiederter Singvogel mit auffallend langem, wippendem Schwanz.*
back ⟨Adv.⟩ [engl. back = rückwärts; Rücken, verw. mit ↑ ²Backe] (Seemannsspr.): *entgegen, zurück, rückwärts.*
¹Back, die; -, -en (Seemannsspr.): **1. a)** [(m)niederd. bak, wohl zu einem galloroman. Wort mit der Bed. »Wassergefäß«; vgl. Becken] *hölzerne Schüssel, in der das Essen für die Schiffsmannschaft aufgetragen wird;* **b)** [urspr. = Gruppe von Seeleuten, die aus einer Schüssel essen] *Tischgemeinschaft der Schiffsmannschaft;* **c)** *zusammenklappbarer Esstisch der Schiffsmannschaft auf einem Schiff.* **2.** [nach dem Raum für die ¹Back (1 b)] *Deckaufbau auf dem Vorschiff.*
²Back [bɛk, engl.: bæk], der; -s, -s [engl. back, ↑ back] (schweiz., sonst veraltet; bes. Fußball): *Verteidiger.*
Back|aro|ma, das: *beim Backen verwendetes [künstliches] Aroma.*
Back|blech, das: *flache Platte aus Blech, auf der Kuchen o. Ä. zum Backen in den Ofen geschoben wird; Kuchenblech:* zwei -e mit Pizza.
Back|bone [ˈbɛkboʊn], der od. das; -s, -s [engl. backbone, eigtl. = Rückgrat, Wirbelsäule] (EDV): *System von Leitungen, die den Großteil der Daten innerhalb eines Computernetzwerks od. zwischen Computernetzwerken transportieren:* die Bandbreiten der -s ausbauen.
back|bord, backbords ⟨Adv.⟩ (Seew., Flugw.): *links, auf der linken Schiffs- od. Flugzeugseite.*
Back|bord, das, österr. der ⟨Pl. selten⟩ [aus dem Niederd. < mniederd. ba(c)kbort, aus: bak = Rücken (verw. mit ↑ ²Backe) u. ↑ ²Bord]: *nach dem früheren Standort des Steuermanns auf der rechten hinteren Schiffsseite, wobei ihm die linke Schiffsseite im Rücken lag* (Seew., Flugw.): *linke Seite des Schiffes (in Fahrtrichtung gesehen) od. linke Seite eines Luftfahrzeugs (in Flugrichtung gesehen):* das Ruder nach B. legen.
back|bords: ↑ backbord.
Back|bord|sei|te, die (Seew.): *linker Schiffsteil (in Fahrtrichtung gesehen).*
Bäck|chen, das; -s, -: Vkl. zu ↑ ¹Backe (1).
¹Ba|cke, die; -, -n [mhd. backe, ahd. backo, viell. eigtl. = Esser]: **1.** *Teil des Gesichts links bzw. rechts von Nase u. Mund; Wange:* runde -n; sie hat rote -n *(sieht frisch aus);* sie hatte eine dicke, geschwollene B. *(Schwellung der Backe);* der Junge strahlte über beide -n *(strahlte vor Freude, Glück);* Tränen liefen ihr über die -n; Ü die roten -n eines Apfels; * **au B. [mein Zahn]!** (salopp; *Ausruf der Verwunderung, der [unangenehmen] Überraschung*). **2.** *(paarweise angeordneter) beweglicher Seitenteil od. bewegliche Seitenfläche eines Gegenstandes aus Metall, Holz od. ähnlichem festem Material zum Festklammern, Anpressen od. Zerkleinern von etw.:* die -n eines Schraubstocks, einer Bremse.
²Ba|cke, die; -, -n [mhd. (ars)backe, bache, ahd. bahho = Schinken, Speckseite, urspr. = Rückenstück, zu ahd. bah = Rücken, H. u.; angelehnt an das nicht verwandte ↑ ¹Backe] (ugs.): *Gesäßhälfte:* die -n zusammenkneifen; * **etw. auf einer B. absitzen/abreißen/runterreißen** (salopp; *etw., bes. eine Haftstrafe o. Ä. ohne [größere] Schwierigkeiten hinter sich bringen*).
¹ba|cken (unr. V.; bäckt/backt, backte/(veraltend) buk, hat gebacken) [mhd. backen, ahd. backan, urspr. = wärmen, rösten]: **1. a)** *aus verschiedenen Zutaten einen Teig bereiten u. diesen unter Hitzeeinwirkung im Backofen gar u. genießbar*

machen: sie bäckt/backt gern, gut; **b)** *durch* ¹*Backen (1 a) herstellen:* Kuchen, Plätzchen b.; Ü wenn dir alle Männer nicht gefallen, musst du dir einen b. lassen; * **etw. gebacken kriegen** (ugs.; *fertig-, zustande bringen:* Nur zwei Aufgaben für morgen in Mathe? Das wirst du doch wohl alleine gebacken kriegen!); **c)** (österr., sonst landsch.) *in der Pfanne, im Topf auf dem Herd od. im Ofen in [schwimmendem] Fett unter starker Hitzeeinwirkung garen [u. knusprig braun werden lassen]:* Krapfen b.; **d)** *in den Teig kommen lassen, dem Gebäck o. Ä. zusetzen:* Leinsamen ins Brot b. **2.** *in der Ofenhitze eines Backofens garen:* der Kuchen muss eine Stunde bei 175 ° b. **3.** (ugs.) *etw. zu Backwaren auf bestimmte Weise garen:* unser Herd bäckt ganz gleichmäßig. **4.** (landsch.) *durch Hitzeeinwirkung dörren, trocknen:* Pflaumen b.; Backsteine werden im Ofen gebacken *(in einem Spezialofen gebrannt).*

²**ba̱|cken** ⟨sw. V.; hat⟩ [übertr. von ¹backen, da sich der Teig während des Backens fest anhängt] (landsch.): **1.** *[an]kleben, sich zusammenballen, sich fest anhängen:* der Schnee backt an den Stiefeln. **2.** *festkleben, ankleben:* ein Schild b.

Ba̱|cken|bart, der: *seitlich an beiden Backen wachsender Bart.*

ba̱|cken|bär|tig ⟨Adj.⟩: *einen Backenbart tragend.*

Ba̱|cken|kno|chen, der ⟨meist Pl.⟩: *Jochbein, bes. im Hinblick darauf, wie es die Form eines Gesichts prägt:* ein Gesicht mit hohen, starken B.

Ba̱|cken|mus|kel, der: *Muskel im Bereich der Backen.*

Ba̱|cken|ta|sche, die ⟨meist Pl.⟩: *Ausstülpung rechts bzw. links neben der Mundhöhle bei Säugetieren.*

Ba̱|cken|zahn, der: *Mahlzahn.*

Bä̱|cker, der; -s, - [mhd. becker, zu ↑¹backen]: *Handwerker, der Backwaren für den Verkauf herstellt* (Berufsbez.).

Ba̱ck|erb|se, die (bes. österr.): *Suppeneinlage aus Mehlteig in Form von kleinen Kügelchen.*

Bä̱|cke|rei, die; - [zu ↑ Bäcker] (ugs. abwertend): *beständiges, als lästig empfundenes Backen:* die B. vor Weihnachten.

Bä̱cke|rei, die; -, -en [spätmhd.]: **1.** *Betrieb, in dem Backwaren aller Art [hergestellt u.] verkauft werden:* eine B. übernehmen; in einer B. arbeiten. **2.** ⟨o. Pl.⟩ **a)** *das Herstellen von Backwaren, das Backen;* **b)** *Bäckerhandwerk:* die B. erlernen. **3.** ⟨meist Pl.⟩ (südd., österr.) *Kleingebäck.*

Bä̱cker|hand|werk, das: *Handwerk der Bäckerinnen u. Bäcker.*

Bä̱cke|rin, die; -, -nen: w. Form zu ↑ Bäcker.

Bä̱cke|rin|nung, die: *Innung der Bäckerinnen u. Bäcker.*

Bä̱cker|meis|ter, der: *Meister (1) im Bäckerhandwerk.*

Bä̱cker|meis|te|rin, die: **1.** w. Form zu ↑ Bäckermeister. **2.** (veraltet) *Frau eines Bäckermeisters.*

Bä̱ckers|frau, die: *Frau eines Bäckers.*

ba̱ck|fer|tig ⟨Adj.⟩: *zum Backen vorbereitet, vorgefertigt:* -en Teig kaufen.

Ba̱ck|fisch, der: **1.** *panierter gebackener Fisch.* **2.** [zu: Backfisch (1) (es sind die kleineren, jungen Fische, die sich hauptsächlich zum Backen eignen)] (veraltet) *weiblicher Teenager:* Elvia hatte eine junge Schwester, den Backfisch, der aus Neugier in Aldo verliebte (Andersch, Rote 240).

Ba̱ck|form, die: *metallene od. irdene Form, in der etw. gebacken wird.*

Ba̱ck|gam|mon [bɛkˈgɛmən], das; -[s] [engl. backgammon, aus: back (↑ back) u. gammon, wohl Nebenform von mengl. gamen = Spiel]: *mit Spielsteinen u. zwei Würfeln zu spielendes Brettspiel für zwei Personen, bei dem derjenige gewinnt, der (mit taktischem Geschick bestimmten Regeln folgend) als Erster alle seine Spielsteine aus dem Spiel herausnehmen kann.*

Ba̱ck|ground [ˈbɛkɡraʊnt, engl.: ˈbækɡraʊnd], der; -s, -s [engl. background, aus: back (↑ back) u. ground = (¹)Grund]: **1.** (bildungsspr.) *Herkunft; Milieu, aus dem etw. erwachsen ist; geistiger, materieller, historischer Hintergrund von jmdm., etw.:* jmds. gesellschaftlicher B. **2.** *Berufserfahrung, Kenntnisse:* Exportkaufmann mit internationalem B. **3.** (Film) *Filmprojektion od. stark vergrößertes Foto als Hintergrund.* **4.** (Musik) *musikalischer Hintergrund.*

Ba̱ck|hähn|chen, das; -s, -: Backhendl.

Ba̱ck|hand [ˈbɛkhɛnt, engl.: ˈbækhænd], die; -, -s, selten: der; -[s], -s [engl. backhand, aus: back (↑ back) u. hand = Hand] (Sport): *Rückhand[schlag] im [Tisch]tennis, Badminton, [Eis]hockey u. Polo.*

Ba̱ck|hendl, das (bayr., österr.): *paniertes gebackenes Huhn.*

Ba̱ck|hendl|sta|ti|on, die (österr.): *Restaurant, in dem bes. Backhendln angeboten werden.*

Ba̱ck|lash [ˈbɛklɛʃ, engl.: ˈbæk...], der; -[s], -[s] [engl. backlash, eigtl. = Gegenschlag, aus: back = zurück u. lash = Schlag (mit der Peitsche)]: *Gegenreaktion, Gegenströmung; Konterschlag* (3).

Ba̱ck|list [ˈbɛklɪst, engl.: ˈbæk...], die; -, -s [engl. backlist, aus: back = zurückliegend u. list = Verzeichnis, Liste] (Buchw.): *Anzahl, Reihe, Verzeichnis von Büchern, die nicht in neuester Zeit erschienen sind, aber weiterhin im Programm eines Verlags geführt werden.*

Ba̱ck|mi|schung, die: *aus den für einen Teig notwendigen Zutaten bestehendes backfertiges Gemisch.*

Ba̱ck|obst, das: *Dörrobst:* B. einweichen.

Ba̱ck|ofen, der: **a)** *Ofen in der Bäckerei zum Backen von Brot, Kuchen u. a.;* **b)** *Teil des Herdes, in dem etw. gebacken werden kann.*

Ba̱ck|of|fice [ˈbɛkˌɔfɪs, engl.: ˈbækˌɔfɪs], das; -, -s [engl. back-office, aus: back = hinten (gelegen) u. office = Büro] (Finanzw.): *Buchhaltung bei Banken, Versicherungen o. Ä.*

Ba̱ck|pa|cker [ˈbɛkpækɐ, engl.: ˈbækpækə], der; -s, - [engl. backpacker, zu: to backpack = als Rucksacktourist reisen, zu: backpack = Rucksack] (Jargon): *Rucksacktourist.*

Ba̱ck|pa|cke|rin, die; -, -nen: w. Form zu ↑ Backpacker.

Ba̱ck|pa|pier, das: *Papier, mit dem Backformen u. Backbleche ausgelegt werden, um das ¹Anbacken (2 a) zu verhindern.*

Ba̱ck|pfei|fe, die [eigtl. wohl = Schlag, der um die Backen pfeift] (landsch.): *Ohrfeige.*

Ba̱ck|pfla u|me, die: *Dörrpflaume.*

Ba̱ck|pul|ver, das: *Treibmittel für den [Kuchen]teig:* 200 g Mehl mit 1 TL B. mischen.

Ba̱ck|rohr, das (südd., österr.): Backofen (b).

Ba̱ck|röh|re, die: Backofen (b).

Ba̱ck|slash [ˈbɛkslɛʃ, engl.: ˈbækslæʃ], der; -s, -s [engl. backslash, aus: back = zurück u. slash = Hieb, Schnitt] (EDV): *Schrägstrich von links oben nach rechts unten.*

bäckst: ↑ ¹backen.

ba̱ck|stage [ˈbɛksteɪdʒ, engl.: ˈbæk...] ⟨Adv.⟩ (Jargon): *im Bereich hinter der Bühne, hinter den Kulissen.*

Ba̱ck|stein, der: *Ziegel (a).*

Ba̱ck|stein|bau, der ⟨Pl. -ten⟩: *Bau, Gebäude mit Backsteinen als Baumaterial.*

Ba̱ck|stein|ge|bäu|de, das: *Gebäude mit Backsteinen als Baumaterial.*

Ba̱ck|stein|go|tik, die (Kunstwiss.): *Sonderform der Gotik in Norddeutschland, die sich durch die Verwendung von Backstein als Baumaterial auszeichnet.*

Ba̱ck|stein|haus, das: *Haus mit Backsteinen als Baumaterial.*

Ba̱ck|stu|be, die: *Arbeitsraum einer Bäckerei.*

bäckt: ↑ ¹backen.

Ba̱ck|trog, der: *langer Holztrog, in dem der Brotteig zubereitet wird.*

Ba̱ck-up, Ba̱ck|up [ˈbɛkʌp, engl.: ˈbækʌp], das, auch: der; -s, -s [engl. back-up (copy), zu: to back up = unterstützen; hinter jmdm. stehen, zu: back = Rücken, ↑ back] (EDV): *Sicherungskopie.*

Ba̱ck-up-Pro|gramm, Ba̱ck|up|pro|gramm, das (EDV): *Programm (4) zur Erstellung von Backups.*

Ba̱ck|wa|re, die ⟨meist Pl.⟩: *in einer Bäckerei hergestellte Ware (wie Brot, Brötchen u. Kleingebäck).*

Ba̱ck|werk, das ⟨Pl. selten⟩: *Gebäck verschiedener Art.*

Ba̱|con [ˈbeːkn̩, engl.: ˈbeɪk(ə)n], der; -s [engl. bacon < afrz. bacon, verw. mit ahd. bacho, ↑ Bache]: *durchwachsener, leicht gesalzener u. angeräucherter Speck (der Bestandteil des englischen Frühstücks ist).*

Ba̱d, das; -[e]s, Bäder [mhd. bat, ahd. bad]: **1. a)** *größere Menge temperiertes Wasser in einer Wanne zur Reinigung, Erfrischung des Körpers od. zu Heilzwecken:* ein kaltes, warmes B.; *medizinische Bäder verabreichen;* jmdm., sich ein B. einlaufen lassen; ins B. steigen; **b)** *das Baden in einer mit Wasser o. Ä. gefüllten Wanne (zum Zwecke der Erfrischung, Reinigung od. zu Heilzwecken):* der Arzt hat mir Bäder verordnet; das tägliche B. vermissen; ein B. nehmen (baden); Ü ein B. in heilkräftiger Moorerde, in heißem Sand, in warmer Luft, in praller Sonne; Ein warmes B. ist das Beste gegen Traurigkeit (M. Walser, Pferd 143); **c)** *das Baden, Schwimmen in einem Schwimmbad, See, Meer o. Ä.:* ein erfrischendes B. im Meer; sich nach dem B. sofort umziehen; * **B. in der Menge** (unmittelbarer Kontakt mit einer [wohlmeinenden] Menschenmenge: er liebt das B. in der Menge). **2. a)** *Badezimmer:* ein weiß gekacheltes B.; **b)** *Schwimmbad, Hallenbad, Erlebnisbad, Strandbad:* die öffentlichen Bäder sind ab 1. Mai geöffnet; ein römisches B. **3.** *Ort mit Heilquellen, Kurort:* in ein B. fahren, reisen. **4.** (Chemie, Technik) *bestimmte Lösung, Flüssigkeit, die bei eingetauchten Gegenständen eine Reaktion hervorruft:* ein B. zum Entwickeln eines Films, zum Galvanisieren von Metall.

Ba̱d Bram|bach: Ort u. Heilbad in Sachsen.

Ba̱d Dürk|heim: Stadt u. Heilbad in Rheinland-Pfalz.

Ba̱|de|an|la|ge, die: *Anlage (3), Einrichtung mit unterschiedlichen Bädern (2 b).*

Ba̱|de|an|stalt, die: *öffentliches Schwimmbad [im Freien].*

Ba̱|de|an|zug, der: *meist von Frauen beim Schwimmen getragenes einteiliges Kleidungsstück.*

Ba̱|de|arzt, der: *Arzt in einem Bad (3), der die Kurgäste betreut.*

Ba̱|de|ärz|tin, die: w. Form zu ↑ Badearzt.

Ba̱|de|be|klei|dung, die: *beim Schwimmen getragene Kleidung (wie Badeanzug, Badehose).*

Ba̱|de|be|trieb, der ⟨o. Pl.⟩: *Betrieb (2 a) einer Badeanlage:* der B. beginnt am 1. Mai; der B. wird in der nächsten Saison wieder aufgenommen; wegen Schwimmtrainings heute nur eingeschränkter B.

Ba̱|de|gast, der: **a)** *[Kur]gast in einem Badeort;* **b)** *Besucher[in] eines Schwimmbads.*

Ba̱|de|haus, das: *Gebäude mit Badeeinrichtungen in einem Bad (3).*

Ba|de|ho|se, die: *von Kindern, Jungen u. Männern beim Schwimmen getragene Hose.*
Ba|de|kap|pe, die: *Bademütze.*
Ba|de|kur, die: *mit Bädern (1 b) verbundene Kur in einem Bad (3).*
Bad Els|ter: *Stadt u. Heilbad in Sachsen.*
Ba|de|man|tel, der: *Mantel od. Umhang aus saugfähigem Stoff zum Abtrocknen u. Aufwärmen nach dem Baden.*
Ba|de|mat|te, die: *Fußmatte, Vorleger im Badezimmer.*
Ba|de|meis|ter, der: **1.** *jmd., der medizinische Bäder verabreicht* (Berufsbez.): *medizinischer B.* **2.** (ugs.) *Schwimmmeister.*
Ba|de|meis|te|rin, die: w. Form zu ↑ Bademeister.
Ba|de|mo|de, die: **1.** *Badebekleidung:* ein Geschäft für Dessous und -n. **2.** *die Badebekleidung betreffende Mode* (1 a): *die neue B. zeigt viel Haut.*
Bad Ems: *Stadt u. Heilbad in Rheinland-Pfalz.*
Ba|de|müt|ze, die: *Kopfbedeckung, die jmd. beim Baden, Schwimmen trägt.*
ba|den 〈sw. V.; hat〉 [mhd. baden, ahd. badon, zu ↑ Bad]: **1.** *durch ein Bad* (1) *säubern, erfrischen, heilen: das Baby b.; die Wunde b.;* Ü *in Schweiß gebadet, wachte er auf.* **2. a)** *ein Bad* (1 a) *in der Badewanne nehmen: warm, in heißem Wasser b.;* Ü *Die Mädchen gingen auf den Planken des Kriegsschiffes wie in einem Dampfbad. Sie badeten in der wohligen Atmosphäre von Männerbegehren* (Tucholsky, Werke II, 123); **b)** *sich in einem Schwimmbecken, im Wasser eines Sees, Flusses, des Meeres bewegen, schwimmen: im Meer b.;* **b. gehen** 〈subst.:〉 *er ist beim Baden ertrunken;* * **[bei, mit etw.] b. gehen** (salopp; *bei, mit einer Sache keinen Erfolg haben; mit etw. hereinfallen; scheitern: mit seinen hochfliegenden Plänen ist er b. gegangen).*
Ba|den; -s: *westlicher Landesteil von Baden-Württemberg.*
Ba|den-Ba|den: *Stadt im Schwarzwald.*
¹**Ba|den-Ba|de|ner,** der; -s, -: Ew.
²**Ba|den-Ba|de|ner** 〈indekl. Adj.〉: *die B. Kuranlagen.*
Ba|den-Ba|de|ne|rin, die; -, -nen: w. Form zu ↑ ¹Baden-Badener.
¹**Ba|de|ner,** der; -s, -: Ew. zu ↑ Baden.
²**Ba|de|ner** 〈indekl. Adj.〉: *ein B. Kurort.*
Ba|de|ne|rin, die; -, -nen: w. Form zu ↑ ¹Badener.
Ba|de|ni|xe, die (ugs. scherzh.): *[junge] weibliche Person in Badebekleidung.*
¹**Ba|den|ser,** der; -s, -: ↑ Badener.
²**Ba|den|ser** 〈indekl. Adj.〉: *ein B. Kurort.*
Ba|den|se|rin, die; -, -nen: w. Form zu ↑ ¹Badenser.
ba|den|sisch 〈Adj.〉: *Baden, die Badenser betreffend.*
Ba|den-Würt|tem|berg, -s: *deutsches Bundesland.*
¹**Ba|den-Würt|tem|ber|ger,** der; -s, -: Ew.
²**Ba|den-Würt|tem|ber|ger** 〈indekl. Adj.〉: *die B. Weinbaugebiete.*
Ba|den-Würt|tem|ber|ge|rin, die; -, -nen: w. Form zu ↑ ¹Baden-Württemberger.
ba|den-würt|tem|ber|gisch 〈Adj.〉: *Baden-Württemberg, die* ¹*Baden-Württemberger betreffend; aus Baden-Württemberg stammend.*
Ba|de|ort, der: **1.** *Fremdenverkehrsort der Küste od. an einem See mit Bademöglichkeiten.* **2.** *Ort mit Heilquellen, Kurort, Bad* (3).
Ba|der, der; -s, - [mhd. badære = Inhaber einer Badestube, der auch einfache medizinische Behandlungen vornahm u. Haare schnitt]: **1.** (veraltet) *auch als Heilgehilfe tätiger Haarschneider, Friseur.* **2.** (landsch. veraltend) *schlechter Arzt, Kurpfuscher.*
Bä|der: Pl. von ↑ Bad.
Ba|de|rin, die; -, -nen: *Frau eines Baders* (1).
Ba|de|sa|chen 〈Pl.〉: *zum Baden benötigte Dinge.*
Ba|de|sai|son, die: *Zeitraum (bes. während des Sommers), in dem die Badeorte besonders stark besucht werden.*
Ba|de|salz, das: *körniger, wohlriechender Zusatz für das Badewasser.*
Ba|de|see, der: *See, in dem gebadet* (2 b) *werden kann.*
Ba|de|shorts 〈Pl.〉: *im Zuschnitt Boxershorts* (a) *ähnliche Shorts als Badehose für Jungen u. Männer.*
Ba|de|strand, der: *Strand, an dem gebadet werden kann.*
Ba|de|stu|be, die (nordd.): *Badezimmer.*
Ba|de|tuch, das 〈Pl. ...tücher〉: *größeres Tuch aus saugfähigem Stoff zum Abtrocknen nach dem Baden.*
Ba|de|un|fall, der: *beim Baden* (2 b) *sich ereignender Unfall.*
Ba|de|ur|laub, der: *Urlaub am Meer od. an einem See, in dem hauptsächlich gebadet* (2 b) *wird.*
Ba|de|ver|bot, das: *Verbot, in einem öffentlichen Gewässer zu baden od. zu schwimmen: aufgrund schlechten Wetters ein B. verhängen.*
Ba|de|wan|ne, die: *Wanne zum Baden:* in die B. steigen; *stundenlang in der B. sitzen; sie ging nachher in die B. (nehme nachher ein Bad).*
Ba|de|was|ser, das 〈Pl. ...wässer oder ...wasser〉: *Wasser zum Baden in der Wanne: das B. einlassen.*
Ba|de|wet|ter, das: *Wetter, das zum Baden, Schwimmen geeignet ist.*
Ba|de|zeit, die: **1.** *vorgeschriebene Dauer eines Bades* (1 b): *die B. darf nicht überschritten werden.* **2.** 〈Pl.〉 *Öffnungszeiten einer Badeanstalt.* **3.** *Jahreszeit, in der im Freien gebadet werden kann.*
Ba|de|zim|mer, das: *zum Baden eingerichteter Raum der Wohnung.*
Ba|de|zu|satz, der: *flüssiger, pulvriger od. körniger [wohlriechender] Zusatz für das Badewasser.*
Bad Gas|tein: *Kurort in Österreich.*
Bad Hers|feld: *Stadt u. Heilbad in Hessen.*
◆ **Ba|di|ne,** die; -, -n [frz. badine, zu: badiner = spielen, tändeln, zu: badin, ↑ Badinerie]: *[Reit]gerte: ... hätte ... mir mit der B. die Stiefel ... abgeklopft* (Fontane, Jenny Treibel 127).
ba|disch 〈Adj.〉: *Baden, die* ¹*Badener betreffend; aus Baden stammend.*
Bad Ischl: *Stadt u. Heilbad in Oberösterreich.*
Bad|meis|ter, der; -s, - (schweiz.): *Bademeister.*
Bad|meis|te|rin, die: w. Form zu ↑ Badmeister.
Bad Mer|gent|heim: *Stadt u. Heilbad in Baden-Württemberg.*
Bad|min|ton ['bɛtmɪntn̩], das; - [engl. badminton, nach dem Ort Badminton, wo das Spiel zuerst nach festen Regeln gespielt wurde]: *sportmäßig betriebenes Federballspiel.*
Bad Oeyn|hau|sen [- ˈøːn...]: *Stadt u. Heilbad in Nordrhein-Westfalen.*
Bad Pyr|mont: *Stadt u. Heilbad in Niedersachsen.*
Bad Rei|chen|hall: *Stadt u. Heilbad in Bayern.*
Bad Se|gel|berg: *Stadt u. Heilbad in Schleswig-Holstein.*
Bad Wil|dun|gen: *Stadt u. Heilbad in Hessen.*
Bad Wö|ris|ho|fen: *Stadt u. Heilbad in Bayern.*
Bae|de|ker®, der; -[s], - [nach dem Begründer, dem Verleger u. Buchhändler K. Baedeker (1801–1859)]: *Reiseführer* (2): *dieses Hotel steht im B.*
baff [lautm., eigtl. = verdutzt wie nach einem plötzlichen Schuss]: *in der Verbindung* **b. sein** (salopp; *verblüfft, verdutzt, erstaunt sein über etw. Unerwartetes, Unvermutetes: da bist du b., was?*)
BAföG, Ba|fög, das; -[s] [Kurzwort für Bundesausbildungsförderungsgesetz]: **1.** *Gesetz, das die Förderung von bedürftigen Auszubildenden, Schülern u. Schülerinnen sowie Studierenden regelt.* **2.** (ugs.) *aufgrund des BAföG* (1) *gezahlte Unterstützung: B. erhalten.*
BAföG-Emp|fän|ger, Ba|fög-Emp|fän|ger, der: *jmd., der BAföG* (2) *erhält.*
BAföG-Emp|fän|ge|rin, Ba|fög-Emp|fän|ge|rin, die: w. Form zu ↑ BAföG-Empfänger, ↑ Bafög-Empfänger.
Ba|gal|ge [baˈɡaːʒə, österr. meist: ...ʃ], die; -, -n 〈Pl. selten〉: **1.** [urspr. = Tross < frz. bagage, zu gleichbed. bagues, H. u.] (veraltet) *Reisegepäck.* **2.** [nach dem übel beleumdeten Tross der früheren Heere] (abwertend) *Gruppe von Menschen, über die sich jmd. ärgert:* wirf die ganze B. raus! ◆ **3.** *Tross* (1): *Der Herzog von Weimar führte die Avantgarde und deckte zugleich den Rückzug der B.* (Goethe, Kampagne in Frankreich 1792, 1. Oktober).
◆ **Ba|ga|ge|stück,** das: *Gepäckstück: Eine alte Frau vermisste ein B.* (Ebner-Eschenbach, Gemeindekind 164).
Ba|ga|tell|de|likt, das (Rechtsspr.): *geringfügige Straftat.*
Ba|ga|tel|le (österr. auch: ...'tɛl], die; -, -n [frz. bagatelle < ital. bagatella = kleine, unnütze Sache, Vkl. von: baga < lat. baca = Beere]: **1.** *unbedeutende, geringfügige Angelegenheit; Kleinigkeit:* etw. als B. betrachten, behandeln. **2.** (Musik) *kurzes, zweiteiliges Instrumentalstück.*
Ba|ga|tell|fall, der: **a)** (Rechtsspr.) *Bagatelldelikt;* **b)** *unbedeutende Angelegenheit.*
ba|ga|tel|li|sie|ren 〈sw. V.; hat〉: *als Bagatelle* (1) *ansehen, darstellen: man darf dieses Problem nicht b.*
Ba|ga|tell|scha|den, der: *verhältnismäßig geringfügiger Schaden [bei einem Unfall].*
Bag|dad: *Hauptstadt des Iraks.*
¹**Bag|da|der,** der; -s, -: Ew.
²**Bag|da|der** 〈indekl. Adj.〉: *ein B. Hotel.*
Bag|da|de|rin, die; -, -nen: w. Form zu ↑ ¹Bagdader.
Ba|gel [ˈbɛɪɡl], der; -s -s [engl. bagel < jidd. baygel, bejgel, über mundartl. Formen zu ↑ Beugel]: *ringförmiges brötchenähnliches Gebäckstück, das vor dem Backen in siedendes Wasser gelegt wird.*
Bag|ger, der; -s, - [zu ↑ baggern]: **1.** *große Baumaschine zum Abtragen von Erdreich o. Ä.: etw. mit einem B. ab-, wegräumen.* **2.** (Volleyball) *Zuspiel von unten, wobei der Ball mit den dicht aneinandergelegten Unterarmen geschlagen wird.*
Bag|ger|füh|rer, der: *den Bagger bedienender Arbeiter.*
Bag|ger|füh|re|rin, die: w. Form zu ↑ Baggerführer.
bag|gern 〈sw. V.; hat〉 [aus dem Niederd. < niederl. baggeren = (ein Wasserbett) ausschlammen, zu niederl. baggher = Schlamm, H. u.]: **1. a)** *mit einem Bagger arbeiten: er hat den ganzen Nachmittag gebaggert;* **b)** *mit dem Bagger herstellen: eine Fahrrinne b.* **2.** (Volleyball) *den geschmetterten tiefen Ball durch Abprallenlassen von der Hand od. dem Arm hochspielen.* **3.** (salopp) *sich jmdm. nähern u. sein sexuelles Interesse sehr deutlich machen; anbaggern: der Typ hat ganz schön gebaggert.*
Bag|ger|see, der: *ausgebaggerte Kiesgrube, die sich mit Grundwasser gefüllt hat u. oft zum Baden benutzt wird.*
Bag|gy Pants, Bag|gy|pants [ˈbɛgɪpɛnts] 〈Pl.〉 [engl. baggy pants, aus: baggy = weit (geschnitten), ausgebeult u. pants = Hosen]: *sehr weit geschnittene lange Hose, bes. für Jugendliche.*
Ba|guette [baˈgɛt], das; -s, -s, auch: die; -, -n

[...tn̩] [frz. baguette, eigtl. = Stab, (Zier)leiste < ital. bacchetta, Vkl. von: bacchio < lat. baculum = Stab]: *französisches Stangenweißbrot.*
bah: ↑ bäh (1).
bäh ⟨Interj.⟩: **1.** *Ausruf des Ekels, der Verachtung, der Schadenfreude:* b., da vergeht mir der Appetit!; b., dieser widerliche Kerl!; b., reingefallen! **2.** *lautm. für das Blöken des Schafes.*
Ba|ha|i, der; -[s], -[s] u. die; -, -[s]: *Anhänger[in] des Bahaismus.*
Ba|ha|is|mus, dem; - [zu pers. Baha Ullah = Glanz Gottes, dem Ehrennamen des Gründers Mirsa Husain Ali (1817–1892)]: *aus dem Islam hervorgegangene universale Religion.*
Ba|ha|ma|er, der; -s, -: *Ew. zu* ↑ Bahamas.
Ba|ha|ma|e|rin, die; -, -nen: *w. Form zu* ↑ Bahamaer.
ba|ha|ma|isch ⟨Adj.⟩: *die Bahamas, die Bahamaer betreffend; von den Bahamas stammend.*
Ba|ha|mas ⟨Pl.⟩: *Inselstaat im Karibischen Meer.*
bä|hen ⟨sw. V.; hat⟩ [mhd. bæhen, bæn, ahd. bāen = wärmen, mit erweichenden Umschlägen heilen, urspr. = wärmen, rösten, verw. mit ↑ ¹backen] (südd., österr., schweiz.): *(in Scheiben geschnittenes Brot od. Gebäck) leicht rösten.*
Bahn, die; -, -en: **1.** [mhd. ban(e), viell. verw. mit got. banja = Schlag, Wunde, eigtl. = Schneise, Durchhau im Walde] *Weg, den sich jmd., etw. (durch unwegsames Gelände o. Ä.) bahnt:* jmdm., sich eine B. durch die Dickicht, den Schnee schaffen; sich eine B. schlagen; das Wasser hat sich eine B. gebrochen, eine neue B. gesucht; * **sich** ⟨Dativ⟩ **B. brechen** *(sich durchsetzen);* **einer Sache B. brechen** *(einer Sache zum Durchbruch verhelfen);* jmdm., einer Sache die B. ebnen (geh.; ↑ Weg 1); **freie B. haben** *(alle Schwierigkeiten beseitigt haben);* **auf die schiefe B. geraten/kommen** *(auf Abwege geraten, herunterkommen* 2 a*);* **jmdn. aus der B. bringen, werfen, schleudern** *(jmdn. von seiner bisherigen Lebensweise, seinen [Berufs]zielen u. Ä. abbringen, ihn aus dem seelischen Gleichgewicht bringen);* ◆ **sich auf die B. machen** *(aufbrechen, sich auf den Weg machen):* Jetzt machte er sich auf die und lenkte seine Schritte zuvörderst hinter das Kloster [Mörike, Hutzelmännlein 145]). **2.** [mhd. ban(e), viell. verw. mit got. banja = Schlag, Wunde, eigtl. = Schneise, Durchhau im Walde] *Strecke, die ein Körper in einer vorgeschriebenen Richtung durchmisst; Linie, die ein Körper im Raum beschreibt:* die B. des Satelliten berechnen; eine kreisförmige B. beschreiben; der Mond zieht seine B.; Ü *ihr Leben verläuft in geregelten -en;* * **etw. in die richtige B. lenken** *(dafür sorgen, dass eine Sache sich erwartungsgemäß entwickelt).* **3.** [vgl. mhd. ban(e) = Turnierplatz] **a)** *in einer bestimmten Breite und Länge abgesteckte od. abgeteilte Strecke für sportliche Wettkämpfe; Rennstrecke:* die B. besteht aus Tartan; die B. ist sehr schnell *(man kann auf ihr schnelle Zeiten laufen);* die deutsche Staffel schwimmt auf der B. 6; der Bob wurde aus der B. getragen; **b)** *Kegel-, Bowlingbahn:* eine Anlage mit zwölf -en; **c)** *abgeteilte Spur, Fahrbahn:* die Straße hat vier -en erweitert. **4.** *breiter Streifen, zugeschnittenes Teilstück o. Ä. aus einem bestimmten Material:* die einzelnen -en eines Rockes, der Tapete. **5.** (Handwerk) *glatter, flächiger Teil eines Werkzeugs, der der unmittelbaren Berührung mit etw. u. der Einwirkung von etw. ausgesetzt ist:* die B. eines Hammers. **6. a)** Kurzf. von ↑ Eisenbahn *(a):* Gepäck per B. schicken; mit der B. fahren, reisen; **b)** Kurzf. von ↑ Straßenbahn, ↑ U-Bahn, ↑ S-Bahn: die B. war überfüllt; die B. verpassen; ich nehme die nächste B. **7. a)** *Bahnhof:* jmdn.

von der B. abholen, zur B. bringen; **b)** (ugs.) *Verwaltung einer Eisenbahn; die Eisenbahn als Institution (Deutsche Bahn AG):* die B. hat die Fahrpreise erhöht; bei der B. arbeiten.
Bahn|an|la|ge, die: *Gleisanlage.*
Bahn|an|schluss, der: **1.** *Lage eines Ortes an einer Bahnlinie:* ein abgelegener Ort ohne B. **2.** *Möglichkeit zur Weiterfahrt mit einer Bahn (6a).*
Bahn|ar|bei|ter, der: *Arbeiter, der bei der Eisenbahn beschäftigt ist.*
Bahn|ar|bei|te|rin, die: *w. Form zu* ↑ Bahnarbeiter.
Bahn|aus|kunft, die: *Auskunft (2) der Bahn (7b) für Reisende.*
Bahn|be|am|ter, der ⟨vgl. Beamter⟩: *Beamter, der bei der Eisenbahn beschäftigt ist.*
Bahn|be|am|tin, die: *w. Form zu* ↑ Bahnbeamter.
bahn|bre|chend ⟨Adj.⟩: *eine gänzlich neue Entwicklung einleitend; umwälzend:* -e wissenschaftliche Entdeckungen.
Bahn|bre|cher, der; -s, -: *jmd., der eine bahnbrechende Entwicklung einleitet.*
Bahn|bre|che|rin, die; -, -nen: *w. Form zu* ↑ Bahnbrecher.
Bahn|card® [...ka:ɐ̯t], die; -, -s [zu engl. card = Karte]: *(käuflich zu erwerbende, mit einem Passbild versehene) Ausweiskarte, die dazu berechtigt, Fahrkarten (der Deutschen Bahn AG) zu ermäßigtem Preis zu erwerben.*
Bahn|chef, der (ugs.): *Vorstandsvorsitzender der Bahn (7b).*
Bahn|che|fin, die: *w. Form zu* ↑ Bahnchef.
Bähn|chen, das; -s, -: *Vkl. zu* ↑ Bahn.
Bahn|damm, der: *Damm (1 b), auf dem die Gleise verlaufen.*
bah|nen ⟨sw. V.; hat⟩ [mhd. banen, zu ↑ Bahn]: *(einen Weg) schaffen, gangbar machen:* ich bahnte mir, dem Kind einen Weg durch die Menge; Ü ...wenn man einigen Wahrheiten die Gasse durch diesen Urwald bahnte *(ihnen durch ein Gestrüpp von Vorurteilen zum Durchbruch verhalf;* Bergengruen, Rittmeisterin 408).
Bah|nen|rock, der: *Damenrock, der aus mehreren Stoffbahnen zusammengesetzt ist.*
Bahn|fah|rer, der: *jmd., der [regelmäßig] mit der Bahn (6a) fährt.*
Bahn|fah|re|rin, die: *w. Form zu* ↑ Bahnfahrer.
Bahn|fahrt, die: *Fahrt mit der Bahn (6a).*
bahn|frei ⟨Adj.⟩ (Kaufmannsspr.): *keine Beförderungskosten aufweisend; erhebend.*
Bahn|gleis, das: *Gleis.*
Bahn|hof, der: **1.** *Gesamtkomplex einer Bahnstation mit Gleisanlagen u. zugehörigen Gebäuden:* der Zug hält nicht an diesem B.; jmdn. am B. abholen. **2.** *zum Bahnhof (1) gehörendes Gebäude (großer], in dem sich der Schalter für Fahrkarten u. Gepäck, Wartesäle, Geschäfte o. Ä. befinden:* im B. gibt es einen Friseur; * **[immer] nur B. verstehen** (ugs.; *nicht richtig, überhaupt nichts verstehen; nicht verstehen wollen;* H. u., viell. urspr. von Soldaten zu Ende des 1. Weltkriegs gesagt, die nur noch »Bahnhof«, d. h. Entlassung u. Heimkehrt, hören wollten); **großer B.** (ugs. *festlicher Empfang, bei dem viele Personen zur Begrüßung auf dem Bahnsteig od. Flugplatz anwesend sind).*
Bahn|hof|platz, Bahnhofsplatz, der: *Bahnhofsvorplatz.*
Bahn|hofs|buch|hand|lung, die: *Buchhandlung im Bahnhof (2).*
Bahn|hofs|ge|bäu|de, das: *Bahnhof (2): ein verfallenes B.*
Bahn|hofs|hal|le, die: *Halle im Bahnhof (2).*
Bahn|hofs|mis|si|on, die: *auf einigen größeren Bahnhöfen vorhandene soziale Einrichtung in kirchlicher Trägerschaft zur Betreuung von Reisenden u. als Anlaufstelle für [wohnsitzlose] Menschen mit Problemen aller Art.*

Bahn|hofs|platz: ↑ Bahnhofplatz.
Bahn|hofs|res|tau|rant, das: *im Bahnhof (2) befindliches Restaurant.*
Bahn|hofs|vier|tel, das: *Stadtviertel in der unmittelbaren Umgebung eines Bahnhofs (2).*
Bahn|hofs|vor|platz, der: *Platz vor einem Bahnhof (2): die Busse fahren am B. ab.*
Bahn|kör|per, der: *Gleisanlage.*
Bahn|kun|de, der: *Kunde der Bahn (7b).*
Bahn|kun|din, die: *w. Form zu* ↑ Bahnkunde.
Bahn|li|nie, die: *Strecke, auf der eine Eisenbahn verkehrt.*
◆ **bahn|los** ⟨Adj.⟩: *unwegsam; [aus]weglos:* Bahnlos liegt's hinter mir, und eine Mauer aus meinen eignen Werken baut sich auf, die mir die Umkehr türmend hemmt (Schiller, Wallensteins Tod III, 4).
Bahn|netz, das: *Eisenbahnnetz:* das europäische B.; den Ausbau des -es fördern.
Bahn|po|li|zei, die: *Gesamtheit der Polizei- u. Bahnbeamten, die für Sicherheit u. Ordnung innerhalb des Bahngeländes sorgen.*
Bahn|rei|se, die: *[Ferien]reise mit der Eisenbahn.*
Bahn|rei|sen|de ⟨vgl. Reisende⟩: *weibliche Person, die mit der Bahn (6a) reist.*
Bahn|rei|sen|der ⟨vgl. Reisender⟩: *Person, die mit der Bahn (6a) reist.*
Bahn|ren|nen, das: **1.** *(Rad- u. Automobilrennsport) auf einer Rennbahn gefahrenes Rennen.* **2.** *(Leichtathletik früher) Laufwettbewerb, der auf der Laufbahn des Stadions ausgetragen wird.*
Bahn|schran|ke, die: *Schranke auf Straßen u. Wegen, die die Bahn kreuzen.*
Bahn|schwel|le, die: *Schwelle aus Holz, Stahl od. Beton, auf die die Schiene auf dem Bahnkörper befestigt ist.*
Bahn|spre|cher, der (ugs.): *Sprecher (1 b) der Bahn (7b).*
Bahn|spre|che|rin, die: *w. Form zu* ↑ Bahnsprecher.
Bahn|sta|ti|on, die: *Halteplatz an einer Bahnlinie.*
Bahn|steig, der: *neben den Schienen verlaufende Plattform auf einem Bahnhof, die den Fahrgästen das Ein- u. Aussteigen ermöglicht.*
Bahn|steig|kan|te, die: *Kante (bes. als Begrenzungslinie) des Bahnsteigs:* bitte von der B. zurücktreten!
Bahn|stre|cke, die: *Eisenbahnstrecke.*
Bahn|tras|se, die: *Trasse.*
Bahn|über|füh|rung, die: *Anlage zur Überführung einer Eisenbahnlinie über andere Verkehrswege hinweg.*
Bahn|über|gang, der: *Stelle, an der eine Straße, ein Weg über die Gleise der Bahn führt:* ein [un]gesicherter B.
Bahn|un|ter|füh|rung, die: *Anlage zur Unterführung einer Eisenbahnlinie unter anderen Verkehrswegen.*
Bahn|ver|bin|dung, die: *Zugverbindung.*
Bahn|ver|kehr, der: *Eisenbahnverkehr.*
Bahn|vor|stand, der (ugs.): *Vorstand der Bahn (7b).*
Bahn|wär|ter, der: *Angestellter der Eisenbahn, der die Schranken betätigt u. die Gleisanlagen überwacht.*
Bahn|wär|te|rin, die: *w. Form zu* ↑ Bahnwärter.
Bah|rain [bax...]; -s: *Inselgruppe u. Staat im Persischen Golf.*
Bah|rai|ner, der; -s, -: *Ew.*
Bah|rai|ne|rin, die; -, -nen: *w. Form zu* ↑ Bahrainer.
bah|rai|nisch ⟨Adj.⟩: *Bahrain, die Bahrainer betreffend; aus Bahrain stammend.*
Bah|re, die; -, -n [mhd. bare, ahd. bara, zu: beran = tragen; vgl. gebären]: **a)** *Tragbahre;* **b)** *Totenbahre.*

Baht–Balkan

Baht, der; -, -: *Währungseinheit in Thailand* (internationaler Währungscode: THB; Zeichen: ฿).

Bai, die; -, -en [niederl. baai < frz. baie < span. bahía < spätlat. baia]: *Meeresbucht, Meerbusen.*

Bai|kal|see, der; -s: See in Südsibirien.

bai|risch ⟨Adj.⟩ (Sprachwiss.): *die vor allem in Bayern und Österreich gesprochenen Mundarten betreffend; bayerisch* (2).

Bai|ser [bɛˈzeː], das; -s, -s [frz. baiser = Kuss]: *Schaumgebäck aus Eischnee u. Zucker.*

Bais|se [ˈbɛːs(ə)], die; -, -n [frz. baisse, zu: baisser = senken, über das Vlat. zu spätlat. bassus = niedrig] (Börsenw.): *Fallen der Börsenkurse od. Preise:* bei B. spekulieren.

Ba|jaz|zo, der; -s, -s [venez. pajazzo, zu: paja (ital. paglia) = Stroh (wegen seines strohsackähnlichen Wollkleids) < lat. palea = Spreu]: *Possenreißer, Spaßmacher, komische Figur (im italienischen Theater).*

Ba|jo|nett, das; -[e]s, -e [frz. baïonnette, eigtl. Adj. zum Namen der frz. Stadt Bayonne; die Waffe wurde hier zuerst hergestellt]: *auf das Gewehr aufsetzbare Hieb-, Stoß- u. Stichwaffe mit Stahlklinge; Seitengewehr.*

Ba|jo|nett|ver|schluss, der (Technik): *leicht lösbare Verbindung von rohrförmigen Teilen (nach der Art, wie das Bajonett auf das Gewehr gesteckt wird).*

◆ **Ba|ju|te** [span.], **Bajut|te,** die; -, -n: *großer Kragen an einem* ¹*Domino* (a): *…ein…Solitär, welcher am Hals die purpurrote Bajute von Seidenflor, die über den Domino hinabfiel, zusammenhielt* (Hauff, Jud Süß 382).

Ba|ju|wa|re, der; -n, -n (scherzh., sonst veraltet): *Bayer.*

Ba|ju|wa|rin, die; -, -nen: w. Form zu ↑ Bajuware.

ba|ju|wa|risch ⟨Adj.⟩ (scherzh., sonst veraltet): *bayerisch.*

Bal|ke, die; -, -n [aus dem Niederd. < mniederd. bake < afries. baken = Wahrzeichen, (Feuer)signal, verw. mit mhd. bouchen, ahd. bouhhan = Zeichen; H. u.]: **1.** (Verkehrsw.) **a)** *Orientierungs- u. Signalzeichen für Schiffe u. Flugzeuge;* **b)** *(dreifaches) Ankündigungszeichen vor Eisenbahnübergängen u. Autobahnabfahrten;* **c)** *rechteckiges, tragbares Absperrbrett an Stellen, die Fahrbahnwechsel u. -verengung notwendig machen.* **2.** (Vermessungsw.) *Absteckpfahl für Vermessungen.*

Bal|ke|lit® [auch: …lɪt], das; -s [1909 von dem Belgier L. H. Baekeland erfunden]: *aus Kunstharzen hergestellter, spröder Kunststoff.*

Bak|ka|lau|re|at, das; -[e]s, -e [zu ↑ Bakkalaureus]: **a)** *unterster akademischer Grad (in Großbritannien u. Nordamerika);* **b)** *(in Frankreich) dem Abitur entsprechender Schulabschluss.*

Bak|ka|lau|re|us, der; -, …rei [in Anlehnung an mlat. laureus = Lorbeer umgedeutet aus: baccalari(u)s = Knappe]: *Inhaber des Bakkalaureats* (a).

Bak|ka|rat: ↑ ¹Baccara.

Ba|ken, der; -s, - [norw. bakke < anord. bakki = Hügel, Flussufer] (Skisport): **a)** *Sprungschanze;* **b)** *Schanzentisch.*

Bak|schisch, das; -[e]s, -e [pers. bahšīš = Geschenk]: *(im Orient) [kleinerer] Geldbetrag, der jmdm. als Trinkgeld o. für eine erwiesene Gefälligkeit gegeben wird.*

Bak|te|rie, die; -, -n ⟨meist Pl.⟩ [eingedeutscht aus ↑ Bakterium] (Biol., Med.): *einzelliges Kleinstlebewesen, Spaltpilz: eine -n tötende Substanz; sich mit -n infizieren.*

bak|te|ri|ell ⟨Adj.⟩ (Biol., Med.): *Bakterien betreffend, durch Bakterien hervorgerufen:* -e Erkrankungen.

Bak|te|ri|en|kul|tur, die (Biol.): *auf künstlichem Nährboden gezüchtete Bakterien.*

Bak|te|ri|en|trä|ger, der (Med.): *jmd., der Bakterien in sich trägt u. andere Personen ansteckt, ohne selbst krank zu sein.*

Bak|te|ri|en|trä|ge|rin, die: w. Form zu ↑ Bakterienträger.

Bak|te|ri|o|lo|ge, der; -n, -n: *Wissenschaftler auf dem Gebiet der Bakteriologie.*

Bak|te|ri|o|lo|gie, die; - [↑ -logie]: *Lehre von den Bakterien.*

Bak|te|ri|o|lo|gin, die; -, -nen: w. Form zu ↑ Bakteriologe.

bak|te|ri|o|lo|gisch ⟨Adj.⟩: *die Bakteriologie, den Bakteriologen betreffend.*

Bak|te|ri|um, das; -s, …ien [zu griech. baktḗrion, baktḗria = Stäbchen, Stöckchen, nach dem stäbchenförmigen Aussehen]: *Bakterie.*

Ba|ku: Hauptstadt Aserbaidschans.

Ba|la|lai|ka, die; -, -s u. …ken [russ. balalajka, H. u.]: *dreisaitiges russisches Saiteninstrument mit meist dreieckigem Klangkörper und langem Hals.*

Ba|lan|ce [baˈlãːs(ə), baˈlaŋsə], die; -, -n […sn̩] [frz. balance < lat. bilanx (Gen.: bilancis) = zwei Waagschalen habend]: *Gleichgewicht:* die B. verlieren, halten; aus der B. kommen; sich in [der] B. halten; Ü der Vorfall hatte ihn aus der B. (um sein inneres Gleichgewicht) gebracht.

Ba|lan|ce|akt [baˈlãːsa…, auch: baˈlãːs(ə)…], der: *Übung, Vorführung, bei der jmd. auf, über etw. balanciert:* einen B. ausführen; Ü im täglichen B. zwischen Beruf und Familie; die Kanzlerin hat den außenpolitischen B. bravourös gemeistert.

ba|lan|cie|ren [balãˈsiːrən, auch: balaŋˈsiːrən] ⟨sw. V.⟩ [frz. balancer]: **a)** ⟨hat⟩ *[bei gleichzeitiger Bewegung] im Gleichgewicht halten:* einen Korb [auf dem Kopf] b.; **b)** ⟨ist⟩ *beim Gehen auf einer sehr schmalen Lauffläche das Gleichgewicht [zu] wahren [suchen]:* über ein Brett, einen Stamm b.; **c)** ⟨ist⟩ *über sehr unebenen, zerklüfteten o. ä. Boden klettern, steigen u. dabei nur mühsam das Gleichgewicht halten:* er balanciert über die Trümmer.

Ba|lan|cier|stan|ge [balaŋˈsiːr…, auch: balãˈsiːr…], die: *Stange, mit der auf Seilen, Balken o. Ä. das Gleichgewicht besser gehalten werden kann.*

Ba|la|ton, der; -[s] [ung.]: *ungarischer Name des Plattensees.*

bal|bie|ren ⟨sw. V.; hat⟩ (landsch.): *barbieren:* ◆ »Ja, tu mich ein wenig b.«, antwortete mein Vater und kratzte mit dem Schermesser (Rosegger, Waldbauernbub 65).

bald ⟨Adv.⟩ [mhd. balde = sogleich; schnell, urspr. = mutig, kühn, ahd. bald = kühn, mutig, eigtl. = aufgeschwellt, hochfahrend]: **1.** ⟨Steig.: eher, am ehesten, landsch., ugs.: bälder, am bäldesten⟩ **a)** (landsch., bes. ostmd. auch: balde) *in[nerhalb] kurzer Zeit, nach einem relativ kurzen Zeitraum:* ich komme b. wieder; b. danach; b. ist Ostern; so b. als/wie möglich; möglichst b.; hast du jetzt b. genug? (landsch. ugs.: *hast du endlich genug?*); bist du b. still? (landsch. ugs.: *bist du endlich still?*); * **bis b.!**; **auf b.!** (ugs.; Abschiedsformel); **b)** *leicht, schnell, rasch:* etw. sehr b. begriffen haben; nicht so b. einschlafen können; Wie b. werden helle Pullover schmuddelig, wenn man nicht (Muschg, Gegenzauber 420). **2.** (ugs.) *fast, nahezu:* das hätte ich b. vergessen; wir warten schon b. drei Stunden. **3.** nur in dem Wortpaar **b. – b.** (zur Bezeichnung einer raschen Aufeinanderfolge, eines Wechsels von zwei Situationen; einmal – ein andermal, teils – teils): b. lacht er, b. weint er.

Bal|da|chin [ˈbaldaxi:n], der; -s [ital. baldacchino, zu: Baldacco, älter für: Bagdad, das wegen seiner Seidenstoffe berühmt war]: **1.** *[prunkvoller] Himmel* (3) *über einem Bett, einem Thron o. Ä.* **2.** *tragbarer Himmel* (3), *der bes. bei Prozessionen u. Umzügen über dem Altarsakrament und dem Priester getragen wird.* **3.** (Kunstwiss.) *steinerne Überdachung über einer Kanzel, einer Statue o. Ä.*

Bäl|de: in der Fügung in B. (Papierdt.; *bald, in[nerhalb] kurzer Zeit:* ich komme in B.).

bal|dig ⟨Adj.⟩: *in kurzer Zeit erfolgend, kurz bevorstehend:* wir bitten um -e Antwort; auf -es Wiedersehen! (Abschiedsformel).

bal|digst ⟨Adv.⟩: *so bald wie möglich, schnellstens:* ich werde das b. nachholen.

bald|mög|lichst ⟨Adj.⟩ (Papierdt.): *so bald wie möglich:* -e Erledigung zusagen.

bal|do|wern ⟨sw. V.; hat⟩ [zu gaunerspr. baldower = Auskundschafter, zu hebr. ba'al = Herr u. davar = Sache, eigtl. = Herr der Sache] (landsch., bes. berlin.): *auskundschaften, nachforschen:* Da muss einer mindestens zwei Wochen lang baldowert haben (Fallada, Blechnapf 351).

Bal|dri|an, der; -s, -e [mlat. valeriana, H. u.]: **1.** *(als Kraut od. Strauch wachsende) Pflanze mit weißen od. rosa Blüten, deren Wurzeln ein stark riechendes, nervenberuhigendes Öl enthalten.* **2.** ⟨o. Pl.⟩ *Extrakt aus dem Öl der Wurzeln des Baldrians* (1).

Bal|dri|an|trop|fen ⟨Pl.⟩: *Beruhigungsmittel aus Baldrian* (2).

Ba|le|a|ren ⟨Pl.⟩: *zu Spanien gehörende Inselgruppe im westlichen Mittelmeer.*

¹**Balg,** der; -[e]s, Bälge [mhd. balc, ahd. balg = Beutel o. Ä. aus Tier]haut, im Sinne von »abgezogene Tierhaut, die durch Füllung prall wird« verw. mit ↑ ¹Ball]: **1. a)** *Fell* (1 b), *besonders von Pelztieren:* einem Tier den B. abziehen; einen B. ausstopfen; Ü Es wird ein Teil des Großen für das Ganze genommen… und der sehr gewordene B. (die leere Hülle, sinnentleerte Form) eines großen Worts wird nach der Mode des Tages ausgestopft (Musil, Mann 458); **b)** (salopp) *(vom Menschen) Haut od. Körper:* seinen B. in Acht nehmen; * **jmdm. den B. abziehen** (*jmdn. übervorteilen, betrügen, ausnützen*); **jmdm. auf den B. rücken** (↑ Pelz 3); ◆ **c)** *Fell* (1 a): …wie eine Katze schnurrt, wenn man sich mit ihr anlässt, wenn B. streicht (Gotthelf, Spinne 94). **2.** (landsch., Biol.) *umschließende Hülle, Haut [einer Frucht]:* der aufgesprungene B. von Erbsen; die sauren Bälge der Stachelbeeren. **3.** *ausgestopfter Rumpf einer Puppe:* ein mit Sägemehl gefüllter B. **4.** *Teil eines Geräts, eines Instruments, das beim Zusammenpressen einen Luftstrom erzeugt:* die Bälge [der Orgel] treten; den B. des Akkordeons weit auszieh[e]n. **5. a)** *harmonikaartig ausziehbare Hülle (als Verbindungsteil):* der B. einer Kamera; **b)** (Eisenbahn) *bewegliches Verbindungsteil zwischen zwei Eisenbahnwagen.*

²**Balg,** der od. das; -[e]s, Bälger (bes. nordd.) u. Bälge (bes. südd.) [urspr. = ¹Balg (1 b)] (ugs., meist abwertend): *unartiges, schlecht erzogenes] Kind:* ein freches, süßes B.

bal|gen, sich ⟨sw. V.; hat⟩ [zu veraltet Balg = Balgerei, Lärm, Streit, zu mhd. belgen, ahd. belgan = zornig sein, erregt sein, verw. mit ↑ ¹Balg]: *sich [im Spiel, aus Übermut um etwas] raufen, sich [um etw.] ringend mit jmdm. auf dem Boden wälzen:* sie mit anderen Kindern b.; die Hunde balgten sich [um die Beute]; Ü die Erben balgten sich (abwertend; *stritten*) um ihren Anteil.

Bal|ge|rei, die; -, -en: *[dauerndes] Balgen; Rauferei:* eine B. mit jmdm., zwischen Jungen.

Ba|li; -s: *westlichste der Kleinen Sundainseln.*

Ba|li|ne|se, der; -n, -n: Ew.

Ba|li|ne|sin, die; -, -nen: w. Form zu ↑ Balinese.

ba|li|ne|sisch ⟨Adj.⟩: *Bali, die Balinesen betreffend; aus Bali stammend.*

Bal|kan, der; -s: **1.** *Gebirge in Südosteuropa.* **2.** *Balkanhalbinsel.*

Bal|kan|halb|in|sel, die; -: Halbinsel Südosteuropas.

bal|ka|nisch ⟨Adj.⟩: **1.** *den Balkan betreffend; vom Balkan stammend.* **2.** (österr. selten, abwertend) *rückständig, korrupt, chaotisch:* -e Zustände.

bal|ka|ni|sie|ren ⟨sw. V.; hat⟩ [heute meist bezogen auf die polit. Entwicklung Jugoslawiens nach 1990]: *einen Vielvölkerstaat staatlich so zersplittern wie die Staaten der Balkanhalbinsel vor dem Ersten Weltkrieg.*

Bal|ka|ni|sie|rung, die; -, -en: *das Balkanisieren.*

Bal|ka|nis|tik, die; -: *Balkanologie.*

Bal|kan|krieg, der: **1.** ⟨Pl.⟩ *Kriege zwischen den christlichen Balkanstaaten u. dem Osmanischen Reich (1912 u. 1913).* **2.** *Kosovokrieg.*

Bal|ka|no|lo|gie, die; - [↑-logie]: *Wissenschaft von den Sprachen u. Literaturen der Balkanhalbinsel; Balkanistik.*

bal|ka|no|lo|gisch ⟨Adj.⟩: *die Balkanologie betreffend:* -e Forschungen.

Bal|kan|staat, der: *Staat auf der Balkanhalbinsel.*

Bälk|chen, das; -s, -: Vkl. zu ↑Balken.

Bal|ken, der; - [mhd. balke, ahd. balko, im Sinne von »dickes Brett« verw. mit ↑¹Ball]: **1.** *vierkantiges, massives, langes Stück Bauholz (bes. zum Stützen od. Tragen):* ein morscher, tragender B.; neue B. einziehen; **lügen, dass sich die B. biegen* (ugs.; *maßlos lügen*). **2. a)** (Bauw., Archit.) *massiver Träger, z. B. aus Stein, Beton, Stahl;* **b)** (Sportjargon) *Schwebebalken:* am B. turnen; **c)** (Musik) *zwei od. mehrere Notenhälse verbindender dicker Strich;* **Querbalken;** **d)** (bes. Heraldik) *schmaler [Trennungs]streifen von eigener Farbe:* das Wappen zeigt einen roten B. in weißem Feld. **3.** (Anat., Med.) *kräftig ausgebildeter Teil des Gehirns, der die beiden Großhirnhälften verbindet.*

Bal|ken|dia|gramm, das: *Diagramm, bei dem die Zahlenwerte in Form von (meist horizontal angeordneten) Balken dargestellt werden:* das B. als Instrument des Projektmanagements.

Bal|ken|über|schrift, die: *in großen, dicken Lettern gedruckte Schlagzeile in Zeitungen o. Ä.*

Bal|ken|werk, das ⟨o. Pl.⟩: *Gebälk* (1).

Bal|kon [bal'kɔŋ, ... 'koː, auch, bes. südd., österr. u. schweiz.: ...'koːn], der; -s, -s [bal'kɔŋs] od. -e [bal'koːnə] <franz. balcon < ital. balcone, eigtl. = Balkengerüst, aus dem Germ.]: **1.** *vom Wohnungsinnern betretbarer offener Vorbau, der aus dem Stockwerk eines Gebäudes herausragt:* ein sonniger B.; die -s gehen nach Süden; auf den B. [hinaus]treten. **2.** *stark erhöhter Teil des Zuschauerraums im Theater od. Kino:* wir haben [auf dem] B. gesessen; B. *(einen Platz auf den Balkon)* nehmen.

Bal|kon|blu|me, die: *zur Bepflanzung von Balkonkästen geeignete, bevorzugte Blume* (z. B. Begonie, Geranie).

Bal|kon|brüs|tung, die: *Brüstung* (1) *eines Balkons.*

Bal|kön|chen, das; -s, -: Vkl. zu ↑Balkon (1).

Bal|ko|ni|en; -s [geb. in Analogie zu Ländern wie Italien, Spanien] (ugs. scherzh.): *der eigene Balkon* (als fiktives Urlaubsland): Urlaub auf, in B.

Bal|kon|kas|ten, der: *auf od. an der Brüstung eines Balkons angebrachter Blumenkasten.*

Bal|kon|pflan|ze, die: *für die Begrünung von Balkonkästen geeignete, bevorzugte Pflanze.*

Bal|kon|tür, die: *[von einem Zimmer] auf den Balkon* (1) *führende Tür.*

¹Ball, der; -[e]s, Bälle [mhd., ahd. bal, eigtl. = geschwollener, aufgeblasener Körper]: **1.** *kugelförmiger, gewöhnlich mit Luft gefüllter [elastischer] Gegenstand, der als Spielzeug od. Sportgerät verwendet wird:* der B. springt auf, prallt gegen den Torpfosten, fliegt in den gegnerischen Strafraum, rollt ins Aus; den B. werfen, schleudern, abschlagen, schießen, ins Tor köpfen, anschneiden, [am Fuß] führen, stoppen, fangen, annehmen, abgeben; den B. treffen, spielen, [wieder] ins Spiel bringen; jmdm. den B. zuwerfen, zuspielen; sich ⟨Dat.⟩ den B. vorlegen; am B. sein, bleiben; [mit dem] B. spielen; hinter dem B. herjagen; nach dem B. laufen; sich nicht vom B. trennen lassen; **den B. flach halten/flachhalten* (ugs.; *sich zurückhalten, kein unnötiges Risiko eingehen;* nach der entsprechenden Taktik im Fußball; flach gespielte Bälle sind meist einfacher in den eigenen Reihen zu halten); jmdm., einander/sich [gegenseitig] die Bälle zuspielen/zuwerfen *(jmdn., einander [im Gespräch] geschickt begünstigen, unterstützen);* am B. sein, bleiben (ugs.; *sich von etw. nicht abbringen lassen;* etw. mit Eifer weiterverfolgen). **2.** (Ballspiele) *Art, wie ein Ball gespielt wird;* Schlag, Wurf, Schuss u. Ä. *[aufs Tor]:* der Torwart hielt die schwierigsten Bälle. **3.** (Tennis, Baseball, Softball) *Punkt:* einen B. machen. **4.** *[Gegenstand in Form eines Balles, einer] Kugel:* ein B. aus Papier, Wolle; (geh.:) der glühende B. der Sonne.

²Ball, der; -[e]s, Bälle [frz. bal, zu veraltet baller = tanzen < spätlat. ballare]: *größere [festliche] Tanzveranstaltung:* ein festlicher, glanzvoller B.; einen B. geben, veranstalten, besuchen; sie wollten zusammen auf den B. gehen.

bal|la, (häufiger:) **bal|la|bal|la** ⟨indekl. Adj.⟩ [zu ↑¹Ball, in Anspielung auf die kindersprachliche Form »Balla« dieses Wortes; also eigtl. = kindlich, einfältig] (salopp): *nicht recht bei Verstand:* der ist ja b.

Ball|ab|ga|be, die (Ballspiele): *Weitergabe des* ¹*Balls.*

Bal|la|de, die; -, -n [engl. ballad < afrz. balade = Tanzlied < provenz. ballada, zu: balar = tanzen < spätlat. ballare, ↑²Ball]: **1.** *[volkstümliches] Gedicht, in dem ein handlungsreiches, oft tragisch endendes Geschehen [aus Geschichte, Sage od. Mythologie] erzählt wird:* viele -n von Goethe sind vertont worden. **2.** *in langsamem od. gemäßigtem Tempo gehaltene Komposition im Bereich von Jazz u. Popmusik, die meist die Form eines Liedes, eines Songs hat.*

bal|la|den|haft ⟨Adj.⟩: *wie eine Ballade gestaltet.*

bal|la|desk ⟨Adj.⟩: *balladenhaft.*

Ball|an|nah|me, die (Ballspiele): *das Annehmen u. Unter-Kontrolle-Bringen eines zugespielten Balls.*

Bal|last [auch, österr. u. schweiz. nur: ba'last], der; -[e]s, -e ⟨Pl. selten⟩ [aus dem Niederd. < mniederd. ballast = Sandlast zum Gewichtsausgleich im untersten Raum des Schiffes; 1. Bestandteil: H. u., 2. Bestandteil: ↑Last]: **1.** *schwere Last, die [als Fracht von geringem Wert] zum Gewichtsausgleich mitgeführt wird:* B. über Bord werfen, abwerfen. **2.** *unnütze Last, überflüssige Bürde:* der dritte Koffer war nur B.; Ü historischen B. abwerfen.

Bal|last|stoff, der ⟨meist Pl.⟩: *nicht od. nur teilweise verwertbarer Bestandteil der aufgenommenen Nahrung.*

bal|last|stoff|reich ⟨Adj.⟩: *viele Ballaststoffe enthaltend:* -e Kost.

Bal|la|watsch: ↑Pallawatsch.

Ball|be|sitz, der (Ballspiele): *das Halten, Kontrollieren des* ¹*Balls* (1): die gegnerische Mannschaft war häufiger in B.; der Pass brachte den Stürmer in B.

Bäll|chen, das; -s, -: Vkl. zu ↑¹Ball.

bal|len ⟨sw. V.; hat⟩ [mhd. ballen, zu ↑¹Ball]: **a)** *(die Hand, die Faust) [zusammenpressend] fest schließen:* die Hand zur Faust ballen, die Faust b.; mit geballten Fäusten; **b)** *zusammenpressen, -schieben [sodass eine runde od. klumpige Form entsteht]:* ein Papierblatt b.; **c)** ⟨b. + sich⟩ *sich zusammenpressen, -schieben [sodass eine runde od. klumpige Form entsteht]:* der Schnee ballt sich zu Klumpen; Ü die Schwierigkeiten ballen *(häufen)* sich.

Bal|len, der; -s, - [mhd. balle, ahd. ballo, Nebenf. von ↑¹Ball]: **1. a)** *rundlicher Packen:* einige B. Stroh; **b)** *Zählmaß bestimmter Waren:* zwei B. Leder; **c)** *auf-, zusammengerollte Stoffbahn [von bestimmter Länge]:* ein B. Stoff. **2. a)** *Muskelpolster an der Innenseite der Hand- u. Fußflächen bei Menschen u. Säugetieren:* auf den B. gehen; **b)** *krankhafte Verdickung an der Innenseite des Mittelfußknochens:* die B. operativ entfernen. **3.** *Wurzelballen.*

Bal|le|ri|na, Bal|le|ri|ne, die; -, ...nen [ital. ballerina, zu: ballare = tanzen < spätlat. ballare, ↑²Ball]: *Balletttänzerin.*

Bal|le|ri|no, der; -s, -s [ital. ballerino]: *Balletttänzer.*

¹Bal|ler|mann, der ⟨Pl. ...männer⟩ [zu ↑ballern (1 a)] (ugs.): *Schusswaffe, bes. Revolver.*

²Bal|ler|mann, der ⟨Pl. ...männer⟩ [Verballhornung der span. Bez. Balneario (No. 6)] (ugs.): **1.** ⟨o. Pl.⟩ *Gebiet an der Playa de Palma auf Mallorca, das durch eine Vielzahl von Bars, Strandcafés u. Ä. gekennzeichnet ist:* sie machen jedes Jahr am B. Urlaub. **2.** *deutscher Tourist [auf Mallorca].*

bal|lern ⟨sw. V.; hat⟩ [lautm., vgl. mniederd. balderen = lärmen, schwed. mundartl. ballra = lärmen] (ugs.): **1. a)** *anhaltend laut schießen, knallen:* mit Platzpatronen b.; **b)** (Sportjargon) *den Ball [wuchtig] irgendwohin schießen:* den Ball gegen den Pfosten, ins Tor b. **2. a)** *mit Wucht gegen etw. schlagen, klopfen, sodass ein lautes Geräusch entsteht:* an die Tür b.; ** jmdm. eine b.* (ugs.; *jmdm. eine kräftige Ohrfeige geben*); **b)** *mit Wucht, gegen etw. werfen, sodass ein lautes Geräusch entsteht:* Steine ballerten gegen die Tür; **c)** *mit Wucht [irgendwohin] werfen, schleudern, sodass ein lautes Geräusch entsteht:* etw. vor Wut in die Ecke b.; die Tür ins Schloss b. **3.** *knallende, krachende Geräusche machen:* Schüsse, Donnerschläge ballerten; **einen b.* (ugs.; *etw. Alkoholisches trinken*).

Bal|ler|spiel, das (ugs.): *Computerspiel, bei dem das treffsichere Schießen auf Lebewesen od. Gegenstände im Mittelpunkt steht.*

bal|les|tern ⟨sw. V.; hat⟩ [zu ↑¹Ball] (österr. salopp): *Fußball spielen.*

Bal|lett, das; -[e]s, -e [ital. balletto, Vkl. von: ballo = Tanz, zu: ballare, ↑²Ball]: **1. a)** ⟨o. Pl.⟩ *künstlerischer Tanz auf einer Bühne mit dazugehöriger Musik:* das klassische B.; **b)** *einzelnes Werk des Balletts* (1 a): ein B. aufführen, tanzen. **2.** *Tanzgruppe für Bühnentanz:* das B. ist auf Tournee; beim B. sein.

Bal|lett|abend, der: *abendliche Aufführung eines Balletts* (1 b); heute mit einer großen B. Premiere.

◆ **Bal|lett|te**, der; -, -n [zu frz. paillette, Paillette]: *mit Seide, Gold- od. Silberfäden umwickelter Pergamentstreifen zur Einfassung von Knopflöchern:* ... und einem Rock von grünem Berkan mit goldnen -n (Goethe, Dichtung u. Wahrheit 2).

Bal|let|teu|se [balɛˈtøːzə], die; -, -n [französierend zu ↑Ballett] (geh.): *Balletttänzerin.*

Bal|lett|korps, das: *Gruppe der Balletttänzerinnen u. -tänzer, die auf der Bühne den Rahmen u. Hintergrund für die Solisten bilden.*

Bal|lett|meis|ter, der: *Ausbilder eines Balletts* (2).

Bal|lett|meis|te|rin, die: w. Form zu ↑Ballettmeister.

Bal|lett|schu|le, die: *Einrichtung, Ausbildungsstätte, in der Ballett* (1 a) *gelehrt wird.*

Bal|lett|tän|zer, Bal|lett-Tän|zer, der: *Tänzer beim Ballett.*

Bal|lett|tän|ze|rin, Bal|lett-Tän|ze|rin, die: w. Formen zu ↑ Balletttänzer, Ballett-Tänzer.

Bal|lett|the|a|ter, Bal|lett-The|a|ter, das: Theater, das Ballette (1 b) aufführt.

Bal|lett|trup|pe, Bal|lett-Trup|pe, die: Truppe (2) von Balletttänzerinnen u. -tänzern.

ball|füh|rend ⟨Adj.⟩ (Ballspiele): mit der Ballführung beschäftigt: den -en Spieler angreifen.

Ball|füh|rung, die (Ballspiele): das Bewegen des Balls [in eine bestimmte Richtung], wobei der Spieler od. die Spielerin mit dem Ball mitläuft u. dessen Lauf ständig mit dem Fuß, der Hand od. einem Schläger steuert.

Ball|ge|fühl, das ⟨o. Pl.⟩ (Ballspiele): besondere Fähigkeit, Veranlagung eines Spielers, geschickt mit dem Ball umzugehen: ein hervorragendes, ein nicht besonders ausgeprägtes B. haben.

Bal|lis|te, die; -, -n [lat. ballista, zu griech. bállein = werfen, schleudern]: antikes Wurfgeschütz.

Bal|lis|tik, die; - [zu ↑ ballistisch]: Lehre von der Bewegung geschleuderter od. geschossener Körper.

Bal|lis|ti|ker, der; -s, -: Forscher auf dem Gebiet der Ballistik.

Bal|lis|ti|ke|rin, die; -, -nen: w. Form zu ↑ Ballistiker.

bal|lis|tisch ⟨Adj.⟩ [zu ↑ Balliste]: a) die Ballistik betreffend, zu ihr gehörend, auf ihr beruhend: -e Berechnungen; b) die Flugbahn eines Körpers bzw. Geschosses betreffend, aufweisend: die -e Kurve (Flugbahn).

Ball|jun|ge, der; -n, -n (Tennis): Junge, der die ¹Bälle aufsammelt.

Ball|kleid, das; -[e]s, -er: festliches [langes] Kleid, das bei einem ²Ball getragen wird.

Ball|kon|takt, der (Ballspiele): Berührung mit dem ¹Ball (1): der Mittelfeldspieler hatte die meisten -e.

Ball|mäd|chen, das (Tennis): Mädchen, das die ¹Bälle aufsammelt.

Ball|nacht, die: Nacht, in der ein ²Ball stattfindet, die auf einem ²Ball verbracht wird: die Zeit der rauschenden Ballnächte ist vorbei.

Bal|lon [ba'lɔŋ, ba'lõː, auch, bes. südd., österr. u. schweiz.: ...'loːn], der; -s, -s [ba'lɔŋs od. ...'lõːs] u. -e [ba'loːnə] [frz. ballon < ital. pallone = großer Ball, Vgr. von: palla = ¹Ball, aus dem Germ.]: **1. a)** kugelförmiges, von einer mit Gas gefüllten Hülle getragenes Luftfahrzeug: B. fahren; (ugs.:) B. fliegen; im B. aufsteigen; **b)** ballförmiges, mit Luft oder Gas gefülltes Kinderspielzeug: einen B. aufblasen; Neben ihm plärrte ein Kind seinem in der Luft entkommenen blauen B. nach (Feuchtwanger, Erfolg 777). **2. a)** große, bauchige [Korb]flasche: den Wein in -s abfüllen; **b)** (Chemie) Glaskolben: Säuren in -s transportieren. **3.** (Segeln) leichtes größeres Vorsegel auf Jachten, das im Wind wie ein Ballon aufgebläht wird. **4.** (ugs.) Kopf: du kriegst gleich ein paar an den, vor den B.; *[so] einen B. bekommen/kriegen (salopp; [aus Verlegenheit] einen roten Kopf bekommen).

Bal|lon|fah|rer, der: Pilot eines Ballons (1 a).

Bal|lon|fah|re|rin, die: w. Form zu ↑ Ballonfahrer.

Bal|lon|fahrt, die: Fahrt mit einem Ballon (1 a).

Bal|lon|füh|rer, der: Ballonfahrer.

Bal|lon|füh|re|rin, die: w. Form zu ↑ Ballonführer.

Bal|lon|müt|ze, die: hohe, runde Mütze [mit Schirm].

Bal|lon|sei|de, die: fester, wasserdichter Stoff für Ballons (1 a), Sportmäntel u. dgl.

◆ **Ball|putz,** der ⟨o. Pl.⟩ [zu ↑ Putz (2)]: Balltoilette: Die Figuren treten aus dem Schatten; ... ich sehe B. unter den dunkelen Mänteln (Raabe, Chronik 18).

Ball|saal, der: Saal, in dem ein ²Ball stattfindet.

Ball|sai|son, die: Saison, bes. im Winter, in der viele ²Bälle stattfinden.

Ball|spiel, das: Spiel mit einem ¹Ball.

Ball|tech|nik, die (Ballspiele): Technik beim Ballspiel.

Bal|lung, die; -, -en: **1.** das [Sich]ballen. **2. a)** Verdichtung, Zusammendrängung; **b)** geballtes Auftreten.

Bal|lungs|ge|biet, das: Gebiet, in dem viele Menschen wohnen u. in dem viele Industrien angesiedelt sind: das B. an der Ruhr.

Bal|lungs|raum, der: Ballungsgebiet.

Bal|lungs|zen|t|rum, das: Gebiet mit besonders großer Bevölkerungsdichte innerhalb eines Ballungsgebietes.

ball|ver|liebt ⟨Adj.⟩ (Fußballjargon): dazu neigend, den Ball (aufgrund einer guten Balltechnik) zu lange selbst zu führen, zu spät abzuspielen: sein Spiel ist mir zu b.

Ball|ver|lust, der (Ballspiele): das Verlieren des ¹Balls (1) an den Gegner.

Ball|wech|sel, der; -s, - (Badminton, Tennis, Tischtennis): ständiges Hin u. Her des von den Spielenden über das Netz geschlagenen Balls.

Bal|ly|hoo [ˈbælhuː, auch: ...ˈhuː], das; - [engl. ballyhoo, H. u.]: marktschreierische Propaganda, Reklamerummel.

Bal|mung: Schwert Siegfrieds in der Sage von den Nibelungen.

bal|neo-, Bal|neo- [lat. bal(i)neum = Bad (1-3) < griech. balaneîon = Bad, Badeort]: Best. in Zus. mit der Bed. Bad[e]-, Bäder- (z. B. Balneologie).

Bal|neo|lo|gie, die; - [zu lat. bal(i)neum = Bad (1-3) u. ↑ -logie]: Lehre von der therapeutischen Anwendung u. Heilwirkung des Wassers, von Schlamm, Moor u. a.

bal|neo|lo|gisch ⟨Adj.⟩: die Balneologie betreffend.

Bal|neo|the|ra|pie [auch: ...ˈpiː], die; -, -n (Med.): Heilbehandlung durch Bäder.

Bal|sam, der; -s, ...same ⟨Pl. selten⟩ [mhd. balsame, ahd. balsamo < lat. balsamum = Balsam(strauch) < griech. bálsamon, aus dem Semit.]: **1.** dickflüssiges Gemisch aus Harzen u. ätherischen Ölen, bes. in der Parfümerie u. [als Linderungsmittel] in der Medizin verwendet. **2.** (geh.) Linderung, Wohltat: deine tröstenden Worte sind B. für meine Seele; der Wahlerfolg war B. auf die Wunden der Partei.

Bal|sam|es|sig, der: dunkler, süßlicher Essig aus dem Most weißer italienischer Trauben.

Bal|sa|mi|co, der; -s, **Bal|sa|mi|co|es|sig,** der [ital. (aceto) balsamico, zu: balsamico = bekömmlich, eigtl. = balsamisch]: Balsamessig.

bal|sa|mie|ren ⟨sw. V.; hat⟩ [mhd. balsemen]: **1.** (einen Leichnam) durch Behandlung mit konservierenden Mitteln vor Verwesung schützen: Leichen b. **2.** (geh.) mit Balsam od. anderen heilkräftigen od. wohlriechenden Mitteln einreiben.

Bal|sa|mie|rung, die; -, -en: das Balsamieren.

bal|sa|misch ⟨Adj.⟩: **1.** (geh.) wohlriechend [u. lindernd] wie Balsam: b. duften. **2.** Balsam enthaltend: -e Öle.

Bal|te, der; -n, -n: Ew.

Bal|ti|kum, das; -s: aus Estland, Lettland u. Litauen bestehendes Gebiet in Osteuropa.

Bal|tin, die; -, -nen: w. Form zu ↑ Balte.

bal|tisch ⟨Adj.⟩: das Baltikum, die Balten betreffend; aus dem Baltikum stammend.

Ba|lus|ter, der; -s, - [frz. balustre < ital. balaustro < mlat. balaustium = Blüte des Granatbaums < griech. balaústion, nach der Form]: kleine Säule als Stütze eines Geländers.

Ba|lus|t|ra|de, die; -, -n [frz. balustrade < ital. balaustrata]: Brüstung od. Geländer mit Balustern.

Balz, die; -, -en [mhd. balz, H. u.]: **1.** Liebesspiel bestimmter größerer Wald- u. Feldvögel während der Paarungszeit: die B. der Fasanen beobachten. **2.** Paarungszeit bestimmter größerer Wald- u. Feldvögel: in die B. treten.

Balz|a|rie, die: von balzenden Vögeln hervorgebrachte Folge von Lauten.

bal|zen ⟨sw. V.; hat⟩ [mhd. balzen]: **a)** (von bestimmten Wald- u. Feldvögeln wie Wildtauben, Waldhühnern, Fasanen, Schnepfen) während der Balz (2) durch Lockrufe u. auffällige Bewegungen um das Weibchen werben: die Auerhähne balzen; balzende Erpel; Ü (ugs. scherzh.:) alle im Büro amüsierten sich, wie die beiden balzten; ◆ **b)** (sw. V.; sich) sich begatten (b): Canaillen die! Die balzen sich und jungen, wo ein Platz ist (Kleist, Krug 2).

Balz|laut, der: von balzenden Vögeln hervorgebrachter Laut.

Balz|platz, der: Platz, an dem die Balz (1) stattfindet.

Balz|zeit, die: Balz (2).

bam ⟨Interj.⟩: lautm. für einen dunkleren [Glocken]klang.

Ba|ma|ko: Hauptstadt von Mali.

Bam|berg: Stadt in Franken.

¹Bam|ber|ger, der; -s, -: Ew.

²Bam|ber|ger ⟨indekl. Adj.⟩: B. Reiter (Reiterstandbild im Bamberger Dom).

Bam|ber|ge|rin, die; -, -nen: w. Form zu ↑ ¹Bamberger.

¹Bam|bi, das; -s, -s [nach W. Disneys 1941 entstandenem Zeichentrickfilm »Bambi«] (Kinderspr.): Rehkitz.

²Bam|bi, der; -s, -s: jährlich verliehener Filmpreis (in Form eines Rehkitzes).

Bam|bi|na, die; -, -s [ital. bambina]: w. Form zu ↑ Bambino (2).

Bam|bi|no, der; -s, ...ni, ugs.: -s [ital. bambino, Vkl. von gleichbed. älter: bambo, Lallwort]: **1.** (bild. Kunst) Jesuskind in der Darstellung der italienischen Malerei u. Bildhauerei. **2.** (ugs.) kleines [italienisches] Kind, kleiner [italienischer] Junge: eine Familie mit acht Bambini.

Bam|bu|le, die; -, -n ⟨meist o. Art.⟩ [frz. bamboula (bes. in der Wendung faire la bamboula = tüchtig feiern) = Trommel; zu Trommelrhythmen getanzter Tanz afrik. Schwarzen, über das Frz. der Insel Haiti aus einer westafrik. Spr.]: **1.** (Gaunerspr.) in Form von Krawallen geäußerter Protest bes. von Häftlingen: die Häftlinge machten B. **2.** (Jugendspr.) bes. von Jugendlichen veranstaltetes äußerst ausgelassenes Treiben [auf einem Treffen, einem Fest o. Ä.].

Bam|bus, der; -ses u. -, -se [niederl. bamboe(s) < malai. bambu]: schnell wachsende [sub]tropische Graspflanze, deren leichter, hohler Stängel stark verholzt: die Verbreitung des B./-ses; eine Wand, Hütte aus B.

Bam|bus|bär, der: kleiner Bär, bei dem Ohren, Beine u. Augenringe schwarz gefärbt sind, das übrige Fell gelblich weiß ist.

Bam|bus|hüt|te, die: Hütte aus Bambus.

Bam|bus|rohr, das: Stamm des Bambus.

Bam|bus|spross, der ⟨meist Pl.⟩: für Gemüse, Salat verwendeter Keimling des Bambus.

Bam|bus|stab, der: Stab (1 a, d) aus Bambusrohr.

Bam|bus|stock, der: [Spazier]stock aus Bambusrohr.

Bam|bus|vor|hang, der: **1.** Vorhang aus Bambus. **2.** [in Analogie zum Eisernen Vorhang] (Politik) [weltanschauliche] Grenze zum kommunistischen Machtbereich in Südostasien: einen Blick hinter den B. werfen.

Ba|mi|go|reng, das; -[s], -s [indones., aus bami (bakmi) = chinesisches Nudelgericht u. goreng = gebraten, geröstet]: indonesisches Nudelgericht.

Bam|mel, der; -s [rückgeb. aus bammeln (= landsch. für baumeln, schwanken)] (salopp): *Angst, Furcht: B. vor jmdm., etw. haben.*

Bam|per|letsch, der; -, -[en] [ital. bamboleccio, zu: bambola = Puppe, zu älter: bambo, ↑ Bambino] (österr. ugs.): *kleines Kind.*

¹Ban, der; -s, -e, Banus, der; -, - [serbokroat. ban < türk. bay = reicher Mann] (Geschichte): *Statthalter, Gebietsvorsteher (bes. in Kroatien u. Südungarn).*

²Ban, der; -[s], Bani [rumän., eigtl. = Geld(stück)]: *Währungseinheit in Rumänien (100 Bani = 1 Leu).*

ba|nal ⟨Adj.⟩ [frz. banal, zu afrz. ban = Bann; urspr. = gemeinnützig] (bildungsspr.): **a)** (abwertend) *im Ideengehalt, gedanklich recht unbedeutend, durchschnittlich:* eine -e Frage; -e Weisheiten; sein Vortrag war b.; **b)** *keine Besonderheit, nichts Auffälliges aufweisend; alltäglich, gewöhnlich:* eine -e Geschichte; die Sache ist ganz b.; ... sie will alles neu und frisch haben, nichts so blass und zufällig und b. sein wie in Wirklichkeit (Chr. Wolf, Nachdenken 181).

ba|na|li|sie|ren ⟨sw. V.; hat⟩ [frz. banaliser]: *ins Banale ziehen:* ein Geschehen b.

Ba|na|li|sie|rung, die; -, -en: *das Banalisieren; das Banalisiertwerden.*

Ba|na|li|tät, die; -, -en [frz. banalité]: **1.** ⟨o. Pl.⟩ *das Banalsein.* **2.** *banale Äußerung, Aussage.*

Ba|na|ne, die; -, -n [port. banana, aus einer westafrik. Spr.]: *wohlschmeckende, längliche, gelbe Frucht einer baumähnlichen tropischen Staude:* überreife -n; R ausgerechnet -n! (verlautend; Äußerung [wenn etwas Unerwartetes eintritt]; nach dem Kehrreim eines nach dem Ersten Weltkrieg entstandenen Schlagers: ausgerechnet Bananen, Bananen verlangt sie von mir!); dich haben sie wohl mit der B. aus dem Urwald gelockt (ugs.; *du bist, benimmst dich reichlich naiv*).

Ba|na|nen|flan|ke, die [nach der gebogenen Flugbahn des Balls] (Fußballjargon): *angeschnittene Flanke.*

Ba|na|nen|re|pu|blik, die [LÜ von engl. banana republic] (oft abwertend): *kleines Land in den tropischen Gebieten Amerikas, das bes. vom Export von Bananen lebt (u. von fremdem, meist US-amerikanischem Kapital abhängig ist).*

Ba|na|nen|scha|le, die: *Schale (1 a) einer Banane:* auf einer B. ausrutschen; R dich haben sie wohl mit der B. aus dem Urwald gelockt (ugs.; ↑ Banane).

Ba|na|nen|split, das; -s, -s [engl. banana split, aus: banana = Banane u. split = geteilt]: *Eisspeise aus einer längs durchgeschnittenen Banane, Eis, Schlagsahne [u. Schokoladensoße].*

Ba|na|nen|stau|de, die: *einzelner Stängel der Bananenpflanze, der die in mehreren Reihen wachsenden Früchte trägt.*

Ba|na|nen|ste|cker, der [nach der Form] (Elektrot.): *schmaler, einpoliger Stecker.*

Ba|nat, das; -[e]s u. -: *Gebiet zwischen den Flüssen Donau, Theiß u. Maros im südlichen Osteuropa.*

Ba|nau|se, der; -n, -n [griech. bánausos = Handwerker, gemein, niedrig] (abwertend): *Mensch mit unzulänglichen, flachen, spießigen Ansichten in geistigen od. künstlerischen Dingen; Mensch ohne feineren Lebensstil:* er ist ein entsetzlicher B.

Ba|nau|sen|tum, das; -s (abwertend): *Art, Wesen, typisches Verhalten eines Banausen.*

Ba|nau|sin, die; -, -nen: w. Form zu ↑ Banause.

ba|nau|sisch ⟨Adj.⟩: *in der Art eines Banausen; verständnislos gegenüber geistigen u. künstlerischen Dingen:* ein -er Mann.

band: ↑ binden.

¹Band, das; -[e]s, Bänder u. -e [mhd. bant, ahd. band, zu ↑ binden]: **1.** ⟨Pl. Bänder⟩ *längerer, schmaler [Gewebe]streifen zum Schmuck, zur Verstärkung, zum Zusammenhalten u. a.*: ein B. im Haar tragen; 5 Meter B. kaufen; eine Matrosenmütze mit langen, blauen Bändern; das B. der Ehrenlegion *(bedeutendster französischer Orden).* **2.** ⟨Pl. Bänder⟩ **a)** Kurzf. von ↑ Messband; **b)** Kurzf. von ↑ Farbband; **c)** Kurzf. von ↑ Zielband; **d)** Kurzf. von ↑ Tonband (1): das B. bespielen, löschen; etw. auf B. [auf]nehmen, sprechen; **e)** Kurzf. von ↑ Förderband; **f)** Kurzf. von ↑ Fließband: am B. stehen, arbeiten; ein neues Automodell auf B. legen (Industrie; *anfangen, es serienmäßig zu produzieren);* * **am laufenden B.** (ugs.; *immer wieder, in einem fort*): das Kind nörgelt am laufenden B.); **g)** *dehnbarer, sehnenähnlicher Bindegewebsstrang zur Verbindung beweglicher Teile des Knochensystems:* ich habe mir ein B. angerissen, die Bänder gezerrt; **h)** (Technik) *Sägeblatt einer Bandsäge;* **i)** (Handwerk) *Beschlag aus Metall, eingefügter Metallstreifen [mit dem die Tür-, Fensterangel od. ein Scharnier verbunden ist]:* die Tür ist aus den Bändern gerissen; **j)** (Technik) *etw. (z. B. Baumwollballen, Balken) befestigender u. zusammenhaltender Metallstreifen;* **k)** (Bauw.) *kürzerer Verbindungsbalken, Verstrebung;* **l)** (Böttcherei) *Fassreifen:* die Bänder halten die Fassdauben zusammen; **m)** (Bergsteigen) *Felsstreifen, über den eine Kletterroute führt;* **n)** (Nachrichtent.) *abgegrenzter schmaler Frequenzbereich.* **3.** ⟨Pl. -e; Sg. selten⟩ (geh. veraltet) **a)** ¹*Fessel - in -e schlagen (fesseln, in Ketten legen);* **b)** *durch Zwang, Gewalt bewirkte Unfreiheit:* alle drückenden -e lösen, abschütteln, zerreißen. **4.** ⟨Pl. -e⟩ (geh.) *Bindung, enge Beziehung: verwandtschaftliche -e; die -e des Bluts;* * **zarte -e knüpfen** (oft scherzh.; *eine Liebesbeziehung anfangen*).

²Band, das; -[e]s, Bände: *einzelnes Buch [als Teil eines größeren Druckwerkes, einer Bibliothek]* (Abk.: Bd., Pl.: Bde.): ein schmaler B. Gedichte; eine Ausgabe in zehn Bänden; das Werk hat, umfasst mehrere Bände; Ü darüber könnte man Bände *(sehr viel)* erzählen, schreiben; * **Bände sprechen** (ugs.; *sehr aufschlussreich sein, alles sagen*): ihr Gesicht spricht Bände.

³Band [bɛnt, engl.: bænd], die; -, -s [engl. band, eigtl. = Verbindung (von Personen, die miteinander musizieren) < (a)frz. bande, ↑ ²Bande]: *Gruppe von Musikern bzw. Musikerinnen u. Musikern u. Musikerinnen, die vorzugsweise moderne Musik wie Jazz, Beat, Rock usw. spielt:* die B. spielte bis in die Nacht; die Sängerin trat mit ihrer B. auf.

Ban|da|ge [banˈdaːʒə, österr. meist: ...ʃ], die; -, -n [frz. bandage, zu: bande, ↑ ²Bande]: **a)** *fester Verband od. Wickel zum Stützen od. Schützen eines verletzten Körperteils, einer Wunde:* jmdm. eine B. machen, anlegen; das Knie kam, musste in eine B.; **b)** (Boxen) *schützende [Mull]binde, mit der die Hand umwickelt wird:* die -n anlegen; * **mit harten -n kämpfen/ringen o. Ä.** (*hart, erbittert kämpfen o. Ä.*)

ban|da|gie|ren [bandaˈʒiːrən] ⟨sw. V.; hat⟩: **a)** *mit einer Bandage versehen;* jmds. Knie b.; **b)** (Boxen) *durch eine Bandage b. stützen:* die Hände des Boxers waren noch bandagiert.

Band|auf|nah|me|ge|rät, das: *Tonbandgerät.*

Band|brei|te, die: **1.** *Breite eines* ¹*Bandes 1, 2 a–m.* **2. a)** (Physik) *Breite des Frequenzbereiches unterschiedlicher Schwingungen;* **b)** (Nachrichtent.) *Breite des Frequenzbandes [bei einer bestimmten Einstellung des Rundfunkgerätes].* **3.** *Bereich, Umfang, Spannweite:* die gesamte B. zeitgenössischer Literatur; Antibiotika in ihrer ganzen B. **4.** (Geldw.) *Spielraum innerhalb der Ober- u. Untergrenze, zwischen denen die Kurse schwanken können.*

¹Bänd|chen, das; -s, - u. Bänderchen: Vkl. zu ↑ ¹Band (1, 2 a–m).

²Bänd|chen, das; -s, -: Vkl. zu ↑ ²Band.

¹Ban|de, die; -, -n [frz. bande = Truppe, Schar (von Soldaten) < provenz. banda, viell. < got. bandwa, bandwo = Zeichen u. dann eigtl. = Personen, die dem gleichen Zeichen (= Banner) folgen]: **1.** *organisierte Gruppe von Verbrechern:* er gehörte einer B. an; der Kampf gegen kriminelle -n. **2.** (abwertend, scherzh.) *Gruppe gleich gesinnter Menschen (häufig Gruppe Jugendlicher), die gemeinsam etw. unternehmen:* die ausgelassene B. grölte; eine B. von Teenies; ihr seid mir eine B.!

²Ban|de, die; -, -n [frz. bande, aus dem Germ., verw. mit ↑ binden]: **1.** (Sport) *fester Rand, feste Einfassung einer Spielfläche (z. B. Billardtisch, Kegelbahn), eines Spielfeldes (z. B. beim Eishockey) od. einer Bahn (z. B. Reitbahn):* die Kugel prallte an der, von der B. ab; den Puck an der B. einklemmen. **2.** (Physik) *Vielzahl eng benachbarter Spektrallinien.*

bän|de: ↑ binden.

Bän|del, der (schweiz. nur so) od. das; -s, - [mhd. bendel, ahd. bentil, Vkl. von ↑ ¹Band] (bes. südd., schweiz.): **a)** *[schmales] Band, Schnur:* bunte B. flattern am Hut; * **jmdn. am B. haben** (ugs.: *jmdn. unter Kontrolle haben:* sie hat ihn ganz schön, fest am B.); **b)** Kurzf. von ↑ Schuhbändel.

Ban|de|lier [bandəˈliːɐ̯], das; -s, -e [frz. bandoulière < span. bandolera, zu: banda = Schärpe, Binde < (a)frz. bande, ↑ ²Bande]: **1.** (veraltet) *Schulterriemen, Wehrgehänge.* ◆ **2.** *Schärpe:* ... ein breites B. von Gold und Seide bis an die Hüften übergehend (Eichendorff, Taugenichts 6).

Ban|den|chef, der: *Bandenführer.*

Ban|den|che|fin, die: w. Form zu ↑ Bandenchef.

Ban|den|füh|rer, der: *Anführer einer* ¹*Bande (1).*

Ban|den|füh|re|rin, die: w. Form zu ↑ Bandenführer.

Ban|den|krieg, der: *gewalttätige Auseinandersetzung zwischen* ¹*Banden (1).*

Ban|den|kri|mi|na|li|tät, die: *von* ¹*Banden (1) begangene Straftaten.*

ban|den|mä|ßig ⟨Adj.⟩: *von einer* ¹*Bande (1) ausgehend, organisiert o. Ä.; in einer* ¹*Bande (1), für eine* ¹*Bande (1): -er Diebstahl, Drogenhandel;* den Männern wird -er Betrug vorgeworfen; er steht im Verdacht, b. mit Drogen gehandelt zu haben.

Ban|den|mit|glied, das: *Mitglied einer* ¹*Bande (1).*

Ban|den|wer|bung, die: *Werbung (durch Plakate o. Ä.) auf der* ²*Bande (1) in Stadien o. Ä.*

Ban|den|we|sen, das: *Gesamtheit dessen, was mit* ¹*Banden (1) u. ihren Aktivitäten zusammenhängt.*

Bän|der: Pl. von ↑ ¹Band.

Bän|der|chen: Pl. von ↑ Bändchen.

bän|dern ⟨sw. V.; hat⟩: **1.** *mit* ¹*Bändern (1) od. bandförmigen Streifen versehen.* **2.** (Fachspr.) *aus etw.* ¹*Bänder (1) od. Bandförmiges herstellen, verfertigen.*

Ban|de|rol|le, die; -, -n [frz. banderole < ital. banderuola, Vkl. von: bandiera = Banner, aus dem Germ., vgl. Banner]: **1.** *[Klebe]band [aus Papier], bes. an abgabepflichtigen Waren, das ein Steuerzeichen trägt:* die B. von der Zigarettenschachtel lösen. **2.** *Spruchband (2).*

Bän|der|riss, der (Med.): *Riss in einem* ¹*Band (2 g).*

Bän|de|rung, die; -, -en [zu ↑ bändern (1)]: *Muster in Form von Bändern, Streifenmuster:* die B. von Schneckenhäusern.

Bän|der|zer|rung, die (Med.): *schmerzhafte Überdehnung eines* ¹*Bandes (2 g).*
band|för|mig ⟨Adj.⟩: *die Form eines* ¹*Bandes* (1) *aufweisend.*
Band|ge|schwin|dig|keit, die: **1.** *Geschwindigkeit des Magnetbandes während der Aufnahme od. Wiedergabe von Ton- od. Bildaufzeichnungen.* **2.** *Geschwindigkeit eines Fließbandes:* die B. erhöhen, ändern.
bän|di|gen ⟨sw. V.; hat⟩ [zu veraltet bändig, mhd. bendec = (von Hunden) festgebunden, zu ↑¹Band]: *[trotz starken Widerstandes] unter seinen Willen zwingen; [be]zähmen, zum Gehorsam bringen:* das Pferd b.; er konnte sich überhaupt nicht b. *(zusammennehmen);* die Kinder sind heute nicht zu b. *(sind sehr ausgelassen);* Ü Naturgewalten, seinen Zorn b.; sie hatte ihr Haar in einem Knoten gebändigt.
Bän|di|ger, der; -s, -: *Person, die Tiere bändigt, zähmt.*
Bän|di|ge|rin, die; -, -nen: w. Form zu ↑ Bändiger.
Bän|di|gung, die; -, -en: *das Bändigen; das Gebändigtwerden.*
Ban|dit [auch: ...'dɪt], der; -en, -en [ital. bandito = Straßenräuber, eigtl. = Geächteter, subst. 2. Part. von: bandire = verbannen, aus dem Germ.]: *Verbrecher, [Straßen]räuber:* von -en überfallen werden; (fam. scherzh.:) wo hast du gesteckt, du B.; * **einarmiger B.** (ugs. scherzh.; *Spielautomat, der mit einem Hebel an der Seite betätigt wird; für engl. one-armed bandit).*
Ban|di|ten|stück, das (abwertend): *Tat von Banditen od. Banditinnen.*
Ban|di|tin, die; -, -nen: w. Form zu ↑ Bandit.
Band|ke|ra|mik, die (Archäol.): **1.** *mit bestimmten Ornamenten verzierte Keramik der Jungsteinzeit in Mitteleuropa.* **2.** ⟨o. Pl.⟩ *Kultur der frühen Jungsteinzeit in Mitteleuropa (für die die Bandkeramik 1 typisch ist).*
Bạndl, das; -s, -[n] (bayr., österr.): *Bändel:* * **jmdn. am B. haben** (ugs.; *jmdn. völlig beherrschen, in Abhängigkeit halten).*
Band|lea|der ['bɛntliːdɐ, 'bænd...], der; -s, - [engl. bandleader, aus: band (↑³Band) u. leader = ¹Leiter]: **1.** *(im traditionellen Jazz) die führende Stimme im Jazzensemble übernehmender [Kornett- od. Trompeten]bläser.* **2.** *Leiter einer* ³*Band.*
Band|lea|de|rin, die; -, -nen: w. Form zu ↑ Bandleader.
Band|maß, das: *aufrollbares Metermaß.*
Band|mit|glied, das: *Mitglied einer* ³*Band.*
Band|nu|del, die; -, -n ⟨meist Pl.⟩: *wie ein* ¹*Band* (1) *geformte Nudel.*
Ban|do|ne|on, Ban|do|ni|on, das; -s, -s [nach dem dt. Erfinder H. Band (1821–1860)]: *Handharmonika mit Knöpfen zum Spielen an beiden Seiten.*
Band|sä|ge, die: *Motorsäge mit endlosem Sägeblatt.*
Band|schei|be, die (Med.): *knorpelige, zwischen je zwei Wirbeln der Wirbelsäule liegende Scheibe mit weichem, gallertartigem Kern.*
Band|schei|ben|scha|den, Band|schei|ben|vor|fall, der (Med.): *Verschiebung, Vorfall des inneren Gallertkerns einer Bandscheibe.*
Band|wurm, der: *langer Plattwurm, der als Schmarotzer im Darm von Menschen u. Wirbeltieren vorkommt:* ein Mittel gegen Bandwürmer; Ü dieser Satz ist ein richtiger B.
Band|wurm|satz, der (scherzh. abwertend): *überaus langer, verschachtelter Satz.*
bang: ↑ bange.
Ban|ga|le, der; -n, -n: Ew. zu ↑ Bangladesch.
Ban|ga|lin, die; -, -nen: w. Form zu ↑ Bangale.
bạn|ge, bang ⟨Adj.⟩; banger, bangste; auch: bänger, bängste) [mhd., (md.) mniederd. bange (Adv.), md. u. niederd. Form von mhd. ange, ahd. ango, altes Adv. von ↑ eng, eigtl. = beengt]: *von ängstlicher Beklommenheit erfüllt; voll Angst, Furcht, Sorge:* bange Minuten; banges Schweigen; in banger Erwartung, Sorge; jmdm. ist, wird b. [zumute, ums Herz]; jmdm. wird bang und bänger; b. sein (landsch.; *Angst, Bedenken haben [etw. zu tun]*); b. um jmdn. sein (landsch.; *sich um jmdn. sorgen*); b. vor jmdm., etw. sein (landsch.; *Angst vor jmdm., etw. haben*).
Bạn|ge, die; - [mhd., mniederd. bange] (landsch.): *Angst, Furcht:* nur keine B.!; [große, keine] B. haben; jmdm. B. machen; R Bangemachen/B. machen gilt nicht (fam.; *nur keine Angst haben, sich nur nicht einschüchtern lassen*).
Ban|ge|ma|chen: ↑ Bange.
ban|gen ⟨sw. V.; hat⟩ [mhd., mniederd. bangen] (geh.): **1.** *sich ängstigen, sorgen; Angst haben, in Sorge sein:* die Mutter bangt um ihr Kind; sie bangt um ihren Arbeitsplatz. **2.** ⟨unpers.⟩ *sich fürchten:* mir bangt [es] vor der Zukunft.
bän|ger: ↑ bange.
Bạn|gig|keit, die; -, -en: *Furcht; Angstzustand.*
Bạng|ki|rai, das; -[s] [H. u.]: *aus Südasien stammendes wetterfestes Hartholz.*
Ban|gla|desch [baŋgla...]; -s: *Staat am Golf von Bengalen.*
Ban|gla|de|scher, der; -s, -: Ew.
Ban|gla|de|sche|rin, die; -, -nen: w. Form zu ↑ Bangladescher.
ban|gla|de|schisch ⟨Adj.⟩: *Bangladesch, die Bangladescher betreffend; aus Bangladesch stammend.*
bäng|lich ⟨Adj.⟩: *Ängstlichkeit, heimliche Angst erkennen lassend:* eine -e Antwort; ein wenig b. von etw. berichten; Grenouille folgte ihm, mit b. pochendem Herzen (Süskind, Parfum 52).
Bạng|nis, die; -, -se (geh.): *Angst, Beklommenheit.*
bạngs|te: ↑ bange.
Bạ|ni: Pl. von ↑²Ban.
Bạn|ja, die; -, -s [russ. banja, wohl über das Vlat. zu lat. balneum, ↑ balneo-, Balneo-]: *öffentliches russisches [Dampf]bad.*
Bạn|jo ['banjo, 'bendʒo], das; -s, -s [engl. banjo, nach der Aussprache von älter engl. bandore (= ein Zupfinstrument) durch die schwarzen Sklaven im Süden der USA]: *Zupfinstrument mit fünf bis neun Saiten, langem Hals u. rundem, trommelartigem Resonanzkörper.*
¹**Bạnk,** die; -, Bänke [mhd., ahd. banc = Bank, Tisch, urspr. = Erhöhung]: **1. a)** *Sitzgelegenheit aus Holz, Stein o. Ä., die mehreren Personen nebeneinander Platz bietet:* sich auf die B. setzen; in der Schule in einer B. *(Schulbank)* sitzen; der Angeklagte saß unruhig in der B. *(Anklagebank);* * **etw. auf die lange B. schieben** (ugs.; *etw. Unangenehmes aufschieben, hinauszögern; eigtl. = bis zur Bearbeitung in den langen Aktentruhen der Gerichte aufbewahren lassen:* er schob den Arztbesuch auf die lange B.); **durch die B.** (ugs.; *durchweg, ohne Ausnahme, ohne Unterschied; eigtl. = in der Reihenfolge, wie die Leute auf einer Bank sitzen:* das Obst war durch die B. frisch); **vor leeren Bänken** (*vor wenigen Zuhörern, Zuschauenden:* sie spielten vor leeren Bänken); **b)** (Sport) *Auswechselbank.* **2. a)** Kurzf. von verschiedenen Handwerkstischen wie Drehbank, Hobelbank, Werkbank u. a.: an der B. arbeiten; **b)** *bankförmiges Turngerät.* **3. a)** Kurzf. von ↑ Sandbank; **b)** *Anhäufung von Meereslebewesen, die eine Erhöhung über dem Meeresgrund hervorruft:* hohe Bänke von Austern, Korallen; **c)** *lange Wolken- od. Dunstschicht;* **d)** (Geol.) *vom umliegenden Gestein gesonderte, fest zusammenhängende Gesteinsschicht.* **4.** *unverändert beibehaltene Vorhersage auf Tippscheinen:* eine B. tippen; dieses Spiel ist eine B. *(kann man als Bank tippen);* Ü dieser Spieler ist eine B. in unserem Team (ugs.; *man kann sich hundertprozentig auf ihn verlassen);* diese CD ist eine B. *(ein sicherer Erfolg)* als Geschenk. **5.** (Sport) *Ausgangsstellung auf dem Boden mit auf Knie u. Arme gestütztem Körper.*
²**Bạnk,** die; -, -en [ital. banco, banca, eigtl. = Tisch des Geldwechslers, aus dem Germ.]: **1. a)** *Unternehmen, das Geld- u. Kreditgeschäfte betreibt u. den Zahlungsverkehr vermittelt:* ein Konto bei der B. haben; Geld auf der B. [liegen] haben, von der B. holen; **b)** *Gebäude, in dem eine* ²*Bank* (1 a) *untergebracht ist:* die B. ist 1910 gebaut worden. **2.** (Glücksspiel) *Geldeinsatz eines einzelnen Bankhalters, der gegen alle anderen Spieler spielt od. den Einsatz verwaltet:* die B. halten, sprengen; gegen die B. spielen.
Bạnk|ak|tie, die: *Aktie einer* ²*Bank* (1 a).
Bạnk|an|ge|stell|te ⟨vgl. Angestellte⟩: *Angestellte in einer* ²*Bank* (1 a).
Bạnk|an|ge|stell|ter ⟨vgl. Angestellter⟩: *Angestellter in einer* ²*Bank* (1 a).
Bạnk|an|wei|sung, die: *Geldanweisung auf eine* ²*Bank* (1 a).
Bạnk|auf|trag, der: *Auftrag an eine* ²*Bank* (1 a), *ein Geldgeschäft durchzuführen.*
Bạnk|au|to|mat, der: *Automat, an dem bestimmte Bankgeschäfte (wie Geldabhebungen, Überweisungen u. Ä.) erledigt werden können.*
Bạnk|be|ra|ter, der: *Angestellter einer* ²*Bank* (1 a), *der Kunden bei Bankgeschäften berät.*
Bạnk|be|ra|te|rin, die: w. Form zu ↑ Bankberater.
Bạnk|bürg|schaft, die: *Bürgschaft einer* ²*Bank* (1 a) *für bestimmte Geschäfte eines Kunden mit einem Dritten.*
Bạnk|chef, der (ugs.): *Chef einer* ²*Bank* (1 a).
Bạnk|che|fin, die: w. Form zu ↑ Bankchef.
Bạnk|chen, das; -s, -: Vkl. zu ↑¹Bank (1).
Bạnk|di|rek|tor, der: *Direktor einer* ²*Bank* (1 a).
Bạnk|di|rek|to|rin, die: w. Form zu ↑ Bankdirektor.
Bạn|kel|lied, das: *Moritat.*
Bạn|kel|sang, der; -[e]s: *das Singen von Bänkelliedern [als Kunstform, Darbietungsform].*
Bạn|kel|sän|ger, der [zu: Bänkel, mundartl. Vkl. von ↑¹Bank (1 a), da die wandernden Sänger von einer kleinen Bank herab ihre Geschichten u. Lieder vortrugen]: *(bes. vom 17. bis zum 19. Jh.) fahrender Sänger, der auf Jahrmärkten u. Ä. Moritaten vorträgt.*
Bạn|kel|sän|ge|rin, die: w. Form zu ↑ Bänkelsänger.
bän|kel|sän|ge|risch ⟨Adj.⟩: *die Art eines Bänkelsängers aufweisend.*
♦ **Bän|kel|toch|ter,** die [vgl. Bankert]: *nicht eheliche Tochter:* ... dass sie des Kaisers B. sei (Kleist, Käthchen V, 1).
Bạn|ken|auf|sicht, die: **1.** *Überwachung der* ²*Banken* (1 a) *auf Einhaltung der gesetzlichen Vorschriften.* **2.** *Institution, der die Bankenaufsicht* (1) *obliegt.*
Bạn|ken|kon|sor|ti|um, das (Wirtsch.): *vorübergehender Zusammenschluss von Banken zur gemeinsamen Durchführung eines größeren Geschäfts.*
Bạn|ken|kri|se, die: *durch finanzielle Probleme verursachte Krise bei* ²*Banken* (1 a).
Bạn|ken|vier|tel, das: *Stadtviertel, in dem sich besonders viele* ²*Banken* (1 a) *befinden.*
Bạn|ker [auch: 'bɛŋkɐ], der; -s, - [unter Einfluss von engl. banker zu ↑²Bank (1 a)] (ugs.): *Bankier, Bankfachmann.*
Bạn|ke|rin, die; -, -nen: w. Form zu ↑ Banker.
ban|ke|rott: ↑ bankrott.

Ban|kert, der; -s, -e [mhd. banchart, eigtl. = das auf der Schlafbank der Magd gezeugte Kind]: **1.** (landsch. veraltend, stark abwertend) *[nicht eheliches] Kind* (oft als Schimpfwort). **2.** (bayr., österr. abwertend) *ungezogenes Kind.*

¹**Ban|kett,** das; -[e]s, -e, selten -s [ital. banchetto, urspr. = Beistelltisch, Vkl. von: banco, ↑²Bank] (geh.): *Festessen, Festmahl:* [für jmdn.] ein B. geben.

²**Ban|kett,** das; -[e]s, -e, **Ban|ket|te,** die; -, -n [frz. banquette = Fußsteig, Vkl. von: banc = ¹Bank]: *etwas erhöhter [befestigter] Randstreifen neben der Fahrbahn einer [Auto]straße:* B. nicht befahrbar!

Bank|fach, das: **1.** ⟨o. Pl.⟩ *Spezialgebiet der Bankkaufleute.* **2.** *Schließfach in einer* ²*Bank* (1).

Bank|fach|frau, die: *Expertin auf dem Gebiet des Bankwesens.*

Bank|fach|mann, der: *Experte auf dem Gebiet des Bankwesens.*

Bank|fi|li|a|le, die: *Filiale* (2) *einer* ²*Bank* (1 a).

Bank|ge|heim|nis, das: *Recht u. Pflicht einer* ²*Bank* (1 a), *Verhältnisse u. Konten ihrer Kundschaft geheim zu halten.*

Bank|ge|schäft, das: *Geschäft, das an* ²*Banken* (1 a) *abgeschlossen wird.*

Bank|ge|wer|be, das: *Gesamtheit der gewerblichen Unternehmen, die Geld- u. Kreditgeschäfte betreiben.*

Bank|gut|ha|ben, das: *Guthaben* (a), *das jmd. bei einer* ²*Bank* (1 a) *hat.*

Bank|hal|ter, der (Glücksspiel): *Person, die das Spiel leitet, die Einsätze verwaltet u. gegen den die übrigen Spieler spielen.*

Bank|hal|te|rin, die: w. Form zu ↑ Bankhalter.

Bank|haus, das: ²*Bank* (1).

Ban|ki|er [baŋˈkjeː], der; -s, -s [frz. banquier, zu: banque = ²Bank]: *Inhaber od. Vorstandsmitglied einer* ²*Bank* (1 a).

Ban|king [ˈbæŋkɪŋ], das; -[s] [engl. banking, zu: to bank = ein Konto haben (bei), zu: bank < frz. banque, ital. banco, ↑²Bank]: *Bankwesen, Bankverkehr, Bankgeschäfte.*

Bank|in|s|ti|tut, das: ²*Bank* (1 b).

bank|in|tern ⟨Adj.⟩: *innerhalb einer* ²*Bank* (1 a) *vorkommend, sich abspielend:* -e Vorschriften, Regelungen; die Anleihe wurde b. als riskant eingestuft.

Bank|kauf|frau, die: *Bankangestellte mit abgeschlossener Banklehre od. gleichartiger Ausbildung* (Berufsbez.).

Bank|kauf|mann, der: *Bankangestellter mit abgeschlossener Banklehre od. gleichartiger Ausbildung* (Berufsbez.).

Bank|kon|to, das: *Konto bei einer* ²*Bank* (1 a).

Bank|kre|dit, der: *von einer* ²*Bank* (1 a) *gewährter Kredit.*

Bank|kun|de, der: *Kunde einer bestimmten* ²*Bank* (1 a).

Bank|kun|din, die: w. Form zu ↑ Bankkunde.

Bank|leh|re, die ⟨Pl. selten⟩: *Lehre bei einer* ²*Bank* (1 a).

Bank|leit|zahl, die: *achtstellige Zahl zur numerischen Kennzeichnung von* ²*Banken* (1 a) *u. Sparkassen* (Abk.: BLZ).

Bänk|ler, der; -s, - (schweiz.): *Banker.*

Bänk|le|rin, die; -, -nen: w. Form zu ↑ Bänkler.

Bank|ma|na|ger, der: *Manager einer* ²*Bank* (1 a).

Bank|ma|na|ge|rin, die: w. Form zu ↑ Bankmanager.

Bank|nach|bar, der: *Schüler, der neben einem anderen Schüler, neben einer anderen Schülerin in der Schulbank sitzt.*

Bank|nach|ba|rin, die: w. Form zu ↑ Banknachbar.

Bank|no|te, die: *Geldschein aus Papier, der als Zahlungsmittel verwendet wird.*

Ban|ko|mat®, der; -en, -en [aus ↑²**Bank** u. ↑ Automat] (bes. österr.): *Bankautomat.*

Bank|raub, der: *das Ausrauben einer* ²*Bank* (1 a).

Bank|räu|ber, der: *jmd., der einen Bankraub begeht, begangen hat.*

Bank|räu|be|rin, die: w. Form zu ↑ Bankräuber.

Bank|rei|he, die: *Reihe von* ¹*Bänken* (1): die vorderen, hinteren -n.

bank|rott ⟨Adj.⟩: *(von Unternehmen) zahlungsunfähig:* der Betrieb ist b.; sich [für] b. erklären; diese Maßnahmen machen die Wirtschaft b.; du machst mich noch b. (ugs. scherzh.; *arm*); Ü wir mussten uns in dieser Frage b. erklären *(mussten zugeben, dass wir nicht weiterwussten).*

Ban|k|rott, der; -[e]s, -e [ital. banco rotto, eigtl. = zerbrochener Tisch (des Geldwechslers), zu: banco (↑²Bank) u. rotto = zerbrochen]: *Zahlungsunfähigkeit; Einstellung aller Zahlungen [eines Schuldners gegenüber seinen Gläubigern]:* den B. erklären, anmelden, [kurz] vor dem B. stehen; Ü politischer, geistiger B.; * **B. machen** (1. *zahlungsunfähig werden.* 2. *scheitern:* er hat mit seinem Politik B. gemacht).

Ban|k|rott|er|klä|rung, die: *öffentliche Erklärung des Bankrotts:* Ü ihre Ausführungen kommen einer B. gleich.

Ban|k|rot|teur [baŋkrɔˈtøːɐ̯], der; -s, -e [mit französierender Endung für älteres Bankrottierer]: *jmd., der bankrott ist.*

Ban|k|rot|teu|rin [baŋkrɔˈtøːrɪn], die; -, -nen: w. Form zu ↑ Bankrotteur.

bank|rott|ge|hen ⟨st. V.; ist⟩: *zahlungsunfähig werden.*

Bank|schal|ter, der: *Schalter* (2), *an dem Kundinnen u. Kunden einer* ²*Bank* (1 a) *ihre Geschäfte erledigen.*

Bank|über|fall, der: *Überfall auf eine* ²*Bank* (1 a).

Bank|ver|bin|dung, die: *kontoführendes Geldinstitut:* bitte teilen Sie uns ihre B. *(den Namen Ihres Geldinstituts u. Ihre Kontonummer)* mit.

Bank|ver|kehr, der: *geschäftlicher Verkehr mit* ²*Banken* (1 a).

Bank|vor|stand, der: *Vorstand einer* ²*Bank* (1 a).

Bank|we|sen, das ⟨o. Pl.⟩: *alles, was mit* ²*Banken* (1 a) *u. den von ihnen getätigten Geschäften zusammenhängt.*

Bann, der; -[e]s [mhd., ahd. ban, zu ↑ bannen]: **1.** (im MA.) *Ausschluss od. Ausweisung aus einer [kirchlichen] Gemeinschaft:* den B. über jmdn. aussprechen, verhängen; jmdn. mit dem B. belegen; vom B. gelöst werden. **2.** (geh.) *beherrschender Einfluss; magische Kraft, Wirkung, der man sich kaum entziehen kann; Zauber:* den B. [des Schweigens] brechen; sich aus dem B. einer Musik lösen; in jmds. B. geraten; das Spiel hielt ihn in [seinem] B.; unter dem B. der Ereignisse stehen; * **jmdn. in seinen B. schlagen/ziehen** *(ganz gefangen nehmen, fesseln).* **3.** (nationalsoz.) *Gliederungsbereich innerhalb der Hitlerjugend.* ♦ **4.** [zugewiesener] *Bezirk, [abgegrenztes] Gebiet:* ... dann müssten sie Urfehde schwören, auf ihren Schlössern ruhig zu bleiben und nicht aus ihrem B. zu gehen (Goethe, Götz III).

ban|nen ⟨sw. V.; hat⟩ [mhd. bannen = bannen (1), (unter Strafandrohung) ge- od. verbieten, ahd. bannan = gebieten, befehlen; vor Gericht fordern, urspr. = sprechen; seit dem 15. Jh. als Abl. von ↑ Bann empfunden u. sw. V.]: **1.** (im MA.) *über jmdn. den Bann* (1) *aussprechen:* der Papst bannte den Kaiser. **2.** (geh.) **a)** *durch Bann* (2) [irgendwo] *festhalten:* das Ereignis bannte die Zuschauer [auf ihre Plätze]; jmdn., etw. [wie] gebannt anstarren; Ü ein historisches Geschehen auf die Leinwand b. *(es malen od. filmen);* **b)** *jmdn., etw. durch magische Kraft vertreiben:* der Zauberer versuchte den bösen Geist zu b.; Ü die Hochwassergefahr war noch nicht gebannt *(abgewendet).*

Ban|ner, das; -s, - [mhd. ban(i)er(e) < (a)frz. banniere, letztlich zu einem germ. Wort mit der Bed. »[Feld]zeichen«, vgl. ↑ Bande]: **1.** *Fahne [mit Feld-, Hoheitszeichen, Wappen], die durch eine waagerecht hängende Querstange mit dem Fahnenschaft verbunden ist:* das B. tragen; Ü (geh.:) das B. der Freiheit. **2.** [auch: ˈbænɐ] *Werbebanner.*

◆ **Ban|ner|herr,** der: *Anführer im Kriege, der die Landesfahne trägt; Fähnrich* (1 a): Auch find' ich dort den edlen -n von Attinghaus (Schiller, Tell I, 2).

Ban|ner|trä|ger, der: *jmd., der ein Banner trägt:* B. bilden die Spitze des Zuges; Ü ein B. (geh.; *Vorkämpfer*) der Fortschritts.

Ban|ner|trä|ge|rin, die: w. Form zu ↑ Bannerträger.

Ban|ner|wer|bung, die: *Werbung mit Bannern* (2) *auf Webseiten.*

Bann|fluch, der: *(im MA.) mit einer Verfluchung verbundener Kirchenbann.*

ban|nig ⟨Adv.⟩ [wohl mniederd. bannich = gebannt, verdammt] (nordd.): *ungewöhnlich, außerordentlich, sehr:* ich habe mich b. gefreut.

Bann|kreis, der (geh.): *Einflussbereich:* sich jmds. B. nicht entziehen können.

Bann|meile, die: **1.** (Geschichte) *nähere Umgebung einer Stadt, in der besondere Vorschriften gelten.* **2.** *nähere Umgebung von Regierungsgebäuden o. Ä., in der Versammlungsverbot besteht:* die B. des Bundestages.

Bann|strahl, der (geh.): *Bannfluch.*

Bann|wald, der: *[Schutz]wald [gegen Lawinen], in dem kein Holz geschlagen werden darf.*

Bann|wart, der (schweiz.): *Flur- u. Waldhüter.*

Ban|tam|ge|wicht, das [nach engl. bantamweight, zu: bantam = frecher Knirps, eigtl. = Bantamhuhn (die Hähne sind bes. aggressiv), nach der indones. Stadt Bantam (Banten)] (Schwerathletik): **a)** ⟨o. Pl.⟩ *niedrige Gewichtsklasse;* **b)** *Sportler/in der Gewichtsklasse Bantamgewicht* (a).

Ban|tam|ge|wicht|ler, der; -s, -: *Bantamgewicht* (b).

Ban|tam|ge|wicht|le|rin, die; -, -nen: w. Form zu ↑ Bantamgewichtler.

¹**Ban|tu,** der; -[s], -[s]: *Angehöriger einer Sprach- u. Völkergruppe in Afrika.*

²**Ban|tu,** das; -[s]: *Sprache der Bantus.*

³**Ban|tu,** die; -, -[s]: w. Form zu ↑ ¹Bantu.

Ban|tu|frau, die: *Angehörige einer Sprach- u. Völkergruppe in Afrika.*

ban|tu|isch ⟨Adj.⟩: *die* ¹*Bantus, das* ²*Bantu betreffend.*

Ban|tu|spra|che, die: *einzelne Sprache des* ²*Bantu.*

Ba|nus: ↑ ¹Ban.

Ba|o|bab, der; -s, -s [aus einer zentralafrik. Spr.]: *Affenbrotbaum.*

Bap|tis|mus, der; - [engl. baptism < griech. baptismós = Taufe]: *Lehre evangelischer Freikirchen, die als Bedingung für die Taufe ein persönliches Bekenntnis voraussetzt.*

Bap|tist, der; -en, -en [engl. baptist < griech. baptistés = Täufer]: *Anhänger des Baptismus.*

Bap|tis|te|ri|um, das; -s, ...ien [kirchenlat. baptisterium < lat. baptisterium = Schwimmbecken < griech. baptistérion = Badestube] (christl. Rel., Kunstwiss.): **1.** *Taufbecken.* **2.** *Taufkirche.*

Bap|tis|tin, die; -, -nen: w. Form zu ↑ Baptist.

bap|tis|tisch ⟨Adj.⟩: *die Baptisten, den Baptismus betreffend.*

¹**bar** ⟨Adj.⟩ [mhd., ahd. bar = nackt; frei von; sofort verfügbar]: **1.** *in Geldscheinen od. Münzen; nicht im bargeldlosen Geldverkehr:* -es Geld; wenn Sie b. bezahlen, bekommen Sie 3 % Skonto; * **in b.** *(mit Geldscheinen, Münzen):* etw. in b. bezahlen; **gegen b.** *(gegen Geldscheine od.*

Münzen: etw. nur gegen b. verkaufen. **2.** (geh.) *rein, pur:* das ist -er Unsinn. **3.** (veraltet) *nackt, bloß, unbedeckt:* mit -em Haupt; * **einer Sache b. sein** (geh.; *etw. nicht haben:* b. aller Vernunft, jeglichen Gefühls [sein]; sie war b. jeglichen Schmuckes).

²**bar** = ²Bar.

¹**Bar,** die; -, -s [engl. bar, urspr. = Schranke, die Gastraum u. Schankraum trennt < afrz. barre, ↑ Barre]: **1. a)** *intimes [Nacht]lokal, für das der erhöhte Schanktisch mit den dazugehörigen hohen Hockern charakteristisch ist:* eine B. besuchen, aufsuchen; in einer B. sitzen; **b)** *barähnliche Räumlichkeit in einem Hotel o. Ä.* **2.** *hoher Schanktisch mit Barhockern:* an der B. sitzen.

²**Bar,** das; -s, -s ⟨aber: 3 Bar⟩ [zu griech. báros = Schwere, Gewicht]: *alte Maßeinheit des [Luft]drucks* (Zeichen: bar [in der Meteorol. nur: b]).

³**Bar,** der; -[e]s, -e [H. u.]: *regelmäßig gebautes, mehrstrophiges Lied des Meistergesangs.*

-bar [mhd. -bære, ahd. -bāri; urspr. nur in Zus. vorkommendes Adj. mit der Bed. »tragend, fähig zu tragen«, zu ahd. beran, ↑ gebären]: **1. a)** drückt in Bildungen mit Verben (Verbstämmen) aus, dass mit der beschriebenen Person oder Sache etw. gemacht werden kann: bebaubar, heizbar, öffenbar; **b)** ⟨verneint in Verbindungen mit un-⟩: unverwechselbar, unverwitterbar. **2.** drückt in Bildungen mit Verben (Verbstämmen) aus, dass die beschriebene Person oder Sache etw. machen kann: brennbar, haftbar. **3.** drückt in Bildungen mit Verben (Verbstämmen) aus, dass die beschriebene Sache zu etw. geeignet ist: tanzbar, wanderbar.

¹**Bär,** der; -en, -en [mhd. ber, ahd. bero, eigtl. = der Braune, verhüll. Bez.]: **1.** *großes Raubtier mit dickem Pelz, gedrungenem Körper u. kurzem Schwanz:* der B. brummt; -en jagen, erlegen; Ü er ist ein richtiger B. (ugs.; *ein großer, kräftiger, oft etw. ungeschickt, aber gutmütig wirkender Mensch*); R hier/da ist der B. los; hier/da geht der B. ab (ugs.; *hier/da ist etwas los, hier/da herrscht Stimmung;* die Wendungen beziehen sich wohl auf den [entlaufenen] Tanzbären od. den Bären im Zirkus); * **der Große B., der Kleine B.** (*Sternbilder des nördlichen Himmels;* lat. Ursa Major u. Ursa Minor); **wie ein B.** (ugs.; *in auffallend hohem Maß, sehr:* hungrig sein, stark sein wie ein B.); **jmdm. einen -en aufbinden** (ugs.; *jmdm. etw. Unwahres so erzählen, dass er es glaubt;* die Wendung geht wohl davon aus, dass es praktisch unmöglich ist, jmdm. – ohne dass er es merkt – einen Bären auf den Rücken zu binden). **2.** (salopp) **a)** *weibliche Schambehaarung;* **b)** *Vulva.* **3.** [nach engl. bear = jmd., der auf Baisse spekuliert (eigtl. = Bär), H. u.; viell. gek. aus: bearskin jobber = Bärenfellverkäufer, wohl nach der sprichwörtl. Warnung, nicht das Fell des Bären zu verkaufen, bevor dieser erlegt ist; heute im Begriffspaar »Bär u. Bulle« (↑ ¹Bulle) meist damit erklärt, dass der Bär die Kurse mit seiner Tatze nach unten drückt, während der Bulle sie mit seinen Hörnern nach oben wirft] (Börsenjargon) *jmd., dessen Aktivitäten an der Börse von erwartetem Fallen der Kurse geprägt sind.*

²**Bär,** der; -s, -en, Fachspr. -e (Bauw., Technik): *Rammklotz, großer Hammer (zum Bearbeiten von Werkstücken od. Einrammen von Pfählen).*

Ba|ra|ber, der; -s, - [eigtl. = jmd., der »parlare« (= ital.) statt »sprechen« sagt, urspr. nur für italienische Arbeiter] (österr. abwertend): *[Bau]arbeiter.*

ba|ra|bern ⟨sw. V.; hat⟩ (österr. ugs.): *körperlich schwer arbeiten.*

Bar|ab|fin|dung, die (Wirtsch.): *Abfindung* (2) *für ausscheidende Aktionäre.*

Ba|ra|cke, die; -, -n [frz. baraque < span. barraca, zu: barro = Lehm, urspr. = Lehmhütte]: *nicht unterkellerter, einstöckiger [Holz]bau für eine behelfsmäßige Unterbringung:* -n aufbauen, aufstellen, abreißen; in einer B. hausen; Grau, klein und hässlich liegen die -n und Kantinengebäude am Rande des sandigen Platzes (Tucholsky, Werke II, 122).

Ba|ra|cken|la|ger, das ⟨Pl. ...lager⟩: *aus Baracken bestehendes Lager, in dem Menschen behelfsmäßig untergebracht werden.*

Bar|ba|di|er, der; -s, - : Ew. zu ↑ Barbados.

Bar|ba|di|e|rin, die; -, -nen: w. Form zu ↑ Barbadier.

bar|ba|disch ⟨Adj.⟩: *Barbados, die Barbadier betreffend; von Barbados stammend.*

Bar|ba|dos; Barbados': *Inselstaat im Osten der Kleinen Antillen.*

Bar|bar, der; -en, -en [lat. barbarus < griech. bárbaros, urspr. = mit der einheimischen Sprache nicht vertrauter Ausländer, Nichtgrieche, eigtl. = stammelnd] (abwertend): **1.** *roher, empfindungsloser Mensch ohne Kultur:* -en haben den Friedhof verwüstet. **2.** *[auf einem bestimmten Gebiet] völlig ungebildeter Mensch:* was versteht dieser B. von Musik?; was wissen Sie schon von der exquisiten Geistigkeit unserer Kirchenväter, Sie junger B. ? (Remarque, Obelisk 217). **3.** *(für die Griechen u. Römer der Antike) Angehöriger eines fremden Volkes.*

Bar|ba|ra|zweig, der (meist Pl.): *(bes. Kirschbaum- od. Forsythien)zweig, der am Barbaratag (4. Dezember) in die Vase gestellt wird, damit er zu Weihnachten blüht.*

Bar|ba|rei, die; -, -en [lat. barbaria]: **1.** *Rohheit, Unmenschlichkeit, Grausamkeit:* die Zerstörung des Dorfes war ein Akt der B. **2.** ⟨Pl. selten⟩ *Kulturlosigkeit, völlige Ungebildetheit, unzivilisierter Zustand:* in die B. zurücksinken.

Bar|ba|rin, die; -, -nen: w. Form zu ↑ Barbar.

bar|ba|risch ⟨Adj.⟩ [mhd. barbarisch = fremd(ländisch)]: **1.** *unmenschlich, roh, grausam:* -e Maßnahmen, Strafen; er wurde b. gefoltert. **2.** *unkultiviert, unzivilisiert:* ein -es Land; Ü die Neubauten sehen b. aus. **3. a)** *über das normale od. erlaubte Maß hinausgehend, sehr groß, furchtbar:* eine -e Hitze; das war ja eine -e Hetze; **b)** ⟨intensivierend bei Adjektiven u. Verben⟩ *sehr:* es war b. kalt; wir haben b. gefroren. **4.** *die Barbaren* (3) *betreffend.*

Bar|ba|ris|mus, der; -, ...men [lat. barbarismus < griech. barbarismós, zu: barbarízein = unverständlich, schlecht sprechen]: **a)** *ein in das klassische Latein od. Griechisch übernommener fremder Ausdruck;* **b)** *grober sprachlicher Fehler.*

Bar|be, die; -, -n [mhd. barbe, ahd. barbo < lat. barbus, zu: barba = Bart, nach den vier Bartfäden]: *(zur Familie der Karpfen gehörender) großer Fisch mit braun- bis schwarzgrüner Oberseite u. weißlichem Bauch, der bes. in rasch fließenden Gewässern lebt.*

Bar|be|cue ['bɑ:bkju:], das; -[s], -s [amerik. barbecue < span. barbacoa; aus dem Taino (südamerik. Indianerspr.), urspr. = Holzrost]: **1.** *(im englischsprachigen Raum) Gartenfest, bei dem gegrillt wird.* **2. a)** *Bratrost, bei dem einem Barbecue* (1) *verwendet wird;* **b)** *auf dem Bratrost gebratenes Fleisch.*

Bar|be|cue|sauce; ↑ Barbecuesoße.

Bar|be|cue|so|ße, die: *Barbecuesauce, die: zum Barbecue gereichte tafelfertige, würzige Soße.*

◆ **bar|bei|nig** ⟨Adj.⟩: *mit nackten Beinen:* ... die Knaben nackt bis auf die Wolljacke, die kleinen Mädchen ... stampften b. im Staube und sangen (Freytag, Ahnen 11).

bär|bei|ßig ⟨Adj.⟩ [eigtl. = bissig wie ein Bärenbeißer (= früher zur Bärenjagd verwendeter Hund)]: *brummig-unfreundlich:* ein -es Gesicht; Er wütet mit knörzender, -er Stimme (Strauß, Niemand 124).

Bär|bei|ßig|keit, die; -, -en: **1.** *das Bärbeißigsein.* **2.** *etw. bärbeißig Wirkendes.*

◆ **Bar|ber|ross,** das; -es, -e u. ...rösser [Barber = Nebenf. von ↑ Berber]: *von den Berbern* (1) *gezüchtetes Pferd:* Ein Wütender auf einem B. ... sprengt vor (Schiller, Jungfrau V, 11).

Bar|bel|trag, der: *Betrag in bar:* der Maskierte verlangte einen hohen B.

Bar|bie® [... i, auch: 'bar...], die; -, -s [Fantasiename; nach der Tochter Barbara der amerik. Designerin R. Handler, 1916–2002]: Kurzf. von ↑ Barbiepuppe.

Bar|bie|pup|pe®, Bar|bie-Pup|pe®, die; -, -n [engl. Barbie (doll), nach der Kosef. des Vorn. Barbara der Tochter der amerik. Designereheparaars R. u. H. Handler]: *Spielzeugpuppe aus [Hart]plastik, erwachsene Puppe gegenüber den bis dahin üblichen Babypuppen (seit 1959).*

Bar|bier, der; -s, -e [mhd. barbier < frz. barbier < mlat. barbarius = Bartscherer, zu lat. barba = Bart] (veraltet): **1.** *(noch scherzh.) Herrenfriseur.* **2.** *Wundarzt.*

bar|bie|ren ⟨sw. V.; hat⟩ (scherzh., veraltet): *rasieren:* er ließ sich genussvoll b.

Bar|bi|tu|rat, das; -s, -e (Pharm.): *Medikament auf der Basis von Barbitursäure, das als Schlaf- u. Beruhigungsmittel verwendet wird:* dieses B. gibt es nur auf Rezept.

Bar|bi|tur|säu|re, die [H. u.] (Pharm.): *chemische Substanz, die (in Form bestimmter Derivate) eine narkotische Wirkung hat.*

bar|brüs|tig ⟨Adj.⟩ [zu ¹bar (3)]: *eine nackte Brust aufweisend:* sie lief b. am Strand.

Bar|bu|da: *Insel im Bereich der Kleinen Antillen.*

bar|bu|sig ⟨Adj.⟩ [zu ↑ ¹bar (3)]: *einen nackten Busen aufweisend:* Plakate mit -en Mannequins.

Bar|ce|lo|na [bartse..., barse..., span.: barθe-'lona]: *Stadt in Nordostspanien.*

Bär|chen, das; -s, - Vkl. zu ↑ ¹Bär.

Bar|chent, der; -s, -e [mhd. barchant < mlat. barchanus < afrz. barracan, span. barragán < arab. barrakān]: *auf der linken Seite aufgerauter Baumwollflanell:* ein Nachthemd aus B.

Bar|code, der (Wirtsch.): *maschinenlesbarer Code auf Waren und Verpackungen (meist mit Angaben zu Preis u. Hersteller).*

Bar|da|me, die: *Angestellte in einer ¹Bar* (1 a), *die Getränke verkauft u. die Gäste unterhält.*

¹**Bar|de,** die; -, -n [frz. barde, eigtl. = Reitkissen < span. albarda < arab. barda'aʰ] (Kochkunst): *Speckscheibe, mit der das Geflügel beim Braten belegt wird.*

²**Bar|de,** der; -n, -n [frz. barde < lat. bardus, aus dem Kelt.]: **a)** *(bes. altkeltischer) Sänger u. Dichter von Heldenliedern;* **b)** (oft iron.) *Verfasser von zeit- und gesellschaftskritischen Liedern u. Balladen, der seine Lieder selbst zur Gitarre vorträgt.*

Bar|ein|la|ge, die (Finanzw.): ↑ *Einlage* (8 b) *in Form von Bargeld.*

Bä|ren|dienst: *in der Wendung* **jmdm. einen B. erweisen/leisten** (*in guter Absicht etw. tun, was einem anderen, zu dessen Nutzen es gedacht war, schadet;* viell. nach der Fabel »Der Bär und der Gartenliebhaber« von La Fontaine, in der der Bär diensteifrig eine Fliege von der Nase des Gärtners verscheucht, ihn dabei aber tötet).

Bä|ren|dreck, der (südd., österr., schweiz.): *Lakritze.*

Bä|ren|fang, der: *Likör aus Bienenhonig.*

Bä|ren|fell, das: *Fell eines Bären.*
Bä|ren|füh|rer, der: **1.** (früher) *jmd., der mit einem Tanzbären umherzieht.* **2.** (ugs. scherzh.) *Fremdenführer:* den B. für jmdn. abgeben, spielen.
Bä|ren|füh|re|rin, die: w. Form zu ↑ Bärenführer (2).
bä|ren|haft ⟨Adj.⟩: *stark, plump, ungeschickt (wie ein Bär).*
Bä|ren|haut, die: *Bärenfell:* * auf der B. liegen (ugs. abwertend; *faulenzen, faul sein;* in Humanistenkreisen des 16.Jh.s aufgrund von Tacitus' »Germania« [Kap. 15] aufgestellte Behauptung über die Lebensweise der alten Germanen: während des verregneten Urlaubs lagen sie viel auf der faulen B.).
Bä|ren|häu|ter, der [zuerst Soldatenschimpfwort, urspr. = einer, der nicht kämpft, sondern auf der Bärenhaut liegt]: **1.** ⟨o. Pl.⟩ Name einer Märchengestalt. **2.** (veraltet) *Faulpelz.*
Bä|ren|hun|ger, der (ugs.): *sehr großer Hunger.*
Bä|ren|jagd, die: *Jagd auf Bären.*
Bä|ren|klau, die: -, - od. der; -s, -: **1.** *Kraut od. Strauch mit großen, gespaltenen Blättern, Dornen in den Blattachseln u. weißen, blassvioletten od. bläulichen Blüten (meist Steppen- u. Wüstenpflanze); Akanthus.* **2.** *(in vielen Arten auf Wiesen u. an Rainen vorkommendes) kräftiges, Stauden bildendes Doldengewächs.*
Bä|ren|kraft, die ⟨meist Pl.⟩: *sehr große, ungewöhnliche körperliche Kraft:* mit seinen Bärenkräften zerbrach er das Eisengitter.
Bä|ren|markt, der [zu ↑ ¹Bär (3)] (Börsenw.): *durch fallende Börsenkurse gekennzeichneter [Aktien]markt.*
bä|ren|stark ⟨Adj.⟩ (ugs.): *sehr stark* (1, 6, 8).
Bä|ren|tat|ze, die: **1.** *Tatze des Bären.* **2.** *Bärenklau.*
Bä|ren|trau|be, die: *Heidekrautgewächs mit eiförmigen, meist ledrigen Blättern, glockigen Blüten u. beerenartigen Früchten.*
Bä|ren|zu|cker, der (österr.): *Lakritze.*
Ba|res, das *Bare/Bares; des Baren* (ugs.): *Bargeld:* sie will B. sehen.
Ba|rett, das; -[e]s, -e, selten: -s [mlat. barrettum, birretum, zu lat. birrus = Überwurf mit Kapuze]: *an den Seiten versteifte, flache, randlose Kopfbedeckung (auch Teil einer Amtstracht von Professoren, Richtern u. a.).*
Bar|frau, die: *Bardame.*
bar|fuß ⟨indekl. Adj.⟩: *mit bloßen Füßen:* b. gehen; die Kinder liefen b. durchs Gras; B. bis zum Hals (ugs. scherzh.; *völlig nackt*).
Bar|fuß|arzt, der: *(in der Volksrepublik China) jmd., der medizinische Grundkenntnisse hat u. bes. auf dem Land einfachere Krankheiten behandelt.*
Bar|fuß|ärz|tin, die: w. Form zu ↑ Barfußarzt.
bar|fü|ßig ⟨Adj.⟩: *barfuß:* sie lief b. durch das Gras.
barg: ↑ bergen.
bär|ge: ↑ bergen.
Bar|geld, das: *bares* (1) *Geld.*
bar|geld|los ⟨Adj.⟩: *ohne Bargeld, nur durch Schecks, Kreditkarten, Bankanweisungen o. Ä. [erfolgend]:* -er Zahlungsverkehr.
Bar|ge|schäft, das (Kaufmannsspr.): *Geschäft, bei dem alles sofort bar bezahlt wird.*
bar|häup|tig ⟨Adj.⟩: *ohne Kopfbedeckung:* er ging b. im Regen spazieren; B. trat er auf die Straße, die kühle Nachtluft wehte um seine Stirn (Zuckmayer, Herr 84); Eliane tanzte nun b. (Muschg, Gegenzauber 274).
Bar|ho|cker, der; -s, -: *hoher Hocker, wie er in* ¹*Bars an der Theke steht.*
bä|rig ⟨Adj.⟩ [zu ↑ ¹Bär]: **1.** (landsch.) *bärenhaft, stark, robust:* ein -er Kerl. **2.** (ugs.) *großartig; außergewöhnlich, gewaltig:* es war eine -e Stimmung; jmdn., etw. b. finden.

Bä|rin, die; -, -nen: w. Form zu ↑ ¹Bär.
ba|risch ⟨Adj.⟩ [↑ ²Bar] (Meteorol.): *den Luftdruck betreffend.*
Ba|ris|ta, der; -[s], -s, (auch:) -i [ital. barista, eigtl. = Barkeeper, aus: bar = Bar u. -ista, Suffix zur Kennzeichnung einer Tätigkeitsbez.]: *jmd., der in einer Espressobar o. Ä. für die professionelle Kaffeezubereitung zuständig ist.*
Ba|ri|ton ['baˑ(ˑ)rɪtɔn], der; -s, -e [...oˑnə] [ital. baritono, zu griech. barýtonos = volltönend] (Musik): **1.** *Männerstimme in der mittleren Lage zwischen Tenor u. Bass.* **2.** ⟨o. Pl.⟩ *solistische Baritonpartie in einem Musikstück:* den B. singen. **3.** *Sänger mit Baritonstimme:* ein gefeierter B.
Ba|ri|ton|par|tie, die: *für die Baritonstimme geschriebener Teil eines Musikwerkes.*
Ba|ri|ton|stim|me, die: *Bariton* (1).
Ba|ri|um, das; -s [zu ↑ Baryt (das Element wurde hierin erstmals festgestellt)]: *silberweißes Leichtmetall, das an der Luft rasch oxidiert (chemisches Element)* (Zeichen: Ba).
Bark, die; -, -en [niederl., engl. bark < afrz. barque, ↑ Barke]: *großes Segelschiff mit drei od. vier Masten, von denen nur zwei die volle Segelausrüstung haben.*
¹**Bar|ka|ro|le**, die; -, -n [ital. barcarola = Schifferlied, zu: barcarolo = Gondoliere, zu: barca < spätlat. barca, ↑ Barke]: **1. a)** *Lied der venezianischen Gondolieri (im* ⁶/₈*- od.* ¹²/₈*-Takt);* **b)** *Instrumentalstück in der Art einer* ¹*Barkarole* (1 a). **2.** *früher auf dem Mittelmeer verwendetes Ruderboot.*
²**Bar|ka|ro|le**, der; -n, -n [ital. barcarolo, ↑ ¹Barkarole]: *Schiffer auf einer* ¹*Barkarole* (2).
Bar|kas|se, die; -, -n [niederl. barkas < span. barcaza < ital. barcaccia, eigtl. = Großboot, Vgr. von: barca, ↑ ¹Barkarole]: **1.** *größtes Beiboot auf Kriegsschiffen.* **2.** *größeres Motorboot.*
Bar|kauf, der (Kaufmannsspr.): *Kauf gegen sofortige od. fristgerechte Zahlung.*
Bar|ke, die; -, -n [mhd. barke < mniederl. barke < (a)frz. barque < spätlat. barca, zu: baris < griech. bâris = Nachen]: *kleines Boot ohne Mast.*
Bar|kee|per [...kiˑpɐ], der [engl. barkeeper, aus bar = ¹Bar u. keeper = ¹Keeper]: *jmd., der in einer* ¹*Bar [alkoholische] Getränke, bes. Cocktails, mixt u. ausschenkt.*
Bar|kee|pe|rin, die; -, -nen: w. Form zu ↑ Barkeeper.
Bär|lapp, der; -s, -e [zu ↑ ¹Bär u. mhd. lappe, ahd. lappo (↑ Lappen), eigtl. = Bärentatze, nach der Form]: *(zu den Farnpflanzen gehörende) bes. in feuchten Nadelwäldern wachsende, dem Moos ähnliche Pflanze mit langen, den Boden bedeckenden Sprossen.*
Bär|lauch, der: *(zu den Liliengewächsen gehörende, bes. in Auwäldern wachsende) weiß blühende, stark nach Knoblauch riechende Pflanze.*
Bar|mann, der: *Barkeeper.*
bar|men ⟨sw. V.; hat⟩ [mhd. barmen, ahd. (ir)barmen, ↑ erbarmen]: **1.** (landsch., veraltet) *mit Mitgefühl erfüllen:* die frierenden Kinder barmten ihn. **2.** (bes. nordd.) *jammern, lamentieren:* die Frau barmte um das Kind/wegen des Kindes; die Mutter ließ das Kind um Brot b. *(betteln).*
barm|her|zig ⟨Adj.⟩ [mhd. barmherze(c), ahd. barmherzi, durch Einfluss von: irbarmen (↑ erbarmen) aus älterem armherzi, nach (kirchen)lat. misericors = mitleidig, eigtl. = ein Herz für die Armen (habend)] (geh.): *mitfühlend, mildtätig gegenüber Notleidenden; Verständnis für die Not anderer zeigend:* eine -e Lüge; sie war b. und half ihm; die Barmherzigen Brüder, Schwestern *(Angehörige katholischer Orden, die sich bes. der Krankenpflege wid-*

men); Ausruf in plötzlicher Angst: -er Gott!, -er Himmel!; ⟨subst.:⟩ Barmherzige halfen ihr.
Barm|her|zig|keit, die; - [mhd. barmherzekeit, barmherze, ahd. armherzi, nach (kirchen)lat. misericordia] (geh.): *barmherziges Wesen, Verhalten:* die B. Gottes; B. üben.
Bar|mit|tel ⟨Pl.⟩: *sofort verfügbares Bargeld (einschließlich Bankguthaben):* er verfügte nur über geringe B.
Bar|mi|xer, der [nach engl. to mix = mischen]: *Getränkemischer in einer* ¹*Bar* (1).
Bar|mi|xe|rin, die: w. Form zu ↑ Barmixer.
¹**Bar-Miz|wa**, der; -s, -s [hebr. = Sohn des Gebots]: *männlicher Jude, der das 13. Lebensjahr vollendet hat u. auf die religiösen Vorschriften des Judentums verpflichtet ist.*
²**Bar-Miz|wa**, die; -, -s: *Feier in der Synagoge, bei der die* ¹*Bar-Mizwas in die jüdische Glaubensgemeinschaft eingeführt werden.*
Bar|mu|sik, die ⟨Pl. selten⟩: *leichte Unterhaltungsmusik (wie sie häufig in* ¹*Bars gespielt wird).*
Barn, der; -[e]s, -e [mhd. barn, ahd. barno, wahrsch. zu einem germ. Wort mit der Bed. »Gerste« (vgl. aengl. bern) u. eigtl. = Gersten(futter)behälter] (landsch., österr.): *Futtertrog.*
ba|rock ⟨Adj.⟩ [frz. baroque < ital. barocco, eigtl. = sonderbar; unregelmäßig < port. barroco]: **a)** *im Stil des Barocks gestaltet, aus der Zeit des Barocks stammend; von üppigem Formenreichtum:* ein -er Bau; -e Figuren; die Ornamentik wirkt b.; **b)** (bildungsspr.) *seltsam, verschroben:* eine -e Fantasie, einen -en Geschmack haben.
Ba|rock, das od. der; -s (Fachspr. auch: -):
a) *durch kraftvolle, verschwenderisch gestaltete Formen u. pathetischen Ausdruck gekennzeichneter Stil der europäischen Kunst, Dichtung u. Musik von etwa 1600 bis 1750:* das Zeitalter, die Kirchen, die Musik, die Sprache des -s; **b)** *Barockze[alter]:* die Literatur im B.
Ba|rock|dich|tung, die: *Dichtung des Barocks.*
ba|ro|cki|sie|ren ⟨sw. V.; hat⟩: *den Barockstil nachahmen, im Barockstil [nach]bauen:* die ursprünglich spätgotische Kirche wurde später barockisiert.
Ba|rock|kir|che, die: *barocke* (a) *Kirche.*
Ba|rock|kunst, die ⟨Pl. selten⟩: *Kunst des Barocks.*
Ba|rock|ma|le|rei, die: *Malerei des Barocks.*
Ba|rock|mu|sik, die: **1.** ⟨o. Pl.⟩ *barocke* (a) *Musik.* **2.** *der Barockmusik* (1) *zuzurechnendes Musikstück:* Improvisationen über alte Weihnachtslieder und -en.
Ba|rock|oper, die: *aus der Zeit des Barocks stammende Oper.*
Ba|rock|schloss, das: *barockes* (a) *Schloss.*
Ba|rock|stil, der ⟨o. Pl.⟩: *[Bau]stil des Barocks.*
Ba|rock|the|a|ter, das: **1.** *Schauspielkunst des Barocks.* **2.** *Theaterraum des Barocks.*
Ba|rock|zeit, die ⟨o. Pl.⟩: *Zeit[alter] des Barocks.*
Ba|ro|me|ter, das, landsch., österr., schweiz. auch: der; -s, -: *Luftdruckmesser:* das B. steigt, fällt, steht auf »Regen«; Ü die Börse ist ein B. der Konjunktur; R das B. steht auf Sturm *(es herrscht ein Zustand der Gereiztheit).*
Ba|ro|me|ter|stand, der: *Stand* (4 c) *des Barometers:* ein hoher, niedriger B.
ba|ro|me|t|risch ⟨Adj.⟩ (Meteorol.): *die Luftdruckmessung betreffend:* -es Maximum *(höchster Luftdruck; Hoch),* -es Minimum *(tiefster Luftdruck; Tief).*
Ba|ron, der; -s, -e [frz. baron, aus dem Germ., eigtl. = streitbarer Mann]: **1.** *[o. Pl.] französischer Adelstitel, der dem deutschen »Freiherr« entspricht.* **2.** ⟨o. Art.⟩ *Anrede für einen Freiherrn.* **3.** *Träger des Titels.*
Ba|ro|nat, das; -[e]s, -e: *Baronie.*

Ba|ro|ness, Ba|ro|nes|se, die; -, ...essen: **a)** *Tochter eines Barons; Freifräulein;* **b)** ⟨o. Art.⟩ *Anrede für die Tochter eines Barons.*

Ba|ro|net [ˈbarɔnet, ˈberɔnet, engl.: ˈbærənɪt], der; -s, -s [engl. baronet]: **1.** ⟨o. Pl.⟩ *engl. Adelstitel, zwischen Baron u. Ritter (Knight) stehend.* **2.** *Träger des Titels.*

Ba|ro|nie, die; -, -n [frz. baronnie]: **1.** *Freiherrnwürde.* **2.** *Besitz eines Barons.*

Ba|ro|nin, die; -, -nen: w. Form zu ↑ Baron.

Bar|ra|ku|da, der; -s, -s [span. barracuda]: *(in tropischen Meeren lebender) schnell schwimmender Raubfisch mit lang gestrecktem Körper u. Kopf u. großen Zähnen.*

Bar|ras, der; - [urspr. (während der Napoleonischen Kriege) = Kommissbrot, H. u.] (Soldatenspr.): *Militär:* nicht beim B. gewesen sein; zum B. kommen, müssen.

Bar|re, die; -, -n [mhd. barre < (a)frz. barre = Stange, aus dem Vlat.-Roman.]: **1.** *(veraltet) Schranke aus waagerechten Stangen; Querriegel.* **2.** *Sandbank, Untiefe, bes. an der Mündung eines Flusses.*

Bar|rel [ˈbɛrəl, engl.: ˈbærəl], das; -s, -s ⟨aber: 3 Barrel⟩ [engl. barrel, eigtl. = Holzgefäß < afrz. baril]: *in Großbritannien und den USA verwendetes Hohlmaß* (163,5645 l bzw. in den USA für Petroleum u. a. 158,9871 l); *Fass, Tonne:* Öl ist um 50 Cent pro B. teurer geworden.

¹**Bar|ren,** der; -s, - [eigtl. = (Metall)stange, zu ↑ Barre]: **1.** *Handelsform der unbearbeiteten Edelmetalle (urspr. in Stangen):* ein B. Gold, Silber. **2.** [1812 gepr. von F. L. Jahn] (Sport) *Turngerät mit zwei durch Stützen gehaltenen, parallel verlaufenden Holmen.*

²**Bar|ren,** der; -s, - [mhd. barn, barne, ahd. parno, H. u.] (südd., österr.): *Futtertrog für Rinder u. Pferde:* vor dem Füttern säuberte sie den B.

Bar|ren|gold, das: *Gold in* ¹*Barren* (1).

Bar|ren|sil|ber, das: *Silber in* ¹*Barren* (1).

Bar|ren|tur|nen, das: *Turnen am* ¹*Barren* (2).

Bar|ri|e|re, die; -, -n [frz. barrière, zu: barre, ↑ Barre]: **1.** *Absperrung, die jmdn., etw. von etw. fernhält:* eine B. errichten; -n durchbrechen; Ü ideologische -n. **2.** *(landsch. veraltend, schweiz.) Bahnschranke.*

bar|ri|e|re|frei ⟨Adj.⟩: **1.** *(von Bauten, Verkehrsmitteln, sonstigen Einrichtungen) keine Barrieren* (1), *Hindernisse o. Ä. aufweisend und demzufolge auch von Menschen mit Behinderung ohne Erschwernis oder fremde Hilfe nutzbar:* eine -e Wohnung; ein Haus mit -em Zugang. **2.** *(übertr. von 1) (von Internetseiten) so gestaltet, dass es auch von Menschen mit Behinderung ohne Erschwernis oder fremde Hilfe genutzt werden kann* (z. B. durch Veränderbarkeit der Schriftgröße): ein -es Internet; -e Webseiten.

Bar|ri|e|re|frei|heit, die ⟨o. Pl.⟩: *das Barrierefreisein.*

Bar|ri|ka|de, die; -, -n [frz. barricade, zu: barrique = Fass (Barrikaden wurden oft aus Fässern errichtet)]: *[Straßen]sperre für Verteidigung bes. bei Straßenkämpfen:* -n errichten, bauen; sie starben auf den -n; * **auf die -n gehen/steigen** (ugs.; *empört gegen etw. angehen; dort Protestaktionen u. Ä. durchzusetzen versuchen:* für die Arbeitszeitverkürzung auf die -n steigen).

Bar|ri|ka|den|kampf, der: *[Straßen]kampf auf, hinter Barrikaden.*

Bar|rique [baˈri:k], die; -, -s od. -n, auch: das; -[s], -s [frz. barrique < gaskogn. barrica = Fass, wohl aus dem Vlat.]: **1.** *(früher) französisches Weinmaß.* **2.** *Weinfass aus Eichenholz.*

barsch ⟨Adj.⟩ [aus dem Niederd. < mniederd. barsch = scharf, streng (von Geschmack), urspr. = scharf, spitz]: *mit heftiger oder unfreundlicher Stimme kurz und knapp [gesagt]; brüsk:* -e Worte; b. antworten; jmdn. b. abweisen.

Barsch, der; -[e]s, -e [mhd., ahd. bars, eigtl. = der Stachelige]: **a)** *im Süßwasser lebender Raubfisch mit stacheligen Kiemendeckeln, großem Kopf u. tief gespaltener Mundöffnung;* **b)** Kurzf. von ↑ Flussbarsch.

Bar|schaft, die; -, -en ⟨Pl. selten⟩ [mhd. barschaft]: *Gesamtheit des in jmds. Besitz befindlichen Bargeldes:* ihre ganze B. bestand aus zehn Euro.

Bar|scheck, der; -s, -s: *Scheck, der bei Vorlage bar ausgezahlt werden kann.*

Barsch|heit, die; -, -en: **a)** ⟨o. Pl.⟩ *barsches Wesen, Unfreundlichkeit;* **b)** *barsche Äußerung.*

Bar|sor|ti|ment, das; -[e]s, -e: *Betrieb des Buchhandels zwischen Buchhandlung u. Verlag.*

barst, bärs|te: ↑ bersten.

Bart, der; -[e]s, Bärte [mhd., ahd. bart, wahrsch. eigtl. = Borste, Borstiges u. verw. mit ↑ Barsch; vgl. Borste]: **1. a)** *die [steifen] Haare auf der unteren Gesichtspartie der Männer:* ein langer, dünner, schwarzer B.; der B. sticht, kratzt; einen starken B. (Bartwuchs) haben; einen B. bekommen; ich lasse mir einen B. wachsen, stehen; jmdm. den B. stutzen, schneiden, scheren; beim -e des Propheten! (scherzh.; *Ausruf der Beteuerung);* Ü bemooste Bäume mit herabhängenden Bärten aus Flechten; Ein veralteter Dampfer liegt noch immer am Anker; Ketten mit Bärten aus Tang (Frisch, Montauk 14); R der B. ist ab! (ugs.; *jetzt ist es zu Ende; nun ist es aber genug!*); * **[so] einen B. haben** (ugs. abwertend; *längst bekannt sein*); etw. in seinen B. [hinein] brummen/murmeln (ugs.; *etw. [unzufrieden od. unwillig] unverständlich vor sich hin sagen*); jmdm. um den B. gehen/streichen (*jmdm. schmeicheln*); jmdm. Honig um den B. schmieren (↑ Honig); **b)** *[als Tastorgan dienendes] Behaarung an der Schnauze vieler Säugetiere; Schnurrhaare;* **c)** *Haarbüschel am Schnabel mancher Vögel.* **2.** *unterer, geschweifter Teil des Schlüssels, mit dem durch Drehen im Türschloss das Zu- u. Aufschließen bewirkt wird:* der B. ist abgebrochen. **3.** *(Segelfliegen) thermischer Aufwind.*

Bart|bin|de, die (früher): *Binde, durch die die Schnurrbart rechtwinklig hochgerichtet wurde.*

Bärt|chen, das; -s, -: Vkl. zu ↑ Bart (1).

¹**Bar|te,** die; -, -n [mhd. barte, ahd. barta, zu ↑ Bart, weil das Eisen vom Stiel wie ein Bart herabhängt] (veraltet): *breites Beil, Axt [als Waffe].*

²**Bar|te,** die; -, -n [viell. zu niederl. baarden, Pl. von baard = Bart, nach der Ähnlichkeit mit herabhängenden Barthaaren]: *Hornplatte im Oberkiefer der Bartenwale; Fischbein.*

Bar|tel, die; -, -n ⟨meist Pl.⟩ [Vkl. von ↑ Bart (1 a)]: *langes, fadenförmiges, Sinnesorgane aufweisendes Gebilde, das vom Maul mancher Fische herabhängt.*

Bar|ten|wal, der: *Wal, der statt Zähnen zwei Reihen quer gestellter* ²*Barten hat, mit deren Hilfe die aufgenommene Nahrung gefiltert wird.*

Bar|terl, das; -s, -[n] [mundartl. Vkl. von ↑ Bart (1 a)] (bayr., österr. ugs.): *Lätzchen.*

Bart|gei|er, der: *großer, Aas fressender Geier des Hochgebirges mit schwarzen, bartähnlichen Federn an der Unterseite des Kopfes.*

Bart|haar, das: *einzelnes Haar des Barts* (1).

Bar|thel: in den Wendungen wissen, wo B. [den] **Most holt** (ugs.; *alle Kniffe kennen;* viell. aus der Gaunerspr., entstellt aus rotwelsch barsel = Brecheisen u. Moos = Geld, also eigtl. = wissen, wo man mit dem Brecheisen an Geld herankommt); **jmdm. zeigen, wo B. [den] Most holt** (ugs.; *jmdm. alle Kniffe zeigen*).

bär|tig ⟨Adj.⟩ [älter: bärticht, mhd. bartoht]: *einen Bart tragend:* -e Jünglinge, Gesichter.

bart|los ⟨Adj.⟩: *ohne Bart.*

Bart|lo|sig|keit, die; -: *das Bartlossein.*

Bart|stop|pel, die ⟨meist Pl.⟩ (ugs.): *kurzes Barthaar, wie es durch die tägliche Rasur entfernt wird.*

Bart|trä|ger, der: *jmd., der einen Bart trägt.*

Bart|wich|se, die (früher): *Pomade zum Glätten, Formen des Bartes:* ♦ ... sein handgroßes Bündelein ... welches ... einen Kamm, ein Büchschen Pomade und einen Stängel B. enthielt (Keller, Kleider 21).

Bart|wisch, der (bayr., österr.): *Handbesen.*

Bart|wuchs, der: *Wuchs* (1, 2) *des Bartes.*

Bar|ver|mö|gen, das: *aus Barmitteln bestehendes Vermögen:* sie verfügt über ein B. von 100 000 Euro.

Bär|wurz, die: *(zu den Doldenblütlern gehörende) würzig riechende Pflanze mit ein- bis mehrfach gefiederten Blättern, die als Gewürz- u. Heilpflanze verwendet wird.*

Ba|ry|on, das; -s, ...onen [zu griech. barýs = schwer] (Kernphysik): *schweres, unstabiles Elementarteilchen.*

Ba|ry|sphä|re, die; - (Geol.): *innerster Teil der Erde.*

Ba|ryt [baˈry:t, auch: ...ˈryt], der; -[e]s, -e [zu griech. barýs = schwer]: *ein farbloses Mineral; Schwerspat.*

Bar|zah|lung, die; -, -en: **1.** *Zahlung in bar.* **2.** *in bar gezahlter Geldbetrag.*

ba|sal ⟨Adj.⟩ [zu ↑ Basis]: **1.** *die Basis bildend, auf der Basis befindlich, zur Basis gehörend.* **2.** (bes. Geol., Med.) *unten; an der Grundfläche vorhanden.*

Ba|sa|li|om, das; -s, -e [zu ↑ basal] (Med.): *auf intakter Haut sitzende Hautgeschwulst, die mit meist vorhandener örtlicher Gewebszerstörung sehr selten Metastasen bildet.*

Ba|salt, der; -[e]s, -e [lat. basaltes, Verschreibung von: basanites < griech. basanítēs = (harter) Prüfstein]: *dunkles Ergussgestein (bes. im Straßen- u. Molenbau verwendet).*

Ba|salt|block, der ⟨Pl. ...blöcke⟩: *Block aus Basalt.*

Ba|sall|tem|pe|ra|tur, die (↑ basal) (Med.): *am Morgen vor dem Aufstehen gemessene Körpertemperatur der Frau (zur Feststellung des Eisprungs).*

ba|sal|ten ⟨Adj.⟩: *aus Basalt [hergestellt].*

ba|salt|hal|tig ⟨Adj.⟩: *Basalt enthaltend:* -es Gestein.

ba|sal|tig, ba|sal|tisch ⟨Adj.⟩: *aus Basalt bestehend:* -e Gebirgsmassen.

Ba|salt|tuff, der: *Basalt enthaltender Tuff.*

Ba|sar, Bazar [...ˈzaːɐ̯], der; -s, -e [frz. bazar < pers. bāzār]: **1.** *Händlerviertel in orientalischen Städten.* **2.** *Verkauf[sstätte] von Waren für wohltätige Zwecke.*

Bäs|chen, das; -s, -: Vkl. zu ↑ ¹Base.

Basch|ki|ri|en; -s: *Republik der Russischen Föderation.*

¹**Ba|se,** die; -, -n [mhd. base = Vaterschwester, ahd. basa, wohl Lallw.] (südd., sonst veraltet): *Cousine.*

²**Ba|se,** die; -, -n [rückgeb. aus dem Pl. Basen von ↑ Basis] (Chemie): *Verbindung, die mit Säuren Salze bildet.*

³**Base** [beɪs], die; -, -s [ˈbeɪsɪs] [engl. base = ²Mal, eigtl. = Grundlage, Basis]: *(im Baseball)* ²*Mal* (3 a).

Base|ball [ˈbeɪsbɔːl], der; -s [engl. baseball, aus: base (↑ ³Base) u. ball = ↑ ¹Ball]: *amerikanisches Schlagballspiel.*

Base|bal|ler, der; -s, -: *jmd., der Baseball spielt.*

Base|bal|le|rin, die; -, -nen: w. Form zu ↑ Baseballer.

Base|ball|kap|pe, die: *Cap.*

Base|ball|müt|ze, die: *Cap.*

Base|ball|schlä|ger, der: *beim Baseball verwendete Schlagkeule.*

Ba|se|dow ['baːzədo], der; -s: Kurzf. von ↑ Basedowkrankheit.
Ba|se|dow|krank|heit, Ba|se|dow-Krank|heit, die; - [nach dem dt. Arzt K. von Basedow (1799–1854)]: *Krankheit, die auf einer Überfunktion der Schilddrüse beruht u. deren besondere Kennzeichen das Hervortreten der Augäpfel, Kropfbildung u. schneller Herzschlag sind.*
Ba|sel: *schweizerische Stadt.*
Ba|sel|biet, das; -s: *Baselland.*
Ba|sel|bie|ter ⟨Adj.⟩: *die B. Bevölkerung.*
¹Ba|se|ler: ↑ ¹Basler.
²Ba|se|ler: ↑ ²Basler.
Ba|se|le|rin, die; -, -nen: w. Form zu ↑ ¹Baseler.
Ba|sel|biet|land: kurz für ↑ Basel-Landschaft.
Ba|sel-Land|schaft: *Schweizer Halbkanton.*
ba|sel-land|schaft|lich ⟨Adj.⟩: *den Halbkanton Basel-Landschaft betreffend.*
Ba|sel-Stadt: *Schweizer Halbkanton.*
ba|sel-städ|tisch ⟨Adj.⟩: *den Halbkanton Basel-Stadt betreffend.*
Ba|sen: Pl. von ↑ Basis, ¹Base, ²Base.
Ba|shing ['bæʃɪŋ], das; -s [engl. bashing, zu: to bash = (heftig) schlagen]: *heftige, herabsetzende Kritik (1 b): das wechselseitige B. der Koalitionspartner.*
BASIC ['beɪsɪk], das; -[s] [Kunstwort aus engl. **b**eginner's **a**ll purpose **s**ymbolic **i**nstruction **c**ode] (EDV): *einfache Programmiersprache.*
Ba|sics [beɪsɪks] ⟨Pl.⟩ [engl. basics, zu: basic = grundlegend, zu: base = Grundlage, Basis]:
1. *Grundlagen (eines Wissensgebietes o. Ä.).*
2. (Mode) *unabhängig von den jeweiligen Modetrends jederzeit tragbare Kleidungsstücke.*
ba|sie|ren ⟨sw. V.; hat⟩ [frz. baser, zu: base < lat. basis, ↑ Basis] (bildungsspr.): **1.** *fußen, beruhen; sich gründen, sich stützen: der Text basiert auf dem Vergleich einer großen Anzahl von Abschriften.* **2.** (selten) *gründen: wir haben unsere Pläne auf diese/(auch:) dieser Tatsache basiert.*
Ba|si|lie, die; -, -n, **Ba|si|li|en|kraut,** das [mhd. basilie < mlat. basilia, zu griech. basíleia = Königin]: *Basilikum.*
Ba|si|li|ka, die; -, -...ken [spätlat. basilica = Kathedrale (lat. = Prachtbau; Halle) < griech. basiliké (stoá) = königliche(e) Halle] (Kunstwiss.): **1.** *Kirche der frühchristlichen Zeit.* **2.** *Kirchenbau mit erhöhtem Mittelschiff in der Art der Basilika (1): eine romanische, gotische B.*
ba|si|li|kal ⟨Adj.⟩: *die Form einer Basilika aufweisend.*
Ba|si|li|kum, das; -s, -s u. ...ken [mlat. basilicum, zu lat. basilicus < griech. basilikós = königlich, wegen des edlen, würzigen Duftes]: *krautige od. strauchartige Pflanze mit weißen od. lila Blüten, die als Gewürz- u. Heilpflanze angepflanzt wird.*
Ba|si|lisk, der; -en, -en: **1.** [mhd. basiliske < lat. basiliscus < griech. basilískos = eine Schlangenart, eigtl. Vkl. von: basileús = König] *(auf orientalische Vorstellungen zurückgehendes) antikes u. mittelalterliches Fabelwesen mit tödlichem Blick, das von einer Schlange od. Kröte aus einem Hühnerei ausgebrütet worden sein soll u. meist als Hahn mit einem Schlangenschwanz dargestellt wird.* **2.** *im tropischen Amerika heimischer Leguan mit Hautkämmen über Schwanz u. Rücken u. Hautlappen am Kopf.*
Ba|si|lis|ken|blick, der (bildungsspr.): *stechender, böser Blick.*
Ba|sis, die; -, Basen [lat. basis < griech. básis, zu: baínein = gehen, treten, also eigtl. = Gegenstand, auf den jmd. treten kann]: **1.** (bildungsspr.) *Grundlage, auf die jmd. aufbauen, sich auf die sich jmd. stützen kann: die B. für etw. bilden; auf der B. gegenseitigen Vertrauens; er sah die B. seiner Existenz bedroht.* **2. a)** (Archit., Tech-

nik) [Säulen- od. Pfeiler]sockel, Unterbau; **b)** (Bot.) *Pflanzenteil nahe der Wurzel.*
3. (Math.) **a)** *Grundlinie einer geometrischen Figur;* **b)** *Grundfläche eines Körpers;* **c)** *Grundzahl einer Potenz od. eines Logarithmus.*
4. (Militär) *Ort od. Gelände als Stützpunkt militärischer Operationen: neue Basen für Bomber schaffen.* **5. a)** (marx.) *die ökonomische Struktur einer Gesellschaft u. die gesellschaftlichen Verhältnisse als Grundlage der Existenz des Menschen: B. und Überbau;* **b)** *Gesamtheit der Mitglieder einer politischen Partei, einer Gewerkschaft, einer Bewegung, die nicht zur Führung gehören: die Zustimmung der B. einholen;* **c)** *breite Volksmasse als Ziel politischer Arbeit: an der B. arbeiten.*
Ba|sis|ar|beit, die ⟨Pl. selten⟩: *Arbeit an der Basis (5b).*
ba|sisch ⟨Adj.⟩ (Chemie): *sich wie eine ²Base verhaltend: b. reagieren.*
Ba|sis|de|mo|kra|tie, die: *(im Unterschied zur repräsentativen Demokratie) demokratisches System, in dem die Basis (5c) selbst aktiv mitwirkt u. entscheidet.*
ba|sis|de|mo|kra|tisch ⟨Adj.⟩: **a)** *die Basisdemokratie betreffend, wie ausüben;* **b)** *auf der Grundlage der Basisdemokratie zustande gekommen.*
Ba|sis|grup|pe, die: *[linksorientierter] politisch aktiver Arbeitskreis [von Studierenden], der auf einem bestimmten [Fach]gebiet an der Basis (5c) progressive Ideen zu verbreiten versucht.*
Ba|sis|kurs, der: **1.** (Börsenw.) *(im Prämiengeschäft) Tageskurs eines Wertpapiers.* **2.** *Grundkurs (b).*
Ba|sis|la|ger, das ⟨Pl. ...lager⟩: *Versorgungslager, bes. bei Hochgebirgsexpeditionen.*
Ba|sis|preis, der: **1.** *Grundpreis.* **2.** (Börsenw.) *Preis, zu dem Optionsgeschäfte abgerechnet werden.*
Ba|sis|sta|ti|on, die: **1.** (EDV) *zentrales, fest installiertes Sende- u. Empfangsgerät für die drahtlose Telekommunikation mit Mobiltelefonen u. Ä.* **2. a)** *Basislager;* **b)** *zentrale Stelle als Ausgangs- od. Stützpunkt für etw.*
Ba|sis|ta|rif, der: *Grundpreis, Grundtarif.*
Ba|sis|tun|nel, der: *durch den Fuß eines Berges führender Tunnel.*
Ba|sis|win|kel, der (Math.): *auf der Basis eines gleichschenkligen Dreiecks liegender (paarweise auftretender) Winkel.*
Ba|sis|wis|sen, das: *Grundwissen (als Grundlage für weitere Fort- od. Ausbildung).*
Ba|si|zi|tät, die; - [engl. basicity, geb. von dem engl. Chemiker Th. Graham (1805–1869), zu: base = ²Base] (Chemie): **1.** *Fähigkeit, ²Basen zu bilden.* **2.** *Zahl der Wasserstoffatome im Molekül einer Säure, die bei Salzbildung durch Metall ersetzt werden können.*
Bas|ke, der; -n, -n: Ew.
Bas|ken|land, das; -[e]s: *Region am Golf von Biskaya, die z. T. zu Spanien, z. T. zu Frankreich gehört.*
Bas|ken|müt|ze, die [nach den Basken, einem Volksstamm im Baskenland u. in den westl. Pyrenäen]: *flache schirmlose Mütze aus Wolle od. Haarfilz: er trug eine schwarze B.*
Bas|ket|ball, der; -[e]s, ...bälle [engl. basketball, aus: basket = Korb u. ball = ¹Ball]: **1.** ⟨o. Pl.⟩; *meist o. Art.⟩ zwischen zwei Mannschaften ausgetragenes Ballspiel, bei dem der Ball nach bestimmten Regeln in den gegnerischen Korb (3a) geworfen werden muss.* **2.** *beim Basketball (1) verwendeter Ball.*
Bas|ket|bal|ler, der; -s, -: *jmd., der Basketball (1) spielt.*
Bas|ket|bal|le|rin, die; -, -nen: w. Form zu ↑ Basketballer.

Bas|kin, die; -, -nen: w. Form zu ↑ Baske.
bas|kisch ⟨Adj.⟩: **a)** *das Baskenland, die Basken betreffend; aus dem Baskenland stammend;* **b)** *in der Sprache der Basken [verfasst].*
Bas|kisch, das; -[s], (nur mit best. Art.:) **Bas|ki|sche,** das; -n: *die baskische Sprache.*
Bas|kü|le, die; -, -n [frz. bascule = Schaukelstuhl, Schaukelbrett, Schlagbalken, urspr. = das, was sich senkt]: *Verriegelung für Fenster u. Türen, die zugleich seitlich, oben u. unten greift.*
¹Bas|ler (schweiz. nur so), ¹Baseler, der; -s, -: Ew. zu ↑ Basel.
²Bas|ler (schweiz. nur so), ²Baseler ⟨indekl. Adj.⟩: *die B. Fasnacht.*
Bas|le|rin, die; -, -nen: w. Form zu ↑ ¹Basler.
bas|le|risch ⟨Adj.⟩: *Basel, die ¹Basler betreffend; aus Basel stammend.*
Bas|ma|ti, der; -s [aus dem Hindi]: *langkörniger, aromatischer indischer Reis.*
Bas|re|li|ef ['barəljef], das; -s, -s u. -e [frz. bas-relief, aus: bas = niedrig (< vlat. bassus = dick, gedrungen) u. relief, ↑ Relief] (bild. Kunst): *relativ flach gearbeitetes Relief.*
bass [mhd., ahd. baʒ = besser, zu einem Adj. mit der Bed. »gut« u. eigtl. umlautloses Adv. zu ↑ ¹basser, urspr. unregelmäßiger Komp. zu dem Adj. ↑ ¹wohl]: in den Wendungen **b. erstaunt/ verwundert sein/sich b. [ver]wundern** (altertümelnd; *sehr erstaunt/verwundert sein: alle waren darüber b. erstaunt, b. verwundert).
Bass, der; -es, Bässe (Musik): **1.** [ital. basso, Substantivierung von: basso = tief; klein, niedrig < vlat. bassus = dick, gedrungen] **a)** *Bassstimme: im tiefsten B. antworten; mit vollem B. singen;* **b)** ⟨o. Pl.⟩ *Gesamtheit der tiefen Männerstimmen in einem Chor.* **2.** ⟨o. Pl.⟩ [ital. basso, Substantivierung von: basso = tief; klein, niedrig < vlat. bassus = dick, gedrungen] *Bassstimme in einem Musikstück.* **3.** *Bassist (1).* **4.** [kurz für: Basso] **a)** *Kontrabass: den B. streichen;* **b)** ⟨meist Pl.⟩ *Gesamtheit, Klang der tiefsten Orgel- od. Orchesterstimmen: die Bässe erdröhnten.* **5.** *Kurzf. von ↑ Bassgitarre.*
◆ **²bass** ⟨Adv.⟩: *tüchtig, besser: Jetzt nennt man ihn Generalmajor. Das macht, er tät sich b. hervor (weil er sich als tüchtig, besser gezeigt hat;* Schiller, Wallensteins Lager 7).
Bass|ba|ri|ton, der: *Sänger mit dunkler Baritonstimme.*
Bass|buf|fo, der: *Opernsänger mit einer Stimme, die sich besonders für komische Bassrollen eignet.*
Bas|se|na, die; -, -s [zu frz. bassin, ↑ Bassin] (österr., bes. wiener.): ◆ **a)** (früher) *Wasserbecken im Flur eines alten Wohnhauses, aus dem mehrere Mietparteien ihr Wasser holen: Ich erwarte mir von einem akademischen Diskurs ein höheres Niveau als im Bierzelt oder an der B.* (Standard 16. 5. 2002, 8); **b)** *Ort der Kommunikation einer [Haus]gemeinschaft.*
Bas|set [ba'seː, 'bɛsɪt], der; -s, -s [frz. basset = Dachshund, subst. Vkl. von: bas = untersetzt, niedrig]: *Hund mit kurzen Beinen, langen Schlappohren u. kräftigem Körper.*
Bas|sett|horn, das; -[e]s, ...hörner [ital. bassetto, Vkl. zu: basso, ↑ Bass]: *Altklarinette mit meist aufgebogenem Schalltrichter [u. geknickter Röhre].*
Bass|gei|ge, die: *Kontrabass.*
Bass|gi|tar|re, die: *viersaitige, besonders tief klingende Gitarre.*
Bas|si: Pl. von ↑ Basso.
Bas|sin [ba'sɛ̃ː], das; -s, -s [frz. bassin < afrz. bacin, aus dem Vlat.; vgl. Becken]: *künstlich erbauter Wasserbehälter, angelegtes Wasserbecken: das Wasser im B. erneuern.*
Bass|in|st|ru|ment, das: *Instrument (innerhalb*

einer Gruppe von Musikinstrumenten) mit dem dunkelsten Klang (z. B. Bassgitarre).

Bas|sist, der; -en, -en [zu ↑ Bass] (Musik): **1.** *Sänger mit Bassstimme.* **2.** *jmd., der [berufsmäßig] Bass* (4 a, 5) *spielt.*

Bas|sis|tin, die; -, -nen: w. Form zu ↑ Bassist (2).

Bass|la|ge, die (Musik): *Stimmlage des Basses* (1 a).

Bas|so, der; -, Bassi [ital. basso, ↑ Bass] (Musik): ital. Bez. für ↑ Bass (1, 2).

Bas|so con|ti|nuo, der; - - [zu ital. continuo = ununterbrochen] (Musik): *Generalbass.*

Bas|so os|ti|na|to, der; - - [zu ital. ostinato = hartnäckig] (Musik): *sich oft wiederholendes Bassthema; Ostinato.*

Bass|par|tie, die: *für den Bass* (1 a) *geschriebener Teil eines Musikwerkes.*

Bass|sai|te, Bass-Sai|te, die: *Saite mit Basslage auf Streichinstrumenten.*

Bass|sän|ger, Bass-Sän|ger, der: *jmd., der im Bass* (1 b) *singt; Bass* (3), *Bassist.*

Bass|stim|me, Bass-Stim|me, die: **1.** *tiefe Männer[sing]stimme.* **2.** *Noten für die Basssänger [in einem Chor].*

Bass|tu|ba, die: *Tuba in Basslage.*

Bast, der; -[e]s, -e: **1.** [mhd., ahd. bast] *pflanzlicher Faserstoff zum Binden u. Flechten.* **2.** [weil sich die Haut später bastartig löst] (Jägerspr.): *behaarte, filzige Haut auf einem neu gebildeten Geweih.*

bas|ta (Interj.) [ital. basta, zu: bastare = genug sein, hinreichen < mlat. bastare, H. u.] (ugs.): *Ausdruck, mit dem jmd. kundtut, dass er über etw. nicht mehr weiter zu sprechen wünscht; Schluss damit!, genug jetzt!:* und damit b.!

Bas|tard, der; -s, -e [mhd. bast(h)art < afrz. bastard = rechtmäßig anerkannter außerehelicher Sohn eines Adligen, H. u.]: **1. a)** (früher) *nicht eheliches Kind bes. eines Adligen u. einer nicht standesgemäßen Frau:* Paris produzierte im Jahr über zehntausend neue Findelkinder, -e und Waisen (Süskind, Parfum 27); **b)** *als minderwertig empfundener Mensch* (auch als Schimpfwort): du B.!. **2.** (Biol.) *durch Rassen- od. Artenkreuzung entstandenes Tier od. Pflanze; Hybride:* Maulesel sind -e aus Pferd und Esel.

bas|tar|die|ren ⟨sw. V.; hat⟩ (Biol.): *(verschiedene Rassen od. Arten) kreuzen.*

Bas|tar|die|rung, die; -, -en (Biol.): *Artenkreuzung, Rassenmischung.*

Bas|tard|pflan|ze, die (Bot.): *durch Bastardierung entstandene Pflanze; Hybride.*

bast|ar|tig ⟨Adj.⟩: *wie Bast beschaffen.*

Bas|te, die; -, -n [frz. baste < span. basto = ¹Treff]: *Trumpfkarte in verschiedenen Kartenspielen.*

Bas|tei, die; -, -en [15. Jh. < ital. bastia, wohl aus dem Afrz.]: *vorspringender Teil an alten Festungsbauten; Bollwerk.*

Bas|tel|ar|beit, die: **1.** ⟨o. Pl.⟩ *das Basteln.* **2.** *Gegenstand, den jmd. bastelt od. gebastelt hat.*

Bas|tel|ecke, die: **1.** *[in regelmäßigen Abständen erscheinende] Sparte mit Vorschlägen für Bastler u. Bastlerinnen in einer Zeitung.* **2. a)** *Abteilung mit Bastelmaterial in einem Kaufhaus;* **b)** *Ecke in einem Kinderzimmer od. Gemeinschaftsraum, in der gebastelt wird.*

Bas|tel|ei, die; -, -en: **1.** *Gegenstand, an dem jmd. bastelt.* **2.** *beständiges, als lästig empfundenes Basteln:* die ewige B. an dem alten Auto.

bas|teln ⟨sw. V.; hat⟩ [spätmhd. (bayr.) pästlen = Handwerkerarbeit verrichten, ohne in einer Zunft zu sein, viell. zu mhd.-, ahd. besten = binden, schnüren, zu ↑ Bast]: **1. a)** *sich [in der Freizeit] aus Liebhaberei mit der handwerklichen Anfertigung verschiedener kleiner Dinge beschäftigen:* ich bast[e]le gern; **b)** *durch klei-*

nere Handwerksarbeiten [als Hobby] herstellen, [nach eigenen Ideen] anfertigen: sie bastelt an einem neuen Lampenschirm; für die Kinder eine Puppenstube b.; Ü der Parteivorstand bastelte am Wahlprogramm. **2.** *sich an etw. handwerklich od. technisch betätigen, was man verbessern, um das Auto b.; Ü sie bastelte an ihrer Rede.*

bas|ten ⟨Adj.⟩: *aus Bast* (1) *hergestellt:* ein -er Wandbehang.

bast|far|ben ⟨Adj.⟩: *von der Farbe des Basts* (1); *zartgelb, beige.*

Bast|fa|ser, die: *Faser des Basts* (1).

Bas|til|le [bas'ti:jə, ...'tɪljə], die; -, -n [frz. bastille, eigtl. Nebenf. von provenz. bastida = afrz. bastie, ↑ Bastei]: **1.** ⟨o. Pl.⟩ (1789 *gestürmtes*) *Staatsgefängnis in Paris.* **2.** (selten) *Festung, Gefängnis.*

Bas|ti|on, die; -, -en [frz. bastion < ital. bastione, Vgr. von: bastia, ↑ Bastei]: *Bastei:* die Stadt wurde von den Feinden bis zur letzten B. erobert; Ü die Opposition versucht, verlorene -en zurückzugewinnen.

Bast|ler, der; -s, -: *jmd., der gern bastelt.*

Bast|le|rin, die; -, -nen: w. Form zu ↑ Bastler.

Bas|tmat|te, die: *aus Bast* (1) *geflochtene Matte.*

Bas|to|na|de, die; -, -n: *Folter, Prügelstrafe, bes. durch Schläge auf die Fußsohlen.*

bat: ↑ bitten.

Bat. = Bataillon.

BAT = Bundesangestelltentarif.

Ba|tail|le [ba'taljə, ba'ta:jə], die; -, -n [frz. bataille < vlat. battalia = Fechtübungen der Soldaten mit Stöcken < spätlat. battualia, zu lat. battuere = schlagen, klopfen] (veraltet): *Schlacht, Kampf, Gefecht.*

Ba|tail|lon [batal'jo:n], das; -s, -e [frz. bataillon < ital. battaglione, Vgr. von: battaglia = Schlacht(haufen) < vlat. battalia, ↑ Bataille] (Militär): *Truppenabteilung; Verband mehrerer Kompanien od. Batterien* (Abk.: Bat., Btl.).

Ba|tail|lons|kom|man|deur, der: *Offizier, der ein Bataillon kommandiert.*

Ba|ta|te, die; -, -n [span. batata, aus einer Indianerspr. Haitis]: **a)** *tropisches Windengewächs;* **b)** *süß schmeckende, kartoffelartige Knolle der Batate* (a).

Batch-Pro|ces|sing, Batch|pro|ces|sing ['bætʃprousɛsɪŋ], das; -[s], -s [engl. batch processing, aus: batch = Stapel u. processing = Verarbeitung] (EDV): *stapelweise Verarbeitung von Daten, die während eines bestimmten Zeitabschnitts angesammelt worden sind; Stapelbetrieb.*

bä|te: ↑ bitten.

ba|thy|al ⟨Adj.⟩ [zu griech. bathýs = tief] (Geogr.): *zum Bathyal gehörend.*

Ba|thy|al, das (Geogr.): *lichtloser Bereich des Meeres unter ca. 800 m Tiefe.*

Ba|thy|sphä|re, die ⟨o. Pl.⟩: *tiefste Schicht des Weltmeeres.*

Ba|tik [österr. auch: 'ba:...], die; -, -en, seltener der; -s, -en [indones. batik = geblümt, gemustert]: **1.** ⟨o. Pl.⟩ *(aus Java stammendes) Verfahren zum Färben von Geweben, bei dem Wachs verwendet wird.* **2.** *durch Batik* (1) *gefärbtes Gewebe.*

Ba|tik|druck [österr. auch: 'ba:...], der ⟨Pl. -e⟩: *Batik.*

ba|ti|ken [österr. auch: 'ba:...] ⟨sw. V.; hat⟩: *unter Verwendung von Wachs mit einem Muster versehen u. färben:* sie hat einen Schal gebatikt.

Ba|tist, der; -[e]s, -e [frz. batiste, viell. nach einem flandrischen Leinenweber des 13. Jh.s Ba(p)tiste aus Cambrai]: *feines [Baumwoll]gewebe:* ein Nachthemd aus B.

Ba|tist|blu|se, die: *Bluse aus Batist.*

ba|tis|ten ⟨Adj.⟩: *aus Batist bestehend:* ein -es Nachthemd.

Bat-Miz|wa, die; -, -s [hebr. = Tochter des Gebots]: *weibliche* ¹*Bar-Mizwa.*

bätsch ⟨Interj.⟩ (Kinderspr.): *Ausruf zum Ausdruck des schadenfrohen Spotts (oft verbunden mit einer besonderen Geste).*

Batt. = Batterie.

Bat|ter ['bætɐ], der; -s, - [engl. batter, zu: to batter = (ein)schlagen, über das Afrz. zu lat. battuere, ↑ Batterie] (Baseball): *Spieler, der den Ball mit dem Baseballschläger wegzuschlagen hat; Schlagmann* (2).

Bat|te|rie, die; -, -n [frz. batterie, urspr. = Schlägerei; was zum Schlagen dient, zu: battre = schlagen < lat. bat(t)uere]: **1.** (Militär) **a)** *kleinste Einheit bei der Artillerie u. der Heeresflugabwehrtruppe* (Abk.: Batt., Battr., Bttr.); **b)** *aus mehreren Geschützen bestehende Zusammenstellung von Geschützen:* eine B. leichter Haubitzen. **2.** (Technik) **a)** *aus parallel od. hintereinandergeschalteten Elementen bestehender Stromspeicher:* eine B. von 12 Volt; die B. aufladen; **b)** *[zusammengeschaltete] Gruppe von gleichartigen technischen Vorrichtungen:* eine B. von Winderhitzern; **c)** Kurzf. von ↑ Mischbatterie. **3.** (ugs.) *große Anzahl von etw. Gleichartigem:* eine ganze B. [von] Champagnerflaschen; Hühner sollten nicht in -n *(Legebatterien)* gehalten werden. **4.** [wohl über engl. battery = Schlagzeug(gruppe)] *Schlagzeuggruppe einer Band od. eines Orchesters.*

bat|te|rie|be|trie|ben ⟨Adj.⟩: *mit einer Batterie* (2 a), *mit Batterien betrieben:* ein -er Wecker.

Bat|te|rie|ge|rät, das (Elektrot.): *Gerät, das mit einer Batterie* (2 a) *betrieben wird.*

Bat|te|rie|hal|tung, die ⟨o. Pl.⟩ (Landwirtsch.): *das Halten von Legehennen in Legebatterien.*

Bat|te|rie|strom, der ⟨o. Pl.⟩: *elektrischer Strom aus einer Batterie* (2 a).

◆ **bat|tie|ren** ⟨sw. V.; hat⟩ [frz. battre, ↑ Batterie]: *(beim Fechten) dem Gegner mit einem starken Schlag auf die Klinge die Waffe aus der Hand schlagen:* ⟨subst.:⟩ Der Deutsche ... wusste mit Battieren und Ligieren seinen Gegner ein über das andre Mal zu entwaffnen (Goethe, Dichtung u. Wahrheit 4).

Battr. = Batterie.

Bat|zen, der; -s, - [zu veraltet, noch mundartl. batzen = klebrig, weich sein, zusammenkleben, Intensivbildung zu ↑² backen, wegen der Aussehens der sog. Dickpfennige]: **1.** (ugs.) **a)** *größerer unförmiger Klumpen (aus einer weichen, klebrigen Masse):* ein B. Eis, Lehm; **b)** *sehr viel Geld:* das hat einen [schönen] B. [Geld] gekostet. **2. a)** *(im Wert zwischen Gulden u. Kreuzer rangierende) Münze;* **b)** (schweiz. veraltend) *Zehnrappenstück.*

◆ **Bat|zen|flö|te,** die [eigtl. = Flöte, die nur einen Batzen (2 a) kostet]: *einfache Holzflöte bes. als Spielzeug für Kinder:* ... dass die Kinder auf Blättern schalmeiten und in -n stießen (Jean Paul, Wutz 29).

Bau, der; -[e]s, -e u. -ten [mhd., ahd. bū, urspr. = Errichtung eines Wohnsitzes u. Bearbeitung des Feldes beim Sesshaftwerden; zusammengefallen mit einem alten Fem. »Baute«, ↑ Baute]: **1.** ⟨o. Pl.⟩ *das Bauen, Errichten, Herstellen:* der B. von Schulen, Straßen; etw. ist im/(auch:) in B. *(es wird daran gebaut).* **2.** ⟨o. Pl.⟩ **a)** *Art, in der etw. gebaut, [kunstvoll] aus seinen Teilen zusammengefügt ist; Struktur:* der B. eines Dramas untersuchen; **b)** *Körperbau:* das Mädchen ist von schlankem, zartem B. **3.** ⟨o. Pl.⟩ (ugs.) *Baustelle, Platz, wo gebaut wird:* auf dem B. arbeiten; zum B. gehen; * vom B. [sein] (ugs.; *vom Fach [sein]*). **4.** ⟨Pl. -ten⟩ *[größeres] Bauwerk, Gebäude:* ein lang gestreckter, moderner B.; historische -ten vor dem Verfall bewahren. **5. a)** ⟨Pl. -e⟩ *Höhle als Unterschlupf bestimmter*

Säugetiere: der Fuchs fährt aus seinem B.; **b)** ⟨o. Pl.⟩ (salopp) *Wohnung, Behausung:* bei dem Wetter rührt sich niemand aus seinem B.; **c)** ⟨o. Pl.⟩ (Soldatenspr.) *Gebäude, Raum, in dem Soldaten ihre Freiheitsstrafe verbüßen:* in den B. kommen *(mit einer Freiheitsstrafe bestraft werden);* **d)** ⟨Pl. -e⟩ (Bergbau) *ausgebauter Stollen, Grube:* die alten -e sind eingestürzt. **6.** ⟨o. Pl.⟩ (Soldatenspr.) *Strafe, die im Bau* (5 c) *verbüßt wird:* drei Tage B. bekommen; zu zwei Monaten B. verurteilt werden.
Bau|ab|nah|me, die: **1.** *behördliche Bestätigung, dass ein Bauvorhaben entsprechend der Baugenehmigung ausgeführt wurde.* **2.** *Überprüfung eines ausgeführten Baues durch den Bauherrn.*
Bau|ab|schnitt, der: **1.** *Zeitabschnitt, in dem etw. gebaut wird.* **2.** *etw., was in einem bestimmten Zeitabschnitt gebaut wird:* mit dem nächsten B. wird erst im Frühjahr begonnen.
Bau|amt, das: *Baubehörde.*
Bau|an|trag, der: *Antrag auf eine Baugenehmigung:* einen B. stellen, einreichen, genehmigen, ablehnen.
Bau|ar|bei|ten ⟨Pl.⟩: *Arbeiten auf einem Bau* (3), *auf einer Baustelle:* Umleitung wegen B.
Bau|ar|bei|ter, der: *Arbeiter auf einem Bau* (3).
Bau|ar|bei|te|rin, die: w. Form zu ↑ Bauarbeiter.
Bau|art, die: *Art und Weise, wie ein Gebäude o. Ä. gebaut ist.*
Bau|auf|sicht, die: *Überwachung der Einhaltung der gesetzlichen Vorschriften für alle Bauten durch die Baupolizei.*
Bau|auf|sichts|be|hör|de, die: *für die Bauaufsicht zuständige Behörde.*
Bau|aus|schuss, der: *Ausschuss* (2), *der Baumaßnahmen überprüft u. beschließt.*
Bau|ba|ra|cke, die (bes. schweiz.): *Baracke für die Bauarbeiter.*
Bau|be|ginn, der: *Beginn der Bauarbeiten.*
Bau|be|hör|de, die: *städtische od. staatliche Behörde, die für das Bauwesen zuständig ist.*
Bau|be|wil|li|gung, die (bes. österr.): *Baugenehmigung.*
Bau|bio|lo|gie, die: *Lehre von den ganzheitlichen Beziehungen zwischen Lebewesen u. ihrer bebauten Umwelt.*
bau|bio|lo|gisch ⟨Adj.⟩: *die Baubiologie betreffend, ihren Anforderungen entsprechend:* ein nach -en Gesichtspunkten errichtetes Gebäude.
Bau|boom, der: *Hochkonjunktur im Bauwesen.*
Bauch, der; -[e]s, Bäuche [mhd. būch, ahd. būh, urspr. = Gewölbtes]: **1. a)** *(bei Wirbeltieren einschließlich des Menschen) unterer Teil des Rumpfes zwischen Zwerchfell u. Becken:* den B. vorstrecken; die Ärztin tastete ihm den B. ab; jmdm. den B. aufschneiden (salopp: *bei jmdm. einen Bauchschnitt machen);* auf dem B. schlafen; die Zeitung las er auf dem B. liegend; * **sich** ⟨Dativ⟩ **[vor Lachen] den B. halten** (ugs.: *sehr lachen müssen);* **auf den B. fallen** (ugs.: *etw. nicht erreichen; scheitern:* mit seiner Eingabe ist er auf den B. gefallen); **vor jmdm. auf dem B. liegen/kriechen** (ugs. abwertend; *jmdm. gegenüber unterwürfig sein);* **b)** *sich vorwölbender Teil des Bauches* (1 a) *(als Anzeichen von Beleibtheit):* ein dicker, spitzer B.; einen B. ansetzen, haben; die Hände über dem B. falten; Ü der B. *(die Wölbung)* eines Kruges; Sein Anzug hatte zu schmale Schultern und zu kurze Ärmel, an den Ellbogen und Knien bildete er Bäuche (Musil, Mann 1 326); **c)** *Gefühl, Instinkt:* sie vertraut weniger ihrem Kopf als vielmehr ihrem B.; etw. mit dem Kopf und mit dem B. begreifen; der Entscheidung kam es aus dem B. heraus. **2.** (ugs.) *innerer Teil des Rumpfes, in dem sich die Umsetzung u. Verdauung der Nahrung abspielen; Magen [u. Darm]:* einen leeren B. haben; sie hat sich den B. vollgeschlagen (sehr viel gegessen); mir tut der B. weh; nichts im B. haben *(noch nichts gegessen haben u. daher hungrig sein);* Ü im B. *(im Innern) des Schiffes;* Spr ein voller B. studiert nicht gern *(ein satter Mensch ist träge u. denkfaul;* nach lat. plenus venter non studet libenter); * **aus dem hohlen B.** (ugs.; *ohne gründliche Vorbereitung, ohne sich vorher fachlich orientiert zu haben:* die Frage kann er dir nicht so aus dem hohlen B. beantworten).
Bauch|an|satz, der: *sich abzeichnende, sichtbar werdende Bildung eines Bauches* (1 b): sein B. war nicht zu übersehen.
Bauch|at|mung, die: *Zwerchfellatmung.*
Bauch|bin|de, die: **1.** *Leibbinde.* **2. a)** (ugs.) *Papierring um eine Zigarre [als Zeichen ihrer Qualität];* **b)** (Verlagsw.) *mit einem Werbetext bedruckter Papierstreifen, der über den Schutzumschlag eines Buches gelegt wird.*
Bauch|de|cke, die (Anat.): *Muskel- u. Bindegewebsschicht über den Organen in der Bauchhöhle.*
Bäu|chel|chen, das; -s, -: Vkl. zu ↑ Bauch (1).
bau|chen, sich ⟨sw. V.; hat⟩: *sich wölben:* die Gardinen bauchten sich; gebauchte Segel.
Bauch|ent|schei|dung, die: *Entscheidung nach Gefühl.*
Bauch|fell, das (Anat.): *Haut, die die Bauchhöhle auskleidet u. an der die Eingeweide befestigt sind; Peritoneum.*
Bauch|fell|ent|zün|dung, die: *Entzündung im Bereich des Bauchfells; Peritonitis.*
Bauch|fleisch, das: *Fleisch bes. vom Schweinebauch.*
Bauch|flos|se, die: *Flosse am Bauch eines Fisches.*
bauch|frei ⟨Adj.⟩: *den Bauch* (1 a) *frei, unbedeckt lassend:* -e Tops, T-Shirts; sie geht im Sommer gern b.
Bauch|ge|fühl, das: *emotionale, nicht vom Verstand geleitete Einschätzung; Intuition:* auf sein B. hören, vertrauen.
Bauch|grim|men, das; -s [zu ↑² grimmen]: *leichter Bauchschmerz:* Ü sie stimmten nur mit B. (Zweifeln) zu.
Bauch|gurt, der: *Gurt um den Bauch des Pferdes (als Teil des Pferdegeschirrs u. des Sattelzeugs).*
Bauch|höh|le, die (Anat.): *Hohlraum des Bauches, in dem die Organe liegen.*
Bauch|höh|len|schwan|ger|schaft, die (Med.): *Entwicklung einer Leibesfrucht außerhalb der Gebärmutter.*
bau|chig ⟨Adj.⟩: **1.** (seltener) *einen Bauch* (1 b) *habend, beleibt:* ein -er Endvierziger. **2.** *eine Wölbung, eine gleichmäßige runde Verdickung aufweisend:* eine -e Vase.
bäu|chig ⟨Adj.⟩ (selten): *bauchig* (1).
Bauch|klat|scher, der; -s, - (ugs.): *ungeschicktes Auftreffen mit dem Bauch auf dem Wasser beim Kopfsprung.*
Bauch|knei|fen, Bauch|knei|pen, das; -s (ugs.): *Bauchschmerz.*
Bauch|la|den, der ⟨Pl. ...läden⟩ (ugs.): *an einem um den Hals gelegten Riemen befestigtes u. vor dem Bauch getragenes Brett od. kastenähnlicher Gegenstand, auf dem Waren kleineren Formats zum Kauf angeboten werden.*
Bauch|lan|dung, die (Fliegerspr. Jargon): *Landung mit eingezogenem Fahrwerk auf der Rumpfunterseite des Flugzeugs:* machte notgedrungen eine B.; Ü die neue Talkshow machte eine B. *(wurde ein Reinfall, ein Misserfolg).*
Bauch|lein, das; -s, -: Vkl. zu ↑ Bauch.
bäuch|lings ⟨Adv.⟩ [mhd. biuchelingen]: *auf den Bauch:* sich b. auf den Boden werfen.
Bauch|mus|kel, der ⟨meist Pl.⟩: *Muskel der Bauchdecke.*
Bauch|na|bel, der (ugs.): *Nabel.*
Bauch|na|bel|pier|cing, das: *Nabelpiercing.*
Bauch|or|gan, das: *im Bauch* (1 a) *befindliches Organ.*
bauch|pin|seln: ↑ gebauchpinselt.
bauch|re|den ⟨sw. V.; hat; meist im Inf.⟩: *ohne Lippenbewegung mit dem Kehlkopf sprechen.*
Bauch|red|ner, der [nach lat. ventriloquus, aus: venter = Bauch u. loqui = reden; die Stimme scheint aus dem Bauch zu kommen]: *jmd., der bauchreden kann [u. bes. im Zirkus od. Varieté auftritt]; Ventriloquist.*
Bauch|red|ne|rin, die: w. Form zu ↑ Bauchredner.
Bauch|schmerz, der ⟨meist Pl.⟩: *Schmerz im Bauch:* Ü die Situation bereitet mir -en *(Sorgen).*
Bauch|schnitt, der (Med.): *Öffnung der Bauchhöhle durch einen operativen Eingriff.*
Bauch|schuss, der: *[Verwundung durch einen] Schuss in den Bauch.*
Bauch|sei|te, die: *Unterseite bei Wirbeltieren.*
Bauch|spei|chel|drü|se, die: *in der Bauchhöhle hinter dem Magen quer liegendes Organ, das Eiweiß, Fett u. Kohlenhydrate zerlegende Enzyme absondert; Pankreas.*
Bauch|tanz, der: *orientalischer Tanz, bei dem die Tänzerin Hüften u. Bauchmuskeln rhythmisch bewegt.*
bauch|tan|zen ⟨sw. V.; meist nur im Inf.⟩: *einen Bauchtanz aus-, vorführen.*
Bauch|tän|zer, der: *Tänzer, der Bauchtänze vorführt.*
Bauch|tän|ze|rin, die: *Tänzerin, die Bauchtänze vorführt.*
Bau|chung, die; -, -en: *bauchige Stelle, Wölbung.*
Bauch|wand, die ⟨Pl. selten⟩: *innere Seite der Bauchdecke.*
Bauch|weh, das ⟨o. Pl.⟩ (ugs.): *Bauchschmerz.*
Bauch|zwi|cken, das; -s (ugs.): *Bauchschmerz.*
Baud [baut, boːt], das; -[s], - [nach dem frz. Ingenieur E. Baudot (1845–1903)] (Telefonie): *Einheit der Telegrafiergeschwindigkeit:* der Fernschreiber hat 50 B. je Sekunde.
Bau|dar|le|hen, das: *Darlehen, das für ein Bauvorhaben gewährt wird.*
Bau|de, die; -, -n (ostmd.): **1.** [tschech. bouda < mhd. buode, ↑ Bude] *abgelegene Hütte im Gebirge [mit nur einem Raum].* **2.** *Berggasthof.*
Bau|den|abend, der (ostmd.): *geselliges abendliches Beisammensein auf einer Baude* (2); *Hüttenabend.*
Bau|denk|mal, das: *Bauwerk als Denkmal vergangener Baukunst.*
Bau|ele|ment, das: *vorgefertigtes Teilstück für den Bau von Häusern, Maschinen u. Ä.;* ²*Bauteil.*
bau|en ⟨sw. V.; hat⟩ [mhd. būwen, ahd. būan = wohnen, bewohnen, Landwirtschaft betreiben, urspr. = wohnen; werden]: **1.** *nach einem bestimmten Plan in einer bestimmten Bauweise ausführen [lassen], errichten, anlegen:* Städte, Brücken, Eisenbahnen, Straßen b.; er hat [sich, für sich u. seine Eltern] ein Haus gebaut; die Schwalben bauen ihre Nester unter dem/(auch:) unter das Dach; Ü einen neuen Staat b. *(schaffen);* wir müssen noch die Betten b. (ugs. scherzh.; *machen, in Ordnung bringen*); es ist gut gebaut (ugs.; *hat eine gute Figur*). **2. a)** *einen Wohnbau errichten, ausführen [lassen]:* sie haben kürzlich gebaut; **b)** *einen Bau in bestimmter Weise ausführen:* die Firma baut sehr solide; fest, stabil, großzügig gebaute Häuser. **3.** *mit dem Bau* (1) *von etw. beschäftigt sein:* an einer Brücke, Kirche, Zufahrtsstraße b. **4. a)** *entwickeln, konstruieren:* einen Rennwagen, ein neues Modell b.; **b)** *herstellen, anfertigen:* Schiffe, Atombomben, Maschinen b.; Ü einen Satz b. (Sprachwiss.; *konstruieren*). **5.** (Fachspr.) *in bestimmter Weise technisch her-*

Bauentwurf – Baukonjunktur

gestellt, gebaut sein: der Boxermotor baut flach. **6.** *sich auf jmdn., etw. verlassen können; jmdm. fest vertrauen:* auf jmds. Wort b.; auf diesen Mann, seinen Mut können wir b. **7.** (ugs.) **a)** *(eine Prüfung o. Ä.) machen, ablegen:* das Abitur, das Examen, den Doktor b.; **b)** *(etw. Negatives) machen, verursachen:* einen Unfall, Sturz b.; er hat Mist gebaut *(alles falsch gemacht).* **8. a)** (selten) *zu Ertragszwecken anbauen:* Weizen, Wein b.; **b)** (veraltet) *(Land) bestellen, mit etw. bebauen:* den Boden, einen Acker b. ◆ **9.** ⟨b. + sich⟩ *sich als Bauwerk erheben, gebaut sein:* ... wo überm Sturzbach sich die Brücke baut (Kleist, Käthchen III, 6).

Bau|ent|wurf, der: *zeichnerischer Entwurf zu einem Bau* (4).

¹Bau|er, der; -n (selten: -s), -n [mhd. (ge)būre, ahd. gibūro, zu: būr = Wohnung, eigtl. = Mitbewohner, Dorfgenosse]: **1. a)** *jmd., der berufsmäßig Landwirtschaft betreibt; Landwirt:* er ist B.; sie holt bei einem -n frische Eier; **Spr** die dümmsten -n haben die dicksten/größten Kartoffeln (wird gesagt, wenn jmd. mühelos u. völlig unverdient Erfolg hat); was der B. nicht kennt, frisst er nicht (wird gesagt, wenn jemand eine ihm unbekannte Speise ablehnt); **b)** (ugs. abwertend) *grober, ungehobelter Mensch:* er ist ein richtiger B. **2. a)** *niedrigste Figur beim Schachspiel:* einen -n opfern; **b)** *(in vielen geläufigen Kartenspielen) in der Rangfolge an vierter Stelle stehende Spielkarte; Bube, Wenzel, Unter.*

²Bau|er, das, auch: der; -s, - [mhd. būr; ahd. būr = Haus, Kammer, Zelle, zu ↑ bauen]: *Vogelkäfig:* der Vogel sitzt im B.

³Bau|er, der; -s, -: *Be-, Erbauer.*

Bäu|er|chen, das; -s, -: Vkl. zu ↑ ¹Bauer (1 a): *[ein] B. machen* (fam.: *[von Säuglingen] aufstoßen*).

Bau|e|rin, die; -, -nen: w. Form zu ↑ ³Bauer.

Bäu|e|rin, die; -, -nen [mhd. būrīn, gebūrinne]: w. Form zu ↑ ¹Bauer (1 a).

bäu|e|risch: ↑ bäurisch.

Bäu|er|lein, das; -s, -: Vkl. zu ↑ ¹Bauer.

bäu|er|lich ⟨Adj.⟩ [mhd. būrlich, gebūrlich; ahd. gebūrlīh = die Mitbewohner, Dorfgenossen betreffend]: *die ¹Bauern (1 a) betreffend, zu ihnen gehörend, von ihnen stammend:* die -e Kunst; -er Hausrat; sie leben alle ganz b.

Bau|ern|auf|stand, der (Geschichte): *Aufstand der Bauern im Feudalismus.*

Bau|ern|brot, das: **a)** *auf einem Bauernhof gebackenes Brot;* **b)** *dunkles, nach Art der Bauern gebackenes Brot.*

Bau|ern|bub (südd., österr., schweiz.), **Bau|ern|bur|sche,** der: *Sohn von Bauern; junger Mann vom Land.*

Bau|ern|dorf, das: *vorwiegend von Bauern bewohntes Dorf.*

Bau|ern|fang, der: nur in der Wendung *auf B. ausgehen* (ugs.: *auf leicht durchschaubare Weise seine Mitmenschen zu betrügen versuchen*).

Bau|ern|fän|ger, der [aus der Berliner Gaunerspr.; zu: fangen = überlisten, urspr.: durchtriebener Städter, der die etwas schwerfälligen Bewohner auf dem Lande betrügt] (abwertend): *plumper Betrüger.*

Bau|ern|fän|ge|rei, die; -, -en (abwertend): *plumper [leicht durchschaubarer] Betrug.*

Bau|ern|frau, die: *Bäuerin.*

Bau|ern|früh|stück, das: *Mahlzeit aus Bratkartoffeln mit Rührei u. Speck.*

Bau|ern|haus, das: *Haus von Bauern.*

Bau|ern|hoch|zeit, die: *mit großem Aufwand, oft mehrtägig gefeierte Hochzeit auf einem Bauernhof, -gut.*

Bau|ern|hof, der: *Hof* (2).

Bau|ern|ka|len|der, der: *Sammlung von Bauernregeln, die sich bes. auf das Wetter beziehen.*

Bau|ern|krieg, der (Geschichte): *revolutionäre Bewegung der Bauern im Feudalismus.*

Bau|ern|lüm|mel, der (abwertend): *ungeschliffener, rüpelhafter junger Mann vom Land.*

Bau|ern|mäd|chen, das: *Tochter von Bauern; Mädchen vom Land.*

Bau|ern|magd, die (veraltend): *Magd* (1) *bei einem Bauern.*

Bau|ern|mö|bel, das ⟨meist Pl.⟩: *Möbel im bäuerlichen Stil.*

Bau|ern|op|fer, das (Schach): *das Preisgeben, Schlagenlassen eines ¹Bauers (2 a) zugunsten einer bestimmten angestrebten Stellung:* durch das B. wurden für den Läufer die Diagonalen geöffnet; Ü die Entlassung des untergeordneten Beamten war ein echtes B. (geschah nur, um der eigene Position behalten zu können).

Bau|ern|par|tei, die: *politische Partei, die bes. die Interessen der Bauern vertritt.*

Bau|ern|re|gel, die: *altüberlieferte Lebensregel in Spruchform, bes. über das Wetter u. seine Auswirkungen auf die Landwirtschaft.*

Bau|ern|sa|me, Bauersame, die; - [mhd. gebūrsame] (schweiz. veraltend): *Bauernschaft.*

Bau|ern|schä|del, der (abwertend): **1. a)** *eigensinniger Mensch [vom Land];* **b)** *Starrsinnigkeit [eines Menschen vom Land]:* sein B. hat sich dem Vorschlag widersetzt. **2.** *kräftiger, breiter Schädel.*

Bau|ern|schaft, die; - [mhd. būrschaft]: *Gesamtheit der ¹Bauern* (1 a).

bau|ern|schlau ⟨Adj.⟩: *mit bäuerlicher Pfiffigkeit ausgestattet; pfiffig, gewitzt.*

Bau|ern|schläue, die: *das Bauernschlausein.*

Bau|ern|stand, der ⟨o. Pl.⟩: *Stand* (5 b) *der Bauern.*

Bau|ern|ster|ben, das; -s: *kontinuierliches Zurückgehen der Zahl bäuerlicher Betriebe durch Rationalisierung in der Landwirtschaft u. Landflucht der jüngeren Dorfbewohner.*

Bau|ern|tanz, der: *bäuerischer Volkstanz.*

Bau|ern|the|a|ter, das: **1.** *Theater, das ländliche Volksstücke aufführt.* **2.** *Laientruppe, deren Mitglieder der bäuerlichen Bevölkerung angehören.*

Bau|ern|tram|pel, der (österr. nur so), auch: das (ugs. abwertend): *Trampel.*

Bau|ern|ver|band, der: *Verband* (2) *von Bauern.*

Bau|er|sa|me: ↑ Bauernsame.

Bau|ers|frau, die: *Bäuerin.*

Bau|ers|leu|te ⟨Pl.⟩: **1.** w. Form zu ↑ Bauersmann. **2.** *Gesamtheit der Bäuerinnen u. Bauern.*

Bau|ers|mann, der ⟨Pl. ...leute⟩ (veraltet): *Bauer.*

Bäu|ert, die; -, -en [ahd. gibūrdia = Gegend, Provinz, zu: būr = Wohnung] (schweiz.): *Fraktion* (1 c).

Bau|er|war|tungs|land, das ⟨o. Pl.⟩: *Boden, der in Kürze zur Bebauung freigegeben werden soll.*

Bau|fach, das ⟨o. Pl.⟩: *Fachgebiet des Bauwesens.*

bau|fäl|lig ⟨Adj.⟩ [Zusb. aus Bau u. fallen]: *sich in schlechtem baulichem Zustand befindend, vom Einsturz bedroht.*

Bau|fi|nan|zie|rung, die: *Finanzierung von Bauvorhaben.*

Bau|fir|ma, die: *Firma, die die Ausführung von Bauvorhaben übernimmt.*

Bau|flucht, (österr. nur so:) **Bau|flucht|li|nie,** die: *Grenze, über die hinaus eine Bebauung nach dem Bebauungsplan der Gemeinde verboten ist.*

Bau|form, der: *für einen Bau, seinen Baustil charakteristische Form der Ausführung:* moderne, barocke -en.

Bau|fort|schritt, der: *Fortschritt beim Bau eines Gebäudes o. Ä.:* die Ratenzahlung erfolgt nach B. gemäß dem Zahlungsplan.

Bau|füh|rer, der: *jmd., der die Arbeiten auf einer Baustelle leitet.*

Bau|füh|re|rin, die: w. Form zu ↑ Bauführer.

Bau|ge|län|de, das: **1.** *Bauland.* **2.** *Bauplatz.*

Bau|geld, das: *zum Bauen benötigtes Geld.*

Bau|ge|neh|mi|gung, die: *(von der Bauaufsichtsbehörde erteilte) Genehmigung zur Errichtung eines Baues.*

Bau|ge|nos|sen|schaft, die: *auf gemeinnütziger Grundlage betriebene, durch Staat u. Gemeinde geförderte Genossenschaft, die für ihre Mitglieder [preisgünstige] Wohnbauten errichtet u. instand hält.*

Bau|ge|rüst, das: *bei Bauarbeiten verwendetes Gerüst.*

Bau|ge|schich|te, die: *Geschichte der Entstehung eines Bauwerks.*

Bau|ge|sell|schaft, die: *Gesellschaft* (4 b), *die Bauten finanziert.*

Bau|ge|spann, das (schweiz.): *Gespann* (3), *das die Ausmaße eines geplanten Gebäudes anzeigt.*

Bau|ge|wer|be, das: *Gesamtheit der an der Errichtung von Bauten beteiligten Betriebe.*

bau|gleich ⟨Adj.⟩: *gleiche Bauart, gleichen Bau* (2 a) *aufweisend:* das neue Modell ist mit seinem Vorgänger fast b.

Bau|gru|be, die: *für das Fundament eines Baues ausgeschachtete Grube:* die B. ausheben.

Bau|grund, der: **1.** ⟨o. Pl.⟩ *Bauland.* **2.** (bes. österr.) *Bauplatz.*

Bau|grund|stück, das: *Grundstück, das bebaut werden kann.*

Bau|hand|werk, das ⟨o. Pl.⟩: *Handwerk des Bauwesens.*

Bau|hand|wer|ker, der: *jmd., der das Bauhandwerk erlernt hat.*

Bau|hand|wer|ke|rin, die: w. Form zu ↑ Bauhandwerker.

Bau|herr, der; -[e]n, -[e]n: *Person od. Instanz, die einen Bau errichten lässt u. finanziert.*

Bau|her|ren|mo|dell, das: *Modell* (5 a) *zur Finanzierung von Wohn- od. Geschäftsbauten, bei dem unter bestimmten Voraussetzungen Steuervorteile erzielt werden können.*

Bau|her|rin, die: w. Form zu ↑ Bauherr.

Bau|hof, der: *Lagerplatz für Baumaterial.*

Bau|holz, das: *massives Holz, das zum Bau verwendet wird.*

Bau|hüt|te, die: **1.** *Hütte für die Bauarbeiter.* **2.** *[mittelalterliche] Vereinigung der Steinmetzen u. Bildhauer beim Kirchenbau.*

Bau|in|dus|t|rie, die: **1.** *Industriezweig, der Material für das Baugewerbe herstellt.* **2.** ⟨o. Pl.⟩ *Baugewerbe als Industriezweig.*

Bau|in|ge|ni|eur, der: *Ingenieur im Baufach.*

Bau|in|ge|ni|eu|rin, die: w. Form zu ↑ Bauingenieur.

Bau|jahr, das: **1.** *Jahr, in dem etw. gebaut wurde:* das B. des Hauses ist unbekannt. **2.** *Zeitabschnitt von einem Jahr, der bei einem Bauvorhaben verstreicht.*

Bau|kas|ten, der: *Kasten mit Bauklötzen als Kinderspielzeug.*

Bau|kas|ten|sys|tem, das: *Methode, größere Objekte, Anlagen o. Ä. aus vereinheitlichten, aufeinander abgestimmten kleineren Einzelteilen herzustellen (bes. im Maschinenbau):* Ü ein Waschmittel im B.

Bau|klam|mer, die: *große, schwere, beim Bauen verwendete Klammer aus Eisen.*

Bau|klotz, der ⟨Pl. ...klötze, ugs.: ...klötzer⟩: *Bauklötzchen:* mit Bauklötzen spielen; * **Bauklötze[r] staunen** (ugs.: *äußerst erstaunt sein*).

Bau|klötz|chen, das: *(mit mehreren anderen zusammen) von Kindern zum spielerischen Bauen von etw. verwendetes [Holz]klötzchen.*

Bau|ko|lon|ne, die: *Gruppe von Bauarbeitern im Straßen- od. Gleisbau.*

Bau|kon|junk|tur, die: *[günstige] Wirtschaftslage für das gesamte Bauwesen:* eine überhitzte B.

Bau|kon|zern, der: *Konzern der Bauindustrie* (2).
Bau|kos|ten ⟨Pl.⟩: *Kosten für einen Bau.*
Bau|kos|ten|zu|schuss, der: *Zuschuss, mit dem sich der Mieter an den Baukosten des Vermieters beteiligt.*
Bau|kran, der: *Kran* (1), *der beim Bauen verwendet wird.*
Bau|kre|dit, der: ¹*Kredit* (1 a), *der für ein Bauvorhaben gewährt wird.*
Bau|kunst, die: *das [sachgerechte, künstlerische] Bauen [einer Epoche, eines Volkes]; Architektur.*
Bau|land, das ⟨o. Pl.⟩: *Land, das bebaut werden kann.*
Bau|lei|ter, der: *jmd., der vom Bauherrn mit der Ausführung des Bauvorhabens beauftragt ist.*
Bau|lei|te|rin, die: w. Form zu ↑ Bauleiter.
Bau|lei|tung, die: **1.** ⟨o. Pl.⟩ *Leitung der Ausführung eines Baues: einen Architekten mit der B. beauftragen.* **2.** *Kreis von Personen, die mit der Ausführung eines Baues beauftragt sind.*
bau|lich ⟨Adj.⟩: *den, einen Bau betreffend: -e Veränderungen vornehmen.*
Bau|lich|keit, die ⟨meist Pl.⟩ (Papierdt.): *Bau* (4): *diese -en sind alle baufällig.*
Bau|lö|we, der (ugs., meist abwertend): *Bauunternehmer od. Bauherr, der [mit zweifelhaften Methoden] durch Errichten, Verkaufen o. Ä. vieler Bauten großen Profit zu machen versucht.*
Bau|lü|cke, die: *unbebautes od. Trümmergrundstück zwischen bebauten Grundstücken: die B. wird geschlossen.*
Bau|lust, die ⟨o. Pl.⟩ (ugs.): *Lust zum Bauen, bes. Investitionsbereitschaft bei Bauvorhaben: Steuervergünstigungen sollen die B. anregen.*
Baum, der; -[e]s, Bäume [mhd., ahd. boum, H. u.]: **1.** *Holzgewächs mit festem Stamm, aus dem Äste wachsen, die sich in Laub od. Nadeln tragende Zweige teilen: die Bäume werden grün, verlieren ihr Laub; einen B. fällen; er ist stark wie ein B. (sehr stark);* R *die Bäume wachsen nicht in den Himmel (jeder Erfolg hat seine Grenzen); einen alten B. soll man nicht verpflanzen (einen alten Menschen soll man nicht aus seiner gewohnten Umgebung reißen); es ist, um auf die Bäume zu klettern (ugs.; es ist zum Verzweifeln);* * *Bäume ausreißen [können]* (ugs.; *sehr viel leisten können, sodass einem nichts zu anstrengend ist*); **vom B. der Erkenntnis essen** (*durch Erfahrung klug, wissend werden; nach 1. Mos. 2, 9 einer der beiden mit Namen benannten Bäume im Garten Eden, von denen zu essen Gott Adam u. Eva verboten hatte; das Essen von diesem Baum ist im A. T. das Bild für den Ungehorsam des Menschen gegen Gott, die Erste Sünde am Anfang der Menschheitsgeschichte*); **zwischen B. und Borke sein/sitzen/stecken/stehen** (*in einem schweren Dilemma, in einer Zwickmühle sein; nach der Situation eines Beils, das sich beim Behauen eines Baumes verklemmt hat*). **2.** (ugs.) Kurzf. von ↑ Weihnachtsbaum: *den B. schmücken; sie haben als B. angesteckt.* **3.** (Math., Informatik) ¹*Graph mit mehreren Knoten* (4), *deren Verbindungslinien (Kanten) kein geschlossenes Netz bilden, sodass je zwei Knoten durch genau einen Weg miteinander verbunden sind.*
Bau|markt, der: **1.** *wirtschaftlicher, finanzieller Bereich des Bauens: es herrscht eine Flaute auf dem B.* **2.** *Verkaufsstätte für Baumaterialien, Werkzeuge o. Ä.: Tapeten im B. kaufen.*
baum|arm ⟨Adj.⟩: *einen nur geringen Baumbestand aufweisend: eine -e Landschaft.*
baum|ar|tig ⟨Adj.⟩: *einem Baum ähnlich, wie ein Baum aussehend, wirkend: -e Pflanzen, Sträucher.*
Bau|ma|schi|ne, die: *beim Bauen* (1) *verwendete Maschine.*

Bau|maß|nah|me, die ⟨meist Pl.⟩: *Durchführung eines Bauprojektes:* dringende, komplizierte, notwendige -n; *eine B. ausschreiben.*
Bau|ma|te|ri|al, das: *zum Bauen* (1) *verwendetes Material.*
Baum|be|stand, der: *vorhandene Menge von Bäumen.*
Baum|blü|te, die: **1.** *das Blühen der [Obst]bäume.* **2.** *Zeit, in der die Bäume blühen: während der B. eine Fahrt ins Grüne unternehmen.*
Bäum|chen, das; -s, -: Vkl. zu ↑ Baum: * **B., wechsle dich** (1. *Kinderspiel, bei dem alle Mitspieler außer einem an je einem Baum stehen u. auf den Ruf des in der Mitte stehenden Spielers »Bäumchen, wechsle dich« hin zu einem anderen Baum laufen, während dieser eine versucht, auch einen freien Baum zu erreichen.* ugs. scherzh.; *Partnerwechsel).*
Bau|meis|ter, der: **a)** (früher, noch österr. u. schweiz.) *selbstständiger Bauunternehmer; Bauhandwerker od. Bautechniker mit Meisterprüfung (Berufsbez.);* **b)** (im Altertum u. im MA.) *Architekt; Erbauer [eines berühmten Bauwerks].*
Bau|meis|te|rin, die: w. Form zu ↑ Baumeister (a).
bau|meln ⟨sw. V.; hat/(südd., österr., schweiz.:) ist⟩ *[entweder eigtl. = an einem Baum hängend sich hin u. her bewegen od. urspr. sächs.-thüring. Nebenf. des landsch. Verbs bammeln, dieses urspr. lautm. zu bam; nach dem Hin- und Herschwingen der Glocke]:* **1.** (ugs.) **a)** *von etw. herabhängen u. [gleichmäßig] hin u. her schwingen: ich baum[e]le am Seil; Sie hat sich zur Ankunft ganz neu eingekleidet, bunt wie ein Specht, überall glitzert und baumelt was* (Kronauer, Bogenschütze 81); **b)** *hin und her schwingen lassen: er hing an einem Ast und baumelte mit den Beinen.* **2.** (derb) *am Galgen hängen: ich werde ihn noch am Kerl b. sehen.*
bäu|men, sich ⟨sw. V.; hat⟩: **1.** [mhd. boumen (von Pferden), eigtl. = wie ein Baum in die Höhe streben] *sich plötzlich, ruckartig aufrichten, eine aufrechte Haltung annehmen: das Pferd bäumte sich unter seiner Reiterin.* **2.** (geh.) *sich sträuben, sich gegen etw. auflehnen: sich gegen das Schicksal b.*
Baum|farn, der: *(in mehreren Arten vorkommender) Farn mit aufrechtem, verholztem, sehr hohem Stamm.*
Baum|fre|vel, der: *gegen das Feld- u. Forstpolizeigesetz verstoßende Beschädigung von Bäumen.*
Baum|gren|ze, die: *klimatisch bedingte Grenze, bis zu der normaler Baumwuchs noch möglich ist.*
Baum|grup|pe, die: *Gruppe von beieinanderstehenden Bäumen.*
Baum|harz, das: ¹*Harz.*
Baum|haus, das: *in eine Baumkrone hineingebaute kleine Hütte (bes. zum Spielen für Kinder).*
baum|hoch ⟨Adj.⟩: *die Höhe eines Baumes aufweisend:* baumhohe Farne.
Baum|höh|le, die: *Höhlung in einem meist älteren Baumstamm.*
Bau|mi|nis|ter, der (ugs.): *für Bauwesen u. Stadtentwicklung zuständiger Minister.*
Bau|mi|nis|te|rin, die: w. Form zu ↑ Bauminister.
Bau|mi|nis|te|ri|um, das (ugs.): *für Bauwesen u. Stadtentwicklung zuständiges Ministerium.*
Baum|kro|ne, die: *vom Astwerk gebildeter Teil des Baumes, der als Ganzes eine mehr od. weniger ausladende Form hat: die -n bewegten sich.*
Baum|ku|chen, der: *schichtweise gebackener, hoher, zylindrisch geformter Kuchen aus Biskuitteig.*

baum|lang ⟨Adj.⟩ (ugs.): *(von Menschen) sehr groß.*
baum|los ⟨Adj.⟩: *keinen Baumbestand aufweisend.*
baum|reich ⟨Adj.⟩: *einen reichen Baumbestand aufweisend.*
Baum|rie|se, der (geh.): *alter, mächtiger Baum.*
Baum|rin|de, die: *Rinde* (1) *eines Baums.*
Baum|sche|re, die: *stabile Schere zum Abschneiden von Blumen, Zweigen von Bäumen u. Sträuchern u. Ä.*
Baum|schlag, der: *Darstellungsweise des Laubwerks in der bildenden Kunst:* ♦ *Der leise Kirschbaum vor dem Fenster malte auf den Grund von Mondlicht aus Schatten einen bebenden B. in die Stube* (Jean Paul, Wutz 47).
Baum|schnitt, der: **1.** *Beschneiden der Baumkrone.* **2.** ⟨o. Pl.⟩ *beim Baumschnitt* (1), *beim Beschneiden von Sträuchern, Hecken o. Ä. anfallender Abfall.*
Baum|schu|le, die: *gärtnerische od. forstwirtschaftliche Anlage, in der Bäume u. Sträucher aus Sämlingen gezogen werden.*
Baum|stamm, der: *senkrecht gewachsener fester, verholzter Teil des Baumes, über den sich die verästelte, Laub od. Nadeln tragende Krone erhebt.*
baum|stark ⟨Adj.⟩: *(von Männern) sehr stark, kräftig [gebaut]:* ein langer, -er Kerl.
Baum|step|pe, die: *Gebiet in halbtrockenem Klima mit meist spärlichem Bewuchs von Gras u. einzelnen Baumgruppen.*
Baum|ster|ben, das; -s: *verstärkt auftretendes Absterben von Bäumen [infolge hoher Luftverschmutzung].*
Baum|strunk, der: *Baumstumpf.*
Baum|stumpf, der: *[in der Erde befindlicher] Rest eines gefällten Baumes.*
Baum|wip|fel, der: *Wipfel eines Baumes.*
Baum|wol|le, die [mhd. boumwolle; wohl nach der Überlieferung des griech. Historikers Herodot von Wolle tragenden indischen Bäumen]: **1.** *Malvengewächs mit großen Blättern, gelben Blüten u. walnussgroßen Kapselfrüchten (bes. in heißen Gegenden) in Strauchform gezogen wird u. dessen Samenfäden zu Baumwollgarn versponnen werden: B. anpflanzen.* **2.** *Baumwollernte* (2): *die B. wird in Ballen gepresst.* **3.** *Gewebe aus Baumwolle* (2): *ein Hemd aus reiner B.*
baum|wol|len ⟨Adj.⟩: *aus Baumwolle* (2) *hergestellt:* ein -es Oberhemd.
Baum|wol|lern|te, die: **1.** *das Ernten der Samenfäden der Baumwolle* (1). **2.** *Gesamtheit der geernteten Samenfäden der Baumwolle* (1).
Baum|woll|fa|ser, die: *Naturfaser der Baumwollpflanze.*
Baum|woll|feld, das: *mit Baumwolle* (1) *bebautes Feld.*
Baum|woll|garn, das: *Garn aus Baumwolle* (2).
Baum|woll|ge|we|be, das: *Gewebe aus Baumwollgarn.*
Baum|woll|hemd, das: *Hemd aus Baumwolle* (1).
Baum|woll|pflan|ze, die: *Baumwolle* (1).
Baum|woll|pflü|cker, der: *zur Baumwollernte* (1) *eingesetzte Arbeitskraft.*
Baum|woll|pflü|cke|rin, die: w. Form zu ↑ Baumwollpflücker.
Baum|woll|plan|ta|ge, die: *Plantage, auf der Baumwolle angebaut wird.*
Baum|woll|sa|men, der: *Samen der Baumwollpflanze.*
Baum|woll|spin|ne|rei, die: *Spinnerei, in der Baumwolle* (2) *verarbeitet wird.*
Baum|woll|stoff, der: *Stoff aus Baumwolle* (2).
Baum|woll|tuch, das ⟨Pl. ...tücher⟩: *Tuch aus Baumwolle* (2).
Baum|wuchs, der: **1.** *Wachstum der Bäume:* den

B. durch Düngen beschleunigen. **2.** *Form, Gestalt eines Baumes:* der eigenartige B. im Mittelmeerraum ist klimatisch bedingt.

Baun|zerl, das; -s, -[n] [H. u.] (österr.): *mürbes Milchbrötchen.*

Bau|ord|nung, die: *Verordnung, die die baupolizeilichen Richtlinien für die statische Berechnung u. Ausführung von Bauvorhaben enthält.*

Bau|par|zel|le, die: *(vermessenes) kleines Stück Land als Bauland.*

Bau|plan, der: **1.** *Bauvorhaben.* **2.** *Entwurf für etw., was gebaut werden soll.*

Bau|platz, der: *für einen [Neu]bau bestimmtes Grundstück.*

Bau|po|li|zei, die: *[Beamte der] Bauaufsichtsbehörde.*

bau|po|li|zei|lich ⟨Adj.⟩: *die Baupolizei betreffend; durch die Baupolizei [durchzuführend].*

Bau|preis, der: *Preis für einen Bau.*

Bau|pro|gramm, das: **1.** *Aufstellung von Bauvorhaben für einen bestimmten Zeitraum.* **2.** *Programm für die Durchführung eines Bauvorhabens.*

Bau|pro|jekt, das: *[größeres] Bauvorhaben.*

Bau|rat, der: *leitender Beamter eines Bauamts.*

Bau|rä|tin, die: w. Form zu ↑ Baurat.

Bau|recht, das (Rechtsspr.): **1.** ⟨o. Pl.⟩ *Gesamtheit der rechtlichen Normen, die das Bauen (1, 2) betreffen.* **2.** *Recht des Eigentümers eines Grundstücks auf Erteilung einer Baugenehmigung, wenn der Bauplan baupolizeilich zugelassen ist.*

bau|recht|lich ⟨Adj.⟩: *das Baurecht betreffend, ihm entsprechend:* -e Vorschriften.

bau|reif ⟨Adj.⟩: **a)** *(von Grundstücken o. Ä.) erschlossen u. zur Bebauung freigegeben:* -e Grundstücke; **b)** *so weit vorgeplant, dass mit dem Bau begonnen werden kann:* ein -es Projekt.

bäu|risch ⟨Adj.⟩, (seltener:) **bäue|risch** ⟨Adj.⟩ [mhd. (ge)biurisch, zu ↑ ¹Bauer (1 b)] (abwertend): *unfein, plump, grobschlächtig:* ein -es Benehmen.

Bau|ru|i|ne, die (ugs.): *angefangener u. nicht weitergeführter Bau.*

Bau|sach|ver|stän|di|ge ⟨vgl. Sachverständige⟩: *Sachverständige (1) auf dem Gebiet des Bauwesens.*

Bau|sach|ver|stän|di|ger ⟨vgl. Sachverständiger⟩: *Sachverständiger (1) auf dem Gebiet des Bauwesens.*

Bau|satz, der: *Satz (6) vorgefertigter Bauteile, aus denen jmd. etw. (z. B. ein Haus, ein Auto, ein technisches Spielzeug o. Ä.) selbst bauen kann.*

◆ **Baus|ba|cke:** ↑ Pausbacke: ... der Waldhornist ließ ... seine -n wieder einfallen (Eichendorff, Taugenichts 85).

Bausch, der; -[e]s, -e u. Bäusche [mhd. büsch = Wulst, Bausch, auch: Schlag (mit einem Knüppel), verw. mit ↑ Beule]: **1.** *stark gebauschter Stoff[wulst]: die von gerafftem Taft.* **2. a)** *etw. Weiches, Wollartiges, das leicht zusammengeknüllt ist:* ein B. Watte, Zellstoff; **b)** *(veraltet) Kompresse.* **3.** * **in B. und Bogen** *(insgesamt, ganz und gar, ohne das Einzelne zu berücksichtigen; aus dem Rechts- u. Kaufmannsspr., urspr. = Abmessung von Grundstücken ohne Rücksicht auf auswärts [= Bausch] od. einwärts [= Bogen] laufende Grenzstücke: etw. in B. und Bogen verurteilen, ablehnen).*

Bäusch|chen, das; -s, -: Vkl. zu ↑ Bausch (1, 2a).

bau|schen ⟨sw. V.; hat⟩ [mhd. büschen = schlagen, klopfen, beeinflusst von frühnhd. bausen = schwellen]: **1.** *[in lockere, duftige Form bringen u. dabei] stark hervortreten lassen, prall machen:* der Wind bauschte die Segel. **2.** *[durch viele duftige Falten] stark hervortreten, füllig werden; sich wölben:* die Ärmel bauschen; ⟨meist b. + sich⟩: die Vorhänge bauschten sich.

Bau|schen, der; -s, -: (bayr., österr.): *Bausch (2 a).*

bau|schig ⟨Adj.⟩ [zu ↑ bauschen]: *wie ein Bausch (1, 2a) beschaffen, füllig, weich, nach außen gewölbt:* -e Gewänder.

Bäusch|lein, das; -s, -: Vkl. zu ↑ Bausch.

Bau|schlos|ser, der: *im Baufach tätiger Schlosser.*

Bau|schlos|se|rin, die: w. Form zu ↑ Bauschlosser.

Bau|schutt, der: *beim Bauen anfallender Schutt, Abfall.*

bau|seits ⟨Adv.⟩ [↑ -seits] (Bauw.): *an die, zur Baustelle; bei der Baustelle, am Bau:* die Fenster wurden b. geliefert; 50 b. vorhandene Ziegel wurden eingesetzt.

Bau|sol|dat, der (DDR): *Wehrdienstverweigerer, der in einer besonderen Einheit ohne Waffen, die vorrangig beim Bau militärischer Anlagen eingesetzt wird, seinen Ersatzdienst leistet.*

bau|spa|ren ⟨sw. V.⟩; hat; meist nur im Inf. gebräuchlich⟩: *aufgrund eines Bausparvertrages bei einer Bausparkasse sparen:* viele wollen jetzt b.

Bau|spa|rer, der: **1.** *jmd., der bauspart.* **2.** *(österr. ugs.) Bausparvertrag.*

Bau|spa|re|rin, die: w. Form zu ↑ Bausparer.

Bau|spar|kas|se, die: *Kreditinstitut, das seinen Mitgliedern langfristige Darlehen zum Bau, Erwerb od. zur Renovierung von Häusern u. Ä. gewährt.*

Bau|spar|ver|trag, der: *Vertrag mit einer Bausparkasse:* einen B. abschließen.

Bau|stein, der: **1.** *Stein zum Bauen.* **2.** ⟨meist Pl.⟩ *Bauklötzchen.* **3.** *kleiner, aber wichtiger Bestandteil von etw.; einer von vielen Bestandteilen, aus denen etw. zusammengesetzt ist od. zusammengesetzt werden kann:* die -e der Materie.

Bau|stel|le, die: *Stelle, Platz, wo gebaut wird:* eine B. einrichten; auf der B. arbeiten; Ü das ist eine andere B. *(Betätigungs-, Zuständigkeitsfeld);* * **nicht jmds. B. sein** *(nicht in jmds. Zuständigkeit, Aufgabengebiet fallen).*

Bau|stil, der: *Stil eines Bauwerks.*

Bau|stoff, der: **1.** *zum Bauen geeignetes, verwendetes Material.* **2.** (Biol.) *für den Aufbau u. die Erneuerung der Zellen benötigter Stoff.*

Bau|stopp, der: *Sperre für die Errichtung von Bauten.*

Bau|sub|s|tanz, die ⟨Pl. selten⟩: *Gesamtheit der wichtigsten Bauteile eines Gebäudes, Gebäudekomplexes (bes. im Hinblick auf die Beschaffenheit, das Alter, den Erhaltungszustand o. Ä.):* alte, erhaltenswerte B.; der Zustand der B. eines älteren Stadtteils untersuchen.

Bau|sum|me, die: *für das Errichten eines Baues (4) erforderliche Geldsumme.*

Bau|sün|de, die (ugs.): *nicht in das Orts- od. Landschaftsbild passendes, hässliches, unsachgemäß errichtetes od. renoviertes Bauwerk:* die -n der 70er-Jahre.

Bau|tä|tig|keit, die: *Tätigsein, Aktivitäten im Bauwesen, beim Bauen.*

¹Bau|te, die; -, -n [geb. aus dem Pl. Bauten von ↑ Bau] (schweiz. Amtsspr.): **1.** *Bau[werk].* ◆ **2.** *Gebäude, Haus:* Mein Hochbeisl, er ist nicht rein, der Lindenbaum, die braune B., das morsche Kirchlein ist nicht mein (Goethe, Faust II, 11516 ff.).

Bau|tech|nik, die: *Technik des Bauens hinsichtlich der Methoden, des Materials u. der Ausrüstung.*

bau|tech|nisch ⟨Adj.⟩: *die Bautechnik betreffend:* -e Mängel.

¹Bau|teil, der: *Teil eines Bauwerks:* der hintere B. stammt aus dem vorigen Jahrhundert.

²Bau|teil, das: *vorgefertigtes Teilstück für den Bau von Häusern, Maschinen u. Ä.; Bauelement:* die Bauzeit wurde durch Verwendung von -en verkürzt.

Bau|ten: Pl. von ↑ Bau (4).

Bau|trä|ger, der: *Firma, die im Auftrag eines od. mehrerer Bauherren einen Bau errichtet.*

Bau|trä|ge|rin, die: w. Form zu ↑ Bauträger.

Bau|trupp, der: *Trupp von Bauarbeitern.*

Bau|typ, der: *bestimmte [in einem Modell festgelegte] Bauart, bes. bei Maschinen.*

Bau|un|ter|neh|men, das: **1.** *größere Baufirma.* **2.** *größeres Bauvorhaben.*

Bau|un|ter|neh|mer, der: *Inhaber eines Bauunternehmens (1).*

Bau|un|ter|neh|me|rin, die: w. Form zu ↑ Bauunternehmer.

Bau|vor|ha|ben, das: **1.** *Entwurf, Idee für einen Bau (4).* **2.** *im Bau befindliches Gebäude.*

Bau|vor|schrift, die: *Bestimmung der Bauordnung.*

Bau|wa|gen, der: *transportable Unterkunft für Bauarbeiter.*

Bau|wei|se, die: **1.** *Art u. Weise, in der gebaut wird; bestimmtes Verfahren beim Bauen.* **2.** *Art u. Weise, wie etw. gebaut ist.*

Bau|werk, das: *größerer Bau, durch seine architektonische Gestaltung beeindruckender Bau.*

Bau|we|sen, das ⟨o. Pl.⟩: *Gesamtheit dessen, was mit dem Errichten von Bauten zusammenhängt.*

Bau|wirt|schaft, die ⟨o. Pl.⟩: *Bauwesen als Wirtschaftszweig.*

Bau|wut, die (ugs.): *übermäßige Baulust.*

Bau|xit [auch: ...'ksıt], der; -s, -e [frz. bauxite, nach dem ersten Fundort Les-Baux-de-Provence in Südfrankreich]: *durch Verwitterung entstandenes Mineral, das Rohstoff für die Aluminiumherstellung ist.*

bauz ⟨Interj.⟩ [lautm.]: *Ausruf bei einem plötzlichen dumpfen Fall, vor allem wenn jmd., bes. ein Kind, hinfällt:* b., da liegt sie!

Bau|zaun, der: *Einzäunung einer Baustelle.*

Bau|zeich|ner, der: *technischer Zeichner im Bauwesen.*

Bau|zeich|ne|rin, die: w. Form zu ↑ Bauzeichner.

Bau|zeich|nung, die: *Bauentwurf.*

Bau|zeit, die: *für die Durchführung eines Bauvorhabens benötigte Zeit:* nach dreijähriger B. wurde die Autobahn dem Verkehr übergeben.

Ba|va|ria, die; - [nach dem nlat. Namen für Bayern]: *Frauengestalt als Sinnbild Bayerns.*

◆ **ba|xen:** ↑ boxen: Die drüben baxen sich um ein Herzogtum (Schiller, Fiesco V, 7).

Bay|er, der; -n, -n: Ew.

Bay|e|rin, die; -, -nen: w. Form zu ↑ Bayer.

bay|e|risch, bayrisch ⟨Adj.⟩: **1.** *Bayern, die Bayern betreffend; aus Bayern stammend:* die -en Landtagswahlen; eine typisch -e Brotzeit. **2.** *bairisch:* die -en Mundarten.

Bay|ern; -s: *deutsches Bundesland.*

bay|risch: ↑ bayerisch.

Ba|zar: ↑ Basar.

Ba|zi, der; -[s], -[s] [gek. aus Lumpazi (latinisierte Bildung zu Lump)]: **1.** (südd., österr., meist scherzh.) *durchtriebener Mensch, Schlingel, Gauner:* er ist ein richtiger B. **2.** (spött. abwertend) *Bayer.*

Ba|zil|le, die; -, -n [rückgeb. aus dem Pl. von ↑ Bazillus] (ugs.): *Bazillus (1).*

Ba|zil|len|trä|ger, der (ugs.): *jmd., der Bazillen in sich trägt u. andere Personen ansteckt, ohne selbst krank zu sein.*

Ba|zil|len|trä|ge|rin, die: w. Form zu ↑ Bazillenträger.

Ba|zil|lus, der; -, ...llen [zu spätlat. bacillus = Stäbchen, Vkl. von lat. baculum = Stab]: **1.** (Biol., Med.) *oft als Krankheitserreger wirkende, stäbchenförmige, Sporen bildende Bakterie.* **2.** ⟨o. Pl.⟩ *etw. Negatives, was auf viele*

Menschen übergreift: der B. der Unzufriedenheit.

Ba|zoo|ka [baˈzuːka], die; -, -s [engl. bazooka, nach einem Musikinstrument, das ähnlich aussieht; H. u.]: *tragbares Gerät zum Abschießen von Raketen kleinen Kalibers, das meist von zwei Mann bedient wird.*

BBC [biːbiːˈsiː], die; - [Abk. für engl. British Broadcasting Corporation]: britische Rundfunkgesellschaft.

BBk = Bundesbank.

Bd. = ²Band.

BDA = Bund Deutscher Architekten.

Bde. = Bände.

BDM, der; - [Abk. für: Bund Deutscher Mädel] (nationalsoz.): *zur Hitlerjugend gehörende Organisation, bestehend aus Mädchen im Alter von 14 bis zu 18 Jahren.*

B-Dur [ˈbeːduːɐ̯, auch: ˈbeːˈduːɐ̯], das (Musik): *auf dem Grundton B beruhende Durtonart* (Zeichen: B).

B-Dur-Ton|lei|ter, die: *auf dem Grundton B beruhende Durtonleiter.*

Be = Beryllium.

BE = Broteinheit.

be|ab|sich|ti|gen ⟨sw. V.; hat⟩: *die Absicht haben, etw. zu tun; vorhaben; gedenken, etw. zu tun:* ich beabsichtige zu verreisen; die beabsichtigte Wirkung blieb aus; er hatte den Zusammenstoß nicht beabsichtigt; Isabelle würde glauben, ihre Feinde beabsichtigten damit irgendetwas Niederträchtiges (Remarque, Obelisk 261).

Beach [biːtʃ], der; -[es], -es, auch: die; -, -es [engl. beach, viell. identisch mit aengl. bæce = Bach, Flüssen u. dann urspr. = (steiniges) Flusstal]: engl. Bez. für: Strand.

be|ach|ten ⟨sw. V.; hat⟩ [mhd. beahten, ahd. biahtōn = zurechnen, bedenken]: **1.** *auf die Einhaltung von etw. achten; berücksichtigen, befolgen:* die Spielregeln, Vorschriften, Prinzipien, Sicherheitsmaßnahmen b. **2.** *aufmerksam auf jmdn., etw. achten, zur Kenntnis nehmen:* das Kind lief über die Straße, ohne den Verkehr zu b.; einen Einwurf nicht b.; ich hatte ihn gar nicht *(ich sehe bewusst über ihn hinweg).*

be|ach|tens|wert ⟨Adj.⟩: *Beachtung verdienend, bemerkenswert:* eine -e Neuerscheinung, Reihe, Sonderaktion.

be|acht|lich ⟨Adj.⟩: **a)** *ziemlich groß, beträchtlich:* -e Verbesserungen; -e Fortschritte machen; -e Schäden anrichten; **b)** *recht wichtig u. bedeutsam; respektabel:* er hat eine -e Position, Stellung; **c)** *deutlich erkennbar; sehr:* die Rohstoffpreise sind b. gestiegen; Herr Andreas war b. hübsch (Doderer, Wasserfälle 8).

Be|ach|tung, die; -: *das Beachten; das Beachtetwerden:* die B. von Vorschriften erzwingen; etw. verdient B.; B. finden *(beachtet werden);* jmdm., einer Sache [keine] B. schenken *(jmdn., etw. [nicht] beachten);* einer Sache, jmdm. wird B. zuteil *(etw., jmd. wird beachtet).*

Beach|vol|ley|ball, Beach-Vol|ley|ball [ˈbiːtʃvɔli...], der; auch: das ⟨o. Pl.⟩ [engl. beach volleyball, aus: beach (↑ Beach) u. volleyball (↑ Volleyball)]: *von Zweiermannschaften auf Sand gespielte Variante des Volleyballs* (1).

Beach|vol|ley|bal|ler, der: *jmd., der Beachvolleyball spielt.*

Beach|vol|ley|bal|le|rin, die: w. Form zu ↑ Beachvolleyballer.

be|ackern ⟨sw. V.; hat⟩: **1.** *(einen Acker) bebauen, bestellen:* ein Feld b. **2.** (ugs.) **a)** *durchackern:* sie hat sämtliche Literatur über dieses Fachgebiet beackert; **b)** *[mit einem Anliegen] hartnäckig bearbeiten:* jmdn. so lange b., bis er zustimmt.

Bea|gle [ˈbiːgl̩], der; -s, -[s] [engl. beagle, aus dem Afrz., viell. zu afrz. beer = offen, weit u.

gueule = Mund, Maul]: *Hund mit kurzen Beinen u. meist weiß, schwarz u. braun geschecktem Fell, der bes. für die Jagd auf Hasen u. Wildkaninchen geeignet ist.*

bea|men [ˈbiːmən] ⟨sw. V.; hat⟩ [engl. to beam, eigtl. = aussenden, ausstrahlen, zu: beam = (Licht-, Leit)strahl, eigtl. = Balken]: **1.** *(von Personen in der Science-Fiction-Literatur u. in Science-Fiction-Filmen) bewirken, dass jmd. bis zur Unsichtbarkeit aufgelöst wird u. an einen anderen [gewünschten] Ort gelangt, wo er wieder Gestalt annimmt:* die Mannschaft beamte sich vom Raumschiff auf den Planeten; Ü der Chef will dich sprechen, beam dich mal schnell (ugs. scherzh.; *begib dich schnell*) in sein Büro! **2.** *mit dem Beamer wiedergeben, projizieren:* etw. an die Wand b.

Bea|mer [ˈbiːmɐ], der; -s, -: *Projektor zur vergrößerten Wiedergabe des Computerbildschirms.*

Be|am|ten|ap|pa|rat, der: *Gesamtheit der Beamten [die für einen bestimmten Aufgabenbereich eingesetzt sind].*

Be|am|ten|be|lei|di|gung, die: *Beleidigung einer Beamtin, eines Beamten im Dienst.*

Be|am|ten|be|sol|dung, die: *Besoldung von Beamten.*

Be|am|ten|be|ste|chung, die: *Bestechung einer Beamtin, eines Beamten.*

Be|am|ten|bund, der: *Organisation, die die Interessen der Beamten vertritt.*

Be|am|ten|deutsch, das (abwertend): *unlebendige, unanschauliche, oft langatmige u. verschachtelt konstruierte trockene Ausdrucksweise [in behördlichen Bestimmungen u. Ä.]; Amts-, Behördendeutsch.*

Be|am|ten|lauf|bahn, die: *berufliche Laufbahn einer Beamtin, eines Beamten.*

Be|am|ten|pen|si|on, die: *Pension* (1 b).

Be|am|ten|recht, das: **1.** ⟨o. Pl.⟩ *Gesamtheit der Gesetze, die die Rechtsverhältnisse der Beamten regeln.* **2.** *eines der Rechte von Beamtinnen u. Beamten:* jmdm. die -e entziehen.

Be|am|ten|recht|lich ⟨Adj.⟩: *das Beamtenrecht* (1) *betreffend, ihm entsprechend, zu ihm gehörend:* -e Vorschriften.

Be|am|ten|schaft, die; -: *Gesamtheit der Beamtinnen u. Beamten innerhalb eines Staates, eines Landes, einer Gemeinde usw.*

Be|am|ten|sta|tus, der: *Status* (2 b) *eines Beamten, einer Beamtin:* seinen B. verlieren.

Be|am|ten|stel|le, die: *Stelle, Posten einer Beamtin bzw. eines Beamten.*

Be|am|ten|tum, das; -s **1.** *Stand der Beamten:* das moderne B. **2.** *Beamtenschaft.*

Be|am|ten|ver|hält|nis, das: *Rechtsverhältnis einer Beamtin bzw. eines Beamten zum jeweiligen Dienstherrn.*

Be|am|ten|ver|sor|gung, die: *staatliche Versorgung* (1 b) *von Beamten u. Beamtinnen im Ruhestand.*

Be|am|ter, der: *Beamte/ein Beamter; des/eines Beamten, die Beamten/zwei Beamte* [subst. aus veraltet beamt, Kurzf. von ↑beamtet]: *Person, die im öffentlichen Dienst (bei Bund, Land, Gemeinde u. Ä.) od. im Dienst einer Körperschaft des öffentlichen Rechts steht u. in einem bestimmten Rechtsverhältnis ihrem Dienstherrn gegenüber hat:* ein kleiner B.; politischer B. *(Beamter [z. B. Staatssekretär, Regierungspräsident], der sein Amt bekleidet, bei dessen Ausübung er in fortwährender Übereinstimmung mit der jeweiligen Bundes- od. Landesregierung stehen muss u. der jederzeit [z. B. bei einem Regierungswechsel] in den Ruhestand versetzt werden kann);* die höheren Beamten; sämtliche Beamten/(auch:) Beamte; tüchtigem Beamten/(veraltet:) Beamtem wurde Auszeichnung verliehen; ihm als Beamten/(seltener) Beamtem;

die Ernennung städtischer B./(veraltend:) Beamten; er war erst drei Monate B. auf Probe.

> Um gehäuftes Auftreten der Doppelform *Beamtinnen und Beamte* zu vermeiden, kann die Ausweichform *Beamtenschaft* gewählt werden. Die Bezeichnung *Bedienstete* ist im Plural ebenfalls auf beide Geschlechter beziehbar.

be|am|tet ⟨Adj.⟩ [2. Part. von veraltet beamten = mit einem Amt versehen] (Amtsspr.): *als Beamter bzw. Beamtin angestellt, tätig:* die -en und die nicht -en Mitarbeiterinnen der Behörde.

Be|am|te|te, die/eine Beamtete; der/einer Beamteten, die Beamteten/zwei Beamtete (Amtsspr.): *Beamtin.*

Be|am|te|ter, der Beamtete/ein Beamteter; des/eines Beamteten, die Beamteten/zwei Beamtete (Amtsspr.): *Beamter.*

Be|am|tin, die; -, -nen [subst. aus veraltet beamt, Kurzf. von ↑beamtet]: *weibliche Person, die beamtet ist:* eine pflichttreue B.

> Um gehäuftes Auftreten der Doppelform *Beamtinnen und Beamte* zu vermeiden, kann die Ausweichform *Beamtenschaft* gewählt werden. Die Bezeichnung *Bedienstete* ist im Plural ebenfalls auf beide Geschlechter beziehbar.

be|an|ga|ben ⟨sw. V.; hat⟩ [zu ↑ Angabe (4)] (österr. Kaufmannsspr.): *für etw. eine Anzahlung leisten:* die Ware mit 100 Euro b.

be|ängs|ti|gen ⟨sw. V.; hat⟩ (veraltend): *jmdm. Angst machen, ihn ängstigen:* der Vorgang beängstigte ihn.

be|ängs|ti|gend ⟨Adj.⟩: *Angst hervorrufend, einflößend:* etw. nimmt -e Ausmaße an; ein -es Gedränge; die Vorstellung ist b.

be|an|spru|chen ⟨sw. V.; hat⟩: **1.** *auf etw. Anspruch erheben; fordern, verlangen [worauf man Anspruch hat]:* Schadenersatz, sein Erbteil b.; der Koalitionspartner beansprucht drei Ressorts; er beansprucht für sich, wie ein Erwachsener behandelt zu werden; Ü ihre Thesen können auch heute noch Gültigkeit b. **2. a)** *von etw. Gebrauch machen, verwenden, ausnutzen:* jmds. Gastfreundschaft nicht länger b. wollen; **b)** *(jmdm. od. einer Sache) viel abverlangen; großen Anforderungen aussetzen:* der Beruf beansprucht sie völlig; bei so einer Fahrweise werden die Reifen stark beansprucht (strapaziert); **c)** *benötigen, brauchen:* viel Raum, Zeit b.; das beansprucht einen Teil ihrer Gedanken *(nahm sie in Anspruch).*

Be|an|spru|chung, die; -, -en: *das Beanspruchen* (2 b); *das Beansprucht werden.*

be|an|stan|den, (österr. veraltet, noch Amtsspr.:) **be|an|stän|den** ⟨sw. V.; hat⟩ [zu veraltet Anstand = Einwand, Aufschub]: *als mangelhaft, als nicht annehmbar bezeichnen [u. zurückweisen, nicht akzeptieren]:* eine Rechnung, eine Ware b.; der TÜV hat die Bremsen beanstandet; an ihrer Arbeit nichts zu b. *(zu tadeln, zu kritisieren);* der Kunde hat beanstandet, dass die Ware nicht ordnungsgemäß verpackt war.

Be|an|stan|dung, die, (österr. veraltet, noch Amtsspr.:) **Be|an|stän|dung**, die; -, -en: *Bemängelung, Reklamation, Beschwerde:* sie, ihre Arbeit gibt keinen Anlass zu -en.

be|an|tra|gen ⟨sw. V.; hat⟩ [für älter antragen, zu ↑ Antrag]: **a)** *[auf schriftlichem Wege] (die Gewährung von etw.) verlangen:* ein Visum, ein Stipendium, Kindergeld, seine Versetzung b.; [beim Chef] Urlaub b.; [bei der Krankenkasse] eine Kur b.; [bei der Geschäftsleitung] einen weiteren Mitarbeiter b.; **b)** *die [Beschließung u.] Durchführung von etw. verlangen:* die Auslieferung eines Straftäters b.; für einen Angeklagten Haftverschonung b.; beim/(schweiz. Amtsspr.:) dem Verwaltungsrat eine Vertagung b.

Be|an|tra|gung, die; -, -en: *das Beantragen.*

be|ant|wort|bar ⟨Adj.⟩: *sich beantworten lassend:* eine -e Frage.

be|ant|wor|ten ⟨sw. V.; hat⟩: **1.** *auf eine Frage eine Antwort geben:* eine Frage mit [einem] Nein b.; der Prüfling beantwortete alle Fragen erschöpfend; die Frage nach der Unfallursache ist mit Gewissheit nicht zu b. *(zu lösen).* **2.** *sich auf einen Brief, ein Schreiben hin schriftlich äußern, darauf antworten:* einen Brief, eine Anfrage [schriftlich] b. **3.** *etw. als Reaktion auf etw. unternehmen; auf etw. mit etw. reagieren:* einen Gruß b.; er beantwortete die Ohrfeige mit einem Kinnhaken; Da aber auch die Lehrerin nur durch einen kurzen Seitenblick die Beleidigung beantwortete ... (Kafka, Schloß 133).

Be|ant|wor|tung, die; -, -en: *das Beantworten:* die B. meiner Frage steht noch aus; *in B.* (Amtsspr., Kaufmannsspr.; *[als Antwort] auf ...:* in B. Ihres Schreibens vom 01. 12. 2010).

be|ar|bei|ten ⟨sw. V.; hat⟩: **1.** *sich mit einem Gesuch, einem Fall als entsprechende Instanz prüfend od. erforschend beschäftigen [u. darüber befinden]:* einen Antrag, Fall b.; ein seit drei Jahren ergebnislos bearbeiteter Raubmord. **2. a)** *zu einem bestimmten Zweck körperliche Arbeit an etw. wenden:* Metall, Leder, den Boden b.; sie bearbeitete ihre Finger mit einer Nagelbürste; er hat die elektronische Orgel so bearbeitet *(so wild, kräftig darauf gespielt),* dass die Scheiben klirrten; Ein Mann in Hemdärmeln bearbeitete des Sängers Rücken, der in Schweiß gebadet schien, mit einem Handtuch (Th. Mann, Krull 38); **b)** *mit etw. behandeln:* die Möbel mit Politur b.; er bearbeitete seine Stiefel mit Schuhcreme. **3.** *mit etw. heftig schlagen, wiederholt auf jmdn. einschlagen:* jmdn., etw. mit den Fäusten b. **4. a)** *unter einem bestimmten Gesichtspunkt neu gestalten, überarbeiten, verändern:* ein Manuskript, einen Text b.; ein Buch für den Film b.; eine Komposition für großes Orchester b.; **b)** *durchforschen, untersuchen; über etw. wissenschaftlich arbeiten:* ein Thema b.; Es ist nicht bequem, Gefühle wissenschaftlich zu b. (Freud, Unbehagen 91). **5.** (ugs.) *eindringlich auf jmdn. einreden, einwirken, um ihn von etw. zu überzeugen od. für etw. zu gewinnen:* jmdn. politisch, diplomatisch b.; die Wähler b. so lange, bis er die Information preisgab.

Be|ar|bei|ter, der; -s, -: *jmd., der etw. bearbeitet* (1,4) *[hat].*

Be|ar|bei|te|rin, die; -, -nen: w. Form zu ↑ Bearbeiter.

Be|ar|bei|tung, die; -, -en: **1.** *das Bearbeiten; das Bearbeitetwerden.* **2.** *überarbeitete, neue Fassung:* eine B. eines alten Theaterstücks; Lenz' »Hofmeister« in der B. von Brecht.

Be|ar|bei|tungs|ge|bühr, die: *für die Bearbeitung eines Antrags o. Ä. [von einer Behörde] erhobene Gebühr.*

Be|ar|bei|tungs|zeit, die: *für eine Bearbeitung benötigte Zeit:* die B. verkürzen.

be|arg|wöh|nen ⟨sw. V.; hat⟩ (geh.): *gegen jmdn., etw. Argwohn haben; verdächtigen, jmdm. misstrauen:* einen Fremden b.; sie fühlte sich vor allen beargwöhnt; Vielleicht lag es gar nicht so sehr an mir, dass sich Rossis Erfolge beargwöhnte, sondern an ihm (Bachmann, Erzählungen 148).

Be|arg|wöh|nung, die; -, -en: *das Beargwöhnen; das Beargwöhntwerden.*

Be|ar|ner So|ße, die: *Sauce béarnaise.*

Beat [bi:t], der; -[s], -s [engl. beat, zu: to beat = (Takt) schlagen] (Musik): **1.** *gleichmäßige Rei-* henfolge betonter Taktteile. **2.** ⟨o. Pl.⟩ *Kurzf. von* ↑ Beatmusik (1): B. hören, spielen.

bea|ten ['bi:tn] ⟨sw. V.; hat⟩ [zu ↑ Beat (2)] (ugs. veraltend): **a)** *Beatmusik spielen:* die Band beatete bis Mitternacht; **b)** *nach Beatmusik tanzen:* sie beateten die ganze Nacht.

Beat|ge|ne|ra|tion, Beat-Ge|ne|ra|tion ['bi:tdʒenəreɪʃən], die; - [engl.(-amerik.) beat generation, viell. zu: beat = geschlagen; viell. in Anlehnung an: beatitude = Glückseligkeit]: *Gruppe amerikanischer, eng der Jazzszene verbundener Schriftsteller, die in den Jahren 1956–60 literarische Bedeutung gewinnt u. in deren Schaffen ein bestimmtes, bes. durch eine radikale Ablehnung alles Bürgerlichen gekennzeichnetes Lebensgefühl Ausdruck findet.*

Bea|tle ['bi:tl], der; -s, -s [nach den Beatles, den Mitgliedern einer Liverpooler Band, die lange Haare (»Pilzköpfe«) trugen] (veraltend): *Jugendlicher mit langen Haaren.*

be|at|men ⟨sw. V.; hat⟩ (Med.): *jmdm. zu Heilzwecken künstlich Luft od. Gasgemische in die Atmungsorgane blasen:* einen Patienten künstlich b.

Be|at|mung, die; -, -en: *das Beatmen; das Beatmetwerden.*

Be|at|mungs|ge|rät, das: *Gerät zur Beatmung.*

Beat|mu|sik ['bi:t...], die: **1.** ⟨o. Pl.⟩ *Art des Jazz mit besonderer Betonung des Beat* (1) *u. charakteristischer Instrumentierung (Gitarren mit Verstärkern als Rhythmus- u. Harmonieinstrumente).* **2.** *der Beatmusik* (1) *zuzurechnendes Musikstück:* verschiedene Disco- und Beatmusiken.

Beat|nik ['bi:tnɪk], der; -[s], -s [engl. beatnik, geb. mit dem jidd. Suffix -nik, das die Zugehörigkeit zu einer Gruppe kennzeichnet]: **1.** *Vertreter der Beatgeneration.* **2.** *jmd., der sich durch unkonventionelles Verhalten gegen die bürgerliche Norm wendet.*

Beat|schup|pen, der (salopp veraltend): *[größere] Räumlichkeit, in der zu Beatmusik getanzt werden kann.*

Beau [bo:], der; -[s], -s [frz. beau, eigtl. = der Schöne, zu: beau < lat. bellus = schön] (meist spött.): *gut aussehender Mann.*

Beau|fort|ska|la, Beau|fort-Ska|la ['bo:fɛt..., bo'fo:ɐ̯...], die; - ⟨o. Pl.⟩ [nach dem engl. Admiral Sir F. Beaufort] (Meteorol.): *ursprünglich 12-, jetzt 17-teilige Skala zur Messung der Windstärke.*

be|auf|sich|ti|gen ⟨sw. V.; hat⟩ [aus der Kanzleispr. des 15. Jh.s]: *über jmdn., etw. die Aufsicht ausüben; überwachen:* die Schüler, jmds. Arbeit b.

Be|auf|sich|ti|gung, die; -, -en: *das Beaufsichtigen; das Beaufsichtigtwerden.*

be|auf|tra|gen ⟨sw. V.; hat⟩: *jmdm. einen Auftrag erteilen; befehlen, etw. Bestimmtes zu tun:* jmdn. mit etw. b.; der Rechtsanwalt ist beauftragt, meine Interessen wahrzunehmen.

Be|auf|trag|te, die/eine Beauftragte; der/einer Beauftragten, die Beauftragten/zwei Beauftragte: *weibliche Person, die einen bestimmten Auftrag hat.*

Be|auf|trag|ter, der Beauftragte/ein Beauftragter; des/eines Beauftragten, die Beauftragten/zwei Beauftragte: *Person, die einen bestimmten Auftrag hat:* er ist mein B.

Be|auf|tra|gung, die; -, -en: *das Beauftragen; das Beauftragtwerden.*

be|äu|geln ⟨sw. V.; hat⟩ (ugs. scherzh.): *interessiert, neugierig betrachten, ansehen:* jmdn., etw. neugierig b.

be|äu|gen ⟨sw. V.; hat⟩: *genau, eingehend betrachten:* jmdn. misstrauisch b.; Wie die Hähne haben sich beide gegenübergestanden und sich beäugt (Plenzdorf, Legende 80).

be|au|gen|schei|ni|gen ⟨sw. V.; hat⟩ [zu ↑ Augenschein] (Papierdt., aber meist scherzh.): *in Augenschein nehmen, ansehen:* der Sachverständige wird den Schaden b.; den neuen Wagen b.

Beau|jo|lais [boʒɔ'lɛ], der; - [-ˈlɛ(s)], - [-ˈlɛs] [nach der frz. Landschaft Beaujolais]: *(meist roter) Wein aus dem Gebiet der Monts du Beaujolais in Mittelfrankreich.*

be|aus|kunf|ten ⟨sw. V.; hat⟩ [zu ↑ Auskunft] (Amtsspr.): *jmdm. eine Auskunft erteilen:* sie beauskunften auf Wunsch Adressen; der beauskunftete *(mitgeteilte)* Betrag; die beauskunfteten Daten.

Beau|té [bo'te:], die; -, -s [frz. beauté, über das Vlat. zu lat. bellus = schön] (bildungsspr.): *[elegante] schöne Frau:* sie ist eine B.

Beau|ty ['bju:ti], die; -, -s [engl. beauty = Schönheit < (a)frz. beauté, ↑ Beauté]: *Beauté.*

Beau|ty|case, Beau|ty-Case ['bju:tikeɪs], der, auch: das; -, -s [...sɪs] [zu engl. case = Koffer]: *Kosmetikkoffer.*

Beau|ty|cen|ter, Beau|ty-Cen|ter ['bju:tisɛntɐ], das: **a)** *Laden* (1), *Abteilung* (2c) *für Kosmetika*; **b)** *Kosmetiksalon.*

Beau|ty|farm, Beau|ty-Farm, die: *Schönheitsfarm.*

be|bän|dern ⟨sw. V.; hat⟩ [zu ↑¹Band (1)]: *mit Bändern versehen, schmücken:* ⟨meist im 2. Part.:⟩ ein bebänderter Hut.

be|bau|en ⟨sw. V.; hat⟩: **1.** *(ein Gelände, Grundstück) mit einem Gebäude od. mit Bauten versehen:* ein Gelände b.; bebaute Grundstücke. **2.** *(den Boden) bestellen u. für den Anbau nutzen:* die Felder, den Acker b.

Be|bau|ung, die; -, -en: **1.** *das Bebauen; das Bebautwerden.* **2.** *Gesamtheit der Gebäude, mit denen eine Fläche bebaut ist:* eine dichte B.

Be|bau|ungs|plan, der: *Plan, nach dem eine Fläche bebaut werden soll:* an B. arbeiten.

Bé|bé [be'be:], das; -s, -s [frz. bébé < engl. baby, ↑ Baby] (schweiz.): *Säugling, Baby.*

be|ben ⟨sw. V.; hat⟩ [mhd. biben, ahd. bibēn, urspr. = zittern; sich fürchten; lautlich beeinflusst vom Niederd. (mniederd. bēven)]: **1.** *eine Erschütterung zeigen, erzittern:* die Wände, Mauern beben; der Boden bebte unter unseren Füßen; Ü die Finanzzentren bebten infolge der Kursschwankung. **2.** (geh.) *(vom menschlichen Körper) infolge einer starken Erregung, von Kälte, Fieber u. Ä. zittern:* ihm, ihre, Lippen bebten; er, seine Stimme bebte vor Wut. **3.** (geh. veraltend) **a)** *große Angst haben:* sie zitterte und bebte vor ihm; b) *in großer Sorge sein, bangen:* sie bebte um ihr Kind.

Be|ben, das; -s, -: **1. a)** *das Erzittern; Erschütterung:* das B. der Mauern verspüren; **b)** *Erdbeben:* ein vulkanisches B.; ein B. legte die Stadt in Schutt und Asche. **2.** (geh.) *(bei Menschen) leichtes Zittern als Zeichen innerer Erregung:* das feierliche B. seiner Stimme.

Be|ben|stär|ke, die: *Stärke eines Bebens* (1 b).

be|bil|dern ⟨sw. V.; hat⟩: *mit Bildern versehen, illustrieren:* ein Buch, eine Erzählung b.; bebilderte Handschriften.

Be|bil|de|rung, die; -, -en: **1.** *das Bebildern.* **2.** *Gesamtheit der Bilder, mit denen etw. illustriert ist:* der Band besticht durch seine reiche B.

be|blät|tert ⟨Adj.⟩ (Bot.): *Blätter tragend, mit Blättern bewachsen:* -e Zweige.

Be|bop ['bi:bɔp], der; -[s], -s [amerik. bebop, nach den dabei in einem bestimmten Rhythmus vorkommenden Lallsilben]: **1.** ⟨o. Pl.⟩ *Jazzmusik eines bestimmten Stils der 1940er-Jahre.* **2.** *Stück, Tanz im Stil des Bebop* (1).

be|brillt ⟨Adj.⟩: *eine Brille tragend:* eine -e Frau; ein -es Gesicht; er war b.

be|brü|ten ⟨sw. V.; hat⟩: **1.** *(von Vögeln) sich zum Brüten (auf etw.) setzen; brütend mit dem eigenen Körper bedecken:* ein Ei, ein Nest b. **2. a)** (Biol.) *einer regelmäßigen Wärmeeinwirkung aussetzen u. dadurch ausreifen lassen:* eine Bakterienkultur b.; **b)** (ugs.) *über etw. nachdenken, grübeln:* sie brütet ihre Lage.
Be|brü|tung, die; -, -en: *das Bebrüten.*
Bé|cha|mel|kar|tof|feln [beʃaˈmɛl...] ⟨Pl.⟩: *Kartoffelscheiben in Béchamelsoße.*
Bé|cha|mel|so|ße, Bé|cha|mel|sau|ce, die [frz. sauce (à la) Béchamel, nach L. Béchamel, dem Haushofmeister Ludwigs XIV.]: *weiße, gebundene [Sahne]soße [mit Zwiebeln, Schinken, Speck od. Kalbfleisch] u. Gewürzen.*
Be|cher, der; -s, - [mhd. becher, ahd. behhari < mlat. bicarium < griech. bíkos = irdenes Gefäß, wahrsch. aus dem Ägypt.]: **1.** *höheres, etwa zylinderförmiges [Trink]gefäß [ohne Fuß], meist ohne Henkel:* die B. füllen, leeren; Milch in einen B. gießen; einen B. *(Becher voll)* Eis essen; Ü den B. des Leidens leeren (dichter.; *Leid erfahren*); ** zu tief in den B. geschaut haben* (ugs.; *angeheitert, betrunken sein*). **2.** *Pflanzenteil, der einem Becher ähnlich ist:* der B. der Eichel.
be|cher|för|mig ⟨Adj.⟩: *in der Form einem Becher (1) ähnelnd.*
be|chern ⟨sw. V.; hat⟩ (ugs. scherzh.): *eine größere Menge Alkohol trinken; zechen:* gestern haben wir ganz schön gebechert.
be|cir|cen: ↑ bezirzen.
Be|cken, das; -s, - [mhd. becken, ahd. beckīn = Becken (1), aus dem Vlat., vgl. Bassin]: **1.** *schüsselförmige, nicht frei bewegliche, sondern fest mit dem Fundament o. Ä. verbundene offene Vorrichtung:* ein B. aus Porzellan, Edelstahl; das B. *(der Abfluss des [Wasch]beckens)* ist verstopft; das Wasser aus dem B. lassen; bitte keine Kippen in die B. *(Urinale)* werfen!; ♦ Sie brachte inzwischen notdürftig ein B. (*eine Schale* 2) voll warmen Kaffee zusammen (Keller, Romeo 52). **2. a)** *größeres [ausgemauertes] Wasserbecken; Bassin, Schwimmbecken, Planschbecken:* das Wasser im B. erneuern; **b)** (Geogr.) *breite, meist fruchtbare Senkung, Mulde; Kessel:* die Stadt liegt am Eingang des großen, fruchtbaren -s; das Wiener B.; **c)** (Med.) *aus bestimmten Knochen bestehender Teil des [menschlichen] Skeletts, der die Verbindung zwischen Beinen u. Lendenwirbelsäule herstellt u. die in der Bauchhöhle ruhenden Eingeweide stützt:* sie hat ein breites, gebärfreudiges B.; **d)** (meist Pl.) (Musik) *aus zwei tellerförmigen Metallscheiben, die gegeneinandergeschlagen werden, bestehendes Musikinstrument (bes. des Jazz u. der Unterhaltungsmusik).*
Be|cken|bruch, der ⟨Pl. ...brüche⟩: *Bruch eines Beckenknochens.*
be|cken|för|mig ⟨Adj.⟩: *in der Form einem Becken (1) ähnlich.*
Be|cken|gurt, der: **a)** *das Becken (2 c) umspannender Sicherheitsgurt;* **b)** *das Becken (2 c) umspannender Teil eines Dreipunktgurts.*
Be|cken|kno|chen, der: *zum Becken (2 c) gehörender Knochen.*
Be|cken|or|gan, das ⟨meist Pl.⟩: *im Becken (2 c) liegendes Organ.*
Be|cken|rand, der: *Rand eines Beckens (1, 2 a):* Kopfsprünge vom seitlichen B. sind verboten.
Beck|mes|ser, der; -s, - [nach der gleichnamigen Gestalt in R. Wagners Oper »Die Meistersinger von Nürnberg«, mit der der Komponist einen Kritiker verspotten wollte] (abwertend): *kleinlicher Nörgler; Kritiker, der sich an kleinen Mängeln stößt, anstatt das Ganze zu sehen.*
Beck|mes|se|rei, die; -, -en (abwertend): *Kritik, die sich an Kleinigkeiten stößt, dabei aber den großen Zusammenhang übersieht.*

Beck|mes|se|rin, die; -, -nen: w. Form zu ↑ Beckmesser.
beck|mes|se|risch ⟨Adj.⟩ (abwertend): *in der Art eines Beckmessers verfahrend.*
beck|mes|sern ⟨sw. V.; hat⟩ (abwertend): *kleinlich tadeln, kritisieren.*
Bec|que|rel [bɛkəˈrɛl], das; -s, - [nach dem frz. Physiker H. A. Becquerel (1852–1908)] (Physik): *Maßeinheit für die Aktivität ionisierender Strahlung (Zeichen: Bq).*
be|da|chen ⟨sw. V.; hat⟩: *mit einem Dach (1) versehen, ausstatten:* die Hütte b.; (meist in 2. Part.:) eine mit Eisenplatten bedachte Baracke.
be|dacht ⟨Adj.⟩ [mhd. bedāht, adj. 2. Part. von: bedenken, ↑ bedenken]: **1.** *besonnen, überlegt, umsichtig:* b. handeln, vorgehen. **2. * auf etw. b. sein** *(auf etw. besonderen Wert legen, etw. sehr wichtig nehmen; auf etw. genau achten):* er war immer auf seinen guten Ruf b.; Er hatte eine Freundin, war aber b. darauf, dass sie sich nicht kennenlernte [Frisch, Montauk 42]).
Be|dacht, der [mhd. bedāht = Erwägung]: nur in den gehobenen Fügungen und Wendungen **ohne B.** *(ohne jede Überlegung, unbesonnen, überstürzt:* sie reagierte ohne B.), **mit B.** *(mit einer bestimmten Überlegung; überlegt, besonnen:* mit B. auswählen), **auf etw. [keinen] B. nehmen** *(auf etw. [nicht] bedacht sein, [nicht] achten:* darauf müssen wir besonders B. nehmen).
Be|dach|te, die/eine Bedachte; der/einer Bedachten, die Bedachten/zwei Bedachte [subst. 2. Part. zu ↑ bedenken (2)] (Rechtsspr.): *weibliche Person, der ein Vermächtnis ausgesetzt worden ist.*
Be|dach|ter, der Bedachte/ein Bedachter; des/eines Bedachten, die Bedachten/zwei Bedachte [subst. 2. Part. zu ↑ bedenken (2)] (Rechtsspr.): *Person, der ein Vermächtnis ausgesetzt worden ist.*
be|däch|tig ⟨Adj.⟩ [mhd. bedæhtic]: **1.** *ohne jede Hast, langsam, gemessen:* -e Bewegungen; etw. b. hinstellen. **2.** *besonnen, umsichtig, vorsichtig, wohlüberlegt:* -e Worte.
Be|däch|tig|keit, die; -: *bedächtiges Wesen, bedächtige Art.*
◆ **be|däch|tig|lich** ⟨Adj.⟩: *bedächtig (1):* Bedächtiglich schreitet er einher, von Zeit zu Zeit stehen bleibend (Raabe, Chronik 5).
◆ **be|dächt|lich** ⟨Adj.⟩: *mit Bedacht:* ...fasst ihn b. bei der Hand (Schiller, Fiesco I, 8).
be|dacht|sam ⟨Adj.⟩ (geh.): *mit Bedacht, Überlegung handelnd; behutsam, vorsichtig:* ein ruhiger und -er Mensch; wir müssen sehr b. vorgehen.
Be|dacht|sam|keit, die; - (geh.): *Bedächtigkeit.*
Be|da|chung, die; -, -en (Handwerk): **1.** *das Bedachen:* die B. der Gebäude ist abgeschlossen. **2.** *Dach (1):* die -en bestehen aus Wellblech.
Bed and Break|fast [ˈbɛd ənd ˈbrɛkfəst; engl. = Bett und Frühstück]: *Zimmer mit Frühstück (in Privathäusern) (Angebot im Beherbergungsgewerbe angloamerikanischer Länder).*
be|dang: ↑ ²bedingen.
be|dan|ken ⟨sw. V.; hat⟩: **1.** ⟨b. + sich⟩ *jmdm. für etw. danken, seinen Dank für etw. aussprechen:* ich bedankte mich höflich bei ihr für die Einladung; dafür bedanke ich mich [bestens]! (ugs. iron.; *damit möchte ich nichts zu tun haben, das lehne ich ab*); bedanke dich bei ihr! (ugs. iron.; *in ihr findest du die Schuldige, sie ist dafür verantwortlich*); ich bedanke mich (sehr gespreizt; *danke sehr, ich danke Ihnen*). **2.** (südd., österr.) **a)** *jmdm. danken:* der Redner wurde vom Vorsitzenden herzlich bedankt; »Das ist einmal ein gutes Wort!« bedankte ihn Fischel (Musil, Mann 1 008); **b)** *sich (für etw.) bedanken:* seine Hilfe soll bedankt sein.
Be|darf, der; -[e]s, (Fachspr.:) -e [aus dem Niederd. < mniederd. bedarf, zum Präsensstamm von: bedörven = bedürfen] *in einer bestimmten Lage Benötigtes, Gewünschtes; Nachfrage nach etw.:* der B. an Vitaminen; seinen B. [an Lebensmitteln] decken; [keinen] B. an/(Kaufmannsspr.:) in etw. haben *(etw. [nicht] brauchen, benötigen);* keinen B. für Änderungen sehen; »Wir wollten doch zusammen ins Kino?« – »Kein B.!« (salopp; *ich bin daran nicht interessiert*); Dinge des täglichen -s; bei B. *(im Bedarfsfall)* eine Tablette einnehmen; [je] nach B. *(wie man es braucht);* wir sind schon über B. *(mehr als nötig)* eingedeckt damit; ...wenn er den Tag damit begann, die armen Witwen zu besuchen, ihnen einen guten Morgen zu wünschen und sie nach ihrem B. zu fragen (Buber, Gog 45); R mein B. ist gedeckt (ugs.; *ich bin es überdrüssig, habe genug davon*).
Be|darfs|ar|ti|kel, der: *für den Bedarf bestimmter Artikel.*
Be|darfs|fall, der (Papierdt.): in den Fügungen **für den B.** *(für den Fall, dass Bedarf an etw. besteht:* für den B. bereithalten); **im Bedarfsfall[e]** *(im Falle, dass Bedarf an etw. besteht:* etw. kann im B. angefordert werden).
be|darfs|ge|recht ⟨Adj.⟩: *dem Bedarf entsprechend:* eine -e Versorgung der Bevölkerung.
Be|darfs|hal|te|stel|le, die: *Haltestelle, an der ein öffentliches Verkehrsmittel nur im Bedarfsfall hält.*
be|darfs|ori|en|tiert ⟨Adj.⟩: *auf einen bestimmten Bedarf hin ausgerichtet:* eine -e Grundsicherung im Alter; Kapazitäten b. koordinieren.
be|dau|er|lich ⟨Adj.⟩: *zu bedauern seiend; bedauernswert, unerfreulich:* ein -er Irrtum; ich finde das [höchst] b.
be|dau|er|li|cher|wei|se ⟨Adv.⟩: *in bedauerlicher Weise, leider.*
be|dau|ern ⟨sw. V.; hat⟩ [mhd. betūren = zu teuer dünken, zu: tūren, ↑ ²dauern]: **1.** *Mitgefühl mit jmdm. empfinden; jmdn. bemitleiden:* ich bedauere dich aufrichtig; du lässt dich ja gern b. **2.** *unerfreulich, schade finden:* sie bedauerte ihre Äußerung; er bedauerte nachträglich, mitgekommen zu sein; ich bedauere *(es tut mir leid),* dass ich nicht dabei sein konnte; (als Ausdruck einer Ablehnung:) »Könntest du mir dabei helfen?« – »Bedaure, ich habe keine Zeit.«.
Be|dau|ern, das; -s: **1.** *mitfühlende Anteilnahme, Mitleid, Mitgefühl:* jmdm. sein B. ausdrücken. **2.** *Betrübnis:* zu meinem großen B. kann ich nicht kommen.
be|dau|erns|wert ⟨Adj.⟩: *bemitleidenswert, arm:* -e Menschen; sie ist b.
be|dau|erns|wür|dig ⟨Adj.⟩ (geh.): *bedauernswert.*
be|de|cken ⟨sw. V.; hat⟩ [mhd. bedecken, ahd. bidecchen]: **1.** *mit etw. zudecken, um zu verhüllen od. zu verbergen:* den Leichnam mit einem Tuch b.; sie bedeckte ihr Gesicht mit den Händen; den Tisch mit einem Tuch b.; Wer noch bedeckt war *(eine Kopfbedeckung trug),* nahm spätestens jetzt die Mütze ab (Süskind, Parfum 297). **2.** *sich über etw., jmdn. ausbreiten:* weiche Teppiche bedecken den Boden; der Rock bedeckt das Knie *(reicht über das Knie);* der Schreibtisch ist mit Büchern bedeckt *(auf ihm liegen viele Bücher).* **3.** (österr.) *finanziell abdecken.* ◆ **4.** *decken (3b):* Ich kann die Stadt von Land und Wasser bestürmen. Rom, Frankreich und Parma bedecken mich (Schiller, Fiesco II, 18).
be|deckt ⟨Adj.⟩: **1.** *(vom Himmel) [stark] bewölkt:* der Himmel war b. **2.** *(von der [Sing]stimme) leicht belegt, heiser, rau:* eine -e Stimme.

Be|deckt|sa|mer, der; -s, - ⟨meist Pl.⟩ (Bot.): *Pflanze, deren Samenanlage im Fruchtknoten eingeschlossen ist.*
Be|de|ckung, die; -s, - [mhd. bedeckunge] **1.** [mhd. bedeckunge] *das Bedecken (1).* **2.** *Schutz, Bewachung:* jmdm. polizeiliche B. mitgeben. **3.** *etw., was zum Bedecken (1) von etw. verwendet wird:* eine B. aus Zweigen. **4.** (österr.) *finanzielle Abdeckung.*
be|den|ken ⟨unr. V.; hat⟩ [mhd. bedenken = nachdenken; auch: beschenken, ahd. bidenchan = erwägen; sich kümmern, sorgen]: **1. a)** *(über etw.) nachdenken, genau überlegen, erwägen, durchdenken:* die weitere Planung b.; er hatte sorgfältig bedacht, was er sagen wollte; **b)** *in Betracht ziehen, beachten:* du musst b., dass sie noch sehr jung ist; [jmdm.] zu b. geben, dass ... *(auf etw. besonders hinweisen).* **2.** (geh.) *mit etw. beschenken; jmdm., einer Sache etw. zuteilwerden lassen:* jmdn. beim Testament reichlich b.; ein Theaterstück mit großem Beifall b.; (iron.:) sie bedachten sich [gegenseitig]/(ugs.) sich mit groben Vorwürfen. **3.** ⟨b. + sich⟩ *[vor einer Entscheidung] mit sich zurate gehen, sich kurz besinnen:* ich bedachte mich einen Augenblick und unterschrieb dann.
Be|den|ken, das; -s, - [aus der Kanzleispr. des 15.Jh.s]: **1.** ⟨o. Pl.⟩ *Nachdenken, Überlegung:* nach kurzem, gründlichem B. **2.** ⟨meist Pl.⟩ *aufgrund von vorhandenen Zweifeln, Befürchtungen od. Vorbehalten angestellte Überlegung, die es ratsam erscheinen lässt, mit der Zustimmung noch zu zögern od. den Plan o. Ä. neu zu durchdenken; Zweifel, Einwand, Skrupel:* B. hegen, etw. zu tun; B. gegen einen Plan äußern, haben; B. tragen (nachdrücklich geh.; *Zweifel, Vorbehalte haben*). ◆ **3.** ***sich*** ⟨Dativ⟩ **ein B. machen** (meist verneint; *Bedenken haben*).
Be|den|ken|los ⟨Adj.⟩: **a)** *hemmungslos, skrupellos:* b. Geld ausgeben; **b)** *unbesorgt, ohne Bedenken:* das kannst du b. unterschreiben.
Be|den|ken|lo|sig|keit, die; -: *bedenkenloses* (a) *Wesen, bedenkenlose Art.*
be|den|kens|wert ⟨Adj.⟩: *wert, bedacht zu werden:* ein -er Einwand.
Be|den|ken|trä|ger, der: *jmd., der gegenüber einem Plan o. Ä. [übertriebene] Bedenken hegt.*
Be|den|ken|trä|ge|rin, die: w. Form zu ↑ Bedenkenträger.
be|denk|lich ⟨Adj.⟩ [zu veraltet bedenken = verdächtigen, bezweifeln]: **1.** *voller Bedenken* (2), *skeptisch, besorgt:* ein -es Gesicht machen; das macht, stimmt mich b. **2. a)** *nicht einwandfrei; zweifelhaft, fragwürdig:* verfassungsrechtlich b.; **b)** *besorgniserregend:* eine -e Wendung nehmen; der Himmel sieht b. aus.
Be|denk|lich|keit, die; -, -en. **1.** ⟨Pl.⟩ (veraltet) *Einwände, Zweifel:* wir müssen es ungeachtet aller -en riskieren. **2.** ⟨o. Pl.⟩ **a)** *Zweifelhaftigkeit, Verdächtigkeit, Fragwürdigkeit:* die B. solcher Mittel, Geschäfte; **b)** *das Bedenklichsein.*
Be|denk|zeit, die ⟨o. Pl.⟩: *Zeit, sich zu bedenken:* um B. bitten.
be|dep|pert ⟨Adj.⟩ [H. u., viell. zu mundartl. veraltet betöbern = betäuben] (salopp): *[unerwartet] in Verlegenheit gebracht, ratlos, gedrückt:* ein -es Gesicht machen; ein wenig b. dreinschauen.
be|deu|ten ⟨sw. V.; hat⟩ [mhd. bediuten = andeuten, verständlich machen; refl. = zu verstehen sein, zu ↑ deuten]: **1. a)** *(als Zeichen, als Folge von Zeichen) für einen bestimmten Inhalt stehen, als Bedeutung* (1 b) *haben; ausdrücken, meinen:* was bedeutet dieses Zeichen, Wort?; das Wort Automobil bedeutet eigentlich »Selbstbeweger«; was soll das b.? *(welchen Sinn, Grund, Zweck hat das, was steckt dahinter?);* **b)** *notwendig zur Folge haben, mit sich bringen:* handelspolitischer Protektionismus bedeutet Einschränkung des Verkehrs zwischen den Völkern; er ahnte nicht, was es bedeutet, ein Ausgestoßener zu sein; das bedeutet *(heißt, besagt),* dass sie den Vertrag erfüllen müssen; **c)** *(unter einem bestimmten Gesichtspunkt betrachtet) sein:* ein Wagnis b.; das Konzil von Nizäa bedeutet einen Meilenstein in der Geistesgeschichte der Menschheit; sie bedeutete ihm, für ihn nur ein Abenteuer; **d)** *auf etw. Zukünftiges hindeuten; Zeichen sein für etw., was gedeutet wird:* das bedeutet nichts Gutes; **Spr** Perlen bedeuten Tränen *(bekommt man Perlen geschenkt, hat man für die Zukunft mit Kummer u. Sorgen zu rechnen; schon im 9.Jh. verbreiteter Aberglaube).* **2.** *[für jmdn., etw.] in einem bestimmten Maße wichtig genommen, ernst genommen werden, Bedeutung* (2 b) *haben:* als Politiker etwas b.; ihr Name bedeutet viel in der Fachwelt; Geld bedeutet mir wenig; das hat nichts zu b. *(ist nicht wichtig, nicht wesentlich);* Wie wenig kann ich ihm noch b., wenn er imstande ist, tatsächlich abzureisen (Strauß, Niemand 12). **3. a)** (geh.) *zu verstehen geben:* er bedeutete mir, ihm zu folgen; mir wurde bedeutet, dass ich warten sollte; **b)** (veraltet) *aufklären; (jmdn.) wissen lassen:* »Er ist ein Neffe des Barons«, bedeutete sie mich;
◆ ... und es pickt die Pendeluhr, die eintönig mich bedeutet, wie das Leben weiterschreitet (Lenau, In der Krankheit). ◆ **4. a)** *anzeigen, verdeutlichen:* ...das wird bedeutet durch den runden Hut (Schiller, Piccolomini IV, 5); **b)** *zeigen* (2 a): ...so muss man ihn freundlich grüßen und meine Wohnung b. (Schiller, Fiesco II, 15).
be|deu|tend ⟨Adj.⟩ [zu bedeuten (2)]: **1.** *besonderes Gewicht, besondere Tragweite habend; wichtig:* das ist ein -er Schritt vorwärts; *(subst.:)* nichts Bedeutendes. **2.** *großes Ansehen genießend; berühmt, namhaft, sehr bekannt:* er ist ein -er Gelehrter; eine -e Handelsstadt. **3.** *eine hohe Qualität u. daher einen großen Wert aufweisend; hervorragend, wertvoll:* ein -er Film. **4.** *eine beachtliche Größe, Höhe aufweisend; von besonderem Ausmaß; groß, beachtlich:* eine -e Summe; sein Anteil daran ist am -sten; *(subst.:)* um ein Bedeutendes *(sehr)* zunehmen; um ein Bedeutendes *(viel)* besser. **5.** ⟨intensivierend beim Komparativ u. Verben⟩ *um vieles, sehr:* b. älter, besser; ihr Zustand hat sich b. gebessert.
be|deut|sam ⟨Adj.⟩: **1.** *bedeutend* (1): eine -e Leistung; die Erfindung war bedeutsam b. **2.** *vielsagend, wissend:* ein -es Lächeln; jmdn. b. anblicken.
Be|deut|sam|keit, die; -, -en. **1. a)** ⟨o. Pl.⟩ *Wichtigkeit, Tragweite;* **b)** *etw. gewichtig* (2) *Wirkendes.* **2.** (geh.) *Sinn, Bedeutung:* eine tiefere B. bekommen.
Be|deu|tung, die; -, -en [mhd. bediutunge = Auslegung]: **1. a)** ⟨o. Pl.⟩ *Sinn, der in Handlungen, Gegebenheiten, Dingen, Erscheinungen liegt:* die B. eines Traumes erklären; die Fabel hat eine tiefere B.; **b)** *das Bedeuten* (1 a); *begrifflicher Inhalt eines Zeichens; Beziehung zwischen Wortkörper u. begrifflichem Inhalt:* die ursprüngliche, eigentliche, übertragene B.; die B. des Wortes hat sich gewandelt; »Geist« hat mehrere -en. **2.** ⟨o. Pl.⟩ **a)** *Gewicht, Tragweite, Belang:* etw. ist von praktischer B.; nichts von B. *(nichts Besonderes, Nennenswertes);* **b)** *Geltung, Ansehen, Wert:* die B. Bismarcks als konservativer Politiker/als eines konservativen Politikers.
Be|deu|tungs|ent|wick|lung, die (Sprachwiss.): *Entwicklung, Wandel der Wortbedeutung.*
Be|deu|tungs|er|wei|te|rung, die (Sprachwiss.): *Erweiterung der Wortbedeutung.*
Be|deu|tungs|ge|halt, der: *Gehalt der Bedeutung* (1) *eines Wortes, einer Aussage, eines Werks o. Ä.*
be|deu|tungs|gleich ⟨Adj.⟩ (bes. Sprachwiss.): *(von zwei oder mehreren Wörtern) die gleiche Bedeutung habend.*
Be|deu|tungs|leh|re, die ⟨Pl. selten⟩ (Sprachwiss.): *Lehre von der Bedeutung des Wortes; Semasiologie.*
be|deu|tungs|los ⟨Adj.⟩: *nicht ins Gewicht fallend, nicht wichtig; ohne besondere Bedeutung:* eine -e Minderheit.
Be|deu|tungs|lo|sig|keit, die; -, -en: **1.** ⟨o. Pl.⟩ *Eigenschaft, bedeutungslos zu sein:* in [der] B. versinken; zur völligen B. verurteilt sein. **2.** *etw. Bedeutungsloses.*
be|deu|tungs|schwan|ger ⟨Adj.⟩: *eine tiefere Bedeutung* (1 a, 2 a) *verheißend:* -e Blicke; eine -e Pause machen.
be|deu|tungs|schwer ⟨Adj.⟩ (geh.): **a)** *eine tiefe, tief greifende Bedeutung* (1 a, 2 a) *habend;* **b)** *bedeutungsschwanger.*
Be|deu|tungs|über|tra|gung, die (Sprachwiss.): *auf metaphorischem Gebrauch beruhende Verschiebung der Wortbedeutung.*
Be|deu|tungs|un|ter|schied, der (Sprachwiss.): *Unterschied zwischen zwei [ähnlichen] Bedeutungen* (1 b).
Be|deu|tungs|ver|en|ge|rung, Be|deu|tungs|ver|en|gung, die (Sprachwiss.): *Veränderung der Wortbedeutung durch Einengung auf eine bestimmte spezielle Bedeutung.*
Be|deu|tungs|ver|lust, der: **1.** ⟨Pl. selten⟩ *Verlust an Bedeutung* (2), *an Wichtigkeit, Einfluss.* **2.** *Veränderung der Bedeutung* (1), *des Sinns* (4).
be|deu|tungs|voll ⟨Adj.⟩: **1.** *von Bedeutung* (2 a) *seiend, wichtig:* ein -er Tag; eine -e Entscheidung. **2.** *vielsagend, bedeutsam* (2): ein -er Blick.
Be|deu|tungs|wan|del, der (Sprachwiss.): *Veränderung der Wortbedeutung.*
Be|deu|tungs|wör|ter|buch, das: *Wörterbuch, das besonderes Gewicht auf die genaue Angabe der Wortbedeutung legt.*
be|dien|bar ⟨Adj.⟩: *sich bedienen* (2) *lassend; handhabbar.*
Be|dien|bar|keit, die; -: *das Bedienbarsein:* eine leichte, einfache, angenehme B.
be|die|nen ⟨sw. V.; hat⟩: **1. a)** *jmdm. [persönliche] Dienste leisten:* die Zofe bediente ihre Herrin; jmdn. vorn und hinten b. (ugs.; *für jmdn. jede Kleinigkeit tun*); **b)** *jmdn. [bei Tisch] mit Speisen u. Getränken aufwarten, ihn damit versorgen:* ein mürrischer Kellner bediente uns; ⟨auch ohne Akk.-Obj.:⟩ welche Kellnerin bedient hier?; ich bin bedient (schweiz.; *ich werde [schon] bedient*); ⟨b. + sich:⟩ ich bediente mich *(nahm mir von den Speisen u. Getränken);* bitte, bedienen Sie sich *(greifen Sie bitte zu);* **c)** *sich (als Verkäufer, Beamter o. Ä.) jmds. annehmen, ihm behilflich sein:* seine Kunden aufmerksam b.; ⟨auch ohne Akk.-Obj.:⟩ bedient hier denn niemand?; Ü als er sah, dass der Laden leer war, hat er sich selbst bedient *(gestohlen);* **d)** *versorgen:* die Bevölkerung umfasst von Informationen b.; mehrere Fluggesellschaften bedienen diese Strecke; **e)** *in den Verbindungen* **gut/ schlecht o. ä. bedient sein** (ugs.; *sehr zufrieden sein können/mit etw. vorliebnehmen müssen, was nicht befriedigend ist*: mit einem solchen Vertrag wären sie sehr gut bedient); **bedient sein** (salopp, iron.: *genug haben*); ◆ **jmdn. bedient sein** (*jmdm. dienen, in jmds. Diensten stehen*). **2.** *(größere Geräte o. Ä.) handhaben, steuern:* ein Fahrzeug b. **3. a)** (Fußball) *jmdm. den Ball zuspielen:* den Mittelstürmer mit einer Steilvorlage b.; **b)** (Kartenspiele) *die geforderte Farbe spielen:* du musst Trumpf, Herz b.; ⟨auch ohne Akk.-Obj.:⟩ du hättest b. müssen; **c)** (Geldw.) *für etw. Zinsen zahlen:* die Kaution

ist dieses Jahr noch nicht bedient worden. **4.** ⟨b. + sich⟩ (geh.) *von jmdm., etw. Gebrauch machen; etw., jmdn. verwenden, benutzen:* sie bediente sich eines Kompasses; sich zur Verdeutlichung eines Vergleiches b.

Be|die|ner, der; -s, -: **1.** *jmd., der eine Maschine, technische Anlage o. Ä. bedient* (2). **2.** (bes. österr.) *Haushaltshilfe.*

Be|die|ne|rin, die; -, -nen: w. Form zu ↑ Bediener.

be|diens|tet ⟨Adj.⟩ [2. Part. von veraltet bediensten = in Dienst stellen]: in der Verbindung **b. sein** (österr.; *im [öffentlichen] Dienst stehen, angestellt sein).*

Be|diens|te|te, die/eine Bedienstete; der/einer Bediensteten, die Bediensteten/zwei Bedienstete: **1.** (Amtsspr.) *im öffentlichen Dienst angestellte weibliche Person.* **2.** *weibliche Person, die bei einer Privatperson gegen Entlohnung Dienst tut.*

Be|diens|te|ter, der Bedienstete/ein Bediensteter; des/eines Bediensteten, die Bediensteten/ zwei Bedienstete: **1.** (Amtsspr.) *im öffentlichen Dienst angestellte Person.* **2.** *jmd., der bei einer Privatperson gegen Entlohnung Dienst tut.*

Be|dien|te, die/eine Bediente; der/einer Bedienten, die Bedienten/zwei Bediente (veraltet): *Dienerin.*

Be|dien|ter, der Bediente/ein Bedienter; des/eines Bedienten, die Bedienten/zwei Bediente (veraltet): *Diener;* ♦ ... ich habe mit meinem Bedienten zu sprechen (Lessing, Minna I, 3).

Be|die|nung, die; -, -en: **1.** ⟨o. Pl.⟩ *das Bedienen eines Kunden, Gastes:* die B. in dem Laden, Lokal ist vorbildlich; B. *(Bedienungsgeld)* inbegriffen. **2.** *das Handhaben, Steuern von Geräten:* die B. von Maschinen, Geschützen. **3. a)** *in einer Gaststätte od. in einem Geschäft bedienende Person:* die B. rufen; **b)** (bes. ostösterr.) veraltend) *Haushaltshilfe, Zugehfrau, Putzfrau.* **4.** (ostösterr. veraltend) *Stelle als Bedienerin:* sich um eine B. bewerben. **5.** (Militär) *Einheit, die technische Geräte (große Geschütze u. die verschiedensten Apparaturen) bedient:* der Geschützführer befahl seiner B., in Deckung zu gehen. **6.** (Geldw.) *das Bedienen* (3 c). ♦ **7. a)** *Diener, Dienerin:* ...ein... Knabe, der sich bei Wilhelm als seine B. ankündigte und das Abendessen brachte (Goethe, Lehrjahre VII, 1); **b)** ⟨o. Pl.⟩ *Dienerschaft:* Meine Frau liegt darin todkrank, den einzigen Winkel, der leer ist, mit ihrer B. erfüllen (Kleist, Käthchen II, 7); **c)** *Dienst* (1 b): ... vernahm mit sichtlicher Freude den Bericht über meinen Eintritt in die B. des Admirals (C. F. Meyer, Amulett 29).

Be|die|nungs|an|lei|tung, die: *Anleitung zur Bedienung (eines Geräts o. Ä.).*

Be|die|nungs|ele|ment, das: *zur Bedienung* (2) *eines Gerätes, einer Apparatur o. Ä. erforderliches Bauteil* (z. B. Schalter, Hebel, Knopf).

Be|die|nungs|feh|ler, der: *Fehler bei der Bedienung (eines Geräts o. Ä.).*

be|die|nungs|freund|lich ⟨Adj.⟩: *bequem, sicher u. einfach zu bedienen:* -e Armaturen; das Gerät gilt als ausgesprochen b.

Be|die|nungs|geld, das: *(in der Gastronomie) Preisaufschlag für die Bedienung* (1).

Be|die|nungs|kom|fort, der: *eine bequeme, sichere, einfache Bedienung* (2) *ermöglichende Ausstattung.*

Be|die|nungs|the|ke, die: *Theke, an der die Kundschaft persönlich bedient wird [im Gegensatz zur Selbstbedienung]:* Käse und Wurst aus unserer B.

Be|die|nungs|vor|schrift, die: *Vorschrift, nach der ein Gerät o. Ä. bedient wird.*

Be|die|nungs|zu|schlag, Be|dien|zu|schlag, der: **a)** *Bedienungsgeld;* **b)** *zusätzliche Gebühr, die dafür zu zahlen ist, dass bestimmte Waren od.* Dienstleistungen nicht an einem dafür vorgesehenen Automaten, sondern an einer Verkaufsstelle erworben werden.

Be|ding, der; -[e]s, -e: **1.** in den Fügungen **mit dem B.** (veraltet; *unter der Bedingung*); **unter dem B.** (veraltet; *unter der Bedingung, Voraussetzung*). ♦ **2.** *Bedingung:* Vom Besitzer hört' ich die -e; ... mit dem B. wechselt' ich selbst mit Euch den Ring (Goethe, Faust I, 3001 f.); ...doch der Preis ist keineswegs geringe (Goethe, Wandrer u. Pächterin).

¹be|din|gen ⟨sw. V.; hat⟩ [mhd. bedingen = dingen; durch Verhandlung gewinnen; später beeinflusst von ↑ Bedingung (1 a)]: **a)** *bewirken, zur Folge haben, verursachen:* ihr großer Fleiß bedingte ein rasches Voranschreiten der Arbeit; das eine bedingt das andere; der Produktionsrückgang ist durch den Streik bedingt; bedingter Reflex (Psychol.; *nicht angeborener, sondern durch Konditionierung erworbener Reflex*); **b)** (selten) *erfordern, voraussetzen:* diese Aufgabe bedingt großes Geschick.

²be|din|gen, sich ⟨st. V.; hat⟩ [zu ²Ding] (veraltend): *sich zur Bedingung machen, sich ausbedingen, vereinbaren:* ich bedang mir einen freien Tag pro Woche der bedungene Lohn.

Be|ding|nis, das; -ses, -se od. die; -, -se (österr. Amtsspr. veraltend): *Bedingung* (1), *Voraussetzung:* ein wichtiges B. für den weiteren Verkehr der Tramway auf dieser Strecke ist ein höheres Fahrgastaufkommen; ♦ Die B., an welche sein Wiedersehen mit der Schwester geknüpft war, war den (Ebner-Eschenbach, Gemeindekind 69).

be|dingt ⟨Adj.⟩: *nicht uneingeschränkt, nur mit Einschränkung[en]:* eine -e Erlaubnis; -er Straferlass (Rechtsspr.; *Strafelass unter der Voraussetzung einwandfreier Führung während der Bewährungsfrist*); -e Erbantrittserklärung (österr. Rechtsspr.; *Beschränkung der Haftbarkeit der Erben auf die Erbschaftshöhe*); -e Strafe (österr., schweiz. Rechtsspr.: *Strafe auf Bewährung*); er wurde zu zwei Monaten Gefängnis b. (österr., schweiz.; *auf Bewährung*) verurteilt; etw. nur b. gutheißen; b. tauglich, geeignet, richtig, gültig; ♦ ... er weiß so glatt und so b. (*mit Einschränkungen, Vorbehalten*) zu sprechen, dass sein Lob erst recht zum Tadel wird (Goethe, Torquato Tasso IV, 2).

-be|dingt: drückt in Bildungen mit Substantiven aus, dass die beschriebene Sache durch etw. hervorgerufen wird, in etw. begründet ist: alkohol-, alters-, ernährungs-, krankheits-, saison-, verletzungsbedingt.

Be|dingt|heit, die; -, -en: **1. a)** *das Bedingtsein durch bestimmte Umstände:* etw. in seiner historischen B. sehen; **b)** *bedingte Gültigkeit, bedingte Richtigkeit; Relativität:* sie sich ist der B. jeder menschlichen Erkenntnis bewusst. **2.** (selten) *Bedingung* (2): klimatische -en.

Be|din|gung, die; -, -en [im 16. Jh. = rechtliche Abmachung, Vereinbarung]: **1. a)** *etw., was gefordert u. von dessen Erfüllung etw. anderes abhängig gemacht wird:* wie lauten ihre -en?; -en stellen; jmds. -en [nicht] akzeptieren; etw. zur B. machen; **b)** *etw., was zur Verwirklichung von etw. anderem als Voraussetzung notwendig, gegeben, vorhanden sein muss:* unter einer B.; unter folgender B.; unter welchen -en? **2.** ⟨meist Pl.⟩ *Gegebenheit, die für jmdn., etw. bestimmend ist; [Lebens]umstand:* gute, ungünstige -en; die klimatischen, hygienischen -en.

be|din|gungs|los ⟨Adj.⟩: **1.** *ohne jede Bedingung geschehend, an keinerlei Bedingungen geknüpft:* die -e Kapitulation fordern; Disziplin musste her, Gehorsam aufs Wort und -e Unterwerfung (Heym, Schwarzenberg 49). **2.** *uneingeschränkt, absolut, unbedingt:* -e Hingabe, Treue; jmdm. b. gehorchen, vertrauen.

Be|din|gungs|lo|sig|keit, die; -: *Eigenschaft, bedingungslos zu sein; bedingungsloses Erfolgen von etw.:* die B. ihres Vertrauens überraschte.

Be|din|gungs|satz, der (Sprachwiss.): *Umstandssatz, der eine Bedingung* (1) *angibt; Konditionalsatz.*

be|din|gungs|wei|se ⟨Adv.⟩: *unter einer bestimmten Bedingung* (1).

be|drän|gen ⟨sw. V.; hat⟩: **1. a)** *auf jmdn., etw. [mit Ungestüm] eindringen [und so in Bedrängnis bringen]:* der Linksaußen wurde von zwei Abwehrspielern bedrängt; ihr großer Fleiß Gedanken bedrängten ihn; **b)** *in lästiger Weise mit Nachdruck, Hartnäckigkeit zu einem bestimmten Handeln zu bewegen suchen:* jmdn. mit Anrufen b.; die Gläubiger bedrängten ihn sehr; der Star wurde von den Reportern mit Fragen bedrängt. **2.** *in quälender Weise bedrücken, belasten:* mich bedrängte die Sorge, er noch lebt; ⟨häufig im 2. Part.:⟩ sich in einer bedrängten *(schwierigen)* Lage befinden; ⟨subst. 2. Part.:⟩ die Bedrängten und Verfolgten.

Be|dräng|nis, die; -, -se (geh.): *schwierige Lage, Not[lage], Ausweglosigkeit, Zwangslage:* in seinem Heimatland war er schweren -sen ausgesetzt; in B. geraten; jmdn. in B. bringen; Mit dem Anschein äußerster Seelenqual und innerer B. stieß die Oberin plötzlich die Nadeln in den Wollknäuel zurück (Langgässer, Siegel 126).

Be|dräng|ung, die; -, -en: **1.** *Not, schwierige Lage:* sich in großer B. befinden. **2.** *das Bedrängen* (2).

be|dräu|en ⟨sw. V.; hat⟩ [zu ↑ dräuen] (veraltet): *bedrohen;* ♦ Der Kreter waffenkund'ge Scharen bedräun dich mit Kriegsgefahren (Schiller, Ring des Polykrates).

be|dripst ⟨Adj.⟩ [2. Part. von landsch. bedripsen = beträufeln; nass machen, eigtl. = (vom Regen überrascht u.) durchnässt] (landsch.): *[in eine peinliche Lage versetzt u. daher] verlegen, betrübt u. kleinlaut:* ein -es Gesicht machen; b. aussehen, gucken.

be|dro|hen ⟨sw. V.; hat⟩: **1.** *jmdm. mit Gewaltanwendung drohen:* jmdn. mit dem Messer, mit dem Tode b.; sich [gegenseitig] b.; sich [von jmdm.] [physisch] bedroht fühlen. **2.** *für jmdn., etw. eine unmittelbare Gefahr bilden; jmdn., etw. in seiner [physischen od. psychischen] Existenz gefährden:* Hochwasser bedroht die Stadt; der Friede war bedroht; das Haus war von Flammen bedroht; sein Leben ist bedroht.

be|droh|lich ⟨Adj.⟩: *unmittelbare Gefahr ankündigend, beängstigend:* eine -e Situation; [k]einen -en Eindruck machen; die Lage wurde immer -er; das Feuer kam b. nah.

Be|droh|lich|keit, die; -, -en: **1.** ⟨o. Pl.⟩ *das Bedrohlichsein.* **2.** *etw. bedrohlich Wirkendes.*

be|droht ⟨Adj.⟩: *in seiner [körperlichen] Existenz gefährdet:* -e Pflanzenarten.

Be|dro|hung, die; -, -en: **1.** *das Bedrohen* (1); *das Bedrohtwerden:* eine massive B. darstellen. **2.** *Gefährdung:* die B. des Friedens; die atomare B.

be|dröp|pelt ⟨Adj.⟩ [2. Part. von westmd., rhein. bedröppeln = betropfen; nass machen u. eigtl. = (vom Regen überrascht u.) durchnässt] (fam.): *[unerwartet] in Verlegenheit gebracht; kleinlaut; ein -es Gesicht machen; b. dreinschauen; er saß ziemlich b. da.

be|dru|cken ⟨sw. V.; hat⟩: **a)** *Buchstaben, Text auf etw. drucken:* das Briefpapier mit einem Briefkopf b.; der Bogen sind alle bedruckt; **b)** *ein Muster auf etw. drucken:* Stoffe b.

be|drü|cken ⟨sw. V.; hat⟩: *auf jmdm. lasten; traurig, niedergeschlagen machen:* Angst bedrückte sie.

be|drü|ckend ⟨Adj.⟩: *ein Gefühl der Bedrückung hervorrufend:* das -ste Problem; die Atmosphäre war b.
be|drückt ⟨Adj.⟩: *traurig, deprimiert, niedergeschlagen:* -es Schweigen; die Stimmung wurde immer -er.
Be|drückt|heit, die; -, -en: *depressive Stimmung, Niedergeschlagenheit:* gewisse B. nicht verbergen können.
Be|drü|ckung, die; -, -en: **1.** ⟨o. Pl.⟩ *Bedrücktheit:* man konnte seine B. deutlich anmerken. **2.** *etw. Bedrückendes.*
Be|du|i|ne, der; -n, -n [frz. bédouin < arab. badawiyyūn (vulgärarab. bedewīn) = Wüstenbewohner, zu: badw = Wüste]: *nomadisierender arabischer Wüstenbewohner.*
Be|du|i|nin, die; -, -nen: w. Form zu ↑ Beduine.
be|du|i|nisch ⟨Adj.⟩: *zu den Beduinen gehörend; die Beduinen kennzeichnend:* -e Stämme; sie sind nach -er Tradition gekleidet.
be|dun|gen: ↑ ²bedingen.
be|dür|fen ⟨unr. V.; hat⟩ [mhd. bedürfen, -durfen, ahd. bidurfan, zu ↑dürfen] (geh.): *nötig haben, [unbedingt] brauchen:* des Trostes, der Schonung b.; nur eines Wortes b.; das bedarf keiner Erklärung (*das versteht sich von selbst*); ⟨selten auch mit dem Akk.:⟩ dazu bedarf es viel Geld; Die Sehnsucht bedarf keines Geldes, die Erfüllung ist es nicht wert (H. Mann, Unrat 150); ♦ ...nicht ich bedarf dein Gut, den Schmeichlern gib's, die sonst dein Land bestehlen (Grillparzer, Weh dem I); ♦ ...dass seines Wissens die Örter öffentlicher Freude das Herz für alle Empfindungen, die viel Platz bedürfen, ... weiter machen (Jean Paul, Wutz 12).
Be|dürf|nis, das; -ses, -se: **1.** *Wunsch, Verlangen nach etw.; Gefühl, jmds., einer Sache zu bedürfen, jmdn., etw. nötig zu haben:* ein B. nach Ruhe; es ist mir ein [wirkliches] B., Ihnen zu danken; ich hatte das B., mich auszusprechen. **2.** ⟨meist Pl.⟩ *[materielle] Lebensnotwendigkeit; etw., was jmd. [unbedingt] zum Leben braucht:* die -se der Gesellschaft; seine, jmds. -se befriedigen. **3.** (veraltet) *Notdurft:* [s]ein B. verrichten.
Be|dürf|nis|an|stalt, die (Amtsspr.): *öffentliche Toilette.*
Be|dürf|nis|be|frie|di|gung, die: *Befriedigung eines Bedürfnisses, von Bedürfnissen.*
Be|dürf|nis|los ⟨Adj.⟩: *keine besonderen Bedürfnisse habend, genügsam:* die Inselbewohner sind, leben völlig b.
Be|dürf|nis|lo|sig|keit, die; -: *das Bedürfnislossein.*
be|dürf|tig ⟨Adj.⟩ [zu veraltet bedurft = Bedürfnis]: **1.** *materielle Hilfe benötigend; am Lebensnotwendigen Mangel leidend:* -e Familien; ⟨subst.:⟩ den Bedürftigen helfen. **2.** ***jmds., einer Sache b. sein** (geh.: jmds., einer Sache bedürfen):* sie ist der Ruhe, des Schutzes b.

-be|dürf|tig: drückt in Bildungen mit Substantiven aus, dass die beschriebene Person oder Sache etw. benötigt, nach etw. ein Verlangen hat: erklärungs-, sanierungs-, schutzbedürftig.

Be|dürf|tig|keit, die; -, -en: **1.** ⟨o. Pl.⟩ *das Bedürftigsein.* **2.** *Bedarf.*
be|du|seln, sich ⟨sw. V.; hat⟩ (ugs.): *sich leicht betrinken, durch Alkoholgenuss betäuben, umnebeln:* ich bedus[e]le mich nicht schon am frühen Morgen; nach drei Schnäpsen ist er beduselt; Ü von dem vielen Reden bin ich richtig beduselt (*benommen*).
Beef|ea|ter ['bi:fli:tɐ], der; -s, - [engl. beefeater, eigtl. = Rindfleischesser, nach den großen Fleischrationen, die die Garde im 17. Jh. erhielt]: *königliche Leibwache im Londoner Tower.*
Beef|steak ['bi:fste:k], das; -s. **1.** *Steak vom Rind.* **2.** * [deutsches] B. (Frikadelle).
be|eh|ren ⟨sw. V.; hat⟩: **1.** (geh.) *jmdm., einer Sache mit etw. (meist Besuch, Anwesenheit o. Ä.) Ehre erweisen:* jmdn. mit seinem Besuch b.; (iron.:) er hat uns recht oft [mit seiner Anwesenheit] beehrt. **2.** ⟨b. + sich⟩ *sich erlauben, sich die Ehre geben* (formelhaft in Briefen, Anzeigen u. Ä.): wir beehren uns, Ihnen die Geburt unseres Sohnes mitzuteilen.
be|ei|den ⟨sw. V.; hat⟩: *durch einen Eid bekräftigen, beschwören:* eine Aussage vor Gericht b.
be|ei|di|gen ⟨sw. V.; hat⟩: **1.** (geh.) *beeiden:* er beeidigte seine Aussage. **2.** (österr. Amtsspr., sonst veraltet) *unter Eid nehmen, vereidigen:* ⟨meist nur noch als attr. 2. Part.:⟩ ein beeidigter Sachverständiger.
Be|ei|di|gung, die; -, -en: *das Beeidigen; Beeidigtwerden.*
♦ **Be|ei|fe|rung,** die; -: *Eifer, eifriges Bemühen:* ...dem Herrn Grafen, der so viel schöne B. gezeigt hat, sein Versehen wieder gutzumachen (Kleist, Marquise 292).
be|ei|len, sich ⟨sw. V.; hat⟩: **1.** *sich bemühen, möglichst schnell zu sein, voranzukommen:* ich beeilte mich mit der Abrechnung, bei den Vorbereitungen; wenn wir den Zug noch erreichen wollen, müssen wir uns b. **2.** *nicht zögern, sondern eilfertig, beflissen sein:* er beeilte sich, mir zuzustimmen. ♦ **3.** ⟨ohne »sich«, mit Akk.-Obj.⟩ *beschleunigen* (2): ...so beeilte unsere Abreise (Goethe, Dichtung u. Wahrheit 18).
Be|ei|lung, die; -: *das Sichbeeilen* (meist nur als Aufforderung, sich zu beeilen): los, los, [ein bisschen] B.!
be|ein|dru|cken ⟨sw. V.; hat⟩: *auf jmdn. einen starken Eindruck machen, eine nachhaltige Wirkung haben; jmdm. imponieren:* die Aufführung beeindruckte mich; sie ließ sich dadurch nicht im Geringsten b.; von jmdm., etw. tief beeindruckt sein.
be|ein|dru|ckend ⟨Adj.⟩: *eindrucksvoll:* ein -es Bauwerk, Ereignis; ⟨subst.:⟩ das Beeindruckendste an dem Film waren die Landschaftsbilder.
be|ein|fluss|bar ⟨Adj.⟩: *sich beeinflussen lassend; die Möglichkeit, Eigenschaft, Neigung zeigend, beeinflusst zu werden:* ein [leicht] -er Mensch; er ist in seinen Entscheidungen nur schwer b.
Be|ein|fluss|bar|keit, die; -: *Eigenschaft, beeinflussbar zu sein.*
be|ein|flus|sen ⟨sw. V.; hat⟩: *auf jmdn., etw. einen Einfluss (mit bestimmten Wirkungen) ausüben:* jmds. Urteil, Arbeitsweise, Denken b.; dieses Ereignis beeinflusste die Verhandlungen; ich ließ mich von ihm [nicht] b.; dieser Schriftsteller ist von Brecht beeinflusst.
Be|ein|flus|sung, die; -, -en: *das Beeinflussen; das Beeinflusstwerden:* eine unzulässige B. der Jury.
be|ein|spru|chen ⟨sw. V.; hat⟩ (österr. Rechtsspr.): *Berufung einlegen; gegen etw. Einspruch erheben:* eine Entscheidung, eine Note b.
be|ein|träch|ti|gen ⟨sw. V.; hat⟩ [zu ostmd. Eintracht = Eintrag (1)]: **a)** *auf jmdn., etw. eine behindernde, hemmende, negative Wirkung ausüben:* jmdn. in seiner Freiheit b.; das schlechte Wetter hat die Veranstaltung beeinträchtigt; sich [durch etw.] beeinträchtigt fühlen; **b)** *verschlechtern, [in seinem Wert] mindern:* Alkohol beeinträchtigt das Reaktionsvermögen; seine Leistungsfähigkeit wird durch die Krankheit beeinträchtigt.
Be|ein|träch|ti|gung, die; -, -en: **1.** *das Beeinträchtigen, Beeinträchtigtwerden.* **2.** *etw., was beeinträchtigend wirkt.*

♦ **be|ei|sen** ⟨sw. V.; hat⟩: *mit Eis überziehen:* ...aus der Mitte des in beeiste Bäume gehüllten Dorfes (Stifter, Bergkristall 3).
be|e|len|den ⟨sw. V.; hat⟩ [zu ↑Elend] (schweiz.): *jmdm. nahegehen, jmdn. traurig stimmen:* sein Unglück beelendet mich.
Beel|ze|bub [auch: be'ɛl...; hebr. Ba'al zəvûv = eine Gottheit der Philister, eigtl. = Herr der Fliegen (= der bösen Geister)]: *oberster Teufel* (im N. T. u. im Judentum): Der neue Rittmeister fuhr wie B. in die Kompanie (Strittmatter, Wundertäter 379); * **den Teufel mit/durch B. austreiben** (*ein Übel durch ein anderes, schlimmeres beseitigen, bekämpfen;* nach Matth. 12, 24).
be|en|den ⟨sw. V.; hat⟩: *enden lassen, zu Ende, zum Abschluss bringen:* den Krieg b.; sein Studium b.; ich beendete das Gespräch; er schlug vor, die Versammlung zu b. (*aufzulösen*).
be|en|di|gen ⟨sw. V.; hat⟩: *seltener für* ↑ beenden.
Be|en|di|gung, die; -, -en ⟨Pl. selten⟩: *das Beendigen; das Beendigtwerden:* nach B. des Krieges.
Be|en|dung, die; -, -en: **1.** ⟨o. Pl.⟩ *das Beenden, Beendetwerden.* **2.** (selten) *Begrenzung* (b), *Ende* (1 a).
be|en|gen ⟨sw. V.; hat⟩: *in seiner Bewegungsfreiheit einschränken, [jmdm.] nicht genügend Bewegungsfreiheit, Raum lassen, bieten:* diese Vorschriften beengen mich in meinem Tatendrang; Ü ⟨subst. 1. Part.:⟩ diese kleinbürgerliche Umgebung hat etwas sehr Beengendes.
Be|engt|heit, die; -, -en: *Zustand des Beengtseins.*
Be|en|gung, die; -, -en: *das Beengen; das Beengtwerden.*
Bee|per ['bi:pɐ], der; -s, - [engl. beeper, zu: to beep = piepsen, lautm.]: *kleines, tragbares elektronisches Rufgerät, das einen Piepton abgibt, wenn der Träger bzw. die Trägerin (z. B. im Bereitschaftsdienst) kontaktiert wird.*
be|er|ben ⟨sw. V.; hat⟩ [mhd. beerben]: *jmds. Hinterlassenschaft erben, jmds. Erbe sein:* die Kinder beerben ihren Vater; Ü jmdn. als Bürgermeister b. können (ugs.; *seine Nachfolge antreten können*).
Be|er|bung, die; -, -en: *das Beerben, Beerbtwerden.*
be|er|di|gen ⟨sw. V.; hat⟩: *(einen Verstorbenen) auf einem Friedhof [feierlich] begraben, bestatten, beisetzen:* die Toten, die Verstorbenen, Gefallenen b.; jmdn. kirchlich b.; Ü dieses Thema können wir gleich b. (ugs.; *fallen lassen*).
Be|er|di|gung, die; -, -en: *Begräbnis, Bestattung, Beisetzung:* eine feierliche B.; die B. findet am Mittwoch statt; auf eine/zu einer B. gehen; Es gab eine armselige B. auf einem der Vorstadtfriedhöfe (Jünger, Bienen 50); * **B. erster Klasse** (salopp: *Misserfolg, Beendigung in spektakulärer Weise*); **auf der falschen B. sein** (salopp: 1. *am falschen Ort, fehl am Platz sein.* 2. *eine irrige, falsche Meinung von etw. haben*).
Be|er|di|gungs|fei|er, die: *Feier anlässlich einer Beerdigung.*
Be|er|di|gungs|in|sti|tut, das: *Unternehmen, das Beerdigungen übernimmt.*
Be|er|di|gungs|kos|ten ⟨Pl.⟩: *Kosten für eine Beerdigung.*
Be|er|di|gungs|un|ter|neh|men, das: *Beerdigungsinstitut.*
Bee|re, die; -, -n [mhd. (md.) bere, eigtl. starker Pl. von: ber, ahd. beri; vgl. eigtl. = die Rote]: *kleine, rundliche, oft kräftig gefärbte Frucht mit saftigem Fleisch, das die Samenkerne enthält:* rote, blaue, süße, saftige -n; -n tragende Sträucher; -n pflücken, sammeln, einkochen; in die -n gehen (landsch.; *wilde Beeren sammeln gehen*).
bee|ren|ar|tig ⟨Adj.⟩: *wie Beeren geartet.*
Bee|ren|aus|le|se, die: **1.** *aus ausgelesenen, edel-*

beerenförmig – befestigen

faulen, voll- od. überreifen Weinbeeren gewonnener, bes. feiner u. alkoholreicher Wein. **2.** Auslese von edelfaulen, voll- od. überreifen Weinbeeren.

bee|ren|för|mig ⟨Adj.⟩: *wie eine Beere geformt.*

Bee|ren|frucht, die: *aus einer od. mehreren Beeren bestehende Frucht.*

Bee|ren|obst, das: *in Form von Beeren wachsendes Obst.*

Beet, das; -[e]s, -e [mhd. bette, ahd. betti = Bett; Feld-, Gartenbeet, identisch mit ↑ Bett u. erst seit dem 17. Jh. formal davon unterschieden]: *kleineres, abgegrenztes, bepflanztes od. zur Bepflanzung vorgesehenes Stück Land in einem Garten, einer Anlage o. Ä.:* ein langes, rundes B.; ein B. für Salat; ein B. umgraben, jäten; ein B. Kohlrabi *(die auf einem Beet wachsende Menge)* anpflanzen.

Bee|te: ↑ Bete.

be|eu|meln, sich ⟨sw. V.; hat⟩ [zu ↑ eumeln] (landsch. ugs.): *sich köstlich amüsieren.*

be|fä|hi|gen ⟨sw. V.; hat⟩: *fähig machen, in die Lage versetzen, etw. zu tun:* dieser Umstand befähigte ihn, die Notzeit zu überstehen; jmdn. zu Spitzenleistungen b.; die Kinder zu selbstständigem Handeln b.; (häufig im 2. Part.:) eine sehr befähigte *(begabte, tüchtige, qualifizierte)* Lehrerin, Ärztin, Wissenschaftlerin; ... die hohe Sprachbegabung des Griechen befähigte ihn auch, sich in andere Sprachen hineinzudenken (Thieß, Reich 405).

Be|fä|hi|gung, die; -, -en: *das Befähigtsein; Eignung, Tauglichkeit; Begabung:* für diese Arbeit fehlt ihm die B.; zum Richteramt *(die vorgeschriebene Ausbildung, Qualifikation dazu)* haben.

Be|fä|hi|gungs|nach|weis, der (Amtsspr.): *Nachweis, Zeugnis der Eignung, Befähigung zur Ausübung einer bestimmten Tätigkeit, eines bestimmten Berufes.*

be|fahl, be|fäh|le: ↑ befehlen.

be|fahr|bar ⟨Adj.⟩: *sich befahren lassend:* ein -er Weg; die Strecke ist wegen Bauarbeiten nur einspurig b.

Be|fahr|bar|keit, die; -: *Eigenschaft, befahrbar zu sein:* die B. der Straße gewährleisten.

¹be|fah|ren ⟨st. V.; hat⟩: **1.** *als Fahrweg benutzen, auf etw. fahren:* die Kurve kann mit maximal 100 km/h befahren werden; Tanker können diese Route nicht b.; er hat viele Länder befahren *(bereist)*; eine wenig befahrene [Wasser]straße; die Straße, Strecke ist sehr stark befahren *(es fahren sehr viele Fahrzeuge auf ihr).* **2.** *(eine Bodenfläche) mit etw., was man herbeifährt, im Fahren bestreuen, beschütten:* eine Straße mit Schotter, einen Acker mit Mist b. **3.** (Bergmannsspr.) *(in etw.) einfahren:* eine Grube, einen Schacht b.

²be|fah|ren ⟨Adj.⟩ [übertr. gebr. 2. Part. von ↑ ¹befahren (1)]: **1.** (Seemannsspr.) *in der Seefahrt erprobt, erfahren:* diese Matrosen sind alle sehr b. **2.** (Jägerspr.) *bewohnt:* ein -er [Dachs]bau.

◆**³be|fah|ren** ⟨sw. V.; hat⟩ [mhd. bevären, zu väre, ↑ Gefahr]: *befürchten müssen:* ... denn, Herr, was habt Ihr zu b. (Schiller, Gang nach dem Eisenhammer).

Be|fall, der ⟨Pl. selten⟩: *(bes. von Pflanzen) das Befallenwerden, -sein von Krankheiten od. Schädlingen:* der B. bestimmter Pflanzen mit Mehltau.

be|fal|len ⟨st. V.; hat⟩ [mhd. bevallen = hinfallen; fallend bedecken, über etw. ausbreiten]: *plötzlich, unvermittelt ergreifen, erfassen, überkommen:* hohes Fieber befiel ihn; viele Zuschauer wurden von Panik befallen; ein von Pilzen befallener Baum.

be|fan|gen ⟨Adj.⟩ [eigtl. 2. Part. von veraltet befangen, mhd. bevähen, ahd. bifähan = umfassen, einengen; schon mhd. bevangen, bevän = in etw. verwickelt, unfrei]: **1.** *nicht frei u. natürlich, sondern durch etw. in Verlegenheit, Verwirrung gebracht u. daher gehemmt:* eine -e junge Frau; in Gesellschaft ist er immer sehr b. **2.** (bes. Rechtsspr.) *voreingenommen, parteiisch:* jmdn. für b. erklären; einen Richter als b. ablehnen. **3.** * **in etw. b. sein** (geh.; *von etw. stark bestimmt sein*: in dem Glauben b. sein, dass ...)

◆**²be|fan|gen,** sich ⟨st. V.; hat⟩: *sich befassen:* ... denn mit den Toten hab' ich mich niemals gern befangen (Goethe, Faust I, 319f. [Prolog]).

Be|fan|gen|heit, die; -, -en: **1.** *das Befangen-, Gehemmtsein; Verlegenheit:* seine B. ablegen, nicht loswerden. **2.** (bes. Rechtsspr.) *das Befangen-, Parteiischsein; Voreingenommenheit:* einen Antrag auf B. gegen jmdn. stellen, einen Richter wegen B. ablehnen.

Be|fan|gen|heits|an|trag, der (Rechtsspr.): *Antrag auf Ablehnung eines Richters, Sachverständigen o. Ä. wegen der Befürchtung, er könne befangen (2) sein.*

be|fas|sen ⟨sw. V.; hat⟩: **1.** ⟨b. + sich⟩ *sich [eingehend] beschäftigen, auseinandersetzen:* sich mit einer Frage, mit einer Angelegenheit, mit einem Problem b.; die Eltern befassen sich zu viel mit ihren Kindern; mein Bruder befasst sich mit Ahnenforschung. **2.** (bes. Amtsspr.) *jmdn. beauftragen, ihn dazu bringen, veranlassen, sich mit etw. Bestimmtem zu beschäftigen, auseinanderzusetzen:* jmdn. mit etw. b.; ⟨öfter im Passiv im 2. Part.:⟩ der Ausschuss wurde mit der Angelegenheit befasst; das mit dem Fall befasste Kommissariat. **3.** (landsch.) *berühren, betasten:* die Möbel b.

Be|fas|sung, die; -, -en (bes. österr. Amtsspr.): *das Befassen (2); [verantwortliche] Beschäftigung (2) mit einem Thema:* die B. eines Gerichts, des Parlaments mit einer Frage.

be|feh|den ⟨sw. V.; hat⟩: **1.** (Geschichte) *mit jmdm. in Fehde liegen:* der Burggraf befehdete die Stadt; die germanischen Fürsten befehdeten sich ⟨gegenseitig⟩ / (geh.:) einander. **2.** (geh.) *bekämpfen:* er befehdete meine Pläne heftig.

Be|feh|dung, die; -, -en (geh.): *das Befehden; Befehdetwerden.*

Be|fehl, der; -[e]s, -e [spätmhd. bevel(ch) = Übergabe; Obhut, zu mhd. bevelhen, ↑ befehlen]: **1. a)** *mündlich od. schriftlich gegebener Auftrag, der genau befolgt werden muss; Anordnung eines Vorgesetzten, einer höheren Instanz:* ein strenger, geheimer B.; jmdm. einen B. geben; einen B. erlassen, befolgen; den B. zum Rückzug erteilen; einen B. verweigern; etw. geschieht auf B.; Ü sie gehorchte dem B. ihrer inneren Stimme; R B. ist B. *(einem Befehl muss unbedingt gehorcht werden);* * **zu B.!** (Militär: *jawohl, wie wir Ihren Befehl ausführen*); **b)** (EDV) *Anweisung an Rechenanlagen zur Ausführung einer bestimmten Operation.* **2.** *Befehlsgewalt, Leitung, Kommando:* den B. über eine Einheit haben, führen; er hat den B. über die Festung übernommen; unter jmds. B. stehen.

be|feh|len ⟨st. V.; hat⟩ [mhd. bevelhen, ahd. bifel(a)han = übergeben, anvertrauen, in einem untergeeigneten Verb mit der Bed. »(der Erde) anvertrauen, begraben«, dann = zum Schutz anvertrauen]: **1. a)** *den Befehl, den Auftrag geben, etw. zu tun; etw. gebieten:* er befahl mir strengstes Stillschweigen; den Soldaten wurde befohlen, die Brücke zu sprengen; von Ihnen lasse ich mir nichts b.; der Herr Baron befehlen? (gespreizt; *was wünscht der Herr Baron?*); Sie befehlen (gespreizt; *jawohl, wird erledigt!*); etw. in befehlendem *(gebieterischem)* Ton sagen; ◆ **Befehlen Sie Ihren Kaffee?** *(wünschen Sie, dass Ihnen Kaffee serviert wird?;* Iffland, Die Hagestolzen I, 4); **Spr** wer b. will, muss erst gehorchen lernen; **b)** *zu einem bestimmten Zweck an einen bestimmten Ort kommen lassen, beordern.* **2.** *die Befehlsgewalt haben, gebieten:* über ein Heer, eine Armee b. **3.** (geh. veraltet) *unter jmds. Schutz stellen, anbefehlen, anvertrauen:* (bibl.:) ich befehle meinen Geist in deine Hände; (bibl.:) befiehl dem Herrn deine Wege; So befahlen wir unsere Seelen Gott (Hauptmann, Schuß 10); * **Gott befohlen!** (↑ Gott 1).

be|feh|le|risch ⟨Adj.⟩: *gebieterisch, befehlend:* in -em Ton.

be|feh|li|gen ⟨sw. V.; hat⟩ (Militär): *über jmdn. (eine Gruppe von Menschen), über die Befehlsgewalt, das Kommando, die Führung haben:* eine Einheit b.

Be|fehls|aus|ga|be, die (Militär): *Bekanntgabe eines Befehls von Vorgesetzten an Untergebene:* die morgendliche B.

Be|fehls|be|fug|nis, die: *Befehlsgewalt.*

Be|fehls|emp|fän|ger, der: *jmd., der aufgrund seiner Stellung Befehle auszuführen hat:* er ist zum bloßen B. geworden.

Be|fehls|emp|fän|ge|rin, die: w. Form zu ↑ Befehlsempfänger.

Be|fehls|form, die (Sprachwiss.): *Imperativ (1).*

Be|fehls|ge|mäß ⟨Adj.⟩: *einem Befehl entsprechend:* sich b. bei jmdm. melden.

Be|fehls|ge|walt, die: *Recht, Befugnis, Befehle zu erteilen:* eine zeitlich begrenzte B.

Be|fehls|ha|ber, der; -s, - (Militär): *Führer eines Großverbandes, Kommandeur.*

Be|fehls|ha|be|rin, die: w. Form zu ↑ Befehlshaber.

Be|fehls|not|stand, der (Rechtsspr.): *Lage, Situation, in der jmd. gezwungen ist, Befehle auszuführen, die er moralisch nicht vertreten kann.*

Be|fehls|satz, der (Sprachwiss.): *Satz, der einen Befehl (1 a) beinhaltet.*

Be|fehls|stel|le, die: **1.** *Hauptquartier; Stabsquartier.* **2.** *Gefechtsstand.*

Be|fehls|ton, der ⟨o. Pl.⟩: *befehlerischer Ton der Stimme:* er sprach mit ihm im B.

Be|fehls|ver|wei|ge|rung, die (bes. Militär): *Weigerung, einen Befehl auszuführen.*

Be|fehls|wid|rig ⟨Adj.⟩: *im Widerspruch zum Befehl stehend:* ein -es Verhalten.

be|fein|den ⟨sw. V.; hat⟩ (geh.): *jmdm., einer Sache mit Feindseligkeit begegnen; bekämpfen:* eine neue Lehre b.; er befeindet mich; die beiden Städte haben sich ⟨gegenseitig⟩ / (geh.:) einander jahrelang befeindet.

Be|fein|dung, die; -, -en: *das Befeinden; das Befeindetwerden.*

◆ **be|fes|ten** ⟨sw. V.; hat⟩: *befestigen:* Hinze klettert und holt sich den Strick da oben b. (Goethe, Reineke Fuchs 4, 154).

be|fes|ti|gen ⟨sw. V.; hat⟩: **1.** *an etw. anbringen, festmachen:* einen Haken, ein Plakat b.; er befestigte den Kahn an einem Pfosten. **2.** *einer Sache durch entsprechende Maßnahmen Festigkeit geben u. sie dadurch widerstandsfähig, haltbar machen:* das Ufer, den Damm b.; eine Straße mit Schotter b.; b. heißt festige, stärken, beständig machen: diese Tat befestigte seinen Ruhm; In den letzten Generationen haben die Menschen ... ihre Herrschaft über die Natur in einer früher unvorstellbaren Weise befestigt (Freud, Abriß 120); ◆ **c)** *bestärken:* Eure Nachsicht muss ihn in seinen Liederlichkeiten b. (Schiller, Räuber I, 1). **3.** ⟨b. + sich⟩ *sich festigen, stabil[er] werden:* ihre berufliche Position befestigte sich nach diesem Erfolg. **4.** [spätmhd. bevestigen] **a)** *zur Verteidigung gegen militärische Angriffe mit Befestigungen (2) sichern:* eine Stadt, das Landesgebiet, die Küste b.; ◆ **b)** ⟨b. + sich⟩ *sich festsetzen, sich verschanzen:* ... so wird der Twing vollendet ... und der Vogt befestigt sich (Schiller, Wilhelm Tell II, 2).

Befestigung – befragen

Be|fes|ti|gung, die; -, -en: **1.** ⟨Pl. selten⟩ **a)** *das Befestigen* (1); **b)** *das Widerstandsfähig-, Haltbarmachen:* die B. der Dämme; **c)** *Festigung, Stärkung:* die B. des totalitären Einparteienstaats; **d)** *das Ausbauen, Errichten militärischer Verteidigungsanlagen:* die B. der Stadt anordnen. **2.** *Verteidigungsanlage:* eine mittelalterliche B.

Be|fes|ti|gungs|an|la|ge, die: *der Befestigung* (1 d) *dienende Anlage.*

Be|fes|ti|gungs|bau, der ⟨Pl. -ten⟩: *der Befestigung* (1 d) *dienender Bau.*

Be|fes|ti|gungs|werk, das: *Befestigungsanlage, Befestigungsbau.*

be|feuch|ten ⟨sw. V.; hat⟩: *feucht, [ein wenig] nass machen:* sich die Lippen mit der Zunge b.; der Tau befeuchtet das Gras.

Be|feuch|tung, die; -, -en ⟨Pl. selten⟩: *das Befeuchten; das Befeuchtetwerden.*

be|feu|ern ⟨sw. V.; hat⟩: **1.** *(eine Feuerstelle) mit Brennstoff versorgen; [be]heizen:* eine Heizung [mit Kohlen, Öl] b.; der Kachelofen wird vom Flur aus befeuert. **2.** (geh.) *anspornen, anfeuern; jmdm. einen Antrieb zu etw. geben:* jmdn. durch Lob b.; einander mit Zurufen b. **3.** (Seew., Flugw.) *mit einem Leuchtfeuer, mit Leuchtfeuern versehen:* die flachen Stellen des Fahrwassers b.; der Flughafen ist gut, schlecht befeuert. **4. a)** *beschießen, unter Beschuss nehmen:* sie befeuerten die feindliche Stellung; **b)** (ugs.) *bewerfen:* die Abgeordneten mit faulen Eiern b.

Be|feu|e|rung, die; -, -en ⟨Pl. selten⟩: **1.** *das Befeuern, Befeuertwerden* (1). **2.** (Seew., Flugw.) **a)** *das Befeuern, Befeuertwerden* (3): die B. einer Küste; **b)** *Leuchtfeuer, Lichtzeichen zur Navigation:* auf dem Flughafen fielen Teile der B. aus.

Beff|chen, das; -s, - [aus dem Niederd., Vkl. von mniederd. beffe, beve = Chorhut u. Chorrock der Prälaten, wohl < mlat. biffa = Überwurf, Mantel; zur Bedeutungsentwicklung vgl. Kappe]: *Halsbinde mit zwei steifen, schmalen Leinenstreifen vorn am Halsausschnitt von Amtstrachten, bes. des evangelischen Geistlichen:* ein frisch gestärktes B.

be|fie|dern ⟨sw. V.; hat⟩: *mit Federn versehen:* einen Pfeil b.; ein befiederter Hut.

be|fiehl, be|fiehlst, be|fiehlt: ↑ befehlen.

be|fin|den ⟨st. V.; hat⟩ [mhd. bevinden, ahd. bifindan = erfahren, wahrnehmen, zu ↑ finden]: **1.** ⟨b. + sich⟩ **a)** *sich an einem bestimmten Ort aufhalten; (an einem bestimmten Ort, Platz) sein:* er befindet sich in seinem Büro; wo befindet sich die Kasse?; das Fahrrad befand sich im Keller; Bloß die Brille befand sich nicht, wo sie hingehörte (Gaiser, Jagd 71); **b)** (geh., oft gespreizt) *(in einem bestimmten Zustand, einer bestimmten Lage) sein:* sich in übler Laune, in einem Irrtum b.; die beiden Länder befanden sich im Kriegszustand; sich in guten Händen b. *(gut versorgt sein);* sich in Auflösung b. *(sich auflösen);* **c)** (geh.) *sich in einer bestimmten Weise fühlen, in einer bestimmten gesundheitlichen Verfassung sein:* sich wohl, unpässlich b.; wie befindet sich der Patient?; Tatsächlich befand ich mich nicht behaglich (Muschg, Sommer 266). **2.** (geh.) **a)** *für etw. halten, erachten:* etw. für gut b.; einen Angeklagten [als, für] schuldig b.; **b)** *etw. entschieden aussprechen, äußern:* sie befand, der Preis sei zu hoch. **3.** (oft Amtsspr.) *urteilen, etw. bestimmen:* über die Zahl der Teilnehmer befindet der Ausschuss.

Be|fin|den, das; -s: **1.** *gesundheitliche, körperlich-psychische Verfassung, Gesundheitszustand:* wie ist das B. des Patienten?; sich nach jmds. B. erkundigen. **2.** (geh.) *Ansicht, Urteil, Meinung, Dafürhalten:* nach eigenem B. entscheiden.

be|find|lich ⟨Adj.⟩ [zu ↑ befinden] (Papierdt.): **a)** *sich an einem bestimmten Ort befindend:* das in der Kasse -e Geld wurde gestohlen; **b)** *sich in einem bestimmten Zustand, in einer bestimmten Lage befindend:* die an der Macht -e Partei.

Be|find|lich|keit, die; -, -en: *seelischer Zustand, in dem sich jmd. befindet.*

be|fin|gern ⟨sw. V.; hat⟩ (ugs.): *etw. [ungeniert] mit den Fingern berühren, betasten, um es zu untersuchen:* die schmerzende Nase b.; prüfend eine Wurst b.; musst du denn alles b.?

be|fi|schen ⟨sw. V.; hat⟩: *in bestimmten Gewässern regelmäßig fischen:* ein Meer b.; ein stark befischtes Gewässer.

Be|fi|schung, die; -, -en: *das Befischen; das Befischtwerden.*

◆ **be|fit|ti|gen** ⟨sw. V.; hat⟩ [zu ↑ Fittich]: **a)** *mit Flügeln versehen, ausstatten.* ⟨meist im 2. Part.:⟩ ... schütze mich ... vor dieser Schar, die neben deiner Schönheit Schwan nur schlechtlich befittigt', schmachtende Gänse sind (Goethe, Faust II, 8807 ff.); **b)** *beflügeln* (b): ... doch hebet mich befittigt Angst empor (Goethe, Pandora 555 f.).

be|flag|gen ⟨sw. V.; hat⟩: *mit Flaggen versehen, schmücken:* ein Schiff b.; alle öffentlichen Gebäude waren beflaggt.

Be|flag|gung, die; -, -en: **1.** *das Beflaggen; das Beflaggtwerden:* die B. des Marktplatzes anordnen. **2.** *Gesamtheit von aufgezogenen Flaggen:* das Schiff lief mit voller B. in den Hafen ein.

be|fle|cken ⟨sw. V.; hat⟩ [mhd. bevlecken]: **1.** *mit Flecken beschmutzen:* das Tischtuch b. **2.** *entehren, besudeln:* jmds. Andenken, Ehre, Ruf b.

Be|fle|ckung, die; -, -en: *das Beflecken; das Befleckwerden.*

be|fle|geln ⟨sw. V.; hat⟩ (österr.): *grob beschimpfen, anpöbeln.*

be|flei|ßen, sich ⟨st. V.; hat⟩ (veraltet): *sich befleißigen:* sie befliss sich großer Freundlichkeit.

be|flei|ßi|gen, sich ⟨sw. V.; hat⟩ (geh.): *sich um etw. eifrig bemühen, sich etw. angelegen sein lassen:* sich großer Höflichkeit, Zurückhaltung b.; du hast dich eines guten Stils befleißigt.

be|flie|gen ⟨st. V.; hat⟩: **1.** *auf einer bestimmten Strecke, in einem bestimmten Gebiet [regelmäßig] fliegen:* diese Route wird nicht mehr beflogen; eine stark beflogene Strecke. **2.** (Bot.) *(von Bienen u. Ä.) (Blüten) aufsuchen; sich auf Blüten niederlassen u. sie dabei befruchten:* Lind[blüten] werden von Bienen gern beflogen.

be|flir|ten […ˈflœr…, …ˈfløːɐ̯…, auch: …ˈflɪr…] ⟨sw. V.; hat⟩: *jmdn. zum Flirten zu bewegen versuchen:* Männer wollen meist sehen, wenn sie beflirten; sie gingen in die Bar, um sich ein wenig b. zu lassen.

be|fliss: ↑ befleißen.

¹**be|flis|sen** ⟨Adj.⟩ [eigtl. 2. Part von ↑ befleißen]: *[über]eifrig, mit großem Eifer [in unterwürfiger Weise] um etw. bemüht:* -e Schüler; b. arbeiten; sich b. zeigen, etw. zu tun; jmdn. b. begrüßen.

²**be|flis|sen:** ↑ befleißen.

Be|flis|sen|heit, die; -: *das Beflissensein; [Über]eifer.*

be|flis|sent|lich ⟨Adj.⟩: *seltener für* ↑ geflissentlich.

be|flo|cken ⟨sw. V.; hat⟩ (Textilind.): *durch Flockdruck mit etw. bedrucken:* das Trikot mit dem eigenen Namen b.

be|flü|geln ⟨sw. V.; hat⟩ (geh.): **a)** *anregen, beleben; jmdm., einer Sache Antrieb zu etw. geben; anspornen:* etw. beflügelt jmds. Fantasie, Geist; ich beflüg[e]lte mich zu neuen Taten; vom Lob beflügelt, arbeiteten sie umso schneller; **b)** *dazu beitragen, dass etw. schneller wird:* die Angst beflügelte ihre Schritte.

be|flü|gelt ⟨Adj.⟩: *mit Flügeln versehen, ausgestattet; geflügelt:* Drachen sind in alten Darstellungen meist b.

Be|flü|ge|lung, (seltener:) **Be|flüg|lung,** die; -: *das Beflügeln* (a); *das Beflügeltwerden* (a).

be|föh|le, be|foh|len: ↑ befehlen.

be|fol|gen ⟨sw. V.; hat⟩: *nach etw. handeln; sich in seinem Handeln nach etw. richten; berücksichtigen, beachten:* einen Befehl, Vorschriften b.; jmds. Rat, Vorschlag b.

Be|fol|gung, die; -, -en ⟨Pl. selten⟩: *das Befolgen, Befolgtwerden.*

Be|för|de|rer, Beförder, der; -s, -: **1.** *Unternehmen, das Personen od. Dinge befördert* (1). **2.** (selten) *Förderer, Gönner.*

Be|för|de|rin, die; -, -nen: w. Form zu ↑ Beförderer.

be|för|der|lich ⟨Adj.⟩: **1.** (schweiz.) *beschleunigt, rasch:* um -e Abklärung ersuchen; der Bundesrat wird beauftragt, die Vorlage b. zu unterbreiten. ◆ **2.** *behilflich:* ... ob vielleicht eine verruchte Hand zu der Flucht b. war (Kotzebue, Kleinstädter IV, 9).

be|för|dern ⟨sw. V.; hat⟩ [älter = fördern (2)]: **1.** *mithilfe eines Transportmittels von einem Ort an einen anderen bringen, schaffen; transportieren:* Güter, Waren mit der Bahn b.; Pakete mit der Post b.; die Teilnehmer werden in Bussen befördert; Ü der Türsteher beförderte ihn ins Freie *(warf ihn hinaus);* den Ball ins Netz b. *(ein Tor schießen).* **2.** *in eine höhere Stellung, in einen höheren Rang aufrücken lassen:* er ist zum Direktor befördert worden. **3.** *fördern, unterstützen, begünstigen:* eine solche Maßnahme kann den Widerstand allenfalls noch b.; dieses Konzert beförderte ihren Erfolg; Auch die Heringe und Flundern waren weggeblieben, und in den Flüssen zeigte sich, wie durch Fluch befördert, ein Fischesterben an (Grass, Butt 99).

Be|för|de|rung, die; -, -en: **1.** ⟨o. Pl.⟩ *das Befördern* (1); *das Befördertwerden:* die B. von Gütern, Waren, Menschen. **2.** *das Aufrücken in einen höheren Rang, eine höhere Stellung:* die schnelle B. des Majors, Inspektors; die B. zur Abteilungsleiterin; auf B. hoffen, warten.

Be|för|de|rungs|be|din|gun|gen ⟨Pl.⟩: *von einem Beförderer* (1) *formulierte Bestimmungen, deren Anerkennung er bei jedem Kunden voraussetzt.*

Be|för|de|rungs|ent|gelt, das (Amtsspr.): *Fahrpreis.*

Be|för|de|rungs|ge|such, das: *Gesuch um Beförderung* (2).

Be|för|de|rungs|kos|ten ⟨Pl.⟩: *Kosten für eine Beförderung* (1).

Be|för|de|rungs|mit|tel, das: *Fahrzeug, das der Beförderung* (1) *von Personen od. Dingen dient.*

Be|förd|rer: ↑ Beförderer.

Be|förd|re|rin, die; -, -nen: w. Form zu ↑ Beförderer.

be|for|schen ⟨sw. V.; hat⟩ (Jargon): *an etw. forschen; forschend, in einem Forschungsprojekt bearbeiten.*

be|frach|ten ⟨sw. V.; hat⟩: *(ein Beförderungsmittel) mit Fracht beladen:* ein Schiff b.; Ü wir sollten die Darstellung nicht mit zu vielen Details b.

Be|frach|ter, der (Frachtw.): *jmd., der Güter als Schiffsfracht befördert bzw. befördern lässt.*

Be|frach|te|rin, die; -, -nen: w. Form zu ↑ Befrachter.

Be|frach|tung, die; -, -en: *das Befrachten; das Befrachtetwerden.*

be|frackt ⟨Adj.⟩: *mit einem Frack bekleidet:* -e Kellner, Diplomaten.

be|fra|gen ⟨sw. V.; hat⟩: **a)** *Fragen (an jmdn.) richten, (jmdm.) Fragen stellen:* jmdn. sehr genau b.; jmdn. nach seiner Meinung, wegen seines Verhaltens, über das Ereignis b.; ⟨subst.:⟩ auf Befragen der Verteidigung, R wie sollst du mich b. (scherzh.: *darüber möchte ich keine Auskunft geben;* nach R. Wagner, Lohengrin); **b)** (geh.) *mithilfe einer Sache etw. zu erfahren suchen:* das Orakel b.

Be|fra|gung, die; -, -en: **1.** *das Befragen.* **2.** (Soziol.) *Umfrage, Untersuchung bei Einzelpersonen:* das Ergebnis der -en.

be|frei|en ⟨sw. V.; hat⟩ [mhd. bevrīen, zu ↑frei]: **1. a)** *durch Überwinden von Widerständen [gewaltsam] aus Gefangenschaft, einer unangenehmen, schlimmen Lage o. Ä. herausholen,* jmdn. Freiheit verschaffen: einen Gefangenen b.; das Kind aus den Händen der Entführer b.; ich konnte mich selbst b.; Ü sich von seinen nassen Sachen b.; **b)** *einen erfolgreichen Freiheitskampf führen u. dadurch ein Volk frei machen:* das Volk vom Faschismus, von den Kolonialherren b. **2.** *von jmdm., sich, einer Sache etw. [Störendes, Lästiges] entfernen:* die Schuhe vom Schmutz b.; eine Rose von ihren Dornen b. **3. a)** *von etw. Unangenehmem erlösen;* jmdn. von Kummer b.; ein befreiendes Lachen; **b)** (+ sich) *von etw. Unangenehmem loskommen; etw. überwinden:* sich von Vorurteilen b. **4.** *von etw. entbinden, freistellen, dispensieren; jmdm. etw. erlassen:* den Schüler vom Sportunterricht b.

Be|frei|er, der: *Person, die jmdn., etw. befreit:* er wurde von der Bevölkerung als B. empfangen.

Be|frei|e|rin, die; -, -nen: w. Form zu ↑Befreier.

Be|frei|ung, die; -, -en: **1. a)** *das Befreien* (1 a); *das Befreitwerden;* **b)** *das Freiwerden, Befreitwerden von Unterdrückung o. Ä.:* die B. der Bauern von der Leibeigenschaft; die B. *(Emanzipation)* der Frau; sie kämpften für die nationale B. **2.** *Erlösung:* B. von Krankheit. **3.** *das Befreien* (4), *Befreitwerden; Dispens:* B. vom Turnunterricht.

Be|frei|ungs|ak|ti|on, die: *[bewaffneter] Einsatz zur Befreiung von Gefangenen od. Geiseln.*

Be|frei|ungs|be|we|gung, die: *Zusammenschluss von Menschen, die für eine Befreiung* (1 b) *kämpfen:* die afrikanischen -en.

Be|frei|ungs|griff, der (Sport): *Griff, mit dem sich jmd. (beim Rettungsschwimmen od. beim Judo) aus einer Umklammerung befreien kann.*

Be|frei|ungs|kampf, der: *Kampf um die [politische] Freiheit.*

Be|frei|ungs|krieg, der: **1.** *von einem Volk gegen eine Kolonialherrschaft, gegen die Besetzung durch eine fremde Macht od. gegen rassistische Regime geführter Krieg.* **2.** ⟨Pl.⟩ *Freiheitskrieg* (b).

Be|frei|ungs|schlag, der: **a)** (Eishockey) *unerlaubtes Spielen des Pucks aus dem eigenen Verteidigungsdrittel heraus über die gegnerische Torauslinie; Icing;* **b)** (Fußball) *weiter Schuss aus der eigenen in die gegnerische Hälfte, um die Abwehr zu entlasten, um sich aus einer bedrängten Situation zu befreien:* der B. landete beim gegnerischen Torwart.

Be|frei|ungs|theo|lo|gie, die ⟨Pl. selten⟩: *(bes. in Lateinamerika wirksame) Theologie, die die spezifische Situation der Dritten Welt mit Armut, Hunger, Ausbeutung u. a. berücksichtigt u. das verkündete Heil auch als diesseitige Erlösung u. Befreiung versteht.*

Be|frei|ungs|ver|such, der: *Versuch, jmdn., sich zu befreien:* ein missglückter B.

be|frem|den ⟨sw. V.; hat⟩: *fremd, eigenartig u. zugleich unangenehm berühren, anmuten; bei jmdm. Erstaunen u. Missbilligung auslösen:* ihre Worte befremdeten mich; ich war von seinem Verhalten zunächst etwas befremdet; Einiges an seiner Person befremdete sie, das sieht er (Frisch, Montauk 116).

Be|frem|den, das; -s: *das Befremdetsein:* sein B. äußern, ausdrücken; B. erregen; mit B. aufgenommen werden.

be|frem|dend ⟨Adj.⟩: *befremdlich.*

be|fremd|lich ⟨Adj.⟩ (geh.): *Befremden, Erstaunen hervorrufend, verwunderlich, seltsam:* eine -e Äußerung; ⟨subst.:⟩ der Anblick hatte etwas Befremdliches.

be|freun|den, sich ⟨sw. V.; hat⟩ [zu mhd. vriunden = zum Freund machen]: **1.** *mit jmdm. Freundschaft schließen:* die beiden Kinder befreundeten sich schnell. **2.** *sich an etw. gewöhnen u. eine positive Einstellung dazu bekommen:* sich mit einem Gedanken b.; mit der neuen Mode habe ich mich noch nicht befreundet, b. können.

be|freun|det ⟨Adj.⟩: *Freund, Freunde seiend:* zwei -e Männer; die -en Staaten; das -e Ausland; die beiden sind eng b.; Ü -e (Math.; *verwandte*) Zahlen; ♦ Ihr ganzes Wesen und Tun war ihm b. (*war ihm gegenüber freundlich;* Novalis, Heinrich 163).

♦ **Be|freun|de|te,** die/eine Befreundete; der/einer Befreundeten, die Befreundeten/zwei Befreundete: *Freundin:* ... den wollen wir meiner -n schenken in ihrer letzten Not (Cl. Brentano, Kasperl 350).

♦ **Be|freun|de|ter,** der Befreundete/ein Befreundeter; des/eines Befreundeten, die Befreundeten/zwei Befreundete: *Freund:* ... sie hat Befreundete am anderen Ende der Stadt (Cl. Brentano, Kasperl 345).

be|frie|den ⟨sw. V.; hat⟩: **1.** [zu ↑Frieden] **a)** (geh.) *(in einem Land) Frieden, einen Zustand des Friedens herbeiführen:* ein Land b.; **b)** (veraltend) *beruhigen, ruhig u. friedlich stimmen; mit Frieden, innerer Ruhe erfüllen:* er ließ sich b. **2.** [mhd. bevriden, zu: vride, ahd. fridu = Einfriedung, Zaun, eigtl. = Einzäunung eines unter Schutz (mhd. vride, ahd. fridu, ↑Frieden) gestellten Bezirks (Gericht, Burg, Markt)] (geh.) *einfrieden:* von Gattern befriedet.

be|frie|di|gen ⟨sw. V.; hat⟩ [zu mhd. bevriden = Schutz verschaffen; Bedeutungswandel unter Einfluss von ↑zufrieden]: **1. a)** *zufriedenstellen; bewirken, dass jmd. Zufriedenheit erreicht, jmds. Verlangen, Erwartung erfüllt wird:* jmds. Ansprüche b.; ein Bedürfnis b.; seine Neugier, Rachsucht b. *(stillen);* er ist sehr schwer zu b. *(stellt hohe Ansprüche);* das Ergebnis befriedigt mich [nicht]; er scheint seine Gläubiger b. *(ihren Forderungen nachkommen);* eine uns alle befriedigende Lösung ist nicht in Sicht; befriedigt *(zufrieden)* dreinschauen, lachen; Schreibe ich ihnen, um Leser an b., um Kritiker zu beliefern! (Frisch, Montauk 138); **b)** *innerlich ausfüllen:* mein Beruf befriedigt mich; die Hausarbeit befriedigt sie nicht; **c)** *zufriedenstellend sein; den Ansprüchen entsprechen:* wir brauchen eine Lösung, die wirklich befriedigt. **2.** *jmds. sexuelles Verlangen stillen:* er vermochte sie kaum, nie zu b.; sie [selbst] b. *(masturbieren).* ♦ **3.** *befrieden* (1 a): Euren Rat, Eure Meinung wünscht der König, wie diese Staaten wieder zu b. (Goethe, Egmont IV).

be|frie|di|gend ⟨Adj.⟩: *den Erwartungen, den Ansprüchen an die Qualität weitgehend entsprechend:* eine -e Leistung; das Ergebnis ist b.; die Arbeit wurde mit [der Note] »befriedigend« bewertet.

Be|frie|di|gung, die; -, -en: **1.** *das Befriedigen; Zufriedenstellung:* die B. aller Bedürfnisse; die B. der Gläubiger ist nicht möglich. **2.** *Zufriedenheit, Genugtuung:* B. empfinden; sich B. verschaffen; diese Arbeit gewährt, bereitet mir [volle] B.; ein Gefühl der inneren B.

Be|frie|dung, die; -, -en: *das Befrieden; Befriedetwerden.*

be|fris|ten ⟨sw. V.; hat⟩: *einer Sache eine Frist setzen, sie zeitlich begrenzen, auf eine bestimmte Zeit beschränken, terminieren:* die Bestimmungen befristen seine Tätigkeit auf zwei Jahre; ein befristetes Abkommen, Arbeitsverhältnis.

Be|fris|tung, die; -, -en: *das Befristen; das Befristetsein:* die B. des Arbeitsvertrages.

be|fruch|ten ⟨sw. V.; hat⟩: **1.** *(bei der weiblichen Geschlechtszelle) die Befruchtung vollziehen, herbeiführen:* Insekten befruchteten die vielen Blüten; sich künstlich b. lassen; aus dem befruchteten Ei entwickelt sich ein neues Lebewesen; Ü Sonne und Regen befruchten die Erde (geh.; *machen sie fruchtbar, ertragreich*). **2.** (geh.) *bei jmdm., etw. geistig anregend wirken, jmdm., einer Sache wertvolle, wesentliche Anregungen geben:* diese Forschungen haben die moderne Physik befruchtet.

Be|fruch|tung, die; -, -en: *der Fortpflanzung dienende Vereinigung einer weiblichen mit einer männlichen Geschlechtszelle:* künstliche B.; Ü die geistige B. der Neuzeit durch die Antike.

be|fu|gen ⟨sw. V.; hat⟩ [spätmhd. sich bevüegen = eine Befugnis ausüben, zu ↑Fug]: *jmdm. die Berechtigung, die Macht zu etw. geben, die Genehmigung erteilen, etw. zu tun:* jmdn. [zu etw.] b.; zu diesem Vorgehen war er nicht befugt; (meist im 2. Part.:) eine dazu befugte Person.

Be|fug|nis, die; -, -se: *Berechtigung, Ermächtigung, Vollmacht:* zu etw. keine B. haben; nur beschränkte -se haben; seine -se überschreiten.

be|füh|len ⟨sw. V.; hat⟩: *prüfend betasten, anfassen; mit den Fingern, der Hand über etw. hinstreichen:* einen Stoff, sein Knie b.

be|fül|len ⟨sw. V.; hat⟩: *mit einer Füllung versehen; mit etw. füllen:* die Tanks mit Benzin b.

be|fum|meln ⟨sw. V.; hat⟩ (ugs.): **a)** *[neugierig] betasten, untersuchen:* ich befumm[e]le nichts; **b)** *sexuell berühren, betasten:* von dem Typ lasse ich mich nicht b.

Be|fund, der; -[e]s, -e [zu ↑befinden (2 a)]: *nach einer Untersuchung, Prüfung festgestelltes Ergebnis, festgestellter Zustand:* der ärztliche B. liegt noch nicht vor; der B. ist negativ, positiv; * **ohne B.** (Med.; *ohne erkennbare Krankheit;* Abk.: o. B.)

be|fürch|ten ⟨sw. V.; hat⟩ [mhd. bevürhten]: *(etw. Unangenehmes, was vielleicht eintreten könnte) aufgrund bestimmter Anzeichen od. intuitiv erwarten, kommen sehen:* eine Verschärfung der Lage b.; es steht zu b., dass ...; man befürchtete das Schlimmste; so etwas [Ähnliches] hatte ich befürchtet; Ich befürchte, es wird Ihnen unangenehm sein (Hacks, Stücke 293).

Be|fürch|tung, die; -, -en: *Erwartung einer unangenehmen Sache:* meine -en waren [un]begründet; ihre -en haben sich bewahrheitet; in jmdm. die B. erwecken, dass ...; er hat, hegt die B., dass alles umsonst war.

be|für|sor|gen ⟨sw. V.; hat⟩ (österr. Amtsspr.): *betreuen.*

be|für|wor|ten ⟨sw. V.; hat⟩ [zu veraltet Fürwort = gutes Wort zu jmds. Gunsten, Fürsprache]: *[durch Empfehlung] unterstützen, sich für etw. (was man gutheißt) einsetzen:* ein Gesuch, einen Antrag, jmds. Beförderung b.

Be|für|wor|ter, der; -s, -: *jmd., der etw. befürwortet:* er gilt als B. dieses Projektes.

Be|für|wor|te|rin, die; -, -nen: w. Form zu ↑Befürworter.

Be|für|wor|tung, die; -, -en: *das Befürworten; das Befürwortetwerden.*

Beg, der; -[s], -s [türk. bey]: *höherer türkischer Titel* (oft hinter den Namen setzend).

be|ga|ben ⟨sw. V.; hat⟩ [mhd. begāben, zu ↑Gabe] (geh.): *mit etw. ausstatten, versehen:* mit Vernunft, Verstand begabt sein.

be|gabt ⟨Adj.⟩ [spätmhd. begābet (Mystik) = mit Geistesgaben ausgestattet (nach kirchenlat. dotatus), zu ↑begaben]: *mit besonderen Anlagen, Fähigkeiten (zu bestimmten Leistungen) ausgestattet; talentiert:* ein hervorragend, ungewöhnlich -er Schüler; sie ist künstlerisch b.; dafür ist sie nicht b.

Be|gab|te, die/eine Begabte; der/einer Begabten, die Begabten/zwei Begabte: *weibliche Person, die begabt ist.*

Be|gab|ten|för|de|rung, die: *Förderung bes. begabter Schüler u. Schülerinnen sowie Studierender durch Stipendien.*

Be|gab|ter, der Begabte/ein Begabter; des/eines Begabten, die Begabten/zwei Begabte: *Person, die begabt ist.*

Be|ga|bung, die; -, -en: **1.** *das Begabtsein; natürliche Anlage, angeborene Befähigung zu bestimmten Leistungen; Talent:* eine hohe B. für etw. haben; Dies ist Caruso, ein aufstrebendes Talent von phänomenaler B. (Thieß, Legende 165). **2.** *jmd., der [für etw. Bestimmtes] begabt ist:* sie ist eine außergewöhnliche musikalische B.

be|gaf|fen ⟨sw. V.; hat⟩ (abwertend): *gaffend ansehen:* jmdn. wie ein Wundertier b.

be|gan|gen: ↑ begehen.

Be|gäng|nis, das; -ses, -se: **1.** (geh. veraltet) *[feierliche] Bestattung:* So übernahm ich es, da es den Frauen an Mut gebrach, den zuständigen Stadtpfarrer ... zur Übernahme des -ses zu bestimmen (Th. Mann, Krull 75). **2.** (regional) *Trubel, Betrieb* (3): ein solches B. gibt es nur zur Kirmes.

be|gann, be|gän|ne: ↑ beginnen.

be|ga|sen ⟨sw. V.; hat⟩ (Landwirtsch.): *(als Schädlinge angesehene Tiere od. deren Behausung) der Einwirkung von giftigem Gas aussetzen:* Wühlmäuse b.

Be|ga|sung, die; -, -en ⟨Pl. selten⟩: *das Begasen; das Begastwerden.*

be|gat|ten ⟨sw. V.; hat⟩ [zu ↑ Gatte]: **a)** *(von männlichen Tieren, gelegtl. auch Menschen) sich [zum Zwecke der Fortpflanzung] mit einem weiblichen Individuum (gewöhnlich derselben Art) geschlechtlich vereinigen:* der Vogel begattete das Weibchen; **b)** ⟨b. + sich⟩ *(meist von Tieren) sich geschlechtlich vereinigen:* im Hof begatteten sich zwei Katzen.

Be|gat|tung, die; -, -en: *das Begatten; das Sichbegatten.*

be|gau|nern ⟨sw. V.; hat⟩ (ugs. abwertend): *übervorteilen, durch Betrug schädigen:* gutgläubige alte Leute wurden immer wieder von skrupellosen Geschäftemachern begaunert.

be|geb|bar ⟨Adj.⟩ [zu ↑ begeben (4)] (Bankw.): *(von Wertpapieren) auf einen neuen Gläubiger übertragbar.*

be|ge|ben ⟨st. V.; hat⟩ [mhd. begeben, ahd. bigeban = aufgeben; unterlassen]: **1.** ⟨b. + sich⟩ **a)** *(Papierdt., oft auch geh.) an einen bestimmten Ort, irgendwohin gehen, fahren* (häufig verblasst): sich ins Hotel b.; sich in Klausur b.; sich auf die Suche b. *(zu suchen anfangen);* sich zu Bett b. *(sich schlafen legen);* sich in ärztliche Behandlung b. *(sich ärztlich behandeln lassen);* ... wehrt er höflich ab, nein, er möge nur still, ganz privat sich nach Prag b. (St. Zweig, Fouché 221); **b)** ⟨geh.⟩ *mit etw. beginnen:* sich an die Arbeit b. **2.** ⟨b. + sich⟩ ⟨geh.⟩ *sich um etw. bringen, auf etw. verzichten:* sich eines Rechts, einer Möglichkeit b.; sich jedes politischen Einflusses b.; Solcher Empfindungen hatte Hans Castorp sich nun, auf Grund der inneren Sachlage, fast ganz begeben (Th. Mann, Zauberberg 319). **3.** ⟨b. + sich⟩ (geh.) *geschehen, sich zutragen, ereignen:* dann begab sich etw. Erstaunliches; es begab sich, dass der König krank ward. **4.** (Bankw.) *Wertpapiere o. Ä. ausgeben, in Umlauf setzen, emittieren.*

Be|ge|ben|heit, die; -, -en (geh.): *etw., was sich (als meist außergewöhnlicher Vorgang) zuträgt; Ereignis:* eine seltsame, merkwürdige B.; dem Film liegt eine wahre B. zugrunde.

Be|geb|nis, das; -ses, -se (veraltet): *Begebenheit.*
Be|ge|bung, die; -, -en (Bankw.): *das Begeben* (4).

be|geg|nen ⟨sw. V.; ist⟩ [mhd. begegnen, ahd. bigaganen, zu ↑gegen]: **1. a)** *mit jmdm. zufällig zusammentreffen; jmdn. zufällig treffen:* ich bin ihm erst kürzlich begegnet; sie begegneten sich/(geh.:) einander oft auf dem Weg zur Arbeit; Ü jmds. Blick b.; wir begegneten uns/(geh.:) einander in dem Wunsch *(stimmten in dem Wunsch überein),* ihm zu helfen; ♦ ⟨hat begegnet:⟩ Ein Gärtner hatte dem Prinzen dort begegnet (Schiller, Don Carlos III, 3); **b)** *etw. antreffen, auf etw. stoßen:* dieser Meinung kann man gelegentlich b.; ... wir begegnen auf Erden auf Schritt und Tritt der Ungleichheit (Brecht, Groschen 354). **2.** (geh.) **a)** *an einer bestimmten Stelle, zu einer bestimmten Zeit vorkommen, auftreten, sich finden:* diese Theorie begegnet auch in anderen Werken des Autors; *jmdm. ohne sein Zutun (meist als etw. nicht Angenehmes) erlebt, erfahren werden; widerfahren:* so etwas ist mir noch nie begegnet; mir ist auch schon Schlimmeres begegnet; ♦ ... aus dem Unfall, der dem Poeten ... begegnet, habe er nicht den mindesten Anteil (Goethe, Lehrjahre III, 9); ♦ **c)** *vorkommen, geschehen:* Ich bitt' um Gnad', es soll nicht mehr b. (Schiller, Wilhelm Tell III, 3). **3.** (geh.) **a)** *sich jmdm. gegenüber in einer bestimmten Weise verhalten, ihn in bestimmter Weise behandeln:* jmdm. freundlich, höflich, mit Spott b.; ♦ ⟨hat begegnet:⟩ Du hast dem Valentin so übel begegnet (Iffland, Die Hagestolzen I, 5); **b)** *auf etw. in bestimmter Weise reagieren, einer Sache auf bestimmte Weise entgegenwirken, ihr gegenüber bestimmte Gegenmaßnahmen treffen:* einer Gefahr mutig b.; er ist allen Schwierigkeiten mit Umsicht begegnet; dem muss gezielt, entschieden begegnet werden.

Be|geg|nis, das; -ses, -se (geh. veraltet): *Ereignis, Vorfall.*

Be|geg|nung, die; -, -en: **1.** *das Sichbegegnen; Zusammentreffen:* es war nur eine flüchtige B.; die Ferienkurse sind eine Stätte internationaler -en; Ü die B. mit den enormen Weiten Russlands. **2.** *sportlicher Wettkampf:* die B. wurde wegen Unbespielbarkeit des Platzes abgesagt.

Be|geg|nungs|stät|te, die; *Ort, Raum, der für Zusammenkünfte, Begegnungen, Treffen bestimmter Gruppen, Personenkreise bestimmt ist:* eine deutsch-amerikanische B.

be|geh|bar ⟨Adj.⟩: *zum Begehen* (1a) *geeignet:* eine leicht -e Unterführung; dieser Weg ist im Winter nicht b.

be|ge|hen ⟨unr. V.; hat⟩: **1. a)** *auf etw. als Fußgänger bzw. Fußgängerin gehen:* im Winter ist der Weg oft nicht zu b.; eine viel begangene Brücke; **b)** *prüfend abgehen, abschreiten; an etw. prüfend entlanggehen:* die Eisenbahnstrecke b. **2.** (geh.) *feiern:* ein Fest [würdig] b.; wie soll der Geburtstag des Chefs begangen werden? **3.** [mhd. begēn = etw. ins Werk setzen, tun (urspr. von Tätigkeiten, bei denen viel hu. u. her gegangen wurde, später beschränkt auf: etw. Schlechtes tun)] *(etw. Übles) verüben:* eine Indiskretion, eine Dummheit b.; einen Verrat, ein Verbrechen b.; sie beging Selbstmord *(tötete sich selbst);* Eine Sünde begeht, wer ein Gebot Gottes freiwillig übertritt (Böll, Haus 91).

Be|gehr, das, auch: der; -s [spätmhd. beger, zu ↑ begehren] (geh.): *das Begehren, Verlangen, Wunsch:* der Butler öffnete und fragte nach meinem B.

be|geh|ren ⟨sw. V.; hat⟩ [mhd. (be)gern, ahd. ger = begehrend, verlangend, vgl. gern] (geh.): **a)** *nach jmdm., etw. heftiges Verlangen haben; gern erreichen, haben wollen:* ein Mädchen [zur Frau] b.; er hat alles, was das Herz begehrt, was sein Herz begehrt; sie begehrten sich sehr *(hatten ein gegenseitiges sexuelles Verlangen);* **b)** *wollen, zu tun wünschen:* er begehrte, mit ihr zu tanzen; Sie begehrte zu wissen, was er habe sagen wollen (R. Walser, Gehülfe 146); **c)** *erbitten, bittend fordern:* Einlass b.

Be|geh|ren, das; -s, - ⟨Pl. selten⟩ (geh.): *das Verlangen, Streben nach jmdm., etw.; Wunsch:* Der Mann hielt sogleich inne und fragte nach meinem B. (Buber, Gog 28).

be|geh|rens|wert ⟨Adj.⟩: *wert, begehrt zu werden; erstrebenswert:* er fand sie sehr b.; Nie ist uns das Leben in seiner kargen Gestalt so b. erschienen wie heute (Remarque, Westen 198).

be|gehr|lich ⟨Adj.⟩ [spätmhd. begerlich] (geh.): *beim Anblick von etw. von einem auf Besitz, Genuss gerichteten Verlangen erfüllt; voller Wünsche, Begehren; verlangend:* -e Blicke auf etw. werfen; b. nach etw. blicken.

Be|gehr|lich|keit, die; -, -en: **1.** *das Begehrlichsein:* aus B. straffällig werden. **2.** *Verlangen, Wunsch:* in jmdm. -en wecken.

be|gehrt ⟨Adj.⟩: *gefragt, beliebt:* eine -e Tänzerin *(eine [gute] Tänzerin, mit der man gern tanzt);* Markenprodukte sind nach wie vor b.; dieser Preis, Titel gehört zu den -esten der Welt *(viele möchten ihn gern gewinnen).*

Be|ge|hung, die; -, -en: *das Begehen.*

♦ **be|geis|ten** ⟨sw. V.; hat⟩: *(zu etw.) anregen; mit Begeisterung erfüllen:* Wenn Liebe je den Liebenden begeistet, ward es an mir aufs lieblichste geleistet (Goethe, Trilogie der Leidenschaft [Elegie]).

be|geis|tern ⟨sw. V.; hat⟩ [urspr. = beleben; mit Geist erfüllen]: **1. a)** *mit Begeisterung erfüllen:* das Spiel hatte die Zuschauer begeistert; er begeisterte die Zuhörer mit seiner Stimme; eine begeisternde Rede; es war ein begeisterndes Spiel; **b)** *(in jmdm.) ein lebhaftes Interesse für etw., Freude an etw., Begeisterung für etw. erwecken:* jmdn. für eine Sache b.; fürs Skilaufen bin ich nicht zu b. **2.** ⟨b. + sich⟩ **a)** *Begeisterung empfinden; durch jmdn., etw. in Begeisterung geraten, versetzt werden:* die Jugend kann sich noch b.; ich begeistere mich an der Landschaft; **b)** *ein lebhaftes Interesse für etw., Freude an etw., Begeisterung für etw. entwickeln:* für Fußball kann ich mich nicht b.; sie begeistert sich für die Malerei.

be|geis|tert ⟨Adj.⟩: **1. a)** *in Begeisterung seiend:* das Publikum war b.; ich bin b. von ihrem Gesang; **b)** *Begeisterung ausdrückend, erkennen lassend:* ein -er Empfang; -er Beifall. **2.** *leidenschaftlich:* ein -er Sportler, Briefmarkensammler; ein -er Jazzfan.

Be|geis|te|rung, die; -, -en: *Zustand freudiger Erregung, leidenschaftlichen Eifers; von freudig erregter Zustimmung, leidenschaftlicher Anteilnahme getragener Tatendrang; Hochstimmung, Enthusiasmus:* eine glühende B.; es herrschte helle B.; die B. kannte keine Grenzen; B. auslösen; seine B. über jmdn., etw. kundtun; die Wogen der B. gingen hoch, glätteten sich; ein Sturm der B. brach los; in B. geraten *(sich [allmählich] begeistern);* jmdn. in B. versetzen *(begeistern);* der Zuschauer brüllten vor B.

be|geis|te|rungs|fä|hig ⟨Adj.⟩: *Begeisterungsfähigkeit besitzend:* ein -es Publikum.

Be|geis|te|rungs|fä|hig|keit, die; ⟨o. Pl.⟩: *Fähigkeit, sich zu begeistern:* die B. junger Menschen.

Be|geis|te|rungs|sturm, der: *Sturm der Begeisterung:* ein B. brach los.

Be|gier, der; -[s]: *Begierde.*

Be|gier|de, die; -, -n [mhd. (be)girde, ahd. girida, zu mhd. ger (auch mhd. gir, ahd. giri), ↑ Begehr]: *auf Genuss u. Befriedigung, auf Erfüllung eines Wunsches, auf Besitz gerichtetes, leidenschaftliches Verlangen: fleischliche -n; seine B. nach Besitz, Macht nicht zügeln können; er brennt vor B., sie zu sehen; Aber ich sah wohl, wie die B. nach dem Ring die Oberhand gewann über seine Ängstlichkeit (Th. Mann, Krull 183/184).

be|gie|rig ⟨Adj.⟩ [mhd. begirec, begirdec, zu ↑Begier]: *von großem Verlangen nach etw. erfüllt; voll Begierde:* -e Blicke; wir sind b. auf seinen Besuch; b. atmete er die frische Luft ein.

be|gie|ßen ⟨st. V.; hat⟩: **1.** *auf etw. Flüssigkeit gießen, etw., jmdn. mit etw. übergießen:* jmdn., etw. mit Wasser b.; der Braten muss begossen werden; er stand da wie begossen (ugs.; *war ganz verblüfft, fassungslos*). **2.** (ugs.) *ein Ereignis mit alkoholischen Getränken feiern:* die Verlobung, ein Wiedersehen b.; das muss begossen werden.

Be|gie|ßung, die; -, -en: *das Begießen.*

Be|gi|ne, die; -, -n [mhd. begîne < mfrz. béguine < mlat. beguina, H. u.]: *Angehörige einer klösterlich lebenden, aber nicht durch Gelübde gebundenen Gemeinschaft.*

Be|ginn, der; -[e]s, -e ⟨Pl. selten⟩ [mhd. begin, ahd. bigin]: *Augenblick, in dem etw. einsetzt, beginnt; Anfang einer Entwicklung, seltener auch räumlichen Erstreckung:* B. des Konzerts: 20 Uhr; den B. einer Veranstaltung verschieben; zu/bei, seit, vor, nach B.; von B. an.

be|gin|nen ⟨st. V.; hat⟩ [mhd. beginnen, ahd. beginnan, zu einem nur in Zus. erhaltenen germ. Verb, vgl. got. duginnan = beginnen]: **1. a)** *mit etw. einsetzen, einen Anfang machen; anfangen:* eine Arbeit b.; ein Gespräch, einen Streit mit jmdm. b.; sie begann sich zu langweilen; er hat [ganz unten] als Laufbursche begonnen; **b)** *auf bestimmte Weise tun, unternehmen, anstellen:* wir müssen die Sache anders b.; nichts mit sich zu b. wissen. **2.** *seinen Anfang haben; zu einer bestimmten Zeit, an einem bestimmten Ort, auf bestimmte Weise anfangen:* die Vorstellung beginnt um 20 Uhr; Namen, die mit dem Buchstaben B beginnen; dort hinten beginnt die Schweiz; es beginnt zu schneien; im beginnenden 19. Jahrhundert. ◆ **3.** ⟨Prät. begonnt:⟩ Und das nackte Gefild begonn zu kreißen (Schiller, Räuber V, 1); ⟨auch sw. Prät.:⟩ Vorteil wisste nicht, was sich zu Eurem Vorteil hier zu regen gleich begonnte (Goethe, Faust I, 3175f.)

Be|gin|nen, das; -s [mhd. beginnen] ⟨geh.⟩: *Tun, Unternehmen, Bemühen:* das ist ein hoffnungsloses B.

be|glän|zen ⟨sw. V.; hat⟩ (dichter.): *einer Sache einen bestimmten Glanz, Schimmer verleihen; auf etw. schimmerndes Licht werfen:* das Abendrot beglänzte die Gipfel; die von Licht beglänzte Landschaft.

be|glau|bi|gen ⟨sw. V.; hat⟩ [zu veraltet glaubig = glaubwürdig]: **1.** *amtlich, von amtlicher Stelle als richtig, wahr, echt bestätigen:* etw. notariell b.; eine Urkunde b.; dieser Ausspruch ist nicht hinreichend beglaubigt (*dokumentiert*). **2.** *(einen diplomatischen Vertreter) in seinem Amt bestätigen, akkreditieren:* ein bei einem benachbarten Staat beglaubigter Diplomat.

Be|glau|bi|gung, die; -, -en: **1.** *das Beglaubigen; das Beglaubigtwerden.* **2.** *Bescheinigung, mit der etw. beglaubigt (1) wird.*

Be|glau|bi|gungs|schrei|ben, das: *Schriftstück, das einen diplomatischen Vertreter bei einer Regierung beglaubigt; Akkreditiv.*

be|glei|chen ⟨st. V.; hat⟩ [für älter ver-, ab-, ausgleichen, Verdeutschung von ↑saldieren (1)] ⟨geh.⟩: *(eine Schuld, eine Rechnung) bezahlen:* eine Rechnung b.; sie hat die Schuld beglichen.

Be|glei|chung, die; -, ⟨Pl. selten⟩: *das Begleichen.*

◆ **Be|gleit,** der u. das; -[e]s, -e: *Begleitung (1 a):* ...sich sogar durch das B. ihres Oheims nicht abhalten lasse, ihr freche Grüße zuzuwerfen (C. F. Meyer, Amulett 38).

Be|gleit|brief, der: *einer Waren-, Werbesendung beigelegter Brief.*

be|glei|ten ⟨sw. V.; hat⟩ [Vermischung von gleichbed. veraltetem beleiten (mhd. beleiten, ahd. bileiten) mit ↑geleiten]: **1. a)** *mit jmdm., etw. zur Gesellschaft, zum Schutz mitgehen, mitfahren; an einen bestimmten Ort bringen, führen:* er begleitet mich auf der Reise; sie begleitete ihn an die Bahn; Ü alle meine guten Wünsche begleiten dich; **b)** (geh.) *gleichzeitig, eng verbunden mit etw. vorhanden sein, auftreten; mit etw. einhergehen:* wachsender Erfolg begleitete ihre Unternehmungen; **c)** *etw. zu etw. hinzutreten lassen, ergänzend, bekräftigend hinzufügen:* das Gesetzbuch herausgeben und mit einem Kommentar b. **2.** *ein Solo, einen Solisten auf einem od. mehreren Instrumenten unterstützen:* Gesang auf der Gitarre b.; am Flügel begleitet von ...; Das Mädchen sang noch immer, in englischer Sprache, und begleitete ihr Lied sehr geschickt und polyphon auf einer Laute (Doderer, Wasserfälle 50).

Be|glei|ter, der; -s, -: **1.** *jmd., der jmdn., etw. begleitet (1 a):* er ist ihr ständiger B.; seinen B. verabschieden. **2.** *jmd., der den Solisten auf einem Instrument begleitet (2).* **3.** *(Sprachwiss.) Pronomen, das zusammen mit einem Substantiv eine Nominalphrase bildet; Artikelwort.*

Be|glei|te|rin, die; -, -nen: w. Form zu ↑Begleiter (1, 2).

Be|gleit|er|schei|nung, die: *[unangenehme, unerfreuliche] Erscheinung, die etw. begleitet, mit etw. verbunden ist; Nebenerscheinung:* das sind -en des Alters.

Be|gleit|fahr|zeug, das: *zur Begleitung mitfahrendes Fahrzeug.*

Be|gleit|in|s|t|ru|ment, das: *zur Begleitung (2 a) gespieltes Instrument:* das Klavier als B.

Be|gleit|mann|schaft, die: *einen [militärischen] Transport o. Ä. zum Schutz begleitende Mannschaft.*

Be|gleit|mu|sik, die: **1.** ⟨o. Pl.⟩ *Musik, die eine Darbietung begleitet, ohne vom Zuschauer besonders beachtet zu werden:* Ü die Truppenbewegungen sind nur die B. für die bevorstehenden Verhandlungen. **2.** *als Begleitmusik (1) dienendes Musikstück.*

Be|gleit|pa|pier, das: (meist Pl.) (Frachtw.): *amtliches Papier, das einer [Waren]sendung beigegeben ist.*

Be|gleit|per|son, die: *Person, die jmdn., etw. begleitet (1 a):* eine Schulklasse mit zwei erwachsenen -en.

Be|gleit|per|so|nal, das: *Personal, das jmdn. begleitet (1 a).*

Be|gleit|schein, der (Zollw.): *auf Antrag ausgestellter Schein, durch den eine Ware direkt an ein Zollamt im Binnenland überwiesen wird.*

Be|gleit|schrei|ben, das: *Begleitbrief.*

Be|gleit|sym|p|tom, das (bes. Med.): *[unangenehmes, unerfreuliches] Symptpm, das etw. begleitet, mit etw. verbunden ist.*

Be|gleit|text, der: *erläuternder Text, z. B. zu einem Bildband, einer CD, einer Ausstellung u. a.:* einen B. verfassen.

Be|gleit|um|stand, der ⟨meist Pl.⟩: *Umstand, der sich im Zusammenhang mit etw. einstellt:* unerfreuliche Begleitumstände.

Be|glei|tung, die; -, -en: **1. a)** *das Begleiten (1 a):* jmdm. seine Begleitung anbieten; er kam in B. einer Frau (*mit einer Frau, die ihn begleitete*); **b)** *Gruppe von Personen, die jmdn. begleiten:* die B. des Transportes besteht aus 20 Personen; fünfzig Mann berittene B. **2. a)** *das Begleiten* (2): die B. eines Solisten übernehmen; **b)** *auf einem od. mehreren Instrumenten gespielte Musik, die das Solo begleitet* (2): eine B. komponieren.

Be|gleit|wor|te ⟨Pl.⟩: *Worte in einem Begleitbrief.*

be|glot|zen ⟨sw. V.; hat⟩ (salopp): *glotzend (aus purer Neugier) betrachten:* jmdn. wie ein Wundertier b.; sich [gegenseitig] b.

be|glü|cken ⟨sw. V.; hat⟩ (geh.): *mit [großem] Glück erfüllen, glücklich machen:* seine Nähe beglückte sie; die Kinder mit schönen Geschenken/(selten:) durch schöne Geschenke b.; (ugs. iron.:) er hat uns tagelang mit seiner Anwesenheit beglückt; ein beglückendes Erlebnis; sie zeigte sich beglückt; beglückt lächeln.

Be|glü|cker, der; -s, - (meist iron.): *Person, die jmdn. beglückt.*

Be|glü|cke|rin, die; -, -nen: w. Form zu ↑Beglücker.

Be|glü|ckung, die; -, -en: *das Beglücken; das Beglücktwerden.*

be|glück|wün|schen ⟨sw. V.; hat⟩: *jmdn. zu etw. gratulieren:* jmdn. zu seinem Erfolg b.; sich [gegenseitig] b./(geh.:) einander b.; ⟨b. + sich:⟩ Sie können sich zu Ihrem Einfall b. (*können stolz darauf sein*).

Be|glück|wün|schung, die; -, -en: *das Beglückwünschen; Gratulation.*

be|gna|den ⟨sw. V.; hat⟩ [mhd. begnāden = mit Gnade beschenken]: **a)** (geh.) *jmdm. eine besondere Gnade zuteilwerden lassen:* die Natur begnadete ihn mit großer Musikalität; ◆ **b)** *begnadigen:* ...dass Euch nur darum Saladin begnadet (Lessing, Nathan I, 5).

be|gna|det ⟨Adj.⟩ [eigtl. 2. Part. von ↑begnaden]: *überreich mit Können u. künstlerischer Begabung bedacht:* diese Künstlerin ist b.; Entweder ist er besessen, oder er ist ein betrügerischer Gauner, oder er ist ein -es Talent (Süskind, Parfum 94).

be|gna|di|gen ⟨sw. V.; hat⟩: *jmdm. Gnade gewähren; jmdm. die Strafe erlassen:* einen Verbrecher b.; der Präsident hat den zum Tode Verurteilten zu einer lebenslangen Freiheitsstrafe begnadigt.

Be|gna|di|gung, die; -, -en: *das Begnadigen; das Begnadigtwerden:* die B. ablehnen; auf B. hoffen.

Be|gna|di|gungs|ge|such, das: *Gesuch um Begnadigung.*

Be|gna|di|gungs|recht, das: **a)** ⟨o. Pl.⟩ *Recht, Verurteilte zu begnadigen;* **b)** *Recht für Verurteilten, begnadigt zu werden:* die -e stärken.

be|gnü|gen, sich ⟨sw. V.; hat⟩ [spätmhd. begnüegen, Vermischung von mhd. benüegen = an od. mit etw. genug haben u. ↑genügen]: **1.** *wohl od. übel mit wenigem zufrieden sein u. keine größeren Ansprüche stellen; sich mit etw. zufriedengeben:* Sie wollte nicht teilen müssen. Sie wollte sich nicht in einem Eckchen b., wo sie vorher alles innehatte (A. Zweig, Claudia 71). **2.** *sich auf etw. beschränken.* ◆ **3.** *zufriedenstellen:* Ihr lasst euch mit Kräutern b. (Goethe, Reineke Fuchs 6, 163).

Be|go|nie, die; -, -n [von dem frz. Botaniker Ch. Plumier (1646–1706) entdeckt, der sie nach dem damaligen Generalgouverneur von Santo Domingo, M. Bégon, benannte]: *(in vielen Arten vorkommende, in tropischen u. subtropischen Gebieten heimische) Pflanze mit saftigen, fleischigen Stängeln, gezackten, unsymmetrischen Blättern u. weißen, rosa, roten, gelben od. orangefarbenen Blüten.*

be|gön|ne, be|gon|nen: ↑beginnen.
be|goss, be|gos|sen: ↑begießen.
begr. = begraben.

be|gra|ben ⟨st. V.; hat⟩ [mhd. begraben, ahd. bigraban, zu ↑graben]: **1.** *(bes. einen Leichnam, eine Tierleiche) in eine Grube o. Ä. legen*

Begräbnis – Begrüßungsansprache

u. durch Zuschütten der Grube unter der Erde verschwinden lassen (Abk. des 2. Part.: begr.; Zeichen: ☐): man begrub ihn in seiner Heimatstadt, in aller Stille; in dieser Gruft liegen zwei deutsche Könige begraben; lebendig begraben sein; R dort möchte ich nicht begraben sein (ugs.; *dort möchte ich auf keinen Fall leben*); * **sich b. lassen können** (ugs.: *versagt haben, keine weitere Chance mehr haben, aufgeben können*); **sich mit etw. b. lassen können** (ugs.: *mit etw. keine Aussicht auf Erfolg haben, nichts erreichen können*: mit so einem Zeugnis kannst du dich b. lassen). **2.** *aufgeben, fahren lassen; als beendet, erledigt betrachten*: eine Hoffnung b.; den alten Streit sollten wir endlich b. **3.** *unter größeren, herabstürzenden Massen verschwinden lassen, verschütten*: die Hauswand begrub zwei Arbeiter und einen Lastwagen unter sich. **4.** (veraltet) *vergraben*: einen Schatz b.

Be|gräb|nis, das; -ses, -se [mhd. begrebnis(se) = Grabstätte] (geh.): *Beerdigung, Bestattung mit den dabei üblichen Feierlichkeiten*: ein feierliches B.; das B. findet am 12. März statt.

Be|gräb|nis|fei|er, die: *Feier anlässlich eines Begräbnisses*.

Be|gräb|nis|fei|er|lich|keit, die ⟨meist Pl.⟩: *Feierlichkeit anlässlich eines Begräbnisses*.

Be|gräb|nis|stät|te, die (geh.): *Platz, an dem jmd. begraben ist*.

be|grab|schen: ↑ begrapschen.

Be|gra|di|gen ⟨sw. V.; hat⟩: *(etw. in der Landschaft nicht gerade Verlaufendes) gerade machen*: einen Fluss, eine Straße b.

Be|gra|di|gung, die; -, -en: *das Begradigen; das Begradigtwerden*.

be|grannt ⟨Adj.⟩: *mit Grannen versehen*: eine -e Ähre, Getreidesorte.

be|grap|schen, begrabschen ⟨sw. V.; hat⟩ (ugs.): **a)** [*in als unangenehm empfundener Weise*] *anfassen, befühlen, betasten*: sie begrapschte mit ihren dicken Fingern meine Porzellanfiguren; **b)** *sexuell berühren, betasten*: eine Minderjährige b.

be|greif|bar ⟨Adj.⟩: *sich begreifen (1 a) lassend*: das ist für andere nur schwer b.

be|grei|fen ⟨st. V.; hat⟩ [mhd. begrīfen, ahd. bigrīfan, zu ↑ greifen]: **1.** [eigtl. = mit dem Verstand ergreifen] **a)** *geistig erfassen, in seinen Zusammenhängen erkennen, verstehen*: den Sinn einer Sache, eine Rechenaufgabe b.; was eigentlich geschehen war, hatte er noch nicht begriffen; das Kind begreift langsam, leicht (*hat eine langsame, leichte Auffassungsgabe*); **b)** *Verständnis für jmdn. od. etw. haben; jmdn., sich in seinem Denken, Fühlen u. Handeln verstehen*: ich kann meinen Freund gut b.; ich begreife nicht, wie man so etwas tun kann; R das begreife, wer will! (*diese Sache, diese Handlungsweise verstehe ich nicht*); **c)** *für etw. halten, als etw. betrachten; eine bestimmte Vorstellung (von jmdm., etw.) haben*: das ganze griechische Kulturgebiet als Einheit b.; er begreift sich als Spezialist/(selten:) als Spezialisten. **2.** (landsch.) *befühlen, betasten, greifend prüfen*: er begreift das weiche Tuch; die Kinder sollen nicht immer die Möbel b. **3.** * **etw. in sich b.** (veraltend; *etw. umfassen, einschließen, enthalten*: diese Entwicklung begriff auch eine soziale Umschichtung in sich).

be|greif|lich ⟨Adj.⟩ [mhd. begrīf(e)lich = fassbar; verstehend]: [leicht] *zu begreifen, zu verstehen; verständlich, nachvollziehbar*: in -er Erregung sein; eine schwer -e Nachlässigkeit; es ist mir nicht b., wie das geschehen konnte; ... wollen Sie so freundlich sein, Frau Mutschmann b. zu machen, dass wir ein paar Auskünfte von ihr haben möchten (Heym, Schwarzenberg 158).

be|greif|li|cher|wei|se ⟨Adv.⟩: *verständlicherweise*.

be|gren|zen ⟨sw. V.; hat⟩: **1.** *die Grenze von etw. bilden; am Ende von etw. stehen*: die Wiese wird von einem Wald begrenzt. **2.** *beschränken, einengen, einengend festlegen*: die Geschwindigkeit [in der Stadt] b.; die Redezeit wurde begrenzt.

Be|gren|zer, der; -s, - (Technik): *Vorrichtung, die einen Vorgang bei Erreichen eines bestimmten Grenzwertes unterbricht*.

be|grenzt ⟨Adj.⟩: *nicht unendlich groß, weit, umfassend; auf ein gewisses Maß beschränkt*: er hat einen sehr -en Horizont; dort sind die Entfaltungsmöglichkeiten noch -er als hier; das ist nur der b. möglich.

Be|grenzt|heit, die; -, -en ⟨Pl. selten⟩: *das Begrenztsein*: die B. unserer Erkenntnis.

Be|gren|zung, die; -, -en: **a)** *das Begrenzen; das Begrenztwerden*: das macht jede B. des Risikos unmöglich; **b)** *Grenze, Eingrenzung*: eine B. überschreiten; ... die hintere B. der Bühne wird durch einen Vorhang gebildet (Handke, Kaspar 8).

Be|gren|zungs|flä|che, die (Math.): *Fläche, die einen Körper begrenzt*.

Be|gren|zungs|li|nie, die: *Linie, die etw., eine Fläche begrenzt*.

Be|griff, der; -[e]s, -e [mhd. begrif = Bezirk; Umfang (u. Inhalt einer Vorstellung), zu ↑ begreifen]: **1.** *Gesamtheit wesentlicher Merkmale in einer gedanklichen Einheit; geistiger, abstrakter Gehalt von etw.*: ein fest umrissener, schillernder, unerfüllter B.; zwei -e miteinander verwechseln, voneinander abgrenzen; * **etw. auf den B. bringen** (↑ Punkt 4 b). **2.** (ugs.) *Ausdruck, Wort.* **3.** *Vorstellung, Auffassung, Meinung von etw.*: ich kann mir keinen rechten B. davon machen; keinen B. (*keine Ahnung*) von etw. haben; nach menschlichen -en unschuldig sein; * **[jmdm.] ein B. sein** ([*jmdm.*] *bekannt sein; in jmdm. eine bestimmte Vorstellung wachrufen*: Ulrich Maier? Ist mir kein B.). **4.** * **im Begriff[e] sein/stehen** (*gerade anfangen wollen, etw. zu tun*: sie war im B. zu gehen; ich stand im B., das Haus zu verlassen); **schwer/langsam von B. sein** (ugs. abwertend; *lange brauchen, um etw. zu verstehen*): er scheint etwas schwer von B. zu sein).

be|grif|fen ⟨Adj.⟩ [eigtl. = 2. Part. von begreifen]: in der Verbindung **in etw. b. sein** (*gerade mit etw. anfangen, beschäftigt sein; sich gerade in einem bestimmten Prozess befinden, sein*: die Gäste sind im Aufbruch b.; das im Umbau -e Haus).

be|griff|lich ⟨Adj.⟩: *den Begriff (1) betreffend; sich in Begriffen, abstrakt ausdrückend*: -e Klarheit; -es Denken; etw. b. darlegen, verständlich machen.

Be|griff|lich|keit, die; -, -en: **1.** *Begriff, Wort.* **2.** (Philos.) *begriffliche Fassbarkeit, begriffliche Abbildbarkeit*.

Be|griffs|be|stim|mung, die: *Definition; genaue Erläuterung eines Begriffs (1)*.

Be|griffs|bil|dung, die: *Bildung von Begriffen (1)*.

Be|griffs|in|halt, der: *Inhalt eines Begriffs (1)*.

Be|griffs|paar, das: *Paar zweier zusammengehörender, einander [gegensätzlich] entsprechender Begriffe (1)*.

be|griffs|stut|zig ⟨Adj.⟩, (österr.:) **be|griffs|stüt|zig** ⟨Adj.⟩ (abwertend): *schwer begreifend*: er ist etwas b.

Be|griffs|stut|zig|keit, (österr.:) **Be|griffs|stüt|zig|keit**, die; - (abwertend): *das Begriffsstutzigsein*.

Be|griffs|um|fang, der: *Weite, Umfang eines Begriffs*.

Be|griffs|ver|wir|rung, die: **a)** *Durcheinander von Begriffen (1);* **b)** *Unfähigkeit zu klarem Denken, beginnende geistige Umnachtung*: er leidet schon an B.

be|gründ|bar ⟨Adj.⟩: [*in einer bestimmten Hinsicht*] *gerechtfertigt*: -e Ausnahmen; empirisch, rechtlich, sachlich [nicht] b.

be|grün|den ⟨sw. V.; hat⟩ [mhd. begründen = festen Grund geben, befestigen]: **1.** *den Grund zu etw. legen, eine Grundlage für etw. schaffen*: das Werk begründete ihren Ruhm; einen Hausstand, eine Zeitung b. (besser: gründen). **2.** *Gründe, etw. als Grund für etw. angeben*: seinen Standpunkt, ein Urteil b.; das ist durch nichts zu b.; sachlich begründete Zweifel; begründete (*berechtigte*) Ansprüche; * **in etw. begründet sein/liegen, durch etw. begründet sein** (*seinen Grund in/durch etw. finden, sich von etw. herleiten*: das ist in der Natur der Sache begründet). **3.** * **b. in:** *seinen Grund finden, sich aus etw. erklären*: wie begründet sich sein Anspruch?

be|grün|dend ⟨Adj.⟩ (Sprachwiss. selten): *kausal*.

Be|grün|der, der; -s, -: *jmd., der eine bestimmte Lehre einführt, die Grundlagen zu etw. schafft*: Leibniz war der B. der Monadologie; Heinrich der Löwe war der B. (besser: *Gründer*) vieler Städte.

Be|grün|de|rin, die; -, -nen: w. Form zu ↑ Begründer.

Be|grün|dung, die; -, -en: **1.** *das Begründen (1)*: die B. einer Kunstrichtung. **2.** *das Angeben, Herausstellen des Grundes od. von Gründen für etw.*: die B. eines Antrags; keine plausible B. für etw. vorbringen können.

Be|grün|dungs|satz, der (Sprachwiss. selten): *Kausalsatz*.

Be|grün|dungs|wei|se, die: *Art u. Weise, etw. zu begründen (2)*.

be|grü|nen ⟨sw. V.; hat⟩: **a)** *mit Grün, Bäumen, Pflanzen, Rasen o. Ä. versehen*: die Innenstadt b.; wir wollen unseren Hof mit Rasen b.; begrünte Flächen; **b)** ⟨b. + sich⟩ *(von der Natur) grün werden*: die Wälder begrünen sich wieder.

Be|grü|nung, die; -, -en: **1.** *das Begrünen; das Sichbegrünen.* **2.** *Gesamtheit der Pflanzen, mit denen etw. begrünt ist*.

be|grü|ßen ⟨sw. V.; hat⟩ [mhd. begrüeʒen]: **1.** *mit Gruß empfangen, willkommen heißen; jmdm. grüßend entgegentreten*: er stand auf, um den Freund zu b.; sich [gegenseitig] b./(geh.:) einander b.; begrüße! (südostösterr.; *formeller Gruß*); Ü die Kinder begrüßten den ersten Schnee mit großem Freudengeschrei; Napoleon wurde von ihnen als Befreier begrüßt. **2.** *positiv bewerten, freudig zur Kenntnis nehmen, zustimmend aufnehmen, gutheißen*: einen Vorschlag, jmds. Entschluss b.; diese Entwicklung dürfte in vielen Fällen zu b. sein; es ist zu b., dass ...; Die Lebendigkeit und die propere gesunde Vernunft, die sich ein älterer Mensch erhält, indem er alle Regungen der Zeit begrüßt (Strauß, Niemand 204). **3. a)** (schweiz.) *befragen; sich an jmdn. wenden, um seine Meinung einzuholen*: er handelte, ohne die zuständigen Stellen in dieser Sache begrüßt zu haben; ♦ **b)** *ersuchen*: Wenn ihr euch so im Kreise drehen wolltet, wie er's in seiner alten Mühle tut, das hieß' er allenfalls noch gut, besonders wenn ihr ihn darum b. solltet (Goethe, Faust I, 4154 ff.)

be|grü|ßens|wert ⟨Adj.⟩: *erfreulich; positiv, mit Zustimmung aufzunehmen*: -e Ergebnisse; dein Eifer ist b.

Be|grü|ßung, die; -, -en: *das Begrüßen, Begrüßtwerden [in Form eines Empfangs]*: die offizielle B. fand im Rathaus statt; ... es gab eine unverständlich herzliche B. mit Küssen und langem Aneinanderdrücken (Kafka, Schloß 47).

Be|grü|ßungs|an|spra|che, die: *kurze Rede, mit der die Teilnehmer einer Veranstaltung begrüßt*

werden od. ein prominenter Gast eingeführt wird.
Be|grü|ßungs|for|mel, die: *formelhafte, ohne innere Anteilnahme gesprochene Worte zu jmds. Begrüßung:* eine B. murmeln.
Be|grü|ßungs|kuss, der: *Kuss zur Begrüßung.*
Be|grü|ßungs|re|de, die: *Begrüßungsansprache.*
Be|grü|ßungs|trunk, der: *zur Begrüßung gereichtes Getränk.*
be|gu|cken ⟨sw. V.; hat⟩ (ugs.): *ansehen, [genau] besehen, betrachten:* den Umschlag von allen Seiten b.
Be|gum, die; -, -en [engl. begum < Urdu begam, aus dem Türk.]: *Titel indischer Fürstinnen.*
be|güns|ti|gen ⟨sw. V.; hat⟩: **a)** *jmdm., einer Sache, einem Vorhaben günstig, förderlich sein; positiv beeinflussen:* der Rückenwind hat die Läufer begünstigt; ihre Unternehmungen waren stets vom Glück begünstigt; **b)** *bevorzugen, besonders fördern; jmdm. [auffällig] seine Gunst zuwenden:* er hat bei der Besetzung wichtiger Stellen seine Parteifreunde begünstigt *(favorisiert);* **c)** (Rechtsspr.) *(einen Täter) unterstützen, (ihm) helfen, sich seiner Bestrafung zu entziehen.*
Be|güns|ti|gung, die; -, -en: **a)** *das Begünstigen;* **b)** (Rechtsspr.) *wissentlicher Beistand, Unterstützung des Täters, Hilfe nach einer Straftat:* jmdn. wegen B. verurteilen.
be|gut|ach|ten ⟨sw. V.; hat⟩: **a)** *fachmännisch u. beurteilen; sein Gutachten über etw. abgeben:* ein Bild, ein Baugelände b.; **b)** (ugs., oft scherzh.) *genau, prüfend betrachten [als ob man Fachmann bzw. Fachfrau wäre]:* na, lass dich mal b.
Be|gut|ach|ter, der; -s, -: *Gutachter, kritischer Betrachter.*
Be|gut|ach|te|rin, die; -, -nen: w. Form zu ↑ Begutachter.
Be|gut|ach|tung, die; -, -en: **1.** *das Begutachten; das Begutachtetwerden:* jmdm. etw. zur B. vorlegen. **2.** (selten) *Gutachten:* eine schriftliche B. einholen.
be|gü|ten ⟨sw. V.; hat⟩ (veraltet): *begütigen:* ♦ Wir haben die Dreizack Neptunen geschmiedet, womit er die regesten Wellen begütet (Goethe, Faust II, 8275 f.).
be|gü|tert ⟨Adj.⟩: **a)** (veraltend) *Landgüter besitzend;* **b)** *vermögend:* -en Kreisen, Schichten entstammen; sie ist sehr b.
be|gü|ti|gen ⟨sw. V.; hat⟩: *mit Worten od. Gebärden beruhigend auf jmdn. einwirken; beschwichtigen, beruhigen; besänftigen:* er suchte den aufgebrachten Fahrer zu b.; begütigend auf jmdn. einreden.
be|haa|ren ⟨sw. V.; hat⟩: *Haare bekommen:* die Kopfhaut wird sich an dieser vernarbten Stelle nicht wieder b.; ⟨meist im 2. Part.:⟩ eine behaarte Brust.
Be|haa|rung, die; -, -en: **1.** *das Sichbehaaren.* **2. a)** *Fell* (1 a): manche Tiere haben im Winter eine besonders dichte B.; **b)** *Haarwuchs am menschlichen Körper:* er hat auf der Brust eine dichte B.
♦ **be|ha|ben,** sich ⟨sw. V.; hat⟩: *sich in bestimmter Weise aufführen, verhalten:* Sie war himmlisch gut, wenn sie sich nach ihrer Weise b. konnte (Goethe, Dichtung u. Wahrheit 11).
♦ **Be|ha|ben,** das; -s: *Benehmen, Verhalten:* Nicht ohne Bewunderung ... hatte der Major das äußere B. seines alten Freundes ... betrachtet (Goethe, Wanderjahre II, 3).
be|hä|big ⟨Adj.⟩ [urspr. = wohlhabend, für älter: (ge)häbig, zu ↑ Habe]: **1. a)** *beleibt u. phlegmatisch:* ein dicker, -er Mann; **b)** *eine ausladende Form aufweisend:* ein -er Sessel; **c)** *sich langsam, gemessen, geruhsam, schwerfällig bewegend:* mit -en Schritten; b. näher kommen; ... da

näherte sich plötzlich ein Schwan auf dem See, stieg b. aus dem Wasser und bewegte sich auf seinen breiten Füßen auf mich zu (Mayröcker, Herzzerreißende 140). **2.** (schweiz. veraltet) **a)** *reich, wohlhabend:* ein -es Dorf; ♦ ... die tüchtigen Ratsherren, die -en, fruchtbar sich fortpflanzenden Bürger (Goethe, Triumphzug von Magenta); **b)** *stattlich:* das Haus ist b.
Be|hä|big|keit, die; -, -en: **1.** ⟨o. Pl.⟩ *das Behäbigsein.* **2.** *etw. behäbig Wirkendes.*
be|ha|cken ⟨sw. V.; hat⟩: **1. a)** *(die Erde rund um [junge] Pflanzen) mit der Hacke bearbeiten:* ich muss die Erdbeeren noch b.; **b)** *an verschiedenen Stellen an etw. hacken:* die Rinde hat ein Specht behackt. **2.** (salopp) *betrügen:* er wollte ihn um hundert Euro b.
be|haf|ten ⟨sw. V.; hat⟩ (schweiz. Amtsspr.): *(auf eine Äußerung) festlegen, beim Wort nehmen:* der Angeklagte wurde auf seine Erklärung, er habe sich in der Nähe des Tatorts aufgehalten, behaftet.
be|haf|tet ⟨Adj.⟩ [eigtl. = 2. Part. von mhd. beheften, ahd. biheften = zusammenheften, festhalten, heute auf ↑ haften bezogen]: in der Verbindung **mit etw. b. sein** *(etw. [Negatives] an sich haben, etw. als Mangel, als Nachteil haben:* mit einem Makel b. sein; das Wort ist mit negativen Konnotationen b.).
be|ha|gen ⟨sw. V.; hat⟩ [mhd. (be)hagen, eigtl. wohl = sich geschützt fühlen, vgl. ahd. gihagin (2. Part.) = gehegt, gepflegt, zu einem germ. Verb mit der Bed. »schützen, hegen«] (geh.): *zusagen, gefallen; Behagen bereiten:* die eintönige Arbeit behagte ihnen nicht; es behagt mir gar nicht *(beunruhigt mich),* dass das Geräusch immer noch zu hören ist.
Be|ha|gen, das; -s (geh.): *wohliges Gefühl der Zufriedenheit, stilles Vergnügen:* er verzehrte den Braten mit stillem B.; Im Bücken dachte er daran, dass in seinem Portemonnaie noch zwei Hundertmarkscheine steckten, und es erfüllte ihn mit B. (Kronauer, Bogenschütze 20).
be|hag|lich ⟨Adj.⟩ (geh.): **a)** *Behagen ausstrahlend, Wohlbehagen verbreitend, gemütlich, bequem:* ein -er Sessel; er scheint es sich b. machen zu wollen; **b)** *mit Behagen genießend; genießerisch:* b. in der Sonne sitzen; ♦ **c)** *heitergelassen, innere Zufriedenheit ausstrahlend:* Kurfürst Emmerich Joseph, ein -er Mann (Goethe, Dichtung u. Wahrheit 5).
Be|hag|lich|keit, die; -, -en (geh.): **1.** ⟨o. Pl.⟩ *behagliche Atmosphäre.* **2.** *behaglich wirkender Einrichtungsgegenstand.* ♦ **3.** *heitergelassene Gestimmtheit, innere Zufriedenheit:* Persönlich war mein Vater in ziemlicher B. (Goethe, Dichtung u. Wahrheit 8).
be|hal|ten ⟨st. V.; hat⟩ [mhd. behalten, ahd. bihaltan]: **1. a)** *festhalten, in seinem Besitz lassen, nicht hergeben:* Eigentum erwerben und b. ; ein Bild als, zum Andenken b.; den Rest des Geldes können Sie b.; wir hätten unsere Eltern gern noch länger behalten (ugs.; *wir hätten gern, dass sie uns noch länger gelebt hätten*); **b)** (selten) *zurückhalten:* Ich hätte weinen können. Aber ich behielt die Tränen (Jahnn, Geschichten 69); **c)** *an einem Ort belassen:* den Hut auf dem Kopf b.; der Kranke konnte endlich wieder die Nahrung bei sich b. (verhüll.; *nicht erbrechen*); Ü etw. im Gedächtnis, im Kopf b. *(etw. nicht vergessen);* **d)** *in seiner Obhut belassen, nicht fortlassen:* jmdn. als Gast bei sich b.; wir haben die Flüchtlinge über Nacht in unserm Haus behalten; * *etw. für sich b.* *(nicht weitererzählen).* **2. a)** *nicht verlieren; bewahren:* das Gold behält seinen Glanz; die Nerven, seine gute Laune b.; **b)** *sich als bleibenden Schaden zugezogen haben:* er hat von der Angina einen Herzschaden behalten. **3.** *im Gedächtnis bewahren, sich*

merken: eine Adresse, Nummer b.; Zahlen gut b. können; Wir erinnern uns alle an ihn, sogar Blasing, der nicht leicht etwas behält (Chr. Wolf, Nachdenken 207); ♦ Gott ... behalt ihr nicht die Sünde *(denke nicht mehr daran, dass sie gesündigt hat;* Bürger, Lenore).
Be|häl|ter, der; -s, -: **a)** *etw., was zum Aufbewahren u. Transportieren beliebiger Gegenstände od. Flüssigkeiten (auch Gase) dient:* einen B. mit Sand, Benzin füllen; **b)** *Container* (1).
Be|häl|ter|schiff, das: **1.** *Containerschiff.* **2.** *Schiff, mit dem der Leichter* (b) *transportiert werden.*
Be|hält|nis, das; -ses, -se: **1.** *Behälter, Gefäß, in dem etw. aufbewahrt wird.* **2.** *Neben-, Abstell-, Aufbewahrungsraum:* ...dass einer von den Frevlern ... von den Leuten des Kommandanten in ein B. geschleppt worden und noch darin befindlich sei (Kleist, Marquise 253).
be|häm|mern ⟨sw. V.; hat⟩: *mit dem Hammer bearbeiten, unablässig auf etw. einschlagen:* das Blech muss noch behämmert werden.
be|häm|mert ⟨Adj.⟩ (salopp) *nicht recht bei Verstand, verrückt:* er macht einen völlig -en Eindruck; du bist ja total b.
be|händ, be|hän|de ⟨Adj.⟩ [mhd. behende, urspr. Adv. u. entstanden aus: bî hende = bei der Hand]: *flink, gewandt u. geschickt, bes. in seinen Bewegungen; von Flinkheit, Gewandtheit, Geschicktheit zeugend:* mit behänden Schritten, Bewegungen; sie ist sehr b., Ü er ist geistig sehr b., am behändesten von allen.
be|han|deln ⟨sw. V.; hat⟩: **1.** *mit jmdm., etw. in einer bestimmten Weise umgehen, verfahren:* jmdn. von oben herab, liebevoll, [un]freundlich b.; eine Maschine, einen Motor [un]sachgemäß b.; diese Angelegenheit muss äußerst diskret behandelt werden; er wollte nicht wie ein kleiner Junge behandelt werden. **2.** *(mit einer Substanz, die eine bestimmte Wirkung hat) bearbeiten, in Berührung bringen:* Lebensmittel chemisch b.; ein Material mit Säure b. **3. a)** *auf bestimmte Weise [künstlerisch] darstellen, ausführen:* der Komponist behandelte das Motiv als Fugenthema; der Roman, der Film behandelt das Leben Napoleons *(hat das Leben Napoleons zum Gegenstand);* **b)** *(eine Angelegenheit, ein Thema) besprechen, erörtern:* das Problem können wir das nicht morgen b.?; **c)** *[wissenschaftlich] analysieren u. darlegen:* ein Thema exakt b.; der Fall wurde wochenlang in der Presse behandelt; Die Frage nach den Gründen des Untergangs von Westrom wird hier kurz zu b. sein (Thieß, Reich 283). **4. a)** *(einen Patienten) zu heilen versuchen:* einen Kranken mit Penizillin, ambulant b.; er musste b. lassen; die behandelnde Ärztin; Das Fieber schüttelte ihn und trieb seine Temperatur hoch. Man brachte ihn ins Revier und behandelte ihn auf Sumpffieber (Strittmatter, Wundertäter 391); **b)** *(eine Krankheit, eine Verletzung) zu heilen versuchen:* den Schnupfen mit Tropfen, Migräne homöopathisch b.
♦ **be|hän|dig** ⟨Adj.⟩: *behänd[e]:* ...gleich dem fertigen Schmetterling, der aus starrem Puppenzwang Flügel entfaltend b. schlüpft (Goethe, Faust II, 9657 ff.); ...ich fühlte mich kräftig und b., die Angst trieb mich vorwärts (Rosegger, Waldbauernbub 115).
be|hän|di|gen ⟨sw. V.; hat⟩: **1.** (veraltet) *aushändigen, übergeben:* ♦ Hierauf behändigte der Greis dem Seppe das Tüchlein (Mörike, Hutzelmännlein 145). **2.** (schweiz.) *ergreifen, an sich nehmen:* einer der Räuber behändigte die Kasse.
Be|hän|dig|keit, die; -, -: *das Behändesein.*
Be|hand|lung, die; -, -en: **1.** *das Behandeln* (1) *Behandeltwerden; Umgang mit jmdm., etw.:* eine ungerechte, unwürdige, gute, freundliche

B.; sie verdient eine bessere B.; diese Maschine reagiert sehr empfindlich auf falsche B. **2.** *das Behandeln* (2); *das Behandeltwerden:* neue Stoffe bekommen durch eine besondere B. ihre Appretur. **3. a)** *medizinisches Behandeln nach einem bestimmten Heilverfahren; Therapie:* dem Arzt fehlt es an Erfahrung in der B. von Zuckerkranken; **b)** *ärztliche Betreuung:* eine ambulante, stationäre B.; sie ist bei einem Facharzt in B.; ...denn die katholischen Krankenhäuser sind bekannt für gute B. und gutes Essen (Remarque, Westen 176). **4. a)** *[künstlerische] Darstellung, Ausführung:* die B. des Themas verrät große Sachkenntnis; **b)** *Erörterung, Besprechung:* die B. dieses Programmpunktes wurde verschoben; **c)** *wissenschaftliche Analyse u. Darlegung:* die B. soziologischer Fragen.

be|hand|lungs|be|dürf|tig ⟨Adj.⟩: *einer Behandlung* (3) *bedürftig:* -e Raucher; nach medizinischen Gesichtspunkten b. sein.

Be|hand|lungs|er|folg, der: *Erfolg einer Therapie.*

Be|hand|lungs|feh|ler, der: *Fehler bei einer medizinischen Behandlung* (3a).

Be|hand|lungs|kos|ten ⟨Pl.⟩: *Kosten für eine medizinische Behandlung.*

Be|hand|lungs|me|tho|de, die: *Heilverfahren.*

Be|hand|lungs|pflicht, die (Rechtsspr., Med.): *Pflicht (des Arztes bzw. der Ärztin), Kranke, Verletzte ärztlich zu behandeln [u. so die Ausbreitung von Epidemien zu verhindern].*

Be|hand|lungs|raum, der: *Raum, in dem Patienten ambulant behandelt werden.*

Be|hand|lungs|schein, der: *Krankenschein.*

Be|hand|lungs|stuhl, der: *verstellbarer Stuhl, auf dem die Patienten im Sitzen od. Liegen untersucht, behandelt werden.*

Be|hand|lungs|ver|fah|ren, das: *Heilverfahren.*

Be|hand|lungs|wei|se, die: *Art u. Weise, jmdn., etw. zu behandeln.*

be|hand|schuht ⟨Adj.⟩: *in einem Handschuh, in Handschuhen steckend:* ihre linke Hand war b.

Be|hang, der; -[e]s, Behänge: **a)** *etw., was als Verkleidung* (2b) *o. Ä. vor etw. herabhängt:* das Zimmer schmückt ein schwerer samtener B.; **b)** *alles, was an etw. (meist an einem Baum) hängt:* ein Weihnachtsbaum ohne B.; die Apfelbäume haben dieses Jahr einen besonders reichen B.; **c)** (Jägerspr.) *Paar herabhängender Ohren bei Jagdhunden.*

be|han|gen ⟨Adj.⟩ [mhd. behangen, 2. Part. von: behähen = behängen]: *voll von etw., was herabhängt; mit Herabhängendem beladen:* ein mit Äpfeln -er Baum; die Zweige sind dicht b.

be|hän|gen ⟨sw. V.; hat⟩: **a)** *an etw., jmdm. Gegenstände so befestigen, dass sie herabhängen:* den Weihnachtsbaum mit Lametta b.; mit Teppichen behängte Wände; **b)** (ugs. abwertend) *übermäßig schmücken:* sie behängt sich gern mit Strass; man behängte ihn mit Orden.

be|har|ken ⟨sw. V.; hat⟩: **a)** (Soldatenspr.) *eine Zeit lang [ohne Unterbrechung] beschießen:* ein Maschinengewehr beharkte die freie Fläche; **b)** (salopp) *auf jmdn. losgehen, [sich] verbissen bekämpfen:* vom Anpfiff an beharkten sich die beiden Mannschaften; die Eheleute beharkten sich im Flur.

be|har|ren ⟨sw. V.; hat⟩: **1. a)** *auf etw. bestehen, an etw. festhalten:* auf seinem Standpunkt b.; bei seiner Meinung b.; ♦ ⟨ist beharrt:⟩ ...wenn er schlechterdings darauf beharrt wäre, die heftige Leidenschaft... bloß durch die ruhigen Gesinnungen der Freundschaft erwidern zu wollen (Wieland, Agathon 9, 4); **b)** (selten) *bleiben, verharren.* **2.** *an seiner Meinung festhaltend sagen:* »Trotzdem ist er im Unrecht«, beharrte er hartnäckig.

be|harr|lich ⟨Adj.⟩: *ausdauernd, zäh festhaltend, standhaft, hartnäckig:* -es Werben, Zureden; sich b. (konstant) weigern.

Be|harr|lich|keit, die; -, -en: **1.** ⟨o. Pl.⟩ *das Beharrlichsein:* er ist von einer erstaunlichen B. **2.** *etw. Beharrliches; Konstante.*

Be|har|rung, die; -, -en ⟨Pl. selten⟩: *das Beharren.*

Be|har|rungs|ver|mö|gen, das ⟨o. Pl.⟩: **a)** *Ausdauer, Standhaftigkeit;* **b)** (Physik) *Trägheit* (2).

be|hau|chen ⟨sw. V.; hat⟩: **a)** *auf etw. hauchen, anhauchen, seinen Hauch auf etw. blasen; mit seinem Hauch überziehen:* die Brille, Brillengläser b.; **b)** (Sprachwiss.) *Konsonanten mit Hauchlaut aussprechen, aspirieren:* ein behauchtes (mit Behauchung ausgesprochenes) p.

Be|hau|chung, die; -, -en: *das Behauchen; das Behauchtwerden.*

be|hau|en ⟨unr. V.; behaute, hat behauen⟩: *durch Hauen (mit einer Axt, einem Hammer o. Ä.) bearbeiten:* Felsblöcke rechteckig b.; roh behauene Steine.

be|haup|ten ⟨sw. V.; hat⟩ [spätmhd. behoubeten = bewahrheiten, bekräftigen, zu mhd. houbet = Haupt, Oberhaupt, Herr, eigtl. = sich als Herr einer Sache erweisen]: **1.** *mit Bestimmtheit aussprechen, überzeugt sagen; (noch Unbewiesenes) als sicher ausgeben:* etw. hartnäckig, im Ernst b.; sagt der eine das, behauptet der andere das Gegenteil; sie behauptet, sei verreist, dass er verreist sei. **2. a)** *erhalten, bewahren; erfolgreich verteidigen:* seinen Platz b.; die Vorteile einer sozialen Stellung zu b. wissen; **b)** ⟨b. + sich⟩ *sich gegen alle Widerstände halten [u. durchsetzen]:* sich in seiner Position b.; das Produkt konnte sich am Markt nicht b.; **b)** ⟨b. + sich⟩ (Sport) *siegen:* in dem Länderspiel behaupteten sich die Italiener [mit 3:0].

be|haupt|tet ⟨Adj.⟩ (Börsenw.): *fest, in gleicher Höhe [geblieben]:* die Börse hat b. geschlossen.

Be|haup|tung, die; -, -en: **1. a)** *Äußerung, in der etw. als Tatsache hingestellt wird [was möglicherweise jedoch nicht ist]:* eine kühne, unverschämte, aus der Luft gegriffene B.; das ist eine bloße B.; jmds. -en nachprüfen; die B. aufstellen (nachdrücklich behaupten), dass ...; er blieb bei der B., dass ...; **b)** (Math.) *aufgestellter Lehrsatz, der bewiesen werden soll.* **2.** ⟨Pl. selten⟩ *das [Sich]behaupten, Durchsetzen:* Mittel zur Ergreifung und B. der Staatsmacht.

be|hau|sen ⟨sw. V.; hat⟩ (geh.): *in sein Haus aufnehmen; unterbringen:* er behauste uns auf seinem Hof.

be|haust ⟨Adj.⟩ (geh., dichter.): *beheimatet:* die im äußersten Norden -en Stämme; im Meer -e Tiere; ...die in den verlassenen Gebirgstälern -e Tradition der Figurendrechslerei (Zuckmayer, Magdalena 27).

Be|hau|sung, die; -, -en (geh.): *Wohnung, [schlechte, notdürftige] Unterkunft:* fern von allen menschlichen -en.

Be|ha|vi|o|ris|mus [bɪheɪvjəˈrɪsmʊs], der; - [engl. behaviorism; 1913 geb. von dem amerik. Psychologen J. B. Watson (1878–1958), zu engl.-amerik. behavior = Verhalten]: *Richtung der amerikanischen Verhaltensforschung, die nur direkt beobachtbares Geschehen als Gegenstand wissenschaftlicher Psychologie zulässt.*

be|ha|vi|o|ris|tisch ⟨Adj.⟩: **a)** *den Behaviorismus betreffend;* **b)** *nach der Methode des Behaviorismus verfahrend.*

be|he|ben ⟨st. V.; hat⟩ [mhd. beheben = wegnehmen]: **1.** *(Schlechtes) beseitigen, aufheben; wieder in Ordnung bringen:* eine Panne selbst b.; Missstände, Mängel b. **2.** (österr.) **a)** *(von der Bank, von einem Konto) abheben:* er behob 4000 Euro; **b)** *abholen.*

Be|he|bung, die; -, -en: **1.** ⟨o. Pl.⟩ *das Beheben* (1); *das Behobenwerden.* **2.** (österr.) *das Abheben; Abholen.*

be|hei|ma|ten ⟨sw. V.; hat⟩: *heimisch machen, ansiedeln; jmdm., einem Tier, einer Pflanze eine [neue] Heimat geben:* im Nationalpark hat man den Luchs wieder beheimatet.

be|hei|ma|tet ⟨Adj.⟩: *seine Heimat habend, zu Hause seiend:* eine in den Tropen -e Pflanze; er ist in Berlin b.; Er kannte die Fassaden, er kannte die Höfe, Keller und Böden, überall war er hier beheimatet (Erich Kästner, Fabian 166 f.)

be|heiz|bar ⟨Adj.⟩: **a)** *sich beheizen* (a) *lassend:* eine -e Garage; diese Zimmer sind nicht b.; **b)** *sich beheizen* (b) *lassend:* eine -e Heckscheibe.

be|hei|zen ⟨sw. V.; hat⟩: **a)** *(einen Raum o. Ä.) durch Heizen warm machen, durch od. mit etw. heizen:* eine Wohnung mit Gas, mit Öfen b.; **b)** (Technik) *(einer Sache) Wärme zuführen, mit Wärme versorgen:* die Scheibe wird elektrisch beheizt.

Be|hei|zung, die; -: *das Beheizen; das Beheiztwerden.*

Be|helf, der; -[e]s, -e [mhd. behelf = Vorwand; Zuflucht]: **1.** *etw., womit man sich in Ermangelung eines Besseren behelfen muss; Notlösung; Provisorium:* diese Konstruktion ist nur ein B., dient nur als B. für die geplante Anlage. **2.** (österr., schweiz.) *Hilfsmittel:* ein orthopädischer B. ♦ **3.** *Ausflucht, Vorwand:* ...wer wird so unbillig sein, ihnen einen solchen B. übelzunehmen (Wieland, Agathon 11, 1).

be|hel|fen, sich ⟨st. V.; hat⟩ [mhd. sich behelfen = als Hilfe nehmen, brauchen]: **a)** *sich mit einem (unzureichenden) Ersatz helfen, sich durch jmdn., etw. Ersatz schaffen:* sich mit einer Decke b.; ich behalf mich/(auch:) mir mit einer Aufwartefrau; ♦ ⟨auch ohne Präpositional-Obj.:⟩ ...der Soldat behilft und schickt sich, wie er kann (Schiller, Piccolomini I, 1); **b)** *ohne jmdn., etw. zurechtkommen; auch so, ohne Hilfe fertigwerden:* vorläufig kann ich mich ohne Arzt b.; kannst du dich ohne Auto b.?; Zwei Schirme für sechs Herren, es tue ihm leid, aber mehr sei nicht im Haus. Sie möchten sich bitte b. (Muschg, Gegenzauber 159).

Be|helfs|aus|fahrt, die (Verkehrsw.): *vorläufig eingerichtete od. nur für Bedarfsfälle geöffnete Ausfahrt einer Autobahn.*

Be|helfs|bau, der ⟨Pl. -ten⟩: *behelfsmäßiger Bau.*

Be|helfs|brü|cke, die: *behelfsmäßige Brücke.*

be|helfs|mä|ßig ⟨Adj.⟩: *als Notbehelf dienend, provisorisch:* ein -er Sitz.

Be|helfs|maß|nah|me, die: *Anordnung od. Handlung, die rasch behelfsmäßige Abhilfe schaffen soll; Notmaßnahme.*

Be|helfs|un|ter|kunft, die: *behelfsmäßige Unterkunft.*

be|helfs|wei|se ⟨Adv.⟩: *als behelfsmäßiger Ersatz:* die Couch dient b. als Bett.

be|hel|li|gen ⟨sw. V.; hat⟩ [zu mhd. helligen = ermüden, zu: hellec = ermüdet, erschöpft, zu: hel = schwach, matt, eigtl. = ausgetrocknet, verw. mit ↑schal]: *(mit etw. Unangenehmem, Lästigem) konfrontieren; in störender Weise bedrängen; belästigen:* jmdn. mit Fragen, seinen Sorgen b.; wir wurden von niemandem behelligt.

Be|hel|li|gung, die; -, -en: *das Behelligen; das Behelligtwerden.*

be|helmt ⟨Adj.⟩: *einen Helm tragend, mit einem Helm versehen:* eine Gruppe -er Soldaten.

be|hend, be|hen|de usw.: *frühere Schreibungen für ↑behänd, behände usw.*

be|her|ber|gen ⟨sw. V.; hat⟩ [mhd. beherbergen, eigtl. = mit Gästen versehen]: **a)** *als Gast bei sich aufnehmen; jmdm. Unterkunft bieten:* jmdn. über Nacht, bei sich b.; **b)** *in sich enthalten; den Raum für jmdn., etw. bieten:* das eine Zelt konnte nicht alle b.

Be|her|ber|gung, die; -, -en: *das Beherbergen; das Beherbergtwerden.*

Be|her|ber|gungs|ge|wer|be, das: *Gewerbe* (2), *das für die Unterbringung von Gästen in Hotels, Pensionen u. a. sorgt.*

be|herrsch|bar ⟨Adj.⟩: *sich beherrschen lassend.*

Be|herrsch|bar|keit, die; -, -en: *das Beherrschbarsein; Grad, in dem etw. beherrschbar ist.*

be|herr|schen ⟨sw. V.; hat⟩: **1.** *über jmdn., etw. (bes. über ein unterworfenes, unterdrücktes Volk, Land) Macht ausüben; als Herrscher regieren:* ein Volk, ein Land b.; Ü *von einer Leidenschaft beherrscht (ihr unterworfen) sein.* **2.** *zügeln, bezähmen, zurückhalten, unter Kontrolle halten:* seine Leidenschaft, seinen Trieb b.; ich musste mich b., um nicht zu lachen; er kann sich nicht b.; R ich kann mich b.! (ugs.; keinesfalls werde ich das tun!) **3. a)** *[souverän] zu handhaben verstehen; in der Gewalt, unter Kontrolle, im Griff haben:* er beherrschte die Situation souverän; **b)** *sich [geistig] angeeignet, gelernt haben; die Fähigkeit zur Ausübung von etw. haben:* ein Handwerk, die Regeln der Rechtschreibung b.; ein Musikinstrument b. *(es spielen können).* **4.** *als herausragendes Merkmal kennzeichnen; dominieren; bestimmen:* die Kathedrale beherrscht das Stadtbild; Ü *diese Vorstellung beherrscht sein ganzes Denken.*

be|herr|schend ⟨Adj.⟩: *bestimmend, dominant* (1 b).

Be|herr|scher, der; -s, -: *Herrscher, Herr über jmdn., etw.*

Be|herr|sche|rin, die; -, -nen: w. Form zu ↑Beherrscher.

be|herrscht ⟨Adj.⟩: *in sich gefestigt, gezügelt:* eine -e Miene zeigen; b. sprechen, auftreten.

Be|herrscht|heit, die; -, -en ⟨Pl. selten⟩: *das Beherrschtsein.*

Be|herr|schung, die; -: **1.** *das Beherrschen* (1); *das Beherrschtwerden.* **2.** *das Beherrschen* (2), *das Bezähmen, Sichzügeln:* etw. mit großer B. sagen; * *seine/die B. verlieren (ungeduldig, zornig, laut, auffällig werden).* **3.** *das Beherrschen* (3): die B. der Rechtschreibung.

be|her|zi|gen ⟨sw. V.; hat⟩ [im 16. Jh. = ermutigen; in Rührung versetzen]: *sich zu Herzen nehmen, merken u. entsprechend handeln; (jmds. Rat, Weisung o. Ä.) ernst nehmen u. befolgen:* eine Warnung, jmds. Worte b.; Diese Sätze der Redaktion wollen wir b., indem wir an einem Beispiel prüfen, inwieweit sie von ihr selbst beherzigt werden (Enzensberger, Einzelheiten I, 61).

be|her|zi|gens|wert ⟨Adj.⟩: *so nützlich, wichtig, dass man es beherzigen, befolgen sollte:* ihr Rat ist ohne Zweifel b.

Be|her|zi|gung, die; -, -en: *das Beherzigen:* die B. guter Ratschläge fällt oft schwer; dies zur B.!

be|herzt ⟨Adj.⟩ [mhd. beherzet, 2. Part. von: beherzen = standhaft sein]: *mutig u. entschlossen, unerschrocken:* -es Handeln; b. mit zupacken; ⟨subst.:⟩ einige Beherzte griffen zu.

Be|herzt|heit, die; -: *das Beherztsein.*

be|he|xen ⟨sw. V.; hat⟩: **1.** *verzaubern, durch Zauberspruch verwandeln:* sie hat die Kühe des Dorfes behext; er war wie behext von dem Anblick. **2.** *stark in seinen Bann ziehen:* sie hat ihn behext.

be|hilf|lich ⟨Adj.⟩ [mhd. behilfelich]: *meist in der Verbindung* **jmdm. b. sein** *(helfen:* einer Dame beim Ablegen des Mantels b. sein; darf ich Ihnen b. sein?; ⟨auch attr.⟩ ein [beim Umzug] -er Nachbar).

be|hin|dern ⟨sw. V.; hat⟩: *jmdm., einer Sache hinderlich, im Wege sein; hemmen, störend aufhalten:* die Verletzung behindert ihn; Nebel behinderte die freie Sicht; den Gegenspieler durch Festhalten b.; sich [gegenseitig] b./(geh.:) einander b.; behinderndes Parken.

be|hin|dert ⟨Adj.⟩: *infolge einer körperlichen, geistigen od. psychischen Schädigung beeinträchtigt:* -e Menschen; körperlich, geistig, psychisch b. sein.

Be|hin|der|te, die/eine Behinderte; der/einer Behinderten, die Behinderten/zwei Behinderte (Amtsspr.): *behinderte weibliche Person.*

Gelegentlich wird das Wort *Behinderte* als zu unpersönlich und damit diskriminierend kritisiert. Ausweichformen sind *behinderte Personen, behinderte Menschen* oder *Menschen mit Behinderung.*

be|hin|der|ten|ge|recht ⟨Adj.⟩: *den Bedürfnissen, Ansprüchen behinderter Menschen genügend:* -e Verkehrsmittel, Sportplätze.

Be|hin|der|ten|gleich|stel|lungs|ge|setz, das: *Gesetz zur rechtlichen u. sozialen Gleichstellung von Menschen mit u. ohne Behinderung.*

Be|hin|der|ten|sport, der: *von behinderten Personen ausgeübter Sport.*

Be|hin|der|ter, der Behinderte/ein Behinderter; des/eines Behinderten, die Behinderten/zwei Behinderte (Amtsspr.): *behinderte Person:* geistig, körperlich, psychisch Behinderte.

Gelegentlich wird das Wort *Behinderte* als zu unpersönlich und damit diskriminierend kritisiert. Ausweichformen sind *behinderte Personen, behinderte Menschen* oder *Menschen mit Behinderung.*

Be|hin|de|rung, die; -, -en: **1.** *das Behindern; das Behindertwerden.* **2.** *etw., was jmdn. behindert.*

be|hor|chen ⟨sw. V.; hat⟩: **a)** (ugs.) *abhören* (2); **b)** *belauschen:* ein Gespräch b.

Be|hör|de, die; -, -n [zu veraltet behören, mhd. behœren = zugehören, eigtl. = Ort, (Amts)stelle, wohin etw. gehört]: **a)** *staatliche, kommunale od. kirchliche Dienststelle, Verwaltungsorgan:* staatliche, städtische -n; nur mit ausdrücklicher Genehmigung der vorgesetzten B.; ein Gesuch bei der zuständigen B. einreichen; wo B. zu B. laufen; **b)** *Sitz der Behörde* (a); *Amtssitz; Amtsgebäude:* die B. befindet sich in der Dantestraße; ♦ **c)** *Pflicht, Aufgabe, Amt* (1 b): Raub und Mord zu bestrafen ist Eure höchste B. (Goethe, Reineke Fuchs 10, 451).

Be|hör|den|deutsch, das (oft abwertend): *Amtsdeutsch.*

Be|hör|den|spra|che, die: *Amtssprache.*

Be|hör|den|spre|cher, der: *Sprecher* (1 b) *einer Behörde.*

Be|hör|den|spre|che|rin, die: w. Form zu ↑Behördensprecher.

Be|hör|den|ver|fah|ren, das (österr.): *Instanzenweg durch die zuständigen Behörden.*

Be|hör|den|ver|tre|ter, der: *Vertreter* (1 b) *einer Behörde.*

Be|hör|den|ver|tre|te|rin, die: w. Form zu ↑Behördenvertreter.

Be|hör|den|weg, der (bes. österr.): *Instanzenweg.*

be|hörd|lich ⟨Adj.⟩: *amtlich, die Behörde[n] betreffend, vonseiten der Behörde[n]:* auf -e Anordnung; b. genehmigt.

be|hörd|li|cher|seits ⟨Adv.⟩ [↑-seits]: *vonseiten der Behörde, von der Behörde aus:* die Veranstaltung ist b. verboten worden.

be|host ⟨Adj.⟩ (ugs.): *mit Hosen bekleidet:* -e Beine.

Be|huf, der; -[e]s, -e [mhd. behuof = Nutzen, Vorteil; Gewerbe, Geschäft; Zweck, zu: beheben = erhalten, erwerben, behalten, zu ↑heben]: **1.** meist in der Fügung **zu diesem/dem Behuf[e]** (veraltend; *zu diesem Zweck):* zu welchem B. reist er dorthin?; … sie überschütten dich mit Vokabeln, die sie zu diesem Behuf erfunden haben [Tucholsky, Werke II, 243]).

♦ **2.** * **zum B.** *(zur Unterstützung;* [¹]*für* 1 b: … wenn ich … die innern Verhandlungen zum B. meines Vaters abschreiben … musste [Goethe, Dichtung u. Wahrheit 5]).

♦ **be|hu|fen** ⟨sw. V.; hat⟩ [eigtl. = mit Hufen versehen]: [¹]*beschlagen* (1), *mit Hufeisen versehen:* Gibt's denn so viel Ochsen zu b. im Mürztal (Rosegger, Waldbauernbub 287).

be|hufs ⟨Präp. mit Gen.⟩ [urspr. Gen. Sg. von: Behuf, später Adv.] (Amtsspr. veraltet): *zum Zwecke, zu:* b. des Neubaus.

be|huft ⟨Adj.⟩: *mit Hufen ausgestattet, Hufe tragend:* -e Tiere.

be|hü|ten ⟨sw. V.; hat⟩ [mhd. behüeten = bewahren; verhindern; sich hüten, zu ↑hüten]: **a)** *in seine Obhut nehmen; bewachen, beschützen:* der Hund behütet die Kinder; **b)** *vor jmdm., etw. bewahren, schützen; vor Schaden, vor einer Gefahr b.;* * **[Gott] behüte!** *(nein, auf keinen Fall!;* oft nur als Einschub, der die ablehnende Stellungnahme des Sprechenden od. Schreibenden ausdrücken soll).

be|hut|sam ⟨Adj.⟩ [zu veraltet Behut = Bewahrung]: *sorgsam-vorsichtig, achtsam, rücksichtsvoll, zart:* -e Worte; eine -e Frage stellen; sehr b. sein; b. mit etw. umgehen; … so wusch er jene, die man ihm zur Bestattung übergab, so b. wie Säuglinge (Ransmayr, Welt 265).

Be|hut|sam|keit, die; -, -en ⟨o. Pl.⟩: **1.** *das Behutsamsein:* mit großer B. vorgehen. **2.** *etw. behutsam Wirkendes.*

bei ⟨Präp. mit Dativ⟩ [mhd., ahd. bī, urspr. = um – herum]: **1.** ⟨räumlich⟩ **a)** *zur Angabe der Nähe, der losen Berührung u. Ä.; in der Nähe von jmdm., etw.; nahe:* die Schlacht bei Leipzig; Bernau bei (Abk.: b.) Berlin; beim Bahnhof; beim Gepäck bleiben; [dicht, nahe] bei der Schule; bei jmdm., etw. stehen, sitzen; wir versammeln uns beim Schillerdenkmal; Kopf bei Kopf; **b)** *unter, zwischen (einer Menge):* er war auch bei den Demonstranten; bei der Morgenpost lag ein Brief aus Paris; **c)** *zur Angabe der direkten Berührung; an:* jmdn. bei der Schulter packen; das Kind bei der Hand nehmen. **2.** ⟨räumlich⟩ **a)** *im Wohn- od. Lebensbereich von jmdm.:* er wohnt [nicht mehr] bei seinen Eltern; wir sind b. ihr eingeladen; bei uns ist das so üblich; **b)** *in jmds. geistigem Bereich:* bei jmdm. Verständnis finden; die Schuld liegt bei ihm; **c)** *im Bereich einer Unternehmung, Institution o. Ä.:* bei einer Firma arbeiten, angestellt sein; sie ist beim Film; bei der Luftwaffe dienen; **d)** *im Bereich eines Geschehens, Vorgangs:* bei einer Hochzeit sein; b. einer Aufführung mitwirken; **e)** *in jmds. Werk vorkommend:* sie sehen aus wie die Verbrecher bei Edgar Wallace; **f)** *im Falle des …, an jmds. od. am eigenen Beispiel:* bei ihm ist die Krankheit tödlich verlaufen; es war genauso wie bei mir; **g)** *im eigenen Bereich:* etw. bei sich tragen; bei sich [selbst] anfangen; als Gast bei sich behalten; Ü etw. bei sich behalten *(nicht weitererzählen);* * **[ganz] bei sich sein** (ugs.; *verschlafen, geistig abwesend, nicht bei vollem Bewusstsein, Verstand sein);* **h)** *zur Angabe eines ungefähren Wertes, einer ungefähren Anzahl:* der Umsatz liegt bei (beträgt etwa) 90 Millionen; ♦ … dass das Feuer eine Stadt … verwüstet und bei vierhundert Familien an den Bettelstab gebracht habe (Schiller, Kabale II, 2); **i)** *zur Angabe eines erreichten Wertes:* die Temperatur liegt jetzt bei (beträgt) 38,7 °C; die Tachonadel blieb bei 250 km/h stehen *(zeigte 250 km/h an u. blieb auf diesem Wert stehen);* **j)** in Beteuerungsformeln (urspr. in der Vorstellung, das Angerufene sei Zeuge od. stehe dabei): bei Gott!; beim Barte des Propheten!; beim Andenken meines toten

Freundes! **3.** ⟨mit Akk.⟩ (landsch.; nicht standardspr.) zur Angabe der Richtung; *zu:* komm mal bei mich! **4.** ⟨zeitlich⟩ zur Angabe eines Zeitpunktes: Vorsicht bei Abfahrt des Zuges!; bei Beginn, Ende der Vorstellung; beim Tod des Vaters. **5.** ⟨zeitlich⟩ zur Angabe einer Zeitspanne, des Zeitraums eines Geschehens: bei Tag und [bei] Nacht; bei einer Schlägerei, einem Fest; Rom bei Nacht, Moskau bei Schnee und Frost; bei Tisch *(beim Essen);* beim Kochen sein. **6.** ⟨zeitlich⟩ zur Angabe zweier gleichzeitig verlaufender Handlungen od. Vorgänge: bei zunehmendem Alter in Vereinsamung geraten; 5 Millionen Euro Lohnkosten einsparen – bei gleicher Arbeitsleistung und gleicher Produktion; b. sein (nordd.; *dabei, im Begriff sein);* ich war gerade bei gewesen wegzugehen, als das Unglück passierte. ◆ **7.** ⟨Subst. + bei + gleiches Subst.⟩ drückt eine kontinuierliche Folge aus; ¹*um* (3 b): Stets Pfeiler bei Pfeiler zerborst und brach (Bürger, Lied vom braven Mann). **8.** zur Angabe der Begleitumstände; *mit modalem Nebensinn; verbunden mit:* bei Kräften, bei guter Gesundheit sein; bei Nebel fahren; bei Tageslicht arbeiten. **9.** zur Angabe der Begleitumstände; *betreffs, in Bezug auf jmdn., etw.:* anders sind die Verhältnisse bei Erdöl und Erdgas; ...die Marie ist ganz tüchtig bei so was (Fallada, Mann 47). **10.** zur Angabe der Begleitumstände; mit finalem Nebensinn; *für:* bei langen Additionen ist ein Taschenrechner schon eine Hilfe. **11.** zur Angabe der Begleitumstände; mit konditionalem Nebensinn; *wenn ..., dann:* bei Ostwind qualmt der Ofen; bei Glatteis muss gestreut werden. **12.** zur Angabe der Begleitumstände; mit kausalem Nebensinn; *wegen, infolge:* bei dieser Hitze bleiben wir lieber zu Hause. **13.** zur Angabe der Begleitumstände; mit adversativem, konzessivem Nebensinn; *trotz, ungeachtet:* etw. beim besten Willen nicht einsehen können; bei aller Freundschaft, das geht zu weit. ◆ **14.** kennzeichnet, meist in Verbindung mit Mengen- od. Zahlenangaben, die Menge, Anzahl, Häufigkeit o. Ä. von etw.; ¹*zu* (7, 8): Es wär' Nichts Geckerei, bei Hunderttausenden die Menschen drücken, ausmergeln, plündern (Lessing, Nathan I, 3). **15.** vgl. dabei (7).

Bei, Bey, der; -s, -e u. -s [türk. bey]: *Beg.*

bei|be|hal|ten ⟨st. V.; hat⟩: **1.** *an etw. festhalten, bei etw. bleiben; nicht aufgeben:* seine Lebensweise, die Methode b.; die eingeschlagene Richtung b.; die Parkuhren müssen beibehalten werden. ◆ **2.** *nicht weggehen lassen, halten* (4): Wie ist es gekommen, dass man einen Mann von Ihren Verdiensten nicht beibehalten (Lessing, Minna IV, 6).

Bei|be|hal|tung, die; -, -en ⟨Pl. selten⟩: *das Beibehalten; das Beibehaltenwerden.*

bei|bie|gen ⟨st. V.; hat⟩: **1.** (salopp) **a)** *jmdm. einen Wissensstoff immer wieder klarzumachen, zu erklären versuchen, bis er ihn verstanden hat:* die Formeln habe ich ihm endlich beigebogen; **b)** *jmdm. (etw. Unangenehmes) mit diplomatischem Geschick sagen:* heute muss ich meinem Vater b., dass ich eine Sechs geschrieben habe. **2.** (selten) *beidrehen* (a).

Bei|blatt, das; -[e]s, ...blätter: *beiliegendes zusätzliches Blatt (z. B. zu einem Formular).*

bei|blei|ben ⟨st. V.; ist⟩ (nordd.): **a)** *bleiben, in gleicher Art weitergehen:* wenn das so beibleibt mit den steigenden Preisen, dann sehe ich schwarz; **b)** *so weitermachen, bei etw. bleiben:* wenn wir weiter beibleiben, haben wir die Arbeit bald fertig.

Bei|boot, das; -[e]s, -e: *zum Schiff gehörendes Boot (bes. für den Verkehr mit dem Land):* die -e zu Wasser lassen.

bei|brin|gen ⟨unr. V.; hat⟩: **1.** *jmdn. lehren; [erklärend] vermitteln:* jmdm. Italienisch b.; du hast mir [das] Schwimmen beigebracht; kannst du mir b., wie man die Maschine bedient? **2.** (ugs.) *(Unangenehmes) schonend übermitteln; jmdm. von etw. [Unangenehmem mit diplomatischem Geschick] unterrichten:* er wusste nicht, wie er ihr die Nachricht b. sollte. **3.** *(Unangenehmes) zufügen, antun:* jmdm. eine Niederlage, eine Schnittwunde b. **4. a)** *heranschaffen, herbeiholen:* Zeugen b.; **b)** *anführen, heranziehen:* ... jeder Band bringt bisher unzugängliches Material über die Biographie des Autors bei (Enzensberger, Einzelheiten I, 149).

Bei|brin|gung, die; -: **1.** *das Beibringen* (3), *Zufügen.* **2.** *das Beibringen* (4), *Heranschaffen.*

Beich|te, die; -, -n [mhd. bīhte, zusgez. aus: bigiht(e), ahd. bigiht, bijiht, aus: bi- (zum Verbalpräfix gewordenes tonloses ↑bei) u. jiht = Aussage, Bekenntnis, zu: jehan = sagen, bekennen, eigtl. = (feierlich) sprechen, reden]: **a)** (christl. Rel.) *vor einem Geistlichen od. im Gottesdienst abgelegtes Sündenbekenntnis;* **b)** (ugs.) *Geständnis, Bekenntnis (einer Schuld).*

beich|ten ⟨sw. V.; hat⟩ [mhd. bīhten]: **a)** (christl. Rel.) *eine Beichte* (a) *ablegen, Sünden bekennen:* seine Sünden b.; b. gehen; **b)** (ugs.) *eingestehen:* jmdm. seinen Kummer b.

Beicht|for|mel, die: *Gesamtheit der liturgischen Texte u. Anleitung für die Beichte* (a).

Beicht|ge|heim|nis, das: **1.** ⟨o. Pl.⟩ *Pflicht (des Geistlichen), über das bei einer Beichte* (a) *Erfahrene Stillschweigen zu bewahren:* das B. wahren. **2.** *Geheimnis, das dem Geistlichen in der Beichte* (a) *anvertraut worden ist:* eine Mitteilung wie ein B. behandeln.

Beicht|ge|spräch, das: *persönliches seelsorgliches Gespräch zwischen Beichtwilligem u. Beichtvater [zur Vorbereitung einer Beichte* (a)*].*

Beicht|spie|gel, der: *meist in Frageform abgefasstes, nach dem Dekalog aufgebautes Sündenregister* (a) *zur Gewissenserforschung vor der Beichte* (a).

Beicht|stuhl, der: *(in einer kath. Kirche) in drei kleine Räume geteilte, zur Abnahme der Beichte bestimmte Kabine mit einer Öffnung in jeder Trennwand, durch die Beichtvater u. Beichtenden zueinander sprechen können.*

Beicht|stuhl|ver|fah|ren, das (Politik): *separate, nicht öffentliche Vorgespräche mit einzelnen Beteiligten eines Verfahrens, bevor im betroffenen Gremium eine gemeinsame Diskussion u. Beschlussfassung stattfindet:* bes. in EU-Gremien).

Beicht|va|ter, der [mhd. bīhtvater]: *Geistlicher, bei dem jmd. [regelmäßig] beichtet* (a).

Beicht|wil|li|ge ⟨vgl. Willige⟩: *weibliche Person, die bereit ist zu beichten* (a).

Beicht|wil|li|ger ⟨vgl. Williger⟩: *Person, die bereit ist zu beichten* (a).

beid|ar|mig ⟨Adj.⟩ (bes. Sport): **1.** *mit beiden Armen ausgeführt; beide Arme betreffend:* -es Reißen; b. rudern. **2.** *mit beiden Armen gleich geschickt:* ein -er Spieler.

beid|bei|nig ⟨Adj.⟩ (bes. Sport): vgl. beidarmig.

bei|de ⟨Indefinitpron. u. Zahlw.⟩: **1.** ⟨Pl.⟩ [mhd., ahd. beide, bēde] **a)** *betont das Gemeinsame von zwei Personen od. gleichartigen Dingen; die zwei ... zusammen:* ⟨attr.:⟩ die/seine -n Kinder; der Auftritt der -n Artisten; sie haben den Weg gezeigt; die -n ersten Strophen *(von zwei Gedichten jeweils die erste)/*die ersten -n Strophen *(die erste u. zweite Strophe eines Gedichts)* lernen; (allein stehend:) die -n sind gerade weggegangen; b. zusammen; die Unterredung der -n hat lange gedauert; diese -n möchte ich probieren; wir b.; ihr b.; alle b.; ⟨nach »wir« (seltener) u. »ihr« (überwiegend) auch mit schwacher Beugung:⟩ ihr -n seid mir aufgefallen; (ugs. scherzh.:) wir zwei beide[n]; man hat uns -n nichts gesagt; ich habe Sie b. gestern im Theater gesehen; ⟨nach »wir« (seltener) u. »ihr« (überwiegend) auch mit schwacher Beugung:⟩ Wir wären ein interessantes Paar, wir -n (Andersch, Rote 149); **b)** *meist betont; sagt aus, dass von zwei unter einem bestimmten Aspekt [als zusammengehörend] betrachteten Personen od. gleichartigen Dingen das Gleiche gilt; der/die/das eine wie der/die/das andere:* ⟨attr.:⟩ die Hände; Doktor -r Rechte *(des römischen u. des deutschen Rechts);* man muss -n Seiten gerecht werden; sie haben b. Eltern verloren; b. jungen/(veraltend:) junge Mädchen; b. Abgeordneten/(veraltend:) Abgeordnete; ⟨allein stehend:⟩ b. wohnen in Berlin; damit ist -n nicht geholfen *(weder dem einen noch dem andern);* ich habe b. gefragt; willst du Wein oder Bier? – Keins von -n!; die Briefe sind b. angekommen. **2.** ⟨Neutr. Sg.; nur Nom., Dativ, Akk.⟩ [mhd. beideʒ] *fasst zwei [in Geschlecht od. Zahl] verschiedene Dinge, Eigenschaften od. Tätigkeiten zusammen; dieses u. jenes zusammen; alle zwei:* Rot oder Schwarz? Beides!; das Abonnement gilt für -s, Oper und Schauspiel; er hat sich in -m geirrt.

bei|der|halb ⟨Adv.⟩ (schweiz.): *auf beiden Seiten.*

bei|der|lei ⟨best. Gattungsz.; indekl.⟩ [↑-lei]: **a)** ⟨attr.⟩ *von den einen wie von den andern:* (ev. Kirchen:) Abendmahl in b. Gestalt *(mit Brot u. Wein);* **b)** ⟨allein stehend⟩ *beide verschiedenen Dinge:* b. ist zu berücksichtigen.

bei|der|sei|tig ⟨Adj.⟩: *beide [Seiten] betreffend, von beiden Seiten ausgehend; gegenseitig:* -e Beziehungen; das Treffen kam auf -en Wunsch zustande; die Ehe wurde in -em Einverständnis geschieden.

¹**bei|der|seits** ⟨Präp. mit Gen.⟩ [↑-seits]: *zu beiden Seiten;* b. der Straße ragen Bäume auf.

²**bei|der|seits** ⟨Adv.⟩ [↑-seits]: **a)** *auf, zu beiden Seiten:* das Brett ist b. furniert; **b)** *beiderseitig* (a): b. zu einem Einvernehmen kommen.

beid|fü|ßig ⟨Adj.⟩: vgl. beidarmig.

Beid|hän|der, der; -s, -: *jmd., der beiden Händen gleich geschickt ist.*

Beid|hän|de|rin, die; -, -nen: w. Form zu ↑Beidhänder.

beid|hän|dig ⟨Adj.⟩: **a)** *mit beiden Händen gleich geschickt:* ein -es Kind; **b)** *mit beiden Händen ausgeführt:* ein -er Schlag.

◆ **beid|le|big** ⟨Adj.⟩: *sowohl auf dem Land wie auch im Wasser leben könnend; amphibisch:* ...und was wir Holländer waren ... Uns, die wir b. sind *(die wir uns sowohl auf dem Land wie auch im Wasser ansehen u. zurechtfinden),* ward erst wohl im Wasser geboren (Goethe, Egmont I).

bei|dre|hen ⟨sw. V.; hat⟩ (Seemannsspr.): **a)** *die Fahrt unter Richtungsänderung [bis zum Stillstand] verlangsamen:* das Boot drehte bei und nahm ihn an Bord; **b)** *mit dem Bug zum Wind drehen (um dem Wind möglichst wenig Angriffsfläche zu bieten):* bei diesem starken Wind ließ er b.

beid|sei|tig ⟨Adj.⟩: **1.** *beide Seiten betreffend:* b. furnierte Bretter. **2.** *gegenseitig:* -e Skepsis.

beid|seits ⟨Präp. mit Gen.⟩ [↑-seits] (bes. schweiz.): *beiderseits:* b. des Flusses.

bei|ei|n|an|der ⟨Adv.⟩: **1.** *einer beim anderen, [nahe] zusammen:* die Familie ist sonntags immer b.; ⟨subst.:⟩ die Einheit beruht nicht nur auf dem räumlichen Beieinander. **2.** (ugs.) *in Ordnung, aufgeräumt:* in ihrer Wohnung war immer alles ordentlich b.; **gut, schlecht, nicht recht b. sein** (ugs.; *eine gute, schlechte, schwache Gesundheit haben; sich [nicht] wohlfühlen*); **nicht ganz b. sein** (ugs.; *nicht ganz bei Verstand, geistig etw. verwirrt sein*).

bei|ei|n|an|der|blei|ben ⟨st. V.; ist⟩: *zusammenbleiben:* die beiden sind ein Leben lang beieinandergeblieben.

bei|ei|n|an|der|ha|ben ⟨unr. V.; hat⟩: *gesammelt, zusammengetragen haben:* hast du alle Unterlagen beieinander?; * *nicht alle/sie nicht richtig b.* (ugs.: *nicht klar bei Verstand sein:* du hast wohl nicht alle beieinander?)

Bei|ei|n|an|der|sein, das: *das Zusammensein:* ein gemütliches B.

bei|ei|n|an|der|sit|zen ⟨unr. V.; hat; südd., österr., schweiz. auch: ist⟩: *zusammen-, nebeneinandersitzen:* nach dem Essen saßen wir noch etwas beieinander.

bei|ei|n|an|der|ste|hen ⟨unr. V.; hat; südd., österr., schweiz. auch: ist⟩: *zusammen-, nebeneinanderstehen.*

beif. = beifolgend.

Bei|fah|rer, der; -s, -: **a)** *im Pkw vorn neben dem Fahrer od. der Fahrerin sitzende Person:* als B. schwer verletzt werden; **b)** *berufsmäßiger Mitfahrer bei Rallyes od. im Lkw, der bestimmte Aufgaben zu erfüllen hat.*

Bei|fah|rer|air|bag, der: *Airbag, der so installiert ist, dass er beim Aufprall die Person auf dem Beifahrersitz schützt.*

Bei|fah|re|rin, die; -, -nen: w. Form zu ↑ Beifahrer.

Bei|fah|rer|sei|te, die: *Seite in einem Kraftfahrzeug, auf der Beifahrerin, der Beifahrer sitzt.*

Bei|fah|rer|sitz, der: *Sitz neben dem Fahrersitz.*

Bei|fall, der; -[e]s [eigtl. = Anschluss an eine Partei, wohl Ggb. zu ↑ Abfall (2)]: **1.** *Bekundung von Zustimmung, Begeisterung durch Klatschen, Trampeln, Rufen u. a.; Applaus:* starker, anhaltender, brausender, herzlicher, schwacher B.; der B. bricht los, hält an; B. klatschen; viel B. ernten; B. auf offener Szene *(spontaner Beifall als unmittelbare Reaktion).* **2.** *Bejahung, Zustimmung:* seine Ansicht fand [keinen] B.; sich B. heischend (geh.; *Beifall erwartend, fordernd*) umsehen; Alle murmelten B. (H. Mann, Stadt 395).

bei|fal|len ⟨st. V.; ist⟩: **1.** (veraltend) *[plötzlich] in den Sinn kommen; einfallen.* **2.** (veraltet) *zustimmen:* ◆ Dem Bruder fall ich bei, ich muss ihn loben (Schiller, Braut v. Messina 1547).

Bei|fall hei|schend, bei|fall|hei|schend ⟨Adj.⟩ (geh.): *Beifall erwartend, herausfordernd:* mit Beifall heischenden Blicken.

bei|fäl|lig ⟨Adj.⟩: *Zustimmung, Anerkennung, Wohlgefallen, Beifall* (2) *ausdrückend; zustimmend, bejahend; anerkennend:* -es Gemurmel; b. nicken; etw. b. aufnehmen.

Bei|fall|klat|schen, **Bei|falls|klat|schen**, das; -s: *als Beifallsbezeigung erfolgendes Händeklatschen.*

Bei|fall|ruf, Bei|falls|ruf, der: *als Beifallsbezeigung erfolgender Ruf.*

Bei|falls|äu|ße|rung, die ⟨meist Pl.⟩: *Äußerung von Beifall.*

Bei|falls|be|zei|gung, die ⟨meist Pl.⟩: *Bekundung von Beifall.*

Bei|falls|ju|bel, der: *als Beifallsbezeigung erfolgender Jubel.*

Bei|falls|klat|schen: ↑ Beifallklatschen.

Bei|falls|kund|ge|bung, die: *Kundgebung von Beifall.*

Bei|falls|ruf: ↑ Beifallruf.

Bei|falls|sturm, der: *sehr starker, stürmischer, begeisterter Beifall; Ovation:* ein B. brandete auf; Nachdem der B. sich etwas gelegt hatte ... (Schnurre, Bart 92); Die Schulen wurden geschlossen. Den B. der Schüler erstickte Dr. Finck durch stieres Anblicken (Kempowski, Tadellöser 425).

Bei|fang, der; -[e]s, ...fänge (Fischereiw.): *Gesamtheit mitgefangener Fische, die von anderer Art sind als die zum eigentlichen Fang gehörenden:* der Heringsdampfer brachte als B. Kabeljaus mit.

bei|fol|gend ⟨Adj.⟩ (veraltet): *beiliegend; mit gleicher Post folgend* (Abk.: beif.)

bei|fü|gen ⟨sw. V.; hat⟩: **a)** *dazulegen, mitschicken:* der Bewerbung ein Zeugnis, dem Paket eine Zollerklärung b.; **b)** *(seinen Worten) hinzufügen:* »Und zwar sofort«, fügte sie bei.

bei|fü|gend ⟨Adj.⟩ (Sprachwiss.): *attributiv; als Attribut* (2 b) *fungierend.*

Bei|fü|gung, die; -, -en: **1.** (Papierdt.) *das Beifügen, Dazutun:* er schrieb seinem Kollegen unter B. der besten Genesungswünsche. **2.** (Sprachwiss. veraltet) *Attribut.*

Bei|fuß, der; -es [mhd. bīvuoȝ, volksetym. umgedeutet nach: vuoȝ = Fuß (wohl nach der schon bei Plinius d. Ä. belegten Vorstellung, dass der Wanderer nicht ermüdet, wenn er sich das Kraut ans Bein bindet) aus: bībōȝ, ahd. bībōȝ, zu: bōȝan = stoßen, schlagen, viell. nach der angeblich böse Geister abwehrenden Kraft des alten Heilmittels]: *zu den Korbblütlern gehörende Pflanze, deren in Rispen wachsende Blüten als Gewürz verwendet werden.*

Bei|fut|ter, das; -s (Landwirtsch.): *Zugabe zum* ¹*Futter:* als B. verwenden.

bei|füt|tern ⟨sw. V.; hat⟩ (Landwirtsch.): *als Beifutter geben:* er hat Mais beigefüttert.

Bei|ga|be, die; -, -n: **1. a)** *das Beigeben, Hinzufügen:* man bringe das Wasser unter B. von etwas Essig zum Kochen; **b)** *Beigegebenes; Hinzugefügtes:* Salat ist eine vitaminreiche B. zum Essen. **2.** (Archäol.) *Grabbeigabe.*

beige [beːʃ, bɛːʃ] ⟨Adj.⟩ [frz. beige, H. u.]: *die Farbe des Dünensandes aufweisend:* ein beige/beiges ['bɛːʒəs] Kleid; wir haben die Möbel b. gestrichen.

¹**Beige**, das; -, - (ugs.: -s): *beige Farbe:* ein Gürtel in hellem B.

²**Bei|ge**, die; -, -n [spätmhd. bīge, ahd. pīga H. u.] (südd., schweiz.): *Stoß, Stapel.*

bei|ge|ben ⟨st. V.; hat⟩ [urspr. wohl beim Kartenspiel] (geh.): **a)** *hinzufügen, dazutun;* **b)** *[zur Hilfe, Unterstützung] beigeben; [als Helfer, als Aufpasser] zuordnen;* **c)** * *klein b. (seinen Widerstand aufgeben, sich schließlich fügen; kleinlaut nachgeben; eigtl. = beim Kartenspiel dem Mitspieler nur Karten von kleinem Wert zuspielen, weil man keine besseren hat).*

bei|ge|far|ben ['bɛːʃ..., 'bɛːʒə...] ⟨Adj.⟩: *beige: eine -e Couch.*

bei|ge|hen ⟨unr. V.; ist⟩: **1. a)** (landsch., bes. nordd.) *an eine Sache herangehen; anfangen [etw. zu tun]:* wo soll ich zuerst b.?; **b)** *(an etw.) gehen:* geh mir da ja nicht bei! **2.** (landsch.) **a)** (bes. südd.) *herbeikommen; endlich kommen:* das dauert wieder, bis er beigeht; **b)** (westmd.) *eine bestimmte [unangenehme] Wirkung haben; zusetzen* (3): dieser Schnaps geht ganz schön bei. ◆ **3.** *in den Sinn kommen:* Wenn mir nur nicht ... immer der Gedanke beiginge, durch die Gegenwart des Hauptmanns würde nichts gestört (Goethe, Wahlverwandtschaften I, 7).

Bei|gel: ↑ Beugel.

bei|gen ⟨sw. V.; hat⟩ [zu ↑ ²Beige] (südd., schweiz.): *schichten, aufstapeln.*

Bei|ge|ord|ne|te, die/eine Beigeordnete; der/einer Beigeordneten, die Beigeordneten/zwei Beigeordnete: *Beamtin od. Angestellte einer Stadtverwaltung.*

Bei|ge|ord|ne|ter, der Beigeordnete/ein Beigeordneter; des/eines Beigeordneten, die Beigeordneten/zwei Beigeordnete: *Beamter od. Angestellter einer Stadtverwaltung.*

Bei|ge|schmack, der; -[e]s: *zusätzlicher, den eigentlichen Geschmack von Esswaren meist beeinträchtigender Geschmack:* ein bitterer, unangenehmer B.; Die Schokolade hatte einen B. von Petroleum (Bergengruen, Rittmeisterin 308).

bei|ge|sel|len ⟨sw. V.; hat⟩ (geh.): **a)** *beigeben* (b); *als Gefährten hinzugeben;* **b)** ⟨b. + sich⟩ *sich anschließen, mit jmdm. gehen.*

Bei|g|net [bɛnˈjeː], der; -s, -s [frz. beignet, eigtl. = kleine Beule, zu afrz. buigne = Beule]: *Schmalzgebackenes mit Füllung; Krapfen.*

bei|hal|ten ⟨st. V.; hat⟩ (westmd.): *jmds. Partei ergreifen, sich auf jmds. Seite stellen:* obwohl er im Unrecht ist, hältst du ihm bei.

◆ **Bei|häl|te|rin**, die; -, -nen: *Geliebte, Konkubine:* In dieser Stimmung befand sich König Gustav, als er die B. des Lauenburgers erblickte (C. F. Meyer, Page 153).

Bei|heft, das; -[e]s, -e: *Ergänzungsheft zu einem Buch, einer Zeitschrift o. Ä.:* der Aufsatz ist als B. Nr. 2 zu dieser Reihe erschienen.

bei|hef|ten ⟨sw. V.; hat⟩: *[mit einer Klammer] an ein Schreiben, eine Akte heften:* ich muss der Steuererklärung noch einige Belege b.

◆ **bei|her** ⟨Adv.⟩: *nebenher:* Das hätte ich b. getan (Lessing, Minna III, 7).

Bei|hil|fe, die; -, -n: **1.** *(vom Staat od. von einer anderen Institution als Zuschuss gewährte) [Geld]unterstützung, materielle Hilfe:* eine einmalige B. erhalten. **2.** ⟨o. Pl.⟩ (Rechtsspr.) *Mithilfe bei der Vorbereitung od. Ausführung einer Straftat:* jmdn. wegen B. zum Mord verurteilen. **3.** (veraltend) *Hilfe, [geistige] Unterstützung.*

bei|hil|fe|fä|hig ⟨Adj.⟩ (Amtsspr.): *für eine Beihilfe* (1) *geeignet, zugelassen.*

Bei|klang, der; -[e]s, ..klänge: *zusätzlicher, meist beeinträchtigender, störend wirkender Klang.*

bei|kom|men ⟨st. V.; ist⟩: **1. a)** *mit jmdm. fertigwerden, jmdm. gewachsen sein u. sich ihm gegenüber durchsetzen:* jmdm. nicht b. können; **b)** *etw., ein Problem bewältigen, lösen:* man versuchte, den Schwierigkeiten auf andere Weise beizukommen. **2.** (geh.) *in den Sinn kommen, einfallen:* es kommt mir nicht bei, diesem Begehren nachzugeben. **3.** (landsch.) *herbeikommen; endlich kommen:* es dauerte wieder, bis sie beikam. **4.** (landsch.) *an etw. herankommen, heranreichen können:* die Öffnung ist so eng, dass man mit der Zange nicht beikommt.

Bei|kost, die; -: *zusätzliche Nahrung; Beigabe zu den üblichen Mahlzeiten:* auf eine vitaminreiche B. achten.

beil. = beiliegend.

Beil, das; -[e]s, -e [mhd. bīl, zusgez. aus: bīhel, ahd. bīhal, eigtl. = Gerät zum Schlagen]: **1.** *einer Axt ähnliches Werkzeug mit breiter Schneide u. kurzem Stiel, bes. zum Bearbeiten von Holz u. Fleisch:* ein scharfes, leichtes B. **2.** *(früher) einem Beil (1) ähnliche Waffe.* **3.** Kurzf. von ↑ Fallbeil: Unters B. mit ihnen (Weiss, Marat 100).

bei|la|den ⟨st. V.; hat⟩: **1.** *zu einer anderen, der eigentlichen Ladung [in einem Möbel-, Güterwagen, Schiff o. Ä.] laden:* seine paar Habseligkeiten konnte er einem größeren Möbeltransport b. **2.** (Rechtsspr.) *jmdn., der Dritter an einer Entscheidung interessiert ist, amtlich zur Verhandlung des Verwaltungsgerichts laden.*

Bei|la|dung, die; -, -en: **1. a)** *das Beiladen* (1): die B. von Möbeln; **b)** *etw., was zur eigentlichen Ladung geladen wird.* **2.** (Rechtsspr.) **a)** *das Beiladen* (2); *das Beigeladenwerden:* auf Antrag erfolgen mehrere -en; **b)** *Schriftstück, durch das jmd. beigeladen* (2) *wird:* die B. ist Ihnen bereits zugegangen.

Bei|la|ge, die; -, -n: **1.** *eine Anfrage unter B. von Rückporto erhalten.* **2.** *etw., was einer Zeitung od. Zeitschrift beigelegt ist.* **3.** *Kartoffeln, Gemüse, Salat u. Ä., die zu einem Fleischgericht gereicht werden:* zwei Schnitzel mit B. **4.** (österr., schweiz.) *Anlage zu* einem Brief, einem Schriftsatz. **5.** (Technik) Unterlage, [verkleinerte] Einlage zum Ausformen von Blech.

Bei|la|ger, das; -s, -: a) bes. im Mittelalter bei fürstlichen Personen unter bestimmten Zeremonien vollzogener Beischlaf als Akt der Eheschließung; b) (geh. veraltet) *Beischlaf.*

Bei|last, die; -, -en (Seemannsspr.): *Freigepäck der Seeleute.*

♦ **Bei|läu|fer**, der; -s, -: *Gehilfe, der Botendienste verrichtet:* Noch sind viele Menschen der niedern Klasse bei Handelsleuten und Handwerkern als B. und Handlanger beschäftigt (Goethe, Reise 28. 5. 1787 [Neapel]).

bei|läu|fig ⟨Adj.⟩: **1.** *nebensächlich; nebenbei [gesagt]; wie zufällig wirkend:* eine -e Frage. **2.** (österr.) *ungefähr, etwa:* ...ich erinnerte mich ferner, dass ich – b. in Gilberts Alter – ein Mädchen angeschwärmt hatte (Broch, Versucher 14).

Bei|läu|fig|keit, die; -, -en: a) *Nebensächlichkeit:* die B. einer Bemerkung; b) *Ungerührtheit, Nonchalance;* c) *Nebenerscheinung.*

bei|le|gen ⟨sw. V.; hat⟩: **1.** *dazulegen, beifügen; zu einer Sache hinzufügen:* einem Freiumschlag b. **2.** a) *(einen bestimmten Sinn) zuerkennen, beimessen:* einer Sache zu viel Gewicht b.; b) *(eine bestimmte [zusätzliche] Bezeichnung) geben, verleihen.* **3.** *schlichten, aus der Welt schaffen:* die Differenzen wurden beigelegt. **4.** (Seemannsspr.) *das Haltetau auswerfen u. [am Kai] anlegen.* ♦ **5.** *sich [intensiv arbeitend] beeilen:* Reit zu! Wenn ihr frisch beilegt, holt ihr ihn noch ein (Schiller, Tell I, 1).

♦ **Bei|le|ger|ofen**, der [niederd. bileger(aben), zu: bileggen = hinzulegen, (dem Feuer im Ofen) nachlegen]: *(bes. in Nordfriesland verbreiteter) auf zwei Beinen ruhender, mit der Rückseite an einer Wand lehnender [Kachel]ofen, dessen Feuerung sich hinter dieser Wand im anderen Raum befindet:* ...die Messingknöpfe an dem B. (Storm, Schimmelreiter 61).

Bei|le|gung, die; -, -en: *das Beilegen* (3); *das Beigelegtwerden:* die B. des Konflikts.

bei|lei|be ⟨Adv.⟩ [eigtl. = bei Lebensstrafe (nicht), zu veraltet Leib = Leben] *(verstärkend bei Verneinungen):* durchaus, bestimmt, wirklich: Krieg darf es b. nicht geben.

Bei|leid, das; -[e]s [älter = Mitleid]: *Mitgefühl, [offizielle] Anteilnahme bei einem Todesfall:* [mein] aufrichtiges B.!; jmdm. sein B. aussprechen.

Bei|leids|be|kun|dung, die: *Bekundung des Beileids:* -en entgegennehmen, zurückweisen.

Bei|leids|be|such, der: *Besuch bei Hinterbliebenen zum Ausdruck der Anteilnahme.*

Bei|leids|be|zei|gung, Bei|leids|be|zeu|gung, die: *Bekundung des Beileids.*

Bei|leids|kar|te, die: *Kondolenzkarte.*

Bei|leids|schrei|ben, das: *Kondolenzschreiben.*

Bei|leids|te|le|gramm, das: *Telegramm, in dem jmd. bei einem Todesfall sein Beileid ausspricht.*

Beil|hieb, der: *kräftiger Schlag mit dem Beil.*

♦ **bei|lich** ⟨Adj.⟩ [zu ↑ bei]: *nahe:* *beim Beilichen (so ungefähr).

bei|lie|gen ⟨st. V.; hat⟩: **1.** *einer Sache beigefügt sein:* der Bewerbung müssen Zeugnisabschriften b. **2.** (geh.) *koitieren.* **3.** (Seemannsspr.) *nach dem Beidrehen am Ufer od. vor Anker liegen:* das Schiff liegt endlich bei.

bei|lie|gend ⟨Adj.⟩ (Papierdt.): *anbei; in der Anlage, als Anlage zugefügt* (Abk.: beil.): b. [senden wir Ihnen] eine Fotokopie.

beim ⟨Präp. + Art.⟩ [mhd. bime]: **1.** ⟨auflösbar in vielen Verbindungen⟩ *bei dem* (vgl. bei). **2.** (nicht auflösbar) *in bestimmten Wendungen:* es bleibt alles b. Alten; jmdm. b. Wort nehmen. **3.** ⟨beim + subst. Inf. + sein, zur Bildung der

Verlaufsform⟩ *dabei sein, etw. zu tun; gerade etw. tun:* er war [gerade] b. Lesen.

bei|ma|chen, sich ⟨sw. V.; hat⟩: **1.** (landsch., bes. nordd.) *sich an etw. heranmachen; eine Arbeit beginnen:* er machte sich endlich bei und schrieb den Brief. **2.** (landsch., bes. südd.) *herbeikommen; endlich kommen:* hast du dich auch mal wieder beigemacht *(lässt du dich auch mal wieder sehen).*

bei|men|gen ⟨sw. V.; hat⟩: *zusätzlich unter etw. mengen:* das Backpulver wird dem Mehl beigemengt.

Bei|men|gung, die; -, -en: **1.** ⟨o. Pl.⟩ *das Beimengen; das Beigemengtwerden.* **2.** *etw., was einer anderen Sache beigemengt wird.*

bei|mes|sen ⟨st. V.; hat⟩: *(einen bestimmten Sinn) zuerkennen, zuschreiben:* einer Sache Wichtigkeit, einer Affäre übertriebene Bedeutung b.

bei|mi|schen ⟨sw. V.; hat⟩: a) *zusätzlich in etw. mischen; mischend beigeben:* dem Dieselkraftstoff Benzin b.; b) ⟨b. + sich⟩ *sich unter etw. mischen:* der Duft der Gräser und Blumen mischte sich Brandgeruch bei.

Bei|mi|schung, die; -, -en: **1.** ⟨o. Pl.⟩ *das Beimischen* (a); *das Beigemischtwerden:* Sirup durch B. von Wasser verdünnen. **2.** *etw., was einer anderen Sache beigemischt wird:* der Wein ist eine B. von Wasser.

be|imp|fen ⟨sw. V.; hat⟩: *durch Impfen (1–3) behandeln.*

Bein, das; -[e]s, -e (landsch., südd., österr. ugs. auch: -er) [mhd., ahd. bein, H. u.]: **1.** *zum Stehen u. Fortbewegen dienende Gliedmaße bei Mensch u. Tier (die beim Wirbeltier u. beim Menschen vom Hüftgelenk bis zu den Zehen reicht):* das rechte, linke B.; gerade -e; ein künstliches B.; die -e spreizen, von sich strecken, übereinanderschlagen; sich mühsam auf die -e stellen; R auf einem B. kann man nicht stehen *(ein Glas Alkohol genügt nicht; bei der Aufforderung od. dem Wunsch, ein zweites Glas zu trinken);* *kein B. (schweiz., sonst landsch.; *kein Mensch*); jmdm. [lange] -e machen (ugs.; *jmdn. fortjagen, jmdn. antreiben, sich schneller zu bewegen*); jüngere -e haben (ugs.; *besser als eine ältere Person laufen können*); ein langes B. machen (Fußball; *den ballführenden Gegner durch einen Spreiz- oder Grätschschritt von Ball zu trennen suchen*); ein/das B. stehen lassen (Fußball; *den ballführenden Gegner über ein Bein fallen lassen*); [nur] ein linkes, rechtes B. haben (Fußball; *nur mit dem linken, rechten Bein richtig schießen können, Schusskraft haben*); die -e breit machen (salopp; *[von Frauen] Geschlechtsverkehr ausüben*); sich ⟨Dativ⟩ die -e vertreten (ugs.; *nach langem Sitzen ein wenig hin u. her gehen*); sich ⟨Dativ⟩ kein B. ausreißen (ugs.; *sich [bei der Arbeit] nicht besonders anstrengen*); jmdm. ein B. stellen (**1.** *jmdn. durch Vorstellen eines Beines zum Stolpern bringen.* *jmdm. durch eine bestimmte Handlung Schaden zufügen; jmdn. hereinlegen*); -e bekommen/gekriegt haben (ugs.; *plötzlich abhandengekommen od. gestohlen worden sein*); die -e in die Hand/unter die Arme nehmen (ugs.; *ganz schnell [weg]laufen*); die -e unter jmds. Tisch strecken (ugs.; *sich von jmdm. ernähren lassen; von jmdm. versorgt werden*); sich ⟨Dativ⟩ die -e nach etw. ablaufen, abrennen, wund laufen/wundlaufen (ugs.; *in dauerndem [vergeblichem] Bemühen hinter einer Sache her sein, viele Gänge wegen etw. machen*); sich ⟨Dativ⟩ die -e abstehen; sich ⟨Dativ⟩ die -e in den Leib/Bauch stehen (ugs.; *lange stehen u. auf etw. warten müssen*); alles, was -e hat (ugs.; *alle, die laufen können*); etw. noch am B. haben (ugs.; *etw. noch bezahlen müssen, als Verpflichtung haben*); jmdm., sich

etw. ans B. hängen/binden (ugs.; *jmdm., sich etw. aufbürden u. ihn, sie, sich dadurch in der Aktivität hemmen;* die Wendung nimmt darauf Bezug, dass dem Vieh auf nicht eingezäunter Weide die Vorderbeine zusammengebunden werden u. ein Holzklotz an die Beine gebunden wird, um es in seiner Bewegungsfreiheit einzuschränken. Auch Gefangene schmiedete man früher an einen Klotz, um ihnen die Bewegungsfreiheit zu nehmen); etw. ans B. binden (ugs. veraltend; *etw. darangeben, einbüßen*); wieder auf den -en sein *(wieder [ganz] gesund sein);* viel auf den -en sein *(viel unterwegs sein; [in einer Tätigkeit mit Stehen od. Umherlaufen] sehr beschäftigt sein);* auf den -en sein *(draußen, auf der Straße sein);* [wieder] auf die -e kommen (**1.** *sich aufrichten, aufstehen.* **2.** *[wieder] gesund werden.* **3.** *wirtschaftlich wieder hochkommen, festen Fuß fassen);* jmdm., sich [wieder] auf die -e bringen/stellen (**1.** *jmdn., sich [wieder] aufrichten:* ich stellte mich mühsam auf die -e. *jmdn., sich [innerlich] stärken, wieder aufrichten).* jmdn. auf die -e bringen (*jmdn. herauslocken, zusammenbringen*); etw. [wieder] auf die -e bringen *(etw. [wieder] in einen guten Zustand bringen);* etw. auf die -e stellen *(etw. in bewundernswerter Weise zustande bringen);* jmdm. auf die -e helfen (**1.** *einer gestürzten Person wieder aufhelfen.* *jmdm. helfen, eine Schwäche od. Krankheit zu überwinden.* *jmdm. finanziell helfen, damit er wieder wirtschaftlich vorankommt*); immer wieder auf die -e fallen (ugs.; *aus allen Schwierigkeiten immer wieder ohne Schaden hervorgehen);* sich nicht [mehr]/kaum [noch] auf den -en halten können *(vor Müdigkeit, Schwäche dem Umfallen nahe sein);* auf eigenen -en stehen *(selbstständig, unabhängig sein);* auf schwachen -en stehen *(schwach, unsicher sein);* schwach auf den -en (**1.** *nicht gesund, von (schwerer) Krankheit geschwächt.* ugs.; *unbewiesen, ungesichert);* in die -e gehen (**1.** ugs.; *die Beine schwer machen, belasten;* die Beweglichkeit der Beine hemmen. **2.** *zum rhythmischen [Sich]bewegen, zum Tanzen anregen);* mit beiden -en im Leben/[fest] auf der Erde stehen *(Realist[in], Praktiker[in] sein; sich in jeder Lage zurechtfinden);* mit dem linken B. zuerst aufgestanden sein (ugs.; *schlechter Laune sein, an allem etw. auszusetzen haben);* mit einem B. im Gefängnis stehen (**1.** *etw., was hart an der Grenze des Erlaubten ist, getan haben.* **2.** *einen risikoreichen Beruf haben, bei dem eine Unachtsamkeit o. Ä. schwerwiegende Folgen hat, die einem eine Gefängnisstrafe einbringen kann);* mit einem B. im Grab[e] stehen *(schwer krank od. in großer Gefahr sein);* von einem B. aufs andere treten (ugs.; *ungeduldig warten müssen).* **2. a)** *Teil eines Möbelstücks, eines Gerätes o. Ä., mit dem es auf dem Boden steht;* **b)** ⟨Pl.⟩ (Jargon) *untere, die Bewegung vermittelnde Teile des Autos (Achsschenkel, Räder, Reifen).* **3.** *Hosenbein:* eine Hose mit engen, weiten -en. **4.** (nord- u. md.) *Fuß:* er hat mich aufs B. getreten. **5.** (südd., österr., schweiz., Med. in Zus., sonst veraltet) *Knochen:* der Hund nagt an einem B.; *jmdm. in die -e fahren (jmdm. durch alle Glieder, durch den ganzen Körper gehen):* die Aufregung war ihr in die -e gefahren).

bei|nah [auch: ...'na:] (ugs.), **bei|na|he** ['baɪ..., auch: ...'na:ə] ⟨Adv.⟩: *fast, nahezu, annähernd:* b. immer; er wäre b. verunglückt.

Bei|na|me, der; -ns, -n: *zusätzlicher [inoffizieller] Name, mit dem jmd. od. etw. aufgrund bestimmter Eigentümlichkeiten von seiner Umgebung benannt wird:* Friedrich I. mit dem -n »Barbarossa«.

bein|am|pu|tiert ⟨Adj.⟩: *ein Bein durch Amputation verloren habend.*
Bein|ar|beit, die ⟨o. Pl.⟩ (Sport): *Bewegung der Beine beim Boxen, Ringen, Kugelstoßen, Schwimmen usw.*
Bein|bruch, der: *Bruch des Beines:* er hat einen komplizierten B.; * **kein B. sein** (ugs.: *nicht so schlimm sein*); **Hals- und B.!** (ugs.; Wunsch für jmdn., dem etw. Schwieriges od. Gefährliches bevorsteht; *viel Glück!*)
bei|nern ⟨Adj.⟩ [im 16. Jh. für mhd. beinīn]: **a)** *knöchern, aus Knochen bestehend:* -e Reste; **b)** *knochig, wie ein Gerippe aussehend;* **c)** *aus Elfenbein, wie Elfenbein wirkend.*
bein|far|ben ⟨Adj.⟩ (geh.): *die Farbe des Elfenbeins aufweisend.*
Bein|fes|sel, die: **1.** *Fessel, die die Bewegungsfreiheit der Beine einengt.* **2.** (Ringen) *Umklammerung des Gegners mit den Beinen.*
Bein|fleisch, das (österr.): *gekochtes Fleisch vom Bein* (1) *des Rindes.*
Bein|frei|heit, die ⟨o. Pl.⟩: *Bewegungsfreiheit für die Beine in Fahrzeugen, Sitzreihen.*
be|in|hal|ten ⟨sw. V.; hat⟩: *zum Inhalt haben, enthalten; bedeuten:* dieses Schreiben beinhaltet eine Drohung.
bein|hart ⟨Adj.⟩ (ugs.): *sehr hart.*
Bein|haus, das: *Aufbewahrungsort für ausgegrabene Gebeine auf Friedhöfen.*
Bein|kleid, das ⟨meist Pl.⟩ (scherzh., veraltet): *Hose.*
Bein|ling, der; -s, -e: **1.** (veraltend) *das Bein bedeckender Teil von Strumpf, Hose, Strumpfhose od. Strampelhöschen.* **2.** (Schneiderei) *Schnittmuster für eine Hälfte einer Hose.*
Bein|mus|ku|la|tur, die (Med.): *Gesamtheit der Muskeln des Beines.*
Bein|paar, das: *Paar zusammengehöriger Beine.*
Bein|pro|the|se, die: *als Ersatz für ein fehlendes Bein dienende Prothese.*
Bein|ring, der: **1.** *um den Knöchel zu tragender Schmuckreif.* **2.** (Zool.) *zur Kennzeichnung frei lebender Vögel verwandter, nummerierter Ring aus Aluminium.*
Bein|schie|ne, die: **1.** *Teil der Ritterrüstung, der den Unterschenkel schützt.* **2.** (Hockey, Baseball) *Schiene zum Schutz des Beines (bei Torwart[in] bzw. Fänger[in]).* **3.** (Med.) *Schiene zur Ruhigstellung eines gebrochenen Beines.*
Bein|schlag, der: **1.** (Gymnastik) *Übung, bei der man in der Rücken- od. Bauchlage die Beine gestreckt wechselweise vorwärts u. rückwärts aneinander vorbeibewegt.* **2.** (Schwimmen) *Auf- u. Abwärtsbewegung der Beine beim Kraulstil.*
Bein|scho|ner, der: *Beinschiene.*
Bein|stel|lung, die: *Stellung der Beine bei turnerischen, sportlichen u. a. Übungen.*
Bein|stumpf, der: *am Körper verbliebener Rest eines amputierten Beins.*
Bein|ver|let|zung, die: *Verletzung, Wunde am Bein.*
Bein|zeug, das: *Teil der Ritterrüstung, das das ganze Bein bedeckt.*
bei|ord|nen ⟨sw. V.; hat⟩: **1.** *zuordnen, zuteilen, an die Seite stellen, beigeben:* jmdm. mehrere Fachleute b. **2.** (Rechtsspr.) *zum Pflichtverteidiger, zur Pflichtverteidigerin bestellen.* **3.** (Sprachwiss.) *nebenordnen.*
Bei|ord|nung, die; -, -en: *das Beiordnen; das Beigeordnetsein.*
Bei|pack, der; -[e]s: **1.** *etw., was einer größeren Sendung beigepackt ist; zusätzliches Frachtgut.* **2.** (Telefonie) *Anzahl zusätzlicher, symmetrisch angeordneter, äußerer Leitungen bei Breitbandkabeln.*
bei|pa|cken ⟨sw. V.; hat⟩: *zusätzlich zu etw. packen; mit einpacken.*
Bei|pack|zet|tel, der: *einer Ware (bes. einem Medikament) beiliegender Zettel, der Hinweise für die Anwendung od. auf den Inhalt enthält.*
bei|pflich|ten ⟨sw. V.; hat⟩: *jmdm. od. jmds. Meinung zustimmen; sich zustimmend äußern:* einem Vorschlag in allen Punkten b.
Bei|pro|gramm, das; -[e]s, -e: *zusätzlich zum Hauptfilm laufendes Filmprogramm.*
Bei|rat, der; -[e]s, Beiräte: **1.** *beratendes Gremium bei einer Behörde, Gesellschaft, [wissenschaftlichen] Vereinigung o. Ä.:* dem Herausgeber steht ein wissenschaftlicher B. zur Seite. **2.** *einzelnes Mitglied eines Beirates* (1). **3.** (veraltend) *Berater.*
◆ **bei|ra|ten** ⟨st. V.; hat⟩: *zuraten:* Ob ich nun gleich zu solchen Possen gern beiriet (Goethe, Dichtung u. Wahrheit 12).
Bei|rä|tin, die; -, -nen: w. Form zu ↑Beirat (2, 3).
Bei|ried, das; -[e]s od. die; - [2. Bestandteil österr. Ried = Geländeteil (↑²Ried), hier: bestimmter Teil eines geschlachteten Tieres] (österr.): *Rumpf- oder Lendenstück vom Rind.*
be|ir|ren ⟨sw. V.; hat⟩: *unsicher machen, irritieren:* seine Selbstsicherheit beirrte mich.
Bei|rut ['beiru:t, bai'ru:t]: *Hauptstadt des Libanons.*
¹**Bei|ru|ter,** der; -s, -: Ew.
²**Bei|ru|ter** ⟨indekl. Adj.⟩: die B. Altstadt.
Bei|ru|te|rin, die; -, -nen: w. Form zu ↑¹Beiruter.
bei|sam|men ⟨Adv.⟩ [zum 2. Bestandteil vgl. zusammen]: *beieinander, zusammen:* wir sind morgen zum letzten Mal b.; * **b. sein** (*gesundheitlich od. geistig auf der Höhe sein*).
bei|sam|men|blei|ben ⟨st. V.; ist⟩: *nicht getrennt werden, nicht auseinandergehen.*
bei|sam|men|ha|ben ⟨unr. V.; hat⟩: **1.** *gesammelt, zusammengetragen haben.* **2.** * **[sie] nicht alle b.** (salopp abwertend; *nicht recht bei Verstand sein*).
Bei|sam|men|sein, das: **a)** *zwangloses, geselliges Zusammensein:* ein gemütliches B.; **b)** *dichtes räumliches Beieinander.*
bei|sam|men|ste|hen ⟨unr. V.; hat; südd., österr., schweiz. auch: ist⟩: *zusammen-, beieinanderstehen:* dicht b.
Bei|sas|se, der; -n, -n [mhd. bīsāze, 2. Bestandteil zu ↑sitzen]: *(vom Mittelalter bis ins 19. Jh.) Einwohner ohne od. mit geringerem Bürgerrecht; Häusler.*
Bei|satz, der; -es, ...sätze (Sprachwiss.): *Apposition.*
bei|schaf|fen ⟨sw. V.; hat⟩ (landsch.): *herbeischaffen, heranholen, beschaffen.*
bei|schie|ßen ⟨st. V.; hat⟩: *Geld für etw. beisteuern, einen Beitrag leisten.*
Bei|schlaf, der; -[e]s (geh., Rechtsspr.): *Koitus; Geschlechtsakt, Geschlechtsverkehr:* den B. vollziehen, ausüben.
bei|schla|fen ⟨st. V.; hat⟩ (selten): *mit jmdm. den Geschlechtsverkehr ausüben; miteinander schlafen.*
Bei|schlä|fer, der; -s, - (veraltend): *Mann, der Beischlaf ausübt od. ausgeübt hat.*
Bei|schlä|fe|rin, die; -, -nen: w. Form zu ↑Beischläfer.
Bei|schlag, der; -[e]s, Beischläge: *terrassenartiger, von der Straße her über eine Treppe zugänglicher Vorbau, bes. an Häusern der Renaissance u. des Barocks.*
◆ **Bei|schlags|bank,** die ⟨Pl. ...bänke⟩ (landsch.): *niedrige Mauer an beiden Seiten eines Beischlags, die als Sitzgelegenheit dient:* ... sah sie Frau Antje Möllern ... sich auf eine der steinernen Beischlagsbänke setzen (Storm, Söhne 18).
bei|schlie|ßen ⟨st. V.; hat⟩ (österr.): *einer Sendung beigeben, mit [in einen Briefumschlag] einschließen; beilegen.*
Bei|schluss, der; -es, Beischlüsse: **a)** (österr.) *Beigeschlossenes; Anlage;* **b)** (Verlagsw.) *kleinere, einem großen Paket mit Büchern beigefügte Sendung.*
bei|schrei|ben ⟨st. V.; hat⟩ (bes. Amtsspr.): *als [amtliche] Eintragung niederschreiben, nachtragen.*
Bei|schrift, die; -, -en: *Beigeschriebenes; Nachtrag.*
Bei|se|gel, das; -s, - (Segeln): *zusätzliches Segel* (wie Ballon, Spinnaker).
Bei|sein: in den Fügungen **im B. von jmdm./in jmds. B.** (*während jmds. Anwesenheit*); **ohne B. von jmdm./ohne jmds. B.** (*ohne jmds. Anwesenheit*); ◆ **eheliches B.** (*Beischlaf*).
bei|sei|te ⟨Adv.⟩: *auf der Seite; seitlich in gewisser Entfernung:* sie stellte den Korb b. ab.
bei|sei|te|brin|gen ⟨unr. V.; hat⟩: *beiseiteschaffen* (2).
bei|sei|te|las|sen ⟨st. V.; hat⟩: *unerwähnt, außer Betracht lassen:* das Unerfreuliche lassen wir b.
bei|sei|te|le|gen ⟨sw. V.; hat⟩: **1.** *(Geld) sparen:* er hat jahrelang etwas beiseitegelegt. **2.** *zur Seite legen, weglegen:* er hat das erste Kapitel gelesen, das Buch dann aber wieder beiseitegelegt.
bei|sei|te|schaf|fen ⟨sw. V.; hat⟩: **1.** *töten, ermorden:* er muss sofort beiseitegeschafft werden! **2.** *auf die Seite bringen, verstecken:* das Geld wurde heimlich beiseitegeschafft.
Bei|sei|te|schaf|fung, die: *das Beiseiteschaffen.*
bei|sei|te|schie|ben ⟨st. V.; hat⟩: *verdrängen, absichtlich nicht berücksichtigen:* sie hat ihre Probleme jahrelang beiseitegeschoben.
bei|sei|te|set|zen ⟨sw. V.; hat⟩: *hintansetzen, für weniger wichtig halten.*
bei|sei|te|spre|chen ⟨st. V.; hat⟩ (Theater): *sich (als Schauspieler) während eines Dialogs mit einer kurzen Äußerung an das Publikum wenden.*
bei|sei|te|ste|hen ⟨unr. V.; hat; südd., österr., schweiz. auch: ist⟩: **1.** *zurückstehen, bei etw. nicht berücksichtigt werden.* **2.** *(jmdn.) [finanziell] unterstützen:* er hat seiner Exfrau jahrelang beiseitegestanden.
Bei|sel, das; -s, -[n] [jidd. bajis = Haus, Gastwirtschaft < hebr. bayit = Haus] (bayr., österr. ugs.): *Kneipe, einfaches Gasthaus:* ... die bürgerliche Sphäre mied er. Er zog von B. zu B. (Fussenegger, Haus 520).
bei|set|zen ⟨sw. V.; hat⟩ [eigtl. = einen Sarg neben andere in die Gruft setzen]: **a)** ⟨geh.⟩ *feierlich beerdigen, begraben:* jmdn. mit allen militärischen Ehren b.; die Urne soll nächste Woche beigesetzt werden; **b)** (veraltet) *dazutun, hinzufügen:* ♦ Sie selbst hätten nichts beizusetzen (= zu dem Auftrag) (Schiller, Kabale II, 3); **c)** (Seemannsspr.) *(zusätzliche Segel) aufziehen.*
Bei|set|zung, die; -, -en (geh.): *Beerdigung, Begräbnis.*
Bei|set|zungs|fei|er|lich|keit, die ⟨meist Pl.⟩: *Feier bei der Beisetzung.*
Bei|sitz, der; -es: **a)** *Amt des Beisitzers oder der Beisitzerin:* bei diesem Prozess hat er nur den B.; **b)** *Beifahrersitz, Soziussitz.*
Bei|sit|zer, der; -s, -: *Mitglied eines Gerichts, eines Vorstands oder einer kollegialen Behörde.*
Bei|sit|ze|rin, die; -, -nen: w. Form zu ↑Beisitzer.
Beisl: ↑Beisel.
Bei|spiel, das; -[e]s, -e [spätmhd. bīspil, volksetym. angelehnt an ↑Spiel, zu mhd., ahd. bīspel = belehrende Erzählung, Gleichnis, Sprichwort, aus: bī (↑bei) u. mhd., ahd. spel = Erzählung (urspr. = [bedeutungsvolle] Rede), also eigtl. = nebenbei Erzähltes]: **a)** *beliebig herausgegriffener, typischer Einzelfall (als Erklärung für eine bestimmte Erscheinung od. einen bestimmten Vorgang); Exempel:* ein treffendes, charakteristisches B.; etw. dient als B., -e suchen, anführen; etw. anhand eines -s, mit einem B. erklären; * **zum B.** (*beispielshalber, wie etwa* [Abk.: z. B.]);

ohne B. sein *(beispiellos sein)*; b) *Vorbild, [einmaliges] Muster*: ein warnendes, abschreckendes B.; Er bekreuzte sich, und die drei Frauen folgten seinem B. (Kafka, Erzählungen 90); * **ein B. geben** *(als Vorbild zur Nachahmung herausfordern)*; **sich** ⟨Dativ⟩ **[an jmdm., etw.] ein B. nehmen** *(jmdn., etw. als Vorbild wählen)*; **mit gutem B. vorangehen** *(etw. als Erste[r] tun, um andere durch sein Vorbild zu gleichem Handeln anzuspornen)*.

bei|spiel|ge|bend ⟨Adj.⟩: *vorbildlich, mustergültig; exemplarisch*: etw. b. beweisen.

bei|spiel|haft ⟨Adj.⟩: a) *vorbildlich, mustergültig*: eine -e Tat; b) *als Beispiel dienend, genannt*: das Schicksal ist b. für viele ältere Leute.

bei|spiel|hal|ber: ↑ beispielshalber.

bei|spiel|los ⟨Adj.⟩: *in seiner Art ohne vergleichbares Vorbild seiend, unvergleichlich, einzigartig*: -er Fleiß.

Bei|spiels|fall, der: *als Beispiel dienender Fall.*

bei|spiels|hal|ber, beispielhalber ⟨Adv.⟩: *zum Beispiel.*

bei|spiels|wei|se ⟨Adv.⟩: *zum Beispiel.*

bei|sprin|gen ⟨st. V.; ist⟩ (geh.): a) *eilig zu Hilfe kommen*: einem Überfallenen beherzt b.; b) *mit etw. (bes. Geld) aushelfen.*

Bei|ßel, der, -s, - [entrundete Form von ↑ Beitel] ([ost]md.): *Meißel, Stemmeisen.*

bei|ßeln ⟨sw. V.; hat⟩: *meißeln.*

bei|ßen ⟨st. V.; hat⟩ [mhd. bīʒen, ahd. bīʒan, urspr. = hauen, spalten, verw. mit ↑ Beil]: **1. a)** *mit den Zähnen in etw. eindringen*: er biss in die Wurst, in den Apfel, ins Brot; ich habe mir/mich beim Essen auf die Zunge gebissen; ♦ ⟨auch mit Akk.-Obj.⟩ Montaigne biss sich *(biss sich auf)* die Lippen (C. F. Meyer, Amulett 61); **b)** *mit den Zähnen auf etw. treffen*: auf einen Kern b.; **c)** *kauen, (die Nahrung) mit den Zähnen zerkleinern*: er kann das harte Brot nicht mehr b.; * **nichts, nicht viel zu b. [und zu brechen/reißen] haben** *(wenig, nichts zu essen haben; Hunger leiden).* **2. a)** *mit den Zähnen packen u. dadurch verletzen*: eine Schlange hat sie gebissen; der Köter hat gleich gebissen; der Hund hat mir/mich ins Bein gebissen; auf der Straße bissen sich zwei Hunde; Ü Rot und Violett beißen sich (ugs.; *harmonieren nicht, passen nicht zueinander)*; deine Jacke beißt sich aber mit dem Kleid, sie hat ein ganz anderes Rot; **b)** *mit den Zähnen zu packen suchen; nach jmdm., etw. schnappen*: der Hund biss nach dem Briefträger, nach seinem Bein; der Hund beißt [wild] um sich; **c)** *bissig sein*: Vorsicht, das Pferd beißt!; das ist ein Kettenhund, der beißt; Ü geh ruhig zu Opa, der beißt nicht! **3.** *(von Insekten) stechen [u. jmdm. Blut aussaugen]*: heute Nacht hat mich ein Floh gebissen. **4.** (Angelsport) *anbeißen, den Köder annehmen, fassen*: die große Forelle hat nicht gebissen; die Fische beißen heute gut. **5. a)** *eine stechende Wirkung haben, scharf, beißend (a) sein, ätzen, brennen*: der Rauch beißt in den/in die Augen; der Rauch biss mir/(selten:) mich in die Augen; »Jod? Tut das nicht weh?« »Es beißt eine Sekunde« (Remarque, Obelisk 166); **b)** (landsch.) *jucken, kratzen*: der Pulli beißt; es beißt nach dem Baden.

bei|ßend ⟨Adj.⟩: **a)** *schneidend (20), stechend, ätzend*: -e Kälte; **b)** *hart (3 a), erbarmungslos*: -e Kritik; ihr Spott war b.

Bei|ßer, der, -s, -: **1.** *bissiges Tier, bes. bissiger Hund.* **2.** (selten, meist scherzh.) *Zahn*: er hat gesunde B. **3.** (österr.) *längere Eisenstange zum Lockern u. Heben schwerer od. großer Gegenstände.*

Bei|ßer|chen, das, -s, - ⟨meist Pl.⟩ (fam.): *[erster] Zahn bei einem Kleinkind.*

Bei|ße|rei, die; -, -en: *Kampf mithilfe der Zähne*: zwischen den Hunden gab es eine B.

Beiß|korb, der: *Maulkorb.*

Beiß|ring, der: *Ring aus hartem Material, auf den Kleinkinder in der Zeit des Zahnens beißen können.*

beiß|wü|tig ⟨Adj.⟩: *schnell bereit, andere zu beißen; bissig.*

Beiß|zan|ge, die: **1.** *Zange, deren Schneideflächen wie ein Gebiss gegeneinanderstoßen; Kneifzange.* **2.** *zänkische, scharfzüngige Person* (oft als Schimpfwort).

Bei|stand, der; -[e]s, Beistände [spätmhd. bīstant = Hilfeleistung]: **1.** ⟨o. Pl.⟩ (geh.) *Hilfe, Unterstützung*: jmdm. [ärztlichen] B. leisten; jmdn. um B. bitten; Weshalb hatte man diesen Bauernknecht ohne den B. eines Geistlichen hingerichtet? (Strittmatter, Wundertäter 390). **2.** (Rechtsspr.) *Beauftragte[r] vom Vormundschaftsgericht, Helfer[in] bei einem Prozess.* **3.** (österr. veraltend) *Trauzeuge, Trauzeugin.*

Bei|stands|pakt, der (Politik): *Abkommen, das zwei od. mehrere Staaten zu gegenseitiger militärischer Hilfeleistung verpflichtet.*

Bei|stands|pflicht, die (Verwaltungsspr.): *Verpflichtung von Behörden zur Amtshilfe gegenüber den Finanzamt.*

bei|ste|hen ⟨unr. V.; hat; südd., österr., schweiz. auch: ist⟩ [mhd., ahd. bīstēn, eigtl. = im Kampf bei jmdm. stehen]: *helfen, zur Seite stehen*: sie haben ihnen in allen Schwierigkeiten beigestanden; sich [gegenseitig] /(geh.:) einander b.

bei|stel|len ⟨sw. V.; hat⟩: **1.** (landsch.) *dazustellen.* **2.** (bes. österr.) *zur Verfügung stellen, bereitstellen*: Baumaterialien für den Umbau b.; (Eisenbahn:) in Frankfurt wurden zwei Waggons für Paris beigestellt.

Bei|stell|mö|bel, das ⟨meist Pl.⟩: *Kleinmöbel für verschiedene Zwecke, das heran- u. mit andern zusammengerückt werden kann.*

Bei|stell|tisch, der: *kleiner Tisch für verschiedene Zwecke, der heran- u. mit anderen Möbeln zusammengerückt werden kann.*

Bei|steu|er, die; -, -n (bes. südd.): *finanzieller Beitrag; etw., was zu einer Sache beigesteuert wird.*

bei|steu|ern ⟨sw. V.; hat⟩: *(zu einer Sache) beitragen, dazugeben; einen finanziellen, künstlerischen o. ä. Beitrag leisten*: jeder muss eine bestimmte Summe b.

bei|stim|men ⟨sw. V.; hat⟩: *zustimmen, recht geben*: beistimmend nicken.

Bei|strich, der; -[e]s, -e [1641 bei J. G. Schottel als Beystrichlein] (bes. österr.): *Komma.*

Bei|tel, der; -s, - [aus dem Niederd. < (m)niederd. bōtel, verw. mit mhd. bōʒen, ahd. bōʒan = schlagen (↑ Amboss); lautlich beeinflusst von ↑ Meißel]: *meißelartiges Werkzeug zur Holzbearbeitung.*

Bei|trag, der; -[e]s, Beiträge: **1.** *[regelmäßig] zu zahlender Betrag an einen Verein, eine Organisation, Versicherung u. a.*: den vollen B. zahlen; Beiträge kassieren. **2.** *Mitwirkung, Arbeit, Leistung als Anteil, mit dem sich jmd. bei der Gestaltung, Verwirklichung von etw. beteiligt*: einen B. für die Zukunft leisten. **3. a)** *Aufsatz, Artikel in einer Zeitung, Zeitschrift od. in einem Sammelband verschiedener Autoren*: regelmäßig [sprachwissenschaftliche] Beiträge in einer Zeitschrift veröffentlichen; **b)** *in sich abgeschlossener Teil, einzelne Darbietung des Rundfunk- od. Fernsehprogramms.*

bei|tra|gen ⟨st. V.; hat⟩: a) *einen Beitrag zu einer Sache leisten, bei etw. mithelfen*: zum Gelingen eines Festes b.; **b)** *als seinen Beitrag zu einer Sache beisteuern; als seinen Anteil bei der Verwirklichung von etw. dazutun*: etw. zu jmds. Erfolg b.

Bei|trä|ger, der; -s, -: *jmd., der mit einem Aufsatz, Artikel zu einer Zeitschrift od. einem Sammelband beiträgt.*

Bei|trä|ge|rin, die; -, -nen: w. Form zu ↑ Beiträger.

Bei|trags|be|mes|sungs|gren|ze, die (Sozialvers.): *höchste für die Berechnung der Pflichtbeiträge zugrunde zu legende Gehaltsstufe.*

Bei|trags|er|hö|hung, die: *Erhöhung (3 a) eines Beitrags (1).*

bei|trags|frei ⟨Adj.⟩: *von der Pflicht zur Beitragszahlung entbunden*: b. sind die pauschal besteuerten Bezüge.

Bei|trags|frei|heit, die ⟨o. Pl.⟩: *das Entbundensein von der Pflicht, Beiträge zu zahlen.*

Bei|trags|grup|pe, die (Sozialvers.): *Gruppe, in die jede[r] Einzelne nach der Art seiner bzw. ihrer Beiträge eingeordnet wird.*

Bei|trags|klas|se, die (Sozialvers.): *Klasse, die durch die Höhe der Beiträge u. eine entsprechende Höhe der Leistung bestimmt ist.*

bei|trags|los ⟨Adj.⟩ (Sozialvers.): *keiner Beitragspflicht unterliegend.*

Bei|trags|mar|ke, die: *Marke zum Aufkleben als Nachweis einer geleisteten Beitragszahlung.*

Bei|trags|pflicht, die (Sozialvers.): *Verpflichtung zur Mitgliedschaft u. zur Zahlung regelmäßiger Beiträge.*

bei|trags|pflich|tig ⟨Adj.⟩ (Sozialvers.): *der Beitragspflicht unterliegend*: -es Arbeitsentgelt (Arbeitsentgelt, für das Beiträge zu zahlen sind).

Bei|trags|rück|er|stat|tung, die (Versicherungsw.): *unter bestimmten Voraussetzungen erfolgende Rückzahlung von Beiträgen.*

Bei|trags|satz, der: *durch Vertrag, Verordnung o. Ä. festgelegte Höhe von Beiträgen.*

Bei|trags|sen|kung, die: *Senkung (2), Verringerung von Beiträgen.*

Bei|trags|zah|ler, der: *jmd., der regelmäßig Beiträge (1) [an eine Versicherung, an eine Sozialkasse o. Ä.] entrichtet.*

Bei|trags|zah|le|rin, die; -, -nen: w. Form zu ↑ Beitragszahler.

Bei|trags|zah|lung, die: **1.** *Zahlung von Beiträgen.* **2.** *als Beitrag gezahlter Geldbetrag.*

bei|trei|ben ⟨st. V.; hat⟩ [urspr. von dem Vieh, das bei Nichteinhaltung einer Zahlungsfrist als Zins in den Stall des Gläubigers getrieben wurde] (Rechtsspr.): *zwangsweise einziehen, eintreiben, zwangsvollstrecken*: fällige Raten b.

bei|tre|ten ⟨st. V.; ist⟩: **a)** *sich einer Abmachung, einem Übereinkommen, Vertrag o. Ä. anschließen*: einem Pakt b.; **b)** *Mitglied einer Vereinigung, Organisation o. Ä. werden*; **c)** (Rechtsspr.) *zu einem laufenden Verfahren als Beteiligter hinzukommen*; **d)** (veraltend) *einer Meinung zustimmen*: Ein Mann der frischen Entschlüsse, trat ich dem Vorschlag des Angestellten bei (Th. Mann, Krull 378).

Bei|tritt, der; -[e]s, -e: *das Beitreten (a–c)*: er erklärte seinen B.

Bei|tritts|er|klä|rung, die: *[schriftliche] Erklärung des Beitritts.*

Bei|tritts|ge|biet, das ⟨o. Pl.⟩ (Amtsspr.): *ehemaliges Staatsgebiet der DDR nach der deutschen Wiedervereinigung.*

Bei|tritts|land, das ⟨Pl. ...länder⟩ (Politik): *Land (5 a), dessen Beitritt zu einer Gemeinschaft od. Organisation geplant ist.*

Bei|tritts|ver|hand|lung, die ⟨meist Pl.⟩: *Verhandlung über die Aufnahme in eine Organisation o. Ä., z. B. in die EU.*

bei|tritts|wil|lig ⟨Adj.⟩: *gewillt, einer Organisation, einem Abkommen o. Ä. beizutreten.*

Bei|wa|gen, der; -s, -: **1.** *an den Rahmen eines Motorrades angebrachtes Teilfahrzeug zur Mitnahme einer Person od. von Lasten.* **2.** (veraltend) *Anhänger bei Straßenbahn od. U-Bahn.*

Bei|werk, das ⟨Pl. selten⟩: *[schmückende] Zutat,*

Nebensächlichkeit, entbehrliche Zu-, Beigabe: modisches B. zur Kleidung.
◆ **Bei|we|sen,** das; -s: *Zubehör, Beiwerk:* Wem ererbte Reichtümer eine vollkommene Leichtigkeit des Daseins verschafft haben, wer sich ... von allem B. der Menschheit ... reichlich umgeben findet (Goethe, Lehrjahre IV, 2).
bei|wil|li|gen ⟨sw. V.; hat⟩ [aus beipflichten u. bewilligen] (schweiz.): *einer Sache zustimmen.*
bei|woh|nen ⟨sw. V.; hat⟩: **1.** (geh.) *bei etw. anwesend, zugegen sein; etw. miterleben:* einer Gerichtsverhandlung b. **2.** (veraltend, geh. verhüll.) *Geschlechtsverkehr mit einer Frau haben.*
Bei|woh|nung, die; -, -en: **a)** ⟨o. Pl.⟩ *Zugegensein, Anwesenheit;* **b)** (bes. Rechtsspr.) *Geschlechtsverkehr.*
Bei|wort, das; -[e]s, Beiwörter: **a)** [1619 bei Helvicus nach niederl. bijwoord; mhd. bīwort = Adverb; daneben mhd. , ahd. bīwort = Gleichnisrede, Sprichwort] (Sprachwiss. selten) *Adjektiv;* **b)** *beschreibendes (Eigenschafts- od. anderes) Wort; Epitheton.*
Beiz, die; -, -en [vgl. Beisel] (schweiz., westösterr., bayr.): *Wirtshaus, Kneipe.*
bei|zäh|len ⟨sw. V.; hat⟩ (selten): *zurechnen, zuzählen.*
Beiz|brü|he, die: *Flüssigkeit zum Beizen.*
Beiz|büt|te, die: *Behälter für die Beizbrühe.*
¹**Bei|ze,** die; -, -n [mhd. beiʒe = Beizmittel, Beizjagd, ahd. beiza = Falke, Alaun, zu ↑beizen]: **1. a)** *Chemikalie, mit der Holz eingefärbt u. die natürliche Maserung hervorgehoben wird;* **b)** *Färbemittel für Textilien;* **c)** (Gerberei) *aus Fermenten bestehendes Präparat für die Lederherstellung;* **d)** *Säure od. Lauge zur Oberflächenbehandlung von Metall o. Ä.;* **e)** (Landwirtsch.) *Mittel, um Krankheitserreger im Saatgut abzutöten;* **f)** (Tabakind.) *scharfe Säure od. Lauge, die dem Tabak bestimmte scharfe od. bittere Stoffe entzieht;* **g)** (Kochkunst) *Marinade, saure Soße zum Einlegen von Fisch od. Fleisch.* **2.** ⟨Pl. selten⟩ *Beizung, Vorgang des Beizens:* bei der B. von Saatgut wird heute meist das Trockenbeizverfahren angewendet. **3.** (Jagdw.) *Jagd mit abgerichteten Greifvögeln, meist Falken; Beizjagd.* ◆ **4.** [eigtl. = Köder für Wild] (landsch.) *Falle, Hinterhalt:* ... man wusste nicht, lag dort eine B. für die, welche den Grünen (= den Teufel) betrügen wollten (Gotthelf, Spinne 55).
²**Bei|ze,** die; -, -n [vgl. Beisel] (landsch.): *gewöhnliches Wirtshaus, Kneipe.*
Bei|zei|chen, das; -s, -: **1.** (Heraldik) *unterscheidendes Zeichen auf Wappen zur Kennzeichnung von Nebenlinien in großen Familien.* **2.** (Münzkunde) *Buchstabe, Stern, Kugel od. anderes kleines Zeichen (unabhängig vom Hauptbild einer Münze), das verschiedene Ausgaben kennzeichnet.*
bei|zei|ten ⟨Adv.⟩: *zur rechten Zeit, bevor es zu spät ist:* b. aufbrechen.
bei|zen ⟨sw. V.; hat⟩ [mhd. beizen, beiʒen = beizen (1, 2), ahd. beizen = erregen, anstacheln, Veranlassungswort zu ↑beißen u. eigtl. = beißen machen]: **1.** *mit* ¹Beize (1) *behandeln, bestreichen, einreiben od. vermischen:* wir wollen den Schrank dunkel b. **2. a)** *scharf brennend angreifen, ätzen, in etw. scharf brennend eindringen; in od. auf einer Sache scharf brennen;* **b)** *durch Behandeln mit etw. Scharfem aus etw. entfernen, herausjagen:* Er musste sich den Zigarettengeschmack aus dem Mund b. (Strittmatter, Wundertäter 49). **3.** [mhd., eigtl. = den jagenden Vogel das Wild beißen lassen] (Jägerspr.) *mit dem Falken jagen.*
¹**Bei|zer,** der; -s, -: *Handwerker; Facharbeiter in der Holzindustrie.*

²**Bei|zer,** der; -s, - (landsch.): *Betreiber einer Beiz;* ²*Beize; Schankwirt.*
¹**Bei|ze|rin,** die; -, -nen: w. Form zu ↑¹Beizer.
²**Bei|ze|rin,** die; -, -nen: w. Form zu ↑²Beizer.
Beiz|fal|ke, der: *Jagdfalke.*
bei|zie|hen ⟨unr. V.⟩ (bes. südd., österr., schweiz.): *hinzuziehen, heranziehen:* Literatur für eine Arbeit b.
Beiz|jagd, die: ¹*Beize* (3).
Beiz|mit|tel, das: *Chemikalie zum Beizen* (1).
Bei|zung, die; -, -en: **1.** *das Beizen* (1); *das Gebeiztwerden.* **2.** ¹*Beize* (1).
Beiz|vo|gel, der: *für die Jagd abgerichteter Greifvogel; Falke.*
be|ja|gen ⟨sw. V.; hat⟩ (Jägerspr.): *regelmäßig jagen; (auf eine bestimmte Tierart) Jagd machen.*
Be|ja|gung, die; -, -en: *das Bejagen.*
be|ja|hen ⟨sw. V.; hat⟩: **a)** *[eine Frage] mit Ja beantworten:* ich bejahte seine Frage; eine bejahende Antwort; **b)** *als der eigenen Anschauung entsprechend ansehen u. gutheißen:* das Leben b.; Wer lieben will, muss das Leid b. (Thieß, Reich 142).
be|ja|hen|den|falls ⟨Adv.⟩ (Papierdt.): *im Falle der Bejahung, der Zustimmung.*
be|jahrt ⟨Adj.⟩ [mhd. bejaret = zu Jahren gekommen] (geh.): *nicht mehr jung, sondern ein schon vorgerücktes Alter aufweisend.*
Be|jahrt|heit, die; -: *hohes Alter.*
Be|ja|hung, die; -, -en: *das Bejahen; das Bejahtwerden.*
Be|ja|hungs|fall, der: in der Fügung *im -e* (Papierdt.): *im Falle der Bejahung.*
be|jam|mern ⟨sw. V.; hat⟩ (oft abwertend): *jammernd [u. wehleidig] beklagen:* ... keine drei Freunde würden ihn besuchen kommen wie seinerzeit den armen Hiob, um gemeinsam mit ihm sein Elend zu b. (Heym, Schwarzenberg 294).
be|jam|merns|wert ⟨Adj.⟩: *Anlass zum Bejammern, zum Beklagen bietend:* eine -e Lage.
be|ju|beln ⟨sw. V.; hat⟩: *jubelnd begrüßen, feiern; auf etw. mit Jubel reagieren.*
be|ka|cken ⟨sw. V.; hat⟩ (derb): *mit Kot beschmutzen;* eine bekackte (salopp: *eine sehr unerfreuliche*) *Situation.*
be|ka|keln ⟨sw. V.; hat⟩ [zu ↑kakeln] (ugs.): *über einen Vorfall, eine noch ausstehende Entscheidung mit jmdm., den man gut kennt, ungezwungen [in allen Einzelheiten] reden:* eine Sache ausführlich b.
be|kal|men ⟨sw. V.; hat⟩ [zu ↑Kalme] (Seemannsspr.): *durch Vorbeifahren auf der Luvseite einem anderen Schiff den Wind aus den Segeln nehmen.*
be|kämp|fen ⟨sw. V.; hat⟩: **a)** *gegen jmdn. kämpfen [u. ihn zu vernichten suchen]:* die Feinde b.; **b)** *etw. einzudämmen, zu verhindern od. zu überwinden suchen, indem man [energische] Maßnahmen dagegen ergreift:* eine Seuche b.; sich [gegenseitig]/(geh.:) *einander auf dem Markt bekämpfende Firmen;* Liebesschmerz soll man nicht mit Philosophie b. – nur mit einer anderen Frau (Remarque, Obelisk 93).
Be|kämp|fung, die; -, -en ⟨Pl. selten⟩: *das Bekämpfen; das Bekämpftwerden.*
be|kannt ⟨Adj.⟩ [mhd. bekant, 2. Part. von: bekennen, ↑bekennen]: **1. a)** *von vielen gekannt, gewusst:* eine -e Melodie; er ist wegen seines Ehrgeizes b.; berühmt, weithin angesehen: ein -er Künstler, eine -e Ärztin. **2.** in den Verbindungen *jmdm. b. sein* (*jmdm. nicht fremd, nicht neu sein; von jmdm. gekannt werden:* die Aufgabe war ihnen b.); **b. werden/bekanntwerden** (*in die Öffentlichkeit dringen*); **jmdm. b. vorkommen** (*jmdm. nicht fremd erscheinen*); **mit jmdm., etw. b. sein, b. werden/bekannt**

werden (*mit jmdm., etw. vertraut sein, werden;* ich bin mit seinem Problem seit Langem b.); **jmdn. mit jmdm. b. machen/bekanntmachen** (*jmdm. jmdn. vorstellen:* darf ich b. machen?); **jmdn., sich mit etw. b. machen/bekanntmachen** (*jmdn., sich über etw. informieren, mit etw. vertraut machen*); **etw. b. geben/bekanntgeben** (*etw. öffentlich mitteilen, der Allgemeinheit zur Kenntnis bringen:* den Inhalt eines Schreibens b. geben); **etw. b. machen/bekanntmachen** (*etw. veröffentlichen, der Allgemeinheit zur Kenntnis bringen*).
Be|kann|te, die/eine Bekannte; der/einer Bekannten, die Bekannten/zwei Bekannte: **a)** *weibliche Person, mit der jmd. bekannt ist:* sie war eine gute B. von mir; **b)** ⟨mit Possessivpron.⟩ (ugs. verhüll.) *Freundin eines Mannes:* ich war mit meiner -n verreist.
Be|kann|ten|kreis, der: *Gesamtheit der Bekannten, die jmd. hat:* er zählt zu ihrem B.
Be|kann|ter, der Bekannte/ein Bekannter; des/eines Bekannten, die Bekannten/zwei Bekannte: **a)** *männliche Person, mit der jmd. bekannt ist:* wir sind alte Bekannte; er ist ein alter B. von mir; **b)** ⟨mit Possessivpron.⟩ (ugs. verhüll.) *Freund einer Frau:* ich war mit meinem Bekannten verreist.
be|kann|ter|ma|ßen ⟨Adv.⟩ [↑-maßen]: *wie bekannt ist, wie man weiß, bekanntlich:* die Weihnachtszeit ist b. die umsatzstärkste Zeit; Vögel entfernen sich b. nicht weit von den Küsten (Hacks, Stücke 15).
be|kann|ter|wei|se ⟨Adv.⟩: *bekanntlich.*
Be|kannt|ga|be, die: *das Bekanntgeben; Veröffentlichung:* die B. der Gewinnerinnen u. Gewinner.
be|kannt|ge|ben ⟨st. V.; hat⟩: s. bekannt (2).
Be|kannt|hei|t, die; -, -en: *das Bekanntwerden, Bekanntsein.*
Be|kannt|heits|grad, der ⟨Pl. selten⟩: *Grad des Bekanntseins:* das Unternehmen strebt einen größeren B. an.
be|kannt|lich ⟨Adv.⟩: *wie bekannt ist, wie man weiß:* der Wal ist b. ein Säugetier.
be|kannt|ma|chen ⟨sw. V.; hat⟩: s. bekannt (2).
Be|kannt|ma|chung, die; -, -en: **1.** *das Bekanntmachen; das Bekanntgemachtwerden.* **2.** *Mitteilung, Verlautbarung* (2): eine amtliche B.
Be|kannt|schaft, die; -, -en ⟨Pl. selten⟩ *das Bekanntsein; Kontakt, persönliche Beziehung:* eine B. anknüpfen; Meine B. mit der Marchesa ... beruhte auf einem Zufall (Hildesheimer, Legenden 7); * **jmds. B. machen** (*mit jmdm. bekannt werden; mit jmdm. Verbindung aufnehmen*); **mit etw. B. machen** (ugs.; oft iron.; *mit etw. Unangenehmem in Berührung kommen*). **2.** *Mensch od. Kreis von Menschen, die jmd. kennt; Bekanntenkreis:* sie brachte ihre neue B. mit.
be|kannt|wer|den ⟨unr. V.; ist⟩: s. bekannt (2).
be|kan|ten ⟨sw. V.; hat⟩ (Fachspr.): *mit Kanten versehen:* ein Werkstück exakt b.
Be|kas|si|ne, die; -, -n [frz. bécassine, zu: bécasse = Schnepfe, zu: bec = Schnabel < lat. beccus = (Hahnen)schnabel, aus dem Gall.; nach dem langen Schnabel]: *vorwiegend in Sümpfen u. auf feuchten Wiesen lebende Schnepfe mit sehr langem, geradem Schnabel u. schwarzem bis rötlich braunem, gelblich längs gestreiftem Rücken; Himmelsziege.*
be|kau|fen, sich ⟨sw. V.; hat⟩ (landsch.): *[zu teuer, unüberlegt] einkaufen u. sich später darüber ärgern.*
be|keh|ren ⟨sw. V.; hat⟩: **1. a)** [mhd. bekēren, ahd. bikēran, LÜ von lat. convertere. ↑konvertieren] *für eine geistige Grundhaltung, bes. für einen Glauben, gewinnen:* Andersgläubige b.; **b)** *bei jmdm. eine innere Wandlung bewirken u. ihn*

Bekehrte – bekommen

für eine bestimmte [Lebens]auffassung gewinnen: du hast mich bekehrt. **2.** ⟨b. + sich⟩ **a)** *einen Glauben annehmen:* sich zum Christentum b.; **b)** *eine innere Wandlung durchmachen u. zu einer bestimmten [Lebens]auffassung kommen:* ich bekehre mich zu seiner Auffassung.

Be|kehr|te, die/eine Bekehrte; der/einer Bekehrten, die Bekehrten/zwei Bekehrte: *weibliche Person, die bekehrt (worden) ist.*

Be|kehr|ter, der Bekehrte/ein Bekehrter; des/eines Bekehrten, die Bekehrten/zwei Bekehrte: *Person, die bekehrt (worden) ist.*

Be|keh|rung, die; -, -en: *das Bekehren; das Bekehrtwerden.*

be|ken|nen ⟨unr. V.; hat⟩ [mhd. bekennen, ahd. bikennan = (er)kennen; Bedeutungswandel beeinflusst durch die Rechts- u. Kirchenspr.]: **1. a)** *offen zugeben, aussprechen; eingestehen:* einen Irrtum, die Wahrheit, seine Sünden b.; **b)** *Zeugnis für seinen Glauben ablegen:* die Bekennende Kirche *(Bewegung der deutschen evangelischen Kirchen gegen die Eingriffe u. Maßnahmen des Nationalsozialismus).* **2.** ⟨b. + sich⟩ **a)** *zu jmdm., etw. stehen; überzeugt bejahen; für jmdn., etw. offen eintreten:* sich zu Jesus, zu Mohammed, zum Christentum b.; er bekannte sich zu seinen Taten; nur wenige seiner früheren Freunde bekannten sich zu ihm; **b)** *sich als jmd. bezeichnen; sich für jmdn. erklären:* sich als Verfasser eines Artikels b.; ich bekenne mich als der/(veraltend:) den Sünder, der es unternommen hat, ...; **c)** *sich eine bestimmte Eigenschaft zuerkennen u. dafür einstehen; sich als etw. erklären:* sich [als, für] schuldig b.; die Mannschaft musste sich geschlagen b. *(musste zugeben, geschlagen worden zu sein).* ◆ **3.** *(jmdm.) als etw. anerkennen:* Der Oheim eines Königs bekennt mich für sein Kind (Goethe, Natürliche Tochter I, 5).

Be|ken|ner, der; -s, - [mhd. (Mystik) bekenner für lat. confessor, zu lat. confiteri, ↑Konfession]: *jmd., der sich öffentlich zu seiner [religiösen] Überzeugung bekennt.*

Be|ken|ner|brief, der: *Bekennerschreiben.*

Be|ken|ne|rin, die; -, -nen: w. Form zu ↑Bekenner.

Be|ken|ner|mut, der: *Mut, sich trotz persönlicher Gefährdung öffentlich für seine Überzeugung einzusetzen.*

Be|ken|ner|schrei|ben, das: *Schreiben, Brief (an eine Polizeibehörde, an eine Zeitungsredaktion o. Ä.), in dem sich jmd. zu einem politischen Verbrechen, Attentat o. Ä. bekennt, die Verantwortung dafür übernimmt.*

Be|kennt|nis, das, -ses, -se [mhd. bekennt-, bekanntnisse = (Er)kenntnis; Geständnis]: **1. a)** *das [Sich]bekennen, [Ein]geständnis:* ein B. ablegen; **b)** ⟨Pl.⟩ *Erinnerungen, Lebensbeichte:* die -se des hl. Augustin. **2.** *das Eintreten für etw., das Sichbekennen zu etw.* **3. a)** *formulierter Inhalt des Bekenntnisses (2), Glaubensformel:* das B. unseres christlichen Glaubens; **b)** *Religionszugehörigkeit, Konfession.*

Be|kennt|nis|buch, das: *Buch, in dem eine Weltanschauung, ein Glaube bezeugt wird.*

Be|kennt|nis|frei|heit, die; - ⟨Pl. selten⟩ (Rel.): *Glaubensfreiheit.*

Be|kennt|nis|kir|che, die: *Kirche od. kirchliche Gemeinschaft, die durch ein spezifisches Bekenntnis (3 a) geprägt ist.*

be|kennt|nis|los ⟨Adj.⟩: *keiner Glaubensgemeinschaft angehörend.*

Be|kennt|nis|schrift, die: *Bekenntnisbuch:* die -en der Reformatoren.

Be|kennt|nis|schu|le, die: *Schule, deren Bildungs- u. Erziehungskonzept konfessionell geprägt ist; Konfessionsschule.*

be|kie|ken ⟨sw. V.; hat⟩ (nordd.): *genau betrachten:* lass dich mal b.!

be|kif|fen, sich ⟨sw. V.; hat⟩ (Jargon): *sich durch Kiffen in einen Rauschzustand versetzen.*

be|kifft ⟨Adj.⟩ (Jargon): *in einem Rauschzustand durch Kiffen befindlich.*

be|kla|gen ⟨sw. V.; hat⟩ [mhd. beklagen, ahd. bic(h)lagôn]: **1. a)** (geh.) *über einen Verlust, Todesfall Empfindungen des Schmerzes, der Trauer in [lauten] Worten äußern:* Menschenleben waren nicht zu b. *(es gab keine Toten bei etw.);* **b)** *bedauern; über etw. klagen:* den sozialen und politischen Wandel b. **2.** ⟨b. + sich⟩ *jmdm. gegenüber seine Unzufriedenheit über ein Unrecht o. Ä. klagend äußern:* ich habe mich bei ihm über diese/wegen dieser Ungerechtigkeit beklagt; ⟨auch ohne Präpositionalobjekt:⟩ eigentlich könnt ihr euch doch nicht b. *(könnt ihr doch zufrieden sein);* »Man bekommt heutzutage einen so komplizierten Geist«, sagte sich der General ehrlich (Musil, Mann 777).

be|kla|gens|wert ⟨Adj.⟩: *so geartet, dass Anlass besteht, darüber zu klagen; bedauernswert:* -e Zustände.

be|klagt ⟨Adj.⟩ [zu spätmhd. beklagen = jmd. vor Gericht anklagen] (Rechtsspr.): *(im Zivilprozess) verklagt:* die -e Person.

Be|klag|te, die/eine Beklagte; der/einer Beklagten, die Beklagten/zwei Beklagte (Rechtswiss.): *beklagte weibliche Person, Institution, Firma o. Ä.*

Be|klag|ter, der Beklagte/ein Beklagter; des/eines Beklagten, die Beklagten/zwei Beklagte (Rechtswiss.): *beklagte Person, Institution, Firma o. Ä.*

be|klat|schen ⟨sw. V.; hat⟩: *durch Händeklatschen begrüßen, Beifall spenden:* ... dass Textdichter, Unternehmer und Schauspieler eine Heidenangst vor dem Publikum haben und ihm nur das servieren, was es erfahrungsgemäß beklatscht (Tucholsky, Werke II, 18).

be|klau|en ⟨sw. V.; hat⟩ (salopp): *bestehlen:* einen Kameraden b.

be|kle|ben ⟨sw. V.; hat⟩: *etw. auf etw. kleben, zukleben:* eine Wand mit Plakaten b.

be|kle|ckern ⟨sw. V.; hat⟩ (ugs.): *kleckernd beschmutzen:* das Kleid mit Kirschsaft b.; * **sich nicht [gerade] mit Ruhm b.** (↑Ruhm).

be|kleck|sen ⟨sw. V.; hat⟩: *stark beschmutzen, Kleckse auf etw. machen.*

◆ **be|klei|ben** ⟨st. V.; ist⟩ [mhd. beklīben, zu ↑kleiben]: **a)** *haften, wurzeln:* ... wo Disteln kaum bekleiben (Wieland, Oberon 7, 66); ... welche so tiefe Wurzeln in diesem neuen Boden schlug, dass sie ... beklieb (Lessing, Ernst u. Falk 5); **b)** *stecken bleiben:* ... so mögt ihr denn im Dreck b. (Goethe, Satyros V, 480).

be|klei|den ⟨sw. V.; hat⟩: **1.** [mhd. bekleiden] **a)** *mit Kleidung versehen:* leicht bekleidet sein (nur wenig anhaben); **b)** (geh.) *mit etw. schmückend beziehen, bedecken;* **c)** (geh. veraltet) *in ein Amt, Recht o. Ä. einsetzen u. dadurch mit etw. versehen:* jmdn. mit großer Macht b. **2.** [eigtl. = jmdn. mit einem Amtskleid bekleiden] (geh.) *(einen Posten, ein Amt) innehaben:* ein Amt b.

Be|klei|dung, die; -, -en: **1. a)** *Kleidung, Kleider:* warme, zweckmäßige B.; **b)** (selten) *Verkleidung (einer Wand).* **2.** ⟨o. Pl.⟩ (selten) *das Bekleiden, Innehaben eines Amtes:* Ein Kastrat war aber für die B. kirchlicher Würden untauglich (Thieß, Reich 216).

Be|klei|dungs|amt, das (Militär): *Verwaltungsdienststelle, in der die Dienstkleidung für die Truppe aufbewahrt u. ausgegeben wird.*

Be|klei|dungs|in|dus|t|rie, die: *Gesamtheit der Kleiderfabriken; Konfektionsindustrie.*

Be|klei|dungs|stück, das: *Kleidungsstück.*

Be|klei|dungs|vor|schrif|ten ⟨Pl.⟩: *Anweisungen über die Art der Bekleidung.*

be|kleis|tern ⟨sw. V.; hat⟩: **a)** (ugs.) *reichlich mit Kleister, Klebstoff bestreichen;* **b)** (ugs. abwertend) *mit etw. [reichlich u. auffallend] bekleben:* die Hauswand ist mit Reklame bekleistert.

be|klem|men ⟨sw. V.; hat⟩ [mhd. beklemmen = zusammenpressen]: *beengen, bedrücken:* die Umgebung beklemmte mich.

be|klem|mend ⟨Adj.⟩: *in beängstigender Weise bedrückend, beengend:* ein -es Gefühl; die Stille war b.

Be|klemm|nis, die; -, -se (geh.): *Beklemmendes:* die B., die von diesen Bildern ausgeht.

Be|klem|mung, die; -, -en: *Gefühl der Enge; Angst, Albdruck:* tiefe B. beschlich uns; Jetzt redete er nicht bloß bedrückt, sondern aus einer schweren B. (Buber, Gog 66).

be|klie|ren ⟨sw. V.; hat⟩ (nordd.): *beschmieren:* die Häuserwände mit Parolen b.

be|klom|men ⟨Adj.⟩ [spätmhd. beklummen, 2. Part. von mhd. beklimmen = umklammern, zu ↑klimmen]: *angesichts von etw. bedrückt u. gehemmt, unsicher u. zaghaft:* mit -er Stimme antworten; sie schwiegen b.

Be|klom|men|heit, die; -: *das Beklommensein:* unsere B. wich; Ich fragte, um meine B. zu verbergen, das erste Beste, was mir einfiel (Seghers, Transit 286).

be|klö|nen ⟨sw. V.; hat⟩ (nordd.): *über etw. mit jmdm., das man gut kennt, ungezwungen in allen Einzelheiten reden:* das müssen wir aber erst mal richtig b.!

be|klop|fen ⟨sw. V.; hat⟩: *durch Klopfen untersuchen, abklopfen; prüfend auf jmdn., etw. klopfen.*

be|kloppt ⟨Adj.⟩ [aus dem Niederd.; eigtl. = beklopft, d. h. von einem Schlag auf den Kopf getroffen] (salopp): *nicht [ganz] bei Verstand, verrückt.*

be|knab|bern ⟨sw. V.; hat⟩: *an etw. knabbern:* die Mäuse haben den Speck beknabbert.

be|knackt ⟨Adj.⟩ [zu ↑Knacks (2 b)] (salopp): **a)** *in ärgerlicher Weise einfältig, dumm, dümmlich, beschränkt:* -e Fußballfans; **b)** *unerfreulich, ärgerlich:* eine ganz -e Situation.

be|kni|en [bəˈkniːn, auch: bəˈkniːən] ⟨sw. V.; hat⟩ [man kniet bildlich auf jmdm. wie auf einem zu Boden geworfenen Gegner; vgl. auch «jmdm. auf der Seele knien» (↑Seele 1)] (ugs.): *dringend u. ausdauernd bitten:* er bekniet mich, ihm Geld zu leihen.

be|knifˈfen ⟨Adj.⟩ (landsch.): *betreten, betroffen.*

be|ko|chen ⟨sw. V.; hat⟩: *[fürsorglich] mit Essen versorgen; für jmdn. kochen, der nicht unmittelbar zum eigenen Haushalt gehört:* seine Oma bekocht ihn.

be|koh|len ⟨sw. V.; hat⟩ (Fachspr.): *mit Kohle[vorräten] versorgen:* eine Lokomotive b.

be|kom|men ⟨st. V.⟩ [mhd. bekomen = erhalten, zu etw. kommen; gelangen, ahd. biqueman = (heran)kommen, wiederbekommen]: **1.** ⟨hat⟩ **a)** *von jmdm. etw. als Geschenk, Belohnung, Auszeichnung o. Ä. erhalten:* zum Geburtstag ein Buch b.; 100 Euro Finderlohn b.; einen Orden, einen Preis, eine Medaille b.; **b)** *jmdm. (als Äquivalent, als Bezahlung o. Ä.) zuteilwerden, (etw., worauf man Anspruch hat) erhalten:* Verpflegung, Urlaub, Sozialhilfe b.; er bekam einen Wink, viel Beifall; ich bekomme noch 5 Euro von dir *(du schuldest mir noch 5 Euro);* er bekommt 20 Euro für die Stunde *(er verdient 20 Euro in der Stunde);* was bekommen Sie *(was verlangen Sie)* für das Bild?; **c)** *jmdm. zugestellt, übermittelt o. ä. werden:* Post, einen Brief, eine Nachricht o. ä. b.; er hat Bescheid bekommen, dass ...; **d)** *(als Strafe o. Ä.) hinnehmen müssen; erhalten:* eine Ohrfeige, einen Tadel,

Schelte, Schläge b.; für den Einbruch hat er [ein Jahr] Gefängnis bekommen; **e)** *(an einer bestimmten Körperstelle) plötzlich von etw. getroffen werden:* einen Stoß, einen Tritt b.; er bekam einen Schlag auf den Kopf, in den Bauch; **f)** *von etw. befallen werden; als Folge einer physischen od. psychischen Veränderung haben:* Wut, Angst, Heimweh b.; allmählich Hunger b.; einen roten Kopf, Falten, eine Glatze b.; **g)** *sich zuziehen* (3 a); *erleiden:* Fieber, Schnupfen, einen Herzinfarkt b.; er bekam einen Krampf im Bein; **h)** *mit etw. rechnen müssen, können:* Besuch, Gäste b.; wir bekommen bald Regen, Frost, anderes Wetter; nichts als Ärger b.; **i)** *in einen bestimmten Zustand geraten:* Löcher, Risse b. *(löchrig, rissig werden);* **j)** *jmdm. erteilt werden:* einen Auftrag, Befehl b.; du bekommst keine Erlaubnis; er bekommt immer seinen Willen *(man gibt immer seinen Wünschen nach).* **2.** ⟨hat⟩ **a)** *(durch eigenes Bemühen) zu etw. kommen; sich verschaffen:* keine Arbeit b.; es ist schwer, Personal zu b.; keinen Anschluss (beim Telefonieren) b.; einen Eindruck von etw., Einblick in etw. b. *(gewinnen, erlangen);* einen Mann, eine Frau b. *(finden);* sie haben sich endlich b. *(sie sind ein Paar geworden);* **b)** *kaufen können, (gegen Geld) erhalten:* das Buch ist nicht mehr zu b.; er hat die Sachen billig bekommen; was bekommen Sie? *(was wünschen Sie, was möchten Sie haben?);* **c)** *hervorbringen, entstehen lassen:* der Baum hat Knospen, Blüten bekommen; sie bekommt ein Baby, Kind *(ist schwanger);* der Hund hat Junge bekommen *(geworfen);* **d)** *zu einem bestimmten Verhalten o. Ä. bringen:* ich habe ihn nicht aus dem Bett bekommen *(er ist trotz meiner Aufforderung nicht aufgestanden);* jmdn. zum Reden b.; jmdn. dazu b., die Wahrheit zu sagen; **e)** *erreichen, dass jmd., etw. in einen bestimmten Zustand versetzt wird:* wir werden dich schon wieder gesund b.; **f)** *erreichen, dass etw. an eine bestimmte Stelle kommt:* jmdn. vor seine Augen, etw. in die Hand b.; etw. aufs Bild, zu Papier b.; die Männer bekamen das Klavier nicht durch die Tür; ich habe nichts in den Magen b. (ugs.: *etw. essen);* **g)** *(noch zum richtigen Zeitpunkt) erreichen:* den Zug, den Bus [noch, nicht mehr] b. **3.** ⟨b. + Inf. mit »zu«; hat⟩ **a)** *in den Stand gesetzt werden, die Möglichkeit haben, etw. [zu seinem Nutzen] zu tun:* etw. zu essen, zu sehen b.; er bekam den Ast zu fassen; **b)** *ertragen müssen:* jmds. Hass zu spüren b.; der wird von mir etw. zu hören b. *(dem werde ich gehörig die Meinung sagen).* **4.** ⟨b. + 2. Part.; hat⟩ als Umschreibung des Passivs: ⟨b. + 2. Part.; hat⟩ als Umschreibung des Passivs, geschenkt, geschickt, gesagt b.; ◆ *(auch mit Prät.:)* »Sie würde nicht immer zurückgekommen sein«, sagte mein Vater, »wenn sie in dieser Gegend nichts gebettelt bekäme...« (Rosegger, Waldbauernbub 108). **5.** ⟨hat⟩ *in einer bestimmten Ausführung erhalten:* etw. gedruckt, schriftlich, in Farbe b. **6.** ⟨ist⟩ *jmdm. [nicht] zuträglich sein; [un]günstig für jmdn., etw. sein:* die Kur ist ihm schlecht bekommen; das Essen ist mir [gut] bekommen; wohl bekomms! **7.** * ⟨hat⟩ **es nicht über sich b.** *(sich nicht zu einer [für die eigene oder eine andere Person] unangenehmen Handlung entschließen können:* sie hatte es nicht über sich bekommen, ihn zu betrügen).

be|kömm|lich ⟨Adj.⟩ [mhd. bekom(en)lich = passend, bequem]: *verträglich* (1): -es Essen.
be|kös|ti|gen ⟨sw. V.; hat⟩ [zu älter beköstigen, mhd. bekosten = die Kosten tragen für etw.]: *[regelmäßig] mit Essen versorgen:* die Oma muss mal wieder die Enkel b.
Be|kös|ti|gung, die; -, -en ⟨Pl. selten⟩: **a)** *das Beköstigen; das Beköstigtwerden;* **b)** *Kost, Verpflegung.*
be|kot|zen ⟨sw. V.; hat⟩ (derb): *mit Erbrochenem beschmutzen:* der Betrunkene hatte den Tisch bekotzt.
be|krab|beln ⟨sw. V.; hat⟩ (ugs.): **1.** ⟨b. + sich⟩ *sich aufrappeln* (b). **2.** *befühlen, betasten.*
be|kräf|ti|gen ⟨sw. V.; hat⟩ [zu mhd. bekreften = kräftigen, stärken]: **a)** *nachdrücklich bestätigen:* er bekräftigte seine Aussagen mit einem/durch einen Eid; einen Handel durch Handschlag b.; er bekräftigte, dass er Hilfe leisten wolle; **b)** *in etw. bestärken, unterstützen:* Die Ereignisse vor der Grotte ... haben mich nur in der Überzeugung bekräftigt, dass unsre Handlungsweise richtig war (Werfel, Bernadette 289); ◆ **c)** *mit einem Siegel versehen u. so bestätigen:* ...suchte von neuem nach dem Siegel, fand es endlich, bekräftigte die Urkunde (C. F. Meyer, Amulett 5).
Be|kräf|ti|gung, die; -, -en: *das Bekräftigen; das Bekräftigtwerden.*
be|krallt ⟨Adj.⟩ (Zool.; sonst selten): *mit Kralle[n] [versehen]:* -e Tatzen.
be|krän|zen ⟨sw. V.; hat⟩: *mit einem Kranz, mit Girlanden schmücken:* den Sieger b.
Be|krän|zung, die; -, -en: *das Bekränzen; das Bekränztwerden.*
be|kreu|zen ⟨sw. V.; hat⟩: **1.** (bes. kath. Kirche) **a)** *mit dem Kreuzzeichen segnen:* die schlafenden Kinder b.; **b)** ⟨b. + sich⟩ *(seltener) sich bekreuzigen.* **2.** (veraltet) **a)** *ankreuzen;* ◆ **b)** *mit einem Kreuz[zeichen] versehen:* ...der so lange Jahre unter jenem bekreuzten Stein gelegen hatte (Raabe, Chronik 107).
be|kreu|zi|gen, sich ⟨sw. V.; hat⟩: **a)** (kath. Kirche) *das Kreuz[zeichen] über Stirn u. Brust machen:* ich bekreuzigte mich; (zum Zeichen des Abscheus od. der abergläubischen Furcht:) vor jmdm., vor etw. b.; ...manche hatten sich heimlich bekreuzigt, wenn er mit seinem Stab und seinen hellen Augen über die Dorfstraße gegangen war (Wiechert, Jeromin-Kinder 361); **b)** (ugs.) *großen Abscheu [u. abergläubische Furcht] vor jmdm., einer Sache haben.*
be|krie|gen ⟨sw. V.; hat⟩: *gegen jmdn., etw. Krieg führen:* ein Land b.; sich [gegenseitig]/(geh.:) einander b. *(bekämpfen)*.
be|krit|teln ⟨sw. V.; hat⟩ [zu ↑kritteln] (abwertend): *[kleinlich] an jmdm., etw. herumkritisieren.*
be|krit|zeln ⟨sw. V.; hat⟩: *mit Kritzeleien versehen:* Wände mit Parolen b.
be|krö|nen ⟨sw. V.; hat⟩: **a)** *mit einem kronenähnlichen Schmuck, einem Kranz, mit einem Aufsatz, Aufbau o. Ä. versehen:* den Sieger b.; ein Gebäude mit einer Kuppel b. (Archit.: *mit einer Kuppel als krönendem, schmückendem Abschluss versehen);* Ü er krönte sein Schaffen *(gab seinem Schaffen den glanzvollen Höhepunkt);* **b)** *den krönenden Schmuck o. Ä. Abschluss bilden:* ein Schloss bekrönt den Berg; Ü eine Epoche machendes Werk bekrönte und bildete den glanzvollen Höhepunkt seines Schaffens); ◆ **c)** *verherrlichend schmücken:* Glück und Ruhm bekröne ihre Stirn (Schiller, Maria Stuart II, 4).
Be|krö|nung, die; -, -en: **1.** *das Bekrönen; Bekröntwerden.* **2.** *krönender Schmuck, Abschluss.*
be|ku|cken (nordd.): ↑begucken.
be|küm|mern ⟨sw. V.; hat⟩ [mhd. bekümbern, -kumbern, zu ↑kümmern]: **1.** *betrüben; jmdm. Kummer, Sorge bereiten:* mein Zustand bekümmerte ihn; was bekümmert Sie das? *(was geht Sie das an?).* **2.** ⟨b. + sich⟩ **a)** (geh. veraltend) *sich betrüben:* sich über etw. b.; **b)** *sich kümmern, für jmdn., etw. sorgen.*

Be|küm|mer|nis, die; -, -se (geh.): *Kummer, Sorge:* Ich habe mich dazu verleiten lassen, den Herrn Polizisten mit meinen privaten -sen zu behelligen (Brecht, Mensch 42).
be|küm|mert ⟨Adj.⟩: *traurig, bedrückt, sorgenvoll:* ein -es Gesicht machen.
Be|küm|mert|heit, die; -: *das Bekümmertsein.*
Be|küm|me|rung, die; -, -en (selten): *Kummer.*
be|kun|den ⟨sw. V.; hat⟩ [aus der niederd. Rechtsspr., zu kunden, md. Nebenf. von ↑künden]: **1. a)** (geh.) *zum Ausdruck bringen; deutlich (durch Worte, Gesten od. Mienen) zeigen:* seine Bereitwilligkeit b.; **b)** (Rechtsspr.) *vor Gericht aussagen, bezeugen:* etw. eidlich b. **2.** ⟨b. + sich⟩ (geh.) *zum Ausdruck kommen; deutlich werden, sich zeigen:* dadurch, darin bekundete sich ihr ganzer Hass.
Be|kun|dung, die; -, -en: *das Bekunden.*
Bel, das; -s, - [nach dem amerik. Physiologen u. Erfinder A. G. Bell (1847 bis 1922)]: *Kennwort bei Größen, die als Logarithmus des Verhältnisses zweier physikalischer Größen gleicher Art angegeben werden* (Zeichen: B).
be|la|bern ⟨sw. V.; hat⟩ (ugs. abwertend): **1.** *auf jmdn. labernd einreden.* **2.** *labernd besprechen:* heute wurde schon wieder das Kantinenessen belabert.
be|lä|cheln ⟨sw. V.; hat⟩: *über jmdn., etw. lächeln; jmdn., etw. mit [spöttischem od. nachsichtigem] Lächeln betrachten:* der alte Mann wird allgemein belächelt; eine Antwort als naiv b.
be|la|chen ⟨sw. V.; hat⟩: **a)** *über jmdn., etw. lachen:* eine viel belachte Komödie; **b)** *sich über jmdn., etw. lustig machen; durch Lachen verspotten:* jmds. Unbeholfenheit b.
be|la|den ⟨st. V.; hat⟩ [mhd. beladen]: **1. a)** *mit einer Ladung, Last versehen;* **b)** *jmdn., einem Tier [viel] zu tragen geben, ihm etw. aufladen:* sich mit Paketen b.; sie war schwer beladen *(sie hatte viel zu tragen);* Ü ... mit zehn Jahre alten, zäh erhaltenem Hass beladen (Böll, Haus 24); **c)** *mit etw. überfüllen, [über]reich zudecken:* einen Tisch mit Geschenken b.; jmd. ist mit Schmuck beladen *(abwertend; jmd. trägt allzu viel Schmuck).* **2.** (Kernphysik) *mit Kernbrennstoff versehen.*
Be|la|dung, die; -, -en: *das Beladen; das Beladenwerden; das Beladensein.*
Be|lag, der; -[e]s, Beläge: **1.** *dünne Schicht, mit der etw. überzogen ist, die sich auf etw. gebildet hat:* altes Kupfer mit grünlichem B. **2.** *Auflage, feste Schicht, die auf etw. gelegt, befestigt wird:* die Bremsen brauchen neue Beläge. **3. a)** *etw., womit Brot, Brötchen o. Ä. ¹belegt* (1 c) *wird, z. B. Wurst, Käse;* **b)** *aufgelegte, bedeckende u. füllende Masse (z. B. Obst) bei Torten o. Ä.*
Be|la|ge|rer, der; -s, - ⟨meist Pl.⟩: *jmd., bes. ein Heer o. Ä., das einen strategisch wichtigen Ort belagert.*
Be|la|ge|rin, die; -, -nen: w. Form zu ↑Belagerer.
be|la|gern ⟨sw. V.; hat⟩ [spätmhd. belegern = mit einem Heerlager umgeben, zu ↑lagern]: **a)** (Militär) *(eine Stadt, Burg, Festung o. Ä.) zum Zweck der Eroberung einschließen u. umzingelt halten;* **b)** (ugs.) *ausdauernd u. in großer Zahl umringen; sich wartend u. neugierig um jmdn., etw. drängen:* Reporter belagern das Hotel.
Be|la|ge|rung, die; -, -en: **1.** *das Belagertwerden; das Belagern* (a). **2.** ⟨o. Pl.⟩ (ugs.) *das Belagertwerden; das Belagern* (b).
Be|la|ge|rungs|heer, das: *Heer, das eine Stadt, Burg o. Ä. belagert.*
Be|la|ge|rungs|trup|pe ⟨meist Pl.⟩: *Belagerungsheer.*
Be|la|ge|rungs|zu|stand, der (Rechtsspr. früher): *bes. bei Krieg od. Kriegsgefahr staatlich verhängter Ausnahmezustand, bei dem die Bür-*

gerrechte weitgehend durch Kriegsrecht o. Ä. eingeschränkt werden: den B. ausrufen.

Be|la|mi [belaˈmiː], der; -[s], -s [frz. bel ami = schöner Freund (nach der Titelgestalt eines Romans von Maupassant)]: *Frauenliebling.*

be|läm|mern ⟨sw. V.; hat⟩ [aus dem Niederd. < mniederd. belemmeren = hindern, hemmen, beschädigen, Iterativbildung zu: belemmen = lähmen, lahm schlagen, zu ↑lahm] (nordd.): *belästigen; nerven:* musst du mich damit schon wieder b.?

be|läm|mert ⟨Adj.⟩ (ugs.): *(von Personen) niedergedrückt, betreten:* er sah ganz b. aus.

Be|lang, der; -[e]s, -e [rückgeb. aus ↑belangen]: **1.** ⟨o. Pl.⟩ *Bedeutung, Wichtigkeit:* * **von, ohne B.** [sein] *(große, keine Bedeutung [für jmdn., etw.] haben):* das ist für mich ohne B.). **2.** ⟨Pl.⟩ *Interessen, Angelegenheiten:* die kulturellen -e. **3.** ⟨o. Pl.⟩ *Hinsicht, Beziehung:* in diesem B. *(in dieser Hinsicht).*

be|lan|gen ⟨sw. V.; hat⟩ [mhd. belangen = ausreichen; sich erstrecken, ahd. belangēn = verlangen, zu ↑langen]: **a)** (Rechtsspr.) *zur Verantwortung ziehen, verklagen:* jmdn. gerichtlich [wegen Diebstahls] b.; **b)** ⟨unpers.⟩ (veraltend) *an[be]langen, betreffen:* was mich belangt, so ...

be|lang|los ⟨Adj.⟩: *ohne Belang* (1); *unwichtig:* eine -e Bemerkung.

Be|lang|lo|sig|keit, die; -, -en: **1.** ⟨o. Pl.⟩ *Unwichtigkeit, Bedeutungslosigkeit.* **2.** *belanglose Sache, Äußerung; Lappalie.*

be|lang|reich ⟨Adj.⟩: *wichtig, bedeutungsvoll.*

be|lang|voll ⟨Adj.⟩: *bedeutend, wichtig.*

Be|la|rus [auch: ˈbeːla..., ˈb(j)ela...]; Belarus': im amtlichen zwischenstaatlichen Schriftverkehr übliche Bez. für: Weißrussland.

be|las|sen ⟨st. V.; hat⟩: **a)** *(unverändert) so lassen, an seinem Platz lassen:* Jungvögel im Nest b.; jmdn. in seiner Stellung b.; wir haben es dabei belassen *(bewenden lassen);* **b)** [mhd. belāʒen = unter-, er-, überlassen] *[über]lassen:* den Ländern die Kulturhoheit b.

Be|las|sung, die; - (Papierdt.): *das Belassen; das Belassenwerden.*

be|last|bar ⟨Adj.⟩: **1.** *geeignet, fähig, Belastung* (1) *auszuhalten:* eine bis zu 15 t -e Brücke. **2.** *geeignet, fähig, Belastung* (1), *Inanspruchnahme auszuhalten, zu verkraften:* er war zielstrebig und b. **3.** *zuverlässig, überprüfbar, belegbar:* -e Zahlen, Daten, Aussagen.

Be|last|bar|keit, die; -: **1.** *Fähigkeit, Belastung, Materialbeanspruchung auszuhalten:* die B. eines Drahtseils prüfen. **2.** ⟨o. Pl.⟩ *Fähigkeit, Belastung, Inanspruchnahme auszuhalten, zu verkraften; seelische B.*

be|las|ten ⟨sw. V.; hat⟩: **1. a)** *mit einer Last versehen, schwer machen, beschweren:* man muss den Talski b. *(das Körpergewicht auf den Talski verlagern);* **b)** *in seiner Existenz, Wirkung, in seinem [Lebens]wert beeinträchtigen:* Nebensächlichkeiten belasten den Gedankengang; erblich belastet sein (↑erblich b). **2. a)** *stark in Anspruch nehmen:* jmdn. mit Verantwortung, Arbeit b.; Jedenfalls soll man nicht seine Freunde mit einer traurigen Geschichte b. (Frisch, Stiller 371); **b)** *jmdm., einer Sache zu schaffen machen, schwer auf jmdm., etw. lasten:* zu viel Fett belastet den Magen; jmd. ist mit schwerer Schuld belastet *(trägt schwere Schuld);* von Sorgen belastet. **3.** (Rechtsspr.) *als schuldig erscheinen lassen:* Aussagen, die den Angeklagten belasten. **4.** (Geldw.) *mit einer finanziellen Last belegen; jmdm., einer Sache eine finanzielle Schuld auferlegen:* die Bevölkerung mit zusätzlichen Steuern b.; das Haus ist mit einer Hypothek belastet *(auf das Haus ist eine Hypothek eingetragen).*

be|las|tend ⟨Adj.⟩: *bedrückend, aufreibend:* -e Erfahrungen machen.

be|läs|ti|gen ⟨sw. V.; hat⟩ [zu ↑lästig]: **a)** *stören, jmdm. zur Last fallen; unbequem, lästig werden:* jmdn. mit Fragen, mit seiner Anwesenheit b.; darf ich Sie [in dieser Angelegenheit, damit] noch einmal b.?; **b)** *bedrängen; jmdm. gegenüber zudringlich werden:* belästigen Sie mich nicht!; er hat das Mädchen immer wieder belästigt; ♦ **c)** *(mit einer Last) beschweren, bepacken:* Nachfolgende Truppen ... finden Kästchen von mäßiger Größe, auffallend schwer, belästigen sich gemeinschaftlich damit (Goethe, Kampagne in Frankreich 1792, 12. Oktober).

Be|läs|ti|gung, die; -, -en: *das Belästigen, Belästigtwerden.*

Be|las|tung, die; -, -en: **1.** *das Belasten* (1, 2, 3); *das Belastetsein.* **2.** *etw. Belastendes; belastende Sache:* die Pflege der Schwiegermutter bedeutete für sie eine starke B. **3.** (Geldw.) *das Belasten* (4): die B. eines Grundstücks mit einer Hypothek.

Be|las|tungs-EKG, das (Med.): *unmittelbar nach körperlicher Belastung aufgenommenes Elektrokardiogramm.*

be|las|tungs|fä|hig ⟨Adj.⟩: **1.** *eine bestimmte Belastung aushaltend, ihr standhaltend.* **2.** *belastbar* (2): wir suchen -e Mitarbeiter.

Be|las|tungs|fä|hig|keit, die: *Fähigkeit, Belastungen auszuhalten.*

Be|las|tungs|gren|ze, die: *Grenze der Belastbarkeit* (1, 2).

Be|las|tungs|ma|te|ri|al, das (Rechtsspr.): *Gesamtheit der Tatsachen, die zusammengetragen werden u. zur Belastung des Angeklagten vorgebracht werden können:* es gab kein ausreichendes B.

Be|las|tungs|pro|be, die: *Untersuchung, Erprobung, wie belastbar jmd. od. etw. ist:* eine harte, schwere, ungewohnte B.; das Treffen stellt die Beziehung auf eine B.

Be|las|tungs|spit|ze, die: *Spitzenwert der Belastung.*

Be|las|tungs|stö|rung, die (Psychol.): *Reaktion auf ein körperlich od. seelisch belastendes Ereignis:* an einer posttraumatischen B. leiden.

Be|las|tungs|zeu|ge, der (Rechtsspr.): *Zeuge, der den Angeklagten belastet* (3).

Be|las|tungs|zeu|gin, die: w. Form zu ↑Belastungszeuge.

be|lat|schern ⟨sw. V.; hat⟩ [vgl. gleichbed. ostmd. belatschen] (berlin. salopp): **a)** *zu etw. überreden;* **b)** *beratschlagen.*

be|lau|ben, sich ⟨sw. V.; hat⟩: *Laub bekommen:* bald werden sich die Bäume wieder b.; ⟨meist im 2. Part.:⟩ hellgrün belaubte Bäume.

Be|lau|bung, die; -, -en ⟨Pl. selten⟩: **1.** *das Sichbelauben.* **2.** *Laubwerk.*

be|lau|ern ⟨sw. V.; hat⟩: *lauernd beobachten, was jmd. tut:* ⟨oft in Wildtier b., sich [gegenseitig]/(geh.:) einander b.

Be|lau|e|rung, die; -, -en: *das Belauern; das Belauertwerden.*

Be|lauf, der; -[e]s, Beläufe: **1.** * **im B. von** (veraltet; *[vom Betrag] in Höhe von*). **2.** (Jagdw.) *einem Förster, einer Försterin zugewiesener Bezirk eines Reviers.*

be|lau|fen ⟨st. V.⟩: **1.** ⟨b. + sich; hat⟩ *betragen, ausmachen:* der Schaden, die Summe beläuft sich auf etwa 650 Euro. **2.** ⟨hat⟩ *(eine Strecke, ein Gebiet) begehen, [prüfend] abgehen:* ⟨meist im 2. Part.:⟩ ein wenig belaufener Pfad. **3.** ⟨hat⟩ (landsch.) *geschäftig, emsig herumlaufend aufsuchen:* ein stark belaufenes Geschäft; Die Stadt war von Fremden belaufen (Strittmatter, Wundertäter 237). **4.** ⟨ist⟩ (landsch.) *anlaufen, beschlagen.*

be|lau|schen ⟨sw. V.; hat⟩: **a)** *heimlich u. sehr aufmerksam Geräusche, jmds. Äußerungen verfolgen, versteckt mithören:* man hat unser Gespräch belauscht; sich [gegenseitig]/(geh.:) einander b.; **b)** *forschend beobachten, zu erfassen suchen:* die Tierwelt b.

Be|lau|schung, die; -: *das Belauschen; das Belauschtwerden.*

Bel|can|to, Belkanto, der; -[s] [ital. bel canto = schöner Gesang]: *virtuose italienische Gesangskunst (mit bes. Betonung des schönen Klangs u. der schönen Melodie).*

Bel|che, die; -, -n, **Bel|chen**, der; -[s], - [mhd. belche, ahd. belihha, belihho, eigtl. = (weiß; bläulich; rötlich) Schimmerndes, Leuchtendes; nach dem weithin sichtbaren weißen Stirnfleck des schwarzen Vogels] (südd., schweiz.): *Blesshuhn.*

be|le|ben ⟨sw. V.; hat⟩: **1. a)** *lebhafter machen, anregen, in Schwung bringen:* der Gedanke belebte sie; der niedrigen Preise werden den Absatz b.; Kaffee hat eine belebende Wirkung; **b)** ⟨b. + sich⟩ *lebhafter werden; Schwung bekommen:* sein Gesicht belebt sich, seine Augen beleben sich; der Markt, die Konjunktur belebt sich; Stefan belebte sich augenblicklich und sah auf die Uhr (Muschg, Gegenzauber 152). **2.** *lebendig[er] gestalten:* einen Text mit Bildern b.; die Landschaft wird durch einen Fluss belebt. **3. a)** *lebendig machen, zum Leben erwecken, mit Leben erfüllen:* der Mensch kann komplizierte Eiweißmoleküle nachbauen, aber nicht b.; alte Sitten und Gebräuche b. *(aufleben lassen);* **b)** ⟨b. + sich⟩ *lebendig werden, mit Leben erfüllt werden:* im Frühling, wenn sich die Natur [wieder] belebt; die Straßen belebten sich bei dem Anblick. **4. a)** *mit Lebewesen füllen, bevölkern; auf, in etw. leben;* **b)** ⟨b. + sich⟩ *sich mit Leben, Lebewesen füllen; bevölkert werden:* die Dachterrasse im weißen Licht ihrer Bogenlampen. Sie hatte sich vollends geleert um diese Stunde und würde sich wohl erst nach Schluss der Theater wieder b. (Th. Mann, Krull 283). ♦ **5.** *jmds. Interesse auf etw. lenken:* Man wählte ein anderes Mittel, den König für die Sache zu b. (E. T. A. Hoffmann, Fräulein 16).

be|lebt ⟨Adj.⟩: **1.** *lebhaft, bevölkert; voll Leben u. Betrieb:* dieser Kurort ist mir zu b. **2.** *lebendig, beseelt, von Leben erfüllt.*

Be|lebt|heit, die; -, -en ⟨Pl. selten⟩: *das Belebtsein.*

Be|lebt|schlamm, der: *an Mikroorganismen reicher Schlamm, der bei der biologischen Abwasserreinigung verwendet wird.*

Be|le|bung, die; -, -en: *das Beleben; das Belebtwerden.*

be|le|cken ⟨sw. V.; hat⟩: *leckend über jmdn., etw. hinfahren; etw. anlecken; mit der Zunge befeuchten:* der Hund beleckt seinen Herrn; bevor er die Karten austeilte, beleckte er seine Fingerspitzen; die Katze beleckt sich *(säubert sich);* sich [gegenseitig]/(geh.:) einander b.; Ü ♦ ... belecken *(schmeichelnd bitten)* den Schuhputzer, dass er sie vertrete bei ihro Gnaden (Schiller, Räuber I, 2); * **von etw. nicht beleckt sein** (ugs.; *von etw. nichts verstehen, mit etw. kaum in Berührung gekommen sein*).

Be|leg, der; -[e]s, -e: **a)** *Nachweis für Ausgaben od. Zahlungen o. Ä.; Beweisstück;* **b)** *Nachweis, Zeugnis, literarisches Beispiel (für Wortgebrauch od. Ausdrucksweise o. Ä.);* **c)** (Archäol.) *Fundstück.*

Be|leg|arzt, der: *Arzt, der (neben seiner Praxis) eine Belegstation in einem Krankenhaus betreut.*

Be|leg|ärz|tin, die: w. Form zu ↑Belegarzt.

be|leg|bar ⟨Adj.⟩: *anhand von Belegen (a, b, c) nachweisbar.*

Be|leg|bett, das: *Bett auf einer Belegstation.*

belegen–beliebig

¹**be|le|gen** ⟨sw. V.; hat⟩ [mhd. belegen, ahd. bilegan]: **1. a)** *etw. (mit etw.) bedecken, (mit einem Belag) versehen:* das Parkett mit einem Teppich b.; Brote mit Wurst b.; belegte Brötchen *(aufgeschnittene Brötchen mit Belag);* eine belegte *(mit einem Belag überzogene)* Zunge; Ü eine belegte *(nicht klangreine, ein wenig heisere)* Stimme; **b)** (Militär) *beschießen:* eine Stellung mit Granaten b. **2. a)** *für jmdn., für sich selbst sichern, reservieren:* einen Abendkurs b. *(sich dafür einschreiben);* **b)** (Sport) *(einen Platz in der Rangordnung) einnehmen, erreichen;* **c)** *für etw. (bes. die Unterbringung von Personen) nutzen:* das Hotel ist belegt; die [Telefon]leitung ist belegt *(besetzt).* **3.** *bedenken; jmdn., einer Sache etw. auferlegen:* Importwaren mit hohem Zoll b.; er wurde mit einer hohen Strafe belegt. **4.** *(durch ein Dokument o. Ä.) nachweisen, beweisen:* seine Ausgaben [mit/durch Quittungen] b.; seine Forderungen mit Gründen b. *(stützen, rechtfertigen).* **5.** (Seemannsspr.) **a)** *das Tau festmachen, um einen Poller o. Ä. schlingen:* belegt das Ende!; **b)** *durch* ¹Belegen (5a) *der Taue festmachen.* **6.** (Jägerspr.) *(bes. von Hunden) ein weibliches Tier decken, begatten.*

²**be|le|gen** ⟨Adj.⟩ [zu veraltet beliegen = liegen] (Amtsspr. veraltend): *gelegen:* die im Haus -en Räume.

Be|leg|ex|em|plar, das (Verlagsw.): *Pflichtexemplar eines Buches od. [Zeitungs-, Zeitschriften]artikels, das Autoren, Bibliotheken u. anderen Stellen als Nachweis der Veröffentlichung zugeschickt wird.*

Be|leg|le|ser, der (EDV): *Vorrichtung, mit der genormte Belege unmittelbar gelesen u. in Buchungen übertragen werden können.*

Be|leg|ma|te|ri|al, das: *Gesamtheit von Beweisstücken.*

Be|leg|schaft, die; -, -en [zu veraltet belegen = (ein Berg-, Hüttenwerk) betreiben]: *Gesamtheit der Beschäftigten in einem Betrieb:* die B. versammelte sich in der Kantine.

Be|leg|schafts|ak|tie, die ⟨meist Pl.⟩: *Aktie, die [zum Vorzugskurs] von einer Firma an die Arbeitnehmer(innen) ausgegeben wird.*

Be|leg|schafts|mit|glied, das: *Mitglied der Belegschaft.*

Be|leg|sta|ti|on, die: *Station in einem Krankenhaus, für die ein festangestellter Arzt, keine fest angestellte Ärztin zuständig ist.*

Be|leg|stel|le, die: *Stelle in einem Buch, einer Zeitschrift o. Ä., aus der ein Beleg (b) stammt.*

Be|leg|stück, das: **1.** *Belegexemplar.* **2.** *einzelnes als Beleg dienendes Exemplar.*

Be|le|gung, die; -, -en ⟨Pl. selten⟩: *das Belegen; das Belegtsein.*

be|leh|nen ⟨sw. V.; hat⟩: **1.** [mhd. belēhenen] (Geschichte) *mit etw. (Gütern, einem Amt o. Ä.) versehen; jmdm. etw. als Lehen geben:* die Fürsten beliehen ihre Vasallen. **2.** (österr., schweiz.) *beleihen.*

Be|leh|nung, die; -, -en: *das Belehnen; das Belehntwerden.*

be|lehr|bar ⟨Adj.⟩: *fähig u. bereit zu lernen, eine* ¹*Lehre* (3) *anzunehmen.*

be|leh|ren ⟨sw. V.; hat⟩: **1. a)** (geh.) *lehren, unterweisen:* ein belehrender Film, Vortrag; ... und zwar belehrt er jetzt nicht mehr die Knaben, sondern die Jünglinge, denn er ist wohlbestallter Professor (Fallada, Herr 255); **b)** *informieren, aufklären:* ein Gewährsmann hat mich belehrt, dass die berühmten Eichhörnchen gar keine Eichhörnchen sind, sondern Baumratten (Frisch, Montauk 16). **2.** *von seiner irrigen Ansicht abbringen:* er ist nicht belehrt zu b.

Be|leh|rung, die; -, -en: **a)** *das Belehrtwerden;* ¹*Lehre;* **b)** *Zurechtweisung, Verweis:* spare dir deine dauernden -en!

be|leibt ⟨Adj.⟩: **a)** *von rundlicher Gestalt, wohlgenährt, korpulent;* **b)** (verhüll.) *dick.*

Be|leibt|heit, die; -: *Korpulenz.*

be|lei|di|gen ⟨sw. V.; hat⟩ [mhd. beleidigen, zu gleichbed. leidegen, ahd. leidegōn, zu ↑leidig]: **a)** *jmdn. (durch eine Äußerung, Handlung o. Ä.) in seiner Ehre angreifen, verletzen:* jmdn. schwer, tief, tödlich b.; jmdn. in seiner Ehre, jmds. Ehre b.; jmdn. durch verächtliches Benehmen, durch eine/mit einer Äußerung b.; Sie werden beleidigend!; das war beleidigend [für ihn]; ein beleidigendes Benehmen; beleidigende Reden, Äußerungen; leicht, schnell beleidigt sein *(sich beleidigt fühlen);* wegen einer Bemerkung beleidigt sein; (ugs.:) beleidigt tun; ein beleidigtes *(Beleidigtsein ausdrückendes)* Gesicht machen; Ü der schrille Gesang beleidigte sein Ohr; ... er stürzte sich auf das mächtige Frauenzimmer, das ihn so schändlich beleidigt hatte (Musil, Mann 237); ◆ **b)** *beschädigen; verletzen:* Er behandelte diese Tat als das größte Verbrechen, qualifizierte sie zu einem beleidigten Burgfrieden (Goethe, Lehrjahre III, 9).

Be|lei|di|gung, die; -, -en: **a)** *das Beleidigen; das Beleidigtwerden:* wegen B. eines Polizeibeamten eine Strafanzeige erhalten; **b)** *beleidigende Äußerung, Handlung; Affront; Injurie:* diese Äußerung stellt eine persönliche B. dar.

Be|lei|di|gungs|kla|ge, die: *wegen einer Beleidigung erhobene Klage.*

be|leih|bar ⟨Adj.⟩: *sich beleihen* (1) *lassend.*

Be|leih|bar|keit, die: *das Beleihbarsein.*

be|lei|hen ⟨st. V.; hat⟩: **1.** *als Pfand nehmen u. dafür Geld geben:* Immobilien mit einer hohen Summe b. **2.** (veraltend) *mit etw. belehnen, ausstatten.*

Be|lei|hung, die; -, -en: *das Beleihen; das Beliehenwerden.*

Be|lei|hungs|gren|ze, die (bes. Finanzw.): *höchster Betrag, bis zu dem etw. beliehen (1) werden kann.*

be|lem|mern, be|lem|mert: *frühere Schreibungen für* ↑belämmern, belämmert.

Be|lem|nit [auch: ...'nɪt], der; -en, -en [zu griech. bélemnos = Geschoss (weil man früher die versteinerten Skelettteile für »Geschosse« hielt, die beim Gewitter zur Erde herabgeschleudert würden)]: **a)** *ausgestorbener Kopffüßler;* **b)** *Donnerkeil* (2).

be|le|sen ⟨Adj.⟩ [eigtl. 2. Part. von veraltet belesen = durchlesen]: *durch vieles Lesen reich an [literarischen] Kenntnissen.*

Be|le|sen|heit, die; -: *das Belesensein.*

Bel|es|prit [bɛlɛs'pri:], der; -s, -s [frz. bel esprit, aus: bel = schön (zu: beau < lat. bellus) u. esprit, ↑Esprit] (veraltet, noch spött.): *Schöngeist.*

Bel|etage [bɛle'ta:ʒə, österr. meist: ...ʃ], die; -, -n [frz. bel étage, eigtl. = prächtiges Stockwerk] (Archit., sonst veraltet): *Hauptgeschoss, erster Stock;* Ü sie war jahrelang in der B. der Politik.

be|leuch|ten ⟨sw. V.; hat⟩ [mhd. beliuhten, ahd. biliuhtan]: **1. a)** *Licht auf jmdn., etw. werfen, anleuchten:* die Kerze beleuchtete notdürftig die Gesichter; **b)** *mit Licht versehen (um es hell, sichtbar zu machen):* wir müssen das Treppenhaus besser b.; (gelegentlich auch statt »anleuchten«:) die Fenster sind schon beleuchtet; ein festlich beleuchteter Saal. **2.** (geistig) *betrachten, untersuchen:* ein Problem näher b.

Be|leuch|ter, der; -s, -: *für die Beleuchtung verantwortlicher Techniker bei Bühne u. Film.*

Be|leuch|ter|brü|cke, die (Theater): *Laufsteg über der Bühne zum Anbringen von Scheinwerfern u. Ä.*

Be|leuch|te|rin, die; -, -nen: w. Form zu ↑Beleuchter.

Be|leuch|tung, die; -, -en ⟨Pl. selten⟩: **1. a)** *das Beleuchtetsein; Licht[verhältnisse]:* eine schwache, künstliche, elektrische B.; **b)** *das Beleuchten:* die B. eines Stadions mit Flutlicht; Sie brannten nach ihren Jagden Bauernhäuser, ganze Forsten nieder zur festlichen B. ihrer nächtlichen Gelage im Freien (Feuchtwanger, Herzogin 145); **c)** *Beleuchtungseinrichtung:* die B. einschalten. **2.** *das Beleuchten* (2): die B. einer Frage, eines Punktes.

Be|leuch|tungs|an|la|ge, die: *Anlage zur Beleuchtung.*

Be|leuch|tungs|ef|fekt, der: *durch [künstliche] Beleuchtung erzielter Effekt.*

Be|leuch|tungs|ein|rich|tung, die: *Einrichtung zur Beleuchtung.*

Be|leuch|tungs|ge|rät, das: *Gerät zur Beleuchtung.*

Be|leuch|tungs|kör|per, der: *Gegenstand, Vorrichtung, Gerät zur Beleuchtung.*

Be|leuch|tungs|mes|ser, der: *Messgerät für die Beleuchtungsstärke.*

Be|leuch|tungs|stär|ke, die: *Stärke der Beleuchtung, die sich berechnet aus dem Verhältnis des auf eine Ebene auftreffenden Lichtstroms zu einer bestimmten Fläche.*

Be|leuch|tungs|tech|nik, die: *Technik des Beleuchtens.*

be|leum|det, be|leu|mun|det ⟨Adj.⟩ [zu ↑Leumund]: *in einem bestimmten Ruf stehend:* übel -e Lokale; tadellos b. sein.

Bel|fast [auch: 'bɛ...]: *Hauptstadt von Nordirland.*

bel|fern ⟨sw. V.; hat⟩ [H. u., vieII. lautm.] (ugs.): **a)** *misstönend bellen, kläffen:* der Hund belfert; **b)** *bellen* (c): Worte durchs Telefon b.

Bel|gi|en: *-s: Staat in Westeuropa.*

Bel|gi|er, der; -s, -: *Ew.*

Bel|gi|e|rin, die; -, -nen: w. Form zu ↑Belgier.

bel|gisch ⟨Adj.⟩: *Belgien, die Belgier betreffend; aus Belgien stammend:* -es Bier.

Bel|grad: *Hauptstadt von Serbien; Beograd.*

¹**Bel|gra|der,** der; -s, -: *Ew.*

²**Bel|gra|der** ⟨indekl. Adj.⟩: *die B. Altstadt.*

Bel|gra|de|rin, die; -, -nen: w. Form zu ↑¹Belgrader.

be|lich|ten ⟨sw. V.; hat⟩: **a)** (Fotogr.) *Licht (auf einen Film, eine Platte od. Fotopapier) einwirken lassen:* einen Film b.; **b)** (Jargon) *mit Licht versehen; Licht auf etw. fallen lassen:* eine Bühne mit Halogenlampen b.

Be|lich|tung, die; -, -en: **a)** (Fotogr.) *das Belichten* (a): die B. war zu kurz; **b)** (Jargon) *das Belichten* (b); *das Belichtetwerden.*

Be|lich|tungs|mes|ser, der: *Gerät, das die richtige Belichtungszeit für eine Aufnahme* (7) *anzeigt:* eine Kamera mit eingebautem B.

Be|lich|tungs|zeit, die: *Zeitdauer der Belichtung* (a): die B. betrug $1/200$ Sek.

be|lie|ben ⟨sw. V.; hat⟩ [zu ↑lieben] (geh.): **a)** *jmdm. zu tun gefallen, [für den Augenblick] Lust haben, etw. zu tun:* ihr könnt tun, was euch beliebt; selbstverständlich, ganz wie es dir beliebt; was beliebt (veraltet; *was wird gewünscht*)?; wie beliebt (veraltet; *wie bitte*)?; **b)** (oft iron.) *geneigt sein, etw. zu tun; etw. zu tun pflegen:* er beliebt noch zu schlafen; Sie belieben zu scherzen *(das ist wohl nicht Ihr Ernst);* ◆ **c)** * *sich* ⟨Dativ⟩ *etw. b. lassen (etw. genießen; sich an etw. gütlich tun).*

Be|lie|ben, das; -s: *Geneigtheit, Ermessen:* etw. steht, liegt [ganz] in jmds. B.; * **nach B.** (nach eigenem Wunsch, Geschmack; wie man will: das Parfait nach B. mit Orangenlikör abschmecken).

be|lie|big ⟨Adj.⟩ [urspr. = angenehm, dann angelehnt an ↑Belieben]: **a)** *nach Belieben herausgegriffen o. Ä.; irgendein:* eine -e Menge; ein -es Beispiel; ⟨subst.:⟩ etwas Beliebiges; **b)** *nach Belieben, nach Gutdünken [verfahrend]:* eine b. große Zahl.

Be|lie|big|keit, die; -, -en: **1.** ⟨o. Pl.⟩ *Allgemeinheit* (2); *Willkür.* **2.** *etw. beliebig* (a), *willkürlich Wirkendes.*

be|liebt ⟨Adj.⟩: **a)** *allgemein geschätzt:* eine -e Lehrerin; dieser Ausflugsort ist sehr b.; sich [bei jmdm.] b. machen *(es verstehen, jmds. Gunst zu gewinnen);* **b)** *häufig angewandt, benutzt, verwendet:* eine -e Ausrede.

Be|liebt|heit, die; -: *das Beliebtsein:* der Autor erfreut sich größter B. (geh.; *ist allgemein sehr beliebt*).

Be|liebt|heits|ska|la, die: *Rangordnung nach Beliebtheit, Popularität:* die Politikerin, das Urlaubsland steht/liegt in der B. [ganz] oben.

be|lie|fern ⟨sw. V.; hat⟩: *[regelmäßig] etw. an einen Abnehmer liefern; mit etw. versorgen, versehen:* der Bäcker hat uns täglich [mit Brot] beliefert.

Be|lie|fe|rung, die; -, -en: *das Beliefern; das Beliefertwerden.*

Be|lize [be'li:s]; -s: Staat in Mittelamerika.

Bel|kan|to: ↑ Belcanto.

Bel|la|don|na, die; -, ...nen [ital. belladonna, eigtl. = schöne Frau (nach der Verwendung als Schönheitsmittel)]: **a)** *Tollkirsche;* **b)** *aus der Tollkirsche gewonnenes Arzneimittel.*

Belle Époque [bɛle'pok], die; - - [aus frz. belle = schön, heiter u. époque = Epoche]: *Zeit eines gesteigerten Lebensgefühls in Frankreich zu Beginn des 20. Jh.s.*

bel|len ⟨sw. V.; hat⟩ [mhd. bellen, ahd. bellan, lautm.]: **a)** *(von Hund u. Fuchs) wiederholt kurze, kräftige Laute von sich geben:* der Hund bellte laut; ♦ ⟨auch starkes Verb⟩: ... und immer kläfft es hinterher und billt aus allen Kräften (Goethe, Kläffer). **b)** *(durch eine starke Erkältung o. Ä. verursacht) bellende* (a) *Laute von sich geben:* ein bellender Husten; Es gibt so vielerlei Husten, trockenen und losen, und der lose ist eher noch vorteilhafter ..., als wenn man so bellt (Th. Mann, Zauberberg 24); **c)** *in heiserem, lautem [Befehls]ton sprechen, rufen o. Ä.:* der Feldwebel bellte seine Kommandos; **d)** *ein hartes, bellendes* (a) *Geräusch hervorbringen, verursachen:* die Flak bellt; (subst.:) man hörte das gedämpfte Bellen der Geschütze; Der Donner bellte gereizt über den Dächern (Borchert, Geranien 51).

Bel|le|t|ris|tik, die; -: *unterhaltende, schöngeistige Literatur.*

bel|le|t|ris|tisch ⟨Adj.⟩: *schöngeistig, literarisch, unterhaltend:* -e Literatur; in einer -en Verlag (*Verlag, der Belletristik herausbringt*).

¹Bel|le|vue [bel'vy:], die; -, -n [...ən] [frz. belle vue = schöne Aussicht] (veraltet): *Belvedere* (1).

²Bellevue, das; -[s], -s: Bez. für: Schloss, Gaststätte mit schöner Aussicht.

Bel|lin|zo|na: Hauptstadt des Kantons Tessin.

Bel|li|zist, der; -en, -en [zu lat. bellum = Krieg]: *Anhänger u. Befürworter des Krieges; Kriegstreiber.*

Bel|li|zis|tin, die; -, -nen: w. Form zu ↑ Bellizist.

be|lob|hu|deln ⟨sw. V.; hat⟩ (abwertend): *in übertriebener Weise loben:* jmdn. b.

be|lo|bi|gen ⟨sw. V.; hat⟩: *jmdm. ein offizielles Lob aussprechen, loben, auszeichnen.*

Be|lo|bi|gung, die; -, -en: *das Belobigen; das Belobigtwerden:* eine B. aussprechen.

Be|lo|bi|gungs|schrei|ben, das: *offizielles Schreiben, mit dem eine Belobigung ausgesprochen wird.*

be|loh|nen, (schweiz. auch:) **be|löh|nen** ⟨sw. V.; hat⟩ [mhd. (md.) belōnen]: **a)** *(zum Dank, als Anerkennung für etw.) [mit etw.] beschenken, auszeichnen:* jmdn. reich, mit einem Trinkgeld b.; jmdn. für seine Dienste b.; Ü reicher Beifall belohnte den Sänger; **b)** *(eine Tat, eine Leistung) anerkennen, vergelten:* jmds. Geduld,

Treue, Ausdauer, Vertrauen b.; ♦ **c)** *lohnen* (2): ...jetzt kommt der Mann, der allein mir das alles belohnen sollte (Schiller, Kabale II, 3).

be|loh|nens|wert ⟨Adj.⟩: *Belohnung verdienend:* ein -er Eifer.

Be|loh|nung, (schweiz. auch:) **Be|löh|nung,** die; -, -en: **1.** *das Belohnen; das Belohntwerden.* **2.** *etw., womit man jmdn. für etw. belohnt.*

Bel Pa|e|se®, der; - -, - -, **Bel|pa|e|se,** der; - - [ital. bel paese, zu: bello = schön u. paese = Land]: *vollfetter italienischer Weichkäse.*

Belt, der; -[e]s, -e: Meerenge im Nordosten Dänemarks: der Große B.; der Kleiner B.

be|lüf|ten ⟨sw. V.; hat⟩: *mit frischer Luft versehen; einer Sache Luft zuführen.*

Be|lüf|tung, die; -, -en: *das Belüften; das Belüftetwerden; Lufterneuerung.*

¹Be|lu|ga, die; -, -s: **1.** [russ. beluga] russische Bez. für: Hausen. **2.** [russ. beluha, zu: belyj = weiß] russische Bez. für: Weißwal.

²Beluga, der; -s: *Kaviar aus dem Rogen der ¹Beluga* (a).

be|lü|gen ⟨st. V.; hat⟩: *jmdm. die Unwahrheit sagen; mit falschen Aussagen zu täuschen versuchen:* damit belügst du dich selbst *(machst du dir etwas vor).*

be|lus|ti|gen ⟨sw. V.; hat⟩: **1. a)** *fröhlich stimmen, zum Lachen bringen:* der Clown belustigte das Publikum mit seinen Scherzen; **b)** *bei jmdm. eine mit Ironie gemischte Heiterkeit hervorrufen:* eine belustigte Miene zeigen. **2.** ⟨b. + sich⟩ **a)** (geh.) *sich über jmdn., etw. lustig machen; spotten:* du belustigst dich nur über mein Missgeschick; **b)** (veraltend) *sich vergnügen.*

Be|lus|ti|gung, die; -, -en: **a)** *volkstümliches Fest, Vergnügen; unterhaltender Zeitvertreib:* auf dem Festplatz gibt es allerhand -en; **b)** ⟨o. Pl.⟩ *das Belustigtsein* (1): etw. mit stiller B. betrachten.

Be|lu|t|schis|tan [auch: ...'lu...]; -s: **1.** Gebirgslandschaft im Südosten des Hochlands von Iran. **2.** Provinz in Pakistan.

Bel|ve|de|re, das; -[s], -s [frz. belvédère < ital. belvedere, zu: bello < lat. bellus = schön u. vedere < lat. videre = sehen]: **1.** *Aussichtspunkt; schöne Aussicht.* **2.** *²Bellevue.*

bel|zen: ↑ ³pelzen.

Bem. = Bemerkung.

be|mäch|ti|gen, sich ⟨sw. V.; hat⟩ [für veraltet mächtigen, zu ↑ mächtig] (geh.): **a)** *[mit Gewalt] in seinen Besitz, in seine Verfügung, Gewalt bringen:* der Armee bemächtigte sich der Hauptstadt; **b)** *jmdn. ergreifen, überkommen:* Unsicherheit bemächtigte sich seiner; Während der letzten Sätze des Herrn Macheath hatte sich der Anwesenden tiefer Ernst bemächtigt (Brecht, Groschen 358).

Be|mäch|ti|gung, die; -, -en ⟨Pl. selten⟩ (geh.): *das Bemächtigen; das Bemächtigtwerden.*

be|ma|keln ⟨sw. V.; hat⟩ (selten): **a)** *mit einem Makel beflecken:* den Ruf b.; **b)** *als mit einem Makel behaftet ansehen; verunglimpfen:* ...jetzt stellt man ihn vor Gericht, bemakelt ihn als Verräter (Feuchtwanger, Erfolg 750).

be|mä|keln ⟨sw. V.; hat⟩ (ugs.): *kleinlich an jmdm., etw. herumkritisieren; mäkeln, etw. auszusetzen finden:* jmdn., etw. b.

Be|mä|ke|lung, Be|mäk|lung, die; -, -en (ugs.): *das Bemäkeln; das Bemäkeltwerden.*

be|ma|len ⟨sw. V.; hat⟩: **a)** *mit [bunten] Malereien o. Ä. versehen:* Ostereier b.; **b)** *mit Farbe streichen;* **c)** (ugs., meist iron., abwertend) *sich in übertriebener Weise schminken:* sie bemalen ihr Gesicht zu sehr; In den Parfümerien warteten die liebenswürdigsten, wahrscheinlich ständlich neu bemalten Mädchen in einem umfangenden Duft (Kronauer, Bogenschütze 47).

Be|ma|lung, die; -, -en: **a)** *das Bemalen; das*

Bemaltwerden; **b)** *Farbschicht, Malerei, die an etw. angebracht ist:* die alte B. wird freigelegt.

be|män|geln ⟨sw. V.; hat⟩: *als Fehler od. Mangel kritisieren, rügen, beanstanden; monieren:* an der Qualität war nichts zu b.

Be|män|ge|lung, (seltener:) **Be|mäng|lung,** die; -, -en: *das Bemängeln; das Bemängeltwerden.*

be|man|nen ⟨sw. V.; hat⟩: [mhd. bemannen, zu: mannen = bemannen; zum Mann werden, sich als Mann zeigen, zu ↑ Mann] *mit einer Mannschaft ausrüsten, besetzen:* ein Boot, Schiff, Flugzeug b.

Be|man|nung, die; -, -en: **a)** *das Bemannen; das Bemanntwerden;* **b)** *Mannschaft, Besatzung.*

be|män|teln ⟨sw. V.; hat⟩ [zu ↑ Mantel] (geh.): *beschönigend, verharmlosend [hinter anderem] verbergen; verschleiern, vertuschen:* ich bemänt[e]le meine Fehler gar nicht.

Be|män|te|lung, (seltener:) **Be|mänt|lung,** die; -, -en: *das Bemänteln; das Bemänteltwerden.*

be|ma|ßen ⟨sw. V.; hat⟩ (Fachspr.): *(eine Zeichnung, Landkarte o. Ä.) mit einem Maß[stab] versehen:* die Karte muss noch bemaßt werden.

Be|ma|ßung, die; -, -en: *das Bemaßen.*

be|mas|ten ⟨sw. V.; hat⟩: *(ein Schiff, Boot o. Ä.) mit einem Mast, mit Masten versehen.*

Be|mas|tung, die; -, -en: **1.** ⟨o. Pl.⟩ *das Bemasten.* **2.** *Gesamtheit der Masten eines Schiffs.*

be|mau|ten ⟨sw. V.; hat⟩ (bes. österr. Amtsspr.): *mit einer Maut* (a) *belegen:* Autobahnen, Fernstraßen b.

Be|mau|tung, die; -, -en (bes. österr. Amtsspr.): *das Bemauten; das Bemautetwerden:* die geplante B. der Autobahnen.

Bem|bel, der; -s, - [zu landsch. bampeln = bammeln, pendeln]: **a)** (landsch., bes. westmd.) *Glockenschwengel; kleine Glocke;* **b)** (hess.) *Krug für Apfelwein.*

be|meh|len ⟨sw. V.; hat⟩ (Kochkunst): *mit Mehl bestäuben:* die Kuchenform b.

Be|meh|lung, die; - (bes. Bäckerei): **1.** *das Bemehlen; das Bemehltwerden.* **2.** *Mehlschicht.*

be|mei|ern ⟨sw. V.; hat⟩: **1.** [mhd. bemeieren, zu ↑ Meier] (früher) *(ein Gut, einen Hof) verpachten.* **2.** [entw. zu jidd. more = Einschüchterung, Furcht od. nach dem Recht des Meiers, die Bauern zum Verkauf ihrer Güter zu zwingen] (ugs.): *übervorteilen, überlisten.*

be|meis|tern ⟨sw. V.; hat⟩ (geh.): **a)** *mit etw. fertigwerden; etw. bezwingen:* seinen Zorn, seine Erregung b.; **b)** ⟨b. + sich⟩ *sich beherrschen, zusammennehmen;* **c)** ⟨b. + sich⟩ (selten) *sich jmds. bemächtigen, jmdn. erfassen:* Wut bemeisterte sich seiner; ♦ **d)** *bemächtigen* (a): ...wofern er sich nur einmal seines Herzens bemeistert hätte (Wieland, Agathon 11, 2).

be|merk|bar ⟨Adj.⟩: *deutlich zu merken, wahrzunehmen; spürbar, erkennbar, wahrnehmbar:* eine leichte Besserung ist b.; * *sich b. machen* (1. *durch Gesten o. Ä. auf sich aufmerksam machen:* er machte sich durch Husten b. 2. *sich zeigen, eine bestimmte Wirkung ausüben:* ihr Einfluss macht sich deutlich b.).

be|mer|ken ⟨sw. V.; hat⟩ [mhd. bemerken = beobachten]: **1. a)** *wahrnehmen, entdecken, erkennen:* wir bemerkten nicht sein Erstaunen, seine Unsicherheit; **b)** (selten) *mit Interesse Kenntnis von etw. nehmen:* Und als mein erster Gedichtband sehr bemerkt worden war, da ... (Th. Mann, Hoheit 122). **2.** *äußern, [kurz] sagen, einwerfen:* ich darf b., dass ...; nebenbei bemerkt, der Wein ist gut; »Ihr seid ja beide verrückt!« bemerkte Siegmund trocken (Musil, Mann 928). ♦ **3.** *schriftlich vermerken:* Habt Ihr's bemerkt im Protokoll, Herr Schreiber (Kleist, Krug 7).

be|mer|kens|wert ⟨Adj.⟩: **a)** *beachtlich, bedeutend, ziemlich groß:* euer Eifer ist b.; **b)** *Aufmerksamkeit, Beachtung verdienend:* eine -e

Münzsammlung; **c)** ⟨intensivierend bei Adj.⟩ *sehr, ungewöhnlich:* eine b. schöne Kollektion.

be|mer|kens|wer|ter|wei|se ⟨Adv.⟩: *was Beachtung verdient; erstaunlicherweise:* b. stieg die Aktie bereits vor der Bekanntgabe der Übernahme.

Be|mer|kung, die; -, -en: **1. a)** *kurze Äußerung: treffende* -en; **b)** *schriftliche Anmerkung, Notiz:* er hatte eine B. im Zeugnis. **2.** (veraltend selten) *Wahrnehmung, Entdeckung.*

be|mes|sen ⟨st. V.; hat⟩: **a)** *[nach Berechnung od. Schätzung] festlegen, zuteilen, dosieren:* Einmal erwies es sich, dass man den Wintervorrat an Schnaps zu knapp bemessen hatte (Bergengruen, Rittmeisterin 132); **b)** ⟨b. + sich⟩ *nach etw. berechnet, festgelegt werden:* die Steuern bemessen sich nach dem Einkommen; knapp bemessene Zeit.

Be|mes|sung, die; -, -en: *das Bemessen; das Bemessenwerden.*

Be|mes|sungs|grund|la|ge, die (Fachspr.): *Grundlage, Maßstab zur Berechnung der Steuer, der Leistung der Sozialversicherung o. Ä.*

be|mit|lei|den ⟨sw. V.; hat⟩: *bedauern; Mitleid mit jmdm. empfinden.*

be|mit|lei|dens|wert ⟨Adj.⟩: *in einem Zustand befindlich, der Mitleid verdient; bedauernswert:* ein -er Mensch.

be|mit|telt ⟨Adj.⟩: *mit Geldmitteln genügend ausgestattet; wohlhabend.*

Bemm|chen, das; -s, -: Vkl. zu ↑ Bemme.

Bem|me, die; -, -n [H. u., viell. zu ostmd. bammen, bampen = essen, naschen] (ostmd.): *bestrichene, belegte Brotscheibe.*

be|mo|geln ⟨sw. V.; hat⟩ (ugs. scherzh.): *ein wenig betrügen, nicht ganz ehrlich sein.*

be|mü|hen ⟨sw. V.; hat⟩ [spätmhd. bemüejen = belästigen, zu ↑ mühen]: **1.** ⟨b. + sich⟩ *sich Mühe geben, sich anstrengen, einer Aufgabe gerecht zu werden, sie zu bewältigen:* ich will mich b., pünktlich zu sein; bitte bemühen Sie sich nicht! *(machen Sie sich keine Umstände!);* **b)** *sich kümmern; etw. für jmdn., etw. tun:* sie bemühten sich um den Kranken, um die Gäste; **c)** *Anstrengungen machen, um jmdn., etw. für sich zu gewinnen; zu erlangen suchen:* sich um eine Stellung b. **2.** ⟨b. + sich⟩ (geh.) *sich an einen bestimmten Ort begeben; sich die Mühe machen, einen Platz aufzusuchen:* sich vom Nachbarn b. **3.** (geh.) *in Anspruch nehmen; zu Hilfe holen:* dürfen wir Sie noch einmal b.?

Be|mü|hen, das; -s (geh.): *Mühe, Anstrengung, Bemühung (um etw.):* vergebliches B.

be|mü|hend ⟨Adj.⟩ (schweiz.): *unerfreulich, peinlich:* eine -e Geschichte.

be|müht ⟨Adj.⟩: *angestrengt eifrig; gewollt, betont:* ein allzu -es Referat.

Be|müht|heit, die; - (schweiz.): *das Bemühtsein, Bemühung.*

Be|mü|hung, die; -, -en: ⟨meist Pl.⟩ *das Sichbemühen; Anstrengung:* angestrengte, vergebliche -en; **b)** ⟨Pl.⟩ *(auf Rechnungen) berufliche Dienstleistungen (bes. eines Arztes, Anwalts, Handwerkers o. Ä.):* ärztliche -en.

be|mü|ßi|gen, sich ⟨sw. V.; hat⟩ [zu ↑ müßig] (geh., selten): *sich einer Sache (eigentlich unnötigerweise) bedienen:* * **sich bemüßigt sehen/ fühlen/finden** (geh., oft iron.) *sich veranlasst, genötigt fühlen, etw. [eigentlich Überflüssiges, Unnötiges] zu tun:* ich fühlte mich bemüßigt, eine B. zu halten).

be|mus|tern ⟨sw. V.; hat⟩ (Kaufmannsspr.): *mit Mustern versehen, beliefern; jmdm. Muster zuschicken:* einen Katalog b.

Be|mus|te|rung, die; -, -en: *das Bemustern; das Bemustertsein.*

be|mut|tern ⟨sw. V.; hat⟩: *wie eine Mutter betreuen, umsorgen:* er wollte von ihr nur bemuttert werden.

Be|mut|te|rung, die; -, -en: *das Bemuttern; das Bemutterwerden.*

be|mützt ⟨Adj.⟩: *mit einer Mütze [bekleidet].*

Ben [hebr., arab. ben]: *Sohn, Enkel* (Teil von arabischen u. hebräischen Personennamen).

BEN = Bestätigungsnummer.

be|nach|bart ⟨Adj.⟩: *nahe gelegen; daneben, in der Nähe befindlich, wohnend:* im -en Ort; eine -e Familie; Mir b. saß, bei Vesper-Erfrischungen ebenfalls, eine dreiköpfige Gruppe von Herrschaften (Th. Mann, Krull 330).

be|nach|rich|ti|gen ⟨sw. V.; hat⟩: *unterrichten, in Kenntnis setzen; jmdm. Nachricht geben; informieren:* wurden die Angehörigen benachrichtigt?

Be|nach|rich|ti|gung, die; -, -en: **a)** *das Benachrichtigen; das Benachrichtigtwerden:* eine B. der Angehörigen; **b)** *Nachricht, Mitteilung:* die offizielle B. ist eingetroffen.

be|nach|tei|li|gen ⟨sw. V.; hat⟩ [zu ↑ Nachteil]: *schlechter behandeln, hinter andere zurücksetzen; jmdm. nicht das Gleiche zugestehen wie anderen:* er benachteiligte seinen Sohn gegenüber der Tochter; diese Bestimmung benachteiligt Frauen; ein wirtschaftlich benachteiligtes Gebiet; sich benachteiligt fühlen.

Be|nach|tei|lig|te, die/ein Benachteiligte; der/ einer Benachteiligten, die Benachteiligten/zwei Benachteiligte: *weibliche Person, die benachteiligt wird.*

Be|nach|tei|lig|ter, der Benachteiligte/ein Benachteiligter; des/eines Benachteiligten, die Benachteiligten/zwei Benachteiligte: *Person, die benachteiligt wird:* die große Gruppe der Benachteiligten.

Be|nach|tei|li|gung, die; -, -en: *das Benachteiligen; das Benachteiligtwerden.*

be|na|geln ⟨sw. V.; hat⟩: **a)** *mit Nägeln versehen:* Schuhe b.; **b)** *(durch Aufnageln von etw.) mit etw. bedecken:* ein Dach mit Dachpappe b.

be|na|gen ⟨sw. V.; hat⟩: *nagend anfressen; an etw. nagen:* das Wild benagt die Bäume; das Wasser benagt die Ufer *(zerstört sie langsam).*

be|nä|hen ⟨sw. V.; hat⟩: **a)** *(durch An-, Aufnähen von etw.) mit etw. versehen:* die Decke mit einer Borte b.; **b)** *säubern (3);* **c)** (fam.) *Kleidung für jmdn. nähen:* sie benähte ihre Kinder selbst.

be|nam|sen ⟨sw. V.; hat⟩ (ugs. scherzh.): *benennen; mit einem [Spitz]namen versehen.*

be|nannt: ↑ benennen.

be|näs|sen ⟨sw. V.; hat⟩ (geh.): *[ein wenig] nass machen:* Tränen benässen sein Gesicht; Alle Hunde ... schnüffelten gen Himmel, als sollte Abdeckerfleisch regnen, dann aber hoben sie ein Hinterbein und benässten den Gassenprellstein (Strittmatter, Wundertäter 228).

Bench|mark [ˈbɛntʃmark, ...maːɐ̯k], die; -, -s od. der; -s, -s [engl. benchmark] (bes. Wirtsch.): *Maßstab für den Vergleich von Leistungen.*

Bench|mar|king, das; -s [engl. benchmarking, zu: to benchmark = Maßstäbe setzen] (bes. Wirtsch.): *Vergleich von Herstellungsprozessen, Managementpraktiken u. Produkten od. Dienstleistungen, um Leistungsdefizite aufzudecken.*

Ben|del: frühere Schreibung für ↑ Bändel usw.

be|ne|beln ⟨sw. V.; hat⟩: **a)** *(von alkoholischen Getränken) jmdn. den Verstand trüben, jmdn. nicht mehr klar denken lassen:* der Wein benebelt ihn, seine Sinne; leicht benebelt sein; mit benebeltem Kopf aufwachen; **b)** *leicht betäuben:* der Duft benebelte ihn.

Be|ne|be|lung, Be|neb|lung, die; -, -en: *das Benebeltsein.*

be|nebst ⟨Präp. mit Dativ⟩ [↑ nebst] (scherzh., veraltet): *[zugleich] mit:* ◆ ...dann wurde das eiserne Gitterwerk von der Pforte abgebrochen und b. den Pflastersteinen des Hofplatzes samt allen entbehrlichen Hausmobilien nach und nach in Geld umgesetzt (Immermann, Münchhausen 89).

be|ne|dei|en ⟨sw. V.; hat⟩ [mhd. benedī(g)en für kirchenlat. benedicere, aus lat. bene = gut u. dicere = sagen] (christl. Rel. veraltet): *segnen, lobpreisen:* er hat Gott gelobt und gebenedeit/ (auch:) benedeit.

Be|ne|dic|tus, das; -, - [subst. 2. Part. von kirchenlat. benedicere, ↑ benedeien] (christl. Rel.): **a)** [nach dem Anfangswort im Lobgesang des Zacharias, Lukas 1, 68] *liturgischer Hymnus (im katholischen Stundengebet);* **b)** [nach dem Anfangswort Benedictus (qui venit) = Gelobt (der da kommt); nach Matth. 21, 9 u. a.] *zweiter Teil des Sanctus.*

Be|ne|dik|ti|ner, der; -s, -: **1.** [kirchenlat. benedictinus, nach dem hl. Benedikt von Nursia] *Mönch des Benediktinerordens.* **2.** [frz. bénédictine; der Likör wurde zuerst von frz. Benediktinern hergestellt] *spezieller Kräuterlikör.*

Be|ne|dik|ti|ner|ab|tei, die: *Abtei des Benediktinerordens.*

Be|ne|dik|ti|ne|rin, die; -, -nen: *Angehörige eines nach dem Vorbild des Benediktinerordens lebenden Frauenordens.*

Be|ne|dik|ti|ner|klos|ter, das: *Kloster des Benediktinerordens.*

Be|ne|dik|ti|ner|or|den, der ⟨o. Pl.⟩: *von Benedikt von Nursia gegründeter Mönchsorden* (Abk.: OSB, O. S. B. [Ordo Sancti Benedicti]).

Be|ne|dik|ti|ner|re|gel, die ⟨o. Pl.⟩: *von Benedikt von Nursia verfasste Mönchsregel.*

Be|ne|dik|ti|on, die; -, -en [kirchenlat. benedictio] (kath. Kirche): *Segen, Segnung.*

be|ne|di|zie|ren ⟨sw. V.; hat⟩ [kirchenlat. benedicere, ↑ benedeien] (kath. Kirche): *segnen, weihen:* das Wasser b.

Be|ne|fit [auch: ˈbɛnə...], der; -s, -s [engl. benefit = Vorteil, Vorzug; ↑ Benefizium] (Med., Wirtsch.): *Nutzen, Vorteil, Ertrag:* der B. des Medikaments für den Patienten liegt in der schnelleren Wirksamkeit.

Be|ne|fiz, das; -es, -e [↑ Benefizium]: **1. a)** (veraltet) *Vorstellung zu Ehren eines Künstlers, einer Künstlerin;* **b)** *Wohltätigkeitsveranstaltung, -vorstellung:* ein B. für Afrika. **2.** ↑ Benefizium (2, 3).

Be|ne|fi|zi|ant, der; -en, -en: *Nutznießer eines Benefizes (1).*

Be|ne|fi|zi|an|tin, die; -, -nen: w. Form zu ↑ Benefiziant.

Be|ne|fi|zi|ar, der; -s, -e [mlat. beneficiarius], **Be|ne|fi|zi|at,** der; -en, -en [mlat. beneficiatus]: *Inhaber eines Benefiziums (3).*

Be|ne|fi|zi|um, das; -s, ...ien: **1.** [lat. beneficium, aus: bene = gut u. facere = machen, tun] (veraltet) *Wohltat, Begünstigung.* **2.** [mlat.] *mittelalterliches Lehen.* **3.** (kath. Kirchenrecht) *Pfründe.*

Be|ne|fiz|kon|zert, das: *Wohltätigkeitskonzert.*

Be|ne|fiz|spiel, das: *Spiel (1 d, 5 a), dessen Ertrag einer Person od. Organisation zur Verfügung gestellt wird.*

be|neh|men ⟨st. V.; hat⟩: **1.** ⟨b. + sich⟩ [seit dem 18. Jh.] *sich (in einer bestimmten Weise) verhalten, betragen:* sich gut, unmöglich, wie ein Idiot b.; sich [un]höflich gegen jmdn. b.; sich gegenüber b.; sich nicht b. können *(schlechte Umgangsformen haben);* Helmut probierte in einem ganz und gar scherzhaften Ton zu sagen: Kinder, benehmt euch *(betragt euch gut;* M. Walser, Pferd 84). **2.** [mhd. benemen, ahd. biniman] (geh.) *wegnehmen, entziehen, rauben:* man hat ihnen nicht das Recht, sich zu entscheiden. **3.** (selten) [jmdm.] *die Sinne trüben, nicht mehr klar denken lassen:* der Wein hat mir den Kopf benommen.

Be|neh|men, das; -s: **1.** *Art, wie sich jmd. benimmt; Verhalten, Betragen:* höfliches, flegelhaftes B.; sein B. war tadellos; kein B. haben *(unerzogen sein, schlechte Manieren, Allüren haben);* ... er versucht, durch demütiges B. Sympathien zu gewinnen (Fallada, Mann 145).
2. * *sich mit jmdm. ins B. setzen* (Papierdt.; *mit jmdm. wegen etw. Verbindung aufnehmen, sich verständigen;* zu veraltet sich benehmen = sich verständigen).
be|nei|den ⟨sw. V.; hat⟩ [mhd. benīden]: **a)** *auf jmdn., etw. neidisch sein:* jmdn. um seinen Reichtum, seine Erfolge, wegen seiner Fähigkeiten b.; er ist nicht zu b. *(es geht ihm schlecht, er ist in einer schwierigen Lage);* er war das beneidete Vorbild vieler; Ö, wie ich deinesgleichen beneide (Frisch, Nun singen 119); ◆ **b)** *neiden:* ...dass Frankreich noch das Einzige an uns verlieren würde, was wir ihm beneidet hatten (Schiller, Don Carlos I, 4).
be|nei|dens|wert ⟨Adj.⟩: *sehr gut, schön, angenehm o. ä. u. so Anlass zum Neidischwerden bietend:* ein -er Erfolg; hier ist es b. ruhig.
Be|ne|lux [auch, österr. nur: beneˈlʊks]: *Gesamtheit der drei Beneluxstaaten.*
Be|ne|lux|land, Be|ne|lux-Land, das ⟨meist Pl.⟩: *Beneluxstaat.*
Be|ne|lux|staat, Be|ne|lux-Staat, der ⟨meist Pl.⟩ [Kurzwort aus: **Bel**gien, **Ne**derland, **Lux**emburg]: *einzelner Staat der in einer Wirtschaftsunion zusammengeschlossenen Länder Belgien, Niederlande, Luxemburg.*
be|nen|nen ⟨unr. V.; hat⟩ [mhd. benennen]: **1.** *mit einem Namen versehen; jmdm., einer Sache einen bestimmten Namen geben:* den Sohn nach seinem Vater, eine Straße nach einer Dichterin b.; eine Pflanze nicht b. können *(den Namen nicht wissen);* ...ich habe keine Ahnung, wie man die Dinge fachmännisch benennt *(bezeichnet;* Remarque, Westen 174). **2.** *(für eine bestimmte Aufgabe) namhaft machen; als geeignet angeben:* jmdn. als Kandidatin, als Kandidaten b.
Be|nen|nung, die; -, -en: **1.** ⟨o. Pl.⟩ *das Benennen; das Benanntwerden.* **2.** *Name, Bezeichnung:* für diesen Gegenstand gibt es verschiedene -en.
be|net|zen ⟨sw. V.; hat⟩ (geh.): *leicht befeuchten, anfeuchten:* die Lippen b.; ein von Tränen benetztes Gesicht.
Ben|ga|le, der; -n, -n: **1.** Ew. zu ↑Bengalen.
2. ↑Bangale.
Ben|ga|len; -s: *Provinz in Indien.*
Ben|ga|li, das; -[s]: *Sprache der Bengalen.*
Ben|ga|lin, die; -, -nen: w. Form zu ↑Bengale.
ben|ga|lisch ⟨Adj.⟩: **1.** *Bengalen, die Bengalen betreffend; von den Bengalen stammend.* **2.** [in Bengalen war bunte, durch Brennstoffe erzeugte Festbeleuchtung üblich] *in gedämpft buntem, ruhigem Licht erscheinend:* -e Beleuchtung; -es Feuer *(zu einem Feuerwerk verwendetes buntes Feuer);* Traumsicher stieg ich in den Schacht ein, auf dessen Grund es grünlich leuchtete. Sprosse um Sprosse kletterte ich abwärts, und immer -er wurde das Licht (Burger, Blankenburg 18).
Ben|ga|lo, der; -s, -s (ugs.): *Feuerwerkskörper;* bengalisches Feuer: im Fußballstadion wurden -s gezündet.
Ben|gel, der; -s, -, ugs., bes. nordd. auch: -s [mhd. bengel = derber Stock, Knüppel, zu benge(l)n = laut schlagen, lautm. Verb mit der Bed. »schlagen«]:
1. [frühnhd.; zur Bedeutungsentwicklung vgl. Flegel] **a)** *[frecher] junger Bursche; Halbwüchsiger:* ein [starker] B. von 15 Jahren; so ein dummer B.!; **b)** (fam.) *niedlicher kleiner Junge:* ein goldiger B. **2.** (veraltet, noch landsch.) *(kurzes) Holzstück, Knüppel:* * den B. [zu hoch, zu weit]

werfen (schweiz.; *[unberechtigte] Ansprüche, Forderungen stellen).*
be|nie|sen ⟨sw. V.; hat⟩ (ugs. scherzh.): *eine kurz zuvor gefallene Äußerung, dem Aberglauben nach, durch Niesen bestätigen:* er hats beniest, da muss es wohl stimmen!
Be|nimm, der; -s (ugs.): *das Benehmen (1).*
Be|nimm|re|gel, die ⟨meist Pl.⟩: *Regel für gutes Benehmen:* sich an die -n halten.
Be|nin; -s: *Staat in Afrika (früher Dahome[y]).*
Ben|ja|min [ˈbɛnjamiːn], der; -s, -e [hebr. Binyamîn, im A. T. jüngster Sohn Jakobs (1. Mos. 35, 24 ff. u. a.)] (scherzh.): *Jüngster (einer Familie od. Gruppe):* er ist der B. in seiner Klasse.
ben mar|ca|to [ital.] (Musik): *gut betont, scharf markiert, akzentuiert.*
be|nom|men ⟨Adj.⟩ [zu: benehmen (2), eigtl. = dem Bewusstsein entzogen]: *durch eine bestimmte [äußere] Einwirkung auf die Sinne wie nicht mehr voll Reaktionsfähigkeit eingeschränkt:* ein -es Gefühl; er war durch den Sturz ganz b.; sich [wie] b. erheben.
Be|nom|men|heit, die; -: *das Benommensein.*
be|no|ten ⟨sw. V.; hat⟩ (Amtsspr.): *bewerten, mit einer Note (2) versehen:* eine Arbeit gerecht b.
be|nö|ti|gen ⟨sw. V.; hat⟩: **a)** *zu einem bestimmten Zweck nötig haben, brauchen:* Geld, Hilfe, eine Hilfskraft b.; die Ware wird dringend benötigt; * ◆ *einer Sache benötigt sein (eine Sache benötigen:* ...eine... Stadtfrau, die ... so vieler Dinge b. ist [Keller, Romeo 61]); **b)** *(aufgrund einer Vorschrift o. Ä.) besitzen müssen:* für den Grenzübertritt [k]ein Visum b.
Be|no|tung, die; -, -en: *das Benoten; das Benotetwerden.*
ben te|nu|to [ital.] (Musik): *gut gehalten (8 a).*
Ben|thal, das; - [zu griech. bénthos = Tiefe] (Geogr.): *gesamte Bodenregion der Meere, Seen u. Fließgewässer.*
Ben|thos, das; - [griech. bénthos = Tiefe] (Biol.): *Gesamtheit der über, auf od. im Grund od. im Uferbereich von Gewässern lebenden pflanzlichen u. tierischen Organismen.*
be|num|mern ⟨sw. V.; hat⟩: *mit einer Nummer versehen, nummerieren.*
be|nutz|bar, (südd., österr. u. schweiz. meist:) **be|nütz|bar** ⟨Adj.⟩: *zum Benutzen geeignet.*
Be|nutz|bar|keit, (südd., österr. u. schweiz. meist:) **Be|nütz|bar|keit,** die; -: *das Benutzbarsein.*
be|nut|zen, (südd., österr. u. schweiz. meist:) **be|nüt|zen** ⟨sw. V.; hat⟩ [mhd. (md.) benützen]:
a) *sich einer Sache (ihrem Zweck entsprechend) bedienen; gebrauchen, verwenden:* keine Seife b.; für seine Arbeit verschiedenes Werkzeug b.; den vorderen Eingang b. *(vorne hineingehen);* ordinäre Ausdrücke b.; das Auto, ein Taxi b. *(damit fahren);* das benutzte Geschirr spülen.
b) *(zu einem bestimmten Zweck) gebrauchen, verwenden:* einen Namen als Esszimmer b.; jmdn., etw. als Alibi, als Vorwand b.; **c)** *für einen bestimmten Zweck ausnutzen:* den freien Tag für einen Ausflug b.
Be|nut|zer, (südd., österr. u. schweiz. meist:) **Be|nüt|zer,** der; -s, -: *jmd., der etw. [leihweise] benutzt.*
be|nut|zer|de|fi|niert ⟨Adj.⟩ (EDV): *vom Benutzer, von der Benutzerin festgelegt; nicht standardmäßig.*
be|nut|zer|freund|lich, (südd., österr. u. schweiz. meist:) **be|nüt|zer|freund|lich** ⟨Adj.⟩: *für den Benutzer von etw. angenehm, leicht handhabbar:* -e Wörterbücher; ein -es Computerprogramm.
Be|nut|zer|freund|lich|keit, (südd., österr. u. schweiz. meist:) **Be|nüt|zer|freund|lich|keit,** die: *Bedienbarkeit; benutzerfreundliche Beschaffenheit.*

Be|nut|zer|füh|rung, die (EDV): *Hilfestellung durch [selbsterklärende od. intuitiv (a) erschließbare] Elemente auf der Benutzeroberfläche, die eine Anwendung bedienbar machen.*
Be|nut|ze|rin, (südd., österr. u. schweiz. meist:) **Be|nüt|ze|rin,** die; -, -nen: w. Formen zu ↑Benutzer, Benützer.
Be|nut|zer|kreis, (südd., österr. u. schweiz. meist:) **Be|nüt|zer|kreis,** der: *Gesamtheit der Personen, die etw. benutzen [können].*
Be|nut|zer|na|me, (südd., österr. u. schweiz. meist:) **Be|nüt|zer|na|me,** der (bes. EDV): *Name, mit dem man sich bei einem Computerprogramm anmeldet u. der von diesem erkannt wird.*
Be|nut|zer|ober|flä|che, (südd., österr. u. schweiz. meist:) **Be|nüt|zer|ober|flä|che,** die (EDV): *auf dem Bildschirm eines Computers sichtbare Darstellung eines Programms (4).*
Be|nut|zung, (südd., österr. u. schweiz. meist:) **Be|nüt|zung,** die; -: *Verwendung, Gebrauch:* etw. in B. nehmen; etw. ist nicht mehr in B.
Be|nut|zungs|ge|bühr, (südd., österr. u. schweiz. meist:) **Be|nüt|zungs|ge|bühr,** die; -: *Leihgebühr; festgesetzter Preis für die Benutzung eines Gegenstandes od. einer Einrichtung.*
Be|nut|zungs|ord|nung, (südd., österr. u. schweiz. meist:) **Be|nüt|zungs|ord|nung,** die: *Zusammenfassung von Vorschriften über die Benutzung einer Einrichtung:* die B. einer Bibliothek.
Benz|al|de|hyd [aus ↑Benzoesäure u. ↑Aldehyd]: *(bes. als Riechstoff od. Aroma 2 verwendeter) nach Bittermandelöl riechender Aldehyd.*
ben|zen ⟨sw. V.; hat⟩ [H. u.] (bayr., österr. mundartl.): **a)** *inständig, beharrlich bitten:* das Kind benzte so lange, bis es seinen Willen bekam; **b)** *tadeln:* sie findet dauernd etwas zu b.
Ben|zin, das; -s, (Arten:) -e [1833 geb. von dem Chemiker E. Mitscherlich (1794–1863), urspr. = aus Benzoe gewonnenes Öl, auf Betreiben Liebigs 1834 auf das Erdöldestillat übertragen, zu mlat. benzoë, ↑Benzoe]: *Gemisch aus gesättigten Kohlenwasserstoffen, das als Treibstoff für Ottomotoren u. als Reinigungs- u. Lösungsmittel verwendet wird.*
Ben|zin|ab|schei|der, der (Technik): *Teil der Kläranlage, der dem Ausscheiden von Benzin (u. Ölen) dient.*
Ben|zin|ein|sprit|zung, die (Kfz-Technik): *Zuführung von Kraftstoff durch Einspritzpumpen.*
Ben|zi|ner, der; -s, - (Jargon): *mit Benzin betriebener Kraftwagen.*
Ben|zin|feu|er|zeug, das: *mit Benzin betriebenes Feuerzeug.*
Ben|zin|ge|ruch, der: *Geruch nach Benzin.*
Ben|zin|ka|nis|ter, der: *Kanister zur Aufbewahrung od. zum Transport von Benzin.*
Ben|zin|kut|sche, die (ugs. scherzh.): *Auto.*
Ben|zin|lei|tung, die: *dünnes Rohr od. Schlauch aus Metall für die Benzinzufuhr.*
Ben|zin|mo|tor, der; -s, -en, auch: -e: *mit Benzin betriebener Motor.*
Ben|zin|preis, der: *Preis für Benzin.*
Ben|zin|preis|er|hö|hung, die: *Erhöhung des Benzinpreises.*
Ben|zin|pum|pe, die (Kfz-Technik): *Aggregat zur Förderung des Benzins vom Tank zum Vergaser od. zur Einspritzpumpe.*
Ben|zin|steu|er, die (ugs.): *Mineralölsteuer.*
Ben|zin|tank, der: *Tank für Benzin.*
Ben|zin|uhr, die (Kfz-Technik): *Gerät, das anzeigt, wie viel Benzin im Tank ist.*
Ben|zin|ver|brauch, der: *Verbrauch an Benzin.*
Ben|zin|zu|fuhr, die: *Zufuhr von Benzin.*
Ben|zo|di|a|ze|pin, das; -s, -e ⟨meist Pl.⟩ [aus benzo- = Wortbildungselement zur Kennzeichnung bestimmter Kohlenwasserstoffverbindun-

gen (zu ↑ Benzol), di- = zwei (griech. dís) u. Azepin = eine chem. Verbindung mit bestimmter Ringstruktur] (Chemie, Med.): *Tranquilizer mit angsthemmender, beruhigender u. entspannender Wirkung.*

Ben|zoe ['bɛntsoe], die; - [mlat. benzoē < älter ital. bengiuì, zu arab. lubān ǧāwī = javanischer Weihrauch]: *vanilleartig duftendes Harz (ostindischer u. indonesischer Herkunft), das als Heilmittel, Räuchermittel u. zur Herstellung von Parfüm verwendet wird.*

Ben|zoe|baum, der: *(in Hinterindien u. im Malaiischen Archipel heimischer) Baum mit elliptischen, schwach gezähnten, immergrünen Blättern, der Benzoe liefert.*

Ben|zoe|säu|re, die ⟨o. Pl.⟩ (Chemie): *Mittel zur Konservierung von Nahrungsmitteln.*

Ben|zol, das; -s, ⟨Arten:⟩ -e [zu ↑ Benzoe u. ↑ Alkohol] (Chemie): *(aus Erdöl, Steinkohlenteer u. Gasen gewonnener) einfachster aromatischer Kohlenwasserstoff.*

Benz|py|ren, das; -s [zu griech. pyroûn = brennen] (Chemie): *Krebs erzeugender Kohlenwasserstoff in Tabakrauch, Auspuffgasen u. a.*

Ben|zyl, das; -s [zu griech. hýlē = Stoff, Materie] (Chemie): *einwertige Restgruppe des Toluols (Bestandteil zahlreicher Verbindungen).*

Ben|zyl|al|ko|hol, der (Chemie): *in vielen Blütenölen vorkommender Alkohol (als Grundstoff für Parfüme).*

Beo, der; -s, -s [indones.]: *(in Indien heimischer) größerer schwarzer Singvogel.*

be|ob|acht|bar ⟨Adj.⟩: *sich feststellen, beobachten lassend:* -e Vorgänge.

be|ob|ach|ten ⟨sw. V.; hat⟩ [zu ↑ Obacht]: **1. a)** *über eine gewisse Zeit aufmerksam, genau betrachten, mit den Augen verfolgen:* jmdn. kritisch b.; wer hat den Vorfall beobachtet *(zufällig gesehen)?;* sich beobachtet fühlen; Er beobachtete sie durch die halbgeöffneten Lider hindurch (Böll, Haus 5); **b)** *über eine gewisse Zeit zu einem bestimmten Zweck auf jmdn., etw. achten; jmdn., etw. kontrollieren, überwachen:* einen Patienten b.; jmdn. b. *(observieren)* lassen; ... er muss sein Flugzeug steuern und Anschluss an seinen Verband halten und den Luftraum b. (Gaiser, Jagd 45). **2.** *eine bestimmte Feststellung an jmdm., etw. machen; etw. bemerken; eine Veränderung an jmdm. od. einer Sache) b.;* das ist gut beobachtet. **3.** (geh.) *(eine Vorschrift, Abmachung o. Ä.) beachten, einhalten:* die Gesetze b.; ... es gibt doch Rücksichten zu b. in diesem Leben (Th. Mann, Buddenbrooks 375).

Be|ob|ach|ter, der; -s, - : *jmd., der etw. od. jmdn. beobachtet:* ein heimlicher B.; politischen -n fiel auf, dass...

Be|ob|ach|te|rin, die; -, -nen: w. Form zu ↑ Beobachter.

Be|ob|ach|ter|sta|tus, der (Völkerrecht): *Status, der es einem Staat gestattet, bei einer internationalen Konferenz o. Ä., an der er nicht als Mitglied teilnimmt, diplomatisch vertreten zu sein.*

Be|ob|ach|tung, die; -, -en: **1.** *das Beobachten* (1); *das Beobachtetwerden:* -en anstellen; unter B. stehen *(überwacht werden).* **2.** *Feststellung, Ergebnis des Beobachtens:* seine -en aufzeichnen, für sich behalten. **3.** (geh.) *Einhaltung, Beachtung:* unter genauer B. der Vorschriften.

Be|ob|ach|tungs|ga|be, die ⟨Pl. selten⟩: *Fähigkeit zum Beobachten* (1).

Be|ob|ach|tungs|pos|ten, der: *Posten* (1 a), *von dem aus man jmdn. od. etw. beobachten kann:* auf B. stehen.

Be|ob|ach|tungs|sta|ti|on, die (Med., Meteorol., Astron.): *Station* (5 a), *die speziell für die Beobachtung von Vorgängen, die für die Wissen-*

schaft u. ihre Anwendung bedeutsam sind, eingerichtet ist.

Be|o|grad [auch: bɛˈɔ...]: *serbischer Name für* ↑ Belgrad.

be|ölen, sich ⟨sw. V.; hat⟩ [H. u.] (Jugendspr.): *sich sehr amüsieren.*

be|or|dern ⟨sw. V.; hat⟩ [zu ↑ Order]: **a)** *durch [militärische] Order [an einen bestimmten Ort] kommen lassen, bestellen:* ein Taxi zum Bahnhof b.; **b)** *jmdn. beauftragen, jmdm. befehlen:* Der Packmeister beordert einen Mann, dem Vater beizustehen (Hauptmann, Thiel 38); **c)** (Kaufmannsspr.): *bestellen.*

be|pa|cken ⟨sw. V.; hat⟩: *eine Last, mehrere Gepäckstücke auf etw. laden od. jmdm. zu tragen geben:* ein Auto, den Esel b.

be|pelzt ⟨Adj.⟩: *mit einem Pelz versehen, bekleidet:* -e Pfoten.

be|pflan|zen ⟨sw. V.; hat⟩: *mit Pflanzen versehen:* den Blumenkasten mit Stiefmütterchen b.; ein frisch bepflanztes Beet.

Be|pflan|zung, die; -, -en: **1.** *das Bepflanzen.* **2.** *Gesamtheit der an einer bestimmten Stelle eingepflanzten Blumen, Sträucher o. Ä.*

be|pflas|tern ⟨sw. V.; hat⟩: **a)** (ugs.) *mit einem Pflaster* (2) *versehen, bedecken:* eine Wunde b.; **b)** *mit Pflastersteinen versehen:* eine Straße mit Natursteinen b.; **c)** (ugs.) *bedecken* (1), *zupflastern:* eine Wand mit Plakaten b.

be|pin|seln ⟨sw. V.; hat⟩: **1.** (ugs.) *mit etw. einpinseln, (mit einem Pinsel) bestreichen:* den Kuchen mit Ei b. **2.** (ugs. abwertend) *anstreichen, bemalen:* die Wände [mit Farbe] b. **3.** (ugs. abwertend) *sich übertrieben schminken.* **4.** *flüchtig, wahllos beschreiben.*

Be|plan|kung, die; -, -en (Technik): *Außenhaut an Booten (auch Flugzeugen).*

Be|po, der; -s: *kurz für* ↑ Bereitschaftspolizei.

be|prei|sen ⟨sw. V.; hat⟩ (Wirtsch.): *einen Preis für etw. festsetzen; auszeichnen* (1): einen Kredit nach dem Risiko b.

Be|prei|sung, die; -, -en ⟨Pl. selten⟩ (Wirtsch.): *Festlegung eines Preises* (1): eine umsatzabhängige, marktgerechte B. von Produkten.

be|pro|ben ⟨sw. V.; hat⟩ (Fachspr.): *(bei einer Sache, einem Tier o. Ä.) eine Probe entnehmen:* ein Gewässer, ein Tier b.

be|pu|dern ⟨sw. V.; hat⟩: *mit Puder bestreuen, bestäuben:* die Haut b.

be|quat|schen ⟨sw. V.; hat⟩ (ugs.): **a)** *über etw. ausführlich reden; sich unterhalten;* **b)** *überreden:* ich hatte eigentlich keine Lust auf das Konzert, aber sie hat mich bequatscht.

be|quem ⟨Adj.⟩ [mhd. bequæme, ahd. biquāmi = zukommend, passend, tauglich, zu ↑ kommen; die heutigen Bed. seit dem 18. Jh.]: **1. a)** *angenehm, keinerlei Beschwerden od. Missbehagen verursachend:* ein -er Sessel; b. sitzende *(nicht beengende)* Schuhe; sitzen Sie b.?; *(Aufforderung an einen Besucher o. Ä., sich ganz zwanglos zu geben, zu verhalten);* **b)** *keine Anstrengung verursachend, ohne Mühe benutzbar o. Ä.:* ein -er Weg, ein -es Leben, ein -er Posten. **2.** *leicht, mühelos zu erreichen:* der Ort ist b. [in einer Stunde] zu erreichen; dort können b. zehn Leute sitzen. **3.** (abwertend) *jeder Anstrengung abgeneigt, träge:* ein -er Mensch; dazu ist er mir zu b. ◆ **4. a)** *konziliant, ungezwungen:* Auch dieses Paar zeigte sich höchst b. in der Gegenwart (Goethe, Wahlverwandtschaften I, 10); **b)** *virtuos, souverän:* Charlotte spielte sehr gut Klavier; Eduard nicht ebenso b. die Flöte (Goethe, Wahlverwandtschaften I, 2).

be|que|men, sich ⟨sw. V.; hat⟩: **1.** *sich endlich zu etw. entschließen, wozu man keine Lust hat:* nach einiger Zeit bequemte er sich, mir zu schreiben. **2.** (veraltet) *sich fügen, sich anpas-*

sen: ◆ ... dem harten Muss bequeme sich Will' und Grille (Goethe, Urworte).

be|quem|lich ⟨Adj.⟩ [mhd. bequæmelich = passend] (veraltet): *einfach, bequem:* Der Mensch besteht nicht nur aus zweierlei Dingen, sonst wäre wahrhaftig das ganze Erdenleben eine zu -e Sache (R. Walser, Gehülfe 27).

Be|quem|lich|keit, die; -, -en [mhd. bequæmelicheit]: **1.** *das Leben erleichternde Annehmlichkeit; bequeme Einrichtung, Komfort:* seine B. haben [wollen]; der Wagen ist mit allen -en ausgestattet. **2.** ⟨o. Pl.⟩ *Trägheit:* es geschah aus purer B.; Seine B. hat ihn leider daran gehindert, das Buch zu lesen (Tucholsky, Werke II, 189). ◆ **3.** (verhüll.) *Toilette* (2): ... wo man vor ihrer B. vorbeimusste (Goethe, Benvenuto Cellini II, 4, 8).

be|ran|ken ⟨sw. V.; hat⟩: **a)** *mit rankenden Pflanzen versehen;* **b)** *sich an etw. hochranken:* Efeu berankt die Hauswand.

Be|ran|kung, die; -, -en: *das Beranken; das Beranktwerden.*

Be|rapp, der; -s [zu ↑ ¹berappen] (Bauw.): *rauer Verputz.*

be|rap|peln, sich ⟨sw. V.; hat⟩ (ugs.): **a)** *sich aufrappeln* (b); **b)** *sich aufraffen* (2 b).

¹be|rap|pen ⟨sw. V.; hat⟩ [wohl zu: rappen, mundartl. Nebenform von ↑ raffen]: **a)** (Bauw.) *Mauerwerk mit Mörtel bewerfen;* **b)** (Forstwirtsch.) *Bäume entrinden.*

²be|rap|pen ⟨sw. V.; hat⟩ [aus der Studentenspr., H. u., viell. zu rotwelsch rabbes = Zins; Gewinn] (salopp): *[widerwillig] bezahlen:* viel Geld [für etw.] b.

be|ra|ten ⟨st. V.; hat⟩ [mhd. berāten = überlegen, anordnen (refl.: sich bedenken), zu ↑ ¹raten]: **1.** *jmdm. einen Rat geben:* jmdn. gut, schlecht b.; in Verkäufer sollte seine Kunden b. können; in dieser Sache will ich mich von einem Anwalt, Fachmann b. lassen; jmdm. beratend zur Seite stehen; eine beratende Tätigkeit ausüben; Selber an jeder Art von Erotik von Natur aus uninteressiert, besaß Herr Quiche die unschätzbare Gabe, jeden Menschen in Sachen der Liebe vorurteilslos zu b. (Langgässer, Siegel 371); * **gut, schlecht beraten sein** (ugs.; *[mit einem bestimmten Verhalten] richtig, falsch handeln:* Sie sind gut beraten, wenn Sie sich vor der Reise gegen Malaria impfen lassen). **2. a)** *gemeinsam überlegen u. besprechen, über etw. Rat halten:* eine Angelegenheit, ein Vorhaben b.; **b)** *beratschlagen:* sie haben miteinander, er hat mit seiner Frau beraten, was zu tun sei; **c)** ⟨b. + sich⟩ *sich mit jmdm. [über etw.] besprechen:* ich muss mich mit meinem Anwalt über diese Sache b. ◆ **3.** ⟨b. + sich⟩ [zu mhd. rāt = Vorrat; vgl. Hausrat] *versehen* (1 a): Drum, werter Herr, beratet euch in Zeiten *(nehmt euch beizeiten eine Frau;* Goethe, Faust I, 3095).

Be|ra|ter, der; -s, -: *Ratgeber* (1); *jmd., der [berufsmäßig auf seinem Fachgebiet] Rat erteilt.*

Be|ra|te|rin, die; -, -nen: w. Form zu ↑ Berater.

Be|ra|ter|stab, der: *Stab* (2 b) *mit beratender Funktion.*

Be|ra|ter|ver|trag, der (Wirtsch.): *Vertrag, durch den sich jmd. verpflichtet, seine Erfahrung, seine Kenntnisse auf einem bestimmten Gebiet einem Unternehmen o. Ä. gegen Honorar zur Verfügung zu stellen.*

be|rat|schla|gen ⟨sw. V.; hat⟩: *gemeinsam überlegen u. ausführlich besprechen:* mit jmdm. [über] einen Plan b.

Be|rat|schla|gung, die; -, -en: *das Beratschlagen.*

Be|ra|tung, die; -, -en [Subst. zu: beraten]: **1. a)** *Erteilung eines Rates od. von Ratschlägen:* fachärztliche B.; **b)** *Besprechung, Unterredung.* **2.** *Auskunft* (2), *Beratungsstelle.*

Be|ra|tungs|an|ge|bot, das: *Angebot an Möglichkeiten, sich beraten zu lassen.*
Be|ra|tungs|aus|schuss, der: *Ausschuss, der über etw. berät od. beratende Funktion hat.*
Be|ra|tungs|dienst, der: *Dienstleistung, die darin besteht, jmdn. zu beraten:* einen B. für Kundinnen einrichten.
Be|ra|tungs|ge|sell|schaft, die: *Beratungsunternehmen.*
Be|ra|tungs|ge|spräch, das: *einer Beratung (1 a) dienendes Gespräch.*
Be|ra|tungs|gre|mi|um, das: *Gremium, das über etw. berät od. beratende Funktion hat.*
Be|ra|tungs|pau|se, die: *während einer Beratung (1 b) eingelegte Pause.*
Be|ra|tungs|schein, der: **1.** *Bescheinigung über eine Schwangerschaftskonfliktberatung.* **2.** *Bescheinigung, die dazu berechtigt, finanzielle Hilfe für eine Rechtsberatung in Anspruch zu nehmen.*
Be|ra|tungs|stel|le, die: *[Dienst]stelle, bei der sich jmd. über etw. Rat holen kann.*
Be|ra|tungs|un|ter|neh|men, das: *Unternehmen, das Unternehmensberatung (a) betreibt.*
Be|ra|tungs|zeit, die: *Zeit, die für eine Beratung (1 a) gebraucht wird.*
Be|ra|tungs|zim|mer, das: *Zimmer, in dem eine Beratung (1) stattfindet.*
be|rau|ben ⟨sw. V.; hat⟩ [mhd. berouben, ahd. biroubōn]: **a)** *jmdn. ausrauben, etw. ausplündern; jmdm. etw. [gewaltsam] entwenden:* er wurde überfallen und beraubt; ich will Sie nicht b.! *(nicht von Ihnen erbitten, was Sie nur ungern hergeben);* Als er die Unterstände tief verschneit, sorgfältig eingerissen und alles Brauchbaren beraubt fand ... (A. Zweig, Grischa 42); **b)** (geh.) *wegnehmen, entziehen:* den Angeklagten des Beistandes b.; die Familie wurde des Ernährers beraubt; Ü jmdn. seiner Selbstständigkeit b.; Der Trubel, die Fahrt erregten ihn über das Maß, beraubten ihn aller Besonnenheit (Th. Mann, Hoheit 251).
Be|rau|bung, die; -, -en: *das Berauben; das Beraubtwerden.*
be|räu|men ⟨sw. V.; hat⟩ (Amtsspr.): **1.** *räumen (1).* **2.** *räumen (2):* eine Baustelle b.
Be|räu|mung, die; -, -en ⟨Pl. selten⟩ (Amtsspr.): *das Beräumen; das Beräumtwerden.*
be|rau|schen ⟨sw. V.; hat⟩ (geh.): **a)** *in einen Rauschzustand versetzen; [be]trunken machen:* der Wein berauschte uns; berauschende Düfte; Ü der Erfolg berauschte ihn; das war nicht [sehr] berauschend (ugs.; *mittelmäßig; nichts Besonderes*); **b)** ⟨b. + sich⟩ *sich betrinken:* sie berauschten sich an dem starken Bier; Ü sich an den neuen Ideen b. *(begeistern);* Herr Belfontaine berauschte sich an den eigenen Worten (Langgässer, Siegel 215).
Be|rauscht|heit, die; -, -en: **1.** ⟨o. Pl.⟩ *das Berauschtsein.* **2.** *etw. Rauschhaftes.*
Ber|ber, der; -s, -: **1.** [arab. barbar = Berber (Pl.), viell. zu griech. bárbaros = Fremder] *Angehöriger einer nordafrikanischen Völkergruppe.* **2.** *von den Berbern (1) in Nordwestafrika geknüpfter, grober, hochfloriger Teppich aus naturfarbener Wolle [mit einfachen, großzügigen (Rauten)mustern].* **3.** *in Nordafrika gezüchtetes Reitpferd:* einen B. mit einem Araber kreuzen. **4.** [übertr. von 1] (Jargon) *Land-, Stadtstreicher, Nichtsesshafter.*
Ber|be|rin, die; -, -nen: w. Form zu ↑ Berber (1, 4).
Ber|be|rit|ze, die; -, -n [mlat. berberis < arab. barbarīs]: *als Strauch wachsende, Dornen tragende Pflanze mit eiförmigen Blättern, gelben, in Trauben wachsenden Blüten u. roten, säuerlich schmeckenden Beerenfrüchten.*
Ber|ber|tep|pich, der: *Berber (2).*
be|re|chen|bar ⟨Adj.⟩: **1.** *sich berechnen (1) las-*

send: -e Kosten. **2.** *voraussehbar, sich einschätzen lassend:* eine -e Wirkung.
Be|re|chen|bar|keit, die; -, -en: *das Berechenbarsein; Grad, in dem etw. berechenbar ist.*
be|rech|nen ⟨sw. V.; hat⟩ [mhd. berechenen = berechnen; Rechnung ablegen, ahd. birehhanōn = vollkommen machen, in Ordnung bringen]: **1.** *durch Rechnen feststellen, ermitteln:* die Kosten, eine Fläche, einen Rauminhalt, eine Entfernung b. **2.** *anrechnen, in Rechnung stellen:* ich berechne Ihnen das nur mit zehn Euro; für die Verpackung berechne ich nichts/die Verpackung berechne ich Ihnen nicht. **3.** *[aufgrund von Berechnungen] vorsehen, veranschlagen, kalkulieren:* die Bauzeit auf 7 Monate, das Buch auf 800 Seiten b.; das kalte Büfett ist für sechzig Personen berechnet; Ü alles ist auf Wirkung, auf Gewinn berechnet. ♦ **4.** *berücksichtigen, in Rechnung ziehen:* Ich disponierte gleich über ein paar Zimmer in eines benachbarten Gespielen Haus, ohne zu b., dass die alte Tante nimmermehr hergeben würde (Goethe, Lehrjahre I, 7); ... sie berechneten nicht, dass die hohen Eintrittsgelder nur eine neue indirekte Steuer waren, die sie dem Juden entrichteten (Hauff, Jud Süß 381).
be|rech|nend (abwertend): *eigennützig, auf seinen Vorteil bedacht:* ein kalt -er Mensch; er ist sehr b.
Be|rech|nung, die; -, -en: **1.** *das Berechnen:* B. der Kosten, des Umfangs; -en anstellen. **2.** ⟨o. Pl.⟩ **a)** (abwertend) *Eigennutz, auf persönlichen Vorteil zielende Absicht:* etw. aus B. tun; **b)** *sachliche Überlegung; Voraussicht:* mit kühler B. vorgehen; Margarete, in kluger B., widersprach nur flüchtig (Feuchtwanger, Herzogin 46).
Be|rech|nungs|grund|la|ge, die: *Grundlage, Basis, auf der etw. berechnet wird.*
be|rech|ti|gen ⟨sw. V.; hat⟩: *[jmdm.] das Recht, die Befugnis zu etw. geben:* die Karte berechtigt zum Eintritt; seine Erfahrung berechtigt ihn zu dieser Kritik; aufgrund ihrer sozialen Verhältnisse sind sie berechtigt *(haben sie Anspruch darauf),* Wohngeld zu beziehen; Ü ihr Talent berechtigt zu den größten Hoffnungen *(gibt begründeten Anlass dazu).*
be|rech|tigt ⟨Adj.⟩: *zu Recht bestehend, begründet:* -e Vorwürfe; ein -es Interesse; Er lacht künstlich, da er -e Angst hat, zu weit gegangen zu sein (Hochhuth, Stellvertreter 38).
Be|rech|tig|te, die/eine Berechtigte; der/einer Berechtigten, die Berechtigten/zwei Berechtigte: *weibliche Person, die etw. berechtigt ist.*
Be|rech|tig|ter, der Berechtigte/ein Berechtigter; des/eines Berechtigten, die Berechtigten/zwei Berechtigte: *Person, die zu etw. berechtigt ist.*
be|rech|tig|ter|wei|se ⟨Adv.⟩ (Papierdt.): *mit Recht:* die Betroffenen sind b. erbost.
Be|rech|ti|gung, die; -, -en ⟨Pl. selten⟩: **a)** *Recht, Befugnis:* die B. zum Unterrichten erwerben; **b)** *Rechtmäßigkeit, Richtigkeit:* die B. des Einspruchs wurde anerkannt.
Be|rech|ti|gungs|schein, der: *amtliches Papier, auf dem ein Recht, eine Befugnis bestätigt wird.*
be|re|den ⟨sw. V.; hat⟩ [mhd. bereden, auch = beweisen, überführen, ahd. biredinōn = anklagen; überführen]: **1. a)** *durchsprechen; besprechen:* wir wollen es miteinander b.; ich habe etwas mit zu b.; **b)** ⟨b. + sich⟩ *sich untereinander beratend besprechen:* wir müssen uns noch b. **2.** (veraltet, noch landsch.) *überreden, durch heftiges Zureden umstimmen:* man hat mich beredet mitzukommen; sich [nicht] b. lassen. **3.** *über jmdn., etw. [abfällig] reden:* immer musst du andere Leute, fremde Angelegenheiten b.! ♦ **4.** *einreden (1):* Berede dich, du wär' ein Waisenkind (Schiller, Don Carlos I, 2).

be|red|sam ⟨Adj.⟩: *mitteilsam, redegewandt, beredt:* ein sehr -er Vertreter.
Be|red|sam|keit, die; -: *Redegewandtheit, Redekunst:* seine ganze B. aufwenden [müssen]; etw. mit großer B. darlegen.
be|redt ⟨Adj.⟩ [mhd. beredet]: *redegewandt, etw. auf überzeugende Weise darlegend; eloquent:* die Ministerin ist sehr b.; Ü die Ruinen sind ein -es Zeugnis vergangener Größe *(sagen sehr viel aus über vergangene Zeiten, bezeugen eindrucksvoll vergangene Zeiten);* -e *(ausdrucksvolle)* Gesten; Kein Marktgeschrei ist zu hören, kein südländisches Handeln, kein -es Anpreisen der Waren (Koeppen, Rußland 21).
Be|redt|heit, die; -: *das Beredtsein.*
be|ree|dern ⟨sw. V.; hat⟩: *(als Reederei) in Besitz haben, betreuen.*
be|reg|nen ⟨sw. V.; hat⟩ [mhd. beregenen, ahd. bireganon (von natürlichem Regen)]: *mit künstlichem Regen bewässern, besprühen:* die Felder, den Rasen b.
Be|reg|nung, die; -, -en: *das Beregnen; das Beregnetwerden.*
Be|reg|nungs|an|la|ge, die: *Anlage zum Sprengen von Feldern od. Grünflächen.*
Be|reich, der, selten: das; -[e]s, -e [zu veraltet bereichen = sich erstrecken, zu ↑ reichen]: **a)** *abgegrenzter Raum, Gebiet von bestimmter Ausdehnung:* der B. um den Äquator; das Grundstück liegt im B., außerhalb des -s der Stadt; **b)** *[Sach]gebiet, Sektor, Sphäre:* der politische, soziale, seelische B.; der B. der Kunst, der Technik, der Wissenschaft; im B. elektronische Medien; sich über die Grenzen der -e hinweg verständigen; das fällt nicht in meinen B. *(mein Aufgabengebiet);* im B. des Möglichen liegen *(durchaus möglich sein);* ♦ ... greift in ein fremdestes Bereich (Goethe, Faust II, 6195); *** im grünen B. sein/bleiben/liegen** (ugs.; *in Ordnung sein, nicht negativ abweichen;* nach dem in einen grünen u. einen roten Bereich unterteilten Anzeigenfeld, in dem sich die Nadel (5) bestimmter Messinstrumente bewegt u. bei einer Anzeige im grünen Feld einen ordnungsgemäßen Zustand o. Ä. angibt).
be|rei|chern ⟨sw. V.; hat⟩: **1. a)** *reichhaltiger machen; vergrößern, erweitern:* sein Wissen [mit etw.] b.; eine Kunstsammlung um einige schöne Stücke b.; ich fühlte mich davon bereichert. **2.** ⟨b. + sich⟩ *sich [auf Kosten anderer] Gewinn, Vorteile verschaffen:* sich schamlos b.
Be|rei|che|rung, die; -, -en ⟨Pl. selten⟩: **1. a)** *das Bereichern:* die B. der Sammlung; **b)** *das Sichbereichern:* jmdm. den Vorwurf der B. machen. **2.** *Nutzen, Gewinn.*
Be|rei|che|rungs|ab|sicht, die: *Absicht, sich zu bereichern (2).*
Be|reichs|an|ga|be, die; -, -n: *Angabe, zu welchem Fach- od. Sachbereich etw. gehört.*
Be|reichs|lei|ter, der: *Leiter einer Abteilung, eines Dezernats o. Ä., bes. bei Behörden.*
Be|reichs|lei|te|rin, die: w. Form zu ↑ Bereichsleiter.
be|reichs|über|grei|fend ⟨Adj.⟩: *mehrere Bereiche (b) einbeziehend:* -e Arbeitsgruppen.
¹be|rei|fen ⟨sw. V.; hat⟩: *mit Reifen (1a, 2) versehen:* ein Fass, ein Auto b.
²be|rei|fen ⟨sw. V.; hat⟩: *mit ¹Reif (1) überziehen:* ⟨meist im 2. Part.:⟩ frisch bereifte Äste.
Be|rei|fung, die; -, -en: *die zu einem Fahrzeug gehörenden Reifen.*
be|rei|ni|gen ⟨sw. V.; hat⟩: **a)** *etw., was zu einer Missstimmung geführt hat, in Ordnung bringen, klären:* einen Streitfall b.; **b)** *eine bereinigte (korrigierte) Ausgabe eines Buches;* die Rechnung haben wir um Sondereffekte bereinigt *(wir haben die Sondereffekte herausgerechnet);*

b) ⟨b. + sich⟩ *sich klären, in Ordnung kommen:* manche Missverständnisse bereinigen sich von selbst.

Be|rei|ni|gung, die; -, -en: *das Bereinigen; das Bereinigtwerden.*

be|rei|sen ⟨sw. V.; hat⟩: **a)** *in einem Land, Gebiet reisen [um es gründlich kennenzulernen]:* die Ethnologin bereiste ganz Afrika, um Material zu sammeln; **b)** *verschiedene Orte aufsuchen, um einen Auftrag auszuführen, Geschäfte abzuwickeln:* als Vertreter bereiste er viele Städte.

be|reit ⟨Adj.⟩ [mhd. bereit(e), ahd. bireiti; zu ↑reiten in der alten Bedeutung »fahren«, also eigtl. = zur Fahrt gerüstet]: in den Verbindungen **b. sein** (1. *fertig, gerüstet sein:* jmdm., sich, für jmdn., für etw. b. sein; die zum Aufbruch -en Gäste. 2. *zu etw. entschlossen sein*); **sich [zu etw.] b. zeigen/erklären** (*zum Ausdruck bringen, dass man zu etw. bereit, entschlossen ist:* sie hat sich dazu b. erklärt/gezeigt, Überstunden zu machen); **sich b. machen** (*sich fertig machen:* sie machten sich für den, zum Theaterbesuch b.).

-be|reit: 1. drückt in Bildungen mit Substantiven aus, dass die beschriebene Person oder Sache zu etw. bereit, gerüstet ist: funktions-, reisebereit. **2.** drückt in Bildungen mit Verben (Verbstämmen) aus, dass etw. sofort getan werden kann: abruf-, anzieh-, essbereit. **3.** drückt in Bildungen mit Substantiven aus, dass die beschriebene Person den Willen zu etw. hat: dialog-, diskussions-, leistungsbereit.

¹be|rei|ten ⟨sw. V.; hat⟩ [mhd. bereiten]: **1. a)** *zubereiten, fertig machen, zurechtmachen, herrichten:* das Essen b.; jmdm. ein Bad, einen Kaffee b.; **b)** ⟨b. + sich⟩ (geh.) *sich auf etwas vorbereiten, sich rüsten:* sich zum Sterben b.; ◆ ⟨auch ohne »sich«:⟩ Aufs Ungehoffte war ich nicht bereitet, doch sollt' ich's auch erwarten (Goethe, Iphigenie I, 3); ◆ **c)** *vorbereiten:* ... halber Schlaf und schlecht Erquicken heftet ihn an seine Stelle und bereitet ihn zur Hölle (Goethe, Faust II, 11484 ff.). **2.** *zuteilwerden lassen, zufügen:* jmdm. Freude, Kummer, Qualen, Schmerzen, Unannehmlichkeiten b.; die Bevölkerung bereitete ihm einen begeisterten Empfang; das bereitet (*verursacht*) viele Schwierigkeiten, Mühen.

²be|rei|ten ⟨st. V.; hat⟩ (selten): **a)** *zureiten:* ein Pferd b.; **b)** ⟨hat/ist⟩ (geh.), *reitend durchqueren:* das Land, die Felder b.; ◆ **c)** *mit Pferden versehen, beritten* (b) *machen:* ... bewaffnete und beritt sie (Kleist, Kohlhaas 30).

be|reit er|klä|ren, be|reit|er|klä|ren: s. bereit.

be|reit|fin|den, sich ⟨st. V.; hat⟩: *zum Ausdruck bringen, dass man zu etw. bereit, entschlossen ist:* sie hat sich bereitgefunden, den Ausflug zu organisieren.

be|reit|ha|ben ⟨st. V.; hat⟩: *vorbereitet, parat, zur Verfügung haben:* man sollte das wichtigste Werkzeug immer b.

be|reit|hal|ten ⟨st. V.; hat⟩: **a)** *[ständig] griffbereit, zur Benutzung bereithaben:* bitte das Geld abgezählt b.!; Üf eine Überraschung für mich b.; **b)** ⟨b. + sich⟩ *in Bereitschaft, vorbereitet sein:* der Arzt hielt sich [auf Abruf, zum Einsatz] bereit.

be|reit|le|gen ⟨sw. V.; hat⟩: *[für jmdn.] zur Benutzung an einen bestimmten Ort legen:* ich habe [dir/für dich] die Unterlagen bereitgelegt.

be|reit|lie|gen ⟨st. V.; hat, südd., österr., schweiz. auch: ist⟩: *zur Benutzung, zum Einsatz an einem bestimmten Ort liegen:* im Hafen liegen Transportschiffe bereit.

be|reit ma|chen, be|reit|ma|chen ⟨sw. V.; hat⟩: s. bereit.

be|reits ⟨Adv.⟩: **1.** *schon:* es ist b. sechs Uhr; b. fertig sein. **2.** (südwestd., bes. schweiz.) *fast, nahezu, so gut wie:* b. die ganze Ernte ist verdorben.

Be|reit|schaft, die; -, -en: **1.** ⟨Pl. selten⟩ *das Bereitsein, Bereitwilligkeit, Einverständnis:* die B. zu helfen; innere B.; er hat heute B. (*Bereitschaftsdienst*); in B. (*bereit*) sein. **2.** *einsatzbereite Einheit, bes. der Polizei:* mehrere Bereitschaften rückten an.

Be|reit|schafts|arzt, der: *Arzt, der Bereitschaftsdienst hat.*

Be|reit|schafts|ärz|tin, die: w. Form zu ↑Bereitschaftsarzt.

Be|reit|schafts|dienst, der: *Dienst auf Abruf für den Notfall.*

Be|reit|schafts|po|li|zei, die: *kasernierte Polizei, die jederzeit abrufbereit ist.*

be|reit|ste|hen ⟨unr. V.; hat, südd., österr., schweiz. auch: ist⟩: *zur Benutzung, zum Einsatz an einem bestimmten Ort stehen:* das Essen steht bereit; bereitstehende Züge.

be|reit|stel|len ⟨sw. V.; hat⟩: *zur Benutzung, zum Einsatz an einen bestimmten Ort stellen, zur Verfügung stellen:* Geld für Forschungszwecke b.

Be|reit|stel|lung, die; -, -en ⟨Pl. selten⟩: *das Bereitstellen; das Bereitgestelltwerden.*

Be|reit|stel|lungs|preis, der: *(vom Verbrauch unabhängiger) Grundpreis für die Bereitstellung eines bestimmten Gutes, z. B. Strom, Gas, Wasser, Telefon, Kabelfernsehen.*

Be|rei|tung, die; - (Papierdt.): *das [Zu]bereiten:* die B. eines Aufgusses.

be|reit|wil|lig ⟨Adj.⟩: *gerne bereit, entgegenkommend:* ein -er Helfer; b. Auskunft geben.

Be|reit|wil|lig|keit, die; -, -en: **1.** ⟨o. Pl.⟩ *das Bereitwilligsein.* **2.** *Entgegenkommen* (2).

be|reit zei|gen, be|reit|zei|gen: s. bereit.

be|ren|nen ⟨unr. V.; hat⟩: *gegen etw. anrennen:* eine Festung b.; die deutsche Mannschaft berannte das gegnerische Tor (*stürmte unaufhörlich auf das gegnerische Tor*); ◆ ⟨auch sw. V.:⟩ ... die keusche Festung der Schönheit, wie sie vom Verlangen berennt wird (Schiller, Maria Stuart II, 1).

be|ren|ten ⟨sw. V.; hat⟩ [spätmhd. berenten = mit einer Rente ausstatten] (Amtsspr.): *jmdm. in den Ruhestand versetzen.*

Bé|ret [beˈreː], das; -s, -s [frz. béret < mlat. bereta, barretum, ↑Barett] (schweiz.): *Baskenmütze.*

be|reu|en ⟨sw. V.; hat⟩ [mhd. beriuwen]: *Reue über etw. empfinden; bedauern:* seine Sünden, eine Tat, seine Worte b.; das wirst du noch bitter b.; Ich bereute schon meinen Ausspruch (Jahnn, Geschichten 195).

¹Berg, der; -[e]s, -e [mhd. berc, ahd. berg, eigtl. = *der Hohe*]: **1.** *größere Erhebung im Gelände:* ein hoher, steiler B.; vor ihnen ragte ein B. auf; blaue -e (*in einem Dunstschleier liegende Bergspitzen*); ein Feuer speiender B. (geh.; *tätiger Vulkan*); bewaldete -e; die -e (*Bergspitzen*) sind in Wolken gehüllt; einen B. besteigen, bezwingen; den B. hinuntersteigen; Spitze des -es; auf einen B. klettern; die Fahrt ging über B. und Tal (*bergauf u. bergab*); Spr wenn der B. nicht zum Propheten kommen will, muss der Prophet zum -e gehen (*einer muss den ersten Schritt tun; der Spruch geht auf eine orientalische Quelle zurück*); * **-e versetzen [können]** (bibl.; *Wunder vollbringen, unmöglich Scheinendes schaffen:* der Glaube versetzt -e); **mit etw. [nicht] hinter dem B. halten** (*etw. Wesentliches [nicht] verschweigen;* urspr. militär.; *von Truppen od. Geschütze, die hinter einem Berg dem Blick des Gegners entzogen waren*); **[noch nicht] über den B. sein** (ugs.; *die größte Schwierigkeit, die Krise [noch nicht] überstanden haben*); **[längst] über alle -e sein** (ugs.; *längst entkommen, schon weit weg sein*). **2.** ⟨Pl.⟩ *Gebirge:* in die -e fahren; über den -en zieht ein Wetter auf. **3.** *große Masse, Haufen:* ein B. von Schnee; -e von Abfall; über einem B./über -en von Akten sitzen. **4.** ⟨Pl.⟩ (Bergbau) *nicht erzhaltige Gesteinsbrocken:* die -e wegräumen.

²Berg, -s: *früheres Großherzogtum zwischen Rhein, Ruhr und Sieg.*

-berg, der; -[e]s, -e (emotional verstärkend): **1.** drückt in Bildungen mit Substantiven aus, dass etw. – seltener jmd. – in allzu großer Zahl vorhanden ist: Betten-, Studentenberg. **2.** drückt in Bildungen mit Substantiven aus, dass eine große Menge von etw. vorhanden ist: Bücher-, Kuchen-, Wäscheberg.

berg|ab ⟨Adv.⟩: *den Berg hinunter, abwärts:* b. laufen; der Weg führt steil b.; Ü mit ihm, mit dem Geschäft geht es [immer mehr] b. (*seine Gesundheit, die Geschäftslage verschlechtert sich*).

Berg|ab|hang, der: *Abhang eines Berges.*

berg|ab|wärts ⟨Adv.⟩: *bergab:* b. laufen, klettern.

Berg|ahorn, der: *(zu den Ahornen 1 gehörender) Baum mit großen, fünflappigen, gezähnten Blättern u. geflügelter Frucht.*

Berg|aka|de|mie, die: *Hochschule für Bergbau u. Hüttenwesen.*

Ber|ga|ma, der; -[s], -s: *handgeknüpfter, streng geometrisch gemusterter Orientteppich aus der türkischen Stadt Bergama.*

Ber|ga|mot|te, die; -, -n [frz. bergamote < ital. bergamotta (in Anlehnung an den Ortsn. Bergamo) < türk. bey armudu = Herrenbirne]: **1. a)** *(in Südeuropa u. Westindien kultivierter, bis 5 m hoher, der Pomeranze nahestehender) Baum mit süßlich riechenden Blüten u. runden, glatten, blassgelben Früchten;* **b)** *Frucht der Bergamotte* (1 a). **2.** *in mehreren Sorten vorkommende saftreiche, würzig schmeckende Birne von kugeliger Gestalt.*

Ber|ga|mot|te|öl, Ber|ga|mott|öl, das: *aus den Schalen der Bergamotte* (1 b) *gewonnenes, angenehm duftendes Öl (für Parfüms, Tees u. Liköre).*

Berg|amt, das: *untere Dienststelle der Bergbehörde.*

berg|an ⟨Adv.⟩: *den Berg hinauf, aufwärts:* er musste 2 Stunden b. gehen.

Berg|ar|bei|ter, der: *Bergmann.*

Berg|ar|bei|te|rin, die: w. Form zu ↑Bergarbeiter.

berg|auf ⟨Adv.⟩: *den Berg hinauf, aufwärts:* b. steigen; der Weg führt steil b.; Ü mit dem Geschäft geht es [wieder] b. (vgl. bergab).

berg|auf|wärts ⟨Adv.⟩: *bergauf.*

Berg|bahn, die: *auf einen Berg führende [Zahnrad- od. Seil]bahn.*

Berg|bau, der; -[e]s ⟨o. Pl.⟩: *systematische Gewinnung von Bodenschätzen.*

Berg|bau|er, der; -n (selten: -s), -n: ¹*Bauer im [Hoch]gebirge.*

Berg|bäu|e|rin, die: w. Form zu ↑Bergbauer.

Berg|bau|kon|zern, der: *Konzern des Bergbaus.*

berg|bau|lich ⟨Adj.⟩: *den Bergbau betreffend:* -e Sicherheitsvorschriften.

Berg|be|hör|de, die: *für den Bergbau zuständige staatliche Behörde.*

Berg|be|woh|ner, der: *jmd., der im Gebirge lebt.*

Berg|be|woh|ne|rin, die: w. Form zu ↑Bergbewohner.

Berg|dorf, das: *in den Bergen gelegenes Dorf.*

◆ **Berg|druf|fel,** der; -, -n [2. Bestandteil landsch. Druffel, mundartl. Umformung von Trupp im Sinne von »Gruppe (gleichartiger Dinge)«]: *Bergkette:* Da eine vorliegende »Bergdruffel« ... mir einen Teil der fernen, blauen Höhen verbarg (Raabe, Chronik 152).

Ber|ge: ↑¹Berg (4).
ber|ge|hoch: ↑berghoch.
ber|gen ⟨st. V.; hat⟩ [mhd. bergen, ahd. bergan, wahrsch. zu ↑²Berg u. urspr. = auf einer Fluchtburg unterbringen]: **1.** *retten, in Sicherheit bringen:* Verletzte b.; das Getreide vor dem Unwetter b.; eine Schiffsladung b.; bei ihm fühle ich mich geborgen *(beschützt, in Sicherheit);* die Segel b. **2.** (geh.) **a)** *verbergen, verstecken, verhüllen:* sich an jmds. Schulter b.; Sie glättete die Scheine und barg sie in einem Täschchen (*brachte sie dort unter;* Musil, Mann 1 477); **b)** *schützend verbergen:* die Hütte birgt ihn vor seinen Verfolgern; eine bergende Hülle. **3.** (geh.) *enthalten, in sich tragen:* die Erde birgt noch ungehobene Schätze [in sich]; Ü das birgt viele Gefahren in sich.
Ber|ges|gip|fel, der (dichter.): *Berggipfel.*
Ber|ges|hö|he, die (dichter.): *Höhe eines Berges; Berg.*
Berg|etap|pe, die (bes. Radsport): *Etappe (1 a) im Hochgebirge.*
◆ **ber|ge|tief** ⟨Adj.⟩: *so tief, wie ein Berg hoch ist:* Denn unter mir lag's noch b. in purpurner Finsternis da (Schiller, Taucher).
ber|ge|wei|se ⟨Adv.⟩ (ugs.): *in großen Mengen:* es kam b. Post; man fand bei ihm das Diebesgut gleich b.
Berg|fach, das: *Fachgebiet des Bergbaus.*
Berg|fahrt, die: **1.** (Schifffahrt) *Fahrt stromaufwärts:* ein Schleppzug auf B. **2.** *Fahrt ins Hochgebirge.*
◆ **Berg|fall,** der: *(in der Bergmannsspr.) Einsturz eines Schachtes, eines Stollens:* ...und meldeten, wie eben ein fürchterlicher B. die ganze Grube... verschüttet (E. T. A. Hoffmann, Bergwerke 38).
Berg|fest, das (ugs.): *Fest, Feier nach der Hälfte einer festgelegten Zeit [die in einer bestimmten Umgebung mit anderen gemeinschaftlich verbracht wird].*
Berg|fes|tung, die: *auf einem Berg gelegene Festung.*
Berg|fex, der (südd., österr.): *begeisterter Bergsteiger.*
Berg|fe|xin, die: w. Form zu ↑ Bergfex.
◆ **Berg|frä|se,** die; -, -n [schwed. berg(s)fräse, aus: berg = Berg u. fräse = Steuerfreiheit]: *(in Schweden) Stück Land, das jmd. an eine Bergbaugesellschaft verpachtet u. für das er Anteile am Bergwerk erhält:* ...zum Besitztum... einer B. zu gelangen (E. T. A. Hoffmann, Bergwerke 26).
Berg|fried, der; -[e]s, -e [mhd. bercvrit, perfrit = hölzerner Belagerungsturm; H. u.; volksetym. wohl schon im Mhd. an berc = Berg u. vride = Schutz, Sicherheit angelehnt]: *Hauptturm auf mittelalterlichen Burgen; Wehrturm.*
Berg|füh|rer, der: **1.** *Führer (1 b) für Hochtouren* (Berufsbez.). **2.** *Führer (2) für Bergtouren.*
Berg|füh|re|rin, die: w. Form zu ↑ Bergführer.
Berg|geist, der ⟨Pl. -er⟩: *im Innern der Berge wohnender, sagenhafter Zauberer, Kobold, Zwerg od. Riese.*
Berg|gip|fel, der: *Gipfel eines Berges.*
Berg|hang, der: *Abhang eines Berges.*
◆ **berg|hi|n|un|ter** ⟨Adv.⟩: *bergab:* ...gingen sie... vor den fröhlichen Volke her, als dieses... b. heimwärts zog (Keller, Dietegen 96).
berg|hoch, bergehoch ⟨Adj.⟩: *sehr hoch:* berghohe, b. aufsteigende Wellen.
Berg|ho|tel, das: *in den Bergen gelegenes Hotel.*
Berg|hüt|te, die: *[als Gasthaus bewirtschaftete] Schutzhütte im Gebirge.*
◆ **ber|gicht** ⟨Adj.⟩: ↑bergig: ...im -en Acker (Klopstock, Messias 15, 595).
ber|gig ⟨Adj.⟩ [mhd. bergeht]: *viele Berge aufweisend; reich an Bergen:* eine -e Gegend.
ber|gisch ⟨Adj.⟩: zu ↑¹Berg: das Bergische Land; vgl. badisch.

Berg|isel, der; -: *Berg bei Innsbruck.*
Berg|kes|sel, der: *von Bergen umschlossene Vertiefung im Gelände.*
Berg|ket|te, die: *kettenartig aneinandergereihte Gruppe von Bergen.*
◆ **Berg|kop|pe,** die (landsch.): *Bergkuppe:* ...man konnte kaum die nächsten -n in der dicken Finsternis erkennen (Eichendorff, Taugenichts 59).
Berg|krank|heit, die: *Höhenkrankheit.*
Berg|kris|tall, der: **a)** (Geol.) *bes. klare, reine Quarzart;* **b)** *Schmuckstein aus Bergkristall.*
Berg|kup|pe, die: *rundlicher Berggipfel.*
Berg|land, das; -[e]s, ...länder: *bergiges, gebirgiges Land.*
Berg|land|schaft, die: *bergige Landschaft.*
Berg|leh|ne, die (geh.): *Berghang:* ◆ ...an einer schief und spitz sich hinziehenden B. (Keller, Lachen 167).
Berg|ler, der; -s, -: *jmd., der [unter schwierigen Bedingungen] auf dem Berg wohnt.*
Berg|le|rin, die: w. Form zu ↑ Bergler.
Berg|luft, die ⟨o. Pl.⟩: *für die ¹Berge (2) typische klare, reine Luft.*
Berg|mann, der ⟨Pl. ...leute⟩ (Bergbau): *Arbeiter im Tage- od. Untertagebau, der unmittelbar beim Abbauen u. Fördern beschäftigt ist.*
berg|män|nisch ⟨Adj.⟩: *den Bergmann betreffend.*
Berg|manns|gruß, der: *Gruß der Bergleute untereinander:* der B. heißt »Glück auf!«.
◆ **Berg|manns|hem|man,** der; -s, -s [2. Bestandteil schwed. hemman = Hof(gut)]: *Haus u. Landbesitz eines Bergmanns:* Ihr habt tüchtige Dukaten in der Tasche, die legt Ihr an, verdient dazu, kommt wohl gar zum Besitz eines -s (E. T. A. Hoffmann, Bergwerke 10).
Berg|mas|siv, das: *Gebirgsstock.*
Berg|na|se, die: *nasenförmig vorspringender Teil eines Berges.*
Berg|not, die ⟨o. Pl.⟩: *[lebensgefährliche] Notlage beim Bergsteigen.*
Berg|pre|digt, die ⟨o. Pl.⟩ (christl. Rel.): *auf einem Berg gehaltene, bedeutungsvolle Predigt Christi.*
Berg|re|gi|on, die: *gebirgige Region.*
Berg|ren|nen, das (Motorsport, Radsport): *Rennen auf steilen Bergstraßen.*
Berg|ret|tungs|dienst, der: *Bergwacht.*
Berg|rü|cken, der: *obere Linie od. Fläche eines lang gestreckten Berges.*
Berg|rutsch, der: *Abbrechen u. Abrutschen von Erd- u. Gesteinsmassen an einem Steilhang.*
Berg|sat|tel, der: *Vertiefung an einem Bergrücken zwischen zwei Gipfeln.*
Berg|schi: ↑Bergski.
Berg|schrund, der: *Spalte am oberen Rand eines Gletschers.*
Berg|schuh, der: *fester Schuh zum Bergsteigen.*
Berg|see, der: *See in den Bergen.*
berg|seits ⟨Adv.⟩: *an der dem Berg zugekehrten Seite:* ein Aussichtspunkt b. des Gebäudes.
Berg|ski, Bergschi, der: *der bei der Fahrt am Hang bergseits geführte, nahezu unbelastete Ski.*
Berg|spit|ze, die: *Spitze eines Berges.*
Berg|sta|ti|on, die: *oberer Haltepunkt einer Bergbahn.*
berg|stei|gen ⟨st. V.; hat/ist; nur im Inf. u. Part. gebr.⟩: *Hochtouren machen; in den Bergen wandern u. klettern.*
Berg|stei|ger, der: *jmd., der Bergsteigen als Sport, Hobby o. Ä. betreibt.*
Berg|stei|ge|rin, die; -, -nen: w. Form zu ↑ Bergsteiger.
berg|stei|ge|risch ⟨Adj.⟩: *das Bergsteigen betreffend.*
Berg|stock, der: **1.** *bei Bergwanderungen benutzter Stock mit eiserner Spitze.* **2.** *Gebirgsstock.*
Berg|stra|ße, die: **1.** *Straße im Gebirge.* **2.** ⟨o. Pl.⟩

[LÜ von mlat. Platea montium = Name der früheren Römerstraße in diesem Gebiet] *Landschaft am Westrand des Odenwalds.*
Berg|sturz, der: *Herabstürzen von Felsbrocken; schwerer Bergrutsch; Gesteinslawine.*
Berg|tod, der; -[e]s: *Tod durch Unglücksfall in den Bergen.*
Berg|tour, die: *Tour in die Berge, auf einen Berg.*
Berg-und-Tal-Bahn, die: *Bahn auf Rummelplätzen mit abwechselnd steil hinauf- u. hinunterfahrenden Wagen; Achterbahn.*
Berg-und-Tal-Fahrt, die: *Fahrt, bei der es abwechselnd steil hinauf- u. hinuntergeht.*
Ber|gung, die; -, -en: *das Bergen (1); Rettung; Sicherung:* die B. der Verunglückten war schwierig; bei der B. von Strandgut helfen.
Ber|gungs|ak|ti|on, die: *gemeinschaftliche Unternehmung zur Bergung von Menschen, Waren, Schiffen u. Ä. nach Unglücksfällen.*
Ber|gungs|ar|beit, die ⟨meist Pl.⟩: *Bergungsaktion:* die -en nach dem Unfall dauerten mehrere Stunden.
Ber|gungs|damp|fer, der: *Dampfer mit Spezialausrüstung für Seenotfälle.*
Ber|gungs|kom|man|do, das: *[Polizei]einheit für Katastrophenfälle.*
Ber|gungs|kos|ten ⟨Pl.⟩: *Kosten einer Bergung.*
Ber|gungs|mann|schaft, die: *Mannschaft zur Bergung von Menschen u. Material nach Unglücksfällen.*
◆ **berg|un|ter** ⟨Adv.⟩: *bergab:* ...die Sonne geht schon b. (geht schon unter; Schiller, Fiesco II, 5).
Berg|volk, das: *im Gebirge beheimatetes Volk.*
Berg|vor|sprung, der: *Bergnase.*
Berg|wacht, die: *Organisation zur Rettung in Bergnot Geratener.*
Berg|wald, der: *in höheren Gebirgslagen wachsender Wald.*
Berg|wand, die: *[fast] senkrecht aufsteigende Seite eines Berges.*
Berg|wan|de|rer, der: *jmd., der im Gebirge wandert.*
Berg|wan|de|rin, die: w. Form zu ↑ Bergwanderer.
berg|wan|dern ⟨sw. V.; nur im Inf. gebr.⟩: *wandern (1) in einer bergigen Gegend:* ⟨subst.:⟩ er ist beim Bergwandern verunglückt.
Berg|wan|de|rung, die: *Wanderung in die Berge, auf einen Berg.*
berg|wärts ⟨Adv.⟩ [↑-wärts]: *in Richtung auf den Berg, zum Berg hin.*
Berg|wei|de, die: *in höheren Gebirgslagen gelegene ²Weide.*
Berg|welt, die: *Gebirgslandschaft.*
Berg|werk, das: *technische Anlage für den Bergbau, Grube mit den dazugehörenden Einrichtungen.*
Berg|wet|ter, das: **a)** *das Wetter in den Bergen:* das aktuelle B. der Zugspitze; **b)** *(in einer bestimmten Weise) für eine Wanderung o. Ä. in den Bergen geeignetes Wetter:* B. heute; ideales B.
Berg|wie|se, die: *in höheren Gebirgslagen gelegene Wiese.*
Be|ri|be|ri, die; - [Verdopplung von singhal. beri = Schwäche] (Med.): *auf einem Mangel an Vitamin B$_1$ beruhende Krankheit mit Lähmungen u. allgemeinem Kräfteverfall.*
Be|richt, der; -[e]s, -e [mhd. beriht = Bericht; Belehrung, zu ↑berichten]: *sachliche Wiedergabe eines Geschehens od. Sachverhalts; Mitteilung, Darstellung:* ein wahrheitsgetreuer, spannender, offizieller B.; ein B. zur Lage, -e (Reportagen) über das Tagesgeschehen; einen B. abfassen, anfordern; die Ministerin ließ sich B. erstatten (berichten).
be|rich|ten ⟨sw. V.; hat⟩: **1.** [mhd. berihten = recht machen, einrichten, unterweisen, zu ↑ richten] **a)** *jmdm. einen Sachverhalt, ein*

Geschehen sachlich u. nüchtern darstellen, mitteilen: jmdm. etw. [schriftlich, mündlich] b.; ich habe [ihm] alles berichtet; für den, der die Geschichte noch nicht kennt, sei sie hier nochmals berichtet; es wird berichtet, dass ...; sie berichtete über die Reise, von dem Unfall; man hat über ihn nur Gutes berichtet; ◆ Glaubt, ich berichte euch mit der Wahrheit *(wahrheitsgemäß;* Goethe, Götz II) **b)** (veraltend) *jmdn. unterrichten* (2 a): wenn ich recht berichtet bin *(wenn es stimmt),* dass ...; da bist du falsch berichtet; ◆ ... so zweifl' ich fast, ob man mich treu berichtet (Goethe, Natürliche Tochter IV, 2). **2.** [nach engl. to report] *jmdm. unterstellt sein:* sie berichtet direkt an den Vorstand.

Be|richt|er|stat|ter, der; -s, - : *jmd., der für eine Zeitung o. Ä. über aktuelle Ereignisse berichtet; Korrespondent.*

Be|richt|er|stat|te|rin, die; -, -nen: w. Form zu ↑ Berichterstatter.

Be|richt|er|stat|tung, die: *das [offizielle] Erstatten von Berichten, Weitergeben von Informationen:* eine sachliche B.; B. durch Presse und Rundfunk; der Botschafter wurde zur B. zurückgerufen.

Be|richt|haus, das (schweiz.): *Informationsbüro, Auskunftei.*

be|rich|ti|gen ⟨sw. V.; hat⟩ [zu ↑ ¹richtig]: *etw. Fehlerhaftes, Falsches beseitigen u. durch das Richtige, Zutreffende ersetzen; korrigieren, richtigstellen, verbessern:* einen Fehler, Irrtümer b.; ich muss mich b. *(meine Aussage korrigieren);* »Nein«, berichtigte er, »so war es nicht«; berichtigende Zusätze; ein berichtigter Nachdruck.

Be|rich|ti|gung, die; -, -en: **a)** *das Richtigstellen, Verbessern; Korrektur:* eine B. der Druckfehler vornehmen; die Arbeit zur B. zurückgeben; **b)** *das Verbesserte, Berichtigte; Verbesserung* (2 b): in der B. des Schulaufsatzes sind immer noch Fehler.

Be|richts|heft, das: *Heft zum Eintragen der vorgeschriebenen wöchentlichen Arbeitsberichte von Auszubildenden.*

Be|richts|jahr, das: *Jahr, über das ein Bericht angefertigt wird, aus dem Berichte vorliegen:* im B. stieg der Umsatz um 10%.

Be|richts|mo|nat, der: *Monat, über den ein Bericht angefertigt wird, aus dem Berichte vorliegen:* im B. Mai ist die Arbeitslosenzahl stark angestiegen.

Be|richts|pe|ri|o|de, die: *Zeitraum, über den ein Bericht angefertigt wird, aus dem Berichte vorliegen.*

Be|richts|zeit|raum, der: *Berichtsperiode:* das Projekt wurde im B. zu 80% fertiggestellt.

be|rie|chen ⟨st. V.; hat⟩: **a)** *an jmdm., etw. riechen:* der Hund beroch uns; Er öffnete sie (= die Flasche) vorsichtig, beroch den Korken und holte dann zwei große Gläser (Remarque, Triomphe 176). **2.** *beschnuppern* (2): die Teilnehmenden mussten sich erst einmal [gegenseitig] b.

be|rie|seln ⟨sw. V.; hat⟩: **1. a)** *über ein Gebiet, eine Fläche gleichmäßig, dünn Wasser, gereinigtes Abwasser o. Ä. rieseln lassen:* die Felder, den Garten b.; **b)** (selten) *rieselnd auf jmdn., etw. niedergehen.* **2.** (ugs. abwertend) *mit einer gewissen Stetigkeit auf jemanden einwirken, sie zu beeinflussen suchen [ohne dass sie sich dessen bewusst werden]:* die Käufer mit Werbung b.; sich mit Musik b. lassen *(Musik im Radio o. Ä. eingestellt haben, ohne genau hinzuhören).*

Be|rie|se|lung, (seltener:) Berieslung, die; -, -en ⟨Pl. selten⟩: *das Berieseln; das Berieseltwerden.*

Be|rie|se|lungs|an|la|ge, die: *Vorrichtung zum Berieseln* (1 a) *landwirtschaftlich genutzter Flächen.*

Be|ries|lung: ↑ Berieselung.

be|rin|det ⟨Adj.⟩ (selten): *mit Rinde bekleidet:* ein glatt -er Baum.

be|rin|gen ⟨sw. V.; hat⟩: *mit einem Ring [als Erkennungszeichen] versehen:* Vögel b.; mit beringter Hand.

Be|ring|meer, Be|ring-Meer, das; -[e]s: *nördlichstes Randmeer des Pazifischen Ozeans.*

Be|ring|stra|ße, Be|ring-Stra|ße, die; -: *Meeresstraße vom Beringmeer zum Nordpolarmeer.*

Be|rin|gung, die; -, -en: **a)** *das Beringen;* **b)** *umgelegter Ring.*

Be|ritt, der; -[e]s, -e: **1.** (Militär früher) *kleine Reiterabteilung.* **2.** (veraltet) *Forstbezirk.* **3. a)** *Bereich* (a), *Bezirk;* **b)** *[Sach]gebiet, Bereich* (b). **4.** (Pferdesportjargon) *das Berittensein, Ausgerüstetsein mit Pferden.*

be|rit|ten ⟨Adj.⟩ [eigtl. 2. Part. von veraltet bereiten, mhd. berīten = (auf dem Pferd) reiten]: **a)** *auf einem Pferd reitend:* ein -er Polizist; ... die Wahrheit zu sagen, bin ich gar nicht b. *(zu Pferd),* ich bin mit dem Wagen hier (Fallada, Herr 78); **b)** *mit Pferden ausgerüstet:* die -e Polizei; sie ist gut b. *(besitzt gute Pferde);* ⟨subst.:⟩ eine Schar Berittener.

◆ **Ber|kan,** der; -s, -e [für: Barkan < afrz. barracan, ↑ Barchent]: *Wollstoff aus Kamel- od. Ziegenhaar:* ... mit ... einem Rock von grünem B. (Goethe, Dichtung u. Wahrheit 2).

Ber|ke|li|um, das; -s [nach der nordamerik. Universitätsstadt Berkeley]: *metallisches Transuran (chemisches Element)* (Zeichen: Bk).

Ber|lin: Hauptstadt von Deutschland u. deutsches Bundesland.

Ber|li|na|le, die; -, -n [zu ↑ Berlin, nach dem Vorbild von ↑ Biennale]: *alljährlich in Berlin stattfindende Filmfestspiele.*

¹Ber|li|ner, der; -s, -: Ew.

²Ber|li|ner ⟨indekl. Adj.⟩: der B. Bär.

³Ber|li|ner, der; -s, -: *in schwimmendem Fett gebackenes, meist mit Marmelade gefülltes, kugelförmiges Gebäckstück aus Hefeteig.*

Ber|li|ner Blau, das ⟨o. Pl.⟩: *ein blauer Farbstoff.*

Ber|li|ne|rin, die; -, -nen: w. Form zu ↑ ¹Berliner.

ber|li|ne|risch ⟨Adj.⟩ (seltener): *berlinisch.*

ber|li|nern ⟨sw. V.; hat⟩: *Berliner Mundart sprechen.*

ber|li|nisch ⟨Adj.⟩: **a)** *Berlin, die ¹Berliner betreffend;* **b)** (bes. Sprachwiss.) *in der Mundart der ¹Berliner.*

Ber|mu|da|drei|eck, Ber|mu|da-Drei|eck, das; -s: *Seegebiet südwestlich der Bermudainseln, in dem sich auf oft nur unbefriedigend geklärte Weise Schiffs- und Flugzeugunglücke häufen.*

Ber|mu|da|in|seln, Ber|mu|da-In|seln ⟨Pl.⟩: *britische Inselgruppe im westl. Nordatlantik.*

Ber|mu|das ⟨Pl.⟩: **1.** Bermudainseln. **2.** *Bermudashorts.*

Ber|mu|da|shorts, Ber|mu|da-Shorts ⟨Pl.⟩ [nach den Bermudainseln]: *fast knielange Shorts.*

Bern: 1. Hauptstadt der Schweiz u. Berns (2). **2.** Schweizer Kanton.

Bern|biet, das; -s: der Kanton Bern.

¹Ber|ner, der; -s, -: Ew.

²Ber|ner ⟨indekl. Adj.⟩: B. Oberland.

Ber|ne|rin, die; -, -nen: w. Form zu ↑ ¹Berner.

Bern|har|di|ner, der; -s, - [nach dem Hospiz St. Bernhard (Schweiz), wo diese Hunde gezüchtet wurden]: *(als Lawinensuchhund eingesetzter) großer, kräftiger Hund mit weißem, große gelbe bis braune Flecken aufweisendem Fell.*

ber|nisch ⟨Adj.⟩: *Bern, die ¹Berner betreffend; aus Bern stammend.*

Bern|stein, der ⟨o. Pl.⟩ [aus dem Niederd. < mniederd. bern(e)stein, zu: bernen (mit r-Umstellung) = brennen; also eigtl. = Brennstein; der Bernstein fiel durch seine Brennbarkeit auf]: *in klaren u. undurchsichtigen Stücken von hellgelber bis dunkelbrauner Farbe auftretendes, fest gewordenes, fossiles Harz, das als Schmuck[stein] verarbeitet wird.*

bern|stei|nen, bern|stei|nern ⟨Adj.⟩: *aus Bernstein.*

bern|stein|far|ben ⟨Adj.⟩: *von der Farbe des Bernsteins.*

Bern|stein|ket|te, die: *Kette* (1 b) *aus Bernstein.*

Bern|stein|schmuck, der: *Schmuck aus, mit Bernstein.*

Be|rol|li|na, die; -, ...inen, ugs. auch: -s [nach mlat. Namen für Berlin]: **a)** ⟨o. Pl.⟩ *weibliche Gestalt als Personifikation, Sinnbild Berlins;* **b)** (berlin.) *stattliche Frau mit üppigen Formen.*

Ber|ser|ker [auch: ...'zɛr...], der; -s, - [aisl. berserkr, eigtl. = Bärenfell, dann = Krieger im Bärenfell, aus: ber- = Bär u. serkr = Hemd, Gewand]: **1.** *wilder Krieger der altnordischen Sage.* **2.** *kampflustiger, sich wild gebärdender Mann:* wie ein B. reiten, wüten, kämpfen.

Ber|ser|ker|haft ⟨Adj.⟩: *einem Berserker* (2) *gleichend.*

Ber|ser|ke|rin [auch: ...'zɛr...], die; -, -nen: w. Form zu ↑ Berserker (2): wie eine B. arbeiten, wüten.

Ber|ser|ker|wut, die: *zerstörerische Wut; sinnlose Raserei.*

bers|ten ⟨st. V.; ist⟩ [aus dem Niederd., Md. < mniederd. bersten, mit r-Umstellung für mhd. bresten, ahd. ..asächs. brestan, ↑ Gebresten] (geh.): **1.** *mit großer Gewalt plötzlich auseinanderbrechen, zerspringen, zerplatzen:* das Eis birst, die Mauer ist geborsten; das Glas barst mit einem klirrenden Ton; geborstene Wände; ◆ (auch sw. V.:) ... schrei, bis du berstest (Schiller, Tell III, 3); * **[bis] zum Bersten voll/gefüllt** *(übervoll; brechend voll):* der Saal, der Bus war [bis] zum Bersten voll; ... mein Kopf ist bis zum Bersten gefüllt mit Gedanken [Langgässer, Siegel 556]). **2.** *von etw. im Übermaß erfüllt sein:* vor Bosheit, Neugier, Ungeduld, Zorn, Spannung, Lachen b.; ◆ (auch sw. V.:) ... o Schulmeisterli, Schulmeisterlin, berste nur vor Zorn! (Gotthelf, Leiden 334).

be|rüch|tigt ⟨Adj.⟩ [2. Part. von veraltet berüchtigen = in üblen Ruf bringen < mniederd. berüchtigen = ein Geschrei über jmdn. erheben, zu: geruchte, ↑ Gerücht]: *durch schlechte Merkmale, Eigenschaften, üble Taten [weithin] bekannt, gefürchtet; in einem schlechten Ruf stehend; verrufen:* ein -es Lokal; er ist als Raufbold b.; ... die Verwendung eines Wagens verbot sich wegen des b. schlechten Zustands der Grenobler Route (Süskind, Parfum 263).

be|rü|cken ⟨sw. V.; hat⟩ [eigtl. = mit einem Netz über das Tier rücken, mit einem Ruck das (Fang)netz zuziehen (Sprache der Fischer u. Vogelsteller); über »(listig) fangen« dann die heutige Bed.] (geh.): *bezaubern, betören; faszinieren:* jmdn. mit Worten, Blicken b.; ein berückender Anblick.

be|rück|sich|ti|gen ⟨sw. V.; hat⟩: *bei seinen Überlegungen, seinem Handeln beachten, nicht übergehen, in seine Überlegungen einbeziehen:* das Wetter b.; einen Antrag b. *(sorgfältig prüfen);* einen Antragsteller b. *(sich näher mit seinen Anliegen, Wünschen o. Ä. befassen u. sie anerkennen).*

be|rück|sich|ti|gens|wert ⟨Adj.⟩ (Papierdt.): *wert, berücksichtigt zu werden.*

Be|rück|sich|ti|gung, die; -, -en: *das Berücksichtigen, Beachten:* die B. der Tatsache ...; eine B. Ihres Antrages ist zurzeit leider nicht möglich; in B./unter B. der Vor- und Nachteile *(wenn man die Vor- und Nachteile berücksichtigt).*

Be|ruf, der; -[e]s, -e [mhd. beruof = Leumund, von Luther gebraucht für »Berufung« (für griech. klēsis, lat. vocatio), dann auch für »Stand u. Amt des Menschen in der Welt«, zu

↑¹berufen]: **1.** *[erlernte] Arbeit, Tätigkeit, mit der jmd. sein Geld verdient; Erwerbstätigkeit:* ein kaufmännischer B.; einen B. ergreifen, ausüben; du hast deinen B. verfehlt (auch scherzh.; *hast besondere Fähigkeiten auf einem nicht zu deinem Beruf gehörenden Gebiet*); seinem B. *(der Berufsarbeit) nachgehen;* sich in seinem B. wohlfühlen; sie steht seit zwanzig Jahren im B. *(ist seit zwanzig Jahren berufstätig);* er ist von B. Bäcker *(hat den Beruf des Bäckers erlernt);* etw. von -s wegen tun. **2.** (geh. veraltend) *Berufung* (2), *innere Bestimmung.*

¹**be|ru|fen** ⟨st. V.; hat⟩ [mhd. beruofen = zusammenrufen; proklamieren; beschreien]: **1. a)** *jmdn. in ein [hohes] Amt einsetzen:* jmdn. auf einen Lehrstuhl, zum Vorsitzenden b.; sie wurde als ordentliche Professorin für Alte Geschichte an die Universität Bonn berufen; **b)** (veraltet) *zusammenrufen, einberufen;* ♦ **c)** *rufen* (5): Damit ich ... das Haus nicht verfehlte, berief ich einen Lohnbedienstelen (Goethe, Italien. Reise 12. 3. 1787, abends [Neapel]). **2.** ⟨b. + sich⟩ *sich (zur Rechtfertigung, zum Beweis) auf jmdn., etw. beziehen:* sich auf das Gesetz, auf Vertragsbedingungen b.; ich berufe mich auf dich als Zeugen. **3.** (österr. Rechtsspr.) *Berufung einlegen.* **4.** *zu viel [im Voraus] über etw. reden, sodass es (nach abergläubischer Vorstellung) misslingt od. nicht in Erfüllung geht; beschreien* (meist verneint): ich will es nicht b., aber bisher hat die Sache immer geklappt. **5.** (landsch., bes. norddt.) *zurechtweisen, zur Ordnung rufen:* ich habe sie doch beobachtet, wie sie die Kinder beruft, wenn sie mit dem Eislöffel herumfuchteln (Nossack, Begegnung 432).

²**be|ru|fen** ⟨Adj.⟩: *bes. befähigt, begabt, geeignet (u. daher vorbestimmt, prädestiniert für etw.):* ein berufener Kritiker; aus -em Mund[e] *(aus sicherer Quelle, von kompetenter Seite) etw. erfahren;* zu großen Taten b. sein.

be|ruf|lich ⟨Adj.⟩: *den Beruf* (1) *betreffend:* -e Tätigkeit; die -en Pflichten; die -e Weiterbildung; b./aus -en Gründen verhindert sein.

Be|rufs|aka|de|mie, die: *Hochschule, an der ein theoretisches Studium mit der praktischen Ausbildung in Betrieben verknüpft wird* (Abk.: BA).

Be|rufs|all|tag, der: *Arbeitsalltag.*

Be|rufs|an|fän|ger, der: *jmd., der am Anfang seiner beruflichen Laufbahn steht.*

Be|rufs|an|fän|ge|rin, die: w. Form zu ↑ Berufsanfänger.

Be|rufs|ar|beit, die: *Tätigkeit im Beruf.*

Be|rufs|ar|mee, die: *Armee aus Berufs- u. Zeitsoldaten.*

Be|rufs|auf|bau|schu|le, die: *[Abend]schule, über die auf dem zweiten Bildungsweg die Fachschulreife erlangt werden kann.*

Be|rufs|auf|fas|sung, die: *Einstellung, die jmd. zu seinem Beruf hat:* Sie haben nicht die richtige B.!

Be|rufs|aus|bil|dung, die: *Ausbildung für einen bestimmten Beruf.*

Be|rufs|aus|sicht, die ⟨meist Pl.⟩: *den Beruf betreffende Aussicht* (2): die -en für Hochschulabsolventen.

Be|rufs|aus|sich|ten ⟨Pl.⟩: *Aussichten auf Anstellung u. Aufstieg im Beruf.*

Be|rufs|aus|übung, die: *Ausübung eines Berufs* (1): das Recht auf freie B.

Be|rufs|be|am|ten|tum, das: **1.** *Stand der Berufsbeamtinnen u. -beamten.* **2.** *Gesamtheit der Berufsbeamtinnen u. -beamten innerhalb eines Staates o. Ä.*

Be|rufs|be|am|ter ⟨vgl. Beamter⟩: *jmd., der beruflich auf Dauer im Beamtenverhältnis steht.*

Be|rufs|be|am|tin, die: w. Form zu ↑ Berufsbeamter.

be|rufs|be|dingt ⟨Adj.⟩: *mit dem Beruf zusammenhängend, durch ihn verursacht:* -e Schwierigkeiten; diese Krankheit ist b.

be|rufs|be|glei|tend ⟨Adj.⟩: *neben dem Beruf einhergehend:* -er Unterricht.

Be|rufs|be|ra|ter, der: *jmd., der in der Berufsberatung tätig ist* (Berufsbez.).

Be|rufs|be|ra|te|rin, die: w. Form zu ↑ Berufsberater.

Be|rufs|be|ra|tung, die: *[von der Arbeitsagentur durchgeführte] Beratung in allen Fragen der Berufswahl, der Ausbildung u. des beruflichen Fortkommens.*

Be|rufs|be|zeich|nung, die: *offizielle Bezeichnung für einen bestimmten Beruf.*

be|rufs|be|zo|gen ⟨Adj.⟩: *auf einen Beruf ausgerichtet:* -er Unterricht.

Be|rufs|bild, das: *Bild, das sich jmd. von einem Beruf macht, bes. im Hinblick auf Ausbildung, Tätigkeit u. Aufstiegsmöglichkeiten.*

be|rufs|bil|dend ⟨Adj.⟩: *der Berufsausbildung dienend:* eine -e Schule.

Be|rufs|bil|dungs|werk, das: *Einrichtung, die es behinderten Jugendlichen ermöglicht, unter besonders geregelten Bedingungen u. unter begleitender ärztlicher, psychologischer, sonderpädagogischer u. ä. Betreuung eine Berufsausbildung zu erhalten.*

Be|rufs|bo|xer, der: *jmd., der den Boxsport beruflich, als Erwerb betreibt.*

Be|rufs|bo|xe|rin, die: w. Form zu ↑ Berufsboxer.

Be|rufs|der|ma|to|se, die: *bei der Ausübung des Berufs erworbene Dermatose.*

Be|rufs|ein|stei|ger, der (ugs.): *Berufsanfänger.*

Be|rufs|ein|stei|ge|rin, die: w. Form zu ↑ Berufseinsteiger.

be|rufs|er|fah|ren ⟨Adj.⟩: *mit [langjähriger] Berufserfahrung.*

Be|rufs|er|fah|rung, die: *Erfahrung im Beruf.*

Be|rufs|ethos, das (geh.): *hohe sittliche Vorstellung vom Wert u. den Pflichten eines Berufes:* [als Arzt] ein B. haben.

Be|rufs|fach|schu|le, die: *auf spezielle Berufe vorbereitende Vollzeitschule.*

Be|rufs|fah|rer, der: **a)** *Fahrer* (b); **b)** *für eine Autofirma arbeitender Test- od. Rennfahrer.*

Be|rufs|fah|re|rin, die: w. Form zu ↑ Berufsfahrer.

Be|rufs|feu|er|wehr, die: *berufsmäßige Feuerwehr.*

Be|rufs|fin|dung, die: *Berufswahl.*

be|rufs|fremd ⟨Adj.⟩: *nicht zum [erlernten] Beruf gehörend:* -e Tätigkeiten.

Be|rufs|fuß|bal|ler, der (ugs.): *jmd., der berufsmäßig Fußballsport betreibt.*

Be|rufs|fuß|bal|le|rin, die: w. Form zu ↑ Berufsfußballer.

Be|rufs|ge|heim|nis, das: *Schweigepflicht über Dinge, die jmd. von Berufs wegen erfahren hat.*

Be|rufs|ge|nos|sen|schaft, die: *eine Körperschaft des öffentlichen Rechts als Trägerin der gesetzlichen Unfallversicherung innerhalb eines Gewerbezweiges.*

Be|rufs|grup|pe, die: *Berufsklasse.*

Be|rufs|heer, das: *Heer aus Berufssoldaten.*

Be|rufs|ju|gend|li|che ⟨vgl. Jugendlicher⟩ (ugs. abwertend): *erwachsene Frau, die [um von Jüngeren akzeptiert zu werden] in Bezug auf Kleidung, Verhalten o. Ä. wie eine Jugendliche auftritt.*

Be|rufs|ju|gend|li|cher ⟨vgl. Jugendlicher⟩ (ugs. abwertend): *erwachsener Mann, der [um von Jüngeren akzeptiert zu werden] in Bezug auf Kleidung, Verhalten o. Ä. wie ein Jugendlicher auftritt.*

Be|rufs|klas|se, die: *Gruppe von in bestimmten Merkmalen verwandten Berufen.*

Be|rufs|klei|dung, die: *für die Ausübung eines Berufs bes. geeignete od. vorgeschriebene Kleidung.*

Be|rufs|kol|le|ge, der: *Kollege* (a).

Be|rufs|kol|le|gin, die: w. Form zu ↑ Berufskollege.

Be|rufs|krank|heit, die: *durch Schädigungen bei der Ausübung des Berufes erworbenes Leiden.*

Be|rufs|lauf|bahn, die: *berufliche Laufbahn* (1 b).

Be|rufs|le|ben, das ⟨o. Pl.⟩: *durch die Berufstätigkeit geprägter Teil des Lebens (eines Menschen):* aus dem B. ausscheiden; im B. stehen; ins B. zurückkehren.

Be|rufs|leh|re, die (schweiz.): *Berufsausbildung;* ¹*Lehre* (1).

be|rufs|los ⟨Adj.⟩: *ohne [erlernten] Beruf; nicht erwerbstätig:* -e Menschen; sie sind b.

be|rufs|mä|ßig ⟨Adj.⟩: *von Berufs wegen, als Beruf:* -er Literat.

Be|rufs|of|fi|zier, der: *jmd., der berufsmäßig Offizier ist.*

Be|rufs|or|ga|ni|sa|ti|on, die: *Berufsverband.*

Be|rufs|pä|da|go|gik, die: *Zweig der Pädagogik, der die berufliche [Aus]bildung in Theorie u. Praxis betrifft.*

be|rufs|pä|da|go|gisch ⟨Adj.⟩: *die Berufspädagogik betreffend.*

Be|rufs|pend|ler, der: *jmd., der regelmäßig zwischen dem Wohnort u. dem Ort des Arbeitsplatzes pendelt* (2).

Be|rufs|pend|le|rin, die: w. Form zu ↑ Berufspendler.

Be|rufs|po|li|ti|ker, der: *jmd., der hauptberuflich, nicht ehrenamtlich als Politiker tätig ist.*

Be|rufs|po|li|ti|ke|rin, die: w. Form zu ↑ Berufspolitiker.

Be|rufs|prak|ti|kum, das: *Praktikum.*

be|rufs|prak|tisch ⟨Adj.⟩: *die Praxis* (2) *in einem Beruf betreffend, sie vermittelnd.*

Be|rufs|re|vo|lu|ti|o|när, der (oft abwertend): *jmd., der fortgesetzt für seine revolutionären Ziele tätig ist.*

Be|rufs|re|vo|lu|ti|o|nä|rin, die: w. Form zu ↑ Berufsrevolutionär.

Be|rufs|rich|ter, der: *jmd., der hauptberuflich, nicht ehrenamtlich als Richter tätig ist.*

Be|rufs|rich|te|rin, die: w. Form zu ↑ Berufsrichter.

Be|rufs|ri|si|ko, das: *durch äußere Umstände bewirktes Risiko für bestimmte Berufe:* mit dem Leben zu bezahlen, ist das B. von Soldaten.

Be|rufs|schu|le, die: *Schule, die neben der praktischen Berufsausbildung im Betrieb bi- bis zweimal wöchentlich (oder blockweise) besucht wird.*

Be|rufs|schü|ler, der: *Schüler, der auf die Berufsschule geht.*

Be|rufs|schü|le|rin, die: w. Form zu ↑ Berufsschüler.

Be|rufs|schul|leh|rer, der: *Lehrer an einer Berufsschule.*

Be|rufs|schul|leh|re|rin, die: w. Form zu ↑ Berufsschullehrer.

Be|rufs|sol|dat, der: *jmd., der berufsmäßig Soldat ist.*

Be|rufs|sol|da|tin, die: w. Form zu ↑ Berufssoldat.

Be|rufs|spie|ler, der: **1.** *Berufssportler im Bereich Ballspiele.* **2.** *jmd., der seinen Lebensunterhalt dadurch verdient, dass er um Geld spielt.*

Be|rufs|spie|le|rin, die: w. Form zu ↑ Berufsspieler.

Be|rufs|sport, der: *berufsmäßig betriebener Sport; Profisport.*

Be|rufs|sport|ler, der: *Profi.*

Be|rufs|sport|le|rin, die: w. Form zu ↑ Berufssportler.

Be|rufs|spra|che, die: *von bestimmten für einen Beruf, Berufszweig typischen Ausdrücken, Ausdrucksweisen geprägte Sprache.*

Be|rufs|stand, der: *Gruppe, Klasse, der die Einzelnen ihrem Beruf entsprechend zugehören.*
be|rufs|stän|disch ⟨Adj.⟩: *einen Berufsstand betreffend:* -e *Organisationen.*
be|rufs|tä|tig ⟨Adj.⟩: *einen Beruf ausübend:* -e *Mütter; halbtags b. sein.*
Be|rufs|tä|ti|ge, die/eine Berufstätige; der/einer Berufstätigen, die Berufstätigen/zwei Berufstätige: *weibliche Person, die berufstätig ist.*
Be|rufs|tä|ti|ger, der Berufstätige/ein Berufstätiger; des/eines Berufstätigen, die Berufstätigen/zwei Berufstätige: *jmd., der berufstätig ist.*
Be|rufs|tä|tig|keit, die: *das Berufstätigsein.*
be|rufs|un|fä|hig ⟨Adj.⟩: *durch Krankheit o. Ä. nicht mehr fähig, den bisherigen Beruf auszuüben.*
Be|rufs|un|fä|hig|keit, die: *das Berufsunfähigsein.*
Be|rufs|un|fä|hig|keits|ren|te, die: *Rente aus einer Berufsunfähigkeitsversicherung.*
Be|rufs|un|fä|hig|keits|ver|si|che|rung, die: *Versicherung gegen die Folgen der Berufsunfähigkeit.*
Be|rufs|ver|band, der: *organisierter Zusammenschluss von Angehörigen eines Berufes.*
Be|rufs|ver|bot, das: **1.** *(als Strafe od. als Schutzmaßnahme) amtlich ausgesprochenes Verbot, eine bestimmte berufliche Tätigkeit auszuüben.* **2.** *aus politischen Gründen offiziell ausgesprochenes Verbot, einen bestimmten Beruf (bes. im öffentlichen Dienst) auszuüben.*
Be|rufs|ver|bre|cher, der: *jmd., der fortgesetzt Straftaten begeht, seine Einkünfte aus Straftaten bezieht.*
Be|rufs|ver|bre|che|rin, die: w. Form zu ↑ Berufsverbrecher.
Be|rufs|ver|kehr, der ⟨o. Pl.⟩: *starker Verkehr zu Beginn u. am Ende der allgemeinen Arbeitszeit.*
be|rufs|vor|be|rei|tend ⟨Adj.⟩: *auf den Beruf vorbereitend:* -e *Kurse.*
Be|rufs|wahl, die ⟨o. Pl.⟩: *Entscheidung für einen Beruf.*
Be|rufs|wech|sel, der ⟨Pl. selten⟩: *Wechsel in einen anderen Beruf.*
Be|rufs|weg, der: *Laufbahn; berufliche Weiterentwicklung.*
Be|rufs|welt, die: *Arbeitswelt:* Jugendliche auf die B. *vorbereiten.*
Be|rufs|wunsch, der: *Wunsch, einen bestimmten Beruf zu ergreifen.*
Be|rufs|ziel, das: *bestimmter Beruf, der als Ziel angestrebt wird.*
Be|rufs|zweig, der: *bestimmter Zweig eines Berufs.*
Be|ru|fung, die; -, -en: **a)** *Angebot für ein [wissenschaftliches, künstlerisches, politisches] Amt:* eine B. an das Theater erhalten; die B. annehmen, ablehnen; **b)** *(veraltet) das Zusammenrufen:* die B. der Stände, des Reichstages. **2.** *besondere Befähigung, die jmd. als Auftrag in sich fühlt:* die B. zur Künstlerin. **3.** *as* ¹*Sichberufen* (2) *auf jmdn., etw.:* unter B. auf die Verträge. **4.** (Rechtsspr.) *Einspruch gegen ein Urteil:* B. gegen ein Urteil einlegen; die B. zurückweisen; in die B. gehen *(Berufung einlegen).* **5.** *(nordd.) Tadel, Verweis:* eine B. wegen schlechten Betragens.
Be|ru|fungs|frist, die (Rechtsspr.): *Zeitraum, innerhalb dessen Berufung* (4) *eingelegt werden kann.*
Be|ru|fungs|ge|richt, das (Rechtsspr.): *Gericht, das über die Berufung* (4) *zu entscheiden hat.*
Be|ru|fungs|in|stanz, die (Rechtsspr.): *für eine Berufung* (4) *zuständiges, nächsthöheres Gericht.*
Be|ru|fungs|rich|ter, der (Rechtsspr.): *Richter in einem Berufungsverfahren.*

Be|ru|fungs|rich|te|rin, die: w. Form zu ↑ Berufungsrichter.
Be|ru|fungs|ver|fah|ren, das (Rechtsspr.): *Gerichtsverfahren aufgrund einer Berufung* (4).
Be|ru|fungs|ver|hand|lung, die (Rechtsspr.): *Gerichtsverhandlung, in der eine Berufung* (4) *verhandelt wird.*
be|ru|hen ⟨sw. V.; hat⟩: *sich auf etw. gründen, stützen; seinen Grund, seine Ursache in etw. haben; basieren:* die Zuneigung beruht auf Gegenseitigkeit *(ist bei beiden Partnern gleich groß);* * **etw. auf sich b. lassen** *(etw. nicht weiterverfolgen).*
be|ru|hi|gen ⟨sw. V.; hat⟩: **a)** *allmählich wieder zur Ruhe bringen; besänftigen:* ein weinendes Kind, einen total Genervten b.; ich beruhigte *(beschwichtigte)* ihn mit der Nachricht, dass ...; ein beruhigendes Mittel; nun kann ich beruhigt *(ohne mir Sorgen machen zu müssen)* schlafen; **b)** ⟨b. + sich⟩ *ruhig werden, sich besänftigen, zur Ruhe kommen:* beruhige dich!; die politische Lage beruhigt *(entspannt)* sich.
Be|ru|hi|gung, die; -, -en: **a)** *das Beruhigen* (a); *das Ruhigmachen:* eine Medizin zur B. der Nerven; **b)** *das Beruhigen* (b): eine B. des Wetters ist vorauszusehen; das gibt mir ein Gefühl der B. *(der Sicherheit, der Zuversicht).*
Be|ru|hi|gungs|mit|tel, das: *Mittel, das beruhigend auf das Nervensystem wirkt.*
Be|ru|hi|gungs|pil|le, die: *Medikament in Tablettenform, das beruhigend auf das Nervensystem wirkt:* -n schlucken; Ü der Minister verabreichte der wütenden Menge eine verbale B.
Be|ru|hi|gungs|sprit|ze, die: *Injektion eines Beruhigungsmittels:* die Ärztin gab ihm eine B.
be|rüh|men, sich ⟨sw. V.; hat⟩: **1.** (Rechtsspr.) *sich auf etw.* ¹*berufen* (2): sich eines Rechtes b. ◆ **2.** *sich rühmen* (b): Der raubt sich Herden, der ein Weib, ... berühmt sich dessen manche Jahre (Goethe, Faust II, 4787 ff.); Ich darf mich b., dass ich ihr einziger Trost und ihr vertrautester Freund geworden bin (Keller, Spiegel 278).
be|rühmt ⟨Adj.⟩ [2. Part. von frühnhd. berühmen, mhd. berüemen, ahd. biruomen = sich rühmen, prahlen]: *wegen besonderer Leistung od. Qualität weithin bekannt:* ein -er Künstler, Wissenschaftler; ein -es *(renommiertes)* Lokal; -e Weinlagen; durch dieses Werk wurde sie b.; er ist b. wegen ihrer/für ihre Schlagfertigkeit; (nur verneint:) die Arbeit ist nicht gerade b. (ugs. iron.; mäßig, nicht besonders gut); Im alten jüdischen Viertel erinnern Straßen und Plätze an einen -en *(weithin bekannt gewordenen, aufsehenerregenden)* Mord (Koeppen, Rußland 183).
be|rühmt-be|rüch|tigt ⟨Adj.⟩ (oft iron.): *durch bestimmte negative Taten, Eigenschaften, Merkmale zu einer gewissen Berühmtheit, einem zweifelhaften Ruf gelangt:* die -en Butterfahrten; sie ist für ihren schwarzen Humor b.
Be|rühmt|heit, die; -, -en: **1.** ⟨o. Pl.⟩ *das Berühmtsein, Ruhm:* seine B. ist ihm lästig; durch seine brutale Spielweise als Verteidiger ist er zu trauriger B. gelangt *(ist er auf dem Spielfeld häufig unangenehm aufgefallen u. hat sich so einen schlechten Ruf erworben).* **2.** *berühmte Persönlichkeit.*
be|rüh|ren ⟨sw. V.; hat⟩: **1.** [mhd. berüeren, ahd. bi(h)ruoren] *[mit der Hand] einen Kontakt herstellen, anrühren, ohne fest zuzufassen; streifen:* jmdn. aus Versehen b.; den Schlafenden leicht an der Schulter b.; sie berührte das Essen nicht (geh.; *rührte das Essen nicht an, aß nichts*); bitte nicht b. *(nicht, nichts anfassen)!;* es ist nichts geschehen, die Stoßstangen [der Autos] haben sich nur berührt; ihre Hände berührten sich; Ü das Schiff berührt diesen Hafen nicht *(läuft ihn nicht an);* unsere Pläne berühren sich

(sind sehr ähnlich, laufen auf das Gleiche hinaus). **2.** *kurz erwähnen:* ein Thema b.; diese Angelegenheit wurde [im Gespräch] nicht berührt. **3.** *in bestimmter Weise auf jmdn. wirken; jmdn. beeindrucken:* die Nachricht hat mich tief berührt; sich unangenehm berührt fühlen; das berührt mich [überhaupt] nicht *(ist mir gleichgültig).*
Be|rüh|rung, die; -, -en: **1.** *das Berühren, Anrühren:* jede B. vermeiden; durch B. der Drähte ist der Stromkreis geschlossen; mit etw. in B. kommen, sein; Verwirrt, dankbar, sehr behutsam erwiderte er die B. ihrer Hand (Feuchtwanger, Erfolg 299). **2.** *gesellschaftlicher, kultureller, menschlicher Kontakt:* mit der Umwelt haben; sie stand mit vielen Menschen in persönlicher B.; die Reise brachte uns mit der Antike in B. ⟨o. Pl.⟩ *Erwähnung:* die B. dieses Themas war ihm peinlich.
Be|rüh|rungs|angst, die (Psychol.): *Angst vor [körperlicher] Berührung mit anderen Menschen:* das Kind hat B.; Ü beide Seiten kennen keine Berührungsängste.
be|rüh|rungs|emp|find|lich ⟨Adj.⟩: *empfindlich gegen Berührungen:* ein -er Bildschirm.
Be|rüh|rungs|li|nie, die (Math.): *Gerade, die eine Kurve, z. B. einen Kreis, in einem Punkt berührt; Tangente.*
be|rüh|rungs|los ⟨Adj.⟩ (Physik, Technik): *ohne Berührung:* -e Temperaturbestimmung; b. fluktuierende Geschwindigkeiten von Gas- od. Flüssigkeitsströmungen messen.
Be|rüh|rungs|punkt, der: **1.** (Math.) *Punkt, in dem sich zwei geometrische Figuren berühren.* **2.** *geistige, gedankliche Übereinstimmung, Gemeinsamkeit:* zwischen ihnen gibt es keinerlei -e.
be|rüscht ⟨Adj.⟩: *mit Rüschen versehen:* -e Wäsche; der Vorhang ist reich b.
Be|ryll, der; -s, -e [lat. beryllus < griech. béryllos < mind. vēruliya, vēluriya, vermutlich nach der südind. Stadt Belur; vgl. Brille]: *häufig als Schmuckstein verwendetes, in reinem Zustand glasklares, farbloses, oft gelbliches Mineral, das je nach Gehalt an bestimmten Stoffen auch in Gestalt von Kristallen verschiedener Färbung auftreten kann.*
Be|ryl|li|um, das; -s [nach dem Vorkommen im Beryll]: *silberglänzendes bis stahlgraues Leichtmetall (chemisches Element; Zeichen:* Be*).*
be|sab|beln, be|sab|bern ⟨sw. V.; hat⟩ (salopp): *mit Speichel beschmutzen.*
be|sä|en ⟨sw. V.; hat⟩: *mit Samen bestreuen; Samen auf etw. streuen:* ein Beet [mit Sommerblumen] b.; das Feld ist dicht besät; Ü der Platz ist besät mit/von *(voll von)* weggeworfenem Papier.
be|sa|gen ⟨sw. V.; hat⟩ [mhd. besagen = (aus)sagen; anklagen]: *ausdrücken, bedeuten:* das besagt viel; der Abschnitt besagt Folgendes: ...
be|sagt ⟨Adj.⟩ (Papierdt.): *genannt, bereits erwähnt.*
be|sai|ten ⟨sw. V.; hat⟩: **a)** (Musik) *(ein Streich- od. Zupfinstrument) mit Saiten versehen;* **b)** (selten) *(einen Tennisschläger)* bespannen.
be|sa|men ⟨sw. V.; hat⟩: *männlichen Samen [künstlich] auf weibliche Eizellen bringen.*
be|sam|meln ⟨sw. V.; hat⟩ (schweiz.): **a)** *versammeln* (1 a): Truppen b.; **b)** ⟨b. + sich⟩ *sich versammeln* (1 b).
Be|samm|lung, die; -, -en (schweiz.): *Aufmarsch, Zusammenkommen.*
Be|sa|mung, die; -, -en: *das Besamen; das Besamenlassen.*
Be|sa|mungs|sta|ti|on, Be|sa|mungs|zen|tra|le, die (Landwirtsch.): *Einrichtung zur Gewinnung, Lagerung u. Verteilung geeigneten Spermas für die künstliche Besamung von Nutz- od. Zuchttieren.*

Be|san, der; -s, -e [älter niederl. besane < ital. mezzana, eigtl. w. Form von: mezzano = mittlerer < lat. medianus (mit unklarer Bedeutungsentwicklung)]: **a)** *Segel am hintersten Mast:* den B. setzen; **b)** *Besanmast.*

be|sänf|ti|gen ⟨sw. V.; hat⟩ [zu veraltet sänftigen = sanft machen]: *durch Zureden bewirken, dass jmds. innere Erregung langsam nachlässt u. abklingt; beruhigen, beschwichtigen:* einen Ungeduldigen b.; eine besänftigende Stimme; die besänftigten Naturgewalten, Elemente.

Be|sänf|ti|gung, die; -, -en: *das Besänftigen; das Besänftigtwerden:* zur B. der aufgeregten Gemüter.

Be|san|mast, der: *hinterster* ¹*Mast* (1); *Besan* (b).

Be|san|se|gel, das: *Besan* (a).

Be|satz, der; -es, Besätze: **1.** (Mode) *etw. (z. B. Borte, Spitze, Pelz), womit ein Kleidungsstück besetzt* (1) *ist, wird:* ein bunter B. am Saum. **2. a)** (Jagdw.) *Wildbestand in einem Revier;* **b)** (Landwirtsch.) *Viehbestand [im Verhältnis zur Weidefläche];* **c)** (Fischereiw.) *Fischbestand in einem Bach od. Teich.*

Be|sat|zer, der; -s, - (ugs. abwertend): *Angehöriger einer Besatzungsmacht; Besatzungssoldat.*

Be|sat|ze|rin, die; -, -nen: w. Form zu ↑ Besatzer.

Be|sat|zung, die; -, -en [spätmhd. besatzunge = Befestigung, die heutige Bed. seit dem 16. Jh.]: **1.** *Mannschaft eines größeren Fahrzeugs (bes. eines Schiffs, Flugzeugs):* 15 Mann B.; ... dann und wann meuterte die B. des Panzerkreuzers »Orlow« vor der Stadt Odessa wegen ungenügender Ernährung (Feuchtwanger, Erfolg 497). **2.** (Militär) **a)** *Truppe in einer [belagerten] Festung;* **b)** *Truppen, die ein fremdes Staatsgebiet besetzt halten.*

Be|sat|zungs|ar|mee, die (Militär): *Armee, die ein fremdes Staatsgebiet besetzt hält.*

Be|sat|zungs|ge|biet, das (Militär): *von ausländischen Truppen besetztes Staatsgebiet.*

Be|sat|zungs|kind, das: *Kind eines Besatzungsangehörigen u. einer einheimischen Frau.*

Be|sat|zungs|macht, die (Militär): *Staat, der eine Besatzung* (2) *auf fremdem Staatsgebiet unterhält.*

Be|sat|zungs|re|gime, das (meist abwertend): *Regierung, Herrschaft der Besatzungsmacht.*

Be|sat|zungs|sol|dat, der (Militär): *Soldat von Besatzungstruppen.*

Be|sat|zungs|sol|da|tin, die: w. Form zu ↑ Besatzungssoldat.

Be|sat|zungs|sta|tut, das: *Statut zur Regelung der Rechtsverhältnisse zw. einer Besatzungsmacht u. dem von ihr besetzten Staat.*

Be|sat|zungs|trup|pe ⟨meist Pl.⟩ (Militär): *Truppe, die ein fremdes Staatsgebiet besetzt hält:* sie fordern den sofortigen Abzug der -n.

Be|sat|zungs|zeit, die: *Zeit, während deren ein Staatsgebiet von ausländischen Truppen besetzt ist.*

Be|sat|zungs|zo|ne, die (Militär): *von ausländischen Truppen besetzter Bereich eines Staates.*

be|sau|fen, sich ⟨st. V.; hat⟩ (salopp): *sich betrinken:* sich mit billigem Fusel b.

¹**Be|säuf|nis,** das; -ses, -se od. die; -, -se (salopp): *das Sichbetrinken; Zecherei.*

²**Be|säuf|nis,** die; - (salopp): *Trunkenheit:* in seiner B. hat er die Türen verwechselt.

be|säu|seln, sich ⟨sw. V.; hat⟩ (ugs.): *sich leicht betrinken.*

be|schä|di|gen ⟨sw. V.; hat⟩ [mhd. beschedegen, zu ↑ schädigen]: **1.** *Schaden an etw. verursachen; schadhaft machen:* fremdes Eigentum b.; durch das Hochwasser wurden viele Häuser beschädigt; das Buch ist leicht beschädigt; beschädigte Exemplare. ◆ **2.** *verletzen* (1): ... wenn ein Freund, der mit uns wandeln sollte,

sich einen Fuß beschädigt (Goethe, Torquato Tasso I, 2).

Be|schä|di|gung, die; -, -en: **1.** *das Beschädigen, Beschädigtwerden.* **2.** *beschädigte Stelle.*

be|schaff|bar ⟨Adj.⟩: *sich beschaffen lassend:* leicht -e Waren.

¹**be|schaf|fen** ⟨sw. V.; hat⟩: *[unter Überwindung von Schwierigkeiten] dafür sorgen, dass jmd. etw., was er nötig braucht, bekommt; besorgen, herbeischaffen:* jmdm. eine Genehmigung b.; der Artikel war schwer/war nicht zu b.

²**be|schaf|fen** ⟨Adj.⟩ [eigtl. 2. Part. von mhd. beschaffen = erschaffen]: *in bestimmter Weise geartet:* er ist von Natur nicht anders b.; die Ware ist so b., dass ...; ... er war mir der von flüchtiger Bekanntschaft als ein Mann erschienen, der in dieser nun einmal so -en Welt erreicht, was ihm nutzt (Seghers, Transit 207).

Be|schaf|fen|heit, die; -, -en: *das Beschaffensein einer Sache, (selten:) einer Person:* die äußere, innere, chemische, seelische B.; die B. des Materials überprüfen.

Be|schaf|fung, die; -, -en: *das* ¹*Beschaffen:* die B. von Informationen.

Be|schaf|fungs|kos|ten ⟨Pl.⟩ (Wirtsch.): *sich aus den Einkaufs-, Beförderungs-, Verpackungskosten o. Ä. zusammensetzende Kosten für die Beschaffung [von Waren für den Weiterverkauf].*

Be|schaf|fungs|kri|mi|na|li|tät, die (Rechtsspr.): *Gesamtheit der kriminellen Handlungen, die der Beschaffung von Drogen od. von Geld zum Kauf von Drogen dienen.*

be|schäf|ti|gen ⟨sw. V.; hat⟩ [zu mhd. (md.) scheftig = geschäftig, tätig, zu ↑ schaffen]: **1.** ⟨b. + sich⟩ *etw. zum Gegenstand seiner Tätigkeit machen; jmdm., einer Sache seine Zeit widmen:* sich mit Philosophie b.; er beschäftigt sich viel/ wenig mit den Kindern; sie ist sehr beschäftigt (hat viel zu tun); sie waren um den Verunglückten beschäftigt (bemühten sich um ihn); Er setzte sich und beschäftigte sich eingehend mit einigen kleinen Apparaten und Instrumenten, welche da herumstanden (Hesse, Steppenwolf 255). **2. a)** ⟨b. + sich⟩ *über eine längere Zeit hin (über etw., jmdn.) nachdenken, sich (mit etw.) auseinandersetzen; sich befassen:* sich mit einem Problem b.; das Gericht muss sich mit dem Fall b.; **b)** *innerlich in Anspruch nehmen, bewegen:* dieses Problem beschäftigte ihn schon lange; Uns alle beschäftigt ja brennend der Gedanke, ob es nicht doch eine Hoffnung gibt (Jünger, Bienen 69). **3. a)** *jmdm. Arbeit geben; angestellt haben:* er beschäftigt drei Leute in seiner Filiale; bei der Post beschäftigt (tätig) sein; **b)** *jmdm. etw. zu tun geben:* wir müssen die Kinder [mit einem Spiel] b.

Be|schäf|tig|te, die/eine Beschäftigte; der/einer Beschäftigten/zwei Beschäftigte: *weibliche Person, die in einem Betrieb o. Ä. beschäftigt* (3 a) *ist.*

Be|schäf|tig|ter, der/ein Beschäftigter/ein Beschäftigten; der Beschäftigten, die Beschäftigten/ zwei Beschäftigte: *jmd., der in einem Betrieb o. Ä. beschäftigt* (3 a) *ist:* geringfügig Beschäftigte (Beschäftigte, deren Entgelt auf eine bestimmte monatliche Summe begrenzt ist und deren Arbeitszeit eine bestimmte Zahl von Arbeitstagen im Jahr nicht übersteigt).

Be|schäf|ti|gung, die; -, -en: **1. a)** *Tätigkeit, mit der man seine Arbeits- od. Freizeit ausfüllt:* eine zeitraubende B.; jmdn. bei/in seiner B. stören; für B. ist gesorgt (scherzh.; *an Arbeit wird es nicht fehlen*); Es ist sinnlos, was ich tue. Aber ich muss B. haben (Remarque, Westen 157); **b)** *bezahlte Tätigkeit, berufliche Arbeit:* eine lukrative B. finden; seiner B. nachgehen; ohne B. (arbeitslos) sein. **2.** ⟨o. Pl.⟩ *das Sichbeschäfti-*

gen (2 a): B. mit Fragen der Politik. **3.** ⟨o. Pl.⟩ *das Beschäftigen* (3 a), *Beschäftigtsein; Anstellung:* die B. von Teilzeitkräften; die B. im Staatsdienst.

Be|schäf|ti|gungs|ge|sell|schaft, die: *Unternehmen zur Arbeitsbeschaffung, Umschulung u. Weiterbildung von Arbeitnehmer[inne]n, die in Kurzarbeit beschäftigt od. von Entlassung bedroht sind.*

Be|schäf|ti|gungs|grad, der (Wirtsch.): *Verhältnis der Erwerbstätigen zur Gesamtbevölkerung od. zur Zahl der Erwerbslosen.*

Be|schäf|ti|gungs|los ⟨Adj.⟩: **a)** *ohne Tätigkeit[sfeld]; ohne Beruf:* nachdem sie Pullover für alle Enkel gestrickt hatte, saß das Oma b. herum; **b)** *ohne Anstellung; arbeitslos:* viele Jugendliche sind b.

Be|schäf|ti|gungs|po|li|tik, die: *Arbeitsmarktpolitik.*

Be|schäf|ti|gungs|stand, der: *Beschäftigungsgrad.*

Be|schäf|ti|gungs|the|ra|pie, die (Med.): *Heilmethode, die durch Anleitung zu handwerklicher u. künstlerischer Tätigkeit psychische u. körperliche Schädigungen auszugleichen versucht:* Ü eine B. für Bürokraten.

Be|schäf|ti|gungs|ver|hält|nis, das: *Arbeitsverhältnis* (1): in einem B. stehen.

be|schä|len ⟨sw. V.; hat⟩ [zu mhd. schel, ahd. scelo, ↑ Schälhengst]: *(vom Pferd od. Esel) decken* (9): die Stute soll beschält werden.

Be|schä|ler, der; -s, -: **1.** *Zuchthengst.* **2.** (derb) *Beischläfer.*

be|schal|len ⟨sw. V.; hat⟩: **1.** *Schall (Geräusche, Töne, Worte) mithilfe eines Lautsprechers in große Räume, auf freie Plätze o. Ä. dringen lassen:* den ganzen Stadtteil b. **2.** (Med., Technik) *mit Ultraschall untersuchen, behandeln.*

Be|schal|lung, die; -, -en: *das Beschallen; das Beschalltwerden.*

Be|schä|lung, die; -, -en: *das Beschälen; das Beschältwerden.*

be|schä|men ⟨sw. V.; hat⟩ [mhd. beschemen = beschämen; Schmach zufügen; schänden, zu ↑ schämen]: *mit einem Gefühl der Scham erfüllen; (durch sein Verhalten) Scham empfinden lassen:* den anderen durch die eigene Hilfsbereitschaft b.; ein beschämendes (demütigendes) Gefühl; das ist beschämend (äußerst) wenig; beschämt dastehen; Was berechtigt Sie zu diesen Worten, die jeden Einzelnen von uns aufs tiefste b. sollen (Hochhuth, Stellvertreter 125).

be|schä|men|der|wei|se ⟨Adv.⟩: *zu jmds. Beschämung, Schande:* b. kann ich die Frage nicht beantworten.

Be|schä|mung, die; -, -en ⟨Pl. selten⟩: *das Beschämtsein:* B. empfinden; mit B./zu meiner B. (Schande) muss ich gestehen, dass ...

be|schat|ten ⟨sw. V.; hat⟩: **1.** [mhd. beschate(we)n] (geh.) *jmdm., einer Sache Schatten geben, verschaffen [u. vor der Sonne schützen]:* die Augen mit der Hand b.; Bäume beschatten den Weg; Ü *schlechte Nachrichten (beeinträchtigen) das Fest.* **2. a)** *heimlich [polizeilich] beobachten, überwachen:* einen Agenten b. [lassen]; **b)** (Sport, bes. Fußball, Hockey u. Ä.) *(einen bestimmten Spieler, eine bestimmte Spielerin der gegnerischen Mannschaft) bewachen, eng decken:* der Mannschaftskapitän selbst sollte den gefährlichen Halbstürmer b.

Be|schat|ter, der; -s, -: *jmd., der jmdn. beschattet* (2).

Be|schat|te|rin, die; -, -nen: w. Form zu ↑ Beschatter.

Be|schat|tung, die; -, -en ⟨Pl. selten⟩: *das Beschatten; das Beschattetwerden.*

Be|schau, die; -: *Betrachtung, amtliche Prüfung:* Schlachtvieh zur B. bringen.

be|schau|en ⟨sw. V.; hat⟩ [mhd. beschouwen, ahd. biscouwōn] (landsch.): *betrachten:* Dann standen sich die beiden Kinder gegenüber … Prüfend beschauten sie sich (Feuchtwanger, Herzogin 12).

Be|schau|er, der; -s, -: *jmd., der etw. beschaut; Betrachter.*

Be|schau|e|rin, die; -, -nen: w. Form zu ↑Beschauer.

be|schau|lich ⟨Adj.⟩: **a)** *von behaglich betrachtender Art; in Wohlgefühl vermittelnder Weise geruhsam:* ein -er Charakter; sein Leben war sehr b.; **b)** [spätmhd. beschouwelich für (kirchen)lat. contemplativus, ↑kontemplativ] (kath. Kirche) *kontemplativ, keine körperliche Arbeit verrichtend.*

Be|schau|lich|keit, die; -, -en: **1.** *beschaulicher Zustand.* **2.** *etw. beschaulich Wirkendes.*

Be|schau|zei|chen, die; *in Gegenstände bes. aus Silber, Gold, Zinn eingestanztes Zeichen als Bestätigung des Feingehalts u. der Qualität; Punze* (2).

Be|scheid, der; -[e]s, -e [rückgeb. aus ↑¹bescheiden (4)]: **a)** *[amtliche, verbindliche] Auskunft bestimmten Inhalts über jmdn., etw.:* B. [über etw.] erwarten; er hat keinen B. hinterlassen; … sie werde binnen zwei Monaten über das Wiederaufnahmeverfahren endgültig B. haben (Feuchtwanger, Erfolg 587); * **B. wissen** (1. *von etw. Kenntnis haben, unterrichtet sein.* 2. *sich auskennen; etw. gut kennen*); **jmdm. B. sagen** (1. *jmdn. benachrichtigen, von etw. unterrichten.* ugs., *eine Beanstandung o. Ä. in sehr deutlicher Form [bei der dafür verantwortlichen Person] vorbringen*); **jmdm. B. stoßen** (ugs.; *seine Empörung über etw. in entsprechend scharfem Ton [dem dafür Verantwortlichen gegenüber] zum Ausdruck bringen*); **b)** *Entscheidung [über einen Antrag]; behördliche Stellungnahme:* den B. des Finanzamtes abwarten.

¹be|schei|den ⟨st. V.; hat⟩: **1.** ⟨b. + sich⟩ (geh.) *sich begnügen:* sich mit wenigem b. **2.** [mhd. bescheiden, zu ↑scheiden] (geh.) *zuteilwerden lassen:* ihm war kein Erfolg beschieden. **3.** ⟨geh.⟩ *an einen bestimmten Ort kommen lassen; beordern:* sie wurde zum Chef nach Berlin beschieden. **4.** [mhd. bescheiden, zu ↑scheiden] (Amtsspr.) *jmdm. behördlicherseits eine Entscheidung über etw. mitteilen:* der Antrag wurde abschlägig beschieden *(wurde abgelehnt).*

²be|schei|den ⟨Adj.⟩ [älter = einsichtsvoll; klug, erfahren, eigtl. = 2. Part. von ¹bescheiden, urspr. = (vom Richter) bestimmt, zugeteilt, dann: sich einsichtig ¹bescheiden lassend]: **1.** *sich nicht in den Vordergrund stellend, in seinen Ansprüchen maßvoll, genügsam od. davon zeugend:* ein -es Kind, Benehmen; b. sein; b. anfragen; (Skepsis od. Kritik ausdrückende Floskel:) eine -e Frage: Wie lange wollen wir hier noch sitzen? **2. a)** *einfach, schlicht, gehobenen Ansprüchen nicht genügend:* ein -es Zimmer; -e Verhältnisse; er lebt sehr b.; **b)** *nicht genügend; gering:* dieser Lohn ist allzu b.; seine Leistungen waren sehr b.; Sein Englisch ist b. (Frisch, Montauk 107). **3.** (ugs. verhüll.) *sehr schlecht, unerfreulich:* Mensch, ist das ein -es Wetter! ◆ **4.** *einsichtig, verständig:* Den bescheidnen Männern von Uri, Schwyz und Unterwalden bietet die Königin Elsbeth Gnad' und alles Gute (Schiller, Tell V, 1); Shakespeare war sehr b. und weise, dass er nur zwei solche Repräsentanten auftreten ließ (Goethe, Lehrjahre V, 5); Schnell hilft sie Amor sie entkleiden …; dann hält er schalkhaft und b. *(gewisse Kenntnis ausdrückend, wissend)* sich selbst die beiden Augen zu (Goethe, Brautnacht).

Be|schei|den|heit, die; -, -en ⟨Pl. selten⟩ [mhd. bescheidenheit = Verstand, Einsicht; (richterlicher) Bescheid, Zuerkennung]: ⟨o. Pl.⟩ *bescheidenes Wesen, bescheidene Art; Genügsamkeit:* aus B. im Hintergrund bleiben; keine falsche B.!; Mit weltmännischer B. hat er auch hier seinen Titel unerwähnt gelassen (Hildesheimer, Legenden 68).

be|schei|nen ⟨st. V.; hat⟩: *auf jmdn., etw. scheinen; bestrahlen:* Mondlicht bescheint die Dächer; sich von der Sonne b. lassen; vom Feuer beschienene Gestalten.

be|schei|ni|gen ⟨sw. V.; hat⟩ [im 17. Jh. = offenbaren, beweisen, zu ↑Schein in der Bed. »beweisende Urkunde«]: *schriftlich bestätigen:* den Empfang des Geldes b.; sich die Überstunden b. lassen; unterschrieben und bescheinigt; Ü ihr wurde in zahlreichen Lobreden eine gute Leistung bescheinigt.

Be|schei|ni|gung, die; -, -en: **1.** ⟨o. Pl.⟩ *das Bescheinigen:* wir können die B. später vornehmen. **2.** *Schriftstück, mit dem etw. bescheinigt wird:* eine B. [über etw.] ausstellen, vorlegen; … dass diese zwei Tiere noch immer die Hunde von Bürgern der Vereinigten Staaten sind (Seghers, Transit 207).

be|schei|ßen ⟨st. V.; hat⟩ [mhd. beschīʒen = besudeln, zu ↑¹Scheiß] (salopp): *betrügen, übervorteilen:* die haben uns ganz schön/um hundert Euro beschissen.

be|schen|ken ⟨sw. V.; hat⟩: *mit Gaben, einem Geschenk bedenken:* jmdn. reich, fürstlich b.

be|sche|ren ⟨sw. V.; hat⟩ [mhd. beschern = zuteilen, verhängen, zu ↑¹Schar]: **1. a)** *zu Weihnachten schenken:* den Kindern viele schöne Dinge b.; **b)** *einem bestimmten Personenkreis die Weihnachtsgeschenke austeilen:* erst nach dem Abendbrot b.; **c)** (selten) *zu Weihnachten beschenken:* die Kleinen wurden mit vielen Spielsachen beschert. **2.** *zuteilwerden lassen:* das Schicksal hat ihm viel Gutes beschert; ihnen waren keine Kinder beschert.

Be|sche|rung, die; -, -en: **1. a)** *Feier des weihnachtlichen Bescherens* (1); **b)** (selten) *bei der Bescherung* (1 a) *ausgeteilte Geschenke.* **2.** (ugs. iron.) *unangenehme Überraschung:* da haben wir die B.!; das ist [mir] eine schöne B.!

◆ **be|scher|zen** ⟨sw. V.; hat⟩: *bespötteln:* Pedantische Gelehrte, eitle Jünglinge, jede Art von Beschränktheit bescherzt er mehr, als dass er sie bespottete (Goethe, Dichtung u. Wahrheit 7).

be|scheu|ert ⟨Adj.⟩ [zu ugs. scheuern = prügeln, eigtl. = jmdn. so lange prügeln, bis er den Verstand verloren hat] (salopp): **a)** *nicht recht bei Verstand:* du bist wohl b.!; **b)** *ärgerlich, unerfreulich:* eine -e Mitteilung.

be|schich|ten ⟨sw. V.; hat⟩ (Technik): *mit einer Schicht (aus einem andern Material) versehen:* Metallteile mit Lack b.

Be|schich|tung, die; -, -en: **1.** *das Beschichten; das Beschichtetwerden.* **2.** *aufgetragene Schicht.*

be|schi|cken ⟨sw. V.; hat⟩: **1. a)** *etw. auf eine Ausstellung, Messe schicken:* die Ausstellung mit wertvollen Gemälden b.; die Messe war gut beschickt; ein reich beschickter Markt; **b)** *(Vertreter[innen]) zu einem Kongress, einer [Sport]veranstaltung schicken:* eine Sitzung b.; der Skiverband wollte die Winterspiele nicht mehr b.; ◆ **c)** *Boten (zu jmdm.) schicken:* Ich warf mit dem zerrissnen Mutterherzen mich zwischen die Ergrimmten … unermüdlich beschickt' ich sie, den einen um den andern (Schiller, Braut v. Messina 83 f.) **2.** (Technik) *mit Material zur Be- od. Verarbeitung füllen:* einen Hochofen b. **3.** (landsch.) *erledigen, in Ordnung bringen.*

be|schi|ckern, sich ⟨sw. V.; hat⟩ [jidd., zu: schickern = trinken] (ugs.): *sich durch Alkoholgenuss in eine fröhliche Stimmung versetzen; sich leicht betrinken:* ⟨oft im 2. Part.:⟩ sie hat etwas getrunken und ist ein bisschen beschickert *(beschwipst).*

Be|schi|ckung, die; -, -en: ⟨Pl. selten⟩ *das Beschicken; das Beschicktwerden.* **2.** (Technik) *das Eingefüllte, die Füllung [eines Hochofens].*

be|schie|den: ↑¹bescheiden.

¹be|schie|nen: ↑bescheinen.

²be|schie|nen ⟨sw. V.; hat⟩: *mit Schienen versehen.*

be|schie|ßen ⟨st. V.; hat⟩: **a)** [mhd. beschieʒen] *[längere Zeit hindurch] auf jmdn., etw. schießen:* die Stellungen mit schwerer Artillerie b.; das Flugzeug wurde plötzlich beschossen; Ü jmdn. mit Fragen b.; **b)** (Kernphysik) *Elementarteilchen auf etw. auftreffen lassen:* Atomkerne mit Neutronen b.

Be|schie|ßung, die; -, -en: *das Beschießen; das Beschossenwerden.*

be|schiff|en ⟨sw. V.; hat⟩ (veraltend): *mit einem Schiff, mit Schiffen befahren:* das Meer b.

be|schil|dern ⟨sw. V.; hat⟩: *mit [Verkehrs]schildern versehen:* eine neue Straße b.

Be|schil|de|rung, die; -, -en: **1.** *das Beschildern; das Beschildertwerden.* **2.** *Gesamtheit der in einem bestimmten Gebiet o. Ä. angebrachten [Verkehrs]schilder.*

be|schilft ⟨Adj.⟩: *mit Schilf bewachsen.*

be|schimp|fen ⟨sw. V.; hat⟩: *mit groben Worten schmähen, beleidigen:* jmdn. b.; sich [gegenseitig]/(geh.) einander b.

Be|schimp|fung, die; -, -en: **1.** *das Beschimpfen.* **2.** *Äußerung, mit der man jmdn. beschimpft; Schimpfwort.*

be|schir|men ⟨sw. V.; hat⟩ [mhd. beschirmen] (geh.): **a)** *beschützen:* möge Gott euch b.!; **b)** *etw. wie einen Schirm über etw. ausbreiten:* die Augen mit der Hand b.; **c)** *mit einem Lampenschirm versehen:* Es herrschte im Schreibzimmer eine Art Halbdunkel, das noch verstärkt wurde durch die grün beschirmten Lichter an den anderen Schreibtischen (Roth, Beichte 139); **d)** *behüten, bewachen.*

be|schirmt ⟨Adj.⟩ (scherzh.): *mit einem Schirm versehen:* ich bin heute nicht b. *(bin ohne Regenschirm).*

Be|schiss, der; -es (salopp): *Betrug:* das ist alles B.!

¹be|schis|sen: ↑bescheißen.

²be|schis|sen ⟨Adj.⟩ (salopp): *sehr schlecht; sehr unfreulich:* es geht ihm b.

be|schla|fen ⟨st. V.; hat⟩ (ugs.): **1.** [mhd. besläfen, auch: schwängern] *mit jmdm. Geschlechtsverkehr haben:* ein Mädchen b. **2.** [frühnhd.] *überschlafen:* ich muss [mir] die Sache erst noch mal b.

Be|schlag, der; -[e]s, Beschläge. **1. a)** ⟨meist Pl.⟩ [spätmhd. beslac] *auf etw. befestigtes Metallstück (z. B. ein Band, Scharnier, eine Schließe) zum Zusammenhalten von beweglichen Teilen, auch als Schutz od. Verzierung:* die Beschläge eines Koffers; Beschläge an Türen und Fenstern; **b)** ⟨Pl. selten⟩ *Hufeisen, mit denen ein Pferd beschlagen ist.* **2.** *[trübe] Schicht, Überzug [auf einer glatten Fläche]:* das Metall hat einen hauchdünnen B. bekommen. **3.** (Jägerspr.) *Begattung beim Schalenwild.* **4.** * **mit B. belegen/in B. nehmen/in B. halten/auf jmdn., etw. B. legen** *(ganz für sich beanspruchen; [für längere Zeit] allein benutzen):* die Telefonzelle ist dauernd mit B. belegt.

be|schlag, die; -s, -e (schweiz.): *Beschlag* (1 a).

¹be|schla|gen ⟨st. V.⟩ [mhd. beslahen, ahd. bislahan = daraufschlagen]: **1.** ⟨hat⟩ *mit einem Beschlag* (1) *versehen; etw. mit Nägeln auf etw. befestigen:* ein Fass mit Reifen b.; das Pferd muss neu beschlagen werden. **2. a)** ⟨ist⟩ *sich mit einer dünnen Schicht (bes. aus Wassertröpfchen) überziehen; anlaufen* (9): die Brille ist beschlagen; beschlagene Scheiben; **b)** ⟨ist⟩

beschlagen – beschränkt

anfangen, Schimmel anzusetzen; einen Pilzbelag bekommen: die Wurst ist schon etwas beschlagen; **c)** ⟨b. + sich; hat⟩ *sich mit einer Schicht (bes. aus Wassertröpfchen) überziehen*; **d)** ⟨hat⟩ *mit etw. überziehen:* der Dampf hat das Fenster beschlagen. **3.** ⟨hat⟩ (Jägerspr.) *begatten:* der Hirsch beschlägt die Ricke; sie ist beschlagen [worden] *(ist trächtig).* **4.** ⟨hat⟩ (schweiz.) *betreffen, angehen:* der Vortrag beschlug den Schutz des Bodenseewassers.
²**be|schla|gen** ⟨Adj.⟩ [wohl nach der Vorstellung von einem gut beschlagenen Pferd]: *in etw. erfahren, sich auskennend:* auf naturwissenschaftlichem Gebiet [gut] b. sein.
Be|schla|gen|heit, die; -, -: *das Beschlagensein; reiche Sach-, Fachkenntnis*.
Be|schlag|nah|me, die; -, -n [zum 2. Bestandteil vgl. Abnahme]: *das Beschlagnahmen.*
be|schlag|nah|men ⟨sw. V.; hat⟩: **1.** *in amtlichem Auftrag wegnehmen, der privaten Verfügungsgewalt entziehen; sicherstellen; konfiszieren:* jmds. Vermögen b.; die Polizei beschlagnahmte das Diebesgut. **2.** (scherzh.) *für sich in Anspruch nehmen; mit Beschlag belegen:* du beschlagnahmst mich schon den ganzen Tag.
Be|schlag|nah|mung, die; -, -en: *Beschlagnahme.*
be|schlei|chen ⟨st. V.; hat⟩: **1.** *sich jmdm., einer Sache schleichend nähern:* der Jäger beschleicht das Wild. **2.** (geh.) *(von Gefühlen, Gemütsbewegungen u. Ä.) langsam u. unmerklich erfassen, überkommen:* ein Gefühl der Sorge beschlich uns.
◆ **be|schleu|nen:** ↑ beschleunigen: Ich bin der Mann, das Glück ihm zu b. (Goethe, Faust II, 6684).
be|schleu|ni|gen ⟨sw. V.; hat⟩ [im 17. Jh. = rasch fördern; wegschaffen, zu ↑ schleunig]: **1. a)** *schneller werden lassen:* das Tempo b.; die Angst beschleunigte seine Schritte; der Puls war vom Laufen beschleunigt; **b)** ⟨b. + sich⟩ *schneller werden:* durch die Aufregung beschleunigte sich der Puls; **c)** *ein bestimmtes Beschleunigungsvermögen haben:* dieser Wagen beschleunigt von 0 auf 100 Stundenkilometer in 11 Sekunden. **2.** *dafür sorgen, dass etw. früher geschieht, schneller vonstattengeht:* die Abreise b.; Fieber kann den Heilungsprozess b.
Be|schleu|ni|ger, der; -s, -: **1.** (Kernphysik) *Teilchenbeschleuniger.* **2.** (Chemie) *Katalysator, der den Verlauf einer chemischen Reaktion beschleunigt.*
Be|schleu|ni|gung, die; -, -en: **a)** *das Schnellerwerden; das Schnellermachen:* B. des Wachstums; **b)** *Eile, Hast:* etwas mit größter B. erledigen. **2.** (Physik) *Zunahme der Geschwindigkeit innerhalb einer bestimmten Zeiteinheit.* **3.** (ugs.) Kurzf. von ↑ Beschleunigungsvermögen: das Auto hat eine gute B.
Be|schleu|ni|gungs|an|la|ge, die (Kernphysik): *Teilchenbeschleuniger.*
Be|schleu|ni|gungs|ver|mö|gen, das ⟨o. Pl.⟩ (Technik): *Leistungsfähigkeit eines Fahrzeugs in Bezug auf die Beschleunigung (2).*
Be|schleu|ni|gungs|wert, der (Technik): *Zahl, die die erzielte Beschleunigung (2) angibt.*
be|schleu|sen ⟨sw. V.; hat⟩: *mit Schleusen versehen.*
be|schlie|ßen ⟨st. V.; hat⟩ [mhd. besliȝen, ahd. bisloȝan = zu-, ver-, einschließen; mhd. auch = beenden]: **1.** [eigtl. = zum Schluss der Gedanken kommen] **a)** *[nach reiflicher Überlegung] einen bestimmten Entschluss fassen:* die Vergrößerung des Betriebes b.; er beschloss, Medizin zu studieren; dies sei in nicht öffentlicher Sache *(das wird ausgeführt)* beschlossen; **b)** *sich mit Stimmenmehrheit für etw. entscheiden; einen Mehrheitsbeschluss über etw. fassen:* der Bundestag beschließt ein neues Gesetz; **c)** *über etw. [beraten u.] abstimmen:* über die Strafgesetzgebung b. **2.** *beenden; enden lassen; an einem bestimmten Ort od. auf bestimmte Weise zu Ende führen:* eine Rede [mit den Worten…] b.; die Feier mit einem Lied b.; er hat sein Leben auf dem Lande beschlossen.
¹**be|schlos|sen:** ↑ beschließen.
²**be|schlos|sen:** *in der Verbindung* **in etw. b. sein/liegen** *(in etw. enthalten sein:* in diesem Bild ist/liegt eine ganze Weltanschauung b.).
Be|schluss, der; -es, Beschlüsse [mhd. beslu33 = Ab-, Verschluss; Ende; die heutige Bed. seit dem 15. Jh.]: **1.** *[gemeinsam festgelegte] Entscheidung; Ergebnis einer Beratung:* der B. des Gerichts, des Gemeinderats; einen B. ausführen, verwirklichen, in die Tat umsetzen; einen B. fassen *(beschließen);* auf, laut B. der Direktion; einen Antrag zum B. erheben *(über einen Antrag positiv abstimmen u. einen ihm genau entsprechenden Beschluss fassen);* Die Tagesordnung hat nur einen Punkt. B. über einen Wettbewerb (Hacks, Stücke 330). **2.** ⟨o. Pl.⟩ (veraltend) *Ende, Abschluss:* den B. des Festzugs bildete eine Trachtengruppe; zum B. spielt er eine eigene Komposition. ◆ **3.** *Verschluss* (2): Die Kasse ist unter meinem B. (Goethe, Wahlverwandtschaften I, 6); …der Garten … in sorgfältigem B. gehalten ward (Kleist, Kohlhaas 103).
be|schluss|fä|hig ⟨Adj.⟩: *[nach der Geschäftsordnung] fähig, rechtlich in der Lage, Beschlüsse zu fassen.*
Be|schluss|fä|hig|keit, die ⟨o. Pl.⟩: *Fähigkeit, einen Beschluss zu fassen.*
be|schluss|fas|send ⟨Adj.⟩ (Amtsspr.): *das Recht, die Funktion habend, Beschlüsse zu fassen:* ein -es Gremium.
Be|schluss|fas|sung, die (Amtsspr.): *Entscheidung.*
Be|schluss|la|ge, die: *zu einem bestimmten Zeitpunkt erreichter Stand (4a) der Beschlüsse.*
Be|schluss|or|gan, das: *[gewähltes] Gremium, das in seinem Bereich die entscheidenden Beschlüsse zu fassen hat.*
Be|schluss|recht, das: *[verfassungsmäßiges] Recht, Gesetze, Satzungen u. Ä. zu beschließen.*
be|schluss|reif ⟨Adj.⟩: *so besprochen, dass darüber abgestimmt u. entschieden werden kann.*
be|schluss|un|fä|hig ⟨Adj.⟩: *nicht beschlussfähig.*
◆ **be|schme|cken** ⟨sw. V.; hat⟩: ¹*kosten, schmeckend probieren:* Nun jauchzte der Geselle überlaut, beschmeckte bald das Brot (Mörike, Hutzelmännlein 117).
be|schmei|ßen ⟨st. V.; hat⟩ (ugs.): *bewerfen:* sie beschmissen den Redner mit faulen Eiern; sich [gegenseitig] mit Dreck b.
be|schmie|ren ⟨sw. V.; hat⟩: **1.** *etw. auf etw. schmieren, streichen; bestreichen* (1): das Brot mit Butter b. **2.** *an der Oberfläche mit feucht-klebrigem, fettigem Stoff [unbeabsichtigt] schmutzig machen:* das Kleid [mit Farbe] b.; ich habe mich mit Tinte beschmiert. **3.** (abwertend) **a)** *unordentlich, unsauber beschreiben, bemalen:* das Buch [mit Randbemerkungen] b.; die Wandtafel b.; **b)** *(größere Freiflächen mit [politischen] Parolen) bemalen, (durch Beschriftung od. Symbole) verunzieren:* die Mauer war mit Hakenkreuzen beschmiert; **c)** *mit literarisch minderwertigen Texten vollschreiben.*
◆ **be|schmit|zen** ⟨sw. V.; hat⟩ [mhd. besmitzen, zu: smitzen, Intensivbildung zu: smīȝen, ↑ ¹schmeißen]: *beschmutzen, besudeln:* … so viel Flecken, mit denen er sein eigen Gewand beschmitzt (Goethe, Götter, Helden u. Wieland).
be|schmun|zeln ⟨sw. V.; hat⟩: *schmunzelnd zur Kenntnis nehmen; auf etw. mit Schmunzeln reagieren.*
be|schmut|zen ⟨sw. V.; hat⟩: *[unabsichtlich] schmutzig machen:* den Teppich [mit Straßenschuhen] b.; du hast dich beschmutzt; Ü das Andenken der Verstorbenen b.
Be|schmut|zung, die; -, -en: *das Beschmutzen; das Beschmutztwerden.*
be|schnar|chen ⟨sw. V.; hat⟩: (bes. berlin. salopp) *genau ansehen; neugierig betrachten.*
be|schnei|den ⟨unr. V.; hat⟩ [mhd. besniden, ahd. bisnīdan]: **1. a)** *durch Schneiden kürzen, in die gewünschte Form bringen:* Obstbäume b.; [einem Kind, sich] die Fingernägel b.; **b)** *am Rand gerade, glatt schneiden; überflüssige, zu breite Randstreifen wegschneiden:* Bretter b.; die Buchblöcke werden an den Binden beschnitten. **2.** *schmälern, einschränken, kürzen:* jmds. Rechte b.; jmdn. in seinem Einkommen b. **3.** *(aus rituellen od. medizinischen Gründen) jmdm. die Vorhaut, (aus rituellen Gründen) jmdm. die Klitoris od. die kleinen Schamlippen entfernen.*
Be|schnei|dung, die; -, -en: *das Beschneiden; das Beschnittenwerden.*
be|schnei|en ⟨sw. V.; hat⟩: *mit einer Schicht von künstlichem Schnee bedecken:* eine Piste b. [lassen].
be|schneit ⟨Adj.⟩: *mit Schnee bedeckt.*
Be|schnei|ung, die; -, -en: *das Beschneien; das Beschneitwerden.*
Be|schnei|ungs|an|la|ge, die: *aus Schneekanonen, Pumpen, Wasser- u. Stromleitungen u. Ä. bestehende technische Anlage.*
be|schnüf|feln ⟨sw. V.; hat⟩: **1.** *(von Tieren) an etw. schnüffeln:* der Hund beschnüffelte den Fremden. **2.** (ugs.) *vorsichtig prüfen, kennenlernen versuchen:* die Umgebung b. **3.** (ugs. abwertend) *bespitzeln.*
Be|schnüf|fe|lung, die, (seltener:) **Be|schnüff|lung**, die; -, -en: **a)** *das Beschnüffeln;* **b)** *das Beschnüffeltwerden.*
be|schnup|pern ⟨sw. V.; hat⟩: **1.** *an etw. schnuppern:* die Katze beschnuppert das Futter. **2.** (ugs.) *vorsichtig prüfend kennenzulernen versuchen:* ich muss die neue Umgebung erst einmal b.
◆ **be|schö|nen** ⟨sw. V.; hat⟩: *beschönigen:* Was hätt' ein Weiberkopf erdacht, das nicht zu b. wüsste (Lessing, Nathan III, 4).
be|schö|ni|gen ⟨sw. V.; hat⟩: *etw. [Schlechtes, Fehlerhaftes] als nicht so schwerwiegend darstellen, etw. allzu günstig darstellen; schönfärben:* jmds./seine eigenen Fehler b.; beschönigende Worte.
Be|schö|ni|gung, die; -, -en: *das Beschönigen.*
be|schot|tern ⟨sw. V.; hat⟩ (Straßenbau, Eisenbahn): *mit Schotter bedecken:* eine Eisenbahnstrecke [frisch] b.
Be|schot|te|rung, die; -, -en: ⟨Pl. selten⟩ *das Beschottern.* **2.** *Schotterdecke.*
be|schran|ken ⟨sw. V.; hat⟩ (Eisenbahn): *mit Schranken versehen:* einen gefährlichen Übergang b.; ⟨meist 2. Part.:⟩ ein beschrankter Bahnübergang.
be|schrän|ken ⟨sw. V.; hat⟩ [mhd. beschrenken = umfassen; versperren]: **a)** *einschränken, begrenzen, einengen:* jmds. Rechte, jmdn. in seinen Rechten b.; den Import b.; seine Ausgaben auf das Nötigste b.; die Zahl der Studienplätze ist beschränkt; unsere Mittel sind beschränkt; wir sind räumlich sehr beschränkt *(haben wenig Platz);* beschränkte *(ärmliche)* Verhältnisse. **b)** ⟨b. + sich⟩ *sich mit etw. begnügen:* ich beschränke mich auf das Wesentliche; wir müssen uns b. *(einschränken);* **c)** ⟨b. + sich⟩ *sich erstrecken, gültig sein:* diese Regelung beschränkt sich auf Bedürftige.
be|schränkt ⟨Adj.⟩: **a)** (abwertend) *geistig unbeweglich:* er ist ein bisschen b.; **b)** *kleinlich [den-*

kend]; nicht sehr weitblickend; engstirnig: einen -en Horizont haben; in seinen Anschauungen sehr b. sein.

Be|schränkt|heit, die; -, -en: **1.** *das Beschränktsein:* das ist auf seine [geistige] B. zurückzuführen. **2.** *das Begrenztsein, Eingeengtsein:* die B. der Mittel zwingt zu Sparmaßnahmen.

Be|schrän|kung, die; -, -en: **a)** ⟨o. Pl.⟩ *das [Sich]beschränken:* eine B. der Ausgaben ist notwendig; **b)** *etwas, was jmdn. einschränkt:* jmdm. -en auferlegen.

be|schreib|bar ⟨Adj.⟩: **1.** (bes. EDV) *für das Beschreiben* (1) *geeignet:* -e CDs. **2.** *sich beschreiben* (2) *lassend:* ⟨subst.:⟩ das schwer, kaum Beschreibbare [an] dieser Landschaft.

be|schrei|ben ⟨st. V.; hat⟩ [mhd. beschrīben = aufzeichnen; schildern]: **1. a)** *mit Schriftzeichen versehen; vollschreiben:* viele Seiten b.; Druckvorlagen dürfen nur einseitig beschrieben werden; drei sehr eng beschriebene Bogen; **b)** (EDV) *(einen Datenträger) mit Daten versehen:* eine CD b. **2.** *ausführlich, im Einzelnen mit Worten wiedergeben, schildern, darstellen, erklären:* seine Erlebnisse [anschaulich] b.; den Täter genau b.; es ist nicht zu b., wie entsetzt ich war; wer [aber] beschreibt mein Entsetzen *(mein Entsetzen war unbeschreiblich),* als ich das sah; beschreibende *(deskriptive)* Wissenschaft, Grammatik. **3.** [frühnhd. in der Mathematik für ↑konstruieren] *eine gekrümmte Bewegung machen, ausführen; eine bestimmte, bes. eine gekrümmte Bahn ziehen:* mit den Armen eine Acht [in der Luft] b.; das Flugzeug beschreibt Kreise über der Stadt; die Straße beschreibt einen Bogen; einen Kreis um den Punkt M b.

Be|schrei|bung, die; -, -en: **a)** *das Beschreiben* (2): ich kenne ihn nur aus ihrer, durch ihre B.; * *jeder B. spotten (so schlimm sein, dass man es nicht mit Worten wiedergeben kann:* deine Frechheit spottet jeder B.); **b)** *Inhalt, [schriftlich niedergelegtes] Ergebnis der Beschreibung* (a): die B. trifft auf ihn zu; eine B. von etw. geben.

be|schrei|en ⟨st. V.; hat⟩: *zu viel [im Voraus] über etw. reden, sodass es (nach abergläubischer Vorstellung) misslingt od. nicht in Erfüllung geht.*

be|schrei|ten ⟨st. V.; hat⟩ (geh.): *(einen Weg, eine Richtung) schreitend gehen, einschlagen* (7): er beschritt den markierten Pfad zum See; Ü neue Wege b. *(eigene Gedankengänge entwickeln, anders vorgehen od. gestalten als bisher üblich);* den Rechtsweg b.

Be|schrieb, der; -s, -e (schweiz.): *Beschreibung.*

be|schrif|ten ⟨sw. V.; hat⟩: *mit einer kennzeichnenden Unter- od. Aufschrift, Nummer, Namens- od. Inhaltsangabe versehen:* Einmachgläser b.; sorgfältig beschriftete Bücherregale.

Be|schrif|tung, die; -, -en: **a)** *Beschriften:* die B. nimmt viel Zeit in Anspruch; **b)** *Auf-, Unterschrift:* dieses Bild hat noch keine B.

be|schu|hen ⟨sw. V.; hat⟩: **1.** (Fachjargon) *mit Schuhen versehen:* viele Füße b. müssen; ⟨meist 2. Part.:⟩ ein modisch beschuhtes Bein. **2.** (Technik) *mit einer Metallspitze versehen, mit Eisen beschlagen:* einen Pfahl b.

Be|schu|hung, die; -, -en ⟨Pl. selten⟩: **a)** *das Beschuhen;* **b)** *Schuhwerk, Art der Schuhe.*

be|schul|di|gen ⟨sw. V.; hat⟩ [mhd. beschuldigen, ahd. sculdigōn]: *jmdm. etw. zur Last legen, jmdm. die Schuld an etw. geben:* jmdn. des Mordes, Landesverrats, Ehebruchs b.; man beschuldigte ihn, einen Diebstahl begangen zu haben; ich selbst b.; ich will niemand[en] b.

Be|schul|dig|te, die/ein Beschuldigte; der/einer Beschuldigten, die Beschuldigten/zwei Beschuldigte: *weibliche Person, die wegen einer Sache,* einer Tat beschuldigt wird, gegen die ein Strafverfahren betrieben wird.

Be|schul|dig|ter, der Beschuldigte/ein Beschuldigter; des/eines Beschuldigten, die Beschuldigten/zwei Beschuldigte: *jmd., der wegen einer Sache, einer Tat beschuldigt wird, gegen den ein Strafverfahren betrieben wird:* dem Beschuldigten wird Rechtsschutz gewährt.

Be|schul|di|gung, die; -, -en: *beschuldigende Äußerung:* eine B. zurückweisen; -en [gegen jmdn.] erheben; er wurde wegen wissentlich falscher B. *(wegen wissentlich falscher Beschuldigens)* einer Kollegin entlassen.

be|schu|len ⟨sw. V.; hat⟩ (Amtsspr.): *mit [Schulen u.] Schulunterricht versorgen:* die Kinder werden dort nicht ausreichend beschult.

Be|schu|lung, die; -, -en ⟨Pl. selten⟩ (Amtsspr.): *das Beschulen; das Beschultwerden.*

Be|schu|lungs|ver|trag, der (Amtsspr.): *Vertrag über die Beschulung.*

be|schum|meln ⟨sw. V.; hat⟩ (ugs.): *einen harmlosen Betrug begehen, ein wenig betrügen:* ich beschumm[e]le dich bestimmt nicht; beim, im Spiel b.; er hat seine Lehrerin beschummelt; Der Rotzjunge hat mich natürlich bloß um die zwanzig Mark b. wollen (Fallada, Jeder 195).

be|schuppt ⟨Adj.⟩: *mit Schuppen bedeckt:* ein dick -er Fisch.

be|schürzt ⟨Adj.⟩: *mit umgebundener Schürze.*

Be|schuss, der; -es: **1.** (Militär) *das Beschießen* (a), *gezieltes Feuer aus Schusswaffen:* der direkte B. des Dorfes veranlasste die Bewohner zur Flucht; unter B. liegen; unter [schweren] B. geraten; Ü unter B. stehen, geraten (ugs.: *scharf [in der Öffentlichkeit] kritisiert werden);* seit diesem Skandal ist er schwer unter B.; jmdn., etw. unter B. nehmen (ugs.: *jmdn., etw. scharf [in der Öffentlichkeit] kritisieren).* **2.** (Physik) *das Beschießen* (b): Kernspaltung durch B. mit Neutronen. **3.** (Technik) *Prüfung von Handfeuerwaffen durch Schießen mit verstärkter Ladung.*

be|schüt|ten ⟨sw. V.; hat⟩ [mhd. beschüten]: *etw. auf jmdn., etw. schütten:* einen Gartenweg mit Kies b.; mit Suppe b.; den Ofen mit Koks b. (Fachjargon; *füllen).*

be|schüt|zen ⟨sw. V.; hat⟩: *Gefahr von jmdm., etw. abhalten; [vor jmdm., etw.] schützen:* seinen kleinen Bruder b.; jmdn. vor seinen Feinden, vor Gefahren b.; er hat sie nicht geschützt; Gott beschütze dich!; beschützende Werkstätte *(Einrichtung, in der Behinderte [wohnen und] arbeiten können);* er legte den Arm beschützend um sie.

Be|schüt|zer, der; -s, -: **1.** *jmd., der jmdn. od. etw. beschützt:* jmds. B. sein; einen großen Bruder als B. haben, sich wünschen. **2.** *Schirmherr; Mäzen.* **3.** (verhüll.) *Zuhälter.*

Be|schüt|ze|rin, die; -, -nen: w. Form zu Beschützer.

Be|schüt|zer|ins|tinkt, der: *(bei Mensch u. Tier) in bestimmten Situationen vorhandener Instinkt, jmdn. od. etw. zu beschützen.*

be|schwat|zen ⟨sw. V.; hat⟩ (ugs.): **1.** *überreden, bereden* (2): jmdn. zu einem Kauf b.; er hat sie beschwatzt, die Wette einzugehen; sich immer wieder b. lassen. **2.** *mit jmdm. ausführlich über etw. reden:* das Ereignis wurde gründlich [zwischen ihnen] beschwatzt.

be|schwät|zen ⟨sw. V.; hat⟩ (bes. südd.): *beschwatzen.*

Be|schwer, die; -: **1.** ⟨auch: das; -s; meist ohne Art.⟩ (veraltend) *Mühe, Anstrengung:* viel B. machte uns die steile Weg b.; es machte ihm einiges B., ihren Wunsch zu erfüllen. **2.** (Rechtsspr.) *rechtlicher Nachteil, ungünstige Entscheidung:* die B. ist eine Voraussetzung für die Zulässigkeit eines Rechtsmittels.

Be|schwer|de, die; -, -n [mhd. beswærde = Betrübnis; seit dem 15. Jh. in der Rechtsspr. = Klage; Berufung]: **1. a)** ⟨meist Pl.⟩ (selten) *Anstrengung, Strapaze:* ohne B. den Sieg erringen; von den -n des Arbeitslebens ausruhen; **b)** ⟨Pl.⟩ *Schmerzen, körperliches Leiden:* die -n des Alters; die Verletzung macht ihm immer noch -n; wieder ganz ohne -n sein. **2.** *Klage, mit der man sich [an höherer Stelle] über jmdn., etw. beschwert:* B. [gegen jmdn./über etw.] führen *(sich beschweren);* die B. führende Partei; B. einreichen/einlegen (Rechtsspr.; *gegen eine Gerichtsentscheidung, einen Verwaltungsakt u. Ä. Einspruch erheben);* ich werde bei Ihrem Vorgesetzten B. einlegen *(mich beim Vorgesetzten beschweren);* eine B. an die zuständige Stelle richten; die B. ist unbegründet.

Be|schwer|de|brief, der: *Brief, der eine Beschwerde* (2) *zum Inhalt hat.*

Be|schwer|de|buch, das: *Buch, in das man seine Beschwerden* (2) *eintragen kann:* in der Hotelhalle liegt ein B. aus.

be|schwer|de|frei ⟨Adj.⟩: *ohne Beschwerden* (1 b): seit drei Tagen b. sein.

Be|schwer|de|frist, die (Rechtsspr.): *Frist, innerhalb deren eine Beschwerde* (2) *eingelegt werden kann.*

Be|schwer|de|füh|ren|de, die/eine Beschwerdeführende; der/einer Beschwerdeführenden, die Beschwerdeführenden/zwei Beschwerdeführende (Rechtsspr.): *Beschwerdeführerin.*

Be|schwer|de|füh|ren|der, der Beschwerdeführende/ein Beschwerdeführender; des/eines Beschwerdeführenden, die Beschwerdeführenden/zwei Beschwerdeführende (Rechtsspr.): *Beschwerdeführer.*

Be|schwer|de|füh|rer, der (Rechtsspr.): *jmd., der Beschwerde* (2) *führt.*

Be|schwer|de|füh|re|rin, die: w. Form zu ↑Beschwerdeführer.

Be|schwer|de|ins|tanz, die (Rechtsspr.): *für Beschwerden* (2) *zuständige Instanz.*

Be|schwer|de|recht, das: *Recht, sich zu beschweren.*

Be|schwer|de|weg, der: *Beschwerde* (2) *als Möglichkeit, etw. durchzusetzen, zu erreichen:* den B. beschreiten, gehen; etw. auf dem/(Rechtsspr. seltener:) im B. erreichen.

be|schwe|ren ⟨sw. V.; hat⟩ [mhd. beswæren = betrüben, belästigen, ahd. biswāren = schwerer machen]: **1. a)** *mit etw. Schwererem belasten [um eine Sache an ihrem Platz festzuhalten]:* Briefe, Papiere b. ein Fischernetz b.; das Dach mit Steinen b.; sich mit Gepäck b. (geh.; *schwer beladen);* Ü diese leichte Kost beschwert den Magen nicht; **b)** *jmdn. bedrücken, jmds. Gemüt, Seele schwer machen:* diese Nachricht beschwert mich sehr; ich will dich nicht mit solchen Dingen b.; **c)** *etw. durch Erschwerendes, Überflüssiges, Belastendes in seiner Wirkung, Existenz, in seinem Verlauf beeinträchtigen:* die zahllosen Beispiele und Einfügungen beschweren seine Rede. **2.** ⟨b. + sich⟩ *sich beklagen, bei einer zuständigen Stelle Klage führen:* sich [bei jmdm.] über jmdn., etw. b.; ich habe mich wegen dieser Angelegenheit schon oft beschwert.

be|schwer|lich ⟨Adj.⟩: *mühsam, mit Anstrengung verbunden, ermüdend:* eine -e Fahrt, Reise; der Anstieg wurde immer -er; es ging ihm schon besser, aber das Laufen fiel ihm noch b. (veraltend; *fiel ihm schwer);* ich möchte dir nicht b. (veraltend; *zur Last)* fallen; Er trat über die Schwelle und war beinah sein ihnen nach (H. Mann, Stadt 297); ♦ ... lebt wohl. Ihr erinnert mich! Ich bedachte nicht – Ich bin b. *(falle zur Last, bin schwer zu ertragen),* gnädige Frau (Goethe, Götz II).

Be|schwer|lich|keit, die; -, -en: **1.** ⟨o. Pl.⟩ *das Beschwerlichsein.* **2.** ⟨Pl.⟩ *Mühen; Anstrengungen.*
Be|schwer|nis, die; -, -se, (seltener:) das; -ses, -se (geh.): *Mühe; Anstrengung; Problem:* -se überwinden, ertragen.
Be|schwe|rung, die; -, -en: **a)** *das Beschweren* (1); **b)** *das, womit etw. beschwert wird:* einen Stein als B. auf etw. legen.
be|schwich|ti|gen ⟨sw. V.; hat⟩ [aus dem Niederd., niederd. beswichtigen, älter (be)swichten = zum Schweigen bringen, mit niederd. -cht- für hochd. -ft- für mhd. beswiften = stillen, dämpfen, ahd. giswiftôn = still werden, zu mhd. swifte = ruhig, H. u.]: *beruhigend auf jmdn., etw. einwirken:* jmds. Zorn b.; versuchte zu b.; »Es ist alles nicht so schlimm«, beschwichtigte er; eine beschwichtigende Geste; Meine Großmutter wollte deswegen mit ihm schimpfen. Aber Maria beschwichtigte sie (Grass, Blechtrommel 374).
Be|schwich|ti|gung, die; -, -en: *das Beschwichtigen.*
Be|schwich|ti|gungs|po|li|tik, die: *Verhaltensweise, Vorgehen, das dazu dient, aufgekommene [berechtigte] Besorgnis, Beunruhigung über bestimmte Entwicklungen, Maßnahmen zu beschwichtigen; Appeasement:* die Ausführungen des Ministers können nur als B. verstanden werden.
be|schwin|deln ⟨sw. V.; hat⟩: *nicht ganz ehrlich u. aufrichtig einem andern gegenüber sein:* die Mutter b.; von ihm bin ich ganz schön beschwindelt worden; sich [gegenseitig/(geh.:) einander] b.
be|schwin|gen ⟨sw. V.; hat⟩ [zu ↑Schwinge]: *in Schwung bringen:* die heitere Musik beschwingte sie.
be|schwingt ⟨Adj.⟩: **a)** *heiter u. voller Schwung:* -e Melodien; -en Schrittes (geh.; *mit leichtem u. schnellem Schritt*); sie tanzten b. durch den Saal; **b)** (geh.) *mit Schwingen [versehen]:* -e Fabelwesen.
Be|schwingt|heit, die; -: *das Beschwingtsein* (a).
be|schwip|sen ⟨sw. V.; hat⟩ [zu ↑Schwips] (ugs., selten): *ein wenig betrunken machen:* ich hatte mich beschwingt; es wurde Portwein ausgeschenkt, der sie bald beschwipste; Ü die Leute mit billigen Parolen zu b. suchen.
be|schwipst ⟨Adj.⟩ (ugs.): *leicht betrunken [und ausgelassen]:* wir waren alle ein wenig b.
Be|schwipst|heit, die; -: *das Beschwipstsein.*
be|schwö|ren ⟨st. V.; hat⟩ [mhd. beswern, ahd. biswerian, eigtl. = inständig, feierlich bitten]: **1.** *durch einen Schwur bekräftigen:* seine Aussagen [vor Gericht] b.; kannst du das b.? (*bist du dessen ganz sicher?*). **2.** *eindringlich, inständig bitten; anflehen:* ich beschwor ihn, davon abzulassen; man beschwor ihn, er solle besser aufpassen; jmdn. mit beschwörenden Blicken ansehen; beschwörend die Hände heben. **3. a)** *durch Magie, Suggestion o. Ä. Macht über jmdn., etw. erlangen:* Schlangen b.; einen Geist, einen Verstorbenen b. (*erscheinen lassen*); Ü er hat [mit seinen Worten] das Unheil erst beschworen (*heraufbeschworen, es durch das Nennen hervorgerufen*); Bilder, Erinnerungen, die Vergangenheit b. (*lebendig werden lassen, klar u. deutlich ins Bewusstsein [zurück]rufen*); die viel beschworene (*häufig, immer wieder angeführte*) Solidarität zerbröckelte angesichts der aufkommenden Besorgnis; **b)** *bannen* (2): einen bösen Geist, den Teufel, Dämonen [mit Zauberformeln] b.
Be|schwö|rer, der; -s, -: *jmd., der etw. beschwört* (3), *hervorruft:* mit seinen Erzählungen ist er ein lebendiger B. der Vergangenheit.
Be|schwö|re|rin, die; -, -nen: w. Form zu ↑Beschwörer.

Be|schwö|rung, die; -, -en: **1.** *eindringliche, inständige Bitte:* allen -en gegenüber taub bleiben; mit Bitten und -en. **2. a)** *das Beschwören* (3 a); **b)** *das Beschwören* (3 b): die B. des Teufels, von bösen Geistern. **3.** *[formelhafte] Worte beim Beschwören* (3): eine B. sprechen, murmeln.
Be|schwö|rungs|for|mel, die: *bei einer Beschwörung* (3) *gesprochene Formel.*
be|see|len ⟨sw. V.; hat⟩ (geh.): **a)** *mit Seele, [Eigen]leben erfüllen:* die Natur b.; der Schauspieler hat diese Gestalt neu beseelt; ein beseeltes Spiel; beseelte Hände; **b)** *innerlich erfüllen:* ein fester Glaube beseelte ihn; der Tod des Vaters hat sie mit Traurigkeit beseelt (*hat Traurigkeit in ihr aufkommen lassen*); beseelt vom Geist des Humanismus.
Be|seelt|heit, die; -: *das Beseeltsein.*
be|se|geln ⟨sw. V.; hat⟩ (selten): **1.** *mit dem Segelschiff befahren:* er hatte alle Weltmeere besegelt. **2.** *mit Segeln ausrüsten:* ein Schlauchboot b.
Be|se|ge|lung, (seltener:) **Be|seg|lung,** die; -, -en: **1.** *das Besegeln.* **2.** *Ausrüstung mit Segeln:* das Boot hat eine komplette B.
♦ **be|seg|nen** ⟨sw. V.; hat⟩: *segnen* (1 a): Gott der Herr hat uns den Löffel Suppe besegnet (Roseger, Waldbauernbub 51); ... von der Mutter mit einem Kreuze besegnet (Stifter, Bergkristall 25).
be|se|hen ⟨st. V.; hat⟩ [mhd. besehen, ahd. bisehan]: **a)** *betrachten, genau ansehen:* ein Bild b.; ich muss [mir] den Schaden erst einmal genau b.; lass dich einmal von allen Seiten b.!;
♦ **b)** ⟨b. + sich⟩ *sich umsehen:* Er sei hier frei; ... könn' überall sich hier b. (Lessing, Nathan I, 5).
be|sei|ti|gen ⟨sw. V.; hat⟩ [urspr. = zur Seite stellen, zu älter beseit, mhd. besīt = beiseite]: **1.** *entfernen, aus dem Weg räumen:* Flecken, Abfall, Schneemassen, die Spuren [eines Verbrechens] b.; Ungerechtigkeiten sollten beseitigt werden. **2.** (verhüll.) *ermorden, umbringen:* den Kronzeugen, einen Rivalen b. ♦ **3.** *beiseitebringen:* Zum Schlusse der Tafel holte St. Christoph, so nannten sie den Riesen, ein beseitigtes gutes Glas Wein zum Schlaftrunk (Goethe, Wanderjahre III, 1).
Be|sei|ti|gung, die; -, -en: *das Beseitigen; das Beseitigtwerden.*
be|se|li|gen ⟨sw. V.; hat⟩ (geh.): *mit großem Glück, mit Seligkeit erfüllen:* diese Aussicht beseligte ihn; ein beseligendes Gefühl; mit beseligten Blicken.
Be|sen, der; -s, - [mhd. bes(e)me, besem, ahd. bes(a)mo, H. u.]: **1.** *aus gebündelten Rosshaaren, Borsten, Reisig o. Ä. gefertigtes, mit einem Stiel od. Griff versehenes Gerät zum Fegen, Kehren:* ein neuer, weicher, abgenutzter B.; B. binden; den Keller mit einem groben B. kehren; R ich fresse/fress einen B./will einen B. fressen, wenn das stimmt (salopp; *ich bin überzeugt, dass das nicht stimmt*); Spr neue B. kehren gut (*wenn jmd. etw. Neues in Angriff nimmt, macht er es anfangs mit besonderem Eifer*); * **mit eisernem B. [aus]kehren** (*sehr hart durchgreifen; rücksichtslos Ordnung schaffen*). **2.** (salopp abwertend) *kratzbürstige, ruppige weibliche Person:* sie ist ein richtiger B.! **3.** (Musik) Kurzf. von ↑Stahlbesen. **4.** (derb) *Penis.*
Be|sen|bin|der, der: *jmd., der (Reisig)besen bindet u. verkauft* (Berufsbez.).
Be|sen|bin|de|rin, die; -: w. Form zu ↑Besenbinder.
Be|sen|gins|ter, der ⟨o. Pl.⟩ [die Zweige wurden früher zur Herstellung von Besen verwendet]: *(zu den Schmetterlingsblütlern gehörende) als Strauch wachsende Pflanze mit leuchtend gelben Blüten an biegsamen Zweigen.*
Be|sen|kam|mer, die: *Abstellraum, in dem Besen*

u. andere Haushaltsgeräte untergebracht werden.
be|sen|rein ⟨Adj.⟩: *mit dem Besen grob gereinigt:* die Handwerker haben die Wohnung b. übergeben.
Be|sen|rei|ser ⟨Pl.⟩ [zu ↑²Reis (a); die Fächerform der Varizen erinnert an früher für Reisigbesen verwendete dürre Zweige] (Med.): *erweiterte kleinste Venen, die meist fächerförmig verlaufen u. unter der Hautoberfläche rötlich blau durchschimmern (bes. an den Oberschenkeln bei Frauen).*
Be|sen|schrank, der: *Schrank zur Aufbewahrung von Besen u. anderen Haushaltsgeräten.*
Be|sen|stiel, der: *Stiel als Teil des Besens:* den B. abbrechen; steif wie ein B. (ugs.; *sehr steif, ungelenk*); * **einen B. verschluckt haben** (ugs.: **1.** *sich nicht verbeugen können od. wollen.* **2.** *sich steif u. linkisch benehmen*).
Be|sen|wirt|schaft, die [vgl. Straußwirtschaft] (landsch.): *Gaststätte, in der neuer Wein ausgeschenkt wird.*
be|ses|sen ⟨Adj.⟩ [mhd. besezzen, eigtl. = besetzt; bewohnt, adj. 2. Part. von ↑besitzen]: **a)** *(im Volksglauben) von bösen Geistern beherrscht, wahnsinnig:* [wie] vom Teufel b. sein; man hielt ihn für b.; **b)** *von etw. völlig beherrscht, erfüllt:* von einer Idee, einer Vorstellung b. sein; er arbeitet wie b., ⟨subst.:⟩ wie ein Besessener.
Be|ses|sen|heit, die; -: *das Besessensein* (a, b).
be|set|zen ⟨sw. V.; hat⟩ [mhd. besetzen, ahd. bisezzen, zu ↑setzen]: **1.** *mit etw. verzieren, was aufgenäht, aufgeklebt o. Ä. wird:* ein Kleid mit Spitzen, einen Mantel mit Pelz b. **2.** *belegen; reservieren, für sich in Anspruch nehmen:* Stühle, einen Fensterplatz im Abteil b.; es wurde gefordert, dass die Partei die Sozialpolitik b. soll (*sich auf diesem Gebiet verstärkt profilieren soll*); ⟨häufig im 2. Part.:⟩ die Toilette ist besetzt (*nicht frei*); alle Tische sind [voll] besetzt (*an den Tischen ist kein Platz mehr frei*); das Theater, der Zug war bis auf den letzten Platz besetzt (*es war kein Platz mehr frei*); es/die Leitung ist besetzt (*es wird gerade telefoniert*); dieser Abend ist leider schon besetzt (*für anderes vorgesehen*); der Direktor ist besetzt (ugs.; *[anderweitig] in Anspruch genommen*); Ü mit Hassgefühlen besetzte (Psychol.; *eng verknüpfte, assoziierte*) Vorstellungen; die zweite Stelle der Relation ist mit einer Variablen besetzt (Logik; *ausgefüllt*). **3.** *an jmdn. vergeben:* einen Ausschuss paritätisch b.; die Stelle muss neu besetzt werden; der Wettbewerb ist stark besetzt (*es nehmen sehr gute Leute teil*); die Oper, der Film ist hervorragend, mit guten Leuten besetzt (*hat eine sehr gute Besetzung* 2 b). **4. a)** *(ein Gebiet o. Ä.) erobern u. darin Truppen stationieren, militärisch einnehmen u. als fremde Macht beherrschen:* ein Land, eine Stadt b.; besetzte Gebiete; **b)** *in Besitz nehmen:* ein Haus b. (*ein leer stehendes [für den Abbruch vorgesehenes] Haus ohne Einwilligung des Eigentümers beziehen, um dort zu wohnen*); die Aufständischen besetzten das Rathaus (*brachten es in ihre Gewalt*); die Demonstrierenden besetzten ein Baugelände, ein Waldstück (*zogen dorthin, hielten sich dort auf, um gegen die geplante Verwendung zu demonstrieren*); **c)** *mit Posten versehen u. kontrollieren:* die Polizei hatte alle Ausgänge besetzt.
Be|setzt|zei|chen, das: *ständig sich wiederholendes Lautsignal im Telefon, das anzeigt, dass die gewählte Telefonnummer besetzt ist.*
Be|set|zung, die; -, -en: **1.** *das Besetzt-, Belegtsein:* bei voller B. fasst der Wagen 5 Personen. **2. a)** *das Besetzen* (3), *Vergeben einer Stellung, eines Postens, einer Rolle:* die B. eines Lehr-

stuhls; für die B. der Rolle stehen zwei hervorragende Sänger zur Verfügung; **b)** *Gesamtheit der Künstlerinnen u. Künstler, die ein Werk aufführen, in einem Film spielen o. Ä.:* heute Abend ist Premiere der zweiten B. von »Tannhäuser«; sie gehört nicht zur B.; eine Komposition für ein Orchester in kleiner B.; **c)** *Gesamtheit der Personen, die etw. besetzen, innehaben:* auf der Station arbeiten zwei Krankenschwestern, das ist die ganze B.; **d)** (Sport) *Mannschaft[saufstellung]:* der Verein tritt mit seiner zweiten B. an. **3. a)** *das Besetzen* (4): Ziel war die B. eines Brückenkopfes; nach B. der Stadt; **b)** *das Besetztsein, Besetzthalten:* die B. dauert schon drei Jahre; unter feindlicher B. stehen.

Be|set|zungs|couch, die [LÜ von engl. casting couch] (Filmjargon, Theaterjargon): *Couch im Büro eines Filmproduzenten o. Ä., auf der angeblich die Entscheidung über die Besetzung* (2 a) *einer Rolle allein aufgrund sexueller Kontakte erfolgt:* sich auf die legendäre B. legen.

Be|set|zungs|lis|te, die (Theater, Film u. Ä.): *Verzeichnis der Rollen mit den Namen der Darstellerinnen u. Darsteller.*

Be|set|zungs|macht, die (schweiz.): *Besatzungsmacht.*

Be|set|zungs|sta|tut, das (schweiz.): *Besatzungsstatut.*

Be|set|zungs|trup|pe ⟨meist Pl.⟩ (schweiz.): *Besatzungstruppe.*

be|sich|ti|gen ⟨sw. V.; hat⟩ [zu älter besichten = in Augenschein nehmen, zu ↑ Sicht]: *aufsuchen u. [umhergehend] ansehen; prüfend betrachten:* die Stadt, ein Schloss, eine Wohnung b.; (Militär:) der General besichtigte *(inspizierte)* die Truppen; (scherzh. auch von einzelnen Personen:) das Baby, die zukünftige Schwiegertochter b.; Von Zeit zu Zeit stieg die Großmutter auf den Speicher, besichtigte die Schäden (Böll, Haus 82).

Be|sich|ti|gung, die; -, -en: *das Besichtigen:* die B. eines Tempels; an einer B. teilnehmen.

Be|sich|ti|gungs|fahrt, die: *Fahrt mit dem Zweck, Sehenswürdigkeiten o. Ä. zu besichtigen.*

Be|sich|ti|gungs|tour, die: *Fahrt, Rundgang o. Ä. mit dem Zweck, etwas zu besichtigen.*

be|sie|deln ⟨sw. V.; hat⟩ [mhd. besidelen, auch: jmdn. als Pächter auf ein Gut setzen]: **1. a)** *ansiedeln:* das neue Land mit palästinensischen Flüchtlingen b.; **b)** *ein noch nicht od. nicht mehr bewohntes Gebiet [bebauen u.] bewohnen:* Auswanderer besiedeln diese Gegend; das Land ist dicht, wenig, dünn besiedelt. **2.** *(von Tieren u. Pflanzen) heimisch sein:* Füchse besiedeln ganz Mitteleuropa; Flechten und Moose besiedeln *(bewachsen)* den Fels.

Be|sie|de|lung, Be|sied|lung, die; -, -en: **a)** *das Besiedeln;* **b)** *das Besiedeltsein; das Besiedeltwerden.*

be|sie|geln ⟨sw. V.; hat⟩: **1.** [mhd. besigelen] *für gültig erklären, bekräftigen:* die Freundschaft mit einem Handschlag b.; sie besiegelten den Vertrag mit ihren Unterschriften. **2.** *endgültig, unabwendbar machen:* diese Tat besiegelte seinen Untergang; ihr Schicksal ist besiegelt. ◆ **3.** *mit einem Siegel versehen; siegeln* (a): Unterzeichnet und besiegelt war das Schreiben von dem Herzoglichen Amte in Stuttgart (C. F. Meyer, Amulett 11).

Be|sie|ge|lung, Besieglung, die; -, -en: **a)** *das Besiegeln;* **b)** *das Besiegeltsein; das Besiegeltwerden.*

be|sie|gen ⟨sw. V.; hat⟩: **a)** *über einen Gegner im Krieg, im [Wett]kampf einen Sieg erringen:* die Feinde [im Kampf] b.; den Gegner mit Waffen[gewalt] b.; sie hat die Weltmeisterin besiegt; die Mannschaft besiegte den Titelverteidiger mit 3 : 2; ein besiegtes Land; sich besiegt geben,

erklären; Freunde von mir, die vor drei Jahren noch vernünftig waren, glauben heute haft, dass sie England in drei Monaten b. können (Remarque, Triomphe 300); Spr sich selbst b. ist der größte/schönste Sieg; **b)** *überwinden, einer Sache Herr werden:* jmds. Zweifel b.; Schwierigkeiten, seinen Unmut, eine Krankheit b.

Be|sieg|lung: ↑ Besiegelung.

Be|sieg|te, der/die/eine Besiegte; der/einer Besiegten, die Besiegten/zwei Besiegte: *weibliche Person, die besiegt wurde.*

Be|sieg|ter, der Besiegte/ein Besiegter; des/eines Besiegten, die Besiegten/zwei Besiegte: *jmd., der besiegt wurde:* in einem Atomkrieg kann es weder Sieger noch Besiegte geben.

Be|sie|gung, die; -, -en ⟨Pl. selten⟩: *das Besiegen.*

be|sin|gen ⟨st. V.; hat⟩: **1.** [mhd. besingen] *durch ein Gedicht od. Lied preisen, rühmen, verherrlichen:* ein Mädchen b.; der Rhein ist oft besungen worden; die Helden und ihre Taten b. **2.** *[zur Aufnahme] auf einen Tonträger singen:* eine Platte [mit Schlagern] b.

be|sin|nen ⟨st. V.; hat⟩ [mhd. besinnen = nachdenken, refl. = sich bewusst werden]: **1.** ⟨b. + sich⟩ *nachdenken, überlegen:* sich kurz, eine Weile b.; ich habe mich anders besonnen *(meine Meinung geändert);* sie hat sich endlich besonnen *(ist zur Vernunft gekommen);* er musste sich erst einmal b.; ⟨subst.:⟩ nach kurzem/ohne langes Besinnen. **2.** ⟨b. + sich⟩ **a)** *sich an jmdn., etw. erinnern:* ich kann mich nicht mehr auf sie, auf ihren Namen b.; ich besinne mich nicht [darauf], ihn hier gesehen zu haben; sie besann sich dessen nicht mehr; jetzt besinne ich mich wieder *(jetzt fällt es mir wieder ein);* wenn ich mich recht besinne, war er schon einmal hier; **b)** *sich bewusst werden:* sie besann sich endlich auf sich selbst, auf die Würde des Ortes. ◆ **c)** *zur Besinnung* (2) *kommen:* ...eh' sie von dem Schlage sich in Wien besinnen und zuvor dir kommen (Schiller, Wallensteins Tod I, 3). **3.** *bedenken, über etw. nachsinnen.*

be|sinn|lich ⟨Adj.⟩: *nachdenklich; beschaulicher, geruhsam Betrachtung dienend:* ein -er Mensch; eine -e Stunde; ⟨subst.:⟩ Besinnliches und Heiteres vortragen.

Be|sinn|lich|keit, die; -, -en: **1.** ⟨o. Pl.⟩ *das Besinnlichsein.* **2.** *etw. besinnlich Wirkendes.*

Be|sin|nung, die; -, -en: **1.** ⟨o. Pl.⟩ *Bewusstsein* (2): die B. verlieren, wiedererlangen; ohne B., nicht bei B. sein; nach einer Ohnmacht wieder zur B. kommen. **2.** *Nachdenken, ruhige Überlegung:* vor lauter Arbeit nicht zur B. kommen; ehe ich recht zur B. kommen *(das Geschehen erfassen)* konnte, war er weg. **3. a)** ⟨o. Pl.⟩ *das Sichbesinnen:* eine B. auf das Wesentliche tut not; **b)** *Moment, Ausdruck der Besinnung* (3 a).

Be|sin|nungs|los ⟨Adj.⟩: **1.** *ohne Besinnung* (1): er ist b. geworden; b. daliegen; nach dem Schlag auf ihren Kopf brach sie b. zusammen. **2.** *seiner selbst nicht mehr mächtig, außer sich:* in -er Wut schlug er auf ihn ein; b. vor Angst/in -er Angst rannte er weg; Don Taddeo hieb noch immer, und seine Soutane flog, b. auf die Ungewandtesten und Schwächsten ein, die sich duckten und schrien (H. Mann, Stadt 104).

Be|sin|nungs|lo|sig|keit, die; -: *besinnungsloser Zustand.*

Be|sitz, der; -es, -e [im 15. Jh. für mhd. beseʒ]: **a)** ⟨o. Pl.⟩ *Gesamtheit der (materiellen) Güter, die jmd. geerbt od. erworben hat, sodass er bzw. sie darüber verfügen kann:* privater, staatlicher B.; ein Konzern in amerikanischem B.; etw. kommt in jmds. B., geht in jmds. B. über; etw. in seinen B. bringen; Ü die Klassiker gehören heute nicht mehr zum geistigen B. *(zu den verfügba-*

ren Kenntnissen) *der Jugend;* **b)** ⟨Pl. selten⟩ *etw., was jmdm. gehört:* die paar Sachen sind mein ganzer B.; das ist ein Stück aus ihrem persönlichen B.; **c)** ⟨o. Pl.⟩ *das Besitzen; Zustand des Besitzens:* unerlaubter B. von Waffen wird bestraft; im B. von etw. sein *(etw. besitzen);* etw. in B. haben *(etw. besitzen);* etw. in B. nehmen, von etw. B. ergreifen *(etw. an sich nehmen, sich einer Sache bemächtigen);* Ü Traurigkeit, ein Gefühl der Leere ergriff B. von ihm; im vollen B. seiner Kräfte sein; **d)** (veraltend) *Land-, Grundbesitz; Landgut:* sich auf seinen B. zurückziehen; einen verwahrlosten B. in eine Musterwirtschaft verwandeln.

> Im allgemeinen Sprachgebrauch wird *Besitz* meist gleichbedeutend mit *Eigentum* gebraucht. Juristisch wird *Besitz* dagegen definiert als »das, worüber jmd. die tatsächliche [nicht unbedingt aber die rechtliche] Herrschaft hat«.

Be|sitz|an|spruch, der: *Anspruch auf einen bestimmten Besitz:* seine Besitzansprüche geltend machen, anmelden; Ü ihr geschiedener Mann, auf den sie noch immer B. erhob, hatte eine Freundin.

be|sitz|an|zei|gend ⟨Adj.⟩: *in der Fügung -es Fürwort (Possessivpronomen).*

Be|sitz|bür|ger, der (meist abwertend): *Bürger mit Kapital-, Grund- od. Hausbesitz [der aus diesem Besitz besondere Rechte herzuleiten versucht].*

Be|sitz|bür|ge|rin, die: *w. Form zu* ↑ Besitzbürger.

be|sit|zen ⟨unr. Verb; hat⟩ [mhd. besitzen, ahd. bisizzan, eigtl. = um, auf etw. sitzen]: **1. a)** *als Besitz haben; sein Eigen nennen:* ein Haus, ein Auto, Vermögen, viele Bücher b.; er besaß keinen Cent (ugs.; *war sehr arm);* die bezitzende Klasse *(die Vermögenden, Reichen);* Ü Mut, Talent, große Fähigkeiten, Geschmack b.; jmds. Zuneigung, Vertrauen b.; er hat die Frechheit besessen, mich anzulügen; **b)** (meist gespreizt) *haben:* keine Eltern mehr b.; er besitzt blaue Augen, eine Wunde am Knie; er besitzt das/ kein Recht zu anderer Meinung. **2.** (geh.) *Geschlechtsverkehr mit einer Frau haben:* er hat schon viele Frauen besessen. **3.** (selten) *innerlich gefangen nehmen.* ◆ **4.** *sitzend belegen; sich (auf etw.) setzen:* ...einen in wackrer Mann... in ersehntem Schatten... auszuruhen denkt und findet dann von einem Müßiggänger den Schatten breit besessen (Goethe, Torquato Tasso III, 4).

Be|sit|zer, der; -s, -: *jmd., der etw. besitzt:* B. einer Fabrik sein; der ursprüngliche, rechtmäßige, neue B.; das Lokal hat den B. gewechselt.

be|sit|zer|grei|fend ⟨Adj.⟩: *in Besitz nehmend:* er hat ein -es Wesen; ihre Zuneigung war b.

Be|sit|zer|grei|fung, die: *das In-Besitz-Nehmen.*

Be|sit|ze|rin, die; -, -nen: *w. Form zu* ↑ Besitzer.

Be|sit|zer|stolz, der: *Stolz, Freude über einen bestimmten Besitz:* voller B. sein.

Be|sit|zer|wech|sel, der: *Übergang an einen anderen Besitzer, eine andere Besitzerin:* das Gut ist durch häufigen B. stark herabgewirtschaftet worden.

be|sitz|los ⟨Adj.⟩: *ohne Eigentum; keinen größeren Besitz aufweisend:* er ist völlig b.

Be|sitz|lo|se, die/eine Besitzlose; der/einer Besitzlosen, die Besitzlosen/zwei Besitzlose: *weibliche Person, die besitzlos ist.*

Be|sitz|lo|ser, der Besitzlose/ein Besitzloser; des/ eines Besitzlosen, die Besitzlosen/zwei Besitzlose: *jmd., der besitzlos ist.*

Be|sitz|nah|me, die; -, -n: *das In-Besitz-Nehmen.*

Be|sitz|recht, das: *Recht zum Besitz einer Sache; Anspruch auf etw., was man für seinen Besitz hält.*

Be|sitz|stand, der: *Stand* (4 a) *dessen, was jmd., bes. ein Lohnabhängiger, im Hinblick auf die Höhe des Gehalts, der sozialen Leistungen o. Ä. erreicht hat:* den B. wahren; etw. gehört zum sozialen B.; Besitzstände werden verteidigt.

Be|sitz|stands|wah|rung, die; -, -en: *das Erhalten, Verteidigen des Besitzstandes (bes. im Zusammenhang tarifpolitischer Auseinandersetzungen).*

Be|sitz|ti|tel, der (Rechtsspr.): *verbrieftes Recht auf einen bestimmten Besitz.*

Be|sitz|tum, das; -s, ...tümer: **a)** *Gesamtheit dessen, was jmd. besitzt:* seine Besitztümer zusammenhalten; **b)** *Besitz* (d): er zog sich auf sein einsam gelegenes B. zurück; **c)** *Besitz* (b): Besitztümer wie Uhren und Schmuck konnte sie nicht zum Tausch anbieten.

Be|sit|zung, die; -, -en (geh.): *Besitz* (d): -en auf dem Lande haben; seine -en verwalten.

Be|sitz|ver|hält|nis|se ⟨Pl.⟩: **a)** *in einer Gesellschaft bestehende Verhältnisse bezüglich der Verteilung des Besitzes, Eigentums, Kapitals o. Ä.:* die B. haben sich nicht geändert; **b)** *Rechtslage in Hinblick auf den Besitz.*

Be|sitz|ver|tei|lung, die: *Verteilung* (3) *des Besitzes.*

Be|sitz|wech|sel, der: **a)** *Besitzerwechsel;* **b)** (ugs. scherzh. verhüll.) *[Besitzerwechsel durch] Diebstahl.*

Bes|ki|den ⟨Pl.⟩: *Teil der Karpaten.*

be|sof|fen ⟨Adj.⟩ [2.Part. von ↑ (sich) besaufen] (salopp): *[völlig] betrunken:* -e Randalierer; total b. sein; jmdn. b. machen; b. rumhängen; ⟨subst.:⟩ auf den Bänken lagen Besoffene; Ü ich muss doch b. *(nicht recht bei Verstand)* gewesen sein!

Be|sof|fen|heit, die; - (salopp) *Zustand des Betrunkenseins.*

be|soh|len ⟨sw. V.; hat⟩: *(Schuhwerk) mit [neuen] Sohlen versehen:* die Stiefel b. lassen; neu besohlte Schuhe.

Be|soh|lung, die; -, -en: **a)** ⟨o. Pl.⟩ *das Besohlen;* **b)** *Sohle:* die B. der Schuhe musste dringend erneuert werden.

be|sol|den ⟨sw. V.; hat⟩ [für älter solden, mhd. solden]: *jmdm. (im Staatsdienst Stehenden) Sold, Lohn, Gehalt auszahlen:* der Staat muss seine Beamtinnen und Beamten, Soldaten ausreichend b.; sie wird nach Gruppe B 5 besoldet; ein schlecht besoldeter *(bezahlter)* Posten.

Be|sol|dung, die; -, -en: **1.** ⟨o. Pl.⟩ ⟨seltener⟩ *das Besolden.* **2.** *Dienstbezug einer im Staatsdienst stehenden Person:* eine gute, hohe, geringe B.; die B. erhöhen.

Be|sol|dungs|grup|pe, die: *Tarifgruppe im Rahmen der Besoldungsordnung.*

Be|sol|dungs|ord|nung, die: *Sammlung der Bestimmungen u. Tarife für die Besoldung.*

Be|sol|dungs|recht, das: **1.** ⟨o. Pl.⟩ *Gesamtheit der Gesetze, die die Besoldung regeln.* **2.** *einer Person zustehendes Recht auf Besoldung:* -e beanspruchen.

Be|sol|dungs|stu|fe, die: *Gehaltsstufe der Besoldungsordnung.*

Be|sol|dungs|ta|rif, der: *Tarif für die Besoldung.*

♦ **be|son|der:** ↑ besonders: Besonder *(sonderbar, absonderlich)* ging es ihr beim Tanz (Mörike, Hutzelmännlein 153).

be|son|der... ⟨Adj.⟩ [spätmhd. besunder, mhd. bī sunder, aus: bī = bei u. sunder, ↑ sonder]: **1.** *abgesondert, zusätzlich:* -e Hochschulen für die Bundeswehr; hierfür muss ein -er Wahlgang durchgeführt werden; [s]ein *-es (separates)* Zimmer haben; ⟨subst.:⟩ im Allgemeinen und im Besonderen *(Einzelnen).* **2.** *außergewöhnlich, nicht alltäglich:* keine -en Vorkommnisse; -e Kennzeichen: keine; ⟨subst.:⟩ es gab nichts Besonderes zu sehen; das Konzert war etwas ganz Besonderes. **3.** *über das Normale, Übliche weit hinausgehend, hervorragend:* von -er Qualität; eine -e Leistung; diese Aussage hatte -es Gewicht; sie hatte sich den -en Neid ihrer Mitschülerinnen zugezogen; dieses Kind war ihr -er Liebling; ⟨subst.:⟩ sie hält sich für etwas Besonderes; *** im Besonderen** *(insbesondere, besonders* (2 a); *vor allem).*

Be|son|der|heit, die; -, -en: *das Anderssein; Eigenart; besonderes Merkmal:* eine regionale B.

be|son|ders ⟨Adv.⟩ [erstarrter Gen.]: **1.** *gesondert, getrennt, für sich allein:* vom Gesetz b. aufgeführte Fälle; die Frage muss einmal b. behandelt werden. **2. a)** *vor allem, insbesondere:* b. heute; b. du solltest das wissen; b. das hat ihn gefreut; sie fährt meist mit dem Bus, b. wenn es regnet; es kommt b. darauf an, schnell zu reagieren; die Klubräume waren b. Treffpunkt rechtsradikaler Jugendlicher; **b)** *ausdrücklich, mit Nachdruck:* etw. b. betonen; ich habe b. darauf hingewiesen, dass... **3.** ⟨intensivierend bei Adjektiven u. ugs. bei Verben⟩ *sehr; außerordentlich, sehr gut:* b. gut, b. groß, b. heftig; das hat sie b. gefreut; ⟨häufig verneint:⟩ der Film ist nicht b.; es geht ihm nicht b. **4.** (landsch.) *eigenartig, sonderbar, absonderlich:* die Krankheit machte ihn so b.

¹**be|son|nen** ⟨Adj.⟩ [mhd. besunnen, adj. 2. Part. von ↑ besinnen]: *ruhig u. vernünftig abwägend, sich nicht zu Unbedachtsamkeiten hinreißen lassend:* ein -er Mensch, ein -es Urteil; durch ihr -es Verhalten hat sie Schlimmeres verhütet; b. handeln; sich b. verhalten.

²**be|son|nen** ⟨sw. V.; hat⟩: *sich von der Sonne bescheinen lassen; sich sonnen.*

Be|son|nen|heit, die; -: *Umsicht; besonnenes Wesen:* sie ist eine Frau von großer B.

be|sonnt ⟨Adj.⟩: *von der Sonne beschienen:* -e Hänge, Terrassen.

Be|son|nung, die; -, -en: *Bestrahlung durch die Sonne:* zu stark B. ist schädlich; die B. *(sonnenähnliche Bestrahlung)* im Solarium wirkte sich positiv auf den Heilungsprozess aus.

be|sor|gen ⟨sw. V.; hat⟩ [mhd. besorgen, ahd. bisorgēn = mit Sorge bedenken, sorgen]: **1. a)** *etw. beschaffen; kaufen:* Fahrkarten, Zigaretten, etw. zum Essen b.; sie hat für die Kinder Geschenke besorgt; ich habe für das Buch noch heute b.; können Sie mir das Taxi, einen Gepäckträger b.?; jmdn. eine Stelle b.; **b)** (ugs. verhüll.) *heimlich mitnehmen; stehlen:* die Steine muss er ganz schön besorgt haben. **2. a)** *erledigen; (einen Auftrag) ausführen; dafür sorgen* (2), *dass etw. erledigt wird:* ein Geschäft b.; er besorgte die Auswahl der Gedichte für das Lesebuch; er brauchte sich nicht darum zu kümmern, das besorgte alles seine Referentin; einen Brief b. *(dafür sorgen, dass er zur Post kommt);* der Linksaußen besorgte *(erzielte)* den Anschluss, das 2 : 1; Spr du heute kannst b., das verschiebe nicht auf morgen *(man soll zu erledigende Dinge nicht vor sich her schieben);* **b)** *jmdm., etw. kümmern (erzielte):* die Kinder, die Blumen b.; [jmdm.] den Haushalt b.; **c) * es jmdm. b.** (ugs.; *es jmdm. heimzahlen; jmdm. gründlich die Meinung sagen:* dem werd ichs noch b.!; **es jmdm. b./jmdm. eins b.** (salopp; *jmdn. geschlechtlich befriedigen).* **3.** (geh. veraltend) **a)** *befürchten:* es ist/steht zu b., dass...; ♦ Ihr Anteil schreckte mir so lebhaft, das sie in irgendein Unglück besorgte und mich näherte (Cl. Brentano, Kasperl 345); ♦ Wir besorgen wenig von einem Einbruch der feindlichen Haufen durch den Bergwald (Freytag, Ahnen 3); ♦ Ich soll mich stellen (= verstellen), soll b. lassen *(Besorgnis, Furcht aufkommen lassen),* soll Fallen legen (Lessing, Nathan III, 4); **b)** ⟨b. + sich⟩ *sich sorgen* (1).

be|sorg|lich ⟨Adj.⟩ (selten): **1. a)** *ängstlich, besorgt:* eine allzu -e Mutter; ♦ **b)** *vorsorglich:* ... fürchtet ihr ... tückischen Verrat, dass ihr den Rücken euch b. deckt (Schiller, Braut v. Messina 335). **2.** *Sorge erweckend:* -es Aussehen; b. aussehen, schwanken.

Be|sorg|nis, die; -, -se: *Sorge; das Besorgtsein; Befürchtung:* ernste, tiefe B. haben; ein [große] B. erregender Zwischenfall; [echte] B. [um jmdn., über etw.] zeigen, empfinden; ich kann deine -se zerstreuen; etw. erregt B. [in jmdm.], erregt jmds. B.; etw. erfüllt jmdn. mit B.; etw. aus jmds. B. tun, sein; etw. mit B. betrachten; er schwieg aus B., man könnte ihn zur Verantwortung ziehen; einen Richter wegen B. der Befangenheit (Rechtsspr.: *wegen der Befürchtung, er könnte befangen sein)* ablehnen.

be|sorg|nis|er|re|gend, Be|sorg|nis er|re|gend ⟨Adj.⟩: *Anlass zu ernsthafter Sorge gebend:* eine äußerst -e Inflationsrate; sein Zustand ist b.

be|sorgt ⟨Adj.⟩: **a)** [zu besorgen (3)] *von Sorge erfüllt:* ein -er Vater; ich bin b. wegen deines schlechten Aussehens, über deinen Gesundheitszustand; b. nachfragen; er war b., es könnte etwas passieren; **b)** [zu besorgen (3)] *von Fürsorge für jmdn., etw. erfüllt:* der um das Wohl seiner Gäste -e Wirt; er ist sehr b. um sie/um ihre Gesundheit; **c)** [zu besorgen (2)] *** für etw. b. sein** (schweiz.: *für etw. sorgen:* er ist dafür b., dass sie nachts nicht allein unterwegs ist).

Be|sorgt|heit, die; -, -en: **1.** ⟨o. Pl.⟩ *das Besorgtsein.* **2.** *etw. besorgt* (a) *Wirkendes.*

Be|sor|gung, die; -, -en: **1.** ⟨o. Pl.⟩ *das Besorgen; das Erledigen.* **2.** *Einkauf* (1 a): eine B., -en machen.

be|span|nen ⟨sw. V.; hat⟩: **1.** *durch [bedeckendes] [Aus]spannen mit etw. versehen:* eine Wand mit Stoff b.; einen Wagen mit einer Plane b.; Liegestühle, Tennisschläger neu b. lassen *(mit einer neuen Bespannung versehen lassen).* **2.** *mit Zugtieren versehen:* die Kutsche setzt sich mit zwei Schimmeln bespannt.

Be|span|nung, die; -, -en: **1.** ⟨o. Pl.⟩ **a)** *das Bespannen* (2): die B. mit nur zwei Eseln war ungewöhnlich. **2. a)** *etw., womit ein Gegenstand bespannt ist;* **b)** *die vorgespannten Zugtiere; Gespann.*

be|spa|ßen ⟨sw. V.; hat⟩ (salopp): *dafür sorgen, dass jmd. Spaß hat; durch Spaßmachen erheitern, zufriedenstellen.*

Be|spa|ßung, die; -, -en (salopp): *das Bespaßen, Bespaßtwerden.*

be|spei|en ⟨st. V.; hat⟩ (selten, geh.): *bespucken:* jmdn. verhöhnen und b.; der Betrunkene hat sich bespien.

be|spi|cken ⟨sw. V.; hat⟩: **1.** *mit etw. spicken* (1). **2.** *mit etw. dicht bestecken:* sie hatte ihre Haare mit Klammern bespickt; er war mit Orden bespickt.

be|spie|geln ⟨sw. V.; hat⟩: **1.** ⟨b. + sich⟩ *sich [eitel] im Spiegel betrachten:* bespie[e]le dich nicht so lange! **2.** *Gegenstand der eigenen eitlen Betrachtung u. Selbstdarstellung machen:* sein eigenes Ich, sich [selbst] b. **3.** *in Wort od. Bild schildernd über etw. Aufschluss geben; etw. darstellen; beleuchten* (2): in seinem Roman die jüngste Vergangenheit b.

Be|spie|ge|lung, (seltener:) **Be|spieg|lung**, die; -, -en: *das Bespiegeln.*

be|spiel|bar ⟨Adj.⟩: **1.** *sich bespielen* (1) *lassend:* eine -e CD, DVD. **2.** (Sport) *zum Bespielen* (3) *geeignet:* der Platz ist wieder b.

be|spie|len ⟨sw. V.; hat⟩: **1.** *(einen Tonträger) durch Spielen von etw. mit einer Aufnahme versehen:* eine Schallplatte mit Kammermusik b.; das Band ist erst zur Hälfte bespielt worden; bespielte Videokassetten. **2.** *(von Theateren-*

sembles u. Ä.) *Gastspiele geben:* der Ort wird von der Landesbühne bespielt. **3.** (Sport) *(einen Platz o. Ä.) zum Spielen* (3) *nutzen:* ein gut, schlecht, schwer zu bespielender Platz.

be|spi|ken ⟨bəˈʃpaɪkn⟩ ⟨sw. V.; hat⟩ (Fachspr.): *mit Spikes versehen:* die Autoreifen b. lassen; bespikte Rennschuhe.

be|spit|zeln ⟨sw. V.; hat⟩: *(als Spitzel) jmdn. heimlich beobachten, überwachen:* er sollte seinen Mitgefangenen, einen Politiker b.; in seinem Auftrag bespitzelte uns einer unserer engsten Mitarbeiter; wir sind alle bespitzelt worden.

Be|spit|ze|lung, Be|spitz|lung, die; -, -en: *das Bespitzeln; das Bespitzeltwerden.*

◆ be|spit|zen ⟨sw. V.; hat⟩ [zu ↑ Spitz (2)]: *sich einen leichten Rausch antrinken:* Sie bespitzten sich leicht in Viggis bestem Weine (Keller, Liebesbriefe 49).

be|spöt|teln ⟨sw. V.; hat⟩: *über jmdn., etw. spötteln:* ich ließ mich, meine neuen Methoden ruhig b.

Be|spöt|te|lung, (seltener:) Bespöttlung, die; -, -en: *das Bespötteln.*

be|spot|ten ⟨sw. V.; hat⟩ [mhd. bespotten] (selten): *über jmdn., etw. spotten:* seine Schwächen wurden in hässlicher Weise bespottet.

Be|spött|lung: ↑ Bespöttelung.

be|spray|en ⟨bəˈʃpreːən, ...ˈsp...⟩ ⟨sw. V.; hat⟩: *mit Spray besprühen:* besprayte Häuserwände.

be|spre|chen ⟨st. V.; hat⟩ [mhd. besprechen = anreden; verabreden; ⟨refl.:⟩ sich beraten, ahd. bisprechan = anfechten, tadeln; verleumden]: **1. a)** *gemeinsam (beratend, erörternd, Meinungen austauschend) über etw. sprechen:* eine Sache mit jmdm. b.; wir haben noch etwas zu b.; wir müssen b., wie wir vorgehen wollen; die Sache läuft wie besprochen; **b)** ⟨b. + sich⟩ *miteinander über etw. sprechen, sich beraten:* sich mit jmdm. b.; sie besprachen sich eingehend [über den Plan]. **2.** *(berufsmäßig) rezensieren; eine Kritik über etw. schreiben:* ein Konzert, eine Aufführung b.; das Buch ist schlecht besprochen *(von Kritikern getadelt)* worden. **3.** *(einen Tonträger) durch Sprechen eines Textes mit einer Aufnahme versehen:* ein besprochenes Band löschen. **4.** *durch Zaubersprüche zu beeinflussen, bes. zu beschwören, zu besänftigen od. zu heilen versuchen:* eine Wunde, Warzen b.; Sie ... rührte das Pulver mit reinem, eigens besprochenem *(mit Zaubersprüchen belegtem)* Öle an (Th. Mann, Joseph 337). ◆ **5. a)** *anreden, ansprechen:* Den hohen Schatten zu besprechen, gebietet mir des Herzens feur'ger Drang (Schiller, Zerstörung v. Troja 48); **b)** *durch Überredung auf seine Seite bringen:* ...besprach er einige tronkenburgische Knechte, die mit dem Junker unzufrieden waren (Kleist, Kohlhaas 33); **c)** *ersuchen:* ...sogleich zu tun, warum wir euch besprechen (Wieland, Oberon 3, 4); **d)** *mit Beschlag belegen; bestellen* (1 b): Der Herr Graf habe, weil unvermutet Gäste angekommen, sogleich das ganze Wirtshaus besprochen (Goethe, Lehrjahre III, 3).

Be|spre|chung, die; -, -en: **1.** *ausführliches Gespräch über eine bestimmte Sache, Angelegenheit:* eine B. der Lage; eine B. [über etw.] ansetzen, abhalten, anberaumen; sie ist in einer wichtigen B., hat eine B. mit ihrer Chefin. **2.** *Rezension:* das Buch hat eine geistreiche, wohlwollende, gute B. **3.** *das Besprechen* (4); *das Beschwören* (3): eine feierliche B. der Krankheit durch den Medizinmann.

Be|spre|chungs|exem|plar, das (Verlagsw.): *Rezensionsexemplar.*

Be|spre|chungs|raum: *Raum, in dem Besprechungen stattfinden.*

Be|spre|chungs|zim|mer, das: vgl. Besprechungsraum.

be|spren|gen ⟨sw. V.; hat⟩ [mhd. besprengen]: *eine Flüssigkeit auf etw., jmdn. sprengen; bespritzen:* den staubigen Boden, Rasen mit Wasser b.; fröhlich besprengte *(besprühte)* sie sich mit dem Parfüm ihrer Großmutter.

be|spren|keln ⟨sw. V.; hat⟩: *mit Sprenkeln versehen; durch Spritzer fleckig machen:* die Leinwand mit Farbe b.; der Fußboden war mit Kalkflecken besprenkelt.

◆ be|spren|zen ⟨sw. V.; hat⟩ [zu landsch. sprenzen = urinieren, mhd. sprenzen = sprengen (2 a), spritzen, Intensivbildung zu ↑ springen]: *mit Harn beschmutzen:* ... andere in der Angst ihres Herzens die Stube so besprenzten, dass du hättest das Schwimmen drin lernen können (Schiller, Räuber II, 3).

be|sprin|gen ⟨st. V.; hat⟩: *(von Säugetieren) begatten:* die Stute b. lassen; der Stier bespringt die Kuh.

be|sprit|zen ⟨sw. V.; hat⟩: **a)** *spritzend nass machen, befeuchten:* jmdn. mit dem Gartenschlauch b.; **b)** *durch Spritzen beschmutzen:* das Auto hat mich von oben bis unten bespritzt; eine mit Farbe bespritzte Jacke.

be|sprü|hen ⟨sw. V.; hat⟩: *sprühend [ein wenig] befeuchten:* Pflanzen mit Wasser b.; Schuhe mit einem Imprägnierungsmittel b.

be|spu|cken ⟨sw. V.; hat⟩: *[verächtlich] auf jmdn., etw. spucken:* seinen Gegner b.

be|spü|len ⟨sw. V.; hat⟩: *(von Wellen o. Ä.) über etw. spülen, spülend berühren:* das Wasser bespülte den Steg.

Bes|sa|ra|bi|en, -s [russ., ukrain. Bessarabija, rumän. Basarabia, nach dem walachischen Fürstenhaus der Basarab, das im 14. Jh. das Gebiet eroberte]: *Gebiet nordwestlich vom Schwarzen Meer.*

Bes|se|mer|bir|ne, die [nach dem engl. Ingenieur H. Bessemer (1813–1898)]: *birnenförmiger Behälter zur Stahlherstellung.*

Bes|se|mer|stahl, der: *im Bessemerverfahren gewonnener Stahl.*

Bes|se|mer|ver|fah|ren, das ⟨o. Pl.⟩: *(heute nur noch in kleineren Betrieben angewandtes) Verfahren zur Gewinnung von Stahl aus Roheisen.*

¹bes|ser ⟨Adj.; Komp. von ↑ gut⟩ [mhd. beʒʒir, ahd. beʒʒiro, Komp. zu dem unter ↑ bass genannten Adj.]: *in härerem Maße gut; als Mittel gegen Grippe; der -e Schüler; eine -e Ausrede fiel ihm nicht ein; eine -e Ernte als voriges Jahr; werde ein -er Mensch!; diese Saal ist eine -e (abwertend; ist nicht viel mehr als eine) Scheune; (meist spött.:) -e (sozial höhergestellte) Leute, Kreise; ein -es (gediegenes) Restaurant; dieses Stück ist b. als jenes; heute ist das Wetter b.; es wäre b. gewesen, wenn du geschwiegen hättest; er weiß immer alles b.; dem Kranken wird es bald b. gehen; dem Unternehmen geht es wirtschaftlich allmählich wieder b.; ich dachte, er würde sich b. benehmen; das neue Design gefällt mir hundertmal b. als das alte; es war nur trockenes Brot, aber b. als gar nichts; die Sache ist unsicher; b. (treffender) gesagt, aussichtslos; Sie würde sich bildschön anziehen, einen Tisch in einem -en (gediegenen) Restaurant bestellen, anschließend vielleicht noch ein kurzer Besuch in der Spielbank (Strauß, Niemand 89); R b. ist b. (sicher ist sicher) schnall dich/ich schnall mich im Auto lieber an, b. ist b.!; das wäre ja noch b. (iron.; das kommt gar nicht infrage; ausgeschlossen); hast du nichts Besseres zu tun, als hier herumzulungern? (musst du unbedingt hier herumlungern?); Spr* das Bessere ist des Guten Feind; * **jmdn. eines Besseren belehren** (jmdm. zeigen, dass er bzw. sie sich irrt); **sich eines Besseren besinnen** (seinen Entschluss ändern).

²bes|ser ⟨Adv.⟩ [zu: ↑ ¹besser]: *lieber, klugerweise:* lass das b. bleiben; geh b. zum Arzt; das sollten wir b. nicht tun.

bes|ser|ge|hen, bes|ser|ge|hen ⟨unr. V.; ist⟩: *sich günstig* (1 a) *für jmdn., etw. entwickeln, entwickelt haben:* seit dem Urlaub geht es ihnen körperlich und seelisch wieder besser; da es der Wirtschaft nun besser geht, sind Lohnerhöhungen zu erwarten.

Bes|ser|ge|stell|te, die/eine Bessergestellte; der/einer Bessergestellten, die Bessergestellten/zwei Bessergestellte, **bes|ser Ge|stell|te,** die/eine besser Gestellte; der/einer besser Gestellten, die besser Gestellten/zwei besser Gestellte: *(wirtschaftlich od. finanziell) bessergestellte, wohlhabende weibliche Person.*

Bes|ser|ge|stell|ter, der Bessergestellte/ein Bessergestellter; des/eines Bessergestellten, die Bessergestellten/zwei Bessergestellte, **bes|ser Ge|stell|ter,** der besser Gestellte/ein besser Gestellter; des/eines besser Gestellten, die besser Gestellten/zwei besser Gestellte: *(wirtschaftlich od. finanziell) bessergestellte, wohlhabende Person:* sein Ziel war es, eines Tages zu den Bessergestellten zu gehören.

bes|sern ⟨sw. V.; hat⟩ [mhd. beʒʒern, ahd. beʒʒirōn]: **a)** *besser machen:* seine Gegenwart hätte meine Stimmung gebessert; die Verhältnisse lassen sich so nicht b.; an einem Aufsatz feilen und b. (veraltend; ihn verbessern); Das würde womöglich Toblers schlechte Laune, die man ihm anmerkte, bedeutend gebessert haben (R. Walser, Gehülfe 121); **b)** ⟨b. + sich⟩ *besser werden:* ich will mich b.; alle hofften, dass er sich b. würde; das Wetter bessert sich; ihr Zustand besserte sich zusehends; ⟨schweiz. auch ohne »sich«:⟩ seine Gesundheit hat gebessert.

bes|ser|ste|hen, sich ⟨unr. V.; hat⟩: *sich in einer besseren finanziellen Situation befinden.*

bes|ser|stel|len ⟨sw. V.; hat⟩: *in eine finanziell bessere Lage versetzen:* jmdn. durch Umgruppierung b.

Bes|ser|stel|lung, die: *Verbesserung der sozialen Lage:* eine B. der städtischen Angestellten fordern.

Bes|se|rung, die; -, -en [mhd. beʒʒerunge, ahd. beʒʒirunga]: **1.** *das Besserwerden:* eine B. der Lage erwarten; die Kranke befindet sich auf dem Wege der B.; gute B.! (Zuspruch für eine kranke Person); er gelobte B. (versprach, sich zu bessern). **2.** *das Bessermachen:* sich für eine B. der Zustände einsetzen; die B. des Menschen durch Veränderung der Gesellschaft.

Bes|ser|ver|die|nen|de, die/eine Besserverdienende; der/einer Besserverdienenden, die Besserverdienenden/zwei Besserverdienende, **bes|ser Ver|die|nen|de,** die/eine besser Verdienende; der/einer besser Verdienenden, die besser Verdienenden/zwei besser Verdienende: *weibliche Person mit höherem Einkommen.*

Bes|ser|ver|die|nen|der, der Besserverdienende/ein Besserverdienender; des/eines Besserverdienenden, die Besserverdienenden/zwei Besserverdienende, **bes|ser Ver|die|nen|der,** der besser Verdienende/ein besser Verdienender; des/eines besser Verdienenden, die besser Verdienenden/zwei besser Verdienende: *Person mit höherem Einkommen:* mit seinem Gehalt gehört er doch zu den Besserverdienenden.

Bes|ser|ver|die|ner, der: *Besserverdienender.*

Bes|ser|ver|die|ne|rin, die: w. Form zu ↑ Besserverdiener.

Bes|ser|wes|si, der [(in Anlehnung an ↑ Besserwisser) aus ↑ ¹besser u. ↑ ¹Wessi] (ugs. abwertend): *Person, die aus den alten Bundesländern stammt und sich gegenüber Bewohner[inne]n der neuen Bundesländer bes. in Bezug auf den politischen u. wirtschaftlichen Bereich besserwisserisch u. belehrend verhält.*

Besserwisser – bestechen

Bes|ser|wis|ser, der; -s, - (abwertend): *jmd., der alles besser zu wissen meint, sich belehrend vordrängt:* er verachtete diese B., die immer alles schon genau so vorhergesehen hatten; B. oben am Geländer meinten, die Leiche wäre mit einem herzhaften Zugriff herauszuholen (Frisch, Gantenbein 489).

Bes|ser|wis|se|rei, die; -, -en (abwertend): *besserwisserisches Verhalten.*

Bes|ser|wis|se|rin, die; -, -nen: w. Form zu ↑ Besserwisser.

bes|ser|wis|se|risch ⟨Adj.⟩ (abwertend): *überzeugt, alles besser zu wissen:* er verhält sich b. und unbelehrbar.

Best, das; -[e]s, -e (südd., österr.): *[höchster] ausgesetzter Preis bei einem Wettbewerb:* das B. gewinnen, machen.

best... ⟨Adj.; Sup. von ↑ gut⟩ [mhd. best, beʒʒist, ahd. beʒʒisto, Sup. zu dem unter ↑ bass genannten Adj.]: *in höchstem Maße od. Grade gut; so gut wie irgend möglich:* der beste Sportler; meine beste Freundin; das beste Buch; beste Qualität; er hatte dabei nicht das beste *(kein gutes)* Gewissen; sie ist aus bestem *(sozial hochgestelltem)* Hause; bei bester Gesundheit, Laune sein; sie konnte uns beim besten Willen *(sosehr sie sich auch mühte)* nicht helfen; im besten *(günstigsten)* Falle; mit den besten Grüßen *(Briefschlussformel);* es ist am besten, wenn ...; sie weiß das am besten; du fährst am besten mit dem Zug *(es ist das Beste, wenn du mit dem Zug fährst);* ⟨subst.:⟩ es ist das Beste, wenn ...; ich halte es für das Beste abzureisen; er hat das aufs Beste/beste geregelt; die Sache steht nicht zum Besten *(sieht recht ungünstig aus);* es steht nicht zum Besten mit ihm *(seine [gesundheitliche, finanzielle] Situation ist nicht sehr gut);* sie ist die Beste in der Klasse; das Beste kommt zuletzt; das Beste ist für ihn gerade gut genug (iron.; *er stellt hohe Ansprüche, ist unbescheiden);* das Beste vom Besten; sein Bestes tun, geben; das Beste aus etw. machen *(die größtmöglichen Vorteile bei etw. wahrnehmen);* * etw. zum Besten geben (1. *mit etw. zur Unterhaltung beitragen; vortragen, vorführen:* er gab einen Witz zum Besten. 2. veraltend; *ausgeben, spendieren;* zu ↑ Best, also eigtl. = etw. zum Best beisteuern: eine Runde zum Besten geben); jmdn. zum Besten halten/haben *(jmdn. necken, foppen;* eigtl. = jmdn. zum Spaß so behandeln, als ob er der Beste wäre: diese Burschen wollten mich zum Besten haben).

Best Ager [- ˈeɪdʒɐ], der; - -s, - -[s] ⟨meist Pl.⟩ [aus engl. best = best... u. age = Alter] (bes. Werbespr.): *Person, die der anspruchsvollen, konsumfreudigen Kundengruppe der über 40- bzw. 50-Jährigen gehört.*

Best Age|rin, die; - -, - -nen: w. Form zu ↑ Best Ager.

be|stal|len ⟨sw. V.; hat⟩ [zu mhd. bestalt, 2. Part. von: bestellen = berufen] (Amtsspr.): *in ein Amt einsetzen, zu etwas ernennen:* jmdn. zum Ressortleiter, zur Ressortleiterin b.; ein öffentlich bestallter und vereidigter Sachverständiger.

Be|stal|lung, die; -, -en: **1. a)** *Einsetzung in ein Amt:* seine B. war von Beginn an umstritten; **b)** *Approbation:* seine B. als Arzt erhalten, verlieren. **2.** *Urkunde über die Amtseinsetzung:* eine Fotokopie meiner B.

Be|stal|lungs|ur|kun|de, die: *Bestallung* (2): die B. war für ihn das wichtigste Dokument.

Be|stand, der; -[e]s, Bestände. **1.** ⟨o. Pl.⟩ **a)** *Bestehen; Fortdauer:* den B. der Firma sichern; um den B. der Regierung bangen; B. haben/von B. sein *(von Beständigkeit sein, fortdauern, andauern);* **b)** (österr.) *(bisherige) Dauer des Bestehens:* aus Anlass des 150-jährigen -es der Firma gab es Sekt für alle. **2.** *vorhandene Menge; Vorrat:* den B. an Waren erfassen, aufnehmen; die Bestände auffüllen; Ü das gehört zum geistigen B. des Volkes; * **eiserner B.** *(Vorrat für den Notfall, der nicht angegriffen werden darf);* **zum eisernen B./-e gehören** *(fester Bestandteil von etw. sein).* **3.** (Forstwirtsch.) *meist einheitlich bewachsenes Waldstück:* ein alter, schöner, lichter B. von Eichen und Buchen; den B. durchforsten, erneuern. **4.** (südd., österr.) *Pacht:* einen Hof in B. geben, haben.

be|stan|den: 1. ↑ bestehen. **2.** ⟨Adj.⟩ **a)** *mit Pflanzen bedeckt, bewachsen:* ein mit Laub- und Nadelbäumen -er Park; **b)** (schweiz.) *in vorgerücktem Alter:* auch ein -er Mann irrt sich ab und zu.

be|stän|dig ⟨Adj.⟩ [mhd. bestendec]: **a)** *dauernd, ständig:* in -er Angst leben; b. über Schmerzen klagen; **b)** *gleichbleibend:* er ist ein sehr -er Schüler *(seine Leistungen sind gleichbleibend gut);* sie zeichnet sich durch ihre -en *(gleichbleibend guten)* Leistungen aus; das Wetter ist, bleibt b. *(weiterhin gut);* Und in der Tat, die wichtigsten geistigen Vorkehrungen der Menschheit dienen der Erhaltung eines -en Gemütszustands (Musil, Mann 527); **c)** *widerstandsfähig, dauerhaft:* eine -e chemische Verbindung; dieses Material ist b. gegen/gegenüber Hitze.

-be|stän|dig: drückt in Bildungen mit Substantiven od. Verben (Verbstämmen) aus, dass die beschriebene Sache gegen einen bestimmten Einfluss unempfindlich, widerstandsfähig ist: alterungs-, kälte-, reinigungs-, säure-, scheuer-, witterungsbeständig.

Be|stän|dig|keit, die; -, -en: **1.** ⟨o. Pl.⟩ *das Beständigsein* (b, c). **2.** *Grad der Beständigkeit* (1).

Be|stands|auf|nah|me, die: *Zählen u. listenmäßiges Erfassen vorhandener Bestände* (2): eine B. machen.

Be|stand|schutz: ↑ Bestandsschutz.

Be|stands|ju|bi|lä|um, das, (österr.): *Jubiläum des Bestandes* (1 b): das Museum feierte sein 200-jähriges B.

Be|stands|schutz, Bestandschutz, der ⟨o. Pl.⟩ (Rechtsspr., Versicherungsw.): *Schutz für das Bestehenbleiben der ursprünglichen Gültigkeit, Form o. Ä. von etw. (z. B. eines Vertrags) bei nachträglicher Änderung bestimmter Rahmenbedingungen, Vorschriften od. Gesetze.*

Be|stand|teil, der: *einzelner Teil einer Einheit, eines Ganzen:* ein integraler B.; Fett ist ein notwendiger B. unserer Nahrung; etw. in seine -e zerlegen *(auseinandernehmen);* das alte Möbel löst sich in seine -e auf *(fällt auseinander);* Ü Freiheit ist ein notwendiger B. der Demokratie.

be|stär|ken ⟨sw. V.; hat⟩: **a)** [mhd. besterken] *jmdn. in seiner Haltung, seiner Meinung, seinem Vorhaben o. Ä. ermutigend unterstützen:* jmdn. in seinem Vorsatz, Plan b.; dieses Gerede bestärkte mich in meinem Kummer; das bestärkt mich, nicht nachzulassen; **b)** *fördern; verstärken:* dieses Ereignis bestärkte meine Zweifel; **c)** ⟨b. + sich⟩ *intensiver, stärker werden:* die Gewissheit bestärkte sich in ihm, dass ...; in mir bestärkte sich der Vorsatz, bald zu fliehen.

Be|stär|kung, die; -, -en: *das Bestärken.*

be|stä|ti|gen ⟨sw. V.; hat⟩ [mhd. bestætigen, zu ↑ stet]: **1. a)** *für richtig, zutreffend erklären:* eine Nachricht amtlich, offiziell b.; eine telefonische Buchung schriftlich b.; das Berufungsgericht hat das Urteil bestätigt (Rechtsspr.; *für gültig erklärt);* ... ich konnte seine Entscheidung nur mit einem »C'est exact« b. (Th. Mann, Krull 322); **b)** *als richtig erweisen:* das Ereignis bestätigt meine Vermutungen; sich bestätigt fühlen; **c)** ⟨b. + sich⟩ *sich als zutreffend, richtig erweisen:* die Nachricht, der Verdacht, das Gerücht hat sich bestätigt. **2.** (Kaufmannsspr.) *mitteilen, dass man eine Sendung o. Ä. empfangen hat:* das Eintreffen der Ware, einen Brief, eine Bestellung b. **3.** *in einer Stellung, einem Amt anerkennen; eine Amtseinsetzung beurkunden:* er wurde als Leiter der Schule bestätigt; bei den Wahlen wurde sie im Amt bestätigt.

Be|stä|ti|gung, die; -, -en: **1.** *das Bestätigen.* **2.** *Bescheinigung, mit der etw. (die Richtigkeit von etw., der Empfang einer Sendung, eine Amtseinsetzung, ein Privileg o. Ä.) bestätigt wird:* -en ausstellen; seine B. als neuer Botschafter vorlegen.

Be|stä|ti|gungs|num|mer, die (EDV): *zusätzliche Sicherungsnummer für die elektronische Abwicklung von Geschäften* (Abk.: BEN).

be|stat|ten ⟨sw. V.; hat⟩ [mhd. bestaten, eigtl. = an die rechte Stelle bringen, zu mhd. stat, ↑ Statt] (geh.): *[feierlich] beerdigen:* er wurde unter großer Anteilnahme der Bevölkerung bestattet; wann wird sie bestattet?

Be|stat|ter, der; -s, - (bes. Fachspr.): *Leichenbestatter.*

Be|stat|te|rin, die; -, -nen: w. Form zu ↑ Bestatter.

Be|stat|tung, die; -, -en (geh.): *[feierliches] Begräbnis.*

Be|stat|tungs|in|s|ti|tut, das: *Beerdigungsinstitut.*

Be|stat|tungs|un|ter|neh|men, das: *Beerdigungsinstitut.*

be|stau|ben ⟨sw. V.; hat⟩: **a)** *staubig machen:* Ruß von den Abgasen der Fabrik bestaubte die Autos; ich habe mich/meine Kleider bei der Arbeit bestaubt; **b)** ⟨b. + sich⟩ *staubig werden:* nicht nur unsere Hosen bestaubten sich bei der Besichtigung des alten Hauses.

be|stäu|ben ⟨sw. V.; hat⟩: **a)** *mit etw. Pulvrigem, Staubartigem bestreuen, überziehen:* das Backblech mit Mehl b.; Felder aus der Luft mit Insektenbekämpfungsmitteln b.; **b)** *durch Übertragung von Blütenstaub befruchten:* Insekten haben die Blüten bestäubt.

Be|stäu|bung, die; -, -en: *das Bestäuben* (b); *das Bestäubtwerden.*

be|stau|nen ⟨sw. V.; hat⟩: **a)** *staunend, bewundernd ansehen, betrachten:* ein Naturdenkmal, das neue Auto b.; wir bestaunten das Neugeborene; **b)** *bewundernd anerkennen:* ihre großen Kenntnisse; wir bestaunten die wirtschaftliche Entwicklung in Asien.

best|aus|ge|rüs|tet ⟨Adj.⟩: *bestens ausgerüstet:* die Polizei hat es hier mit einer -en Bande zu tun.

best|be|kannt ⟨Adj.⟩: *bestens bekannt:* es waren alles -e Musiker.

best|be|leum|det, best|be|leu|mun|det ⟨Adj.⟩: *bestens beleumundet:* ein -er Geschäftsmann.

Best|be|set|zung, die (bes. Sport): *beste Besetzung* (2 c): der Titelverteidiger konnte in B. *(mit der bestmöglichen Mannschaftsaufstellung)* antreten.

best|be|zahlt ⟨Adj.⟩: *bestens bezahlt.*

bes|te: ↑ best...

be|ste|chen ⟨st. V.; hat⟩: **1.** [mhd. bestechen = um od. in etw. stechen, (als Fachwort der Bergleute:) durch Stechen prüfen, untersuchen, dann etwa: jmdn. mit Gaben, Geschenken prüfen, auf die Probe stellen] *einen andern durch Geschenke, Geldzahlungen o. Ä. für seine eigenen [zweifelhaften] Interessen, Ziele gewinnen [u. ihn dabei zur Verletzung einer Amts- od. Dienstpflicht verleiten]:* einen Beamten, Aufseher, eine Zeugin [mit Geld] b. **2.** *großen Eindruck machen u. für sich einnehmen:* der Redner bestach [seine

Zuhörer] durch Geist und Schlagfertigkeit; die Magisterarbeit besticht durch ihre klare Gliederung; ihre Natürlichkeit war bestechend *(sehr gewinnend)*; ⟨subst.:⟩ dieser Gedanke hat etwas Bestechendes.

be|stech|lich, ⟨Adj.⟩: *sich bestechen lassend; käuflich:* ein -er Beamter.

Be|stech|lich|keit, die; -, -en ⟨Pl. selten⟩: *das Bestechlichsein.*

Be|ste|chung, die; -, -en: *das Bestechen* (1): sich der B. schuldig machen; aktive B. (Rechtsspr.; *Angebot von Bestechungsgeldern o. Ä. an eine Person [im öffentlichen Dienst], um sie zu einer die Amts- od. Dienstpflicht verletzenden, für den Bestechenden vorteilhaften Handlung od. Unterlassung zu bewegen*); passive B. (Rechtsspr.; *Annahme von Bestechungsgeldern o. Ä. im Zusammenhang mit einer Amtshandlung*).

Be|ste|chungs|af|fä|re, die: *durch eine od. mehrere Bestechungsfälle ausgelöste Affäre* (a).

Be|ste|chungs|geld, das ⟨meist Pl.⟩: *Geldsumme, mit der jmd. bestochen* (1) *wird:* die -er wurden beschlagnahmt.

Be|ste|chungs|skan|dal, der: *durch das Bekanntwerden von Bestechungen ausgelöster Skandal.*

Be|ste|chungs|sum|me, die: *Bestechungsgeld:* es gibt Gerüchte über beträchtliche -n.

Be|ste|chungs|ver|such, der: *Versuch, jmdn. zu bestechen* (1).

Be|steck, das; -[e]s, -e [urspr. = Werkzeugfutteral u. Inhalt]: **1. a)** ⟨Pl. ugs. auch: -s⟩ *Satz Messer, Gabel, Löffel; Essbesteck:* ein silbernes, verchromtes B.; noch ein B. auflegen; -e putzen; **b)** ⟨o. Pl.⟩ (ugs.) *Gesamtheit der zum Essen benutzten Geräte:* wir haben nicht genug B. **2.** *für einen bestimmten medizinischen Zweck (z. B. eine Operation) zusammengestellter Satz von Instrumenten, Geräten:* chirurgisches, mikroskopisches B. **3.** (Seemannsspr.) *Ortsbestimmung eines Schiffes auf See:* das B. nehmen; das B. aufmachen *(auf der Seekarte eintragen).*

be|ste|cken ⟨sw. V.; hat⟩: *auf etw. stecken; mit etw. Aufgestecktem schmücken:* den Christbaum [mit Kerzen] b.

Be|steck|fach, das: **1.** *Besteckschubfach.* **2.** *Besteckkasten, -korb* (1). **3.** *Besteckkorb* (2), *ausziehbares Fach* (1) *o. Ä. für Bestecke* (1 b) *in der Geschirrspülmaschine.*

Be|steck|kas|ten, der: *Behältnis mit besonderer Einteilung für Bestecke* (1, 2).

Be|steck|korb, der: **1.** *Einsatz eines Besteckschubfaches mit besonderer Einteilung zum Einordnen u. Aufbewahren der Bestecke* (1 b). **2.** *Einsatz für Bestecke* (1 b) *in der Geschirrspülmaschine.*

Be|steck|schub|fach, das: *Schubfach [im Büfett] für Bestecke.*

Be|steck|ta|sche, die: *weiches, zusammenrollbares Behältnis für Bestecke* (1 a).

be|ste|hen ⟨unr. V.; hat⟩ [mhd. bestēn, ahd. bistān]: **1. a)** *da, vorhanden sein; existieren:* der Verein besteht schon lange; darüber besteht kein Zweifel; es besteht Aussicht, Klarheit, Gefahr; die bestehende Ordnung; diese Verbindung soll b. bleiben *(fortdauern)*; Dichtung, die b. bleibt *(die die Zeiten überdauern wird)*; wir wollen die Unterscheidung b. lassen *(beibehalten)*; **b)** *[fort]dauern, bleiben, Bestand haben:* bei dieser Konkurrenz kann der kleine Laden kaum b.; ... letzte Innigkeit ein und Glück, das bestand (A. Zweig, Claudia 90). **2. a)** *hergestellt, zusammengesetzt sein:* aus Holz, Metall, Kunststoff b.; das Werk besteht aus drei Teilen; Ü Mein Gedächtnis besteht aus Löchern (Böll, Und sagte 100); **b)** *in etw. seinen Inhalt, sein Wesen haben:* seine Arbeit bestand im Rechnen und Planen; der Unterschied, die Chance besteht darin, dass ... **3. a)** *erfolgreich absolvieren:* eine Prüfung [knapp, gut, mit Auszeichnung] b.; er hat [mit »gut«] bestanden; ◆ ⟨auch: ist bestanden:⟩ ... dieses Mädchen ist sehr wohl bestanden und hat ein herrliches Zeugnis davongetragen (Goethe, Dichtung u. Wahrheit 6); **b)** (geh. veraltend) *durchstehen, ertragen:* viele Schicksalsschläge b.; ... den Tod kann man nicht betrügen, man kann ihn nur b. (Remarque, Obelisk 326); **c)** *sich bewähren:* im Kampf, in Gefahren b.; **d)** *standhalten, sich vor jmdm. behaupten [können]:* er, seine Arbeit kann vor jeder Kritik b.; mit dieser Leistung kannst du überall b. **4.** *auf etw. beharren, auf etw. dringen:* auf seinem Recht, der Erfüllung seines Vertrages b.; ⟨selten auch mit Akk.:⟩ auf diese Summe bestehe ich!

Be|ste|hen, das; -s: **1.** *das Vorhandensein:* das B. dieses Staates kann nicht geleugnet werden; seit [dem] B. der Bundesrepublik Deutschland *(seit es die Bundesrepublik Deutschland gibt).* **2.** *das Durchstehen, Ertragen:* es ging ihm nur um das B. **3.** *Beharren:* sein trotziges B. auf vermeintlichen Rechten.

be|ste|hen blei|ben: ↑ bestehen (1 a).

be|steh|len ⟨st. V.; hat⟩: *jmdm. etw. stehlen:* er hat mich [um 50 Euro] bestohlen; Ü jmdn. um seine schönsten Hoffnungen b.

be|stei|gen ⟨st. V.; hat⟩: **a)** *auf etw. [hinauf]steigen:* einen Berg, einen Aussichtsturm b.; ein Pferd, das Fahrrad, die Kanzel b.; Ü den Thron b. *(die Herrschaft als Kaiser[in], König[in] o. Ä. übernehmen)*; **b)** *(von Tieren) bespringen; begatten:* der Hahn besteigt die Henne; Ü (salopp:) er würde seine Nachbarin gerne b.; **c)** *über Treppen in etw. gelangen, in etw. hineinsteigen:* den Zug b., ein Auto, ein Schiff b.

Be|stei|gung, die; -, -en: *das Besteigen.*

be|stell|bar ⟨Adj.⟩: *sich bestellen lassend.*

Be|stell|da|tum, das: *Datum einer Bestellung* (1 a).

Be|stell|ein|gang, der (bes. Kaufmannsspr.): **a)** *Eingang* (4 a) *einer Bestellung* (1 a): den B. vermerken; **b)** *Eingang* (4 b) *einer Bestellung* (1 b): den B. sortieren.

be|stel|len ⟨sw. V.; hat⟩ [mhd. bestellen = ordnen, einrichten; umstellen, ahd. bistellen = umstellen, umgeben]: **1. a)** *veranlassen, dass etw. geliefert, gebracht wird; in Auftrag geben:* eine Ware, Ersatzteile [bei einer Firma, im Internet], das Essen, eine Flasche Wein, ein Buch b.; das Aufgebot b. *(sich zur Trauung anmelden)*; haben Sie schon bestellt? *(hat der Kellner Ihre Wünsche mitgeteilt?)*; ich habe mir ein Schnitzel bestellt; er wurde verdächtigt, die Entführung erteilt zu haben *(den Auftrag zur Entführung erteilt zu haben)*; **b)** *reservieren lassen:* Theaterkarten, einen Tisch [im Restaurant] b. **2.** *den Ort, Zeitpunkt für jmds. Erscheinen bestimmen:* jmdn. [für den Nachmittag] zu sich, in ein Café b.; ich bin um vier Uhr beim/ zum Arzt bestellt; R dastehen wie bestellt und nicht abgeholt (ugs. scherzh.; *verloren u. ein wenig ratlos dastehen*). **3. a)** *ausrichten* (1): jmdm. Grüße [von jmdm.] b.; er lässt dir b., dass ...; kann, soll ich etwas b.?; **b)** (veraltet) *weiterbefördern, zustellen:* die Post b.; * **nichts/nicht viel zu b. haben** (*nichts/nicht viel ausrichten können; eine untergeordnete Rolle spielen*). **4.** *für einen bestimmten Zweck einsetzen, [für eine bestimmte Tätigkeit] ernennen, bestimmen:* einen Vertreter, eine Vertreterin b.; jmdn. zum Verteidiger, zum persönlichen Referenten b.; jmdn. als Gutachter b. **5.** (selten) *etw. auf/in etw. stellen:* den Tisch mit Geschirr b.; ein mit fünf Betten bestellter Raum. **6. a)** *(den Boden) bearbeiten:* den Acker, das Land b.; den Garten b.; **b)** *[eine Angelegenheit] ordnen:* sein Fachgebiet war schlecht bestellt; Nein, nicht nur ich bin es, die Welt ist schlecht bestellt (Bergengruen, Rittmeisterin 43); * **um jmdn., etw./mit jmdm., etw. ist es gut/schlecht usw. bestellt** *(jmd., etw. ist in einem bestimmten [guten/schlechten] Zustand, einer bestimmten [guten/schlechten] Lage):* mit ihm, um seine Gesundheit ist es schlecht b.

Be|stel|ler, der; -s, -: *jmd., der etw. bestellt* (1).

Be|stel|le|rin, die; -, -nen: w. Form zu ↑ Besteller.

Be|stell|kar|te, die: *vorgedruckte Karte, auf der man Waren [per Post] bestellen kann.*

Be|stell|lis|te, die: *Liste bestellter, zu bestellender Waren o. Ä.*

Be|stell|num|mer, die: *bestimmte Nummer einer Ware, unter der man sie bestellen kann.*

Be|stell|pra|xis, die: *Arztpraxis, in die die Patienten zu bestimmten Zeiten zur Behandlung bestellt werden.*

Be|stell|schein, der: *Schein, Zettel, mit dem man etw. bestellt.*

Be|stel|lung, die; -, -en [mhd. bestellunge]: **1. a)** *Auftrag zur Lieferung von etw.:* eine B. auf/ über zwanzig Exemplare; eine B. von Büchern / (selten:) für Bücher; es gingen viele -en ein; die B. läuft *(wurde weitergeleitet)*, -en aufgeben, annehmen, ausführen; etw. auf B. anfertigen; ◆ Hast du die B. ... aus allerlei Holzware gemacht (Mörike, Mozart 264); **b)** *bestellte Ware:* Ihre B. ist eingetroffen. *(beim [zum Arzt] bestellt ist:* der Arzt hatte noch zwei -en; **b)** (veraltet) *Verabredung:* er hat heute Abend noch eine B. **3.** *Botschaft, Nachricht:* -en ausrichten. **4.** *das Bestellen* (4): B. einer Gutachterin, eines Vormundes. B. als/zum Schiedsrichter. **5.** *das Bearbeiten:* die rechtzeitige B. der Felder. ◆ **6. a)** *das Bestellen* (6 a), *Verwaltung:* Die Tochter gab er, gab des Reichs B. ihm (Goethe, Faust II, 8858); **b)** *Besorgung* (2), *Erledigung* (b): Über dem Anziehen und allerlei -en fürs Haus in meiner Abwesenheit habe ich vergessen, meinen Kindern ihr Vesperbrot zu geben (Goethe, Werther I, 16. Junius).

bes|ten|falls ⟨Adv.⟩: *im günstigsten Falle:* er kann bei diesem Wettbewerb b. einen mittleren Platz erreichen.

Bes|ten|lis|te, die: *Rangliste der besten Personen od. Sachen in einem bestimmten Bereich.*

bes|tens ⟨Adv.⟩: **a)** *aufs Beste, ausgezeichnet, hervorragend:* das Gerät hat sich b. bewährt; die Konferenz ist b. vorbereitet; etw. ist b. bekannt, geeignet; ⟨auch prädikativ:⟩ zu Hause ist alles b.; Endlich war der stets b. Informierte auf einen gestoßen, der ihn übertrumpfte (Heym, Schwarzenberg 121); **b)** *vielmals, herzlichst:* wir danken Ihnen b.; er lässt b. grüßen.

be|stern ⟨Adj.⟩: **1.** (geh.) *bestirnt.* **2.** (Gastron.) *für besondere Qualität mit Sternen ausgezeichnet:* ein -es Restaurant. **3.** *mit einem od. mehreren Sternen versehen, geziert:* eine -e Luxuslimousine; Ü eine -e *(ordensgeschmückte)* Brust.

be|steu|ern ⟨sw. V.; hat⟩: *mit Steuern belegen:* Einkommen und Vermögen b.; auch Zinserträge werden besteuert.

Be|steu|e|rung, die; -, -en: *das Besteuern; das Besteuertwerden.*

Best|form, die (Sport): *hervorragende, beste Form* (2): sich in B. befinden, in B. sein; von der B. [weit] entfernt sein.

best|ge|hasst ⟨Adj.⟩: *am meisten gehasst:* der -e Politiker.

best|ge|hü|tet ⟨Adj.⟩: *bestens gehütet:* ein -es Geheimnis.

bes|ti|a|lisch ⟨Adj.⟩ [lat. bestialis, zu: bestia, ↑ Bestie]: **1.** (abwertend) *in seiner grausamen Art eher an gefühllose wilde Tiere als an Menschen denken lassend:* ein -er Mord, Mörder. **2.** (ugs.) **a)** *unerträglich:* eine -e Arbeit; ein -er

Gestank; **b)** ⟨intensivierend bei Adjektiven u. Verben⟩ *in unerträglichem Maß:* hier ist es b. kalt; es stank b.

Bes|ti|a|li|tät, die; -, -en: **a)** ⟨o. Pl.⟩ *bestialisches Verhalten:* die B. der Eroberer; **b)** *bestialische Tat:* die -en in den Gefängnissen.

Bes|ti|a|ri|um, das; -s, ...rien [mlat. bestiarium, zu lat. bestia, ↑ Bestie]: *mittelalterliches allegorisches Tierbuch [in dem legendäre fantastische Vorstellungen von Tieren heilsgeschichtlich u. moralisch gedeutet werden].*

be|sti|cken ⟨sw. V.; hat⟩: *mit Stickerei verzieren:* eine Bluse, Decke b.; eine Tasche mit Perlen b.; ein kostbar besticktes Abendkleid.

Be|sti|ckung, die; -, -en: *das Besticken; das Besticktwerden.*

Bes|tie, die; -, -n [mhd. bestie < lat. bestia] (emotional): **a)** *wildes, gefährliches Tier; Raubtier:* die B. hat ihn zerrissen; die gezähmte B. folgte ihrem Herrn aufs Wort; **b)** (abwertend) *Unmensch:* diese B. hat fünf Frauen ermordet und verstümmelt.

be|stie|felt ⟨Adj.⟩: *gestiefelt.*

be|stimm|bar ⟨Adj.⟩: *sich bestimmen (1, 3, 5) lassend.*

be|stim|men ⟨sw. V.; hat⟩ [mhd. bestimmen = (mit der Stimme be)nennen; festsetzen]: **1. a)** *festlegen, festsetzen:* die Zahl, den Ort, den Termin, den Preis b.; **b)** *verbindlich entscheiden:* alles allein b.; nichts zu b. haben; das Gesetz bestimmt, dass ...; sie bestimmte in der Familie. **2.** *für jmdn., etw. vorsehen; zu etw. ausersehen:* jmdn. zu seinem/als Nachfolger b.; das Geld ist für dich, für den Haushalt bestimmt; sie ist zu Höherem bestimmt. **3.** *[wissenschaftlich] ermitteln, klären; definieren:* die Bedeutung eines Wortes b.; das Alter eines Fundes b.; er ging daran, seinen Standort zu b.; eine Pflanze b. *(einer Art zuordnen);* ein Dreieck ist durch zwei Seiten und den eingeschlossenen Winkel eindeutig bestimmt *(festgelegt).* **4.** *verfügen:* über etw. frei b. [können]; er hat über mich, über mein Geld nicht zu b. **5. a)** *prägen, entscheidend beeinflussen:* das Christentum hat das mittelalterliche Weltbild bestimmt; diese Entscheidung bestimmte den weiteren Verlauf der Ereignisse; sich von seinen Gefühlen b. lassen; ein bestimmender Faktor in ihrem Leben; **b)** ⟨b. + sich⟩ *von etw. entscheidend beeinflusst werden:* die Investitionen bestimmen sich nach der Konjunkturlage. **6.** *zu etw. veranlassen, drängen, bewegen:* jmdn. zum Nachgeben, zu einem Vergleich, zum Bleiben b.; sich zu einer Reise b. lassen.

¹**be|stimmt** ⟨Adj.⟩: **1. a)** *feststehend, speziell; den Eingeweihten bekannt, aber nicht näher beschrieben; gewiss:* -e Leute, Dinge; ein -es Buch; ein -er Betrag, Termin; von etw. eine -e Vorstellung haben; ⟨subst.:⟩ nichts/etw. Bestimmtes vorhaben; **b)** *inhaltlich festgelegt, genau umrissen, klar, deutlich:* du musst dich -er ausdrücken; **c)** (Sprachwiss.) *auf etw. Spezielles hinweisend:* -er Artikel; -e Verbform *(Finitum).* **2.** *entschieden, fest:* etw. in sehr -em Ton sagen; seine Worte sind höflich, aber b.; sich etw. auf das Bestimmteste *(sehr energisch)* verbitten.

²**be|stimmt** ⟨Adv.⟩: *gewiss, sicher:* etw. [ganz] b. wissen; er wird b. kommen; das ist b. nicht richtig; ja, b.!

Be|stimmt|heit, die; -: **1.** *Entschiedenheit; Festigkeit:* die B. seines Auftretens; das muss ich mit aller B. ablehnen. **2.** *Gewissheit, Sicherheit:* etw. mit B. wissen; mit B. auf etw. rechnen; er konnte nicht mit letzter B. sagen, ob er vor ihr weggefahren war.

Be|stim|mung, die; -, -en: **1. a)** ⟨o. Pl.⟩ *das Bestimmen* (1); *das Festsetzen:* eine B. des Termins, des Preises war noch nicht möglich; **b)** *Anordnung, Vorschrift, Verfügung, Regelung:* gesetzliche Bestimmungen; er übergab seine letztwillige B. seinem Anwalt; eine B. erlassen, befolgen, beachten, umgehen, genau kennen; durch die neue B. wird festgelegt, dass ...; obwohl es gegen die -en war, nahm er die Unterlagen mit nach Hause. **2. a)** ⟨o. Pl.⟩ *Verwendungszweck:* eine Sache ihrer [eigentlichen] B. zuführen, übergeben; der Minister übergab die Brücke ihrer B. *(gab sie für den Verkehr frei);* **b)** (veraltet) *Bestimmungsort:* die Karte hat erst nach Wochen ihre B. erreicht; **c)** ⟨o. Pl.⟩ *das Bestimmtsein; die Berufung:* eine höhere, göttliche B.; an ihre B. zur Musikerin glaubte sie schon früh; das ist B. *(Schicksal).* **3. a)** *das Bestimmen* (3): die B. einer Pflanze, eines Begriffs, des Schwerpunktes; **b)** (Sprachwiss.) *Satzteil in Form einer freien genaueren Angabe* (5): eine nähere B.; eine adverbiale B. [des Ortes, der Zeit].

Be|stim|mungs|bahn|hof, der (Eisenbahn): *(im Güterverkehr der Bahn) Bahnhof, zu dem etw. Bestimmtes befördert werden soll; Zielbahnhof.*

be|stim|mungs|ge|mäß ⟨Adj.⟩: **1.** *der Bestimmung* (2 a) *entsprechend:* das Mittel ist bei -em Gebrauch völlig unschädlich; als Störfall gilt jede Störung des -en Betriebes; etw. b. anwenden. **2.** *den Bestimmungen* (1 b) *entsprechend:* b. hätten die Angestellten das Gebäude verlassen müssen.

Be|stim|mungs|ha|fen, der: *Hafen, zu dem etw. Bestimmtes befördert werden soll; Zielhafen.*

Be|stim|mungs|land, das ⟨Pl. ...länder⟩: *Land als Ziel einer Warensendung o. Ä.*

Be|stim|mungs|ort, der ⟨Pl. -e⟩: *Ziel einer Warensendung od. einer Reise o. Ä.:* am B. [nicht] eintreffen.

Be|stim|mungs|wort, das ⟨Pl. ...wörter⟩ (Sprachwiss.): *erster Bestandteil einer Zusammensetzung* (3), *der das Grundwort näher bestimmt* (z. B. »Haus« in Haustür).

best|in|for|miert ⟨Adj.⟩: *bestens informiert:* aus -en Kreisen verlautet, dass ...

be|stirnt ⟨Adj.⟩ (geh.): *mit Sternen bedeckt:* der -e Himmel.

Best|leis|tung, die (bes. Sport): *beste Leistung:* eine persönliche B. erzielen.

Best|mar|ke, die (Sport): *Rekord:* die B. steigern; eine neue B. setzen; Ü bei der Getreideernte wurde eine neue B. erreicht.

best|mög|lich ⟨Adj.⟩: *möglichst gut; so gut wie irgend möglich:* die -e Nutzung; Ziel ist es, die Belange des Umweltschutzes b. zu wahren; ⟨subst.:⟩ das Bestmögliche tun, aus etw. machen.

Best|no|te, die: *hervorragende, beste Note, Beurteilung o. Ä.:* er bestand sein Abitur mit der B. 1,0; für ihre Darbietung erhielt sie von allen Kritikern -n.

be|sto|cken ⟨sw. V.; hat⟩: **1. a)** (Forstwirtsch., Weinbau) *(eine Fläche) mit Bäumen, Weinstöcken bepflanzen:* den Kahlschlag wieder [mit Mischwald] b.; **b)** *mit Weidevieh besetzen:* ein Gebiet mit Ziegen b. **2.** ⟨b. + sich⟩ (Bot.) *[von unten her] Seitentriebe ausbilden:* der Roggen bestockt sich.

Be|sto|ckung, die; -, -en: **1.** *das [Sich]bestocken; das Bestocktwerden.* **2. a)** *auf einer Fläche vorhandener Bestand an Bäumen, Reben;* **b)** *auf einer Fläche weidender Viehbestand.*

Best-of, das; -[s], -s [engl. best of = Bestes von ...] (ugs.): *Zusammenstellung bes. beliebter u. erfolgreicher Musikstücke, Filmszenen o. Ä.*

Best-of-CD, die: *CD mit den erfolgreichsten Stücken einer Künstlerin, eines Künstlers od. einer Gruppe.*

be|sto|ßen ⟨st. V.; hat⟩: *durch Stoß beschädigen:* die Kanten eines Möbelstücks b.; ⟨meist im 2. Part.:⟩ Bücher mit bestoßenem Einband; Erstausgabe, Ecken leicht bestoßen.

best|plat|ziert ⟨Adj.⟩ (bes. Sport): *am besten platziert, den besten Platz belegend:* die drei -en Teilnehmer.

Best Prac|tice ['best 'prɛktɪs], die; - -, - -s [engl. best practice, eigtl. = bestes Verfahren, aus: best = beste u. practice = Praxis, Verfahren]: *(bes. in Wirtschaft u. Politik) bestmögliche [bereits erprobte] Methode, Maßnahme o. Ä. zur Durchführung, Umsetzung von etw.*

be|stra|fen ⟨sw. V.; hat⟩ [mhd. beströfen = tadeln, zurechtweisen]: **a)** *jmdm. eine Strafe auferlegen:* jmdn. hart, streng, exemplarisch b.; für diese Tat wurde er mit 2 Jahren Freiheitsentzug bestraft; Ü dafür ist er vom Leben genug bestraft worden; **b)** *(eine Tat, ein Verbrechen) mit Strafe belegen, ahnden:* den Ungehorsam b.; das kann mit Gefängnis bestraft werden; diese Frechheit muss bestraft werden.

Be|stra|fung, die; -, -en: *das Bestrafen; das Bestraftwerden:* die B. des Diebes war sein Ziel; jmdm. eine strenge B. androhen; jmdn. zur B. auspeitschen, ins Gefängnis werfen.

be|strah|len ⟨sw. V.; hat⟩: **a)** *(mit Strahlen) hell erleuchten:* die Sonne bestrahlt die Berge; die Bühne wird von Scheinwerfern hell bestrahlt *(angestrahlt);* **b)** (Med.) *mit Strahlen behandeln:* eine Geschwulst mit Radium b.; eine Entzündung [mit Ultrakurzwellen] b.; er, das kranke Knie wird bestrahlt.

Be|strah|lung, die; -, -en: **1.** *das Bestrahlen; das Bestrahltwerden:* die B. von Lebensmitteln; durch die B. [mit Ultrakurzwellen] soll die Entzündung zum Abklingen gebracht werden. **2.** (Med.) *Strahlenbehandlung:* zur B. gehen; -en verordnet bekommen.

Be|strah|lungs|lam|pe, die: *spezielle Lampe für Bestrahlungen* (2).

be|stre|ben, sich ⟨sw. V.; hat⟩: *[entsprechend seinem Wesen od. seinen Wünschen] sich bemühen, anstrengen, etw. zu tun:* ⟨meist im 2. Part. + sein:⟩ er ist bestrebt, seine Kundinnen zufriedenzustellen.

Be|stre|ben, das; -s: *das Bemühen; das Streben; das Trachten:* das B., frei zu sein; das ist nicht mein B.; im B. zu helfen.

Be|stre|bung, die; -, -en ⟨meist Pl.⟩: *Bemühung, Anstrengung:* revolutionäre -en; es gibt -en, es sind -en im Gange, das Gesetz zu ändern.

be|strei|chen ⟨st. V.; hat⟩ [mhd. bestrīchen, ahd. bistrīchan]: **1.** *streichend mit einer Auflage, einer Schicht bedecken:* ein Brot mit Marmelade, die Wunde mit Salbe, den Zaun mit Mennige b. **2.** *(mit einem Strahl o. Ä.) erreichen:* die Scheinwerfer bestrichen das Lager.

be|strei|fen ⟨sw. V.; hat⟩: **1.** (bes. Amtsspr.) *von einer Polizeistreife überwachen.* ♦ **2.** *streifen* (1): Die untergehende Sonne bestreifte noch eben diese Höhe (Keller, Das Sinngedicht 35).

be|strei|ken ⟨sw. V.; hat⟩: *(ein Unternehmen) mit den Mitteln des Streiks bekämpfen, durch Streik stillzulegen versuchen:* einen Betrieb, eine Fabrik b.; die Druckerei wird bestreikt.

Be|strei|kung, die; -, -en: *das Bestreiken, das Bestreiktwerden.*

be|strei|ten ⟨st. V.; hat⟩ [mhd. bestrīten = bekämpfen]: **1. a)** *(eine Feststellung, einen Sachverhalt) ableugnen, für nicht zutreffend erklären:* eine Behauptung entschieden, energisch b.; das hat noch nie jemand bestritten; es lässt sich nicht b., dass ...; er bestritt, gestohlen zu haben. **b)** *streitig machen:* jmdm. das Recht auf Freiheit b.; sich [gegenseitig]/einander einen Titel b.; ♦ **c)** *heftig (mit jmdm.) diskutieren, streiten* (2): Albert hatte ihn oft bestritten (Goethe, Werther II, Der Herausgeber an den Leser);

Bestreit mich, wenn ich unrecht habe (Schiller, Iphigenie V, 3); ♦ d) *bekämpfen, angehen* (6): Denn wie zu Hause, so dort, bestritt er Willkür und Ränke (Goethe, Hermann u. Dorothea 6, 190). **2. a)** *bezahlen, finanzieren:* sein Studium selbst b.; **b)** *(eine Veranstaltung o. Ä.) als aktiv Beteiligter [mit] gestalten, durchführen:* das Programm [allein] b.
Be|strei|tung, die; -, -en: *das Bestreiten.*
best|re|nom|miert ⟨Adj.⟩ (bildungsspr.): *ein hervorragendes Renommee habend:* -e Hotels.
be|streu|en ⟨sw. V.; hat⟩ [mhd. beströuwen]: *streuend mit etw. versehen:* den Kuchen mit Zucker b.; mit Asche bestreute Wege.
be|stri|cken ⟨sw. V.; hat⟩ **1.** [urspr. = mit Stricken od. in einem Netz fangen (Jägerspr.)] *bezaubern, betören u. dadurch für sich einnehmen:* durch sein Wesen b.; sie hat eine bestrickende Art. **2.** [zu ↑stricken] (ugs.) *mit selbst hergestellten Stricksachen versorgen:* sie hat ihre ganze Familie bestrickt.
be|strumpft ⟨Adj.⟩: *mit einem Strumpf, mit Strümpfen bekleidet:* ein lila -es Bein.
Best|sel|ler, der [engl. best seller, aus: best = best... u. seller, ↑Seller]: *Ware (vor allem Buch), die überdurchschnittlich gut verkauft wird:* einen B. schreiben; der Roman wurde ein B.
Best|sel|ler|au|tor, der: *Autor von Bestsellern.*
Best|sel|ler|au|to|rin, die: w. Form zu ↑Bestsellerautor.
Best|sel|ler|lis|te, die: *Liste mit den aktuellen Bestsellern.*
best|si|tu|iert ⟨Adj.⟩ (bes. österr.): *bestens situiert* (2): eine -e Arztfamilie.
be|stü|cken ⟨sw. V.; hat⟩ [urspr. = mit Geschützen versehen, zu veraltet Stück = Kanone]: *mit etw. Bestimmtem versehen; ausstatten, ausrüsten:* den Teller mit Gebäck b.; Lkws werden mit einem Fahrtschreiber bestückt; eine bestens bestückte Fleisch- und Wursttheke.
Be|stü|ckung, die; -, -en: **a)** *das Bestücken;* **b)** *Ausstattung, Ausrüstung:* diese Kamera hat die beste technische B.
be|stuh|len ⟨sw. V.; hat⟩: *mit Stühlen ausstatten:* einen Saal b.
Be|stuh|lung, die; -, -en: **a)** *das Bestuhlen:* eine B. vornehmen; **b)** *Gesamtheit der Stühle in einem Raum:* die ganze B. des Theaters ist erneuert worden.
be|stür|men ⟨sw. V.; hat⟩: **1.** *im Sturm angreifen:* eine Stadt, Festung b.; das gegnerische Tor b. **2.** *heftig bedrängen:* jmdn. mit Fragen, Bitten b.; die Fans bestürmten ihn um ein Autogramm; Ü von Zweifeln bestürmt werden.
be|stür|zen ⟨sw. V.; hat⟩ [mhd. bestürzen, ahd. bisturzen, eigtl. = umstürzen]: *(von Vorgängen, Geschehnissen u. den Nachrichten darüber) aus der Fassung bringen, erschrecken, tief treffen, erschüttern:* das Ereignis, seine Krankheit hat uns alle bestürzt; bestürzende Nachrichten; ein bestürztes Gesicht machen; er ist/zeigt sich bestürzt über diese Tat; Was in dem Telegramm steht, das sie am andern Tag so bestürzt, bleibt ihr Geheimnis (Frisch, Montauk 146).
Be|stürzt|heit, die; -: *das Bestürztsein.*
Be|stür|zung, die; -: *Erschütterung:* die B. war überall groß; der Mann hat B. feststellen, aufnehmen.
be|stusst ⟨Adj.⟩ [zu ↑Stuss] (salopp): *nicht recht bei Verstand, verrückt:* so ein -er Kerl!
Best|wert, der: *hervorragender Wert:* die Anlage hatte im Test -e geliefert.
Best|zeit, die (Sport): *beste erzielte Zeit:* persönliche B. laufen.
Best|zu|stand, der: *tadelloser Erhaltungszustand (bes. bei gebrauchten Kraftfahrzeugen).*
Be|such, der; -[e]s, -e [rückgeb. aus älterem Besuchung < mhd. besuochunge]: **1. a)** *das Besuchen* (a): ein eintägiger, längerer B.; das war

unser erster B. bei ihr seit drei Jahren; jmdm. einen B. abstatten; [bei jmdm.] einen B. machen; einen B. erwidern; jmdn. mit seinem B. beehren; Ich empfehle Ruhe, keine -e, wenig Gespräche (Th. Mann, Krull 51); **b)** *das Besuchen* (b): der B. der Ärztin dauerte nur fünf Minuten; ich muss noch einen kurzen B. bei einem Kunden machen; **c)** *das Besuchen* (c): beim B. des Museums; Ü der B. einer Homepage; **d)** *das Besuchen* (d); *Teilnahme:* der B. der Vorlesungen, des Gottesdienstes; diese Konzerte erfreuen sich immer eines regen -s *(sind immer gut besucht);* **e)** *das Besuchen* (e): der B. der Schule ist Pflicht. **2.** ⟨o. Pl.⟩ *Gast, Gäste:* hoher, ausländischer B.; unser B. ist wieder abgereist; B. einladen, erwarten, bekommen, empfangen.
be|su|chen ⟨sw. V.; hat⟩ [mhd. besuochen, eigtl. = auf-, nachsuchen, ahd. bisuohhen = untersuchen; versuchen): **a)** *jmdn., den man gerne sehen möchte, mit dem man freundschaftlich zusammen sein möchte, aufsuchen u. sich für eine bestimmte Zeit dort aufhalten:* jmdn. in seinem Wochenendhaus, im Krankenhaus, im Gefängnis b.; Verwandte, Freunde b.; wann besucht ihr uns mal wieder?; ich wollte dich am Wochenende b. **b)** *jmdn. aus beruflichen Gründen [in seiner Wohnung] aufsuchen:* die Ärztin besucht ihre Patientinnen u. Patienten; ein Versicherungsvertreter hat uns besucht; **c)** *zu einem bestimmten Zweck aufsuchen:* ein Land, eine Stadt, den Zoo b.; das Restaurant war gut besucht; Ü besuchen Sie auch unsere Homepage [im Internet]; Christian Buddenbrook pflegte eines Abends mit einem guten Freunde das Stadttheater b. (Th. Mann, Buddenbrooks 56); **d)** *an etw. als Zuschauer[in], Zuhörer[in] teilnehmen:* Vorlesungen, ein Konzert, eine Aufführung b.; sie besucht Abendkurse; der Gottesdienst war schlecht besucht *(nur wenige Menschen nahmen daran teil);* **e)** *(an einer Schule, Universität od. sonstigen Bildungseinrichtung) eine Ausbildung absolvieren:* die Schule, das Gymnasium, die Universität b.; sie hat die Kunstakademie in Hamburg besucht.
Be|su|cher, der; -s, - [älter = Aufseher, Untersucher]: **a)** *jmd., der jmdn. aufsucht, bei jmdm. einen Besuch macht:* ein nächtlicher, unheimlicher B.; **b)** *jmd., der etwas zu einem bestimmten Zweck aufsucht; Teilnehmer:* etwa 1 000 B. waren zu der Ausstellung gekommen; Ü die B. unserer Homepage.
Be|su|cher|an|drang, der: *Andrang von Besuchern:* die Ausstellung erlebte einen B.
Be|su|cher|fre|quenz, die: *Anzahl der Besucherinnen u. Besucher von öffentlichen Veranstaltungen:* das Museum hat keine sehr hohe B.
Be|su|che|rin, die; -, -nen: w. Form zu ↑Besucher.
Be|su|cher|mag|net, der: *Sehenswürdigkeit, Ausstellung o. Ä., die viele Besucher anzieht.*
Be|su|cher|re|kord, der: *Rekord* (2) *in Bezug auf die Besucherzahl:* es wurde ein neuer B. erreicht.
Be|su|cher|ring, der: *Organisation zum regelmäßigen [verbilligten] Besuch von Theater- od. Konzertveranstaltungen.*
Be|su|cher|rit|ze, die (ugs. scherzh.): *Besuchsritze.*
Be|su|cher|schar, die: *Schar von Besuchern:* eine bunte B. verfolgte die Bundestagsdebatte auf der Tribüne.
Be|su|cher|strom, der: *starker Andrang von Besucherinnen u. Besuchern.*
Be|su|cher|zahl, die: *Anzahl der Besucherinnen u. Besucher:* die B. ist ständig gestiegen.
Be|su|cher|zen|t|rum, das: *zu einer Sehenswürdigkeit o. Ä. gehörende zentrale Einrichtung, in der Besuchern bestimmte Informationen vermittelt werden.*

Be|suchs|er|laub|nis, die: *[amtliche] Genehmigung zum Besuch einer Person od. eines Ortes:* die Frau des Inhaftierten hat bisher keine B. bekommen.
Be|suchs|kar|te, die: *Visitenkarte.*
Be|suchs|raum, der: *Besuchszimmer.*
Be|suchs|rit|ze, die (ugs. scherzh.): *Platz im Bereich des Spalts zwischen zwei Ehebetten (wo notfalls eine dritte Person schlafen kann):* du kannst bei uns auf der B. schlafen.
Be|suchs|tag, der: *Tag, an dem Besuche stattfinden.*
Be|suchs|zeit, die: *festgesetzte Zeit, in der Besuche gemacht, bes. Kranke in Krankenhäusern od. Gefangene besucht werden dürfen.*
Be|suchs|zim|mer, das: *Raum in Gemeinschaftsunterkünften, Gefängnissen o. Ä., in dem Besuch empfangen werden kann.*
be|su|deln ⟨sw. V.; hat⟩ (meist abwertend): *über u. über beschmutzen:* er hat sich, den Fußboden mit Farbe besudelt; seine Kleider waren nach dem Unfall mit Blut besudelt; Ü jmds. Andenken, Ehre b.; er hat sich mit Blut besudelt *(einen Mord begangen).*
Be|su|de|lung, Be|sud|lung, die; -, -en: *das Besudeln; das Besudeltwerden.*
Be|ta, das; -[s], -s [griech. bēta < hebr. bêt, aus dem Phöniz.]: *zweiter Buchstabe des griechischen Alphabets* (Β, β).
Be|ta|blo|cker, der; -s, -: Kurzf. von ↑Betarezeptorenblocker.
♦ **be|ta|gen** ⟨sw. V.; hat⟩ [mhd. betagen]: *taghell erleuchten, bescheinen:* ...wollte Gott euch mehr b., glänztet ihr wie ich so helle (Goethe, Diwan [Sommernacht]).
be|tagt ⟨Adj.⟩ [mhd. betaget, zu: sich betagen = alt werden, zu ↑tagen] (geh.): *(von Menschen) schon ziemlich alt:* -e Eltern; dieser Schauspieler ist schon recht b.; Ü die Fahrt mit dem -en Automobil war aufregend.
Be|tag|te, die/eine Betagte; der/einer Betagten, die Betagten/zwei Betagte (bes. schweiz.): *weibliche betagte Person.*
Be|tag|ter, der Betagte/ein Betagter; des/eines Betagten, die Betagten/zwei Betagte (bes. schweiz.): *jmd., der betagt ist.*
Be|tagt|heit, die; -: *das Betagtsein.*
be|ta|keln ⟨sw. V.; hat⟩: **1.** (Seemannsspr.) *mit Takelwerk versehen:* wie ist dieser Bootstyp betakelt? **2.** [H. u.] (österr. ugs.) *betrügen, beschwindeln.*
Be|ta|ke|lung, (seltener:) **Be|tak|lung,** die; -, -en: **1.** *das Betakeln* (1). **2.** *Takelage.*
be|tan|ken ⟨sw. V.; hat⟩: *den Tank (in einer Maschine, einem Fahrzeug) nachfüllen:* ein Flugzeug [in der Luft], ein Schiff b.; ⟨subst.:⟩ beim Betanken des Wagens gab es eine Explosion.
Be|tan|kung, die; -, -en: *das Betanken.*
Be|ta|re|zep|tor, der [aus ↑Beta (zur Kennzeichnung einer Abstufung) und ↑Rezeptor] (Med., Physiol.): *Rezeptor des sympathischen Nervensystems, der die bestimmten Wirkungen bestimmter Substanzen vermittelt (Erweiterung der Blutgefäße, Erschlaffung der Bronchial- und Gebärmuttermuskulatur, Erhöhung von Schlagvolumen und Frequenz des Herzens).*
Be|ta|re|zep|to|ren|blo|cker, der; -s, - [zu engl. to block = hemmen, blockieren] (Chemie, Med.): *chemische Substanz, mit der die Wirkung auf die Betarezeptoren blockiert wird; Arzneimittel zur Behandlung bestimmter Herzkrankheiten, des Bluthochdrucks u. a.*
be|tas|ten ⟨sw. V.; hat⟩: *mit der Absicht, die Beschaffenheit von etw. festzustellen, mit den Fingerspitzen [mehrmals, an verschiedenen Stellen] berühren:* vorsichtig betastete der Arzt ihren Bauch; voller Vorfreude betasten sie den

dicken Briefumschlag; ⟨subst.:⟩ Betasten der Ware verboten.

Be|ta|strah|len, β-Strah|len ⟨Pl.⟩ (Kernphysik): ionisierende Korpuskularstrahlen, die beim Zerfall bestimmter radioaktiver Nuklide entstehen.

Be|ta|strah|ler, β-Strah|ler, der (Kernphysik): radioaktives Isotop, das beim Zerfall Betastrahlen aussendet.

Be|ta|strah|lung, β-Strah|lung, die (Kernphysik): Strahlung (1 b) von Betastrahlen.

Be|ta|teil|chen, β-Teil|chen, das (Kernphysik): Elementarteilchen (Elektron od. Positron), das beim Betazerfall ausgesendet wird.

Be|ta|test, der (EDV): Test der Betaversion eines [Software]produktes.

Be|ta|tes|ter, der: jmd., der ein neues Produkt einer Softwarefirma vor der offiziellen Erscheinen kostenlos nutzen darf, um einen Betatest durchzuführen: sich als kostenloser B. missbraucht fühlen; kompetente Kunden als B. anwerben.

Be|ta|tes|te|rin, w. Form zu ↑ Betatester.

be|tä|ti|gen ⟨sw. V.; hat⟩: **1.** ⟨b. + sich⟩ in bestimmter Weise tätig sein: sich sportlich, künstlerisch, politisch b.; ich betätigte mich als Vermittlerin. **2.** bedienen (2): einen Hebel, den Schalter, die Bremse, den Auslöser b.

Be|tä|ti|gung, die; -, -en: **1.** das Tätigsein; Tätigkeit: wissenschaftliche, sportliche, politische B.; verschiedene menschliche -en. **2.** ⟨o. Pl.⟩ das Bedienen; das Ingangsetzen: automatische B. der Alarmglocke.

Be|tä|ti|gungs|drang, der: Drang, sich zu betätigen.

Be|tä|ti|gungs|feld, das: Bereich, in dem jmd. sich betätigen kann.

Be|ta|tron, das; -s, ...one, auch: -s [Kurzwort aus: **Beta**strahlen u. Elek**tron**] (Physik, Technik): Gerät zur Beschleunigung von Elektronen.

be|tat|schen ⟨sw. V.; hat⟩ (ugs.): in plumper Art und Weise mit der Hand berühren, befühlen, anfassen: jmdn., etw. b.; er betatschte alles mit seinen Händen; die Kinder betatschten den Spiegel.

be|täu|ben ⟨sw. V.; hat⟩ [mhd. betouben, eigtl. = taub machen, zu ↑ taub]: **1. a)** schmerzunempfindlich machen: einen Nerv örtlich b.; sich wie betäubt fühlen; seine Schmerzen durch, mit Tabletten b. (unterdrücken, zeitweise beseitigen); Ü seinen Kummer durch/mit Alkohol b.; sie versuchte sich durch Arbeit zu b. (abzulenken); **b)** jmdn. in einen schlafähnlichen Zustand versetzen, vorübergehend bewusstlos machen: jmdn. vor der Operation [durch eine, mit einer Narkose] b.; jmdn. mit Äther b.; betäubt sein. **2.** jmdn. leicht benommen machen: der Lärm betäubte ihn; betäubender (überlauter, unerträglicher) Lärm; Ü ein betäubender Duft.

Be|täu|bung, die; -, -en: **1.** das Betäuben: eine örtliche B. vornehmen; der Eingriff findet in/ mit örtlicher B. statt. **2.** Zustand der Benommenheit: eine leichte, schwere B.

Be|täu|bungs|mit|tel, das: Mittel, das für Betäubungen (1) geeignet ist.

Be|täu|bungs|mit|tel|ge|setz, das: deutsches Bundesgesetz, das den Umgang mit nicht legalen Drogen regelt: ein Verstoß gegen das B.

Be|ta|ver|si|on, die [engl. beta version, aus: beta (↑ Beta), dem 2. Buchstaben des griech. Alphabets (die vorangehende Alphaversion [↑ Alpha] ist die erste lauffähige Version eines Computerprogramms) u. version = Version (3)] (EDV): neues bzw. überarbeitetes Software- od. Hardwareprodukt im zweiten Entwicklungsstadium.

Be|ta|zer|fall, der (Kernphysik): Zerfall (2), bei dem Betastrahlen emittiert werden.

Bet|bank, die ⟨Pl. ...bänke⟩ (kath. Kirche): kleinere Bank zum Knien beim Gebet; Betstuhl.

Bet|bru|der, der (abwertend): jmd., der bei jeder Gelegenheit in die Kirche geht; Frömmler.

Be|te, **Beete**, die; -, -n [aus dem Niederd. < lat. beta]: in der Fügung **Rote B.** (bes. nordd.: 1. rote Rübe; eine kleine Rote B. 2. [als Gemüse zubereitete, eingelegte] rote Rüben: ein Kilo, ein Glas Rote B.).

Be|tei|geu|ze, der; -s: Stern im Sternbild Orion.

be|tei|len ⟨sw. V.; hat⟩ (österr.): (durch Austeilen, Zuteilen, Spenden) mit etw. versehen, versorgen: Flüchtlinge mit Lebensmitteln, Kinder mit Spielzeug b.

be|tei|li|gen ⟨sw. V.; hat⟩ [für älter beteilen = Anteil geben]: **a)** ⟨b. + sich⟩ Teilnehmer[in] sein, teilnehmen, mitwirken: sich an einem Spiel, Preisausschreiben b.; sich rege, lebhaft an der Diskussion b.; die Firma beteiligt sich mit einer Million Euro an diesem Auftrag; er ist an dem Unternehmen beteiligt (ist Teilhaber des Unternehmens); sie war maßgeblich an dem Erfolg beteiligt; innerlich an/(schweiz.:) in etw. beteiligt sein; die an der Forschung beteiligten Mitarbeiterinnen und Mitarbeiter einigten sich auf eine Verfahrensweise; **b)** teilhaben lassen; jmdm. einen finanziellen Anteil an etw. geben: jmdn. am Gewinn, am Umsatz b.; sie ist an der Erbschaft [mit] beteiligt.

Be|tei|lig|te, die/eine Beteiligte; der/einer Beteiligten, die Beteiligten/zwei Beteiligte: weibliche Person, die an etw. beteiligt ist; Mitwirkende; Betroffene.

Be|tei|lig|ter, der Beteiligte/ein Beteiligter; des/ eines Beteiligten, die Beteiligten/zwei Beteiligte: jmd., der an etw. beteiligt ist; Mitwirkender; Betroffener: eine für alle Beteiligten befriedigende Lösung.

Be|tei|li|gung, die; -, -en: **1.** das Teilnehmen; das Sichbeteiligen; Mitwirkung: die B. [an der Versammlung] war schwach, gering; die Veranstaltung fand unter großer B. der Bevölkerung statt; eine B. (einen Anteil) an dem Unternehmen erwerben. **2.** das Beteiligtwerden: jmdm. die B. am Gewinn, Umsatz zusichern.

Be|tei|li|gungs|fi|nan|zie|rung, die (Wirtsch.): Beschaffung von Eigenkapital mithilfe von Kapitaleinlagen bereits beteiligter od. neu hinzukommender Gesellschafter.

Be|tei|li|gungs|ge|sell|schaft, die (Wirtsch.): Holdinggesellschaft.

Be|tei|lung, die; -, -en (österr.): das Beteilen.

Be|tel, der; -s [port. bétele < Malajalam vettila = einfaches, bloßes Blatt]: aus der Betelnuss gewonnenes, in Südostasien hergestelltes Genussmittel, das gekaut wird.

Be|tel|nuss, die: Frucht einer in Südostasien vorkommenden Palme; Arekanuss.

Be|tel|nuss|pal|me, die: in Südostasien angepflanzte Palme mit hohem, dünnem Stamm u. Früchten von der Größe eines Hühnereis.

Be|tel|pfef|fer, der: Kurzf. von ↑ Betelnusspalme.

be|ten ⟨sw. V.; hat⟩ [mhd. beten, ahd. betōn, zu: beta, ↑ Bitte]: **a)** sich im Gebet zu Gott hinwenden: laut, andächtig [zu Gott] b.; **b)** ein bestimmtes Gebet sprechen: ein Vaterunser, den Rosenkranz, das muslimische Morgengebet b.; **c)** Gott um Hilfe bitten, anflehen: sie betete für ihr krankes Kind, für den Frieden.

Be|ter, der; -s, - [mhd. betære, ahd. betāri]: jmd., der betet.

Be|te|rin, die; -, -nen: w. Form zu ↑ Beter.

be|teu|ern ⟨sw. V.; hat⟩ [eigtl. = wertvoll machen, zu ↑ teuer]; mhd. betiuren = zu kostbar scheinen; schätzen]: eindringlich, nachdrücklich, inständig versichern, erklären: seine Unschuld b.; sie beteuerte unter Tränen, dass sie mit der Sache nichts zu tun habe; er beteuerte ihr seine Liebe; Sie beteuerte ihre Entschlossenheit, ihr eigenes Kind keinesfalls mit solcher Unbarmherzigkeit zu behandeln (Brecht, Mensch 103).

Be|teu|e|rung, die; -, -en: **1.** das Beteuern: die B. seiner Unschuld half ihm nichts. **2.** eindringliche Versicherung: ihre -en waren unglaublich.

Be|teu|e|rungs|for|mel, die: [der Eidesformel angeschlossene] formelhafte religiöse Beteuerung.

be|tex|ten ⟨sw. V.; hat⟩: mit einem Text versehen: Bilder, ein Lied b.

Be|tex|tung, die; -, -en: **a)** das Betexten; **b)** Inhalt der Betextung (a).

Bet|glo|cke, die: [Kirchen]glocke, die zum Gebet ruft.

Bet|haus, das: israelitischer Tempel [im Alten Testament]; Synagoge.

◆ **Be|the**, die; -, -n [von Goethe gebr. Schreibung für: Bete, mhd. bete, eigtl. = Gebet, Befehl, Bitte] (Rechtsspr.): regelmäßige Abgabe (2): Dann Steuer, Zins und Beth', Lehn und Geleit und Zoll ... euch angehören soll (Goethe, Faust II, 10947 f.)

Beth|le|hem, (ökum.:) Betlehem: Stadt im Westjordanland.

Beth|männ|chen, das [wohl nach der Frankfurter Bankiersfamilie Bethmann benannt, bei deren Nachmittagstees das Konfekt häufiger gereicht worden sein soll]: (urspr. aus Frankfurt stammendes) Marzipankonfekt in Form einer kleinen Pyramide, die mit drei Mandelhälften belegt ist.

be|ti|teln [auch: bəˈtɪtl̩n] ⟨sw. V.; hat⟩: **a)** mit einem Titel versehen: ein Buch b.; wie ist der Aufsatz betitelt?; **b)** mit einem Titel anreden: jmdn. [mit] Frau Professor, Geheimer Rat b.; **c)** (ugs.) nennen, beschimpfen: er betitelte ihn [mit] Lump.

Be|ti|te|lung, (seltener:) **Be|tit|lung**, die; -, -en: **a)** das Betiteln; **b)** Titel.

Bet|le|hem: ↑ Bethlehem.

Be|ton [beˈtɔŋ, beˈtõː, auch, bes. südd., österr.: beˈtoːn], der; -s, ⟨Arten:⟩ -s, bes. südd., österr. -one [beˈtoːnə] [frz. béton < lat. bitumen, ↑ Bitumen]: als Baustoff verwendete Mischung aus Zement, Wasser u. Sand, Kies o. Ä., die im trockenen Zustand sehr hart u. fest ist: fetter B. (Beton mit viel Zement); armierter B. (Beton mit Stahleinlagen, Eisenbeton); B. gießen, mischen; Pfeiler aus B.

Be|ton|bau, der ⟨Pl. -ten⟩: **1.** ⟨o. Pl.⟩ das Bauen mit Beton. **2.** Bau[werk] aus Beton.

Be|ton|bau|er, der; -s, - (Bauw.): Facharbeiter auf dem Gebiet des Betonbaus (1).

Be|ton|bau|e|rin, die; w. Form zu ↑ Betonbauer.

Be|ton|block, der: **1.** ⟨Pl. ...blöcke⟩ Block (1) aus Beton. **2.** ⟨Pl. ...blöcke u. -s⟩ Block (3) aus Beton.

Be|ton|bun|ker, der: **1.** Bunker aus Beton. **2.** (ugs. abwertend) [hässliches] Gebäude (bes. Hochhaus) aus Beton.

Be|ton|burg, die (abwertend): [hässlicher] für eine große Zahl von Menschen bestimmter Betonbau (2) (bes. für Wohnungen, Büros od. Hotels): auf der Insel gibt es keine -en.

Be|ton|de|cke, die (Bauw.): Decke aus Beton.

be|to|nen ⟨sw. V.; hat⟩: **1.** beim Sprechen od. Singen auf ein Wort, eine Silbe den Akzent setzen, legen: ein Wort richtig, falsch, auf der ersten Silbe b.; eine betonte Silbe; ein [schwach] betonter Taktteil. **2.** hervorheben, besonders hinweisen, herausstreichen, nachdrücklich geltend machen: seinen Standpunkt, seine großen Erfahrungen b.; ich möchte das noch einmal besonders b.; es kann nicht genug betont werden, dass ...; diese Schule betont die musische Erziehung (legt Gewicht darauf); Ü dieses Kostüm betont besonders die Hüften (lässt sie sichtbar hervortreten).

Be|ton|frak|ti|on, die (Politikjargon): *Fraktion* (1 b) *bes. innerhalb einer Partei, eines Kabinetts* (2 a), *die [in uneinsichtiger Weise] einen harten politischen Kurs vertritt.*
be|to|nie|ren ⟨sw. V.; hat⟩ [frz. bétonner]: **1.** *mit Beton [aus]bauen, mit einem Belag aus Beton versehen:* den Keller b.; eine betonierte Straße. **2.** *(eine Sache, einen Zustand, eine Haltung od. dgl.) starr, unverrückbar festlegen:* gegensätzliche Standpunkte, den Status quo b.
Be|to|nie|rung, die; -, -en: **a)** *das Betonieren;* **b)** *Schicht, Belag o. Ä. aus Beton.*
Be|ton|klotz, der: **1.** *Klotz aus Beton.* **2.** (ugs. abwertend) *[hässlicher] Bau aus Beton:* das Hotel war ein B.
Be|ton|kopf, der (ugs.): *völlig uneinsichtiger, auf seinen [politischen] Ansichten beharrender Mensch:* die Betonköpfe in der Regierung konnten sich durchsetzen.
Be|ton|mi|scher, der: *Mischmaschine.*
Be|ton|misch|ma|schi|ne, die: *Mischmaschine.*
Be|ton|pis|te, die (Sport): *betonierte Strecke für Wettbewerbe im Motor- u. Flugsport.*
Be|ton|stein, der: *vorgefertigter Baustein aus Beton.*
be|tont ⟨Adj.⟩ [zu ↑betonen]: *ausdrücklich, bewusst zur Schau getragen:* eine -e Nichtachtung, Gleichgültigkeit, Einfachheit; sich b. einfach kleiden.

-be|tont: drückt in Bildungen mit Substantiven aus, dass etw. besonders herausgestrichen wird: körper-, leistungs-, rhythmusbetont.

Be|ton|trä|ger, der: *Träger* (2) *aus Beton.*
Be|to|nung, die; -, -en: **1.** *das Betonen* (1): die B. der ersten Silbe eines Wortes; ein Gedicht mit richtiger B. vortragen; Er rief den Namen, durch seine seltsame B. leicht verändert, ... (Seghers, Transit 56). **2.** *das Betonen* (2), *nachdrückliche Hervorhebung:* die B. des eigenen Standpunktes, der eigenen Persönlichkeit.
Be|to|nungs|zei|chen, das: *Zeichen, das die Betonung einer Silbe anzeigt.*
Be|ton|werk, das: *Werk, das Erzeugnisse aus Beton[steinen] herstellt.*
Be|ton|wüs|te, die (emotional): *größere, dicht mit Betonbauten, bes. Hochhäusern, bebaute u. wenig od. keine Grünflächen aufweisende Fläche.*
be|tö|ren ⟨sw. V.; hat⟩ [mhd. betœren = betrügen, eigtl. = zum Toren (↑²Tor) machen] (geh.): **a)** *hinreißen, berücken, in sich verliebt machen:* sie, ihr Blick betörte ihn, sein Herz; ein betörender Blick, Duft; sie ist -d schön; **b)** *jmdn. der nüchternen Überlegung berauben, zu etw. verführen:* die verführerischen Auslagen betören die Käufer.
Be|tö|rung, die; -, -en: **1.** *das Betören.* **2.** *betörendes Verhalten.*
Bet|pult, das; -[e]s, -e (kath. Kirche): *Betstuhl.*
betr. = betreffend; betreffs.
Betr. = Betreff.
Be|tracht [aus der Kanzleispr. des 18. Jh.s, zu ↑trachten]: in den Verbindungen **jmdn., etw. in B. ziehen** (*jmdn., etw. berücksichtigen, in Erwägung ziehen:* es widerstrebte ihm, diese Möglichkeit auch nur in B. zu ziehen); **jmdn., etw. außer B. lassen** (*jmdn., etw. unbeachtet, unberücksichtigt lassen, von jmdm., etw. absehen:* diese Aussage konnten sie nicht außer B. lassen); **[nicht] in B. kommen** (*[nicht] berücksichtigt werden:* eine solche Lösung kommt nicht in B.; er kommt für den Posten, als Kandidat nicht in B.); **außer B. bleiben** (*unberücksichtigt bleiben*).
be|trach|ten ⟨sw. V.; hat⟩ [mhd. betrahten, ahd. bitrahtōn = bedenken, erwägen; streben, zu ↑trachten]: **1.** *[längere Zeit] prüfend ansehen:* jmdn., etw. neugierig, ungeniert, aus nächster Nähe, von oben bis unten, mit Aufmerksamkeit b.; ein Bild, ein Bauwerk eingehend b.; seinen Bauch, sich im Spiegel b.; ich habe mir die Gegend betrachtet; bei Licht betrachtet *(bei genauem Hinsehen)* ist die Sache etwas anders; Ü im Weißen Haus betrachtet man die neuen Machthaber kritisch. **2.** *für etw. halten:* jmdn. als Verbündeten, als erbteilt b.; er betrachtet sich als mein/(auch:) meinen Freund. **3. a)** *in einer bestimmten Weise [zu] beurteilen [suchen]:* etw. einseitig, objektiv, von zwei Seiten, unter einem andern Aspekt b.; so betrachtet, ist die Angelegenheit anders zu beurteilen; **b)** *zum Gegenstand einer genauen Untersuchung, Beurteilung machen:* wir betrachten die Entwicklung von der Romanik zur Gotik.
Be|trach|ter, der; -s, -: *jmd., der etw. betrachtet:* der aufmerksame, unbefangene B. [eines Gemäldes]; dem objektiven B. stellt sich die Situation anders dar.
Be|trach|te|rin, die; -, -nen: w. Form zu ↑Betrachter.
be|trächt|lich ⟨Adj.⟩ [im 15. Jh. = mit Überlegung, dann: Beachtung verdienend]: *beachtlich [groß], ansehnlich, erheblich:* eine -e Summe; es war ein Unglück von -em Ausmaß; der Schaden ist b.; er hat die Miete b. erhöht; ⟨subst.:⟩ um ein Beträchtliches schneller sein.
Be|trach|tung, die; -, -en: **1.** ⟨o. Pl.⟩ *das Betrachten* (1); *das Anschauen:* in die B. eines Bildes versunken sein. **2.** *Überlegung; Untersuchung:* politische, wissenschaftliche -en; -en über etw. anstellen; bei genauerer B. sieht die Sache anders aus; sich in -en verlieren; Der Gedanke erscheint bei flüchtiger B. genial (Thieß, Reich 236).
Be|trach|tungs|wei|se, die: *Art u. Weise, wie man etw. betrachtet* (3).
Be|trach|tungs|win|kel, der: *bestimmter Winkel, unter dem man etw. betrachtet* (3).
Be|trag, der; -[e]s, Beträge [rückgeb. aus ↑betragen (1)]: *bestimmte Geldsumme:* größere Beträge werden überwiesen; einen Scheck über einen B. von 1 000 Euro ausschreiben.
be|tra|gen ⟨st. V.⟩ [mhd. betragen = (er)tragen; bringen, zu ↑tragen]: **1.** *eine bestimmte Summe, Höhe, ein bestimmtes Maß erreichen, sich belaufen auf; ausmachen:* die Kosten dafür betragen nur den zehnten Teil der Summe; die Rechnung, der Schaden beträgt 1000 Euro; die Entfernung beträgt 20 Kilometer. **2.** ⟨b. + sich⟩ *sich benehmen, sich verhalten:* du hast dich schlecht [gegen jmdn.] b.; du hast dich ihr gegenüber ungebührlich betragen; Denn unbarmherziger, als sie sich gegen Ketzer betrugen, konnte man schwer sein (Thieß, Reich 198).
Be|tra|gen, das; -s: *Benehmen; Verhalten:* ein anständiges, ungehöriges B.
be|tram|peln ⟨sw. V.; hat⟩ (ugs.): *trampelnd betreten, begehen.*
be|trau|en ⟨sw. V.; hat⟩ [älter = anvertrauen]: *jmdm. eine bestimmte Funktion, eine bestimmte Aufgabe anvertrauen, übertragen; beauftragen:* jmdn. mit einem Amt, mit der Leitung des Unternehmens, mit [der Lösung] einer Aufgabe b.; man hat ihn damit betraut, den Verband neu zu organisieren.
be|trau|ern ⟨sw. V.; hat⟩ [mhd. betrūren] *um jmdn., etw. trauern:* einen Toten b.; jmds. Tod, Schicksal tief b.; ... ich hätte den Tod Winnetous nicht überlebt, wenn ich ihn nicht in aller Ruhe hätte b. können (Winkler, Kärnten 380).
be|träu|feln ⟨sw. V.; hat⟩: *mit einigen Tropfen einer Flüssigkeit befeuchten:* das Schnitzel mit Zitronensaft b.
Be|trau|ung, die; -, -en: *das Betrauen; das Betrautwerden.*
Be|treff, der; -[e]s, -e (bes. Amtsspr.; Kaufmannsspr.): **1. a)** *Angelegenheit, um die es geht:* * **in diesem, dem B.** *(in dieser Hinsicht);* **b)** *Thema eines [Geschäfts]briefes, einer E-Mail; Betreffzeile* (Abk.: betr.): B. steht vor der Anrede; wie lautet der B.? **2.** in der Verbindung **in B.** (*betreffs:* in B. dieser Angelegenheit, dieses Gesetzes).
be|tref|fen ⟨st. V.; hat⟩: **1.** *für jmdn., etw. gelten, von Bedeutung sein, sich auf jmdn. beziehen; angehen:* diese Sache, die Verordnung betrifft jeden; diese Vorwürfe betreffen mich nicht; was mich betrifft, bin ich/ich bin einverstanden; die diesen Fall betreffende Regel; unser Schreiben, den Vertragsbruch betreffend, ist ... **2.** (geh.) *treffen; widerfahren; zustoßen:* ein Unglück, ein Schicksalsschlag hat die Familie betroffen; das Land wurde von einem schweren Erdbeben betroffen; ⟨subst. 2. Part.:⟩ das ist schmerzlich für die davon, von der Entscheidung Betroffenen. **3.** (geh.) *in bestimmter Weise seelisch treffen, bestürzt machen:* diese Äußerung hat ihn schmerzlich, tief betroffen. **4.** (geh. veraltend) *antreffen, ertappen:* jmdn. bei etw., in einer bestimmten Situation b.
¹be|tref|fend ⟨Adj.⟩: *infrage kommend, in Rede stehend* (Abk.: betr.): die -e Sachbearbeiterin; die -e Regel.
²be|tref|fend ⟨Präp. mit Akk.⟩: *in Bezug auf:* unser Schreiben b. den Vertragsabschluss.
Be|tref|fen|de, die; des/einer Betreffenden; der/einer Betreffenden/zwei Betreffende: *weibliche Person, um die es sich handelt.*
Be|tref|fen|der, der; eines Betreffenden; des/eines Betreffenden, die Betreffenden/zwei Betreffende: *Person, um die es sich handelt:* der Betreffende soll sich melden.
Be|treff|nis, das; -ses, -se (schweiz.): *[Geld]anteil, der auf jmdn. entfällt; anteilige Summe:* der Erbe ließ sich sein B. auszahlen.
be|treffs ⟨Präp. mit Gen.⟩ (Amtsspr., Kaufmannsspr.): *bezüglich:* einen Antrag b. eines Zuschusses ablehnen; Ihr Schreiben b. Steuermäßigung.
Be|treff|zei|le, die: *(im [Geschäfts]brief, in einer E-Mail) über der Anrede stehende Textzeile, in der das Thema des Schreibens angegeben wird.*
be|trei|ben ⟨st. V.; hat⟩: **1.** *sich bemühen, darauf hinarbeiten, etw. aus-, durchzuführen; vorantreiben:* einen Prozess, den Umbau b.; den Abschluss einer Arbeit energisch b.; * **auf jmds. Betreiben [hin]** (*auf jmds. Einflussnahme hin:* auf Betreiben der Anwältin wurde er gegen [Zahlung einer] Kaution freigelassen). **2.** *[beruflich] ausüben:* einen schwungvollen Handel, ein Gewerbe b.; den Sport als Beruf b.; Politik b.; Ü Ursachenforschung b. **3.** *führen, unterhalten:* ein Lebensmittelgeschäft, ein Lokal b. **4.** (Technik) *antreiben:* einen Bohrer elektrisch, ein Kraftwerk mit Dampf b.; ein atomar betriebenes Schiff. **5.** (schweiz. Rechtsspr.) *zur Zahlung geschuldeten Geldes veranlassen:* einen Schuldner b.; er wurde für über tausend Franken betrieben.
Be|trei|ber, der: **1.** *jmd., der eine bestimmte [berufliche] Tätigkeit ausübt, betreibt:* der B. mehrerer Geschäfte, eines Handwerks. **2.** *Firma, die technische Anlagen, wirtschaftliche Unternehmungen o. Ä. betreibt:* der B. dieses Kraftwerks.
Be|trei|ber|fir|ma, die: *Betreibergesellschaft.*
Be|trei|ber|ge|sell|schaft, die: *Betreiber* (2).
Be|trei|be|rin, die; -, -nen: w. Form zu ↑Betreiber.
Be|trei|bung, die; -, -en: **1.** *das Betreiben* (1–4). **2.** (schweiz. Rechtsspr.) *die Eintreibung geschuldeten Geldes veranlassen.*

Be|trei|bungs|amt, das (schweiz. Rechtsspr.): *zur Durchführung der Betreibung (2) eingesetzte Behörde.*

be|tresst ⟨Adj.⟩: *mit Tressen versehen, ausgestattet:* eine [reich, silbern, mit Gold] -e Uniform.

¹be|tre|ten ⟨st. V.; hat⟩: **1. a)** *in einen Raum o. Ä. eintreten, hineingehen:* das Zimmer, die Wohnung, das Haus [durch die Hintertür] b.; ich werde dieses Geschäft nie mehr b. *(nie mehr dort einkaufen);* ⟨subst.:⟩ das Betreten der Baustelle [ist] verboten!; **b)** *auf etw., eine Fläche treten, seinen Fuß auf etw. setzen:* den Rasen nicht b.; nach der Seereise endlich wieder festen Boden b.; der Schauspieler betritt die Bühne; Ü mit seinen Forschungen hat er Neuland betreten. **2.** [mhd. betreten, zu ↑ treten] (österr., schweiz., sonst veraltet) *ertappen; ergreifen:* jmdn. bei einer strafbaren Handlung b.; ♦ ...lässt sich der dumme Teufel b., dass er hier etwas zu viel, dort etwas zu wenig gesagt (Goethe, Egmont IV).

²be|tre|ten ⟨Adj.⟩ [eigtl. 2.Part. von ↑¹betreten (2)]: *verlegen, peinlich berührt:* es herrschte -es Schweigen; über etw. sehr b. sein; jmdn. b. ansehen.

Be|tre|ten|heit, die; -: *das ²Betretensein, peinliches Berührtsein:* alle schwiegen vor B.

Be|tre|tung, die; -, -en [zu ↑¹betreten (2)] (österr., schweiz. Amtsspr., sonst veraltet): meist in der Fügung **im Falle der B.** *(beim Ertapptwerden; beim Ergriffenwerden):* Ladendiebe werden im Falle der B. der Polizei übergeben.

be|treu|en ⟨sw. V.; hat⟩ [mhd. betriuwen = schützen]: **a)** *vorübergehend in seiner Obhut haben, in Obhut nehmen; für jmdn., etw. sorgen:* Kinder, alte Leute, Tiere b.; eine Reiseleiterin betreut die Gruppe; die Sportler werden von einem Trainer betreut; betreutes *(ein mit einer Betreuung der betreffenden Person[en] verbundenes)* Wohnen; **b)** *ein Sachgebiet o. Ä. fortlaufend bearbeiten; die Verantwortung für den Ablauf von etw. haben:* eine Abteilung, ein Arbeitsgebiet b.; sie betreut das Projekt zur Sanierung der Altbauten.

Be|treu|er, der; -s, -: *jmd., der jmdn., etw. betreut.*

Be|treu|e|rin, die; -, -nen: w. Form zu ↑ Betreuer.

Be|treu|ung, die; -, -en: **1.** *das Betreuen; das Betreutwerden:* die ärztliche, kulturelle B. der Gäste übernehmen. **2.** *Betreuerin, Betreuer:* B. für einen Kranken gesucht.

Be|treu|ungs|ein|rich|tung, die: *öffentliche od. private Einrichtung für die Betreuung bestimmter Personengruppen (z. B. Kinder, alte Menschen).*

Be|treu|ungs|geld, das: **1.** *Erziehungsgeld.* **2.** *Gebühr, die für die Betreuung von jmdm. zu zahlen ist.*

Be|treu|ungs|platz, der: *Platz (4) in einer Betreuungseinrichtung.*

Be|treu|ungs|stel|le, die: *[staatliche] Stelle, Institution, von der aus jmd., etw. betreut wird.*

Be|trieb, der; -[e]s, -e [zu ↑ betreiben]: **1. a)** *Wirtschaftsgüter produzierende od. Dienstleistungen erbringende wirtschaftliche Einrichtung:* ein privater, kommunaler, staatlicher, volkseigener B.; der B. befindet sich im Gewerbegebiet Ost, in der Siemensstraße, in einem Billiglohnland; ein landwirtschaftlicher, handwerklicher, chemischer, Holz verarbeitender, bäuerlicher B.; die Unternehmen und -e der Metallindustrie; einen B. leiten, stilllegen, rationalisieren, an einen anderen Standort verlegen; er ist gekündigt und darf den B. nicht mehr betreten; in dem B. arbeiten 500 Leute; **b)** *Belegschaft eines Betriebs* (1a): der ganze B. gratulierte. **2.** ⟨o. Pl.⟩ **a)** *das In-Funktion-Sein, Arbeiten:* den B. stören, unterbrechen; auf vollautomatischen B. umstellen; die Fabrik hat den B. aufgenommen, eingestellt; den [ganzen] B. aufhalten (ugs.; *durch seine Langsamkeit, Umständlichkeit o. Ä. den flüssigen Fortgang einer Arbeit behindern);* eine Anlage, ein Kraftwerk dem B. übergeben; in B. nehmen, in B. setzen; etw. außer B. setzen; in, außer B. sein; in B. gehen; **b)** (selten) *das Betreiben* (4): das Holz zum B. der Salinen verwenden. **3.** ⟨o. Pl.⟩ (ugs.) *Geschäftigkeit, lebhaftes Treiben, reger Verkehr o. Ä.:* in dem Lokal war großer B.; auf dem Bahnhof, in den Geschäften herrschte furchtbarer B. ♦ **4.** *Bestreben:* Sie können es gewiss glauben, dass es mein B. gar nicht gewesen ist (Lessing, Die alte Jungfer II, 3).

be|trieb|lich ⟨Adj.⟩: *den Betrieb (1a) betreffend, zu ihm gehörend:* -e Angelegenheiten, Leistungen.

be|trieb|sam ⟨Adj.⟩: *geschäftig:* -e Menschen, Naturen; b. hin und her eilen.

Be|trieb|sam|keit, die; -, -en: **1.** ⟨o. Pl.⟩ *das Betriebsamsein:* hektische, rege B. **2.** *[ziellose] Aktivität* (2).

Be|triebs|an|ge|hö|ri|ge, der (vgl. Angehörige): *Angehörige eines Betriebes (1 a).*

Be|triebs|an|ge|hö|ri|ger ⟨vgl. Angehöriger⟩: *Angehöriger eines Betriebes (1 a).*

Be|triebs|an|lei|tung, die: *Anleitung zum Betrieb (2) einer Maschine, eines Fahrzeugs o. Ä.*

Be|triebs|an|wei|sung, die: *Anweisung zum Betrieb (2) einer Maschine, eines Fahrzeugs o. Ä.*

Be|triebs|arzt, der: *Werksarzt.*

Be|triebs|ärz|tin, die: w. Form zu ↑ Betriebsarzt.

Be|triebs|aus|flug, der: *gemeinsamer Ausflug einer Belegschaft.*

Be|triebs|bahn|hof, der: *Bahnhof, in dem Reisezüge [um]gebildet u. gewartet werden.*

be|triebs|be|dingt ⟨Adj.⟩: *durch Änderungen in einem Betrieb (1 a), bes. durch zurückgehende Umsätze, bedingt:* -e Kündigungen; sie ist b. entlassen worden.

Be|triebs|be|ge|hung, die: *Besichtigung u. Überprüfung eines Betriebs (1 a).*

Be|triebs|be|ra|ter, der: *Unternehmensberater.*

Be|triebs|be|ra|te|rin, die: w. Form zu ↑ Betriebsberater.

be|triebs|be|reit ⟨Adj.⟩: *bereit, in Betrieb (2) genommen zu werden:* -e Anlagen; b. sein.

Be|triebs|be|sich|ti|gung, die: *Besichtigung eines Betriebes:* die traditionsreiche Bäckerei lädt zur B. einschließlich Kostproben ein.

be|triebs|blind ⟨Adj.⟩: *aufgrund langer Zugehörigkeit blind für Fehler od. Mängel, die in dem Bereich auftreten, in dem man arbeitet.*

Be|triebs|blind|heit, die: *das Betriebsblindsein; betriebsblindes Verhalten.*

be|triebs|ei|gen ⟨Adj.⟩: *dem Betrieb (1 a) gehörend:* -e Wohnungen.

Be|triebs|er|geb|nis, das ⟨Wirtsch.⟩: *nach bestimmten Kriterien ermittelter Geschäftserfolg eines Betriebes (1 a):* ein positives, negatives B.; das B. vor Steuern beläuft sich auf 14 Mio. Euro.

Be|triebs|er|laub|nis, die: *Erlaubnis zum Betrieb (2) von etw.:* die B. für das Kernkraftwerk wird nicht erteilt.

be|triebs|fä|hig ⟨Adj.⟩: *in einem den Betrieb ermöglichenden Zustand befindlich:* das Notstromaggregat war nicht b.

Be|triebs|fä|hig|keit, die ⟨Pl. selten⟩: *das Betriebsfähigsein.*

Be|triebs|fe|ri|en ⟨Pl.⟩: *Ferien der gesamten Belegschaft eines Betriebes (1 a):* wegen B. geschlossen!

be|triebs|fer|tig ⟨Adj.⟩: *betriebsfähig:* die Produktionsanlagen werden erst im Herbst b. sein.

Be|triebs|fest, das: *gemeinsame Feier einer Belegschaft.*

be|triebs|fremd ⟨Adj.⟩: *nicht zum Betrieb (1 a) gehörend:* -e Personen.

Be|triebs|frie|de, (häufiger:) **Be|triebs|frie|den**, der ⟨o. Pl.⟩ (Arbeitsrecht): *nicht gestörtes Verhältnis zwischen Arbeitnehmer[inne]n u. Arbeitgeber:* den Betriebsfrieden wahren, wiederherstellen; eine Störung des Betriebsfriedens.

Be|triebs|füh|rer, der: *Betriebsleiter.*

Be|triebs|füh|re|rin, die: w. Form zu ↑ Betriebsführer.

Be|triebs|füh|rung, die: *Betriebsleitung.*

Be|triebs|ge|heim|nis, das: *die Produktion o. Ä. betreffendes Geheimnis, das die bei Aufspaltung eines Betriebes Arbeitnehmer[innen] zu wahren verpflichtet sind:* das Rezept wird als B. gehütet.

Be|triebs|ge|sell|schaft, die ⟨Wirtsch.⟩: *Gesellschaft (4 b), die bei Aufspaltung eines Betriebes in zwei rechtlich selbstständige Gesellschaften als Kapitalgesellschaft mit beschränkter Haftung alle Risiken der Produktion u. des Vertriebs trägt.*

Be|triebs|grö|ße, die: *Größe eines Betriebs (1 a):* ab einer B. von 200 Mitarbeiter[inne]n wird ein Betriebsrat freigestellt.

Be|triebs|hof, der (Fachspr.): *Depot (4).*

Be|triebs|in|ha|ber, der: *Inhaber eines Betriebes (1 a).*

Be|triebs|in|ha|be|rin, die: w. Form zu ↑ Betriebsinhaber.

be|triebs|in|tern ⟨Adj.⟩: *innerhalb eines Betriebes (1 a) vorkommend, sich abspielend:* -e Streitigkeiten; etw. b. regeln.

Be|triebs|kan|ti|ne, die: *Kantine eines Betriebes (1 a).*

Be|triebs|ka|pi|tal, das ⟨Wirtsch.⟩: *Umlaufvermögen.*

Be|triebs|kli|ma, das ⟨o. Pl.⟩: *Arbeitsklima im Betrieb (1 a):* ein gutes, gesundes B.

Be|triebs|kos|ten ⟨Pl.⟩: *Kosten des Betriebes (1 a, 2).*

Be|triebs|kran|ken|kas|se, die: *innerbetriebliche Krankenkasse im Rahmen der gesetzlichen Sozialversicherung:* immer mehr Versicherte wechslen zu den billigeren -n.

Be|triebs|kü|che, die: *Betriebskantine.*

Be|triebs|lei|ter, der: *Leiter eines Betriebes (1 a).*

Be|triebs|lei|te|rin, die: w. Form zu ↑ Betriebsleiter.

Be|triebs|lei|tung, die: **1.** *Leitung eines Betriebes (1 a):* die B. übernehmen. **2.** *Gesamtheit der leitenden Personen eines Betriebes (1 a):* die B. vereinbarte mit dem Betriebsrat eine neue Pausenregelung.

Be|triebs|mit|tel ⟨Pl.⟩: *Produktionsmittel.*

be|triebs|nah ⟨Adj.⟩: *unmittelbar an den besonderen Bedingungen, Verhältnissen eines bestimmten Betriebes (1 a) orientiert:* -e Tarifpolitik, Bildungsarbeit.

Be|triebs|nu|del, die (ugs.): *betriebsamer, unternehmungslustiger, geselliger Mensch:* unsere Sekretärin ist eine richtige B.

Be|triebs|ob|frau, die: *Betriebsobmännin.*

Be|triebs|ob|mann, der: *(in kleineren Betrieben) von der Belegschaft gewählter Interessenvertreter, der die Funktion eines Betriebsrats (1) hat.*

Be|triebs|ob|män|nin, die: w. Form zu ↑ Betriebsobmann.

Be|triebs|or|ga|ni|sa|ti|on, die: *Organisation (2) eines Betriebs (1 a).*

Be|triebs|per|so|nal, das: *für den Betrieb (2) einer Anlage erforderliches Personal.*

Be|triebs|prü|fer, der: *jmd., der Betriebsprüfungen durchführt (Berufsbez.).*

Be|triebs|prü|fe|rin, die: w. Form zu ↑ Betriebsprüfer.

Be|triebs|prü|fung, die: *finanzamtliche Prüfung der Buchhaltung eines Betriebes (1 a).*

Be|triebs|rat, der ⟨Pl. ...räte⟩: **1.** *von den Arbeitnehmer[inne]n eines Betriebes (1a) gewählte Vertretung zur Wahrung ihrer wirtschaftlichen u. sozialen Interessen.* **2.** *männliches Mitglied des Betriebsrats (1).*
Be|triebs|rä|tin, die: w. Form zu ↑ Betriebsrat (2).
Be|triebs|rats|chef, der: *Betriebsratsvorsitzender.*
Be|triebs|rats|che|fin, die: w. Form zu ↑ Betriebsratschef.
Be|triebs|rats|mit|glied, das: *Mitglied des Betriebsrats (1).*
Be|triebs|rats|vor|sit|zen|de ⟨vgl. Vorsitzende⟩: *Vorsitzende eines Betriebsrats (1).*
Be|triebs|rats|vor|sit|zen|der ⟨vgl. Vorsitzender⟩: *Vorsitzender eines Betriebsrats (1).*
Be|triebs|rats|wahl, die: *Wahl eines Betriebsrats (1).*
Be|triebs|ren|te, die: *betriebliche, vom Arbeitgeber gewährte Rente:* er bekommt neben seiner gesetzlichen Rente noch eine B.
Be|triebs|schluss, der: *[tägliches] Ende der regulären Arbeitszeit in einem Betrieb (1a).*
Be|triebs|schutz, der ⟨o. Pl.⟩: **1.** *planmäßiger Schutz der Anlagen eines Betriebes (1a).* **2.** *Arbeitsschutz im Betrieb (1a).*
be|triebs|si|cher ⟨Adj.⟩: *einen sicheren Betrieb (2) gewährleistend:* eine -e Anlage.
Be|triebs|si|cher|heit, die ⟨Pl. selten⟩: *das Betriebssichersein.*
Be|triebs|span|nung, die: *zum Betrieb (2) einer elektrischen Anlage nötige Stromspannung.*
Be|triebs|stät|te, die: *Stätte, an der ein Betrieb (1a) sich befindet, untergebracht ist.*
Be|triebs|stoff, der: *Stoff, der zum Betrieb einer Maschine, einer Anlage, eines Fahrzeugs od. dgl. nötig ist:* die Kosten für -e sind gestiegen.
Be|triebs|stö|rung, die: *Störung im Betrieb (2a).*
Be|triebs|sys|tem, das (EDV): *System von Programmen (4) für die Steuerung u. Überwachung einer Datenverarbeitungsanlage.*
Be|triebs|stät|te: ↑ Betriebsstätte.
Be|triebs|treue, die: *dem Betrieb (1a) bes. durch lange, ununterbrochene Zugehörigkeit erwiesene Treue:* eine Belohnung für zehnjährige B.
Be|triebs|un|fall, der: *Arbeitsunfall im Betrieb (1a) od. auf dem Wege zum od. vom Betrieb:* durch einen B. hat er zwei Finger verloren.
Be|triebs|ver|ein|ba|rung, die: *von Arbeitgeber u. Betriebsrat gemeinsam beschlossene Vereinbarung für die Arbeitnehmer[innen] eines Betriebes (1a).*
Be|triebs|ver|fas|sung, die: *Gesamtheit der Normen, die das Verhältnis zwischen Arbeitgeber- u. Arbeitnehmerseite im Betrieb (1a) regelt.*
Be|triebs|ver|fas|sungs|ge|setz, das: *Gesetz, das die Mitwirkung u. Mitbestimmung der Arbeitnehmer[innen] in sozialen, personellen u. wirtschaftlichen Angelegenheiten in Betrieben der Privatwirtschaft regelt.*
Be|triebs|ver|mö|gen, das (Wirtsch.): *Vermögen des Betriebsinhabers, das unmittelbar für einen Betrieb (1a) od. zur Erreichung seines wirtschaftlichen Zieles genutzt wird.*
Be|triebs|ver|samm|lung, die: *Versammlung der Arbeitnehmer[innen] eines Betriebes (1a) [unter dem Vorsitz des bzw. der Betriebsratsvorsitzenden].*
Be|triebs|vor|schrift, die: *beim Betrieb (2b) einer Maschine, eines Gerätes o. Ä. zu beachtende Vorschrift.*
Be|triebs|werk, das (Eisenbahn): *Dienststelle, die Fahrzeuge einsetzt u. für das entsprechende Personal unterstellt ist.*
Be|triebs|wirt, der: *jmd. mit abgeschlossener Ausbildung auf dem Gebiet der Betriebswirtschaftslehre.*

Be|triebs|wir|tin, die: w. Form zu ↑ Betriebswirt.
Be|triebs|wirt|schaft, die: Kurzf. von ↑ Betriebswirtschaftslehre.
Be|triebs|wirt|schaf|ter, der (schweiz.): *Betriebswirt.*
Be|triebs|wirt|schaf|te|rin, die: w. Form zu ↑ Betriebswirtschafter.
Be|triebs|wirt|schaft|ler, der: *Betriebswirt.*
Be|triebs|wirt|schaft|le|rin [die]: w. Form zu ↑ Betriebswirtschaftler.
be|triebs|wirt|schaft|lich ⟨Adj.⟩: *die Betriebswirtschaft betreffend, darauf beruhend, dazu gehörend:* -e Maßnahmen, Probleme.
Be|triebs|wirt|schafts|leh|re, die: *Disziplin der Wirtschaftswissenschaften, die sich mit dem Aufbau und der Führung von Betrieben befasst* (Abk.: BWL).
Be|triebs|wis|sen|schaft, die: *Spezialgebiet der allgemeinen Arbeitswissenschaft, das sich mit der Analyse betrieblicher Einrichtungen u. Abläufe beschäftigt.*
Be|triebs|zu|ge|hö|rig|keit, die: *[Dauer der] Zugehörigkeit zu einem Betrieb (1a):* eine Prämie für zehnjährige B.
◆ **be|trie|gen:** ↑ betrügen: ... man betriegt sich oder den andern, und meist beide (Goethe, Götz I).
be|trin|ken, sich ⟨st. V.; hat⟩: *bis zum Rausch alkoholische Getränke zu sich nehmen:* ich betrank mich [sinnlos].
be|trof|fen ⟨Adj.⟩ [eigtl. 2. Part. von ↑ betreffen (3)]: *durch etw. (Negatives, Trauriges) verwirrt, innerlich bewegt, berührt:* ein -es Gesicht machen; im Innersten von etw. b. sein; jmdn. b. ansehen.
Be|trof|fe|ne, die/eine Betroffene; der/einer Betroffenen, die Betroffenen/zwei Betroffene [subst. 2. Part. von ↑ betreffen]: *weibliche Person, die von einer Sache betroffen, in Mitleidenschaft gezogen ist.*
Be|trof|fe|ner, der Betroffene/ein Betroffener; des/eines Betroffenen, die Betroffenen/zwei Betroffene: *jmd., der von einer Sache betroffen, in Mitleidenschaft gezogen ist:* das ist für die -n eine Katastrophe.
Be|trof|fen|heit, die; -, -en: *das Betroffensein; Bestürzung.*
be|trop|pezt ⟨Adj.⟩ [jidd., zu: trop(n) = Tropfen u. -zt, eigtl. getropft, von Regen überrascht u. durchnässt; vgl. bedripst] (österr. ugs.): *bestürzt, sehr überrascht; sprachlos.*
be|trü|ben ⟨sw. V.; hat⟩ [mhd. betrüeben, eigtl. = trübe machen]: **a)** *traurig machen, traurig stimmen, bekümmern:* jmdn. mit einer Nachricht, durch sein Verhalten b.; der Brief hat sie sehr betrübt; **b)** ⟨b. + sich⟩ (geh. veraltend) *über etw. traurig werden:* sich [über etw.] b.
be|trüb|lich ⟨Adj.⟩: *traurig stimmend; Betrübnis hervorrufend:* eine -e Mitteilung; er musste die -e Wahrheit überbringen; die Lage ist b.
be|trüb|li|cher|wei|se ⟨Adv.⟩: *leider.*
Be|trüb|nis, die; -, -se (geh.): *das Betrübtsein:* B. erfasst ihn; in tiefe B. versinken.
be|trübt ⟨Adj.⟩ [2. Part. zu ↑ betrüben]: **a)** *traurig; bekümmert:* ein -es Gesicht machen; über etw. b. sein; zu Tode b. sein; ◆ **b)** *betrüblich:* Ich will Ihm etwas erzählen, das ist b. (Cl. Brentano, Kasperl 365); Da so viele Militärstand vorkommen, ... sieht man nichts -er aus als Menschen, die nicht die mindeste Dressur zeigen, in Hauptmanns- und Majorsuniform auf dem Theater herumschwanken zu sehen (Goethe, Lehrjahre V, 8).
Be|trübt|heit, die; -: *das Betrübtsein.*
Be|trug, der; -[e]s ⟨Pl. schweiz.: Betrüge⟩ [im 16. Jh. für mhd. betroc, zu ↑ betrügen]: *bewusste Täuschung, Irreführung einer anderen Person:* ein raffiniert angelegter, ausgeführter B.; das ist [glatter] B.!; B. begehen; er ist wegen mehrfa-

chen -s angeklagt; auf diesen B. falle ich nicht herein; * **ein frommer B.** (1. *in der Beschönigung eines unangenehmen Umstands bestehende Selbsttäuschung.* 2. *in guter Absicht erfolgende Täuschung eines andern;* nach lat. pia fraus [Ovid, Metamorphosen]).
be|trü|gen ⟨st. V.; hat⟩ [mhd. betriegen, ahd. bitriugan, zu ↑ trügen]: **a)** *bewusst täuschen, irreführen, hintergehen:* einen Kunden, Geschäftspartner, eine Firma b.; sich selbst b. *(sich Illusionen hingeben, sich etw. vormachen);* er betrügt öfter; sich in etw. betrogen sehen; **b)** *durch Betrug um etw. bringen:* jmdn. um 1000 Euro b.; jmdn. um sein Recht b.; Ü seine Hoffnung war nicht betrogen *(enttäuscht)* worden; **c)** *ohne Wissen des [Ehe]partners, der [Ehe]partnerin mit einer anderen Person sexuell verkehren:* sie hat ihren Mann betrogen; Er liebte sie sehr, auch wenn er sie nie für voll genommen und nach rechts und links betrogen hat (Rezzori, Blumen 67); ◆ **d)** ⟨b. + sich⟩ *sich täuschen:* Ich habe mich in Ihnen betrogen (Schiller, Kabale II, 4).
Be|trü|ger, der; -s, -: *jmd., der andere betrügt.*
Be|trü|ge|rei, die; -, -en: **1.** *wiederholtes, fortwährendes Betrügen.* **2.** *den Tatbestand des Betrugs erfüllende Handlung:* Diebstähle und [kleine] -en; -en an alten Menschen; jmds. -en aufdecken.
Be|trü|ge|rin, die; -, -nen: w. Form zu ↑ Betrüger.
be|trü|ge|risch ⟨Adj.⟩: *Betrug bezweckend, auf Betrug ausgehend:* ein -er Kassierer; -e Machenschaften, Manöver; in -er Absicht.
◆ **be|trüg|lich** ⟨Adj.⟩ [im 15. Jh. betrieglich]: *betrügerisch:* Ergib dich zur Stelle, oder ich schlage dich tot für deine -en Taten (Goethe, Reineke Fuchs 12, 86 f.); ... doch einen Eid..., den wir ihnen durch Gaukelkunst b. abgelistet (Schiller, Piccolomini III, 1).
Be|trugs|ma|nö|ver, das (abwertend): *Manöver (3) zum Zwecke des Betrugs.*
Be|trugs|ver|such, der: *Versuch eines Betrugs:* die Staatsanwaltschaft wirft den Angeklagten gemeinschaftlichen B. vor.
be|trun|ken ⟨Adj.⟩ [eigtl. 2. Part. von: (sich) ↑ betrinken]: *von Alkohol berauscht:* ein -er Fahrer; sie ist [sinnlos] b.; ich muss b. *(nicht recht bei Verstand)* gewesen sein; Ü vor Freude, Begeisterung o. Ä. [wie] b. sein.
Be|trun|ke|ne, die/eine Betrunkene; der/einer Betrunkenen, die Betrunkenen/zwei Betrunkene: *weibliche Person, die betrunken ist.*
Be|trun|ke|ner, der Betrunkene/ein Betrunkener; des/eines Betrunkenen, die Betrunkenen/zwei Betrunkene: *jmd., der betrunken ist.*
Be|trun|ken|heit, die; -: *das Betrunkensein.*
Bet|saal, der: *[provisorischer] Saal für Gottesdienste, bes. bei kleineren Glaubensgemeinschaften od. Sekten.*
Bet|sche|mel, der (kath. Kirche): *Betstuhl.*
Bet|schwes|ter, die (abwertend): *Frau, die sehr häufig in die Kirche geht.*
Bet|stuhl, der (kath. Kirche): *Pult zum Knien u. Aufstützen der Arme beim Gebet.*
Bett, das; -[e]s, -en [mhd. bet(te), ahd. betti, auch: Beet; urspr. Bez. für das mit Stroh u. Fellen gepolsterte Lager entlang den Wänden des germ. Hauses u. viell. eigtl. = Polster]: **1.** *Möbelstück zum Schlafen, Ausruhen:* ein langes, breites B. in französisches B.; ein B. aufschlagen, aufstellen; das B. richten, bauen; sein B., die -en machen *(nach der Benutzung wieder in einen ordentlichen Zustand bringen);* jmdm. das Frühstück ans B. bringen; auf dem B. sitzen; aus dem B. springen *(mit Schwung aufstehen);* jmdn. [nachts] aus dem B. holen, klingeln *(wecken u. zum Aufstehen veranlassen);* nur schwer aus dem B. kommen *(ungern aufstehen);*

er liegt schon drei Wochen im B. (ugs.; *liegt schon seit drei Wochen krank*); mit Fieber, Grippe im B. liegen; die Kinder ins/zu B. bringen; sich ins B. legen, hauen; ich bin nur noch ins B. gefallen (*war so müde, dass ich sofort ins Bett gegangen bin*); ein Hotel mit 60 -en; eine Klinik, Abteilung mit 20 -en; *** das B. hüten [müssen]** (*wegen Krankheit im Bett bleiben [müssen]*); **das B. mit jmdm. teilen** (geh.: *in ehelicher od. eheähnlicher Gemeinschaft mit jmdm. leben*); **ans B. gefesselt sein** (*wegen schwerer Krankheit o. Ä. das Bett nicht verlassen können*); **mit jmdm. ins B. gehen/steigen** (ugs.; *mit jmdm. geschlechtlich verkehren*); **sich ins gemachte B. legen** (*um sich die normalerweise nötigen eigenen Anstrengungen zu ersparen, etwas Vorgefundenes, von anderen Geschaffenes für sich nutzen*). **2.** Deckbett, Bettdecke: ein leichtes, dickes B.; die -en [auf]schütteln, lüften, frisch beziehen, abziehen; sich das B. über die Ohren ziehen. **3.** ⟨Pl. auch: -e⟩ Kurzf. von ↑ Flussbett: ein enges, breites, tiefes B.; der Fluss hat sich ein neues B. gesucht; der Strom hat sein B. verlassen (*ist über die Ufer getreten*).

Bet|tag: 1. Kurzf. von Eidgenössischer Dank-, Buß- und Bettag (staatlicher Feiertag in der Schweiz). **2.** ↑ Buß- und Bettag.

Bett|an|zug, der (schweiz.): Bettbezug.

Bett|bank, die ⟨Pl. ...bänke⟩ (österr.): Bettcouch.

Bett|be|zug, der: *Bezug des Bettes* (2).

◆ **Bett|büh|r,** das; -s, -e, **Bett|büh|re,** die; -, -n [zu Bühre = Überzug, mniederd. bure, über das Mniederl. zu afrz. bure, ↑ Büro]: Bettbezug: ...stopfte sie dem Kater wieder in das Bettbühr (Storm, Schimmelreiter 22).

Bett|chen, das; -s, -: Vkl. zu ↑ Bett (1).

Bett|couch, die: *auch als Bett* (1) *benutzbare Couch.*

Bett|de|cke, die: **1.** *Decke, mit der man sich im Bett* (1) *zudeckt.* **2.** *Tagesdecke.*

Bet|tel, der; -s [eigtl. = Erbetteltes, zu mhd. betel = das Betteln] (ugs.): **1.** *altes, minderwertiges Zeug:* ich weiß nicht, warum sie so an diesem B. hängt!; *** **jmdm. den [ganzen] B. vor die Füße werfen/schmeißen** (*jmdm. deutlich zu erkennen geben, dass man nicht mehr für ihn tätig sein will*); **den [ganzen] B. hinwerfen/hinschmeißen** (*seine Tätigkeit, sein Amt aufgeben*). **2.** (veraltend) *das Betteln:* sich vom B. ernähren; *** ◆ **auf den B. herumziehen** (*betteln gehen:* Eh' will ich mit meiner Geig' auf den B. herumziehen [Schiller, Kabale I, 1]).

be|tel|arm ⟨Adj.⟩ (emotional verstärkend): *sehr arm; völlig mittellos.*

Bet|tel|arm|band, das: *Armband, in dessen Kettenglieder Amulette eingehängt sind.*

Bet|tel|brief, der: *Brief, mit dem jmd. bei dem Adressaten um etw. – meist Geld – bettelt, bittet.*

Bet|te|lei, die; -, -en (abwertend): **1.** ⟨o. Pl.⟩ *beständiges, als lästig empfundenes Betteln* (1). **2.** *inständiges Bitten, Betteln* (2): hör endlich auf mit deiner B.!

Bet|tel|frau, die (veraltet): Bettlerin.

Bet|tel|leu|te ⟨Pl.⟩ (veraltet): **1.** Pl. von Bettelmann. **2.** *vom Betteln lebende Menschen.*

Bet|tel|mann, der ⟨Pl. ...leute⟩ (veraltet): Bettler: ◆ ...ein Handwerksbursche oder ein B. ... kam des Weges (Rosegger, Waldbauernbub 57).

Bet|tel|mönch, der: *Mönch eines Bettelordens.*

bet|teln ⟨sw. V.; hat⟩ [mhd. betelen, ahd. betalōn, Iterativbildung zu ↑ bitten u. eigtl. = wiederholt bitten]: **1.** *um Almosen bitten:* auf der Straße, an den Türen b.; um Geld, um ein Stück Brot b.; ⟨subst.:⟩ Betteln verboten!; Ü ⟨subst.:⟩ du musst deinem Hund das Betteln abgewöhnen. **2.** *inständig bitten:* um Gnade b.; bei jmdm. um Verzeihung b.; die Kinder bettelten, man solle sie doch mitnehmen; ich habe Nein gesagt, und jetzt hört endlich auf zu b.!

Bet|tel|or|den, der: *Orden, dessen Mitglieder von Almosen leben.*

Bet|tel|stab, der: in den Wendungen **jmdn. an den B. bringen** (*jmdn. finanziell ruinieren:* seine Spekulationen haben ihn an den B. gebracht; du bringst uns [mit deiner Verschwendungssucht] noch an den B.!); **an den B. kommen** (*völlig verarmen*).

Bet|tel|sup|pe, die (veraltet): **1.** Suppe für Bettler: ◆ Wir kochen breite (*dünne, gestreckte* 3 a) -n (Goethe, Faust I, 2392). **2.** (abwertend) *sehr dünne Suppe.*

◆ **Bet|tel|vogt,** der: *Vogt, der die Bettler in einer Stadt zu überwachen hat:* ...du ziehst bei den Bettelvögten, Stadtpatrollanten und Zuchtknechten Kundschaft ein (Schiller, Räuber II, 3).

Bet|tel|weib, die (veraltet): Bettlerin.

bet|ten ⟨sw. V.; hat⟩ [mhd. betten, ahd. bettōn = das Bett richten] (geh.): **a)** *[behutsam] hinlegen, zur Ruhe legen:* den Verletzten auf das Sofa, (seltener:) auf dem Sofa b.; den Toten zur letzten Ruhe b. (geh.: *beerdigen*); nach dem Essen bettete sie ihre Tochter (*brachte sie sie zu Bett*); sie bettete (*legte*) den Kopf an seine Schulter; Ü das Dorf ist in grüne Wiesen gebettet (geh.: *von grünen Wiesen umgeben*); Spr wie man sich bettet, so liegt/schläft man (*es hängt von einem selbst ab, wie man sein Leben gestaltet*); *** **sich weich b.** (*sich ein angenehmes Leben verschaffen*); **weich gebettet sein** (*ein angenehmes Leben haben*); **b)** *einbetten:* der Schmuckstein ist in Platin gebettet.

Bet|ten|bau|en, das; -s (bes. Soldatenspr.): Bettenmachen.

Bet|ten|burg, die (ugs. abwertend): *großes [für Urlauber errichtetes] Hotel.*

bet|ten|füh|rend, Bet|ten füh|rend ⟨Adj.⟩ (Fachspr.): *zur Ermöglichung stationärer Behandlung mit Klinikbetten ausgestattet:* am Klinikum wurde eine neue -e Abteilung eingerichtet.

Bet|ten|hau|sen [auch: ...ˈhau̯zn̩]: in der Wendung **nach B. gehen** (ugs.: *zu Bett gehen*).

Bet|ten|ka|pa|zi|tät, die (Amtsspr.): *Zahl der für die Aufnahme von Kranken od. [Urlaubs]gästen zur Verfügung stehenden Betten.*

Bet|ten|ma|chen, das; -s: *das Aufschütteln u. Glattziehen von Betttuch, Kissen, Bettdecke [u. Federbett].*

Bet|ten|man|gel, der: ¹Mangel (1) *an Hotel-, Gäste- od. Krankenhausbetten.*

Bett|fe|der, die: **1.** *Sprungfeder des Bettrostes.* **2.** ⟨Pl.⟩ *Federn als Füllung für Deckbett, Kopfkissen.*

Bett|fla|sche, die (landsch.): Wärmflasche.

Bett|ge|fähr|te, der: Bettgenosse.

Bett|ge|fähr|tin, die: w. Form zu ↑ Bettgefährte.

Bett|ge|nos|se, der (veraltend): *jmd., der mit einer anderen Person das Bett* (1) *teilt u. mit ihr geschlechtlich verkehrt.*

Bett|ge|nos|sin, die: w. Form zu ↑ Bettgenosse.

Bett|ge|schich|te, die (ugs.): **1.** *sexuelles Erlebnis, Abenteuer:* eine B. mit jmdm. haben. **2.** [Klatsch]geschichte über sexuelle Beziehungen, Liebesaffären bekannter, prominenter Personen: in dieser Illustrierten findet man nur -n.

Bett|ge|stell, das: *Gestell für ein Bett* (1).

Bett|hal|se, der, **Bett|häs|chen,** das (ugs.): *Sexualpartnerin, Bettgefährtin.*

Bett|him|mel, der: *Baldachin über einem Bett* (1).

Bett|hup|ferl, das; -s, -[n]; vgl. Pickerl [zu ↑ hupfen, da man nach Verzehr ins Bett »hüpft«] (landsch.): *Kleinigkeit zum Essen (bes. Süßigkeit), die man vor dem Zubettgehen verzehrt:*

jeden Abend fand sie ein B. auf ihrem Kopfkissen vor.

Bett|jäck|chen, das: Bettjacke.

Bett|ja|cke, die: *im Bett getragene Jacke.*

Bett|kan|te, die: *Kante des Bettgestells:* auf der B. sitzen; *** **jmdn. [nicht] von der B. stoßen/schubsen** (ugs.: *sich jmdm. [nicht] sexuell verweigern*).

Bett|kas|ten, der: *Kasten unter einem Bett od. einer Bettcouch zur Aufbewahrung des Bettzeugs.*

Bett|la|de, die (südd., österr.): Bettgestell.

bett|lä|ge|rig ⟨Adj.⟩: *durch Krankheit gezwungen, im Bett zu liegen:* -e Patienten.

Bett|lä|ge|rig|keit, die; -: *das Bettlägerigsein.*

Bett|la|ken, das: Betttuch.

Bett|lek|tü|re, die: **1.** *Lektüre* (1 a) *im Bett vor dem Einschlafen:* jmdn. bei seiner B. stören. **2.** *für die Bettlektüre* (1) *verwendeter Text, Lesestoff:* eine spannende B.; das Buch eignet sich bestens als B.

Bett|ler, der; -s, - [mhd. beteläre, ahd. betaläri]: *jmd., der bettelt, vom Betteln lebt:* der B. saß am Straßenrand; einen B. abweisen; Ü der Konkurs hat ihn zum B. gemacht (*arm gemacht, finanziell ruiniert*).

Bett|le|rin, die; -, -nen: w. Form zu ↑ Bettler.

Bett|nach|bar, der: **a)** (in einem Krankenzimmer, einem Schlafsaal o. Ä.) *im benachbarten Bett Liegender:* mein rechter B. schnarchte laut; **b)** Bettgenosse.

Bett|nach|ba|rin, die: w. Form zu ↑ Bettnachbar.

Bett|näs|sen, das; -s: *ungewolltes Wasserlassen während des Schlafs.*

Bett|näs|ser, der; -s, -: *jmd., der im Schlaf ungewollt Wasser lässt.*

Bett|näs|se|rin, die; -, -nen: w. Form zu ↑ Bettnässer.

Bett|pfan|ne, die: *flaches Gefäß, das Bettlägerigen zur Verrichtung der Notdurft untergeschoben wird.*

◆ **Bett|pfos|te,** die [Pfoste = w. Nebenf. von ↑ Pfosten]: ↑ Bettpfosten: Ein ganzer Nil und Alpheus schoss über jedes Stubenbrett... an jede B. und an den Fensterstock hinan (Jean Paul, Wutz 33).

Bett|pfos|ten, der: *Pfosten des Bettgestells.*

Bett|platz, der: *Schlafstelle, bes. Schlafwagenplatz.*

Bett|pols|ter, der; -s, - od. ...pölster (österr.): *Kissen für das Bett* (1).

Bett|rand, der: Bettkante.

bett|reif ⟨Adj.⟩ (ugs.): *das Bedürfnis habend, unverzüglich schlafen zu gehen.*

Bett|rost, der: Lattenrost.

Bett|ru|he, die: *ganztägiges Im-Bett-Liegen:* die Ärztin hat ihm drei Wochen [strenge] B. verordnet.

◆ **Bett|sche|re,** die: *zwischen Bettgestell u. Bett* (2) *eingestecktes scherenartiges Gestell aus Holzlatten, das das Herunterfallen des Federbetts verhindern soll:* ...lief nach seiner Kammer, zog die B. aus der Lagerstätte (Mörike, Hutzelmännlein 131).

Bett|schüs|sel, die: Bettpfanne.

Bett|schwe|re, die (ugs.): in der Wendung **die nötige B. haben** (ugs.: *zum Schlafen müde genug sein [weil man Alkohol getrunken hat]*).

◆ **Bett|spon|de,** die; -, -n [2. Bestandteil zu gleichbed. lat. sponda]: Bettgestell: Ein gut Drittel als Einraum nimmt des Vetter Justs B. ein, in welcher der Vetter...auf Stroh schläft (Raabe, Alte Nester 62).

Bett|statt, die ⟨Pl. ...stätten, schweiz.: -en⟩ (landsch., bes. südd., österr., schweiz.): Bett[stelle].

Bett|stel|le, die: Bettgestell.

Bett|sze|ne, die (Film): *Szene in einem Film, in der Intimitäten im Bett gezeigt werden.*

Bett|tuch, Bętt-Tuch, das ⟨Pl. ...tücher⟩: *großes [Leinen]tuch, das die Matratze bedeckt.*
Bętt|über|zug, der: *Überzug für das Federbett.*
Bętt|um|ran|dung, die: *das Bett umgebender Läufer.*
Bętt|ung, die; -, -en (Fachspr.): *feste Unterlage für Eisenbahngleise, Maschinen, Geschütze.*
Bętt|vor|la|ge, die, **Bętt|vor|le|ger,** der: *kleiner Teppich neben dem Bett.*
Bętt|wan|ze, die: *in Häusern in unsauberer Umgebung lebende rotbraune Wanze, die nachts Menschen u. Tiere befällt und Blut saugt.*
Bętt|wär|mer, der; -s, -: *Hilfsmittel zum Anwärmen von Betten* (z. B. Heizdecke, Wärmflasche).
Bętt|wä|sche, die ⟨Plural nur für Sorten⟩: *Gesamtheit von Betttüchern u. Bezügen für Kissen u. Deckbett.*
Bętt|zeug, das (ugs.): *Gesamtheit von Bettwäsche, Kissen u. Deckbetten* (od. *Decken*).
Bętt|zip|fel, der: *Zipfel des Deckbetts:* R *der B. winkt* (ugs. scherzh.; *ich, er, sie möchte, du möchtest schlafen gehen*).
be|tucht ⟨Adj.⟩ [zu jidd. betuch(t), eigtl. = sicher < hebr. bạṭuaḥ] (ugs.): *wohlhabend, vermögend: sie war die Tochter -er Eltern; gut b. sein.*
be|tu|lich ⟨Adj.⟩ [zu ↑betun]: **1.** (veraltend) *übertrieben fürsorglich, freundlich-besorgt: seine -e Art greift mir manchmal auf die Nerven.* **2. a)** *beschaulich, gemächlich: eine -e Zeit, Atmosphäre; ein -es Leben führen;* **b)** (abwertend) *brav* (2 b), *bieder* (3): *die Inszenierung war b. und schwerfällig.*
Be|tu|lich|keit, die; -, -en: **1.** ⟨o. Pl.⟩ *das Betulichsein.* **2.** *etw. betulich Wirkendes.*
be|tun, sich ⟨unr. V.; hat⟩ (ugs. selten): *sich in umständlicher, ein wenig penetranter Weise freundlich u. geschäftig benehmen.*
be|tup|fen ⟨sw. V.; hat⟩: **1.** *tupfend berühren: die Wunde mit einem Wattebausch b.; dem Kranken die Stirn mit einem Tuch b.; sich mit Eau de Cologne b.* (*tupfend benetzen*). **2.** *mit Tupfen versehen: einen Stoff b.;* ⟨meist in 2. Part.:⟩ *ein bunt betupftes Kleid.*
be|tup|pen ⟨sw. V.; hat⟩ [viell. zu frz. duper, ↑düpieren] (landsch.): *betrügen, hinters Licht führen.*
be|tü|tern ⟨sw. V.; hat⟩ [zu ↑tüdern]: **1.** *jmdn. in besonderer, manchmal als übertrieben empfundener Weise umsorgen.* **2.** ⟨b. + sich⟩ *sich einen Schwips antrinken: er hat sich betütert.*
be|tü|tert ⟨Adj.⟩ (nordd.): *beschwipst: er ist b.*
beug|bar ⟨Adj.⟩: *sich beugen lassend.*
Beug|bar|keit, die; -: *das Beugbarsein.*
Beu|ge, die; -, -n [mhd. biuge, zu ↑beugen]: **1.** *Innenseite einer Gliedmaße im Bereich eines Gelenks, bes. des Knies od. Ellenbogens: in der B. des rechten Ellbogens.* **2.** (Turnen) *Rumpfbeuge.*
Beu|ge|haft, die (Rechtsspr.): *Haft, bes. zur Erzwingung einer verweigerten Eidesleistung od. Zeugenaussage.*
Beu|gel, Beigel, das; -s, - [zu mundartl. Baug = Spange, Ring, zu ↑biegen] (österr.): *Hörnchen* (2).
Beu|ge|mus|kel, der (Anat.): *Muskel, der dazu dient, ein Glied zu beugen.*
beu|gen ⟨sw. V.; hat⟩ [mhd. böugen, ahd. bougen, eigtl. = biegen machen, Kausativ zu ↑biegen]: **1. a)** *[nach unten] beugen, krümmen: den Arm, den Nacken, den Rumpf, die Knie b.; den Kopf über etw. b.;* Ü *das Alter hatte ihn gebeugt* (geh.; *seinen Rücken krumm werden lassen*); *... und auch die Hinterbliebenen wissen, was sich gehört – sie sind von Kummer gebeugt* (Remarque, Obelisk 66); **b)** ⟨b. + sich⟩ *sich [über etw. hinweg] nach vorne, unten neigen: sich [weit] aus dem Fens-*

ter, nach vorn b.; sich über das Geländer, die Reling, den Tisch b. **2. a)** *zwingen nachzugeben, sich zu fügen: jmdn., jmds. Starrsinn b.;* **b)** ⟨b. + sich⟩ *sich unterwerfen, sich fügen, nicht länger aufbegehren: sich jmdm., jmds. Willen, jmds. Herrschaft b.* **3.** (Rechtsspr.) ⟨*das Recht* 1 a⟩ *willkürlich auslegen, [verzerrt] falsch anwenden: das Recht, das Gesetz b.* **4.** (Sprachwiss.) **a)** *flektieren* (a): *ein Substantiv, ein Verb b.;* **b)** *flektieren* (b): *dieses Verb beugt schwach.* **5.** (Physik) *Lichtstrahlen o. Ä. ablenken: Lichtstrahlen, Lichtwellen b.*
Beu|ger, der; -s, - (Anat.): *Beugemuskel.*
beug|sam ⟨Adj.⟩ (veraltet): *bereit, unter Druck nachzugeben, sich zu fügen.*
Beug|sam|keit, die; -: *das Beugsamsein.*
Beu|gung, die; -, -en: **1.** *das Gebeugtwerden; das Beugen* (1, 2). **2.** (Rechtsspr.) *Rechtsbeugung.* **3.** (Sprachwiss.) *Flexion* (1). **4.** (Physik) *Ablenkung von der geraden Richtung.*
Beu|gungs|en|dung, die (Sprachwiss.): *Flexionsendung.*
Beu|le, die; -, -n [mhd. biule, ahd. būlla, urspr. = Schwellung; Aufgeblasenes, verw. mit ↑Beutel]: **1.** *durch Stoß, Schlag o. Ä. entstandene deutliche Anschwellung des Gewebes: eine schmerzhafte, eiternde B. an der Stirn haben.* **2.** *durch Stoß, Aufprall o. Ä. hervorgerufene Vorwölbung od. Vertiefung an einem Gegenstand: der Wagen hat eine B. bekommen; eine B. im Kotflügel ausklopfen; die Kanne hat eine B., ist voller -n.*
beu|len ⟨sw. V.; hat⟩: *Falten werfen, sich bauschen: das Futter der Jacke beult.*
Beu|len|pest, die: *Pest, bei der die Lymphknoten anschwellen u. sich dunkel verfärben.*
beu|lig ⟨Adj.⟩: *voll von Beulen* (2): *ein alter, -er Hut.*
Beun|de, die; -, -n [mhd. biunde, ahd. biunt(a)] (südd., schweiz.): *eingezäuntes Stück Land.*
be|un|ru|hi|gen ⟨sw. V.; hat⟩: **1.** *in Unruhe, Sorge versetzen: ihr langes Ausbleiben beunruhigt mich; wir wollen ihn nicht unnötig b.; sie war über diese Nachricht, wegen dieser Nachricht tief beunruhigt.* **2.** ⟨b. + sich⟩ *unruhig werden, sich Sorgen machen: du brauchst dich [um sie, ihretwegen, wegen ihrer Krankheit] nicht zu b.*
be|un|ru|hi|gend ⟨Adj.⟩: *zur Beunruhigung, zur Sorge Anlass gebend:* -e *Meldungen; es ist b., dass ...*
Be|un|ru|hi|gung, die; -, -en: *das Beunruhigen; das Beunruhigtwerden; das Beunruhigtsein: die Nachricht erfüllte ihn mit großer B.; wir hatten allen Grund zur B.*
be|ur|kun|den ⟨sw. V.; hat⟩: **1.** *urkundlich festhalten: etw. in den Akten b.; Geburten, Verträge b.; beurkundete Rechte; die Kirchenbücher beurkunden das Sterbedatum* (*belegen es, weisen es urkundlich aus*). **2.** (veraltet) *bezeugen, offenbaren: seine Gesinnung b.; eine Angelegenheit als wahr b.*
Be|ur|kun|dung, die; -, -en: **a)** *das Beurkunden: die B. des Vertrages muss beim Notar erfolgen;* **b)** *urkundlicher Beweis: der Wahrheitsfindung dienten* -en *aus der Vergangenheit.*
be|ur|lau|ben ⟨sw. V.; hat⟩ [zu mhd. urlouben = erlauben (zu gehen)]: **a)** *jmdm. Urlaub geben: eine Schülerin, einen Schüler [für ein paar Tage, für einen bestimmten Zweck] b.;* **b)** *vorläufig von seinen Dienstpflichten entbinden: die Beamten bis zur Klärung der Angelegenheit b.*
Be|ur|lau|bung, die; -, -en: *das Beurlauben; das Beurlaubtsein.*
be|ur|teil|bar ⟨Adj.⟩: *sich beurteilen lassend.*
Be|ur|teil|bar|keit, die; -: *das Beurteilbarsein.*
be|ur|tei|len ⟨sw. V.; hat⟩: *über jmdn., etw. ein Urteil abgeben: jmdn., etw. falsch, richtig b.; jmds. Arbeit, Leistung b.; jmdn. nach seinem*

Äußeren b.; das ist schwer zu b.; ob das stimmt, kann ich nicht b.
Be|ur|tei|ler, der; -s, -: *jmd., der etw. jmdn. beurteilt, Beurteilender: ein objektiver B.* [der Lage].
Be|ur|tei|le|rin, die; -, -nen: w. Form zu ↑Beurteiler.
Be|ur|tei|lung, die; -, -en: **1.** *das Beurteilen; Einschätzung: die B. eines Menschen, eines Falles; bei nüchterner B.* [der Lage] *muss man zugeben, dass ...* **2.** *[schriftliche] Äußerung, durch die ein Urteil abgegeben wird: eine B. schreiben; eine gute B. bekommen.*
Be|ur|tei|lungs|maß|stab, der: *Kriterium für die Beurteilung von jmdm., etw.*
Beu|schel, das; -s, - [zu ↑Bausch]: **1.** (bayr., österr.) *Speise aus Innereien, bes. Lunge u. Herz.* **2.** (österr. salopp) **a)** *Lunge;* **b)** *menschliche Eingeweide.*
beut (veraltet, dichter.): *ältere Form von »biete[t]«, ↑bieten:* ◆ *Der König sendet mich und beut der Priesterin Dianens Gruß und Heil* (Goethe, Iphigenie I, 2).
¹Beu|te, die; -, -n ⟨Pl. selten⟩ [mhd. biute < mniederd. būte = Tausch; Anteil, Beute (aus der Spr. des ma. Handels), zu: būten = Tauschhandel treiben]: **1.** *etw., was jmd. erbeutet hat: sich die B. teilen; auf B. ausgehen; mit der B. entkommen; B. schlagen (*[von Bären u. Raubvögeln] *ein Beutetier ergreifen);* Ü *der Staat konnte eine B. der Mafia werden.* **2.** (geh.) *Opfer: eine leichte B. sein; das Haus wurde eine B. der Flammen* (*verbrannte*); *sie wurde eine B. ihrer Leidenschaft.*
²Beu|te, die; -, -n [mhd. biute, ahd. biutta, zu: biot = Tisch, Brett] (Imkerspr.): *Bienenkasten.*
Beu|te|fang, der: *das Fangen* (1 a) *einer* ¹*Beute* (1): *der Fuchs ist auf B. aus, geht auf B.*
Beu|te|gier, die: *Raubgier.*
beu|te|gie|rig ⟨Adj.⟩: *raubgierig.*
Beu|te|gut, das: ¹*Beute* (1): *die Verhandlungen über die Rückgabe von B. sind gescheitert;* Ü *zum B. aus der Konzernübernahme zählen etliche Patente.*
Beu|te|kunst, die ⟨o. Pl.⟩ (Jargon): *im Krieg erbeutete Kunst* (1 b): *die beiden Regierungschefs haben die gegenseitige Rückgabe der B. vereinbart.*
Beu|tel, der; -s, - [mhd. biutel, ahd. būtil, eigtl. = Aufgeschwollenes, verw. mit ↑Beule]: **1. a)** *kleineres od. größeres sackähnliches Behältnis aus weichem Material: ein bestickter B.; ein B. Mehl; ein B.* (*Plastikbeutel*) *Milch; die Wäsche in den B. stecken, stopfen;* **b)** (ugs.) *Geldbeutel: den B.* [aus der Tasche] *ziehen;* Ü *jmds. B. ist leer* (*jmd. hat kein Geld*); *den B. festhalten, zuhalten* (*kein Geld ausgeben*), *aufmachen* (*Geld ausgeben*); *etw. geht an den B., reißt ein großes Loch in jmds. B.* (*kostet* [jmdn.] *viel*); *tief in den B. greifen müssen* (*viel zahlen müssen*). **2.** *taschenartig ausgebildete Hautfalte am Bauch eines Beuteltiers: der B. des Kängurus.* **3.** (ugs. derb) *Trottel.* **4.** (veraltet) *Mehlsieb.*
beu|teln ⟨sw. V.; hat⟩: **1. a)** [mhd. biuteln] (veraltet) *mit dem Beutel* (4) *sieben;* **b)** [im Sinne von »tüchtig durchschütteln« übertr. von 1 a] (südd., österr.) *schütteln;* Ü *vom Schicksal gebeutelt werden; der Lehrer hat ihn damals tüchtig gebeutelt; das Leben hat sie ziemlich gebeutelt.* **2.** [eigtl. = den (Geld)beutel wegnehmen] (landsch.) *berauben, übervorteilen, ausplündern.* **3.** *Falten werfen, sich bauschen: die Hose beutelt an den Knien.*
Beu|tel|rat|te, die: *vorwiegend nachtaktives Beuteltier mit langem, oft als Greiforgan ausgebildetem Schwanz.*
Beu|tel|schnei|der, der [eigtl. = Dieb, der jmdm. den Geldbeutel vom Gürtel abschneidet] (ugs. abwertend): **1.** *Taschendieb.* **2.** *Wucherer.*

Beu|tel|schnei|de|rei, die (ugs. abwertend): Ausplünderung, Übervorteilung, Nepp.
Beu|tel|schnei|de|rin, die: w. Form zu ↑ Beutelschneider.
Beu|tel|tier, das: *Säugetier, dessen Junge nicht voll ausgebildet zur Welt kommen, sondern sich erst nach der Geburt im Beutel* (2) *der Mutter bis zur Lebensfähigkeit entwickeln.*
beu|tel|lüs|tern ⟨Adj.⟩: *sehr begierig auf Beute:* -e Korsaren, Piraten, Eroberer.
beu|ten ⟨sw. V.; hat⟩ [zu ↑²Beute] (Imkerspr.): *([wilde] Bienen) in natürlich od. künstlich ausgehöhlten Bäumen ansiedeln.*
Beu|te|sche|ma, das (Zool.): *für bestimmte Fleischfresser charakteristisches Erkennen geeigneter Beutetiere:* zum B. eines Raubtiers gehören; Ü (salopp:) meine Zukünftige sollte in mein B. passen.
Beu|te|stück, das: *[Stück, Teil des]* ¹Beute (1): der Dieb trug die -e bei seiner Verhaftung noch bei sich.
Beu|te|tier, das: *Tier, das einem Raubtier als Beute dient.*
Beu|te|zug, der: *Raubzug:* die Einbrecher wurden auf ihrem B. ertappt.
Beut|ler, der; -s, - (Zool.): *Beuteltier.*
beutst (veraltet, dichter.): ältere Form von »bietest«, ↑bieten: ◆ ... beutst du deinen Hals der Strafe ... ? – Ich biete (Goethe, Götz V).
be|völ|kern ⟨sw. V.; hat⟩: **1. a)** *als Siedlungsraum nutzen, als Heimat haben; bewohnen, besiedeln:* die Erde b.; damals bevölkerten die Kelten dieses Gebiet; ein stark, nur wenig bevölkertes Land; **b)** *in unübersehbar großer Zahl füllen, in Scharen erfüllen, beleben:* Touristen bevölkerten die Lokale; Vogelscharen bevölkerten den Garten; (iron.:) das sind die Leute, die die Vorzimmer der Minister bevölkern. **2.** *besiedeln* (1 a): ein Land [mit Ansiedlern] b. **3.** (b. + sich) *sich mit [vielen] Menschen füllen:* die fruchtbarsten Teile des Landes bevölkerten sich zuerst; das Stadion bevölkerte sich allmählich.
Be|völ|ke|rung, die; -, -en: **1.** *Gesamtheit der Bewohner u. Bewohnerinnen eines bestimmten Gebiets; Einwohnerschaft:* die dortige, einheimische, überwiegend katholische, ethnisch sehr heterogene, [die -en der umliegenden Staaten; die Behörden haben es versäumt, die B. rechtzeitig zu informieren; aus allen Kreisen der B. **2.** ⟨o. Pl.⟩ (selten) *das Bevölkern; das Sichbevölkern.*
Be|völ|ke|rungs|ab|nah|me, die: *Abnahme der Bevölkerung.*
Be|völ|ke|rungs|an|teil, der: *Anteil an der Gesamtbevölkerung:* die ethnischen -e im ehemaligen Jugoslawien.
Be|völ|ke|rungs|be|we|gung, die: *statistische Veränderung der Struktur, räumlichen Verteilung u. zahlenmäßigen Größe einer Bevölkerung.*
Be|völ|ke|rungs|dich|te, die: *Dichte der Bevölkerung in einem bestimmten Gebiet:* die B. Japans; Länder mit hoher B.
Be|völ|ke|rungs|druck, der ⟨o. Pl.⟩: *wirtschaftliche u. politische Schwierigkeiten durch hohe [u. wachsende] Bevölkerungsdichte.*
Be|völ|ke|rungs|ent|wick|lung, die: *Entwicklung einer Bevölkerung.*
Be|völ|ke|rungs|ex|plo|si|on, die: *explosionsartige Zunahme der Bevölkerung [in einem bestimmten Land].*
Be|völ|ke|rungs|grup|pe, die: *größere [homogene] Gruppe innerhalb der Bevölkerung:* die asiatische, jüdische B. in den USA.
Be|völ|ke|rungs|kreis, der: *Bevölkerungsgruppe.*
Be|völ|ke|rungs|po|li|tik, die: *Gesamtheit der politischen Maßnahmen zur Beeinflussung des Wachstums od. der Zusammensetzung einer Bevölkerung:* die umstrittene chinesische B.; eine expansive B. betreiben.
be|völ|ke|rungs|po|li|tisch ⟨Adj.⟩: *die Bevölkerungspolitik betreffend:* -e Maßnahmen.
be|völ|ke|rungs|reich ⟨Adj.⟩: *eine große Bevölkerung habend:* die -sten Länder, Landstriche Asiens.
Be|völ|ke|rungs|schicht, die: *Bevölkerungsgruppe, deren Angehörige sich in der gleichen ökonomischen u. sozialen Lage befinden.*
Be|völ|ke|rungs|schwund, der: *[rapide] Abnahme der Bevölkerung [in einem bestimmten Land].*
Be|völ|ke|rungs|sta|tis|tik, die: *Statistik über die Entwicklung der Bevölkerung.*
be|völ|ke|rungs|sta|tis|tisch ⟨Adj.⟩: *die Bevölkerungsstatistik betreffend.*
Be|völ|ke|rungs|struk|tur, die: *Struktur einer Bevölkerung:* die Umkehr der B. von der Pyramide zum Kegel.
Be|völ|ke|rungs|über|schuss, der: *überproportional hohe Zahl an Einwohnern in einem bestimmten Gebiet* (1).
Be|völ|ke|rungs|wachs|tum, das: *Wachstum* (2) *einer Bevölkerung.*
Be|völ|ke|rungs|wis|sen|schaft, die: *Wissenschaft, die sich mit Strukturen u. Bewegungen von Bevölkerungen* (1) *beschäftigt.*
Be|völ|ke|rungs|zahl, die: *Anzahl der zu einer Bevölkerung* (1) *zählenden Menschen.*
Be|völ|ke|rungs|zif|fer, die: *Bevölkerungszahl.*
Be|völ|ke|rungs|zu|nah|me, die: *Zunahme einer Bevölkerung.*
Be|völ|ke|rungs|zu|wachs, der: *Bevölkerungszunahme.*
be|voll|mäch|ti|gen ⟨sw. V.; hat⟩: *mit einer Vollmacht ausstatten:* jmdn. zu etw. b.; [zu etw.] bevollmächtigt sein.
Be|voll|mäch|tig|te, die/eine Bevollmächtigte; der/einer Bevollmächtigten, die Bevollmächtigten/zwei Bevollmächtigte: *weibliche Person, die bevollmächtigt ist.*
Be|voll|mäch|tig|ter, der Bevollmächtigte/ein Bevollmächtigter; des/eines Bevollmächtigten, die Bevollmächtigten/zwei Bevollmächtigte: *jmd., der bevollmächtigt ist:* der Bevollmächtigte der Regierung.
Be|voll|mäch|ti|gung, die; -, -en: *das Bevollmächtigen; Erteilung einer Vollmacht.*
be|vor ⟨Konj.⟩ [mhd. bevor, ahd. bifora = vorher, zuvor, aus ↑bei u. ↑¹vor]: **1.** leitet einen temporalen Gliedsatz ein u. drückt die Nachzeitigkeit des darin genannten Geschehens aus; *ehe; vor dem Zeitpunkt, da ...:* b. wir abreisen, müssen wir noch einiges erledigen; unternimm etwas, b. es zu spät ist; du sollst den Gurt nicht schon lösen, b. die Maschine ausgerollt ist; b. er in unserem Betrieb angestellt wurde, war er als freier Mitarbeiter tätig gewesen; es hatte geendet, b. es richtig begonnen hatte; sie musste ihm alles sagen, *(bis)* er sich entscheiden würde; es geschah, [kurz, lange, zwei Wochen] b. er starb; [noch, erst] kurz b. er starb, hatte er sein Testament gemacht. **2.** leitet einen verneinten temporalen Gliedsatz mit konditionalem Nebensinn ein, der von einem ebenfalls verneinten Hauptsatz abhängt; *solange ... noch:* b. du nicht unterschrieben, mir keine Antwort gegeben hast, lasse ich dich nicht gehen; du darfst keinen Urlaub nehmen, b. deine Probezeit abgelaufen ist; sie darf nicht fernsehen, b. nicht ihre Hausaufgaben gemacht sind.
be|vor|mun|den ⟨sw. V.; hat⟩ [im 16. Jh. für mhd. vormunden = Vormund sein]: *wie einen Unmündigen behandeln, in eigenen Angelegenheiten nicht selbst entscheiden lassen:* sich von niemandem b. lassen; viele Jugendliche fühlen sich von ihren Eltern bevormundet.
Be|vor|mun|dung, die; -, -en: *das Bevormunden; das Bevormundetwerden:* obrigkeitliche, staatliche, autoritäre, politische B.; ich verbitte mir jede B.
be|vor|ra|ten ⟨sw. V.; hat⟩ (Papierdt.): **1.** *mit einem Vorrat versehen:* Haushaltungen [mit etw.] b.; ⟨auch b. + sich:⟩ sie waren unsicher, ob sie sich vor den Feiertagen b. sollten. **2.** *als Vorrat lagern:* Obst und Gemüse wollte der Händler nicht b.
Be|vor|ra|tung, die; -, -en: *das Bevorraten.*
be|vor|rech|ten ⟨sw. V.; hat⟩: *bevorrechtigen.*
be|vor|rech|ti|gen ⟨sw. V.; hat⟩ [für älteres bevorrechten]: *durch Gewähren besonderer Rechte bevorzugen, privilegieren:* einzelne Personen, Gruppen b.; eine bevorrechtigte Straße (Verkehrsw.; *Vorfahrtsstraße*).
Be|vor|rech|ti|gung, die; -, -en: *das Bevorrechtigen; das Bevorrechtigtsein.*
Be|vor|rech|tung, die; -, -en: *Bevorrechtigung.*
be|vor|ste|hen ⟨unr. V.; hat; südd., österr., schweiz. auch: ist⟩: **1.** *[in naher Zukunft] zu erwarten sein:* seine Abreise, das Fest stand [unmittelbar, nahe] bevor; auf den Urlaub, der bevorstand, freute sie sich nun nicht mehr; mir steht Schlimmes bevor *(ich habe Schlimmes zu erwarten);* die bevorstehenden Wahlen. **2.** (nordd.) *durch sein Bevorstehen unangenehme Gefühle hervorrufen:* die Operation, die Beerdigung steht mir [ziemlich, ein bisschen] bevor; Alles habe ihr so bevorgestanden, und sie habe sich immer so schwach und mutlos gefühlt (Kempowski, Uns 286).
be|vor|tei|len [auch: ...'fo:ɐ̯...] ⟨sw. V.; hat⟩: **1. a)** *mit einem Vorteil bedenken, begünstigen;* ◆ **b)** *verursachen, dass jmd. etw. einbüßt, Schaden erleidet; (jmdn.) um einen Vorteil bringen:* ... handelt er seinem Bruder das Recht der Erstgeburt ab und bevorteilt ihn um des Vaters Segen (Goethe, Dichtung u. Wahrheit 4). **2.** (veraltet) *übervorteilen:* ◆ Das Auge bevorteilt gar leicht das Ohr und lockt den Geist von innen nach außen (Goethe, Wanderjahre II, 8).
Be|vor|tei|lung [auch: ...'fo:ɐ̯...], die; -, -en: *das Bevorteilen; das Bevorteiltwerden.*
be|vor|zu|gen ⟨sw. V.; hat⟩: **a)** *den Vorzug geben:* Rotwein, Kaffee b.; sie bevorzugt coole Typen mit knackigen Hintern; der Lastentransport soll bevorzugt (*vorzugsweise*) mit der Bahn erfolgen; **b)** *besser als andere behandeln, begünstigen, bevorrechtigen:* der Lehrer bevorzugte diesen Schüler [vor den anderen]; eine bevorzugte Stellung; Frauen sind bevorzugt (*vorrangig*) zu bedienen.
Be|vor|zu|gung, die; -, -en: *das Bevorzugen; das Bevorzugtwerden.*
be|wa|chen ⟨sw. V.; hat⟩ [mhd. bewachen]: *über jmdn., etw. wachen:* eine Grenze b.; der Hund bewacht das Haus; die Gefangenen werden streng, scharf bewacht; der gefährliche Torschütze wurde gut bewacht (Ballspiele; *scharf, genau gedeckt*); ein bewachter Parkplatz; Ü sie bewachte (*beobachtete*) seinen Gemütszustand, um den Zusammenbruch zu verhindern.
Be|wa|cher, der; -s, -: *jmd., der jmdn., etw. bewacht:* er überwältigte seinen B. und flüchtete.
Be|wa|che|rin, die; -, -nen: w. Form zu ↑ Bewacher.
¹be|wach|sen ⟨st. V.; hat⟩: **1.** *wachsend bedecken:* Moos bewuchs den Felsen. ◆ **2.** *bewachsen werden:* Dass ... kein Hügel über ihm mit Blumen bewachse (Klopstock, Messias 6, 481).
²be|wach|sen ⟨Adj.⟩: *mit Pflanzen bedeckt:* das Grundstück ist von Unkraut, mit Schilf b.; der dicht -e Boden.
Be|wa|chung, die; -, -en: **1.** *das Bewachen; das Bewachtwerden:* die B. eines Gebäudes über-

nehmen; sich der B. (Ballspiele; *genauen Deckung*) entziehen; jmdn. unter scharfer B. abführen; jmdn., etw. unter B. stellen. **2.** *jmd., der jmdn., etw. bewacht:* er hatte die B. nicht bemerkt.

Be|wa|chungs|mann|schaft, die: *Gruppe von Leuten, die jmdn. bewachen.*

be|waff|nen ⟨sw. V.; hat⟩: *mit Waffen versehen:* die Truppen neu b.; er bewaffnete sich mit einem Messer; die Rebellen waren schwer, bis an die Zähne bewaffnet; bewaffnete Bankräuber; bewaffneter *(unter Anwendung von Waffen geleisteter)* Widerstand; Ü ich bewaffnete mich (scherzh.; *versah mich*) mit einem Kuli.

Be|waff|ne|te, der/die Bewaffnete/ein/einer Bewaffneten, die Bewaffneten/zwei Bewaffnete: *weibliche Person, die bewaffnet ist.*

Be|waff|ne|ter, der Bewaffnete/ein Bewaffneter; des/eines Bewaffneten, die Bewaffneten/zwei Bewaffnete: *jmd., der bewaffnet ist.*

Be|waff|nung, die; -, -en: **1.** *das Bewaffnen; das Bewaffnetwerden:* die B. der Truppe beschleunigen. **2.** *Gesamtheit der Waffen, mit denen jmd., etw. ausgerüstet ist:* die konventionelle, atomare B.; zur B. der Truppe gehören auch Maschinengewehre.

be|wah|ren ⟨sw. V.; hat⟩ [mhd. bewarn, ahd. biwarōn]: **1.** *behüten, schützen:* jmdn. vor Schaden, Krankheit, Enttäuschungen b.; vor etw. bewahrt bleiben; (veraltet:) das Haus, einen Schatz b.; der Himmel bewahre mich davor, so etwas zu tun; * **[Gott] bewahre!**/(ugs.:) **i bewahre!** (*emotional; durchaus nicht, aber nein, nicht doch!:* wir sind doch keine Unmenschen, bewahre!) **2.** (geh.) *aufbewahren, verwahren:* Schmuck in einem Kasten b.; Ü etw. im Gedächtnis b.; jmds. Worte im Herzen b. **3. a)** [*bei*]*behalten; erhalten:* Fassung, Haltung b.; im Notfall Ruhe b.!; dem Freund die Treue b.; jmdm. ein ehrendes Andenken b.; sich seine Unbefangenheit b.; über etw. Stillschweigen b.; **b)** ⟨b. + sich⟩ *sich erhalten, Bestand haben:* dieser Brauch hat sich bis heute bewahrt. ♦ **4.** *in Gewahrsam halten, bewachen:* Dann folg' ich der weidenden Herde, mein Hündchen bewahret mir sie (Goethe, Schäfers Klagelied); Nicht möglich ist's, mit so geringer Mannschaft solch einen Staatsgefangnen zu b. (Schiller, Wallensteins Tod IV, 6).

be|wäh|ren ⟨sw. V.; hat⟩ [mhd. bewæren, ahd. biwāren. **1.** ⟨b. + sich⟩ *sich als geeignet, zuverlässig erweisen:* er muss sich erst noch b.; du hast dich als zuverlässiger Arbeiter bewährt; diese Einrichtung hat sich [gut, nicht] bewährt. **2.** (veraltend) *beweisen, zeigen:* er hat seinen Mut oft bewährt.

Be|wah|rer, der; -s, -: *jmd., der etw. bewahrt (3a):* er wollte der B. des Friedens in dieser Region sein.

Be|wah|re|rin, die; -, -nen: w. Form zu ↑ Bewahrer.

be|wahr|hei|ten, sich ⟨sw. V.; hat⟩: *sich als wahr, richtig erweisen:* das Gerücht scheint sich zu b.; an ihm bewahrheitet sich die Propheseiung.

be|währt ⟨Adj.⟩ [2. Part. von ↑ bewähren (1)]: *sich bewährt habend; erprobt:* eine -e Mitarbeiterin; ein -es Hausmittel, Rezept; eine [bestens, seit Langem, seit Jahrhunderten] -e Technik, Methode; in -er Manier, Weise; ⟨subst.:⟩ auf Bewährtes zurückgreifen.

Be|währt|heit, die; -: *das Bewährtsein.*

Be|wah|rung, die; -, -en: *das Bewahren; das Bewahrtwerden.*

Be|wäh|rung, die; -, -en: **a)** *das Sichbewähren:* eine Möglichkeit zur B. erhalten; **b)** (Rechtsspr.) *das Sichbewähren eines Verurteilten durch die Erfüllung der Voraussetzungen für einen im Urteil vorgesehenen Strafferlass während einer vom Gericht festgesetzten Bewährungsfrist:* die Strafe wurde zur B. ausgesetzt; der Angeklagte wurde zu einer Freiheitsstrafe von zwei Jahren mit B. *(Strafaussetzung zur Bewährung)* verurteilt.

Be|wäh|rungs|auf|la|ge, die (Rechtsspr.): *für eine Bewährungsfrist* (a) *erteilte Auflage* (2a).

Be|wäh|rungs|frist, die: **a)** (Rechtsspr.) *Frist, in der sich ein Verurteilter zum Zweck des endgültigen Strafferlasses bewähren soll:* das Urteil wurde mit einer B. von drei Jahren ausgesetzt; **b)** *Bewährungszeit* (a): dem Vorstand wurde noch eine B. von einem Jahr gewährt.

Be|wäh|rungs|hel|fer, der (Rechtsspr.): *jmd., der mit der Wahrnehmung der Bewährungshilfe betraut wurde:* er arbeitet als B. für straffällig gewordene Jugendliche.

Be|wäh|rungs|hel|fe|rin, die: w. Form zu ↑ Bewährungshelfer.

Be|wäh|rungs|hil|fe, die (Rechtsspr.): *Betreuung eines zu einer Bewährungsstrafe Verurteilten durch eine dafür vom Gericht bestellte Person.*

Be|wäh|rungs|pro|be, die: *Vorgang, Ereignis, bei dem jmd., etw. sich bewähren muss:* jmdn. auf eine harte B. stellen.

Be|wäh|rungs|stra|fe, die: *zur Bewährung ausgesetzte Freiheitsstrafe:* sie erhielt eine B. von einem Jahr.

Be|wäh|rungs|zeit, die: **a)** *Zeitraum, in dem sich jmd., etw. bewähren* (1) *soll:* nach einer dreimonatigen B. soll entschieden werden, ob diese Verfahrensweise beibehalten wird; **b)** (Rechtsspr.) *Bewährungsfrist* (a): nach Ablauf der B. wurde die Strafe erlassen.

be|wal|den ⟨sw. V.; hat⟩: **a)** ⟨b. + sich⟩ *von Wald bedeckt werden:* der Hügel bewaldete sich allmählich; dreißig Prozent der Fläche sind bewaldet; bewaldete Berge; **b)** *mit Wald bedecken:* die Gebiete, in denen Braunkohletagebaue abgearbeitet wurden, sollen danach bewaldet werden.

Be|wal|dung, die; -, -en: **a)** *das Bewalden* (b); *das Bewaldetsein;* **b)** *Wald, der eine Fläche bedeckt.*

be|wäl|ti|gen ⟨sw. V.; hat⟩ [für veraltet gewältigen, mhd. geweltigen, zu ↑ Gewalt]: **a)** *mit etw. Schwierigem fertigwerden, etw. meistern:* eine Arbeit, eine Aufgabe [spielend] b.; ein Problem b.; Schwierigkeiten b.; die Vergangenheit, ein traumatisches Erlebnis, ein Trauma b.; sie konnten den Besucherandrang nicht b.; diese Portionen kann man kaum b.; das ganze Material muss bewältigt werden; ♦ **b)** ⟨b. + sich⟩ *sich überwinden:* ... sie bewältigte sich so weit, dass sie das fast eingegossene Getränk verschluckte (Stifter, Bergkristall 49).

Be|wäl|ti|gung, die; -, -en: *das Bewältigen:* die B. dieser Schwierigkeiten.

be|wan|dern ⟨sw. V.; hat⟩: *(ein Gebiet) in ausgedehnterem Maße durchwandern u. dadurch kennenlernen:* ich habe im Urlaub den Süden Englands bewandert.

be|wan|dert ⟨Adj.⟩ [eigtl. = ausgiebig durchwandert (u. kennengelernt) habend]: *(auf einem bestimmten Gebiet) erfahren, gut Bescheid wissend, sich auskennend:* auf einem Gebiet [gut] b. sein; ein in allen einschlägigen Arbeiten -er Fachmann.

Be|wandt|nis, die; -, -se: *Beschaffenheit, Wesen, Charakter, wesentliches Merkmal:* mit jmdm., etw. hat es [s]eine eigene/besondere B., hat es folgende B. (*für jmdn., für etw. sind besondere/folgende Umstände maßgebend; mit jmdm., etw. hat es etwas Besonderes/hat es Folgendes auf sich*): Musstet ihr auch schwatzen und trätschen vor dem Mann und eure -se leichtfertig auskramen, dass er nun weiß, ihr habt noch einen Bruder, meinen Sohn...? (Th. Mann, Joseph 1640).

be|wäs|sern ⟨sw. V.; hat⟩: *(den Boden) durch Zuführung von Wasser mit Feuchtigkeit versehen:* Felder durch ein System von Kanälen [künstlich] b.; bewässerte Flächen für den Gemüseanbau.

Be|wäs|se|rung, die, (auch:) Bewässrung, die; -, -en: *das Bewässern; das Bewässertsein:* die Kanäle dienen zur B. der Felder.

Be|wäs|se|rungs|an|la|ge, die: *Anlage zum Bewässern von etw.*

Be|wäs|se|rungs|gra|ben, der: *der Bewässerung von etw. dienender Graben:* einen B. anlegen.

Be|wäs|se|rungs|sys|tem, das: *System von Bewässerungsanlagen:* eine Gartenanlage mit automatischem B.

Be|wäss|rung: ↑ Bewässerung.

Be|wäs|se|rungs|an|la|ge usw.: ↑ Bewässerungsanlage usw.

be|weg|bar ⟨Adj.⟩: *sich ¹bewegen lassend.*

¹be|we|gen ⟨sw. V.; hat⟩ [mhd. bewegen, ahd. biwegan, zu mhd. wegen, ahd. wegan = in Bewegung setzen, zu mhd. wegen, ahd. wegan, ↑ ²bewegen]: **1. a)** *bewirken, verursachen, dass jmd., etw. seine Lage, Stellung verändert:* den Arm b.; der Wind bewegte die Blätter; er konnte die Kiste nicht [von der Stelle] b.; sie bewegte beim Sprechen kaum die Lippen; Ü der neue Mann hat schon viel bewegt (*durch aktives Eingreifen verändert*); **b)** ⟨b. + sich⟩ *seine Lage verändern; nicht in einer bestimmten Position, an einer bestimmten Stelle o. Ä. verharren:* sich nur langsam b. können; die Blätter, die Fahnen bewegen sich im Wind; sich hin und her b.; vor Schmerzen konnte er sich kaum b.; Ü bei den Verhandlungen hat sich noch nichts bewegt; Die Frau schaute aus dem Fenster, wo sich die Baumkronen im Garten stark bewegten (Handke, Frau 121); **c)** ⟨b. + sich⟩ *sich an einen anderen Ort begeben, den Ort stetig (in einer bestimmten Richtung, auf einem bestimmten Weg) wechseln:* sich im Kreis b.; ein langer Zug von Menschen bewegte sich zum Friedhof; die Erde bewegt sich um die Sonne; Ü wir bewegen uns bei dieser Diskussion im Kreis; der Preis bewegt sich (*schwankt*) zwischen zehn und zwanzig Euro; **d)** *jmdm., sich Bewegung* (1 b) *verschaffen:* ich muss mich noch ein bisschen b.; die Pferde müssen jeden Tag bewegt werden; **e)** ⟨b. + sich⟩ *sich verhalten:* er durfte sich [innerhalb des Lagers] frei b.; sie wusste nicht, wie sie sich in diesen Kreisen b. sollte; bewegte sich völlig ungezwungen, mit großer Sicherheit auf dem diplomatischen Parkett. **2. a)** *erregen, ergreifen, rühren:* seine Worte haben uns tief bewegt; **b)** *innerlich beschäftigen:* dieser Gedanke bewegt mich seit Langem; **c)** (geh.) *bedenken:* die Worte, das Gehörte in seinem Innern b.; Geht und bewegt bei euch alle meine Worte (Th. Mann, Joseph 362).

²be|we|gen ⟨st. V.; hat⟩ [mhd. bewegen = bewegen (refl. = sich entschließen), ahd. biwegan = bewegen, abwägen, zu mhd. wegen = bewegen, wiegen (↑ wägen); (*durch Gründe, Motive*) *veranlassen, bestimmen, zu einem bestimmten Entschluss bringen:* jmdn. zum Einlenken b.; er ließ sich nicht b., bei uns zu bleiben; ihre Mahnung bewog ihn zum Verzicht; was hat ihn wohl zur Abreise bewogen?

be|we|gend ⟨Adj.⟩: *tiefe Gefühle erweckend, erschütternd, ergreifend:* ein -er Moment.

Be|weg|grund, der: *zu einer Handlung bewegender Grund; Motiv:* was war Ihr B.?; aus niedrigen Beweggründen handeln.

be|weg|lich ⟨Adj.⟩ [mhd. beweglich]: **1.** *sich bewegen lassend:* die Puppe hat -e Glieder; -e *(transportierbare)* Habe, Güter; der Hebel ist nur schwer b.; etw. b. halten. **2.** *wendig, schnell reagierend:* ein -er Verstand; eine -e Politik; sie ist [geistig] sehr b. **3.** (veraltend) *bewegend, rührend, ergreifend:* sie konnte recht b. bitten.

Be|weg|lich|keit, die; -, -en: **1.** (o. Pl.) *das Beweglichsein:* körperliche B.; das Gelenk wird in seiner B. eingeschränkt bleiben. **2.** *Grad, in dem etw. beweglich ist.* **3.** *geistige Wendigkeit:* politische B.

be|wegt ⟨Adj.⟩ [2. Part. von ↑ ¹bewegen (1)]: **1. a)** *in Bewegung befindlich, unruhig:* bei [leicht, kaum] -er See; das Wasser war sehr b.; **b)** *ereignisreich, unruhig:* ein -es Leben; er hat eine -e Vergangenheit. **2.** *durch Bewegung (2) gekennzeichnet, von Bewegung zeugend:* er dankte mit -en Worten.

-be|wegt: drückt in Bildungen mit Substantiven die Verbundenheit mit einer bestimmten Bewegung aus: frauen-, friedens-, jugend-, umweltbewegt.

Be|wegt|heit, die; -, -en: **1. a)** *bewegter (1 a) Zustand:* die B. des Wassers verstärkte ihre Übelkeit; **b)** *bewegter (1 b) Charakter:* trotz der B. seiner Vergangenheit. **2.** *Zustand inneren Bewegtseins:* mit B. denkt man an die Opfer der Erdbebenkatastrophe.

Be|we|gung, die; -, -en [mhd. bewegunge]: **1. a)** *das [Sich]bewegen von jmdm. durch Veränderung der Lage, Stellung, Haltung:* eine ruckartige B.; ihre -en sind elegant, geschmeidig, plump; sie machte eine ungeduldige, abwehrende B. [mit der Hand]; mit einer unwilligen B. reagieren; Ü ich habe alles in B. gesetzt *(alles unternommen, versucht),* um diese historische Aufnahme zu bekommen; **b)** *das [Sich]bewegen von etw.:* die gleichmäßig beschleunigte B. eines fallenden Steins; B. durch Treibriemen übertragen; B. in Wärme umsetzen; der Bau erfordert die B. großer Erdmassen; der Arzt verordnete ihm viel B. in frischer Luft; eine Maschine in B. setzen; alles gerint in B.; die ganze Stadt war in B. *(viele Menschen waren auf der Straße);* wir werden ihn schon in B. bringen, halten *(wir werden dafür sorgen, dass er etwas tut);* der Zug setzte sich in B. *(begann sich in eine Richtung zu bewegen).* **2.** *inneres Bewegtsein, innere Bewegtheit, Ergriffenheit, Rührung, Erregung:* er konnte seine [innere] B. nicht verbergen. **3. a)** *politisch, historisch bedeutsames gemeinsames (geistiges od. weltanschauliches) Bestreben einer großen Gruppe:* die liberale B. des 19. Jahrhunderts; **b)** *größere Anzahl von Menschen, die sich zur Durchsetzung eines gemeinsamen [politischen] Zieles zusammengeschlossen haben:* die verschiedenen revolutionären -en schlossen sich zusammen.

Be|we|gungs|ab|lauf, der: *Ablauf einer Bewegung (1 a).*

Be|we|gungs|ap|pa|rat, der (Anat.): *(beim Menschen u. bei höheren Tieren) Gesamtheit der zur Ausführung von Bewegungen (1 a) erforderlichen Teile des Körpers.*

Be|we|gungs|drang, der: *Drang, sich zu bewegen; Bewegungstrieb:* seinen B. ausleben, stillen; unsere Tochter hat einen unbändigen B.

Be|we|gungs|ener|gie, die (Physik): *Energie, die ein Körper aufgrund seiner Bewegung besitzt; kinetische Energie.*

Be|we|gungs|frei|heit, die: *Möglichkeit, sich frei zu bewegen:* jmdm. volle B. lassen.

be|we|gungs|los ⟨Adj.⟩: *ohne Bewegung; regungslos; reglos.*

Be|we|gungs|lo|sig|keit, die; -, -en: *bewegungsloser Zustand.*

Be|we|gungs|man|gel, der: *Mangel an Bewegung (1 b):* Zivilisationsschäden durch Übergewicht und B.

Be|we|gungs|mel|der, der (Technik): *Gerät, das in einem bestimmten Bereich auftretenden Bewegungen registriert u. in irgendeiner Weise auf sie reagiert:* zum Schutz vor Einbrechern ließen sie am Haus B. anbringen.

Be|we|gungs|raum, der: *Spielraum:* die Arbeitgeberseite sieht keinen B. für Lohnerhöhungen.

Be|we|gungs|rich|tung, die: *Richtung, in die eine Bewegung (1) führt.*

Be|we|gungs|spiel, das: *Spiel, das mit körperlicher Bewegung verbunden ist.*

Be|we|gungs|spiel|raum, der: **1.** *Spielraum (1) für Bewegungen.* **2.** *Spielraum (2), der jmdm. zur Verfügung steht.*

Be|we|gungs|the|ra|pie, die (Med.): *Therapie durch systematische aktive od. passive Bewegung des Körpers od. einzelner Glieder.*

Be|we|gungs|trieb, der: *Bewegungsdrang.*

Be|we|gungs|über|tra|gung, die: *Übertragung von Bewegung (1 b).*

Be|we|gungs|übung, die: *[Sport]übung zur Erhaltung bzw. Erhöhung der körperlichen Beweglichkeit:* besonders wirkungsvoll sind -en im Wasser.

be|we|gungs|un|fä|hig ⟨Adj.⟩: *nicht fähig, sich zu bewegen.*

Be|we|gungs|un|fä|hig|keit, die: *Zustand, in dem jmd., etw. bewegungsunfähig ist.*

Be|we|gungs|ver|mö|gen, das: *Fähigkeit, sich zu bewegen.*

be|weh|ren ⟨sw. V.; hat⟩ [zu ↑ ¹Wehr]: **1. a)** *mit Waffen, Anlagen o. Ä. zum Schutz gegen Angriffe versehen:* Fenster mit Eisengittern b.; die Burg war mit dicken Mauern bewehrt; **b)** *bewaffnen:* von einem Angriff abzuwehren, hatte er sich mit einer Latte bewehrt. **2.** *armieren (2 a):* mit Stahl bewehrter Beton. **3.** (Rechtsspr.) *mit einer Strafandrohung versehen:* die Vorschriften sind strafrechtlich bewehrt.

Be|weh|rung, die; -, -en: **1.** *das Bewehren; das Bewehrtwerden.* **2.** *Gesamtheit dessen, womit etw. bewehrt ist.*

be|wei|den ⟨sw. V.; hat⟩ (Landwirtsch.): *weidend abgrasen:* ein Wiesengrundstück b. lassen; es besteht die Gefahr, dass die Almen zu stark beweidet werden.

Be|wei|dung, die; -, -en: *das Beweiden; das Beweidetwerden.*

be|weih|räu|chern ⟨sw. V.; hat⟩: **1.** *mit Weihrauch umgehen, erfüllen:* ein Kultbild b. **2.** (ugs. abwertend) *über Gebühr, maßlos verherrlichen, übertreibend loben:* sich selbst b.; er gehört zu den beweihräucherten Liedermachern dieser Szene.

Be|weih|räu|che|rung, die; -, -en: *das Beweihräuchern; das Beweihräuchertwerden.*

be|wei|nen ⟨sw. V.; hat⟩ [mhd. beweinen, ahd. biweinōn]: *[weinend] betrauern, beklagen:* einen Toten, einen Verlust b.

Be|wei|nung, die; -, -en ⟨Pl. selten⟩: *das Beweinen; das Beweintwerden:* die B. Christi, eines Toten.

Be|weis, der; -es, -e [15. Jh., zu ↑beweisen]: **1.** *Nachweis dafür, dass etw. zu Recht behauptet, angenommen wird; Gesamtheit von begleitenden Umständen, Sachverhalten, Schlussfolgerungen:* ein schlüssiger, stichhaltiger, schlagender B.; eindeutige, handfeste, unwiderlegbare -e; das ist der B. seiner Schuld/für seine Schuld; der B. für die Richtigkeit meiner Auffassung ist, dass…; -e für etw. haben; den B. für etw. liefern, antreten, führen, erbringen *(etw. beweisen);* [über etw.] B. erheben (Rechtsspr.; *[zu einer bestimmten Frage] die Beweisaufnahme vornehmen);* der Angeklagte wurde mangels, aus Mangel an -en freigesprochen; als/ zum B. ihrer Aussage legte sie Briefe vor; etw. unter B. stellen (Papierdt.; *etw. beweisen);* ich glaube das bis zum B. des Gegenteils; Da fingen sie an, ihm alles vorzurechnen, und fügten B. auf B. (Brecht, Geschichten 18). **2.** *sichtbarer Ausdruck von etw.; Zeichen, das etw. offenbar macht:* die Äußerung ist ein B. ihrer Schwäche; beide gaben überraschende -e ihrer Trinkfestigkeit.

Be|weis|an|trag, der (Rechtsspr.): *Antrag eines Prozessbeteiligten, zu einer bestimmten Behauptung die Beweisaufnahme vorzunehmen.*

Be|weis|auf|nah|me, die (Rechtsspr.): *richterliche Prüfung u. Benutzung der Beweismittel in einem bestimmten gerichtlichen Verfahrensabschnitt:* die B. eröffnen, [ab]schließen; in die B. eintreten.

be|weis|bar ⟨Adj.⟩: *sich beweisen lassend:* eine nicht, nur schwer, kaum -e Behauptung; es ist b., dass er ein Komplize des Täters war.

Be|weis|bar|keit, die; -, -en: **1.** ⟨o. Pl.⟩ *das Beweisbarsein.* **2.** *etw. Beweisbares.*

Be|weis|be|schluss, der (Rechtsspr.): *Anordnung einer Beweisaufnahme durch förmlichen Gerichtsbeschluss.*

be|wei|sen ⟨st. V.; hat⟩ [mhd. bewīsen = belehren, zeigen, aufweisen]: **1.** *den Beweis (1) für etw. liefern, führen; nachweisen:* eine Behauptung, einen Lehrsatz, eine Formel, die Existenz Gottes b.; seine Unschuld, die Richtigkeit einer Behauptung [durch Argumente, Urkunden, Zeugen] b.; etw. wissenschaftlich b.; es lässt sich nicht [mehr] b., dass er dort war; dieser Brief beweist gar nichts; der Angeklagten konnte die Tat nicht bewiesen werden; ich habe ihm [dadurch, damit] bewiesen, dass er unrecht hat; was zu b. war (bekräftigende Schlussformel nach einem durchgeführten Beweis); ♦ … da alle Zeichen gegen sie beweisen (Schiller, Jungfrau V, 7). **2.** *einen Beweis (2) von etw. geben; erkennen lassen, zeigen:* seine Ablehnung beweist nur seine mangelnde Einsicht; sie hat bei dem Unglück große Umsicht bewiesen. **3. a)** ⟨b. + sich⟩ *mit bestimmten Leistungen seine Fähigkeiten, seine Befähigung für etw. unter Beweis stellen;* **b)** *sich als etw. Bestimmtes erweisen, sich bestätigen, den Nachweis für etw. erbringen.* ♦ **4.** *erweisen* (3): Ihr habt dem Hut nicht Reverenz bewiesen (Schiller, Tell III, 2).

Be|weis|er|he|bung, die (Rechtsspr.): *Beweisaufnahme.*

Be|weis|füh|rung, die: **a)** *das [Durch]führen, Erbringen eines Beweises:* die B. übernehmen; **b)** *Schrittfolge eines Beweises (1):* eine exakte, geschickte, logische B.

Be|weis|ge|gen|stand, der (Rechtsspr.): *Gegenstand eines Beweises (1); dasjenige, was in der Beweisaufnahme ermittelt werden soll.*

Be|weis|grund, der: *Grund, auf den ein Beweis stützt, Argument:* ein stichhaltiger, entscheidender B. für die Richtigkeit dieser Behauptung.

Be|weis|ket|te, die: *Kette von Teilbeweisen:* eine lückenlose B.

Be|weis|kraft, die ⟨o. Pl.⟩: *Eignung, als glaubwürdiger Beweis zu gelten:* dieses Dokument, Zeugnis hat keine B.

be|weis|kräf|tig ⟨Adj.⟩: *Beweiskraft habend:* ein -er Brief.

Be|weis|la|ge, die (bes. Rechtsspr.): *Lage hinsichtlich des Vorhandenseins od. Fehlens von Beweisen:* eine klare B.; die B. prüfen.

Be|weis|last, die (Rechtsspr.): *Verpflichtung, für die Wahrheit bestimmter Behauptungen einen Beweis zu führen:* die B. liegt bei der Staatsanwaltschaft, beim Kläger; die B. tragen; die B. umkehren *(die Beweispflicht dem anderen Kontrahenten auferlegen).*

Be|weis|ma|te|ri|al, das (Rechtsspr.): *Material, das zu einem juristischen Beweis beiträgt:* B. beschlagnahmen, sicherstellen, sammeln, fälschen, vernichten, verschwinden lassen.

Be|weis|mit|tel, das (Rechtsspr.): *Mittel, Sache, Indiz, worauf sich ein Beweis stützt, bes. eines der Mittel, die dem Richter Kenntnisse über den Beweisgegenstand ermöglichen od. vermitteln sollen* (z. B. Urkunden, Zeugen, Sachverständige, Augenschein).

Be|weis|not, die: *Zwangslage, in der man [vor Gericht] etw. beweisen soll, von dessen Wahrheit man überzeugt ist, wofür einem jedoch die Beweise fehlen:* in B. sein.

Be|weis|pflicht, die (Rechtsspr.): *Beweislast.*

Be|weis|si|che|rung, die (Rechtsspr.): *in Ausnahmefällen vor od. in einem Gerichtsverfahren erlaubte vorzeitige Beweisaufnahme zur Sicherung von Beweismitteln.*

Be|weis|stück, das: *Sache, auf die sich ein Beweis stützt.*

Be|weis|ver|fah|ren, das (Rechtsspr.): *Teil der Gerichtsverhandlung, bei der Beweise vorgelegt, geprüft u. gewertet werden.*

Be|weis|wür|di|gung, die (Rechtsspr.): *richterliche Prüfung u. Entscheidung darüber, ob ein Beweis gelungen ist.*

be|wen|den ⟨unr. V.⟩: in den Verbindungen **es bei/**(seltener:) **mit etw. b. lassen** (*es mit etw. genug, gut, abgetan, erledigt sein lassen:* wir wollen es diesmal noch bei einer Verwarnung, leichten Strafe b. lassen); **bei/mit etw. sein Bewenden haben** (*auf etw. beschränkt bleiben:* damit mag es sein Bewenden haben).

Be|werb, der; -[e]s, -e (Sport österr.): *Wettbewerb:* jmdn., eine Mannschaft aus dem B. werfen.

be|wer|ben ⟨st. V.; hat⟩ [mhd. bewerben, ahd. bi(h)werban = erwerben]: **1.** ⟨b. + sich⟩ *sich um etw., bes. eine Stellung o. Ä., bemühen:* sich bei einer Firma b.; sich um eine Position, einen Job, eine Kandidatur, eine Nominierung, ein Amt, ein Mandat, ein Stipendium, einen Studienplatz, eine Mitgliedschaft b.; sich schriftlich, telefonisch, online b.; ich habe mich dort [als Managementassistentin] beworben; mehrere Bauunternehmen haben sich um den Auftrag beworben; er bewarb sich darum, in den Klub aufgenommen zu werden; (geh.:) sich um jmds. Gunst b. **2.** (Kaufmannsspr.) **a)** *Werbung für etw. treiben:* Bücher b.; im Test schnitten die am häufigsten beworbenen Cremes am schlechtesten ab; **b)** *die Gunst von jmdm. zu erringen suchen:* in Zukunft will man Kinder besonders b.

Be|wer|ber, der; -s, -: *jmd., der sich um etw. od. jmdn. bewirbt:* für diesen Job gibt es zahlreiche B.; sie hat viele B. (*veraltend*; *Freier 1*) abgewiesen.

Be|wer|be|rin, die; -, -nen: w. Form zu ↑ Bewerber.

Be|wer|bung, die; -, -en: **1.** *das Sichbewerben:* seine B. um diesen Posten hatte Erfolg; die B. muss schriftlich erfolgen; seine B. zurückziehen. **2.** *Bewerbungsschreiben:* Ihre B. liegt uns vor; auf die Annonce hin gingen zahlreiche -en ein. **3.** (Kaufmannsspr.) *das Bewerben* (2).

Be|wer|bungs|frist, die: *Zeitspanne, innerhalb deren eine Bewerbung möglich ist.*

Be|wer|bungs|ge|spräch, das: *Gespräch mit jmdm., der sich um eine Stelle beworben hat.*

Be|wer|bungs|map|pe, die: *Mappe* (1) *mit Bewerbungsunterlagen:* eine digitale B. (*Zusammenstellung der Bewerbungsunterlagen in elektronischer Form auf einem Datenträger, im Internet od. zur Versendung per E-Mail*); eine B. zusammenstellen, einreichen, einschicken.

Be|wer|bungs|schluss, der: *Zeitpunkt, bis zu dem dem eine Bewerbung vorliegen muss.*

Be|wer|bungs|schrei|ben, das: *schriftliche Bewerbung.*

Be|wer|bungs|un|ter|la|ge, die ⟨meist Pl.⟩: *für eine Bewerbung erforderliche Unterlage* (2) (z. B. Bewerbungsschreiben, Lebenslauf, Zeugnis).

be|wer|fen ⟨st. V.; hat⟩: **1.** *etw. auf jmdn., auf etw. werfen:* der Redner wurde mit Tomaten beworfen; sich [gegenseitig]/(geh.:) einander mit Schneebällen b.; Ü jmdn., jmds. Namen mit Schmutz b. (*jmdn. in übler Weise verleumden, beleidigen*). **2.** (Bauw.) *durch Bewerfen verputzen:* eine Mauer mit Mörtel b.

be|werk|stel|li|gen ⟨sw. V.; hat⟩ [zu veraltet werkstelligen = ausführen, ins Werk setzen, zu ↑ Werk]: ⟨etw. Schwieriges⟩ *mit Geschick od. Schläue zustande bringen, erreichen:* er wird den Verkauf schon b.; wir müssen es irgendwie b., dass er mitmacht; ich weiß nicht, wie ich das b. soll.

Be|werk|stel|li|gung, die; -, -en ⟨Pl. selten⟩: *das Bewerkstelligen; das Bewerkstelligtwerden.*

be|wert|bar ⟨Adj.⟩: *sich bewerten lassend:* eine -e Größe.

be|wer|ten ⟨sw. V.; hat⟩: *dem [Geld]wert, der Qualität, Wichtigkeit nach* [*ein*]*schätzen, beurteilen:* einen Menschen nach seinem Erfolg b.; das Grundstück wurde mit 80 000 Euro viel zu hoch bewertet; der Aufsatz wurde mit [der Note] »gut« bewertet.

Be|wer|tung, die; -, -en: **1.** *das Bewerten; das Bewertetwerden:* die B. eines Aufsatzes durch die Lehrerin. **2.** *sprachliche Äußerung, durch die etw., jmd. bewertet wird:* eine B. schreiben; seine Leistung erhielt unterschiedliche -en.

Be|wer|tungs|kri|te|ri|um, das: *Kriterium, nach dem jmd., etw. bewertet wird.*

Be|wer|tungs|maß|stab, der: *Maßstab für die Bewertung.*

Be|wer|tungs|sys|tem, das: *System, nach dem eine Bewertung erfolgt.*

be|wet|tern ⟨sw. V.; hat⟩ (Bergbau): *einem Grubenbau Frischluft zuführen:* einen Schacht b.

Be|wet|te|rung, die; -, -en ⟨Pl. selten⟩: *das Bewettern.*

be|wie|se|ner|ma|ßen ⟨Adv.⟩: *wie bewiesen wurde; nachweislich.*

◆ **be|wil|dert** ⟨Adj.⟩: *befremdet, verdutzt:* Der Franzos schaute ganz kurios und b. drein (Raabe, Chronik 101).

be|wil|li|gen ⟨sw. V.; hat⟩ [zu gleichbed. mhd. willigen, zu ↑ willig]: (*bes. offiziell, amtlich auf Antrag*) *gewähren, genehmigen, zugestehen, zubilligen:* [jmdm.] einen Kredit b.; man hat ihr zwei Mitarbeiter bewilligt; die Steuern mussten vom Parlament bewilligt werden.

Be|wil|li|gung, die; -, -en: **1.** *das Bewilligen.* **2.** (*schriftliche*) *Zusage, dass etw. bewilligt wird:* die B. [zur Akteneinsicht] geben, erhalten.

Be|wil|li|gungs|pflicht, die (bes. schweiz. Amtsspr.): *Genehmigungspflicht.*

Be|wil|li|gungs|pflich|tig ⟨Adj.⟩ (bes. schweiz. Amtsspr.): *genehmigungspflichtig.*

Be|wil|li|gungs|zeit|raum, der: **1.** *Zeitraum, für den etw. genehmigt wird:* im B. werden dafür 5 Millionen Euro ausgegeben. **2.** *Zeitraum, der vergeht, bis etw. genehmigt wird:* Ziel der Stadtverwaltung ist es, B. von höchstens acht Wochen zu garantieren. **3.** *Zeitraum, innerhalb dessen eine Freistellung o. Ä. ein Mal gewährt wird:* der B. ist jetzt verkürzt worden.

◆ **be|will|kom|men** ⟨sw. V.; bewillkommte, hat bewillkommt⟩: *bewillkommnen:* Wir hatten uns kaum zurechtgesetzt, die Frauenzimmer sich bewillkommt (Goethe, Werther I, 16. Junius); ⟨subst.:⟩ Jetzt ging's an ein Bewillkommen und an Fragen; der Wirt rief die Kinder zusammen (Hebel, Schatzkästlein 53).

be|will|komm|nen ⟨sw. V.; hat⟩ (geh.): *willkommen heißen, freundlich empfangen:* einen Gast b.

Be|will|komm|nung, die; -, -en (geh.): *das Bewillkommnen.*

◆ **be|win|den** ⟨st. V.; hat⟩: ²*umwinden* (1): Wie ... Pilatus ihm mit Dornen die Schläfe bewand (Klopstock, Messias 19, 783).

be|wir|ken ⟨sw. V.; hat⟩ [mhd. bewirken = umfassen; die heutige Bed. seit dem 18. Jh.]: *verursachen, (als Wirkung) hervorbringen, veranlassen, hervorrufen, herbeiführen:* eine Änderung b.; er, sein Eingreifen bewirkte, dass sich manches änderte; ein Tiefdruckgebiet bewirkte lang anhaltende Regenfälle.

Be|wir|kung, die; -, -en (Rechtsspr., sonst Papierdt.): *das Bewirken.*

be|wir|ten ⟨sw. V.; hat⟩ [mhd. bewirten, zu ↑ Wirt]: **1.** *einem Gast zu essen u. zu trinken geben:* sie bewirtete uns mit Tee und Gebäck. **2.** (schweiz.) (*Land*) *bewirtschaften.*

be|wirt|schaf|ten ⟨sw. V.; hat⟩: **1.** (*bes. einen landwirtschaftlichen Betrieb, eine Gaststätte*) *wirtschaftend leiten, betreiben, versorgen:* einen Bauernhof rentabel b.; eine [nur im Sommer] bewirtschaftete (*als Gaststätte geöffnete*) Hütte. **2.** *bestellen, bearbeiten:* ein Stück Land b. **3.** *Verbrauch, Zuteilung, Verkauf od. Vergabe von etw. staatlich kontrollieren, lenken u. einschränken, rationieren:* Nahrungsmittel, Wohnraum, Devisen b.

Be|wirt|schaf|ter, der; -s, -: *jmd., der etw. bewirtschaftet* (1, 2).

Be|wirt|schaf|te|rin, die; -, -nen: w. Form zu ↑ Bewirtschafter.

Be|wirt|schaf|tung, die; -, -en: *das Bewirtschaften.*

Be|wir|tung, die; -, -en: **1.** *das Bewirten:* eine gastliche, freundliche B. **2.** (selten) *Essen u. Trinken, womit jmd. bewirtet wird.*

Be|wir|tungs|kos|ten ⟨Pl.⟩ (Steuerw.): *Kosten für die Bewirtung von Geschäftspartnern o. Ä.*

Be|wir|tungs|ver|trag, der (Rechtsspr.): *Rechtsgeschäft, das durch die Bewirtung eines Gastes in einer Gaststätte o. Ä. zustande kommt.*

be|wit|zeln ⟨sw. V.; hat⟩: *über etw., jmdn. Witze machen, witzeln:* jmdn., jmds. Kleidung b.

be|wohn|bar ⟨Adj.⟩: *zum Bewohnen geeignet:* ein altes, verfallenes Haus b. machen.

Be|wohn|bar|keit, die; -: *das Bewohnbarsein.*

be|woh|nen ⟨sw. V.; hat⟩ [mhd. bewonen]: *in, auf etw. wohnen:* ein Haus, Stockwerk b.; die Insel ist [nicht] bewohnt; Ü das Alpenveilchen bewohnt bewaldete Gebiete in den Mittelmeerländern (Bot.; *kommt in Gebieten der Mittelmeerländer vor*).

Be|woh|ner, der; -s, -: **1.** *jmd., der etw. bewohnt:* die B. des Hauses, der Insel; B. der Steppe (Biol.; *nur in Steppen vorkommende Pflanzen od. Tiere*). **2.** ⟨Pl.⟩ (ugs. scherzh.) *Ungeziefer, von dem jmd. befallen ist:* B. haben.

Be|woh|ne|rin, die; -, -nen: w. Form zu ↑ Bewohner (1).

Be|woh|ner|schaft, die; -, -en: *Gesamtheit der Bewohnerinnen u. Bewohner.*

be|wöl|ken, sich ⟨sw. V.; hat⟩: *sich mit Wolken bedecken:* der Himmel bewölkte sich rasch; ein bewölkter Himmel; Ü seine Miene bewölkte sich (*verfinsterte sich*).

Be|wöl|kung, die; -, -en ⟨Pl. selten⟩: **1.** ⟨o. Pl.⟩ *das Sichbedecken mit Wolken; das Bewölktsein:* eine allmähliche B. des Himmels. **2.** ⟨Pl. selten⟩ *das Bewölktsein, Gesamtheit der am Himmel befindlichen Wolken; Wolkendecke:* leichte, aufgelockerte, verdichtete B.; die B. reißt auf.

Be|wöl|kungs|auf|lo|cke|rung, die (Meteorol.): *das Auflockern, Aufreißen der Bewölkung.*

Be|wöl|kungs|zu|nah|me, die ⟨Pl. selten⟩ (Meteorol.): *Zunahme der Bewölkung.*

be|wu|chern ⟨sw. V.; hat⟩: wuchernd bedecken: Unkraut bewucherte die Gräber.
Be|wu|che|rung, die; -, -en: *das Bewuchern; das Bewuchertwerden.*
Be|wuchs, der; -es: *Gesamtheit der Pflanzen, mit denen etw. bedeckt, bewachsen ist; Pflanzendecke:* der B. des Ufers.
Be|wun|de|rer, Bewundrer, der; -s, -: *jmd., der jmdn. od. etw. bewundert:* ein glühender B. [der Kunst] des Meisters.
Be|wun|de|rin, Bewunderin, die; -, -nen: w. Formen zu ↑ Bewunderer, Bewundrer.
be|wun|dern ⟨sw. V.; hat⟩ [eigtl. = als ein Wunder betrachten]: *eine Person od. ihre Leistung, eine Sache als außergewöhnlich betrachten u. staunend anerkennende Hochachtung für sie empfinden [u. diese äußern]:* jmdn. [wegen seiner Leistungen] b.; er bewunderte im Stillen ihren Mut; ein Gemälde b.; seine Geduld ist zu b. *(bewundernswert, -würdig);* bewundernde Blicke; jmds. bewundertes Vorbild sein.
be|wun|derns|wert ⟨Adj.⟩: *bewundernswürdig.*
be|wun|derns|wer|ter|wei|se ⟨Adv.⟩: *so, dass es Bewunderung verdient.*
be|wun|derns|wür|dig ⟨Adj.⟩: *bewunderungswürdig.*
Be|wun|de|rung, die; -, -en ⟨Pl. selten⟩: *das Bewundern; große Anerkennung, Hochachtung:* jmdm. B. einflößen, abnötigen; jmdn., etw. mit unverhohlener B., voller B. betrachten.
be|wun|de|rungs|wür|dig ⟨Adj.⟩: *Bewunderung verdienend:* eine -e Fertigkeit.
Be|wund|rer: ↑ Bewunderer.
Be|wund|re|rin: ↑ Bewunderin.
Be|wurf, der; -[e]s, Bewürfe: *Putz, mit dem etw. beworfen ist; angeworfener Mauerputz.*
be|wur|zeln, sich ⟨sw. V.; hat⟩ (Bot.): *Wurzeln bekommen:* einen Pflanzentrieb abschneiden und in die mit Wasser gefüllte Vase stecken, damit er sich bewurzelt.
Be|wur|ze|lung, Be|wurz|lung, die; -, -en: *das Sichbewurzeln.*
be|wusst ⟨Adj.⟩ [mhd., mniederd. bewūst, eigtl. 2. Part. von veraltet bewissen = sich zurechtfinden, zu ↑ wissen]: **1. a)** *absichtlich, gewollt, willentlich:* eine -e Lüge; die -e *(überzeugte)* Ablehnung des Materialismus; er war ein -er *(überzeugter)* Anhänger des Sozialismus; sie hat es ganz b. getan; **b)** *klar erkennend, geistig wach:* ein -er *(bewusst lebender, handelnder)* Mensch; die Methoden sind -er *(wacher, klarer, kritischer)* geworden; er hat den Krieg noch nicht b. erlebt; wir waren alle b. oder unbewusst *(wissentlich od. unwissentlich)* daran beteiligt; * **sich** ⟨Gen.⟩ **einer Sache b. sein** *(sich über etw. im Klaren sein):* sich der Bedeutung einer Sache voll b. sein); **c)** *ins klare, wache Bewusstsein gedrungen, im klaren, wachen Bewusstsein vorhanden:* -e und unbewusste Vorstellungen; jmdm., sich etw. b. machen; jmdm. seine Situation b. machen; etw. ist jmdm. b. *(jmd. weiß etw.);* es ist mir nicht mehr b. *(erinnerlich),* wann das geschah. **2.** *bereits erwähnt, [den Eingeweihten] bekannt:* in dem -en Haus.

-**be|wusst: 1.** drückt in Bildungen mit Substantiven aus, dass sorgsam auf etw. geachtet wird und man sich bemüht, negative Auswirkungen darauf zu vermeiden: figur-, gesundheits-, konjunktur-, umweltbewusst. **2.** drückt in Bildungen mit Substantiven aus, dass man sich über etw. im Klaren ist, dass etw. in seiner vollen Bedeutung klar erkannt wird: geschlechts-, prestige-, problembewusst.

Be|wusst|heit, die; -: *das Wahrgenommen-, Geleitetsein durch das klare Bewusstsein:* die B. einer Handlung; mit B. handelnde Menschen; ein Mensch von hoher B.
be|wusst|los ⟨Adj.⟩: **1.** *ohne Bewusstsein, besinnungslos:* in -em Zustand sein; der Kranke war tagelang b.; sie brach b. zusammen; jmdn. b. schlagen. **2.** (selten) *unbewusst, ohne Bewusstheit.*
Be|wusst|lo|sig|keit, die; -: **1.** *bewusstloser Zustand:* im Zustand der B.; sie lag in tiefer B.; * **bis zur B.** (ugs.; *unaufhörlich; bis zum Überdruss;* in Bezug auf eine Tätigkeit o. Ä.: er übte das Stück bis zur B.). **2.** (selten) *Unbewusstheit:* die Unterdrückung basiert auf der politischen B. der Landbevölkerung.
be|wusst ma|chen, be|wusst|ma|chen ⟨sw. V.; hat⟩: *deutlich machen, klar vor Augen führen.*
Be|wusst|ma|chung, die; -, -en: *das Bewusstmachen.*
Be|wusst|sein, das; -s, -e ⟨Pl. selten⟩: **1. a)** *Zustand, in dem man sich einer Sache bewusst ist; deutliches Wissen von etw., Gewissheit:* das B. seiner Kraft erfüllte ihn; er hatte das beruhigende B., versagt zu haben, in dem/im B., ihre Pflicht getan zu haben, ging sie nach Hause; etw. ins allgemeine B. bringen; ein B. für (selten: über, um) etw. haben, entwickeln; sie rief sich den Vorgang in ihr B. zurück *(machte sich ihn wieder bewusst);* etw. mit B. *(bewusst, wissentlich)* erleben; etw. mit [vollem] B. *(absichtlich)* tun; * **jmdm. zu/**(auch:)**zum B. kommen** *(jmdm. bewusst, klar werden):* allmählich kam ihr zu B., dass ihre Methode falsch war); **b)** *Gesamtheit der Überzeugungen eines Menschen, die von ihm bewusst vertreten werden:* mein B. änderte sich durch diese Begegnung; das geschichtliche B. des deutschen Volkes; das sozialistische B. der Bevölkerung entwickeln; **c)** (Psychol.) *Gesamtheit aller jener psychischen Vorgänge, durch die sich der Mensch der Außenwelt u. seiner selbst bewusst wird:* etw. tritt über die Schwelle des -s. **2.** *Zustand geistiger Klarheit; volle Herrschaft über seine Sinne:* das B. verlieren; das B. wiedererlangen *(zur Besinnung kommen);* bei vollem B. *(ohne Narkose)* operiert werden; wieder zu[m] B. *(zu sich)* kommen.
Be|wusst|seins|bil|dung, die: *Bildung des Bewusstseins* (1 b, c).
be|wusst|seins|er|wei|ternd ⟨Adj.⟩: *das Bewusstsein* (1 c) *erweiternd:* -e Drogen.
Be|wusst|seins|er|wei|te|rung, die: *Erweiterung des Bewusstseins* (1 c): Ziel der rituellen Übungen ist die B.
Be|wusst|seins|in|halt, der (Psychol.): *Inhalt des Bewusstseins* (1 c).
Be|wusst|seins|la|ge, die: *Bewusstseinszustand des Bewusstseins* (1 c).
Be|wusst|seins|stö|rung, die: *Störung des Bewusstseins* (1 c).
Be|wusst|seins|trü|bung, die: *Trübung des Bewusstseins* (1 c).
Be|wusst|seins|wan|del, der: *Veränderung des Bewusstseins* (1 b).
Be|wusst|seins|zu|stand, der: *Zustand des Bewusstseins* (1 c): ein getrübter B.
be|wusst wer|den, be|wusst|wer|den ⟨unr. V.; ist⟩: **a)** (b. w. + sich) *sich klar werden; Klarheit, Gewissheit erlangen:* allmählich werde ich mir dessen bewusst; sie ist sich des Sachverhalts bewusst geworden; **b)** *begreifen, verstehen:* wir hatten die Bedeutung des gewonnen hatte; die Bedeutung wurde uns erst später bewusst.
Be|wusst|wer|dung, die; -: *das Entstehen, Sichentwickeln einer bewussten* (1 b, c) *Haltung, Vorstellung von etw.*
Bey: ↑ Bei.
bez. = bezahlt; bezüglich.
Bez. = Bezeichnung; Bezirk.

be|zahl|bar ⟨Adj.⟩: *sich bezahlen lassend; die Möglichkeit bietend, etw. bezahlen zu können.*
be|zah|len ⟨sw. V.; hat⟩ [mhd. bezaln]: **1. a)** *für etw. den Gegenwert in Geld zahlen:* eine Ware, das Essen, ein Zimmer [zu teuer] b.; er hat mir die Übernachtung bezahlt; das ist nicht mehr zu b.; in [in] bar, mit einem Scheck, in/mit Schweizer Franken b.; Herr Ober, ich möchte b.!; Ü sie hat ihre Schuld mit dem Leben bezahlt; * **sich bezahlt machen** *(den Aufwand lohnen:* es wird noch einige Zeit dauern, bis die Neuanschaffung bezahlt gemacht hat); **b)** *jmdm. für eine Arbeit Geld geben, zahlen; jmdn. entlohnen:* den Maler b.; er wird dafür bezahlt, dass er ...; R er läuft, als ob es bezahlt bekäme (ugs.; *sehr schnell).* **2.** (Geld) *als Gegenleistung geben:* 100 Euro b.; sie hat ihm/(seltener:) an ihn 50 Euro für die Bücher bezahlt. **3.** *einen Geldbetrag demjenigen zukommen lassen, der ihn fordert, dem er zusteht:* die Miete b.; für eine Ware [keinen] Zoll b.
Be|zah|ler, der; -s, -: *jmd., der etw. bezahlt.*
Be|zah|le|rin, die; -, -nen: w. Form zu ↑ Bezahler.
Be|zahl|fern|se|hen, Be|zahl-TV, das (ugs.): *Pay-TV.*
Be|zah|lung, die; -, -en ⟨Pl. selten⟩: **1.** *das Bezahlen; das Bezahltwerden.* **2.** *Geldsumme, die jmdm. für etw. bezahlt wird:* keine B. annehmen; ohne B., nur gegen B. arbeiten.
be|zähm|bar ⟨Adj.⟩: *sich bezähmen lassend:* ihn überkam eine nicht -e Wut.
be|zäh|men ⟨sw. V.; hat⟩: **1.** *zügeln, beherrschen, in Schranken halten, im Zaum halten, bändigen:* seine Begierden, seinen Hunger b.; er konnte seine Neugier nicht [länger] b. **2.** (veraltet) *zahm machen:* wilde Tiere b.
Be|zäh|mung, die; -: *das Bezähmen; das Bezähmtwerden.*
be|zau|bern ⟨sw. V.; hat⟩ [mhd. bezoubern, ahd. bizoubarōn]: **a)** *in Entzücken setzen u. für sich einnehmen, auf jmdn. einen Zauber, Reiz ausüben:* jmdn. [durch etw.] b.; sie bezauberte alle durch ihre Liebenswürdigkeit, mit ihrem Gesang; er war bezaubert von ihrem Anblick; ◆ **b)** *verzaubern* (1): ⟨subst. 2. Part.:⟩ ... wie den Bezauberten von Rausch und Wahn der Gottheit Nähe... heilt (Goethe, Torquato Tasso II, 4).
be|zau|bernd ⟨Adj.⟩ [zu ↑ bezaubern]: *entzückend, reizend, liebreizend:* ein -es kleines Mädchen; eine -e Stimme, Landschaft; jmd. setzt sein -stes Lächeln auf; sie ist b.; eine b. schöne Frau.
Be|zau|be|rung, die; -, -en: *das Bezaubertsein; Entzücken; Begeisterung.*
be|zeich|nen ⟨sw. V.; hat⟩ [mhd. bezeichenen, ahd. bizeihhanōn = bildlich vorstellen, bedeuten]: **1. a)** *durch ein Zeichen kenntlich machen; markieren:* kranke Bäume b.; der Wanderweg ist [mit einem blauen Dreieck] bezeichnet; ein Kreuz bezeichnet die Stelle; die Aussprache eines Wortes b. *(kennzeichnen, durch Zeichen, Bezeichnung angeben);* **b)** *genau angeben, beschreiben:* einen Fundort genau b.; er bezeichnete mir umständlich die Treffpunkt. **2. a)** *[be]nennen:* mit »Apsis« bezeichnet man auch eine Nische im Zelt; er bezeichnet sich als Architekt/(auch:) als Architekten, als unzuständig; **b)** *benennen; Benennung für etw. sein:* das Wort »Pony« bezeichnet ein kleines Pferd. **3.** *von jmdm., etw. sagen, dass er, es etw. Bestimmtes sei; als etw. hinstellen:* jmdn. als seinen Freund, als Verräter b.; jmds. Verhalten als Feigheit, als anmaßend b.; dieses Verhalten bezeichnet (veraltet: *ist bezeichnend für)* seine Einstellung; ◆ Bald schrieb er verschiedene Abhandlungen, welche er seiner Gattin als »Essays« bezeichnete (Keller, Liebesbriefe 8).
be|zeich|nend ⟨Adj.⟩: *kennzeichnend, charakte-*

ristisch: ein -es Merkmal; diese Äußerung ist b. [für ihn].
be|zeich|nen|der|wei|se ⟨Adv.⟩: *wie es für jmdn., etw. bezeichnend, typisch ist.*
Be|zeich|nung, die; -, -en [mhd. bezechenunge, ahd. bizeihhanunga = Vorzeichen, Symbol]: **a)** ⟨o. Pl.⟩ *Kennzeichnung, Markierung* (Abk.: Bez.): die B. der Wanderwege erneuern; **b)** *Wort, mit dem etw. bezeichnet wird; Benennung* (Abk.: Bez.): eine charakteristische, [un]genaue B. [für ihn.]; dieses Medikament ist unter verschiedenen -en *(Namen)* im Handel.
Be|zeich|nungs|leh|re, die (Sprachwiss.): *Wissenschaft, die untersucht, wie Dinge, Wesen u. Geschehen sprachlich bezeichnet werden; Onomasiologie.*
be|zei|gen ⟨sw. V.; hat⟩ [mhd. bezeigen = anzeigen] (geh.). **1. a)** *erweisen:* jmdm. Respekt, seine Teilnahme b.; **b)** *zu erkennen geben, zeigen:* Freude, großen Mut b. **2.** ⟨b. + sich⟩ *einem Gefühl Ausdruck geben:* ich wollte mich dafür dankbar b. und schenkte ihm ein Buch; Alle bezeigen sich fröhlich und erleichtert (Hacks, Stücke 224).
Be|zei|gung, die; -, -en: *das Bezeigen.*
◆ **be|zei|hen** ⟨st. V.; hat⟩ [mhd. bezîhen, ahd. bizîhan, zu ↑ zeihen]: *bezichtigen, beschuldigen:* ...müss' er seine Brüder... des falschen Spiels b. (Lessing, Nathan III, 7).
be|zeu|gen ⟨sw. V.; hat⟩: **1.** [mhd. beziugen] *über, für etw. Zeugnis ablegen; etw. als Zeuge, Zeugin erklären; durch Zeugenaussage, Zeugnis beglaubigen, bestätigen, bekräftigen:* sie hat den Tatbestand unter Eid bezeugt; ich kann [dir] b., dass...; der Ort ist schon im 8. Jh. bezeugt *(urkundlich nachgewiesen);* seine Worte, Handlungen bezeugen *(zeigen, beweisen)* seine Rechtschaffenheit. **2.** (seltener) *bezeigen* (1).
Be|zeu|gung, die; -, -en: *das Bezeugen; das Bezeugtwerden; das Bezeugungsbegriff.*
be|zich|ti|gen ⟨sw. V.; hat⟩ [zu mhd. bezîht = Beschuldigung, ahd. bizîht = Verdachtszeichen, zu: bizîhan = beschuldigen, zu ↑ zeihen]: *jmdm. in anklagender Weise die Schuld für etw. geben; beschuldigen:* jmdn., sich [selbst] des Diebstahls b.; ich bezichtige dich der Treulosigkeit; er wurde bezichtigt, gestohlen zu haben.
Be|zich|ti|gung, die; -, -en: **1.** *das Bezichtigen.* **2.** *bezichtigende Äußerung.*
be|zieh|bar ⟨Adj.⟩: **1.** *sich beziehen* (2 a) *lassend, zum Einzug bereit:* die Wohnung ist sofort, ab 15. Mai b. **2.** *sich beziehen* (3) *lassend, erhältlich:* die Broschüre ist über den Buchhandel b.
be|zie|hen ⟨unr. V.; hat⟩ [mhd. beziehen = erreichen; über-, einziehen, ahd. biziuhan = über-, wegziehen]: **1. a)** *bespannen, überziehen:* die Betten frisch b.; der Schirm wurde neu bezogen; **b)** ⟨b. + sich⟩ *sich bewölken:* der Himmel hat sich [mit schwarzen Wolken] bezogen. **2. a)** *in etw. einziehen:* eine neue Wohnung b.; er bezog die Universität (veraltet; *begann zu studieren);* **b)** (Militär) *in eine bestimmte Stellung gehen:* [einen] Posten, eine günstige Stellung b.; Ü einen festen, klaren Standpunkt b. *(sich zu eigen machen, einnehmen);* in einer Diskussion Stellung b. *(eine Meinung vertreten).* **3.** *[aufgrund einer Bestellung] geliefert bekommen, zugestellt bekommen, erhalten:* eine Zeitung im Abonnement, durch die Post b.; Waren von verschiedenen Firmen b.; ein gutes Gehalt b. *(regelmäßig ausbezahlt bekommen);* Sozialhilfe, Hartz IV b.; eine Ohrfeige, Prügel b. (ugs.; *bekommen);* er bezog erstmals in einem Wettkampf eine Niederlage *(unterlag erstmals);* ...er wohnt jetzt noch hier und bezieht eine bescheidene Rente (Heym, Schwarzenberg 199). **4. a)** ⟨b. + sich⟩ *sich auf etw. berufen:* ich beziehe mich auf Ihr Schreiben vom...; **b)** *jmdn., etw. betreffen:* diese Kritik bezog sich nicht auf dich, auf deine Arbeit; **c)** *in Zusammenhang bringen; gedanklich verknüpfen; in Beziehung setzen:* er bezieht immer alles auf sich. **5.** (schweiz.) *einfordern:* Steuern b.
Be|zie|her, der; -s, -: *jmd., der etw. bezieht* (3): der B. dieser Zeitung, von Arbeitslosengeld.
Be|zie|he|rin, die; -, -nen: w. Form zu ↑ Bezieher.
Be|zie|hung, die; -, -en: **1.** ⟨meist Pl.⟩ *Verbindung, Kontakt zwischen Einzelnen od. Gruppen:* politische, kulturelle, persönliche, private, zwischenmenschliche, zwischenstaatliche, internationale -en; die deutsch-russischen -en; gute, freundschaftliche -en zu jmdm. haben; ich habe die -en zu ihr abgebrochen; wirtschaftliche, diplomatische -en aufnehmen, mit/zu einem Land unterhalten; er hat [überall] -en *(Verbindungen zu Leuten, die etw. für ihn tun können);* seine -en spielen lassen *(seine Verbindungen zu bestimmten Leuten für etw. nutzbar machen);* intime -en *(ein Liebesverhältnis)* zu/mit jmdm. haben; ich habe mich gerade aus einer B. gelöst (ugs.; *eine Liebesbeziehung beendet);* ...wer keine -en zum Bauern und nichts von Wert zu verscheuern hatte, der hungerte eben (Heym, Schwarzenberg 21). **2.** *innerer Zusammenhang, wechselseitiges Verhältnis:* die B. zwischen Angebot und Nachfrage; zwei Dinge zueinander in B. setzen, bringen; ihre Abreise steht in keiner B. zum Rücktritt des Ministers *(hat nichts damit zu tun);* * **in ... B.** (in *... Hinsicht, unter bestimmten Gesichtspunkten:* in dieser B. hat sie recht; dies ist in mancher, in jeder B. zu empfehlen; **mit B. auf jmdn., auf etw.** *(mit Bezugnahme, in Anspielung auf jmdn., auf etw., in Anknüpfung:* mit B. auf unser Gespräch von letzter Woche).
Be|zie|hungs|ar|beit, die: *das Arbeiten* (2 a) *an einer persönlichen Beziehung* (1): B. leisten.
Be|zie|hungs|be|griff, der: *Relationsbegriff.*
Be|zie|hungs|ge|flecht, das: *Geflecht aus [wirtschaftlichen, politischen, sozialen] Beziehungen:* das besondere B. der großen Parteien, zwischen Regierung und Industrie.
Be|zie|hungs|kis|te, die (ugs.): *[mit allerlei Schwierigkeiten verbundenes, ungeklärtes] Verhältnis zwischen den Partnern einer [Zweier]beziehung:* eine schwierige, verkorkste B. mit jmdm. haben.
Be|zie|hungs|los ⟨Adj.⟩: **1.** *ohne Beziehung* (1) *erfolgend, keinerlei Beziehung aufweisend:* ein einsamer, -er Mensch. **2.** *keine Beziehung aufweisend:* die beiden Sätze stehen b. nebeneinander.
Be|zie|hungs|lo|sig|keit, die; -, -en: **1.** *das Beziehungslossein; Mangel an Beziehung* (2), *Zusammenhang.* **2.** *Mangel an zwischenmenschlichen Beziehungen* (1).
Be|zie|hungs|pro|b|lem, das: *Problem in der Liebesbeziehung.*
be|zie|hungs|reich ⟨Adj.⟩: *reich an Beziehungen* (2) *-en ist ein Thema; ein -er (viele Assoziationen, Anspielungen einschließender) Name.*
Be|zie|hungs|stress, der (ugs.): *von einer [Zweier]beziehung ausgehender Stress.*
be|zie|hungs|voll ⟨Adj.⟩ [zu Beziehung (2)]: *bewusst Bezug auf etw. nehmend, anspielend, anzüglich:* eine -e Bemerkung; das war sehr b. gesagt.
be|zie|hungs|wei|se ⟨Konj.⟩: **1.** *oder; oder vielmehr, genauer gesagt* (Abk.: bzw.): ich war mit ihm bekannt b. befreundet. **2.** *und im anderen Fall* (Abk.: bzw.): ihre Tochter und ihr Sohn sind sechs b. acht Jahre alt.
be|zif|fer|bar ⟨Adj.⟩: *sich beziffern* (2) *lassend:* kaum -e Verluste.
be|zif|fern ⟨sw. V.; hat⟩: **1.** *mit Ziffern versehen; nummerieren:* die Seiten eines Buches b.; bezifferter Bass (Musik; *Bassstimme mit Ziffern u. Versetzungszeichen, die die zugehörigen Akkorde angeben).* **2. a)** *der Zahl, dem Betrag nach [schätzungsweise] angeben:* man beziffert den Sachschaden auf 3 000 Euro; **b)** ⟨b. + sich⟩ *sich belaufen; betragen:* die Verluste beziffern sich auf 2 Millionen Euro.
Be|zif|fe|rung, die; -, -en: **1.** *das Beziffern.* **2.** *Zahlzeichen, mit denen etw. beziffert ist.*
Be|zirk, der; -[e]s, -e [spätmhd. bezirc, für mhd. zirc < lat. circus, ↑ Zirkus]: **1. a)** *abgegrenztes Gebiet; Umkreis; Gegend:* jeder Vertreter bereist seinen eigenen B.; in einem ländlichen B. wohnen; sie war dem B. des Internats glücklich entronnen; **b)** (seltener) *Bereich; Sach-, Sinnbereich:* in den -en des Geistes, der Kunst. **2.** *Verwaltungsbezirk:* die -e der Hauptstadt, des Landes; in der romanischen Schweiz heißen die -e *Distrikte;* sie wohnt im B. Mitte. **3.** (regional ugs.) *Dienststelle eines Bezirks* (2) *der DDR.*
be|zirk|lich ⟨Adj.⟩: *den Bezirk betreffend.*
Be|zirks|amt, das: *oberste Verwaltungsbehörde eines Bezirks* (2): das B. Spandau von Berlin.
Be|zirks|an|walt, der (schweiz.): *Staatsanwalt bei einem Bezirksgericht.*
Be|zirks|an|wäl|tin, die: w. Form zu ↑ Bezirksanwalt.
Be|zirks|arzt, der: *beamteter Arzt in einem Verwaltungsbezirk.*
Be|zirks|ärz|tin, die: w. Form zu ↑ Bezirksarzt.
Be|zirks|aus|schuss, der: *Ausschuss* (2), *der die Interessen der Bürger eines Bezirks vertritt.*
Be|zirks|bei|rat, der: **1.** *Bezirksausschuss.* **2.** *Mitglied des Bezirksbeirates* (1).
Be|zirks|bei|rä|tin, die: w. Form zu ↑ Bezirksbeirat (2).
Be|zirks|bür|ger|meis|ter, der: *(bes. in Berlin) Bürgermeister eines Stadtbezirks.*
Be|zirks|bür|ger|meis|te|rin, die: w. Form zu ↑ Bezirksbürgermeister.
Be|zirks|chef, der (ugs.): *Bezirksvorsitzender.*
Be|zirks|che|fin, die: w. Form zu ↑ Bezirkschef.
Be|zirks|ebe|ne, die: meist in der Fügung **auf B.** *(in der Zuständigkeit eines Bezirks, von einem Bezirk aus als der zuständigen Stelle).*
Be|zirks|ge|richt, das (DDR, österr., schweiz.): *Gericht erster Instanz in Zivil- u. Strafsachen.*
Be|zirks|haupt|frau, die (österr.): *Vorsteherin eines Verwaltungsbezirks.*
Be|zirks|haupt|mann, der ⟨Pl. ...leute⟩ (österr.): *Vorsteher eines Verwaltungsbezirks.*
Be|zirks|haupt|mann|schaft, die; -, -en (österr.): **1.** *Verwaltungsbehörde eines Bezirks* (Abk.: BH). **2.** *Gebäude der Verwaltungsbehörde eines Bezirks.*
Be|zirks|klas|se, die (Sport): *Spielklasse, die aus den Vereinen eines bestimmten Bezirks gebildet wird.*
Be|zirks|lei|ter, der: *Leiter eines Bezirks* (1).
Be|zirks|lei|te|rin, die: w. Form zu ↑ Bezirksleiter.
Be|zirks|lei|tung, die: *Leitung eines Bezirks* (1,2).
Be|zirks|li|ga, die (Sport): *Bezirksklasse.*
Be|zirks|rat, der: **1.** *Mitglied des Bezirkstages* (2). **2. a)** *(in der Schweiz) aus Wahlen hervorgegangenes Gremium als Exekutive in einer Gemeinde;* **b)** *Mitglied eines Bezirksrates* (2 a). **3.** *Mitglied der Bezirksvertretung.*
Be|zirks|rä|tin, die: w. Form zu ↑ Bezirksrat (1, 2 b, 3).
Be|zirks|re|gie|rung, die: *(in bestimmten Bundesländern) oberste Verwaltungsbehörde eines Regierungsbezirks:* die B. Schwaben in Augsburg.
Be|zirks|rich|ter, der (DDR, österr., schweiz.): *Richter an einem Bezirksgericht.*
Be|zirks|rich|te|rin, die: w. Form zu ↑ Bezirksrichter.
Be|zirks|tag, der: **1.** (DDR) *oberstes Organ der*

Be|zirks|ver|band, der: *auf der Ebene eines [Verwaltungs]bezirks bestehende organisatorische Einheit einer Partei, Gewerkschaft, eines Vereins o. Ä.*

Be|zirks|ver|ord|ne|ten|ver|samm|lung, die: *Volksvertretung eines Stadtbezirks in Berlin.*

Be|zirks|ver|tre|tung, die: **1.** *(in Österreich) aus Wahlen hervorgegangenes Gremium, das für einen bestimmten Bezirk zuständig ist.* **2.** *Gremium, das die Interessen der Bürger eines Bezirks vertritt (wie z. B. der Bezirksausschuss, der Bezirksbeirat usw.).*

Be|zirks|vor|sit|zen|de ⟨vgl. Vorsitzende⟩: *Leiterin eines Bezirksverbandes.*

Be|zirks|vor|sit|zen|der ⟨vgl. Vorsitzender⟩: *Leiter eines Bezirksverbandes.*

Be|zirks|vor|ste|her, der: *Vorsteher einer Bezirksvertretung.*

Be|zirks|vor|ste|he|rin, die: w. Form zu ↑ Bezirksvorsteher.

be|zirks|wei|se ⟨Adv.⟩: *nach Bezirken; je nach Bezirk; auf einen od. mehrere Bezirke bezogen, beschränkt.*

be|zir|zen, becircen ⟨sw. V.; hat⟩ [nach der sagenhaften griech. Zauberin Circe] (ugs.): **a)** *verführen, betören, bezaubern, umgarnen: sie hat ihn völlig bezirzt/becirct;* **b)** *auf verführerische Weise durch charmante Überredung für seine Wünsche gewinnen: sie wird ihn schon b. und alles bekommen, was sie will.*

-be|zo|gen: *drückt in Bildungen mit Substantiven aus, dass die beschriebene Sache auf etw. bezogen ist, nur etw. allein betrifft:* anwendungs-, objekt-, personenbezogen.

Be|zo|ge|ne, die/eine Bezogene; der/einer Bezogenen, die Bezogenen/zwei Bezogene (Bankw.): *weibliche Person, auf die ein Wechsel od. Scheck gezogen ist, die ihn bezahlen muss.*

Be|zo|ge|ner, der Bezogene/ein Bezogener; des/eines Bezogenen, die Bezogenen/zwei Bezogene (Bankw.): *jmd., auf den ein Wechsel od. Scheck gezogen ist, der ihn bezahlen muss.*

Be|zo|gen|heit, die; -, -en (seltener): *das Bezogensein auf einen Sachverhalt, eine Person.*

be|zopft ⟨Adj.⟩: *mit Zopf, Zöpfen versehen:* sie präsentierte sich brav b.

Be|zug, der; -[e]s, Bezüge [vgl. mhd. bezoc = Unterfutter]: **1. a)** *etw., womit etw. bezogen, überzogen wird; Überzug:* der B. des Kissens, der Polstermöbel; die Bezüge wechseln; **b)** *(Saiten, Bogenhaare), womit etw. bespannt wird; Bespannung:* den B. einer Geige, des Bogens erneuern. **2. a)** ⟨o. Pl.⟩ *das Beziehen (3) durch Kauf, Erwerb:* für den B. von Waren aus dem Ausland unterliegt den Zollbestimmungen; **b)** *das Beziehen (2 a):* der B. des neuen Hauses. **3.** ⟨Pl., österr. auch im Sg.⟩ *Gehalt, Einkommen:* das Parlament entscheidet heute über die Höhe der Bezüge der Abgeordneten in diesem Jahr. **4.** *Beziehung (2), Zusammenhang; sachliche Verbindung, Verknüpftheit:* etw. hat B. auf jmdn., etw.; den B. zu etw. herstellen; * **auf etw. B. nehmen** (Amtsspr., Kaufmannsspr.; *sich auf etw. beziehen:* wir nehmen B. auf Ihren Schreiben vom …); **in B. auf jmdn., etw.** *(was jmdn., etw. betrifft, angeht; bezüglich; hinsichtlich:* in B. auf den neuen Mitarbeiter hat sie nichts in Erfahrung bringen können); **mit/unter B. auf etw.** (Amtsspr., Kaufmannsspr.; *Bezug nehmend auf etw.*).

Be|zü|ger, der; -s, - (schweiz.): **1.** *Bezieher:* B. einer Pension sein. **2.** *jmd., der etw. (bes. Steuern) einfordert.*

Be|zü|ge|rin, die; -, -nen: w. Form zu ↑ Bezüger.

¹be|züg|lich ⟨Präp. mit Gen.⟩ (Papierdt.): *in Bezug auf; wegen; über* (Abk.: bez.): b. seines Planes hat er sich nicht geäußert; ⟨im Pl. üblicherweise mit dem Dativ, wenn der Gen. nicht erkennbar ist:⟩ b. Kinderspielplätzen hat sich nichts geändert.

²be|züg|lich ⟨Adj.⟩ (Papierdt.): *sich beziehend: das darauf -e Schreiben; -es Fürwort* (Sprachwiss.; *Relativpronomen*).

Be|züg|lich|keit, die; -, -en: *Bezug (4), Zusammenhang, Verbindung.*

Be|zug|nah|me, die; -, -n [zum 2. Bestandteil vgl. Abnahme] (Papierdt.): *das Bezugnehmen:* unter B. *(mit Bezug)* auf Ihr letztes Schreiben.

Be|zug neh|mend, be|zug|neh|mend ⟨Adj.⟩: *sich beziehend.*

be|zugs|be|rech|tigt ⟨Adj.⟩: *zum Bezug (2 a) von etw. berechtigt.*

Be|zugs|be|rech|tig|te, die/eine Bezugsberechtigte; der/einer Bezugsberechtigten, die Bezugsberechtigten/zwei Bezugsberechtigte: *bezugsberechtigte weibliche Person.*

Be|zugs|be|rech|tig|ter, der Bezugsberechtigte/ein Bezugsberechtigter; des/eines Bezugsberechtigten, die Bezugsberechtigten/zwei Bezugsberechtigte: *bezugsberechtigte Person.*

be|zugs|be|reit ⟨Adj.⟩ (bes. schweiz.): *bezugsfertig:* im nächsten Frühjahr wird unser Haus b. sein.

Be|zug|schein: ↑ Bezugsschein.

be|zugs|fer|tig ⟨Adj.⟩: *vorbereitet, bereit für das Beziehen (2 a):* -e Wohnungen.

Be|zugs|grö|ße, die: *Zahl, Größe, Größenordnung, nach der sich etw. richtet, die Grundlage für die Berechnung von etw. ist.*

Be|zugs|per|son, die (Psychol., Soziol.): *Person, an der jmd. aufgrund einer persönlichen Beziehung sein Denken u. Verhalten orientiert.*

Be|zugs|preis, der: *Preis für den Bezug (2) von etw.*

Be|zugs|punkt, der: **1.** *Punkt, auf den eine räumliche Beschreibung, Darstellung bezogen wird.* **2.** *Orientierungspunkt, -basis für das Denken, Überlegen, Handeln.*

Be|zugs|quel|le, die: *Gelegenheit zum Einkauf:* eine günstige B.

Be|zugs|rah|men, der: *Bezugssystem.*

Be|zugs|recht, das (Börsenw.): *gesetzlich begründeter Anspruch eines Aktionärs bei Erhöhung des Aktienkapitals auf den Bezug (2 a) neuer Aktien.*

Be|zugs|schein, Bezugschein, der: *Bescheinigung, auf einen Kauf bewirtschafteter Waren berechtigt:* etw. auf, durch B. bekommen.

Be|zugs|stoff, Bezugstoff, der: *Stoff für den Bezug (1 a) von etw.*

Be|zugs|sys|tem, Bezugsystem, das: **1.** *zugrunde liegendes Koordinatensystem.* **2.** *zugrunde liegendes System, Ganzes (von Beziehungen, Überzeugungen usw.).*

Be|zug|stoff: ↑ Bezugsstoff.

Be|zugs|ver|hält|nis, das (Börsenw.): *einem Altaktionär zustehendes Verhältnis neuer zu bereits vorhandenen Aktien.*

Be|zug|sys|tem: ↑ Bezugssystem.

be|zu|schus|sen ⟨sw. V.; hat⟩ (Papierdt.): *zu einer Sache einen Zuschuss gewähren:* ein Vorhaben, ein Theater b.; die Gemeinde bezuschusst die Kindergartenplätze.

Be|zu|schus|sung, die; -, -en (Papierdt.): *das Bezuschussen; das Bezuschusstwerden.*

be|zwe|cken ⟨sw. V.; hat⟩: *einen Zweck verfolgen; beabsichtigen; zu erreichen suchen:* was bezweckst du mit dieser Frage?

be|zwei|feln ⟨sw. V.; hat⟩ [mhd. bezwiveln]: *an etw. zweifeln; anzweifeln:* jmds. Angaben b.; ich bezweifle, dass er das getan hat; das ist nicht zu b.

Be|zwei|fe|lung, Be|zweif|lung, die; -, -en: *das Bezweifeln; das Bezweifeltwerden.*

be|zwing|bar ⟨Adj.⟩: *sich bezwingen lassend.*

be|zwin|gen ⟨st. V.; hat⟩ [mhd. betwingen, ahd. bidwingan, zu ↑ zwingen]: **1.** *besiegen, überwinden, Gewalt bekommen über jmdn., etw.: fertig werden mit jmdm., etw.:* einen [sportlichen] Gegner [im Wettkampf] b.; eine Festung b. *(trotz Widerstandes einnehmen);* sich kaum b. *(beherrschen)* können, Ü seine Neugier, seinen Schmerz b. *(unterdrücken).* **2.** *trotz Schwierigkeiten bewältigen:* die schwierige Strecke b.; einen Berg b. *(unter schwierigen Bedingungen ersteigen).*

be|zwin|gend ⟨Adj.⟩: *Widerstand, Ablehnung nicht aufkommen lassend; suggestiv überwindend; stark für sich einnehmend:* ein -es Lächeln; ihr Charme war b.; seine Ausführungen sind von -er *(unbedingt überzeugender)* Logik.

Be|zwin|ger, der; -s, -: *jmd., der jmdn., etw. bezwingt, bezwungen hat.*

Be|zwin|ge|rin, die; -, -nen: w. Form zu ↑ Bezwinger.

◆ **be|zwing|lich** ⟨Adj.⟩: *bezwingbar:* … ein fester, nicht leicht -er Charakter (Goethe, Dichtung u. Wahrheit III, 18).

Be|zwin|gung, die; -, -en ⟨Pl. selten⟩: *das Bezwingen; das Bezwungenwerden.*

Bf. = Bahnhof.

BfA [be:|ɛfˈʔaː], die; - = **B**undesversicherungsanstalt für Angestellte (bis 2005).

Bg. = Bogen.

BGB [be:ge:ˈbeː], das; - = **B**ürgerliches **G**esetz**b**uch.

BGBl. = **B**undes**g**esetz**bl**att.

BGH [be:ge:ˈhaː], der; -[s] = **B**undes**g**erichts**h**of.

BGS [be:ge:ˈʔɛs], der; - (früher) = **B**undes**g**renz**s**chutz.

Bh = Bohrium.

¹BH (österr.) = **B**ezirks**h**auptmannschaft; Bundesheer.

²BH [be:ˈhaː], der; -[s], -s, selten -: **B**üstenhalter.

Bhag|van: ↑ Bhagwan.

Bhag|wan, Bhagvan [ˈbagvan], der; -[s], -s [Hindi, zu sanskr. bhagavan »der Erhabene«]: **1.** ⟨o. Pl.⟩ *Ehrentitel für religiöse Lehrer des Hinduismus.* **2.** *Träger des Ehrentitels Bhagwan (1).*

Bha|rat; -s: *amtliche Bez. der Republik Indien.*

Bhf. = Bahnhof.

Bhu|tan; -s: *Staat im Himalaja.*

Bhu|ta|ner, der; -s, -: Ew.

Bhu|ta|ne|rin, die; -, -nen: w. Form zu ↑ Bhutaner.

bhu|ta|nisch ⟨Adj.⟩: *Bhutan, die Bhutaner betreffend; aus Bhutan stammend.*

bi (indekl. Adj.) (salopp): *Kurzf. von ↑ bisexuell.*

Bi = Bismutum (Wismut).

bi-, Bi- [lat. bi-, zu: bis = zweimal]: *drückt in Bildungen mit Adjektiven od. Substantiven eine Doppelheit, eine Zweiheit aus:* bikonkav; Bilabial.

Bi|a|f|ra; -s: *Teil von Nigeria.*

Bi|as [ˈbaɪas, auch: ˈbiːas], das; -, - [engl. bias = Vorurteil, zu frz. biais = schief, schräg] (Meinungsforschung): *durch falsche Untersuchungsmethoden (z. B. Suggestivfragen) verursachte Verzerrung des Ergebnisses einer Repräsentativerhebung.*

Bi|ath|let, der; -en, -en (Sport): *jmd., der Biathlon betreibt.*

Bi|ath|le|tin, die; -, -nen: w. Form zu ↑ Biathlet.

Bi|ath|lon, der u. das; -s, -s [aus lat. bi- = zwei u. griech. âthlon, ↑ Athlet]: **1.** *Kombination aus*

Skilanglauf u. Scheibenschießen als wintersportliche Disziplin. **2.** *einzelner Wettkampf im Biathlon* (1).

bib|bern ⟨sw. V.; hat⟩ [eigtl. = ständig beben] (ugs.): **a)** *zittern:* vor Angst, Kälte b.; **b)** *um etw. zittern, Angst haben:* um seinen Besitz b.

Bi̱|bel, die; -, -n [mhd. bibel, biblie < kirchenlat. biblia (Pl.) = die heiligen Bücher (des Alten u. Neuen Testaments), zu griech. biblíon, byblíon = Papierrolle, Buch(rolle), zu: bíblos, býblos = Papyrusstaude, -bast, nach Býblos, der phönizischen Hafenstadt, aus der der zu Papierrollen verarbeitete Bast vornehmlich importiert wurde]: **1.** ⟨o. Pl.⟩ **a)** *Gesamtheit der von den christlichen Kirchen als offenbartes Wort Gottes betrachteten Schriften des Alten u. Neuen Testaments; heiliges Buch der Christen, Heilige Schrift:* das steht schon in der B. (ugs.; *ist eine alte Weisheit*); Ü das »Kapital« ist die B. der Marxisten *(bedeutsames, [unbedingt] maßgebendes Buch, an dem sich die Marxisten orientieren)*; **b)** *(jüd. Rel.)* *Gesamtheit der aus Thora u. a. bestehenden Schriften des Judentums.* **2.** *Exemplar der Bibel* (1): eine alte B.

Bi̱|bel|aus|le|gung, die: *Exegese der Bibel.*

Bi̱|bel|les|käs, der; -es, **Bi̱|bel|les|kä|se**, der; -s [zu alemann. Bibele = junge Hühner (die früher mit Molke gefüttert worden sein sollen)] (alemann.): *Quark.*

bi̱|bel|fest ⟨Adj.⟩: *mit dem Bibeltext genau vertraut:* ein -er Christ.

Bi̱|bel|for|scher, der: **1.** *Wissenschaftler, Fachmann auf dem Gebiet der Bibelforschung.* **2.** (veraltet) *Zeuge Jehovas.*

Bi̱|bel|for|sche|rin, die: w. Form zu ↑ Bibelforscher.

Bi̱|bel|for|schung, die: *Forschung, die sich mit der Bibel befasst.*

Bi̱|bel|kon|kor|danz, die: *Konkordanz* (1 a) *der Bibel.*

Bi̱|bel|spra|che, die: **a)** ⟨o. Pl.⟩ *Sprache der Bibel, wie sie in der Übersetzung Luthers zum Ausdruck kommt;* **b)** *Sprache, in der die Bibel ursprünglich geschrieben ist.*

Bi̱|bel|spruch, der: *Spruch aus der Bibel.*

Bi̱|bel|stel|le, die: *Textstelle der Bibel.*

Bi̱|bel|stun|de, die: *an die Lesung eines Bibeltextes anknüpfende Andacht.*

Bi̱|bel|text, der: *Text, Textstelle der Bibel.*

Bi̱|bel|über|set|zung, die: *Übersetzung der Bibel:* die luthersche B.

¹Bi̱|ber, der; -s, - [mhd. biber, ahd. bibar, eigtl. = der Braune]: **1.** *Nagetier mit bräunlichem Fell, plattem Schuppenschwanz und Schwimmfüßen, das an Gewässern lebt, gut schwimmt u. Bauten od. Dämme anlegt.* **2. a)** ⟨o. Pl.⟩ *Fell eines* ¹*Bibers* (1); **♦ b)** *Biberpelz:* Hinter der Tür hing sein zerdrückter B. (Raabe, Chronik 51). **3.** (ugs. scherzh.) **a)** *Vollbart;* **b)** *Träger eines Vollbartes.*

²Bi̱|ber®, der od. das; -s [nach ↑ ¹Biber (2)]: *beidseitig gerautes Baumwollgewebe [z. B. für Bettwäsche], Rohflanell.*

³Bi̱|ber, der; -s [wohl mundartl. Umformung von 1. Bestandteils von ↑ Pimpernuss; die Früchte werden auch zum Würzen von Backwerk verwendet] (schweiz.): *Lebkuchen mit marzipanähnlicher Füllung.*

Bi̱|ber|burg, die: *vom* ¹*Biber* (1) *hergestellter burgähnlicher Bau aus Ästen u. Schlamm.*

Bi̱|ber|fla|den, der (schweiz.): ³*Biber.*

Bi̱|ber|geil, das; -[e]s [mhd. bibergeil, zu: geil(e) = Hoden (die Drüsen wurden für die Hodensäcke des Tieres gehalten)]: *stark riechende Absonderung aus den zwischen After u. Geschlechtsteilen gelegenen Drüsen des* ¹*Bibers* (1).

Bi̱|ber|nel|le, die; -, -n: *Pimpernell.*

Bi̱|ber|rat|te, die: ¹*Nutria.*

Bi|b|lio|graf, Bibliograph, der; -en, -en [griech. bibliográphos = Bücherschreiber, zu: gráphein = schreiben]: *Bearbeiter einer Bibliografie.*

Bi|b|lio|gra|fie, Bibliographie, die; -, -n [griech. bibliographía = das Bücherschreiben]: *Verzeichnis, in dem Bücher, Schriften, Veröffentlichungen einer bestimmten Kategorie angezeigt u. (bes. nach Titel, Verfasser[in], Erscheinungsjahr u. -ort) beschrieben werden; Büchernachweis:* eine B. der Goetheliteratur, zur Literaturwissenschaft.

bi|b|lio|gra|fie|ren, bibliographieren ⟨sw. V.; hat⟩: **1.** *bibliografisch verzeichnen:* ein Buch b. **2.** *die genauen bibliografischen Daten feststellen:* einen Titel b.

Bi|b|lio|gra|fin, Bibliographin, die; -, -nen: w. Formen zu ↑ Bibliograf, Bibliograph.

bi|b|lio|gra|fisch, bibliographisch ⟨Adj.⟩: *die Bibliografie betreffend:* -e Angaben; einen Titel b. erfassen.

Bi|b|lio|graph usw.: ↑ Bibliograf usw.

Bi|b|lio|ma|ne, der; -n, -n [rückgeb. aus ↑ Bibliomanie] (Psychol.): *jmd., der in krankhaft übertriebener Weise Bücher sammelt.*

Bi|b|lio|ma|nie, die; - (Psychol.): *krankhaft übertriebene Bücherliebe.*

Bi|b|lio|ma|nin, die; -, -nen: w. Form zu ↑ Bibliomane.

bi|b|lio|ma|nisch ⟨Adj.⟩ (Psychol.): **a)** *die Bibliomanie betreffend, ihr zugehörig, eigentümlich;* **b)** *sich wie ein Bibliomane, wie eine Bibliomanin verhaltend.*

bi|b|lio|phil ⟨Adj.⟩ [rückgeb. aus ↑ Bibliophile]: **1.** *[schöne u. kostbare] Bücher liebend, sammelnd, bevorzugend:* ein -er Sammler; -e Interessen. **2.** *für Bibliophile, für Bücherliebhaber wertvoll:* eine -e Ausgabe erwerben, besitzen.

Bi|b|lio|phi|le, die/eine Bibliophile; der/einer Bibliophilen, die Bibliophilen/zwei Bibliophile [zu griech. phílos = Freund]: *weibliche Person, die in besonderer Weise [schöne u. kostbare] Bücher schätzt [u. erwirbt]; Bücherliebhaberin.*

Bi|b|lio|phi|ler, der/ein Bibliophile/ein Bibliophiler; des/eines Bibliophilen, die Bibliophilen/zwei Bibliophile: *jmd., der in besonderer Weise [schöne u. kostbare] Bücher schätzt [u. erwirbt]; Bücherliebhaber.*

Bi|b|lio|phi|lie, die; -: *Liebe zu Büchern.*

Bi|b|lio|thek, die; -, -en [lat. bibliotheca < griech. bibliothḗkē, eigtl. = Büchergestell, zu: thḗkē, ↑ Theke]. **1. a)** *Einrichtung zur systematischen Erfassung, Erhaltung, Betreuung u. Zugänglichmachung von Büchern; Bücherei:* an, bei einer B. angestellt sein; **b)** *[geordnete] Büchersammlung:* eine B. von 30 000 Bänden; **c)** *Raum, Gebäude für eine Bibliothek.* **2.** (veraltend) *Titel von Buchreihen:* Meiners Philosophische B.

Bi|b|lio|the|kar, der; -s, -e [lat. bibliothecarius]: *wissenschaftlich ausgebildeter Betreuer, Verwalter einer Bibliothek* (1 a).

Bi|b|lio|the|ka|rin, die; -, -nen: w. Form zu ↑ Bibliothekar.

bi|b|lio|the|ka|risch ⟨Adj.⟩: *die berufliche Tätigkeit eines Bibliothekars, einer Bibliothekarin betreffend, zu ihr gehörend, ihr eigentümlich, gemäß.*

Bi|b|lio|theks|di|rek|tor, der: *Direktor einer Bibliothek* (1 a).

Bi|b|lio|theks|di|rek|to|rin, die: w. Form zu ↑ Bibliotheksdirektor.

Bi|b|lio|theks|ka|ta|log, der: *Katalog einer Bibliothek* (1 a).

Bi|b|lio|theks|we|sen, das ⟨o. Pl.⟩: *Gesamtheit dessen, was mit der Funktion, Organisation u. Verwaltung von Bibliotheken zusammenhängt.*

Bi|b|lio|theks|wis|sen|schaft, die: *wissenschaftliche Disziplin, die sich mit Funktion, Organisationsformen u. Wirkungsweise von Bibliotheken* (1 a) *befasst.*

bi̱|b|lisch ⟨Adj.⟩: **1. a)** *aus der Bibel stammend, zur Bibel gehörend, ihr eigentümlich, gemäß:* -e Gestalten, Geschichten; das Lehrfach Biblische Geschichte; **b)** *so beschaffen, wie in der Bibel geschildert, verzeichnet:* sich b. ausdrücken; ein -es (*sehr hohes*) Alter erreichen. **2.** *die Bibel betreffend:* -e Altertumskunde; ein -es Drama (*Drama mit biblischem Stoff*).

Bi|b|li|zis|mus, der; -: *das Auslegen der Bibel im rein wörtlichen Sinn ohne Berücksichtigung historisch-kritischer Forschungsergebnisse.*

BIC [bɪk], der; -[s], -[s] [Abk. für engl. **b**ank **i**dentifier **c**ode]: *international standardisierter Schlüssel zur Identifikation von Kreditinstituten.*

Bi|car|bo|nat: ↑ Bikarbonat.

Bick|bee|re, die; -, -n [aus dem Niederd. < mniederd. bikbēre, wohl zu: pik = Pech (nach der schwarzen Farbe)] (nordd.): *Heidelbeere.*

bi|cyc|lisch: ↑ bizyklisch.

bi|derb ⟨Adj.⟩ [mhd. bider(be) = bieder; brauchbar, nützlich, als Adj. bitherbe = brauchbar, nützlich, eigtl. = dem Bedürfnis entsprechend] (altertümelnd, meist spött.): *bieder.*

Bi|det [bi'deː], das; -s, -s [frz. bidet, eigtl. = kleines Pferd, H. u.]: *längliches, niedriges Waschbecken für Spülungen u. Waschungen bes. des Afters u. der Genitalien im Sitzen.*

bi|di|rek|ti|o|nal ⟨Adj.⟩ [engl. bidirectional, aus lat. bi- = zwei u. engl. directional = Richtungs-, gerichtet] (EDV): *(von einer Datenübertragungsleitung) die Eigenschaft besitzend, Signale in beide Richtungen übertragen zu können.*

Bi|don|ville [bidõ'vil], das; -s, -s [frz. bidonville, eigtl. = »Kanisterstadt«]: **a)** *aus Kanistern, Wellblech u. Ä. aufgebautes Elendsviertel in den Randzonen der nordafrikanischen Großstädte;* **b)** *Elendsviertel; Slum.*

bie̱|der ⟨Adj.⟩ [mhd. bider(be), ↑ biderb]: **1.** (veraltend) *rechtschaffen, aufrichtig u. verlässlich, ehrenwert u. anständig:* ein -er Bürger; von -er Gesinnung sein. **2.** *auf beschränkte Weise rechtschaffen, allzu naiv; einfältig, treuherzig:* einen Befehl brav und b. ausführen. **3.** *etwas einfallslos, hausbacken u. unoriginell; langweilig u. ohne Reiz:* ein -es Image; ein -es Unterhaltungsprogramm.

Bie̱|der|keit, die; -, -en: **1.** ⟨o. Pl.⟩ *biedere [Wesens]art.* **2.** *etw. bieder* (3) *Wirkendes.*

Bie̱|der|mann, der ⟨Pl. ...männer⟩: **1.** (veraltend od. spött.) *biederer* (1), *ehrenwerter, rechtschaffener Mann:* ein wackerer B. **2.** *auf beschränkte, kleinbürgerliche Weise biederer Mensch; Spießer.*

bie̱|der|män|nisch ⟨Adj.⟩: *dem Biedermann eigentümlich; nach Art eines Biedermannes.*

Bie̱|der|mei|er, das; -s (Fachspr. auch: -) [nach »(Gottlieb) Biedermaier«, Deckname der Verfasser von »biedermännischen« Gedichten in den »Fliegenden Blättern« (1855 ff.)]: **1.** *deutsche Kunst- u. Kulturepoche (etwa 1815 bis 1848);* **b** in Maler des -s. **2.** *Biedermeierstil:* diese Möbel sind typisch[es] B.

bie̱|der|mei|er|lich ⟨Adj.⟩: *zum Biedermeier gehörend, dem Biedermeier[stil] eigentümlich.*

Bie̱|der|mei|er|stil, der ⟨o. Pl.⟩: *von [klein]bürgerlicher Lebensauffassung u. -haltung geprägter [Kunst]stil des Biedermeiers* (1), *gekennzeichnet durch Zierlichkeit (der Möbel) u. Beschaulichkeit, Genügsamkeit, moralisierende Beschränktheit (in der Malerei, auch in der Literatur).*

Bie̱|der|mei|er|zeit, die: *Biedermeier* (1).

♦ Bie̱|der|weib, das: *ehrenwerte, rechtschaffene Frau:* Im Nonnenhof war eine dicke Wirtin, ... ein frohes B., christlich, leutselig, gütig (Mörike, Hutzelmännlein 125).

bieg|bar ⟨Adj.⟩: *sich biegen* (1) *lassend*.
Bie|ge, die; -, -n ⟨landsch.⟩: *Biegung, Kurve, Wendung*: *bis zur nächsten B.*; * **die B. machen** (salopp; *[möglichst schnell] weggehen, verschwinden*).
Bie|ge|fes|tig|keit, die: *Widerstandsfähigkeit eines Materials, Werkstoffs beim Biegen*.
bie|gen ⟨st. V.⟩ [mhd. biegen, ahd. biogan, verw. mit ↑ Bogen, ↑ Bügel, ↑ Bucht]: **1.** ⟨hat⟩ **a)** *(etw. Festes) gegen elastischen Widerstand u. ohne es zu [zer]brechen in eine anders gerichtete (bes. gekrümmte) Form bringen*: *einen Draht, ein Blech b.; einen Ast in die Höhe, nach unten b.; den Kopf etwas nach hinten b.; ich bog mich zur Seite; er sitzt mit gebogenem (krummem) Rücken,* Ü *die biegen* (abwertend; *manipulieren*) *das schon so; sie bogen sich alle vor Lachen* (ugs.; *lachten heftig*); *Ein wenig ließ sich die Wahrheit ja b.* (Muschg, Gegenzauber 183); * ⟨subst.⟩ **auf Biegen und/(auch:) oder Brechen** (ugs.; *mit Gewalt, unter allen Umständen*); **es geht auf Biegen oder Brechen** (ugs.; *es geht hart auf hart*); **b)** (Sprachwiss. österr.) *beugen, flektieren.* **2.** ⟨b. + sich; hat⟩ **a)** *gebogen werden, eine gebogene Form annehmen, sich krümmen*: *die Bäume bogen sich im Wind; Ü Der Tisch bog sich unter der Last der Speisen*; **b)** *eine [in bestimmter Weise] gebogene Form haben, [in bestimmter Weise] gekrümmt sein*: *Ihre Nase bog sich kühn und fein zugleich: oh, eine Römerin von Grund auf* (A. Zweig, Claudia 15). **3.** ⟨ist⟩ *einen Bogen, eine Biegung in eine bestimmte Richtung machen*: *der Weg biegt um den Berg; der Wagen ist in eine Toreinfahrt gebogen; sie bog rasch zur Seite (wich nach der Seite aus).* ♦ **4.** *beugen* (1 a): *Nicht unter Fürsten bogen wir das Knie* (Schiller, Tell II, 2).
bieg|sam ⟨Adj.⟩: *biegbar, leicht zu biegen, elastisch:* -*es Holz;* Ü *ein* -*er (leicht zu lenkender, fügsamer) Charakter*.
Bieg|sam|keit, die; -, -en: **1.** *biegsame Beschaffenheit, Art; Grad, in dem etw. biegsam ist.* **2.** *etw. biegsam, geschmeidig Wirkendes*.
Bie|gung, die; -, -en: **1.** *bogenförmige Abweichung von der [geraden] Richtung, [leichte] Kurve*: *der Fahrer hatte die B. unterschätzt*. **2.** (Sprachwiss. österr.) *Beugung, Flexion*.
Bie|le|feld, Stadt am Teutoburger Wald.
Bie|ler See, der; - -s: *See in der Schweiz*.
Bien, der; -s ⟨Imkerspr.⟩: *Gesamtheit des Bienenvolkes*.
Bien|chen, das; -s, -: Vkl. zu ↑ Biene.
Bie|ne, die; -, -n [mhd. bin(e), ahd. bini, H. u.]: **1.** *[stark behaartes] bräunliches fliegendes Insekt, dessen Weibchen einen Giftstachel hat; bes. Honigbiene*: *die -n schwärmen, fliegen aus; fleißig wie eine B. sein; ... man hörte das Summen der -n, die die Rabatten abweideten* (Jünger, Bienen 79). **2.** (salopp veraltend) *junge Frau*: *eine flotte, kesse, muntere B.*
bie|nen|ar|tig ⟨Adj.⟩: *wie Bienen geartet*: *ein -es Insekt; -er Fleiß*.
Bie|nen|fleiß, der: *unermüdlicher Fleiß*: *seine Kreativität und sein B. waren wirklich beeindruckend*.
bie|nen|flei|ßig ⟨Adj.⟩: *durch unermüdlichen Fleiß gekennzeichnet*.
bie|nen|haft ⟨Adj.⟩: *bienenartig*: *-er Fleiß*.
Bie|nen|hal|tung, die: *Hege u. Pflege von Honigbienen, Bienenzucht*.
Bie|nen|ho|nig, der: *von der Honigbiene gelieferter Honig*.
Bie|nen|kas|ten, der: *Bienenstock*.
Bie|nen|kö|ni|gin, die: *einziges fruchtbares Weibchen eines Bienenvolkes, das größer ist als die übrigen Bienen*.
Bie|nen|korb, der: *meist aus Stroh geflochtenes, zylindrisches, mit Fluglöchern versehenes Behältnis, das als Behausung für ein Bienenvolk dient*.
Bie|nen|schwarm, der: *Schwarm* (1) *von Bienen*.
Bie|nen|spra|che, die ⟨o. Pl.⟩: *tanzähnliche Zeichensprache, mit der die Bienen sich über Nahrungsquellen o. Ä. verständigen*.
Bie|nen|stich, der: **1.** *Stich einer Biene* (1). **2.** [H. u., 2. Bestandteil viell. = gestockte Masse, vgl. Eierstich] *Hefekuchen mit Pudding- od. Cremefüllung u. einem Belag aus zerkleinerten Mandeln, Butter u. Zucker*.
Bie|nen|stock, der ⟨Pl. ...stöcke⟩: *kastenförmiges Behältnis, das als Behausung für ein Bienenvolk dient*: *es wimmelte wie in einem B.*
Bie|nen|va|ter, der (Imkerspr.): *Imker*.
Bie|nen|volk, das: *aus einer Königin, Arbeiterinnen u. Drohnen bestehende Gemeinschaft der Bienen eines Bienenstocks*.
Bie|nen|wa|be, die: *Wabe*.
Bie|nen|wachs, das: *Ausscheidungsprodukt der Honigbiene, das Baustoff für die Waben ist*.
Bie|nen|wachs|ker|ze, die: *Kerze aus Bienenwachs*.
Bie|nen|zucht, die: *Imkerei*.
Bie|nen|züch|ter, der: *jmd., der Bienen züchtet; Imker*.
Bie|nen|züch|te|rin, die: w. Form zu ↑ Bienenzüchter.
bi|en|nal ⟨Adj.⟩ [spätlat. biennalis]: **a)** *eine zweijährige Dauer aufweisend*: *ein* -*er Programmentwurf*; **b)** *alle zwei Jahre [stattfindend]*: *ein* -*es Festival*.
Bi|en|na|le [biɛˈnaːlə], die; -, -n [ital. biennale, zu spätlat. biennalis = zweijährig, zu lat. bi- = zwei u. annus =Jahr]: *alle zwei Jahre stattfindende Ausstellung od. Schau, bes. in der bildenden Kunst u. im Film*.
Bi|en|ni|um, das; -s, ...ien [lat. biennium]: *Zeitraum von zwei Jahren*.
Bier, das; -[e]s, (Sorten:) -e [mhd. bier, ahd. bior, viell. < spätlat. biber = Trank, zu lat. bibere = trinken]: *aus Malz, Hopfen, Hefe u. Wasser gegorenes, kohlensäurehaltiges, würziges, leicht alkoholisches Getränk*: *helles, dunkles, starkes B.; alkoholfreies B.; das ist hiesiges, auswärtiges B.; B. in Flaschen, in Dosen; das B. ist frisch, gut, gepflegt, süffig, schal; B. brauen; B. zapfen, ausschenken, abfüllen; einen Kasten B. (Kasten mit Bier in Flaschen) holen; ein großes, kleines B. (Glas Bier) bestellen; ein, zwei B. (Glas Bier) trinken; Stanislaus sollte die Gläser spülen, B. anstecken (anzapfen),* *Eis auflegen* (Strittmatter, Wundertäter 142); *... es roch nach Aschenbechern und abgestandenem B.* (Gaiser, Jagd 108); * **etw. wie sauer/saures B. anbieten, anpreisen** (ugs.; *eifrig für etw. werben, was niemand haben will*): *in den Kaufhäusern wurden die Ringelsocken wie saures B. angepriesen*); **das ist [nicht] mein B.** (ugs.; *das ist [nicht] meine Angelegenheit, [nicht] mein Geschäft*; wohl urspr. zu einer gleichlautenden mundartl. [westmd.] Form von »Birne«: *darum kümmere ich mich nicht, das ist nicht mein B.*).
Bier|arsch, der (derb): *breites Gesäß*.
Bier|aus|schank, der: **1.** ⟨o. Pl.⟩ ¹*Ausschank* (1), *das Ausschenken von Bier.* **2.** ¹*Ausschank* (2), *wo überwiegend Bier ausgeschenkt wird*.
Bier|bank, die ⟨Pl. ...bänke⟩: **a)** (veraltet) ¹*Bank im Wirtshaus*; **b)** *[zusammenklappbare]* ¹*Bank ohne Rückenlehne für Bierzelte, Biergärten o. Ä.*
Bier|bank|po|li|tik, die ⟨o. Pl.⟩ (abwertend): *Stammtischpolitik*.
Bier|bauch, der (ugs. spött.): *Fettbauch*.
Bier|brau|er, der: *Brauer*.
Bier|brau|e|rei, die: *Brauerei*.
Bier|brau|e|rin, die: w. Form zu ↑ Bierbrauer.
Bier|chen, das; -s, - (fam.): *Bier: das ist [vielleicht] ein B.!; ein B. trinken gehen*.
Bier|de|ckel, der: *Untersetzer aus Pappe od. Filz für das Bierglas*.
Bier|do|se, die: *Blechdose für Transport u. Aufbewahrung von Bier*.
Bier|ei|fer, der (ugs. spött.): *übermäßiger Eifer*.
bier|ei|frig ⟨Adj.⟩: *von übermäßigem Eifer erfüllt, übertrieben eifrig*.
bier|ernst ⟨Adj.⟩ (ugs.): *übermäßig, unangemessen ernst*.
Bier|ernst, der: *übermäßiger, unangemessener Ernst*.
Bier|fass, das ⟨Pl. ...fässer⟩: *Fass für Transport u. Aufbewahrung von Bier*.
Bier|filz, der: *Untersetzer aus Filz für das Bierglas; Bierdeckel*.
Bier|fla|sche, die: *Flasche für Transport u. Aufbewahrung von Bier*.
Bier|gar|ten, der: *Gartenwirtschaft, in der vor allem Bier ausgeschenkt wird*.
Bier|glas, das ⟨Pl. ...gläser⟩: *Glas, aus dem Bier getrunken wird*.
Bier|hahn, der ⟨Pl. ...hähne⟩: *Zapfhahn für Bier*.
Bier|he|fe, die: *Hefe zur Gärung des Biers*.
Bier|kas|ten, der: *offener Kasten mit Fächern für Bierflaschen*.
Bier|kel|ler, der: **1.** *Keller zum Aufbewahren von Bier*. **2.** *Bierlokal [in einem Keller]*.
Bier|knei|pe, die (ugs.): *Bierlokal*.
Bier|krug, der: *Trinkkrug für Bier*.
Bier|krü|gel, das; -s, - [n] (österr.): *Krug od. Henkelglas für einen halben Liter Bier*.
Bier|kut|scher, der (ugs.): *Fuhrmann einer Brauerei*: *er fluchte wie ein B.*
Bier|lau|ne, die (ugs.): *übermütige Laune*: *die Idee zu dem Seifenkistenrennen ist aus einer B. entstanden*.
Bier|lo|kal, das: *[kleineres] Lokal, in dem vor allem Bier ausgeschenkt wird*.
Bier|mar|ke, die: **1.** *Gutschein für ein Bier*. **2.** *Markenname der Biere einer bestimmten Brauerei*: *welche B. bevorzugen Sie?*
Bier|markt, der: *Markt* (3 a) *für Bier*.
Bier|ru|he, die (ugs.): *unerschütterliche Ruhe*.
Bier|schaum, der: *Schaum, der beim Ausschenken auf dem Bier entsteht*: *sie wischte sich den B. von den Lippen*.
Bier|schin|ken, der: *Wurst aus einer der Fleischwurst ähnlichen Grundmasse mit großen Fleischstücken*.
Bier|sei|del, das: *Seidel*.
bier|se|lig ⟨Adj.⟩ (scherzh.): *vom Bier leicht berauscht u. in guter Stimmung*.
Bier|se|lig|keit, die ⟨Pl. selten⟩ (scherzh.): *bierselige Stimmung: behagliche, dumpfe, studentische B.; die sprichwörtliche weiß-blaue B. beim Oktoberfest*.
Bier|sie|der, der: *[Fach]arbeiter, der im Sudhaus die Bierwürze erhitzt (Berufsbez.)*.
Bier|sie|de|rin, die: w. Form zu ↑ Biersieder.
Bier|stu|be, die: *kleineres Bierlokal*.
Bier|tel|ler, der (schweiz.): *Bierdeckel*.
Bier|tisch, der: *Tisch in einem Wirtshaus, Biergarten o. Ä.*
Bier|trin|ker, der: *jmd., der [regelmäßig] Bier trinkt*.
Bier|trin|ke|rin, die: w. Form zu ↑ Biertrinker.
Bier|ver|lag, der: *Unternehmen für den Zwischenhandel mit Bier*.
Bier|ver|le|ger, der: *Unternehmer, der [Zwischen]handel mit Bier betreibt*.
Bier|ver|le|ge|rin, die: w. Form zu ↑ Bierverleger.
Bier|ver|trieb, der: *Bierverlag*.
Bier|wär|mer, der; -s, -: *Gerät zum Anwärmen des Biers im Glas*.
Bier|wurst, die: *geräucherte Wurst aus Rindfleisch, Schweinefleisch, Speck u. Gewürzen*.
Bier|wür|ze, die: *aus geschrotetem Malz gewon-*

nene zuckerhaltige Flüssigkeit, die nach weiterer Behandlung zu Bier vergoren wird.

Bier|zelt, das: *Zelt, in dem bei Volksfesten vor allem Bier ausgeschenkt wird.*

Bier|zip|fel, der: *von den Angehörigen einer studentischen Korporation getragener [Uhr]anhänger [in den Farben der Verbindung].*

Bie|se, die; -, -n [aus dem Niederd., Nebenf. von ↑ Binse]: **1.** *farbiger Vorstoß (2) bes. an [Uniform]hosen.* **2.** *schmal abgenähtes Fältchen an einem Kleidungsstück.* **3.** *Ziernaht am Schuh.*

bie|sen ⟨sw. V.; hat⟩ [mhd. bisen, ahd. bisôn = wild hin u. her springen]: *(von Rindern, Pferden u. a.) von Biesfliegen geplagt sich wild gebärden.*

Bies|flie|ge, die: *Dasselfliege.*

¹Biest, das; -[e]s, -er [niederd. beest = Untier < afrz. beste < lat. bestia, ↑ Bestie] (ugs. abwertend): **1.** *lästiges, unangenehmes Tier:* das B. hat mich gestochen; das B. bellt Tag und Nacht. **2. a)** *durchtriebener, gemeiner, niederträchtiger Mensch:* so ein B.!; das B. hat mich belogen; mit dem Unterton widerstrebender Anerkennung: ein süßes B.; **b)** *verwünschter Gegenstand:* das B. funktioniert nicht mehr.

²Biest, das; -[e]s [mhd. biest, ahd. biost, H. u.]: *Biestmilch.*

bies|tig ⟨Adj.⟩ (ugs. abwertend): **1.** *widerlich, gemein, niederträchtig:* ein -er Kerl. **2. a)** *unangenehm groß, stark:* eine -e Kälte; **b)** ⟨intensivierend bei Adjektiven u. Verben⟩ *sehr:* es tat b. weh.

Bies|tig|keit, die; -, -en (ugs. abwertend): **a)** ⟨o. Pl.⟩ *gemeine, niederträchtige Art;* **b)** *gemeine, niederträchtige Handlung, Äußerung:* sie steckt voller -en.

Biest|milch, die [zu ↑ ²Biest]: *Milch einer Kuh, die gerade gekalbt hat.*

Biet, das; -[e]s, -e [mhd. biet] (schweiz.): *Gebiet [um eine Stadt]* (z. B. Baselbiet).

bie|ten ⟨st. V.; hat⟩ [mhd. bieten, ahd. biotan, urspr. etwa = zum Bewusstsein bringen, aufmerksam machen]: **1. a)** *anbieten, zur Verfügung, in Aussicht stellen:* jmdm. Geld, eine Chance, einen Ersatz für etwas b.; was, wie viel bietest du mir dafür? *(was willst du mir dafür zahlen?);* er bot nicht viel zu b.; (Kartenspiele:) du bietest *(reizt)!;* (verblasst:) etw. bietet jmdm. eine Möglichkeit *(etw. ermöglicht jmdm. etw.);* **b)** *bei einer Versteigerung o. Ä. ein Angebot machen:* sie hat auf das Bild [5 000 Euro] geboten; wer bietet mehr?; nur zwei Interessenten boten auf das, für das Grundstück; **c)** ⟨b. + sich⟩ *sich eröffnen, sich ergeben:* hier bietet sich [dir] eine Gelegenheit; endlich bot sich ein Ausweg, den Konflikt beizulegen. **2. a)** (geh.) *[dar]reichen, hinhalten:* er bot ihr den Arm; er bot mir Feuer; Ü sie bot ihm die Hand zur Versöhnung *(gab zu erkennen, dass sie zur Versöhnung bereit sei);* **b)** *geben, gewähren:* jmdm. Obdach, Unterschlupf b. **3.** *darbieten, zeigen:* bei dem Fest wurde viel, wenig, ein schönes Programm geboten; die Mannschaft bot ausgezeichnete Leistungen; (verblasst:) diese Arbeit bietet *(macht)* keine Schwierigkeiten; Zum ersten Mal bietet ein Mann in Frankreich dem Kaiser offenen Trotz *(trotzt ihm, widersetzt sich ihm;* St. Zweig, Fouché 157). **4. a)** *sichtbar werden lassen, zeigen:* die Unfallstelle bot ein schreckliches Bild; sie boten einen prächtigen Anblick *(sieht prächtig aus);* **b)** ⟨b. + sich⟩ *sich zeigen:* ein schreckliches Bild bot sich uns, unseren Augen. **5.** *zumuten:* so etwas ist mir noch nicht geboten worden; das lasse ich mir nicht b. *(gefallen).*

bie|ten las|sen, bie|ten|las|sen, sich ⟨st. V.; hat⟩: *(etw. Unangenehmes) hinnehmen, über sich ergehen lassen:* und das lässt du dir bieten!

Bie|ter, der; -s, -: *jmd., der bei einer Versteigerung o. Ä. für od. auf etw. bietet:* für dieses Bild interessierten sich viele B.

Bie|te|rin, die; -, -nen: w. Form zu ↑ Bieter.

Bie|ter|ver|fah|ren, das (Wirtsch.): *Verfahren, bei dem verschiedene Kaufinteressenten bis zu einem festgesetzten Termin ein Angebot abgeben.*

Bi|fo|kal|bril|le, die [aus lat. bi- = zwei u. ↑ fokal]: *Brille mit Bifokalgläsern.*

Bi|fo|kal|glas, das ⟨Pl. ...gläser⟩: *zum Sehen in die Ferne in die Nähe geeignetes Brillenglas aus zwei verschieden geschliffenen Teilen mit verschiedenen Brennpunkten.*

Bi|fur|ka|ti|on, die; -, -en [zu lat. bifurcus = zweizackig, -gabelig, zu bi- = zwei u. furca, ↑ Forke]: **1.** (Med.) *Gabelung (bes. der Luftröhre u. der Zahnwurzeln) in zwei Äste.* **2.** (Geogr.) *Flussgabelung, bei der das Wasser eines Armes in ein anderes Flussgebiet abfließt.*

Bi|ga, die; -, Bigen [lat. biga, zu: biiugus = zweispännig, zu bi- = zwei u. iugum = Joch]: *von zwei Pferden gezogener Renn- od. Triumphwagen im alten Rom.*

Bi|ga|mie, die; -, -n [mlat. bigamia, zu kirchenlat. bigamus = zweifach verheiratet, zu lat. bi- = zwei u. griech. gameĩn = heiraten]: *(gesetzwidrige) Doppelehe:* in B. leben.

bi|ga|misch ⟨Adj.⟩: *bigamistisch* (b).

Bi|ga|mist, der; -en, -en: *jmd., der eine zweite Ehe eingeht, obwohl die erste gesetzlich noch besteht.*

Bi|ga|mis|tin, die; -, -nen: w. Form zu ↑ Bigamist.

bi|ga|mis|tisch ⟨Adj.⟩: **a)** *die Bigamie betreffend;* **b)** *in Bigamie lebend.*

Big Band, die; - -, - -s, **Big|band**, die; -, -s ['bɪɡbænd; engl., aus: big = groß u. band, ↑ ³Band]: *in Instrumentalgruppen gegliedertes großes Jazz- od. Tanzorchester mit (vielfach) verschiedener Besetzung.*

Big Bang ['bɪɡ 'bæŋ], der; - -s, - -s [engl. big bang, eigtl. = großer Knall]: *Urknall.*

Big Bro|ther ['bɪɡ 'brʌðə], der; - -s, - -s [engl., nach dem Roman »1984« des brit. Schriftstellers G. Orwell (1903–1950), in dem Big Brother (= der Große Bruder) die personifizierte Macht eines totalitären Staates darstellt]: *Beobachter, Überwacher.*

Big Busi|ness ['bɪɡ 'bɪznɪs], das; - - [engl., aus: big = groß u. business, ↑ Business]: **a)** *Geschäftswelt der Großunternehmer:* er gehört zum B. B.; **b)** *vorteilhaftes großes Geschäft:* er wittert ein B. B.

Big|foot ['bɪɡfʊt], der; -[s], ...feet [...fiːt] [engl. Bigfoot, eigtl. = großfuß, nach den angeblich gefundenen großen Fußspuren]: *legendäres, dem Yeti ähnliches Wesen in Nordamerika.*

Bi|g|no|nie, die; -, -n [nach dem frz. Bibliothekar J. P. Bignon (1662–1743)]: *im tropischen Nordamerika heimische kletternde Pflanze mit glockenförmigen, orangeroten Blüten.*

Bi|gos, Bi|gosch, der od. das; - [poln. bigos, viell. dt. veraltet Beguss = das Begießen]: *(als polnisches Nationalgericht geltender) Eintopf mit Sauerkraut, Schweinefleisch, Speck, Zwiebeln, Pilzen u. a.*

bi|gott ⟨Adj.⟩ [frz. bigot, H. u.] (bildungsspr. abwertend): **a)** *engherzig fromm, von übertriebenem Glaubenseifer geprägt; frömmelnd:* ein -er Mensch; -e Frömmigkeit; **b)** *scheinheilig:* -es Gerede.

Bi|got|te|rie, die; -, -n [frz. bigoterie]: **1.** ⟨o. Pl.⟩ **a)** *kleinliche, engherzige Frömmigkeit, übertriebener Glaubenseifer;* **b)** *Scheinheiligkeit.* **2.** *bigotte Handlungsweise, Äußerung.*

Big Point, der; - -s, - -s, **Big|point**, der; -s, -s ['bɪɡpɔynt; engl. big point, eigtl. = großer Punkt] (Tennis): *sehr wichtiger, entscheidender, für den Verlauf eines Spiels oft ausschlaggebender Punkt* (5 a).

Bi|jou [bi'ʒu:], der od. das; -s, -s [frz. bijou < bret. bizou = Fingerring] (schweiz., sonst veraltet): *Schmuckstück, Kleinod:* kostbare -s.

Bi|jou|te|rie [biʒutə'riː], die; -, -n [frz. bijouterie]: **1.** *[billiger] Schmuck.* **2.** (schweiz., sonst veraltet) *Geschäft für Schmuckwaren, Schmuckwarenhandel.*

Bi|jou|ti|er [biʒu'ti̯e:], der; -s, -s [frz. bijoutier] (schweiz.): *Juwelier.*

Bi|kar|bo|nat, das; -[e]s, -e [aus lat. bi- = zwei u. ↑ ²Karbonat]: *doppeltkohlensaures Salz.*

Bike [baɪk], das; -s, -s [engl. bike, Kurzf. von: bicycle = Fahrrad]: **1.** (Jargon) *kleines Motorrad.* **2. a)** Kurzf. von ↑ Mountainbike; **b)** (ugs.) *Fahrrad.*

bi|ken ['baɪkn̩] ⟨sw. V.; hat/ist⟩: **1.** (Jargon) *Motorrad fahren.* **2.** (salopp) *Fahrrad fahren.*

Bi|ker ['baɪkɐ], der; -s, - [engl. biker]: **1.** (Jargon) *Motorradfahrer.* **2.** (ugs.) *jmd., der Fahrrad, Mountainbike fährt.*

Bi|ke|rin, die; -, -nen: w. Form zu ↑ Biker.

Bi|ki|ni, der; -s, -s [Fantasiebez., geb. nach dem gleichnamigen Südseeatoll, als dieses durch die ersten großen Atomversuche weltbekannt geworden war]: *knapper, aus Ober- u. Unterteil bestehender Damenbadeanzug.*

Bi|ki|ni|hös|chen, das: *Unterteil des Bikinis.*

Bi|ki|ni|li|nie, die: *(nicht vom Bikinihöschen bedeckte) Linie über den Schamhaaren:* entfernen Sie die Haare entlang der B.

bi|kon|kav [auch: 'biː...] ⟨Adj.⟩ [aus lat. bi- = zwei u. ↑ konkav] (Optik): *beiderseits konkav.*

bi|kon|vex [auch: 'biː...] ⟨Adj.⟩ [aus lat. bi- = zwei u. ↑ konvex] (Optik): *beiderseits konvex.*

bi|la|bi|al [auch: 'biː...] ⟨Adj.⟩ [aus lat. bi- = zwei u. ↑ labial] (Sprachwiss.): *mit beiden Lippen gebildet:* -e Laute.

Bi|la|bi|al [auch: 'biː...], der; -s, -e (Sprachwiss.): *bilabialer Laut.*

Bi|lanz, die; -, -en [ital. bilancio = Gleichgewicht (der Waage), zu: bilanciare = abwägen; im Gleichgewicht halten, zu: bilancia = Waage, über das Vlat. zu lat. bilanx, ↑ Balance]: **a)** (Wirtsch., Kaufmannsspr.) *abschließende Gegenüberstellung von Aktiva u. Passiva, Einnahmen u. Ausgaben, Vermögen u. Schulden, bes. für das abgelaufene Geschäftsjahr; Kontenabschluss:* eine aktive, passive, positive, ausgeglichene, negative B.; die B. des Unternehmens weist einen Fehlbetrag aus; eine B. aufstellen, prüfen, -en lesen; er hat die B. verschleiert, frisiert *(die Vermögenslage absichtlich falsch, günstiger dargestellt);* Ü die B. der letzten Spielzeit an der Oper ist ausgeglichen; * **B. machen** (ugs.; *seine persönlich verfügbaren Mittel überprüfen);* **b)** *Ergebnis, Fazit; abschließender Überblick:* eine positive, ernüchternde, vorläufige B.; die erfreuliche B. der deutschen Außenpolitik; zehn Tote und zahlreiche Verletzte sind die traurige, erschreckende B. des Wochenendes; * **[die] B. [aus etw.] ziehen** *(das Ergebnis [von etw.] feststellen):* an jedem Hochzeitstag ziehen sie die B. des vergangenen Jahres.

Bi|lanz|buch|hal|ter, der: *Buchhalter, der für die Aufstellung der Bilanz (a) eines Betriebes zuständig ist* (Berufsbez.).

Bi|lanz|buch|hal|te|rin, die: w. Form zu ↑ Bilanzbuchhalter.

Bi|lanz|fäl|schung, die (Wirtsch.): **1.** *Fälschung der Bilanz (a).* **2.** *gefälschte Bilanz (a).*

Bi|lanz|ge|winn, der (Wirtsch.): *in der Bilanz (a) verzeichneter Gewinn einer Kapitalgesellschaft.*

bi|lan|zi|ell ⟨Adj.⟩ (Wirtsch.): *die Bilanz betreffend, zu einer Bilanz gehörend.*

bi|lan|zie|ren ⟨sw. V.; hat⟩ (Wirtsch., Kaufmanns-

Bilanzierung – Bilderrahmen

spr.): **1.** *in Bezug auf Soll u. Haben ausgeglichen sein:* das Konto bilanziert mit 12 351 Euro. **2.** *über etw. eine Bilanz aufstellen:* ein Konto b.; Ü der Leiter der Forschungsabteilung bilanziert *(gibt einen abschließenden Überblick über)* die Ergebnisse des letzten Jahrzehnts; ich bilanzierte meine berufliche Entwicklung seit dem Studium.

Bi|lan|zie|rung, die; -, -en: *das Bilanzieren* (2).

Bi|lanz|pres|se|kon|fe|renz, die: **1.** (Wirtsch.) *Pressekonferenz, in der die Bilanz* (a) *einer Firma, eines Konzerns o. Ä. vorgestellt wird.* **2.** *Pressekonferenz, auf der Bilanz gezogen wird.*

bi|lanz|si|cher ⟨Adj.⟩: *sicher im Aufstellen einer Bilanz* (a).

Bi|lanz|skan|dal, der (ugs.): *Skandal um gefälschte od. unkorrekte Bilanzen* (a).

Bi|lanz|sum|me, die (Wirtsch., Kaufmannsspr.): *Summe der Aktiva bzw. Passiva einer Bilanz.*

bi|la|te|ral [auch: ...'ra:l] ⟨Adj.⟩ [aus lat. bi- = zwei u. ↑lateral] (bes. Politik, Fachspr.): *zweiseitig, von zwei Seiten ausgehend, zwei Seiten betreffend:* -e Verträge, Gespräche; b. zusammenarbeiten.

Bilch, der; -[e]s, -e [mhd. bilch(mūs), ahd. bilih, wohl aus dem Slaw.]: *(in mehreren Arten vorkommendes) kleineres, nachtaktives Nagetier mit dichtem bräunlichem od. grauem Fell; Schlafmaus.*

Bild, das; -[e]s, -er [mhd. bilde = Bild, Gestalt, ahd. bilidi = Nachbildung, Abbild; Gestalt, Gebilde, viell. urspr. = Wunder(zeichen) u. dann verw. mit ↑ Bilwiss]: **1. a)** *mit künstlerischen Mitteln auf einer Fläche Dargestelltes, Wiedergegebenes; Gemälde, Zeichnung o. Ä.:* ein meisterhaftes, wertvolles, kitschiges, geschmackloses, altes, abstraktes, realistisches, naturgetreues B.; die -er eines alten Meisters; das B. stellt den Prinzen Eugen dar; -er sammeln, aufhängen, ausstellen, verkaufen, betrachten; ein B. [in Öl, mit Wasserfarben] malen; ein B. zeichnen, entwerfen, skizzieren, ausführen; ein B. restaurieren; **lebendes B. (szenische Darstellung von etw. [zu Erratendem] durch eine gestellte, unbewegte Personengruppe);* **ein B. von ... sein** *(sehr schön, bildschön sein):* sie ist ein B. von einem Mädchen); **b)** *Fotografie; gedruckt wiedergegebene bildliche Darstellung:* scharfe, verwackelte -er; ein B. knipsen, aufnehmen, abziehen, vergrößern; -er aus einer Zeitung, aus einem Magazin ausschneiden; jmdm. ein B. von sich schenken; sie haben im Urlaub schöne -er gemacht; etw. im B. festhalten *(fotografieren);* etw. mit -ern dokumentieren; **bewegte -er (Film-, Fernsehaufnahmen):* von diesem Ereignis gibt es keine bewegten -er); **c)** *auf dem Fernsehschirm Erscheinendes:* das B. ist gut, schlecht, verzerrt, fiel aus, war gestört; **d)** *Abbild, Spiegelbild:* sie betrachtete ihr B. im Spiegel; er ist ganz das B. seines Vaters *(sieht ihm sehr ähnlich);* **e)** **jmdn., sich, etw. ins B. setzen (jmdn., sich, etw. auf bestimmte künstlerische Art u. Weise abbilden, darstellen, präsentieren);* ♦ **f)** *Plastik, Skulptur:* ...das Museum, wo marmorne und eherne -er, Vasen und alle Arten solcher Altertümer beisammenstehen (Goethe, Italien. Reise 3. 5. 1787 [Sizilien]). **2.** *Anblick, Ansicht:* das äußere B. der Stadt ist verändert; ein schreckliches, friedliches B. bot sich unseren Augen; der Fluss bestimmt das B. der gesamten Region; die Straße zeigte, bot ein freundliches B.; **ein B. des Jammers (geh.; ein sehr trauriger Anblick):* hungernde und kranke Menschen säumten die Straßen – ein B. des Jammers, das auch den abgebrühtesten Journalisten erschütterte; **ein B. für [die] Götter sein** (ugs. scherzh.; *einen grotesken, komischen Anblick bieten).* **3.** *Vorstel-*

lung, Eindruck: -er der Vergangenheit stiegen vor ihm auf, quälten, bedrängten ihn; ein falsches B. von etw. haben; er beschwor das B. seiner Geliebten (geh.; *stellte sie sich lebhaft vor).* **sich* ⟨Dativ⟩ **ein B. von jmdm., etw. machen** *(sich eine Meinung über jmdn., etw. bilden);* **jmdn., sich [über etw. ⟨Akk.⟩] ins B. setzen** *(nachdrücklich; jmdn., sich informieren, orientieren, unterrichten; jmdn. in Kenntnis setzen):* jmdn., sich über den Verlauf der Ereignisse ins B. setzen); **über etw. ⟨Akk.⟩] im B./-e sein** *(Bescheid wissen, informiert, orientiert, unterrichtet sein):* Vermutlich sind Sie im -e, worüber wir uns zu unterhalten haben werden [Gaiser, Schlußball 119]). **4.** (Theater) *Abschnitt eines Bühnenstücks, der durch gleichbleibende Dekoration gekennzeichnet ist:* Schauspiel in sieben -ern. **5.** *bildlicher Ausdruck, anschaulicher Vergleich, Metapher:* der Schriftsteller gebraucht dunkle, abgegriffene, kühne -er; in -ern sprechen. **6.** (Math.) *einem Element durch Abbildung zugeordnetes [anderes] Element.*

Bild|ab|tas|ter, der; -s, -: *Scanner.*

Bild|ar|chiv, das: *Archiv für Bilder.*

Bild|at|las, der: *↑²Atlas* (2).

Bild|auf|zeich|nung, die: *↑Aufzeichnung* (2 a) *von etw. in Bildern.*

Bild|aus|schnitt, der: *Ausschnitt* (1 b) *aus einem Bild.*

Bild|au|tor, der: *Fotograf, von dem die einem Buch beigegebenen Bilder stammen.*

Bild|au|to|rin, die: w. Form zu ↑ Bildautor.

Bild|band, der ⟨Pl. ...bände⟩: *vorwiegend Bilder enthaltendes Buch.*

bild|bar ⟨Adj.⟩: *sich bilden, formen, hervorbringen lassend.*

Bild|be|ar|bei|tung, die (EDV): *das Bearbeiten von Bilddateien:* elektronische b.; die digitale B. beginnt die Fotokunst zu untergraben.

Bild|be|ar|bei|tungs|pro|gramm, das (EDV): *Programm, mit dem eine Bildbearbeitung vorgenommen werden kann.*

Bild|bei|la|ge, die: *hauptsächlich Bilder enthaltende Beilage in Zeitungen, Prospekten o. Ä.*

Bild|be|richt, der (bes. Zeitungsw.): *bebilderter Bericht, Bericht in Bildern.*

Bild|be|rich|ter|stat|ter, der (bes. Zeitungsw.): *Bildreporter; Pressefotograf.*

Bild|be|rich|ter|stat|te|rin, die: w. Form zu ↑ Bildberichterstatter.

Bild|be|schrei|bung, die: *Beschreibung (bes. in Form eines Schulaufsatzes) von etw., was auf einem Bild zu sehen ist.*

Bild|bio|gra|fie, Bild|bio|gra|phie, die: *Biografie mit vielen Bilddokumenten.*

Bild|bruch, der (Verlagsw.): *Stelle, die Bildmaterial aus ihrem Bildarchiv bei Bedarf weitergibt.*

Bild|chen, das; -s, -: Vkl. zu ↑ Bild (1 a, b).

Bild|chro|nik, die: ↑ Bilderchronik.

Bild|da|tei, die (EDV): *verschlüsselte Datei, die mithilfe bestimmter Software als Bild bzw. Grafik wiedergegeben werden kann:* eine B. zur Bearbeitung öffnen; ein Firmenlogo als B. anfügen.

Bild|da|ten ⟨Pl.⟩ (EDV): *verschlüsselte Daten, die mithilfe bestimmter Software als Bild bzw. Grafik wiedergegeben werden können.*

Bild|dienst, der (Verlagsw.): *Stelle, die Bildmaterial aus ihrem Bildarchiv bei Bedarf weitergibt.*

Bild|do|ku|ment, das: *Abbildung von dokumentarischem Wert.*

Bild|ebe|ne, die (Math.): *Ebene eines projizierten Bildes.*

bil|den ⟨sw. V.; hat⟩ [mhd. bilden = bildend (nach)gestalten, ahd. bilidōn = einer Sache Gestalt geben, bilidōn = eine Gestalt nachbilden, zu ↑Bild]: **1. a)** *[in bestimmter Weise] formend hervorbringen, machen:* Laute b.; aus Wörtern Sätze b.; ein schön gebildetes Gesicht;

Ü der Charakter des Jugendlichen lässt sich noch b.; **b)** *in künstlerischer Weise plastisch gestalten; modellieren:* Figuren aus/in Ton b.; Masken b.; aus bizarren Wurzeln bildet der Holzschnitzer einzelne Gestalten oder ganze Figurengruppen; die bildende Kunst *(Plastik, Malerei, Grafik, Baukunst [u. Kunstgewerbe]);* bildender Künstler, bildende Künstlerin; ♦ **c)** *bildlich darstellen, abbilden:* ...dass die Alten den Tod als den Bruder des Schlafs anerkannt und beide ... zum Verwechseln gleich gebildet (Goethe, Dichtung u. Wahrheit 8); Die Himmelskönigin ist drauf *(= auf der Fahne)* gebildet (Schiller, Jungfrau IV, 3). **2. a)** *durch Sichgruppieren, Sichorganisieren bilden, herstellen:* einen Kreis, eine Gasse b.; wir bilden Spalier; **b)** *(anordnend, gruppierend, organisierend) schaffen, hervorbringen, ins Leben rufen:* einen Verein, eine Widerstandsgruppe b. *(gründen, organisieren);* einen Fonds, Vermögen b. *(ansammeln);* ein Kommando b. *(aufstellen);* einen Ausschuss b. *(zusammenstellen);* der Kanzler bildet die Regierung; **c)** *sich (aus verschiedenen Eindrücken, Informationen o. Ä.) verschaffen:* sich ⟨Dativ⟩ ein Urteil über jmdn., etw. b.; ich habe mir [darüber] meine eigene Meinung gebildet. **3. a)** *aus sich hervorbringen, entstehen lassen:* der Zweig bildet junge Triebe; die Pflanze hat Ableger gebildet; dieses Verb bildet kein Passiv *(lässt sich nicht ins Passiv setzen);* **b)** ⟨b. + sich⟩ *durch Wachstum, Entwicklung entstehen, hervorkommen:* Knospen, Kristalle b. sich; in der Partei haben sich verschiedene Gruppen gebildet. **4.** *[durch Form, Gestalt, Anordnung, Organisation] darstellen, ausmachen:* die Begrenzungsmauern bilden ein Quadrat; diese Länder bilden einen Staat; etw. bildet die Grenze, den Hintergrund, den Höhepunkt; oft verblasst: das bildet *(ist)* die Regel, eine Ausnahme, die Basis. **5.** *geistig-seelisch entwickeln, ausbilden, erziehen:* seinen Geist [durch Reisen] b.; die Jugend politisch b.; Lesen bildet. ♦ **6.** ⟨b. + sich⟩ *[als Bild] sichtbar werden, Gestalt annehmen:* Ihre süße Seele bildet sich in ihren blauen Augen (Goethe, Götz I).

Bil|der|an|bei|tung, die: *Bildverehrung.*

Bil|der|bo|gen, der: *mit [betexteter] Bilderfolge bedrucktes Blatt.*

Bil|der|buch, das: *[Kinder]buch, das hauptsächlich Bilder enthält:* ein erstes B.; ein Wetter wie im B. *(herrliches, ideales Wetter).*

Bil|der|buch-: **1.** drückt in Bildungen mit Substantiven aus, dass jmd. oder etw. als ideal angesehen wird: Bilderbuchehe, -familie, -karriere, -landschaft, -landung, -wetter. **2.** drückt in Bildungen mit Substantiven aus, dass jmd. oder etw. nur im Bilderbuch, aber nicht in der Realität existiert: Bilderbuchethik, -kapitalist.

Bil|der|chro|nik, die: *illustrierte Chronik* (1).

Bil|der|dienst, der: **1.** *Bilddienst.* **2.** *Bilderverehrung.*

♦ **Bil|de|rei,** die; -, -en: *bildliche Darstellung; Schilderei:* ...ein verfallenes Mauerwerk, an dem noch hin und wieder schöne –en halb kenntlich waren (Eichendorff, Marmorbild 22).

Bil|der|flut, die (emotional): *geistig kaum od. nicht zu verarbeitende Fülle von Bildern.*

Bil|der|fol|ge, die: ↑ Bildfolge.

Bil|der|ga|le|rie, die: **1.** *Gemäldegalerie.* **2.** *Zusammenstellung von Fotos im Internet.*

Bil|der|ge|schich|te, die: ↑ Bildfolge.

Bil|der|ha|ken, der: *Haken zum Aufhängen von Bildern.*

Bil|der|kult, der: *Bilderverehrung.*

Bil|der|rah|men, der: *Rahmen* (1 a) *für Bilder.*

Bil|der|rät|sel, das: **1.** *Rätsel, dessen Lösungswort, -satz aus der Bedeutung von Bildern u. Zeichen zu erschließen ist; Rebus.* **2.** *Vexierbild* (a).
bil|der|reich ⟨Adj.⟩: *sehr viele Bilder* (1 a, b, 3, 5) *aufweisend, enthaltend.*
Bil|der|reich|tum, der ⟨o. Pl.⟩: *bilderreiche Beschaffenheit.*
Bil|der|rei|he, die: *Bildfolge* (2).
Bil|der|schau, die: *Bilderausstellung.*
Bil|der|schmuck, der: *Ausschmückung mit Bildern* (1 a, b): der B. der Halle.
Bil|der|schrift, die: *Schrift, die Wörter, Begriffe od. gedankliche Zusammenhänge durch bildhafte Zeichen ausdrückt.*
Bil|der|se|rie, die: ↑ Bildserie.
Bil|der|spra|che, die: *Sprache, Sprechen in Bildern* (5); *bilderreiche Sprache.*
Bil|der|stre|cke, die: *Zusammenstellung von Bildern zu einem bestimmten Thema (bes. im Internet), Fotostrecke.*
Bil|der|streit, der (christl. Kirche): *(bes. im 8. Jh.) Streit für u. wider den kirchlichen Bilderschmuck u. die Bilderverehrung.*
Bil|der|sturm, der (Geschichte): *(bes. in der Reformationszeit) mit der Zerstörung religiöser Bilder u. Bildwerke in großer Zahl einhergehende, die Bilderverehrung bekämpfende Bewegung, Aktion.*
Bil|der|stür|mer, der (Geschichte): *Vertreter, Anhänger des Bildersturms:* Ü *die B. (eifrigen Bekämpfer althergebrachter Anschauungen u. Bräuche) in der Gewerkschaft.*
Bil|der|stür|me|rei, die (Geschichte): *Zerstörung u. Vernichtung religiöser Bilder, Bildwerke:* Ü *die B. (eifrige Bekämpfung althergebrachter Anschauungen u. Bräuche) der jungen Generation.*
Bil|der|stür|me|rin, die: w. Form zu ↑ Bilderstürmer.
bil|der|stür|me|risch ⟨Adj.⟩: *in der Art eines Bilderstürmers vorgehend; die Bilderstürmer betreffend.*
Bil|der|tep|pich, der: *Bildteppich.*
Bil|der|ver|eh|rung, die: *Verehrung von bildlichen od. plastischen Darstellungen göttlicher od. Gott nahestehender Wesen.*
Bil|der|welt, die: **1.** *Welt, wie sie durch Bilder, auf Bildern dargestellt ist:* Frida Kahlos bunte -en; der Film mit seiner fantastischen B. **2. a)** *Welt der Bilder* (1 b): die digitale B.; **b)** *Welt der Bilder* (1 a): die B. der Kelten.
Bild|er|zäh|lung, die: *Bildgeschichte.*
Bil|der|zy|k|lus, der: *Zyklus von Bildern* (1 a, b): der 80-teilige B. der Fotografin.
Bild|feh|ler, der (Fernsehen, Film): *durch Störungen verursachter Fehler bei der Wiedergabe eines Bildes.*
Bild|flä|che, die: *Fläche eines Bildes, bes. Fläche, auf die ein Bild projiziert od. auf der es [fotografisch] erzeugt wird; [fotografisch, filmisch] auf eine Fläche projizierter od. zu projizierender Ausschnitt des Gesichtsfeldes:* * auf der B. **erscheinen** (ugs.; *unvermittelt erscheinen, auftreten, kommen:* kaum waren alle Kinder im Bett gebracht, erschien eines von ihnen wieder auf der B.); **von der B. verschwinden** (ugs.: 1. *sich rasch, unauffällig, ohne Umstände entfernen:* während der Pause verschwand er von der B. 2. *[aus der Öffentlichkeit] verschwinden u. in Vergessenheit geraten:* das Remake eines Filmes, der vor Jahren von der B. verschwunden war).
Bild|fol|ge, die: **1.** ⟨o. Pl.⟩ *Aufeinanderfolge von Bildern:* eine schnelle B. **2.** *Reihe, Serie von inhaltlich zusammengehörigen Bildern* (z. B. Comicstrip).
Bild|for|mat, das: *Format eines Bildes* (1 a, b, c): das B. ist 9 × 13.

Bild|fre|quenz, die (Film, Fernsehen): *Zahl der in der Sekunde aufgenommenen od. erscheinenden Bilder.*
Bild|füh|rung, die (Film, Fernsehen): *Kameraführung.*
bild|ge|bend ⟨Adj.⟩ (bes. Med.): *einen physikalischen Effekt in ein Bild umwandelnd:* -e Verfahren wie Computer- und Kernspintomografie.
Bild|ge|schich|te, die: *Geschichte in [betexteten] Bildern.*
Bild|ge|stal|tung, die: **1.** *Gestaltung eines Bildes* (1 a) *in Bezug auf den Aufbau, die Anordnung der Figuren o. Ä.* **2.** *Gestaltung der Bebilderung eines Druck-Erzeugnisses.*
bild|ge|wal|tig ⟨Adj.⟩: *in eindrucksvollen Bildern [dargestellt].*
bild|haft ⟨Adj.⟩: *in der Art eines Bildes* (1 a, b, 5), *wie ein Bild [wirkend]; plastisch, anschaulich:* die -e Wirkung des Plakats; eine -e Sprache; sich b. ausdrücken.
Bild|haf|tig|keit, die; -: *bildhafte Beschaffenheit.*
Bild|hau|er, der: *Künstler, der plastische Kunstwerke herstellt.*
Bild|hau|er|ar|beit, die: **1.** ⟨o. Pl.⟩ *das Arbeiten eines Bildhauers, einer Bildhauerin.* **2.** *Werk eines Bildhauers, einer Bildhauerin.*
Bild|hau|e|rei, die; -, -en: **1.** ⟨o. Pl.⟩ *Bildhauerkunst.* **2.** (schweiz.) *Bildhauerwerk.*
Bild|hau|e|rin, die; -, -nen: w. Form zu ↑ Bildhauer.
bild|hau|e|risch ⟨Adj.⟩: *die Bildhauerkunst gehörend, auf ihr beruhend, ihr gemäß.*
Bild|hau|er|kunst, die: *Kunst der Gestaltung plastischer Werke.*
bild|hau|ern ⟨sw. V.; hat⟩ (ugs.): *sich als Bildhauer, Bildhauerin betätigen:* seit vielen Jahren bildhauerte sie in ihrer Freizeit.
Bild|hau|er|werk, das: *ausgeführtes Werk eines Bildhauers, einer Bildhauerin.*
bild|hübsch ⟨Adj.⟩ (emotional verstärkend): *sehr, besonders hübsch:* ein -es Mädchen; die Moderatorin ist b.; b. aussehen.
Bild|idee, die: *künstlerischer Grundgedanke bei der Gestaltung eines Bildes, Fotos.*
Bild|in|halt, der: *Inhalt, Gehalt eines Bildes* (1 a, b).
Bild|jour|na|list, der: *Journalist, der fotografische Bilder [u. Bildberichte] liefert.*
Bild|jour|na|lis|tin, die: w. Form zu ↑ Bildjournalist.
Bild|kar|te, die: **1.** *[Post]karte (z. B. Ansichtskarte, Kunstpostkarte) mit einem Bild auf der Vorderseite.* **2.** *Landkarte, die einen plastischen, reliefartigen Eindruck des Dargestellten vermittelt.*
Bild|kom|po|si|ti|on, die: *Komposition eines Bildinhalts.*
Bild|kon|ser|ve, die (Fernsehjargon): *gespeichertes Bildmaterial.*
Bild|kraft, die ⟨o. Pl.⟩: *[Kraft der] Anschaulichkeit:* eine Darstellung, Sprache von großer B.
bild|kräf|tig ⟨Adj.⟩: *sehr anschaulich:* cine -e Sprache.
bild|lich ⟨Adj.⟩ [mhd. bildelich = bildlich; wahrnehmbar, ahd. bildlīcho (Adv.) = entsprechend]: **1.** *im Bild* (1 a, b), *mithilfe von Bildern erfolgend:* die -e Wiedergabe eines Gegenstandes, eines Vorgangs; etw. b. darstellen; sich etw. b. vorstellen. **2.** *als sprachliches Bild* (5) *gebraucht, anschaulich:* ein -er Ausdruck, Vergleich; diese Äußerung war nur b. gemeint; er war, b. gesprochen, der Motor des Ganzen.
Bild|lich|keit, die; -, -en: *bildliche* (2) *Beschaffenheit.*
bild|mä|ßig ⟨Adj.⟩: *in Bezug auf ein Bild; ein Bild betreffend:* eine sehr b. angelegte Zeichnung.
Bild|ma|te|ri|al, das ⟨Pl. selten⟩: *aus Bildern bestehendes Material:* reiches B. von einer Reise mitbringen.

Bild|me|di|um, das: ¹*Medium* (2 a), *das die Informationen in Bildform vermittelt* (z. B. Fotografie, Film, Fernsehen).
Bild|mi|scher, der: *Angestellter beim Fernsehen, durch den von mehreren auf Monitoren erscheinenden Bildern das jeweils geeignetste zur Sendung od. Aufnahme geschaltet wird* (Berufsbez.).
Bild|mi|sche|rin, die; -, -nen: w. Form zu ↑ Bildmischer.
Bild|mit|te, die: *Mitte eines Bildes.*
Bild|mo|tiv, das: *Motiv* (3) *eines Bildes.*
Bild|ner, der; -s, - : **1.** [mhd. bild(en)ære < ahd. bilidāri = schaffender Künstler] (veraltet) *jmd., der malt, etw. formt od. bildet* (5); *Erzieher:* ein B. der Jugend. **2.** (geh.) *jmd., der durch künstlerische Formung bildet, herstellt; Bildhauer.*
Bild|ne|rin, die; -, -nen: w. Form zu ↑ Bildner.
bild|ne|risch ⟨Adj.⟩: *die künstlerische Gestaltung in Form eines Bildes, Bildwerks betreffend, darauf beruhend:* -e Fähigkeiten, Mittel.
Bild|nis, das; -ses, -se [mhd. bildnisse] (geh.): *bildliche Darstellung eines Menschen; Porträt:* das B. Goethes, eines alten Mannes.
Bild|plat|te, die: *schallplattenartige Folie, die mit einem entsprechenden Gerät abgetastet wird u. so Bild u. Ton auf den Fernsehschirm überträgt.*
Bild|plat|ten|spie|ler, der: *Gerät zum Abtasten von Bildplatten.*
Bild|punkt, der (EDV): *Pixel: eine Auflösung von 3 Mio. -en.*
Bild|qua|li|tät, die: *Qualität eines Bildes* (1 b, c).
Bild|rand, der: *Rand eines Bildes:* ein Fleck am oberen B.
Bild|re|dak|teur, der: *in einem Zeitungs- od. Buchverlag für die Bebilderung zuständiger Redakteur.*
Bild|re|dak|teu|rin, die: w. Form zu ↑ Bildredakteur.
Bild|re|dak|ti|on, die: *Redaktion* (2 c), *die sich um die Beschaffung, Bearbeitung u. Archivierung von Bildmaterial kümmert, das zur Veröffentlichung in Massenmedien geeignet ist.*
Bild|re|por|ta|ge, die: *hauptsächlich Bilder enthaltende Reportage.*
Bild|re|por|ter, der: *Reporter, der Bilder u. Bildberichte, Bildreportagen liefert.*
Bild|re|por|te|rin, die: w. Form zu ↑ Bildreporter.
Bild|röh|re, die (Fernsehen): *Röhre, die das empfangene Bild auf dem Leuchtschirm wiedergibt.*
bild|sam ⟨Adj.⟩ (geh.): *sich formen, bilden* (1, 5) *lassend:* ein -er Stoff; sein Charakter ist noch b.
Bild|sam|keit, die; - (geh.): *bildsame Beschaffenheit; bildsames Wesen.*
Bild|säu|le, die: *säulenähnliches Standbild.* Ü (ugs.) *vor Schreck zur B. erstarren.*
Bild|schär|fe, die: *Schärfe* (5) *eines Bildes* (1 b, c).
Bild|schirm, der: *Leuchtschirm eines Fernsehgerätes, Monitors o. Ä.:* auf dem B. erscheinen; am, vor dem B. sitzen (ugs.; *fernsehen*).
Bild|schirm|ar|beit, die: *das Arbeiten an einem zu einem Computer gehörenden Monitor.*
Bild|schirm|ar|bei|ter, der: *jmd., der Bildschirmarbeit leistet:* B. sollten ihre Augen regelmäßig untersuchen lassen.
Bild|schirm|ar|bei|te|rin, die: w. Form zu ↑ Bildschirmarbeiter.
Bild|schirm|ar|beits|platz, der: *Arbeitsplatz, bei dem zu tätigenden Arbeiten vorwiegend über Geräte mit Bildschirmen (z. B. PCs, Workstations) erledigt werden.*
Bild|schirm|scho|ner, der [LÜ von engl. screen saver] (EDV): *ursprünglich dem Schutz der Bildröhre dienendes Programm, das sich selbst aktiviert, wenn das Bild auf dem Monitor längere Zeit nicht verändert wird.*

Bild|schirm|text, der (früher): (im Rahmen des Fernmeldedienstes arbeitendes) System, bei dem zentral gespeicherte Informationen über Telefon abgerufen werden können, die dann auf dem Bildschirm eines Fernsehgerätes mithilfe bestimmter Zusatzgeräte in Form eines Textes od. einer Grafik dargestellt werden (Abk.: Btx).
Bild|schmuck, der: Bilderschmuck.
Bild|schnitt, der (Film): Schnitt.
Bild|schnit|zer, der: Künstler, der Bildwerke in Holz, Elfenbein o. Ä. schnitzt.
Bild|schnit|ze|rei, die: **1.** ⟨o. Pl.⟩ Bildschnitzerkunst. **2.** Werkstatt eines Bildschnitzers, einer Bildschnitzerin. **3.** Werk eines Bildschnitzers, einer Bildschnitzerin.
Bild|schnit|ze|rin, die; -, -nen: w. Form zu ↑ Bildschnitzer.
Bild|schnit|zer|kunst, die: Kunst eines Bildschnitzers, einer Bildschnitzerin.
bild|schön ⟨Adj.⟩ (emotional verstärkend): sehr schön: ein -er Mann.
Bild|sei|te, die: **1.** (bei Münzen, Medaillen o. Ä.) Seite mit dem Bild. **2.** besondere [Buch-, Zeitungs]seite mit Bildern.
Bild|se|rie, die: Serie, zusammenhängende Folge von Bildern.
Bild|spei|cher, der: Arbeitsspeicher für Bilder (1 b).
Bild|spra|che, die: Bildersprache.
Bild|stel|le, die: Sammel-, Ausleih- od. Vertriebsstelle für Bildmaterial.
Bild|stock, der ⟨Pl. ...stöcke⟩: **1.** (südd., österr.) im Freien auf einem Pfeiler od. Sockel angebrachtes Kruzifix od. Heiligenbild; Marterl. **2.** Druckplatte mit eingeätztem Bild für ²Hochdruck.
Bild|stö|rung, die: Störung des Fernsehbildes.
Bild|strei|fen, der: **1.** Bildfolge (2). **2.** (Fachspr.) Film (3 a).
Bild|su|cher, der (Fotogr.): Sucher (2).
Bild|sym|bol, das: Symbol, [Schrift]zeichen in Form eines [schematisierten] Bildes.
bild|syn|chron ⟨Adj.⟩ (Film, Fernsehen): mit dem Bild synchron: -e Tonaufzeichnung.
Bild|ta|fel, die (Verlagsw.): ganzseitige, meist farbige Illustration in einem Druck-Erzeugnis.
Bild|te|le|fon, das: Telefon, das auch das Bild des Gesprächspartners übermittelt.
Bild|tep|pich, der: Teppich mit bildlichen Darstellungen.
Bild|text, der: einem Bild, einer Abbildung beigegebener erläuternder Text.
Bild|tie|fe, die: scheinbare Tiefe (2 a) eines Bildes.
Bild|über|tra|gung, die (Fernsehen): Übertragung des Fernsehbildes.
Bil|dung, die; -, -en [mhd. bildunge, ahd. bildunga = Schöpfung; Bildnis, Gestalt]: **1.** ⟨o. Pl.⟩ **a)** das Bilden (5); Erziehung: eine vorzügliche B. erhalten; die Schule vermittelt vielseitige B.; **b)** das [Aus]gebildetsein, erworbenes Allgemeinwissen: eine wissenschaftliche, künstlerische, humanistische B.; seine B. vervollständigen, vertiefen; eine umfassende B. besitzen; ein Mann von B. (ein gebildeter Mann); das gehört zur allgemeinen B. (das sollte jeder Gebildete wissen); Ü Das Wort fiel, man habe die höhere B. ins Land nur hereingelockt, »um sie totzuschlagen« (Bloch, Wüste 46); **c)** (seltener) gutes Benehmen: sie hat keine B. (weiß nicht, was sich schickt). **2. a)** das Bilden (1 a), das Formen: die B. von Sätzen, Beispielen; **b)** das Bilden (2 a): die B. eines Kreises, eines Spaliers; **c)** das Bilden (2 b), Schaffung: die B. einer neuen Regierung; **d)** das Bilden (2 c): zur B. der öffentlichen Meinung beitragen. **3.** das Sichbilden (3 b), Entstehung: die B. von Knospen, Kristallen, eines Sees; die B. von Ruß unterbinden, verhindern. **4.** Form, Gestalt (4): die seltsamen, eigenartigen, fantastischen -en der Wolken; er war von der ebenmäßigen B. ihres Gesichts beeindruckt. **5.** (Sprachwiss.) Gebildetes (bes. von jmdm. gebildetes Wort): spontane -en; -en auf -ung und -ion. ♦ **6.** Gestalt (1): ...die hohe, zarte B. kniete verschämt errötend vor mir nieder (Chamisso, Schlemihl 35); So bewegte vor Hermann die liebliche B. des Mädchens sanft sich vorbei (Goethe, Hermann u. Dorothea 7, 6).
Bil|dungs|ab|schluss, der (Amtsspr.): aufgrund des Besuchs einer Bildungseinrichtung erworbene Qualifikation, die im Abschlusszeugnis dokumentiert ist: einen mittleren B. haben.
Bil|dungs|an|ge|bot, das: Angebot an Bildungseinrichtungen u. -möglichkeiten.
Bil|dungs|an|stalt, die (Amtsspr.): Anstalt, in der unterrichtet wird (z. B. Schule).
Bil|dungs|ar|beit, die ⟨o. Pl.⟩: Arbeit auf dem Gebiet der Bildung, des Bildungswesens.
Bil|dungs|auf|trag, der: Verpflichtung, für die Bildung (1 a) zu sorgen: der B. der Schulen, des öffentlich-rechtlichen Fernsehens, des Theaters.
Bil|dungs|aus|ga|ben ⟨Pl.⟩: Ausgaben (3) für die Bildung.
Bil|dungs|be|dürf|nis, das: Bedürfnis, Wunsch, sich zu bilden, eine Ausbildung zu genießen.
bil|dungs|be|flis|sen ⟨Adj.⟩: übereifrig bei der Nutzung von Bildungsangeboten, -möglichkeiten: -e Senioren.
Bil|dungs|be|flis|sen|heit, die: bildungsbeflissenes Wesen, Verhalten.
Bil|dungs|be|hör|de, die: für das Bildungswesen zuständige Behörde.
Bil|dungs|be|ra|tung, die: [von den Arbeitsagenturen durchgeführte] Beratung über Bildungsmöglichkeiten, Institutionen der Weiterbildung u. Ä.
Bil|dungs|bür|ger, der: Angehöriger des Bildungsbürgertums.
Bil|dungs|bür|ge|rin, die: w. Form zu ↑ Bildungsbürger.
bil|dungs|bür|ger|lich ⟨Adj.⟩: das Bildungsbürgertum betreffend, zu ihm gehörend: das -e Establishment.
Bil|dungs|bür|ger|tum, das: **1.** (Soziol.) (in der 1. Hälfte des 19. Jh.s) Gesamtheit von Gruppen des Bürgertums mit einem Bildungsideal, das sich an idealistischen Werten u. am klassischen Altertum orientiert. **2.** gebildete Schicht des Bürgertums.
Bil|dungs|chan|ce, die (meist Pl.): Möglichkeit des Zugangs zur Ausbildung.
Bil|dungs|dün|kel, der (abwertend): dünkelhafter Stolz auf die eigene Bildung.
Bil|dungs|ein|rich|tung, die: Bildungsanstalt.
Bil|dungs|ele|ment, das (Sprachwiss.): zur Wortbildung dienendes Element (z. B. Präfix).
Bil|dungs|fa|brik, die (abwertend): Schule, Hochschule, an der Schüler u. Schülerinnen bzw. Studierende in großer Zahl u. allein auf Effizienz ausgerichtet nach eher starren Unterrichtsmethoden ausgebildet werden: Kritiker bemängeln die Entwicklung der Universitäten hin zu -en.
bil|dungs|fä|hig ⟨Adj.⟩: bereit u. dazu befähigt, sich weiterzubilden: -e Arbeitnehmerinnen und Arbeitnehmer.
bil|dungs|feind|lich ⟨Adj.⟩: für die Aneignung von Bildung ungünstig, hinderlich: bemängelt wurden die -en Rahmenbedingungen.
bil|dungs|fern ⟨Adj.⟩: nicht auf Bildung hin ausgerichtet, nicht an Bildung interessiert: ein -es Elternhaus.
Bil|dungs|frei|stel|lung, die: Freistellung von der Arbeit zum Zwecke der Weiterbildung.
Bil|dungs|gang, der: Gang, Verlauf der geistigen Ausbildung.
Bil|dungs|grad, der: Grad der geistigen Bildung, den jmd. erreicht hat, besitzt.
Bil|dungs|gut, das: geistiges Gut, das zur Bildung beiträgt.
Bil|dungs|gut|schein, der: vom Staat ausgestellter Gutschein über die Kostenübernahme für Bildungsangebote, Weiterbildung, Ausbildung od. [Nachmittags]betreuung, den jmd. unter bestimmten Bedingungen in Anspruch nehmen kann.
Bil|dungs|hun|ger, der: großes Bildungsbedürfnis.
bil|dungs|hung|rig ⟨Adj.⟩: wissbegierig u. auf Bildung bedacht.
Bil|dungs|ide|al, das: [allgemeines] Ideal der Bildung u. Erziehung: das B. der Klassik.
Bil|dungs|in|sti|tut, das: Bildungseinrichtung.
Bil|dungs|ka|nal, der: Spartensender, der auf das Thema Bildung spezialisiert ist: der B. des Bayerischen Rundfunks.
Bil|dungs|lü|cke, die: Lücke in der Allgemeinbildung; Wissenslücke.
Bil|dungs|mi|nis|ter, der: für das Bildungswesen zuständiger Minister.
Bil|dungs|mi|nis|te|rin, die: w. Form zu ↑ Bildungsminister.
Bil|dungs|mi|nis|te|ri|um, das: Ministerium für das Bildungswesen.
Bil|dungs|mög|lich|keit, die: Möglichkeit, sich Bildung anzueignen, eine Ausbildung zu erhalten.
Bil|dungs|mo|no|pol, das: Monopol des Zugangs zu Ausbildungsmöglichkeiten, zur Vermittlung von Bildung: das B. des Staates.
Bil|dungs|ni|veau, das: Grad, Niveau der Bildung, Bildungsstand.
Bil|dungs|not|stand, der: bes. durch Mangel an ausgebildeten Kräften, Ausbildungsmöglichkeiten u. Ä. gekennzeichneter Notstand im Bildungswesen.
Bil|dungs|plan, der: Curriculum; Lehrplan.
Bil|dungs|pla|nung, die: [staatliche] Planung, die die Maßnahmen u. Richtlinien für das Bildungswesen sowie den Bau von Bildungseinrichtungen vorsieht.
Bil|dungs|po|li|tik, die: Teil der Kulturpolitik, der die Maßnahmen u. Richtlinien für das Bildungswesen bestimmt.
Bil|dungs|po|li|ti|ker, der: Politiker im Bereich der Bildungspolitik.
Bil|dungs|po|li|ti|ke|rin, die: w. Form zu ↑ Bildungspolitiker.
bil|dungs|po|li|tisch ⟨Adj.⟩: die Bildungspolitik betreffend.
Bil|dungs|pri|vi|leg, das: einer bestimmten Gruppe, Klasse vorbehaltenes Privileg einer guten Ausbildung.
Bil|dungs|pro|zess, der: allmähliches Fortschreiten der Ausbildung, der Anhebung des Bildungsniveaus.
Bil|dungs|re|form, die: Reform des Bildungswesens.
Bil|dungs|rei|se, die: größere Reise, die der Vervollkommnung der geistigen Bildung dient.
Bil|dungs|ro|man, der (Literaturwiss.): Roman, in dem der Prozess der geistigen u. charakterlichen Bildung des Helden bzw. der Heldin dargestellt wird.
Bil|dungs|schran|ke, die: meist sozial bedingte Schranke, durch die jmd. daran gehindert wird, eine seiner Begabung entsprechende Ausbildung zu erhalten, eine höhere Bildungsstufe zu erreichen.
bil|dungs|sprach|lich ⟨Adj.⟩: zu einer Sprache, Ausdrucksweise gehörend, die bestimmte Kenntnisse, eine gute schulische Bildung voraussetzt: -e Ausdrücke.
Bil|dungs|stand, der: Stand, Grad, Stufe des Ausgebildetseins, der Bildung.
Bil|dungs|stan|dard, der: **1.** Bildungsniveau: der

Bildungsstätte – Bimmelbahn

B. lässt bei den Jungen stark nach. **2.** ⟨meist Pl.⟩ ¹*Standard* (1) *für die Bildung:* gemeinsame -s festlegen.

Bil|dungs|stät|te, die ⟨geh.⟩: *Bildungsanstalt.*

Bil|dungs|stu|fe, die: *Entwicklungsstufe der Bildung; Grad des Ausgebildetseins.*

Bil|dungs|sys|tem, das: *System, in dem das Bildungswesen organisiert ist.*

Bil|dungs|trä|ger, der: *Bildungsmöglichkeiten bietender Träger* (4 c).

Bil|dungs|ur|laub, der: *Urlaub zum Zweck der Weiterbildung.*

Bil|dungs|weg, der: *[im Bildungswesen vorgesehener] Weg, Gang der Ausbildung:* ein ganz neuartiger B.; das Abitur auf dem zweiten B. *(in einem Kolleg* (2), *auf der Abendschule, im Fernunterricht o. Ä.) nachholen.*

Bil|dungs|we|sen, das ⟨o. Pl.⟩: *Gesamtheit der Bildungseinrichtungen einschließlich ihrer Funktion, Organisation u. Verwaltung.*

Bil|dungs|zen|t|rum, das: *zentrale Bildungsstätte mit vielseitigem Angebot.*

Bil|dungs|ziel, das: *angestrebtes Ziel eines Bildungsganges:* das oberste B.

Bild|un|ter|schrift, die: *erläuternder Text unter einem Bild, einer Abbildung.*

Bild|vor|la|ge, die: *Vorlage für die Herstellung eines Bildes.*

Bild|wand, die: *Wand, auf die Bilder projiziert werden.*

Bild|wei|te, die: **a)** ⟨Fotogr.⟩ *Abstand zwischen Film u. Objektiv bei scharfer Einstellung auf eine bestimmte Entfernung;* **b)** ⟨Optik⟩ *Abstand zwischen Bild u. Linse.*

Bild|wer|fer, der: *Projektor.*

Bild|werk, das ⟨geh.⟩: *Skulptur.*

Bild|wie|der|ga|be, die: *Wiedergabe eines Bildes auf dem Bildschirm, in Druck-Erzeugnissen o. Ä.*

Bild|win|kel, der: **1.** ⟨Optik⟩ *Winkel, unter dem ein abzubildendes Objekt aufgrund seiner Entfernung erscheint.* **2.** ⟨Fotogr.⟩ *größter Bildwinkel* (1) *eines Objektivs.*

bild|wirk|sam ⟨Adj.⟩: *Bildwirkung zeigend.*

Bild|wirk|sam|keit, die: *bildwirksame Beschaffenheit.*

Bild|wir|kung, die: *Wirkung durch Bilder, von Bildern; eindrucksvolle Wirkung des Bildes.*

Bild|wör|ter|buch, das: *Wörterbuch, das die Bedeutung von Wörtern durch Bilder veranschaulicht.*

Bild|zei|chen, das: *Zeichen, Symbol in Form eines schematisierten Bildes (auf Hinweisschildern o. Ä.).*

Bild|zu|schrift, die: *mit Lichtbild versehene Zuschrift auf ein Zeitungsinserat.*

Bil|ge, die; -, -n [engl. bilge, H. u.] ⟨Seemannsspr.⟩: *Kielraum eines Schiffes, in dem sich das Leckwasser sammelt.*

Bil|ge|was|ser, Bil|gen|was|ser, das ⟨o. Pl.⟩ ⟨Seemannsspr.⟩: *Leckwasser, das sich in der Bilge sammelt.*

Bil|har|zi|o|se, die; -, -n [nach dem dt. Arzt Theodor Bilharz (1825–1862)] ⟨Med.⟩: *bes. Leber, Darm und Blase betreffende Wurmkrankheit.*

bi|li|är ⟨Adj.⟩ [zu lat. bilis = ¹Galle] ⟨Med.⟩: *die Gallenblase betreffend, durch Gallenflüssigkeit bedingt.*

bi|lin|gu|al [auch: ˈbiː...] ⟨Adj.⟩ [aus lat. bi- = zwei u. ↑lingual] ⟨Fachspr.⟩: *zweisprachig.*

Bi|lin|gu|a|lis|mus, der; -: *Zweisprachigkeit.*

Bill, die; -, -s [engl. bill < mlat. billa < lat. bulla, ↑²Bulle]: engl. Bez. für: *Gesetz[entwurf]; Urkunde.*

Bil|lard [ˈbɪljart, österr. auch: biˈjaːɐ̯, bjaˈjaːɐ̯]; das; -s, -e, österr.: -s [frz. billard, urspr. = krummer Stab, (unter Einfluss von: bille = Kugel) zu: bille = Pflock, über das Vlat. wohl aus dem Gall.]: **1.** ⟨o. Pl.⟩ *auf einem mit grünem Tuch bezogenen Tisch gespieltes Spiel, bei dem Kugeln aus Elfenbein od. Kunststoff mit einem Stock nach bestimmten Regeln gestoßen werden:* [eine Partie] B. spielen. **2.** *Tisch für das Billardspiel.*

Bil|lard|ke|gel, der: *Kegel, der bei einer bestimmten Art des Billardspiels mit den Billardkugeln getroffen werden muss.*

Bil|lard|ku|gel, die: *Kugel für das Billard* (1).

Bil|lard|queue [...køː], das, ⟨österr. u. ugs.:⟩ der: *Billardstock.*

Bil|lard|spiel, das: *Billard* (1).

Bil|lard|stock, der ⟨Pl. ...stöcke⟩: *beim Billard* (1) *verwendeter Stock; Queue.*

Bil|lard|tisch, der: *Billard* (2).

Bil|le|teur [bɪljəˈtøːɐ̯, österr.: bij...], der; -s, -e: **1.** ⟨österr.⟩ *Platzanweiser:* er ist B. am Hoftheater. **2.** ⟨schweiz. früher⟩ *Schaffner.*

Bil|le|teu|se [...ˈtøːzə], die; -, -n: w. Form zu ↑Billeteur.

Bil|lett [bɪlˈjɛt, österr.: biˈjɛː, bɪˈlɛt, bɪˈjɛt], das; -[e]s, -s u. -e [urspr. = Eintrittsschein, frz. billet (de logement) < afrz. billette, unter Einfluss von: bille = Kugel zu: bullete = Beglaubigungsschein, zu: bulle = Siegelkapsel < lat. bulla, ↑²Bulle]: **1.** ⟨schweiz., sonst veraltend⟩ **a)** *Fahrkarte:* ein B. lösen; **b)** *Eintrittskarte:* ich habe noch ein B. für die Uraufführung erhalten; ... in der Tasche steckte ich ein B. für das Opéra Comique (Th. Mann, Krull 267). **2. a)** ⟨österr., sonst veraltet⟩ *Briefchen, kurzes Schreiben:* in der Pause steckte er ihr heimlich ein B. zu; **b)** ⟨österr.⟩ *Briefkarte.*

Bil|lett|kon|t|rol|le, die ⟨schweiz., österr., sonst veraltend⟩: *Kontrolle der Fahr-, Eintrittskarten.*

Bil|lett|schal|ter, der ⟨schweiz., österr., sonst veraltend⟩: *Fahrkartenschalter.*

Bil|lett|steu|er, die ⟨schweiz.⟩: *Vergnügungssteuer.*

Bil|li|ar|de, die; -, -n [zu lat. bi- = zwei u. ↑Milliarde]: *tausend Billionen.*

bil|lig ⟨Adj.⟩ [mhd. billich, ahd. billīh = recht, angemessen, gemäß, wohl zu ↑Bild u. urspr. = wunderkräftig, wirksam]: **1.** *niedrig im Preis, nicht teuer, für verhältnismäßig wenig Geld [zu haben]:* -es Obst; -e Arbeitskräfte; ein erstaunlich -er (ugs.; *niedriger*) Preis; -e (ugs.; *niedrige*) Mieten; die Wohnung, das Buch ist b., könnte -er sein; dieses Buch ist nicht ganz b. *(ziemlich teuer);* **b.** *(günstig)* einkaufen (ugs. auch verhüll.; *stehlen, entwenden*); eine Ware b. machen; Ü er ist noch mal b. davongekommen (ugs.; *hat nur wenig Strafe od. Schelte bekommen*); ◆ ⟨subst.:⟩ ... das alte wacklige Klavier, welches ihm der Vater für ein Billiges *(für wenig Geld)* gemietet ... hat (Raabe, Chronik 74). **2.** (abwertend) **a)** *von minderer Qualität:* -en Schnaps trinken; sie trug nun -e Kleidchen; **b)** *vordergründig, einfallslos, geistlos o. ä. u. daher ohne die erhoffte Wirkung:* eine -e Ausrede; ein -er Trick; das ist ein -er Trost. **3.** ⟨Rechtsspr., sonst veraltend⟩ *angemessen, berechtigt:* in -es Verlangen; etw. ist [nur] recht und b. *(ist [nur] gerecht);* man sollte sich nicht mehr als b. darüber aufregen; b. *(gerecht)* denken; b. denkende *(rechtschaffene, redliche)* Leute.

Bil|lig|air|line [...ɛːɐ̯laɪn], die: *Billigfluggesellschaft.*

Bil|lig|an|bie|ter, der: *Person od. Firma, die ihre Ware zu bes. niedrigen Preisen anbietet:* die Konkurrenz der B. macht uns zu schaffen.

Bil|lig|an|bie|te|rin, die: w. Form zu ↑Billiganbieter.

Bil|lig|an|ge|bot, das ⟨Werbespr.⟩: *Angebot von Waren zu besonders niedrigen Preisen.*

bil|li|gen ⟨sw. V.; hat⟩ [mhd. billichen = für angemessen erklären]: *gutheißen; für angebracht halten:* jmds. Pläne, Vorschläge, Entschluss b.; ich kann es nicht b., dass du dich daran beteiligst; das Parlament billigte die Pläne der Regierung.

bil|li|gens|wert ⟨Adj.⟩: *wert, gebilligt zu werden.*

bil|li|ger|ma|ßen, bil|li|ger|wei|se ⟨Adv.⟩ (veraltend): *wie es billig* (3) *ist; mit Recht.*

Bil|lig|flag|ge, die: ⟨in der Seeschifffahrt⟩ *Flagge bestimmter Staaten, unter der Schiffe ausländischer Reedereien wegen finanzieller Vorteile fahren:* der havarierte Tanker fährt unter einer B.

Bil|lig|flie|ger, der ⟨ugs.⟩: *Billigfluglinie.*

Bil|lig|flug, der: *verbilligter Flug; Flug zu herabgesetztem, niedrigem Preis:* einzelne Reiseveranstalter werben mit Billigflügen.

Bil|lig|flug|ge|sell|schaft, Bil|lig|flug|li|nie, die: *Fluggesellschaft, die Flüge zu sehr niedrigen Preisen anbietet.*

Bil|lig|hei|mer, der; -s, - [scherzh. geb. nach Ew. von Ortsn. auf -heim] ⟨ugs.⟩: *Billiganbieter.*

Bil|lig|im|port, der: *billiger Import:* -e aus dem fernen Osten.

Bil|lig|job, der ⟨ugs.⟩: *schlecht entlohnte berufliche Tätigkeit, Stellung.*

Bil|lig|lohn|land, das ⟨Pl. ...länder⟩ ⟨ugs.⟩: *Niedriglohnland.*

bil|lig ma|chen, bil|lig|ma|chen ⟨sw. V.; hat⟩: **1.** *verbilligen:* das Fliegen b. m. **2.** ⟨b. m. + sich⟩ *sich leicht machen:* ich will es mir gar nicht b. m. und alles abschieben.

Bil|lig|preis, der ⟨Werbespr.⟩: *besonders niedriger Preis:* Flugreisen zu -en.

Bil|lig|pro|dukt, das: *billiges, minderwertiges Produkt; besonders preisgünstiges Produkt.*

Bil|lig|ta|rif, der ⟨ugs.⟩: *besonders günstiger Tarif:* Telefonieren zum B.

Bil|li|gung, die; -, -en ⟨Pl. selten⟩: *das Billigen; das Gebilligtwerden; Zustimmung.*

Bil|lig|wa|re, die ⟨meist Pl.⟩: *billige, minderwertige Ware; Ware zu herabgesetztem, niedrigem Preis.*

Bil|li|on, die; -, -en [frz. billion (urspr. = Milliarde), aus: bi- = zwei(mal) < lat. bis u. ↑Million]: *eine Million Millionen.*

bil|li|ons|tel, billiontel ⟨Bruchz.⟩: *den billionsten Teil einer genannten Menge ausmachend.*

Bil|li|ons|tel, Billiontel, das, schweiz. meist: der; -s, -: *billionster Teil.*

bil|li|on|tel usw.: ↑billionstel usw.

Bil|sen|kraut, das ⟨o. Pl.⟩ [mhd. bilse, ahd. bil(i)sa]: *(zu den Nachtschattengewächsen gehörende) krautige Pflanze mit gezähnten Blättern u. glockenförmigen, gelben, violett geaderten Blüten.*

bim ⟨Interj.⟩: lautm. für einen hellen [Glocken]klang.

bim, bam ⟨Interj.⟩: lautm. für [Glocken]klänge, die in der Tonhöhe wechseln.

¹Bim|bam, das; -s ⟨Kinderspr.⟩: *Glockenläuten.*

²Bim|bam [scherzhafte Verwendung der Bez. für den Glockenklang als Heiligenname]: in der Fügung [(ach) du] heiliger B.! ⟨ugs.; Ausdruck der erstaunten od. erschrockenen Betroffenheit; ach du Schreck!⟩

Bim|bes, der od. das; - [gaunerspr. Bimbs, Bims = Geld, viell. Nebenf. von: Pimmer = Brot, H. u.] (landsch.): *Geld.*

Bi|me|tall, das [aus lat. bi- = zwei u. ↑Metall] (Technik): *Streifen aus zwei miteinander verbundenen Metallen, die sich bei Erwärmung verschieden ausdehnen.*

bi|me|tal|lisch ⟨Adj.⟩: **a)** *auf zwei Metalle bezüglich;* **b)** *aus zwei Metallen bestehend.*

Bim|mel, die; -, -n ⟨ugs.⟩: *hell klingende, kleine Glocke; Schelle, Klingel.*

Bim|mel|bahn, die ⟨ugs. scherzh.⟩: *Kleinbahnzug [mit hell klingender Warnglocke].*

Bim|me|lei, die; -, -en (ugs. abwertend): beständiges, als lästig empfundenes Bimmeln.
bim|meln ⟨sw. V.; hat⟩ [schon mniederd. bimmelen, lautm.] (ugs.): *hell klingend läuten; klingeln, schellen.*
¹Bims, der; -[es] [H. u.] (ugs. abwertend): *Kram, Plunder, Zeug: der ganze B. (alles, das Ganze, der ganze Schwindel).*
²Bims, der; -es, ⟨Arten:⟩ -e [mhd. būmeʒ, ahd. bumiʒ < lat. pumex ⟨Gen.: pumicis⟩, eigtl. = Schaumstein]: **1.** (Fachspr.) Bimsstein. **2.** ⟨Pl.⟩ (ugs.) *Prügel:* -e kriegen.
bim|sen ⟨sw. V.; hat⟩ [zu ²Bims]: **1.** (veraltend) *mit [dem] Bimsstein (2b) abreiben, putzen, schleifen:* gekalkte Tierhäute b. **2.** (ugs.) *prügeln:* jmdn. b. **3. a)** (Soldatenspr.) *drillen:* die Rekruten wurden tüchtig gebimst; **b)** (ugs.) *angestrengt übend lernen, pauken:* [mit jmdm.] Vokabeln b. **4.** (derb) *koitieren.*
Bims|stein, der; **1.** ⟨o. Pl.⟩ *hellgraues, schaumigporöses vulkanisches Gestein.* **2. a)** [Bau]stein aus Bimsstein (1); **b)** *zum Reinigen bes. der Hände, zum Schleifen od. Polieren verwendetes Stück Bimsstein* (1).
bin: ↑ ¹sein.
bi|nar, bi|när ⟨Adj.⟩ (Fachspr.): *binarisch.*
Bi|när|code, Binärkode, der (Informatik): *Code* (2), *der aus einem Vorrat von nur zwei Zeichen besteht.*
bi|na|risch ⟨Adj.⟩ [spätlat. binarius = zwei enthaltend, zu lat. bini = je zwei, zu: bis = zweimal] (Fachspr.): **1.** *je zwei Einheiten, Teile, Glieder, Stoffe enthaltend, verwendend:* -e Verbindungen (Chemie); -e Nomenklatur (Biol.; *wissenschaftliches System zweigliedriger Pflanzen- u. Tiernamen);* -es System (Math.; Dualsystem 1). **2.** *zum binären System gehörend, ihm entsprechend, gemäß:* -e Ziffern.
Bi|när|kode: ↑ Binärcode.
Bi|när|sys|tem, das: *Dualsystem.*
Bi|när|zei|chen, das (Kybernetik): *binäres Zeichen.*
Bi|när|zif|fer, die (Informatik): *Ziffer 0 od. 1.*
bi|na|ti|o|nal ⟨Adj.⟩ [aus lat. bi- = zwei u. ↑ national]: *zwei Nationen od. Staaten gemeinsam betreffend:* -e Ehen.
◆ **Bind|band,** das ⟨Pl. ...bänder⟩: *zum Kranz gebundene Blumen (als Geschenk zu einem bestimmten Anlass):* Der Vetter heißt Jok, und morgen ist der Jakobitag, und jetzt, was geben wir ihm zum B. (Rosegger, Waldbauernbub 44).
Bin|de, die; -, -n [mhd. binde, ahd. binta, eigtl. = Bindendes, zu ↑ binden]: **1. a)** *(zu einer Rolle aufgewickelter) längerer Streifen aus Stoff zum Verbinden einer verletzten Körperstelle, eines verletzten Körperteils:* er legte ihm die elastische B. an; eine B. abnehmen; **b)** *Tuch, das als Schutz vor die erkrankten Augen gebunden od. bei Armverletzungen, zu einer Schlinge geknotet, als Stützverband getragen wird:* eine schwarze B. vor dem Auge haben, über den Augen tragen; den Arm in einer B. tragen. **2.** Kurzf. von ↑ Armbinde (1): die Ordner trugen eine weiße B. **3.** (ugs.) Kurzf. von ↑ Damenbinde. **4.** (veraltet) *Krawatte* (1): * [sich ⟨Dativ⟩] **einen hinter die B. gießen, kippen** (ugs.; *ein alkoholisches Getränk zu sich nehmen*). **5.** (südwestd.) *(von geräuchertem Fleisch) mit einer Schnur zusammengebundenes Stück:* Er kriegte auch zwei -n Rauchfleisch (M. Walser, Seelenarbeit 70).
Bin|de|bo|gen, der (Musik): *zwei Noten verbindender Bogen, der gebundene Ausführung vorschreibt.*
Bin|de|ge|we|be, das (Med.): *die Organe umhüllendes, verbindendes u. stützendes Gewebe.*
bin|de|ge|we|big ⟨Adj.⟩ (Med.): *aus Bindegewebe bestehend, Bindegewebe enthaltend.*

Bin|de|ge|webs|ent|zün|dung, die (Med.): *Phlegmone.*
Bin|de|ge|webs|fa|ser, die (Med.): *aus Kollagenen bestehende elastische Faser, die in das Bindegewebe eingelagert ist.*
Bin|de|ge|webs|hül|le, die (Med.): *Bindegewebsschicht.*
Bin|de|ge|webs|mas|sa|ge, die (Med.): *Massage des unter der Haut liegenden Bindegewebes, bei der mit den Fingerkuppen schiebende u. streichende Bewegungen ausgeführt werden.*
Bin|de|ge|webs|schicht, die (Med.): *aus Bindegewebe bestehende Schicht.*
Bin|de|ge|webs|schwä|che, die ⟨Pl. selten⟩ (Med.): *angeborene Schwäche des Bindegewebes (die z. B. Krampfadern zur Folge haben kann).*
Bin|de|ge|webs|strang, der (Med.): *Strang aus Bindegewebe.*
Bin|de|glied, das: *verbindendes, vermittelndes Glied, Verbindungsstück.*
Bin|de|haut, die (Med.): *durchsichtige Schleimhaut, die das Augenlid innen u. den Augapfel vorne überzieht; Konjunktiva.*
Bin|de|haut|ent|zün|dung, die (Med.): *Entzündung der Bindehaut; Konjunktivitis.*
Bin|de|haut|ka|tarrh, der (Med.): *Bindehautentzündung.*
Bin|de|kraft, die: *Fähigkeit zu [ver]binden, zu kleben:* die B. des Leims, Zements.
Bin|de|mit|tel, das: *Stoff (z. B. Mörtel, Farbe) zum Binden, Verkleben anderer Stoffe.*
bin|den ⟨st. V.; hat⟩ [mhd. binden, ahd. bintan]: **1. a)** *etw. mit etw. (z. B. Faden, Draht, Stoffstreifen, Weidenrute) so umgeben, dass es zusammenhält, durch Umwinden mit etw. zu etw. Festem, Einheitlichem zusammenfügen; zusammenbinden:* Blumen [zu einem Strauß] b.; einen Draht zu einem Kranz b.; Korn in Garben, zu Garben b.; Ü die bindende (geh.; *verbindende*) Kraft des gemeinsamen Glaubens; **b)** *durch Binden* (1 a) *herstellen:* Besen b.; (Handwerk:) ein Fass [aus Dauben] b. **2. a)** *fesseln:* einen Gefangenen [mit Stricken] b.; an Händen und Füßen gebunden werden; seine Hände waren auf dem Rücken gebunden; Ü gegnerische Truppen durch einen Gegenangriff b. *(beschäftigen u. festhalten);* etw. bindet jmds. Aufmerksamkeit (*nimmt sie voll in Anspruch*); gebundene (*festgesetzte*) Preise; **b)** *verpflichten, etw. zu tun; festlegen:* jmdn., sich durch ein Versprechen, mit einem Eid b.; sich gebunden fühlen; ... ich habe keinen Namen dafür, habe mich weder moralisch noch sozial gebunden, alles Humbug (Mayröcker, Herzzerreißende 122). **3.** *festbinden, durch Binden* [u. Knüpfen, Schlingen] *befestigen:* den Kahn an einen Pflock, die Haare in die Höhe b.; Rosen in einen Kranz b. (*hineinbinden*); ich band [mir] ein Tuch um den Kopf; Ü er ist an sein Versprechen gebunden (*ist verpflichtet, es zu erfüllen*); die Verhandlungen sind an keinen Ort, an keine Zeit gebunden (*man ist dabei auf keinen bestimmten Ort, keine bestimmte Zeit angewiesen*); sich an jmdn. b. (*sich ihm verpflichten*); an Schienen gebunden (*auf Schienen angewiesene*) Verkehrsmittel. **4. a)** *knüpfen, schlingen:* einen Schal, eine Krawatte b.; den Schnürsenkel b.; **b)** *durch Knüpfen, Schlingen erzeugen:* eine Schleife b. **5. a)** *zusammen-, festhalten:* nasser Regen bindet den Staub; die Grasnarbe bindet den Boden; eine Suppe, Soße [mit Mehl] b. (Kochkunst; *sämig machen*); der Zement, das Mehl bindet gut; die gebundene Wärme wird wieder frei; **b)** (Musik) *legato spielen od. singen:* die Töne, Akkorde b.; **c)** *durch Reim od. Rhythmus gestalten:* Wörter durch Reime b.; in gebundener Rede *(in Versen);* **d)** (Verlagsw.) *mit*

festem Rücken u. Decke versehen: ein Buch [in Leinen, in Leder] b.
bin|dend ⟨Adj.⟩: *so geartet, dass man daran gebunden ist, dessen etw. verpflichtend ist; verbindlich:* die -e Wirkung des Vertrages; eine Zusage machen; der Beschluss, die Vereinbarung ist nicht b.
Bin|der, der; -s, -: **1.** (veraltend) *Krawatte.* **2.** Kurzf. von ↑ Mähbinder. **3.** (Bauw.) **a)** *Mauerstein, der mit der Schmalseite nach außen liegt;* **b)** *zum aufrufenden u. tragenden Teil einer Dachkonstruktion gehörender Balken.* **4.** (Fachspr.) *Bindemittel [für Farben].* **5. a)** *jmd., der die Arbeit des Bindens (z. B. von Büchern, Blumen) verrichtet;* **b)** (südd., österr.) *Böttcher* (Berufsbez.).
Bin|de|rei, die; -, -en: *Werkstatt, in der etw. gebunden wird, bes. Buchbinderei, Blumenbinderei.*
Bin|de|rin, die; -, -nen: w. Form zu ↑ Binder (5).
Bin|de-s, das (Sprachwiss.): *Fugen-s.*
Bin|de|strich, der: *kurzer Querstrich, der zwei zusammengehörende Wörter miteinander verbindet od. für einen ausgesparten Wortteil steht.*
Bin|de|wort, das ⟨Pl. ...wörter⟩ (Sprachwiss.): *Konjunktion.*
Bin|de|wort|satz, der (Sprachwiss.): *mit einem Bindewort eingeleiteter Gliedsatz; Konjunktionalsatz.*
Bind|fa|den, der: *(aus Hanf od. Flachs gedrehte) feste, dünnere Schnur, mit der etw. zusammengebunden, verschnürt wird:* das Paket ist mit [einem] B. verschnürt; * **es regnet Bindfäden** (ugs.; *es regnet anhaltend u. stark*).
Bin|dung, die; -, -en: **1. a)** *bindende Beziehung; Gebundensein, Verpflichtung:* es bestehen vertragliche -en; er hat alle persönlichen -en gelöst; sie will keine neue B. mehr eingehen; er ist ein Mensch ohne religiöse B.; **b)** *innere Verbundenheit:* er hat eine enge B. zu seiner Familie. **2.** (Sport) *Skibindung.* **3. a)** (Weberei) *Verbindung von Kett- u. Schussfäden eines Gewebes:* eine feste, haltbare B.; Gewebe in luftdurchlässiger B.; **b)** (Handwerk) *festes Verbundensein, feste Fügung (z. B. von Balken).* **4. a)** (Chemie) *Zusammenhalt von Atomen im Molekül;* **b)** (Physik) *Zusammenhalt der Kernbestandteile im Atomkern.*
Bin|dungs|angst, die: *Scheu, Angst davor, eine feste Bindung* (1) *einzugehen.*
bin|dungs|fä|hig ⟨Adj.⟩: **1.** *fähig, in der Lage, eine feste Bindung* (1) *einzugehen.* **2.** (bes. Chemie) *fähig, eine chemische Verbindung* (3) *einzugehen.*
Bin|dungs|fä|hig|keit, die: **1.** *das Bindungsfähigsein* (1): *seine mangelnde B. hat ihn daran gehindert, eine Familie zu gründen.* **2.** (bes. Chemie) *[Grad der] Fähigkeit, sich mit anderen Stoffen o. Ä. zu verbinden* (4 c).
bin|dungs|un|fä|hig ⟨Adj.⟩: *nicht bindungsfähig.*
Bin|dungs|un|fä|hig|keit, die: *das Bindungsunfähigsein.*
Bin|dungs|wir|kung, die: *bindende Wirkung.*
Bin|ge, Pinge, die; -, -n [mhd. binge = Vertiefung, Graben; vgl. aschwed. binge = Korn-, Mehlkiste, anord. bingr = Abgeteiltes] (Bergmannsspr.): *durch Einsturz alter Grubenbaue entstandene trichterförmige Vertiefung an der Erdoberfläche.*
Binge-Drin|king ['bɪndʒ...], das; -[s] [zu engl. binge = Gelage, Orgie]: *Rauschtrinken.*
Bin|gen: Stadt am Rhein.
¹Bin|ger, der; -s, -: Ew.
²Bin|ger ⟨indekl. Adj.⟩: *Bingen betreffend, zu Bingen gehörend:* das B. Loch (*Stromenge u. Untiefen des Rheins bei Bingen*).
Bin|ge|rin, die; -, -nen: w. Form zu ↑ ¹Binger.

bin|go ⟨Interj.⟩ [↑ Bingo] (ugs.): Ausruf, der ausdrückt, dass jmdm. etw. [überraschend] geglückt ist, dass etw. genau nach Wunsch eingetreten ist.

Bin|go, das; -[s] [engl. bingo (nach dem Ausruf des Gewinners, wohl lautm.)]: *dem Lotto ähnliches englisches Glücksspiel.*

Bin|kel, Binkl, der; -s, -[n] [wohl zu einem Verb mit der Bed. »(zusammen)stoßen, schlagen«] (bayr., österr. ugs.): **1.** *Bündel.* **2.** *[unangenehmer] Mensch* (oft als Schimpfwort): ein zorniger B.

bin|nen ⟨Präp.⟩ [mhd. binnen, aus: bī, be = bei u. ↑ innen]: *innerhalb, im Laufe von:* ⟨mit Dat.:⟩ b. drei Tagen, Stunden; b. einem Jahr; b. Jahresfrist; b. Kurzem *(innerhalb kurzer Zeit; bald)*; ⟨seltener, geh. mit Gen.:⟩ b. eines Jahres.

bin|nen|bords ⟨Adv.⟩ [zu ↑ ²Bord] (Seemannsspr.): *innerhalb des Schiffes.*

Bin|nen|deich, der: *innerer Deich.*

bin|nen|deutsch ⟨Adj.⟩: (bes. im Hinblick auf die Sprache im Unterschied zu österreichisch, schweizerisch u. a.) *sich auf das Gebiet innerhalb Deutschlands beziehend.*

Bin|nen|deutsch, (nur mit best. Art.:) **Bin|nen|deut|sche,** das: *binnendeutsche Sprache (im Unterschied zum Deutsch in Österreich, der Schweiz u. a.).*

Bin|nen|fi|sche|rei, die: *Fischerei in Binnengewässern.*

Bin|nen|ge|wäs|ser, das: *zum Festland gehörendes u. davon umschlossenes fließendes od. stehendes Gewässer.*

Bin|nen|ha|fen, der: *Hafen im Landesinnern.*

Bin|nen|han|del, der: *Handel innerhalb der Grenzen eines Staates od. eines Staatenbündnisses.*

Bin|nen|kon|junk|tur, die: *Konjunktur innerhalb der Grenzen eines Staates od. eines Staatenbündnisses.*

Bin|nen|land, das ⟨Pl. ...länder⟩: *innerer, von der Küste weit entfernter Teil des Festlandes.*

bin|nen|län|disch ⟨Adj.⟩: *das Binnenland betreffend, zu ihm gehörend.*

Bin|nen|markt, der (Wirtsch.): *Markt innerhalb der Grenzen eines Staates od. eines Staatenbündnisses:* europäischer B.

Bin|nen|meer, das: *[weitgehend] von Festland umschlossenes [Rand]meer.*

Bin|nen|nach|fra|ge, die: *Nachfrage (2) innerhalb der Grenzen eines Staates od. eines Staatenbündnisses.*

Bin|nen|reim, der (Literaturwiss.): *Reim innerhalb einer Verszeile.*

Bin|nen|schif|fer, der: *Schiffer in der Binnenschifffahrt.*

Bin|nen|schif|fe|rin, die: w. Form zu ↑ Binnenschiffer.

Bin|nen|schiff|fahrt, die: *Schifffahrt auf Binnengewässern.*

Bin|nen|see, der: *See des Festlands ohne unmittelbare Verbindung zum Meer.*

Bin|nen|sei|te, die: *zum Land hin liegende Seite (z. B. eines Deiches, einer Mole o. Ä.).*

Bin|nen|ver|kehr, der: *Verkehr innerhalb der Grenzen eines Staates od. eines Staatenbündnisses.*

Bin|nen|wäh|rung, die: *nur innerhalb der Grenzen eines Staates od. eines Staatenbündnisses gültige Währung.*

Bin|nen|was|ser|stra|ße, die: *zum Festland gehörende u. davon umschlossene Wasserstraße (wie Fluss, Kanal o. Ä.).*

Bin|nen|wirt|schaft, die: *Wirtschaft innerhalb der Grenzen eines Staates od. eines Staatenbündnisses.*

Bi|no|kel [auch: biˈnɔk], das; -s, - [frz. binocle, zu lat. bini = je zwei, doppelt u. oculus = Auge]:

1. (veraltet) **a)** *Brille;* **b)** *Fernglas;* **c)** *Mikroskop mit zwei Okularen.* **2.** ⟨auch: der; ohne Pl.⟩ *schweizerisches Kartenspiel.*

bi|no|keln ⟨sw. V.; hat⟩ (schweiz.): *Binokel (2) spielen.*

bi|no|ku|lar ⟨Adj.⟩ [zu lat. bini = je zwei, doppelt u. ocularis = zu den Augen gehörig]: **a)** *mit beiden Augen erfolgend:* -es Sehen; **b)** *[zum Durchblicken] für beide Augen zugleich bestimmt:* ein -es Mikroskop.

Bi|no|ku|lar, das; -s, -e: *für das Sehen mit beiden Augen eingerichtetes optisches Gerät (wie Fernglas, Mikroskop o. Ä.).*

Bi|nom, das; -s, -e [zu lat. bi- = zwei u. nomen = Name] (Math.): *Summe od. Differenz aus zwei Gliedern.*

bi|no|misch ⟨Adj.⟩ (Math.): *zweigliedrig:* ein -er Ausdruck; -er Lehrsatz *(Formel zur Berechnung von Potenzen eines Binoms).*

Bin|se, die; -, -n [mhd. bin(e)z, ahd. binuz, H. u.]: **1.** (Bot.) *(an feuchten Standorten wachsende) Pflanze mit grasartigen od. röhrenförmig ausgebildeten Blättern u. braunen od. grünen Blüten in Rispen od. Dolden:* Körbe, Matten aus -n flechten; * **in die -n gehen** (ugs.: *verloren gehen; entzweigehen; misslingen;* wohl urspr. jägersprachlich von der getroffenen Wildente, die in den Binsen [landsch. = Schilf] für den Jagdhund kaum zu finden ist): sein Vermögen ist bei der Inflation in die -n gegangen). **2.** (ugs.) kurz für ↑ Binsenwahrheit, Binsenweisheit: es ist eine B., dass das Fernsehen nicht die Wahrheit abbildet.

Bin|sen|wahr|heit, Bin|sen|weis|heit, die [eigtl. = binsenglatte Wahrheit; wohl nach lat. nodum in scirpo quaerere = einen Knoten an der (glatten) Binse suchen, d. h., Schwierigkeiten suchen, wo es keine gibt]: *allgemein bekannte Tatsache:* das ist [doch] eine B.!

¹Bio, das; -s ⟨meist o. Art.⟩ (Schülerspr.): *Biologie (als Unterrichtsfach):* morgen haben wir kein B.; sie hat eine Eins in B.

²Bio, die; -: **1.** (Schülerspr.) *Unterrichtsstunde in Biologie (1):* in der ersten B. nach den Ferien. **2.** (Uni-Jargon) *Biologie (1) als Studienfach:* B. studieren.

bio-, Bio- [zu griech. bíos = Leben]: **1.** *lebens-, Lebens-* (z. B. in den Zus. biologisch, Biologie). **2.** drückt in Bildungen mit Substantiven – seltener mit Adjektiven – aus, dass jmd. oder etw. mit der Natürlichen, Naturgemäßem zu tun hat, mit der Natur in irgendeiner Weise in Beziehung steht: Biobauer, Biogarten, Biogemüse. **3.** drückt in Bildungen mit Substantiven oder Adjektiven aus, dass jmd. oder etw. in irgendeiner Weise mit organischem Leben, mit Lebewesen in Beziehung steht: bioaktiv; Biotechnologie.

bio|ak|tiv [auch: ˈbiːo...] ⟨Adj.⟩: *biologisch aktiv:* ein -es Waschmittel.

Bi|o|al|ko|hol [auch: ...hoːl...], der (Chemie): *durch Gärung aus Biomasse gewonnener Äthylalkohol.*

Bio|bau|er, der; -n (selten: -s), -n: *Landwirt, der seine Produkte auf natürlicher Grundlage herstellt.*

Bio|bäu|e|rin, die: w. Form zu ↑ Biobauer.

Bio|che|mie [auch: ˈbiːo...], die: **1.** *Chemie auf dem Gebiet der Biologie, Wissenschaft von der chemischen Zusammensetzung der Organismen u. den chemischen Vorgängen in ihnen.* **2.** *biochemische Beschaffenheit im Ganzen:* das hängt mit der B. des Stoffwechsels zusammen.

Bio|che|mi|ker [auch: ˈbiːo...], der: *Wissenschaftler auf dem Gebiet der Biochemie.*

Bio|che|mi|ke|rin [auch: ˈbiːo...], die: w. Form zu ↑ Biochemiker.

bio|che|misch [auch: ˈbiːo...] ⟨Adj.⟩: *die Biochemie betreffend, dazu gehörend, darauf beruhend.*

Bio|chip, der (engl. biochip, aus: bio- (↑ bio-, Bio-) u. chip, ↑ Chip]: *aus organischen Verbindungen bestehender Chip (3), der eine hohe Dichte an Schaltelementen aufweist.*

Bio|die|sel, der: *aus nachwachsenden Rohstoffen hergestellter Dieselkraftstoff.*

Bio|di|ver|si|tät [auch: ˈbiːo...], die ⟨Pl. selten⟩ (Fachspr.): *biologische Vielfalt.*

bio|dy|na|misch [auch: ˈbiːo...] ⟨Adj.⟩: *nur organische Düngemittel einsetzend, nur mit solchen Mitteln behandelt, gedüngt.*

Bio|ener|ge|tik [auch: ˈbiːo...], die: **1.** (Biol.) *Teilgebiet der Biochemie u. Biophysik, das sich mit der Umwandlung von Energie in organischen Strukturen beschäftigt.* **2.** (Psychol.) *Form der Psychotherapie zur Befreiung von Ängsten, unterdrückten Emotionen, Verkrampfungen o. Ä. mithilfe von Bewegungs-, Haltungs-, Atemübungen o. Ä.*

Bio|ener|gie [auch: ...'giː], die: *aus Biomasse gewonnene Energie.*

Bio|etha|nol [auch: ˈbiːo...], das: *aus Biomasse hergestelltes, als Bestandteil von Kraftstoffen verwendetes Ethanol.*

Bio|ethik, die: *Teilgebiet der angewandten Ethik, das sich mit sittlichen Fragen u. Verhaltensweisen im Umgang mit Leben u. Natur, bes. auch im Hinblick auf neue Entwicklungen u. Möglichkeiten der Forschung u. Therapie (wie Gentechnik, Sterbehilfe u. a.), befasst.*

Bio|feed|back, das (Biol.): *Rückkopplung innerhalb eines Regelkreises biologischer Systeme.*

Bio|feed|back-Me|tho|de, die ⟨o. Pl.⟩: *Methode, Verfahren zur Kontrolle vom Menschen kaum wahrgenommener Körperfunktionen (wie z. B. Blutdruck, Herzfrequenz) über Apparate, an denen er die ent- sprechenden Funktionen ablesen u. dann beeinflussen kann.*

Bio|gas, das: *bei der Zersetzung von Naturstoffen (wie Mist, landwirtschaftliche Abfälle o. Ä.) entstehendes Gas, das als alternative Energiequelle dienen kann.*

bio|gen ⟨Adj.⟩ [-gen] (Biol.): *durch [Tätigkeit von] Lebewesen entstanden, aus abgestorbenen Lebewesen gebildet.*

Bio|ge|ne|se, die (Biol.): *Entwicklung[sgeschichte] der Lebewesen.*

bio|ge|ne|tisch ⟨Adj.⟩ (Biol.): *zur Biogenese gehörend:* -es Grundgesetz *(Gesetz, wonach die Entwicklung des Einzelwesens, die Ontogenese, eine Wiederholung der stammesgeschichtlichen Entwicklung, der Phylogenese, ist;* nach E. Haeckel, 1834–1919).

Bio|geo|gra|fie, Biogeographie [auch: ˈbiːo...], die: *Wissenschaft von der geografischen Verbreitung der Tiere u. Pflanzen.*

bio|geo|gra|phisch [auch: ˈbiːo...] ⟨Adj.⟩: *die Biogeografie betreffend, zu ihr gehörend, auf ihr beruhend:* -e Untersuchungen, Daten.

Bio|geo|gra|phie usw.: ↑ Biogeografie usw.

Bio|graf, Biograph, der; -en, -en: *Verfasser einer Biografie.*

Bio|gra|fie, Biographie, die; -, -n [spätgriech. biographía, zu: gráphein = schreiben]: **1.** *Beschreibung des Lebenslaufes einer Person.* **2.** *Lebenslauf, Lebensgeschichte eines Menschen.*

Bio|gra|fin, Biographin, die; -, -nen: w. Formen zu ↑ Biograf, Biograph.

bio|gra|fisch, biographisch ⟨Adj.⟩: *die Biografie (2) einer Person betreffend, auf ihr beruhend.*

Bio|graph usw.: ↑ Biograf usw.

Bio|ka|ta|ly|sa|tor [auch: ˈbiːoː...], der (Biol.): Wirkstoff, der die Stoffwechselvorgänge steuert (z. B. Enzym).

Bio|kost, die: Kost, die nur aus natürlichen, nicht mit chemischen Mitteln behandelten Nahrungsmitteln besteht.

Bio|kraft|stoff, der: vorwiegend aus nachwachsenden Rohstoffen erzeugter Kraftstoff (z. B. Bioalkohol).

Bio|ky|ber|ne|tik [auch: ...ˈneː...], die (Biol.): Wissenschaft, die die Steuerungs- und Regelungsvorgänge in biologischen Systemen (Mensch, Tier, Pflanze) untersucht.

Bio|la|den, der ⟨Pl. ...läden⟩ (ugs.): Laden, in dem Bioprodukte verkauft werden.

Bio|lo|ge, der; -n, -n: Wissenschaftler, ausgebildeter Fachmann auf dem Gebiet der Biologie.

Bio|lo|gie, die; - [zu ↑ -logie]: **1.** Wissenschaft von der belebten Natur, u. den Gesetzmäßigkeiten im Ablauf des Lebens von Pflanze, Tier u. Mensch. **2.** biologische Beschaffenheit im Ganzen: die B. des menschlichen Körpers.

Bio|lo|gie|un|ter|richt, der: Unterricht im Schulfach Biologie.

Bio|lo|gin, die; -, -nen: w. Form zu ↑ Biologe.

bio|lo|gisch ⟨Adj.⟩: **1.** die Biologie (1) betreffend, zu ihr gehörend, auf ihr beruhend: etw. b. untersuchen. **2.** den Gegenstand der Biologie, die lebendige Natur, Lebensvorgänge u. -beschaffenheit, betreffend, dazu gehörend, darauf beruhend: -e Vorgänge im menschlichen Körper; -e Waffen (Biowaffen). **3.** aus natürlichen Stoffen hergestellt: -e Kleidung.

bio|lo|gisch-dy|na|misch ⟨Adj.⟩: ausschließlich biologische, nicht künstliche Mittel nutzend u. dabei kosmische Konstellationen berücksichtigend: -er Anbau.

Bio|lo|gis|mus, der; - (abwertend): einseitige u. ausschließliche Anwendung biologischer Gesichtspunkte auf andere Wissensgebiete.

bi|o|lo|gis|tisch ⟨Adj.⟩ (abwertend): den Biologismus betreffend, auf ihm beruhend: -e Erklärungen für sogenannte Rassenunterschiede.

Bio|ly|se, die; -, -n [zu griech. lýsis = Auflösung] (Fachspr.): Zersetzung organischer Substanz durch lebende Organismen.

bio|ly|tisch ⟨Adj.⟩ (Fachspr.): auf Biolyse beruhend.

Bi|om, das; -s, -e (Biol.): Lebensgemeinschaft von Tieren u. Pflanzen in einem größeren geografischen Raum (z. B. im tropischen Regenwald).

Bio|markt, der: **1.** Verkaufsstätte für Erzeugnisse (bes. Lebensmittel) aus dem biologischen Anbau: Biomärkte boomen. **2.** Markt (3 a) für Bioprodukte.

Bio|mas|se, die (Biol.): Masse der durch Lebewesen anfallenden organischen Substanz in einem bestimmten Lebensraum (z. B. in einem See).

Bio|me|di|zin [auch: ...ˈtsiːn], die: **1.** naturwissenschaftlicher Fachbereich, der sich mit biologischer Grundlagenforschung auf medizinischem Gebiet beschäftigt. **2.** alternative Medizin.

bio|me|di|zi|nisch [auch: ...ˈtsi...] ⟨Adj.⟩: die Biomedizin betreffend, auf ihr beruhend.

Bio|me|t|rie, Bio|me|t|rik, die; -: [Lehre von der] Anwendung mathematischer Methoden zur zahlenmäßigen Erfassung, Planung u. Auswertung von Experimenten in Biologie, Medizin u. Landwirtschaft (z. B. der Körpermessung).

bio|me|t|risch ⟨Adj.⟩: die Biometrie betreffend, auf ihr beruhend: -e Zugriffssperren für Computer; die Aufnahme -er Merkmale in Ausweispapiere.

Bio|müll, der: organische [Haushalts]abfälle: Eierschalen in den B. (in die Biotonne) werfen.

Bio|nik, die; - [zusgez. aus ↑ Biologie u. ↑ Technik, wohl beeinflusst von gleichbed. engl. bionics, zu

bio- (↑ bio-, Bio-) u. electronics = Elektronik]: [angewandte] Wissenschaft, die technische, bes. elektronische Probleme nach dem Vorbild biologischer Funktionen zu lösen versucht.

bio|nisch ⟨Adj.⟩: zur Bionik gehörend, darauf beruhend: b. inspirierte Roboter.

Bio|phy|sik [auch: ˈbiːoː..., auch, österr. nur: ...(ˈ)zɪk], die: **1.** Wissenschaft von den physikalischen Vorgängen in u. an Lebewesen. **2.** Physik, die im medizinischen Bereich angewendet wird (z. B. bei der Strahlenbehandlung u. beim Strahlenschutz).

bio|phy|si|ka|lisch [auch: ˈbiːoː...] ⟨Adj.⟩: die Biophysik betreffend, zu ihr gehörend, auf ihr, ihren Untersuchungen, Methoden beruhend.

Bio|pic [baɪˈɔ..., engl.: ˈbaɪoʊ..., baɪˈɔpɪk], das; -[s], -s [engl. biopic, zusgez. aus biographical picture = biografischer Film] (Film, Fernsehen): Verfilmung des Lebens einer Person, die tatsächlich lebt od. gelebt hat: das B. über Johnny Cash.

Bio|pi|ra|te|rie, die: Nutzung bzw. Patentierung bisher frei verfügbarer biologischer Substanzen.

Bio|pro|dukt, das: Produkt, bes. Nahrungsmittel, das aus biologisch-natürlicher Landwirtschaft stammt u. nicht mit künstlichen Mitteln behandelt od. gentechnisch verändert wird.

Bio|pro|the|se, die [zu ↑ Bio- u. ↑ Prothese]: aus menschlichem od. tierischem Gewebe hergestellte Prothese (1).

Bi|op|sie, die; -, -n [zu griech. ópsis = das Sehen] (Med.): Untersuchung von Gewebe, das dem lebenden Organismus entnommen ist.

Bio|re|ak|tor, der (Biochemie): Fermenter.

Bio|rhyth|mik [auch: ...ˈrʏt...], die (Biol.): Art, Charakter des Biorhythmus.

Bio|rhyth|mus [auch: ...ˈrʏt...], der (Biol.): in periodischem Ablauf erfolgender Rhythmus von physiologischen Vorgängen (wie Wachstum, Leistungsfähigkeit o. Ä.) bei Lebewesen.

Bi|os, der; - [griech. bíos]: Leben, belebte Welt als Teil des Kosmos.

BIOS, das; - [Abk. für engl. basis input output system »Basis-Eingabe-Ausgabe-System«] (EDV): Teil des Betriebssystems, der alle Grundfunktionen enthält u. dessen Start einleitet.

Bio|sa|tel|lit [auch: ...ˈliːt, ...ˈlɪt], der: kleines Raumfahrzeug, das die Lebensbedingungen in der Schwerelosigkeit erforschen soll u. deswegen mit Tieren besetzt wird.

Bio|sen|sor [auch: ...ˈzɛn...], der: Gerät zur elektronischen Messung physikalischer u. chemischer Lebensvorgänge am u. im Körper.

Bio|sphä|re [auch: ...ˈsfɛː...], die: **1.** ⟨o. Pl.⟩ (Fachspr.) Gesamtheit von Lebewesen besiedelten Schichten der Erde. **2.** Lebensraum (1).

Bio|sphä|ren|re|ser|vat [auch: ...ˈsfɛː...], das: (von der UNESCO unter Schutz gestelltes) Gebiet, das für das in ihm vorhandene Biom repräsentativ ist od. eine Besonderheit aufweist: das B. Rhön.

Bio|sprit, der (ugs.): Biokraftstoff.

Bio|sta|tis|tik [auch: ...ˈtɪs...], die: Biometrie.

Bio|syn|the|se [auch: ˈbiːoː...], die: **1.** Aufbau chemischer Verbindungen in den Zellen des lebenden Organismus. **2.** Herstellung organischer Substanzen mithilfe von Mikroorganismen (wie z. B. des Penizillins aus niederen Pilzen).

Bio|tech|fir|ma [...tɛk...], die: Biotechunternehmen.

Bio|tech|nik [auch: ...ˈtɛç...], die (Fachspr.): Biotechnologie.

bio|tech|nisch [auch: ...ˈtɛç...] ⟨Adj.⟩: die Biotechnik betreffend, auf ihr beruhend, sie anwendend.

Bio|tech|no|lo|gie [auch: ...ˈgiː...], die: Wissenschaft von den Methoden u. Verfahren, die zur

technischen Nutzbarmachung biologischer Prozesse führen.

Bio|tech|no|lo|gie|un|ter|neh|men [auch: ...ˈgiː...], das: Biotechunternehmen.

bio|tech|no|lo|gisch [auch: ...ˈloː...] ⟨Adj.⟩: auf die Biotechnologie bezogen, mithilfe der Biotechnologie erfolgend.

Bio|tech|un|ter|neh|men [...tɛk...], das [zu engl. biotech, Kurzf. von: biotechnology = Biotechnologie]: Unternehmen, das mit biotechnologischen Methoden Produkte herstellt u. damit handelt.

bio|tisch ⟨Adj.⟩ [griech. biōtikós] (Fachspr.): auf Leben, Lebewesen bezüglich: b. abbaubare organische Stoffe.

Bio|ton|ne, die: Mülltonne für Biomüll.

Bio|top, der od. das; -s, -e [zu griech. tópos = Ort, Gegend] (Biol.): **a)** durch bestimmte Pflanzen- u. Tiergesellschaften gekennzeichneter Lebensraum; **b)** Lebensraum einer einzelnen Art.

Bio|typ [auch: ˈbiːoː...], **Bio|ty|pus**, der (Genetik): Gruppe von Individuen mit gleicher Erbanlage.

Bio|waf|fe, die: Waffe, die durch die Verbreitung von Krankheitserregern od. organischen Giftstoffen ihre Wirkung erzielt.

Bio|wis|sen|schaft, die (meist Pl.): Gesamtheit der zur Biologie (1) gehörenden Fachgebiete.

bio|zen|t|risch [auch: ˈbiːoː...] ⟨Adj.⟩: das Leben, seine Steigerung u. Erhaltung in den Mittelpunkt aller Überlegungen stellend.

Bio|zö|no|se, die; -, -n [zu griech. koinós = gemeinsam] (Biol.): Lebensgemeinschaft von Pflanzen u. Tieren in einem Biotop.

bio|zö|no|tisch ⟨Adj.⟩ (Biol.): die Biozönose betreffend, darauf beruhend.

BIP [bɪp], das; -[s] = Bruttoinlandsprodukt, Bruttoinlandprodukt.

bi|po|lar [auch: ...ˈlaːɐ̯] ⟨Adj.⟩ [aus lat. bi- = zwei u. ↑ polar]: mit zwei Polen versehen; zweipolig.

Bi|po|la|ri|tät [auch: ˈbiː...], die ⟨Pl. selten⟩: Zweipoligkeit, Vorhandensein zweier entgegengesetzter Pole.

Bi|quad|rat [auch: ...ˈdraːt], das [aus lat. bi- = zwei u. ↑ Quadrat] (Math.): Quadrat des Quadrats, vierte Potenz.

bi|quad|ra|tisch [auch: ˈbiː..., österr. auch: ...(ˈ)draːt...] ⟨Adj.⟩ (Math.): in die vierte Potenz erhoben, in der vierten Potenz.

Bir|cher|mus, das; -es, -e, (schweiz.:) **Bir|cher|mües|li**, das; -[s], -[s], **Bir|cher|müsli**, das; -[s], -[s] [nach dem schweiz. Arzt M. Bircher-Benner (1867–1939)]: Rohkostgericht aus eingeweichten Haferflocken, Zitronensaft, Kondensmilch, geriebenen Äpfeln o. Ä. u. gemahlenen Nüssen od. Mandeln.

Bir|die [ˈbøːdi], das; -s, -s [engl. birdie, eigtl. = Vögelchen] (Golf): das Einlochen mit einem Schlag unter der festgelegten Mindestanzahl von Schlägen.

Bi|rett, das; -[e]s, -e [mlat. birretum, ↑ Barett]: (aus dem Barett entwickelte) drei- bzw. vierkantige Kopfbedeckung katholischer Geistlicher.

Bir|ke, die; -, -n [mhd. birke, ahd. birhha, eigtl. = die Leuchtendweiße, nach der Farbe der Rinde]: **1.** Laubbaum mit weißer Rinde, kleinen, herzförmigen, hellgrünen Blättern u. als Kätzchen (4) wachsenden Blütenständen. **2.** ⟨o. Pl.⟩ Birkenholz: Möbel aus geflammter B.

bir|ken ⟨Adj.⟩ (selten): aus Birkenholz bestehend: ein -er Schrank.

Bir|ken|ge|wächs, das: als Laubbaum od. Strauch wachsende Pflanze mit häufig als Kätzchen (4) wachsenden Blütenständen (z. B. Birke, Erle, Haselstrauch, Hainbuche).

Bir|ken|grün, das; -s: abgeschnittene belaubte Birkenzweige (als Zimmerschmuck o. Ä.).

Bir|ken|holz, das ⟨Sorten: ...hölzer⟩: [als Material verwendetes] Holz der Birke.

Bir|ken|reiz|ker, der: *giftiger Pilz aus der Gattung der Reizker* (a).

Bir|ken|rin|de, die: *Rinde der Birke.*

Bir|ken|röhr|ling, der: *meist unter Birken wachsender Speisepilz mit graubraunem Hut u. beschupptem, in der Farbe dem Stamm der Birke ähnelndem Stiel.*

Bir|ken|saft, der: *Saft* (1) *aus den Stämmen junger Birken.*

Birk|hahn, der ⟨Pl. ...hähne⟩: *männliches Birkhuhn.*

Birk|huhn, das: *(bes. in Moor u. Heide vorkommendes) Wildhuhn.*

Bir|ma; -s: *früherer Name von* ↑ Myanmar.

Bir|ma|ne, der; -n, -n: Ew.

Bir|ma|nin, die; -, -nen: w. Form zu ↑ Birmane.

bir|ma|nisch ⟨Adj.⟩: *Birma, die Birmanen betreffend; aus Birma stammend.*

Birn|baum, der: **1.** *weiß blühender Obstbaum mit Birnen als Früchten.* **2.** ⟨o. Pl.⟩ *[als Material verwendetes] Holz des Birnbaums.*

Birn|chen, das; -s, -: Vkl. zu ↑ Birne.

Bir|ne, die; -, -n [mhd. bir[e], ahd. bira < vlat. pira < lat. pirum]: **1.** *meist eirunde, sich zum Stiel hin verjüngende grüngelbe od. bräunliche Frucht des Birnbaums mit saftigem Fruchtfleisch u. Kerngehäuse.* **2.** Birnbaum (1): die -n blühen schon. **3.** Birnbaum (2): ein Schrank aus afrikanischer B. **4.** Glühbirne: eine mattierte B.; die B. ist durchgebrannt; eine B. auswechseln; eine B. einschrauben. **5.** (salopp) Kopf (1): er gab ihm eins auf die B.; * eine weiche B. haben (salopp abwertend; etwas beschränkt sein).

bir|nen|för|mig ⟨Adj.⟩: *die Form einer Birne habend.*

¹bis ⟨Präp. mit Akk.⟩ [mhd. biʒ (bitze), wahrsch. aus ahd. bī ze = (da)bei zu]: **1.** ⟨zeitlich⟩ gibt die Beendigung eines Zeitabschnitts an: b. heute, Freitag, Oktober; b. nächstes Jahr; ⟨schweiz.:⟩ b. anhin ist nichts geschehen; b. wann brauchst du das Buch?; b. dahin, b. dann ist alles erledigt; er ist [nur] b. 17 Uhr hier *(ist lediglich bis 17 Uhr anwesend);* sie ist bis 17 Uhr [bestimmt] hier *(wird bis 17 Uhr sicherlich eingetroffen sein);* von 8 b. 11 Uhr; Ferien b. [einschließlich]/(bayr.:) b. mit 22. August; ⟨auch adv. in Verbindung mit einer anderen, den Kasus bestimmenden Präp.:⟩ b. auf Weiteres, b. nach Mitternacht, b. zum Jahresende, wir müssen uns b. zum/(schweiz.:) b. am 31. Oktober entscheiden; du kannst b. zum nächsten Wochenende, b. nächstes Wochenende bleiben; b. in den Tag [hinein] schlafen; b. bald, b. dann, b. gleich, b. nachher, b. später (ugs.; Abschiedsformeln); ♦ ... der Esel ... wurde b. zu Austrag der Sache in den Marstall gemeiner Stadt Abdera abgeführt (Wieland, Abderiten IV, 2); ♦ ⟨auch ohne Präp.:⟩ ... noch so lang b. *(bis zur)* Nacht (Goethe, Elegien I, XV). **2.** ⟨räumlich⟩ gibt das Erreichen eines Endpunktes an: b. hierher und nicht weiter; b. München fliegen; von unten b. oben; von Anfang b. Ende; ⟨auch adv. in Verbindung mit einer anderen, den Kasus bestimmenden Präp.:⟩ b. an den Rhein; b. auf die Haut nass werden; b. in das Tal [hinein]; b. nach Spanien; b. zur Haltestelle gehen; * b. hin zu gibt den Endpunkt eines Bereichs an, nennt eine Person od. Sache, für die einschließlich etw. Gesagtes gilt: sie betreibt viele Sportarten b. hin zum Marathonlauf; b. hin zum Oberbürgermeister waren alle gekommen). **3.** ⟨in Verbindung mit »auf«⟩ **a)** *einschließlich:* der Saal war b. auf den letzten Platz *(vollständig)* besetzt; **b)** *mit Ausnahme (von):* b. auf zwei waren alle jünger als 20 Jahre; alle waren gekommen b. auf einen *(nur einer nicht).* **4.** ⟨in Verbindung mit »zu« vor Zahlen⟩ gibt die obere Grenze an: Gemein-

den b. zu 10 000 Einwohnern; Jugendliche b. zu 18 Jahren haben keinen Zutritt.

²bis ⟨Adv., in der Verbindung mit »zu«; weglassbar u. ohne Einfluss auf die Beugung⟩: gibt die obere Grenze eines Spielraumes an: der Vorstand kann [b. zu] 8 Mitglieder umfassen; ⟨auch ohne »zu«:⟩ Kinder b. 10 Jahre/b. 10 Jahre alte Kinder zahlen die Hälfte.

³bis ⟨Konj.⟩ [zu: ↑ ¹bis]: **1.** nebenordnend zwischen [Zahl]adjektiven, womit eine ungefähre Angabe gemacht wird: mit 200 b. 250 Leuten; kleine b. mittelgroße Früchte. **2. a)** ⟨unterordnend⟩ gibt die zeitliche Grenze an, an der ein Vorgang endet: er wartet noch, b. die Postbotin gekommen ist; (veraltet, noch formelhaft mit »dass«:) b. dass der Tod euch scheidet; (mit konditionaler Nebenbedeutung:) ich kann nichts entscheiden, b. ich [nicht] nähere Informationen habe; **b)** ⟨unterordnend bei verneintem Hauptsatz mit Vorzeitigkeit im Gliedsatz⟩ *bevor nicht:* du darfst nicht spielen, b. deine Schularbeiten gemacht sind.

⁴bis ⟨Adv.⟩ [lat. bis = zweimal] (Musik): **a)** *wiederholen* (Notenanweisung); **b)** *Wiederholung!* (auffordernder Zuruf des Publikums nach einer Musikaufführung).

Bi|sam, der; -s, -e u. -s [mhd. bisem, ahd. bisam(o) < mlat. bisamum < hebr. bāśām, ↑ Balsam]: **1.** *Moschus.* **2.** *Pelz der Bisamratte.*

Bi|sam|rat|te, die: *(zu den Wühlmäusen gehörendes) in Wassernähe lebendes Nagetier, dessen Fell zu Pelzwaren verarbeitet wird.*

Bis|ca|ya: ↑ Biskaya.

Bi|schof ['bɪʃɔf, 'bɪʃoːf], der; -s, Bischöfe ['bɪʃœfə, auch: ...ø:fə] [mhd. bischof, ahd. biscof, über das Roman. < kirchenlat. episcopus = Aufseher, Bischof < griech. epískopos, zu: sképthesthai, ↑ Skepsis]: **1.** (christl. Kirche) *oberster geistlicher Würdenträger eines bestimmten kirchlichen Gebietes (eines Bistums, einer Diözese od. Landeskirche).* **2.** [nach engl. bishop] *kaltes Getränk aus Rotwein, Zucker u. der Schale von bitteren Pomeranzen.*

Bi|schö|fin, die; -, -nen [↑ Bischof] (ev. Kirche): *oberste geistliche Würdenträgerin einer ev. Landeskirche.*

bi|schöf|lich ⟨Adj.⟩ [mhd. bischoflich]: *einem Bischof (1), einer Bischöfin zugehörend; für einen Bischof, eine Bischöfin charakteristisch.*

Bi|schofs|amt, das: *Amt eines Bischofs, einer Bischöfin.*

Bi|schofs|hut, der: *runder schwarzer [Straßen]hut der katholischen Bischöfe.*

Bi|schofs|kol|le|gi|um, das: *Gemeinschaft aller Bischöfe der katholischen Kirche.*

Bi|schofs|kon|fe|renz, die: *Zusammenkunft der Bischöfe eines meist nationalen Bereichs der katholischen Kirche.*

Bi|schofs|kreuz, das: *von einem Bischof, von einer Bischöfin auf der Brust getragenes Kreuz.*

bi|schofs|li|la ⟨Indekl. Adj.⟩: *intensiv lila.*

Bi|schofs|müt|ze, die: **1.** Mitra. **2.** *Kaktus mit vorspringenden, oft mit weißen wolligen Flöckchen bedeckten Längsrippen u. gelben Blüten.*

Bi|schofs|sitz, der: *Hauptstadt eines Bistums od. einer Diözese mit dem Amtssitz des Bischofs.*

Bi|schofs|stab, der: *langer, oben meist spiralig auslaufender Stab (als Zeichen der bischöflichen Würde).*

Bi|schofs|sy|n|o|de, die: *aus einem Gremium von Bischöfen bestehende offizielle Einrichtung der katholischen Kirche zur beratenden Unterstützung des Papstes.*

Bi|se, die; -, -n ⟨Pl. selten⟩ [mhd. bīse, ahd. bīsa = Wirbelwind] (schweiz.): *Nord[ost]wind.*

Bi|se|xu|a|li|tät [auch: ...'tɛːt], die [aus lat. bi- = zwei u. ↑ Sexualität]: **1.** (Biol.) Doppelgeschlech-

tigkeit. **2.** (Med., Psychol.) *Nebeneinander von homo- u. heterosexueller Veranlagung bei einem Menschen.*

bi|se|xu|ell [auch: ...'ksu̯ɛl] ⟨Adj.⟩: **1.** (Biol.) *doppelgeschlechtig.* **2.** (Med., Psychol.) *ein sowohl auf Personen des anderen als auch auf Personen des gleichen Geschlechts gerichtetes Sexualempfinden, sexuelles Verlangen habend; sowohl hetero- als auch homosexuell.*

bis|her ⟨Adv.⟩: *von einem unbestimmten Zeitpunkt an bis zum heutigen Tag, bis jetzt:* b. war alles in Ordnung.

bis|he|rig ⟨Adj.⟩: *bisher gewesen, bisher vorhanden:* der -e Außenminister; ihr -es Leben.

Bis|ka|ya, Biscaya [...'kaːɪ..., die; -: Kurzf. von Golf von Biskaya (Bucht des Atlantischen Ozeans).

Bis|kot|te, die; -, -n [ital. biscotto < mlat. biscoctus (-um), aus lat. bis = zweimal u. coctum = gebacken, gekocht, also eigtl. = zweimal Gebackenes] (österr.): *Löffelbiskuit.*

Bis|kuit ['bɪskvɪt, auch: ...'kviːt, ...'kvɪt], das, auch: der; -[e]s, -s, auch: -e [frz. biscuit < afrz. bescuit, unter Einfluss von ital. biscotto (↑ Biskotte) zu: cuire < lat. coquere = kochen, backen]: **1.** *Feingebäck aus Mehl, Eiern, Zucker.* **2.** Kurzf. von ↑ Biskuitporzellan.

Bis|kuit|por|zel|lan, das: *gelbliches, unglasiertes Porzellan.*

Bis|kuit|rol|le, die: *zu einer mit Sahnecreme, Konfitüre o. Ä. gefüllten Rolle geformtes Gebäck aus Biskuitteig.*

Bis|kuit|teig, der: *feiner Teig aus sehr schaumig geschlagenen Eiern u. wenig Mehl.*

bis|lang ⟨Adv.⟩: *bisher.*

Bis|marck|he|ring, der; -s, -e [nach Reichskanzler Otto von Bismarck (1815–1898)]: *entgräteter marinierter Hering.*

Bis|mut: ↑ Wismut.

Bis|mu|tum, das; -s: lat. Bez. für ↑ Wismut (Zeichen: Bi).

Bi|son, der; -s, -s [lat. bison = Auerochs, aus dem ↑ Wisent zugrunde liegenden germ. Wort]: *nordamerikanisches Wildrind.*

Biss, der; -es, -e [mhd. biʒ, ahd. biz, zu ↑ beißen]: **1.** *das [Zu]beißen:* sich vor dem B. der Schlange hüten; Ü Der B. der Zeit, der langsam das Herz zernagte (Remarque, Triomphe 105). **2.** *Bisswunde:* der B. verheilt. **3.** (ugs.) **a)** *Bereitschaft zum vollen Einsatz:* die Mannschaft besaß keinen B., spielte ohne B.; **b)** *zupackende, bissige Art, Schärfe:* sein Witz hat B.

Bis|sau: Hauptstadt von Guinea-Bissau.

biss|chen ⟨indekl. Indefinitpron.⟩ [eigtl. = kleiner Bissen]: **1.** ⟨in der Funktion eines Attr.⟩ *wenig:* er hat kein b. Zeit für mich; das b. Geld kann uns nicht weiterhelfen. **2.** ⟨meist in Verbindung mit »ein«, in der Funktion eines Adv.⟩ *etwas, ein wenig:* ich will ein b. spazieren gehen; * [ach] du liebes b.! (ugs.; Ausruf des Erstaunens od. Erschreckens).

bis|sel, bisserl (südd., österr. ugs.): *bisschen.*

Bis|sen, der; -s, - [mhd. biʒʒe, ahd. biʒʒo]: *kleines abgebissenes Stück eines festen Nahrungsmittels; Happen:* einen B. Brot; keinen B. anrühren *(das Essen unberührt stehen lassen);* einen B. *(eine Kleinigkeit)* essen; * jmdm. bleibt der B. im Hals[e] stecken (ugs.; *jmd. erschrickt sehr);* jmdm. jeden B., die B. in den/im Mund zählen (ugs.; *genau aufpassen, wie viel jmd. isst);* jmdm. keinen B. gönnen (ugs.; *jmdm. nicht das Geringste gönnen);* sich (Dativ) jeden, den letzten B. vom Mund[e] absparen (ugs.; *sehr eingeschränkt, sparsam leben).*

bis|serl: ↑ bissel.

biss|fest ⟨Adj.⟩ (Kochkunst): *nicht zu lange gekocht o. Ä. u. daher noch eine gewisse Festigkeit besitzend.*

bis|sig ⟨Adj.⟩ [mhd. biʒec]: **1.** *zum Beißen nei-*

gend: Vorsicht, -er Hund!; Ü Der Mond ist untergegangen, die Kälte ist b. (*beißend, scharf;* Frisch, Stiller 379). **2.** *durch scharfe Worte verletzend:* -e Bemerkungen; in -em Ton; leicht b. werden. **3.** (Sportjargon) *zum vollen Einsatz bereit u. deshalb gefährlich:* ein -er Spieler.

Bis|sig|keit, die; -, -en: **1.** ⟨o. Pl.⟩ *das Bissigsein* (1); *Neigung zum Beißen:* die B. dieses Hundes ist bekannt. **2. a)** ⟨o. Pl.⟩ *bissige* (2) *Art, verletzende Schärfe:* die B. ihrer Antwort verletzte ihn; **b)** *bissige Bemerkung:* jmds. -en überhören. **3.** (Sportjargon) *das Bissigsein* (3).

Biss|wun|de, die: *durch einen Biss* (1) *verursachte Wunde.*

bi|sta|bil [auch: ˈbiː...] ⟨Adj.⟩ [aus lat. bi- = zwei u. ↑ stabil] (Elektrot.): *zwei stabile Zustände aufweisend:* -e Schaltungen.

Bis|ter [auch: ˈbɪstɐ], der od. das; -s [frz. bistre, H. u.] (Malerei): *bräunliche Wasserfarbe aus Holzruß.*

Bis|t|ro, das; -s, -s [frz. bistro(t), H. u.; viell. zu russ. bystro! = mach schnell!, dem Ruf, mit dem russ. Soldaten im Gefolge der Truppen der Siegerkoalition der Befreiungskriege gegen Napoleon besetzten Paris möglichst schnelle Bedienung in Gaststätten gefordert haben sollen]: *Raum od. Örtlichkeit, wo man gegen Bezahlung etw. trinken u. Kleinigkeiten essen kann.*

Bis|t|ro|tisch, der: *kleinerer einbeiniger runder Tisch mit meist eisernem Fuß.*

Bis|tum, das; -s, ...tümer [mhd. bis(ch)tuom für: bischoftuom, ahd. biscoftuom]: *Amtsbereich eines katholischen Bischofs.*

bis|wei|len ⟨Adv.⟩ [zu ↑ Weile] (geh.): *manchmal, hin und wieder, ab und zu.*

¹Bit, das; -[s], -s ⟨aber: eine Million Bits od. Bit⟩ [Kunstwort aus engl. binary digit = binäre Ziffer] (EDV, Nachrichtent.): **1. a)** *binäre Einheit für die Anzahl möglicher alternativer Entscheidungen in einem binären System;* **b)** *Binärzeichen* (Zeichen: bit); **c)** *einzelne Entscheidung.* **2.** *Einheit für den Informationsgehalt einer Nachricht* (Zeichen: bit).

²Bit, der od. das; -s, -s [engl. (drill) bit = (Bohr)einsatz, eigtl. Gebiss (am Zaum eines Pferdes)] (Technik): *genormtes Einsatzstück für Bohrmaschinen od. Geräte zum Schrauben.*

Bi|thy|ni|en: *antike Landschaft in Kleinasien.*
bi|thy|nisch ⟨Adj.⟩: zu ↑ Bithynien.

Bit|map [...mæp], die; -, -s [engl. bitmap, aus: bit (↑ ¹Bit) u. map = grafische Darstellung] (EDV): *aus einzelnen Bits bestehendes Muster.*

Bit|ra|te, die (EDV): *Anzahl der Bits, die pro Zeiteinheit übertragen werden.*

Bitt|brief, der: *Brief, mit dem jmd. eine andere Person um etw., um Hilfe o. Ä. bittet.*

bit|te [verkürzt aus »ich bitte«]: **a)** *Höflichkeitsformel zur Unterstreichung einer Bitte, einer Frage o. Ä.:* b.[,] helfen Sie mir doch!; wie spät ist es[,] b.?; entschuldige b.!; * **b., b. machen** (fam.: *durch mehrmaliges Zusammenschlagen der Hände eine Bitte ausdrücken*); **b)** *Höflichkeitsformel zur Unterstreichung einer Aufforderung:* der Nächste, b.!; ja, b.? *(Sie wünschen?);* b. weitergehen!; b., bedienen Sie sich!; **c)** *Höflichkeitsformel als bejahende Antwort auf eine Frage:* »Nehmen Sie noch etwas Tee?« – »Bitte [ja]!«; **d)** *Höflichkeitsformel als Antwort auf eine Entschuldigung od. Dankesbezeigung:* »Vielen Dank für Ihre Bemühungen!« – »Bitte [sehr, schön]!«; **e)** *Höflichkeitsformel zur Aufforderung, eine Äußerung, die nicht [richtig] verstanden wurde, zu wiederholen:* [wie] b.?; **f)** * **na b.!** *(na also, das habe ich doch gleich gesagt!)*

Bit|te, die; -, -n [spätmhd. bitte für mhd. bete = Bitte, Befehl; Gebet, ahd. bita, häufig: beta; zu ↑ bitten]: *an jmdn. gerichteter Wunsch:* eine höf-

liche B.; eine B. um Hilfe, um Verzeihung; eine B. an jmdn. richten; jmdm. eine B. abschlagen; ich habe eine B. an dich.

bit|ten ⟨st. V.; hat⟩ [mhd., ahd. bitten, wahrsch. urspr. = durch ein Versprechen, einen Vertrag o. Ä. binden]: **1. a)** *eine Bitte aussprechen:* inständig, stürmisch um etw. b.; um Hilfe, Verständnis b.; darf ich um Aufmerksamkeit b.!; um vollzähliges Erscheinen wird gebeten!; ich bitte[,] die Türen zu schließen; (Aufforderung zum Tanzen) darf ich b.?; (subst.:) es hilft ihm kein Bitten; sich aufs Bitten verlegen; **b)** *sich wegen etw. mit einer Bitte an jmdn. wenden:* jmdn. um Geld b.; ich muss Sie b., sich noch etwas zu gedulden; ich lasse sich gerne b. *(er tut erst etw., wenn er mehrmals darum gebeten wurde);* ich muss doch [sehr] b.!; wenn ich b. darf (nachdrückliche Höflichkeitsformel; *bitte);* * **b. und betteln** *(inständig um etw. bitten).* **2. a)** *einladen:* jmdn. zum Essen b.; jmdn. zum Tanz b. *(auffordern);* zu Tisch b. *(bitten, zum Essen am Tisch Platz zu nehmen);* **b)** *jmdn. auffordern, an einen bestimmten Ort zu kommen:* jmdn. zu sich b.; der Herr Direktor lässt b. **3. a)** *Fürsprache einlegen:* er hat [bei den Vorgesetzten] für seinen Kollegen gebeten.

bit|ter ⟨Adj.⟩ [mhd. bitter, ahd. bittar, zu ↑ beißen u. urspr. = beißend, scharf (von Geschmack)]: **1.** *einen sehr herben (bis ins Unangenehme gehenden) Geschmack aufweisend:* -e Schokolade; die Marmelade hat einen leicht -en Beigeschmack; die Medizin ist sehr b. **2.** *schmerzlich, als verletzend, kränkend empfunden:* eine -e Enttäuschung; das ist b. [für ihn]; Und Toblers tiefe, grollende Stimme, wie b. werde ich ihren Klang entbehren (R. Walser, Gehülfe 149). **3. a)** *verbittert:* ein -er Zug um den Mund; die Enttäuschung haben sie b. gemacht; Mutters Briefe berührten ihn ebenso wenig wie die zunehmend b. werdenden Lagebeschreibungen seiner Vorgesetzten (Härtling, Hubert 92); **b)** *beißend, scharf:* -e Ironie. **4. a)** *stark, groß, schwer:* -es Unrecht; eine -e Kälte; **b)** (intensivierend bei Verben) *sehr:* etw. b. bereuen.

bit|ter- (emotional verstärkend): drückt in Bildungen mit Adjektiven eine Verstärkung aus; *sehr:* bitterschwer, -wenig.

bit|ter|arm ⟨Adj.⟩ (emotional verstärkend): *sehr arm.*
bit|ter|bö|se ⟨Adj.⟩ (emotional verstärkend): *sehr böse.*
Bit|te|rer, der Bittere/ein Bitterer; des/eines Bitter[en]; die Bitter[e]n/zwei Bittere: *bitter schmeckender Schnaps.*
bit|ter|ernst ⟨Adj.⟩ (emotional verstärkend): *sehr, ganz ernst:* er meinte diese Worte b.
bit|ter|kalt ⟨Adj.⟩ (emotional verstärkend): *sehr, unangenehm kalt; eiskalt:* ein -er Wind; draußen ist es b.
Bit|ter|keit, die; -, -en [mhd. bitterkeit]: **1.** ⟨o. Pl.⟩ (seltener) *bitterer Geschmack.* **2.** *Verbitterung* (2). **3.** *Härte* (2).
Bit|ter Le|mon, das; - -[s], - -, **Bit|ter|le|mon,** das; -[s], - [- ˈlɛmən, ...lemən; engl., aus: bitter = bitter u. lemon = Zitrone]: *milchig-trüb aussehendes Getränk aus Zitronen- u. Limettensaft mit geringem Chiningehalt.*
bit|ter|lich ⟨Adj.⟩: **1.** *leicht bitter* (1): ein -er Geschmack; etw. schmeckt ein wenig b. **2.** (emotional) *sehr heftig:* b. weinen, frieren.
Bit|ter|ling, der; -s, -e: *kleiner, karpfenähnlicher Fisch, dessen ungenießbares Fleisch bitter schmeckt.*
Bit|ter|man|del|öl, das: *blausäurehaltiges Öl, das aus den Kernen verschiedener Früchte (wie Aprikosen, Pflaumen) gewonnen wird.*

Bit|ter|nis, die; -, -se (geh.): **1.** *bitterer Geschmack.* **2.** *Bitterkeit* (2); *bitteres Gefühl; Leiden:* die -se, die das Schicksal uns bereitet hat.
Bit|ter|stoff, der: *aus Pflanzen isolierbare, in der Lebensmittelindustrie verwendete chemische Verbindung, die bitter schmeckt.*
bit|ter|süß ⟨Adj.⟩: **a)** *bitter u. süß zugleich riechend, schmeckend;* **b)** (emotional) *schmerzlich u. schön zugleich:* -e Erinnerungen.
Bitt|gang, der: **1.** *Gang zu jmdm. mit einem Anliegen, einer Bitte.* **2.** (kath. Rel.) *mit Bitten u. Gebeten verbundene Flurprozession an den Bitttagen; Bittprozession.*
Bitt|ge|bet, das (Rel.): *Gebet, das eine Bitte zum Inhalt hat.*
Bitt|ge|sang, der (Rel.): *ritueller Gesang, der eine Bitte zum Inhalt hat.*
Bitt|ge|such, das: *Gesuch, das eine Bitte an eine höhergestellte Persönlichkeit, eine Behörde o. Ä. enthält.*
Bitt|pro|zes|si|on, die (kath. Kirche): *Prozession, bei der die Gläubigen um etw., bes. um die Abwendung einer Not od. Gefahr, bitten.*
Bitt|rer, der Bittre/ein Bittrer; des/eines Bittrern; die Bittren/zwei Bittre: *bitter schmeckender Schnaps.*
Bitt|ruf, der (bes. kirchl.): *Fürbitte.*
Bitt|schrift, die (veraltend): *Bittgesuch.*
Bitt|stel|ler, der; -s, -: *jmd., der mündlich od. schriftlich eine Bitte um Hilfe o. Ä. vorbringt.*
Bitt|stel|le|rin, die; -, -nen: w. Form zu ↑ Bittsteller.
Bitt|tag, Bitt-Tag, der (kath. Kirche): *Montag, Dienstag u. Mittwoch vor Christi Himmelfahrt.*
Bi|tu|men, das; -s, -, auch: ...mina [lat. bitumen = Asphalt, wahrsch. aus dem Kelt.; vgl. Beton] (Chemie): *natürlich vorkommende od. aus Erdöl gewonnene teerartige Masse, die u. a. als Abdichtungs- und Isoliermaterial verwendet wird.*
bi|tu|mig ⟨Adj.⟩ (Chemie): *Bitumen enthaltend; dem Bitumen ähnlich.*
bi|tu|mi|nie|ren ⟨sw. V.; hat⟩ [lat. bituminare] (Bauw.): *mit Bitumen behandeln, versetzen.*
bi|tu|mi|nös [lat. bituminosus] (Chemie): *Bitumen enthaltend.*
bit|zeln ⟨sw. V.; hat⟩ [zu ↑ beißen]: **1.** (bes. südd.) *prickeln, kribbeln:* der Wein bitzelt; ein bitzelndes Getränk. **2.** (md.) *kleine Stücke von etw. abschneiden:* an einem Holz b.
bi|va|lent [auch: ˈbiː...] ⟨Adj.⟩ [zu lat. bi- = zwei u. valens (Gen.: valentis), 1. Part. von: valere, ↑ Valenz] (Fachspr.): *zweiwertig.*
Bi|va|lenz ⟨auch: ˈbiː...⟩, die; -, -en (Fachspr.): *Zweiwertigkeit.*
Bi|wak, das; -s -s u. -e [frz. bivouac, älter = Nachtwache, wohl < älter niederl. bijwacht (aus: bij = bei u. wacht = Wache) = im Freien kampierende (der Verstärkung der Hauptwache im Wachhäuschen dienende) Wache] (bes. Militär, Bergsteigen): *behelfsmäßiges Nachtlager* (1) *im Freien.*
bi|wa|kie|ren ⟨sw. V.; hat⟩ (bes. Militär, Bergsteigen): *im Freien übernachten.*
bi|zarr ⟨Adj.⟩ [frz. bizarre < ital. bizzarro, H. u.]: **1.** *absonderlich [in Form u. Gestalt]; ungewöhnlich, eigenwillig, seltsam geformt oder aussehend:* -e Formen; eine -e Landschaft. **2.** *absonderlich, eigenwillig verzerrt; wunderlich, schrullenhaft:* -e Gedanken.
Bi|zar|re|rie, die; -, -n: **1.** *bizarre* (1) *Form, bizarres Aussehen; Absonderlichkeit in Form u. Gestalt.* **2.** *etw. Bizarres.*
Bi|zarr|heit, die; -, -en: **1.** *bizarre Beschaffenheit.* **2.** *etw. Bizarres; Absonderlichkeit* (2).
Bi|zeps, der; -[es], -e [lat. biceps = zwei-, doppelköpfig (nach dem doppelten Ansatz am Schul-

tergelenk), zu: bi- = zwei u. caput = Haupt, Kopf]: *an einem Ende in zwei Teile auslaufender Muskel, bes. Beugemuskel des Oberarms.*

bi|zy|k|lisch, (fachspr.:) bicyclisch [auch: ˈbiː..., auch: ...ˈtsyk...] ⟨Adj.⟩ [aus lat. bi- = zwei u. ↑zyklisch] (Chemie): *(von organischen chemischen Verbindungen) zwei Ringe miteinander verbunden Atome im Molekül aufweisend.*

B-Ju|gend [ˈbeː...], die [B nach der Reihenfolge im Alphabet] (Sport): *zweitälteste Altersgruppe der Jugendlichen im Sport.*

Bk = Berkelium.

BKA [beːkaːˈaː], das; -: **1.** = Bundeskriminalamt. **2.** (österr.) = Bundeskanzleramt (2).

Bl. = Blatt (Papier).

Bla|bla, das; -[s] [lautm.] (ugs.): *leeres Gerede, nichtssagende [aber anspruchsvoll klingende] Äußerungen.*

bla, bla, bla ⟨Interj.⟩ (salopp): lautm. *Nachahmung von langweiligem, nichtssagendem Gerede:* sie stamme aus schwierigen Verhältnissen, Mutter Trinkerin, Vater im Gefängnis, bla, bla, bla.

◆ **blach** ⟨Adj.⟩ [entstanden aus der Getrenntschreibung »blaches Feld« für ↑Blachfeld (seltener): *flach, eben:* ...als die schwedischen Scharen auf dem -en Felde von Lützen sich zusammenzogen (C. F. Meyer, Page 165).

Bla|che: ↑Blahe.

◆ **Blach|feld**, das [md. Dissimilation von: Flachfeld]: *flaches Feld, Ebene:* ...im -e, wo der Weg eben ist (Kleist, Käthchen II, 1).

◆ **Blach|ge|fil|de**, das: *Blachfeld:* ...das vom phrygischen Blachgefild uns her... in vaterländische Buchten trug (Goethe, Faust II, 8491 ff.)

Black|ber|ry [ˈblɛkbɛri, ˈblækbəri], der, auch das; -[s], -s [BlackBerry®, zu engl. blackberry = Brombeere]: *kleines handliches Gerät zum Telefonieren, zum Senden u. Empfangen von E-Mails u. a.*

Black|box, Black-out, die; -, -es, **Black Box**, die; - -, - -es [ˈblɛkbɔks, -ˈbɔks; engl. black box, eigtl. = schwarzer Kasten]: **1.** (Kybernetik) *Teil eines kybernetischen Systems, dessen Aufbau u. innerer Ablauf erst aus den Reaktionen auf eingegebene Signale erschlossen werden können.* **2.** (Flugw.) *(bei Flugzeugen) bruch- u. feuersicheres Gehäuse mit darin installiertem Flugdatenschreiber u. Cockpit-Stimmrekorder, die wichtige Flugdaten bzw. die Gespräche im Cockpit aufzeichnen u. die deshalb für die Aufklärung von Flugzeugunglücken wichtig sind.*

Black|box-Me|tho|de, Black-Box-Me|tho|de, die (o. Pl.) (Kybernetik): *Verfahren zum Erkennen noch unbekannter Systeme.*

Black|jack, Black Jack, das; -, - - [ˈblɛkdʒɛk; engl., aus: black = schwarz u. jack = ↑Bube (2)]: *amerikanisches Kartenspiel als Variante des Siebzehnundvier.*

Black|out, Black-out [ˈblɛklaʊt, blɛkˈlaʊt], der u. das; -[s], -s engl. blackout, eigtl. = Verdunkelung]: **1.** (Med.) **a)** *zeitweiliger Ausfall des Sehvermögens unter der Einwirkung hoher Beschleunigung od. bei Kreislaufstörungen;* **b)** *plötzlich auftretender, kurz dauernder Verlust des Bewusstseins, Erinnerungsvermögens:* als ich dem zugestimmt habe, hatte ich wohl einen B. (ugs.): *war ich unaufmerksam, habe ich wohl nicht aufgepasst).* **2. a)** (Physik) *Aussetzen des Empfangs von Kurzwellen durch den Einfluss von Korpuskular- u. Röntgenstrahlen der Sonne;* **b)** (Raumfahrt) *Unterbrechung des Funkkontakts zwischen Raumschiff und Bodenstation.* **3.** ⟨meist: der⟩ *totaler Stromausfall (bes. in einer Großstadt).* **4.** (Militär) *nächtliches Verdunkeln von Objekten zum Schutz gegen einen Luftangriff.* **5.** (Theater) **a)** *plötzliches Verdunkeln der Szene bei Schluss des Bildes im Theater*

(bes. nach Pointen im Kabarett); **b)** *kleinerer Sketch, der mit einer scharfen Pointe u. plötzlichem Verdunkeln endet.*

Black Po|w|er [ˈblɛk ˈpaʊɐ], die; - - [engl. black power = schwarze Macht]: *Bewegung nordamerikanischer Schwarzer gegen die Rassendiskriminierung (bes. in den 1960er-Jahren).*

bla|den [ˈbleɪdn] ⟨sw. V.; ist⟩ [engl. to blade, zu ↑Rollerblade®]: *mit Inlineskates fahren:* morgen Abend wollen wir im Park b.

◆ **Bla|der**, die; -, -n [kurz für: Tabaksblader, zu: Blader = Harnblase des Schweines (die oft aus Geld- od. Tabaksbeuteln verarbeitet wird), mundartl. Nebenf. von ↑²Blatter] (bayr., österr.): *Tabaksbeutel:* Auf ein Pfeifchen hab ich noch in der B. (Rosegger, Waldbauernbub 28).

◆ **blaff** ⟨Interj.⟩: *lautmalend für einen Knall, für einen Schuss aus einer Waffe:* er schleicht mit seiner Büchse herum; ... wo sich einer zu nahe wagt, b., liegt er (Goethe, Götz III).

blaf|fen, (auch:) **bläf|fen** ⟨sw. V.; hat⟩ [spätmhd., mniederd. blaffen; lautm.] (ugs.): **1.** *[kurz] kläffen.* **2.** *laut wütend äußern, schimpfen.*

Blaf|fer, (auch:) **Bläf|fer**, der; -s, - (ugs.): *Kläffer.*

Blag, das; -[e]s, -en, **Bla|ge**, die; -, -n [vielleicht umgestellt aus ↑²Balg] (ugs. abwertend): *[ungezogenes] Kind.*

Bläh|bauch, der; -[e]s, ...bäuche (ugs.): *aufgeblähter Bauch.*

Bla|he, Blahe, (österr.:) Plache, die; -, -n [mhd. blahe, ahd. blaha, verw. mit lat. floccus = Wollfaser (↑Flocke)]: *großes, grobes Leinentuch, Plane.*

blä|hen ⟨sw. V.; hat⟩ [mhd. blæjen, blæwen, ahd. bläjan, zu ↑¹Ball]: **1. a)** *gewölbt, prall machen, aufbauschen:* der Wind bläht die Segel; ein Luftzug blähte die Vorhänge; Einen Augenblick ist es, als wollte sie schweben, von dem zur Glocke geblähten Rock getragen (Kempowski, Zeit 215); Ü ... ganz heimlich blähte doch ein gewisser Stolz ihre Bäuche (Borchert, Draußen 104); **b)** *[durch Anhalten der Luft, heftiges Ein- od. Ausatmen] von innen her prall machen:* das Pferd bläht die Nüstern; **c)** ⟨b. + sich⟩ *(durch Luft) gewölbt, gebläht werden:* das Segel, die Gardine bläht sich [im Wind]. **2.** ⟨b. + sich⟩ (geh.) *sich großtun, sich wichtigtun:* was bläst du dich doch? **3.** *Blähungen verursachen:* Hülsenfrüchte blähen [stark] blähende Speisen.

Bläh|sucht, die ⟨o. Pl.⟩ (Med.): *Flatulenz.*

Blä|hung, die; -, -en: *übermäßige Ansammlung von Gas in Magen und Darm:* -en haben; an -en leiden.

bla|ken ⟨sw. V.; hat⟩ [mniederd., mniederl. blaken, verw. mit ↑blecken] (nordd.): *rußen, qualmen:* Wenn der Docht anfing zu b., dann füllte sich das ganze Zimmer mit schwarzen Flecken (Kempowski, Zeit 48).

blä|ken ⟨sw. V.; hat⟩ [Nebenf. von ↑blöken] (ugs. abwertend): *sehr laut u. heftig weinen; schreien:* ein bläkendes Gör.

bla|kig ⟨Adj.⟩ (nordd.): *rußend, qualmend.*

bla|ma|bel ⟨Adj.; ...bler, -ste⟩ [frz. blâmable, zu: blâmer, ↑blamieren]: *beschämend:* eine blamable Situation; diese Niederlage ist äußerst b.

Bla|ma|ge [blaˈmaːʒə, österr. meist: ...ʃ], die; -, -n [französierende Bildung zu ↑blamieren]: *beschämender, peinlicher Vorfall, Bloßstellung:* eine große B.

bla|mie|ren ⟨sw. V.; hat⟩ [frz. blâmer = tadeln, über das Vlat. zu lat. blasphemare < griech. blasphēmeīn, ↑Blasphemie]: **a)** *jmdm. eine Blamage bereiten; jmdn. bloßstellen, lächerlich machen:* jmdn. öffentlich b.; **b)** ⟨b. + sich⟩ *sich unsterblich [vor] jmdm. b.*

blan|chie|ren [blɑ̃ˈʃiːrən] ⟨sw. V.; hat⟩ [frz. blanchir, eigtl. = weiß machen, zu: blanc = weiß, aus dem Germ., verw. mit ↑blank] (Koch-

kunst): *kurz mit heißem Wasser ab-, überbrühen:* das Gemüse nur kurz b.

bland ⟨Adj.⟩ [lat. blandus = schmeichelnd, freundlich] (Med.): **1.** *(von einer Diät) mild, reizlos:* -e Kost. **2. a)** *(von Krankheiten) ruhig verlaufend;* **b)** *(von Krankheiten) nicht auf Ansteckung beruhend.*

blank ⟨Adj.⟩ [mhd. blanc, ahd. blanch, zu ↑blecken]: **1. a)** *auf der Oberfläche glatt u. glänzend:* -es Metall; -e Stiefel; -e *(leuchtende)* Augen; der Fußboden ist b. *([glänzend u.] sauber);* etw. b. reiben, scheuern, putzen; ein b. gescheuerter, b. geputzter Boden; b. geriebene, b. polierte Silbermünzen; Da ist die Blumennische, drei Irishalme auf -stem Podest (Muschg, Sommer 41); **b)** (dichter.) *hell, leuchtend:* der -e Tag; in ein b. Licht; **c)** (ugs.) *abgewetzt:* -e Ärmel; ein b. gescheuerter, b. gewetzter *(durch langen Gebrauch dünn, speckig, glänzend gewordener)* Hosenboden. **2.** *bloß, unbedeckt:* auf dem -en Boden schlafen; mit der -en Hand; mit -em Hintern; das -e *(gezogene)* Schwert; bei dem schönen Wetter kann man b. (österr.; *ohne Mantel)* gehen; den Karokönig habe ich b. (Kartenspiele; *der König habe ich als einzige Karte der Farbe Karo auf der Hand);* einen Draht b. legen; ein Draht lag b. *(war nicht isoliert);* ⟨subst.⟩: er hat dem Jungen den Blanken (ugs.; *den bloßen Hintern)* versohlt; * **b. sein** (ugs.; *kein Geld mehr haben).* **3.** *offenkundig, rein, bar:* der Hass, Unsinn, Hohn, Neid; Anders als damals war dies kein Traum und kein Schlaf, sondern die -e Wirklichkeit (Süskind, Parfum 307); ♦ ... jetzt hab ich's b. *(jetzt habe ich den Beweis;* Schiller, Kabale II, 4).

Blank [blæŋk], der od. das; -s, -s [engl. blank, zu: blank = leer < ⟨a⟩frz. blanc, ↑blanchieren] (EDV): *Leerschritt, Zwischenraum zwischen zwei Zeichen* (1 c).

Blan|kett, das; -[e]s, -e [französierende Bildung zu ↑blank] (Wirtsch.): **a)** *bereits unterschriebenes, noch nicht [vollständig] ausgefülltes Schriftstück, das der Empfänger absprachegemäß ausfüllen soll;* **b)** *Formular eines Wertpapiers, zu dessen Rechtsgültigkeit noch wichtige Eintragungen fehlen.*

blank le|gen, blank|le|gen ⟨sw. V.; hat⟩: *von einer Isolation befreien:* einen Draht blank legen.

blank lie|gen, blank|lie|gen ⟨sw. V.; hat, südd., österr., schweiz.: ist⟩: **1.** *keine Isolierung aufweisen:* der Draht lag blank. **2.** * **die, jmds. Nerven liegen blank** (↑Nerv 3).

blan|ko ⟨Adv.⟩ [zu ital. bianco, eigtl. = weiß, aus dem Germ., verw. mit ↑blank]: **a)** *(von Papier) unbedruckt, unliniiert;* **b)** *(von unterschriebenen Schriftstücken, Urkunden, Schecks) nicht vollständig ausgefüllt.*

Blan|ko|scheck, der (Bankw.): *Scheck, der unterschrieben ist u. bei dem der Betrag nachträglich eingesetzt wird:* einen B. ausstellen.

Blan|ko|un|ter|schrift, die: *Unterschrift vor Fertigstellung des dazugehörenden Textes.*

Blan|ko|voll|macht, die: *unbeschränkte Vollmacht:* jmdm. B. erteilen, geben.

blank po|lie|ren, blank|po|lie|ren ⟨sw. V.; hat⟩: *etw. so polieren, bis es blank ist.*

blank put|zen, blank|put|zen ⟨sw. V.; hat⟩: vgl. blank polieren.

blank rei|ben, blank|rei|ben ⟨st. V.; hat⟩: vgl. blank polieren.

blank scheu|ern, blank|scheu|ern ⟨sw. V.; hat⟩: **a)** vgl. blank polieren; **b)** *blank wetzen.*

Blank|vers, der [nach engl. blank verse] (Verslehre): *reimloser fünffüßiger Jambus.*

blank wet|zen, blank|wet|zen ⟨sw. V.; hat⟩: *durch langen Gebrauch abscheuern.*

blank|zie|hen ⟨unr. V.; hat⟩: *(eine Waffe) aus der Scheide* (1) *ziehen.*

Blas – Blättchen

Blas, der; -es, -e (Zool.): *nach dem Auftauchen wie eine Fontäne ausgestoßene Atemluft der Wale.*

Bläs|chen, das; -s, -: Vkl. zu ↑ Blase.

Bla|se, die; -, -n [mhd. bläse, ahd. bläsa, zu ↑ blasen]: **1. a)** *mit Luft gefüllter od. durch ein Gas gebildeter kugeliger Hohlraum in einem festen od. flüssigen Stoff:* große, schillernde -n von Seifenschaum; eine B. bildet sich, platzt; der Kuchenteig wirft -n; Ü Es steigen -n von Verdächtigungen auf und platzten (Strittmatter, Wundertäter 40); **b)** *infolge von Verbrennung, Reibung o. Ä. entstandener, mit Flüssigkeit gefüllter Hohlraum unter der Oberhaut:* eine B. aufstechen; -n an den Händen haben; Ü ... seine sonst sehr trockene Phantasie arbeitet sich -n (Remarque, Westen 144). **2. a)** *Harnblase:* eine empfindliche, erkältete B. haben; eine schwache B. haben (ugs.: *oft Wasser lassen müssen*); **b)** (Med.) Kurzf. von ↑ Fruchtblase; **c)** (Med.) Kurzf. von ↑ Gallenblase. **3.** [urspr. Verbindungsw. = *nicht Farben tragende Verbindung*] (salopp abwertend) *als ärgerlich, lästig empfundene Gruppe von Personen:* er hat die ganze B. in sein Auto verfrachtet.

Bla|se|balg, der; -[e]s, ...bälge: *mit Hand od. Fuß betriebenes Gerät zur Erzeugung eines Luftstromes:* mit dem B. ein Feuer zum Brennen bringen.

bla|sen ⟨st. V.; hat⟩ [mhd. bläsen, ahd. bläsan, zu ↑ ¹Ball]: **1. a)** *bei fast geschlossenen Lippen den Atem ausstoßen u. dadurch eine Luftbewegung in eine bestimmte Richtung hervorrufen:* gegen die Scheibe, in die Glut b.; **b)** *durch Blasen (1 a) in eine bestimmte Richtung in Bewegung setzen:* die Krümel vom Tisch, Seifenblasen in die Luft b.; jmdm. Rauch ins Gesicht b.; Ü die Schornsteine blasen Abgase in die Luft; **c)** (landsch.) *mit dem Atem kühlen:* du musst b., der Tee ist sehr heiß; die Suppe ein wenig b. **2. a)** *auf einem Blasinstrument spielen:* der Trompeter bläst; **b)** *(ein Blasinstrument) spielen:* die Flöte b.; **c)** *auf einem Blasinstrument hervorbringen:* eine Melodie, ein Solo b.; **d)** *[auf einem Blasinstrument] ein Signal zu etw. geben:* zum Angriff b.; **e)** (seltener) *(von bestimmten Blasinstrumenten) gepielt werden u. ertönen:* er hörte die Posaunen, Hörner b.; vom Turm blasen die Trompeten; ♦ *... dort, wo die Schalmeien b.* (Goethe, Laune des Verliebten 398); ♦ Da eben die blasenden Instrumente *(die Blasinstrumente)* schon besser (Eichendorff, Taugenichts 86). **3. a)** *kräftig wehen:* der Wind bläst; ⟨auch unpers.:⟩ es bläst ganz schön draußen *(es ist sehr windig);* **b)** *blasend an eine bestimmte Stelle treiben:* der Wind bläst den Schnee durch die Ritzen; der Sturm blies ihr den Sand ins Gesicht. **4.** *durch Blasen (1 a) formen:* Glas b. **5.** [nach 2 a, b] (salopp) **a)** *durch Fellatio zum Samenerguss bringen;* ♦ **jmdm. einen b.** *(bei jmdm. die Fellatio ausüben).* **6.** * **jmdm. was b.** (salopp; *keineswegs gewillt sein, das zu tun, was einer erwartet od. verlangt;* H. u.: ich blas dir was!)

bla|sen|ar|tig ⟨Adj.⟩: *einer Blase (1) ähnlich:* ein -es Gebilde.

Bla|sen|bil|dung, die: *Entstehung von Blasen.*

Bla|sen|ent|zün|dung, die (Med.): *katarrhalische Entzündung der Schleimhaut der Blase.*

Bla|sen|ka|tarrh, der (Med.): *Blasenentzündung.*

Bla|sen|krebs, der (Med.): *Krebs der Harnblase.*

Bla|sen|lei|den, das (Med.): *chronische Erkrankung der Harnblase.*

Bla|sen|spie|gel, der (Med.): *Endoskop zur Untersuchung der Harnblase; Zystoskop.*

Bla|sen|spie|ge|lung, Bla|sen|spieg|lung, die (Med.): *Untersuchung der Harnblase mithilfe des Blasenspiegels; Zystoskopie.*

Bla|sen|sprung, der (Med.): *das natürliche Einreißen der Eihäute der Fruchtblase (mit Entleerung des Fruchtwassers) unmittelbar vor der Geburt.*

Bla|sen|stein, der (Med.): *krankhafte Ansammlung von Salzen u. Ä. in der Form eines kleineren Steins in der Harnblase.*

Bla|sen|tang, der: *stark verzweigter Tang mit Schwimmblasen, die ihn im Wasser aufrecht halten.*

Blä|ser, der; -s, - (Musik): *jmd., der ein Blasinstrument spielt.*

Bla|se|rei, die; -, -en: *beständiges, als lästig empfundenes Blasen (1, 2).*

Blä|ser|en|sem|b|le, das (Musik): *Gruppe von Bläserinnen u. Bläsern verschiedener Blasinstrumente.*

Blä|se|rin, die; -, -nen: w. Form zu ↑ Bläser.

bla|siert ⟨Adj.⟩ [zu frz. blasé, urspr. = (von Flüssigkeiten) übersättigt, 2. Part. von: blaser = abstumpfen, abnutzen, H. u.] (abwertend): *überheblich, dünkelhaft u. herablassend:* ein -es Benehmen; b. lächeln.

Bla|siert|heit, die; -, -en: **a)** ⟨o. Pl.⟩ *blasiertes Wesen, Verhalten;* **b)** *blasierte Äußerung.*

bla|sig ⟨Adj.⟩: **a)** *voller Blasen; Blasen enthaltend;* **b)** *blasenartig, wie Blasen wirkend.*

Blas|in|s|t|ru|ment, das: *Musikinstrument, bei dem der Ton durch Atemluft erzeugt wird (z. B. Flöte).*

Blas|ka|pel|le, die: *Musikkapelle, die Blasmusik spielt.*

Blas|mu|sik, die: *Musik, die auf Blasinstrumenten gespielt wird.*

Bla|so|nie|rung, die; -, -en [zu frz. blason = ¹Schild, H. u.] (Heraldik): *fachgerechte Beschreibung eines Wappens.*

Blas|or|ches|ter, das: *Orchester, in dem fast ausschließlich Holz- und Blechbläser spielen.*

Blas|phe|mie, die; -, -n [lat. blasphemia < griech. blasphēmía = Schmähung, zu: blasphēmeĩn = schmähen] (bildungsspr.): *verletzende, höhnende o. ä. Äußerung über etw. Heiliges, Göttliches:* Gott mit einer menschlichen Moral zu identifizieren ist B.! (Musil, Mann 1 354).

blas|phe|misch ⟨Adj.⟩ (bildungsspr.): *eine Blasphemie enthaltend; Heiliges, Göttliches verlästernd, verhöhnend:* -e Äußerungen; Wie wir kennen, war Richis ein aufgeklärt denkender Mensch, der auch vor ein Schlussfolgerungen nicht zurückschreckte (Süskind, Parfum 259).

Blas|rohr, das: *(ursprünglich als Waffe benutztes) langes, dünnes Rohr, durch das Kugeln od. Pfeile geblasen werden.*

blass ⟨Adj.; -er, -este, seltener: blässer, blässeste⟩ [mhd. blas = kahl, gering, nichtig, urspr. = blank, verw. mit ↑ Blesse]: **1. a)** *ohne natürliche frische Farbe; etwas bleich:* ein -es Gesicht; b. aussehen; [vor Schreck] b. werden; **b)** *im Farbton nicht kräftig; hell, matt:* ein -es Rot; die Farbe zu b.; **c)** *nur einen schwachen Lichtschein ausstrahlend:* ein -er Mond. **2.** *nur in geringem Maße ausgeprägt, vorhanden, wirkend; schwach:* eine -e Hoffnung. **3.** *durch keine hervorstechenden charakteristischen Merkmale, Eigenschaften auffallend; farblos, nichtssagend:* eine -e Darstellung. **4.** *rein, pur:* -e Furcht befiel ihn.

blass|blau ⟨Adj.⟩: *von hellem, mattem Blau.*

Blässe, die; -: *blasses, bleiches, fahles Aussehen:* die B. ihres Gesichts; **b)** *blasse Farbe.*

bläs|ser, bläs|ses|te: ↑ blass.

blass|grün ⟨Adj.⟩: *von hellem, mattem Grün.*

Bläss|huhn, das: ↑ Blesshuhn.

bläss|lich ⟨Adj.⟩: **1. a)** *ein wenig blass:* ein -er Jüngling; **b)** *unscheinbar, als Persönlichkeit nicht sonderlich ausgeprägt:* ein -er Typ. **2.** *unlebendig, farblos, nichtssagend, ohne Ausdruckskraft.*

blass|ro|sa ⟨indekl. Adj.⟩: *von hellem, mattem Rosa:* ein b. Kleid.

Blas|tom, das; -s, -e [zu griech. blastós = Keim, Trieb] (Med.): *krankhafte Neubildung von Gewebe; echte, nicht entzündliche Geschwulst.*

Blas|tu|la, die; -, ...lae [...le] [zu griech. blastós = Keim, Trieb] (Biol.): *im Verlauf der Furchung aus der Eizelle entstehender, meist hohler Zellkörper.*

Blatt, das; -[e]s, Blätter u. (als Mengenangabe:) - [mhd., ahd. blat, zu ↑ blühen, eigtl. = Aufgeblühtes]: **1.** *flächiger, meist durch Chlorophyll grün gefärbter Teil höherer Pflanzen, der bei jeder Pflanzenart verschieden gebildet ist u. der Assimilation, Atmung u. Wasserverdunstung dient:* grüne, welke, gefiederte Blätter; die Blätter sprießen, rauschen, fallen; die Pflanze treibt neue Blätter; * **kein B. vor den Mund nehmen** *(offen seine Meinung sagen;* nach einer alten Theatersitte, der zufolge sich die Schauspieler Blätter als Masken vors Gesicht hielten, um für ihre Äußerungen später nicht zur Rechenschaft gezogen zu werden). **2. a)** *gleichmäßig, meist rechteckig zugeschnittenes Stück Papier (Abk.: Bl.):* ein leeres, weißes, zusammengeknülltes B.; lose, fliegende Blätter *(zusammengehörende, meist gleich große Blätter, die nicht zusammengeheftet sind);* ein B. Papier; 100 B. feines Schreibmaschinenpapier; ein B. falten, knicken, vollschreiben; B. für B./B. um B. *(ein Blatt nach dem anderen);* * **[noch] ein unbeschriebenes B. sein** (ugs.: 1. *[noch] unbekannt sein.* 2. *[noch] unerfahren, ohne Kenntnisse sein*); **b)** *Buch-, Heftseite:* ein B. aus dem Buch, dem Heft herausreißen; vom B. spielen, singen *(einen Notentext spielen bzw. singen, ohne ihn vorher zu kennen);* Ü das ist ein neues B. *(ein neuer Abschnitt)* im Buch der Geschichte; * **auf einem anderen B. stehen** (1. *nicht in diesen Zusammenhang gehören, passen.* 2. *sehr zweifelhaft, sehr die Frage sein:* ob man ihnen glaubt, steht auf einem anderen B.); **c)** *Kunstblatt:* grafische, farbige Blätter; ♦ **d)** *schriftliche Mitteilung, Brief:* Du rätst so schön, wenn uns dieses B. anzumelden kommt (Goethe, Wanderjahre II, 3). **3.** *Zeitung:* ein unabhängiges, überregionales B.; das ist ein mieses Blättchen *(eine schlechte [Lokal]zeitung);* das B. berichtet, meldet, dass alle gerettet wurden; ein B. halten, lesen. **4. a)** *Spielkarte:* ein B. spielen; ... etwa wenn vier Herren, um einen weitgeöffneten Flügel herumstehend, Karten spielten und ihre bekennenden oder stechenden Blätter auf die Saiten fallen ließen (Kaschnitz, Wohin 119); * **das B. hat sich gewendet** (ugs.: *die Situation hat sich verändert;* urspr. vom Kartenblatt beim Kartenspiel); **b)** *Gesamtheit der an eine[n] Spielende[n] ausgeteilten Karten:* ein gutes B. *(eine günstige Zusammenstellung der Karten)* [auf der Hand] haben; **c)** *Kartenspiel* (2). **5.** *flächiger Teil eines Werkzeugs od. Geräts:* das B. der Säge, Axt, des Ruders. **6.** (Jägerspr.) **a)** *Körperbezirk an der Schulter des Schalenwildes:* ins B. treffen; **b)** *Instrument zum Blatten.* **7.** (Fleischerei) *Schulterstück vom Rind.* ♦ **8.** * **jmdm. schießt das B.** *(jmd. versteht, durchschaut plötzlich etw.;* Blatt steht hier wohl kurz für Herzblatt = Zwerchfell; die Wendung konnte auch »jmd. gerät in Aufregung« bedeuten).

Blatt|ach|sel, die (Bot.): *Winkel zwischen der Sprossachse u. dem Blatt (1).*

Blatt|ader, die: *Leitbündel aus mehreren Strängen, die das Gerüst des Blattes (1) bilden.*

blatt|ar|tig ⟨Adj.⟩: *wie ein Blatt (1) geformt, wirkend:* ein -es Gebilde.

Blätt|chen, das; -s, -: Vkl. zu ↑ Blatt (1–3).

¹Blat|ter, der; -s, -: Blatt (6b).
²Blat|ter, die; -, -n [mhd. blātere, ahd. blāt(t)ara = Wasser-, Harnblase; Pocke, eigtl. = Geschwollenes, Aufgeblasenes] (veraltend): **1.** Pocke. **2.** ⟨Pl.⟩ Infektionskrankheit Pocken.
Blät|ter: Pl. von ↑ Blatt.
Blät|ter|dach, das (geh.): dichtes, sich ausbreitendes Laubwerk: die Sonne blinkt durch das dichte B. des Waldes.
blät|te|rig, blättrig ⟨Adj.⟩: **1.** reich an Blättern (1); belaubt. **2.** leicht blätternd (2a).
Blät|ter|ma|gen, der (Zool.): Abschnitt des Magens der Wiederkäuer mit blattartig nebeneinanderliegenden Längsfalten in der Schleimhaut.
blät|tern ⟨sw. V.⟩ [mhd. bleteren]: **1.** ⟨hat⟩ (in einem Buch o. Ä.) die Seiten umblättern [u. dabei hier u. dort den Text überfliegen od. flüchtig das eine od. andere Bild betrachten]: in einem Buch, in Akten b.; Ü er blättert im Buch seiner Erinnerungen (geh.; ruft manches aus seiner Vergangenheit in die Erinnerung zurück). **2.** ⟨ist⟩ (selten) **a)** in dünne Schichten zerfallen; **b)** sich in dünnen Schichten ablösen: die Farbe blättert; Nicht ein einziges Stück ist intakt, der auf dünnen Eisenplatten stehende Herd nicht, von den man das Email blättert ... (Härtling, Hubert 203). **3.** ⟨hat⟩ Karten, Scheine o. Ä. einzeln nacheinander hinlegen. **4.** ⟨hat⟩ (Landwirtsch.) von Blättern (1) befreien.
Blät|ter|pilz, der: Pilz, dessen Hut auf der Unterseite senkrechte, um den Stiel zentrierte Lamellen hat.
Blät|ter|teig, der: (ohne Hefe, Backpulver o. Ä. hergestellter) mehrfach geschichteter, dünn ausgerollter Teig, der nach dem Backen Ähnlichkeit mit dünnen, aufeinandergelegten Blättern hat.
Blät|ter|wald, der (scherzh.): Vielzahl von Zeitungen verschiedener Richtung: meist in der Wendung es rauscht/raunt im B. (scherzh.; die Presse macht großes Aufheben von einer bestimmten Sache).
blät|ter|wei|se ⟨Adv.⟩: blattweise.
Blät|ter|werk, das ⟨Pl. selten⟩: Blattwerk.
Blatt|fa|ser, die: Faser aus dem Bast von Blättern, die bes. zum Herstellen von Flechtwerk verwendet wird.
Blatt|fe|der, die (Technik): flache, blattförmige Feder (3).
Blatt|form, die: Form eines Blattes (1): eine Brosche in B.
blatt|för|mig ⟨Adj.⟩: Blattform besitzend.
Blatt|fraß, der: durch Fraß (2) an Blättern (1) verursachter Schaden.
Blatt|gold, das: zu feiner Folie ausgehämmertes od. ausgezogenes Gold zur Vergoldung von etw.
Blatt|grün, das; -s: Chlorophyll.
Blatt|kä|fer, der: (oft als Schädling auftretender) meist kleiner, rundlicher u. metallisch glänzender Käfer, der sich bes. von Blättern (1) ernährt.
Blatt|kak|tus, der: (in Süd- u. Mittelamerika heimischer) als Strauch wachsender Kaktus mit langen blattähnlichen Sprossen u. großen, oft wohlriechenden, trichterförmigen Blüten.
Blatt|knos|pe, die: Knospe, aus der sich ein od. mehrere Blätter (1) entwickeln.
Blatt|laus, die: (zu den Pflanzensaugern gehörendes) sehr kleines, schädliches Insekt, das meist in großer Zahl Pflanzen befällt.
blatt|los ⟨Adj.⟩: keine Blätter (1) habend: -e Äste, Bäume, Sträucher.
Blatt|ma|cher, der (Jargon): jmd., der ein Blatt (3) erstellt, herausgibt; Zeitungsjournalist, Zeitungsverleger.
Blatt|ma|che|rin, die: w. Form zu ↑ Blattmacher.
◆ **blatt|richt:** ↑ blatterig: Aber ist es nicht ungerecht, einen Menschen um seiner

Außenseite willen zu verdammen? ... Auch aus -en Lippen kann ja die Liebe – (Schiller, Räuber I, 3).
blätt|rig: ↑ blätterig.
Blatt|sa|lat, der: Salatpflanze, deren Blätter (1) als Salat gegessen werden.
Blatt|schuss, der: **1. a)** (Jägerspr.) Schuss das Blatt (6a) des Wildes: durch einen B. einen kapitalen Bullen erlegen; **b)** (salopp) Schlag (1c), Treffer, Volltreffer: ein B. gegen die Opposition; der Staatsanwalt landete mit dieser Zeugin einen B., setzte den B. **2.** (Ballspiele) (erfolgreich abgeschlossener) Volleyschuss: ein B., und es stand 1 : 0.
Blatt|sil|ber, das: dünn ausgewalztes Silber zur Versilberung von etw.
Blatt|stel|lung, die (Bot.): Anordnung der Blätter (1) um die Sprossachse herum.
Blatt|stiel, der: Stiel (2b) eines Blattes.
Blatt|trieb, der: Trieb eines Blattes (1).
blatt|wei|se ⟨Adv.⟩: in einzelnen Blättern (1, 2), Blatt für Blatt: ⟨mit Verbalsubstantiven auch attr.:⟩ das b. Waschen des Salats.
Blatt|werk, das ⟨Pl. selten⟩: Laubwerk.
blau ⟨Adj.⟩ [mhd. blā, ahd. blāo, eigtl. = schimmernd, glänzend; vgl. Blech(en)]: **1.** von der Farbe des wolkenlosen Himmels: -e Augen; ein -es Kleid; die -e Blume (↑ Blume 1 b); -e (blutleere) Lippen; -e (durch Kälteeinwirkung verfärbte) Hände; ein -es (blutunterlaufenes) Auge haben; (Kochkunst:) Aal b. (↑ Aal), Forelle b.; die Tapete ist b.; das Metall lief b. an; ein Kleid b. färben; die Zunge färbte sich b. (nahm eine blaue Färbung an); ein b. gefärbtes Kleid; ⟨subst.:⟩ die Farbe ihres Kleides spielt ins Blaue; * ⟨subst.:⟩ **das Blaue vom Himmel [herunter]lügen** (ugs.; ohne Hemmungen lügen, Unwahrheiten erzählen; zu: Blau als Farbe der Täuschung, Verstellung u. Lüge); **das Blaue vom Himmel [herunter]reden** (ugs.; sehr viel, pausenlos von Nebensächlichkeiten reden); **jmdm. das Blaue vom Himmel [herunter] versprechen** (ugs.; jmdm. ohne Hemmungen die unmöglichsten Dinge versprechen); **ins Blaue [hinein]** (ugs.; ohne Zweck u. festes Ziel, ins Ungewisse hinein: ins Blaue fahren); zu: Blau als Farbe der unbestimmten Ferne: ins Blaue fahren). **2.** [viell. nach dem Schwindelgefühl des Betrunkenen, dem blau (blümerant) vor den Augen wird] (ugs.) betrunken: wir waren alle ziemlich b.; * **b. sein [wie ein Veilchen/wie eine [Strand]haubitze** o. Ä.] (völlig betrunken sein).
Blau, das; -[s], -[s]: blaue Farbe: ein leuchtendes, strahlendes B.; Berliner B. (tiefdunkler, stahlblauer künstlicher Farbstoff); sie liebt [die Farbe] B. besonders; sie erschien ganz in B. (in blauer Kleidung).
Blau|al|ge, die ⟨meist Pl.⟩ (Bot.): meist im Süßwasser lebende Alge von blaugrüner Farbe.
blau|äu|gig ⟨Adj.⟩: **1.** blaue Augen habend: ein -es Kind. **2.** naiv, ahnungslos, weltfremd: eine reichlich -e Darstellung; b. fragen; ... es ist ein Gegenstand psychologisch gewitzter Soziologie, aber keiner frei schwebenden Geisteswissenschaft mehr, erst recht keiner -en Andacht (Muschg, Gegenzauber 84).
Blau|äu|gig|keit, die; -, -en: **1.** ⟨o. Pl.⟩ das Blauäugigsein. **2.** etw. blauäugig (2) Wirkendes.
Blau|bart, der [nach dem frz. Märchen des 17. Jh.s von Ritter Barbe-Bleue]: Frauenmörder.
Blau|bee|re, die: Heidelbeere.
blau|blü|tig ⟨Adj.⟩ ⟨meist iron.⟩: adlig (1 b).
Blau|buch, das [LÜ von engl. blue book] (Dipl.): Veröffentlichung mit blauem Einband od. Umschlag, Farbbuch; eine bei bestimmten Anlässen veröffentlichte Dokumentensammlung der britischen Regierung od. des Parlaments.

Blau|druck, der ⟨Pl. -e⟩ (Textilindustrie): Stoffdruckverfahren zur Herstellung einfacher, weiß u. blau gemusterter Stoffe.
Bläue, die; - [mhd. blæwe] (geh.): blaue Farbe, blaues Aussehen; das Blausein: die wolkenlose B. des Himmels.
Blau|ei|sen|erz, das: in frischem Zustand farbloses Mineral, das an der Luft sofort blau wird; Vivianit.
blau|en ⟨sw. V.; hat⟩ (dichter.): (bes. vom Himmel) [langsam] blau werden: es blaute die Nacht; Durch die hohen Fenster blaute der neapolitanische Himmel (Thieß, Legende 157).
¹bläu|en ⟨sw. V.; hat⟩ [mhd. blæwen]: **a)** blau färben: Papier b.; **b)** (früher) durch Waschblau aufhellen: weiße Wäsche b.
²bläu|en ⟨sw. V.; hat⟩ [mhd. bliuwen, ahd. bliuwan, H. u.] (selten): schlagen (1a), durch-, verbläuen.
blau fär|ben ⟨sw. V.; hat⟩ [mhd. blæwen]: etw. färben, sodass es blau wird: sie färbte ihre Haare blau.
Blau|fel|chen, der: (zu den Renken gehörender) Fisch mit blaugrünem bis dunkelgrünem Rücken, weißlichem Bauch u. schwarzen Flossen, der in sauerstoffreichen Gewässern, bes. in Alpenseen, vorkommt.
Blau|frän|ki|scher, der Blaufränkische/ein Blaufränkischer; des/eines Blaufränkischen, die Blaufränkischen/zwei Blaufränkische: eine alte österreichische Rotweinsorte.
Blau|fuchs, der: Polarfuchs, dessen braunes Sommerfell im Winter blaugrau wird.
blau ge|streift, blau|ge|streift ⟨Adj.⟩: mit blauen Streifen versehen.
blau|grau ⟨Adj.⟩: in einem grauen Farbton, der ins Blaue spielt.
blau|grün ⟨Adj.⟩: in einem grünen Farbton, der ins Blaue spielt.
Blau|helm, der ⟨meist Pl.⟩ (ugs.): UN-Soldat, UN-Soldatin.
Blau|ja|cke, die [LÜ von engl. bluejacket] (ugs.): Seemann, Matrose.
Blau|kal|bis, der (schweiz.): Rotkohl.
blau ka|riert, blau|ka|riert ⟨Adj.⟩: mit blauen Karos versehen.
Blau|kohl, der (landsch.): Rotkohl.
Blau|kraut, das (südd., österr.): Rotkohl.
bläu|lich ⟨Adj.⟩: leicht blau getönt, ins Blaue spielend.
◆ **bläu|licht:** ↑ bläulich: ... aus dem Schilfe des Stroms winket der -e Gott (Schiller, Spaziergang).
Blau|licht, das ⟨Pl. -er⟩: als Signal für absolute Vorfahrt blau aufleuchtendes Licht an Kraftfahrzeugen der Polizei, der Feuerwehr u. der Krankentransporte.
Blau|ling, Bläu|ling, der; -s, -e: Tagfalter, dessen Flügel oft einen blauen Metallglanz haben.
blau|ma|chen ⟨sw. V.; hat⟩ [gek. aus »einen blauen Montag machen«; vgl. Montag] (ugs.): während eines bestimmten Zeitraumes ohne triftigen Grund nicht zur Arbeit gehen: einen Tag b.
Blau|mann, der ⟨Pl. ...männer⟩ (ugs.): blauer Monteuranzug.
Blau|mei|se, die: (in Europa weitverbreitete) Meise, deren Scheitel, Flügel u. Schwanz glänzend kobaltblau sind.
Blau|pau|se, die: Lichtpause von einer durchsichtigen Vorlage, die weiße Linien auf einem bläulichen Papier ergibt.
blau|rot ⟨Adj.⟩: in einem roten Farbton, der ins Blaue spielt.
Blau|säu|re, die ⟨o. Pl.⟩ [nach dem Berliner Blau, aus dem sie 1782 zuerst hergestellt wurde] (Chemie): bittermandelartig riechende, sehr giftige, in reiner Form wässrige Säure, die in gebundener Form auch in Mandeln u. im Inneren der Kerne von Steinobst vorkommt.

Blau|schim|mel|kä|se, der: *Weichkäse bestimmter Sorten (wie Roquefort od. Gorgonzola) mit einer dunkel- bis blaugrünen Aderung, die durch bestimmte Schimmelpilze hervorgerufen wird.*
blau|schwarz ⟨Adj.⟩: *schwarz mit blauem Einschlag.*
Blau|stich, der (Fotogr.): *bläuliche Verfärbung auf [Umkehr]farbfilmen.*
blau|sti|chig ⟨Adj.⟩ (Fotogr.): *einen Blaustich aufweisend.*
Blau|strumpf, der: **1.** [LÜ von engl. bluestocking, dem Spottnamen für die Teilnehmerinnen eines Londoner schöngeistigen Zirkels um 1750, in dem der Botaniker B. Stillingfleet u. dann auch die Frauen in blauen Wollstrümpfen statt der üblichen schwarzseidenen erschienen] (meist abwertend) *gelehrt wirkende Frau, die zugunsten der geistigen Arbeit die vermeintlich typisch weiblichen Eigenschaften verdrängt hat.* ◆ **2.** [nach der Farbe der zur Uniform gehörenden Strümpfe] *Büttel* (1); *Polizeidiener: Ganze Haufen böhmischer Reiter schwadronieren im Holz herum – der höllische B.* (*der Teufel*) *muss ihnen verträtscht haben* (Schiller, Räuber II, 3).
Blau|tan|ne, die: *Fichte mit blauweißen Nadeln.*
Blau|wal, der: *auf der Oberseite stahlblauer bis blaugrauer Wal.*
blau-weiß, blau|weiß ⟨Adj.⟩: *die Farben Blau u. Weiß aufweisend.*
Blau|zun|gen|krank|heit, die; - (Tiermed.): *durch Viren hervorgerufene, an der blauen Zunge der betroffenen Tiere erkennbare seuchenhafte Erkrankung bei Wiederkäuern.*
Bla|zer ['bleɪzɐ], der; -s, - [engl. blazer, zu: to blaze = leuchten, glänzen (nach der Farbe)]: **1.** *blaue Klubjacke für Herren [mit Klubabzeichen].* **2.** *(aus dem Blazer 1 entwickeltes) einfarbiges sportliches Herren- od. Damenjackett.*
Blea|ching ['bliːtʃɪŋ], das; -s [engl. bleaching = das Bleichen, zu: to bleach = bleichen, verw. mit ↑bleich]: *das Bleichen der Zähne zur optischen Aufhellung.*
Blech, das; -[e]s, -e [mhd. blech, ahd. bleh, eigtl. = Glänzendes, verw. mit ↑bleich, ↑¹Blei]: **1.** *zu Platten dünn ausgewalztes Metall: dünnes B.; B. walzen, hämmern.* **2.** Kurzf. von ↑Kuchenblech, ↑Backblech: *das B. einfetten.* **3.** ⟨o. Pl.⟩ *Gesamtheit der Blechblasinstrumente eines Orchesters: das B. tritt zu sehr hervor.* **4.** ⟨o. Pl.⟩ (ugs. abwertend) *Orden, Ehrenzeichen: ich lege keinen Wert auf das B.* **5.** ⟨o. Pl.⟩ (ugs.) *Unsinn: rede doch nicht so 'n B.!*
Blech|be|häl|ter, der: *Behälter aus Blech.*
Blech|blä|ser, der: *Musiker, der ein Blechblasinstrument spielt.*
Blech|blä|se|rin, die: w. Form zu ↑Blechbläser.
Blech|blas|in|s|t|ru|ment, das: *aus Metall gefertigtes Blasinstrument mit kesselförmigem Mundstück* (z. B. Horn, Trompete, Tuba).
Blech|büch|se, die: *Büchse aus Blech.*
Blech|do|se, die: *Dose aus Blech.*
ble|chen ⟨sw. V.; hat⟩ [zu rotwelsch Blech = Geld] (ugs.): *notgedrungen u. mehr, als einem lieb ist, zahlen: dafür wird er ganz schön b. müssen.*
ble|chern ⟨Adj.⟩: **1.** *aus Blech [gefertigt].* **2.** *metallisch klingend, hohl tönend: eine -e Stimme.*
Blech|kis|te, die: **a)** *Kiste aus Blech;* **b)** (ugs. abwertend) *[nicht mehr funktionstüchtiges od. in seiner Ausstattung einfaches] Auto.*
Blech|la|wi|ne, die (ugs. scherzh.): *lange Reihe dicht aufeinanderfolgender, nur langsam vorankommender Autos.*
Blech|mu|sik, die (oft abwertend): *von einer kleinen, meist zu einem Verein o. Ä. gehörenden Kapelle gespielte Blasmusik.*
Blech|ner, der; -s, - (südd.): *Klempner.*
Blech|ne|rin, die; -, -nen: w. Form zu ↑Blechner.

Blech|scha|den, der (Kfz-Wesen): *leichter Unfallschaden, der nur die Karosserie eines [Personen]wagens betrifft.*
Blech|sche|re, die: *Gerät zum Schneiden von Blech.*
Blech|schmied, der: *jmd., der Blechteile [zum Einbau in Maschinen, Geräte, Fahrzeuge] anfertigt.*
Blech|schmie|din, die: w. Form zu ↑Blechschmied.
Blech|trom|mel, die: *einfache Kindertrommel aus Blech.*
Blech|walz|werk, das: *Walzwerk, in dem Blech hergestellt, zugeschnitten wird.*
ble|cken ⟨sw. V.; hat⟩ [mhd. blecken, ahd. blecchen, eigtl. = glänzend machen]: **1.** (selten) *glänzend sichtbar werden, hell in Erscheinung treten: die Flammen blecken aus den Fenstern.* **2.** (in Bezug auf die Zähne meist von Tieren als Ausdruck der Aggressionslust) *durch breites Öffnen der Lippen zeigen, sehen lassen, freilegen: der Hund bleckte wütend die Zähne;* Ü *Aus der Ecke bleckte ihm ein Musikautomat seine Tasten* (Muschg, Sommer 92).
¹Blei, das; -[e]s, (Arten:) -e [mhd. blī, ahd. blī(o), urspr. = das (bläulich) Glänzende]: **1.** ⟨o. Pl.⟩ *relativ weiches Schwermetall mit silberhell glänzenden Schnittflächen, die an der Oberfläche blaugrau anlaufen (chemisches Element)* (Zeichen: Pb; vgl. ↑Plumbum): *reines B.; B. gießen* ([als Silvesterbrauch] *geschmolzenes Blei in kaltes Wasser gießen, um aus den so entstandenen Gebilden die Zukunft abzulesen*); *schwer wie B.; etw. mit B. beschweren; der Schreck lag ihm wie B. in den Gliedern* (*lähmte ihn, seine Tatkraft*); *das Essen lag ihm wie B. im Magen* (*war schwer verdaulich*); *die ganze Sache lag ihr wie B. im Magen* (*bedrückte sie sehr*). **2.** *Senkblei, Lot: die Wassertiefe mit einem B. loten.* **3.** (veraltet) *Gewehrkugel[n].*
²Blei, der, (landsch. auch:) das; -[e]s, -e u. -s (ugs.): Kurzf. von ↑Bleistift.
³Blei, der; -[e]s, -e [mniederd., mniederl. bloie, eigtl. = der weiß Schimmernde]: *Brachse.*
Blei|asche, die ⟨o. Pl.⟩ (Chemie): *kristalline Teilchen des Bleioxids.*
Blei|be, die; -, -n ⟨Pl. selten⟩: *Ort, Raum, in dem man [vorübergehend] bleiben, unterkommen, wohnen kann; Unterkunft, Obdach, Wohnung:* [k]*eine B. [gefunden] haben.*
blei|ben ⟨st. V.; ist⟩ [mhd. belīben, ahd. biliban, eigtl. = kleben bleiben, verw. mit ↑Leim]: **1. a)** *eine bestimmte Stelle, einen Ort nicht verlassen; irgendwo verharren: zu Hause b.; bleiben Sie bitte am Apparat!; wir müssen bei den Kranken b.; du kannst die Kinder noch ein bisschen bei uns b. lassen;* ⟨subst.:⟩ *jmdn. zum Bleiben auffordern;* Ü *bei der Sache b.* (*sich nicht von etw. ablenken lassen*); *das bleibt unter uns* (*wird nicht weitergesagt*); *etw. muss in seinem Rahmen b.;* (geh.:) *Es war vielmehr deines Bleibens nicht zu Hause* (*du wolltest nicht zu Hause bleiben;* Th. Mann, Joseph 242); **b)** *in seinem augenblicklichen Zustand verharren, eine bestimmte Eigenschaft bewahren: er bleibt gelassen; ihre Taten werden unvergessen b.; ledig b.* (*sich nicht verheiraten*); *von Krankheiten verschont b.; sein Brief bleibt unbeantwortet; am Leben b.; jmdm. treu b.;* **c)** ⟨mit Gleichsetzungsnominativ⟩ *eine grundlegende Eigenschaft behalten: Freunde b.;* **d)** *(mit Inf.) in einer Stellung, Lage, Haltung nicht verändern: auf seinem Stuhl sitzen b.; du musst jetzt ganz ruhig liegen b.;* **e)** (als Rest) *übrig bleiben;* (als Übrigbleibendes) *für jmdn. vorhanden sein: es bleibt keine andere Möglichkeit; für das letzte und wichtigste Thema bleiben leider nur noch fünf Minuten; ihr blieb keine Hoffnung; Jetzt blieb ihm nur noch die Flucht* (M. Walser,

Pferd 13); **f)** ⟨mit Inf. mit »zu«⟩ *(für die Zukunft) zu tun übrig bleiben: es bleibt abzuwarten, ob sich der Erfolg einstellt.* **2.** *etw. nicht ändern, nicht aufgeben: bei dieser Automarke bleibe ich* (*ich werde sie weiter kaufen*); *... alle seine Feinde triumphieren, weil er so hartnäckig bei seinem Irrtum bleibt* (St. Zweig, Fouché 112). **3.** (geh. verhüll.) *irgendwo, bei einer bestimmten Gelegenheit sterben, umkommen: er ist als Kapitän auf See geblieben; Sonderbar, dass sie sich immer noch aufregen, wenn Ihnen jemand unter dem Messer bleibt* (*bei einer Operation stirbt;* Remarque, Triomphe 17).
blei|bend ⟨Adj.⟩: *über die Zeit hin seine Wirkung, Bedeutung o. Ä. nicht verlierend; zurückbleibend, dauernd:* -e *Schäden einer Krankheit.*
blei|ben las|sen, blei|ben|las|sen ⟨st V.; hat⟩ (ugs.): *unterlassen: sie ließ das Rauchen bleiben.*
Blei|be|recht, das (Rechtsspr.): *Recht des Aufenthalts von ausländischen Mitbürgerinnen u. Mitbürgern im Inland* (z. B. in Form einer Aufenthaltserlaubnis, -berechtigung).
bleich ⟨Adj.⟩ [mhd. bleich, ahd. bleih, eigtl. = glänzend, verw. mit ↑¹Blei]: **a)** *sehr blass [aussehend]; ohne die normale natürliche Farbe in* -es *Gesicht; sie war b. wie der Tod;* **b)** (geh.) *von sehr heller, weißlich gelber Färbung; fast farblos wirkend; fahl: das* -e *Licht des Mondes;* Ü *das* -e (*helle* 5 a) *Entsetzen, Grauen packte sie.*
Blei|che, die; -, -n [mhd. bleiche]: **1.** ⟨o. Pl.⟩ (dichter.) *das Bleichsein; Fahlheit, Blässe: die B. des Himmels.* **2.** (früher) *Wiesen-, Rasenstück, auf dem die Wäsche zum Bleichen ausgelegt wurde: Wäsche auf die B. legen.*
¹blei|chen ⟨sw. V.; hat⟩ [mhd. bleichen, ahd. bleihhen]: *aufhellen, heller machen: Wäsche b.;* ⟨subst.:⟩ *ein Mittel zum Bleichen der Sommersprossen.*
²blei|chen ⟨V.; bleichte/(veraltet:) blich, ist gebleicht/(veraltet:) geblichen⟩ [mhd. bleichen, ahd. bleihhēn]: **a)** *heller, farblos werden; Farbe verlieren: der Teppich bleicht in der Sonne;* ◆ **b)** *erbleichen* (1 a): *Was gibt's? Sag an! – Du bleichst* (Kleist, Käthchen IV, 6).
Bleich|er|de, die (Geol.): *sandiger, nicht sehr fruchtbarer Boden über durchlässigem Gestein.*
Bleich|ert, der (veraltet): *hellroter Wein.*
Bleich|ge|sicht, das ⟨Pl. ...gesichter⟩: **a)** (ugs.) *jmd., der sehr blass aussieht;* **b)** (oft scherzh.) *²Weißer* (urspr. aus der Sicht der nordamerikanischen Indianer).
Bleich|mit|tel, das: *zum Bleichen bes. von Textilien verwendetes chemisches Mittel.*
Bleich|sucht, die ⟨o. Pl.⟩: *(heute kaum noch vorkommende) durch Eisenmangel bedingte Anämie bei Mädchen u. jungen Frauen.*
Bleie, die; -, -n: ³Blei.
blei|ern ⟨Adj.⟩ [für älteres bleiin, mhd. blījīn, ahd. blīīn]: **1. a)** *aus ¹Blei hergestellt:* -e *Rohre;* **b)** (geh.) *bleifarben: das* -e *Grau des Himmels; ... und als ich rasch zum Himmel raufsah, da war das Blau ganz b. geworden inzwischen* (Schnurre, Bart 107). **2.** *schwer lastend: eine* -e *Schwere, Müdigkeit;* -er (*tiefer, keine Erholung bringender*) *Schlaf.*
blei|far|ben, blei|far|big ⟨Adj.⟩: *von der Farbe des ¹Bleis.*
Blei|fas|sung, die: *¹Fassung* (1 a) *aus ¹Blei.*
blei|frei ⟨Adj.⟩: *nicht verbleit* (3): -es *Benzin; er kann noch nicht b.* (*mit bleifreiem Benzin*) *fahren.*
Blei|fuß, der: meist in der Wendung **mit B. fahren** (ugs.: *ständig mit Vollgas fahren*).
Blei|ge|halt, der: *Gehalt an ¹Blei.*
Blei|glanz, der: *metallisch glänzendes, graues od. silberweißes Mineral mit sehr hohem Gehalt an ¹Blei.*

blei|hal|tig ⟨Adj.⟩: ¹Blei enthaltend: -es Benzin; ein -es Mineral.

Blei|kris|tall, das: Bleioxid enthaltendes, bes. schweres u. wertvolles Kristallglas von hohem Glanz.

Blei|ku|gel, die: Kugel[geschoss] aus ¹Blei.

Blei|le|gie|rung, die: Verbindung von Blei mit anderen Metallen zur Erreichung eines höheren Härtegrades.

Blei|oxid, Blei|oxyd, das: Verbindung von ¹Blei u. Sauerstoff.

◆ **blei|recht** ⟨Adj.⟩ [zu ↑¹Blei (2)]: lot-, senkrecht: ... er schlichtete seine Schreibbücher so lange, bis ihre Rücken so b. aufeinander lagen wie eine preußische Fronte (Jean Paul, Wutz 11).

Blei|satz, der (Druckw.): Schriftsatz, dessen Drucktypen, Gusszeilen u. Blindmaterial aus einer Bleilegierung bestehen.

Blei|schür|ze, die: (bes. von Personen, die an Röntgengeräten arbeiten, getragene) Schürze aus bleihaltigem Material zum Schutz vor Strahleneinwirkung.

blei|schwer ⟨Adj.⟩: in hohem Maße, besonders schwer: deine Schultasche ist ja b.; Ü -e Müdigkeit.

Blei|stift, der [älter nhd. Bley(weiß)stefft]: als Schreibgerät dienende, von Holz umschlossene ¹Mine (3) aus Grafit: den B. [an]spitzen.

Blei|stift|mi|ne, die: aus Grafit bestehende ¹Mine (3) des Bleistifts.

Blei|stift|spit|zer, der: mit einer Klinge versehenes Gerät zum Anspitzen von Bleistiften.

Blei|stift|zeich|nung, die: mit Bleistift ausgeführte Handzeichnung.

Blei|wüs|te, die [urspr. bezogen auf einen zu engen Zeilenabstand im Bleisatz, der dann im Setzkasten (2) wie eine ungegliederte metallene Fläche wirkt (vgl. Beton-, Wasserwüste)] (Jargon): wenig ansprechend (z. B. ohne Absätze, ohne Bilder, in sehr kleiner Schrift) gestalteter Text: der schwierige Mittelweg zwischen Bilderbuch und B.

Blend, der u. das; -s, -s [engl. blend = Mischung; vgl. anord. blanda = Mischung]: **1.** Verschnitt (1 b), Mischung, z. B. bei Tee, Tabak, bes. aber bei alkoholischen Getränken zur Verbesserung von Geruch, Geschmack od. Farbe. **2.** (Sprachwiss.) Verschmelzung zweier Wörter zu einer neuen absichtlichen Kontamination (z. B. Bankfurt aus: Bank u. Frankfurt, Demokratur aus: Demokratie u. Diktatur).

Blen|de, die; -, -n [zu ↑blenden]: **1.** Vorrichtung, die direkt einfallende, unerwünschte Lichtstrahlen fernhält: eine B. herunterklappen; eine Zeitung als B. über die Augen halten. **2.** (Optik) Vorrichtung zur Begrenzung des Querschnitts von Strahlenbündeln in einem optischen System. **3.** (Film, Fotogr.) a) Einrichtung an der Kamera, mit der man das Objektiv verkleinern bzw. vergrößern u. damit die Belichtung regulieren kann: die B. öffnen, schließen; b) Blendenzahl: eine kleine, große B., B. 11 einstellen; mit B. 8 fotografieren; du hast das Bild mit zu kleiner B. aufgenommen (zu wenig belichtet); c) durch ein optisches od. chemisches Verfahren bewirkte Veränderung einer Einstellung, durch die ein Bild langsam zum Verschwinden (Abblende) od. zum Entstehen (Aufblende) gebracht wird: einen Film mit einer B. anfangen, enden lassen. **4.** (Schiffbau) Abdeckung für Bullaugen zur Verdunkelung u. zum Schutz gegen Wassereinbrüche. **5.** (Archit.) a) zur Gliederung od. Verzierung einer Fassade o. Ä. eingesetzter Bauteil (z. B. ein blindes 4a Bogen, ein blindes 4 Fenster); ◆ b) Blendbogen: ...eine hohe Mauer mit -n und alten, halb zerstückelten Steinbildern darin (E. T. A. Hoffmann, Fräulein 49). **6.** Stoffstreifen, der als Schmuck an Kleidung u. Wäsche angebracht wird: der Kragen hat eine breite B.; eine B. ansetzen, aufsetzen. **7.** [urspr. = trügerisch glänzendes Mineral ohne Erzgehalt] (Chemie) durchscheinendes, oft kräftig gefärbtes sulfidisches Mineral.

Blen|ded Lear|ning ['blendɪd 'la:nɪŋ], das; - -[s] [engl. blended learning, eigtl. = gemischtes Lernen] (Päd.): Lernmodell, in dem computergestütztes Lernen (z. B. über das Internet) u. klassischer Unterricht kombiniert werden.

blen|den ⟨sw. V.; hat⟩ [mhd. blenden, ahd. blenten, eigtl. = blind machen, Bewirkungswort zu ↑blind]: **1.** durch übermäßige Helligkeit das Sehvermögen bei jmdm. zeitweise beeinträchtigen: das grelle Licht [der Scheinwerfer] blendete ihn, seine Augen; die Fenster blenden (spiegeln sehr) bei Sonnenuntergang. **2. a)** so stark beeindrucken, jmds. Sinne so gefangen nehmen, dass er bzw. sie [für kurze Zeit] nichts anderes mehr wahrnimmt: er war von ihr, von so viel Schönheit ganz geblendet; ihr Wesen blendete ihn; **b)** durch äußere Vorzüge sehr für sich einnehmen u. dadurch über negative Eigenschaften o. Ä. hinwegtäuschen: er blendet sie durch sein liebenswürdiges Benehmen, sicheres Auftreten; sich von Wahlversprechen, einem schönen Schein nicht, leicht b. lassen; er blendet gern. **3. a)** [vorübergehend] das Sehvermögen nehmen; **b)** jmdm. die Augen ausstechen, -brennen o. Ä.: der Verräter wurde erst geblendet, dann aufs Rad geflochten. **4.** (Kürschnerei) dunkel färben: Pelze b.; tadellos geblendete Felle. ◆ **5.** mit einer Blende (1) bedecken, verdecken: Blend' (verbinde) ihm die Augen, und führ' ihn wieder auf das Feld hinaus (Kleist, Käthchen I, 2).

Blen|den|au|to|ma|tik, die (Film, Fotogr.): Vorrichtung bei einäugigen Spiegelreflexkameras, die bei manueller Vorgabe der Belichtungszeit die Einstellung der Blende automatisch regelt.

blen|dend ⟨Adj.⟩: **1.** strahlend, leuchtend: eine -e Erscheinung; b. weiße Wäsche. **2.** ausgezeichnet, hervorragend: sich b. erholen; es geht ihm b.; Auch in der Schule war er nicht b. (Böll, Adam 61).

blen|dend weiß: s. blendend (1).

Blen|den|öff|nung, die (Film, Fotogr.): Öffnung der Blende einer Kamera.

Blen|den|zahl, die (Film, Fotogr.): Zahl zur Kennzeichnung der Öffnungsweite eines Objektivs.

Blen|der, der; -s, - [urspr. von Rennpferden mit trügerischen äußeren Vorzügen gesagt]: jmd., der andere blendet (2 b): der Typ ist ein richtiger B.

Blen|de|rin, die; -, -nen: w. Form zu ↑Blender.

blend|frei ⟨Adj.⟩: a) ein Blenden (1) verhindernd, nicht zulassend; nicht blendend: eine -e Beleuchtung; b) nicht spiegelnd; entspiegelt: -es Glas.

Blend|schutz, der: Vorrichtung zum Schutz gegen Blendung durch horizontal einfallendes Licht.

Blend|schutz|zaun, der (Verkehrsw.): Zaun zwischen gegenläufigen Fahrbahnen zum Schutz gegen Blendung durch entgegenkommende Fahrzeuge.

Blen|dung, die; -, -en: das Blenden; das Geblendetwerden.

Blend|werk, das ⟨Pl. selten⟩ (geh. abwertend): bloßer Schein; Täuschung, Trug: ein raffiniertes B.; ein B. des Teufels.

Bles|se, die; -, -n [mhd. blasse, ahd. blassa, verw. mit ↑blass]: **1.** weißer Fleck od. Streifen auf der Stirn od. dem Nasenrücken bestimmter [Haus]tiere, bes. bei Pferden u. Rindern. **2.** Tier mit Blesse (1).

Bless|huhn, Blässhuhn, das: (zu den Rallen gehörender) Wasservogel mit grauschwarzem Gefieder, weißem Stirnfleck u. weißem Schnabel.

Bles|sur, die; -, -en [frz. blessure] (geh.): Verwundung, Verletzung: sie haben einige -en davongetragen.

bleu [blø] ⟨indekl. Adj.⟩ [frz. bleu = blau, aus dem Germ., verw. mit ↑blau]: blassblau.

Bleu, das; -s, -, (ugs.) -s: blassblaue Farbe.

Bleu|el, der; -s, - [mhd. bliuwel, ahd. bliuwil, zu ↑²bläuen; vgl. Pleuel] (früher): hölzerner Schlägel zum Klopfen von nasser Wäsche.

bleu|en: frühere Schreibung für ↑²bläuen.

blich: ↑²bleichen.

Blick, der; -[e]s, -e [mhd. blic = Blick; Glanz, Blitz, ahd. blicch = Blitz(strahl), zu ↑blicken]: **1. a)** [kurzes] Blicken, Anschauen, Hinschauen: ein vielsagender, prüfender, dankbarer, nachdenklicher, fragender B.; sich -e zuwerfen: einen [flüchtigen, kurzen] B. in das Zimmer werfen; jmds. B. erwidern; einen B. riskieren (ugs.; vorsichtig, heimlich hinsehen); jmdn. keines -es würdigen (jmdn. nicht beachten); jmds. B. ausweichen; von hier aus sieht man alles auf einen B.; auf den ersten B. (sofort), auf den zweiten B. (erst bei näherem Hinschauen); etw. mit einem B. (sofort) sehen; mit einem halben B. (ohne genau hinzusehen); R wenn -e töten könnten! (als Ausdruck, dass man sich durch jmds. feindseligen Blick angegriffen fühlt); *****einen B. hinter die Kulissen werfen/tun** (die Hintergründe einer Sache kennenlernen); **b)** irgendwohin blickende Augen: den B. heben, senken; seine -e auf jmdn., etw. richten; er wendete keinen B. von ihr; jmdn. mit -en verschlingen (jmdn. aufdringlich ansehen); jmdn. mit -en durchbohren (jmdn. durchdringend, strafend, vorwurfsvoll ansehen); keinen B. für jmdn., etw. haben (jmdn., etw. nicht beachten); Und hochmütig, äußerst lässig und geradezu grandseigneural ging sich an den erfürchteten und zugleich argwöhnischen -en des Hoteldieners vorbei (Roth, Beichte 110). **2.** ⟨o. Pl.⟩ Ausdruck der Augen: einen durchdringenden, offenen, sanften, verschlagenen B. haben; *****der böse B.** (angebliche Zauberkraft, durch bloßes Anblicken anderen Unheil zu bringen). **3.** ⟨o. Pl.⟩ Aussicht, Ausblick: ein herrlicher, eingeschränkter B.; ein Zimmer mit B. aufs Meer, ins Grüne. **4.** ⟨o. Pl.⟩ Urteil[skraft]: ein geschärfter, wissenschaftlich geschulter, sicherer B.; einen weiten B. (ein vorausschauendes Urteil) haben; seinen B. für etw. schärfen; keinen B. für jmdn., etw. haben (jmdn., etw. nicht verstehen, nicht richtig beurteilen können); einen, den richtigen B. für etw. haben (die Ursachen u. Zusammenhänge von etw. klar erkennen u. beurteilen können). ◆ **5. a)** [plötzliches] Aufleuchten, heller Lichtstrahl, Schimmer: Ein Nachbar sah den B. von Pulver (Goethe, Werther II, Der Herausgeber an den Leser); **b)** (in der Bergmannsspr.) nach Beendigung der Treibarbeit auftretender heller Glanz des bearbeiteten Materials: Er dachte sich dessen Leben als eine Reihe von würdigen Handlungen..., davon die Erscheinung auf dem Theater nur die äußerste Spitze, nur wie der B. des Silbers sei (Goethe, Theatralische Sendung I, 16).

blick|dicht ⟨Adj.⟩: undurchsichtig (1).

bli|cken ⟨sw. V.; hat⟩ [mhd. blicken = einen Blick tun; glänzen, ahd. blicchen = glänzen, strahlen, verw. mit ↑Blech, ↑bleich]: **a)** [bewusst] seinen Blick irgendwohin richten: geradeaus, aus dem Fenster, in die Runde, nach der Tür, zur Seite b.; er blickte ihm neugierig über die Schulter; Ü sie blickten sorgenvoll in die Zukunft; Zorn, Verachtung blickte ihm aus den Augen; dem Tod ins Gesicht b. (geh.; ihn vor Augen haben [u. nicht fürchten]); die Sonne blickt aus den Wolken (wird sichtbar); R das lässt tief b. (ugs.; das ist sehr aufschlussreich); *****sich b. lassen** (ugs.; irgendwo erscheinen, hingehen, sich sehen lassen, einen [kurzen] Besuch machen); **b)** *in bestimmter Weise dreinschauen:* freundlich, kühl, streng b.; seine Augen blickten verstört, fragend; **c)** (salopp) *begreifen, verstehen:* ich blick das nicht; ♦ **d)** *blitzen, blinken, schimmern:* Spiegel hüben, Spiegel drüben, ... dazwischen ruht im Trüben als Kristall das Erdewesen. Dieses zeigt, wenn jene blicken, allerschönste Farbenspiele (Goethe, Entoptische Farben).

bli|cken las|sen, blị|cken|las|sen, sich ⟨st. V.; hat⟩ (ugs.): *irgendwo erscheinen, hingehen, sich sehen lassen, einen [kurzen] Besuch machen:* lass dich doch einmal wieder [bei uns] blicken!

Blick|fang, der: *etw., was die Blicke auf sich lenkt:* große Plakate mit bunter Reklame dienen als B.

Blick|feld, das: *Gebiet, das mit den Augen erfasst werden kann:* in jmds. B. geraten; Ü ein enges B. haben *(beschränkt sein).*

Blick|kon|takt, der: *[gegenseitiges] Ins-Auge-Fassen, Sichanschauen:* B. aufnehmen, haben, vermeiden; der Redner hielt [den] B. mit dem Publikum.

blick|los ⟨Adj.⟩ (geh.): *nichts bewusst wahrnehmend;* jmdn. mit -en Augen ansehen; b. an jmdm. vorbeigehen.

Blick|punkt, der: **1.** *etw., worauf sich jmds. Blicke richten; Punkt, auf den die Sehkraft konzentriert ist:* Ü im B. der Öffentlichkeit *(im öffentlichen Interesse)* stehen. **2.** *Punkt, von dem aus etw. betrachtet wird; Gesichtspunkt, Aspekt:* vom juristischen B. aus [gesehen].

Blick|rich|tung, die: **1.** *Richtung des Blicks:* in B. [nach] Osten. **2.** *Richtung des Denkens, Reflektierens.*

♦ **blịck|schnẹll** ⟨Adj.⟩ [zu ↑ Blick in der alten Bed. »Blitz«]: *blitzschnell:* -es Fallen allerhöchster Sterne (Goethe, Faust II, 10751).

Blick|wech|sel, der: **1.** *das Wechseln von Blicken.* **2.** *Wechsel der Sehweise.*

Blick|win|kel, der: *Perspektive, aus der man etw. betrachtet; Sicht* (2).

blieb: ↑ bleiben.

blies: ↑ blasen.

blind ⟨Adj.⟩ [mhd., ahd. blint, urspr. wohl = undeutlich schimmernd, fahl]: **1. a)** *keine Sehkraft, kein Sehvermögen besitzend; ohne Augenlicht:* ein -er Mann; sechs -e schwarze Welpen *(Welpen, die ihre Augen noch nicht geöffnet haben);* b. sein, geboren werden; sie ist auf einem Auge b.; R bist du b.? (ugs.; *kannst du nicht aufpassen?);* * *für etw. b. sein (etw. nicht sehen [wollen]; für etw. kein Gespür, keinen Blick haben);* **sich b. verstehen** (Sport; *hervorragend aufeinander eingespielt sein);* **b)** *ohne Zuhilfenahme des Sehvermögens, optischer Instrumente o. Ä.:* b. *(ohne Sicht, nur mithilfe der Bordinstrumente)* fliegen; b. schreiben *(mit allen zehn Fingern am Computer o. Ä. schreiben, ohne dabei auf die Tasten zu sehen);* b. spielen *(aus dem Gedächtnis, ohne Brett und Figuren zu sehen, Schach spielen).* **2. a)** *maßlos, hemmungslos, verblendet:* mit -er Gewalt vorgehen; b. sein vor Wut; **b)** *ohne kritisch-selbstständiges Nachdenken, kritiklos, ohne Überlegung:* -er Gehorsam; etw. in -em Glauben tun; jmdm. b. vertrauen, gehorchen; Befehle b. ausführen; ... aber Napoleon will längst nur noch seinen eigenen Willen bestätigt hören, er begehrt nur noch -e Zustimmung für seine Worte (St. Zweig, Fouché 263); **c)** *sich nicht nach menschlichen Maßstäben richtend; nicht einsehbar:* der -e Zufall führte ihn zu seiner Entdeckung. **3.** *nicht mehr durchsichtig, spiegelnd; trübe, angelaufen:* -e [Fenster]scheiben; ein -er Spiegel; die metallenen Beschläge waren b. geworden. **4. a)** *nicht vollständig durchgeführt; nur angedeutet, vorgetäuscht:* -e Fenster, Arkaden; eine -e Tasche aufsetzen; ... aber als ich zu lesen beginnen sollte, sah ich zu meinem großen Erschrecken, dass sich meine Bücher fast nur aus -en *(unbedruckten)* Seiten zusammensetzten (Mayröcker, Herzzerreißende 44); **b)** *verdeckt, unsichtbar:* eine -e Naht; der Mantel wird b. geknöpft. ♦ **5. a)** *in der Fügung* **-e Nacht** *(dunkle, finstere Nacht, in der man nichts sehen kann);* **b)** *falsch, unbegründet:* Der Direktor unserer Schauspielergesellschaft hatte schon verschiedentlich mit dem Abzug gedroht ... Dies war ... ein -er Lärm (Goethe, Theatralische Sendung I, 21); Ganz gewiss nur ein -er Tumult *(eine grundlose Aufregung),* wie alltäglich in Genua (Schiller, Fiesco II, 10).

Blịnd|band, der ⟨Pl. ...bände⟩ (Verlagsw.): *Musterband in endgültiger Form, dessen Seiten unbedruckt sind.*

Blịnd|darm, der [LÜ von lat. intestinum caecum, aus: intestinum, eigtl. = das Innere, u. caecus = blind (hier im Sinne von »ohne Öffnung«), vgl. blind (4 a)]: **1.** (Anat.) *unterhalb der Einmündung des Dünndarms in den Dickdarm liegender, blind endender Teil des Dickdarms mit dem Wurmfortsatz.* **2.** (volkstüml.) *Wurmfortsatz.*

Blịnd|darm|ent|zün|dung, die (volkstüml.): *Entzündung des Wurmfortsatzes; Appendizitis.*

Blind Date ['blaɪnd 'deɪt], das; - -[s], - -s [engl. blind date, aus: blind = blind; verdeckt, unsichtbar u. date, ↑ Date]: *Verabredung mit einer unbekannten Person.*

Blịn|de, die/ein Blinde; der/einer Blinden, die Blinden/zwei Blinde: *weibliche Person, die blind* (1) *ist.*

Blịn|de|kuh ⟨o. Art.⟩: *Fangspiel, bei dem dem Suchenden die Augen verbunden werden:* B. spielen.

Blịn|den|bin|de, die: *von einer blinden Person getragene gelbe Armbinde* (1) *mit drei schwarzen Punkten.*

Blịn|den|bü|che|rei, die: *Einrichtung für blinde u. sehbehinderte Personen, die geeignetes Material unterschiedlicher Art, bes. Bücher in Blindenschrift, sammelt u. verleiht.*

Blịn|den|füh|rer, der: *jmd., der eine blinde Person führt.*

Blịn|den|füh|re|rin, die: w. Form zu ↑ Blindenführer.

Blịn|den|führ|hund, Blịn|den|hund, der: *Hund, der darauf abgerichtet ist, eine blinde Person zu führen.*

Blịn|den|leh|rer, der: *Lehrer, der [an einer Blindenschule sehbehinderte u.] blinde Schüler(innen) unterrichtet.*

Blịn|den|leh|re|rin, die: w. Form zu ↑ Blindenlehrer.

Blịn|den|schrift, die: *Schrift, deren Buchstaben aus je sechs erhabenen Punkten in verschiedener Kombination bestehen, die über den Tastsinn erfasst werden; Brailleschrift:* ein Buch in B. lesen.

Blịn|den|schu|le, die (ugs.): *mit den entsprechenden Hilfsmitteln ausgestattete Schule, an der Blinde unterrichtet werden.*

Blịn|den|stock, der ⟨Pl. ...stöcke⟩: *meist durch weiße Farbe gekennzeichneter Stock, mit dessen Hilfe sich eine blinde Person an Gegenständen orientieren kann.*

Blịn|der, der, Blinde/ein Blinder; des/eines Blinden, die Blinden/zwei Blinde: *jmd., der blind* (1) *ist:* einen Blinden führen; Blinde unterrichten; R das sieht doch ein B. [mit dem Krückstock]! (salopp; *das liegt doch klar zutage!);* * **von etw. reden wie der Blinde von der Farbe** *(ohne Sachkenntnis von etw. reden, über etw. urteilen)*

blịnd|flie|gen ⟨st. V.; ist⟩ (Flugw.): *ohne Sicht, nur mithilfe der Bordinstrumente fliegen.*

Blịnd|flug, der: *Flug ohne Sicht, nur mithilfe der Bordinstrumente.*

Blịnd|gän|ger, der; -s, -: **1.** *Geschoss, dessen Sprengladung infolge eines Versagens des Zünders nicht detonierte:* B. entschärfen. **2.** (salopp) *Versager.*

Blịnd|gän|ge|rin, die; -, -nen: w. Form zu ↑ Blindgänger (2).

Blịnd|ge|bo|re|ne, die/eine Blindgeborene; der/einer Blindgeborenen, die Blindgeborenen/zwei Blindgeborene, **blịnd Ge|bo|re|ne,** die/eine blind Geborene; der/einer blind Geborenen, die blind Geborenen/zwei blind Geborene: *weibliche Person, die von Geburt an blind ist.*

Blịnd|ge|bo|re|ner, der Blindgeborene/ein Blindgeborener; des/eines Blindgeborenen, die Blindgeborenen/zwei Blindgeborene, **blịnd Ge|bo|re|ner,** der blind Geborene/ein blind Geborener; des/eines blind Geborenen, die blind Geborenen/zwei blind Geborene: *jmd., der von Geburt an blind ist.*

Blịnd|ge|bor|ne, die/eine Blindgeborne; der/einer Blindgebornen, die Blindgebornen/zwei Blindgeborne, **blịnd Ge|bor|ne,** die/eine blind Geborne; der/einer blind Gebornen, die blind Gebornen/zwei blind Geborne: *Blindgeborene.*

Blịnd|ge|bor|ner, der Blindgeborne/ein Blindgeborner; des/eines Blindgebornen, die Blindgebornen/zwei Blindgeborne, **blịnd Ge|bor|ner,** der blind Geborne/ein blind Geborner; des/eines blind Gebornen, die blind Gebornen/zwei blind Geborne: *Blindgeborener.*

blịnd|gläu|big ⟨Adj.⟩: *bedingungslos u. ohne Kritik gläubig* (b).

Blịnd|gläu|big|keit, die: *das Blindgläubigsein; blindgläubiges Verhalten.*

Blịnd|heit, die; -: **1.** *das Blindsein* (1); *Fehlen des Sehvermögens:* eine angeborene B.; * **[wie] mit B. geschlagen sein** *(etw. Wichtiges nicht sehen, erkennen;* nach 1. Mos. 19, 11 u. 5. Mos. 28, 28–29). **2. a)** *Unfähigkeit, Zusammenhänge, Gefahren o. Ä. richtig zu erkennen:* eine gefährliche politische B.; **b)** *Kritiklosigkeit:* die B. seines Vertrauens.

blịnd|lings ⟨Adv.⟩ [schon mniederd. blindelinge, ahd. blindilingon]: *nur von einem augenblicklichen Gefühl o. Ä. geleitet, ohne dabei an das zu denken od. zu überlegen, was sich aus dem Tun, Verhalten Nachteiliges ergeben kann:* jmdm. b. gehorchen; sich b. auf etw. verlassen.

Blịnd|ma|te|ri|al, das (Druckw.): *Gesamtheit der zur Herstellung von Wort- u. Zeilenabständen dienenden nicht druckenden Teile im Schriftsatz.*

Blịnd|schlei|che, die [mhd. blintslīche, ahd. blintslīhho, eigtl. = blinder Schleicher (da sie wegen der sehr kleinen Augen für blind gehalten wurde)]: *(u. a. in Europa vorkommende) mittelgroße Schleiche mit auffallend eidechsenartigem Kopf, grau[braun] od. kupferfarben glänzender Oberseite u. schwarzer bis blaugrauer Unterseite.*

blịnd|schrei|ben ⟨st. V.; hat⟩ (fachspr.): *mit allen zehn Fingern am Computer o. Ä. schreiben, ohne auf die Tasten zu sehen.*

blịnd|wü|tend (seltener), **blịnd|wü|tig** ⟨Adj.⟩: *ohne Maß u. Besinnung wütend:* blindwütiger Hass; blindwütig auf jmdn. einschlagen.

Blịnd|wü|tig|keit, die; -: *blindwütiges Verhalten.*

blịnk ⟨indekl. Adj.⟩: *in der Fügung* **b. und blank** (ugs.; *vor Sauberkeit glänzend).*

blịn|ken ⟨sw. V.; hat⟩ [aus dem Niederd. < mniederd. blinken = glänzen, zu ↑ blecken]: **1.** *blitzend, funkelnd leuchten, glänzen:* die Sterne blinkten; ein Licht blinkt in der Ferne; vor Sauberkeit b. **2.** (bes. Verkehrsw.) **a)** *ein Blinkzei-*

Blinker–blocken

chen geben: *vor dem Abbiegen, bei Fahrbahnwechsel b.*; **b)** *etw. durch Blinkzeichen anzeigen:* Signale, SOS b.

Blịn|ker, der; -s, -: **1.** *Blinkleuchte.* **2.** (Angeln) *blinkender metallischer Köder.*

blịn|kern ⟨sw. V.; hat⟩: **1.** *unruhig blinken* (1). **2.** *blinzeln.* **3.** (Angeln) *mit dem Blinker* (2) *angeln.*

Blịnk|feu|er, das (Verkehrsw.): *bes. an der Küste als Signal dienende Lichtquelle, die in regelmäßigen Zeitabständen aufleuchtet.*

Blịnk|ge|rät, das (Militär): *Gerät zum Übermitteln von Nachrichten in Form von geblinkten Morsezeichen.*

Blịnk|leuch|te, die (Kfz-Technik): *an Fahrzeugen angebrachte Leuchte, die durch Blinken eine Richtungsänderung anzeigt.*

Blịnk|licht, das ⟨Pl. -er⟩ (Verkehrsw.): *in [gleichmäßigen] Zeitabständen kurz aufleuchtendes Lichtsignal im Straßenverkehr, bes. an Ampeln u. Eisenbahnübergängen.*

Blịnk|zei|chen, das: *Signal durch ein in gleichmäßigen Abständen an- und ausgehendes Licht:* der Wachtposten gab B.

blịn|zeln ⟨sw. V.; hat⟩ [mhd. blinzeln, wahrsch. verw. mit ↑ blinken]: (*bes. bei Reizung durch Licht od. bei Müdigkeit) die Augenlider rasch auf u. ab bewegen:* angestrengt b.; in der Sonne b.; jmdn. blinzelnd ansehen.

blịn|zen ⟨sw. V.; hat⟩ [mhd. blinzen, wahrsch. verw. mit ↑ blinken] (veraltet, noch landsch.): *blinzeln:* ♦ Blinzt nicht so, und hört mich an (Goethe, Faust II, 9581).

Blịtz, der; -es, -e [mhd. blitze, blicz(e), blitzize, älter: blic, zu ↑ blitzen]: **1.** *grelle, meist schnell vorübergehende Lichterscheinung, die bei Gewitter durch elektrische Entladung in der Atmosphäre entsteht:* grelle -e; ein kalter B. *(ein Blitz, der beim Einschlag nicht gezündet hat);* der B. hat in den Baum eingeschlagen; B. und Donner folgten rasch aufeinander; Ü Schritt wird vor Schritt gesetzt, das Blut hämmert im Kopf, und helle -e schießen ihm aus den Augen (Kempowski, Zeit 302); * *potz B.!* (veraltet; Ausruf der Verwunderung); **[schnell] wie der B./wie ein geölter B.** (ugs.; *sehr schnell*); **wie ein B. aus heiterem Himmel** (*völlig unerwartet, ohne dass man darauf vorbereitet gewesen ist [in Bezug auf etw. Unerfreuliches]);* **einschlagen wie ein B.** (*völlig überraschend kommen u. große Aufregung hervorrufen:* die Nachricht schlug ein wie ein B.); **wie vom B. getroffen** *(vor Schreck, Entsetzen o. Ä. völlig verstört).* **2.** (ugs.) Kurzf. von ↑ Blitzlicht (1).

blitz-, Blitz-: 1. (ugs. emotional verstärkend) drückt in Bildungen mit Adjektiven eine Verstärkung aus; *sehr.* **2.** drückt in Bildungen mit Substantiven aus, dass etw. überaus schnell, überraschend [und unerwartet] erfolgt: Blitzreise, -start.

Blịtz|ab|lei|ter, der: **1.** *Anlage, die dazu dient, Blitze von einem Gebäude abzuleiten.* **2.** (salopp) *jmd., an dem man seine Wut, Aggression o. Ä. abreagieren kann:* er braucht sie als B.

Blịtz|ab|lei|te|rin, die: w. Form zu ↑ Blitzableiter (2).

Blịtz|ak|ti|on, die: *überraschende, unerwartete, schlagartig durchgeführte Aktion [der Polizei o. Ä.].*

blịtz|ar|tig ⟨Adj.⟩: *sehr schnell, rasch.*

Blịtz|be|such, der (bes. Politikjargon): *überraschender, nur kurzer [Staats]besuch.*

blịtz|blank ⟨Adj.⟩ [zu ↑ blitzen (2)] (ugs. emotional verstärkend): *sehr sauber, blank.*

blịtz|blau ⟨Adj.⟩ [zu ↑ blitzen (2)] (ugs. emotional verstärkend): **1.** *leuchtend blau:* ein -er Himmel. **2.** (scherzh.) *völlig betrunken.*

blịtz|ze|blank ⟨Adj.⟩ (ugs. emotional verstärkend): ↑ blitzblank.

blịtz|ze|blau ⟨Adj.⟩ (ugs. emotional verstärkend): ↑ blitzblau.

Blịtz|ein|schlag, der: *das Einschlagen eines Blitzes.*

Blịtz|eis, das: ²*Eis* (1 a), *das sich auf Straßen o. Ä. sehr schnell aus [Regen]wasser bildet:* mit tückischem B. rechnen müssen.

blịt|zen ⟨sw. V.; hat⟩: **1.** ⟨unpers.⟩ [mhd. blitzen, bliczen, ahd. blecchazzen, eigtl. = wiederholt od. schnell (bläulich glänzend) aufleuchten, verw. mit ↑ ¹Blei] *als Blitz in Erscheinung treten:* es blitzt [und donnert]; Ü der B3 blitzt es (ugs. scherzh.; *dein Unterrock schaut hervor*). **2.** *[plötzlich auf]leuchten, im Licht glänzen:* ihre Zähne blitzten; mit blitzenden Augen; die Wohnung blitzte vor Sauberkeit; Vater in Uniform. Sie war schwarz, auf Kragen und Schultern blitzte es silbern (Härtling, Hubert 18). **3.** *sichtbar, deutlich werden:* Zorn blitzte aus ihren Augen. **4. a)** (ugs.) *mit Blitzlicht fotografieren;* **b)** *bei einer Radarkontrolle mithilfe eines Radargeräts aufnehmen:* der Motorradfahrer wurde mit 184 km/h geblitzt; auf der B3 wird geblitzt. **5.** [LÜ von engl. to streak] (veraltend) *(mit der Absicht zu provozieren) unbekleidet in der Öffentlichkeit schnell über belebte Straßen, Plätze u. a. laufen.*

Blịt|zer, der; -s, - [LÜ von engl. streaker]: **1.** *jmd., der blitzt* (5). **2.** (ugs.).

Blịt|zes|schnel|le, die; -: meist in der Fügung **in/mit B.** *(sehr rasch, blitzschnell).*

Blịtz|ge|rät, das (Fotogr.): *Gerät zum Blitzen* (4).

blịtz|ge|scheit ⟨Adj.⟩ (ugs. emotional verstärkend): *sehr, ganz besonders gescheit.*

Blịtz|kar|ri|e|re, die: *sehr schnelle Karriere.*

Blịtz|krieg, der [zu Beginn des Zweiten Weltkriegs entstandene Bez. für die »blitzartig« zu Ende geführten Angriffskriege der dt. Wehrmacht] (Militär): *Krieg mit rascher Entscheidung.*

Blịtz|licht, das ⟨Pl. -er⟩ (Fotogr.): **1.** *meist mit dem Auslöser eines Fotoapparates verbundene Vorrichtung, die [elektronisch gesteuert] impulsartig bestimmte Lichtmengen für fotografische Innenaufnahmen liefert.* **2.** *[beim Auslösen eines Fotoapparats] grell aufblitzendes Licht, das zum Fotografieren, besonders in Räumen, verwendet wird.*

Blịtz|licht|auf|nah|me, die, **Blịtz|licht|fo|to,** das, schweiz. auch: die: *fotografische Aufnahme mithilfe von Blitzlicht.*

Blịtz|licht|ge|wit|ter, das (ugs.): *große Anzahl von Blitzlichtern* (2): die Stars stolzierten im B. über den roten Teppich.

Blịtz|rei|se, die: *kurze Reise ohne langen Aufenthalt.*

blịtz|sau|ber ⟨Adj.⟩ [zu ↑ blitzen (2)] (ugs. emotional verstärkend): **1.** *vor Sauberkeit glänzend:* eine -e Küche. **2.** (südd., österr.) *(bes. in Bezug auf junge weibliche Personen) äußerlich u. charakterlich alle gewünschten Qualitäten aufweisend; prächtig.*

Blịtz|schach, das: *Form des Turnierschachs mit zeitlich festgelegten Zügen.*

Blịtz|scha|den, der: *durch Blitzschlag entstandener Schaden.*

Blịtz|schlag, der: *einschlagender Blitz.*

blịtz|schnell ⟨Adj.⟩ [zu ↑ blitzen (1)] (ugs. emotional verstärkend): *überaus schnell, rasch.*

Blịtz|sieg, der (Militär): *rasch errungener Sieg.*

Blịtz|start, der: *sehr schneller, blitzschnell ausgeführter Start.*

Blịtz|um|fra|ge, die: *in der Demoskopie [auf ein aktuelles Ereignis hin] veranstaltete kurze Meinungsumfrage.*

Bliz|zard [ˈblɪzɐt], der; -s, -s [engl. blizzard, H. u.]: *in Nordamerika auftretender schwerer Schneesturm.*

Bloch, der od. das; -[e]s, Blöcher, österr.: -e [mhd. bloch, ahd. bloh(h), hochd. Form von ↑ Block] (südd., österr.): *gefällter u. von Ästen gesäuberter Baumstamm.*

Block, der; -[e]s, Blöcke u. -s [aus dem Niederd. < mniederd. blok = Holzklotz, -stamm, H. u.]: **1.** ⟨Pl. Blöcke⟩ *kompakter, kantiger Brocken aus hartem Material:* ein unbehauener B.; ein erratischer B. *(Findling);* Blöcke *(Quadern)* von Marmor. **2.** ⟨Pl. Blöcke⟩ (Eisenbahnw.) *Einrichtung zur Sicherung des Eisenbahnverkehrs auf Bahnhöfen u. Strecken.* **3.** ⟨Pl. -s, selten: Blöcke⟩ *in sich geschlossene, ein Viereck bildende Gruppe von [Wohn]häusern innerhalb eines Stadtgebietes; Häuserblock.* **4.** ⟨Pl. Blöcke, selten: -s⟩ **a)** *in sich geschlossene Gruppe von politischen od. wirtschaftlichen Kräften:* einen B. innerhalb der Partei bilden; **b)** *Gruppe von Staaten, die sich unter bestimmten wirtschaftlichen, strategischen o. ä. Aspekten zusammengeschlossen haben.* **5.** ⟨Pl. Blöcke, -s⟩ *bestimmte Anzahl an einer Kante zusammengeklebter od. -gehefteter Papierbogen, die einzeln abgerissen werden können:* ein B. Briefpapier. **6.** ⟨Pl. -s, selten: Blöcke⟩ (Philat.) *kleiner Bogen mit breitem [verziertem od. beschriftetem] Rand u. einer od. mehreren Briefmarken, der nur als Ganzes, ungeteilt verkauft bzw. gesammelt wird.* **7.** ⟨Pl. Blöcke⟩ (nationalsoz.) *(40 – 60 Haushalte* (2) *umfassende) unterste Organisationseinheit in der regionalen Gliederung der NSDAP.* **8.** ⟨Pl. -s⟩ (Basket-, Volleyball) *durch eine od. mehrere Spieler(innen) gebildete Sperre:* einen B. bilden. **9.** ⟨Pl. Blöcke⟩ *selbstständig funktionsfähiger Teil eines Kraftwerks.* **10.** ⟨Pl. Blöcke⟩ *Gehäuse für die Rollen des Flaschenzuges.* **11.** ⟨Pl. Blöcke⟩ *Kern* (4 c). **12.** ⟨Pl. Blöcke, selten -s⟩ *Abschnitt als Einteilung der Zuschauerplätze in einem Stadion, Theater o. Ä.*

Block|ab|schnitt, der (Eisenbahn): *Streckenabschnitt, der nicht befahren werden darf, solange sich ein anderer Zug darauf befindet.*

Blo|cka|de, die; -, -n [zu ↑ blockieren]: **1.** *als [politisches] Druckmittel eingesetzte militärische Absperrung aller Zufahrtswege eines Landes od. einer Stadt (bes. auf dem Seeweg):* eine B. über ein Land verhängen; die B. aufheben. **2.** *Blockierung, Sperrung eines Zugangs, Durchgangs o. Ä.* **3.** *Widerstand, Gegenmaßnahmen o. Ä., um etw. zu verhindern, aufzuhalten.* **4.** (bes. Med., Psychol.) *vorübergehender Ausfall bestimmter (geistiger) Fähigkeiten.* **5.** (Druckw.) *Stelle im Drucksatz, die durch Blockieren* (6) *angezeigt wird (Zeichen:* ▌). **6.** (bes. Fachspr.) *vorübergehender Ausfall bestimmter Funktionen.*

Blo|cka|de|hal|tung, die ⟨Pl. selten⟩: *auf Blockade* (3) *abzielende Haltung* (2 a): der Minister forderte die Partei auf, ihre B. aufzugeben.

Blo|cka|de|po|li|tik, die: *auf Blockade* (3) *abzielende Politik.*

Block|bil|dung, die (bes. Politik): *Bildung von Blöcken* (4).

Block|buch, das: *mit einzelnen Holzschnitten gedrucktes Buch des Spätmittelalters.*

Block|buch|sta|be, der: *Buchstabe der Blockschrift.*

Block|bus|ter [ˈblɔkbastɐ], der; -s, - [engl., zu block (↑ Block 3) u. to bust = zerstören, sprengen]: *etwas, was außergewöhnlich erfolgreich ist, sich auf dem Markt* (3) *gut verkauft.*

blo|cken ⟨sw. V.; hat⟩: **1.** (Eisenbahn) *eine Strecke durch ein Blocksignal sperren.* **2.** (Jägerspr.) *aufblocken.* **3. a)** (Boxen, Ballspiele) *(einen gegnerischen Angriff, Schlag, Wurf, Schuss) abfangen:* einen Angriff b.; **b)** (Ballspiele) *(einen Gegenspie-*

ler, eine Gegenspielerin daran hindern, den Ball anzunehmen od. weiterzuspielen. **4.** (südd.) bohnern. **5.** (Jargon) den Unterricht als Blockunterricht gestalten. **6.** [zu Blocker = Jargonwort für: chem. Substanz, die bestimmte physiologische Vorgänge blockiert] (Med.) in der Entstehung hemmen, unterdrücken: Entzündungen, Schmerzen b. **7.** (ugs.) frei halten, blockieren, reservieren: ein Hotelzimmer, einen Termin [im Kalender] b. **8.** (EDV) unterdrücken, blockieren: Pop-ups b.

Block|flö|te, die: **1.** einfaches hölzernes Blasinstrument, dessen Windkanal im Mundstück durch einen Block (11) gebildet wird. **2.** (salopp abwertend) **a)** Blockpartei in der DDR; **b)** Mitglied einer Blockpartei in der DDR.

block|för|mig ⟨Adj.⟩: die Form eines Blocks (1) aufweisend.

block|frei ⟨Adj.⟩: keinem Block (4) angehörend.

Block|haus, das [LÜ von engl. blockhouse]: Haus, dessen Wände aus waagerecht aufeinandergeschichteten Rundhölzern od. Balken bestehen.

Block|heiz|kraft|werk, das: kleineres Kraftwerk, das durch Kraft-Wärme-Kopplung einen größeren Häuserblock od. eine zusammenhängende Siedlung mit Strom u. Wärme versorgt (Abk.: BHKW).

Block|hüt|te, die: kleines Blockhaus.

blo|ckie|ren ⟨sw. V.; hat⟩ [frz. bloquer, zu: bloc = Klotz < mniederl. bloc]: **1.** durch eine Blockade, durch Abriegeln der Zufahrtswege einschließen, sperren, von der Außenwelt abschließen. **2. a)** [ohne Absicht] versperren, den Zugang, den Durchgang, die Durchfahrt unmöglich machen: Autos blockierten die Straße; Streikposten blockierten die Fabriktore; **b)** das Fließen, die Zufuhr von etw. unterbinden, unterbrechen: den Verkehr b. **3.** (für eine gewisse Zeit) außer Funktion setzen: die Bremse blockiert die Räder. **4.** (von sich bewegenden Teilen einer Maschine, eines technischen Gerätes o. Ä.) sich nicht mehr drehen, nicht mehr arbeiten: der Motor blockiert. **5.** durch Gegenmaßnahmen, Widerstand o. Ä. verhindern, aufhalten, ins Stocken bringen: Verhandlungen b. **6.** (Druckw.) zu korrigierende Stellen im Satz mit auf den Kopf gestellten Drucktypen o. Ä. bezeichnen.

Blo|ckie|rer, der; -s, -: jmd., der blockiert (1, 2 a, 2 b, 5): die B. hatten sich an die Schienen gekettet.

Blo|ckie|re|rin, die; -, -nen: w. Form zu ↑ Blockierer.

Blo|ckie|rung, die; -, -en: **1.** das Blockieren; das Blockiertwerden. **2.** etw., was etw. blockiert; Blockade.

Block|par|tei, die: Partei, die mit anderen einen Block (4a) bildet.

Block|po|li|tik, die ⟨Pl. selten⟩: Politik eines von mehreren Parteien gebildeten Blocks (4a).

Block|satz, der (Druckw.): Schriftsatz (1), bei dem durch unterschiedliche Wortzwischenräume gleich lange Zeilen entstehen.

Blocks|berg, der; -[e]s: in der Volkssage für ↑²Brocken.

Block|scho|ko|la|de, die: bes. zum Backen, Zubereiten von Soßen u. a. verwendete, meist bittere, ohne Milch hergestellte Schokolade in dickeren Tafeln od. Blöcken.

Block|schrift, die: lateinische Druckschrift mit gleichmäßig stark gezogenen, blockförmig erscheinenden Buchstaben.

Block|si|gnal, das (Eisenbahn): Signal für die Sperrung eines Blockabschnitts.

Block|staa|ten ⟨Pl.⟩: einen Block (4b) bildende Staaten.

Block|un|ter|richt, der: Unterricht, bei dem für eine bestimmte Zeit mehrere od. alle Unterrichtsfächer ein bestimmtes Sachgebiet jeweils von ihrer Warte aus behandeln.

Block|wart, der (nationalsoz.): Vertrauensmann eines Blocks (7).

blöd, blö|de [mhd. blœde = schwach, zart, ahd. blōdi = unwissend, scheu ⟨Adj.; blöder, blöd[e]st...⟩ [mhd. blœde = schwach, zart, ahd. blōdi = unwissend, scheu, wohl verwandt mit ↑¹bloß (in einer alten Bed. »weichlich, schwach«)]: **1. a)** (ugs.) dumm, töricht: -er Kerl!; -er Affe!; -e Gans!; sei doch nicht so -e!; sich [reichlich] -e anstellen, benehmen; **b)** albern, unsinnig, geistlos: eine -e Frage!; lass deine -en Bemerkungen! **2.** (ugs.) unangenehm, ärgerlich: eine -e Sache; zu b., dass ich das vergessen habe. **3.** (veraltet) schwachsichtig: ◆ ...eine lymphatische Blondine, mit etwas vorspringenden, -en Augen (Fontane, Effi Briest 7). **4.** (veraltet) schüchtern, scheu: ◆ ...am wenigsten muss man im Gasthofe blöde sein (Lessing, Minna von Barnhelm II, 2). **5.** (veraltet) geistig behindert: ein -es Kind; der Junge ist von Geburt an -e.

Blö|de|lei, die; -, -en: **a)** ⟨o. Pl.⟩ das Blödeln; **b)** alberne, unsinnige Äußerung, Bemerkung o. Ä.

blö|deln ⟨sw. V.; hat⟩: absichtlich dummes Zeug, Unsinn reden.

Blöd|ham|mel, der (Schimpfwort): Dummkopf, blöde Person.

Blöd|heit, die; -, -en: Dummheit; törichte, alberne Handlung, Äußerung.

Blö|di|an, der; -s, -e [zur Bildung vgl. Grobian] (ugs. abwertend): Dummkopf.

Blö|dig|keit, die; -, -en (veraltet): **1.** ⟨o. Pl.⟩ **a)** Scheu, Schüchternheit: ◆ Wärs ungeheurer Männerstolz, der nur, sich desto süßer zu ergötzen, die B. als Larve brauchte (Schiller, Don Carlos II, 8); ◆ ...wagte in seiner B. nicht, das blanke Messer zu brauchen, sondern hantierte schüchtern und zimperlich mit der silbernen Gabel daran herum (Keller, Kleider 9); **b)** Schwäche: ◆ ...des Mannes keckes Laster hatte auch Eure B. besiegt (Schiller, Maria Stuart I, 4). **2.** törichte Handlung, Äußerung.

Blöd|mann, der ⟨Pl. ...männer⟩ (Schimpfwort): Dummkopf, blöder Kerl.

Blöd|sinn, der ⟨o. Pl.⟩: **a)** (ugs. abwertend) Unsinn, sinnloses, törichtes Reden od. Handeln: so ein B.!; B. reden; er verzapft lauter B., nichts als B.; hör doch auf mit diesem B.!; *höherer B. (1. scherzh.; Blödsinn um seiner selbst willen, ohne tieferen Hintergrund; Nonsens. ugs.; sehr großer Unsinn, den jmd. unabsichtlich vorbringt); **b)** geistige Behinderung: ...indessen er in seinem -e nichts mehr von den Dingen wusste (Keller, Romeo 49).

blöd|sin|nig ⟨Adj.⟩ (ugs.): unsinnig: ein -es Gerede.

Blöd|sin|nig|keit, die; -, -en (ugs.): **1.** ⟨o. Pl.⟩ Unsinnigkeit einer Handlung, eines Verhaltens o. Ä. **2.** unsinnige Handlung, Äußerung.

Blog, das, auch: der; -s, -s [engl. blog, gek. aus: weblog, ↑ Weblog] (EDV): kurz für ↑ Weblog.

blog|gen ⟨sw. V.; hat⟩ [engl. to blog] (EDV): an einem Blog [mit]schreiben: ⟨subst.:⟩ Tipps für erfolgreiches und kreatives Bloggen.

Blog|ger, der; -s, - [engl. blogger] (EDV): jmd., der an einem Blog [mit]schreibt: B. verlinken Websites.

Blog|ge|rin, die; -, -nen: w. Form zu ↑ Blogger.

Blo|go|sphä|re, die ⟨Pl. selten⟩: [größere Gruppe od.] Gesamtheit der Weblogs im Internet.

blö|ken ⟨sw. V.; hat⟩ [aus dem Niederd. < mniederd. blēken, lautm.]: (von Schafen u. Rindern) die Stimme ertönen lassen: das Schaf blökt; Ü die Hupen blöken, und die Chauffeure brüllen einen sackgroben Text dazu (Kempowski, Zeit 302).

blond ⟨Adj.⟩ [frz. blond, wohl aus dem Germ. u. viell. verw. mit ↑ blind]: **1. a)** (vom Haar) gelblich; golden schimmernd: ein -er Bart; sich das Haar b. färben lassen; b. gefärbtes, b. gelocktes Haar; **b)** blondhaarig: ein -es Kind; ⟨subst.:⟩ er tanzte mit der hübschen Blonden (Blondine). **2.** (ugs.) von heller, goldgelber Farbe: -es Bier.

Blond, das; -s, -s: blonde Farbe: ein dunkles B.

Blon|de [ˈblɔndə, auch: blɔːd(ə)], die; -, -n [...dn] [frz. blonde; † blond (nach der Farbe der verwendeten Rohseide)]: feine Spitze (8) aus Seide mit Blumen- u. Figurenmuster.

Blon|des, das Blonde/ein Blondes; des/eines Blonden, die Blonden/zwei Blonde [zu ↑ blond] (ugs.): helles Bier, Berliner Weißbier: ein kühles B.

blond fär|ben, blond|fär|ben ⟨sw. V.; hat⟩: mit einer blonden Färbung versehen: sich das Haar b. f. lassen.

blond ge|lockt, blond|ge|lockt ⟨Adj.⟩: mit blonden Locken: das Kind sieht aus wie ein blond gelockter Engel.

blond|haa|rig ⟨Adj.⟩: mit blondem Haar.

blon|die|ren ⟨sw. V.; hat⟩: (Haar) künstlich aufhellen, blond machen.

Blon|di|ne, die; -, -n [frz. blondine]: blonde Frau: er schwärmt für -n.

Blon|di|nen|witz, der: Witz, in dem blonde Frauen als dumm, naiv und einfältig dargestellt werden.

blond|lo|ckig ⟨Adj.⟩: blond gelockt.

Blond|schopf, der (ugs.): **1.** blondes Haar. **2.** jmd. mit blonden Haaren.

Bloo|dy Ma|ry [ˈblʌdi ˈmɛri], die; - -, - -s [engl., eigtl. = Blutmarie, nach der roten Farbe in Anspielung auf den volkstüml. Beinamen, den die englische Königin Maria I. (1516–1558) wegen ihrer rigorosen Rekatholisierungspolitik erhalten hatte]: Mixgetränk aus Tomatensaft und Wodka.

¹bloß ⟨Adj.⟩ [mhd. blōʒ = nackt, unbedeckt; unbewaffnet; unversehrt, rein, ausschließlich, ahd. blōʒ = stolz, urspr. vermutlich = weich, abgeweicht, nass, dann: weichlich, schwach; elend; nackt]: **1.** nackt, unbedeckt: -e Arme; mit -en Füßen; mit -em Oberkörper; mit -em Kopf (ohne Kopfbedeckung); sie legte die Mauerreste b.; das Kind liegt b. (ist nicht zugedeckt); Ü mit -e (unbewachsene) Fels; sie schliefen auf der -en Erde (auf dem Erdboden); mit -em (blankem) Schwert; mit -em Auge (ohne optisches Hilfsmittel) kann ich das nicht erkennen; das Geheimnis lag nun b.; ...hinaufgekämmt das ganze Haar, die Ohren frei, den Hals mädchenhaft und b. (Frisch, Montauk 102); * ◆ einer Sache ⟨Dativ⟩ b. sein (einer Sache preisgegeben, ausgeliefert sein: ...und bin nun selbst der Sünde b. [Goethe, Faust I, 3538]; ... vor Wittrung unbeschützt und jedem Zufall b. [Wieland, Oberon 7, 66]); ◆ von etw. b. sein (etwas nicht haben, von etwas entblößt sein: ...auch war der Weg von Bäumen b. [Goethe, Legende vom Hufeisen]; ... von aller Hülfe b. [Wieland, Wintermärchen]); ◆ sich b. geben (sich eine Blöße geben: Ihr gebt euch b., Gevatter [Kleist, Krug 2]). **2.** nichts anderes als: -es Gerede; der -e Gedanke (allein schon der Gedanke) daran ließ ihn davor zurückschrecken; er kam mit dem -en Schrecken davon (hatte nur den Schreck zu überstehen); ◆ Im -en Hemdchen (Kleist, Käthchen IV, 2).

²bloß ⟨Adv.⟩ [zu: ↑ ¹bloß] (ugs.): nur: das macht er b., um dich zu ärgern; sie hatte b. Angst; da kann man b. staunen; er denkt b. an sich; ⟨in der mehrteiligen Konj.:⟩ nicht b...., sondern auch.

³bloß ⟨Partikel; betont⟩: wirkt verstärkend bei Aufforderungen und Fragen: geh mir b. aus dem Weg!; was soll ich b. machen?; Wie hieß dieses Hotel b.? (M. Walser, Seelenarbeit 41).

Blö|ße, die; -, -n [mhd. blœɜe]: **1.** (geh.) *das Nacktsein; Nacktheit des Körpers od. eines Körperteils, bes. des Genitalbereichs:* seine B. bedecken; Ü *eine moralische B. (ein Mangel an Moral).* **2.** (Gerberei) *enthaarte u. vom Fleisch befreite Haut vor der Gerbung.* **3.** *baumlose Stelle im Wald.* **4.** (Fechten) *gültige Trefffläche: innere, obere B. (Brust);* * **sich** ⟨Dativ⟩ **eine/keine B. geben** *(seine schwaache Stelle [nicht] zeigen, sich [nicht] durch etw. bloßstellen);* **jmdm. eine/keine B. bieten** *(jmdm. durch eine Handlung o. Ä. eine/keine Gelegenheit zum Angriff, zum Tadel geben).*
◆ **bloß|ge|ben** ⟨st. V.; hat⟩: *aussetzen* (2), *preisgeben* (1): ... fromme Treue soll den bloßgegebnen Rücken ihm beschützen (Schiller, Wallensteins Tod I, 6).
¹**bloß|le|gen** ⟨sw. V.; hat⟩: *enthüllen* (2): Hintergründe b.
bloß|le|gen, ²**bloß|le|gen** ⟨sw. V.; hat⟩: *unter der Erde Liegendes aufdecken, ausgraben:* Mauerreste b. l.
bloß lie|gen, bloß|lie|gen ⟨sw. V.; hat; südd., österr., schweiz. auch: ist⟩: *unbedeckt, frei, offen daliegen:* die Baumwurzeln liegen bloß.
bloß|stel|len ⟨sw. V.; hat⟩: *vor anderen, in der Öffentlichkeit blamieren, eine für einen selbst, für eine andere Person blamable Handlung o. Ä. vor den Ohren anderer rügen, verspotten:* sich b.; einen Gegner in aller Öffentlichkeit b.; Die Herren natürlich, die sich ungern blamieren oder vor ihren Damen b. wollen (Zuckmayer, Fastnachtsbeichte 156).
Bloß|stel|lung, die; -, -en: *das Bloßstellen; das Bloßgestelltwerden.*
Blou|son [bluˈzɔŋ, bluˈzoː:], das, auch: der; -[s], -s [frz. blouson, zu: blouse, ↑ Bluse]: *über Hose od. Rock getragene, kurze, an den Hüften eng anliegende sportliche Jacke mit Bund.*
Blow|job [ˈbloʊ...], der; -s, -s [engl. blow job; eigtl. = Blasmusik, aus: to blow = blasen u. job = Arbeit] (derb): *Fellatio:* im Auto gibt er ihm einen B.; vgl. blasen (5).
Blow-out, Blow|out [ˈbloʊlaʊt, auch: bloʊˈlaʊt], der; -s, -s [engl. blow-out, zu: to blow out = ausbrechen] (Fachspr.): *unkontrollierter Ausbruch von Erdöl od. -gas aus einem Bohrloch.*
Blow-up, Blow|up [ˈbloʊlap], das; -s, -s [engl. blow-up, zu: to blow up = vergrößern, eigtl. = aufblasen] (Fotogr., Fernsehen): *Vergrößerung (einer Fotografie, eines Fernsehbildes).*
blub|bern ⟨sw. V.; hat⟩ [wohl lautm.] (ugs.): **a)** *(von einem flüssigen Stoff) dumpf platzende Blasen werfen;* **b)** *[ärgerlich u.] undeutlich reden:* er blubbert etwas in seinen Bart.
Blue|box, die; -, -es, **Blue Box,** die; - -, - -es [ˈbluː..., -ˈbɔks; engl. blue box, aus: blue = blau u. ↑ Box] (Film, Fernsehen): *Gerät für ein Projektionsverfahren, das künstliche Hintergründe in Aufnahmestudios schafft.*
Blue|chip, der; -s, -s, **Blue Chip,** der; - -s, - -s [ˈbluːtʃɪp; engl. blue chip = blaue Spielmarke im Poker]: *erstklassiges Wertpapier, Spitzenwert an der Börse.*
Blue|jeans [ˈbluːdʒiːns], die [engl. blue jeans, aus: blue = blau u. dem Pl. von: jean = Baumwolle, viell. zu älter engl. Jeane, Geane = (aus) Genua]: *Hose aus festem Baumwollgewebe von [verwaschener] blauer od. anderer Farbe:* wo sind/ist meine B.?
Blue Mo|vie [ˈbluː ˈmuːvɪ], der u. das; - -s, - -s [engl. blue movie, aus: blue = unanständig, obszön u. movie = Film]: *pornografischer Film.*
Blues [bluːs, engl.: bluːz], der; -, - [engl. blues, aus: the blues (für: the blue devils = die blauen Teufel) = Anfall von Depression, Schwermut, zu: blue = bedrückend, deprimierend]: **1. a)** *zur Kunstform entwickeltes schwermütiges Volkslied der nordamerikanischen Schwarzen;* **b)** ⟨o. Pl.⟩ *aus dem Blues* (1 a) *entstandene ältere Form des Jazz.* **2.** *zu den nordamerikanischen Tänzen gehörender Gesellschaftstanz in langsamem* $^4/_4$-*Takt.*
Blue|screen, der; -[s], -s, **Blue Screen,** der; - -[s], - -s [ˈbluːskriːn; engl. blue screen, aus: blue = blau u. screen (Bild)schirm, (Lein)wand]: *Bluebox.*
Blue|tooth® [ˈbluːtuːθ], der od. das; -[s] [engl., eigtl. = Blauzahn, nach einem dän. König Harald Blåtand (dän. = Blauzahn), dem die Vereinigung von Dänemark u. Norwegen im 10. Jh. zugeschrieben wird; nach seinem Vorbild soll auch dieser Standard die Kommunikationslandschaft einheitlich gestalten helfen] (EDV): *Datenschnittstelle mit Funkübertragung für Kurzstrecken:* Daten per B. drahtlos mit dem PC tauschen.
Bluff [auch, österr. nur: blœf, blaf], der; -s, -s [engl. bluff, verw. mit ↑ verblüffen]: *dreiste, bewusste Irreführung; Täuschung[smanöver]:* das ist ein B.; das erwies sich später als B.
bluf|fen [auch, österr. nur: ˈblœfŋ̩, ˈblafŋ̩] ⟨sw. V.; hat⟩ [zu ↑ Bluff]: *durch dreistes Auftreten o. Ä. bewusst irreführen, täuschen:* sich nicht b. lassen.
blü|hen ⟨sw. V.; hat⟩ [mhd. blüejen, blüen, ahd. bluojan, bluowen, eigtl. = schwellen, knospen, verw. mit ↑¹Ball]: **1.** *Blüten haben; eine oder mehrere Blüten hervorgebracht haben, in Blüte stehen:* die Rosen blühen; in diesem Jahr blühen die Obstbäume reich *(die Obstbäume haben viele Blüten);* überall blüht und grünt es; -de Sträucher; ⟨subst..⟩ *eine Pflanze zum Blühen bringen;* Ü *sie blüht wie eine Rose (sie sieht rosig, blühend aus);* Bald hatte er von der frisch lackierten Uferpromenade her ein blaues Licht ausgespäht, das verloren in einer der Querstraßen blühte (Muschg, Sommer 92). **2.** *gedeihen, florieren:* die Wirtschaft blüht. **3.** (ugs.) *(von etw. Negativem) widerfahren:* das kann dir auch noch b.!
blü|hend ⟨Adj.⟩: **1.** *jung u. frisch [aussehend]:* ein -es Aussehen haben; sie starb im -en *(jugendlichen) Alter* von zwanzig Jahren; sie sieht b. aus. **2.** *übertrieben wuchernd;* er hat eine -e Fantasie.
Blü|het, die; - (schweiz.): *[Zeit der] Baumblüte.*
Blüm|chen, das; -s, -: Vkl. zu ↑ Blume (1).
Blüm|chen|kaf|fee, der [viell., weil man durch den dünnen Kaffee hindurch das Blumenmuster auf dem Tassenboden erkennen kann] (ugs., bes. sächsisch scherzh.): *sehr dünner [Bohnen]kaffee.*
Blu|me, die; -, -n [mhd. bluome, ahd. bluoma, bluomo, verw. mit ↑ blühen]: **1. a)** *Pflanze, die größere, ins Auge fallende Blüten* (1) *hervorbringt:* eine dankbare B.; die -n gehen ein; -n pflanzen, umpflanzen; eine blühende Blume *(1 a) mit Stiol:* langstielige, frische -n; die blaue B. (Sinnbild der Sehnsucht in der romantischen Dichtung); die -n duften, lassen die Köpfe hängen, halten lange; -n pflücken; ein Strauß -n; jmdm. -n *(Schnittblumen)* überreichen; R vielen Dank für die -n (ironische Dankesformel als Antwort auf eine Kritik); * *etw.* **durch die B. sagen** *(jmdm. etw. nur in Andeutungen zu verstehen geben;* wohl aus der Blumensprache, in jeder Blume eine symbolische Bedeutung hatte, sodass man eine schlechte Nachricht durch das Überreichen einer schönen Blume übermitteln konnte; dann aber von der geblümten, d. h. gezierten, mit »Redeblumen« [= Floskeln] versehenen Sprache); **c)** (ugs.) Kurzf. von ↑ Blumenstock: viele -n auf der Fensterbank haben; den -n Wasser geben. **2. a)** *(von Wein) Bukett, Duft:* die des Weines; **b)** *Schaum auf dem gefüllten Bierglas:* die B. abtrinken. **3.** (Jägerspr.) *Schwanz des Hasen.*

Blu|men|ar|ran|ge|ment, das: *Arrangement* (1 b) *von Blumen.*
Blu|men|beet, das: *Beet, auf dem Blumen wachsen.*
Blu|men|bin|der, der: *jmd., der Sträuße u. Ä. zusammenstellt od. Kränze bindet; Florist* (Berufsbez.).
Blu|men|bin|de|rin, die: w. Form zu ↑ Blumenbinder.
Blu|men|draht, der: *[grüner] dünner Draht zum Zusammenbinden von Blumen.*
Blu|men|er|de, die: *Erde in einer für Blumen geeigneten Mischung.*
Blu|men|fens|ter, das: *für die Aufstellung von Blumentöpfen vorgesehenes Fenster.*
Blu|men|frau, die: *Verkäuferin von Blumen [mit einem Verkaufsstand auf der Straße].*
Blu|men|ge|schäft, das: *Geschäft, in dem Blumen verkauft werden.*
blu|men|ge|schmückt ⟨Adj.⟩: *mit Blumen geschmückt.*
Blu|men|händ|ler, der: *jmd., der mit Blumen handelt.*
Blu|men|händ|le|rin, die: w. Form zu ↑ Blumenhändler.
Blu|men|kas|ten, der: *kastenähnlicher Behälter zum Einpflanzen von [Balkon]blumen.*
Blu|men|kind, das: *Hippie:* sie hatten eine Zeit lang als -er in San Francisco gelebt.
Blu|men|kohl, der [für ital. cavolfiore, ↑ Karfiol]: **1.** *Kohl, dessen knolliger, dichter, heller Blütenstand als Gemüse gegessen wird:* B. essen. **2.** *Kopf eines Blumenkohls.*
Blu|men|kohl|rös|chen, das: *einzelner Teil des Blumenkohls, der entfernt an eine kleine Rose erinnert.*
Blu|men|kranz, der: *aus Blumen gebundener Kranz.*
Blu|men|kü|bel, der: *Kübel zum Einpflanzen von Blumen.*
Blu|men|la|den, der ⟨Pl. ...läden⟩: *Blumengeschäft.*
Blu|men|ma|le|rei, die: *Malerei mit Blumen als Hauptmotiv.*
Blu|men|mus|ter, das: *Muster mit Blumen.*
◆ **Blu|men|par|ter|re,** das: *Blumenbeet:* Von der Mitte zweier großen, noch reichlich blühenden Blumenparterre (Mörike, Mozart 228).
Blu|men|pracht, die: *[eindrucksvolle] große Menge, Fülle von Blumen.*
Blu|men|ra|bat|te, die: *Rabatte mit Blumen.*
blu|men|reich ⟨Adj.⟩: **1.** *reich an Blumen:* ein -er Garten. **2.** *reich an stilistischen Verzierungen, Floskeln:* eine -e Sprache.
Blu|men|schmuck, der: *in Blumen bestehender Schmuck.*
Blu|men|spra|che, die: *Form der Mitteilung von Gedanken u. Empfindungen durch Blumen u. deren symbolische Bedeutung.*
Blu|men|stock, der ⟨Pl. ...stöcke⟩: *[blühende] Topfpflanze.*
Blu|men|strauß, der: *Strauß aus Schnittblumen.*
◆ **blu|men|strei|fig** ⟨Adj.⟩: *mit Blumenornamenten versehen:* Blumenstreifige Gewande hat er würdig angetan (Goethe, Faust II, 9618).
Blu|men|stück, das: **a)** (Malerei) *Darstellung von Blumen als Stillleben;* ◆ **b)** *Blumenbeet:* ...da verwickelte ich mich mit den Füßen in den fatalen -en und stürzte (Eichendorff, Taugenichts 82).
Blu|men|topf, der: **a)** *Topf* (2 d) *aus Ton, Kunststoff o. Ä.;* **b)** (ugs.) *Topfpflanze:* den B. gießen; R damit kannst du keinen B. gewinnen (ugs.; *damit kannst du nichts erreichen).*
Blu|men|va|se, die: *Vase* (1).

Blu|men|wie|se, die: *Wiese, auf der viele Blumen wachsen.*
Blu|men|zwie|bel, die: *Zwiebel* (1 a).
blü|me|rant ⟨Adj.⟩ [aus frz. bleu mourant = sterbendes (= blasses) Blau, aus: bleu (↑bleu) u. mourant = sterbend, 1. Part von: mourir = sterben] (ugs.): *flau, unwohl, übel:* ein -es Gefühl; mir ist ganz b. [zumute].
blu|mig ⟨Adj.⟩: **1.** *viele Floskeln enthaltend:* sein Stil ist mir zu b. **2.** *wie Blumen duftend.* **3.** *mit Blume* (2 a); *duftig, würzig:* -e Weine; ein -es Bukett; ... ich muss die Flaschen öffnen, damit der Wein bis zu Tantes Ankunft temperiert und b. ist (Schädlich, Nähe 135).
Blun|ze, die; -, -n (österr., sonst landsch.), **Blun|zen,** die; -, - (landsch.) [H. u.]: *Blutwurst.*
Blu-Ray, Blu-ray® [ˈbluːreɪ], der od. das; -[s], -s ⟨meist ohne Artikel⟩ [engl., ↑Blu-Ray-Disc]: *bei optischen Datenträgern zur Aufzeichnung u. Wiedergabe eingesetztes Verfahren, das unter Laser mit blauem Lichtstrahl verwendet.*
Blu-Ray-Disc, Blu-ray-Disc®, **Blu-Ray-Disk, Blu-ray-Disk,** die; -, -s [engl., zu: blue ray = blauer Strahl, nach dem violetten Lichtstrahl des verwendeten Lasers]: *DVD mit hoher Speicherkapazität, deren Daten mit einem blauen Laserstrahl aufgezeichnet u. wiedergegeben werden.*
Blüs|chen, das; -s, -: Vkl. zu ↑Bluse.
Blu|se, die; -, -n [frz. blouse, eigtl = (Arbeits)kittel, H. u.]: *(bes. von Frauen) zu Rock od. Hose getragenes Kleidungsstück, das den Oberkörper bedeckt:* eine bunte, tief ausgeschnittene B.; eine B. aus Seide; eine B. zum Rock tragen; eine pralle, [satt] gefüllte B. haben/[ganz schön] etw. in/unter der B. haben (salopp: *einen üppigen Busen haben*).
blu|sen|ar|tig ⟨Adj.⟩: *in der Art einer Bluse.*
blu|sig ⟨Adj.⟩: *blusenartig.*
Blust [bluːst, auch: blʊst], der od. das; -[e]s [mhd. bluost = Blüte, zu ↑blühen] (südd., schweiz., sonst veraltet): *Blüte, das Blühen.*
Blut, das; -[e]s, (Fachspr.) -e [mhd., ahd. bluot, wohl eigtl. = Fließendes]: *dem Stoffwechsel dienende, im Körper des Menschen u. vieler Tiere zirkulierende rote Flüssigkeit:* das B. fließt aus der Wunde; jmdm. steigt das B. in den Kopf; viel B. wurde vergossen (geh.: *viele Menschen verloren im Kampf, Krieg ihr Leben*); B. spenden, übertragen; das B. stillen; B. verlieren (*stark blutend*); er kann kein B. sehen (*ihm wird übel beim Anblick von Blut*); ein B. bildendes (*die Bildung roter Blutkörperchen förderndes*) Medikament; B. saugende (*stechende und sich vom gesaugten Blut ernährende*) Insekten; B. reinigender (*eine Entschlackung des Blutes bewirkender*) Tee; sie hatte keinen Tropfen B. im Gesicht (*sie war ganz blass*); sein Hemd war voll B.; die Bande des -es (geh.: *enge verwandtschaftliche Bindungen*); Alkohol im B. haben; er lag in seinem B. (*er lag stark blutend da*); Ü das mütterliche B. (Erbe); heißes/feuriges B. (*ein leidenschaftliches Temperament*); französisches B. in den Adern haben (*seiner Abstammung nach [zum Teil] Franzose/Französin sein*); ihm kocht das B. in den Adern (geh.; *er ist voller Zorn*); den Zuschauern gefror/stockte/gerann/erstarrte das B. in den Adern (*die Zuschauer waren starr vor Schreck*); das Unternehmen braucht frisches B. (*frische Kräfte*); * **das B. Christi** (christl. Rel.; *der Wein als Bestandteil des Abendmahls*); **ein junges B.** (dichter.; *ein junger Mensch*); **an jmds. Händen klebt B.** (geh.; *jmd. ist ein Mörder*); **blaues B. in den Adern haben** (*von adliger Abkunft sein;* aus gleichbed. span. sangre azul, nach den durch die weiße Haut durchscheinenden Adern der span. Adligen, die meist aus nördlicheren Gegenden stammten); **kaltes B. bewahren** (*die Ruhe bewahren*); **böses B. schaffen/machen** (*Unzufriedenheit, feindselige Gefühle erregen*); **B. und Wasser schwitzen** (ugs.: **1.** *in großer Aufregung sein, große Angst haben.* **2.** *sich übermäßig anstrengen müssen, um etw. zu schaffen*); **B. geleckt haben** (ugs.; *nachdem man sich näher damit befasst hat, Gefallen an etw. finden u. nicht mehr darauf verzichten wollen*); **[nur] ruhig B.!** (ugs.: *nur keine Aufregung!*); **jmdn. bis aufs B. quälen/peinigen/reizen** (*jmdn. bis zum Äußersten quälen, peinigen, reizen*); **jmdm. im B. liegen/stecken** (*jmdm. als Begabung, Neigung angeboren sein*); **etw. im B. haben** (*für etw. eine angeborene Begabung haben*); **im B./in jmds. B. waten** (geh.; *ein Blutbad anrichten*); **etw. in [jmds.] B. ersticken** (geh.; *etw. blutig, mit viel Blutvergießen unterdrücken*); **nach B. lechzen, dürsten** (geh.; *rachedurstig sein*).

blut- (emotional verstärkend): drückt in Bildungen mit Adjektiven eine Verstärkung aus; *sehr:* blutjung, -nötig, -wenig.

Blut|ader, die: *Ader, die das Blut zum Herzen zurückführt, Vene.*
Blut|al|ge, die ⟨meist Pl.⟩ (Bot.): *durch entsprechende Farbstoffe rot erscheinende Grünalge.*
Blut|al|ko|hol, der: *Alkoholgehalt im Blut nach dem Genuss von Alkohol.*
Blut|an|drang, der: *vermehrte Ansammlung von Blut in Organen od. Körperteilen.*
¹**blut|arm** ⟨Adj.⟩: *zu wenig rote Blutkörperchen besitzend; anämisch:* ein -es Kind.
²**blut|arm** ⟨Adj.⟩ (ugs. emotional verstärkend): *sehr arm.*
Blut|ar|mut, die: *Mangel an roten Blutkörperchen; Anämie.*
Blut|aus|tausch, der ⟨o. Pl.⟩ (Med.): *Entnahme kranken Blutes u. gleichzeitige Transfusion gesunden Blutes von einem Spender, einer Spenderin der gleichen Blutgruppe.*
Blut|bad, das ⟨Pl. selten⟩ (emotional): *blutige Auseinandersetzung zwischen feindlichen Gruppen, bei der eine größere Anzahl von [unschuldigen od. wehrlosen] Menschen getötet wird:* ein B. anrichten.
Blut|bahn, die: *Adern des Blutkreislaufs.*
Blut|bank, die ⟨Pl. -en⟩ (Med.): *Einrichtung, die der Herstellung, Aufbewahrung u. Abgabe von Blutkonserven dient.*
Blut|bann, der (Geschichte): *Gerichtsbarkeit über Tod u. Leben (die als Lehen vergeben wurde):* ◆ Der höchste B. war allein des Kaisers (Schiller, Tell II, 2).
blut|be|fleckt ⟨Adj.⟩: *mit Blut befleckt:* -e Hände.
blut|be|schmiert ⟨Adj.⟩: *mit Blut be-, verschmiert.*
Blut|bild, das (Med.): *aus verschiedenen mikroskopischen Untersuchungen gewonnenes Gesamtbild der Beschaffenheit des Blutes.*
blut|bil|dend, Blut bil|dend ⟨Adj.⟩: *die Bildung roter Blutkörperchen fördernd:* ein -es Medikament; das Mittel wirkt b.
Blut|bla|se, die: *mit Blut gefüllte Blase* (1 b).
Blut|bu|che, die: *Rotbuche mit blutroten bis fast schwärzlichen Blättern.*
◆ **Blut|büh|ne,** die: *Schafott: ... so wurde derselbe, ... noch ehe er die B. bestiegen, als unschuldiges Opfer einer barbarischen Justiz beklagt* (E. T. A. Hoffmann, Fräulein 73).
Blut|di|a|mant, der ⟨meist Pl.⟩: *Diamant, mit dessen Verkauf bewaffnete Konflikte, Bürgerkriege o. Ä. finanziert werden.*
Blut|do|ping, das (Sport): *leistungssteigernde Injektion von körpereigenem Blut.*
Blut|do|ping|mit|tel, das: *Mittel, das für das Blutdoping verwendet wird.*
Blut|druck, der ⟨Pl. ...drücke u. -e⟩ (Med.): *Druck des Blutes auf das Gefäßsystem:* hohen, niedrigen B. haben.
Blut|druck|mes|sung, die: *Ermittlung, Messung des Blutdrucks mithilfe eines Manometers.*
blut|druck|sen|kend ⟨Adj.⟩: *den [erhöhten] Blutdruck senkend:* -e Präparate.
Blut|durst, der (geh.): *Mordlust, Mordgier.*
blut|dürs|tig ⟨Adj.⟩ (geh.): *mordgierig, blutrünstig:* eine -e Bestie.
Blü|te, die; -, -n [mhd. blüete, Pl. von mhd., ahd. bluot = Blühen, Blüte, zu ↑blühen; 4.: H. u.]: **1.** *in mannigfaltigen Formen u. meist leuchtenden Farben sich herausbildender Teil einer Pflanze, der der Hervorbringung der Frucht u. des Samens dient:* eine verwelkte B.; (Biol.:) männliche und weibliche -n; die B. entfaltet sich, schließt sich wieder, fällt ab; -n treiben; der Baum ist voller -n; -n tragen (*blühen*); * **üppige/seltsame/wunderliche -n treiben** (*reiche/seltsame/wunderliche Formen annehmen:* seine Fantasie treibt wunderliche -n). **2.** ⟨o. Pl.⟩ *das Blühen:* die B. der Obstbäume beginnt, ist vorüber; die Bäume stehen dort in B., stehen in [voller] B.; sich zu voller B. entfalten; Ü er starb in der B. seiner Jahre (geh.; *in jungen Jahren*). **3.** ⟨o. Pl.⟩ (geh.) *hoher Entwicklungsstand:* eine Zeit der wirtschaftlichen B.; die Kunst erreichte damals eine hohe B.; sich zu ungeahnter B. entwickeln. **4.** (ugs.) *gefälschte Banknote:* -n drucken, in Umlauf bringen. **5.** (ugs.) *kleine entzündete Stelle auf der Gesichtshaut; Pickel:* ein Gesicht voller -n. **6.** (ugs. abwertend) *jmd., der nicht sehr fähig ist, dessen Arbeit nicht viel taugt:* ... wenn du dich nicht kümmerst, wird noch den Minister erfahren, welche B. hier auf seiner Dienststelle sitzt (Zwerenz, Kopf 42).
Blut|egel, der; -s, -: *im Wasser lebender Ringelwurm mit zwei Saugnäpfen, der Blut aus Blutgefäßen menschlicher od. tierischer Körper heraussaugt.*
blu|ten ⟨sw. V.; hat⟩ [mhd. bluoten, ahd. bluotēn]: **1.** *Blut verlieren:* stark, fürchterlich b. wie ein Schwein (salopp); er verlor äußerst viel Blut); die Wunde blutete (*es trat Blut daraus hervor*); aus dem Mund b.; eine stark blutende Wunde; Ü der Baum blutet (*aus einer verletzten Stelle tritt Harz o. Ä. aus*). **2.** (ugs.) (*für etw., in einer bestimmten Lage) viel Geld aufbringen müssen:* er hat b. müssen.
Blü|ten|blatt, das: *Blatt* (1) *einer Blüte* (1).
Blü|ten|bo|den, der: vgl. Blütenblatt.
Blü|ten|dol|de, die: *Dolde.*
Blü|ten|ho|nig, der: *von Bienen aus zuckerhaltigen Absonderungen der Blüten zusammengetragener Honig.*
Blü|ten|hül|le, die ⟨o. Pl.⟩ (Bot.): *äußere Blätter einer Blüte, die Staubgefäße und Stempel umschließen.*
Blü|ten|kelch, der (Bot.): *aus grünen, oft miteinander verwachsenen Blättern bestehender äußerer Kreis der Blüte.*
Blü|ten|knos|pe, die: *Knospe, aus der sich eine Blüte entwickelt.*
Blü|ten|köpf|chen, das: *kleiner Kopf* (5 a) *einer Blüte.*
Blü|ten|le|se, die [LÜ von griech. anthología, ↑Anthologie]: *Sammlung von Aussprüchen [berühmter Persönlichkeiten].*
blü|ten|los ⟨Adj.⟩: *ohne Blüte[n]* (1).
Blü|ten|öl, das: *ätherisches Öl, Duftstoff von Blüten.*
Blü|ten|pflan|ze, die (Bot.): *Pflanze, die zur Vermehrung Blüten ausbildet.*
Blü|ten|pracht, die: *[eindrucksvolle] große Menge, Fülle von Blüten.*
blü|ten|rein ⟨Adj.⟩: meist in der Wendung **eine -e Weste haben** (ugs.; *eine reine Weste haben*).
Blü|ten|stand, der (Bot.): *(bei Pflanzen mit meh-*

reren Blüten) der blattlose, verzweigte, Blüten tragende Teil der Pflanze.

Blü|ten|staub, der ⟨Bot.⟩: *aus den Staubbeuteln von Blütenpflanzen stammende, als männliche Geschlechtszellen der Befruchtung dienende mikroskopisch kleine Teilchen; Pollen.*

Blut|ent|nah|me, die: *das Entnehmen von Blut für medizinische Untersuchungen.*

Blü|ten|trau|be, die ⟨Bot.⟩: *aus Blüten bestehendes traubenförmiges Gehänge.*

Blü|ten|traum, der: meist in der Wendung **nicht alle Blütenträume reifen** (geh.; *nicht alles, was man erstrebt, lässt sich verwirklichen;* nach einer Verszeile in Goethes Gedicht »Prometheus«).

blü|ten|weiß ⟨Adj.⟩: *(von Wäsche o. Ä.) strahlend weiß:* ein -es Taschentuch.

Blu|ter, der; -s, - ⟨M.⟩: *jmd., der an der Bluterkrankheit leidet.*

Blut|er|guss, der: *Ansammlung von Blut außerhalb der Blutbahn in den Weichteilen; Hämatom.*

Blu|te|rin, die: w. Form zu ↑Bluter.

Blu|ter|krank|heit, die ⟨o. Pl.⟩ ⟨Med.⟩: *Krankheit, die durch das Fehlen der Gerinnungsfähigkeit des Blutes charakterisiert ist.*

Blü|te|zeit, die: *Zeit des Blühens, der Blüte:* Ü die B. des antiken Athen.

Blut|farb|stoff, der ⟨Med.⟩: *Farbstoff der roten Blutkörperchen, der dem Transport, der Bindung u. der Abgabe des Sauerstoffs dient.*

Blut|fa|ser|stoff, der ⟨Med.⟩: *Fibrin.*

Blut|fett, das ⟨meist Pl.⟩ ⟨Med.⟩: *im Blut enthaltene Cholesterine u. Lipide* (a).

Blut|fleck, Blut|fle|cken, der: *durch Blut hervorgerufener Fleck.*

Blut|fluss, der: *das In-Bewegung-Sein, Fließen des Blutes.*

Blut|flüs|sig|keit, die: *Blutplasma.*

Blut|ge|fäß, das ⟨Med.⟩: *Gefäß* (2 a), *in dem das Blut vom Herzen zu den Geweben bzw. von diesen zum Herzen strömt; Ader.*

Blut|ge|rinn|sel, das: *geronnenes Blut innerhalb eines Blutgefäßes.*

Blut|ge|rin|nung, die ⟨Med.⟩: *Erstarrung des Blutes innerhalb eines Blutgefäßes.*

blut|ge|tränkt ⟨Adj.⟩: *voller Blut, mit Blut getränkt:* ein -es Hemd; Ü die Erde ist hier b.

Blut|grät|sche, die (Fußballjargon): *rücksichtsloses, die Verletzung des Gegenspielers bewusst in Kauf nehmendes (von hinten ausgeführtes) Tackling.*

Blut|grup|pe, die ⟨Med.⟩: *einer der vier, durch zeitlebens unveränderliche u. erbliche Merkmale des Blutes charakterisierten Grundtypen des Blutes:* die B. A haben; jmds. B. bestimmen; * **[nicht] jmds. B. sein** (salopp; ↑Kragenweite).

Blut|grup|pen|un|ter|su|chung, die: *Feststellung der Blutgruppe z. B. als Beweismittel für die Abstammung eines Kindes.*

Blut|hoch|druck, der ⟨o. Pl.⟩ ⟨Med.⟩: *durch erhöhten arteriellen Blutdruck gekennzeichnete Krankheit des Kreislaufsystems.*

Blut|hund, der: *Hund einer englischen Hunderasse mit ausgeprägtem Spürsinn:* Ü (emotional abwertend:) der Star fühlte sich von den -en der Boulevardpresse verfolgt.

blu|tig ⟨Adj.⟩ [mhd. bluotec, ahd. bluotag]: **1. a)** *mit Blut bedeckt, blutbefleckt:* -e Hände; etw. ist b.; Ü die Sonne stand tief, die Erde warfen überlange Schatten, das Wasser schimmerte b., dunkles Feuer zuckte über den Himmel (Kehlmann, Ruhm 128); **b)** *mit Blutvergießen verbunden:* ein e Schlacht; -e Rache nehmen. **2.** ⟨intensivierend:⟩ das ist -er *(bitterer)* Ernst; er ist ein -er *(völliger, absoluter)* Laie; -e Tränen weinen *(sehr, heftig weinen).*

blut|jung ⟨Adj.⟩ (emotional): *außerordentlich, fast noch kindhaft jung:* ein -er Mensch.

Blut|kon|ser|ve, die ⟨Med.⟩: *für Bluttransfusionen verwendetes (als Konserve gelagertes) Blut.*

Blut|kör|per|chen, das: *mikroskopisch kleiner Bestandteil des Blutes:* rote B.

Blut|krebs, der: *Leukämie.*

Blut|kreis|lauf, der ⟨Med.⟩: *[durch das Herz angetriebener] Umlauf des Blutes im menschlichen bzw. tierischen Körper.*

Blut|ku|chen, der ⟨Med.⟩: *bei der Blutgerinnung entstehende gallertartige Masse aus Blutkörperchen, Blutplättchen u. Fibrin.*

Blut|la|che, die: ²*Lache von Blut:* die Leiche lag in einer B.

Blut|laus, die: *weitverbreitete Blattlaus mit rotbrauner Körperflüssigkeit (Obstbaumschädling).*

blut|leer ⟨Adj.⟩: *ohne Blut[zufuhr]:* ihr Gesicht war b. *(sehr blass, bleich);* Ü ein -er *(unlebendig wirkender)* Roman.

Blut|lee|re, die: *verminderte Blutzufuhr:* eine B. im Gehirn haben.

Blut|li|nie, die: *Linie* (7), *Reihenfolge von Blutsverwandten.*

Blut|man|gel, der: *Mangel an Blut (z. B. nach schweren Verletzungen).*

blut|mä|ßig ⟨Adv.⟩: ↑blutsmäßig.

Blut|men|ge, die: *Menge an Blut.*

Blut|op|fer, das (geh.): **a)** *Opferung eines od. mehrerer Menschen in einem Kampf o. Ä.;* **b)** *bei einem Kampf o. Ä. Geopferter.*

Blut|oran|ge, die: *Orange mit mehr od. weniger rotem Fruchtfleisch u. rötlicher Schale.*

Blut|plas|ma, das ⟨Med.⟩: *flüssiger Bestandteil des Blutes, der dem Transport der Blutzellen dient; Blutflüssigkeit.*

Blut|plätt|chen, das ⟨Med.⟩: *farbloses, dünnes Scheibchen als Bestandteil des Blutes, der für Blutgerinnung u. -stillung wichtig ist.*

Blut|pro|be, die ⟨Med.⟩: **a)** *Entnahme von Blut für eine Untersuchung [hinsichtlich des Alkoholgehalts]:* eine B. bei jmdm. machen; eine B. entnehmen; **b)** *Blutuntersuchung hinsichtlich des Alkoholgehalts:* die B. ergab Trunkenheit.

Blut|ra|che, die: *Form der Selbstjustiz, bei der ein getöteter Sippenangehöriger an dem Mörder od. einem Mitglied von dessen Sippe gerächt wird.*

Blut|rausch, der: *blindwütiger Drang zu töten.*

blut|rei|ni|gend, Blut rei|ni|gend ⟨Adj.⟩: *eine Entschlackung des Blutes bewirkend:* -er Tee.

blut|rot ⟨Adj.⟩: *intensiv rot.*

blut|rüns|tig ⟨Adj.⟩ [mhd. bluotruns(ic) = blutig wund, zu: bluotruns(t) = blutende Wunde, eigtl. = Rinnen des Blutes]: **a)** *blutdürstig:* ein -er Tyrann; **b)** *von Mord und Grausamkeit handelnd:* -e Geschichten; ♦ **c)** *so geschlagen, verletzt, dass Blut rinnt:* ...sah man die junge Frau schreiend und b. durchs Dorf zu den Ihrigen rennen (Droste-Hülshoff, Judenbuche 7); ...ein Schlag, ..., als hätt' ein Großknecht wütend ihn getroffen (Kleist, Krug 1).

blut|sau|gend, Blut sau|gend ⟨Adj.⟩: *(bes. von Insekten) beißend u. sich von Blut ernährend:* -e Insekten.

Blut|sau|ger, der: **1.** (Zool.) *beißendes Insekt, das sich vom Blut der Warmblüter ernährt.* **2.** Vampir (1). **3.** (abwertend) *skrupelloser Ausbeuter.*

Blut|sau|ge|rin, die: w. Form zu ↑Blutsauger.

Bluts|bru|der, der: *jmd., mit dem man Blutsbrüderschaft geschlossen hat.*

Bluts|brü|der|schaft, die: *durch Vermischung von Blutstropfen der Partner besiegelte [Männer]freundschaft.*

Blut|schan|de, die: **a)** (veraltet) *Geschlechtsverkehr zwischen engsten Blutsverwandten; Inzest;* **b)** (nationalsoz.) *(in der rassistischen Ideologie des Nationalsozialismus) sexuelle Beziehungen zwischen sog. Ariern* (2) *u. Juden.*

blut|schän|de|risch ⟨Adj.⟩: *die Blutschande betreffend:* ein -es Verhältnis.

Blut|sen|kung, die ⟨Med.⟩: **a)** *Entnahme von Blut für eine Blutsenkung* (b); **b)** *Messung der Geschwindigkeit, mit der die roten Blutkörperchen in ungerinnbar gemachtem Blut herabsinken.*

Blut|se|rum, das ⟨Med.⟩: *klare Flüssigkeit, die sich bei Gerinnung vom Blutkuchen absetzt; Blutwasser.*

bluts|mä|ßig ⟨Adj.⟩: *durch die Blutsverwandtschaft bedingt:* eine -e Verbundenheit.

Blut|spen|de, die: *von einem gesunden Menschen gespendetes Blut zur Blutübertragung.*

Blut|spen|de|dienst, der: *Einrichtung zur Gewinnung, Aufbewahrung u. Abgabe von Blut- u. Plasmakonserven.*

Blut|spen|der, der: *jmd., der eigenes Blut für Bluttransfusionen spendet.*

Blut|spen|de|rin, die: w. Form zu ↑Blutspender.

Blut|spur, die: *Spur von Blut, die irgendwo zu sehen ist.*

Bluts|schwes|ter, die: vgl. Blutsbruder.

Blut|stau|ung, die: *Stauung des Blutes in einem Organ od. einer Gliedmaße o. Ä.*

blut|stil|lend, Blut stil|lend ⟨Adj.⟩: *Blutungen zum Stillstand bringend:* -e Mittel.

Blut|stil|lung, die: *das Stillen einer Blutung.*

Blut|strom, der: *das Fließen des Blutes im Blutkreislauf.*

Bluts|trop|fen, der: *einzelner, aus dem Körper ausgetretener Tropfen Blut.*

Blut|sturz, der ⟨Plural ...stürze⟩: **a)** *starke, plötzlich auftretende Blutung aus Mund, Nase, After oder Scheide;* **b)** (volkstüml.) *starke Blutung aus Mund u. Nase.*

bluts|ver|wandt ⟨Adj.⟩: *durch gleiche Abstammung verwandt.*

Bluts|ver|wand|te, die (vgl. Verwandte): *weibliche Person, die mit jmdm. anderen direkt verwandt ist.*

Bluts|ver|wand|ter ⟨vgl. Verwandter⟩: *jmd., der mit jmdm. anderen direkt verwandt ist.*

Bluts|ver|wandt|schaft, die: *das Blutsverwandtsein.*

Blut|tat, die (geh.): *Mord.*

Blut|test, der: *Blutuntersuchung:* bei Verdacht auf Drüsenfieber sollte auf jeden Fall ein B. gemacht werden.

Blut|trans|fu|si|on, die ⟨Med.⟩: *Übertragung von Blut eines Spenders, einer Spenderin auf eine Person, die [bei einem Unfall o. Ä.] viel Blut verloren hat.*

blut|trie|fend ⟨Adj.⟩: *von Blut triefend.*

blut|über|strömt ⟨Adj.⟩: *von Blut überströmt.*

Blut|über|tra|gung, die: *Bluttransfusion.*

Blut-und-Bo|den-Dich|tung, die ⟨o. Pl.⟩ (abwertend): *vom Nationalsozialismus geförderte Literaturrichtung, in der dessen kulturpolitische Idee einer führenden »artreinen Rasse« mehr od. weniger offen zutage trat.*

Blu|tung, die; -, -en ⟨M.⟩: **a)** *Austreten von Blut aus einem Blutgefäß infolge krankhafter Veränderungen dieses Gefäßes od. einer Verletzung:* innere, äußere -en; eine B. zum Stehen bringen; **b)** *Regelblutung, Menstruation:* eine unregelmäßige B.

blut|un|ter|lau|fen ⟨Adj.⟩: *durch Austreten von Blut ins Gewebe bläulich violett verfärbt:* -e Augen.

Blut|un|ter|su|chung, die ⟨Med.⟩: *Untersuchung von entnommenem Blut auf die Zusammensetzung hin.*

♦ **Blut|ur|teil**, das: *Todesurteil:* ... wo er steh'nden Fußes vier -e unterschrieb (Schiller, Don Carlos I, 2).

Blutvergießen – Bockshorn

Blut|ver|gie|ßen, das; -s (geh.): *das Töten, zu dem es bei einer feindlichen Auseinandersetzung kommt.*

Blut|ver|gif|tung, die: *von einer bestimmten Stelle im Körper ausgehende Verbreitung von Bakterien auf dem Weg über die Blutgefäße; Sepsis:* sie ist an einer B. gestorben.

blut|ver|krus|tet ⟨Adj.⟩: *mit Blut verkrustet:* -es Haar.

Blut|ver|lust, der: *Verlust von Blut aus einer Wunde o. Ä.*

blut|ver|schmiert ⟨Adj.⟩: *mit Blut verschmiert:* die Kleider des Toten waren b.

blut|voll ⟨Adj.⟩: *lebendig, kraftvoll.*

Blut|wal|lung, die: *mit einem Gefühl von Hitze (2) verbundener Blutandrang im Kopf.*

Blut|wä|sche, die (Med.): *Reinigung des einem Patienten, einer Patientin entnommenen Blutes von krankhaften Bestandteilen.*

Blut|was|ser, das ⟨o. Pl.⟩: *Blutserum.*

Blut|wert, der (Med.): *im Rahmen einer Blutuntersuchung ermittelter Messwert, der Aufschluss über die Konzentration bestimmter Stoffe im Blut gibt.*

Blut|wurst, die: *Wurst aus Schweinefleisch, Speckstückchen u. dem Blut des Schlachttieres.*

◆ **Blut|wur|zel,** die [nach der blutstillenden Wirkung]: *Tormentill:* Ruft der Mutter, sie soll B. bringen und Pflaster (Goethe, Götz V).

Blut|zel|le, die (Med.): *Blutkörperchen.*

Blut|zir|ku|la|ti|on, die (Med.): *Blutkreislauf.*

Blut|zoll, der ⟨o. Pl.⟩ [urspr. im 19.Jh. polit. Schlagwort im Sinne von »(ungerechtfertigte) Steuer an Lebensnotwendigem«] (geh.): *Anzahl von Menschen, die im Zusammenhang mit etw. ihr Leben verlieren.*

Blut|zu|cker, der (Med.): *im Blutserum vorhandener Traubenzucker.*

Blut|zu|cker|spie|gel, der (Med.): *Höhe der Konzentration des Blutzuckers.*

Blut|zu|cker|wert, der (Med.): *Messwert, der die Konzentration des Blutzuckers im Blut angibt.*

Blut|zu|fuhr, die: *die Zufuhr von Blut zu einem Organ od. zu einer bestimmten Stelle des Körpers:* die B. drosseln.

BLZ, die; -, -s = Bankleitzahl.

BMI [beːɛmˈʔiː], der; -: Body-Mass-Index.

b-Moll [ˈbeːmɔl, auch: ˈbeːˈmɔl], das (Musik) *auf dem Grundton b beruhende Molltonart (Zeichen: b).*

b-Moll-Ton|lei|ter, die: *auf dem Grundton b beruhende Molltonleiter.*

B-Mo|vie [ˈbiːmuːvi], das; -[s], -s: *mit geringem finanziellem Aufwand produzierter zweitklassiger Film.*

BMX-Rad, das [Abk. für engl. bicycle **m**otocross; X steht für engl. cross-, vgl. Cross, Cross-Country]: *kleines, besonders geländegängiges Fahrrad.*

BND, der; -s = Bundesnachrichtendienst.

Bö, die; -, -en [niederd. bui, buy, böi < niederl. bui, H.u.]: *plötzlicher, heftiger Windstoß.*

Boa, die; -, -s [lat. boa = Wasserschlange, H. u.]: **1.** *ungiftige, bes. in Süd- u. Mittelamerika vorkommende Riesenschlange.* **2.** *aus Straußenfedern bzw. aus Pelz o. Ä. bestehender langer, schmaler Schal [der um den Hals geschlungen getragen wird].*

boah, boa [boːɐ̯, boːɐ̯] ⟨Interj.⟩ [lautm.] (ugs.): *Ausruf des Staunens:* b. [ey], war das ein knapper Sieg!

Board [boːɐ̯t, bɔrt, bɔːd], das, auch: der; -s, -s [engl. board = Brett, verw. mit ↑ Bord]: **1.** ⟨nur das⟩ Kurzf. von ↑ Snowboard, ↑ Skateboard, ↑ Surfboard. **2.** [engl. board, eigtl. = Tafel(runde)] (Wirtsch.): *für die Leitung u. Kontrolle eines [internationalen] Unternehmens zuständiges Gremium.*

boar|den [ˈboːɐ̯dn̩, ˈbɔr..., ˈbɔːdn̩] ⟨sw. V.; hat/ist⟩ [engl. to board = an Bord eines Schiffes, Flugzeugs gehen; Snowboard fahren]: **1. a)** Kurzf. von ↑ snowboarden; **b)** *skateboarden.* **2.** (Flugw.) *an Bord eines Flugzeugs gehen.*

Boar|der [ˈboːɐ̯dɐ, ˈbɔrdɐ, ˈbɔːdɐ], der; -s, -: Kurzf. von ↑ Snowboarder.

Boar|de|rin, die; -, -nen: w. Form zu ↑ Boarder.

Boar|ding [ˈboːɐ̯dɪŋ, ˈbɔr...], das; -s, -s (Flugw.): *das Boarden (2).*

Boar|ding-House, Boar|ding|house [ˈboːɐ̯dɪŋhaʊs], das; -, -s [engl. boarding house, aus: boarding = Verpflegung (zu: to board = verpflegen, beköstigen, zu: board = Verpflegung, [gedeckter] Tisch; Brett, ↑ Board) u. house = Haus]: engl. Bez. für: Pension, Gasthaus.

Boar|ding-School, Boar|ding|school [...skuːl], die; -, -s [engl. boarding school, aus: boarding = Verpflegung u. school = Schule]: *englische Internatsschule mit familienartigen Hausgemeinschaften.*

Boat|peo|ple, Boat-Peo|ple [ˈboʊtpiːpl̩] ⟨Pl.⟩ [engl. boat people, aus: boat = Boot u. people = Menschen]: *mit Booten geflohene [vietnamesische] Flüchtlinge; Bootsflüchtlinge.*

Bob, der; -s, -s [Kurzf. von ↑ Bobsleigh]: *Sportschlitten für zwei bis vier Personen mit getrennten Kufenpaaren für Steuerung u. Bremsen.*

Bob|bahn, die: *für Rennen mit dem Bob angelegte Bahn.*

Bob|by [ˈbɔbi], der; -s, -s [engl. bobby, nach Sir Robert (Bobby) Peel (1788 bis 1850), dem Reorganisator der engl. Polizei]: volkstüml. engl. Bez. für: Polizist.

Bob|by|car® [ˈbɔbikaːɐ̯], das, auch: der; -s, -s [anglisierende Bildung zu engl. to bob = auf u. ab wippen (auch: Bob fahren) u. car = Fahrzeug]: *vierrädriges kleines Fahrzeug ohne Pedale, auf dem sich kleine Kinder durch Abstoßen mit den Füßen fortbewegen können; Rutschauto.*

¹**Bo|ber,** der; -s, - [zu: niederd. boven, boben = oben] (Wasserbau, Seew.): *auf dem Wasser schwimmende Tonne o. Ä., bes. zur Kennzeichnung von Untiefen od. Hindernissen in der Fahrrinne.*

²**Bo|ber,** der; -s: Nebenfluss der Oder.

Bob|fah|rer, der: *Sportler, der auf einem Bob fährt.*

Bob|fah|re|rin, die: w. Form zu ↑ Bobfahrer.

Bo|bo, der; -s, -s [span. bobo, eigtl. = dumm, albern < lat. balbus = stotternd]: *Spaßmacher, Narr (2) im spanischen Theater.*

Bob|pi|lot, der: *Bobfahrer.*

Bob|pi|lo|tin, die: w. Form zu ↑ Bobpilot.

Bob|ren|nen, das: *mit dem Bob ausgeführtes Rennen.*

Bob|sleigh [ˈbɔbsleɪ], der; -s, -s [engl. bobsleigh, zu: to bob = ruckartig bewegen u. sleigh = Schlitten]: *Bob.*

Bob|sport, der: *mit dem Bob betriebener Sport.*

Bob|tail [ˈbɔbteɪl], der; -s, -s [engl. bobtail ⟨dog⟩, zu: bobtail = mit gestutztem Schwanz]: *mittelgroßer, grauer Hütehund mit langen Zotten.*

Boc|cia [ˈbɔtʃa], das od. die; -, -s [ital. boccia, eigtl. = runder Körper, aus dem Vlat.]: *italienisches Kugelspiel.*

Boche [bɔʃ], der; -, -s [frz. boche, gek. aus: alboche, (unter Einfluss von: caboche = Kopf, Schädel) zu: allemand = deutsch, Deutscher]: frz. ugs. abwertende Bez. für Deutscher.

¹**Bock,** der; -[e]s, Böcke [mhd., ahd. boc, urspr. = Ziegenbock]: **1.** *männliches Tier (verschiedener Säugetiere)* (Jägerspr.); *großer Rehbock*); er ist stur wie ein B. (ugs.; *sehr stur*); der Mann stank wie ein B. (hatte einen durchdringenden Geruch an sich); **R** jetzt ist der B. fett (ugs.; *jetzt reicht es aber*); *** jmdn. stößt der B. (fam.: 1. *ein Kind weint trotzig [um etw. durchzusetzen]*. jmd. ist störrisch); B./keinen B. [auf etw.] haben (bes. Jugendspr.; *Lust/keine Lust zu, auf etw. haben*); **einen B. haben** (fam.; *trotzig sein*); **einen B. schießen** (ugs.; *einen Fehler machen;* nach der früheren Sitte der Schützengilden, dem schlechtesten Schützen als Trostpreis einen Bock zu überreichen); **den B. zum Gärtner machen** (ugs.; *jmdm. im guten Glauben eine Aufgabe übertragen, für die er aufgrund seiner Veranlagung od. seiner Voraussetzungen ganz ungeeignet ist u. der er dadurch eher schadet*); **die Böcke von den Schafen trennen** (*die Schlechten u. die Guten voneinander trennen;* nach einem sehr alten Schäferbrauch; daher das Gleichnis Matth. 25, 32); **etw. aus B. tun** (salopp; *etw. ohne eigentlichen Anlass, sondern nur, weil es einem gerade Spaß macht, tun*). **2.** (abwertend) *Mann:* ein sturer B. **3. a)** *Gestell, auf dem etw. aufgebockt wird:* das Auto auf einen B. schieben; **b)** *Gestell zur Ablage von Büchern, Kleidern o. Ä.;* **c)** *in der Höhe verstellbares Turngerät für Sprungübungen:* Übungen am B.; [über den] B. springen. **4.** (schweiz.) *Sitz des Präsidenten eines Parlaments.* **5.** (Zool.) *Bockkäfer.*

²**Bock,** das, auch: der; -s, -: Kurzf. von ↑ Bockbier: Herr Ober, bitte zwei B.!

bock|bei|nig ⟨Adj.⟩ (ugs.): *trotzig, störrisch, widerspenstig:* ein -es Kind; Außerdem scheint sie zu den nicht gerade häufigen Menschen zu gehören, die körperliche Bedrohung nur noch -er macht (Fallada, Jeder 292).

Bock|bier, das; -[e]s, -e [von älterem bayr. Aimbock, Oambock, mundartl. Umgestaltung von ain-, einbeckisch Bier, nach der für ihr Hopfenbier berühmten Stadt Einbeck in Niedersachsen]: *Starkbier mit hohem Gehalt an Stammwürze.*

Böck|chen, das; -s, -: Vkl. zu ↑ ¹Bock.

bo|cken ⟨sw. V.; hat⟩ [mhd. bocken = stoßen wie ein Bock]: **1.** *(von Reit- u. Zugtieren) nicht weitergehen, störrisch stehen bleiben:* der Esel bockt; Ü (ugs.) Auto bockt (ugs.; *läuft/fährt nicht mehr (richtig)*). **2.** (ugs.) *[gekränkt und] trotzig, störrisch, widerspenstig sein:* der Junge bockte. **3.** (Landwirtsch.) *(von Schafen, Ziegen) brünstig sein.* **4.** (derb) *koitieren.* **5.** (bes. Jugendspr.) *reizen, Lust auf etw. machen:* ihn bocken Autos.

bo|ckig ⟨Adj.⟩: *aufsässig, trotzig, widerspenstig:* sie ist ein -es Kind; sei nicht so b.!

Bock|kä|fer, der [die langen zurückgebogenen Fühler werden mit dem Geweih eines ¹Bocks (1) verglichen]: *Käfer, dessen Larven sich im Holz oder in Wurzeln entwickeln.*

Bock|lei|ter, die: *frei aufstellbare Leiter mit zwei Schenkeln.*

Bock|mist, der (salopp): *Unsinn.*

Bocks|bart, der: **1.** *Bart eines Ziegenbocks.* **2.** (Bot.) *(zu den Korbblütlern gehörende) Pflanze mit schmalen, hellgrünen Blättern u. großen, gelben, strahlenförmigen Blüten.*

Bocks|beu|tel, der [nach der Ähnlichkeit mit dem Hodensack eines Bocks]: **a)** *bauchige Flasche bes. für Frankenweine;* **b)** ⟨o. Pl.⟩ *Frankenwein in Bocksbeuteln (a).*

◆ **Bocks|beu|te|lei,** die; -, -en [zu landsch. Bocksbeutel = Schlendrian]: *borniertes Festhalten am Althergebrachten:* ... sich ... vor Pedanterei und B. zu hüten (Goethe, Wanderjahre III, 12).

Bocks|horn, das; -[e]s, ...hörner: **1.** *Horn des Ziegenbocks.* **2.** *** sich [nicht] ins B. jagen lassen (ugs.; *sich [keine] Angst machen lassen, sich durch Täuschung o. Ä. [nicht] erschrecken u. verwirren lassen;* H. u.; viell. nach dem alten Haberfeldtreiben, bei dem die Gerügte in ein

Bocksfell gezwängt wurde; -horn umgedeutet aus mhd. hame = Hülle).
Bock|sprin|gen, das; -s (Turnen): *das Springen über einen ↑Bock (3 c).*
Bock|sprung, der: **1.** (Turnen) *Sprung über den ↑Bock (3 c) od. einen in gebeugter Stellung stehenden Menschen.* **2.** *ein ungelenker, steifer, komisch wirkender Sprung.*
bock|steif ⟨Adj.⟩ (ugs.): *sehr steif.*
Bock|wurst, die [urspr. zum ↑Bockbier gegessen]: *Wurst aus einem Gemisch von magerem Fleisch, die vor dem Verzehr kurz in Wasser warm gemacht wird.*
Bod|den, der; -s, - [aus dem Niederd., eigtl. = Grund eines (flachen) Gewässers; verw. mit ↑Fundus]: *flache, unregelmäßig geformte Bucht mit einer schmalen Öffnung zum Meer.*
Bod|den|küs|te, die (Geogr.): *Küste mit Bodden.*
Bol|de|ga, die; -, -s [span. bodega < lat. apotheca, ↑Apotheke]: **a)** span. Bez. für: *Weinkeller;* **b)** span. Bez. für: *Weinlokal.*
Bo|den, der; -s, Böden [mhd. bodem, ahd. bodam, verw. mit lat. fundus, ↑Fundus]: **1.** *Erdreich, Erde* (1 a): *sandiger, lehmiger, schwerer, ertragreicher, lockerer, ausgelaugter B.; der B. ist aufgewühlt, hart gefroren; den B. (den Acker, das Land)* bestellen, bearbeiten; wieder B. *(festes Land)* unter den Füßen haben; er hat 50 Morgen fruchtbaren B. *([Acker]land);* vor Scham wäre er am liebsten in den/im B. versunken *(er schämte sich über die Maßen);* Ü den B. für jmdn., etw. vorbereiten *(günstige Bedingungen schaffen);* günstigen, guten B. *(günstige, gute Voraussetzungen)* für etw. finden; * **auf fruchtbaren B. fallen** *(bereitwillig aufgenommen u. befolgt werden;* nach dem Gleichnis vom Sämann, Matth. 13, 8 u. Mark. 4, 8); *etw.* **aus dem B. stampfen [können]** *(etw. aus dem Nichts hervorbringen [können]);* **wie aus dem B. gestampft, gewachsen** *(plötzlich, überraschend [schnell], wie durch Zauberei vorhanden).* **2.** *Grundfläche im Freien od. in einem Innenraum:* ein festgetretener, betonierter B.; der B. gab nach, sodass sie zu fallen drohte; der B. schwankte, bebte unter ihren Füßen; der B. *(Fußboden)* ist sauber; erschöpft am B. liegen; die Flugzeuge wurden am B. *(auf der Erde, nicht in der Luft)* zerstört; sich auf den B. legen; etw. vom B. aufheben; in ihrer Wohnung könnte man vom B. essen *(es ist dort sehr sauber);* zu B. gehen (bes. Boxen; *niederstürzen);* jmdn. mit einem Schlag zu B. strecken (geh.; *niederschlagen);* die Augen zu B. schlagen (geh.; *niederschlagen);* Ü die Schuld drückt ihn zu B. *(belastet ihn schwer);* * **jmdm. wird der B. [unter den Füßen] zu heiß/jmdm. brennt der B. unter den Füßen** (ugs.; *jmdm. wird es an seinem Aufenthaltsort zu gefährlich);* **festen B. unter den Füßen haben** *(eine sichere wirtschaftliche Grundlage haben);* **jmdm. den B. unter den Füßen wegziehen** *(jmdm. seiner [Existenz]grundlage berauben);* **einer Sache den B. entziehen** *(einer Sache die Grundlage nehmen: mit seinen Erklärungen entzog er den Verleumdungen den B.);* **den B. unter den Füßen verlieren** *(die [Existenz]grundlage verlieren; haltlos werden);* **am B. zerstört [sein]** (ugs.: 1. *völlig erschöpft [sein].* 2. *fassungslos, bestürzt [sein]).* **3.** ⟨o. Pl.⟩ *Grundlage:* den B. der Tatsachen verlassen; auf dem B. der Verfassung stehen; sich auf den B. der Wirklichkeit stellen. **4.** ⟨o. Pl.⟩ *Gebiet* (1): heiliger B.; den B. seiner Heimat betreten; * **B. gutmachen, wettmachen** (ugs.; *[jmdm. gegenüber] aufholen, Fortschritte machen);* **[an] B. gewinnen** *(sich ausbreiten, zunehmen);* **[an] B. verlieren** *(Macht, Einfluss verlieren).* **5.** *unterste Fläche von etw.:* der B. des Meeres *(Meeresgrund);* Ü eine Moral mit dop-

peltem B. *(mit ganz verschiedenen Grundsätzen für andere u. für sich selbst od. in Bezug auf verschiedene Personen[gruppen]).* **6.** Kurzf. von ↑Tortenboden: einen B. mit Erdbeeren belegen. **7.** (bes. ostmd., nordd.) Kurzf. von ↑Dachboden: den B. entrümpeln.
Bo|den|ana|ly|se, die: *Untersuchung des Bodens* (1).
Bo|den|be|ar|bei|tung, die: *Bearbeitung, Bewirtschaftung des Bodens* (1); *Ackerbau.*
Bo|den|bel|lag, der: Kurzf. von ↑Fußbodenbelag.
Bo|den|be|schaf|fen|heit, die: **a)** *Beschaffenheit des Bodens* (1): die B. lässt keinen Anbau von Getreide zu; **b)** *Beschaffenheit des Bodens* (2): die schlechte B. des Fußballplatzes.
Bo|den|bio|lo|gie, die: *Wissenschaft u. Lehre von den im Boden lebenden Organismen u. ihrem Einfluss auf den Boden* (1).
Bo|den-Bo|den-Ra|ke|te, die (Militär): *vom Boden abgeschossene Rakete, die gegen Ziele am Boden eingesetzt wird.*
Bo|den|de|cker, der; -s, - (Gartenbau): *anstelle von Rasen angepflanzte, sich flächig ausbreitende [immergrüne] Kriechpflanze.*
Bo|den|denk|mal, das (Fachspr.): *im Boden zu findender sichtbarer Überrest einstiger menschlicher Tätigkeit als Kulturdenkmal (z. B. Ackerfurchen, Reste von Asche).*
Bo|den|ero|si|on, die (Geol.): *Erosion* (1) *der Erdoberfläche.*
Bo|den|er|trag, der: *Ernteergebnis, landwirtschaftliche Produktion einer Nutzfläche.*
Bo|den|feuch|tig|keit, die: *Feuchtigkeit im Boden* (1).
Bo|den|flä|che, die: **1.** *Ackerfläche; Land* (2): Besitz von vielen Hektar B. **2.** *Boden* (2) *im Hinblick auf seine flächenhafte Ausdehnung:* die B. des Zimmers.
Bo|den|frei|heit, die (Technik): *Abstand zwischen dem Boden* (5) *eines Fahrzeugs u. der Fläche, auf der es steht.*
Bo|den|frost, der: *Frost in unmittelbarer Nähe des Erdbodens.*
Bo|den|fund, der: *Fund eines vor- od. frühgeschichtlichen, im Erdboden erhaltenen [Kunst]gegenstandes:* wissenschaftlich interessante -e.
Bo|den|ge|fecht, das (Militär): *Gefecht zu Lande.*
Bo|den|haf|tung, die (Kfz-Wesen): *(in Bezug auf die Reifen eines Kraftfahrzeugs) das Bewahren des Kontaktes mit der Fahrbahn, wenn gleichzeitig andere physikalische Kräfte wirksam werden (z. B. in einer Kurve oder bei starkem Bremsen):* eine gute, schlechte B.; Ü seine steile Karriere ließ ihn langsam die B. *(den Realitätssinn)* verlieren.
Bo|den|hal|tung, die (Landwirtsch.): *Haltung von Legehennen mit freiem Auslauf:* sie kauft nur Eier aus B.
Bo|den|kam|mer, die (regional, bes. ostmd., nordd.): *Dachkammer.*
Bo|den|kampf, der: *Bodengefecht.*
Bo|den|kon|troll|sta|ti|on, die (Raumfahrt): *Bodenstation.*
Bo|den|kul|tur, die: *Ackerbau, Landwirtschaft.*
Bo|den|kun|de, die: *Wissenschaft von den chemischen u. physikalischen Eigenschaften der Böden* (1), *ihrer Herkunft u. Struktur.*
bo|den|lang ⟨Adj.⟩: *(von einem Kleidungsstück) bis zum Boden* (2) *reichend:* ein -es Abendkleid.
Bo|den|le|ger, der: *Handwerker, der Fußböden verlegt* (Berufsbez.).
Bo|den|le|ge|rin, die: w. Form zu ↑Bodenleger.
bo|den|los ⟨Adj.⟩ [mhd. bodemlos, ahd. bodemelos]: **a)** *abgrundtief:* im Traum stürzte er in einen -en Abgrund; ⟨subst.:⟩ ins Bodenlose fallen; **b)** (ugs.) *unglaublich, unerhört:* so eine -e

Gemeinheit!; sein Leichtsinn ist geradezu b.; der Junge ist b. frech.
Bo|den-Luft-Ra|ke|te, die (Militär): *vom Boden abgeschossene Rakete, die gegen Ziele in der Luft eingesetzt wird.*
Bo|den|lu|ke, die (landsch., bes. ostmd., nordd.): *Dachluke.*
Bo|den|me|li|o|ra|ti|on, die (Landwirtsch.): *Verbesserung des Erdbodens durch Düngung, Entwässerung, Bewässerung usw.*
Bo|den|nä|he, die: *Bereich in der Nähe des Erdbodens:* in B. ist mit Frost zu rechnen.
Bo|den|ne|bel, der: *Nebel, der unmittelbar über dem Erdboden lagert.*
Bo|den|nut|zung, die, (auch:) **Bo|den|nüt|zung**, die: *landwirtschaftliche Nutzung des Bodens* (1).
Bo|den|per|so|nal, das (Flugw.): *Personal der am Boden stationierten Einrichtungen zur Sicherung des Luftverkehrs.*
Bo|den|plat|te, die: **1.** *Fundament* (1 a) *in Form einer Platte* (1). **2.** *Platte des Boden- od. Straßenbelags:* die -n im Hof müssen erneuert werden.
Bo|den|pro|be, die: *Probe* (2) *von Boden* (1).
Bo|den|recht, das ⟨o. Pl.⟩: **1.** *Gesamtheit der Rechtsvorschriften, die sich mit Grund u. Boden befassen.* **2.** *Erwerb der Staatsbürgerschaft durch die Geburt im dem Gebiet des jeweiligen Staates und nicht nach der Abstammung.*
Bo|den|re|form, die (Rechtsspr.): *Veränderung der Besitzverhältnisse an Grund u. Boden durch eine Umverteilung od. durch Überführung des Bodens in Gemeineigentum.*
Bo|den|satz, der: *feste Bestandteile einer Flüssigkeit, die sich am Boden* (5) *eines Gefäßes abgesetzt haben.*
Bo|den|schät|ze ⟨Pl.⟩: *im Erdboden vorhandene Anreicherungen meist mineralischer Rohstoffe, die abgebaut werden.*
Bo|den|see, der; -s: *See des Alpenvorlands, der vom Rhein durchflossen wird.*
Bo|den|spe|ku|la|ti|on, die: *Spekulation* (2) *mit Grund u. Boden.*
bo|den|stän|dig ⟨Adj.⟩: *lange ansässig; fest in der Heimaterde verwurzelt:* eine -e Familie.
Bo|den|stän|dig|keit, die; -: *das Bodenständigsein.*
Bo|den|sta|ti|on, die (Raumfahrt): *auf der Erde befindliche Station, durch die der Flug u. die Bahn von Raketen, Raumfahrzeugen, Satelliten o. Ä. überwacht werden.*
Bo|den|streit|kräf|te ⟨Pl.⟩ (Militär): *Streitkräfte, die in Bodengefechten eingesetzt werden; Bodentruppen.*
Bo|den|trup|pe, die ⟨meist Pl.⟩ (Militär): *Truppe, die in Bodengefechten eingesetzt wird; Bodenstreitkräfte.*
Bo|den|tur|nen, das: *Gesamtheit der ohne Gerät auf einer Matte am Boden* (2) *ausgeführten turnerischen Übungen.*
Bo|den|va|se, die: *große Vase, die auf den Boden* (2) *gestellt wird.*
Bo|den|wel|le, die: **1.** (Elektrot.) *Teil einer elektromagnetischen Welle, die sich [von einem Sender aus] längs der Erdoberfläche ausbreitet.* **2.** *[sanfte] Unebenheit des Erdbodens.*
Bo|den|wich|se, die (schweiz.): *Bohnerwachs.*
Bo|dhi|satt|wa, der; -s, -s [sanskr. bodhisattva = Erleuchtungswesen] (Buddhismus): *erleuchteter Mensch, künftiger ²Buddha* (1).
bo|di|gen ⟨sw. V.; hat⟩ [zu ↑Boden] (schweiz.): **a)** *bezwingen, besiegen:* die gegnerische Mannschaft b.; **b)** *bewältigen:* sein Arbeitspensum b.
Bo|dy ['bɔdi], der; -s, -s: **1.** engl. Bez. für *Körper.* **2.** Kurzf. von ↑Bodysuit.
Bo|dy|buil|der [-ˈbɪldɐ], der; -s, -: *jmd., der Bodybuilding betreibt.*
Bo|dy|buil|de|rin, die; -, -nen: w. Form zu ↑Bodybuilder.

Bodybuilding–bohren

Bo|dy|buil|ding ['bɔdibɪldɪŋ], das; -s [engl. bodybuilding, zu: body = Körper u. to build = (auf)bauen]: *gezieltes Muskeltraining mit besonderen Geräten.*

Bo|dy|check ['bɔditʃɛk], der; -s, -s [engl. bodycheck, aus: body = Körper u. ↑²Check] (Eishockey): *hartes, jedoch erlaubtes Rempeln eines gegnerischen Spielers, das sein Eingreifen in das Spiel verhindern soll:* zu einem B. ansetzen.

Bo|dy|drill, der: *Fitnesstraining, das nach den Methoden des militärischen Drills geleitet wird.*

¹Bo|dy|guard ['bɔdigaːɐ̯d], der; -s, -s [engl. bodyguard, zu: guard (a)frz. garde, ↑ Garde]: *Leibwächter.*

²Bo|dy|guard, die; -, -s: *Leibwache.*

Bo|dy|lo|ti|on [meist: ˈbɔdiloʊʃn̩], die [engl. body lotion, aus: body = Körper u. lotion, ↑ Lotion]: *(parfümierte) Körperpflegemilch.*

Bo|dy-Mass-In|dex ['bɔdimæs...], der [engl. body mass index, aus: body mass = Körpermasse u. index = (Mess)wert] (Med.): *Maß für das Verhältnis von Körpergewicht zu Körpergröße (beim Menschen; Abk.: BMI):* seinen B. ausrechnen.

Body|pain|ting ['bɔdipeɪntɪŋ], das; -[s], -s: **1.** *Form der bildenden Kunst, bei der der ganze Körper mit abwaschbarer Farbe bemalt wird.* **2.** *abwaschbare Körperbemalung* (2).

Bo|dy|sha|ping ['bɔdiʃeɪpɪŋ], das; -s [engl. body shaping, aus: body = Körper u. shaping = das Formen (zu: to shape = formen)]: *gezieltes Trainingsprogramm für die Muskulatur u. zur Verbesserung der äußeren Erscheinung.*

Bo|dy|sto|cking ['bɔdistɔkɪŋ], der; -[s], -s [engl. body stocking, aus: body = Körper u. stocking = Strumpf]: *Damenstrumpfhose mit angewirktem Oberteil.*

Bo|dy|sty|ling ['bɔdistaɪlɪŋ], das; -s [engl. body styling, aus: body = Körper u. ↑ Styling]: *besonders intensives Bewegungstraining zur Steigerung der Fitness u. zur Verbesserung der äußeren Erscheinung.*

Bo|dy|suit ['bɔdisjuːt], der; -s, -s [aus engl. body = Körper u. suit = Kostüm]: *einteiliges, eng anliegendes, den Rumpf bedeckendes Kleidungsstück aus elastischem Material.*

Bo|dy|wear ['bɔdiwɛɐ̯], die; - [engl. body wear, aus: body = Körper u. wear = Kleidung]: *Unterwäsche.*

Bo|dy|wrap|ping ['bɔdiræpɪŋ], das; -[s], -s [engl. body wrapping, aus: body = Körper u. wrapping = das Einwickeln, zu: to wrap = einwickeln]: *kosmetische Behandlungsmethode, bei der Körperteile mit einer besonderen Folie umwickelt werden.*

Böe, die; -, -n: seltener für ↑ Bö.

Bœuf Stro|ga|noff ['bœfˈstroː...], das; --, -- [frz. bœuf = Rind(fleisch); wohl nach dem Namen einer alten russ. Familie] (Kochkunst): *in kleine Stücke geschnittenes Rindfleisch, bes. Filet (1 a), in pikanter Soße mit saurer Sahne.*

Bo|fist [auch: boˈfɪst], Bovist ['boːvɪst, auch: boˈvɪst], der; -[e]s, -e [spätmhd. vohenvist, eigtl. = Füchsinnenfurz, ↑ Fähe, ↑ Fist]: *kugeliger Pilz, der nach der Reife aufplatzt, wodurch die staubfeinen Sporen ins Freie gelangen.*

Bo|gen, der; -s, - u. (bes. südd., österr. u. schweiz.) Bögen [mhd. boge, ahd. bogo, eigtl. = Gebogenes, zu ↑ biegen]: **1. a)** *gebogene Linie, Biegung:* ein weiter B.; einen B. fahren; auf dem Eis B. laufen; der Fluss macht hier einen B. [nach Westen]; die Brücke spannt sich in elegantem B. über das Tal; Ü er ist im hohen B. rausgeflogen, rausgeworfen worden (ugs.; *er ist sofort entlassen worden*); * **einen [großen] B. um jmdn., etw. machen** (ugs.; *jmdn., etw. [peinlich] meiden*); **den B. heraushaben** (ugs.; *wissen, wie man etw. machen muss*); **b)** (Math.) gekrümmtes Kurvenstück: der B. eines Kreises, einer Ellipse; mit dem Zirkel einen B. schlagen. **2.** (Archit.) *gewölbtes Tragwerk, das eine Öffnung überspannt:* ein runder, romanischer B. **3.** (Musik) kurz für ↑ Haltebogen. **4. a)** *alte Schusswaffe zum Abschießen von Pfeilen:* Pfeil und B.; den B. spannen; * **den B. überspannen** *(es zu weit treiben; es übertreiben; zu weit gehen);* **b)** *Sportgerät in Form des Bogens* (4 a). **5.** ⟨Pl. Bögen⟩ (Musik) *mit Ross- oder künstlichen Haaren bespannter Stab aus elastischem Hartholz, mit dem die Saiten eines Streichinstruments gestrichen u. dadurch zum Tönen gebracht werden:* den B. absetzen. **6.** *rechteckig zugeschnittenes, meist genormtes Schreib- od. Packpapier* (Abk.: Bg.): ein unbeschriebener B.; ein B. Packpapier; einen B. falten. **7.** (Druckw.) kurz für ↑ Druckbogen (Abk.: Bg.): das Buch hat zwanzig B.

Bo|gen|brü|cke, die: *Brücke, deren Tragwerk aus einem od. mehreren Bogen besteht.*

Bo|gen|fens|ter, das: *Fenster, das oben mit einem Bogen* (2) *abschließt.*

bo|gen|för|mig ⟨Adj.⟩: *die Form eines Bogens* (1 a) *aufweisend.*

Bo|gen|füh|rung, die (Musik): *Handhabung des Bogens* (5) *beim Spielen von Streichinstrumenten.*

Bo|gen|gang, der: **1.** *Gang, der mindestens nach einer Längsseite mit offenen Bogen abgeschlossen ist; Arkaden* (2). **2.** (Anat.) *Teil des Gleichgewichtsorgans im Innenohr.*

Bo|gen|lam|pe, die (Elektrot.): *in Scheinwerfern, Projektionsgeräten u. in der medizinischen Therapie verwendete Lampe, deren große Helligkeit durch einen elektrischen Lichtbogen erzeugt wird.*

Bo|gen|län|ge, die (Math.): *Länge eines Teilstücks einer mathematischen Kurve.*

Bo|gen|maß, das (Geom.): *Maß für die Länge des im Inneren eines Winkels liegenden Bogens eines um den Scheitel* (3 a) *geschlagenen Kreises.*

Bo|gen|pfei|ler, der: *Pfeiler, der einen Bogen* (2) *stützt.*

Bo|gen|schie|ßen, das (Sport): *als Sportart betriebenes Schießen mit Bogen* (4 b).

Bo|gen|schüt|ze, der: *jmd., der mit Pfeil u. Bogen schießt.*

Bo|gen|schüt|zin, die: w. Form zu ↑ Bogenschütze.

Bo|gen|seh|ne, die: *Sehne* (2) *eines Bogens* (4).

Bo|gen|strich, der: *Bogenführung.*

Bo|gey ['boʊgi], das; -s, -s [engl. bogey, H. u.] (Golf): *das Spielen eines Holes mit einem Schlag über Par.*

bo|gig ⟨Adj.⟩ (veraltend): *in Bogen* (1, 2) *verlaufend, gebogen:* eine -e Linienführung.

Bog|ner, der; -s, -: **1.** *jmd., der Bogenschießen betreibt, Bogenschütze.* **2.** *(früher) Handwerker, der Bogen* (4 a) *herstellt.*

Bog|ne|rin, die; -, -nen: w. Form zu ↑ Bogner (1).

Bo|go|tá [bogoˈta], (amtlich:) Santa Fé de Bogotá: *Hauptstadt von Kolumbien.*

Bo|hei: ↑ Buhei.

Bo|heme [boˈɛːm, auch: boˈhɛːm], die; - [frz. bohème = mlat. bohemus = Böhme; Roma; diese Bevölkerungsgruppe ist offenbar über Böhmen nach Westeuropa eingewandert; später übertr. auf das unkonventionelle, ungebundene Leben der Pariser Künstler]: *ungezwungenes Künstlerdasein; unkonventionelles Künstlermilieu:* die B. ist seine Welt.

♦ **Bo|he|mer|weib**, das: *Zigeunerin:* Da tritt ein braun B. mich an mit diesem Helm (Schiller, Jungfrau, Prolog 3).

Bo|he|mi|en [boeˈmjɛ̃ː, auch: bohe...], der; -s, -s [frz. bohémien]: *Angehöriger der Boheme;* unbekümmerte, leichtlebige u. unkonventionelle Künstlernatur.

Bo|he|mi|enne [...ˈmjɛn], die; -, -s [...ˈmjɛn]: w. Form zu ↑ Bohemien.

Bo|he|mist, der; -en, -en: *Wissenschaftler auf dem Gebiet der tschechischen Sprache u. Literatur.*

Bo|he|mis|tik, die; -: *Wissenschaft von der tschechischen Sprache u. Literatur.*

Bo|he|mis|tin, die; -, -nen: w. Form zu ↑ Bohemist.

Boh|le, die; -, -n [spätmhd. bole, eigtl. = dickes Brett, verw. mit ↑¹Ball]: *als Bauholz o. Ä. verwendetes, aus einem Baumstamm herausgeschnittenes Vierkantholz:* morsche -n; einen Weg mit -n belegen.

Böh|me, der; -n, -: Ew.

Böh|men; -s: *Gebiet im Westteil der Tschechischen Republik.*

Böh|mer|wald, der; -[e]s: *Grenzgebirge zwischen der Bundesrepublik Deutschland, Österreich u. der Tschechischen Republik.*

Böh|min, die; -, -nen: w. Form zu ↑ Böhme.

böh|misch ⟨Adj.⟩: *Böhmen betreffend; aus Böhmen stammend.*

Böhn|chen, das; -s, -: Vkl. zu ↑ Bohne.

Boh|ne, die; -, -n [mhd. bône, ahd. bōna, viell. verw. mit ↑¹Ball = Beule u. eigtl. = die Geschwollene]: **1. a)** *(zu den Schmetterlingsblütlern gehörende) [kletternde] in Gärten gezogene Pflanze, deren Samen zu mehreren in länglichen, fleischigen Hülsen sitzen:* blühende -n; die -n ranken sich an Stangen; **b)** *die als Gemüse verwendete Frucht der Bohne* (1 a): grüne -n; -n pflücken, abziehen; **c)** *nierenförmiger Samen der Bohne* (1 a): weiße -n; * **blaue B.** (scherzh. veraltend; *Gewehr-, Pistolenkugel;* nach der Farbe des Bleis); **nicht die B.** (ugs.; *überhaupt nicht;* im Hinblick auf die Wertlosigkeit der einzelnen [als Spielgeld verwendeten] Bohne 1 c): das interessiert mich nicht die B.); **-n in den Ohren haben** (ugs.; *nicht hinhören, wenn jmd. etw. sagt*). **2.** Kurzf. von ↑ Kaffeebohne: -n in den Ohren haben

boh|nen ⟨sw. V.; hat⟩ [(m)niederd. bōnen, ↑ bohnern] (landsch.): *bohnern:* ♦ Wände von gebohntem Nussbaumholz (Keller, Romeo 68).

boh|nen|för|mig ⟨Adj.⟩: *in der Form einer Bohne* (1 c) *ähnlich:* ein -er Kieselstein.

Boh|nen|kaf|fee, der; -s: **1.** ¹Kaffee (2 b). **2.** ¹Kaffee (3).

Boh|nen|kraut, das: *(zu den Lippenblütlern gehörende) Pflanze mit schmalen, länglichen Blättern u. kleinen weißen od. lila Blüten, die als Gewürz bes. für Bohnengemüse verwendet wird.*

Boh|nen|stan|ge, die: *in den Boden gesteckte Stange, an der die Bohne* (1 a) *in die Höhe ranken kann:* -n stecken; Ü sie ist eine [richtige] B. (ugs. scherzh.; *ein hoch aufgeschossener, hagerer Mensch*).

Boh|nen|stroh, das: *in der Fügung* **dumm wie B. [sein]** (ugs.; *sehr dumm [sein];* nach der Wertlosigkeit des als Strohersatz gebrauchten Bohnenstrohs).

Boh|nen|sup|pe, die: *[dicke] Suppe aus Bohnen* (1 b, c).

Boh|ner, der; -s, -: *schwere, durch ein Gelenk mit einem Stil verbundene Bürste zum Polieren eingewachster Fußböden.*

Boh|ner|büers|te, die: *Bohner.*

boh|nern ⟨sw. V.; hat⟩ [zu gleichbed. (m)niederd. bōnen, eigtl. = glänzend machen]: *mithilfe von Bohnerwachs u. einem Bohner blank machen:* den Fußboden, die Treppe, den Flur b.; Vorsicht, frisch gebohnert!

Boh|ner|wachs, das: *festes od. flüssiges Gemisch aus wachsähnlichen Stoffen zur Fußbodenpflege.*

boh|ren ⟨sw. V.; hat⟩ [mhd. born, ahd. borōn, urspr. = mit scharfem od. spitzem Werkzeug bearbeiten]: **1. a)** *mit drehenden Bewegungen [mit dem Bohrer od. einem anderen geeigneten Gegenstand] herstellen, hervorbringen:* ein Loch [in die Wand] b.; einen Brunnen b. *(durch Bohrung herstellen);* **b)** *an einer bestimmten Stelle bohrend* (1 a) *an etw. arbeiten, in etw. eindringen:* der Zahnarzt bohrt [an/in dem kranken Zahn]; der Holzwurm bohrt im Gebälk; in der Nase b. *(mit dem Finger angetrockneten Schleim aus der Nase entfernen);* **c)** *mit dem Bohrer bearbeiten:* Holz, Metall b.; Beton mit dem Bohrhammer, dem Schlagbohrer b.; **d)** *mit drehenden Bewegungen hineinpressen, hineinbohren:* einen Stab in die Erde b.; jmdm. ein Messer in den Leib, durch die Brust b.; Ü *bohrende (durchdringende, peinlich prüfende, beobachtende) Blicke;* **e)** ⟨b. + sich⟩ *mit kreisförmigen Bewegungen, unter starkem Druck an eine bestimmte Stelle vordringen:* der Meißel bohrte sich durch/in den Asphalt; die Larve bohrt sich durch die Gefäßwand; das abgestürzte Flugzeug hat sich in den Acker gebohrt. **2.** *mithilfe von Bohrgeräten nach etw. suchen:* nach/auf Erdöl, Wasser b. **3.** *eine quälende, peinigende Wirkung haben:* der Schmerz bohrte [in seinem Zahn]; Zweifel bohrten in ihm; bohrende Reue. **4.** (ugs.) *drängen; hartnäckig bitten:* die Kinder bohrten so lange, bis die Mutter nachgab. **5.** (ugs.) *hartnäckig forschen, fragen, um etw. zu erfahren, ans Licht zu bringen:* sie bohrte so lange, bis sie die Wahrheit heraushatte; bohrende Fragen.

Boh|rer, der; -s, -: **1.** *[spitzes] Werkzeug mit zylindrischem od. konischem Schaft u. wendelförmig verlaufenden Schneidkanten, mit dem durch drehende Bewegung Löcher in festem Material hergestellt werden:* den B. ansetzen. **2.** *jmd., der beruflich mit Bohrgeräten arbeitet.*

Boh|re|rin, die; -, -nen: w. Form zu ↑ Bohrer (2).

Bohr|ge|stän|ge, das (Bergbau): *Vorrichtung aus Stahlrohren, die zum Führen von Bohrwerkzeugen u. gleichzeitig zum Spülen in tiefen Bohrlöchern dient.*

Bohr|in|sel, die: *ins Meer gebaute Plattform, von der aus Bohrungen bes. nach Öl od. Erdgas im Meeresgrund vorgenommen werden.*

Bohr|ist, der; -en, -en (österr.): *Facharbeiter, der Sprenglöcher bohrt.*

Boh|ris|tin, die; -, -nen: w. Form zu ↑ Bohrist.

Boh|ri|um, das; -s [nach dem dänischen Physiker N. Bohr (1885–1962)]: *radioaktives metallisches Transuran* (chemisches Element; Zeichen: Bh).

Bohr|loch, das: *durch Bohren hervorgebrachtes Loch (bes. im Gestein).*

Bohr|ma|schi|ne, die: *elektrisches Gerät zum Bohren von Löchern (in Holz, Metall od. Stein).*

Bohr|mu|schel, die: *Muschel mehrerer im Meer lebender Arten, die sich an ihrem Standort in ihre Unterlage einbohrt u. dadurch an Hafenbauten, Deichen, Schiffen u. a. Schaden hervorruft.*

Bohr|schrau|ber, der; -s, -: *zum Bohren u. zum Drehen von Schrauben verwendbare Maschine.*

Bohr|turm, der (Bergbau): *bei Tiefbohrungen gebräuchliches, turmartiges Gerüst.*

Boh|rung, die; -, -en: **1.** *das Bohren* (2) *:* -en nach Erdöl. **2.** *Bohrloch:* eine [hundert Meter tiefe] B. niederbringen.

Bohr|werk|zeug, das: *Werkzeug zum Bohren.*

bö|ig ⟨Adj.⟩: *mit Böen einhergehend:* -er Wind; es ist sehr b.

Boi|ler, der; -s, - [engl. boiler, zu: to boil = aufwallen machen, erhitzen < afrz. boillir < lat. bullire]: *Heißwasserbereiter.*

boing (Interj.): *lautm. für einen dumpf hallenden Klang.*

Bo|je, die; -, -n [niederd. boye < mniederl. bo(e)ye < afrz. boie, aus dem Germ.] (Seew.): *verankerter Schwimmkörper, der als Seezeichen od. zum Vertäuen von Schiffen dient:* die Fahrrinne mit -n markieren.

Bok|mål [ˈbʊkmoːl], das; -[s] [norw., eigtl. = Buchsprache]: *vom Dänischen beeinflusste norwegische Schriftsprache.*

Bol: ↑ Bolus.

◆ **Bold,** der; -[e]s, -e [vgl. Witzbold]: *männliche Person:* … wer lehrte den kleinen B. *(Jungen)* die unbewusste blitzschnelle Heuchelei (Keller, Frau Regel 161).

-bold, der; -[e]s, -e [vgl. Witzbold]: *bezeichnet in Bildungen mit Wörtern unterschiedlicher Wortart eine Person, die gern und häufig etw. macht – seltener etw. ist –, die durch etw. auffällt, für etw. bekannt ist:* Juxbold, Raufbold, Streitbold, Trunkenbold.

-bol|din, die; -, -nen: w. Form zu ↑ -bold.

Bo|le|ro, der; -s, -s [span. bolero, H. u.]: **1.** *scharf rhythmisierter spanischer Tanz im Dreivierteltakt mit Kastagnettenbegleitung.* **2. a)** *knapp geschnittenes, besticktes, offen getragenes Jäckchen der spanischen Nationaltracht;* **b)** *kurzes, offen getragenes Jäckchen mit [kurzen] Ärmeln bzw. ohne Ärmel.* **3.** *zur spanischen Nationaltracht gehörender, rund aufgeschlagener Hut.*

Bo|lid, der; -en, -en [lat. bolis (Gen.: bolidis) < griech. bolís, eigtl. = Wurfgeschoss]: **1.** (Astron.) *großer, besonders heller Meteor.* **2.** *schwerer, einsitziger Rennwagen mit verkleideten Rädern.*

Bo|li|de, der; -n, -n: ↑ Bolid (2).

Bo|li|var, der; -[s], -[s] [span. bolívar, nach dem Anführer der lateinamerik. Unabhängigkeitsbewegung Simón Bolívar (1783–1830)]: *Währungseinheit in Venezuela* (Abk.: Bs.).

Bo|li|vi|a|ner, der; -s, -: Ew.

Bo|li|vi|a|ne|rin, die; -, -nen: w. Form zu ↑ Bolivianer.

bo|li|vi|a|nisch ⟨Adj.⟩: *Bolivien, die Bolivianer betreffend; aus Bolivien stammend.*

Bo|li|vi|en; -s: *Staat in Südamerika.*

böl|ken ⟨sw. V.; hat⟩ [mniederd. bolken, lautm.] (nordd., westd.): **1. a)** *(von Rindern, Schafen) blöken;* **b)** *laut schreien:* vor Schmerzen b. **2.** *aufstoßen, aus dem Magen hochgestiegene Luft hörbar ausstoßen.*

Bol|le, die; -, -n [mhd. bolle, ahd. bolla, urspr. = Knollenartiges] (berlin.): **1.** *[große] Zwiebel.* **2.** *loch im Strumpf.*

Bol|len, der; -s, - (landsch.): *rundliches, dickes Gebilde, Klumpen, Knollen.*

Böl|ler, der; -s, - [mhd. pöler, boler = Schleudermaschine, zu: boln = werfen, schleudern, ahd. bolōn]: **1.** *Geschütz kleineren Kalibers zum Salut-, Signal- u. Festschießen.* **2.** *Feuerwerkskörper, der beim Zünden einen böllerschussähnlichen Knall hervorbringt.*

bol|lern ⟨sw. V.⟩ [spätmhd., zu mhd. boln, ↑ Böller]: **1.** ⟨ist⟩ (landsch.) *mit einem polternden Geräusch rollen, fallen o. Ä.* **2.** ⟨hat⟩ (landsch.) *bullern.* **3.** ⟨hat⟩ (Sportjargon) *planlos, unkonzentriert schießen:* aufs Tor b.

böl|lern ⟨sw. V.; hat⟩: **1.** *[mit dem Böller laut krachend schießen.]* **2.** *bullern.*

Böl|ler|schuss, der: *zu einer festlichen Gelegenheit od. als Signal abgegebener Schuss.*

Bol|let|te, die; -, -n [ital. bolletta < lat. bulla, ↑²Bulle]: **1.** (österr. Amtsspr.) *Zoll-, Steuerbescheinigung.* ◆ **2.** *kurzes Schreiben, Billett* (2 a): Der Schulz gab ihm eine B. an die Gemeindehure (Hebel, Schatzkästlein 57).

Boll|werk, das; -[e]s, -e: **1.** [mhd. bolwerc, eigtl. = Bohlengerüst, zu ↑ Bohle u. ↑ Werk (4)] (früher) *Befestigung; Festung:* ein B. errichten; Ü ein B. des Friedens, gegen den Kulturverfall. **2.** [(m)niederd. bōlwerk] (Seew.) *Landeplatz, Kai.*

Bol|ly|wood [ˈbɔliwʊd; engl. Bollywood, zusges. aus: Bombay (Stadt in Indien) u. ↑ Hollywood]: *Bez. für die indische Filmindustrie.*

Bo|lo|gna [boˈlɔnja]: *italienische Stadt.*

Bo|lo|gna-Pro|zess, Bo|lo|gna|pro|zess [boˈlɔnja…], der ⟨o. Pl.⟩ [nach der italienischen Stadt, wo 1999 eine entsprechende Absichtserklärung unterzeichnet wurde]: *(von europäischen Staaten angestrebte) Vereinheitlichung des europäischen Hochschulwesens.*

Bo|lo|gne|se […nˈjeːzə], der; -n, -n (seltener): Ew.

Bo|lo|gne|ser ⟨indekl. Adj.⟩: B. Schnitzel.

Bo|lo|gne|sin, die; -, -nen (seltener): w. Form zu ↑ Bolognese.

Bol|sche|wik, der; -en, -i, abwertend: -en [russ. bol'ševik, zu: bol'še = mehr (da sie 1903 die Mehrheit der russ. Sozialdemokraten bildeten)]: **1.** *Mitglied des von Lenin geführten revolutionären Flügels in der Sozialdemokratischen Arbeiterpartei Russlands vor 1917.* **2.** *(bis 1952) Mitglied der Kommunistischen Partei Russlands bzw. der Sowjetunion.* **3.** (veraltend abwertend) *Kommunist.*

Bol|sche|wi|kin, die; -, -nen: w. Form zu ↑ Bolschewik.

bol|sche|wi|kisch ⟨Adj.⟩: *bolschewistisch.*

bol|sche|wi|sie|ren ⟨sw. V.; hat⟩: *nach den Prinzipien des Bolschewismus* (1) *gestalten, einrichten.*

Bol|sche|wi|sie|rung, die; -, -en: *das Bolschewisieren, das Bolschewisiertwerden.*

Bol|sche|wis|mus, der; -: **1.** *Leninismus.* **2.** (abwertend) *Kommunismus sowjetischer Prägung.*

Bol|sche|wist, der; -en, -en: *Bolschewik* (1–3).

Bol|sche|wis|tin, die; -, -nen: w. Form zu ↑ Bolschewist.

bol|sche|wis|tisch ⟨Adj.⟩: *den Bolschewismus betreffend, zu ihm gehörend, auf ihm beruhend.*

Bol|us, Bol, der; -, … li [lat., zu griech. bôlos = Klumpen]: **1.** ⟨o. Pl.⟩ (Geol.) *bestimmter* ¹Ton, *der als Farberde sowie als Malgrund verwendet wird.* **2. a)** (Med.) *(zum Verschlucken bereiter) Bissen;* **b)** (Tiermed.) *große, weiche Pille* (1 a).

bol|zen ⟨sw. V.; hat⟩ [urspr. = heftig schlagen, zu ↑ Bolzen] (ugs.): **1. a)** *planlos, ohne System Fußball spielen (in der ersten Halbzeit wurde mehr gebolzt als gespielt);* **b)** *mit dem Fuß irgendwohin treten, schießen:* den Ball ins Aus b. **2. a)** *sehr intensiv, in übertriebener Weise lernen, trainieren, betreiben:* vor der Prüfung hat er noch einmal ordentlich gebolzt; **b)** *eine sportliche Disziplin, bes. in der Leichtathletik ohne Rücksicht auf die Technik u. nur mit Anwendung von Kraft betreiben:* beim Kugelstoßen sollte man nicht b. **3.** ⟨b. + sich⟩ (landsch.) *miteinander raufen:* die Jungen bolzen sich wieder.

Bol|zen, der; -s, - [mhd., ahd. bolz]: **1.** *dicker Metall- od. Holzstift, bes. zum Verbinden von Metall- od. Holzteilen.* **2.** (früher) *auf dem Ofen zum Glühen gebrachte Einlage aus Stahl für Bügeleisen.* **3.** *Geschoss für die Armbrust, bestehend aus einem kurzen Holzstab u. aufsetzbarer Eisenspitze.* **4.** (derb) *[erigierter] Penis.*

-bol|zen, der; -s, - (ugs.): *bezeichnet in Bildungen mit Substantiven eine Person, die etw. in hohem Maße hat:* Gefühls-, Intelligenz-, Temperamentsbolzen.

bol|zen|ge|ra|de ⟨Adj.⟩ (veraltend): *ganz gerade aufgerichtet:* er saß b. auf seinem Stuhl.

Bol|zer, der; -s, - (ugs.): *Spieler, der* Bolzt (1).

Bol|ze|rei, die; -, -en (ugs.): **1.** *beständiges unqualifiziertes Bolzen* (1 a): die B. hielt das ganze Spiel über an. **2.** *[beständiges] Bolzen* (2).

Bol|ze|rin, die; -, -nen: w. Form zu ↑ Bolzer.
bolz|ge|ra|de (veraltend): ↑ bolzengerade: ◆ Leubelfing erhob sich beleidigt und schritt b. auf die Korinna zu (C. F. Meyer, Page 152).
Bolz|platz, der; -es, ...plätze: *kleiner Platz zum Fußballspielen, für den die Standards eines genormten Spielfelds nicht gelten.*
Bom|bar|de|ment [bɔmbardəˈmãː, österr.: ...bardˈmãː, schweiz.: bombardəˈment], das; -s, Pl. -s, schweiz.: -e [frz. bombardement]: **1.** *(Militär veraltet) anhaltender Beschuss durch schwere Artillerie.* **2.** *(Militär) Abwurf von Fliegerbomben auf ein Ziel.* **3.** *(Fußball) länger andauerndes heftiges Stürmen u. Schießen auf ein Tor.*
◆ **Bom|bar|dier,** der; -s, -e [ital. bombardiere, zu: bombarda = Bombarde]: *Kanonier:* So... fand ich mich nicht weit von einigen Kanonen, die ein B. von Florenz... in Aufsicht hatte (Goethe, Benvenuto Cellini I, 1, 7).
bom|bar|die|ren ⟨sw. V.; hat⟩ [frz. bombarder]: **1.** *(Militär veraltet) mit Artillerie beschießen.* **2.** *(Militär) Fliegerbomben auf ein Ziel abwerfen:* eine Stadt, feindliche Stellungen b.; Ü die Demonstranten bombardierten (ugs.; *bewarfen*) das Gebäude mit Farbeiern. **3.** *(ugs.) jmdn. mit etwas überschütten, überhäufen [sodass er bzw. sie in Bedrängnis gerät]:* die Vorsitzende wurde von allen Seiten mit Vorwürfen bombardiert.
Bom|bar|die|rung, die; -, -en: *das Bombardieren; das Bombardiertwerden.*
Bom|bast, der; -[e]s [engl. bombast, eigtl. = Aufgebauschtes, urspr. = Stoff (zum Auswattieren von Jacketts) < afrz. bombace < spätlat. bombax < griech. pámbax < pers. panbaʰ = Baumwolle] (abwertend): *Schwulst, Überladenheit, bes. hochtrabender Redeschwall, Wortschwall.*
bom|bas|tisch ⟨Adj.⟩ (abwertend): *übertrieben viel Aufwand aufweisend, schwülstig; pompös:* eine -e Rede; etw. b. ankündigen.
Bom|be, die; -, -n [frz. bombe < ital. bomba < lat. bombus = dumpfes Geräusch < griech. bómbos]: **1.** *mit Sprengstoff gefüllter u. mit einem Zünder versehener länglicher Hohlkörper aus Metall, der als Sprengkörper (von Flugzeugen abgeworfen bzw. an od. in bestimmten Objekten versteckt) bei der Explosion schwere Zerstörungen hervorruft:* schwere -n; es waren -n gefallen; eine B. explodierte, schlägt ein; -n auf etw. [ab]werfen; eine B. legen; eine B. entschärfen; eine feindliche Stellung mit -n belegen; die Häuser waren von -n zerstört; die B. (verhüll.; *Atombombe*) schafft ein Gleichgewicht des Schreckens; die Nachricht schlug ein wie eine B. (*rief große Überraschung, Verwirrung hervor*); Ü die B. ist geplatzt (ugs.; *das schon längere Zeit erwartete [gefürchtete] Ereignis ist eingetreten*); Sie wissen ja, was hinter der Firmenbezeichnung Wismut sich verbirgt: Uran, Kernenergie, die B. (Heym, Schwarzenberg 10). **2.** (Sportjargon) *wuchtiger, sehr harter Schuss od. Wurf auf das Tor:* eine B. [aufs Tor] knallen. **3.** (Kunstkraftsport) *Eisenkugel mit Griff als Gewicht zum Jonglieren.* **4.** (ugs.) *steifer, runder Hut.*
bom|ben ⟨sw. V.; hat⟩: **1.** (ugs.) **a)** *bombardieren* (2): die Stadt wurde mehrmals gebombt; **b)** *Bomben legen.* **2.** (Sportjargon) *mit großer Wucht [aufs Tor] schießen:* den Ball ins Tor b.

bom|ben-, Bom|ben- (ugs. emotional verstärkend): **1.** drückt in Bildungen mit Adjektiven eine Verstärkung aus; *sehr:* bombenfest, -rein, -sicher. **2.** drückt in Bildungen mit Substantiven aus, dass etw. als ausgezeichnet, hervorragend angesehen wird: Bombenfigur, -gehalt, -kondition.

Bom|ben|alarm, der: **a)** *wegen eines drohenden Luftangriffs ausgelöster Alarm;* **b)** *wegen einer Bombendrohung ausgelöster Alarm:* die Abfertigungshalle des Flughafens war wegen eines -s für eine Stunde gesperrt.
Bom|ben|an|griff, der: *durch Bomben ausgeführter [Luft]angriff; Bombenanschlag.*
Bom|ben|an|schlag, der: *mittels einer Bombe* (1) *ausgeführter Anschlag.*
Bom|ben|at|ten|tat, das: *Bombenanschlag.*
Bom|ben|dro|hung, die: *Ankündigung eines Bombenanschlags.*
Bom|ben|ein|schlag, der: **a)** *das Einschlagen einer Bombe* (1); **b)** *Stelle, an der eine Bombe* (1) *eingeschlagen ist.*
Bom|ben|er|folg, der (ugs. emotional verstärkend): *sehr großer Erfolg:* das Theaterstück wurde ein B.
Bom|ben|ex|plo|si|on, die: *Explosion einer Bombe* (1).
¹**bom|ben|fest** ⟨Adj.⟩: *durch Bomben* (1) *nicht zerstörbar.*
²**bom|ben|fest** ⟨Adj.⟩ (ugs. emotional verstärkend): *unumstößlich [feststehend], unverrückbar fest.*
Bom|ben|flug|zeug, das: *schweres Flugzeug zum Transportieren u. Abwerfen von Bomben.*
Bom|ben|form, die ⟨o. Pl.⟩ (ugs. emotional verstärkend): *Hochform.*
Bom|ben|ge|schwa|der, das: *Bomberverband.*
Bom|ben|ha|gel, der: *Hagel* (2) *von niedergehenden Bomben* (1).
Bom|ben|krieg, der: *mit dem Einsatz von Bomben* (1) *geführter Krieg.*
Bom|ben|le|ger, der: *jmd., der Bombenanschläge verübt.*
Bom|ben|le|ge|rin, die: w. Form zu ↑ Bombenleger.
Bom|ben|nacht, die: *Nacht mit schweren Bombenangriffen.*
¹**bom|ben|si|cher** ⟨Adj.⟩: *Schutz vor den Auswirkungen eines Bombenangriffs bietend.*
²**bom|ben|si|cher** ⟨Adj.⟩ (ugs. emotional verstärkend): *ganz gewiss, ganz sicher.*
Bom|ben|stim|mung, die ⟨o. Pl.⟩ (ugs. emotional verstärkend): *ausgelassene Stimmung (bei einem Fest o. Ä.).*
Bom|ben|ter|ror, der: *durch Bombenanschläge od. -angriffe ausgeübter Terror:* der B. der Hamas, in Israel.
Bom|ben|trich|ter, der: *durch den Einschlag einer Bombe* (1) *entstandene trichterförmige Vertiefung.*
◆ **Bom|ben|wa|gen,** der (emotional abwertend): *Wagen:* ... und bin dann allein in ihrem Wagen mit Extrapost immer weitergefahren, dass der B. immerfort auf zwei Rädern über die entsetzlichen Steine flog (Eichendorff, Taugenichts 70).
Bom|ber, der; -s, -: **1.** (ugs.) *Bombenflugzeug.* **2.** (Sportjargon) *Fuß-, auch Handballspieler mit überdurchschnittlicher Schusskraft.* **3.** (salopp) *Bombenleger.*
Bom|be|rin, die; -, -nen: w. Form zu ↑ Bomber (2, 3).
Bom|ber|ja|cke, die: *meist wattierte, kurze sportliche Steppjacke (wie sie in ähnlicher Form von Piloten in Militärmaschinen getragen wird).*
Bom|ber|ver|band, der: *Verband von Bombenflugzeugen.*
bom|big ⟨Adj.⟩ (ugs.): *großartig, hervorragend, ausgezeichnet:* eine -e Stimmung; das hast du b. hingekriegt; sich b. amüsieren.
Bom|bil|la [bɔmˈbɪlja], die; -, -s [span. bombilla, zu: bomba = Glühbirne; Bombe (nach der Form)]: *(in Südamerika zum Trinken des Mate verwendetes) an einem Ende siebartiges Saugrohr aus Silber od. Rohrgeflecht.*
Bom|mel, die; -, -n, auch: der; -s, - [zu niederd. bummeln, ↑ bummeln] (landsch.): *Pompon.*

bon [bɔ̃] ⟨indekl. Adj.⟩ [frz. bon < lat. bonus = gut] (ugs.): *gut:* das finde ich b.
Bon [bɔŋ, auch: bõː], der; -s, -s [frz. bon, Substantivierung von: bon, ↑ bon]: **1.** *[von Firmen o. Ä. ausgegebener] Gutschein [für Speisen od. Getränke]:* die -s für den Betriebsausflug ausgeben; Wir aßen uns auf B. in der Kantine (Lenz, Brot 150). **2.** *Kassenzettel einer Registrierkasse:* für den Umtausch ist der B. aufzubewahren.
bo|na fi|de [lat., zu: bonus = gut u. fides = Glaube] (bildungsspr.): *guten Glaubens; in der Annahme, dass es richtig, korrekt ist:* b. f. handeln.
Bo|na|par|tis|mus, der; - [nach dem Namen der korsischen Patrizierfamilie Bonaparte, der beide Kaiser entstammten]: *autoritärer Herrschaftsstil in Frankreich unter den Kaisern Napoleon I. u. Napoleon III.*
Bo|na|par|tist, der; -en, -en: **a)** *Anhänger des Bonapartismus;* **b)** *Anhänger der Familie Bonaparte.*
Bo|na|par|tis|tin, die; -, -nen: w. Form zu ↑ Bonapartist.
bo|na|par|tis|tisch ⟨Adj.⟩: *den Bonapartismus, die Bonapartisten betreffend.*
Bon|bon [bɔŋˈbɔŋ, auch, österr. nur: bõˈbõː], der od. (österr. nur:) das; -s, -s [frz. bonbon, Wiederholungsform von: bon < lat. bonus = gut]: **1.** *zum Lutschen bestimmte Süßigkeit:* ein B. gegen Husten, Heiserkeit; -s lutschen; Ü diese Aufführung ist ein B. für Kenner/echtes B. (*ein ganz besonderer Genuss*). **2.** (österr.) *Praline.*
bon|bon|far|ben, bon|bon|far|big ⟨Adj.⟩: *von oft als kitschig empfundener greller Farbe.*
Bon|bo|ni|e|re: ↑ Bonbonniere.
Bon|bon|ni|e|re, Bonboniere [bɔŋbɔˈnjɛːrə, ...jɛːrə, auch: bõː...], die; -, -n [frz. bonbonnière]: **1.** *Behälter aus Glas, Porzellan o. Ä. für Bonbons, Pralinen o. Ä.* **2.** *hübsch aufgemachte Pralinenpackung.*
Bond, der; -s, -s [engl. bond < mengl. bond, Nebenf. von: band, ↑ ³Band] (Finanzw.): *festverzinsliches, auf den Inhaber lautendes Wertpapier.*
Bond|markt, der (Finanzw.): *Rentenmarkt.*
bon|gen ⟨sw. V.; hat⟩ [zu ↑ Bon] (ugs.): *an der Registrierkasse den zu zahlenden Betrag für etw. auf einen Bon* (2) *tippen:* ein Glas Bier b.; *** ist gebongt** (*es ist abgemacht, wird so erledigt, wie es besprochen worden ist*).
Bon|go, das; -[s] -s od. die; -, -s ⟨meist Pl.⟩ [span. (südamerik.) bongó, wohl lautm.]: *Trommel kubanischen Ursprungs mit nur einem Fell, paarweise als Jazzinstrument verwendet.*
Bon|ho|mie [bɔnoˈmiː], die; -, -n [frz. bonhomie, zu: bonhomme, ↑ Bonhomme] (bildungsspr. veraltend): *Gutmütigkeit, Einfalt, Biederkeit:* ◆ ... von Briest, ein wohlkonservierter Fünfziger von ausgesprochener B. (Fontane, Effi Briest 14).
Bon|homme [bɔˈnɔm], der; -s, -s [frz. bonhomme, aus: bon (↑ bon) u. homme = Mann] (bildungsspr. veraltet): *gutmütiger, einfältiger Mensch; Biedermann.*
bo|nie|ren ⟨sw. V.; hat⟩ (bes. österr.): *bongen.*
Bo|ni|fi|ka|ti|on, die; -, -en [zu lat. bonus = gut u. facere = machen] (Kaufmannsspr.): *[zusätzliche] Vergütung, Gutschrift.*
bo|ni|fi|zie|ren ⟨sw. V.; hat⟩ (Kaufmannsspr.): *vergüten, gutschreiben.*
Bo|ni|tät, die; -, -en [lat. bonitas] (Wirtsch.): *[einwandfreier] Ruf einer Person od. Firma im Hinblick auf ihre Zahlungsfähigkeit od. Kreditwürdigkeit.*
Bo|ni|täts|prü|fung, die (Wirtsch.): *Prüfung der Bonität.*
Bon|mot [bɔ̃ˈmoː], das; -s, -s [frz. bon mot, aus:

bon (↑ bon) u. mot = Wort]: *treffender, geistreich-witziger Ausspruch; witzige Bemerkung:* witzige -s.

Bonn: *Stadt am Rhein.*

¹Bon|ner, der; -s, -: *Ew. zu* ↑ Bonn.

²Bon|ner ⟨indekl. Adj.⟩: *das B. Rheinufer.*

Bon|ne|rin, die; -, -nen: w. Form zu ↑ ¹Bonner.

Bon|net [bɔˈneː], das; -s, -s [frz. bonnet = Mütze < mlat. boneta, H. u.]: *Damenhaube des 18. Jahrhunderts.*

¹Bon|sai, der; -[s], -[s] [jap. bonsai]: *japanischer Zwergbaum.*

²Bon|sai, das; -: *in Japan geübte Kunst des Ziehens von Zwergbäumen.*

Bo|nus, der; -[ses], -[se] u. Boni [engl. bonus, zu lat. bonus = gut]: **1. a)** (Kaufmannsspr.) *Vergütung, Rabatt;* **b)** (Wirtsch.) *Sondervergütung [bei Aktiengesellschaften];* **c)** *etw., was jmdm. als Vorteil, Vorsprung vor anderen angerechnet, was ihm bzw. ihr gutgeschrieben wird;* **d)** *von der Kfz-Haftpflichtversicherung gewährter Schadenfreiheitsrabatt.* **2.** (Schule, Sport) *zum Ausgleich für eine schlechtere Ausgangsposition gewährter Punktvorteil.*

Bo|nus|mei|le, die: *Einheit eines Bonusprogramms von Fluggesellschaften.*

Bo|nus|pro|gramm, das (Wirtsch.): **1.** *Programm, bei dem registrierten Mitgliedern Bonuspunkte o. Ä. gutgeschrieben werden.* **2.** *Programm für die Auszahlung von Boni* (1 b).

Bo|nus|punkt, der: **1.** *Pluspunkt: die Aktualität stellt den größten B. für dieses Nachschlagewerk dar.* **2.** *im Rahmen eines Rabattsystems gewährte Einheit einer Gutschrift:* für jeden Einkauf ab 10 Euro gibt es einen B.

Bo|nus|sys|tem, das (Wirtsch.): *Bonusprogramm.*

Bo|nus|track [...trɛk], der; -s, -s: *zusätzliche, nicht zu den eigentlichen Aufnahmen gehörende Tonaufnahme auf einer CD (als besonderer Kaufanreiz).*

Bo|nus|zah|lung, die (Wirtsch.): **1.** *Zahlung von Boni* (1 b). **2.** *als Bonus* (1 b) *gezahlter Geldbetrag.*

Bon|vi|vant [bõviˈvã:], der; -s, -s [frz. bon vivant, aus: bon (↑ bon) u. vivant, 1. Part. von: vivre = leben < lat. vivere]: **1.** (veraltend) *Lebemann.* **2.** (Theater) *Rollenfach des leichtlebigen, eleganten Mannes.*

Bon|ze, der; -n, -n [frz. bonze < port. bonzo < jap. bōzu = Priester]: **1.** (abwertend) *jmd., der die Vorteile seiner Stellung genießt [u. sich nicht um die Belange anderer kümmert]; höherer, dem Volk entfremdeter Funktionär.* **2.** *buddhistischer Mönch, Priester.*

Bon|zen|tum, das; -s: *Gesamtheit, beherrschende Stellung der Bonzen* (1).

Bon|zo|kra|tie, die; -, -n [zu ↑ Bonze u. ↑ -kratie] (abwertend): *Herrschaft, übermäßiger Einfluss der Bonzen* (1).

Boo|gie-Woo|gie [ˈbʊɡiˈvʊɡi], der; -[s], -s [engl. boogie-woogie, H. u.]: **1.** *Klavierstil des Blues.* **2.** *aus dem Boogie-Woogie* (1) *entwickelter Gesellschaftstanz.*

Book|let [ˈbʊklɪt], das; -[s], -s [engl. booklet, eigtl. = Büchlein, zu: book = Buch]: *[Werbe]broschüre [ohne Umschlag, Einband]; Beilage, Beiheft [in einer CD-Hülle].*

Book|mark [ˈbʊkmark, ...ma:ɐ̯k], das od. der; -s, -s, auch: die; -, -s [engl. bookmark, eigtl. = Lesezeichen]: *Eintrag in einem persönlichen elektronischen Adressverzeichnis zum schnellen Auffinden von bestimmten Websites.*

Book-on-De|mand [bʊkɔndɪˈmaːnd]; das; Gen. Book[s]-on-Demand, Pl. Books-on-Demand [engl., eigtl. = Buch auf Anforderung]: **1.** *(ohne Pl.) Herstellung von Büchern auf Bestellung, wobei jeweils nur genau so viele Exemplare gedruckt werden, wie bestellt sind.* **2.** *auf Bestellung [genau in der benötigten Anzahl] hergestelltes Buch.*

boo|le|scher Aus|druck, Boole'scher Aus|druck [ˈbuːlʃɐ -; nach dem brit. Mathematiker George Boole [1815 - 1864] (Informatik): *in Programmiersprachen verwendeter mathematischer* ¹*Ausdruck* (5), *der nur zwei Werte (»wahr« oder »falsch«) haben kann.*

Boom [buːm], der; -s, -s [engl. boom, wohl zu: to boom = brummen, brausen]: **1. a)** *[plötzlicher] wirtschaftlicher Aufschwung, Hochkonjunktur;* **b)** *plötzlich gesteigertes Interesse an, für etw., das dadurch sehr gefragt ist.* **2.** *Hausse an der Börse.*

boo|men [ˈbuːmən] ⟨sw. V.; hat⟩: *einen Boom* (1) *erleben:* der Markt, die Wirtschaft boomt (1); eine boomende Branche.

Boom|jahr, das: *Jahr, in dem die Wirtschaft einen Boom* (1 a) *erlebt.*

Boom|pha|se, die (Wirtsch.): *vgl. Boomjahr.*

Boom|town [ˈbuːmtaʊn], die; -, -s [engl. boom town, aus: boom (Boom) u. town = Stadt]: *Stadt, die in kürzester Zeit einen enormen wirtschaftlichen Aufschwung erlebt.*

Boos|ter [ˈbuːstɐ], der; -s, - [engl. booster = Förderer, Unterstützer, zu to boost = nachhelfen, fördern]: **a)** (Flugw.) *Hilfstriebwerk; Startrakete;* **b)** (Raumfahrt) *Zusatztriebwerk; erste Stufe einer Trägerrakete;* **c)** (Elektronik) *zusätzlicher Verstärker zum Einbau in Antennen- u. Hi-Fi-Anlagen.*

¹Boot, das; -[e]s, -e [aus dem Niederd. < mniederd. bōt < mengl. bot < aengl. bat, wahrsch. verw. mit ↑ beißen u. eigtl. = ausgehauener Stamm]: *kleines, meist offenes Wasserfahrzeug, in seetüchtiges B.; ein B. bauen; B. fahren; die -e aufs Wasser lassen;* *jmdn. ins B. holen (jmdn. an etw. beteiligen, jmdn. für etw. gewinnen: mit ihr wurde eine ausgewiesene Expertin in B. geholt);* **in einem/im selben/im gleichen B. sitzen** (ugs.; *gemeinsam in der gleichen schwierigen Lage sein;* LÜ von engl. to be in the same boat).

²Boot [buːt], der; -s, -s ⟨meist Pl.⟩ [engl. boot = Stiefel < mfrz. bote]: *bis über den Knöchel reichender [Wildleder]schuh.*

boo|ten [ˈbuːtn̩] ⟨sw. V.; hat⟩ [engl. to boot, zu: boot, kurz für: bootstrap = Ladeprogramm, eigtl. = Riemen am Stiefel, den das Anziehen erleichtert, aus: boot (↑²Boot) u. strap, ↑ Straps] (EDV): *(einen Computer) neu starten, wobei alle gespeicherten Anwenderprogramme neu geladen werden.*

Bo|o|tes, der; -: *Sternbild am nördlichen Sternenhimmel.*

bö|o|ti|en, -s: *altgriechische Landschaft.*

bö|o|tisch ⟨Adj.⟩: *zu* ↑ Böotien.

Boot|lauf|werk [ˈbuːt...], das [zu ↑ booten] (EDV): *Laufwerk, von dem aus nach dem Einschalten des Computers das Betriebssystem geladen wird.*

Boot|leg|ger [ˈbuːtlɛɡɐ], der; -s, - [engl. bootlegger, zu: bootleg = Stiefelschaft (in dem verbotene Alkohol versteckt wurde)]: **1.** *(früher in den USA) Alkoholschmuggler; jmd., der illegal Schnaps brennt.* **2.** *Hersteller illegaler Tonaufnahmen.*

Boot|leg|ge|rin, die; -, -nen: w. Form zu ↑ Bootlegger.

Boots|an|hän|ger, der: *zum Transport eines kleineren Bootes geeigneter Anhänger für Kraftfahrzeuge.*

Boots|bau, der ⟨Pl. [selten] -ten⟩: *Bau von Segeljachten u. Booten.*

Boots|eig|ner, der: *Eigentümer eines Sportbootes.*

Boots|eig|ne|rin, die: w. Form zu ↑ Bootseigner.

Boots|fahrt, die: *Fahrt mit einem Boot.*

Boots|flücht|ling, der: *mit einem Boot geflohener Flüchtling.*

Boots|frau, die: *vgl. Bootsmann* (1).

Boots|ha|ken, der: *Stange aus Holz mit Spitze u. Haken aus Stahl, mit der man ein Boot festhalten od. abstoßen kann.*

Boots|haus, das: **1.** *Schuppen für Boote.* **2.** *Klubhaus eines Wassersportvereins.*

Boots|klas|se, die: *Klasse* (5 b).

Boots|län|ge, die: *Länge eines Bootes [als Maßangabe bei Regatten].*

Boots|leu|te ⟨Pl.⟩: **1.** Pl. von ↑ Bootsmann. **2.** *Gesamtheit der Bootsfrauen und Bootsleute* (1).

Boots|mann, der ⟨Pl. ...leute⟩: **1.** *(auf Handelsschiffen) dem Wachoffizier zugeordneter Matrose.* **2.** (Militär) **a)** *niedrigster Dienstgrad in der Rangordnung der Unteroffiziere mit Portepee (bei der Marine);* **b)** *Träger dieses Dienstgrades.*

Boots|manns|maat, der: *unterer Dienstgrad bei der Bundesmarine.*

Boots|schlep|pe, die: *Anlegestelle mit Wagen für kleinere Boote an Staustufen.*

Boots|steg, der: *Steg, an dem Boote anlegen können.*

Bop, der; -[s], -s: Kurzf. von ↑ Bebop (1).

Bor, das; -s [spätmhd. buras < mlat. borax, ↑ Borax]: *nur in bestimmten mineralischen Verbindungen auftretendes Halbmetall (chemisches Element; Zeichen: B).*

Bo|ra, die; -, -s [ital. bora < lat. boreas < griech. boréas, ↑ Boreas]: *trocken-kalter Fallwind an der dalmatinischen Küste.*

Bo|rat, das; -[e]s, -e (Chemie): *Salz der Borsäure.*

Bo|rax, der, auch: das; -[es] [mlat. borax < arab. bawraq < pers. būra^h = borsaures Natron (Chemie): *Natriumsalz der Borsäure.*

¹Bord, das; -[e]s, -e [aus dem Niederd. < mniederd. bört, mit r-Umstellung zu ↑ Brett]: *(als Ablage dienendes an der Wand befestigtes Brett):* ein schmales, breites B.: *Bücher, Gläser auf ein B. stellen, vom B. nehmen.*

²Bord, der; -[e]s, -e ⟨Pl. selten⟩ [mhd., ahd. bort, urspr. identisch mit ↑ ¹Bord, dann vermischt mit nhd. brort (aengl. breord) = Rand]: **1.** *oberer Rand eines Schiffes [an dem sich das Deck anschließt]; Schiffsdeck: etw. über B. werfen (vom Schiff ins Wasser werfen); über B. gehen (vom Schiff ins Wasser fallen, ins Wasser gespült werden);* ✱ **etw. über B. werfen** (*etw. endgültig aufgeben, fallen lassen: alle Vorsicht über B. werfen*). **2.** *meist in bestimmten Verbindungen* **a)** *das Innere, der Innenraum eines Schiffes:* an B. eines Tankers gehen; Fracht an B. nehmen; an B. gehen; **b)** *das Innere, der Innenraum eines Autos, Flugzeugs, Raumschiffes:* der Pilot ist nicht an B. [der Maschine]; haben wir nichts zu trinken an B.?

³Bord, das; -[e]s, -e [mhd., ahd. bort, vgl. ²Bord] (schweiz., sonst veraltet): *Rand; [kleiner] Abhang, Böschung:* ◆ ... und gingen an den -en (*Ufern*) der Bäche hinauf (Keller, Romeo 29).

Bord|buch, das: **1.** *Buch an Bord eines Luftfahrzeugs, das über technische u. Betriebsdaten Auskunft gibt.* **2.** *Schiffstagebuch.* **3.** *Fahrtenbuch eines Kraftfahrzeugs.*

Bord|case [...keɪs, auch: ˈbɔːd...], das od. der; -, -s [...sɪs] [zu engl. case (= Koffer]: *kleines kofferähnliches Gepäckstück, das man bei Flugreisen als Handgepäck mitnehmen kann.*

Bord|com|pu|ter, der: *Computer an Bord von Flugzeugen u. Raumschiffen, auch in Kraftfahrzeugen, für die Auswertung von Daten aus dem bordeigenen Kontrollsystem u. zum Anzeigen von Defekten od. notwendigen Wartungsarbeiten.*

Börde, die; -, -n [mniederd. (ge)börde = Gerichtsbezirk, Landschaft; vgl. ahd. giburida = das, was einem zukommt]: *fruchtbare Niederung, bes. in der Norddeutschen Tiefebene:* Magdeburger B.

bor|deaux [bɔrˈdoː] ⟨indekl. Adj.⟩: *bordeauxrot.*

¹Bor|deaux: *Stadt in Frankreich.*

²Bor|deaux [bɔrˈdoː], der; - [bɔrˈdoː(s)], (Sorten:) -: *Bordeauxwein.*

bor|deaux|rot ⟨Adj.⟩ [nach der Farbe des Bordeauxweins]: *weinrot, dunkelrot:* ein -es Kleid.

Bor|deaux|wein, der: *Wein aus der weiteren Umgebung der französischen Stadt Bordeaux.*

bord|ei|gen ⟨Adj.⟩: *zur Ausstattung an ²Bord gehörend:* -e Kontrollsysteme.

Bord|elek|t|ro|nik, die: *Gesamtheit aller elektronischen Systeme eines Schiffs, Flugzeugs, Autos o. Ä.*

Bor|de|le|se, der; -n, -n: Ew. zu ↑¹Bordeaux.

Bor|de|le|sin, die; -, -nen: w. Form zu ↑Bordelese.

Bor|dell, das; -s, -e [mniederl. bordeel < afrz. bordel, eigtl. = Bretterbude, Vkl. von: borde = Hütte, Bauernhof, aus dem Germ., verw. mit ↑¹Bord]: *Haus, in dem Prostituierte ihrem Gewerbe nachgehen:* in ein B. gehen; Seitdem seine Frau ihn und alle Männer hasste, genoss er nur die Freuden, die in -en gespendet werden (Böll, Haus 38).

bör|deln ⟨sw. V.; hat⟩ [zu ↑³Bord]: *den Rand von Blechteilen od. Rohren umbiegen:* ich börd[e]le das Blech.

Bor|de|reau: ↑Bordero.

Bor|der|line|syn|drom, Bor|der|line-Syn|drom [...lain..., ˈbɔːdə...], das [zu engl. borderline = Grenzlinie; Grenz] (Med., Psychol.): *nicht genau einzuordnende, als Grenzfall zwischen Neurose u. Psychose bewertete schwere psychische Störung.*

Bor|de|ro, Bordereau [...ˈroː], der od. das; -s, -s [frz. bordereau (< ital. borderò), zu: bord, ↑bordieren] (Bankw.): *Verzeichnis eingelieferter Wertpapiere, bes. von Wechseln.*

Bord|funk, der: *Funkanlage an Bord eines Verkehrsmittels, bes. eines Schiffes, eines Flugzeugs.*

Bord|ge|päck, das: *Gepäck, das man bei Flugreisen mit an Bord nehmen darf.*

Bord|ka|me|ra, die: *an Bord von Flugzeugen u. Raumschiffen mitgeführte Film- od. Fernsehkamera.*

Bord|kar|te, die (Flugw.): *Karte, die dem Fluggast beim Einchecken ausgehändigt wird u. die er braucht, um an Bord des Flugzeugs gehen zu können.*

Bord|mit|tel ⟨Pl.⟩: *das, was an eigenen ¹Mitteln (1) zur Verfügung steht u. eingesetzt werden kann:* für aufwendige Inszenierungen reichen die B. des Theaters aus; die geplante Aktion wird aus -n finanziert.

Bord|stein, der: *(gegenüber der Fahrbahn erhöhte) steinerne Einfassung des Bürgersteigs, durch die der Bürgersteig von der Fahrbahn abgegrenzt wird.*

Bord|stein|kan|te, die: *obere Kante des Bordsteins.*

Bor|dun, der; -s, -e [ital. bordone, wohl lautm.] (Musik): **1.** *Register der tiefsten Pfeifen bei der Orgel.* **2.** *in gleichbleibender Tonhöhe gezupfte, gestrichene od. in Resonanz mitschwingende Saite.* **3.** *gleichbleibender Bass- od. Quintton beim Dudelsack.* **4.** *Orgelpunkt.*

Bor|dü|re, die; -, -n [frz. bordure = Borte, Kante, zu: border, ↑bordieren]: *Einfassung, Besatz; farbig gemusterter Rand eines Gewebes (1).*

Bor|dü|ren|kleid, das: *Kleid mit [aufgenähten] Bordüren.*

Bord|waf|fe, die ⟨meist Pl.⟩: *Waffe, die auf einem Waffenträger (Panzer, Schiff, Flugzeug) fest eingebaut ist.*

Bord|wand, die: *seitlicher Teil der Außenwand bei Flugzeugen, Schiffen u. Lastkraftwagen.*

Bord|werk|zeug, das: *zur Ausstattung eines Kraftfahrzeugs gehörender Satz (6) von Werkzeugen, mit denen kleinere Reparaturen durchgeführt werden können.*

bo|re|al ⟨Adj.⟩ [lat. borealis] (Geogr.): *dem nördlichen Klima Europas, Asiens u. Amerikas zugehörend; nördlich.*

Bo|re|as, der; - [lat. boreas < griech. boréas]: **1.** *Nordwind im Gebiet des Ägäischen Meeres.* **2.** (dichter.) *kalter Nordwind.*

Bö|rek, der od. das; -s, -s [türk. börek = Pastete]: *Gebäck aus einer Art Strudelteig mit einer Füllung aus Hackfleisch, Schafskäse od. Gemüse.*

Borg [mhd. borc = Geliehenes): in der Wendung **auf B.** (ohne sofortige Bezahlung): jmdm. etw. auf B. geben; er lebt, kauft nur auf B.).

bor|gen ⟨sw. V.; hat⟩ [mhd. borgen, ahd. bor[a]gēn, urspr. = auf etw. achthaben, jmdn. verschonen (mit einer Zahlungsforderung)]: **1.** *leihen* (1): jmdm. Geld, ein Buch b.; ⟨auch ohne Akk.-Obj.:⟩ er borgt nicht gern. **2.** *leihen* (2): ich habe [mir] bei ihr/von ihr ein Buch/ das Geld für die Reise geborgt; er hat den Frack nur geborgt; Einen Baum stehlen, das ist gemein, aber sich einen b., das geht (Schnurre, Bart 54); **Spr** Borgen bringt Sorgen.

Bor|ke, die; -, -n [aus dem Niederd. < mniederd. borke, wahrsch. eigtl. = Raues, Rissiges u. verw. mit ↑Barsch] (nordd.): **1.** *Rinde des Baumes.* **2.** *Kruste, die sich auf einer Wunde gebildet hat.* **3.** (abwertend) *[festsitzender] Schmutz, Schmutzschicht.*

Bor|ken|kä|fer, der: *Käfer, der überwiegend in u. unter der Rinde von Holzgewächsen lebt.*

Born, der; -[e]s, -e [aus dem Niederd. < mniederd. born, mit Umstellung des r aus ↑Bronn] (dichter.): *Brunnen, Wasserquelle:* ein kühler B.; Ü (geh.:) ein unerschöpflicher B. der Freude.

◆ **bör|nen** ⟨sw. V.; hat⟩ [eigtl. = zum Born führen]: *(Tiere) tränken:* Der dicke Mopsbraten hatte die Kälber nicht geböret (Storm, Schimmelreiter 27).

Bor|neo, -s: *zu den Großen Sundainseln zählende Insel des Malaiischen Archipels.*

bor|ne|sisch ⟨Adj.⟩: *Borneo betreffend; aus Borneo stammend.*

Born|holm, -s: *zu Dänemark gehörende Insel in der Ostsee.*

bor|niert ⟨Adj.⟩ [zu frz. borné, 2. Part. von: borner = beschränken, eigtl. = mit einem Grenzstein versehen, zu: borne = Grenzstein; Ziel, wohl aus dem Gall.] (abwertend): *engstirnig u. zugleich in ärgerlicher Weise eingebildet u. auf seinen Vorstellungen beharrend:* -e Leute, Ansichten; sei doch nicht so b.!

Bor|niert|heit, die; -, -en: **1.** ⟨o. Pl.⟩ *mit Eingebildetheit gepaarte Engstirnigkeit, Unbelehrbarkeit.* **2.** *engstirnige Äußerung, Handlung.*

Bor|re|lie, die; -, -n [nach dem frz. Bakteriologen A. Borrel (1867–1936)] (Med.): *zu den Spirochäten gehörende Bakterie.*

Bor|re|li|o|se, die; -, -n (Med.): *durch Borrelien verursachte und durch Zeckenbiss übertragene Krankheit.*

Bor|retsch, der; -[e]s [spätmhd. bor(r)etsch, bur(r)etsch, unter romanischem Einfluss < mlat. bor(r)ago, borrachia, wohl über das Iberoromanische < vulgärarabisch (a)bū ḥur(r)ayš(a), eigtl. = Vater des Rauen od. der Rauheit, unter Anspielung auf die borstig behaarten Stängel u. Blätter der Pflanze]: *(als Salatgewürz verwendete) krautige Pflanze mit behaarten Blättern u. kleinen blauen Blüten.*

Bor|säu|re, die: *als Desinfektionsmittel verwendete Säure des Bors.*

Borschtsch, der; - [russ. boršč, eigtl. = Bärenklau, der Name wurde von einer früher daraus hergestellten Suppe auf das neue Gericht übertragen]: (in Osteuropa sehr beliebte) *Suppe mit Roter Bete, Fleisch u. Kwass.*

¹Bör|se, die; -, -n [niederl. (geld)beurs < spätlat. bursa = Fell, Ledersack < griech. býrsa]: **1.** (österr., sonst geh. veraltend) *Geldbörse:* seine B. verlieren; Herr Quiche und seine Begleiterin stiegen... in einen herbeigewinkten Wagen; der junge Autor, die Hand auf der glücklich geblähten B., warf sich sofort in den nächsten (Langgässer, Siegel 454). **2.** *Einnahme eines Berufssportlers, bes. eines Boxers, in einem Wettkampf:* er hatte seine -n gut angelegt; 10000 Dollar als B. kassieren.

²Bör|se, die; -, -n [mniederl. beurs (nach der Brügger Kaufmannsfamilie van der Burse, deren Namen auf die angeblich in ihrem Wappen geführten drei Geldbeutel zurückgeht u. vor deren Haus sich Kaufleute zu Geschäftszwecken regelmäßig trafen), ↑¹Börse] (Wirtsch.): **1.** *regelmäßig stattfindender Markt für Wertpapiere, Devisen u. vertretbare (fungible) Waren, für die nach bestimmten festen Bräuchen Preise ausgehandelt werden:* die B. ist/verläuft ruhig, lebhaft, stürmisch; das Wertpapier ist an der B. zugelassen; an der B. spekulieren *(durch Kauf u. Verkauf von Aktien o. Ä. Geschäfte zu machen suchen).* **2.** *Gebäude, in dem die ²Börse (1) stattfindet:* die B. ist nachmittags geöffnet.

Bör|sen|auf|sicht, die: *staatliche Überwachung der Börse auf Einhaltung der gesetzlichen Vorschriften.*

Bör|sen|auf|sichts|be|hör|de, die: *für die Börsenaufsicht zuständige Behörde.*

Bör|sen|ba|ro|me|ter, das (Jargon): **1.** *Messwert, durch den eine Veränderung bestimmter Börsenkurse ausgedrückt wird:* das B. steigt, klettert auf 2422 Punkte, fällt um 2,5 Prozent auf 3490 Zähler, schließt bei 2584 Punkten. **2.** *grafische Darstellung der Entwicklung bestimmter Börsenkurse.*

Bör|sen|be|ginn, der: *Eröffnung der ²Börse (1):* bei B. war die Tendenz noch schwankend.

Bör|sen|be|richt, der: *Mitteilungen über Ereignisse an der ²Börse (1).*

Bör|sen|crash, der: *Börsensturz infolge einer Wirtschaftskrise, Börsenkrach.*

Bör|sen|ex|per|te, der: *Experte auf dem Gebiet des Börsenhandels, der Börsenkurse o. Ä.*

Bör|sen|ex|per|tin, die: *w. Form zu ↑Börsenexperte.*

bör|sen|fä|hig ⟨Adj.⟩ (Wirtsch.): *zum Börsenhandel zugelassen:* -e Wertpapiere.

Bör|sen|fä|hig|keit, die ⟨o. Pl.⟩ (Wirtsch.): *das Börsenfähigsein:* die B. von Aktien feststellen.

Bör|sen|gang, der: *erstmalige Zulassung zum Handel an der ²Börse (1):* der geplante B. des Fußballklubs wurde verschoben.

bör|sen|ge|han|delt ⟨Adj.⟩ (Wirtsch.): *an der Börse gehandelt:* -e Fonds.

Bör|sen|ge|schäft, das: *an der ²Börse (1) abgeschlossenes Geschäft.*

Bör|sen|han|del, der: *Gesamtheit der Börsengeschäfte.*

Bör|sen|händ|ler, der: *jmd., der Börsenhandel betreibt.*

Bör|sen|händ|le|rin, die: *w. Form zu ↑Börsenhändler.*

Bör|sen|krach, der: *Börsensturz infolge einer Wirtschaftskrise.*

Bör|sen|kurs, der: *an der ²Börse (1) ermittelter Kurs eines Wertpapiers.*

Bör|sen|mak|ler, der: *berufsmäßiger Vermittler von Börsengeschäften.*

Bör|sen|mak|le|rin, die: *w. Form zu ↑Börsenmakler.*

bör|sen|no|tiert ⟨Adj.⟩ (Wirtsch.): *durch den an*

Börsennotierung – Botanik

der Börse festgelegten Kurs (4) bewertet: ein -es Unternehmen; nur die Vorzugsaktie ist b.

Bör|sen|no|tie|rung, die ⟨Wirtsch.⟩: *Feststellung der amtlichen Börsenkurse.*

Bör|sen|platz, der: *Ort, an dem eine ²Börse (1) ihren Sitz hat:* der B. New York, Berlin.

Bör|sen|schluss, der: **1.** *festgesetzter Mindestbetrag bei bestimmten Abschlüssen an der Börse.* **2.** *Zeitpunkt der täglichen Schließung einer Börse.*

Bör|sen|spe|ku|lant, der: *jmd., der aus erwarteten Kursschwankungen Gewinne erzielen möchte.*

Bör|sen|spe|ku|lan|tin, die: w. Form zu ↑ Börsenspekulant.

Bör|sen|spe|ku|la|ti|on, die: *auf Gewinne aus künftigen Kursschwankungen abzielendes Verhalten an der Börse.*

Bör|sen|spra|che, die: *Fachsprache der Personen, die an der Börse tätig sind od. sie besuchen.*

Bör|sen|sturz, der ⟨Plural ...stürze⟩: *plötzliches u. tiefes Fallen der Börsenkurse.*

Bör|sen|wert, der ⟨Wirtsch.⟩: **1.** *an der Börse gehandeltes Wertpapier.* **2.** *Wert einer Aktiengesellschaft, der sich aus der Summe aller Aktien multipliziert mit deren Börsenkurs errechnet.*

Bör|sen|we|sen, das ⟨o. Pl.⟩: *alles, was mit der ²Börse (1) zusammenhängt, einschl. Funktion, Organisation u. Verwaltung.*

Bör|si|a|ner, der; -s, - ⟨ugs.⟩: **a)** *Börsenmakler;* **b)** *Börsenspekulant.*

Bör|si|a|ne|rin, die; -, -nen: w. Form zu ↑ Börsianer.

Bors|te, die; -, -n [mhd. borste, ahd. bursta, Nebenf. von mhd. borst, ahd. burst, eigtl. = Emporstehendes, verw. mit ↑ Barsch]: **1. a)** *dickes, hartes, steifes Haar bestimmter Tiere, bes. des Haus- u. Wildschweins:* eine Bürste aus echten, reinen -n; **b)** ⟨Pl.⟩ ⟨ugs. scherzh.⟩ *Kopf- od. Barthaar des Menschen:* sich die -n schneiden lassen. **2.** *aus Kunststoff hergestelltes, festes, haarähnliches Gebilde, aus dem Bürsten o. Ä. hergestellt werden:* künstliche -n.

bors|ten|ar|tig ⟨Adj.⟩: *wie Borsten [aussehend od. beschaffen]:* seine Haare sträubten sich b.

Bors|ten|tier, das ⟨ugs.⟩: *Schwein.*

Bors|ten|vieh, das ⟨ugs. scherzh.⟩: *Schwein[e]:* das liebe B.

bors|tig ⟨Adj.⟩ [mhd. borstoht]: **a)** *Borsten aufweisend:* ein -es Tier; **b)** *struppig, rau:* ein -er Bart; Ü er hat eine -e ⟨grobe, unfreundliche⟩ Art.

Bors|tig|keit, die; -, -en: **1.** ⟨o. Pl.⟩ *borstiges Wesen.* **2.** *borstige Äußerung.*

Bor|te, die; -, -n [mhd. borte, ahd. borto, Nebenf. von mhd., ahd. bort, ↑ ²Bord]: *gewebtes, gemustertes Band, das zur Verzierung auf Kleidungsstücke, Gardinen o. Ä. aufgenäht wird.*

Bo|rus|sia, die; - [nach dem nlat. Namen für Preußen]: *weibliche Gestalt als Personifikation, Sinnbild Preußens.*

bös ⟨Adj.⟩: ↑ böse (1 b, 2, 3, 5).

bös|ar|tig ⟨Adj.⟩: **1.** *auf hinterhältige Weise böse; heimtückisch:* ein -er Hund; b. lächeln. **2.** *(von Krankheiten) lebensbedrohend, gefährlich:* eine -e Geschwulst, Krankheit.

Bös|ar|tig|keit, die; -, -en: **1. a)** ⟨o. Pl.⟩ *hinterhältige Bosheit* (a), *Heimtücke;* **b)** *Bosheit* (b). **2.** ⟨o. Pl.⟩ *Gefährlichkeit, Bedrohlichkeit.*

Bö|schung, die; -, -en [zu alemann. bosch(en) = Strauch, urspr. = mit Strauchwerk befestigter Abhang eines Festungswalles, Bosch]: *schräg abfallende [befestigte] Seitenfläche (bes. bei Straßen- u. Bahndämmen); Abhang:* eine bepflanzte B.; die B. des Ufers; ... manchmal waren die -en mit dichtem Gras voller Glockenblumen bewachsen (Broch, Versucher 245).

Bö|schungs|li|nie, die: *Linie, die den Verlauf einer Böschung kennzeichnet.*

Bö|schungs|win|kel, der: *Neigungswinkel einer Böschung.*

bö|se ⟨Adj.⟩ [mhd. bœse, ahd. bōsi = böse, schlimm; gering, wertlos, eigtl. = aufgeblasen, geschwollen]: **1. a)** *moralisch schlecht; verwerflich:* ein -r Mensch; eine b. Tat; etw. aus -r Absicht tun; ⟨subst.:⟩ etw. Böses tun; Gutes mit Bösem vergelten; das Böse in ihm hat gesiegt; **b)** *schlecht, schlimm, übel:* ein -r Traum; b. Jahre erleben; b. Erfahrungen machen; eine b. Geschichte; ein -r Reinfall; eine b. ⟨gefährliche⟩ Krankheit; die Worte waren nicht bös[e] gemeint; man hat ihr bös[e] mitgespielt; ⟨subst.:⟩ jmdm. schwant Böses; nichts Böses ahnen (*auf Unangenehmes o. Ä. nicht gefasst sein*). **2.** ⟨ugs.⟩ *ärgerlich, zornig, wütend:* b. Augen bekommen; bös[e] sein, werden; jmdn. bös[e] anschauen; auf jmdn. b. sein (*sich über jmdn. ärgern*); [mit] jmdm. bös[e] sein (fam.; *keinen Umgang mehr pflegen*); über etw. bös[e] sein (*sich über etw. ärgern*); ⟨subst.:⟩ im Bösen (*im Streit*) auseinandergehen; Die Sekretärin aber hatte ihn entdeckt, verzog den -n Mund von eben zu einem netten Lachen (Kronauer, Bogenschütze 125). **3.** (fam.) *ungezogen, unartig:* du bist ein -s Kind; wenn du bös[e] bist, musst du sofort ins Bett. **4.** ⟨ugs.⟩ *(von Körperteilen) entzündet:* einen -n Finger, ein -s Auge haben. **5.** ⟨intensivierend bei Verben u. Adjektiven⟩ ⟨ugs.⟩ *sehr, überaus:* die Krankheit hat ihn bös[e] mitgenommen; sich bös[e] blamieren.

Bö|ser, der Böse/ein Böser; des/eines Bösen ⟨dichter.⟩: *Teufel.*

Bö|se|wicht, der; -[e]s, -e[r] [mhd. bœsewiht, zusger. aus: der bœse wiht, ahd. pōse wiht, ↑ Wicht]: **1.** (veraltend) *böser Mensch, Schuft, Verbrecher.* **2.** ⟨ugs. scherzh.⟩ *(in Bezug auf ein Kind) Schlingel, Schelm.*

bos|haft ⟨Adj.⟩: **a)** *böse* (1 a); *voller Neigung, Böses zu tun:* er ist ein -er Mensch; ein -er Streich; Ihr Mund ist klein und hässlich, und sie lächelt schlau und b. (Remarque, Obelisk 77); **b)** *voll von beißendem Spott; sarkastisch, maliziös:* eine -e Bemerkung; er ist ein -er Mensch (*ist voll von Boshaftigkeit*).

Bos|haf|tig|keit, die; -, -en: **1.** ⟨o. Pl.⟩ **a)** *boshafte Gesinnung;* **b)** *Sarkasmus, Spottlust.* **2.** *boshafte Handlung, Bemerkung:* -en von sich geben.

Bos|heit, die; -, -en [mhd., ahd. bōsheit, auch = Wertlosigkeit]: **a)** ⟨o. Pl.⟩ *das Bösesein; Schlechtigkeit, üble Gesinnung:* das ist reine B. von ihm; sie steckt voll B.; etw. aus lauter B. tun; **b)** *boshafte Handlung, Bemerkung:* jmdm. -en sagen.

Bos|kett, das; -s, -e [frz. bosquet < ital. boschetto, zu: bosco = Wald < mlat. boscus, H. u.]: *Gruppe von beschnittenen Büschen u. Bäumen (bes. in den Gärten der Renaissance- u. Barockzeit).*

Bos|koop: ↑ Boskop.

Bos|kop, Boskoop, der; -s, - [nach dem niederl. Ort Boskoop]: *säuerlich schmeckender Winterapfel mit rauer Schale.*

Bos|ni|ak, der; -en, -en (österr. nur so), **Bos|ni|a|ke,** der; -n, -n, -n: *muslimischer Bosnier.*

Bos|ni|a|kin, die; -, -nen: w. Form zu ↑ Bosniak.

Bos|ni|ckel, Bosnigl, der; -s, - [aus bayr. bos = böse u. älter Nickel = Kobold] (bayr., österr.): *boshafter Mensch.*

Bos|ni|en; -s: **1.** *Gebiet im Norden von Bosnien-Herzegowina.* **2.** *Kurzf. von* ↑ Bosnien-Herzegowina.

Bos|ni|en-Her|ze|go|wi|na [auch: ...'vi:na]; -s, **Bos|ni|en und Her|ze|go|wi|na** [auch: - - ...'vi:na]; - - -s: *Staat in Südosteuropa.*

Bos|ni|er, der; -s, -: Ew.

Bos|ni|e|rin, die; -, -nen: w. Form zu ↑ Bosnier.

Bos|nigl: ↑ Bosnickel.

bos|nisch ⟨Adj.⟩: *Bosnien, die Bosnier betreffend; von den Bosniern stammend.*

Bos|nisch, das; -[s], (nur mit best. Art.:) **Bos|ni|sche,** das; -n: *die bosnische Sprache.*

bos|nisch-her|ze|go|wi|nisch [auch: ...'vi:nɪʃ] ⟨Adj.⟩: *Bosnien-Herzegowina, die Bewohner von Bosnien-Herzegowina betreffend, zu diesen gehörend, von diesen stammend.*

Bos|po|rus, der; -: *Meerenge zwischen Schwarzem Meer u. Marmarameer.*

Boss, der; -es, -e [engl.-amerik. boss < niederl. baas, ↑ Baas] ⟨ugs.⟩: **1. a)** *Mann bzw. Frau an der Spitze eines Unternehmens o. Ä.:* die -e der Unternehmen, der Gewerkschaften; **b)** *Vorgesetzte[r], Chef[in]:* unser B. ist in Ordnung; sie ist der B. **2.** *Anführer einer Gruppe:* der B. der Bande.

Bos|sa no|va, der, auch: die; - -, - -s [port. (bras.) bossa nova, eigtl. = neue Welle]: *Tanz aus Südamerika.*

Bo|ßel, der; -s, -od. die; -, -n [aus dem Niederd.; vgl. mhd. bōʒen = stoßen, Kegel schieben] (nordd.): *beim Boßeln verwendete [mit Blei gefüllte] Kugel aus Hartholz od. Hartgummi.*

bos|seln ⟨sw. V.; hat⟩ [spätmhd. boʒeln = schlagen, klopfen, Kegel schieben, zu gleichbed. mhd. bōʒen (↑ Amboss); vermischt mit frühnhd. bosseln = erhabene Arbeit machen < frz. bosseler, zu: bosse = erhabene Arbeit, Beule, über das Galloroman. aus dem Germ.]: **1.** ⟨ugs.⟩ **a)** *an etw. mit Ausdauer arbeiten, herumbasteln [um es besonders gut zu machen]:* er bosselt an einem Spielzeug für seinen Sohn; abends boss[e]le ich gerne in meiner Werkstatt; **b)** *in Kleinarbeit [mühsam] herstellen; basteln:* eine Puppenstube b.; Ü ...er ist einer der gewiegtesten Techniker, die die deutsche Literatur je gehabt hat, ohne dass man Versen und Sätzen ansieht, wie sie gebosselt sind (Tucholsky, Werke II, 357). **2.** *bossieren.*

bo|ßeln ⟨sw. V.; hat⟩ (nordd.): *mit dem Boßel werfen.*

Bo|ßeln, das; -s (nordd.): *(im Sommer auf Wiesen, Landstraßen, Straßen, im Winter auf vereisten Flächen ausgetragenes) Spiel, bei dem mit Boßeln in einer festgelegten Anzahl von Würfen im Ziel getroffen od. eine möglichst weite Strecke durchmessen werden soll.*

Bos|sen|werk, das: *Mauerwerk aus grob behauenen Natursteinen.*

bos|sie|ren ⟨sw. V.; hat⟩: **1.** *einen Werkstein (meist im Steinbruch) roh bearbeiten:* Ü ♦ ... setzte sich nieder und bossierte (*bearbeitete, überarbeitete*) noch einige unleserliche Hexameter in seiner Messiade (Jean Paul, Wutz 36). **2.** *in Ton, Gips od. Wachs modellieren.*

Bos|sie|rer, der; -s, -: *jmd., der Bossierarbeiten ausführt.*

Bos|sie|re|rin, die; -, -nen: w. Form zu ↑ Bossierer.

Bos|sin: w. Form zu ↑ Boss (1).

Bos|sing, das; -s [engl. bossing, zu: to boss (about, around) = herumkommandieren]: *ständiges Schikanieren einzelner Mitarbeiter(innen) durch Vorgesetzte [mit der Absicht, sie von ihrem Arbeitsplatz zu vertreiben].*

¹Bos|ton ['bɔstən]: *Stadt in England u. in den USA.*

²Bos|ton, der; -s: *Kartenspiel mit Whistkarten, an dem 4 Spieler(innen) teilnehmen.*

³Bos|ton, der; -s, -s: *amerikanischer langsamer Walzer.*

bös|wil|lig ⟨Adj.⟩ (bes. Rechtsspr.): *in böser Absicht; absichtlich böse:* -e Verleumdung; b. handeln.

bot: ↑ bieten.

Bo|ta|nik, die; - [zu griech. botanikós = pflanzlich, zu: botánē = (Futter)pflanze]: **a)** *aus mehreren Teilgebieten bestehende Disziplin der Biologie; Lehre u. Wissenschaft von den Pflanzen;* **b)** ⟨ugs. scherzh.⟩ *die freie Natur (2), das Grüne:* wir sind den ganzen Tag durch die B. gezogen.

Bo|ta|ni|ker, der; -s, - [für älteres Botanicus bzw. Botanist]: *Wissenschaftler auf dem Gebiet der Botanik.*

Bo|ta|ni|ke|rin, die; -, -nen: w. Form zu ↑ Botaniker.

bo|ta|nisch ⟨Adj.⟩: *den Bereich der Botanik, die Pflanzenwelt betreffend:* eine -e Exkursion unternehmen.

◆ **Bo|ta|ni|sier|büch|se,** die: *Botanisiertrommel:* … der Lehrer Elisens, den leichten Strohhut auf dem Kopf, die grüne B. auf dem Rücken (Raabe, Chronik 74).

bo|ta|ni|sie|ren ⟨sw. V.; hat⟩ [griech. botanízein]: *Pflanzen zu Studienzwecken sammeln.*

Bo|ta|ni|sier|trom|mel, die: *länglicher Behälter aus Blech, in dem beim Botanisieren die Pflanzen aufbewahrt werden.*

Böt|chen, das; -s, -: Vkl. zu ↑ ¹Boot.

Bo|te, der; -n, -n [mhd. bote, ahd. boto, zu ↑ bieten in dessen alter Bed. »wissen lassen, befehlen«]: **a)** *jmd., der im Auftrag eines anderen etw. überbringt:* ein zuverlässiger B.; einen -n schicken; einen Brief durch einen -n zustellen lassen; Ü -n des Todes; Schneeglöckchen sind die -n des Frühlings; **b)** *Laufbursche einer Firma.*

bö|te: ↑ bieten.

Bo|tel, das; -s, -s [Kurzwort aus ↑ ¹Boot u. ↑ Hotel]: *als Hotel ausgebautes verankertes Schiff.*

Bo|ten|stoff, der (Med., Physiol.): *Transmitter* (2).

Bo|tin, die; -, -nen: w. Form zu ↑ Bote.

bot|mä|ßig ⟨Adj.⟩ [zu mhd. bot = Gebot] (veraltet): *untertan, gehorsam:* jmdm. b. sein.

Bot|mä|ßig|keit, die; - (veraltet): *Herrschaft; Gewalt* (1): unter fremder B. stehen; der Eroberer brachte das Volk unter seine B.

Bo|tox®, das; - [kurz für: Botulinumtoxin = ein Nervengift, zu: lat. botulus, ↑ Botulismus u. ↑ Toxin]: *Nervengift, das in stark verdünnter Form zum Glätten von Falten gespritzt wird.*

Bot|schaft, die; -, -en [mhd. bot(e)schaft, ahd. botoscaft, zu ↑ Bote]: **1. a)** (geh.) *wichtige, für den Empfänger bedeutungsvolle Nachricht [die durch einen Boten überbracht wird]:* eine willkommene, geheime B.; jmdm. eine B. hinterlassen; die [christliche] B. *(das Evangelium)* verkünden; * **die Frohe B.** (christl. Rel.): *das Evangelium;* **b)** *feierliche amtliche Verlautbarung o. Ä.:* eine B. des Präsidenten verlesen. **2. a)** *von einem Botschafter geleitete diplomatische Vertretung eines Staates im Ausland:* die deutschen -en in Ostasien; eine B. einrichten; **b)** *Gebäude, in dem sich eine Botschaft* (2 a) *befindet.*

Bot|schaf|ter, der; -s, - [im 16. Jh. = Bote]: *ranghöchster diplomatischer Vertreter eines Staates im Ausland:* B. austauschen; jmdn. zum B. ernennen.

Bot|schaf|te|rin, die; -, -nen: w. Form zu ↑ Botschafter.

Bot|schaf|ter|pos|ten, der: *Amt eines Botschafters, einer Botschafterin:* sie hat den B. in Washington angetreten.

Bot|schafts|flücht|ling, der: *jmd., der in eine Botschaft* (2b) *flüchtet, um dort politisches Asyl zu erlangen.*

Bot|schafts|se|kre|tär, der: *Beamter einer Botschaft.*

Bot|schafts|se|kre|tä|rin, die; -, -nen: w. Form zu ↑ Botschaftssekretär.

Bo|t|su|a|na, -s: Staat in Afrika.

Bo|t|su|a|ner, der; -s, -: Ew.

Bo|t|su|a|ne|rin, die; -, -nen: w. Form zu ↑ Botsuaner.

bo|t|su|a|nisch ⟨Adj.⟩: *Botsuana, die Botsuaner betreffend, zu ihnen gehörend.*

Bo|ts|wa|na: internationale Schreibung für Botsuana usw.

Bott, das; -[e]s, -e [mhd. bot = Gebot, Zunftversammlung] (schweiz.): *Mitgliederversammlung.*

Böt|cher, der; -s, - [aus dem Niederd. < mniederd. böddeker, zu: böde, bödde = hölzerne Wanne, Bütte]: *Handwerker, der hölzerne Gefäße herstellt* (Berufsbez.).

Böt|cher|ar|beit, die: **1.** *Tätigkeit eines Böttchers, einer Böttcherin.* **2.** *von einem Böttcher, einer Böttcherin gefertigte Arbeit.*

Böt|che|rei, die; -, -en: **1.** ⟨o. Pl.⟩ *Gewerbe eines Böttchers, einer Böttcherin.* **2.** *Arbeitsstätte, Werkstatt eines Böttchers, einer Böttcherin.*

Böt|che|rin, die; -, -nen: w. Form zu ↑ Böttcher.

böt|chern ⟨sw. V.; hat⟩: *als Böttcher[in] arbeiten; hölzerne Gefäße herstellen.*

Bot|tich, der; -[e]s, -e [mhd. botech(e), botige, ahd. potega, vermutlich Vermischung von mlat. poteca = Abstellraum, Vorratslager (< lat. apotheca, ↑ Apotheke) mit mlat. butica = Fass (< vlat. buttis)]: *großes, wannenartiges Gefäß aus Holz:* ein B. voll Farbe.

Bot|tle|neck ['bɔtl…], der; -s, -s [engl. bottleneck = Engpass, Flaschenhals]: **1.** (Wirtsch.) *Engpass* (2). **2.** [urspr. wurde ein abgeschlagener Flaschenhals benutzt] (Musik) *(im Blues verwendeter) metallener Aufsatz, der auf einen Finger gesteckt wird u. mit dem dann auf den Gitarrensaiten entlanggeglitten wird, sodass ein hoher, singender Ton erzielt wird.*

Bot|tle|par|ty, Bot|tle-Par|ty ['bɔtl…], die; -, -s [engl. bottle party, aus: bottle = Flasche u. ↑ Party]: *Party, zu der die Gäste die Getränke selbst mitbringen.*

Bot|tom-up-Me|tho|de ['bɔtm'lap…], die [zu engl. bottom up = verkehrt herum; von unten nach oben] (bes. Informatik): *Methode, bei der man von speziellen Details ausgeht u. schrittweise über immer umfassendere Strukturen die Gesamtstruktur eines Systems errichtet.*

Bo|tu|lis|mus, der; - [zu lat. botulus = Wurst] (Med.): *Lebensmittelvergiftung, vor allem durch verdorbene Fleisch- u. Wurstkonserven.*

¹Bou|clé, ¹Buklee [bu'kleː]; das; -s, -s [von frz. bouclé, 2. Part. von: boucler = ringeln, zu: boucle = Ring, Schleife < lat. buccula = Bäckchen]: *Garn mit Knoten u. Schlingen.*

²Bou|clé, ²Buklee [bu'kleː]; der; -s, -s [frz. tapis bouclé = mit einem sehr dehnbaren, gekräuselten Zwirn gewebter Teppich]: **a)** *Gewebe aus ¹Bouclé;* **b)** *Haargarnteppich mit nicht aufgeschnittenen Schlingen.*

Bou|doir [buˈdoaːɐ̯], das; -s, -s [frz. boudoir, eigtl. = Schmollwinkel, zu: bouder = schmollen, übellaunig sein, wohl lautm.] (veraltend): *elegantes Zimmer einer Dame.*

Bou|gain|vil|lea [bugɛˈvilea], die; -, -s [buja'bɛːs] [nach dem frz. Seefahrer L.-A. de Bougainville (1729–1811)]: *(in mehreren Arten im tropischen u. subtropischen Südamerika vorkommender) zu den Wunderblumen* (1) *gehörender Strauch od. kleiner Baum mit rosa, gelblicher od. weißer Blütenhülle an einem roten, violetten od. weißen Hochblatt.*

Bouil|la|baisse [buja'bɛːs], die; -, -s [buja'bɛːs] [frz. bouillabaisse < provenz. bouiabaisso, eigtl. = siede u. senk dich! (d. h., der Topf muss schnell vom Feuer genommen werden)] (Kochkunst): *provenzalische Fischsuppe.*

Bouil|lon [bul'jɔŋ, auch: bʊlˈjõː, österr. nur: buˈjõː], die; -, -s [frz. bouillon, zu: bouillir = wallen, sieden < lat. bullire]: *durch Auskochen von Fleisch, Knochen und Suppengemüse gewonnene Fleischbrühe:* B. mit Ei.

Bouil|lon|wür|fel, der (veraltend): *zu einem Würfel gepresster Fleischextrakt.*

Boule [buːl], das; -[s], auch: die; - [frz. boule = Kugel < lat. bulla, ↑ ²Bulle]: *dem Boccia ähnliches französisches Kugelspiel.*

Bou|let|te [bu…]: ↑ Bulette.

Bou|le|vard [bulaˈvaːɐ̯, österr.: bʊlˈvaːɐ̯], der; -s, -s [frz. boulevard < mniederl. bolwerc, vgl. Bollwerk]: *meist von Bäumen gesäumte, breite [Ring]straße, Prachtstraße.*

Bou|le|vard|blatt, das: *Boulevardzeitung.*

Bou|le|var|di|sie|rung, die ⟨Pl. selten⟩: *Tendenz zu sensationeller Aufmachung von [Presse]informationen:* die B. der Medien, der Kultur, der Politik.

Bou|le|vard|ma|ga|zin, das: **1.** *Magazin* (4 a), *dessen Beiträge sich im Wesentlichen aus gesellschaftlichem Klatsch, Sensationsmeldungen o. Ä. zusammensetzen.* **2.** *Magazin* (4b), *in dem über aktuelle Ereignisse, Mode, prominente Persönlichkeiten u. Ä. berichtet wird.*

Bou|le|vard|pres|se, die ⟨o. Pl.⟩ (oft abwertend): *Gesamtheit der sensationell aufgemachten, in großen Auflagen erscheinenden, überwiegend im Straßenverkauf angebotenen Zeitungen.*

Bou|le|vard|stück, das (Theater): *publikumswirksames, leichtes, unterhaltsames Theaterstück.*

Bou|le|vard|the|a|ter, das: *Theater mit leichtem Unterhaltungsrepertoire.*

Bou|le|vard|zei|tung, die: *sensationell aufgemachte Zeitung, die bes. mit Gesellschaftsklatsch u. Ä. ihre Leser unterhält.*

Bou|quet [buˈkeː]: ↑ Bukett.

Bou|qui|nist [bukiˈnɪst], der; -en, -en [frz. bouquiniste, zu: bouquin = altes Buch, aus dem Mniederl. u. eigtl. Vkl. von: boec = Buch]: *Antiquar, bes. Straßenbuchhändler in Paris.*

Bou|qui|nis|tin, die; -, -nen: w. Form zu ↑ Bouquinist.

Bour|bon ['bəːbən], der; -s, -s [nach dem urspr. Herstellungsort Bourbon County, Kentucky (USA)]: *amerikanischer Whiskey mit mildem Geschmack.*

Bour|bon|va|nil|le [bʊrˈbõː…], die [nach dem alten Namen Île Bourbon der Insel Réunion, einem der Hauptanbaugebiete]: *aus bestimmten Anbaugebieten stammende, als besonders hochwertig geltende Vanille* (2).

Bour|don [bʊrˈdõː], der; -s [frz. bourdon] (Musik): *Bordun.*

bour|geois [bʊrˈʒoa, in attr. Verwendung: bʊrˈʒoaː…] ⟨Adj.⟩ [frz. bourgeois] (veraltet): *den Bourgeois, die Bourgeoise, die Bourgeoisie betreffend, zu ihr gehörend.*

Bour|geois, der; - […a(ː)s], - […a(ː)s] [frz. bourgeois = Bürger, zu: bourg = Burg, Marktflecken, aus dem Germ., verw. mit ↑ Burg] (bildungsspr. abwertend): *Angehöriger der Bourgeoisie.*

Bour|geoise [bʊrˈʒoaːz(ə)], die; -, -s [bʊrˈʒoaːz(əs)]: w. Form zu ↑ Bourgeois.

Bour|geoi|sie [bʊrʒoaˈziː], die; -, -n [frz. bourgeoisie]: **1.** (bildungsspr. veraltet) *wohlhabendes Bürgertum.* **2.** (marx.) *herrschende Klasse der kapitalistischen Gesellschaft, die im Besitz der Produktionsmittel ist.*

Bour|rée [buˈreː, bʊˈreː], die; -, -s [frz. bourrée, zu: bourrer = ausstopfen, zu spätlat. burra = zottiges Gewand]: **a)** *alter französischer Volkstanz;* **b)** *Satz einer Suite.*

Bou|teil|le [buˈtɛːj(ə)], die; -, -n […jən] [frz. bouteille < vlat. but(t)icula = Fässchen] (veraltet): *Flasche.*

Bou|tique [buˈtiːk], die; -, -n […kn̩], selten: -s […tiːks] [frz. boutique < griech. apothḗkē, ↑ Apotheke]: *kleiner Laden, bes. kleines Modegeschäft, in dem modische Artikel, Kleidungsstücke o. Ä. angeboten werden.*

Bou|ton [buˈtõː], der; -s, -s [frz. bouton = Knospe, Knopf, aus dem Germ.]: **a)** *kleiner [runder] Anstecker;* **b)** *Schmuckknopf für das Ohr.*

bo|vin ⟨Adj.⟩ [lat. bovinus, zu: bos (Gen.: bovis) = Rind] (Tiermed.): *zum Rind gehörend.*

Bo|vist: ↑ Bofist.
Bow|den|zug ['ba̱u̱dn̩...], der; -[e]s, ...züge [nach dem engl. Industriellen Sir H. Bowden (1880–1960)] (Technik): *Kabel aus Draht zur Übertragung von Zugkräften, bes. an Kraftfahrzeugen.*
Bo|wie|mes|ser ['bo:vi...], das; -s, - [nach dem amerik. Oberst J. Bowie (1796–1836)]: *langes Jagdmesser.*
Bow|le ['bo:lə], die; -, -n [engl. bowl < aengl. bolla = (Punsch)napf]: **1.** *Getränk aus Wein, Schaumwein, Zucker u. Früchten od. würzenden Stoffen:* eine B. [mit Pfirsichen, mit Waldmeister] ansetzen; ein Glas B. **2.** *Gefäß zum Bereiten u. Auftragen einer Bowle (1):* eine B. aus Kristall.
bow|len ['bo:lən, 'boʊlən] ⟨sw. V.; hat⟩ [zu engl. to bowl, ↑ Bowling] (Sport): *Bowling spielen.*
Bow|len|glas ['bo:...], das ⟨Pl. ...gläser⟩: *Glas, aus dem Bowle (1) getrunken wird.*
Bow|len|löf|fel, der: *Schöpflöffel für Bowle.*
Bow|ler ['bo:lɐ, engl.: 'boʊlə], der; -s, - [engl. bowler, zu: bowl, ↑ Bowle]: *runder, steifer [Herren]hut; Melone.*
Bow|ling ['bo:lɪŋ, 'boʊlɪŋ], das; -s, -s [engl. bowling, zu: to bowl = rollen (lassen), schieben, zu frz. boule, ↑ Boule]: **1.** *amerikanische Art des Kegelspiels mit 10 Kegeln.* **2.** *englisches Kugelspiel auf glattem Rasen.*
Bow|ling|bahn, die: *Bahn für das Bowlen.*
Bow|ling|green [...gri:n], das; -s, -s [engl., zu: green = Grünfläche): *Rasenfläche für Bowling (2).*
Bowls [boʊlz] ⟨Pl.⟩ [engl. bowls, Pl. von: bowl = Kugel]: *Bowling (2).*
Box, die; -, -en [engl. box < vlat. buxis, ↑ Büchse]: **1.** *Stand* (2 a), *in dem das Pferd sich frei bewegen kann:* das Pferd aus seiner B. holen. **2. a)** *abgeteilter Einstellplatz für Wagen in einer Großgarage:* den Wagen in die B. fahren; **b)** *abgegrenzter Montageplatz für Rennwagen an einer Rennstrecke:* zum Reifenwechsel an die -en fahren. **3. a)** *einfache Rollfilmkamera in Kastenform;* **b)** *kastenförmiger Behälter:* eine praktische B. für das Pausenbrot. **4.** Kurzf. von ↑ Lautsprecherbox.
Box|ball, der: *ballförmiges Übungsgerät für Boxer.*
Box|calf, Boxkalf ['bɔkskalf, auch: ...kɑːf], das; -s [engl. boxcalf, urspr. = »kästchenförmige« Narbung auf der Unterseite von Kalbsleder, aus: box (↑ Box) u. calf = Kalb]: *fein genarbtes Kalbsleder.*
Box|calf|schuh, Boxkalfschuh, der: *Schuh aus Boxcalf.*
Bo|xe, die; -, -n: *Box.*
bo|xen ⟨sw. V.; hat⟩ [engl. to box, H. u.]: **1. a)** *[nach bestimmten Regeln] mit den Fäusten kämpfen; einen Boxkampf austragen:* taktisch klug b.; gegen jmdn. b.; ⟨subst.:⟩ er hat sich beim Boxen verletzt; **b)** *(Sportjargon) als Gegner(in) beim Boxkampf haben:* sie brannte darauf, die Europameisterin zu b. **2. a)** *mit der Faust schlagen, [leicht] stoßen;* er boxte ihn freundschaftlich in die Seite; er hat ihm/(auch:) ihn in den Magen geboxt; **b)** ⟨b. + sich⟩ (ugs.) *sich mit Fäusten bearbeiten, sich prügeln:* die Schüler boxten sich im Schulhof; **c)** *mit der Faust stoßen:* den Ball ins Aus b.; **d)** ⟨b. + sich⟩ (ugs.) *sich mit Fäusten und Armen einen Weg bahnend irgendwohin gelangen:* sich ins Freie b.; Ü er boxte sich durchs Leben.
Bo|xen|gas|se, die (Motorsport): *abgesperrter Bereich der Rennstrecke, in dem sich die Boxen* (2 b) *befinden.*
Bo|xen|lu|der, die (salopp): *junge, attraktive Frau, die sich bei großen Autorennen im Fahrerlager aufhält u. auf den Rennfahrzeugen posiert.*

Bo|xen|stopp, der: *das Anhalten während eines Rennens an der Box* (2 b) *bei einer Panne o. Ä.*
Bo|xer, der; -s, -: **1.** [engl. boxer] *Sportler, der Boxkämpfe austrägt:* der Ringrichter trennte die beiden B. **2.** [zu l boxen] (ugs.) *Stoß, Hieb mit der Faust:* jmdm. einen B. in den Rücken geben. **3.** [nach der breiten Nase, die an einen Boxer (1) erinnert] *mittelgroßer Hund mit kräftigem Körper, kurzem Haar u. gedrungen wirkendem Kopf.*
Bo|xe|rin, die; -, -nen: w. Form zu ↑ Boxer (1).
bo|xe|risch ⟨Adj.⟩: *den Boxsport betreffend, zu ihm gehörend, für ihn charakteristisch:* sein -es Können.
Bo|xer|mo|tor, der; -s, -en, auch: -e (Technik): *Verbrennungsmotor mit einander gegenüberliegenden Zylindern.*
Bo|xer|na|se, die: *Sattelnase, wie sie durch Bruch des Knochens in der Nase beim Boxen entstehen kann.*
Bo|xer|shorts ⟨Pl.⟩: **a)** *beim Boxkampf* (1) *getragene Shorts aus dünnerem, glänzendem [Seiden]stoff;* **b)** *im Zuschnitt Boxershorts* (a) *ähnliche Shorts als Unterbekleidung für Männer.*
Box|hand|schuh, der: *gepolsterter Lederhandschuh zum Boxen.*
Box|kalf usw.: ↑ Boxcalf usw.
Box|kampf, der: **1.** ⟨o. Pl.⟩ *das Boxen als sportliche Disziplin:* der B. erfordert viel Härte. **2.** *einzelne Veranstaltung in der Disziplin Boxkampf:* einen B. austragen.
Box|ring, der: *durch Seile begrenzter quadratischer Kampfplatz für Boxer(innen).*
Box|sport, der: *Boxkampf* (1).
Box|welt|meis|ter, der: *Weltmeister im Boxen.*
Box|welt|meis|te|rin, die: w. Form zu ↑ Boxweltmeister.
Boy [bɔy], der; -s, -s [engl. boy, H. u.]: **1.** *livrierter [Hotel]diener:* ein B. bedient den Fahrstuhl. **2.** (Jugendspr.) *Junge, junger Bursche:* sagt doch mal den -s Bescheid; Jetzt wissen die älteren Eltern hoffentlich Bescheid, mit welcher Sorte B. die Tochter abgerauscht ist (M. Walser, Seelenarbeit 286).
Boy|friend ['bɔyfrend], der; -[s], -s [engl. boyfriend]: *Freund eines jungen Mädchens.*
Boy|group ['bɔygruːp], der; -, -s [engl. boy group, zu: group = Gruppe]: *Popgruppe aus jungen, attraktiven Männern, deren Bühnenshow bes. durch tänzerische Elemente geprägt ist.*
Boy|kott, der; -[e]s, -e [engl. boycott, nach dem brit. Hauptmann u. Gutsverwalter Ch. C. Boycott (1832–1897), der sich in Irland durch Arroganz u. Strenge so verhasst machte, dass ihm die Arbeiter wegliefen, Geschäftsverbindungen mit ihm aufgegeben u. persönliche Beziehungen zu ihm abgebrochen wurden]: **1.** *politische, wirtschaftliche od. soziale Ächtung; Ausschluss von den politischen, wirtschaftlicher B.;* jmdm., einem Land den B. erklären; etw. mit B. belegen; zum B. gegen jmdn. aufrufen. **2. a)** *das Boykottieren, Verweigern:* man plant einen B. unseres Vorhabens, **b)** *das Boykottieren* (c), *Nichtbeachten:* Es gibt da so eine Art stillen -s, ganz leise, fast unmerklich - auf dem Lande ist dem Verfemten vorbei (Tucholsky, Zwischen 106).
Boy|kott|auf|ruf, der: *Aufruf zum Boykott.*
boy|kot|tie|ren ⟨sw. V.; hat⟩ [engl. to boycott]: **a)** *mit einem Boykott* (1) *belegen:* ein Land b.; **b)** *(bes. durch passiven Widerstand) die Ausführung von etw. ablehnen u. erschweren od. zu verhindern suchen:* einen Plan, ein Projekt b.; **c)** *zum Ausdruck der Ablehnung bewusst meiden:* einen Kollegen b.
Boy|kot|tie|rung, die; -, -en: *das Boykottieren, das Boykottiertwerden.*

Boy|scout, Boy-Scout ['bɔyskaʊt], der; -s, -s [engl. boy scout, aus: ↑ Boy u. ↑ Scout]: engl. Bez. für: *Pfadfinder.*
Bo|zen: *Stadt in Südtirol.*
¹Boz|ner, der; -s, -: Ew.
²Boz|ner ⟨indekl. Adj.⟩: die B. *Messe.*
Boz|ne|rin, die; -, -nen: w. Form zu ↑ ¹Bozner.
BPOL = Bundespolizei.
B-Pro|be ['beː...], die (Sport): *Dopingprobe* (2), *die versiegelt u. aufbewahrt wird.*
Bq = Becquerel.
Br = Brom.
BR = Bayerischer Rundfunk.
Bra|bant; -s: *belgische Provinz.*
brab|beln ⟨sw. V.; hat⟩ [aus dem Niederd. < mniederd. brabb(e)len, wohl lautm.] (ugs.): *undeutlich vor sich hin reden.*
Brab|bel|was|ser, das: in der Fügung **B. getrunken haben** (ugs. scherzh.; *redselig sein, unaufhörlich sprechen*).
¹brach: ↑ brechen.
²brach ⟨Adj.⟩ [aus mhd. in brāche ligen]: *unbestellt, unbebaut:* ein -er, b. *liegender Acker;* Felder, die b. liegen.
Bra|che, die; -, -n [mhd. brāche, ahd. brāhha, urspr. = das Brechen]: **1.** *brachliegendes Feld, Land.* **2.** *Zeit, während deren ein Acker brach liegt.*
brä|che: ↑ brechen.
Bra|chet, der; -s, -e [mhd. brāchōt = Zeit des Pflügens, zu: brachen = pflügen] (veraltet): *Juni.*
Brach|feld, das: *Brache* (1).
Brach|flä|che, die: *Brache* (1).
bra|chi|al ⟨Adj.⟩ [lat. brachialis = den Arm betreffend, zu: brachium = Arm] (bildungsspr.): *handgreiflich, mit roher Körperkraft:* mit -er *Gewalt vorgehen;* b. *vorgehen.*
Bra|chi|al|ge|walt, die ⟨o. Pl.⟩ (bildungsspr.): *rohe körperliche Gewalt als Mittel zur Durchsetzung von Zielen:* mit B. *vorgehen.*
Bra|chio|sau|ri|er, der, **Bra|chio|sau|rus,** der; -, ...rier [zu lat. brachium = Arm (nach den armähnlichen Vorderbeinen) u. griech. saũros = Eidechse] (Paläontol.): *pflanzenfressender, sehr großer Dinosaurier.*
Brach|land, das ⟨o. Pl.⟩: *Brache* (1).
brach le|gen, brạch|le|gen ⟨sw. V.; hat⟩: *(Land) von der Nutzung als Anbaufläche ausnehmen, [vorläufig] nicht mehr bebauen.*
brach|lie|gen ⟨st. V.; hat; südd., österr., schweiz. auch: ist⟩: *nicht genutzt werden:* jmds. *Kenntnisse, Fähigkeiten liegen brach.*
brach|lie|gend, brach liegend ⟨Adj.⟩: *(von für den Anbau geeignetem Land) unbebaut liegend; unbestellt bleibend:* ein -er *Acker.*
Brach|mo|nat, Brach|mond, der: *Brachet.*
Brach|se, die; -, -n, **Brach|sen,** der; -s, - [mhd. brahsem, ahd. brahs(i)a, brahsema, eigtl. = der Leuchtende, zu mhd. brehen = plötzlich aufleuchten, nach den glänzenden Schuppen]: *in Seen u. langsam fließenden Gewässern lebender Karpfenfisch.*
brạch|te, brạ̈ch|te: ↑ bringen.
Brach|vo|gel, der [zu ↑ Brache; der Vogel hält sich häufig auf brachliegenden Feldern auf]: *zu den Schnepfen gehörender Vogel mit langem, gebogenem Schnabel.*
Bra|cke, der; -n, -n, seltener: die; -, -n [mhd. bracke, ahd. braccho, zu einem Verb mit der Bed. »riechen«, vgl. mhd. bræhen = riechen]: *schnell u. ausdauernd laufender Jagdhund.*
Bra|ckets ['brɛkɪts] ⟨Pl.⟩ [engl. brackets, Pl. von: bracket = Klammer, eigtl. = vorspringender od. angesetzter Teil; Latz u. älter Roman. zu lat. bracae (Pl.) = weite Kniehose (eigtl. = Kleidungsstück mit angesetztem Beinteil), aus dem Germ., verw. mit ↑ Breeches] (Zahnmed.): *zur*

Kieferkorrektur verwendete, an den Zähnen befestigte Metallklammern.

bra|ckig ⟨Adj.⟩ [älter brack, aus dem Niederd., zu mniederl. brac = salzig, H. u.]: *(von Wasser) schwach salzig u. daher ungenießbar:* stehendes, -es Wasser.

Bräˈckin, die; -, -nen [mhd. breckin, ahd. breckin(na)]: w. Form zu ↑ Bracke.

Brack|was|ser, das ⟨Pl. ...wasser⟩: *(im Mündungsgebiet von Flüssen u. in Strandseen sich bildendes) Gemisch aus Salzwasser u. Süßwasser.*

Brae|burn [ˈbreɪbəːn], der; -s, -s [engl. Braeburn, nach dem gleichnamigen neuseeländ. Ort, wo die Sorte erstmals gezüchtet wurde]: *Apfelsorte mit festem, saftigem Fruchtfleisch.*

Bräˈgen: ↑ Bregen.

Brah|ma: *zur Zeit des frühen Buddhismus höchster Gott des indischen Pantheons (2).*

Brah|ma|is|mus, der; -: Brahmanismus.

Brah|man, das; -[s] [sanskr. brahman = Gebet, geheimnisvolle Macht]: *Weltseele, magische Kraft der indischen Religion.*

Brah|ma|ne, der; -n, -n [sanskr. brahmana]: *Angehöriger der indischen Priesterkaste.*

Brah|ma|nin, die; -, -nen: w. Form zu ↑ Brahmane.

brah|ma|nisch ⟨Adj.⟩: *die Lehre der Brahmanen, die Brahmanen betreffend.*

Brah|ma|nis|mus, der; -: **1.** *eine der Hauptreligionen Indiens (aus dem Vedismus hervorgegangen).* **2.** (selten) *Hinduismus.*

Braille|schrift [ˈbraɪ(l)...], die; - [nach dem frz. Blindenlehrer L. Braille (1809–1852)]: *(international gebräuchliche) Blindenschrift.*

Brain|drain, der; -s, **Brain-Drain,** der od. das; -s [ˈbreɪndreɪn; engl. brain drain, aus: brain = Gehirn u. drain = Abfluss(rohr)]: *Abwanderung von Wissenschaftler[inne]n u. a. hoch qualifizierten Arbeitskräften ins Ausland, wodurch dem Abwanderungsland Arbeitskräfte verloren gehen.*

brain|stor|men [ˈbreɪnstɔːmən] ⟨sw. V.; hat⟩ [zu ↑ Brainstorming]: *ein Brainstorming durchführen:* wir haben gebrainstormt.

Brain|stor|ming [ˈbreɪnstɔːmɪŋ], das; -s, -s [engl. brainstorming, zu: brainstorm = Geistesblitz, aus: brain = Gehirn u. storm = Sturm] (bes. Wirtsch.): *Verfahren, durch Sammeln von spontanen Einfällen [der Mitarbeiter(innen)] die [beste] Lösung für ein Problem zu finden.*

Brain|trust, Brain-Trust [ˈbreɪntrʌst], der; -s, -s [engl.-amerik. brain trust, aus: brain = Gehirn u. ↑ Trust]: *beratender Ausschuss (bes. in Wirtschaft u. Politik); Expertengruppe.*

Bram, die; -, -en [niederl. bram, H. u.] (Seemannsspr.): *zweitoberste Verlängerung der Masten sowie deren Takelung bei Segelschiffen.*

Bra|mar|bas, der; -, -se [viell. zu span. bramar = schreien, heulen; zuerst in dem anonymen Gedicht »Cartell des Bramarbas an Don Quixote«] (bildungsspr.): *Prahlhans, Aufschneider.*

bra|mar|ba|sie|ren ⟨sw. V.; hat⟩ (geh. abwertend): *prahlen, aufschneiden.*

Bram|se|gel, das [niederl. bramzeil, zu: bram, ↑ Bram]: *an einer Stange der Bramstenge befestigtes Segel.*

Bram|sten|ge, die [niederl. bramsteng]: *zweitoberste Verlängerung eines Mastes.*

◆ **Bran|card** [brãˈkaːɐ̯], der; -s, -s [gek. aus: Brancardwagen, zu frz. brancard = Gabeldeichsel, norm. Form von: branche, ↑ Branche]: *einspänniger Packwagen ohne Seitenteile:* Angefahren kamen nun ... -s mit Koffern und Kisten (Goethe, Wahlverwandtschaften II, 4).

Bran|che [ˈbrãːʃə, ˈbrãʃə], die; -, -n [frz. branche < aprovenz. branca = Zweig, Arm < spätlat. branca, ↑ Pranke]: **a)** *Wirtschafts-, Geschäftszweig:* die gesamte B. verzeichnete einen Umsatzrückgang; in welcher B. sind Sie tätig?; **b)** (ugs.) *Fachgebiet:* die B. wechseln.

Bran|chen|be|ob|ach|ter, der: *jmd., der die Entwicklung einer bestimmten Branche (a) beobachtet.*

Bran|chen|be|ob|ach|te|rin, die: w. Form zu ↑ Branchenbeobachter.

Bran|chen|buch, das: *Branchenverzeichnis als Ergänzungsband zum Telefonbuch.*

Bran|chen|er|fah|rung, die: *Erfahrung in der (jeweiligen) Branche (a).*

Bran|chen|ex|per|te, der: *jmd., der sich in einer bestimmten Branche (a) sehr gut auskennt.*

Bran|chen|ex|per|tin, die: w. Form zu ↑ Branchenexperte.

bran|chen|fremd ⟨Adj.⟩: *nicht zu einer Branche (a) gehörend, nicht mit ihr vertraut.*

bran|chen|füh|rend ⟨Adj.⟩: *in einer bestimmten Branche (a) marktführend:* ein -es Unternehmen; eine -e Technologie.

Bran|chen|füh|rer, der: *branchenführendes Unternehmen.*

Bran|chen|füh|re|rin, die: w. Form zu ↑ Branchenführer.

Bran|chen|ken|ner, der: *Branchenexperte.*

Bran|chen|ken|ne|rin, die: w. Form zu ↑ Branchenkenner.

Bran|chen|kennt|nis, die: *Branchenerfahrung.*

bran|chen|kun|dig ⟨Adj.⟩: *mit einer Branche (a) vertraut.*

Bran|chen|mix, der (Wirtsch.): *das Vertretensein der jeweiligen Branchen (a) in großer Vielfalt in den Läden eines Geschäftsviertels, eines Einkaufszentrums o. Ä. zur Vermeidung eines zu einseitigen Einkaufsangebots.*

Bran|chen|pri|mus, der (ugs.): *Branchenführer.*

Bran|chen|rie|se, die (Jargon): *besonders großes Unternehmen einer Branche (a).*

bran|chen|spe|zi|fisch ⟨Adj.⟩: *für eine bestimmte Branche (a) spezifisch:* eine -e Lösung; -e Mindestlöhne.

bran|chen|über|grei|fend ⟨Adj.⟩: *mehrere Branchen (a) einbeziehend:* -e Lösungen, Kooperationen.

bran|chen|üb|lich ⟨Adj.⟩: *in der (jeweiligen) Branche (a) üblich.*

Bran|chen|ver|zeich|nis, das: *nach Branchen geordnetes Adressenverzeichnis [im Telefonbuch].*

bran|chen|weit ⟨Adj.⟩: *eine ganze Branche (a) umfassend, einschließend; in einer ganzen Branche (a) um -er Mindestlohn; die Umsätze sanken b. um 3,7 %.

Bran|chio|sau|ri|er, der, **Bran|chio|sau|rus,** der; -, ...rier (Paläont.): *Panzerlurch des Karbons u. Perms.*

¹**Brand,** der; -[e]s, Brände [mhd., ahd. brant, zu mhd. brinnen, ahd. brinnan, ↑ brennen]: **1. a)** *großes, vernichtendes Feuer, Feuersbrunst, Schadenfeuer:* ein verheerender, furchtbarer, riesiger B.; ein B. bricht aus, schwelt, wütet, greift um sich; einen B. verursachen, [an]legen, anfachen, löschen, ersticken, eindämmen; **b)** *das Brennen, In-Flammen-Aufgehen:* beim B. der Scheune sind mehrere Tiere umgekommen; etw. in B. halten/erhalten (dafür sorgen, dass es weiterbrennt); Ü den B.; (die heftige u. schmerzliche Leidenschaft) der Liebe, des Hasses, des Ehrgeizes [im Herzen] spüren; *** in B. setzen/stecken (in zerstörerischer Absicht anzünden: die Scheune in B. setzen/stecken); **c)** ⟨meist Pl.⟩ *etw. Brennendes:* Brände auf jmdn., auf etw. schleudern, werfen. **2.** (Handwerk) *das Brennen (6 a):* der B. von Ziegeln, von Porzellan. **3.** (landsch.) *Heizmaterial, Hausbrand (2):* keinen B. mehr im Keller haben. **4.** (ugs.) *starker Durst:* seinen B. mit Bier löschen; einen tüchtigen B. haben, bekommen. **5.** ⟨o. Pl.⟩ **a)** (Med.) *Absterben von Gewebszellen:* trockener B. *(infolge von Durchblutungs- u. Ernährungsstörungen);* feuchter B. *(infolge hinzutretender bakterieller Fäulnis);* den B. haben, bekommen; **b)** (Biol.) *eine bes. durch Pilze hervorgerufene Pflanzenkrankheit:* der Baum, das Getreide ist vom B. befallen. **6.** *Branntwein:* ein B. aus Beeren, Zuckerrohr, Getreide. ♦ **7.** ⟨o. Pl.⟩ *das Branden; Brandung:* ... an dem Ufer ruhig mögen wir den B. der Wellen mit Verwunderung schauen (Schiller, Demetrius II, 1).

²**Brand** [brænd], der, auch: das; -[s], -s, selten: die; -, -s [engl. brand = Marke (2 a); Brandmal] (Wirtsch.): *Marke (2 a), Markenartikel, Markenfirma.*

brand- (emotional verstärkend): *drückt in Bildungen mit Adjektiven eine Verstärkung aus; sehr:* brandgefährlich, -notwendig.

brand|ak|tu|ell ⟨Adj.⟩ (emotional verstärkend): *in hohem Maße aktuell:* eine -e Nachricht; das Thema ist b.

Brand|an|schlag, der: *Anschlag (2), bei dem Feuer gelegt wird.*

Brand|be|kämp|fung, die: *das Bekämpfen (b) eines ¹Brandes (1 a):* die B. als originäre Aufgabe der Feuerwehr.

Brand|be|schleu|ni|ger, der: *leicht brennbare chemische Substanz, die die Ausbreitung eines Feuers beschleunigt.*

Brand|be|stat|tung, die (Archäol.): *Feuerbestattung.*

Brand|bin|de, die: *für die Behandlung kleinerer Brandwunden präparierte Mullbinde.*

Brand|bla|se, die: *Blase (1 b).*

Brand|bom|be, die: *mit leicht entzündlichen Stoffen gefüllte Bombe.*

Brand|brief, der [urspr. = Bettelbrief um Geld, nach häufig missbrauchten behördlichen Schreiben, die zum Sammeln für Abgebrannte berechtigten] (ugs.): *sehr dringendes Bittschreiben, Mahnbrief.*

Brand|di|rek|tor, der: *Leiter einer Berufsfeuerwehr.*

Brand|di|rek|to|rin, die: w. Form zu ↑ Branddirektor.

brand|ei|lig ⟨Adj.⟩ (emotional verstärkend): *sehr eilig:* ein -er Auftrag; dieser Brief ist b.

Brand|ei|sen, das: *stempelartiges Werkzeug zum Einbrennen von Brandzeichen.*

bran|deln ⟨sw. V.; hat⟩ (bayr., österr. ugs.): **1.** *nach Verbranntem riechen.* **2.** *notgedrungen übermäßig viel bezahlen:* er hat ganz schön b. müssen.

¹**bran|den** ⟨sw. V.⟩ [zu ↑ Brandung] (geh.): **a)** ⟨hat⟩ *schäumend hochschlagen, [starke] Brandung haben:* die See brandet stark; **b)** ⟨ist⟩ *schäumend an etw. prallen, sich an etw. brechen:* das Meer brandet an/gegen die Kaimauer, ist gegen die Felsen gebrandet; Ü brandender (tosender, brausender) Beifall.

²**bran|den** [ˈbrɛndn̩; engl. to brand = mit einem Markenzeichen versehen, eigtl. = mit einem Brandzeichen markieren, vgl. ²Brand] (Wirtsch.): *mit einer Aufschrift, einem Markenzeichen, einer Werbebotschaft versehen, ausstatten:* die Fans haben sich mit Deutschland-Schals gebrandet; ein gebrandetes Flugzeug; gebrandete Handys (Handys, die der Netzbetreiber von einem Hersteller bezieht u., geringfügig verändert, unter eigenem Markenzeichen verkauft).

Bran|den|burg, -s: **1.** *deutsches Bundesland.* **2.** *Stadt an der Havel.*

¹**Bran|den|bur|ger,** der; -s, -: Ew.

²**Bran|den|bur|ger** ⟨indekl. Adj.⟩: *das B. Tor.*

Bran|den|bur|ge|rin, die; -, -nen: w. Form zu ↑ ¹Brandenburger.

brandenburgisch – Brasserie

bran|den|bur|gisch ⟨Adj.⟩: *Brandenburg, die Brandenburger betreffend; von den Brandenburgern stammend, zu ihnen gehörend.*

Brand|en|te, die: *ältere Bez. für* ↑ Brandgans.

Brand|fa|ckel, die: *brennende Fackel, die einen* ¹*Brand* (1 a) *entfachen soll:* eine B. schleudern; Ü (geh.:) die B. des Krieges.

◆ **Brand|fle|cken:** ↑ Brandfleck: Ü … die Buhlerin …, die den B. ihrer Ehre in meiner Schande auswaschen würde (Schiller, Kabale I, 7).

Brand|gans, die: *in Europa u. Asien beheimateter Schwimmvogel mit grünlich schwarzem Kopf und Hals u. weißem Körper mit breiter, fuchsroter Binde um den vorderen Teil.*

Brand|ge|fahr, die: *Gefahr eines* ¹*Brandes* (1 a): wegen B. hier bitte nicht rauchen.

brand|ge|fähr|lich ⟨Adj.⟩ (meist Sportjargon): *äußerst, sehr gefährlich.*

Brand|ge|ruch, der: *Geruch nach etw. Verbranntem.*

Brand|ge|schoss […gəʃɔs], (südd., österr.:)
Brand|ge|schoß […gəʃoːs], das (Militär): *einen Brandstoff enthaltendes Geschoss* (1), *das beim Aufschlag einen* ¹*Brand* (1 a) *entfacht.*

Brand|gie|bel, der: *zwischen aneinanderstoßenden Gebäuden erhöht gebauter feuersicherer Giebel.*

Brand|glo|cke, die: *Alarmglocke, die bei einem* ¹*Brand* (1 a) *geläutet wird.*

Brand|grab, das (Archäol.): *vorgeschichtliches Grab, in dem die Überreste von verbrannten Toten bestattet wurden.*

brand|heiß ⟨Adj.⟩ (emotional verstärkend): *höchst aktuell:* ein -es Angebot.

Brand|herd, der: *Herd* (2 a), *Ausgangsstelle eines* ¹*Brandes* (1 a): den B. feststellen.

bran|dig ⟨Adj.⟩: **1.** *brenzlig:* ein -er Geruch; b. riechen, schmecken. **2. a)** (Med.) *von Gewebebrand befallen:* -es Gewebe; **b)** (Bot.) *von dem durch einen Pilz hervorgerufenen* ¹*Brand* (5 b) *befallen.*

Bran|ding ['brændɪŋ], das; - [engl. branding, zu: to brand = mit einem Warenzeichen versehen; mit dem Brandeisen kennzeichnen]: **1.** (Wirtsch.) *Entwicklung von Markennamen.* **2.** *das Einbrennen von bestimmten Mustern in die Haut mithilfe einer heißen Nadel.*

Brand|kas|se, die: *kleinere Feuerversicherung.*

Brand|ka|ta|s|t|ro|phe, die: *durch einen* ¹*Brand* (1 a) *ausgelöste Katastrophe.*

Brand|kul|tur, die: *landwirtschaftliches Verfahren, durch Abbrennen des Bodens Nutzland zu gewinnen.*

Brand|le|ger, der; -s, - (österr.): *Brandstifter.*

Brand|le|ge|rin, die; -, -nen: w. Form zu ↑ Brandleger.

Brand|le|gung; die; -, -en (österr.): *Brandstiftung.*

Brand|mal, das ⟨Pl. -e, selten: …mäler⟩ (geh.): *durch eine Verbrennung entstandenes Mal, Zeichen.*

◆ **brand|ma|len** ⟨sw. V.; hat⟩: *mit einem Brandmal versehen, brandmarken:* Hat dich des Allmächtigen Donner nicht genug an dieser erhobnen Stirne gebrandmalt (Wieland, Messias 2, 684).

Brand|ma|le|rei, die: *das Einbrennen von bildlichen Darstellungen in Holz mit einem glühenden Stahl- od. Platinstift.*

Brand|ma|na|ger ['brændmænɪdʒɐ], der; -s, - [engl., zu: brand = Marke (2 a); Brandmal] (Wirtsch.): *Angestellter eines Unternehmens, der für Marketing u. Werbung eines Markenartikels verantwortlich ist.*

Brand|ma|na|ge|rin, die; w. Form zu ↑ Brandmanager.

brand|mar|ken ⟨sw. V.; hat⟩ [eigtl. = mit einem Brandzeichen kenntlich machen]: *[öffentlich] bloßstellen, anprangern, scharf kritisieren:* sie brandmarkte die Missstände; er war für immer [als Verbrecher] gebrandmarkt.

Brand|mau|er, die: *feuerbeständige Mauer zwischen aneinanderstoßenden Gebäuden.*

Brand|meis|ter, der: *Führer eines Trupps der Berufsfeuerwehr.*

Brand|meis|te|rin, die: w. Form zu ↑ Brandmeister.

Brand|nacht, die: *Nacht des* ¹*Brandes* (1 a): er hat für die B. kein Alibi.

brand|neu ⟨Adj.⟩ [LÜ von engl. brand-new] (emotional verstärkend): *ganz neu:* ein -er Wagen; das Modell ist b.

Brand|op|fer, das: **1.** (Rel.) *Opfer* (1 a), *bei dem ein geschlachtetes Tier auf dem Altar verbrannt wird.* **2.** *Opfer* (3) *einer Brandkatastrophe.*

Brand|ort, der ⟨Pl. -e⟩: *Ort, an dem es brennt, gebrannt hat.*

Brand|pfeil, der: *Pfeil* (1), *dessen Spitze mit leicht brennbarem Material umwickelt ist, das vor dem Abschießen angezündet wird u. beim Auftreffen einen* ¹*Brand* (1 a) *auslösen soll.*

Brand|re|de, die: *flammende [anklagende politische] Rede:* eine B. halten.

Brand|ro|dung, die: *das Roden* (1) *durch Fällen u. Verbrennen der Bäume.*

brand|rot ⟨Adj.⟩: *leuchtend, flammend rot:* -es Haar; er wurde b. im Gesicht.

Brand|satz, der: *leicht entzündliches Gemisch aus chemischen Stoffen (bes. als Füllung von Brandbomben).*

Brand|scha|den, der: *durch einen* ¹*Brand* (1 a) *entstandener Schaden; Feuerschaden.*

brand|schat|zen ⟨sw. V.; hat⟩ [mhd. brantschatzen = durch Drohung mit Brand Abgaben erpressen, zu mhd. schatzen, ahd. scazzōn = Schätze sammeln; besteuern]: **a)** (früher) *mit der Drohung, Feuer zu legen, erpressen u. ausplündern, ausrauben:* eine brandschatzende Horde; gebrandschatzte Gebiete; **b)** *Feuer legen.*

Brand|schat|zung, die; -, -en: *das Brandschatzen.*

Brand|schnei|se, die: *in eine Waldfläche geschlagene Schneise* (1) *od. zwischen bebauten Flächen beim Einreißen u. Einebnen von Gebäuden geschaffener Zwischenraum, der bei einem* ¹*Brand* (1 a) *das Übergreifen der Flammen verhindern soll.*

Brand|schutz, der: **a)** ⟨o. Pl.⟩ *Gesamtheit der Maßnahmen zur Verhütung u. Bekämpfung von* ¹*Bränden* (1 a); **b)** *Vorrichtung, die dem Brandschutz (a) dient.*

Brand|schüt|zer, der (ugs.): *jmd., der mit dem Brandschutz befasst ist, sich für den Brandschutz engagiert; Feuerwehrmann.*

Brand|schüt|ze|rin, die: w. Form zu ↑ Brandschützer.

◆ **Brand|soh|le,** die [wird aus weniger gutem Leder gemacht, in dem meist das Brandzeichen sitzt]: *innere Sohle des Schuhs.*

◆ **Brand|statt,** die: *Brandstätte:* … dass nach mir kein Pflanzer mehr in zehen Menschenaltern auf dieser B. ernten soll (Schiller, Don Carlos V, 9).

Brand|stät|te, die (geh.): *Stätte, Stelle, an der es brennt, gebrannt hat.*

Brand|stel|le, die: **1.** *Stelle, an der es brennt, gebrannt hat.* **2.** *verbrannte, verkohlte Stelle:* -n im Holz, in der Decke.

Brand|stif|ter, der: *jmd., der vorsätzlich einen* ¹*Brand* (1 a) *legt od. den vorsätzlichen Brand verursacht:* Ü *die eigentlichen B.* (geh.; *Anstifter*) *blieben lange im Verborgenen.*

Brand|stif|te|rin, die: w. Form zu ↑ Brandstifter.

Brand|stif|tung, die: *vorsätzliches od. fahrlässiges Verursachen eines* ¹*Brandes* (1 a).

Brand|stoff, der: *leicht brennbare, schwer zu löschende chemische Substanz (z. B. Phosphor, Napalm), die als Füllung von Geschossen verwendet wird.*

Brand|teig, der (Kochkunst): *auf dem Herd, bei schwacher Hitze bereiteter Teig für bestimmte Arten von Gebäck.*

Bran|dung, die; -, -en ⟨Pl. selten⟩ [älter Branding < niederl. branding, zu: branden = brennen (nach dem Vergleich mit der Bewegung der Flammen od. mit einer kochenden Masse)]: *am Strand, an der Küste sich brechende Wellen:* sich in die B. stürzen.

Bran|dungs|küs|te, die: *Küste mit [starker] Brandung.*

Bran|dungs|rei|ten, das; -s: *Surfing* (1).

Brand|ur|sa|che, die: *Ursache eines* ¹*Brandes* (1 a).

Brand|ver|hü|tung, die: *Verhütung eines* ¹*Brandes* (1 a): *Maßnahmen zur B. treffen.*

Brand|ver|let|zung, die: *Verbrennung* (2).

Brand|wa|che, die: **1.** *Überwachung einer Brandstelle nach Beendigung der Löscharbeiten.* **2.** *Posten, der die Brandwache* (1) *übernimmt:* die B. bilden.

Brand|wun|de, die: *durch Verbrennung entstandene Wunde.*

Bran|dy ['brɛndi], der; -s, -s [engl. brandy, kurz für älter brandywine < niederl. brandewijn]: *engl. Bez. für: Weinbrand.*

Brand|zei|chen, das: *in das Fell von Zuchttieren eingebranntes Zeichen.*

brann|te: ↑ brennen.

Brannt|kalk, der: *durch Brennen von Kalk gewonnener technischer Rohstoff; Ätzkalk.*

Brannt|wein, der [der (zusgez. aus mhd.) gebranter wīn, da urspr. aus Wein hergestellt] (Fachspr., sonst veraltend): *alkoholreiches Getränk, das durch Destillation gegorener Flüssigkeiten gewonnen wird.*

Brannt|wein|bren|ner, der: *Hersteller von Branntwein.*

Brannt|wein|bren|ne|rei, die: *Brennerei* (b).

Brannt|wein|bren|ne|rin, die: w. Form zu ↑ Branntweinbrenner.

Brannt|wein|mo|no|pol, das: *Monopol (des Staates) auf Herstellung u. Verkauf von Branntwein.*

Brannt|wein|steu|er, die: *auf Branntwein erhobene Steuer.*

◆ **Brannt|wein|zapf,** der; -[e]s, …zäpfe [landsch. Zapf(en) = Säufer]: *Schnapsbruder:* Erst war er Schreiber …, pfuscht … jetzt Notaren und Advokaten ins Handwerk und ist ein B. (Goethe, Egmont II).

brä|sig ⟨Adj.⟩ [aus dem Niederd., eigtl. = kräftig, wohlgenährt] (bes. nordd.): *nicht imstande, willens, sich auf jmdn., etw. einzustellen; dickfellig.*

Brä|sig|keit, die; - (bes. nordd.): *bräsiges Benehmen; Dickfelligkeit.*

¹**Bra|sil,** der; -s, -e u. -s [zu Brasilien]: *dunkelbrauner, würziger südamerikanischer Tabak.*

²**Bra|sil,** der; -s, -[s]: *Zigarre aus* ¹*Brasil.*

Bra|si|lia, Bra|sí|lia [braˈziːli̯a]: *Hauptstadt von Brasilien.*

Bra|si|li|a|ner, der; -s, -: *Ew.*

Bra|si|li|a|ne|rin, die; -, -nen: w. Form zu ↑ Brasilianer.

bra|si|li|a|nisch ⟨Adj.⟩: *Brasilien, die Brasilianer betreffend; von den Brasilianern stammend, zu ihnen gehörend.*

Bra|si|li|en; -s: *Staat in Südamerika.*

Bra|sil|zi|gar|re, die: ²*Brasil.*

Brass|band, Brass-Band ['brɑːsbænd], die [engl. brass band, aus: brass = Messing u. band, ↑ ³Band]: *Blaskapelle.*

Bras|se, die; -, -n, **Bras|sen,** der; -s, - [mniederd. brassem, entsprechung von mhd. brahsen, ↑ Brachse] (nordd., md.): *Brachse, Brachsen.*

Bras|se|rie, die; -, …jen [frz. brasserie, eigtl. =

brät – Braune

Brauerei, zu: brasser = brauen, aus dem Vlat.]: Bierlokal.
brät: ↑ braten.
Brat|ap|fel, der: *auf der Herdplatte od. im Backofen durch Hitzeeinwirkung mürbe gemachter Apfel.*
bra|ten ⟨st. V.; hat⟩ [mhd. brāten, ahd. brātan, urspr. = (auf)wallen, sieden; nicht verw. mit ↑ Braten: **a)** *in Fett gar u. an der Oberfläche braun werden lassen:* Fleisch braun, scharf, knusprig b.; etw. in Öl b.; sie briet ihr ein Schnitzel; Kartoffeln in der Asche b. *(in der heißen Asche eines offenen Feuers gar werden lassen);* ♦ ein Jäger..., der sich sein Stücklein Fleisch bratet (Stifter, Granit 29); **b)** *unter Hitzeeinwirkung [in Fett] gar u. an der Oberfläche braun werden:* auf dem Ofen brieten Äpfel; die Kartoffeln brieten in der Pfanne; Ü *in der Sonne b.* (ugs.; *besonders lange sonnenbaden*); sich in/von der Sonne b. lassen (ugs.; *sich der prallen Sonne aussetzen u. sich bräunen lassen*).
Bra|ten, der; -s, - [mhd. brāte, ahd. brāto = schieres Fleisch, Weichteile; mhd. (in Anlehnung an das nicht verwandte ↑ braten) = gebratenes Fleisch]: *größeres gebratenes od. zum Braten bestimmtes Stück Fleisch:* den B. in den Ofen schieben, tranchieren; Brote mit kaltem B.; Ü *ein fetter B.* (ugs.; *ein großer Gewinn, ein guter Fang*); * *den B. riechen* (ugs.; *merken, ahnen, was ein Unangenehmem auf einen zukommt od. wo sich eine vorteilhafte Möglichkeit bietet*); **einen B. in der Röhre haben** (salopp; *schwanger sein*); **dem B. nicht trauen** (ugs.; *einer bestimmten Sache gegenüber misstrauisch sein*).
Bra|ten|duft, der: *von gebratenem Fleisch ausgehender Duft* (1).
Bra|ten|fett, das: *beim Braten aus dem Fleisch austretendes Fett.*
Bra|ten|fond, der: *Fond* (4).
Bra|ten|plat|te, die: *längliche Platte zum Servieren eines Bratens.*
Bra|ten|rock, der [in Anlehnung an älter: Bratenwams, das man bei Gastmählern trug] (veraltend scherzh.): *Gehrock.*
Bra|ten|saft, der: *beim Braten aus dem Fleisch austretender Saft.*
Bra|ten|so|ße, die: *[aus dem Bratensaft hergestellte] Soße, die zum Braten gegessen wird.*
Bra|ten|wen|der, der; -s, -: *Gerät, mit dessen Hilfe der Braten im Topf, in der Pfanne von einer Seite auf die andere gedreht werden kann.*
Brä|ter, der; -s, - (landsch.): *längliche [ovale] Pfanne mit hohem Rand [und Deckel] zum Braten und Schmoren.*
brat|fer|tig ⟨Adj.⟩: *zum Braten vorbereitet, vorgefertigt:* ein -es Hähnchen.
Brat|fett, das: *zum Braten verwendetes, geeignetes Fett.*
Brat|fisch, der: *gebratener od. zum Braten bestimmter Fisch.*
Brat|hähn|chen, das: *gebratenes Hähnchen.*
Brat|hendl, das (bayr., österr.): *Brathähnchen.*
Brat|he|ring, der: *gebratener Hering: sauer eingelegte -e.*
Brat|huhn, Brat|hühn|chen, das: *gebratenes Huhn, Hühnchen.*
Brat|kar|tof|fel, die: **1.** ⟨meist Pl.⟩ *in Scheibchen od. Würfel geschnittene u. gebratene rohe od. gekochte Kartoffel.* **2.** ⟨Pl.⟩ *Gericht aus Bratkartoffeln* (1).
Brat|kar|tof|fel|ver|hält|nis, das (ugs. abwertend veraltend): *von einem Mann bestimmter äußerer Annehmlichkeiten wegen unterhaltenes Verhältnis* (3 a), *bei dem von seiner Seite keine wirkliche Bindung besteht.*
Brat|klops, der (nordostd.): *Frikadelle.*

Brat|ling, der; -s, -e (Kochkunst): *gebratener Kloß aus Gemüse, Hülsenfrüchten.*
Brat|pfan|ne, die: *Pfanne zum Braten.*
Brat|röh|re, die: *Backofen.*
Brat|rost, der: ¹*Rost* (a), *auf dem Fleisch o. Ä. gebraten wird.*
Brat|sche, die; -, -n [gek. aus: Bratschgeige < ital. viola da braccio = Armgeige, aus: viola (↑²Viola) u. braccio = Arm < lat. brachium]: *Streichinstrument, das etwas größer ist als eine Violine u. eine Quinte tiefer als diese gestimmt ist.*
Brat|scher, der; -s, -: *jmd., der [berufsmäßig] Bratsche spielt.*
Brat|sche|rin, die; -, -nen: w. Form zu ↑ Bratscher.
Brat|schist, der; -en, -en: *Bratscher.*
Brat|schis|tin, die; -, -nen: w. Form zu ↑ Bratschist.
Brat|spieß, der: *Spieß* (2).
Brat|wurst, der: *[überwiegend aus Schweinefleisch bestehende] zum Braten bestimmte od. gebratene Wurst.*
Bräu, das; -[e]s, -e u. -s [mhd. briuwe = das Brauen, Gebrautes, zu: brūwen, ↑ brauen] (südd., österr.): **1.** *Bier.* **2.** *Brauerei* (2).
Brauch, der; -[e]s, Bräuche [mhd. brūch, ahd. brūh = Nutzen, Gebrauch, zu ↑ brauchen]: *innerhalb einer Gemeinschaft fest gewordene u. in bestimmten Formen ausgebildete Gewohnheit; überkommene Sitte:* ein überlieferter B.; ein religiöser B.; so ist es B./(österr.:) der B.; wie es B. ist; das ist bei ihm so B.; etw. nach altem B. feiern; * **im B. haben** (üblicherweise tun:... wie sie es sonst nicht alle Tage im B. hätte [Gotthelf, Spinne 10]).
brauch|bar ⟨Adj.⟩: *[für etw.] geeignet, verwendbar:* -e Vorschläge machen; das Material ist noch b.; er schreibt, argumentiert recht b. (*gut*).
Brauch|bar|keit, die; -, -en: **1.** *das Brauchbarsein; Nutzen.* **2.** *etw. Brauchbares.*
brau|chen ⟨sw. V.; hat⟩ [mhd. brūchen, ahd. brūhhan, urspr. = Nahrung aufnehmen, dann: an etw. teilhaben; nutzen, verwenden]: **1. a)** *nötig haben, [für sich] benötigen:* etw. dringend, unbedingt, rasch b.; Ruhe, Trost b.; zum Lesen eine Brille b.; Geld für etw. b.; jmdn., jmds. Hilfe b.; ich brauchte/(bes. ugs.:) bräuchte eigentlich neue Schuhe; ich kann dich jetzt nicht b. (fam.; *ich habe jetzt keine Zeit für dich*); diese Arbeit braucht [ihre] Zeit (*lässt sich nicht schnell erledigen*); er hat alles, was man zum Leben braucht; ich brauche das (ugs.; *ich habe das Bedürfnis danach*); **b)** *(zur Erledigung von etw. eine bestimmte Zeit) benötigen, aufwenden müssen:* für eine Arbeit Jahre b.; der Zug braucht zwei Stunden bis Stuttgart; **c)** *bedürfen:* es braucht nur einen Wink, und er kommt zurück; (geh. veraltend mit Gen.:) es braucht keines Beweises, keiner weiteren Erklärung; Ein paar Kammerherren – nicht viele, denn man brauchte ihrer nicht allzu viele an dem des Zuges... (Th. Mann, Hoheit 74). **2.** *gebrauchen, verwenden, benutzen:* etwas häufig, selten, oft b.; das kann ich gut, nicht [mehr] b.; kannst du die Sachen noch b.? (*hast du noch Verwendung dafür?*); seinen Verstand, seine Ellenbogen b.; er ist zu allem zu b. (ugs.; *ist sehr anstellig*); sie war heute zu nichts zu b. (ugs.; *war zu keiner Arbeit imstande*); Willst du mir den Revolver b., mich zu hindern? (Dürrenmatt, Richter 88). **3.** *(in bestimmter Menge) verbrauchen, aufbrauchen:* gestern haben wir wenig Strom; wir haben alles Geld, das gesamte Material gebraucht; ♦ (landsch. auch b. + sich:)... an einer Kindstaufe braucht man he Kummer zu haben, dass die Sache nicht (= alles, was man an Speisen und Getränken anbietet) nicht brauche (Gotthelf, Spinne 6). **4.** ⟨mit Inf. mit »zu«⟩; verneint od. eingeschränkt⟩ *müssen:* er braucht heute nicht zu arbeiten/(ugs. auch ohne »zu«:) braucht heute nicht arbeiten; du brauchst doch nicht (*es ist doch kein Grund vorhanden*) gleich zu weinen; es braucht nicht besonders gesagt zu werden, dass...; du brauchst es [mir] nur zu sagen; es braucht nicht sofort zu sein (*es hat Zeit*); ⟨mit Ellipse eines Verbs der Bewegung⟩ (ugs.:) ich brauche heute nicht in die Stadt. ♦ **5.** [entstanden aus der mhd. Bed. »(mit jmdm.) verkehren«] *besitzen* (2): Das Mädchen ist hübsch, und trutz allen Teufeln muss ich sie b. (Schiller, Fiesco I, 5).
♦ **Bräuch|lich|keit,** die; -, -en [zu bräuchlich = gebräuchlich]: *[Lebens]gewohnheit, Gepflogenheit:* ...dagegen wollte er aber auch nicht das Geringste von den bisherigen -en fahren lassen (Goethe, Wanderjahre II, 4).
Brauch|tum, das; -s, ...tümer ⟨Pl. selten⟩: *Gesamtheit der im Laufe der Zeit entstandenen u. überlieferten Bräuche:* bäuerisches B.; in der Gegend hat sich noch altes B. erhalten.
Brauch|was|ser, das ⟨Pl. ...wässer, seltener auch: ...wasser⟩: *für gewerbliche od. industrielle Zwecke bestimmtes Wasser, das nicht als Trinkwasser geeignet ist.*
Braue, die; -, -n [mhd. brā = Braue, Wimper, ahd. brā(wa) = Braue, Wimper, Lid, wahrsch. urspr. = Zwinkerndes, Blinzelndes (als Bez. für das Lid)]: *Augenbraue.*
brau|en ⟨sw. V.; hat⟩ [mhd. briuwen, brūwen, ahd. briuwan, brūwan, urspr. = (auf)wallen, sieden]: **1. a)** *Bier herstellen:* Bier b.; **b)** (ugs.) *ein Getränk zubereiten:* [sich] einen starken Kaffee b. **2.** (dichter.) *brodeln, wallen:* Ü ♦ ...fasste ihre politische Diagnose dahin zusammen: sie sähe nach Westen hin einen klaren Himmel, während im Osten finster braue (*sich etwas Gefährliches, Bedrohliches entwickle;* Fontane, Jenny Treibel 181).
Brau|er, der; -s, - [mhd. brouwer]: *Fachmann für die Herstellung von Bier* (Berufsbez.).
Braue|rei, die; -, -en: **1.** ⟨o. Pl.⟩ *Bierherstellung, das Brauen:* etwas von der B. verstehen. **2.** *Gewerbebetrieb zur Herstellung von Bier.*
Brau|e|rin, die; -, -nen: w. Form zu ↑ Brauer.
Brau|gers|te, die: *besonders gut für die Brauerei* (1) *geeignete Gerstensorte.*
Brau|haus, das: *Brauerei* (2).
Brau|meis|ter, der: *jmd., der als Brauer ausgebildet ist.*
Brau|meis|te|rin, die: w. Form zu ↑ Braumeister.
braun ⟨Adj.⟩ [mhd., ahd. brūn, urspr. = (weiß, rötlich, braun) schimmernd, leuchtend]: **1. a)** *von der Farbe feuchter Erde:* -es Haar haben; b. wie Kaffee; sie kam b. gebrannt aus dem Urlaub; sich von der Sonne b. brennen *(bräunen)* lassen; **b)** *sonnengebräunt:* sehr b. aus dem Urlaub nach Hause kommen. **2.** (abwertend) *nationalsozialistisch:* die -e Epoche; eine -e Gesinnung; er war N. (*war Nationalsozialist*).
Braun, das; -[s], -[s]: *braune Farbe:* ein dunkles, kräftiges B.; er bevorzugt [die Farbe] B.; sie erschien in B. (*in brauner Kleidung*).
Braun|al|ge, die: *Alge von meist bräunlicher Farbe.*
braun|äu|gig ⟨Adj.⟩: *braune Augen habend:* ein -es Mädchen.
Braun|bär, der: *Bär mit hell- bis dunkelbraunem Fell.*
Braun|e, das; -n: **1.** *das Braunsein, braune Farbe:* ein Gelb, das ins B. übergeht. **2.** *bräunliche Verfärbung; braun gefärbte Stelle:* das B. an einem Apfel entfernen.
Bräu|ne, die; - [mhd. briune]: *braune Färbung der Haut:* eine gesunde B.
♦ ²**Brau|ne,** die; -, -n: *Braue:*... diese kühn gewölbten, glänzend schwarzen -n (Hauff, Jud Süß 393).

bräu|nen ⟨sw. V.; hat⟩ [mhd. briunen]: **1. a)** *bewirken, dass jmd., etw. ein braunes Aussehen bekommt; braun machen:* die Sonne hat mich gebräunt; ⟨auch ohne Akk.-Obj.:⟩ die Sonne bräunt noch nicht; **b)** *braunes Aussehen bekommen, braun werden:* in der Sonne b.; Weißblatt wischte sich über die Stirn, die auch hier im Süden nicht bräunte (Strittmatter, Wundertäter 479); **c)** ⟨b. + sich⟩ *braun werden:* im Herbst bräunen sich die Blätter; meine Haut hat sich schnell gebräunt. **2.** (Kochkunst) **a)** *unter Hitzeeinwirkung braun [und knusprig] werden lassen:* Zwiebeln in Öl b.; gebräunte Butter; **b)** *unter Hitzeeinwirkung braun [und knusprig] werden:* die Gans bräunt schön, gleichmäßig; ⟨auch b. + sich:⟩ das Brot bräunte sich.
Bräu|ner, der Braune/ein Brauner; des/eines Braunen, die Braunen/zwei Braune: **1.** *braunes Pferd.* **2.** (österr.) *Mokka mit Sahne od. Milch:* ein großer B.
braun ge|brannt, braun|ge|brannt ⟨Adj.⟩: *von der Sonne gebräunt:* überall saßen braun gebrannte Urlauber herum.
braun|haa|rig ⟨Adj.⟩: *mit braunen Haaren:* ein -es Mädchen.
braun|häu|tig ⟨Adj.⟩: *braune Haut habend.*
Braun|kehl|chen, das; -s, -: *Singvogel aus der Familie der Drosseln mit bräunlichem Gefieder mit hellerer Streifung u. einem weißen Streifen über dem Auge.*
Braun|kohl, der (landsch.): *Grünkohl.*
Braun|koh|le, die: *aus untergegangenen Wäldern entstandene, erdige bis faserige Kohle von brauner bis schwarzer Farbe.*
Braun|koh|le|kraft|werk, das: *Kraftwerk, in dem Braunkohle in Strom umgewandelt wird.*
Braun|koh|len|bri|kett, das: *Brikett aus Braunkohle.*
Braun|koh|le|ta|ge|bau, der ⟨Pl. -e⟩ (Bergbau): *Tagebau von Braunkohle.*
bräun|lich ⟨Adj.⟩: *ein wenig braun getönt, sich im Farbton dem Braun nähernd, ins Braune spielend:* ein -es Fell; -e Haut.
braun|rot ⟨Adj.⟩: *in einem roten Farbton, der ins Braune spielt.*
Braun|schweig, *Stadt in Niedersachsen.*
¹Braun|schwei|ger, der; -s, -: *Ew.*
²Braun|schwei|ger ⟨indekl. Adj.⟩: *die B. Gymnasien.*
Braun|schwei|ge|rin, die; -, -nen: *w. Form zu ↑¹Braunschweiger.*
Braun|ton, der: *brauner Farbton:* warme Brauntöne bestimmen die neue Herbstkollektion.
Bräu|nung, die; -, -en: **1.** *das Bräunen; Braunwerden:* die B. der Haut. **2.** *braune Färbung:* eine schöne B. aufweisen.
Bräu|nungs|stu|dio, das: *mit Solarien ausgestatteter Salon o. Ä. zur Bräunung des Gesichts u. des Körpers.*
Braus: ↑ Saus.
Brau|se, die; -, -n: **1.** *(gek. aus Brauselimonade)* (ugs. veraltend) *Limonade:* eine B. trinken. **2.** [niederd. bruse; zu ↑ brausen] (veraltend) *Vorrichtung zum Brausen (2); Dusche:* die B. aufdrehen; sich mit der B. abspritzen. **3.** *siebartig durchlöcherter Aufsatz an Gießkannen (zum Verteilen des Wassers über eine größere Fläche):* die B. [auf die Gießkanne] aufsetzen.
Brau|se|bad, das (veraltend): *öffentliches Duschbad* (a).
Brau|se|kopf, der: **1.** *Duschkopf.* **2.** (veraltend) *hitziger, leicht aufbrausender Mensch.*
brau|se|köp|fig ⟨Adj.⟩ (veraltend): *leicht aufbrausend:* ein -er junger Mann.
Brau|se|li|mo|na|de, die: *Brause* (1).
brau|sen ⟨sw. V.⟩ [mhd. brūsen, lautm. od. verw. mit ↑ brauen]: **1.** ⟨hat⟩ (bes. von Wind u. Wellen) *ein gleichmäßiges ununterbrochenes Rauschen*

hervorbringen: das Meer, der Gebirgsbach braust; Ü brausenden *(tosenden)* Beifall ernten; Die Orgel brauste *(erklang in voller Stärke;* Handke, Frau 80). **2.** ⟨hat⟩ (veraltend) *duschen:* heiß, kalt b.; ich brause [mich] jeden Tag. **3.** ⟨ist⟩ *sich [geräuschvoll] mit hoher Geschwindigkeit bewegen:* über die Autobahn b.
Brau|sen, das; -s: **1.** *gleichmäßiges starkes Rauschen.* **2.** (veraltend) *das Duschen.*
Brau|se|pul|ver, das: *aus verschiedenen Stoffen, u. a. Kohlendioxid, Fruchtsäuren, Geschmacksstoffen bestehendes pulvriges Gemisch, das sich in Wasser unter Aufbrausen löst.*
Brau|stät|te, die (geh.): *Brauereibetrieb in seiner Gesamtheit.*
Bräu|stüb|chen, das [zu ↑ Bräu] (südd.): **a)** *kleines Gasthaus;* **b)** *Gastraum [einer Brauerei].*
Braut, die; -, Bräute [mhd., ahd. brūt, H. u.]: **a)** *Frau an ihrem Hochzeitstag:* die B. war, ging in Weiß; die B. zum Altar führen; **b)** *Verlobte:* eine heimliche B. haben; sie ist seine B.; Ü B. Christi (kath. Rel.; Nonne); **c)** (Jugendspr.) *Mädchen [als Objekt sexueller Begierde]:* wir haben tolle Bräute in unserer Klasse.
♦ **Braut|al|tar,** der: *Traualtar:* ... da mich Fiesco zum B. führte (Schiller, Fiesco III, 9).
Braut|aus|stat|tung, die: **1.** *Ausstattung* (2 d), *die einer Tochter bei der Heirat von ihren Eltern zugewendet wird; Aussteuer.* **2.** *Ausstattung* (2 a) *einer Braut* (a).
♦ **Braut|bett,** das: *Bett der Brautleute in der Hochzeitsnacht:* Ich hoffte, ihr -e mit Rosen zu bestreuen (Goethe, Clavigo V).
Braut|bu|kett, das: *Brautstrauß.*
Bräut|chen, das; -s, -: Vkl. zu ↑ Braut.
Braut|el|tern ⟨Pl.⟩: *Eltern der Braut* (a).
♦ **Braut|fahrt,** die: *Reise zur Brautwerbung:* ... dessen weltkundige B. meine Einbildungskraft entzündete (C. F. Meyer, Amulett 13).
Braut|füh|rer, der: *Begleiter einer Brautjungfer im Hochzeitszug.*
Bräu|ti|gam, der; -s, -e, ugs. auch: -s [mhd. briutegome, ahd. brūtigomo, aus brūt = Braut u. gomo = Mann (verw. mit lat. homo = Mann; Mensch): **a)** *Mann an seinem Hochzeitstag:* der B. führte seine Braut zum Altar; **b)** *Verlobter:* sie stellte ihn auf der Party als ihren B. vor.
Braut|jung|fer, die: *ledige Freundin od. Verwandte der Braut* (a), *die diese zur Kirche führt od. dem Paar im Hochzeitszug folgt.*
Braut|kleid, das: *Hochzeitskleid* (1).
Braut|kranz, der: *[Myrten]kranz, den die Braut* (a) *als Kopfschmuck bei der Hochzeit trägt.*
Braut|kro|ne, die: *mit Perlen u. Bändern versehener kostbarer Kopfschmuck der Braut* (a) *bei der Hochzeit.*
♦ **Braut|lauf,** der [eigtl. = Tanz des Bräutigams auf die Braut zu]: *Hochzeit:* Das ist der Klostermei'r von Mörlischachen, der hier den B. hält (Schiller, Tell IV, 3).
Braut|leu|te ⟨Pl.⟩: *Brautpaar.*
bräut|lich ⟨Adj.⟩ **a)** *die Braut* (a) *betreffend, zu ihr gehörend:* -er Kopfschmuck; **b)** *wie es einer Braut* (a) *zukommt:* b. aussehen.
Braut|mut|ter, die: *Mutter der Braut* (a).
Braut|paar, das; -es, -s: *verlobtes Paar; Paar am Tag seiner Hochzeit.*
Braut|preis, der (Völkerkunde): *Preis, den der Bräutigam bei einer Kaufheirat an den Vater der Braut* (a) *zu zahlen hat.*
Braut|schau: in den Wendungen **auf [die] B. gehen; B. halten** (ugs. scherzh.; *eine Ehefrau suchen*).
♦ **Braut|schen|ke,** die; -, -n [zu Schenke, mhd. schenke = Geschenk]: *Verlobungsgeschenk:* ... so legt' er zuvörderst die silberne Haube, seine B., hin (Mörike, Hutzelmännlein 161).

Braut|schlei|er, der: *[aus feinem, meist durchsichtigem Gewebe bestehender] Schleier* (1) *der Braut* (a).
Braut|stand, der ⟨o. Pl.⟩ (veraltend): *Zeit von der Verlobung bis zur Hochzeit.*
Braut|strauß, der: *Blumengebinde, das die Braut* (a) *[vom Bräutigam bekommt u.] während der Zeremonie der Trauung in der Hand hält.*
♦ **Braut|tag,** der: *Hochzeitstag:* ... und diese Vorstellung kam meinem Frauenzimmer erst am B. (Schiller, Fiesco I, 1).
Braut|va|ter, der: *Vater der Braut* (a).
brav ⟨Adj.⟩ [frz. brave < ital. bravo = wacker; unbändig, wild, über das Vlat. zu lat. barbarus = fremd; ungesittet, ↑ Barbar]: **1.** *(von Kindern) sich so verhaltend, wie es die Erwachsenen erwarten od. wünschen; gehorsam; artig:* ein -es Kind; sei b.!; b. sitzen bleiben. **2. a)** (veraltend) *von rechtschaffener, biederer Wesensart:* ein -er Bürger; sie hat einen -en Mann; **b)** *bieder, hausbacken:* das Kleid sitzt b. für einen Ball zu b.; eine brave Bluse sieht sie b. aus; eine Sonate b. *(korrekt, aber ohne besonderes Format)* herunterspielen. **3.** (veraltend) *tapfer, mutig:* ein -er Soldat; sich b. schlagen. ♦ **4.** *eine positive Empfindung auslösend:* ... ein süßer Duft weht über die Stelle, aber ein ganz eigentümlicher. Es war ein -er *(angenehm riechender)* Tabak, den der Alte bei seiner absonderlichen Lektüre verqualmte (Raabe, Alte Nester 23).
♦ **Bra|ve,** der; -n, -n: *Bravo:* ... um meine Händel auszumachen, brauchte ich keinen -n (Goethe, Benvenuto Cellini I, 2, 3).
Brav|heit, die; -: *das Bravsein.*
bra|vis|si|mo ⟨Interj.⟩ [ital. bravissimo, Sup. von ↑ bravo]: *sehr gut!; ausgezeichnet!* (Ausruf des Beifalls u. der Anerkennung).
♦ **brav|mü|tig** ⟨Adj.⟩: *rechtschaffen, bieder:* ... die Schnapper-Elle sei zwar eitel ..., aber sehr b. (Heine, Rabbi 479).
bra|vo ⟨Interj.⟩ [ital. bravo (Beifallsruf der Zuschauer in der italienischen Oper), ↑ brav]: *gut!; schön!* (Ausruf des Beifalls u. der Anerkennung): b. rufen.
Bra|vo, das; -s, -s: *Bravoruf; Beifallsruf:* ein B. für den Künstler; B. rufen.
Bra|vo|ruf, der: *Beifallsruf.*
Bra|vour [braˈvuːɐ̯], **Bravur,** die; -, -en [frz. bravoure < ital. bravura = Tüchtigkeit, Tapferkeit, zu: bravo, ↑ brav]: **1.** (o. Pl.) *Tapferkeit, Schneid:* die B. der Soldaten; mit großer B. kämpfen. **2. a)** ⟨o. Pl.⟩ *vollendete Meisterschaft, meisterhafte Technik:* eine schwere Aufgabe mit B. lösen; **b)** ⟨Pl.⟩ *meisterhaft ausgeführte Darbietungen, bravouröse Leistungen:* die -en der Eiskunstläuferin wurden bewundert.
Bra|vour|arie, die: *schwierige, auf virtuose Wirkung abzielende Arie (meist für Frauenstimme).*
Bra|vour|leis|tung, die: *Glanzleistung, Meisterleistung.*
bra|vou|rös [bravuˈrøːs], **bravurös** ⟨Adj.⟩ [frz. bravoureux]: **a)** *schneidig-forsch:* in -er Fahrt dahinbrausen; **b)** *technisch meisterhaft:* er hat beim Spiel eine -e Technik; sein Klavierspiel ist einfach b.
Bra|vour|stück, das: **1.** (Musik) *technisch schwieriges, auf virtuose Wirkung abzielendes Musikstück:* diese Arie ist ein B. **2.** *Glanzstück, Glanznummer:* diese Rede war ein wahres B.
Bra|vur usw.: ↑ Bravour usw.
Braz|za|ville [brazaˈvil]: *Hauptstadt der Republik Kongo.*
BRD [beːɛrˈdeː], die; -: *Bundesrepublik Deutschland.*
break [breɪk] ⟨Interj.⟩ [engl., zu: to break = sich aus dem Clinch lösen] (Boxen): *geht auseinan-*

Break–breitmachen

der!, trennt euch! (Aufforderung des Ringrichters beim Boxkampf).

Break [breɪk], das od. der; -s, -s [engl., eigtl. = Durchbruch, Unterbrechung]: **1. a)** (bes. Eishockey) *Durchbruch aus der Verteidigung heraus, Überrumpelung des Gegners aus der Defensive: das Siegestor durch ein[en] B. erzielen;* **b)** (Tennis) *Gewinn eines Spiels* (3) *bei gegnerischem Aufschlag;* **c)** ⟨nur: das⟩ (Boxen) *Kommando des Ringrichters, mit dem er beide Boxer auffordert, sich aus der Umklammerung zu lösen u. einen Schritt zurückzutreten.* **2.** (Musik) *einer Kadenz* (2) *ähnliches kurzes Zwischensolo im Jazz und in der Rockmusik.*

Break|dance ['breɪkdɑːns, amerik. Aussprꞏ.: ...dæns], der; - [engl. break dancing]: *zu moderner Popmusik getanzte, rhythmisch-akrobatische Darbietung mit pantomimischen, an die maschinellen Bewegungsvorgänge von Robotern erinnernden Elementen.*

Break|dan|cer, der; -s, - [engl. break dancer]: *jmd., der Breakdance tanzt.*

Break|dan|ce|rin, die; -, -nen: w. Form zu ↑ Breakdancer.

Break-even [breɪk'liːvn], der; -[s], -s ⟨Wirtschaftsjargon⟩: Kurzf. von ↑ Break-even-Point.

Break-even-Point [breɪk'liːvnpɔynt], der; -[s], -s [engl., aus to break even = die Kosten decken u. point = Punkt (3 a)] (Wirtsch.): *Rentabilitätsschwelle, Übergang zur Gewinnzone.*

brech|bar ⟨Adj.⟩: *sich brechen* (1, 4, 6) *lassend.*

Brech|bar|keit, die; -: *das Brechbarsein.*

Brech|boh|ne, die: *fleischige, leicht durchzubrechende Gartenbohne.*

Bre|che, die; -, -n (Landwirtsch. früher): *Gerät, mit dem die der Flachsfaser noch anhaftenden Rinden- u. Holzteile zerkleinert werden.*

Brech|ei|sen, das: *Brechstange.*

bre|chen ⟨st. V.⟩ [mhd. brechen, ahd. brehhan]: **1.** ⟨hat⟩ *etw. Hartes, Sprödes durch starken Druck, durch Anwendung von Gewalt in [zwei] Stücke teilen, durchtrennen: einen Stock in Stücke b.; den Flachs b. (mit der Breche zerkleinern); das Brot b.; Marmor, Schiefer b. (abbauen);* sich ⟨Dativ⟩ *den Arm, den Knöchel b.; sich [beim Sturz] das Genick b. (durch einen Genickbruch tödlich verunglücken);* * *nichts/nicht viel zu b. und zu beißen haben* (↑ beißen 1 c). **2.** ⟨ist⟩ *(von etw. Hartem, Sprödem) durch Druck, durch Anwendung von Gewalt in [zwei] Stücke zerfallen, durchbrechen: die Äste brachen unter der Schneelast; das Leder beginnt zu b. (wird rissig); die Feder ist gebrochen;* Ü *Die Ehe bricht, die beiden gehen schnell auseinander* (Strauß, Niemand 54); * *zum Brechen/brechend voll sein (überfüllt sein).* **3.** ⟨hat⟩ **a)** ⟨b. + sich⟩ *auf etw. auftreffen u. in eine andere Richtung abgelenkt od. zurückgetrieben werden: die Brandung bricht sich an den Felsen; der Schall bricht sich am Gewölbe;* **b)** *abprallen lassen, ablenken: die Pfeiler brechen die Wellen.* **4. a)** ⟨hat⟩ *etw., was sich als Barriere darstellt, durchbrechen, überwinden:* jmds. Trotz b.; er hat sein Schweigen gebrochen *(beendet);* eine Blockade b.; einen Rekord b. *(einen neuen Rekord aufstellen);* **b)** ⟨ist⟩ *durchbrochen, überwunden werden: nach diesen Worten brach endlich ihr Widerstand.* **5.** ⟨hat⟩ *die bisherige Verbindung, Beziehung aufgeben, abbrechen: mit einer Gewohnheit b.; mit der Vergangenheit b. (einen Neubeginn versuchen).* **6.** ⟨hat⟩ *nicht mehr einhalten: einen Vertrag, einen Eid b.; die Ehe b. (Ehebruch begehen).* **7.** ⟨ist⟩ *(veraltet) plötzlich aus etw. hervorkommen, hervorbrechen: die Sonne bricht durch die Wolken; die Reiter brachen aus dem Hinterhalt.* **8.** ⟨hat⟩ **a)** (ugs.) *erbrechen, sich übergeben: nach dem Essen musste er heftig b.;* **b)** *durch Erbrechen von sich geben:* Blut b.

Bre|cher, der; -s, -: **1.** [LÜ von engl. breaker] *Woge mit sich überstürzendem Kamm; Sturzsee:* Die Brandung war nicht besonders stürmisch, zwei oder drei B. mannshoch (Frisch, Gantenbein 383). **2.** *Maschine zum Zerkleinern von harten Stoffen (bes. von Gestein) durch Druck od. Schlag.*

Brech|mit|tel, das: ¹*Mittel, das angewendet wird, um ein Erbrechen auszulösen.*

Brech|reiz, der: *Gefühl, brechen* (8 a) *zu müssen.*

Brech|stan|ge, die: *starke Eisenstange mit zugespitztem od. abgeflachtem Ende, die als Hebel verwendet wird;* Ü *Umweltschutz mit der B.* (ugs.; *mit Gewalt, Zwang*) *betreiben.*

Bre|chung, die; -, -en: **1.** (Physik) *Richtungsänderung einer Welle* (4 a) *beim Übertritt in ein anderes Medium: die B. des Lichts, von Schallwellen;* Ü *der Roman weist ironische -en auf.* **2.** (Sprachwiss.) *Veränderung eines Vokals in den germanischen Sprachen unter dem Einfluss der benachbarten Laute.*

Bre|chungs|win|kel, der: *Winkel, in dem die Brechung* (1) *erfolgt.*

Bre|douil|le [bre'dʊljə], die; -, -n [frz. bredouille, urspr. = Dreck, H. u.] (ugs.): *Verlegenheit, Bedrängnis: in der B. sein.*

Bree|ches ['brɪtʃəs] ⟨Pl.⟩ [engl. breeches, Pl. von: breech < engl. bryc(e), hier = Beinbekleidung], **Bree|ches|ho|se**, die; -, -n: *halblange, an den Oberschenkeln weite, von den Knien abwärts eng gearbeitete Reithose.*

Bre|gen, Brägen, der; -s, - [aus dem Niederd. < mniederd. bregen, bragen; vgl. engl. brain] (nordd.): **1.** *Hirn vom Schlachttier.* **2.** (ugs. scherzh.) *Schädel: die Sonne scheint mir auf den B.*

Bre|genz: *Landeshauptstadt von Vorarlberg.*

¹**Bre|gen|zer**, der; -s, -: Ew.

²**Bre|gen|zer** ⟨indekl. Adj.⟩: *die B. Altstadt.*

Bre|gen|ze|rin, die; -, -nen: w. Form zu ↑ ¹Bregenzer.

Bre|gen|zer Wald, der; - -[e]s, **Bre|gen|zer|wald**, der; -[e]s: *Teil der nördlichen Voralpen.*

Brei, der; -[e]s, -e [mhd. brī(e), ahd. brīo, urspr. = Sud, Gekochtes]: *dickflüssige Speise: einen* [dicken, steifen] *B. aus Grieß kochen; etw. zu B.* (zu einer breiartigen Masse) *zerstampfen;* Ü *...über Gerechte und Ungerechte ergoss sich der zähe langsame B. seiner Rede* (Fallada, Mann 54); * *jmdm. B. um den Mund/ums Maul schmieren* (salopp; *jmdn. umschmeicheln, jmdn. zu Gefallen reden*); *um den* [heißen] *B. herumreden* (ugs.; *um etw. herumreden; nicht wagen, etw. Bestimmtes ins Gespräch zur Sprache zu bringen*); *jmdn. zu B. schlagen* (derb; *jmdn. brutal verprügeln*).

brei|ig ⟨Adj.⟩: *wie Brei, zähflüssig.*

Breis|gau, der; -[s, landsch. das; -[e]s: *Landschaft am Oberrhein.*

breit ⟨Adj.⟩ [mhd., ahd. breit, H. u.]: **1. a)** *von größerer Ausdehnung in seitlicher Richtung: eine -e Straße; ein -es Gesicht; -e Hüften; der junge Mann ist sehr b. (breitschultrig); einen Nagel b. schlagen;* Ü *etw. b. (weitschweifig, ausführlich) darstellen, ausbreiten; ein b. gefächertes (reichhaltiges) Angebot;* **b)** (in Verbindung mit Maßangaben nachgestellt) *eine bestimmte Breite aufweisend, von einer bestimmten Breite: ein 3 cm -er Saum; er ist so b. wie lang* (ugs. scherzh.; *sehr dick*); *der Stoff liegt doppelt b.* (ist in doppelter Breite aufgewickelt). **2. a)** *größere Teile des Volkes, der Öffentlichkeit betreffend: die -e Öffentlichkeit; die -e Masse (die meisten); -e Bevölkerungsschichten;* **b)** *groß, ausgedehnt; in großem Umfang, weithin: die Aktion fand ein -es Interesse.* **3.** *unangenehm wirkend, oft aufdringlich, plump o. Ä.: ein -es Lachen, Grinsen; eine -e Aussprache.* **4.** (ugs.) **a)** *betrunken:* er war vollkommen b.; **b)** *unter der Wirkung von Rauschmitteln stehend;* Ü *im Rauschzustand.*

Breit|band, das ⟨meist o. Art.⟩ (Fachspr., bes. Elektrot.): *kurz für* ↑ Breitbandanschluss, ↑ Breitbandnetz.

Breit|band|an|schluss, der (Fachspr., bes. Elektrot.): *Zugang zum Internet über Breitbandkabel, wodurch eine hohe Übertragungsgeschwindigkeit ermöglicht wird.*

Breit|band|an|ti|bio|ti|kum, das (Med.): *gegen eine Vielzahl verschiedener Erreger wirksames Antibiotikum.*

breit|ban|dig ⟨Adj.⟩ (Fachspr., bes. Elektrot.): *eine große Bandbreite, bes. einen großen Frequenzbereich aufweisend: ein -er Internetzugang.*

Breit|band|ka|bel, das (Elektrot.): *spezielles Kabel zur Übertragung von Frequenzen mit großer Bandbreite.*

Breit|band|netz, das (Fachspr., bes. Elektrot.): *Netz* (2 e), *in dem Daten über Breitbandkabel sehr schnell übertragen werden.*

breit|bei|nig ⟨Adj.⟩: *mit gespreizten Beinen: ein -er Gang; b. dastehen.*

Brei|te, die; -, -n [mhd. breite, ahd. breitī]: **1.** *Ausdehnung in seitlicher Richtung: Länge, B. und Höhe eines Zimmers; ein Weg von drei Meter B.; etw. der B. nach durchsägen;* Ü *in epischer B.* (in [allzu] großer Ausführlichkeit) *schildern;* * *in die B. gehen* (ugs.; *dick werden*). **2. a)** (Geogr.) *Abstand eines Ortes der Erdoberfläche vom Äquator: die Insel liegt [auf, unter] 50° nördlicher B.;* **b)** ⟨Pl.⟩ *Gebiet einer bestimmten geografischen Breite* (2 a): *in diesen -n regnet es oft; ...das sehe ich noch nicht, solche Wunder kommen in diesen -n (in dieser Gegend, Landschaft) nicht vor* (Muschg, Gegenzauber 93).

brei|ten ⟨sw. V.; hat⟩ [mhd., ahd. breiten] (geh.): **a)** *ausbreiten: ein Tuch über den Tisch b.;* **b)** *nach den Seiten spreizen: der Adler breitete seine Schwingen;* **c)** ⟨b. + sich⟩ *sich ausdehnen, ausbreiten: dichte Nebelschwaden breiten sich über das Tal; ein hämisches Grinsen breitete sich über sein Gesicht;* ♦ *...längs dem Bache breiteten sich helles Gras und bunte Wiesenblumen* (Freytag, Ahnen 10).

Brei|ten|ar|beit, die ⟨o. Pl.⟩: **1.** *Arbeit auf breiter Grundlage.* **2.** (Sport) *auf die Heranbildung einer großen Anzahl von Nachwuchsspielern und -mannschaften angelegtes Training.*

Brei|ten|grad, der (Geogr.): *Zone der Erdoberfläche, die von zwei um 1° auseinanderliegenden Breitenkreisen eingeschlossen wird: auf dem 40. B. liegen.*

Brei|ten|kreis, der (Geogr.): *parallel zum Äquator verlaufender Kreis um die Erde.*

Brei|ten|sport, der (Sport): *von der Bevölkerung auf breiter Ebene betriebener Sport.*

brei|ten|wirk|sam ⟨Adj.⟩: *Breitenwirkung habend.*

Brei|ten|wir|kung, die: *breite Kreise erfassende Wirkung.*

breit ge|fä|chert, breit|ge|fä|chert ⟨Adj.⟩: *reichhaltig: ein breit gefächertes Angebot, Programm.*

breit|krem|pig ⟨Adj.⟩: *mit breiter Krempe versehen: ein -er Hut.*

Breit|ling, der; -s, -e [zu ↑ breit (1 a)]: *volkstüml. Bez. für* ↑ Brachse u. ↑ Karausche.

breit|ma|chen, sich ⟨sw. V.; hat⟩ (ugs.): **1.** *sehr viel Platz in Anspruch nehmen: mach dich [auf der Couch] nicht so breit!* **2.** *sich immer weiter ausbreiten, immer mehr Bereiche so dass.' Personen erfassen: Unarten, die sich jetzt überall breitmachen.* **3.** *sich häuslich niederlassen: sie wollte sich in meiner Wohnung b.*

breit|na|sig ⟨Adj.⟩: *mit breiter Nase.*
breit|ran|dig ⟨Adj.⟩: *mit breitem Rand:* ein -er Hut.
Breit|rei|fen, der: *Autoreifen mit besonders breiter Lauffläche* (a).
¹**breit|schla|gen** ⟨st. V.; hat⟩ [nach dem Breitschlagen von Metall vor der Verarbeitung] (ugs.): *überreden, beschwatzen:* jmdn. b.; sich zu etw. b. lassen.
breit schla|gen, ²**breit|schla|gen** ⟨st. V.; hat⟩: *schlagen, bis etw. breit* (1 a) *ist:* einen Nagel b. s.
breit|schul|te|rig, breit|schult|rig ⟨Adj.⟩: *mit breiten Schultern.*
Breit|schwanz, der: *Persianer aus dem glatten, moiréähnlichen Fell nicht ausgetragener oder ganz junger Karakullämmer.*
Breit|sei|te, die: **1.** *breitere Seite von etw.; Längsseite:* die B. des Schiffes; an der B. des Tisches sitzen. **2. a)** *alle [schweren] Geschütze, die auf der Längsseite eines Schlachtschiffes aufgestellt sind;* **b)** *gleichzeitiges Abfeuern aller auf der Längsseite eines Schlachtschiffes aufgestellten Geschütze:* eine B. abgeben, abfeuern; Ü die Zeitung feuerte eine B. auf die Regierung ab.
breit|seits ⟨Adv.⟩ [↑ -seits]: *mit der Breitseite* (1).
Breit|spur, die: *besonders große Spurweite bei Schienen- u. Kraftfahrzeugen.*
breit|spu|rig ⟨Adj.⟩: *mit über der Norm liegender Spurweite:* eine -e Bahn; Ü b. *(großspurig)* reden, auftreten.
breit|tre|ten ⟨st. V.; hat⟩ (ugs. abwertend): **a)** *ausgiebig, bis zum Überdruss erörtern:* sein Lieblingsthema immer wieder b.; **b)** *unnötigerweise weiterverbreiten:* eine unangenehme Geschichte überall b.
breit|wal|zen ⟨sw. V.; hat⟩ (ugs. abwertend): *weitschweifig behandeln, erörtern.*
Breit|wand, die (Kino): *besonders breite Bildwand.*
Breit|wand|film, der: *Film von breiterem Format als ein Normalfilm.*
◆ **brei|weich** ⟨Adj.⟩: *windelweich* (2): ... wenn ich ihm nicht Leib und Seele b. zusammendresche (Schiller, Kabale II, 4).
Bre|men: *Stadt u. deutsches Bundesland.*
¹**Bre|mer,** der; -s, -: *Ew.*
²**Bre|mer** ⟨indekl. Adj.⟩: *die B. Bürger.*
Bre|mer|ha|ven: *Stadt an der unteren Weser.*
Bre|me|rin, die; -, -nen: *w. Form zu* ↑ ¹Bremer.
bre|misch ⟨Adj.⟩: *Bremen, die* ¹*Bremer betreffend; von den* ¹*Bremern stammend, zu ihnen gehörend.*
Brems|an|la|ge, die: *Bremsvorrichtung.*
Brems|ba|cke, die (Kfz-Technik): *Teil der Bremsvorrichtung, der beim Abbremsen gegen den in Bewegung befindlichen Teil gepresst wird.*
Brems|be|lag, der (Kfz-Technik): *Belag* (2) *auf der Bremsbacke.*
¹**Brem|se,** die; -, -n [spätmhd. bremse = Nasenklemme < mniederd. premese, zu: präme = Zwang, Druck od. prämen = drucken, H. u.]: *Vorrichtung zum Verlangsamen od. Anhalten einer Bewegung:* eine hydraulische, automatische B.; die -n quietschen; der Lokführer löst die -n; die B. betätigen; * **auf die B. treten/steigen** (ugs.; *bremsen, zurückhaltend sein; von etw. Abstand nehmen:* wir wollen bei den Investitionen auf die B. treten).
²**Brem|se,** die; -, -n [niederd. bremse; schon ahd. brimissa, zu: breman = brummen]: *(in vielen Arten verbreitete) große, grauschwarz bis braungelb gefärbte Stechfliege.*
brem|sen ⟨sw. V.; hat⟩ [zu ↑ ¹Bremse]: **a)** *die* ¹*Bremse betätigen; Ü* wir müssen mit den Ausgaben b. *(bei den Ausgaben zurückhaltend, sparsam sein);* **b)** *die Geschwindigkeit von etw. [bis zum Stillstand] verlangsamen:* ein Fahrzeug b.;

Ü eine Entwicklung b. *(verlangsamen);* die Einfuhr b. *(einschränken);* man muss ihn dauernd b. (ugs.; *davon zurückhalten, bei bestimmten Handlungen übers Ziel hinauszuschießen*); wenn er ins Erzählen kommt, ist er nicht zu b. (ugs.; *hört er nicht mehr auf*); Das letzte Waschwasser läuft kurz nach dem Abendessen, die Heißwasserversorgung wird über Nacht gebremst *(gedrosselt;* Wohmann, Absicht 51); R ich kann mich b.! (ugs.; *keinesfalls werde ich das tun*).
Brem|sen|stich, der: *Stich einer* ²*Bremse.*
Brem|ser, der; -s, -: **1.** *(Eisenbahn früher) jmd., der [beim Rangieren] die* ¹*Bremse von Eisenbahnwagen bedient;* Ü *der Koalitionspartner erwies sich als B.* **2.** (Bobsport) *Schlussmann im Bob.*
Brem|se|rin, die; -, -nen: *w. Form zu* ↑ Bremser.
Brems|fall|schirm, der: *am Heck von Fahrzeugen (z. B. Raumfahrzeugen) eingebauter Fallschirm, der v. a. zum schnelleren Abbremsen hoher Geschwindigkeiten ausgeworfen wird.*
Brems|flüs|sig|keit, die (Kfz-Technik): *spezielle Flüssigkeit zur Übertragung des Drucks in hydraulischen* ¹*Bremsen.*
Brems|he|bel, der: *Hebel als Teil einer* ¹*Bremse.*
Brems|klotz, der: *keilförmiger [Holz]klotz, der die Bewegung eines Rades verhindern soll.*
Brems|kraft, die: *beim Bremsen ausgeübte Kraft.*
Brems|kraft|ver|stär|ker, der (Kfz-Technik): *Verstärkung der Bremskraft dienende Vorrichtung.*
Brems|leuch|te, die: *Bremslicht.*
Brems|licht, das ⟨Pl. -er⟩: *beim Bremsen aufleuchtendes (rotes) Licht an der Rückseite von Fahrzeugen.*
Brems|ma|nö|ver, das: *Manöver* (2), *mit dem ein Fahrzeug o. Ä. gebremst wird:* der Autofahrer hatte den Busfahrer zu einem riskanten B. gezwungen; Ü die Notenbank leitete ein geldpolitisches B. ein.
Brems|pe|dal, das: *Fußhebel zum Betätigen einer* ¹*Bremse.*
Brems|pro|be, die: *Betätigen der* ¹*Bremse zur Kontrolle ihrer Funktionstüchtigkeit.*
Brems|spur, die: *Spur, die ein stark abgebremstes Fahrzeug auf der Straße hinterlässt.*
Brems|sys|tem, das: *Anlage u. Funktion einer Bremsvorrichtung.*
Brems|trom|mel, die: *zylindrischer Körper, gegen den beim Bremsen die Bremsbacken gepresst werden.*
Brem|sung, die; -, -en: *das Bremsen.*
Brems|vor|rich|tung, die: *Vorrichtung zum [Ab]bremsen;* ¹*Bremse.*
Brems|weg, der: *Weg, den ein Fahrzeug vom Betätigen der* ¹*Bremse bis zum Stillstand zurücklegt.*
Brems|wir|kung, die: *Wirkung des Bremsens.*
brenn|bar ⟨Adj.⟩: **a)** *geeignet, die Eigenschaft besitzend zu brennen* (1 a, b); -es Material; Benzin ist leicht b.; **b)** *so beschaffen, dass damit gebrannt* (6 c) *werden kann.*
Brenn|bar|keit, die; -: *das Brennbarsein.*
Brenn|dau|er, die: **1.** *Zeitspanne, in der etw. brennen* (3 a) *kann:* die B. einer Glühbirne. **2.** *Zeitspanne, die nötig ist, um etw. zu brennen* (6).
Brenn|ei|sen, das: **1.** *Brennschere.* **2.** (Med.) *Kauter.* **3.** *Eisenstab zum Einbrennen von Brandzeichen bei Tieren.*
Brenn|ele|ment, das (Kernphysik): *aus zahlreichen, gebündelten, gasdicht abgeschlossenen Brennstäben bestehende Einheit.*
bren|nen ⟨unr. V.; hat⟩ [mhd. brennen, ahd. brennan, Veranlassungswort zu mhd. brinnen, ahd. brinnan = brennen, leuchten, urspr. = (auf)wallen, sieden (die züngelnden Flammen wurden

mit dem siedenden Wasser verglichen)]: **1. a)** *in Flammen stehen:* hell, lichterloh, wie Stroh *(mit sich schnell ausbreitenden Flammen)* b.; das Haus, die Scheune brennt; die Zigarette, die Fackel brennt *(ist angezündet);* das Feuer brannte; ⟨auch unpers.:⟩ es brennt! *(es ist ein Feuer ausgebrochen!);* es brannte im Nebenhaus; das Schiff treibt brennend auf dem Meer; Ü es brennt [lichterloh] im Strafraum/vor dem Tor (Fußballjargon; *es besteht höchste Gefahr, ein Tor hinnehmen zu müssen*); brennende Liebe; R wo brennts denn? (ugs.; *was ist denn los?*); **b)** *beim Brennen eine bestimmte Eigenschaft zeigen:* Öl, Benzin brennt schnell, leicht *(ist leicht entzündbar);* dieser Ofen brennt gut *(heizt gut);* **c)** *sehr heiß scheinen:* die Sonne brennt; sich in die brennende Sonne legen. **2.** *als Heizmaterial verwenden:* Holz, Öl b.; in diesen Öfen kann man nur Koks b. **3. a)** *(von einer Lichtquelle) eingeschaltet od. angezündet sein u. leuchten:* das Licht, die Lampe brennt [die ganze Nacht]; die Birne, die Kerze brennt nur noch ganz schwach; **b)** *(eine Lichtquelle) eingeschaltet haben, leuchten lassen:* den ganzen Tag Licht b.; die Stehlampe b. **4.** *einbrennen:* ein Zeichen auf das Fell eines Tieres b.; das Muster ist in das Porzellan gebrannt; ich habe mir mit der Zigarette ein Loch in den Anzug gebrannt. **5.** (selten) *verbrennen:* jmdn. mit der Zigarette [am Arm] b.; ich habe mich [am Ofen] gebrannt. **6. a)** *unter großer Hitzeeinwirkung härten lassen:* Ziegel, Porzellan, Ton b.; **b)** *(von Kalkstein; zum Zwecke einer bestimmten chemischen Veränderung) großer Hitze aussetzen:* Kalk b.; **c)** *durch Destillation herstellen:* Schnaps b.; er brennt selbst, heimlich *(stellt selbst, heimlich Schnaps her).* **7.** *rösten:* Kaffee, Mehl, Zucker [braun] b.; gebrannte Mandeln. **8.** (veraltet) *Haare mit der Brennschere wellen od. locken:* die Haare b.; ich brenne mir Wellen; gebrannte Locken.
9. a) *schmerzen, ein wundes Gefühl verursachen:* die Wunde brennt; meine Füße, Fußsohlen brennen entsetzlich; mir brennen die Augen [vor Müdigkeit, vom vielen Lesen]; Ü brennender *(quälender)* Durst; brennendes Heimweh; Sein Herz brannte ihm, aber immer wenn die Tränen kommen wollten, dachte er an seinen Vater (Wiechert, Jeromin-Kinder 17); **b)** *scharf schmecken, einen beißenden Reiz verursachen:* der Pfeffer brennt auf der Zunge; der Schnaps brennt mir wie Feuer in der Kehle. **10. a)** *heftig nach etw. streben, trachten; auf etw. sinnen:* auf Rache b.; die Mannschaft brennt auf die Teilnahme am Wettbewerb; er brennt darauf, ihre Bekanntschaft zu machen; **b)** *leidenschaftlich erregt sein; sich kaum bezähmen können:* sie brennt vor Neugier, Ungeduld, Ehrgeiz, Sehnsucht; die jungen Spieler brennen (Sportjargon; *sind ganz begierig zu zeigen, was sie können*); Schüler merken nicht genau, ob ein Lehrer für sein Fach brennt *(davon leidenschaftlich ergriffen ist).* **11.** [durch den Einsatz eines Laserstrahls tritt eine örtlich begrenzte Erhitzung ein] (EDV) *eine CD, DVD mit Daten beschreiben* (1 b): die Band kann in ihrem Studio eigene CDs b. ◆ **12.** ⟨b. + sich⟩ (landsch.) *sich täuschen:* Er wird einen Fang tun, dass wir uns schämen müssen. – Da brennst du dich, beim Henker (Schiller, Räuber IV, 5).
bren|nend ⟨Adj.⟩: **a)** *sehr wichtig, akut:* ein brennendes Problem; **b)** ⟨intensivierend bei Adjektiven u. Verben⟩ *sehr:* etw. b. gern tun; sich b. für etw. interessieren.
Bren|ner, der; -s, -: **1.** *Vorrichtung zum Verbrennen fester, flüssiger od. gasförmiger Brennstoffe:* den B. reinigen. **2.** *für das Brennen von Spiritus u. Branntwein ausgebildete Fachkraft.* **3.** (EDV) *Gerät zum Brennen von CDs, DVDs o. Ä.*

Bren|ne|rei, die; -, -en: a) ⟨o. Pl.⟩ *Herstellung von Branntwein;* b) *[gewerblicher] Betrieb für die Herstellung von Branntwein.*

Brenn|ne|rin, die; -, -nen: w. Form zu ↑ Brenner (2).

Brenn|gas, das: *brennbares, zum Kochen und Heizen verwendetes Gas (z. B. Erdgas).*

Brenn|glas, das ⟨Pl. ...gläser⟩ (Optik): *stark gewölbte Sammellinse, die parallel einfallende Strahlen im Brennpunkt (1 a) vereinigt.*

Brenn|holz, das; -es, ...hölzer ⟨Pl. selten⟩: *als Brennmaterial verwendetes Holz:* B. sammeln.

Brenn|kam|mer, die (Technik): *Kammer (4 b) in Motoren, Turbinen o. Ä., in der die Brenn- od. Treibstoffe unter Zufuhr von Luft od. Sauerstoff[gemisch] verbrannt werden.*

Brenn|ma|te|ri|al, das: *zum Heizen geeignetes Material.*

Brenn|nes|sel, die: *(in mehreren Arten vorkommende) Pflanze mit elliptischen, gesägten Blättern u. unscheinbaren gelbgrünen Blüten, bei der Blätter u. Stängel mit Haaren besetzt sind, die bei Berührung eine auf der Haut brennende Flüssigkeit abgeben.*

Brenn|ofen, der: *Ofen, in dem Steingut, Porzellan, Ziegel o. Ä. gebrannt werden.*

Brenn|punkt, der: **1.** [LÜ von lat. punctum ustionis] **a)** (Optik) *Punkt, in dem sich parallel zur Achse in eine Linse od. einen Hohlspiegel einfallende Strahlen nach ihrer Brechung vereinigen:* der B. einer Linse; Ü die Kreuzung ist ein B. *(ein zentraler Punkt) des Verkehrs;* **b)** (Math.) *bes. ausgezeichneter Punkt bei Kegelschnitten.* **2.** *Mittelpunkt, Blickpunkt:* in den B. rücken; im B. des Interesses stehen.

Brenn|sche|re, die (früher): *scherenähnliches Gerät, das erwärmt od. beheizt u. danach zum Wellen der Haare verwendet wird.*

Brenn|spie|gel, der (Optik): *Hohlspiegel, der parallel einfallende Strahlen im Brennpunkt vereinigt.*

Brenn|spi|ri|tus, der ⟨o. Pl.⟩: *ungenießbar gemachter Spiritus, der für technische Zwecke verwendet wird.*

Brenn|stab, der (Kernphysik): *von einer stabförmigen Hülse umgebener Kernbrennstoff, der in den Kernreaktor eingebracht wird.*

Brenn|stoff, der: **1.** *leicht brennbarer Stoff zur Wärmeerzeugung:* fossile -e; Ü Sie (= die Kirchenväter) haben das Geld und die Geldgeschäfte gehasst und den kapitalistischen Reichtum den B. den höllischen Feuers genannt (Th. Mann, Zauberberg 558). **2.** (Kernphysik) Kurzf. von ↑ Kernbrennstoff.

Brenn|stoff|zel|le (Technik): *einer Batterie ähnliche Stromquelle, in der durch Oxidation von Wasserstoff chemische Energie in elektrische Energie umgewandelt wird.*

Brenn|wei|te, die (Optik): *Abstand eines Brennpunkts von dem ihm zugeordneten Hauptpunkt auf der Linse od. dem Hohlspiegel.*

Brenn|wert, der: **1.** *Wärmeleistung von Heizgeräten:* dieser Ofen hat einen hohen B. **2.** *bei der Verbrennung eines Stoffes frei werdende Wärmemenge.*

brenz|lig ⟨Adj.⟩: **a)** *(veraltend) verbrannt, nach Brand [riechend]:* ein -er Geruch; **b)** (ugs.) *bedenklich, gefährlich:* eine -e Situation; die Sache wird, ist [mir] zu b.; ...dafür hat unsereins den ganzen Tag mit -en Individuen zu tun, mit Einbrechern, Dieben (Werfel, Bernadette 142).

Bre|sche, die; -, -n [urspr. = aus einer Festungsmauer herausgeschossene Öffnung < frz. brèche, aus dem Germ.] (veraltend): *große Lücke:* eine B. [in die Festung] schlagen; * **für jmdn., etw. eine B. schlagen** *(sich für jmdn., etw. erfolgreich einsetzen);* **[für jmdn., etw.] in die B. springen/treten; sich [für jmdn., etw.] in die B. werfen** *(für jmdn., etw. einspringen, eintreten).*

Bres|lau: *Stadt an der Oder; vgl. Wrocław.*

Bre|ta|gne [brəˈtanjə, bre...], die; -: *französische Halbinsel.*

Bre|to|ne [bre...], der; -n, -n: Ew. zu ↑ Bretagne.

Bre|to|nin, die; -, -nen: w. Form zu ↑ Bretone.

bre|to|nisch ⟨Adj.⟩: **a)** *die Bretagne, die Bretonen betreffend; von den Bretonen stammend, zu ihnen gehörend;* **b)** *in der Sprache der Bretonen.*

Bre|to|nisch, das; -[s], (nur mit best. Art.:) **Bre|to|ni|sche**, das; -n: *bretonische Sprache.*

Brett, das; -[e]s, -er [mhd., ahd. bret, urspr. = (aus einem Stamm) Geschnittenes]: **1.** *flaches, langes, aus einem Baumstamm geschnittenes Holzstück:* ein dünnes, dickes, stabiles, schweres B.; die -er sind morsch; -er schneiden, sägen; aus -ern ein Regal anfertigen; * **Schwarzes/schwarzes B.** *(schwarz gestrichene) Tafel für Anschläge, Bekanntmachungen;* urspr. eine Tafel in Wirtshäusern, an der angekreidet wurde, was der jeweilige Gast zu zahlen hatte); **ein B. vor dem Kopf haben** (ugs.: *begriffsstutzig sein;* nach der Gewohnheit der Bauern in früheren Zeiten, störrischen Ochsen mit einem vor die Augen gehängten Brett die Sicht zu nehmen); **das B. bohren, wo es am dünnsten ist** (ugs.: *sich eine Sache leicht machen);* **etw. auf einem B. bezahlen** *(auf einmal, bar bezahlen, nach der früher üblichen Zahlbrett).* **2.** *Spielplatte für Brettspiele:* am ersten, zweiten B. eines Turniers spielen; die Figuren auf das B. setzen. **3.** ⟨Pl.⟩ **a)** *Bühne: der Künstler steht nun wieder auf den -ern; das Stück ging hundertmal über die -er (ugs: wurde hundertmal aufgeführt);* * **die -er, die die Welt bedeuten** (geh.: *Bühne;* 1803 von Fr. Schiller in dem Gedicht »An die Freunde« geprägt); **b)** *Boden des Boxrings:* er schickte seinen Gegner dreimal auf die -er. **4.** ⟨Pl.⟩ *Ski:* die -er wachsen; [sich ⟨Dativ⟩] die -er an-, abschnallen; noch unsicher auf den -ern stehen. ◆ **5.** Kurzf. von Zahlbrett: Allein so neue Münze ... die man aufs B. nur zählen darf (Lessing, Nathan III, 6).

Bret|tel, Brettl, das; -s, -[n] ⟨meist Pl.⟩ (südd., österr.): **a)** *kleines Brett;* **b)** *Ski.*

◆ **bret|teln** ⟨sw. V.; hat⟩: *ein Brettspiel spielen:* ... er saß eben am Tisch und brettelte (Schiller, Räuber II, 3).

Bret|ter|bu|de, die: *Bude, die aus Brettern zusammengefügt ist.*

Bret|ter|ge|rüst, das: *Gerüst aus Brettern.*

¹**bret|tern** ⟨sw. V.; ist⟩ [wohl zu ↑ Brett (4) u. urspr. = mit Skiern schnell zu Tal fahren] (ugs.): *mit hoher Geschwindigkeit [mit dem Auto] fahren.*

²**bret|tern** ⟨Adj.⟩: *aus Brettern bestehend.*

◆ **Bret|ter|sä|ge**, die [zu ↑ Säge (2)] (landsch.): *Sägewerk:* ... die Wasser ..., welche den Bach erzeugen, der ... die B. ... und andere kleine Werke treibt (Stifter, Bergkristall 8).

Bret|ter|ver|schlag, der: *Verschlag.*

Bret|ter|wand, die: *Wand aus Brettern.*

Bret|ter|zaun, der: *aus Brettern zusammengefügter Zaun.*

brett|hart ⟨Adj.⟩: *hart wie ein Brett; sehr hart:* ein -es Stück Brot; die Wege sind b. gefroren.

Brettl, das; -s, -: **1.** *Kleinkunstbühne, Kabarett.* **2.** ↑ Brettel.

Brett|jau|se, die (österr.): *auf einem Brett servierte rustikale Zwischenmahlzeit.*

Brett|spiel, das: *Unterhaltungsspiel, das mit Figuren od. Steinen auf einem Spielbrett gespielt wird.*

Bre|vier, das; -s, -e [spätmhd. breviere < lat. breviarium, kurzes Verzeichnis, zu: brevis = kurz]: **1.** (kath. Kirche) **a)** *Gebetbuch des katholischen Klerikers mit den Stundengebeten:* im B. lesen; **b)** *tägliches kirchliches Stundengebet:* das B. beten. **2.** (veraltend) **a)** *kurze Sammlung wichtiger Stellen aus den Werken eines Dichters:* ein B. zusammenstellen; **b)** *kurzer, praktischer Leitfaden:* ein B. für gutes Benehmen.

Bre|ze: ↑ Brezen.

Bre|zel, die; -, -n, österr. auch: das; -s, - [mhd. brēzel, ahd. brez[i]tella, brecedela, wohl Vkl. von lat. brachium = Unterarm (die Form der Brezel erinnert an verschlungene Arme)]: *salziges, in Natronlauge getauchtes od. süßes Gebäckstück von einer charakteristischen, geschlungenen Form.*

Bre|zel|ba|cken, das; -s: *Herstellung von Brezeln:* * **wies B. gehen** (ugs., *in auffallend kurzer Zeit, sehr rasch vor sich gehen).*

Bre|zen, die; -, -, Breze; die; -, -n (bayr., österr.): *Brezel.*

Bri|ard [briˈaːɐ̯], der; -[s], -s [frz. briard, eigtl. aus der Landschaft Brie stammend(er Hund)]: *französischer Schäferhund mit langhaarigem Fell.*

Bridge [brɪtʃ, auch: brɪdʒ], das; - [engl. bridge, H. u.]: *aus dem Whist hervorgegangenes Kartenspiel für vier Spieler.*

Bridge|par|tie, die: *Partie (2) Bridge.*

Brie, der; -[s], -s: Kurzf. von ↑ Briekäse.

Brief, der; -[e]s, -e [mhd., ahd. brief < spätlat. breve = kurzes Verzeichnis, subst. Neutr. von lat. brevis = kurz]: **1.** *schriftliche, in einem [verschlossenen] Umschlag übersandte Mitteilung:* ein langer, handgeschriebener, persönlicher, privater, dienstlicher, anonymer B.; ein B. an die Eltern, von zu Hause, zum Geburtstag; der B. ging verloren; unsere -e haben sich gekreuzt; einen B. schreiben, frankieren, einwerfen, öffnen, als/per Einschreiben schicken, erhalten, bekommen; mit jmdm. -e wechseln; * **blauer B.** (ugs.: **1.** *Kündigungsschreiben.* **2.** *Mitteilung der Schule an die Eltern über die gefährdete Versetzung ihres Kindes;* nach dem blauen Umschlag des Briefs, in dem im 19. Jh. Offizieren der Abschied mitgeteilt wurde); **offener B.** *(in der Presse veröffentlichter Brief an eine prominente Persönlichkeit od. Institution, in dem ein die Allgemeinheit angehendes Problem aufgeworfen, eine Kritik ausgesprochen wird o. Ä.);* **jmdm. B. und Siegel [auf etw.] geben** *(jmdm. etw. fest zusichern;* ein Brief in der urspr. Bedeutung der Rechtssprache »offizielle schriftliche Mitteilung, Urkunde« wurde erst durch das Siegel voll rechtsgültig): ich gebe Ihnen [darauf] B. und Siegel, dass ...) **2.** (Börsenw.) Kurzf. von Briefkurs.

◆ **3.** *Urkunde:* Ich hatte einen alten Patron, der besaß Pergamente und -e, von uralten Stiftungen, Kontrakte und Gerechtigkeiten (Goethe, Egmont II).

Brief|ak|ti|on, die: *Versendung von Serienbriefen:* mit einer B. um Wählerstimmen werben.

Brief|be|schwe|rer, der; -s, -: *[künstlerisch geformter] Gegenstand zum Beschweren von losen Papieren, Schriftstücken o. Ä.*

Brief|block, der ⟨Pl. ...blöcke u. -s⟩: *Block, von dem einzelne Briefbogen abgetrennt werden können.*

Brief|bo|gen, der: *einzelner Bogen Briefpapier.*

Brief|bom|be, die: *Brief, der Sprengstoff enthält, der beim Öffnen explodiert.*

Brief|chen, das; -s, -: **1.** Vkl. zu ↑ Brief. **2.** *flaches, kleines Päckchen, in dem mehrere kleine Gegenstände in größerer Anzahl verpackt sind:* ein B. Nähnadeln.

brie|fen ⟨sw. V.; hat⟩ [engl. to brief = informieren, unterrichten, zu: brief; Briefing]: *über etw. informieren, unterrichten, in etw. einweisen.*

Brief|flut, die: *große Menge von Briefen, die jmd. aus bestimmtem Anlass bekommt.*

Brief|freund, der: *anfänglich persönlich nicht*

Brief|freun|din, die: w. Form zu ↑ Brieffreund.
Brief|freund|schaft, die: Freundschaft aufgrund eines regelmäßigen Briefwechsels.
Brief|ge|heim|nis, das ⟨Pl. selten⟩: Grundrecht der Unverletzlichkeit von Briefen u. verschlossenen Urkunden.
Brief|ge|schäft, das: Geschäft (1 a) mit Briefen.
Brie|fing, das; -s, -s [engl. briefing, zu: brief = kurz < mfrz. bref < lat. brevis]: kurzes Informationsgespräch; Einweisung in etw.
Brief|kar|te, die: Blatt aus dünnem Karton, das ungefaltet in einem Umschlag als Brief versandt werden kann.
Brief|kas|ten, der: **a)** von der Post o. Ä. aufgestellter u. regelmäßig geleerter kastenförmiger Behälter für kleinere Postsendungen: *toter B.* (von Spionen, Agenten vereinbarter Ort, an dem unauffällig Nachrichtenmaterial deponiert u. ausgetauscht wird); **elektronischer B.** (²Terminal 2 für die Nachrichtenübermittlung mit dem Computer); **b)** am Haus- od. Wohnungseingang angebrachter Behälter für die dem Empfänger zugestellten [Post]sendungen; **c)** Teil einer Zeitung od. Zeitschrift, in dem Leserbriefe mit überwiegend persönlicher Problematik veröffentlich [u. beantwortet] werden.
Brief|kas|ten|fir|ma, die: der Steuerersparnis dienende Firma, die ihrem Sitz im Ausland an Geschäftsausstattung über kaum mehr als einen Briefkasten verfügt.
Brief|kas|ten|on|kel, der (ugs. scherzh.): männliche Person, die den Briefkasten (c) bearbeitet.
Brief|kas|ten|schlitz, der: Schlitz am Briefkasten (a, b) für den Einwurf von [Post]sendungen.
Brief|kas|ten|tan|te, die (ugs. scherzh.): weibliche Person, die den Briefkasten (c) bearbeitet.
Brief|kon|takt, der: brieflicher Kontakt (1): B. suchen; sie hielten regen B.
Brief|kopf, der: oberer Teil des Briefbogens bis zum Beginn des fortlaufenden Textes.
brief|lich ⟨Adj.⟩: in Form eines Briefes; schriftlich; durch Brief[e].
Brief|mar|ke, die: aufklebbares Wertzeichen zum Freimachen von Postsendungen: *platt sein wie eine B.* (ugs.; sehr überrascht sein).
Brief|mar|ken|al|bum, das: Album zum Aufbewahren von gesammelten Briefmarken.
Brief|mar|ken|kun|de, die ⟨o. Pl.⟩: Lehre von den Briefmarken als Sammelobjekten; Philatelie.
Brief|mar|ken|samm|ler, der: Sammler von Briefmarken.
Brief|mar|ken|samm|le|rin, die: w. Form zu ↑ Briefmarkensammler.
Brief|mar|ken|samm|lung, die: Sammlung von Briefmarken.
Brief|mo|no|pol, das (früher): Monopol der Deutschen Post AG auf den Transport von Briefsendungen.
Brief|öff|ner, der: einem Messer ähnliches Gerät mit abgestumpfter Klinge zum Öffnen von Briefen.
Brief|ord|ner, der: Mappe zum Abheften u. Aufbewahren von Briefen u. ä. Schriftstücken.
Brief|pa|pier, das: Schreibpapier [u. Umschläge] für Briefe.
Brief|part|ner, der: jmd., mit dem jmd. über längere Zeit hinweg Briefe wechselt.
Brief|part|ne|rin, die: w. Form zu ↑ Briefpartner.
Brief|por|to, das: Entgelt für die Beförderung von Briefen durch die Post.
Brief|post, die: **1.** postalische Sendung in Form von Briefen, Karten o. Ä.: die B. sortieren, verteilen, ausliefern; etw. per B. verschicken. **2.** Postdienst für die Beförderung von Briefpost (1).
Brief|ro|man, der: Roman, der ausschließlich od. überwiegend aus fingierten Briefen besteht.

Brief|schlitz, der: Schlitz in einem Briefkasten, bes. einer Tür, durch den Briefe o. Ä. geworfen werden: die Post fiel durch den B.
Brief|schrei|ber, der: jmd., der Briefe schreibt.
Brief|schrei|be|rin, die: w. Form zu ↑ Briefschreiber.
Brief|sen|dung, die: postalische Sendung in Form von Brief, Büchersendung, Warensendung o. Ä.
Brief|stel|ler, der: Sammlung von Anleitungen u. Mustern für Briefe verschiedener Art.
Brief|ta|sche, die: kleine [lederne] Mappe [mit Fächern] für Ausweise, Geldscheine u. Ä.: eine wohlgefüllte B.; Ü eine dicke B. haben (ugs.; viel Geld besitzen).
Brief|tau|be, die: Taube, die wegen ihres guten Orientierungssinns u. ihrer Flugtüchtigkeit zur Überbringung von Nachrichten eingesetzt werden kann.
Brief|trä|ger, der: jmd., der Postsendungen zustellt.
Brief|trä|ge|rin, die: w. Form zu ↑ Briefträger.
Brief|um|schlag, der: zuklebbare Hülle aus Papier zum Verschicken von Briefen.
Brief|ver|kehr, der ⟨o. Pl.⟩: brieflicher Verkehr bes. von Behörden, Firmen, Institutionen u. Ä.
Brief|waa|ge, die: Waage zum Wiegen leichterer Postsendungen u. Ä.
Brief|wahl, die: briefliche Stimmabgabe bei Wahlen.
Brief|wech|sel, der: **a)** Austausch von Briefen; Korrespondenz: mit jmdm. in B. stehen; **b)** Sammlung von Briefen, die zwei Personen [über ein bestimmtes Thema] gewechselt haben: der B. zwischen Goethe und Schiller.
Brief|zen|t|rum, das: zentrale Einrichtung zur Verteilung von Briefen.
Brief|zu|stel|ler, der (Amtsspr.): Briefträger (Berufsbez.).
Brief|zu|stel|le|rin, die: w. Form zu ↑ Briefzusteller.
Brie|kä|se, der; -s, - [nach der frz. Landschaft Brie]: runder, flacher, weißer Weichkäse mit Schimmelbildung, der meist in tortenstückförmige Stücke zerteilt wird.
Bries, das; -es, -e [wohl verw. mit ↑ Brosame u. eigtl. = Zerriebenes, Zerbröckeltes (nach dem bröseligen Aussehen)]: innere Brustdrüse bei jungen Rindern, auch beim Kalb.
Bri|ga|de, die; -, -n: **1.** [frz. brigade < ital. brigata = streitbarer (Heer)haufen, zu: briga = Kampf, Streit, H. u.] (Militär) selbstständige größere Truppenabteilung aus Verbänden verschiedener Waffengattungen. **2.** [frz. brigade < ital. brigata = streitbarer (Heer)haufen, zu: briga = Kampf, Streit, H. u.] (Gastron.) Gesamtheit der in einem Restaurationsbetrieb beschäftigten Köche u. Küchengehilfen. **3.** [russ. brigada] (DDR) kleinste Arbeitsgruppe in einem Produktionsbetrieb.
Bri|ga|de|ge|ne|ral, der (Militär): **a)** niedrigster Dienstgrad in der Rangordnung der Generale (bei Heer u. Luftwaffe); **b)** Offizier dieses Dienstgrades; Brigadier.
Bri|ga|di|er: 1. [briga'dje:], ⟨der; -s, -s⟩ [frz. brigadier] (Militär, bes. österr., schweiz.) Befehlshaber einer Brigade. **2.** [briga'dje:, auch: ...'di:ɐ̯], ⟨der; -s [...'dje:s] u. -e [...'di:rə]⟩ [russ. brigadir] (DDR) Leiter einer Brigade (3).
Bri|ga|die|rin, die; -, -nen: w. Form zu ↑ Brigadier.
Brigg, die; -, -s [engl. brig, gek. aus: brigantine < mfrz. brigantin < ital. brigantino = Kampfschiff]: Segelschiff mit zwei Masten.
Bri|kett, das; -s, -s, selten: -e [frz. briquette, zu: brique = Ziegelstein (dem das Brikett in der Form ähnelt) < mniederl. bricke, eigtl. = abgebrochenes Stück]: **a)** aus bestimmtem feinkörnigem Stoff (z. B. Braunkohle, Steinkohlenstaub, Futtermitteln) od. Papier gepresstes

Formstück (in Quader- od. Eiform); **b)** Braunkohlenbrikett.
◆ **Brill,** der; -[e]s, -en ⟨meist Pl.⟩ [vgl. ↑ Brille]: einzelnes Augenglas: ... die Hausmutter ... mit dem Rocken im Gürtel, mit Schlüsseln zur Seite, -en auf der Nase (Goethe, Lehrjahre I, 8); Das drinnen war ein altes weißköpfiges Männlein mit -en, die es dazu benütze, über- oder unterhalb derselben recht schalkhaft auf mich herzublicken (Rosegger, Waldbauernbub 157).
bril|lant [brɪl'jant] ⟨Adj.⟩ [frz. brillant, 1. Part. von: briller, ↑ brillieren]: glänzend, hervorragend, sehr gut: eine -e Rede; ein -er Einfall; b. aussehen; es geht mir b.
¹**Bril|lant,** der; -en, -en [frz. brillant]: auf besondere Weise geschliffener Diamant, der sich durch starke Lichtbrechung und funkelnden Glanz auszeichnet: ein echter B.; eine mit -en besetzte Uhr.
²**Bril|lant,** die; - (Druckw.): Schriftgrad von 3 Punkt.
Bril|lant|col|li|er, das: Collier mit ¹Brillanten.
bril|lan|ten ⟨Adj.⟩: **a)** aus ¹Brillanten bestehend: eine -e Brosche; **b)** wie ein ¹Brillant [schimmernd]: b. funkeln, glänzen.
Bril|lant|feu|er|werk, das: Feuerwerk mit Brillantsätzen.
Bril|lant|na|del, die: Schmucknadel mit einem od. mehreren ¹Brillanten.
Bril|lant|satz, der ⟨meist Pl.⟩: Feuerwerkskörper, der durch zugesetzte Metallspäne beim Verbrennen einen besonders starken Sprüheffekt hat.
Bril|lant|schliff, der: besondere Form des Schliffs bei durchsichtigen Edelsteinen.
Bril|lant|schmuck, der ⟨o. Pl.⟩: Schmuck aus ¹Brillanten.
Bril|lanz, die; - [frz. brillance]: **1.** meisterhafte Technik bei der Darbietung von etw., Virtuosität: etw. mit B. vortragen. **2. a)** (Fotogr.) Bildschärfe; **b)** (Akustik) unverfälschte Wiedergabe, bes. von hohen Tönen; Tonschärfe.
Bril|le, die; -, -n [spätmhd. b[e]rille, Pl. zu: der b[e]rille = einzelnes Augenglas < mhd. berillus, berille > Beryll (das man für die Linsen der ersten, um 1300 entwickelten Brillen geschliffene Berylle verwandte) < lat. beryllus, ↑ Beryll]: **1.** (vor den Augen getragenes) Gestell mit Bügeln u. zwei geschliffenen od. gefärbten, der Verbesserung der Sehschärfe od. dem Schutz der Augen dienenden Gläsern: eine stärkere B. brauchen; die B. ist [für meine Augen] zu schwach [geworden]; die B. rutschte ihr auf die Nase; etw. nur mit B. lesen können; das sieht man ja ohne B. (ugs.; das ist vollkommen klar, leicht einzusehen). **2.** (ugs.) Kurzf. von ↑ Klobrille.
Bril|len|bär, der: in den Anden lebender Bär mit schwarzem Fell u. heller, brillenähnlicher Zeichnung um die Augen.
Bril|len|etui, das: Etui zum Aufbewahren der Brille.
Bril|len|ge|stell, das: Gestell, in das die Brillengläser gefasst sind.
Bril|len|glas, das ⟨Pl. ...gläser⟩: geschliffenes od. gefärbtes Glas einer Brille.
Bril|len|rand, der ⟨Pl. selten⟩: [oberer] Rand der eingefassten Brillengläser.
Bril|len|schlan|ge, die: **1.** in Afrika u. im tropischen Asien vorkommende Schlange, deren Gift meist tödlich wirkt u. die bei Erregung eine helle, brillenartige Zeichnung zwischen den Rückenschuppen erkennen lässt; Kobra. **2.** (ugs. abwertend) Brillenträger, Brillenträgerin.
Bril|len|trä|ger, der: jmd., der ständig eine Brille tragen muss.
Bril|len|trä|ge|rin, die: w. Form zu ↑ Brillenträger.
Bril|li, der; -s, -s [↑ u (2)] (salopp scherzh.): ¹Brillant.

bril|lie|ren [brɪl'jiːrən, auch, bes. österr.: brɪ'liː...] ⟨sw. V.; hat⟩ [frz. briller < ital. brillare, eigtl. = glänzen wie ein Beryll, zu lat. beryllus, ↑Beryll] (bildungsspr.): *[mit einer Fertigkeit] glänzen, sich hervortun:* als Redner b.

Brim|bo|ri|um, das; -s [frz. brimborion = Lappalie, unter Einfluss von gleichbed. brimbe, bribe = Bruchstück; Gesprächsfetzen, eigtl. = Bissen, Happen < mfrz. breborion = Zaubergebete, Zauberformel, urspr. = Brevier (↑Brevier)] (ugs. abwertend): *unverhältnismäßiger Aufwand; überflüssiges Drumherum; Aufheben:* [nicht so viel] B. [um etw.] machen.

Brim|sen, der; -s, -, **Brim|sen|kä|se**, der [rumän. brînză] (österr.): *aus Schafsmilch hergestellter Frischkäse.*

brin|gen ⟨unr. V.; hat⟩ [mhd. bringen, ahd. bringan, H. u.]: **1. a)** *an einen bestimmten Ort schaffen, befördern:* die Ware ins Haus, den Koffer zum Bahnhof b.; die Kinder ins/zu Bett b.; Ü Unheil [über jmdn.] b.; **b)** *zu jmdm. tragen u. übergeben:* täglich das Essen b.; jmdm. eine [gute] Nachricht b. *(persönlich übermitteln);* Ü der letzte Winter brachte uns viel Schnee. **2.** *an einen bestimmten Ort begleiten:* er hat das Mädchen nach Hause gebracht. **3.** ⟨in Verbindung mit »es«⟩ **a)** *aufgrund seiner Arbeit, seiner Leistungen ein bestimmtes [berufliches] Ziel erreichen:* es weit b. *(viel erreichen);* **b)** (ugs.) *eine außergewöhnliche, leistungsmäßige o. ä. Grenze erreichen, schaffen:* der Motor hat es auf 170 000 Kilometer gebracht. **4.** *dafür sorgen, dass jmd., etw. irgendwohin kommt, gerät:* sich nicht aus der Ruhe b. lassen *(sich nicht nervös machen lassen);* sich/jmdn. in Gefahr b.; jmdn. vor Gericht b.; Ü jmdn. auf den rechten Weg b.; * **etw. an sich b.** *(ugs.; sich etw. aneignen);* **etw. hinter sich b.** *(ugs.; etw. bewältigen);* **etw. mit sich b.** *(etw. zur Folge haben, als Nebeneffekt haben:* seine Krankheit bringt es mit sich, dass er sehr ungeduldig ist); **es nicht über sich b.** *(zu etw. nicht fähig sein, sich nicht entschließen können).* **5.** *verursachen, dass jmd., etw. verliert, einbüßt, Schaden erleidet:* jmdn. um eine Stellung b., das bringt mich noch um den Verstand. **6. a)** (ugs.) *veröffentlichen; der Öffentlichkeit darbieten, vortragen:* einen Artikel [in einer Zeitschrift] b.; das dritte Programm bringt *(sendet)* ein Konzert; **b)** *als Gabe darbringen:* den Göttern Opfer b.; jmdm. ein Ständchen b. **7. a)** *erbringen, einbringen:* hohe Zinsen b.; R das bringt nichts! (ugs.; *das lohnt sich nicht, dabei kommt nichts heraus);* **b)** *für jmdn. zur Folge haben; bereiten, einbringen:* etw. bringt jmdm. Ärger; das hat mir nur Nachteile gebracht. **8.** (bes. Jugendspr., salopp) *zustande bringen, können, schaffen:* eine Leistung b.; etw. gut b. *(gut schaffen; gut leisten);* das bringt's! *(das ist ausgezeichnet!).* **9. a)** *jmdn. zu etw. veranlassen:* jmdn. zum Reden, Schweigen, Lachen, Weinen b.; jmdn. zur Ruhe, Verzweiflung, Vernunft b.; sie brachte ihn dazu, seine Entscheidung zu revidieren; **b)** (ugs.) *etw. Bestimmtes erreichen:* jmdn. nicht satt b.; ich bringe den Schrank nicht vom Fleck.

Brin|ger, der; -s, -: **1.** (veraltend, geh.) *Überbringer.* **2.** [zu ↑bringen (8)] (salopp, bes. Jugendspr.) *Person od. Sache, die eine positive Wirkung hat, erfolgreich ist:* dieses Buch ist aber auch nicht gerade der große B.

Bring|schuld, die (Rechtsspr.): *Schuld, die am Wohnort des Gläubigers zu begleichen ist:* Ü der Verein hat gegenüber den Fans eine B. *(Verpflichtung, etw. zu erbringen, zu leisten).*

Bri|oche [bri'ɔʃ], die; -, -s [frz. brioche, zu norm. brier = Teig kneten]: *in kleinen, runden Formen gebackenes Hefegebäck.*

bri|sant ⟨Adj.⟩ [frz. brisant, 1. Part. von: briser = zerbrechen, zertrümmern < vlat. brisare = die Weinbeeren zerquetschen, aus dem Gall.]: **1.** (Waffent.) *hochexplosiv, von großer Sprengkraft:* ein brisanter Sprengstoff. **2.** (bildungsspr.) *viel Zündstoff für eine Diskussion, Auseinandersetzung o. Ä. enthaltend:* eine -e Frage; das Thema ist äußerst b.

Bri|sanz, die; -, -en [zu ↑brisant]: **1.** (Waffent.) *Sprengkraft:* die B. einer Bombe, Granate; die Sprengkörper haben unterschiedliche -en. **2.** ⟨o. Pl.⟩ (bildungsspr.) *brennende, erregende [Zündstoff für Konflikte od. Diskussionen liefernde] Aktualität; zündende Wirkung:* die politische B. eines Themas.

Bri|se, die; -, -n [frz. brise, H. u.]: *leichter Wind, bes. über dem Meer u. an der Küste:* eine schwache, kräftige, steife B.

Bri|tan|ni|en; -s: **1.** Kurzf. von ↑Großbritannien. **2.** alter Name für England u. Schottland.

bri|tan|nisch ⟨Adj.⟩: *Britannien betreffend.*

Bri|te, der; -n, -n: Ew.

Bri|tin, die; -, -nen: w. Form zu ↑Brite.

bri|tisch ⟨Adj.⟩: *Großbritannien, die Briten betreffend; von den Briten stammend, zu ihnen gehörend; aus Großbritannien stammend:* die -e Regierung; die Britischen Inseln.

BRL = internationaler Währungscode für: Real.

Broad|cas|ting ['brɔːdkaːstɪŋ], das; -[s] [engl. broadcasting, zu: to broadcast = übertragen, senden; verbreiten, zu älter: broadcast = ausgestreut, ausgesät, aus: broad = weit(hin) u. cast = geworfen, 2. Part. von: to cast = werfen]: *(in Großbritannien u. den USA) Rundfunk.*

Broad|way ['brɔːtveː], der; -s [engl. broadway, aus: broad = breit u. way = Weg]: *Hauptverkehrsstraße in New York mit zahlreichen Theatern u. Geschäften.*

Broc|co|li: ↑Brokkoli.

Bröck|chen, das; -s, -: Vkl. zu ↑¹Brocken.

bröck|chen|wei|se ⟨Adv.⟩: *in kleinen Bröckchen.*

brö|cke|lig ⟨Adj.⟩, **bröck|lig** ⟨Adj.⟩: **a)** *in Bröckchen aufgelöst, zerfallen:* -es Gestein; **b)** *leicht bröckelnd, zum Bröckeln neigend:* -es Brot.

brö|ckeln ⟨sw. V.⟩: **1. a)** ⟨hat⟩ *in kleine Stücke, Bröckchen zerfallen:* das Brot bröckelt; bröckelndes Gestein; Ü die Front der Verbündeten bröckelt; **b)** ⟨ist⟩ *in Bröckchen abfallen:* der Putz ist von der Mauer gebröckelt. **2.** ⟨hat⟩ *in kleine Stücke, Bröckchen brechen, zerteilen:* Brot b.

bro|cken ⟨sw. V.; hat⟩ [mhd. brocken, ahd. brocchōn]: **1.** *in ¹Brocken (1 a) zerteilen, brechen:* Brot in die Suppe brocken *(in Brocken der Suppe zusetzen).* **2.** (südd., österr.) *pflücken.*

¹Bro|cken, der; -s, - [mhd. brocke, ahd. brocc(h)o, eigtl. = Abgebrochenes, zu ↑brechen]: **1. a)** *unregelmäßig geformtes, oft von etw. abgebrochenes Stück:* ein schwerer B. Kohle; ein fetter B. Fleisch; Ü ein paar B. Englisch/einige englische B. können *(ein wenig Englisch können);* sich die besten B. (ugs.; *das Beste)* nehmen; jmdm. einen fetten B. (ugs.; *ein gutes Geschäft, eine günstige Gelegenheit)* wegschnappen; ein harter B. (ugs.; *eine schwierige Situation, ein schwerer Gegner);* ...ein B. von Mann, um den man nicht fürchtet *(im massiger Mann;* Frisch, Gantenbein 399); * **die B. hinwerfen/hinschmeißen** (ugs.; *aus Ärger, Überdruss [an einer Arbeit] nicht mehr weitermachen, resignierend aufgeben);* zu landsch. Brocken = [Arbeits]kleidung, Werkzeug, eigtl. = Gerümpel, Habseligkeiten); **b)** (Jägerspr.) *Köder.* **2.** (ugs.) *dicke, massige Person.*

²Bro|cken, der; -s: höchster Berg des Harzes.

bro|cken|wei|se ⟨Adv.⟩: *in einzelnen ¹Brocken (1 a).*

bröck|lig: ↑bröckelig.

◆ **Brod**: ↑Brot: ...ein Stück trocken -es (Kleist, Krug 10).

bro|deln ⟨sw. V.; hat⟩ [spätmhd. brodelen, zu mhd., ahd. brod = Brühe, verw. mit ↑brauen, ↑Brot]: **1.** *Blasen werfend, dampfend aufwallen:* das Wasser brodelt [im Topf]; brodelnde Lava; Ü es brodelt in, unter der Bevölkerung *(es gärt, Unruhe breitet sich aus).* **2.** (österr. ugs.): *trödeln, Zeit verschwenden.*

Bro|dem, der; -s [mhd. brādem, ahd. brādam, verw. mit ↑braten; vgl. engl. breath = Atem] (geh.): *[üblen] Geruch ausströmender Dunst od. Dampf:* ein B. der Verwesung.

Broi|ler, der; -s, - [engl. broiler, zu: to broil = braten, grillen]: **1.** *(regional) Brathähnchen; gegrilltes Hähnchen.* **2.** (Fachspr.) *zur ²Mast bestimmtes Hähnchen.*

Bro|kat, der; -[e]s, -e [ital. broccato, zu: broccare = durchwirken, eigtl. = hervorstechen machen, über das Galloroman. zu lat. broccus, ↑Brosche]: *kostbares, meist mit Gold- od. Silberfäden durchwirktes [Seiden]gewebe:* ein Abendkleid aus goldglänzendem B.

Bro|kat|da|mast, der: *sehr feiner, dicht gewebter, hochglänzender Damast für Bett- u. Tischwäsche.*

bro|ka|ten ⟨Adj.⟩ (geh.): **a)** *aus Brokat hergestellt:* -e Schuhe; **b)** *wie Brokat:* b. schimmern.

Bro|ker ['broʊkɐ], der; -s, - [engl. broker, eigtl. = Weinhändler < anglofrz. brocour, H. u.] (Börsenw.): *Börsenmakler.*

¹Bro|ke|rage ['broʊkərɪdʒ], das; - [engl. brokerage, zu: broker, ↑Broker] (Börsenw.): *Aktienhandel.*

²Bro|ke|rage, die; - (Börsenw.): *Gebühr, die ein Broker für seine Tätigkeit erhält.*

Bro|ker|haus, das (Börsenw.): *Unternehmen, das Börsengeschäfte vermittelt.*

Bro|ke|rin, die; -, -nen: w. Form zu ↑Broker.

Brok|ko|li, Broccoli ['brɔkoli, auch: 'broː...], der; -[s], -[s] [ital. broccoli, Pl. von: broccolo = Sprossenkohl, zu: brocco = Schössling, zu lat. broccus, ↑Brosche]: *dem Blumenkohl ähnlicher Gemüsekohl mit grünem Blütenstand.*

Brom, das; -s [griech. brômos = Gestank (wegen seines scharfen Geruchs)]: *Nichtmetall, das bei Normaltemperatur als dunkle, rotbraune Flüssigkeit auftritt (chemisches Element; Zeichen: Br).*

Brom|bee|re, die; -, -n [mhd. brāmber, ahd. brāmberi, aus mhd. brāme, ahd. brāma = Dornstrauch]: **a)** *zu den Rosengewächsen gehörende, in Ranken od. als Strauch wachsende, Stacheln tragende Pflanze mit weißen od. rosa Blüten u. schwarzen, aus vielen kleinen Früchtchen zusammengesetzten, essbaren Beeren;* **b)** *Frucht der Brombeere (a).*

Brom|beer|kon|fi|tü|re, die: *Konfitüre aus Brombeeren (b).*

Brom|beer|mar|me|la|de, die: *aus Brombeeren (b) hergestellte Marmelade.*

Brom|beer|strauch, der: *als Strauch gewachsene Brombeere (a).*

Bro|me|lie, die; -, -n [nach dem schwed. Botaniker Bromel (1639–1705)]: *zu den Ananasgewächsen gehörende Zierpflanze mit langen, starren, am Rand mit Dornen besetzten Blättern u. Blütenrispen.*

brom|hal|tig ⟨Adj.⟩: *Brom enthaltend.*

Bro|mid, das; -[e]s, -e: *Salz des Bromwasserstoffs.*

bron|chi|al ⟨Adj.⟩ [zu ↑Bronchie]: *zu den Bronchien gehörend; die Bronchien betreffend.*

Bron|chi|al|asth|ma, das: *in Anfällen auftretende Atemnot infolge krampfartiger Verengung der feineren Verzweigungen der Bronchien.*

Bron|chi|al|ka|tarrh, der (Med.): *Bronchitis.*

Bron|chie, die; -, -n ⟨meist Pl.⟩ [lat. bronchia < griech. brógchia, zu: brógchos = Luftröhre,

Bron|chi|ti|ker, der; -s, -: *jmd., der an chronischer Bronchitis leidet.*

Bron|chi|ti|ke|rin, die; -, -nen: w. Form zu ↑ Bronchitiker.

Bron|chi|tis, die; -, ...itiden (Med.): *Entzündung der Bronchialschleimhäute; Luftröhren-, Bronchialkatarrh.*

Bron|cho|s|kop, das; -s, -e [zu griech. skopeīn = betrachten] (Med.): *Spekulum mit elektrischer Lichtquelle zur Untersuchung der Bronchien.*

Bronn, der; -s, -en, **Bron|nen,** der; -s, - (dichter. veraltet): *Brunnen:* ♦ *Das Pergament, ist das der heil'ge Bronnen, woraus ein Trunk den Durst auf ewig stillt* (Goethe, Faust I, 566 f.)

Bron|to|sau|ri|er, der, **Bron|to|sau|rus,** der; -, ...rier [zu griech. bronté = Donner (zum Ausdruck der Riesenhaftigkeit) u. saūros = Eidechse] (Paläontol. veraltet): *Apatosaurier.*

Bron|ze [ˈbrõːsə, österr.: brõːs], die; -, -n [frz. bronze, ital. bronzo, H. u.]: **1.** *Legierung aus Kupfer u. Zinn [mit geringem Zinkanteil] von gelblich brauner Farbe: ein Reiterstandbild aus/in B.* **2.** (bildungsspr.) *Kunstgegenstand aus Bronze* (1): *eine B. erwerben.* **3.** (ohne Art.; ohne Pl.) (Sportjargon) *Kurzf. von ↑ Bronzemedaille: B. gewinnen, holen.* **4.** *Anstrichfarbe mit einer Beimengung von pulverisiertem Metall.* **5.** *gelblich brauner Farbton: eine Wandbespannung in B.*

bron|ze|ar|tig ⟨Adj.⟩: *in der Art von Bronze.*

bron|ze|far|ben, bron|ze|far|big ⟨Adj.⟩: *von der Farbe der Bronze* (1); *gelblich braun.*

Bron|ze|fi|gur, die: *Figur* (2) *aus Bronze.*

Bron|ze|me|dail|le, die: *bronzene Medaille, die als [sportliche] Auszeichnung für den dritten Platz verliehen wird.*

bron|zen ⟨Adj.⟩: **a)** *aus Bronze hergestellt: ein -er Leuchter;* **b)** *bronzefarben, wie Bronze: b. schimmern.*

Bron|ze|plas|tik, die: *Plastik aus Bronze.*

Bron|ze|skulp|tur, die: *Skulptur* (a) *aus Bronze.*

Bron|ze|sta|tue, die: *Statue, Standbild aus Bronze.*

Bron|ze|ton, der: *Farbton, der der gelblich braunen Farbe von Bronze entspricht.*

Bron|ze|zeit, die ⟨o. Pl.⟩: *Kulturperiode zwischen dem Ende des 3. u. dem Beginn des 1. Jahrtausends v. Chr., in der Bronze* (1) *das vorwiegend gebrauchte Material für die Herstellung von Schmuck u. Waffen war.*

bron|ze|zeit|lich ⟨Adj.⟩: *der Bronzezeit angehörend, sie betreffend.*

bron|zie|ren [brõːˈsiːrən] ⟨sw. V.; hat⟩: *mit Bronze* (4) *überziehen.*

Bro|sa|me, die; -, -n ⟨meist Pl.⟩ [mhd. brōs[e]me, ahd. brōs[a]ma, urspr. etwa = Zerriebenes, Zerbröckeltes, verw. mit ↑ bohren] (geh. veraltend): *kleiner Krümel (von Brot od. anderem Backwerk): -n für die Vögel streuen.*

brosch. = broschiert.

Bro|sche [österr.: broːʃ], die; -, -n [frz. broche = Spieß, Nadel, über das Galloroman. zu lat. broccus = hervorstehend (von Zähnen)]: *als Schmuck getragene Ansteckanadel: eine B. tragen.*

bro|schie|ren ⟨sw. V.; hat⟩ [frz. brocher = aufspießen, durchstechen, zu: broche, ↑ Brosche] (Verlagsw.): *Druckbogen in einen Umschlag aus Karton heften od. leimen: eine broschierte (nicht gebundene) Ausgabe.*

Bro|schur, die; -, -en (Buchw.): **1.** ⟨o. Pl.⟩ *das Broschieren.* **2.** *in einen Umschlag aus Karton geheftete Druckschrift.*

Bro|schü|re, die; -, -n [frz. brochure]: *Druckschrift von geringem Umfang u. meist aktuellem Inhalt, die nur geheftet u. mit einem Umschlag aus Pappe versehen ist.*

Brö|sel, der, (österr.:) das; -s, - [für mhd. brōsemlīn, zu ↑ Brosame]: **a)** ⟨meist Pl.⟩ *Krümel, Bröckchen (bes. von Brot o. Ä.): die B. vom Tischtuch schütteln;* **b)** ⟨Pl.⟩ *aus trockenen Brötchen mithilfe einer Reibe hergestelltes Mehl; Semmelmehl.*

brö|se|lig, *bröslig* ⟨Adj.⟩: *in Brösel zerfallen.*

brö|seln ⟨sw. V.; hat⟩: **1.** *zu Bröseln zerreiben, zerkrümeln: trockenes Brot b.* **2.** *in Brösel zerfallen; krümeln.*

bröslig: ↑ bröselig.

Brot, das; -[e]s, -e [mhd. brōt, ahd. prōt, eigtl. = Gegorenes, zu ↑ brauen]: **1. a)** ⟨o. Pl.⟩ *aus Mehl, Wasser, Salz u. Sauerteig od. Hefe durch Backen hergestellte Backware, die als Grundnahrungsmittel gilt: frisches, knuspriges, durchgebackenes B.; ein B. von gestern; ein Laib, ein Stück B.; B. und Wein als Elemente des Altarsakraments; B. backen; helles, dunkles B. bevorzugen; diese Bäckerei hat vielerlei B. (Brotsorten); etw. [so] nötig haben wie das tägliche B. (sehr nötig haben);* Spr *wes B. ich ess, des Lied ich sing (in wessen Diensten ich stehe, dessen Interessen muss ich vertreten);* * *flüssiges B.* (ugs. scherzh.; *Bier);* **sein eigen B. essen** (geh.; *beruflich selbstständig sein);* **B. und Spiele** (↑ panem et circenses); **mehr können als B. essen** (ugs.; *tüchtig sein; etw. können);* **ans B. gewöhnt sein** (selten; *nicht lange von Hause fortbleiben, immer wieder zurückkehren);* **für ein Stück B.** (ganz billig, viel zu billig: etw. für ein Stück B. verkaufen). **etw. brauchen wie ein Stück B.** (österr.; *etw. sehr dringend brauchen);* **b)** *ungesäuerter Laib Brot* (1 a): *zwei -e kaufen;* ♦ ⟨Pl. Bröte:⟩ ...*die Hausfrau ... spreitet das Tafeltuch über den Tisch, legt in die Mitte desselben drei von den platten ungesäuerten Bröten* (Heine, Rabbi 453); **c)** *vom Brotlaib abgeschnittene Scheibe: ein [mit Wurst] belegtes B.; -e machen; Butter aufs B. streichen, schmieren.* **2.** *Lebensunterhalt: sein B. als Gepäckträger, mit Zeitungsaustragen (sauer, mühsam) verdienen;* * *ein hartes/schweres B.* (schwere Arbeit, mühevoller Gelderwerb): *dieser Job ist ein hartes B.;* **bei jmdm. in B. und Lohn stehen/sein** (geh.; *geschickt, fleißig, anstellig sein, sodass man überall seinen Lebensunterhalt finden kann);* **sein gutes B. haben** (veraltend; *sein gutes Auskommen haben).*

Brot|auf|strich, der: *etw., was auf die zum Verzehr bestimmte Brotschnitte gestrichen wird.*

Brot|be|lag, der: *etw. (z. B. Wurst, Käse o. Ä.), womit man [mit Butter o. Ä. bestrichene] Brotscheiben belegt.*

Brot|be|ruf, der: *Beruf, den jmd. nicht aus Neigung ausübt, sondern lediglich als Broterwerb betrachtet.*

Brot|büch|se, die: *Büchse aus Blech o. Ä. zum Aufbewahren u. Frischhalten des Brotes od. Pausenbrotes.*

Bröt|chen, das; -s, -: *(vom Bäcker hergestelltes) rundes od. längliches Gebäck (in vielerlei spezieller Ausformung) aus Weizenmehl (auch Roggenmehl, Kleie), Hefe u. Milch; Semmel: frische, altbackene, belegte B.; ein B. mit Wurst;* * **kleine/kleinere B. backen [müssen]** (ugs.; *sich bescheiden [müssen], zurückstecken [müssen]);* **seine B. verdienen** (ugs.; *seinen Lebensunterhalt verdienen).*

Bröt|chen|ge|ber, der (ugs. scherzh.): *Arbeitgeber.*

Bröt|chen|ge|be|rin, die: *w. Form zu ↑ Brötchengeber.*

Bröt|chen|tas|te, die [das Parken darf nicht länger dauern als ein kurzer Halt vor einer Bäckerei, um schnell Brötchen zu kaufen] (ugs.): *Taste am Parkscheinautomaten für kostenloses kurzes Parken.*

Brot|ein|heit, die (Med.): *Einheit zur Berechnung der Kohlenhydratmenge für die Diät (bes. bei Zuckerkrankheit; Abk.: BE).*

Brot|er|werb, der: *Arbeit, Tätigkeit, die man zum Erwerb des Lebensunterhaltes ausübt.*

Brot|fa|b|rik, die: *Fabrik, die Brot fabrikmäßig herstellt.*

Brot|herr, der (veraltet): *Arbeitgeber.*

Brot|kan|ten, der: *Anschnitt od. Endstück eines Brotes.*

Brot|kas|ten, der: *kastenartiger Behälter, in dem das [angeschnittene] Brot aufbewahrt wird.*

Brot|korb, der: *flaches Körbchen, in dem das [geschnittene] Brot o. Ä. auf den Tisch gestellt wird:* * **jmdm. den B. höher hängen** (ugs.; *jmdn. weniger zu essen geben. jmdn. strenger behandeln; man gibt einem übermütigen Pferd weniger Hafer, indem man ihm den Futterkorb höher hängt).*

Brot|kru|me, die: *einzelne Krume von Brot.*

Brot|krü|mel, der: *kleine Brotkrume.*

Brot|krus|te, die: *Kruste* (a) *von Brot, Brotrinde.*

Brot|laib, der: *einzelner Laib Brot.*

brot|los ⟨Adj.⟩: *ohne den Lebensunterhalt sichernde Arbeit: b. sein, werden; eine -e Kunst (eine Tätigkeit, die nicht den Lebensunterhalt sichert).*

Brot|ma|schi|ne, die: *Brotschneidemaschine.*

Brot|mes|ser, das: *langes Messer zum Schneiden von Brot.*

Brot|preis, der: *Preis, der für Brot bezahlt werden muss.*

Brot|rin|de, die: *Rinde* (2) *von Brot, Brotkruste.*

Brot|schei|be, die: *Scheibe Brot.*

Brot|schnei|de|ma|schi|ne, die: *Küchenmaschine zum Schneiden von Brot.*

Brot|schnit|te, die: *Schnitte Brot.*

Brot|schrift, die [urspr. Bez. für die am häufigsten verwendeten Schriftarten, mit denen der Drucker also sein Brot verdiente] (Druckw.): *Schriftgrad, der bes. für den Satz von Büchern, Zeitungen u. Ä. verwendet wird; Textschrift.*

Brot|sup|pe, die (Kochkunst): *unter Verwendung von Brot hergestellte Suppe.*

Brot|teig, der: *Teig, aus dem Brot hergestellt wird.*

Brot|text, der [vgl. Brotschrift] (Druckw., EDV): *in einheitlichem Schriftgrad u. -schnitt geschriebener Fließtext.*

Brot|trunk®, der: *Getränk, das aus vergorenem Brot gewonnen wird.*

Brot|ver|die|ner, der: *derjenige, der das Brot* (2), *den Lebensunterhalt für die Familie verdient.*

Brot|ver|die|ne|rin, die: *w. Form zu ↑ Brotverdiener.*

Brot|zeit, die (landsch.): **a)** *Pause, während deren etw. gegessen [u. getrunken] wird:* B. machen; **b)** *etw., was zur Brotzeit* (a) *zu sich genommen wird: eine B. mitnehmen.*

brouil|lie|ren [bruˈjiːrən] ⟨sw. V.; hat⟩ [frz. brouiller, eigtl. trüben, verwischen, viell. zu afrz. brou = Schaum, Sprudelndes (veraltet): **a)** *in Verwirrung, Unordnung bringen;* **b)** *entzweien, Unfrieden stiften;* **c)** * *b. sich entzweien, sich streiten;* ♦ **d)** * **mit jmdm. brouilliert sein** (*mit jmdm. Differenzen haben).*

Brow|nie [ˈbraʊni], der; -s, -s [engl. brownie, zu: browny = leicht braun werdend, zu: brown = braun]: *rechteckiges Stück eines flachen, auf einem Backblech gebackenen Schokoladenkuchens.*

Brow|ning [ˈbraʊnɪŋ], der; -s, -s [nach dem amerik. Erfinder J. M. Browning (1855–1926)]: *Pistole mit Selbstladevorrichtung.*

brow|sen [ˈbraʊzn] ⟨sw. V.; hat⟩ [engl. to browse, eigtl. = (ab)grasen < afrz. broster, zu: brost = Knospe] (EDV): *[mehr od. weniger gezielt] in Datenbanken nach etw. suchen: im Internet b.*

Brow|ser [ˈbraʊzɐ], der; -s, - [engl. browser, zu: to

browse, ↑ browsen] (EDV): *Programm* (4), *mit dem Websites gefunden, gelesen u. verwaltet werden können.*

Brow|sing, das; -s [engl. browsing] (EDV): *das Durchblättern bzw. flüchtige Durchsehen von Daten am Bildschirm.*

brr ⟨Interj.⟩: **1.** als Ausdruck des Ekels od. der als unangenehm empfundenen Kälteeinwirkung: brr, ist das hier kalt! **2.** Zuruf, mit dem ein Zugtier zum Stehenbleiben gebracht wird.

BRT = Bruttoregistertonne.

¹Bruch, der; -[e]s, Brüche [mhd. bruch, ahd. bruh, zu ↑ brechen]: **1. a)** *das Brechen, Auseinanderbrechen, Zerbrechen von etw. (bes. durch Einwirkung von Druck od. Stoß):* der B. einer Achse, eines Dammes; Ü der B. der Freundschaft; * **B. machen** (1. ugs.; *etw. zerbrechen.* Fliegerspr.; *eine Bruchlandung verursachen*); **in die Brüche gehen** (1. *entzweigehen, zerbrechen.* 2. *nicht länger Bestand haben*): ihre Freundschaft ging in die Brüche); **zu B. gehen** (*entzweigehen*); **zu B. fahren** (*kaputt fahren*): das neue Auto, die Skier zu B. fahren); **b)** *Bruchstelle, Fläche eines Bruches*: ein glatter B.; **c)** *Unterbrechung, Einschnitt, nicht stringente Abfolge*: die logischen Brüche der Handlung kritisieren; Leo Fischels Lebenslinie wies, so betrachtet, keinen B. auf (Musil, Mann 1 501). **2.** (Med.) **a)** *Knochenbruch, Fraktur*: ein einfacher, komplizierter B.; einen B. schienen; **b)** *Eingeweidebruch*: sich einen B. heben; * **sich** ⟨Dativ⟩ **einen B. lachen** (salopp; *sehr lachen*). **3.** ⟨Pl. selten⟩ **a)** *das Nichteinhalten einer Abmachung o. Ä.*: der B. des Waffenstillstandes; **b)** *das Abbrechen einer Verbindung, Beziehung*: der B. mit der Tradition, mit dem Elternhaus; es kam zum [offenen] B. zwischen ihnen (*sie brachen nach einem Streit o. Ä. ihre Beziehungen ab*). **4.** (Kaufmannsspr.) *zerbrochene, minderwertige Ware*: B. [von Schokolade] kaufen; etw. als B. verkaufen; Ü das ist alles B. (*minderwertig, wertlos*). **5.** (*in einer Stoffbahn, einem Kleidungsstück, Papier o. Ä.*) *scharfer Knick*: einen B. in die Hosen bügeln; das Tischtuch wieder nach dem B. legen. **6.** (Geol.) *Verwerfung* (2). **7.** (veraltend) Kurzf. von ↑ Steinbruch. **8.** [nach nlat. numerus fractus = gebrochene Zahl] (Math.) *Einheit aus Zahlen, die, mit einem Quer- od. Schrägstrich untereinandergeschrieben, ein bestimmtes Teilungsverhältnis ausdrücken; Bruchzahl*: ein [un]echter B.; gleichnamige Brüche; einen B. kürzen. **9.** (Jägerspr.) **a)** *abgebrochener Zweig, der zur Markierung der Fährte eines angeschossenen Wildes od. des Standplatzes eines Schützen verwendet wird*; **b)** *abgebrochener Zweig, den sich der Jäger als Symbol für die Inbesitznahme eines erlegten Tieres an den Hut steckt.* **10.** (Jargon) *Einbruch.*

²Bruch [auch: brʊːx], der od. das; -[e]s, Brüche [auch: ˈbryːçɐ], landsch. auch: Brücher [mhd. bruoch, ahd. bruoh, H. u.]: *Sumpfland, Moor mit Bäumen u. Sträuchern*: ein[en] B. trockenlegen.

Bruch|bu|de, die (ugs. abwertend): *Wohnung od. Haus in schlechtem baulichem Zustand.*

◆ **Brü|che,** die; -, -n [niederd. brök < mniederd. brôk, brek(e), eigtl. = Bruch (eines Gesetzes o. Ä.)] (nordd.): *Ordnungs-, Geldstrafe*: Notier mir das dicke Mensch zur B. (Storm, Schimmelreiter 33).

bruch|fest ⟨Adj.⟩: *nicht [leicht] zerbrechlich.*

Bruch|fes|tig|keit, die: *das Bruchfestsein.*

brü|chig ⟨Adj.⟩ [mhd. brüchic]: **1.** *leicht brechend; mürbe*: -es Gestein, Mauerwerk; der Stoff, das Geländer ist b. **2.** (*von der menschlichen Stimme*) *spröde, rau*: die Stimme klang b.

Brü|chig|keit, die; -: *brüchige Beschaffenheit.*

bruch|lan|den ⟨sw. V.; ist; nur im Inf. u. Part. gebr.⟩: *eine Bruchlandung machen*: die Maschine ist bruchgelandet.

Bruch|lan|dung, die: *Landung, bei der das Flugzeug stark beschädigt wird*: die Reise endete mit einer B.; Ü er hat mit seinem Projekt eine B. erlitten, erlebt (*ist gescheitert*).

Bruch|li|nie, die: *Linie, entlang deren etw. auseinanderbricht*: Island liegt auf der geologischen B. zwischen dem amerikanischen und dem eurasischen Kontinent; Ü ethnische und religiöse -n durchziehen das Land; die politische B. verläuft quer durch die Partei.

bruch|los ⟨Adj.⟩: *ohne innere Störung in seinem Ablauf*: ein -er Lebenslauf; b. ineinander übergehen.

Bruch|rech|nen ⟨sw. V.; hat; nur im Inf. u. Part. gebr.⟩: *mit ¹Brüchen* (8) *rechnen.*

Bruch|rech|nen, das; -s: *das Rechnen mit ¹Brüchen* (8).

Bruch|rech|nung, die: **1.** ⟨o. Pl.⟩ *das Rechnen mit ¹Brüchen* (8). **2.** *Rechnung aus dem Gebiet der Bruchrechnung* (1).

Bruch|scha|den, der: *Schaden, der durch Zerbrechen von Waren entsteht.*

bruch|si|cher ⟨Adj.⟩: *gegen Zerbrechen gesichert.*

Bruch|stein, der: *aus einem Steinbruch durch Absprengen gewonnener unbearbeiteter Naturstein.*

Bruch|stel|le, die: *Stelle, an der etw. gebrochen ist.*

Bruch|strich, der (Math.): *Strich zwischen Zähler u. Nenner eines ¹Bruches* (8).

Bruch|stück, das [für lat. fragmentum, ↑ Fragment]: **1.** *einzelnes Stück eines zerbrochenen Gegenstandes.* **2.** *unvollendetes Werk, Fragment.*

Bruch|stück|haft ⟨Adj.⟩: *fragmentarisch.*

Bruch|teil, der: *verhältnismäßig kleiner Teil von etw.*

Bruch|zahl, die (Math.): *¹Bruch* (8).

Brü|cke, die; -, -n [mhd. brücke, brucke, ahd. brucca, verw. mit ↑ Prügel u. urspr. = Balken, Knüppel (die älteste Form der Brücke in germ. Zeit war der Knüppeldamm im sumpfigen Gelände)]: **1.** *Bauwerk, das einen Verkehrsweg o. Ä. über ein natürliches od. künstliches Hindernis führt*: eine schmale, sechsspurige B.; B. führt über eine Schlucht; eine B. bauen, sperren; eine B. über einen Fluss schlagen; über eine B. gehen; Ü Die -n zur Vergangenheit ... waren von ihm abgebrochen worden (Thieß, Reich 246); R über die B. möchte ich nicht gehen (*das glaube ich nicht; darauf möchte ich mich nicht einlassen*; Antwort auf eine offenkundige Lüge); * **die/alle -n hinter sich** ⟨Dativ⟩ **abbrechen** (*sich von allen bisherigen Bindungen lösen*); **jmdm. eine [goldene] B./[goldene] -n bauen** (*jmdm. ein Zugeständnis, das Nachgeben erleichtern, die Gelegenheit zum Einlenken geben*); **-n/eine Brücke schlagen/bauen** (*eine Verbindung herstellen*: man würdigte sein Bemühen, zwischen Christentum und Islam zu bauen; ihre Musik schlägt eine B. zwischen Tradition und Moderne). **2.** *Kommandobrücke eines Schiffes*. **3.** *Landesteg, Landungsbrücke für Schiffe.* **4.** (Zahnmed.) *an noch vorhandenen Zähnen fest verankerter Zahnersatz, der eine Lücke im Gebiss ausfüllt.* **5.** *kleiner, länglicher Teppich.* **6.** (Bodenturnen) *Übung, bei der der Rumpf so weit rückwärtsgebeugt wird, dass die Hände den Boden berühren.* **7.** (Anat.) *Teil des Gehirns unterhalb des Kleinhirns zwischen Mittelhirn u. verlängertem Mark.* **8.** (Ringen) *Verteidigungsstellung, bei der der schwächere Ringer mit Kopf u. Fußsohlen die Matte berührt.*

Brü|cken|bau, der: **a)** ⟨Pl. -ten⟩ *Brücke* (1); **b)** ⟨o. Pl.⟩ *das Bauen von Brücken* (1).

Brü|cken|bau|er, der: **1.** *Vermittler* (1): er verstand sich als B. zwischen den Kulturen; als B. zwischen Wissenschaft und Politik fungieren, wirken. **2.** *jmd., der Brücken* (1) *baut.*

Brü|cken|bau|e|rin, die: w. Form zu ↑ Brückenbauer.

Brü|cken|bo|gen, der: *Gewölbebogen zwischen zwei Brückenpfeilern.*

Brü|cken|funk|ti|on, die: *einer Sache zugeteilte, beigemessene Funktion eines verbindenden Elements, eines Bindegliedes zwischen bestimmten Gruppierungen, Bereichen o. Ä.*

Brü|cken|ge|län|der, das: *Geländer an einer Brücke* (1).

Brü|cken|kopf, der (Militär): **a)** *Befestigung, Stellung zur Sicherung einer Brücke auf der feindwärts gelegenen Seite einer Brücke* (1); **b)** *kleines Geländestück, das auf dem feindlichen Ufer besetzt worden ist und das als Ausgangsbasis für die weiteren Kampfhandlungen dient*: einen B. bilden, errichten.

Brü|cken|pfei|ler, der: *einer der Träger, auf denen eine Brücke* (1) *ruht.*

Brü|cken|schlag, der: *das Schlagen, Bauen einer Brücke* (1): Ü ein B. zwischen den Völkern, zwischen Kunst und Kommerz.

Brü|cken|tag, der: *zwischen zwei arbeitsfreien Tagen, etwa einem Feiertag und dem Wochenende, liegender einzelner Arbeitstag, der sich besonders als Urlaubstag anbietet.*

Brü|cken|zoll, der (früher): *beim Überqueren einer Brücke* (1) *zu entrichtender Zoll.*

Bru|der, der; -s, Brüder [mhd. ..., ahd. bruoder]: **1.** *Person männlichen Geschlechts im Verwandtschaftsverhältnis zu einer anderen, die von denselben Eltern abstammt*: die beiden sind Brüder; mein älterer, leiblicher B.; ich habe zwei Brüder; sie sind feindliche Brüder (*sind einander nicht freundlich gesinnt*); * **der große B.** (1. *der größere, mächtigere Partner.* 2. *die allmächtige, alles überwachende Staatsgewalt*); **unter Brüdern** (ugs. scherzh.; *ehrlich gesprochen; ohne Übervorteilung*: was kostet das unter Brüdern?) **2.** (geh.) *Mitmensch; jmd., mit dem sich jmd. [freundschaftlich] verbunden fühlt*: R und willst du nicht mein B. sein (*willst du nicht auf meine Seite stellen*), so schlag ich dir den Schädel ein (nach dem jakobinischen Spruch »La fraternité ou la mort«). **3.** *Mönch, Ordensbruder [ohne Priesterweihe]*: ein geistlicher B.; in der Anrede: B. Johannes. **4.** (ugs. abwertend) *durch bestimmte, häufig negative Eigenschaften charakterisierter Mann*: ein übler, gefährlicher B.; diese Brüder sind zu allem fähig; * **B. Lustig/Leichtfuß/Liederlich** (veraltend scherzh.; *lebenslustiger Mensch*); **warmer B.** (salopp abwertend; *Homosexueller*).

Brü|der|chen, das; -s, -: Vkl. zu ↑ Bruder.

Bru|der|hand, die: **a)** *jmdm. brüderlich entgegengestreckte Hand*: jmdm. die B. reichen (als Geste der Freundschaft, der Versöhnung, der Hilfsbereitschaft o. Ä.).

Bru|der|herz, das ⟨o. Pl.⟩ (veraltend, noch scherzh.): *Bruder, Freund*: wie gehts dir, B.?

Bru|der|krieg, der: *Krieg innerhalb eines Volkes od. zwischen eng verwandten Völkern.*

Bru|der|kuss, der: *als Zeichen der Freundschaft ausgetauschter Kuss [auf beide Wangen].*

brü|der|lich ⟨Adj.⟩ [mhd. bruoderlich, ahd. bruodarlîh]: *wie ein guter Bruder handelnd, im Geiste von Brüdern*: jmdm. b. helfen; etw. b. teilen.

Brü|der|lich|keit, die; -: *brüderliche Gesinnung.*

Bru|der|lie|be, die: **a)** *Liebe eines Bruders (zum Bruder, zur Schwester)*; **b)** (selten) *Liebe zum Nächsten.*

Bru|der|mord, der: *Mord, den jmd. an seinem Bruder* (1) *begeht.*

Bru|der|mör|der, der: *jmd., der Brudermord begangen hat.*
Bru|der|mör|de|rin, die: w. Form zu ↑ Brudermörder.
Bru|der|paar, das (geh.): *zwei [in Freundschaft miteinander verbundene] Brüder.*
Bru|der|schaft, die; -, -en: **1.** *kirchliche Körperschaft von Geistlichen u. Laien.* **2.** (österr., sonst landsch.) *Brüderschaft* (2).
Brü|der|schaft, die; -, -en: **1.** (selten) *Bruderschaft* (1). **2.** ‹o. Pl.› *Duzfreundschaft:* jmdm. die B. anbieten, antragen; mit jmdm. B. schließen; * **B. trinken** *(mit einem Schluck eines alkoholischen Getränkes die Duzfreundschaft besiegeln).*
Brüg|ge: Stadt in Belgien.
Brü|he, die; -, -n [mhd. brüeje, zu ↑ brühen]: **1. a)** *aus Fleisch, Knochen, Gemüse u. a. gekochte klare Suppe:* eine heiße B.; eine Tasse B.; **b)** (landsch.) *Gemüsebrühe.* **2.** (ugs. abwertend) *dünner Kaffee, Tee o. Ä.* **3.** (abwertend) *verschmutztes Wasser, schmutzige Flüssigkeit:* das Wasser des Flusses ist eine schmutzige, trübe B. **4.** (ugs.) *Schweiß:* bei der Hitze läuft einem die B.
brü|hen ‹sw. V.; hat› [mhd. brüen, brüejen = brühen, sengen, brennen, urspr. = (auf)wallen, sieden]: **a)** *etw. mit kochendem Wasser übergießen, kochendem Wasser aussetzen:* Gemüse, Tomaten, Mandeln b.; das Schwein b.; **b)** *aufbrühen:* Kaffee, Tee b.; **c)** ‹b. + sich› (selten) *verbrühen:* ich habe mir die Hand gebrüht.
brüh|heiß ‹Adj.›: *sehr heiß; kochend heiß:* eine -e Flüssigkeit.
brüh|warm ‹Adj.› (ugs.): **a)** *gerade bekannt geworden:* eine -e Neuigkeit; **b)** *sofort, unverzüglich:* eine Nachricht b. weitererzählen.
Brüh|wür|fel, der: *in Würfelform gepresste Masse, die, mit heißem Wasser übergossen, eine Gemüse-, Fleisch- o. ä. Brühe* (1 a) *ergibt.*
Brüh|wurst, die: *Wurst, die vor dem Verzehr in siedendem Wasser heiß gemacht wird.*
Brüll|af|fe, der: **1.** *Affe mit dichtem braunem Fell, dessen Schwanz zum Greifen ausgebildet ist u. der kräftige Brülllaute oder Heullaute von sich gibt.* **2.** (Schimpfwort) *laut schreiender, schimpfender Mensch.*
brül|len ‹sw. V.; hat› [mhd. brüelen, lautm.]: **1.** *(von bestimmten Tieren) einen dumpfen, durchdringenden Laut ausstoßen:* das Vieh brüllt nach Futter; ‹subst.:› *das dumpfe Brüllen der Rinder;* Ü (dichter.:) *die See brüllt.* **2. a)** *in Erregung od. Wut sehr laut sprechen, schreien:* er brüllte so laut, dass man ihn im ganzen Haus hörte; **b)** *etw. sehr laut rufen, mit lauter Stimme äußern:* er brüllte ihm etwas ins Ohr; bei dem Lärm mussten sie b., um sich zu verständigen; **c)** *laut schreien:* er brüllte vor Schmerzen; brüllendes Gelächter; * **zum Brüllen sein** (ugs.; *sehr komisch, ungehener lustig sein, sehr zum Lachen reizen*); **d)** (ugs. abwertend) *sehr laut u. heftig weinen:* das Kind brüllte die ganze Nacht. **3.** ‹b. + sich› *sich durch [anhaltendes] Brüllen* (2) *in einen bestimmten Zustand bringen:* sich heiser b.
Brül|ler, der; -s, -: **a)** (ugs. abwertend) *jmd., der sehr laut spricht od. schimpft;* **b)** *[vielstimmiges] Brüllen, Schreien;* **c)** (ugs.) *etw. sehr Komisches, lautes Lachen Hervorrufendes:* wenn er den Kanzler imitiert, ist das immer ein garantierter B.; **d)** (ugs.) *etw., was großen Anklang findet, sich großer Nachfrage erfreut;* Renner (2): das neue Automodell ist ein B.
Brumm|bär, Brumm|bart, der (ugs.): *brummiger Mensch.*
Brumm|bass, der (ugs.): **1.** *tiefe Männerstimme.* **2.** *Bass* (4 a)*, Bassgeige.*

brum|meln, (landsch. auch:) **brüm|meln** ‹sw. V.; hat›: **1.** *leise brummen* (3, 4). **2.** *[etw.] leise u. undeutlich [vor sich hin] sprechen, murmeln:* vor sich hin b.
brum|men ‹sw. V.› [mhd., spätahd. brummen, lautm.]: **1.** ‹hat› *einen lang gezogenen tiefen Ton od. Laut hervorbringen:* die Käfer brummen; der Bär brummt; ‹subst.:› *das Brummen der Motoren;* Ü *mir brummt der Kopf, Schädel* (ugs.; *ich habe heftige Kopfschmerzen*). **2.** ‹ist› *sich brummend* (1) *fortbewegen:* eine Hummel brummt durch das Zimmer; er brummt (ugs.; *fährt [mit dröhnendem Motor]*) *mit seinem Moped durchs Dorf.* **3.** ‹hat› **a)** *mit tiefer Stimme unmelodisch, falsch singen:* einer im Chor brummt; **b)** *leise, mit tiefer Stimme singen, summen:* ein Lied vor sich hin b. **4.** ‹hat› *etw. unverständlich u. in mürrischem Ton sagen:* er brummte, er habe keine Lust. **5.** ‹hat› (ugs.) **a)** *eine Haftstrafe [von bestimmter Zeit] verbüßen:* er muss [eine ganze Weile] b.; **b)** *in der Schule nachsitzen.* **6.** ‹hat› (ugs.) *in der Wirtschaft brummt.* **7.** ‹hat› (Ballspiele Jargon) *wuchtig auf das Tor schießen:* [eine Bombe] auf den Kasten b.
Brum|mer, der; -s, - (ugs.): **1.** *großes Insekt, bes. Schmeißfliege:* ein dicker B. fliegt im Zimmer herum. **2.** *schwerer Lastzug:* die schweren B. beherrschen die Straße. **3. a)** *dicker, schwerfällig wirkender Mensch;* **b)** *etw., was durch besondere Größe, durch seine Ausgefallenheit o. Ä. Staunen, Aufsehen erregt:* sie trug einen richtigen B. von einem Smaragdring. **4.** (abwertend) *[Chor]sänger mit brummender* (3 a) *Stimme:* es gibt ein paar B. im Chor.
Brum|mi, der; -s, -s [zu ↑ Brummer (2) u. ↑ -i (2 a)] (ugs. scherzh.): *Lastzug.*
brum|mig ‹Adj.› (ugs.): *übellaunig, mürrisch, unfreundlich:* sie ist heute sehr b.; *Der Pastor wird immer freundlicher und sanfter, je -er Kufalt antwortet* (Fallada, Blechnapf 51).
Brumm|krei|sel, der: *(als Kinderspielzeug hergestellter) kegelförmiger Hohlkörper meist aus Blech, der, in eine Drehbewegung versetzt, einen brummenden* (1) *Ton hervorbringt.*
Brumm|schä|del, der (ugs.): *schmerzender, benommener Kopf [als Nachwirkung von Alkoholgenuss].*
Brunch [brantʃ, ...nʃ], der; -[e]s u. -, -[e]s u. -e [engl. brunch, zusgez. aus: breakfast = Frühstück u. ↑ Lunch]: *(gegen Mittag eingenommene) ausgedehnte u. reichhaltige Mahlzeit, die aus Bestandteilen des Frühstücks u. des Mittagessens besteht.*
brun|chen ['brantʃn] ‹sw. V.; hat›: *einen Brunch einnehmen.*
Bru|nei; -s: Staat auf Borneo.
Bru|nei Da|rus|sa|lam; -s: Staat auf Borneo.
Bru|nei|e|rin, die; -, -nen: w. Form zu ↑ Bruneier.
bru|nei|isch ‹Adj.›: *Brunei, die Bruneier betreffend; von den Bruneiern stammend, zu ihnen gehörend.*
brü|nett ‹Adj.› [frz. brunet, zu: brun = braun, aus dem Germ.]: *braunhaarig [u. braunhäutig]:* ein -er Typ; ihr Haar ist b.
Brü|net|te, die; -, -n [frz. brunette]: *Frau mit braunem Haar [u. brauner Hautfarbe].*
Brunft, die; -, Brünfte [mhd. brunft, zu: bremen, ahd. breman = brummen, brüllen (nach dem Schreien der Tiere während dieser Zeit)] (Jägerspr.): *Brunst (bes. des Schalenwildes).*
brunf|ten ‹sw. V.; hat› (Jägerspr.): *sich in der Brunft befinden:* der Hirsch brunftet.
brunf|tig ‹Adj.› (Jägerspr.): *in der Brunft befindlich.*
Brunft|platz, der (Jägerspr.): *Platz, wo die Brunft stattfindet.*

Brunft|schrei, der (Jägerspr.): *charakteristische, röhrende Lautäußerung des brunftigen Hirschs.*
Brunft|zeit, die (Jägerspr.): *Zeit der Brunft.*
Brünn|chen, das; -s, -: Vkl. zu ↑ Brunnen.
Brun|nen, der; -s, - [mhd. brunne, ahd. brunno, eigtl. = (Auf)wallender, Quellender, verw. mit ↑ brennen]: **1.** *technische Anlage zur Gewinnung von Grundwasser:* ein natürlicher B.; artesischer B. *(natürlicher Brunnen, bei dem das Wasser durch Überdruck des Grundwassers selbsttätig aufsteigt; nach frz. [puits] artésien = [Brunnen] aus Artois, da hier solche Brunnen zuerst gebohrt wurden);* der B. ist versiegt; einen B. bohren; * **den B. [erst] zudecken, wenn das Kind hineingefallen ist** *(Maßnahmen erst ergreifen, wenn bereits etwas passiert, wenn ein Unglück geschehen ist).* **2.** *[künstlerisch gestaltete] Einfassung, Ummauerung eines Brunnens mit Becken zum Auffangen des Wassers:* ein B. auf dem Marktplatz; Wasser am/vom B. holen. **3.** *Wasser einer Quelle, bes. Heilquelle:* ein salziger B.; B. trinken.
Brun|nen|an|la|ge, die: **1.** *das Bauen von Brunnen.* **2.** *Brunnen* (1). **3.** *künstlerisch ausgestalteter Brunnen* (2).
Brun|nen|bau|er, der; -s, -: *Handwerker, der Brunnenanlagen baut (Berufsbez.).*
Brun|nen|bau|e|rin, die; -, -nen: w. Form zu ↑ Brunnenbauer.
Brun|nen|fi|gur, die: *Figur als Teil eines künstlerisch gestalteten Brunnens* (2).
brun|nen|frisch ‹Adj.›: *frisch aus dem Brunnen kommend:* -es Wasser.
Brun|nen|kres|se, die: *in Quellen u. Bächen wachsende, zur Familie der Kreuzblütler gehörende Pflanze mit kleinen, weißen Blüten u. gefiederten Blättern.*
Brun|nen|kur, die: *kurmäßiges Trinken eines Brunnens* (3).
♦ **Brun|nen|stein,** der: *Brunnentrog:* Er stürzte sich in den B., aber das Wasser war nicht tief, er patschte darin *(Büchner, Lenz 83).*
Brun|nen|ver|gif|ter, der; -s, -: **1.** *jmd., der vorsätzlich Brunnen, Trinkwasserbehältern Gift zuführt.* **2.** (abwertend) *jmd., der durch verleumderische, gehässige o. ä. Äußerungen [anderen gegenüber] ein gutes Verhältnis zwischen zwei Parteien, Gruppen o. Ä. zerstört od. zu zerstören sucht.*
Brun|nen|ver|gif|te|rin, die; -, -nen: w. Form zu ↑ Brunnenvergifter.
Brun|nen|ver|gif|tung, die: **1.** *vorsätzliche Vergiftung von Brunnen und Trinkwasser.* **2.** (abwertend) *Verhaltensweise eines Brunnenvergifters* (2).
Brun|nen|was|ser, das ‹Pl. ...wässer, seltener auch: ...wasser›: *Quellwasser.*
Brünn|lein, das; -s, - (dichter.): Vkl. zu ↑ Brunnen.
Brunst, die; -, Brünste [mhd., ahd. brunst = Brand, Glut, zu mhd. brinnen, ahd. brinnan, ↑ brennen]: **1.** *Zeit der Paarung bzw. der Paarungsbereitschaft bei Säugetieren:* der Hirsch ist in der B. **2.** *geschlechtliche Erregtheit.*
bruns|ten ‹sw. V.; hat›: *in der Brunst sein.*
brüns|tig ‹Adj.› [mhd. brunstec]: **1.** *(von Säugetieren) in der Brunst befindlich, paarungsbereit.* **2.** *in besonders starkem Maße von sinnlichem Verlangen erfüllt, vom Geschlechtstrieb getrieben.*
Brunst|zeit, die: *Zeit der Brunst* (1).
brun|zen ‹sw. V.; hat› [mhd. brunzen, zu: brunne = hervorquillen, vgl. ↑ Brunnen] (landsch., österr., seltener): *urinieren.*
Brus|chet|ta [brusˈkɛta, bruˈskɛta], die; -s u. ...tte [...ˈkɛte] [ital. bruschetta, zu: bruscare (Verbformen von -e u. -i: brusch-) = rösten u. dem w. Verkleinerungssuffix -etta]: *Vorspeise*

aus klein gewürfelten Tomaten mit Öl u. Gewürzen auf geröstetem Brot.

brüsk ⟨Adj.⟩ [frz. brusque < ital. brusco = stachlig, rau, H. u.]: *in unerwartet unhöflicher Weise barsch, schroff:* ein -er Ton; sich b. von jmdm. abwenden.

brüs|kie|ren, ⟨sw. V.; hat⟩ [frz. brusquer]: *in unhöflicher, kränkender Weise schroff behandeln, vor den Kopf stoßen:* jmdn. mit einer Frage, durch ein Verhalten b.; sich brüskiert fühlen.

Brüs|kie|rung, die; -, -en: **1.** *das Brüskieren; das Brüskiertwerden.* **2.** *jmdn. brüskierende Handlung:* etw. als B. empfinden.

Brüs|sel: Hauptstadt von Belgien.

¹Brüs|se|ler, der; -s, -: Ew.

²Brüs|se|ler ⟨indekl. Adj.⟩: B. Spitzen.

Brüs|se|le|rin, die; -, -nen: w. Form zu ↑¹Brüsseler.

¹Brüss|ler: ↑¹Brüsseler.

²Brüss|ler (seltener): ↑²Brüsseler.

Brüss|le|rin, die; -, -nen: w. Form zu ↑¹Brüssler.

¹Brust, die; -, Brüste [mhd., ahd. brust, eigtl. = die Schwellende, Sprießende] (o. Pl.): **a)** *vordere Seite des Rumpfes bei Mensch u. Wirbeltieren:* eine behaarte B.; die B. hebt sich; sie drückt das weinende Kind an die B. *(schließt es in die Arme)*; B. raus!. *(Aufforderung, eine gerade Haltung einzunehmen)*; B. schwimmen *(brustschwimmen)*; Ü ein Geheimnis in seiner B. verschließen (geh.; *in seinem Innern bewahren, nicht aussprechen)*; * **B. an B.** *(einander direkt gegenüber:* die Gegner standen B. an B.); **sich** ⟨Dativ⟩ **an die B. schlagen** *(über etw. Reue empfinden, sich Vorwürfe machen;* nach Nahum 2, 8); **sich in die B. werfen** *(sich mit etw. brüsten; prahlen);* **von hinten durch die B. [ins Auge]** (salopp scherzh.: *1. nicht direkt, umständlich. 2. heimlich, durch die Hintertür)*; **mit geschwellter B.** *(stolz);* **etw. vor der B. haben** (bes. Sport; *etw. Schwieriges, Unangenehmes o. Ä. vor sich haben, bewältigen müssen:* die Mannschaft hat noch drei Auswärtsspiele vor der B.); **einen zur B. nehmen** (ugs.: *[reichlich] Alkohol trinken);* [**sich** ⟨Dativ⟩] **jmdn., etw. zur B. nehmen** (ugs.: *sich jmdn., etwas gründlich vornehmen);* **b)** *die im Brustkorb gelegenen Atmungsorgane:* die B. abhorchen; der Nebel legt sich ihm auf die B.; er hat es auf der B. (ugs.: *1. er hat eine Bronchitis. 2. er ist lungenkrank);* * **schwach auf der B. sein** (ugs.: *1. anfällig sein für Erkrankungen der Atmungsorgane. 2. wenig Geld haben. 3. in einem Bereich nur geringe Kenntnisse od. Fähigkeiten haben).* **2.** *paariges, halbkugelförmiges Organ (an der Vorderseite des weiblichen Oberkörpers), das die Milchdrüsen enthält u. das in der Stillzeit Milch bildet:* eine kleine, feste, volle B.; die rechte, linke B.; beide Brüste; dem Kind die B. geben *(es stillen);* sie legte den Säugling an die B.; Dann sprang sie in einem hüpfenden Galopp, der ihr bei jeder Stufe die Brüste im Hemd wippen ließ, die breite Haustreppe hinunter (Zuckmayer, Fastnachtsbeichte 15). **3.** ⟨o. Pl.⟩ *Bruststück eines Schlachttieres.*

²Brust, das; -s ⟨meist o. Art.⟩ (Sport): *Brustschwimmen:* nächster Wettbewerb: 100 m B.; Sieger über 200 m B.

brust|am|pu|tiert ⟨Adj.⟩: *eine ¹Brust (2), beide Brüste durch Amputation verloren habend.*

Brust|an|satz, der: *Ansatz (4) der ¹Brust (2).*

Brust|be|haa|rung, die ⟨Pl. selten⟩: *Brusthaar.*

Brust|bein, das: *länglicher, flacher Knochen in der vorderen Mitte des Brustkorbs, an dem die oberen sieben Rippen angewachsen sind.*

Brust|beu|tel, der: *auf der Brust getragener Beutel, in dem jmd. Wertsachen od. Geld mit sich führt.*

Brust|bild, das: *Bild, Foto, auf dem nur Kopf u. Oberkörper eines Menschen abgebildet sind.*

Brust|brei|te: in der Verbindung **mit/um B.** (Leichtathletik; *mit ganz knappem Vorsprung:* mit B. siegen).

Brüst|chen, das; -s, -: Vkl. zu ↑¹Brust.

Brust|drü|se, die (Anat.): *bei Mensch u. Säugetier vorhandene paarige Drüse, die Milch bildet.*

brüs|ten, sich ⟨sw. V.; hat⟩ [mhd. brüsten = mit einer Brust versehen; (refl.:) prahlen] (abwertend): *mit etw. prahlen:* sich mit seinen Erfolgen b.

Brust|fell, das (Med.): *membranartige Auskleidung der Brusthöhle der höheren Wirbeltiere u. des Menschen.*

Brust|flos|se, die: *Flosse an der Brust eines Fisches.*

Brust|haar, das: *Behaarung der männlichen Brust.*

Brust|har|nisch, der: *Teil der Ritterrüstung.*

brust|hoch ⟨Adj.⟩: *so hoch, dass es bis zur Brust reicht.*

Brust|höh|le, die (Med.): *vom Brustkorb umschlossene Höhlung des Körpers bei Mensch u. Säugetier.*

Brust|kind, das (ugs.): *Säugling, der gestillt wird.*

Brust|korb, der (Med.): *aus Brustwirbeln, Rippen u. Brustbein gebildeter Teil des Skeletts bei Wirbeltieren u. Menschen.*

Brust|krebs, der: *Krebs (4 a) bes. der weiblichen Brustdrüsen.*

Brust|la|ge, die: *Schwimmstil, bei dem der Schwimmer mit der Brust nach unten im Wasser liegt:* in B. schwimmen.

♦ **Brust|na|del**, die: *Brosche:* Das Altertum war aus edlem Stein geschnitten, in Gold gefasst und zu einer B. verwendet (Keller, Das Sinngedicht 282).

Brust|pan|zer, der: *die ¹Brust (1) bedeckender Teil der Ritterrüstung.*

Brust|plas|tik, die: *operative Korrektur der Form der ¹Brust (2).*

Brust|schutz, der: **a)** (Fechten) *für Fechterinnen vorgeschriebener Schutz für die Brust;* **b)** (Kendo) *Vorrichtung zum Schutz der Brust vor Schlägen.*

brust|schwim|men, Brust schwim|men ⟨st. V.; hat/ist; meist nur im Inf. gebr.⟩: *in Brustlage schwimmen.*

Brust|schwim|men, das; -s: *Schwimmstil, bei dem der Schwimmer in Brustlage die Arme nach vorn u. dann auseinanderführt, die Beine anzieht, seitwärts nach hinten stößt, ausstreckt u. schließt.*

Brust|stim|me, die (Musik): *tiefe Lage der menschlichen Stimme, bei der hauptsächlich die Wand der Brust in Schwingungen versetzt wird.*

Brust|stück, das (Kochkunst): *Fleischstück von der Brust von Schlachttieren, Wild u. Geflügel.*

Brust|ta|sche, die: *in Höhe der Brust angebrachte Tasche an Kleidungsstücken.*

Brust|ton, der (Musik): *mit Bruststimme erzeugter Ton beim Singen;* * **im B. der Überzeugung** *(von etw. völlig überzeugt;* nach Heinrich von Treitschke: im B. der Überzeugung behaupten).

Brust|tuch, das ⟨Pl. ...tücher⟩: *Miedereinsatz bei bestimmten Volkstrachten.*

Brust|um|fang, der (bes. Schneiderei): *über der Brust gemessener Umfang des Körpers.*

Brüs|tung, die; -, -en [zu ¹Brust (1 a)]: **1.** *zum Schutz gegen Absturz angebrachte Begrenzung aus Mauerwerk, Holz od. Metall an Balkonen, Brücken o. Ä.:* an die B. treten; sich über die B. beugen. **2.** Kurzf. von ↑ Fensterbrüstung.

Brust|ver|grö|ße|rung, die: *Vergrößerung der weiblichen Brust.*

Brust|ver|klei|ne|rung, die: *Verkleinerung der [weiblichen] Brust.*

Brust|war|ze, die: *dunkel pigmentierte, warzenförmige Erhebung auf der Brust, in der bei der Frau die Milchgänge der Brustdrüsen münden.*

Brust|wehr, die (Militär): **a)** *brusthoher Schutzwall an Festungswerken u. Schützengräben;* **b)** *bei mittelalterlichen Burgen der obere Abschluss der Ringmauern od. Wehrgänge.*

Brust|wir|bel, der (Anat.): *einer der zwölf Wirbel im Bereich des Brustkorbs.*

brut [bryt] ⟨Adj.; nachgestellt⟩ [frz. brut < lat. brutus = schwer(fällig); wuchtig]: *Kennzeichnung für sehr trockenen Schaumwein u. Champagner, der keinen od. nur einen äußerst geringen Zuckerzusatz enthält.*

Brut, die; -, -en [mhd. bruot, zu ↑ brühen in dessen alter Bed. »erwärmen«]: **1.** *das Brüten; Ausbrüten von Eiern:* die erste, zweite B.; der Vogel hat die B. beendet. **2.** ⟨Pl. fachspr.⟩ *(in Bezug auf verschiedene Tierarten) die aus einem Gelege geschlüpften Jungtiere:* die B. der Bienen, Fische; die B. füttern; Ü die ganze B. (scherzh.; *Kinderschar)* tobt im Haus herum. **3.** ⟨o. Pl.⟩ (salopp abwertend) *Gesindel.*

bru|tal ⟨Adj.⟩ [spätlat. brutalis, zu lat. brutus = schwer(fällig), roh]: **1. a)** *roh, gefühllos u. gewalttätig:* ein -er Mensch; ein -es Gesicht *(Gesicht mit brutalem Ausdruck);* jmdn. b. misshandeln; **b)** *schonungslos, rücksichtslos:* ein -es Vorgehen; die -e *(besonders raue, grausame)* Wirklichkeit; der Reporter fragte sie sehr b. *(direkt, hart, ohne Diskretion).* **2.** (Jugendspr.) **a)** *sehr gut; wunderbar; großartig:* die Disco ist ein -er Schuppen; das ist, das finde ich echt b.; **b)** ⟨intensivierend bei Adjektiven u. Verben⟩ *sehr, überaus, in höchstem Maße:* das find ich b. gut!

bru|ta|li|sie|ren ⟨sw. V.; hat⟩ [frz. brutaliser]: *brutal, gewalttätig machen; verrohen lassen:* der Krieg hat die Menschen brutalisiert.

Bru|ta|li|sie|rung, die; -: *das Verrohen[lassen].*

Bru|ta|li|tät, die; -, -en [mlat. brutalitas]: **1.** ⟨o. Pl.⟩ **a)** *Rohheit, Gefühllosigkeit, Gewalttätigkeit:* die B. der Söldner; eine Tat von erschreckender B.; **b)** *Schonungslosigkeit, Rücksichtslosigkeit:* mit großer B. vorgehen; Ü Nun trat ihm diese Frage mit ganzer B. *(mit ihrer ganzen Härte)* entgegen (Edschmid, Liebesengel 182). **2.** *brutale Handlung:* die Bande ist berüchtigt wegen ihrer -en.

Bru|ta|lo, der; -s, -s [↑ -o] (ugs. abwertend): *gewalttätiger Mann.*

bru|talst|mög|lich ⟨Adj.⟩: *so brutal (1 b) wie möglich; ohne jegliche Rücksichtnahme:* die -e Aufklärung der Affäre; er versuchte, sich b. für höhere Ämter zu profilieren; seine Pläne b. durchziehen.

Brut|ap|pa|rat, der: *Apparat, in dem befruchtete Eier zur Entwicklung gebracht werden.*

brü|ten ⟨sw. V.; hat⟩ [mhd. brüeten, ahd. bruoten, zu ↑ Brut]: **1.** *(von Vögeln) auf dem Gelege sitzen, um Junge auszubrüten:* die Amsel brütet. **2.** (geh.) *drückend auf etw. lasten:* die Sonne brütet über dem Land; eine brütende Hitze; ein brütend heißer (ugs.; *sehr heißer)* Tag. **3. a)** *intensiv über etw. nachdenken; grübeln:* er brütet über seinen Plänen; ⟨subst.:⟩ in Brüten versinken; **b)** *etw. Übles, Böses ausdenken, ersinnen:* er brütet Rache. **4.** (Kernphysik) *bestimmtes, nicht spaltbares Material in spaltbares umwandeln.*

Brü|ter, der; -s, - (Kernphysik): *Brutreaktor:* schneller B. *(Brutreaktor, bei dem die Kernspaltung durch schnelle Neutronen ausgelöst wird, wodurch ein Gewinn an Spaltmaterial erhöht).*

Brut|ge|schäft, das (Zool.): *das Brüten.*

Brut|hit|ze, die (ugs.): *sehr große Hitze.*

Brut|kas|ten, der (Med.): *einem großen Kasten*

mit durchsichtigen Wänden gleichender, spezieller medizinischer Apparat, in dem Frühgeborene od. schwer kranke Neugeborene gepflegt werden.

Brut|pfle|ge, die (Zool.): *Gesamtheit der Handlungen von Elterntieren, die Aufzucht der Brut (2) betreffend.*

Brut|platz, der: *Ort, an dem Vögel ihre Eier ausbrüten.*

Brut|re|ak|tor, der (Kernphysik): *Kernreaktor, der mehr spaltbares Material erzeugt, als er verbraucht, wodurch Spaltmaterial gewonnen wird;* Brüter (2).

Brut|schrank, der: **1.** (Biol., Med.) *beheizbarer Laborschrank, der der Aufzucht von Mikroorganismen dient.* **2.** *Brutapparat.*

Brut|stät|te, die: **1.** *Platz, an dem Tiere brüten.* **2.** (geh.) *Stelle, Ort, an dem sich Ungeziefer o. Ä. besonders gut entwickelt:* Ü (abwertend:) *eine B. des Verbrechens.*

brut|to ⟨Adv.⟩ [ital. brutto = roh, über das Vlat. zu lat. brutus, ↑brutal] (Kaufmannsspr.): **a)** *mit Verpackung;* **b)** *ohne Abzug der Kosten od. Steuern* (Abk.: btto.): *sein Gehalt beträgt b. 5 000 Euro/5 000 Euro b.*

Brut|to|ein|kom|men, das: *Einkommen vor Abzug der Steuern, Sozialversicherungsbeiträge u. sonstigen Abgaben.*

Brut|to|ge|halt, das: *Gehalt ohne Abzüge, Bruttoeinkommen.*

Brut|to|ge|wicht, das: *Gewicht (einer Ware) einschließlich Verpackung.*

Brut|to|ge|winn, der (Wirtsch.): **1.** *Rohgewinn (ohne Abzug der Kosten).* **2.** *Deckungsbeitrag (der Teil des Verkaufserlöses, der die Stückkosten übersteigt).*

Brut|to|in|land|pro|dukt (bes. schweiz.), **Brutto|in|lands|pro|dukt,** das (Wirtsch.): *Wert aller Waren und Dienstleistungen, die in einem Jahr innerhalb der Landesgrenzen einer Volkswirtschaft produziert werden.*

Brut|to|lohn, der: *Lohn ohne Abzüge.*

Brut|to|preis, der: **1.** *Preis ohne Abzug von Rabatt.* **2.** *Preis, der eine eventuell zu entrichtende Mehrwertsteuer o. Ä. enthält.*

Brut|to|raum|zahl, die (Seew.): *Einheit zur Angabe des Rauminhaltes eines Schiffs* (Abk.: BRZ).

Brut|to|re|gis|ter|ton|ne, die (Seew. veraltend): *Einheit zur Angabe des Rauminhalts eines Schiffes* (Abk.: BRT).

Brut|to|so|zi|al|pro|dukt, das (Wirtsch. veraltet, noch ugs.): *Wert, den die Gesamtheit aller Dienstleistungen u. produzierten Güter in einem Wirtschaftsbereich während eines bestimmten Zeitraumes (gewöhnlich eines Jahres) darstellt.*

Brut|to|ver|dienst, der: *Bruttoeinkommen.*

Brut|zeit, die: *Zeit des Brütens.*

brut|zeln ⟨sw. V.; hat⟩ [Intensivbildung zu ↑brodeln]: **1.** *in heißem, spritzendem Fett gar werden, braten: ein Steak brutzelt in der Pfanne.* **2.** (ugs.) *bratend zubereiten: ich habe [dir] etwas in der Küche gebrutzelt.*

Brut|zwie|bel, die (Bot.): *(bei verschiedenen Zwiebelpflanzen) als Knospe an einer Zwiebel entstehende neue, kleine Zwiebel.*

BRZ = Bruttoraumzahl.

B. Sc. [ˈbiːɛsˈsiː] = Bachelor of Science.

BSE [beːlɛsˈeː], die, auch: das; - ⟨meist o. Art.⟩ [Abk. für bovine spongiforme Enzephalopathie]: *Seuche, die vor allem bei Rindern unheilbare Veränderungen im Gehirn hervorruft; Rinderwahnsinn.*

bst: ↑ pst.

bt = ¹Bit (2).

Btl. = Bataillon.

btto. = brutto.

Bttr. = Batterie.

Btx = Bildschirmtext.

Bub, der; -en (südd., österr., schweiz. ugs. auch: -s), -en [mhd. buobe] (südd., österr., schweiz.): *Junge, Knabe: ein aufgeweckter B.*

Büb|chen, das; -s, -: Vkl. zu ↑Bub.

Bu|be, der; -n, -n [mhd. buobe = Knabe; Diener; zuchtloser Mensch, wahrsch. Lallw.]: **1.** (veraltend abwertend) *gemeiner, niederträchtiger Mensch.* **2.** *in der Rangfolge an vierter Stelle stehende Spielkarte:* den -n ausspielen. ◆ **3.** *junger [Tross]knecht, Diener:* Da werfen sie ihm einen -n nieder, da er sich nichts versieht (Goethe, Götz I).

Bu|ben|streich, der: **1.** *Jungenstreich.* **2.** (veraltend) *übler Streich, Übeltat.*

Bu|ben|stück, das (veraltend): *üble Tat, Schurkerei.*

Bu|bi, der; -s, -s: **1.** Koseform von ↑Bub. **2.** (salopp abwertend) *unreif wirkender junger od. jüngerer Mann.*

Bu|bi|kopf, der: **1.** *dem kurzen Herrenschnitt ähnliche Kurzhaarfrisur für Damen.* **2.** *Topfpflanze mit fadendünnen, dicht mit winzigen Blättern besetzten Zweigen, deren Form an die eines Quastes erinnert.*

Bü|bin, die; -, -nen: w. Form zu ↑Bube (1).

bü|bisch ⟨Adj.⟩ [spätmhd. büebisch, zu ↑Bube (1)] (geh. veraltend): **a)** *niederträchtig, schurkenhaft, böse: ein -er Streich; ... als brächte es sogar meine Krankheit mit irgendeinem -en Laster in Verbindung* (Muschg, Gegenzauber 386); **b)** *verschmitzt; jungenhaft: ein -es Grinsen; b. lächeln.*

Buch, das; -[e]s, Bücher [mhd. buoch, ahd. buoh (Pl.), urspr. wohl = (Runen)zeichen, Buchstabe, dann: Schriftstück]: **1. a)** *größeres, gebundenes Druckwerk;* ²Band: *ein dickes B.; ein B. in Leder; ein B. von 1 000 Seiten; Bücher binden;* * *Goldenes B.* (Gästebuch einer Stadt); *das B. der Bücher* (die Bibel); *wie ein B. reden* (ugs.; *sehr viel, unaufhörlich reden*); *wie er, sie, es in einem B. steht/stehen* (*wie man sich ihn, sie, es vorstellt; urspr. mit Bezug auf die Bibel: ein Außenseiter, wie er im -e steht; es waren Hundstage, wie sie im -e stehen*); *jmdm./für jmdn. ein B. mit sieben Siegeln sein* (für jmdn. unverständlich, nicht durchschaubar sein; nach Offenb. 5, 1-5); **b)** *in Buchform veröffentlichter literarischer, wissenschaftlicher o. ä. Text: ein spannendes B.; ein B. herausgeben; ich habe alle Bücher dieses Autors gelesen; über den Büchern sitzen;* Ü *das B. der jüngeren Geschichte muss neu geschrieben werden;* * *schlaues B.* (ugs.; *Buch, das viel Information enthält, z. B. ein Lehrbuch od. ein Nachschlagewerk*); **c)** (veraltend) *Teil eines gegliederten literarischen Werkes:* zu Buch[e] *die fünf Bücher Mose;* **d)** *Kurzf. von ↑Drehbuch:* das B. für einen Film schreiben. **2.** *aus gebundenen, geheftetem o. ä. Seiten bestehender, mit einem festen Deckel od. kartoniertem Einband versehener Gegenstand unterschiedlicher Größe u. Verwendung:* er hat immer ein kleines B. bei sich, in welches er alles Notizen macht. **3.** ⟨meist Pl.⟩ *Kurzf. von ↑Geschäftsbuch: die Bücher sind in Ordnung; die Bücher führen* (die Buchführung machen); * *über etw. B. führen* (*sich über etw. Notizen, Aufzeichnungen machen*); **zu Buch[e] schlagen** (1. *sich im Etat niederschlagen.* 2. *sich bei etw. bemerkbar machen, ins Gewicht fallen*). **4.** (Sport) *Wettliste bei Pferderennen;* B. machen *(die Wetten zusammenstellen).* **5. a)** (Druckw.) *altes deutsches Zählmaß für Druck- u. Schreibpapier;* **b)** (Kaufmannsspr.) *Zählmaß für Blattgold u. -silber.*

Buch|au|tor, der: *Autor eines Buches.*

Buch|au|to|rin, die: w. Form zu ↑Buchautor.

buch|bar ⟨Adj.⟩: *sich* ¹buchen *(2) lassend: -e Angebote, Ausflüge; eine individuell, kurzfristig -e Reise; das Hotel ist über verschiedene Reiseveranstalter, online b.*

Buch|be|spre|chung, die: *kritische Würdigung eines [neu erschienenen] Buches.*

Buch|be|stand, der: *Bestand an Büchern.*

Buch|bin|der, der: *Handwerker, der Bücher u. Ä. bindet* (Berufsbez.).

Buch|bin|de|rei, die; -, -en: **1.** ⟨o. Pl.⟩ *Handwerk des Buchbindens.* **2.** *Handwerksbetrieb des Buchbinders.*

Buch|bin|de|rin, die: w. Form zu ↑Buchbinder.

Buch|block, der; ⟨Pl. ...blöcke u. -s⟩: *die zusammengehefteten od. gebundenen Blätter od. Bogen eines Buches ohne die Buchdecke.*

Buch|bran|che, die: *die Herstellung u. den Verkauf von Büchern umfassende Branche* (a).

Buch|club: ↑ Buchklub.

Buch|de|cke, die: *Teil des Einbandes, der den Buchblock umschließt.*

Buch|de|ckel, der: *einer der beiden Teile der Buchdecke, die Vorder- u. Rückseite des Buches bedecken.*

Buch|druck, der ⟨o. Pl.⟩: *Hochdruckverfahren mit zusammengesetzten Druckformen u. gegossenen Lettern:* etw. im B. herstellen.

Buch|dru|cker, der: *jmd., der den Buchdruck erlernt hat* (Berufsbez.).

Buch|dru|cke|rei, die: **1.** ⟨o. Pl.⟩ *Gewerbe des Buchdrucks.* **2.** *Gewerbebetrieb, der Bücher u. andere Druck-Erzeugnisse im Hochdruckverfahren druckt.*

Buch|dru|cke|rin, die: w. Form zu ↑Buchdrucker.

Buch|dru|cker|kunst, die ⟨o. Pl.⟩: *Verfahren des Hochdrucks mithilfe von einzelnen gegossenen Buchstaben, die zusammengesetzt werden; Typografie* (1).

Bu|che, die; -, -n [mhd. buoche, ahd. buohha, idg. Baumname]: **1.** *Laubbaum mit glattem Stamm, ganzrandigen od. fein gezähnten Blättern u. dreikantigen Früchten.* **2.** *Kurzf. von ↑Rotbuche* (1,2). **3.** ⟨o. Pl.⟩ *Holz der Rotbuche.*

Buch|ecker, die: *ölhaltige, dreikantige Frucht der Rotbuche.*

Buch|ein|band, der; -[e]s, ...einbände: *Einband eines Buches* (1 a).

Bü|chel|chen, das; -s, -: Vkl. zu ↑Buch.

¹bu|chen ⟨sw. V.; hat⟩ [wohl nach engl. to book]: **1.** *(in der Geschäftsbücher o. Ä.) eintragen; an vorgesehener Stelle verbuchen: die Ein- und Ausgaben b.;* Ü *die Mannschaft konnte einen Sieg für sich b.* (errang einen Sieg). **2. a)** *vorbestellen; reservieren lassen: einen Flug b.;* **b)** *eine Vorbestellung entgegennehmen; reservieren: würden Sie bitte zwei Plätze für uns b.?*

²bu|chen ⟨Adj.⟩ [mhd. buochīn, ahd. buohhīn]: *aus Buchenholz [gemacht]: Es gab im Hofe eine große Ladung -es Holz angefahren* (Hesse, Sonne 15).

Bu|chen|holz, das ⟨Pl. ...hölzer⟩: *Holz von Buchen.*

Bu|chen|scheit, das: *Scheit aus Buchenholz.*

Bu|chen|wald, der: *Wald aus Buchen.*

Bü|cher|bord, das: **a)** *Bücherbrett;* **b)** *Bücherregal.*

Bü|cher|brett, das: *einzelnes an der Wand befestigtes Brett zum Aufstellen von Büchern.*

Bü|cher|bus, der: *die Außenbezirke einer Stadt, ländliche Gegenden u. Schulen anfahrender, mit einer Bücherei ausgestatteter Bus, in dem Bücher, Zeitschriften o. Ä. ausgeliehen werden können.*

Bü|che|rei, die; -, -en [LÜ von niederl. boekerij]: *kleinere [öffentliche] Bibliothek* (1).

Bü|cher|floh|markt, der: *Flohmarkt, auf dem Bücher verkauft werden.*

Bü|cher|freund, der: *Bibliophiler.*

Bü|cher|freun|din, die: w. Form zu ↑Bücherfreund.

Bü|cher|geld, das: **1.** *Geld, das von Eltern für die*

Bereitstellung von Schulbüchern gezahlt wird. **2.** Geldsumme, die im Rahmen eines Stipendiums für den Kauf von Büchern gewährt wird.

Bü|cher|lieb|ha|ber, der: Bibliophiler.

Bü|cher|lieb|ha|be|rin, die: w. Form zu ↑ Bücherliebhaber.

Bü|cher|markt, der: **1.** Buchmarkt: Neuerscheinungen auf dem B. **2.** Veranstaltung zum Verkauf von Büchern: jeden Freitag findet neben der Universität ein B. statt.

Bü|cher|narr, der: jmd., der leidenschaftlich gern Bücher liest [u. besitzt].

Bü|cher|när|rin, die: w. Form zu ↑ Büchernarr.

Bü|cher|re|gal, das: Regal zum Aufstellen von Büchern.

◆ **Bü|cher|rie|men,** der: Trageriemen für Bücher (wie ihn bes. Schüler u. Studenten benutzen): ...dass ihr jetzt in Gymnasien lebet und eure Unsterblichkeit in einem B. mühsam fortgeschleppt wird (Schiller, Räuber I, 2).

Bü|cher|samm|lung, die: Sammlung von Büchern.

Bü|cher|schrank, der: Schrank, der vorwiegend der Aufbewahrung von Büchern dient.

Bü|cher|sen|dung, die: Form des Versands für Bücher, Broschüren, Noten, Landkarten o. Ä. zu ermäßigter Gebühr.

Bü|cher|tisch, der: Tisch, auf dem Bücher zum Verkauf angeboten werden od. zur Information ausgelegt sind.

Bü|cher|ver|bren|nung, die: öffentliche demonstrative Verbrennung von Büchern aus politischen, religiösen o. ä. Gründen.

Bü|cher|wand, die: **a)** eine ganze Wand od. einen größeren Teil der Wand eines Raumes einnehmendes Möbel, das hauptsächlich der Unterbringung von Büchern dient; **b)** Wand eines Raumes, die od. an der zum größten Teil von aufgestellten Büchern eingenommen wird.

Bü|cher|wurm, der (scherzh.): jmd., der gern u. viel liest.

Buch|fink, der; -en, -en [der Vogel bewohnt gern Buchenwälder]: (zu den Finken gehörender) Singvogel mit rotbrauner Unterseite, blaugrauem Kopf u. weißen Streifen an den Flügeln.

Buch|form: in der Verbindung **in B.** (in Form eines Buches, als Buch: er brachte die Reportagen in B. heraus).

Buch|for|mat, das: Format eines Buches (z. B. Folio, Quart).

Buch|füh|rung, die: genaue u. systematische Aufzeichnung aller Einnahmen u. Ausgaben betreffenden Geschäftsvorgänge: doppelte B.

Buch|hal|ter, der: jmd., der die Geschäfts-, Rechnungsbücher eines Betriebes führt (Berufsbez.).

Buch|hal|te|rin, die: w. Form zu ↑ Buchhalter.

buch|hal|te|risch ⟨Adj.⟩: die Buchhaltung betreffend: -e Aufgaben.

Buch|hal|tung, die: **1.** ⟨Pl. selten⟩ Buchführung. **2.** die für die Buchführung verantwortliche Abteilung eines Betriebes.

Buch|han|del, der ⟨o. Pl.⟩: Gewerbezweig, dessen Aufgabe [die Herstellung u.] der Vertrieb von Büchern u. Zeitschriften ist.

Buch|han|dels|ket|te, die: aus einer Kette (2 d) von Buchhandlungen bestehendes Unternehmen.

Buch|händ|ler, der: jmd., der Bücher verkauft (Berufsbez.).

Buch|händ|le|rin, die: w. Form zu ↑ Buchhändler.

buch|händ|le|risch ⟨Adj.⟩: den Buchhandel betreffend: -e Fähigkeiten.

Buch|hand|lung, die: Geschäft, in dem Bücher verkauft werden.

Buch|hül|le, die: Hülle, die zum Schutz des Einbandes um ein Buch gelegt wird.

Buch|il|lus|tra|ti|on, die: [künstlerische] Illustration, mit der ein Buch [zu Anschauungszwecken] ausgestattet ist.

Buch|klub, Buchclub, der: verlagsähnliches Unternehmen, dessen Mitglieder sich zur [regelmäßigen] Abnahme von Büchern zu besonders günstigen Preisen verpflichten.

Buch|kri|tik, die: Buchbesprechung.

Buch|kunst, die ⟨o. Pl.⟩: Bereich der Kunst, der die künstlerische Ausgestaltung von Büchern umfasst.

Buch|la|den, der ⟨Pl. ...läden⟩: Buchhandlung.

Büch|lein, das; -s, -: Vkl. zu ↑ Buch.

Buch|ma|cher, der [LÜ von engl. bookmaker]: Vermittler von Wetten bei Pferderennen (Berufsbez.).

Buch|ma|che|rin, die: w. Form zu ↑ Buchmacher.

Buch|ma|le|rei, die: **1.** ⟨o. Pl.⟩ Kunst der malerischen Ausschmückung von Handschriften in der Antike u. im Mittelalter. **2.** gemaltes Bild in Handschriften der Antike u. des Mittelalters.

Buch|markt, der: Markt (3 a) für Bücher: Umsatzrückgänge auf dem/im B.

Buch|mes|se, die: internationale ²Messe (1) der Verlage.

Buch|prä|sen|ta|ti|on, die: Präsentation (1) eines Buches.

Buch|preis|bin|dung, die (Wirtsch.): Preisbindung bei Büchern.

Buch|prü|fer, der: öffentlich bestellter Sachverständiger für alle Fragen des betrieblichen Rechnungswesens.

Buch|prü|fe|rin, die: w. Form zu ↑ Buchprüfer.

Buch|rol|le, die: älteste Form des Buches aus zusammengerollten Streifen von Papyrus, Pergament o. Ä.

Buch|rü|cken, der: Teil des Bucheinbandes, der beide Buchdeckel zusammenhält.

Buchs|baum, der [mhd. buhsboum, ahd. buhsboum, zu lat. buxus]: in vielen Arten vorkommender immergrüner Zierstrauch od. -baum, der häufig zur Einfassung von Beeten verwendet wird.

Büchs|chen, das; -s, -: ↑ Büchse (1).

Buch|se, die; -, -n ⟨oberd. Nebenform von ↑ Büchse⟩: **a)** Hohlzylinder, der als Lager von Achsen u. Wellen od. zur Führung von Kolben o. Ä. dient; **b)** (Elektrot.) meist mit einer Isolierung umgebene Hülse zur Aufnahme eines Steckers.

Büch|se, die; -, -n: **1. a)** [mhd. bühse, ahd. buhsa < vlat. buxis = Dose aus Buchsbaumholz < lat. pyxis] kleines Gefäß, Behälter mit Deckel: eine B. für Gebäck; eine B. mit Bonbons; **b)** Konservendose: längliche, große, kleine -n; eine B. öffnen; Fleisch in -n; **c)** (ugs.) Kurzf. von ↑ Sammelbüchse. **2.** [aus dem zylinderförmigen Rohr od. Lauf] Jagdgewehr, mit dem Kugeln verschossen werden: einen Hirsch vor die B. bekommen.

Büch|sen|fleisch, das: in Konservendosen haltbar gemachtes Fleisch.

Büch|sen|ma|cher, der: Handwerker, der Büchsen (2) herstellt (Berufsbez.).

Büch|sen|ma|che|rin, die: w. Form zu ↑ Büchsenmacher.

Büch|sen|milch, die: kondensierte Milch in Büchsen (1 b).

Büch|sen|öff|ner, der: Dosenöffner.

Buch|sta|be, der; -ns, selten: -n, -n [mhd. buochstap, -stabe, ahd. buohstap, urspr. wohl = Stab mit Runenzeichen, aus ↑ Buch u. ↑ Stab; später verstanden als »Stab aus Buchenholz«]: Zeichen einer Schrift, das einen Laut od. eine Lautverbindung wiedergibt: große, griechische -n; der B. A; * **nach dem -n des Gesetzes handeln** (peinlich genau sein in der Befolgung des Gesetzes); **sich auf seine vier -n setzen** (ugs. scherzh.; sich hinsetzen; das Wort Popo hat vier Buchstaben).

Buch|sta|ben|dre|her, der, (ugs.): Fehler durch vertauschte Buchstaben.

Buch|sta|ben|fol|ge, die: die Aufeinanderfolge der Buchstaben (bes. im Alphabet).

buch|sta|ben|ge|treu ⟨Adj.⟩: ganz genau; wörtlich.

buch|sta|ben|gläu|big ⟨Adj.⟩: starr an das geschriebene Wort, den Text glaubend, ohne selbstständig zu denken.

Buch|sta|ben|kom|bi|na|ti|on, die: ¹Kombination (1 a) von Buchstaben.

Buch|sta|ben|rät|sel, das: Rätsel, bei dem durch Umstellen der Buchstaben vorgegebener Wörter neue Wörter gebildet werden müssen.

Buch|sta|ben|schrift, die: Schrift, in der die Wörter mit Buchstaben wiedergegeben werden (im Unterschied zur Silbenschrift, Wortschrift od. Bilderschrift).

Buch|sta|ben|wort, das ⟨Pl. ...wörter⟩: Kurzwort, das aus den Anfangsbuchstaben mehrerer Wörter gebildet ist; Akronym; Initialwort (z. B. NATO).

Buch|sta|bier|al|pha|bet, das: festgelegte Reihenfolge von Kennwörtern für die einzelnen Buchstaben des Alphabets als Hilfsmittel beim Buchstabieren von schwierigen Wörtern u. Namen.

buch|sta|bie|ren (sw. V.; hat) [mhd. buochstaben]: **a)** die Buchstaben eines Wortes in ihrer Aufeinanderfolge nennen: ein Wort, seinen Namen b.; **b)** mühsam entziffern, lesen: er konnte die alte Inschrift nur teilweise b.

¹**buch|stäb|lich** ⟨Adj.⟩ (selten): dem Wortlaut der Vorlage folgend: etw. b. übersetzen.

²**buch|stäb|lich** ⟨Adv.⟩: geradezu, im wahrsten Sinne [des Wortes], regelrecht: sie waren b. verhungert; ... er war, soweit ich mich jetzt erinnere, der einzige Mensch, den ich jemals gekannt habe, der sich b. (in der wörtlichen Bedeutung der Redensart) sein Grab selbst schaufelte (Hildesheimer, Tynset 63).

Buch|stüt|ze, die: Vorrichtung zum Stützen aufgestellter Bücher.

Bucht, die; -, -en [aus dem Niederd. < mniederd. bucht = Biegung, Krümmung, zu ↑ biegen]: [bogenartig] in das Land hineinragender Teil eines Meeres od. Binnengewässers: die Küste ist an einer einzigen B.

Buch|tel, die; -, -n ⟨meist Pl.⟩ [tschech. buchta] (österr.): ein [mit Marmelade o. Ä.] gefülltes Hefegebäck.

buch|ten|reich ⟨Adj.⟩: zahlreiche Buchten aufweisend: eine -e Küste.

Buch|tipp, der (ugs.): Tipp (1) für ein Buch.

Buch|ti|tel, der; -s, -: Titel eines Buches.

Bu|chung, die; -, -en: **1.** das Verbuchen von Belegen auf Konten in der Buchführung. **2.** das Registrieren[lassen] einer Bestellung: die B. einer Reise.

Buch|ver|lag, der: Verlag, der vorwiegend od. ausschließlich Bücher herausgibt.

Buch|ver|sand, der: **1.** das Versenden von Büchern. **2.** Versandhaus für Bücher.

Buch|vor|stel|lung, die: Vorstellung (1 a) eines Buches; Buchpräsentation.

Buch|wei|zen, der [nach der Ähnlichkeit der Früchte mit Bucheckern]: (zu den Knöterichgewächsen gehörende) krautige Pflanze mit herzförmigen Blättern, kleinen weißlichen Blüten u. den Bucheckern ähnlichen, dreikantigen Früchten, die zu Mehl vermahlen werden.

Buch|wert, der (Wirtsch.): Wert, mit dem Vermögen u. Schulden eines Unternehmens in der Bilanz erfasst werden.

Buch|wis|sen, das (abwertend): nur aus Büchern gewonnenes Wissen eines Menschen, das keinen Bezug zur Wirklichkeit hat.

Buch|zei|chen, das: Lesezeichen.

Bü|cke, die; -, -n [zu ↑ bücken] (Turnen): *das Überspringen mit gestreckten Beinen, bei dem der Körper in den Hüften gewinkelt ist u. sich im Sprung wieder streckt:* eine B. über den Kasten.

Bu|ckel, der; -s, -: **1.** (ugs.) ¹*Rücken* (1) *des Menschen:* sich den B. kratzen; einen Rucksack auf dem B. tragen; den B. vollbekommen, vollkriegen (ugs.: *Schläge bekommen*); R rutsch mir den B. runter, steig mir den B. rauf! *(lass mich damit in Ruhe!);* * **einen breiten B. haben** (ugs.: *sich durch Kritik, Anfeindungen o. Ä. nicht aus dem inneren Gleichgewicht bringen lassen);* **den B. hinhalten** (ugs.; *die Verantwortung für etw. tragen);* **einen krummen B. machen** (ugs.; *unterwürfig sein);* **etw. auf dem B. haben** (ugs.: *etw. hinter sich gebracht, erlebt haben:* unser Chef hat auch schon seine sechzig Jahre auf dem B.; mein Wagen hat 150000 km auf dem B. **2.** *mit etw. belastet sein:* sie hat schon drei Vorstrafen auf dem B.); **genug/viel auf dem B. haben** (ugs.: *viele Aufgaben zu erledigen haben*). **2.** höckerartige Verkrümmung der Wirbelsäule zwischen den Schulterblättern: der Junge hat einen B. *(ist verwachsen);* Ü mach nicht so einen B.! *(halte dich gerade!).* **3.** (ugs.) *Hügel, kleiner Berg mit abgerundeter Kuppe.* **4.** (ugs.) *leicht gewölbte, ausgebuchtete Stelle an etw.:* das Pflaster hat viele B. **5.** ⟨auch: die; -, -n⟩ [mhd. buckel < afrz. bo(u)cle, ↑ ¹Bouclé] *hervortretende Verzierung aus Metall (bes. in der Mitte von Schilden).*

bu|cke|lig: ↑ bucklig.

bu|ckel|kra|xen: in der Verbindung **jmdn. b. tragen/nehmen** (bayr., österr.; *jmdn. huckepack tragen*).

bu|ckeln ⟨sw. V.; hat⟩ [mhd. buckeln] (ugs.): **1.** *den Rücken krümmen, einen Buckel machen:* die Katze buckelt. **2.** (abwertend) *sich unterwürfig verhalten:* [vor jmdm.] b.; nach oben b., nach unten treten. **3.** *sich (als Traglast) auf den Rücken laden, auf dem Rücken tragen:* einen schweren Sack b.

Bu|ckel|pis|te, die: *Skipiste mit natürlichen od. künstlich angelegten Buckeln* (4).

Bu|ckel|rind, das: *(bes. in Indien u. Ostafrika als Arbeitstier gehaltenes) Rind mit einem Höcker; Zebu.*

Bu|ckel|wal, der: *Wal, der am Kopf u. an den Flossen knotige Hautverdickungen hat.*

bü|cken ⟨sw. V.; hat⟩ [mhd. bücken, Intensivbildung zu ↑ biegen]: **1.** ⟨b. + sich⟩ *den Oberkörper beugen, sich nicht mehr beugen:* sich bücken; zur Erde b.; sich nicht mehr gut b. können; die Tür ist so niedrig, dass ich mich beim Hindurchgehen b. muss; in gebückter Haltung; *** sich vor jmdm. b.** (geh. veraltend; *unterwürfig sein).* **2.** (landsch., sonst veraltet) *(jmdn., etw.) [nach unten, nach vorn] beugen* (1 a): Der Mann führt sie ins Bad ... und bückt sie über den Wannenrand (Jelinek, Lust 25); ♦ Diese Felsen bücken ihre Haupter nicht vor seinem Hute (Schiller, Tell IV, 1).

♦ **buck|licht**: ↑ bucklig: Er war ganz kurz und b. (Eichendorff, Taugenichts 43).

buck|lig, buckelig ⟨Adj.⟩: **1.** *mit einem Buckel* (2) *behaftet* (die e Hexe. **2.** (ugs.) *an der Oberfläche Unebenheiten aufweisend:* eine -e Straße.

Buck|li|ge, die/eine Bucklige; der/einer Buckligen, die Buckligen/zwei Bucklige: *weibliche Person, die bucklig ist.*

Buck|li|ger, der Bucklige/ein Buckliger; des/eines Buckligen, die Buckligen/zwei Bucklige: *jmd., der bucklig ist.*

¹**Bück|ling**, der; -s, -e [zu ↑ bücken] (ugs. scherzh.): *höfliche, tiefe Verbeugung:* einen B. machen.

²**Bück|ling**, der; -s, -e [aus dem Niederd. < mniederd. bückinc, zu: bok = Bock (nach dem strengen Geruch)]: *geräucherter Hering.*

Bu|da|pest: Hauptstadt von Ungarn.

Büd|chen, das; -s, -: Vkl. zu ↑ Bude.

Bud|del, die; -, -n [niederd. buddel < frz. bouteille, ↑ Bouteille] (ugs.): *Flasche [mit einem alkoholischen Getränk]:* eine B. Schnaps; gleich aus der B. trinken.

Bud|de|lei, die; -, -en (ugs.): *beständiges, als lästig empfundenes Buddeln:* die B. an dieser Baustelle nimmt kein Ende.

bud|deln ⟨sw. V.; hat⟩ [Nebenf. von ↑ pudeln]: **1.** (ugs.) **a)** *graben; Erdarbeiten machen:* an der Baustelle wird schon lange gebuddelt; die Kinder buddeln *(spielen)* im Sand; **b)** *durch Buddeln* (1 a) *herstellen:* ein Loch [in die Erde] b.; **c)** *durch Buddeln* (1 a) *aus etw. herausholen:* etw. aus der Erde b.; Ü Hin und wieder buddeln Sie eine so genannte Tatsache ans Licht (Benn, Stimme 10). **2.** (landsch.) *durch Ausgraben ernten:* Kartoffeln b.

Bud|del|schiff, das; -[e]s, -e [zu ↑ Buddel] (Seemannsspr.): *in eine Flasche hineingebautes Schiffsmodell; Flaschenschiff.*

¹**Bud|dha** (fachspr. auch mit Art. der; -s): [Ehrentitel für den] *Stifter der buddhistischen Religion.*

²**Bud|dha**, der; -s, -s [sanskr. buddha = der Erwachte, der Erleuchtete]: **1.** *[Titel für einen] Verkünder der Lehren des historischen Buddha.* **2.** *Statue, die einen* ²*Buddha* (1) *darstellt:* ein B. aus Gold.

Bud|dha|sta|tue, die: ²*Buddha* (2).

Bud|dhis|mus, der; -: *nach* ¹*Buddha benannte Weltreligion.*

Bud|dhist, der; -en, -en: *Anhänger des Buddhismus.*

Bud|dhis|tin, die; -, -nen: w. Form zu ↑ Buddhist.

bud|dhis|tisch ⟨Adj.⟩: *den Buddhismus betreffend, zu ihm gehörend;* -e *Religion.*

Budd|leia, die; -, -s [nach dem engl. Botaniker A. Buddle (1662–1715)]: *als Strauch wachsende Pflanze mit länglichen, dunkelgrünen Blättern u. Blütenrispen, die aus vielen kleinen, oft lilafarbenen Blüten bestehen.*

Bu|de, die; -, -n [mhd. buode, zu ↑ bauen]: **1. a)** *Marktbude, Kiosk:* an -n aufschlagen; an -n wurden Würstchen verkauft; **b)** *Baubude:* die Bauarbeiter frühstücken in der B. **2.** (ugs.) **a)** (abwertend) *Haus, das in einem unternehmenen, baufälligen Zustand ist:* diese B. ist abbruchreif; **b)** *Wohnung, Heim, Stube, möbliertes Zimmer:* eine sturmfreie B.; er ist auf seiner B.; **B. bringen** *(für Unterhaltung in Stimmung sorgen);* *** jmdm. fällt die B. auf den Kopf** (ugs.: *jmd. hält es in seiner Wohnung nicht mehr aus);* **jmdm. die B. einlaufen/einrennen** (ugs.: *jmdn. ständig mit dem gleichen Anliegen aufsuchen);* **jmdm. auf die B. rücken** (ugs.: *jmdn., mit dem man etw. zu bereinigen hat, in seiner Wohnung aufsuchen; jmdn. unaufgefordert besuchen).* **3.** (ugs. abwertend) *Laden, Lokal, Büro o. Ä.:* die Polizei hat ihm die B. zugemacht. **4.** (bes. Fußball) *Tor:* eine B. machen *(ein Tor schießen).*

Bu|del, die; -, -[n] [zu ↑ Bude] (bayr., österr.): *Ladentisch.*

♦ ²**Bu|del**: *Pudel:* ... anfangen zu zappeln wie ein nasser B. (Schiller, Räuber II, 3).

Bu|den|be|sit|zer, der: *Besitzer einer Markt- od. Verkaufsbude.*

Bu|den|be|sit|ze|rin, die: w. Form zu ↑ Budenbesitzer.

Bu|den|zau|ber, der (ugs.): **1.** *ausgelassenes Fest, das jmd. in seinem Zimmer od. in seiner Wohnung feiert.* **2.** *durch Beleuchtung u. entsprechende Dekoration hervorgerufener traumhafter Wirkung, den die Buden* (1 a) *auf einem Weihnachts- od. Jahrmarkt erzeugen:* adventlicher B.; Ü die Gewerkschaft soll an den Verhandlungstisch zurückkehren und nicht wochenlang B. veranstalten.

Bud|get [byˈdʒeː], das; -s, -s [frz. budget < engl. budget < afrz. bougette = Balg, Lederbeutel, zu lat. bulga = lederner (Geld)sack]: **1.** (Politik, Wirtsch.) *Haushaltsplan, Voranschlag von öffentlichen Einnahmen u. Ausgaben; Etat:* das B. bewilligen; die Abgeordneten stimmten dem B. zu; etw. vom B. streichen *(für etw. keine Geldmittel mehr bewilligen).* **2.** (ugs. scherzh.) *jmdm. für bestimmte Ausgaben zur Verfügung stehende Geldmittel:* jmds. B. ist erschöpft.

bud|ge|tär [bydʒeˈtɛːɐ̯] ⟨Adj.⟩ (Politik, Wirtsch.): *das Budget* (1) *betreffend.*

Bud|get|de|fi|zit, das (Politik, Wirtsch.): *Defizit im Haushaltsplan, das dadurch zustande kommt, dass die öffentlichen Ausgaben die Einnahmen übersteigen.*

Bud|get|ent|wurf, der: *Entwurf für ein Budget* (1).

bud|ge|tie|ren [bydʒeˈtiːrən] ⟨sw. V.; hat⟩ (Politik, Wirtsch.): **a)** *ein Budget* (1) *aufstellen;* **b)** (österr., schweiz.) *ins Budget, in den Haushaltsplan aufnehmen; im Budget vorsehen:* die Ausgaben sind auf jährlich 280 000 Franken budgetiert.

Bud|ge|tie|rung, die; -, -en (Politik, Wirtsch.): *das Budgetieren.*

Bud|get|kür|zung, die: *Kürzung des Budgets* (1).

Bu|di|ke, die; -, -n [in Anlehnung an ↑ Bude zu ↑ Boutique] (landsch. veraltend): **1.** *kleiner Laden.* **2.** *kleine Kneipe.*

Bu|do, das; -s [jap. budō: jap. budō]: *Kampfsportart, die Judo, Aikido, Ju-Jutsu, Karate, Kendo u. Taekwondo umfasst.*

¹**Bu|do|ka**, der; -[s], -[s] [jap.]: *männliche Person, die Budo als Sport betreibt.*

²**Bu|do|ka**, die; -, -[s] [jap.]: *weibliche Person, die Budo als Sport betreibt.*

Bu|e|nos Ai|res: Hauptstadt von Argentinien.

Bü|fett, das; -[e]s, -s u. -e, (auch, bes. österr. u. schweiz.:) Buffet [byˈfeː, bes. schweiz.: ˈbyfe], das; -s, -s [frz. buffet, H. u.]: **1.** *Geschirrschrank, Anrichte:* ein B. aus Eiche. **2. a)** *Theke, Ausschank:* am B. stehen; **b)** *auf einem langen Tisch zur Selbstbedienung angerichtete größere Anzahl von Speisen [u. Getränken]:* ein üppiges, reichhaltiges, kaltes, warmes B. (mit kalten, warmen Speisen); ein B. anrichten, aufbauen. **3.** (schweiz.) *Bahnhofsrestaurant.*

Bü|fett|da|me, die: *Bedienung am Büfett* (2).

Bü|fett|tier [byˈfɛˈtjeː], der; -s, -s [frz. buffetier]: *Mann, der am Büfett* (2 a) *ausschenkt.*

Bü|fett|tie|re, die; -, -n [frz. buffetière]: w. Form zu ↑ Büfettier.

Büf|fel, der; -s, - [spätmhd. büffel < (m)frz. buffle < ital. bufalo < lat. bufalus, bubalus < griech. boúbalos]: **1.** *in Asien u. Afrika wild lebendes Rind von plumpem, massigem Körperbau mit großen, ausladenden Hörnern.* **2.** (ugs. abwertend) *Grobian.*

Büf|fe|lei, die; -, -en (ugs.): *beständiges, als lastig empfundenes, angestrengtes Büffeln.*

Büf|fel|her|de, die: *Herde von Büffeln.*

büf|feln ⟨sw. V.; hat⟩ [in Anlehnung an ↑ Büffel viell. zu mhd. buffen = schlagen, stoßen] (ugs.): *angestrengt lernen, sich etw. einpauken:* Vokabeln b.; er hat fürs Examen gebüffelt; ... und dann habe ich sechs Jahre gebüffelt, um einen Beruf zu bekommen (Böll, Haus 167).

Buf|fet: ↑ Büfett.

Buf|fo, der; -s, -s u. Buffi [ital. buffo, zu: buffone = Hanswurst, Possenreißer, zu: buffare = prusten, mit vollen Backen blasen, lautm.]: *Sänger komischer Rollen in der Oper.*

buf|fo|nesk ⟨Adj.⟩: *im Stil eines Buffos ausgeführt.*

¹Bug, der; -[e]s, (selten:) -e u. Büge: **1.** ⟨Pl. -e⟩ [wohl übertr. von 2] *vorderster Teil eines Schiffes, Flugzeugs, seltener auch eines Autos:* vorn am B. stehen; * *jmdm.* **eine vor den B. knallen** (salopp; *jmdm. [zur Warnung] einen Schlag versetzen od. ihn mit Worten einschüchtern*). **2.** ⟨Pl. -e u. Büge⟩ [mhd. buoc, ahd. buog, eigtl. = Ellbogen, Unterarm] *Schulterteil, bes. von Pferd u. Rind:* ein Stück Rindfleisch vom B. *(Schulterstück).* **3.** ⟨Pl. Büge⟩ (Bauw.) *Strebe im Gebälk eines Dachstuhls.* ◆ **4.** ⟨Pl. -e u. Büge⟩ *Krümmung, gekrümmte Linie:* ... eine Linie, ein B., ein Winkel, eine Falt', ein Mal, ein Nichts auf eines wilden Europäers Gesicht (Lessing, Nathan I, 2).

²Bug, der; -s: Name zweier Flüsse: [Westlicher] B. (Fluss in der Ukraine, Weißrussland u. Polen); [Südlicher] B. (Fluss in der Ukraine).

³Bug [bag], der; -s, -s [engl. bug = Fehler, Macke, eigtl. = Wanze; (lästiges) Insekt] (EDV): *Fehler in einem Computerprogramm.*

Bü|gel, der; -s, - [zu ↑ biegen]: **1.** Kurzf. von ↑ Kleiderbügel: den Mantel auf/über einen B. hängen. **2.** [mhd. bügele] Kurzf. von ↑ Steigbügel (1): jmdm. den B. halten. **3.** *Teil des Brillengestells, mit dem die Brille auf dem Ohr aufliegt.* **4.** *Stromabnehmer bei elektrischen Bahnen:* den B. einziehen. **5.** *Teil einer Säge, in den das Sägeblatt eingespannt ist.* **6. a)** *[mit einem Schnappverschluss versehene] Einfassung aus festem Material zur Verstärkung des oberen Rands von Handtaschen, Geldbeuteln o. Ä.;* **b)** *an einem Bügel (6 a) angebrachter fester Griff einer Handtasche.* **7.** *Schutzvorrichtung [am Abzug eines Gewehrs].*

Bü|gel|au|to|mat, der: *Bügelmaschine.*

Bü|gel-BH, der: *BH, in dessen Körbchen (3) ein bogenförmiger Bügel aus Metall od. Kunststoff eingenäht ist.*

Bü|gel|brett, das: *mit Stoff bezogenes Brett, das beim Bügeln als Unterlage dient.*

Bü|gel|ei|sen, das [nach dem bügelförmigen Griff]: *[elektrisch beheizbares] Gerät zum Glätten von Wäsche u. Ä.*

Bü|gel|fal|te, die ⟨meist Pl.⟩: *eingebügelte Falte an Hosenbeinen.*

bü|gel|frei ⟨Adj.⟩ (Textilind.): *aus einem Gewebe hergestellt, das nicht gebügelt werden muss.*

Bü|gel|ma|schi|ne, die: *Gerät zum maschinellen Bügeln.*

bü|geln ⟨sw. V.; hat⟩: **1.** *mit dem Bügeleisen glätten:* Wäsche [feucht] b.; sie hat den ganzen Morgen [an den Hemden] gebügelt; * **gebügelt sein** (salopp; ↑ plätten). **2.** (Sportjargon) *überlegen besiegen:* die Holländer bügelten Malta 5:0.

Bü|gel|tisch, der: *Bügelbrett.*

Bü|gel|wä|sche, die ⟨o. Pl.⟩: *gebügelte od. zu bügelnde Wäsche.*

Bug|gy [ˈbagi, engl.: ˈbʌgi], der; -s, -s: **1.** [engl. buggy, H. u.] *leichter, einspänniger, meist offener Wagen mit zwei od. vier hohen Rädern.* **2.** [engl. buggy, H. u.] *geländegängiges, kleines Auto mit offener Karosserie aus Kunststoff.* **3.** *leichter, zusammenklappbarer Sportwagen [2].*

Büg|ler, der; -s, -: **1.** *jmd., der berufsmäßig die Tätigkeit des Bügelns ausübt.* **2.** (ugs.) *Bügelmaschine.*

Büg|le|rin, die; -, -nen: w. Form zu ↑ Bügler (1).

Bug|rad, das (Flugw.): *kleines Rad unter dem Bug eines Flugzeugs.*

bug|sie|ren ⟨sw. V.; hat⟩ [niederl. boegseren, älter = boechseerden, boesjaren < port. puxar = ziehen, schleppen < lat. pulsare = stoßen, forttreiben]: **1.** (Seemannsspr.) *(im Hafenbereich o. Ä.) ins Schlepptau nehmen u. an eine bestimmte Stelle bringen; schleppen:* ein Schiff in den Hafen b. **2.** (ugs.) *mit Geschick, List, Mühe von einem Ort [durch etw. hindurch] irgendwohin bringen, befördern:* jmdn. aus dem Zimmer b.; etw. durch die Tür b.; Ü Eine verdammte Sackgasse, in die ich mich da bugsiert habe (*in die ich mich selbst hineingebracht habe;* Fallada, Jeder 205).

Bug|wel|le, die: *Welle, die das fahrende Schiff am Bug aufwirft.*

buh ⟨Interj.⟩: *Ausruf des Missfallens.*

Buh, das; -s, -s (ugs.): *Buhruf.*

Bu|hei, Bohei, das; -s [aus dem Westmd. u. Rhein., viell. geb. aus den Ausrufen bu(h) u. hei od. aus dem Niederl., vgl. afriesl. boeha [heute: poeha] = Lärm, Tumult; Aufheben] (ugs.): *Aufheben:* großes B. [um etw.] machen.

Bü|hel: ↑ Bühl.

buh|en ⟨sw. V.; hat⟩ (ugs.): *durch Buhrufe sein Missfallen bekunden.*

Buh|frau, die: *weibliche Person, der [in der Öffentlichkeit] alle Schuld an etw. zugeschoben wird.*

Bühl, der; -[e]s, -e, Bühel, der; -s, - [mhd. bühel, ahd. buhil, H. u.] (südd., schweiz. mundartl., österr.): *Hügel.*

◆ **Buhl|dir|ne**, die: *Dirne (2):* ... im schamlosen Kreis der Schwelger und -n (Schiller, Fiesco I, 1).

¹Buh|le, der; -n, -n [mhd. buole, urspr. Lallwort der Kinderspr. u. Anrede für einen nahen Verwandten] (dichter. veraltet): *Geliebter;* ◆ ... da sie aus Gold mit ihrem -n trank (Schiller, Maria Stuart I, 1).

²Buh|le, die; -, -n [spätmhd. buole] (dichter. veraltet): *Geliebte;* ◆ Nicht im Geschmeide, nicht ein Ring, meine liebe B. damit zu zieren (Goethe, Faust I, 3670 f.)

buh|len ⟨sw. V.; hat⟩ [spätmhd. buolen]: **1.** (geh. abwertend) *heftig um etw. werben, sich um etw. bemühen:* die Parteien buhlen um die Gunst der Wähler. **2.** (veraltet) *mit jmdm. kosen, eine Liebschaft haben:* mit jmdm. b. ◆ **3.** *werben (3):* Als ich um meine Alte buhlte, da war es noch anders (Grotthelf, Spinne 23).

buh|le|risch ⟨Adj.⟩ (veraltend abwertend): **a)** *unzüchtig:* -es Treiben; **b)** *einschmeichelnd, werbend.*

◆ **Buhl|schaft**, die; -, -en [mhd. buolschaft]: *Liebesverhältnis:* Hast du die Weisheit deiner sechzig Jahre zu den -en deiner Tochter geborgt und dies ehrwürd'ge Haar mit dem Gewerb' eines Kupplers geschändet? (Schiller, Kabale V, 2).

Buh|mann, der; -[e]s, ...männer [zu ↑ buh] (ugs.): *jmd., dem [in der Öffentlichkeit] alle Schuld an etw. zugeschoben wird:* jmdn. zum B. machen.

Buh|ne, die; -, -n [aus dem Niederd. < mniederd. bune, H. u.]: *(senkrecht zur Küste od. zum Ufer verlaufender) dammartiger Küsten- oder Ufervorbau aus Pfählen, Steinen o. Ä. als Schutz vor Abspülung oder zur Anlandung* **(b):** die Wellen brechen sich an den -n.

Büh|ne, die; -, -n [mhd. büne = Bretterbühne, Zimmerdecke, H. u., viell. verw. mit ↑ Boden]: **1. a)** *gegenüber dem Zuschauerraum abgegrenztes Podium im Theater, in einem Konzertsaal o. Ä.:* eine drehbare B.; die B. betreten; B. frei!; Beifall auf offener B. *(während des Spiels)* bekommen; ein [Theater]stück auf die B. bringen *(aufführen);* er steht jeden Abend als Faust auf der B. *(spielt den Faust);* Ü die B. der Weltgeschichte; etw. spielt sich hinter der B. *(im Hintergrund, heimlich)* ab; * **etw. über die B. bringen** (ugs.; *etw. [erfolgreich] durchführen);* **über die B. gehen** (ugs.; *in bestimmter Weise verlaufen, ablaufen:* der Prozess ging schnell, glatt über die B.); **von der B. abtreten/verschwinden; die B. verlassen** (aus dem Blickpunkt der Öffentlichkeit verschwinden); **b)** *Theater:* die Städtischen -n Frankfurt; das Stück hat die -n des Landes erobert, ging über alle -n *(wurde überall gespielt);* an/bei der B. sein *(als Schauspieler[in] bei einem Theater engagiert sein).* **2.** (Bergmannsspr.) *Holzgerüst od. Schachtabsatz in einem Bergwerk.* **3.** (Hüttenw.) *Plattform, von der aus große metallurgische Öfen bedient werden.* **4.** (landsch.) **a)** *Dachboden, Speicher;* **b)** *Heuboden (1).* **5.** Kurzf. von ↑ Hebebühne.

Büh|nen|an|wei|sung, die: *Anweisung des Autors bzw. der Autorin für die szenische Realisierung im Text eines Bühnenstücks; Regieanweisung.*

Büh|nen|ar|bei|ter, der: *Angestellter eines Theaters, der den Auf- u. Abbau der Kulissen u. Ä. ausführt.*

Büh|nen|ar|bei|te|rin, die: w. Form zu ↑ Bühnenarbeiter.

Büh|nen|au|tor, der: *Autor von Theaterstücken.*

Büh|nen|au|to|rin, die: w. Form zu ↑ Bühnenautor.

Büh|nen|be|ar|bei|tung, die: *Bearbeitung eines Schauspiels o. Ä. für die Bühne.*

Büh|nen|bild, das: *Ausgestaltung der Bühne (1 a) für eine bestimmte Szene bzw. ein bestimmtes Theaterstück.*

Büh|nen|bild|ner, der: *Künstler, der Bühnenbilder entwirft (Berufsbez.).*

Büh|nen|bild|ne|rin, die: w. Form zu ↑ Bühnenbildner.

Büh|nen|de|ko|ra|ti|on, die: *Ausstattung der Bühne (1 a).*

Büh|nen|er|fah|rung, die ⟨Pl. selten⟩: *Erfahrung als Darsteller[in], Sänger[in] o. Ä. auf der Bühne.*

Büh|nen|fas|sung, die: *Bühnenbearbeitung.*

Büh|nen|ge|sche|hen, das: *Geschehen (1) auf der Bühne.*

Büh|nen|ge|stalt, die: *Gestalt aus einem Theaterstück.*

Büh|nen|haus, das: *Teil des Theatergebäudes, in dem sich die Bühne (1 a) befindet.*

Büh|nen|him|mel, der: *halbkreisförmiger hinterer Abschluss der Bühne (1 a).*

Büh|nen|kunst, die: *Schauspielkunst.*

Büh|nen|ma|ler, der: *Maler von Bühnendekorationen.*

Büh|nen|ma|le|rin, die: w. Form zu ↑ Bühnenmaler.

Büh|nen|mu|sik, die: **a)** *Musik, die als Teil der Handlung eines Bühnenwerkes auf od. hinter der Bühne (1 a) gespielt wird;* **b)** *(im Schauspiel) einzelne Szenen untermalende Musik; Zwischenspiel (1 c), Ouvertüre u. Ä.; Schauspielmusik.*

Büh|nen|prä|senz, die: *Präsenz (b), Auftreten eines Künstlers, einer Künstlerin auf der Bühne.*

Büh|nen|pro|gramm, das: *Abfolge von Darbietungen auf einer Bühne:* von 10 bis 18 Uhr ein abwechslungsreiches B. geboten.

Büh|nen|raum, der: *Bühne mit dazugehörenden Räumen.*

büh|nen|reif ⟨Adj.⟩: **1.** *hinsichtlich der Anlage u. Gestaltung geeignet, aufgeführt zu werden:* das Stück ist noch nicht b.; Ü ihr Auftritt vor Gericht war b.; ein Gespiel mit den Kindern ist b. **2.** *die Bühnenreife (b) erlangt habend.*

Büh|nen|rei|fe, die: **a)** *Eignung eines Bühnenwerks für eine Aufführung;* **b)** *Ausbildungsgrad eines Schauspielers bzw. einer Schauspielerin, der ihn bzw. sie zu einem Auftreten auf der Bühne (1 a) befähigt.*

Büh|nen|schaf|fen|de, die/eine Bühnenschaffende; der/einer Bühnenschaffenden/zwei Bühnenschaffende: *weibliche Person, die am Theater od. für das Theater künstlerisch tätig ist.*

Büh|nen|schaf|fen|der, der Bühnenschaffende/ein Bühnenschaffender; des/eines Bühnenschaffenden, die Bühnenschaffenden/zwei Bühnenschaffende: *jmd., der am Theater od. für das Theater künstlerisch tätig ist.*

Büh|nen|show, die: *Darbietung bei einem Konzert o. Ä. in der Art einer Show.*
Büh|nen|stück, das: *Theaterstück, Schauspiel.*
Büh|nen|tanz, der: *Ballett* (1 a).
Büh|nen|tech|nik, die: *Gesamtheit der technischen Vorrichtungen u. Verfahrensweisen, die notwendig sind, um Bühnenwerke aufzuführen.*
Büh|nen|tech|ni|ker, der: *jmd., der im Bereich der Bühnentechnik tätig ist.*
Büh|nen|tech|ni|ke|rin, die: w. Form zu ↑ Bühnentechniker.
büh|nen|tech|nisch ⟨Adj.⟩: *die Bühnentechnik betreffend; mit den Mitteln der Bühnentechnik [durchführbar o. Ä.]:* eine b. sehr schwierige Aufführung.
Büh|nen|werk, das: *zur Aufführung auf einer Bühne geeignetes dramatisches, musikalischdramatisches od. choreografisches Werk.*
büh|nen|wirk|sam ⟨Adj.⟩: *spezielle Bühnenwirkung aufweisend:* ein -es Stück.
Büh|nen|wir|kung, die ⟨Pl. selten⟩: *durch dramatische Handlung, Effekte o. Ä. erzeugte u. damit den Erfordernissen der Bühne besonders gerecht werdende Wirkung eines Bühnenstücks.*
Buh|ruf, der; -[e]s, -e [zu ↑ buh]: *Ausruf des Missfallens:* der Redner wurde von -en unterbrochen.
Buh|ru|fer, der: *jmd., der durch Buhrufe sein Missfallen ausdrückt.*
Buh|ru|fe|rin, die: w. Form zu ↑ Buhrufer.
Bu|jum|bu|ra [buʒumbuˈraː]: *Hauptstadt von Burundi.*
buk: ↑ ¹backen.
Bu|ka|rest: *Hauptstadt Rumäniens.*
¹Bu|ka|res|ter, der; -s, -: Ew.
²Bu|ka|res|ter ⟨indekl. Adj.⟩: *die B. Revolution.*
Bu|ka|res|te|rin, die; -, -nen: w. Form zu ↑ ¹Bukarester.
bü|ke: ↑ ¹backen.
Bu|kett, das; -s, -s u. -e, Bouquet [buˈkeː]; das; -s, -s [frz. bouquet, zu: bois = Holz, Wald, aus dem Germ.]: **1.** (geh.) *größerer, gebundener [Blumen]strauß für besondere Anlässe:* jmdm. ein B. [Rosen] überreichen; ein B. aus Sommerblumen. **2.** *Duft des Weines:* ein Wein mit einem vollen B.
Bu|kett|wein, der: *Wein mit intensiven Aromastoffen, die ein meist sortentypisches Bukett* (2) *verleihen* (z. B. Gewürztraminer).
¹Bu|k|lee: ↑ ¹Bouclé.
²Bu|k|lee: ↑ ²Bouclé.
Bu|ko|li|ka, die; - [zu lat. bucolicus = zu den Hirten gehörend < griech. boukolikós, zu: boukólos = Rinderhirt, zu: boûs = Rind] (Literaturwiss.): *Hirten-, Schäferdichtung, bes. der Antike.*
Bu|ko|wi|na, die; -: *Landschaft in den Karpaten.*
Bul|bus, der; -, ...bi u. ...ben [lat. bulbus = Zwiebel; knollige Wurzel]: **1.** (Bot.) **a)** *Zwiebel, Pflanzenknolle;* **b)** ⟨Pl. Bulben⟩ *Luftknollen an tropischen Orchideen.* **2.** (Med.) **a)** *zwiebelförmiges, rundliches Organ* (z. B. Augapfel); **b)** *Anschwellung.*
Bul|lette, die; -, -n [frz. boulette, Vkl. von: boule, ↑ Boule] (bes. berlin.): *Frikadelle:* **ran die -n!** (salopp scherzh.; Aufforderung, Ermunterung, etw. Bestimmtes zu tun).
Bul|ga|re, der; -n, -n: Ew.
Bul|ga|ri|en [...jən]; -s: *Staat in Südosteuropa.*
Bul|ga|rin, die; -, -nen: w. Form zu ↑ Bulgare.
bul|ga|risch ⟨Adj.⟩: **a)** *Bulgarien, die Bulgaren betreffend; von den Bulgaren stammend, zu ihnen gehörend:* die -e Schwarzmeerküste; **b)** *in der Sprache der Bulgaren [verfasst].*
Bul|ga|risch, das; -[s], (nur mit best. Art.:) **Bul|ga|ri|sche**, das; -n: *bulgarische Sprache.*
Bul|gur, der; -s [türk. bulgur, eigtl. = Weizengrütze < arab. burġul]: *lagerfähiges Nahrungsmittel aus gekochtem, getrocknetem Weizen.*

Bu|li|mie, die; - [griech. boulimía = Heißhunger] (Med.): *(vor allem bei jungen Frauen vorkommende) Störung des Essverhaltens mit suchtartigen Heißhungeranfällen und anschließend absichtlich herbeigeführtem Erbrechen:* Dazu: **Bu|li|mi|ker**, der; -s, -; **Bu|li|mi|ke|rin**, die; -, -nen.
Bull|au|ge, das; -s, -n [niederd. bulloog, eigtl. = Bullenauge]: *wasserdicht schließendes rundes Fenster im Schiffsrumpf.*
Bull|dog®, der; -s, -s: *Zugmaschine mit Einzylindermotor.*
Bull|dog|ge, die; -, -n [engl. bulldog, aus: bull = Bulle u. dog = Hund (wurde früher zur Bullenhetze abgerichtet)]: *kurzhaariger, gedrungener Hund mit großem, eckigem Schädel u. verkürzter Schnauze.*
Bull|do|zer [ˈbʊldoːzɐ], der; -s, - [engl. bulldozer, H. u.]: *schweres Raupenfahrzeug für Erdbewegungen.*
¹Bul|le, der; -n, -n [mniederd. bulle, eigtl. = der Aufgeblasene, bezogen auf die Geschlechtsteile]: **1. a)** *geschlechtsreifes männliches Rind;* **b)** *männliches Tier verschiedener Großwildarten:* die Elefantenherde bestand aus Jungtieren, -n und Kühen. **2.** (salopp, meist abwertend) *Mann von auffallend kräftigem, plumpem Körperbau.* **3.** (ugs., oft abwertend) *Polizei-, Kriminalbeamter:* ...und schon flüstert der eine von den Bullen ihm zu »Kriminalpolizei«, schlägt seine Jacke auf, Blechmarke an der Weste (Döblin, Alexanderplatz 403). **4.** (salopp, Soldatenspr.) *jmd., der einen einflussreichen, einträglichen Posten hat.* **5.** [engl. bull = jmd., der auf Hausse spekuliert, vgl. ¹Bär (3)] (Börsenjargon) *jmd., dessen Aktivitäten an der Börse von erwarteten Steigen der Kurse geprägt sind.*
◆ **6.** *Bullenbeißer* (1): ...ein Fleischerhund bemächtigte sich des Throns... Die Nation murrte, die Kühnsten traten zusammen und erwürgten den fürstlichen -n (Schiller, Fiesco II, 8).

Das Wort *Bulle* wird häufig in beleidigender Absicht verwendet. In einem Gerichtsurteil aus den 1980er-Jahren wurde jedoch festgehalten, dass es nicht »automatisch« eine Beleidigung darstellt, da es zuweilen auch als Eigenbezeichnung mit ironischer Distanz verwendet wird.

²Bul|le, die; -, -n [mhd. bulle < mlat. bulla = Siegel, gesiegelte Urkunde < lat. bulla = kapselförmiges Amulett; Buckel, Knopf, eigtl. = (Wasser)blase]: **1.** *Siegel[kapsel] aus Metall bes. im Mittelalter.* **2. a)** *mittelalterliche Urkunde mit einem Siegel aus Metall:* die Goldene B. Kaiser Karls IV.; **b)** *in lateinischer Sprache abgefasster, feierlicher päpstlicher Erlass.*
Bul|len|bei|ßer, der: **1.** *Bulldogge.* **2.** (salopp abwertend) *unfreundlicher, polternder Mensch.*
Bul|len|bei|ße|rin, die: w. Form zu ↑ Bullenbeißer (2).
bul|len|bei|ße|risch ⟨Adj.⟩: *bärbeißig.*
Bul|len|hit|ze, die ⟨o. Pl.⟩ (ugs.): *große, fast unerträgliche Hitze.*
Bul|len|kalb, das: *männliches Kalb; Stierkalb.*
Bul|len|markt, der (o Pl.) (Börsenw.): *durch steigende Börsenkurse gekennzeichneter [Aktien]markt* (2).
bul|len|stark ⟨Adj.⟩ (ugs.): *sehr stark.*
bul|lern ⟨sw. V.; hat⟩ [Nebenf. von ↑ bollern] (ugs.): *ein dumpfes Geräusch in kurzen [unregelmäßigen] Abständen hervorbringen:* im Kamin bullert das Feuer; der Ofen bullert.
Bul|le|tin [bylˈtɛ̃], der; -s, -s [frz. bulletin = Bericht, zu afrz. bulle < (m)lat. bulla, ↑ ²Bulle]: **1.** *offizielle Verlautbarung einer Regierung über ein bestimmtes Ereignis:* ein B. herausgeben,

veröffentlichen. **2.** *offizieller Krankenbericht [über eine Persönlichkeit des öffentlichen Lebens].* **3.** *Titel von Sitzungsberichten u. wissenschaftlichen Zeitschriften.*
bul|lig ⟨Adj.⟩ (ugs.): **1.** *gedrungen, massig:* ein -er Kerl; er wirkt sehr b. **2. a)** *drückend, fast unerträglich [heiß]:* eine -e Hitze; **b)** ⟨intensivierend bei Adj.⟩ *fast unerträglich, überaus:* es war b. heiß.
Bul|lig|keit, die; - (ugs.): *das Bulligsein; bullige* (1) *Beschaffenheit, Gestalt.*
Bull|shit [...ʃɪt], der; -s [engl. bullshit, eigtl. = Bullenscheiße] (ugs. abwertend): *Unsinn; etw. Dummes, Ärgerliches, Abzulehnendes.*
Bull|ter|ri|er, der; -s, - [engl. bull-terrier]: *aus Bulldogge u. Terrier gezüchteter englischer Rassehund.*
Bul|ly, das; -s, -s [engl. bully, H. u.] (Sport): *von zwei Spielern ausgeführtes Spiel im Hockey, Roll- u. Eishockey; Abschlag* (1 b).
bum, bumm ⟨Interj.⟩: *lautm. für einen dumpfen Schlag, Schuss o. Ä.:* plötzlich machte es b.!
Bu|me|rang [auch: ˈbʊm...], der; -s, -s u. -e [engl. boomerang, aus der Sprache der Ureinwohner Australiens]: *gekrümmtes Wurfholz, das bei einem genauen Wurf zum Werfer zurückkehrt:* einen B. schleudern; Ü *seine Handlungsweise erwies sich als B.* (er schadete sich damit selbst).
bumm: ↑ bum.
Bum|mel, der; -s, - [zu ↑ bummeln; im 19. Jh. Studentenspr.] (ugs.): **a)** *Spaziergang [innerhalb der Stadt] ohne festes Ziel:* einen B. durch die City machen; **b)** *ausgedehnter Besuch zahlreicher Lokale:* einen B. durch die Lokale der Altstadt machen.
Bum|me|lant, der; -en, -en (ugs. abwertend): *jmd., der bummelt* (2 b).
Bum|me|lan|ten|tum, das; -s: *das Bummeln* (2 b).
Bum|me|lan|tin, die; -, -nen: w. Form zu ↑ Bummelant.
Bum|me|lei, die; -, -en (ugs. abwertend): **a)** *das Bummeln* (2 a); **b)** *das Bummeln* (2 b).
bum|me|lig, bummlig ⟨Adj.⟩ (ugs. abwertend): *(in Bezug auf eine Tätigkeit, einen Vorgang) unerwünscht langsam:* warum fährt der Zug so b.?
bum|meln ⟨sw. V.⟩ [aus dem Niederd., urspr. = hin und her schwanken (von der beim Ausschwingen bum, bum läutenden Glocke), H. u.] ⟨ist⟩ (ugs.): **a)** *schlendernd, ohne Ziel [durch die Straßen] spazieren gehen:* ich bummle durch die Stadt; **b)** *Lokale besuchen:* am Abend zünftig b. gehen. **2.** ⟨hat⟩ (ugs. abwertend) **a)** *langsam arbeiten; trödeln:* hättest du nicht so gebummelt, dann wärst du jetzt fertig; **b)** *nichts tun; faulenzen:* er hat ein Semester lang gebummelt.
Bum|mel|streik, der: *Art des Streiks, bei dem zwar vorschriftsmäßig, aber bewusst langsam gearbeitet wird.*
Bum|mel|stu|dent, der (ugs. abwertend): *Student, der sein Studium nicht im vorgesehenen Zeitrahmen abschließt.*
Bum|mel|stu|den|tin, die: w. Form zu ↑ Bummelstudent.
Bum|mel|zug, der (ugs.): *Personenzug, der an jeder Station* (1) *hält.*
bum|mern ⟨sw. V.; hat⟩ [lautm.] (landsch.): *mit der Faust o. Ä. gegen etwas wiederholt schlagen, sodass es dumpf dröhnt:* er bummerte gegen die Tür.
Bumm|ler, der; -s, -: (ugs.) **a)** *jmd., der einen Bummel macht;* **b)** (ugs. abwertend) *Bummelant.*
Bumm|le|rin, die; -, -nen: w. Form zu ↑ Bummler.
bumm|lig: ↑ bummelig.
◆ **Bum|per** [auch: ˈbampɐ], der; -s, - [engl. bumper = randvolles Glas (mit dem man anstößt)]: *großes Trinkglas, Humpen:* B. auf B. wurde geleert (E. T. A. Hoffmann, Bergwerke 4).

bums, ⟨Interj.⟩: lautm. für einen dumpfen Schlag, Stoß, Aufprall: b.. jetzt liegt alles unten!
Bums, der; -es, -e: **1.** (ugs.) *dumpf tönender Schlag, Stoß, Aufprall:* durch einen lauten B. geweckt werden. **2.** (Fußballjargon) *Fähigkeit, hart u. platziert zu schießen:* er hat einen unerhörten B. [im Bein].
bum|sen ⟨sw. V.⟩: **1.** ⟨hat⟩ (ugs.) *dumpf dröhnen:* es bumste furchtbar, als der Wagen an die Mauer prallte; an der Kreuzung hat es wieder einmal gebumst *(hat es wieder eine Karambolage gegeben).* **2.** (ugs.) **a)** ⟨hat⟩ *heftig gegen etw. schlagen, klopfen, sodass es bumst* (1); **b)** ⟨ist⟩ *heftig gegen etw. prallen, stoßen.* **3.** ⟨hat⟩ (salopp) *koitieren* (a, b).
Bums|lo|kal, das (ugs. abwertend): *anrüchiges Vergnügungslokal.*
Bums|mu|sik, die (ugs. abwertend): *lärmende Musik einer Blaskapelle o. Ä. mit dröhnendem Rhythmus.*
bums|voll ⟨Adj.⟩ (salopp): *(von einem Raum, Lokal o. Ä.) sehr voll; überfüllt:* war b.
Bu|na®, der od. das; -[s] [Kurzwort aus **Bu**tadien u. **Na**trium]: *synthetischer Kautschuk.*
¹Bund, der; -[e]s, Bünde [mhd. bunt, eigtl. = Bindendes, Gebundenes, zu ↑binden]: **1. a)** *Vereinigung [zu gemeinsamem Handeln]:* B. der Steuerzahler; ein B. zwischen drei Staaten; einen B. schließen; einem B. beitreten; Ü die Dritte im -e *(die dritte Teilnehmerin);* *** mit jmdm. im -e sein/stehen** *(mit jmdm. verbündet sein);* **b)** *föderativer Gesamtstaat (im Gegensatz zu den Ländern):* der B. und die Länder; **c)** ⟨o. Pl.⟩ (ugs.) Kurzf. von ↑Bundeswehr. **2.** *Einfassung eines Rocks, einer Hose in der Taille durch einen festen Stoffstreifen od. ein Gurtband.* **3.** *Querleiste auf dem Griffbrett von Zupfinstrumenten:* einen Ton auf dem ersten B. greifen.
²Bund, das, österr.: der; -[e]s, -e, auch: Bünde *(als Maß- u. Mengenangabe:)* - [mhd. bunt, eigtl. = Gebundenes]: *etw., was [in bestimmter Menge od. Anzahl] zu einem Bündel zusammengebunden ist:* ein B. Radieschen; fünf B./-e od. Bünde Stroh.
BUND = Bund für Umwelt und Naturschutz Deutschland.
◆ **bund|brü|chig** ⟨Adj.⟩: *einen Bündnisvertrag brechend:* Glaubst du, dass er b. werden wird? (Goethe, Götz II).
Bünd|chen, das; -s, - [zu ¹Bund (2)]: *von einem geraden Stoffstreifen gebildeter Abschluss am Halsausschnitt od. an Ärmeln bestimmter Kleidungsstücke.*
Bün|del, das; -s, - [mhd. bündel, eigtl. = kleines ²Bund]: **1. a)** *Packen lose zusammengefasster od. zusammengeschnürter [gleichartiger] Dinge:* ein B. Zeitungen; Wäsche zu einem B. zusammenbinden; Ü sie beugte sich über das schreiende B. *(Wickelkind, Baby)* in der Wiege; R jeder hat sein B. zu tragen *(jeder hat seine Sorgen);* *** sein B. packen/schnüren** (1. *sich zur Abreise fertig machen.* 2. *seinen Arbeitsplatz aufgeben;* meint urspr. das Bündel mit den Habseligkeiten der Handwerksgesellen); **b)** *etw. in bestimmter Menge zu einer Einheit Zusammengebundenes:* ein B. trockenes Stroh/(geh.:) trockenen Strohs; der Preis eines -s Stroh;
◆ **c)** ⟨auch: der; -s, -⟩: … und ihren B. hängte sie dann an meinen Arm (Cl. Brentano, Kasperl 363); … rief er aus, ging trotzig weg, machte seinen B. zusammen (Goethe, Lehrjahre II, 7).
2. (Geom.) *Gesamtheit von Geraden od. Ebenen, die durch einen gemeinsamen Punkt verlaufen.*
bün|deln ⟨sw. V.⟩; ⟨hat⟩: *zu einem Bündel zusammenfassen, zusammenschnüren:* alte Zeitungen b.; gebündelte Banknoten; Ü seine Kräfte b. Dazu: **Bün|de|lung,** die; -, -en.

bün|del|wei|se ⟨Adv.⟩: *gebündelt, in Bündeln:* Tulpen b. verkaufen; ⟨mit Verbalsubst. auch attr.:⟩ die b. Vernichtung von Akten.
Bün|den; -s (schweiz.): Kurzf. von ↑Graubünden.
Bun|des|ad|ler, der ⟨o. Pl.⟩: *Adler im Wappen der Bundesrepublik Deutschland.*
Bun|des|agen|tur, die: *Bundesbehörde für bestimmte Verwaltungsaufgaben;* meist die Bundesanstalt für Arbeit *(Behörde für Arbeitsvermittlung, Berufsberatung u. a.; Abk. BA).*
Bun|des|amt, das: *obere Bundesbehörde für ein bestimmtes Fachgebiet (z. B. Bundesgesundheitsamt, Bundesamt für Finanzen, Umweltbundesamt).*
Bun|des|an|ge|stell|ten|ta|rif, der ⟨o. Pl.⟩: *Tarif für die Angestellten von Bund u. Ländern in der Bundesrepublik Deutschland (Abk.: BAT).*
Bun|des|an|lei|he, die: *[Inhaber]schuldverschreibung der Bundesrepublik Deutschland od. der Sondervermögen des ¹Bundes* (1 b).
Bun|des|an|stalt, die: *Einrichtung des ¹Bundes* (1 b) *mit bestimmten Verwaltungsaufgaben:* die B. für Gewässerkunde.
Bun|des|an|walt, der: *Mitglied der Bundesanwaltschaft beim Bundesgerichtshof.*
Bun|des|an|wäl|tin, die: w. Form zu ↑Bundesanwalt.
Bun|des|an|walt|schaft, die: **1.** *Staatsanwaltschaft beim Bundesgerichtshof.* **2.** *Anwaltschaft beim Bundesverwaltungsgericht als Vertreter des öffentlichen Interesses.*
Bun|des|an|zei|ger, der: *Zeitung für die amtlichen Bekanntmachungen der Bundesbehörden u. für weitere gesetzlich vorgeschriebene öffentliche Informationen (z. B. Eintragungen ins Handelsregister).*
Bun|des|ar|beits|mi|nis|ter, der: *Leiter des Bundesministeriums für Arbeit [u. Soziales].*
Bun|des|ar|beits|mi|nis|te|rin, die: w. Form zu ↑Bundesarbeitsminister.
Bun|des|ar|beits|mi|nis|te|ri|um, das: *oberste, für den Geschäftsbereich »Arbeit [u. Soziales]« eines Bundesstaats zuständige Verwaltungsbehörde.*
Bun|des|ar|chiv, das ⟨o. Pl.⟩: *Bundesbehörde, die alle relevanten Dokumente zur Geschichte Deutschlands sammelt, bewahrt u. zur Auswertung zur Verfügung stellt.*
Bun|des|aus|bil|dungs|för|de|rungs|ge|setz ⟨o. Pl.⟩: *Gesetz, das in der Bundesrepublik Deutschland die staatlichen Beihilfen zur Ausbildung regelt.*
Bun|des|aus|ga|ben ⟨Pl.⟩: *Ausgaben* (3), *die aus dem Bundeshaushalt bestritten werden.*
Bun|des|au|ßen|mi|nis|ter, der: *Leiter des Bundesaußenministeriums.*
Bun|des|au|ßen|mi|nis|te|rin, die: w. Form zu ↑Bundesaußenminister.
Bun|des|au|ßen|mi|nis|te|ri|um, das: *oberste, für auswärtige Angelegenheiten eines Bundesstaats zuständige Verwaltungsbehörde.*
Bun|des|au|to|bahn, die: *Autobahn in der Bundesrepublik Deutschland u. in Österreich (Abk.: BAB).*
Bun|des|bahn, die: *staatliches Eisenbahnunternehmen Österreichs u. der Schweiz, bis 1994 auch der Bundesrepublik Deutschland:* die Deutsche B. (Abk.: DB); die Österreichischen -en; die Schweizerischen -en.
Bun|des|bank, die ⟨o. Pl.⟩: Kurzf. von Deutsche B. *(zentrale Notenbank der Bundesrepublik Deutschland) (Abk.: BBk).*
Bun|des|be|am|ter ⟨vgl. Beamter⟩: *Beamter des ¹Bundes* (1 b), *eines Bundesstaates* (1).
Bun|des|be|am|tin, die: w. Form zu ↑Bundesbeamter.
Bun|des|be|auf|trag|te ⟨vgl. Beauftragte⟩: *Beauftragte im Dienst der Bundesregierung.*

Bun|des|be|auf|trag|ter ⟨vgl. Beauftragter⟩: *Beauftragter im Dienst der Bundesregierung.*
Bun|des|be|hör|de, die: *Behörde des ¹Bundes* (1 b), *eines Bundesstaates* (1).
Bun|des|be|schluss, der (schweiz.): *nur befristet geltender Erlass der Bundesversammlung.*
Bun|des|be|treu|ung, die ⟨o. Pl.⟩ (österr. Amtsspr.): *staatliche Grundversorgung für mittellose Asylbewerber.*
Bun|des|bru|der, der (Verbindungsw.): *männliches Mitglied derselben studentischen Verbindung.*
Bun|des|bür|ger, der: *Bürger der Bundesrepublik Deutschland.*
Bun|des|bür|ge|rin, die: w. Form zu ↑Bundesbürger.
bun|des|deutsch ⟨Adj.⟩: *die Bundesdeutschen, die Bundesrepublik Deutschland betreffend.*
Bun|des|¹deut|sche: ⟨vgl. ¹Deutsche⟩: *Staatsangehörige der Bundesrepublik Deutschland.*
Bun|des|deut|scher ⟨vgl. Deutscher⟩: *Staatsangehöriger der Bundesrepublik Deutschland.*
Bun|des|dru|cke|rei, die ⟨o. Pl.⟩: *Unternehmen, das bes. Banknoten, Briefmarken, Pässe u. andere Dokumente herstellt, die höchsten Sicherheitsanforderungen genügen müssen.*
Bun|des|durch|schnitt, der: *auf den ¹Bund* (1 b) *bezogener Durchschnitt.*
Bun|des|ebe|ne, die: meist in der Fügung **auf B.** *(in der Zuständigkeit des ¹Bundes* 1b; *vom ¹Bund* 1b *aus als der zuständigen Stelle:* etw. auf B. einführen, regeln).
bun|des|ei|gen ⟨Adj.⟩: *dem ¹Bund* (1 b) *gehörend.*
bun|des|ein|heit|lich ⟨Adj.⟩: *auf Bundesebene einheitlich:* eine b. geregelte Besoldung.
Bun|des|fern|stra|ße, die: *zu dem aus Bundesstraßen u. Bundesautobahnen gebildeten Verkehrsnetz gehörende öffentliche Straße für den Fernverkehr.*
Bun|des|fi|nanz|mi|nis|ter, der: *Leiter des Bundesfinanzministeriums.*
Bun|des|fi|nanz|mi|nis|te|rin: w. Form zu ↑Bundesfinanzminister.
Bun|des|fi|nanz|mi|nis|te|ri|um, das: *oberste, für das Finanzwesen eines Bundesstaats zuständige Verwaltungsbehörde.*
Bun|des|gar|ten|schau, die: *alle zwei Jahre in wechselnden deutschen Städten stattfindende große Ausstellung zu Gartenbau und Landschaftsarchitektur.*
Bun|des|ge|biet, das: *Hoheitsgebiet der Bundesrepublik Deutschland.*
Bun|des|ge|nos|se, der: *Verbündeter.*
Bun|des|ge|nos|sin, die: w. Form zu ↑Bundesgenosse.
Bun|des|ge|richt, das: *in Bundesstaaten Gericht des Gesamtstaates, das unabhängig neben den Gerichten der Einzelstaaten besteht.*
Bun|des|ge|richts|hof, der ⟨o. Pl.⟩: *in der Bundesrepublik Deutschland oberster Gerichtshof des ¹Bundes* (1 b) *im Bereich der ordentlichen Gerichtsbarkeit (Abk.: BGH).*
Bun|des|ge|schäfts|füh|rer, der: *Geschäftsführer* (2) *auf Bundesebene.*
Bun|des|ge|schäfts|füh|re|rin, die: w. Form zu ↑Bundesgeschäftsführer.
Bun|des|ge|setz, das: *Gesetz, das in einem Bundesstaat von den gesetzgebenden Organen des Bundes erlassen wird.*
Bun|des|ge|setz|blatt, das: **1.** *vom Bundesministerium der Justiz herausgegebenes Gesetzblatt für Gesetze u. Rechtsverordnungen der Bundesrepublik Deutschland (Abk.: BGBl).* **2.** *in Österreich vom Bundeskanzleramt herausgegebene periodische Druckschrift zur Veröffentlichung von Gesetzesbeschlüssen, Staatsverträgen u. a.*
Bun|des|ge|sund|heits|mi|nis|ter, der: *Leiter des Bundesgesundheitsministeriums.*

Bun|des|ge|sund|heits|mi|nis|te|rin, die: w. Form zu ↑ Bundesgesundheitsminister.

Bun|des|ge|sund|heits|mi|nis|te|ri|um, das: oberste für das Gesundheitswesen zuständige Bundesbehörde.

Bun|des|grenz|schutz, der ⟨o. Pl.⟩: frühere Bez. der Bundespolizei (Abk.: BGS).

Bun|des|haupt|stadt, die: Hauptstadt eines Bundesstaates.

Bun|des|haus, das: **1.** ⟨o. Pl.⟩ Gebäude des Deutschen Bundestags. **2.** in der Schweiz Tagungsort der eidgenössischen Räte.

Bun|des|haus|halt, der: in der Bundesrepublik Deutschland u. in Österreich der Haushalt des ¹Bundes (1 b).

Bun|des|heer, das: **1.** Heer eines Bundesstaates. **2.** Streitkräfte der Republik Österreich.

Bun|des|hym|ne: 1. Hymne (4) eines Bundesstaates. **2.** die österr. Nationalhymne.

Bun|des|in|nen|mi|nis|ter: Leiter des Bundesinnenministeriums.

Bun|des|in|nen|mi|nis|te|rin, die: w. Form zu ↑ Bundesinnenminister.

Bun|des|in|nen|mi|nis|te|ri|um, das: oberste, für die inneren Angelegenheiten des Bundesstaats zuständige Verwaltungsbehörde.

Bun|des|ins|ti|tut, das: Einrichtung (3) des ¹Bundes (1 b) zur wissenschaftlichen Beratung auf besonderen Gebieten: das B. für Risikobewertung; B. für Berufsbildung.

Bun|des|ka|bi|nett, das: Kabinett (2 a) der Bundesrepublik Deutschland.

Bun|des|kanz|lei, die: dem Bundespräsidenten bzw. der Bundespräsidentin unterstellte Kanzlei des Bundesrates (2) u. der Bundesversammlung (2) in der Schweiz.

Bun|des|kanz|ler, der: **1.** Leiter der Bundesregierung in der Bundesrepublik Deutschland u. in Österreich. **2.** Vorsteher der Bundeskanzlei in der Schweiz.

Bun|des|kanz|ler|amt, das ⟨o. Pl.⟩: **1.** dem deutschen Bundeskanzler, der deutschen Bundeskanzlerin unterstelltes Amt. **2.** Geschäftsstelle des Bundeskanzlers in Österreich.

Bun|des|kanz|le|rin, die: w. Form zu ↑ Bundeskanzler.

Bun|des|kar|tell|amt, das: Bundesbehörde, die für den Schutz des wirtschaftlichen Wettbewerbs zuständig ist.

Bun|des|kri|mi|nal|amt, das ⟨o. Pl.⟩: Bundesamt, das für die Verbrechensbekämpfung in Zusammenarbeit von Bund und Ländern zuständig ist.

Bun|des|la|de, die (jüd. Rel.): vergoldeter Kasten für die Aufbewahrung der beiden Gesetzestafeln im Allerheiligsten der Stiftshütte.

Bun|des|land, das ⟨Pl. ...länder⟩: Gliedstaat eines Bundesstaates (1): die neuen Bundesländer (die deutschen Bundesländer auf dem Gebiet der ehemaligen DDR); die alten Bundesländer (die deutschen Bundesländer auf dem Gebiet der Bundesrepublik Deutschland von vor 1990).

Bun|des|li|ga, die: höchste deutsche Spielklasse im Fußball u. in anderen Sportarten: der Verein ist in die B. aufgestiegen.

Bun|des|li|ga|mann|schaft, die: Mannschaft (1 a), die in der Bundesliga spielt.

Bun|des|li|ga|sai|son, die: Zeitabschnitt, in dem die Spiele u. Wettkämpfe einer Bundesliga zur Ermittlung der Meisterschaft stattfinden: in der B. 2009/2010 spielte sie bereits in der ersten Mannschaft.

Bun|des|li|ga|spiel, das: Spiel (1 d) in der Bundesliga.

Bun|des|li|ga|spie|ler, der: Spieler einer Bundesligamannschaft.

Bun|des|li|ga|spie|le|rin, die: w. Form zu ↑ Bundesligaspieler.

Bun|des|li|ga|ta|bel|le, die: Tabelle (2), die die Rangfolge von Bundesligamannschaften wiedergibt.

Bun|des|li|gist, der: Ligist einer Bundesliga.

Bun|des|ma|ri|ne, die ⟨o. Pl.⟩: Marine der Bundeswehr.

Bun|des|mi|nis|ter, der: Leiter eines Bundesministeriums in der Bundesrepublik Deutschland u. in Österreich.

Bun|des|mi|nis|te|rin, die: w. Form zu ↑ Bundesminister.

Bun|des|mi|nis|te|ri|um, das: oberste, für einen bestimmten Geschäftsbereich des Bundesstaats zuständige Verwaltungsbehörde in der Bundesrepublik Deutschland u. in Österreich.

Bun|des|mit|tel ⟨Pl.⟩: vom ¹Bund (1 b) zur Verfügung gestellte finanzielle Mittel.

Bun|des|nach|rich|ten|dienst, der ⟨o. Pl.⟩: Nachrichtendienst (1) der Bundesrepublik Deutschland (Abk.: BND).

Bun|des|netz|agen|tur, die ⟨o. Pl.⟩: Bundesbehörde, die den Wettbewerb zwischen Netzbetreibern regelt u. fördert.

Bun|des|ob|li|ga|ti|on, die: vom ¹Bund (1 b) als Staatsanleihe herausgegebenes festverzinsliches Wertpapier.

Bun|des|par|tei, die: politische Partei in ihrer überregionalen, auf den ¹Bund (1 b) bezogenen Organisationsform: Dazu: **Bun|des|par|tei|tag,** der.

Bun|des|po|li|tik, die: überregionale, auf den ¹Bund (1 b) bezogene Politik.

Bun|des|po|li|ti|ker, der: Angehöriger einer Bundesregierung od. einer im Parlament einer Bundesrepublik (2) vertretenen Partei.

Bun|des|po|li|ti|ke|rin, die: w. Form zu ↑ Bundespolitiker.

bun|des|po|li|tisch ⟨Adj.⟩: auf die Bundespolitik bezogen, sie betreffend: das -e Profil einer Partei; eine Entscheidung von -er Bedeutung.

Bun|des|po|li|zei, die: Sonderpolizei des ¹Bundes (1 b) zum Schutz der Grenzen des Bundesgebietes od. der bundeseigenen Einrichtungen, zur Unterstützung des Bundeskriminalamtes, des Verfassungsschutzes, der Polizeien der Bundesländer usw. (bis 2005 Bundesgrenzschutz; Abk.: BPOL).

Bun|des|post, die ⟨o. Pl.⟩: Deutsche B. (früheres staatliches Postunternehmen der Bundesrepublik Deutschland) (Abk.: DBP).

Bun|des|prä|si|dent, der: **1.** Staatsoberhaupt in der Bundesrepublik Deutschland u. in Österreich. **2.** Vorsitzender des Bundesrates in der Schweiz.

Bun|des|prä|si|den|tin, die: w. Form zu ↑ Bundespräsident.

Bun|des|prä|si|di|al|amt, das ⟨o. Pl.⟩: dem Bundespräsidenten, der Bundespräsidentin unterstelltes Amt.

Bun|des|pres|se|amt, das ⟨o. Pl.⟩: kurz für: Presse- und Informationsamt der Bundesregierung.

Bun|des|prüf|stel|le, die ⟨o. Pl.⟩: kurz für: Bundesprüfstelle für jugendgefährdende Medien (dem Jugendschutz dienende Behörde, die jugendgefährdende Medien indizieren soll).

Bun|des|rat, der: **1.** ⟨o. Pl.⟩ aus Vertretern der Bundesländer gebildetes Verfassungsorgan in der Bundesrepublik Deutschland u. in Österreich, durch das die Gliedstaaten bei der Gesetzgebung u. Verwaltung mitwirken. **2.** ⟨o. Pl.⟩ zentrale Regierung in der Schweiz. **3.** Mitglied des Bundesrates in Österreich u. in der Schweiz.

Bun|des|rä|tin, die: w. Form zu ↑ Bundesrat (3).

bun|des|rät|lich ⟨Adj.⟩ (schweiz.): vom Bundesrat (2) ausgehend, angeregt: -e Vorschläge, Verfügungen.

Bun|des|rats|prä|si|dent, der: **1.** Präsident des Bundesrates (1). **2.** Präsident des Bundesrates (2).

Bun|des|rats|prä|si|den|tin, die: w. Form zu ↑ Bundesratspräsident.

Bun|des|rech|nungs|hof, der ⟨o. Pl.⟩: für die Kontrolle der Finanzen des ¹Bundes (1 b) zuständiger Rechnungshof.

Bun|des|recht, das ⟨o. Pl.⟩: in den Zuständigkeitsbereich des ¹Bundes (1 b) fallendes Recht: B. bricht Landesrecht.

Bun|des|re|gie|rung, die: Regierung eines Bundesstaates (1).

Bun|des|re|pu|blik, die: **1.** ⟨ohne Pl.⟩ Kurzf. von Bundesrepublik Deutschland (1949 gegründeter Bundesstaat auf dem Gebiet der ehemaligen amerikanischen, britischen u. französischen Besatzungszone Deutschlands u. seit 1990 auch auf dem Gebiet der ehemaligen DDR; nicht amtl. Abk.: BRD). **2.** Bundesstaat (1).

bun|des|re|pu|bli|ka|nisch ⟨Adj.⟩: die Bundesrepublik Deutschland betreffend.

Bun|des|schatz|brief, der: vom ¹Bund (1 b) herausgegebenes Wertpapier mit steigender Verzinsung, das nicht an der Börse gehandelt wird.

Bun|des|schwes|ter, die: Mitglied derselben studentischen Verbindung für Frauen.

Bun|des|so|zi|al|ge|richt, das ⟨o. Pl.⟩: in der Bundesrepublik Deutschland oberster Gerichtshof des ¹Bundes (1 b) im Bereich der Sozialgerichtsbarkeit (Abk.: BSG).

Bun|des|staat, der: **1.** Staat, in dem mehrere Länder (Gliedstaaten) vereinigt sind. **2.** Gliedstaat eines Bundesstaates (1).

bun|des|staat|lich ⟨Adj.⟩: den Bundesstaat [als Ganzes] betreffend, sich auf ihn beziehend, von ihm ausgehend: auf -er Ebene entschieden werden.

Bun|des|stadt, die; -: **1.** (schweiz.) Bez. für Bern als Sitz von Bundesregierung u. -parlament. **2.** Bez. für Bonn als ehemalige bundesdeutsche Hauptstadt.

Bun|des|stra|ße, die: für den weiträumigen Verkehr bestimmte Straße in der Bundesrepublik Deutschland u. in Österreich.

Bun|des|tag, der ⟨o. Pl.⟩: aus Wahlen hervorgegangene Volksvertretung; Parlament der Bundesrepublik Deutschland.

Bun|des|tags|ab|ge|ord|ne|te (vgl. Abgeordnete): Abgeordnete des Bundestages.

Bun|des|tags|ab|ge|ord|ne|ter (vgl. Abgeordneter): Abgeordneter des Bundestages.

Bun|des|tags|de|bat|te, die: Debatte (b) im Bundestag.

Bun|des|tags|frak|ti|on, die: Fraktion einer Partei im Bundestag.

Bun|des|tags|man|dat, das: Mandat (2) für den Bundestag.

Bun|des|tags|prä|si|dent, der: Präsident des Bundestages, dessen Sitzungen er leitet.

Bun|des|tags|prä|si|den|tin, die: w. Form zu ↑ Bundestagspräsident.

Bun|des|tags|sit|zung, die: Sitzung des Bundestags.

Bun|des|tags|wahl, die: Wahl (2 a) zum Bundestag: Dazu: **Bun|des|tags|wahl|kampf,** der.

Bun|des|trai|ner, der: Trainer einer Nationalmannschaft in einem Bundesstaat (1).

Bun|des|trai|ne|rin, die: w. Form zu ↑ Bundestrainer.

Bun|des|tro|ja|ner, der (EDV-Jargon): Computerprogramm (sogenanntes trojanisches Pferd; vgl. Pferd 1), mit dem eine Bundesbehörde die privaten Daten eines Internetnutzers einsehen kann.

Bun|des|um|welt|mi|nis|ter, der: Leiter des Bundesumweltministeriums.

Bun|des|um|welt|mi|nis|te|rin, die: w. Form zu ↑ Bundesumweltminister.

Bun|des|um|welt|mi|nis|te|ri|um, das: *oberste, für den ¹Bund (1 b) betreffende Umweltfragen zuständige Verwaltungsbehörde.*
Bun|des|ver|band, der: *Verband (2) auf Bundesebene.*
Bun|des|ver|dienst|kreuz, das: *Verdienstorden der Bundesrepublik Deutschland.*
Bun|des|ver|fas|sungs|ge|richt, das ⟨o. Pl.⟩: *oberster Gerichtshof der Bundesrepublik Deutschland, dessen Entscheidungen alle anderen staatlichen Organe binden.*
Bun|des|ver|samm|lung, die: **1.** *Versammlung (1 c) aus Parlamentariern und anderen Personen, die den Präsidenten bzw. die Präsidentin der Bundesrepublik Deutschland wählt.* **2.** *Parlament des Schweizer Bundes.*
Bun|des|ver|si|che|rungs|an|stalt, die ⟨o. Pl.⟩: *Kurzf. von B. für Angestellte (Träger der gesetzlichen Rentenversicherung der Angestellten in der Bundesrepublik Deutschland bis 2005).*
Bun|des|ver|tei|di|gungs|mi|nis|ter, der: *Leiter des Bundesverteidigungsministeriums.*
Bun|des|ver|tei|di|gungs|mi|nis|te|rin, die: w. Form zu ↑ Bundesverteidigungsminister.
Bun|des|ver|tei|di|gungs|mi|nis|te|ri|um, das: *oberste, für die Angelegenheiten der Landesverteidigung und der Streitkräfte zuständige Behörde des ¹Bundes (1 b).*
Bun|des|ver|wal|tungs|ge|richt, das ⟨Pl. selten⟩: *in der Bundesrepublik Deutschland oberster Gerichtshof des ¹Bundes (1 b) auf dem Gebiet der Verwaltungsgerichtsbarkeit.*
Bun|des|vor|stand, der: *Vorstand (1 a) einer Firma, Institution o. Ä. auf Bundesebene.*
Bun|des|wehr, die ⟨o. Pl.⟩: *Gesamtheit der Streitkräfte der Bundesrepublik Deutschland:* Dazu: **Bun|des|wehr|ein|satz,** der; **Bun|des|wehr|sol|dat,** der; **Bun|des|wehr|sol|da|tin,** die.
bun|des|weit ⟨Adj.⟩: *den Bereich des ganzen Bundesgebietes umfassend, einschließend; im Bereich des ganzen Bundesgebietes:* im Gespräch ist ein -es Tempolimit auf Autobahnen.
Bun|des|wirt|schafts|mi|nis|ter: *Leiter des Bundeswirtschaftsministeriums.*
Bun|des|wirt|schafts|mi|nis|te|rin: w. Form zu ↑ Bundeswirtschaftsminister.
Bun|des|wirt|schafts|mi|nis|te|ri|um: *oberste, für die Wirtschaftspolitik eines Bundesstaats zuständige Verwaltungsbehörde.*
Bund|fal|ten|ho|se: *Hose mit am Bund angesetzten Falten an der Vorderseite.*
Bund|ho|se, die: *Kniebundhose.*
bün|dig ⟨Adj.⟩: **1. a)** *kurz u. bestimmt:* eine -e Antwort; etw. b. beantworten; **b)** *überzeugend, schlüssig:* ein -er Schluss; etw. b. beweisen. **2.** (Bauw.) *auf gleicher Ebene liegend, eine Ebene bildend:* -e Balken.
bün|disch ⟨Adj.⟩: *zu einem ¹Bund (1 a) gehörend, einen Bund betreffend:* die -e (der freien Jugendbewegung angehörende) Jugend.
Bund|ling [ˈbʌndlɪŋ], das; -s, -s ⟨engl. bundling = das Bündeln, zu: to bundle = bündeln⟩: *Zusammenfassung mehrerer [zusammengehöriger] Produkte zu einer Verkaufseinheit:* beim B. werden Produkte und Dienstleistungen miteinander verwoben.
¹**Bünd|ner,** der; -s, - ⟨schweiz.⟩: *Kurzf. von* ↑ Graubündner.
²**Bünd|ner** ⟨indekl. Adj.⟩ ⟨schweiz.⟩: *Kurzf. von* ↑ Graubündner.
Bünd|ner Fleisch, das; - -[e]s, ⟨schweiz. meist:⟩ **Bünd|ner|fleisch,** das; -[e]s ⟨Kochkunst⟩: *gepökeltes u. luftgetrocknetes Fleisch aus der Rinderkeule (Graubündner Spezialität).*
Bünd|ne|rin, die; -, -nen: w. Form zu ↑¹Bündner.
bünd|ne|risch ⟨Adj.⟩ ⟨schweiz.⟩: *Kurzf. von* ↑ graubündnerisch.

Bünd|nis, das; -ses, -se [mhd. büntnisse]: *Zusammenschluss, Bund* [bes. zwischen Staaten im Hinblick auf die Leistung von Beistand im Kriegsfall u. a.]: ein militärisches B. zwischen den Großmächten; [mit jmdm.] ein B. eingehen; einem B. beitreten.
Bünd|nis|block, der ⟨Pl. ...blöcke, selten: -s⟩: *in einem Bündnis zusammengeschlossene Staaten, die als Block (4 b) auftreten.*
bünd|nis|fä|hig ⟨Adj.⟩: *für ein Bündnis geeignet:* wir halten radikale Parteien nicht für b. Dazu: **Bünd|nis|fä|hig|keit,** die ⟨Pl. selten⟩.
Bünd|nis|fall, der: *Fall, in dem jmd. verpflichtet ist, den innerhalb eines Bündnisses vorgesehenen Beistand einem anderen Bündnispartner gegenüber zu leisten:* die Nato hat den B. erklärt.
bünd|nis|frei ⟨Adj.⟩: *keinem Bündnis angehörend.*
Bünd|nis|grü|ne ⟨vgl. ²Grüne⟩: *weibliches Mitglied der Partei Bündnis 90/Die Grünen.*
Bünd|nis|grü|ner ⟨vgl. Grüner⟩: *Mitglied der Partei Bündnis 90/die Grünen.*
Bünd|nis|part|ner, der: *Partner eines Bündnisses.*
Bünd|nis|part|ne|rin, die: w. Form zu ↑ Bündnispartner.
Bünd|nis|po|li|tik, die: *auf ein Bündnis zielende od. auf einem Bündnis beruhende Politik:* die westliche B.
Bünd|nis|treue, die: *Einhaltung der aus einem Bündnis resultierenden Verpflichtungen.*
Bünd|nis|ver|pflich|tung, die: *aus einem Bündnis resultierende Verpflichtung:* NATO-Einsätze im Rahmen der B.
Bünd|nis 90/Die Grü|nen ⟨Pl.; o. Art.⟩: *aus dem Zusammenschluss von »Bündnis 90« und »Die Grünen« entstandene politische Partei.*
Bund|schuh, der (Geschichte): **a)** *Schuh der Bauern im Mittelalter, der aus einem über dem Knöchel mit einem Riemen zusammengebundenen Lederstück besteht;* **b)** ⟨o. Pl.⟩ *(um 1500) Sinnbild, Feldzeichen u. Name aufständischer Bauernbünde bes. in Südwestdeutschland.*
Bund|wei|te, die: *Weite eines Hosen-, Rockbundes.*
Bun|ga|low [ˈbʊŋgalo], der; -s, -s ⟨engl. (anglo-ind.) bungalow < Hindi bangla, zu: baṅgālī = bengalisch; also eigtl. = (Haus) aus Bengalen⟩: **a)** *eingeschossiges Wohnhaus mit flachem od. flach geneigtem Dach:* in einem B. wohnen; **b)** *leichtes, ebenerdiges Wohnhaus in tropischen Gebieten;* **c)** (DDR) *kleines im Grünen gelegenes Wochenendhaus.*
Bun|ge, die; -, -n [mhd. bunge = Trommel] (Fischereiw.): *kleine Fischreuse aus Netzwerk o. Ä.*
Bun|gee [ˈbʌndʒi], das; -[s] ⟨engl. bungee = Gummi(band; H. u.)⟩: *Bungee-Jumping.*
Bun|gee-Jum|ping, Bun|gee|jum|ping [ˈbʌndʒɪdʒʌmpɪŋ], das; -s ⟨engl. bungee jumping, aus: bungee (↑ Bungee) u. jumping = das Springen; [als sportliche Mutprobe betriebenes] Springen aus größer Höhe (von Brücken, Türmen o. Ä.), wobei der Springer an einem starken Gummiseil hängt, das ihn kurz vor dem Boden od. der Wasseroberfläche federnd auffängt.
Bun|gee|sprin|gen, das; -s: *Bungee-Jumping:* Dazu: **Bun|gee|sprin|ger,** der; **Bun|gee|sprin|ge|rin,** die.
Bun|ker, der; -s, - ⟨engl. bunker, H. u.⟩: **1.** *großer Behälter zur Aufnahme von Massengütern (z. B. Kohle, Erz, Getreide).* **2. a)** *militärische Schutzanlage;* **b)** *unterirdisch angelegter Schutzraum für die Zivilbevölkerung im Krieg; Luftschutzbunker.* **3.** (Golf) *aus einer [vertieften] sandbedeckten Fläche od. Mulde bestehendes Hindernis.* **4.** (salopp, Soldatenspr.) *Gefängnis.*
Bun|ker|men|ta|li|tät, die ⟨Pl. selten⟩ (bildungs- spr.): *Haltung der Abwehr, die aus einem Gefühl besonderer Bedrohung entsteht.*
bun|kern ⟨sw. V.; hat⟩: **1.** *Massengüter in Bunkern (1) einlagern:* Erz, Kohle, Getreide b. **2.** (Seemannsspr.) *Brennstoff an Bord nehmen:* die Seeschiffe bunkern in diesem Hafen. **3.** (ugs.) *[in großer Menge] ansammeln, aufbewahren, horten.*
Bun|ny [ˈbani], das; -s, -s ⟨engl. bunny = Häschen⟩: **1.** *junge Frau, die in Nachtklubs o. Ä. als Bedienung arbeitet und [andeutungsweise] wie ein Häschen kostümiert ist.* **2.** (salopp, bes. Jugendspr.) *Mädchen, junge Frau.*
Bun|sen|bren|ner, der; -s, - [nach dem dt. Chemiker R. W. Bunsen (1811–1899)]: *Gasbrenner, bei dem das zugeführte Gas die zur Verbrennung benötigte Luft durch eine verstellbare Öffnung ansaugt.*
bunt ⟨Adj.⟩ [mhd. bunt = schwarz-weiß gefleckt, viell. zu lat. punctus = gestochen (zuerst in den Klöstern für Stickereien gebraucht); vgl. Punkt]: **1.** *(im Gegensatz zu den unbunten Farben [Weiß, Grau, Schwarz]) bestimmte, meist leuchtende Farbtöne besitzend:* ein -er Blumenstrauß; ein schreiend -es Kleid; -e (geflecke). gefleckte Kühe; der Stoff ist b. [gemustert]; b. bemalte Ostereier; ein b. gefärbtes Kleid; ein b. kariertes Kopftuch; b. gefiederte Vögel; b. schillerndes Herbstlaub. **2.** *gemischt, vielgestaltig:* ein -er Nachmittag; ein -es Publikum; ein b. gemischtes Programm. **3.** *ungeordnet, wirr:* ein -es Treiben; * es, das wird jmdm. zu b. (ugs.; etw. Bestimmtes wird jmdm. unerträglich, geht jmdm. zu weit); es zu b. treiben (ugs.; mit etw. über das Maß des Erträglichen hinausgehen).
Bunt|barsch, der: *bes. in tropischen u. subtropischen Gewässern in vielen Arten vorkommender Barsch mit besonders bunter Färbung.*
bunt be|malt, bunt|be|malt ⟨Adj.⟩: *mit bunten Farben bemalt:* bunt bemalte Ostereier.
Bunt|druck, der ⟨Pl. -e⟩: *Farbdruck, der mit einer od. mehreren bunten Druckfarben ausgeführt ist.*
bunt|fär|ben: s. bunt (1).
bunt ge|färbt, bunt|ge|färbt ⟨Adj.⟩: *in mehreren Farben gefärbt:* ein bunt gefärbtes Kleid.
bunt ge|fie|dert, bunt|ge|fie|dert ⟨Adj.⟩: *mit bunten Federn versehen:* bunt gefiederte Vögel.
bunt ge|mischt, bunt|ge|mischt ⟨Adj.⟩: *aus vielen verschiedenartigen Teilen, Programmpunkten o. Ä. bestehend:* ein bunt gemischtes Abendprogramm.
bunt ge|streift, bunt|ge|streift ⟨Adj.⟩: *mit buntem Streifenmuster versehen:* eine bunt gestreifte Hose.
Bunt|heit, die; -: *das Buntsein; Farbigkeit.*
bunt ka|riert, bunt|ka|riert ⟨Adj.⟩: *mit buntem Karomuster versehen:* ein bunt kariertes Kopftuch.
Bunt|me|tall, das: *Schwermetall (außer Eisen), das selbst farbig ist od. farbige Legierungen bildet.*
Bunt|nes|sel, die (Bot.): *(in vielen Arten in Afrika u. Asien vorkommende, zu den Lippenblütlern gehörende) Pflanze mit bunt gefärbten Blättern, die häufig als Zierpflanze kultiviert wird.*
Bunt|pa|pier, das: *für Klebarbeiten, zum Basteln u. Ä. verwendetes [gummiertes] Papier, bei dem die Farbe auf das Papier aufgetragen ist (im Gegensatz zu farbig eingefärbtem Papier):* Weihnachtssterne aus B. basteln.
Bunt|sand|stein, der (Geol.): **a)** ⟨o. Pl.⟩ *unterste Abteilung (2 d) der geologischen Formation Trias;* **b)** *Sandstein von überwiegend roter Färbung.*
bunt|sche|ckig ⟨Adj.⟩: **1.** *bunt (1) gefleckt:* eine -e Kuh. **2.** *bunt (1) schillernd.*

bunt schillernd – Bürgerversicherung

bunt schil|lernd, bunt|schil|lernd ⟨Adj.⟩: *in vielen bunten Farben schillernd.*

Bunt|specht, der: *Specht mit buntem Gefieder.*

Bunt|stift, der: *Zeichenstift mit farbiger Mine.*

Bunt|wä|sche, die: *Wäsche aus farbigem Stoff, die beim Waschen mit zu hohen Temperaturen abfärben kann.*

Bunz|lau: Stadt in Niederschlesien.

¹Bunz|lau|er, der; -s, -: Ew.

²Bunz|lau|er ⟨indekl. Adj.⟩: B. Gut *(Steingutgeschirr aus bräunlichem Scherben mit außen brauner u. innen weißer Glasur).*

Bunz|lau|e|rin, die; -, -nen: w. Form zu ↑¹Bunzlauer.

Bünz|li, der; -[s], -[s] (schweiz. ugs.): *Spießbürger:* Dazu: **bünz|lig** ⟨Adj.⟩.

Bur|ber|ry® ['bə:bəri], der; -, -s [nach dem Firmennamen]: *sehr haltbares englisches Kammgarngewebe.*

Bür|de, die; -, -n [mhd. bürde, ahd. burdi, urspr. = Getragenes, verw. mit ahd. beran, ↑gebären] (geh.): *schwer zu tragende Last:* die Äste brechen unter der B. des Schnees; Ü die B. *(Beschwernis)* des Alters; sie hatte zeitlebens eine schwere B. *(Mühsal, Kummer)* zu tragen.

Bu|re, der; -n, -n: *Nachkomme der niederländischen u. deutschen Ansiedler in Südafrika.*

Burg, die; -, -en [mhd. burc, ahd. bur[u]g, wahrsch. im Ablaut zu ↑¹Berg stehend u. dann urspr. = (befestigte) Höhe]: **1.** *befestigter Wohn- u. Verteidigungsbau mittelalterlicher Feudalherren:* eine B. aus dem 13. Jh.; die Ruine einer mittelalterlichen B. **2.** (Jägerspr.) kurz für ↑Biberburg. **3.** Kurzf. von ↑Strandburg: sie bauten [sich] am Strand eine B.

Burg|an|la|ge, die: *Gesamtkomplex einer Burg.*

Burg|berg, der: *Berg, auf dem eine Burg steht.*

Bür|ge, der; -n, -n [mhd. bürge, ahd. burgeo, zu ↑borgen, urspr. = jmd., der für Verliehenes bürgt]: **1. a)** *jmd., der für jmdn., etw. bürgt (1 a):* B. für etw. sein; b) *etw., was dafür bürgt, Gewähr bietet:* der Name der Firma ist B. für Qualität. **2.** (Rechtsspr.) *jmd., der gegenüber einem Gläubiger, einer Gläubigerin für die Verbindlichkeiten eines Dritten einsteht:* er braucht für seinen Kredit zwei -n.

◆ **Bur|ge|meis|ter,** der [mhd. burgemeister] (landsch.): *Bürgermeister:* ... er gefällt mir nicht, der neue B. (Goethe, Faust I, 846).

bür|gen ⟨sw. V.; hat⟩ [mhd. bürgen, ahd. purigōn = appellieren, sich berufen]: **1. a)** *mit seiner eigenen Person, aufgrund seines Ansehens für jmdn., etw. einstehen:* [jmdm.] für die Richtigkeit der Angaben b.; für jmds. Zuverlässigkeit b.; Wir haben wirklich nur mit halbem Gewissen bei dem Konsul der Vereinigten Staaten für den Mann b. können (Seghers, Transit 163);
◆ ⟨mit Akk.-Obj.:⟩ ... meine Rechnung bürgt – Ihr oder Sittah (Lessing, Nathan II, 9); **b)** *Gewähr dafür bieten, dass etw. der Erwartung, jmds. Wünschen entsprechend beschaffen ist:* der Name bürgt für Qualität. **2.** (Rechtsspr.) *eine Bürgschaft (1) leisten:* er hat für einen anderen gebürgt und muss nach dessen Konkurs mit seinem Vermögen eintreten.

Bur|gen|land, das; -[e]s: *österreichisches Bundesland:* Dazu: **Bur|gen|län|der,** der; **Bur|gen|län|de|rin,** die; **bur|gen|län|disch** ⟨Adj.⟩.

¹Bur|ger, der; -s, - (schweiz.): *in der Gemeinde, in der er wohnt, geborener Bürger (1 b), der im Unterschied zu einem Zugezogenen bestimmte politische Vorrechte hat.*

²Bur|ger ['bø:ɐ̯ɐ̯], der; -s, - [engl. burger, gek. aus hamburger = ↑²Hamburger] (ugs.): *nach Art des ↑²Hamburgers belegtes Brötchen.*

Bür|ger, der; -s, - [mhd. burger, burgære, ahd. burgāri, urspr. = Burgverteidiger, dann: Burg-, Stadtbewohner]: **1. a)** *Angehöriger eines Staates:* die B. der Bundesrepublik; *B. in Uniform (Soldat der deutschen Bundeswehr; Modell, das die soldatischen Pflichten aus den staatsbürgerlichen Rechten ableitet);* **b)** *Einwohner einer Gemeinde:* die B. der Stadt. **2.** *Angehöriger des bestimmten Traditionen verhafteten Mittelstandes:* ein angesehener, wohlhabender B.

Bür|ger|ak|ti|on, die: *von Bürgern (1) u. Bürgerinnen eines demokratischen Landes durchgeführte Aktion zur Erreichung bestimmter [politischer] Ziele.*

Bür|ger|am|mann, der (schweiz.): *Präsident der Bürgergemeinde.*

Bür|ger|an|trag, der (Politik): *Recht der Bürgerschaft einen Antrag zu beantragen, dass der Gemeinderat eine in seine Zuständigkeit fallende Angelegenheit behandelt.*

Bür|ger|be|geh|ren, das (Politik): *Forderung nach der Entscheidung einer wichtigen Gemeindeangelegenheit durch die Bürger[innen].*

Bür|ger|be|tei|li|gung, die: *Beteiligung der betroffenen Bürgerinnen und Bürger an politischen Entscheidungen u. Maßnahmen.*

Bür|ger|ent|scheid, der (Politik): *Entscheidung einer wichtigen Gemeindeangelegenheit durch die Bürgerinnen u. Bürger.*

Bür|ger|fo|rum, das: *öffentliche Diskussion, in der die Allgemeinheit angehendes Problem in demokratischer Weise erörtert werden soll.*

Bur|ger|ge|mein|de, Bür|ger|ge|mein|de, die (schweiz.): **a)** *Gesamtheit der Burger[innen] einer Gemeinde;* **b)** *Gemeindeversammlung (a) der stimmberechtigten Burger[innen] einer Gemeinde.*

Bür|ger|gre|mi|um, das (Amtsspr.): *aus gewählten u. Bürgern bestehendes Gremium, das in Zusammenarbeit mit Behörden u. Verwaltungen meist lokalpolitische Ziele zu verwirklichen sucht.*

Bür|ger|haus, das: **1.** *städtisches Wohnhaus eines Bürgers.* **2.** *öffentliches Gebäude in einer [größeren] Kommune, in dem sich Räume für Veranstaltungen o. Ä., soziale Einrichtungen, Freizeiträume u. Ä. befinden.*

Bur|ge|rin, die; -, -nen: w. Form zu ↑¹Burger.

Bür|ge|rin, die; -, -nen: w. Form zu ↑Bürger.

Bür|ger|i|ni|ti|a|ti|ve, die: *Zusammenschluss von Bürgern (1) u. Bürgerinnen mit dem Ziel, bestimmte Probleme, die die Gemeinde od. der Staat nicht im Sinne der Bürger[innen] löst, durch [spektakuläre] Aktionen ins Bewusstsein der Öffentlichkeit zu rücken o. dadurch Druck auf die behördlichen Stellen auszuüben:* eine B. gründen.

Bür|ger|ko|mi|tee, das: *Ausschuss von Bürgerinnen u. Bürgern, der in einer die Öffentlichkeit besonders interessierenden Angelegenheit Aktivitäten entfaltet.*

Bür|ger|krieg, der: *zwischen verschiedenen [politischen] Gruppen innerhalb der eigenen Staatsgrenzen ausgetragene bewaffnete Auseinandersetzung:* Dazu: **bür|ger|kriegs|ähn|lich** ⟨Adj.⟩; **Bür|ger|kriegs|flücht|ling,** der.

bür|ger|lich ⟨Adj.⟩: **1.** *die Staatsbürger[innen] betreffend, ihnen als Staatsbürger[inne]n zustehend:* das -e Recht (Zivilrecht); die -e *(vor dem Standesbeamten geschlossene)* Ehe; das Bürgerliche Gesetzbuch *(Gesetzbuch des bürgerlichen Rechts)* (Abk.: BGB). **2. a)** *dem Bürgertum angehörend, zugehörig, entsprechend; sie stammt aus -er Familie;* die -e *(einfache, nicht verfeinerte Gerichte bietende)* Küche; er führt ein -es Leben *(ein Leben nach den Konventionen des Bürgertums);* **b)** (abwertend) *spießbürgerlich, engherzig:* er ist zu b. für sie.

Bür|ger|li|che, die/eine Bürgerliche; der/einer Bürgerlichen, die Bürgerlichen/zwei Bürgerliche: *weibliche Person, die dem Bürgertum angehört:* der Prinz hat eine B. geheiratet.

Bür|ger|li|cher, der Bürgerliche/ein Bürgerlicher; des/eines Bürgerlichen, die Bürgerlichen/zwei Bürgerliche: *jmd., der dem Bürgertum angehört.*

Bür|ger|lich|keit, die; -, -en: *bürgerliche (2) Denk-, Lebensweise.*

Bür|ger|meis|ter, der [mhd. burgermeister]: *(gewähltes) Oberhaupt einer Kommune (1).*

Bür|ger|meis|ter|amt, das: **a)** *städtische, gemeindliche Verwaltungsbehörde; Stadtverwaltung, Gemeindeverwaltung;* **b)** *Amt des Bürgermeisters, der Bürgermeisterin;* **c)** *Gebäude, in dem die Stadt-, Gemeindeverwaltung arbeitet.*

Bür|ger|meis|te|rin, die: w. Form zu ↑Bürgermeister.

bür|ger|nah ⟨Adj.⟩: *auf die unmittelbaren Probleme, Bedürfnisse der Bürger u. Bürgerinnen [unbürokratisch] eingehend, ihnen entsprechend:* eine -e Entscheidung.

Bür|ger|nä|he, die: *Orientierung an den Bedürfnissen der Bürgerinnen u. Bürger:* mehr B. fordern; die Landesregierung, die Partei, die Behörde, der Verein sucht mehr B.

Bür|ger|pflicht, die: *Verpflichtung, die die Bürger[innen] dem Staat gegenüber haben.*

Bür|ger|recht, das: *jmdm. als Staatsbürger od. Gemeindemitglied zustehendes Recht:* jmdm. das B./die -e verleihen.

Bür|ger|recht|ler, der; -s, -: *jmd., der für die unterschiedslose Verwirklichung der Bürger- u. Menschenrechte kämpft.*

Bür|ger|recht|le|rin, die; -, -nen: w. Form zu ↑Bürgerrechtler.

Bür|ger|rechts|be|we|gung, die: (bes. in den USA) *Bewegung für die Verwirklichung der Bürger- und Menschenrechte.*

Bür|ger|saal, der: *größerer Saal für Versammlungen u. andere Veranstaltungen* (oft als Name eines entsprechenden Veranstaltungsortes).

Bür|ger|schaft, die; -, -en ⟨Pl. selten⟩: **1.** *Gesamtheit der Bürger[innen] eines Gemeinwesens.* **2. a)** *Parlament (in den Bundesländern Hamburg u. Bremen):* »Du willst ausgehen, Jean?«, fragte die Konsulin entsetzt ... »Ja, Liebe, ich muss in die B. ...« (Th. Mann, Buddenbrooks 123); **b)** *Stadtrat (in Hansestädten).*

bür|ger|schaft|lich ⟨Adj.⟩: *die Bürgerschaft (1) betreffend, von ihr ausgehend:* -es Engagement im sozialen Bereich fördern.

Bür|ger|schafts|wahl, die: *Wahl der Bürgerschaft (2).*

Bür|ger|schreck, der; -s, -e: *jmd., der durch sein bewusst unkonventionelles Verhalten Leute verschreckt od. provoziert.*

Bür|ger|sinn, der ⟨o. Pl.⟩: *Verständnis u. Einsatzbereitschaft für die Allgemeinheit.*

Bür|ger|sprech|stun|de, die: *Sprechstunde (a) bei Behörden, Verwaltungen o. Ä.*

Bür|gers|sohn: ↑Bürgersohn: ◆ ... eh' man sagen sollte, eine von seinen Actricen habe einen hübschen B. debauchiert, er jagte sie ... weg (Goethe, Theatralische Sendung I, 20).

Bür|ger|steig, der: *[mit einer Bordsteinkante von der Fahrbahn abgeteilter] erhöhter Gehweg.*

◆ **Bür|ger|stuhl,** der: *Gesamtheit der den Angehörigen des Bürgerstandes vorbehaltenen Sitzplätze in einer Kirche:* ... und gingen in die Kirche, wo wir den Vater und Großvater auf ihren Plätzen in dem -e sahen (Stifter, Granit 62).

Bür|ger|tum, das; -s [für frz. bourgeoisie]: *Gesellschaftsschicht der Bürger (2); das aufstrebende B.; das liberale B. des 19. Jahrhunderts.*

Bür|ger|ver|samm|lung, die: *Versammlung von Bürgerinnen u. Bürgern einer Gemeinde o. Ä.*

Bür|ger|ver|si|che|rung, die: *Form der Sozialver-*

sicherung, die neben abhängig Beschäftigten auch alle anderen Bevölkerungsgruppen einschließt: eine beitragsgerechte B. für alle.

Bür|ger|wehr, die (Geschichte): *Gesamtheit der von Bürgern einer Gemeinde gebildeten bewaffneten Einheiten.*

Burg|fräu|lein, das: *(im Mittelalter) Tochter eines Burgherrn.*

Burg|fried: ↑ Bergfried.

Burg|frie|de, (häufiger:)**Burg|frie|den**, der [mhd. burcvride = vertraglicher Friede innerhalb der Erbengemeinschaft einer Burg]: *Vereinbarung zwischen [zwei] Parteien, sich [eine bestimmte Zeit lang] nicht zu bekämpfen.*

Burg|gra|ben, der: *eine Burg umgebender Graben.*

Burg|graf, der: *(im Mittelalter) [mit richterlichen Befugnissen ausgestatteter] militärischer Befehlshaber bes. einer königlichen od. bischöflichen Burg.*

Burg|grä|fin, die: *(im Mittelalter) Frau eines Burggrafen.*

Burg|herr, der: *(im Mittelalter) Herr, Besitzer einer Burg.*

Burg|her|rin, die: w. Form zu ↑ Burgherr.

Burg|hof, der: *Innenhof einer Burg.*

Bür|gin, die; -, -nen: w. Form zu ↑ Bürge.

Burg|ru|i|ne, die: *Ruine einer Burg.*

Bürg|schaft, die; -, -en [mhd. bürgeschaft]:
1. (Rechtsspr.) *Vertrag, durch den sich ein Bürge verpflichtet, für die Verbindlichkeiten eines Dritten gegenüber dessen Gläubiger einzustehen:* eine B. übernehmen. **2.** *Garantie, Gewähr:* für jmdn., etw. B. leisten. **3.** *Betrag, mit dem gebürgt (2) wird.*

Bur|gund, -s: *französische Landschaft u. früheres Herzogtum.*

Bur|gun|de, der; -n, -n: *Angehöriger eines germanischen Volksstammes.*

Bur|gun|der, der; -s, -: **1.** Ew. **2.** *Wein aus Burgund.* **3.** ↑ Burgunde.

Bur|gun|de|rin, die; -, -nen: w. Form zu ↑ Burgunder (1).

bur|gun|der|rot ⟨Adj.⟩ [zu ↑ Burgunder (2)]: *von der Farbe dunkelroten Weines.*

Bur|gun|der|wein, der: *Burgunder (2).*

Bur|gun|din, die; -, -nen: w. Form zu ↑ Burgunde.

bur|gun|disch ⟨Adj.⟩: *Burgund, die Burgunder betreffend.*

Burg|ver|lies, das: *[unterirdischer] Kerker innerhalb einer Burg.*

Bu|ri|na Fa|so; - -: *Staat in Westafrika.*

bu|risch ⟨Adj.⟩: zu ↑ Bure.

¹Bur|ka, die; -, -s [russ. burka, wohl zu: buryj = braun u. dann urspr. = brauner (Mantel)]: *halbkreisförmig geschnittener Umhang der Kaukasier aus dickem, rauem Wollstoff.*

²Bur|ka, die; -, -s [Urdu burqā < arab. burqù]: *(von muslimischen Frauen in Afghanistan, Pakistan u. Teilen Indiens getragener) den ganzen Körper bedeckender Umhang mit einem Einsatz aus Netzgewebe für die Augen.*

Bur|ki|ni, der; -s, -s [Zusammenziehung der Wörter »Burka« u. »Bikini«]: *islamischen Vorschriften entsprechender, den ganzen Körper verhüllender Badeanzug für Frauen:* einige Schülerinnen der Klasse nahmen nur im B. am Schwimmunterricht teil.

bur|lesk ⟨Adj.⟩ [frz. burlesque < ital. burlesco, zu: burla = Posse, Spaß < spätlat. burrula, Vkl. von: burra = zottiges Gewand, Pl. = läppisches Zeug, Possen]: *von derber Komik, possenhaft:* ein -es Theaterstück; eine Szene von -er Komik.

Bur|les|ke, die; -, -n [frz. burlesque]: **1.** *derbkomisches Improvisationsstück; Schwank, Posse:* eine B. aufführen. **2.** *Musikstück von heiter-ausgelassenem Charakter.*

Bur|ma; -s: *früherer Name von* ↑ Myanmar: Dazu: **Bur|me|se**, der; -n, -n;**Bur|me|sin**, die;**bur|me|sisch** ⟨Adj.⟩.

Bur|ner ['bə:nɐ], der; -s, - [engl. burner, zu to burn = verbrennen]: **1.** (Jargon) *Brenner* (3). **2.** ** der B./ein [absoluter, echter o. ä.] B. sein* (bes. Jugendspr.; *eine großartige, tolle Sache sein*).

Burn-out, Burn|out ['bə:nlaʊt, bə:n'laʊt], das; -[s], -s [engl. burn-out, zu: to burn out = ausbrennen]: **1. a)** (Raumfahrt) *Zeitpunkt, in dem das Triebwerk einer Rakete abgeschaltet wird u. der antriebslose Flug beginnt;* **b)** (Flugw.) *Flame-out.* **2.** (Kernphysik) *Durchbrennen von Brennstoffelementen bei Überhitzung.* **3.** (Psychol.) *Syndrom des Ausgebranntseins, der völligen psychischen und körperlichen Erschöpfung.*

Burn-out-Syn|drom, Burn|out-Syn|drom, Burn- out|syn|drom, das: *Burn-out* (3).

Bur|nus, der; - u. -ses, -se [frz. burnous < arab. burnus < griech. bírros = eine Art Überwurf < lat. birrus = kurzer Mantel mit Kapuze]: *Kapuzenmantel der Beduinen.*

Bü|ro, das; -s, -s [frz. bureau, urspr. = grober Wollstoff (u. a. zum Beziehen von [Schreib]tischen), zu gleichbed. afrz. bure, über das Vlat. zu spätlat. burra, ↑ burlesk]: **1. a)** *Arbeitsraum, in dem schriftliche od. verwaltungstechnische Arbeiten eines Betriebes, einer Organisation o. Ä. erledigt werden:* das B. einer Anwältin; B. gehen; ich arbeite in einem B./(landsch.:) gehe aufs B.; **b)** *Geschäftsstelle:* die Firma unterhält -s in verschiedenen Städten. **2.** *Gesamtheit der zu einem Büro (1) gehörenden Angestellten:* das ganze B. gratulierte.

Bü|ro|an|ge|stell|te ⟨vgl. Angestellte⟩: *Angestellte, die in einem Büro arbeitet.*

Bü|ro|an|ge|stell|ter ⟨vgl. Angestellter⟩: *Angestellter, der in einem Büro arbeitet.*

Bü|ro|ar|beit, die: *in einem Büro anfallende Arbeit.*

Bü|ro|be|darf, der: *von Büros gebrauchtes Arbeitsmaterial.*

Bü|ro|con|tai|ner, der: *Container (1), der als [behelfsmäßiges] Büro (1 a) genutzt werden kann (z. B. auf Baustellen).*

Bü|ro|flä|che, die: *Fläche der für Büros vorgesehenen Räumlichkeiten:* es wird ein Komplex mit 25 Wohnungen und 1 000 Quadratmetern B. gebaut.

Bü|ro|ge|bäu|de, das: *Bürohaus.*

Bü|ro|ge|mein|schaft, die: *Zusammenschluss zur Unterhaltung eines gemeinsamen Büros von mehreren freiberuflich Tätigen od. von mehreren kleinen Firmen.*

Bü|ro|haus, das: *Gebäude, in dem ausschließlich Büros untergebracht sind.*

Bü|ro|kauf|frau, die: *weibliche Person, deren Tätigkeitsbereich die kaufmännische Verwaltung u. den Schriftverkehr umfasst (Berufsbez.).*

Bü|ro|kauf|mann, der: *männliche Person, deren Tätigkeitsbereich die kaufmännische Verwaltung u. den Schriftverkehr umfasst (Berufsbez.).*

Bü|ro|klam|mer, die: *Klammer aus gebogenem Draht od. Plastik zum Zusammenhalten von Papierbogen u. Ä.*

Bü|ro|kom|mu|ni|ka|ti|on, die: **1.** *Verständigung zwischen den in einem Büro Beschäftigten.* **2.** (Bürow.) *Gesamtheit der [technischen] Anlagen, die für den Nachrichtenaustausch zwischen Mitarbeitern eines oder mehrerer Betriebe genutzt werden kann.*

Bü|ro|kraft, die: *Angestellte[r] in einem Büro.*

Bü|ro|krat, der; -en, -en [frz. bureaucrate, zu: bureaucratie, ↑ Bürokratie] (abwertend): *jmd., der in der Anwendung u. Auslegung von Bestimmungen einem starren Formalismus verhaftet ist.*

Bü|ro|kra|tie, die; -, -n [frz. bureaucratie, zu: bureau (↑ Büro) u. griech. krateīn = herrschen]: **1.** ⟨Pl. selten⟩ **a)** *Beamten-, Verwaltungsapparat:* die B. bläht sich immer mehr auf; **b)** *Gesamtheit der in der Verwaltung Beschäftigten.* **2.** ⟨o. Pl.⟩ (abwertend) *bürokratische Denk- u. Handlungsweise: etw. ohne viel B. regeln.*

Bü|ro|kra|tie|ab|bau, der: *Vereinfachung od. Beseitigung als hinderlich angesehener bürokratischer Strukturen, Vorschriften o. Ä.*

Bü|ro|kra|tin [österr. auch: ...'krat...], die; -, -nen: w. Form zu ↑ Bürokrat.

bü|ro|kra|tisch ⟨Adj.⟩: **1.** *der Bürokratie (1 a) gemäß; verwaltungsmäßig:* die -e Abwicklung einer Angelegenheit. **2.** (abwertend) *sich pedantisch u. übergenau an Vorschriften klammernd, auf die Einhaltung von Vorschriften pochend:* ein -er Mensch; -es Denken.

bü|ro|kra|ti|sie|ren ⟨sw. V.; hat⟩: **1.** *im Sinne einer perfekten Bürokratie (1 a) verwalten:* die Gesellschaft wird mehr und mehr bürokratisiert. **2.** (abwertend) *einer schematischen, engstirnig-formalistischen Ordnung unterwerfen.*

Bü|ro|kra|ti|sie|rung, die; -, -en: *das Bürokratisieren; das Bürokratisiertwerden.*

Bü|ro|kra|tis|mus, der; - (abwertend): *pedantisches, engstirnig-formalistisches Denken u. Handeln.*

Bü|ro|lei|ter, der: ¹*Leiter* (1) *eines Büros* (1 a).

Bü|ro|lei|te|rin, die: w. Form zu ↑ Büroleiter.

Bü|ro|ma|schi|ne ⟨meist Pl.⟩: *Maschine für Büroarbeit.*

Bü|ro|ma|te|ri|al, das: *Bürobedarf.*

Bü|ro|mensch, der (ugs., oft abwertend): *Büroangestellte[r]:* die -en und ihre typischen Rückenprobleme.

Bü|ro|mö|bel, das: *Möbel für ein Büro* (1).

Bü|ro|raum, der: *Raum eines Büros* (1).

Bü|ro|schluss, der ⟨o. Pl.⟩: *Dienstschluss in einem Büro* (1).

Bü|ro|ses|sel, der: *bequemer, für das Arbeiten am Schreibtisch geeigneter, meist repräsentativ gestalteter Sessel.*

Bü|ro|stuhl, der: *Schreibtischstuhl.*

Bü|ro|tä|tig|keit, die: *Tätigkeit in einem Büro.*

Bü|ro|turm, der: *Hochhaus, das hauptsächlich aus Büros besteht.*

Bü|ro|vor|ste|her, der (veraltend): *Büroleiter.*

Bü|ro|vor|ste|he|rin, die: w. Form zu ↑ Bürovorsteher.

Bur|ri|to, der; -s, -s [span.-mex. burrito, eigtl. Vkl. zu burro = Esel]: *mex. Gericht aus einem gerollten od. gefalteten Maisfladen mit Füllung.*

¹Bur|sa, der; -s, -s [nach der türk. Stadt Bursa]: *handgeknüpfter Teppich aus Seide mit vielfarbig gemusterter Bordüre.*

²Bur|sa, die; -, ...sae [...ze] [lat. bursa, ↑ Börse]: **1.** (Med.) *Gewebetasche, taschen- od. beutelförmiger Körperhohlraum.* **2.** *Tasche an liturgischen Gewändern.*

Bursch, der; -en, -en [zu spätmhd. burse (↑ Burse), also eigtl. = Angehöriger einer Burse]: **1.** (Verbindungsw.) *vollberechtigtes Mitglied einer studentischen Verbindung nach Abschluss der Zeit als Fuchs* (7). **2.** (landsch., ostösterr.) *Bursche* (1 b). ♦ ⟨Pl. -e:⟩ ... eine Schar junger -e (Ebner-Eschenbach, Gemeindekind 75); ♦ *Das ist ein Korps Kerles, Bruder, deliziöse -e, sag' ich dir* (Schiller, Räuber II, 3).

Bür|schchen, das; -s, -: Vkl. zu ↑ Bursche.

Bur|sche, der; -n, -n: **1. a)** *Knabe, Junge:* ein niedlicher B.; **b)** *junger Mann, Halbwüchsiger:* ein freundlicher junger B.; ein toller B. (*ein Draufgänger*); ein B. von Saft und Kraft (Jahnn, Geschichten 222); **c)** (abwertend) *männliche Person, der Übles zugetraut wird:* übler B.; den -n werde ich mir vorknöpfen; Ein

Burschenschaft – Business-to-Business

gewissenloser B. hatte sie verführt, sie wusste nicht mehr, wie (Musil, Mann 163). **2.** (früher) *zur Bedienung eines Offiziers abkommandierter Soldat.* **3.** *Bursch* (1). **4.** (ugs.) *(in Bezug auf ein Tier) bes. großes Exemplar:* der gefangene Hecht ist ein mächtiger B.

Bur|schen|schaft, die; -, -en: *Farben tragende [waffenstudentische] Korporation:* einer B. angehören. Dazu: **Bur|schen|schaf|ter, Bur|schen|schaft|ler,** der; **Bur|schen|schaf|te|rin, Bur|schen|schaft|le|rin,** die; **bur|schen|schaft|lich** ⟨Adj.⟩.

bur|schi|kos ⟨Adj.⟩ [zu ↑ Bursch u. der griech. Adverbendung -ikós]: **a)** *(besonders von weiblichen Personen) betont ungezwungen, ungeniert in den Äußerungen, im Verhalten:* sie hat eine sehr -e Art; er benimmt sich sehr b.; **b)** *salopp, formlos (besonders von jmds. Redeweise):* eine -e Bemerkung.

Bur|schi|ko|si|tät, die; -, -en: *burschikose Art, Verhaltensweise.*

Bur|se, die; -, -n [zu mhd. burse = Beutel, Kasse < mlat. bursa, ↑ ¹Börse] (früher): *[aus einer Stiftung errichtetes u. unterhaltenes] Haus, in dem Studenten wohnen und Kost erhalten.*

Bürst|chen, das; -s, -: Vkl. zu ↑ Bürste.

Bürs|te, die; -, -n [mhd. bürste, eigtl. = Gesamtheit der Borsten, zu ↑ Borste]: **1.** *mit Borsten, Pflanzenfasern od. Draht bestecktes [Reinigungs]gerät zum Entfernen von haftendem Schmutz, zum Auftragen eines pastenartigen [Reinigungs]mittels, zum Glätten o. Ä.:* Schuhcreme mit einer kleinen B. auftragen; das Haar mit einer B. glätten. **2.** (Elektrot.) *klötzchenförmiger Körper aus Kohlenstoff, der bei elektrischen Maschinen der Übertragung des Stroms auf die beweglichen (meist rotierenden) Teile dient.* **3.** Kurzf. von ↑ Bürstenfrisur: Heute kann der härteste Finsterling Haare bis zu den Hacken haben und der netteste Kerl eine B. (Plenzdorf, Legende 218).

bürs|ten ⟨sw. V.; hat⟩ [mhd. bürsten]: **1. a)** *mit einer Bürste entfernen:* den Staub von den Schuhen b.; **b)** *mit einer Bürste reinigen [u. polieren]:* die Schuhe b.; die Zähne mit einer weichen Zahnbürste b. **2. a)** *mit einer Bürste glätten:* [jmdm., sich] das Haar b.; dem Hund das Fell b.; **b)** *[in bestimmter Weise] mit einer Bürste behandeln, bearbeiten:* den Körper trocken b., um den Kreislauf anzuregen; Samt gegen den Strich b. *(aufrauen).* **3.** (vulg.) *koitieren:* R wer in der Jugend viel bürstet, braucht im Alter nur wenig zu kämmen (weil man glaubt, dass davon die Haare ausfallen). ◆ **4.** [eigtl. = die Kehle od. das Glas (aus)bürsten] (schwäb.) *trinken:* ... gib mir eins zu b. aus diesem Wasserquell (Uhland, Schenk von Limburg).

Bürs|ten|bin|der, der (veraltet): *Bürstenmacher.*
Bürs|ten|bin|de|rin, die: w. Form zu ↑ Bürstenbinder.
Bürs|ten|fri|sur, die: *kurzer Haarschnitt, bei dem die oberen Haare wie bei einer Bürste nach oben stehen.*
Bürs|ten|haar|schnitt, Bürstenschnitt, der: *kurzer Haarschnitt, bei dem die oberen Haare wie bei einer Bürste nach oben stehen.*
Bürs|ten|ma|cher, der: *jmd., der Bürsten herstellt.*
Bürs|ten|ma|che|rin, die: w. Form zu ↑ Bürstenmacher.
Bürs|ten|mas|sa|ge, die: *Massage unter Zuhilfenahme einer Bürste.*
Bürs|ten|schnitt: ↑ Bürstenhaarschnitt.
Bürs|ten- und Pin|sel|ma|cher, der: *jmd., der Bürsten u. Pinsel herstellt* (Berufsbez.).
Bürs|ten- und Pin|sel|ma|che|rin, die: w. Form zu ↑ Bürsten- und Pinselmacher.
Bu|run|di; -s: Staat in Afrika: Dazu: **Bu|run|di|er,** der; -s, -; **Bu|run|di|e|rin,** die; -, -nen; **bu|run|disch** ⟨Adj.⟩.

Bür|zel, der; -s, - [zu landsch. borzen = hervorstehen, zu mhd., ahd. bor = Höhe; vgl. empor]: **1.** (Zool.) *Schwanzwurzel der Vögel.* **2.** (Jägerspr.) *Schwanz des Bären, des Dachses u. des Schwarzwilds.*

Bus, der; -ses, -se: **1.** [unter Einfluss von engl. bus, kurz für ↑ Omnibus] *großer Kraftwagen mit vielen Sitzen zur Beförderung von Personen:* ein doppelstöckiger B.; den B. verpassen; mit dem B. fahren. **2.** [engl. bus, kurz für: bus bar, aus lat. omnibus = für alle u. bar = Strang] (EDV) *Sammelleitung zur Datenübertragung zwischen mehreren Funktionseinheiten eines Computers.*

Bus|bahn|hof, der: *Omnibusbahnhof.*

Busch, der; -[e]s, Büsche [mhd. busch, ahd. busk]: **1.** *dicht gewachsener Strauch:* ein dichter B.; der Bach ist von Büschen gesäumt; R es ist etwas im Busch[e] (ugs.; *im Verborgenen bahnt sich etwas an);* * *[bei jmdm.] auf den B. klopfen* (ugs.; *bei jmdm. auf etw. anspielen, um etw. Bestimmtes zu erfahren;* aus der Jägerspr., eigtl., um festzustellen, ob sich im Gebüsch Wild verbirgt): Er spielte den Allwissenden und klopfte doch nur auf den B. [Zwerenz, Quadriga 25]); *mit etw. hinterm B. halten* (ugs.; ↑ ²Berg 1); *sich [seitwärts] in die Büsche schlagen* (ugs.; *[heimlich] verschwinden).* **2.** (Geogr.) *Dickicht aus Sträuchern und Bäumen in tropischen Ländern:* im afrikanischen B. **3.** *größeres Büschel:* ein B. Federn.

Bü|schel, das; -s, - [mhd. büschel, eigtl. = kleiner Busch]: **a)** *loses Bündel von etw. [struppig] lang Gewachsenem:* ein B. Heu, Gras; er hat seinem Gegner die Haare in ganzen -n ausgerissen; ◆ **b)** *Reisig:* ... auf den Winter muss mir der Schwiegervater ein Fuderchen B. ... einfahren (Jean Paul, Wutz 26).

bü|sche|lig, büschlig ⟨Adj.⟩: *in Büscheln [stehend, zusammengefasst]:* b. angeordnete Blüten.
bü|scheln ⟨sw. V.; hat, schweiz.⟩: *zu einem Büschel od. Strauß zusammenfassen:* Kamille zum Trocknen b.; Jetzt, zu Hause, büschle ich die Blumen (stelle sie in den Strauß) in die Vase (Frisch, Gantenbein 167).
bü|schel|wei|se ⟨Adv.⟩: *in Büscheln:* die Haare gingen ihm b. aus (er hatte starken Haarausfall).
◆ **bu|schen** ⟨sw. V.; hat⟩ (nordd.): *(Unkraut, Binsen-, Grasbüschel) abmähen; (Gebüsch) abholzen:* ... trotzdem hat Peter Jansen auf seinem Stück das Unkraut auch noch nicht nicht gebuscht (Storm, Schimmelreiter 33).
Bu|schen, der; -s, - [↑ Busch] (südd., österr. ugs.): **a)** *Büschel;* **b)** *Strauß von Blumen od. Zweigen:* einen B. über die Tür hängen (zur Kennzeichnung einer Buschenschenke).
Bu|schen|schank: ↑ Buschenschenke.
Bu|schen|schen|ke, Buschenschänke, die (österr.) *Straußenwirtschaft, Heurigenlokal.*
Busch|feu|er, das: *größeres Feuer (3) in vorwiegend mit Sträuchern bewachsenen Gebieten.*
Busch|funk, der ⟨o. Pl.⟩ (ugs.): *Verbreitung von Informationen über inoffizielle Kanäle* (5): die wichtigsten Neuigkeiten erfährt man immer über den B.
◆ **bu|schicht:** ↑ buschig: ... sein finsteres, überhangendes -es Augenbraun (Schiller, Räuber IV, 2).
bu|schig ⟨Adj.⟩ [spätmhd. buscheht]: **1.** *dicht mit Haaren bewachsen:* -e Augenbrauen; der Schwanz des Eichhörnchens ist b.; ... er lachte mit den weißen Zähnen unter seinem -en schwarzen Schnurrbart (Broch, Versucher 79). **2.** *mit Büschen bestanden:* -es Gelände. **3.** *in Form eines Busches [wachsend]:* der Rosenstock ist b. [gewachsen].

büsch|lig: ↑ büschelig.

Busch|mann, der ⟨Pl. ...männer⟩ [LÜ von engl. bushmen (Pl.) < afrikaans Bosjesmans (Pl.), eigtl. = Leute, die hinter den Büschen (= hinter zusammengeflochtenen Zweigen, die als Windschutz dienen) wohnen, aus: bosjes, Pl. von: bosje = Busch, Gebüsch u. mans, Pl. von: man = Mann]: *Angehöriger eines in Namibia, Botswana u. Angola lebenden Volkes.*
Busch|mann|frau, die: *Angehörige des Volkes der Buschmänner.*
Busch|mes|ser, das: *Messer mit langer Klinge zum Wegschlagen von Gestrüpp od. zum Ernten von Zuckerrohr o. Ä.*
Busch|trom|mel, die: *im Busch (2 a) zur Nachrichtenübermittlung verwendete Trommel:* Ü wir haben über die -n von dem Gerücht erfahren.
Busch|wald, der: *niedriges Gehölz.*
Busch|werk, das ⟨Pl. selten⟩: *dichtes Gebüsch von größerer Ausdehnung.*
Busch|wind|rös|chen, das: *Anemone.*
◆ **Bü|sel,** das; -s, - [für alemann. -, südd. Biesel, zu frz. pièce = (kleines) Stück] (landsch.): *kleines Geldstück:* ... so sollst du für dein Sprüchlein belohnt werden. Er reichte ihr ein B. (Goethe, Dichtung u. Wahrheit 9).

Bu|sen, der; -s, - [mhd. buosen, buosem, ahd. buosam = Busen; Bausch des Kleides; ¹Schoß (2 a), eigtl. = Schwellender, zu ↑ Beule]: **1.** *weibliche Brust in ihrer plastischen Erscheinung, besonders im Hinblick auf ihren erotischen Reiz:* ein voller, üppiger, kleiner, zarter, straffer B.; ihr B. wogte; die neue Mode zeigt viel B.; Sie verschränkte die Arme unter dem mächtigen B. (Langgässer, Siegel 339). **2.** (dichter., veraltet) **a)** ¹*Brust* (1 a): sich am B. des Freundes ausweinen; Ü am B. der Natur (meist scherzh.; *in der Natur, im Freien);* **b)** *Inneres:* ein Geheimnis in seinem B. verschließen; **c)** *[eng anliegendes] Oberteil des Kleides:* sie nestelte an ihrem B. ◆ **3.** ¹*Schoß* (2 a): ... er versicherte uns mit Heftigkeit, dass Sperata ein Kind von ihm im B. trage (Goethe, Lehrjahre VIII, 9).

bu|sen|frei ⟨Adj.⟩: *den Busen* (1) *frei, unbedeckt lassend.*
Bu|sen|freund, der (meist iron.): *jmd., der mit jmdm. sehr eng befreundet ist.*
Bu|sen|freun|din, die: w. Form zu ↑ Busenfreund.
◆ **Bu|sen|kind,** das: *Schoßkind:* Seht Ihr's, wie kindlich euer B. an euch handelt (Schiller, Räuber I, 1).
Bu|sen|star, der (ugs.): *weiblicher Filmstar, dessen Wirkung überwiegend auf dem besonders üppigen Busen beruht.*

Bus|fah|rer, der: *Fahrer eines Busses.*
Bus|fah|re|rin, die: w. Form zu ↑ Busfahrer.
Bus|fahrt, die: *Fahrt mit dem Bus.*
Bus|hal|te|stel|le, die: *Haltestelle für Busse.*
Busi|ness ['bɪznɪs], das; - [engl. business, zu: busy < aengl. bisig, bysig = beschäftigt, H. u.]: *Geschäft* (1 a): ein hartes, profitables B.
busi|ness as usu|al ['bɪznɪs əz 'juːʒʊəl; engl. = Geschäfte wie üblich]: *Ausspruch des brit. Staatsmannes W. Churchill (1874–1965) auf einem Bankett am 9. 11. 1914 als Kommentar zur politischen Lage!:* die Geschäfte gehen ihren Gang, alles geht seinen Gang.
Busi|ness|class [...klaːs], **Busi|ness-Class** [...klaːs], **Busi|ness|klas|se** [...klasə], die; - [engl.] (Flugw.): *bes. für Geschäftsreisende eingerichtete, bequemere Reiseklasse im Flugverkehr.*
Busi|ness|plan, der: *Darstellung der Ziele u. der geplanten Verwirklichung eines unternehmerischen Projekts.*
Busi|ness-to-Busi|ness [bɪznɪstu'bɪznɪs], das; - -

[engl. business to business = von Unternehmen zu Unternehmen]: *Handel zwischen Unternehmen, bes. im Internet* (Abk.: B2B).

Bus|la|dung, die (ugs.): *die mit einem Bus an einen Ort gebrachten Menschen:* -en *von Touristen wurden durch das Museum geschleust.*

Bus|li|nie, die: *von einem Bus befahrene Verkehrsverbindung:* wegen der Baustelle wird die B. 102 umgeleitet.

Bus|sard, der; -s, -e [frz. busard = ²Weihe, zu afrz. bu(i)son < lat. buteo (Gen.: buteonis) = eine Falkenart]: *Greifvogel mit breiten, zum segelnden, kreisenden Flug geeigneten Flügeln u. kurzen, scharfen, kralligen Zehen.*

Bu|ße, die; -, -n [mhd. buoȝ(e), ahd. buoȝ(a), verw. mit ↑ bass u. urspr. = Nutzen, Vorteil (ahd. auch = Heilung durch Zauber), dann: strafrechtliche od. religiös-sittliche Genugtuung]: **1. a)** ⟨o. Pl.⟩ (Rel.) *das Bemühen um die Wiederherstellung eines durch menschliches Vergehen gestörten Verhältnisses zwischen Gott und Mensch:* B. predigen (veraltend; *in der Predigt zur Buße, zur inneren Umkehr auffordern*); **b)** (kath. Kirche) *Bußübung:* jmdm. eine B. auferlegen. **2.** (Rechtsspr.) *Ausgleich, den jmd. für eine geringfügige Rechtsverletzung zu zahlen hat:* eine [hohe] B. zahlen; jmdm. für etw. mit einer B. belegen; * ◆ **in der B. sein** (schweiz.; *straffällig sein; eine Geldbuße zahlen müssen:* ...gefragt ... nach dem Heimatscheine, den man hinterlegen müsse, wenn man nicht in der B. sein wollte [Gotthelf, Elsi 124]).

Bus|sel: ↑ Busserl.

bus|seln ⟨sw. V.; hat⟩ [zu mhd. bussen = küssen, lautm.] (südd., österr. ugs.): *küssen.*

bü|ßen ⟨sw. V.; hat⟩ [mhd. büeȝen = bessern, wiedergutmachen, ahd. buoȝen = [ver]bessern, wiedergutmachen; vgl. Buße]: **1. a)** (Rel.) *durch selbst gewählte od. auferlegte Bußübungen von einer Schuld o. Ä. wieder frei werden:* seine Sünden b.; **b)** *für eine Schuld etw. als Strafe erleiden, auf sich nehmen [müssen]:* eine Tat b.; du sollst du [mir] b.!; er büßte seinen Leichtsinn *(bezahlte ihn)* mit dem Leben. **2.** (schweiz. Rechtsspr.) *mit einer Geldstrafe belegen:* man hat ihn mit einer hohen Strafe gebüßt.

Bu|ßen|zet|tel, der (schweiz.): *Strafmandat.*

Bü|ßer, der; -s, -: *jmd., der für begangene Sünden Buße (1 a) tut.*

Bü|ßer|ge|wand, das: *raues Gewand des Büßers.*

Bü|ße|rin, die; -, -nen: w. Form zu ↑ Büßer.

Bus|serl, das; -s, -[n] [Vkl. von älter Buss = Kuss, lautm.; vgl. busseln] (südd., österr. ugs.): *Kuss.*

bus|serln: ↑ busseln.

buß|fer|tig ⟨Adj.⟩ (Rel.): *reumütig u. bereit zur Buße (1 a):* ein -er Sünder. Dazu: **Buß|fer|tig|keit,** die ⟨o. Pl.⟩.

Buß|gang, der (geh.): *Gang zu jmdm. in der Absicht, von ihm Verzeihung zu erlangen u. sich mit ihm zu versöhnen.*

Buß|ge|bet, das (Rel.): *Gebet, mit dem jmd. Buße tut.*

Buß|geld, das (Rechtsspr.): *Geldstrafe zur Ahndung bestimmter Ordnungswidrigkeiten im Verkehr, im Wirtschafts- u. Steuerrecht.*

Buß|geld|be|scheid, der (Rechtsspr.): *Bescheid (b) über ein Bußgeld.*

Buß|geld|ka|ta|log, der: *der einheitlichen Ahndung dienende, für häufig auftretende gleichartige Vergehen (bes. im Straßenverkehr) geltende Aufstellung von Bußgeldern.*

Buß|geld|ver|fah|ren, das (Rechtsspr.): *Verfahren (2), in dem über die Festsetzung eines Bußgeldes entschieden wird.*

Buß|got|tes|dienst, der (kath. Kirche): *gottesdienstliche Feier, Andacht, in der den Gläubigen nach gemeinsamem Sündenbekenntnis vom Priester eine generelle Absolution erteilt wird.*

Bus|si, das; -s, -s (bes. südd., österr. fam.): ↑ Busserl.

Buß|psalm, der: *einer der sieben Psalmen, die bes. von der Buße handeln.*

Bus|spur, die (Verkehrsw.): *[vor allem] für Busse reservierter Fahrstreifen.*

Buß|tag, der: **1.** (kath. Kirche) *der Buße gewidmeter Tag der Woche.* **2.** (ev. Kirche) Kurzf. von ↑ Buß- und Bettag.

Buß|übung, die (kath. Kirche): *Gebet, Kasteiung o. Ä. zur Buße.*

Buß- und Bet|tag, der (ev. Kirche): *der Buße gewidmeter (Feier)tag am Mittwoch vor Totensonntag.*

Büs|te, die; -, -n [frz. buste < ital. busto, H. u.]: **1.** *plastische Darstellung eines Menschen in Halbfigur od. nur bis zur Schulter:* die bronzene B. eines römischen Kaisers; Ü ◆ ...ein furchtbar Steingerüste noch im Boden bis zur B. *(bis zur Brust;* Goethe, Faust II, 7546 f.) **2.** *weibliche Brustpartie:* eine gut entwickelte B.; ein Kleid mit ausgearbeiteter B.; Die Primadonna setzte die Hände auf die Hüften und warf die B. nach vorn (H. Mann, Stadt 181). **3.** (Schneiderei) *Schneiderpuppe:* ein Kleidungsstück nach der B. abstecken.

Büs|ten|hal|ter, der: *Teil der Unterkleidung, der der weiblichen Brust Form u. Halt geben soll* (Abk.: BH).

Bus|ti|er [bys'tje:], das; -s, -s [frz. bustier, zu: buste, ↑ Büste]: *Teil der Unterkleidung für Frauen in Form eines miederartig anliegenden, nicht ganz bis zur Taille reichenden Oberteils ohne Ärmel.*

Bus|trans|fer, der: *Transfer (2) mit dem Bus.*

Bu|su|ki, die; -, -s [ngriech. mpouzoúki, aus dem Türk.]: *griechisches, in der Volksmusik verwendetes Lauteninstrument.*

Bus|un|glück, das: *Verkehrsunfall, von dem [hauptsächlich] ein Bus betroffen ist.*

Bus|ver|bin|dung, die: *durch Busse gewährleistete Verkehrsverbindung.*

Bu|ta|di|en, das; -s [Kurzwort aus **Butan, di-** u. **-en**]: *ungesättigter gasförmiger Kohlenwasserstoff, der bes. für die Herstellung von synthetischem Gummi verwendet wird.*

Bu|tan, das; -s, -e [zu lat. butyrum, ↑ Butter]: *gesättigter gasförmiger Kohlenwasserstoff, der in Erdgas u. Erdöl enthalten ist.*

Bu|tan|gas, das ⟨o. Pl.⟩: *als Brenngas verwendetes Butan.*

Bu|ta|nol, das; -s, -e [geb. mit dem chem. fachspr. Suffix **-ol** als Endung der Namen aller Alkohole] (Chemie): *Butylalkohol.*

bu|ten ⟨Adv.⟩ [mniederd. buten, zu: bi = bei u. ūt = aus] (nordd.): *draußen; vor dem Deich.*

But|ler ['batlɐ], der; -s, - [engl. butler < afrz. bouteillier = Kellermeister, zu spätlat. but(t)icula = Fässchen, Krug]: *Diener in einem vornehmen Haushalt, bes. in England.*

Butt, der; -[e]s, -e [aus dem Niederd., zu: butt = stumpf, plump]: *Scholle (4).*

Bütt, die; -, -en [↑ Bütte] (landsch.): *einem Fass ähnliches Vortragspult für den Büttenredner, die Büttenrednerin bei einer Karnevalssitzung.*

But|te, die; -, -n (südd., österr., landsch.): **1.** ↑ Bütte (a). **2.** (Winzerspr.) *bei der Weinlese gebrauchtes, hohes, auf dem Rücken zu tragendes Gefäß für die Trauben.* ◆ **3.** *hölzernes Schöpfgefäß:* ... sie schlugen drauf los ... Talke Lorden Quacks traf mit der B. den Armen (Goethe, Reineke Fuchs 2, 151 ff.)

Büt|te, die; -, -n [mhd. büt(t)e, büten, ahd. butin(a), zu < mlat. butina = Flasche, Gefäß < griech. bytínē]: **a)** (landsch.) *großes [hölzernes] wannenartiges Gefäß:* Wäsche in einer B. einweichen; **b)** *in der Papierherstellung gebrauchtes großes, ovales Gefäß mit Rührwerk.*

Bü|tel, der; -s, - [mhd. bütel, ahd. butil, zu ↑ bieten in der alten Bed. »bekannt machen, wissen lassen«]: **1.** (veraltet) *Gerichtsbote, Häscher.* **2.** (veraltend abwertend) *Ordnungshüter; Polizist o. Ä.* **3.** (abwertend) *jmd., der diensteifrig das ausführt, was eine Obrigkeit, ein Vorgesetzter [von ihm] verlangt.*

Büt|ten, das; -s [zu ↑ Bütte (b)]: *handgeschöpftes Papier mit ungleichmäßigem, gefranstem Rand u. Wasserzeichen:* Briefkarten aus B. Dazu: **Büt|ten|pa|pier,** das.

Büt|ten|rand, der: *für Bütten charakteristischer gefranster Rand.*

Büt|ten|re|de, die: *in der Bütt gehaltener, witzig-lustiger Vortrag eines im Karnevalssitzung, einer Karnevalistin bes. im rheinischen Karneval.* Dazu: **Büt|ten|red|ner,** der; **Büt|ten|red|ne|rin,** die.

But|ter, der; - [mhd. buter, ahd. butera, über das Vlat. < lat. butyrum < griech. boútyron, zu: boûs = Kuh, Rind u. eigtl. = Quark aus Kuhmilch]: *aus Milch gewonnenes, bes. als Brotaufstrich verwendetes Fett:* ein Stück B.; die B. ist ranzig; B. aufs Brot streichen; etw. in B. braten; Blumenkohl mit brauner B.; die Vorräte schmolzen dahin wie B. an der Sonne *(wurden äußerst schnell aufgebraucht);* R es ist alles in [bester] B. (salopp; *es ist alles in Ordnung;* wohl eigtl. = in guter Butter, nicht in billigem Fett gebraten); Butter bei die Fische! (landsch.; *zu der Angelegenheit muss jetzt richtig geklärt, es darf nichts zurückgehalten werden);* * **sich** ⟨Dativ⟩ **nicht die B. vom Brot nehmen lassen** (ugs.; *sich nichts gefallen lassen, sich nicht benachteiligen lassen);* **jmdm. nicht die B. auf dem Brot gönnen** (ugs.; *jmdm. gegenüber missgünstig sein);* **B. auf dem Kopf haben** (südd., österr. ugs.; *ein schlechtes Gewissen haben;* nach dem Sprichwort »wer Butter auf dem Kopf hat, soll nicht in die Sonne gehen«; die Butter wurde früher von den Bauersfrauen in einem Korb auf dem Kopf zum Markt getragen).

But|ter|bir|ne, die: *Birne mit besonders weichem Fruchtfleisch.*

But|ter|blu|me, die: *gelb blühende Wiesenblume (z. B. Hahnenfuß, Löwenzahn, Sumpfdotterblume).*

But|ter|brot, das: *mit Butter (od. Margarine) bestrichene Scheibe Brot:* * **für ein B. arbeiten** (ugs.; *gegen sehr geringe Bezahlung arbeiten);* **etw. für/um ein B. bekommen, [ver]kaufen** (ugs.; *etw. sehr billig bekommen, [ver]kaufen);* **jmdm. etw. aufs B. schmieren/streichen** (salopp; *jmdm. etw. für ihn Ärgerliches o. Ä. erneut deutlich zu verstehen geben; jmdm. etw. Zurückliegendes wieder vorwerfen).*

But|ter|brot|pa|pier, das: *fettundurchlässiges Einwickelpapier, bes. für Frühstücksbrote o. Ä.*

But|ter|creme, But|ter|crème, die: *Creme aus Butter, Milch u. [Puder]zucker (als Tortenfüllung).* Dazu: **But|ter|creme|tor|te, But|ter|crème|tor|te,** die.

But|ter|do|se, die: *runder od. rechteckiger Behälter mit Deckel zum Aufbewahren von Butter.*

But|ter|fahrt, die (ugs.): **a)** *Schiffsfahrt [aufs offene Meer], bei der die Möglichkeit geboten wird, billig [zollfrei] einzukaufen;* **b)** *Kaffeefahrt (b).*

But|ter|fass, das: **1.** *Fass zur Aufbewahrung u. zum Transportieren von Butter.* **2.** (früher) *Gefäß, in dem Butter per Hand hergestellt wird.*

But|ter|fly ['batɐflaɪ], der; -[s], -s [engl. butterfly, eigtl. = Schmetterling (nach den ähnlichen Bewegungen)]: **1.** (Eiskunstlauf) *bestimmter Spreizsprung.* **2.** ⟨o. Pl.⟩ (Schwimmen) *Butterflystil.* **3.** (Turnen) *Schmetterling (2).*

But|ter|fly|mes|ser, das [zu engl. butterfly (↑ Butterfly), nach dem Vergleich der beiden Hälften des ¹Hefts mit Schmetterlingsflügeln]:

Butterflystil – Cabochon

stilettartiges Messer, dessen ¹Heft (2) aus zwei Teilen besteht, die sich als Schutz (2) um die Klinge klappen lassen.

But|ter|fly|stil, der ⟨o. Pl.⟩ (Schwimmen): Schwimmstil, bei dem die Arme gleichzeitig über dem Wasser nach vorn geworfen u. unter Wasser nach hinten geführt u. die Beine gleichzeitig auf und ab bewegt werden; Delfinstil; Schmetterlingsstil.

But|ter|ge|bäck, das: mit Butter zubereitetes [ausgestochenes] Kleingebäck.

but|ter|gelb ⟨Adj.⟩: gelb wie Butter.

but|te|rig, buttrig ⟨Adj.⟩: viel Butter enthaltend; sehr nach Butter schmeckend: der Teig ist b.

But|ter|kä|se, der: butterähnlich weicher, milder Vollfett- od. Rahmkäse.

But|ter|keks, der: mit Butter zubereiteter Keks.

But|ter|ku|chen, der: Kuchen aus Hefeteig, der vor dem Backen mit Butterstückchen u. Zucker bestreut wird.

But|ter|milch, die: nur noch wenig Fett enthaltende Milch, die beim Buttern (1) als Rückstand übrig bleibt.

but|tern ⟨sw. V.; hat⟩: 1. Butter herstellen. 2. (Kochkunst) a) mit Butter bestreichen: eine Scheibe Toast b.; b) ausfetten: die Kuchenform b. 3. (ugs.) (viel Geld) in etw. hineinstecken, für etw. verwenden [ohne dass es sich auszahlt]: er hat sein ganzes Vermögen in das Unternehmen gebuttert.

But|ter|pilz, der: essbarer Röhrenpilz mit gelbem bis schokoladenbraunem Hut u. zitronengelber Unterseite.

But|ter|säu|re, die: Fettsäure mit unangenehmem, ranzigem Geruch.

But|ter|schmalz, das: aus dem Fett der Butter bestehendes gelbes, haltbares Speisefett.

But|ter|sei|te, die: 1. mit Butter bestrichene Seite einer Brotscheibe. 2. (ugs.) vorteilhafte Seite von etw.: * auf die B. fallen (ugs.; Glück haben).

◆ **But|ter|stol|le,** die [↑ Stulle] (Adj.): Ich aber schnitt mir unterdes noch eine B. (Eichendorff, Taugenichts 69).

but|ter|weich ⟨Adj.⟩: a) sehr weich, so weich wie Butter: die Birnen sind b.; b) keine Festigkeit in seiner Haltung, seinem Auftreten o. Ä. zeigend: -e Abmachungen; c) (Sportjargon) (vom Zuspiel) gefühlvoll, ohne Wucht: sein Pass kam b. in den freien Raum.

But|ter|wo|che, die: russ. Fest am Ende des Winters.

But|ter|zart ⟨Adj.⟩: zart u. weich wie Butter: ein -es Steak.

But|ton [ˈbatn̩], der; -s, -s [engl. button = Knopf < frz. bouton]: 1. runde Plakette zum Anstecken [mit einer Aufschrift], die die politische, religiöse o. ä. Einstellung des Trägers, der Trägerin zu erkennen gibt. 2. (EDV) an einen Knopf erinnernde Darstellung einer Schaltfläche auf dem Bildschirm, die durch Mausklick aktiviert wird: zum Bestellen müssen Sie nur auf den B. klicken!

But|ton-down-Hemd [...ˈdaʊn...], das; -[e]s, -en [zu engl. button-down = (am Kragen) festgeknöpft]: Oberhemd mit Button-down-Kragen.

But|ton-down-Kra|gen, der; -s, -: Hemdenkragen, dessen Spitzen mit Knöpfen befestigt sind.

butt|rig: ↑ butterig.

Bu|tyl, das; -s [zu ↑ Butan u. griech. hýlē = Holz; Stoff]: Kohlenwasserstoffrest mit vier Kohlenstoffatomen.

Bu|tyl|al|ko|hol, der: als Lösungsmittel od. Riechstoff verwendeter Alkohol mit vier Kohlenstoffatomen.

¹**Butz,** der; -en, -en [mhd. butze, H. u.] (landsch.): Schreckgestalt, Kobold.

²**Butz,** der; -en, -en [↑ Butzen] (österr., sonst landsch.): Kerngehäuse des Apfels.

Bütz|chen, das; -s, - [zu ↑ bützen] (rhein.): Küsschen.

But|ze, der; -n, -n (landsch.): ¹Butz.

But|ze|mann, der ⟨Pl. ...männer⟩: Kobold, Kinderschreck.

But|zen, der; -s, - [spätmhd. butzen, zu mhd. bōzen, ahd. bōzan = schlagen (↑ Amboss), eigtl. = abgeschlagenes, kurzes Stück]: 1. (österr., sonst landsch.) ↑ ²Butz. 2. (landsch.) Verdickung [im Glas]. 3. (Bergmannsspr.) unregelmäßig geformte selbstständige Mineralmasse im Gestein.

büt|zen ⟨sw. V.; hat⟩ [zu spätmhd. butzen = stoßen, zu mhd. bōzen, ↑ Butzen] (rhein.): küssen.

But|zen|schei|be, die: kleine, runde Glasscheibe mit einem Butzen (2) in der Mitte, die, zu mehreren in einer Bleifassung zusammengefasst, als Fensterverglasung dient.

But|zen|schei|ben|ly|rik, die [spött. Bildung von P. Heyse für die altertümelnde Dichtung des späten 19. Jh.s] (abwertend): Gesamtheit der episch-lyrischen Dichtungen mit Themen der Ritterromantik.

Büx, die; -, -en, **Bu|xe,** die; -, -n [aus dem Niederd. < mniederd. buxe, eigtl. = Hose aus Bock(sle)der; zu: buk, bok = Bock] (landsch., bes. nordd. ugs.): Hose.

Bux|te|hu|de [nach der Stadt Buxtehude im Landkreis Stade]: in den Fügungen **in, aus, nach B.** (ugs. veraltend; irgendwo in, aus, an einen kleinen, unbedeutenden, abgelegenen Ort; irgendwo weit draußen).

Buy-out, Buy|out [ˈbaɪ̯aʊ̯t, baɪ̯ˈaʊ̯t], das od. der; -s, -s (Wirtsch.): Kurzf. von ↑ Management-Buy-out.

Buz|zer [ˈbazɐ], der; -s, - [engl. buzzer, zu: to buzz = summen, lautm.]: Gerät, das [auf Knopfdruck] einen Summton erzeugt: bei der Spielshow hatte sie immer als Schnellste auf den B. gedrückt.

b. w. = bitte wenden!

BWL [beːveːˈɛl], die; -: Betriebswirtschaftslehre.

BWV = Bach-Werke-Verzeichnis.

bye-bye [ˈbaɪ̯ˈbaɪ̯; engl. bye-bye, Verdopplung von bye, vgl. goodbye] (ugs.): auf Wiedersehen!

By|pass [ˈbaɪ̯pas], der; -[es], ...pässe [engl. bypass = Umgehung(sstraße), Umleitung]: 1. a) (Med.) Umführung [einer Strömung]; b) (Elektrot.) Kondensator (1) zur Funkentstörung. 2. a) (Med.) Überbrückung des krankhaft veränderten Abschnitts eines Blutgefäßes durch Einpflanzung eines Ersatzstückes; b) Ersatzstück, durch das Blut nach einem Bypass (2 a) läuft.

By|pass|ope|ra|ti|on, die (Med.): operatives Einsetzen eines Bypass (2 a).

BYR = internationaler Währungscode für: Belarus-Rubel.

◆ **Bys|luft,** der; -[e]s (schweiz.): Bise: ... so liederliche Stäbchen, die jeder B.... auseinanderwehen kann (Gotthelf, Spinne 15).

◆ **Bys|tal, Bys|tel,** das; -s, -e [mhd. bīstal = die beiden Pfosten, aus: bī = bei u. stal (Stall) = Stelle, worauf od. worin etw. gestellt wird] (landsch.): Tür-, Fensterpfosten: Sie bohrte ein Loch in das Bystal (in den Fensterpfosten), das ihr am nächsten lag (Gotthelf, Spinne 90).

Byte [baɪ̯t], das; -[s], -s ⟨aber: eine Million Bytes od. Byte⟩ [engl. byte, wohl geb. zu ↑ ¹Bit] (EDV): zusammengehörige Folge von acht Bits.

By|zan|ti|ner, der; -s, -: 1. Ew. 2. [↑ Byzantinismus] (bildungsspr. veraltend) Kriecher, Schmeichler.

By|zan|ti|ne|rin, die; -, -nen: w. Form zu ↑ Byzantiner.

by|zan|ti|nisch ⟨Adj.⟩: 1. a) Byzanz betreffend, aus Byzanz stammend: ein Sammlung -er Gürtelschnallen; b) die Epoche betreffend, in der Byzanz seine Glanzzeit erlebte: Grabfunde aus -er Zeit. 2. (bildungsspr. veraltend) schmeichlerisch, kriecherisch.

By|zan|ti|nis|mus, der; -, ...men [nach den Zuständen am Kaiserhof in Byzanz] (abwertend): Kriecherei, Schmeichelei.

By|zan|ti|nist, der; -en, -en: Wissenschaftler [u. Lehrer] auf dem Gebiet der Byzantinistik.

By|zan|ti|nis|tik, die; -: Wissenschaft, die sich mit der Erforschung der byzantinischen Kultur u. Geschichte befasst.

By|zan|ti|nis|tin, die; -, -nen: w. Form zu ↑ Byzantinist.

by|zan|ti|nis|tisch ⟨Adj.⟩: die Byzantinistik betreffend.

By|zanz: alter Name von ↑ Istanbul.

bz, bez, bez. = bezahlt (auf Kurszetteln).

Bz., Bez. = Bezahlung; Bezeichnung; Bezirk.

bzw. = beziehungsweise.

B2B [biːtuːˈbiː], das; - [engl., im Engl. wird die Ziffer 2 wegen der Aussprachegleichheit oft als Kürzel für die Präp. to verwendet]: Business-to-Business.

B2B-Ge|schäft, das (Wirtsch.): Geschäft, das im Bereich Business-to-Business abgewickelt wird.

c, C [tseː], das; - (ugs.: -s), - (ugs.: -s) [mhd., ahd. c]: 1. dritter Buchstabe des Alphabets, ein Konsonantenbuchstabe. 2. (Musik) erster Ton der Grund-(C-Dur-)Tonleiter.

c = Cent; Centime; c-Moll; Zenti...

C = Carboneum (chemisches Zeichen für: Kohlenstoff); Celsius; Coulomb.

C [Abk. aus lat. centum]: römisches Zahlzeichen für 100.

ca. = circa, zirka.

Ca = Kalzium.

Ca. = Carcinoma, Karzinom.

Cab [kæb], das; -s, -s [engl. cab, Kurzf. von: cabriolet = Kabriolett] (früher): 1. einspännige englische Droschke. 2. amerik. Bez. für Taxi.

Ca|bal|le|ro [kabalˈjeːro, auch: kava...], der; -s, -s [span. caballero < spätlat. caballarius = Pferdeknecht]: 1. (früher) spanischer Edelmann, Ritter. 2. span. für Herr (in der Anrede nicht in Verbindung mit einem Namen).

Ca|ban [kaˈbã], der; -s, -s [frz. caban, eigtl. = Regenmantel, über das Sizilian. aus arab. qabāʾ = tunikaartiger Umhang]: a) modischer kurzer Herrenmantel [mit breiten Revers u. breitem Kragen]; b) längere [Kostüm]jacke für Frauen.

Ca|ba|nos|si: ↑ Kabanossi.

Ca|ba|ret: ↑ Kabarett.

Ca|ber|net [...ˈneː], der; -[s], -s [frz. cabernet]: a) (in vielen Varianten vorkommende) französische Rebsorte; b) Wein einer der verschiedenen Rebsorten Cabernet (a).

Ca|ble|car [ˈkeɪ̯blkɑː], das; -s, -s, auch: die; -, -s [engl. cable car, aus: cable = Kabel, Seil u. car = Wagen, Kabine (3)]: Standseilbahn, Kabine (3)]: Standseilbahn, die von Seilen gezogen wird (z. B. in San Francisco).

Ca|bo|chon [kabɔˈʃõː], der; -s, -s [zu frz. caboche = Kopf, letztlich zu: bosse, ↑ bosseln]:

Cabrio – Camorra

a) *Schliff, bei dem die Oberseite des Schmucksteins kuppelförmig gewölbt erscheint;* b) *Schmuckstein mit Cabochon (a).*

Ca|b|rio, das; -[s], -s: kurz für ↑ Cabriolet (1). Dazu: **Ca|b|rio|fah|rer,** der; **Ca|b|rio|fah|re|rin,** die.

Ca|b|ri|o|let [kabrio'le:], das; -s, -s [frz. cabriolet = leichter, einspänniger Wagen, zu: cabrioler = Luftsprünge machen, zu: cabriole < ital. capriola, ↑ Kapriole]: **1.** *Auto mit aufklappbarem od. versenkbarem Verdeck.* **2.** (veraltet) *leichter, zweirädriger Einspänner [mit Verdeck].*

Cache [kæʃ, auch: kaʃ], der; -, -s [engl. cache, eigtl. Versteck < frz. cache, zu: cacher = verstecken]: **1.** (EDV) *Pufferspeicher.* **2.** *Versteck beim Geocaching.*

Ca|chet [ka'ʃe:, ka'ʃɛ], das; -s, -s [frz. cachet, zu: cacher (↑ kaschieren) in der urspr. Bed. »(auf-, ein)pressen«] (schweiz., sonst veraltet): *Eigenart, Eigentümlichkeit; Gepräge.*

Ca|che|te|ro [katʃe'te:ro], der; -s, -s [span. cachetero, eigtl. = Dolch]: *Stierkämpfer, der dem vom Matador (1) verwundeten Stier den Gnadenstoß gibt.*

¹CAD [kæd], das; -s [Abk. für engl. computer-aided design = computerunterstütztes Entwerfen] (EDV): *rechnerunterstützte Konstruktion und Arbeitsplanung.*

²CAD = *internationaler Währungscode für: kanadischer Dollar.*

Cad|die ['kedi, 'kædi], der; -s, -s [engl. caddie, zu cadet, ↑ ¹Kadett]: **1.** *Person, die Golfspielern die Schläger trägt.* **2.** *zweirädriger Wagen zum Transportieren der Golfschläger.* **3.** ® *Einkaufswagen [in einem Supermarkt].* **4.** *²Caddy.*

¹Cad|dy ['kedi, 'kædi], der; -s, -s.

²Cad|dy ['kedi, 'kædi], der; -s, -s [engl. caddy = Behälter] (EDV): *Schutzhülle für eine CD-ROM, mit der diese in das Laufwerk eingeführt wird.*

Cá|diz ['kaðiθ]: *spanische Hafenstadt u. Provinz.*

Cad|mi|um usw.: ↑ Kadmium usw.

Cae|si|um ['tsɛ:...]: ↑ Cäsium.

Ca|fé [ka'fe:], das; -s, -s [frz. café, gek. aus älter: cabaret de café = Kaffeehaus, Kaffee]: **1.** *Gaststätte, die vorwiegend Kaffee u. Kuchen anbietet; Kaffeehaus:* ein gemütliches C. **2.** *Gaststätte, die bes. Getränke u. kleinere Speisen anbietet, oft für eine bestimmte Gruppe von Gästen (z. B. mit Internetanschluss, nur für Frauen, mit Kulturprogramm o. Ä.).*

Ca|fé au Lait [kafeo'lɛ], der; - - -, - s - [...'lɛ] [frz., au lait = mit Milch]: *Milchkaffee.*

◆ **Ca|fé chan|tant** [kafeʃɑ̃'tɑ̃:], das; -s -, -s -s [kafeʃɑ̃'tɑ̃:] [frz., zu: chanter = singen]: *Café mit Gesangsdarbietungen u. Kabarett:* Diese Eugenie ... hatte was vom C. c. (Fontane, Effi Briest 54).

Ca|fé com|p|let [kafekõ'plɛ], der; - -, -s -s [...kõ'plɛ] [frz., ↑ komplett] (schweiz.): *Kaffee mit Milch, zu dem Brötchen, Butter u. Marmelade serviert werden.*

Ca|fé crème, Ca|fé Crème [kafe'krɛ:m], der; - -, -s - [- 'krɛ:m] [frz., ↑ Creme (3)]: *Kaffee mit Sahne.*

Ca|fé|haus: ↑ Kaffeehaus.

Ca|fé mé|lange [kafeme'lɑ̃:ʒ], der; - -, -s - [...me'lɑ̃:ʒ] [frz., ↑ Melange] (schweiz.): *Kaffee mit Schlagsahne.*

Ca|fe|te, die; -, -n [gek. aus ↑ Cafeteria] (Jargon): *Cafeteria (bes. an der Universität):* in der vorlesungsfreien Zeit bleibt die C. geschlossen.

Ca|fe|te|ria, die; -, -s u. ...ien [amerik. cafeteria < span. cafetería = Kaffeegeschäft]: *Imbissstube; Restaurant mit Selbstbedienung.*

Ca|fe|tier [kafe'tje:], der; -s, -s [frz. cafetier] (österr., schweiz., sonst veraltet): *Kaffeehausbesitzer.*

Ca|fe|ti|e|re [...'tjɛːrə, ...'tjɛːrə], die; -, -n [frz. cafetière] (veraltet): **1.** w. Form zu ↑ Cafetier. **2.** *Kaffeekanne.*

Caf|fè Lat|te [kafe -], der; - -, - - [zu ital. caffè e latte = Kaffee und Milch]: *Milchkaffee.*

Cai|pi|rin|ha [kaipi'rinja], der; -s, -s u. die; -, -s [port.]: *Cocktail aus Cachaça, Zucker, Limetten u. zerstoßenem Eis.*

Cais|son [kɛ'sõ:], der; -s, -s [frz. caisson < ital. cassone, zu lat. capsa = Kasten] (Technik): *Senkkasten für Bauarbeiten unter Wasser.*

Cais|son|krank|heit, die ⟨o. Pl.⟩ (Med.): *Krankheit, die nach Arbeiten unter erhöhtem Luftdruck (z. B. in Senkkästen) auftritt.*

Ca|jun [engl.: 'keɪdʒ(ə)n, frz.: ka'ʒœ:], der; -[s], -s: **1.** ⟨meist Pl.⟩ *Angehöriger einer Bevölkerungsgruppe im Süden der USA.* **2.** ⟨o. Pl.⟩ *Cajunmusic.*

Ca|jun|mu|sic ['keɪdʒ(ə)nmju:zɪk], **Ca|jun|mu|sik,** die; -: *Volksmusik französischer Einwanderer im Süden der USA.*

Cake [ke:k, keɪk], der; -s, -s [engl. cake = Kuchen] (schweiz.): *in länglicher Form gebackene Art Sandkuchen.*

cal = *Kalorie.*

Ca|lais [ka'lɛ]: *französische Stadt.*

Ca|la|ma|res ⟨Pl.⟩ [span. calamares, Pl. von: calamar = Tintenfisch < ital. calamaro < spätlat. calamarium = Futteral für die Schreibfeder, zu: calamus < griech. kálamos = Schreibgerät aus Schilfrohr] (Kochkunst): *Gericht aus frittierten Tintenfischstückchen.*

Ca|la|ma|ri ⟨Pl.⟩ [ital. calamari, Pl. von: calamaro, ↑ Calamares]: *Calamares.*

ca|lan|do ⟨Adv.⟩ [ital.] (Musik): *an Tonstärke u. Tempo gleichzeitig abnehmend.*

Cal|cit [kal'tsi:t, auch: ...'tsɪt], der; -s, -e: *Kalkspat.*

Cal|ci|um usw.: ↑ Kalzium usw.

Cal|de|ra, Kaldera, die; -, ...ren [span. caldera, eigtl. = Kessel < spätlat. caldaria, zu lat. caldarius = zum Wärmen gehörend, zu: caldus = warm] (Geogr.): *durch Explosion od. Einsturz entstandener kesselartiger Vulkankrater.*

Ca|len|dae ⟨Pl.⟩ [lat. Calendae, ↑ Kalender]: ↑ Kalenden u. ↑ ad calendas graecas.

Ca|len|du|la, die; -, ...lae [...lɛ] [nlat.]: *Ringelblume.*

Ca|li|for|nia [kælɪ'fɔ:nɪə]; -s: engl. Form von ↑ Kalifornien.

Ca|li|for|ni|um, das; -s [nach der University of California (Berkeley), wo es zuerst hergestellt wurde]: *stark radioaktives Metall aus der Gruppe der Transurane (chemisches Element; Zeichen: Cf).*

Call [kɔ:l], der; -s, -s [engl. call (option), eigtl. (Auf-, Ab)ruf, zu: to call = (an)rufen] (Börsenw.): *Kaufoption.*

Cal|la, Kalla, die; -, -s [zu griech. kállos = Schönheit]: *(zu den Aronstabs gehörende) Pflanze mit breiten, glatten grünen Blättern u. langstieligem Blütenstand mit weißem Hüllblatt.*

Cal|la|ne|tic®, das; -s, auch: die; - ⟨meist o. Art.⟩, **Cal|la|ne|tics®** [kɛlə'nɛ...], das; - ⟨meist o. Art.⟩ [nach dem Namen der Erfinderin, der Amerikanerin Callan Pinckney]: *Fitnesstraining, das bes. auf die tieferen Schichten der Skelettmuskeln wirkt.*

Call|boy ['kɔ:lbɔy], der; -s, -s [engl. call-boy, geb. nach call-girl, ↑ Callgirl]: *junger Mann, der auf telefonischen Anruf hin Besuche macht od. Besucher empfängt u. gegen Bezahlung deren [homo]sexuelle Wünsche befriedigt.*

Call-by-Call [kɔ:l'baɪ'kɔ:l], das; -s ⟨meist o. Art.⟩, **Call-by-Call-Ver|fah|ren,** das [engl. call by call = Anruf für Anruf; anrufweise] (Telefonie): *Auswahl einer bestimmten Telefongesellschaft durch das Wählen einer entsprechenden Vorwahlnummer vor einem Telefonanruf.*

Call|cen|ter, Call-Cen|ter ['kɔ:lsɛntɐ], das; -s, - [engl.-amerik. call center, aus: call = Anruf u. ↑ Center]: *zentrale Stelle, in der die für eine Abteilung, einen Betrieb, ein Unternehmen o. Ä. eingehenden Anrufe von spezialisiertem, besonders geschultem Personal entgegengenommen u. bearbeitet od. weitergeleitet werden.*

Call|girl ['kɔ:lgə:l], das; -s, -s [engl. call-girl, aus: call = Anruf (2) u. girl = Mädchen]: *Prostituierte, die auf telefonischen Anruf hin Besuche macht od. Besucher empfängt u. gegen Bezahlung deren sexuelle Wünsche befriedigt.*

Call-in [kɔ:l'ɪn], das; -, -s [zu engl. to call in = (kurz) vorbeikommen, vorbeischauen]: *Sendung im Rundfunk od. Fernsehen, in die der Zuhörer[innen] bzw. Zuschauer[innen] anrufen können.*

cal|ma|to ⟨Adv.⟩ [ital.] (Musik): *beruhigt.*

Cal|va|dos, der; -, - [frz. Calvados, nach dem gleichnamigen Departement in der Normandie]: *französischer Apfelbranntwein.*

cal|vi|nisch, kalvinisch ⟨Adj.⟩ [nach dem Genfer Reformator J. Calvin (1509–1564)]: *nach der Art Calvins beschaffen.*

Cal|vi|nis|mus, Kalvinismus, der; -: *evangelisch-reformierte Glaubenslehre des Genfer Reformators J. Calvin, welche die nur geistige Präsenz Christi beim Abendmahl u. die [sich auch im irdischen Glück offenbarende] Prädestination der von Gott Auserwählten vertritt.*

Cal|vi|nist, Kalvinist, der; -en, -en: *Anhänger des Calvinismus.*

Cal|vi|nis|tin, Kalvinistin, die; -, -nen: w. Formen zu ↑ Calvinist, Kalvinist.

cal|vi|nis|tisch, kalvinistisch ⟨Adj.⟩: *den Calvinismus betreffend.*

Ca|lyp|so [ka'lɪpso], der; -[s], -s [H. u.]: **1.** *volkstümliche Gesangsform der afroamerikanischen Musik Westindiens.* **2.** *figurenreicher Modetanz der späten 50er-Jahre im Rumbarhythmus.*

Cal|zo|ne, die; -, -n [ital. calzone] (Gastron.): *zusammengeklappte, gefüllte Pizza.*

CAM [kæm], das; -s [Abk. für engl. computer-aided manufacturing = computerunterstütztes Fertigen] (EDV): *rechnerunterstützte Steuerung u. Überwachung von Produktionsabläufen.*

Ca|margue [ka'marg], die; -: *südfranzösische Landschaft.*

Cam|bridge ['keɪmbrɪdʒ]: *Stadt in England; Name zweier Städte in den USA.*

Cam|cor|der, der; -s, - [zusgez. aus engl. camera = Kamera u. ↑ recorder]: *Kamerarekorder.*

Ca|mem|bert ['kamɑ̃bɛ:ɐ̯, ...bɛːɐ̯, auch: kamã'bɛːɐ̯], der; -s, -s [nach dem gleichnamigen Ort in der Normandie]: *vollfetter Weichkäse mit weißem Schimmelbelag.*

◆ **Ca|me|ral|le,** das; - [älter ital. camerale, zu: camera (dell'erario) = Staatskasse < lat. camera, ↑ Kamera]: *Politik- u. Wirtschaftswissenschaften, Kameralia:* ...dass er das C. nicht zum Fach genommen hat (Schiller, Räuber I, 2).

Ca|me|ra ob|s|cu|ra, die; - -, ...rae ...rae [lat. = dunkle Kammer; camera (↑ Kammer) u. obscurus, ↑ obskur]: *innen geschwärzter Kasten, auf dessen transparenter Rückwand ein auf der Vorderseite befindliches Loch oder eine Sammellinse ein (auf dem Kopf stehendes, seitenverkehrtes) Bild erzeugt.*

Ca|mi|on [kamjõ:], der; -s, -s [frz. camion, H. u.] (schweiz.): *Lastkraftwagen.*

Ca|mi|on|na|ge [kamjɔ'na:ʒə, auch: ...ʃ], die; -, -n [frz. camionnage] (schweiz.): **1.** *Spedition.* **2.** *Gebühr für die Beförderung von Frachtgut.*

Ca|mi|on|neur [kamjɔ'nø:ɐ̯], der; -s, -s [frz. camionneur] (schweiz.): *Spediteur.*

Ca|mor|ra, Kamorra, die; - [ital. camorra, H. u.; urspr. Name eines politische Ziele verfolgenden

Camouflage – Carbon

terroristischen Geheimbundes im Königreich Neapel]: *erpresserische Geheimorganisation in Neapel.*

Ca|mou|f|la|ge [kamu'fla:ʒə, österr. meist: ...ʃ], die; -, -n [frz. camouflage] (bes. Militär; veraltet): *Tarnung.*

Camp [kɛmp], das; -s, -s [engl. camp < frz. camp < ital. campo < lat. campus = Feld]: **1.** *[Zelt]lager; Ferienlager aus Zelten od. einfachen Häuschen:* ein C. errichten. **2.** *Gefangenenlager.*

Cam|pa|g|ne: ↑ Kampagne.

Cam|pa|ni|le: ↑ Kampanile.

Cam|pa|ri ®, der; -s, - [nach der Firma D. Campari, Mailand]: *aus Kräutern u. Zitrusfrüchten hergestellter Bitterlikör.*

cam|pen ['kɛmpn̩] ⟨sw. V.; hat⟩ [engl. to camp < frz. camper, zu: camp, ↑ Camp]: *am Wochenende od. während der Ferien im Zelt od. Wohnwagen leben:* Dazu: **Cam|per**, der; -s, -; **Cam|pe|rin**, die; -, -nen.

Cam|pe|si|no, der; -s, -s [span. campesino, zu: campo = Land, Feld < lat. campus, ↑ Camp]: *armer Landarbeiter, Bauer, bes. in Spanien u. Südamerika.*

cam|pie|ren ⟨sw. V.; hat⟩ [frz. camper, ↑ campen] (österr., schweiz.): *campen, zelten.*

Cam|ping ['kɛmpɪŋ], das; -s [engl. camping]: *das Campen.*

Cam|ping|an|hän|ger, der: *Wohnwagen* (1).

Cam|ping|aus|rüs|tung, die: *Ausrüstung fürs Camping.*

Cam|ping|beu|tel, der (veraltend): *leichter, rucksackartiger Beutel, meist aus Segeltuch u. mit einem Boden aus Plastik, der über einer Schulter getragen wird.*

Cam|ping|bus, der: *wie ein Wohnwagen ausgestatteter Kleinbus.*

Cam|ping|füh|rer, der: *Verzeichnis von Campingplätzen mit den zum Campen notwendigen Informationen.*

Cam|ping|platz, der: *für eine größere Anzahl von Campern angelegter Platz* (1 a) *mit Strom- u. Wasseranschlüssen sowie sanitären Einrichtungen.*

Cam|ping|stuhl, der: *zusammenklappbarer, besonders leichter Stuhl.*

Cam|ping|wa|gen, der: *Wohnwagen* (1).

Cam|pus ['kampʊs, engl.: 'kæmpəs], der; -, -, ugs. auch: -se [engl. campus < lat. campus, ↑ Camp]: *Gesamtanlage einer Hochschule; Universitätsgelände.*

Cam|pus|maut, die (ugs. scherzh.): *Studiengebühr.*

Ca|na|di|er: ↑ Kanadier (2).

Ca|nail|le [ka'naljə, österr.: ka'naij(ə)]: ↑ Kanaille.

Ca|na|pé: ↑ Kanapee.

Ca|nas|ta, das; -s [span. canasta, eigtl. = Korb < spätlat. canistellum, Vkl. von: canistrum = aus Rohr geflochtenen Korb < griech. kánastron; wohl nach dem »Körbchen«, in dem die Karten aufbewahrt od. abgelegt wurden]: *Kartenspiel für 2 bis 6 Personen, das mit 2 mal 52 Karten u. 4 Jokern gespielt wird.*

Can|ber|ra ['kænbərə]: *Hauptstadt von Australien* (2).

Can|can [kã'kã:], der; -[s], -s [frz. cancan, viell. von einer kinderspr. Bez. für: canard = Ente (nach der Ähnlichkeit der Bewegungen)]: *(bes. als erotischer Schautanz in Varietés u. Nachtlokalen) lebhafter Tanz im ²/₄-Takt, bei dem die Tänzerinnen die Beine so hoch werfen, dass die mit Rüschen besetzten Dessous zu sehen sind.*

can|celn ['kɛntsl̩n] ⟨sw. V.; hat⟩ [engl. to cancel < frz. canceller < lat. cancellare = gitterförmig durchstreichen, zu: cancelli, ↑ Kanzel]: *streichen, rückgängig machen, absagen:* eine Buchung c.; der Flug wurde gecancelt.

cand. = candidatus; vgl. Kandidat.

Can|de|la, die; -, - [lat. candela = Kerze] (Physik): *Einheit der Lichtstärke (Zeichen: cd).*

Can|dle-Light-Din|ner, Can|dle|light-Din|ner ['kændl̩laɪt...], das [aus engl. candlelight = Kerzenschein, -licht u. ↑ Dinner]: *festliches Abendessen mit Kerzenbeleuchtung.*

Can|na|bis, der od. das; -: **1.** [lat. cannabis < griech. kánnabis] (Bot.) *Hanf.* **2.** [engl. cannabis] (Jargon) *Haschisch.*

Can|nel|lo|ni ⟨Pl.⟩ [ital. cannelloni, Pl. von: cannellone, zu: lat. canna = kleines Rohr]: *mit Fleisch, Spinat o. Ä. gefüllte u. mit Käse überbackene Röllchen aus Nudelteig.*

Cannes [kan]: *Seebad an der Côte d'Azur.*

Ca|ñon ['kanjɔn, auch: 'kɛnjən], der; -s [span. cañón, viell. < älter span. callón, Vgr. von: calle = Straße < lat. callis = Pfad]: *enges, tief eingeschnittenes, steilwandiges Tal, bes. im westlichen Nordamerika:* Dazu: **ca|ñon|ar|tig** ⟨Adj.⟩.

Ca|nos|sa, das; -[s], -s, Kanossa, das; -s, -s [nach Canossa, einer Burg in Norditalien, in der 1077 Papst Gregor VII. (etwa 1020–1085) den dt. Kaiser Heinrich IV. (1050–1106) auf dessen Bußgang hin vom Bann lossprach]: *jmdm. schmerzliche, aber von der Situation geforderte tiefe Selbsterniedrigung:* ein C. durchmachen; *Gang nach C. (Canossagang);* **nach C. gehen** *(eine schwerfallende, aber von der Situation geforderte Selbsterniedrigung auf sich nehmen).*

Ca|nos|sa|gang, Kanossagang, der (geh.): *demütigender Bußgang:* einen C. antreten.

can|ta|bi|le ⟨Adv.⟩ [ital.] (Musik): *kantabel* (1).

can|tan|do ⟨Adv.⟩ [ital.] (Musik): *singend.*

Can|ta|te: ↑ ²Kantate.

Can|ter|bu|ry ['kæntəbəri]: *Stadt in England: Sitz des Primas der anglikanischen Kirche.*

Can|ti|ca ⟨Pl.⟩ [lat. cantica, Pl. von: canticum = Gesang, Lied, zu: canere = singen]: *zusammenfassende Bezeichnung der Lieder des Alten u. des Neuen Testaments mit Ausnahme der Psalmen.*

Can|to, der; -s, -s [ital. canto < lat. cantus] (Literaturwiss.): *Gesang* (3 b).

Can|tus, der; -, - ['kantu:s] [lat. cantus] (Musik): *Gesang, Melodie; melodietragende Oberstimme bei mehrstimmigen Gesängen.*

Can|tus fir|mus, der; - -, - - ['kantu:s] ...mi [zu lat. firmus = fest(stehend)] (Musik): *Hauptmelodie eines mehrstimmigen Chor- od. Instrumentalsatzes.*

Can|vas ['kɛnvəs], der od. das; -: engl. Bez. für *Leinwand, Segeltuch.*

Can|vas|sing ['kɛnvəsɪŋ], das; -s, -s [engl. canvassing, zu: to canvass = (Wahl)werbung machen] (Politikjargon): *das Von-Haus-zu-Haus-Gehen von (prominenten) Politikern im Wahlkampf.*

Can|yon ['kænjən], der; -s, -s [engl. canyon < span. cañón, ↑ Cañon]: engl. Bez. für: *Cañon.*

Can|yo|ning ['kɛnjənɪŋ], das; -s [engl. canyoning, zu: canyon < span. cañón, ↑ Cañon]: *als Sport betriebenes Durchwandern, Durchklettern von engen Gebirgsschluchten mit reißendem Flusssen.*

Can|zo|ne: ital. Form von ↑ Kanzone.

Cap [kɛp], die; -, -s, auch der od. das; -s, -s [engl. cap]: *Schirmmütze, wie sie beim Baseball getragen wird, meist mit elastischem od. verstellbarem Band u. einer Aussparung an dem Teil, der normalerweise nach hinten getragen wird.*

Ca|pa, die; -, -s [span. capa < spätlat. cappa, ↑ Kappe]: *roter Umhang der Stierkämpfer.*

Cape [ke:p, engl.: ke:p], das; -s, -s [engl. cape = Mantelkragen, Umhang < afrz., aprovenz. capa < spätlat. cappa]: *Umhang [mit Kapuze]; ein weites C.*

Ca|pe|a|dor, der; -s, -es [span. capeador, zu: capa = Umhang; ↑ Capa]: *Stierkämpfer, der den Stier mit der Capa reizt.*

Ca|pel|la: ↑ Kapella.

ca|pi|to [ital. capito? = verstanden?, zu: capire < lat. capere, ↑ kapieren] (salopp): *[hast du] verstanden?*

Ca|po|ei|ra [...'pɔe:..., ka'pʊeɪrɐ], die; - [bras. capoeira]: *aus Brasilien stammende tänzerisch-akrobatische Kampfsportart.*

Cap|puc|ci|no [kapʊ'tʃi:no], der; -[s], -[s] u. ...ccini [ital. cappuccino, zu: cappuccio = Kapuze, nach der Farbe der Kutte, die von den Kapuzinermönchen getragen wird]: *heißes Kaffeegetränk, das mit aufgeschäumter Milch od. geschlagener Sahne u. ein wenig Kakaopulver serviert wird.*

Ca|p|ri: *Insel im Golf von Neapel.*

Ca|p|ric|cio [ka'prɪtʃo], das; -s, -s [ital. capriccio, eigtl. = Laune] (Musik): *scherzhaftes, launiges Musikstück.*

ca|p|ric|ci|o|so [kaprɪ'tʃo:zo] ⟨Adv.⟩ [ital.] (Musik): *launenhaft, kapriziös, scherzhaft.*

Ca|p|ri|ce, Kaprice [ka'pri:sə], die; -, -n [frz. caprice = Laune]: **1.** (geh.) *Eigensinn, Laune, wunderlicher Einfall.* **2.** frz. Form von ↑ Capriccio.

Cap|tain ['kɛptn̩], der; -s, -s [engl. captain]: **1.** (schweiz.) *Mannschaftsführer, -sprecher.* **2.** engl. Bez. für Kapitän.

Cap|ta|tio Be|ne|vo|len|ti|ae, die; - - [...iɛ] [lat. = Haschen nach Wohlwollen] (Stilkunde): *das Werben um die Gunst des Publikums mit bestimmten Redewendungen.*

Cap|t|cha ['kɛptʃɐ], das, der od. das; -s, -s [Kurzwort aus engl. completely automated public Turing test to tell computers and humans apart; nach dem brit. Mathematiker A. M. Turing (1912–1954)] (EDV): *Test, mit dem festgestellt werden kann, ob sich ein Mensch oder ein Computer eines Programms bedient.*

Ca|put mor|tu|um [...' mɔrtuʊm], das; - -: **1.** [nlat. = toter Kopf (nach einer Bez. in der Alchemie)] *Englischrot.* **2.** (veraltet) *etw. Wertloses.* ◆ **3.** *(in der älteren chem. Fachspr.) nicht nutzbarer Rückstand, der bei einem chemischen Prozess entsteht:* Was bleibt auch mir anderes übrig, als ... das C. m. in den ... Wind zu streuen (Raabe, Akte Nester 50).

Ca|quel|lon [kak(ə)'lõ:], das; -s, -s [frz. (mundartl.) caquelon, über das Roman. zu einer vlat. Nebenf. von lat. caccabus, ↑ Kachel] (bes. schweiz.): *Topf aus Steingut od. Keramik mit Stiel (z. B. zum Fondue).*

Car, der; -s, -s (schweiz.): Kurzf. von ↑ Autocar.

Ca|ra|bi|ni|e|re, der; -[s], ...ri [ital. carabiniere < frz. carabinier]: *Angehöriger der italienischen Polizeitruppe, die dem Verteidigungsministerium unterstellt ist.*

Ca|ra|cas: *Hauptstadt Venezuelas.*

ca|ram|ba ⟨Interj.⟩ [span. caramba, H. u.] (ugs. scherzh.): *Teufel!; Donnerwetter!*

Ca|ra|mel, das; -s, -s (schweiz.): **1.** ⟨o. Pl.⟩ ↑ Karamell. **2.** Karamelle.

Ca|ra|van ['ka(:)ravan, kara'va:n, 'kɛrəvən], der; -s, -s [engl. caravan < ital. caravana, ↑ Karawane]: **1. a)** Kombiwagen; **b)** Wohnwagen. **2.** *Verkaufswagen -s für Fisch u. Geflügel.*

Ca|ra|va|ning ['ka(:)ravanɪŋ, kara'va:nɪŋ], das; -s [engl. caravanning]: *das Reisen, Leben im Caravan* (1 b).

Car|bid: ↑ Karbid.

---

carbo-, Carbo-: ↑ karbo-, Karbo-.

Car|bo|li|ne|um: ↑ Karbolineum.

Car|bon, das; -s [gekürzt aus ↑ Carboneum]: **1.** *Carboneum, Kohlenstoff.* **2.** *mit Fasern aus Kohlenstoff verstärkter, leichter Kunststoff.*

Carbonat – Castor

Car|bo|nat: ↑¹Karbonat, ²Karbonat.
Car|bo|ne|um, das; -s [zu lat. carbo = Kohle] (veraltet): *Kohlenstoff* (Zeichen: C).
Car|diff [ˈkɑːdɪf]: Hauptstadt von Wales.
Car|di|gan [ˈkardigan, engl.: ˈkɑːdɪgən], der; -s, -s [engl. cardigan, nach J. Th. Brudenell, 7. Earl of Cardigan (1797–1868)]: *(von Frauen u. Männern getragene) lange [kragenlose] ein- od. zweireihige Strickweste.*
care of [ˈkɛːɐ ɔf, ˈkɛər əv]: Zusatz bei der Adressenangabe auf Briefumschlägen; *wohnhaft bei…; per Adresse; im Hause; in Firma* (Abk.: c/o).
Care|pa|ket [ˈkɛːɐ...], das [engl. CARE packet, 1. Bestandteil Abk. für: Cooperative for American Remittances to Europe = 1946 in den USA gegr. Hilfsorganisation, deren Pakete zur Linderung der Not nach dem 2. Weltkrieg in Europa beitragen sollten; angelehnt an engl. care = Fürsorge]: *Geschenkpaket an Bedürftige in Notstandsgebieten.*
Ca|rez|za: ↑Karezza.
Car|go, Kargo, der; -s, -s [engl. cargo < span. cargo = (Be)ladung, zu: cargar = (be)laden < vlat. carricare, zu lat. carrus, ↑¹Karre] (Verkehrsw.): *Fracht von Schiffen u. Flugzeugen.*
Car|go|ho|se, die: *Hose mit seitlich auf den Hosenbeinen aufgesetzten Taschen.*
Ca|ril|lon [kariˈjõː], das; -[s], -s [frz. carillon, umgebildet aus afrz. quarregnon, über das Vlat. zu spätlat. quaternio = Vierzahl (wohl im Sinne von »aus vier Gegenständen od. Teilen Bestehendes«)]: **1.** *mit Klöppeln geschlagenes, mit einer Tastatur gespieltes od. durch ein Uhrwerk mechanisch betriebenes Glockenspiel* (1). **2.** *Musikstück für Glockenspiel* (1) *od. Instrumentalstück mit glockenspielartigem Charakter.*
Ca|rin|thia: lat. Name für Kärnten: Dazu: **ca|rin|thisch** ⟨Adj.⟩.
Ca|ri|o|ca, die; -, -s [port. carioca, aus dem Tupi (südamerik. Indianerspr.)]: *der Rumba ähnlicher lateinamerikanischer Modetanz der 1930er-Jahre im $^4/_4$-Takt.*
Ca|ri|tas, die; -: Kurzf. von Deutscher Caritasverband (Wohlfahrtsverband der kath. Kirche in der Bundesrepublik Deutschland); vgl. Karitas.
Car|ja|cker [ˈkaːɐ̯dʒɛkɐ], der; -s, - [engl. carjacker, geb. nach: hijacker (↑Hijacker), zu: car = (Kraft)wagen u. to hijack = entführen, überfallen]: *[bewaffneter] Autoräuber.*
Car|ja|cking, Car-Ja|cking [ˈkaːɐ̯dʒɛkɪŋ], das; -[s], -s [engl. carjacking]: *Vorgang, bei dem ein Auto seinem Fahrer unter Androhung von Gewalt weggenommen wird.*
Car|ma|gno|le [karmanˈjoːlə], die; - [frz. carmagnole]: **1.** *[nach der urspr. von (meist aus der Stadt Carmagnola stammenden) Piemontesern, die in Marseille arbeiteten, getragenen Jacke] kurze ärmellose Jacke der Jakobiner:* ♦ Barrere wird eine C. schneidern (Büchner, Dantons Tod I, 5). **2.** ⟨o. Pl.⟩ *Tanz[lied] während der Französischen Revolution:* ♦ Männer und Weiber singen und tanzen die C. (Büchner, Dantons Tod IV, 7; Bühnenanweisung).
Car|nal|lit, Karnallit [auch: …ˈlɪt], der; -s [nach dem dt. Geologen R. v. Carnall (1804–1874)]: *ein Mineral, für die Herstellung von Kalidünger verwendetes Kalisalz.*
Car|net [karˈnɛ], das; -s, -s: Kurzf. von ↑Carnet [de Passages].
Car|net [de Pas|sa|ges] [karˈnɛ də paˈsaːʒ(ə)], das; - - -, -s [karˈnɛ] - - [frz.: carnet = (Notiz)buch u. passage = ↑Passage] (Verkehrsw.): *bei der [vorübergehenden] Einfuhr von Kraftfahrzeugen benötigtes Dokument des Zollamtes.*
Car|not|zet […tsɛ], das; -s, -s [frz. (mundartl.)

carnotzet]: *kleine [Keller]schenke (in der französischen Schweiz).*
Ca|rol [ˈkærɔl], das; -s, -s [engl. carol, aus dem Afrz.] (Musik): *englisches volkstümliches [Weihnachts]lied.*
Ca|ro|tin: ↑Karotin.
Car|pac|cio [karˈpatʃo], das u. der; -s, -s [so benannt anlässlich einer Ausstellung in Venedig über den ital. Maler Vittore Carpaccio (1455 od. 1465–1526) im Jahre 1963, als dieses Gericht erfunden wurde]: *kalte [Vor]speise aus rohen, dünn geschnittenen, mit Olivenöl und geraspeltem Parmesankäse angemachten Scheiben von Rindfleisch [od. Fisch bzw. Gemüse].*
car|pe di|em [lat. = genieße (eigtl. = pflücke) den Tag! (Horaz, Oden I, 11, 8), zu: carpere = (ab)pflücken, genießen u. dies = Tag] (bildungsspr.): *nutze den Tag!; genieße den Augenblick!*
Car|port [ˈkaːpɔːt], der; -s, -s [engl. car-port, aus: car = (Kraft)wagen u. port = Hafen]: *[aus Holz gefertigter] überdachter, an den Seiten offener Abstellplatz für Autos.*
Car|ra|ra: Stadt in Oberitalien.
car|ra|risch ⟨Adj.⟩: *Carrara betreffend, aus Carrara stammend:* -er Marmor *(Marmor aus den Brüchen von Carrara).*
Car|ri|er [ˈkæriɐ], der; -s, -[s] [engl. carrier, zu: to carry = tragen, befördern < afrz. carier, zu lat. carrus = Karren]: *Unternehmen, das Personen od. Güter zu Wasser, zu Land u. in der Luft befördert.*
Car|sha|ring, Car-Sha|ring [ˈkaːɐ̯ʃɛːrɪŋ], das; -[s] [engl. carsharing, aus: car = (Kraft)wagen u. to share = teilen]: *organisierte [gebührenpflichtige] Nutzung eines Autos von mehreren Personen.*

Carte blanche [kart ˈblãːʃ], die; - -, -s -s [kart(ə)ˈblãːʃ] [frz. = weiße Karte] (bildungsspr.): *unbeschränkte Vollmacht.*
car|te|si|a|nisch: ↑kartesianisch.
Car|te|si|a|nis|mus: ↑Kartesianismus.
car|te|sisch: ↑kartesianisch.
Car|toon [karˈtuːn], der od. das; -[s], -s [engl. cartoon < ital. cartone = Pappe, Karton, Vgr. von: carta = Papier < lat. charta, ↑Karte]: **1.** *Karikatur, witzige Zeichnung.* **2.** *gezeichnete od. gemalte [satirische] Geschichte in Bildern.*
Car|too|nist [kartuˈnɪst], der; -en, -en [engl. cartoonist]: *Künstler, der Cartoons zeichnet.*
Car|too|nis|tin, die; -, -nen: w. Form von ↑Cartoonist.
car|ven [ˈkaːɐ̯vn] ⟨sw. V.; hat/ist⟩ [engl. to carve, eigtl. = einritzen, verw. mit ↑kerben]: *ohne zu rutschen auf der Kante fahren; extreme, enge Kurven fahren (z. B. beim Snowboardfahren).*
Car|ver [ˈkaːɐ̯vɐ], der; -s, - [engl. carver, zu: to carve, ↑Carving]: **1.** *jmd., der ↑Carving betreibt.* **2. a)** *Ski, der sich durch seine besondere, zur Mitte hin schmaler werdende Form zum ↑Carving eignet;* **b)** *Snowboard, das sich durch seine besondere, zur Mitte hin schmaler werdende Form zum ↑Carving eignet.*
Car|ving [ˈkaːɐ̯vɪŋ], das; -[s] [engl. carving, zu: to carve = (ein)schnitzen, (ein)kerben (die Kante des Skis schneidet wie ein Messer in den Schnee ein)]: *(beim Ski- u. Snowboardfahren) das schwungvolle Fahren auf der Kante, ohne zu rutschen:* Dazu: **Car|ving|ski,** der; -.
Ca|sa|no|va, der; -[s], -s [nach dem ital. Abenteurer G. Casanova (1725–1798)]: *jmd., der es versteht, auf verführerische Weise die Zuneigung der Frauen zu gewinnen.*
Cä|sar, der; Cäsaren, Cäsaren [nach dem röm. Feldherrn u. Staatsmann Gaius Julius Cäsar (Caesar), 100–44 v. Chr.]: *(seit Augustus) Ehrenname der römischen Kaiser.*

Cä|sa|ren|herr|schaft, die: *diktatorische Herrschaft.*
cä|sa|risch ⟨Adj.⟩ (bildungsspr.): **1.** *kaiserlich.* **2.** *selbstherrlich.*
Cä|sa|ris|mus, der; -: *unbeschränkte, meist despotische Staatsgewalt.*
Cä|sa|ro|pa|pis|mus, der; - [zu ↑Papismus]: *Staatsform, bei der der weltliche Herrscher zugleich auch geistliches Oberhaupt ist.*
Ca|se|in: ↑Kasein.
cash [kæʃ] ⟨Adv.⟩ [engl. cash, ↑Cash]: *bar:* c. bezahlen.
Cash [kæʃ], das; - [engl. cash < mfrz. casse < ital. cassa, ↑Kasse]: *Bargeld, Barzahlung.*
Cash-and-car|ry-Klau|sel [ˈkæʃəndˈkæri…], die, ⟨o. Pl.⟩ [zu: engl. cash and carry, aus ↑cash u. carry = das Tragen, Mitnehmen, zu: to carry, ↑Carrier] (Wirtsch.): *Vertragsklausel im Überseehandel, wonach der Käufer die Ware bar bezahlen u. im eigenen Schiff abholen muss.*
Cash|cow [ˈkæʃkaʊ], die; -, -s [engl. cashcow, eigtl. = Geldkuh] (Wirtschaftsjargon): *Unternehmen[szweig] od. Produkt, das dauerhaft hohe Gewinne erzielt.*
Ca|shew|nuss [ˈkɛʃu…, auch: kəˈʃuː…], die; -, …nüsse [engl. cashew (nut) < port. (a)caju < Tupi (südamerik. Indianerspr.) acaju = Nierenbaum]: *essbare Frucht eines Baums der tropischen Gebiete Amerikas.*
Cash|flow [ˈkæʃfloʊ], der; -s, -s [engl. cash-flow, zu ↑Cash u. flow = Fluss] (Wirtsch.): *in einem bestimmten Zeitraum erwirtschafteter Zahlungsmittelüberschuss eines Unternehmens, der Einnahmen u. Ausgaben gegenüberstellt u. der Beurteilung der finanziellen Struktur des Unternehmens dient.*
Ca|si|no: ↑Kasino.
Cä|si|um, das; -s [zu lat. caesius = blaugrau (wegen der blauen Doppellinie im Spektrum)]: *silberweißes, weiches Metall* (chemisches Element; Zeichen: Cs).
Cas|sa|ta, die; -, -s [ital. cassata < arab. qaṣ'aʰ = große u. tiefe Speiseschüssel]: *italienische Eisspezialität mit kandierten Früchten.*
♦ **Casse-cou** [kasˈku], der; -s, -s [-; frz. casse-cou, zu: casser = brechen (< lat. quassare = schütteln, erschüttern) u. cou = Hals < lat. collum]: *waghalsiger Mensch, Draufgänger: … er tadelte … seine Waghalsigkeit und schalt ihn einen C.* (C. F. Meyer, Page 146).
Cas|sis, der; - [frz. cassis < lat. cas(s)ia, ↑Kassia; in der ma. Medizin wurde die Johannisbeere als Ersatz für die Kassia verwendet]: *französischer Likör aus Johannisbeeren.*
cas|ten ⟨sw. V.; hat⟩ [engl. to cast = besetzen] (Film, Fernsehen): *für eine bestimmte Film- od. Fernsehrolle auswählen; Probeaufnahmen von jmdm. machen:* gecastet werden.
Cas|ting, das; -s, -s: **1.** [engl. casting; zu: to cast, ↑casten] *(bei Film, Fernsehen) Auswahl der für eine bestimmte Rolle geeigneten Person.* **2.** [engl. casting, eigtl. = das Auswerfen, Wurf, zu: to cast = werfen] *(in der Sportfischerei) Wettkampf, der darin besteht, dass man die Angel weit od. auf ein bestimmtes Ziel hin auswirft.*
Cas|ting|show, die: *Fernsehshow, bei der es [in einer Art Wettbewerb] um das Besetzen* (3) *einer Stelle, einer Rolle o. Ä. geht.*
Cas|tle [ˈkaːs(ə)l], das; -s, -s [engl. castle < afrz. castel < lat. castellum, ↑Kastell]: engl. Bez. für: *Schloss, Burg.*
Cas|tor®, der; -s, …oren [Kurzwort für engl. **C**ask **for S**torage and **T**ransport **o**f **R**adioactive Material]: *Behälter zum Transportieren u. Lagern von radioaktivem Material:* Dazu: **Cas|tor|behäl|ter,** der; **Cas|tor|trans|port,** der.

Ca|sus: ↑ Kasus.

Ca|sus Bel|li, der; - -, - ['kaːzuːs] - [lat., zu: casus = Fall u. bellum = Krieg] (bildungsspr.): *Kriegsfall; Krieg auslösendes Ereignis.*

Ca|sus ob|li|quus [- o'bliːkvʊs], der; - -, - ['kaːzuːs] ...qui [lat., zu: obliquus = schräg, schief] (Sprachwiss.): *abhängiger Fall (z. B. Genitiv, Dativ, Akkusativ).*

Ca|sus rec|tus, der; - -, - ['kaːzuːs] ...ti [lat., zu: rectus = gerade] (Sprachwiss.): *unabhängiger Fall (z. B. Nominativ).*

Ca|ta|nia: Stadt auf Sizilien.

Cat|boot ['kæt...], das; -[e]s, -e [engl. catboat]: *kleines Segelboot mit einem Mast.*

Catch-as-catch-can ['kætʃəzˈkætʃˈkæn], das; - [engl. catch-as-catch-can, eigtl. = greifen, wie man greifen kann] (Ringen): *von Berufsringern ausgeübte Art des Freistilringens, bei der fast alle Griffe erlaubt sind:* Ü in der Hauptstadt herrscht ein kulturpolitisches C. *(eine sehr ungeregelte, wüste Auseinandersetzung).*

cat|chen ['ketʃn̩] ⟨sw. V.; hat⟩ [engl. to catch = greifen < afrz. cachier]: *als Catcher[in] kämpfen.*

Cat|cher ['ketʃɐ], der; -s, -: **1.** *Berufsringer, der im Stil des Catch-as-catch-can ringt.* **2.** [engl. catcher] (Baseball) *Spieler, der einen vom Batter verfehlten Ball abzufangen hat.*

Cat|che|rin, die; -, -nen: w. Form zu ↑ Catcher.

Cat|ch|up ['ketʃap]: frühere Schreibung für ↑ Ketchup.

Ca|te|nac|cio [kateˈnatʃo], der; -[s] [ital. catenaccio = Sperrkette, Riegel, zu lat. catena = Kette]: *italienische Technik der Verteidigung im Fußball, bei der sich bei einem gegnerischen Angriff die gesamte Mannschaft kettenartig vor dem eigenen Strafraum zusammenzieht.*

Ca|te|rer ['keɪtərɐ], der; -s, - [engl. caterer, zu: to cater, ↑ Catering] (Fachspr.): *auf das Catering spezialisiertes Unternehmen.*

Ca|te|ring ['keɪtərɪŋ], das; -[s] [engl. catering, zu: to cater = Speisen u. Getränke liefern, zu älter cater = Lieferant von Speisen u. Getränken, zu afrz. acatour = (Ein)käufer] (Fachspr.): *Beschaffung von Lebensmitteln, Verpflegung; Bewirtung;* Dazu: **Ca|te|ring|fir|ma,** die; **Ca|te|ring-ser|vice,** der.

Ca|ter|pil|lar® ['ketɐpɪlɐ], der; -[s], -[s] [engl. caterpillar]: *bes. beim Straßenbau eingesetztes Raupenfahrzeug.*

Cat|gut ['ketgat]: ↑ Katgut.

Cat|walk ['ketwɔːk], der; -s, -s [engl. catwalk = (Lauf)steg; schmaler Weg, aus: cat = Katze u. walk = Weg, also eigtl. = Katzenweg (man kann auf einem Steg fast nur gehen, wenn man – wie eine Katze – einen Fuß vor den anderen setzt)]: *Laufsteg.*

Cau|dil|lo [kauˈdɪljo], der; -[s], -s [span. caudillo]: *politischer Machthaber, Diktator (in spanischsprachigen Ländern).*

Cau|sa, die; -, ...sae [...zɛ] [lat. causa] (Rechtsspr.): *Grund, Ursache [eines Schadens, einer Vermögensänderung usw.].*

Cau|se|rie [kozəˈriː], die; -, -n [frz. causerie, zu: causer = sich unterhalten, plaudern] (bildungsspr. veraltet): *unterhaltsame Plauderei.*

Cau|seur [koˈzøːɐ̯], der; -s, -e [frz. causeur] (veraltet): *unterhaltsamer Plauderer:* ♦ Crampas, ein in guter C., erzählte dann Kriegs- und Regimentsgeschichten (Fontane, Effi Briest 106).

Ca|va, der; -s, -s [span. cava, eigtl. = Keller]: *spanischer Schaumwein.*

Ca|val|lie|re, der; -, ...ri [ital. cavaliere < lat. caballarius = Pferdeknecht]: **1.** ⟨o. Pl.⟩ *italienischer Adelstitel.* **2.** *Träger dieses Titels.*

Ca|yenne [kaˈjɛn]: Hauptstadt von Französisch-Guayana.

Ca|yenne|pfef|fer, der ⟨o. Pl.⟩: *vorwiegend aus Chili hergestelltes scharfes Gewürz.*

CB-Funk [tseːˈbeː...], der; -s [gek. aus engl.-amerik. Citizens(') Band = für den privaten Funkverkehr freigegebener Wellenbereich, eigtl. = »Bürgerfrequenzband«] (Nachrichtent.): *Sprechfunkverkehr [mit mobilen Anlagen] auf einem bestimmten* ¹Band *(2 n), für den keine Lizenz benötigt wird.*

cbm (früher für: m³) = Kubikmeter.

cc [tseːˈtseː; Abk. für engl. carbon copy = Durchschlag]: *Kopie (bes. einer E-Mail).*

CC [seːˈseː], das; -, -s [Abk. für frz. Corps consulaire]: *konsularisches Korps.*

ccm (früher für: cm³) = Kubikzentimeter.

cd = Candela.

Cd = Cadmium.

¹CD [tseːˈdeː], die; -, -s [Abk. für engl. compact disc = kompakte (Schall)platte]: **1.** kurz für ↑ Compact Disc: eine CD brennen. **2.** Kurzf. von ↑ CD-ROM. **3.** *mit Musik, gesprochenen Texten o. Ä. bespielte u. für die Wiedergabe mit dem CD-Player geeignete Compact Disc:* eine CD mit Aufnahmen von Karajan.

²CD [seːˈdeː], das; -, -s [Abk. für frz. Corps diplomatique]: *diplomatisches Korps.*

CD-Bren|ner, der (EDV): *Gerät zum Bespielen, Beschreiben von CDs.*

CD-Co|ver, das: *Hülle einer CD.*

cdm (früher für: dm³) = Kubikdezimeter.

CD-Play|er [tseːˈdeːpleɪɐ], der [engl. player = Abspielgerät]: *Abspielgerät für Compact Discs.*

CD-ROM, die; -, -[s] [↑ ROM] (EDV): *durch ein optisches Verfahren beschriebene Platte zum Speichern von Software u. größeren Datenmengen, deren Inhalt vom Benutzer nur gelesen, nicht aber verändert werden kann.*

CD-ROM-Lauf|werk, das (EDV): *Teil eines Computers, in dem auf CD-ROM gespeicherte Programme od. Daten gelesen od. CD-ROMs mit neuen Programmen od. Daten beschrieben werden.*

CD-Spie|ler, der: *CD-Player.*

CDU [tseːdeːˈʔuː], die; -: Christlich Demokratische Union [Deutschlands] *(früher mit Bindestrichschreibung:* Christlich-Demokratische Union).

C-Dur ['tseːduːɐ̯, auch: ˈtseːˈduːɐ̯], das (Musik): *auf dem Grundton C beruhende Durtonart (Zeichen:* C).

C-Dur-Ton|lei|ter, die: *auf dem Grundton C beruhende Durtonleiter.*

Ce = Cer.

CeBIT®, **Ce|bit,** die; - [Abk. von: Centrum für Büro-, Informations- und Telekommunikationstechnik]: *in Hannover stattfindende internationale Messe der Informations- und Telekommunikationsindustrie.*

Ce|dil|le [seˈdiːj(ə)], die; -, -n [...jən] [frz. cédille < span. cedilla, eigtl. = kleines z]: *dem Komma ähnliches diakritisches Zeichen [unten an einem Buchstaben] mit verschiedenen Funktionen (z. B. frz. ç [s] vor a, o, u od. rumän. ş [ʃ]).*

Cel|le|bes [tseˈleːbɛs, se..., auch: ˈtseːlɛbɛs]: älterer Name von ↑ Sulawesi.

Ce|le|b|ri|ty [səˈlebriti], die; -, Pl. -s od. ...ties [engl. celebrity < lat. celebritas, zu: celeber = berühmt]: *Berühmtheit, prominente Persönlichkeit.*

Ce|les|ta [tʃeˈlesta], die; -, -s u. ...sten [ital. celesta, eigtl. = die Himmlische < lat. caelestis] (Musik): *zart klingendes Tasteninstrument mit röhrenförmigen Resonatoren.*

Cel|la, die; -, Cellae [...lɛ] [lat. cella, eigtl. = Kammer]: **1.** *im antiken Tempel Hauptraum, in dem das Götterbild stand; Zella.* **2.** (veraltet) *Mönchszelle.* **3.** (Med.) *Zelle (5).*

Cel|list [tʃeˈlɪst, auch: ʃe...], der; -en, -en: *jmd., der [berufsmäßig] Cello spielt.*

Cel|lis|tin, die; -, -nen: w. Form zu ↑ Cellist.

Cel|lo ['tʃelo, auch: ˈʃelo], das; -s, -s u. Celli: Kurzf. von ↑ Violoncello.

Cel|lo|kon|zert, das: *Konzert für Cello u. Orchester.*

Cel|lo|phan®, das; -s, **Cel|lo|pha|ne**®, die; -: ↑ Zellophan.

Cel|lo|so|na|te ['tʃelo..., ˈʃelo...], die: *Sonate für Cello.*

Cel|lu|li|te, die; -, -n, **Cel|lu|li|tis,** die; -, ...itiden, Zellulitis, die; -, ...itiden (Med.): *durch Orangenhaut (2) gekennzeichnete Veränderung des Bindegewebes der Unterhaut, bes. an den Oberschenkeln bei Frauen.*

Cel|lu|lo|id: ↑ Zelluloid.

Cel|lu|lo|se: ↑ Zellulose.

Cel|si|us [nach dem schwed. Astronomen A. Celsius (1701–1744)] (Physik): *Gradeinheit auf der Celsiusskala (Zeichen:* C, fachspr.: °C): *die Temperatur [des Wassers, der Luft] beträgt 20 °C.*

Cel|si|us|ska|la, die ⟨o. Pl.⟩ (Physik): *Temperaturskala, bei der der Abstand zwischen dem Gefrier- u. dem Siedepunkt des Wassers 100 Einheiten entspricht.*

Cem|ba|list [tʃembaˈlɪst], der; -en, -en: *jmd., der [berufsmäßig] Cembalo spielt.*

Cem|ba|lis|tin, die; -, -nen: w. Form zu ↑ Cembalist.

Cem|ba|lo ['tʃembalo], das; -s, -s u. ...li [ital. cembalo, Kurzf. von ↑ Clavicembalo] (Musik): *vom 14. bis zum 18. Jh. verwendetes Tasteninstrument, bei dem die Töne durch mechanisches Anzupfen von Messing-, Bronze- od. Stahlsaiten erzeugt werden.*

Cent [sent, auch: tsent], der; -[s], -[s] ⟨aber: 5 Cent⟩ [engl. cent < mfrz. cent = hundert < lat. centum]: *Untereinheit des Euro u. der Währungseinheiten verschiedener Länder (z. B. der USA)* (Abk.: c u. ct, Pl.: cts).

Cen|ta|vo [sɛnˈtaːvo], der; -[s], -[s] ⟨aber: 5 Centavo⟩ [span., port. centavo, eigtl. = Hundertstel]: *Untereinheit der Währungseinheiten verschiedener süd- u. mittelamerikanischer Länder (z. B. Argentinien, Brasilien).*

Cen|te|nar usw.: ↑ Zentenar usw.

Cen|ter ['sentɐ], das; -s, - [amerik. center, engl. centre, eigtl. = Mittelpunkt < frz. centre < lat. centrum, ↑ Zentrum]: **a)** *Großeinkaufsanlage [mit Selbstbedienung];* **b)** *Einkaufszentrum.*

Cen|ter-Court, der; -s, -s: ↑ Centre-Court.

Cen|time [sãˈtiːm], der; -s, -s [...tiːm(s)] ⟨aber: 5 Centime⟩ [frz. centime]: *Untereinheit der Währungseinheiten verschiedener Länder (z. B. Haitis, Marokkos, der Schweiz)* (Abk.: c, Ct.).

Cen|tre-Court, Cen|tre|court ['sentəkɔːt], der; -s, -s [engl., ↑ Court] (Tennis): *Hauptplatz großer Tennisanlagen.*

¹CEO [siːliːˈʔoʊ], der; -[s], -s [Abk. von engl. Chief Executive Officer]: *engl. Bez. für Hauptgeschäftsführer.*

²CEO [siːliːˈʔoʊ], die; -, -s [vgl. ¹CEO]: *engl. Bez. für Hauptgeschäftsführerin.*

Cer, Zer, das; -s [nach dem Asteroiden Ceres]: *silberweißes Seltenerdmetall (chemisches Element; Zeichen:* Ce).

Cer|be|rus: ↑ Zerberus.

Cer|c|le ['sɛrkl], der; -s, -s [frz. cercle < lat. circulus, ↑ Zirkel]: **1.** (veraltet) **a)** *Empfang [bei Hofe]:* C. halten; **b)** *geschlossene Gesellschaft, vornehmer Gesellschaftskreis:* keinen Zutritt zu einem C. finden. **2.** (österr.) *Gesamtheit der ersten Reihen im Theater od. Konzertsaal.*

Ce|re|a|lie, die; -, -n [lat. Cerealia]: ↑ Zerealie (1).

Ce|re|a|li|en ⟨Pl.⟩ [lat. Cerealia]: Pl. von ↑ Cerealie.

Ce|re|bel|lum: ↑ Zerebellum.

ce|re|b|ral: ↑ zerebral.

Ce|re|b|rum: ↑ Zerebrum.

Ce|res (röm. Mythol.): *Göttin der Feldfrucht, des Ackerbaus.*

Certosa – changieren

Cer|to|sa [tʃɛr'to:za], die; -, ...sen [ital. certosa < frz. chartreuse, ↑ ¹Chartreuse]: *Kloster der Kartäuser in Italien.*

Cer|ve|lat ['sɛrvəla], der; -s, -s [frz. cervelas < ital. cervellata, ↑ Zervelatwurst] (schweiz.): *Brühwurst aus Rindfleisch mit Schwarten u. Speck.*

Cer|vix, die; -, ...ices [...'vi:tse:s]: ↑ Zervix.

ces, Ces (Musik): *um einen halben Ton erniedrigtes c, C* (2).

Ces-Dur ['tsɛsdu:ɐ̯, auch: 'tsɛs'du:ɐ̯], das (Musik): *auf dem Grundton Ces beruhende Durtonart* (Zeichen: Ces).

c'est la vie [sɛla'vi:; frz.]: *so ist das Leben nun einmal* (als Ausdruck der Resignation).

ce|te|ris pa|ri|bus [lat.] (bildungsspr.): *unter [sonst] gleichen Umständen.*

ce|te|rum cen|seo [lat. = im Übrigen meine ich (dass Karthago zerstört werden muss); Schlusssatz jeder Rede Catos im römischen Senat]: *im Übrigen meine ich* (als Einleitung einer immer wieder vorgebrachten Forderung, Ansicht).

Ce|vap|ci|ci, Če|vap|či|či [tʃe'vaptʃitʃi] ⟨Pl.⟩ [serbokroat.]: *gegrillte, stark gewürzte Hackfleischröllchen.*

Ce|ven|nen [se'vɛnən] ⟨Pl.⟩: *Gebirge in Frankreich.*

Cey|lon ['tsailɔn, österr., schweiz.: 'tsei...]: *Insel im Indischen Ozean; früherer Name von* ↑ *Sri Lanka.*

Cey|lo|ne|se, der; -n, -n: Ew.

Cey|lo|ne|sin, die; -, -nen: w. Form zu ↑ Ceylonese.

cey|lo|ne|sisch ⟨Adj.⟩ (früher): *Ceylon, die Ceylonesen betreffend; aus Ceylon stammend.*

Cey|lon|tee, der: *Tee aus Sri Lanka.*

cf. = confer.

Cf = Californium.

CFA-Franc [sɛlɛfʔa:...], der; -, -s [CFA = Abk. für Communauté Financière Africaine = Afrikanische Finanzgemeinschaft]: *Währungseinheit in bestimmten Staaten Afrikas mit französischer Amtssprache.*

cg = Zentigramm.

CH = Confoederatio Helvetica.

Cha|b|lis [ʃa'bli:], der; - [...i:(s)], - [...i:s] [nach dem frz. Ort Chablis]: *trockener Weißwein aus Niederburgund.*

Cha-Cha-Cha ['tʃa'tʃa'tʃa], der; -[s], -s [span. cha-cha-cha, H. u.]: *in den 50er-Jahren aus dem Mambo entwickelter Gesellschaftstanz aus Kuba.*

Cha|conne [ʃa'kɔn], die; -, -s od. -n [...nən] [frz. chaconne < span. chacona, viell. lautm.]: **1.** *alter, aus Spanien stammender, mäßig bewegter Tanz im ³/₄-Takt.* **2.** (Musik) *Instrumentalstück im ³/₄-Takt mit zugrunde liegendem achttaktigem Bassthema.*

cha|cun à son goût [ʃakœaso'gu; für frz. chacun son goût]: *jeder nach seinem Geschmack; jeder, wie es ihm gefällt.*

Cha|g|rin [ʃa'grɛ̃:], das; -s [frz. chagrin < türk. sağrı = Kruppe des Pferdes]: *Leder aus Pferdeod. Eselshäuten mit künstlich aufgepresstem Narbenmuster eines anderen Leders: ein Buch in C.* Dazu: **Cha|g|rin|le|der**, das.

Chai Lat|te [tʃai -], der; --, -- [aus Hindi chai (< nordchin. ch'a = Tee) = gesüßter Gewürztee u. ital. latte = Milch]: *gewürzter Tee mit aufgeschäumter Milch.*

Chai|ne ['ʃɛ:n(ə)], die; -, -n [frz. chaîne, eigtl. = Kette < lat. catena]: (Weberei) *Kettfaden.*

Chair|man ['tʃɛːɐ̯mən, ...mɛn]; der; -s, ...men [...mɛn] [engl. chairman, zu: chair = Stuhl, Amtssitz u. man = Mann]: (bes. in Großbritannien u. den USA) *Vorsitzender eines politischen od. wirtschaftlichen Gremiums, bes. eines parlamentarischen Ausschusses.*

Chair|wo|man ['tʃɛːɐ̯wʊmən], die; -, ...women [...wɪmɪn] [engl. chairwoman, zu: woman = Frau]: w. Form zu ↑ Chairman.

Chai|se ['ʃɛːzə], die; -, -n [frz. chaise < lat. cathedra, ↑ Katheder]: **a)** (veraltet) *zwei- od. vierrädrige halb offene [Post]kutsche;* **b)** (ugs. abwertend) *altes, ausgedientes Fahrzeug.*

Chai|se|longue [ʃɛzəˈlɔŋ, ...ˈlõːk], die; -, -n [...ˈɔŋən, ...ˈlõːgŋ̍] u. -s [...ˈlɔŋs], ugs. auch: [...ˈlɔŋ], das; -s, -s [frz. chaiselongue, eigtl. = langer Stuhl] (veraltend): *gepolsterte Liege mit Kopflehne.*

◆ **Chai|se|wa|gen**, der: *Chaise* (a).

Cha|k|ra ['tʃakra], das; -[s], Pl. -s u. ...kren [aus sanskr. cakrá = Rad]: *nach indischer Lehre eines der (sieben) Zentren spiritueller Kraft im menschlichen Körper.*

Chal|dä|a [kal'dɛ:a]; -s: *Babylonien.*

Chal|dä|er, der; -s, -: *Angehöriger eines aramäischen Volksstammes.*

Chal|dä|e|rin, die; -, -nen: w. Form zu ↑ Chaldäer.

chal|dä|isch ⟨Adj.⟩: *Chaldäa, die Chaldäer betreffend; von den Chaldäern stammend, zu ihnen gehörend.*

Cha|let [ʃa'le:, 'ʃa'le], das; -s, -s [frz. chalet, Wort der roman. Schweiz]: *Landhaus, meist aus Holz, bes. in den schweiz. Alpen.*

Chal|ki|di|ke [çal'ki:dike], die; -: *nordgriechische Halbinsel.*

Chal|ko|li|thi|kum [auch: ...'lɪt...], das; -s [zu griech. chalkós = Erz, Kupfer u. líthos = Stein]: *Zeit des jüngeren Neolithikums bes. in Vorderasien, in der bereits Gegenstände aus Kupfer auftreten; Kupferzeit.*

Chal|len|ger|tur|nier [tʃɛlɛndʒɐ...], das [zu engl. challenger = Herausforderer] (Tennis): *Turnier* (2) *für meist jüngere Spieler u. Spielerinnen, die sich dort für ihre weitere Karriere qualifizieren können.*

Chal|ze|don [kaltse'do:n], der; -s, -e [(spät)lat. chalcedon, nach der altgriech. Stadt Chalkedon]: *bläuliches od. weißgraues Mineral in vielen Varianten.*

Cha|ma|de: ↑ Schamade.

Cha|mä|le|on [ka...], das; -s, -s [lat. chamaeleon < griech. chamailéōn, eigtl. = Erdlöwe]: *auf Bäumen lebende [kleine] Echse, die ihre Hautfarbe bei Gefahr rasch ändert:* Ü *er ist ein C.* (abwertend; *Mensch, der seine Überzeugung unter dem Einfluss seiner jeweiligen Umgebung leicht ändert).*

Cham|b|re sé|pa|rée ['ʃãːbr(ə) sepaˈre:], das; - -, -s - ʃãːbr(ə) sepaˈre:] [↑ Separee] (veraltet): *kleiner Nebenraum in Restaurants für ungestörte [intime] Zusammenkünfte.*

cha|mois [ʃa'moa] ⟨indekl. Adj.⟩ [frz. chamois, zu: chamois = Gämse < spätlat. camox]: *gelbbräunlich, gämsfarben: das Papier ist c.*

Cha|mois, das; - [...a(s)]: **1.** *chamois Farbe.* **2.** *besonders weiches Gämsen-, Ziegen- od. Schafleder.*

Cha|mois|le|der, das: *Chamois* (2).

Champ [tʃɛmp], der; -s, -s [engl. champ] (Sport): *kurz für* ↑ Champion.

Cham|pa|gne [ʃã'panjə, ʃã'paɲ], die; -: *nordfranzösische Landschaft.*

cham|pa|gner [ʃam'panjɐ] ⟨indekl. Adj.⟩: *durchscheinend weißlich mit einem Stich ins Gelbliche: der Stoff ist c. gefärbt.*

Cham|pa|gner, der; -s, -: *in Frankreich hergestellter weißer od. roter Schaumwein [aus Champagnerweinen]: ein trockener, herber C.*

Cham|pa|gner|du|sche, die: *das Übergießen u. Nassspritzen mit Champagner [zur Feier eines sportlichen Erfolges].*

cham|pa|gner|far|ben, cham|pa|gner|far|big ⟨Adj.⟩: *champagner.*

Cham|pa|gner|fla|sche, die: *Flasche für Transport u. Aufbewahrung von Champagner.*

Cham|pa|gner|glas, das ⟨Pl. ...gläser⟩: *hohes kelchförmiges Glas, aus dem man Champagner trinkt.*

Cham|pa|gner|wein, der: *Wein aus der Champagne.*

Cham|pi|g|non ['ʃampɪnjɔŋ, selten: 'ʃã:pɪnjõ, österr.: 'ʃampɪnjo:n], der; -s, -s [frz. champignon < afrz. champegnuel, eigtl. = der auf dem freien Feld Wachsende, über das Vlat. zu lat. campus = Feld]: *(zu den Blätterpilzen gehörender) Pilz mit weißen bis dunkelbraunen Lamellen, der auch gärtnerisch angebaut wird: -s züchten; Omelette mit -s.*

Cham|pi|on ['tʃɛmpjən, auch: ʃã'pjõ:], der; -s, -s [engl. champion < afrz. champion, über das Germ. zu lat. campus = (Schlacht)feld] (Sport): *Meister in einer Sportart; Spitzensportler: Deutschland schlug überraschend den C. Brasilien.*

Cham|pi|o|nat [ʃampjo'na:t], das; -s, -e [frz. championnat] (Sport): *Meisterschaft in einer Sportart: das C. der Springreiter gewinnen.*

Cham|pi|ons League, Cham|pi|ons|league ['tʃɛmpjəns 'liːg], die; - [engl., aus: champion (↑ Champion) u. league = Liga] (Sport): *Pokalwettbewerb der europäischen Landesmeister (u. weiterer platzierter Vereine) im Fußball, Handball u. a., deren Vierteilfinalgegner durch Punktspiele ermittelt werden;* Dazu: **Cham|pi|ons-League-Fi|na|le**, das.

Chan: ↑ Khan.

Chan|ce ['ʃã:s(ə), auch: 'ʃãsə], die; -, -n [...sn̩] [frz. chance < afrz. cheance = (glücklicher) Wurf im Würfelspiel, über das Vlat. zu lat. cadere = fallen]: **1.** *günstige Gelegenheit, Möglichkeit, etw. Bestimmtes zu erreichen: noch eine letzte C. [auf Erfolg] haben; eine C. sehen, verpassen; seine C. erkennen, wahrnehmen; er hat alle -n leichtsinnig vertan.* **2.** *Aussicht auf Erfolg: ihre -n stehen gut, schlecht; er hat keine -n* (ugs.: *findet keinen Anklang bei ihr); nicht die Spur einer C. haben; Die C., dass zwei Menschen mit so ähnlichen Tendenzen wie wir zusammentreffen, ist gleich eins zu einer Million (Nossack, Begegnung 69).*

Chan|cen|aus|wer|tung, die (Sport, bes. Fußball): *Chancenverwertung.*

Chan|cen|gleich|heit, die ⟨o. Pl.⟩ (Päd., Soziol.): *gleiche Ausbildungs- u. Aufstiegsmöglichkeiten für alle ohne Rücksicht auf Herkunft u. soziale Verhältnisse.*

chan|cen|los ⟨Adj.⟩: *keine Chancen* (1) *habend: der Gegner war das ganze Spiel über c.* Dazu: **Chan|cen|lo|sig|keit**, die.

chan|cen|reich ⟨Adj.⟩: *gute Chancen* (2) *habend: eine -e Kandidatin; die -sten Projekte.*

Chan|cen|ver|wer|tung, die (Sport, bes. Fußball): *das Erzielen von Toren od. Punkten in Erfolg versprechenden Spielsituationen.*

Cha|nel|kos|tüm [ʃa'nɛl...], das [nach der frz. Modeschöpferin Coco Chanel (1883–1971)]: *Kostüm* (1) *mit kragenloser, nicht geknöpfter, an den Rändern mit Borten eingefasster Jacke.*

chan|geant [ʃã'ʒã:] ⟨indekl. Adj.⟩ [frz. changeant]: *(von Stoffen) in mehreren Farben schillernd.*

Chan|geant, der; -[s], -s: *Gewebe [in Taftbindung] mit verschiedenfarbigen Kett- u. Schussfäden, das bei Lichteinfall in verschiedenen Farben schillert.*

chan|gie|ren [ʃã'ʒiːrən] ⟨sw. V.; hat⟩ [frz. changer < spätlat. cambiare = wechseln]: **1.** (bildungsspr.) *wechseln, tauschen, verändern: Die rosarote Gesichtsfarbe, die allerdings schon nach einem Viertel Wein ins Blaurote c. konnte, und sein Volumen mach-*

Chanson – Chardonnay

ten ihn zu einer einnehmenden Erscheinung (Stadler, Tod 56). **2.** *(von Stoffen) [verschiedenfarbig] schillern: der Stoff changiert [grün und blau]; changierende Seide.*

Chan|son, das; -s, -s [frz. chanson < lat. cantio (Gen.: cantionis) = Gesang]: *meist dem französischen Kulturkreis zugeordnetes populäres Lied mit poetischem Text, das von einem Sänger od. einer Sängerin mit Instrumentalbegleitung vorgetragen wird.*

Chan|so|net|te: ↑ Chansonnette.

Chan|so|ni|er: ↑ Chansonnier.

Chan|so|ni|e|re: ↑ Chansonnière.

Chan|son|net|te, Chansonette [ʃãsɔˈnɛtə, österr.: ...ˈnɛt], die; -, -n [französierende Bildung zu ↑ Chanson]: *Chansonsängerin.*

Chan|son|ni|er, Chansonier [ʃãsɔˈni̯eː], der; -s, -s [frz. chansonnier]: *Sänger od. Dichter von Chansons.*

Chan|son|ni|è|re, Chansoniere [...ˈni̯eːʀə, österr. auch: ...ˈni̯eːɐ̯], die; -, -n [frz. chansonnière]: *Chansonnière.*

Chan|teu|se [ʃãˈtøːzə, österr.: ...ˈtøːs], die; -, -n [frz. chanteuse]: *Sängerin.*

Cha|nuk|ka [x...], die; - [hebr. ḥ ānukkā = Einweihung]: *achttägiges jüdisches Fest der Tempelweihe im Dezember.*

Cha|os [ˈkaːɔs], das; - [lat. chaos < griech. cháos = der unendliche leere Raum; die gestaltlose Urmasse (des Weltalls)]: *Abwesenheit, Auflösung aller Ordnung; völliges Durcheinander: das C. des Krieges; ein C. auslösen, heraufbeschwören; Ordnung in das C. bringen; ...das war kein Schneefall mehr, es war ein C. von weißer Finsternis* (Th. Mann, Zauberberg 652).

Cha|os|for|schung, die: *Forschung auf der Grundlage der Erkenntnisse der Chaostheorie.*

Cha|os|ta|ge ⟨Pl.⟩ (Jargon): *mehrtägiges Treffen von Punks (in einer bestimmten Stadt), das meist durch Krawalle, Sachbeschädigungen u. Polizeieinsatz provozierende Aktivitäten bestimmt wird.*

Cha|os|the|o|rie, die: *Theorie, mit der das durch den Zufall Bedingtsein von Ursache u. Wirkung innerhalb geschlossener Systeme beschrieben u. rechnerisch erfasst wird.*

Cha|ot [kaˈoːt], der; -en, -en: **1.** *jmd., der nicht willens od. nicht fähig ist, Ordnung zu halten.* **2.** *jmd., der seine politischen Ziele auf radikale Weise mit Gewaltaktionen u. gezielten Zerstörungsmaßnahmen durchzusetzen versucht: autonome -en.*

Cha|o|tin, die; -, -nen: w. Form zu ↑ Chaot.

cha|o|tisch ⟨Adj.⟩: *verworren, ungeordnet; nicht willens od. nicht fähig, Ordnung zu halten: -e Zustände; ein -er Tag.*

Cha|peau [ʃaˈpoː], der; -s, -s [frz. chapeau, über das Vlat. zu spätlat. cappa, ↑ Kappe]: **1.** (scherzh., sonst veraltet) *Hut:* **R** *C.! (bildungsspr.: alle Achtung, allen Respekt!)*
◆ **2.** [älter fam. scherzh. Bez. für eine männliche Person] *Tanzpartner: ...mein C. walzt schlecht* (Goethe, Werther I, 16. Junius).

◆ **Cha|peau bas** [ʃapoˈba], der; - -, -x - [ʃapoˈba] [frz., zu: bas = niedrig, flach]: *flacher Zweispitz, der häufig auch zusammengeklappt unter dem Arm getragen wird: Hofmarschall von Kalb in einem reichen, aber geschmacklosen Hofkleid, mit Kammerherrnschlüssel, zwei Uhren und einem Degen, C. b.* (Schiller, Kabale I, 6; Regieanweisung).

Cha|peau claque, Cha|peau Claque [ʃapoˈklak], der; - -, -x -s [ʃapoˈklak] [frz., zu: claque = Schlag mit der flachen Hand]: *zusammenklappbarer Zylinder.*

Cha|pe|ron [ʃapəˈrõː], der; -[s], -s [frz. chaperon, zu: chape = Umhang, [Schutz]mantel < spätlat. cappa, ↑ Kappe]: *im Mittelalter von Männern u.*

Frauen getragene eng anschließende Kapuze mit kragenartigem Schulterstück.

cha|pe|ro|nie|ren ⟨sw. V.; hat⟩ [frz. chaperonner, zu ↑ Chaperon] (veraltet): *eine junge Dame zu ihrem Schutz begleiten:* ◆ *... für den Vetter, der so wundervoll zu c.... verstand* (Fontane, Effi Briest 18).

Cha|pi|teau [ʃapiˈtoː], das; -, -x [...toː] [frz. chapiteau < spätlat. capitellum, ↑ Kapitell]: *Zirkuszelt, -kuppel.*

◆ **Cha|pi|tre** [ʃaˈpitrə], das; -, -s [...trə] [frz. chapitre < afrz. chapitle < lat. capitulum, ↑ Kapitel]: *Kapitel (1):* ***jmdn. auf das C. bringen** *(jmdm. Gesprächsstoff liefern, auf ein bestimmtes Thema bringen).*

Chap|li|na|de [tʃapliˈ...], die; -, -n [nach dem brit. Filmschauspieler Ch. Chaplin (1889–1977)]: *komischer Vorgang, burlesk-groteskes Vorkommnis wie in den Filmen Chaplins.*

chap|li|nesk ⟨Adj.⟩: *in der Art einer Chaplinade, in der Art Chaplins gehalten.*

Cha|ra|de [ʃa...]: ↑ Scharade.

Cha|rak|ter [kaˈraktɐ], der; -s, -e [...ˈteːrə] [lat. character < griech. charaktḗr, eigtl. = eingebranntes, eingeprägtes (Schrift)zeichen]: **1.** *individuelles Gepräge eines Menschen durch erebte u. erworbene Eigenschaften, wie es in seinem Wollen u. Handeln zum Ausdruck kommt: einen guten, schwierigen C. haben; etw. prägt, formt den C.; [keinen] C. haben, zeigen, beweisen (sich [nicht] als zuverlässig o. Ä. erweisen); sie ist eine Frau von C. (besitzt überwiegend positive Charaktereigenschaften); das Leben im ewigen Schatten verdirbt das Blut und verschlechtert den C.* (H. Mann, Stadt 50). **2.** *Mensch mit bestimmten ausgeprägten Charakterzügen: er ist ein übler C.; die beiden sind gegensätzliche -e.* ⟨o. Pl.⟩ **a)** *einer Personengruppe od. einer Sache innewohnende od. zugeschriebene charakteristische Eigenart: der unverwechselbare C. einer Landschaft, eines Volkes; der bösartige C. einer Geschwulst; der heitere C. einer Sinfonie; die Besprechung hatte, trug vertraulichen C. (war vertraulich); die Zeugenvernehmung nahm peinlichen C. an (wurde peinlich);* **b)** *einer künstlerischen Äußerung od. Gestaltung eigentümliche Geschlossenheit der Aussage: ihr Vortrag, Spiel hat C.; ein Bauwerk mit C.* **4.** (meist Pl.) (veraltend) *Schriftzeichen: ein Wort in griechischen -en drucken.* **5.** *Rang, Titel:* ◆ *...diese Sitte ..., welche das Wort Schriftsteller so schwer auf der Zunge macht, wenn man am Tore um seinen C. gefragt wird* (Cl. Brentano, Kasperl 352);
◆ *Wir Juden sind angewiesen, keinen Fremden... zu behausen, ohne seinen Namen, Heimat, C.... und so weiter gehörigen Orts schriftlich einzureichen* (Lessing, Minna II, 2).

Cha|rak|ter|an|la|ge, die: ⟨meist Pl.⟩ *charakterliche Veranlagung: gute, schlechte -n haben.*

Cha|rak|ter|bild, das: *Darstellung des Charakters (1) eines Menschen: ein C. von jmdm. geben.*

cha|rak|ter|bil|dend ⟨Adj.⟩: *zur Persönlichkeitserziehung beitragend.*

Cha|rak|ter|bil|dung, die ⟨Pl. selten⟩: *Erziehung zur Persönlichkeit durch Bildung des Charakters (1).*

Cha|rak|ter|dar|stel|ler, der: *Schauspieler, der Charakterrollen verkörpert.*

Cha|rak|ter|dar|stel|le|rin, die: w. Form zu ↑ Charakterdarsteller.

Cha|rak|ter|ei|gen|schaft, die: *als Ausdruck des Charakters (1, 3 a) verstandene Eigenschaft.*

Cha|rak|ter|feh|ler, der: *negativ bewertete Charaktereigenschaft.*

cha|rak|ter|fest ⟨Adj.⟩: *einen positiv bewerteten Charakter (1) besitzend u. sich konsequent ihm entsprechend verhaltend.*

Cha|rak|ter|fes|tig|keit, die: *charakterfestes Wesen.*

cha|rak|te|ri|sie|ren ⟨sw. V.; hat⟩ [(frz. caractériser) < griech. charaktērízein]: **1.** *in seiner typischen Eigenart darstellen, treffend schildern: Personen, eine Situation [genau] c.; er charakterisierte sie als ganz und gar unbürgerlich.* **2.** *für jmdn., etw. kennzeichnend sein: einfache und kurze Sätze kennzeichnen die moderne Werbesprache; das Zeitalter des Barocks ist durch einen großen Formenreichtum charakterisiert (gekennzeichnet).*

Cha|rak|te|ri|sie|rung, die; -, -en: *das Charakterisieren, Charakterisiertwerden.*

Cha|rak|te|ris|tik, die; -, -en: *treffende Schilderung der kennzeichnenden Merkmale einer Person od. einer Sache: eine knappe C. des Angeklagten geben.*

Cha|rak|te|ris|ti|kum, das; -s, ...ka (bildungsspr.): *charakteristisches Merkmal: ein auffälliges C. dieser Partei; Das Soldatengespräch, dessen C. war, dass immer einer sprach und drei nicht zuhörten...* (Tucholsky, Werke II, 272).

cha|rak|te|ris|tisch ⟨Adj.⟩ [griech. charaktēristikós]: *die spezifische Eigenart erkennen lassend: eine -e Form; etw. an seinem -en Geruch erkennen; der Ausspruch ist c. für sie.*

cha|rak|te|ris|ti|scher|wei|se ⟨Adv.⟩: *bezeichnenderweise.*

Cha|rak|ter|kopf, der: *Kopf von angenehm ausgeprägter Form, mit ausdrucksvollen Gesichtszügen: er hat einen C.*

cha|rak|ter|lich ⟨Adj.⟩: *den Charakter (1) betreffend: -e Qualitäten; ein c. fragwürdiger Mensch; jmdn. c. formen.*

cha|rak|ter|los ⟨Adj.⟩: *keinen guten Charakter habend, zeigend: ein -er Mensch; sie hat c. gehandelt.*

Cha|rak|ter|lo|sig|keit, die; -, -en: **1.** ⟨o. Pl.⟩ *charakterloses Wesen: seine C. stößt mich ab.* **2.** *charakterlose Äußerung, Handlung: das war wieder eine ihrer -en.*

Cha|rak|ter|merk|mal, das: *Charaktereigenschaft.*

Cha|rak|te|ro|lo|gie, die; - [↑ -logie] (früher): *Teilgebiet der Psychologie, das sich mit Wesen u. Entwicklung des Charakters beschäftigt.*

cha|rak|te|ro|lo|gisch ⟨Adj.⟩: *die Charakterologie betreffend, auf ihr beruhend.*

Cha|rak|ter|rol|le, die (Theater, Film, Fernsehen): *Darstellung eines komplexen u. widersprüchlichen Charakters (2).*

cha|rak|ter|schwach ⟨Adj.⟩: *haltlos, labil: ein -er Mensch.*

Cha|rak|ter|schwä|che, die: *Mangel an Charakterfestigkeit.*

Cha|rak|ter|schwein, das (derb abwertend): *charakterloser Mensch.*

Cha|rak|ter|stark ⟨Adj.⟩: *charakterfest.*

Cha|rak|ter|stär|ke, die: *charakterstarkes Wesen: mit ihrem Verhalten bewies sie ihre C.*

Cha|rak|ter|stu|die, die: *[erzählerische] Darstellung eines Charakters (2).*

cha|rak|ter|voll ⟨Adj.⟩: **1.** *individuell: -e Gesichtszüge.* **2.** *charakterfest.*

Cha|rak|ter|zug, der: **1.** *jmds. Charakter (1) bestimmende Eigenschaft: ein unangenehmer C.; sie ist ein schöner C. von ihm.* **2.** *der Charakter (3 a) von etw. bestimmende Eigenschaft: der hervorstechende C. einer Epoche, einer Landschaft.*

Char|don|nay [ʃardɔˈne], der; -[s], -s [frz. chardonnay, wahrsch. nach dem Ort Chardonnay in Burgund]: **a)** ⟨o. Pl.⟩ *aus dem Burgund stammende französische Rebsorte;* **b)** *Weißwein der Rebsorte Chardonnay (a).*

Charge – chaussieren

Char|ge [ˈʃaʀʒə, österr.: ˈʃarʃ], die; -, -n [frz. charge, eigtl. = Last, zu: charger, ↑ chargieren]: **1.** (bildungsspr.) *Amt, Rang:* die unteren -n der Parteihierarchie. **2.** (Militär veraltet) **a)** *Dienstgrad:* in eine höhere C. aufrücken; **b)** *Person mit einem Dienstgrad:* die höheren -n saßen am Tisch des Kommandanten. **3.** (Verbindungsw.) *Chargierter.* **4.** (Theater, Film, Fernsehen) *Nebenrolle mit übertrieben gezeichnetem Charakter.* **5.** (Technik) *Ladung, Beschickung [von metallurgischen Öfen].* **6.** (Wirtsch.) *Serie von Waren mit gleichen Eigenschaften, die während eines Arbeitsabschnittes u. mit den gleichen Rohstoffen hergestellt, verpackt u. mit einer Nummer gekennzeichnet werden.*

char|gie|ren [ʃarˈʒiːrən] ⟨sw. V.; hat⟩ [frz. charger = beladen < vlat. carricare, zu lat. carrus, ↑ ¹Karre]: **1.** (Verbindungsw.) *(von Chargierten) in der studentischen Festtracht erscheinen.* **2.** (Theater, Film, Fernsehen) **a)** *eine Charge (4) spielen;* **b)** *(als Schauspieler) in seiner Rolle übertreiben.* **3.** (Metallurgie) *Öfen beschicken.*

Char|gier|ter, der Chargierte/ein Chargierter; des/eines Chargierten, die Chargierten/zwei Chargierte (Verbindungsw.): *Vorsitzender einer studentischen Verbindung.*

Cha|ris [ˈçaːrɪs], die; -, ...iten: **1.** ⟨meist Pl.⟩ (griech. Mythol.) *Göttin der Anmut.* **2.** ⟨o. Pl.⟩ (bildungsspr.) *Anmut.*

Cha|ris|ma [ˈçaː(ʀ)ɪsma, auch: ˈka(ː)..., auch: ...ˈrɪs...], das; -s, Charismen u. Charismata [lat. charisma = Geschenk < griech. chárisma]: **1.** (Theol.) *Gesamtheit der durch den Geist Gottes bewirkten Gaben u. Befähigungen des Christen in der Gemeinde.* **2.** *besondere Ausstrahlung[skraft] eines Menschen:* C. besitzen; er besaß kein C.

Cha|ris|ma|ti|ker, der; -s, -: *jmd., der Charisma (2) besitzt.*

Cha|ris|ma|ti|ke|rin, die; -, -nen: w. Form zu ↑ Charismatiker.

cha|ris|ma|tisch [österr. auch: ...ˈmat...] ⟨Adj.⟩: **a)** *das Charisma (2) betreffend, auf Charisma beruhend:* eine -e Autorität; sie hatte eine -e Ausstrahlungskraft; **b)** *Charisma besitzend:* ein -er Führer.

Cha|ri|té [ʃariˈteː], die; -, -s [frz. charité, eigtl. = (Nächsten)liebe < lat. caritas, ↑ Karitas] (veraltet): *Krankenhaus, Pflegeanstalt.*

Cha|ri|tin [ç...], die; -, -nen: ↑ Charis (1).

Cha|ri|ty [ˈtʃɛrɪti], die; - ⟨meist o. Art.⟩ [engl. charity < frz. charité, ↑ Charité] (Jargon): *Wohltätigkeit; Gesamtheit der von der Wohltätigkeit dienenden Veranstaltungen, Aktivitäten.*

Cha|ri|va|ri [ʃariˈvaːri], das; -s, -s [frz. charivari < mlat. caribaria < griech. karēbaría = Kopfschwere, Kopfschmerz] (veraltet): **1. a)** ⟨o. Pl.⟩ *Durcheinander;* **b)** *Katzenmusik.* **2.** (bayr.) **a)** *Uhrkette;* **b)** *Anhänger für die Uhrkette.*

Charles|ton [ˈtʃarlstn, engl.: ˈtʃɑːlst(ə)n], der; -, -s [engl. Charleston, nach der gleichnamigen Stadt in Südkarolina (USA)]: **1.** *aus Amerika stammender Modetanz der Zwanzigerjahre des 20. Jh.s im schnellen, stark synkopierten Rhythmus des Foxtrotts.* **2.** *Musikstück im Rhythmus des Charleston (1).*

Char|lot|te [ʃarˈlɔtə], die; -, -n [frz. charlotte, nach dem w. Vorn.] (Kochkunst): *Süßspeise aus einer Crememasse, die in eine mit Löffelbiskuits o. Ä. ausgelegte Form gefüllt u. dann gestürzt wird.*

char|mant [ʃarˈmant] ⟨Adj.⟩ [frz. charmant, 1. Part. von: charmer = bezaubern < spätlat. carminare, zu lat. carmen, ↑ Charme]: *Charme besitzend, (durch Liebenswürdigkeit) bezaubernd:* ein -er Herr; eine -e Gastgeberin; sie hat eine -e Stimme; ich finde sie c.; c. lächeln; ◆ ... so gibt das ein scharmantes Plätzchen für mich da draußen (= auf dem Gut) (Iffland, Die Hagestolzen I, 3).

Charme [ʃarm], der; -s [frz. charme < lat. carmen = Gesang, Lied, Zauberformel]: *Anziehungskraft, die von jmds. gewinnendem Wesen ausgeht; Zauber:* weiblicher, unwiderstehlicher C.; C. haben; seinen ganzen C. aufbieten; er erlag ihrem bezaubernden C.

Char|meur [ʃarˈmøːɐ̯], der; -s, -s u. -e [frz. charmeur]: *Mann, der mit gezieltem Charme Frauen für sich einzunehmen versteht.*

Char|meuse [ʃarˈmøːz], die; - [frz. charmeuse, eigtl. = Bezauberin] (Textilind.): *maschenfeste Wirkware aus synthetischen Fasern.*

char|mie|ren, scharmieren ⟨sw. V.; hat⟩ [frz. charmer, charmant] (veraltet): *durch seinen Charme bezaubern:* ◆ ... bin auch sehr scharmiert, dass Sie so treue Nachbarschaft mit meinem Gustav halten (Hauff, Jud Süß 426).

char|ming [ˈtʃaːmɪŋ] ⟨indekl. Adj.⟩ [engl. charming, zu: to charme = bezaubern < (a)frz. charmer, ↑ charmant] (bildungsspr.): *liebenswürdig, gewinnend:* er ist fotogen und sehr c.

Chart [tʃaːɐ̯t, tʃart], der od. das; -s, -s [engl. chart < frz. charte, ↑ Charte]: **1.** *grafische Darstellung von Zahlenreihen:* ein C. gestalten; -s auflegen. **2.** ⟨Pl.⟩ (engl. charts) *Hitliste:* die Gruppe hat sich mit ihrem neuen Album rasch einen Platz in den deutschen -s erobert.

Char|ta [ˈkarta], die; -, -s [lat. charta, ↑ Karte] (Verfassungsw.): *Verfassung[surkunde].*

Chart|brea|ker [...breːkɐ], der; -s, - [engl. chartbreaker, zu: to chartbreake = an die Spitze (der Charts) gelangen, zu: chart (Chart 2) u. to break = (einen Rekord) brechen]: **1.** *Musikstück, das nach seiner Veröffentlichung sofort an die Spitze der Charts gelangt.* **2.** *Urheber eines Chartbreakers (1).*

Char|te [ˈʃarta], die; -, -n [frz. charte < lat. charta, ↑ Karte]: *wichtige Urkunde im Staats- u. Völkerrecht.*

Char|ter [ˈtʃartɐ, tʃaːɐ̯tɐ, auch: ˈʃ...], die; -, -, auch: der; -s, -s [engl. charter < afrz. chartre < lat. chartula = kleiner Brief]: **1.** *Miet- od. Pachtvertrag über ein Flugzeug, ein Schiff o. Ä. od. Teile seines Laderaums zur Beförderung von Gütern od. Personen.* **2.** *engl. Bez. für: Urkunde, Freibrief.*

Char|ter|flug, der: *Flug mit einem Charterflugzeug.*

Char|ter|flug|zeug, das: *von einer privaten Gesellschaft o. Ä. [für eine Reise] gemietetes Flugzeug.*

Char|ter|ge|sell|schaft, die: **1.** (früher) *Handelsgesellschaft für Export u. Import.* **2.** *Gesellschaft, die Personen od. Güter mit gemieteten od. gepachteten Verkehrsmitteln befördert.*

Char|ter|ma|schi|ne, die: *Charterflugzeug.*

char|tern ⟨sw. V.; hat⟩ [engl. to charter]: *(Schiffe, Flugzeuge) mieten.*

¹Char|t|reu|se® [ʃarˈtrøːz(ə)], der; - [frz. chartreuse, nach dem gleichnamigen Mutterkloster des Kartäuserordens in der Dauphiné (Frankreich)] (Kochkunst): *von Kartäusermönchen hergestellter Kräuterlikör.*

²Char|t|reu|se, die; -, -n [↑ ¹Chartreuse] (Kochkunst): *Gericht aus Gemüse od. Fleisch, das nach der Zubereitung gestürzt wird.*

Chart|tech|nik [ˈtʃaːɐ̯t...], die; - (Börsenw.): *Methode, mit der ermöglicht werden soll, Kurse von Aktien, Wertpapieren u. a. vorauszusagen.*

chart|tech|nisch [ˈtʃaːɐ̯t...] ⟨Adj.⟩ (Börsenw.): *die Charttechnik betreffend, auf ihr beruhend.*

Cha|ryb|dis [ça...]: ↑ Szylla.

Chase [tʃeɪs], das od. die; - [engl. chase, eigtl. = Jagd < afrz. chace, zu: chacier = jagen] (Musik): *Improvisation im Jazz, bei der sich zwei od. mehrere Solisten periodisch abwechseln.*

Chas|sid [xas...], der; -[s], ...dim, auch -en ⟨meist Pl.⟩ [zu hebr. ḥasíd »fromm, ehrfürchtig«]: *Anhänger des Chassidismus.*

Chas|si|dis|mus, der; -: *im 18. Jh. entstandene religiöse Bewegung des osteuropäischen Judentums, die eine lebendige Frömmigkeit anstrebt.*

Chas|sis [ʃaˈsiː], das; - [...siː(s)], - [...siːs] [frz. châssis = Einfassung, Rahmen, zu: châsse = Kästchen, Einfassung < lat. capsa = Behältnis]: **1.** (Kfz-Technik) *Fahrgestell von Kraftfahrzeugen.* **2.** (Elektrot.) *Rahmen (2 a) elektronischer Apparate (z. B. eines Rundfunkgeräts).*

Cha|su|ble [ˈʃaːzybl, frz.: ʃaˈzybl, engl.: ˈtʃæzjʊbl], das; -s, -s [engl. chasuble = Messgewand < frz. chasuble < spätlat. cas(b)la, ↑ Kasel]: *ärmelloses Überkleid für Frauen nach Art einer Weste.*

Chat [tʃæt], der; -s, -s [engl. chat, eigtl. = Unterhaltung, Plauderei] (EDV): **a)** *im Internet angebotenes Medium, mit dem online Kontakte hergestellt u. Informationen ausgetauscht werden können:* per C. kommunizieren; **b)** *Onlinekommunikation mithilfe des Chats (a):* am C. teilnehmen; im C. sein.

Châ|teau, Cha|teau [ʃaˈtoː], das; -s, -s [frz. château < lat. castellum, ↑ Kastell]: frz. Bez. für: *Schloss, Herrenhaus, Landgut, Weingut.*

Cha|teau|bri|and [ʃatobriˈã:], das; -[s], -s [nach dem frz. Schriftsteller François René Vicomte de Chateaubriand] (Kochkunst): *gebratene od. gegrillte dicke Rinderlendenschnitte.*

Chat|fo|rum, Chat-Fo|rum [ˈtʃæt...], das (EDV): *als Chat durchgeführtes Forum (2).*

Chat|group, Chat-Group [ˈtʃætɡruːp], der; -, -s [engl. chat group, aus: chat (↑ Chat) u. group = Gruppe] (EDV): *Gruppe, die im Internet [über ein gemeinsames Thema] miteinander kommuniziert.*

Chat|raum, Chat-Raum, der (EDV): *Chatroom.*

Chat|room, Chat-Room [ˈtʃætruːm], der; -s, -s [engl. chatroom, aus: chat (↑ Chat) u. room = Raum] (EDV): *Bereich im Internet, in dem (zu einem bestimmten Thema) gechattet wird.*

chat|ten [ˈtʃætn] ⟨sw. V.; hat⟩ [engl. to chat, eigtl. = sich unterhalten, plaudern] (EDV): *sich an einem Chat (b) beteiligen.*

Chat|ter [ˈtʃætɐ], der; -s, - (EDV): *jmd., der chattet.*

Chat|te|rin [ˈtʃætərɪn], die; -, -nen: w. Form zu ↑ Chatter.

Chauf|feur [ʃoˈføːɐ̯], der; -s, -e [frz. chauffeur, urspr. = Heizer, zu: chauffer = warm machen, heizen, über das Vlat. zu lat. cal(e)facere]: *jmd., der berufsmäßig Personen im Auto befördert:* der C. des Chefs; einen C. einstellen.

Chauf|feu|rin [ʃoˈføːrɪn], die; -, -nen: w. Form zu ↑ Chauffeur.

Chauf|feu|se [...ˈføːzə, österr.: ...ˈføːs], die; -, -n (bes. schweiz.): w. Form zu ↑ Chauffeur.

chauf|fie|ren ⟨sw. V.; hat⟩: **a)** *(ein Kraftfahrzeug) fahren* (4 b): ein Auto c.; sie chauffiert [den Wagen] ausgezeichnet; **b)** *[berufsmäßig] in einem Kraftfahrzeug transportieren:* die Kinder wurden in seinem Dienstwagen nach Hause chauffiert.

Chaus|see [ʃoˈseː], die; -, -n [frz. chaussée, über das Vlat. wohl zu lat. calcatum, 2. Part. von: calcare = (mit den Füßen) ein-, feststampfen, zu: calx = Ferse, also eigtl. = Straße mit festgestampften Steinen] (veraltend): *mit Asphalt, Beton od. Steinpflaster befestigte u. ausgebaute Landstraße:* lange, staubige -n; Ich schlug einen Fußpfad ein ... und kam so hinter der von uns bereits zu drei Vierteln eingeebneten Panzersperre auf die C. nach Aue (Heym, Schwarzenberg 89).

Chaus|see|baum, der (veraltend): *am Rand einer Chaussee angepflanzter Baum.*

chaus|sie|ren ⟨sw. V.; hat⟩ (Straßenbau, veral-

Chauvi – chemisch

tend): *mit einer festen Fahrbahndecke versehen, asphaltieren, betonieren:* die Straße wurde neu chaussiert; ♦ ... *neben dessen breitem chaussiertem Mittelweg ein schmaler Fußsteig auf die Dünen ... zulief* (Fontane, Effi Briest 88).

Chau|vi ['ʃo:vi], der; -s, -s (ugs.): *Chauvinist* (2).

Chau|vi|nis|mus [ʃovi'nɪsmʊs], der; -, ...men [frz. chauvinisme, nach der Gestalt des extrem patriotischen Rekruten Nicolas Chauvin aus einem Lustspiel der Brüder Cogniard] (abwertend): **1. a)** ⟨o. Pl.⟩ *aggressiv übersteigerter Nationalismus [militaristischer Prägung] verbunden mit Nichtachtung anderer Nationalitäten;* **b)** *Äußerung, Handlung als Ausdruck des Chauvinismus* (1 a): seine Bemerkung war in unverzeihlicher C. **2. a)** ⟨o. Pl.⟩ *auf übertriebenem Selbstwertgefühl beruhende Grundhaltung von Männern, die bewirkt, dass Frauen geringer geachtet werden, gesellschaftliche Nachteile erleiden:* männlicher C.; **b)** *Äußerung, Handlung als Ausdruck des Chauvinismus* (2 a): eine von [männlichen] Chauvinismen strotzende Darstellung.

Chau|vi|nist [ʃovi'nɪst], der; -en, -en [frz. chauviniste] (abwertend): **1.** *Vertreter des Chauvinismus* (1 a): in der Wahlveranstaltung wimmelte es von -en. **2.** *vom Chauvinismus* (2 a) *geprägter Mann:* sie hatte die Nase voll von Anmachern und -en.

Chau|vi|nis|tin, die; -, -nen: w. Form zu ↑ Chauvinist (1).

chau|vi|nis|tisch ⟨Adj.⟩ (abwertend): **1.** *den Chauvinismus* (1 a) *betreffend, davon zeugend:* eine -e Gesinnung; -e Tendenzen, Parolen. **2.** *den Chauvinismus* (2 a) *betreffend, davon zeugend:* -e Äußerungen.

¹Check: ↑ Scheck.

²Check [tʃɛk], der; -s, -s: **1.** [engl. check = Kontrolle] *Überprüfung von etw. hinsichtlich Funktionsfähigkeit, Sicherheit u. Ä.* **2.** [engl. check, eigtl. = Hindernis « afrz. eschec = Schach] (Eishockey) *das Checken* (1).

che|cken ['tʃɛkn̩] ⟨sw. V.; hat⟩ [engl. to check]: **1.** (Eishockey) *(einen Gegenspieler) rempeln, behindern.* **2.** (bes. Technik) *nachprüfen, kontrollieren:* ein Flugzeug vor dem Start c. **3.** (salopp) *begreifen; kapieren:* hast du das endlich gecheckt?

Che|cker ['tʃɛkɐ], der; -s, -: **1.** [engl. checker] (Technik) *Kontrolleur, Prüfer.* **2.** (salopp) *jmd., der etw. checkt* (3).

Che|che|rin, die; -, -nen: w. Form zu ↑ Checker.

Check-in [tʃɛk'ɪn, auch: 'tʃɛkɪn], das od. der; -[s], -s [engl.]: **1.** *Abfertigung des Fluggastes vor Beginn des Fluges.* **2.** *Anmeldung des Gastes im Hotel bei der Anreise.*

Check|list ['tʃɛk...], die; -, -s, **Check|lis|te**, die [engl. check-list, aus: check = Kontrolle u. list = Liste] (ugs.): *Kontrollliste.*

Check-out [tʃɛk'ḁʊt, auch: 'tʃɛkḁʊt], das od. der; -[s], -s [engl.-amerik. check-out]: **1.** *Durchführung automatischer Kontrollmaßnahmen bei der Herstellung u. Prüfung von technischen Geräten.* **2.** *Abmeldung des Gastes im Hotel bei der Abreise.*

Check|point ['tʃɛkpɔynt], der; -s, -s [engl. check-point, aus: check = Kontrolle u. point = Punkt, Stelle]: *Kontrollpunkt an Grenzübergängen.*

Check-up ['tʃɛklap, auch: ...'lap], der od. das; -[s], -s [engl. check-up]: *umfangreiche medizinische Vorsorgeuntersuchung.*

chee|rio ['tʃiɐri'oʊ; engl. cheerio, zu: cheer = Hurra-, Beifallsruf] (ugs.): **1.** *prost!; zum Wohl!* **2.** *auf Wiedersehen!*

Cheer|lea|der ['tʃi:ɡli:dɐ], der; -s, -[s] [engl. cheerleader, zu: cheer = Beifallsruf u. leader = Anführer, Leiter] (Sport): *Mitglied einer Gruppe attraktiver junger Frauen (seltener auch Männern), die bei Sportveranstaltungen die Anhänger einer bestimmten Mannschaft dazu bringen sollen, diese möglichst lebhaft anzufeuern.*

Cheer|lea|de|rin, die; -, -nen: w. Form zu ↑ Cheerleader.

cheers ['tʃi:...] ⟨Interj.⟩ [engl., zu: cheer, ↑ cheerio]: *prosit, zum Wohl.*

Cheese|bur|ger ['tʃi:sbø:ɐ̯ɡɐ], der; -s, - [engl. cheeseburger, zu: cheese = Käse u. hamburger, ↑ ²Hamburger]: *²Hamburger, der zusätzlich eine Scheibe Käse enthält.*

Chef [ʃɛf, österr.: ʃe:f], der; -s, -s [frz. chef = (Ober)haupt, über das Vlat. zu lat. caput]: **1. a)** *Leiter:* der C. der Sicherheitspolizei; der Betrieb bekommt einen neuen C.; * *C. im Ring sein* (1. Boxen; *den Kampf bestimmen, den Gegner beherrschen.* ugs.; *die maßgebliche Rolle spielen, tonangebend sein*); **b)** *Anführer:* der C. der Bande konnte endlich dingfest gemacht werden. **2.** *saloppe Anrede [an einen Unbekannten]:* hallo, C., gehts hier zum Bahnhof?

Chef|an|klä|ger, der; (ugs.): *erster, maßgeblicher Ankläger.*

Chef|an|klä|ge|rin, die; w. Form zu ↑ Chefankläger.

Chef|arzt, der: *leitender Arzt [einer Abteilung] eines Krankenhauses.*

Chef|ärz|tin, die: w. Form zu ↑ Chefarzt.

Chef|be|ra|ter, der: *erster, maßgeblicher Berater:* der C. des Präsidenten.

Chef|be|ra|te|rin, die: w. Form zu ↑ Chefberater.

Chef|coach, der: *erster, leitender Coach* (1).

Chef de Cui|sine [ʃɛfdəkɥi'zi:n], der; -[s] --, -s -- [ʃɛfdəkɥi'zi:n] [frz. chef de cuisine, zu: cuisine = Küche] (Gastron.): *Küchenchef; Chefkoch.*

Chef de Mis|si|on [ʃɛfdəmi'sjõ:], der; -[s] --, -s -- [ʃɛfdəmi'sjõ:] [frz. chef de mission = Delegationsleiter]: *Leiter einer sportlichen Delegation (z. B. bei den Olympischen Spielen).*

Chef|di|ri|gent, der: *ständiger leitender Dirigent eines großen Sinfonieorchesters.*

Chef|di|ri|gen|tin, die: w. Form zu ↑ Chefdirigent.

Chef|dra|ma|turg, der: *erster, maßgeblicher Dramaturg.*

Chef|dra|ma|tur|gin, die: w. Form zu ↑ Chefdramaturg.

Chef|eta|ge, die: **1.** *Etage in einem Geschäftshaus, in der sich die Räume der Geschäftsleitung befinden.* **2.** (salopp) *Geschäftsleitung:* die C. mag sich dazu nicht äußern; es herrscht Optimismus in der C.

Chef|ideo|lo|ge, der: *führender Ideologe einer [kommunistischen] Partei.*

Chef|ideo|lo|gin, die: w. Form zu ↑ Chefideologe.

Che|fin, die; -, -nen: **1.** w. Form zu ↑ Chef (1). **2.** (ugs. veraltend) *Frau des Chefs* (1 a).

Chef|in|ge|ni|eur, der: *leitender Ingenieur.*

Chef|in|ge|ni|eu|rin, die: w. Form zu ↑ Chefingenieur.

Chef|koch, der: *erster Koch; Meisterkoch.*

Chef|köchin, die: w. Form zu ↑ Chefkoch.

Chef|kon|struk|teur, der: *Leiter einer Konstruktionsabteilung.*

Chef|kon|struk|teu|rin, die: w. Form zu ↑ Chefkonstrukteur.

Chef|öko|nom, der (ugs.): *erster, maßgeblicher Ökonom* (b).

Chef|öko|no|min, die: w. Form zu ↑ Chefökonom.

Chef|pos|ten, der: *leitender Posten, leitende Stellung.*

Chef|re|dak|teur, der: *Leiter einer Redaktion.*

Chef|re|dak|teu|rin, die: w. Form zu ↑ Chefredakteur.

Chef|re|dak|ti|on, die: **a)** *leitende Redaktion* (1): die C. übernehmen; **b)** *eine Redaktion* (2 a) *leitende Führungsgruppe:* die C. hat das abgelehnt.

Chef|re|dak|tor, der (schweiz.): *Chefredakteur.*

Chef|re|dak|to|rin, die: w. Form zu ↑ Chefredaktor.

Chef|sa|che, die: *Sache, Angelegenheit, die von so großer Bedeutung, Wichtigkeit ist, dass sich der Leiter selbst ihrer annimmt od. annehmen sollte:* er hat das Projekt zur C. erklärt, gemacht.

Chef|se|kre|tär, der: *leitender Funktionär einer Organisation (z. B. einer Partei, einer Gewerkschaft).*

Chef|se|kre|tä|rin, die: *Sekretärin des Chefs.*

Chef|ses|sel, der (ugs.): *Stellung, die jmd. als Chef, Chefin innehat:* den C. räumen.

Chef|trai|ner, der: *erster, leitender Trainer.*

Chef|trai|ne|rin, die: w. Form zu ↑ Cheftrainer.

Chef|un|ter|händ|ler, der: *erster, maßgeblicher Unterhändler.*

Chef|un|ter|händ|le|rin, die: w. Form zu ↑ Chefunterhändler.

Chef|vi|si|te, die: *Visite des Chefarztes, der Chefärztin (im Krankenhaus).*

Che|mie [çe'mi:, südd., österr.: k..., schweiz.: x...], die; - [wohl rückgeb. aus ↑ Alchemie]: **1.** *Naturwissenschaft, die die Eigenschaften, die Zusammensetzung u. die Umwandlung der Stoffe u. ihrer Verbindungen erforscht:* ein Lehrbuch der C.; er studiert C.; sie hat in C. (*im Unterrichtsfach Chemie*) eine Zwei; * **die C. stimmt** (*es besteht eine gute persönliche Beziehung:* zwischen den beiden Politikern, den Koalitionspartnern stimmt die C.). **2.** (ugs.) *chemische Behandlung, Beeinflussung, die eine Veränderung bewirkt:* der Pudding schmeckt nach C.

Che|mie|ar|bei|ter, der: *Arbeiter in einem Chemiebetrieb.*

Che|mie|ar|bei|te|rin, die: w. Form zu ↑ Chemiearbeiter.

Che|mie|be|trieb, der: *Betrieb* (1 a) *der chemischen Industrie.*

Che|mie|bran|che, die: *der Bereich der Chemie umfassende Branche.*

Che|mie|fa|ser, die: *durch chemische Verfahren hergestellte Faser; Kunstfaser.*

Che|mie|in|dus|t|rie, die: *Industriezweig, der sich mit der Herstellung u. Weiterverbreitung chemischer Produkte befasst.*

Che|mie|kon|zern, der: *Konzern der Chemieindustrie.*

Che|mie|la|bo|rant, der: *in einem Labor der chemischen Industrie beschäftigter Facharbeiter (Berufsbez.).*

Che|mie|la|bo|ran|tin, die: w. Form zu ↑ Chemielaborant.

Che|mie|un|fall, der: *Unfall* (1) *in einem Betrieb der chemischen Industrie.*

Che|mie|un|ter|neh|men, das: *Unternehmen der Chemieindustrie.*

Che|mie|waf|fe, die: *Waffe, die durch die Verbreitung von künstlich hergestellten Giftstoffen ihre Wirkung erzielt.*

Che|mi|ka|lie, die; -, -n: *industriell hergestellter chemischer Stoff:* geruchlose, flüssige -n; Lebensmittel mit -n.

Che|mi|kant, der; -en, -en: *Facharbeiter in der chemischen Industrie (Berufsbez.).*

Che|mi|kan|tin, die; -, -nen: w. Form zu ↑ Chemikant.

Che|mi|ker, der; -s, -: *Wissenschaftler auf dem Gebiet der Chemie.*

Che|mi|ke|rin, die; -, -nen: w. Form zu ↑ Chemiker.

Che|mi|née ['ʃmine:], das; -s, -s [frz. cheminée < mlat. caminata, ↑ Kemenate] (schweiz.): *offener Kamin in einem Wohnraum.*

che|misch ['çe:mɪʃ, südd., österr.: 'k..., schweiz.: 'x...] ⟨Adj.⟩: **a)** *die Chemie betreffend, dazu gehörend:* -e Industrie; -es Labor; -e Elemente; **b)** *nach den Gesetzen der Chemie erfolgend:* eine -e Umsetzung, Reaktion, Verbindung; Natrium reagiert c. mit Chlor; **c)** *Chemi-*

kalien enthaltend, mithilfe von Chemikalien: -e Düngung, Waffen; eine Hose c. reinigen lassen.
Che|mise [ʃəˈmiːz(ə)], die; -, -n [...zn] [frz. chemise < spätlat. camisia = Hemd] (veraltet): *Hemd, Überwurf.*
Che|mi|sett [ʃamiˈzɛt], das; -[e]s, -s u. -e, **Che|mi|set|te** [...tə], die; -, -n [frz. chemisette] (Mode): **a)** *gestärkte Hemdbrust im Frack- u. Smokinghemden;* **b)** *heller Einsatz an Damenkleidern.*
Che|mis|mus, der; -: *Gesamtheit der chemischen Vorgänge u. der chemischen Zusammensetzung bes. im pflanzlichen u. tierischen Stoffwechsel sowie in Gesteinen.*
Chem|nitz [ˈkɛm...]: *Stadt in Sachsen.*
Che|mo|keu|le [ˈçeː..., südd., österr.: ˈk..., schweiz.: ˈx...], die; -, -n: **1.** *chemische Keule.* **2.** (ugs. abwertend) *[radikale] chemotherapeutische Behandlung, Chemotherapie.*
Che|mo|re|zep|tor, der; -s, ...oren ⟨meist Pl.⟩ (Med.): *Sinneszelle od. Sinnesorgan, das der Wahrnehmung chemischer Reize dient.*
Che|mo|syn|the|se [ç...], die; - (Biol.): *(bei bestimmten Bakterien) Aufbau organischer Substanzen aus anorganischen Stoffen, bei dem die dazu benötigte Energie aus einer Oxidation gewonnen wird.*
che|mo|tak|tisch ⟨Adj.⟩ (Biol.): *die Chemotaxis betreffend.*
Che|mo|ta|xis, die; -, ...xen [zu griech. táxis = Ordnung] (Biol.): *durch chemische Reize ausgelöste Orientierungsbewegung von Tieren u. Pflanzen.*
Che|mo|tech|nik, die; -: *Gesamtheit der Maßnahmen, Einrichtungen u. Verfahren, die dazu dienen, chemische Erkenntnisse praktisch nutzbar zu machen.*
Che|mo|tech|ni|ker, der; -s, -: *an einer Fachschule ausgebildete Fachkraft der chemischen Industrie* (Berufsbez.).
Che|mo|tech|ni|ke|rin, die; -, -nen: w. Form zu ↑Chemotechniker.
Che|mo|the|ra|peu|ti|kum, das; -s, ...ka ⟨meist Pl.⟩: *aus chemischen Substanzen hergestelltes Arzneimittel, das Tumorzellen abtötet oder Krankheitserreger hemmt.*
che|mo|the|ra|peu|tisch [auch: ˈçemo..., südd., österr.: ˈk..., schweiz.: ˈx...] ⟨Adj.⟩: *nach den Erkenntnissen u. Methoden der Chemotherapie vorgehend.*
Che|mo|the|ra|pie [auch: ...ˈpiː], die; -, -n (Med.): *Behandlung von Krebserkrankungen od. Infektionskrankheiten mit Chemotherapeutika.*

> **-chen: 1.** ⟨das; -s, -⟩ **a)** *kennzeichnet in Bildungen mit Substantiven die Verkleinerungsform: Fensterchen, Tellerchen; Blümchen, Lädchen, Häuserchen;* **b)** *kennzeichnet in Bildungen mit Substantiven die Koseform: Blondchen, Kläuschen;* **c)** *drückt in Bildungen mit Substantiven einen positiven emotionalen Bezug aus: Maschinchen, Weinchen;* **d)** (abwertend) *drückt in Bildungen mit Substantiven aus, dass jmd. oder etw. als belanglos, unwichtig und gering angesehen wird: Novellchen, Problemchen, Skandälchen.* **2.** *bildet mit Wörtern unterschiedlicher Wortart eine Interjektion: hallöchen, nanuchen, tschüs[s]chen.*

Che|nil|le [ʃəˈnɪljə, auch: ʃəˈniːjə], die; -, -n [frz. chenille, eigtl. = Raupe < lat. canicula = Hündchen]: *Garn, dessen Fasern in dichten Büscheln seitlich vom Faden abstehen.*
Chen|nai [ˈtʃɛnaɪ]: *Stadt in Indien (früher ↑¹Madras).*
cher|chez la femme [ʃɛrʃeˈlafam; frz. = sucht nach der Frau; zuerst in dem Drama »Les Mohicans de Paris« von A. Dumas d. Ä. (1802–1870)] (bildungsspr.): *dahinter steckt bestimmt eine Frau!*
Cher|ry-Bran|dy, Cher|ry|bran|dy [ˈtʃɛribrɛndi], der; -s, -s [engl. cherry brandy, aus: cherry = Kirsche u. brandy, ↑Brandy]: *Kirschlikör.*
Che|rub [ˈçeːrʊp, auch: ˈkeː...], (ökum.:) Kerub, der; -s, -im [...ruːbiːm] u. -inen [...ˈbiːnən] [kirchenlat. Cherubin, Cherubim < hebr. kᵉrûvîm (Pl.)]: *[biblischer] Engel [mit Flügeln u. Tierfüßen]; himmlischer Wächter (z. B. des Paradieses).*
che|ru|bi|nisch ⟨Adj.⟩: *von der Art eines Cherubs; engelgleich:* eine -e Gestalt.
Che|rus|ker [çe..., südd., österr.: ke...], der; -s, -: *Angehöriger eines westgermanischen Volksstammes.*
Che|rus|ke|rin, die; -, -nen: w. Form zu ↑Cherusker.
Ches|ter|field [ˈtʃɛstɐfiːld], der; -[s], -s [engl. chesterfield, nach einem Lord Chesterfield, der den Mantel 1889 kreierte]: *eleganter Herrenmantel mit verdeckter Knopfleiste.*
Ches|ter|kä|se [ˈtʃɛstɐ...], der; -s, - [nach der engl. Stadt Chester]: *mit Safran o. Ä. gelblich orange gefärbter Hartkäse.*
Che|va|li|er [ʃəvaˈlje:], der; -s, -s [frz. chevalier, eigtl. = Ritter < lat. caballarius = Pferdeknecht]: **1.** ⟨o. Pl.⟩ *französischer Adelstitel.* **2.** *Träger des Titels Chevalier* (1).
Che|v|reau [ʃəˈvroː, ˈʃɛvro], das; -[s], -s [frz. chevreau, zu: chèvre = Ziege < lat. capra]: *Ziegenleder.*
Che|v|reau|le|der, das: *Chevreau.*
Che|v|ron [ʃəˈvrõː], der; -s, -s [frz. chevron]:
1. *Wollgewebe mit Fischgrätenmusterung.*
2. (Heraldik) *nach unten offener Winkel, dessen Schenkel sich am oberen Rand des Wappenschildes od. -feldes treffen; Sparren.* **3.** *französisches Dienstgradabzeichen in Form eines Streifens od. Winkels.*
Chew|ing|gum [ˈtʃuːɪŋɡʌm], der; -s, -s [engl. chewing-gum, zu: to chew = kauen u. gum = Gummi]: *Kaugummi.*
CHF = *internationaler Währungscode für: Schweizer Franken.*
¹Chi [çi:], das; -, -s [griech. chī]: *zweiundzwanzigster Buchstabe des griechischen Alphabets* (X, χ).
²Chi: ↑ Qi.
Chi|an|ti [ˈkjanti], der; -[s] [ital. chianti, nach der gleichnamigen ital. Landschaft]: *italienischer Rotwein.*
Chi|an|ti|fla|sche, die: *bauchige, mit Stroh umflochtene Flasche für den Chianti.*
Chi|as|mus [ˈçjasmʊs], der; -, -men [griech. chiasmós, nach der Gestalt des griech. Buchstabens Chi = X] (Stilkunde): *syntaktische Stellung von kreuzweise aufeinander bezogenen Wörtern od. Redeteilen (z. B.* groß war der Einsatz, der Gewinn war klein).
chi|as|tisch ⟨Adj.⟩ (Stilkunde): *in der Form des Chiasmus gehalten:* eine -e Wortstellung.
chic [ʃik] ⟨Adj.⟩: (bes. Werbespr.): *schick* (1): *das Abendkleid ist besonders c.*
Chic, der; -s (bes. Werbespr.): *Schick* (1).
Chi|ca [ˈtʃiːka], die; -, -s [span. chica]: w. Form zu ↑Chico.
Chi|ca|go [ʃiˈkaːɡo]: *Stadt in den USA.*
Chi|ca|go|stil, der (Musik): *von Chicago ausgehende Stilform des Jazz in den Jahren nach dem Ersten Weltkrieg.*
Chi|chi [ʃiˈʃi], das; -[s], -[s] [frz. chichi, laut- u. bewegungsnachahmend] (bildungsspr.): **a)** ⟨o. Pl.⟩ *Getue, Gehabe;* **b)** ⟨Pl. selten⟩ *[unnötiges] Beiwerk; verspieltes Accessoire.*
Chi|cken|wing [ˈtʃɪknwɪŋ], der; -s, -s ⟨meist Pl.⟩ [engl. chicken wing = Hähnchenflügel] (Kochkunst): *kross gebratener Hähnchenflügel.*

Chi|co [ˈtʃiːko], der; -[s], -s [span. chico, aus dem Roman., vgl. lat. ciccum = Geringes, Unbedeutendes]: *span. Bez. für: [kleiner] Junge.*
Chi|co|rée [ˈʃikɔre, auch: ʃikoˈreː], der; -s - [frz. chicorée < mlat. cichorea, ↑Zichorie]: *blassgelbe, zarte Pflanze, deren Spross als Gemüse od. Salat gegessen wird.*
Chi|co|rée|sa|lat, der: *Salat aus Chicorée.*
Chief [tʃiːf], der; -s, -s [engl. chief < afrz. chief (= frz. chef), ↑Chef]: *engl. Bez. für: Leiter, Oberhaupt; Häuptling.*
Chiem|see [ˈkiːm...], der; -s: *See in Bayern.*
◆**Chif|fer** [ʃ...], die; -, -n: *Chiffre* (2): *...hob einen dunkelroten Stein auf, der ... eingegrabene unverständliche -n zeigte* (Novalis, Heinrich 37).
Chif|fon [ˈʃifõ, ʃiˈfõː; österr.: ʃiˈfoːn], der; -s, -s, österr. auch: -e [...ˈfoːnə] [frz. chiffon, zu: chiffe = minderwertiges Gewebe < arab. šiff = Gaze]: *feines, schleierartiges Seidengewebe [in Taftbindung]:* ein Abendkleid aus fließendem C.
Chif|fon|kleid, das: *Kleid aus Chiffon.*
Chif|fon|tuch, das ⟨Pl. ...tücher⟩: *Halstuch aus Chiffon.*
Chif|f|re [ˈʃifrə, auch: ˈʃifɐ], die; -, -n [frz. chiffre < afrz. cifre, ↑Ziffer]: **1.** *Ziffer, Zahl.* **2.** *geheimes Schriftzeichen, Zeichen einer Geheimschrift:* -n entziffern, entschlüsseln. **3.** *Kennziffer, Kennzeichen: Zeitungsanzeigen, die unter [einer] C. erscheinen.* **4.** (Stilkunde) *Stilfigur bes. der modernen Lyrik.*
Chif|f|re|schrift, die: *Geheimschrift; Code.*
chif|f|rie|ren [ʃiˈfriːrən] ⟨sw. V.; hat⟩ [frz. chiffrer]: *verschlüsseln, in Geheimschrift abfassen:* einen Text c.
Chif|f|rier|kunst, die ⟨Pl. selten⟩: *Kunst, Texte zu chiffrieren.*
Chif|f|rier|ma|schi|ne, die: *Gerät zum Chiffrieren u. Dechiffrieren von Texten.*
Chif|f|rie|rung, die; -, -en: *das Chiffrieren, Chiffriertwerden.*
Chi|gnon [ʃinˈjõː], der; -s, -s [frz. chignon, über das Vlat. zu lat. catena = Kette]: *im Nacken getragener Haarknoten.*
Chi|hu|a|hua [tʃiˈʋaʋa], der; -[s], -s [span. chihuahua, nach dem gleichnamigen mex. Bundesstaat]: *sehr kleiner, dem Zwergpinscher ähnlicher Hund mit großen Ohren.*
Chil|bi [x...], die; -, Chilbenen (schweiz.): *Kirchweih.*
Chi|le [ˈtʃiːle, auch: ˈçiːle]; -s: *Staat in Südamerika.*
Chi|le|ne, der; -n, -n: Ew.
Chi|le|nin, die; -, -nen: w. Form zu ↑Chilene.
chi|le|nisch ⟨Adj.⟩: *Chile, die Chilenen betreffend; von den Chilenen stammend, zu ihnen gehörend.*
Chi|le|sal|pe|ter, der; -s: *in Chile gewonnenes Natriumnitrat.*
Chil|li [ˈtʃɪli], der; -s, -s [span. chile < Nahuatl (mittelamerik. Indianerspr.) chilli]: **1.** *mittelamerikanische Paprikaart, die den Cayennepfeffer liefert.* **2.** *mit Cayennepfeffer scharf gewürzte Tunke.* **3.** ⟨meist Pl.⟩ *Schote des Chilis* (1): *scharfe, rote, grüne, kleine -s.*
Chi|li|as|mus [çiˈlasmʊs], der; - [griech. chiliasmós] (christl. Rel.): *[Lehre von der] Erwartung des Tausendjährigen Reiches nach der Wiederkunft Christi (Offenbarung 20, 4 f.)*
Chi|li|ast, der; -en, -en (christl. Rel.): *Anhänger des Chiliasmus.*
Chi|li|as|tin, die; -, -nen: w. Form zu ↑Chiliast.
chi|li|as|tisch ⟨Adj.⟩ (christl. Rel.): *den Chiliasmus betreffend, darauf beruhend.*
Chil|li|pul|ver, das: *als Gewürz verwendetes Pulver aus getrockneten u. gemahlenenen Chilis* (3), Oregano, Kreuzkümmel, Nelken, Knoblauch u. Ä.
Chi|li|sau|ce: ↑ Chilisoße.
Chi|li|so|ße, Chi|li|sau|ce, die: *Chili* (2).

chil|len ['tʃɪlən] ⟨sw. V.; hat⟩ [engl. to chill (out) = sich entspannen, eigtl. = abkühlen] (Jugendspr.): **1.** *sich [nach einer Anstrengung] erholen; entspannen:* ich möchte heute Abend einfach nur ein bisschen c. **2.** ⟨c. + sich⟩ *sich abregen:* komm, komm, nun chill dich mal!

Chil|lies ['tʃɪlɪs] ⟨Pl.⟩ [engl. chillies, Pl. von: chilli, chilly = Chili (1)]: *Früchte des Chilis (1), die getrockneten Cayennepfeffer liefern.*

Chill-out [tʃɪl'laʊt], das od. der; -[s], -s (bes. Jugendspr.): *Entspannung:* zum C. bietet sich eine gemütliche Bar an.

Chill-out-Room [tʃɪl'aʊtru:m], der; -s, -s [geb. aus amerik. to chill out = entspannen, relaxen u. engl. room = Raum]: *Entspannungs-, Erholungsraum für Raver:* relaxen im C.

Chi|mä|re [çi'mɛːrə], die; -, -n [nach dem Ungeheuer der griech. Sage Chimära, griech. Chímaira]: **1.** ↑ Schimäre. **2.** (Biol.) *Organismus od. einzelner Trieb, der aus genetisch verschiedenen Zellen aufgebaut ist.*

chi|mä|risch: ↑ schimärisch: ♦ ⟨subst.:⟩ ... da er durch seinen ungeheuerlichen Pakt mit dem Habsburger das Reich des Unausführbaren und Chimärischen betreten hatte (C. F. Meyer, Page 160).

Chi|na ['ç..., südd., österr.: 'k...]; -s: *Staat in Ostasien.*

Chi|na|böl|ler, der: *in China hergestellter Feuerwerkskörper.*

Chi|na|kohl, der: *aus Ostasien stammende, als Gemüse od. Salat verwendete längliche Kohlart.*

Chi|na|res|tau|rant, das: *Restaurant, in dem Gerichte der chinesischen Küche angeboten werden.*

Chi|na|rin|de, die [zu span. quina < Ketschua (südamerik. Indianerspr.) quina(quina) = Chinarinde(nbaum)] (Pharm.): *chininhaltige Rinde des Chinarindenbaumes.*

Chi|na|rin|den|baum, der: *zu den Rötegewächsen gehörender, in mehreren Arten im tropischen Amerika vorkommender hoher Baum, von dem einige wilde Arten u. Kreuzungen die Chinarinde liefern; Cinchona.*

Chi|na|town ['tʃaɪnataʊn], die; -, -s, auch das; -s, -s [engl. Chinatown, zu: town = Stadt]: *Stadtviertel in Städten außerhalb Chinas, bes. in Nordamerika, in dem überwiegend Chinesen wohnen.*

¹**Chin|chil|la** [tʃɪn'tʃɪla], die; -, -s od., österr. nur, das; -s, -s [span. chinchilla, viell. aus einer Indianerspr. Perus]: *südamerikanisches Nagetier mit wertvollem Pelz.*

²**Chin|chil|la,** das; -s, -s: **1.** *Hauskaninchen mit bläulich aschgrauem Fell.* **2. a)** *Fell der* ¹*Chinchilla;* **b)** *Pelz aus* ²*Chinchilla (2 a).*

chin-chin ['tʃɪn'tʃɪn; engl., aus dem Chin.]: *prost!, zum Wohl!*

Chi|ne|se [çi..., südd., österr.: ki...], der; -n, -n: Ew. zu ↑ China: der Mann ist C.; wir gehen zum -n essen *(in ein Chinarestaurant).*

Chi|ne|sin, die; -, -nen: w. Form zu ↑ Chinese.

chi|ne|sisch ⟨Adj.⟩: *China, die Chinesen betreffend; von den Chinesen stammend, zu ihnen gehörend:* -e Sitten; * **c. für jmdn. sein** (ugs.; völlig unverständlich für jmdn. sein u. daher einem Gespräch, einer Erklärung o. Ä. nicht folgen können).

Chi|ne|sisch, das; -[s]: *chinesische Sprache:* er kann, lernt C.; * **C. für jmdn. sein** (↑ chinesisch).

-chi|ne|sisch, das; -[s]: *bezeichnet in Bildungen mit Substantiven eine Sprache, die an einem bestimmten Personenkreis verwendet wird, aber für Laien unverständlich erscheint:* Behörden-, Linguisten-, Soziologenchinesisch.

Chi|ne|si|sche, das; -n ⟨nur mit best. Art.⟩: *Chinesisch.*

Chi|nin [çi'ni:n, südd., österr.: k...], das; -s [ital. chinina, zu: china < älter frz. quina < span. quina, ↑ Chinarinde] (Pharm.): *(als Arznei gegen Fieber, bes. bei Malaria verwendetes) Alkaloid der Chinarinde.*

Chi|noi|se|rie [ʃinoazəˈri:], die; -, -n [frz. chinoiserie, zu: chinois = chinesisch]: **1.** *kunstgewerblicher Gegenstand (z. B. etw. aus Porzellan, Lackarbeit) in chinesischem Stil.* **2.** *an chinesische Vorbilder anknüpfende Zierform[en] in der Kunst des 18. Jh.s.*

Chintz [tʃɪnts], der; -[es], -e [engl. chintz, älter: chints, Pl. von: chint < Hindi chīnṭ]: *bunt bedrucktes Gewebe [aus Baumwolle] in Leinenbindung mit glänzender Oberfläche.*

Chip [tʃɪp], der; -s, -s [engl. chip, eigtl. = Schnipsel]: **1.** *Spielmarke beim Roulette:* der Croupier verteilte -s. **2.** ⟨meist Pl.⟩ *roh in Fett gebackene, dünne Kartoffelscheibe, die zu Getränken gegessen wird.* **3.** (Elektronik) *dünnes, einige Quadratmillimeter großes Plättchen aus Halbleitermaterial, auf dem sich Schaltung u. mikroelektronische Schaltelemente befinden.*

Chip|her|stel|ler ['tʃɪp...], der: *Hersteller von Chips (3).*

Chip|her|stel|le|rin, die: w. Form zu ↑ Chiphersteller.

Chip|kar|te ['tʃɪp...], die: *Plastikkarte mit einem elektronischen Chip (3), die als Ausweis, Zahlungsmittel o. Ä. verwendet wird.*

Chip|munk ['tʃɪpmʌŋk], der; -s, -s [engl. chipmunk, aus einer nordamerik. Indianerspr.]: *Streifenhörnchen.*

chip|pen ['tʃɪpn] ⟨sw. V.; hat⟩: **1.** *(ein Tier) mit einem Mikrochip kennzeichnen:* eine Katze, einen Hund c. lassen. **2.** *eine Chipkarte auflegen.* **3.** (Golf) *den Ball über eine kurze Distanz schlagen.*

Chip|pen|dale ['(t)ʃɪp(ə)ndeɪl], das; -[s] [engl. Chippendale, nach dem engl. Kunsttischler Th. Chippendale (1718–1779)]: *englischer Möbelstil des 18. Jahrhunderts:* eine Kommode in C.

Chip|satz ['tʃɪp...], der: *bestimmte Anzahl zusammengehöriger Chips (3), die zusammen eine bestimmte Aufgabe erfüllen.*

Chi|r|al|gra ['ç..., südd., österr.: 'k...], die; - [lat. chiragra < griech. cheirágra, zu: cheír = Hand u. ágra, vgl. Podagra] (Med.): *Gicht in den Hand- u. Fingergelenken.*

Chi|ro|lo|gie, die; - [zu griech. cheirologeín »mit der Hand lesen«]: *Charakter- u. Schicksalsdeutung aus Formen u. Linien der Hände.*

Chi|ro|mant, der; -en, -en [griech. cheirómantis]: *Wahrsager, der die Zukunft aus den Handlinien deutet.*

Chi|ro|man|tie, die; - [griech. cheiromanteía]: *Wahrsagen aufgrund der Form u. der Linien der Hände.*

Chi|ro|man|tin, die; -, -nen: w. Form zu ↑ Chiromant.

Chi|ro|prak|tik, die; - (Med.): *Behandlung von Funktionsstörungen an den der Bewegung und Stützung des menschlichen Körpers dienenden Körperteilen durch spezielle Handgriffe.*

Chi|ro|prak|ti|ker, der; -s, - (Med.): *jmd., der die Chiropraktik ausübt.*

Chi|ro|prak|ti|ke|rin, die; -, -nen: w. Form zu ↑ Chiropraktiker.

Chi|r|urg ['ç..., südd., österr.: k...], der; -en, -en [lat. chirurgus < griech. cheirurgós = Wundarzt, eigtl. = Handwerker, zu: cheír = Hand u. érgon = Tätigkeit, Werk] (Med.): *Facharzt [u. Wissenschaftler] auf dem Gebiet der Chirurgie (1).*

Chi|r|ur|gie, die; -, -n [lat. chirurgia < griech. cheirourgía] (Med.): **1.** ⟨o. Pl.⟩ *[Lehre von der] Behandlung von Störungen u. Veränderungen im Bereich des Organismus durch mechanische od. instrumentelle, operative Eingriffe:* sie ist Fachärztin für C. **2.** *chirurgische Abteilung eines Krankenhauses:* der Patient wurde in die C. eingeliefert.

Chi|r|ur|gin, die; -, -nen: w. Form zu ↑ Chirurg.

chi|r|ur|gisch ⟨Adj.⟩ [lat. chirurgicus < griech. cheirourgikós] (Med.): **a)** *die Chirurgie betreffend:* -es Schrifttum; **b)** *operativ:* c. eingepflanzte künstliche Organe; **c)** *für eine operative Behandlung von Patienten vorgesehen:* -e Instrumente; die -e Abteilung des Krankenhauses.

Chi|și|nău [kiʃi'nəʊ]: *Hauptstadt der Republik Moldau.*

Chi|tin [çi'ti:n, südd., österr.: k...], das; -s [zu griech. chitón = (Unter)kleid, Brustpanzer]: *hornähnlicher Hauptbestandteil der Körperhülle von Krebsen, Tausendfüßlern, Spinnen u. Insekten.*

chi|ti|nig ⟨Adj.⟩: *wie Chitin geartet.*

chi|ti|nös ⟨Adj.⟩: *aus Chitin bestehend.*

Chi|tin|pan|zer, der: *chitinöser Panzer (2) der Insekten, Krebse u. Spinnen.*

Chla|my|di|en [kla...] ⟨Pl.⟩ [zu griech. chlamýs (Gen.: chlamýdos), eigtl. = Oberkleid der Männer, nlat. für = Umhüllung des Organismus] (Med.): *Bakterien, die Infektionen der Atemwege, der Geschlechtsorgane od. der Bindehaut auslösen.*

ch-Laut [tse:'ha:...], der; -[e]s, -e: *Laut, der in der deutschen Rechtschreibung durch die Buchstabenkombination ch wiedergegeben wird* (bes. [ç], [x]).

Chlor [kloːɐ̯], das; -s [zu griech. chlōrós = gelblich grün (wegen seiner Farbe)] (Chemie): *stechend riechendes, gelbgrünes Gas, das sich mit fast allen anderen Elementen schnell verbindet (chemisches Element)* (Zeichen: Cl).

Chlo|rat, das; -s, -e (Chemie): *Salz der Chlorsäure.*

chlo|ren ⟨sw. V.; hat⟩: **a)** *mit Chlor behandeln u. dadurch keimfrei machen:* das Wasser c.; **b)** (Chemie) *in einer chemischen Verbindung bestimmte Atome durch ein Chloratom ersetzen; chlorieren.*

chlor|frei ⟨Adj.⟩: **a)** *kein Chlor enthaltend:* -es Wasser; **b)** *nicht mit Chlor gebleicht:* -es Papier.

Chlo|rid, das; -[e]s, -e (Chemie): *chemische Verbindung des Chlors mit Metallen od. Nichtmetallen.*

chlo|rie|ren ⟨sw. V.; hat⟩: *chloren.*

chlo|rig ⟨Adj.⟩: **a)** *Chlor enthaltend;* **b)** *wie Chlor geartet.*

¹**Chlo|rit** [auch: ...'rɪt], das; -s, -e (Chemie): *Salz der chlorigen Säure.*

²**Chlo|rit** [auch: ...'rɪt], der; -s, -e [zu griech. chlōrós, ↑ Chlor] (Mineral.): *grünliches, glimmerähnliches Mineral.*

Chlor|kalk, der (Chemie): *als Bleich- u. Desinfektionsmittel verwendetes, durch Umsetzen von Chlor mit gelöschtem Kalk entstehendes weißes, stark riechendes Pulver.*

Chlo|ro|form, das; -s [Kunstwort aus **Chlor**kalk u. nlat. acidum **form**icicum = Ameisensäure] (Chemie): *(früher als Betäubungsmittel, heute nur noch als Lösungsmittel verwendete) süßlich riechende, farblose Flüssigkeit.*

chlo|ro|for|mie|ren ⟨sw. V.; hat⟩ (veraltend): *mit Chloroform betäuben:* der Arzt chloroformierte den Verwundeten; der Wächter wurde mit einem chloroformierten *(mit Chloroform getränkten)* Wattebausch betäubt.

Chlo|ro|phyll, das; -s [zu griech. phýllon = Blatt] (Bot.): *der Assimilation dienender grüner Farbstoff in den Pflanzenzellen, Blattgrün.*

Chlo|ro|plast, der; -en, -en [zu griech. plastós =

Chlorsäure – Christenpflicht

gebildet, geformt⟩ (Bot.): *kugeliger Einschluss der Pflanzenzellen, der Chlorophyll enthält.*
Chlor|säu|re, die (Chemie): *als starkes Oxidationsmittel wirkende Sauerstoffsäure des Chlors.*
Chlo|rung, die; -, -en: *das Chloren* (a).
Chlor|ver|bin|dung, die (Chemie): *chemische Verbindung des Chlors.*
Choke [tʃoʊk], der; -s, -s [engl. choke, zu: to choke = drosseln] (Kfz-Technik): *Luftklappe am Vergaser als Hilfe beim Kaltstart;* **Choker:** den C. herausziehen; mit gezogenem C. fahren.
Cho|ker [ˈtʃoʊkɐ], der; -s, -: *Choke.*
Chol|le|ra [ˈkoːlera], die; - [lat. cholera < griech. choléra = Gallenbrechdurchfall, zu: cholḗ = ¹Galle] (Med.): *schwere epidemische Infektionskrankheit mit heftigen Brechdurchfällen.*
Chol|le|ri|ker, der; -s, - [zu ↑cholerisch; nach der Typenlehre des altgriech. Arztes Hippokrates]: *leidenschaftlicher, reizbarer, jähzorniger Mensch:* er ist ein C.
Chol|le|ri|ke|rin, die; -, -nen: w. Form zu ↑Choleriker.
cho|le|risch ⟨Adj.⟩ [zu mlat. cholera, ↑²Koller]: *aufbrausend, reizbar, jähzornig:* ein -es Temperament.
Chol|les|te|rin [kolɛsteˈriːn, auch: ço...], das; -s, -e [zu griech. cholḗ = Galle u. stereós = hart, fest] (Med.): *(den Hauptbestandteil von Gallensteinen bildendes) wichtigstes, in allen tierischen Geweben vorkommendes Sterin.*
Chol|les|te|rin|spie|gel, der (Physiol.): *Gehalt an Cholesterin im Blut:* einen [leicht, stark] erhöhten C. haben.
Chol|les|te|rin|wert, der (Physiol.): *Messwert, der den Gehalt an Cholesterin im Blut angibt.*
Chol|les|te|rol [k..., ç...], das; -s, -e (Fachspr.): *Cholesterin.*
Chop|su|ey [tʃɔpˈsuːi], das; -[s], -s [engl. chopsuey < chin. (kantonesisch) schap sui, eigtl. = verschiedene Bissen] (Kochkunst): *Anzahl mit verschiedenen Gemüsen, Zwiebeln u. Pilzen gebratener Fleisch- od. Fischstückchen, die mit Reis u. Sojasoße serviert werden.*
Chor [koːɐ̯], der; -[e]s, Chöre [mhd. kōr, ahd. chōr = Chorgesang der Geistlichen in der Kirche < lat. chorus < griech. chorós = Tanz, Reigen]: **1. a)** *Gruppe gemeinsam singender Personen:* ein gemischter C. (Chor, der aus Frauen- u. aus Männerstimmen besteht); einen C. dirigieren; sie singt in einem C.; * **im C.** (*gemeinsam, alle zusammen:* die Kinder brüllten im C.); **b)** *Gruppe gleichartiger Orchesterinstrumente od. ihrer Spieler:* ein C. von Bläsern, Posaunen. **c)** (Theater) *das Bühnengeschehen kommentierende Gruppe von Schauspielern:* der C. in der antiken Tragödie. **2.** *Komposition für ein- oder mehrstimmigen Gruppengesang:* ein vierstimmiger C.; einen C. komponieren; er studierte einen neuen C. ein. **3.** *gemeinsamer [mehrstimmiger] Gesang von Sängerinnen u. Sängern.* **4.** (Musik) *Anzahl gleich gestimmter Saiten (z. B. beim Klavier, bei der Laute o. Ä.).* **5.** (Musik) *Gesamtheit der zu einer Taste gehörenden Pfeifen der gemischten Stimmen bei der Orgel.* **6.** ⟨selten: das⟩ [mhd. kōr] *meist nach Osten ausgerichteter, im Innern abgesetzter Teil der Kirche mit [Haupt]altar:* ein gotischer C.; die Kirche hat zwei Chöre. **7.** ⟨selten: das⟩ (bayr., österr.) **a)** *Orgelempore;* **b)** *Platz der Singenden der [Orgel]empore.* **8.** ⟨das⟩ [Bedeutungsverschlechterung von 9] (landsch. abwertend) ²*Pack, Gesindel:* so ein liederliches C. ♦ **9.** ⟨der u. das⟩ *Gruppe, Kreis von Menschen:* Mich dünkt, ich hör ein ganzes C. von hunderttausend Narren sprechen (Goethe, Faust I, 2575 f.); Und ein Edelknecht, sanft und keck, tritt aus der Knappen zagendem C. (Schiller, Der Taucher).

Cho|ral, der; -s, Choräle [mlat. (cantus) choralis = Chorgesang, zu lat. chorus, ↑Chor]: **a)** *üblicherweise von der Gemeinde gesungenes [evangelisches] Kirchenlied:* die Choräle in Bachs Matthäuspassion; die Gemeinde singt einen C.; **b)** * **gregorianischer C.** (↑Gesang 2).
Cho|ral|buch, das: *Sammlung für die Orgelbegleitung evangelischer Kirchenlieder.*
Cho|ral|vor|spiel, das: *den Gemeindegesang vorbereitendes Orgelvorspiel, dem die Melodie des zu singenden Kirchenliedes zugrunde liegt.*
Chor|da [ˈkɔrda], Chorde [ˈkɔrdə], die; -, ...den [lat. chorda < griech. chordḗ = Darm(saite)] (Biol.): *stabähnliches knorpliges Gebilde als Vorstufe der Wirbelsäule (bei Schädellosen, Mantel- u. Wirbeltieren).*
Chor|da|ten ⟨Pl.⟩ (Biol.): *Tiergruppen, die eine Chorda besitzen.*
Chor|de: ↑ Chorda.
Cho|rea [koˈreːa], die; - [griech. choreía = Tanz]: **1.** (*im MA.*) *Tanzlied, Reigen.* **2.** (Med.) *Erkrankung mit Bewegungsstörungen, die auf herabgesetzte Muskelspannung zurückzuführen sind:* C. Huntington (*genetisch bedingte Chorea*).
Cho|reo|graf, Choreograph [k...], der; -en, -en ⟨rückgeb. aus ↑Choreografie⟩: *Schöpfer u. Gestalter von Ballettänzen; Regisseur eines Balletts* (Berufsbez.).
Cho|reo|gra|fie, Choreographie, die; -, -n [zu griech. choreía = Tanz u. gráphein = schreiben]: **a)** *künstlerische Gestaltung, Einstudierung eines Balletts;* **b)** *Tanzschrift aus Buchstaben od. speziellen Zeichen, mit denen Stellung, Haltung u. Bewegungsabläufe für die Tänzerinnen u. Tänzer festgelegt werden.*
cho|reo|gra|fie|ren, choreographieren ⟨sw. V.; hat⟩: *ein Ballett einstudieren, inszenieren.*
Cho|reo|gra|fin, Choreographin, die; -, -nen: w. Formen zu ↑Choreograf, Choreograph.
cho|reo|gra|fisch, choreographisch ⟨Adj.⟩: *die Choreografie betreffend:* die -e Leitung eines Bühnenstücks.
Cho|reo|graph usw.: ↑ Choreograf usw.
Cho|reut [ç...], der; -en, -en [griech. choreutḗs]: *altgriechischer Chorsänger, -tänzer.*
Chor|frau, die (kath. Kirche): **1.** *ohne lebenslänglich bindendes Gelübde in religiöser Gemeinschaft lebende Frau.* **2.** *Angehörige des weiblichen Zweiges eines Ordens, der nicht den Regeln der in Klöstern geltenden Regel des Benedikt von Nursia folgt, sondern eigenen.*
Chor|füh|rer, der: *im antiken griechischen Theater Vorsänger [u. Leiter] des Chors.*
Chor|ge|bet, das (kath. Kirche): *Stundengebet.*
Chor|ge|sang, der: *Gesang eines Chors* (1 a).
Chor|ge|stühl, das: *für die Geistlichkeit bestimmtes [kunstvoll geschnitztes] Gestühl an den beiden Längsseiten des Chors* (6).
Chor|hemd, das: *liturgisches Gewand des katholischen Geistlichen.*
Chor|herr, der (kath. Kirche): **1.** *Mitglied eines Domkapitels.* **2.** *Angehöriger eines Ordens, der nicht nach der in Klöstern geltenden Ordensregel des Benedikt, sondern nach anderen Ordensregeln lebt (z. B. Prämonstratenser).*
Chor|her|ren|stift, das (kath. Kirche): *Kloster der Chorherren* (2).
cho|risch [k...] ⟨Adj.⟩ [lat. choricus < griech. chorikós]: **a)** *den Chor* (1 a) *betreffend:* eine gute -e Leistung; **b)** *durch den Chor* (1 a) *auszuführen, für den Chor* (1 a) *bestimmt:* eine -e Bearbeitung.
Cho|rist, der; -en, -en [mlat. chorista, zu lat. chorus, ↑Chor]: *Chorsänger.*
Cho|ris|tin, die; -, -nen: w. Form zu ↑Chorist.
Chor|kna|be, der: *Junge, der in einem [kirchlichen] Knabenchor singt:* dastehen wie die -n (*einen naiven Eindruck machen*).

Chör|lein [ˈkøːɐ̯laɪ̯n], das; -s, - [mhd. kœrlīn = (kleinere) Kapelle, eigtl. Vkl. von: kōr, ↑Chor (6)]: *halbrunder od. vieleckiger Erker an mittelalterlichen Wohnbauten.*
Chor|lei|ter, der: *Dirigent eines Chors.*
Chor|lei|te|rin, die: w. Form zu ↑Chorleiter.
Chor|mu|sik, die: *für die Interpretation durch Chöre geschriebene Komposition[en].*
Cho|ro|lo|gie, die; -, -n [zu griech. lógos, ↑Logos]: **1.** (Geogr.) *Wissenschaft von den kausalen Zusammenhängen der in einem bestimmten geografischen Raum auftretenden Erscheinungen u. Kräfte.* **2.** (Biol.) *Wissenschaft von der räumlichen Verbreitung der Tiere u. Pflanzen auf der Erde.*
Chor|pro|be, die: *Probe für die Mitglieder eines Chors.*
Chor|rock, der: *liturgisches Gewand des katholischen Geistlichen.*
Chor|sän|ger, der: *Mitglied eines [Opern]chors.*
Chor|sän|ge|rin, die: w. Form zu ↑Chorsänger.
Chor|schran|ke, die: *den Chorraum einer Kirche abschließende Schranke.*
Cho|se [ˈʃoːzə], die; -, -n ⟨Pl. selten⟩ [frz. chose < lat. causa = Sache] (ugs.): **1.** *Sache, Angelegenheit:* in dieser C. erledigt sein; Auch die C. mit dem Boxer Alois ist spaßhaft (Feuchtwanger, Erfolg 486). **2.** *Dinge, Gegenstände:* er stolperte, und da lag die [ganze] C.
Chow-Chow [ˈtʃaʊ̯ˈtʃaʊ̯, auch: ʃaʊ̯ˈʃaʊ̯], der; -s, -s [engl. chow(-chow), aus dem Chin.]: *in China gezüchteter Rassehund mit üppiger Behaarung, kleinen dunklen Augen und kleinen Stehohren.*
¹Christ [krɪst], der; -en, -en [mhd. kristen < ahd. kristāni < lat. christianus, zu: Christus = der Gesalbte < griech. christós (subst. 2. Part. von: chríein = salben) für aram. maṣīaḥ, ↑Messias]: *jmd., der sich als Getaufter zur christlichen Religion bekennt; Anhänger des Christentums:* ein gläubiger, überzeugter C.; als [guter] C. leben, sterben.
²Christ [↑¹Christ] (volkstüml. veraltet): *Christus:* C. ist erstanden; * **der Heilige C.** (Weihnachten); **zum Heiligen Christ** (*zu Weihnachten*).
Christ|baum, der (landsch.): *Weihnachtsbaum:* den C. schmücken; er ist aufgedonnert wie ein C. (salopp; *sie trägt sehr viel Schmuck u. ist stark geschminkt*).
Christ|baum|ker|ze, die (landsch.): *kleine Kerze für den Weihnachtsbaum.*
Christ|baum|schmuck, der ⟨o. Pl.⟩ (landsch.): *Weihnachtsbaumschmuck.*
Christ|de|mo|krat, der (Politik): *Mitglied einer christlich-demokratischen Partei.*
Christ|de|mo|kra|tin, die: w. Form zu ↑Christdemokrat.
christ|de|mo|kra|tisch ⟨Adj.⟩ (Politik): *die Christdemokraten betreffend, charakterisierend.*
Chris|te e|lei|son [auch: ...eˈleːi:..., auch: ...leɪ̯...], das; -s, -s: *Bittruf [als Teil der Messe].*
Chris|te e|lei|son [auch: ...e eˈleːi:..., auch: - eˈleɪ̯...] ⟨Interj.⟩ [mgriech. Chríste eléison = Christus, erbarme dich!]: *Bittruf zwischen einem einleitenden u. einem abschließenden »Kyrie eleison!«.*
Chris|ten|ge|mein|de, die: *christliche Gemeinde:* die ersten im alten Rom.
Chris|ten|glau|be, (seltener:) **Chris|ten|glau|ben,** der (geh.): *christlicher Glaube.*
Chris|ten|heit, die; - [mhd. kristenheit]: *Gesamtheit der Christen.*
Chris|ten|leh|re, die ⟨o. Pl.⟩: **a)** *Unterweisung der Jugend in christlicher Lehre [nach dem Konfirmandenunterricht];* **b)** (DDR) *christlicher Religionsunterricht.*
Chris|ten|mensch, der (Rel.): *christlicher Mensch.*
Chris|ten|pflicht, die (geh.): *christliche Pflicht*

der Nächstenliebe: etw. als [seine] C. betrachten.

Chris|ten|tum, das; -s [mhd. kristentuom]: **a)** *auf Jesus Christus, sein Leben u. seine Lehre gegründete Religion:* sich zum C. bekennen, bekehren; **b)** *individueller christlicher Glaube:* ein oberflächliches, orthodoxes C. vertreten; praktisches C. *(Christentum, das sich im täglichen Leben verwirklicht).*

Chris|ten|ver|fol|gung, die: *Verfolgung der Christen, bes. durch den römischen Staat vom 1. bis 4. Jh.*

Christ|fest, das (veraltet, noch landsch.): *Weihnachtsfest.*

♦ **Christ|ge|schenk,** das: *Weihnachtsgeschenk:* ...einige Spielwerke..., die sie ihren kleinen Geschwistern zum -e zurechtgemacht hatte (Goethe, Werther II, Der Herausgeber an den Leser).

chris|ti|a|ni|sie|ren ⟨sw. V.; hat⟩ [lat. christianizare]: **a)** *jmdn. zum Christentum bekehren;* **b)** *einer Sache einen christlichen Anschein geben.*

Chris|ti|a|ni|sie|rung, die; -, -en: *das Christianisieren, Christianisiertwerden.*

Chris|tian Sci|ence ['krɪstjən 'saɪəns], die; -- [engl. = christliche Wissenschaft]: *1879 in den USA gegründete christliche Gemeinschaft, die durch enge Verbindung mit Gott menschliche Unzulänglichkeit überwinden will.*

Chris|tin, die; -, -nen: w. Form zu ↑¹Christ.

christ|ka|tho|lisch ⟨Adj.⟩ (schweiz.): *altkatholisch.*

Christ|kind, das: **1.** ⟨Pl. selten⟩ *Jesus Christus in plastischer od. bildlicher Darstellung als neugeborenes Kind:* das C. liegt in der Krippe. **2.** ⟨o. Pl.⟩ *am Jesuskind orientierte Kindergestalt, die in der Vorstellung von Kindern zu Weihnachten Geschenke bringt:* das C. hat dem Mädchen eine Puppe gebracht; er glaubt noch, glaubt nicht mehr ans C. **3.** ⟨o. Pl.⟩ (bes. südd., österr.) *Weihnachtsgabe, -geschenk:* das C. ist heuer großzügig ausgefallen; er hat als C. einen Schlitten und Malstifte bekommen.

Christ|kind|chen, (südd., österr.:) **Christ|kindl, Christ|kind|lein,** das; -s: Vkl. zu ↑ Christkind.

Christ|kind|les|markt (südd.), **Christ|kindl|markt** (bayr., österr.), der: *Weihnachtsmarkt.*

Christ|kö|nigs|fest, das (kath. Kirche): *[früher am Sonntag vor Allerheiligen, seit 1970 am letzten Sonntag des Kirchenjahres begangenes] liturgisches Fest, an dem Jesus Christus als König der Welt gefeiert wird.*

christ|lich ⟨Adj.⟩ [mhd. kristenlich]: **a)** *auf Christus, dessen Lehre zurückgehend:* die -e Taufe; der -e Glaube; **b)** *der Lehre Christi entsprechend:* -e Nächstenliebe; c. handeln; Ü hat die Schokolade c. mit ihm geteilt *(hat ihm die Hälfte gegeben);* **c)** *sich zum Christentum bekennend:* in den Kirchen; **d)** *im Christentum verwurzelt, verankert:* die -e Kunst; die Kultur des -en Abendlandes; **e)** *der christlichen Kirche entsprechend; kirchlich:* ein -es Begräbnis erhalten.

Christ|lich|keit, die; -: *christliche Gesinnung.*

Christ|mes|se, die (kath. Kirche): *Christmette.*

Christ|met|te, die: *(zwischen den Abendstunden des Heiligen Abends u. dem Morgen des 1. Weihnachtstages stattfindender) Weihnachtsgottesdienst.*

Christ|nacht, die: *Nacht von Heiligabend auf den 1. Weihnachtstag.*

Chris|to|gramm, das; -s, -e: kurz für ↑ Christusmonogramm.

Chris|to|lo|gie, die; -, -n [↑-logie] (Theol.): *Lehre der christlichen Theologie von der Person Christi.*

chris|to|lo|gisch ⟨Adj.⟩ (Theol.): *die Christologie betreffend.*

Chris|to|pher Street Day ['krɪstɔfə 'striːt deɪ], der; - - -s, - - -s [engl.; nach der Christopher Street in New York, wo 1969 straßenschlachtähnliche Auseinandersetzungen im Anschluss an die diskriminierende Behandlung der Gäste einer Homosexuellenbar stattfanden]: **a)** *jährlich wiederkehrender Tag, den die Schwulen- u. Lesbenbewegung mit Paraden, Partys u. Ä. begeht;* **b)** *Veranstaltung am Christopher Street Day* (a).

Christ|ro|se, die: *(im Dezember blühende) Pflanze mit gefiederten ledrigen Blättern u. großen grünlich weißen, auf der Unterseite leicht rosa gefärbten Blüten.*

christ|so|zi|al ⟨Adj.⟩ (Politik): *christlich-sozial [ausgerichtet]:* -e Politiker.

Christ|so|zi|a|le, die/eine Christsoziale; der/einer Christsozialen, die Christsozialen/zwei Christsozialen (Politik): *Anhängerin einer christsozialen Partei.*

Christ|so|zi|a|ler, der Christsoziale/ein Christsozialer; des/eines Christsozialen, die Christsozialen/zwei Christsoziale (Politik): *Anhänger einer christsozialen Partei.*

Christ|stol|le, die, (österr. nur so:) **Christ|stol|len,** der: *Stolle[n]:* Dresdner C.

Christ|tag, der (bayr., österr.): *erster Weihnachtsfeiertag.*

Chris|tus ['krɪstʊs]: Kurzf. von ↑ Jesus Christus.

Chris|tus|dorn, der ⟨Pl. -e⟩ [der Dornenkrone Christi soll aus diesen Zweigen gewunden worden sein]: *(zu den Wolfsmilchgewächsen gehörende) als Strauch wachsende Pflanze mit dornenbesetzten Zweigen, länglich runden Blättern u. an langen Stielen sitzenden zahlreichen, meist roten Blüten.*

Chris|tus|kopf, der: *künstlerische bildliche od. plastische Darstellung des Kopfes Christi [als des Gekreuzigten]:* ein frühromanischer C.

Chris|tus|mo|no|gramm, das: *Symbol für den Namen Christus, das aus den griechischen Anfangsbuchstaben des Namens, aus X (Chi) u. P (Rho), zusammengefügt ist.*

Christ|wurz, die: volkstüml. Bez. für mehrere Pflanzen, z. B. Arnika, Christrose, Nieswurz, Schöllkraut.

Chrom [kroːm], das; -s [frz. chrome < lat. chroma = Farbe < griech. chrōma = (Haut)farbe, nach der schönen Färbung der meisten Chromverbindungen]: *sehr hartes u. sprödes, silberweiß glänzendes Metall, das unter normalen Bedingungen nicht oxidiert (chemischer Grundstoff) (Zeichen: Cr):* blitzendes C.

Chro|ma|tik [österr. auch: ...'maːt...], die; -: **1.** [zu griech. chrōma = chromatische Tonleiter, eigtl. etwa = Färbung] (Musik) *Veränderung der sieben Grundtöne [durch ein Versetzungszeichen] um einen halben Ton nach oben od. unten.* **2.** (Physik) *Farbenlehre.*

chro|ma|tisch [österr. auch: ...'maːt...] ⟨Adj.⟩ [griech. chrōmatikós]: **1.** (Musik) *in Halbtönen fortschreitend:* -eine -e Tonleiter. **2.** (Physik) *die Chromatik* (2) *betreffend.*

Chro|ma|to|gra|fie, Chromatographie, die; -, -n [zu griech. chrōma (Gen.: chrōmatos) = Farbe u. ↑-grafie] (Chemie): *Verfahren zur Trennung chemisch nahe verwandter Stoffe.*

chro|ma|to|gra|fie|ren, chromatographieren ⟨sw. V.⟩ (Chemie): *eine Chromatografie durchführen.*

Chro|ma|to|gra|phie usw.: ↑ Chromatografie usw.

Chro|ma|to|phor, das; -s, -en ⟨meist Pl.⟩ [zu griech. phorós = tragend]: **1.** (Bot.) *farbstofftragende Organelle der Pflanzenzelle.* **2.** (Zool.) *Farbstoffzelle bei Tieren (z. B. beim Chamäleon), die den Farbwechsel der Haut ermöglicht.*

Chro|ma|to|se, die; -, -n (Med.): *Verfärbung der Haut durch abnorme Ablagerung bestimmter körpereigener Farbstoffe.*

chrom|blit|zend ⟨Adj.⟩: *von Chrom blitzend:* ein -es Auto.

Chrom|ei|sen|erz, das, **Chrom|ei|sen|stein,** der ⟨o. Pl.⟩: *Chromit.*

Chrom|gelb, das ⟨o. Pl.⟩: *gelbe deckkräftige Malerfarbe.*

Chro|mit [auch: ...'mɪt], der; -s, -e (Geol.): *graubis bräunlich schwarzes Mineral; Chromeisenerz, Chromeisenstein.*

Chrom|ni|ckel|stahl, der: *sehr korrosionsbeständige Legierung aus Chrom u. Nickel, die bes. für den Apparatebau u. im Bauwesen verwendet wird.*

Chro|mo|li|tho|gra|fie, Chro|mo|li|tho|gra|phie, die; -, ...ien: *Farbdruck; farbiger Steindruck.*

Chro|mo|som, das; -s, -en ⟨meist Pl.⟩ [zu griech. sōma = Körper u. lat. chroma = Farbe, eigtl. = Farbkörper; Chromosomen können durch best. Färbungen sichtbar gemacht werden] (Biol.): *in jedem Zellkern in artverschiedener Anzahl u. Gestalt vorhandenes, das Erbgut eines Lebewesens tragendes, fadenförmiges Gebilde.*

Chro|mo|so|men|satz, der (Biol.): *Gesamtheit der Chromosomen eines Kerns bzw. einer Zelle.*

Chro|mo|so|men|zahl, die (Biol.): *Anzahl der Chromosomen in einem Chromosomensatz.*

Chro|mo|sphä|re, die: *glühende Gasschicht um die Sonne.*

Chrom|rot, das ⟨o. Pl.⟩: *rote deckkräftige Malerfarbe.*

Chrom|säu|re, die (Chemie): *Chromverbindung, die das Chrom in anionischer Form enthält.*

Chrom|ver|bin|dung, die (Chemie): *chromhaltige chemische Verbindung.*

Chro|nik ['kroːnɪk], die; -, -en [mhd. krönik(e) < lat. chronica (Pl.) < griech. chroniká (biblía), zu: chrónos = Zeit]: **1.** *geschichtliche Darstellung, in der die Ereignisse in zeitlich genauer Reihenfolge aufgezeichnet werden:* eine mittelalterliche C.; die C. einer Familie, des Dreißigjährigen Krieges. **2.** ⟨o. Pl.⟩ *in der 1. Hälfte des 4. Jh.s entstandenes, später in zwei Bücher geteiltes Geschichtswerk des Alten Testaments* (Abk.: Chr.): das erste, zweite Buch der C.

Chro|ni|ka ⟨Pl.⟩: *Bücher der Chronik* (2).

chro|ni|ka|lisch ⟨Adj.⟩ (Geschichte): *in Form einer Chronik abgefasst:* -e Berichte.

♦ **Chro|ni|ken|schrei|ber,** der: *Chronist* (1): Welch ein Fund für einen C. (Raabe, Chronik 146).

Chro|ni|ker, der; -s, - (Medizinjargon): *chronisch Kranker.*

Chro|ni|ke|rin, die; -, -nen: w. Form zu ↑ Chroniker.

Chro|nique scan|da|leuse [krɔnikskãdaˈløːz], die; - -, -s -s [krɔnikskãdaˈløːz] [frz., aus: chronique = Chronik u. scandaleuse = skandalös] (bildungsspr.): *Sammlung von Skandal- u. Klatschgeschichten einer Epoche od. eines bestimmten Milieus.*

chro|nisch ⟨Adj.⟩ [spätlat. (morbus) chronicus = chronisch(e Krankheit) < lat. chronicus = zur Zeit gehörend, zeit- < griech. chronikós = zeitlich (lang)]: **a)** (Med.) *(von Krankheiten) sich langsam entwickelnd u. lange dauernd:* eine -e Krankheit; sein Husten ist c., droht c. zu werden; **b)** (ugs.) *dauernd, ständig:* ein -es Übel; (scherzh.:) er leidet an -em Geldmangel.

Chro|nist, der; -en, -en [mlat. chronista]: **1.** (Geschichte) *Verfasser einer Chronik:* ein C. der Bauernaufstände. **2.** (bildungsspr.) *jmd., der ein Geschehen verfolgt, beobachtet u. darüber berichtet.*

Chro|nis|ten|pflicht, die (oft scherzh.): *Verpflich-*

tung, objektiv über etw. zu berichten: damit ist der C. Genüge getan.

Chro|nis|tin, die; -, -nen: w. Form zu ↑Chronist.

Chro|no|graf, Chronograph, der; -en, -en [↑-graf] (Technik): Gerät zur Übertragung der Zeitangabe einer Uhr auf einen Papierstreifen.

Chro|no|gra|fie, Chronographie, die; -, -n [zu griech. gráphein = schreiben] (Geschichte): 1. Geschichtsschreibung nach zeitlicher Abfolge. 2. Werk, in dem Geschichte nach zeitlicher Abfolge dargestellt ist.

Chro|no|gramm, das; -s, -e [↑-gramm]: 1. (Geschichte) Satz od. Inschrift (in lateinischer Sprache), in der hervorgehobene Großbuchstaben als Zahlzeichen die Jahreszahl eines geschichtlichen Ereignisses ergeben, auf das sich der Satz bezieht. 2. (Technik) Aufzeichnung eines Chronografen.

Chro|no|graph usw.: ↑Chronograf usw.

Chro|no|lo|ge, der; -n, -n [↑-loge]: Wissenschaftler auf dem Gebiet der Chronologie (1).

Chro|no|lo|gie, die; -, -n [griech. chronología]: 1. ⟨o. Pl.⟩ Wissenschaft von der Zeitmessung u. -rechnung. 2. Zeitrechnung: die frühgeschichtliche C. 3. zeitliche Abfolge: die C. der Ereignisse.

Chro|no|lo|gin, die; -, -nen: w. Form zu ↑Chronologe.

chro|no|lo|gisch ⟨Adj.⟩: zeitlich geordnet: in -er Reihenfolge; eine -e Aufzählung von Daten; etw. c. berichten.

Chro|no|me|ter, das, (ugs. auch:) der; -s, - (Technik): a) (bes. in der Astronomie u. in der Schifffahrt eingesetzte) transportable Uhr mit höchster Ganggenauigkeit; b) (ugs. scherzh.) [Taschen]uhr.

Chro|no|me|t|rie, die; -, -n (Technik): Zeitmessung.

chro|no|me|t|risch ⟨Adj.⟩ (Technik): auf genauer Zeitmessung beruhend.

Chry|sal|lis, die; - [lat. chrysallis < griech. chrysallís = Chrysalide, zu: chrýseos = golden] (Zool.): Puppe (1).

Chrys|an|the|me [kryzan'te:mə], die; -, -n [lat. chrysanthemon < griech. chrysánthemon = Goldblume, zu: chrýsos = Gold u. ánthemon = Blume]: als Zierpflanze kultivierte Wucherblume mit meist großen, strahlenförmigen Blüten.

Chrys|an|the|mum [kry..., auch: ç...]; das; -s, ...men: Wucherblume.

Chry|so|lith [auch: ...'lɪt], der; -s u. -en, -e[n] [zu griech. líthos = Stein]: Olivin.

Chry|so|til, der; -s, -e [zu griech. chrysós = Gold u. tílos = Faser] (Geol.): gelbe, grüne, auch farblose, feinfaserige, oft seidig glänzende Varietät des Serpentins.

chtho|nisch ['çto:nɪʃ] ⟨Adj.⟩ [griech. chthónios]: der Erde angehörend; unterirdisch: -e Mächte; die -en Götter (griech. Mythol.); die Erdgottheiten wie Gäa, Pluto im Gegensatz zu den himmlischen Göttern).

Chur [kuːɐ̯]: Hauptstadt des Kantons Graubünden.

Chut|ba ['xʊtba], die; -, ...ben [arab. ḫuṭba]: Predigt im islamischen Gottesdienst an Freitagen u. Festtagen.

Chut|ney ['tʃatni], das; -[s], -s [engl. chutney < Hindi chatnī]: scharf gewürzte Soße aus zerkleinerten Früchten mit Gewürzzusätzen.

Chuz|pe ['xʊtspə], die; - [jidd. chuzpo] (salopp abwertend): Unverfrorenheit, Dreistigkeit, Unverschämtheit: eine unglaubliche C.

Ci = Curie.

CI [tseː'liː] = Corporate Identity.

CIA [siːaɪ'eɪ], die; -, der; - [engl., aus: Central Intelligence Agency]: US-amerikanischer Geheimdienst.

Cia|bat|ta [tʃa...], die; -, ...te, (auch;) das; -s, -s

[ital. ciabatta, eigtl. = Pantoffel (nach der Form) < älter türk. çabata = Stiefel, aus dem Pers.]: knuspriges italienisches Weißbrot, das mit Olivenöl gebacken wird.

ciao [tʃaʊ]: ↑tschau.

Ci|ce|ro ['tsɪtsero, auch: 'tsiːtsero], die, schweiz.: der; -, - [angeblich wurden die Briefe des röm. Redners, Politikers u. Schriftstellers Cicero (106–43 v. Chr.) zuerst in diesem Schriftgrad gedruckt] (Druckw.): Schriftgrad von 12 Punkt.

Ci|ce|ro|ne [tʃitʃe'roːnə], der; -[s], -s u. ...ni [ital. cicerone, aufgrund seines scherzh. Vergleichs mit der Beredsamkeit Ciceros]: a) (scherzh.) [sehr viel redender] Fremdenführer; b) Buch mit Informationen für den Touristen; Reise-, Stadtführer.

ci|ce|ro|ni|a|nisch, ci|ce|ro|nisch ⟨Adj.⟩: a) nach der Art Ciceros verfasst; b) stilistisch vollkommen.

Ci|cis|beo [tʃitʃɪs'beːo], der; -[s], -s [ital. cicisbeo, viell. lautm.] (bildungsspr. verhüll.): Hausfreund (2).

Ci|d|re [siːdʀə, auch: 'siːdə], der; -[s], -s, (selten:) Zider, der; -s, - [frz. cidre < afrz. sidre < kirchenlat. sicera = ein berauschendes Getränk < griech. síkera < hebr. šekar = betrunken]: Apfelwein, v. a. aus der Normandie od. der Bretagne.

Cie. (schweiz., sonst veraltet) = Co.

cif, c. i. f. [tsɪf; Abk. von engl. cost, insurance, freight]: Abk. für eine Rechtsklausel im Überseehandelsgeschäft, wonach im Warenpreis Verladekosten, Versicherung u. Fracht bis zum Bestimmungshafen enthalten sind.

CIM [siːaɪ'ɛm; Abk. für engl. computer-integrated manufacturing] = computergestützte Fertigung von der Projektentwicklung bis zur Produktauslieferung.

Cim|bal: ↑Zimbal.

Cin|cho|na [sɪn'tʃoːna], die; -, ...nen [port. cinchona, nach der Gemahlin des Grafen Cinchón, Vizekönig von Peru (17. Jh.)]: Chinarindenbaum.

Cinch|ste|cker ['sɪntʃ...], der; -s, - [zu engl. cinch = fester Halt] (Elektrot.): Stecker aus einem zentralen Stift u. ihn umgebender Hülse als zweitem Pol.

Ci|ne|ast [sine'ast], der; -en, -en [frz. cinéaste, zu: ciné, cinéma, gek. aus: cinématographe, ↑Kinematograf]: a) Filmschaffender (b) Filmkritiker, Filmkenner; c) begeisterter Kinogänger.

Ci|ne|as|tik, die; -: Filmkunst.

Ci|ne|as|tin, die; -, -nen: w. Form zu ↑Cineast.

ci|ne|as|tisch ⟨Adj.⟩: die Cineastik betreffend.

Ci|ne|ma|scope® [sinema'skoːp], das; - [engl. Cinemascope, zu griech. kínēma = Bewegung u. skopeîn = betrachten] (Film): besonderes Verfahren zur Aufnahme u. Projektion von Breitwandfilmen.

Ci|ne|max® ['sɪna...], das; -, -e: Filmtheater mit mehreren Kinosälen, Kinocenter.

Ci|ne|ra|ma®, das; - [engl. Cinerama, zu griech. kineīn = bewegen u. ↑Panorama] (Film): besonderes Verfahren zur Aufnahme u. Projektion von Breitwandfilmen.

Cin|gu|lum, das; -s, -s u. ...la [lat. cingulum, zu: cingere = (um)gürten]: 1. (im 1.–3. Jh.) von den römischen Soldaten aller Dienstgrade als Zeichen ihrer Standeszugehörigkeit um die Hüfte getragener metallbeschlagener Ledergurt mit einem zum Schutz des Unterleibs dienenden Schurz aus ebenfalls metallbeschlagenen Lederriemen. 2. Zingulum (a, b).

Cin|que|cen|to, das; -[s] [ital. cinquecento = 1500] (Kunstwiss.): Kultur u. Kunst des 16. Jh.s in Italien.

Cin|za|no® [tʃɪn...], der; -[s], -s: italienischer Wermutwein.

¹CIO [siːaɪ'oʊ], der; -[s], -[s] [Abk. für engl. Chief Information Officer] (EDV): für die Informationstechnologie verantwortliche Führungskraft (in einem Unternehmen, einer Institution, einer Behörde od. dgl.).

²CIO [siːaɪ'oʊ], die; -, -[s] (EDV): für die Informationstechnologie verantwortliche weibliche Führungskraft (in einem Unternehmen, einer Institution, einer Behörde od. dgl.).

cir|ca ⟨Adv.⟩ [lat. circa (Adv. u. Präp.) = ringsherum, nahe bei; ungefähr, gegen, zu: circus, ↑Zirkus]: (bei Maß-, Mengen- u. Zeitangaben) ungefähr, etwa (Abk.: ca.): c. zwei Stunden, zehn Kilometer, fünf Kilo; c. 90 % der Mitglieder waren anwesend.

¹Cir|ce, Kirke: in der griechischen Sage Zauberin auf der Insel Aia, die alle Fremden in Tiere verwandelt (z. B. die Gefährten des Odysseus in Schweine).

²Cir|ce, die; -, -n: verführerische Frau, die es darauf anlegt, Männer zu betören.

Cir|cuit|trai|ning ['səːkɪt...], das; -s [aus engl. circuit = Umlauf (< frz. circuit < lat. circuitus, zu: circumire = umhergehen, zu: circum = herum, um, eigtl. Akk. von: circus, ↑Zirkus) u. ↑Training] (Sport): Konditionstraining, das in der pausenlosen Aufeinanderfolge von Übungen an verschiedenen, im Kreis aufgestellten Geräten besteht; Kreistraining.

Cir|cu|lus vi|ti|o|sus, der; -, -...li ...si [lat., aus: circulus = Kreis(linie) u. vitiosus = fehlerhaft] (bildungsspr.): 1. Zirkelschluss. 2. Teufelskreis.

Cir|cus: ↑Zirkus.

cis, Cis, das; -, - (Musik): um einen halben Ton erhöhtes c, C (2).

Cis-Dur ['tsɪsduːɐ̯, auch: 'tsɪs'duːɐ̯], das (Musik): auf dem Grundton Cis beruhende Durtonart (Zeichen: Cis).

Cis|jor|da|ni|en, -s (schweiz.): Westjordanland.

Cis|la|weng: ↑Zislaweng.

cis-Moll ['tsɪsmɔl, auch: 'tsɪs'mɔl], das (Musik): auf dem Grundton cis beruhende Molltonart (Zeichen: cis).

Ci|to|y|en [sitʀa'jɛ̃ː], der; -s, -s [frz. citoyen, zu: cité, ↑City]: frz. Bez. für: Bürger.

Cit|rat: ↑Zitrat.

Ci|ty ['sɪti], die; -, -s [engl. city = (Haupt)stadt < afrz. cité < lat. civitas (Gen.: civitatis) = Bürgerschaft; Staat]: Geschäftsviertel einer Großstadt, Innenstadt: die Düsseldorfer C.; die C. ausbauen, zur Fußgängerzone erklären.

Ci|ty|bike [...baɪk], das, [↑Bike] (Jargon): kleines Motorrad für den Stadtverkehr.

Ci|ty|maut, die (ugs.): beim Befahren des Innenstadtbereichs zu entrichtende Maut.

Ci|vi|tas Dei, die: Gottesstaat.

C-Ju|gend ['tseː...], die [C nach der Reihenfolge im Alphabet] (Sport): drittälteste Altersgruppe der Jugendlichen im Sport.

cl = Zentiliter.

Cl = Chlor.

Claim [kleɪm], der od. das; -s, -s [engl. claim, zu: to claim = beanspruchen < afrz. clamer = (aus)schreien < lat. clamare]: 1. a) (im internationalen Recht) Anrecht, Rechtsanspruch (bes. auf Grundbesitz): ein[en] C. erwerben, übernehmen; b) (ugs.) Grundbesitz, Grund und Boden, Bodenfläche, Territorium: sein[en] C. markieren; ab 5 Uhr dürfen die Händler auf dem Markt ihre -s abstecken. 2. (Werbespr.) Werbeslogan, der eine Behauptung, einen Anspruch aufstellt. 3. (früher) Anteil an einem Goldgräberunternehmen.

Clair-ob|s|cur [klɛʀɔps'kyːɐ̯], das; -[s] [frz. clair-obscur, aus: clair = hell u. obscur = dunkel] (Kunstwiss.): Helldunkelmalerei: ein Gemälde in C.

Clan [klaːn, engl.: klæn], der; -s, -e u. (bei engl.

Ausspr.:) -s, Klan, der; -s, -e [engl. clan < gäl. clann = Abkömmling < lat. planta, ↑ Pflanze]: **1.** *schottischer Sippen- od. Stammesverband.* **2.** (oft iron.) *durch gemeinsame Interessen od. verwandtschaftliche Beziehungen verbundene Gruppe:* zur Premiere kam sie wieder mit dem halben C. angereist.

Claque [klak], die; -, -n [frz. claque, zu: claquer = klatschen, lautm.]: *bestellte, mit Geld od. Freikarten bezahlte Gruppe Beifall Klatschender.*

Cla|queur [kla'kø:ɐ̯], der; -s, -e [frz. claqueur]: *jmd., der bestellt [u. bezahlt wird], um Beifall zu klatschen.*

Cla|queu|rin [kla'kø:rɪn], die; -, -nen: w. Form zu ↑ Claqueur.

Cla|ri|no, das; -s, -s u. ...ini [ital. clarino, zu: claro = hell (klingend) < lat. clarus]: **1.** *hohe Trompete.* **2.** *Zungenstimme der Orgel.*

Clar|kia, Clar|kie, die; -, ...ien [nach dem amerik. Forscher W. Clark (1770–1838)]: *als Zierpflanze kultivierte Nachtkerze mit einzeln od. in Trauben stehenden, weißen bis rotvioletten Blüten.*

Cla|vi|cem|ba|lo [klavi'tʃembalo], das; -s, -s u. ...li [ital. clavicembalo < mlat. clavicymbalum, zu lat. clavis = Schlüssel u. cymbalum, ↑ Zimbel]: *Cembalo.*

Cla|vi|cu|la, die; -, ...lae [...lɛ] [lat. clavicula = Schlüsselchen (Anat.)]: *Schlüsselbein.*

clean [kli:n] (indekl. Adj.) [engl. clean, eigtl. = rein, sauber] (Jargon): **1.** *[nach einer Behandlung] nicht mehr drogenabhängig:* c. sein. **2.** *nicht gedopt:* die Dopingprobe bewies, dass die Siegerin c. war. **3.** *steril* (3 b), *nüchtern:* die Atmosphäre war c.

Clea|ring ['kli:rɪŋ], das; -[s], -s [engl. clearing, zu: clear = frei von Schulden, sauber < afrz. cler = hell < lat. clarus] (Wirtsch.): *Verrechnung gegenseitiger Geldforderungen.*

Clea|ring|stel|le, die: **a)** (Wirtsch.) *mit der Durchführung des Clearings beauftragte Stelle;* **b)** *Einrichtung, die zwischen verschiedenen Parteien* (4) *vermittelt u. [in Konfliktfällen] berät.*

Clea|ring|ver|kehr, der (Wirtsch.): *über eine mit der Durchführung des Clearings betraute Stelle abgewickelter Zahlungsverkehr.*

Cle|ma|tis: ↑ Klematis.

Cle|men|ti|ne, Klementine, die; -, -n [wohl nach dem ersten Züchter, dem frz. Trappistenmönch Père Clément]: *süße [kernlose] mandarinenähnliche Zitrusfrucht.*

Clen|bu|te|rol®, das; -s [Kunstwort; das Suffix -ol bezeichnet in der chem. Fachspr. bestimmte Kohlenwasserstoffe (zu lat. oleum = Öl)]: *zur Kälbermast sowie als Dopingmittel verwendetes Anabolikum.*

Clerk [klark, engl.: klɑ:k], der; -s, -s [engl. clerk < aengl. cler(i)c < kirchenlat. clericus, ↑ Kleriker]: **1. a)** *(in Großbritannien u. den USA) kaufmännischer Angestellter;* **b)** *(in Großbritannien u. den USA) Verwaltungsbeamter [beim Gericht].* **2.** *(in Großbritannien) Geistlicher der anglikanischen Kirche.*

cle|ver ['klɛvɐ] (Adj.) [engl. clever, H. u.]: *mit Schläue u. Wendigkeit alle vorhandenen Fähigkeiten einsetzend u. geschickt alle Möglichkeiten nutzend:* eine -e Geschäftsfrau; die Fußballmannschaft spielte nicht ungemein c.

Cle|ver|le, das; -s, -[s] [zu ↑ clever]: *schlauer Mensch, bes. aus Schwaben:* wir hatten es mit vielen kleinen -[s] zu tun.

Cle|ver|ness [...nɛs], die; - [engl. cleverness]: *clevere Art; cleveres Verhalten.*

Cli|ent ['klaɪənt], der; -s, -s [engl. client, eigtl. = Kunde < lat. cliens, ↑ Klient] (EDV): *Programm, das die Dienste eines Servers (1) in Anspruch nimmt.*

Cliff|han|ger [...hɛŋɐ], **Cliff|hän|ger**, der; -s, - [engl. cliff-hanger = Thriller, eigtl. = jmd., der an einer Felswand hängt, aus: cliff = Felswand, Kliff u. hanger = jmd., der (irgendwo) hängt] (Rundfunk, Film, Fernsehen): *große Spannung* (1 a) *hervorrufendes dramatisches Ereignis am Ende einer Folge einer Rundfunk-, Filmod. Fernsehserie oder eines Buchkapitels, das die Neugier auf die Fortsetzung wecken soll.*

Clinch [klɪntʃ, klɪnʃ], der; -[e]s [engl. clinch, zu: to clinch = umklammern] (Boxen): *das Clinchen:* sich aus dem C. lösen; er ging mit seinem Gegner in den C.; Ü die Regierung im Gewerkschaften im C.; er wurde bei der Diskussion in den C. genommen (ugs.; *in die Zange genommen, bedrängt).*

clin|chen (sw. V.; hat) (Boxen): *den Gegner im Nahkampf mit den Armen so umklammern, dass keine od. nur Schläge aus ganz kurzer Distanz gewechselt werden können.*

¹**Clip**, Klipp, der; -s, -s [zu engl. clip, zu: to clip = festhalten, befestigen, (an)klammern]: **a)** *Klemme;* **b)** *Klips* (1); **c)** *Klips* (2).

²**Clip**, der; -s, -s: Kurzf. von ↑ Videoclip.

Clip|per®, der; -s, - [amerik. Clipper, nach engl. clipper, ↑ Klipper] (veraltet): *auf Überseestrecken eingesetztes amerikanisches Langstreckenflugzeug.*

Clips: ↑ Klips.

Cli|que ['klɪkə, auch: 'kli:kə], die; -, -n [frz. clique, zu afrz. cliquer = klatschen, also eigtl. = beifällig klatschende Masse]: **a)** (abwertend) *Personenkreis, der vornehmlich seine eigenen Gruppeninteressen verfolgt:* die herrschende, eine verbrecherische C.; eine C. bilden; Die C., da klatscht, ist das gleiche Kaliber wie die C., die pfeift (Benn, Leben 47); **b)** *Freundes-, Bekanntenkreis [junger Leute]:* eine verschworene C.

Cli|quen|wirt|schaft, die (abwertend): *Ausübung von Macht u. Einfluss durch Cliquen* (a).

Cli|via, Klivie, die; -, ...ien [nach Lady Charlotte Clive (1787 bis 1866), Herzogin von Northumberland, in deren Gewächshäusern Clivien erstmals in Europa zum Blühen gebracht wurden]: *Pflanze mit breiten, riemenförmigen Blättern u. in Dolden wachsenden großen, orangefarbenen Blüten.*

Clo|chard [klɔ'ʃa:ɐ̯], der; -[s], -s [frz. clochard, zu: clocher = hinken, über das Vlat. zu spätlat. cloppus = lahm]: frz. Bez. für: *Stadtstreicher* (bes. in französischen Großstädten).

Clog [klɔk, engl.: klɔɡ], der; -s, -s ⟨meist Pl.⟩ [engl. clog, H. u.]: *Holzpantoffel mit dicker Sohle.*

Cloi|son|né [kloazɔ'ne:], das; -s, -s [frz. cloisonné, eigtl. 2. Part. von: cloisonner = abtrennen, zu lat. claudere = schließen]: *Technik der Emailmalerei, bei der auf eine [goldene] Platte Stege aufgelötet werden, die Zellen für die mehrfarbige Schmelzmasse bilden u. die Zeichnung abgeben; Zellenschmelz.*

Clo|qué [klɔ'ke:], der; -[s], -s [frz. cloqué, zu: cloquer = blasig werden, zu: cloque = (Brand)blase, norm.-pik. Form von frz. cloche = Glocke; Wasserblase (Textilind.): *Stoff aus zwei übereinanderliegenden Geweben mit meist welliger, blasiger Oberfläche.*

Closed Shop ['kloʊzd 'ʃɔp], der; - -[s], - -s: **1.** (EDV früher) *Betriebsart eines Rechenzentrums, bei der der Benutzer die Daten anliefert u. die Resultate abholt, jedoch zur Datenverarbeitungsanlage selbst keinen Zutritt hat.* **2.** [engl. closed shop, eigtl. = geschlossene Werkstatt, geschlossener Betrieb] (früher) *(im angloamerikanischen Bereich) Unternehmen, das ausschließlich Gewerkschaftsmitglieder einstellt.*

Close-up, das; -s, -s [engl. close-up, -s, zu: to close up = aufrücken, den Abstand verringern] (Film, Fernsehen): *Nah-, Großaufnahme.*

Clo|sing ['kloʊzɪŋ], das; -[s], -s [engl. closing = Abschluss, zu: to close = schließen]: **1.** (Wirtsch.) *Abschluss, Inkrafttreten eines Vertrages.* **2.** (Börsenw.) *Schlusskurs.*

Clos|t|ri|di|um, das; -s [zu griech. klōstḗr = Spindel]: *Gattung Sporen bildender [krankheitserregender] Bakterien.*

Clou [klu:], der; -s, -s [frz. clou, eigtl. = Nagel < lat. clavus] (ugs.): *Glanzpunkt, Kernpunkt:* sie, ihre Darbietung war der C. des Abends.

Cloud [klaʊd], die; -, -s [engl. cloud = Wolke] (EDV): *beim Cloud-Computing benutztes Netzwerk mehrerer verteilter Rechner:* öffentliche und private -s; Software vom PC in die C. verlagern; auf den Speicherplatz, auf Anwendungen in der C. zugreifen.

Cloud-Com|pu|ting, Cloud|com|pu|ting ['klaʊdkɔmpjuːtɪŋ], das; -s [engl. cloud computing, aus: cloud = Wolke u. computing = das Rechnen mit dem Computer] (EDV): *Nutzung von IT-Infrastrukturen und -Dienstleistungen, die nicht vor Ort auf lokalen Rechnern vorgehalten, sondern als Dienst gemietet werden und auf die über ein Netzwerk (z. B. das Internet) zugegriffen wird.*

Clown [klaʊn], der; -s, -s [engl. clown (urspr. der »Bauerntölpel« im alten engl. Theater) < frz. colon < lat. colonus = Bauer]: *Spaßmacher im Zirkus, Varieté: ein stark geschminkter C.;* den C. spielen; * *einen C./Kasper gefrühstückt haben* (salopp; *albern sein; besonders witzig sein wollen).*

Clow|ne|rie, die; -, -n [engl. clownery]: *clownesker Auftritt, clowneske Handlung.*

clow|nesk ⟨Adj.⟩: *nach Art eines Clowns beschaffen:* -e Bewegungen, Gesten, Handlungen.

Clown|es|se [klaʊ'nɛs], die; -, -n (seltener) *Clownin.*

Clown|fisch, der: *(bes. in den Korallenriffen des Indischen u. des Pazifischen Ozeans lebender) in zahlreichen Arten vorkommender farbenprächtiger Seefisch.*

Clow|nin, die; -, -nen: w. Form zu ↑ Clown.

clow|nisch ⟨Adj.⟩: *clownesk.*

Clow|nis|mus, der; - (Med., Psychol.): *(bei verschiedenen psychopathischen Zuständen auftretende) groteske Körperverrenkungen.*

Club usw.: ↑ Klub usw.

club|ben ['klabn̩] ⟨sw. V.; hat⟩: **1.** *mehrere Discos, Nachtklubs am selben Abend besuchen.* **2.** *an einem Clubbing* (1) *teilnehmen.*

club|big ['klabɪç] ⟨Adj.⟩: *für eine Disco, einen Nachtklub charakteristisch: -e Musik.*

Club|bing ['klab...], das; -s, -s [engl. clubbing]: **1.** *größere Tanz-, Festveranstaltung einer Disco, eines Nachtklubs o. Ä.* **2.** *das Clubben* (1).

Clus|ter ['klastɐ, engl.: 'klʌstɐ], der, (auch:) das; -s, - [engl. cluster = Büschel; Menge]: **1.** (Fachspr.) *aus vielen Einzelteil[ch]en zusammengesetztes System.* **2.** (Med.) **a)** *pathologische* (2) *Zellwucherung (bes. Krebszellen);* **b)** *anfallweise auftretender Schmerzzustand.* **3.** (Musik) *Klanggebilde, das durch Übereinanderstellen kleiner Intervalle entsteht.* **4.** (Sprachwiss.) **a)** *aufeinanderfolgende gleiche Konsonanten;* **b)** *ungeordnete Menge semantischer Merkmale eines Begriffs.*

cm = Zentimeter.
cm² = Quadratzentimeter.
cm³ = Kubikzentimeter.
Cm = Curium.
cmm (früher für: mm³) = Kubikmillimeter.
c-Moll ['tseː mɔl, auch: 'tseː'mɔl], das (Musik): *auf dem Grundton c beruhende Molltonart* (Zeichen: c).
c-Moll-Ton|lei|ter, die: *auf dem Grundton c beruhende Molltonleiter.*
cm/s, (früher auch:) **cm/sec** = Zentimeter in der Sekunde.

c/o – Collage

c/o = care of.

¹Co = Cobaltum; *chem. Zeichen für* Kobalt.

²Co, Co. = Kompanie.

CO₂ [tseːloːˈtsvai] = Kohlendioxid.

co-, Co-: ↑ko-, Ko-.

Coach [koːtʃ, koʊtʃ], der; -[e]s, -[e]s [engl. coach, urspr. in der Studentenspr. = privater Tutor (im Sinne von »jmd., der einen weiterbringt«), eigtl. = Kutsche < frz. coche < dt. Kutsche]: **1.** *jmd., der Sportler od. eine Sportmannschaft, auch Manager, Künstler u. a. trainiert, betreut:* ein erfahrener C.; der C. der deutschen Fechter. **2.** *jmd., der [anhand von wissenschaftlich begründeten Methoden] einen Klienten berät u. betreut, um dessen berufliches Potenzial zu fördern u. weiterzuentwickeln.*

coa|chen ⟨sw. V.; hat⟩ [engl. to coach]: *(Sportler od. eine Sportmannschaft, auch Manager, Künstler u. a.) trainieren u. betreuen:* eine Mannschaft c.

Coa|ching, das; -[s], -s [engl. coaching]: *das Coachen.*

Coat [koʊt], der; -[s], -s [engl. coat < afrz. cote, aus dem Germ.]: *dreiviertellanger Mantel.*

CO₂-Aus|stoß [tseːloːˈtsvai...], der (Fachspr.): *CO₂-Emission.*

Cob, der; -s, -s [engl. cob, eigtl. Bez. für jmdn., etw. von gedrungenem Aussehen, H. u.]: *kleines, starkes, für Reiten u. Fahren gleichermaßen geeignetes englisches Gebrauchspferd.*

Co|baea, die; -, -s [nach dem span. Jesuiten B. Cobo (1582–1657)]: *Glockenrebe.*

Co|balt: ↑ Kobalt.

Co|bal|tum, das; -s: lat. Bez. für ↑ Kobalt.

Cob|b|ler, der; -s, -s [engl. cobbler, H. u.]: *Cocktail aus Likör, Weinbrand od. Weißwein, Fruchtsaft, Früchten u. Zucker.*

CO₂-Bi|lanz, die: *Bilanz* (b) *der Auswirkungen von CO₂-Emissionen auf die Umwelt:* eine ausgeglichene, negative C.

COBOL, Co|bol, das; -s [Kunstwort aus engl. **common business oriented language**] (EDV): *auf wissenschaftliche u. technische Aufgaben ausgerichtete Programmiersprache.*

Co|ca, das; -[s], -s od. die; -, -s ⟨aber: 5 Coca⟩ (ugs.): *Kurzf. von* [Flasche] Coca-Cola: ein[e] C. bestellen.

Co|ca-Co|la®, das; -[s], -s ⟨südd., österr., schweiz. nur so⟩ od. die; -, -s ⟨aber: 5 Coca-Cola⟩ [amerik. Coca-Cola, nach Bestandteilen des Getränks; vgl. ¹Koka u. Kolabaum]: *koffeinhaltiges Erfrischungsgetränk.*

Col|che|nil|le: ↑ Koschenille.

Coch|lea [ˈkɔxlea, die; -, …eae […eɛ] [lat. cochlea = Schnecke(nhaus) < griech. kochlías]: **1.** (Anat.) *Teil des Innenohrs, Schnecke.* **2.** (Zool.) *Gehäuse der Schnecken* (1).

Co|chon|ne|rie, die; -, -n [frz. cochonnerie (veraltet): *Schweinerei; Unflätigkeit, Zote.*

Co|cker|spa|ni|el, der; -s, -s [engl. cocker spaniel, zu: to cock = Waldschnepfen jagen, zu: woodcock = Waldschnepfe u. spaniel, ↑ Spaniel]: *Jagdhund mit seidigem Fell, langer Schnauze und großen Hängeohren.*

¹Cock|ney [ˈkɔknɪ], das; -[s] -[s] [engl. cockney < mengl. cockeney = verweichlichter Mensch]: *(als Zeichen der Unbildung angesehene) Mundart der alteingesessenen Londoner Bevölkerung.*

²Cock|ney, der; -s, -s: *jmd., der Cockney spricht.*

Cock|pit, das; -s, -s [engl. cockpit, eigtl. = vertiefte Einfriedung für Hahnenkämpfe, aus: cock = Hahn u. pit = Grube] (Fachspr.): **1.** *Kabine des* ¹Piloten (1 a) *in einem Flugzeug:* einen Blick ins C. werfen. **2.** *Fahrersitz in einem Rennwagen:* aus dem C. steigen. **3.** *vertiefter*, *ungedeckter Sitzraum für die Besatzung in Segel- u. Motorbooten.*

Cock|tail [ˈkɔkteɪl], der; -s, -s [engl.(-amerik.) cocktail, eigtl. = Hahnenschwanz, H. u.]: **a)** *[alkoholisches] Mixgetränk mit Früchten, Fruchtsaft u. anderen Zutaten:* ein eisgekühlter, spritziger C.; einen C. mixen; **b)** (Kochkunst) *aus Krustentieren, Geflügel-, Fisch- od. Fleischstückchen bereitete pikante Vorspeise.*

Cock|tail|bar [ˈkɔkteɪl...], die: ¹Bar (1 a), *in der bes. Cocktails angeboten werden.*

Cock|tail|kir|sche, die: *kandierte Kirsche, mit der Cocktails* (a), *Torten o. Ä. verziert werden.*

Cock|tail|kleid, das: *Kleid für kleinere festliche Anlässe.*

Cock|tail|par|ty, die: *zwanglose Geselligkeit in den frühen Abendstunden, bei der bes. Cocktails* (a) *serviert werden.*

Co|coo|ning [kəˈkuːnɪŋ], das; -s [engl. cocooning, zu: to cocoon = sich in einen Kokon einspinnen, zu: cocoon = Kokon]: *vollständiges Sichzurückziehen in die Privatsphäre; das Sichaufhalten zu Hause als Freizeitgestaltung.*

c. o. d. [Abk. für engl. cash bzw. collect **o**n delivery]: *per Nachnahme.*

Co|da, Koda, die; -, -s [ital. coda, eigtl. = Schwanz < lat. cauda = Schwanz] (Musik): *Schlussteil eines Satzes* (4 b).

Code, Kode [koːt, koʊd], der; -s, -s [engl. code, frz. code < lat. codex, ↑ Kodex]: **1.** (Informationst.) *System von Regeln u. Übereinkünften, das die Zuordnung von Zeichen, auch Zeichenfolgen zweier verschiedener Zeichenvorräte erlaubt; Schlüssel, mit dessen Hilfe ein chiffrierter Text in Klartext übertragen werden kann.* **2.** (Sprachwiss.) *vereinbartes Inventar sprachlicher Zeichen u. Regeln zu ihrer Verknüpfung.* **3.** (Soziolinguistik) *durch die Zugehörigkeit zu einer bestimmten sozialen Schicht vorgegebene Weise der Verwendung von Sprache:* elaborierter C./Kode (Sprechweise der Mittelschicht); restringierter C./Kode (Sprechweise der Unterschicht).

Code ci|vil [koˈdsiˈviːl, frz.: kɔdsiˈvil], der; - - [frz., aus: code = Gesetzbuch u. civil = bürgerlich]: *französisches Zivilgesetzbuch.*

Co|de|in, Kodein, das; -s [zu griech. kṓdeia = Mohn(kopf)] (Pharm.): *aus Opium gewonnener, als hustenstillendes Mittel verwendeter Stoff.*

Code Na|po|lé|on [koːdnapɔleˈɔ̃], der; - - [frz.]: *Code civil zwischen 1807 u. 1814.*

Code|num|mer, Kodenummer, die: *Geheimnummer* (2 b).

Code|swit|ching [ˈkoʊdswɪtʃɪŋ], das; -[s], -s [engl. code switching, zu: code = Code (2) u. to switch = wechseln] (Sprachwiss.): *das Überwechseln von einem Code* (3) *in einen anderen (z. B. von der Standardsprache in die Mundart).*

Code|wort, Kodewort, das ⟨Pl. …wörter⟩: *Kennwort* (2 b).

co|die|ren, kodieren ⟨sw. V.; hat⟩ [zu ↑ Code]: **1. a)** *eine Nachricht mithilfe eines Codes* (1) *verschlüsseln;* **b)** (Informationst.) *ein Zeichen mithilfe eines Codes* (1) *in ein anderes Zeichen umsetzen.* **2.** *etw. Mitzuteilendes mithilfe des Codes* (2) *in eine sprachliche Form bringen.*

Co|die|rung, Kodierung, die; -, -en: *das Codieren.*

Co|don, das; -s, …one[n] [frz. codon = code, ↑ Code] (Biochemie): *Gesamtheit von drei aufeinanderfolgenden Basen einer Nukleinsäure, die den Schlüssel für eine Aminosäure im* ↑ Protein *darstellen.*

CO₂-Emis|si|on, die: *Emission* (3 a) *von Kohlendioxid: der Flugverkehr verursacht hohe -en.*

Co|en|zym [auch: …ˈtsyːm], das; -s, -e [zu lat. con- = mit- u. ↑ Enzym] (Biochemie): *abspaltbarer Teil eines Enzyms.*

Cœur [køːɐ̯], das; -[s], -[s] [frz. cœur < lat. cor = Herz] (Kartenspiele): *durch ein rotes Herz gekennzeichnete Spielkarte.*

Co|evo|lu|ti|on: ↑ Koevolution.

Cof|fee|shop, Cof|fee-Shop [ˈkɔfi…], der; -s, -s [engl. coffee shop, aus: coffee = Kaffee u. ↑ Shop]: **1.** *kleines Restaurant, in dem vorwiegend Kaffee angeboten wird.* **2.** *Restaurant, in dem auch kleine Mengen sogenannter weicher Drogen zum privaten Konsum verkauft werden.*

Cof|fe|in: ↑ Koffein.

co|gi|to, er|go sum [lat.]: *ich denke, also bin ich* (Grundsatz des französischen Philosophen Descartes).

co|gnac [ˈkɔnjak] ⟨indekl. Adj.⟩: *goldbraun.*

Co|gnac®, der; -s, -s: *aus Weinsorten des Gebiets um die französische Stadt Cognac hergestellter französischer Weinbrand.*

co|gnac|far|ben ⟨Adj.⟩: ↑ cognac: *ein -er Stoff.*

Coif|feur [koaˈføːɐ̯], der; -s, -e [frz. coiffeur, zu: coiffe = Haube, Kappe < mlat. cofia, aus dem Germ.] (schweiz., sonst geh.): *Friseur.*

Coif|feu|rin [koaˈføːrɪn], die; -, -nen (selten): w. Form zu ↑ Coiffeur.

Coif|feu|se [koaˈføːzə], die; -, -n [frz. coiffeuse] (schweiz., sonst geh.): w. Form zu ↑ Coiffeur.

Coif|fure [koaˈfyːɐ̯], die; -, -n […ˈfyːrən] [frz. coiffure]: **1.** ⟨o. Pl.⟩ (geh.) *Frisierkunst:* er ist ein Meister [auf dem Gebiet] der C. **2.** (schweiz.) *Frisiersalon.* **3.** (veraltet) *kunstvoll gestaltete Frisur.*

Coin|t|reau® [koɛˈtroː], der; -s, - [nach dem Namen einer frz. Branntweinbrennerfamilie aus Angers]: *französischer Orangenlikör.*

Co|i|tus: ↑ Koitus.

Co|i|tus a Ter|go, der; - - -, - […tuːs] - - [zu lat. tergum = Rücken]: *Geschlechtsverkehr, bei dem die Frau dem Mann den Rücken zuwendet.*

Co|i|tus in|ter|rup|tus, der; - -, - […tuːs] …ti [mlat. interruptus = unterbrochen]: *Geschlechtsverkehr, bei dem der Penis vor dem Samenerguss aus der Scheide herausgezogen wird.*

Co|i|tus per A|num, der; - - -, - […tuːs] - - [zu lat. anus = After]: *Geschlechtsverkehr durch Einführen des Penis in den After des Geschlechtspartners, der Geschlechtspartnerin.*

Coke® [koːk, engl.: koʊk], das; -[s], -s ⟨die; -, -s ⟨aber: 5 Coke⟩ [engl.(-amerik.) Coke®, nach dem Werbeslogan »Coca-Cola ist Coke«, viell. unter Anlehnung an: coke = ²Koks]: *kurz für* ↑ Coca-Cola.

col. = columna (Spalte).

Co|la, das; -[s], -[s] ⟨südd., österr., schweiz. nur so⟩ u. die; -, -s ⟨aber: 5 Cola⟩: *koffeinhaltiges Erfrischungsgetränk:* eine C.

col bas|so [ital.; zu: basso, ↑ Bass] (Musik): *mit dem Bass od. der Bassstimme [zu spielen]* (Abk.: c. b.).

Cold|cream, die; -, -s, **Cold Cream,** die; - -, - -s [ˈkoʊldkriːm, auch: ˈkoʊld ˈkriːm], engl., aus: cold = kalt u. cream = Creme): *Feuchtigkeit enthaltende u. dadurch kühlende, halbfette Hautcreme.*

Co|li|tis: ↑ Kolitis.

col|la de|s|t|ra [ital., aus: colla = mit der u. destra = rechte, zu: destro = recht… < lat. dexter] (Musik): *mit der rechten Hand [zu spielen]* (Abk.: c. d.).

Col|la|ge [kɔˈlaːʒə, österr. meist: …ʃ], die; -, -n [frz. collage, zu: colle = Leim, über das Vlat. o. griech. kólla]: **1.** (Kunst) **a)** ⟨o. Pl.⟩ *Technik der Herstellung einer Bildkomposition durch Aufkleben von verschiedenfarbigem Papier od. anderem Material: die Technik der C.;* **b)** *durch Aufkleben von verschiedenfarbigem Papier od. anderem Material hergestelltes Bild:* eine Ausstellung von -n. **2.** (Literaturwiss.) *literarische*

Komposition aus verschiedenartigem sprachlichem Material: eine C. aus Zitaten und Szenen. **3.** (Musik) Komposition, die aus einer Verbindung vorgegebener musikalischer Materialien besteht. **4.** ⟨o. Pl.⟩ das Collagieren.
col|la|gie|ren [...ˈʒiː...] ⟨sw. V.; hat⟩ (Fachspr.): aus verschiedenen Materialien od. Komponenten zusammensetzen.
col|la par|te [ital., aus: colla = mit der u. parte, eigtl. = Teil < lat. pars (Gen.: partis)] (Musik): mit der Hauptstimme [gehend].
coll'ar|co [ital., zu: arco, eigtl. = (Kreis)bogen < lat. arcus] (Musik): [nach vorangegangenem Pizzikato wieder] mit dem Bogen (5) [zu spielen] (Abk.: c. a.).
col|la si|ni|s|tra [ital., zu: sinistra = linke, zu: sinistro = link... < lat. sinister] (Musik): mit der linken Hand [zu spielen] (Abk.: c. s.).
col|lé [kɔˈleː] ⟨indekl. Adj.⟩ [frz. collé, 2. Part. von: coller = (an)leimen, zu: colle, ↑ Collage] (Billard): (vom Billardball, der an der Bande liegt) dicht anliegend.
Col|lege [ˈkɔlɪdʒ], das; -[s], -s [engl. college < frz. collège < lat. collegium, ↑ Kollegium]: **1. a)** (bes. in Großbritannien) private höhere Schule mit Internat; **b)** (bes. in Großbritannien) selbstständige Institution innerhalb einer älteren Universität, die Aufgaben der Forschung u. Lehre wahrnimmt u. im Allgemeinen als Wohn- u. Lebensgemeinschaft der Lehrenden u. Lernenden dient; **c)** (bes. in Großbritannien) Fach[hoch]schule. **2.** (in den USA) Eingangsstufe der Universität.
Col|lège [kɔˈlɛːʒ], das; -[s], -s [frz. collège]: (in Frankreich, Belgien u. der französischsprachigen Schweiz) höhere Schule.
Col|le|gium mu|si|cum, das; - -, ...gia ...ca [nlat. collegium musicum, aus lat. collegium (↑ Kollegium) u. musicus = die Musik betreffend, ↑ Musik]: freie Vereinigung von Musizierenden (an Schulen, Universitäten).
col le|gno [kɔl ˈlɛnjo; ital., aus: col = mit dem u. legno = Holz < lat. lignum] (Musik): mit dem Holz des Bogens (5) [zu spielen].
Col|lie [ˈkɔli], der; -s, -s [engl. collie, H. u.]: langhaariger schottischer Schäferhund.
Col|li|er, Kollier [kɔˈlje:], das; -s, -s [frz. collier = Halsband, -kette < mlat. collarium < lat. collare, zu: collum = Hals]: **1.** wertvolle, aus mehreren Reihen Edelsteinen od. Perlen bestehende Halskette. **2.** schmaler, um den Hals getragener Pelz: ein C. aus Nerz.
Col|lo|qui|um: ↑ Kolloquium.
Col|lum, das; -s, ...lla (Med.): **1.** [lat. collum] Hals. **2.** sich verjüngender Teil eines Organs, Verbindungsteil.
Co|lom|bo: Hauptstadt von Sri Lanka.
Co|lón [koˈlɔn], der; -[s], -[s] [nach der span. Namensform von Kolumbus]: Währungseinheit in Costa Rica (= 100 Céntimo) u. El Salvador (= 100 Centavo).
Co|lo|nel [...ˈnɛl, frz.: kɔlɔˈnɛl, engl.: ˈkəːnl], der; -s, -s [engl. colonel < frz. colonel < ital. colonnello, zu: colonna = Kolonne (von Soldaten), also eigtl. = Kolonnenführer < lat. columna = Säule] (Militär): frz. u. engl. Bez. für: Oberst.

Col|or- [kɔˈloːɐ̯; lat. color = Farbe] (Fotogr.): Best. in Zus. mit der Bed. Farb-: Colorfilm, Colornegativfilm, Colorvergrößerung.

Co|lo|ra|do; -s: Bundesstaat der USA.
Colt®, der; -s, -s [nach dem amerik. Industriellen S. Colt (1814–1862)]: [bes. im Wilden Westen verwendeter] Revolver mit längerem Lauf (8): den C. ziehen, auf jmdn. richten.
Colt|ta|sche, die: Revolvertasche.
Com|bo, die; -, -s [engl. combo, kurz für: combi-

nation, ↑ ²Kombination]: kleines Ensemble (b) in der Jazz- od. Tanzmusik, in dem jedes Instrument nur einmal vertreten ist.
Come|back, Come-back [kamˈbɛk], das; -[s], -s [engl. comeback, zu: to come back = zurückkommen]: Neubeginn einer Karriere durch erfolgreiches Wiederauftreten nach längerer Pause: ein spätes C.; ein C. erleben; der Filmstar feierte ein großes C.
COMECON, Co|me|con, der od. das; - [Kurzwort für engl. Council for Mutual Economic Assistance/Aid]: Rat für gegenseitige Wirtschaftshilfe (Wirtschaftsorganisation der Staaten des Ostblocks; 1949–1991; Abk.: RGW).
¹Co|me|di|an [kəˈmiːdɪən], der; -s, -s [engl. comedian = humoristischer Unterhaltungskünstler.
²Co|me|di|an [kəˈmiːdɪən], die; -, -s [engl. comedian]: humoristische Unterhaltungskünstlerin.
Co|mé|die [kɔmeˈdiː], die; -, -s [...ˈdiː] [frz. comédie < lat. comoedia, ↑ Komödie] (Literaturwiss.): **1.** (bis ins 17. Jh.) frz. Bez. für: Schauspiel (1 a). **2.** frz. Bez. für: Komödie (1).
Co|me|dy [ˈkɔmədi], die; -, -s [engl. comedy < (a)frz. comédie, ↑ Comédie] (bes. Fernsehen): (oft als Serie produzierte) humoristische Sendung.
Co|me|dy|se|rie [ˈkɔmədi...], die [aus engl. comedy = Komödie u. ↑ Serie (2)] (Fernsehen): humoristische Fernsehserie.
Co|me|dy|show [ˈkɔmədiʃoʊ], die [aus engl. comedy = Komödie u. ↑ Show] (Fernsehen): [kürzere] Show, in der Sketche, Slapsticks u. Ä. dargeboten werden.
Co|mes [ˈkoːmɛs], der; -, - u. Comites [...iteːs] [lat. comes = Begleiter]: **1. a)** (im antiken Rom) hoher Beamter im kaiserlichen Dienst; **b)** (im MA.) Gefolgsmann od. Vertreter des Königs in Verwaltungs- u. Gerichtsangelegenheiten; Graf. **2.** (Musik) Wiederholung des Fugenthemas in der zweiten Stimme.
co|me so|p|ra [ital.] (Musik): wie oben, wie zuvor.
Co|mic, der, auch das; -[s], -s: Kurzf. von ↑ Comicstrip.
Co|mic|fi|gur, die: **1.** in einem Comic auftretende Figur (5 c). **2.** verkleinerte Nachbildung einer Comicfigur (1) [als Spielzeug].
Co|mic|heft, das: Heft, das Comics enthält.
Co|mic|li|te|ra|tur, die ⟨Pl. selten⟩: Literatur aus dem Bereich der Comics.
Co|mic|strip [...strɪp], der; -s, -s [engl. comic strip, aus: comic = Witzblatt, zu: comic = komisch u. strip = (Bilder)streifen]: **a)** aus Bildstreifen bestehende Fortsetzungsgeschichte abenteuerlichen, grotesken od. utopischen Inhalts, deren einzelne Bilder von kurzen Texten begleitet sind; **b)** Magazin, Heft mit Comicstrips.
Co|ming-of-Age-Film [kamɪŋɔfˈeɪdʒ...], der; -[e]s, -e [engl. coming of age, zu: to come of age = mündig, volljährig werden] (Film): Film, der das Erwachsenwerden, den Übergang vom Jugend- zum Erwachsenenalter zum Thema hat.
Co|ming-out, Co|ming|out [kamɪŋˈl̩aʊt], das; -[s], -s [engl. coming out, zu: to come out = herauskommen (6 c)]: absichtliches, bewusstes Öffentlichmachen von etw., insbesondere der eigenen Homosexualität.
Co|mi|tes: Pl. von ↑ Comes.
comme ci, comme ça [kɔmˈsi kɔmˈsa; frz. = soso; so lala] (veraltend): nicht besonders [gut] (als Antwort auf die Frage »Wie gehts?«).
Com|me|dia dell'Ar|te, die; - - [ital. commedia dell'arte, aus: commedia = Schauspiel (da sie von Berufsschauspielern aufgeführt wurde), zu: commedia = Schauspiel, Lustspiel u. arte = Handwerk, Beruf, eigtl. = Kunst < lat. ars (Gen.:

artis)]: volkstümliche italienische Stegreifkomödie des 16. bis 18. Jahrhunderts.
comme il faut [kɔmilˈfoː; frz.] (bildungsspr. veraltend): wie es sich gehört, mustergültig, vorbildlich: die Kinder benahmen sich c. il f.; ein Kriminalfilm c. il f.
Com|mit|ment [kəˈmɪtmənt, kɔˈmɪtmənt], das; -s, -s [engl. commitment, zu: to commit < mlat. committere = in Obhut geben < lat. committere, ↑ Kommission] (Jargon): das [Sich]bekennen, [Sich]verpflichten.
♦ **Com|mit|tee** [kəˈmɪti], die; -, -s [engl. committee, ↑ Komitee]: [vom Parlament] eingesetzter Untersuchungsausschuss: Wer in der C. ist meinesgleichen (Schiller, Maria Stuart I, 7).
com|mo|do: ↑ comodo.
Com|mon Sense, der; - -, **Com|mon|sense**, der; - [ˈkɔmən ˈsɛns, auch: ˈkɔmənsɛns; engl. common sense, zu: sense = Sinn, Verstand < lat. sensus (↑ sensuell)] (bildungsspr.): gesunder Menschenverstand.
Com|mon|wealth [ˈkɔmənwɛlθ], das; - [engl. commonwealth, zu: wealth = Reichtum, Wohl(ergehen), also eigtl. = Gemeinwohl]: lose Gemeinschaft der noch mit Großbritannien verbundenen Völker des ehemaligen britischen Weltreichs.
Com|mu|ni|qué: (in der Schweiz häufigere Schreibung für) ↑ Kommuniqué.
Com|mu|ni|ty [kɔˈmjuːniti], die; -, -s (Jargon): Gemeinschaft, Gruppe von Menschen, die ein gemeinsames Ziel verfolgen, gemeinsame Interessen pflegen, sich gemeinsam Wertvorstellungen verpflichtet fühlen; Gemeinde (3 b) (bes. der Nutzer im Internet).
co|mo|do ⟨Adv.⟩ [ital. comodo < lat. commodus, ↑ kommod] (Musik): gemächlich, ruhig.
Com|pact Disc, Com|pact Disk [ˈkɔmpɛkt -], die; - -, - -s [engl. compact disc]: aus metallisiertem Kunststoff bestehende kleine, durch Laserstrahl abtastbare Speicherplatte mit hoher Ton- bzw. Bildqualität (Abk.: CD).
Com|pa|g|nie [kɔmpanˈjiː]: ↑ Kompanie.
Com|pa|g|non [kɔmpanˈjõː]: ↑ Kompagnon.
Com|pi, der; -s, -s [↑ -i] (ugs. scherzh.): Computer.
Com|pi|ler [kɔmˈpaɪlɐ], der; -s, - [engl. compiler, zu: to compile = zusammenstellen < frz. compiler < lat. compilare, ↑ kompilieren] (EDV): Programm (4), das dazu dient, eine andere Programmiersprache in die Programmiersprache eines bestimmten Computers zu übersetzen.
¹Com|po|sé [kõpoˈzeː], der; -[s], -s [frz. composé, 2. Part. von: composer = zusammensetzen, zu lat. compositum, ↑ Kompositum]: zweifarbig gemustertes Gewebe, bei dem Muster- u. Grundfarbe wechseln.
²Com|po|sé, das; -[s], -s: **a)** Kombination aus zwei od. mehreren farblich u. im Muster aufeinander abgestimmten Stoffen; **b)** aus einem ²Composé (a) hergestellte mehrteilige Damenoberbekleidung: ein C. aus Mantel und Rock.
♦ **Comp|toir** [kõˈtoaːɐ̯], das; -s, -s [frz. comptoir, ↑ Kontor (3): Er maß den Platz in der Länge und in der Quere durch Schreiten ab, notierte die Raummaße..., erwog, wo das Laboratorium stehen sollte, ... und wo das C. (Immermann, Münchhausen 333).
Com|pu|ter [kɔmˈpjuːtɐ], der; -s, - [engl. computer, zu: to compute = (be)rechnen < lat. computare, ↑ Konto]: programmgesteuerte, elektronische Rechenanlage; Datenverarbeitungsanlage: den C. programmieren; dem C. wurde ein bestimmtes Programm eingegeben; am C. arbeiten; er hat stundenlang [am] C. gespielt.
Com|pu|ter|ani|ma|ti|on, die: durch Computer erzeugte Darstellung mehrdimensionaler bewegter Bilder auf einem Bildschirm.

computeranimiert – Connaisseur

com|pu|ter|ani|miert ⟨Adj.⟩: *durch Computeranimation erzeugt:* -e Saurier.
Com|pu|ter|an|la|ge, die: *elektronische Datenverarbeitungsanlage.*
Com|pu|ter|aus|druck, der: *am Computer erstellter, von einem Drucker (2) ausgedruckter Text.*
Com|pu|ter|bild, das: *mithilfe eines Computers erstelltes Phantombild.*
Com|pu|ter|bild|schirm, der: *Bildschirm eines Computers.*
Com|pu|ter|bran|che, die: *die Herstellung u. den Verkauf von Computern umfassende Branche* (a).
Com|pu|ter|chip, der (Elektronik): *Chip (3) in einem, für einen Computer.*
Com|pu|ter|fahn|dung, die: *Rasterfahndung.*
Com|pu|ter|fir|ma, die: *Firma, die Computer herstellt u. vertreibt.*
Com|pu|ter|freak, der (ugs.): *jmd., der sich in übertrieben erscheinender Weise für Computer begeistert.*
com|pu|ter|ge|ne|riert ⟨Adj.⟩: *mithilfe eines Computers hervorgebracht.*
com|pu|ter|ge|steu|ert ⟨Adj.⟩: *von einem Computer kontrolliert, überwacht.*
com|pu|ter|ge|stützt ⟨Adj.⟩: *mithilfe der Datenverarbeitung bzw. unter Einbeziehung eines Computers erfolgend:* eine -e Produktion.
Com|pu|ter|gra|fik, Com|pu|ter|gra|phik, die: *mithilfe eines speziellen Computerprogramms erstellte Grafik* (4).
Com|pu|ter|her|stel|ler, der: *Hersteller von Computern.*
Com|pu|ter|her|stel|le|rin, die: w. Form zu ↑Computerhersteller.
Com|pu|ter|in|dus|t|rie, die: *Industriezweig, der sich mit der Herstellung von Computern befasst.*
com|pu|te|ri|sie|ren ⟨sw. V.; hat⟩: **1.** *mit Computern ausstatten:* einen Arbeitsplatz c. **2. a)** *Informationen u. Daten für einen Computer lesbar, verwertbar machen;* **b)** *Informationen u. Daten in einem Computer speichern.*
Com|pu|te|ri|sie|rung, die; -, -en: *das Computerisieren.*
Com|pu|ter|kon|zern, der: *Konzern, dessen wirtschaftlicher Schwerpunkt auf der Produktion von Computern liegt.*
Com|pu|ter|kri|mi|na|li|tät, die: *Gesamtheit der Straftaten, die mithilfe von Computern begangen werden.*
Com|pu|ter|kunst, die: *Kunstproduktion, bei der mithilfe von Computern Grafiken, Musikkompositionen, Texte u. a. hergestellt werden.*
Com|pu|ter|kurs, der: *Kurs, bei dem die Teilnehmer den Umgang mit Computern lernen sollen.*
Com|pu|ter|lin|gu|is|tik, die: *Teilgebiet der modernen Linguistik, das elektronische Rechenanlagen für die Bearbeitung u. Beschreibung sprachlicher Probleme verwendet.*
Com|pu|ter|ma|ga|zin, das: *Zeitschrift, die mit dem Computer in Zusammenhang stehende Themen behandelt.*
Com|pu|ter|netz, das: *System von wie ein Netz miteinander verbundenen Computern.*
Com|pu|ter|netz|werk, das: *Network* (2).
Com|pu|ter|nut|zer, (auch:) **Com|pu|ter|nützer,** der: *jmd., der Computer nutzt.*
Com|pu|ter|nut|ze|rin, (auch:) **Com|pu|ter|nütze|rin,** die: w. Formen zu ↑Computernutzer, Computernützer.
Com|pu|ter|pro|gramm, das: *Programm* (4).
Com|pu|ter|satz, der (Druckw.): *mithilfe eines Computers erstellter Satz* (3 b), *bei dem der Text ohne Berücksichtigung der Zeilenenden eingegeben wird (u. die Einteilung in Zeilen erst später im Rechner erfolgt).*
Com|pu|ter|si|mu|la|ti|on, die: *das Durchrechnen eines in der Zeit ablaufenden Prozesses durch einen Computer, um ausgewählte Eigenschaften des Prozessablaufs sichtbar zu machen.*
Com|pu|ter|spe|zi|a|list, der: *Fachmann auf dem Gebiet der Computertechnik.*
Com|pu|ter|spe|zi|a|lis|tin, die: w. Form zu ↑Computerspezialist.
Com|pu|ter|spiel, das: *Spiel, das mithilfe eines an einen Personal Computer angeschlossenen Monitors, der als Spielfeld, -brett dient, gespielt werden kann.*
Com|pu|ter|spra|che, die: *Programmiersprache.*
Com|pu|ter|sys|tem, das (EDV): *System von Programmen (4) für die Steuerung u. Überwachung von Computern; wichtig ist, die verschiedenen -e miteinander zu vernetzen.*
Com|pu|ter|tech|nik, die: *Zweig der Technik, der sich mit der Entwicklung u. der Konstruktion von Computeranlagen befasst.*
Com|pu|ter|to|mo|graf, Computertomograph, der; -en, -en: *bei der Computertomografie verwendete rotierende Röntgenröhre, die an einen Computer angeschlossen ist* (Abk.: CT).
Com|pu|ter|to|mo|gra|fie, Computertomographie, die: **1.** *Röntgenuntersuchung, die durch Schicht für Schicht erstellte Aufnahmen auch die Struktur der Weichteile eines Körpers sichtbar macht* (Abk.: CT). **2.** *durch Computertomografie erzeugtes Diagnosebild, Computertomogramm* (Abk.: CT).
com|pu|ter|to|mo|gra|fisch, computertomographisch ⟨Adj.⟩: *die Computertomografie betreffend, zu ihr gehörend; mithilfe der Computertomografie.*
Com|pu|ter|to|mo|gramm, das; -s, -e: *durch Computertomografie erzeugtes Diagnosebild* (Abk.: CT).
Com|pu|ter|to|mo|graph usw.: ↑Computertomograf usw.
com|pu|ter|un|ter|stützt ⟨Adj.⟩: *computergestützt.*
Com|pu|ter|vi|rus, der, auch: das (EDV): *Computerprogramm, das jmd. unbemerkt in einen Rechner einschleust in der Absicht, die vorhandene Software zu manipulieren od. zu zerstören.*
Com|pu|ter|wurm, der: *Computervirus.*
Comte [kõːt], der; -, -s [frz. comte < lat. comes, ↑Comes]: frz. Bez. für: Graf.
Com|tesse [kõˈtɛs]: ↑Komtess.
Co|na|k|ry [kɔnaˈkri, auch: koˈnaːkri]: Hauptstadt von ¹Guinea.
con|axi|al: ↑koaxial.
Con|ce|le|b|ra|tio [...tsjo], die; -, ...ones [...aˈtsjoːneːs] (kath. Kirche): ↑Konzelebration.
Con|cept-Art, Con|cept|art [ˈkɔnsɛptla:ɐ̯t, kɔnˈsɛpt...], die; - [engl. concept art, aus: concept = Gedanke, Planung u. art = Kunst] (Kunstwiss.): *moderne Kunstrichtung, bei der Entwurf an die Stelle des fertigen Kunstwerks tritt.*
Con|cer|tan|te [kɔntsɛrˈtantə, ital.-dt.: kɔntʃɛrˈtantə, frz.: kõsɛrˈtãːt], die; -, -n [...tn] [ital. composizione concertante bzw. frz. musique concertante, ↑konzertant] (Musik): *Konzert für mehrere Solisten u. Orchester.*
Con|cer|ti|no [kɔntʃɛrˈtiːno], das; -s, -s [ital. concertino, Vkl. von: concerto, ↑Konzert] (Musik): **1.** *kleines Konzert; Konzertstück.* **2.** *Gruppe der Instrumentalsolisten im Concerto grosso.*
Con|cer|to gros|so, das; - -, ...ti ...ssi [ital. concerto grosso, aus: concerto (↑Konzert) u. grosso = groß] (Musik): **1.** *barockes Instrumentalkonzert mit Wechsel von Orchester- u. Solopartien.* **2.** *Gesamtorchester im Gegensatz zum Concertino* (2).
Con|cha: ↑Koncha.
Con|che [ˈkõ:ʃə], Konche, die; -, -n (Fachspr.): *bei der Herstellung von Schokolade verwendeter muschelförmiger Trog.*
¹Con|ci|erge [kõˈsjɛrʃ, frz.: kõˈsjɛrʒ], der; -, -s (auch: -n [...ʒn̩]) [frz. concierge, über das Vlat. < lat. conservus = Mitsklave]: frz. Bez. für: Hausmeister, Portier.
²Con|ci|erge [kõˈsjɛrʃ, frz.: kõˈsjɛrʒ], die; -, -s (auch: -n [...ʒn̩]) [frz. concierge, w. Form zu ¹Concierge]: frz. Bez. für: Hausmeisterin, Portiersfrau.
con|ci|ta|to [...tʃ...] ⟨Adv.⟩ [ital., zu: concitare < lat. concitare = erregen, aufregen] (Musik): *erregt, aufgeregt.*
Con|clu|sio: ↑Konklusion.
Con|di|ti|o|na|lis: ↑Konditional.
Con|di|tio|ner [kənˈdɪʃənɐ], der; -s, - [engl. conditioner = etw., was die Beschaffenheit von etw. verbessert, zu: condition, ↑Kondition] (Jargon): *Haarspülung.*
Con|di|tio si|ne qua non, die; - - - - [lat. = Bedingung, ohne die nicht ...; vgl. Kondition] (bes. Philos.): *notwendige Bedingung, unabdingbare Voraussetzung.*
con do|lo|re [ital., aus: con (< lat. cum) = mit u. dolore = Schmerz] (Musik): *doloroso.*
Con|duc|tus, Konduktus, der; -, - [...tu:s] [mlat. conductus, zu lat. conducere, ↑Konduktus] (Musik): **a)** *einstimmiges lateinisches Lied des Mittelalters;* **b)** *mehrstimmiger Gesang des Mittelalters, bei dem die Hauptmelodie in der Unterstimme liegt.*
con ef|fet|to [ital., aus: con (< lat. cum) = mit u. effetto = Wirkung, Effekt] (Musik): *effettuoso.*
con es|pres|si|o|ne [ital., aus: con (< lat. cum) = mit u. espressione = Ausdruck < lat. expressio] (Musik): *espressivo.*
con|fer [lat.]: *vergleiche!* (Abk.: cf.)
Con|fé|rence [kõfeˈrãːs], die; -, -n [...sn̩] [frz. conférence < mlat. conferentia, ↑Konferenz] (veraltend): *Ansage eines Conférenciers:* er übernahm, hatte die C. dieses Abends.
Con|fé|ren|ci|er [kõfeʁãˈsi̯eː], der; -s, -s [frz. conférencier] (veraltend): *[witzig unterhaltender] Ansager im Kabarett od. Varieté (bei öffentlichen od. privaten Veranstaltungen):* ein geistreicher, witziger C.
Con|fé|ren|ci|euse [kõfeʁãˈsi̯øːzə], die; -, -n: w. Form zu ↑Conférencier.
con|fe|rie|ren ⟨sw. V.; hat⟩ (österr. veraltend): *(bei etw.) als Conférencier fungieren:* eine Veranstaltung c.
Con|fi|se|rie, Konfiserie [kɔnfizəˈriː, auch: kõ...], die; -, -n [frz. confiserie, zu: confire = zubereiten < lat. conficere, Konfekt] (bes. schweiz.): **1.** *Geschäft für Pralinen, Teegebäck u. Ä. aus eigener Herstellung.* **2.** *Teegebäck, Anzahl von Pralinen u. Ä. aus einer Confiserie* (1).
Con|fi|seur, Konfiseur [...ˈzøːɐ̯], der; -s, -e [frz. confiseur] (bes. schweiz.): *Hersteller von Pralinen, Teegebäck u. Ä.* (Berufsbez.).
Con|fi|seu|rin [...ˈzøːrɪn], die; -, -nen: w. Form zu ↑Confiseur.
Con|fi|te|or, das; - [lat. confiteor = ich bekenne, zu: confiteri, ↑Konfession]: *allgemeines Sündenbekenntnis im christlichen Gottesdienst.*
Con|foe|de|ra|tio Hel|ve|ti|ca, die; - -: lat. Bez. für: Schweizerische Eidgenossenschaft (Abk.: CH).
Con|ga, Konga, die; -, -s [span. conga, zu: congo = vom ¹Kongo stammender schwarzer Sklave]: **1.** *kubanischer Volkstanz in raschem Tempo u. geradem Takt.* **2.** *große Handtrommel in der Musik der kubanischen Schwarzen, die auch im modernen Jazz verwendet wird;* ²Tumba.
Con|junc|ti|va: ↑Konjunktiva.
Con|junc|ti|vi|tis: ↑Konjunktivitis.
Con|nais|seur [kɔnɛˈsøːɐ̯], der; -s, -s [frz. connaisseur, zu: connaître = (er)kennen < lat. cognos-

cere] (bildungsspr.): *Kenner:* ein Cognac für den anspruchsvollen C.

Con|nais|seu|se [kɔnɛˈsœzə], die; -, -n: w. Form zu ↑ Connaisseur.

Con|nec|ti|cut [kəˈnɛtɪkət], -s: Bundesstaat der USA.

Con|nec|tion [kəˈnɛkʃ(ə)n], die; -, -s [engl. connection, connexion < spätlat. con(n)exio, zu lat. conectere = verknüpfen] (ugs.): *Beziehung, Verbindung (die für jmdn. nützlich ist, ihm Vorteile verschafft).*

◆ **Con|ne|ta|ble**, der; -s, -s: ↑ Konnetabel: Der C. geht, er kann den Greu'l nicht länger ansehn (Schiller, Jungfrau I, 1).

Con|se|cu|tio Tem|po|rum, die; - - [lat. = Aufeinanderfolge der Zeiten] (Sprachwiss.): *Zeitenfolge in Haupt- u. Gliedsätzen.*

Con|sen|sus: ↑ Konsensus.

Con|som|mé, Konsommee [kõsɔˈme:], die; -, -s od. das; -s, -s [frz. consommé, subst. 2. Part. von: consommer = (völlig) auf-, verzehren; die Kraftbrühe wird während des Kochens den gesamten Fleischsaft in sich auf] (Kochkunst): *Kraftbrühe [aus Rindfleisch u. Suppengemüse].*

Con|s|ta|ble [ˈkɒnstəbl, engl.: ˈkʌnstəb(ə)l], der; -, -s: *Konstabler* (1).

Con|s|ti|tu|ante [kõstiˈtÿã:t], die; -, -s [...ã:t], (früher:) Konstituante, die; -, -n [frz. constituante, subst. 1. Part. von: constituer, ↑ konstituieren]: *grundlegende verfassunggebende [National]versammlung (besonders die der Französischen Revolution von 1789).*

¹**Con|sul|tant** [kənˈsaltənt], der; -[s], -s [engl. consultant, zu: to consult, ↑ Consulting] (Wirtsch.): *Berater.*

²**Con|sul|tant** [kənˈsaltənt], die; -, -s [↑ ¹Consultant] (Wirtsch.): *Beraterin.*

Con|sul|ting [kənˈsaltɪŋ], das; -s [engl. consulting, zu: to consult < frz. consulter < lat. consultare, ↑ konsultieren] (Wirtsch.): *Beratung; Beratertätigkeit (bes. in der Wirtschaft).*

Con|tai|ner [kɔnˈteːnɐ, engl.: kənˈteɪnə], der; -s, - [engl. container, zu: to contain = enthalten < frz. contenir < lat. continere]: **1.** *der rationelleren u. leichteren Beförderung dienender [quaderförmiger] großer Behälter [in standardisierter Größe]:* fahrbare C. **2.** (Verlagsw.): *Schachtel, Karton zum Versand von Büchern.*

Con|tai|ner|bahn|hof, der: *Bahnhof, in dem Container (1) umgeladen werden.*

con|tai|ne|ri|sie|ren ⟨sw. V.; hat⟩ [engl. to containerize] (Wirtsch.): *(von Waren od. Fluggepäck) in Containern verschicken.*

Con|tai|ne|ri|sie|rung, die; -, -en (Wirtsch.): *das Containerisieren.*

Con|tai|ner|schiff, das: *Spezialfrachtschiff zum Transport von Containern (1).*

Con|tai|ner|ter|mi|nal, der, auch: das: *Hafen, in dem Container (1) umgeladen werden.*

¹**Con|te** [kõ:t], die; -, -s [frz. conte, zu: conter = erzählen < lat. computare = zusammenrechnen] (Literaturwiss.): *(zwischen Roman u. Novelle einzuordnende) Form der Erzählung in der französischen Literatur.*

²**Con|te**, der; -, Conti [ital. conte < lat. comes, ↑ Comes]: **a)** *(etwa dem Titel »Graf« entsprechender) hoher italienischer Adelstitel;* **b)** *Träger des Titels* ↑ ²*Conte* (a).

Con|te|nance [kõtəˈnã:s], die; - [frz. contenance < lat. continentia = das Ansichhalten; Mäßigung] (bildungsspr.): *Fassung, Haltung (in einer schwierigen Lage):* die C. wahren; jmdn. aus der C. bringen.

Con|tent, der; -s, -s [engl. content = Inhalt, zu lat. contentum, ↑ Kontentverband] (EDV): *qualifizierter Inhalt, Informationsgehalt bes. von Websites.*

Con|ter|gan|kind, das [Contergan® = ehemali-

ger Handelsname des Mittels] (ugs. veraltend): *fehlgebildet geborenes Kind, dessen Mutter während der Schwangerschaft Contergan eingenommen hatte.*

Con|tes|sa, die; -, ...ssen [ital. contessa < mlat. comitissa, zu lat. comes, ↑ Comes]: w. Form zu ↑ ²Conte.

Con|test, der; -[s], -s [engl. contest < älter frz. contest, zu lat. contestari = (einen Prozess) in Gang bringen] (Jargon): *Wettbewerb (z. B. im Bereich der Unterhaltungsmusik).*

Con|ti: Pl. von ↑ ²Conte.

Con|ti|nuo, Kontinuo, der; -[s], -s: Kurzf. von ↑ Basso continuo.

con|t|ra: ↑ ²kontra.

Con|t|ra: ↑ Kontra.

Con|t|ra|dic|tio in Ad|jec|to, die; - - - [lat. = Widerspruch im Hinzugefügten] (Rhet., Stilkunde): *Widerspruch, der durch das einem Substantiv beigefügte Adjektiv entsteht, weil es mit der Bedeutung des Substantivs unvereinbar ist* (z. B. schwarzer Schimmel).

con|t|ra le|gem [lat.; ↑ ¹kontra, ↑ Lex] (Rechtsspr.): *gegen den [reinen] Wortlaut des Gesetzes.*

Con|t|ra|te|nor, der; -s, ...nöre, auch: -e [ital. contrattenore, zu: contra (< lat. contra, ↑ ¹kontra) u. tenore, ↑ ¹Tenor] (Musik): *(beim Übergang von der Zwei- zur Dreistimmigkeit im 14. u. frühen 15. Jahrhundert) dem Tenor u. dem Diskant hinzugefügte dritte Stimme.*

Con|t|re|danse [kõtrəˈdã:s], die od. der; -, -s [...ˈdã:s;] [frz., zu: danse, ↑ Tanz]: *Kontretanz.*

◆ **Con|t|re|re|vo|lu|ti|on** [ˈkõtrə...], die: *Konterrevolution:* Du hast die C. offiziell bekannt gemacht (Büchner, Dantons Tod I, 4).

Con|t|rol|ler [kɔnˈtroːlɐ, kəntroʊ...], der; -s, - [engl. controller < frz. controleur, zu: controle, ↑ Kontrolle] (Wirtsch.): *Fachmann für Kostenrechnung u. Kostenplanung in einem Betrieb* (Berufsbez.).

Con|t|rol|le|rin, die; -, -nen: w. Form zu ↑ Controller.

Con|t|rol|ling, das; -s [engl. controlling = das Steuern] (Wirtsch.): *von der Unternehmensführung ausgeübte Steuerungsfunktion.*

Co|nus, der; -, ...ni [lat. conus, ↑ Konus] (Anat.): *kegelförmig auslaufender Teil eines Organs.*

Con|ve|ni|ence-Food, Con|ve|ni|ence|food [kənˈviːnjənsfuːd], das; -s [engl. convenience foods, aus: convenience = Bequemlichkeit u. food = Essen, Nahrung]: **a)** *Nahrungsmittel, das für die Weiterverarbeitung in der Gastronomie vorbereitet ist;* **b)** *Gericht, das für den Verbrauch schon weitgehend zubereitet ist u. daher für den Verbraucher eine Arbeitserleichterung bedeutet; Fertiggericht.*

Con|ver|ter: ↑ Konverter.

Coo|kie [ˈkʊki], der od. das; -s, -s: **1.** [engl. cookie] *Keks, Plätzchen.* **2.** [nach dem Programm »fortune cookie«, das per Zufall einen Spruch, ein Zitat o. Ä. erzeugt u. in einigen Computersystemen bei der Benutzeranmeldung automatisch ausgeführt wird; engl. fortune cookie = Glückskeks] (EDV): *Datei, mit der der Benutzer einer Website identifiziert werden kann.*

cool [kuːl] ⟨Adj.⟩ [engl., eigtl. = kühl] (salopp): **1.** *[stets] die Ruhe bewahrend, keine Angst habend, nicht nervös [werdend], sich nicht aus der Fassung bringen lassend; kühl u. lässig, gelassen:* als Trainer muss man ziemlich c. sein; lass dich nicht provozieren, bleib [ganz] c.! **2.** *keine Gefahren bergend, risikolos, sicher:* ein -es Versteck; das ist die -ste Art, den Stoff über die Grenze zu bringen. **3.** *keinen, kaum Anlass zur Klage gebend, durchaus annehmbar, in Ordnung:* 1 000 Euro ist doch ein -er Preis für die Anlage. **4.** *in hohem Maße gefallend, der Idealvorstellung entsprechend:* auf die Fete

waren unheimlich -e Leute; die Musik war echt c.

Cool-down [kuːlˈdaʊn], das; -s, -s [zu engl. to cool down, eigtl. = [sich] abkühlen] (Sport): *Gesamtheit von Übungen am Ende einer Trainingseinheit, die der Entspannung der Muskulatur u. der Abkühlung dienen.*

Cool Jazz [ˈkuːl dʒæz], der; - - [engl. cool jazz]: *Jazz eines bestimmten Stils der 50er-Jahre.*

Cool|ness, die; - [engl. coolness = Kühlheit] (salopp): *das Coolsein.*

Co|or|di|nates [koʊˈɔːdɪnəts] ⟨Pl.⟩ [engl., zu: to co-ordinate = koordinieren] (Mode): *mehrere aufeinander abgestimmte Kleidungsstücke, die zusammen od. mit anderen Stücken kombiniert getragen werden können.*

Cop, der; -s, -s [engl. cop, viell. zu älter cap = Festnahme, zu afrz. caper = ergreifen < lat. capere]: engl. ugs. Bez. für: *Polizist.*

Co|pi|lot: ↑ Kopilot.

Co|pro|zes|sor, der; -s, ...oren (EDV): *Mikroprozessor mit einem beschränkten Vorrat an Befehlen (1 b), der in einer Datenverarbeitungsanlage bestimmte Aufgaben wahrnimmt (z. B. die Steuerung der Ein- u. Ausgabe der Daten).*

Copy-and-paste [ˈkɒpiændˈpeɪst], **Copy-and-Paste**, das; -s [engl. copy and paste, aus: to copy = kopieren u. to paste = einkleben] (EDV): *Computerfunktion, die das Kopieren (z. B. von Textstellen) und Einsetzen an anderer Stelle ermöglicht.*

Co|py|right [ˈkɒpiraɪt], das; -s, -s [engl. copyright, eigtl. = Vervielfältigungsrecht, aus: copy = Kopie, Nachahmung; Exemplar u. right = Recht]: *Urheberrecht (im britischen u. amerikanischen Recht) (Zeichen:* © *).*

Co|py|shop, Co|py-Shop [ˈkɒpiʃɒp], der [aus engl. copy = Kopie u. ↑ Shop]: *Geschäft, in dem man Kopien u. Vervielfältigungen von Texten u. Bildern selbst machen od. machen lassen kann.*

Coq au Vin [kɔkoˈvɛ̃ː], das od. der; - - - [frz. coq au vin, aus: coq, ↑ kokett u. vin = Wein < lat. vinum] (Kochkunst): *Hähnchen in Weiß- oder Rotweinsoße.*

Co|quil|le [kɔˈkiːj(ə)], die; -, -n ⟨meist Pl.⟩ [frz. coquille < lat. conchylium = Muschel < griech. kogchýlion]: **a)** *Muschelschale;* **b)** (Kochkunst) *in einer Muschelschale angerichtetes Ragout.*

co|ram pu|b|li|co [lat., zu: coram = in Gegenwart, vor u. publicus, ↑ publik] (bildungsspr.): *vor aller Welt, öffentlich:* einen Streit c. p. austragen.

Cord [kɔrt], Kord, der; -[e]s, -e u. -s [engl. cord = Schnur; gerippter Stoff < frz. corde, ↑ Kordel]: **a)** *gerippter, sehr haltbares [Baumwoll]gewebe,* **b)** Kurzf. von ↑ Cordsamt.

Cord|an|zug, Kordanzug, der: *Anzug aus Cord.*

◆ **Cor|de|lier** [kɔrdəˈljeː], der; -s, -s [frz. cordelier, eigtl. = Franziskanermönch (zu: corde, ↑ Korde; die Kutte der Franziskaner wurde von einem Strick zusammengehalten); der Klub tagte in einem ehemaligen Franziskanerkloster]: *1790 gegründeter revolutionärer Klub, der gegenüber den Jakobinern eine eigene radikale Gruppierung unter den Jakobinern bildete:* ...die -s nennen mich Héberts Henker (Büchner, Dantons Tod II, 1).

Cord|ho|se, Kordhose, die: *Hose aus Cord.*

Cord|ja|cke, Kordjacke, die: *Jacke aus Cord.*

¹**Cór|dol|ba** [ˈkɔrdoba], der; -[s], -[s]: *Währungseinheit in Nicaragua (1 Córdoba = 100 Centavo).*

²**Cór|dol|ba:** Stadt in Spanien.

Cor|don bleu [kɔrdõˈbløː], das; - -, -s -s [kɔrdõˈbløː] [frz. cordon bleu = blaues (Ordens)band, ugs. scherzh. auch: hervorragender Koch (übertr. von der Bed. »Träger eines hohen Verdienstordens«)] (Kochkunst): *mit gekochtem Schinken u. Käse gefülltes, paniertes u. gebratenes [Kalbs]schnitzel.*

Cord|samt, Kordsamt, der: *Cord, bei dem die aufgeschnittenen Rippen eine samtige Oberfläche bilden.*

Core [kɔː], das; -[s], -s [engl. core = Kern, Innerstes] (Kernphysik): *wichtigster Teil eines Kernreaktors, in dem die Kernreaktion abläuft.*

Cor|nea, Kornea, die; -, ...eae [...eɛ] [lat. cornea, zu: corneus = hornartig] (Med.): *Hornhaut des Auges.*

Cor|ned Beef, das; - -, **Cor|ned|beef,** das; - ['kɔːn(ə)t 'biːf, 'kɔːɐ̯n(ə)t 'biːf, auch: 'k...; engl. corned beef, aus: corned = gepökelt u. beef = Rindfleisch]: *zerkleinertes u. gepökeltes Rindfleisch [in Dosen].*

Cor|ned Pork, das; - -, **Cor|ned|pork,** das; - [- 'pɔːk, auch: '...pɔːk; engl. corned pork, zu: pork = Schweinefleisch]: *zerkleinertes u. gepökeltes Schweinefleisch in Dosen.*

Cor|ne|muse [kɔrnə'myːz], die; -, -s [kɔrnə'myːz] [frz. cornemuse, zu: corne (über das Vlat. zu lat. cornua, Pl. von: cornu) = Horn u. afrz. muse = Dudelsack] (Musik): *einfache Art der Sackpfeife.*

Cor|ner ['kɔːnɐ, 'kɔːɐ̯nɐ], der; -s, - [engl. corner, eigtl. = Ecke < afrz. corniere, zu lat. cornu = Horn, äußerste Ecke]: **1.** (Fußball österr., schweiz., sonst veraltet) *Eckball, Eckstoß.* **2.** (Boxen) *Ecke* (6). **3.** (Börsenw.) *planmäßig herbeigeführter Kursanstieg.*

Corn|flakes ['kɔːnfleks] ⟨Pl.⟩ [engl. cornflakes, aus: corn = Mais(korn) u. flake = Flocke]: *geröstete Maisflocken, die meist mit Milch übergossen zum Frühstück gegessen werden.*

Cor|ni|chon [kɔrni'ʃõː], das; -s, -s [frz. cornichon, eigtl. = Hörnchen, Vkl. von: corne, ↑ Cornemuse]: *kleine, in saure u. gewürzte Flüssigkeit eingelegte Gurke.*

Cor|no, das; -, ...ni [ital. corno < lat. cornu] (Musik): *Horn.*

Corn|wall ['kɔːnwəl]; -s: *Grafschaft in Südwestengland.*

Co|rol|la: ↑ Korolla.

Co|ro|na: ↑ Korona.

Cor|po|ra: Pl. von ↑ Corpus.

Cor|po|rate De|sign ['kɔːpərət di'zaɪn], das; - -s, -s [engl., aus: corporate = körperschaftlich u. ↑ Design] (Wirtsch.): *gleichartige Gestaltung aller Produkte eines Unternehmens, einer Unternehmensgruppe als Ausdruck der Corporate Identity.*

Cor|po|rate Iden|ti|ty ['kɔːpərət aɪ'dentəti], die; - -, - -...tities [engl., aus: corporate = körperschaftlich u. identity = Identität] (Wirtsch.): *Erscheinungsbild, das ein Unternehmen im Rahmen seiner Public Relations anstrebt u. in dem sich das Selbstverständnis des Unternehmens widerspiegeln soll; Unternehmensidentität* (Abk.: CI).

Corps usw.: ↑ Korps usw.

Corps de Bal|let [kɔrdabaˈlɛ], das; - - -, - - - [frz., zu: corps (↑ Korps) u. ballet = Ballett]: *Ballettgruppe, Ballettkorps (im Gegensatz zu den Solotänzer[inne]n).*

Corps di|plo|ma|tique [kɔrdiplɔmaˈtiːk], das; - -, - -s [kɔrdiplɔmaˈtiːk] [frz., zu: diplomatique, ↑ ¹diplomatisch]: frz. Bez. für: *diplomatisches Korps.*

Cor|pus, das; -, ...pora [lat. corpus]: **1.** (Med.) *Hauptteil eines Organs od. Körperteils.* **2.** ↑ ²Korpus.

Cor|pus Chris|ti, das; - - [lat.] (kath. Kirche): *Leib Christi als Altarsakrament.*

Cor|pus De|lic|ti, das; - -, ...pora - [lat. = Gesamttatbestand eines Vergehens] (Rechtsspr.): *Gegenstand (Werkzeug), mit dem eine Straftat, ein Verbrechen begangen worden ist u. der dem Gericht als Beweisstück dient:* der Staatsanwalt legte das C. D. vor.

Cor|pus Ju|ris, das; - - [lat.] (Rechtsspr.): *Gesetzbuch, -sammlung.*

Cor|ri|da, die; -, -s: Kurzf. von ↑ Corrida de Toros.

Cor|ri|da de To|ros, die; - - -, -s - - [span. corrida de toros, zu: corrida, eigtl. = das Laufen, zu: correr = laufen u. toro = Stier]: span. Bez. für: *Stierkampf.*

Cor|ri|gen|da: ↑ Korrigenda.

cor|ri|ger la for|tune [kɔriʒelafɔrˈtyːn; frz., aus: corriger = verbessern u. (la) fortune, ↑ Fortune] (bildungsspr.): *[durch Betrug] dem Glück nachhelfen, falschspielen.*

Cor|so: ↑ Korso.

Cor|tes ⟨Pl.⟩ [span., port. cortes, eigtl. = Reichsstände, zu: corte = (königlicher) Hof]: *Volksvertretung in Spanien u. früher auch in Portugal.*

Cor|ti|or|gan, Cor|ti-Or|gan, das; -s, -e [nach dem ital. Arzt Corti (1822–1876)] (Anat.): *Teil des inneren Ohres.*

cor|ti|sche Or|gan, Cor|ti'sche Or|gan, das; -n -s, -n -e [nach dem ital. Arzt Corti (1822–1876)] (Anat.): vgl. *Cortiorgan.*

Cor|ti|son: ↑ Kortison.

cos = Kosinus.

Co|sa Nos|tra, die; - - [engl. Cosa Nostra < ital. cosa nostra = unsere Sache]: *kriminelle Organisation in Sizilien u. in den USA.*

cosec = Kosekans.

Cos|mea, die; -, Cosmeen [zu griech. kósmos = Schmuck, Zierde]: *zu den Korbblütlern gehörende Pflanze mit fein geschlitzten Blättern u. großen Blüten, von der einige Arten als Zierpflanzen gehalten werden; Schmuckkörbchen.*

Cos|play [...pleɪ], das; -s, -s [in Japan gebildete Zusammenziehung von engl. costume = Kostüm, Verkleidung u. play, ↑ Play]: *das Sichverkleiden als eine Figur aus einem Manga o. Ä., häufig als Wettbewerb um die beste Darstellung:* auf der Messe erschienen die Fans des C. in ihren fantasievollen Kostümen.

Cos|ta Ri|ca, das; - -: *Staat in Mittelamerika.*

Cos|ta Ri|ca|ner, der; - -s, - -, **Cos|ta-Ri|ca|ner,** der; -s, -: Ew.

Cos|ta Ri|ca|ne|rin, die; - -, - -nen, **Cos|ta-Ri|ca|ne|rin,** die; -, -nen: w. Form zu ↑ Costa Ricaner.

cos|ta-ri|ca|nisch ⟨Adj.⟩: *Costa Rica, die Costa Ricaner betreffend; von den Costa Ricanern stammend, zu ihnen gehörend.*

cot = Kotangens.

Côte d'Azur [kotdaˈzyːɐ̯], die; - -: *französische Riviera.*

Côte d'Ivoire [kotdiˈvŏaːɐ̯], die; - -: *amtliche Bez. für:* ¹Elfenbeinküste.

Cô|te|lé [kotəˈleː], der; -[s], -s [frz. côtelé = gerippt, zu: côte = Rippe < lat. costa]: *Kleiderod. Mantelstoff mit feinen Rippen:* C. aus Wolle mit Synthetik.

CO-Test [tseːˈloː...], der; -[e]s, -s, auch: -e [zu CO = chem. Zeichen für: Kohlenmonoxid] (Kfz-Technik): *Messung des Gehalts an Kohlenmonoxid in den Abgasen eines Kraftfahrzeugs.*

cotg = Kotangens.

Co|to|nou [...ˈnuː]: *Hauptstadt von Benin.*

Cot|tage ['kɔtɪdʒ], das; -[s], -s [engl. cottage, aus dem Afrz.]: **1.** engl. Bez. für: *[einstöckiges] Haus auf dem Lande, Ferienhaus.* **2.** [kɔˈteːʃ], ⟨die; -⟩ (ostösterr.) *Villenviertel in Wien.*

Cott|bus: *Stadt an der Spree.*

¹**Cott|bu|ser,** der; -s, -: Ew.

²**Cott|bu|ser** ⟨indekl. Adj.⟩: die C. *Bürger.*

Cott|bu|se|rin, die; -, -nen: w. Form zu ↑ ¹Cottbuser.

Cott|bus|ser usw.: ↑ ¹Cottbuser usw.

Cot|ton ['kɔtn̩], der; -[s], -s [engl. cotton < frz. coton < arab. quṭun, ↑ Kattun]: **a)** engl. Bez. für: *Baumwolle, Kattun;* **b)** engl. Bez. für: *Baumwollstoff.*

Couch [kaʊt͡ʃ], die; -, -[e]s, -en, schweiz. auch: der; -s, -[e] [engl. couch < (a)frz. couche = Lager, zu: coucher = hinlegen, lagern < lat. collocare]: *Liegesofa mit niedriger Lehne u. zwei seitlichen Lehnen.*

Couch|gar|ni|tur ['kaʊt͡ʃ...], die; *aus Couch u. zwei Sesseln bestehende Polstergarnitur.*

Couch-Po|ta|to, die; -, -[e]s u. der; -[s], -[e]s [...toʊs], **Couch|po|ta|to,** die; -, -es [...toʊs] ['kaʊt͡ʃpətetoʊ; engl. couch potato, aus: couch (↑ Couch) u. potato = Kartoffel] (salopp): *jmd., der sich nicht sportlich betätigt, sondern vorwiegend [fernsehend] auf der Couch sitzt od. liegt.*

Couch|tisch, der: *für eine Couchgarnitur oder Sitzgruppe bestimmter niedriger, oft länglicher Tisch.*

Cou|leur [kuˈløːɐ̯], die; -, -s [frz. couleur = Farbe < lat. color]: **1.** ⟨o. Pl.⟩ *(innerhalb einer gewissen Vielfalt) bestimmte geistig-weltanschauliche Prägung (einer Person):* Journalisten verschiedener C. **2.** (Kartenspiele) *Trumpf.* **3.** (Verbindungsw.) *Gesamtheit der Kleidungsstücke u. Accessoires in bestimmten Farben als Kennzeichen der Zugehörigkeit zu einer studentischen Verbindung:* C. tragen.

Cou|loir [kuˈloˑ], das; -s, -s [frz. couloir = Verbindungsgang, zu: couler = fließen, laufen; ²lecken < spätlat. colare = durchseihen]: **1.** (Alpinistik) *Schlucht; schluchtartige Rinne.* **2.** *eingezäunter, ovaler Sprunggarten, in dem junge Pferde ohne Reiter im Springen trainiert werden.*

Cou|lomb [kuˈlõ], das; -s, - [nach dem frz. Physiker de Coulomb (1736–1806)]: *Maßeinheit für die Elektrizitätsmenge; Amperesekunde* (Zeichen: C).

Count [kaʊnt], der; -s, -s [engl. count < frz. comte, ↑ Comte]: **1.** ⟨o. Pl.⟩ *englischer Titel für einen Grafen nicht britischer Herkunft.* **2.** *Träger des Titels »Count«.*

Count|down, der, selten: das; -[s], -s, **Count-down,** der u. das; -[s], -s ['kaʊntdaʊn; engl. countdown, zu: to count down = herunterzählen, aus: to count = zählen (< afrz. counter < lat. computare, ↑ Computer) u. down = von oben nach unten]: **1. a)** *bis zum Zeitpunkt null (Startzeitpunkt) rückwärtsschreitende Zeitzählung als Einleitung eines Startkommandos [beim Abschuss einer Rakete]:* der C. beginnt; den C. abbrechen; Ü der C. für die Olympischen Spiele hat begonnen; **b)** *Gesamtheit der vor einem [Raketen]start auszuführenden letzten Kontrollen.* **2.** *Gesamtheit der letzten technischen Vorbereitungen vor einem Unternehmen.*

Coun|ter ['kaʊntɐ], der; -s, - [engl. counter = Ladentisch, Theke, über das Afrz. zu mlat. computatorium = Tisch des Geldwechslers, zu lat. computare, ↑ Computer]: **a)** (Flugw.) *Schalter im Flughafen, an dem die Flugreisenden abgefertigt werden;* **b)** (Touristik) *Theke in Reisebüros u. Ä.*

Coun|ter|part ['kaʊntɐpart], der; -s, -s [engl. counterpart = Gegenstück, aus: counter- = Gegen- u. part = Teil, Stück]: *Gegenstück* (1): *der Vorsitzende der CDU und sein C. aus der SPD; sein chinesischer C. passte auf ihn auf.*

Coun|ter|te|nor ['kaʊntɐ...], der; -s, ...öre [engl.] (Musik): **a)** *Contratenor;* **b)** *Altus.*

Coun|tess ['kaʊntɪs], die; -, -es [...tɪsɪz], auch -en [...təsn̩] [engl. countess < frz. comtesse, ↑ Comtesse]: **1.** ⟨o. Pl.⟩ *englischer Titel für eine Gräfin nicht britischer Herkunft.* **2.** *Trägerin des Titels »Countess«.*

Coun|try ['kantri], der; -: Kurzf. von ↑ Countrymusic.

Coun|try|mu|sic ['kantrimjuːzɪk], **Coun|try|mu|sik,** die; - [engl. country music, aus: country = Land, ländliche Gegend u. music = Musik]:

Countrysänger – Credit-Point

Volksmusik des Südens u. Mittelwestens der USA.

Coun|try|sän|ger, der: *Sänger von Countrysongs.*

Coun|try|sän|ge|rin, die: w. Form zu ↑ Countrysänger.

Coun|try|song, der: *Song der Countrymusic.*

Coun|ty ['kaʊnti], das; -s, -s, auch: die; -, -s [engl. county, eigtl. = Grafschaft, zu ↑ Count]: *Gerichts- u. Verwaltungsbezirk in Großbritannien u. in den USA.*

Coup [kuː], der; -s, -s [frz. coup, über das Vlat. zu lat. colaphus = Faustschlag, Ohrfeige < griech. kólaphos]: *[frech u.] kühn angelegtes, erfolgreiches Unternehmen: der Einbruch in das Juweliergeschäft war sein letzter großer C.; einen C. [gegen jmdn., etw.] starten, landen.*

Cou|pa|ge [kuˈpaːʒə, österr. meist: ...ʃ], die; -[ge]; - [frz. coupage, zu: couper (le vin) = (Wein) verschneiden, ↑ kupieren] (Fachspr.): *Weinbrandverschnitt; Beimischung von [Brannt]wein in andere [Brannt]weine.*

Coup d'État [kudeˈta], der; - -, - s - [kudeˈta] [frz., zu ↑ Coup u. frz. état = Staat] (veraltend): *Staatsstreich.*

Coupe [kup], die; -, -s u. -n, auch, österr. nur: der; -s, -s u. -n [frz. coupe < lat. cup(p)a, ↑ ²Kufe] (schweiz.): *Eisbecher.*

Cou|pé [kuˈpeː], das; -s, -s [frz. coupé = zweisitzige Kutsche, zu: couper, ↑ kupieren]: **1.** (veraltet) *Eisenbahnabteil:* -s *zweiter Klasse.* **2.** *geschlossene zweisitzige Kutsche.* **3.** *geschlossener [zweisitziger] Personenkraftwagen mit sportlicher Karosserie.*

Cou|pe|ro|se [ku...], die; - [frz. couperose, übertr. von der älteren Bez. für bestimmte Kupfersulfate, wohl zu mlat. cupri rosa = Kupferrose (Kupfersulfat)] (Med.): *das [schubweise] Auftreten kleinster geröteter Adern im Bereich der Nase u. der Wangen.*

Cou|plet [kuˈpleː], das; -s, -s [frz. couplet, Vkl. von: couple = Paar < lat. copula, ↑ Kopula]: *scherzhaft-satirisches Strophengedicht mit Kehrreim u. meist aktuellem [politischem] od. pikantem Inhalt.*

Cou|pon, Kupon [kuˈpõː, kuˈpɔŋ, ...ˈpoːn], der; -s [frz. coupon, zu: couper, ↑ kupieren]: **1. a)** *abtrennbarer Zettel (z. B. als Gutschein, Beleg o. Ä.):* -s *ausschneiden, einschicken, einlösen;* -s *für Benzin;* **b)** (schweiz.) *Abschnitt eines Vordrucks.* **2.** (Bankw.) *Zinsschein bei festverzinslichen Wertpapieren:* -s *besteuern.*

Cour [kuːɐ̯; frz. cour = fürstlicher Hof < afrz. court, curt, über das Vlat. zu lat. cohors, ↑ Kohorte]: * **jmdm. die C. machen/schneiden** (veraltend; *jmdm. den Hof machen*).

Cou|ra|ge [kuˈraːʒə, österr. meist: ...ʃ], die; - [frz. courage, zu: cœur, ↑ Courage]: **1.** (ugs.) *Beherztheit, Schneid, Mut, Unerschrockenheit:* dazu fehlt ihr die C.; *C. zeigen; er bekommt Angst vor der eigenen C. (er wird unsicher, schwankend in seinem Vorhaben).* **2.** (landsch.) *Körperkraft.*

cou|ra|giert [kuraˈʒiːɐ̯t] ⟨Adj.⟩: *beherzt, unerschrocken: ein* -es *Mädchen; c. handeln.*

♦ **cou|ra|gi|ös** [kuraˈʒjøːs] ⟨Adj.⟩ [frz. courageux, zu: courage, ↑ Courage]: *couragiert: Die Liebe ... ist eine der -esten Eigenschaften* (Eichendorff, Taugenichts 99).

cou|rant [ku...]: ↑ kurant (Abk.: crt.)

Cou|rant: ↑ ¹Kurant.

Cou|ran|te [kuˈrãːt(ə)], die; -, -n [...tn] [frz. courante, zu: courir = laufen < lat. currere] (Musik): **1.** *alter französischer Tanz in raschem, ungeradem Takt.* **2.** *zweiter Satz der Suite in der Musik des 18. Jahrhunderts.*

♦ **cour|fä|hig** ['kuːɐ̯...] ⟨Adj.⟩: *hoffähig: ... wenn die Baronin die Glückwünsche ihrer in corpore mit Gemahlinnen und -en Nachkommen ausge-*

rückten Beamten empfing (Ebner-Eschenbach, Gemeindekind 173).

Court [kɔːt], der; -s, -s [engl. court, eigtl. = Hof < afrz. court, ↑ Cour] (Tennis): *Spielfeld eines Tennisplatzes.*

Cour|ta|ge, Kurtage [kʊrˈtaːʒə, österr. meist: ...ʃ], die; -, -n [frz. courtage]: *Maklergebühr bei Börsengeschäften:* C. *nehmen.*

Cour|toi|sie [kʊrtoaˈziː], die; -, -n [frz. courtoisie, zu: cour, ↑ Cour] (veraltend): *feines, ritterliches Benehmen, Höflichkeit.*

Cous|cous, Kuskus ['kʊskʊs], der u. das; -, - [berberisch kuskus, arab. kuskusū] = *nordafrikanisches Gericht aus Weizen-, Hirse- od. Gerstenmehl, Hammelfleisch, verschiedenen Gemüsen u. Kichererbsen.*

Cou|sin [kuˈzɛ̃ː], der; -s, -s [frz. cousin, über das Vlat. zu lat. consobrinus]: *Sohn des Bruders od. der Schwester eines Elternteils; Vetter* (1): *er ist mein C., ein C. von mir.*

Cou|si|ne [kuˈziːnə], Kusine, die; -, -n [frz. cousine]: *Tochter des Bruders od. der Schwester eines Elternteils; Base.*

Cou|si|nen|wirt|schaft, die ⟨o. Pl.⟩ [geb. nach Vetternwirtschaft] (abwertend, auch scherzh.): *Bevorzugung von weiblichen Verwandten u. Freundinnen bei der Besetzung von Stellen, bei der Vergabe von Aufträgen o. Ä. ohne Rücksicht auf die fachliche Qualifikation.*

Cou|ture [kuˈtyːɐ̯], die; -: *Kurzf. von ↑ Haute Couture.*

Cou|tu|ri|er [kutyˈrje:], der; -s, -s: *Modeschöpfer der Haute Couture.*

Cou|vert [kuˈveː, kuˈvɛːɐ̯], das; -s, -s [frz. couvert, zu: couvrir = bedecken < lat. cooperire]: **1.** *Bettbezug für Steppdecken u. Ä., dessen oberer Teil in verschiedenen Formen (oft rautenförmig) ausgeschnitten ist.* **2.** *frühere, in der Schweiz noch häufigere Schreibung für ↑ Kuvert.*

Co|ven|t|ry ['kɔvəntri]: *Stadt in England.*

Co|ver ['kavɐ], das; -s, -[s] [engl. cover, zu: cover = bedecken < frz. couvrir, ↑ Couvert]: **a)** *Titelseite, Titelbild, Titelblatt;* **b)** *Hülle von Tonträgern u. Büchern.*

Co|ver|band [...bɛnt, engl.: ...bænd], die [engl. cover band, aus: cover (↑ Cover) u. band, ↑ ³Band]: *Band, die bekannte Stücke von berühmten Bands [originalgetreu] nachspielt.*

Co|ver|boy, der [engl. ↑ Cover (a) u. ↑ Boy]: **a)** *auf einem Cover (a) abgebildetes männliches Fotomodell;* **b)** *Dressman (b).*

Co|ver|coat, der [aus ↑ Cover u. ↑ Coat]: **1.** *fein meliertes, dem Gabardine ähnliches Wollgewebe.* **2.** *dreiviertellanger Mantel aus Covercoat* (1).

Co|ver|girl, das [engl. cover girl]: *auf einem Cover (a) abgebildetes weibliches Fotomodell.*

co|vern ⟨sw. V.; hat⟩: *als Coverversion aufnehmen, herausbringen.*

Co|ver|up, Co|ver|up [kavɐˈlap], das; - [engl. cover-up, zu: to cover up = bedecken] (Boxen): *volle Körperdeckung.*

Co|ver|ver|si|on, die: *(in der Unterhaltungsmusik) Fassung eines älteren Titels mit [einem] anderen Interpreten.*

Cow|boy ['kaʊbɔy], der; -s, -s [engl. cowboy, eigtl. = Kuhjunge]: *berittener amerikanischer Rinderhirt (der gleichzeitig als Verkörperung von Draufgängertum u. sogenannt männlichem Lebensstil gilt).*

Cow|boy|hut, der: *[von Cowboys getragener] Hut mit breiter Krempe.*

Cow|boy|stie|fel, der: *[von Cowboys getragener] vorne spitz zulaufender Lederstiefel mit an der Seite durchziehendem Schaft u. deutlich höherem Absatz.*

Cow|girl ['kaʊ...], die; -s, -s [engl.-amerik. cowgirl]: *berittene amerikanische Rinderhirtin.*

Cox, der; -, -: *Kurzf. von ↑ Cox Orange.*

Cox Oran|ge [- 'ɔrɪndʒ], **Cox' Oran|ge** ['kɔks -], der; - -, - -, auch: die; - -, - -n [nach dem engl. Züchter R. Cox (1766–1845)]: *saftiger, angenehm süß-säuerlich schmeckender, feiner Winterapfel mit goldgelber bis orangefarbener [rot marmorierter] Schale.*

Co|yo|te: ↑ Kojote.

CO_2-Fuß|ab|druck, der: *[individuell verursachter] Ausstoß von Treibhausgas.*

C-Par|tei ['tseː...], die; -, -en (Jargon): *Partei, die in ihrem Namen das Attribut »christlich« führt, das in der Abkürzung als »C« auftaucht (z. B. CDU).*

CPU [tseːpeːˈuː, engl.: siːpiːˈjuː], die; -, -[s] [Abk. für engl. central processing unit = zentrale Verarbeitungseinheit] (EDV): *zentrale Rechen- u. Steuereinheit eines Computers.*

cr. = currentis.

Cr = Chrom.

¹Crack [krɛk], der; -s, -s [engl. crack, eigtl. = Knall, Krach, zu: to crack = krachen, knacken, knallen] (Sport): **1.** *besonders aussichtsreicher Sportler, Spitzensportler.* **2.** *bestes Pferd eines Rennstalls.*

²Crack, das; -s [engl. crack, eigtl. = Knall, Krach, zu: to crack = abbröckeln, angeblich wegen des Aussehens wie bröckelnder Putz]: *Kokain enthaltendes synthetisches Rauschgift.*

cra|cken ['krɛkn] ⟨sw. V.; hat⟩: **1.** ↑ kracken. **2.** (EDV) *(durch Beseitigen von Zugriffsbeschränkungen) in fremde Computersysteme eindringen; einen Cracker (2 b) benutzen.*

Cra|cker ['krɛkɐ], der; -s, -[s] [engl. cracker, zu: to crack = krachen]: **1.** ⟨meist Pl.⟩ *leicht gewürztes Kleingebäck in der Art von Keksen.* **2.** ⟨Pl. -⟩ [zu engl. to crack = knacken] **a)** *jmd., der einen Cracker (2 b) einsetzt;* **b)** *Programm, das unautorisierte Kopier- oder Zugriffsbeschränkungen beseitigt.* **3.** (Fachspr.) *Anlage für das Steamcracken.*

Cran|ber|ry ['krænbɛri], die; -, -s [engl. cranberry, im Amerik. geb. nach älter dt. Kranbeere = Preiselbeere, eigtl. = Kranichsbeere, unter Anlehnung an engl. crane = Kranich]: **1.** *in Nordamerika wachsende, der Preiselbeere ähnliche Pflanze mit eiförmigen Blättern u. kirschgroßen roten Beeren.* **2.** *Frucht der Cranberry: getrocknete* -s *essen.*

Cra|ni|um: ↑ Kranium.

Crash [kræʃ], der; -s, -s [...s, seltener ...ɪs] [engl. crash, eigtl. = das Krachen, lautm.]: **1.** *Zusammenstoß, Unfall bes. bei Autorennen.* **2.** (Wirtsch.) *Zusammenbruch eines Unternehmens, einer Bank o. Ä. mit weitreichenden Folgen.*

cra|shen ['kræʃn] ⟨sw. V.⟩: **1.** ⟨ist⟩ (salopp) *auf ein anderes Fahrzeug auffahren, einen Unfall verursachen.* **2.** ⟨hat⟩ (Börsenw.) *starke Kursverluste verzeichnen, zusammenbrechen.* **3.** (EDV-Jargon) **a)** ⟨ist/hat⟩ *(von Programmen, Servern) abstürzen;* **b)** ⟨hat⟩ *zum Absturz bringen.*

Crash|kurs ['kræʃ...], der: *Lehrgang, in dem Unterrichtsstoff besonders komprimiert u. in kurzer Zeit vermittelt wird.*

Crash|test, der: *Test, mit dem das Unfallverhalten von Kraftfahrzeugen ermittelt werden soll.*

Crawl [krɔːl], das; -s ⟨meist o. Art. u. ungebeugt⟩ (Sport seltener): *Kraul.*

cra|zy ['kreɪzi] ⟨indekl. Adj.⟩ [engl.] (bes. Jugendspr.): *verrückt.*

Cream [kriːm], die; -, -s [engl. cream < afrz. cresme, ↑ Creme]: *engl. Bez. für:* Creme.

Cre|dit|point, Cre|dit-Point ['krɛdɪtpɔynt], der; -s, -s [engl. credit point, aus: credit = Anerkennung, Bestätigung einer Leistung u. point = Punkt] (Hochschulw.): *(an europäischen Universitäten gültige) Einheit, mit der eine*

Credo–Ct.

bestimmte im Studium erbrachte Leistung nachgewiesen wird.

Cre|do, Kredo, das; -s, -s [lat. credo = ich glaube, nach dem Anfang des Credos: Credo in unum deum = Ich glaube an den einen Gott...]: **1. a)** (christl., bes. kath. Rel.) *Apostolisches Glaubensbekenntnis;* **b)** (kath. Kirche) *Teil der ¹Messe* (1), *der das Credo* (1 a) *enthält.* **2.** (bildungsspr.) *Glaubensbekenntnis* (c).

Creek [kri:k], der; -s, -s [engl. creek, H. u., wohl aus dem Germ.] (Geogr.): **1.** *kleine Bucht an einer Meeresküste, die durch Überflutung einer früheren Flussmündung entstanden ist (z. B. in Ostafrika).* **2.** *kleiner Flusslauf (in den USA).* **3.** *zeitweise ausgetrockneter Wasserlauf (in Australien).*

creme [kre:m, krɛ:m] ⟨indekl. Adj.⟩: *mattgelb, gelblich.*

Creme, Crème [kre:m, krɛ:m], die; -, -s, (österr., schweiz. auch:) -n [frz. crème < afrz. craime, cresme, Vermischung von vlat. crama = Sahne u. lat. chrisma]: **1.** *Salbe zur Pflege der Haut.* **2. a)** *dickflüssige od. schaumige, lockere Süßspeise;* **b)** *süße Masse als Füllung für Süßigkeiten u. Torten;* **c)** *dickflüssiger Likör.* **3.** (selten) *Kaffeesahne.* **4.** ⟨o. Pl.⟩ (bildungsspr., häufig iron.) *gesellschaftliche Oberschicht:* die C. der Gesellschaft.

creme|ar|tig, crème|ar|tig ['krɛ:m..., 'kre:m...] ⟨Adj.⟩: *wie Creme; cremig:* eine -e Tortenfüllung.

Crème bru|lée [krɛm bry'le:], die; -,- -s [frz. bry'le:] [frz., zu: brûlée, w. 2. Part. von: brûler = verbrennen, anbrennen] (Kochkunst): *Dessert aus Eiern und Sahne mit karamellisierter Oberfläche.*

Crème de la Crème ['krɛ:m də la 'krɛ:m], die; - - - - [französierende Bildung] (bildungsspr., häufig iron.): *Gesamtheit der höchsten Vertreter der gesellschaftlichen Oberschicht.*

creme|far|ben, crème|far|ben, creme|far|big, crème|far|big ⟨Adj.⟩: *creme.*

Crème fraîche ['krɛm'frɛʃ], die; -, -,- -s [frz., zu: fraîche, w. Form von: frais = frisch] (Kochkunst): *saure Sahne mit hohem Fettgehalt.*

cre|men ⟨sw. V.; hat⟩: *mit den Fingern durch streichende, reibende Bewegungen (irgendwohin) verteilen:* ich habe mir etwas ins Gesicht gecremt.

Creme|tor|te, Crème|tor|te, die: *Torte mit [Butter]cremeschichten.*

cre|mig ⟨Adj.⟩: *sahnig* (2): eine -e Substanz.

Cre|o|le, ²Kreole, die; -, -n ⟨meist Pl.⟩ [frz. créole = großer Ohrring, aus: créole = die Kolonialgebiete mit schwarzer Bevölkerung betreffend, daraus stammend, dort vorkommend, eigtl. = kreolisch; ↑ ¹Kreole]: *größerer Ohrring in Ringform, in dem ein kleineres Schmuckstück (ein Kreuz, eine kleine Figur o. Ä.) eingehängt werden kann:* -n aus Gold.

¹Crêpe [krɛp], **¹Krepp,** der; -s, -s u. der; -[s], -s [frz. crêpe, urspr. substantivierte Form von afrz. crespe, w. Form von: cresp = kraus < lat. crispus] (Kochkunst): *kleiner, dünner Pfannkuchen.*

²Crêpe: ↑ ²Krepp.

Crêpe de Chine [krɛpdə'ʃi:n], der; - - -, -s [krɛp...] [frz., eigtl. = Krepp aus China] (Textilind.): *Gewebe aus Natur- od. Kunstseide mit fein genarbter Oberfläche.*

Crêpe Geor|gette [krɛpʒɔr'ʒɛt], der; - -, -s [krɛp] - [frz., zu ¹²Crêpe u. dem Namen der Madame Georgette, der Ateliermeisterin in einem ehemaligen Pariser Modehaus Doucet] (Textilind.): *zartes, transparentes, stumpf glänzendes Kreppgewebe.*

Crê|pe|rie [krɛ...], die; -, -n: *Verkaufsstand für ¹Crêpes; Laden, in dem ¹Crêpes verkauft werden.*

Crêpe Su|zette [krɛpsy'zɛt], die; - -, -s [krɛp] - ⟨meist Pl.⟩ [frz., aus ↑ ¹Crêpe u. Suzette, Vkl. von: Suzanne = Susanne, H. u.] (Kochkunst): *dünner Eierkuchen, mit Likör od. Weinbrand flambiert.*

cresc. = crescendo.

cre|scen|do [krɛ'ʃɛndo] ⟨Adv.⟩ [ital., zu: crescere = wachsen, zunehmen] (Musik): *allmählich lauter werdend, im Ton anschwellend* (Vortragsanweisung; Abk.: cresc.)

Cre|scen|do, das; -s, -s u. ...di (Musik): *allmähliches Anwachsen der Tonstärke.*

Creutz|feldt-Ja|kob-Krank|heit, die ⟨o. Pl.⟩ [nach den Neurologen H. G. Creutzfeldt u. A. Jakob] (Med.): *Erkrankung des Nervensystems, die zu schweren Hirnschäden führt* (Abk.: CJD).

Cre|vet|te: ↑ Krevette.

Crew [kru:], die; -, -s [engl. crew < afrz. creue = Zunahme, zu: creistre = wachsen < lat. crescere]: **1. a)** *Schiffsmannschaft;* **b)** *Besatzung eines Flugzeugs;* **c)** (Sport) *Mannschaft eines Ruderbootes.* **2.** *Kadettenjahrgang bei der Marine.* **3.** *einem Zweck, einer bestimmten Aufgabe verpflichtete, gemeinsam auftretende Gruppe von Personen:* der Kommissar und seine C.

Cri|cket: ↑ Kricket.

Crime [kraɪm], das; -s [engl. crime < afrz. crime < lat. crimen = Verbrechen]: *engl. Bez. für: Verbrechen, Straftat;* vgl. Sex and Crime.

CRM [tse:ɛr'ɛm], das; -s, -s: Customer-Relationship-Management.

Croi|sé [kroa'ze:], das; -[s], -s [frz. croisé, zu: croiser = kreuzförmig zusammenlegen, zu: croix = Kreuz < lat. crux] (Textilind.): *Baumwoll- od. Kammgarngewebe in Köperbindung mit glänzender Oberfläche.*

Crois|sant [kroa'sã:], das; -s, -s [kroa'sã:] [frz. croissant (für dt. Hörnchen), zu: croître = wachsen, zunehmen < lat. crescere]: *Hörnchen* (2).

Cro|ma|gnon|ty|pus [kroman'jõ:...], der; - [nach dem Fundort bei Cro-Magnon in Frankreich] (Anthropol.): *Menschentypus der Jüngeren Altsteinzeit.*

Cro|mar|gan® [kromar'ga:n], das; -s [Kunstwort]: *hochwertiger, rostfreier Chrom-Nickel-Stahl.*

Cro|quet ['krɔkɛt, ...kət, auch: krɔ'kɛt]: ↑ Krocket.

cross [krɔs] ⟨Adv.⟩ [engl. cross = quer, Quer-, vgl. Cross] (Tennis): *diagonal:* den Ball c. spielen. **2.** Kurzf. von ↑ Cross-Country.

Cross, der; -[es], -[es] [engl. cross, eigtl. = Kreuz(ung) < aengl. cros < anord. kross > air. cros < lat. crux (Gen.: crucis) = Kreuz]: **1.** (Tennis) *Schlag, mit dem der Ball diagonal ins gegnerische Feld gespielt wird:* einen C. schlagen. **2.** Kurzf. von ↑ Cross-Country.

Cross-Coun|try, Cross|coun|t|ry ['krɔs'kantri], das; -[s], -s [engl. cross-country, zu: country = Land, Gelände, ↑ Countrymusic] (Sport): *Querfeldeinwettbewerb im Lauf, Rad- u. Motorradrennen u. a.*

Cros|sing-over, Cros|sing|over ['krɔsɪŋ'|ouvɐ], das; -: Cross-over (2).

cross|me|di|al ⟨Adj.⟩ [zu engl. cross media (crossmedia, crossmedia) = medienübergreifende Kommunikation, aus: cross = quer u. media = Medien] (Wirtsch.): *unterschiedliche Medien (z. B. Fernsehen, Film, Internet) übergreifend:* -e Werbekampagnen.

Cross-over, Cross|over ['krɔs|ouvɐ], das; -[s], -s [engl. cross-over = Übergang]: **1.** *Vermischung unterschiedlicher [Musik]stile (z. B. Klassik u. Pop).* **2.** (Genetik) *Erbfaktorenaustausch zwischen homologen Chromosomen.*

Cross-Sel|ling, das; -s, -s [engl. cross-selling, zu: cross (↑ Cross) u. sell = verkaufen] (Wirtsch.): *Verkauf von Produkten über bereits bestehende Kundenkontakte.*

Cross|trai|ner, Cross-Trai|ner ['krɔs...], der [aus engl. cross (↑ Cross) u. ↑ Trainer]: *Übungsgerät [in Fitnessstudios] bes. zum Herz-Kreislauf-Training.*

Croup|a|de [kru...]: ↑ Kruppade.

Crou|pi|er [kru'pie:], der; -s, -s [frz. croupier, eigtl. = Hintermann, zu: croupe, ↑ Kruppe]: *Angestellter einer Spielbank, der die Einsätze einzieht, die Gewinne auszahlt u. den äußeren Ablauf des Spiels überwacht.*

Crou|pi|è|re, die; -, -n: w. Form zu ↑ Croupier.

Croû|ton [kru'tõ:], der; -[s], -s ⟨meist Pl.⟩ [frz. croûton, eigtl. = Brotkruste, zu: croûte = Kruste, Rinde < lat. crusta] (Kochkunst): *kleines, in Fett gebackenes, dreieckig od. würfelförmig geschnittenes Stück Weißbrot.*

crt. = courant.

Cru [kry:], das; -[s], -s [frz. cru, subst. 2. Part. von: croître = wachsen < lat. crescere] (Weinbau): *Wachstum, Lage als Qualitätsbezeichnung für französische Weine.*

Cru|ci|fe|rae [...rɛ]: ↑ Kruzifere.

Cruise-Mis|sile, Cruise|mis|sile ['kru:s'mɪsail], das; -[s], -s [engl. cruise missile, aus: cruise = Kreuzfahrt u. missile = Geschoss; Flugkörper, eigtl. = langsam fliegender, gelenkter Flugkörper] (Militär): *Marschflugkörper.*

crui|sen ['kru:zn] ⟨sw. V.; ist⟩ [zu engl. to cruise, ↑ Cruising] (Jargon): *ohne bestimmtes Ziel [gemächlich] herumfahren od. -gehen (um andere zu sehen u. selbst gesehen zu werden).*

Crui|ser ['kru:zɐ], der; -s, -: **1.** (Boxjargon) *Cruisergewicht* (2). **2.** *sportliches Fahrzeug mit hoher Motorleistung, aber relativ niedriger Geschwindigkeit.* **3.** (Jargon) **a)** *jmd., der cruist;* **b)** *jmd., der unerlaubt mit anderen [im normalen Straßenverkehr] private Wettrennen fährt.*

Crui|ser|ge|wicht ['kru:zɐ...], das [engl. cruiserweight] (Boxen): **1.** ⟨o. Pl.⟩ *Gewichtsklasse zwischen Halbschwergewicht u. Schwergewicht:* er war Meister im C. **2.** *Boxer der Gewichtsklasse Cruisergewicht* (1).

Crui|se|rin, die; -, -nen: w. Form zu ↑ Cruiser (3).

Crui|sing ['kru:zɪŋ], das; -[s] [engl. cruising, zu: to cruise = herumgehen, -fahren (um einen Sexualpartner zu suchen), eigtl. = kreuzen (5); eine Kreuzfahrt machen] (Jargon): *das Suchen nach einem Sexualpartner.*

Crux: ↑ Krux.

Crys|tal Meth ['krɪstl 'mɛθ], das; - - ⟨meist o. Art.⟩ [engl. crystal meth, aus: crystal = Kristall, kristallin, aus Kristall (die Droge besteht bei Raumtemperatur aus weißen bis durchsichtigen Kristallen) u. meth = Jargonbez. für: methamphitamine = Methamphetamin (chem.: N-Methylamphetamin)]: *synthetisch hergestellte, hoch stimulierend wirkende Droge.*

Cs = Cäsium, Zäsium.

Csar|das, Csár|dás ['tʃardas, ung.: 'tʃa:rda:ʃ], der; -, - [ung. csárdás]: *von Zigeunermusik begleiteter ungarischer Nationaltanz.*

C-Schlüs|sel ['tse:...], der (Musik): *Notenschlüssel, mit dem die Lage des eingestrichenen C festgelegt wird.*

CSD [tse:ɛs'de:], der; -[s], -s: **a)** ⟨o. Pl.⟩ Christopher Street Day (a); **b)** Christopher Street Day (b).

ČSFR [Abk. für tschech. Česká a Slovenská Federatívná Republika = Tschechische und Slowakische Föderative Republik]: amtlicher Name der Tschechoslowakei (1990 – 1992).

ČSSR [Abk. für tschech. Československá Socialistická Republika]: (bis 1990:) Tschechoslowakei (vgl. ČSFR).

CSU [tse:ɛs'|u:], die; -: Christlich-Soziale Union.

ct = Centime[s]; Cent[s].

c. t. = cum tempore.

Ct. = Centime.

¹CT [tseːˈteː], die; -: Computertomografie (1).
²CT, das; -[s], -[s]: Computertomogramm, Computertomografie (2), CT-Gerät.
ctg = Kotangens.
CT-Gerät [tseːˈteː...], das: *Computertomograf.*
cts = Centimes; Cents.
Cu = Cuprum, Kupfer.
Cu|ba: span. Form von ↑ Kuba.
cui bo|no? [lat., eigtl. = wem zum Guten? (Zitat aus zwei Reden von Cicero)] (bildungsspr.): *wem nützt es, wer hat einen Vorteil davon?*
cu|ius re|gio, eius re|li|gio [lat. = wessen das Land, dessen (ist) die Religion (Grundsatz des Augsburger Religionsfriedens von 1555, nach dem der Landesfürst die Konfession der Untertanen bestimmte)] (bildungsspr.): *wer die Macht ausübt, bestimmt in seinem Bereich die Weltanschauung.*
Cul de Pa|ris [kydpaˈriː], der; ---, -s - - [frz., zu: cul = Gesäß (< lat. culus) u. Paris]: *um die Jahrhundertwende unter dem Kleid auf dem Gesäß getragenes Polster.*
Cu|lotte [kyˈlɔt], die; -, -n [frz. culotte, zu: cul, ↑ Cul de Paris]: *(im 17. u. 18. Jh. von der [frz.] Aristokratie getragene) Kniehose.*
Cum|ber|land|sau|ce: ↑ Cumberlandsoße.
Cum|ber|land|so|ße, Cumberlandsauce [ˈkambələnd...], die; -, -n [nach der engl. Grafschaft Cumberland] (Kochkunst): *pikante kalte Soße aus Johannisbeergelee, Madeira, Senf u. anderen Zutaten.*
cum gra|no sa|lis [lat. = mit einem Korn Salz] (bildungsspr.): *mit Einschränkung, nicht ganz wörtlich zu nehmen.*
cum lau|de [lat. = mit Lob]: *gut (drittbestes Prädikat bei der Doktorprüfung).*
cum tem|po|re [lat. = mit Zeit] (bildungsspr.): *eine Viertelstunde später als zu der angegebenen Zeitpunkt; mit akademischem Viertel* (Abk.: c. t.)
Cu|mu|lo|nim|bus: ↑ Kumulonimbus.
Cu|mu|lus: ↑ Kumulus.
Cun|ni|lin|gus, der; -, ...gi [lat. cunnilingus = jmd., der an der weiblichen Scham leckt, zu: cunnus = weibliches Geschlechtsorgan u. lingere = (be)lecken] (Sexualkunde): *das Stimulieren der äußeren Geschlechtsorgane der Frau mit Lippen, Zähnen u. Zunge.*
Cup [kap], der; -s, -s [engl. cup < lat. cup(p)a, ↑²Kufe]: **1.** *Siegespokal bei Sportwettkämpfen.* **2.** *Pokalwettbewerb.* **3.** *Schale* (4) *des Büstenhalters; Körbchen* (3).
Cup|be|werb [ˈkap...], der; (österr.): *Cupwettbewerb.*
Cup|cake [ˈkapkeɪk], der; -s, -s [engl. cup-cake, aus: cup, ↑ Cup u. cake = Kuchen, eigtl. = Tassenkuchen]: *kleine, in einer tassenförmigen Backform gebackene Torte, die mit einer Glasur überzogen od. mit Creme o. Ä. verziert ist.*
Cup|fi|na|le [ˈkap...], das (Sport): *Endspiel in einem Cup* (1).
Cu|pi|do (röm. Mythol.): *Liebesgott.*
Cu|p|rum, das; -s [spätlat. cuprum]: *lat. Bez. für ↑ Kupfer (Zeichen: Cu).*
Cup|sie|ger [ˈkap...], der (Sport): *Sieger in einem Cup* (2).
Cup|sie|ge|rin, die: w. Form zu ↑ Cupsieger.
Cup|wett|be|werb [ˈkap...], der (Sport): *sportlicher Wettbewerb um einen Cup* (1).
¹Cu|ra|çao [kyraˈsaːo]; -s: Insel der Antillen.
²Cu|ra|çao®, der; -[s], -s [nach der Insel ¹Curaçao u. Haiti wachsenden Curaçaopomeranze]: *mit den getrockneten Schalen unreifer Pomeranzen aromatisierter Likör mit leicht bittersüßem Geschmack.*
Cu|ra|re: ↑ Kurare.
Cur|cu|ma: ↑ Kurkuma.
Cu|ré [kyˈreː], der; -s, -s [frz. curé, zu: cure = Sorge < lat. cura]: *katholischer Pfarrer in Frankreich.*
Cu|ret|ta|ge [kyrɛˈtaːʒə, österr. meist: ...ʃ]: ↑ Kürettage usw.
Cu|rie [kyˈriː], das; -, - [nach dem frz. Physikerehepaar Pierre (1859–1906) u. Marie Curie (1867–1934)] (Physik): *Maßeinheit der Radioaktivität* (Zeichen: Ci, älter: c).
Cu|ri|um [ˈkuːrɪʊm], das; -s [nach dem Physikerehepaar Curie]: *silberglänzendes, dehnbares Metall aus der Gruppe der Transurane* (chemisches Element; Zeichen: Cm).
Cur|ling [ˈkɜːlɪŋ], das; -s [engl. curling, zu: to curl = (sich) winden, drehen] (Sport): *aus Schottland stammendes Spiel auf dem Eis, das dem Eisschießen sehr ähnlich ist.*
cur|ren|tis [lat. currentis, Gen. des 1. Part. von: currere = laufen] (veraltet): *des laufenden Jahres, Monats* (Abk.: cr.)
cur|ri|cu|lar ⟨Adj.⟩ [engl. curricular] (Päd.): *das Curriculum, Fragen des Curriculums betreffend.*
Cur|ri|cu|lum, das; -s, ...la [engl. curriculum < lat. curriculum = (Zeit)ablauf] (Päd.): *auf einer Theorie des Lehrens u. Lernens aufbauender Lehrplan.*
Cur|ri|cu|lum|for|schung, die: *Forschungszweig der Pädagogik, der sich mit curricularen Fragen befasst.*
Cur|ri|cu|lum|the|o|rie, die (Päd.): *Theorie der Curricula; theoretische Beschäftigung mit curricularen Fragen.*
Cur|ri|cu|lum Vi|tae, das; - -, ...la - [...tɛ] [lat., zu: vita = Leben]: *Lebenslauf.*
Cur|ry [ˈkœri, ˈkari], der, auch: das; -s, -s [anglo-ind. curry < tamil. kari = Tunke]: **1.** *scharf-pikante, dunkelgelbe Gewürzmischung indischer Herkunft.* **2.** *indisches Gericht aus Fleisch od. Fisch mit einer Currysoße, dazu Reis u. Gemüse.*
Cur|ry|pul|ver, das: *Curry* (1).
Cur|ry|sau|ce: ↑ Currysoße.
Cur|ry|so|ße, Currysauce, die: *mit Curry scharf gewürzte Soße.*
Cur|ry|wurst, die: *mit Curry bestreute, mit einer Currysoße od. Ketchup übergossene Bratwurst.*
Cur|sor [ˈkɜːsɐ], der; -s, -[s] [engl. cursor < lat. cursor = Läufer] (EDV): *[blinkendes] Zeichen auf dem Bildschirm, das anzeigt, an welcher Stelle die nächste Eingabe erscheint.*
Cus|to|mer-Re|la|ti|on|ship-Ma|nage|ment [kastəmɐɪˈleɪʃənʃɪpmænɪdʒmənt, ...mənt], das; -s, -s [aus engl. customer relationship, eigtl. = Kundenbeziehung u. management, ↑ managen] (Wirtsch.): *Gesamtheit der Strategien u. Maßnahmen zur Herstellung u. Aufrechterhaltung der Kundenbindung* (Abk.: CRM).
Cut, der; -s, -s [engl. cut, eigtl. = Schnitt]: **1.** [kœt, kat] *Kurzf. von* ↑ Cutaway. **2.** [kœt, kat] (Boxen) *Riss der Haut, bes. rund um die Augenpartien.* **3.** [kat] (Golf) *Qualifikation für die weitere Teilnahme an einem Golfturnier nach den ersten beiden Runden.* **4.** [kat] (Film, Rundfunk, Fernsehen) *Schnitt* (6).
Cut|a|way [ˈkœtəveɪ, ˈkat..., engl.: ˈkʌtəweɪ], der; -s, -s [engl. cutaway (coat) = abgeschnittener (Mantel), zu: to cut away = wegschneiden]: *als offizieller Gesellschaftsanzug am Vormittag getragener, langer, schwarzer od. dunkler, vorn abgerundet geschnittener Sakko mit steigenden Revers.*
Cu|ti|cu|la: ↑ Kutikula.
Cu|tis: ↑ Kutis.
cut|ten [katn] ⟨sw. V.; hat⟩ [engl. to cut = schneiden] (Film, Rundfunk, Fernsehen): *Filmszenen od. Tonbandaufnahmen für die endgültige Fassung zurechtschneiden u. zusammenkleben; zusammenschneiden.*
Cut|ter [ˈkatɐ], der; -s, - [engl. cutter]: **1.** (Film, Rundfunk, Fernsehen) *Mitarbeiter bei Film,*
Funk u. Fernsehen, der cuttet; Schnittmeister (Berufsbez.). **2.** (Fachspr.) *sehr scharfes kleines Messer* (z. B. zum Schneiden von Teppichböden). **3.** (Fachspr.) *Gerät zum Zerkleinern von Fleisch.*
Cut|te|rin, die; -, -nen: w. Form zu ↑ Cutter (1).
cut|tern: ↑ cutten.
Cu|vée [kyˈveː], die; -, -s, (auch:) das; -s, -s [frz. cuvée, zu: cuve = Kufe, Fass < lat. cupa] (Winzerspr.): *Mischung, Verschnitt* (1 a) *verschiedener Weine (bes. bei der Herstellung von Schaumweinen).*
CVJM [ˈtseːfaʊjɔtˈɛm], der; -[s], -[s]: Christlicher Verein Junger Menschen (früher: ... Männer).
CVP [tseːfaʊˈpeː], die; -: Christlichdemokratische Volkspartei (in der Schweiz).
c_w-Wert [tseːˈveː...], der; -[e]s, -e [c_w = Luftwiderstandszahl] (Technik): *Zahlenwert, der die Stärke des Luftwiderstandes eines Körpers bezeichnet.*
Cy|an usw.: ↑ Zyan usw.
Cy|ber|sex [ˈsaɪbɐsɛks], der; -[es] [engl. cybersex, zusgez. aus: cybernetics = Kybernetik u. sex] (Kybernetik): *sexuelle Stimulation durch computergesteuerte Simulation.*
Cy|ber|space [...speɪs], der; -, -s [...sɪs] [engl. cyberspace, zusgez. aus: cybernetics = Kybernetik u. space = Raum] (Kybernetik): *von Computern erzeugte virtuelle Scheinwelt, die eine fast perfekte Illusion räumlicher Tiefe u. realitätsnaher Bewegungsabläufe vermittelt.*
Cy|b|org [ˈsaɪbɔːg], der; -s, -s [engl. cyborg, Kunstwort aus: cybernetic organism »kybernetisches Lebewesen«] (Kybernetik): *(in der Futurologie) Mensch, in dessen Körper technische Geräte als Ersatz od. zur Unterstützung nicht ausreichend leistungsfähiger Organe (z. B. für lange Raumflüge) integriert sind.*
cy|c|lisch: ↑ zyklisch.
Cym|bal: ↑ Zimbal.
Cy|pern usw.: ↑ Zypern usw.
cy|ril|lisch: ↑ kyrillisch.

d, D [deː], das; - (ugs.: -s), - (ugs.: -s) [mhd., ahd. d]: **1.** *vierter Buchstabe des Alphabets, ein Konsonantenbuchstabe:* ein kleines d, ein großes D schreiben. **2.** (Musik) *zweiter Ton der Grund-(C-Dur-)Tonleiter.*
d = Dezi...; d-Moll; Denar; (früher:) Penny, Pence.
d = Durchmesser.
D = Deuterium; D-Dur; iran. Dinar.
D [entstanden aus dem der »halbierten« urspr. Schreibweise C|C von M = 1 000]: römisches Zahlzeichen für 500.
D. = Doktor der ev. Theologie.
δ, Δ: ↑ ¹Delta.
¹da ⟨Adv.⟩: **1.** ⟨lokal; hinweisend⟩ [mhd. dā(r), ahd. dār] **a)** *an dieser Stelle, dort:* er wohnt da; da ist die Haltestelle; es muss noch Brot da *(vorhanden, verfügbar)* sein; diese Dinge sind dazu da *(sind deswegen vorhanden, zu dem Zweck angeschafft o. Ä.),* dass man sie benutzt; es ist niemand da *(anwesend, zugegen);* ich bin gleich wieder da *(komme gleich zurück);* Ü von den alten Leuten, die er gekannt hatte, waren nicht mehr viele da *(waren nicht mehr viele am*

Leben); er war nur noch für sie da *(lebte nur für sie);* langsam wachte sie auf, aber sie war noch nicht ganz da *(wach, bei Bewusstsein);* ein solcher Fall ist noch nie da gewesen *(noch nie Wirklichkeit geworden);* * **da und da** *(an einem bestimmten Ort);* **da und dort** (1. *an einigen Orten, an manchen Stellen.* 2. *manchmal, hin und wieder*); **b)** *hier:* da sind wir; ist da jemand?; da, nimm das Geld! **2.** ⟨temporal⟩ [mhd., ahd. dō; zu †²der (Demonstrativpron.)] *zu diesem Zeitpunkt, in diesem Augenblick:* da lachte er; von da an herrschte Ruhe; endlich war der Augenblick da *(eingetreten),* auf den sie gewartet hatte. **3.** ⟨modal⟩ [mhd. dā(r), ahd. dār] **a)** *unter diesen Umständen, unter dieser Bedingung:* wenn ich schon gehen muss, da gehe ich lieber gleich; **b)** *in dieser Hinsicht:* da bin ich ganz Ihrer Meinung; und ich dachte, dass da alles geklärt sei; **c)** *gesprächseröffnend,* eine Schilderung einleitend: da klingelt doch nachts das Telefon, und wer ist dran? **4.** ⟨als Teil eines Pronominaladverbs in getrennter Stellung⟩ †¹dabei (7), dafür (7), dagegen (6), daher (4), ¹damit (2), danach (4), dazu (4).

²**da** ⟨Konj.⟩ [zu: †¹da]: **1.** ⟨kausal⟩ *weil:* da er krank war, konnte er nicht kommen; es ist mir recht, [zumal] da ich ohnehin in die Stadt muss. **2.** ⟨temporal⟩ (geh. veraltend) *als:* da sie noch reich war, hatte sie viele Freunde; zu der Zeit, in den Tagen, da viele nichts zu essen hatten. **3.** ⟨temporal mit kausalem Nebensinn⟩ *nachdem* (2), *wo:* jetzt, da es beschlossen ist, kommt dein Einwand zu spät.

³**da** = Deka...; Deziar.

d. Ä. = der Ältere.

DAAD = Deutscher Akademischer Austauschdienst.

DAB [de:|a:ˈbe:] = Deutsches Arzneibuch.

da|be|hal|ten ⟨st. V.; hat⟩: *hier, dort, bei sich behalten:* im Krankenhaus hat man ihn gleich dabehalten.

da|bei ⟨Adv.⟩ [mhd. dā(r)bī, ahd. dār bī]: **1.** *bei jmdm., etw.:* er öffnete das Paket, ein Brief war nicht d.; die Reisenden waren alle ausgestiegen, aber sie war nicht d. **2.** *bei etw. anwesend; an etw. beteiligt, teilnehmend:* er war bei der Sitzung d.; weißt du schon, ob du d. bist?; als sie eingestellt wurde, war ich schon drei Jahre d. (ugs.; *als Beschäftigte bei der Firma*); ich bin d.! *(bin einverstanden, erkläre mich bereit mitzumachen);* ein wenig Angst ist immer d. *(stellt sich als Begleiterscheinung ein).* **3.** *im Verlaufe von, währenddessen, gleichzeitig:* sie lernte und hörte Musik d. **4.** *bei dieser Sache, Angelegenheit; bei alledem; hinsichtlich des eben Erwähnten:* viele sehen etwas d. zu denken; er fühlt sich nicht wohl d.; was ist schon d.? *(das ist doch nicht schlimm; das ist einfach, kann jeder);* es ist doch nichts d. *(ist nicht schlimm, nicht bedenklich, entweder nicht schwer, nicht schwierig);* es bleibt d. *(es ändert sich nichts);* er bleibt d. *(ändert seine Meinung nicht).* **5.** *obwohl, obgleich:* die Gläser sind zerbrochen, d. waren sie so sorgfältig verpackt. **6.** *mit etw. Bestimmtem beschäftigt:* sie waren d., die Koffer zu packen; er war gerade d. *(stand im Begriff),* das Haus zu verlassen; »Räum endlich den Tisch ab!« – »Ich bin ja schon d.!«. **7.** (nordd. ugs.) *in bestimmten Verwendungen in getrennter Stellung:* da ist doch nichts bei.

da|bei|blei|ben ⟨st. V.; ist⟩: *bei einer Sache, Tätigkeit bleiben, etw. fortsetzen:* bis zum Schluss d.

da|bei|ha|ben ⟨unr. V.; hat⟩ (ugs.): **1.** *bei sich haben:* ich brachte ihn zur Bahn, weil er keinen Schirm dabeihatte. **2.** *an etw. teilnehmen lassen:* sie wollten ihn nicht d.

da|bei sein: s. dabei (2, 6).

da|bei|sit|zen ⟨unr. V.; hat; südd., österr., schweiz. auch: ist⟩: *sitzend einen Vorgang o. Ä. verfolgen [ohne sich daran zu beteiligen]:* sie saß schweigend dabei.

da|bei|ste|hen ⟨unr. V.; hat; südd., österr., schweiz. auch: ist⟩: *stehend einen Vorgang o. Ä. verfolgen [ohne sich daran zu beteiligen].*

da|blei|ben ⟨st. V.; ist⟩: *an einem Ort bleiben, nicht fortgehen:* noch eine Weile d.

da ca|po [ital., aus: da = von – an u. capo = Kopf < lat. caput, also eigtl. = vom Kopf an]: **1.** (Musik) *noch einmal von Anfang an* (als Anweisung in der Notenschrift; Abk.: d. c.) **2.** *wiederholen!, noch einmal!* (als Beifallsruf im Theater, Konzert o. Ä.)

Da|ca|po, Dakapo, das; -[s], -s (Musik): *Wiederholung.*

Dac|ca [ˈdaka]: † Dhaka.

d'ac|cord [daˈkoːɐ̯, frz.: daˈkɔːr; frz.; zu: accord, † Akkord] (geh., bes. österr.): *einer Meinung, einig, einverstanden:* mit jmdm., einem Vorschlag d'a. sein.

Dach, das; -[e]s, Dächer [mhd. dach, ahd. dah, eigtl. = das Deckende]: **1.** *oberer Abschluss eines Hauses, eines Gebäudes, der entweder durch eine horizontale Fläche gebildet wird od. häufiger durch eine mit Ziegeln od. anderem Material gedeckte [Holz]konstruktion, bei der die Flächen in bestimmtem Winkel zueinanderstehen:* ein steiles, flaches D.; das D. mit Ziegeln decken; der Sturm hat viele Dächer abgedeckt; ein Zimmer unterm D. *(im obersten Stockwerk);* * **das D. der Welt** (1. *das Hochland von Pamir.* 2. *das Himalaja-Gebirge.* 3. *Tibet);* **ein D. über dem Kopf haben** (ugs.; *eine Unterkunft haben);* **jmdm. aufs D. steigen** (ugs.; *jmdn. ausschimpfen, zurechtweisen, tadeln;* nach einem alten Rechtsbrauch, der Pantoffelhelden das Dach abzudecken); **jmdm. eins, (österr.:) eine/etwas aufs D. geben** (ugs.; *jmdm. einen Schlag auf den Kopf geben. jmdm. einen Verweis, eine Rüge erteilen);* **eins, (österr.:) eine/etwas aufs D. bekommen/kriegen** (ugs.: 1. *einen Schlag auf den Kopf bekommen.* 2. *einen Verweis, eine Rüge erhalten);* **etw. unter D. und Fach bringen** (1. *etw. in Sicherheit bringen. d. dadurch vor Unwetter o. Ä. schützen. etw. glücklich zum Abschluss bringen;* urspr. auf das Einbringen der Ernte bezogen); Fach = Zwischenraum, Abteilung in der tragenden Konstruktion der nordd. Bauernhauses; **unter D. und Fach sein** (1. *in Sicherheit, geschützt vor Unwetter o. Ä. sein.* 2. *glücklich erledigt, abgeschlossen sein);* [**mit jmdm.**] **unter einem D. wohnen, leben, hausen** (ugs.; *[mit jmdm.] im gleichen Haus wohnen).* **2. a)** *oberer Abschluss eines Fahrzeugs o. Ä.:* das Auto lag auf dem D.; **b)** *oberer Abschluss eines Zelts o. Ä.* **3.** *vor Sonne, Regen o. Ä. schützende Konstruktion über etw.:* ein kleines D. über dem Hauseingang. **4.** Kurzf. von † Schiebedach (1). **5.** (Bergbau) *unmittelbar über einem Flöz liegende Gesteinsschicht.*

Dach|an|ten|ne, die: *auf dem Dach angebrachte Antenne.*

dach|ar|tig ⟨Adj.⟩: *einem Dach ähnlich.*

Dach|au: Stadt in Bayern.

Dach|bal|ken, der: *waagerechter Balken des Traggerüsts eines Daches.*

◆ **Dach|bett, das** [eigtl. = Deckbett]: *Taufkissen:* Da nahm die Gotte das Kind im -e auf die Arme (Gotthelf, Spinne 113).

Dach|bo|den, der (bes. ostmd., nordd.): *Raum zwischen oberstem Geschoss u. Dach eines Gebäudes; Boden* (7), *Speicher* (1 b).

Dach|de|cker, der; -s, -: *Handwerker, der Dächer deckt u. repariert* (Berufsbez.): er ist D.; R das kannst du halten wie ein D. (salopp; *es ist gleichgültig, wie du es machst*)

Dach|de|cke|rin, die; -, -nen: w. Form zu † Dachdecker.

Dä|chel|chen, das; -s, -: Vkl. zu † Dach.

Dä|cher|chen ⟨Pl.⟩: Vkl. zu † Dach.

Dach|fens|ter, das: *Fenster in einem Dach.*

Dach|first, der: *First.*

Dach|fonds, der (Bankw.): *Investmentfonds, bei dem das Geld der Anleger wiederum in Anteilen von Investmentfonds angelegt wird.*

Dach|gar|ten, der: 1. *gärtnerische Anlage auf einem Flachdach.* **2.** *Dachterrasse.*

Dach|gau|be, Dach|gau|pe, die (Bauw., landsch., österr.): *aus einem Dach herausgebautes senkrechtes Fenster.*

Dach|ge|päck|trä|ger, der: *auf dem Dach eines Autos angebrachte Halterung für Gepäckstücke o. Ä.*

Dach|ge|schoss [...gəʃɔs], (südd., österr.:) **Dach|ge|schoß** [...gəʃoːs], das: *im Innern eines Daches liegendes Stockwerk.*

Dach|ge|schoss|woh|nung, die: *Wohnung im Dachgeschoss.*

Dach|ge|sell|schaft, die (Wirtsch.): *Gesellschaft, die der einheitlichen Lenkung u. Kontrolle eines Konzerns od. Trusts dient.*

Dach|gie|bel, der: ²*Giebel* (1).

Dach|glei|che, die: *das Erreichen der obersten Gebäudehöhe.*

Dach|ha|se, der (scherzh.): *Katze.*

Dach|haut, die (Bauw.): *äußerste Schicht eines Daches:* eine D. aus Schiefer.

Dach|kam|mer, die: *kleinerer Raum im Dachgeschoss.*

Dach|kan|del, der (landsch.): *Dachrinne.*

Dach|kän|nel, der (schweiz., landsch.): *Dachrinne.*

Dach|kof|fer, der: *auf dem Dach eines Autos zu befestigender, flacher, länglicher u. stromlinienförmiger Kasten aus festem Material, in dem Reisegepäck transportiert werden kann.*

Dach|kon|s|t|ruk|ti|on, die: *Traggerüst eines Daches aus Holz, Stahl od. Stahlbeton; Dachstuhl.*

Dach|lat|te, die: *auf die Dachbalken genagelte Latte, die die Dachziegel trägt.*

Dach|la|wi|ne, die: *von einem Hausdach abrutschende Schneemasse.*

Däch|lein, das; -s, -: Vkl. zu † Dach.

Dach|lu|ke, die: *kleines Klappfenster in einem Dach.*

Dach|mar|ke, die (Werbespr.): *übergeordnete Marke* (2 a).

Dach|nei|gung, die: *Gefälle der Dachfläche.*

Dach|or|ga|ni|sa|ti|on, die: *übergeordnete Organisation, in der mehrere Organisationen zusammengeschlossen sind.*

Dach|pap|pe, die: *mit Teer o. Ä. getränkte u. mit Sand o. Ä. bestreute Pappe zum Abdichten u. Decken von Holzdächern.*

Dach|rei|ter, der: *auf einem Dachfirst angebrachtes kleines Türmchen.*

Dach|rin|ne, die: *am Rand eines Daches angebrachte Rinne zum Auffangen u. Ableiten des Regenwassers.*

Dachs, der; -es, -e [mhd., ahd. dahs, H. u.]: *silbergraues bis bräunlich graues Säugetier mit schwarz-weiß gezeichnetem Kopf, langer Schnauze, gedrungenem Körper u. kurzen Beinen mit langen, starken Krallen:* er schläft wie ein D. *(sehr tief [u. lange]);* * **junger D.** (ugs. veraltend; *unerfahrener, junger Mann*).

Dachs|bau, der ⟨Pl. -e⟩: *Bau* (5 a) *eines Dachses.*

Dach|scha|den, der: 1. *Schaden am Dach eines Gebäudes.* **2.** ⟨o. Pl.⟩ (salopp) *geistiger Defekt:* du hast wohl einen D.

Dächs|chen, das; -s, -: Vkl. zu † Dachs.

Dach|schin|del, die: *Schindel einer zum Decken von Dächern bestimmten Art.*

Dach|schrä|ge, die: Dachneigung.
Dachs|haar, das: **1.** Haar eines Dachses. **2.** ⟨o. Pl.⟩ Anzahl Dachshaare (1) *(als Rohstoff):* ein Pinsel aus D.
Dachs|haar|pin|sel, der: *Pinsel aus Dachshaar (2).*
Dachs|hund, der: Dackel.
Däch|sin, die; -, -nen: w. Form zu ↑ Dachs.
Dächs|lein, das; -s, -: Vkl. zu ↑ Dachs.
Dach|spar|ren, der: *vom First zum Rand des Daches verlaufender Balken des Dachstuhls.*
Dach|stein, der: *ziegel- od. plattenförmiger, aus Sand u. Bindemitteln hergestellter, ungebrannter Stein zum Dachdecken.*
Dach|stuhl, der: *die Dachhaut tragende [Holz]konstruktion.*
dach|te, däch|te: ↑ denken.
Dach|ter|ras|se, die: *als Terrasse nutzbare Fläche auf einem Dach.*
Dach|trau|fe, die: **1.** *untere Abgrenzung, Kante einer Dachfläche bei einem geneigten Dach:* die D. ist schadhaft; ♦ (landsch. das; -n, -n:) ... wenn ich noch eine ganze Woche lang nicht vor das D. *(aus dem Hause gehen)* darf (Gotthelf, Spinne 13). **2.** (landsch.) *Dachrinne.*
Dach|ver|band, der: vgl. Dachorganisation.
Dach|woh|nung, die: *Wohnung im ausgebauten Dachgeschoss.*
Dach|zie|gel, der, auch die: *Ziegel, der zum Decken von Dächern verwendet wird.*
Da|ckel, der; -s, - [urspr. oberd. Kurzf. von ↑ Dachshund]: **1.** *kurzbeiniger, meist brauner od. schwarzer Haus- u. Jagdhund mit lang gestrecktem Kopf u. krummen Vorderbeinen.* **2.** (ugs. Schimpfwort) *dummer, blöder Kerl.*
Da|ckel|bei|ne ⟨Pl.⟩ (ugs. scherzh.): *kurze u. krumme Beine.*
da|ckeln ⟨sw. V.; ist⟩ (ugs.): *trotten.*
Da|da, der; -[s] [nach frz. kinderspr. dada (lautm.), das willkürlich als »Symbolwort« ausgesucht wurde]: **a)** *Symbol u. programmatisches Schlagwort des Dadaismus;* **b)** *dadaistische Gruppierung:* der Berliner D.
Da|da|is|mus, der; -: *internationale revolutionäre Kunst- u. Literaturströmung um 1920, die jegliches künstlerisches Ideal negiert u. absolute Freiheit der künstlerischen Produktion sowie einen konsequenten Irrationalismus in der Kunst proklamiert.*
Da|da|ist, der; -en, -en: *Künstler, Vertreter des Dadaismus.*
Da|da|is|tin, die; -, -nen: w. Form zu ↑ Dadaist.
da|da|is|tisch ⟨Adj.⟩: *den Dadaismus betreffend, zu ihm gehörend, für ihn charakteristisch; in der Art des Dadaismus.*
Dä|da|lus (griech. Mythol.): *Handwerker, Erfinder u. Baumeister der griechischen Sage.*
dad|deln ⟨sw. V.; hat⟩ [niederd. daddeln, doddeln = stottern, stammeln, lautm.; nach dem abgehackt ratternden Geräusch des Spielautomaten] (ugs., bes. nordd.): *am Spielautomaten spielen.*
Dad|dy ['dɛdi], der; -s, -s ['dɛdi:s] [engl. daddy, wohl Lallw. der Kinderspr.]: engl. ugs. Bez. für: *Vater.*
da|dran (ugs.): ↑ daran.
da|drauf (ugs.): ↑ darauf.
da|draus (ugs.): ↑ daraus.
da|drin (ugs.): ↑ darin.
da|drin|nen [mit besonderem Nachdruck: 'da:...] (ugs.): ↑ darinnen.
da|drü|ber [mit besonderem Nachdruck: 'da:...] (ugs.): ↑ darüber.
da|drum (ugs.): ↑ darum.
da|drun|ter [mit besonderem Nachdruck: 'da:...] (ugs.): ↑ darunter.
da|durch [mit bes. Nachdruck: 'da:dʊrç] ⟨Adv.⟩ [mhd. dā(r)durch, ahd. dār durch]: **1.** [nur:

'da:...] *da hindurch, durch diese Stelle, Öffnung hindurch:* es gibt nur eine Tür, d. muss jeder gehen, der den Raum betritt. **2. a)** *durch dieses Mittel, Verfahren:* sie hat das Medikament genommen und ist d. wieder gesund geworden; **b)** *aus diesem Grund, durch diesen Umstand, auf diese Weise:* er hat sich d. selbst geschadet; d., dass *(weil)* sie älter ist, hat sie Vorteile.
DaF = Deutsch als Fremdsprache.
♦ **da|fern** ⟨Konj.⟩: *wofern, [in]sofern:* Dafern mein Krebs in seiner Pflicht saumselig würde oder sonst sich unnütz machte, schenkt ihm nur etlich' gute Tritt' keck auf die Aberschanz (Mörike, Hutzelmännlein 163).
Daff|ke [jidd. dafke = nun gerade < hebr. dawqā]: nur in der Fügung **aus D.** (berlin.; *aus Trotz; nun gerade; nur zum Spaß*).
da|für [mit besonderem Nachdruck: 'da:...] ⟨Adv.⟩ [mhd. dā(r)vür, ahd. dār(a) furi]: **1.** *für diesen Zweck, für dieses Ziel:* er hat d. viel Geld ausgegeben; Voraussetzung d. ist, dass ... **2.** *hinsichtlich dieser Sache, im Hinblick darauf:* d. habe ich kein Verständnis; er war d. nicht vorbereitet; d. *(wenn man bedenkt),* dass sie erst ein Jahr hier ist, spricht sie die Sprache schon sehr gut; er behauptete, d. nichts zu können (ugs.; *keine Schuld daran zu haben*). **3.** *zugunsten dieser Sache:* das ist noch kein Beweis d.; alles spricht d., dass ...; die Mehrheit ist d. *(bejaht es, stimmt zu).* **4. a)** *als Gegenleistung, Entschädigung:* was gab er d.?; er möchte doch d. bedanken; er hat 10 Euro d. bezahlt; **b)** *stattdessen, als Ausgleich:* heute hat sie keine Zeit, d. will sie morgen kommen; er arbeitet langsam, d. aber gründlich. **5.** *für, als etwas Bestimmtes, Genanntes [geltend]:* der Stein ist kein Rubin, aber man könnte ihn d. halten, ansehen. **6.** (ugs.) *dagegen, als Gegenmittel:* die Tabletten sind gerade d. sehr gut. **7.** (nordd.) in bestimmten Verwendungen in getrennter Stellung: da bin ich nicht für. ♦ **8.** *davor* (3): ... ich sehe euch wieder. – Mich wieder? Wir wollen d. sein (wir wollen es verhindern; Goethe, Götz II).
da|für|hal|ten ⟨st. V.; hat⟩ (geh.): *der Meinung, Ansicht sein; meinen:* ich halte dafür, dass nur dies der richtige Weg sein kann; * ⟨subst.⟩ **nach jmds. Dafürhalten** (geh.; *nach jmds. Meinung, Ansicht:* nach unserem Dafürhalten hätte das anders geregelt werden müssen).
da|für|kön|nen ⟨unr. V.; hat⟩: in der Wendung **etwas d.** (ugs.; *Schuld daran haben:* er leugnete strikt, etwas dafürzukönnen).
da|für|spre|chen ⟨st. V.; hat⟩: **a)** *auf etw. hindeuten, etw. wahrscheinlich erscheinen lassen:* alles spricht dafür, dass es morgen schönes Wetter gibt; **b)** *zugunsten von etw. sprechen:* was spricht dafür, ihr noch einmal zu helfen?
da|für|ste|hen ⟨unr. V.⟩: **1.** ⟨hat; südd., österr., schweiz. auch: ist⟩ ⟨österr., sonst veraltet⟩ *für etw. einstehen, bürgen:* er wird nicht dafür, dass diese Angaben richtig sind. **2.** ⟨ist⟩ (österr.) *sich lohnen:* das steht [nicht] dafür.
dag = Dekagramm.
DAG = Deutsche Angestelltengewerkschaft.
da|ge|gen [mit besonderem Nachdruck: 'da:...] ⟨Adv.⟩ [mhd. da(r)gegen, ahd. daragegene]: **1.** *gegen, an, auf, in Richtung auf diese Stelle, diesen Ort, diesen Gegenstand:* er trug die Leiter zur Hauswand und richtete sie d. auf. **2.** *(als Angriff, Abwehr, Ablehnung) gegen diese Sache, Angelegenheit o. Ä.:* sich d. auflehnen, sträuben, verwahren, wehren; d. sind wir machtlos; d. ist nichts einzuwenden; es gibt zahlreiche Gründe, die d. sprechen, dass man so verfährt; es spricht einiges d. *(es erscheint unwahrscheinlich),* dass es morgen schön wird; hast du etwas d., dass er mitkommt? *(stört es dich, wenn er mitkommt?);* d. sein *(eine ablehnende Haltung einnehmen).*

3. *im Vergleich, im Gegensatz dazu:* das Unwetter letzten Monat war furchtbar, d. ist dieses harmlos. **4.** *als Ersatz, Gegenwert für diese Sache, diesen Gegenstand:* er hat das Gerät zurückgegeben und d. ein anderes eingetauscht. **5.** *hingegen, jedoch, indessen:* im Süden ist es schon warm, bei uns d. schneit es noch. **6.** (nordd.) in bestimmten Verwendungen in getrennter Stellung: da hab ich was gegen.
da|ge|gen|hal|ten ⟨st. V.; hat⟩: **a)** *etw. in der Weise halten, dass es daran grenzt:* die Handtasche passt gut zu den Schuhen, das sieht man, wenn man sie dagegenhält; **b)** *einwenden, entgegnen, erwidern:* er hielt dagegen, dass er sich auch noch um andere Dinge zu kümmern habe.
da|ge|gen|set|zen ⟨sw. V.; hat⟩: *gegen etwas Erwähntes vorbringen, einer Äußerung entgegensetzen:* er hörte sich die Argumente an und hatte nichts dagegenzusetzen.
da|ge|gen|spre|chen, da|ge|gen spre|chen ⟨st. V.; hat⟩: **a)** *etw. unwahrscheinlich erscheinen lassen:* alles spricht dagegen, dass es morgen schön wird; **b)** *gegen etw. sprechen:* was spricht dagegen, es noch einmal zu versuchen?
da|ge|gen|stel|len ⟨sw. V.; hat⟩: **a)** *etw. in der Weise stellen, dass es auf etw. auftrifft:* einen Stuhl d.; **b)** ⟨d. + sich⟩ *sich einer Sache widersetzen:* sie hatte das System von Anfang an durchschaut und sich dagegengestellt.
da|ge|gen|stem|men, sich ⟨sw. V.; hat⟩: *sich einer Sache heftig widersetzen, ihr mit allen Mitteln entgegenzuwirken suchen:* er sah die verhängnisvolle Entwicklung und stemmte sich dagegen.
da|ge|gen|wir|ken ⟨sw. V.; hat⟩: *(einer Sache) entgegenwirken:* sie verurteilte die Maßnahmen und wirkte ständig dagegen.
Da|ges|tan, der; -, - [nach Dagestan, einem Gebiet am Kaspischen Meer]: *geknüpfter Teppich aus Schafwolle mit geometrischen Mustern.*
da|ha|ben ⟨unr. V.; hat⟩ (ugs.): **1.** *vorrätig, zur Verfügung haben:* wir werden noch genug Exemplare d. **2.** *zu Besuch o. Ä., bei sich haben:* wir haben seit zwei Wochen unsere Mutter da.
da|heim ⟨Adv.⟩ [mhd. dā heime, ahd. dār heime] (bes. südd., österr., schweiz.): **a)** *zu Hause:* d. sein, ausruhen, schlafen; ich bin hier d. *(wohne hier);* R d. ist d.! *(gibt nichts über das Zuhause);* **b)** *in der Heimat:* er war lange nicht mehr d.
Da|heim, das; -s (bes. südd., österr., schweiz.): *das Zuhause, Heim.*
da|heim|blei|ben ⟨st. V.; ist⟩ (bes. südd., österr., schweiz.): *zu Hause bleiben:* gestern Abend bin ich nicht ausgegangen, sondern daheimgeblieben.
Da|heim|ge|blie|be|ne, die/eine Daheimgebliebene; der/einer Daheimgebliebenen, die Daheimgebliebenen/zwei Daheimgebliebene: *weibliche Person, die zu Hause geblieben ist.*
Da|heim|ge|blie|be|ner, der Daheimgebliebene/ ein Daheimgebliebener; des/eines Daheimgebliebenen, die Daheimgebliebenen/zwei Daheimgebliebene: *jmd., der zu Hause geblieben ist:* unterwegs dachten sie öfter an die Daheimgebliebenen.
da|her [mit bes. Nachdruck: 'da:he:ɐ̯] ⟨Adv.⟩ [mhd. dā her]: **1.** (lokal) **a)** *von dort, von dorther:* bist, stammst du auch d.?; **b)** (landsch.) *hierhin, hierher:* setz dich d. **2.** ['da:...] *aus dieser Quelle, durch diesen Umstand, dadurch verursacht, darin begründet:* d. hat er seine Information, rührt seine Unzufriedenheit; die Krankheit kommt d., dass er vom Staub nichts vertragen muss. **3.** *aus diesem Grund, deshalb:* sie war krank und konnte d. nicht kommen; * **von d.** *(deshalb, daher:* ich weiß es nicht, von d. kann

ich nur spekulieren). **4.** (ugs.) in bestimmten Verwendungen in getrennter Stellung: ach, da kommt das her!

da|her|brin|gen ⟨unr. V.; hat⟩ (südd., österr.): **1.** *mit sich bringen, tragen; herbeibringen:* schau, was sie alles [in ihrer Tasche] daherbringt! **2.** (abwertend) *unüberlegt äußern, daherreden:* man kann nicht alles glauben, was er daherbringt.

da|her|flie|gen ⟨st. V.; ist⟩: **1.** *umher-, einherfliegen:* sie sahen viele Vögel. **2.** ⟨häufig im 2. Part. + kommen⟩ *fliegend herankommen:* es kam ein Vogel dahergeflogen.

da|her|ge|lau|fen ⟨Adj.⟩ (abwertend): *[von zweifelhafter Herkunft u. daher] ohne Ansehen, nichts geltend:* ein -er Kerl.

Da|her|ge|lau|fe|ne, die/eine Dahergelaufene; der/einer Dahergelaufenen, die Dahergelaufenen/zwei Dahergelaufene (abwertend): *weibliche Person, die [von zweifelhafter Herkunft u. daher] ohne Ansehen ist, nichts gilt.*

Da|her|ge|lau|fe|ner, der Dahergelaufene/ein Dahergelaufener; des/eines Dahergelaufenen, die Dahergelaufenen/zwei Dahergelaufene (abwertend): *jmd., der [von zweifelhafter Herkunft u. daher] ohne Ansehen ist, nichts gilt.*

da|her|kom|men ⟨st. V.; ist⟩ (ugs.): *herbei-, heran-, in jmds. Gesichtskreis kommen:* sie kamen mit großen Schritten daher; er sah sie d.; Ü wie kann man nur so schlampig d. *(sich zeigen, sein);* mit großem Anspruch d. *(auftreten).*

da|her|re|den ⟨sw. V.; hat⟩ (abwertend): *Törichtes, Unüberlegtes sagen:* wie kann man so [dumm] d.!

da|hier ⟨Adv.⟩ (schweiz., sonst veraltet): *hier, an dieser Stelle, an diesem Ort:* ...weil ihr eine Rückkehr nach Hause unmöglicher noch schien als der traurige Aufenthalt d. (Fussenegger, Haus 158).

da|hin [mit besonderem Nachdruck: 'da:...] ⟨Adv.⟩ [mhd. dā(r) hin]: **1.** *an diesen Ort, in diese Richtung, dorthin, nach dort:* wir fahren oft d.; auf dem Weg d.; ist es noch weit bis d.?; Ü d. *(in diesen Zustand, so weit)* hat ihn der Alkohol gebracht. **2.** ⟨nur in Verbindung mit »bis«⟩ *zu diesem Zeitpunkt:* bis d. ist noch Zeit, musst du dich noch gedulden. **3.** *nach einer bestimmten gedanklichen Richtung hin, diesem Ziel entsprechend:* etw. d. [gehend] auslegen, dass es akzeptiert werden kann; d. *(in diesem Sinne)* hat er sich geäußert. **4.** *** d. sein** (1. *verloren sein:* mein ganzes Geld ist d. 2. *vorbei, zu Ende sein:* sein Leben ist d.).

da|hi|n|ab [mit besonderem Nachdruck: 'da:...] ⟨Adv.⟩: *an dieser Stelle, in dieser Richtung hinab:* unser Weg führt d.

da|hi|n|auf [mit besonderem Nachdruck: 'da:...] ⟨Adv.⟩: *an dieser Stelle, in dieser Richtung hinauf (auf diesen Gegenstand o. Ä.):* zur Burg geht es d.

da|hi|n|aus [mit besonderem Nachdruck: 'da:...] ⟨Adv.⟩: *an dieser Stelle, in dieser Richtung hinaus.*

da|hin|be|we|gen, sich ⟨sw. V.; hat⟩: *sich gleichmäßig vorwärtsbewegen:* der Zug der Pilger bewegte sich langsam dahin.

da|hin|däm|mern ⟨sw. V.; hat/ist⟩: *teilnahmslos, passiv [u. nicht bei vollem Bewusstsein] vor sich hin leben, vegetieren:* tagelang dämmerte der Kranke dahin.

da|hin|durch [mit besonderem Nachdruck: 'da:...] ⟨Adv.⟩: *an dieser Stelle, in dieser Richtung hindurch:* wir müssen d.

da|hin|ei|len ⟨sw. V.; ist⟩: **1.** *forteilen, vorübereilen:* er sah die Passanten auf der Straße d. **2.** *rasch vergehen, verfliegen:* unaufhaltsam eilt die Zeit dahin.

da|hi|n|ein [mit besonderem Nachdruck: 'da:...] ⟨Adv.⟩: *an dieser Stelle, in dieser Richtung hinein; in dieses Gefäß o. Ä.:* Tassen gehören d.

da|hin|fah|ren ⟨st. V.; ist⟩: **1.** (dichter.) **a)** *wegfahren;* **b)** *vorüberfahren.* **2.** (geh. veraltet) *sterben.*

da|hin|fal|len ⟨st. V.; ist⟩ (schweiz.): *entfallen, wegfallen:* der Grund dafür fiel dahin.

da|hin|flie|gen ⟨st. V.; ist⟩ (geh.): **1.** *wegfliegen:* sie beobachteten die dahinfliegenden Vögel; Ü der Expresszug flog dahin *(fuhr schnell, mit großer Geschwindigkeit [vorüber]).* **2.** *sehr rasch vergehen, verfliegen:* die Stunden, Tage flogen dahin.

da|hin|flie|ßen ⟨st. V.; ist⟩: *immer weiter fließen:* leicht dahinfließendes Wasser.

da|hin|gam|meln ⟨sw. V.; hat⟩ (ugs.): *verwahrlosen, unbrauchbar werden.*

da|hin|ge|ben ⟨st. V.; hat⟩ (dichter.): *preisgeben, opfern:* sein Leben, seinen kostbarsten Besitz d.

Da|hin|ge|gan|ge|ne, die/eine Dahingegangene; der/einer Dahingegangenen, die Dahingegangenen/zwei Dahingegangene (geh.): *Verstorbene, Tote.*

Da|hin|ge|gan|ge|ner, der Dahingegangene/ein Dahingegangener; des/eines Dahingegangenen, die Dahingegangenen/zwei Dahingegangene (geh.): *Verstorbener, Toter.*

da|hin|ge|gen [mit besonderem Nachdruck: 'da:...] ⟨Adv.⟩ (geh.): *im Gegensatz dazu:* sie d. war ganz anderer Meinung.

da|hin|ge|hen ⟨unr. V.; ist⟩ (geh.): **1.** *vorbeigehen:* sie beobachtete, wie die Leute vor ihrem Fenster dahingingen. **2.** *vergehen, verstreichen:* die Zeit, der Tag ging dahin. **3.** (verhüll.) *sterben:* er ist früh dahingegangen.

da|hin ge|hend, da|hin|ge|hend ⟨Adj.⟩: *entsprechend, dies beinhaltend:* dahin gehende Äußerungen.

da|hin|ge|stellt: nur in den Verbindungen **d. sein/bleiben** *(nicht sicher, nicht bewiesen, noch fraglich sein:* es sei, bleibt d., ob dies der Wahrheit entspricht); **etw. d. sein lassen** *(die offen lassen, nicht weiter diskutieren:* ob es wirklich getan hat, wollen wir d. sein lassen).

da|hin|glei|ten ⟨st. V.; ist⟩: *sich langsam gleitend* (1 b) *wegbewegen:* beim Schlittschuhlaufen gemütlich d.; Ü ♦ (auch sw. V.:) ... und der sanfte Fluss zwischen den lispelnden Rohren dahingleitete (Goethe, Werther I, 18. August).

da|hin|le|ben ⟨sw. V.; hat⟩: *seine Tage in einem bestimmten Gleichmaß, ohne Aufregungen, Höhepunkte verbringen:* sie lebten einige Jahre ruhig in ihrer Stadt dahin.

♦ **da|hin|lie|gen** ⟨st. V.; hat⟩: *daniederliegen* (1): Habrecht lag dahin, anfangs in wirren Fieberträumen (Ebner-Eschenbach, Gemeindekind 115).

♦ **da|hin|neh|men** ⟨st. V.; hat⟩: *wahrnehmen* (2 a): ... als Mozart mit der Braut den Kehraus tanzte, nahm er sein versichertes Recht auf ihren schönen Mund in bester Form dahin (Mörike, Mozart 253).

da|hin|plät|schern ⟨sw. V.; ist⟩: *plätschernd vorbeifließen, dahinfließen:* der Bach plätscherte [durch die Wiesen] dahin; Ü das Gespräch plätscherte so dahin *(war ohne geistigen Tiefgang).*

da|hin|raf|fen ⟨sw. V.; hat⟩ (geh. verhüll.): *jmds. [plötzlichen] Tod verursachen:* die Seuche hat viele dahingerafft.

da|hin|re|den ⟨sw. V.; hat⟩: *ohne große Überlegung, unüberlegt reden, äußern:* er redet oft einfach so dahin, hat es so dahingeredet.

da|hin|sa|gen ⟨sw. V.; hat⟩: *unüberlegt äußern:* das hat er doch nur so dahingesagt.

da|hin|schei|den ⟨st. V.; ist⟩ (geh. verhüll.): *sterben.*

da|hin|schlei|chen ⟨st. V.; ist⟩: *sich langsam u. gleichmäßig vorwärtsbewegen:* die Leute schlichen in der Mittagshitze dahin; Ü gleichförmig schlichen die Tage dahin.

da|hin|schlep|pen, sich ⟨sw. V.; hat⟩: *sich langsam u. mit Mühe fortbewegen:* der Berufsverkehr schleppte sich nur mühsam dahin; Ü die Verhandlungen schleppten sich über viele Monate dahin.

da|hin|schmel|zen ⟨st. V.; ist⟩ (geh.): *zusammenschmelzen, schmelzend vergehen.*

da|hin|schwin|den ⟨st. V.; ist⟩ (geh.): **1.** *sich vermindern, abnehmen, schwinden:* die Vorräte schwanden dahin; Ü sein Mut, sein Interesse war schnell dahingeschwunden. **2.** *vergehen, vorbeigehen:* die Jahre schwanden dahin.

da|hin|se|geln ⟨sw. V.; ist⟩: **1.** *sich langsam segelnd wegbewegen.* **2.** *gleitend fliegen; schweben.*

da|hin|sie|chen ⟨sw. V.; ist⟩ (geh.): *ein langes Siechtum erleiden.*

da|hin|ste|hen ⟨unr. V.; hat; südd., österr., schweiz. auch: ist⟩: *fraglich, noch offen, nicht entschieden sein:* ob er es wirklich schaffen wird, steht noch dahin.

da|hin|ster|ben ⟨st. V.; ist⟩ (geh.): *sterben:* viele sind vor Hunger dahingestorben.

da|hin|ten [mit besonderem Nachdruck: 'da:...] ⟨Adv.⟩: *dort hinten:* d. zieht ein Gewitter auf.

da|hin|ter [mit besonderem Nachdruck: 'da:...] ⟨Adv.⟩: **a)** *hinter diesem Gegenstand, Ort o. Ä.:* ein Haus mit einem Garten d.; Ü man weiß nicht recht, was sich bei ihm d. verbirgt; da ist schon etwas d. *(die Sache hat schon einen realen Kern);* nichts d.! *(alles nur Prahlerei);* **b)** *hinter diesen Gegenstand, Ort o. Ä.:* sie gingen zur Fahne und stellten sich d. auf.

da|hin|ter|her: nur in der Verbindung **d. sein** (ugs.; *sich intensiv darum bemühen:* du musst schon etwas d. sein, wenn du was erreichen willst).

da|hin|ter|klem|men ⟨sw. V.; hat⟩ (ugs.): **1.** *hinter etw. klemmen.* **2.** ⟨d. + sich⟩ *sich um die Erreichung eines bestimmten Zieles willen sehr anstrengen; etw. mit Nachdruck betreiben:* wenn er die Prüfung bestehen will, muss er sich aber gewaltig d.

da|hin|ter|kni|en, sich ⟨sw. V.; hat⟩ (ugs.): *sich anstrengen, sich hineinknien:* sie hat sich von Anfang an nicht genügend dahintergekniet.

da|hin|ter|kom|men ⟨st. V.; ist⟩ (ugs.; ew. [Verheimlichtes] herausfinden, herausbekommen:* endlich kam sie dahinter, was er vorhatte; er wird schon auch noch d. *(zu dieser Erkenntnis, Einsicht kommen, es merken);* Wir dachten zuerst, er machte sich über uns lustig; aber allmählich kamen wir dahinter, er verstellte sich nur (Schnurre, Bart 2).

da|hin|ter|ste|cken ⟨sw. V.; hat⟩ (ugs.): **1.** *hinter etw. stecken* (1 a): einen Zettel d. **2. a)** *der eigentliche [nicht erkennbare] Grund, die Ursache für etw. sein:* man weiß nicht, was eigentlich dahintersteckt; **b)** *eigentliche(r) [heimliche(r)] Urheber(in) für etw. sein:* ich würde zu gern wissen, wer dahintersteckt. **3.** *einer bestimmten, bei anderen hervorgerufenen Vorstellung entsprechen:* er redet ziemlich viel, aber es steckt auch etwas, nichts, nicht viel dahinter.

da|hin|ter|ste|hen ⟨unr. V.; hat⟩ (ugs.): **1.** *etw. für richtig halten u. es unterstützen; sich dafür einsetzen:* die Sache wird nur klappen, wenn alle dahinterstehen. **2.** *die eigentlich wirkende [nicht erkennbare] Kraft bei etw. sein:* alle bewundern seine Kunst und die Ausdruckskraft, die dahintersteht.

da|hi|n|über [mit besonderem Nachdruck: 'da:...] ⟨Adv.⟩: *an dieser Stelle, in dieser Richtung hinüber:* es muss eine Brücke dort sein, und d. führt auch der Weg.

da|hi|n|un|ter [mit besonderem Nachdruck:

'da|...] ⟨Adv.⟩: an dieser Stelle, in diese Richtung hinunter: der Weg führt d.

da|hin|ve|ge|tie|ren ⟨sw. V.; hat⟩ (oft abwertend): kümmerlich dahinleben: in Armut d.

da|hin|wel|ken ⟨sw. V.; ist⟩ (geh.): vom Zustand des Blühens in den des Verwelktseins übergehen: die Blumen sind rasch dahingewelkt; Ü auch strahlende Schönheit kann d. (vergehen, altern).

da|hin|zie|hen ⟨unr. V.⟩: **1.** ⟨ist⟩ sich langsam, stetig vorwärtsbewegen: er sah den dahinziehenden Wolken nach; die Frachtschiffe weit draußen auf dem Kanal ziehen langsam wie Barken dahin (Strauß, Niemand 220). **2.** ⟨d. + sich; hat⟩ sich erstrecken, verlaufen: der Weg zog sich in Windungen dahin.

♦ **dah|len** ⟨sw. V.; hat⟩ [H. u.]: scherzen; tändeln (b): ...und der dahlt mit den Mädchen (Goethe, Werther I, 12. August).

Dah|lie, die; -, -n [nach dem schwed. Botaniker A. Dahl (1751–1789)]: (zu den Korbblütlern gehörende) im Spätsommer u. Herbst blühende [Garten]pflanze mit großen Blüten in verschiedenen Formen u. Farben: gefüllte, ungefüllte -n.

da|ho|cken ⟨sw. V.; hat; südd., österr., schweiz. auch: ist⟩ (ugs.): [in hockender 1 c Stellung, in nachlässiger Haltung] dasitzen: sie hockten alle da wie vor den Kopf geschlagen; Ü jetzt hocken sie da ohne Geld (sind sie in der Situation, kein Geld mehr zu haben).

Da|ho|me; ↑ Dahomey.

Da|ho|mey [daho'mɛ:], Dahome; -s: früherer Name Benins.

Dai|ly ['deɪli], die; -, -s [zu engl. daily = täglich] (ugs.): Kurzf. von ↑ Daily Talk, ↑ Daily Soap.

Dai|ly Soap ['deɪli 'soʊp], die; - -, - -s [engl., aus: daily = täglich u. soap = Seife; vgl. Seifenoper] (Jargon): unterhaltende triviale Fernsehserie, deren Folgen täglich gesendet werden.

Dai|ly Talk ['deɪli 'tɔːk], der; - -, - -s [aus engl. daily = täglich u. Talk, kurz für: Talkshow, geb. nach ↑ Daily Soap] (Jargon): [werk]täglich gesendete Talkshow.

Da|ka|po: ↑ Dacapo.

Da|kar: Hauptstadt von Senegal.

Dak|ka: ↑ Dhaka.

¹Da|ko|ta, der; -[s], -[s]: Angehöriger eines nordamerik. Indianerstamms.

²Da|ko|ta, -s: North Dakota, South Dakota.

Dak|ty|lo|gramm, das; -s, -e [↑ -gramm] (Fachspr.): Fingerabdruck.

Dak|ty|lus, der; -, -, Daktylen [lat. dactylus < griech. dáktylos, eigtl. = Finger, genauer = die drei Glieder eines Fingers] (Verslehre): Versfuß aus einer Länge u. zwei Kürzen: ein Gedicht in Daktylen.

Da|lai-La|ma, der; -[s], -s [aus mongol. dalai = Gott, eigtl. = Meer u. tib. (b)lama, ↑²Lama]: weltlicher Oberhaupt des Lamaismus.

da|las|sen ⟨st. V.; hat⟩ (ugs.): an einer bestimmten Stelle, einem Ort lassen, zurücklassen; nicht mit sich nehmen: kann sie das Kind, ihr Gepäck [bis zum Abend] d.?; soll ich dir das Buch mal d.?; er hat keine Nachricht dagelassen (hinterlassen); Willst du mir deinen Fang für fünfhundert d.? (überlassen; Th. Mann, Krull 186).

Dal|be, Dal|ben: Kurzf. von ↑ Duckdalbe.

da|lie|gen ⟨st. V.; hat; südd., österr., schweiz. auch: ist⟩: **a)** (vor jmds. Augen) ausgestreckt, hingestreckt irgendwo liegen: der Kranke lag reglos, still, hilflos, wie tot da; **b)** (von Gegenständen) sichtbar, offen an einer bestimmten Stelle [bereit]liegen: die Reisetasche lag fertig gepackt da; Ü in einem bestimmten Zustand (der Ruhe o. Ä.) befinden: die See lag ruhig da; der Ort lag wie ausgestorben da.

Dalk, der; -[e]s, -e [zu ↑ Dalken, übertr. zur Bez. von etw. Unfertigem] (südd., österr. ugs.): ungeschickter Mensch, Dummkopf: so ein D.!

Dal|ken ⟨Pl.⟩ [eigtl. = teigige Masse; übertr.: ungeschickter Mensch, H. u.; vgl. mhd. talke, das viell. ebenfalls »teigige Masse« bedeutet] (österr.): Gebäck in Form von kleinen Fladen: böhmische D.

dal|kert, dal|ket ⟨Adj.⟩ [zu ↑ Dalk] (südd., österr. ugs.): **a)** ungeschickt, dumm, unbeholfen; einfältig: ein -er Kerl; ♦ ...für die Welt bist du viel zu dalkert (Rosegger, Waldbauernbub 43); **b)** ohne Sinn u. Inhalt; nichtssagend: d. daherreden.

Dal|les, der; - [jidd. dalles < hebr. dallût = Armut] (ugs.): **1.** Armut, Not, Geldverlegenheit: im D. sein; * **den D. haben** (1. in Geldverlegenheit sein. 2. zerbrochen, entzwei sein: die Tasse hat den D.). **2.** Unwohlsein; Erkältung.

dal|li ⟨Adv.⟩ [> poln. dalej! = los!, weiter!] (ugs.): schnell, rasch: gib es ihm zurück, aber [ein bisschen] d.!; d. machen (sich beeilen) ⟨auch als Partikel⟩: d., d.!

Dal|ma|ti|en; -s: Landschaft in Kroatien.

Dal|ma|ti|ner, der; -s, - [lat. Dalmatinus = aus Dalmatien, zu: Dalmatia = Dalmatien]: **1.** Ew. zu ↑ Dalmatien. **2.** Jagd-, Wachhund, dessen weißgrundiges Fell kleine schwarze od. braune Flecke hat. **3.** meist schwerer, alkoholreicher Wein aus Dalmatien.

Dal|ma|ti|ne|rin, die; -, -nen: w. Form zu ↑ Dalmatiner (1).

dal|ma|ti|nisch, dal|ma|tisch ⟨Adj.⟩: Dalmatien, die Dalmatiner (1) betreffend.

dam = Dekameter.

da|ma|lig ⟨Adj.⟩ [zu spätmhd. damal = in jener Zeit]: damals bestehend, vorhanden, gegeben; zu jener Zeit herrschend: die -e Regierung; unter den -en Umständen.

da|mals ⟨Adv.⟩: zu einem bestimmten früheren Zeitpunkt; aus, in jener Zeit: d., als sie sich kennenlernten; seit d. (seit dieser, in der Vergangenheit liegenden Zeit) hat sich viel geändert; er lebte d. noch zu Hause; d. lebte er noch zu Hause; ...weil wir die Taten von d. verachten (Weiss, Marat 33).

Da|mas|kus: Hauptstadt von Syrien: * **sein D./seinen Tag von D. erleben** (bekehrt werden, sich von Grund auf wandeln; seine Einstellung gegenüber etw. grundlegend ändern; nach dem 9. Kap. der Apostelgeschichte, wo berichtet wird, wie Saulus zum Paulus wurde).

Da|mast, der; -[e]s, -e [ital. damasto, damasco < lat. Damascus = Damaskus (woher dieser Stoff urspr. stammt)]: einfarbiges, feines [Seiden]gewebe mit eingewebten Mustern: Servietten aus D.

da|mast|ar|tig ⟨Adj.⟩: ähnlich wie Damast.

Da|mast|de|cke, die: Tischdecke aus Damast.

da|mas|ten ⟨Adj.⟩ (geh.): aus Damast bestehend: -e Tischdecken.

¹Da|mas|ze|ner, der; -s, -: Ew. zu ↑ Damaskus.

²Da|mas|ze|ner ⟨indekl. Adj.⟩: D. Klinge, Stahl.

Da|mas|ze|ne|rin, die; -, -nen: w. Form zu ↑ ¹Damaszener.

da|mas|ze|nisch ⟨Adj.⟩: Damaskus, die Damaszener betreffend.

Däm|chen, das; -s, -: **1.** Vkl. zu ↑ Dame (1): ein altes D. **2.** (meist iron.) kleines Mädchen, das sich damenhaft gibt.

¹Da|me, die; -, -n [frz. dame = Herrin, (Ehe)frau, Geliebte < lat. domina = (Haus)herrin]: **1. a)** Frau (auch als übliche Bezeichnung für eine Frau im gesellschaftlichen Verkehr): eine junge, nette, ältere D.; meine -n und Herren!; die D. seines Herzens (die Frau, die er liebt); bei den -n (in Sport; bei der Frauenmannschaft) siegte die deutsche Staffel; * **jmds. alte D.** (ugs. scherzh.; jmds. Mutter); **b)** gebildete, kultivierte, gepflegte Frau: sie ist eine D.; eine elegante, vornehme D.; als D. auftreten; die D. des Hauses (Hausherrin, Gastgeberin); Warum aber den Wunsch, auch manchmal D. zu sein, unterdrücken? (Chr. Wolf, Nachdenken 105); * **D. von Welt** (eine weltgewandte Frau); **die große alte D. einer Sache** (die älteste bedeutende weibliche Persönlichkeit auf einem bestimmten Gebiet). **2. a)** (für den Angriff) stärkste Figur im Schachspiel; Königin: die D. schlagen, verlieren; **b)** (in vielen geläufigen Kartenspielen) in der Rangfolge an dritter Stelle stehende Spielkarte: die D. ziehen, ausspielen. **3. a)** ⟨o. Pl.⟩ Brettspiel, bei dem die Spielenden versuchen, möglichst alle Spielsteine des Gegners zu schlagen od. durch Einschließen zugunfähig zu machen; Damespiel: D. spielen; **b)** durch Erreichen der gegnerischen Grundlinie erworbener Doppelstein beim Damespiel: eine D. bekommen; jmdm. die D. wegnehmen.

²Dame [deɪm], die; -, -s [engl. Dame < (a)frz. dame, ↑ ¹Dame]: **a)** ⟨o. Pl.⟩ (in Großbritannien) Titel der Trägerinnen verschiedener Orden im Ritterstand; **b)** (in Großbritannien) Trägerin des Titels ²Dame (a).

Da|me|brett, das: Spielbrett des Damespiels.

♦ **Dame d'Atour** [damda'tuːʀ], die; -, -, Dames d'Atour [damda'tuːʀ] [frz., aus: dame (↑¹Dame) u. atour = Schmuck, zu afrz. atourner = herrichten, (zu)bereiten; schmücken]: Kammerfrau, -zofe, die einer Fürstin den Schmuck anlegt: Es knixt die erste D. d'Atour und bringt ein Hemd von Linnen; ...die zweite reicht es der Königin, und beide knixen von hinnen (Heine, Romanzero [Marie Antoinette]).

Da|men|ba|de|an|zug, der: Badeanzug für Frauen.

Da|men|bart, der: bartähnlicher Haarwuchs bei Frauen.

Da|men|be|glei|tung, die: das Begleitetwerden durch eine Frau: er war in D.

Da|men|be|kannt|schaft, die (veraltend): Bekannte, Freundin eines Mannes: über seine -en schwieg er sich aus; * **eine D. machen** (ugs. veraltend; eine Frau kennenlernen).

Da|men|be|such, der: Besuch einer Frau bei einem Mann: er bekam häufig D.

Da|men|bin|de, die: aus saugfähigem Material bestehende Binde für die Monatsblutung.

Da|men|blu|se, die: Bluse für Frauen.

Da|men|dop|pel, das (Badminton, Tennis, Tischtennis): Spiel von je zwei Frauen gegeneinander.

Da|men|ein|zel, das (Badminton, Tennis, Tischtennis): Spiel von zwei Frauen gegeneinander.

Da|men|fahr|rad, das: Fahrrad für Frauen.

Da|men|fri|seur, Damenfrisör, der: auf weibliche Kundschaft spezialisierter Friseur.

Da|men|fri|seu|rin, Damenfrisörin, die: w. Formen zu ↑ Damenfriseur, Damenfrisör.

Da|men|fri|sör usw.: ↑ Damenfriseur usw.

Da|men|fuß|ball, der ⟨o. Pl.⟩: Frauenfußball.

da|men|haft ⟨Adj.⟩: einer Dame gemäß: ein sehr -es Kleid, Auftreten; sich d. benehmen.

Da|men|hand|ta|sche, die: Handtasche für eine Frau.

Da|men|hut, der: Hut für eine Frau.

Da|men|ka|pel|le, die: Musikkapelle, die nur aus weiblichen Mitgliedern besteht.

Da|men|kleid, das: Kleid für eine Frau.

Da|men|klei|dung, die: Kleidung für eine Frau.

Da|men|mann|schaft, die: Mannschaft (1 a), die aus Mädchen u. Frauen besteht.

Da|men|mo|de, die: Mode für Frauen.

Da|men|ober|be|klei|dung, die: Oberbekleidung für Frauen: die Abteilung für D.

Da|men|pro|gramm, das: (bei einem Staatsbesuch o. Ä.) spezielles Programm (1 b) [mit Schwerpunkt auf dem kulturellen Bereich] für

Damenrad – dämonisch

die Frau des Staatsgastes [u. ihre weibliche Begleitung].
Da|men|rad, das: *Damenfahrrad.*
Da|men|rock, der: *Rock für Frauen.*
Da|men|sa|lon, der: *Frisiersalon für Frauen u. Mädchen.*
Da|men|sat|tel, der: *Reitsattel für Frauen, auf dem die Reiterin so sitzt, dass sich beide Beine auf der linken Seite des Pferdes befinden.*
Da|men|schnei|der, der: *Schneider, der Damenoberbekleidung herstellt* (Berufsbez.).
Da|men|schnei|de|rin, die: w. Form zu ↑ Damenschneider.
Da|men|schnitt, der: **1.** *Haarschnitt für Frauen.* **2.** *für eine Frau, die Figur einer Frau gemachter Schnitt* (4): *Hose im D.*
Da|men|schuh, der: *Schuh für Frauen.*
Da|men|sitz, der ⟨o. Pl.⟩: *Sitz* (4) *im Damensattel.*
Da|men|toi|let|te, die: **1.** *Toilette, WC für Frauen.* **2.** *elegante, festliche Damenkleidung.*
Da|men|uhr, die: *kleinere, zierlichere Uhr für Frauen.*
Da|men|un|ter|wä|sche, die ⟨o. Pl.⟩: *Unterwäsche für Frauen.*
Da|men|wahl, die: *von Frauen vorgebrachte Aufforderung zum Tanz.*
Da|men|welt, die ⟨o. Pl.⟩ (scherzh.): *Gesamtheit der Frauen.*
◆ **Da|men|zie|hen,** das; -s: ¹*Dame* (3 a): *Sie spielte alle Abend D., Schachzagel oder Schaf und Wolf mit ihm* (Mörike, Hutzelmännlein 124).
Da|me|spiel, das: **a)** ¹*Dame* (3 a); **b)** *Partie* ¹*Dame* (3 a).
Da|me|stein, der: *Spielstein für das Damespiel.*
Dam|hirsch, der; -[e]s, -e [spätmhd. dam < mhd. tāme, ahd. tām(o) = Damhirsch < lat. dama, urspr. alle rehartigen Tiere bezeichnend]: *Hirsch mit [rot]braunem, weiß geflecktem Fell u. Schaufelgeweih.*
Da|mi|an, der; -s, -e [in Anlehnung an den m. Vornamen Damian, zu ↑ damisch] (landsch., österr. ugs. veraltend): *dummer, einfältiger Mensch.*
da|misch ⟨Adj.⟩ [verw. mit ↑ taumeln] (südd., österr. ugs.): **1.** *dumm, läppisch, etwas verrückt: so ein -er Kerl!* **2.** *verwirrt, schwindlig: er war ganz d., als er wieder draußen war.* **3.** ⟨intensivierend bei Adjektiven u. Verben⟩ *sehr, ungeheuer: es ist d. kalt; er hat d. gefroren.*
¹**da|mit** [da'mɪt, mit besonderem Nachdruck: 'da:...] ⟨Adv.⟩ [mhd. dā mit(e), ahd. dār mit(i)]: **1. a)** *mit dieser Sache, Tätigkeit o. Ä.: gleich ist sie d. fertig; d. hatte er nicht gerechnet; weg d.!* (ugs.; *nimm, wirf das weg!); heraus d.!* (ugs.; *sage es endlich!*); *her d.!* (ugs.; *gib es her!*); *und d. basta!;* **b)** *mit dieser Sache, diesem Gegenstand versehen, ihn mit sich führend: er nahm das Paket und ging d. zur Post;* **c)** *mithilfe dieser Sache, mittels dieser Tätigkeit o. Ä.: er nahm eine Eisenstange und brach d. die Tür auf; sie hörte das Rufen, merkte aber nicht, dass sie d. gemeint war;* **d)** *gleichzeitig mit diesem Geschehen, Vorgang, Zustand od. unmittelbar darauf: er gewann das Spiel, und d. kehrte auch sein Selbstvertrauen wieder zurück;* **e)** *somit, infolgedessen, mithin: er hatte für die Tatzeit kein Alibi, und d. gehörte auch er zum Kreis der Verdächtigen.* **2.** (nordd.) *in bestimmten Verwendungen in getrennter Stellung: da habe ich nicht mit gerechnet.*
²**da|mit** ⟨Konj.⟩ [vgl. ¹*damit*]: *[auf] dass; zu dem Zweck, dass: schreib dir auf, d. du es nicht wieder vergisst; d. das klar ist, dies war die letzte Warnung!*
dam|le|dern ⟨Adj.⟩: *aus Damhirschleder [bestehend, hergestellt].*
däm|lich ⟨Adj.⟩ [aus dem Md., Niederd., zu

niederd. dämelen = nicht recht bei Sinnen sein] (ugs.): **a)** *dumm, einfältig: -es Gerede; ein -es Gesicht machen; du bist ganz schön d., wenn du auf diesen Vorschlag eingehst;* **b)** *dumm, ungeschickt: stell dich nicht so d. an.*
Däm|lich|keit, die; -, -en ⟨ugs.⟩: **a)** ⟨o. Pl.⟩ *dummes, ungeschicktes Benehmen, Verhalten: das ist nur deiner D. zuzuschreiben;* **b)** *dumme, alberne Handlung: lass doch diese -en!*
Damm, der; -[e]s, Dämme [älter: Tamm, mhd. tam = Flut, Seedamm, H. u.; die Schreibung mit d seit dem 17. Jh. unter niederd. Einfluss (mniederd. dam)]: **1. a)** *künstlich errichteter Wall: einen D. bauen, aufschütten; bei der Sturmflut sind die Dämme* (Deiche) *gebrochen;* Ü *einen D. gegen die Willkür der Herrschenden errichten;* **b)** *aufgeschütteter Unterbau eines Fahr- od. Schienenwegs; Bahndamm: die Insel ist mit dem Festland durch einen D. verbunden;* **c)** (nordostd., bes. berlin.) *Fahrbahn einer Straße; Fahrdamm: rasch den D. überqueren;* * **wieder auf dem D., nicht auf dem D. sein** (ugs.; *wieder, nicht gesund sein*); *Damm = gepflasterter Fahrweg, auf dem ein sicheres Vorwärtskommen möglich ist als auf unbefestigten Verbindungs- u. Fußwegen);* **jmdn. wieder auf den D. bringen** (ugs.; *jmdn. wieder gesund machen*). **2.** (Med.) *Körpergegend, Weichteilbrücke zwischen After u. Scheide bzw. Hoden.*
Damm|bal|ken, der: *hölzerner od. eiserner Balken zum wasserdichten Abdämmen von Deichscharten.*
Damm|bau, der ⟨Pl. -ten⟩: **a)** ⟨o. Pl.⟩ *das Bauen eines Dammes: er ist beim D. verunglückt;* **b)** ⟨Pl. -ten⟩ *Damm* (1 a, b): *mehrere Dammbauten wurden zerstört.*
Damm|bruch, der: *Bruch eines Damms* (1 a).
däm|men ⟨sw. V.; hat⟩ [mniederd. demmen; mhd., ahd. temen, zu ↑ Damm]: **1.** (geh.) **a)** *durch einen Damm* (1 a) *zurückhalten, aufhalten: das Wasser, die Fluten d.;* **b)** *zurückhalten, abhalten, hindern: eine Seuche, die Ausbreitung einer Seuche zu d. suchen; Seine Tränen konnte er nicht mehr d.* (Jahnn, Geschichten 87). **2.** (Technik) *durch Isolierung o. Ä. abschirmen: den Schall, die Wärme d.*
Däm|mer, der; -s ⟨rückgeb. aus ↑ *dämmern*⟩ (geh.): *Dämmerlicht, Halbdunkel: Im Raum herrschte ein dicker grüner D. von den vielen dicht stehenden Kastanienbäumen der Allee draußen* (Böll, Mann 38).
däm|me|rig: ↑ dämmrig.
Däm|mer|licht, das ⟨o. Pl.⟩: *Beleuchtung, wie sie während der Dämmerung herrscht: ihre Augen gewöhnten sich langsam an das D.*
däm|mern ⟨sw. V.; hat⟩ [zu mhd. demere, ahd. demar = Dämmerung, urspr. = Dunkel]: **1. a)** ⟨unpers.⟩ *dämmrig werden; Morgen, Abend werden: es beginnt bereits zu d.;* **b)** *(vom Tagesbeginn od. -ende) anbrechen, beginnen: der Morgen, der Abend dämmerte.* **2.** (ugs.) *jmdm. langsam klar werden, bewusst werden: jetzt dämmert es ihm, bei ihm; eine Ahnung, Vermutung dämmerte ihm; na, dämmerts nun?* (*begreifst du endlich?*). **3.** *im Halbschlaf liegen, in einem Dämmerzustand sein: sich er hat ein wenig gedämmert;* * **vor sich hin d.** (*nicht klar bei Bewusstsein, in einem Dämmerzustand 2 sein*).
Däm|mer|schein, der ⟨Pl. selten⟩ (geh.): *scheinendes Dämmerlicht: am Horizont erschien der erste D.*
Däm|mer|schlaf, der: **1.** *leichter Schlaf, Halbschlaf.* **2.** (Med.) *durch Medikamente herbeigeführter schlafähnlicher Zustand.*
Däm|mer|schop|pen, der: *geselliger Trunk am*

späten Nachmittag od. frühen Abend: beim D. sitzen; zum D. gehen.
Däm|mer|stun|de, die ⟨geh.⟩: *Zeit der Abenddämmerung.*
Däm|me|rung, die; -, -en [mhd. demerunge, ahd. demeruṅga, zu mhd. demere, ahd. demar, ↑ dämmern]: **a)** *Übergang vom Tag zur Nacht, von der Nacht zum Tag: die D. bricht an; bei, mit Einbruch der D.;* **b)** ⟨o. Pl.⟩ *Halbdunkel: der Raum lag in tiefer D.*
däm|me|rungs|ak|tiv ⟨Adj.⟩ (Zool.): *(von bestimmten Tieren) während der Dämmerung die zum Leben notwendigen Aktivitäten entwickelnd u. tagsüber schlafend.*
Däm|me|rungs|schal|ter, der (Technik): *elektronisches Gerät zum Ein- u. Ausschalten elektrischer Anlagen in Abhängigkeit von der Tageshelligkeit.*
Däm|me|rungs|se|hen, das; -s: *Anpassung der Netzhaut des Auges an herabgesetzte Intensität des Lichtes.*
Däm|mer|zu|stand, der: **1.** *Zustand zwischen Wachen u. Schlafen; Halbschlaf.* **2.** *zeitlich begrenzte Bewusstseinsstörung, -trübung.*
Damm|kro|ne, die: *oberster Teil eines Dammes.*
Dämm|ma|te|ri|al, Dämm-Ma|te|ri|al, das: *Dämmstoff.*
Dämm|plat|te, die: *[großflächige Platte* (1) *aus einem Dämmstoff.*
dämm|rig ⟨Adj.⟩, **dämmerig** ⟨Adj.⟩ [zu ↑ *dämmern*]: **a)** *(beim Wechsel der Tageszeiten) vom Dunkeln ins Helle, vom Hellen ins Dunkle übergehend: draußen ist es, wird es schon d.;* **b)** *halbdunkel, ohne Helligkeit: -es Licht; der Kirchenraum war d.*
Damm|riss, der (Med.): *Einriss der Haut od. Muskulatur des Dammes* (2).
Damm|schnitt, der (Med.): *operativer Einschnitt in den Damm* (2) *zur Vermeidung eines Dammrisses bei der Entbindung.*
Dämm|stoff, der [zu ↑ *dämmen* (2)] (Technik): *zur Dämmung verwendetes Material.*
Däm|mung, die; -, -en [zu ↑ *dämmen* (2)] (Technik): *Isolierung, Abschirmung gegen störende Einwirkungen wie Schall, Wärme u. a.*
Dam|no, der od. das; -s, -s [unter Einfluss von ital. danno geb. zu ↑ *Damnum*] (Wirtsch. veraltet), **Dam|num,** das; -s, ...na [lat. damnum = Nachteil, Schaden] (Wirtsch.): *Abzug vom Nennwert eines Darlehens als Vergütung für die Darlehensgewährung.*
Da|mo|kles|schwert, das; -[e]s [nach dem Schwert, das der Tyrann Dionysios I. von Syrakus (430–367 v. Chr.) an einem Pferdehaar über dem Haupt des Höflings Damokles aufhängen ließ, um ihm die ständige Bedrohung jedes Glückes zu zeigen] (geh.): *deutlich erkennbare, vorhandene Gefahr, von der jmd. jeden Augenblick die Vernichtung o. Ä. gewärtigen muss: das D. hängt, schwebt über jmdm., über jmds. Haupt.*
Dä|mon, der; -s, Dämonen [lat. daemon < griech. daímōn = göttliches Wesen; Schicksal, Verhängnis]: **1.** *[böser] Geist, Mittelwesen zwischen Mensch u. Gott: den -en opfern; ein Mittel, das vor bösen -en schützt.* **2.** *dem Menschen innewohnende unheimliche Macht: sein D. trieb ihn dazu, so zu handeln.*
dä|mo|nen|haft ⟨Adj.⟩: *wie ein Dämon wirkend, in der Art eines Dämons: -e Züge, Kräfte.*
Dä|mo|nie, die; -, -n (bildungsspr.): *unerklärbare, bedrohliche Macht, die von jmdm., etw. ausgeht od. die das ihr unentrinnbar ausgelieferte Objekt völlig beherrscht; Besessenheit, dämonische Kraft, Macht: Denn in den wirklichen Stillleben... zeigt sich etwas anderes, als sie darstellen, nämlich die geheimnisvolle D. des gemalten Lebens* (Musil, Mann 1140).
dä|mo|nisch ⟨Adj.⟩ [lat. daemonicus < griech.

daimonikós]: *eine unwiderstehliche, unheimliche Macht ausübend; übernatürlich, unheimlich; teuflisch:* -e Kräfte, Mächte.

dä|mo|ni|sie|ren ⟨sw. V.; hat⟩: *in den Bereich des Dämonischen rücken; mit Dämonie, mit dämonischen Kräften erfüllen:* man sollte den Feind nicht d.; Hüten Sie sich, einen Verbrecher von Rang zu d. (Hochhuth, Stellvertreter 65).

Dä|mo|ni|sie|rung, die; -, -en: *das Dämonisieren; das Dämonisiertwerden,* -sein.

Dä|mo|nis|mus, der; - (bildungsspr.): *Glaube an Dämonen* (1).

Dampf, der; -[e]s, Dämpfe [mhd. dampf, tampf, ahd. damph, zu mhd. dimpfen (↑ dämpfen), urspr. = Dunst, Nebel, Rauch]: **1. a)** *sichtbarer feuchter Dunst (der bei Erhitzen von Flüssigkeiten, bes. von Wasser, entsteht):* die Küche war voller D.; aus dem Tal stiegen wallende Dämpfe *(Nebel)* auf; **b)** (Physik, Technik) *durch Wärmeeinwirkung aus seinem gewöhnlichen (meist flüssigen, auch festen) Aggregatzustand in einen (gewöhnlich unsichtbaren) gasförmigen Zustand übergegangener Stoff (bes. Wasser):* D. von niedriger, hoher Spannung; Dämpfe nicht einatmen!; das Schiff, die Lokomotive ist/steht unter D. (veraltend; *ist fahrbereit);* * **aus etw. ist der D. raus** (ugs.; *etw. hat seinen Schwung verloren, ist lahm, langweilig geworden);* **D. ablassen** (ugs.; *seine Wut, seinen Ärger abreagieren);* **D. draufhaben** (ugs.: 1. *eine hohe [Fahr]geschwindigkeit haben.* 2. *überschießendes Temperament, Schwung o. Ä. haben);* **D. hinter etw. machen/setzen** (ugs.; *etw. energisch betreiben);* **jmdm. D. machen** (ugs.; *jmdn. bei der Arbeit antreiben);* bezogen auf den Wasserdampf als Treibkraft); **unter D. stehen** (ugs.; *voller Energie sein).* **2.** (ugs.) Schwung, Wucht: hinter diesem Angriff steckt nein D.; etw. mit D. betreiben *(mit Eifer, Fleiß).*

Dampf-: drückt – in Anspielung auf die technisch als veraltet geltende Dampflokomotive – in Bildungen mit Substantiven aus, dass etw. als veraltet, als technisch überholt angesehen wird: Dampfauto, -kartei, -telefon.

Dampf|an|trieb, der: *Antrieb durch Dampfkraft.*

Dampf|bad, das: **a)** *Raum, in dem Dampfbäder* (b) *genommen werden:* ins D. gehen; **b)** *Schwitzbad in wasserdampfhaltiger Luft:* ein D. nehmen.

Dampf|boot, das [für engl. steamboat]: *mit einer Dampfmaschine betriebenes kleines Wasserfahrzeug.*

Dampf|bü|gel|ei|sen, das: *Bügeleisen, bei dem der zu bügelnde Stoff durch den aus einer Düse nach unten austretenden Wasserdampf gleichzeitig gedämpft wird.*

Dampf|druck, der; (Pl. meist: ...drücke) (Technik): *durch Dampf bewirkter, auf Gefäßwände ausgeübter Druck:* der D. fällt, steigt.

Dämp|fe: Pl. von ↑ Dampf.

damp|fen ⟨sw. V.⟩: **1.** ⟨hat⟩ [für älter gleichbed. dämpfen ↑ mhd. dimpfen, ↑ dämpfen] *Dampf entwickeln, bilden, von sich geben:* die Suppe hat noch gedampft; die Erde dampfte [vor Feuchtigkeit]; der Pferd dampft *(schwitzt heftig unter sichtbarer Dampfentwicklung);* dampfende Schüsseln wurden aufgetragen; Ü Wozu das Reimgeknallel? Die Welt dampft vor Angst und Blut (Remarque, Obelisk 257). **2.** ⟨ist⟩ **a)** *unter Dampfentwicklung fahren, sich fortbewegen:* das Schiff dampft aus dem Hafen; **b)** (ugs.) *[mit einem dampfgetriebenen Fahrzeug] irgendwohin reisen, fahren:* er hatte sich in den Zug gesetzt und war nach Berlin gedampft.

dämp|fen ⟨sw. V.; hat⟩ [mhd. dempfen, ahd. demphan, Veranlassungswort zu mhd. dimpfen = dampfen, rauchen u. eigtl. = dampfen machen, (ein Feuer) rauchen machen, dann: durch Rauch ersticken]: **1.** *in Dampf garen, dünsten, mit Dampf kochen:* Kartoffeln, den Fisch d.; gedämpftes Gemüse. **2.** *mit Dampf bearbeiten, glätten:* das Kleid, den Anzug d. **3. a)** *(bes. akustische u. optische Eindrücke) abschwächen, mildern, mäßigen:* die Stimme, den Ton d.; der Teppich dämpft den Schall; gedämpftes Licht; gedämpfte *(nicht grelle)* Farben; **b)** *(eine Bewegungsenergie, Wucht, Vehemenz o. Ä.) abschwächen, herabsetzen:* einen Stoß, Aufprall d. **4. a)** *jmdn. dazu bringen, sich in seinen Temperamentsäußerungen o. Ä. zu mäßigen, zurückzunehmen:* sie versuchte vergebens, die Kinder zu d.; **b)** *jmds. Emotionen herabstimmen, ernüchtern o. Ä.:* jmds. Wut, Zorn, Begeisterung, Freude d. ♦ **5.** *(ein Feuer, Flammen) ersticken, löschen:* ... ries Wilhelm das Feuer auseinanderzuzerren und zu d. strebte (Goethe, Lehrjahre V, 13).

Dampf|ent|wick|lung, die ⟨o. Pl.⟩: *Entstehung von Dampf.*

Damp|fer, der; -s, - [wohl zu niederd. damper für engl. steamer]: *Dampfschiff:* der D. legt an, fährt ab; * **auf dem falschen D. sein/sitzen/sich befinden** (ugs.; *sich falsche Vorstellungen von der Erreichung eines Zieles machen, bestimmte Möglichkeiten falsch einschätzen).*

Dämp|fer, der; -s, -: **1.** *Gerät, Vorrichtung zur Abschwächung des Tons bzw. zur Veränderung der Klangfarbe bei bestimmten Musikinstrumenten:* den D. aufsetzen; * **einen D. bekommen** (ugs.; *eine Rüge bekommen müssen, eine Enttäuschung o. Ä. erfahren, die die bisherige Begeisterung, Freude stark abschwächt);* **jmdm., einer Sache einen D. aufsetzen/**(häufiger:) **versetzen** (*jmds. Überschwang dämpfen; etw. abschwächen).* **2.** (landsch.) *Topf zum Dämpfen, bes. von Gemüse.*

Dampf|er|fahrt, die: *Fahrt mit einem Dampfer.*

Dampf|er|zeu|ger, der: *Dampfkessel.*

Dampf|hei|zung, die: *Zentralheizung, bei der als Wärmeträger Wasserdampf verwendet wird.*

damp|fig ⟨Adj.⟩: *voll Dampf* (1 a), *dunstig:* eine -e Küche; die Wiesen waren nass und d.

dämp|fig ⟨Adj.⟩: **1.** *(von Pferden) an Dampfigkeit leidend.* **2.** (landsch.) *schwül, feuchtheiß.*

Dämp|fig|keit, die; -, -en: *krankhafte Kurzatmigkeit bei Pferden.*

Dampf|kar|tof|fel, die ⟨meist Pl.⟩: *Salzkartoffel.*

Dampf|kes|sel, der: *geschlossenes Gefäß, das dem Zweck dient, Wasserdruck von höherem als atmosphärischem Druck (zu Heiz- u. Betriebszwecken) zu erzeugen.*

Dampf|koch|topf, der: *Druckkochtopf.*

Dampf|kraft, die ⟨o. Pl.⟩: *von Dampf ausgehende Kraft.*

Dampfl, das; -s, -n (südd., österr.): *mit Hefe angesetzte kleine Teigmenge, die nach dem Aufgehen mit der eigentlichen Teigmasse vermischt wird;* **Vorteig.**

Dampf|lok, die: kurz für ↑ Dampflokomotive.

Dampf|lo|ko|mo|ti|ve, die: *mit Dampf betriebene Lokomotive.*

Dampf|ma|schi|ne, die [für engl. steam engine] (Technik): *Kraftmaschine, bei der die Druckenergie des Dampfes (mithilfe von Kolben) in mechanische Energie umgewandelt wird.*

Dampf|nu|del, die (südd., österr., schweiz.): *Hefeteigkugel, die in einem gut verschlossenen Topf gebacken wird;* * **aufgehen wie eine D.** (südd. ugs.; *dick, korpulent werden).*

Dampf|plau|de|rer, der (ugs. abwertend): *Person, bes. des öffentlichen Lebens, die gern u. viel redet.*

Dampf|plau|de|rin, die: w. Form zu ↑ Dampfplauderer.

Dampf|ra|dio, das [vgl. Dampf-] (ugs. scherzh.): *Rundfunk[gerät] (im Gegensatz zu moderneren Medien wie z. B. Fernsehen):* das gute alte D.

Dampf|rei|ni|ger, der: *elektrisches Gerät, mit dem unter Verwendung von heißem Dampf Gegenstände gereinigt werden.*

Dampf|ross, das (scherzh.): *Dampflokomotive.*

Dampf|schiff, das [für engl. steamship]: *durch eine Dampfmaschine angetriebenes größeres Schiff,* Dampfer.

Dampf|schiff|fahrt, die: *Schifffahrt mit Dampfschiffen.*

Dampf|schiff|fahrts|ge|sell|schaft, die: *Gesellschaft* (4 b), *die Schifffahrt mit Dampfschiffen o. Ä. betreibt.*

Dampf|tur|bi|ne, die (Technik): *Kraftmaschine, Turbine, in der die Energie des Dampfes in Bewegungsenergie u. diese anschließend in mechanische Arbeit umgewandelt wird.*

Dämp|fung, die; -, -en: *das Dämpfen* (3 a), *Abschwächung, Milderung.*

Dampf|wal|ze, die: *Walze, bes. früher im Straßenbau verwendete, mit Dampfkraft angetriebene Straßenwalze.*

Dampf|wol|ke, die: *Wolke aus Dampf:* mit jedem Atemzug eine kleine D. ausstoßen.

Dam|wild, das; -[e]s: *der Art Damhirsch zugehörendes Wild.*

Dan, der; -, - [jap. dan = Stufe, Grad]: *Leistungsgrad in allen Sportarten des Budos.*

da|nach [mit besonderem Nachdruck: ˈdaː...], darnach ⟨Adv.⟩ [mhd. da(r) nāch, ahd. dar(a) nāh]: **1. a)** (temporal) *nach dieser Sache, diesem Vorgang o. Ä., im Anschluss daran; hinterher, hierauf, dann:* eine halbe Stunde d. kam er wieder; sie nahm die Tabletten, und d. ging es ihr wieder besser; der Morgen, die Zigarette d. (verhüll.; *nach dem Geschlechtsverkehr);* **b)** ⟨lokal⟩ *nach dieser Sache; auf jmdn., etw. folgend; dahinter:* voran gingen die Eltern, d. kamen die Kinder. **2.** *nach dieser Sache (zur Bez. einer Zielrichtung):* er sah das Seil und wollte d. greifen; sie werden d. streben; er ging vorbei, ohne sich d. umzuschauen; d. steht mir jetzt nicht der Sinn *(dazu bin ich jetzt nicht aufgelegt, fehlt mir die rechte Stimmung);* mir ist nicht d. (ugs.; *dazu habe ich keine Lust).* **3.** *dieser Sache gemäß, entsprechend:* ihr kennt die Regeln, nun richtet euch d.!; die Ware ist billig, aber sie ist auch d. (ugs.; *ist entsprechend minderwertig).* **4.** (bes. nordd.) in bestimmten Verwendungen in getrennter Stellung: da richtet er sich nicht nach; da musst du erst gar nicht lange nach fragen.

Da|na|er|ge|schenk, das; -[e]s, -e [nach lat. Danaum fatale munus = verhängnisvolles Geschenk der Danaer (nach Seneca); Danaer < griech. Danaoí = bei Homer Bez. der Griechen; bei dem Geschenk handelt es sich um das den Trojanern von den Griechen überlassene Trojanische Pferd] (bildungsspr.): *etw., was sich für den, der es als Geschenk o. Ä. bekommt, als unheilvoll, Schaden stiftend erweist; Unheil bringende Gabe.*

Dance|floor [ˈdaːnsfloː], der; -s, -s [engl. dancefloor = Tanzfläche, Tanzboden (da diese Musik zum Tanzen gut geeignet ist), aus: dance = Tanz (< afrz. dance) u. floor = (Fuß)boden]: **1.** *Tanzfläche einer Diskothek.* **2.** ⟨o. Pl.⟩ *in Diskotheken gespielte Tanzmusik verschiedener Musikstile.*

Dan|cing [...sɪŋ], das; -s, -s [engl. dancing = das Tanzen, zu: to dance = tanzen < afrz. dancer]: **1.** *Tanzbar, Tanzlokal.* **2.** (veraltend) *Tanz, Tanzveranstaltung:* zum D. gehen.

Dan|dy [ˈdɛndi], der; -s, -s [engl. dandy, viell. zu: Dandy = Kosef. von: Andrew = Andreas] (bil-

dungsspr.):1. *Vertreter des Dandyismus.* **2.** *sich übertrieben modisch kleidender Mann.*

dan|dy|haft ⟨Adj.⟩ (bildungsspr.): *in der Art eines Dandys gehalten:* -e Kleidung; sich d. benehmen.

Dan|dy|is|mus, der; - [engl. dandyism] (bildungsspr.): *(in der Mitte des 18. Jh.s in England entstandener u. später auch in Frankreich aufgekommener) Lebensstil, der für den Exklusivität in Kleidung u. Lebensführung, ein geistreich-zynischer Konversationston u. eine gleichgültig-arrogante Haltung in jeder Lebenssituation typisch sind.*

Dan|dy|tum, das; -s (bildungsspr.): *übertriebenes, eitles Modebewusstsein.*

Dä|ne, der; -n, -n: Ew. zu ↑ Dänemark.

da|ne|ben [mit besonderem Nachdruck: ˈdaː...], darneben ⟨Adv.⟩ [mhd. dar neben]: **1. a)** *bei, neben dieser Sache, Stelle, an der Seite davon:* das Paket lieg auf dem Tisch, d. die Rechnung; er stand d. und hörte alles mit an; im Haus d.; * **d. sein** *(verwirrt sein; sich unwohl fühlen);* **b)** *neben diese Sache, Stelle, an die Seite davon:* ich würde den Stuhl d. stellen, nicht davor. **2.** *im Vergleich dazu:* ihr Spiel war hervorragend, d. fiel das der übrigen Schauspieler stark ab. **3.** *außerdem, darüber hinaus, gleichzeitig:* sie ist berufstätig und hat d. noch ihren Haushalt zu besorgen.

da|ne|ben|be|neh|men, sich ⟨st. V.; hat⟩ (ugs.): *sich unpassend, ungehörig benehmen:* die beiden haben sich gestern bei dem Fest ganz schön danebenbenommen.

da|ne|ben|fal|len ⟨st. V.; ist⟩: *neben das Ziel fallen:* er wollte das Papier in den Papierkorb werfen, aber es ist danebengefallen.

da|ne|ben|ge|hen ⟨unr. V.; ist⟩: **1.** *das Ziel verfehlen:* der Schuss ging daneben. **2.** (ugs.) *fehlschlagen, misslingen:* alle Experimente sind danebengegangen.

da|ne|ben|grei|fen ⟨st. V.; hat⟩: **1.** *am Ziel vorbeigreifen:* beim Klavierspielen d. **2.** (ugs.) *etw. Falsches, einen Fehlgriff tun:* im Ausdruck d.

da|ne|ben|hal|ten ⟨st. V.; hat⟩ (ugs.): *etw. mit etw. anderem vergleichen:* das Ergebnis des vergangenen Jahres war gut, wenn man das diesjährige danebenhält.

da|ne|ben|hau|en ⟨unr. V.; haute/(selten:) hieb daneben, hat danebengehauen⟩: **1.** *am Ziel vorbeihauen, etw. nicht treffen:* er hat mit dem Hammer danebengehauen und sich dabei verletzt. **2.** (ugs.) *sich irren, etw. falsch machen:* mit der Antwort auf die letzte Prüfungsfrage hat er ziemlich danebengehauen.

da|ne|ben|le|gen ⟨sw. V.; hat⟩: *neben etw., jmdn. Bestimmtes legen:* sie stellte einen Teller auf den Tisch und legte einen Löffel daneben.

da|ne|ben|lie|gen ⟨st. V.; hat; südd., österr., schweiz. auch: ist⟩: **1.** *neben etw., jmd. Bestimmtem liegen.* **2.** (ugs.) *sich irren, täuschen:* mit dieser Meinung liegst du aber sehr daneben.

da|ne|ben|ra|ten ⟨st. V.; hat⟩ (ugs.): *falsch raten.*

da|ne|ben|schät|zen ⟨sw. V.; hat⟩ (ugs.): *sich verschätzen:* diesmal hat er aber ganz schön danebengeschätzt.

da|ne|ben|schie|ßen ⟨st. V.; hat⟩: **1.** *am Ziel vorbeischießen:* sie zielte scharf, schoss aber daneben. **2.** (ugs.) *sich irren, nicht das Richtige treffen:* er hat mit seiner Behauptung, Beurteilung ganz schön danebengeschossen.

da|ne|ben|sit|zen ⟨st. V.; hat; südd., österr., schweiz.: ist⟩: *neben etw., jmd. Bestimmtem sitzen.*

da|ne|ben|ste|hen ⟨unr. V.; hat; südd., österr., schweiz.: ist⟩: *neben etw., jmd. Bestimmtem stehen.*

da|ne|ben|stel|len ⟨sw. V.; hat⟩: *neben etw., jmdn. Bestimmtes stellen.*

da|ne|ben|tip|pen ⟨sw. V.; hat⟩ (ugs.): *falsch raten, falsch schätzen, falsch tippen:* beim Schätzen des Gewichts hat er ganz schön danebengetippt.

da|ne|ben|tref|fen ⟨st. V.; hat⟩: **1.** *nicht ins Ziel treffen:* beim Bogenschießen d. **2.** *eine falsche, nicht [zu]treffende Äußerung machen:* er hat mit seiner ironischen Bemerkung arg danebengetroffen.

Dä|ne|mark; -s: *Staat in Nordeuropa.*

dang, dän|ge: ↑ dingen.

da|nie|der|lie|gen, darniederliegen ⟨st. V.; hat; südd., österr., schweiz. auch: ist⟩ (geh.): **1.** *krank u. bettlägerig sein:* schwer [an Typhus] d.; er hat wochenlang da[r]niedergelegen. **2.** *nicht gedeihen, nicht florieren, nicht leistungsfähig sein:* der Handel, die Firma hat da[r]niedergelegen.

Dä|nin, die; -, -nen: w. Form zu ↑ Däne.

dä|nisch ⟨Adj.⟩: **a)** *die Dänen, Dänemark betreffend, zu Dänemark gehörend, aus Dänemark stammend:* die -e Regierung; **b)** *in der Sprache der Dänen [verfasst]:* die -e Poesie.

Dä|nisch, das; -[s], (nur mit best. Art.:) **Dä|ni|sche,** das; -n: *die dänische Sprache.*

dank ⟨Präp. mit Gen. u. Dativ, im Pl. meist mit Gen.⟩ [im 19. Jh. entstanden aus der Wendung »Dank sei...«]: *aufgrund, infolge, durch:* d. einem Zufall/eines Zufalls wurde die Tat entdeckt; er gewann das Rennen d. seiner großen Erfahrungen; (iron.:) d. seiner Unpünktlichkeit erreichten wir den Zug nicht mehr.

Dank, der; -[e]s [mhd., ahd. danc, urspr. = Absicht, Gedanke, zu ↑ denken]: *Gefühl, Ausdruck der Anerkennung u. des Verpflichtetseins für etw. Gutes, das jmd. empfangen hat, das ihm erwiesen wurde:* jmdm. seinen D. abstatten, aussprechen; jmdm. [für etwas] D. sagen; jmdm. D. schulden, schuldig sein; dafür wird er keinen D. ernten *(dafür wird man ihm nicht dankbar sein);* kein Wort des -es sagen; als/zum D. dafür, dass sie ihm geholfen hat; mit bestem D. zurück; etw. mit D. *(gern)* annehmen; von D. erfüllt sein; jmdm. zu D. verpflichtet sein; (iron.:) und das ist nun der D. [dafür]! *(so etwas Undankbares!);* haben Sie D.!; vielen D.!, besten D.!, herzlichen D.!; (ugs.:) tausend D.!; ...jetzt weiß ich, wer mir seinen Schädel in den Bauch gerannt hat! Ist das der D. für meinen Unterricht in besserer Lebensart? (Remarque, Obelisk 332); * **[es] jmdm. D. wissen** (geh.; *jmdm. für etw. dankbar sein;* »es«: alter Genitiv = dessen); ◆ **es jmdm. zu -e machen** *(es jmdm. recht machen:* ... ein Mensch, der nie mit sich selbst zufrieden und unter dem es daher niemand zu -e machen kann [Goethe, Werther II, 24. Dezember 1771]).

Dank|ad|res|se, die: *Dankschreiben mit offiziellem Charakter:* eine D. an den Präsidenten richten.

dank|bar ⟨Adj.⟩ [mhd. dancbære, ahd. dancbāri = Geneigtheit hervorbringend, angenehm]: **1.** *vom Gefühl des Dankes erfüllt, dies erkennen lassend; geneigt u. bereit, etw. Gutes, das einem zuteilwurde, anzuerkennen u. auch dafür erkenntlich zu zeigen:* ein -es Kind; ein -er Blick; vor einem -en *(aufnahmebereiten, verständigen, beifallfreudigen)* Publikum spielen; etw. d. anerkennen, annehmen; jmdn. d. anblicken; dafür sind wir Ihnen sehr d.; sie sind für jede Abwechslung d. *(freuen sich über jede Abwechslung).* **2.** *lohnend, befriedigend:* eine -e Aufgabe, Rolle. **3.** (ugs.) *haltbar, strapazierfähig:* eine -e Qualität; der Stoff ist sehr d. **4.** (ugs.) *(von [Topf]pflanzen) anspruchslos in der Pflege:* diese Pflanze ist sehr d.

Dank|bar|keit, die; - [mhd. dancbærkeit]: **1.** *Gefühl, Ausdruck des Dankes; dankbare Empfindung, Gesinnung:* jmdm. seine D. zeigen, bezeigen, beweisen; etw. aus reiner, bloßer D. tun; voller D. sein; in/mit [aufrichtiger, tiefer] D. **2.** (selten) *das Lohnendsein:* sie war von der D. dieser neuen Aufgabe nicht recht überzeugt. **3.** (ugs.) *Haltbarkeit, Strapazierfähigkeit.* **4.** (ugs.) *(von [Topf]pflanzen) Anspruchslosigkeit.*

Dank|brief, der: *Brief, in dem jmd. seinen Dank für etw. ausspricht.*

dan|ke [nhd. verkürzt aus »ich danke«] (Höflichkeitsformel): **a)** *zur Unterstreichung einer höflichen Ablehnung od. Annahme eines Angebots o. Ä.:* ja d.!; nein d.!; »Wollen Sie mitfahren?« – »Danke [nein]!«; »Soll ich Ihnen helfen?« – »Danke, es geht schon!«; d. schön!; d. sehr!; jmdm. [für etw.] Danke/d. sagen; kannst du nicht Danke schön/d. sagen *(dich bedanken)?;* **b)** *als kurze Form der Dankesbezeigung:* d., das war sehr freundlich von Ihnen; »Wie gehts?« – »Mir gehts d.!« (ugs.; *danke, ich kann nicht klagen)*; sonst gehts dir [wohl] d.! (ugs.; *du bist wohl verrückt!)*

dan|ken ⟨sw. V.; hat⟩ [mhd. danken, ahd. danchōn]: **1. a)** *seinen Dank aussprechen, zeigen; seine Dankbarkeit zum Ausdruck bringen:* jmdm. [für ein Geschenk] vielmals d.; wir danken Ihnen für das Angebot; Gott, dem Himmel seis gedankt!; du kannst Gott auf [den] Knien d., dass du noch lebst; ⟨auch ohne Dativobjekt:⟩ er dankte kurz und ging; lasset uns d. *(ein Dankgebet sprechen);* (formelhaft unter einer Rechnung:) Betrag dankend erhalten; er hat das Angebot dankend abgelehnt; na, ich danke [schön] (ugs.; *davon möchte ich nichts wissen, das möchte ich nicht);* **b)** *seinen Dank für etw. durch eine Tat ausdrücken, jmdm. etw. lohnen:* niemand wird dir deine Mühe d.; er hat ihm seine Hilfe schlecht gedankt; er dankte ihnen (iron.; *vergalt, erwiderte)* ihre Güte mit Ungehorsam; wie soll ich Ihnen das jemals d.?; **c)** *einen Gruß erwidern, auf jmds. Gruß antworten:* er grüßte sie, aber sie dankte [ihm] nicht; Münsterers grüßte ihn respektvoll, wenn sie einander im Hausflure begegneten, und stets ward ihm freundlich und zeremoniös gedankt (Doderer, Wasserfälle 56). **2.** (geh.) *verdanken, zuzuschreiben haben:* diesem Arzt dankt er sein Leben; nur diesem Umstand ist es zu d., dass wir noch rechtzeitig ankamen.

dan|kens|wert ⟨Adj.⟩: *Dank verdienend:* -e Bemühungen; es ist d., dass sie sich dafür zur Verfügung stellt.

dan|kens|wer|ter|wei|se ⟨Adv.⟩: *in einer Art, die Dank verdient:* er hat sich d. dazu bereit erklärt.

dank|er|füllt ⟨Adj.⟩: *von Dankbarkeit erfüllt:* -e Worte, Blicke.

Dan|kes|be|zei|gung, die (meist Pl.): *Äußerung, Ausdruck des Dankes:* seine überschwänglichen -en waren ihr peinlich.

Dan|kes|brief, der (geh.): *Dankbrief.*

Dan|ke|schön, das; -s: **1.** *geäußerte Dankesworte:* er sagte ihm ein herzliches D. **2.** *kleine Aufmerksamkeit (3) zum Dank für etw.:* als kleines D. brachte er ihr eine Schachtel Pralinen mit.

Dan|kes|for|mel, die: *formelhafter Ausdruck, mit dem sich jmd. bedankt.*

Dan|kes|kar|te, die: *Karte, auf der jmd. seinen Dank für etw. ausspricht.*

Dan|kes|re|de, die: *Rede, in der jmd. seinen Dank ausdrückt.*

Dan|kes|schuld, die ⟨o. Pl.⟩ (geh.): *jmdm. bewusste Notwendigkeit, Dank, Anerkennung zu zollen.*

Dan|kes|wort, das ⟨Pl. -e; meist Pl.⟩: *Äußerung, Bekundung des Dankes:* -e sprechen.

Dank|ge|bet, das: *Gebet, mit dem jmd. Gott für etw. dankt.*

Dank|got|tes|dienst, der: *Gottesdienst, in dem Gott für etw. gedankt wird.*

Dank|op|fer, das: *Opfer, das einem Gott als Dank für etw. dargebracht wird.*

dank|sa|gen ⟨sw. V.; danksagte, hat dankgesagt, dankzusagen⟩ (selten): *(jmdm.) seinen Dank sagen:* sie danksagten Gott.

Dank|sa|gung, die; -, -en: *[schriftliche] meist förmliche Äußerung des Dankes, bes. für die Anteilnahme bei einem Todesfall:* -en schreiben, drucken lassen, verschicken.

Dank|schrei|ben, das: *Schreiben, in dem jmd. seinen Dank ausdrückt.*

dann ⟨Adv.⟩ [mhd. dan(ne), ahd. dan(n)a, urspr. = von da aus (Ortsadv., verw. mit ↑¹der)]: **1. a)** *darauf, danach; nachher, hinterher:* erst spielten sie zusammen, d. stritten sie sich; was machen wir d.?; was d.?; **b)** *dahinter, danach; darauf folgend:* an der Spitze marschierte eine Blaskapelle, d. folgte eine Trachtengruppe; an die Gärten schließt sich d. Ödland an; **c)** *rangmäßig danach:* Silke ist der Klassenbeste, d. kommt Anja. **2.** *unter diesen Umständen, unter dieser Voraussetzung, in diesem Falle:* lehnt die Firma den Vergleich ab, d. werden wir klagen; nun, d. ist ja alles in Ordnung; d. bis morgen; das kann nur d. gelingen, wenn alle mitmachen. **3.** *außerdem, ferner, dazu:* und d. kommt noch die Mehrwertsteuer hinzu; es gab viel Obst und Gemüse auf dem Markt, und d. waren noch die Stände mit Blumen da; zuletzt fiel d. noch der Strom aus. **4.** *zu einem bestimmten [späteren] Zeitpunkt:* wenn es d. immer noch regnet; bis d. musst du noch warten; noch ein Jahr, d. ist sie mit dem Studium fertig; *bis d.* (ugs.; Grußformel bei der Verabschiedung); **d. und d.** *(zu einem bestimmten Zeitpunkt):* er schrieb mir, dass er d. und d. ankommen würde); **von d. bis d.** *(in einem nicht näher bezeichneten Zeitraum);* **d. und wann** *(gelegentlich, zuweilen, hin u. wieder:* ich sehe ihn d. und wann in der Kneipe). **5.** (landsch. in Ausrufen) *so:* d. komm endlich rüber!; d. mach doch!; d. mal los! **6.** betont in Verbindung mit Interrogativpronomen od. -adverbien; *im Unterschied dazu; sonst;* ¹*denn* (3): wenn nicht hier, wo d.?; »Hast du den Tipp von ihr?« – »Nein.« – »Von wem d.?«. ◆ **7. a)** *denn:* Willst du d. ewig klagen (Schiller, Räuber III, 1); **b)** ⟨nach Komparativ⟩ *als:* ...mehr d. tausend Taler Werts (Schiller, Räuber II, 3).

dan|nen ⟨Adv.⟩ [mhd. danne(n), ahd. dan(n)an; vgl. dann]: nur in der Fügung **von d.** (veraltet, geh.; *weg, fort:* von d. gehen, eilen; er schlich sich heimlich von d.).

dann|zu|mal ⟨Adv.⟩ (schweiz.): *in jenem Augenblick, dann.*

Danse ma|ca|b|re [dãsmaˈkaːbr(ə)], der: - -, -s -s [dãsmaˈkaːbr(ə)] [frz., mfrz. danse macabre (danse Macabré), aus: danse (↑Tanz) u. macabre, ↑makaber] (bildungsspr.): *Totentanz.*

Dan|zig: Stadt an der Ostsee; vgl. Gdańsk.

¹Dan|zi|ger, der; -s, -: Ew.

²Dan|zi|ger ⟨indekl. Adj.⟩: D. Goldwasser.

Dan|zi|ge|rin, die; -, -nen: w. Form zu ↑¹Danziger.

Daph|ne, die; -, -n [griech. dáphnē = Lorbeerbaum]: *Seidelbast.*

da|r|an [mit besonderem Nachdruck: ˈdaː...] ⟨Adv.⟩ [mhd. dāran(e), ahd. dār(a) ana]: **1. a)** *an dieser Stelle, an diesem Ort; an diesem Gegenstand:* es klebt, hängt etwas d.; lass mich mal d. riechen; kommen wir noch einmal d. vorbei?; **b)** *an diese Stelle, an diesen Ort, an diesen Gegenstand:* du darfst dich nicht d. lehnen. **2. a)** *an dieser Sache, Angelegenheit o. Ä.:* kein Wort ist d. wahr; er arbeitet schon lange d.; d. ist nicht zu rütteln; mir liegt [viel] d.; Sie werden viel Freude d. haben; d. erkenne ich ihn; **b)** *an diese Sache, Angelegenheit o. Ä.:* er denkt jetzt nicht mehr d.; die Schüssel ist ihm peinlich, rühre lieber nicht d.; es wurde ein Film gezeigt und im Anschluss d. wurde diskutiert; **c)** *in dieser Hinsicht, hinsichtlich dieser Sache, Angelegenheit o. Ä.:* es wird viel Kohle exportiert, denn das Land ist reich d.; wir haben keinen Bedarf mehr d.; d. wird sich nichts ändern; **d)** *durch diese Sache, Angelegenheit:* ich wäre beinahe d. erstickt; er ist d. gestorben.

da|r|an|ge|ben ⟨st. V.; hat⟩ (geh.): *opfern, einsetzen, hingeben:* er wäre bereit, alles daranzugeben, wenn sie dadurch gerettet werden könnte.

da|r|an|ge|hen ⟨unr. V.; ist⟩: *mit etw. beginnen, etw. in Angriff nehmen:* er ging daran, die Bücher ins Regal einzuordnen; Stella telefoniert mir, ich solle beizeiten d., Entscheidungen zu treffen (Mayröcker, Herzzerreißende 143).

da|r|an|ma|chen, sich ⟨sw. V.; hat⟩ (ugs.): *mit etwas beginnen, etw. in Angriff nehmen:* sie machten sich daran, ihre Sachen auszupacken.

da|r|an|set|zen ⟨sw. V.; hat⟩: **1.** *einsetzen, aufbieten:* sie hat alles, alle ihre Kräfte darangesetzt, dieses Ziel zu erreichen. **2.** ⟨d. + sich⟩ (ugs.) *sich an eine Arbeit o. Ä. setzen, sie in Angriff nehmen:* es ist noch viel Post zu erledigen, ich werde mich mal d.

da|r|an|wen|den ⟨unr. V.; wandte/wendete daran, hat darangewandt/darangewendet⟩ (geh.): *aufwenden, einsetzen, aufbieten:* er hat viel Mühe, Zeit darangewandt, dies alles zu erreichen.

da|r|auf [mit besonderem Nachdruck: ˈdaː...] ⟨Adv.⟩ [mhd. dār ūf, ahd. dār ūf]: **1. a)** *auf dieser Stelle, auf dieser Unterlage, auf diesem Gegenstand o. Ä.:* an der Wand hing ein Regal, d. standen die Bücher; er trug einen Hut mit einer Feder d.; **b)** *auf diese Stelle, auf diese Unterlage, auf diesen Gegenstand o. Ä.:* sie nahm einen Hocker und legte die Beine d.; die Farben leuchten, wenn die Sonne d. scheint; **c)** *in Richtung auf diese Stelle, diesen Ort; auf dieses Ziel zu:* dort ist das Haus, d. müsst ihr zugehen. **2. a)** *auf dieser Sache, Angelegenheit o. Ä.:* d. fußen alle Überlegungen; *auf diese Sache, Angelegenheit o. Ä.:* wir kamen nur kurz d. zu sprechen, wie kommst du nur d.? **3. a)** *auf diese Sache, Angelegenheit o. Ä. als Ziel, Zweck, Wunsch hin:* er ist ganz versessen d.; also d. wollt ihr hinaus; d. wollen wir anstoßen; **b)** *daraufhin* (2): es war nur ein kleines Inserat, aber es meldeten sich viele d. **4. a)** *nach diesem Vorgang, Ereignis o. Ä.; danach, dann:* erst ein Blitz, unmittelbar d. ein Donnerschlag; ein Jahr d. starb er; sie erfuhr es erst am d. folgenden Tag; **b)** *auf jmdn., etw. folgend; dahinter, danach:* zuerst kamen die maskierten Kinder, d. einige bunte Wagen; dieser und der d. folgende Wagen. **5.** *daraufhin* (1): er hatte gestohlen und war d. bestraft worden.

da|r|auf|fol|gend, da|r|auf fol|gend ⟨Adj.⟩: *nächst..., danach folgend:* sie verabredeten sich für den nie Tag.

da|r|auf|hin [mit besonderem Nachdruck: ˈdaː...] ⟨Adv.⟩: **1.** *aus diesem Grund, Anlass; infolgedessen:* er wurde angezeigt und d. verhaftet; er hat d. seine Pläne geändert. **2.** *im Hinblick darauf, unter diesem Gesichtspunkt, zu diesem Zweck:* etwas d. prüfen, ob es geeignet ist.

da|r|auf kom|men, da|r|auf|kom|men ⟨st. V.; ist⟩: *sich erinnern.*

da|r|auf|le|gen ⟨sw. V.; hat⟩: *auf etw., jmdn. Bestimmtes legen.*

da|r|auf|set|zen ⟨sw. V.; hat⟩: *auf etw., jmdn. Bestimmtes setzen.*

da|r|auf|stel|len: *auf etw., jmdn. Bestimmtes stellen.*

da|r|aus [mit besonderem Nachdruck: ˈdaː...] ⟨Adv.⟩ [mhd. dār ūʒ, ahd. dā(r) ūʒ]: **1.** *aus diesem Raum, Behältnis, Gefäß o. Ä. [heraus]:* sie ging zum Brunnen und schöpfte d.; das ist mein Glas, wer hat d. getrunken? **2. a)** *aus dieser Sache, Angelegenheit, diesem Vorgang o. Ä.:* wir sollten d. Konsequenzen ziehen; d. ist zu ersehen, dass Vorsicht am Platze ist; sie hat ihm nie einen Vorwurf d. gemacht; sie wollten verreisen, aber es wird wohl nichts d.; **b)** *aus diesem Stoff, aus dieser Materie o. Ä.:* sie kauft den Stoff und näht sich ein Kleid d.; d. wird Öl gewonnen; **c)** *aus dieser Quelle, Unterlage, aus diesem Werk:* sie nahm das Buch und las d. vor; d. hat er schon häufiger zitiert.

dar|ben ⟨sw. V.; hat⟩ [mhd. darben, ahd. darbēn, ablautende Form zu ↑dürfen in dessen alter Bed. »nötig haben«] (geh.): *Mangel an etw. haben [u. daher Not, Hunger leiden]:* sie haben zeitlebens [gehungert und] gedarbt; das Volk darbte.

dar|bie|ten ⟨st. V.; hat⟩ [mhd. darbieten, ahd. tharabiatan] (geh.): **1. a)** *in einer Aufführung, Vorführung zeigen:* Folklore, [Volks]tänze d.; alles, was das Ensemble darbot, hatte Niveau; **b)** *vortragen, zu Gehör bringen:* es wurden Gedichte dargeboten. **2.** ⟨d. + sich⟩ **a)** *sich zeigen, sich darstellen; sichtbar, erkennbar werden:* eine herrliche Aussicht bot sich uns dar; völlig nackt bot er sich den Blicken dar; ...ein Anblick von unvergesslicher Widerlichkeit bot sich dem Knaben dar (Th. Mann, Krull 38); **b)** *sich anbieten, ergeben; deutlich, offenbar werden:* sie ergriff die nächste Gelegenheit, die sich ihr darbot; Münsterer schwankte immerhin, als jene neue Laufbahn sich ihm darbot (Doderer, Wasserfälle 113). **3.** *reichen, anbieten, geben:* den Gästen wurden erfrischende Getränke dargeboten; Ü er schlug die [ihm] dargebotene Hand *(das Angebot zur Versöhnung)* aus.

Dar|bie|tung, die; -, -en: **1.** ⟨o. Pl.⟩ (geh.) **a)** *das Darbieten* (1 a): er sieht seine Hauptaufgabe in der D. moderner Stücke; **b)** *das Darbieten* (1 b): die D. des Lehrstoffes könnte anschaulicher sein. **2.** *etw. Aufgeführtes, Vorgetragenes; Vorführung:* artistische, musikalische -en.

Dar|bie|tungs|kunst, die: *Fähigkeit, etw. in eindrucksvoller, überzeugender Weise darzubieten.*

dar|brin|gen ⟨unr. V.; hat⟩ [mhd. darbringen, ahd. tharabringan] (geh.): **1.** *hingeben, schenken, opfern:* den Göttern Opfer d. **2.** *entgegenbringen, zuteilwerden lassen:* dem Jubilar wurden Glückwünsche d.

Dar|brin|gung, die; -, -en: *das Darbringen.*

Dar|da|nel|len ⟨Pl.⟩: Meerenge zwischen Ägäis u. Marmarameer.

da|r|ein [mit besonderem Nachdruck: ˈdaː...] ⟨Adv.⟩ [mhd. dā(r) īn, ahd. dār(a) īn] (geh. veraltend): **1.** *in dieses, in diese Sache hinein:* sie nahm das Papier und wickelte das Buch d. **2.** *in diese Angelegenheit, Lage, Situation o. Ä.:* er hat sich d. ergeben.

da|r|ein|fin|den, sich ⟨st. V.; hat⟩ (geh.): *sich damit abfinden, sich darauf einstellen:* sie muss sich nach dem Tod ihres Mannes erst langsam d., nun alles allein zu entscheiden.

da|r|ein|mi|schen, sich ⟨sw. V.; hat⟩ (geh.): *sich in diese Sache, Angelegenheit einmischen, ohne Aufforderung an dieser Sache teilnehmen.*

da|r|ein|re|den ⟨sw. V.; hat⟩ (geh. veraltend): *sich in jmds. Angelegenheiten, in ein Gespräch einmischen u. jmdm. seine eigene Meinung aufdrängen:* das ist seine Sache, und niemand hat ihm dareinzureden; du kannst nicht immer d., wenn sie sich unterhalten.

da|r|ein|set|zen ⟨sw. V.; hat⟩ (geh.): *aufbieten, einsetzen, mobilisieren:* er setzte seinen Ehrgeiz darein, als Erster fertig zu sein.

Daressalam – darstellen

Da|res|sa|lam: frühere Hauptstadt von Tansania.
darf: ↑ dürfen.
da|r|in [mit besonderem Nachdruck: 'da:...] ⟨Adv.⟩ [mhd. dā(r) in, ahd. dār in]: **1.** *in dieser Sache, in diesem Raum, diesem Gefäß o. Ä.:* ein Zimmer mit einem Schrank d.; wie viele Menschen wohnen d.?; ich habe d. nichts gefunden; wenn man das Pulver in diese Flüssigkeit schüttet, löst es sich d. auf; er holte ein Kästchen und entnahm ihm einige der d. enthaltenen Briefe. **2.** *in dieser Sache, in dieser Beziehung; hinsichtlich dieser [Tat]sache, Angelegenheit:* d. war es ihm überlegen; d. stimme ich mit Ihnen überein; d. liegt ein Widerspruch. vgl. drin.
da|r|in|nen [mit besonderem Nachdruck: 'da:...] ⟨Adv.⟩ [mhd. dārinnen] (geh.): ↑ darin (1).
Dar|jee|ling [daːɐ̯ˈdʒiːlɪŋ], der; -[s], -s [nach dem gleichnamigen Ort im ind. Staat Westbengalen]: *bes. aromatischer indischer Tee.*
dar|le|gen ⟨sw. V.; hat⟩ [mhd. dar legen = (offen) irgendwohin legen]: *ausführlich erläutern, erklären; in aller Deutlichkeit ausführen:* etw. schriftlich d.; sie hat ihm ihre Gründe dargelegt; er versuchte, vor der Kommission darzulegen, wie sich alles zugetragen hatte.
Dar|le|gung, die; -, -en [mhd. darlegunge]: **1.** *das Darlegen:* er unterbrach sie öfter bei der D. des Sachverhalts. **2.** *das Dargelegte:* ihre eingehenden -en wurden beachtet.
Dar|le|hen, Darlehn, das; -s, - [zu älter: darleihen = leihweise überlassen]: *bestimmtes Kapital (meist in Form von Geld), das jmdm. für eine bestimmte Zeit zur Nutzung überlassen wird:* ein D. aufnehmen; jmdm. ein [zinsloses] D. gewähren.
Dar|le|hens|ge|ber, der (Bankw.): *Geldinstitut od. Privatperson, die jmdm. ein Darlehen gewährt.*
Dar|le|hens|ge|be|rin, die: w. Form zu ↑ Darlehensgeber.
Dar|le|hens|neh|mer, der; -s, - (Bankw.): *jmd., der bei einem Geldinstitut od. einer Privatperson ein Darlehen aufnimmt.*
Dar|le|hens|neh|me|rin, die; -, -nen: w. Form zu ↑ Darlehensnehmer.
Dar|le|hens|sum|me, Darlehnssumme, die: *als Darlehen gewährte Summe.*
Dar|le|hens|ver|trag, Darlehnsvertrag, der: *Vertrag über die Gewährung eines Darlehens.*
Dar|le|hens|zins, Darlehnszins, der; -es, -en: **1.** ⟨o. Pl.⟩ *für ein Darlehen zu zahlender Zins:* der D. beträgt 6 %. **2.** ⟨Pl.⟩ *für ein Darlehen zu zahlende Zinsen:* -en zahlen.
Dar|lehn usw.: ↑ Darlehen usw.
dar|lei|hen ⟨st. V.; hat⟩ (veraltend): *als Darlehen geben.*
Dar|ling ['daːɐ̯lɪŋ, engl.: 'daːlɪŋ], der; -s, -s [engl. darling < aengl. déorling; zum 1. Bestandteil vgl. engl. dear = lieb, geliebt]: *Liebling* (meist als leicht scherzh. Anrede).
Darm, der; -[e]s, Därme [mhd. darm, ahd. dar(a)m, urspr. = Loch od. der Gedrehte (nach der Verwendung zum Binden od. Verschnüren)]: **1.** *schlauchförmiger Teil des Verdauungsapparates (beim Menschen u. bei Wirbeltieren zwischen Magen u. After):* den D. entleeren; sie hat sich im Urlaub eine Erkrankung des -s zugezogen; Rhabarber schlägt auf den D. *(wirkt sich so aus, dass man abführen muss, dass man Durchfall bekommt);* jede Aufregung schlägt ihm auf den D. *(verursacht Darmbeschwerden, ruft Durchfall hervor);* die Körpertemperatur im D. *(rektal)* messen; * **einen kurzen D. haben** (ugs. scherzh.; *etwas, was man gerade gelesen oder gehört hat, nicht nach kurzer Zeit nicht richtig geistig verarbeitet hat, weitererzählen);* **sich** ⟨Dativ⟩ **in den D. schneiden/stechen** (salopp scherzh.; *eine Blähung abgehen lassen).* **2.** *bearbeiteter, vorwiegend bei der Wurstherstellung verwendeter Darm (1) von Schlachttieren:* die Geigensaiten sind aus D.; Wurst im [künstlichen] D.
Darm|ab|schnitt, der: *Teil des Darms:* der obere, mittlere D.
Darm|aus|gang, der: *letzter Abschnitt des Mastdarms.*
Darm|bak|te|rie, die ⟨meist Pl.⟩: *im Darm lebende Bakterie.*
Darm|be|reich, der ⟨o. Pl.⟩: *Bereich (a) des Darms in seiner Gesamtheit.*
Darm|blu|tung, die (Med.): *vom Darm ausgehende Blutung.*
Darm|bruch, der (Med.): *Durchbruch (Riss od. Loch) durch die Darmwand.*
Darm|ent|lee|rung, die: *Entleerung des Darms (durch Ausscheiden von Kot).*
Darm|ent|zün|dung, die: *entzündliche Erkrankung des Darms, bes. des Dünndarms.*
Darm|er|kran|kung, die: *Erkrankung des Darms.*
Darm|flo|ra, die ⟨Pl. selten⟩ (Med.): *Gesamtheit der im Darm (1) von Menschen u. Tieren lebenden Bakterien u. Pilze.*
Darm|ge|schwür, das: *Geschwür im Bereich des Darms (1), meist als Folge entzündlicher Darmerkrankungen.*
Darm|in|fek|ti|on, die: *Infektion (1) im Darmbereich.*
Darm|in|halt, der: *Inhalt des Darms.*
Darm|ka|tarrh, der (Med.): *(mit einer Darmentzündung verbundene) Diarrhö.*
Darm|ko|lik, die: *Kolik im Darmbereich.*
Darm|krank|heit, die: *Erkrankung des Darms.*
Darm|krebs, der: *Krebs am Darm.*
Darm|pa|ra|sit, der: *im Darm (1) von Mensch u. Tier schmarotzender Parasit.*
Darm|riss, der (Med.): *Riss in der Darmwand.*
Darm|saft, der (Med.): *von der Darmschleimhaut abgesonderte, vorwiegend der Verdauung dienende Flüssigkeit.*
Darm|sai|te, die: *aus Darm (2) hergestellte Saite für Zupf- u. Streichinstrumente, Tennisschläger u. a.*
Darm|schleim|haut, die: *die innere Wandschicht des Darms bildende Schleimhaut.*
Darm|schlin|ge, die: *in einer Windung verlaufendes Stück des Darms.*
Darm|spie|ge|lung, die (Med.): *Untersuchung des Darms mithilfe eines durch den After eingeführten Endoskops.*
Darm|spü|lung, die (Med.): *der Entleerung od. Reinigung des unteren Darms dienende Spülung des Darms durch Einbringen von Flüssigkeit durch den After.*
Darm|stadt: Stadt in Hessen.
¹Darm|städ|ter, der; -s, -: Ew.
²Darm|städ|ter (indekl. Adj.): die D. Mathildenhöhe.
Darm|städ|te|rin, die; -, -nen: w. Form zu ↑ ¹Darmstädter.
darm|städ|tisch ⟨Adj.⟩: ein -es Erzeugnis.
Darm|tä|tig|keit, die ⟨Pl. selten⟩: *Gesamtheit der durch den Darm (1) von vorn nach hinten verlaufenden, wellenförmigen Muskelkontraktionen, die den Inhalt des Darms befördern.*
Darm|träg|heit, die: *zu Verstopfung führende mangelhafte Darmtätigkeit; Obstipation.*
Darm|trakt, der: *Strang des Darms (1) in seiner Gesamtlänge.*
Darm|ver|schlin|gung, die: *gefährliche Erscheinung im Darmbereich, bei der sich eine Darmschlinge um ihre Achse dreht.*
Darm|ver|schluss, der (Med.): *durch verschiedene Ursachen (z. B. durch Darmverschlingung) hervorgerufener Verschluss in einem Teil des Darms; Ileus.*
Darm|wand, die: *aus Haut u. Muskelschichten aufgebautes Gewebe, aus dem der Darm (1) besteht.*
Darm|wind, der: *aus dem After entweichende Blähung; Flatus:* einen D. entweichen lassen.
dar|nach: ↑ danach.
dar|ne|ben: ↑ daneben.
dar|nie|der|lie|gen: ↑ daniederliegen.
da|r|ob [mit besonderem Nachdruck: 'da:...] ⟨Adv.⟩ [mhd. dār obe, ahd. dār oba] (veraltet, noch altertümelnd od. scherzh.): *deswegen:* man hatte ihn ausgelacht, und er war d. erbost.
Dar|re, die; -, -n [mhd. darre, ahd. darra, zu ↑ dürr]: **a)** *Vorrichtung, Anlage zum Trocknen od. leichten Rösten von Malz, Getreide, Obst, Gemüse, Hanf, Torf u. a.;* **b)** *das Darren.*
dar|rei|chen ⟨sw. V.; hat⟩ (geh.): **a)** *anbietend hinhalten, hinreichen:* man reichte ihm einen Becher Wein dar; Ü er wies die dargereichte Hand *(Angebot zur Versöhnung)* zurück; Ich setzte mich nochmals, aber verzichtete auf das dargereichte Brot (Muschg, Gegenzauber 397); **b)** *als Geschenk geben, überreichen:* den Gästen wurden zum Abschied Gaben dargereicht.
Dar|rei|chung, die; -, -en (geh.): *das Darreichen.*
Dar|rei|chungs|form, die: *(bes. von Medikamenten) äußere Form, in der etw. verabreicht wird.*
dar|ren ⟨sw. V.; hat⟩ [mhd. darren, ahd. darran, zu ↑ Darre]: *in einer Darre (a) trocknen od. leicht rösten:* Hanf d.
dar|stell|bar ⟨Adj.⟩: *sich darstellen lassend:* der Stoff ist auf der Bühne nicht, kaum d.; die Funktion ist auch grafisch leicht d.
dar|stel|len ⟨sw. V.; hat⟩ [urspr. = offen aufstellen]: **1.** *in einem Bild, einer Nachbildung o. Ä. wiedergeben, als Abbild gestalten; abbilden:* etw. grafisch d.; der Künstler hat ihn als Clown dargestellt; die Städte sind auf der Karte als rote Punkte dargestellt *(eingezeichnet, wiedergegeben);* kannst du mir sagen, wen/was dieses Bild darstellt *(zeigt, wiedergibt)?;* die darstellende *(sich mit den Abbildungen des dreidimensionalen Raumes in einer Ebene befassende)* Geometrie. **2.** *in einer Bühnenrolle verkörpern; (eine bestimmte Rolle) auf der Bühne gestalten, spielen:* den Othello, einen historischen Stoff auf der Bühne d.; ein darstellender Künstler *(Schauspieler, Tänzer);* die darstellende Kunst *(Schauspiel- u. Tanzkunst);* * **etwas/nichts d.** *(gut/schlecht wirken; großen/keinen Eindruck machen:* du musst das Geschenk hübsch verpacken, damit es auch etwas darstellt; in diesem alten Anzug stellt er nichts dar). **3.** *in Worten deutlich machen, ein Bild von etw. entwerfen; beschreiben, schildern:* Argumente klar, überzeugend d.; den Hergang des Geschehens ausführlich d.; er hat die Sache so dargestellt, als sei er unschuldig. **4.** *die Bedeutung, den Wert, das Gewicht o. Ä. einer Sache haben; gleichzusetzen sein mit; sein, bedeuten:* dieser Sieg stellt den Höhepunkt in seiner Laufbahn dar; die zusätzliche Arbeit stellt eine große Belastung für uns dar. **5.** ⟨d. + sich⟩ **a)** *sich als etw. Bestimmtes zeigen, erweisen, in bestimmter Weise, Eigenart erscheinen:* die Sache stellt sich schwieriger dar als erwartet; er hat sich als hervorragender Kenner der Geschichte dargestellt; **b)** *sich durch entsprechendes Auftreten bemühen, anderen gegenüber die eigene Persönlichkeit als bedeutsam o. Ä. herauszustellen:* er hat den Hang, sich darzustellen; Repräsentieren, für viele stehen, indem man sich darstellt, der erhöhte und zuchtvolle Ausdruck einer Menge sein ... (Th. Mann, Hoheit 60); ♦ **c)** *sich stellen* (9 c): Ich habe mich dargestellt zum ritterlichen Kampf (Schiller, Jungfrau I, 5). **6.** (geh.) *etw., sich jmdm., einer Sache zeigen, zum Anblick o. Ä. darbieten:* sich jmdm., jmds. Blicken d. **7.** (Chemie) *gewinnen, herstellen:* einen Stoff auf syn-

thetischem Weg d.; er versuchte, das Vitamin rein darzustellen.

Dar|stel|ler, der; -s, -: *jmd., der auf der Bühne eine bestimmte Rolle verkörpert; Schauspieler:* der D. des Hamlet wurde besonders gelobt.

Dar|stel|le|rin, die; -, -nen: w. Form zu ↑Darsteller.

dar|stel|le|risch ⟨Adj.⟩: *die Schauspielkunst, die Verkörperung einer Rolle betreffend; schauspielerisch:* ihre -en Fähigkeiten; die Aufführung ließ d. einiges zu wünschen übrig.

Dar|stel|lung, die; -, -en: **1. a)** *das Darstellen* (1): das Problem der D. der dritten Dimension; zur D. bringen *(darstellen);* zur D. kommen/gelangen *(dargestellt werden);* **b)** *etw. Dargestelltes:* eine grafische, schematische D.; die Mappe enthält nur -en der Landschaft seiner Heimat. **2.** *Gestaltung einer Rolle auf der Bühne, Verkörperung einer Bühnenfigur:* seine D. des Mephisto war sehr eindrucksvoll. **3. a)** *das Darstellen* (3), *Beschreiben, Schildern:* eine erschöpfende D.; er unterbrach sie einige Male während ihrer D. des Vorgangs; er fuhr in seiner wortreichen D. fort; **b)** *etw. in beschreibenden, schildernden Worten Dargestelltes:* geschichtliche -en; eine wissenschaftliche D. **4.** (Chemie) *Gewinnung, Herstellung:* ihm war die D. dieses Stoffes als Erstem gelungen.

Dar|stel|lungs|form, die: *Form der Darstellung.*

Dar|stel|lungs|kunst, die: *künstlerische Fähigkeit, etw. darzustellen, zu gestalten.*

Dar|stel|lungs|mit|tel, das: *Mittel der Darstellung:* für diese Rolle reichen seine D. nicht aus; die leuchtenden Farben sind das wichtigste D. dieses Malers.

Dar|stel|lungs|ob|jekt, das: *etw., was als Vorlage, Thema o. Ä. einer künstlerischen Arbeit dient:* zu den bevorzugten -en dieses Bildhauers gehörten Tiere.

Dar|stel|lungs|stil, der: *Stil, Art der Darstellung:* ihr D. hat sich in den letzten Jahren geändert.

Dar|stel|lungs|wei|se, die: *Art u. Weise, in der etw. [künstlerisch] dargestellt wird.*

Dart|pfeil ['daːɐ̯t...], der: *kleiner Pfeil, mit dem beim Dartspiel auf eine Scheibe geworfen wird.*

Darts [daːɐ̯ts], das; - [engl. darts, eigtl. Pl. von: dart = (Wurf)pfeil]: *Spiel, bei dem mit kleinen Pfeilen auf eine Scheibe geworfen wird.*

Dart|schei|be ['daːɐ̯t...], die; -, -n: *in unterschiedlich große Felder aufgeteilte runde Scheibe des Dartspiels.*

Dart|spiel ['daːɐ̯t...], das: **a)** *Darts;* **b)** *eine Partie Darts.*

dar|tun ⟨unr. V.; hat⟩ (geh.): **a)** *deutlich zum Ausdruck bringen, erklärend ausführen:* seine Gründe d.; er hat zur Genüge dargetan, wie es zu dieser Auseinandersetzung gekommen ist; **b)** *erkennen lassen, deutlich machen:* sein Verhalten tut dar, dass er nichts begriffen hat; das halbe Jahr hat zur Genüge dargetan, wie berechtigt die Kritik gewesen ist.

dar|ü|ber [mit besonderem Nachdruck: 'daː...] ⟨Adv.⟩ [mhd. dār ūber, ahd. dār(a) ubari, dār(a) ubiri]: **1. a)** *über dieser Stelle, diesem Ort; über diesem Gegenstand:* an der Wand stand ein Sofa, d. hing ein Spiegel; das Zimmer d. ist Wohnzimmer; sie trug ein Seidenkleid und d. einen leichten Mantel; **b)** *über diese Stelle, diesen Ort, über diesen Gegenstand:* sie packte Wäsche in den Koffer, d. legte sie die Anzüge; **c)** *über diese Stelle, diesen Ort, über diesen Gegenstand hinweg:* die Mauer war zu hoch, man konnte nicht d. sehen; ** d. hinaus (außerdem, überdies:* es gibt d. hinaus nicht viel Neues zu berichten). **2. a)** *über diese Sache, Angelegenheit o. Ä.:* die Aufgaben sind schwer, sie denkt immer noch d. nach; **b)** *über diese Sache, Angelegenheit; was diese Sache, Angelegenheit*

o. Ä. betrifft: d. müssen wir noch sprechen; er war sehr ungehalten d.; d. kann kein Zweifel bestehen; du brauchst dir keine Sorgen d. zu machen; das täuscht nicht d. hinweg, dass...; d. wollen wir noch einmal hinwegsehen; es war eine Beleidigung, aber sie war, zeigte sich d. erhaben. **3.** *über dieses Maß, diese Grenze o. Ä. hinaus:* das Alter liegt bei dreißig Jahren und d.; der Preis beträgt fünfzig Euro oder etwas d.; es ist schon zehn Minuten d. *(später).* **4. a)** *währenddessen, dabei:* die Sitzung hatte lange gedauert, es war d. Abend geworden; sie hatte gelesen und war d. eingeschlafen; **b)** *dabei u. aus diesem Grund:* die Kinder waren so eifrig bei ihrem Spiel, dass sie d. vergaßen, rechtzeitig nach Hause zu gehen.

dar|ü|ber|brei|ten ⟨sw. V.; hat⟩: *über jmdn., etw. ausbreiten:* breite doch eine Plane darüber.

dar|ü|ber|fah|ren ⟨st. V.; hat/ist⟩: *über diesen Gegenstand streichen:* da noch etwas Staub auf dem Tisch lag, fuhr sie rasch mit der Hand, mit einem Tuch darüber.

dar|ü|ber|hi|n|aus|ge|hend, dar|ü|ber|hi|n|aus|ge|hend ⟨Adj.⟩: *weiter gehend:* darüber hinausgehende Informationen.

dar|ü|ber|le|gen ⟨sw. V.; hat⟩: *über jmdn., etw. legen.*

dar|ü|ber|lie|gen ⟨st. V.; hat; südd., österr., schweiz. auch: ist⟩: *über diesem Maß, Niveau, dieser Grenze o. Ä. liegen, diese Sache wertzahlenmäßig o. Ä. übertreffen:* der Kostenvoranschlag ist annehmbar, die Konkurrenz wird mit ihrem Angebot sicher d.

dar|ü|ber|ma|chen, sich ⟨sw. V.; hat⟩ (ugs.): *in Angriff nehmen, beginnen:* die Sache eilt, mach dich bitte gleich darüber!; das Essen stand kaum auf dem Tisch, da machten sie sich schon darüber *(griffen sie ordentlich zu).*

dar|ü|ber|schrei|ben ⟨st. V.; hat⟩: *über diesen Text, diesen Abschnitt o. Ä. schreiben:* er strich die Zeile durch und schrieb einen anderen Satz darüber.

dar|ü|ber|ste|hen ⟨unr. V.; hat; südd., österr., schweiz. auch: ist⟩: *(dieser Person od. Sache) überlegen sein, darüber erhaben sein:* diese kleinlichen Vorwürfe stören ihn nicht, er steht darüber.

dar|ü|ber|stei|gen ⟨st. V.; ist⟩: *über jmdn., etw. steigen:* in dem Zimmer standen viele Kartons, wir mussten d.

dar|um [mit bes. Nachdruck: 'daːrʊm] ⟨Adv.⟩ [mhd. dā(r)-rumbe, ahd. dār umbi]: **1.** *um diese Stelle, diesen Ort, um diesen Gegenstand herum:* sie stellte den Strauß in die Mitte und baute d. die Geschenke auf; ein Häuschen mit einem Garten d. [herum]. **2.** *um diese Sache, Angelegenheit o. Ä.; hinsichtlich dieser Sache, Angelegenheit o. Ä.:* die Geschichte ist noch nicht d. herumkommen, es zu tun; d. ist es mir nicht zu tun *(das ist es nicht, worauf es mir ankommt, das bedeutet mir nichts);* es geht mir d. *(mein Anliegen ist es),* eine Einigung zu erzielen. **3.** [nur: 'daː...] *aus diesem Grunde, deswegen, deshalb:* das Auto hatte einige Mängel, d. hat er es nicht gekauft; der Text ist groß gedruckt und d. gut lesbar; er hat es nicht getan, weil ...; er ist zwar klein, aber d. *(trotzdem)* nicht schwach; (ugs. als nichtssagende Antwort [eines Kindes] aus Trotz, Verärgerung o. Ä.:) »Warum tust du das?« — »Darum!«.

dar|um|bin|den ⟨st. V.; hat⟩: *um diese Sache, diesen Gegenstand, um diese Stelle binden:* das Geschenk ist verpackt, ich werde noch eine Schleife d.

dar|um|kom|men ⟨st. V.; ist⟩: *um diese Sache gebracht werden, ihrer verlustig gehen, sie verpassen:* es war eigentlich sein Erbteil, doch weil

er sich nicht um die Angelegenheit gekümmert hat, ist er darumgekommen.

dar|um|le|gen ⟨sw. V.; hat⟩: *um diese Sache, diesen Gegenstand, um diese Stelle legen:* wir müssen einen Verband d.

dar|um|ste|hen ⟨unr. V.; hat; südd., österr., schweiz. auch: ist⟩: *um diese Sache, diesen Gegenstand, um diese Stelle herumstehen:* er sah von Weitem die Unglücksstelle und die Menge, die darumstand.

dar|un|ter [mit besonderem Nachdruck: 'daː...] ⟨Adv.⟩ [mhd. dār under, ahd. dār undere]: **1. a)** *unter dieser Stelle, diesem Ort, unter diesem Gegenstand:* wir wohnen im 2. Stock und er genau d.; er trug nur einen Morgenmantel und nichts d.; **b)** *unter diese Stelle, diesen Ort, unter diesen Gegenstand:* sie hoben die Platte an und stellten die Klötze d. auf. **2. a)** *unter dieser Sache, Angelegenheit o. Ä.:* was hat man d. zu verstehen?; sie hat sehr d. gelitten; **b)** (selten) *unter diese Sache:* das ist kein gutes Motto, d. können wir die Tagung nicht stellen. **3.** *unter diesem Maß, dieser Grenze o. Ä.:* dreißig Grad oder etwas d.; höchstens zwei Meter, eher etwas d.; d. *(unter diesem Preis)* kann ich die Vase nicht verkaufen; d. tut er es nicht (ugs.; *mit weniger gibt er sich nicht zufrieden).* **4. a)** *in dieser Menge, dazwischen:* sie kaufte Äpfel und merkte zu spät, dass einige angefaulte d. waren; in vielen Ländern, auch der Schweiz/d. der Schweiz, ist diese Entwicklung zu beobachten; **b)** *unter diese Menge, in diese Gruppe, Kategorie:* es wurden mehrere Bilder ausgezeichnet, d. gehörten auch einige von bisher unbekannten Malern.

dar|un|ter|blei|ben ⟨st. V.; ist⟩: *unter diesem Maß, Niveau, dieser Grenze o. Ä. bleiben:* der Etat wurde nicht überschritten, die Ausgaben blieben sogar darunter.

dar|un|ter|fal|len ⟨st. V.; ist⟩: *zu dieser Gruppe, Kategorie o. Ä. gehören, gerechnet werden; von dieser Sache betroffen werden:* die Männer dieser Jahrgänge wurden eingezogen, aber er fiel zum Glück nicht darunter; die Vorschriften wurden geändert, diese Angelegenheit fällt jetzt nicht mehr darunter.

dar|un|ter|ge|hen ⟨unr. V.; ist⟩: **1.** (ugs.) *unter diese Sache, diesen Gegenstand o. Ä. passen:* der Schirm ist groß genug, wir gehen beide darunter. **2.** *unter dieses Maß, Niveau, diesen Wert o. Ä. gehen, diese Grenze unterschreiten:* dieser Preis ist schon sehr niedrig, wir können unmöglich noch d.

dar|un|ter|he|ben ⟨st. V.; hat⟩ (Kochkunst): *darunterziehen* (2): den Eischnee d.

dar|un|ter|le|gen ⟨sw. V.; hat⟩: *unter eine Sache, einen Gegenstand legen:* leg doch eine Decke darunter.

dar|un|ter|lie|gen ⟨st. V.; hat; südd., österr., schweiz. auch: ist⟩: *unter diesem Maß, Wert, Niveau, dieser Grenze o. Ä. liegen, sein:* diese Klasse ist gut, die Parallelklasse liegt mit ihren Leistungen/die Leistungen der Parallelklasse liegen darunter.

dar|un|ter|mi|schen ⟨sw. V.; hat⟩: **1.** *unter diese Masse, diesen Stoff o. Ä. mischen, mengen:* du musst noch etwas Mehl d. **2.** (d. + sich) *sich unter diese Gruppe, Menge o. Ä. mischen, begeben:* die Menschenmenge wuchs, unauffällig hatten sich Kriminalbeamte daruntergemischt.

dar|un|ter|schrei|ben ⟨st. V.; hat⟩: *unter diesen Text, diesen Abschnitt o. Ä. schreiben:* sie las die Aufgabe durch und schrieb die Note darunter.

dar|un|ter|set|zen ⟨sw. V.; hat⟩: *unter diesen Schriftstück o. Ä. setzen, schreiben:* er las das Protokoll durch und setzte seine Unterschrift darunter.

dar|un|ter|zie|hen ⟨unr. V.; hat⟩: **1.** *unter dieses*

Kleidungsstück ziehen; etw. anziehen, was man dann unter einem anderen Kleidungsstück trägt: die Jacke ist nicht warm genug, du musst einen Pullover d. **2.** (Kochkunst) *vorsichtig unter diese Masse, diesen Teig mengen:* ist der Teig angerührt, wird der Eischnee mit dem Schneebesen daruntergezogen.

◆ **dar|wei|sen** ⟨st. V.; hat⟩: *zeigen, darbieten; eröffnen* (5 a): *... ein Brief..., der sehr schöne Aussichten in die Ferne darwies* (Goethe, Wahlverwandtschaften I, 14).

Dar|wi|nis|mus, der; - [nach dem englischen Naturforscher Charles Darwin (1809–1882)]: *Lehre von der stammesgeschichtlichen Entwicklung der Lebewesen durch Auslese.*

Dar|wi|nist, der; -en, -en: *Anhänger des Darwinismus.*

Dar|wi|nis|tin, die; -, -nen: w. Form zu ↑ Darwinist.

dar|wi|nis|tisch ⟨Adj.⟩: *den Darwinismus betreffend, auf ihm beruhend, für ihn charakteristisch.*

◆ **dar|zei|gen** ⟨sw. V.; hat⟩: *auf-, vorzeigen, darstellen:* Du zeigst mir nur die eine Seite dar (Goethe, Die natürliche Tochter II, 1).

◆ **dar|zu:** ↑ dazu: Jeder hat fünf Paar Pistolen geladen, jeder noch drei Kugelbüchsen d. (Schiller, Räuber II, 3).

das: ⟨Nom. u. Akk. von das; ↑ ¹,²,³der⟩.

Da|sein, das; -s, -e: **1.** ⟨o. Pl.⟩ (geh.) *das Vorhandensein, Bestehen, Existieren:* das D. Gottes; Verwandte, von deren D. er bis dahin nichts gewusst hatte. **2.** ⟨Pl. selten⟩ (geh.) *menschliches Leben, bes. im Hinblick auf seine Bedingungen; menschliche Existenz:* ein trauriges, menschenwürdiges D. führen; sich das D. erleichtern; sein D. fristen; der tägliche Kampf ums D. **3.** ⟨o. Pl.⟩ (selten) *das Anwesendsein:* sein bloßes D. beruhigte sie. **4.** ⟨o. Pl.⟩ (Philos.) *bloß empirisches Vorhandensein einer Sache od. eines Menschen.*

Da|seins|angst, die (geh.): *Existenzangst.*

Da|seins|be|rech|ti|gung, die (geh.): *Berechtigung zu existieren; etw. findet in/durch etw. seine D.; einer Sache die D. absprechen;* diese Institution hat nach wie vor ihre D.

Da|seins|form, die (geh.): *Form der Existenz, des Lebens.*

Da|seins|freu|de, die (geh.): *Lebensfreude.*

Da|seins|kampf, der (geh.): *Existenzkampf.*

da|seins|mä|ßig ⟨Adj.⟩ (geh.): *existenziell.*

Da|seins|vor|sor|ge, die (geh.): *Vorsorge zur Absicherung des Daseins* (2), *der Existenz.*

Da|seins|wei|se, die (geh.): *Art u. Weise der Existenz, des Lebens.*

Da|seins|zweck, der (geh.): *Lebenszweck.*

da|selbst ⟨Adv.⟩ [mhd. dā selb(e)st, dā selbes] (geh. veraltend): *an dieser Stelle, an diesem Ort, da, dort:* geboren 1848 in Mainz, gestorben d. 1905.

Dash [dɛʃ], der; -s, -s [engl. dash, zu: to dash = spritzen, schütten]: *Spritzer, kleine Menge* (bei der Bereitung eines Cocktails).

¹da|sig ⟨Adj.⟩ [zu ↑ ¹da] (österr. mundartl., sonst veraltet): *hiesig;* ◆ *... die -e Press- und Handelsfreiheit* (Jean Paul, Siebenkäs 15).

da|sit|zen ⟨unr. V.; hat; südd., österr., schweiz. auch: ist⟩: *(vor jmds. Augen) an einer Stelle, einem Ort sitzen:* traurig, gelangweilt, wie gelähmt d.; er saß da und hatte den Kopf in die Hände gestützt; Ü wie sitzt er denn jetzt vor ihnen da! (*jetzt bin ich [vor ihnen] blamiert*); das ist eine einzig dastehende (*einzigartige*) Leistung.

DAT, das; -[s]: Kurzf. von ↑ DAT-System.

dat. = datum.

Dat. = Dativ.

Da|ta-High|way, Da|ta|high|way [ˈdeɪtəhaɪweɪ], der; -s, -s [zu engl. data (↑ Daten) u. highway; Highway]: *Datenhighway.*

Da|ta-Mi|ning, Da|ta|mi|ning [ˈdeɪtəmaɪnɪŋ], das; -s, -s ⟨Pl. selten⟩ [engl. data mining, aus data (↑ Daten) u. mining, zu to mine = graben; abbauen, fördern, vgl. ¹Mine] (EDV): *[halb]automatische Auswertung großer Datenmengen zur Bestimmung bestimmter Regelmäßigkeiten, Gesetzmäßigkeiten u. verborgener Zusammenhänge.*

Date [deɪt], das; -s, -s [engl. date, eigtl. = Datum, Zeitpunkt < afrz. date < mlat. data (littera) = ausgefertigtes (Schreiben), zu lat. datum, ↑ datum] (bes. Jugendspr.): **1.** *Verabredung, Treffen:* ich habe heute Abend ein D. mit ihm. **2.** *jmd., mit dem man ein Date* (1) *hat.*

Da|tei, die; -, -en [geb. nach ↑ Kartei]: *nach zweckmäßigen Kriterien geordneter, zur Aufbewahrung geeigneter Bestand an sachlich zusammengehörenden Belegen od. anderen Dokumenten, bes. in der Datenverarbeitung:* eine [elektronische] D. anlegen, erstellen; die Kunden der Firma sind in einer D. gespeichert.

Da|tei|an|hang, der: *od. mehrere Dateien, die einer E-Mail als Anhang beigefügt werden.*

Da|tei|for|mat, das (EDV): *festgelegte Anordnung, zugrunde liegende Struktur, nach der in einer Datei enthaltenen Daten abgespeichert sind.*

Da|tei|na|me, der: *Name einer Datei.*

Da|ten ⟨Pl.⟩: **1.** Pl. von ↑ Datum. **2.** [nach engl. data, Pl. von: datum < lat. datum, ↑ datum] *(durch Beobachtungen, Messungen, statistische Erhebungen u. a. gewonnene) [Zahlen]werte, (auf Beobachtungen, Messungen, statistischen Erhebungen u. a. beruhende) Angaben, formulierbare Befunde:* die technischen D. eines Geräts; D. sammeln, gewinnen, weiterleiten; geben Sie bitte Ihre D. durch. **3.** (EDV) *elektronisch gespeicherte Zeichen, Angaben, Informationen:* ich schicke dir die D. per E-Mail. **4.** (Math.) *zur Lösung od. Durchrechnung einer Aufgabe vorgegebene Zahlenwerte, Größen:* die D. in den Rechner eingeben.

Da|ten|au|to|bahn, die; -, -en [nach engl.-amerik. information highway, aus: information = Information(en), verarbeitete Daten u. highway = Fernstraße] (EDV): *Einrichtung zur schnellen Übertragung großer Datenmengen (z. B. zur Anwendung von Multimedia).*

Da|ten|bank, die ⟨Pl. -en⟩: *elektronisches System, in dem große Bestände an Daten* (2, 3) *zentral gespeichert sind:* Schon gibt es die D. Schon nummeriert und für die Menschheit, jederzeit abrufbar (Grass, Butt 501).

da|ten|bank|ge|stützt ⟨Adj.⟩: *unter Einbeziehung einer Datenbank erfolgend.*

Da|ten|be|stand, der: *Bestand an Daten* (2, 3) *aus einem bestimmten Bereich.*

Da|ten|end|ge|rät, das: *Gerät zur Ein- u. Ausgabe von Daten* (2, 3) *u. Text.*

Da|ten|er|fas|sung, die: *Erfassung von Daten* (2, 3).

Da|ten|high|way [... ˈhaɪweɪ], der; -[s]-, -s [geb. nach engl.-amerik. information highway, ↑ Datenautobahn]: *Datenautobahn.*

Da|ten|kar|te, die (EDV): *Steckkarte zur Verbindung eines Notebooks mit dem Internet.*

Da|ten|klau, der (ugs.): *Diebstahl von elektronisch gespeicherten Daten.*

Da|ten|ma|te|ri|al, das ⟨o. Pl.⟩: *als Material verfügbare Daten.*

Da|ten|men|ge, die: *Menge an Daten.*

Da|ten|miss|brauch, der: *Missbrauch von [elektronischen] Daten.*

Da|ten|netz, das: *zur Datenübertragung über größere Entfernungen hinweg angelegtes Netz* (2 a) *im Bereich der Telekommunikation.*

Da|ten|sa|lat, der (ugs.): *Ungeordnetheit, Durcheinander von Daten.*

Da|ten|satz, der: *Satz* (9).

Da|ten|schutz, der ⟨o. Pl.⟩ (Rechtsspr.): *Schutz des Bürgers vor Beeinträchtigungen seiner Privatsphäre durch unbefugte Erhebung, Speicherung u. Weitergabe von Daten* (2, 3), *die seine Person betreffen.*

Da|ten|schutz|be|auf|trag|te ⟨vgl. Beauftragte⟩: *weibliche Person, die von einer unabhängigen Kontrollinstitution beauftragt ist, die Beachtung der vorhandenen Bestimmungen zum Datenschutz zu überwachen.*

Da|ten|schutz|be|auf|trag|ter ⟨vgl. Beauftragter⟩: *jmd., der von einer unabhängigen Kontrollinstitution beauftragt ist, die Beachtung der vorhandenen Bestimmungen zum Datenschutz zu überwachen.*

Da|ten|schüt|zer, der (ugs.): *Datenschutzbeauftragter.*

---

d. du mir geschrieben hast, hat mich sehr gefreut; er weiß, d. du ihn nicht leiden kannst; die Hauptsache ist, d. du glücklich bist; **b)** *leitet einen Attributsatz ein:* gesetzt den Fall, d. ...; unter der Bedingung, d. ...; ungeachtet dessen, d. ...; die Tatsache, d. er hier war, zeigt sein Interesse. **2.** ⟨in Adverbialsätzen⟩ **a)** *leitet einen Kausalsatz ein:* das liegt daran, d. du nicht aufgepasst hast; **b)** *leitet einen Konsekutivsatz ein:* er schlug zu, d. es [nur so] krachte; die Sonne blendete ihn so, d. er nichts erkennen konnte/blendete ihn so, d. er nichts erkennen konnte; **c)** *leitet einen Instrumentalsatz ein:* er verdient seinen Unterhalt damit, d. er Zeitungen austrägt; **d)** *leitet einen Finalsatz ein:* hilf ihm doch, d. er endlich fertig wird. **3.** *in Verbindung mit bestimmten Konjunktionen, Adverbien, Präpositionen:* das Projekt ist zu kostspielig, als d. es verwirklicht werden könnte; [an]statt d. er selbst kam, schickte er seinen Vertreter; kaum d. sie hier war, begann die Auseinandersetzung; man erfuhr nichts, außer/nur d. er überraschend abgereist sei; er kaufte den Wagen, ohne d. wir es wussten; (veraltet, noch altertümelnd od. scherzh.:) dieses Proviantpaket schenke ich dir, auf d. du dick und rund wirst. **4.** *leitet Hauptsätze mit der Wortstellung von Gliedsätzen ein, die meist einen Wunsch, eine Drohung, ein Bedauern o. Ä. ausdrücken:* d. mir keine Klagen kommen!; d. es so weit kommen musste!; d. ihn doch der Teufel hole!

Däs|sel, die; -, -n [wohl zu niederd. dase = Stechmücke, H. u.]: *Dasselfliege.*

das|sel|be: ↑ derselbe.

das|sel|bi|ge: ↑ derselbige.

Das|sel|flie|ge, die [zu ↑ Dassel]: *oft behaarte, große Fliege, die ihre Eier auf der Haut von Säugetieren ablegt.*

dass-Satz, Dass|satz, der (Sprachwiss.): *mit der Konjunktion »dass« eingeleiteter Satz.*

da|ste|hen ⟨unr. V.; hat; südd., österr., schweiz. auch: ist⟩: **1.** *(vor jmds. Augen) an einer Stelle, einem Ort stehen:* stumm d.; er stand da wie vom Blitz getroffen. **2.** *sich in einer bestimmten Lage, Situation, Verfassung befinden:* nach diesem Sieg stehen sie glänzend da; die Firma steht gut da (*ist wirtschaftlich gesund*); seit dem Tod ihrer Mutter steht sie allein da (*hat sie keine Angehörigen mehr*); wir stehen wieder mal als die Dummen da; nun, wie stehe ich jetzt da? (ugs.; *habe ich das nicht gut gemacht, bin ich nicht großartig?*); wie steht ich denn jetzt vor ihnen da! (*jetzt bin ich [vor ihnen] blamiert*); das ist eine einzig dastehende (*einzigartige*) Leistung.

Da|ten|schüt|ze|rin, die: w. Form zu ↑ Datenschützer.
Da|ten|schutz|ge|setz, das: *Gesetz über den Datenschutz.*
Da|ten|schutz|kom|mis|si|on, der: *Gremium, das den Auftrag hat, die Beachtung der vorhandenen Bestimmungen zum Datenschutz zu überwachen.*
da|ten|schutz|recht|lich ⟨Adj.⟩: *die rechtlichen Bestimmungen zum Datenschutz betreffend:* -e Bedenken.
Da|ten|spei|cher, der: *Speicher* (2 b).
Da|ten|spei|che|rung, die: *Erfassung u. Aufbewahrung von Daten* (2, 3).
Da|ten|trä|ger, der: *etw. (Magnetband, Diskette, CD-ROM, Festplatte), worauf Daten* (2), *meist in codierter Form, gespeichert werden können; Speichermedium.*
Da|ten|ty|pist, der; -en, -en [zum 2. Bestandteil vgl. Stenotypist]: *jmd., der Daten* (2, 3) *in ein Datenendgerät eingibt (Berufsbez.).*
Da|ten|ty|pis|tin, die; -, -nen: w. Form zu ↑ Datentypist.
Da|ten|über|tra|gung, die: *Übermittlung von Informationen auf weitere Entfernungen mithilfe entsprechender technischer Anlagen.*
Da|ten|über|tra|gungs|tech|nik, die: *Gesamtheit der technischen Verfahren u. Möglichkeiten zur Datenübertragung.*
Da|ten ver|ar|bei|tend, da|ten|ver|ar|bei|tend ⟨Adj.⟩: *die Datenverarbeitung betreffend, zu ihr gehörend, ihr dienend:* Daten verarbeitende Maschinen.
Da|ten|ver|ar|bei|tung, die [nach engl. data processing]: *Prozess, bei dem mithilfe entsprechender technischer Anlagen vorgegebene, gespeicherte Daten* (2, 3, 4), *häufig in Form von Zahlen, bearbeitet u. ausgewertet werden* (Abk.: DV): elektronische D.
Da|ten|ver|ar|bei|tungs|an|la|ge, die: *elektronische od. elektromechanische Rechenanlage, die bei der Datenverarbeitung eingesetzt wird.*
Da|ten|ver|kehr, der: *Austausch elektronischer Informationen über ein Netzwerk (meist über das Internet).*
Da|ten|zu|griff, der: *Möglichkeit, auf bestimmte Daten zuzugreifen.*
da|tier|bar ⟨Adj.⟩: *sich datieren lassend:* eindeutig -e Funde; die frührömischen Bauten sind nicht genau d.
da|tie|ren ⟨sw. V.; hat⟩ [frz. dater < mlat. datare, zu lat. datum, ↑ datum]: **1.** *mit einem Datum, einer Zeitangabe versehen:* einen Brief [nachträglich, im Voraus, auf den 4. Juli] d.; der Brief ist vom 31. Oktober datiert *(trägt das Datum 31. Oktober).* **2.** *die Entstehungszeit von etw. bestimmen, angeben:* die Archäologen haben die Funde nicht d. können/auf etwa 250 n.Chr./in die Mitte des 3. Jh.s datiert. **3. a)** *seit einem bestimmten Zeitpunkt bestehen, zu einer bestimmten Zeit begonnen haben:* unsere Freundschaft datiert seit Kriegsende, seit Dezember 1973; **b)** *aus einer bestimmten Zeit stammen, von einem bestimmten Ereignis herrühren:* dieser Fund datiert aus der spätrömischen Zeit; der Brief datierte vom 4. Mai 1963 *(wurde am 4. Mai 1963 geschrieben);* ⟨auch datieren + sich:⟩ ... an jenem Tage datierte sich meine zweite große Schuld (Grass, Blechtrommel 301).
Da|tie|rung, die; -, -en: **1. a)** *das Datieren* (1): *die D. eines Schriftstückes;* **b)** *Zeitangabe auf einem Schriftstück:* die -en [auf diesen Urkunden] sind schwer lesbar. **2.** *das Datieren* (2): *bei der D. dieser Funde ergaben sich erhebliche Schwierigkeiten;* **b)** *Angabe der Entstehungszeit von etw.:* bei dieser etruskischen Vase weichen die -en der Archäologen ziemlich voneinander ab.

Da|ting ['deɪtɪŋ], das; -s, -s [engl. dating, zu: to date = mit jmdm. [aus]gehen, zu: date, ↑ Date]: *das Sichverabreden [mit möglichst vielen wechselnden Partnern].*
Da|ting|show, Da|ting-Show ['deɪtɪŋʃoʊ], die (Fernsehen): *Fernsehshow, bei der Teilnehmer einen Liebespartner suchen.*
Da|tiv, der; -s, -e [lat. (casus) dativus = das Geben betreffend(er Fall), zu: dare, ↑ datum] (Sprachwiss.): **1.** *Kasus, in dem häufig das Objekt eines intransitiven Verbs u. bestimmte Umstandsangaben stehen; Wemfall, dritter Fall* (Abk.: Dat.): die Präposition »bei« regiert heute ausschließlich den D.; das Substantiv steht im D. **2.** *Wort, das im Dativ* (1) *steht:* der Satz enthält mehrere -e.
Da|tiv|ob|jekt, das (Sprachwiss.): *im Dativ stehendes Objekt.*
Da|ti|vus ethi|cus, der; - -, ...vi ...ci [zu lat. ethicus, ↑ ethisch]: *freier Dativ der inneren Anteilnahme* (z. B. Du bist *mir* ein geiziger Kerl!)
da|to ⟨Adv.⟩ [lat., urspr. Dativ bzw. Ablativ von: datum, ↑ Datum] (Kaufmannsspr. veraltet): *heute* (vgl. a dato): drei Monate nach d.; * **bis d.** (*bis zu diesem Zeitpunkt, bisher:* das war mir bis d. nicht bekannt).
Dat|scha, die; -, -s u. ...schen [russ. dača, urspr. = (vom Fürsten verliehene) Schenkung, zu: dat' = geben]: *russisches Holzhaus, Sommerhaus.*
Dat|sche, die; -, -n [russ. dača, urspr. = (vom Fürsten verliehene) Schenkung, zu: dat' = geben] (regional): *Grundstück mit Wochenendhaus.*
Dat|schi|kap|pe, die (landsch.): *flache Schirmmütze.*
DAT-Sys|tem, das ⟨o. Pl.⟩ [DAT = Abk. für engl. digital audiotape = digitales Tonband]: *technisches Verfahren, mit dessen Hilfe akustische Signale digital (u. dadurch in hoher Qualität) auf einem Magnetband gespeichert werden.*
Dat|tel, die; -, -n [mhd. datel < älter ital. dattilo, span. dátil < lat. dactylus = Dattel < griech. dáktylos, aus dem Semit.]: *längliche, sehr süße Frucht der Dattelpalme von dunkelbrauner Farbe.*
Dat|tel|pal|me, die: *sehr hoch werdende Palme mit rauem Stamm, langen, kurz gestielten, gefiederten Blättern u. Datteln als Früchten.*
Dat|tel|pflau|me, die: **1.** *in vielen, teils wohlschmeckende Früchte tragenden Arten in den Tropen u. Subtropen vorkommender Baum od. Strauch.* **2.** *Frucht verschiedener Dattelpflaumenarten.*
Dat|tel|trau|be, die ⟨meist Pl.⟩: *große, längliche, wohlschmeckende Weintraube.*
da|tum [lat. datum = gegeben, 2. Part. von: dare = geben, ausfertigen, schreiben]: in alten Briefen u. Urkunden; *geschrieben, ausgefertigt* (Abk.: dat.).
Da|tum, das; -s, Daten [mhd. datum, subst. aus lat. datum, ↑ datum]: **1. a)** *dem Kalender entsprechende Zeitangabe, Tagesangabe:* das heutige D.; am 20. März 2000; ein Schriftstück mit dem D. versehen; **b)** *Zeitpunkt:* ein historisches D.; eine Entdeckung neueren -s *(eine noch nicht weit zurückliegende Entdeckung).* **2.** *Faktum:* das ist ein D., von dem wir auszugehen haben.
Da|tums|an|ga|be, die: *Angabe des Datums:* ein Brief ohne D.
Da|tums|auf|druck, der: *Aufdruck des Datums:* alle Packungen waren mit unleserlichen -en versehen.
Da|tums|gren|ze, die: *ungefähr dem 180. Längengrad folgende Linie, bei deren Überschreitung ein Unterschied in der Datumsangabe von einem Tag auftritt.*
Da|tums|stem|pel, Da|tum|stem|pel, der:

1. *Stempel zum Stempeln einer Datumsangabe.* **2.** *gestempelte Datumsangabe.*
Da|tu|ra, die; - [Hindi dhatura] (Bot.): *Stechapfel.*
DAU, der; -s, -s (salopp): scherzh. Abk. für **d**ümmster **a**nzunehmender **U**ser.
Dau|be, die; -, -n [wahrsch. beeinflusst von frz. douve < mlat. dova, Nebenf. von: doga < spätlat. doga, wohl < griech. doché = Behälter]: **1.** *gebogenes Seitenbrett eines Fasses od. eines ähnlichen Holzgefäßes.* **2.** *hölzerner Würfel als Ziel beim Eisschießen.*
Daul|bel, die; -, -n [zu ↑ tauchen u. mundartl. ber = Netz zum Fischfang < mhd. bēr(e)] (österr.): *Fischnetz.*
Dau|er, die; -, [spätmhd. dūr, zu mhd. dūren, tūren, ↑ ¹dauern]: **1.** *Zeitspanne von bestimmter Länge; Zeitraum:* die D. des Krankenhausaufenthaltes ist noch unbestimmt; für die D. eines Jahres/von einem Jahr; während der D. unseres Aufenthaltes. **2.** ⟨o. Pl.⟩ *das Andauern, Fortbestehen; unbegrenzte Zeit:* dieses Glück hatte keine D.; * **auf D.** (1. *für unbegrenzte Zeit:* sie hat die Stelle auf D. 2. *auf die Dauer:* ihre Stelle ist auf D. unbefriedigend); **auf die D.** (*eine längere Zeit lang, auf längere Sicht:* der Lärm ist auf die D. nicht zu ertragen); **von D. sein** (*Bestand haben, fortbestehen);* **von kurzer/von begrenzter/nicht von langer D. sein** (*nicht lange währen, nicht lange bestehen:* sein Arbeitseifer war von kurzer D.).
Dau|er|ar|beits|lo|se ⟨vgl. Arbeitslose⟩: *weibliche Person, die über lange Zeit arbeitslos ist.*
Dau|er|ar|beits|lo|ser ⟨vgl. Arbeitsloser⟩: *jmd., der über lange Zeit arbeitslos ist:* selbst unter Dauerarbeitslosen fand sich eine wachsende Zahl, die noch nach Jahren den Wiedereinstieg schafften.
Dau|er|ar|beits|lo|sig|keit, die: *Arbeitslosigkeit, die sich über lange Zeit erstreckt.*
Dau|er|auf|trag, der (Bankw.): *Überweisungsauftrag für regelmäßig zu leistende, dem Betrag nach feststehende Zahlungen:* einen D. erteilen.
Dau|er|aus|stel|lung, die: *ständige Ausstellung.*
Dau|er|aus|weis, der: *über einen längeren Zeitraum zu etwas berechtigender Ausweis.*
◆ **Dau|er|bar|keit,** die; -: *Ausdauer, Beständigkeit:* Assoziiert euch mit einem Poeten, lasst den Herrn ... die edlen Qualitäten auf Euren Ehrenscheitel häufen, ... das Italieners feurig Blut, des Nordens Dau'rbarkeit (Goethe, Faust I, 1789 ff.).
Dau|er|be|las|tung, die: *ständige, über längere Zeit bestehende Belastung.*
Dau|er|be|schäf|ti|gung, die: *nicht von vornherein befristete Beschäftigung:* jmdn. für eine D. suchen.
Dau|er|be|trieb, der: *das ständige In-Betrieb-Sein von etw.:* 10 Jahre Haltbarkeit bei D.
Dau|er|brand|ofen, der: *Dauerbrenner* (1).
Dau|er|bren|ner, der: **1.** *Ofen, der ohne weitere Brennstoffzufuhr u. ohne sonstige Bedienungsmaßnahmen weiterbrennt.* **2.** (ugs.) *Theaterstück, Film, Schlager o. Ä. mit besonders lang anhaltendem Erfolg.* **3.** (ugs. scherzh.) *langer, leidenschaftlicher Kuss.*
Dau|er|clinch, der (ugs.): *über einen längeren Zeitraum [ohne absehbares Ende] andauernder Streit; permanente Auseinandersetzung:* die beiden Politiker liegen seit Wochen im D.
Dau|er|ein|rich|tung, die: *ständige Einrichtung:* das Flüchtlingslager wurde zur D.; Ü ihre ursprünglich unregelmäßigen Zusammenkünfte wurden zur D.
Dau|er|ein|satz, der: *lang andauernder Einsatz, Dienst o. Ä.:* nach dem Unwetter war die Feuerwehr im D.
Dau|er|er|folg, der: *lange anhaltender Erfolg eines Theaterstückes, Films o. Ä.*

Dau|er|er|schei|nung, die: *ständig vorhandene, sich stets wiederholende Erscheinung* (1): *der Schnupfen ist schon eine D. bei ihr.*

Dau|er|form, die ⟨meist Pl.⟩ (Biol.): *Organismus, der sich über erdgeschichtlich lange Zeiträume mehr od. minder unverändert erhalten hat.*

Dau|er|frost, der: *lange anhaltender Frost.*

Dau|er|gast, der: **a)** *regelmäßig u. oft anwesender Gast:* er ist in dieser Kneipe D.; **b)** *Gast, der für lange, unbegrenzte Zeit bleibt:* in dem Hotel wohnen auch Dauergäste.

dau|er|haft ⟨Adj.⟩: *einen langen Zeitraum überdauernd, beständig:* eine endgültige und -e Regelung; eine -e Beziehung; ein -es *(haltbares)* Material; der Friede war nicht d.

Dau|er|haf|tig|keit, die; -: *Eigenschaft, dauerhaft zu sein:* Und während wir uns küssen, werden wir wieder beeindruckt sein von unserer D. als Paar (Genazino, Glück 20).

Dau|er|kar|te, die: *Fahrkarte, Eintrittskarte o. Ä., die für längere Zeit, für die Dauer von etw. Gültigkeit hat u. während dieser Zeit immer wieder benutzt werden kann.*

Dau|er|kri|se, die: *lange anhaltende Krise, bes. im politischen u. wirtschaftlichen Bereich.*

Dau|er|kun|de, der: *Stammkunde:* Ü *er ist D. bei der Polizei* (scherzh.): *er fällt bei der Polizei wegen seiner häufigen Vergehen auf*).

Dau|er|kun|din, die: w. Form zu ↑ Dauerkunde.

Dau|er|kund|schaft, die: *Stammkundschaft.*

Dau|er|lauf, der: *längerer [Übungs]lauf in gleichmäßigem, nicht allzu schnellem Tempo.*

Dau|er|leih|ga|be, die: *Leihgabe für unbegrenzte Zeit.*

Dau|er|lö|sung, die: *auf Dauer geltende Lösung.*

Dau|er|lut|scher, der: **a)** *besonders großer Lutscher* (1); **b)** *kugelförmiges Bonbon, das nur langsam zergeht.*

Dau|er|ma|gnet, der: *Permanentmagnet.*

Dau|er|mie|ter, der: *jmd., der etw. für unbegrenzte Zeit mietet:* sie vermieten nur an D.

Dau|er|mie|te|rin, die: w. Form zu ↑ Dauermieter.

¹dau|ern ⟨sw. V.; hat⟩ [mhd. turen, düren < mniederd., mniederl. düren < lat. durare]: **1.** *eine bestimmte Dauer* (1) *haben; eine bestimmte [unbegrenzte] Zeit währen, anhalten:* die Sitzung dauerte zwei Stunden; das dauert seine Zeit; das dauert mir zu lange; ein Weilchen wird es schon noch d.; Mensch, das dauert aber (Grass, Katz 38). **2.** (geh.) *Bestand haben, unverändert bestehen bleiben:* diese Freundschaft wird d.; ... die Menschen siechen, verfallen, sterben oder gehen frei aus und vergessen. Die Akten dauern (A. Zweig, Grischa 195). ◆ **3. a)** *aus-, durchhalten:* Sie (= die Pferde) sind etwas abgejagt ...; aber bis zur Grenze weiter sie noch d. (C. F. Meyer, Amulett 77); **b)** *ausharren:* Wir wollen halten und d., fest uns halten und fest der schönen Güter Besitztum (Goethe, Hermann u. Dorothea 9, 300 f.)

²dau|ern ⟨sw. V.; hat⟩ [mhd. türen, urspr. = (zu) teuer dünken, zu ↑ teuer] (geh.): *jmdm. leidtun, bei jmdm. Mitleid erregen:* die Kranken dauerten ihn sehr; ihn dauerte das viele Geld *(er bedauerte, so viel Geld ausgegeben zu haben).*

dau|ernd ⟨Adj.⟩ [1. Part. zu ↑ ¹dauern (2)]: **a)** *für längere Zeit in gleichbleibender Weise vorhanden, wirkend, geltend; fortwährend, ununterbrochen, ständig:* er hat hier seinen -en Wohnsitz; die Gefahr war d. vorhanden; **b)** *häufig auftretend, wiederkehrend; immer wieder:* -e Belästigungen, Störungen; er kommt d. zu spät.

Dau|er|par|ker, der: *jmd., der sein Auto über längere Zeit an einem bestimmten Platz parkt.*

Dau|er|par|ke|rin, die: w. Form zu ↑ Dauerparker.

Dau|er|re|ge|lung, die: *für einen zunächst unbegrenzten Zeitraum eingeführte Regelung.*

Dau|er|re|gen, der: *lang anhaltender Regen.*

Dau|er|scha|den, der: *nach Krankheit od. Unfall zurückbleibende körperliche Schädigung.*

Dau|er|schutz, der ⟨o. Pl.⟩: *sehr lange wirksamer Schutz.*

Dau|er|sel|ler, der: *Buch, das über längere Zeit gut verkauft wird.*

Dau|er|stel|lung, die: *berufliche Stellung für eine sehr lange, für unbegrenzte Zeit.*

Dau|er|stress, der: *ständiger, über längere Zeit bestehender Stress.*

Dau|er|the|ma, das: *ständiges, über längere Zeit bestimmtes Thema:* das Wetter bleibt ein D.

Dau|er|ton, der: *über längere Zeit anhaltender Ton:* ein D. im Radio nach Sendeschluss; der D. [der Sirene] bedeutet Entwarnung.

Dau|er|wa|re, die: *durch besondere Behandlung (wie Trocknen, Einsalzen, Räuchern, Gefrieren, Sterilisieren o. Ä.) für längere Zeit haltbar gemachte Ware.*

Dau|er|wel|le, die: *dauerhafte künstliche Wellung der Haare:* sich eine D., sich -n machen, legen lassen.

Dau|er|wer|be|sen|dung, die: *Fernsehsendung, deren wesentlicher Bestandteil Werbung ist.*

Dau|er|wir|kung, die: *lange anhaltende Wirkung.*

Dau|er|wurst, die: *aus rohem Fleisch, Speck, Salz u. Gewürzen hergestellte Wurst, deren Haltbarkeit durch Räuchern, Lufttrocknung u. Feuchtigkeitsentzug erhöht wurde (z. B. Plockwurst, Salami o. Ä.).*

Dau|er|zu|stand, der: *Zustand* (a), *in dem sich etw., jmd. dauernd befindet:* Müdigkeit, Geldmangel ist der D. bei ihr.

Däum|chen, das; -s, -: Vkl. zu ↑ Daumen.

Dau|men, der; -s, - [mhd. düme, ahd. thümo, eigtl. = der Dicke, Starke]: *erster u. stärkster, kurzer Finger mit nur zwei Gliedern, der den übrigen Fingern gegenübergestellt werden kann:* der rechte, linke D.; das Kind lutscht am D.; die Streifen sind ungefähr einen D. breit; *** D./Däumchen drehen (ugs.: *nichts tun u. sich langweilen, gelangweilt sein*); **einen grünen D. haben** (ugs.; ↑ Hand 1); **jmdm./für jmdm. den D. halten/drücken** (ugs.; *jmdm. in einer schwierigen Sache Erfolg, gutes Gelingen wünschen [u. in Gedanken bei ihm sein]*); *wenn man angespannt ganz stark wünscht, dass jmd. etwas schafft, verkrampft man unwillkürlich seine Hände*); **jmdm. den D. aufs Auge drücken/halten/setzen** (ugs.; *jmdm. hart zusetzen, jmdn. zu etw. zwingen*); **auf etw. den D. drücken** (ugs.: *auf etw. bestehen*); **auf etw. den D. halten/haben** (ugs.; *über etw. allein verfügen u. es nicht ohne Weiteres herausgeben:* sie hielt den D. auf der Vorräte, hatte den D. auf den Vorräten); **[etw.] über den D. peilen** (ugs.; *eine Schätzung nur grob, ungefähr vornehmen*).

Dau|men|ab|druck, der ⟨Pl. ...drücke⟩: *²Abdruck* (2) *der Innenfläche eines Daumens.*

Dau|men|bal|len, der: *Muskelpolster der Handfläche unterhalb des Daumens.*

dau|men|breit ⟨Adj.⟩: *von, in der Breite eines Daumens.*

Dau|men|breit, der; -, **Dau|men breit,** der; - -: *Daumenbreite.*

Dau|men|brei|te, die: *Breite eines Daumens als Maßeinheit:* um eine D. zu lang.

Dau|men|dick ⟨Adj.⟩: *etwa die Dicke eines Daumens aufweisend:* ein -es Seil.

Dau|men|glied, das: *einzelnes Glied eines Daumens.*

dau|men|groß ⟨Adj.⟩: *etwa die Größe eines Daumens aufweisend:* ein -es Stück Fleisch.

Dau|men|ki|no, das: *kleiner Block aus Zetteln mit Bildern, die beim raschen Aufblättern [mithilfe des über die seitliche Kante des Blocks geführten Daumens] einen Bewegungsablauf (wie beim Zeichentrickfilm) ergeben.*

Dau|men|lut|scher, der; -s, - (abwertend): *Kind, das häufig am Daumen lutscht.*

Dau|men|lut|sche|rin, die; -, -nen: w. Form zu ↑ Daumenlutscher.

Dau|men|na|gel, der: *Nagel* (3) *auf der Oberseite des Daumens.*

Dau|men|re|gis|ter, das: *Gesamtheit der halbkreisförmigen Ausstanzungen am vorderen Rand der Buchseiten eines Nachschlagewerkes, die, meist nach alphabetischem Prinzip, das Nachschlagen erleichtern.*

Dau|men|schrau|be, die ⟨meist Pl.⟩ (früher): *Folterwerkzeug, mit dem der Daumen angelegt wurde:* sie wurden mit -n gefoltert; * **jmdm. [die] -n anlegen/ansetzen/anziehen** (*jmdn. unter Druck setzen, ihn in grober, rücksichtsloser Weise zu etw. zwingen*).

dau|men|stark ⟨Adj.⟩: *daumendick.*

Däum|ling, der; -s, -e: **1. a)** *Schutzkappe für den Daumen;* **b)** (landsch.) *den Daumen bedeckender Teil des Handschuhs.* **2.** ⟨o. Pl.⟩ *durch ihre Winzigkeit charakterisierte Märchengestalt.*

Dau|ne, die; -, -n ⟨meist Pl.⟩ [aus dem Niederd. < mniederd. düne(e) < aisl. dünn, zu ↑ Dunst u. eigtl. = Aufgewirbeltes]: *kleine, zarte Feder mit weichem Kiel, die sich unter den Deckfedern der Vögel befindet;* **Flaumfeder:** die Kissen sind mit -n gefüllt.

Dau|nen|bett, das: *mit Daunen gefülltes Deckbett.*

Dau|nen|de|cke, die: *mit Daunen gefüllte Decke.*

Dau|nen|fe|der, die: *Daune.*

Dau|nen|fül|lung, die: *Füllung (eines Kissens o. Ä.) aus Daunen.*

Dau|nen|ja|cke, die: *mit Daunen gefütterte Jacke.*

Dau|nen|kis|sen, das: *mit Daunen gefülltes Kissen.*

Dau|phin [do'fɛ̃:], der; -s, -s [frz. dauphin = von 1349 bis 1830 Titel des frz. Thronfolgers, davor des Herrschers der Dauphiné] (Geschichte): *französischer Thronfolger.*

Dau|phi|né [dofi'ne:], die; -: *südostfranzösische Landschaft.*

◆ **dau|ren:** ↑ ¹dauern: ⟨subst. 1. Part.:⟩ Die großen schnellen Taten der Gewalt, des Augenblicks erstaunenswerte Wunder, die sind es nicht, die das Beglückende, das ruhig, mächtig Daurende erzeugen (Schiller, Piccolomini I, 4).

¹Daus [viell. verhüll. Entstellung für »Teufel«]: nur in den Fügungen **ei der D.!, was der D.!** (veraltete Ausrufe des Erstaunens, der Verwunderung: ei der D., nun hat er doch geheiratet!)

²Daus, das; -es, Däuser, auch: -e [mhd., ahd. dūs < afrz. daus = zwei < lat. duo(s)]: **1.** *Wurf von zwei Augen im Würfelspiel.* **2.** *dem Ass entsprechende Karte im deutschen Kartenspiel.*

Da|vid|stern, Da|vid|stern ['da:fɪt(s)...], auch: 'da:vɪt(s)...], der; -[e]s, -e [nach David, dem ersten eigtl. König von Israel-Juda (etwa 1000–970 v. Chr.)]: *jüdisches Glaubenssymbol in Form eines sechszackigen Sterns, der aus zwei gleichseitigen, ineinandergeschobenen Dreiecken besteht.*

Da|vis|cup, Da|vis-Cup ['deɪvɪskap], **Da|vis|po|kal, Da|vis-Po|kal,** der; -s [nach dem Stifter, dem amerik. Diplomaten u. Tennisspieler D. F. Davis (1879–1945)]: **1.** *(um 1900 gestifteter) bedeutendster im Tennissport bei internationalen Mannschaftswettbewerben vergebener Wanderpokal.* **2.** *internationaler Mannschaftswettbewerb im Tennissport, bei dem die siegreiche Mannschaft den Daviscup* (1) *gewinnt.*

Da|vit ['dɛvɪt], der; -s, -s [engl. davit, viell. zum Vorn. David] (Seew.): *kranähnliche, dreh- u. schwenkbare Hebevorrichtung auf Schiffen für Anker, Rettungsboote u. a.*

da|von [mit besonderem Nachdruck: 'da:...] ⟨Adv.⟩ [mhd. dāvon]: **1. a)** *von dieser Stelle, diesem Gegenstand entfernt:* hier ist die Unglücksstelle, und nur einige Meter d. [entfernt] ist eine steile Böschung; wir sind noch nicht d. entfernt *(haben [für das Problem] noch lange keine Lösung gefunden);* **b)** *von dieser Stelle als Ausgangspunkt, von diesem Gegenstand weg:* dies ist die Hauptstraße, und d. zweigen einige Nebenstraßen ab; das Schild klebt so fest an dem Brett, dass es nicht d. zu lösen ist; d. frei, befreit, geheilt sein. **2.** *von dieser Sache, Angelegenheit [als Ausgangspunkt]; hinsichtlich dieser Sache, Angelegenheit, im Hinblick darauf; über diese Sache, Angelegenheit:* es war ein Schock für sie, aber sie hat sich wieder d. erholt; d. hast du doch nichts *(das bringt dir doch keinen Nutzen);* das Gegenteil d. ist wahr; er will d. nichts wissen; d. gehen wir aus; ein andermal mehr d.; ◆ »Sei still d.!«, sagte der Vater (Rosegger, Waldbauernbub 20). **3.** *durch diese Sache, Angelegenheit verursacht; durch dieses Mittel, Verfahren, unter diesem Umstand, dadurch:* d. hast du nur Ärger, wirst du nur krank; das kommt d. *(das rührt daher),* dass es so lange geregnet hat; das kommt d.! *(die Folgen waren [dir] ja bekannt);* es war so laut, ich bin d. aufgewacht. **4.** *von dieser Menge als [An]teil, von diesen Personen:* hast du schon [etwas] d. gegessen, genommen?; das ist die Hälfte d., ich habe nichts d. bekommen; dies sind alle Exemplare, eins d. können Sie haben. **5.** *von dieser Sache, diesem Material als Grundlage; aus diesem Material, Stoff, daraus:* hier ist die Wolle, du kannst dir einen Schal d. stricken; d. *(von diesen [finanziellen] Mitteln)* kann man nicht leben. **6.** (bes. nordd.) in bestimmten Verwendungen in getrennter Stellung: da habe ich nichts von.

da|von|brau|sen ⟨sw. V.; ist⟩ (ugs.): *sich geräuschvoll, mit großer Geschwindigkeit fahrend entfernen:* mit dem Motorrad d.

◆**da|von|brin|gen** ⟨unr. V.; hat⟩: *retten, in Sicherheit bringen:* Sie brachten mit genauer Not das Leben davon (Novalis, Heinrich 30).

da|von|ei|len ⟨sw. V.; ist⟩: *sehr eilig entfernen; sehr schnell weggehen, fortlaufen.*

da|von|fah|ren ⟨st. V.; ist⟩: *[schnell] weg-, fortfahren:* jmdm. d. *(für jmdn. zu schnell fahren, als dass er mithalten könnte).*

da|von|flie|gen ⟨st. V.; ist⟩: **a)** *weg-, fortfliegen;* **b)** (ugs.) *jmdn. hinter sich lassen, abhängen.*

da|von|ge|hen ⟨unr. V.; ist⟩: *einen Ort zu Fuß verlassen; weg-, fortgehen:* er erhob sich und ging davon; Ü sie ist für immer davongegangen (geh. verhüll.: *gestorben).*

da|von|ja|gen ⟨sw. V.⟩: **1.** ⟨ist⟩ *sich sehr schnell u. mit Heftigkeit entfernen:* er ist mit dem Motorrad davongejagt. **2.** ⟨hat⟩ *vertreiben, verscheuchen, in die Flucht schlagen; weg-, fortjagen:* einen Hund d.; Ü er hat den Lehrling in Zorn davongejagt *(ugs.: ihn entlassen, ihm gekündigt).*

da|von|kom|men ⟨sw. V.; ist⟩: *einer Gefahr entrinnen, aus einer unangenehmen Situation glücklich entkommen:* mit dem Schrecken d.; er ist noch einmal [mit dem Leben] davongekommen.

da|von|lau|fen ⟨sw. V.; ist⟩: **1. a)** *schnell laufend einen Ort verlassen; weg-, fortlaufen:* als wir kamen, liefen sie davon; er ist einfach davongelaufen *(geflohen);* * **zum Davonlaufen sein** (ugs.: *unerträglich, sehr übel sein);* **b)** ⟨ugs.⟩ *jmdm., der einen verfolgt, der versucht, Schritt zu halten, hinter sich lassen;* ²*abhängen* (3 b): er ist seinen Verfolgern davongelaufen; Ü das Hausmädchen, der Mann ist ihr davongelaufen. **2.** *sich jmds. Kontrolle entziehen, unkontrollierbar werden:* die Preise laufen [den Einkommen] davon.

da|von|ma|chen, sich ⟨sw. V.⟩ (hat) (ugs.): *sich unauffällig (weil man an etwas nicht mehr teilhaben will o. Ä.) entfernen:* immer wenn es etwas zu tun gibt, machst du dich davon; Ü der Alte hat sich jetzt auch davongemacht (ugs. verhüll.; *ist jetzt auch gestorben*).

da|von|ra|sen ⟨sw. V.; ist⟩: *sich mit großer Geschwindigkeit entfernen, sehr schnell davonfahren, -laufen:* sie raste auf ihrem Motorrad davon.

da|von|rei|ten ⟨st. V.; ist⟩: *[schnell] weg-, fortreiten:* jmdm. d. *(für jmdn. zu schnell reiten, als dass er mithalten könnte).*

da|von|ren|nen ⟨unr. V.; ist⟩: *weg-, fortrennen:* jmdm. d. *(für jmdn. zu schnell rennen, als dass er mithalten könnte);* Ü die Zeit rennt davon (ugs.; *vergeht sehr schnell*).

da|von|rol|len ⟨sw. V.; ist⟩: **a)** *sich rollend wegbewegen, wegrollen:* die Kugel rollte davon; **b)** *auf Rädern rollend entfernen, langsam davonfahren:* die Kutsche rollte gemächlich davon.

da|von|sau|sen ⟨sw. V.; ist⟩: *in großer Eile davonlaufen, mit hoher Geschwindigkeit davonfahren:* das Motorboot sauste davon.

da|von|schlei|chen ⟨st. V.⟩: **a)** ⟨ist⟩ *leise u. langsam davongehen:* bedrückt schlich er davon; er wollte unbemerkt d.; **b)** ⟨d. + sich; hat⟩ *sich leise u. heimlich entfernen; sich davonstehlen:* ich schlich mich davon.

da|von|schlep|pen ⟨sw. V.; hat⟩: **1.** *mühsam, mit großer Anstrengung davontragen* (1): er packte den schweren Koffer und schleppte ihn davon. **2.** ⟨d. + sich⟩ *mit schleppenden Schritten u. sich nur mühsam bewegend davongehen:* die Verwundeten schleppten sich unter Stöhnen davon.

da|von|sprin|gen ⟨st. V.; ist⟩: **a)** *sich mit einem großen Sprung, mit großen Sprüngen, Sätzen entfernen:* der Hund sprang bellend davon; **b)** (ugs.) *davonlaufen* (1 a, b).

da|von|steh|len ⟨st. V.; ist⟩ (geh.): *sich heimlich u. unbemerkt entfernen, leise u. heimlich davongehen:* als alle anderen schliefen, stahl sie sich davon.

da|von|stie|ben ⟨st. V.; ist⟩ (geh.): *sich schnell, fluchtartig, mit Hast [in verschiedene Richtungen] entfernen:* als der Schuss fiel, stoben die Vögel davon.

da|von|stür|zen ⟨sw. V.; ist⟩: *sehr eilig u. überstürzt davonlaufen.*

da|von|tra|gen ⟨st. V.; hat⟩: **1.** *durch Tragen entfernen, wegbringen, -bewegen; weg-, forttragen:* einige brachen zusammen und wurden davongetragen; Ü der Wind trug die Klänge davon. **2. a)** (geh.) *erringen, erlangen:* einen Sieg d.; **b)** *sich zuziehen, erleiden:* eine Verletzung d.

da|von|trol|len, sich ⟨sw. V.; hat⟩: *[gezwungenermaßen leicht beschämt, unwillig o. Ä.] ohne Eile, ohne Hast davongehen:* als er merkte, dass er nicht gelegen kam, trollte er sich wieder davon.

da|von|zie|hen ⟨unr. V.⟩: **1.** *sich auf eine längere Wanderung, Fahrt begeben u. sich stetig wegbewegen, in stetiger Bewegung entfernen:* sie zogen singend davon. **2.** (Sport) **a)** *einem Gegner, Konkurrenten gegenüber einen [sich stetig vergrößernden] Vorsprung gewinnen, ihn hinter sich lassen:* er überspurtete die andern und zog davon; **b)** *davonlaufen* (1 b): er zog den anderen davon.

da|vor [mit besonderem Nachdruck: 'da:...] ⟨Adv.⟩ [mhd. dā vor, ahd. dār(a) furi]: **1. a)** *vor diesem Gegenstand, Ort o. Ä.:* ein Haus mit einem Garten d.; **b)** *vor diesem Gegenstand, Ort o. Ä.:* ich werde d. einen Stuhl stellen. **2.** *[unmittelbar] vor diesem Zeitpunkt, vorher:* das Spiel beginnt um 16 Uhr, d. spielen noch zwei Jugendmannschaften. **3.** *vor dieser Sache, Angelegenheit, im Hinblick darauf:* wir haben ihn d. gewarnt; er hat keinen Respekt d.; er hat Angst d., erwischt zu werden. **4.** (bes. nordd.) in bestimmten Verwendungen in getrennter Stellung: da habe ich keine Angst vor.

da|vor|hal|ten ⟨st. V.; hat⟩: *vor diese Stelle, diesen Gegenstand o. Ä. halten:* er hat die Hand davorgehalten.

da|vor|le|gen ⟨sw. V.; hat⟩: **1.** *vor diese Stelle, diesen Gegenstand o. Ä. legen:* er öffnete die Tür und legte die Matte davor. **2.** ⟨d. + sich⟩ *sich vor diesen Gegenstand, diese Stelle o. Ä. legen:* der Hund lief zur Tür und legte sich davor.

da|vor|lie|gen ⟨st. V.; hat; südd., österr., schweiz. auch: ist⟩: *vor dieser Stelle, diesem Gegenstand o. Ä. liegen:* sie sah die Hütte und den Hund, der davorlag.

da|vor|schie|ben ⟨st. V.; hat⟩: **1.** *vor diese Stelle, diesen Gegenstand o. Ä. schieben:* er hat den Riegel nicht davorgeschoben. **2.** ⟨d. + sich⟩ *sich vor diesen Gegenstand, diese Stelle o. Ä. schieben:* der Mond ist nicht zu sehen, weil sich eine Wolke davorgeschoben hat.

da|vor|set|zen ⟨sw. V.; hat⟩: vgl. davorlegen.

da|vor|sit|zen ⟨unr. V.; hat; südd., österr., schweiz. auch: ist⟩: *vor dieser Stelle, diesem Gegenstand o. Ä. sitzen:* sie erkannte die Frau, die davorsaß.

da|vor|ste|hen ⟨unr. V.; hat; südd., österr., schweiz. auch: ist⟩: **1.** *vor dieser Stelle, diesem Gegenstand o. Ä. stehen:* er beobachtete den Mann, der davorstand. **2.** *unmittelbar vor diesem Ereignis o. Ä. stehen.* ◆**3.** *dafürstehen* (1), *für etw. einstehen:* Er steht mir dafür, dass Madonna von niemand inkommodiert wird (Schiller, Fiesco IV, 13).

da|vor|stel|len ⟨sw. V.; hat⟩: *vor diese Stelle, diesen Gegenstand o. Ä. stellen:* er schob das Bild etwas zurück, um Blumen davorzustellen.

da|wai [russ. davaj, Imperativ von: dawať, unvollendeter Aspekt (3) von: dat' = lassen] (ugs.): *los!, vorwärts!*

DAX®, Dax, der; -: *Kennzahl für die Wertentwicklung der 30 wichtigsten deutschen Aktien.*

Day-Tra|der, Day|tra|der ['deɪtreɪdɐ], der; -s, -: *jmd., der Day-Trading betreibt.*

Day-Tra|de|rin, Day|tra|de|rin, die; -, -nen: w. Form zu ↑Day-Trader.

Day-Tra|ding, Day|tra|ding ['deɪtreɪdɪŋ], das; -s [engl. day trading, eigtl. = Tageshandel, Tagesgeschäft]: *kurzfristiges Handeln mit Aktien (über das Internet).*

DaZ = Deutsch als Zweitsprache.

da|zu [mit besonderem Nachdruck: 'da:...] ⟨Adv.⟩ [mhd. da(r) zuo, ahd. da(r)a zuo]: **1. a)** *zu dieser Sache, diesem Zustand, diesem Vorgang [hinzu]; zusätzlich zu diesem:* d. schmeckt am besten Salat; sie singt und spielt d. Gitarre; **b)** *darüber hinaus, außerdem, überdies:* sie ist klug und d. [auch noch] reich. **2.** *hinsichtlich dieser Sache, Angelegenheit, im Hinblick darauf:* er hatte d. keine Lust, keine Zeit; sie wollte sich d. nicht äußern; sie war d. nicht in der Lage. **3.** *zu diesem Zweck, Ergebnis, Ziel; für diesen Zweck:* er eignet sich d. nicht; d. kann ich dir nur raten; die Entwicklung führte d., dass...; seine Erklärungen waren nicht d. angetan *(geeignet),* mich umzustimmen; d. reicht das Geld nicht; was hat ihn wohl d. gebracht, dies zu tun?; wie komme ich d. (salopp; *warum soll ich dem das tun?;* ich mache das nicht!) **4.** (bes. nordd.) in bestimmten Verwendungen in getrennter Stellung: da habe ich keine Lust zu.

da|zu|be|kom|men ⟨st. V.; hat⟩: *zu diesem Vorhandenen hinzubekommen, zusätzlich bekommen.*

da|zu|ge|ben ⟨st. V.; hat⟩: *zu diesem Vorhande-*

nen geben, beisteuern: zum Kauf des Hauses reicht ihr Geld nicht, die Eltern wollen ihr noch etwas d.

da|zu|ge|hö|ren ⟨sw. V.; hat⟩: *zu dieser Sache, Kategorie, Personengruppe gehören:* bei der Reisegesellschaft waren einige Leute, die eigentlich nicht dazugehörten.

da|zu|ge|hö|rig ⟨Adj.⟩: *dazugehörend:* ein Hängeschloss und die -en Schlüssel.

da|zu|ge|sel|len, sich ⟨sw. V.; hat⟩: *sich zu ihr, ihm, ihnen gesellen:* zuerst war nur ein Vogel da, doch bald gesellten sich weitere dazu.

da|zu|ge|win|nen ⟨st. V.; hat⟩: *zu dieser Sache, diesem Personenkreis zusätzlich gewinnen.*

da|zu|kom|men ⟨st. V.; ist⟩: **1.** *während eines Geschehens eintreffen, erscheinen:* sie kam gerade dazu, als sich die Kinder zu streiten begannen. **2.** *zu dieser Sache, diesem Personenkreis zusätzlich hinzukommen:* wir sind noch nicht vollzählig, es kommen noch einige Gäste dazu.

da|zu|kön|nen ⟨unr. V.; hat⟩ ⟨ugs.⟩: *dafürkönnen.*

da|zu|le|gen ⟨sw. V.; hat⟩: **1. a)** *zu dieser Sache, zu ihr, ihm, ihnen legen;* **b)** ⟨d. + sich⟩ *sich zu ihr, ihm, ihnen legen.* **2.** *zu etw. dazugeben, beisteuern.*

da|zu|ler|nen ⟨sw. V.; hat⟩: *zusätzlich, neu lernen, machen:* man kann immer noch [etwas] d.

da|zu|mal ⟨Adv.⟩ (veraltend, oft scherzh. altertümelnd): *damals, in der aus jener [längst] vergangenen Zeit:* d. reiste man noch mit der Kutsche; Mode von d.; Die Erinnerung stimmte mich heiter als Anekdote von d. (Jünger, Bienen 86); * **anno d.** (↑anno).

da|zu|rech|nen ⟨sw. V.; hat⟩: *zu diesem Betrag rechnend hinzufügen:* du musst diese Summe noch d.; Ü wenn man noch dazurechnet *(mit in Betracht zieht, berücksichtigt),* wie viel Zeit er dafür gebraucht hat, dann …

da|zu|sa|gen ⟨sw. V.; hat⟩: *außerdem, auch sagen:* das hättest du d. müssen.

da|zu|schla|gen ⟨st. V.; hat⟩: *dazurechnen:* man muss die Zinsen noch d.

da|zu|schrei|ben ⟨st. V.; hat⟩: *zu diesem Geschriebenen schriftlich hinzufügen:* willst du auch noch Grüße d.?

da|zu|set|zen ⟨sw. V.; hat⟩: **1. a)** *zu dieser Sache, zu ihr, ihm, ihnen setzen;* **b)** ⟨d. + sich⟩ *sich zu ihr, ihm, ihnen setzen:* an dem Tisch saß ein Herr, den wir fragten, ob wir uns d. könnten. **2.** *dazuschreiben:* er setzte noch einen Gruß dazu.

da|zu|stel|len ⟨sw. V.; hat⟩: **1.** *zu dieser Sache, zu ihr, ihm, ihnen stellen.* **2.** ⟨d. + sich⟩ *sich zu ihr, ihm, ihnen stellen.*

da|zu|sto|ßen ⟨st. V.; ist⟩: *zu jmdm. stoßen, [hin]gelangen u. sich anschließen:* weitere Teilnehmer sind erst abends dazugestoßen.

da|zu|tun ⟨unr. V.; hat⟩ ⟨ugs.⟩: *zu diesem Vorhandenen tun, hinzufügen:* du kannst ruhig noch von dem Gewürz d.

Da|zu|tun, das: nur in der Fügung **ohne jmds. D.** *(ohne jmds. Beteiligung, Unterstützung):* ohne dein D. hätte er es nicht geschafft.

da|zu|ver|die|nen ⟨sw. V.; hat⟩: *zusätzliches Geld verdienen:* seine Frau verdient noch [etwas] dazu.

da|zwi|schen [mit besonderem Nachdruck: 'da:…] ⟨Adv.⟩ [mhd. dā(r) zwischen]: **1. a)** *zwischen diesen Personen, Gegenständen, Sachen, Orten:* die Häuser stehen frei, d. befinden sich Gärten und Wiesen; er fand d. keinen Platz mehr; Ü das sind extreme Standpunkte, d. gibt es auch noch andere Möglichkeiten; **b)** *zwischen diese Personen, Gegenstände, Sachen, Orte:* lege das Buch nicht darauf, sondern d. **2. a)** *unter, in dieser Menge, darunter:* wir haben die Post durchgesehen, aber Ihr Brief war nicht

d.; **b)** *unter, in diese Menge, darunter:* die Leute standen dicht gedrängt, und das Tier sprang mitten d. **3. a)** *zwischen diesen Zeitpunkten, Ereignissen:* beide Vorträge finden am Abend statt, d. ist eine Stunde Pause; **b)** *zwischen diese Zeitpunkte, Ereignisse:* zwei Vorträge stehen noch aus, wir werden eine Pause d. einschieben.

da|zwi|schen|fah|ren ⟨st. V.; ist⟩: **1.** *Ordnung schaffend heftig in etw. eingreifen:* als die Kinder sich zu streiten begannen, fuhr er dazwischen. **2.** *jmdn. in seiner Rede durch einen Einwand o. Ä. mit Heftigkeit unterbrechen:* »Das ist eine Lüge«, fuhr er dazwischen.

da|zwi|schen|fra|gen ⟨sw. V.; hat⟩: *ein Gespräch mit einer Frage unterbrechen:* darf ich einmal kurz d.?

da|zwi|schen|fun|ken ⟨sw. V.; hat⟩ ⟨ugs.⟩: *sich in etw. einschalten u. dadurch den Ablauf von etw. [absichtlich] stören od. einen Plan durchkreuzen:* wenn der Chef einem nicht dauernd d. würde, könnte man ganz anders arbeiten.

da|zwi|schen|ge|hen ⟨unr. V.; ist⟩ ⟨ugs.⟩: *sich einschalten:* wäre die Polizei nicht dazwischengegangen, hätte es bei der Schlägerei Tote gegeben.

da|zwi|schen|ge|ra|ten ⟨st. V.; ist⟩: **1.** *zwischen diese Dinge, Gegenstände geraten:* beim Abschalten der Maschine ist er mit den Fingern dazwischengeraten. **2.** *ungewollt in diese Angelegenheit verwickelt werden, hineingeraten.*

da|zwi|schen|kom|men ⟨st. V.; ist⟩: **1.** *dazwischengeraten* (1). **2.** *unvorhergesehen als Störung, Unterbrechung eintreten:* ich nehme teil, wenn [mir] nichts dazwischenkommt.

da|zwi|schen|lie|gen ⟨st. V.; hat; südd., österr., schweiz. auch: ist⟩: *zwischen diesen Zeitpunkten, Ereignissen, Grenzen o. Ä. liegen, vorhanden sein, sich ereignen:* Jahre liegen dazwischen.

da|zwi|schen|re|den ⟨sw. V.; hat⟩: **1.** *sich in dieses Gespräch, diese Unterhaltung unaufgefordert, störend einmischen; einen Sprechenden in störender Weise unterbrechen:* du sollst nicht immer d., wenn wir uns unterhalten. **2.** *sich störend, hindernd in jmds. Angelegenheiten, in ein Gespräch einmischen:* wenn er sich in diesem Schritt entschlossen hat, würde ich es ihm nicht mehr d.

da|zwi|schen|ru|fen ⟨st. V.; hat⟩: *diese Rede, Diskussion durch Zwischenrufe unterbrechen.*

da|zwi|schen|schal|ten ⟨sw. V.; hat⟩: *in diese Folge von technischen Geräten o. Ä. [durch Schaltung] einfügen:* einen Widerstand d.

da|zwi|schen|schie|ben ⟨st. V.; hat⟩: **1. a)** *zwischen diese Dinge, Gegenstände schieben:* dort ist noch Platz, du kannst das Buch einfach d.; **b)** ⟨d. + sich⟩ *sich zwischen diese Dinge, Gegenstände schieben:* ein anderes Buch hatte sich dazwischengeschoben. **2.** *in diese Reihenfolge, diesen Ablauf einschieben, einfügen:* können wir noch einen weiteren Diskussionspunkt d.?

da|zwi|schen|schla|gen ⟨st. V.; hat⟩: *in diese Auseinandersetzung, diesen Streit o. Ä. mit Schlägen eingreifen, um ihn zu beenden, um die Ordnung o. Ä. wiederherzustellen:* als die Demonstranten nicht wichen, schlug die Polizei dazwischen.

da|zwi|schen|sprin|gen ⟨st. V.; ist⟩: *schnell, rasch dazwischentreten* (1): als es den beiden ernst wurde, sprang sie dazwischen.

da|zwi|schen|ste|hen ⟨st. V.; hat; südd., österr., schweiz. auch: ist⟩: **1.** *zwischen diesen Personen, Dingen, Gegenständen stehen:* die Menge wartete und wir standen dazwischen. **2.** *zwischen diesen Gegensätzen, Polen stehen; eine Mittelstellung innehaben:* keiner der geäußerten Meinungen mochte er sich anschließen, er stand mit seiner Ansicht dazwischen. **3.** *zwischen diesen Personen eine Einigung verhindern, tren-*

nend im Wege sein: die beiden hätten sich längst versöhnt, wenn nicht die Mutter dazwischenstünde.

da|zwi|schen|tre|ten ⟨st. V.; ist⟩: **1.** *in diese Auseinandersetzung, diesen Streit schlichtend eingreifen:* als die beiden in Streit gerieten, musste er d.; ⟨subst.:⟩ ihrem Dazwischentreten war es zu verdanken, dass … **2.** *zwischen diesen Personen Uneinigkeit verursachen, diese Personen auseinanderbringen:* sie waren befreundet, bis ein Mädchen dazwischentrat.

da|zwi|schen|wer|fen ⟨st. V.; hat⟩: **1.** *als kurze Bemerkung einwerfen, einen Einwurf machen.* **2.** ⟨d. + sich⟩ *bei einer heftigen Auseinandersetzung, einem Streit mit Vehemenz dazwischenspringen:* als es zur Schlägerei kam, warf er sich mutig dazwischen.

dB = Dezibel.

DB = Deutsche Bücherei; Deutsche Bundesbahn (bis 1993), Deutsche Bahn (ab 1994).

DBB = Deutscher Beamtenbund.

DBD = Demokratische Bauernpartei Deutschlands *(in der DDR).*

DBGM = Deutsches Bundes-Gebrauchsmuster.

DBP = Deutsche Bundespost; Deutsches Bundespatent.

d. c. = da capo.

D. C. = District of Columbia (Bundesdistrikt der USA um Washington).

Dd. = doctorandus.

D-Day ['di:deɪ], der; -s, -s [engl. D-Day, D day, D = Abk. für: day = Tag, also eigtl. = Tag-Tag; urspr. Bez. für den 6. Juni 1944, an dem die Invasion der Alliierten in Frankreich begann]: **a)** *Tag, an dem ein größeres militärisches Unternehmen beginnt;* **b)** ⟨ugs.⟩ *Tag X.*

DDR [de:de:'lɛr], die; -: = Deutsche Demokratische Republik (1949 – 1990).

DDR-Bür|ger, der: *Bürger der DDR.*

DDR-Bür|ge|rin, die: w. Form zu ↑DDR-Bürger.

DDT® [de:de:'te:], das; -[s] [Kurzwort aus Dichlor diphenyltrichlorethan]: *(vor allem beim Baumwollanbau verwendetes, z. T. verbotenes) Insektenbekämpfungsmittel.*

D-Dur ['de:du:ɐ̯, auch: 'de:'du:ɐ̯], das (Musik): *auf dem Grundton D beruhende Durtonart* (Zeichen: D).

D-Dur-Ton|lei|ter, die: *auf dem Grundton D beruhende Durtonleiter.*

de-, De- [lat. de = von – weg]: **1.** drückt in Bildungen mit Verben aus, dass etw. aufgehoben, rückgängig gemacht wird: degruppieren, deindustrialisieren, deregulieren. **2.** drückt in Bildungen mit Substantiven das Aufheben oder Rückgängigmachen eines Vorganges oder dessen Ergebnisses aus: Deindustrialisierung, Denobilitation, Depotenzierung. **3.** verneint in Bildungen mit Adjektiven deren Bedeutung: dezentral.

Dead|line ['dɛdlaɪn], die; -, -s [engl. deadline, eigtl. = Sperrlinie, Todesstreifen]: **1.** *letzter [Ablieferungs]termin [für Zeitungsartikel]; Redaktions-, Anzeigenschluss.* **2.** *Stichtag.* **3.** *äußerste Grenze:* 250 000 Euro, das ist die D., mehr zahle ich nicht für dieses Haus.

de|ak|ti|vie|ren ⟨sw. V.; hat⟩ [aus ↑ de- (1) u. ↑aktivieren]: *(von einem aktivierten) in einen nicht aktivierten Zustand versetzen; eine Aktivierung rückgängig machen.*

De|ak|ti|vie|rung, die; -, -en: *das Deaktivieren; das Deaktiviertwerden.*

Deal [di:l], der; -s, -s [engl. deal, verw. mit ↑Teil]: **1.** ⟨ugs.⟩ *[zweifelhafte] Abmachung, Vereinbarung;* ¹*Handel* (3): einen D. mit jmdm. einfädeln. **2. a)** ⟨ugs.⟩ *[zweifelhaftes] Geschäft* (1 a): ein betrügerischer D.; einen D. machen; **b)** ⟨Jargon⟩

Geschäft (1 a), bei dem mit [kleinen Mengen] Rauschgift gehandelt wird.

dea|len ['di:lən] ⟨sw. V.; hat⟩ [engl. to deal = handeln] (Jargon): *mit Rauschgift handeln:* in mehreren Lokalen der Innenstadt wird gedealt.

Dea|ler, der; -s, - [engl. dealer = Händler]: **1.** (Jargon) *jmd., der mit Rauschgift handelt.* **2.** (Börsenw.) *jmd., der an der Börse handelt.*

Dea|le|rin, die; -, -nen: w. Form zu ↑ Dealer.

De|ba|kel, das; -s, - [frz. débâcle, eigtl. =plötzliche Auflösung, zu: débâcler = (vom Eis) plötzlich auf-, durchbrechen, frei werden] (bildungsspr.): *Zusammenbruch, Niederlage; unheilvoller, unglücklicher Ausgang:* ein D. erleiden.

De|bat|te, die; -, -n [rückgeb. aus dem Pl. Debatten < frz. débattre, zu: débattre, ↑ debattieren]: **a)** *lebhafte Diskussion, Auseinandersetzung, Streitgespräch:* eine erregte, lebhafte D. ist im Gang; etw. in die D. werfen; in eine D. eingreifen; * *etw.* **zur D. stellen** (↑ Diskussion); **zur D. stehen** (↑ Diskussion); **b)** *Erörterung eines Themas im Parlament:* die D. über die Regierungserklärung dauert an, wird unterbrochen, vertagt, wurde fortgesetzt.

De|bat|tier|club: ↑ Debattierklub.

de|bat|tie|ren ⟨sw. V.; hat⟩ [frz. débattre = durchsprechen, den Gegner mit Worten schlagen, über das Vlat. zu lat. battuere = schlagen]: *erörtern, verhandeln, eingehend besprechen; lebhaft diskutieren;* einen Plan, eine Gesetzesvorlage d.; [über] eine Frage lange, lebhaft d.

De|bat|tier|klub, Debattierclub (abwertend), der: **1.** *Klub, in dem Debattieren gelernt und geübt wird.* **2.** (abwertend) *Gruppe von Personen, die lange u. ausgiebig über etw. debattieren u. dadurch den Eindruck erwecken, dass es ihnen mehr auf das Reden an sich ankommt als auf ein Ergebnis, einen Entschluss o. Ä.:* das Parlament ist ein bloßer D.

de|bau|chie|ren [debo'ʃi:rən] ⟨sw. V.; hat⟩ [frz. (se) débaucher, eigtl. = von der Arbeit abhalten, zu afrz. bauch, balc = Balken, aus dem Germ.]: **1.** (selten) *ausschweifend leben.* ♦ **2.** *verführen* (b): ...eh' man sagen sollte, eine von seinen Aktricen habe einen hübschen Bürgersohn debauchiert, er jagte sie ... weg (Goethe, Theatralische Sendung I, 20).

de|bil ⟨Adj.⟩ [lat. debilis = schwach, schwächlich]: **a)** *an Debilität leidend;* **b)** (ugs. abwertend) *blödsinnig, unsinnig.*

De|bi|li|tät, die; - [lat. debilitas = Gebrechlichkeit] (Med. veraltet): *leichter Grad der geistigen Behinderung.*

De|bi|tor, der; -s, Debitoren ⟨meist Pl.⟩ [ital. debitore < lat. debitor, zu: debere = schulden] (Bankw.): *Schuldner, der Waren von einem Lieferanten auf Kredit bezogen hat.*

De|bi|to|rin, die; -, -nen: w. Form zu ↑ Debitor.

De|b|re|czi|ner, De|b|re|zi|ner ['dɛbrɛtsi:nɐ], die; -, - [nach der ung. Stadt Debrecen (dt. Debre[c]zin)]: *kleine, scharf gewürzte Brühwurst.*

de|bug|gen [di'bagn̩] ⟨sw. V.; hat⟩ [engl. to debug, zu: bug, ↑³Bug] (EDV): *ein Debugging vornehmen.*

De|bug|ging [di:'bʌgɪŋ], das; -[s], -s [engl. debugging] (EDV): *Vorgang bei der Programmherstellung, bei dem das Programm (4) getestet wird u. die entdeckten Fehler beseitigt werden.*

De|büt [de'by:], das; -s, -s [frz. début = Anspiel, Anfang, zu: débuter = jouer de but = auf das Ziel hin spielen]: **a)** *erstes [öffentliches] Auftreten eines Künstlers, Sportlers o. Ä.:* sein D. als Schriftsteller war ein großer Erfolg; die junge Sängerin gab ihr Fügung: auch D. als auf das Ziel hin spielen gelte mit dieser Inszenierung sein D. (stellte erstmals eine eigene Arbeit vor); **b)** (früher) *erste Vorstellung bei Hofe.*

De|büt|al|bum, das: *erstes Album* (2 c) *eines Musikers, einer Band o. Ä.*

De|bü|tant, der; -en, -en [frz. débutant]: *Künstler, Sportler o. Ä., der zum ersten Mal öffentlich auftritt.*

De|bü|tan|tin, die; -, -nen: **a)** w. Form zu ↑ Debütant; **b)** *junge Frau aus der höheren Gesellschaftsschicht, die in die Gesellschaft eingeführt wird.*

De|bü|tan|tin|nen|ball, der: *Ball, auf dem die Debütantinnen* (b) *der Gesellschaft vorgestellt werden.*

De|büt|film, der: *erster Film eines Regisseurs einer Regisseurin; Erstlingsfilm.*

de|bü|tie|ren ⟨sw. V.; hat⟩ [frz. débuter]: *(von Künstlern, Sportlern o. Ä.) erstmals öffentlich auftreten:* mit einem Werk d.; als Siegfried in Wagners »Ring des Nibelungen« d.; der Regisseur debütierte am, beim Theater.

De|büt|ro|man, der: *erster Roman eines Schriftstellers od. einer Schriftstellerin; Erstlingsroman.*

De|cha|nat [deç...], Dekanat, das; -[e]s, -e [mlat. decanatus, zu: decanus, ↑ Dekan]: *Amt od. Amtsbereich (Sprengel) eines Dechanten.*

De|cha|nei, Dekanei, die; -, -en [mhd. nicht belegt, ahd. dechenie, zu: ↑ Dechant]: *Wohnung eines Dechanten.*

De|chant [de'çant, auch, österr. nur: 'dɛ...], der; -en, -en [mhd. dechan(t) = (kirchlicher) Vorsteher; spätahd. dechan = ausgewählter Gehilfe < mlat. decanus, ↑ Dekan]: *höherer katholischer Geistlicher; Vorsteher eines Kirchenbezirks innerhalb der Diözese, eines Domkapitels u. a.*

De|chan|tei, die; -, -en (österr.): *Amtsbereich eines Dechanten.*

de|chif|f|rie|ren [deʃi...] ⟨sw. V.; hat⟩ [frz. déchiffrer, zu: chiffre, ↑ Chiffre]: *entschlüsseln:* eine Nachricht, eine Geheimschrift d.

De|chif|f|rie|rung, die; -, -en: *Entschlüsselung:* die D. militärischer Geheimschriften; Ü die D. einer Metapher.

Dech|sel, ¹Deichsel, die; -, -n [mhd. dehsel, ahd. dehsala] (Holzverarb.): *beilähnliches Werkzeug zum Aushauen von Vertiefungen o. Ä. mit quer zum Holm stehendem, meist leicht gekrümmtem Blatt.*

Deck, das; -[e]s, -s, selten -e [**1.** aus dem Niederd., zu: decken = be-, ver-, zudecken] *waagerechte Fläche, die den Rumpf von Wasserfahrzeugen nach oben hin abschließt:* das D. reinigen, scheuern; alle Mann an D.! (seemännisches Kommando); auf D. sein, gehen; * **nicht, wieder auf D. sein** (ugs.: nicht recht, wieder gesund sein; urspr. Seemannsspr.). **2.** *waagerechte Unterteilung des Schiffsrumpfes, auch zwischen zwei solchen liegender Raum, Stockwerk eines Schiffes:* der Salon befindet sich im oberen D. **3.** *Stockwerk in einem hohen Bus:* im oberen D. sitzen. **4.** Kurzf. von ↑ Parkdeck.

Deck|ad|res|se, die: *anstelle der eigentlichen Adresse (wenn diese nicht bekannt werden soll) angegebene Adresse.*

Deck|an|schrift, die: *Deckadresse.*

Deck|auf|bau|ten, (Seemannsspr.) Pl.]: *Aufbauten eines Schiffs.*

Deck|bett, das: *Bettdecke.*

Deck|blatt, das: **1.** (Bot.) *Blatt, aus dessen Achsel ein Seitenspross entspringt.* **2.** *äußerstes Blatt der Zigarre.* **3. a)** *Blatt, Zettel mit Ergänzungen od. Berichtigungen, das in Bücher, Broschüren o. Ä. eingeklebt wird;* **b)** *Titelblatt eines Buches, Heftes;* **c)** *durchsichtiges Blatt [mit Eintragungen] auf Auflagen auf Landkarten od. Kunstdrucken.* **4.** *oberste Karte bei einem Stoß Spielkarten.*

Deck|chen, das; -s, -: Vkl. zu ↑ Decke.

De|cke, die; -, -n [mhd. decke, ahd. decchī, zu ↑ decken]: **1.** *rundes od. eckiges Stoffstück aus Leinen, Halbleinen, Baumwolle o. Ä. zum Bedecken bes. eines Tisches; Tischdecke, Tischtuch:* eine gemusterte, gehäkelte, bestickte D.; die D. hat viele Flecken; eine neue D. auflegen; er schüttete den Kaffee über die D. **2.** *aus wärmendem textilem Material hergestellter Gegenstand zum Zudecken:* eine weiche, wollene, warme D.; die D. ausbreiten, zurückschlagen, zusammenlegen; ich zog mir die D. bis über den Kopf; sich in eine D. wickeln; unter die D. kriechen; schlüpfen; Ü der Winter hat eine weiße D. über das Land gebreitet (das Land ist mit Schnee bedeckt); * **sich nach der D. strecken** (ugs.; sich seinen bescheidenen Verhältnissen anpassen; eigtl. = sich so ausstrecken, wie die Länge der Bettdecke es erlaubt); **[mit jmdm.] unter einer D. stecken** (ugs.; mit jmdm. gemeinsame Sache machen, die gleichen [schlechten] Ziele verfolgen; zu beziehen auf das Zusammenschlafen miteinander Bekannter od. Vertrauter allgemein od. auf das ma. Rechtsbrauch des feierlichen Zudeckens der Jungvermählten). **3.** *oberer Abschluss eines Raumes od. Stockwerks:* eine niedrige, hohe, getäfelte D.; die D. weißen; eine neue D. einziehen; * **jmdm. fällt die D. auf den Kopf** (ugs.: jmd. fühlt sich in einem Raum beengt u. niedergedrückt. jmd. langweilt sich zu Hause u. wünscht sich Zerstreuung, Geselligkeit); **an die D. gehen** (ugs.; aufbrausen, sehr zornig, wütend werden); **vor Freude [fast] an die D. springen** (sich sehr freuen). **4.** *Fahrbahnbelag:* die D. ist aufgebrochen, hat viele Schlaglöcher; die D. erneuern. **5.** *Mantel* (3): der Reifen besteht aus D. und Schlauch. **6.** (Jägerspr.) **a)** *Haut aller Hirscharten;* **b)** *Fell von Bär, Wolf, Luchs u. Wildkatze;* **c)** *Gesamtheit der beiden mittleren Schwanzfedern des Flugwildes.* **7.** *Bucheinband:* die D. des Bandes ist abgegriffen. **8.** (Musik) (bei Saiteninstrumenten) *Oberteil des Korpus.* ♦ **9. Deckel** (1): Geflügelt ist das Glück und schwer zu binden, nur in verschlossner Lade wird's bewahrt..., und rasch entfliegt es, wenn Geschwätzigkeit voreilig wagt, die D. zu erheben (Schiller, Braut v. Messina 650 ff.)

De|ckel, der; -s, - [im 15. Jh. mit dem l-Suffix der Gerätenamen geb. zu ↑ decken]: **1.** *aufklappbarer od. abnehmbarer Verschluss eines Gefäßes, Behälters, einer Kiste, eines Koffers, Möbelstücks u. Ä.:* der D. passt nicht, schließt nicht; den D. öffnen, schließen, ab-, hochheben, zurückklappen. **2.** *vorderer od. hinterer Teil des steifen Umschlags, in den ein Buch eingebunden ist:* ein D. aus Leder, Kunststoff; der D. ist vergilbt. **3.** (salopp) *Kopfbedeckung:* D. ab!; * **jmdm. eins/**(österr.:) **eine auf den D. geben** (ugs.; *jmdn. zurechtweisen);* **eins/**(österr.:) **eine auf den D. bekommen/kriegen** (ugs.: **1.** gerügt, zurechtgewiesen werden. **2.** eine Niederlage erleiden).

De|ckel|glas, das: *Trinkglas mit aufklappbarem Deckel* (1).

de|ckeln ⟨sw. V.; hat⟩: **1.** *mit einem Deckel* (1) *verschließen:* Konservendosen maschinell deckeln; die Bienen deckeln die Waben (*verschließen sie mit einer Wachsschicht*). **2.** (ugs.) *eins auf den Deckel* (3) *geben) jmdn. wegen seiner Aktivitäten o. Ä. kritisieren, rügen, zurechtweisen, in seinen Unternehmungen dämpfen:* er muss mal etwas gedeckelt werden. **3.** (ugs.) *(Ausgaben, finanzielle Aufwendungen o. Ä.) nach oben begrenzen, nicht weiter wachsen lassen:* die Ausgaben für das Gesundheitswesen müssen gedeckelt werden.

De|ckel|prä|gung, die: *auf einen Deckel* (1) *Aufgeprägtes:* haltbar bis: Siehe D. (Hinweis auf Konservendosen).

Deckeluhr – Dedikation

De|ckel|uhr, die: *Taschenuhr mit aufspringendem Deckel* (1).

De|cke|lung, die; -, -en (ugs.): *das Deckeln* (3): *die D. der Ausgaben.*

De|ckel|va|se, die: *Vase mit abnehmbarem Deckel* (1).

de|cken ⟨sw. V.; hat⟩ [mhd. decken, ahd. decken, decchen]: **1. a)** *auf etw. legen, über etw. breiten:* ein Tuch über die Leiche d.; sie deckte die Hand über die Augen; **b)** *[zum Schutz] mit etw. Bedeckendem versehen:* das Dach [mit Ziegeln, mit Stroh] d.; ein Haus d. *(mit einem Dach versehen);* ein gedeckter *(überdachter)* Waggon; gedeckter (Kochkunst; *mit einer Teigschicht überzogener) Apfelkuchen;* **c)** *(einen Tisch) zum Essen herrichten, mit einem Tischtuch, Geschirr, Bestecken u. a. versehen:* er deckte den Frühstückstisch; es ist für fünf Personen gedeckt; ein liebevoll gedeckter Tisch; **d)** (geh.) *[als Schutz] über etw. gebreitet sein, auf etw. liegen, bedecken:* Schnee deckte die Erde; ihn deckt schon lange der grüne Rasen (verhüll.; *er ist schon lange tot).* **2.** *(von einer Farbschicht o. Ä.) nichts mehr durchscheinen lassen:* die Farbe deckt gut. **3. a)** *gegen etw. schützen, abschirmen, einen Schutz für etw. darstellen:* Artillerie deckte den Rückzug; die Mutter hat das Kind mit ihrem Körper gedeckt; die Büsche decken gegen Sicht von außen; (Schach:) der Turm wird, ist vom Läufer gedeckt; (Boxen:) er deckte das Kinn mit der Rechten; der Boxer deckte sich nicht, deckt schlecht; ♦ *Längs eines schmalen Weges, den Bäume und Büsche gegen das Haus deckten* (Ebner-Eschenbach, Gemeindekind 45); **b)** *bewirken, dass jmds. unkorrektes Verhalten, strafbares Tun als solches nicht bekannt wird, u. ihn somit einer Strafe o. Ä. entziehen; verbergen, zur Verheimlichung beitragen:* einen Komplizen, eine Tat d. **4.** *befriedigen, die notwendigen Mittel für etw. bereitstellen:* den Bedarf, die Nachfrage d.; die Bedürfnisse der Bevölkerung nicht voll d. können; die Versorgung ist für eine Woche gedeckt *(gesichert);* R mein Bedarf ist gedeckt (ugs.; *ich habe genug davon).* **5.** (Kaufmannsspr.) *finanziell absichern, finanziell für etw. aufkommen:* einen Wechsel, ein Defizit d.; der Scheck ist nicht gedeckt *(das Guthaben reicht für die Einlösung des Schecks nicht aus);* das Darlehen wird durch eine Hypothek gedeckt; der Schaden ist durch die Versicherung voll gedeckt. **6.** ⟨d. + sich⟩ **a)** (Geom.) *genau übereinstimmen, kongruent sein:* die Dreiecke decken sich; **b)** *(gedanklich u. inhaltlich) zusammenfallen, gleich sein:* meine Ansicht deckt sich nicht mit Ihrer/Ihrigen; die Aussagen der Frau deckten sich nicht mit denen des Taxifahrers. **7.** *vollständig umschreiben, umfassen; eine genaue Beschreibung, Entsprechung für eine Sache darstellen:* der Begriff Kulturindustrie deckt die Sache nicht. **8.** (Sport) *den gegnerischen Spieler, den Raum, in der der gegnerische Spieler eindringen will, so abschirmen, dass der Spieler den Ball annehmen kann, nicht zur Spielentfaltung kommt:* einen Spieler [eng, hautnah] d.; die Tore fielen, weil die Verteidigung ungenau deckte. **9.** *(von bestimmten Haustieren) begatten:* der Hengst hat die Stute gedeckt. **10.** (Jägerspr.) *(ein Wild) packen:* der Hund deckte das Wildschwein. **11.** (Jägerspr.) *(von der Flinte) so streuen, dass die Flugbahnen der einzelnen Schrotkörner nicht allzu weit auseinanderlaufen.* **12. a)** (Chemie) *anhaftende Mutterlauge von Kristallen entfernen;* **b)** (Fachspr.) *Zuckerkristalle reinigen.*

De|cken|bal|ken, der: *Balken an einer Decke* (3), *der als Stütze dient od. aus dekorativen Gründen angebracht ist.*

De|cken|be|leuch|tung, die: *Beleuchtung durch eine Deckenlampe.*

De|cken|flu|ter, der; -s, -: *zur Decke* (3) *strahlende Standleuchte, Beleuchtungsquelle.*

De|cken|ge|mäl|de, das: *auf die Decke* (3) *eines Raumes gemaltes Gemälde.*

de|cken|hoch ⟨Adj.⟩: *bis zur Decke* (3) *[reichend].*

De|cken|kon|s|t|ruk|ti|on, die: *Konstruktion einer Decke* (3).

De|cken|lam|pe, die: *an der Decke* (3) *befestigte Lampe.*

De|cken|leuch|te, die: *Deckenlampe.*

De|cken|licht, das ⟨Pl.: -er⟩: **a)** *Deckenlampe;* **b)** *Licht einer Deckenlampe.*

De|cken|ma|le|rei, die: **1.** ⟨o. Pl.⟩ *das Malen von Deckengemälden.* **2.** *Deckengemälde.*

De|cken|pa|neel, das: *Holztäfelung einer Decke* (3).

De|cken|putz, der: *Verputz an der Decke* (3).

De|cken|strah|ler, der: *an der Decke* (3) *angebrachter scheinwerferartiger Beleuchtungskörper.*

De|cken|trä|ger, der: *in eine Decke* (3) *eingezogener Eisenträger.*

De|cken|ven|ti|la|tor, der: *an der Decke* (3) *angebrachter Ventilator.*

De|cken|ver|klei|dung, die: **1.** *Verkleidung einer Decke* (3). **2.** *zum Verkleiden einer Decke* (3) *verwendetes Material.*

Deck|far|be, die: *gut deckende [Wasser]farbe.*

Deck|fe|der, die ⟨meist Pl.⟩: *das Gefieder eines Vogels nach außen hin abschließende feste [kurze] Feder.*

Deck|flü|gel, der: *Flügeldecke.*

Deck|flüg|ler, der; -s, - (Zool.): *Käfer* (1).

Deck|glas, das: *dünnes Glasplättchen zum Abdecken mikroskopischer Präparate.*

Deck|haar, das: **a)** *(bei Säugetieren) Gesamtheit der äußeren Haare des Fells;* **b)** *(beim Menschen) äußeres Kopfhaar.*

Deck|hengst, der: *zum Decken* (9) *geeigneter, verwendeter Hengst.*

Deck|kraft, die: *Eigenschaft einer Farbe, den Untergrund zu verdecken, nicht durchscheinen zu lassen.*

deck|kräf|tig ⟨Adj.⟩: *Deckkraft besitzend:* -e Farben.

Deck|man|tel, der: *Vorwand, unter dem jmd. etw. tut, um seine wahren Motive u. Absichten zu verschleiern:* da werden unter dem D. der Demokratie Minderheiten unterdrückt.

Deck|na|me, der: **a)** *Name, den jmd. anstelle seines wirklichen Namens führt, um seine Identität zu verbergen;* **b)** *als Name für etw. Bestimmtes dienendes Deckwort:* -n* Überfall auf die Sowjetunion hatte den -n »Barbarossa«.

Deck|plat|te, die: *zur Abdeckung von etw. dienende Platte.*

Decks|auf|bau|ten usw.: ↑ Deckaufbauten usw.

Deck|schicht, die: *oberste Schicht, Schutzschicht.*

De|ckung, die; -, -en ⟨Pl. selten⟩: **1.** *deckende Schicht:* eine D. aus Stroh, Dachpappe. **2.** (bes. Militär) **a)** *das Schützen, Sichern, Abschirmen:* die D. übernehmen; die D. des Rückzuges gelang nicht; jmdm. D. (Feuerschutz) geben; (Schach:) die D. der Dame nicht vernachlässigen; die Linke für die/zur D. benutzen; der Europameister vernachlässigte die D.; **b)** *Schutz (gegen Sicht od. Beschuss):* das Gelände bot keine D.; in Gräben D. nehmen, suchen; volle D.! (militärisches Kommando); in D. gehen, bleiben; (Schach:) die D. *(die deckende Figur)* abziehen; (Boxen:) die D. *(die deckenden Arme, Fäuste)* durchschlagen; der Herausforderer ließ die D. *(die deckenden Arme, Fäuste)* fallen; **c)** *Verheimlichung einer ungesetzlichen Handlung:* die D. einer rechtswidrigen Verhaftung. **3.** *Befriedigung, Bereitstellung der erforderlichen Mittel:* man sicherte die D. des Bedarfs durch Importe; zur D. der Nachfrage fehlt eine Monatsproduktion. **4. a)** (Kaufmannsspr.) *finanzielle Absicherung, Sicherheit, entsprechender Gegenwert:* die D. der Währung in Gold oder Devisen; der Scheck ist ohne D.; **b)** *das Aufkommen für etw., das Begleichen:* die Versicherung übernimmt die volle D. des Schadens; das Geld reicht zur D. der Schulden, des Defizits nicht aus. **5.** *das Sichdecken:* unterschiedliche Standpunkte zur D. bringen. **6.** (Sport) **a)** *das Decken* (8): in der zweiten Halbzeit übernahm der Libero die D. des gefährlichen Mittelstürmers; **b)** *deckende Spieler; Verteidigung:* eine stabile D.; die D. spielte fehlerfrei. **7. a)** *das Decken* (9); **b)** *das Gedecktwerden.*

De|ckungs|bei|trag, der (Wirtsch.): *Teil des Verkaufserlöses, der die Stückkosten übersteigt; Bruttogewinn.*

De|ckungs|feh|ler, der (Sport): **a)** *Fehler bei der Deckung* (6 a); **b)** *Fehler der Deckung* (6 b).

de|ckungs|gleich ⟨Adj.⟩: **1.** (Geom.) *in Form u. Größe gleich; kongruent:* -e Dreiecke. **2.** *sich deckend* (6 b), *übereinstimmend:* -e Ansichten, Theorien.

De|ckungs|gleich|heit, die: **1.** (Geom.) *Gleichheit in Form u. Größe; Kongruenz.* **2.** *Übereinstimmung:* bei weitgehender D. der Interessen ...

De|ckungs|ka|pi|tal, das: *angesammelter Teil von Versicherungsbeiträgen für künftig fällig werdende Leistungen.*

De|ckungs|kar|te, die: *Versicherungsbestätigungskarte.*

De|ckungs|lü|cke, die: *eingeplante Ausgabe, für die [noch] keine Deckung* (4) *vorhanden ist.*

De|ckungs|mit|tel ⟨Pl.⟩: *Mittel zur Deckung* (4) *von etw.*

De|ckungs|spie|ler, der (Sport): *Spieler in der Deckung* (6 b).

De|ckungs|spie|le|rin, die: w. Form zu ↑ Deckungsspieler.

De|ckungs|sum|me, die (Versicherungsw.): *vertraglich vereinbarter Höchstbetrag, den eine Versicherung im Schadensfall zahlt.*

De|ckungs|zu|sa|ge, die: *Versprechen einer Versicherung, für einen Schaden aufzukommen.*

Deck|weiß, das: *gut deckende weiße Farbe.*

Deck|wort, das; -[e]s, Deckwörter: *nur Eingeweihten verständliches Wort, mit dem diese etw. Bestimmtes bezeichnen.*

De|co|der [auch: dɪˈkoʊdɐ], der; -s, - [engl. decoder, zu: to decode; ↑ codieren] (Elektronik): *Vorrichtung zur Decodierung codierter Signale, Befehle* (1 b) *(als Teil verschiedenster Geräte):* ein digitaler D.

de|co|die|ren, dekodieren ⟨sw. V.; hat⟩ [engl. to decode, zu: code; ↑ Code]: *(eine Nachricht) mithilfe eines Codes entschlüsseln; dechiffrieren.*

De|co|die|rung (fachspr.), Dekodierung, die; -, -en: *das Decodieren.*

de|cou|ra|giert [dekuraˈʒiːɐ̯t] ⟨Adj.⟩: *mutlos, verzagt.*

Découvert, Dekuvert [dekuˈvɛːɐ̯, ...ˈveːɐ̯], das; -s, -s [frz. découvert, eigtl. = unbedeckt, zu: découvrir, ↑ dekuvrieren] (Wirtsch.): *Leerverkauf.*

de|cresc. = decrescendo.

de|cre|scen|do [dekreˈʃɛndo] ⟨Adv.⟩ [ital., zu: decrescere < lat. decrescere = abnehmen, kleiner werden] (Musik): *in der Tonstärke schwächer werdend, im Ton zurückgehend, leiser werdend* (Vortragsanweisung; Abk.: decresc.).

De|di|ka|ti|on, die; -, -en [lat. dedicatio, zu: dedicare, ↑ dedizieren] (bildungsspr.): **1.** *Widmung, Zueignung:* das Buch enthielt eine D. des Verfassers. **2. a)** *Gabe, die jmdm. gewidmet, geschenkt worden ist;* **b)** *Schenkung, Stiftung:* der Park ist die D. eines Bürgers der Stadt.

de|di|zie|ren ⟨sw. V.; hat⟩ [lat. dedicare, eigtl. = überliefernd kundgeben] (bildungsspr.): *jmdm. zueignen, widmen, für ihn bestimmen:* der Autor dedizierte das Buch seinem Lehrer.

De|duk|ti|on, die; -, -en [lat. deductio = Abführen, Fortführen, zu: deducere, ↑ deduzieren]: **1.** (Philos.) *Ableitung des Besonderen u. Einzelnen vom Allgemeinen; Erkenntnis des Einzelfalles durch ein allgemeines Gesetz.* **2.** (Kybernetik) *Ableitung von Aussagen aus anderen Aussagen mithilfe logischer Schlussregeln.*

de|duk|tiv [auch: ˈde:...] ⟨Adj.⟩ [spätlat. deductivus = abgeleitet] (Philos., Kybernetik): *auf Deduktion beruhend, durch Deduktion erfolgend:* eine -e Methode, Schlussfolgerung; aus den Erfahrungen vergangener Zeiten d. gezogene Folgerungen.

de|du|zie|ren ⟨sw. V.; hat⟩ [lat. deducere = herab-, fortführen, den Ursprung von etw. ab-, herleiten] (bes. Philos.): *ableiten; das Besondere, Einzelne aus dem Allgemeinen herleiten:* eine Schlussfolgerung logisch d.

Deep-Free|zer [ˈdiːpfriːzɐ], der; -s, - [engl. deep-freezer, zu: to deep-freeze = tiefgefrieren]: *Tiefkühlvorrichtung, Tiefkühltruhe.*

Deern, die; -, -s [mniederd. dērne = Dirne (1)] (nordd.): *Mädchen:* Hamburger -s.

De|es|ka|la|ti|on [auch: ˈde:...], die; -, -en [aus lat. de- = von – weg u. ↑ Eskalation]: *stufenweise Verringerung od. Abschwächung eingesetzter [militärischer] Mittel.*

de|es|ka|lie|ren [auch: ˈde:...] ⟨sw. V.⟩: **a)** ⟨ist, auch: hat⟩ *(von eingesetzten [militärischen] Mitteln) sich stufenweise verringern od. abschwächen:* eine deeskalierende Polizeistrategie; **b)** ⟨hat⟩ *stufenweise verringern, abschwächen:* einen Konflikt d.

Deez: ↑ Dez.

DEFA, die; - [Kurzwort für Deutsche Film-Aktiengesellschaft]: *Filmgesellschaft der DDR.*

de fac|to [mlat. = in Wirklichkeit, zu lat. factum, ↑ ¹Faktum]: *tatsächlich, nach Lage der Dinge, dem Verhalten nach:* das Parlament übt nicht nur de jure, sondern auch de f. politische Macht aus; eine Sache de f. anerkennen *(durch sein Verhalten die Anerkennung einer Sache zum Ausdruck bringen).*

De-fac|to-An|er|ken|nung, die: *Anerkennung eines Sachverhaltes o. Ä. aufgrund bestehender Tatsachen u. Gegebenheiten:* die Politiker forderten eine D. dieser Verhältnisse.

De|fai|tis|mus usw.: ↑ Defätismus usw.

De|fä|tis|mus, (schweiz. auch:) Defaitismus [defeˈtɪsmʊs], der; - [frz. défaitisme, zu: défaite = Niederlage, zu: défaire = vernichten, zerstören] (bildungsspr. abwertend): *durch die Überzeugung, keine Aussicht auf Sieg, auf Erfolg zu haben, u. durch eine daraus resultierende starke Neigung zum Aufgeben gekennzeichnete Haltung:* unter den Soldaten breitete sich D. aus.

De|fä|tist, (schweiz. auch:) Defaitist [defeˈtɪst], der; -en, -en [frz. défaitiste] (bildungsspr. abwertend): *jmd., der mut- u. hoffnungslos ist u. die eigene Sache für aussichtslos hält.*

De|fä|tis|tin, (schweiz. auch:) Defaitistin, die; -, -nen: w. Form zu ↑ Defätist.

de|fä|tis|tisch, (schweiz. auch:) defaitistisch ⟨Adj.⟩ (bildungsspr. abwertend): *von Defätismus erfüllt, durch ihn gekennzeichnet:* -e Äußerungen.

De|fault [dɪˈfɔːlt], das; -s [engl. default = eigtl. Mangel, Versäumnis, über das Afrz. zu lat. fallere = betrügen, täuschen; unerfüllt lassen, bleiben] (EDV): *Voreinstellung.*

de|fault|mä|ßig ⟨Adj.⟩ (EDV): *das Default betreffend, ihm entsprechend:* diese Funktion ist d. ausgeschaltet.

de|fekt ⟨Adj.⟩ [lat. defectus = geschwächt, mangelhaft, adj. 2. Part. von: deficere, ↑ Defizit]: *schadhaft, nicht in Ordnung:* ein -er Motor, Schalter; das Wasserleitung ist d.; Ü Eduard hat kürzlich versucht, mich wegen der Essmarken als moralisch d. ausschließen zu lassen (Remarque, Obelisk 27).

De|fekt, der; -[e]s, -e [lat. defectus]: **1.** *Schaden, Fehler:* ein leicht zu behebender D.; der Motor hatte einen D. **2. a)** (Med.) *Fehlen eines Organs od. Organteils;* **b)** (Med.) *Fehlen einer Sinnesfunktion;* **c)** (Psychol.) *Fehlen od. Ausfall einer körperlichen od. psychischen Funktion:* er hat einen [schweren, bedenklichen] geistigen, psychischen, moralischen D. **3.** ⟨Pl.⟩ **a)** (Druckw.) *ausgegangene Buchstaben, die nachgegossen werden müssen;* **b)** (Verlagsw.) *fehlende Blätter, Bogen od. Beilagen in [antiquarischen] Büchern.*

de|fen|siv [auch: ˈde:...] ⟨Adj.⟩ [mlat. defensivus, zu lat. defendere = abwehren]: **a)** *der Verteidigung dienend:* ein -es Bündnis; sich d. verhalten; **b)** *auf Sicherung od. Sicherheit bedacht:* -e Fahrweise *(rücksichtsvolle, Risiken vermeidende Fahrweise, bei der die eigenen Rechte der Verkehrssicherheit untergeordnet werden);* **c)** (Sport) *im Spiel die Abwehr, Verteidigung bevorzugend; aus einer verstärkten Abwehr heraus operierend:* -e Aufgaben übernehmen; d. spielen.

De|fen|siv|bünd|nis, das: *Verteidigungsbündnis.*

De|fen|si|ve, die; -, -n ⟨Pl. selten⟩ [vgl. frz. défensive]: **a)** *Abwehr, Verteidigung:* aus der D. zum Angriff übergehen; sich in die D. begeben; jmdn. in die D. drängen; **b)** (Sport) *auf Abwehr, Verteidigung eingestelltes Spiel:* die D. bevorzugen; aus der D. spielen.

De|fen|siv|krieg, der: *Verteidigungskrieg.*

De|fen|siv|spiel, das (Sport): *rein defensives Spiel.*

De|fen|siv|spie|ler, der (Sport): *die Verteidigung bevorzugender Spieler.*

De|fen|siv|spie|le|rin, die: w. Form zu ↑ Defensivspieler.

De|fen|siv|tak|tik, die: *Taktik der Verteidigung.*

De|fen|siv|waf|fe, die (Militär): *Verteidigungswaffe.*

De|fi|bril|la|tor, der; -s, ...oren (Med.): *Gerät, das Herzmuskelstörungen durch einen Stromstoß bestimmter Stärke beseitigt.*

De|fi|cit-Spen|ding, De|fi|cit|spen|ding [ˈdefɪsɪtspɛndɪŋ], das; -[s] [engl. deficit spending, aus: deficit = Defizit u. spending = Ausgaben] (Wirtsch.): *Erhöhung u. Finanzierung öffentlicher Ausgaben, ohne dass die momentan vorhandenen Finanzen zur Deckung ausreichen (als Mittel einer antizyklischen Finanzpolitik).*

De|fi|lee [schweiz.: ˈdefile], das; -s, -s (schweiz. nur so), auch: -n [...ˈleːən] [frz. défilé] (bildungsspr.): *paradmäßiger Vorbeimarsch, das feierliche Vorüberziehen, bes. an einer hochgestellten Persönlichkeit.*

de|fi|lie|ren ⟨sw. V.; ist/hat⟩ [frz. défiler, zu: fil = Faden < lat. filum, also eigtl. = abrollen wie ein Faden]: *parademäßig od. feierlich an jmdm., bes. an einer hochgestellten Persönlichkeit, vorbeiziehen:* die Soldaten defilierten vor der Ehrenloge der Königin.

De|fi|ni|en|dum, das; -s, ...da [lat. definiendum, Gerundivum von: definire, ↑ definieren]: *Begriff, der bestimmt werden soll; das, was definiert wird.*

De|fi|ni|ens [deˈfiːniɛns], das; -, ...tia [defiˈnjɛntsi̯a] [lat. definiens, 1. Part. von: definire, ↑ definieren]: *Begriff, der einen anderen Begriff bestimmt, der über diesen anderen Begriff etw. aussagt.*

de|fi|nier|bar ⟨Adj.⟩: *sich definieren lassend.*

de|fi|nie|ren ⟨sw. V.; hat⟩ [lat. definire, eigtl. = ab-, begrenzen]: **a)** *den Inhalt [eines Begriffes] auseinanderlegen, erklären:* ein Wort exakt, ungenau d.; den Begriffsinhalt d.; »Schimmel« wird im Allgemeinen als »weißes Pferd« definiert; **b)** *bestimmen, festlegen; angeben od. beschreiben, worum es sich handelt:* das Drehmoment präzise d.; die Farbe des Kleides ist schwer zu d.; ein zeitlich definierter Impuls; **c)** ⟨d. + sich⟩ *seine Stellung bestimmen; sein Selbstverständnis haben:* die Ehefrau definierte sich im 19. Jh. häufig durch den Status des Mannes.

de|fi|nit ⟨Adj.⟩ [lat. definitus]: *bestimmt, festgelegt:* -e Größen (Math.; *Größen, die immer das gleiche Vorzeichen haben*).

De|fi|ni|ti|on, die; -, -en [lat. definitio = Abgrenzung, Bestimmung]: **1. a)** *genaue Bestimmung eines Begriffes durch Auseinanderlegung, Erklärung seines Inhalts:* diese D. des Staatsbegriffs ist unbefriedigend; eine genaue, klare, exakte, falsche D. von etw. geben; sich auf eine D. einigen; **b)** *Selbsteinschätzung, Selbstverständnis.* **2.** (kath. Kirche) *als unfehlbar geltende Entscheidung des Papstes od. eines Konzils über ein Dogma.*

De|fi|ni|ti|ons|men|ge, die (Math.): *Menge der Elemente x, die der Menge der Elemente y in einer Abbildung (3) zugeordnet ist.*

de|fi|ni|tiv [auch: ˈde:...] ⟨Adj.⟩ [lat. definitivus = entscheidend, bestimmt] (bildungsspr.): **1.** *endgültig, abschließend, ein für alle Mal:* eine -e Entscheidung, Erklärung; meine Antwort ist d. **2.** (österr. Verwaltungsspr.) *unkündbar:* ein -es Dienstverhältnis; * jmdn. d. stellen *(jmdn. verbeamten).*

de|fi|ni|to|risch ⟨Adj.⟩: *die Definition betreffend, im Hinblick auf eine Definition (1 a).*

de|fi|zi|ent ⟨Adj.⟩ [lat. deficiens (Gen.: deficientis), 1. Part. von deficere, ↑ Defizit]: *unvollständig, unzulänglich.*

De|fi|zit, das; -s, -e [frz. déficit < lat. deficit = es fehlt, zu: deficere = abnehmen; fehlen, zu: de- = von – weg u. facere = machen]: **1.** *Fehlbetrag:* ein D. in der Kasse, in der Außenhandelsbilanz haben; das D. decken. **2.** *Mangel:* ein D. an Nährstoffen; ein D. an Liebe *(ein zu geringes Maß an Zuwendung).*

de|fi|zi|tär ⟨Adj.⟩ [frz. déficitaire]: **a)** *mit einem Defizit belastet:* ein -er Haushalt; der Betrieb ist d.; **b)** *zu einem Defizit führend:* -e Finanzpolitik.

De|fla|ti|on, die; -, -en [Ggb. zu ↑ Inflation]: **1.** (Wirtsch.) *Abnahme des Preisniveaus.* **2.** (Geol.) *Abtragung von lockerem Gestein durch den Wind.*

de|fla|ti|o|när ⟨Adj.⟩ (Wirtsch.): *die Deflation (1) betreffend, auf eine Deflation hinwirkend:* -e Maßnahmen der Regierung.

de|fla|ti|o|nis|tisch ⟨Adj.⟩ (Wirtsch.): *(durch wirtschaftspolitische Maßnahmen) eine Deflation (1) auslösend, auf Deflation beruhend.*

De|flo|ra|ti|on, die; -, -en [spätlat. defloratio, eigtl. = das Ab-, Entblüten] (Med.): *Zerstörung des Jungfernhäutchens einer Frau [beim ersten Geschlechtsverkehr]; Entjungferung.*

de|flo|rie|ren ⟨sw. V.; hat⟩ [spätlat. deflorare = des Ansehens berauben, eigtl. = der Blüten berauben, abblüten]: *(bei jmdm.) eine Defloration herbeiführen, (jmdn.) entjungfern.*

De|flo|rie|rung, die; -, -en: *Defloration.*

de|form ⟨Adj.⟩ [lat. deformis]: *entstellt, verunstaltet.*

De|for|ma|ti|on, die; -, -en [lat. deformatio]: **1.** *Gestalt- od. Volumenveränderung eines Körpers durch auf ihn einwirkende Kräfte; Verformung:* -en am Auto. **2.** (Med.) *nach der Geburt eintretende krankhafte Veränderung:* -en an der Wirbelsäule; berufliche D.

de|for|mie|ren ⟨sw. V.; hat⟩ [lat. deformare, aus: de- = von – weg u. formare, ↑formieren]: **1. a)** *in der Form verändern, verformen:* durch den Aufprall wurde die Karosserie total deformiert; **b)** ⟨d. + sich⟩ *in eine andere als die eigentliche Form geraten, verformt werden.* **2.** *entstellen, verunstalten:* ein deformiertes Gesicht.

De|for|mie|rung, die: *das Deformieren, Deformiertsein.*

De|fros|ter, der; -s, - [engl. defroster = Entfroster, zu: to defrost = entfrosten]: **a)** *Anlage zur Beheizung der Scheiben in Kraftfahrzeugen, die ein Beschlagen od. Vereisen der Scheiben verhindern od. den Beschlag beseitigen soll;* **b)** *[Sprüh]mittel zum Enteisen von Kraftfahrzeugscheiben;* **c)** *Abtauvorrichtung in Kühlschränken.*

◆**Def|ter|dar,** der; -s, -s [türk. defterdar < pers. daftardār = Buchhalter, Rechnungsführer, aus: daftar = Heft, Buch; Akte (< griech. diphthéra = Fell, Tierhaut; Pergament; Urkunde, Akte) u. dār = besitzend]: *Schatzmeister* (2): Al-Hafi Derwisch ist ja Stichwahr mit Graff u. sittlich, war al-Hafi, wird vermag, mir stets willkommen. – Aber Al-Hafi D. des Saladin ... (Lessing, Nathan I, 3).

def|tig ⟨Adj.⟩ [aus dem Niederd. < fries., niederl. deftig = stattlich, vornehm]: **1.** *(ohne verfeinert zu sein) kräftig u. nahrhaft:* eine -e Mahlzeit; -e Hausmannskost. **2.** *derb:* -e Späße; -e Kraftausdrücke; seine Witze waren meist sehr d. **3.** (ugs.) *unangenehm hoch, stark; gewaltig, beträchtlich:* -e Preise, Gebühren, Rechnungen, Zinsen, Verluste; eine -e Niederlage, Abfuhr erleiden.

Def|tig|keit, die; -, -en: **1.** ⟨o. Pl.⟩ *das Deftigsein.* **2.** *etw., was deftig (2) ist; deftige Äußerung o. Ä.*

¹**De|gen,** der; -s, - [mhd. degen = Krieger, Held, Knabe < ahd. thegan = Gefolgsmann, Krieger, urspr. = männliches Kind] (altertümelnd): *[junger] heldenhafter Krieger:* ◆ Auch kenn' ich ihren Vater ... Ein alter D. *(Haudegen)*; stolz und rau; sonst bieder und gut (Lessing, Emilia Galotti I, 4).

²**De|gen,** der; -s, - [ostfrz. degue (= frz. dague) < aprovenz. od. ital. daga = Dolch, H. u.]: **a)** *frühere Hieb- u. Stichwaffe mit Griff u. schmaler, gerader u. spitzer Klinge:* den D. ziehen; die D. kreuzen; jmdm. den D. in die Brust stoßen; er durchbohrte ihn mit seinem D.; **b)** *(Fechten) Stoßwaffe mit dreikantiger Klinge;* **c)** ⟨o. Pl.⟩ *Kurzf. von ↑Degenfechten:* die Sieger im D.

De|ge|ne|ra|ti|on, die; -, -en [zu ↑degenerieren]: **1.** (Biol., Med.) *Rückbildung, Verfall von Zellen, Geweben od. Organen:* die D. von Geweben, des Herzmuskels. **2.** *vom ursprünglichen Zustand abweichende negative Entwicklung; körperlicher od. geistiger Verfall, Abstieg, z. B. durch Zivilisationsschäden:* die D. der Aristokratie.

De|ge|ne|ra|ti|ons|er|schei|nung, die: *auf Degeneration beruhende, auf eine Degeneration hindeutende Erscheinung.*

de|ge|ne|ra|tiv ⟨Adj.⟩ [viell. unter Einfluss von engl. degenerative zu lat. degeneratus, 2. Part. von: degenerare, ↑degenerieren]: *auf Degeneration beruhend, mit Degeneration zusammenhängend:* -e Schäden.

de|ge|ne|rie|ren ⟨sw. V.; ist⟩ [lat. degenerare = aus-, entarten]: **1.** (Biol., Med.) *sich zurückbilden, verfallen, verkümmern:* die Zellen degenerieren. **2.** (abwertend) *sich negativ entwickeln; körperlich od. geistig verfallen:* ein degenerierter Adliger.

De|gen|fech|ten, das; -s: *Fechten mit dem ²Degen (als sportliche Disziplin).*

De|gen|fech|ter, der: *Sportler, der Degenfechten betreibt.*

De|gen|fech|te|rin, die: w. Form zu ↑Degenfechter.

De|gen|glo|cke, die: *Glocke (6) eines ²Degens.*

De|gen|griff, der: *Griff eines ²Degens.*

De|gen|klin|ge, die: *Klinge eines ²Degens.*

De|gen|korb, der: *korbartiger Handschutz am ²Degen.*

De|gen|stoß, der: *mit einem ²Degen ausgeführter Stoß.*

de|gla|cie|ren ⟨sw. V.; hat⟩ [frz. déglacer, eigtl. = das Eis (von etw.) entfernen, zu: glace, ↑Glace] (Kochkunst): *ablöschen* (3 b).

De|gout [de'gu:], der; -s [frz. dégoût, zu: dégoûter, ↑degoutieren] (geh.): *Ekel, Widerwille, Abneigung:* einen D. vor etw. haben.

de|gou|tant [degu'tant] ⟨Adj.⟩ [frz. dégoûtant] (geh.): *ekelerregend, widerlich, abstoßend:* ein -er Witz; wie er sich aufführte, war d.

de|gou|tie|ren ⟨sw. V.; hat⟩ [frz. dégoûter = die Esslust verlieren, anekeln, zu: goût = Geschmack(ssinn) < lat. gustus] (geh.): **1.** *anekeln, anwidern; die Art und Weise, wie er seine Untergebenen behandelte, degoutierte mich in höchstem Maße; ... während der Stier, geschwächt wohl bereits und degoutiert von der Vergeblichkeit all seines Zornes, abgewandt stand* (Th. Mann, Krull 434). **2.** *abstoßend finden:* ich degoutiere so etwas.

De|gra|da|ti|on, die; -, -en [kirchenlat. degradatio = Herabsetzung]: **1.** *Degradierung.* **2.** *Bestrafung eines katholischen Geistlichen durch Ausstoßung aus dem geistlichen Stand.* **3.** (Landwirtsch.) *meist mit einer Verminderung der Fruchtbarkeit verbundene Abwandlung der Merkmale eines Bodens durch Auswaschung, Kahlschlag, durch Änderung des Klimas u. a.*

de|gra|die|ren ⟨sw. V.; hat⟩ [mhd. degradieren < mlat. degradare = herabsetzen, zu lat. gradus, ↑Grad]: **1. a)** *im Dienstgrad, Dienstrang herabsetzen:* einen Unteroffizier zum Gefreiten d.; er wurde wegen Feigheit vor dem Feind degradiert; **b)** *herabwürdigen; erniedrigen:* jmdn. zur Nebenfigur d.; Ü das Handtuch werde ich zum Putzlappen d. **2.** *einen katholischen Geistlichen durch Degradation (2) bestrafen.* **3.** (Landwirtsch.) *einen Boden verschlechtern, durch Degradation (3) verändern.*

De|gra|die|rung, die; -, -en: *das Degradieren.*

De|gres|si|on, die; -, -en [frz. dégression < lat. degressio = das Hinabsteigen]: **1.** (Wirtsch.) *relative Kostenabnahme bei steigender Produktionsmenge.* **2.** (Steuerw.) *Abnahme des Steuersatzes bei abnehmendem zu versteuerndem Einkommen.*

de|gres|siv ⟨Adj.⟩ [frz. dégressif] (bes. Bankw.; Wirtsch.): *abnehmend, sich stufenweise od. kontinuierlich vermindernd:* -e Schulden; die -e Abschreibung von Neubauten.

De|gus|ta|ti|on, die; -, -en [lat. degustatio = das Kosten] (bes. schweiz.): **1.** *das Prüfen, Probieren, Kosten von Lebensmitteln in Bezug auf Geruch u. Geschmack:* eine D. der Spezialitäten des Hauses. **2.** *Ort, Raum für Degustationen* (1).

de gus|ti|bus non est dis|pu|tan|dum [lat.]: *über Geschmack lässt sich nicht streiten.*

de|gus|tie|ren ⟨sw. V.; hat⟩ [lat. degustare = kosten, versuchen] (bes. schweiz.): *Lebensmittel in Bezug auf Geruch u. Geschmack prüfen, kosten, probieren:* Weine d.

dehn|bar ⟨Adj.⟩: **1.** *sich dehnen lassend:* ein -er Stoff, Gummiring. **2.** *nicht klar umrissen, nicht genau bestimmt, mehrere Auslegungen zulassend:* das ist ein -er Begriff.

Dehn|bar|keit, die; -: *Eigenschaft, dehnbar zu sein.*

deh|nen ⟨sw. V.; hat⟩ [mhd., ahd. den(n)en]: **1. a)** *in die Länge, Breite ziehen, strecken, durch Auseinanderziehen, Spannen länger, breiter machen:* das Gummi[band] d.; **b)** *ausstrecken, recken:* seine Arme u. Beine d. **2. a)** *Laute od. Wörter lang gezogen aussprechen:* etw. gedehnt sagen, aussprechen; **b)** *Töne aushalten, klingen lassen.* **3.** ⟨d. + sich⟩ **a)** *unter Zug länger, breiter werden:* der Stoff dehnt sich; **b)** *sich in die Länge ziehen; dauern:* das Gespräch dehnte sich; **c)** *sich ausstrecken, recken:* sich in der Sonne d. und strecken; **d)** *sich erstrecken, ausbreiten, hinziehen:* eine weite Ebene dehnte sich vor unseren Blicken.

dehn|fä|hig ⟨Adj.⟩: *dehnbar.*

Dehn|fä|hig|keit, die; -: *Dehnbarkeit.*

Deh|nung, die; -, -en: **1.** *das Dehnen* (1, 2). **2.** *das Gedehnte.*

Deh|nungs-h, das; -, - (Sprachwiss.): *als Dehnungszeichen fungierendes h.*

Deh|nungs|zei|chen, das (Sprachwiss.): *Schriftzeichen zur Kennzeichnung der Lautdehnung.*

De|hors [de'o:ɐ̯s] ⟨Pl.⟩ [frz. dehors = Äußeres, zu: dehors (provenz. defors) = draußen, hinaus < spätlat. deforis = von außen] (veraltend): *äußerer Schein, gesellschaftlicher Anstand:* die D. wahren.

de|hu|ma|ni|sie|ren ⟨sw. V.; hat⟩ (bildungsspr.): *entmenschlichen* (a).

De|hy|dra|ta|ti|on, die; -, -en: **1.** (Fachspr.) *Entzug von Wasser (z. B. bei Lebensmitteln).* **2.** (Med.) *Abnahme, Verminderung des Wassers im Körper; Austrocknung.*

De|hy|dra|ti|on, die; -, -en (Chemie): *Entzug von Wasserstoff.*

de|hy|dra|ti|sie|ren ⟨sw. V.; hat⟩ [aus lat. de- = von – weg u. ↑hydratisieren] (Fachspr.): *(bes. Lebensmitteln) Wasser entziehen.*

De|hy|dra|ti|sie|rung, die; -, -en (Fachspr.): *das Dehydratisieren, Dehydratisiertwerden.*

de|hy|drie|ren ⟨sw. V.⟩ [aus lat. de- = von – weg u. ↑hydrieren]: **1.** ⟨hat⟩ (Chemie) *(einer chemischen Verbindung) Wasserstoff entziehen:* dehydrierte Lebensmittel. **2.** ⟨ist⟩ *eine Dehydratation (2) erleiden; austrocknen* (2): alte Menschen trinken oft zu wenig und dehydrieren dann.

De|hy|drie|rung, die; -, -en: *das Dehydrieren; das Dehydriertwerden, Dehydriertsein.*

Dei|bel, der: ↑Deiwel.

Deich, der; -[e]s, -e [aus dem Niederd. < mniederd. dīk = Deich, (künstlich ausgehobener) Teich, urspr. = Ausgestochenes]: *aufgeschütteter Erddamm längs eines Flusses od. einer Meeresküste zum Schutz tiefer liegenden Geländes gegen Überschwemmung:* die -e brechen; einen D. bauen, verstärken, ausbessern; auf dem D. spazieren gehen.

Deich|bau, der ⟨o. Pl.⟩: *Bau (1) von Deichen, eines Deichs.*

Deich|bö|schung, die: *abgeschrägte Seitenfläche des Deichs.*

Deich|bruch, der: *Bruch eines Deichs.*

Deich|fuß, der: *Grundfläche eines Deichs.*

Deich|graf, (auch:) **Deich|gräf,** der; -en, -en: *Deichvorsteher.*

Deich|haupt|mann, der: *Deichvorsteher.*

Deich|kro|ne, die: *oberster Teil eines Deichs.*

Deich|läu|fer, der: *der zur Kontrolle über Deiche läuft (um Anzeichen für die Gefahr eines Deichbruchs frühzeitig zu erkennen).*

Deich|läu|fe|rin, die: w. Form zu ↑Deichläufer.

¹**Deich|sel:** ↑Dechsel.

²**Deich|sel,** die; -, -n [mhd. dīhsel, ahd. dīhsala, urspr. = Zugstange, verw. mit ↑dehnen]: **1.** *aus einer od. zwei Stangen bestehender Teil des Wagens, an den die Zugtiere gespannt werden u. der dem Ziehen u. Lenken des Wagens dient:* die D. ist gebrochen; die Pferde an die D. spannen; einen Handwagen an der D. führen. **2.** (derb) *erigierter Penis.*

Deich|sel|bruch, der: *Bruch der Deichsel eines Wagens.*

Deich|sel|kreuz, das: **1.** *Griff an der Deichsel*

eines Handwagens. **2.** *[christliches] Kreuz von der Form eines Ypsilon.*

deich|seln ⟨sw. V.; hat⟩ [eigtl. = einen Wagen an der Deichsel rückwärts lenken, zu ↑²Deichsel] (ugs.): *durch geschicktes Lenken, Arrangieren eine gewünschte Situation, Konstellation zustande kommen lassen:* er wird die Sache schon d.; das hat sie gut gedeichselt; ich werde es so d., dass der Alte nicht im Haus ist.

Deich|ver|band, der: *von den Eigentümern der im Schutz der Deiche eines bestimmten Gebiets gelegenen Grundstücke gebildete Körperschaft des öffentlichen Rechts, der die Erhaltung der Deiche obliegt.*

Deich|vor|land, das: *vor einem Deich zwischen Küste u. Ufer liegendes begrüntes Land.*

Deich|vor|ste|her, der: *Vorsteher eines Deichverbands.*

Dei Gra|tia [lat., zu: deus = Gott u. gratia = Dank]: *von Gottes Gnaden* (Zusatz zum Titel von Bischöfen, früher auch von Fürsten; Abk.: D. G.)

¹dein ⟨Possessivpron.; bezeichnet die Zugehörigkeit zu einer mit »du« angeredeten Person⟩ [mhd., ahd. dīn]: **1. a)** ⟨vor einem Subst.⟩ d. Bruder, -e Tasche, -e Meinung, d. Verhalten; wir haben -en Brief bekommen; machst du noch jährlich -e Kur?; du verlässt -en Standort; infolge -es Einsatzes, -er Mühe; -em Versagen ist es anzulasten; viele Grüße von Deiner/deiner Karin (Schlussformel in Briefen); d. Geschenk (1. *das Geschenk, das du bekommen hast.* 2. *das Geschenk von dir*); d. Zug *(der Zug, mit dem du fahren willst)* fährt in zehn Minuten; nimm jetzt -e *(die für dich vorgesehene)* Medizin!; du hast wohl -en Zug *(den Zug, mit dem du immer fährst)* verpasst?; **b)** ⟨ohne Subst.:⟩ ich bin d. (geh.; *gehöre dir*); er ist nicht mein Freund, sondern -er; es war nicht mein Wunsch, sondern -e; sind das ihre Handschuhe oder -e?; nicht ihr Benehmen ist unpassend, sondern -s, ⟨geh.:⟩ -es. **2.** ⟨mit Art.⟩ (geh.): *ewig der Deine/deine; der Deine/deine (dein Mann);* die Deine/deine *(deine Frau);* die Deinen/deinen *(deine Angehörigen);* du musst das Deine/deine tun *(das dir Gehörende);* du musst das Deine/deine tun *(deine Aufgabe, das dir Zukommende).*

²dein [mhd., ahd. dīn] (geh. veraltet): Gen. von ↑du.

dei|ner [mhd. dīn(er), ahd. dīn] (geh.): Gen. von ↑du.

dei|ner|seits ⟨Adv.⟩ [↑-seits]: *von dir aus, von deiner Seite aus:* bestehen d. noch Fragen?; du musst d. daran denken.

dei|nes|glei|chen ⟨indekl. Pron.⟩: *jmd. wie du; jmd., der dir gleich ist:* du und d.

dei|nes|teils ⟨Adv.⟩: *deinerseits.*

dei|net|hal|ben ⟨Adv.⟩ [↑-halben] (veraltend): *deinetwegen.*

dei|net|we|gen ⟨Adv.⟩: *aus Gründen, die dich betreffen:* ich bin d. gekommen.

dei|net|wil|len ⟨Adv.⟩: *nur in der Fügung* um d. *(mit Rücksicht auf dich):* ich habe um d. so gehandelt.

dei|ni|ge, der, die, das; -n, -n ⟨Possessivpron.; immer mit Art.⟩ (geh. veraltend): *der, die, das* ¹*Deine* (2): er hat nur ein Vorteil gedacht, nicht an den -n; ⟨subst.:⟩ die Deinigen/deinigen *(deine Angehörigen);* du musst das Deinige/deinige tun *(deine Aufgabe, das dir Zukommende).*

de|in|stal|lie|ren ⟨sw. V.; hat⟩ (EDV): *(die Installation bes. von Computerprogrammen, von Software o. Ä.) rückgängig machen, sie entfernen.*

Dei|wel, der; -s, -, Deibel, der; -s -, **Dei|xel,** der; -s [mundartl. Entstellung aus ↑Teufel] (landsch. ugs.): *Teufel.*

De|ixis, die; - [griech. deĩxis = das Zeigen] (Sprachwiss.).

Dé|jà-vu [deʒaˈvy:], das; -[s] -s, **Dé|jà-vu-Er|lebnis,** das [aus frz. déjà = schon u. vu, 2. Part. von: voir = sehen] (Psychol.): *Erinnerungstäuschung, bei der der Eindruck entsteht, gegenwärtig Erlebtes in gleicher Weise schon einmal erlebt zu haben:* ein D. haben.

De|jeu|ner [deʒøˈne:], das; -s, -s [frz. déjeuner, zu: déjeuner, ↑dejeunieren]: **1. a)** (veraltet) *Frühstück* (a): ◆ Bon jour, mein Herr!... Wollen Sie vielleicht mein D. mit mir teilen (Hauff, Jud Süß 400); **b)** (geh.) *kleines Mittagessen.* **2.** *Kaffee- od. Teeservice, Frühstücksgedeck für zwei Personen.*

de ju|re [mlat., zu lat. ius, ↑¹Jus]: *von Rechts wegen, rechtlich betrachtet, formalrechtlich; der formellen Rechtslage zufolge, jedoch ohne Rücksicht auf tatsächliche Umstände:* einen Staat de j. anerkennen; der Vertrag ist de j. gültig.

De-ju|re-An|er|ken|nung, die: *Anerkennung auf rechtlicher Grundlage.*

De|ka, das; -[s], - (österr.): Kurzf. von ↑Dekagramm.

De|ka|de, die; -, -n [frz. décade < lat. decas (Gen.: decadis) = Zehnt, Anzahl von zehn < griech. dekás, zu ¹: déka = zehn]: **a)** *Satz od. Serie von 10 Stück;* **b)** *Zeitraum von 10 Tagen, Wochen, Monaten od. Jahren;* **c)** (Literaturwiss.) *Einheit von 10 Gedichten od. Büchern.*

de|ka|dent ⟨Adj.⟩ [frz. décadent] (bildungsspr.): *Zeichen der Dekadenz zeigend; kulturell im Verfall begriffen:* eine -e Epoche; das Bürgertum weist -e Züge auf.

De|ka|denz, die; - [frz. décadence < mlat. decadentia, zu lat. de- = von – weg u. cadere = fallen, sinken] (bildungsspr.): *kultureller Niedergang mit typischen Entartungserscheinungen in den Lebensgewohnheiten u. Lebensansprüchen; Verfall, Entartung:* die D. des Bürgertums.

de|ka|disch ⟨Adj.⟩ [zu ↑Dekade]: *zehnteilig, auf die Zahl 10 bezüglich:* -er Logarithmus *(Logarithmus einer Zahl zur Basis 10, Zehnerlogarithmus);* -es System *(Zahlensystem mit der Grundzahl 10, Dezimalsystem).*

De|ka|eder, das; -s, - [zu griech. déka = zehn u. hédra = Fläche] (Geom.): *Körper, der von zehn [regelmäßigen] Vielecken begrenzt ist.*

De|ka|gon, das [griech. dekágōnon, zu griech. gōnía = Winkel] (Geom.): *Zehneck.*

De|ka|gramm [auch: ˈde:...], das [aus griech. déka = zehn u ↑Gramm]: *10 Gramm* (Zeichen: Dg, [österr.:] dag, [österr. früher:] dkg).

De|ka|li|ter [auch: ˈdɛ..., auch: ˈde:...], der (schweiz. nur so), auch: das: *10 Liter* (Zeichen: Dl, dkl).

De|ka|log, der; -[e]s [kirchenlat. decalogus < griech. dekálogos] (christl. Rel.): *die Zehn Gebote.*

De|ka|me|ter, der, früher fachspr. auch: das; -s, - [zu griech. déka = zehn]: *10 Meter* (Zeichen: dam, veraltet: Dm, dkm).

De|kan, der; -s, -e [mlat. decanus = Propst; Vogt < lat. decanus = Führer von zehn Mann]: **1.** (kath. Rel.) *Dechant.* **2.** (ev. Kirche; in Süddeutschland) *Superintendent.* **3.** *Vorsteher einer Fakultät od. eines Fachbereichs an der Universität.*

De|ka|nat, das; -[e]s, -e: **1.** [mlat. decanatus] *Amt, Bezirk eines Dekans;* vgl. *Dechanat.* **2.** *Verwaltung einer Fakultät od. eines Fachbereichs an einer Universität.*

De|ka|nei, die; -, -en: **1.** [mlat. decania] ↑Dechanei. **2.** *Wohnung eines Dekans.*

De|ka|nin, die; -, -nen: w. Form zu ↑Dekan (2, 3).

De|kan|ter, der; -s, - [nach frz. décanter, zu: décanter, ↑dekantieren]: **1.** (Fachspr.) *Zentrifuge für die Trennung von Feststoff-Flüssigkeits-Gemischen.* **2.** *bauchige* (2) *[Glas]karaffe zum Servieren von Wein, in der Wein sein Aroma bes. gut entfalten kann.*

de|kan|tie|ren ⟨sw. V.; hat⟩ [frz. décanter = abgießen < alchemistenlat. decanthare, zu lat. canthus = Schnabel eines Krugs]: *eine Flüssigkeit vom Bodensatz abgießen (z. B. bei älteren Rot- u. Portweinen).*

De|k|ar, das; -s, -e ⟨aber: 3 -⟩, (schweiz.:) **De|k|a-re,** die; -, -n [frz. décare, aus: déca- (< griech. déka = zehn) u. are, ↑¹Ar]: *10 Ar.*

De|kla|ma|ti|on, die; -, -en: **1.** [lat. declamatio] *kunstgerechter Vortrag (einer Dichtung).* **2.** *auf Wirksamkeit bedachte, oft auch pathetisch vorgetragene Äußerung, Meinung:* leere -en. **3.** (Musik) *Hervorhebung u. Artikulation einer musikalischen Phrase od. des Sinn- u. Ausdrucksgehaltes eines vertonten Textes.*

De|kla|ma|tor, der; -s, ...toren [lat. declamator]: *Vortragskünstler.*

De|kla|ma|to|rik, die; -: *Vortragskunst.*

De|kla|ma|to|rin, die; -, -nen: w. Form zu ↑Deklamator.

de|kla|ma|to|risch ⟨Adj.⟩ [lat. declamatorius]: **1. a)** *ausdrucksvoll im Vortrag, vortragskünstlerisch;* **b)** *übertrieben im Ausdruck:* ein allzu -er Stil. **2.** *auf Wirksamkeit, nicht auf reale Verwirklichung bedacht, dabei oft auch pathetisch wirkend:* der Text hat -en Charakter. **3.** (Musik) *beim Gesang auf Wortverständlichkeit Wert legend.*

de|kla|mie|ren ⟨sw. V.; hat⟩: **1.** [lat. declamare] *[kunstgerecht] vortragen:* ein Gedicht d.; er kann gut d.; Er deklamierte falsch, aber seine Begeisterung für das, was er sagte, söhnte Stanislaus mit der falschen Betonung aus (Strittmatter, Wundertäter 278). **2.** *in eindringlichem, oft auch pathetischem Ton (über etw.) sprechen.* **3.** (Musik) *einen vertonten Text deutlich u. unter Berücksichtigung des Sinn- u. Ausdrucksgehaltes vortragen.*

De|kla|ra|ti|on, die; -, -en [lat. declaratio = Kundgebung, Offenbarung]: **1.** *[feierliche, öffentliche] Erklärung grundsätzlicher Art, die von einer Regierung, einem Staat, einer Organisation od. von mehreren Staaten od. Organisationen [gemeinsam] abgegeben wird:* die D. der Menschenrechte. **2. a)** *Zoll-, Steuererklärung;* **b)** (Wirtsch.) *Inhalts-, Wertangabe [bei einem Versandgut].*

de|kla|ra|tiv ⟨Adj.⟩ [lat. declarativus]: *die Form, Art einer Deklaration* (1) *aufweisend.*

de|kla|ra|to|risch ⟨Adj.⟩: **1.** *deklarativ.* **2.** (Rechtsspr.) *feststellend, bestätigend:* ein Feststellungsurteil hat lediglich -e Wirkung; -e Urkunde *(Urkunde, durch die das Zustandekommen eines Rechtsgeschäfts bestätigt wird).*

de|kla|rie|ren ⟨sw. V.; hat⟩ [spätmhd. declariren < lat. declarare = bekannt machen, offenbaren]: **1.** *eine [feierliche] Erklärung abgeben:* 1776 deklarierten die britischen Kolonien in Nordamerika ihre Unabhängigkeit. **2. a)** *eine Zoll-, Steuererklärung abgeben, einer Behörde o. Ä., bes. beim Zoll, bei der Steuer angeben:* den Kaffee beim Grenzübertritt d.; **b)** (Wirtsch.) *den Inhalt, Wert einer [Waren]sendung angeben.* **3.** *als etw. bezeichnen, zu etw. erklären:* er deklarierte ihn zu seinem Berater.

de|kla|riert ⟨Adj.⟩: *erklärt:* dies ist das -e Ziel unserer Politik.

De|kla|rie|rung, die; -, -en: *das Deklarieren.*

de|klas|sie|ren ⟨sw. V.; hat⟩ [frz. déclasser, zu: classer (= in Klassen einordnen, ordnen) od. zu: classe = Klasse]: **1. a)** (Soziol.) *aus einer bestimmten sozialen od. ökonomischen Klasse in eine niedrigere verweisen, herabsetzen:* der Arbeiter ist heute gesellschaftlich nicht mehr so stark deklassiert wie früher; **b)** *auf eine niedrigere Stufe verweisen, herabsetzen:* das neue Wörterbuch deklassiert alle Konkurrenzwerke.

2. (Sport) *einem Gegner eindeutig überlegen sein u. ihn überraschend hoch besiegen:* die Mannschaft deklassierte ihren Gegner mit 9 : 1.

De|klas|sie|rung, die; -, -en: *das Deklassieren.*

de|kli|na|bel ⟨Adj.⟩ [lat. declinabilis] (Sprachwiss.): *(von Wörtern bestimmter Wortarten) flektierbar:* deklinable Wörter.

De|kli|na|ti|on, die; -, -en [lat. declinatio, eigtl. = Abbiegung]: **1.** (Sprachwiss.) *Flexion (des Substantivs, Adjektivs, Pronomens u. Numerales):* die starke, schwache D. **2.** (Astron.) *Abweichung eines Gestirns vom Himmelsäquator.* **3.** (Physik) *Abweichung der Richtungsangabe der Magnetnadel [beim Kompass] von der wahren Nordrichtung; Missweisung.*

De|kli|na|ti|ons|en|dung, die (Sprachwiss.): *Flexionsendung bei der Deklination* (z. B. das *s* in *des Gartens*).

De|kli|na|tor, der; -s, ...oren, **De|kli|na|to|ri|um,** das; -s, ...ien [zu lat. declinare, ↑ deklinieren] (früher): *Gerät zur Bestimmung [zeitlicher Änderung] der Deklination* (3).

de|kli|nier|bar ⟨Adj.⟩ (Sprachwiss.): *deklinabel.*

de|kli|nie|ren ⟨sw. V.; hat⟩ [lat. declinare, eigtl. = abbiegen] (Sprachwiss.): *(Substantive, Adjektive, Pronomen u. Numeralia) flektieren:* dieses Substantiv wird stark, schwach dekliniert.

De|ko ['de:ko, 'deko], die; -, -s: *kurz für* ↑ Dekoration.

de|ko|die|ren usw.: ↑ decodieren usw.

De|kol|le|té, De|kol|le|tee [dekɔl'te:], das; -s, -s [zu frz. décolleté, 2. Part. von: décolleter, ↑ dekolletieren]: *tiefer Ausschnitt an Damenkleidern o. Ä., der Schultern, Brustansatz od. Rücken frei lässt:* ein tiefes, ausgeschnittenes, offenherziges, gewagtes D. *(tiefes).*

de|kol|le|tie|ren ⟨sw. V.; hat⟩ [frz. décolleter, eigtl. = den Hals, die Schultern entblößen, zu: collet = Halskragen, zu: col = Hals < lat. collum]: *(ein Damenkleid) mit einem Dekolleté versehen.*

de|kol|le|tiert ⟨Adj.⟩ [frz. décolleté(e)]: **1.** *(von Damenkleidern) tief ausgeschnitten:* ein [tief] -es Kleid. **2.** *ein Dekolleté tragend:* eine -e Dame.

De|ko|lo|ni|sa|ti|on, die; -, -en [aus lat. de- = von – weg u. ↑ Kolonisation]: *Entlassung einer Kolonie aus der politischen, wirtschaftlichen u. militärischen Abhängigkeit vom Mutterland.*

de|ko|lo|ni|sie|ren ⟨sw. V.; hat⟩: *die politische, wirtschaftliche u. militärische Abhängigkeit einer Kolonie vom Mutterland beseitigen, aufheben.*

De|ko|lo|ni|sie|rung, die; -, -en: *Dekolonisation.*

De|kom|pres|si|on, die; -, -en [aus lat. de- = von – weg u. ↑ Kompression] (Fachspr.): **1.** *Druckabfall in einem technischen System.* **2.** *allmähliche Entlastung von hohem atmosphärischen Druck; Druckentlastung für den Organismus nach längerem Aufenthalt in Räumen mit Überdruck wie Taucherglocken o. Ä.*

De|kom|pres|si|ons|kam|mer, die: *geschlossener Raum, in dem der Organismus nach längerem Aufenthalt in Räumen mit Überdruck allmählich vom Überdruck entlastet wird.*

de|kom|pri|mie|ren ⟨sw. V.; hat⟩ [aus lat. de- = von – weg u. ↑ komprimieren]: **1.** *den Druck von etw. verringern.* **2.** (EDV) *komprimierte Daten wieder in die Ausgangsform zurückbringen; entpacken.*

de|kon|st|ru|ie|ren ⟨sw. V.; hat⟩: *zerlegen, auflösen.*

De|kon|s|t|ruk|ti|on, die; -, -en [engl. deconstruction < frz. déconstruction = das (logische) Zerlegen, Zergliedern (einer Theorie o. Ä.), déconstruire = (logisch) zerlegen, zergliedern; Mitte der 60er-Jahre von dem frz. Philosophen J. Derrida (1930–2004) in die wissenschaftl. Terminologie eingeführt]: **1.** *Zerlegung, Auflösung.* **2.** (Philos.) *analytisches Verfahren, das zentrale, vorausgesetzte Begriffe der traditionellen Philosophie kritisch infrage stellt.* **3.** (Literaturwiss.) *Verfahren des Dekonstruktivismus* (2 b).

De|kon|s|t|ruk|ti|vis|mus, der; - [engl. deconstructionism]: **1.** (Archit.) *Richtung der modernen Architektur, die durch das unvermittelte Aufeinanderstoßen unterschiedlicher Materialien, Räume u. Linienführungen gekennzeichnet ist.* **2. a)** (Wissensch.) *auf dem Verfahren der Dekonstruktion* (1) *beruhende wissenschaftliche Theorie;* **b)** (Literaturwiss.) *auf die Analyse des Textes konzentrierte, durch Offenheit gegenüber vielfältigen Interpretationsmöglichkeiten gekennzeichnete Richtung der Literaturwissenschaft.*

De|kon|ta|mi|na|ti|on, die; -, -en ⟨Pl. selten⟩ [engl. decontamination, zu: contamination, ↑ Kontamination]: **1.** (Physik) *Entfernung von Neutronen absorbierenden Verunreinigungen aus einem Kernreaktor.* **2.** (bes. Militär) *Entseuchung, Entgiftung (bes. eines durch atomare, biologische od. chemische Kampfstoffe verseuchten Objekts od. Gebiets).*

de|kon|ta|mi|nie|ren ⟨sw. V.; hat⟩: *entseuchen; eine Dekontamination vornehmen.*

De|kon|ta|mi|nie|rung, die; -, -en ⟨Pl. selten⟩: *das Dekontaminieren.*

De|kon|zen|t|ra|ti|on, die; -, -en [aus lat. de- = von – weg u. ↑ Konzentration]: *das Dekonzentrieren; Entflechtung; Verteilung:* eine räumliche D.

de|kon|zen|t|rie|ren ⟨sw. V.; hat⟩: *eine Konzentration, eine Zusammenballung auflösen, entflechten, verteilen.*

De|kon|zen|t|rie|rung, die; -, -en: *das Dekonzentrieren.*

De|kor, der, auch: das; -s, -s u. -e [frz. décor, zu: décorer, ↑ dekorieren]: **1.** *[farbige] Verzierung, [Gold]muster, bes. auf Glas- u. Porzellanwaren:* ein handgemaltes D. **2.** *Ausstattung [eines Theaterstücks od. Films], Dekoration* (3).

De|ko|ra|teur [dekoraˈtøːɐ̯], der; -s, -e [frz. décorateur, zu: décorer, ↑ dekorieren]: *Fachmann für die Gestaltung u. Ausschmückung von Innenräumen, Schaufenstern, Theater- u. Filmkulissen (Berufsbez.).*

De|ko|ra|teu|rin [...ˈtøːrɪn], die; -, -nen: w. Form zu ↑ Dekorateur.

De|ko|ra|ti|on, die; -, -en [(frz. décoration <) spätlat. decoratio = Ausschmücken, Schmuck, zu lat. decorare, ↑ dekorieren]: **1.** ⟨o. Pl.⟩ *das Dekorieren:* die D. eines Schaufensters. **2. a)** *Ausschmückung, künstlerische Ausgestaltung eines Raumes od. Gebäudes [für einen bestimmten Anlass]:* eine weihnachtliche D. der Räume; die D. für den Fastnachtsball war gelungen; die Früchte stehen nicht zur D. da, sie wollen/sollen gegessen werden; **b)** *[werbewirksame] Ausstattung eines Schaufensters;* **c)** (Theater, Film) *Ausstattung einer Bühne, Bühnenbild, [Film]kulisse:* die D. für ein Stück entwerfen. **3.** *Gesamtheit der in einem Raum od. an einem Gegenstand angebrachten schmückenden Dinge:* die D. der Hochzeitstafel bestand aus Blumen. **4. a)** *Ordensverleihung, Dekorierung;* **b)** *Orden, Ehrenzeichen.*

De|ko|ra|ti|ons|ele|ment, das: *Teilstück einer größeren Dekoration.*

De|ko|ra|ti|ons|kunst, die: *Kunst des dekorativen Gestaltens.*

De|ko|ra|ti|ons|pa|pier, das: *einfarbiges Plakatpapier.*

De|ko|ra|ti|ons|stoff, der: *einfarbiger od. bedruckter Stoff zum Ausschmücken von Innenräumen, für Vorhänge u. Möbel.*

de|ko|ra|tiv ⟨Adj.⟩ [frz. décoratif]: **1.** *schmückend, [als Schmuck] wirkungsvoll; einer Sache od. Person einen zusätzlichen Glanz verleihend:* ein -es Blumengebinde; ein -er Hut, Halsschmuck; -e Kosmetik *(Kosmetik, die der Verschönerung dient im Gegensatz zur vorwiegend pflegenden Kosmetik);* diese Pose ist, wirkt sehr d. **2.** *die Theater-, Filmdekoration betreffend:* ein d. sehr aufwendiger Film.

de|ko|rie|ren ⟨sw. V.; hat⟩ [unter Einfluss von frz. décorer < lat. decorare, zu: decus = Zierde, Zierrat]: **1.** *ausschmücken, künstlerisch ausgestalten:* das Schaufenster d.; der mit Blumen und Girlanden dekorierte Saal. **2.** [nach engl. to decorate] *durch die Verleihung eines Ordens od. Ehrenzeichens ehren;* jmdm. einen Orden verleihen: jmdn. [mit dem Verdienstkreuz] d.

De|ko|rie|rung, die; -, -en: *das Dekorieren.*

De|ko|stoff ['deːko..., 'deko...], der; -[e]s, -e: *kurz für* ↑ Dekorationsstoff.

De|kret, das; -[e]s, -e [mhd. decret < lat. decretum]: *behördliche od. richterliche Verfügung, Beschluss, Verordnung:* ein D. erlassen, verlesen.

De|kre|ta|le, das; -, ...lien od. die; -, -n ⟨meist Pl.⟩ [mlat. decretale, wohl gek. aus: litterae decretales = ein Dekret enthaltendes Schriftstück] (kath. Rel.): *päpstliche Entscheidung in einer Einzelfrage.*

de|kre|tie|ren ⟨sw. V.; hat⟩ [mlat. decretare]: *verordnen, bestimmen:* Maßnahmen, ein Gesetz d.; Wir kennen uns noch kein Vierteljahr, da dekretiert er, zur wirklichen Musikerin reicht es bei dir nicht, lass das sein (M. Walser, Pferd 141).

De|ku|bi|tus, der; - [zu lat. decubitum, 2. Part. von: decumbere = (nieder)liegen] (Med.): *das Wundliegen als Folge langen Liegens bei bettlägerigen Kranken.*

De|ku|rie, die; -, -n [lat. decuria, zu: decem = zehn]: **a)** *[Zehner]gruppe als Untergliederung des Senats od. des Richterkollegiums im antiken Rom;* **b)** *Unterabteilung von zehn Mann in der altrömischen Reiterei.*

De|ku|rio, der; -s u. ...onen, ...onen [lat. decurio]: **a)** *Mitglied einer Dekurie* (a); **b)** *Anführer einer Dekurie* (b).

De|ku|vert: ↑ Découvert.

de|ku|v|rie|ren ⟨sw. V.; hat⟩ [frz. découvrir = abdecken < lat. discooperire = enthüllen] (bildungsspr.): *jmds., einer Sache wahren Charakter, wahres Wesen erkennbar machen; entlarven:* etw. als Mythos d.; jmdn. als Opportunisten, Lügner d.; dieses Missgeschick hat ihn, durch dieses Missgeschick hat er sich [als Hochstapler] dekuvriert.

De|ku|v|rie|rung, die; -, -en (bildungsspr.): *das Dekuvrieren.*

del. = delineavit; delineavit.

De|lat, der; -en, -en [zu lat. delatum, 2. Part. von: deferre = anklagen] (veraltet): *jmd., der zu einer Eidesleistung verpflichtet wird.*

¹De|la|ware ['dɛləwɛːɐ̯], -: *Bundesstaat der USA.*

²De|la|wa|re [dela...], der; -n, -n: *Angehöriger eines nordamerikanischen Indianerstamms.*

de|le|a|tur [lat. = es möge gestrichen werden] (Druckw.): *bitte tilgen* (Korrekturanweisung; Abk.: del., Zeichen: ♂).

De|le|a|tur, das; -s, - (Druckw.): *Tilgungszeichen.*

De|le|a|tur|zei|chen, das: *Tilgungszeichen.*

De|le|gat, der; -en, -en [mlat. delegatus, zu lat. delegare, ↑ delegieren]: *Bevollmächtigter, Abgesandter:* Apostolischer D. *(Bevollmächtigter des Papstes ohne diplomatische Rechte).*

De|le|ga|tin, die; -, -nen: w. Form zu ↑ Delegat.

De|le|ga|ti|on, die; -, -en: **1.** [zu ↑ delegieren] **a)** *das Delegieren* (1), *Abordnen:* seine D. in diesem Ausschuss war umstritten; **b)** *Abordnung [von Bevollmächtigten], die zu [meist politischen] Tagungen, Konferenzen u. a. entsandt wird:* die britische, deutsche D. besteht aus sechs Mitgliedern; eine D. von Arbeitern; der Außenminister empfing eine zehnköpfige D. aus Spanien. **2.** [lat. delegatio = Anweisung] *das Delegieren* (2), *Übertragung von Zuständigkeiten, Rechten, Leistungen u. Ä.*

De|le|ga|ti|ons|chef, der ⟨ugs.⟩: *Delegationsleiter.*

De|le|ga|ti|ons|che|fin, die: w. Form zu ↑ Delegationschef.

De|le|ga|ti|ons|lei|ter, der: *Leiter einer Delegation* (1b).

De|le|ga|ti|ons|lei|te|rin, die: w. Form zu ↑ Delegationsleiter.

De|le|ga|ti|ons|mit|glied, das: *Mitglied einer Delegation* (1b).

De|le|ga|tur, die; -, -en: *Amt[sbereich] eines Apostolischen Delegaten.*

de|le|gie|ren ⟨sw. V.; hat⟩ [lat. delegare = jmdn. od. etw. jmdm. überweisen; jmdn. zu etw. beauftragen]: **1.** *zu etw. abordnen, in eine Delegation* (1b) *wählen:* jmdn. zu einem Kongress, in einen Ausschuss d. **2.** *Rechte od. Aufgaben [abtreten u.] auf eine anderen übertragen:* der Abteilungsleiter delegiert viele Aufgaben an ⟨selten: auf⟩ seine Mitarbeiter; er versteht es, Arbeit zu d. (iron.; lästige Arbeit einem anderen aufzubürden).

De|le|gier|te, die/eine Delegierte; der/einer Delegierten, die Delegierten/zwei Delegierte: *weibliches Mitglied einer Delegation* (1b), *Abgesandte.*

De|le|gier|ten|kon|fe|renz, die: *Konferenz von Delegierten.*

De|le|gier|ten|ver|samm|lung, die: *Versammlung von Delegierten.*

De|le|gier|ter, der Delegierte/ein Delegierter; des/eines Delegierten, die Delegierten/zwei Delegierte: *Mitglied einer Delegation* (1b), *Abgesandter:* als D. zu einem Kongress entsandt.

De|le|gie|rung, die; -, -en: *Delegation* (2).

de|lek|tie|ren ⟨sw. V.; hat⟩ [lat. delectare] (bildungsspr.): **1.** *erfreuen, ergötzen:* er delektierte seine Gäste mit hübschen Anekdoten. **2.** ⟨d. + sich⟩ *sich an etw. ergötzen, laben, gütlich tun:* man delektierte sich an den aufgetragenen Speisen.

De|lete [di'li:t] ⟨ohne Artikel gebr.⟩ [engl., zu: to delete = (aus)löschen (mengl. = zerstören), zu lat. delere (2. Part.: deletum) = zerstören, vernichten] (EDV): **a)** Kurzf. von ↑ Deletetaste; **b)** *Löschfunktion.*

De|lete|tas|te, die, (EDV): *Löschtaste auf der Computertastatur.*

¹**Del|fin,** Delphin, der; -s, -e [mhd. delfin < lat. delphinus < griech. delphín, älter: delphís (Gen.: delphīnos), wohl zu delphýs = Gebärmutter, wahrsch. nach der gebärmutterähnlichen Körperform]: *(zu den Zahnwalen gehörendes) im Wasser, meist in Herden lebendes Säugetier mit schnabelartig verlängertem Maul:* eine Schule -e.

²**Del|fin,** Delphin, das; -s ⟨meist ohne Art.⟩: *Delfinschwimmen:* 100 m D.; D. schwimmen.

Del|fi|na|ri|um, Delphinarium, das; -s, ...ien [geb. nach ↑ Aquarium]: *Anlage zur Haltung u. Vorführung von Delfinen.*

del|fin|schwim|men, Del|fin schwim|men, delphinschwimmen, Delphin schwimmen ⟨st. V.; nur im Inf.⟩: *in einem Stil schwimmen, bei dem beide Arme gleichzeitig über dem Wasser nach vorn geworfen u. unter Wasser nach hinten geführt werden, während die geschlossenen Beine auf u. ab bewegt werden.*

Del|fin|schwim|men, Delphinschwimmen, das; -s: *das Delfinschwimmen (als sportliche Disziplin, als Schwimmstil).*

Del|fin|sprung, Delphinsprung, der (Wasserspringen): *Sprung (vom Brett od. Turm), bei dem der Absprung rückwärts erfolgt u. sich eine Drehung nach vorn anschließt.*

Delft: *Stadt in den Niederlanden.*

Delf|ter ⟨indekl. Adj.⟩: D. Fayencen.

De|lhi: *Hauptstadt von Indien.*

De|li|be|ra|ti|on, die; -, -en [lat. deliberatio] (bildungsspr.): *Beratschlagung, Überlegung.*

de|li|be|rie|ren ⟨sw. V.; hat⟩ [lat. deliberare] (bildungsspr.): *überlegen, bedenken, beratschlagen.*

de|li|kat ⟨Adj.⟩ [frz. délicat < lat. delicatus = reizend; luxuriös; schlüpfrig] (bildungsspr.): **1.** *wohlschmeckend, köstlich, fein zubereitet:* -es Gemüse, Fleisch; der Salat ist, schmeckt ganz d. **2.** *auserlesen, fein:* ein -es Aroma haben. **3.** *zart[fühlend], zurückhaltend, behutsam:* er hat eine -e Art; Das Scheidungsmotiv bleibt ausbaufähig, aber es bedarf -er Behandlung (Muschg, Gegenagent 14). **4.** *Diskretion erfordernd; nur mit Zurückhaltung, mit Takt zu behandeln, durchzuführen o. Ä.:* das ist eine -e Frage, Angelegenheit. **5.** ⟨selten⟩ *überaus, übermäßig wählerisch, anspruchsvoll, empfindlich, eigen:* mein Mann ist [im Essen] etwas d.; unsere Kundschaft ist in diesem Punkt d.

De|li|ka|tes|se, die; -, -n [frz. délicatesse]: **1.** *etw. bes. Wohlschmeckendes od. Ungewöhnliches; Leckerbissen:* frischer Obstkuchen ist eine D. **2.** ⟨o. Pl.⟩ (geh.) *Zartgefühl, Feingefühl.*

De|li|ka|tes|sen|ge|schäft, das: *Feinkostgeschäft.*

De|li|ka|tes|sen|la|den, der ⟨Pl. ...läden⟩: *Delikatessengeschäft.*

De|li|ka|tess|ge|schäft, das: *Delikatessengeschäft.*

De|li|ka|tess|gur|ke, die: *besonders fein eingelegte, kleine Gewürzgurke.*

De|li|ka|tess-Senf, De|li|ka|tess-Senf, der: *fein gewürzter Senf.*

De|li|ka|tess|wa|re, die ⟨meist Pl.⟩: *Feinkost.*

De|likt, das; -[e]s, -e [lat. delictum = Verfehlung, subst. 2. Part. von: delinquere, ↑ delinquent]: *ungesetzliche, strafbare Handlung, Straftat:* ein schweres, sittliches D. begehen; jmdn. eines -es anklagen, überführen.

De|likt|art: ↑ Deliktsart.

de|lik|tisch ⟨Adj.⟩: *ein Delikt betreffend:* -e Handlungen.

De|likts|art, Deliktart, die (Rechtsspr.): *Art eines Deliktes.*

de|likts|fä|hig ⟨Adj.⟩ (Rechtsspr.): *fähig, das Unerlaubte einer Handlung einzusehen u. sich entsprechend zu verhalten.*

de|lin. = delineavit.

de|li|ne|a|vit [lat. = hat es gezeichnet]: *gezeichnet von* (in Verbindung mit dem Namen des Künstlers, bes. auf Kupferstichen; Abk.: del., delin.)

de|lin|quent ⟨Adj.⟩ [lat. delinquens (Gen.: delinquentis), 1. Part. von: delinquere = hinter dem erwarteten Verhalten zurückbleiben, mangeln, fehlen] (Fachspr.): *straffällig, verbrecherisch:* -es Verhalten; ein -er Autofahrer.

De|lin|quent, der; -en, -en (bildungsspr.): *Übeltäter, Verbrecher:* der D. wurde verhört, verurteilt.

De|lin|quen|tin, die; -, -nen: w. Form zu ↑ Delinquent.

De|lin|quenz, die; - [lat. delinquentia] (Fachspr.): *Straffälligkeit.*

De|lir, das; -s, -e: kurz für ↑ Delirium.

de|li|rant ⟨Adj.⟩ [frz. délirant, zu: délirer = irrereden < lat. delirare, ↑ delirieren] (Med.): *verwirrt:* -er Zustand *(Delirium).*

de|li|rie|ren ⟨sw. V.; hat⟩ [lat. delirare, zu de lira (ire) = von der geraden Linie (abweichen)] (bildungsspr.): *im Delirium sein, irrereden:* der Verwundete delirierte im Fieber.

de|li|ri|ös ⟨Adj.⟩ (Med.): *mit Delirien verbunden.*

De|li|ri|um, das; -s, ...ien [lat. delirium = Irresein] (bildungsspr.): *Bewusstseinstrübung, die sich in Verwirrtheit u. Wahnvorstellungen äußert:* aus dem D. erwachen; im D. liegen, sein.

De|li|ri|um tre|mens, das; - - [zu lat. tremens, 1. Part. von: tremere = zittern] (Med.): *durch Alkoholmissbrauch od. -entzug ausgelöste Psychose, die durch Bewusstseinstrübung, Halluzinationen u. a. gekennzeichnet ist.*

de|lisch ⟨Adj.⟩ [lat. Delius < griech. délios, zu: Dēlos = Insel im Ägäischen Meer mit einem berühmten Orakel, nach dessen Spruch ein würfelförmiger Altar des Apollon verdoppelt werden sollte]: zu ↑ Delos.

de|li|zi|ös ⟨Adj.⟩ [frz. délicieux < spätlat. deliciosus = weichlich, verwöhnt, zu lat. deliciae = üppige Genüsse; Üppigkeit; Luxus, zu: lacere = verlocken] (geh.): **1.** *besonders köstlich, delikat* (1), *wohlschmeckend.* ◆ **2. a)** *köstlich* (b): Bravo, bravissimo, ein -er Einfall (Eichendorff, Taugenichts 76); **b)** *reizend, liebenswürdig:* (iron.:) Das ist ein Korps Kerles, Bruder, -e Bursche, sag' ich dir (Schiller, Räuber II, 3).

Del|le, die; -, -n [vgl. (m)niederl. delle = Vertiefung, mhd. telle = Schlucht, zu ↑ Tal] (landsch.): *eingedrückte Stelle; durch einen Schlag, Stoß, Zusammenprall o. Ä. entstandene leichte Vertiefung:* eine D. im Kotflügel.

de|lo|gie|ren [...'ʒi:...] ⟨sw. V.; hat⟩ [frz. déloger, zu: loger, ↑ logieren] (bes. österr.): *zum Ausziehen aus einer Wohnung veranlassen od. zwingen:* einen Mieter d.

De|lo|gie|rung, die; -, -en (bes. österr.): *das Delogieren.*

De|los; Delos': *Insel im Ägäischen Meer.*

Del|phi: *antike Kultstätte in Griechenland.*

Del|phin, Del|phi|na|ri|um usw.: ↑ ¹Delfin, Delfinarium usw.

del|phisch ⟨Adj.⟩: **1.** *Delphi betreffend; aus Delphi stammend.* **2.** (bildungsspr.) *doppelsinnig, rätselhaft, dunkel, unverständlich:* ein -er Spruch.

¹**Del|ta,** das; -[s], -s [griech. délta < hebr. dalet]: *vierter Buchstabe des griech. Alphabets* (Δ, δ).

²**Del|ta,** das; -s, -s u. ...ten: *aus Schwemmland bestehendes, von den Mündungsarmen eines Flusses durchzogenes, deltaförmiges Gebiet im Bereich einer Flussmündung.*

Del|ta|dra|chen, der: *Drachen* (4).

del|ta|för|mig ⟨Adj.⟩: *die Form eines großen* ¹Delta *aufweisend.*

Del|ta|glei|ter, der: *Deltadrachen.*

Del|ta|mün|dung, die: *mehrarmige Flussmündung, in deren Bereich sich ein deltaförmiges Schwemmland gebildet hat.*

Del|ta|mus|kel, der (Anat.): *etwa dreieckiger, über den Schultergelenk liegender Muskel, der den Oberarm hebt der Seite hebt.*

Del|ta|strah|len, δ-Strah|len ⟨Pl.⟩ (Kernphysik): *beim Durchgang radioaktiver Strahlen durch Materie freigesetzte Elektronenstrahlen.*

de luxe [dəˈlʏks; frz. de luxe = mit Luxus]: *kostbar ausgestattet, mit allem Luxus* (oft nachgestellt [bei Markennamen]): Camping de l.

De-luxe-Aus|stat|tung, die: *sehr teure, kostbare Ausstattung.*

¹**,**²**,**³**dem** ⟨Dativ Sg. von »der« u. »das«⟩: ↑ ¹, ², ³der.

De|ma|go|ge, der; -n, -n [griech. dēmagōgós, ursprünglich = Volksführer, Staatsmann, zu: dēmos, ↑ Demokratie] (abwertend): *jmd., der andere durch leidenschaftliche Reden politisch aufhetzt, aufwiegelt; Volksverführer, Volksaufwiegler:* das von skrupellosen -n verhetzte Volk.

De|ma|go|gie, die; -, -n [griech. dēmagōgía] (abwertend): *Volksverführung, Volksaufwiegelung, politische Hetze:* sein Verhalten ist reinste D.

De|ma|go|gin, die; -, -nen: w. Form zu ↑ Demagoge.

de|ma|go|gisch ⟨Adj.⟩ [griech. dēmagōgikós =

zum Demagogen gehörig] (abwertend): *aufwiegelnd, hetzerisch;* Hetzpropaganda treibend: -e Reden, Propaganda; d. auftreten, reden, vorgehen.

De|mant [auch: ...'mant], der; -[e]s, -e [mhd. diemant, Nebenf. von: diamant, ↑ ¹Diamant] (dichter.): ↑ ¹Diamant.

de|man|ten ⟨Adj.⟩ (dichter.): ↑ diamanten.

De|m|arch, der; -en, -en [griech. démarchos, zu: dēmos, ↑ Demokratie]: *Vorsteher des Demos in altgriechischen Gemeinden.*

De|mar|che [de'marʃ(ə)], die; -, -n [...ʃn] [frz. démarche, eigtl. = Schritt, zu: démarcher = einen Schritt tun, urspr. = mit den Füßen treten, zu: marcher, ↑ marschieren] (Dipl.): *[mündlich] vorgetragener diplomatischer Einspruch.*

De|mar|ka|ti|on, die; -, -en [frz. démarcation < span. demarcación, zu: demarcar = abstecken, zu: marca = Kennzeichen, Grenzgebiet, aus dem Germ.]: **1.** (bildungsspr.) *Abgrenzung.* **2.** (Med.) *scharfe Abgrenzung zwischen gesundem u. krankhaft verändertem Gewebe.*

De|mar|ka|ti|ons|li|nie, die: *zwischen Staaten vereinbarte, vorläufige Grenzlinie:* Ü In den Konzentrationslagern des Faschismus wurde die D. zwischen Leben und Tod getilgt (Adorno, Prismen 268).

de|mar|kie|ren ⟨sw. V.; hat⟩ (bildungsspr.): *abgrenzen.*

De|mar|kie|rung, die; -, -en (bildungsspr.): *Abgrenzung.*

de|mas|kie|ren ⟨sw. V.; hat⟩ [frz. démasquer, zu: masquer, ↑ maskieren]: **1.** ⟨d. + sich⟩ **a)** *die Maske, die man auf einem Kostüm- od. Maskenfest getragen hat, ablegen:* um Mitternacht mussten sich alle d.; **b)** *sein wahres Gesicht zeigen:* sich durch sein Verhalten als gewissenloser Verräter d. **2.** *entlarven:* einen Betrüger d.; der Konkurs hat ihn als unseriösen Kaufmann demaskiert. **3.** (Militär) *die Tarnung [von einem Geschütz] entfernen.*

De|mas|kie|rung, die; -, -en: *das Demaskieren, Demaskiertwerden.*

♦ De|mat, das; -s, - [mniederd. deimet, dēmt = Tagesmahd (= das, was ein Mann an einem Tag mähen kann)]: *in [Nord]friesland gebräuchliches Feldmaß; Tagewerk* (3): ...aber die paar D. seines alten Die täten's denn doch nicht (Storm, Schimmelreiter 35).

De|men: Pl. von ↑ Demos.

de|ment ⟨Adj.⟩ [lat. demens = unvernünftig, wahnsinnig, aus dem = weg u. mens, ↑ ²mental] (Med.): *an Demenz leidend:* -e Patienten.

dem|ent|ge|gen ⟨Adv.⟩: *dagegen:* ich sagte, er sei faul, d. behauptete sie, er habe immer viel gearbeitet.

De|men|ti, das; -s, -s [frz. démenti, zu: démentir, ↑ dementieren]: *offizielle Berichtigung, Widerruf einer Nachricht od. Behauptung:* ein amtliches, schwaches, heftiges D.; ein D. veröffentlichen; sich zu einem D. veranlasst sehen.

De|men|tia, die; -, ...tiae [...ie̯] (Med.): *Demenz.*

De|men|tia se|ni|lis, die; - - (Med.): *im hohen Alter auftretende Erkrankung des Gehirns, senile Demenz.*

de|men|ti|ell: ↑ dementiell.

de|men|tie|ren ⟨sw. V.; hat⟩ [frz. démentir = hinfällig machen, älter: Lügen strafen, zu: mentir = lügen < lat. mentiri, zu: mens, ↑ ²mental]: *offiziell berichtigen od. widerrufen:* eine Meldung, Nachricht scharf d.

De|men|tie|rung, die; -, -en: *das Dementieren.*

dem|ent|spre|chend ⟨Adj.⟩: *dem gerade Gesagten entsprechend; demgemäß:* eine Antwort, die Laune war d.

De|menz, die; -, -en [lat. dementia, zu: demens, ↑ dement] (Med.): *erworbene, auf organischen Hirnschädigungen beruhende geistige Behinderung:* senile D. (Altersdemenz); an einer D. leiden.

de|men|zi|ell, dementiell ⟨Adj.⟩ (Med.): *die Demenz betreffend.*

de|menz|krank ⟨Adj.⟩: *an Demenz leidend.*

De|menz|kran|ke (vgl. Kranke): *weibliche Person, die an Demenz leidet.*

De|menz|kran|ker (vgl. Kranker): *jmd., der an Demenz leidet.*

De|me|rit, der; -en, -en [mlat. demeritus, 2. Part. von: demerere = sich vergehen; gewinnen < lat. demerere = verdienen] (kath. Kirche): *straffällig gewordener Geistlicher, der sein kirchliches Amt nicht ausüben kann.*

De|me|ter [österr. meist: 'de:...] (griech. Mythol.): *Göttin des Ackerbaus.*

dem|ge|gen|über ⟨Adv.⟩: *dem gerade Gesagten gegenüber, im Vergleich dazu:* die Unternehmer spüren d. eine leichte Besserung.

dem|ge|mäß ⟨Adj.⟩: *dem gerade Gesagten gemäß, dementsprechend:* eine -e Anordnung; d. behandelt werden.

de|mi|li|ta|ri|sie|ren ⟨sw. V.; hat⟩ [frz. démilitariser] (seltener): *entmilitarisieren.*

De|mi|li|ta|ri|sie|rung, die; -, -en: *das Demilitarisieren.*

De|mi|mon|de [dəmi'mõ:d(ə)], die; - [frz. demi-monde, aus: demi = halb u. monde = Welt, Leute] (bildungsspr. abwertend): *Halbwelt.*

de|mi|nu|tiv usw.: ↑ diminutiv usw.

De|mi-sec [dəmi'sɛk] ⟨Adj.⟩; nachgestellt zur Bez. einer Sorte [frz. demi-sec, aus: demi = halb u. sec, ↑ ²sec]: *(von französischen Schaumweinen) halbtrocken.*

De|mis|si|on, die; -, -en [frz. démission < lat. demissio = das Herablassen, das Hängenlassen]: *Rücktritt eines Ministers od. einer Regierung:* die D. des Ministers bekannt geben.

de|mis|si|o|nie|ren ⟨sw. V.; hat⟩ [frz. démissionner]: **a)** *(von Ministern od. Regierungen) von einem Amt zurücktreten, seinen Rücktritt anbieten, seine Entlassung einreichen:* der Minister demissioniert; **b)** (schweiz.) *kündigen:* bei seiner Firma d.

dem|nach ⟨Adv.⟩: *nach dem gerade Gesagten; folglich, also:* es gibt d. keine andere Möglichkeit.

dem|nächst [auch: ...'nɛːçst] ⟨Adv.⟩: *in nächster Zeit, bald, in Kürze:* das wird sich d. ändern; d. in diesem Theater (nach Voranzeigen in Filmtheatern; auch ugs. scherzh.: bald, in Kürze [an dieser Stelle]).

¹De|mo, die; -, -s (Jargon): kurz für ↑ Demonstration (1): eine D. organisieren; an einer D. teilnehmen; bei einer D. festgenommen werden.

²De|mo, das; -s, -s (Jargon): Kurzf. von ↑ Demoaufnahme; ein D. einspielen.

De|mo|auf|nah|me, die (Musikjargon): *Probeaufnahme zur Vorführung.*

De|mo|band, das ⟨Pl. ...bänder⟩: *Tonband, CD o. Ä. mit Musikaufnahmen zur Vorführung.*

De|mo|bi|li|sa|ti|on, die; -, -en [wohl < frz. démobilisation, zu: mobiliser, ↑ Mobilisation]: *das Demobilisieren* (a, b).

de|mo|bi|li|sie|ren ⟨sw. V.; hat⟩ [frz. démobiliser, zu: mobiliser, ↑ mobilisieren]: **a)** *aus dem Kriegszustand in Friedensverhältnisse überführen;* **b)** *(die Kriegswirtschaft abbauen;* **c)** (veraltet) *aus dem Kriegsdienst entlassen.*

De|mo|bi|li|sie|rung, die; -, -en: *das Demobilisieren.*

De|mo|bil|ma|chung, die; -, -en: *das Demobilisieren.*

De|mo|du|la|ti|on, die; -, -en (Nachrichtent.): *Abtrennung der durch einen modulierten hochfrequenten Träger übertragenen niederfrequenten Schwingung in einem Empfänger; Gleichrichtung.*

De|mo|du|la|tor, der; -s, ...oren (Nachrichtent.): *Bauteil in einem Empfänger, der die Demodulation bewirkt; Gleichrichter.*

de|mo|du|lie|ren ⟨sw. V.; hat⟩ [aus lat. de- = von – weg u. ↑ modulieren] (Nachrichtent.): *eine Demodulation vornehmen; gleichrichten.*

De|mo|graf, Demograph, der; -en, -en [rückgeb. aus ↑ Demografie]: *jmd., der berufsmäßig Demografie betreibt.*

De|mo|gra|fie, Demographie, die; -, -n [zu griech. dēmos = Volk, Bezirk, Gemeinde u. gráphein = schreiben]: **a)** *Beschreibung der wirtschafts- u. sozialpolitischen Bevölkerungsbewegung;* **b)** *Bevölkerungswissenschaft.*

De|mo|gra|fin, Demographin, die; -, -nen: w. Form zu ↑ Demograf.

de|mo|gra|fisch, demographisch ⟨Adj.⟩: *wirtschafts- u. sozialpolitische Bevölkerungsbewegungen betreffend:* -e Daten, Erhebungen.

De|mo|graph usw.: ↑ Demograf usw.

De|moi|selle [dəmɔaˈzɛl, de...], die; -, -n [...lən] [frz. demoiselle < mlat. dominicella = Mädchen, Ritterfräulein, Vkl. von lat. domina, ↑ ¹Dame (1)] (veraltet): *Fräulein, junge Dame.*

De|mo|krat, der; -en, -en [frz. démocrate, zu griech. dēmokratía, ↑ Demokratie]: **a)** *Anhänger der Demokratie; Mensch mit demokratischer Gesinnung; jmd., den [politischen] Willen der Mehrheit respektiert:* ein überzeugter, echter D.; **b)** *Mitglied einer bestimmten, sich auch im Namen als demokratisch (1) bezeichnenden Partei:* -en und Republikaner.

De|mo|kra|tie, die; -, -n [frz. démocratie < (m)lat. democratia < griech. dēmokratía = Volksherrschaft, aus: dēmos = Volk; Gebiet, eigtl. = Abteilung (zu: daíesthai = [ver]teilen) u. krátos »Kraft, Macht« (zu: krateîn = herrschen)]: **1.** ⟨o. Pl.⟩ **a)** *politisches Prinzip, nach dem das Volk durch freie Wahlen an der Machtausübung im Staat teilhat:* zu den Prinzipien der D. gehört die freie Meinungsäußerung; **b)** *Regierungssystem, in dem die vom Volk gewählten Vertreter die Herrschaft ausüben:* eine parlamentarische D. **2.** *Staat mit demokratischer Verfassung, demokratisch regiertes Staatswesen:* in einer D. leben. **3.** ⟨o. Pl.⟩ *Prinzip der freien u. gleichberechtigten Willensbildung u. Mitbestimmung in gesellschaftlichen Gruppen:* innerparteiliche D.; D. am Arbeitsplatz.

De|mo|kra|tie|ver|ständ|nis, das ⟨o. Pl.⟩: *das Verstehen, Verständnis der Demokratie; Vorstellung von u. Einstellung zur Demokratie.*

De|mo|kra|tin, die; -, -nen: w. Form zu ↑ Demokrat.

de|mo|kra|tisch ⟨Adj.⟩ [frz. démocratique < griech. dēmokratikós]: **1.** *sich auf die Demokratie (1) beziehend, die Ziele der Demokratie (1) verfolgend:* eine -e Verfassung, Partei. **2.** *nach den Prinzipien der Demokratie (3) aufgebaut, verfahrend; nach Demokratie (3) strebend; freiheitlich, nicht autoritär:* eine -e Entscheidung (Mehrheitsentscheidung); sich d. verhalten. **3.** *den Demokraten (b) angehörend:* der -e Senator H.

De|mo|kra|ti|sche Re|pu|blik Kon|go [auch: ...blɪk -], die; -n - -: *Staat in Zentralafrika.*

de|mo|kra|ti|sie|ren ⟨sw. V.; hat⟩ [frz. démocratiser]: **1.** *(einen Staat) nach den Grundsätzen der Demokratie (1) einrichten, gestalten; demokratisch (1) machen:* ein Land d. **2.** *(eine Institution, Behörde o. Ä.) demokratisch (2) machen, gestalten:* die [Hoch]schule, Verwaltung d. **3.** *etw. ..., was Privilegierten vorbehalten war, allgemein zugänglich, erreichbar machen:* das Reisen d.

De|mo|kra|ti|sie|rung, die; -, -en: *das Demokratisieren.*

Demokratismus – Denglisch

De|mo|kra|tis|mus, der; - (abwertend): *formalistische Übertreibung demokratischer Verfahrensweisen.*

de|mo|lie|ren ⟨sw. V.; hat⟩ [unter Einfluss von frz. démolir < lat. demoliri]: **1.** *gewaltsam [u. mutwillig] beschädigen, zerstören:* die Möbel d.; das Auto, Fahrrad ist total demoliert; (derb:) Kann sein, dass sie einem die Fresse d. (Lenz, Suleyken 136). **2.** (österr.) *abreißen* (3).

De|mo|lie|rung, die; -, -en: *das Demolieren.*

De|mons|t|rant, der; -en, -en [zu ↑ demonstrieren]: *Teilnehmer an einer Demonstration* (1): jugendliche -en zogen durch die Straßen.

De|mons|t|ran|tin, die; -, -nen: w. Form zu ↑ Demonstrant.

Um gehäuftes Auftreten der Doppelform *Demonstrantinnen und Demonstranten* zu vermeiden, kann die Ausweichform *Demonstrierende* gewählt werden.

De|mons|t|ra|ti|on, die; -, -en [wohl unter Einfluss von engl. demonstration < lat. demonstratio, eigtl. = das Hinweisen, zu: demonstrare, ↑ demonstrieren]: **1.** *Protestkundgebung, -marsch, Massenkundgebung:* -en gegen den Krieg, für freie Wahlen; die D. verlief ohne Zwischenfälle, löste sich allmählich auf; eine D. veranstalten; an einer D. teilnehmen; zu einer D. aufrufen. **2.** *sichtbarer Ausdruck einer bestimmten Absicht, eindringliche, nachdrückliche Bekundung [für od. gegen etw.]:* die Parade war eine D. militärischer Stärke; die Veranstaltung wurde zu einer D. für den Frieden. **3.** *anschauliche Darlegung, Beweisführung, Veranschaulichung an Beispielen o. Ä.:* die D. eines vollendeten Skilaufs; Unterricht mit praktischer D.

De|mons|t|ra|ti|ons|marsch, der: vgl. Demonstrationszug.

De|mons|t|ra|ti|ons|ma|te|ri|al, das: *Material für eine Demonstration* (3).

De|mons|t|ra|ti|ons|ob|jekt, das: *Person od. Sache, an od. mit der etw. demonstriert* (3) *wird:* … wenn Grenouille bereit wäre, sich als wissenschaftliches D. zur Verfügung zu stellen… (Süskind, Parfum 180).

De|mons|t|ra|ti|ons|recht, das: *Grundrecht, Demonstrationen* (1) *zu veranstalten:* Versammlungs- u. -e.

De|mons|t|ra|ti|ons|ver|bot, das: *Verbot, eine Demonstration* (1) *durchzuführen.*

De|mons|t|ra|ti|ons|zug, der: *durch die Straßen marschierender Zug von Demonstranten.*

de|mons|t|ra|tiv ⟨Adj.⟩ [lat. demonstrativus = (hin)zeigend]: **1.** *in auffallender Weise seine Einstellung o. Ä. bekundend; bewusst in einer Weise vollzogen, die auffällt:* ein -es Bekenntnis; sich d. abwenden; d. aufstehen, wegsehen. **2.** *anschaulich, verdeutlichend, aufschlussreich:* ein -es Beispiel. **3.** (Sprachwiss.) *hinweisend:* ein -es Pronomen.

De|mons|t|ra|tiv, das; -s, -e: *Demonstrativpronomen.*

De|mons|t|ra|tiv|pro|no|men, das (Sprachwiss.): *hinweisendes Fürwort* (z. B. dieser, jener).

De|mons|t|ra|ti|vum, das; -s, …va: *Demonstrativpronomen.*

de|mons|t|rie|ren ⟨sw. V.; hat⟩ [wohl über engl. to demonstrate < lat. demonstrare = hinweisen, deutlich machen, zu: monstrare, ↑ Monstranz]: **1.** *eine Demonstration* (1) *veranstalten, an ihr teilnehmen:* gegen den Krieg, für Frieden und Freiheit d. **2.** *bekunden, deutlich kundtun:* Entschlossenheit, seinen Willen, seine Absicht d. **3.** *in anschaulicher Form darlegen, beweisen, vorführen:* die Funktionsweise einer Maschine d.

De|mons|t|rie|ren|de, die/eine Demonstrierende; der/einer Demonstrierenden, die Demonstrierenden/zwei Demonstrierende: *weibliche Person, die demonstriert* (1).

De|mons|t|rie|ren|der, der Demonstrierende/ein Demonstrierender; des/eines Demonstrierenden, die Demonstrierenden/zwei Demonstrierende: *jmd., der demonstriert* (1).

De|mon|ta|ge [dɛmɔnˈtaːʒə, österr. meist: …ʃ], die; -, -n [frz. démontage]: **a)** *das Abbauen, Abbrechen:* die D. ganzer Fabrikanlagen; **b)** *das Auseinandernehmen, Zerlegen:* die D. einer Maschine; **c)** *stufenweise Beseitigung, Zerstörung von etw. Bestehendem:* D. der Sozialleistungen; Ü die Partei hat an der D. ihres Vorsitzenden (an der Zerstörung seiner Autorität, seines Ansehens; an seiner Entmachtung) kräftig mitgewirkt.

de|mon|tie|ren ⟨sw. V.; hat⟩ [wohl < frz. démonter, zu: monter, ↑ montieren]: **a)** (bes. Industrieanlagen) *abbauen, abbrechen:* Fabriken, Maschinen d.; **b)** *auseinandernehmen, zerlegen:* ein Flugzeug d.; **c)** *abmontieren:* Autoreifen d.; **d)** *stufen- od. gradweise zerstören, abbauen:* Vorurteile, seinen Ruhm d.

De|mon|tie|rung, die; -, -en: *das Demontieren.*

De|mo|pho|bie, die; -, -n [↑ Phobie] (Psychol.): *zwanghafte Angst vor Menschenansammlungen.*

De|mo|ra|li|sa|ti|on, die; -, -en ⟨Pl. selten⟩ [frz. démoralisation, zu: démoraliser, ↑ demoralisieren]: *Auflösung, Untergrabung von Sitte u. Ordnung; Zuchtlosigkeit.*

de|mo|ra|li|sie|ren ⟨sw. V.; hat⟩ [frz. démoraliser, zu: moral = moralisch < lat. moralis, ↑ Moral]: **a)** *jmds. Moral untergraben; eine Person, Gruppe durch bestimmte Handlungen, Äußerungen o. Ä. die sittlichen Grundlagen für eine Gesinnung, ein Verhalten nehmen:* ein Volk d.; **b)** *jmds. Kampfgeist untergraben, jmdn. entnerven, entmutigen:* Gerüchte demoralisierten die Truppe; völlig demoralisiert gab der Europameister in der 9. Runde auf.

De|mo|ra|li|sie|rung, die; -, -en: **1.** *das Demoralisieren.* **2.** *demoralisierter Zustand.*

de mor|tu|is nil/ni|hil ni|si be|ne [lat. = von den Toten nur gut (sprechen)]: *von Verstorbenen soll man nur Gutes sagen.*

De|mos, der; -, Demen: **1.** [griech. dḗmos, ↑ Demokratie] *Gebiet u. Volksgemeinde eines altgriechischen Stadtstaates.* **2.** [ngriech. dḗmos] *kleinster staatlicher Verwaltungsbezirk in Griechenland.*

De|mos|kop, der; -en, -en [zu ↑ Demoskopie]: *Meinungsforscher.*

De|mo|s|ko|pie, die; -, -n [zu griech. dḗmos (↑ Demos) u. skopeĩn = betrachten]: ⟨o. Pl.⟩ *[System, Verfahren der] Meinungsforschung:* Institut für D.; **b)** *Meinungsumfrage:* man hat sie bei einer D. befragt.

De|mo|s|ko|pin, die; -, -nen: w. Form zu ↑ Demoskop.

de|mo|s|ko|pisch ⟨Adj.⟩: **a)** *durch Meinungsumfrage ermittelt:* -e Zahlen; **b)** *Meinungsumfragen betreffend, auf sie bezüglich:* eine -e Untersuchung.

De|mo|tape […teːp], das ⟨Jargon⟩: *Demoband.*

de|mo|tisch ⟨Adj.⟩ [griech. dēmotikós = volkstümlich; gewöhnlich]: *altägyptisch (in der volkstümlichen jüngeren Form):* -e Schrift.

De|mo|tisch, das; -[s] (nur mit best. Art.): **Demotische,** das; -n: *demotische Sprache.*

De|mo|ti|va|ti|on, die; -, -en (bildungsspr., Fachspr.): **1.** *das Demotivieren.* **2.** *das Demotiviertsein.*

de|mo|ti|vie|ren ⟨sw. V.; hat⟩ [aus lat. de- = von – weg u. ↑ motivieren] (bildungsspr., Fachspr.): *jmds. Interesse an etw. schwächen; bewirken, dass jmds. Motivation, etw. zu tun, nachlässt.*

De|mo|ti|vie|rung, die; -, -en (bildungsspr., Fachspr.): *Demotivation.*

dem|sel|ben: ↑ derselbe.

De|mul|ga|tor, der; -s, …oren [zu lat. de- = von – weg u. ↑ emulgieren] (Chemie): *Stoff, der eine Emulsion* (1) *entmischt.*

dem un|er|ach|tet [auch: ˈdeːm ʊnɐˈʔaxtət], dem un|ge|ach|tet [auch: ˈdeːm ʊngəˈʔaxtət] ⟨Adv.⟩: ↑ ungeachtet.

De|mut, der; - [mhd. dēmu(o)t, ahd. diomuotī, zu: diomuoti = demütig, diōnōn (↑ dienen) u. muoti (↑ Mut), also eigtl. = Gesinnung eines Dienenden]: *in der Einsicht in die Notwendigkeit u. im Willen zum Hinnehmen der Gegebenheiten begründete Ergebenheit:* wahre, christliche D.; etw. in/mit D. [er]tragen; voll D.

de|mü|tig ⟨Adj.⟩ [mhd. dēmu(e)tec, ahd. diomuoti]: *voller Demut, unterwürfig, ergeben:* eine -e Bitte; er ist sehr d.; Der Gehülfe entfernte sich wieder, scheinbar d. das Regiment der Zuchtmeisterin anerkennend (R. Walser, Gehülfe 79).

de|mü|ti|gen ⟨sw. V.; hat⟩ [mhd. diemüetigen]: **a)** *jmdn. durch Worte od. Handlungen in seiner Würde, seinem Stolz verletzen:* die Besiegten d.; die Äußerung hat ihn sehr gedemütigt; die Versetzung war für ihn sehr demütigend; sie fühlte sich durch sein Benehmen gedemütigt; **b)** ⟨d. + sich⟩ *sich vor jmdm. erniedrigen, herabsetzen:* Warum sitzen Sie so selbstgewiss und maßgebend da, während ich mich vor Ihnen demütige? (A. Zweig, Claudia 16).

De|mü|ti|gung, die; -, -en: *tiefe Kränkung, Herabwürdigung:* schwere -en erdulden, hinnehmen müssen.

De|muts|ge|bär|de, die (Verhaltensf.): *Körperhaltung, die ein Tier einnimmt, wenn es sich (z. B. im Rivalenkampf) geschlagen gibt; Unterwerfungsgebärde.*

De|muts|hal|tung, die: *Körperhaltung, die ein Tier einnimmt, wenn es sich (z. B. im Rivalenkampf) geschlagen gibt.*

de|muts|voll, de|mut|voll ⟨Adj.⟩: *voll Demut.*

dem|zu|fol|ge ⟨Adv.⟩: *demnach, folglich.*

¹den: **1.** ⟨Akk. Sg. von ¹ der (1 a)⟩. **2.** ⟨Dativ Pl. von der, die, das⟩ vgl. ¹ der (1 a).

²den = Denier.

De|nar, der; -s, -e [mhd. denar < lat. denarius]: **1.** *altrömische Silbermünze.* **2.** *fränkische Silbermünze der Merowinger- u. Karolingerzeit; Pfennig* (Zeichen: d).

de|na|tu|rie|ren ⟨sw. V.⟩ [frz. dénaturer, zu: nature < lat. natura, ↑ Natur]: **1.** ⟨hat⟩ (bildungsspr.) *seiner eigentlichen Natur, seines eigentlichen Charakters berauben.* **2.** (Fachspr.) **a)** ⟨hat⟩ *einem Stoff den natürlichen Zustand nehmen, ihn [durch Zusätze] verändern, umwandeln [u. ihn für bestimmte Zwecke unbrauchbar machen]:* Alkohol d.; **b)** ⟨ist⟩ *sich (in seiner Struktur) verändern, wandeln; ausflocken.* **3.** ⟨ist⟩ (bildungsspr.) *zu etw. entarten.*

De|na|tu|rie|rung, die; -, -en: *das Denaturieren.*

de|na|zi|fi|zie|ren ⟨sw. V.; hat⟩: *entnazifizieren.*

De|na|zi|fi|zie|rung, die; -, -en: *das Denazifizieren.*

Den|d|ro|lo|gie, die; - [zu griech. déndron = Baum u. ↑ -logie]: *wissenschaftliche Erforschung der Bäume, Gehölze u. Sträucher; Gehölzkunde.*

den|d|ro|lo|gisch ⟨Adj.⟩: *die Dendrologie betreffend:* -e Untersuchungen.

De|neb, der; -[s]: *hellster Stern im Sternbild Schwan.*

de|nen ⟨Dativ Pl. von ²der (1 a,b), ³der (1 a)⟩.

den|geln ⟨sw. V.; hat⟩ [mhd. tengelen = hämmern, klopfen, zu mhd. tengel = schlagen, ahd. tangol = Hammer, H. u.] (Landwirtsch.): *(die Schneide der Sense o. Ä.) durch Hämmern glätten u. schärfen:* die Sense d.

Deng|lisch, das; -[s] [zusgez. aus Deutsch u. Eng-

Denguefieber – Denkpause

lisch] (abwertend): *Mischung aus Deutsch u. Englisch.*

Den|gue|fie|ber [ˈdɛŋgə...], das ⟨o. Pl.⟩ [span. dengue, wohl < Suaheli ka dinga pepo = plötzlicher, krampfartiger Anfall] (Med.): *akute Infektionskrankheit in den [Sub]tropen; Siebentagefieber.*

Den Haag: *Residenzstadt u. Regierungssitz der Niederlande;* vgl. Haag.

De|ni|er [dəˈnjeː, dəˈ...], das; -[s], - [frz. denier, eigtl. =Denar < lat. denarius, ↑Denar]: *Einheit für die Fadenstärke bei Seiden- u. Chemiefasern* (Abk.: den).

De|nim®, *der od. das; -[s]* [Kunstwort, zu frz. de Nîmes = in Nîmes]: *blauer Jeansstoff.*

De|ni|tri|fi|ka|ti|on, die; - [aus lat. de- = von – weg u. ↑Nitrifikation] (Chemie): *das Freimachen von Stickstoff aus Salzen der Salpetersäure (z. B. im Kunstdünger) durch Bakterien.*

de|ni|tri|fi|zie|ren ⟨sw. V.; hat⟩ [aus lat. de- = von – weg u. ↑nitrifizieren] (Chemie): *eine Denitrifikation durchführen.*

Denk|an|satz, der: *Ansatzpunkt für einen Gedankengang od. eine Theorie:* ein richtiger, neuer D.

Denk|an|stoß, der: *Anregung, sich zu einer bestimmten Frage Gedanken zu machen:* Denkanstöße geben.

Denk|ar|beit, die: *geistige Arbeit:* zur Lösung dieses Problems bedarf es schon einer gewissen D.

Denk|art, die: **a)** *Art u. Weise zu denken:* die philosophische, wissenschaftliche D.; **b)** *Einstellung, Gesinnung:* eine typisch bürgerliche D.

Denk|auf|ga|be, die: *nach Art eines Rätsels gestellte, durch Nachdenken zu lösende Aufgabe.*

denk|bar ⟨Adj.⟩: **1.** *vorstellbar, möglich:* alle nur -en Sicherheitsvorkehrungen treffen; etw. ist nicht, durchaus d. **2.** ⟨intensivierend bei Adjektiven⟩ *sehr, äußerst:* ein d. günstiges Angebot; eine d. knappe Entscheidung; die d. beste *(allerbeste)* Methode; auf dem d. schnellsten *(allerschnellsten)* Weg.

Den|ke, die; - [geb. nach ↑Rede (3 c), ↑Schreibe] (salopp): *Denkart (a).*

den|ken ⟨unr. V.; hat⟩ [mhd., ahd. denken]: **1.** *die menschliche Fähigkeit des Erkennens u. Urteilens anwenden; mit dem Verstand arbeiten; überlegen:* logisch, nüchtern, schnell d.; sie denkt praktisch; bei dieser Arbeit muss man d.; laut d. (ugs.; *vor sich hin reden);* nicht mehr klar d. können; was mache ich jetzt, dachte sie *(überlegte sie);* woran denkst du? *(was beschäftigt dich gerade?);* die Dinge zu Ende d.; das geschieht schon, solange ich d. kann *(schon immer);* denk mal, Eva hat sich verlobt (ugs.; drückt Erstaunen über eine unerwartete Tatsache aus); (auch spött.:) »Kannst du denn schwimmen?« – »Ja, denk mal!«; ⟨subst.:⟩ logisches, abstraktes, begriffliches Denken; das Denken ausschalten; die Klarheit seines Denkens ist bestechend; R erst d., dann handeln *(man soll nicht unüberlegt handeln);* Denken ist Glückssache! *(das war falsch gedacht!);* gedacht, getan (veraltend; *kaum überlegt, schon ausgeführt);* * *jmdm. zu d. geben ([durch ein Vorkommnis, ein Verhalten o. Ä.] jmdn. nachdenklich stimmen; jmdn. stutzig machen).* **2.** *eine bestimmte Gesinnung haben, gesinnt sein:* rechtlich, freiheitlich, spießbürgerlich, gemein d.; Spr was ich denk und tu, trau ich andern zu (zurechtweisende Bemerkung gegenüber sehr misstrauischen, anderen Böses unterstellenden Menschen). **3.** *annehmen, glauben, vermuten, meinen:* nichts Böses d.; ich denke schon; ich denke, wir können uns einigen; was/wie viel haben Sie denn gedacht? *(welche Preisvorstellung haben Sie?);* er denkt *(bildet sich ein),* Wunder was getan zu haben; R denkste!

(das glaubst du wohl!); [das ist ein] typischer Fall von denkste *(das ist ein großer Irrtum).* **4.** *eine bestimmte Meinung von etw. haben, etw. von etw. halten:* er denkt ganz anders über diese Sache; wie denkst du darüber?; was werden die Leute d.?; da weiß man nicht, was man [davon] d. soll; denk bitte nicht schlecht von mir!; das hätte ich nie von ihm gedacht *(ihm nicht zugetraut);* Ich habe gedacht, was ich Ihnen sagte, und sage immer, was ich denke (Hochhuth, Stellvertreter 59). **5.** ⟨d. + sich⟩ *sich etw. [in bestimmter Weise] vorstellen:* ich könnte es mir so d., dass ...; du kannst dir d., dass ich müde bin; das kann ich mir nicht d. *(das halte ich für unwahrscheinlich, glaube ich nicht);* ein gedachter *(in der Vorstellung angenommener, vorausgesetzter)* Punkt, Fall; den Käse musst du dir d. (ugs. scherzh.; *Käse gehört zwar dazu, aber es gibt keinen);* Ich dachte mir ihn etwas hintergründiger (Strauß, Niemand 125); R das hast du dir [so] gedacht! (ugs.; *du glaubst, etw. so ist, aber das stimmt nicht).* **6.** *sich erinnern, gedenken:* oft, mit Freude an etw.; denk daran *(vergiss nicht),* die Rechnung zu bezahlen; das geschieht schon, solange ich d. kann *(schon immer);* ♦ ⟨mit Genitivobjekt:⟩ Ich denk' der Zeit, wo du ein Kind warst (Ebner-Eschenbach, Gemeindekind 38); ♦ O denket nicht des Irrtums meiner Jugend (Schiller, Tell IV, 2); ♦ ⟨mit Dativobjekt:⟩ ... solang wir denken, dass ich dem König danke (Schiller, Don Carlos IV, 4). **7.** *seine Gedanken, sein Interesse auf jmdn., etw. richten:* er denkt nur an sich, an seinen Vorteil; bei dieser Arbeit haben wir an Sie gedacht *(für diese Arbeit haben wir Sie vorgesehen);* du musst mehr an deine Gesundheit d.; (südd., österr.) auf seine Sicherheit d.; ♦ ... ist's nicht ein guter Geist, der ihnen einrät, auf Mittel zu d., Deutschland zu beruhigen (Goethe, Götz I). **8.** *eine bestimmte Absicht haben, etw. Bestimmtes vorhaben:* wir denken daran, uns eine neue Wohnung zu suchen; ich denke gar nicht, nicht im Traum daran, das zu tun *(das kommt für mich nicht infrage);* Sie wollten durchaus in der Stadt bleiben, und sie dächten nicht an Abfahrt (Seghers, Transit 227). ♦**9. a)** *heimzahlen* (a): Warte, Basco, wart! Ich denk' es dir, ungezähmt Tor (Goethe, Claudine 764 f.); **b)** *vergelten, lohnen* (2): Das tröstet mich sehr; ich denk' es euch wieder. Komm' ich diesmal nur los (Goethe, Reineke Fuchs 8, 338 f.).

-den|ken, das; -s: **1.** *drückt in Bildungen mit Substantiven aus, dass eine Person besonderen Wert legt auf etw., nur auf etw. sieht:* Prestige-, Profitdenken. **2.** *drückt in Bildungen mit Substantiven aus, dass eine Person Dinge nur im Rahmen von etw., eingeengt auf etw. sieht:* Anspruchs-, Feindbild-, Konkurrenzdenken. **3.** *bezeichnet in Bildungen mit Substantiven ein Denken von jmdm.:* Gruppen-, Parteidenken.

Den|ker, der; -s, - [für engl. thinker]: *jmd., der als Philosoph über Probleme des Daseins nachdenkt; Philosoph:* er gehört zu den bedeutendsten -n seiner Zeit.

Den|ker|fal|te, die (scherzh.): *(beim angestrengten Nachdenken) auf der Stirn entstehende Falte.*

Den|ke|rin, die; -, -nen: w. Form zu ↑Denker.

den|ke|risch ⟨Adj.⟩: *von einem denkenden Menschen ausgehend, ihn betreffend:* eine -e Leistung.

Den|ker|stirn, die (oft scherzh.): *hohe Stirn.*

Denk|fa|brik, die [nach engl. think-tank = Beraterstab, amerik. ugs. = Gehirnkasten; ↑-fabrik]: *Einrichtung, Institution bes. im Bereich von*

Wirtschaft u. Politik, in der ein großer Stab von Fachleuten [der verschiedensten Gebiete] über wirtschaftliche, politische u. gesellschaftliche Probleme nachdenkt, Lösungsvorschläge erarbeitet, neue Ideen zu Konzepten (2) *weiterentwickelt, die dann [von Unternehmen, Politikern] in die Praxis umgesetzt werden sollen.*

Denk|fä|hig|keit, die ⟨Pl. selten⟩: *Fähigkeit zu denken.*

denk|faul ⟨Adj.⟩: *zu faul zum Denken.*

Denk|feh|ler, der: *beim Denken unterlaufener Fehler:* ein schwerwiegender D.; ihm ist ein D. unterlaufen; auf einem D. beruhen.

Denk|form, die: *Form des Denkens.*

Denk|ge|setz, das: *logisches Gesetz.*

Denk|ge|wohn|heit, die: *Gewohnheit, in bestimmter Weise zu denken.*

Denk|hal|tung, die: *innere Einstellung.*

Denk|hil|fe, die: *Hilfe für das Denken:* jmdm. eine D. geben.

Denk|in|halt, der: *Inhalt des Denkens.*

Denk|leh|re, die: *Logik.*

Denk|leis|tung, die: *gedankliche Leistung, Arbeit.*

♦**denk|lich** ⟨Adj.⟩: *denkbar* (1): ... alle -en Argumente (Goethe, Wanderjahre II, 3).

Denk|mal, das; -s, ...mäler (geh.: ...male) [für griech. mnēmósynon = Gedächtnishilfe; zu ↑²Mal]: **1.** *zum Gedächtnis an eine Person od. ein Ereignis errichtete, oft größere plastische Darstellung; Monument:* ein D. [zu Ehren der Gefallenen] errichten, enthüllen; jmdm. ein D. setzen [lassen]; er ist schon zu Lebzeiten ein D. *(fest verankert im Bewusstsein der Menschen als Verkörperung von etw.);* * *sich* ⟨Dativ⟩ *ein D. setzen (eine große Leistung vollbringen u. dadurch in der Erinnerung anderer weiterleben).* **2.** *erhaltenes [Kunst]werk, das für eine frühere Kultur Zeugnis ablegt:* Denkmäler der deutschen Literatur. ♦**3.** *Erinnerungszeichen:* ... nehmen Sie dies D. meiner Gnade und dieser Stunde (Schiller, Don Carlos I, 6).

denk|mal|ge|schützt ⟨Adj.⟩: *unter Denkmalschutz stehend:* ein -es Gebäude.

Denk|mal|kun|de, die: *Gebiet der Kunstgeschichte, das sich mit historisch wertvollen Denkmälern befasst.*

denk|mal|kund|lich ⟨Adj.⟩: *die Denkmalkunde betreffend.*

Denk|mal|pfle|ge, die: *Pflege, Erhaltung, Wiederherstellung künstlerisch od. kulturgeschichtlich wertvoller Objekte (bes. Bauwerke u. Stadtviertel).*

Denk|mal|pfle|ger, der: *jmd., der Denkmalpflege betreibt* (Berufsbez.).

Denk|mal|pfle|ge|rin, die: w. Form zu ↑Denkmalpfleger.

denk|mal|pfle|ge|risch ⟨Adj.⟩: *die Denkmalpflege betreffend:* -e Maßnahmen.

Denk|mal|schän|dung, die: *Schändung eines Denkmals.*

Denk|mal|schutz, der ⟨o. Pl.⟩: *durch Gesetze sichergestellter Schutz von Boden-, Bau- u. Kulturdenkmälern:* etw. unter D. stellen; dieses Haus steht unter D.

Denk|mal|schutz|be|hör|de, die: *für den Denkmalschutz zuständige Behörde.*

Denk|mal|schüt|zer, der: *jmd., der sich für den Denkmalschutz einsetzt, der Denkmalschutz betreibt.*

Denk|mal|schüt|ze|rin, die: w. Form zu ↑Denkmalschützer.

Denk|mo|dell, das: *gedanklich konzipiertes Modell der Funktion od. Struktur von etw., hypothetischer Entwurf:* neue Begriffe und -e einführen, erläutern.

Denk|mus|ter, das: vgl. Denkmodell.

Denk|pau|se, die: **1.** *Pause, die jmd. bei Gesprä-*

chen, Verhandlungen zum weiteren Nachdenken über etw. einlegt. **2.** (selten) *Pause im Denken; der Erholung dienende Pause.*

Denk|pro|zess, der: *Prozess des Denkens.*

Denk|re|de, die: *Gedenkrede.*

Denk|rich|tung, die: *geistige, gedankliche Ausrichtung.*

Denk|scha|blo|ne, die: *Schablone für das Denken.*

Denk|sche|ma, das: *Schema für das Denken.*

Denk|schrift, die: *an eine offizielle Stelle gerichtete Schrift über eine wichtige [öffentliche] Angelegenheit.*

Denk|schritt, der: *Schritt, Abschnitt beim Denkvorgang.*

Denk|sport, der: *das Lösen von rätselartigen Aufgaben durch Nachdenken.*

Denk|sport|auf|ga|be, die: *Denkaufgabe: eine D. lösen.*

Denk|spruch, der: *Wahlspruch.*

Denk|sys|tem, das: *logisch aufgebautes, insbesondere philosophisches System.*

Denk|tä|tig|keit, die ⟨o. Pl.⟩: *Tätigkeit des Denkens.*

Denk|übung, die: *Übung für das Denken.*

Denk|ver|bot, das: *das Nichtzulassen, Unterdrücken von Meinungen, Meinungsäußerungen [die von einer vorgegebenen Linie, einem Dogma o. Ä. abweichen]: ein D. aussprechen.*

Denk|ver|mö|gen, das: *Vermögen des Denkens.*

Denk|vor|gang, der: *Vorgang des Denkens.*

Denk|wei|se, die: *Denkart.*

denk|wür|dig ⟨Adj.⟩: *von solch einer Art, so bedeutungsvoll, dass man wieder daran denken, sich daran erinnern, es nicht vergessen sollte:* ein -er Tag; eine -e Begegnung.

Denk|wür|dig|keit, die: **1.** ⟨o. Pl.⟩ *das Denkwürdigsein:* die D. dieser Schlacht, dieses Ereignisses. **2.** ⟨Pl.⟩ (veraltet) *Memoiren.*

Denk|zen|t|rum, das: *Zentrum des Denkens im Gehirn.*

Denk|zet|tel, der [mniederd. denksēd(d)el, -cēdel = Urkunde; Merkblatt; im 16. Jh. hängte man Schülern Zettel mit ihren Schulvergehen an]: *exemplarische Strafe od. als Warnung angesehene unangenehme Erfahrung:* jmdm. einen D. geben, verpassen; das ist mir ein D. fürs Leben.

¹denn ⟨Konj.⟩ [mhd. den(ne), ahd. denne, erst seit dem 18. Jh. unterschieden von ↑dann]: *gibt die Begründung an:* wir blieben zu Hause, d. das Wetter war schlecht; ich glaube ihm nicht, d. wenn es so wäre, hätte er die Polizei verständigt; sie war von ihrem Sieg überzeugt, d. um zu gewinnen, hatte sie hart trainiert.

²denn ⟨Vergleichspartikel⟩ [vgl. ¹denn] (vereinzelt noch, um doppeltes »als« zu vermeiden, sonst veraltet od. geh.): ²*als* (1): er ist als Wissenschaftler bedeutender d. als Künstler; ⟨häufig in Verbindung mit »je« nach Komp.:⟩ mehr, besser, öfter d. je [zuvor].

³denn ⟨Adv.⟩ [vgl. ¹denn]: **1.** (selten) *ausgenommen, wenn; unter der Voraussetzung, dass:* ich leihe ihm nichts mehr, d. er müsste sich d. gründlich geändert haben. **2.** (nordd.) *dann:* na, d. nicht; d. geh man zu ihm; ◆ ...und d. müsst' ich ja auch bei dem Lever zuegen sein und Seiner Durchlaucht die Wetter verkünden (Schiller, Kabale I, 6).

⁴denn ⟨Partikel⟩ [vgl. ¹denn]: **1.** ⟨unbetont⟩ **a)** *drückt in Fragesätzen innere Anteilnahme, lebhaftes Interesse, Ungeduld, Zweifel o. Ä. des Sprechers od. der Sprecherin aus; überhaupt, eigentlich:* was ist d. mit ihm?; was soll das d.?; wer war d. das?; hast du d. so viel Geld?; **b)** *wirkt in Aussagesätzen verstärkend u. drückt oft eine Folgerung aus; also, schließlich, nun:* ihr war es d. doch zu anstrengend; das schien ihm d. sehr

genug. **2.** ⟨unbetont⟩ **a)** *in rhetorischen Fragen; so scheint es fast:* bist du d. taub?; kannst du d. nicht hören?; **b)** *verstärkend in Ausrufen:* wohlan d.! **3.** ⟨betont in Verbindung mit Interrogativpronomen od. -adverbien⟩ *im Unterschied dazu; sonst:* »Liegt das Buch auf dem Tisch?« – »Nein.« – »Wo d.?«; »Hast du das Geld von ihr?« – »Nein.« – »Von wem d.?«; Was einem gehört, muss auch benutzt werden, wozu hätten wir es d. (Jelinek, Lust 45).

den|noch ⟨Adv.⟩ [mhd. dennoch, dannoch, ahd. danna noh = ferner, außerdem]: *trotzdem:* hässlich und d. schön; es d. versuchen; sie war krank, d. wollte sie verreisen.

denn|schon: ↑wennschon.

De|no|mi|na|tiv, das; -s, -e, **De|no|mi|na|ti|vum**, das; -s, ...va [zu spätlat. denominativus = durch Ableitung gebildet] (Sprachwiss.): *Ableitung von einem Substantiv od. Adjektiv (z. B. »tröstlich« von »Trost«).*

De|no|tat, das; -s, -e [zu lat. denotatum, 2. Part. von: denotare = bezeichnen] (Sprachwiss.): **1.** *vom Sprecher bezeichneter Gegenstand od. Sachverhalt in der außersprachlichen Wirklichkeit.* **2.** *begrifflicher Inhalt eines sprachlichen Zeichens im Gegensatz zu den emotionalen Nebenbedeutungen.*

De|no|ta|ti|on, die; -, -en: **1.** [lat. denotatio] (Logik) *Weite, Umfang eines Begriffs.* **2.** [engl. denotation] (Sprachwiss.) **a)** *auf den mit dem Wort gemeinten Gegenstand hinweisende Bedeutung;* **b)** *formale Beziehung zwischen dem Zeichen u. dem bezeichneten Gegenstand od. Sachverhalt in der außersprachlichen Wirklichkeit.*

de|no|ta|tiv ⟨auch: de:...⟩ ⟨Adj.⟩ (Sprachwiss.): *nur den begrifflichen Inhalt eines sprachlichen Zeichens betreffend, ohne Berücksichtigung von Nebenbedeutungen.*

Dens ⟨auch: dɛns⟩, der; -, Dentes [ˈdɛntəːs] [lat. dens (Gen.: dentis)] (Med.): *Zahn.*

den|sel|ben: ↑derselbe.

den|tal ⟨Adj.⟩ [spätlat. dentalis = die Zähne betreffend, zu lat. dens (Gen.: dentis = Zahn)]: **1.** (Med.) *die Zähne betreffend, zu ihnen gehörend.* **2.** (Sprachwiss.) *(von Lauten) mithilfe der Zähne gebildet.*

Den|tal, der; -s, -e (Sprachwiss.): *Zahnlaut (z. B. d, t).*

Den|tal|hy|gi|e|ne, die (Zahnmed.): *Sachgebiet der Zahnmedizin, das sich mit präventiven Maßnahmen u. Behandlungen sowie der den Mund betreffenden Hygiene beschäftigt.*

Den|tal|hy|gi|e|ni|ker, der (Zahnmed.): *Fachangestellter, der sich auf den Bereich Dentalhygiene spezialisiert hat.*

Den|tal|hy|gi|e|ni|ke|rin, die: w. Form zu ↑Dentalhygieniker.

Den|tal|la|bor, das (Zahnmed.): *Zahnlabor.*

Den|tes: Pl. von ↑Dens.

Den|tin, das; -s: **1.** (Med.) *Zahnbein.* **2.** (Biol.) *Hartsubstanz der Haischuppen.*

Den|tist, der; -en, -en [zu frz. dentiste, zu: dent = Zahn]: **a)** *Zahnarzt;* **b)** (früher) *Zahnarzt ohne Hochschulprüfung.*

Den|tis|tin, die; -, -nen: w. Form zu ↑Dentist.

Den|to|lo|gie, die; - [↑-logie]: *Zahnheilkunde.*

de|nu|k|le|a|ri|sie|ren ⟨sw. V.; hat⟩ [zu lat. de- = von – weg u. ↑nuklear]: *(aus einem Gebiet) Atomwaffen abziehen u. die dazugehörenden militärischen Anlagen abbauen.*

De|nu|k|le|a|ri|sie|rung, die; -, -en: *das Denuklearisieren, Denuklearisiertwerden: eine D. des Meeresbodens; Truppenabzug und D. bedeuten eine erhebliche Entlastung in dieser Region.*

De|nun|zi|ant, der; -en, -en [zu lat. denuntians (Gen.: denuntiantis), 1. Part. von: denuntiare, ↑denunzieren] (abwertend): *jmd., der einen anderen denunziert (1): ein D. hat ihn verleumdet, angezeigt.*

De|nun|zi|an|ten|tum, das; -s (abwertend): **1.** *Wesen, Art des Denunzianten.* **2.** *Gesamtheit von Denunzianten:* in diesem Unternehmen haust ein schon fast organisiertes D.

De|nun|zi|an|tin, die: w. Form zu ↑Denunziant.

De|nun|zi|a|ti|on, die; -, -en [lat. denuntiatio = Ankündigung, Anzeige] (abwertend): *denunzierende Anzeige:* eine anonyme D.

de|nun|zi|a|to|risch ⟨Adj.⟩: **a)** *denunzierend, einer Denunziation gleichkommend:* -e Gerüchte, Anschuldigungen, Verleumdungen; **b)** *brandmarkend, öffentlich verurteilend:* Spenglers -er Zug, Geist und Geld gedröhn zusammen, trifft zu (Adorno, Prismen 15).

de|nun|zie|ren ⟨sw. V.; hat⟩: **1.** [lat. denuntiare = ankündigen, anzeigen] (abwertend) *[aus persönlichen niedrigen Beweggründen] anzeigen:* jmdn. bei der Polizei d. **2.** [nach engl. denounce] *als negativ hinstellen, öffentlich verurteilen, brandmarken:* ein Buch, eine Meinung [als etw.] d.

Deo, das; -s, -s: kurz für ↑Deodorant.

De|o|do|rant [deodoˈrant, deodoˈrant], das; -s, -s u. -e [engl. deodorant, zu lat. de- = von – weg u. odor (= Geruch): *kosmetisches Mittel gegen Körpergeruch.*

De|o|do|rant|spray, der od. das: *Spray mit deodorierender Wirkung.*

De|o|do|rant|stift, der: *Deodorant in Form eines Stiftes.*

de|o|do|rie|ren ⟨sw. V.; hat⟩: *schlechten, unangenehmen [Körper]geruch hemmen, überdecken:* deodorierende Sprays.

De|o|do|rie|rung, die; -, -en: *das Deodorieren.*

de|o|do|ri|sie|ren ⟨sw. V.; hat⟩: *deodorieren.*

De|o|do|ri|sie|rung, die; -, -en: *Deodorierung.*

Deo gra|ti|as [lat., zu: deus = Gott u. gratia = Dank]: *Gott sei Dank!* (bes. als Akklamation in der kath. Liturgie).

Deo|rol|ler, der: *Deodorant in einer Hülse, das mittels einer sich drehenden Kugel am Ende der Hülse auf die Haut aufgetragen wird.*

Deo|spray, der: kurz für ↑Deodorantspray.

Deo|stift, der: kurz für ↑Deodorantstift.

De|par|te|ment [departəˈmɑ̃ː, schweiz. auch: ...təˈmɛnt], das; -s, -s u. (schweiz..:) -e [(...)ˈmɛntə] [frz. département, zu: départir = aus-, verteilen < lat. dispertire]: **1.** *Verwaltungsbezirk in Frankreich.* **2.** *Ministerium, Verwaltungsabteilung in der Schweiz.* **3.** (schweiz., sonst veraltet) *Abteilung, Geschäftsbereich.*

De|part|ment [dɪˈpɑːtmənt], das; -s, -s [engl. department < frz. département]: **1.** *Ministerium in den USA.* **2.** *Fachbereich an amerikanischen u. britischen Universitäten.*

De|par|ture [dɪˈpɑːʧə] ⟨o. Art.⟩ [engl. departure, zu frz. départir, ↑Departement]: *Abflug* (Hinweis auf Flughäfen).

De|pen|dance [depɑ̃ˈdɑ̃ːs], die; -, -n [...sn̩] [frz. dépendance, eigtl. = Zubehör, zu: dépendre = abhängig sein < lat. dependere]: **1.** (bildungsspr.) *Niederlassung, Zweigstelle:* die D. einer Firma, eines Verlags. **2.** (Hotelw.) *Nebengebäude [eines Hotels]:* die anderen wurden in der D. untergebracht.

Dé|pen|dance: frz. Schreibung für ↑Dependance.

De|pen|denz [depɛn...], die; -, -en (Philos., Sprachwiss.): *Abhängigkeit.*

De|per|so|na|li|sa|ti|on, die; -, -en [zu lat. de- = von – weg u. ↑Person; vgl. frz. dépersonnalisation] (Psychol.): *Verlust des Persönlichkeitsgefühls bei geistig-psychischen Störungen; Entpersönlichung.*

De|pe|sche, die; -, -n [frz. dépêche, zu: dépêcher = befördern, beschleunigen, eigtl. = Hindernisse vor den Füßen wegräumen, zu spätlat.

impedicare = verhindern]: *Telegramm:* eine D. aufgeben; er schickte ihm eine D.

De|pi|la|ti|on, die; -, -en [zu ↑ depilieren] (Med.): *Enthaarung.*

de|pi|lie|ren ⟨sw. V.; hat⟩ [lat. depilare, zu: de- = von – weg u. pilus = Haar] (Med.): *enthaaren.*

de|pla|cie|ren [depla'si:rən] ⟨sw. V.; hat⟩ [frz. déplacer, zu: place, ↑ Platz] (veraltet): *verrücken, verdrängen.*

de|pla|ciert [depla'si:ɐ̯t] (veraltet): ↑ deplatziert.

de|plat|ziert ⟨Adj.⟩ [frz. déplacé, 2. Part. von: déplacer, ↑ deplacieren]: **a)** *fehl am Platz; nicht an einen bestimmten Ort gehörend, nicht hingehörend:* ich fühle mich hier d.; **b)** *unangebracht, unpassend:* eine -e Bemerkung.

De|po|nat, das; -[e]s, -e [zu ↑ deponieren]: *etw., was jmd. deponiert hat, was deponiert worden ist.*

De|po|nens, das; -, ...nentia u. ...nenzien [spätlat. deponens (verbum), zu lat. deponere, ↑ deponieren] (Sprachwiss.): *Verb mit passiver Form, aber aktiver Bedeutung.*

De|po|nent, der; -en, -en [zu lat. deponens (Gen.: deponentis), 1. Part. von: deponere, ↑ deponieren]: *jmd., der etw. deponiert, etw. hinterlegt.*

De|po|nen|tin, die; -, -nen: w. Form zu ↑ Deponent.

De|po|nie, die; -, -n: **1.** *Mülldeponie, Müll-, Schuttabladeplatz:* zentrale -n. **2.** *das Ablagern von Müll, Schutt o. Ä.*

De|po|nie|be|trei|ber, der: *Betreiber einer Deponie* (1).

De|po|nie|be|trei|be|rin, die: w. Form zu ↑ Deponiebetreiber.

de|po|nie|ren ⟨sw. V.; hat⟩ [lat. deponere = ab-, niederlegen]: **a)** *in Verwahrung geben, hinterlegen:* Geld, Schmuck bei der Bank, im Safe d.; **b)** *auf einem bestimmten Platz legen, stellen:* den Schlüssel auf der Fensterbank d.; **c)** *zur Ablagerung, Lagerung bringen:* der Schlamm kann deponiert werden; **d)** *sich absetzen lassen, ablagern* (1 a).

De|po|nie|rung, die; -, -en: *das Deponieren, Deponiertwerden.*

De|por|ta|ti|on, die; -, -en [lat. deportatio]: *Zwangsverschickung, Verschleppung, Verbannung von Verbrechern, unbequemen politischen Gegnern od. ganzen Volksgruppen:* die D. der Häftlinge in ein Arbeitslager.

De|por|ta|ti|ons|la|ger, das: *Lager für Deportierte.*

de|por|tie|ren ⟨sw. V.; hat⟩ [frz. déporter < lat. deportare]: *Verbrecher, unbequeme politische Gegner, ganze Volksgruppen verschleppen, verbannen, zwangsweise in ein Gebiet o. Ä. transportieren, wo sie nicht gefährlich werden können:* jmdn. [nach Sibirien] d.

De|por|tier|te, die/eine Deportierte; der/einer Deportierten, die Deportierten/zwei Deportierte: *weibliche Person, die deportiert worden ist; Verbannte.*

De|por|tier|ter, der Deportierte/ein Deportierter; des/eines Deportierten, die Deportierten/zwei Deportierte: *jmd., der deportiert worden ist; Verbannter.*

De|po|si|tar, die; (bes. schweiz.:) **De|po|si|tär,** der; -s, -e [frz. dépositaire < spätlat. depositarius] (Fachspr.): *Person od. Institution, die Wertpapiere, Verträge u. a. verwahrt.*

De|po|si|ten ⟨Pl.⟩ [zu lat. depositum; ↑ Depositum] (Bankw.): *Einlagen, Gelder, die als kurz- od. mittelfristige Geldanlage bei einem Kreditinstitut gegen Verzinsung eingelegt u. nicht auf einem Spar- od. Kontokorrentkonto verbucht werden.*

De|po|si|ten|bank, die ⟨Pl. -en⟩: *Bank, die sich auf Depositenannahme, Gewährung von kurzfristigen Krediten u. Ä. beschränkt; Kreditbank.*

De|po|si|ti|on, die; -, -en: **1.** [spätlat. depositio] (Rechtsspr.) *Hinterlegung.* **2.** (Rel.) *Absetzung eines katholischen Geistlichen.* ◆ **3.** [nlat. depositio testium = die niedergelegte Aussage der Zeugen] *(in der Rechtsspr.) [bei Gericht niedergelegte] Zeugenaussage:* Eine wahrhaftige Geschichte mit wörtlicher Angabe der gerichtlichen D. des Admirals (C. F. Meyer, Page 159).

De|po|si|to|ri|um, das; -s, ...ien [spätlat. depositorium]: *Aufbewahrungsort, Hinterlegungsstelle.*

De|po|si|tum, das; -s, ...siten [lat. depositum, 2. Part. von: deponere, ↑ deponieren] (Rechtsspr., Bankw.): *etw., was hinterlegt, in Verwahrung gegeben worden ist.*

De|pot [de'po:], das; -s, -s [frz. dépôt < lat. depositum, ↑ Depositum]: **1. a)** *[staatlicher] Aufbewahrungsort für größere Mengen von Gegenständen; Sammellager:* Butter, Getreide in einem D. lagern; **b)** *Abteilung einer Bank, in der Wertsachen u. -schriften verwahrt werden:* Wertpapiere in ein D. geben; **c)** *Gesamtheit der in einem Depot aufbewahrten Gegenstände od. Bestände an Aktien, Wertpapieren u. a.:* das D. bestand aus Schmuck und Wertpapieren. **2.** *Bodensatz in Getränken, bes. in Rotwein:* beim Leeren der Flasche gelangte ein wenig D. in ihr Glas; Wenn Sie genau hinsehen, werden Sie auf dem Boden des Glases ein weißliches D. bemerken (Enzensberger, Mittelmaß 50). **3.** (Med.) *in Geweben od. Organen gespeicherter Stoff.* **4.** *Sammelstelle für Omnibusse od. Schienenfahrzeuge:* die Straßenbahn fährt ins D.

De|pot|bank, die ⟨Pl. -en⟩ (Bankw.): **1.** *Bank, die Depotgeschäfte betreibt.* **2.** *Bank, die das Sondervermögen von Investmentgesellschaften verwaltet.*

De|pot|fett [de'po:...], das (Biol., Med.): *Fett, das im Unterhautfettgewebe gespeichert u. vom Organismus bei Bedarf wieder verwertet wird.*

De|pot|ge|bühr, die (Bankw.): *Gebühr für Verwahrung u. Verwaltung von Wertsachen u. -papieren.*

De|pot|ge|schäft, das (Bankw.): *Geschäft, das die Verwahrung u. Verwaltung von Wertsachen u. -papieren zum Gegenstand hat.*

De|pot|schein, der (Bankw.): *Bescheinigung der Bank über die Einlagen in einem Depot* (1 b).

De|pot|wech|sel, der (Bankw.): *als Sicherheit für einen Bankkredit hinterlegter Wechsel.*

Depp, der; -en (auch: -s), -en (auch: -e): **a)** (bes. südd., österr., schweiz. abwertend) *einfältiger, ungeschickter Mensch, Tölpel, Dummkopf;* **b)** (landsch. abwertend) *geistig Behinderter.*

dep|pert ⟨Adj.⟩ (südd., österr.): *dumm, einfältig, blöd:* -e Sprüche; ich bin doch nicht d.

De|pra|va|ti|on, die; -, -en [lat. depravatio = Verzerrung, Entstellung]: **1.** (bildungsspr.) **a)** *das Depravieren;* **b)** *Zustand, Erscheinungsform der Entartung.* **2.** (Münzkunde) *Wertminderung durch Verschlechterung des Edelmetallgehalts.* **3.** (Med.) *Verschlechterung im Krankheitszustand.*

de|pra|vie|ren ⟨sw. V.; hat⟩ [lat. depravare = verzerren, entstellen]: **1.** (bildungsspr.) *verderben:* depravierte Sitten. **2.** (Münzkunde) *durch Verschlechterung des Edelmetallgehalts im Wert mindern.*

De|pres|si|on, die; -, -en [frz. dépression = Niederdrückung, Senkung < lat. depressio]: **1. a)** (Med., Psychol.) *sich in tiefer Niedergeschlagenheit u. a. ausdrückende seelische Erkrankung:* er hat eine schwere D.; an, unter -en leiden; **b)** (ugs.) *Traurigkeit:* wenn ich meine D. überwinden will, gehe ich einkaufen. **2.** (Wirtsch.) *Phase des Niedergangs im Konjunkturverlauf:* eine weltweite D. **3.** (Meteorol.) *Tief[druckgebiet].* **4.** (Med.) *Einsenkung, Einstülpung, Vertiefung, z. B. im Knochen.* **5.** (Geogr.) *Festlandgebiet, dessen Oberfläche unter dem Meeresspiegel liegt; Landsenke.* **6.** (Astron.) **a)** *negative Höhe eines Gestirns, das unter dem Horizont steht;* **b)** *Winkel zwischen der Linie Auge – Horizont u. der waagerechten Linie, die durch das Auge des Beobachters verläuft.*

de|pres|siv ⟨Adj.⟩ [frz. dépressif = niederdrückend, zu lat. depressus, 2. Part. zu: deprimere, ↑ deprimieren] (Med., Psychol.) *die Depression* (1 a) *betreffend; an einer Depression* (1 a) *leidend:* nach der Geburt ihres Sohnes litt sie unter -en Schüben; **b)** (ugs.) *traurig, niedergeschlagen:* wenn ich aus dem Fenster sehe, werde ich ganz d. **2.** (Wirtsch.) *durch einen Konjunkturrückgang bestimmt:* die Wirtschaft bleibt d.

De|pres|si|vi|tät, die; -: *depressiver Zustand.*

de|pri ⟨indekl. Adj.⟩ [kurz für: deprimiert, ↑ deprimieren] (ugs.): *in gedrückter Stimmung, niedergeschlagen; depressiv:* d. drauf sein; total d. sein.

de|pri|mie|ren ⟨sw. V.; hat⟩ [frz. déprimer < lat. deprimere = herabdrücken, senken]: *niederdrücken, entmutigen:* das Wetter deprimiert mich; es deprimierte ihn, wie die Leute dahingetierten; sie ist deprimiert, schaut deprimiert drein; ein deprimierter Gesichtsausdruck.

de|pri|mie|rend ⟨Adj.⟩: *betrüblich, entmutigend:* -e Verhältnisse; etw. ist, wirkt d.; d. hoch verlieren.

De|pri|va|ti|on, die; -, -en [mlat. deprivatio, eigtl. = Beraubung]: **1.** (Psychol.) *Mangel, Verlust, Entzug von etw. Erwünschtem; Liebesentzug.* **2.** *Absetzung eines katholischen Geistlichen.*

de|pri|vie|ren ⟨sw. V.; hat⟩ [mlat. deprivare = entziehen, zu lat. privare = berauben] (Psychol.): *die Mutter od. eine Bezugsperson entbehren lassen.*

De|pu|tant, der; -en, -en [zu lat. deputans (Gen.: deputantis), 1. Part. von: deputare, ↑ deputieren]: *jmd., der auf ein Deputat* (1) *Anspruch hat.*

De|pu|tan|tin, die; -, -nen: w. Form zu ↑ Deputant.

De|pu|tat, das; -[e]s, -e [zu lat. deputatum, 2. Part. von: deputare, ↑ deputieren]: **1.** *zum Lohn od. Gehalt gehörende Sachleistung:* es wird ein D. gewährt. **2.** *Anzahl der Unterrichtsstunden, die eine Lehrkraft zu geben hat:* sein D. beträgt 20 Stunden; sie hat jetzt als Lehrerin ein halbes D., unterrichtet mit einem halben D.

De|pu|ta|ti|on, die; -, -en [mlat. deputatio, zu spätlat. deputatus, ↑ Deputieren]: *Abordnung, die einer politischen Körperschaft im Auftrag einer Versammlung Wünsche od. Forderungen überbringt.*

de|pu|tie|ren ⟨sw. V.; hat⟩ [spätlat. deputare = abordnen < lat. deputare = abschneiden]: *einen Bevollmächtigten od. eine Gruppe von Bevollmächtigten abordnen.*

De|pu|tier|te, die/eine Deputierte; der/einer Deputierten, die Deputierten/zwei Deputierte [vgl. Deputierter]: **1.** *weibliches Mitglied einer Deputation.* **2.** *Abgeordnete (z. B. in Frankreich).*

De|pu|tier|ter, der Deputierte/ein Deputierter; des/eines Deputierten, die Deputierten/zwei Deputierte [über frz. député < spätlat. deputatus = Repräsentant staatlicher Autorität]: **1.** *Mitglied einer Deputation.* **2.** *Abgeordneter (z. B. in Frankreich).*

De|qua|li|fi|zie|rung, die; -, -en [aus lat. de- = von – weg u. ↑ Qualifizierung] (Arbeitswiss., Soziol.): *verminderte Nutzung, Abwertung vorhandener beruflicher Fähigkeiten im Zuge von Rationalisierungs- u. Automatisierungsmaßnahmen in der Wirtschaft.*

¹**der,** ¹die, ¹das ⟨bestimmter Art.⟩ [mhd., ahd. der, diu, daʒ; urspr. ein Demonstrativpron.]: **1.** ⟨individualisierend⟩ **a)** allgemein: der Mann schläft; auf Befehl des Königs; auf dem Tisch liegen; den Baum fällen; die Mutter ruft ihr Kind; der Tür einen Tritt geben; die Pflanze bewässern; das Mädchen hat blonde Haare; in einem Zimmer des Hauses; aus dem Buch vorlesen; das Auto reparieren; ⟨Pl.:⟩ die Züge fahren vorbei; es ist der Wunsch der Eltern; den Hühnern Futter geben; die Flüsse hinauffahren; **b)** bei Abstrakta u. Stoffbezeichnungen: der Tod; die Liebe; die Hoffnung; das Leben; das Eisen dieser Kanone ist rostig; das Holz des Tisches ist wertvoll; **c)** bei etw. Einmaligem: er war der *(der größte)* Komponist des 19. Jahrhunderts; das ist die *(die beste)* Idee; **d)** bei bestimmten Eigennamen, Ländernamen: mit der »Europa« (Name eines Schiffes) fahren; die Schweiz; das Tessin; der Kongo; die Niederlande; **e)** bei Eigennamen mit Attribut: der kleine Hans; das Frankreich der Revolution; **f)** (ugs.) ich bin der Holger; die Petra kommt gleich; kannst du der Elke etwas ausrichten?; der Papa ist nicht da; habt ihr den Klaus gesehen?; die Müllers fahren in Urlaub; **g)** bei Namen berühmter weiblicher Persönlichkeiten: die Duse; die Knef; **h)** in der Amtssprache: die Vorladung des Hans Meier. **2.** generalisierend: der Mensch ist ein soziales Wesen; die Bäume gehören zu den Pflanzen; das tägliche Brot; die Emanzipation der Frau.

²**der,** ²die, ²das [vgl. ¹der, ¹die, ¹das] ⟨Demonstrativpron.⟩: **1.** ⟨attr.⟩ **a)** immer betont: ⟨Sg.:⟩ der Mann war es, den du warst du kaufen?; den Lehrer kann ich gut leiden; deren Kleid ist sehr auffällig; der Blume muss man noch Wasser geben; die Truhe kaufe ich; das Grundstück ist leider verkauft; dessen Brot ist das beste; dem Pferd gebe ich keine Chance; das Buch muss man gelesen haben; ⟨Pl.:⟩ die Arbeiter werden ausgezeichnet; ⟨rückweisend:⟩ deren Leistung war überragend; ⟨vorausweisend:⟩ die Leistung derer, die ausgezeichnet werden, ist überragend; diese Schüler waren fleißig, denen muss man gute Noten geben; *(in Wortpaaren:)* aus dem und jenem Grund *(aus verschiedenen Gründen)*; um die und die Zeit *(um eine bestimmte, jedoch nicht genauer bezeichnete Zeit);* **b)** nicht betont; anstelle eines Genitivattributs: wir fuhren in dessen *(des Mannes)* großem Auto; ich sprach mit Margot und deren nettem Mann; vor dem Denkmal und dessen verziertem Sockel; die Verwandten und deren Kinder kamen zu Besuch. **2.** ⟨selbstständig⟩ **a)** unmittelbar hinweisend: der war es; hat es getan; das ist doch die Höhe!; (ugs.:) wer ist denn die [da]?; der *(er, der Herr)* hat gesagt, dass...; die da oben sind an allem schuld; der und arbeiten! *(er wird bestimmt nicht arbeiten);* **b)** unterscheidend: die mit den blonden Haaren; der mit der Glatze; (abwertend:) ach die!; **c)** das (in Sätzen mit Prädikativum u. nordd. bei unpersönlich gebrauchten Verben): (nordd.:) das regnet den ganzen Tag; das hört überhaupt nicht auf zu schneien; das stinkt hier ganz schön; das ist Frau Maier; ♦ Das drängt und stößt, das rutscht und klappert! Das zischt und quirlt, das zieht und plappert! Das leuchtet, sprüht und stinkt und brennt (Goethe, Faust I, 4016 ff.); ♦ Schad' um die Leut'! Sind sonst wackre Brüder. – Aber das denkt *(die, diese Leute denken)* wie ein Seifensieder (Schiller, Wallensteins Lager 11); **d)** bei Adelsnamen: das Schloss derer von S.; **e)** in Wortpaaren: *in Wortpaaren:* er hat zu mir gesagt, er sei der und der *(jmd. Bestimmtes, der nicht genauer bezeichnet wird);* **f)** rück- od. vorausweisend: »Willst du den Chef sprechen? Der ist schon lange weg.«;

deine Brüder, die habe ich nicht gesehen; dort liegt eine Frau, deren muss man sich annehmen; ein Kind/ein Mann, dessen muss man sich annehmen; sie fuhren mit dem Auto meines Vaters und dem meines Onkels; das, was noch kommen wird; **g)** auf einen Gesamtinhalt rück- od. vorausweisend: er ist wütend, und das mit Recht; der eigentliche Grund war der, dass er keine Lust hatte; auch das noch! *(ugs.; jetzt kommt noch dieses Unglück, diese schlechte Nachricht hinzu);* **h)** (ugs.) statt des Personalpronomens: suchst du deinen Bruder? Der *(er)* kommt gleich; Mutter ist krank, die *(sie)* hat zu viel gearbeitet; mein Auto zieht schlecht, das *(es)* ist bestimmt kaputt; die *(sie)* haben *(die Stadt hat)* ein neues Parkhaus gebaut; ich habe meine Eltern eingeladen und verstehe gar nicht, warum die *(sie)* nicht kommen. ♦ **3.** (landsch.) dient der Angabe eines bestimmten Zeitpunkts: Der Mann begab sich gleich den *(am)* andern Morgen an die Arbeit (Mörike, Hutzelmännlein 153); Die *(in dieser, in der)* Zeit war Schnee gefallen (Büchner, Lenz 85); Geh den *(in diesem)* Augenblick (Schiller, Räuber I, 3).

³**der,** ³die, ³das ⟨Relativpron.⟩ [vgl. ¹der, ¹die, ¹das]: **1. a)** ⟨selbstständig⟩ ein Stuhl, der entzwei ist; ein ehemaliger Lehrer, dessen ich mich erinnere; ein Hund, dem du Futter gegeben hast; ein Baum, den man gedüngt hatte; eine Schüssel, die auf dem Tisch steht; diese Frau, deren *(nicht: derer)* es sich annahm; diese Verkäuferin, der Hans Geld gab; die Vase, die ich gesehen habe; dieses Spiel, das spannend verlief; ein hübsches Mädchen, dessen/(veraltet:) des er sich erinnerte; ein Urteil, dem ich vertraute; ein Bild, das sie aufgehängt hat; alle Spieler, die am Ball waren; Beweise, aufgrund deren er verurteilt wurde; jene Leute, denen sie die Meinung sagte; alle Spielsachen, die der Großvater kauft; **b)** anstelle eines Genitivattributs: der Vater, dessen Sohn eine Lehre macht; der Tischplatte, deren Oberfläche zerkratzt ist; das Buch, dessen Einband beschädigt ist; die Kinder, deren Eltern anwesend sind; der Mann, auf dessen erschöpftes Gesicht der Schweiß stand; die Lampe, von deren grellem Licht er geblendet wurde; Helmut, mit dessen Freund ich gerade sprach; Rita, von deren Mann die Rede war; Ergebnisse, auf deren Richtigkeit es ankam. **2.** ⟨Relativ- u. Demonstrativpronomen zugleich⟩ der *(derjenige, welcher)* sich immer für mich einsetzt, ist nicht hier; die *(diejenige, welche)* das getan haben soll, ist nicht mehr anwesend; die *(diejenigen, welche)* den größten Sieg errangen, bekamen das meiste Lob.
◆ **De|rai|son|ne|ment** [derɛzɔnəmɑ̃:], das; -s, -s [frz. déraisonnement, zu: déraisonner = dummes Zeug reden, zu: raisonner, ↑räsonieren]: *unvernünftiges Gerede, Geschwätz* (a): ... um nicht über ein weiteres D. noch mehr Galle zu schlucken (Goethe, Werther II, 24. Dezember 1771).

De|ran|ge|ment [derãʒəˈmɑ̃:], das; -s, -s [frz. dérangement]: *Störung, Verwirrung.*

de|ran|gie|ren [derãˈʒiːrən] ⟨sw. V.; hat⟩ [frz. déranger, zu: ranger, ↑rangieren]: **a)** (veraltet) *stören;* verwirrt sein hd.; **b)** (bildungsspr.) *durcheinanderbringen; verwirren:* lass dich durch sein Gerede nicht d.

de|ran|giert [derãˈʒiːɐ̯t] ⟨Adj.⟩ (bildungsspr.): **1.** *unordentlich, zerzaust:* mit -er Kleidung und Frisur. **2.** *durcheinander, verwirrt:* mit einem völlig -en Kind im Arm.

der|art ⟨Adv.⟩ *so, in solchem Maße, in solcher Weise:* es hat lange nicht mehr d. geregnet; man hat mich d. [schlecht] behandelt, dass ...

der|ar|tig ⟨Adj.⟩: *solch, so [geartet]:* eine -e Kälte, -e schwere Fehler; er schrie d., dass es alle hör-

ten; ⟨subst.:⟩ wir haben Derartiges, etwas Derartiges noch nie erlebt.

derb ⟨Adj.⟩ [mhd. derp = hart, tüchtig, fest, ungesäuert, ahd. derp = ungesäuert (vom Brot)]: **1. a)** *fest, stabil, widerstandsfähig beschaffen:* -es Leder; -er Stoff; -e Schuhe; **b)** *voller Nährkraft, kräftig:* -e Kost; **c)** *voller Kraft, stark, heftig:* d. zupacken; er fasste sie d. am Arm; **d)** (Geol.) *(von Gestein) grobkörnig.* **2. a)** *grob, ohne Feinheit:* -e Witze, Scherze machen; seine Ausdrucksweise ist d. *(ungeschliffen);* **b)** *unfreundlich:* eine -e Antwort; jmdn. d. anfahren.

der|be ⟨indekl. Adj.⟩ [zu ↑derb] (bes. Jugendspr.): **a)** *hervorragend, super:* die Party war d.; **b)** ⟨intensivierend bei Adjektiven u. Verben⟩ *äußerst, sehr, völlig:* das ist d. schade, krass; alles d. danebengegangen.

Derb|heit, die; -, -en: **1.** ⟨o. Pl.⟩ *derbes Wesen, Grobheit.* **2.** *grobe, unfeine Äußerung.*

derb|kno|chig ⟨Adj.⟩: *einen sichtbar derben Knochenbau aufweisend:* ein -es Gesicht.

derb|ko|misch ⟨Adj.⟩: *auf grobe, derbe Art u. Weise komisch.*

der|ble|cken ⟨sw. V.; hat⟩ [eigtl. = (verhöhnend) die Zunge herausstrecken, mundartl. Form von südd., schweiz. veraltet zerblecken = die Zähne fletschen, blecken (2) (u. dabei auch die Zunge zeigen)] (bayr.): *verspotten; spöttisch [u. derb] kritisieren.*

¹**Der|by** [ˈdaːbi]; -s. **1.** *Stadt in Mittelengland.* **2.** *Grafschaft in Mittelengland.*

²**Der|by,** das; -s, -s [engl. derby, nach Edward Stanley, dem 12. Earl of Derby, der 1780 das erste Rennen dieser Art veranstaltete]: **1.** *Pferderennen als alljährliche Zuchtprüfung für die besten dreijährigen Vollblutpferde.* **2.** *sportliches Spiel von besonderem Interesse, bes. zwischen Mannschaften aus der gleichen Region.*

Der|by|ren|nen, das; ²*Derby* (1).

De|re|gu|la|ti|on, die; -, -en: *Deregulierung.*

de|re|gu|lie|ren ⟨sw. V.; hat⟩ [aus lat. de- = von - weg u. ↑regulieren]: *regelnde Maßnahmen aufheben:* der Arbeitsmarkt d.

De|re|gu|lie|rung, die; -, -en: *das Deregulieren.*

der|einst ⟨Adv.⟩ [Kurzf. von: dermaleinst, aus mhd. der mâle eines = von den Malen eines]: **a)** (geh.) *künftig, später einmal:* wenn ich d. sterbe; **b)** (veraltet) *einst, früher einmal.*

der|eins|tig ⟨Adj.⟩ (selten): *künftig.*

¹**de|ren** ⟨Demonstrativpron.⟩: **1.** ⟨Gen. Sg. von die (²der 1)⟩. **2.** ⟨Gen. Pl. von die, (↑²der 1)⟩.

²**de|ren** ⟨Relativpron.⟩: **1.** ⟨Gen. Sg. von die (↑³der 1)⟩. **2.** ⟨Gen. Pl. von der, die, das (↑³der 1)⟩.

de|rent|hal|ben ⟨Demonstrativ- u. Relativadv.⟩ [↑-halben] (veraltet): *derentwegen.*

de|rent|we|gen ⟨Demonstrativ- u. Relativadv.⟩: *wegen deren.*

de|rent|wil|len ⟨Demonstrativ- u. Relativadv.⟩: nur in der Fügung *um d. (mit Rücksicht auf die; der, denen zuliebe).*

de|rer: ⟨Gen. Pl. von der, die, das⟩ (↑²der 1a, 2d).

de|ret|hal|ben *deserenthalben usw.*

der|ge|stalt ⟨Adv.⟩ [erstarrter adv. Gen.] (geh.): *derart, so, auf diese Weise:* die Ermittlungen verliefen d., dass alles aufgeklärt wurde; d. ausgerüstet, trat er seinen Dienst an.

der|glei|chen ⟨indekl. Demonstrativpron.⟩: **a)** ⟨attributiv⟩ *so beschaffen, solch, derartig* (Abk.: dgl.): d. Fragen schätzte er gar nicht; ... und was d. Worte mehr sind; ♦ Man zeigte uns Reste von Wasserbehältern, einer Naumachie und andere d. Ruinen (Goethe, Italien. Reise 6. 5. 1787 [Sizilien]); **b)** ⟨selbstständig⟩ *so etwas, solches, Derartiges:* d. geschieht immer wieder; nichts d. geschah; nicht d. tun *(nicht das tun, was erwartet wird, nicht reagieren);* und d. mehr (Abk.: u. dgl. m.).

De|ri|vans, das; -, ...vantia u. ...vanzien ⟨meist Pl.⟩ [lat. derivans, 1. Part. von: derivare, ↑ derivieren] (Med.): Mittel, das eine bessere Durchblutung von Organen bewirkt; Hautreizmittel.

De|ri|vat, das; -[e]s, -e [zu lat. derivatum, 2. Part. von: derivare, ↑ derivieren]: **1.** (Sprachwiss.) abgeleitetes Wort (z. B. »Schönheit« von »schön«). **2.** (Chemie) chemische Verbindung, die aus einer anderen entstanden ist. **3.** (Biol.) Organ, das sich auf ein entwicklungsgeschichtlich älteres zurückführen lässt. **4.** [eigtl. = Vertrag, der sich aus einem anderen ableitet] (Bankw.) finanzwirtschaftlicher Vertrag über die Rechte beim Kauf od. Verkauf im Rahmen bestimmter Finanzgeschäfte: der Einsatz von -en zur Absicherung gegen Marktrisiken.

De|ri|va|ti|on, die; -, -en: **1.** [lat. derivatio] (Sprachwiss.) Bildung neuer Wörter aus einem Ursprungswort, Ableitung. **2.** (Militär) seitliche Abweichung eines Geschosses von der Visierlinie.

de|ri|va|tiv ⟨Adj.⟩ [spätlat. derivativus] (Sprachwiss.): durch Ableitung entstanden.

De|ri|va|tiv, das; -s, -e (Sprachwiss.): Derivat (1).

de|ri|vie|ren ⟨sw. V.; hat⟩ [lat. derivare = (ein Wort von andern) ableiten]: **1.** (Sprachwiss.) [ein Wort] ableiten (z. B. »Verzeihung« von »verzeihen«). **2.** (Militär) (von Geschossen) von der Visierlinie abweichen.

De|ri|vier|te, die; einer Derivierte; der/einer Derivierten, die Derivierten/zwei Derivierte (Math.): mithilfe der Differenzialrechnung abgeleitete Funktion einer Funktion.

der|je|ni|ge, diejenige, dasjenige ⟨Demonstrativpron.⟩ [aus ↑²der u. ↑ jener] (verstärkend für: der, die, das): **a)** ⟨mit nachfolgendem Relativsatz⟩ derjenige, der das getan hat, soll sich melden; gerade diejenige Frau, die mir geholfen hat, ist verschwunden; dasjenige, was sie am liebsten tut; diejenigen Ereignisse, die meine Situation verändern; er ist derjenige, welcher (ugs.; der entscheidende Mann, der, auf den es ankommt, von dem die Rede ist); **b)** ⟨mit nachfolgendem Gen.⟩ mit dem Amt ist automatisch diejenige des Parteiführers verbunden; die Lieferungen der anderen Länder waren umfangreicher als diejenigen Hollands.

der|lei ⟨indekl. Demonstrativpron.⟩ [↑-lei]: **a)** ⟨attributiv⟩ solch, derartig, von solcher Art, dergleichen: d. Worte hört man oft; auf d. Reisen erlebt man viel; **b)** ⟨selbstständig⟩ so etwas, solches: d. kommt häufig vor.

Der|ma, das; -s, -ta [griech. dérma] (Med.): Haut.

der|mal ⟨Adj.⟩ (Med.): die Haut betreffend, von ihr stammend, an ihr gelegen.

◆ **der|mal|eins:** ↑ dermaleinst: Der Höhere wird euch d. antworten (Schiller, Räuber V, 1).

der|mal|einst ⟨Adv.⟩ [↑ dereinst] (geh.): dereinst.

der|ma|ßen ⟨Adv.⟩ [aus dem schwach gebeugten mhd. Gen. Sg.: der māʒen = dieser Art]: in solcher Weise, so sehr, derart: es war d. überraschend, dass ...; ein d. klassisches Feriengebiet wie das Berner Oberland.

Der|ma|ti|tis, die; -, ...itiden (Med.): Hautentzündung.

Der|ma|to|lo|ge, der; -n, -n [↑-loge] (Med.): Hautarzt (Berufsbez.).

Der|ma|to|lo|gie, die; - [↑-logie] (Med.): wissenschaftliche Erforschung der Hautkrankheiten.

Der|ma|to|lo|gin, die; -, -nen: w. Form zu ↑ Dermatologe.

der|ma|to|lo|gisch ⟨Adj.⟩ (Med.): die Dermatologie betreffend, zu ihr gehörend.

Der|ma|to|plas|tik, die; - (Med.): Ersatz von kranker od. verletzter Haut durch Hauttransplantation.

Der|ma|to|se, die; -, -n (Med.): Hautkrankheit.

Der|mo|plas|tik, die: **1.** (Med.) Dermatoplastik.

2. Präparationsverfahren zur möglichst naturgetreuen Darstellung von Wirbeltieren.

Der|ni|er Cri [dɛrnjeˈkri:], der; - -, -s -s [dɛrnjeˈkri:] [frz. dernier cri = letzter Schrei; allerletzte Neuheit (bes. in der Mode): etw. gilt als [der] D. C.; nach dem D. C. gekleidet sein.

de|ro ⟨indekl. Pron.⟩ [ahd. dero = Gen. Pl. von: der, diu, ↑¹der] (veraltet): deren.

De|ro ⟨indekl. Pron.⟩: Ihr, Euer (in veralteter Anrede): D. Gnaden; D. Exzellenz ergebener Diener.

De|rou|te [deˈru:t(ə)], die; -, -n [...tn] [frz. déroute, zu afrz. dérouter = auseinanderlaufen]: **1.** (veraltet) wilde Flucht einer Truppe. **2.** (Wirtsch.) Kurs-, Preissturz.

der|sel|be, dieselbe, dasselbe ⟨Demonstrativpron.⟩ [mhd. der, diu, daʒ selbe, ahd. der selbo, diu, daʒ selba]: **1.** dieser (sich selbst Gleiche) u. kein anderer; der, die, das Nämliche u. t trägt denselben Anzug wie gestern; es war dieselbe Stadt wie damals; sie stammt aus demselben Dorf wie ich; es war ein und dieselbe Schauspielerin; das ist doch ein und dasselbe (macht keinen Unterschied); sie ist immer noch dieselbe wie damals (hat sich seit damals nicht verändert). **2.** (ugs.) der, die, das Gleiche: er fährt dasselbe (besser: das gleiche) Auto wie ich. **3.** (veraltet, Papierdt.) nachgestellt u. auf eine vorausgegangene Größe zurückweisend: das Haus, vor allem das Dach desselben (sein Dach).

der|sel|bi|ge, dieselbige, dasselbige (veraltet): ↑ derselbe, dieselbe, dasselbe.

¹der|weil, (veraltet:) ¹derweilen ⟨Adv.⟩ [mhd. der wîle(n), ↑ Weile]: während dieser Zeit, inzwischen, unterdessen, mittlerweile: ich gehe d. schon mal nach unten; er sah sich d. im Hause um; Die Frau blickt d. aufmerksam in das Gesicht des kindlich plappernden Mannes (Jirgl, Stille 275).

²der|weil, (veraltet:) ²derweilen ⟨Konj.⟩ [zu: ¹derweil]: während: d. er mit den Kindern spielte, arbeitete sie.

¹der|wei|len: ↑ ¹derweil.

Der|wisch, der; -[e]s, -e [türk. derviş = Bettelmönch ‹ pers. darwīš = Bettler]: Mitglied eines islamischen religiösen Ordens, zu dessen Riten Musik u. rhythmische Tänze gehören.

der|zeit ⟨Adv.⟩ [mhd. der zît(e), ↑ Zeit]: **1.** augenblicklich, gegenwärtig, zurzeit: ich habe d. nichts davon auf Lager. **2.** (veraltend) damals, seinerzeit, früher: er war d. der beste Läufer in seiner Klasse.

der|zei|tig ⟨Adj.⟩: **1.** gegenwärtig, augenblicklich, jetzig: nach dem -en Recht. **2.** (veraltend) damalig: der -e Leiter des Unternehmens hatte das verfügt.

¹des ⟨Gen. Sg. von: der u. das⟩: ↑ ¹der (1 a).

²des, Des, das; -, - (Musik): um einen halben Ton erniedrigtes d, D (2).

des-, Des- [frz. des- ‹ lat. dis-, ↑ dis-, Dis-]: **1.** drückt in Bildungen mit Verben aus, dass etw. aufgehoben, rückgängig gemacht wird: desarmieren, desinfizieren. **2.** drückt in Bildungen mit Substantiven das Aufheben oder Rückgängigmachen eines Vorganges oder dessen Ergebnisses aus: Desannexion, Desintegrierung. **3.** verneint in Bildungen mit 2. Partizipien deren Bedeutung: desinformiert, desinteressiert.

des|ak|ti|vie|ren ⟨sw. V.; hat⟩ [aus ↑ des-, Des- (1) u. ↑ aktivieren]: deaktivieren.

Des|ak|ti|vie|rung, die; - [frz. désactivation, eigtl. = Deaktivierung.

De|sas|ter, das; -s, - [frz. désastre ‹ ital. disastro, eigtl. = Unstern, zu: astro ‹ lat. astrum ‹ griech. ástron = Stern]: Unglück, Zusammenbruch, katastrophaler Misserfolg: ein schlim-

mes, entsetzliches D.; in ein finanzielles D. geraten; in einem D., mit einem D. enden.

de|sas|t|rös ⟨Adj.⟩ [frz. désastreux ‹ ital. disastroso, zu: disastro, ↑ Desaster]: verhängnisvoll, katastrophal: eine -e Entwicklung.

de|s|a|vou|ie|ren [dɛsavuˈiːrən, deza...] ⟨sw. V.; hat⟩ [frz. désavouer, aus: dés- (↑ des-, Des-) u. avouer = eingestehen; anerkennen ‹ lat. advocare = (als Helfer) herbeirufen] (bildungsspr.): **1.** in der Öffentlichkeit bloßstellen. **2.** nicht anerkennen, verleugnen, in Abrede stellen: der Amtsrichter desavouierte die höchstrichterliche Grundsatzentscheidung.

De|s|a|vou|ie|rung, die; -, -en (bildungsspr.): das Desavouieren, das Desavouiertwerden.

Des-Dur [ˈdɛsduːɐ̯, auch: ˈdɛsˈduːɐ̯], das (Musik): auf dem Grundton Des beruhende Durtonart (Zeichen: Des [↑²des, Des]).

De|sen|si|bi|li|sa|ti|on, die; -, -en: das Desensibilisieren.

de|sen|si|bi|li|sie|ren [auch: ˈdeː...] ⟨sw. V.; hat⟩ [aus lat. de- = von – weg u. ↑ sensibilisieren] (Med.): unempfindlich machen: den Organismus gegen Allergene d.

De|sen|si|bi|li|sie|rung, die; -, -en: das Desensibilisieren.

De|ser|teur [dezɛrˈtøːɐ̯], der; -s, -e [frz. déserteur ‹ lat. desertor]: Fahnenflüchtiger, Überläufer.

De|ser|teu|rin [...ˈtøːrɪn], die; -, -nen: w. Form zu ↑ Deserteur.

de|ser|tie|ren ⟨sw. V.; ist/hat⟩ [frz. déserter, eigtl. = einsam zurücklassen, zu: désert = öde, verlassen ‹ lat. desertus, adj. 2. Part. von: deserere = (verlassen]: fahnenflüchtig werden, die Truppe verlassen [um zum Feind überzulaufen]: er ist von seiner Truppe, zum Feind desertiert.

De|ser|ti|fi|ka|ti|on, die; -, -en [zu lat. desertus (↑ desertieren) u. facere = bewirken] (Geogr.): Vordringen der Wüste in semiaride, bisher noch von Menschen genutzte Gebiete.

De|ser|ti|on, die; -, -en [frz. désertion ‹ lat. desertio] (Militär): das Desertieren.

◆ **des|falls** ⟨Adv.⟩: in Bezug auf einen bestimmten Fall; deshalb: ... ich soll Ihn d. um Verzeihung bitten (Lessing, Minna v. Barnhelm I, 9).

des|glei|chen ⟨Adv.⟩ [mhd. desgelichen]: ebenso, ebenfalls: die Preise sind zu hoch, d. die Steuern; ... ich erhob mich. Tobias tat d. (tat dies auch; Muschg, Gegenzauber 411).

des|halb ⟨Adv.⟩ [mhd. deshalp]: aus diesem Grund, daher: er ist krank und kann d. nicht kommen; d. brauchst du nicht gleich beleidigt zu sein; d., weil ...; ach, d. also!; sie machte es trotzdem oder vielleicht gerade d.

De|si|de|rat, das; -[e]s, -e [lat. desideratum = Gewünschtes]: **1.** (Fachspr.) zur Anschaffung in Bibliotheken vorgeschlagenes Buch. **2.** (bildungsspr.) etw., was fehlt, was nötig gebraucht wird; Erwünschtes: ein D. der Forschung.

De|sign [diˈzain], das; -s, -s [engl. design ‹ älter frz. desseing, zu: desseigner = zeichnen, entwerfen ‹ ital. disegnare ‹ lat. designare, ↑ designieren]: formgerechte u. funktionale Gestaltgebung u. daraus sich ergebende Form eines Gebrauchsgegenstandes o. Ä.; Entwurfszeichnung]: neuzeitliches, geschmackvolles, funktionelles, raffiniertes D.

de|sig|nen [diˈzainən] ⟨sw. V.; hat⟩ [engl. to design, ↑ Designer]: (ein Design von etw.) entwerfen: sie hat ihr neues Möbel designt.

De|sig|ner [diˈzainɐ], der; -s, - [engl. designer, zu: to design = zeichnen, entwerfen ‹ frz. désigner ‹ lat. designare, ↑ designieren]: jmd., der das Design von Gebrauchs- u. Verbrauchsgütern entwirft (Berufsbez.): D. von Industrieprodukten.

De|sig|ner|ba|by, das (salopp): Baby, das aus einem künstlich gezeugten u. nach genetischen

Merkmalen ausgewählten Embryo entstanden ist.
De|si|gner|bril|le, die: *von einem namhaften Designer entworfene Brille.*
De|si|gner|dro|ge, die [engl. designer drug]: *meist als Abwandlung bereits bekannter Drogen synthetisch hergestelltes Rauschmittel.*
De|si|gner|food [...fu:d], das; -[s] [engl. designer food, aus: designer (↑ Designer) u. food = Nahrungsmittel]: **1.** *(bes. von der Lebensmittelindustrie) für bestimmte Konsumenten speziell entwickeltes [neues] Nahrungsmittel.* **2.** *Novel Food.*
De|si|g|ne|rin, die; -, -nen: w. Form zu ↑ Designer.
De|si|gner|kla|mot|te ⟨meist Pl.⟩ (salopp): *von Modedesignern entworfenes Kleidungsstück.*
De|si|gner|klei|dung, die: *von namhaften Modedesignern entworfene Kleidung.*
De|si|gner|la|bel [...leɪbl], das: *Label für Designerkleidung.*
De|si|gner|mö|bel, das ⟨meist Pl.⟩: *von einem namhaften Designer entworfenes Möbelstück.*
De|si|gner|mo|de, die: *Designerkleidung.*
De|si|gner|ob|jekt, das: *Designobjekt.*
De|si|gner-Out|let, De|si|gner|out|let [...aʊtlet], das: *Direktverkaufsstelle einer od. mehrerer Designerfirmen.*
De|sign|ho|tel, das: *Hotel in besonderem Design, mit Zimmern, die auf besondere Art u. Weise gestaltet sind.*
de|si|g|nie|ren [dezɪˈɡniːrən] ⟨sw. V.; hat⟩ [lat. designare] (bildungsspr.): **1.** *für ein [noch nicht besetztes] Amt vorsehen: der designierte Präsident; er ist zum Vizekanzler designiert.* **2.** *bestimmen, bezeichnen, vorsehen:* die designierten Ziele erreichen.
Des|il|lu|si|on [auch: ˈdɛs...], die; -, -en [frz. désillusion, aus: dés- (↑ des-, Des-) u. illusion, ↑ Illusion] (bildungsspr.): *Enttäuschung, Ernüchterung.*
des|il|lu|si|o|nie|ren [auch: ˈdɛs...] ⟨sw. V.; hat⟩ [frz. désillusionner] (bildungsspr.): *ernüchtern, enttäuschen; jmdm. die Illusion nehmen:* jmdn. d.; ein desillusionierendes Erlebnis; desillusioniert zurückkehren.
Des|il|lu|si|o|nie|rung, die; -, -en (bildungsspr.): *das Desillusionieren, Desillusioniertwerden.*
Des|in|fek|ti|on, die; -, -en [aus ↑ des-, Des- u. ↑ Infektion]: **1.** *das Desinfizieren.* **2.** ⟨o. Pl.⟩ *Zustand, in dem sich etw. nach dem Desinfizieren befindet.*
Des|in|fek|ti|ons|mit|tel, das: *keimtötendes Mittel.*
des|in|fi|zie|ren ⟨sw. V.; hat⟩: *von Krankheitserregern befreien, entkeimen, entseuchen:* das Haus, die Wunde, die Operationswerkzeuge d.; eine Spritze durch, mit Alkohol d.
Des|in|fi|zie|rung, die; -, -en: *Desinfektion* (1).
Des|in|for|ma|ti|on, die; -, -en [aus ↑ des-, Des- u. ↑ Information]: *bewusst falsche Information zum Zwecke der Täuschung:* gezielte D., -en.
des|in|for|mie|ren ⟨sw. V.; hat⟩: *nicht od. bewusst falsch informieren.*
Des|in|te|gra|ti|on [auch: ˈdɛs...], die; -, -en [aus ↑ des-, Des- u. ↑ Integration]: **1.** (Fachspr.) **a)** *Spaltung, Auflösung eines Ganzen in seine Teile:* die D. der Sowjetunion; **b)** *nicht vollzogene Integration; fehlende Eingliederung in ein größeres Ganzes:* soziale D. **2.** ⟨o. Pl.⟩ *durch Desintegration* (1) *bewirkter Zustand.*
Des|in|te|g|rie|rung, die; -, -en: *das Desintegrieren, Desintegriertwerden.*
Des|in|te|res|se, das; -s [aus ↑ des-, Des- u. ↑ Interesse] (bildungsspr.): *Interesselosigkeit, Gleichgültigkeit, Uninteressiertheit:* sein D. an, für etw. zeigen, bekunden.
des|in|te|r|es|sie|ren, sich ⟨sw. V.; hat⟩ (bildungs-

spr. selten): *sein Interesse an etw. verlieren, aufgeben.*
des|in|te|r|es|siert ⟨Adj.⟩ [nach frz. désintéressé, 2. Part. von: se désintéresser = das Interesse verlieren] (bildungsspr.): *ohne Interesse, unbeteiligt, gleichgültig:* ein -es Gesicht machen; d. sein, tun; sie zeigte sich völlig d.; das Kind sitzt d. in der Ecke.
Des|in|te|r|es|siert|heit, die; -: *das Desinteressiertsein.*
Des|in|ves|ti|ti|on [ˈdɛs...], die; -, -en [aus ↑ des-, Des- u. ↑ Investition] (Wirtsch.): *Verringerung der Produktionsmittel einer Volkswirtschaft, einer volkswirtschaftlichen Lagerhaltung (um finanzielle Mittel, die in diesen Vermögenswerten gebunden sind, zu gewinnen); Devestition.*
Desk|re|search [ˈdɛskrɪsəːtʃ], das; -[s], auch: die; - [engl. desk research, eigtl. = Schreibtischforschung, aus: desk = Schreibtisch u. ↑ Research] (Soziol., Statistik): *Auswertung sekundären statistischen Materials (wie z. B. Absatzstatistiken) zum Zweck der Markt- u. Meinungsforschung.*
de|s|k|ri|bie|ren ⟨sw. V.; hat⟩ [lat. describere, zu: scribere = schreiben] (meist Fachspr.): *beschreiben: sprachliche Erscheinungen, ein wissenschaftliches Modell d.*
De|skrip|ti|on, die; -, -en [lat. descriptio] (meist Fachspr.): *Beschreibung.*
de|skrip|tiv ⟨Adj.⟩ [lat. descriptivus] (meist Fachspr.): *beschreibend:* ein rein -es Bild geben; -e Grammatik (Grammatik, die den Sprachzustand eines bestimmten Zeitabschnitts rein beschreibend darstellt); etw. d. darstellen.
Desk|top, der; -s, -s [engl. desktop, eigtl. = Schreibtischplatte] (EDV): **1.** *sichtbarer Hintergrund des Fenster- und Symbolsystems bei Betriebssystemen mit grafischer Benutzeroberfläche.* **2.** *Mikrocomputer.*
Desk|top-Pu|b|li|shing, Desk|top|pu|b|li|shing [ˈdɛsktɔppabliʃɪŋ], das; -[s] [engl., aus: desktop (↑ Desktop) u. publishing = das Herausgeben] (EDV): *das Erstellen von Satz u. Layout eines Textes am Schreibtisch mithilfe der Datenverarbeitung* (Abk.: DTP).
De|s|o|do|rant usw.: ↑ Deodorant usw.
de|s|o|do|rie|ren, de|s|o|do|ri|sie|ren ⟨sw. V.; hat⟩: *schlechten Geruch beseitigen, überdecken.*
♦ **des|ohn|ge|ach|tet** [auch: ˈdɛs...ˈɑx...] ⟨Adv.⟩: *dessen ungeachtet:* Sie gingen d. fort (Stifter, Bergkristall 53).
de|so|lat ⟨Adj.⟩ [zu lat. desolatum, 2. Part. von: desolare = einsam lassen, verlassen] (bildungsspr.): *trostlos, traurig; schlecht, miserabel:* eine -e Lage, Verfassung; ein -er Anblick, Zustand.
Des|or|ga|ni|sa|ti|on [auch: ˈdɛs...], die; -, -en [frz. désorganisation] (bildungsspr.): **1.** *Auflösung, Zerrüttung der Ordnung, des organisierten Zustandes.* **2.** *fehlende, mangelhafte Organisation, Planung:* der Grund für das Scheitern des Vorhabens war völlige D.
des|or|ga|ni|sie|ren ⟨sw. V.; hat⟩ [frz. désorganiser, aus: (↑ des-, Des-) u. organiser, ↑ organisieren]: *den organisierten Zustand von etw. zerstören, auflösen:* eine desorganisierte Versorgung.
Des|or|ga|ni|sie|rung, die; -, -en: *das Desorganisieren.*
des|o|ri|en|tie|ren [auch: ˈdɛs...] ⟨sw. V.; hat⟩ [frz. désorienter, aus: dés- (↑ des-, Des-) u. orienter, ↑ orientieren]: *nicht od. falsch orientieren:* wir hatten uns verlaufen und waren völlig desorientiert.
des|o|ri|en|tiert [auch: ˈdɛs...]: **1.** ↑ desorientiert. **2.** ⟨Adj.⟩ (Psychol., bildungsspr.) *im normalen Raum- u. Zeitempfinden gestört; orientierungsunfähig, verwirrt:* die Heimbewohner hier sind zum großen Teil d.

Des|o|ri|en|tiert|heit, die; -: *das Desorientiertsein.*
Des|o|ri|en|tie|rung, die; -, -en: **1.** *falsche Orientierung.* **2.** (Psychol., bildungsspr.) *Störung des normalen Raum- u. Zeitempfindens.*
Des|o|xi|da|ti|on, Desoxydation [auch: ˈdɛs...], die; -, -en [zu ↑ desoxidieren] (Chemie): *das Desoxidieren.*
des|o|xi|die|ren, desoxydieren [auch: ˈdɛs...] ⟨sw. V.; hat⟩ [aus ↑ des-, Des- (1) u. ↑ oxidieren] (Chemie): *einer chemischen Verbindung Sauerstoff entziehen.*
Des|o|xy|da|ti|on: ↑ Desoxidation.
des|o|xy|die|ren [auch: ˈdɛs...]: ↑ desoxidieren.
Des|o|xy|ri|bo|nu|k|le|in|säu|re, die (Biochemie): *in allen Lebewesen vorhandene Nukleinsäure, die als Träger der Erbinformation die stoffliche Substanz der Gene darstellt* (Abk.: DNA, DNS).
Des|o|xy|ri|bo|se, die; -, -n [aus ↑ des-, Des-, oxy- (kurz für ↑ Oxygen) u. ↑ Ribose] (Chemie): *in der Desoxyribonukleinsäure enthaltener Zucker.*
de|s|pek|tier|lich ⟨Adj.⟩ (geh.): *den erforderlichen Respekt vermissen lassend; abfällig, abschätzig, geringschätzig:* eine -e Äußerung, Geste; d. über jmdn. reden.
De|s|pe|ra|do, der; -s, -s [engl. desperado (beeinflusst von): desperate = verzweifelt, verwegen) < span. desesperado = verzweifelt, 2. Part. von: desesperar = verzweifeln, aus: des- (< lat. dis-, ↑ dis-, Dis-) u. esperar = hoffen < lat. sperare] (bildungsspr.): **1.** *zu jeder Verzweiflungstat entschlossener politischer Abenteurer.* **2.** *Bandit* (bes. im Wilden Westen).
de|s|pe|rat ⟨Adj.⟩ [lat. desperatus, adj. 2. Part. von: desperare = verzweifeln, aus: de- = von – weg u. sperare = hoffen] (bildungsspr.): *verzweifelt, hoffnungslos:* eine -e Lage; in -er Stimmung sein.
Des|pot, der; -en, -en [griech. despótēs = Herrscher; [Haus]herr]: **1.** *unumschränkt Herrschender, Gewaltherrscher: ein mittelalterlicher, grausamer D.;* das Volk wurde von einem -en beherrscht, unterdrückt. **2.** (abwertend) *herrischer, tyrannischer Mensch:* er spielt sich seiner Familie gegenüber als D. auf.
Des|po|tie, die; -, -n: *schrankenlose Gewalt-, Willkürherrschaft.*
Des|po|tin, die; -, -nen: w. Form zu ↑ Despot.
des|po|tisch ⟨Adj.⟩: **1.** *in der Art eines Despoten* (1): ein -er Fürst; -e Willkür; d. regieren. **2.** (abwertend) *herrisch, keinen Widerspruch duldend, rücksichtslos:* er hat eine -e Natur; sein Charakter ist d.; er herrscht d. über seine Familie.
Des|po|tis|mus, der; -: *System der Gewaltherrschaft, unumschränkte Herrschergewalt:* es herrschte ein grausamer D.
des|sel|ben: ↑ derselbe.
des|sen ⟨Gen. Sg. von: der, das⟩: ↑ ²der, ↑ ³der (1).
des|sent|hal|ben ⟨Demonstrativ- u. Relativadv.⟩ [↑ -halben] (veraltet): *dessentwegen.*
des|sent|we|gen ⟨Demonstrativ- u. Relativadv.⟩: *wegen dessen.*
des|sent|wil|len ⟨Demonstrativ- u. Relativadv.⟩: nur in der Fügung **um d.** (mit Rücksicht darauf, auf den, auf das; dem entsprechend).
des|sen un|ge|ach|tet: s. ¹ungeachtet.
Des|sert [dɛˈseːɐ̯, auch: dɛˈsɛrt, dɛˈsɛːɐ̯, ˈdɛsɐːɐ̯], das; -s, -s [frz. dessert, zu: desservir = die Speisen abtragen, zu: servir, ↑ servieren]: *Nachspeise, Nachtisch:* als, zum D. gab es Eis; wir waren gerade beim D.
Des|sert|be|steck, das: *aus Dessertgabel, -löffel u. -messer bestehendes Besteck.*
Des|sert|ga|bel, die: vgl. Dessertlöffel.
Des|sert|löf|fel, der: *besonderer kleiner Löffel, mit dem das Dessert gegessen wird.*
Des|sert|mes|ser, das: vgl. Dessertlöffel.

Dessertteller – Detergens

Des|sert|tel|ler, der: vgl. Dessertlöffel.
Des|sert|wein, der: bes. zum Nachtisch gereichter süßer Wein.
Des|sin [dɛ'sɛ̃], das; -s, -s [frz. dessin (nach ital. disegno), zu: dessiner, ↑ dessinieren]: **1.** fortlaufendes Muster auf Stoff, Papier u. Ä.: Stoffe mit bunten -s; neue -s entwerfen. **2.** Plan, Zeichnung, Entwurf.
des|si|nie|ren ⟨sw. V.; hat⟩ [frz. dessiner < ital. disegnare < lat. designare, ↑ designieren] (Fachspr.): (Muster) entwerfen, zeichnen.
des|si|niert ⟨Adj.⟩: gemustert.
Des|si|nie|rung, die; -, -en: Musterung (von Stoff, Papier usw.).
Des|sous [dɛ'su:], das; - [de'su:(s)], - [dɛ'su:s] ⟨meist Pl.⟩ [frz. dessous, eigtl. = darunter]: elegante Damenunterwäsche: ein reizvolles D.; seidene D. tragen.
de|sta|bi|li|sie|ren [auch: 'de:..., auch: ...st...] ⟨sw. V.; hat⟩ [nach engl. to destabilize] (Politik): instabil (2) machen, der Stabilität (2) berauben: einen Staat, die innenpolitische Lage d.
De|sta|bi|li|sie|rung, die; -, -en: das Destabilisieren; das Destabilisiertwerden.
De|s|til|lat, das; -[e]s, -e [zu lat. destillatum, 2. Part. von: destillare, ↑ destillieren] (Fachspr.): Ergebnis der Destillation, das Destillierte.
De|s|til|la|ti|on, die; -, -en: **1.** [lat. destillatio = das Herabträufeln] (Chemie) Reinigung u. Trennung meist flüssiger Stoffe durch Verdampfung u. anschließende Wiederverflüssigung: fraktionierte D. (Destillationsprozess [z. B. bei der Aufbereitung von Erdöl], bei dem die bei verschiedenen Temperaturstufen – je nach dem Siedepunkt – sich bildenden Destillate nacheinander aufgefangen werden); trockene D. (Destillation eines an sich nicht flüchtigen Stoffes [z. B. Holz], der erst durch Hinzufügen von großer Hitze in destillierbare Anteile gespalten wird). **2.** [gek. aus: Destillationsanstalt] Brennerei (3). **3.** [gek. aus: Destillationsanstalt] kleine Schankwirtschaft.
De|s|til|la|tor, der; -s, ...oren: Destillationsgerät.
De|s|til|le, die; -, -n [urspr. berlin., gek. aus ↑ Destillation (3)] (landsch., ugs. veraltend): **1.** kleinere Gastwirtschaft, in der vorwiegend Branntwein ausgeschenkt wird: eine kleine, dunkle D.; hier riecht es wie in einer D. (hier riecht es sehr nach [hochprozentigen] alkoholischen Getränken). **2.** Branntweinbrennerei.
De|s|til|le|rie, die; -, -n: Branntweinbrennerei.
De|s|til|lier|ap|pa|rat, der: Vorrichtung, Anlage zur Durchführung einer Destillation (1).
de|s|til|lier|bar ⟨Adj.⟩: zur Destillation (1) geeignet.
de|s|til|lie|ren ⟨sw. V.; hat⟩ [lat. destillare = herabtropfen] (Chemie): eine Destillation (1) durchführen; Alkohol d.; destilliertes Wasser (durch Destillation gereinigtes, von Salzen befreites Wasser).
De|s|til|lier|kol|ben, der: bauchiges Glasgefäß mit langem Hals, in dem die zu destillierende Flüssigkeit erhitzt wird.
De|s|ti|na|ti|on, die; -, -en [lat. destinatio = Bestimmung]: **1.** (bildungsspr.) Bestimmung, Endzweck: es war seine D., für das Recht der Unterdrückten zu kämpfen und dabei sein Leben zu opfern. **2.** (Flugw.) Zielflughafen, Bestimmungsort.
des|to ⟨Konj.⟩ [mhd. deste, des de, ahd. des diu (des = Gen. des Art., diu = Instrumental des Art.)]: umso: je eher, d. besser; je älter er wird, d. bescheidener wird er; sooft sie mich auch tadelte, ich schätzte sie nur d. mehr.
de|s|t|ru|ie|ren ⟨sw. V.; hat⟩ [lat. destruere] (bildungsspr.): zerstören, zugrunde richten.
De|s|t|ruk|ti|on, die; -, -en [lat. destructio = das Niederreißen] (bildungsspr.): Zerstörung: die D. der Demokratie.
De|s|t|ruk|ti|ons|trieb, der ⟨o. Pl.⟩ (Psychol.): auf Zerstörung gerichteter Trieb.
de|s|t|ruk|tiv ['dɛ:...] ⟨Adj.⟩ [spätlat. destructivus]: **1.** (bildungsspr.) zerstörend, zersetzend: eine -e Haltung, Politik; d. arbeiten, spielen. **2.** (Med.) zerstörend, zum Zerfall [von Geweben] führend.
De|s|t|ruk|ti|vi|tät, die; - (bildungsspr.): das Destruktivsein, destruktive Art, Anlage: die menschliche D.
des un|ge|ach|tet: s. ¹ungeachtet.
des|we|gen [auch: 'dɛsve:gn] ⟨Adv.⟩: deshalb.
De|s|zen|dent, der; -en, -en [zu lat. descendens (Gen.: descendentis, 1. Part. von descendere = absteigen)]: **1.** (Geneal.) Nachkomme, Abkömmling. **2. a)** (Astrol.) im Augenblick der Geburt am Westhorizont untergehendes Tierkreiszeichen od. Gestirn; **b)** (Astron.) Gestirn im Untergang; **c)** (Astron.) Stelle, an der ein Gestirn untergeht.
De|s|zen|denz, die; -: **1.** (Geneal.) Nachkommenschaft; Verwandtschaft in absteigender Linie. **2.** (Astron.) Untergang eines Gestirns.
dé|ta|ché [deta'ʃe:; frz. détaché, ↑ detachieren] (Musik): (vom Bogenstrich eines Streichinstruments) kurz, kräftig, zwischen Auf- u. Abstrich abgesetzt.
Dé|ta|ché, das; -s, -s (Musik): kurzer, kräftiger, zwischen Auf- u. Abstrich abgesetzter Bogenstrich.
De|ta|che|ment [detaʃ(ə)'mã:, schweiz. auch: ...'mɛnt], das; -s, -s u. (schweiz.:) -e [...'mɛntə] [frz. détachement]: **1.** (bildungsspr.) [auf Absonderung bedachte] kühle Distanzhaltung. **2.** (Militär veraltet) für besondere Aufgaben abkommandierte Truppenabteilung.
de|ta|chie|ren [...'ʃi:rən] ⟨sw. V.; hat⟩ [frz. détacher = losmachen, trennen, zu: dé-, dés- (↑ des-, Des-) u. afrz. estache = Pfosten, Pfahl (aus dem Germ.), also eigtl. = von einem Pfosten o. Ä. losbinden, losmachen]: **1.** (Technik) das zu mahlende Material auflockern, zerbröckeln. **2.** (veraltet) eine Truppenabteilung für besondere Aufgaben abkommandieren.
de|ta|chiert ⟨Adj.⟩ [zu ↑ ¹detachieren] (bildungsspr.): sachlich-kühl, losgelöst von eigener Anteilnahme.
De|ta|chiert|heit, die; - (bildungsspr.): das Detachiertsein.
De|tail [de'tai̯, auch: de'ta:j̯, österr.: de'tai̯l], das; -s, -s [frz. détail, zu: détailler = abteilen, in Einzelteile zerlegen, zu: tailler, ↑ Taille]: Einzelheit: ein unwichtiges, wesentliches D.; sich über die -s einer Sache einigen; ins D. gehen; in allen -s, bis ins kleinste D. von etw. berichten; nähere -s zum Doppelmord, über den Täter bekannt geben.
De|tail|be|richt, der: vgl. Detailfrage.
de|tail|be|ses|sen ⟨Adj.⟩: besessen (2) von dem Streben nach Detailtreue. Dazu: **De|tail|be|ses|sen|heit,** die.
De|tail|fra|ge, die ⟨meist Pl.⟩: Details betreffende Frage (2): sich in -n verlieren.
de|tail|ge|nau ⟨Adj.⟩: sehr genau im Detail; selbst Details sehr genau wiedergebend.
De|tail|ge|schäft, das: **1.** Detailhandel. **2.** (schweiz., sonst veraltet) Einzelhandelsgeschäft.
de|tail|ge|treu ⟨Adj.⟩: bis ins Detail genau übereinstimmend: ein -es Modell.
De|tail|han|del, der (schweiz., sonst veraltet): Einzelhandel.
De|tail|händ|ler, der (schweiz., sonst veraltet): Einzelhändler.
De|tail|händ|le|rin, die: w. Form zu ↑ Detailhändler.
De|tail|in|for|ma|ti|on, die: ins Detail gehende Information; Information über Details.
De|tail|kennt|nis, die: Details betreffende Kenntnis (1).
de|tail|lie|ren [deta'ji:rən] ⟨sw. V.; hat⟩ [frz. détailler, ↑ Detail] (bildungsspr.): im Einzelnen darlegen, ausführen, gestalten: sie detaillierte die Aussage.
de|tail|liert [deta'ji:ɐ̯t] ⟨Adj.⟩: ins Detail gehend, in allen Einzelheiten, sehr genau: -e Angaben.
De|tail|list [detai̯'lɪst, ...'jɪst], der; -en, -en (schweiz., sonst veraltet): Einzelhändler.
De|tail|lis|tin, die; -, -nen: w. Form zu ↑ Detaillist.
De|tail|pla|nung, die: ins Detail gehende Planung; Planung von Details.
de|tail|reich ⟨Adj.⟩: reich an Details: ein -er Unfallbericht; d. schilderte sie ihr Erlebnis.
De|tail|reich|tum, der ⟨o. Pl.⟩: Reichtum (2) an Details.
de|tail|treu ⟨Adj.⟩: detailgetreu: ein Segelschiff d. nachbauen.
De|tail|treue, die: Treue (2) gegenüber den Details (in Bezug auf eine Wiedergabe o. Ä.): Spüre seine (= Franz Kafkas) Figuren mehr, als dass ich sie kenne. Obwohl er sie doch meist mit fast kriminalistischer D. beschreibt (Schnurre, Schattenfotograf 28).
de|tail|ver|liebt ⟨Adj.⟩: besonders bestrebt, Detailgenauigkeit zu erreichen; sehr um Detailgenauigkeit bemüht.
De|tail|wis|sen, das: vgl. Detailkenntnis.
De|tail|zeich|nung, die: genaue bzw. vergrößerte Zeichnung von einem Detail.
De|tek|tei, die; -, -en [zu ↑ Detektiv]: Detektivbüro.
de|tek|tie|ren ⟨sw. V.; hat⟩ [zu engl. to detect, ↑ Detektiv] (Fachspr.): [durch, mithilfe von Detektoren] erkennen, feststellen, anzeigen, registrieren: die Sensoren des Feuermeldesystems haben Rauch detektiert.
De|tek|ti|on, die; -, -en [engl. detection < lat. detectio, zu: detegere, ↑ Detektiv] (Fachspr.): das Feststellen, Aufspüren (mit bestimmten wissenschaftlich-technischen Verfahren).
De|tek|tiv, der; -s, -e [engl. detective (policeman), zu: to detect = aufdecken, ermitteln < lat. detegere (2. Part.: detectum) = enthüllen]: **1.** Person [mit polizeilicher Lizenz], die Ermittlungen anstellt u. Informationen über die geschäftlichen u. persönlichen Angelegenheiten anderer beschafft (Berufsbez.): einen D. beauftragen; das Kaufhaus beschäftigt einen D., der Ladendiebstähle verhindern soll; jmdn. durch einen D. beobachten, überwachen lassen. **2.** Geheimpolizist, Ermittlungsbeamter der Kriminalpolizei (in bestimmten Ländern): die -e von Scotland Yard.
De|tek|tiv|bü|ro, das: Betrieb, in dem Detektive tätig sind, der von einem Detektiv unterhalten wird.
De|tek|tiv|ge|schich|te, die: vgl. Detektivroman.
De|tek|ti|vin, die; -, -nen: w. Form zu ↑ Detektiv.
de|tek|ti|visch ⟨Adj.⟩: in der Art eines Detektivs, einem Detektiv eigen: -er Scharfsinn.
De|tek|tiv|ro|man, der: Roman, in dessen Mittelpunkt die Aufdeckung eines Verbrechens durch einen Detektiv od. eine Detektivin steht.
De|tek|tor, der; -s, ...oren [engl. detector < lat. detector = der Offenbarer]: **1.** (Technik) Gerät zum Nachweis od. Anzeigen nicht unmittelbar zugänglicher bzw. wahrnehmbarer Stoffe od. Vorgänge. **2.** (Rundfunkt., Funkt.) einfachste Form des Empfängers (2).
Dé|tente [de'tã:t], die; - [frz. détente, zu: détendre = losspannen, zu lat. tendere = spannen] (Politik): Entspannung zwischen Staaten.
De|ter|gens, das; -, ...gentia u. ...genzien [lat. detergens (Gen.: detergentis), 1. Part. von:

Detergentia – Deutscher

detergere = abwischen, reinigen] (Med.): reinigendes, desinfizierendes Mittel.

De|ter|gen|tia, De|ter|gen|zi|en ⟨Pl.⟩ (Fachspr.): **1.** seifenfreie, die Haut schonende Wasch-, Reinigungs- u. Spülmittel. **2.** Tenside.

De|ter|mi|nan|te, die; -, -n [zu lat. determinans (Gen.: determinantis), 1. Part. von: determinare, ↑determinieren]: **1.** (bildungsspr.) bestimmender Faktor: die -n geschichtlicher Prozesse. **2.** (Math.) Rechenausdruck zur Lösung eines Gleichungssystems.

De|ter|mi|na|ti|on, die; -, -en [lat. determinatio = Abgrenzung]: **1.** (Philos.) Bestimmung eines Begriffs durch einen nächstuntergeordneten, engeren. **2.** (Biol.) das Festgelegtsein eines Teils des Keims für die Ausbildung eines bestimmten Organs. **3.** (Psychol.) das Bedingtsein aller psychischen Phänomene durch genetische Faktoren. **4.** (bildungsspr.) Bestimmung, Zuordnung.

de|ter|mi|na|tiv ⟨Adj.⟩ (bildungsspr.): **1.** bestimmend, begrenzend, festlegend. **2.** entschieden, entschlossen.

de|ter|mi|nie|ren ⟨sw. V.; hat⟩ [lat. determinare, aus: de- = von – weg u. terminus, ↑Termin] (Fachspr., bildungsspr.): [im Voraus] bestimmen, festlegen, begrenzen: durch Tradition, Vererbung determiniert sein; Ein Zweck, ein Streben determinieren die Gefühle (Musil, Mann 1582).

De|ter|mi|niert|heit, die; - (bildungsspr., Fachspr.): Bestimmtheit, Abhängigkeit, Festgelegtsein: die gesellschaftliche D. der Sprache.

De|ter|mi|nie|rung, die; -, -en (Fachspr., bildungsspr.): das Determinieren, Determiniertwerden.

De|ter|mi|nis|mus, der; - (Philos.): Lehre, Auffassung von der kausalen [Vor]bestimmtheit allen Geschehens bzw. Handelns: Dazu: **De|ter|mi|nist**, der; **De|ter|mi|nis|tin**, die.

de|ter|mi|nis|tisch ⟨Adj.⟩: **1.** den Determinismus betreffend. **2.** [Willens]freiheit verneinend.

De|to|na|ti|on, die; -, -en [frz. détonation, zu ↑detonieren]: (durch Zündung explosiver Gase od. durch Sprengstoff verursachte) starke Explosion: eine schwere, heftige D.; die D. einer Bombe; die D. war kilometerweit zu hören.

de|to|nie|ren ⟨sw. V.; ist⟩ [frz. détoner < lat. detonare = herabdonnern]: (von Sprengkörpern, explosiven Gasen) mit heftigem Knall explodieren: eine Mine detonierte in der Nähe; detonierende Granaten.

de|tri|tol|gen ⟨Adj.⟩ [zu ↑Detritus u. ↑-gen (2 b)] (Geol.): (von Kalkbänken u. Kalkablagerungen in Rifflücken) durch organischen Detritus entstanden.

De|tri|tus, der; - [lat. detritus = das Abreiben, zu: deterere = abreiben, abscheuern]: **1.** (Geol.) zerriebenes Gesteinsmaterial, Gesteinsschutt. **2.** (Biol.) Schwebe- u. Sinkstoff in den Gewässern, dessen Hauptanteil abgestorbene Mikroorganismen bilden. **3.** (Med.) Überrest zerfallener Zellen od. Gewebe.

det|to ⟨Adv.⟩ [ital. detto, ↑dito] (bayr. österr., sonst selten): ↑dito.

Deu|bel, der; -s (landsch.): Teufel.

deucht, deuch|te: ↑dünken.

De|us ex Ma|chi|na, der; - - -, Dei - - ⟨Pl. selten⟩ [lat. = der Gott aus der (Theater)maschine (im antiken Theater schwebte die Götter an einer kranähnlichen Flugmaschine auf die Bühne)] (bildungsspr.): unerwarteter, im richtigen Moment auftauchender Helfer in einer Notlage; überraschende, unerwartete Lösung einer Schwierigkeit.

Deut [niederl. duit = eine niederl. Scheidemünze < mniederl. duyt, eigtl. = abgegebenes Stück]: nur in der Fügung **keinen/nicht einen D.** (gar nicht[s]: keinen/nicht einen D. wert sein; nicht einen D. um etwas geben; [um] keinen D. besser sein; sich nicht einen D. um etwas kümmern).

deut|bar ⟨Adj.⟩: sich deuten (3) lassend: schwer -e Begriffe; das Gedicht ist psychologisch d.

◆**Deu|te**, die; -, -n: Nebenf. von ↑Düte: ...sie ... bringt euch des guten Zuckerbrotes genug, ...ihr sehet sie bald mit den schön vergoldeten -n (Goethe, Hermann u. Dorothea 7, 199 ff.)

Deu|te|lei, die; -, -en (abwertend): spitzfindige, kleinliche Deutung, Auslegung.

deu|teln ⟨sw. V.⟩; meist verneint od. eingeschränkt⟩: kleinlich, spitzfindig zu deuten, auszulegen versuchen: an einer Sache nicht d.; daran gibt es nichts zu d. (das steht fest).

deu|ten ⟨sw. V.; hat⟩ [mhd., ahd. diuten = zeigen, erklären, urspr. = für das (versammelte) Volk verständlich machen, zu einem germ. Subst. mit der Bed. »Volk«, ↑deutsch]: **1.** (mit dem Finger, einem Gegenstand) auf etw. zeigen, hinweisen: mit dem Finger auf jmdn., etw. d.; er deutete nach Süden, in die andere Richtung. **2.** etw. erkennen, erwarten lassen; auf etw. hinweisen, hindeuten: die Zeichen deuten auf einen Umschwung, eine Änderung; Alles deutet auf Übergang, nicht auf das, was ist, bleibt es nicht (Chr. Wolf, Nachdenken 179). **3. a)** auslegen, erklären; einer Sache einen bestimmten Sinn beilegen: etw. richtig, falsch, ganz anders d.; ein Gedicht, Träume d.; wir deuten dies als ein Zeichen der Entspannung; jmdm. die Zukunft d. (vorhersagen); **b)** (selten) (jmds. Verhalten o. Ä.) in bestimmter Weise auslegen, einen bestimmten Sinn hineinlegen: jmdm. etw. übel, negativ d.

Deu|ter, der; -s, -: **1.** Erklärer, Ausleger, Interpret einer Sache. **2.** (österr.) Kopf- od. Handbewegung, mit der auf etw. aufmerksam gemacht werden soll, Wink: gib ihm einen D.!

Deu|te|rin, die; -, -nen: w. Form zu ↑Deuter (1).

Deu|te|ri|um, das; -s [zu griech. deúteros = Zweiter, Nächster]: schwerer Wasserstoff; Wasserstoffisotop mit dem doppelten Atomgewicht des gewöhnlichen Wasserstoffs (Zeichen: D).

Deu|te|ro|no|mi|um, das; -s [spätlat. deuteronomium < griech. deuterónomion, eigtl. = zweites Gesetz (das Buch wiederholt den Dekalog u. andere Gesetze des Sinaikomplexes)]: 5. Buch Mose.

Deut|ler, der; -s, - [zu ↑deuteln]: jmd., der etw. spitzfindig auslegt.

Deut|le|rin, die; -, -nen: w. Form zu ↑Deutler.

deut|lich ⟨Adj.⟩ [spätmhd. diutelich, mhd. diut(ec)liche(n) ⟨Adv.⟩]: **a)** gut wahrnehmbar, scharf umrissen, klar, genau: eine -e Schrift, Aussprache; d. sprechen; daraus wird d. (klar, erkennbar), dass sie es war; jmdm. etw. d. machen (verdeutlichen, erklären, vor Augen führen); sich d. (genau) an etw. erinnern; **b)** in sichtbarem, spürbarem Maße [bestehend]: -e Zweifel; d. wärmer, besser; die Zahl der Unfälle hat d. zugenommen; **c)** eindeutig, unmissverständlich, ausdrücklich: ein -er Hinweis, Wink; das war ein -er Sieg; etw. [klar und] d. sagen; um es noch einmal ganz d. zu sagen; jmdm. etw. d. zu verstehen geben; *d. werden (eine bisher zurückgehaltene Kritik [heftig u. grob] äußern).

Deut|lich|keit, die; -, -en ⟨o. Pl.⟩: **a)** Klarheit, gute Wahrnehmbarkeit, Verständlichkeit: die D. einer Schrift, der Aussprache; etw. gewinnt an D.; **b)** Eindeutigkeit, Unmissverständlichkeit; Offenheit: das ließ an D. nichts zu wünschen übrig; etw. in, mit aller D. sagen; **c)** ⟨Pl.⟩ Grobheiten, Unverschämtheiten: jmdm. -en sagen.

deut|lich|keits|hal|ber ⟨Adv.⟩: der Deutlichkeit halber.

deutsch ⟨Adj.⟩ [mhd. diut(i)sch, tiu(t)sch, ahd. diutisc, über ein gleichbed. westfränk. Adj. zu einem germ. Subst. mit der Bed. »Volk«, vgl. ahd. diot(a) = Volk, also eigtl. = volksmäßig]: **a)** die Deutschen, Deutschland betreffend (Abk.: dt.): das -e Volk; die -e Sprache, Nationalhymne; die -e Staatsangehörigkeit besitzen; ein -er Autor; die -e Presse; die -e Öffentlichkeit; -er Abstammung sein; ein -es Auto *(ein Auto deutschen Fabrikats od. mit deutschem Kennzeichen)*; das ist typisch d.; d. gesinnte *(sich der deutschen Sprache u. Kulturgemeinschaft bewusst zugehörig fühlende u. dies auch zum Ausdruck bringende)* Politiker; Wenn ich also d. sei von Geburt, erkundigte sich, warum ich dann den französischen Namen Armand trüge (Th. Mann, Krull 247); **b)** *in der Sprache der Bevölkerung bes. Deutschlands, Österreichs u. in Teilen der Schweiz* (Abk.: dt.): die -e Übersetzung eines Romans; die -e Schweiz *(Teil der Schweiz, in dem deutsch gesprochen wird)*; eine d. sprechende Gruppe von Ausländern; *mit jmdm. d. reden/sprechen (ugs.; jmdm. offen, unverblümt die Meinung sagen: mit dem musst du mal d. reden, damit er zur Vernunft kommt); **c)** in deutscher Schreibschrift [verfasst]: d. schreiben.

Deutsch, das; -[s]: **a)** die deutsche Sprache [eines Einzelnen od. einer Gruppe]; die näher gekennzeichnete deutsche Sprache: gutes, gepflegtes, fehlerfreies D.; D. lernen, verstehen; fließend, gut D. sprechen; eine D. sprechende *(die deutsche Sprache beherrschende)* Französin; sein D. ist akzentfrei; etw. auf D. sagen; der Brief ist in D. geschrieben, abgefasst; »Timing«, zu D. *(auf Deutsch [heißt das])* »der richtige Zeitpunkt für etwas«; *nicht [mehr] D./kein D. [mehr] verstehen (ugs.; etw. absichtlich nicht verstehen wollen; nicht gehorchen); **auf [gut] D.** (ugs.; deutlich, unverblümt, ohne Beschönigung); **b)** ⟨o. Art.⟩ Unterrichtsfach, in dem deutsche Sprache u. Literatur gelehrt wird: er lehrt, gibt D.; ein Lehrstuhl für D. als Fremdsprache; wir haben in der zweiten Stunde D.; in D. eine Zwei haben; morgen haben wir kein D. (Schülerspr.; keinen Deutschunterricht); hast du schon D. (Schülerspr.; die Hausaufgaben o. Ä. für den Deutschunterricht) gemacht?

Deutsch|ame|ri|ka|ner, der: Amerikaner deutscher Abstammung.

Deutsch|ame|ri|ka|ne|rin, die: w. Form zu ↑Deutschamerikaner.

deutsch-ame|ri|ka|nisch, ²**deutsch|ame|ri|ka|nisch** ⟨Adj.⟩: zwischen Deutschland u. Amerika, aus Deutschen u. Amerikanern bestehend: eine -e Kommission; -e Verhandlungen.

¹**deutsch|ame|ri|ka|nisch** ⟨Adj.⟩: die Amerikaner deutscher Abstammung betreffend.

Deutsch|ar|beit, die: schriftliche Arbeit im Unterrichtsfach Deutsch.

deutsch-deutsch ⟨Adj.⟩ (bes. Politik): die beiden ehemaligen Staaten in Deutschland, die Menschen in den beiden ehemaligen Teilen Deutschlands betreffend: die -en Beziehungen; -e Vereinbarungen über den Grenzverkehr.

¹**Deut|sche**, der/die/eine Deutsche/der/einer Deutschen, die Deutschen/zwei Deutsche: Angehörige des deutschen Volkes, aus Deutschland stammende weibliche Person.

²**Deut|sche**, das; -n ⟨nur mit best. Art.⟩: die deutsche Sprache im Allgemeinen: das D. ist eine indogermanische Sprache; etw. aus dem -n/vom -n ins Französische übersetzen; der Konjunktiv im -n.

Deut|schen|hass, der: Hass gegen die Deutschen: Dazu: **Deut|schen|has|ser**, der; **Deut|schen|has|se|rin**, die.

Deut|scher, der Deutsche/ein Deutscher; des/eines Deutschen, die Deutschen/zwei Deutsche: **1.** Angehöriger des deutschen Volkes, aus

deutschfeindlich–Devisenvergehen

Deutschland stammende Person: ein typischer Deutscher; die Deutschen haben (die deutsche Mannschaft hat) gewonnen. **2.** ⟨Pl.⟩ das deutsche Volk: die Deutschen.

deutsch|feind|lich ⟨Adj.⟩: den Deutschen, Deutschland gegenüber feindlich eingestellt.

Deutsch|feind|lich|keit, die: deutschfeindliche Gesinnung, Einstellung.

deutsch-fran|zö|sisch, deutsch|fran|zö|sisch ⟨Adj.⟩: zwischen Deutschland u. Frankreich, aus Deutschen u. Franzosen bestehend.

deutsch|freund|lich ⟨Adj.⟩: den Deutschen, Deutschland gegenüber freundlich eingestellt.

Deutsch|freund|lich|keit, die: deutschfreundliche Gesinnung, Einstellung.

deutsch ge|sinnt, deutsch|ge|sinnt ⟨Adj.⟩: sich der deutschen Sprache u. Kulturgemeinschaft bewusst zugehörig fühlend u. dies auch zum Ausdruck bringend.

Deutsch|herr, der ⟨meist Pl.⟩ (Geschichte): Mitglied des Deutschen Ordens (eines Ritterordens).

Deutsch|her|ren|or|den, der ⟨o. Pl.⟩: Deutschritterorden.

deutsch-jü|disch, ²deutsch|jü|disch ⟨Adj.⟩: das Verhältnis zwischen Deutschen u. Juden betreffend, aus Deutschen u. Juden bestehend.

¹deutsch|jü|disch ⟨Adj.⟩: die Juden deutscher Abstammung betreffend.

Deutsch|kennt|nis, die ⟨meist Pl.⟩: Kenntnis der deutschen Sprache u. Vermögen, sie anzuwenden: die Bewerberin besaß exzellente -se.

Deutsch|kun|de, die: Lehre von der deutschen Sprache u. Kultur.

Deutsch|kurs, Deutsch|kur|sus, der: Kurs, durch den jmd. befähigt werden soll, Deutsch zu sprechen u. zu verstehen.

Deutsch|land, -s: Staat in Mitteleuropa.

Deutsch|land|chef, der (ugs.): Leiter des deutschen Zweigs eines internationalen Unternehmens.

Deutsch|land|che|fin, die: w. Form zu ↑Deutschlandchef.

Deutsch|land|funk, der ⟨o. Pl.⟩: deutsche Rundfunkanstalt mit deutschem u. vielsprachigem europäischem Programm (Abk.: DLF).

Deutsch|land|lied, das ⟨o. Pl.⟩: Nationalhymne des Deutschen Reiches (seit 1922), deren dritte Strophe die offizielle Hymne der Bundesrepublik Deutschland ist.

Deutsch|land|po|li|tik, die: Deutschland betreffende Politik ausländischer Staaten.

Deutsch|land|pre|mi|e|re, die: erste Aufführung eines Werkes in Deutschland.

Deutsch|land|sen|der, der: **1.** von 1927 bis 1945 Rundfunksender des Deutschen Reiches. **2.** von 1949 bis 1971 Rundfunksender der DDR.

Deutsch|land|tour, die: **1.** durch Deutschland führende Tournee od. Konzerttour. **2.** (Sport) Deutschland-Rundfahrt.

Deutsch|land|tour|nee, die: Deutschlandtour (1).

deutsch|land|weit ⟨Adj.⟩: ganz Deutschland umfassend, einschließend; in ganz Deutschland: ein d. bekanntes Unternehmen.

Deutsch|leh|rer, der: Lehrer, der deutsche Sprache u. Literatur unterrichtet.

Deutsch|leh|re|rin, die: w. Form zu ↑Deutschlehrer.

deutsch|na|ti|o|nal ⟨Adj.⟩: **1.** (Geschichte) **a)** zu einer liberalen Bewegung in Österreich gehörend, die die Anlehnung des deutschen Österreichs an Deutschland fordert; **b)** zu einer monarchistischen u. betont nationalistischen Partei der Weimarer Republik gehörend, sie betreffend. **2.** eine extrem nationalistische, [angebliche] deutsche Interessen in den Vordergrund stellende, politische Einstellung betref-

fend, aufweisend: in der Debatte fielen -e Äußerungen, wurden -e Töne angeschlagen.

Deutsch|or|dens|rit|ter, der (Geschichte): Mitglied des Deutschritterordens.

Deutsch|rit|ter|or|den, der (Geschichte): jüngster der drei großen Ritterorden des MA.s, Deutscher Orden.

Deutsch|rock, der; -[s]: aus Deutschland stammende Rockmusik.

Deutsch|schweiz, die (schweiz.): deutschsprachige Schweiz.

Deutsch|schwei|zer, der: Schweizer mit Deutsch als Muttersprache.

Deutsch|schwei|ze|rin, die: w. Form zu ↑Deutschschweizer.

deutsch-schwei|ze|risch, ²deutsch|schwei|ze|risch ⟨Adj.⟩: zwischen Deutschland u. der Schweiz, aus Deutschen u. Schweizern bestehend: ein -es Abkommen.

¹deutsch|schwei|ze|risch ⟨Adj.⟩: die deutschsprachige Schweiz betreffend.

deutsch|spra|chig ⟨Adj.⟩: **a)** die deutsche Sprache sprechend: die -e Bevölkerung der Schweiz; eine Führung für die -en Besucher des Louvre; der -e Raum (Raum mit deutschprachiger Bevölkerung); -es Gebiet (Gebiet mit deutschsprachiger Bevölkerung); **b)** in deutscher Sprache ablaufend, verfasst: -er Unterricht.

deutsch|sprach|lich ⟨Adj.⟩: die deutsche Sprache betreffend: der -e Unterricht im Ausland.

Deutsch spre|chend, deutsch|spre|chend ⟨Adj.⟩: deutschsprachig (a): die Deutsch sprechende Minderheit in Belgien.

deutsch|stäm|mig ⟨Adj.⟩: von deutschen Vorfahren abstammend.

Deutsch|stäm|mi|ge, die/eine Deutschstämmige; der/einer Deutschstämmigen; zwei Deutschstämmige/zwei Deutschstämmige: weibliche Person, die deutschstämmig ist.

Deutsch|stäm|mi|ger, der Deutschstämmige/ein Deutschstämmiger; des/eines Deutschstämmigen, die Deutschstämmigen/zwei Deutschstämmige: jmd., der deutschstämmig ist.

Deutsch|stun|de, die: Unterrichtsstunde im Schulfach Deutsch.

Deutsch|tum, das; -s: **a)** Gesamtheit der für die Deutschen typischen Lebensäußerungen; deutsche Wesensart; **b)** Zugehörigkeit zum deutschen Volk; **c)** Gesamtheit der deutschen Volksgruppen im Ausland: das D. im Ausland.

Deutsch|tü|me|lei, die; -, -en (abwertend): aufdringliche, übertriebene Betonung deutscher Wesensart.

Deutsch|tür|ke, der: **1.** Deutscher türkischer Abstammung. **2.** in Deutschland lebender Türke.

Deutsch|tür|kin, die: w. Form zu ↑Deutschtürke (1, 2).

deutsch-tür|kisch, ²deutsch|tür|kisch ⟨Adj.⟩: zwischen Deutschland u. der Türkei, aus Deutschen u. Türken bestehend.

¹deutsch|tür|kisch ⟨Adj.⟩: **1.** die Türken in Deutschland betreffend: eine -e Zeitung herausgeben. **2.** die Deutschen türkischer Abstammung betreffend: der -e Abgeordnete im Europaparlament.

Deutsch|un|ter|richt, der: [Schul]unterricht in deutscher Sprache u. Literatur.

Deu|tung, die; -, -en: Versuch, den tieferen Sinn, die Bedeutung von etw. zu erfassen; Auslegung, Interpretation: eine tiefsinnige, religiöse, psychologische D.; die D. einer Handschrift, eines Traums, eines Textes; der Text lässt mehrere -en zu.

Deu|tungs|ho|heit, die: alleinige Befugnis, etw. zu deuten; alleiniges Recht zu interpretieren, wie sich etw. verhält.

Deu|tungs|ver|such, der: Versuch einer Deutung.

Deux|pi|èces, Deux-Pi|èces [døˈpjɛːs], das; -, - [frz. deux-pièces, aus: deux = zwei u. pièce = Stück] (Mode): zweiteiliges Damenkleid.

De|va|lu|a|ti|on, De|val|va|ti|on, die; -, -en [frz. dévaluation, zu: dévaluer, ↑devalvieren] (Geldw.): Abwertung: eine D. der deutschen Währung.

de|val|vie|ren ⟨sw. V.; hat⟩ [zu frz. dévaluer, zu: valoir = wert sein, gelten < lat. valere]: **a)** (Geldw.) abwerten: eine Währung d.; **b)** (selten) in seinem Wert, seiner Bedeutung herabsetzen: einen Begriff d.

De|vas|ta|ti|on, die; -, -en [spätlat. devastatio] (Fachspr.): Verwüstung, Verheerung, Zerstörung.

de|vas|tie|ren ⟨sw. V.; hat⟩ [lat. devastare, zu: vastare = verwüsten, eigtl. = leer machen, zu: vastus = leer, öde] (Fachspr.): zerstören, verwüsten: devastierte Gebiete.

De|vas|tie|rung (Fachspr.): Devastation.

De|ves|ti|ti|on, die; -, -en (Wirtsch.): Desinvestition.

de|vi|ant ⟨Adj.⟩ [zu lat. devians (Gen.: deviantis), 1. Part. von: deviare = vom Wege abgehen] (Soziol.): von der Norm sozialen Verhaltens, vom Üblichen abweichend: ein -es Verhalten.

De|vi|anz, die; -, -en (bes. Soziol.): Abweichung [von der Norm].

De|vi|a|ti|on, die; -, -en (Fachspr., bes. Soziol., Sprachwiss.): Abweichung.

De|vi|se, die; -, -n [frz. devise, urspr. = abgeteiltes Feld eines Wappens mit einem Sinnspruch, zu: deviser = einteilen, zu lat. dividere, ↑dividieren]: **1.** Wahlspruch, Losung: seine [erste, oberste] D. ist: …; das ist seine D.; immer nach der D. »leben und leben lassen«. **2.** [älter = im Ausland zahlbarer Wechsel, urspr. viell. bez. auf einen Wechselvordruck mit Aufdruck einer Devise (1)] **a)** ⟨Pl.⟩ im Ausland auszuzahlende Zahlungsanweisungen in fremder Währung; die Ausfuhr von -n; **b)** ⟨meist Pl.⟩ Zahlungsmittel in fremder Währung: -n kaufen, eintauschen, ein Reisegeld in -n bei sich haben.

De|vi|sen|ab|tei|lung, die: für die Devisen (2 a, b) zuständige Abteilung eines Kreditinstitutes.

De|vi|sen|be|schrän|kung, die: Einschränkung des freien Kaufs von Devisen (2 b).

De|vi|sen|be|stim|mung, die ⟨meist Pl.⟩: gesetzliche Bestimmung, die die Ein- od. Ausfuhr od. die Verwendung von Devisen (2 b) betrifft.

De|vi|sen|be|wirt|schaf|tung, die (Politik): Aufsicht u. Lenkung des gesamten Zahlungs-, Kredit- u. Kapitalverkehrs mit dem Ausland.

De|vi|sen|bör|se, die: Börse für den Devisenhandel.

De|vi|sen|brin|ger, der (ugs.): Wirtschaftsfaktor irgendeiner Art, der einem Land Devisen (2 b) bringt.

De|vi|sen|ge|schäft, das: Devisenhandel.

De|vi|sen|ge|setz, das: Gesetz über die Verwendung von Devisen (2 b).

De|vi|sen|han|del, der: An- u. Verkauf von Devisen (2 b) durch Banken.

De|vi|sen|kurs, der (Börsenw.): Kurs der Devisen (2 b).

De|vi|sen|markt, der: gesamter an der Devisenbörse stattfindender Devisenhandel.

De|vi|sen|re|ser|ven ⟨Pl.⟩: Bestand an liquiden internationalen Zahlungsmitteln.

De|vi|sen|schmug|gel, der: Schmuggel von Devisen (2 b).

De|vi|sen|spe|ku|la|ti|on, die: Spekulation (2) mit Devisen (2 b).

de|vi|sen|träch|tig ⟨Adj.⟩: größere Mengen von Devisen (2 b) erwarten lassend: -e Touristikgeschäfte.

De|vi|sen|ver|ge|hen, das: Vergehen gegen die Devisenbestimmungen.

De|von, das; -[s] [nach der engl. Grafschaft Devonshire] (Geol.): *Formation des Erdaltertums (zwischen Silur u. Karbon).*
de|vo|nisch ⟨Adj.⟩: *das Devon betreffend.*
de|vot ⟨Adj.⟩ [im 15. Jh. = andächtig, fromm < lat. devotus, zu devovere = geloben, (sich) weihen, zu: vovere, ↑ Votum]: **a)** (abwertend) *unterwürfig, ein übertriebenes Maß an Ergebenheit zeigend:* eine -e Haltung; d. grüßen; **b)** (veraltet) *demütig:* d. niederknien; **c)** (Jargon verhüll.) *bereit, zur Steigerung des Lustgewinns sadistische Handlungen an sich vornehmen zu lassen.*
De|vo|ti|on, die; -, -en [lat. devotio] (bildungsspr.): **1. a)** *Unterwürfigkeit;* **b)** *Demut.* ♦ **2. a)** *Ehrerbietung, Ehrfurcht:* Die Studenten saßen kerzengerade auf ihren Fässern und aßen und tranken nur sehr wenig vor großer D. (Eichendorff, Taugenichts 92); **b)** *Andacht* (1): Er versetzte darauf: ich möchte mich aller Freiheiten bedienen, alles wohl betrachten und meine D. verrichten (Goethe, Italien. Reise 6. 4. 1787 [Sizilien]).
de|vo|ti|o|nal ⟨Adj.⟩ (bildungsspr.): *ehrfurchtsvoll.*
De|vo|ti|o|na|lie, die; -, -n (Rel.): *Gegenstand, der bei der Andacht benutzt wird* (z. B. Rosenkranz, Statue, Kreuz).
Dex|t|rin, das; -s, -e [frz. dextrine, zu lat. dexter = rechts (wegen seiner rechtsdrehenden Wirkung auf die Ebene des polarisierten Lichts)]: **1.** *beim unvollständigen Abbau* (5) *von Stärke entstehendes Gemisch von Kohlenhydraten, das als wasserlösliches Pulver od. in Form von Paste als Klebemittel verwendet wird.* **2.** (Chemie, Biol.) *wasserlösliches Abbauprodukt der Stärke.*
Dex|t|ro|pur®, das; -s: *Präparat aus reinem Traubenzucker.*
Dex|t|ro|se, die; - [zu ↑ Dextrin] (Chemie, Biol.): *Traubenzucker.*
Dez, der; -es, -e [aus dem Niederd., viell. zu frz. tête = Kopf] (landsch.): *Kopf:* jmdm. eins auf/über den D. geben.
Dez. = Dezember.
De|zem|ber, der; -[s], - ⟨Pl. selten⟩ [lat. (mensis) December = zehnter Monat (des röm. Kalenders), zu: decem = zehn]: *zwölfter Monat des Jahres* (Abk.: Dez.)
De|zem|vir, der; -s u. -n, -n [lat. decemvir, zu: vir = Mann]: *Mitglied des Dezemvirats.*
De|zem|vi|rat, das; -[e]s, -e [lat. decemviratus]: *aus zehn Männern bestehendes Beamten- od. Priesterkollegium im alten Rom.*
De|zen|ni|um, das; -s, ...ien [lat. decennium, zu: decem = zehn u. annus = Jahr]: *Zeitraum von zehn Jahren, Jahrzehnt.*
de|zent ⟨Adj.⟩ [frz. décent < lat. decens (Gen.: decentis) = geziemend, zu: decere = sich ziemen]: **a)** *vornehm-zurückhaltend, unaufdringlich, feinfühlig:* ein -es Lächeln; mit viel Ironie; sich d. im Hintergrund halten; **b)** *unaufdringlich, nicht [unangenehm] auffallend:* ein -es Parfüm; ein -es Tapetenmuster; -e (gedämpfte) Beleuchtung; Musik; sie trug ein Kleid in einem -en (zarten, abgetönten) Rot; die Räume sind d. eingerichtet.
de|zen|t|ral [auch: 'de:...] ⟨Adj.⟩ [aus lat. de- = von – weg u. ↑ zentral]: **1.** *vom Mittelpunkt entfernt:* die -e Lage des Bahnhofs. **2.** *auf verschiedene Stellen od. Orte verteilt, nicht von einer Stelle ausgehend:* -e Strom- und Wasserversorgung.
De|zen|t|ra|li|sa|ti|on, die; -, -en: **1.** (bes. Fachspr.) *Übertragung von Funktionen u. Aufgaben auf verschiedene [untergeordnete] Stellen.* **2.** *das Dezentralisiertsein.*
de|zen|t|ra|li|sie|ren ⟨sw. V.; hat⟩ [frz. décentraliser] (bes. Fachspr.): *eine Dezentralisation vornehmen.*

De|zen|t|ra|li|sie|rung, die; -, -en (bes. Fachspr.): *Dezentralisation* (1, 2).
De|zenz, die; - [frz. décence < lat. decentia, zu: decere, ↑ dezent] (bildungsspr.): **1.** *Takt, Feingefühl, Zurückhaltung.* **2.** *Unaufdringlichkeit, Unauffälligkeit.*
De|zer|nat, das; -[e]s, -e [lat. decernat = er soll entscheiden]: **a)** *Geschäftsbereich eines Dezernenten;* **b)** *Abteilung einer Behörde, bes. der Polizei.*
De|zer|nent, der; -en, -en [zu lat. decernens (Gen.: decernentis), 1. Part. von: decernere = entscheiden]: *Sachbearbeiter mit Entscheidungsbefugnis bei Behörden u. Verwaltungen; Leiter eines Dezernats* (a).
De|zer|nen|tin, die; -, -nen: w. Form zu ↑ Dezernent.
De|zi, der; -[s], -[s] (schweiz.): Kurzf. von ↑ Deziliter.
De|zi|ar, das [frz. déciare, aus: déci- (< lat. decimus = der Zehnte, zu: decem = zehn) u. are, ↑¹ Ar]: $^{1}/_{10}$ Ar (Zeichen: da).
De|zi|bel, das [zu frz. déci- (↑ Deziar) u. ↑ Bel]: $^{1}/_{10}$ Bel, *insbesondere Maß der relativen Lautstärke* (Zeichen: dB).
de|zi|die|ren ⟨sw. V.; hat⟩ [lat. decidere, eigtl. = abschneiden, aus: de- = von – weg u. caedere, ↑ Zäsur] (bildungsspr.): *entscheiden; bestimmen.*
de|zi|diert ⟨Adj.⟩ [zu lat. decidere, eigtl. = abschneiden] (bildungsspr.): *bestimmt, entschieden; energisch:* -e Forderungen; eine -e Meinung haben; für etw. d. eintreten.
De|zi|gramm, das [frz. décigramme, aus: déci- (↑ Deziar) u. gramme, ↑ Gramm]: $^{1}/_{10}$ Gramm (Zeichen: dg).
De|zi|li|ter, der, auch: das [frz. décilitre]: $^{1}/_{10}$ Liter (Zeichen: dl).
de|zi|mal ⟨Adj.⟩ [mlat. decimalis, zu lat. decem = zehn]: *auf die Grundzahl 10 bezogen:* das -e Zahlensystem; die -e Schreibweise (Darstellung der Zahlen im Dezimalsystem).
De|zi|mal|bruch, der [Math.]: **a)** *Bruch, dessen Nenner mit 10 od. einer Potenz von 10 gebildet wird* (z. B. 0,54 = $^{54}/_{100}$); **b)** *Dezimalzahl.*
De|zi|mal|le, die; -[n], -n (Math.): *Ziffer der Ziffernfolge, die rechts vom Komma einer Dezimalzahl steht.*
de|zi|ma|li|sie|ren ⟨sw. V.; hat⟩: *auf das Dezimalsystem umstellen:* das Pfund Sterling wurde dezimalisiert.
De|zi|ma|li|sie|rung, die; -, -en: *das Dezimalisieren; das Dezimalisiertwerden.*
De|zi|mal|maß, das: *Maß, das auf das Dezimalsystem bezogen ist.*
De|zi|mal|stel|le, die: *Stelle* (3 b) *hinter dem Komma einer Dezimalzahl; Kommastelle.*
De|zi|mal|sys|tem, das ⟨o. Pl.⟩ (Math.): *auf der Grundzahl 10 aufbauendes Zahlensystem.*
De|zi|mal|waa|ge, die: *Waage, bei der die Last zehnmal so schwer ist wie die Gewichtsstücke, die beim Wiegen aufgelegt werden.*
De|zi|mal|zahl, die (Math.): *Zahl, deren Bruchteile rechts vom Komma angegeben werden:* 2,57 ist eine D.
De|zi|me, die; -, -n [zu lat. decimus = der Zehnte] (Musik): **a)** *zehnter Ton einer diatonischen Tonleiter;* **b)** *Intervall von zehn diatonischen Tonstufen.*
De|zi|me|ter, der, früher fachspr. auch: das; -s, - [frz. décimètre]: $^{1}/_{10}$ Meter (Zeichen: dm).
de|zi|mie|ren ⟨sw. V.; hat⟩ [lat. decimare = jeden zehnten Mann (mit dem Tode) bestrafen, zu: decimus = der Zehnte]: **a)** *[durch einen gewaltsamen Eingriff, zerstörerische Einwirkung o. Ä.] in der Anzahl, im Bestand stark vermindern, verringern:* eine Flotte d.; Kriege, Seuchen dezimierten die Bevölkerung; der Fischbestand ist stark dezimiert; **b)** ⟨d. + sich⟩ *sich stark verrin-*

gern, abnehmen: mit der Zeit dezimierte sich das Rudel; ihr Kundenkreis dezimierte sich.
De|zi|mie|rung, die; -, -en (bildungsspr.): *das Dezimieren; das Dezimiertwerden.*
DFB [de:lɛf'be:], der; -: Deutscher Fußball-Bund.
DFB-Aus|wahl, die: *Auswahlmannschaft des DFB, bes. eine der Fußballnationalmannschaften.*
DFB-Po|kal, der: **1.** *vom DFB vergebener Pokal* (2 a). **2.** *vom DFB organisierter Pokalwettbewerb.*
DFB-Prä|si|dent, der: *Präsident des DFB.*
dg = Dezigramm.
Dg = Dekagramm.
DG [de:'ge:], das; -s, -s: *Dachgeschoss.*
D. G. = Dei Gratia.
DGB [de:ge:'be:], der; -: Deutscher Gewerkschaftsbund.
dgl. = dergleichen.
d. Gr. = der Große, die Große.
DGS = Deutsche Gebärdensprache.
d. h. = das heißt.
Dha|ka: *Hauptstadt von Bangladesch.*
d'hondtsch [dɔntʃ, do'ɔntʃ] ⟨Adj.⟩ [nach dem belg. Juristen Victor d'Hondt (1841–1901)]: *nur in der Fügung* -es System/d'Hondt'sches System (Politik; *bestimmter Berechnungsmodus für die Verteilung der Sitze bei [Parlaments]wahlen*).
d. i. = das ist.
Di. = Dienstag.
DI (österr.) = Diplomingenieur[in].
Dia, das; -s, -s (Fotogr.): Kurzf. von ↑ Diapositiv: -s rahmen, vorführen.
Di|a|be|tes, der; - (Med.): **1.** [griech. diabétēs] *Harnruhr.* **2.** Kurzf. von ↑ Diabetes mellitus.
Di|a|be|tes mel|li|tus, der; - - [lat. mellitus = honigsüß] (Med.): *Krankheit, für die erhöhter Blutzuckergehalt u. Ausscheidung von Zucker im Urin typisch ist; Zuckerkrankheit.*
Di|a|be|ti|ker, der; -s, - (Med.): *Zuckerkranker.*
Di|a|be|ti|ke|rin, die; -, -nen: w. Form zu ↑ Diabetiker.
Di|a|be|ti|ker|wein, der: *trockener Wein, der aufgrund seiner Zusammensetzung für die meisten an Diabetes mellitus Leidenden verträglich ist.*
di|a|be|tisch ⟨Adj.⟩ (Med.): *zuckerkrank.*
Di|a|be|trach|ter, der: *optisches Gerät, in dem Diapositive in Vergrößerung [u. elektrisch beleuchtet] betrachtet werden können.*
Di|a|bo|lie [griech. diabolía = Verleumdung, Hass, zu: diabállein, ↑ Diabolos], **Di|a|bo|lik,** die; - (bildungsspr.): *teuflische Bosheit, teuflisch-boshaftes Wesen.*
di|a|bo|lisch ⟨Adj.⟩ [lat. diabolicus < griech. diabolikós] (bildungsspr.): *teuflisch-boshaft:* ein -es Lächeln; mit -er Freude; dieser Plan ist d.
Di|a|bo|lo, das; -s, -s [Fantasiebez.]: **1.** *Geschicklichkeitsspiel, bei dem der Spieler einen sanduhrförmigen Körper mit einer an zwei Handgriffen befestigten Schnur in Rotation versetzt, in die Höhe schnellen lässt u. wieder aufzufangen versucht.* **2.** *Spiel* (4 a), *mit dem man Diabolo* (1) *spielt.*
Di|a|bo|los, Di|a|bo|lus, der; - [kirchenlat. diabolus < griech. diábolos = Verleumder, zu: diabállein = verleumden; entzweien, verfeinden, eigtl. = durcheinanderwerfen, zu: bállein = werfen; vgl. Teufel] (bildungsspr.): *Teufel* (a).
dia|chron ⟨Adj.⟩ [zu griech. diá = durch u. chrónos = Zeit] (Sprachwiss.): **a)** *zur geschichtlichen Entwicklung einer Sprache gehörend;* **b)** *diachronisch* (a).
Dia|chro|nie, die; - (Sprachwiss.): **a)** *geschichtliche Entwicklung einer Sprache im Gegensatz zu ihrem jeweiligen Zustand;* **b)** *Darstellung der geschichtlichen Entwicklung einer Sprache.*

dia|chro|nisch ⟨Adj.⟩: a) *die Diachronie* (b) *betreffend:* -e *und synchronische Sprachbetrachtung;* b) *diachron* (a).

Di|a|dem, das; -s, -e [lat. diadema < griech. diádēma, eigtl. = Umgebundenes]: *um die Stirn od. im Haar getragener Reif aus edlem Metall u. kostbaren Steinen:* die Kaiserin trägt ein funkelndes D.

Di|a|do|che, der; -n, -n [griech. diádochos = Nachfolger]: **1.** *Nachfolger Alexanders des Großen.* **2.** ⟨Pl.⟩ (bildungsspr.) *um den Vorrang streitende Nachfolger einer bedeutenden, einflussreichen Persönlichkeit.*

Di|a|do|chen|kampf, der ⟨meist Pl.⟩ [nach den Auseinandersetzungen um die Ausdehnung der Reiche der Diadochen im 3./2. Jh. v. Chr.] (bildungsspr.): *Konkurrenzkampf zweier od. mehrerer Anwärter um die Nachfolge für ein bedeutendes, einflussreiches Amt.*

Di|a|gno|se, die; -, -n [frz. diagnose < griech. diágnōsis = unterscheidende Beurteilung, Erkenntnis]: **1.** (Med., Psychol.) *Feststellung, Bestimmung einer körperlichen od. psychischen Krankheit (durch den Arzt):* eine richtige, falsche D.; die ärztliche D. lautete auf Nierenentzündung; eine D. stellen; Ü eine D. der politischen Zustände. **2.** (Meteorol.) *zusammenfassende Beurteilung aller Wetterbeobachtungen, aus denen sich die Wettervorhersage ergibt.*

Di|a|gno|se|pro|gramm, das ⟨EDV⟩: **1.** *Programm* (4) *zur Lokalisierung von Fehlern in Rechenanlagen.* **2.** *Programm* (4) *zur Ermittlung von Fehlern in anderen Programmen* (4).

Di|a|gno|se|ver|fah|ren, das (Med., Psychol.): *Verfahren der Diagnose* (1).

Di|a|gno|se|zen|t|rum, das: *Klinik, die auf die Früherkennung von Krankheiten u. Organstörungen spezialisiert ist.*

Di|a|gno|s|tik, die; -, -en [griech. diagnōstikós = zum Unterscheiden geschickt] (Med., Psychol.): *Lehre u. Kunst, die das Stellen von Diagnosen* (1) *zum Gegenstand hat.*

Di|a|gno|s|ti|ker, der; -s, -: *Arzt im Hinblick auf seine Aufgabe, Krankheiten zu diagnostizieren:* ein guter, schlechter D.

Di|a|gno|s|ti|ke|rin, die; -, -nen: w. Form zu ↑ Diagnostiker.

Di|a|gno|s|ti|kum, das; -s, ...ka: *Erkennungsmerkmal (bes. einer Krankheit).*

di|a|gno|s|tisch ⟨Adj.⟩: *die Diagnose* (1), *die Diagnostik betreffend; auf einer Diagnose* (1) *beruhend:* -e Tests; d. verwertbare Befunde.

di|a|gno|s|ti|zie|ren ⟨sw. V.; hat⟩: *einen [Krankheits]befund [durch Untersuchung des Patienten] ermitteln u. benennen:* die Ärztin diagnostizierte eine/auf Lungenentzündung; die Krankheit als Diabetes d.; die Beschwerden als diabetisch d.

dia|go|nal ⟨Adj.⟩ [spätlat. diagonalis = durch die Winkel führend, zu griech. diá = durch u. gōnía = Ecke, Winkel]: **1.** (Geom.) *zwei nicht benachbarte Ecken eines Vielecks geradlinig verbindend:* zwei -e Geraden; d. verlaufende Linien; die Gerade schneidet das Viereck d. **2.** *schräg, quer [verlaufend]:* -e Streifen; die Schnittwunde verläuft d. über das Gesicht; der Weg durchschneidet die Wiese d.; Das Landratsamt befand sich ... neben dem Amtsgericht und d. gegenüber dem Schlossturm (Heym, Schwarzenberg 56); * **[etw.] d. lesen** (ugs.; *etw. nicht lesen für Zeile nur überfliegen, um sich einen allgemeinen Überblick zu verschaffen*).

Dia|go|na|le, die/eine Diagonale; der/einer Diagonalen od. Diagonale, die Diagonalen/zwei Diagonalen od. Diagonalen (Geom.): *diagonale Gerade.*

Dia|gramm, das; -s, -e [griech. diágramma = Umriss, geometrische Figur, zu: diagráphein = mit Linien umziehen, zu: gráphein = schreiben] (Fachspr.): *grafische Darstellung von Größenverhältnissen bzw. Zahlenwerten in anschaulicher, leicht überblickbarer Form:* etw. in einem D. darstellen.

Di|a|kon [südd., österr.: ˈdiːakoːn], der; -s u. -en, -e u. -en [mhd. diāken, ahd. diacan < kirchenlat. diaconus < griech. diákonos = Diener]: **1.** (ev. Kirche) *kirchlicher Amtsträger, der in einer Kirchengemeinde karitative u. soziale Arbeit leistet.* **2.** *katholischer, orthodoxer an. anglikanischer Geistlicher, der in der Hierarchie des Klerus eine Stufe unter dem Priester steht.*

Di|a|ko|nat, das, auch der; -[e]s, -e [kirchenlat. diaconatus]: **1.** ⟨Theol. auch: der⟩ *Amt des Diakons.* **2.** *Wohnung eines Diakons.* **3.** *Pflegedienst* (2) *[im Krankenhaus]:* ein D. übernehmen.

Di|a|ko|nie, die; -, -n [lat. diaconia < griech. diakonía = Dienst] (ev. Kirche): *[berufsmäßiger] Dienst an Hilfsbedürftigen (Krankenpflege, Fürsorge usw.):* in der D. arbeiten.

Di|a|ko|nin, die; -, -nen: w. Form zu ↑ Diakon.

di|a|ko|nisch ⟨Adj.⟩: *den Diakon od. die Diakonie betreffend:* -e Einrichtungen, Aufgaben.

Di|a|ko|nis|se, die; -, -n, **Di|a|ko|nis|sin,** die; -, -nen [kirchenlat. diaconissa = (Kirchen)dienerin < spätgriech. diakoníssa] (ev. Kirche): *in einer Schwesterngemeinschaft lebende, in der Diakonie tätige Frau.*

dia|kri|tisch [auch: ...ˈkriː...] ⟨Adj.⟩ [griech. diakritikós = unterscheidend] (Sprachwiss.): *(von bestimmten grafischen Zeichen) in Verbindung mit bestimmten Buchstaben als Hinweis auf deren richtige Aussprache dienend:* Umlautpunkte, Trema, Cedille und andere -e Zeichen.

Di|a|lekt, der; -[e]s, -e [lat. dialectos < griech. diálektos = Ausdrucksweise, zu: dialégesthai = sich bereden; sprechen]: a) *Mundart; Gruppe von Mundarten mit besonderen sprachlichen Gemeinsamkeiten:* Elsässer D.; in norddeutscher D.; [unverkennbaren, breiten] D. sprechen; in unverfälschtem D.; b) (Sprachwiss.) *regionale Variante einer Sprache.*

di|a|lek|tal ⟨Adj.⟩ (Sprachwiss.): *den Dialekt betreffend; mundartlich:* ein -er Einschlag; d. gefärbtes Deutsch.

Di|a|lekt|aus|druck, der ⟨Pl. ...drücke⟩: *einem bestimmten Dialekt zugehörender Ausdruck; Mundartwort.*

Di|a|lekt|for|schung, die: *Mundartforschung.*

di|a|lekt|frei ⟨Adj.⟩: *keinen Dialekt aufweisend:* d. sprechen.

Di|a|lekt|geo|gra|fie, Di|a|lekt|geo|gra|phie, die (Sprachwiss.): *Mundartforschung, die die geografische Verbreitung von Dialekten u. mundartlichen Sprachformen untersucht.*

Di|a|lek|tik, die; -, -en [lat. (ars) dialectica < griech. dialektikḗ (téchnē)]: **1.** ⟨o. Pl.⟩ (Rhet.) *Kunst der Gesprächsführung; Fähigkeit, den Diskussionspartner in Rede u. Gegenrede zu überzeugen:* ein Mann von bestechender D. **2.** (Philos.) a) *philosophische Methode, die die Position, von der sie ausgeht, durch gegensätzliche Behauptungen infrage stellt u. in der Synthese beider Positionen eine Erkenntnis höherer Art zu gewinnen sucht:* die D. Hegels; b) *(im dialektischen Materialismus) die innere Gesetzmäßigkeit der ökonomischen Entwicklung in realen Gegensätzen:* Marx hat eine materialistische D. begründet. **3.** (bildungsspr.) *(einer Sache innewohnende) Gegensätzlichkeit.*

Di|a|lek|ti|ker, der; -s, -: **1.** *jmd., der sich der Dialektik* (1) *als Methode des Gesprächs- bzw. der Beweisführung bedient.* **2.** (Philos.) *Vertreter einer philosophischen Schule, die sich einer dialektischen Methode bedient.*

Di|a|lek|ti|ke|rin, die; -, -nen: w. Form zu ↑ Dialektiker.

di|a|lek|tisch ⟨Adj.⟩: **1.** [lat. dialecticus < griech. dialektikós] (Philos.) *entsprechend der Methode der Dialektik; in Gegensätzen denkend:* die -e Methode; d. denken. **2.** (bildungsspr.) *spitzfindig, haarspalterisch:* er argumentiert allzu d. **3.** (veraltet) *dialektal:* eine -e Färbung, Wortform.

Di|a|lek|to|lo|ge, der; -n, -n [↑-loge]: *Wissenschaftler auf dem Gebiet der Dialektologie.*

Di|a|lek|to|lo|gie, die; -, -n [↑-logie]: *Teilgebiet der Sprachwissenschaft, das sich mit der Erforschung der Mundarten beschäftigt.*

Di|a|lek|to|lo|gin, die; -, -nen: w. Form zu ↑ Dialektologe.

di|a|lek|to|lo|gisch ⟨Adj.⟩: *die Mundartforschung betreffend; mundartkundlich.*

Di|a|lekt|spre|cher, der: *Mundartsprecher.*

Di|a|lekt|spre|che|rin, die; -, -nen: w. Form zu ↑ Dialektsprecher.

Di|a|lekt|stück, das: *in einem Dialekt geschriebenes Theaterstück.*

Di|a|ler [ˈdaɪ̯əlɐ], der; -s, - [engl. dialer, zu: to dial = wählen (2)] (EDV): *Computerprogramm, das eine Telefonverbindung zum Internet od. anderen Netzwerken herstellt.*

Di|a|log, der; -[e]s, -e [frz. dialogue < lat. dialogus < griech. diálogos, eigtl. = Gespräch, zu: dialégesthai, ↑ Dialekt]: **1.** (bildungsspr.) a) *von zwei od. mehreren Personen abwechselnd geführte Rede u. Gegenrede; Zwiegespräch, Wechselrede:* zwischen ihnen entspann sich ein D.; einen D. mit jmdm. führen; ein Stück mit zu wenigen -en; b) *Gespräche, die zwischen zwei Interessengruppen geführt werden mit dem Zweck des Kennenlernens der gegenseitigen Standpunkte o. Ä.:* ein D. zwischen den Vertretern beider Staaten; die Fortsetzung des -s mit dem Iran. **2.** (Film, Fernsehen) *Gesamtheit der Dialoge* (1 a) *in einem Drehbuch.* **3.** (EDV) *wechselseitige Kommunikation, Austausch von Fragen u. Antworten zwischen Mensch u. Datenverarbeitungsanlage über Tastatur u. Terminal.* **4.** (Kochkunst) *Zusammenstellung von geschmacklich kontrastierenden, aber zueinanderpassenden Speisen:* D. von frischen Früchten mit Walnusseis.

di|a|log|be|reit ⟨Adj.⟩: *bereit zum Dialog* (1b): beide Staaten zeigten sich d.

Di|a|log|be|reit|schaft, die ⟨o. Pl.⟩: *Bereitschaft zum Dialog* (1b).

Di|a|log|box, die ⟨EDV⟩: *Fenster* (3).

Di|a|log|feld, das ⟨EDV⟩: *Fenster* (3).

Di|a|log|form, die: *dialogische Form, formale Gestaltung als Dialog:* der Autor bevorzugt die D.; Gedichte in D.

di|a|lo|gisch ⟨Adj.⟩: *in Dialogform; in der Art des Gesprächs gestaltet.*

Di|a|log|part|ner, der: *Partner in einem Dialog* (1b); *Gesprächspartner.*

Di|a|log|part|ne|rin, die; -, -nen: w. Form zu ↑ Dialogpartner.

Di|a|log|re|gie, die: *Regie* (1) *der Dialoge* (2).

Di|a|ly|sa|tor, der; -s, ...oren (Chemie): *Gerät zur Durchführung der Dialyse* (1).

Di|a|ly|se, die; -, -n [griech. diálysis = Auflösung, Trennung]: **1.** *physikalisch-chemische Trennung von Flüssigkeiten mithilfe einer porösen Scheidewand.* **2.** (Med.) *Blutwäsche.*

Di|a|ly|se|ge|rät, das (Med.): *bei einem Versagen der Nieren eingesetztes Gerät zur Dialyse* (2); *künstliche Niere.*

Di|a|ly|se|pa|ti|ent, der: *Patient, bei dem eine Dialyse* (2) *vorgenommen wird.*

Di|a|ly|se|pa|ti|en|tin, die; -, -nen: w. Form zu ↑ Dialysepatient.

Di|a|ly|se|sta|ti|on, die: *Station, Abteilung einer*

Klinik, in der Dialysen (2) vorgenommen werden.
Dia|ly|se|zen|t|rum, das: *Spezialklinik für Nierenkranke, in der Dialysen (2) vorgenommen werden.*
dia|ly|sie|ren ⟨sw. V.; hat⟩: **1.** (Physik, Chemie) *eine Dialyse (1) durchführen.* **2.** (Med.) *eine Blutwäsche durchführen.*
dia|ly|tisch ⟨Adj.⟩ (Chemie): *auf Dialyse (1) beruhend.*
¹Di|a|mant, der; -en, -en [mhd. diamant, diemant < frz. diamant, über das Vlat. zu lat. adamas < griech. adámas, eigtl. = Unbezwingbares]: **1.** *fast farbloser, kostbarer Edelstein von sehr großer Härte u. starker Lichtbrechung:* ein roher, [un]geschliffener, hochkarätiger D.; ein D. von 20 Karat; hart wie ein D.; * **schwarze -en** *(Steinkohle).* **2.** *Abtastnadel mit einer diamantenen* (a) *Spitze.*
²Di|a|mant, die; - [viell. wegen ihres besonderen Wertes u. ihrer Seltenheit nach ↑ ¹Diamant] (Druckw.): *kleinster Schriftgrad (4 Punkt).*
di|a|mant|be|setzt, diamantenbesetzt ⟨Adj.⟩: *mit Diamanten besetzt.*
Di|a|mant|col|li|er, Diamantkollier, Diamantencollier, Diamantkollier, das: *diamantenes Collier.*
di|a|man|ten ⟨Adj.⟩: **a)** *aus einem Diamanten hergestellt, gearbeitet:* eine -e Bohrerspitze; **b)** *mit Diamanten besetzt:* ein -es Armband; **c)** *einem Diamanten vergleichbar, ähnlich:* ein -er Glanz.
di|a|man|ten|be|setzt: ↑ diamantbesetzt.
Di|a|man|ten|col|li|er: ↑ Diamantcollier.
Di|a|man|ten|kol|li|er: ↑ Diamantcollier.
Di|a|man|ten|na|del: ↑ Diamantnadel.
Di|a|man|ten|ring: ↑ Diamantring.
Di|a|man|ten|schlei|fer: ↑ Diamantschleifer.
Di|a|man|ten|schlei|fe|rin, die: w. Form zu ↑ Diamantenschleifer.
Di|a|man|ten|staub: ↑ Diamantstaub.
Di|a|mant|kol|li|er: ↑ Diamantcollier.
Di|a|mant|na|del, Diamantennadel, die: *mit Diamanten besetzte Anstecknadel.*
Di|a|mant|ring, Diamantenring, der: *mit Diamanten besetzter Fingerring.*
Di|a|mant|schlei|fer, Diamantenschleifer, der: *Facharbeiter, der Diamanten schleift (Berufsbez.).*
Di|a|mant|schlei|fe|rin, die; -, -nen: w. Form zu ↑ Diamantschleifer.
Di|a|mant|staub, Diamantenstaub, der: *beim Schleifen von Diamanten anfallender Staub.*
DIAMAT, Di|a|mat [dia'ma(:)t], der; - [russ. diamat]: *dialektischer Materialismus* (↑ Materialismus 2).
Di|a|me|ter, der; -s, - [lat. diametros < griech. diámetros, zu: diá = durch u. métron, ↑ Meter] (Geom.): *Durchmesser eines Kreises od. einer Kugel.*
dia|me|t|ral ⟨Adj.⟩ [spätlat. diametralis]: **1.** (Geom.) **a)** *auf einem Durchmesser gelegen;* **b)** *in genau entgegengesetzter Richtung liegend:* die -en Punkte eines Kreises. **2.** (bildungsspr.) *entgegengesetzt, gegensätzlich:* -e Ansichten; d. (ganz und gar) entgegengesetzt sein.
Di|a|na (röm. Mythol.): *Göttin der Jagd.*
di|a|phan ⟨Adj.⟩ [griech. diaphanḗs, zu: diaphaínesthai = durchscheinen] (Kunstwiss.): *durchscheinend, durchsichtig.*
Di|a|phan|bild, das, **Di|a|pha|nie,** die; -, -n [griech. diapháneia = Durchsichtigkeit] (Kunstwiss.): *auf Glas gemaltes, diaphanes Bild.*
Dia|phra|g|ma, das; -s, ...men [spätlat. diaphragma = Zwerchfell < griech. diáphragma = Zwischen-, Scheidewand; Zwerchfell]: **1.** (Anat.) *Zwerchfell.* **2.** (Chemie) *durchlässige Scheidewand.* **3.** (Med.) *mechanisches Empfängnisver-*

hütungsmittel in Form eines mit einer Gummimembran überzogenen Spiralrings, der in die Scheide eingeführt wird. **4.** (veraltet) *Blende* (2).
Dia|po|si|tiv, das; -s, -e [aus griech. diá = durch u. ↑ ²Positiv (2)] (Fotogr.): *zu einem durchscheinenden Positiv entwickeltes fotografisches Bild, das dazu bestimmt ist, auf eine Leinwand projiziert zu werden; Dia.*
Dia|pro|jek|tor, der (Fotogr.): *Projektor für Diapositive.*
Di|a|rah|men, der (Fotogr.): *kleiner, rechteckiger Rahmen für das Diapositiv.*
Di|a|ri|um, das; -s, ...ien [lat. diarium = Tagebuch, zu: dies = Tag]: **1.** (veraltet) **a)** *Tagebuch;* **b)** *Geschäftsbuch.* **2.** (veraltend) *dickeres Schreibheft mit festem Deckel.*
Di|ar|rhö, die; -, -en [lat. diarrhoea < griech. diárrhoia, eigtl. = Durchfluss] (Med.): *Durchfall.*
di|ar|rhö|isch ⟨Adj.⟩ (Med.): *mit Durchfall verbunden.*
Dia|schau, die: *Diashow* (1).
Dia|show, die: **1.** *[effektvolle] Vorführung von Dias [zu einem bestimmten Thema].* **2.** *[automatisch ablaufende] Vorführung einer Serie digitaler Fotos auf dem Bildschirm.*
Di|a|s|po|ra, die; - [griech. diasporá = das Zerstreuen, Zerstreuung]: **a)** *Gebiet, in dem eine konfessionelle od. nationale Minderheit lebt:* in der D. leben; **b)** *in der Diaspora (a) lebende konfessionelle od. nationale Minderheit:* die katholische D. in Berlin.
Di|a|s|po|ra|ge|mein|de, die: *Gemeinde (1 b) in der Diaspora (a).*
Di|a|s|to|le [auch: di'astole], die; -, -n […'sto:lən] [griech. diastolḗ]: **1.** (Med.) *mit der Zusammenziehung rhythmisch abwechselnde Erweiterung des Herzens;* Systole und D. **2.** (antike Metrik) *Dehnung eines kurzen Vokals.*
dia|s|to|lisch ⟨Adj.⟩ (Fachspr.): *die Diastole betreffend, darauf beruhend:* -er Blutdruck (Med.; *Blutdruck im Augenblick der Erschlaffung des Herzmuskels*).
Di|ät, die; -, ⟨Arten:⟩ -en [lat. diaeta < griech. díaita = Lebensweise, Diät]: *auf die Bedürfnisse eines Kranken, Übergewichtigen o. Ä. abgestimmte Ernährungsweise:* salzlose D.; eine D. für Magenkranke; eine strenge D. einhalten müssen; streng D. leben, essen; D. halten, kochen; er wurde auf D. gesetzt (ugs.; *ihm wurde eine Diät verordnet*); Ü Dort werden Sie die Tage zubringen, indem Sie sowohl in der Einsamkeit als auch in der gesellig D. halten *(sich mäßigen;* Jünger, Capriccios 48).
Di|ät|as|sis|tent, der: *Fachkraft, die bei der Aufstellung von Diätplänen beratend mitwirkt (Berufsbez.).*
Di|ät|as|sis|ten|tin, die: w. Form zu ↑ Diätassistent.
Di|ät|bier, das: *stark mit Hopfen versetztes, fast keine Kohlenhydrate enthaltendes Bier.*
di|ä|ten ⟨sw. V.; hat; meist nur im Inf. gebr.⟩ (ugs.): *eine Diät machen.*
Di|ä|ten ⟨Pl.⟩ [wohl gek. aus: Diätengelder, zu frz. diète = tagende Versammlung < mlat. dieta, diaeta = festgesetzter Tag, Versammlung, zu lat. dies = Tag]: *Bezüge der Abgeordneten eines Parlaments o. Ä. in Form von Tagegeld, Aufwandsentschädigung u. a.:* D. beziehen; über eine Erhöhung der D. beraten.
Di|ä|ten|er|hö|hung, die: *Erhöhung der Diäten.*
Di|ä|te|tik, die; -, -en [lat. (ars) diaetetica < griech. diaitētikḗ (téchnē), zu: díaita, ↑ Diät] (Med.): *Lehre von der richtigen Ernährung, bes. Diät.*
di|ä|te|tisch ⟨Adj.⟩ (Med.): *die Diät betreffend, einer Diät gemäß:* -e Lebensmittel wie Fruchtzucker oder Süßstoffe.
Di|ät|fahr|plan, der (ugs.): *Diätplan.*

Di|ät|feh|ler, der (Med.): *Fehler in der Ernährungsweise.*
Di|äthy|len|gly|kol, das (fachspr.:) Diethylenglykol, das [aus griech. dís (di-) = zweimal, ↑ Äthylen u. ↑ Glykol] (Chemie): *Derivat des Glykols, das besonders als Bestandteil von Frostschutzmitteln verwendet wird.*
di|ä|tisch ⟨Adj.⟩ [zu ↑ Diät]: **1.** *die Ernährung betreffend:* -er Wert *(Nährwert).* **2.** *die Diät betreffend, einer Diät gemäß:* -e Lebensmittel.
Di|ät|is|tin, die; -, -nen: *Diätassistentin.*
Di|ät|koch, der: *Koch für Diätkost (Berufsbez.).*
Di|ät|kö|chin, die: w. Form zu ↑ Diätkoch.
Di|ät|kost, die: *bei einer Diät eingenommene od. verabreichte Kost.*
Di|ät|kü|che, die: **a)** *Küche, in der Diätkost zubereitet wird;* **b)** ⟨o. Pl.⟩ *Diätkost, Schonkost u. die Art ihrer Zubereitung:* die D. bevorzugen.
Di|ät|kur, die (Med.): *Kur, die in der Einhaltung einer bestimmten Diät besteht:* sie macht gerade eine radikale D.
Dia|to|nik, die; - (Musik): *Dur-Moll-Tonsystem; das Fortschreiten in der Tonfolge der siebenstufigen Tonleiter.*
dia|to|nisch ⟨Adj.⟩ [spätlat. diatonicus < griech. diatonikós] (Musik): *auf der Diatonik beruhend:* die -e Tonleiter.
Di|ät|plan, der: *für eine bestimmte Diät zusammengestellter Speiseplan.*
Dia|t|ri|be, die; -, -n [lat. diatriba < griech. diatribḗ, eigtl. = das Zerreiben]: **a)** (Literaturwiss.) *in Vers od. Prosa abgefasste [satirische] Moralpredigt [mit fingiertem Dialog];* **b)** (bildungsspr.) *gelehrte Streitschrift, weitläufige kritische Abhandlung.*
Di|ät|salz, das: *(bei kochsalzarmer Diät verwendetes) Salz, das wenig od. kein Natrium u. Chlor enthält.*
Di|ät|schwes|ter, die (früher): *für die Diätkost zuständige Krankenschwester (Berufsbez.).*
Di|ät|zu|cker, der: *Zuckeraustauschstoff.*
Dia|vor|trag, der: *Vortrag, bei dem Dias gezeigt werden.*
dich [mhd. dich, ahd. dih]: **1.** Akk. von ↑ du. **2.** Akk. des Reflexivpronomens der 2. Person Sg.: du solltest d. schämen.
di|cho|tom ⟨Adj.⟩ [griech. dichótomos = zweigeteilt]: **1.** (Bot.) *gabelig.* **2.** (Fachspr.) *zweiteilig, zweigliedrig.*
Di|cho|to|mie, die; -, -n [griech. dichotomía = Zweiteilung]: **1.** (Bot.) *Gabelung des Pflanzensprosses.* **2.** (bildungsspr., Fachspr.) *Zweiteilung; zweigliedrige Einteilung; Zweigliedrigkeit.*
di|cho|to|misch ⟨Adj.⟩: *dichotom.*
dicht ⟨Adj.⟩ [mniederd. dicht(e); dafür frühnhd. deicht, mhd. dihte, eigtl. wohl = fest; undurchlässig, verw. mit ↑ gedeihen]: **1. a)** *zusammengedrängt, zusammenstehend; ohne (größere) Zwischenräume:* -es Haar; ein -es Gestrüpp; -e Hecken; beim -esten Verkehr; ein d. bebautes Gelände; eine d. behaarte Brust; d. behaart sein; d. belaubte Wälder; die d. besetzten Zuschauerreihen; ein d. besiedeltes, bevölkertes Land; d. bewachsene Hänge; d. gedrängte Zuschauer; d. gedrängt stehen; die d. an d., d. bei d. stehenden *(sehr dicht beieinanderstehenden)* Tulpen; Ü das -e soziale Netz; ein -es *(voll ausgefülltes)* Programm; eine -e *(gestraffte, das Wesentliche betonende)* Aufführung; ein d. gedrängter Terminplan *(Terminplan mit sehr vielen Terminen);* **b)** *(für den Blick) nicht durchdringbare Einheit bildend; undurchdringlich:* -er Nebel; -e Schwaden; das Schneegestöber wurde immer -er; **c)** *fest abschließend, undurchlässig:* -es Fass; das Dach, das Fenster, der Verschluss ist nicht mehr d.; meine Stiefel halten nicht mehr d.; der Verschluss hat völlig d. gehalten; Fugen, Ritzen d. machen; die Gardinen

waren d. zugezogen; * **nicht ganz d. sein** (ugs. abwertend; *nicht ganz bei Verstand sein*); **d)** (ugs.) *geschlossen:* der Laden war leider schon d.; das Kino ist seit letzten Montag d.; Ü sie kamen nicht mehr durch, die Grenzen waren d. *(nicht mehr geöffnet, nicht mehr passierbar);* **e)** (salopp) *betrunken:* schon am frühen Vormittag war er d. **2.** (bes. in Verbindung mit Präp.) **a)** *ganz nahe, in unmittelbarer Nähe:* d. beieinander; d. an der Tür; d. beim Haus; d. neben der Kirche; d. überm Erdboden; Er gab Gas, wartete, bis der nachkommende schwarze Mercedes auch Gas gab und -er auffuhr (Zwerenz, Erde 12); **b)** *zeitlich ganz nahe, unmittelbar:* das Fest stand d. bevor; d. an die Gegenwart heran.

-dicht: drückt in Bildungen mit Substantiven aus, dass die beschriebene Sache etw. nicht durchlässt; *undurchlässig für etw.:* bakterien-, staub-, winddicht.

dicht|auf ⟨Adv.⟩: *im kleinstmöglichen (räumlichen) Abstand hintereinander:* d. folgen; in der Wertung d. liegen.
dicht be|baut, dicht|be|baut ⟨Adj.⟩: *eine dichte Bebauung aufweisend:* eine dicht bebaute Siedlung.
dicht be|haart, dicht|be|haart ⟨Adj.⟩: *eine dichte Behaarung aufweisend:* ein dicht behaarter Hund.
dicht be|laubt, dicht|be|laubt ⟨Adj.⟩: *eine dichte Belaubung aufweisend:* ein dicht belaubter Wald.
dicht be|setzt, dicht|be|setzt ⟨Adj.⟩: *eine dichte Besetzung (1) aufweisend:* ein dicht besetztes Kino.
dicht be|sie|delt, dicht|be|sie|delt ⟨Adj.⟩: *eine dichte Besiedlung aufweisend:* ein dicht besiedeltes Gebiet.
dicht be|völ|kert, dicht|be|völ|kert ⟨Adj.⟩: *eine hohe Bevölkerungsdichte aufweisend:* ein dicht bevölkerter Landstrich.
dicht be|wach|sen, dicht|be|wach|sen ⟨Adj.⟩: *einen dichten Bewuchs aufweisend:* dicht bewachsene Hänge.
Dich|te, die; -, -n ⟨Pl. selten⟩: **1. a)** *dichtes Nebeneinander (von gleichartigen Wesen od. Dingen auf einem Raum):* die D. des Waldes; die D. des Verkehrs, der Bevölkerung; die höchste D. an Akademikern; Ü Es ist dies ein Werk nicht nur von großer psychologischer D. *(Komprimiertheit)* und ungeheurer Eindringlichkeit ... (Hildesheimer, Legenden 19); **b)** *(für den Blick) Undurchdringlichkeit:* die D. des Nebels, der Finsternis. **2.** (Physik) *Verhältnis von Masse zu Volumen (bei einer bestimmten Stoffmenge):* die mittlere D. der Luft, des Wassers. **3.** (Fotogr.) *Maß für die Schwärzung bzw. Farbdichte einer fotografischen Schicht.* **4.** (Textilind.) *Anzahl der Fäden od. Maschen, die auf eine bestimmte Maßeinheit entfallen.*
¹**dich|ten** ⟨sw. V.; hat⟩: **a)** *dicht machen, abdichten:* das Dach, ein Leck [mit etw.] d.; die Fugen sind schlecht gedichtet; **b)** *als Mittel zum Abdichten geeignet sein:* der Kitt dichtet gut.
²**dich|ten** ⟨sw. V.; hat⟩ [mhd. tihten, ahd. dihtōn, tihtōn = schriftlich abfassen, ersinnen < lat. dictare, ↑ diktieren]: **1.** *ein sprachliches Kunstwerk (bes. in Versform) verfassen, schaffen:* ein Gedicht, ein Epos d.; er hat in Jamben gedichtet. ⟨subst.:⟩ Sie hat sich sagen lassen, dass ohnehin die Dichter für gewöhnlich beim Dichten die Augen schließen (Eich, Hörspiele 173/174).
2. * **das Dichten und Trachten** *(das Denken u. Streben des Menschen;* nach 1. Mos. 6,5: ihr Dichten und Trachten war nur auf Genuss gerichtet).

Dich|ter, der; -s, - [mhd. tihtære]: *Verfasser eines sprachlichen Kunstwerks:* ein großer, bedeutender, französischer D.; der D. des »Hamlet«, von »Romeo und Julia«; er ist der reinste D. *(kann sich ausdrücken wie ein Dichter);* einen D. *(das Werk eines Dichters)* zitieren, lesen; »Sie sind der reinste D. *(können sich ausdrücken wie ein Dichter)*«, hatte ... Georgette geantwortet (Dürrenmatt, Grieche 16).
Dich|ter|fürst, der ⟨geh.⟩: *alle anderen überragender Dichter:* Goethe, der D.; der D. T. S. Eliot.
Dich|te|rin, die; -, -nen [spätmhd. dichterin]: w. Form zu ↑ Dichter.
dich|te|risch ⟨Adj.⟩: *in der Weise eines Dichters bzw. der Dichtkunst; poetisch:* eine -e Prosa, Form; eine -e Begabung; einen Stoff d. gestalten.
Dich|ter|kreis, der: *Kreis gleich gesinnter Dichter u. Dichterinnen.*
Dich|ter|le|sung, die: *Veranstaltung, bei der ein Dichter aus seinen bzw. eine Dichterin aus ihren Werken vorliest.*
Dich|ter|ling, der; -s, -e ⟨abwertend⟩: *schlechter, unbegabter Dichter; Versemacher.*
Dich|ter|ross, das ⟨o. Pl.⟩ (bildungsspr.): *Pegasus.*
Dich|ter|ruhm, der: *Ruhm, Berühmtheit eines Dichters, einer Dichterin.*
Dich|ter|spra|che, die: *Sprache der Dichter.*
Dich|ter|tum, das; -s: *Eigenart des dichterischen Seins.*
Dich|ter|werk, das: *Werk, Schöpfung eines Dichters, einer Dichterin.*
Dich|ter|wort, das ⟨Pl. -e⟩: *Ausspruch eines Dichters, einer Dichterin.*
dicht ge|drängt, dicht|ge|drängt ⟨Adj.⟩: *dicht zusammengedrängt.*
dicht|hal|ten ⟨st. V.; hat⟩ (ugs.): *sich durch nichts verleiten lassen, über etw., was verschwiegen werden, geheim bleiben soll, zu reden:* sie hat dichtgehalten.
Dicht|heit, die; -: **a)** *das Dichtsein;* **b)** (Fachspr.) *Eigenschaft von Stoffen, Gase, Flüssigkeiten, Strahlen o. Ä. nicht eindringen od. hindurchtreten zu lassen.*
Dich|tig|keit, die; -: **a)** *Dichte (1 b);* **b)** *Dichtheit (a).*
Dicht|kunst, die: **1. a)** *dichterisches Schaffen:* die D. der Klassik; **b)** *Fähigkeit, ein dichterisches Kunstwerk hervorzubringen:* D. ist nicht erlernbar. **2.** ⟨o. Pl.⟩ *Dichtung, Poesie als Kunstgattung:* D., Malerei und Musik.
¹**dicht|ma|chen** ⟨sw. V.; hat⟩ (ugs.): **1. a)** *schließen (7 a):* der Fleischer macht seinen Laden heute schon um 13 Uhr dicht; **b)** *schließen (7 c):* sie hat ihren Laden dichtgemacht; die Polizei hat ihm die Bude dichtgemacht *(hat ihm die Lizenz entzogen).* **2. a)** *schließen (7 d):* wann machen die Läden am Samstag dicht?; **b)** *schließen (7 d):* die Fabrik macht dicht. **3.** (Sportjargon) *die eigene Abwehr so verstärken, dass der Gegner sie nicht überwinden kann:* hinten d.
4. *zumachen (3):* wenn man ihn auf dieses Thema anspricht, macht er sofort dicht.
dicht ma|chen, ²**dicht|ma|chen** ⟨sw. V.; hat⟩: *fest abschließen, undurchlässig machen:* die Fugen, Ritzen dicht machen.
dicht|ma|schig ⟨Adj.⟩: vgl. *engmaschig.*
¹**Dich|tung,** die; -, -en: **1.** ⟨o. Pl.⟩ *das Undurchlässigmachen, das Abdichten.* **2.** *Schicht aus einem geeigneten Material, die zwischen zwei Teile eines Geräts o. Ä. zur Abdichtung gelegt wird.*
²**Dich|tung,** die; -, -en [spätmhd. tihtunge = Diktat, Gedicht]: **1.** *sprachliches Kunstwerk:* eine lyrische, epische, dramatische D.; die -en Goethes; Ü was er da erzählt hat, ist reine D. (ugs.; *ist frei erfunden);* * **sinfonische D.** *(Musik; [einsätziges] größeres sinfonisches Programmstück mit poetischem Sujet).* **2.** ⟨o. Pl.⟩ *Dichtkunst (1 a, 2).*

Dich|tungs|form, die: *literarische Gattung:* Epos und Roman sind verschiedene -en.
Dich|tungs|mas|se, die: *Masse zum Abdichten.*
Dich|tungs|ma|te|ri|al, das: *Material zum Abdichten.*
Dich|tungs|mit|tel, das: *Zusatzstoff, der Beton wasserundurchlässig macht.*
Dich|tungs|ring, der: *ringförmige* ¹*Dichtung (2).*
Dich|tungs|schei|be, die: vgl. *Dichtungsring.*
dick ⟨Adj.⟩ [mhd. dic[ke], ahd. dicki, älter auch = dicht; H. u.]: **1.** *von beträchtlichem, mehr als normalem Umfang; massig, nicht dünn:* ein -er Baum; ein -es Kind; ein -es Buch; sie hat -e Beine; du bist d. geworden; das Kleid macht dich d.; (ugs.:) das Baby ist d. und rund; (ugs.:) er ist d. und fett; sich d. machen (ugs. scherzh.: *bei Tisch, in einer Sitzreihe usw. viel Platz beanspruchen);* Ü (ugs.:) er fährt ein -es *(großes, teures)* Auto; das ist ein -er *(schlimmer)* Fehler; ein -es *(hohes)* Gehalt, Honorar; ein -er *(großer)* Auftrag; seine Verwandten sind -e (landsch.; *reiche)* Bauern; H. u.]: **1. * jmdm. d. machen** (derb; *schwängern);* **d. sein** (derb; *schwanger sein).*
2. a) ⟨in Verbindung mit Maßangaben nachgestellt⟩ *eine bestimmte Dicke aufweisend:* die Bretter sind 5 cm d. sein; die Salbe ist zwei Millimeter d. aufzutragen; **b)** *einen beträchtlichen Querschnitt aufweisend; stark, nicht dünn:* eine -e Eisdecke, Staubschicht; ein -er Teppich; der Stoff ist zu d.; die Salbe d. auftragen; d. bebrillt sein *(dicke Brillengläser tragen);* * **mit jmdm. durch d. und dünn gehen** *(jmdm. in allen Lebenslagen beistehen;* eigtl. zu älter dick = dicht u. eigtl. = mit jmdm. durch dicht u. dünn bewachsenes Terrain gehen; in Buschwerk u. Wald lauerten früher die Strauchdiebe); **d. auftragen** (ugs. abwertend; *übertreiben;* urspr. bezogen auf das zu dicke Auftragen der Farbe beim Malen bzw. das zu starke Auftragen von Schminke); **es nicht so d. haben** (ugs.; *nicht über viel Geld verfügen*). **3.** (ugs.) *krankhaft angeschwollen:* sie hat einen ganz -en Knöchel; seine Mandeln sind d. [geschwollen]. **4.** *dickflüssig, steif:* eine viel zu -e Soße; -e *(gestockte, saure)* Milch; den Saft d. einkochen; Als Abendessen haben wir eine Erbsensuppe zu uns genommen, die so d. war, dass der Schopflöffel aufrecht darin stehen blieb (Remarque, Obelisk 44). **5.** (ugs.) *dicht, undurchdringlich:* -e Rauchschwaden; ihr Haar ist sehr d.; in den -sten Verkehr geraten. **6.** (ugs.) *vertraut, eng:* eine -e Freundschaft. **7.** ⟨intensivierend bei Adjektiven u. Verben⟩ (ugs.) *sehr:* d. satt sein; jmdm. etw. d. ankreiden. **8.** * **jmdn., etw. d. haben/kriegen** (ugs.; *jmds., einer Sache überdrüssig sein).* ◆ **9.** *zahlreich:* Die Herren Generäle und Kommendanten ... Die sich so d. hier zusammenfanden (Schiller, Wallensteins Lager 2).
dick|ar|schig, dick|är|schig ⟨Adj.⟩ (derb): vgl. *dickbäuchig.*
Dick|bauch, der (scherzh.): *beleibter Mensch.*
dick|bau|chig ⟨Adj.⟩: *stark gewölbt, gebaucht:* eine -e Flasche.
dick|bäu|chig ⟨Adj.⟩: *mit einem dicken Bauch versehen:* -e Kinder.
Dick|blatt|ge|wächs, das (Bot.): *Pflanze mit dickfleischigen, häufig eine Rosette bildenden Blättern u. kleinen Blüten.*
Dick|darm, der: *der an den Dünndarm anschließende kürzere u. dickere Teil des Darms.*
Dick|darm|krebs, der (Med.): *Krebs im Dickdarm.*
di|cke ⟨Adv.⟩ [mhd. dicke, ahd. dicco (Adv. von ↑ dick)] = oft, häufig] (ugs.): *reichlich, vollauf [genug]:* d. genug haben; wir kommen mit den Vorräten d. aus; das reicht d.; * **jmdn., etw. d. haben** (salopp; *jmds., einer Sache überdrüssig sein).*

¹Di|cke, die; -, -n ⟨Pl. selten⟩ [mhd. dicke, ahd. dickī]: **1.** *das Dicksein; Umfänglichkeit:* die D. der Mauern, eines Buches; die D. eines Stammes; ein Mann von einer krankhaften D. *(Beleibtheit).* **2.** *(in Verbindung mit Maßangaben) querschnittliche Ausdehnung, messbarer Abstand von einer Seite zur gegenüberliegenden:* die Eisdecke hat eine D. von 50 cm; Stäbe mit einer D. von mindestens 16 mm; Bretter von verschiedenen -n. **3.** ⟨o. Pl.⟩ (selten) *Dickflüssigkeit:* die D. der Soße, einer Suppe.

²Di|cke, die/eine Dicke; der/einer Dicken, die Dicken/zwei Dicke: **1.** (ugs.) *weibliche Person, die dick, korpulent ist.* **2.** ⟨meist o. Art.⟩ *Kosename meist für eine dicke weibliche Person, ein dickes weibliches Tier:* na komm, D.

di|cken ⟨sw. V.⟩: **a)** (hat) *dick, zähflüssig machen:* eine Soße mit Rahm d.; **b)** ⟨hat/ist⟩ *dick, zähflüssig werden:* Gelee aus Brombeeren dickt leicht.

Di|cken|wachs|tum, das: *Wachstum bezüglich der Dicke:* das D. einer Fichte.

Di|cker, der Dicke/ein Dicker; des/eines Dicken, die Dicken, zwei Dicke: **1.** (ugs.) *jmd., der dick, korpulent ist:* der Dicke kam auf mich zu. **2.** ⟨meist ohne Art.⟩ *Kosename meist für eine dicke männliche Person, ein dickes männliches Tier:* D., komm mal her!

Di|cker|chen, das; -s, - (fam. scherzh.): *dicker [kleiner] Mensch; dickes Kind:* ein kleines D.

di|cke|tun: ↑ dicktun.

dick|fel|lig ⟨Adj.⟩ (ugs. abwertend): *gleichgültig, unempfindlich gegenüber Aufforderung, Missbilligung o. Ä.:* ein -er Mensch.

Dick|fel|lig|keit, die; - (ugs. abwertend): *dickfellige Art, dickfelliger Charakter.*

dick|flei|schig ⟨Adj.⟩: *sehr fleischig [u. saftig]:* -e Blätter; -e Fischfilets.

dick|flüs|sig ⟨Adj.⟩: *zähflüssig:* ein -es Öl.

Dick|flüs|sig|keit, die: *dickflüssige Beschaffenheit.*

Dick|glas, das: *nicht splitterndes Sicherheitsglas für Fahrzeugverglasung.*

Dick|häu|ter, der; -s, -: *großes, plumpes Säugetier mit dicker, lederartiger Haut (z. B. Elefant, Nashorn, Flusspferd, Tapir);* Ü der Typ ist in D. *(ihn kann nichts so leicht beeindrucken, seelisch aus dem Gleichgewicht bringen).*

dick|häu|tig ⟨Adj.⟩: *mit dicker Haut versehen.*

Di|cicht, das; -s, -e [zu ↑ dick]: *dichtes, undurchdringliches Gebüsch; Gestrüpp; Wald mit dichtem Unterholz:* in diesem Wald ist ein undurchdringliches D.; sich in D. verbergen; im D. des Dschungels verschwinden; Ü das D. der Paragrafen.

Dick|kopf, der (ugs.): **a)** *eigensinniger, starrköpfiger Mensch:* er ist ein ziemlicher D.; **b)** *eigensinnige Haltung, starrköpfiges Wesen:* einen D. haben, seinen D. aufsetzen *(trotzig sein).*

dick|köp|fig ⟨Adj.⟩ (ugs.): *starrköpfig, eigensinnig.*

Dick|köp|fig|keit, die; -: *das Dickköpfigsein; Eigensinn, Trotz.*

dick|lei|big ⟨Adj.⟩: *korpulent, von großem Leibesumfang:* ein -er Gastwirt; Ü ein -es Buch.

Dick|lei|big|keit, die; -: *das Dickleibigsein.*

dick|lich ⟨Adj.⟩: **1.** *zur Fülle neigend, etwas dick:* ein -es Kind, Gesicht; er ist in der letzten Zeit etwas d. geworden. **2.** *dickflüssig, angedickt:* ein -er Saft; die Soße ist d.

Dick|lich|keit, die; -: *das Dicklichsein.*

dick|lip|pig ⟨Adj.⟩: *mit dicken Lippen versehen:* ein -er Mund.

dick ma|chen, dick|ma|chen ⟨sw. V.; hat⟩: **1.** *bewirken, dass jmd. dick wird, dick erscheint:* Sahne macht dick; dieses Kleid macht mich dick. **2.** ⟨d. m. + sich⟩ (ugs. scherzh.) *bei Tisch, in einer Sitzreihe o. Ä. viel Platz beanspruchen:*

mach dich nicht so dick, ich habe ja gar keinen Platz! **3.** ⟨d. m. + sich⟩ (ugs.) *sich [mit etw.] brüsten, angeben.* **4.** (derb) *schwängern:* er hat sie dick gemacht.

Dick|ma|cher, der (ugs.): *kalorienreiches u. daher dick machendes Nahrungsmittel.*

♦ **dick|mäu|lig** ⟨Adj.⟩ (landsch.): *prahlerisch, angeberisch:* ...wenn er ... diesen Aussage mit der Aussage dieses -en Burgvogts hätte vergleichen können (Kleist, Kohlhaas 10).

Dick|milch, die: *geronnene, saure Milch.*

Dick|schä|del, der (ugs.): *Dickkopf.*

dick|schä|de|lig, dick|schäd|lig ⟨Adj.⟩: *eigensinnig, starrköpfig.*

dick|scha|lig ⟨Adj.⟩: *mit dicker Schale versehen:* eine -e Apfelsine.

Dick|schiff, das: *großes Seeschiff.*

Dick|tu|er, der; -s, - (landsch. salopp abwertend): *Wichtigtuer.*

Dick|tu|e|rei, die (landsch. salopp abwertend): *Wichtigtuerei.*

Dick|tu|e|rin, die; -, -nen: w. Form zu ↑ Dicktuer.

dick|tun, dicketua, sich ⟨unr. V.; hat⟩ (ugs. abwertend): *prahlen, großtun:* Ich habe das Gefühl, hier will sich wer dicktun, der von Tuten und Blasen keine Ahnung hat (Hacks, Stücke 331).

Di|ckung, die; -, -en (Jägerspr.): *dichter, geschlossener junger Waldbestand.*

dick|wan|dig ⟨Adj.⟩: *mit fester, dicker Wand versehen:* -e Gefäße; -e Altbauwohnungen.

Dick|wanst, der (salopp abwertend): *dicker, fetter Mensch.*

dick|wans|tig ⟨Adj.⟩ (salopp abwertend): *dick u. fett; dickbäuchig.*

Di|dak|tik, die; -, -en [zu griech. didaktikós, ↑ didaktisch] (Päd.): **a)** ⟨o. Pl.⟩ *Lehre vom Lehren u. Lernen; Unterrichtslehre:* D. der Mathematik; **b)** *Theorie der Bildungsinhalte, Methode des Unterrichtens:* verschiedene -en; **c)** *Abhandlung, Darstellung einer didaktischen Theorie:* etw. in einer D. nachlesen.

Di|dak|ti|ker, der; -s, -: **a)** *Fachvertreter der Unterrichtslehre;* **b)** *jmd., der über didaktische Fähigkeiten verfügt:* ein guter D.

Di|dak|ti|ke|rin, die; -, -nen: w. Form zu ↑ Didaktiker.

di|dak|tisch ⟨Adj.⟩ [griech. didaktikós = belehrend, zur Belehrung geeignet, zu: didáskein = lehren] (Päd.): **a)** *das Lehren u. Lernen, die Vermittlung von Lehrstoff betreffend; für Unterrichtszwecke geeignet:* -e Theorien, Modelle; d. vorgehen; *(bildungsspr.)* die Methode ist d. falsch; **b)** *belehrend, lehrhaft:* -es Theater; eine -e Dichtung; -es Spielzeug *(Spielzeug von pädagogischem Wert).*

di|del|dum, di|del|dum|dei ⟨Interj.⟩ [lautm.] (veraltend): *lautmalerisches Füll- u. Begleitwort in Liedern u. [Kinder]reimen.*

Did|ge|ri|doo [dɪdʒəri'du:], das; -s, -s [engl. didgeridoo, aus der Sprache der Ureinwohner Australiens, lautm.]: *langes, röhrenförmiges Blasinstrument der australischen Ureinwohner.*

¹,²,³die: ↑ ¹,²,³der.

Dieb, der; -[e]s, -e [mhd. diep, diup, ahd. diob, thiob, H. u., viell. eigtl. = der Sichniederkauernde]: *jmd., der fremdes Eigentum heimlich entwendet:* er ist ein gemeiner, raffinierter D.; der D. war durchs Fenster eingestiegen; es waren -e am Werk; den D. auf frischer Tat ertappen; haltet den D.!; er hat sich davongestohlen wie ein D. *(ist heimlich, unbemerkt davongegangen);* Spr der kleinen -e hängt man, die großen lässt man laufen; * **wie ein D. in der Nacht** *(geh.; unbemerkt, überraschend, unvorhergesehen).*

Die|be|rei, die; -, -en (ugs. abwertend): *fortwährendes Stehlen:* kleine -en.

Die|bes|ban|de, die (abwertend): *Bande von Dieben.*

Die|bes|beu|te, die: *Beute, die ein Dieb gemacht hat.*

Die|bes|gut, das: *Diebesbeute.*

Die|bes|nest, das: *Versteck von Dieben.*

Die|bes|tour, die: *Unternehmung, bei der jmd. auf Diebstahl ausgeht; Streifzug, den jmd. in der Absicht unternimmt, einen Diebstahl zu begehen.*

Die|bes|zug, der: *Diebestour.*

Die|bin, die; -, -nen: w. Form zu ↑ Dieb.

die|bisch ⟨Adj.⟩: **1.** (veraltend) *zum Diebstahl neigend, auf Diebstahl ausgehend:* -es Volk. **2.** *heimliches Frohlocken verratend, nur verstohlen seine Belustigung zeigend:* er hatte ein -es Vergnügen daran, andere irrezuführen; sich d. *(sehr, mit heimlicher Schadenfreude)* freuen. ♦ **3.** *in der Art eines Diebes, wie ein Dieb beschaffen:* ...unsre Augen schlichen d. ihm nach (Schiller, Fiesco I, 1).

Diebs|ge|sin|del, das (abwertend): *diebisches (1) Gesindel.*

Dieb|stahl, der; -[e]s, ...stähle [mhd. diupstäle, diepstäl, aus: diube, ahd. diub(i)a = Diebstahl u. -stäl(e), ahd. stäla = das Stehlen]: *[meist] heimliches Entwenden fremden Eigentums; Stehlen:* (Rechtsspr.): einfacher, schwerer, fortgesetzter D.; geistiger D. *(Plagiat);* der D. wurde von einem Kind entdeckt; einen D. begehen, verüben, anzeigen; jmdn. wegen -s von Werkseigentum verurteilen; sich gegen D. schützen, versichern.

Dieb|stahl|si|che|rung, die: vgl. Einbruchsicherung.

Dieb|stahl|ver|si|che|rung, die: *Versicherung gegen Diebstahl.*

die|je|ni|ge: ↑ derjenige.

Die|le, die; -, -n: **1.** [mhd. dil[le], ahd. dilla, eigtl. = Boden] *langes, schmales Fußbodenbrett:* rohe, gestrichene -n; die -n knarren, sind ausgetreten. **2.** [nach dem Bretterfußboden] *Vorraum, geräumiger Flur, in dem sich meist die Garderobe befindet:* in der D. stehen bleiben. **3.** [nach dem Bretterfußboden] *zentraler Raum der norddeutschen Bauern- u. Bürgerhauses, der als Wohnraum, Küche, Tenne, Werkstatt u. a. dient.* **4.** (veraltend) *Kurzf. von Tanzdiele.* ♦ **5.** (südd.) *Zimmerdecke:* ...unversehens krochen sie (= die Spinnen) aus allen Wänden, fielen haufenweise von der D. (Gotthelf, Spinne 65).

Die|len|bo|den, der: *[Fuß]boden aus Dielen (1).*

Die|len|brett, das: *Diele.*

Die|len|fuß|bo|den, der: *Dielenboden.*

Die Lin|ke ⟨o. Art.⟩: *aus dem Zusammenschluss von »Die Linkspartei.PDS« u. »WASG« entstandene politische Partei.*

Di|en, das; -s, -e ⟨meist Pl.⟩ [zu griech. dís (di-) = zweimal] (Chemie): *ungesättigter Kohlenwasserstoff, der zwei Doppelbindungen im Molekül enthält.*

die|nen ⟨sw. V.; hat⟩ [mhd. dienen, ahd. dionōn, urspr. = Knecht sein, zu einem germ. Subst. mit der Bed. »Knecht« (vgl. got. pius), eigtl. = Läufer]: **1. a)** *in abhängiger Stellung [gegen Lohn, Gehalt] bestimmte Pflichten erfüllen, bestimmte Arbeiten verrichten, bei jmdm. Dienst tun; in jmds. Dienst stehen:* dem König, dem Staat loyal d.; sie hatte in Herrschaftshäusern [als Dienstmädchen] gedient *(gearbeitet);* R niemand kann zwei Herren d. (nach Matth. 6, 24); **b)** *Militärdienst tun:* er hatte acht Jahre [bei der Bundeswehr, im Heer] gedient *(war acht Jahre Soldat);* als Artillerist, bei den Pionieren d.; hast du schon gedient?; er brauchte nicht zu d. **2. a)** (geh.) *sich einer Sache od. Person freiwillig unterordnen u. für sie wirken; für jmdn., etw. eintreten:* sie dient der Partei, dem Unternehmen seit vielen Jahren; er dient mit seiner

Arbeit einer großen Sache; **b)** *nützlich, vorteilhaft sein; für etw. bestimmt sein:* etw. dient der Sicherheit; die Sammlung dient einem guten Zweck. **3.** *jmdm. behilflich sein, helfen:* mit dieser Auskunft ist mir wenig gedient; womit kann ich d.?; mit Canasta konnte ich nicht d. *(ich konnte es nicht spielen);* es tut mir leid, dass ich Ihnen in dieser Angelegenheit nicht d. kann; mit 50 Euro wäre mir schon gedient.
4. *gebraucht, benutzt, verwendet werden; einen bestimmten Zweck haben od. erfüllen:* das alte Schloss dient jetzt als Museum; etw. dient als Ersatz, Notlösung, Vorwand; das möge dir zur Warnung d.; er hat den Kameraden immer als Prügelknabe gedient; etw. dient [jmdm.] als/zur Nahrung, Unterkunft.

Die|ner, der; -s, - [mhd. dienære]: **a)** *jmd., der bei einer Privatperson gegen Lohn Dienst tut; Hausangestellter, Domestik:* ein livrierter D. bediente die Gäste; * *stummer D. (Serviertisch);* **b)** (geh.) *jmd., der in einem Gemeinwesen bestimmte Pflichten erfüllt, ein öffentliches Amt bekleidet:* ein D. der Kirche, des Staates; **c)** (geh.) *jmd., der sich einer Person, Sache freiwillig unterordnet u. für sie wirkt; Förderer, Helfer:* ein D. der Wissenschaft, der Kunst; **d)** [nach der Höflichkeitsformel »gehorsamster Diener!« u. dabei gemachten Verbeugung] (fam.) *Verbeugung (bes. von Jungen):* sein D. war etwas missglückt; einen D. machen *(bei der Begrüßung eine Verbeugung machen).*

Die|ne|rin, die; -, -nen: w. Form zu ↑ Diener (a–c).

die|nern ⟨sw. V.; hat⟩ (abwertend): *sich mehrmals devot verbeugen:* der Empfangschef dienerte beflissen vor den Gästen; Ü d ienert ständig vor seinen Vorgesetzten *(verhält sich kriecherisch).*

Die|ner|schaft, die; -, -en: **a)** *Gesamtheit der Diener; alle Dienstboten [eines Hauses];* ◆ **b)** *Ergebenheit; Bereitschaft, Dienste zu leisten, Diener (a) zu sein:* ...dass sie ... ihre Wünsche an mich als an einen anderen richtete und mich dadurch als ihren Diener anerkannte. Diese D. nahm sie ... mit Zuversicht in Anspruch (Goethe, Dichtung u. Wahrheit 11).

dien|lich: in den Verbindungen **jmdm., einer Sache d. sein** *(jmdm., einer Sache förderlich, zuträglich, nützlich sein; ihr Verhalten war der Sache, ihr selbst wenig d.);* **jmdm. [mit etw.] d. sein** (veraltend; *jmdm. [mit etw.] helfen:* kann ich Ihnen mit etwas d. sein?)

Dienst, der; -[e]s, -e [mhd. die(n)st, ahd. dionōst]: **1. a)** ⟨o. Pl.⟩ *berufliche Arbeit, Tätigkeit, Erfüllung von [beruflichen] Pflichten:* ein schwerer, harter, aufreibender, eintöniger, langweiliger D.; ihr D. beginnt sehr früh; die Nachtschwester hat einen anstrengenden D.; um 8⁰⁰ Uhr seinen D. antreten; seinen D. vernachlässigen, gewissenhaft versehen; er hat heute lange D. *(muss heute lange arbeiten);* welche Apotheke hat heute D. *(ist heute geöffnet)?;* D. nach Vorschrift machen *(aus Protest nur genau nach den Dienstvorschriften arbeiten und darüber hinaus keinerlei Einsatz zeigen);* der D. habende, leistende, tuende *(den Dienst versehende, zum Dienst eingeteilte)* Beamte, Offizier, Arzt; außer D. *(außerhalb des -es (in der Freizeit);* nicht im D. sein *(dienstfrei haben);* im D. ergraut sein *(alt geworden sein im Laufe einer längeren Dienstzeit);* der Unteroffizier vom D. *(der diensthabende Unteroffizier);* er ist der Chef vom D. *(der für den organisatorischen Ablauf verantwortliche Mann [in einer Zeitungsredaktion]);* zum D. gehen; zu spät zum D. kommen; Spr D. ist D., und Schnaps ist Schnaps *(Arbeit u. Privatvergnügen muss man auseinanderhalten);*
* ◆ **jmdm. auf den D. lauern** *(jmdn., jmds. Tun [heimlich] beobachten [um eventuell dagegen einzuschreiten];* urspr. = aufmerksam beobachten, ob ein Diener o. Ä. sich ordnungsgemäß verhält: Wer ist der Weislingen? – Des Bischofs rechte Hand, ein gewaltiger Herr, der dem Götz auch auf'n D. lauert [Goethe, Götz I]); **b)** ⟨Pl. selten⟩ *Arbeitsverhältnis, Stellung, Amt:* seinen D. antreten; den D. quittieren *(seine Stellung aufgeben, sein Amt niederlegen);* jmdn. aus dem D., aus seinen -en entlassen; in jmds. -e treten; jmdn. in D. nehmen; in jmds. D[en] sein/ stehen (veraltend; *für jmdn., bei jmdn. arbeiten);* * **außer D.** *(im Ruhestand;* bezogen auf den [einstweiligen] Ruhestand eines Beamten od. Offiziers; Abk.: a. D.: er ist Major a. D.); etw. **außer D. stellen** *(etwas außer Betrieb setzen);* **im D. von etw. stehen; sich in den D. von etw. stellen** *(etw. fördern; sich für etw. einsetzen);* **etw. in D. stellen** *(etwas in Betrieb nehmen:* ein neues Schiff in D. stellen); ◆ **D. nehmen** *(Kriegsdienst leisten:* ...er nahm D. in Frankreich, das damals die Pikardie gegen England verteidigen musste [C. F. Meyer, Amulett 6]); **sich in den D. von etw. stellen** *(sich für etw. einsetzen);* **im D. von etw. stehen** *(etw. fördern, für etw. arbeiten);* **c)** ⟨o. Pl.⟩ *Tätigkeitsbereich (in einem öffentlichen Amt):* er ist im mittleren, gehobenen D. tätig; er wurde in den diplomatischen, auswärtigen D. übernommen; * **der öffentliche/Öffentliche D.** (1. *Gesamtheit der Tätigkeiten im öffentlichen Bereich auf der Ebene von Bund, Ländern u. Gemeinden.* 2. *Gesamtheit der im öffentlichen Bereich Beschäftigten).* **2.** *Gruppe von Personen, die bestimmte Aufgaben zu versehen haben, dafür bereitstehen:* der technische D.; für die Übermittlung der Nachrichten arbeiten verschiedene -e. **3.** *Hilfe[leistung], Beistand; Dienstleistung:* ein selbstloser D.; jmdm. seinen D., seine -e anbieten; kannst du mir einen D. tun *(mir helfen)?;* * **[das ist] D. am Kunden** (ugs., oft scherzh.; *[das ist] eine [unentgeltliche] Dienstleistung, eine zusätzliche Leistung, die jmd., bes. der Geschäftsmann, dem Kunden erbringt, ohne dass dieser einen Anspruch darauf hätte);* **seinen D./seine -e tun** *(für den Zweck, für den gebraucht wird, taugen, zu gebrauchen sein);* **jmdm. gute -e tun/leisten** *(jmdm. sehr nützlich sein:* der Pullover hat mir gestern gute -e getan); **jmdm. mit etw. einen schlechten D. erweisen** *(jmdm. [trotz bester Absicht] mit etw. schaden);* **zu jmds. -en, jmdn. zu -en sein/stehen** *(jmdm. seine Hilfe anbieten, sich jmdm. zur Verfügung stellen);* **jmdm. den D. versagen** *(schwach werden, versagen:* die Beine versagten ihm plötzlich den D.). **4.** (Kunstwiss.) *überwiegend in der gotischen Baukunst verwendetes dünnes Säulchen o. Ä., das die Rippen od. Gurte des Kreuzgewölbes bzw. die Profile der Arkadenbogen trägt.*
◆ **5.** ⟨Pl. -en⟩ *Dienstbote:* Schon vor eilf rief man zum Essen, aber nur die -en (Gotthelf, Spinne 19).

Dienst|ab|teil, das: *Eisenbahnabteil für das Zugpersonal.*

Dienst|adel, der; (früher): *Gruppe des Adels* (1 a), *die ihre soziale Stellung einem Dienstverhältnis zum König o. Ä. verdankt.*

Diens|tag, der; -[e]s, -e [mhd. dienstac, dinstac < mniederd. dinsdach, dingesdach, mit dem Namen des germ. Himmelsgottes Ziu gebildet nach lat. Martis dies; eigtl. = Tag der Ziu als des Thingbeschützers]: *zweiter Tag der mit Montag beginnenden Woche* (Abk.: Di.): heute ist D., der 9. Juni; am D., dem 9. Juli/den 9. Juli; sie kommt [am] D.; eines Dienstags/des Dienstags; die Nacht von Montag auf/zu D., vom Montag auf den/zum D.; D. früh.

Diens|tag|abend [auch: ˈdiːns...]a...], der: *Abend des Dienstags:* am, jeden D. macht sie Sport; eines schönen -s.

diens|tag|abends ⟨Adv.⟩: *dienstags abends.*

Diens|tag|früh (indekl. Subst. o. Art.) (bes. österr.): *[am] Dienstagmorgen:* wir haben davon erst D. aus der Zeitung erfahren.

diens|tä|gig ⟨Adj.⟩: *an einem Dienstag stattfindend:* die -e Sendung war besser als die Fortsetzung am Sonntag.

diens|täg|lich ⟨Adj.⟩: *jeden Dienstag stattfindend, sich jeden Dienstag wiederholend:* die -en Vorlesungen.

Diens|tag|mit|tag [auch: ˈdiːns...ˈmɪt...], der: *Mittag des Dienstags.*

diens|tag|mit|tags ⟨Adv.⟩: *dienstags mittags.*

Diens|tag|mor|gen [auch: ˈdiːns...ˈmɔr...], der: *Morgen des Dienstags.*

diens|tag|mor|gens ⟨Adv.⟩: *dienstags morgens.*

Diens|tag|nach|mit|tag [auch: ˈdiːns...ˈnax...], der: *Nachmittag des Dienstags.*

diens|tag|nach|mit|tags ⟨Adv.⟩: *dienstags nachmittags.*

Diens|tag|nacht [auch: ˈdiːns...ˈnaxt], die: *Nacht von Dienstag auf Mittwoch.*

diens|tag|nachts ⟨Adv.⟩: *dienstags nachts.*

diens|tags ⟨Adv.⟩: *an jedem Dienstag:* wir treffen uns d.; d. abends, nachmittags pflegt er Tennis zu spielen.

Diens|tags|ver|an|stal|tung, die: *Veranstaltung, die dienstags stattfindet.*

Diens|tag|vor|mit|tag [auch: ˈdiːns...ˈfoːɐ̯...], der: *Vormittag des Dienstags.*

diens|tag|vor|mit|tags ⟨Adv.⟩: *dienstags vormittags.*

Dienst|al|ter, das: *die im Beamten- od. Militärdienst abgeleisteten Jahre.*

Dienst|äl|tes|te ⟨vgl. Älteste⟩: *weibliche Person, die von mehreren bei gleicher Dienststellung das höchste Dienstalter hat.*

Dienst|äl|tes|ter ⟨vgl. Ältester⟩: *jmd., der von mehreren bei gleicher Dienststellung das höchste Dienstalter hat.*

Dienst|an|tritt, der: *das Antreten eines Dienstes, Amtes.*

Dienst|an|wei|sung, die: *Gesamtheit von Vorschriften für bestimmte dienstliche Aufgaben.*

Dienst|auf|fas|sung, die: *persönliche Auffassung von den dienstlichen Pflichten.*

Dienst|auf|sicht, die: *Überwachung der Tätigkeit von Bediensteten durch eine übergeordnete Person od. Behörde.*

Dienst|auf|sichts|be|schwer|de, die (Rechtsspr.): *formlose Beschwerde bei der übergeordneten Behörde gegen einen Verwaltungsakt:* eine Flut von -n.

Dienst|aus|weis, der: *Ausweis, der die Zugehörigkeit zu einer bestimmten Dienststelle bescheinigt.*

Dienst|au|to, das: *Dienstwagen.*

dienst|bar ⟨Adj.⟩ [mhd. dienstbære]: *zum Dienst bereit:* ein paar -e Männer; -e Geister *(Dienstboten);* sich jmdm. d. erziegen; * **sich** ⟨Dativ⟩ **einer Sache jmdn., etw. d. machen** *(sich, einer Sache jmdn. od. etw. untertan, gefügig, nutzbar machen:* durch Geldgeschenke machte er sich das Personal ... dem Staate d. machen.

Dienst|bar|keit, die; -, -en: **1.** (selten) **a)** ⟨o. Pl.⟩ *das Tätigsein (als Diener o. Ä.);* **b)** *Gefälligkeit, dienstbare Handlung:* den Kunden echte -en bieten. **2.** ⟨o. Pl.⟩ **a)** (geh.) *Abhängigkeit:* er war in die D. seiner Geldgeber geraten; **b)** (Geschichte) *Untertänigkeit, Leibeigenschaft:* die D. der Bauern im Mittelalter. **3.** (Rechtsspr.) *dingliches Recht zur beschränkten Nutzung eines Grundstücks od. beim Nießbrauch auch zur Nutzung einer beweglichen Sache od. eines Rechtes:* das Wegerecht gehört zu den -en.

Dienst|be|fehl, der: *dienstlicher Befehl.*

dienst|be|flis|sen ⟨Adj.⟩: *sehr beflissen, bemüht, einem anderen gefällig zu sein, ihm Dienste (3) zu leisten, [über]eifrig.*

Dienst|be|ginn, der ⟨o. Pl.⟩: *Beginn des Dienstes (1 a): D. ist acht Uhr morgens.*

Dienst|be|hör|de, die: *für einen Dienstbereich zuständige übergeordnete Behörde.*

Dienst|be|reich, der: *Zuständigkeitsbereich einer bestimmten Institution, des Inhabers einer bestimmten Dienststellung: der D. der Aufsichtsbehörde; das fällt nicht in meinen D. (dafür bin ich nicht zuständig).*

dienst|be|reit ⟨Adj.⟩: **1.** (veraltend) **a)** *dienstwillig;* **b)** *gefällig, hilfsbereit.* **2.** *[außerhalb der gewöhnlichen Arbeits- od. Öffnungszeit für dringende Bedarfsfälle] bereit, seinen Dienst zu versehen: die Apotheke ist auch am Sonntag d.*

Dienst|be|spre|chung, die: *dienstliche Besprechung, Arbeitsbesprechung in einer Dienststelle.*

Dienst|be|zü|ge ⟨Pl.⟩: *Gehalt eines Beamten.*

Dienst|bo|te, der (veraltend): *jmd., der in einem Haushalt angestellt ist.*

Dienst|bo|ten|ein|gang, der (veraltend, sonst iron.): *Nebeneingang eines [Herrschafts]hauses od. eines Hotels, den die Dienstboten benutzen müssen.*

Dienst|bo|ten|zim|mer, das (veraltend): *Zimmer für Dienstboten.*

Dienst|bo|tin, die: w. Form zu ↑ Dienstbote.

Diens|te|an|bie|ter, der: *Person od. Einrichtung, Firma, die gegen Gebühr bestimmte Dienste, eine Dienstleistung anbietet.*

Dienst|eid, der: *Eid, der beim Antreten eines Dienstes geleistet wird u. der zu treuer Pflichterfüllung [u. zur Wahrung des Gesetzes] verpflichtet.*

Dienst|ei|fer, der: *Beflissenheit, Übereifrigkeit; Streben, anderen gefällig zu sein.*

dienst|eif|rig ⟨Adj.⟩: *Diensteifer aufweisend, voller Diensteifer: ein -er Kellner; d. herbeieilen.*

Dienst|ent|he|bung, die: *vorläufiges Verbot jeder Amtshandlung bei Einleitung eines Disziplinarverfahrens.*

dienst|fä|hig ⟨Adj.⟩: *(von Beamten u. Soldaten) gesundheitlich fähig, seinen Dienst zu versehen.*

Dienst|fä|hig|keit, die ⟨o. Pl.⟩: *das Dienstfähigsein.*

Dienst|fahrt, die: **1.** *Dienstreise.* **2.** *Fahrt aus betrieblichen Gründen [ohne Fahrgastverkehr].*

Dienst|fahr|zeug, das: *Fahrzeug, das jmdm. für Dienstfahrten zur Verfügung steht.*

dienst|fer|tig ⟨Adj.⟩: **a)** *gern zu einer Dienstleistung, Gefälligkeit bereit; dienstwillig;* **b)** *gerüstet, fertig zum Diensteinsatz.*

Dienst|fer|tig|keit, die ⟨o. Pl.⟩: *das Dienstfertigsein.*

dienst|frei ⟨Adj.⟩: *keinen Dienst habend, frei von dienstlichen Verpflichtungen: -e Zeit; d. sein, haben; ich werde [mir] d. nehmen.*

Dienst|gang, der: *Gang, Zurücklegen einer Wegstrecke aus dienstlichem Anlass od. in Ausübung des regelmäßigen Dienstes.*

Dienst|ge|bäu|de, das: *Gebäude, in dem Ämter, Dienststellen untergebracht sind.*

Dienst|ge|ber, der (bes. österr.): *Arbeitgeber.*

Dienst|ge|be|rin, die: w. Form zu ↑ Dienstgeber.

Dienst|ge|brauch, der ⟨o. Pl.⟩: *dienstlicher Gebrauch; Verwendung im Dienstbereich.*

Dienst|ge|heim|nis, das: **a)** *dienstliche Angelegenheit, über die Schweigepflicht besteht;* **b)** ⟨o. Pl.⟩ *Pflicht, über dienstliche Angelegenheiten zu schweigen: das D. verletzen.*

Dienst|ge|schäf|te ⟨Pl.⟩: *dienstliche, nicht private Aufgaben: D. führten sie ins Ausland.*

Dienst|ge|spräch, das: **a)** *über eine dienstliche Angelegenheit geführtes Gespräch;* **b)** *im Dienst u. aus dienstlichem Anlass geführtes u. daher für den Anrufer gebührenfreies Telefongespräch.*

Dienst|grad, der: **a)** *militärische Rangstufe: er hat den D. eines Unteroffiziers;* **b)** *Person, die einen Unteroffiziersdienstgrad hat: diese Arbeit muss von einem D. beaufsichtigt werden.*

Dienst|grad|ab|zei|chen, das: *Abzeichen auf der Uniform zur Kennzeichnung des Dienstgrades ihres Trägers.*

dienst|ha|bend, Dienst ha|bend ⟨Adj.⟩: *den Dienst versehend, zum Dienst eingeteilt.*

Dienst|ha|ben|de, die/eine Diensthabende; der/zwei Diensthabende: *diensthabende weibliche Person.*

Dienst|ha|ben|der, der Diensthabende/ein Diensthabender; des/eines Diensthabenden, die Diensthabenden/zwei Diensthabende: *diensthabende Person.*

Dienst|hand|lung, die: *aufgrund dienstlicher Anweisung vorgenommene Handlung.*

Dienst|herr, der: **a)** *vorgesetzte Dienstbehörde;* **b)** *Arbeitgeber.*

Dienst|her|rin, die: w. Form zu ↑ Dienstherr.

Dienst|jahr, das ⟨meist Pl.⟩: *im Dienst verbrachtes Jahr.*

Dienst|ju|bi|lä|um, das: *Jubiläum nach einer bestimmten Anzahl von Dienstjahren.*

Dienst|klei|dung, die: *Kleidung, die für den Dienst vorgeschrieben ist.*

dienst|leis|tend, Dienst leis|tend ⟨Adj.⟩: **1.** (Wirtsch.) *eine Dienstleistung darstellend, Dienstleistungen erbringend: sie übt eine beratende und -e Tätigkeit aus.* **2.** *diensttuend: der -e Offizier.*

Dienst|leis|ten|de, die/eine Dienstleistende; der/einer Dienstleistenden, die Dienstleistenden/zwei Dienstleistende: *weibliche Person, die eine Dienstleistung erbringt.*

Dienst|leis|ten|der, der Dienstleistende/ein Dienstleistender; des/eines Dienstleistenden, die Dienstleistenden/zwei Dienstleistende: *jmd., der eine Dienstleistung erbringt.*

Dienst|leis|ter, der; -s, -: **a)** *jmd., der eine Dienstleistung (b) erbringt;* **b)** *Dienstleistungsbetrieb.*

Dienst|leis|te|rin, die; -, -nen: w. Form zu ↑ Dienstleister.

Dienst|leis|tung, die: **a)** *Dienst, den jmd. freiwillig leistet od. zu dem jmd. verpflichtet ist: eine kleine D.;* **b)** (Wirtsch.) *Leistung, Arbeit in der Wirtschaft, die nicht unmittelbar der Produktion von Gütern dient: eine D. in Anspruch nehmen; der steigende Bedarf an -en.*

Dienst|leis|tungs|abend, der: *Abend eines Werktages, an dem Einzelhandelsgeschäfte, Banken, Behörden usw. über die übliche Geschäftszeit hinaus geöffnet sind.*

Dienst|leis|tungs|be|trieb, der (Wirtsch.): *Betrieb, Unternehmen, das Dienstleistungen erbringt.*

Dienst|leis|tungs|ein|rich|tung, die: *Einrichtung (3) auf dem Dienstleistungssektor.*

Dienst|leis|tungs|frei|heit, die ⟨o. Pl.⟩ (Politik, Rechtsspr.): *(als Grundrecht der EU für Dienstleistungsanbieter festgelegter) freier Zugang zu den Dienstleistungsmärkten aller Mitgliedstaaten.*

Dienst|leis|tungs|ge|schäft, das (Bankw.): **a)** ⟨o. Pl.⟩ *Gesamtheit von kapital- u. vermögensunabhängigen Geschäften eines Kreditinstituts, die aufgrund von Kundenaufträgen abgewickelt werden;* **b)** *einzelner Vorgang, einzelne Transaktion im Bereich des Dienstleistungsgeschäfts (a).*

Dienst|leis|tungs|ge|sell|schaft, die (Soziol.): *Gesellschaft, in der die Dienstleistungsbetriebe, -unternehmen zentrale Bedeutung haben.*

Dienst|leis|tungs|ge|wer|be, das: *Gewerbe auf dem Gebiet der Dienstleistungen (b).*

Dienst|leis|tungs|sek|tor, der: *Sektor der Wirtschaft, der Dienstleistungen erbringt.*

Dienst|leis|tungs|un|ter|neh|men, das: *Dienstleistungsbetrieb.*

Dienst|leis|tungs|ver|kehr, der ⟨o. Pl.⟩: *die Wirtschaft betreffender Verkehr mit dem Ausland, der Dienstleistungen betrifft.*

dienst|lich ⟨Adj.⟩ [mhd. dienstlich = dienstbeflissen]: **a)** *das Amt, den Dienst betreffend: ein -es Schreiben; eine rein -e Angelegenheit; er ist d. unterwegs; er ist d. verhindert;* **b)** *streng offiziell: ein -er Befehl; der Brief ist in einem -en Ton abgefasst; plötzlich wurde der Vorgesetzte ganz d. (unpersönlich, formell, frostig).*

Dienst|mäd|chen, das (veraltend): *Hausangestellte:* Sie hatte eine gewisse Anlage, Gedichte zu machen und zu lesen, das ist natürlich keineswegs ihre Aufgabe als D. gewesen (Kirsch, Pantherfrau 48); ♦ (mit natürlichem Geschlecht des Possessivpron.:) …ein junges D., das ihr Gefäß auf die unterste Treppe gesetzt hatte (Goethe, Werther I, 15. Mai).

> Im modernen Sprachgebrauch wird eine Bezeichnung mit dem Grundwort *-mädchen* für eine erwachsene Frau zunehmend als Diskriminierung empfunden. Die Bezeichnung *Dienstmädchen* sollte also vermieden werden.

Dienst|magd, die [mhd. dienestmaget] (veraltet): *Mädchen od. Frau, die im Haus die groben Arbeiten verrichtet.*

Dienst|mann, der: **1.** ⟨Pl. …männer [österr. nur so], auch: …leute⟩ (veraltend) *Gepäckträger (1).* **2.** ⟨Pl. …mannen⟩ [mhd. dienestman, ahd. dionōstman = Diener] (Geschichte) *Ministeriale.*

Dienst|mar|ke, die: *Ausweisplakette eines Kriminal- od. Polizeibeamten in Zivil.*

Dienst|müt|ze, die: *im Dienst getragene [zum Dienstanzug gehörende] Mütze.*

Dienst|neh|mer, der; -s, - (bes. österr.): *Arbeitnehmer.*

Dienst|neh|me|rin, die; -, -nen: w. Form zu ↑ Dienstnehmer.

Dienst|ord|nung, die: *Gesamtheit von Dienstvorschriften, bes. die Rechte u. Pflichten der Angestellten von Sozialversicherungsträgern.*

Dienst|per|so|nal, das: *untergeordnete Dienste verrichtendes Personal (z. B. in einem Haushalt od. Hotel).*

Dienst|pflicht, die: **a)** *Verpflichtung des Staatsbürgers zu bestimmten Diensten, Leistungen für die Gemeinschaft: seine militärische D. absolvieren;* **b)** *aus dem jeweiligen Dienstverhältnis entstehende Pflicht (1): die D., seine -en vernachlässigen.*

dienst|pflich|tig ⟨Adj.⟩: *zur Erfüllung der Dienstpflicht[en] verpflichtet.*

Dienst|pis|to|le, die: *Pistole für den Dienstgebrauch.*

Dienst|plan, der: *Plan, der den zeitlichen Ablauf des Dienstes regelt.*

Dienst|prag|ma|tik, die (österr.): *generelle Norm für das öffentlich-rechtliche Dienstverhältnis in Österreich.*

Dienst|rang, der: *Dienstgrad.*

Dienst|raum, der: *Dienstzimmer.*

Dienst|recht, das: *für Beamte u. Angestellte im öffentlichen Dienst geltendes Recht.*

dienst|recht|lich ⟨Adj.⟩: *das Dienstrecht betreffend: eine -e Sicherung gegen willkürliche Entlassung.*

Dienst|rei|se, die: *Reise in einer dienstlichen Angelegenheit.*

♦ **Dienst|schaft**, die; -: *Ergebenheit; Zuvorkommenheit, Hilfsbereitschaft:* …da ich nur oft auf wenige Stunden erschien, so mocht' ich ihr gern in irgendwas nützlich sein… Und es ist wohl diese D. das Erfreulichste, was einem Menschen begegnen kann (Goethe, Dichtung u. Wahrheit 17).

Dienst|schluss, der ⟨o. Pl.⟩: *Ende der täglichen Dienstzeit.*

Dienst|sie|gel, das: *dienstliches Siegel zur Beglaubigung von Schriftstücken.*

Dienst|sitz, der: *Amtssitz:* der D. wurde in die Hauptstadt verlegt.

Dienst|stel|le, die: *Amt, Dienstbehörde:* sich an die zuständige, oberste D. wenden.

Dienst|stel|len|aus|schuss, der (österr.): *Personalvertretung in einer Dienststelle.*

Dienst|stel|len|lei|ter, der: *Leiter einer Dienststelle.*

Dienst|stel|len|lei|te|rin, die: w. Form zu ↑Dienststellenleiter.

Dienst|stun|de, die: **1.** ⟨meist Pl.⟩ *Zeit [von einer Stunde], die jmd. im Dienst verbringt.* **2.** ⟨Pl.⟩ *Zeit, in der eine Behörde, eine Dienststelle o. Ä. für den Publikumsverkehr geöffnet ist:* -n von 8 bis 12 Uhr vormittags.

dienst|taug|lich ⟨Adj.⟩ (bes. Militär): *aufgrund hinreichender allgemeiner Gesundheit zum [Wehr]dienst tauglich.*

Dienst|taug|lich|keit, die ⟨o. Pl.⟩ (bes. Militär): *das Diensttauglichsein.*

dienst|tu|end, Dienst tu|end ⟨Adj.⟩: *den Dienst versehend:* die -e Ärztin.

Dienst|tu|en|de, die/eine Diensttuende; der/einer Diensttuenden, die Diensttuenden/zwei Diensttuende: *diensttuende weibliche Person.*

Dienst|tu|en|der, der Diensttuende/ein Diensttuender; des/eines Diensttuenden, die Diensttuenden/zwei Diensttuende: *diensttuende Person.*

dienst|un|fä|hig ⟨Adj.⟩: *nicht dienstfähig.*

Dienst|un|fä|hig|keit, die: *das Dienstunfähigsein.*

Dienst|un|fall, der: *Unfall im Dienst.*

dienst|un|taug|lich ⟨Adj.⟩ (bes. Militär): *nicht diensttauglich.*

Dienst|un|taug|lich|keit, die; - (bes. Militär): *das Dienstuntauglichsein.*

Dienst|ver|ge|hen, das: *(von Beamten, Richtern u. Soldaten) schuldhafte Verletzung der dienstlichen Pflichten.*

Dienst|ver|hält|nis, das: *Rechtsverhältnis zwischen Angestellten [des öffentlichen Dienstes] od. Beamten u. der Behörde, bei der sie beschäftigt sind.*

dienst|ver|pflich|ten ⟨sw. V.; hat; meist nur im Inf. u. Part.⟩: *im Falle des Notstands zu bestimmten Dienstleistungen, vor allem zum Wehrdienst heranziehen, verpflichten.*

Dienst|ver|pflich|tung, die: *das Dienstverpflichten; das Dienstverpflichtetwerden.*

Dienst|ver|trag, der (Rechtsspr.): *Vertrag, durch den sich ein Partner zur Leistung der Arbeit, der andere zur Zahlung des vereinbarten Entgelts verpflichtet.*

Dienst|ver|wei|ge|rer, der (bes. schweiz.): *Kriegsdienstverweigerer.*

Dienst|vor|schrift, die: *Vorschrift für Beamte u. Soldaten, die die ordnungsgemäße Durchführung des Dienstes regelt.*

Dienst|waf|fe, die: *Waffe für den Dienstgebrauch.*

Dienst|wa|gen, der: *PKW, der jmdm. für Dienstfahrten zur Verfügung steht.*

Dienst|weg, der: **1.** ⟨Pl. selten⟩ *für die Abwicklung behördlicher Angelegenheiten vorgeschriebener Weg; Instanzenweg:* das Gutachten geht den normalen D.; etw. auf den D. bringen; etw. auf dem kleinen D. (*direkt, ohne Berücksichtigung der sonst üblichen Formalitäten*) erledigen. **2.** *nur von Angehörigen eines Dienstes* (2) *zu benutzender Weg:* D. Kein Durchgang (*Hinweisschild*).

dienst|wil|lig ⟨Adj.⟩: **1. a)** *gern u. eifrig den Dienst versehend;* **b)** *bereit, den Wehrdienst zu leisten.* **2.** *hilfsbereit, gefällig.*

Dienst|woh|nung, die: *jmdm. für die Dauer seiner Beschäftigung von der vorgesetzten Behörde o. Ä. zur Verfügung gestellte Wohnung.*

Dienst|zeit, die: **1.** *[festgesetzte] Gesamtdauer des Dienstes (von Beamten u. Soldaten):* seine D. als Soldat beträgt zwei Jahre. **2.** *festgesetzte Dauer der täglichen Arbeitszeit:* die tägliche D. wurde um eine halbe Stunde verkürzt.

Dienst|zet|tel, der: *schriftliche Aufstellung der Dienstverpflichtungen.*

Dienst|zim|mer, das: *Arbeitszimmer [bei einer Behörde]; Amtszimmer.*

dies: ↑dieser.

dies|be|züg|lich ⟨Adj.⟩: *in Bezug auf diese Angelegenheit; das Erwähnte betreffend:* eine -e Frage; d. (*hierzu*) kann ich keine Angaben machen.

die|se: ↑dieser.

Die|sel, der; -[s], - [nach dem dt. Ingenieur R. Diesel (1858–1913)] (ugs.): **1.** Kurzf. von ↑Dieselmotor. **2.** *Kurzf. von Fahrzeug mit Dieselmotor:* sie fährt einen alten D. **3.** ⟨o. Pl.⟩ *Kurzf. von* ↑Dieselkraftstoff: D. fahren.

Die|sel|an|trieb, der: *Antrieb durch einen Dieselmotor.*

die|sel|be: ↑derselbe.

ei|ner|sel|bi|ge: ↑derselbige.

Die|sel|fahr|zeug, das: *Fahrzeug mit Dieselmotor:* der Kraftstoffverbrauch eines -s.

Die|sel|kraft|stoff, der: *Kraftstoff für Dieselmotoren.*

Die|sel|lok, die: kurz für ↑Diesellokomotive.

Die|sel|lo|ko|mo|ti|ve, die: *Lokomotive mit Antrieb durch Dieselmotor.*

Die|sel|mo|tor, der, -en, auch: -e: *Verbrennungsmotor, bei dem der Kraftstoff die in der Brennkammer enthaltene, unter hohem Druck stehende heiße Luft eingespritzt wird, wobei sich der Kraftstoff entzündet.*

Die|sel|öl, das: *Dieselkraftstoff.*

Die|sel|ruß, der: *Ruß im Abgas von Dieselmotoren, der durch schlechte Verbrennung von Dieselkraftstoff entsteht:* D. gilt als krebserregend.

Die|sel|wa|gen, der: *Pkw od. Lkw mit Dieselmotor.*

die|ser, dieses (dies), diese ⟨Demonstrativpron.⟩ [mhd. diser, disiu, diz, ahd. desēr, disiu, diz, urspr. Verstärkung des alten Demonstrativpron. ↑¹der]: **1.** ⟨attr.⟩ **a)** *bezieht sich auf jmdn., der sich in der Nähe befindet, auf etw. in der Nähe Befindliches, worauf der Sprecher ausdrücklich hinweist:* dieser Platz [hier] ist frei; diese Sachen [da] gehören mir; dies[es] Kleid gefällt mir nicht; **b)** *nimmt Bezug auf etw. schon Erwähntes od. Bekanntes u. hebt es hervor:* ich höre von dieser Sache zum ersten Mal; mit diesem seinem neuen Buch; **c)** *in Verbindung mit Zeitbegriffen auf einen bestimmten bevorstehenden od. zurückliegenden Zeitpunkt hinweisend:* diesen Sommer; diese Weihnachten; diese Nacht wird es schneien; dieser Tage, in diesen Tagen (*in den nächsten Tagen*) muss er Geburtstag haben; Anfang dieses Jahres (*des laufenden Jahres;* Abk.: d. J.); **d)** *in Verbindung mit Personenbezeichnungen od. Namen eine [negative] Wertung ausdrückend:* dieser Herr Meier ist mir sehr suspekt. **2.** ⟨selbstständig⟩ **a)** *nimmt Bezug auf etw. in einem vorangegangenen od. folgenden Substantiv od. Satz Genanntes:* dies ist richtig; dies[es] alles wusste ich nicht; dies nur nebenbei; ich weiß nur dies (*so viel*), dies kommt; **b)** *in Verbindung mit* »jener«: Mutter u. Tochter waren da; diese (= *die Tochter*) trug einen Hosenanzug, jene (= *die Mutter*) ein Kostüm; * **dies und das/dies[es] und jenes** (*einiges, allerlei, Verschiedenes:* ich habe noch dies und das zu erledigen; wir sprachen über dieses und jenes); **dieser und jener** (*einige*); **dieser oder jener** (*mancher, manch einer:* dieser oder jener hätte sicher noch Verwendung dafür).

¹die|ser|art ⟨indekl. Demonstrativpron.⟩: *so geartet:* er kann mit d. Leuten nicht umgehen.

²die|ser|art ⟨Adv.⟩ (selten): *auf diese Weise:* die Leute d. erschrecken.

♦ **die|ser|we|gen** ⟨Adv.⟩: *deswegen:* ...wär' allein schon d. wert, dreimal verbrannt zu werden (Lessing, Nathan IV, 2).

die|ses: ↑dieser.

dies|fäl|lig ⟨Adj.⟩ (schweiz.): *diesbezüglich.*

die|sig ⟨Adj.⟩ [aus dem Niederd. < niederd. dīsig (vgl. mniederd. dīsinge = Nebelwetter), verw. mit ↑Dämmerung]: *(auf die Erdatmosphäre, die Witterung bezogen) trübe u. feucht, dunstig:* ein -er Herbsttag; das Wetter ist d.; Die Luft wird d. von Geschützrauch und Nebel (Remarque, Westen 43).

Di|es I|rae, das; -- [...re] [mlat. = Tag des Zorns; Anfang eines lat. Hymnus von Thomas von Celano, zu lat. dies = Tag u. ira = Zorn]: **1.** *Sequenz im Totenmessen:* das D. I. singen. **2.** (Musik) *Komposition, der der Text des Dies Irae* (1) *zugrunde liegt.*

dies|jäh|rig ⟨Adj.⟩: *aus diesem Jahr stammend; in diesem Jahr stattfindend:* die -e Ernte.

dies|mal ⟨Adv.⟩: *dieses Mal:* für d. ists genug; vielleicht hast du d. Glück; d. wird er es schaffen.

dies|ma|lig ⟨Adj.⟩: *diesmal stattfindend:* ihr -er Aufenthalt in England.

dies|sei|tig ⟨Adj.⟩ **a)** *auf dieser Seite gelegen:* am -en Ufer; **b)** (geh.) *auf das Diesseits, das Weltliche bezogen; irdisch:* das -e Leben; die -e Welt.

Dies|sei|tig|keit, die; - (geh.): *dem Diesseits, der Welt zugewandte Haltung; Weltlichkeit.*

¹dies|seits ⟨Präp. mit Gen.⟩ [↑-seits]: *auf dieser Seite:* d. der Grenze, des Waldes.

²dies|seits ⟨Adv.⟩ [↑-seits]: *auf dieser Seite [gelegen]:* d. von Frankfurt, vom Fluss.

Dies|seits, das; -: *Welt; irdisches Leben:* sich den Freuden des D. hingeben.

Di|ethy|len|gly|kol: ↑Diäthylenglykol.

Diet|rich, der; -s, -e [spätmhd. dieterich, scherzh. Übertr. des m. Vorn. auf den Nachschlüssel]: *hakenähnlich gebogenes Werkzeug, mit dem sich einfache Schlösser öffnen lassen:* die Tür war mit einem D. geöffnet worden.

¹die|weil, dieweilen [mhd. die wīle, ↑Weile] ⟨Konj.⟩ (veraltend): **a)** *während:* ich passte auf, d. die anderen schliefen; **b)** *weil:* Kritik wagte man kaum, d./alldieweil man negative Reaktionen fürchtete.

²die|weil, dieweilen ⟨Adv.⟩ (veraltend): *in der Zwischenzeit, inzwischen, unterdessen:* die Frauen unterhielten sich angeregt, d. lief das Kind weg.

die|wei|len: ↑¹,²dieweil.

dif|fa|ma|to|risch ⟨Adj.⟩ [mlat. diffamatorius] (bildungsspr.): *Verleumderisches enthaltend:* -e Äußerungen, Reden.

Dif|fa|mie, die; -, -n: **1.** ⟨o. Pl.⟩ *verleumderische Bosheit:* die D. seiner Äußerungen ist erschreckend. **2.** *verleumderische, herabsetzende Äußerung, Beschimpfung:* der Zeitungsartikel ist voller -n.

dif|fa|mie|ren ⟨sw. V.; hat⟩ [lat. diffamare, zu: dis- = entzwei, auseinander u. fama = Gerede, Ruf] (bildungsspr.): *[besonders übel] verleumden; in üblen Ruf bringen:* jmdn. politisch d.; jmdn. als Betrüger d.; diffamierende Äußerungen.

Dif|fa|mie|rung, die; -, -en (bildungsspr.): *das Diffamieren:* eine pauschale D.; die D. der Homosexualität, von Minderheiten.

dif|fe|rent ⟨Adj.⟩ [zu lat. differens (Gen.: differentis), 1. Part. von: differre, ↑differieren] (bil-

dungsspr.): *ungleich, verschieden, voneinander abweichend:* -e Anschauungen.
Dif|fe|ren|ti|al, Dif|fe|ren|ti|al usw.: ↑ differenzial, Differenzial usw.
dif|fe|ren|ti|ell: ↑ differenziell.
Dif|fe|renz, die; -, -en [lat. differentia = Verschiedenheit]: **1. a)** (bildungsspr.) *[in Zahlen ausdrückbarer, messbarer] Unterschied (zwischen bestimmten Werten, Maßen o. Ä.):* eine unbedeutende D.; eine D. von 50 Cent, von 6 km; die D. zwischen Einnahme und Ausgabe ist gravierend, erheblich; **b)** (Math.) *Ergebnis einer Subtraktion:* die D. von, zwischen 10 und 8 beträgt, ist 2; **c)** (Kaufmannsspr.) *falscher Betrag od. Fehlbetrag:* die D. ist durch einen Buchungsfehler entstanden. **2.** ⟨meist Pl.⟩ *Meinungsverschiedenheit, Unstimmigkeit:* persönliche -en; eine kleine D., -en mit jmdm. haben.
Dif|fe|renz|be|trag, der: *Betrag, der die Differenz* (1) *zwischen zwei Geldsummen ausmacht.*
dif|fe|ren|zi|al, differential ⟨Adj.⟩ (bildungsspr.): *differenziell.*
Dif|fe|ren|zi|al, Differential, das; -s, -e [zu ↑ Differenz]: **1.** (Math.) *Zuwachs einer Funktion bei einer [kleinen] Änderung ihres Arguments* (2). **2.** Kurzf. von ↑ Differenzialgetriebe.
Dif|fe|ren|zi|al|ge|trie|be, Differentialgetriebe, das (Kfz-Technik): *Getriebe, das bei Kurvenfahrt die unterschiedlichen Drehzahlen der Antriebsräder ausgleicht; Ausgleichsgetriebe.*
Dif|fe|ren|zi|al|glei|chung, Differentialgleichung, die (Math.): *Gleichung für eine Funktion, in der außer der gesuchten Funktion mindestens eine ihrer Ableitungen vorkommt.*
Dif|fe|ren|zi|al|quo|ti|ent, Differentialquotient, der (Math.): **a)** *Grundgröße der Differenzialrechnung;* **b)** *Grenzwert des Quotienten, der den Tangentenwinkel bestimmt.*
Dif|fe|ren|zi|al|rech|nung, Differentialrechnung, die (Math.): **1.** ⟨o. Pl.⟩ *das Rechnen mit Differenzialen* (1). **2.** *Rechnung aus dem Gebiet der Differenzialrechnung* (1).
Dif|fe|ren|zi|al|schal|tung, Differentialschaltung, die (Elektrot.): *elektrische Schaltung, in der sich die Differenz zweier elektrischer Spannungen od. Ströme od. zweier anderer in elektrische Spannungen od. Ströme umgewandelter physikalischer Größen auswirkt.*
Dif|fe|ren|zi|a|ti|on, Differentiation, die; -, -en: **1.** (Geol.) *Aufspaltung, Zerfall einer homogenen Gesteinsschmelze in verschiedene Mineralien, Gesteine.* **2.** (Math.) *Berechnung des Differenzialquotienten einer Funktion.* **3.** (Sprachwiss.) *Auseinanderentwicklung von Sprachen aus einer gemeinsamen Ursprache.*
dif|fe|ren|zi|ell, differentiell ⟨Adj.⟩ (bildungsspr.): *unterscheidend, einen Unterschied darstellend, begründend:* -e Merkmale.
dif|fe|ren|zier|bar ⟨Adj.⟩: **1.** (bildungsspr.) *sich differenzieren lassend:* die Unterschiede sind nicht stärker d. **2.** (Math.) *(von einer Funktion* 2) *für eine Differenziation* (2) *geeignet:* -e Funktionen.
dif|fe|ren|zie|ren ⟨sw. V.; hat⟩ [zu ↑ Differenz]: **1.** (bildungsspr.) **a)** *genau, fein, bis ins Einzelne unterscheiden:* zwischen zwei Erscheinungen d.; bei dieser Frage muss man d.; du solltest deine Urteile d.; *genauer differenzierende Methoden;* **b)** ⟨d. + sich⟩ *(von etw. Einfachem, Ungegliedertem) sich zu einer komplizierten Struktur fortentwickeln, entfalten:* die Technik differenziert sich immer stärker; ... dass die erste Kindheitsperiode, während der sich das Ich aus dem Es zu d. beginnt, auch die Zeit der sexuellen Frühblüte ist (Freud, Abriß 59/60). **2.** (Math.) *die Ableitung (den Differenzialquotienten) einer Funktion bilden:* eine Funktion d.

dif|fe|ren|ziert ⟨Adj.⟩ (bildungsspr.): *fein bis ins Einzelne abgestuft, nuanciert:* die Wissenschaft hat heute viel -ere Methoden; sie urteilt sehr d. Dazu: **Dif|fe|ren|ziert|heit,** die, -, -en.
Dif|fe|ren|zie|rung, die; -, -en: **a)** *das Differenzieren* (1a, 2); **b)** *feine, bis ins Einzelne gehende Unterscheidung:* -en vornehmen; sich um begriffliche D. bemühen; -en und Zwischentöne lagen ihm fern, sein Feldzeichen war die Heftigkeit (Zwerenz, Kopf 127). **2.** (Biol.) **a)** *Bildung verschiedener Gewebe aus ursprünglich gleichartigen Zellen;* **b)** *Aufspaltung systematischer Gruppen im Verlauf der Stammesgeschichte.* **3.** (Math.) *Behandlung einer Funktion nach den Regeln der Differenzialrechnung.*
Dif|fe|ren|zie|rungs|pro|zess, der: *Prozess, Ablauf des Differenzierens, Sichdifferenzierens.*
dif|fe|rie|ren ⟨sw. V.; hat⟩ [lat. differre, eigtl. = auseinandertragen, zu: dis- = auseinander u. ferre = tragen] (bildungsspr.): *voneinander verschieden sein, abweichen:* die Ansichten differierten in manchen Punkten; die Preise differieren um zehn Euro.
dif|fi|zil ⟨Adj.⟩ [frz. difficile < lat. difficilis = nicht leicht zu tun, zu: facere = machen, tun] (bildungsspr.): **a)** *schwierig, nicht leicht [zu bewältigen]; peinliche Genauigkeit fordernd; kompliziert:* eine sehr -e Arbeit; die Methoden sind äußerst d.; **b)** *einen schwierigen Charakter habend, schwer zu handhaben:* ein sehr -er Mensch; sie ist in allen Dingen sehr d.
Dif|frak|ti|on, die; -, -en (Physik): *Beugung der Lichtwellen u. anderer Wellen.*
dif|fun|die|ren ⟨sw. V.⟩ [lat. diffundere = ausströmen, sich verbreiten]: **1.** ⟨ist⟩ (Chemie) *in einen anderen Stoff eindringen; verschmelzen.* **2.** ⟨hat⟩ (Physik) *(von Strahlen) zerstreuen.*
dif|fus ⟨Adj.⟩ [lat. diffusus = ausgebreitet, adj. 2. Part. von: diffundere, ↑ diffundieren]: **1.** (Physik, Chemie) *unregelmäßig zerstreut, nicht scharf begrenzt, ohne einheitliche Richtung:* eine -e Strahlung; -es Licht *(Streulicht);* d. abgestrahlt werden. **2.** (bildungsspr.) *unklar, ungeordnet, konturlos, verschwommen:* -e Ziele verfolgen; eine -e Angst haben; mein Eindruck bleibt d.
Dif|fu|si|on, die; -, -en [lat. diffusio = das Auseinanderfließen]: **1. a)** (Physik, Chemie) *(von Gasen, Flüssigkeiten) Vermischung, gegenseitige Durchdringung;* **b)** (Physik) *Streuung des Lichts.* **2.** (Bergbau) *Wetteraustausch.*
Dif|fu|sor, der; -s, ...oren: **1.** (Technik) *Teil in einer Rohrleitung, dessen Querschnitt sich erweitert.* **2.** (Fotogr.) *transparente, das Licht streuende Plastikscheibe zur Erweiterung des Messwinkels bei Lichtmessern.*
Di|gam|ma, das; -[s], -s [griech. dígamma, eigtl. = Doppelgamma, aus: di- = zwei(fach) u. ↑ Gamma]: *Buchstabe im ältesten griechischen Alphabet* (F).
di|gen ⟨Adj.⟩ [zu griech. dís (di-) = zweimal u. -genḗs = verursacht] (Biol.): *durch Verschmelzung zweier Zellen gezeugt.*
di|ge|rie|ren ⟨sw. V.; hat⟩ [lat. digerere = (ver-, ein)teilen; verdauen] (Chemie): **1. a)** *eine feste Substanz mit einer Flüssigkeit vermischen;* **b)** *ausziehen* (1c). **2.** (Physiol.) *verdauen.*
Di|gest ['daɪdʒɛst], der od. das; -[s], -s [engl. digest < spätlat. digesta, eigtl. = eingeteilte, geordnete (Schriften), zu: digestum, 2. Part. von: digerere, ↑ digerieren]: **a)** *(bes. in den angelsächsischen Ländern) Zeitschrift, die Auszüge aus Büchern, Zeitschriften usw. abdruckt:* ein medizinischer D.; **b)** *Auszug aus einem Buch od. Bericht; Zusammenfassung.*
Di|ges|tif [diʒɛs'tiːf], der; -s, -s [frz. digestif, zu: digestif = die Verdauung betreffend, fördernd < gleichbed. mlat. digestivus < zu lat. digerere =

zerteilen, trennen]: *die Verdauung anregendes alkoholisches Getränk, das nach dem Essen getrunken wird.*
Di|ges|ti|on, die; -, -en [lat. digestio = Verdauung]: **1.** (Chemie) *Auslaugung.* **2.** (Med.) *Verdauung.*
di|ges|tiv ⟨Adj.⟩ [zu lat. digestum, 2. Part. von: digerere, ↑ digerieren] (Med.): **a)** *die Verdauung betreffend;* **b)** *die Verdauung fördernd.*
Di|ges|ti|vum, das; -s, ...va: **a)** (Med.) *verdauungsförderndes Mittel;* **b)** (Chemie) *Lösungsmittel zum Extrahieren fester Drogen.*
Di|git ['dɪdʒɪt], das; -s, -s [engl. digit, eigtl. = (zum Zählen benutzter) Finger < lat. digitus = Finger; Zehe] (Fachspr.): *Ziffer, Stelle* (in der Anzeige eines elektronischen Geräts).
di|gi|tal ⟨Adj.⟩: **1.** [lat. digitalis] (Med.) *mithilfe des Fingers erfolgend:* etw. d. untersuchen. **2.** [engl. digital, zu ↑ Digit] **a)** *(Messwerte o. Ä.) in Stufen erfolgend; in Einzelschritte aufgelöst:* -es Signal *(Digitalsignal);* **b)** *auf Digitaltechnik, Digitalverfahren beruhend:* -e Effekte, Fotos; -es Fernsehen. **3.** (Technik) *in Ziffern dargestellt:* etw. d. anzeigen.
Di|gi|tal|an|zei|ge, die: *digitale* (3) *Anzeige von [Mess]werten auf Uhren, Messgeräten u. Ä.*
Di|gi|tal|fern|se|hen, das: *Fernsehen, bei dem die Sendungen mithilfe der Digitaltechnik übertragen werden:* D. empfangen.
Di|gi|tal|fo|to, das, schweiz. auch: -to: *mit einer Digitalkamera aufgenommenes Foto.*
Di|gi|tal|grö|ße, die (Informatik, Physik): *zur Darstellung u. Übermittlung von Signalen* (3) *verwendbare digitale* (2a) *physikalische Größe.*
Di|gi|tal Im|mi|grant ['dɪdʒɪtl 'ɪmɪɡrənt], der; --s, --s: *Person, die den Umgang mit digitalen* (2b) *Technologien im Erwachsenenalter erlernt hat.*
¹Di|gi|ta|lis, die; -, - [nlat., zu lat. digitus, ↑ Digit]: *Fingerhut* (2).
²Di|gi|ta|lis, das; - (Pharm.): *aus den Blättern der ¹Digitalis gewonnenes starkes Herzmittel.*
di|gi|ta|li|sie|ren ⟨sw. V.; hat⟩ (EDV): **1.** *Daten u. Informationen digital* (2a) *darstellen.* **2.** *ein ¹analoges* (1) *Signal in ein digitales* (2a) *umwandeln:* analoge Größen d.
Di|gi|ta|li|sie|rung, die; -, -en (EDV): *das Digitalisieren.*
Di|gi|tal|ka|me|ra, die: *Kamera, bei der die Bilder in digitaler Form gespeichert werden.*
Di|gi|tal Na|tive ['dɪdʒɪtl 'neɪtɪv], der; --s, --s: *Person, die mit digitalen* (3) *Technologien aufgewachsen ist u. in ihrer Benutzung geübt ist.*
Di|gi|tal|rech|ner, der (EDV): *mit nicht zusammenhängenden Einheiten (Ziffern, Buchstaben) arbeitende digitale Rechenanlage; elektronischer Rechner, der mit binären Ziffern arbeitet.*
Di|gi|tal|sig|nal, das (EDV, Physik): *Signal* (3), *mit dem Nachrichten od. Daten dargestellt werden, die aus Digitalgrößen bestehen; digitales* (3) *Signal.*
Di|gi|tal|tech|nik, die: *Teilgebiet der Informationstechnik u. Elektronik, das sich mit der Erfassung, Darstellung, Verarbeitung u. Übertragung digitaler Größen befasst.*
Di|gi|tal-TV, das: *Digitalfernsehen.*
Di|gi|tal|uhr, die: *[elektronische] Uhr, die die Uhrzeit nicht durch Zeiger, sondern durch Zahlen anzeigt.*
Di|gi|tal|ver|fah|ren, das (EDV): *in der Nachrichtentechnik angewendetes Verfahren, bei dem das codierte Zeichen durch eine bestimmte, abzählbare Anzahl diskreter* (2), *voneinander unterscheidbarer Impulse dargestellt wird.*
Di|glos|sie, die; -, -n [zu griech. dís (di-) = zweimal u. glṓssa = Sprache] (Sprachwiss.): **1.** *Form der Zweisprachigkeit, bei der die eine Sprachform die Standardsprache darstellt, während*

Diglyph–Dimeter

die andere im täglichen Gebrauch, in informellen Texten verwendet wird. **2.** *Vorkommen von zwei Sprachen in einem bestimmten Gebiet (z. B. Englisch u. Französisch in Kanada).* **3.** *das Auftreten von zwei ausgebildeten Varianten der Schriftsprache in einem Land (z. B. Bokmål u. Nynorsk in Norwegen).*

Di|glyph, der; -s, -e, **Di|gly|phe,** die; -, -n [griech. díglyphos = mit doppeltem Einschnitt] (Kunstwiss.): *Platte mit zwei Schlitzen als Verzierung am Fries.*

Di|gni|tar, Di|gni|tär, der; -s, -e [mlat. dignitarius bzw. frz. dignitaire, zu lat. dignitas, ↑Dignität]: *geistlicher Würdenträger der katholischen Kirche.*

Di|gni|tät, die; -, -en [lat. dignitas, zu: dignus = würdig]: **1.** ⟨o. Pl.⟩ (bildungsspr.) *Würde:* er waltet seines Amtes mit einer gewissen D. **2.** (kath. Rel.) **a)** *Amtswürde eines bestimmten hohen Geistlichen;* **b)** *hoher geistlicher Würdenträger:* an der Spitze der Prozession schritten die -en.

Di|graf, Digraph, der, auch: das; -s, -e[n] [zu griech. gráphein = schreiben] (Sprachwiss.): *Digramm.*

Di|gramm, das; -s, -e [zu griech. dís (di-) = zweimal u. grámma = Geschriebenes] (Sprachwiss.): *Verbindung von zwei Buchstaben, die einen einzigen Laut wiedergeben (z. B. ch).*

Di|graph: ↑ Digraf.

DIHK [de:|i:ha:'ka:], der; - [Abk. für: Deutscher Industrie- u. Handelskammertag]: *Dachorganisation der Industrie- u. Handelskammern der Bundesrepublik Deutschland.*

di|hy|b|rid [auch: 'di:...] ⟨Adj.⟩ [zu griech. dís (di-) = zweimal u. ↑¹hybrid] (Biol.): *sich in zwei Erbmerkmalen unterscheidend.*

Di|hy|b|ri|de [auch: 'di:...], die; -, -n, auch: der; -n, -n [zu ↑ Hybride] (Biol.): *Individuum, dessen Eltern sich in zwei Erbmerkmalen voneinander unterscheiden, die es aber beide selbst in sich trägt.*

Di|jam|bus, der; -, ...ben [griech. diíambos] (Verslehre): *doppelter Jambus.*

Di|ke (griech. Mythol.): *Göttin der Gerechtigkeit.*

di|klin ⟨Adj.⟩ [zu griech. dís (di-) = zweimal u. klínē = Lager, Bett] (Bot.): *eingeschlechtige Blüten aufweisend.*

Dik|ta: Pl. von ↑ Diktum.

Dik|ta|fon, Diktaphon, das; -s, -e [zu lat. dictare (↑ diktieren) u. griech. phōnḗ = Stimme]: *Diktiergerät: ins D. sprechen.*

Dik|tant, der; -en, -en [zu lat. dictans (Gen.: dictantis), 1. Part. von: dictare, ↑diktieren] (Bürow.): *jmd., der diktiert.*

Dik|tan|tin, die; -, -nen: w. Form zu ↑ Diktant.

Dik|tat, das; -[e]s, -e [lat. dictatum, 2. Part. von: dictare, ↑ diktieren]: **1. a)** *das Diktieren* (1): beim D. sein; nach D. schreiben; die Sekretärin zum D. rufen; **b)** *diktierter Text:* ein D. aufnehmen; **c)** *insbesondere vom Lehrer diktierter Satze als Rechtschreibübung in der Schule:* ein D. schreiben; sie hat im D. null Fehler. **2.** (bildungsspr.) *etw., was jmdm. [von außen] aufgezwungen wird:* dem D. der Siegermächte unterwerfen müssen; Ü dem D. der Mode gehorchen; ...ich tat es unter dem stolzesten und schmerzlichsten Protest meines Geistes gegen das D. meines armseligen Körpers (Th. Mann, Zauberberg 347).

Dik|ta|tor, der; -s, ...oren [lat. dictator]: **1.** (abwertend) *unumschränkter Machthaber in einem Staat; Gewaltherrscher:* einen D. stürzen. **2.** (abwertend) *herrischer, despotischer Mensch.* **3.** (Geschichte) *in Notzeiten vorübergehend mit der Gesamtleitung des Staates betrauter römischer Beamter.*

Dik|ta|to|rin, die; -, -nen: w. Form zu ↑ Diktator (1, 2).

dik|ta|to|risch ⟨Adj.⟩ [lat. dictatorius] (meist abwertend): **1.** *einer Diktatur gemäß, auf einer Diktatur beruhend:* eine -e Staatsform; dieses Land wird d. regiert. **2.** *autoritär; keinerlei Widerspruch duldend:* -e Vorgesetzte.

Dik|ta|tur, die; -, -en [lat. dictatura]: **1.** (meist abwertend) **a)** ⟨o. Pl.⟩ *unumschränkte, andere gesellschaftliche Kräfte mit Gewalt unterdrückende Ausübung der Herrschaft durch eine bestimmte Person, gesellschaftliche Gruppierung, Partei o. Ä. in einem Staat:* die D. der Militärs; die D. des Proletariats (marx.; *die politische Herrschaft der Arbeiterklasse im Übergangsstadium zwischen der kapitalistischen u. der klassenlosen Gesellschaftsform*); eine D. errichten, stürzen; **b)** *Staat, in dem Diktatur* (1 a) *herrscht:* in einer D. leben; -en sind nur von innen aufzubrechen (Hochhuth, Stellvertreter 64). **2.** ⟨o. Pl.⟩ (abwertend) *autoritärer Zwang, den eine Einzelperson, eine Gruppe od. Institution auf andere ausübt:* die D. Hollywoods; unter jmds. D. zu leiden haben. **3.** (Geschichte) *Amt u. Amtszeit eines Diktators* (2).

dik|tie|ren ⟨sw. V.; hat⟩ [lat. dictare, zu: dicere = sagen, sprechen]: **1.** *einen Text zur wörtlichen Niederschrift ansagen, vorsprechen:* etw. auf Band d.; er hat seiner Sekretärin das Gutachten diktiert. **2.** (bildungsspr.) *vorschreiben; aufzwingen:* ich lasse mir nicht von anderen d., was ich zu tun habe; die Konzerne diktieren die Preise; der Gegner diktiert *(beherrscht)* das Spiel. **3.** (bildungsspr.) *[zwanghaft] bestimmen, hervorrufen, bedingen:* Hass, Leidenschaft diktierte ihr Handeln.

Dik|tier|ge|rät, das: *Gerät zur Aufnahme u. Wiedergabe eines gesprochenen Textes.*

Dik|ti|on, die; -, -en [lat. dictio, eigtl. = das Sagen] (bildungsspr.): *mündliche od. schriftliche Ausdrucksweise; Rede-, Schreibstil:* eine einfache, klare, geschraubte D. [haben]; Ich kenne diese gepflegte weibliche Stimme und ihre überartikulierte D. (Hildesheimer, Tynset 48).

Dik|ti|o|när, das, auch: der; -s, -e [frz. dictionnaire < mlat. dictionarium, zu lat. dictio, ↑ Diktion] (veraltend): *[fremdsprachliches] Wörterbuch.*

Dik|tum, das; -s, Dikta [lat. dictum, eigtl. = das Gesagte] (bildungsspr.): *[bedeutsamer, pointierter] Ausspruch:* ein scharfsinniges D.; Lessings D. vom Klugen, der klug genug war, nicht klug zu sein ... (Adorno, Prismen 56).

Di|la|ta|ti|on, die; -, -en [spätlat. dilatatio = Erweiterung]: **1.** (Physik) *Ausdehnung eines Körpers durch äußere Einflüsse (z. B. durch Wärme.* **2.** (Bot.) *Erweiterungswachstum der Baumstämme.* **3.** (Med.) *krankhafte od. künstliche Erweiterung von Hohlorganen (z. B. des Herzens).*

Di|la|ta|tor, der; -s, ...oren [spätlat. dilatator = Erweiterer] (Med.): *Instrument zur Erweiterung von Höhlen und Kanälen des Körpers.*

di|la|tie|ren ⟨sw. V.; hat⟩ [lat. dilatare = (eine Fläche) breiter machen, ausbreiten, zu: latus = Fläche]: **1.** (Fachspr.) **a)** *ausdehnen, erweitern;* **b)** *sich ausdehnen.* **2.** (Med.) *ein Hohlorgan mit dem Dilatator erweitern.*

Dil|do, der; -[s], -s [engl., H. u.]: *künstliche Nachbildung des erigierten Penis, die von Frauen zur Selbstbefriedigung od. bei der Ausübung gleichgeschlechtlichen Verkehrs benutzt wird.*

Di|lem|ma, das; -s -s u. -ta [lat. dilemma < griech. dílēmma, zu dís (di-) = zweimal u. lēmma, eigtl. = alles, was man nimmt, zu: lambánein = nehmen]: *Zwangslage, Situation, in der sich jmd. befindet, bes. wenn er zwischen zwei in gleicher Weise schwierigen od. unangenehmen Dingen wählen soll od. muss:* einen Ausweg aus dem D. suchen; in ein D. geraten.

Di|let|tant, der; -en, -en [ital. dilettante, zu: dilettare = ergötzen, amüsieren < lat. delectare] (bildungsspr.): **a)** *jmd., der sich mit einem bestimmten [künstlerischen, wissenschaftlichen] Gebiet nicht als Fachmann, sondern lediglich aus Liebhaberei beschäftigt;* **b)** (abwertend) *jmd., der sein Fach nicht beherrscht:* das Machwerk eines literarischen -en.

di|let|tan|ten|haft ⟨Adj.⟩ (bildungsspr. abwertend): *in der Weise eines Dilettanten* (b); *stümperhaft:* sein Klavierspiel ist sehr d.

Di|let|tan|ten|tum, das; -s (bildungsspr.): *das Dilettantsein.*

Di|let|tan|tin, die; -, -nen: w. Form zu ↑ Dilettant.

di|let|tan|tisch ⟨Adj.⟩: **a)** *nicht fachmännisch; als Laie;* **b)** (abwertend) *stümperhaft; unzulänglich:* der Bankräuber hat bei dem -en Vorgehen der Polizei leichtes Spiel; die Fälschung war d. gemacht.

Di|let|tan|tis|mus, der; -: **a)** *Beschäftigung mit Wissenschaft, Kunst o. Ä. als Laie:* künstlerischer, wissenschaftlicher D.; **b)** (abwertend) *das Stümperhaftsein; Unzulänglichkeit:* etw. als naiven D. abtun.

di|let|tie|ren ⟨sw. V.; hat⟩ (bildungsspr.): *im wissenschaftlichen, künstlerischen o. ä. Bereich als Dilettant* (a) *tätig sein:* ein auf dem Klavier, als Schriftsteller dilettierender Schauspieler.

Di|li|gence [dili'ʒã:s], die; -, -n [...sn] [frz. diligence, eigtl. = Schnelligkeit, Fleiß < lat. diligentia, ↑ Diligenz] (früher): *leichte, vierrädrige Postkutsche für eilige Postsendungen;* ◆ ... eine Reise nach dem schönen Elsass ..., die ich denn auch auf der neu eingerichteten D. ohne Aufenthalt und in kürzester Zeit vollbrachte (Goethe, Dichtung u. Wahrheit 9).

Dill, der; -s, -e, (österr. auch:) **Dil|le,** die; -, -n [mhd. tille, ahd. tilli, H. u.]: *(zu den Doldengewächsen gehörende) krautige Pflanze mit fein gefiederten, würzig duftenden Blättern u. gelblichen Blüten in großen Dolden.*

Dil|len|kraut, Dill|kraut, das; -[e]s, ...kräuter (österr.): *Dill.*

Di|lu|ti|on, die; -, -en (Med.): *Verdünnung.*

di|lu|vi|al ⟨Adj.⟩ (Geol.): *das Diluvium betreffend, zu ihm gehörend, aus ihm stammend; eiszeitlich:* -es Gestein.

Di|lu|vi|um, das; -s [lat. diluvium = Überschwemmung] (Geol. veraltet): *Pleistozän.*

dim. = diminuendo.

Dime [daim], der; -s, -s ⟨aber: 10 Dime⟩ [engl.(-amerik.) dime < frz. dîme = Zehnt < lat. decima = der zehnte (Teil)]: *Silbermünze der USA im Wert von 10 Cent.*

Di|men|si|on, die; -, -en [lat. dimensio = Aus-, Abmessung, Ausdehnung]: **1.** (Physik) **a)** *Ausdehnung eines Körpers (nach Länge, Breite u. Höhe):* eine Fläche hat zwei, ein Raum drei -en; die vierte D. *(der Bereich des nicht mit den Sinnen Wahrnehmbaren);* **b)** *Beziehung einer Größe zu den Grundgrößen des Maßsystems.* **2.** (bildungsspr.) *Ausmaß (im Hinblick auf seine räumliche, zeitliche, begriffliche Erfassbarkeit):* eine neue D. gewinnen; etw. nimmt gigantische, ungeahnte -en an.

di|men|si|o|nal ⟨Adj.⟩: *die Dimension bestimmend; Dimensionen habend.*

di|men|si|o|nie|ren ⟨sw. V.; hat⟩ (Technik): *(aufgrund von Berechnungen) die optimalen Maße, Abmessungen von etw. festlegen:* die Teile wurden nach einem bestimmten Muster dimensioniert; ein gut dimensioniertes Bauwerk. Dazu: **Di|men|si|o|nie|rung,** die; -, -en.

Di|me|ter, der; -s, - [lat. dimeter < griech. dímetros = aus zwei Maßen bestehend] (Verslehre):

diminuendo – Diode

aus zwei gleichen Metren bestehender antiker Vers.

di|mi|nu|en|do ⟨Adv.⟩ [ital., zu: diminuire < lat. diminuere, ↑ diminuieren] (Musik): *in der Tonstärke abnehmend; allmählich leiser werdend* (Abk.: dim.)

Di|mi|nu|en|do, das; -s, -s u. ...di (Musik): *allmähliches Leiserwerden.*

di|mi|nu|ie|ren ⟨sw. V.; hat⟩ [lat. diminuere, zu: minuere, ↑ Minute] (bildungsspr.): *verkleinern; verringern; vermindern.*

Di|mi|nu|ie|rung, die; -, -en: *das Diminuieren.*

Di|mi|nu|ti|on, die; -, -en [lat. diminutio]: **1.** (bildungsspr.) Verkleinerung, Verringerung. **2.** (Musik) **a)** *Wiederholung eines Themas unter Verwendung kürzerer Notenwerte;* **b)** *variierende Verzierung durch Umspielen der Melodienoten;* **c)** *Tempobeschleunigung durch Verkürzung der Noten.*

di|mi|nu|tiv, deminutiv ⟨Adj.⟩ [lat. diminutivus] (Sprachwiss.): *das Diminutiv betreffend; verkleinernd.*

Di|mi|nu|tiv, Deminutiv, das; -s, -e (Sprachwiss.): *Verkleinerungsform* (z. B. Öfchen, Gärtlein).

Di|mi|nu|tiv|bil|dung, die (Sprachwiss.): *Verkleinerungsform.*

Di|mi|nu|tiv|suf|fix, das (Sprachwiss.): *Verkleinerungssilbe* (z. B. -chen, -lein).

Di|mi|nu|ti|vum, das; -s, ...va [lat. diminutivum] (Sprachwiss.): *Diminutiv.*

dim|men ⟨sw. V.; hat⟩ [engl. to dim, ↑ Dimmer]: *(das Licht einer Lichtquelle) mithilfe eines Dimmers regulieren:* die Lampen d.

Dim|mer, der; -s, - [engl. dimmer, zu: to dim = (Licht) dämpfen] (Elektrot.): *Helligkeitsregler:* das Licht mit -n dämpfen.

di mol|to: ↑ molto.

Din = Dinar.

¹DIN, das; -: Deutsches Institut für Normung e. V.

²DIN®, die; -, -[s] [Kurzw. für: Deutsche Industrie-Norm(en)]: *DIN-Norm:* die D. 5008; D. A4 *(das DIN-Format A4);* nach D. *(der einschlägigen DIN-Norm entsprechend).*

Di|nar, der; -s, -e ⟨aber: 10 Dinar⟩ [serbokroat. dinar, arab. dīnār < griech. dēnárion = röm. Denar < lat. denarius, ↑ Denar]: *Währungseinheit in Serbien* (100 Para), *Algerien* (100 Centime), *Bahrein, Irak, Jordanien u. Kuwait* (1000 Fils), *Libyen* (1000 Dirham), *Tunesien* (1000 Millime) *u. Iran* (1000 Rial) (Abk.: Din).

DIN-A4-Blatt [diːnlaːˈfiːɐ̯...], das: *Blatt Papier im genormten Format DIN A4.*

Di|ner [diˈneː], das; -s, -s [frz. dîner, Subst. von: dîner = eine Hauptmahlzeit zu sich nehmen < afrz. disner, aus dem Vlat., vgl. dejeunieren] (geh.): *[festliches] Abend- od. Mittagessen mit mehreren Gängen:* ein abendliches D.; ... raffinierte -s, bei denen Champagner in Strömen floss, rissen nicht ab (Hauptmann, Schuß 20).

DIN-For|mat, das [↑ ²DIN]: *in einer bestimmten DIN-Norm festgelegtes Papierformat:* das D. A4.

¹Ding, das; -[e]s, -e u. -er [mhd. dinc, ahd. thing, eigtl. = (Gerichts)versammlung der freien Männer, dann = Rechtssache, Rechtshandlung, wahrsch. zu ↑ dehnen u. urspr. entw. = Zusammenziehung (von Menschen) od. = (mit einem Flechtwerk) eingefriedeter Platz (für Versammlungen)]: **1. a)** ⟨Pl. -e⟩ *nicht näher bezeichneter Gegenstand, nicht näher bezeichnete Sache:* persönliche, schöne, wertvolle -e; Nägel und ähnliche -e; auf so viele -e verzichten müssen; R aller guten -e sind drei (Ausspruch zur Rechtfertigung von etw., was jmd. ein drittes Mal tut, zum dritten Mal probiert); jedes D. hat zwei Seiten *(jede Sache hat ihre gute u. ihre schlechte Seite, hat Vor- und Nachteile);* **b)** ⟨Pl. -er⟩ (ugs.) *etw., was jmd. (in abschätziger Redeweise od. weil er die genaue Bezeichnung dafür nicht kennt od. nicht gebrauchen will) nicht mit seinem Namen nennt:* was ist denn das für ein D.?; die -er taugen nichts, sind schon kaputt; R das ist ein D. mit 'nem Pfiff (ugs.; *das funktioniert auf überraschende, merkwürdige Weise);* Spr gut D. will Weile haben *(etw., was gut werden soll, braucht seine Zeit);* * **das ist ja ein D.!** (ugs.; Ausruf der Überraschung od. der Entrüstung); **ein D. drehen** (ugs.; *etwas anstellen; ein Verbrechen begehen);* **jmdm. ein D. verpassen** (ugs.: *jmdm. einen brutalen Schlag versetzen; jmdn. in unsanfter Form zurechtweisen, tadeln);* **krumme -er machen** (ugs.; *etw. Unerlaubtes, Rechtswidriges tun);* **mach keine -er!** (ugs.; Ausruf der Erstaunens, der Überraschung); **c)** (Philos.) *etw., was in einer bestimmten Form, Erscheinung, auf bestimmte Art u. Weise existiert u. als solches Gegenstand der Wahrnehmung, Erkenntnis ist:* das Wesen, den Kern der -e erkennen. **2.** ⟨Pl.: -e (meist Pl.)⟩ **a)** *Vorgang, Ereignis:* es waren unerfreuliche -e vorgekommen; falls die -e sich so zugetragen haben; ... Martin musst ihn seinen Hut hinunterwerfen, den er, in Voraussicht der kommenden -e, von der Garderobe geholt hatte (Hildesheimer, Legenden 87); * **über den -en stehen** *(sich nicht allzu sehr von etw. beeindrucken, berühren, beeinträchtigen lassen);* **b)** *Angelegenheit; Sache:* einige -e müssen geregelt, geändert werden; die einfachsten -e nicht begreifen; sie hatte vor der Reise noch tausend -e zu erledigen; nach Lage der -e; es handelt sich um private, interne -e; Für seine Studien machte Bolina nie Notizen, aber in den -en des praktischen Lebens hielt er eine peinliche Ordnung (Edschmid, Liebesengel 21); * **die Letzten/letzten -e** *(die religiös-metaphysischen Vorstellungen von Tod u. Ewigkeit);* **ein D. der Unmöglichkeit sein** *(unmöglich sein, sich nicht erledigen, ausführen, einrichten lassen);* **nicht jmds. D. sein** (ugs.; *nicht jmds. Angelegenheit sein, jmds. Interesse finden);* **der -e harren, die da kommen [sollen]** (geh.; *abwarten, was geschehen wird;* nach Luk. 21, 26); **unverrichteter -e** *(ohne etw. erreicht zu haben; nicht legal geschehen, vor sich gehen);* **vor allen -en** *(vor allem, besonders).* **3.** ⟨Pl. -er⟩ (ugs.) *Mädchen:* ein hübsches, fixes, albernes, naseweises, nettes, freches D.; Ich bin schon einmal verheiratet gewesen und bin kein dummes D. mehr (Nossack, Begegnung 433). **4.** [mhd. gedinge = Hoffnung, Zuversicht; frühnhd. = Laune, Stimmung] * **guter -e** (geh.: 1. *fröhlich u. munter:* sie ist immer guter -e. 2. *voll Hoffnung, voll Optimismus:* guter -e machte er sich an die schwierige Aufgabe).

²Ding, das; -[e]s, -e (Geschichte): *Thing.*

Din|g|chen, (auch:) Dingerchen, das; -s, -: Vkl. zu ↑ ¹Ding.

din|gen ⟨dingte/(selten:) dang, hat gedungen/(seltener:) gedingt⟩ [mhd. dingen, ahd. dingōn = vor Gericht verhandeln]: **a)** (veraltet, noch landsch.) *gegen Lohn in Dienst nehmen, einstellen:* Gesinde d.; **b)** (veraltet) *gegen Bezahlung für die Erledigung einer Aufgabe verpflichten, engagieren:* Ich werde nach Perpignan gehen und dort wie, es andere von mir getan haben, einen Führer d., der mich durch die Berge bringt (Seghers, Transit 237); **c)** (geh. abwertend) *mit Geld für die Ausführung eines Verbrechens gewinnen:* einen Mörder d.; gedungener Killer.

Din|gel|chen: ↑ Dingelchen.

ding|fest: in den Wendungen **jmdn. d. machen** *(jmdn. verhaften, festnehmen;* zu ↑ ²Ding, geb. nach dem veralteten Gegenwort dingflüchtig, mhd. dincfluhtic = sich dem Gericht entziehend: der Einbrecher wurde d. gemacht); **etw. d. machen** *(etw. erfassen, festlegen:* die Sachlage d. machen).

ding|haft ⟨Adj.⟩: *real, gegenständlich vorhanden.*

Din|gi [ˈdɪŋɡi], das; -s, -s [engl. dinghy < Hindi ḍiṅgī = kleines Boot]: **1.** *kleines Beiboot.* **2.** *kleines Segelboot.*

ding|lich ⟨Adj.⟩: **1.** *gegenständlich; real, konkret; in der Realität vorhanden:* etw. d. erfahren; ⟨subst.:⟩ alles Dingliche; Denn Grenouille besaß zwar in der Tat die beste Nase der Welt..., aber er besaß nicht die Fähigkeit, sich der Gerüche d. zu bemächtigen (Süskind, Parfum 122). **2.** (Rechtsspr.) *das Recht an Sachen betreffend:* ein -er Anspruch, Vertrag.

Ding|lich|keit, die; -: *das Dinglichsein* (1).

Din|go, der; -s, -s [engl. dingo, aus einer Spr. der austral. Ureinwohner]: *australischer Wildhund von der Größe eines kleineren Schäferhundes.*

Dings, der, die, das; - [mhd. dinges, partitiver Gen. von: dinc, ↑ ¹Ding], **Dings|bums, Dings|da,** der, die, das; - (ugs.): wird in gesprochener Sprache als Ersatz für ein beliebiges Substantiv, oft einen Namen, verwendet (meist weil der sprechenden Person ein bestimmtes Wort gerade nicht einfällt): gib mir mal das D. der D., der Müller, hält eine Rede; was hat die D. gemeint?; sie fahren im Urlaub immer nach D., ich weiß den Namen nicht mehr.

Ding|welt, die [zu ↑ ¹Ding]: *Welt der Gegenstände, materielle Welt.*

Ding|wort, das ⟨Pl. ...wörter⟩: *Substantiv.*

di|nie|ren ⟨sw. V.; hat⟩ [frz. dîner, ↑ Diner] (geh.): *ein Diner einnehmen:* bei, mit jmdm. d.; Warum isst du zu Abend? Warum dinierst du nicht in deiner Kluft im ehemaligen Hotel Hohenzollern, im jetzigen Reichshof? Kaviar und Seetiere? (Remarque, Obelisk 292).

Dink, der; -s, -s ⟨meist Pl.⟩ [Kurzwort aus engl. double income, no kids = doppeltes Einkommen, keine Kinder]: *jmd., der in einer Partnerschaft lebt, in der beide Partner berufstätig sind u. keine Kinder haben, u. der daher über relativ viel Geld verfügt.*

Din|kel, der; -s, ⟨Sorten:⟩ - [mhd. dinkel, ahd. dinchel, H. u.]: *(bes. in der Vollwerternährung verwendete) Weizenart, deren Korn von der Spelze* ⟨a⟩ *fest umschlossen ist.*

Din|kel|mehl, das: *aus Körnern des Dinkels hergestelltes Mehl.*

Din|ner, das; -s, -[s] [engl. dinner < frz. dîner, ↑ Diner]: **a)** *in den angelsächsischen Ländern am Abend eingenommene Hauptmahlzeit;* **b)** *festliches Abendessen [mit Gästen].*

Din|ner|ja|cket [...dʒɛkɪt], das; -s, -s [engl. dinner-jacket]: engl. Bez. für: Smokingjackett.

DIN-Norm, die: *durch das Deutsche Institut für Normung festgelegte Norm;* ²DIN.

Di|no, der; -s, -s (ugs., oft scherzh.): kurz für ↑ Dinosaurier.

Di|no|sau|ri|er, der; -s, -, **Di|no|sau|rus,** der; -, ...rier [zu griech. deinós = gewaltig u. saûros, ↑ Saurier]: *nach dem Mesozoikum ausgestorbenes, oft riesiges Reptil:* Ü mit 72 ist er ein D. in seinem Gewerbe.

◆ **Din|te:** ↑ Tinte: Ein alter ... Herr ... hat D. und Papier gefordert (Raabe, Chronik 59); Setzen Sie sich. Schreiben Sie! Hier ist Feder und D. (Schiller, Kabale III, 6).

DIN-Zahl, die [↑ ²DIN] (Fotogr.): *Kennzahl für die Lichtempfindlichkeit eines Films:* eine Erhöhung der D. um 3 entspricht einer Verdopplung der ASA-Zahl.

Di|o|de, die; -, -n [zu griech. dís (di-) = zweimal u. hodós = Weg] (Elektrot.): *elektronisches Bauelement, dessen Widerstand in extremer Weise von der Polarität der angelegten elektrischen Spannung abhängt.*

Diolen – Diplom-Psychologin

Di|o|len®, das; -[s] [Kunstwort]: **1.** Kurzf. von ↑ Diolenfaser. **2.** Gewebe aus Diolen (1).

Di|o|len|fa|ser, die: *synthetische Textilfaser aus Polyester.*

Di|on, die; -, -en (österr.): **1.** kurz für ↑ Direktion (2 a). **2.** kurz für ↑ Division (2).

di|o|ny|sisch ⟨Adj.⟩ (bildungsspr.): **1.** *dem Gott Dionysos zugehörend, ihn betreffend:* ein -er Kult. **2.** *rauschhaft, ekstatisch:* -e Lust.

Di|o|ny|sos (griech. Mythol.): Gott des Weines, des Rausches u. der Fruchtbarkeit.

Di|op|t|rie, die; -, -n (Optik): *Maßeinheit für den Brechwert von Linsen* (Zeichen: dpt, Dptr. u. dptr.)

Di|o|ra|ma, das; -s, ...men [zu griech. diá = hindurch u. hórāma = das Gesehene, Anblick] (Kunstwiss.): **1.** *in die Tiefe gebautes Schaubild mit plastischen Gegenständen vor gemaltem od. fotografiertem Hintergrund.* **2.** *Bild auf transparentem, zweiseitig bemaltem Stoff, bei dem durch darauffallendes od. durchscheinendes Licht Beleuchtungseffekte hervorgerufen werden.*

Di|o|rit [...'rɪt], der; -s, -e [zu griech. diorízein = abgrenzen, unterscheiden (wegen der in der Farbe u. Gefüge starken Unterschiede der Gemengeteile)]: *körniges, grünlich graues Tiefengestein.*

Di|os|ku|ren ⟨Pl.⟩ [griech. Dióskouroi = Söhne des Zeus (Kastor u. Pollux)] (bildungsspr.): *unzertrennliches Freundespaar.*

Di|oxan, das; -s [zu griech. dís (di-) = zweimal u. ↑ Oxid] (Chemie): *bes. als Lösungsmittel für Fette, Lacke u. Ä. verwendete farblose, ätherähnlich riechende Flüssigkeit.*

Di|oxid [auch: ...'ksi:t], Dioxyd [auch: ...'ksy:t], das; -[e]s, -e [zu griech. dís (di-) = zweimal u. ↑ Oxid] (Chemie): *Oxid, das zwei Sauerstoffatome enthält.*

Di|oxin, das; -s, -e (Chemie): *(als Abfallprodukt z. B. bei Verbrennungsprozessen entstehende) sehr giftige Verbindung bes. von Chlor u. Kohlenwasserstoff, die schwere Gesundheits- und Entwicklungsschäden verursacht.*

Di|oxyd: ↑ Dioxid.

di|ö|ze|san ⟨Adj.⟩ [kirchenlat. dioecesanus] (kath. Kirche): *die Diözese betreffend, zu einer Diözese gehörend.*

Di|ö|ze|san, der; -en, -en (kath. Kirche): *Angehöriger einer Diözese.*

Di|ö|ze|san|bi|schof, der (kath. Kirche): *Bischof als Vorsteher einer Diözese.*

Di|ö|ze|se, die; -, -n [kirchenlat. dioecesis < griech. dioíkēsis = Verwaltung, Provinz] (kath. Kirche): *Amtsgebiet eines katholischen Bischofs; Bistum.*

Dip, der; -s, -s [engl. dip, zu: to dip = (ein)tauchen] (Kochkunst): *kalte, dickflüssige Soße zum Eintunken kleiner Happen o. Ä.*

Diph|the|rie, die; -, -n [zu griech. diphthéra = Haut, Fell, nach den häutigen Belägen] (Med.): *akute Infektionskrankheit mit Bildung häutiger Beläge auf den Mandeln u. auf den Schleimhäuten verschiedener Organe.*

Diph|the|rie|schutz|imp|fung, die: *Schutzimpfung gegen Diphtherie.*

diph|the|risch ⟨Adj.⟩ (Med.): *durch Diphtherie hervorgerufen; zum Erscheinungsbild der Diphtherie gehörend:* -e Symptome.

Diph|the|ri|tis, die; - (ugs.): *Diphtherie.*

Di|ph|thong, der; -[e]s, -e [lat. diphthongus < griech. díphthoggos, eigtl. = zweifach tönend; zu: dís (di-) = zweimal u. phthóggos = Ton, Laut] (Sprachwiss.): *aus zwei Vokalen gebildeter Laut; Doppellaut, Doppelvokal:* ei, au, eu sind -e.

di|ph|thon|gie|ren ⟨sw. V.; hat⟩ (Sprachwiss.): **a)** *einen Monophthong zu einem Diphthong weiterentwickeln:* das Neuhochdeutsche hat das mittelhochdeutsche lange »i« zu »ei« diphthongiert; **b)** *(von einem Einzelvokal) zu einem Diphthong werden:* das »i« diphthongiert zu »ei«.

Di|ph|thon|gie|rung, die; -, -en (Sprachwiss.): *das Diphthongieren; das Diphthongiertwerden.*

di|ph|thon|gisch ⟨Adj.⟩ (Sprachwiss.): **a)** *einen Diphthong enthaltend;* **b)** *als Diphthong gesprochen.*

dipl. (schweiz.) = diplomiert.

Dipl. = Diplom.

Dipl.-Bibl. = Diplom-Bibliothekar[in].

Dipl.-Biol. = Diplom-Biologe; Diplom-Biologin.

Dipl.-Chem. = Diplom-Chemiker[in].

Di|ple|gie, die; -, -n [zu griech. dís (di-) = zweimal u. plēgḗ = Schlag] (Med.): *doppelseitige Lähmung.*

Dipl.-Hdl. = Diplom-Handelslehrer[in].

Dipl.-Ing. = Diplom-Ingenieur[in].

Dipl.-Jur. = Diplom-Jurist[in].

Dipl.-Kff., Dipl.-Kffr. = Diplom-Kauffrau.

Dipl.-Kfm. = Diplom-Kaufmann.

Dipl.-Math. = Diplom-Mathematiker[in].

Dipl.-Met. = Diplom-Meteorologe; Diplom-Meteorologin.

Di|p|lo|do|kus, der; -, ...ken [zu griech. diplóos = doppelt u. dokós = Balken]: *(nach dem Mesozoikum ausgestorbener) sehr großer Dinosaurier.*

di|p|lo|id ⟨Adj.⟩ [zu griech. di- = zwei-, geb. nach ↑ haploid] (Genetik): *einen doppelten Chromosomensatz aufweisend.*

Di|p|lo|i|die, die; - (Genetik): *Vorhandensein des doppelten Chromosomensatzes in den Zellkernen.*

Di|p|lom, das; -s, -e [lat. diploma < griech. díplōma = Handschreiben auf zwei zusammengelegten Blättern, Urkunde; eigtl. = zweifach Gefaltetes]: **1. a)** *amtliche Urkunde über eine abgeschlossene Universitäts- bzw. Fachhochschulausbildung, eine bestandene Prüfung für einen Handwerksberuf o. Ä.:* ein D. über die bestandene Prüfung ausstellen, bekommen; **b)** *berufsbezogener akademischer Grad, der nach einem mit einer Prüfung abgeschlossenen Studium erworben wird* (Abk.: Dipl.): ein D. erwerben; er hat sein D. [als Chemiker] gemacht. **2.** *Ehrenurkunde, die für eine bestimmte Leistung o. Ä. verliehen wird:* der Hersteller bekam ein D. für sein Erzeugnis.

Di|p|lo|mand, der; -en, -en: *jmd., der sich auf eine Diplomprüfung vorbereitet.*

Di|p|lo|man|din, die; -, -nen: w. Form zu ↑ Diplomand.

Di|p|lom|ar|beit, die: *wissenschaftliche Arbeit als Teil der Diplomprüfung.*

Di|p|lo|mat [österr. auch: ...'mat...], der; -en, -en [frz. diplomate, zu: diplomatique, ↑ diplomatisch]: **1.** *höherer Beamter im auswärtigen, diplomatischen Dienst, der bei einem fremden Staat akkreditiert ist u. auch dort die Interessen seines Landes vertritt:* ein ausländischer D. **2.** *jmd., der geschickt u. klug taktiert, um seine Ziele zu erreichen, ohne andere zu verärgern:* er ist der geborene D.

Di|p|lo|ma|ten|kof|fer, der: **a)** *schmaler, eleganter, meist schwarzer Aktenkoffer;* **b)** *von Botschaftsangehörigen bes. auf Dienstreisen verwendeter Diplomatenkoffer (a).*

Di|p|lo|ma|ten|pass, der: *Reisepass eines Diplomaten.*

Di|p|lo|ma|ten|ta|sche, die: *große u. meist elegante Aktentasche.*

Di|p|lo|ma|ten|vier|tel, das: *Wohnviertel in einer Hauptstadt, in dem die Familien der Diplomaten wohnen [u. in dem sich die Konsulate u. Ä. befinden].*

Di|p|lo|ma|tie, die; - [frz. diplomatie]: **1. a)** *[Methode der] Wahrnehmung außenpolitischer Interessen eines Staates durch seine Vertreter im Ausland:* die Hohe Schule der D. beherrschen; **b)** *Gesamtheit der Diplomaten, die in einer Hauptstadt, in einem Land akkreditiert sind:* bei dem Empfang war die gesamte ausländische D. vertreten. **2.** *diplomatisches (2) Verhalten:* das ist eine Frage der D.; du musst mit [mehr] D. vorgehen.

Di|p|lo|ma|tin, die; -, -nen: w. Form zu ↑ Diplomat.

di|p|lo|ma|tisch [österr. auch: ...'mat...] ⟨Adj.⟩ [frz. diplomatique, zu lat. diploma, ↑ Diplom]: **1. a)** *die offiziellen zwischenstaatlichen Beziehungen betreffend:* die -en Beziehungen aufnehmen, abbrechen; eine -e Note d. anerkennen; **b)** *Diplomaten (1) betreffend, von Diplomaten ausgeübt, auf Diplomaten bezogen:* -e Gespräche führen; die -e Laufbahn einschlagen; eine -e Vertretung einrichten; aus -en Kreisen verlautet; das -e Korps. **2.** *klug, taktisch geschickt bei dem Bemühen, ein bestimmtes Ziel zu erreichen:* ein sehr -er Mensch sein; d. antworten, lächeln, schweigen.

Di|p|lom-Bi|b|lio|the|kar, der: *Bibliothekar, der seine Ausbildung mit einer Diplomprüfung abgeschlossen hat* (Abk.: Dipl.-Bibl.)

Di|p|lom-Bi|b|lio|the|ka|rin, die: w. Form zu ↑ Diplom-Bibliothekar (Abk.: Dipl.-Bibl.)

Di|p|lom-Bio|lo|ge, der: vgl. Diplom-Bibliothekar (Abk.: Dipl.-Biol.)

Di|p|lom-Bio|lo|gin, die: w. Form zu ↑ Diplom-Biologe (Abk.: Dipl.-Biol.)

Di|p|lom-Che|mi|ker, der: vgl. Diplom-Bibliothekar (Abk.: Dipl.-Chem.)

Di|p|lom-Che|mi|ke|rin, die: w. Form zu ↑ Diplom-Chemiker (Abk.: Dipl.-Chem.)

Di|p|lom-Han|dels|leh|rer, der: vgl. Diplom-Bibliothekar (Abk.: Dipl.-Hdl.)

Di|p|lom-Han|dels|leh|re|rin, die: w. Form zu ↑ Diplom-Handelslehrer (Abk.: Dipl.-Hdl.)

di|p|lo|mie|ren ⟨sw. V.; hat⟩ (bildungsspr.): *jmdm. aufgrund einer entsprechenden Prüfung ein Diplom zuerkennen:* eine diplomierte Kinderschwester.

Di|p|lom-In|ge|ni|eur, der: vgl. Diplom-Bibliothekar (Abk.: Dipl.-Ing.)

Di|p|lom-In|ge|ni|eu|rin, die: w. Form zu ↑ Diplom-Ingenieur (Abk.: Dipl.-Ing.)

Di|p|lom-Ju|rist, der: vgl. Diplom-Bibliothekar (Abk.: Dipl.-Jur.)

Di|p|lom-Ju|ris|tin, die: w. Form zu ↑ Diplom-Jurist (Abk.: Dipl.-Jur.)

Di|p|lom-Kauf|frau, die: vgl. Diplom-Kaufmann (Abk.: Dipl.-Kff., Dipl.-Kffr.)

Di|p|lom-Kauf|mann, der: vgl. Diplom-Bibliothekar (Abk.: Dipl.-Kfm.)

Di|p|lom-Ma|the|ma|ti|ker, der: vgl. Diplom-Bibliothekar (Abk.: Dipl.-Math.)

Di|p|lom-Ma|the|ma|ti|ke|rin, die: w. Form zu ↑ Diplom-Mathematiker (Abk.: Dipl.-Math.)

Di|p|lom-Me|te|o|ro|lo|ge, der: vgl. Diplom-Bibliothekar (Abk.: Dipl.-Met.)

Di|p|lom-Me|te|o|ro|lo|gin, die: w. Form zu ↑ Diplom-Meteorologe (Abk.: Dipl.-Met.)

Di|p|lom-Pä|d|a|go|ge, der: vgl. Diplom-Bibliothekar (Abk.: Dipl.-Päd.)

Di|p|lom-Pä|d|a|go|gin, die: w. Form zu ↑ Diplom-Pädagoge (Abk.: Dipl.-Päd.)

Di|p|lom-Phy|si|ker, der: vgl. Diplom-Bibliothekar (Abk.: Dipl.-Phys.)

Di|p|lom-Phy|si|ke|rin, die: w. Form zu ↑ Diplom-Physiker (Abk.: Dipl.-Phys.)

Di|p|lom|prü|fung, die: *Prüfung [an einer Hochschule], mit der ein Diplom erworben wird.*

Di|p|lom-Psy|cho|lo|ge, der: vgl. Diplom-Bibliothekar (Abk.: Dipl.-Psych.)

Di|p|lom-Psy|cho|lo|gin, die: w. Form zu ↑ Diplom-Psychologe (Abk.: Dipl.-Psych.)

Di|p|lom-Volks|wirt, der: vgl. Diplom-Bibliothekar (Abk.: Dipl.-Volksw.)

Di|p|lom-Volks|wir|tin, die: w. Form zu ↑Diplom-Volkswirt (Abk.: Dipl.-Volksw.)

Dipl.-Päd. = Diplom-Pädagoge; Diplom-Pädagogin.

Dipl.-Phys. = Diplom-Physiker[in].

Dipl.-Psych. = Diplom-Psychologe; Diplom-Psychologin.

Dipl.-Volksw. = Diplom-Volkswirt[in].

Di|pol, der; -s, -e [zu griech. dí(s) = zweifach u. ↑¹Pol] (Physik): *Anordnung zweier gleich großer elektrischer Ladungen od. magnetischer Pole entgegengesetzter Polarität in geringem Abstand voneinander.*

Dip|pel, der; -s, -: **1.** [wohl landsch. Nebenf. von ↑Dübel] (südd.) *Dübel* (1). **2.** [H. u.] (österr. ugs.) *Beule.*

Dip|pel|baum, der [zu ↑Dippel (1)] (österr.): *Tragbalken für Zimmerdecken o. Ä.*

dip|pen ⟨sw. V.; hat⟩: **1. a)** [niederd., verw. mit ↑tief] (landsch.) *in etw. eintauchen: Brotstücke in die Soße d.;* **b)** [zu ↑Dip] *in einen Dip eintauchen: einen Cracker d.* **2.** [engl. to dip] (Seemannsspr.) *die Schiffsflagge zum Gruß etwa halb niederholen u. wieder hochziehen.*

Di|p|ty|chon, das; -s, ...chen u. ...cha [griech. díptychon = zweiteilige Schreibtafel (Kunstwiss.): **1.** *antikes, in der Mitte zusammenklappbares rechteckiges Täfelchen aus Elfenbein, Holz od. Metall, dessen Innenfläche mit einer Wachsschicht überzogen ist, die als Schreibfläche dient.* **2.** *Flügelaltar.*

dir [mhd., ahd. dir]: **1.** Dativ von ↑du: R *wie du mir, so ich d.* **2.** Dativ des Reflexivpronomens der 2. Person Sg.: (bezieht sich auf eine mit »du« angeredete Person zurück:) *was hast du dir gewünscht?*

Dir. = Direktor.

Di|rect Mai|ling ['daɪrekt 'meɪlɪŋ], das; - -[s], - -s [engl. direct mailing] (Werbespr.): *Form der Direktwerbung, bei der Werbematerial (Briefumschlag u. Prospekt mit Rückantwortkarte) an eine bestimmte Zielgruppe geschickt wird.*

Di|rec|toire [dirɛk'to̯aːɐ̯], das; -[s] [nach dem Directoire, der höchsten Behörde der Ersten Republik (1795–99) in Frankreich, zu lat. directum, 2. Part. von: dirigere, ↑dirigieren] (Kunstwiss.): *französischer Kunststil am Ende des 18. Jh.s (zwischen Louis-seize u. Empire).*

Di|rec|tor's Cut [daɪ'rektɐs kat], der; - -[s], - -s [engl. director's cut, aus: director = Regisseur u. cut = (Film)schnitt] (Film): *meist längere, vom Regisseur od. von der Regisseurin freigegebene Fassung eines Films: Ben Hur D. C.; der Film kommt als D. C. in die Kinos.*

¹di|rekt ⟨Adj.⟩ [lat. directus = gerade, ausgerichtet, adj. 2. Part. von: dirigere, ↑dirigieren]: **1.** *ohne Umweg, in gerader Richtung auf ein Ziel zuführend, sich auf ein Ziel zubewegend: die -e Route von Jena nach Weimar; eine -e Verbindung nach Paris (eine Verbindung, die kein Umsteigen erfordert); der Raum hat kein -es (unmittelbar von außen einfallendes) Licht; -e (unmittelbare) Sonneneinstrahlung; diese Straße führt d. ins Zentrum; ich komme d. (geradewegs) vom Bahnhof.* **2.** *unverzüglich, sofort, ohne Aufenthalt: sie kommt d. nach Dienstschluss hierher; mit diesem Zug haben Sie d. Anschluss, -en Anschluss; ein Fußballspiel d. (live) übertragen* **3.** (in Verbindung mit Präpositionen) *in unmittelbarer Nähe: d. am Bahnhof, vorm Haus.* **4.** *ohne Vermittlung, ohne Mittelsperson, unmittelbar: ihr -er Vorgesetzter; im -en Vergleich; schicken Sie die Post bitte d. an mich.* **5.** *durch unmittelbare Beziehung o. Ä.; persönlich, nicht vermittelt: eine -e Einflussnahme; seine Anteilnahme ist viel -er.* **6.** (ugs.)

unmissverständlich, unverblümt: das war eine sehr -e Frage; sie ist allzu d. in ihrer Art.

²di|rekt ⟨Adv.⟩ [zu: ↑¹direkt] (ugs.): *geradezu, ausgesprochen, regelrecht: das ist ja d. gefährlich; sie hat d. Glück gehabt; wir fühlten uns d. verfolgt; eine Unterkunft haben wir nicht d. (eigentlich nicht).*

Di|rekt|bank, die ⟨Pl. -en⟩: *Bank, die keine Filialen unterhält, sondern Bankgeschäfte telefonisch od. online ohne Kundenberatung abwickelt.*

Di|rekt|ban|king [...bæŋkɪŋ], das (Bankw.): *telefonisch od. online erfolgende Abwicklung von Bankgeschäften.*

Di|rekt|be|zug, der ⟨o. Pl.⟩ (Wirtsch.): *Bezug von Waren direkt vom Hersteller.*

Di|rekt|ein|sprit|zer, der; -s, -: *Dieselmotor, bei dem der Kraftstoff direkt in die Brennkammer eingespritzt* (2) *wird.*

Di|rekt|ein|sprit|zung, die (Kfz-Technik): *direktes Einspritzen* (2) *von Kraftstoff in einen Dieselmotor.*

di|rekt|te|mang ⟨Adv.⟩ [scherzh. Bildung mit der (eindeutschend gesprochenen u. geschriebenen) frz. Adverbendung -ment] (landsch.): *geradewegs: Pflanze dich hin, Bruder Arnolph, d. auf das Sofa* (Dürrenmatt, Grieche 105).

Di|rekt|flug, der: *Flug, bei dem der Zielort ohne Zwischenlandung erreicht wird: einen D. von Frankfurt nach Los Angeles buchen.*

Di|rekt|heit, die; -, -en: **1.** ⟨o. Pl.⟩ *unmissverständliche Deutlichkeit in der Form des Sichäußerns, der Darstellung o. Ä.: die D. einer Aussage.* **2.** *unverblümte, sehr deutliche Äußerung: ihre -en sind oft beleidigend.*

Di|rek|ti|on, die; -, -en [lat. directio = das Ausrichten]: **1.** ⟨o. Pl.⟩ *Leitung* (1 a) *eines Unternehmens o. Ä.: ihr wurde die D. des Krankenhauses übertragen; er wird mit der D. des Opernhauses betraut.* **2. a)** *Gesamtheit der leitenden Personen eines Unternehmens; Geschäftsleitung, Verwaltung eines Unternehmens o. Ä.: er hat die D. wenden; sie wurde zur D. beordert;* **b)** *Gesamtheit der Büroräume, in denen die Geschäftsleitung eines Unternehmens, einer Verwaltung o. Ä. untergebracht ist: die D. befindet sich im 10. Stock.* **3.** (schweiz.) *kantonales Ministerium.*

Di|rek|ti|ons|as|sis|tent, der: *jmd., der als Assistent in einer Direktion* (2 a) *arbeitet.*

Di|rek|ti|ons|as|sis|ten|tin, die: w. Form zu ↑Direktionsassistent.

Di|rek|ti|ons|e|ta|ge, die: *Chefetage.*

Di|rek|ti|ons|se|kre|tä|rin, die: *Chefsekretärin.*

Di|rek|ti|ve, die; -, -n ⟨häufig Pl.⟩ (bildungsspr.): *von einer übergeordneten Stelle gegebene Weisung, Richtlinie, Verhaltensmaßregel: -n erhalten; sich strikt an jmds. D. halten.*

Di|rekt|kan|di|dat, der (Politik): *Politiker, der sich um ein Direktmandat bewirbt.*

Di|rekt|man|dat, das (Politik): *Mandat, das der Kandidat einer Partei in einer Wahl persönlich erringt.*

Di|rekt|mar|ke|ting, das (Werbespr., Wirtsch.): *Form des Marketings, die sich auf den möglichen Endverbraucher konzentriert.*

Di|rek|tor, der; -s, ...oren [spätlat. director = Leiter, Lenker]: **1. a)** *Leiter bestimmter Schul- u. Hochschultypen: er ist D. des Gymnasiums; das Haus des Schulzes;* **b)** *Leiter einer öffentlichen Institution od. bestimmter Behörden: der D. des Museums; jmdn. als D. ernennen, absetzen; jmdn. zum D. wählen, berufen.* **2.** (Wirtsch.) *alleiniger Leiter od. Mitglied des Direktoriums eines Unternehmens; Leiter einer bestimmten Sparte od. Abteilung eines Unternehmens: er ist erster, zweiter, kaufmännischer, technischer D. der Firma.*

Di|rek|to|rat, das; -[e]s, -e: **1. a)** *Amt des Direktors* (1 a) *od. der Direktorin: jmdm. das D. übertragen;* **b)** *Amtszeit eines Direktors* (1 a) *od. einer Direktorin: unter ihrem D. hatte die Schule sehr an Ansehen gewonnen.* **2.** *Dienstzimmer des Direktors* (1 a) *od. der Direktorin: der Schüler wurde ins D. gerufen.*

Di|rek|to|ren|pos|ten, der: *Stellung eines Direktors.*

Di|rek|to|rin, die; -, -nen: w. Form zu ↑Direktor.

Di|rek|to|ri|um, das; -s, ...ien [zu ↑Direktor]: **1.** *von mehreren Personen gebildetes leitendes Gremium an der Spitze eines Unternehmens, einer Organisation o. Ä.: ein vierköpfiges D.; in das D. eines Konzerns berufen werden.* **2.** (kath. Rel.) *Anweisung für Messfeier u. Stundengebet für jeden Tag des Jahres.*

Di|rek|tor|zim|mer, das: *Dienstraum des Direktors.*

Di|rek|t|ri|ce [dirɛk'triːsə, österr., schweiz.: ...s], die; -, -n [frz. directrice]: *leitende Angestellte in der Bekleidungsindustrie, die als ausgebildete Schneiderin Modelle entwirft.*

Di|rekt|saft, der: *Saft, der unmittelbar aus den Früchten gewonnen wird (nicht aus Konzentrat).*

Di|rekt|schuss, der (bes. Fußball): *sofort [nach der Ballannahme] aufs Tor abgegebener Schuss.*

Di|rekt|sen|dung, die (Rundfunk, Fernsehen): *Sendung, die unmittelbar vom Ort der Aufnahme ausgestrahlt, übertragen wird; Livesendung: das Fußballspiel wird in einer D. übertragen.*

Di|rekt|spiel, das ⟨Pl. selten⟩ (Fußball): *Kombinationsspiel, bei dem der Ball direkt weitergeleitet wird: das D. üben, trainieren.*

Di|rekt|stu|di|um, das ⟨o. Pl.⟩ (DDR): *Studium, das an einer Universität absolviert wird.*

Di|rekt|über|tra|gung, die: *Direktsendung.*

Di|rekt|ver|bin|dung, die: ¹*direkte* (1) *Verkehrsverbindung: die D. von München nach Hamburg.*

Di|rekt|ver|kauf, der (Wirtsch.): *Verkauf unmittelbar an den Verbraucher unter Umgehung des Einzelhandels.*

Di|rekt|ver|si|che|rung, die (Versicherungsw.): **a)** *vom Arbeitgeber für einen Arbeitnehmer abgeschlossene Lebensversicherung;* **b)** *direkt beim Versicherungsunternehmen u. nicht bei einem Mitarbeiter des Außendienstes abgeschlossene Versicherung;* **c)** *von jmdm. bei einer Versicherungsgesellschaft abgeschlossene Versicherung (im Gegensatz zur Rückversicherung).*

Di|rekt|ver|trieb, der (Wirtsch.): *durch Erzeuger, Hersteller, Anbieter selbst erfolgender Vertrieb (ohne Zwischenhandel, Außendienstmitarbeiter o. Ä.).*

Di|rekt|wahl, die: **1.** ⟨o. Pl.⟩ *Möglichkeit, einen Fernsprechteilnehmer direkt anzuwählen, ohne die Zentrale od. Vermittlung einschalten zu müssen: Hotelzimmer mit Telefon und D.* **2.** (Politik) *Wahlsystem, bei dem ein Kandidat* ¹*direkt* (4) *vom Wähler gewählt wird.*

Di|rekt|wer|bung, die (Werbespr., Wirtsch.): *direkt auf mögliche Endverbraucher zielende Werbung (z. B. Direct Mailing).*

Di|ret|tis|si|ma, die; -, -s [ital. direttissima, subst. Fem. von ↑direttissimo] (Bergsteigen): *Route, die ohne Umwege zur Gipfel eines Berges führt.*

di|ret|tis|si|mo ⟨Adv.⟩ [ital. direttissimo, Sup. von: diretto < lat. directus, ↑¹direkt] (Bergsteigen): *in direttissima nehmend, bildend.*

Di|rex, der; -, -e u. die; -, -en ⟨Pl. selten⟩ [nach rex, zu ↑Direktor] (Schülerspr.): *Direktor, Direktorin einer Schule.*

Dir|hem, der; -s, -s ⟨aber: 5 Dirham⟩, **Dir|hem,** der; -s, -s ⟨aber: 5 Dirhem⟩ [arab. dirham < griech. drachmḗ, ↑Drachme]: **1.** *Währungseinheit in Marokko (1 Dirham = 100 Centime), in* den Vereinigten Arabischen Emiraten (1 Dirham = 100 Fils) *u. in Libyen* (1 000 Dirham = 1 Dinar). **2.** *(früher) Gewichtseinheit in den islamischen Ländern.*

Di|ri|gat, *das; -[e]s, -e* [zu ↑ dirigieren] (bildungsspr.): **a)** *Orchesterleitung, Dirigentschaft;* **b)** *öffentliches Auftreten eines Dirigenten als Orchesterleiter o. Ä.*

Di|ri|gent, *der; -en, -en* [zu lat. dirigens (Gen.: dirigentis), 1. Part. von: dirigere, ↑ dirigieren]: **1.** *jmd., der ein Orchester dirigiert* (1 b), *ein musikalisches Werk zur Aufführung bringt, interpretiert; Leiter eines Orchesters [od. Chores].* **2.** *jmd., der etw. leitet, lenkt, dirigiert* (2 a): *der D. der Elf war Lionel Messi.*

Di|ri|gen|ten|pult, *das: vor dem Orchester od. Chor aufgestelltes Pult zum Ablegen der Partitur des Dirigenten.*

Di|ri|gen|ten|stab, *der: Taktstock des Dirigenten* (1).

Di|ri|gen|tin, *die; -, -nen:* w. Form zu ↑ Dirigent.

Di|ri|gent|schaft, *die; -, -en* (bildungsspr.): *[Zeit der] Tätigkeit eines Dirigenten* (1); *das Dirigentsein: die Zeit seiner D. in Berlin.*

di|ri|gie|ren ⟨sw. V.; hat⟩ [lat. dirigere = ausrichten, leiten, zu: regere, ↑ regieren]: **1. a)** *durch bestimmte, den Takt, die Phrasierung, das Tempo u. a. angebende Bewegungen der Arme u. Hände einen Chor, ein Orchester bei der Aufführung eines musikalischen Werkes führen:* einen Chor, eine Sinfonie d.; er dirigiert mit dem, ohne Taktstock; Der Kapellmeister dirigierte mit Armen und Körper, als galoppierte er (H. Mann, Stadt 169) **b)** *ein Musikwerk als Dirigent zu Gehör bringen, interpretieren:* er dirigierte die 5. Sinfonie von Beethoven. **2. a)** *die Leitung von etw. haben; den Gang, Ablauf von etw. steuern:* den Unternehmen d.; ein Polizist dirigiert *(lenkt)* den Verkehr; die Wirtschaft d. *(durch dirigistische Maßnahmen lenken);* der Spielmacher dirigierte den Angriff (Sport; *lenkte das [Angriffs]spiel*); **b)** *durch Anweisungen o. Ä. an ein bestimmtes Ziel, in eine bestimmte gewünschte Richtung lenken, leiten:* die Fahrzeugkolonne durch die Stadt d.; Dann sei seine Lokomotive abgekuppelt, auf ein Nebengleis dirigiert und durch eine andere ersetzt worden (Heym, Schwarzenberg 191).

Di|ri|gis|mus, *der; -* (Wirtsch.): **a)** *Wirtschaftsordnung, die bestimmte Eingriffe u. Lenkungsmaßnahmen des Staates zulässt;* **b)** *Lenkung der Wirtschaft durch staatliche Einflussnahme bes. auf Produktion u. Preisbindung:* durch D. versucht man die Wirtschaft in den Griff zu bekommen.

di|ri|gis|tisch ⟨Adj.⟩ (Wirtsch.): *in der Weise des Dirigismus; staatlich reglementierend:* -e Maßnahmen.

di|ri|mie|ren ⟨sw. V.; hat⟩ [lat. dirimere = (unter)scheiden] (österr.): *bei Stimmengleichheit) eine Entscheidung (zugunsten der einen od. der anderen Partei) treffen.*

Di|ri|mie|rungs|recht, *das* (österr.): *Recht eines Vorsitzenden o. Ä., (bei Stimmengleichheit) durch seine Stimme eine Entscheidung herbeizuführen.*

Dirn, *die; -, -en* [zu ↑ Dirne]: **1.** (bayr., österr. mundartl.) *Bauernmagd.* **2.** (nordd.) *Mädchen.*

¹Dirndl, *das; -s, - u. -n* [zu ↑ Dirne 1]: **1.** ⟨Pl. -n⟩ (bayr., österr. mundartl.) *junge Frau.* **2.** ⟨Pl. -⟩ Kurzf. von ↑ Dirndlkleid.

²Dirndl, *das; -s, - u. -n* [mhd. nicht belegt, ahd in: tirnboum (vgl. schweiz. mundartl. tierlibaum), viell. aus dem Slaw., vgl. gleichbed. russ. derén, H. u.]: **1.** *Kornelkirsche.* **2.** ⟨Pl. -; nur Pl.⟩ *Früchte des Dirndlstrauchs.*

Dirndl|baum, *der* [vgl. ²Dirndl] (österr.): *Kornelkirsche.*

Dirndl|blu|se, *die: zu einem zugehörigen Rock getragene weiße Bluse [mit Puffärmeln u. Halsbündchen].*

Dirndl|kleid, *das: zur bayrischen u. österreichischen Tracht gehörendes od. ihr nachempfundenes Kleid aus buntem Stoff mit gefalteltem od. gekraustem Rock u. tailliertem Mieder, das mit einer Halbschürze getragen wird.*

Dirndl|schür|ze, *die: Halbschürze, die zum Dirndlkleid getragen wird.*

Dirndl|strauch, *der* [vgl. ²Dirndl] (österr.): *Kornelkirsche.*

Dir|ne, *die; -, -n* [mhd. dierne = Dirne (2); Mädchen, Jungfrau; Magd, ahd. thiorna = Mädchen, Jungfrau]: **1.** (veraltet, noch mundartl.) *junge Frau:* ♦ ...das Mädchen... war feiner und manierlicher als alle anderen -n (Cl. Brentano, Kasperl 355). **2.** *Prostituierte.* **3.** (bayr., österr. veraltet) *Dirn* (1).

Dir|nen|mi|lieu, *das: Lebensbereich, Welt der Dirnen* (2) *[u. Zuhälter].*

dis, Dis, *das; -, -* (Musik): *um einen halben Ton erhöhtes d* (2), *D.*

dis-, Dis- [lat. dis-, eigtl. = entzwei]: drückt in Bildungen mit Verben, Substantiven oder Adjektiven eine Verneinung, das Gegenteil von etw. aus: disharmonieren, disqualifizieren; Diskontinuität, Disproportion; disharmonisch, disloyal.

Di|sac|cha|rid, Di|sa|cha|rid [auch: ˈdiːz...], *das; -s, -e* [aus griech. dís (di-) = zweimal u. ↑ Saccharid] (Chemie): *Kohlenhydrat, das aus zwei Zuckermolekülen aufgebaut ist.*

Dis|agio [dɪsˈaːdʒo, ...ˈlaːʒjo], *das; -s, -s u. Disagien* [...ˈlaːdʒn, ...ˈlaːʒjən] [ital. disaggio, zu ↑ Agio] (Bank- u. Börsenw.): *Abschlag, um den der Preis od. Kurs hinter dem Nennwert od. der Parität eines Wertpapiers od. einer Geldsorte zurückbleibt.*

Disc, *Disk, die; -, -s* (EDV): Kurzf. von ↑ CD (1), ↑ DVD, ↑ Diskette.

Disc|jo|ckey, Diskjockey [ˈdɪskdʒɔkɪ, auch: ...kiː], *der; -s, -s* [engl. disc jockey, aus: disc = Schallplatte (< lat. discus, ↑ Diskus) u. jockey, ↑ Jockey]: *jmd., der [bes. in Diskotheken] einem Publikum Musiktitel auswählt u. präsentiert* (Abk.: DJ).

Dis|clai|mer [dɪsˈklɛɪmɐ], *der; -s, -* (bes. EDV): *Erklärung, in der sich jmd. (bes. der Inhaber einer Website) von bestimmten Inhalten (bes. den Inhalten fremder, aber mit der eigenen verlinkter Websites) distanziert.*

Disc|man® [ˈdɪskmən, ...mɛn], *der; -[s], -s u. ...men* [...mən] [zu engl. disc = Disc, CD u. man = Mann]: *kleiner tragbarer CD-Spieler mit Kopfhörern.*

Dis|co, *Disko, die; -, -s:* **1.** (bes. auf Jugendliche zugeschnittene) *mit Licht-, Lautsprecheranlagen u. a. ausgestattete Räumlichkeit, in der zu Musik von CDs, Schallplatten, Tondateien o. Ä. getanzt wird:* abends geht sie meist in die D. **2.** *Tanzveranstaltung mit Musik von CDs, Schallplatten, Tondateien o. Ä.:* eine D. veranstalten.

Dis|co|fox, *Diskofox, der: moderne Form des Foxtrotts zu Discomusik.*

Dis|co|mu|sik, *Diskomusik, die: Musikrichtung, die durch einfache Arrangements u. verstärkte, betont einfache Rhythmik gekennzeichnet ist u. somit bes. zum Tanzen [in Diskotheken] geeignet ist.*

Dis|co|queen, *Diskoqueen, die* [aus Disco (↑ Diskothek) u. ↑ Queen] (ugs.): **1.** *höchst erfolgreiche Interpretin von Liedern der Discomusik.* **2.** *junge Frau, die in einer Diskothek durch ihr anziehendes Äußeres, durch ihre modisch schi-*cke *Kleidung u. durch ihr Tanzen auffällt u. von allen bewundert wird.*

Dis|count [dɪsˈkaʊnt], *der; -s, -s* [engl. discount = Preisnachlass < afrz. descompte = Abzug, zu mlat. discomputare, ↑ Diskont]: **1.** *Einkaufsmöglichkeit, bei der Waren in Selbstbedienung verbilligt erworben werden können.* **2.** *Discountgeschäft.*

Dis|count|bro|ker, Dis|count-Bro|ker [...broʊkɐ], *der; -s, -:* *Unternehmen, das im Auftrag von Privatkunden gegen niedrige Gebühren mit Wertpapieren handelt.*

Dis|coun|ter, *der; -s, -:* **1.** *jmd., der eine Ware mit Preisnachlass verkauft.* **2. a)** *Discountgeschäft* (1); **b)** *Unternehmen, das über eine Kette von Discountgeschäften verfügt.*

Dis|coun|te|rin, *die; -, -nen:* w. Form zu ↑ Discounter (1).

Dis|count|ge|schäft, *das:* **1.** *Einzelhandelsgeschäft, in dem nicht preisgebundene Produkte (bei einem Wegfall des Kundendienstes) zu niedrigen Preisen verkauft werden.* **2.** *Handel, Geschäft* (1 a) *von Discountern:* ins D. einsteigen.

Dis-Dur [ˈdɪsduːɐ̯, auch: ˈdɪsˈduːɐ̯], *das* (Musik): *auf dem Grundton Dis beruhende Durtonart* (Zeichen: Dis).

Dis|en|gage|ment [dɪsɪnˈɡeɪdʒmənt, ...mɛnt], *das; -s* [engl. disengagement] (Politik): *militärisches Auseinanderrücken der Machtblöcke.*

Di|seur [diˈzøːɐ̯], *der; -s, -e* [frz. diseur, zu: dire = sagen < lat. dicere]: *Sprecher, Vortragskünstler, bes. im Kabarett.*

Di|seu|se [diˈzøːzə], *die; -, -n* [frz. diseuse]: w. Form zu ↑ Diseur.

Dis|har|mo|nie [auch: ˈdɪs...], *die; -, -n* [aus lat. dis- = un-, nicht u. ↑ Harmonie]: **1. a)** (Musik) *als unangenehm empfundener dissonanter Zusammenklang von Tönen; Missklang;* **b)** *als unharmonisch empfundene Verbindung, Zusammenstellung von Farben, Formen o. Ä.:* die D. der Farben war störend. **2.** (bildungsspr.) *Uneinigkeit; Missstimmung:* auf -n hinweisen.

dis|har|mo|nie|ren [auch: ˈdɪs...] ⟨sw. V.; hat⟩: **1. a)** (Musik) *schlecht zusammenklingen, eine Disharmonie* (1 a) *ergeben:* die Akkorde, diese Instrumente disharmonieren; **b)** *(von Farben, Formen o. Ä.) nicht zusammenstimmen:* stark disharmonierende Farben. **2.** (bildungsspr.) *sich nicht verstehen; uneinig sein:* die beiden disharmonieren meistens.

dis|har|mo|nisch [auch: ˈdɪs...] ⟨Adj.⟩: **1. a)** (Musik) *schlecht zusammenklingend; eine Missklang ergebend:* ein -er Akkord; **b)** *in Farbe, Form o. Ä. nicht zusammenstimmend:* -e Gedichte. **2.** *[sich] in einem Zustand von Disharmonie* (2) *[befindend]:* die Feier endete a. **3.** (Geol.) *(bei der Faltung von Gesteinen) unterschiedlich verformt.*

Disk: ↑ Disc.

Dis|kant, *der; -s, -e* [mlat. discantus = Oberstimme, aus lat. dis- = auseinander u. cantus, ↑ Cantus]: **1.** (Musik) **a)** *höchste Stimmlage einer Singstimme; höchste Tonlage bei bestimmten Instrumenten;* **b)** *rechte Hälfte der Klaviatur;* **c)** *die dem Cantus firmus hinzugefügte Gegenstimme.* **2.** *sehr hohe, schrille Stimmlage der Sprechstimme:* im hohen, schneidenden D.

Dis|ken: Pl. von ↑ Diskus.

Dis|ket|te, *die; -, -n* [zu engl. disk (Schreibvariante von disc = Scheibe) geb. mit der Verkleinerungssilbe -ette] (EDV): *Datenträger in Form einer kleinen, auf beiden Seiten magnetisierbaren Kunststoffplatte, der direkten Zugang auf gespeicherten Daten ermöglicht.*

Dis|ket|ten|lauf|werk, *das* (EDV): *Teil eines Computers, in dem auf Disketten gespeicherte Programme oder Daten gelesen oder Disketten* mit neuen Programmen oder Daten beschrieben werden.

Disk|jo|ckey: ↑ Discjockey.

Dis|ko usw.: ↑ Disco usw.

Dis|ko|gra|fie, Dis|ko|gra|phie, die; -, -n [frz. discographie, zu: disque = Schallplatte (< lat. discus, ↑ Diskus) u. griech. gráphein = schreiben]: *Verzeichnis, das (mehr od. weniger vollständig u. mit genauen Daten) die CD-, Schallplattenaufnahmen eines bestimmten Interpreten od. Komponisten enthält.*

Dis|kont, der; -s, -e, Diskonto, der; -[s], -s u. ...ti [älter ital. disconto, zu mlat. discomputare = abrechnen, aus lat. dis- = auseinander u. computare, ↑ Computer] (Bankw.): **1.** *bei Ankauf einer noch nicht fälligen Zahlung, bes. eines Wechsels, abgezogener Zins; Vorzinsen.* **2.** Kurzf. von ↑ Diskontsatz.

Dis|kon|ten ⟨Pl.⟩ (Bankw.): *inländische Wechsel, die von Kreditinstituten gekauft od. am Geldmarkt gehandelt werden.*

Dis|kont|ge|schäft, das: *Ankauf von noch nicht fälligen Wechseln od. Schecks unter Abzug des Diskonts* (1).

dis|kon|tie|ren ⟨sw. V.; hat⟩ (Bankw.): *Wechsel vor ihrer Fälligkeit unter Abzug der Zinsen ankaufen.*

dis|kon|ti|nu|ier|lich ⟨Adj.⟩ [aus lat. dis-, un-, nicht u. ↑ kontinuierlich] (bildungsspr.): *mit zeitlichen, räumlichen Unterbrechungen aufeinanderfolgend; unzusammenhängend:* eine -e Entwicklung; ein d. ablaufender Vorgang.

Dis|kon|ti|nu|i|tät, die; -, -en: **1.** *Ablauf von Vorgängen mit zeitlichen od. räumlichen Unterbrechungen.* **2.** (Verfassungsw.) *Grundsatz, nach dem im Parlament eingebrachte Gesetzesvorlagen, die nicht mehr vor Ende einer Legislaturperiode behandelt werden konnten, vom neuen Parlament neu eingebracht werden müssen.*

Dis|kon|to: ↑ Diskont.

Dis|kont|satz, der (Bankw.): *Zinssatz, der beim Diskontgeschäft zugrunde gelegt wird.*

Dis|ko|thek, die; -, -en [frz. discothèque, geb. nach ↑ Bibliothek u. a. zu: disque = Schallplatte; Scheibe < lat. discus, ↑ Diskus]: **1.** *Disco* (1). **2.** (seltener) *Schallplattensammlung, Schallplattenarchiv.*

dis|kre|di|tie|ren ⟨sw. V.; hat⟩ [frz. discréditer] (bildungsspr.): *jmdn., etw. in Verruf bringen; jmds. Ruf, Ansehen schaden, abträglich sein:* einen Politiker, ein System d.

Dis|kre|di|tie|rung; -, -en: *das Diskreditieren; das Diskreditiertwerden.*

Dis|kre|panz, die; -, -en [lat. discrepantia, zu discrepare = nicht übereinstimmen] (bildungsspr.): *Widersprüchlichkeit, Missverhältnis zwischen zwei Sachen:* die D. zwischen Theorie und Praxis.

dis|kret ⟨Adj.⟩: **1.** [frz. discret < mlat. discretus = abgesondert, zu lat. discernere = absondern, unterscheiden] (bildungsspr.) **a)** *so unauffällig behandelt, ausgeführt, dass es von anderen nicht bemerkt wird; vertraulich:* -e Spenden an die Parteien; eine heikle Angelegenheit d. behandeln; **b)** *taktvoll, rücksichtsvoll:* ein -es Verhalten; d. schweigen; etw. d. übersehen; eine Peinlichkeit d. übergehen; **c)** *unaufdringlich; zurückhaltend; dezent:* ein -es Parfüm, Muster; ... er war noch jung und war – entgegen der Mode – sehr d. angezogen (Böll, Haus 23). **2.** [frz. discret < mlat. discretus = abgesondert, zu lat. discernere = absondern, unterscheiden] (Technik, Physik, Math.) *durch endliche Intervalle od. Abstände voneinander getrennt:* -e Halbleiter, Bauteile; eine -e *(nicht integrierte)* Schaltung.

Dis|kret|heit, die; -: *das Diskretsein.*

Dis|kre|ti|on, die; -, -en [frz. discrétion < lat. discretio = Absonderung, Unterscheidung]: **a)** *Verschwiegenheit, Vertraulichkeit, Geheimhaltung in Bezug auf eine Sache:* D. [ist] Ehrensache; strengste D. wahren; jmdm. absolute D. zusichern; etw. mit D. behandeln; jmdn. um äußerste D. in einer Angelegenheit bitten; **b)** ⟨o. Pl.⟩ *Takt; Rücksichtnahme:* die D. verbietet es, nach Einzelheiten zu fragen; D. üben; **c)** ⟨o. Pl.⟩ *Unaufdringlichkeit, Zurückhaltung;* ◆ **d)** * *auf D.* *(nach Belieben;* ↑ à discrétion*).*

Dis|kre|ti|ons|ab|stand: *(aus Takt, Rücksichtnahme frei gelassener) Zwischenraum; räumlicher Abstand, den man zwischen sich u. einer anderen Person hält, um diese nicht zu stören.*

Dis|kri|mi|nan|te, die; -, -n [zu lat. discriminans (Gen.) discriminantis), 1. Part. von: discriminare, ↑ diskriminieren] (Math.): *mathematischer Ausdruck, der bei Gleichungen zweiten u. höheren Grades die Eigenschaft der Wurzel angibt.*

dis|kri|mi|nie|ren ⟨sw. V.; hat⟩ [lat. discriminare = trennen, absondern]: **1.** (bildungsspr.) *durch [unzutreffende] Äußerungen, Behauptungen in der Öffentlichkeit jmds. Ansehen, Ruf schaden; jmdn., etw. herabwürdigen:* jmdn., jmds. Leistungen d.; diskriminierende Äußerungen. **2.** (bildungsspr.) *(durch unterschiedliche Behandlung) benachteiligen, zurücksetzen; (durch Nähren von Vorurteilen) verächtlich machen:* jmdn. aufgrund seines Sexualverhaltens d.; Indianer als diskriminierte Minderheit. **3.** (Fachspr.) *unterscheiden:* [zwischen verschiedenen Dingen] d.

Dis|kri|mi|nie|rung, die; -, -en: **1.** (bildungsspr.) *das Diskriminieren:* die D. von Minderheiten. **2.** (bildungsspr.) *diskriminierende Äußerung, Handlung:* -en hinnehmen. **3.** (Fachspr.) *Unterscheidung.*

Dis|kri|mi|nie|rungs|frei ⟨Adj.⟩: **a)** (bildungsspr.) *frei von Diskriminierung[en]:* ein -es Bildungssystem; **b)** (Fachspr.) *ohne Benachteiligung erfolgend; gleichrangig, gleichwertig:* der -e Zugang zu den Versorgungsnetzen muss den Wettbewerbern gewährt werden.

Dis|kri|mi|nie|rungs|ver|bot, das (Rechtsspr.): *durch Gesetz od. Vertrag festgelegte Bestimmung, die eine Benachteiligung von Personen[gruppen] aufgrund ihrer ethnischen Zugehörigkeit, Religion, Parteizugehörigkeit o. Ä. verbietet.*

dis|kur|rie|ren ⟨sw. V.; hat⟩ [lat. discurrere = umherlaufen, sich über etw. ergehen] (veraltet, noch landsch.): *sich eifrig, angeregt unterhalten, über etw. diskutieren:* ◆ Manchmal lässt sie uns invitieren, die Frau Amtmännin, die Frau Pfarrerin und mich, und diskurriert mit uns von allerlei (Goethe, Stella I).

Dis|kurs, der; -es, -e [lat. discursus = das Sich-Ergehen über etw., das Auseinander-, Umherlaufen]: **1.** (bildungsspr.) *methodisch aufgebaute Abhandlung über ein bestimmtes [wissenschaftliches] Thema.* **2.** (bildungsspr.) *[lebhafte] Erörterung; Diskussion:* einen D. mit jmdm. haben; ... und gedacht der neben den Kaffeetassen die, der erst neulich bei einem solchen D. zertrümmert worden waren (Fussenegger, Haus 172). **3.** (Sprachwiss.) *Gesamtheit der von einem Sprachteilhaber tatsächlich realisierten sprachlichen Äußerungen.*

dis|kur|siv ⟨Adj.⟩: **a)** (Philos.) *von Begriff zu Begriff methodisch fortschreitend; schlussfolgernd:* -es Denken; -e Logik; **b)** (bildungsspr.) *in ausführlichen Diskussionen, Erörterungen methodisch vorgehend:* ein Problem d. angehen, zu beurteilen suchen.

Dis|kus, der; - u. -ses, ...ken u. -se [lat. discus < griech. dískos] (Leichtathletik): **a)** *Wurfgerät in Form einer Scheibe, bestehend aus einem Holzkörper mit Metallreifen u. Metallkern;* **b)** *Kurzf. von* ↑ Diskuswerfen: im D. gab es einen neuen Weltrekord.

Dis|kus|si|on, die; -, -en [spätlat. discussio = Untersuchung, Prüfung, zu: discutere, ↑ diskutieren]: **1.** *[lebhaftes, wissenschaftliches] Gespräch über ein bestimmtes Thema, Problem:* eine sachliche, stürmische, lebhafte D.; eine D. eröffnen, leiten; das Komitee suchte alle -en zu vermeiden; sich an der D. beteiligen; sich mit jmdm. auf keine -en einlassen. **2.** *in der Öffentlichkeit (in der Presse, im Fernsehen, in der Bevölkerung o. Ä.) stattfindende Erörterung von bestimmten, die Allgemeinheit od. bestimmte Gruppen betreffenden Fragen:* es gab, entbrannte eine leidenschaftliche, erregte D. über, um den Paragrafen 218; * *etw. zur D. stellen* *(etw. als Thema für eine Diskussion 1 vorschlagen);* *zur D. stehen* *(als Frage anstehen, Thema sein).*

Dis|kus|si|ons|abend, der: *abendliche Zusammenkunft, bei der [ein bestimmtes Thema] diskutiert wird.*

Dis|kus|si|ons|be|darf, der: *Notwendigkeit, Wunsch, eine Diskussion zu führen, über etw. zu diskutieren, sprechen:* bei diesem Thema besteht ein großer D.

Dis|kus|si|ons|bei|trag, der: *Äußerung, mit der sich jmd. an einer Diskussion beteiligt, etw. zur Diskussion beiträgt:* einen wertvollen D. liefern.

Dis|kus|si|ons|fo|rum, das: **1. a)** *Gruppe von Personen, die vor Zuschauern u. Zuhörern diskutieren;* **b)** *Plattform, Ort, wo eine Gruppe von Personen vor Zuschauern u. Zuhörern diskutiert.* **2.** *Plattform im Internet, wo Nutzer sich schriftlich zu einem Thema äußern.*

dis|kus|si|ons|freu|dig ⟨Adj.⟩: *gerne diskutierend, stets zu Diskussionen bereit.*

Dis|kus|si|ons|ge|gen|stand, der: *Thema, das Gegenstand einer Diskussion ist.*

Dis|kus|si|ons|grund|la|ge, die: *etw., was als Grundlage, als Ausgangspunkt für eine Diskussion dienen kann, woran eine Diskussion anknüpfen kann.*

Dis|kus|si|ons|kul|tur, die (bildungsspr.): *Gesamtheit von Maßnahmen, die der Pflege u. Förderung von Diskussionen, Gesprächen dienen:* eine offene, konstruktive D. fordern.

Dis|kus|si|ons|lei|ter, der: *jmd., der eine Diskussion leitet, für ihren ordnungsgemäßen Ablauf sorgt.*

Dis|kus|si|ons|lei|te|rin, die: w. Form zu ↑ Diskussionsleiter.

Dis|kus|si|ons|part|ner, der: *Person, mit der jmd. diskutiert.*

Dis|kus|si|ons|part|ne|rin, die: w. Form zu ↑ Diskussionspartner.

Dis|kus|si|ons|red|ner, der: *jmd., der mit einem längeren Beitrag an einer Diskussion teilnimmt.*

Dis|kus|si|ons|red|ne|rin, die: w. Form zu ↑ Diskussionsredner.

Dis|kus|si|ons|run|de, die: *Gruppe von Diskutierenden.*

Dis|kus|si|ons|stoff, der: *Fragen, Themen, die Gegenstand einer Diskussion sind.*

Dis|kus|si|ons|the|ma, das: *Thema, über das diskutiert wird.*

dis|kus|si|ons|wür|dig ⟨Adj.⟩: *wert, diskutiert zu werden:* eine -e Vorlage.

Dis|kus|wer|fen, das; -s: *sportliche Disziplin, bei der der Diskus aus einem Wurfring heraus möglichst weit geworfen werden muss.*

Dis|kus|wer|fer, der: *jmd., der das Diskuswerfen als sportliche Disziplin betreibt.*

Dis|kus|wer|fe|rin, die: w. Form zu ↑ Diskuswerfer.

Dis|kus|wurf, der; -[e]s, ...würfe: **a)** ⟨o. Pl.⟩ *sportliche Disziplin des Diskuswerfens;* **b)** *einzelner Wurf im Diskuswerfen.*

dis|ku|ta|bel ⟨Adj.; ...bler, -ste⟩ [frz. discutable] (bildungsspr.): *erwägenswert, annehmbar:* ein diskutabler Vorschlag.

Dis|ku|tant, der; -en, -en (bildungsspr.): *jmd., der sich aktiv an einer Diskussion beteiligt.*

Dis|ku|tan|tin, die; -, -nen: w. Form zu ↑ Diskutant.

dis|ku|tie|ren ⟨sw. V.; hat⟩ [lat. discutere, eigtl. = zerschlagen, zerteilen, zerlegen]: **1. a)** *in einem Gespräch, einer Diskussion Ansichten, Meinungen austauschen:* stundenlang mit jmdm. über etw. d.; **b)** *um etw. eine Diskussion (1 b) führen, eine Auseinandersetzung haben:* Knopf steht gerade wieder vor dem Obelisken und lässt sich gehen. Ich schweige; ich will nicht mehr d. (Remarque, Obelisk 72). **2.** *reden, verhandeln, um zu einer Einigung, Übereinstimmung in einer bestimmten Sache zu kommen:* über das Angebot d.; darüber lässt sich d. **3.** *in einer Diskussion eingehend erörtern:* ein Thema, ein Problem d.

Dis|lo|ka|ti|on, die; -, -en [zu mlat. dislocatum, 2. Part. von: dislocare, ↑ dislozieren]: **1. a)** (Militär selten) *das Dislozieren* (1); **b)** (schweiz.) *das Dislozieren* (2). **2.** (Med.) *Lageveränderung, Verschiebung der Bruchenden gegeneinander bei Knochenbrüchen.* **3. a)** (Biol.) *Verlagerung der Segmente von Chromosomen;* **b)** (Geol.) *Störung der normalen Lagerung von Gesteinsschichten, -massen durch Faltung od. Bruch.* **4.** (Physik) *Verschiebung, Versetzung von Atomen in einem Kristallgitter.*

dis|lo|zie|ren ⟨sw. V.; hat⟩ [mlat. dislocare = verschieben, zu lat. locus = Ort, Stelle]: **1.** (Militär) *(Truppen) in einem bestimmten geografischen Raum verteilen, stationieren.* **2.** (schweiz.) *den Ort wechseln, umziehen:* nach Bern d.

Dis|lo|zie|rung, die; -, -en: *das Dislozieren* (1); *das Dislozertwerden* (1).

dis-Moll ['dɪsmɔl, auch: 'dɪs'mɔl], das (Musik): *auf den Grundton dis bezogene Molltonart* (Zeichen: dis).

dis|pa|rat ⟨Adj.⟩ [zu lat. disparatum, 2. Part. von: disparare = trennen, absondern] (bildungsspr.): *ungleichartig; nicht zueinanderpassend:* Menschen -er Herkunft; die beiden Konzepte sind völlig d.

Dis|pa|ri|tät, die; -, -en [spätlat. disparitas] (bildungsspr.): *Ungleichheit; Verschiedenheit.*

Dis|pat|cher [dɪs'pɛtʃɐ], der; -s, - (Wirtsch.): **a)** [engl. dispatcher, zu: to dispatch = abschicken < span. despachar, zu lat. pangere = befestigen] *leitender Angestellter in der Industrie, der den Produktionsablauf überwacht;* **b)** [russ. dispetčer] (DDR) *jmd., der für die zentrale Lenkung und Kontrolle des Arbeitsablaufes in der Produktion u. im Verkehrswesen verantwortlich ist [u. die Planerfüllung eines Betriebes überwacht].*

Dis|pat|che|rin, die; -, -nen: w. Form zu ↑ Dispatcher.

Dis|pens, der; -es, -e (österr. u. im kath. Kirchenrecht nur:) die; -, -en [mlat. dispensa, zu lat. dispensare, ↑ dispensieren]: *(bes. im katholischen Kirchenrecht) Befreiung von einer allgemein geltenden Vorschrift für einen jeweiligen Einzelfall.*

Dis|pen|sa|ti|on, die; -, -en [lat. dispensatio = genaue Einteilung]: *Dispensierung.*

dis|pen|sie|ren ⟨sw. V.; hat⟩ [mlat. dispensare < lat. dispensare = aus-, zuteilen, zu: ↑ Pensum] (bildungsspr.): **a)** *[vorübergehend] freistellen, entbinden:* jmdn. vom Dienst d.

Dis|pen|sie|rung, die; -, -en: **1.** (bildungsspr.) *Befreiung von einer Verpflichtung.* **2.** (Pharm.) *Bereitung u. Abgabe einer Arznei.*

Di|s|per|si|on, die; -, -en [lat. dispersio = Zerstreuung] (Physik, Chemie): *feinste Verteilung eines Stoffes in einem anderen in der Art, dass seine Teilchen in dem anderen schweben.*

Di|s|per|si|ons|far|be, die: *aus einem Binder (4) auf Basis von Kunststoffen u. Pigmenten hergestellte Farbe.*

Dis|placed Per|son ['dɪspleɪsd 'pəːsn], die; - -, - -s [engl. displaced person = verschleppte Person]: *während des Zweiten Weltkriegs nach Deutschland verschleppte od. geflüchtete ausländische Person, die sich bei Kriegsende im damaligen deutschen Reichsgebiet aufhielt.*

Dis|play ['dɪs..., dɪs'pleɪ], das; -s, -s [engl. display = Schaustellung, von: to display = entfalten, zeigen < afrz. despleier = entfalten < lat. displacare]: **1.** (Werbespr.) **a)** *werbewirksames, verkaufsunterstützendes Auf-, Ausstellen von Waren;* **b)** *beim Display (1 a) verwendetes Werbemittel.* **2.** *Gerät od. Bauteil zur optischen Darstellung einer Information in Form von Ziffern, Buchstaben, Zeichen o. Ä.; Anzeige.*

Dis|po, der; -s, -s (salopp): kurz für ↑ Dispositionskredit: * knietief im D. sein/stecken *(seinen Dispositionskredit sehr stark in Anspruch nehmen, ein deutliches Minus auf dem Konto haben):* ich kann dir nichts leihen, ich bin selbst knietief im D.).

Dis|po|nent, der; -en, -en [zu lat. disponens (Gen.: disponentis), 1. Part. von: disponere, ↑ disponieren]: **1.** (Wirtsch.) *kaufmännischer Angestellter, der mit besonderen Vollmachten ausgestattet ist u. einen größeren Unternehmensbereich leitet:* der D. kontrolliert die Aufträge; Ü ... wo die getrockneten Lesefrüchte feilgeboten werden, die der intellektuelle D. von der Konkursmasse der Kultur billig zusammengerafft hat (Adorno, Prismen 56). **2.** *jmd., der am Theater für den Vorstellungs- u. Probenplan, für die Planung u. für den Einsatz der Schauspieler u. Sänger verantwortlich ist.*

Dis|po|nen|tin, die; -, -nen: w. Form zu ↑ Disponent.

dis|po|ni|bel ⟨Adj.; ...bler, -ste⟩ [frz. disponible]: **a)** (bildungsspr.) *[frei, sofort] verfügbar:* disponibles Kapital; die Gelder sind jederzeit d.; **b)** (Soziol.) *aufgrund seiner Ausbildung vielseitig verwendbar:* den disponiblen Arbeiter überall einsetzen können.

dis|po|nie|ren ⟨sw. V.; hat⟩ [lat. disponere = einteilen, ordnen, zu: ponere, ↑ Position] (bildungsspr.): **a)** *in bestimmter Weise verfügen:* sie möchte jederzeit über ihr Geld d. können; **b)** *im Voraus [ein]planen, kalkulieren:* gut, schlecht, vorsichtig d.; er kann nicht d.; seinen Bedarf d.

dis|po|niert ⟨Adj.⟩ (bildungsspr.): **a)** *[bes. für einen künstlerischen Vortrag] in einer bestimmten Verfassung sich befindend:* ein glänzend -es Orchester; der Sänger war heute sehr gut d.; **b)** *(bes. in Bezug auf eine bestimmte Krankheit o. Ä.) für etw. empfänglich, zu etw. neigend:* sie war von Kind an d. für/zu Krankheiten der Atemwege; **c)** *zu etw. eine Veranlagung, Begabung besitzend:* zur Geige d.; d. sein, sein Potenzial auszuschöpfen; **d)** *(Orgelbau) aus einer Anzahl von Registern (3a) kombiniert.*

Dis|po|si|ti|on, die; -, -en [lat. dispositio = Anordnung]: **1.** (bildungsspr.) **a)** *das Verfügenkönnen; freie Verwendung:* volle, freie, uneingeschränkte D. über etw. haben; ein großes Vermögen zu seiner D. haben; etw. steht [jmdm.] zur D.; jmdn. zur D. stellen (Amtsspr.; *in den einstweiligen Ruhestand versetzen);* einige Bahnlinien werden zur D. gestellt *(sollen stillgelegt werden);* **b)** *Planung, das Sicheinrichten auf etw.:* seine -en treffen, ändern; **c)** *Gliederung; Plan:* zu einem Aufsatz eine D. machen; Klare D. im Kopf – möglichst wenig auf dem Papier (Tucholsky, Zwischen 104). **2. a)** (bildungsspr.) *bestimmte Veranlagung, Empfänglichkeit,* innere Bereitschaft zu etw.: die intellektuelle D.; eine innere D. zu etw.; **b)** (Med.) *Veranlagung od. Empfänglichkeit des Organismus für bestimmte Krankheiten:* er hat eine D. für/zu Erkrankungen im Bereich der Atemwege. **3.** (Musik) *(bei der Orgel) Anzahl u. Art der Register* (3 a).

dis|po|si|ti|ons|fä|hig ⟨Adj.⟩: *geschäftsfähig.*

Dis|po|si|ti|ons|fonds, der: *Posten im Staatshaushalt, dessen Verwendungszweck nicht festgelegt ist.*

Dis|po|si|ti|ons|kre|dit, der (Bankw.): *Kredit, der dem Inhaber eines Lohn- od. Gehaltskontos erlaubt, sein Konto in bestimmter Höhe zu überziehen; Überziehungskredit.*

dis|po|si|tiv ⟨Adj.⟩ (bildungsspr.): *anordnend; verfügend:* eine -e Funktion.

Dis|pro|por|ti|on, die; -, -en [aus lat. dis- = un-, nicht u. ↑ Proportion] (bildungsspr.): *das Fehlen des richtigen Verhältnisses der Teile zueinander; Mangel an Proportion:* etw. weist erhebliche -en auf.

dis|pro|por|ti|o|nal ⟨Adj.⟩ (bildungsspr., Fachspr.): *disproportioniert.*

Dis|pro|por|ti|o|na|li|tät, die; -, -en (bildungsspr.): *Missverhältnis.*

dis|pro|por|ti|o|niert ⟨Adj.⟩ (bildungsspr.): *ohne richtige Proportion, schlecht proportioniert.*

Dis|put, der; -[e]s, -e [frz. dispute, zu: disputer = Streitgespräche führen < lat. disputare, ↑ disputieren] (bildungsspr.): *kontrovers geführtes Gespräch; Streitgespräch:* ein langer, endloser D. [über etw.]; mit jmdm. einen D. haben, führen, austragen.

dis|pu|ta|bel ⟨Adj.; ...bler, -ste⟩ [lat. disputabilis] (bildungsspr.): *strittig.*

Dis|pu|tant, der; -en, -en [zu lat. disputans (Gen.: disputantis), 1. Part. von: disputare, ↑ disputieren] (bildungsspr.): *jmd., der an einem Disput, einer Disputation teilnimmt.*

Dis|pu|tan|tin, die; -, -nen: w. Form zu ↑ Disputant.

Dis|pu|ta|ti|on, die; -, -en [lat. disputatio] (bildungsspr.): **a)** *wissenschaftliches Streitgespräch, in dem ein Thema, eine Fragenkomplex öffentlich erörtert wird;* **b)** *das Vertreten, Verteidigen von wissenschaftlichen Arbeiten zur Erlangung eines akademischen Grades.*

dis|pu|tie|ren ⟨sw. V.; hat⟩ [lat. disputare = nach allen Seiten erwägen] (bildungsspr.): **a)** *in einem Disput Meinungsverschiedenheiten austragen:* miteinander d.; **b)** *ein Streitgespräch, eine Diskussion führen:* über ein Thema, eine Frage [mit jmdm., miteinander] d.; Sie disputierten darüber, was wir annektieren sollen (Remarque, Westen 120).

Dis|qua|li|fi|ka|ti|on, die; -, -en [aus lat. dis- = un-, nicht u. ↑ Qualifikation]: **1.** *Feststellung einer Nichteignung; Disqualifizierung.* **2.** (Sport) *Ausschluss eines Wettkämpfers od. einer Mannschaft von einem Wettbewerb bei groben Verstößen gegen die sportlichen Regeln:* eine D. aussprechen; zur D. führen.

dis|qua|li|fi|zie|ren ⟨sw. V.; hat⟩: **1.** (bildungsspr.) **a)** *(seltener) für untauglich, für nicht qualifiziert erklären:* er disqualifiziert gern andere Kollegen; **b)** (d. + sich) *seine Untauglichkeit für etw. erkennen lassen, sich einer Sache unwürdig erweisen:* mit ihren Äußerungen hat sie sich für diese Stellung disqualifiziert. **2.** (Sport) *wegen eines Regelverstoßes vom sportlichen Wettbewerb ausschließen:* er wurde wegen zweier Fehlstarts disqualifiziert.

Dis|qua|li|fi|zie|rung, die; -, -en (bildungsspr.): *Disqualifikation.*

Diss, die; - (Jargon): kurz für ↑ Dissertation.

Diss. = Dissertation.

Dis|se, die; -, -n (salopp): *Disco.*

dis|sen ⟨sw. V.; hat⟩ [amerik. ugs. to diss = herabsetzen, beschimpfen, zu engl. dis- = eine Verneinung, ein Nicht-vorhanden-Sein, das Gegenteil ausdrückendes Präfix < lat. dis-, ↑ dis-, Dis-] (Jargon): (bes. in der Sprache der Rapper) *verächtlich machen, schmähen:* die Rivalin d.

Dis|sens, der; -es, -e [lat. dissensus] (bildungsspr.): *Meinungsverschiedenheit in Bezug auf bestimmte Fragen o. Ä.:* es gab einen D. in der Frage des Atomausstiegs.

Dis|ser|tant, der; -en, -en [zu lat. dissertans (Gen.: dissertantis), 1. Part. von: dissertare = auseinandersetzen] (bildungsspr.): *Doktorand.*

Dis|ser|tan|tin, die; -, -nen: w. Form zu ↑ Dissertant.

Dis|ser|ta|ti|on, die; -, -en [lat. dissertatio = Erörterung] (bildungsspr.): *für die Erlangung des Doktorgrades angefertigte wissenschaftliche Arbeit; Doktorarbeit* (Abk.: Diss.): seine D. schreiben; sie sitzt an ihrer D.

dis|ser|tie|ren ⟨sw. V.; hat⟩ [lat. dissertare = auseinandersetzen] (bildungsspr.): *an einer Dissertation arbeiten:* über moderne kanadische Lyrik d.

dis|si|dent ⟨Adj.⟩ (bildungsspr.): *von einer offiziellen Meinung o. Ä. abweichend; oppositionell:* -e Gruppen innerhalb der Partei.

Dis|si|dent, der; -en, -en: **1.** [zu lat. dissidens (Gen.: dissidentis), 1. Part. von: dissidere, eigtl. = voneinander entfernt sitzen, aus: dis- = auseinander u. sedere = sitzen] (bildungsspr.) *jmd., der sich außerhalb einer Religionsgemeinschaft stellt, der aus einer Kirche ausgetreten ist.* **2.** [russ. dissident] *jmd., der von einer offiziellen Meinung abweicht; Abweichler; Andersdenkender:* -en der Oppositionspartei.

Dis|si|den|tin, die; -, -nen: w. Form zu ↑ Dissident.

Dis|si|denz, die; -, -en [vgl. engl. dissidence, frz. dissidence] (bildungsspr.): *Widerstandsbewegung, Opposition.*

Dis|si|mi|la|ti|on, die; -, -en [lat. dissimilatio, ↑ Dissimilation]: **1.** (Sprachwiss.) *Änderung des einen von zwei gleichen od. ähnlichen Lauten in einem Wort od. Unterdrückung des einen* (z. B. der Ausfall des n in König aus ahd. kuning). **2.** (Physiol.) *Abbau u. Verbrauch von Körpersubstanz bei gleichzeitiger Gewinnung von Energie.* **3.** (Soziol.) *Wiedergewinnung einer eigenen Volks- od. Gruppeneigenart.*

dis|si|mi|lie|ren ⟨sw. V.; hat⟩ [lat. dissimilare (dissimulare) = unkenntlich machen; verbergen, eigtl. = unähnlich machen, zu: dissimilis = unähnlich, aus: dis- = un-, nicht u. similis = ähnlich]: **1.** (Sprachwiss.) *zwei ähnliche od. gleiche Laute in einem Wort durch den Wandel des einen Lautes unähnlich machen, stärker voneinander abheben.* **2.** (Biol.) *höhere organische Verbindungen beim Stoffwechsel unter Freisetzung von Energie in einfachere zerlegen.*

Dis|si|mu|la|ti|on, die; -, -en [lat. dissimulatio (dissimilatio) = das Unkenntlichmachen; Maskierung, zu: dissimulare, ↑ dissimulieren] (Med., Psychol.): *bewusste Verheimlichung von Krankheiten od. Krankheitssymptomen.*

dis|so|lut ⟨Adj.⟩ [lat. dissolutus, eigtl. = aufgelöst] (bildungsspr. veraltet): *zügellos, haltlos.*

dis|sol|vie|ren ⟨sw. V.; hat⟩ [lat. dissolvere (2. Part.: dissolutum) zu: solvere, ↑ solvent] (Fachspr.): *auflösen, schmelzen.*

dis|so|nant ⟨Adj.⟩ [zu lat. dissonans (Gen.: dissonantis), 1. Part. von: dissonare, ↑ dissonieren]: **1.** (Musik) *Dissonanz aufweisend:* -e Tonfolgen, Akkorde. **2.** (bildungsspr.) *unstimmig, unschön:* d. zusammengestellte Farben.

Dis|so|nanz, die; -, -en [spätlat. dissonantia, zu lat. dissonare = misstönen, aus: dis = un-, nicht u. sonare, ↑ Sonant]: **1.** *Zusammenklang von Tönen, der als nicht harmonisch, nicht als Wohlklang empfunden wird* [u. nach der überlieferten Harmonielehre eine Auflösung fordert]: die Musik hat unerträgliche -en. **2.** *Unstimmigkeit, Differenz:* -en zwischen den beiden Firmen.

dis|so|nie|ren ⟨sw. V.; hat⟩: **1.** (Musik) *dissonant* (1) *klingen.* **2.** (bildungsspr.) *nicht übereinstimmen.*

Dis|so|zi|a|ti|on, die; -, -en [lat. dissociatio = Trennung, zu: dissociare, ↑ dissoziieren]: **1.** (Psychol.) *krankhafte Entwicklung, in deren Verlauf zusammengehörige Denk-, Handlungs- od. Verhaltensabläufe in weitgehend unkontrollierte Teile u. Einzelerscheinungen zerfallen.* **2.** (Med.) *Störung des geordneten Zusammenspiels von Muskeln, Organteilen od. Empfindungen.* **3.** (Chemie) *Zerfall von Molekülen in einfachere Bestandteile.*

dis|so|zi|a|tiv ⟨Adj.⟩ (Fachspr.): *die Dissoziation betreffend, auf Dissoziation beruhend.*

dis|so|zi|ie|ren ⟨sw. V.⟩ [lat. dissociare = vereinzeln, trennen, aus: dis- = auseinander u. sociare, ↑ soziieren]: **1.** ⟨hat⟩ (bildungsspr.) a) *trennen, auflösen;* b) ⟨d. + sich⟩ *getrennt werden, sich auflösen.* **2.** (Chemie) a) ⟨hat⟩ *in Ionen od. Atome aufspalten;* b) ⟨ist⟩ *in Ionen zerfallen.*

Dis|stress ['dɪstrɛs, Dysstress ['dʏsstrɛs], der; -es, -e [zu griech. dys- = miss-, un- u. ↑ Stress] (Med., Psychol.): *lang andauernder starker Stress.*

dis|tal ⟨Adj.⟩ [zu lat. distare, ↑ Distanz] (Med.): *(in Bezug auf Körperregionen, Gliedmaßen bzw. Blutgefäße) weiter von der Körpermitte bzw. vom Herzen entfernt liegend.*

Dis|tanz, die; -, -en [lat. distantia, zu: distare = auseinanderstehen, entfernt sein, aus: dis- = von – weg u. stare = stehen]: **1.** (bildungsspr.) *räumlicher Abstand, Zwischenraum, Entfernung:* die D. zwischen beiden Punkten beträgt 200 m; einige Schritte D.; Ü bis zu den Ereignissen noch nicht die nötige D. *(den für ein richtiges Urteil o. Ä. nötigen inneren Abstand)* gewonnen; zu jmdm., etw. auf D. gehen *(jmdm., einer Sache gegenüber eine kritische, eher ablehnende Haltung einnehmen);* etw. aus der D. *(aus einem zeitlichen Abstand) beurteilen.* **2.** ⟨o. Pl.⟩ (bildungsspr.) *Zurückhaltung, innerer Abstand* (2) *im Umgang mit anderen Menschen:* D. halten, wahren; auf D. achten; er ließ immer D. walten, blieb immer auf D. **3.** (Leichtathletik, Rennsport) *zurückzulegende Strecke:* die kurze D. vorziehen; gegen Ende der D. fiel er zurück; er lief über eine D. von 1 000 m. **4.** (Boxen) a) *durch die Reichweite der Arme bestimmter Abstand zwischen den Boxern im Kampf:* auf D. gehen; b) *vorgesehene Anzahl von Runden eines Kampfes:* der Titelkampf ging über die volle D. *(wurde nicht vorzeitig entschieden);* Ü der neue Stürmer hat über die volle D. gespielt *(hat von Anfang bis Ende gespielt).*

Dis|tanz|ge|schäft, das (Kaufmannsspr.): *Kauf, bei dem der Käufer die Ware nicht an Ort u. Stelle prüfen kann, sondern aufgrund eines Musters od. Katalogs bestellt.*

dis|tan|zie|ren ⟨sw. V.⟩ [frz. distancer = einen Abstand zwischen sich u. andere bringen, zu: distance = Abstand < lat. distantia, ↑ Distanz]: **1.** ⟨hat⟩ ⟨d. + sich⟩ (bildungsspr.) a) *von jmdm., etw. abrücken; Abstand nehmen:* sich von seinen Parteifreunden d.; viele Nachbarn haben sich nach dem Vorfall [von ihm] distanziert; b) *etw. zurückweisen; zum Ausdruck bringen, mit etw. nichts zu tun haben zu wollen:* sich von einer Äußerung, von einem Interview d.; sie distanzierte sich von der Zeitungsmeldung. **2.** (Sport) *in einem Wettkampf überlegen siegen; hoch besiegen:* seinen Gegner [um fünf Runden] d.; die Mannschaft wurde mit 89 : 61 distanziert.

dis|tan|ziert ⟨Adj.⟩ (bildungsspr.): *zurückhaltend; gegenüber anderen Menschen auf Distanz* (2) *bedacht:* ein -es Verhältnis; sie wirkt sehr d.; … haben wir dem Bethseda gern Besuch abgestattet, als Nachbarn freundlich d. (Wohmann, Absicht 36).

Dis|tan|ziert|heit, die; - (bildungsspr.): *das Distanziertsein.*

Dis|tan|zie|rung, die; -, -en (bildungsspr.): *das Distanzieren.*

dis|tanz|los ⟨Adj.⟩: a) (bes. Psychol.) *nicht die nötige Distanz wahrend:* sie verhält sich gegenüber Fremden d. und übertrieben vertraulich; b) *[zu etwas Erlebtem] keinen inneren Abstand aufweisend, das Erlebte unmittelbar spiegelnd:* d. über die Ereignisse der jüngsten Vergangenheit schreiben.

Dis|tanz|re|lais, das (Elektrot.): *Relais, das bei Kurzschluss den Wechselstromwiderstand u. damit die Entfernung zwischen der Stelle, an der das Relais eingebaut ist, u. der Kurzschlussstelle misst.*

Dis|tanz|ritt, der: *Ritt über eine sehr lange Strecke.*

Dis|tanz|schuss, der (Ballspiele): *Torschuss aus großer Entfernung.*

Dis|tanz|waf|fe, die: *(von der Polizei bes. gegen Demonstranten eingesetzte) aus der Distanz* (1) *anzuwendende Waffe, die den Gegner kampfunfähig macht* (z. B. chemische Keule).

Dis|tanz|wech|sel, der (Bankw.): *Wechsel, bei dem Ausstellungs- u. Zahlungsort verschieden sind.*

Dis|tel, die; -, -n [mhd. distel, ahd. distil(a), eigtl. = die Stechende, die Spitze]: *(zu den Korbblütlern gehörende) krautige Pflanze mit stacheligen Blättern u. Stängeln u. mehr od. weniger großen Blütenköpfen mit lila od. weißen Röhrenblüten.*

Dis|tel|fink, der [der Vogel frisst gerne Distelsamen]: *(zu den Finken gehörender) Singvogel mit rot, schwarz und weiß gefiedertem Kopf, weißlichem Bauch und schwarzen Flügeln mit einem gelben Fleck; Stieglitz.*

Dis|ti|chon, das; -s, …chen [lat. distichon < griech. dístichon] (Verslehre): *Verspaar aus einem Hexameter u. einem Pentameter.*

dis|tin|guie|ren [dɪstɪŋˈɡiːrən] ⟨sw. V.; hat⟩ [lat. distinguere, eigtl. = mit einem spitzen Werkzeug Punkte stechen; vgl. griech. stígma = Stich (↑ Stigma)]: a) (bildungsspr., Fachspr.) *unterscheiden; in besonderer Weise abheben:* diese Zeichen sind distinguiert; ♦ b) *auszeichnen* (2 a, b): Der Graf von C. … liebt mich, distinguiert mich, das ist bekannt (Goethe, Werther II, 15. März).

dis|tin|gu|iert […ˈɡiːɐ̯t] ⟨Adj.⟩ [nach frz. distingué, 2. Part. von: distinguer = unterscheiden, auszeichnen < lat. distinguere, ↑ distinguieren] (bildungsspr.): *sich durch Gewähltheit bes. in Kleidung, Formen des Umgangs u. Ä. von anderen abhebend, unterscheidend; betont vornehm:* ein -er Herr; ein -es Ehepaar.

Dis|tin|gu|iert|heit, die; -, -: *das Distinguiertsein.*

dis|tinkt ⟨Adj.⟩ [lat. distinctus, adj. 2. Part. von: distinguere, ↑ distinguieren]: *klar u. deutlich [abgegrenzt]:* sich in -er Weise unterscheiden; etw. d. formulieren.

Dis|tink|ti|on, die; -, -en [frz. distinction < lat. distinctio]: **1.** (bildungsspr.) *Unterscheidung:* begriffliche -en. **2.** ⟨o. Pl.⟩ (bildungsspr. veraltend) *besondere Vornehmheit, durch die sich jmd. od. etw. auszeichnet.* **3.** (bildungsspr. veraltend) *Wertschätzung:* sie sprach stets nur mit der höchsten D. von ihrem Vater. **4.** (österr.) *Rangabzeichen.* ♦ **5.** *Auszeichnung* (1): Welcher Mensch … würde nach der D. geizen, mit seinem Landesherrn an einem dritten Orte zu wechseln (Schiller, Kabale I, 7).

distinktiv – Diversität

dis|tink|tiv ⟨Adj.⟩ (bildungsspr.): *unterscheidend:* -e *Merkmale.*

Dis|tor|si|on, die; -, -en [lat. distorsio = Verdrehung, zu: distorquere = auseinanderdrehen]: **1.** (Med.) *Verstauchung eines Gelenks.* **2.** (Optik) *Verzerrung, Verzeichnung eines Bildes.*

◆ **dis|trait** [dɪsˈtrɛ] ⟨indekl. Adj.⟩ [frz. distrait < lat. distractum, 2. Part. von: distrahere, ↑ distrahieren]: *zerstreut, verwirrt:* Mylady scheinen etwas d. zu sein (Schiller, Kabale IV, 9).

Dis|tri|bu|ent, der; -en, -en [zu ↑ distribuieren] (bildungsspr.): *Verteiler.*

Dis|tri|bu|en|tin, die; -, -nen: w. Form zu ↑ Distribuent.

dis|tri|bu|ie|ren ⟨sw. V.; hat⟩ [lat. distribuere, aus: dis- = auseinander u. tribuere, ↑ Tribut] (bildungsspr.): *verteilen, austeilen.*

Dis|tri|bu|ti|on, die; -, -en [lat. distributio]: **1.** (Wirtsch.) **a)** *Einkommensverteilung;* **b)** *Verteilung od. Vertrieb von Handelsgütern:* die D. von Waren, Gütern übernehmen. **2.** (Psychol.) *Verteilung u. Aufwachung der Aufmerksamkeit.* **3.** (Fachspr.) *das Verbreitetsein, Verteiltsein; Verteilung:* die D. bestimmter Tierarten auf der Erde. **4.** (Math.) *verallgemeinerte Funktion, die sich durch Erweiterung des mathematischen Funktionsbegriffs ergibt.*

Dis|tri|bu|ti|ons|for|mel, die (christl. Rel.): *Formel* (1) *die in den christlichen Kirchen u. Gemeinschaften bei der Spendung des Abendmahls gesprochen wird.*

dis|tri|bu|tiv ⟨Adj.⟩ [lat. distributivus = verteilend]: **1.** (Sprachwiss.) **a)** *eine sich wiederholende Verteilung angebend:* -e *Zahlwörter;* **b)** *in bestimmten Umgebungen vorkommend.* **2.** (Math.) *nach dem Distributivgesetz verknüpft:* -er *Verband.*

Dis|tri|bu|tiv|ge|setz, das (Math.): *die Reihenfolge der Verknüpfungen regelndes Axiom in algebraischen Strukturen mit zwei Verknüpfungen (z. B. Addition und Multiplikation) der Elemente.*

Dis|tri|bu|ti|vum, das; -s, ...va (Sprachwiss.): *Numerale, die die Einteilung in untereinander gleiche Mengen bezeichnet; Verteilungszahlwort, Einteilungszahl* (im Deutschen durch »je« wiedergegeben; z. B. »je drei«).

Dis|tri|bu|tiv|zahl, die (Sprachwiss.): *Distributivum.*

Dis|tri|bu|tor, der; -s, -en [engl.] (Wirtsch.): *Vertriebsgesellschaft.*

Dis|trikt, der; -[e]s, -e [(engl. district <) spätlat. districtus = Umgebung der Stadt]: **1.** *Bereich, Gebiet, Region.* **2.** (bes. in angelsächsischen Ländern) *Verband.*

Dis|zi|plin, die; -, -en [lat. disciplina = Wissenschaft; schulische Zucht, zu: discipulus = Lehrling, Schüler]: **1.** ⟨o. Pl.⟩ **a)** *das Einhalten von bestimmten Vorschriften, vorgeschriebenen Verhaltensregeln o. Ä.; Sicheinfügen in die Ordnung einer Gruppe, einer Gemeinschaft:* in dieser Armee herrscht strenge D.; die D. in seiner Klasse ist schlecht; die D. verletzen; sich der D. fügen; auf D. achten; gegen die D. verstoßen; **b)** *das Beherrschen des eigenen Willens, der eigenen Gefühle u. Ä., um etw. zu erreichen:* Hochleistungssport verlangt äußerste, eiserne D.; wenn du dieses Examen machen willst, musst du mehr D. aufbringen; ein Mensch ohne D. **2.** *Wissenschaftszweig; Teilbereich, Unterabteilung einer Wissenschaft:* klassische -en wie Theologie und Recht; die Anatomie ist eine selbstständige D. der Medizin. **3.** *Teilbereich, Unterabteilung des Sports; Sportart:* Tennis als olympische D.; die technischen -en (Stoß- u. Wurfwettbewerbe in der Leichtathletik). ◆ **4.** *das [Sich]geißeln (als klösterliche Bußübung):* Legendre gibt einer die D. (Büchner, Dantons Tod I, 5).

dis|zi|pli|nar (veraltend), **dis|zi|pli|nä̆r** ⟨Adj.⟩ (bes. österr.): **1.** *disziplinarisch* (1). **2.** *die Disziplin* (2) *betreffend.*

Dis|zi|pli|nar|ge|walt, die: *rechtliche Gewalt des Staates seinen Beamten gegenüber.*

dis|zi|pli|na|risch ⟨Adj.⟩: **1.** *die Disziplin* (1), *Dienstordnung betreffend; dem Disziplinarrecht entsprechend:* -e *Maßnahmen, Strafen;* gegen jmdn. d. vorgehen. **2.** *mit gebotener Strenge, Härte [vorgehend, operierend]:* er wurde d. bestraft.

Dis|zi|pli|nar|maß|nah|me, die: *rechtliche Maßnahme gegen die dienstliche Verfehlung eines Beamten:* -n gegen jmdn. ergreifen.

Dis|zi|pli|nar|recht, das: **1.** ⟨o. Pl.⟩ *Teil des Beamtenrechts, das die Rechtsvorschriften enthält, nach denen dienstliche Verfehlungen von Beamten geahndet werden.* **2.** *Berechtigung, das Disziplinarrecht* (1) *auszuüben.*

dis|zi|pli|nar|recht|lich ⟨Adj.⟩: *das Disziplinarrecht betreffend; dem Disziplinarrecht entsprechend.*

Dis|zi|pli|nar|stra|fe, die: **1.** (veraltet) *Disziplinarmaßnahme.* **2.** (Sport) **a)** *vom Verein gegen einen Spieler ausgesprochene interne Strafe;* **b)** (Eishockey) *gegen einen Spieler wegen eines disziplinarischen Verstoßes verhängter Ausschluss von zehn Minuten effektiver Spielzeit.*

Dis|zi|pli|nar|ver|fah|ren, das: *Verfahren zur Aufklärung u. Ahndung dienstlicher Vergehen von Beamten.*

dis|zi|pli|nie|ren ⟨sw. V.; hat⟩ (bildungsspr.): **a)** *an Disziplin* (1 a) *gewöhnen, dazu erziehen:* eine Klasse, die Genossen, die Partei d.; schwer zu disziplinierende Schüler; du musst lernen, dich zu d.; **b)** (selten) *maßregeln:* einen Beamten d.

dis|zi|pli|niert ⟨Adj.⟩ (bildungsspr.): **a)** *an bewusste Einordnung, Disziplin* (1 a) *gewöhnt:* eine -e Partei, Truppe; die Klasse ist sehr d.; **b)** *Disziplin* (1 b) *habend, zeigend; beherrscht:* ein -er Mensch sein; sich d. verhalten; Er sah einen Kopf mit einem kräftigen, sehr d. geflochtenen Zopf (Kronauer, Bogenschütze 113).

Dis|zi|pli|niert|heit, die; - (bildungsspr.): *das Diszipliniertsein.*

Dis|zi|pli|nie|rung, die; -, -en (bildungsspr.): *das Disziplinieren* (a).

dis|zi|plin|los ⟨Adj.⟩: *ohne Disziplin* (1); *keine Disziplin habend, zeigend:* ein -er Mensch.

Dis|zi|plin|lo|sig|keit, die; -, -en: *Mangel an Disziplin* (1). **2.** *Handlung, die auf Disziplinlosigkeit* (1) *beruht:* sich die -en der Schüler nicht länger gefallen lassen.

Dith|mar|schen; -s: **1.** *Landschaft an der Westküste von Schleswig-Holstein.* **2.** *Landkreis in Schleswig-Holstein.*

¹**Dith|mar|scher,** der; -s, -: Ew.

²**Dith|mar|scher** ⟨indekl. Adj.⟩: das D. Landrecht.

Dith|mar|sche|rin, die; -, -nen: w. Form zu ↑ ¹Dithmarscher.

dith|mar|sisch ⟨Adj.⟩: *Dithmarschen, die Dithmarscher betreffend:* die -en Adelsgeschlechter.

Di|thy|ram|be, die; -, -n [griech. dithýrambos] (Literaturwiss.): **a)** *ekstatisches Chorlied aus dem altgriechischen Dionysoskult;* **b)** *der Ode ähnliches enthusiastisches Gedicht.*

di|thy|ram|bisch ⟨Adj.⟩: **a)** (Literaturwiss.) *nach der Art einer Dithyrambe gehalten;* **b)** (bildungsspr.) *überschwänglich, begeistert.*

Di|thy|ram|bus: ↑ Dithyrambe.

DITIB = Türkisch-Islamische Union der Anstalt für Religion.

di|to ⟨Adv.⟩ [frz. dito < ital. detto = besagt, genannt, 2. Part. von: dire = sagen < lat. dicere] (ugs.): *ebenfalls, desgleichen, ebenso* (steht stellvertretend für vorher Genanntes; Abk.: do., dto.): wir müssen die Küche und das Bad neu streichen, den Korridor d.

Ditt|chen, das u. der; -s, - ⟨meist Pl.⟩ [zu älter poln. dudki, Pl. von: dudek = eine Silbermünze] (ostpreuß.): *Zehnpfennigstück.*

Di|u|re|se, die; -, -n [zu griech. dioureīn = Harn ausscheiden, zu: oūron = Harn] (Med.): *Ausscheidung von Harn.*

Di|u|re|ti|kum, das; -s, ...ka (Med.): *harntreibendes Mittel.*

di|u|re|tisch ⟨Adj.⟩ [spätlat. diureticus < griech. diourētikós] (Med.): *harntreibend.*

Di|va, die; -, -s u. Diven [ital. diva, eigtl. = Göttliche < lat. divus = göttlich]: **a)** *gefeierte Sängerin, [Film]schauspielerin [die durch exzentrische Allüren von sich reden macht]:* Marlene Dietrich, die große deutsche D.; **b)** *jmd., der durch besondere Empfindlichkeit, durch exzentrische Allüren o. Ä. auffällt:* der Parteivorsitzende hat sich zu einer richtigen D. entwickelt.

di|ven|haft ⟨Adj.⟩: *einer Diva ähnlich:* -e Allüren.

di|ver|gent ⟨Adj.⟩ [mlat. divergens (Gen.: divergentis), 1. Part. von: divergere, ↑ divergieren]: **1.** (bildungsspr.) *entgegengesetzt; auseinanderstrebend:* die Geraden verlaufen d.; die Meinungen, Urteile waren sehr d. **2.** (Math.) *keinen Grenzwert habend:* eine -e Reihe.

Di|ver|genz, die; -, -en: **1.** (bildungsspr.) *das Auseinanderstreben, Auseinandergehen [von Meinungen, Zielen o. Ä.]:* politische, weltanschauliche -en; die D. der Zielvorstellungen; es gab große -en in, zwischen den Auffassungen der einzelnen Parteien. **2.** (Math.) *(von Zahlenreihen) das Auseinanderstreben ins Unendliche.* **3.** (Physik) *das Auseinandergehen von Lichtstrahlen.*

di|ver|gie|ren ⟨sw. V.; hat⟩ [mlat. divergere, zu lat. dis- = auseinander u. vergere = sich erstrecken; hinstreben]: **1.** (bildungsspr.) *auseinanderstreben; sich unterscheiden, voneinander, von etw. abweichen:* diese Linien divergieren; Ü seine Ansichten divergieren stark von meinen; divergierende Interessen. **2.** (Math.) *(von Zahlenreihen) nicht einem endlichen Grenzwert zustreben, ins Unendliche auseinanderstreben.*

di|ver|gie|rend ⟨Adj.⟩ (Math.): *divergent:* -e Zahlenreihen.

di|vers ⟨Adj.⟩ [lat. diversus = abweichend, verschieden] (bildungsspr.): *einige, mehrere [verschiedene]:* diverse Konzepte, Probleme; diverse Weinsorten; man hörte die diversesten (*unterschiedlichsten*) Meinungen zu der Frage; ⟨subst.:⟩ er hatte Diverses zu beanstanden.

Di|ver|si|fi|ka|ti|on, die; -, -en: **1.** [zu mlat. diversificatum, 2. Part. von: diversificare = verteilen, zu lat. diversus (↑ divers...) u. facere = machen] *Veränderung, Abwechslung, Vielfalt.* **2.** [engl. diversification] (Wirtsch.) *Ausweitung der Produktion, des Sortiments eines Unternehmens auf neue, bis dahin nicht erzeugte, angebotene Produkte, Sortimente.*

di|ver|si|fi|zie|ren ⟨sw. V.; hat⟩ (Wirtsch.): *ein Unternehmen auf neue Produktions- bzw. Produktbereiche umstellen.*

Di|ver|si|fi|zie|rung, die: *das Diversifizieren; Diversifikation.*

Di|ver|si|on, die; -, -en [1: zu russ. diversija, eigtl. = Ablenkungsangriff < lat. diversio = Ablenkung]: **1.** (in sozialistischen Ländern) *Sabotage gegen den Staat:* Ü ◆ Sie erklärte der Gottheit und dem Eigentum den Krieg, um die D. zugunsten der Könige zu machen (Büchner, Dantons Tod I, 3). **2.** (Rechtsspr.) (z. B. bei Bagatelldelikten) *Absehen von einer Strafverfolgung zugunsten erzieherischer Maßnahmen.*

Di|ver|si|tät, die; - [lat. diversitas] (bildungsspr.): *Vielfalt, Vielfältigkeit:* der Rückgang der biologischen D.

Divertikel – Dockenkasten

Di|ver|ti|kel, das; -s, - [lat. diverticulum = Seitenweg; Abweichung] (Med.): *Ausbuchtung eines Hohlorgans (z. B. am Darm).*

Di|ver|ti|men|to, das; -s, -s u. ...ti [ital. divertimento, zu: divertire = unterhalten, vergnügen < frz. divertir] (Musik): **1.** *einer Suite od. Sonate ähnliche heitere Instrumentalkomposition.* **2.** *Potpourri.* **3.** *freies, die strenge Thematik auflockerndes Zwischenspiel in der Fuge.*

di|vi|de et im|pe|ra! [lat. = teile und herrsche!; viell. lat. Form des frz. Herrscher Ludwig XI. (König von 1461 bis 1483) zugeschriebenen Ausspruchs frz. diviser pour régner = teilen, um zu herrschen]: *stifte Unfrieden unter denen, die du beherrschen willst!*

Di|vi|dend, der; -en, -en [lat. dividendus = zu teilender (Wert), zu: dividere, ↑ dividieren] (Math.): *Zahl, die durch eine andere Zahl geteilt wird.*

Di|vi|den|de, die; -, -n [frz. dividende < lat. dividendum = das zu Teilende, zu: dividere, ↑ dividieren] (Wirtsch.): *jährlich auf eine Aktie entfallender Anteil am Reingewinn:* eine hohe D. ausschütten, zahlen; der D. erhöhen.

Di|vi|den|den|aus|schüt|tung, die (Wirtsch.): *Auszahlung von Dividenden.*

di|vi|die|ren ⟨sw. V.; hat⟩ [spätmhd. dividieren < lat. dividere] (Math.): *(eine Zahl durch eine andere) teilen:* 20 durch 5 d.; 10 dividiert durch 2 ist, gibt 5.

Di|vi|na|ti|on, die; -, -en [lat. divinatio, zu: divinare = göttliche Eingebung haben] (bildungsspr.): *Voraussage von Ereignissen:* die Gabe der D. besitzen.

di|vi|na|to|risch ⟨Adj.⟩ (bildungsspr.): *die Fähigkeit der Divination besitzend.*

Di|vi|ni|tät, die; - [lat. divinitas] (bildungsspr.): *Göttlichkeit; göttliches Wesen.*

Di|vis, das; -es, -e [zu lat. divisum, 2. Part. von: dividere, ↑ dividieren] (Druckw.): *Bindestrich.*

Di|vi|si|on, die; -, -en: **1.** [lat. divisio] (Math.) *Teilung (einer Zahl durch eine andere); das Dividieren:* eine D. vornehmen; die D. geht [ohne Rest] auf. **2.** [frz. division, eigtl. = Abteilung] *größerer militärischer Truppenverband (bei verschiedenen Waffengattungen):* die französischen -en; eine D. wird aufgerieben; eine D. aufstellen, [neu] zusammenstellen. **3.** (Fußball) *(bes. in Frankreich, Großbritannien) Spielklasse:* in der ersten D. spielen. **4.** [auch engl.: dɪˈvɪʒ(ə)n] ⟨bei engl. Aussp.: Pl. -s⟩ [engl. division] (Wirtsch.) *Sparte, Geschäftsbereich.*

Di|vi|si|o|när, der; -s, -e [frz. divisionnaire]: **1.** (Militär, bes. österr., schweiz.) *Befehlshaber einer Division.* **2.** *Angehöriger einer Division* (3).

Di|vi|si|ons|kom|man|deur, der (Militär): *Kommandeur einer Division.*

Di|vi|si|ons|stab, der (Militär): *Stab* (2 a) *einer Division.*

Di|vi|si|ons|stär|ke, die ⟨o. Pl.⟩: *Stärke* (3) *einer Division:* einen Truppenverband auf D. bringen.

Di|vi|si|ons|zei|chen, das: *Zeichen (in Form eines Doppelpunktes), das für »geteilt durch«, dividiert durch« steht.*

Di|vi|sor, der; -s, ...oren [lat. divisor, eigtl. = (Ab)teiler] (Math.): *Zahl, durch die eine andere geteilt wird.*

Di|wan, der; -s, -e [frz. divan, ital. divano < türk. divan < pers. dīwān = Schreib-, Amtszimmer]: **1.** (veraltend) *niedriges Liegesofa.* **2.** (Literaturwiss.) *orientalische Gedichtsammlung.* **3.** (früher) *(in asiatischen Staaten, bes. im Osmanischen Reich) Staatsrat:* ◆ Im öffentlichen D., vor dem Kaiser und seinen Räten allen (Schiller, Turandot I, 1).

Di|xi®, das; -s, -s [Kunstwort] (salopp): Kurzf. von ↑ Dixi-Klo.

Di|xie [...ksi], der; -[s]: Kurzf. von ↑ Dixieland, ↑ Dixieland-Jazz.

Di|xie|land [...lænd], der; -[s] ⟨engl. Dixie(land), eigtl. Bez. für die Südstaaten der USA, H. u.], **Di|xie|land|jazz**, der, **Di|xie|land-Jazz**, der: *aus der Nachahmung des New-Orleans-Jazz durch weiße Musiker entstandener Jazzstil, der dem Ragtime ähnelt.*

Di|xi-Klo, das [zu ↑ Dixi®] (ugs.): *mobiles Toilettenhäuschen.*

d. J. = dieses Jahres; der Jüngere.

DJ [ˈdiːdʒeɪ], der; -[s], -s: Discjockey.

Dja|kar|ta [dʒaˈkarta]: ↑ Jakarta.

DJane [diːdʒeɪn], die; -, -s [zu ↑ DJ unter Anlehnung an den w. Vorn. Jane]: *weiblicher Discjockey.*

Djem|be [ˈdʒɛmbə, auch: ...be], die; -, -n [...bn], auch: -, -s [...beːs [frz. djembé, aus dem Malinke (westafrik. Sprache)]: *afrikanische Holztrommel.*

DJH, das; -[s] = Deutsches Jugendherbergswerk.

Dji|bou|ti [dʒiˈbuːti] (schweiz.): ↑ ²Dschibuti.

Djil|had: ↑ Dschihad.

DJing [ˈdiːdʒeɪɪŋ], das; -[s] [engl. DJ'ing, zu: to DJ = als DJ arbeiten]: *Tätigkeit eines DJs:* er macht das D. nur als Hobby.

D-Ju|gend [ˈdeː...], die [D nach der Reihenfolge im Alphabet] (Sport): *viertälteste Altersgruppe der Jugendlichen im Sport.*

Dju|ma, Dschuma [ˈdʒʊma], die; - [arab. ǧumʿah = Freitag] (islam. Rel.): *Freitagsgebet.*

Dkfm. (österr.) = Diplom-Kaufmann.

DKK = internationaler Währungscode für: dänische Krone.

dkl = Dekaliter.

dkm = Dekameter.

DKP [deːkaːˈpeː], die; -: Deutsche Kommunistische Partei.

dkr = dänische Krone (Münze).

dl = Deziliter.

Dl = Dekaliter.

DLF = Deutschlandfunk.

DLG = Deutsche Landwirtschafts-Gesellschaft.

DLG-prä|miert ⟨Adj.⟩: *von der Deutschen Landwirtschafts-Gesellschaft für besondere Qualität ausgezeichnet.*

DLRG = Deutsche Lebens-Rettungs-Gesellschaft.

dm = Dezimeter.

dm² = Quadratdezimeter.

dm³ = Kubikdezimeter.

d. M. = dieses Monats.

Dm = Dekameter.

DM = Deutsche Mark.

D-Mark [ˈdeː...], die: *Deutsche Mark:* wir konnten noch mit D. bezahlen; manche streben eine Rückkehr zur D. an.

d-Moll [auch: ˈdeːˈmɔl, ˈdeːmɔl], das (Musik): *auf den Grundton d bezogene Molltonart* (Zeichen: d).

d-Moll-Ton|lei|ter, die (Musik): *auf dem Grundton d beruhende Molltonleiter.*

DNA [ˈdeːɛnˈaː], die; - [engl. **d**eoxyribo**n**ucleic **a**cid] (Biochemie): *Desoxyribonukleinsäure.*

DNA-Ana|ly|se, die (Fachspr.): *Untersuchung von DNA zur Aufklärung ihrer Struktur u. Funktion, in der Rechtsmedizin zur Zuordnung zu Individuen.*

DNA-Fin|ger|prin|ting [deːɛnˈlaːfɪŋɡəprɪntɪŋ], das; -[s] [engl. DNA fingerprinting, zu: fingerprinting = Fingerabdruck]: *gentechnisches Verfahren, das der Identifizierung von Personen anhand von Körpersekreten, Blut, Haaren od. Gewebeteilen dient.*

DNA-Pro|be, die (Biochemie): *Probe* (2) *der DNA.*

DNA-Test, der: *DNA-Analyse.*

Dnjepr, der; -[s]: Fluss in Russland, Weißrussland u. der Ukraine.

Dnjestr, der; -[s]: Fluss in Moldawien u. der Ukraine.

DNS [deːɛnˈɛs], die; - (Biochemie): ↑ Desoxyribo[se]nukleinsäure.

DNS-Fin|ger|prin|ting [deːɛnˈɛsfɪŋɡəprɪntɪŋ], das; -[s] [zu engl. fingerprinting = Fingerabdruck] (Fachspr.): *DNA-Fingerprinting.*

do [ital.]: *Silbe, auf die beim Solmisieren der Ton c gesungen wird.*

do. = dito.

d. O. = der/die Obige.

Do. = Donnerstag.

¹Dö|bel, der; -s, - [zu ↑ Dübel = Pflock, nach dem großen Kopf; (es gibt auch die Bez. »Dickkopf« für den Fisch)]: *Karpfenfisch mit großen Schuppen u. dunklem, grün glänzendem Rücken.*

²Dö|bel, der; -s, -: ↑ Dübel.

Do|ber|mann, der; -s, ...männer [nach dem dt. Hundezüchter Dobermann (1834–1894)]: *sehr großer, glatthaariger, meist brauner od. schwarzer [Wach]hund.*

¹doch ⟨Konj.⟩ [mhd. doch, ahd. doh]: *aber:* ich klopfe, d. niemand öffnet.

²doch ⟨Adv.⟩ [vgl. ¹doch]: **1.** ⟨immer betont⟩ *dennoch:* höflich und d. bestimmt; er sagte es höflich und d. bestimmt. **2.** ⟨mit Inversion der vorangehenden Verbform⟩ *schließt eine begründende Aussage an:* er schwieg, sah er d., dass alle Worte sinnlos waren. **3.** ⟨immer betont⟩ *als gegensätzliche Antwort auf eine negativ formulierte Aussage od. Frage in Konkurrenz zu »ja« bei einer positiv formulierten Frage u. in Opposition zu »nein«:* »Das stimmt nicht!« – »Doch!«; »Du willst nicht?« – »Doch, d.«; »Ist keiner da?« – »Doch, d.« **4.** ⟨stark betont⟩ *bestätigt eine Vermutung od. weist auf einen Sachverhalt hin, den der Sprecher zunächst nicht für wahrscheinlich hielt: also d.!; man kann sich eben d. auf ihn verlassen; sie blieb dann d. zu Hause.*

³doch ⟨Partikel; unbetont⟩ [zu: ↑ ¹doch]: **1.** *gibt einer Frage, Aussage, Aufforderung od. einem Wunsch eine gewisse Nachdrücklichkeit:* es wird d. nichts passiert sein?; das hast du d. gewusst; ja d.!; pass d. auf!; komm d. mal her!; so hör d. endlich! **2.** *drückt in Ausrufesätzen Entrüstung, Unmut od. Verwunderung aus:* das ist d. zu blöd!; du musst d. immer meckern!; was man d. alles so hört! **3.** *drückt in Fragesätzen die Hoffnung des Sprechers auf eine Zustimmung aus:* ihr kommt d. heute Abend?; du betrügst mich d. nicht? **4.** *drückt in Fragesätzen aus, dass der Sprecher nach etwas Bekanntem fragt, was ihm im Moment nicht einfällt; noch:* wie heißt er d. gleich?; wie war das d.?

Docht, der; -[e]s, -e [mhd., ahd. tāht, eigtl. = Zusammengedrehtes]: *saugfähiger Faden* (1) *in einer Kerze od. [Petroleum]lampe, der der Flamme den Brennstoff zuführt und dabei selbst brennend aufgebraucht wird:* die D. ist niedergebrannt; den D. beschneiden; den D. der Lampe herunter-, höherschrauben.

Docht|sche|re, die: *Schere zum Beschneiden eines Dochtes, bei der das abgeschnittene Stück in einen kleinen Behälter fällt; Lichtputzschere.*

Dock, das; -s, -s, selten: -e [mhd. nieder-/od. engl. dock; H. u.]: **1.** *Anlage in Werften u. Häfen zum Überholen, Warten von Schiffen:* das Schiff liegt im D., geht in[s] D. **2.** *Hafenbecken, dessen Wasserstand durch Schleusen konstant gehalten wird.* **3.** *Gerüst zum Warten, Überholen von Flugzeugen.*

do|cken ⟨sw. V.; hat⟩: **1.** a) *(ein Schiff) ins Dock bringen;* b) *im Dock liegen.* **2.** [engl. to dock] *(ein Raumfahrzeug an ein anderes) ankoppeln.*

◆ **Do|cken|kas|ten**, der [zu ↑ Docke] (landsch.): *Puppentheater:* Vor Jahren habe ich zu Stuttgart

Docker – dokumentarisch

auf dem Markt ein Spiel gesehen in einem D. (Mörike, Hutzelmännlein 165).

Do|cker, der; -s, - [engl. docker, zu: dock (↑ Dock)]: *Hafenarbeiter.*

Do|cking, das; -s, -s [engl. docking, zu: to dock, ↑ docken (2)]: *Ankoppelung eines Raumfahrzeuges an ein anderes.*

Do|cking|ma|nö|ver, das: *Manöver (2), mit dem ein Raumschiff an ein anderes gekoppelt wird.*

Do|cking|sta|tion [...steɪʃn̩], die; -, -s [engl. docking station, zu: to dock, ↑ docken] (EDV): *Vorrichtung, die eine Verbindung zwischen tragbaren elektronischen Geräten u. den Datenleitungen od. der Stromversorgung herstellt.*

Do|de|ka|eder, das; -s, - [griech. dōdekáedron, zu: hédra = Fläche] (Geom.): 1. *von zwölf Flächen begrenztes Polyeder; Zwölfflach, -flächner.* 2. Kurzf. von ↑ Pentagondodekaeder.

Do|de|ka|nes, der; -: *Inselgruppe in Griechenland.*

Dö|del, der; -s, -: 1. (ugs.) *Trottel.* 2. (nordd. ugs.) *Penis.*

Do|do|ma: *Hauptstadt von Tansania.*

◆ **Do|ga|ne,** die; -, ...nen [ital. dogana, über das Arab. zu pers. dīwān, ↑ Diwan]: *Zollhaus:* Über der Wasserfläche sieht man ... weiter rechts die D. und die Einfahrt in den Canal Grande (Goethe, Italien. Reise 29. 9. 1786 [Venedig]).

Do|ge ['do:ʒə, ...dʒə], der; -n, -n [ital. (venez.) doge < lat. dux = Führer] (Geschichte): *Staatsoberhaupt in den ehemaligen Republiken Venedig u. Genua.*

Do|gen|pa|last, der: *Palast der Dogen [von Venedig].*

Dog|ge, die; -, -n [aus dem Niederd. < engl. dog = Hund]: *großer, kräftiger, meist einfarbig gelber od. gestromter kurz- u. glatthaariger Haushund mit gedrungenem Körper u. breitem Kopf, der bes. als Wachhund gehalten wird:* die Dänische, Deutsche D.

¹Dog|ger, der; -s engl. dogger, eigtl. Bez. eines Eisenhaufens in der engl. Grafschaft Yorkshire] (Geol.): *an Eisenerzen reiche mittlere Juraformation.*

²Dog|ger, der; -s, - [(m)niederl. dogger, H. u.]: *niederländisches Fischereifahrzeug.*

Dög|ling, der; -s, -e [schwed. dögling, aus dem Färöischen]: *Entenwal.*

Dog|ma [österr. auch: 'do:...], das; -s, ...men [lat. dogma < griech. dógma, zu: dokeúein, dokeĩn = meinen]: **a)** (bes. kath. Kirche) *verbindliche, normative Glaubensaussage:* christliche Dogmen; **b)** (bildungsspr., oft abwertend) *den Anspruch der absoluten Gültigkeit, Wahrheit erhebende Aussage, Lehrmeinung:* ein politisches, philosophisches D.; ein D. aus etw. machen; etw. zum D. machen, erheben.

Dog|ma|tik [österr. auch: ...'mat...], die; -, -en: **1.** (Theol.) *wissenschaftliche Darstellung der [christlichen] Glaubenslehre:* die katholische, christliche D. **2.** (bildungsspr., oft abwertend) *dogmatische (2) Gesinnung; [unkritisches] Festhalten an einem Dogma* (b): die D. der Eltern.

Dog|ma|ti|ker [österr. auch: ...'mat...], der; -s, -: **1.** (bildungsspr., meist abwertend) *unkritischer Verfechter einer Lehrmeinung o. Ä.* **2.** *Lehrer der Dogmatik* (1).

Dog|ma|ti|ke|rin [österr. auch: ...'mat...], die; -, -nen: w. Form zu ↑ Dogmatiker.

dog|ma|tisch [österr. auch: ...'mat...] ⟨Adj.⟩ [spätlat. dogmaticus < griech. dogmatikós]: **1.** *das Dogma* (a) *betreffend:* eine d. verbindliche Lehre. **2.** (bildungsspr., meist abwertend) *[unkritisch] an einem Dogma* (b) *festhaltend:* einen -en Standpunkt vertreten; -e Einstellung; d. starr; an etw. d. festhalten.

dog|ma|ti|sie|ren ⟨sw. V.; hat⟩: *zum Dogma erheben.*

Dog|ma|tis|mus, der; - (bildungsspr., meist abwertend): *starres, unkritisches Festhalten an Anschauungen, Lehrmeinungen o. Ä.*

Dog|men|ge|schich|te, die ⟨o. Pl.⟩: **1.** (Theol.) *Disziplin der Theologie, die die Entwicklung der christlichen Dogmen untersucht.* **2.** *Geschichte der Volkswirtschaftslehre.*

Dog|skin, das; -[s] [engl. dogskin, eigtl. = Hundefell]: *Leder aus kräftigem Schaffell.*

Do|ha: *Hauptstadt von Katar.*

Doh|le, die; -, -n [mhd. tahele, tāle, Vkl. zu mhd. tahe, ahd. taha (nach dem Lockruf)]: **1.** *meist in Höhlen, an Felsen o. Ä. nistender, kleinerer, schwarzer Rabenvogel mit grauem Nacken.* **2.** (landsch. veraltend) *altmodischer dunkler Hut.*

Doh|nen|steig, Doh|nen|stieg, der; -s, -e (früher): *Waldpfad, in dem Dohnen aufgehängt sind:* ◆ ... die Jahreszeiten, die wir zählten durch die Schneeglöckchen, die Maiblumen über die Erdbeeren weg bis in die Brombeeren und den Dohnensteig (Raabe, Alte Nester 36).

Döhn|kes ⟨Pl.⟩ [aus dem Niederd., ↑ Döntje] (nordd.): *lustige Geschichten, Dönkes:* D. erzählen.

do it your|self ['du: ɪt jɔː'sɛlf; engl.]: *mach es selbst!* (Schlagwort für die selbstständige Ausführung handwerklicher Arbeiten, d. h. ohne Inanspruchnahme von Handwerkern).

Do-it-your|self-Me|tho|de, die, **Do-it-your-self-Ver|fah|ren,** das: *selbstständige Ausführung handwerklicher Arbeiten ohne Inanspruchnahme von Handwerkern.*

dok|tern ⟨sw. V.; hat⟩ (ugs.): *herumdoktern.*

Dok|tor, der; -s, ...oren [mlat. doctor = Lehrer, zu lat. docere (2. Part.: doctum) = lehren]: **1. a)** ⟨o. Pl.⟩ *höchster akademischer Grad, der durch eine schriftliche wissenschaftliche Arbeit, die Dissertation, u. eine bestandene mündliche Prüfung, das Rigorosum, erworben wird* (Abk.: Dr.): D. beider Rechte; den medizinischen D. haben; seinen D. machen, bauen; zum D. promovieren; **b)** *Träger[in] eines Doktortitels* (Abk. Dr., Pl.: Dres. = doctores): er ist D. der Philosophie; die Villa des [Herrn] D. Meier; (abgekürzt:) sehr geehrte Frau Dr. Schulz!; (ausgeschrieben:) sehr geehrte Frau Doktor!; (ausgeschrieben:) die Herren Doktoren Schmidt und Kraus; (abgekürzt:) die Dres. Schmidt und Kraus. **2.** (ugs.) *Arzt:* den D. fragen, rufen; D. spielen *(Doktorspiele machen);* zum D. gehen.

Dok|to|rand, der; -en, -en [mlat. doctorandus]: *jmd., der an seiner Dissertation schreibt* (Abk.: Dd.)

Dok|to|ran|din, die; -, -nen: w. Form zu ↑ Doktorand.

Dok|tor|ar|beit, die: *Dissertation.*

Dok|to|rat, das; -[e]s, -e [mlat. doctoratus]: **1.** *Doktorgrad.* **2.** *Doktorprüfung:* das D. bestehen. **3.** (österr., schweiz.) *Studienabschluss mit dem Doktortitel.*

Dok|to|rats|stu|di|um, das (österr.): *Studium, das zum Erwerb des Doktorats* (3) *führt.*

Dok|tor|ex|a|men, das (seltener): *Rigorosum.*

Dok|tor|fra|ge, die (ugs.): *sehr schwierige Frage.*

Dok|tor|grad, der: *akademischer Grad eines Doktors.*

Dok|tor|hut, der: **a)** *(heute noch bei Ehrenpromotionen an außerdeutschen Universitäten verliehener) Hut als Zeichen der Doktorwürde;* **b)** (ugs.) *Doktorgrad:* den D. erwerben.

dok|to|rie|ren ⟨sw. V.; hat⟩ (veraltend): *promovieren.*

Dok|to|rin, die; -, -nen: w. Form zu ↑ Doktor.

Dok|tor|in|ge|ni|eur, der: *promovierter Ingenieur* (Abk.: Dr.-Ing.)

Dok|tor|mut|ter, die: vgl. Doktorvater.

Dok|tor|prü|fung, die (seltener): *Rigorosum.*

Dok|tor|spiel, das: *von Kindern durchgeführtes Spiel, bei dem – oft aus sexueller Neugier – eine ärztliche Untersuchung nachgeahmt wird.*

Dok|tor|ti|tel, der: *Titel eines Doktors* (1 a).

Dok|tor|va|ter, der: *Universitätsprofessor, der dem Doktoranden das Thema für die Doktorarbeit gibt [u. ihn bei der Abfassung seiner Dissertation berät].*

Dok|tor|wür|de, die: *Doktorgrad.*

Dok|t|rin, die; -, -en [lat. doctrina = Lehre, zu: docere, ↑ Doktor]: **1.** (bildungsspr.) *wissenschaftliche Lehre, System von Ansichten, Aussagen [mit dem Anspruch der Allgemeingültigkeit]:* eine neue D. aufstellen, verteidigen; an einer D. festhalten. **2.** (bes. Politik) *politischer Grundsatz; politisches Programm:* die D. von der Teilung der Gewalten; nach einer D. verfahren.

dok|t|ri|när ⟨Adj.⟩ [frz. doctrinaire, zu: doctrine < lat. doctrina, ↑ Doktrin] (bildungsspr.): **1.** *in der Art einer Doktrin* (1), *auf einer Doktrin* (1) *beruhend:* -er Marxismus. **2.** (abwertend) *theoretisch starr u. einseitig:* -e Ansichten haben; d. argumentieren.

Dok|t|ri|när, der; -s, -e (bildungsspr.): **1.** *Verfechter, Vertreter einer Doktrin* (1). **2.** (abwertend) *jmd., der starr doktrinär* (2) *an seinen Auffassungen festhält, die in doktrinärer* (2) *Weise vertritt.*

Dok|t|ri|na|ris|mus, der; - (bildungsspr. abwertend): *doktrinäres* (2), *starres Festhalten an bestimmten Theorien od. Meinungen.*

Do|ku, die; -, -s (ugs.): kurz für Dokumentation, Dokumentarbericht, Dokumentarfilm o. Ä.

Do|ku|dra|ma, Do|ku-Dra|ma, das; -s, -s [1. Bestandteil ↑ Doku, 2. Bestandteil ↑ Drama] (Film, Fernsehen): *Fernseh-, Kinofilm, der Elemente des Spielfilms mit Elementen des Dokumentarfilms mischt.*

Do|ku|ment, das; -[e]s, -e [mlat. documentum = beweisende Urkunde < lat. documentum = das zur Belehrung über etw. bzw. zur Erhellung von etw. Dienliche, Beweis, zu: docere, ↑ Doktor]: **1.** *Urkunde, amtliches Schriftstück:* ein geheimes D.; -e veröffentlichen; der Bericht stützt sich auf -e. **2.** *Beweisstück, Zeugnis:* der Film ist ein erschütterndes D. des Krieges; etw. als historisches D. aufbewahren. **3.** (DDR) Kurzf. von ↑ Parteidokument. **4.** (EDV) *strukturierte, als Einheit erstellte u. gespeicherte Menge von Daten; [Text]datei.*

Do|ku|men|ta|list, der; -en, -en [engl. documentalist, frz. documentaliste]: ↑ Dokumentalist.

Do|ku|men|ta|lis|tin, die; -, -nen: w. Form zu ↑ Dokumentalist.

Do|ku|men|tar, der; -s, -e: *jmd., der nach einer wissenschaftlichen Fachausbildung in einer Dokumentationsstelle od. in einer Spezialbibliothek tätig ist* (Berufsbez.).

Do|ku|men|tar|auf|nah|me, die: *fotografische od. akustische Aufnahme, die als Dokument* (2) *dient.*

Do|ku|men|tar|be|richt, der: *[Fernseh]bericht, der zeitkritische Probleme umfassend anhand von Fakten u. dokumentarischem* (2) *Material darlegt.*

Do|ku|men|tar|film, der: *Film mit Dokumentaraufnahmen, der Begebenheiten u. Verhältnisse möglichst genau, den Tatsachen entsprechend zu schildern versucht.*

Do|ku|men|ta|rin, die; -, -nen: w. Form zu ↑ Dokumentar.

do|ku|men|ta|risch ⟨Adj.⟩ (bildungsspr.): **1.** *urkundlich, durch ein Dokument* (1) *[belegt]:* eine -e Darlegung; seine Aussage d. erhärten. **2.** *beweiskräftig, als Dokument* (2) *[dienend], Dokumente verwendend:* -e Fotos; -en Wert haben; Professor Krickeberg hatte die ganze

Stadt gefilmt, als sie noch heil war... Das hatte nun -en Wert (Kempowski, Tadellöser 225).

Do|ku|men|ta|rist, der; -en, -en: *jmd., der Dokumentarberichte, -filme o. Ä. herstellt.*

Do|ku|men|ta|ris|tin, die; -, -nen: w. Form zu ↑Dokumentarist.

Do|ku|men|tar|spiel, das: *für das Fernsehen geschriebenes od. bearbeitetes Stück (6 a), in dem ein historisches od. zeitgeschichtliches Ereignis in einer Spielhandlung nachgestaltet wird.*

Do|ku|men|ta|ti|on, die; -, -en: **1. a)** *das Dokumentieren (2); Zusammenstellung u. Nutzbarmachung von Dokumenten, Belegen u. Materialien jeder Art:* eine D. vornehmen; **b)** *etw. Zusammengestelltes (in Bezug auf Dokumente o. Ä.):* eine umfassende D. des letzten Jahrhunderts/über das letzte Jahrhundert spanischer Geschichte liegt vor; eine D. zum Thema Kinderprostitution in der Dritten Welt. **2.** *Ausdruck von etw., beweiskräftiges Zeugnis, anschaulicher Beweis:* eine D. internationaler Zusammenarbeit. **3.** Kurzf. von ↑Dokumentationsstelle.

Do|ku|men|ta|ti|ons|stel|le, die: *Einrichtung, Abteilung zur Dokumentation (1 a), zur Erfassung u. Sammlung von Dokumentationen (1 b).*

Do|ku|men|ta|tor, der; -s, ...oren: *Dokumentarist.*

Do|ku|men|ta|to|rin, die; -, -nen: w. Form zu ↑Dokumentator.

do|ku|men|ten|echt ⟨Adj.⟩: *für den Einsatz beim Ausfertigen od. Unterzeichnen von Dokumenten geeignet:* -e Tinte; der Drucker ist d.

Do|ku|men|ten|ma|nage|ment, das (EDV): *elektronische Verwaltung von Dokumenten (4) in Datenbanken.*

Do|ku|men|ten|samm|lung, die: *Sammlung von Dokumenten (2).*

do|ku|men|tie|ren ⟨sw. V.; hat⟩ (bildungsspr.): **1. a)** *deutlich zum Ausdruck bringen, bekunden, zeigen:* den Willen zum Frieden d.; dadurch wird dokumentiert, wie bahnbrechend diese Leistungen sind; **b)** ⟨d. + sich⟩ *zum Ausdruck kommen, deutlich werden, sich zeigen:* an/in dieser Inszenierung dokumentiert sich die Freude am Experiment; Schwierigkeiten dokumentieren sich durch Trotz und Aufsässigkeit. **2. a)** *durch Dokumente (2) belegen;* **b)** *dokumentarisch (2) darstellen, festlegen:* etw. filmisch d.; den Prozess lückenlos d.

Do|ku|soap, Do|ku-Soap [...soʊp], die; -, -s [1. Bestandteil ↑Doku, 2. Bestandteil engl. soap, kurz für: soap opera, ↑Soapopera] (Fernsehen): *in Fortsetzungen erscheinender Dokumentarbericht mit mehr od. weniger stark inszeniertem Ablauf, der bewusst unterhaltsam od. anrührend gestaltet ist.*

Dol, das; -[s], - [zu lat. dolor = Schmerz] (Med.): *Einheit für die Intensität einer Schmerzempfindung* (Zeichen: dol; 1 dol = $^1/_{10}$ des höchstmöglichen Schmerzes einer punktförmigen Verbrennung 3. Grades).

Dol|by® [...bi], das; -s: Kurzf. von ↑Dolby-System.

Dol|by-Sys|tem®, das; -s, -e [nach dem amerik. Elektrotechniker R. M. Dolby (geb. 1933)] (Elektronik): *elektronisches Verfahren zur Unterdrückung von Störgeräuschen bei Tonaufzeichnungen u. Tonwiedergabe.*

dol|ce [ˈdɔltʃe] ⟨Adv.; Komp.: più dolce, Sup.: dolcissimo⟩ [ital. dolce < lat. dulcis = angenehm, lieblich; süß] (Musik): *sanft, weich, lieblich.*

dol|ce far ni|en|te [ˈdɔltʃə far ˈnjɛnta; ital.]: *süß ist's, nichts zu tun* (Maxime eines Lebensstils).

Dol|ce|far|ni|en|te, das; -s [↑dolce farniente]: *als angenehm, erholsam, erquicklich empfundenes Nichtstun.*

Dol|ce Vi|ta, das od. die; -- [ital. = süßes Leben; allgemein geläufig seit Fellinis gleichnamigem Film (1960)]: *luxuriöses Leben, das aus Müßiggang u. Vergnügungen besteht.*

Dolch, der; -[e]s, -e [frühnhd., H. u.]: **1.** *Stichwaffe mit kurzer, fest stehender, spitzer, meist zweischneidiger Klinge:* den D. ziehen, zücken; er hat ihr den D. in die Brust gestoßen. **2.** (ugs.) *Messer.*

Dolch|stoß, der: **1.** *Stoß, der jmdm. mit einem Dolch versetzt wird.* **2.** *hinterhältiger Anschlag.*

Dolch|stoß|le|gen|de, die: **1.** *[lügenhafte] Behauptung, nach der ein hinterhältiger, heimtückischer Anschlag o. Ä. [aus den eigenen Reihen] für eine Niederlage od. für ein Misslingen verantwortlich sein soll.* **2.** (Geschichte) *Behauptung, Deutschland habe den Ersten Weltkrieg nicht militärisch-wirtschaftlich, sondern durch Defätismus u. Verrat in der Heimat verloren.*

dol|cis|si|mo [dɔl'tʃɪsimo] ⟨Adv.⟩ [ital.] (Musik): *sehr sanft, weich, lieblich.*

Dol|de, die; -, -n [mhd. tolde, ahd. toldo = Pflanzen-, Baumkrone, vielL. verw. mit ahd. tola = Stiel der Weintraube]: *schirmähnlicher u. büscheliger Blütenstand:* große, helle -n des Holunders.

Dol|den|blü|te, die: *doldenförmige Blüte.*

Dol|den|blüt|ler, der; -s, -: **1.** (*in sehr vielen Arten weltweit in den außertropischen Gebieten vorkommende) Blütenpflanze mit kleinen Blüten, meist in Dolden od. Köpfchen.* **2.** *Doldengewächs.*

dol|den|för|mig ⟨Adj.⟩: *die Form einer Dolde aufweisend.*

Dol|den|ge|wächs, das: *(in zahlreichen Arten vorkommende) zweikeimblättrige Pflanze mit doldenförmigem Blütenstand u. gefiederten Blättern.*

Dol|den|ris|pe, die: *Rispe mit schirmförmig angeordneten Blüten.*

Dol|den|trau|be, die: *Traube, deren verschieden lang gestielte Blüten annähernd in einer Ebene liegen.*

Do|le, die; -, -n [spätmhd. dol = Mine, ahd. dola (= Erd)röhre]: **1.** *überdeckter Abzugsgraben.* **2.** (westmd., schweiz.) *Sinkkasten.*

Do|li|ne, die; -, -n [slowen. dolina = Tal] (Geol.): *trichterförmige Vertiefung der Erdoberfläche, bes. im Karst.*

doll ⟨Adj.⟩ [landsch. Nebenf. von ↑toll] (ugs.): **1.** *ungewöhnlich, unglaublich:* eine -e Sache; ⟨subst.:⟩ das Dollste an der Geschichte. **2.** *großartig, prachtvoll:* ein -es Essen; eine -e Party; das war einfach d., sage ich dir. **3.** *schlimm:* ein -er Lärm; es wird immer -er mit ihr. **4.** (nordd.) *sehr, stark:* ich habe mich ganz d. gefreut; es regnet immer -er.

Dol|lar, der; -[s], -s ⟨aber: 30 Dollar⟩ [amerik. dollar < niederd. dāler, älter niederl. daler = Taler]: *Währungseinheit in den USA, in Kanada u. anderen Ländern* (1 Dollar = 100 Cent; Zeichen: $).

Dol|lar|kurs, der: *Kurs des Dollars.*

Dol|lar|schwä|che, die (Wirtsch.): *Schwäche des US-Dollars.*

Doll|art, der; -s: *Nordseebucht an der Emsmündung.*

Dol|lar|zei|chen, das: *Zeichen für die Währungseinheit Dollar ($).*

Dol|le, die; -, -n [mniederd. dolle, eigtl. = die Dicke, verw. mit ↑Daumen]: *drehbare eiserne Gabel an der Bordwand zur Aufnahme des Ruders (1).*

Dol|len, der; -, - [↑Dolle] (Fachspr.): *Holzdübel.*

◆ **Dol|lond,** der; -s, -s [nach dem Namen des Erfinders, dem Engländer J. Dollond (1706–1761)]: *achromatisches Fernglas:* ...hatte der graue Mann... die Hand schon in die Rocktasche gesteckt, daraus einen schönen D. hervorgezogen (Chamisso, Schlemihl 19).

Doll|punkt, der [eigtl. = Punkt, an dem die ↑Dolle angebracht ist] (ugs.): *von jmdm. immer wieder aufgegriffenes Thema, umstrittener Punkt.*

Dol|ly [ˈdɔli], der; -[s], -s [engl. dolly, zu: doll = Puppe (wohl nach der ähnlichen Form)]: **a)** *fahrbares Stativ für eine Filmkamera;* **b)** *Wagen mit aufmontierter Kamera.*

Dol|ma, das; -[s], -s ⟨meist Pl.⟩ [türk. dolma, eigtl. = Füllung]: *türkisches Nationalgericht aus Kohl- u. Weinblättern, die mit gehacktem Hammelfleisch u. Reis gefüllt sind.*

Dol|men, der; -s, - [frz. dolmen, zu bret. taol = Tisch u. maen = Stein]: *prähistorische Grabkammer aus senkrecht aufgestellten Steinen mit einer Deckplatte.*

Dol|metsch, der; -[e]s, -e [mhd. tolmetsche, tolmetze < obersorb. tołmač od. ung. tolmács, wohl aus einer vorderasiatischen Spr.]: **1.** (österr., sonst selten) *Dolmetscher.* **2.** (geh.) *jmd., der stellvertretend für andere einer Sache Ausdruck gibt:* ein D. der Armen.

dol|met|schen ⟨sw. V.; hat⟩ [mhd. tolmetzen]: **a)** *einen gesprochenen od. geschriebenen Text für jmdn. mündlich übersetzen:* ein politisches Gespräch, ein Schriftstück d.; **b)** *als Dolmetscher tätig sein:* wer wird d.?; ...blieb sie in dem anderen Deutschland, da dolmetschte sie nun in einem Hauptquartier der amerikanischen Streitkräfte (Johnson, Mutmaßungen 11).

Dol|met|scher, der; -s, - [spätmhd. tolmetscher, tolmetzer]: *jmd., der Äußerungen in einer fremden Sprache übersetzt* (Berufsbez.): *ein freiberuflicher, vereidigter D.;* als D. bei Konferenzen, in der Privatwirtschaft arbeiten; ein D. wurde hinzugezogen.

Dol|met|sche|rin, die; -, -nen: w. Form zu ↑Dolmetscher.

Dol|met|scher|in|s|ti|tut, das: *Dolmetscherschule.*

Dol|met|scher|schu|le, die: *Fachschule od. der Universität angeschlossene Fachhochschule zur Ausbildung von Dolmetschern u. Übersetzern.*

Dol|met|schin, die; -, -nen: w. Form zu ↑Dolmetsch.

Do|lo|mit [auch: ...'mɪt], der; -s, -e [nach dem frz. Mineralogen Dolomieu (1750–1801)]: **1.** *farbloses, weißes od. bräunliches Mineral aus Kalzium- u. Magnesiumkarbonat.* **2.** *hauptsächlich aus Dolomit (1) u. Kalkspat bestehendes [körniges] Sedimentgestein.*

Do|lo|mi|ten ⟨Pl.⟩: *Teil der Alpen.*

Do|lo|ro|sa, die; -: *Mater dolorosa.*

do|lo|ro|so ⟨Adv.⟩ [ital. doloroso < mlat. dolorosus = schmerzerfüllt < lat. dolorosus = schmerzhaft, zu: dolor = Schmerz] (Musik): *schmerzerfüllt, klagend, betrübt.*

¹Dom, der; -[e]s, -e [frz. dôme < ital. duomo < kirchenlat. domus (ecclesiae), LÜ von griech. oîkos tês ekklēsías = Haus der Christengemeinde]: *große, künstlerisch ausgestaltete, meist bischöfliche Kirche mit ausgedehntem Chor (6):* ein romanischer D.; der D. in Florenz, zu Pisa; in den -en von Mainz und Speyer; Ü (dichter.:) der D. des Waldes, des Himmels.

²Dom, der; -[e]s, -e [frz. dôme, eigtl. = Kuppel < provenz. doma < griech. dôma = Haus, Dach, urverw. mit: dómos = Haus, Wohnung, Zimmer (identisch mit lat. domus, ↑¹Dom)]: **1.** (Geol.) *gewölbeartige Struktur einer Gesteinsfalte von geringer Länge mit kreisförmiger od. ovaler Grundform.* **2.** *Kuppel od. Destillierapparats.* ◆ **3.** *Kuppel:* Auf einmal sah ich mich in glüh'nder Sphäre... Dem und jenem Schlund aufwirbelten viel tausend wilde Flammen ... Zum höchsten -e züngelt' es empor (Goethe, Faust II, 5989 ff.).

Do|main [dɔˈmeɪn, engl.: dəˈmeɪn], die; -, -s [engl. domain] (EDV): *Teilbereich eines elektronischen Netzwerks (oft Bestandteil der Internetadresse).*

Do|mai|ne [dɔˈmɛːnə], die; -, -s [frz. domaine = Besitz(tum); Landgut, Länderei] (Fachspr.): *Weingut in Frankreich, das ausschließlich Weine aus eigenen Trauben erzeugt.*

Do|main|na|me, der (EDV): *Benennung für eine Domain.*

Do|mä|ne, die; -, -n [frz. domaine = Gut in landesherrlichem Besitz < lat. dominium, ↑ Dominium]: **1.** *Staatsgut, staatlicher Landbesitz:* eine ertragreiche D. **2.** *Spezialgebiet; Gebiet, auf dem sich jmd. besonders betätigt, besonders gut auskennt:* eine D. der Jugend; ihre D. ist die Kurzgeschichte.

Dom|chor, der: **1.** *Chor* (1 a) *eines* ¹*Domes.* **2.** *Chor* (6) *eines* ¹*Domes.*

Do|mes|tik [auch, österr. nur: ...tɪk], der; -en, -en [frz. domestique, zu lat. domesticus = zum Hause gehörend, zu: domus = Haus]: **1.** (veraltend, heute meist abwertend) *Dienstbote:* Ein Hausangestellter, ein D., ein junger Mann vom Gesinde tritt bei mir ein (Th. Mann, Krull 202). **2.** (Sport) *Radrennfahrer, der als Mitglied einer Mannschaft in erster Linie für den Sieg des erklärten Spitzenfahrers fährt u. ihm Hilfsdienste leistet.*

Do|mes|ti|ka|ti|on, die; -, -en [frz. domestication]: *allmähliche Umwandlung von Wildtieren in Haustiere od. von wild wachsenden Pflanzen in Kulturpflanzen durch den Menschen:* die D. des Haushundes.

Do|mes|ti|ke, der; -n, -n: *Domestik.*

Do|mes|ti|kin, die; -, -nen: **1.** w. Form zu ↑ Domestike, ↑ Domestike. **2.** (verhüll.) *Masochistin, die sadistische Handlungen an sich vornehmen lässt.*

do|mes|ti|zie|ren ⟨sw. V.; hat⟩ [mlat. domesticare = zähmen]: **1.** *Haustiere od. Kulturpflanzen aus Wildformen züchten:* Tiere d.; das domestizierte Huhn; domestizierter Weizen. **2.** (bildungsspr.) *zähmen, bändigen:* seinen Radikalismus d.; der Erfolg domestiziert die wildesten Herausforderer.

Do|mes|ti|zie|rung, die; -, -en: *Domestikation.*

Dom|herr, der (kath. Kirche): *Mitglied eines Domkapitels.*

¹**Do|mi|na**, die; -, ...nä [lat. domina = (Haus)herrin, zu: dominus, ↑ Dominus): *Stiftsvorsteherin.*

²**Do|mi|na**, die; -, -s (verhüll.): *Prostituierte, die sadistische Handlungen an einem Masochisten vornimmt.*

do|mi|nant ⟨Adj.⟩ [zu lat. dominans (Gen.: dominantis), 1. Part. von: dominari, ↑ dominieren]: **1. a)** (Biol.) *(von Erbfaktoren) vorherrschend, überdeckend:* ein -es Merkmal; d. gegenüber rezessiven Merkmalen; **b)** *dominierend* (1 a): *die -en Farben dieses Winters.* **2.** *dominierend* (1 b), *bestimmend:* -e Mütter, Väter; die Kleine ist sehr d. **3.** (verhüll.) *dominierend* (2): *-e Blondine mit Peitsche.*

Do|mi|nant|ak|kord, Do|mi|nant|drei|klang, der (Musik): *Dominante* (2 b).

Do|mi|nan|te, die; -, -n: **1.** [zu ↑ dominant] *vorherrschendes Merkmal:* die farbliche D. bildet das Gelb des Hintergrundes. **2.** [zu ital. dominante, subst. 1. Part. von: dominare = (be)herrschen < lat. dominari, ↑ dominieren] (Musik) **a)** *Quint*; *5. Stufe der diatonischen Tonleiter;* **b)** *Durdreiklang über der Quint einer Dur- od. Molltonleiter.*

Do|mi|nant|sept|ak|kord, der (Musik): *Dreiklang auf der Dominante* (2 a) *mit zusätzlicher kleiner Septime.*

Do|mi|nanz, die; -, -en: **1.** (Biol.) *Eigenschaft von Erbfaktoren, sich gegenüber schwächeren durchzusetzen.* **2. a)** *das Dominieren* (1 a): die D. des Visuellen gegenüber dem Akustischen; **b)** *das Dominieren* (1 b); *Vorherrschaft:* die D. Japans in der Elektronik.

Do|mi|nanz|ver|hal|ten, das: *dominantes Verhalten: patriarchalisches, typisch männliches D.*

Do|mi|na|ti|on, die; -, -en [lat. dominatio] (bildungsspr.): *das Dominieren* (1 b); *Beherrschung, Vormachtstellung.*

Do|mi|ni|ca, -s: *Inselstaat im Karibischen Meer.*

do|mi|nie|ren ⟨sw. V.; hat⟩ [lat. dominari, zu: dominus, ↑ Dominus]: **1. a)** *vorherrschen, überwiegen:* Grau dominiert in der neuen Herbstmode; andere Aspekte dominieren heute; eine dominierende Figur, Stellung, Rolle; **b)** *beherrschen:* die politische, literarische Szene d.; die Kölner Mannschaft dominierte von Anfang an *(war von Anfang an überlegen);* die von Männern dominierte Politik. **2.** (verhüll.) *sadistische Handlungen an einem Masochisten vornehmen:* dominierende Asiatin.

¹**Do|mi|ni|ka|ner**, der; -s, - [nach dem hl. Dominikus]: *Angehöriger des Dominikanerordens.*

²**Do|mi|ni|ka|ner**, der; -s, -: Ew. zu ↑ Dominikanische Republik.

¹**Do|mi|ni|ka|ne|rin**, die; -, -nen: *Angehörige des weiblichen Zweiges des Dominikanerordens.*

²**Do|mi|ni|ka|ne|rin**, die; -, -nen: w. Form zu ↑ ²Dominikaner.

Do|mi|ni|ka|ner|klos|ter, das: *Kloster des Dominikanerordens.*

Do|mi|ni|ka|ner|or|den, der ⟨o. Pl.⟩: *vom hl. Dominikus 1215 als Bettelorden gegründeter Predigerorden* (Abk.: O. P., OP od. O. Pr. [= Ordo Praedicatorum]).

¹**do|mi|ni|ka|nisch** ⟨Adj.⟩: *die* ¹*Dominikaner betreffend.*

²**do|mi|ni|ka|nisch** ⟨Adj.⟩: *die Dominikanische Republik, die* ²*Dominikaner betreffend.*

Do|mi|ni|ka|ni|sche Re|pu|blik [auch, österr. nur: ...ˈblɪk], die; -n -: *Inselstaat im Karibischen Meer.*

Do|mi|ni|um, das; -s, ...ien [lat. dominium = Herrschaft(sgebiet), zu: dominus, ↑ Dominus]: **a)** (Geschichte) *Herrschaftsverhältnis unterschiedlicher Ausprägung;* **b)** (veraltet) *Domäne* (1).

¹**Do|mi|no**, der; -s, -s [ital. domino = Herr (< lat. dominus, ↑ Dominus), Bez. für den geistlichen Herrn wie auch für seine Winterkleidung): **a)** *langer [seidener] als Maskenkostüm getragener Mantel mit Kapuze u. weiten Ärmeln:* einen D. tragen, überziehen; **b)** *jmd., der einen* ¹*Domino* (a) *als Kostüm trägt:* als D. zum Maskenball gehen.

²**Do|mi|no**, das; -s, -s [zu ↑ ¹Domino, viell., weil der Gewinner sich »Domino« (= Herr) nennen durfte]: *Spiel, bei dem rechteckige, mit Punkten versehene Steine nach einem bestimmten System aneinandergelegt werden:* D. spielen.

³**Do|mi|no**, der; -s, -s [zu ↑ ²Domino] (österr.): *Dominostein.*

Do|mi|no|ef|fekt, der [wird der erste Stein einer Reihe hintereinander aufgestellter Dominosteine umgestoßen, fallen in einer Art Kettenreaktion alle anderen auch um]: *durch ein Ereignis ausgelöste Folge von weiteren gleichartigen od. ähnlichen Ereignissen.*

Do|mi|no|spiel, das: ²*Domino.*

Do|mi|no|stein, der: **1.** *Spielstein im* ²*Domino mit einem in Punkten angegebenen Zahlenwert von 0 bis 9 in jedem der zwei darauf abgegrenzten Felder.* **2.** *mit Kuvertüre überzogenes, würfelförmiges Gebäck aus Lebkuchenteig mit je einer Schicht Marzipan u. Fruchtmark o. Ä.*

Do|mi|nus ⟨o. Art.⟩ [lat. dominus = (Haus)herr, zu: domus = Haus] (kath. Liturgie): *Gott der Herr:* * **D. vobiscum!** ([lat. = der Herr sei mit euch!]: *Gruß des Priesters an die Gemeinde in der katholischen Liturgie* [heute meist in der jeweiligen Landessprache]).

Do|mi|zil, das; -s, -e [lat. domicilium = Wohnstätte, Wohnsitz]: **1.** (bildungsspr., oft scherzh.) *Wohnsitz, Stätte, wo jmd. zu Hause ist:* ein vornehmes D.; sich ein anderes D. suchen; bei jmdm. sein D. aufschlagen *(sich dort häuslich niederlassen, einrichten).* **2.** (Bankw.) *(von Wechseln) Zahlungsort.* **3.** (Astrol.) *einem bestimmten Planeten zugeordnetes Tierkreiszeichen.*

do|mi|zi|lie|ren ⟨sw. V.; hat⟩: **1.** (bildungsspr., meist scherzh.) *wohnen; ansässig sein:* in einer Pension, im ersten Stock d.; Die Gesandtschaften der fremden Mächte domizilieren in alten Häusern zuseiten stiller Baumalleen (Koeppen, Rußland 70). **2.** (Bankw.) *einen Wechsel an einem anderen Ort als dem Wohnort dessen, der ihn zahlen muss, zur Zahlung anweisen.*

Do|mi|zil|wech|sel, der: **1.** (Bankw.) *Wechsel, der an einem besonderen Domizil* (2) *einzulösen ist:* unechter D. *(Wechsel, der zwar am Wohnort des Bezogenen, aber nur über einen Dritten [z. B. eine Bank am selben Ort] einzulösen ist).* **2.** *Umzug* (1): der D. von Hamburg nach Berlin war für die Firma mit großen Kosten verbunden.

Dom|ka|pi|tel, das (kath. Kirche): *für einen* ¹*Dom* (2 a) *zuständiges Kapitel* (2 a).

Dom|ka|pi|tu|lar, der (kath. Kirche): *Domherr.*

Dom|pfaff, der; -en, auch: -s, -en [nach dem schwarz-roten Gefieder des Männchens, das mit dem Ornat eines Domgeistlichen verglichen wird]: *(zu den Finken gehörender) Singvogel mit schwarzer Färbung des Kopfes, grauem Gefieder u.* (beim Männchen) *leuchtend roter Unterseite.*

Dom|platz, der: *Platz vor einem* ¹*Dom.*

Domp|teur [dɔmpˈtøːɐ̯], der; -s, -e [frz. dompteur, zu: dompter = zähmen < lat. domitare]: *jmd., der wilde Tiere für Vorführungen dressiert:* der Tiger zerfleischte den D.; Ü Lehrer als -e der Schüler.

Domp|teu|rin [...ˈtøːrɪn], die; -, -nen: w. Form zu ↑ Dompteur.

Domp|teu|se [...ˈtøːzə], die; -, -n [frz. dompteuse]: *Dompteurin.*

Dom|schatz, der: *Sammlung wertvoller sakraler Geräte u. Kunstwerke in einem* ¹*Dom.*

Dom|schu|le, die: *(im MA.) einem* ¹*Dom angeschlossene Schule bes. zur Heranbildung Geistlicher.*

Dom|schwei|zer, der: *Aufseher in einem* ¹*Dom.*

Dom|stadt, der: *Stadt mit einem* ¹*Dom.*

¹**Don** ⟨o. Art.⟩: **a)** [span. don < lat. dominus = (Haus)herr] *in Verbindung mit dem Vornamen gebrauchte spanische Bez. für: Herr:* D. Pedro; **b)** [ital. don] *in Verbindung mit dem Vornamen gebrauchter Titel der Priester u. der Angehörigen bestimmter Adelsfamilien in Italien:* D. Camillo.

²**Don**, der; -[s]: *Fluss in Russland.*

Do|ña [ˈdɔnja] ⟨o. Art.⟩ [span. doña < lat. domina = Herrin]: *in Verbindung mit dem Vornamen gebrauchte spanische Bez. für: Frau:* D. Elvira.

Do|nar (germ. Mythol.): *Gott des Donners.*

Do|na|ti|on, die; -, -en [lat. donatio] (Rechtsspr.): *Schenkung.*

Do|nau, die; -: *Fluss in Europa.*

Do|nau|ka|nal, der ⟨o. Pl.⟩: *Seitenarm der Donau in Wien.*

Do|nau|mo|n|ar|chie, Do|nau-Mo|n|ar|chie, ⟨o. Pl.⟩: *volkstümlicher Name der österreichischen u. der österreichisch-ungarischen Monarchie.*

Dö|ner, der; -s, -: Kurzf. von ↑ Dönerkebab.
Dö|ner Ke|bab, der; - -[s], - -s, **Dö|ner|ke|bab,** der, **Dö|ner Ke|bap,** der; - -[s], - -s, **Dö|ner|ke|bap,** der [türk. döner kebap, aus: döner = Dreh- u. ↑ Kebab] (Kochkunst): *Kebab aus an einem senkrecht stehenden, sich drehenden Spieß gebratenem, stark gewürztem Hammelfleisch.*
Dong, der; -[s], -[s] ⟨aber: 50 Dong⟩ [vietnamesisch]: *Währungseinheit in Vietnam* (1 Dong = 10 Hào = 100 Xu; internationaler Währungscode: VND).
Don Ju|an [dɔn 'xuan], der; - -[s], - -s [nach der gleichnamigen Sagengestalt in der spanischen Literatur]: *Mann, der ständig auf neue Liebesabenteuer aus ist, immer neue erotische Beziehungen sucht:* er war ein D. J.
Don|ju|a|nis|mus, der; - [span. donjuanismo = Art u. Weise des Don Juan] (Psychoanalyse): *Störung im männlichen Sexualverhalten, die sich in hemmungslosem Verlangen, dem Zwang, häufig den Partner zu wechseln, äußert.*
Dön|kes ⟨Pl.⟩ [zu ↑ Döntje] (norddt.): *lustige Geschichten.*
Don|na, die; -, -s u. Donnen [ital. donna < lat. domina = Herrin]: **1.** ⟨o. Art.⟩ *in Verbindung mit dem Vornamen gebrauchter Titel der Angehörigen bestimmter italienischer Adelsfamilien:* D. Anna. **2.** (ugs. abwertend) *Hausangestellte, Dienstmädchen.*
Don|ner, der; -s, - [mhd. doner, ahd. donar, lautm.]: *dumpf rollendes Geräusch, das dem Blitz folgt:* ein heftiger, ferner D.; der D. rollt; Ü der D. der Kanonen, des Wasserfalls; Noch immer brüllte der löwenhafte und im Gebrüll sich entfernende D. (Langgässer, Siegel 578); * *wie vom D. gerührt dastehen/sein (erstarrt [u. verstört] dastehen); Donner!, D. und Blitz!, D. und Doria!, ach du Donnerchen!* (Ausrufe des Erstaunens; nach Schiller, Fiesko I, 5).
Don|ner|bal|ken, der (Soldatenspr.): **a)** *Sitzstange einer primitiven Latrine;* **b)** *primitive [mit einer Sitzstange versehene] Latrine.*
Don|ne|rer, der; -s, **Don|ner|gott,** der ⟨o. Pl.⟩: *germanischer Gott des Donners.*
Don|ner|grol|len, das; -s: *Grollen des Donners.*
Don|ner|hall, der (veraltend): *Hall des Donners.*
Don|ner|keil, der: **1.** *prähistorisches Werkzeug.* **2.** [für ↑ Belemnit] *versteinertes, keilförmiges Gehäuseende der Belemniten* (1). **3.** ['dɔnɐ̯'kai̯l] ⟨o. Art.⟩ [nach der älteren Bed. »Blitzstrahl«] (salopp) *Ausruf des Erstaunens:* D., hat der Baum viele Äpfel!
Don|ner|litt|chen, Don|ner|lütt|chen ⟨o. Art.⟩ [zum 2. Bestandteil vgl. ostpreuß. Lichting = Blitz] (landsch.): *Ausruf des Erstaunens.*
don|nern ⟨sw. V.⟩ [mhd. donern, ahd. donarōn]: **1.** ⟨unpers.; hat⟩ *als Donner hörbar werden:* es blitzt und donnert. **2.** ⟨hat⟩ **a)** *ein donnerähnliches Geräusch verursachen, hervorbringen:* die Flugzeugmotoren donnern; hinter den Dünen hörten sie See d.; donnernder Beifall; **b)** *donnerähnlich ertönen lassen:* er donnerte ihr seine Flüche ins Gesicht. **3.** ⟨ist⟩ *sich mit donnerähnlichem Geräusch fort-, irgendwohin bewegen:* der Zug donnert über die Brücke; eine Lawine war zu Tal gedonnert. **4.** ⟨hat⟩ **a)** ⟨hat⟩ *mit Wucht irgendwohin schleudern, schießen:* die Schulmappe in die Ecke d.; den Ball an die Latte d.; **b)** ⟨hat⟩ *mit Wucht irgendwohin stoßen, schlagen:* er donnerte mit der Faust gegen die Tür; **c)** ⟨hat⟩ *mit Wucht schlagen; so heftig schlagen, dass ein lautes Geräusch entsteht:* an die Tür, in ein Schloss, die Faust auf den Tisch; d. **d)** ⟨ist⟩ *mit Wucht gegen etw. prallen:* er war [mit dem Auto] gegen einen Baum gedonnert; ein Lkw donnerte in den Kleinbus. **5.** ⟨hat⟩ (ugs.) *laut schimpfen:* er donnerte furchtbar, weil wir zu spät kamen.

Don|ner|schlag, der: **1.** *kurzer, heftiger Donner:* ein D. erschütterte die Luft; Ü er wurde mit einem D. *(einer großen, unangenehmen Überraschung) aus seinen Träumen gerissen.* **2.** ['dɔnɐ̯'ʃlaːk] ⟨o. Art.⟩ (salopp) *Ausdruck des [ärgerlichen] Erstaunens:* D., jetzt ist der Faden gerissen!
Don|ners|tag, der [mhd. donerstac, ahd. Donares tag, mit dem Namen des germ. Donnergottes Donar geb. nach lat. Iovis dies = Jupiters Tag]: vgl. Dienstag; *vierter Tag der Woche* (Abk.: Do.): heute ist D.; am langen D. (ugs.; *am Dienstleistungsabend) zur Bank gehen;* * *fetter/schmutziger D.* (landsch.; *Altweiberfastnacht;* urspr. Bez. für den Donnerstag nach Aschermittwoch, an dem es noch erlaubt war, in Fett Gebackenes zu essen [landsch., bes. alemann. schmutzig = fett, viel Schmalz enthaltend]).
Don|ners|tag|abend [auch: 'dɔn...'|a:...], der: *Abend des Donnerstags:* am, jeden D. hat sie Training; eines schönen -s.
don|ners|tag|abends ⟨Adv.⟩: *donnerstags abends.*
Don|ners|tag|früh ⟨indekl. Subst. o. Art.⟩ (bes. österr.): *[am] Donnerstagmorgen:* wir können D. mit dem Umzug beginnen.
don|ners|tä|gig ⟨Adj.⟩: *an einem Donnerstag stattfindend:* die -e Chorprobe war besser als die gestrige.
don|ners|täg|lich ⟨Adj.⟩: *jeden Donnerstag stattfindend, sich jeden Donnerstag wiederholend:* die -en Vorlesungen.
Don|ners|tag|mit|tag [auch: 'dɔn...'mɪt...], der: *Mittag des Donnerstags.*
don|ners|tag|mit|tags ⟨Adv.⟩: *donnerstags mittags.*
Don|ners|tag|mor|gen [auch: 'dɔn...'mɔr...], der: *Morgen des Donnerstags.*
don|ners|tag|mor|gens ⟨Adv.⟩: *donnerstags morgens.*
Don|ners|tag|nach|mit|tag [auch: 'dɔn...'naːx...], der: *Nachmittag des Donnerstags.*
don|ners|tag|nach|mit|tags ⟨Adv.⟩: *donnertags nachmittags.*
Don|ners|tag|nacht [auch: 'dɔn...'naxt], die: *Nacht von Donnerstag auf Freitag.*
don|ners|tag|nachts ⟨Adv.⟩: *donnerstags nachts.*
don|ners|tags ⟨Adv.⟩: *an jedem Donnerstag:* wir treffen uns immer d.; d. morgens gehe ich joggen.
Don|ners|tags|aus|ga|be, die: *donnerstags erscheinende Ausgabe einer Zeitung o. Ä.*
Don|ners|tag|vor|mit|tag [auch: 'dɔn...'foːɐ̯...], der: *Vormittag des Donnerstags.*
don|ners|tag|vor|mit|tags ⟨Adv.⟩: *donnerstags vormittags.*
Don|ner|stim|me, die: *gewaltige, dröhnende Stimme:* er sprach mit D.
Don|ner|wet|ter, das: **1.** (veraltet) *Gewitter:* ein verheerendes D.; Ü (ugs.) da soll doch ein heiliges D. dreinschlagen! **2.** (ugs.) *heftige Vorwürfe, laute Auseinandersetzung:* es gab ein großes, fürchterliches D. in der Klasse; ein D. vom Stapel lassen, über sich ergehen lassen. **3.** ['dɔnɐ̯-'vɛtɐ̯] (salopp) **a)** *Ausruf der Verwünschung, des Zorns:* zum D. [noch einmal]!; **b)** *Ausruf des bewundernden Erstaunens:* D., hat der Typ Muskeln!
◆ **Don|ner|wort,** das ⟨Pl. -e⟩: *bis ins Tiefste treffende [niederschmetternde] Äußerung, die keinen Widerspruch zulässt:* Ein D. (= des Erdgeists) hat mich hinweggerafft (Goethe, Faust I, 622); O Ewigkeit, o D. (Anfang des Liedes »Ernstliche Betrachtung der unendlichen Ewigkeit« des dt. Pfarrers u. Dichters Johann Rist [1607–1667]).

Don Qui|chotte [dɔŋki'ʃɔt, dõ...], der; - -[s], - -s [frz. Schreibung von span. Don Quijote, Titelheld eines Romans von Cervantes]: *lächerlich wirkender Schwärmer, dessen Tatendrang an den realen Gegebenheiten scheitert.*
Don|qui|chot|te|rie, die; -, -n (bildungsspr.): *törichtes, von Anfang an aussichtsloses Unternehmen aus weltfremdem Idealismus.*
Don Qui|jo|te, Don Qui|xo|te [dɔŋki'xoːtə]: span. Form von ↑ Don Quichotte.
Dont|ge|schäft ['dõː...], das; -[e]s, -e [zu frz. dont = von (wo)] (Börsenw.): *Termingeschäft.*
Dönt|je [auch: dø:ntjə], der od. das; -s, -s ⟨meist Pl.⟩ [Vkl. zu mniederd. dōn, done = Weise, Melodie, eigtl. = ²Ton] (nordd.): *lustige Geschichte, Anekdote:* ♦ Wie aus dem D. von dem Fischer un sine Fru (Storm, Söhne 52).
Do|nut, Doughnut ['doʊnət, auch: 'doː.nat], der; -s, -s [amerik. dónut, engl. doughnut, aus: dough = Teig u. nut = Nuss]: *ringförmiges, in schwimmendem Fett gebackenes, süßes Hefegebäckstück.*
doo|deln ['duːdl̩n] ⟨sw. V.; hat⟩ [engl. to doodle]: *nebenher in Gedanken kleine Männchen o. Ä. malen, kritzeln.*
doof ⟨Adj.⟩ [niederd. Entsprechung zu hochd. taub < mniederd. dōf = taub] (ugs.): **1.** *einfältig u. beschränkt:* ein -er Kerl; eine -e Nuss *(ein beschränkter Mensch);* -e Fragen stellen; glaubst du, ich bin d. ?; sie war auch noch so d., das zu glauben. **2.** (landsch.) **a)** *uninteressant, langweilig:* wir haben jetzt so einen -en Lehrer; ein -es graues Kleid tragen; Mathe ist d.; **b)** *ärgerlich, lästig:* die -e Tür bleibt nicht zu; an dieser -en Kante habe ich mich gestoßen.
Doof|heit, die; -, -en (ugs.): **1.** ⟨o. Pl.⟩ **a)** *einfältige, beschränkte Art; Dummheit;* **b)** *Langweiligkeit.* **2.** *unvernünftige Handlung.*
Doo|fi, der; -[s], -s (ugs.): *gutgläubig-einfältiger Mensch:* er ist ein richtiger D.; * *Klein D.* [mit Plüschohren] (ugs. scherzh.; *gutgläubig-einfältiger Mensch).*
Do|pa|min, das; -s, -e [Kunstwort aus: Dihydroxyphenylethylamin] (Biochemie): *durch Biosynthese entstehendes Amin, das bei der Synthese von Noradrenalin u. Adrenalin sowie als Neurotransmitter eine Rolle spielt.*
Dope [doːp, auch: doʊp], das; -s [engl. dope, eigtl. = Schmiermittel, Additiv < niederl. (mundartl.) doop = Soße, Tunke] (Jargon): *Rauschgift, bes. Haschisch:* D. rauchen; sich D. beschaffen.
do|pen ['doʊpn̩, auch: 'doː...] ⟨sw. V.; hat⟩ [engl. to dope]: *durch verbotene Substanzen zu einer [vorübergehenden] sportlichen Höchstleistung zu bringen versuchen:* ein Pferd d.; der Läufer hat sich gedopt; der Schwimmer war gedopt.
Do|ping ['doʊpɪŋ, auch: 'doː.pɪŋ], das; -s, -s [engl. doping]: *Anwendung verbotener Substanzen (od. Methoden) zur [vorübergehenden] Steigerung der sportlichen Leistung:* der Sprinter wurde wegen -s disqualifiziert.
Do|ping|fall, der: *Fall von Doping; einzelner Fall von Dopingmissbrauch.*
Do|ping|kon|t|rol|le, die: *Kontrolle, bei der auf Doping untersucht wird.*
Do|ping|mit|tel, das: *Mittel, das zum Dopen verwendet wird; verbotene Substanz od. Methode, die eingesetzt, verwandt wird, um die sportliche Leistung [vorübergehend] zu steigern.*
Do|ping|pro|be, die: **1.** *Untersuchung von Blut od. Urin auf Dopingmittel.* **2.** *kleine Menge von Blut od. Urin, die auf Dopingmittel untersucht wird.*
Do|ping|skan|dal, der: *Skandal unter bekannten Sportlern, der durch die unerlaubte Einnahme von Dopingmitteln ausgelöst wird.*
Do|ping|sper|re, die: *Sperre (3) wegen eines Ver-*

gehens gegen die Gesetze, die den Umgang mit Doping regeln.

Do|ping|sün|der, der (ugs.): *jmd., der dopt, gedopt hat.*

Do|ping|sün|de|rin, die: w. Form zu ↑ Dopingsünder.

Do|ping|test, der: *Test, bei dem Blut od. Urin auf Dopingmittel untersucht werden.*

Do|ping|ver|dacht, der: *Verdacht auf Doping.*

¹Dop|pel, das; -s, -: **1.** *zweite Ausfertigung:* das D. eines Zeugnisses einreichen. **2.** (bes. Tennis, Tischtennis, Badminton) **a)** *Spiel zweier Spieler gegen zwei andere:* ein D. austragen; **b)** *aus zwei Spielern bestehende Mannschaft:* ein gemischtes D. *(aus je einer Spielerin u. einem Spieler gebildete Mannschaft).*

²Dop|pel, der; -s, - (schweiz.): *Einsatz beim Schützenfest.*

Dop|pel|ad|ler, der: *als Wappentier od. Münzbild verwendetes, symbolisches Bild eines doppelköpfigen Adlers.*

Dop|pel|agent, der: *Agent, der für zwei sich bekämpfende, gegnerische Staaten arbeitet.*

Dop|pel|agen|tin, die: w. Form zu ↑ Doppelagent.

Dop|pel|al|bum, das: *aus zwei zusammengehörigen Langspielplatten, CDs usw. bestehende Veröffentlichung.*

Dop|pel|axel, der (Eiskunstlauf, Rollkunstlauf): *doppelter Axel.*

Dop|pel|axt, die: *Axt mit zwei in entgegengesetzte Richtungen weisenden, symmetrisch angeordneten Schneiden (oft als Kultsymbol in frühen Kulturen).*

Dop|pel-b, das (Musik): *Versetzungszeichen zur Erniedrigung eines Tones um zwei Halbtöne (Zeichen: ♭♭): durch das D. wird c zu ceses.*

Dop|pel|band, der ⟨Pl. ...bände⟩: **a)** *Band von doppeltem Umfang, der ein größeres Druckwerk in zwei Teilen enthält;* **b)** *in einer bestimmten Buchreihe veröffentlichter Band von stärkerem Umfang als gewöhnlich.*

Dop|pel|be|las|tung, die: *doppelte Belastung, der jmd. durch zwei verschiedene Aufgabenbereiche ausgesetzt ist.*

Dop|pel|be|lich|tung, die (Film, Fotogr.): *doppelte Belichtung desselben Motivs in einem Bild.*

Dop|pel|be|steu|e|rung, die (Steuerw.): **a)** *Besteuerung eines Steuerpflichtigen durch zwei Staaten;* **b)** *doppelte Besteuerung desselben Steuerpflichtigen od. desselben Steuerobjekts innerhalb eines Staates.*

Dop|pel|bett, das: *doppelschläfriges Bett.*

Dop|pel|bier, das: *Starkbier.*

Dop|pel|bin|dung, die: **1.** (Chemie) *Bindung von Atomen durch zwei Elektronenpaare.* **2.** (Psychol.) *Doublebind.*

Dop|pel|blind|ver|such, der (Med., Psychol.): *Versuchsmethode, bei der weder die Versuchsperson noch der teilnehmende Arzt weiß, wem ein Scheinpräparat u. wem das eigentliche Präparat verabreicht wird.*

Dop|pel|block, der; -[e]s, -s (Volleyball): *von zwei Spielern gebildeter Block.*

Dop|pel|bock, das: *zur Fastenzeit gebrautes, besonders starkes Bockbier.*

dop|pel|bo|dig, (häufiger:) **dop|pel|bö|dig** ⟨Adj.⟩: *doppeldeutig, hintergründig:* ein -er Witz, Humor.

Dop|pel|bö|dig|keit, die; -, -en: **1.** ⟨o. Pl.⟩ *das D. der Moral.* **2.** *doppelbödige, hintergründige Äußerung.*

Dop|pel|bre|chung, die (Physik): *Aufspaltung von Lichtstrahlen in zwei senkrecht zueinander polarisierte Teilstrahlen beim Durchgang durch nicht reguläre Kristalle.*

Dop|pel|büch|se, die (Waffent.): *Büchse, Gewehr mit zwei Läufen.*

Dop|pel|bür|ger, der (bes. schweiz.): *jmd., der zwei Staatsangehörigkeiten besitzt:* der schweizerisch-amerikanische D.; zu den Festgenommenen gehörten auch zwei irakisch-deutsche D.

Dop|pel|bür|ge|rin, die: w. Form zu ↑ Doppelbürger.

Dop|pel|bür|ger|schaft, die: *zweifache Staatsangehörigkeit:* seit 1992 erlaubt die Schweiz die D.

Dop|pel-CD, die: *aus zwei zusammengehörigen CDs od. CD-ROMs bestehendes Produkt.*

Dop|pel|de|cker, der; -s, - [zu ↑ Deck]: **1.** (Flugw.) *(bes. in den Anfängen der Luftfahrt) Flugzeug mit zwei übereinander angeordneten Tragflächen.* **2.** (ugs.) *doppelstöckiger Omnibus.*

dop|pel|deu|tig ⟨Adj.⟩: **a)** *auf doppelte Weise deutbar:* eine -e Bezeichnung; ... sie arbeite wie verrückt und nehme einfach keine Notiz von ihrem – Zustand. Ein -es Wort, wir merken es beide (Chr. Wolf, Nachdenken 204/205); **b)** *bewusst auf zweideutige, einen anzüglichen o. ä. Nebensinn enthaltende Weise formuliert:* einen -en Witz erzählen.

Dop|pel|deu|tig|keit, die; -, -en: **1.** ⟨o. Pl.⟩ *doppeldeutiger Sinn:* die D. eines Satzes. **2. a)** *doppeldeutige Äußerung o. Ä.:* der Text enthielt mehrere -en; **b)** *zweideutige, anzügliche Äußerung.*

Dop|pel|ehe, die: *Doppelheit zweier rechtlich geschlossener, nebeneinander bestehender Ehen ein u. derselben Person.*

Dop|pel|er|folg, der: **1.** *Erfolg, Sieg eines Teilnehmers in zwei Wettbewerben einer Veranstaltung.* **2.** *Erfolg, erster u. zweiter Platz zweier Teilnehmer einer Mannschaft im gleichen Wettbewerb:* ein russischer D.

Dop|pel|feh|ler, der: **1.** (Tennis) *Fehler u. damit verbundener Punktverlust durch Verschlagen beider Aufschläge.* **2.** (Volleyball) *gleichzeitig begangener Fehler zweier Gegenspieler.*

Dop|pel|fens|ter, das: *Fenster, das (zur besseren Isolierung) aus zwei hintereinander angebrachten Einzelfenstern besteht.*

Dop|pel|flin|te, die (Waffent.): *Flinte mit zwei Läufen.*

Dop|pel|funk|ti|on, die: *doppelte Funktion:* die D. als Chefredakteur und Herausgeber.

Dop|pel|gän|ger, der; -s, -: *Person, die jmdm. zum Verwechseln ähnlich sieht:* einen D. haben.

Dop|pel|gän|ge|rin, die; -, -nen: w. Form zu ↑ Doppelgänger.

dop|pel|ge|schlech|tig ⟨Adj.⟩: *zwittrig.*

Dop|pel|ge|schlech|tig|keit, die; -: *Zwittrigkeit.*

dop|pel|ge|sich|tig ⟨Adj.⟩: **a)** *zwei Gesichter habend:* der Januskopf ist ein -er Männerkopf; **b)** *sich von zwei entgegengesetzten Seiten zeigend; januskopfig:* eine -e politische Meinung vertreten.

Dop|pel|ge|we|be, das (Textilind.): *auf beiden Seiten zu verwendender Stoff, der dadurch entsteht, dass zwei Gewebe so miteinander verbunden sind, dass die Fäden des einen Gewebes stellenweise in das andere greifen.*

dop|pel|glei|sig ⟨Adj.⟩: **1.** *auf zwei Gleisen befahrbar:* die Strecke ist d. **2.** *zwielichtig:* eine -e Politik.

Dop|pel|grab, das: **1.** *Grabstelle für zwei Personen.* **2.** (Kunstwiss.) **a)** *Grab[platte] mit der Darstellung von zwei nebeneinanderliegenden Toten (meist einem Ehepaar);* **b)** *Anlage mit zwei durch Säulchen miteinander verbundenen Grabplatten, auf denen oben der aufgebahrte Tote u. unten seine Verwesung dargestellt ist.*

Dop|pel|haus, das (Bauw.): *großes Haus aus zwei Häusern, die an der gemeinsamen Grenze aneinandergebaut sind, von denen aber jedes auf eigenem Grundstück steht.*

Dop|pel|haus|hälf|te, die: *Hälfte eines Doppelhauses.*

Dop|pel|haus|halt, der (Wirtsch.): *Haushalt (3) für zwei Jahre.*

Dop|pel|heit, die; -, -en ⟨Pl. selten⟩: *das Doppeltsein; doppeltes Vorhandensein von etw.*

Dop|pel|he|lix, die ⟨o. Pl.⟩ (Biol.): *doppelsträngige Struktur des Moleküls der Desoxyribonukleinsäure.*

Dop|pel|hoch|zeit, die: *gemeinsame Hochzeit zweier Paare.*

Dop|pel|kinn, das: *Wulst aus Fettgewebe unter dem Kinn:* ein D. haben.

Dop|pel|klick, der (EDV): *zweimaliges Anklicken mit der Maustaste.*

dop|pel|kli|cken ⟨sw. V.; hat⟩ (EDV): *einen Doppelklick ausführen:* wenn man [auf] das Icon doppelklickt, öffnet sich das Fenster wieder.

Dop|pel|kno|ten, der: *zweifacher Knoten:* zwei Schnüre mit einem D. zusammenbinden.

Dop|pel|kon|so|nant, der: *Laut, Schriftzeichen aus zwei [gleichen] Konsonanten; Geminata (z. B. ll in »Falle«, pf in »Apfel«).*

Dop|pel|kon|ti|nent, der: *aus zwei nur durch eine schmale Landbrücke miteinander verbundenen großen zusammenhängenden Landmassen bestehender Kontinent:* der amerikanische D.

Dop|pel|kon|zert, das: *Konzert für zwei Soloinstrumente u. Orchester.*

Dop|pel|kopf, der ⟨o. Pl.⟩: *Kartenspiel mit vier bis sechs Teilnehmern u. zwei Spielen zu 24 Karten:* D. spielen.

Dop|pel|korn, der: *²Korn mit einem Alkoholgehalt von mindestens 38 Vol.-%.*

Dop|pel|kur|ve, die: *lang gezogene Kurve, die aus zwei kürzeren, in entgegengesetzter Richtung unmittelbar aufeinanderfolgenden Kurven besteht.*

Dop|pel|lauf, der (Waffent.): *Gewehrlauf, der aus zwei nebeneinander angeordneten Läufen (8) besteht.*

dop|pel|läu|fig ⟨Adj.⟩: *mit zwei Gewehrläufen ausgestattet:* ein -es Gewehr.

Dop|pel|laut, der: **1.** *Diphthong.* **2. a)** *Doppelkonsonant;* **b)** *Doppelvokal.*

Dop|pel|le|ben, das ⟨Pl. selten⟩: *Lebensweise, bei der neben die eigentliche [bürgerliche] Lebensführung eine [unbürgerliche] den anderen oft verborgene tritt:* ein D. führen.

Dop|pel|mit|glied|schaft, die: *gleichzeitige Mitgliedschaft in zwei Parteien, Verbänden o. Ä.*

Dop|pel|mo|nar|chie, die: *Herrschaft eines Regenten über zwei Monarchien:* die habsburgische D. Österreich-Ungarn.

Dop|pel|mo|ral, die: *verschiedene Grundsätze gelten lassende, zweierlei Maßstäbe anlegende Moral.*

Dop|pel|mord, der: *(von jmdm.) an zwei Personen begangener Mord.*

dop|peln ⟨sw. V.; hat⟩: **1. a)** ⟨d. + sich⟩ *in doppelter Anzahl vorhanden sein:* viele Verkehrsschilder, die Aussagen der Zeugen doppeln sich; **b)** *verdoppeln.* **2.** (südd., österr.) *besohlen:* Schuhe, Stiefel d. **3.** (Fußballjargon) *mit einem Doppelpass ausspielen:* den Gegner d.

Dop|pel|na|me, der: *aus zwei [Familien]namen bestehender Name.*

Dop|pel|pack, der; -s, -s: **1.** *Packung, die zwei Stück von einer Ware bzw. zwei Packungen gleichen Inhalts enthält:* Würstchen, Joghurt im D. **2.** (Sportjargon) *Gesamtheit von zwei erzielten Toren.*

Dop|pel|pad|del, das: *Paddel mit je einem breiten, flachen Ende, das seitlich geführt wird.*

Dop|pel|part|ner, der (Badminton, Tennis, Tischtennis): *Partner beim Doppel.*

Dop|pel|part|ne|rin, die: w. Form zu ↑ Doppelpartner.

Dop|pel|pass, der: **1.** (Fußball) *Folge von zwei Pässen, von denen der erste an einen Mitspieler gegeben wird, der den Ball sofort wieder an den* ersten Spieler zurückpasst. **2.** (ugs.) *doppelte Staatsbürgerschaft:* der D. wird als Mittel zur Integration ausländischer Mitbürger angesehen.

Dop|pel|por|trät, das: *Porträt von zwei Personen:* ein D. der beiden Brüder.

Dop|pel|punkt, der [für lat. colon, ↑ Kolon]: **1.** *Satzzeichen in Form zweier übereinanderstehender Punkte, das der Ankündigung von direkter Rede, Aufzählungen, Zusammenfassungen, Folgerungen o. Ä. dient.* **2.** *(in der Lautschrift) grafisches Zeichen in Form zweier übereinanderstehender Punkte zur Kennzeichnung eines langen Vokals.*

Dop|pel|rei|her, der: *Zweireiher.*

Dop|pel|ritt|ber|ger, der (Eiskunstlauf, Rollkunstlauf): *doppelter Rittberger.*

Dop|pel|rol|le, die: *von einem Darsteller gespielte Rolle in einem Theaterstück od. Film, die aus zwei verschiedenen Charakteren besteht.*

Dop|pel|run|de, die (Sport): *Spielrunde, bei der sich die Gegner in je zwei Heim- u. Auswärtsspielen gegenüberstehen.*

Dop|pel-s, das: *Buchstabe s in zweifacher Ausfertigung:* der Name schreibt sich mit D.

Dop|pel|sai|te, die: *Doppelheit zweier direkt nebeneinander angebrachter, gleich gestimmter Saiten, die zusammen angeschlagen werden.*

Dop|pel|sal|to, der (Turnen): *Salto mit zwei Umdrehungen.*

Dop|pel|salz, das (Chemie): *Verbindung, die aus zwei verschiedenen Salzen auskristallisiert ist u. in Lösungen wieder in Ionen zerfällt.*

Dop|pel|schicht, die: *Aufeinanderfolge von zwei Arbeitsschichten nacheinander.*

dop|pel|schlä|fig, dop|pel|schläf|rig ⟨Adj.⟩: *(auf einer Couch o. Ä.) einen Schlafplatz für zwei Personen bietend:* ein -es Bett.

Dop|pel|schlag, der: **1.** (Musik) *Verzierung, bei der die Hauptnote durch die obere u. die untere Sekunde umspielt wird* (Zeichen: ~). **2.** (Badminton, Tennis, Tischtennis) *Schlag, bei dem der Ball zweimal hintereinander berührt wird.*

Dop|pel|sei|te, die (Zeitungsw.): *Gesamtheit zweier nebeneinanderliegender Seiten, die ein Thema umfassen.*

dop|pel|sei|tig ⟨Adj.⟩: **1.** *zwei Seiten, eine Doppelseite umfassend:* eine -e Anzeige. **2.** *die rechte u. die linke [Körper]seite betreffend, beidseitig:* eine -e Lungenentzündung.

Dop|pel|sieg, der: *Doppelerfolg.*

Dop|pel|sinn, der: *Doppeldeutigkeit (1):* der D. eines Wortes, einer Frage.

dop|pel|sin|nig ⟨Adj.⟩: *doppeldeutig (a):* eine -e Antwort.

Dop|pel|sin|nig|keit, die; -: *Doppeldeutigkeit (1).*

Dop|pel|spiel, das: **1.** (abwertend) *Verhalten, bei dem einem andern gegenüber Aufrichtigkeit nur vorgetäuscht, er in Wirklichkeit aber hintergangen wird* (Durchschauen; *mit jmdm. ein D. treiben* (jmdn. hintergehen, unehrlich mit jmdm. verfahren). **2.** (Badminton, Tennis, Tischtennis) ¹*Doppel (2 a).*

Dop|pel|spit|ze, die: **1.** *gemeinsames Innehaben eines hohen Amtes durch zwei Personen.* **2.** (Fußball) *Position der Spitze (2 b), die von zwei gemeinsam spielenden Stürmern eingenommen wird.*

Dop|pel|sprung, der (Sport, bes. Eis-, Rollkunstlauf): *Sprung mit zweifacher Drehung.*

Dop|pel|staa|ter, der; -s, -: *jmd., der zwei Staatsangehörigkeiten besitzt.*

Dop|pel|staa|te|rin, die; -, -nen: w. Form zu ↑Doppelstaater.

Dop|pel|staat|ler, der; -s, - (ugs.): *Doppelstaater.*

Dop|pel|staat|le|rin, die; -, -nen: w. Form zu ↑Doppelstaatler.

Dop|pel|ste|cker, der (Elektrot.): *Stecker mit zwei Anschlüssen für elektrische Geräte.*

Dop|pel|stern, der (Astron.): *Gebilde aus zwei nahe beieinanderstehenden Sternen [die sich um einen gemeinsamen Schwerpunkt bewegen].*

dop|pel|stö|ckig ⟨Adj.⟩: *aus zwei Geschossen bestehend, mit zwei übereinanderliegenden Ebenen konstruiert:* ein -es Haus; ein -er Bus; Ü (ugs.:) ein -er Whisky.

Dop|pel|stra|te|gie, die: *Strategie, die darin besteht, für zwei unterschiedliche Ziele, Personen[gruppen] o. Ä. jeweils zwei unterschiedliche Vorgehensweisen zu entwerfen, anzuwenden o. Ä.*

Dop|pel|stu|di|um, das: *aus zwei parallel laufenden Studiengängen in zwei verschiedenen Fachrichtungen (z. B. Philologie u. Medizin) bestehendes Studium.*

Dop|pel|stun|de, die: *Unterrichtsstunde, die doppelt so lange dauert wie eine einfache.*

dop|pelt ⟨Adj.⟩ [niederrhein. (15. Jh.) dobbel, dubbel < (m)frz. double < lat. duplus = zweifach, doppelt, 1. Bestandteil zu: duo = zwei, 2. Bestandteil wie mit ↑falten (eigtl. = zweifach gefaltet); das t sekundär aus dem 2. Part. von ↑doppeln]: **1.** *zwei in einem; zweimal der-, die-, dasselbe; zweifach:* die -e Länge; -es Gehalt beziehen; -e Ration; (Kaufmannsspr.:) -e Buchführung; einen -en Klaren trinken; bei -er Verneinung heben sich die beiden Negationen gegenseitig auf; d. verglaste Fenster; ein -er (Sport; zweifach gedrehter) Axel, Rittberger; ich habe das Programm d.; ein d. wirkendes Mittel; der Stoff liegt d. *(ist in zweifacher Breite aufgewickelt)*; d. *(noch einmal)* so groß wie ich; ⟨subst.:⟩ die Kosten sind auf das, ums Doppelte gestiegen; einen Doppelten (ugs.; *einen doppelten Schnaps*) trinken; Ü eine Komödie mit -em Boden *(eine doppelbödige Komödie)*; R das ist d. gemoppelt (ugs.; *unnötigerweise zweifach ausgedrückt*; scherzh. Bildung zur Bez. der überflüssigen Verdopplung); d. [genäht] hält besser; * **d. sehen** (ugs.; *betrunken sein*); **d. und dreifach** (ugs.; *über das Notwendige hinausgehend:* etw. d. und dreifach sichern); mit -em Eifer; das zählt d. *(fällt besonders ins Gewicht, muss man jmdm. besonders hoch anrechnen).*

dop|pel|ge|mop|pelt, dop|pelt|ge|mop|pelt: ↑doppelt (1).

Dop|pel|tref|fer, der: **1.** *doppelter Treffer (2).* **2.** (Fechten) *Treffer, den beide Fechter gleichzeitig anbringen.*

Dop|pel-T-Trä|ger, der (Bauw.): *Stahlträger in Form eines doppelten T, ähnlich der römischen Zahl I.*

Dop|pel|tür, die: *Tür, die (zur besseren Isolierung) aus zwei hintereinander angebrachten Türen besteht.*

dop|pel|tü|rig ⟨Adj.⟩: *mit einer Doppeltür versehen.*

dop|pelt ver|glast, dop|pelt|ver|glast ⟨Adj.⟩: *eine Doppelverglasung aufweisend.*

dop|pelt wir|kend, dop|pelt|wir|kend ⟨Adj.⟩: *auf zweierlei Weise wirkend; in doppelt wirkendes Mittel.*

Dop|pe|lung, Dopplung, die: *das Doppeln.*

Dop|pel|ver|die|ner, der: **1.** ⟨Pl.⟩ *[Ehe]partner, die beide berufstätig sind u. Geld verdienen.* **2.** *jmd., der Einkommen aus zwei beruflichen Tätigkeiten hat.*

Dop|pel|ver|die|ne|rin, die; w. Form zu ↑Doppelverdiener.

Dop|pel|ver|dienst, der: *gemeinsames Einkommen berufstätiger Eheleute.*

Dop|pel|ver|gla|sung, die: *zweifache Verglasung, bes. von Fenstern, wobei zwei Einzelscheiben im Rahmen hintereinander angeordnet sind.*

Dop|pel|vo|kal, der: *Laut, Schriftzeichen aus zwei gleichen Vokalen* (z. B. oo in »Moor«).

Dop|pel|wand, die: *aus zwei Wänden bestehende Trennwand.*

dop|pel|wan|dig ⟨Adj.⟩: *mit einer Doppelwand versehen:* -e Häuser.

Dop|pel|zent|ner, der: *zwei Zentner, 100 kg* (Zeichen: dz, österr. u. schweiz. q).

Dop|pel|zim|mer, das: *Zimmer mit zwei [zusammenstehenden] Betten (in Hotels, Gasthäusern o. Ä. od. Krankenhäusern):* ein D. bestellen.

dop|pel|zün|gig ⟨Adj.⟩ (abwertend): *sich mehreren Personen gegenüber über etw. unterschiedlich äußernd:* eine -e Politik, Aussage; d. sein, reden.

Dop|pel|zün|gig|keit, die; -, -en (abwertend): **1.** ⟨o. Pl.⟩ *das Doppelzüngigsein; doppelzüngiges Sichäußern.* **2.** *doppelzüngige Äußerung.*

Dop|pel|zwei|er, der (Rudern): *Rennboot für zwei Ruderer mit je zwei Riemen.*

Dop|pik, die; - [Kunstwort]: *doppelte Buchführung.*

Dopp|ler, der; -s, - [zu ↑doppeln (2)] (südd., österr.): **1.** *erneuerte Schuhsohle.* **2.** *Zweiliterflasche.*

Dopp|ler|ef|fekt, der ⟨o. Pl.⟩ [nach dem österr. Physiker u. Mathematiker Chr. Doppler (1803–1853)] (Physik): *Frequenzänderung je nach der abnehmenden od. zunehmenden Entfernung eines Erzeugers von Schall- od. Lichtwellen.*

Dopp|lung: ↑Doppelung.

dop|sen ⟨sw. V.; ist⟩ [zu landsch. doppen = flüchtig berühren (vom aufprallenden Gummiball), vgl. tupfen] (landsch.): *aufprallen u. hochspringen:* der Gummiball dopst nicht richtig.

Do|ra|de, die; -, -n [frz. dorade, zu: dorer = vergolden < lat. deaurare]: *Goldbrasse.*

Do|ra|do: ↑Eldorado.

Do|rer: ↑Dorier.

Do|re|rin: ↑Dorierin.

Dorf, das; -[e]s, Dörfer [mhd., ahd. dorf = bäuerliche Siedlung; Einzelhof, urspr. viell. = Balkenbau, Haus]: **1.** *kleinere Ortschaft, kleinere Siedlung mit oft bäuerlichem Charakter (3 a):* ein altes, abgelegenes, stilles, verträumtes D.; auf dem D. wohnen; vom D. stammen; von D. zu D. ziehen; diese Stadt ist ein richtiges D. (abwertend; *ihr fehlt das eigentlich städtische Leben u. Treiben*); * **globales D.** (*Welt, die durch die Verbreitung der Massenkommunikationsmittel und die dadurch bedingte Vernetzung der einzelnen Staaten u. ihrer Bürger gekennzeichnet ist;* nach dem Soziologen H. M. McLuhan [1911–1980]); **olympisches D.** (*Wohngebiet der Teilnehmer an einer Olympiade*); **potemkinsche/potjomkinsche/Potemkin'sche Dörfer** (*etw. Vorgetäuschtes, in Wirklichkeit gar nicht Existierendes;* nach dem Fürsten Potemkin, der Kaiserin Katharina II. bei einem Besuch auf der Krim durch Errichtung von Fassaden Dörfer vorgetäuscht haben soll, um den wahren Zustand dieses Gebietes zu verdecken); **jmdm./für jmdn. böhmische Dörfer, ein böhmisches D. sein** (*für jmdn. unverständlich, unbekannt sein;* mit vielen tschechischen Ortsnamen im zum Deutschen Reich gehörenden Königreich Böhmen konnten aufgrund des fremden Klanges viele Deutsche keine inhaltliche Vorstellung verbinden: diese chemischen Formeln sind mich böhmische Dörfer); **für jmdn. spanische Dörfer sein** (ugs.: *jmdm. unverständlich sein*); **auf/über die Dörfer gehen** (ugs.; *etw. umständlich tun, erzählen*); **auf die Dörfer gehen** (Skat; *Farben statt Trumpf, dabei meist Karten mit niedrigem Wert ausspielen;* wohl von den Hausierern, die ihre Ware in den Dörfern abzusetzen versuchen, weil ihnen in der Stadt kaum etwas abgekauft wird, od. auch von weniger qualifizierten Theatergruppen, die von Dorf zu Dorf ziehen müssen); **aus/in jedem D. einen Hund haben** (Skat; *Karten jeder Farbe haben, d. h. nicht über die notwendige Zahl einer Farbe verfügen*); **nie aus seinem D. herausgekommen sein** (*einen beschränkten Horizont haben*). **2.** *Gesamtheit der Dorfbewohner:* das ganze D. war auf den Beinen; ein Wettbewerb zwischen mehreren Dörfern.

Dorf|äl|tes|te ⟨vgl. Älteste⟩: *Älteste im Dorf.*
Dorf|äl|tes|ter ⟨vgl. Ältester⟩: *Dorfschulze* (b).
Dorf|be|woh|ner, der: *Bewohner eines Dorfes.*
Dorf|be|woh|ne|rin, die: w. Form zu ↑ Dorfbewohner.
Dörf|chen, das; -s, -: Vkl. zu ↑ Dorf.
Dorf|depp, der (landsch. abwertend): *Dorftrottel.*
Dorf|dis|co, Dorf|dis|ko, die (ugs.): *einzige Disco* (1) *eines Dorfes.*
◆ **dör|fen**: md. u. südd. Nebenf. von ↑ dürfen: ... so dörfte Ihre Anforderung mit Protest zurückkommen (Schiller, Kabale I, 6).
Dorf|er|neu|e|rung, die: *Erneuerung eines Dorfs durch Sanierung alter Gebäude u. Straßen u. durch geeignete bauliche Maßnahmen.*
Dorf|ge|mein|de, die: *aus einem od. mehreren Dörfern bestehende Gemeinde.*
Dorf|ge|mein|schaft, die: *Gesamtheit der Bewohner eines Dorfes.*
dörf|isch ⟨Adj.⟩ (seltener, meist abwertend): *bäurisch, nicht sehr kultiviert.*
Dorf|ju|gend, die: *in einem Dorf aufwachsende Jugend* (3).
Dorf|kir|che, die: *Kirche eines Dorfs.*
Dorf|krug, der (landsch., bes. nordd.): *Gaststätte in einem Dorf.*
Dörf|lein, das; -s, -: Vkl. zu ↑ Dorf.
Dörf|ler, der; -s, -: *jmd., der in einem Dorf wohnt, aufgewachsen ist* [u. durch das Leben in einem Dorf geprägt ist].
Dörf|le|rin, die; -, -nen: w. Form zu ↑ Dörfler.
dörf|lich ⟨Adj.⟩: **1.** *ein Dorf betreffend, zu ihm gehörend:* -e Bauten, Ereignisse. **2.** *einem Dorf entsprechend, auf dem Dorf üblich; für ein Dorf, das Leben in einem Dorf charakteristisch:* -e Feste, Sitten; sehr d. leben.
Dorf|lin|de, die: *auf dem früheren Gerichtsplatz od. der dörflichen Versammlungsstätte als Mittelpunkt des Rechts- u. Gemeinschaftslebens gepflanzte alte Linde.*
Dorf|pfar|rer, der: *Pfarrer eines Dorfs.*
Dorf|pfar|re|rin, die: w. Form zu ↑ Dorfpfarrer.
Dorf|platz, der: *zentraler Platz in einem Dorf.*
Dorf|schaft, die; -, -en (schweiz.): *Dorf, dörfliche Ortschaft.*
Dorf|schän|ke: ↑ Dorfschenke.
Dorf|schen|ke, Dorfschänke, die (veraltend): *Schenke in einem Dorf.*
Dorf|schö|ne ⟨vgl. ¹Schöne⟩, **Dorf|schön|heit**, die (spött.): *hübsches Mädchen vom Dorf.*
Dorf|schu|le, die: (*früher oft einklassige*) *Schule auf dem Lande.*
Dorf|schul|leh|rer, der: *Lehrer an einer Dorfschule.*
Dorf|schul|leh|re|rin, die: w. Form zu ↑ Dorfschullehrer.
Dorf|schul|meis|ter, der (scherzh., sonst veraltet): *Dorfschullehrer.*
Dorf|schul|meis|te|rin, die: w. Form zu ↑ Dorfschulmeister.
Dorf|schul|ze, der: a) (scherzh., veraltet) *Bürgermeister eines Dorfes;* b) (*bes. in arabischen Ländern*) *Vorsteher einer Gemeinde, einer Gemeinschaft.*
Dorf|schul|zin, die; -, -nen: w. Form zu ↑ Dorfschulze (b).

Dorf|stra|ße, die: *durch ein Dorf führende Straße.*
Dorf|teich, der: *oft an einem zentralen Platz liegender Teich in einem Dorf.*
Dorf|trot|tel, der (abwertend): *in einem Dorf durch geistige Behinderung u. ein entsprechendes Verhalten auffallender Mensch.*
Do|ria: ↑ Donner.
Do|ri|er, Dorer, der; -s, -: *Angehöriger eines altgriechischen Volksstammes.*
Do|ri|e|rin, Dorerin, die; -, -nen: w. Formen zu ↑ Dorier, Dorer.
do|risch ⟨Adj.⟩: *die* [*Kunst der*] *Dorer betreffend:* -e Säule (*altgriechische Säule ohne Basis, mit kanneliertem Schaft u. wulstförmigem Kapitell unter einer Deckplatte*); -e Tonart (*altgriechische Stammtonart, aus der sich die auf dem Grundton d stehende Haupttonart des mittelalterlichen Tonsystems entwickelte*).
Dorn, der; -[e]s, -en (ugs. auch: Dörner) u. (Technik:) -e [mhd., ahd. dorn, eigtl. = der Starre, Steife]: **1.** ⟨Pl. -en⟩ a) *spitzer, harter Pflanzenteil* (*bes. am Pflanzenstiel*): einen D. entfernen, ausziehen; sich einen D. in den Fuß treten; sich an den -en stechen; Ü ihr Lebensweg war voller -en (geh.; *Leiden*); * **jmdm. ein D. im Auge sein** (*jmdm. ein Ärgernis sein;* nach 4. Mos. 33, 55); b) (Bot.) *zu einem spitzen, starren Gebilde umgewandelter Pflanzenteil* (*im Unterschied zum Stachel*): die Stacheln der Schlehe sind eigentlich keine Stacheln, sondern -en. **2.** ⟨Pl. -e⟩ (dichter.) *Dornbusch:* weiß, rot blühender D. **3.** ⟨Pl. -e⟩ a) *dornartiges Metallstück, Metallstift:* -e unter den Spitzen sollen das Rutschen verhindern; b) *Werkzeug, das aus einem spitz auslaufenden Rundstahl besteht u. zum Erweitern von Löchern, Herausschlagen von Nieten o. Ä. dient;* c) (Technik) *Rundstahl zum Rundbiegen von Blechen u. Ä.*
Dorn|busch, der: *Strauch mit Dornen.*
Dörn|chen, das; -s, -: Vkl. zu ↑ Dorn.
dor|nen|ge|krönt ⟨Adj.⟩: *eine Dornenkrone tragend:* das -e Haupt Christi.
Dor|nen|he|cke, die: *Hecke aus Dornensträuchern.*
Dor|nen|kro|ne, die: *aus Dornenzweigen geflochtener Kranz, mit dem Christus zum Spott gekrönt wurde.*
dor|nen|reich ⟨Adj.⟩: *durch Leiden u. mancherlei Schwierigkeiten gekennzeichnet:* ein -es Leben.
Dor|nen|strauch, der: *Strauch mit Dornen.*
dor|nen|voll ⟨Adj.⟩: *dornenreich.*
Dor|nen|weg, der (geh.): *Leidensweg, durch Schwierigkeiten u. Mühsal gekennzeichneter Prozess.*
Dor|nen|zweig, der: *Zweig mit Dornen.*
Dorn|fel|der, der; -s, - [H.u.]: a) *bes. in Deutschland angebaute neuere Rebsorte, aus der Rotwein gekeltert wird;* b) *aus den Trauben des Dornfelders* (a) *gekelterter Rotwein.*
Dorn|fin|ger|spin|ne, die; -, -n (Zool.): (*in vielen Arten vorkommende*) *Giftspinne.*
Dorn|fort|satz, der (Anat.): *nach hinten gerichteter Fortsatz eines Wirbels.*
Dorn|hai, der: *großer Hai mit kräftigem Stachel vor jeder der beiden Rückenflossen.*
dor|nig ⟨Adj.⟩ [mhd. dornec, ahd. dornac]: **1.** *mit Dornen besetzt; Dornen aufweisend:* -e Zweige, Sträucher. **2.** (geh.) *schwierig, voller Schwierigkeiten:* eine -e Sache; der Weg zur Erkenntnis ist d.
Dorn|rös|chen, das ⟨o. Pl.⟩: *Gestalt des Volksmärchens, die durch eine Fee in einen hundertjährigen Schlaf in einem von einer hohen Dornenhecke umgebenen Schloss versenkt wird.*
Dorn|rös|chen|schlaf, der: *untätiges, verträumtes Dasein.*
Dör|re, die; -, -n (landsch.): *Darre* (1 a).

dor|ren ⟨sw. V.; ist⟩ [mhd. dorren, ahd. dorrēn = dürr werden, zu ↑ dürr] (geh.): *trocken werden, verdorren.*
dör|ren ⟨sw. V.⟩ [mhd. derren, ahd. derran, darran; Kausativ zu einem Verb mit der Bed. »verdorren«; die nhd. Form mit ö durch Anlehnung an ↑ dorren]: **1.** ⟨hat⟩ *dürr machen, austrocknen, ausdorren:* die Hitze dörrt den Rasen; gedörrtes Obst. **2.** ⟨ist⟩ *dürr, trocken werden, dorren:* der Stockfisch dörrt an der Luft.
Dörr|fleisch, das: *von Fleisch durchwachsener Speck.*
Dörr|ge|mü|se, das: *gedörrtes Gemüse.*
Dörr|obst, das: *gedörrtes Obst, Backobst.*
Dörr|pflau|me, die: *gedörrte Pflaume; Backpflaume.*
dor|sal ⟨Adj.⟩ [spätlat. dorsalis = zum Rücken gehörend, zu lat. dorsum = Rücken]: **1.** (Med.) *zum Rücken gehörend, an der Rückseite, zur Rückseite hin* [*gelegen*]; *rückseitig.* **2.** (Sprachwiss.) (*von Lauten*) *mit dem Zungenrücken gebildet.*
Dor|sal, der; -s, -e, **Dor|sal|laut**, der (Sprachwiss.): *mit dem Zungenrücken gebildeter Laut.*
Dorsch, der; -[e]s, -e [mniederd. dorsch < aisl. þorskr, wahrsch. verw. mit ↑ dürr (der Fisch wird häufig getrocknet, ↑ Stockfisch)]: **1. a)** *junger Kabeljau;* b) *kleiner, in der Ostsee vorkommender Kabeljau.* **2.** *in mehreren Arten vorkommender Dorschfisch mit meist kräftigem Körper, drei Rücken- u. zwei Schwanzflossen.*
Dorsch|fisch, der: (*in sehr vielen Arten vorkommender, fast nur im Meer lebender*) *Knochenfisch mit meist drei Rücken- u. zwei Schwanzflossen* (z. B. Dorsch, Seehecht).
dor|si|ven|t|ral ⟨Adj.⟩ [zu lat. dorsum = Rücken u. ↑ ventral] (Biol.): (*von Pflanzenteilen od. Tieren*) *einachsig symmetrisch* (z. B. Tiere mit spiegelbildlich gleichen Flanken, aber verschiedener Rücken- u. Bauchseite).
dor|so|ven|t|ral ⟨Adj.⟩ (Anat., Biol.): *vom Rücken zum Bauch hin* [*gelegen*].
dort ⟨Adv.⟩ [mhd. dort, ahd. dorot, darot, zu mhd. dar[e], ahd. dara = dahin, urspr. = dorthin]: *an jenem Platz, Ort; da:* d. oben, drüben, hinten, im Regal; ich bin bis Sonntag d., möchte bis Sonntag d. ausruhen; wer ist d.?; ich komme gerade von d. (*dorther*); von d. aus können Sie mich anrufen.
dort|be|hal|ten ⟨st. V.; hat⟩: *dabehalten.*
dort|blei|ben ⟨st. V.; ist⟩: *dableiben.*
dor|ten ⟨Adv.⟩ (veraltet): *dort.*
dort|her [mit besonderem Nachdruck: ˈdɔrt...] ⟨Adv.⟩: *von dort:* ich komme gerade d.
dort|hin [mit besonderem Nachdruck: ˈdɔrt...] ⟨Adv.⟩: *nach dort:* stell dich d.!; welcher Bus fährt d.?
dort|hi|n|ab [auch: dɔrtˈhiˈnap, mit besonderem Nachdruck: ˈdɔrthınap] ⟨Adv.⟩: *an jene Stelle, an jenen Ort hinab:* d. führt der Weg.
dort|hi|n|auf [auch: dɔrtˈhiˈnaʊf, mit besonderem Nachdruck: ˈdɔrthınaʊf] ⟨Adv.⟩: *an jene Stelle, an jenen Ort hinauf:* d. ist der Weg sehr steil.
dort|hi|n|aus [auch: dɔrtˈhiˈnaʊs, mit besonderem Nachdruck: ˈdɔrthınaʊs] ⟨Adv.⟩: *in jene Richtung hinaus:* d. kommen Sie auf die Autobahn; * **bis d.** (ugs.; *sehr, maßlos, ganz besonders*): er ist frech bis d.).
dort|hi|n|ein [auch: dɔrtˈhiˈnaɪn, mit besonderem Nachdruck: ˈdɔrthınaɪn] ⟨Adv.⟩: *in jenen Raum, Bereich o. Ä. hinein.*
dort|hi|n|un|ter [auch: dɔrtˈhiˈnʊntɐ, mit besonderem Nachdruck: ˈdɔrthınʊntɐ] ⟨Adv.⟩: *an jene Stelle, an jenen Ort hinunter.*
dor|tig ⟨Adj.⟩: *dort befindlich, anzutreffen, geschehen:* die -en Ämter, Vorgänge, Verhältnisse.
Dort|mund: *Stadt im Ruhrgebiet.*

¹Dort|mun|der, der; -s, -: Ew.
²Dort|mun|der ⟨indekl. Adj.⟩.
Dort|mun|de|rin, die; -, -nen: w. Form zu ↑ ¹Dortmunder.
dort|selbst [auch: dɔrt'zɛlpst, mit besonderem Nachdruck: 'dɔrtzɛlpst] ⟨Adv.⟩ (veraltend): *an dem bereits genannten Ort, ebendort, daselbst.*
dort|zu|land, dort zu Land: ↑ dortzulande.
dort|zu|lan|de, dort zu Lan|de, dortzuland, dort zu Land ⟨Adv.⟩ (geh.): *in jenem Land* (meist in Bezug auf etw. dafür Charakteristisches): die Sitten und Gebräuche dortzulande/dort zu Lande.
Dos and Don'ts ['duːzn̩d'dovnts] ⟨Pl.⟩ [engl. dos and don'ts, zu: to do = tun u. to do not (zusgez.: don't) = nicht tun] (Jargon): *Handlungs- od. Verhaltensweisen, die empfohlen werden u. von denen abgeraten wird; Anweisungen, was man befolgen u. was man unbedingt unterlassen sollte:* d. a. D. des Vorstellungsgespräches; die wichtigsten d. a. D. im Studium.
Dös|chen, das; -s, -: Vkl. zu ↑ Dose.
Do|se, die; -, -n [aus dem Niederl. < mniederd., niederl. dose = Behälter zum Tragen, Lade, Koffer; H. u.]: **1.** *kleiner [runder] Behälter mit Deckel:* eine ovale D. [aus Porzellan]. **2.** Kurzf. von ↑ Konservendose: eine D. Erbsen, Bier, Wurst in -n. **3.** Kurzf. von ↑ Steckdose: den Stecker aus der D. ziehen; in der D. ist kein Strom. **4.** (vulg.) *Vulva.* **5.** (seltener) *Dosis.*
dö|sen ⟨sw. V.; hat⟩ [aus dem Niederd., dafür mhd. dösen = schlummern, verw. mit ↑ Dunst] (ugs.): **1.** *leicht, nicht tief schlafen; sich in einem Zustand von Halbschlaf befinden:* ich schloss die Augen und döste; Ü Die Baracken dösten wie vorher in der Sonne (Remarque, Funke 11). **2.** *halb wie im Traum vor sich hin blicken, ohne seine Aufmerksamkeit auf jmdn. od. etw. zu richten:* im Unterricht döste er [vor sich hin]; Der Wirt stand hinter der Theke, rauchte und döste (Böll, Adam 58).
Do|sen|bier, das: *in Konservendosen abgefülltes Bier.*
do|sen|fer|tig ⟨Adj.⟩: *in einer Dose zum Verzehr fertig:* -e Eintopfgerichte.
Do|sen|fleisch, das: *in Konservendosen konserviertes Fleisch.*
Do|sen|milch, die: *Kondensmilch.*
Do|sen|öff|ner, der: *Gerät zum Öffnen von Konservendosen.*
Do|sen|pfand, das ⟨o. Pl.⟩ (ugs.): *Pfand, das auf Getränkedosen u. Einwegflaschen erhoben wird:* das lang umstrittene D.
Do|sen|sup|pe, die: vgl. Dosenfleisch.
Do|sen|wurst, die: vgl. Dosenfleisch.
do|sier|bar ⟨Adj.⟩: *sich genau dosieren lassend:* eine genau -e Menge.
Do|sier|bar|keit, die; -: *das Dosierbarsein:* dieser Mechanismus erleichtert die D.
do|sie|ren ⟨sw. V.; hat⟩ [frz. doser, zu: dose = abgemessene Menge < mlat. dosis, ↑ Dosis]: *in der für erforderlich gehaltenen Menge, Dosis ab-, zumessen, zuführen:* ein Medikament, Mittel d.; eine richtig, genau dosierte Menge.
Do|sier|pum|pe, die: *Pumpe* (1 b), *die ein exaktes Dosieren ermöglicht.*
Do|sie|rung, die; -, -en: **1.** *das Dosieren:* die exakte D. des Medikaments ist unerlässlich. **2.** *abgemessene, dosierte Menge von etw.:* ein Medikament in der richtigen D. verabreichen.
dö|sig ⟨Adj.⟩ [aus dem Niederd. < mniederd. dösich; vgl. dösen] (ugs.): **a)** *nicht ganz wach; benommen, schläfrig:* jmd.; jmdm. ist ganz d.; die Hitze macht einen ganz d.; Butgereit schweigt 'ne Weile. Träumt er, döst er, denkt er? (Schnurre, Fall 24); **b)** *stumpfsinnig u. unaufmerksam seiner Umgebung gegenüber:* ein -er

Schüler, Blick; Der Blick, sonst d. bis stupid, wird stechend (Grass, Hundejahre 94).
Do|si|me|ter, das; -s, - [zu griech. dósis, ↑ Dosis] (Physik, Chemie, Med.): *Gerät zur Messung der vom Menschen aufgenommenen Menge an radioaktiven Strahlen.*
Do|si|me|t|rie, die; -, -n (Physik, Chemie, Med.): *Messung der Energiemenge von ionisierenden Strahlen.*
Do|sis, die; -, Dosen [mlat. dosis = Gabe < griech. dósis]: *entsprechende, zugemessene [Arznei]menge:* die tägliche, eine schwache, eine tödliche D.; Ü eine gehörige D. Eitelkeit; jmdm. etw. in kleinen Dosen verabreichen, beibringen (ugs.; schonend nach u. nach mitteilen).
Dös|kopp, der; -s, ...köppe [zu ↑ dösen u. niederd. Kopp = Kopf] (nordd. abwertend): *unaufmerksamer Mensch, der kaum zu etw. zu gebrauchen ist.*
Dos|si|er [dɔ'sieː], das (veraltet: der); -s, -s [frz. dossier, zu: dos = Rücken, nach dem Rückenschild]: **1.** *umfänglichere Akte, in der alle zu einer Sache, einem Vorgang gehörenden Schriftstücke gesammelt sind:* ein D. [über jmdn.] anlegen; belastendes Material in einem D. sammeln; man hatte den Minister mit -s (Unterlagen, Schriftstücken) über Korruption und Misswirtschaft versorgt. **2.** *(bes. in der Presse in Form einer [Sonder]beilage o. Ä.) Dokumentation* (1 b) *zu einem bestimmten Thema:* die heutige Ausgabe enthält ein D. zum Thema Ökotourismus.
Dost, der; -[e]s, -e [mhd. doste = Dost; Strauß, Büschel, ahd. dost(o) = Dost, eigtl. = Büschel (nach den büscheligen Blütenständen), urspr. wohl = Geschwollenes, Schwellendes: *(zu den Lippenblütlern gehörende) als Staude od. Halbstrauch wachsende Pflanze mit kleinen Blättern u. meist rötlichen Blüten, die als Gewürz u. zu Heilzwecken verwendet wird; Origanum.*
Do|ta|ti|on, die; -, -en [mlat. dotatio = Ausstattung, zu lat. dotare, ↑ dotieren] (bildungsspr.): **a)** *Schenkung, Zuwendung von Geld od. anderen Vermögenswerten;* **b)** (selten) *Mitgift.*
¹Dot|com, das; -s, -s [engl. dot-com, nach der Abk. .com in Internetadressen (im Engl. gesprochen: dot com) für die (mit Punkt), die eine kommerzielle Website kennzeichnet] (Wirtschaftsjargon): *Unternehmen der New Economy, das seine Geschäfte hauptsächlich im Internet abwickelt:* sie landete bei einem D., das pleitegeing.
²Dot|com, die; -, -s [↑ ¹Dotcom] (Wirtschaftsjargon): *Firma der New Economy, die ihre Geschäfte hauptsächlich im Internet abwickelt.*
◆ **Dö|te,** der; -n, -n [mhd. tot(t)e = Pate, Patin, ahd. toto = Pate, tota = Patin, wohl Lallwort der Kindersp.]: *Pate:* ... was den der Bursch für einen guten D. habe an dem Stuttgarter Hofzuckerbäcker (Mörike, Hutzelmännlein 162).
do|tie|ren ⟨sw. V.; hat⟩ [lat. dotare = ausstatten]: **1.** *(in Bezug auf gehobene berufliche Positionen) in bestimmter Weise bezahlen:* wir werden die Position mit 10 000 Euro d.; (meist im 2. Part.:) eine sehr gut dotierte Position. **2.** *mit einer bestimmten Geldsumme o. Ä. ausgestatten:* einen Preis mit 20 000 Euro d.; (meist im 2. Part.:) eine reich dotierte Stiftung.
Do|tie|rung, die; -, -en: **1.** *das Dotieren* (2), *Dotiertwerden.* **2.** *Entgelt, Gehalt für eine gehobene berufliche Tätigkeit.*
Dot|ter, der, auch: das; -s, - [mhd. toter, ahd. totoro, viel. eigtl. = Zitterer, nach der gallertartigen Beschaffenheit]: **1.** (Zool.) *in tierischen Eizellen enthaltene nährende Substanz für den Keimling:* der Embryo nährt sich vom D. **2.** *vom Eiweiß umgebene gelbe, kugelige Masse des Vogeleis, bes. des Hühnereis; Eigelb:* den D. vom Eiweiß trennen.

Dot|ter|blu|me, die: Kurzf. von ↑ Sumpfdotterblume.
dot|ter|gelb ⟨Adj.⟩: *kräftig gelb wie der Dotter des Hühnereis:* ein -er Kissenbezug.
Dot|ter|sack, der (Zool.): *den Dotter umhüllendes Organ bei Embryonen von Wirbeltieren.*
dot|zen ⟨sw. V.; hat⟩ [lautm.] (landsch.): (bes. von einem Ball) *aufprallen und hochspringen:* den Ball d. lassen.
dou|beln ['duːbl̩n] ⟨sw. V.; hat⟩ [zu ↑ Double] (Film, Fernsehen): **a)** *einen Darsteller in einer gefährlichen Szene, bei Proben o. Ä. ersetzen, dessen Rolle übernehmen:* einen Hauptdarsteller d.; er hat schon öfter gedoubelt (als Double gearbeitet); **b)** *mit einem Double besetzen:* eine Szene d.
Dou|ble ['duːbl̩], das; -s, -s [frz. double = Doppelgänger, ↑ doppelt]: **1. a)** (Film, Fernsehen) *jmd., der einen Darsteller doubelt:* sie arbeitete beim Film als D. für sportliche Szenen; er stand the Dreharbeiten ohne D. durch; **b)** *Doppelgänger.* **2.** (Musik) *Variation eines Satzes der Suite durch Verzierung der Oberstimme.* **3.** (Sport) *Gewinn der Meisterschaft u. eines weiteren Wettbewerbs durch dieselbe Mannschaft in einem Jahr:* sie schafften das D.
¹Dou|b|lé [du'bleː], ¹Dublee, das; -s, -s [frz. doublé, subst. 2. Part. von: doubler = doppeln < spätlat. duplare, zu lat. duplus, ↑ doppelt]: **1.** *unedles Metall mit einem dünnen Überzug aus Edelmetall (bes. Gold):* eine Uhr, ein Armband aus, in D. **2.** *Stoß beim Billardspiel.*
²Dou|b|lé [du'bleː], ²Dublee, der; -[s], -s (Fechten): *Doppeltreffer beim Degenfechten.*
Dou|b|le|bind, Dou|b|le Bind, das; ...-[s], -- s ['dablbaɪnd; engl. double bind, eigtl. = »Dilemma« (Psychol.): [*Verwirrung u. Orientierungslosigkeit hervorrufende] Beziehung, Bindung zwischen einander nahestehenden, meist sozial voneinander abhängigen Personen, bei der die eine Person sich der anderen gegenüber widersprüchlich äußert u. verhält.*
◆ **dou|ce|ment** [dus(ə)'mã:] ⟨Adv.⟩ [frz. doucement, zu: doux = sanft, angenehm; süß < lat. dulcis]: *langsam, behutsam, sachte:* Erst, wenn er anhub, sich zu drehen, ging es d. her, dann klang es stärker und stärker, ... als wie der Schall von vielen Pfeifen (Mörike, Hutzelmännlein 127).
Dough|nut ['doʊnat, 'doʊ:nat]: ↑ Donut.
Dou|g|las|fich|te ['duːglas...], die; -, -n: Douglasie.
Dou|g|la|sie [du'glaːziə], die; -, -n [nach dem schott. Botaniker D. Douglas (1798–1834)]: *(zu den Kieferngewächsen gehörender) hoher, schnell wachsender Nadelbaum mit weichen, an der Unterseite weißlich gestreiften Nadeln.*
Dou|g|las|tan|ne ['duːglas...], die; -, -n: Douglasie.
do ut des [lat. = ich gebe, damit du gibst]: *altrömische Rechtsformel für gegenseitige Verträge oder Austauschgeschäfte.*
Do|ver: engl. Hafenstadt am Ärmelkanal.
Dow-Jones ['daʊ'dʒɔnz], **Dow-Jones-Ak|ti|en-in|dex, Dow-Jones-In|dex** [...'dʒɔʊnz...], der ⟨o. Pl.⟩ [nach der amerik. Firma Dow, Jones & Co., die den Index ermittelt] (Wirtsch.): *Verzeichnis, Aufstellung der errechneten Durchschnittskurse der dreißig wichtigsten Aktien in den USA.*
down [daʊn] ⟨indekl. Adj.⟩ [engl. down, eigtl. = hinunter] (ugs.): *sich körperlich, psychisch auf einem Tiefstand befindend; zerschlagen, ermattet; niedergeschlagen, bedrückt:* d. sein.
Down|hill ['daʊnhɪl], das od. der; -s, -s [engl. downhill, Substantivierung von down = abwärts u. hill = Hügel, Berg]: *reines Abfahrtsrennen mit speziell zu die-*

Downing Street – drahn

sem Zweck entwickelten Mountainbikes: sie sorgte im D. der Damen für eine Überraschung.

Dow|ning Street [ˈdaʊnɪŋ striːt], die; -- [nach dem engl. Diplomaten Sir George Downing]: **1.** *Straße in London mit dem Amtssitz des britischen Premierministers [im Haus Nr. 10]:* die D. S. wurde abgeregelt. **2.** ⟨o. Art.⟩ *die britische Regierung:* D. S. hat sich zu dieser Frage noch nicht geäußert.

Down|load [ˈdaʊnloʊd], der, selten das; -s, -s [engl. download, ↑ downloaden] (EDV): **1.** *das Herunterladen.* **2.** *Software, Datei o. Ä., die von einem Server heruntergeladen werden kann od. heruntergeladen wurde:* wo findet man die neuesten -s?; geben Sie an, in welchem Verzeichnis Sie Ihre -s speichern wollen.

down|loa|den [ˈdaʊnloʊdn] ⟨sw. V.; hat⟩ [engl. to download = herunterladen] (EDV): *herunterladen:* hast du das neue Update schon downgeloadet?

Down|load|shop, Down|load-Shop [ˈdaʊnloʊdˌʃɔp], der (EDV): *Website, über die ein Unternehmen Waren od. Dienstleistungen im Internet zum Download anbietet.*

down|shif|ten [ˈdaʊnʃɪftn] ⟨sw. V.; hat⟩ (bildungsspr.): *(bes. im Berufsleben) sich mäßigen, zur Ruhe kommen, entspannen u. dadurch bewusst auf Aufstieg, Konsum und Luxus o. Ä. verzichten.*

Down|shif|ting [ˈdaʊnʃɪftɪŋ], das; -s, -s ⟨Pl. selten⟩ [zu amerik. to downshift = herunterschalten, zurückschalten, zu: shift = Schaltung] (bildungsspr.): *das Downshiften.*

down|si|zen [ˈdaʊnsaɪzn] ⟨sw. V.; hat⟩ [engl. to downsize = verschlanken] (ugs.): *reduzieren, kürzen, verkleinern:* das Unternehmen wurde downgesizt.

Down|si|zing [ˈdaʊnsaɪzɪŋ], das; -s [engl. downsizing, zu: to downsize = verschlanken, verkleinken, aus: down = hinunter u. size = Größe] (Wirtsch.): *(meist mit [sozial verträglichem] Arbeitsplatzabbau verbundene) Verkleinerung eines Unternehmens u. Verminderung seiner Aufgabenbereiche durch Gründung von Tochtergesellschaften, durch Outsourcing u. Ä.*

Down|syn|drom, Down-Syn|drom [ˈdaʊn...], das ⟨o. Pl.⟩ [nach dem brit. Arzt J. L. H. Down (1828–1896)]: *Krankheitsbild, das genetisch bedingt u. durch teils schwerwiegende Entwicklungshemmungen und Veränderungen des Erscheinungsbildes eines Menschen gekennzeichnet ist.*

Down|town [ˈdaʊntaʊn], die; -, -s ⟨meist o. Art.⟩ [engl.-amerik. downtown, aus: down = hinunter (nach) u. town = Stadt]: *Stadtzentrum, Innenstadt (bes. von nordamerikanischen Städten).*

Down Un|der [daʊn ˈandɐ]; -- [engl., eigtl. = (von, nach) ganz unten, bezogen auf die Lage Australiens auf dem Globus]: *Australien [u. Neuseeland]:* Praktikum und Studium in D. U.

Do|xo|lo|gie, die; -, -n [mlat. doxologia < griech. doxología = das Rühmen]: *Lobpreisung Gottes, der Dreifaltigkeit in der christlichen Liturgie:* die D. singen.

Do|yen [doaˈjɛ̃ː], der; -s, -s ⟨Pl. selten⟩ [frz. doyen = Ältester, Dekan < lat. decanus, ↑ Dechant]: *dienstältester diplomatischer Vertreter u. meist Sprecher eines diplomatischen Korps:* Ü er ist zum D. in der gesamten Medienlandschaft aufgerückt.

Do|yenne [...ˈjɛn], die; -, -n [...nən] ⟨Pl. selten⟩ [frz. doyenne]: w. Form zu ↑ Doyen.

Doz. = Dozent.

Do|zent, der; -en, -en [zu lat. docens (Gen. docentis), 1. Part. von: docere, ↑ dozieren]: **a)** *Lehrender an einer Hochschule, Fachhochschule, Volkshochschule u. a. Einrichtungen, bes. in der beruflichen Aus- und Weiterbildung;* **b)** *Kurzf. von* ↑ Privatdozent (b).

Do|zen|ten|schaft, die; -, -en: *Gesamtheit der Dozentinnen u. Dozenten einer bestimmten Hochschule o. Ä.:* die D. hat zu einer Besprechung eingeladen.

Do|zen|tin, die; -, -nen: w. Form zu ↑ Dozent.

> Um gehäuftes Auftreten der Doppelform *Dozentinnen und Dozenten* zu vermeiden, können je nach Kontext die Ausweichformen *Dozentenschaft, Lehrende* oder *Lehrkörper* gewählt werden.

Do|zen|t(inn)en: Kurzform für: Dozentinnen und Dozenten.

Do|zen|tur, die; -, -en: **a)** *akademischer Lehrauftrag:* eine D. übernehmen, erhalten; **b)** *Stelle für einen Dozenten an einer Hochschule o. Ä.:* eine neue D. einrichten.

do|zie|ren ⟨sw. V.; hat⟩ [lat. docere, ↑ Doktor]: **1.** *an einer Hochschule o. Ä. lehren, Vorlesungen halten:* an einer Universität, über Psychologie d.; Weißblatt trug seine Ansichten und Theorien über diese Welt ... im Liegen vor. Alle Weisen haben gelegen, wenn sie dozierten (Strittmatter, Wundertäter 340). **2.** *in lehrhaftem Ton reden:* er hat immer die Neigung zu d.; in dozierendem Ton sprechen; Sollten sie jetzt kentern, hatte Klaus doziert, müsse man sich von den Wellen tragen lassen (M. Walser, Pferd 121).

DP = Deutsche Post.

dpi [deːpeːˈliː; Abk. für engl. **d**ots **p**er **i**nch = Punkte pro Inch] = Maßeinheit für die Bildauflösung.

dpt, Dptr. = Dioptrie.

d. R. = der Reserve; des Ruhestandes.

Dr. = Doktor.

DR = Deutsche Reichsbahn.

Dra|che, der; -n, -n [mhd. trache, ahd. trahho < lat. draco < griech. drákōn]: *geflügeltes, Feuer speiendes, echsenartiges Fabeltier [mit mehreren Köpfen]:* Siegfrieds Kampf mit dem -n; er träumte von feurigen -n, die in den Herbstnächten über den Kiefernwald ins Dorf flogen (Strittmatter, Wundertäter 314).

Dra|chen, der; -s, - [Nebenf. von ↑ Drache]: **1.** *[die ältesten, seit dem 5. Jh. v. Chr. in China verwendeten Drachen bestanden aus mehreren Teilen, deren größter von der Form her dem Kopf eines Drachen ähnelte] an einer Schnur od. einem dünnen Draht gehaltenes, mit Papier, Stoff o. Ä. bespanntes Gestell, das vom Wind nach oben getragen wird u. sich in der Luft hält:* einen D. basteln, steigen lassen; die Messgeräte der Meteorologen werden von einem D. in die Höhe getragen. **2.** (salopp abwertend) *zänkische Frau:* sie ist ein [furchtbarer] D.; Wie konnte Frau Tobler ihr zartes Töchterchen diesem D. von Dienstmagd ausliefern? (R. Walser, Gehülfe 61). **3.** *von drei Personen zu segelndes Boot mit Kiel für den Rennsegelsport (Kennzeichen: D).* **4.** *großes, deltaförmiges Fluggerät, das aus einem mit Kunststoffgewebe bespannten Rohrgerüst besteht.*

Dra|chen|baum, der [nach dem ↑ Drachenblut (2) genannten Harz des Strauches]: *(zu den Liliengewächsen gehörender auf den Kanarischen Inseln beheimateter) Baum mit langen, schmalen Blättern u. grünlich weißen Blüten.*

Dra|chen|blut, das: **1.** *(der Sage nach besondere Kraft verleihendes) Blut des Drachen.* **2.** *(aus bestimmten Pflanzen gewonnenes) rotes Harz in fester Form, das zu Lacken, medizinischen Pflastern, zum Färben von Papier o. Ä. verwendet wird.*

Dra|chen|boot, das: *Drachen (3).*

Dra|chen|flie|gen, das; -s: *das Fliegen, Gleiten [im Schlepp eines Motorbootes, von Bergkuppen o. Ä. herab] mit einem Drachen (4).*

Dra|chen|flie|ger, der: *jmd., der das Drachenfliegen betreibt.*

Dra|chen|flie|ge|rin, die: w. Form zu ↑ Drachenflieger.

Dra|chen|flug, der: *das Fliegen, Flug mit einem Drachen (4).*

Dra|chen|frucht, die: *Pitahaya (2).*

Dra|chen|kopf, der: *Kopf eines Drachen.*

◆ **Dra|chen|nest**, das: *Räuberhöhle:* (Pater tritt auf.) Ist das das D.? (Schiller, Räuber II, 3).

Dra|chen|saat, die [nach der Fabel des Hyginus u. nach Ovid wachsen aus den von Kadmos ausgesäten Zähnen des von ihm erlegten Drachen Krieger, die sich gegenseitig erschlagen] (geh.): *Gedankengut, das Zwietracht sät od. anderen Schaden anrichtet:* die D. ist aufgegangen (Zwietracht, feindliche Gesinnung o. Ä. hat sich verbreitet).

Drach|me, die; -, -n [griech. drachmḗ, eigtl. = eine Handvoll (Münzen)]: *frühere griechische Währungseinheit (1 Drachme = 100 Lepta).*

Drag-and-drop, Drag-and-Drop [ˈdrægənd...], das; -s [engl. drag and drop, aus: to drag = schleppen u. to drop = fallen lassen] (EDV): *Computerfunktion, mit der grafische Elemente (z. B. Icons, Textstellen) durch Anklicken markiert und mit gedrückter Maustaste auf dem Bildschirm bewegt und so an anderer Stelle eingesetzt werden können.*

Dra|gee, Dra|gée [draˈʒeː], das; -s, -s [frz. dragée < lat. tragemata < griech. tragḗmata = Nachtisch, Zuckergebäck]: **1.** *mit einem Überzug aus Zucker, Schokolade o. Ä. versehene Süßigkeit mit einer festen od. flüssigen Füllung.* **2.** *linsenförmige Pille, die aus einem Arzneimittel mit einem geschmacksverbessernden Überzug besteht.*

dra|gie|ren [draˈʒiːrən] ⟨sw. V.; hat⟩ [zu ↑ Dragee]: *mit einem Überzug aus Zuckermasse o. Ä. versehen:* Pillen d.

Dra|gon, Dragun der od. das; -s [älter frz. targon < mlat. tarc(h)on, ↑ Estragon] (veraltet): *Estragon.*

Dra|go|ner, der; -s, - [frz. dragon, urspr. = »(Feuer speiender) Drache« als Name einer Handfeuerwaffe < lat. draco, ↑ Drache]: **1.** *(Geschichte) leichter Reiter, Angehöriger einer Reitertruppe.* **2.** (salopp abwertend) *in ihrer Erscheinung o. ihrem Auftreten derbe, resolute, männlich aussehende od. wirkende Frau.*

Drag|queen [ˈdrægkwiːn], die; -, -s [engl. drag queen, aus: drag = (von Männern getragene) Frauenkleider u. queen = Queen (3)] (Jargon): *männlich homosexueller Transvestit.*

Dr. agr. = doctor agronomiae (Doktor der Landwirtschaft).

Drag-Race, Drag|race [ˈdrægreɪs], das; -[s], -s [...sɪs] [engl. drag race, aus: drag (↑ Dragster) u. race = Rennen]: **1.** *Rennen für hochgezüchtete Spezialwagen (auch für spezielle Motorräder), die aus dem stehenden Start heraus mit höchster Beschleunigung eine Viertelmeile zurücklegen.* **2.** *Rennen für spezielle Motorboote auf kurzen, geraden Strecken.*

Drag-Ra|cing, Drag|ra|cing [ˈdrægreɪsɪŋ], das; -[s], -s [engl. drag racing]: *Motorsport, bei dem Drag-Races gefahren werden.*

Drag|s|ter [ˈdrægstɐ], der; -s, - [engl. dragster = frisiertes Auto, zu drag (Slang) = Auto, Kraftfahrzeug]: *im Drag-Race gefahrener Spezialwagen.*

Dra|gun: ↑ Dragon.

drahn ⟨sw. V.; hat⟩ [eigtl. = drehen] (österr. ugs.): *bis in die Nacht hinein feiern, die Nacht durchfeiern.*

Drah|rer, der; -s, - (österr. ugs.): *Nachtschwärmer* (2).

Drah|re|rin, die; -, -nen: w. Form zu ↑ Drahrer.

Draht, der; -[e]s, Drähte [mhd., ahd. drāt (2. Part. von: drāen = drehen), eigtl. = Gedrehtes, gedrehter (Faden)]: **1.** *schnurförmig ausgezogenes Metall:* ein dicker, rostiger D.; ein Stück D.; etw. mit D. umwickeln. **2. a)** *Telegrafen-, Telefonleitung:* die Schwalben sitzen auf den Drähten; **b)** *Telefonverbindung, telegrafische Verbindung:* am anderen Ende des -es meldete sich niemand; Ü den D. nach Moskau nicht abreißen lassen *(die politischen Beziehungen zu Moskau aufrechterhalten);* hast du einen D. *(eine Verbindung)* zur Firmenleitung?; * **heißer D.** *(direkte telefonische Verbindung [zwischen den Regierungen der Großmächte, bes. bei ernsten Konfliktsituationen];* nach engl. hot line); **auf D. sein** (ugs.; *wachsam sein, aufpassen u. eine Situation sofort richtig erkennen u. nutzen);* **jmdn. auf D. bringen** (ugs.; *jmdn. dazu bringen, [rasch] zu handeln);* **c)** (Soldatenspr.) *[Stachel]drahtverhau:* die Flüchtlinge kamen nicht durch den D.

Draht|be|sen, der: *im Freien verwendeter Kehrbesen mit elastischen Zinken aus Draht.*

Draht|bürs|te, die: *Bürste mit Borsten aus Draht.*

Drähtchen, das; -s, -: Vkl. zu ↑ Draht.

¹drah|ten ⟨sw. V.; hat⟩: **1.** [zu ↑ Draht (2b)] (veraltend) *telegrafisch übermitteln.* **2.** [zu ↑ Draht (1)] *mit Draht zusammenbinden, -flechten.*

²drah|ten ⟨Adj.⟩: *aus Draht bestehend.*

Draht|esel, der (ugs. scherzh.): *Fahrrad.*

♦ **Draht|fal|den,** der: *dünner Draht zum Führen einer Marionette:* Kostbarer Ersatz eures verprassten Blutes … von einem französischen Tragödienschreiber auf Stelzen geschraubt und mit Drahtfäden gezogen zu werden (Schiller, Räuber I, 2).

Draht|funk, der ⟨o. Pl.⟩: *Übertragung von Rundfunkprogrammen über [Telefon]leitungen.*

draht|ge|bun|den ⟨Adj.⟩ (Nachrichtent.): *an Leitungen gebunden.*

Draht|ge|flecht, das: *Geflecht aus Draht.*

Draht|ge|stell, das: *Gestell aus Draht:* eine Brille mit D.

Draht|ge|we|be, das: *Gewebe aus Draht mit quadratischen od. rechteckigen Maschen.*

Draht|git|ter, das: *Gitter aus Draht.*

Draht|glas, das: *Sicherheitsglas, in das Drahtgewebe od. -geflecht eingewalzt ist.*

Draht|haar, das: *raues Haar bestimmter Hunderassen.*

Draht|haar|da|ckel, der: *Dackel mit Drahthaar.*

draht|haa|rig ⟨Adj.⟩: *Drahthaar besitzend.*

drah|tig ⟨Adj.⟩: **1.** *drahtartig rau:* ein -er Schnauzbart. **2.** *(meist von Männern) schlank u. durchtrainiert, sehnig:* ein -er Typ, junger Mann; eine -e Figur.

Draht|kom|mo|de, die (ugs. scherzh.): *Klavier.*

Draht|korb, der: *Korb aus Drahtgeflecht.*

draht|los ⟨Adj.⟩ (Nachrichtent.): *durch Funk nicht an Leitungen gebunden:* -e Telegrafie.

Draht|nach|richt, die (veraltend): *Telegramm[nachricht].*

Draht|netz, das: *Netz aus Draht.*

Draht|rol|le, die: *zu einer Rolle aufgerollter Draht.*

Draht|sche|re, die: *Schere, mit der Draht geschnitten werden kann.*

Draht|schlin|ge, die: *Schlinge aus Draht.*

Draht|seil, das: *Seil aus Stahldrähten.*

Draht|seil|akt, der: *Vorführung eines Akrobaten auf dem Drahtseil im Zirkus, Varieté o. Ä.:* Ü diese Unternehmung war ein D. *(war gefährlich, risikoreich).*

Draht|seil|bahn, die: *Seilbahn.*

Draht|seil|künst|ler, der: *Seilakrobat.*

Draht|seil|künst|le|rin, die: w. Form zu ↑ Drahtseilkünstler.

Draht|sieb, das: *Sieb aus Drahtgewebe.*

Draht|spu|le, die: *mit Draht umwickelte Spule.*

Draht|stift, der (Fachspr.): *kleiner Nagel aus Draht mit Spitze u. Kopf.*

Draht|ver|hau, der od. das: *Verhau aus verschlungenen Drähten od. [Stachel]drahtgeflecht.*

Draht|zan|ge, die: *Kneifzange, mit der Draht abgetrennt werden kann.*

Draht|zaun, der: *Zaun aus Drahtgeflecht.*

Draht|zie|her, der; -s, -: **1.** *jmd., der Draht herstellt* (Berufsbez.). **2.** *[nach den Marionettenspielern] jmd., der andere für seine [politischen] Ziele einsetzt u. selbst im Hintergrund bleibt:* die eigentlichen D. wurden nie gefasst.

Draht|zie|he|rin, die; -, -nen: w. Form zu ↑ Drahtzieher.

Drain: ↑ Drän.

Drai|na|ge: ↑ Dränage.

drai|nen usw. ↑ dränen.

drai|nie|ren usw. ↑ dränieren.

Drai|si|ne [auch: drɛ...], die; -, -n [nach dem dt. Erfinder K. Freiherr Drais von Sauerbronn (1785–1851)]: **1.** *zweirädriges Fahrzeug, Vorläufer des Fahrrads, mit dem sich der darauf Sitzende, sitzend, mit den Füßen abstoßend, fortbewegt.* **2.** *kleines Schienenfahrzeug zur Kontrolle von Eisenbahnstrecken.*

dra|ko|nisch ⟨Adj.⟩ [nach dem altgriech. Gesetzgeber Drakon, dessen Gesetze sehr hart u. grausam waren]: *sehr streng, hart:* -e Maßnahmen, Strafen, Gesetze; Den anderen Gefangenen gegenüber trat Brack hart, ja mit -er Strenge auf (Zwerenz, Quadriga 249).

drall ⟨Adj.⟩ [aus dem Niederd. < mniederd. drall = fest gedreht, zu ↑ drillen]: *(in Bezug auf jugendliche weibliche Personen) rundliche, kräftig-straffe Formen aufweisend:* ein -es Mädchen; sie hat -e Arme.

Drall, der; -[e]s, -e ⟨Pl. selten⟩: **1. a)** *schraubenlinienartige Züge im Lauf od. Rohr einer Feuerwaffe, durch die das Geschoss in eine Drehbewegung gebracht wird;* **b)** *Drehbewegung des Geschosses durch den Drall* (1 a). **2.** (bes. Physik) **a)** *Drehbewegung, Rotation eines Körpers um die eigene Achse:* der Ball hatte, bekam viel D.; **b)** *Drehimpuls.*

Drall|heit, die; -: *das Drallsein.*

Dral|lon®, das; -[s] [Kunstwort]: *synthetische Faser, aus der u. a. wollartige Gewebe ergibt.*

Dra|ma, das; -s, ...men [spätlat. drama < griech. drâma, eigtl. = Handlung, Geschehen, zu: drân, ↑ drastisch]: **1. a)** ⟨o. Pl.⟩ *Bühnenstück, Trauerspiel u. Lustspiel umfassende literarische Gattung, in der eine Handlung durch die beteiligten Personen auf der Bühne dargestellt wird:* das moderne, expressionistische, englische D.; **b)** *Schauspiel [mit tragischem Ausgang]:* ein bühnenwirksames D.; ein D. in fünf Akten; ein D. schreiben, aufführen, inszenieren. **2.** ⟨Pl. selten⟩ *aufregendes, erschütterndes od. trauriges Geschehen:* das D. der Geiselbefreiung; ihre Ehe war ein einziges D.; mit der Versorgung ist es ein D. *(ist es schlimm);* man sollte kein D. daraus machen *(sollte nicht dramatisieren).*

Dra|ma|tik (österr. auch: …'mat…), die; -: **1.** *Spannung, bewegter Ablauf:* die D. eines sportlichen Wettkampfs; in dieser Szene liegt eine ungeheure D. **2.** *dramatische Dichtkunst:* die D. der Gegenwart.

Dra|ma|ti|ker [österr. auch: …'mat…], der; -s, -: *Verfasser von Dramen.*

Dra|ma|ti|ke|rin [österr. auch: …'mat…], die; -, -nen: w. Form zu ↑ Dramatiker.

dra|ma|tisch (österr. auch: …'mat…) ⟨Adj.⟩ [spätlat. dramaticos < griech. dramatikós]: **1.** *das Drama (1 a) betreffend, kennzeichnend; zum Drama gehörend:* das -e Werk eines Dichters; die -e Wirkung, Spannung eines Theaterstücks. **2. a)** *aufregend u. spannungsreich:* ein -es Finale; eine -e Rettungsaktion; das Spiel war, verlief äußerst d.; die Ereignisse haben sich d. zugespitzt; **b)** *drastisch, einschneidend:* ein -er Anstieg der Besucherzahlen; die Konjunktur hat d. nachgelassen.

dra|ma|ti|sie|ren ⟨sw. V.; hat⟩: **1.** *etw. aufregender, schlimmer od. bedeutungsvoller darstellen, als es eigentlich ist:* bestimmte Vorfälle, seine Leiden d. **2.** *zu einem Drama verarbeiten, umarbeiten:* einen Stoff, Roman d.

Dra|ma|ti|sie|rung, die; -, -en: *das Dramatisieren.*

Dra|ma|tis Per|so|nae ⟨Pl.⟩ [lat. = die Personen des Dramas] (bildungsspr.): *Personen, die in einem Drama* (1 b) *auftreten.*

Dra|ma|turg, der; -en, -en [griech. dramatourgós = Dichter von Schauspielen]: *literatur- u. theaterwissenschaftlicher Berater bei Theater, Funk od. Fernsehen.*

Dra|ma|tur|gie, die; -, -n [griech. dramatourgía]: **1.** *Lehre von der äußeren Bauform u. den Gesetzmäßigkeiten der inneren Struktur des Dramas.* **2.** *dramatische Gestalt, dramatische Struktur eines Dramas, [Fernseh]films, Hörspiels o. Ä.:* D. und Inhalt eines Films. **3.** *Abteilung der beim Theater, Funk od. Fernsehen beschäftigten Dramaturgen.*

Dra|ma|tur|gin, die; -, -nen: w. Form zu ↑ Dramaturg.

dra|ma|tur|gisch ⟨Adj.⟩: **1.** *die Dramaturgie* (1) *betreffend:* eine -e Regel. **2.** *die Kunst der Gestaltung eines Stücks, einer Szene betreffend:* die Autorin hat außerordentliches -es Geschick. **3.** *die Dramaturgie* (3) *betreffend:* die -e Abteilung eines Senders.

Dra|mo|lett, das; -s, -e, auch: -s [französierende Bildung zu ↑ Drama]: *kurzes Bühnenspiel.*

dran (ugs.; ↑ daran): die Suppe schmeckt nicht, weil kein Salz d. ist; wer ist d. *(am Telefon)?*; Ü gut, schlecht d. sein *(es gut, schlecht haben);* an dem Motor ist was d. *(er ist nicht in Ordnung);* an dem Kerl ist nichts d. *(1. er hat keine äußerlichen od. innerlichen Vorzüge. 2. er ist sehr dünn);* er weiß nicht, wie er mit ihr d. ist *(was er von ihr, von ihrem Verhältnis zu ihm halten soll);* da ist alles d.! *(das hat alle nur denkbaren Vorzüge/*[iron.:] *Nachteile);* an dem Gerücht ist [schon] etwas d. *(an dem, was gesagt worden ist, ist etwas richtig, wahr);* * **d. sein** (ugs.: 1. *an der Reihe sein.* 2. *zur Verantwortung gezogen werden.* 3. *sterben müssen);* **am -sten sein** (ugs. scherzh.: *an der Reihe sein);* **d. glauben müssen** (ugs. salopp): *sterben müssen. u.: einer Gefahr, schwierigen Aufgabe nicht entgehen können).*

Drän, der; -s, -s u. -e, **Drain** [drɛːn, drɛ̃ː], der; -s, -s [frz. drain < engl. drain = Abflussrohr, -rinne, zu: to drain = trockenlegen, entwässern]: **1.** (Technik) *Entwässerungsgraben; Rohr zur Entwässerung des Bodens.* **2.** (Med.) *Gummiod. Glasröhrchen zur Durchführung einer Dränage.*

Drä|na|ge, Drainage [drɛˈnaːʒə, österr. meist: …ʃ], die; -, -n [frz. drainage]: **1.** (Technik) *System von Gräben od. Rohren zur Entwässerung des Bodens.* **2.** (Med.) *Ableitung von Wundabsonderungen, Flüssigkeiten [nach außen] mithilfe eines Gummi- od. Glasröhrchens.* **3.** (Kfz-Technik) *Verdrängung von Wasser aus der sich zwischen Reifen u. Fahrbahn bildenden Kontaktfläche bei nasser Fahrbahn.*

dran|blei|ben ⟨st. V.; ist⟩ (ugs.): *an jmdm., etw. bleiben:* bleiben Sie bitte dran *(am Telefon);* am Gegner d. *(nicht von ihm ablassen);* ich bleibe an der Sache dran *(kümmere mich weiter darum).*

drä|nen, drainen ['drɛnən] ⟨sw. V.; hat⟩: *dränieren* (1).

drang: ↑ dringen.

Drang, der; -[e]s, (selten:) Dränge [mhd., mniederd. dranc = Gedränge, Bedrängnis, ablautend zu: dringen od. als Rückbildung zu mhd. drangen, ahd. drangōn = (sich) drängen]: **1.** *starker innerer Antrieb:* der D., sich zu betätigen; einen unstillbaren D. nach Freiheit, zu Höherem in sich fühlen; (Sport:) der Spieler ließ jeden D. zum Tor *(jede Zielstrebigkeit beim Angreifen des gegnerischen Tores)* vermissen; ... was wurde da aus ihrem ewig nagenden D. zu Höherem (Kronauer, Bogenschütze 41); In den letzten beiden Monaten ist mein D., mein Leben in neue Bahnen zu lenken, deutlich stärker geworden (Genazino, Glück 8). **2.** ⟨o. Pl.⟩ *Druck, Bedrängnis:* der D. der gegenwärtigen Verhältnisse.

Dran|ga|be, die ⟨o. Pl.⟩ (seltener): *das Hingeben, Opfern.*

drän|ge: ↑ dringen.

dran|ge|ben ⟨st. V.; hat⟩: *hingeben, opfern:* sein Leben für etw. d.

dran|ge|hen ⟨unr. V.; ist⟩ (ugs.): **1.** ↑ darangehen. **2.** *ans Telefon gehen, den Hörer abnehmen.*

Drän|ge|lei, die; -, -en (abwertend): **1.** *lästiges Drängeln* (1): die D. beim Einsteigen, an der Kasse. **2.** *lästiges Drängeln* (2): eure ewige D. kann ich nicht mehr hören.

drän|geln ⟨sw. V.; hat⟩ [zu ↑ drängen] (ugs.): **1. a)** *(in einer Menge) andere ungeduldig vorwärts- od. zur Seite schieben, um möglichst schnell irgendwohin zu gelangen, an die Reihe zu kommen:* du brauchst nicht zu d., du kommst doch nicht eher dran; **b)** *durch rücksichtsloses, ungeduldiges Drängen u. Schieben in einer Menge jmdn., sich an eine bestimmte Stelle schaffen:* sich an jmds. Seite nach vorn d. **2.** *jmdn. ungeduldig zu etw. zu bewegen suchen:* so lange d., bis der andere nachgibt.

drän|gen ⟨sw. V.; hat⟩ [mhd. drengen, Kausativ zu ↑ dringen u. eigtl. = dringen machen]: **1. a)** *(von einer größeren Anzahl von Menschen, einer Menschenmenge) heftig, ungeduldig schieben u. drücken, in dem Bestreben, rascher an ein Ziel zu kommen:* bitte nicht d.!; die Menge drängte so ungünstig, dass es einen Ausgang eine Stauung gab; **b)** (d. + sich) *(von einer größeren Anzahl von Menschen, einer Menschenmenge) sich gegenseitig auf engem Raum schieben u. drücken:* Scharen eiliger Menschen drängten sich an den Eingängen (Remarque, Triomphe 23). **2. a)** *jmdn. [trotz seines Widerstands] irgendwohin drücken od. schieben:* jmdn. an die Wand, in eine Ecke, zur Seite d.; Ü jmdn. in den Hintergrund, in die Rolle des Außenseiters, aus seiner Position d.; ein Produkt vom Markt d.; **b)** *sich ungeduldig schiebend u. drückend irgendwohin bewegen:* die Menschen drängten an die Kassen, zu den Ausgängen; die Menge drängte nach vorn; (auch d. + sich:) er versuchte, sich nach vorn zu d.; alles drängte sich zum Ausgang. **3.** (Ballspiele) *stark offensiv spielen:* vom Anpfiff an drängte die brasilianische Mannschaft. **4.** *etw. mit Nachdruck fordern* auf Lösung der Probleme, auf den sofortigen Abbruch der diplomatischen Beziehungen d.; seine Frau hatte auf Abreise gedrängt. **5.** *rasches Handeln fordern; keinen Aufschub dulden:* die Zeit, die Situation drängt; drängende Fragen, Probleme.
♦ **Drän|ger,** der; -s, -: *jmd., der jmdn. bedrängt:* Köstlich unschätzbare Gewichte sind's, die der bedrängte Mensch an seiner D. raschen Willen band (Schiller, Piccolomini I, 4); Der alte D. Baierns, Leopold, ist ... in Schwaben eingerückt (Uhland, Ludwig V, 2).

Drän|ge|rei, die; -, -en (abwertend): *unablässiges, lästiges Drängen.*
♦ **Drän|ge|rin,** die; -, -nen: w. Form zu ↑ Dränger.
... vor allem wollten sie die beiden Leichen bestatten, Christen und seine D. (Gotthelf, Spinne 116).

Dräng|ler, der; -s, - (ugs.): *jmd., der drängelt.*
Dräng|le|rin, die; -, -nen: w. Form zu ↑ Drängler.

Drang|pe|ri|o|de, die; -, -n (Sport): *längerer Zeitabschnitt, in dem eine Mannschaft ständig das gegnerische Tor bestürmt.*

Drang|sal, die; -, -e, veraltet: das; -[e]s, -e [spätmhd. drancsal = Bedrängung, Nötigung, zu mhd. drangen = (sich) drängen] (geh.): *qualvolle Bedrückung, Leiden:* die psychische D. der Verfolgten; D. erleiden, erdulden.

drang|sa|lie|ren ⟨sw. V.; hat⟩: *quälen, peinigen, jmdm. zusetzen:* Stechmücken drangsalierten sie fürchterlich; jmdn. mit seinen Fragen d.

Drang|sa|lie|rung, die; -, -en: *das Drangsalieren; das Drangsaliertwerden.*

drang|voll ⟨Adj.⟩: **1.** (geh.) *dicht gedrängt:* in -er Enge. **2.** (geh.) *bedrängend, bedrückend:* -e Verhältnisse. **3. a)** (Ballspiele) *zielstrebig, offensiv, drängend* (3); ♦ **b)** *voller Drang* (1), *einen starken Drang aufweisend:* ... so stand es in seiner heftigen und -en Natur wohl an (Goethe, Benvenuto Cellini, Anhang XIII).

dran|hal|ten, sich ⟨st. V.; hat⟩ (ugs.): *sich beeilen:* wenn du rechtzeitig fertig werden willst, musst du dich d.

¹**dran|hän|gen** ⟨sw. V.; hat⟩ (ugs.): *zusätzliche Zeit für etw. aufwenden, etw. um eine kurze Zeit verlängern:* er hängte noch ein Wochenende [an seinen Urlaub] dran.

²**dran|hän|gen** ⟨st. V.; hat⟩ (ugs.): *mit etw. zusammenhängen, dazugehören:* da hängt so viel [Arbeit] dran.

drä|nie|ren, drainieren [drɛ'ni:rən] ⟨sw. V.; hat⟩ [frz. drainer]: **1.** (Technik) *den Boden durch ein System von Gräben od. Rohren entwässern.* **2.** (Med.) *Wundabsonderungen, Flüssigkeiten [durch Dräns* (2)*] ableiten:* eine Wunde d.

Drä|nie|rung, Drainierung, die; -, -en: *Dränung.*

dran|kom|men ⟨st. V.; ist⟩ (ugs.): **a)** *an die Reihe kommen, [der Reihe nach] abgefertigt, behandelt, berücksichtigt werden:* als Erster, außer der Reihe d.; das kommt nachher dran; Sicher haben wir uns wieder an der falschen Kasse angestellt. Links und rechts werden schon alle drangekommen sein, während wir hier noch warten (Handke, Frau 43); **b)** *im Unterricht aufgerufen werden, um auf Fragen des Lehrers zu antworten o. Ä.:* in Latein ist er mehrmals drangekommen.

dran|krie|gen ⟨sw. V.; hat⟩ (ugs.): *[durch besonderes Geschick] bewirken, dass sich jmd. einer Forderung od. Leistung nicht [länger] entziehen kann:* ihr habt mich ganz schön drangekriegt.

dran|ma|chen, sich ⟨sw. V.; hat⟩ (ugs.): *sich daranmachen.*

dran|neh|men ⟨st. V.; hat⟩ (ugs.): **a)** *[der Reihe nach] abfertigen, behandeln:* den nächsten Kunden d.; **b)** *(vom Lehrer einem Schüler gegenüber) im Unterricht auffordern, Fragen zu beantworten o. Ä.:* er nimmt meist schwächere Schüler dran.

dran|set|zen ⟨sw. V.; hat⟩ (ugs.): *für etw. einsetzen:* seine ganze Kraft, sein Vermögen d., um ein Ziel zu erreichen.

Drän|sys|tem, Drainsystem, das: *System von Rohren, Gräben o. Ä., das der Dränung dient.*

Drä|nung, die; -, -en: *Entwässerung des Bodens durch Rohre, Gräben o. Ä.; Dränage* (1).

Dra|pe|rie, die; -, -n [frz. draperie] (veraltend): *kunstvoller Faltenwurf eines Vorhangs od. Kleides.*

dra|pie|ren ⟨sw. V.; hat⟩ [frz. draper]: **1.** *kunstvoll in Falten legen:* einen Schleier, eine Gardine d.; einen Schal um den Ausschnitt d. **2.** *mit kunstvoll gefaltetem Stoff behängen, schmücken:* Möbel, ein Zimmer d.; ... unsere Fenster waren mit massiven Samtgardinen drapiert und mit gerafftem und geklöppeltem Tüll verhängt (Muschg, Gegenzauber 172).

Dra|pie|rung, die; -, -en: **1.** *das Drapieren.* **2.** *etw. Drapiertes.*

Dras|tik, die; - [zu ↑ drastisch]: *große, oft derbe Anschaulichkeit u. Direktheit:* etw. mit besonderer D. schildern, darstellen.

dras|tisch ⟨Adj.⟩ [griech. drastikós = tatkräftig, wirksam, zu: drān = tun, handeln]: **a)** *sehr, oft in derber Weise anschaulich u. direkt:* eine -e Ausdrucksweise, Komik, Gestik; etw. d. demonstrieren; **b)** *deutlich in seiner [negativen] Wirkung spürbar; einschneidend:* eine -e Maßnahme, Einschränkung, Steuererhöhung; ihm war kein Mittel zu d.; die Preise wurden d. *(sehr stark)* gesenkt.

Drau, die; -: *Nebenfluss der Donau.*

dräu|en ⟨sw. V.; hat⟩ [mhd. dröuwen, ahd. drouwen, zu einer von unter ↑ drohen genannten Bed. »(drehend) reiben« abgeleiteten Grundbed. »drängen«]: **1.** (dichter.) *drohen* (1–3).
♦ **2.** *androhen:* Böses dräut der Sterne Schein (Uhland, Das Nothemd).

drauf [mhd. drūf, aus: dār ūf = darauf] (ugs.): ↑ darauf (1–4). * **gut/schlecht** o. ä. **d. sein** *(in einer bestimmten Weise gelaunt sein, in einer bestimmten Stimmung sein);* **d. und dran sein, etw. zu tun** *(fast so weit sein, etw. [Negatives] zu tun):* ich war d. und dran, alles hinzuwerfen).

drauf|brum|men ⟨sw. V.; ist⟩ (ugs.): *auf jmdn. od. etw. mit Wucht auffahren:* im Lastwagen ist mir [hinten] draufgebrummt.

Drauf|ga|be, die; **a)** *etw., was [beim Vertrags- od. Kaufabschluss] zugegeben wird:* er wollte noch ein Bild als D.; **b)** (österr., sonst landsch.) *Dreingabe;* **c)** (österr.) *Zugabe* (b).

Drauf|gän|ger, der; -s, - [veraltet Gänger = Geher]: *verwegener Mensch, der, ohne zu zögern u. auf Gefahren zu achten, sein Ziel zu verwirklichen trachtet, sich mit Elan für etw. einsetzt:* ein richtiger, rechter D.

Drauf|gän|ge|rin, die; -, -nen: w. Form zu ↑ Draufgänger.

drauf|gän|ge|risch ⟨Adj.⟩: *wie ein Draufgänger handelnd, einem Draufgänger entsprechend:* ein -er Typ.

Drauf|gän|ger|tum, das; -s: *draufgängerisches Handeln, Verhalten:* an Mut und D. fehlt es ihm nicht.

drauf|ge|ben ⟨st. V.; hat⟩: **1. a)** *zu etw. dazugeben:* weil das Obst nicht mehr frisch war, hat der Kaufmann noch etwas draufgegeben; **b)** (österr.) *als zusätzliche Darbietung vortragen:* der Sänger gab noch mehrere Lieder drauf. **2.** * **jmdm. eins d.** (ugs.: *jmdm. einen Klaps, einen [leichten] Schlag versetzen. jmdn. zurechtweisen:* er hat seinem Vorredner gehörig eins draufgegeben).

drauf|ge|hen ⟨unr. V.; ist⟩ (ugs.): **1.** *bei etw. umkommen, zugrunde gehen:* er wäre bei dem Unfall fast draufgegangen. **2. a)** *durch od. für etw. verbraucht werden:* im Urlaub ist mein ganzes Geld draufgegangen; **b)** *bei etw. entzweigehen, verdorben, zerstört werden:* bei der Arbeit ist mein Anzug draufgegangen.

Drauf|geld, das: *zusätzlicher Betrag beim Abschluss eines Vertrages.*

drauf|ha|ben ⟨unr. V.; hat⟩ (ugs.): **1.** *einstudiert, gelernt haben u. beherrschen, in seinem Repertoire haben:* den Text, das Musikstück hat sie jetzt drauf; der neue Mitarbeiter hat wirklich was drauf! *(er ist sehr fähig u. intelligent).* **2.** *mit einer bestimmten Geschwindigkeit fahren:* er hatte 120 Sachen drauf.

drauf|hal|ten ⟨st. V.; hat⟩ (ugs.): **1.** *[fest] auf eine bestimmte Stelle halten:* kannst du hier bitte einen Finger d. **2. a)** *etw. zum Ziel nehmen:* er riss die Pistole hoch und hielt drauf; **b)** *etw. zum Objekt (einer Filmaufnahme o. Ä.) nehmen.*

drauf|hau|en ⟨unr. V.; haute drauf, hat draufgehauen⟩ (ugs.): **1.** *auf jmdn., etw. schlagen.* **2.** **einen d. (ausgiebig feiern).*

drauf|knal|len ⟨sw. V.; hat⟩ (salopp): **1.** *auf jmdn., etw. schießen.* **2.** *den Preis für etw. um eine als zu hoch empfundene Summe heraufsetzen:* auf die Miete haben sie uns anständig was draufgeknallt.

drauf|kom|men ⟨st. V.; ist⟩ (ugs.): *die Hintergründe von etw. herausbekommen:* die Polizei ist ihm sehr schnell draufgekommen.

drauf|krie|gen ⟨sw. V.; hat⟩: in der Verbindung **einen/eins/etwas d.** (ugs.: 1. *scharf getadelt, streng bestraft werden.* 2. *besiegt werden.* 3. *einen Schicksalsschlag erleiden*).

drauf|le|gen ⟨sw. V.; hat⟩ (ugs.): *zu etw. als noch fehlenden Betrag hinzufügen:* sie hatte noch ein paar Euro d. müssen.

drauf|los ⟨Adv.⟩: *ohne lange Überlegung auf etw. zu:* nur ordentlich d., dann geht es schon.

drauf|los|fah|ren ⟨st. V.; ist⟩ (ugs.): *ohne festes Ziel, ohne große Überlegung irgendwohin fahren.*

drauf|los|ge|hen ⟨unr. V.; ist⟩ (ugs.): *ohne zu zögern, geradewegs auf sein Ziel losgehen.*

drauf|los|re|den ⟨sw. V.; hat⟩ (ugs.): *ohne Überlegung [anfangen zu] reden.*

drauf|los|schie|ßen ⟨st. V.; hat⟩ (ugs.): *unkontrolliert [um sich] schießen:* blind d.

drauf|los|schimp|fen ⟨sw. V.; hat⟩ (ugs.): *unbeherrscht [zu] schimpfen [anfangen].*

drauf|los|wirt|schaf|ten ⟨sw. V.; hat⟩ (ugs.): *ohne Überlegung, Planung wirtschaften.*

drauf|ma|chen ⟨sw. V.; hat⟩: in der Verbindung **einen d.** (ugs.; *ausgiebig feiern*).

drauf|sat|teln ⟨sw. V.; hat⟩ (Politikjargon): *zu etw. bereits Vorhandenem dazugeben, zusätzlich gewähren:* auf den Tarif vom Vorjahr wurden noch 1,5 % draufgesattelt.

drauf|set|zen ⟨sw. V.; hat⟩ (ugs.): besonders in der Wendung **[noch] eins, einen d.** (ugs.: *eine als außergewöhnlich empfundene Begebenheit, Situation durch eine Äußerung oder Handlung weiter verschärfen*).

Drauf|sicht, die (Fachspr.): *Ansicht von oben.*

drauf|ste|hen ⟨unr. V.; hat; südd., österr., schweiz. auch: ist⟩ (ugs.): *auf etw. zu lesen, eingetragen sein:* auf der Liste stand sein Name nicht drauf.

drauf|sto|ßen ⟨st. V.; hat⟩ (ugs.): *deutlich auf etw. hinweisen.*

drauf|zah|len ⟨sw. V.; hat⟩ (ugs.): **a)** *drauflegen (2):* noch 150 Euro d. müssen; **b)** *zusetzen, eine geldliche Einbuße erleiden:* in diesem Handel hat er d. müssen; Ü Hören Sie, ich bin nicht mehr der Freigeist meiner Jugend, weiß Gott, ich hab' d. müssen (Werfel, Himmel 141).

draus (ugs.): ↑ daraus; ** sich nichts d. machen* (ugs.: *[über etw.] nicht verstimmt sein, sich [über etw.] nicht ärgern*).

draus|brin|gen ⟨unr. V.; hat⟩ (südd., österr. ugs.): *verwirren; aus dem Konzept bringen:* er hat mich mit seinem Gerede ganz drausgebracht.

draus|kom|men ⟨st. V.; ist⟩: **1.** (ugs.) *(südd., österr. ugs.) aus etw. herausgerissen, von etw. abgebracht werden; sich ablenken, verwirren lassen:* jetzt bin ich ganz drauskommen. **2.** (ugs.) *aus etw.*

schlau werden; *etw. Geschriebenes entziffern können:* ich werde schon d.

Draus|kom|men: in der Wendung **sein D. haben** (österr. ugs.: *sein Auskommen haben*).

drau|ßen ⟨Adv.⟩ [mhd. dār ūʒen, ahd. dār uʒ(ʒ)ana]: **a)** *außerhalb eines Raumes, Gebäudes:* d. vor dem Haus; d. im Garten; bleib d.!; nach d. *(ins Freie)* gehen; von d. kommen; **b)** *irgendwo weit entfernt:* das Boot ist d. [auf dem Meer].

Dr. disc. pol. = doctor disciplinarum politicarum (Doktor der Sozialwissenschaften).

Dread|locks ['drɛdlɔks] ⟨Pl.⟩ [engl. dreadlocks, eigtl. = Furchtlocken, aus: dread = Furcht u. locks, Pl. von: lock = Locke]: *(zum Beispiel von den Rastafaris) als Frisur getragene, durch Kämmen gegen den Strich verfilzte Haarsträhnen.*

Dream-Team, Dream|team ['driːmtiːm], das; -s, -s [engl. dream team, eigtl. = Traumteam, aus: dream = Traum u. team, ↑Team] (bes. Sport): *ideales, ideal zusammengesetztes Team, Gespann.*

Drech|sel|bank, die ⟨Pl. ...bänke⟩: *Drehbank, bei der der Drehmeißel von Hand auf einer verstellbaren Auflage geführt wird.*

Drech|sel|ei, die; -, -en: **a)** *das Drechseln;* **b)** *etw. Gedrechseltes.*

drech|seln ⟨sw. V.; hat⟩ [mhd. dræhseln, zu: dræhsel, ahd. drāhsil = Drechsler, verw. mit ↑ drehen]: **1.** *durch Bearbeiten von Holz, Elfenbein, Horn o. Ä. auf der Drechselbank herstellen:* eine Figur, einen Leuchter d.; gedrechselte Stuhlbeine. **2.** *kunstvoll formulieren:* Sätze, Phrasen d.; sorgfältig gedrechselte Verse.

Drechs|ler, der; -s, - [mhd. dræhseler, ahd. thrāslāri]: *Handwerker, der Möbel[teile], Kunstgegenstände o. Ä. auf der Drechselbank herstellt.*

Drechs|ler|ar|beit, die: *vom Drechsler ausgeführte Arbeit.*

Drechs|le|rei, die; -, -en: **1.** *Werkstatt eines Drechslers.* **2.** ⟨o. Pl.⟩ *Handwerk des Drechslers.*

Drechs|le|rin, die; -, -nen: w. Form zu ↑ Drechsler.

drechs|lern ⟨sw. V.; hat⟩: *als Laie Drechslerarbeiten ausführen.*

◆ **Drechs|ler|pup|pe,** die: *Holzpuppe, Marionette:* ... ja freilich scheinen sie da mehr -n als Männer (Lessing, Minna IV, 5).

Dreck, der; -[e]s [mhd., ahd. drec, urspr. = Mist, Kot]: **1.** (ugs.) *Schmutz:* den D. aufkehren; in D. *(Morast, Schlamm)* stecken bleiben; in den D. *(auf den Erdboden)* fallen; er starrt vor D. *(er ist über u. über voll Schmutz);* * **D. am Stecken haben** (ugs., *nicht ganz integer sein, sich etw. haben zuschulden kommen lassen*); **frech wie D.** (↑Oskar); **aus dem [gröbsten] D. [heraus] sein** (ugs.: *die größten Schwierigkeiten überwunden haben*); **jmdn. aus dem D. ziehen** (ugs.: *jmdm. aus einer schwierigen Lage heraushelfen*); **jmdn., etw. durch den D. ziehen/jmdn., etw. in den D. treten, ziehen** (↑Schmutz); **im D. stecken/sitzen** (ugs.: *in einer überaus misslichen Lage, in größten Schwierigkeiten sein*); **jmdn., etw. mit D. bewerfen** *(mit verleumderischen Behauptungen angreifen).* **2.** (salopp abwertend) *Sache, Angelegenheit:* macht euren D. alleine; den alten D. wieder aufrühren *(eine unangenehme Sache von früher wieder in Erinnerung bringen);* kümmere dich um deinen eigenen D.!; um jeden D. *(jede Kleinigkeit)* selbst kümmern müssen; ** ein D./der letzte D. sein* (salopp abwertend; *zum Abschaum [der menschlichen Gesellschaft] gehören*); **einen D.** (salopp: *gar nichts, in keiner Weise:* das geht dich einen [feuchten] D. an; er kümmere mich einen D. darum); der versteht einen D. davon); **jmdn. wie [den letzten] D. behandeln** (salopp: *jmdn. sehr schlecht, ent-*

würdigend behandeln). **3.** (salopp abwertend) *minderwertiges od. wertloses Zeug:* das ist doch alles D.; das ist ein D. dagegen *(das liegt in der Qualität weit darunter);* du kaufst auch jeden D.

Dreck|ar|beit, die: **a)** *niedere, unbeliebte Arbeit [für die sich bestimmte Personen zu gut dünken]:* er macht sich ein schönes Leben und ich soll wieder die D. machen; **b)** *Schmutz verursachende Arbeit:* die schlimmste D. wird jetzt von einer Maschine erledigt.

Dreck|fink, der; -en, auch: -s, -en (salopp): *Schmutzfink (1, 2).*

Dreck|hau|fen, der (ugs.): *Haufen aus Schmutz, Abfällen, Kehricht o. Ä.*

dre|ckig ⟨Adj.⟩: **1.** (ugs.) **a)** *mit Schmutz behaftet, schmutzig:* -e Schuhe, Hände; er macht sich nicht gern d. *(er scheut Schmutzarbeit);* es sieht überall sehr d. aus; Ü -e *(unanständige)* Witze; **b)** *ohne besonderes Sauberkeitsbedürfnis, unsauber, ungepflegt:* er war ein Kellner; Sie ist d., siehst du das nicht? Ungewaschen, aber ein Seidenfetzen drüber (Remarque, Obelisk 89). **2.** (salopp abwertend) *frech, unverschämt:* eine -e Bemerkung; ihr -en Schweine! **3.** (salopp abwertend) *übel, gemein:* ein -es Verbrechen; ihr -en Schweine! **4.** ** jmdm. geht es d.* (ugs.; *jmdm. geht es f [finanziell] nicht gut*).

Dreck|loch, das (derb emotional abwertend): *schmutziges Zimmer; schmutzige, ungepflegte Wohnung.*

Dreck|nest, das (derb emotional abwertend): *langweiliger, wenig attraktiver kleiner Ort.*

Dreck|pfo|te, die (derb emotional abwertend): *schmutzige Hand.*

Dreck[s]- (derb emotional abwertend): drückt in Bildungen mit Substantiven aus, dass jmd. als verabscheuenswert oder etw. als ärgerlich, verabscheuenswürdig angesehen wird: Dreck[s]bulle, -kerl, -leben, -stadt.

Dreck|sack, der (derb emotional abwertend): *widerlicher, gemeiner Kerl* (oft als Schimpfwort).

Drecks|ar|beit, die (derb emotional abwertend): *Arbeit, die jmd. verabscheut.*

Dreck|sau, die ⟨Pl. ...säue⟩ (derb emotional abwertend): *Sau (2).*

Dreck|schau|fel, die (ugs.): *Kehrichtschaufel.*

Dreck|schip|pe, die (landsch.): *Kehrichtschaufel.*

Dreck|schleu|der, die (ugs.): **1. a)** *freches Mundwerk:* eine D. haben; **b)** *jmd., der ein freches Mundwerk u. einen Hang zu unflätigen Reden hat* (oft als Schimpfwort): diese elende D.! **2.** *Industrieunternehmen o. Ä., das durch seine Emissionen die Luft in hohem Maß verschmutzt.*

Dreck|schwein, das (derb abwertend): *Schwein (2 a, b).*

◆ **Dreck|see|le,** die: *Dreckskerl:* So wollt' ich doch, dass du ihm Kloak erstichtest, D. du (Schiller, Räuber II, 3).

Drecks|kerl, der (derb abwertend): *widerlicher, gemeiner Kerl* (oft als Schimpfwort).

Dreck|spatz, der: **a)** (fam.) *jmd. (bes. ein Kind), der sich schmutzig gemacht hat;* **b)** (ugs.) *Schmutzfink (2).*

dreck|star|rend ⟨Adj.⟩: *voller Schmutz, Dreck; sehr dreckig (1):* -e Fingernägel.

Dreck|stück, das (derb emotional abwertend): *Person, auf die man wütend ist* (oft als Schimpfwort).

Dreck|wet|ter, das ⟨o. Pl.⟩ (ugs. abwertend): *anhaltendes Regenwetter.*

Dreh, der; -[e]s, -e u. -s: **1.** [urspr. = betrügerisches Verfahren eines Händlers, der nicht ganz einwandfreie Ware beim Verkauf so dreht, dass der Fehler nicht zu sehen ist] (ugs.) *Einfall,*

Dr. E. h. – dreidimensional

Kunstgriff, mit dem sich ein Problem lösen lässt: den richtigen D. finden, [noch nicht] heraushaben; ich weiß nicht, wie er auf diesen D. gekommen ist. **2.** (seltener) *Drehung:* ein D. mit dem Zündschlüssel genügt. **3.** (ugs.) *das Drehen eines Films:* selbst beim D. verändert er immer wieder die Story. **4.** * **um den D.** (ugs.; *so ungefähr:* »Kommst du um 3 Uhr?« – »Ja, so um den D.«).

Dr. E. h. = Doktor Ehren halber (Ehrendoktor); nur in: Dr.-Ing. E. h.

Dreh|ach|se, die: *Achse, um die eine Drehung erfolgt.*

Dreh|ar|beit, die ⟨meist Pl.⟩: *das Aufnehmen eines Films; Filmaufnahme.*

Dreh|bank, die ⟨Pl. ...bänke⟩: *Werkzeugmaschine, bei der ein rotierendes Werkstück durch Spanen mit einem scharfkantigen Werkzeug per Hand bearbeitet wird.*

dreh|bar ⟨Adj.⟩: *sich drehen* (1 a) *lassend:* ein -er Sessel, Stuhl.

Dreh|be|we|gung, die: *drehende Bewegung.*

Dreh|blei|stift, der: *Schreibgerät, dessen Farbmine od. ¹Mine* (3) *aus Grafit herausgedreht, erneuert werden kann.*

Dreh|brü|cke, die: *von Pfeilern getragene Brücke mit einer nach der Seite drehbaren Fahrbahn für die Durchfahrt größerer Schiffe.*

Dreh|buch, das: *Textbuch eines Films mit genauen Anweisungen für alle optischen u. akustischen Einzelheiten der Darstellung u. der Aufnahmetechnik.*

Dreh|buch|au|tor, der: *Verfasser eines Drehbuchs.*

Dreh|buch|au|to|rin, die: w. Form zu ↑ Drehbuchautor.

Dreh|büh|ne, die: *Bühne, bei der zur rascheren Verwandlung des Bühnenbildes der Boden teilweise drehbar ist.*

Dre|he, die; - (landsch.): **1.** *Umkreis, Nähe eines Ortes o. Ä.* **2.** * **um die D.** (*so ungefähr:* um halb sieben oder um die D.).

dre|hen ⟨sw. V.; hat⟩ [mhd. dræhen, ahd. dræen, eigtl. = (drehend) reiben]: **1. a)** *im Kreis [teilweise] um seine Achse bewegen:* den Schlüssel im Schloss d.; **b)** ⟨d. + sich⟩ *sich im Kreis [teilweise] um seine Achse bewegen:* die Räder, Zeiger, Walzen drehen sich; das Karussell dreht sich im Kreise; * *jmdm. dreht sich alles* (ugs.; *jmdm. ist schwindlig*); **c)** *durch eine Drehbewegung in eine bestimmte andere Richtung o. Ä. bringen:* sich auf den Rücken d.; du musst den Schalter nach rechts d.; den Kopf zur Seite d.; Ü man kann die Sache d. und wenden, wie man will (*auch wenn man die Sache unter verschiedenen Gesichtspunkten betrachtet*), sie wird dadurch nicht besser; **d)** *seine Richtung durch eine Drehung ändern:* das Schiff dreht [nach Norden]; der Wind hat gedreht (*ist umgesprungen*); der Autofahrer drehte (*wendete das Auto*) und fuhr zurück; **e)** *einen [Rund]kurs absolvieren:* eine Schleife, ein paar Runden d.; **f)** *mit etw. eine Drehbewegung ausführen:* ich drehe an dem Schalter; am Radio d. (*die Knöpfe des Radios betätigen*); R da hat doch jemand dran gedreht (salopp; *da stimmt doch etwas nicht, ist etwas nicht in Ordnung*); **g)** (ugs.) *(einen Apparat) durch eine Drehbewegung in bestimmter Weise einstellen:* den Herd klein, auf klein drehen; die Heizung höher d. **2.** *mit Drehbewegungen o. Ä. [maschinell] formen, herstellen:* Seile, Schrauben, Pillen d.; ich drehte mir eine Zigarette. **3.** (*von Filmen o. Ä.) herstellen, machen:* einen Film, ein Video d.; in Mexiko d. (*Filmaufnahmen machen*). **4.** ⟨d. + sich⟩ (ugs.) *etw. Bestimmtes zum Gegenstand haben:* das Gespräch dreht sich um Politik; ⟨auch unpers.:⟩ in dem Prozess dreht es sich um Betrügereien; es dreht sich (geht) um etw. ganz anderes; es dreht sich alles um ihn (*er steht bei allen Überlegungen im Vordergrund*). **5.** (ugs. abwertend) *in bestimmter Weise in seinem Sinn beeinflussen:* das hat er schlau gedreht; eine Sache so d., dass sie nicht anfechtbar ist; * **an etw. ist nichts zu d. und zu deuteln** (*etw. ist ganz eindeutig*).

Dre|her, der; -s, -: **1.** *Facharbeiter an der Drehbank* (Berufsbez.). **2.** *dem Ländler ähnlicher Volkstanz aus Österreich.* **3.** (ugs.) *das Sichdrehen, Schleudern um die eigene Achse; Drehung:* auf der glatten Fahrbahn machte das Auto einen D.

Dre|he|rin, die; -, -nen: w. Form zu ↑ Dreher (1).

Dreh|flü|gel|flug|zeug, das: *Flugzeug, das anstelle von starren Tragflächen schmale, sich drehende Flügel hat* (z. B. Hubschrauber).

dreh|freu|dig ⟨Adj.⟩ (Jargon): **1.** *(von Motoren)* mühelos, zügig höhere Drehzahlen erreichend. **2.** *(von Sportgeräten, die der Fortbewegung dienen) sich leicht, mühelos drehen, wenden lassend:* -e Boards, Ski.

Dreh|ge|stell, das: *drehbares Fahrgestell von Schienenfahrzeugen.*

Dreh|im|puls, der (Physik): *(eine physikalische Größe darstellendes) vektorielles Produkt aus Impuls u. Ortsvektor eines Teilchens.*

Dreh|knopf, der: *Knopf [an technischen Geräten], der durch Drehen bedient wird.*

Dreh|kol|ben|mo|tor, der; -s, -en, auch: -e: *Rotationskolbenmotor.*

Dreh|kran, der: *Kran, dessen Ausleger um die Kranachse geschwenkt werden kann.*

Dreh|krank|heit, die: *durch den Drehwurm verursachte, eine zwanghafte Drehbewegung auslösende Krankheit bei Tieren, bes. bei Schafen.*

Dreh|kreuz, das: **a)** *Vorrichtung an einem Durchgang, deren kreuzförmig angeordnete Arme gedreht werden müssen u. nur jeweils einer Person das Passieren gestatten;* **b)** *Verkehrsknotenpunkt für Luftfahrzeuge; Luftfahrtdrehkreuz.*

Dreh|lei|er, die: *(bes. im MA. verwendetes) Streichinstrument, dessen Saiten von einem Scheibenrad oberhalb des Stegs gestrichen werden; Radleier.*

Dreh|lei|ter, die: *drehbare Leiter.*

Dreh|ma|schi|ne, die: *Werkzeugmaschine, bei der ein rotierendes Werkstück durch Spanen mit einem scharfkantigen Werkzeug automatisch bearbeitet wird.*

Dreh|mo|ment, das (Physik): *(auf einen Drehpunkt, eine Drehachse bezogenes) Maß für das Bestreben eines Körpers, sich zu drehen.*

Dreh|or|gel, die: *trag- od. fahrbares mechanisches, einer kleinen Orgel ähnliches Musikinstrument der Straßenmusikanten, das durch Drehen an einer Kurbel o. Ä. zum Erklingen gebracht wird.*

Dreh|or|gel|spie|ler, der: *jmd., der Drehorgel spielt.*

Dreh|or|gel|spie|le|rin, die: w. Form zu ↑ Drehorgelspieler.

Dreh|ort, der ⟨Pl. ...orte⟩: *Ort, an dem ein Film gedreht wird.*

Dreh|pau|se, die: *Pause bei Filmaufnahmen.*

Dreh|punkt, der (Physik): *Punkt, um den die Drehung eines Körpers erfolgt;* * **Dreh- und Angelpunkt** (*zentraler Punkt, um den sich alles dreht*).

Dreh|res|tau|rant, das: *Restaurant auf Funk-, Fernmeldetürmen o. Ä., das sich langsam dreht, um den Gästen eine ständig wechselnde Aussicht zu bieten.*

Dreh|schal|ter, der: *[Licht]schalter, der bei Betätigung gedreht wird.*

Dreh|schei|be, die: **1. a)** *um eine senkrechte Achse drehbare Vorrichtung zum Umsetzen od. Wenden von Schienenfahrzeugen:* Ü die Schweiz als internationale finanzielle D.; **b)** *Verkehrsknotenpunkt bes. für Eisenbahnen u. Luftfahrzeuge.* **2.** *Töpferscheibe.*

Dreh|schuss, der (Fußball): *Schuss aus der Drehung heraus.*

Dreh|schwin|del, der (Med.): *Form des Schwindels* (1), *bei der das Gefühl einer Drehbewegung von Umwelt und eigenem Körper auftritt:* der Patient klagte über D.

Dreh|ses|sel, der: *[in der Höhe verstellbarer] drehbarer Sessel.*

Dreh|stan|ge, die: *Stange, die sich dreht, die gedreht wird.*

Dreh|strom, der (Elektrot.): *Strom, bei dem drei Wechselströme verkettet sind; Dreiphasenstrom.*

Dreh|stuhl, der: vgl. Drehsessel.

Dreh|tag, der: *Tag, an dem gedreht* (3) *wird, an dem Dreharbeiten stattfinden.*

Dreh|tür, die: *um eine Achse drehbare [mehrflügelige] Tür.*

Dre|hung, die; -, -en: *das Drehen, Sichdrehen:* eine D. um 180 Grad.

Dreh|vor|rich|tung, die: *Vorrichtung, die sich drehen lässt, die Drehungen bei etw. ermöglicht.*

Dreh|wurm, der: *Finne einer Bandwurmart, die im Gehirn von Schafen, Rindern u. a. die Drehkrankheit verursacht:* * **den D. haben, bekommen** (ugs. scherzh.; *sich schwindlig fühlen, schwindlig werden*).

Dreh|zahl, die (Physik): *Anzahl der Umdrehungen eines rotierenden Körpers in einer bestimmten Zeit.*

Dreh|zahl|mes|ser, der (Physik): *Gerät zur Messung der Drehzahl von Wellen u. Rädern; Tourenzähler.*

drei ⟨Kardinalz.⟩ [mhd., ahd. drī; vgl. lat. tres, griech. treĩs = drei]: vgl. ¹acht (*die Aussagen* -er *Zeugen; der Sieg* -er *deutscher Reiterinnen; er waren zu -en; es ist* d. *viertel zwei; der Saal war* d. *viertel voll; er arbeitet, isst für* d. (*überdurchschnittlich viel*); ♦ ⟨kollektiver Sg. Neutr.:⟩ ... und das alles -e auf einmal (Lessing, Der junge Gelehrte III, 1); * **nicht bis/**(seltener:) **auf d. zählen können** (ugs.; *nicht sehr intelligent sein*).

Drei, die; -, -en: **a)** *Ziffer 3;* **b)** *Spielkarte mit drei Zeichen;* **c)** *Anzahl von drei Augen beim Würfeln:* eine D. würfeln; **d)** *Zeugnis-, Bewertungsnote 3:* [in dieser] eine D. haben, kriegen; eine D. schreiben (*eine Arbeit schreiben, die mit der Note 3 bewertet wird*); **e)** (ugs.) *[Straßen]bahn, Omnibus der Linie 3.*

Drei|ach|ser, der; -s, - (mit Ziffer: 3-Achser): *Wagen mit drei Achsen.*

drei|ach|sig ⟨Adj.⟩ (Technik) (mit Ziffer: 3-achsig): *mit drei Achsen konstruiert:* ein -er Anhänger.

Drei|ach|tel|takt, der: *Taktmaß, bei dem der einzelne Takt aus Notenwerten von drei Achteln besteht.*

Drei|ak|ter, der; -s, -: *aus drei Akten bestehendes Werk des Sprech- od. Musiktheaters.*

drei|ar|mig ⟨Adj.⟩: vgl. achtarmig.

drei|bän|dig ⟨Adj.⟩: vgl. achtbändig.

Drei|bein, das (ugs.): *Schemel mit drei Beinen.*

drei|bei|nig ⟨Adj.⟩: *mit drei Beinen [konstruiert]:* ein -er Tisch.

Drei|bett|zim|mer, das: *Hotel-, Krankenhaus-, Gästezimmer mit drei Betten.*

drei|blät|te|rig, drei|blätt|rig ⟨Adj.⟩: *drei Blätter aufweisend.*

Drei-D-Bild [...'de:...], das (mit Ziffer: 3-D-Bild): *dreidimensional, räumlich erscheinendes Bild.*

Drei-D-For|mat [...'de:...], das (mit Ziffer: 3-D-Format, 3D-Format): *dreidimensionales Format.*

drei|di|men|si|o|nal ⟨Adj.⟩: *in drei Dimensionen*

angelegt od. wiedergegeben, räumlich [erscheinend]: der -e Raum; ein -er Körper, Film; etw. d. darstellen.

Dreileck, das; -[e]s, -e: **1.** *von drei Linien begrenzte Fläche:* ein spitzwinkliges, gleichschenkliges, ungleichseitiges D. **2.** (Sport, bes. Fußball) *von Torpfosten u. Querlatte gebildeter Winkel:* er knallte den Ball genau ins rechte D.

dreileckig ⟨Adj.⟩: *mit drei Ecken versehen, in der Form eines Dreiecks.*

Dreileckslgelschichlte, die: *literarische od. filmische Darstellung eines Dreiecksverhältnisses.*

Dreileckslkolmöldie, die: *Darstellung eines Dreiecksverhältnisses in einer Komödie.*

Dreileckslbuch, das ⟨Pl. ...tücher⟩: ↑ Dreieckstuch.

Dreilecksiverlhältinis, das: *Beziehung einer Person zu zwei Geschlechtspartnern.*

Dreileckituch, das ⟨Pl. ...tücher⟩: *bes. als Notverband verwendetes, dreieckig geschnittenes Tuch.*

dreilein ⟨Adj.⟩ (christl. Rel.): *dreieinig:* der -e Gott.

dreileinlhalb ⟨Bruchz.⟩ (in Ziffern: 3¹/₂): vgl. achteinhalb.

dreileilnig ⟨Adj.⟩ (christl. Rel.): *Gott Vater, Sohn u. Heiligen Geist in sich vereinigend:* der -e Gott.

Dreileilniglkeit, die (christl. Rel.): *Einheit von Gott Vater, Sohn u. Heiligen Geist.*

Dreileilniglkeitslfest, das: *am ersten Sonntag nach Pfingsten begangenes Fest der Dreieinigkeit.*

Dreiler, der; -s, -: **1.** (früher) *Münze im Wert von drei Pfennigen:* Ü das ist keinen D. (nichts) wert. **2.** (ugs.) *Kombination von drei Zahlen, auf die ein Gewinn fällt:* ein D. im Lotto. **3.** (landsch.) *Drei.* **4.** (salopp) *Geschlechtsverkehr zu dritt.*

dreilerllei ⟨best. Gattungsz.; indekl.⟩ [↑-lei]: vgl. achterlei.

Dreilerlreilhe, die: vgl. Achterreihe.

Dreilerltakt, der (Musik): *ungerades Taktmaß aus drei Zeitwerten (z. B. ³/₄, ⁶/₈, ⁹/₈).*

Dreilerlwetlte, die (Reiten): *Wette, bei der die drei als Erste durchs Ziel gehenden Pferde in der richtigen Reihenfolge genannt werden müssen:* die D. zahlt 2 500 Euro für 10.

dreilfach ⟨Vervielfältigungsz.⟩ (mit Ziffer: 3-fach, 3fach): vgl. achtfach.

Dreilfalches, das Dreifache/ein Dreifaches; des/eines Dreifachen (mit Ziffer: 3-Faches, 3faches): vgl. Achtfaches.

Dreilfalltiglkeit, die; - [mhd. drīvaltecheit, zu: drīvalt(ec), ↑-fältig]: *Dreieinigkeit.*

Dreilfalltiglkeitslsonnltag, der: *erster Sonntag nach Pfingsten als Festtag der Dreifaltigkeit.*

Dreilfarlbenldruck, der: **a)** ⟨o. Pl.⟩ *Verfahren, bei dem Druckformen in den Farben Gelb, Rot u. Blau übereinandergedruckt werden;* **b)** ⟨Pl. -e⟩ *einzelner Druck als Ergebnis eines solchen Druckverfahrens.*

dreilfarlbig, (österr.:) **dreilfärlbig** ⟨Adj.⟩: *drei Farben aufweisend.*

Dreilfelderlwirtlschaft, die ⟨o. Pl.⟩: *Bewirtschaftung einer Ackerfläche in dreijährigem Turnus, meist Wintergetreide, Sommergetreide u. Brache.*

Dreilfuß, der: **1.** *dreifüßiges Gerät, auf dem Schuhe besohlt werden.* **2.** *dreifüßiges Gerät zum Erhitzen od. Kochen.* **3.** *dreibeiniger Schemel.*

dreilfüßig ⟨Adj.⟩: *mit drei Füßen [konstruiert]:* ein -er Kessel.

Drei-Gänlge-Melnü, Dreilgänlgelmelnü, das: *aus drei ¹Gängen (9) bestehendes Menü (1).*

Dreilganglmelnü, das; -s, -s: *Drei-Gänge-Menü.*

dreilgelschoslsig, (südd., österr.:) **dreilgelschoßig** ⟨Adj.⟩: vgl. achtgeschossig.

Dreilgelspann, das: *Gespann mit drei Pferden.*

Dreilgelstirn, das (dichter.): *Gruppe von drei Sternen:* Ü diese Gelehrten sind das leuchtende D. am Himmel der Wissenschaft.

dreilgelstrilchen ⟨Adj.⟩ (Musik): *von der mittleren Höhenlage des Tonsystems nach oben gerechnet, in der dritten Oktave liegend:* das -e F singen.

dreilglielderlig (seltener), **dreilgliedlrig** ⟨Adj.⟩: *mit drei Gliedern versehen.*

Dreilgrolschenlheft, das (abwertend): *als Heft gebundener Kurzroman der Trivialliteratur.*

Dreilheit, die; -, -en: *Gruppe von drei zusammengehörenden Wesen, Dingen.*

dreilhunldert ⟨Kardinalz.⟩ (in Ziffern: 300): vgl. hundert.

Dreiljahlreslverltrag, der: *[Arbeits]vertrag, der für drei Jahre gilt.*

dreiljählrig ⟨Adj.⟩ (mit Ziffer: 3-jährig): vgl. achtjährig.

Dreiljählrilge, die/eine Dreijährige; der/einer Dreijährigen/zwei Dreijährige (mit Ziffer: 3-Jährige): vgl. Achtjährige.

Dreiljählrilger, der Dreijährige/ein Dreijähriger; des/eines Dreijährigen; die Dreijährigen/zwei Dreijährige (mit Ziffer: 3-Jähriger): vgl. Achtjähriger.

dreiljährlich ⟨Adj.⟩ (mit Ziffer: 3-jährlich): vgl. achtjährlich.

Dreilkampf, der: **1.** (Sport) *sportlicher Wettkampf in drei Disziplinen.* **2. a)** (Sport) *Wettkampf zwischen drei Personen od. Mannschaften;* **b)** *Wettbewerb, in dem drei Personen, Institutionen, Unternehmen o. Ä. stehen.*

Dreilkant, das od. der; -[e]s, -e: *Körper (meist aus Metall), dessen Querschnitt ein gleichseitiges Dreieck darstellt.*

dreilkanltig ⟨Adj.⟩: *achtkantig.*

Dreilkantlmulschel, die: *Wandermuschel.*

Dreilkantlschlüslsel, der: vgl. Vierkantschlüssel.

Dreilkälselhoch, der; -s, -[s] (ugs. scherzh.): *kleines Kind (bes. Junge).*

Dreilklang, der: *aus drei Tönen in zwei Terzen übereinander aufgebauter Akkord:* Ü ein D. in Gelb, Grün und Braun.

Dreilklaslsenlwahllrecht, das ⟨Pl. selten⟩ (Geschichte): *in drei Klassen nach Einkommen od. Steuerleistung abgestuftes preußisches Wahlrecht.*

Dreilkölnilge ⟨Pl.; o. Art.; auch im Sg. gebr.⟩: *Fest der Heiligen Drei Könige (6. Januar):* schöne D.; D. fallen/fällt auf einen Sonntag; an, nach, vor, zu D.

Dreilkölnigslfest, das: *Dreikönige.*

Dreilkölnigslsinlgen, das; -s: *Sternsingen.*

Dreilkölnigsltag, der: *Tag (6. Januar), an dem das Fest der Heiligen Drei Könige gefeiert wird.*

dreilkölpfig ⟨Adj.⟩: *aus drei Personen bestehend:* ein -es Gremium.

dreillalgig ⟨Adj.⟩: *aus drei Lagen (4 a) bestehend.*

Dreilländerleck, das: *geografisches Gebiet, in dem die Grenzen dreier Länder, Staaten aneinanderstoßen.*

Dreillaut, der (Sprachwiss.): *Triphthong.*

Dreillilterlaulto [auch: ...'lɪtɐ...], das: *als besonders umweltschonend geltendes Auto, das nur etwa drei Liter Kraftstoff auf hundert Kilometer verbraucht.*

dreilmähldig ⟨Adj.⟩ [zu ↑¹Mahd]: *dreischürig.*

dreilmal ⟨Wiederholungsz.⟩, Adv. (mit Ziffer: 3-mal): vgl. achtmal.

dreilmallig ⟨Adj.⟩ (mit Ziffer: 3-malig): vgl. achtmalig.

◆ **Dreilmänlnerlwein,** der [nach dem Volksmund muss derjenige, der diesen Wein trinken soll, von einem Zweiten festgehalten werden, u. ein Dritter muss ihm den Wein einflößen; wohl scherzh. Entstellung von »Dreimännerwein«] (landsch.): *saurer, ungenießbarer Wein:* Ich tat einen tüchtigen Zug, musste aber ... das ganze Gesicht verziehn, denn er schmeckte wie D. (Eichendorff, Taugenichts 86).

Dreilmaslter, der; -s, -: **1.** *Segelschiff mit drei Masten.* **2.** *Dreispitz mit breiter Krempe.*

dreilmasltig ⟨Adj.⟩: *mit drei Masten [konstruiert].*

Dreilmeillenlzolne, die: *entlang der Küste verlaufender, drei Seemeilen breiter Meeresstreifen, dessen äußerer Rand das Hoheitsgebiet eines Küstenstaates begrenzt.*

Dreilmelterlbrett, das: vgl. Einmeterbrett.

dreilmolnaltig ⟨Adj.⟩: vgl. achtmonatig.

dreilmolnatllich ⟨Adj.⟩: vgl. achtmonatlich.

dreilmoltolrig ⟨Adj.⟩: *drei Motoren aufweisend:* ein -es Flugzeug.

drein (ugs.): ↑ darein.

dreinlbllilcken ⟨sw. V.; hat⟩: *auf eine bestimmte Weise blicken, eine bestimmte Miene machen:* finster, gutmütig, missmutig d.

dreinlfahlren ⟨st. V.; ist⟩ (ugs.): *[durch Worte] energisch in eine Angelegenheit eingreifen:* hart, streng, mit dem Knüppel d.

dreinlfinlden, sich ⟨st. V.; hat⟩ (ugs.): *sich dareinfinden.*

Dreinlgalbe, die (landsch.): *etw. Zusätzliches; Zugabe:* jmdm. etw. als D. versprechen.

dreinlgelben ⟨st. V.; hat⟩: **1.** (geh.) *hingeben, auf etw. um einer anderen Sache willen verzichten:* sein ganzes Vermögen d. **2.** ⟨d. + sich⟩ (selten) *dreinschicken.*

dreinlrelden ⟨sw. V.; hat⟩ (ugs.): *dareinreden.*

dreinlschaulen ⟨sw. V.; hat⟩: *dreinblicken.*

dreinlschilcken, sich ⟨sw. V.; hat⟩: *sich in etw. schicken, sich seinem Schicksal unterwerfen:* da bleibt nichts weiter, als sich dreinzuschicken.

dreinlschlalgen ⟨sw. V.; hat⟩ (ugs.): *dazwischenschlagen.*

dreinlselhen ⟨st. V.; hat⟩: *dreinblicken.*

Dreilpass, der [zu ↑ Pass] (Geschichte): *Figur [des gotischen Maßwerks] aus drei ineinandergreifenden Kreisen in Kleeblattform.*

Dreilperlsolnenlhaus|halt, der: *aus drei Personen bestehender Haushalt.*

dreilpfünldig ⟨Adj.⟩: vgl. achtpfündig.

Dreilphalsenlstrom, der (Elektrot.): *Drehstrom.*

dreilprolzenltig ⟨Adj.⟩ (mit Ziffer: 3-prozentig, 3%ig): vgl. achtprozentig.

Dreilpunktlgurt, der: *Sicherheitsgurt, der schräg über den Oberkörper u. über das Becken verläuft u. an drei Punkten verankert ist.*

Dreilrad, das: **1.** *dreirädriges kleines Fahrzeug für kleine Kinder.* **2.** *dreirädriges Fahrzeug, dreirädriger Lieferwagen.*

dreilrädlrig, (häufiger:) **dreilrädlrig** ⟨Adj.⟩: *auf drei Rädern fahrend.*

Dreilraumlwohlnung, die (regional) (mit Ziffer: 3-Raum-Wohnung): *Dreizimmerwohnung.*

dreilsailtig ⟨Adj.⟩: vgl. fünfsaitig.

Dreilsatz, der ⟨o. Pl.⟩ (Math.): *Rechenverfahren, bei dem aus drei bekannten Größen eine vierte unbekannte bestimmt werden kann.*

Dreilsatzlrechlnung, die ⟨o. Pl.⟩ (Math.): *Dreisatz.*

dreilschiflfig ⟨Adj.⟩: *(von Kirchen) aus einem Mittelschiff u. zwei Seitenschiffen bestehend:* eine -e Basilika, Anlage.

Dreilschrittlrelgel, die ⟨o. Pl.⟩ (Handball): *Regel, die besagt, dass sich ein Spieler höchstens drei Schritte mit dem Ball in der Hand bewegen darf.*

dreilschülrig ⟨Adj.⟩: *drei Ernten liefernd:* eine -e Wiese.

dreilseiltig ⟨Adj.⟩: vgl. achtseitig.

dreilsillbig ⟨Adj.⟩: vgl. achtsilbig.

dreilspalltig ⟨Adj.⟩ (Druckw.): *aus drei Spalten bestehend, in drei Spalten.*

Dreilspänlner, der: **1.** *mit drei Pferden bespannter Wagen.* **2.** (landsch.) *Block aus drei Reihenhäusern.*

drei|spän|nig ⟨Adj.⟩: vgl. achtspännig.
Drei|spitz, der: (bes. im 18. Jh. getragener) [Herren]hut, dessen Rand dreiseitig hochgeklappt ist.
drei|spra|chig ⟨Adj.⟩: a) drei Sprachen sprechend; b) in drei Sprachen abgefasst.
Drei|sprin|ger, der (Sport): jmd., der Dreisprung als sportliche Disziplin betreibt.
Drei|sprin|ge|rin, die: w. Form zu ↑ Dreispringer.
Drei|sprung, der (Sport): a) ⟨o. Pl.⟩ Disziplin der Leichtathletik, bei der man in drei aneinandergereihten Sprüngen möglichst weit springen muss; b) einzelner Sprung beim Dreisprung (a).
drei|ßig ⟨Kardinalz.⟩ [mhd. drīzec, ahd. drīzuc] (in Ziffern: 30): vgl. achtzig: er ist [noch unter] d. [Jahre alt].
Drei|ßig, die; -, -en: vgl. Achtzig.
drei|ßi|ger ⟨indekl. Adj.⟩ (mit Ziffern: 30er): vgl. achtziger.
Drei|ßi|ger, der; -s, -: vgl. Achtziger.
Drei|ßi|ge|rin, die; -, -nen: vgl. Achtzigerin.
Drei|ßi|ger|jah|re, drei|ßi|ger Jah|re [auch: 'drai...'ja:...] ⟨Pl.⟩: vgl. Achtzigerjahre.
drei|ßig|jäh|rig ⟨Adj.⟩ (mit Ziffern: 30-jährig): a) vgl. achtjährig (a); b) dreißig Jahre dauernd.
Drei|ßigs|t... ⟨Ordinalz. zu ↑ dreißig⟩ (mit Ziffern: 30.): vgl. achtzigst...
drei|ßigs|tel ⟨Bruchz.⟩ (mit Ziffern: /₃₀): vgl. achtel.
Drei|ßigs|tel, das, schweiz. meist: der; -s, -: vgl. ¹Achtel.
dreist ⟨Adj.⟩ [aus dem Niederd. < mniederd. drīste, drīstic = beherzt, kühn, frech, wahrsch. zu ↑ dringen]: **1.** frech, unverschämt; recht ungeniert u. ohne Hemmungen sich etw. herausnehmend: eine -e Behauptung; er wurde immer -er; d. und gottesfürchtig (ugs.; mit einer geradezu selbstverständlichen Kühnheit, Frechheit) behauptet er, dass... ◆ **2.** ohne Schüchternheit, nicht verzagt: Wie war's, Junge? – erzähle d. (E. T. A. Hoffmann, Fräulein 51).
drei|stel|lig ⟨Adj.⟩: vgl. achtstellig.
Drei|stel|lungs|kampf, der (Schießsport): Wettbewerb im Schießen mit Gewehr in drei verschiedenen Stellungen (stehend, kniend, liegend).
Drei|ster|ne|ho|tel, Drei-Ster|ne-Ho|tel, das: vgl. Viersternehotel.
Dreis|tig|keit, die; -, -en: a) ⟨o. Pl.⟩ dreistes Wesen, Verhalten: er besaß die D. (war so dreist), uns anzulügen; b) dreiste Handlung: sich -en herausnehmen.
drei|stim|mig ⟨Adj.⟩ (Musik) (mit Ziffer: 3-stimmig): a) für drei Gesangs- od. Instrumentalstimmen gesetzt, geschrieben: ein -es Chorlied; b) mit drei Stimmen [singend]: ein -er Chor; sie sangen d.
drei|stö|ckig ⟨Adj.⟩: vgl. achtstöckig.
drei|strah|lig ⟨Adj.⟩: mit drei Strahltriebwerken ausgerüstet: ein -er Jet.
drei|stu|fig ⟨Adj.⟩: drei Stufen aufweisend.
drei|stün|dig ⟨Adj.⟩: vgl. achtstündig.
drei|stünd|lich ⟨Adj.⟩: vgl. achtstündlich.
◆ **Drei|stut|zer,** der [zu ↑ ²stutzen]: dreieckiger Hut: ...dass ihm der D. vom Kopfe fiel (Eichendorff, Taugenichts 90).
Drei|ta|ge|bart, der: Stoppelbart, der einem Mann nach etwa drei Tagen gewachsen ist.
Drei|ta|ge|fie|ber, das ⟨o. Pl.⟩: **1.** Infektionskrankheit bei Kindern, die durch eine etwa dreitägige Fieberperiode gekennzeichnet ist. **2.** bes. im Mittelmeerraum auftretende Infektionskrankheit mit hohem Fieber.
drei|tä|gig ⟨Adj.⟩: vgl. achttägig.
drei|täg|lich ⟨Adj.⟩: vgl. achttäglich.
drei|tau|send ⟨Kardinalz.⟩ (in Ziffern: 3 000): vgl. tausend.
Drei|tau|sen|der, der: vgl. Achttausender.

drei|tei|len ⟨sw. V.; hat⟩: in drei Teile teilen: als Malerin, Musikerin und Autorin müsste sie sich d. können; ein dreigeteiltes Land.
Drei|tei|ler, der (ugs.): **1.** dreiteilige Sendung, bes. im Fernsehen. **2.** aus drei Teilen (bes. Anzughose, -jacke u. -weste) bestehendes Kleidungsstück.
drei|tei|lig ⟨Adj.⟩: vgl. achtteilig.
Drei|tei|lung, die: Teilung in drei Teile, Stücke, Abschnitte.
Drei|uhr|vor|stel|lung, die: vgl. Achtuhrvorstellung.
Drei|uhr|zug, der: vgl. Achtuhrzug.
drei|und|ein|halb ⟨Bruchzahl⟩: verstärkend für dreieinhalb.
drei vier|tel: s. drei.
Drei|vier|tel|är|mel [...'fɪrt̯l...], der: dreiviertellanger Ärmel.
Drei|vier|tel|jahr, das: Zeitraum von neun Monaten: in einem D. sind wir wieder zu Hause.
drei|vier|tel|lang [...'fɪrt̯l...] ⟨Adj.⟩: drei Viertel der Rock- od. ganzen Ärmellänge messend: ein -er Mantel, Ärmel; die Jacke ist d.
Drei|vier|tel|li|ter|fla|sche, die: Flasche mit einem Fassungsvermögen von einem drei viertel Liter.
Drei|vier|tel|mehr|heit [...'fɪrt̯l...], die: Mehrheit von mindestens 75 % der abgegebenen Stimmen.
Drei|vier|tel|stun|de, die: Zeitraum von 45 Minuten.
Drei|vier|tel|takt [...'fɪrt̯l...], der (Musik): Taktmaß, bei dem der einzelne Takt aus Notenwerten von drei Vierteln besteht.
Drei|we|ge|ka|ta|ly|sa|tor, der (Kfz-Technik): bes. wirkungsvolle Form des Katalysators (2), bei der Kohlenmonoxide, Kohlenwasserstoffe und Stickoxide gleichzeitig umgewandelt werden.
drei|wer|tig ⟨Adj.⟩: **1.** (Chemie) sich mit drei Atomen des einwertigen Wasserstoffs verbinden könnend: Bor ist ein -es Element. **2.** (Sprachwiss.) (vom Verb) bei der Satzbildung drei Satzglieder od. Ergänzungsbestimmungen fordernd.
drei|wö|chent|lich ⟨Adj.⟩: vgl. achtwöchentlich.
drei|wö|chig ⟨Adj.⟩: vgl. achtwöchig.
Drei|zack, der; -[e]s, -e: großer dreizinkiger Stab: der D. des Poseidon.
drei|za|ckig ⟨Adj.⟩: mit drei Zacken versehen.
drei|zehn ⟨Kardinalz.⟩ (in Ziffern: 13): vgl. ¹acht: *jetzt schlägts [aber] d.!* (ugs.; das geht aber zu weit, jetzt ist Schluss damit; die dreizehn gilt in Volksglauben als Unglückszahl).
drei|zehn|hun|dert ⟨Kardinalz.⟩ (in Ziffern: 1 300): eintausenddreihundert.
drei|zehn|jäh|rig ⟨Adj.⟩ (mit Ziffern: 13-jährig): vgl. achtjährig.
Drei|zehn|te, der; -n, -n (österr.): dreizehntes Monatsgehalt.
drei|zei|lig ⟨Adj.⟩: vgl. achtzeilig.
Drei|zim|mer|woh|nung, die (mit Ziffer: 3-Zimmer-Wohnung): Wohnung mit drei Zimmern, Küche u. Bad.
Dres. = doctores (↑ Doktor 1 b).
Dre|sche, die; - [zu ↑ dreschen (2)] (salopp): Prügel (2): D. bekommen.
dre|schen ⟨st. V.; hat⟩: **1.** [mhd. dreschen, ahd. dreskan, wahrsch. lautm.] Getreidekörner, Samen maschinell od. durch Bearbeiten mit einem Dreschflegel o. Ä. aus den Ähren, Hülsen o. Ä. lösen: Korn, Weizen, Raps d.; Getreide [mit der Maschine, auf dem Feld] d.; morgen dreschen wir. **2.** [schon mhd.] (salopp) prügeln (1): sie haben ihn windelweich gedroschen; sie droschen sich, dass die Fetzen flogen. **3.** (salopp) **a)** mit Wucht irgendwohin schlagen: auf die Tasten, mit der Faust auf den Tisch d.; er schoss mir in jeden Zeh zwei Spritzen, und dann zog er mir die Zehennägel ab (Plenzdorf, Leiden 113);

b) mit Wucht irgendwohin schießen, schlagen: den Ball ins Tor, ins Netz d.
Dre|scher, der; -s, -: jmd., der drischt.
Dre|sche|rin, die; -, -nen: w. Form zu ↑ Drescher.
Dresch|fle|gel, der: Gerät zum Dreschen mit der Hand mit starkem hölzernem Stiel, an dessen oberem Ende mit kurzen Riemen ein Knüppel aus Hartholz beweglich befestigt ist: den D. schwingen.
Dresch|gut, das (Fachspr.): zu dreschendes Material.
Dresch|ma|schi|ne, die: [fahrbare] Maschine, in der die Körner aus den Ähren herausgelöst werden.
Dres|den: Landeshauptstadt von Sachsen.
¹Dres|de|ner, der; -s, -: Ew.
²Dres|de|ner ⟨indekl. Adj.⟩.
Dres|de|ne|rin, die; -, -nen: w. Form zu ↑ ¹Dresdener.
¹Dresd|ner: ↑ ¹Dresdener.
²Dresd|ner: ↑ ²Dresdener.
Dresd|ne|rin: ↑ Dresdenerin.
Dress, der; - u. -es, -e, (österr. auch:) die; -, -en ⟨Pl. selten⟩ [engl. dress = (Be)kleidung zu: to dress = sich anziehen; herrichten < frz. dresser, ↑ dressieren]: Kleidung für einen bestimmten Anlass, bes. Sportkleidung: der D. der Sportler, einer Mannschaft.
Dress|code, Dress-Code ['drɛskoʊd], der [engl. dress code, aus: dress (↑ Dress) u. code = (Verhaltens)kodex, ↑ Code]: Kleiderordnung (z. B. bei der Arbeit, bei Veranstaltungen, Partys usw.).
Dres|seur [drɛ'søːɐ̯], der; -s, -e [frz. dresseur]: jmd., der Tiere dressiert, abrichtet (Berufsbez.).
Dres|seu|rin [...'søːrɪn], die; -, -nen: w. Form zu ↑ Dresseur.
dres|sie|ren ⟨sw. V.; hat⟩ [frz. dresser = auf-, abrichten, über das Vlat. zu lat. dirigere, ↑ dirigieren]: **1. a)** abrichten; einem Tier bestimmte Fertigkeiten beibringen: einen Hund, Pferde d.; der Hund ist auf den Mann dressiert (darauf dressiert, jmdn. anzugreifen); **b)** (abwertend) jmdn. durch Disziplinierung zu einer bestimmten Verhaltensweise bringen: seine Kinder d. **2.** (Kochkunst) **a)** einem Gericht, bes. Geflügel, durch Zusammenbinden od. -nähen vor dem Braten eine zu Zubereitung od. zum Servieren geeignete Form geben: Wild, Geflügel, Fische d.; **b)** mit einer Creme o. Ä. verzieren, die aus einer Spritze, einem Dressiersack gedrückt wird: eine Torte d. **3.** unter Dampf [in der Hutpresse] formen: einen Filzhut d.
Dres|sier|sack, der (Kochkunst): Tüte mit Metallspitze, aus deren Öffnung Creme o. Ä. zum Verzieren, Formen gedrückt wird.
Dres|sing, das; -s, -s [engl. dressing, zu: to dress, ↑ Dress]: **1.** Marinade (1 b), Salatsoße. **2.** Kräuter- od. Gewürzmischung für Füllungen von Braten, bes. Geflügel.
Dress|man ['drɛsmən, ...mɛn], der; -s, ...men [...mən] [anglisierende Bildung zu engl. dress (↑ Dress) u. man = Mann]: a) männliche Person, die Herrenkleidung vorführt; b) männliches Fotomodell.
Dres|sur, die; -, -en: **1.** ⟨Pl. selten⟩ a) das Dressieren (1 a): die D. eines Pferdes; die D. von Elefanten; b) (abwertend) das Dressieren (1 b): die D. eines Kindes, von Soldaten. **2.** Kunststück, eingeübte Fertigkeit eines dressierten Tiers: eine [schwierige] D. vorführen; Ü ● Da so viele Militärrollen vorkommen, ... sieht nichts betrübter aus als Menschen, die nicht die mindeste D. zeigen, in Hauptmanns- und Majorsuniform auf dem Theater herumschwanken zu sehen (Goethe, Lehrjahre V, 8). **3.** Kurzf. von ↑ Dressurreiten (2).
Dres|sur|akt, der: Durchführung einer Dressur (1).

Dres|sur|num|mer, die: *Nummer* (2 a), *bei der dressierte Tiere vorgeführt werden.*

Dres|sur|pferd, das: *Pferd, das einer Dressur* (1 a) *unterzogen wird.*

Dres|sur|prü|fung, die: **1.** *Prüfung, in der der Ausbildungsstand abgerichteter Tiere (z. B. von Hunden) bewertet wird.* **2.** (Reiten) *Prüfung, in der die Fähigkeit des Reiters in einzelnen Übungen u. der Ausbildungsstand eines Pferdes geprüft u. bewertet werden.*

Dres|sur|rei|ten, das; -s: **1.** *grundlegende Übung beim Zureiten u. im Reitunterricht, bei der die einzelnen Gangarten herausgearbeitet werden.* **2.** *olympische Disziplin des Reitsports mit Dressurprüfungen* (2).

Dres|sur|rei|ter, der: *jmd., der Dressurreiten* (2) *als Sport betreibt.*

Dres|sur|rei|te|rin, die: w. Form zu ↑ Dressurreiter.

Dr. forest. = doctor scientiae rerum forestalium (Doktor der Forstwissenschaft).

Dr. h. c. = doctor honoris causa (Ehrendoktor).

Dr. h. c. mult. = doctor honoris causa multiplex (mehrfacher Ehrendoktor).

Drib|bel|kunst, die (Ballspiele): *Geschicklichkeit, Gewandtheit im Dribbeln.*

Drib|bel|künst|ler, der (Ballspiele): *Spieler, der besonders geschickt zu dribbeln* (a) *versteht.*

Drib|bel|künst|le|rin, die: w. Form zu ↑ Dribbelkünstler.

drib|beln ⟨sw. V.⟩ [engl. to dribble, eigtl. = tröpfeln; den Ball »tröpfchenweise« vortragen] (Ballspiele): **a)** ⟨hat⟩ *den Ball durch kurze Stöße [über größere Strecken] vorwärtstreiben:* nicht d., sondern abspielen; **b)** ⟨ist⟩ *dribbelnd irgendwohin gelangen.*

Dribb|ler, der; -s, - [engl. dribbler] (Ballspiele): *Spieler, der [gut] zu dribbeln versteht.*

Dribb|le|rin, die; -, -nen: w. Form zu ↑ Dribbler.

Dribb|ling, das; -s, -s [engl. dribble] (Ballspiele): *das Dribbeln:* zu einem D. ansetzen.

Drift, (auch:) **Trift,** die; -, -en [aus dem Niederd. < mniederd. drift, zu ↑ treiben]: **1. a)** *durch den Wind erzeugte Strömung an der Meeresoberfläche;* **b)** *unkontrolliertes Treiben [eines Schiffes] auf dem Wasser.* **2.** *durch Strömung fortbewegtes Treibgut.*

drif|ten ⟨sw. V.; ist⟩: *(bes. auf dem Wasser) treiben:* das Boot driftete nach Südwest.

¹Drill, der; -[e]s [rückgeb. aus ↑ drillen (1)]: **1. a)** *das Drillen* (1 a); *mechanisches Einüben von Fertigkeiten beim Militär:* scharfer, preußischer D.; **b)** *das Drillen* (1 b). **2.** (Angeln) *das Drillen* (4).

²Drill, der; -s, -e: *Drillich.*

³Drill, der; -s, -e [engl. drill, aus dem Afrik.]: *(in den Regenwäldern Westafrikas vorkommender) dem Mandrill eng verwandter, kräftig gebauter Affe mit oberseits graubraunem, unterseits grauem bis weißlichem Fell, sehr großem Kopf u. stark verlängerter Schnauze.*

Drill|boh|rer, der; -s, - [zu ↑ drillen (3)]: *Bohrer, dessen Antrieb durch eine schraubenförmige Spindel erfolgt, die durch die Auf-und-ab-Bewegung der Schraubenmutter in Rotation versetzt wird.*

dril|len ⟨sw. V.; hat⟩: **1.** [frühnhd. = (herum)drehen, drechseln, bohren < mniederd. drillen = drehen, rollen; plagen] **a)** *einem harten militärischen Training unterziehen:* Rekruten d.; **b)** *durch monotone Wiederholung hart schulen:* Schüler, jmds. Geist d.; * **auf etw. gedrillt sein** (ugs.: *durch ständige Schulung o. Ä. auf etw. gut vorbereitet sein u. entsprechend reagieren:* die Mannschaft ist ganz auf Kampf gedrillt). **2.** [engl. to drill] *mit der Drillmaschine in Reihen säen:* Raps, Rüben d. **3.** [= (herum)drehen, drechseln, bohren < mniederd. drillen = drehen, rollen; plagen] *mit dem Drillbohrer bearbeiten.* **4.** (Angeln) *einen Fisch an der Angel durch wiederholtes Freigeben u. Einholen der Angelschnur ermüden.* ◆ **5. a)** *[herum]drehen; drehend bewegen:* Den rechten Lebensfaden spinnt eine, der lebt und leben lässt, an drille zu, er zwirne fest (Goethe, Gott u. Welt [Die Weisen u. die Leute]); Ü ... wär's auch nur eine von den Grillen, die einer jungen Frau das leichte Hirnchen drillen (Wieland, Pervonte 3, 1001 f.); **b)** *als Strafe für eine als straf-, verabscheuungswürdig empfundene Tat auf einem öffentlichen Platz in einem drehbaren Holzkäfig der allgemeinen Verachtung aussetzen:* ...hölzerne Drehmaschinen, worin die Weiber gedrillt wurden, gab es an allen Straßenecken (Keller, Dietegen 83).

Drill|lich, der; -s, (Sorten:) -e [mhd. dril(i)ch, subst. aus dril[i]ch = dreifädig, in Anlehnung an lat. trilix = dreifädig; ahd. drīlīh = dreifach]: *dichtes Baumwoll- od. Leinengewebe in Köperbindung: Arbeitskleidung, Markisen aus D.; ... begleitete uns ein Wachtmeister über kiesbestreute Kasernenhöfe, auf denen Polizisten in hellgrauem D. exerzierten* (Grass, Hundejahre 164).

Drill|lich|an|zug, der: *Anzug aus Drillich.*

Drill|lich|ho|se, die: *Hose aus Drillich.*

Drill|ling, der; -s, -e [geb. nach dem Muster von Zwilling]: **1.** vgl. Zwilling (1). **2.** (Waffent.) *Jagdgewehr mit einem Lauf für Kugeln u. zwei Läufen für Schrot.*

Drill|ma|schi|ne, die [zu ↑ drillen (2)]: *Maschine zur gleichmäßigen Aussaat in Reihen.*

drin (ugs.): **1.** ↑ darin (1); ↑ drinnen. **2.** * **d. sein** (ugs.: *möglich sein, sich machen lassen:* mehr ist [bei mir] nicht d.; in dem Spiel ist noch alles d. **2.** *mit einer Tätigkeit [wieder] ganz vertraut sein:* nach seiner Krankheit war er noch gar nicht richtig d.).

drin|blei|ben ⟨st. V.; ist⟩ (ugs.): *innerhalb eines Ortes, Raumes, Gefäßes o. Ä. bleiben.*

Dr.-Ing. = Doktoringenieur.

drin|gen ⟨st. V.⟩ [mhd. dringen, ahd. dringan, urspr. = stoßen, drängen]: **1.** ⟨ist⟩ *durch etw. an eine bestimmte Stelle gelangen; eindringen, vordringen:* sie versuchten, durch das Dickicht zu d.; die Sonne drang durch die Wolken; Wasser ist in den Keller gedrungen; ein Splitter drang ihm ins Auge; Ü *das Gerücht drang in die Öffentlichkeit.* **2.** ⟨ist⟩ (geh.) *sich mit Worten heftig bemühen, auf jmdn. einzuwirken:* [mit Bitten, Fragen] in jmdn. d.; * **sich zu etw. gedrungen fühlen** (veraltend) *einen starken Antrieb verspüren, etw. zu tun:* ich fühlte mich gedrungen, ihnen zu danken. **3.** ⟨hat⟩ *etw. [unnachgiebig] fordern:* auf sofortige Zahlung d.; auf einen guten Anwalt, einen Spezialisten zu konsultieren; ◆ ⟨auch ohne Präpositional-Obj.:⟩ Und wenn er dringt? – Entschuldigen wir uns (Goethe, Egmont II). ◆ **4. a)** *drängen* (2 b): ... der Menschheit Krone zu erringen, nach sich alle Sinne dringen (Goethe, Faust I, 1805); **b)** *drängen:* ... sage mir frei: Was dringt dich zu dieser Entschuldigung (Goethe, Hermann u. Dorothea 4, 125); **c)** *drängen* (5): ... die Stunde dringt, und rascher Tat bedarf's (Schiller, Tell IV, 2).

drin|gend ⟨Adj.⟩: **a)** *keinen Aufschub duldend, eilige Erledigung verlangend:* -e Arbeiten; ein -es Telefongespräch; die Sache ist d.; jmdn. d. (*unbedingt, sofort*) *sprechen müssen;* **b)** *zwingend, nachdrücklich:* einen -en Appell an jmdn. richten; er war der Tat d. verdächtig; jmdn. d. warnen; d. von etw. abraten; * ◆ **d. werden** (*drängen* 4 b: Wilhelm ward er, und endlich musste der Alte nachgeben [Goethe, Lehrjahre VII, 1]); ◆ **c)** *bedrohlich, bedrückend:* Für wen übergab er sich der -sten Gefahr (Goethe, Egmont V).

dring|lich ⟨Adj.⟩: **a)** *unbedingt nötig, notwendig; dringend* (a): eine -e Angelegenheit, Aufgabe; **b)** *nachdrücklich u. eindringlich:* sich etw. d., -st wünschen.

Dring|lich|keit, die; -, -en: **1.** *das Dringlichsein, Dringendsein; Grad, in dem etw. drängt* (5). **2.** *etw. Dringliches.*

Dring|lich|keits|an|fra|ge, die (Parlamentsspr.): *dringliche* (a) *parlamentarische Anfrage:* eine D. einreichen.

Dring|lich|keits|an|trag, der (Parlamentsspr.): vgl. Dringlichkeitsanfrage.

Drink, der; -s, -s [engl. drink, zu: to drink = trinken]: *meist alkoholisches [Mix]getränk:* harte, alkoholfreie -s; jmdn. zu einem D. einladen; jmdn. zu einem D. in der Bar verabreden.

drin|nen ⟨Pronominaladv.⟩ [↑ darinnen]: *innerhalb eines Raumes:* d. im Zimmer; die Tür von d. *(von innen)* öffnen; Ü *die öffentliche Meinung von draußen (im In- u. Ausland);* * **d. sein** (österr. ugs.: ↑ drin 2).

drin|nen|blei|ben ⟨st. V.; ist⟩ (salopp): *drinbleiben.*

drin|sit|zen ⟨unr. V.; hat, südd., österr. u. schweiz.: ist⟩ (ugs.): *sich in einer schwierigen od. peinlichen Lage befinden:* er sitzt ganz schön drin.

drin|ste|cken ⟨steckte/(veraltend:) stak drin; hat; südd., österr., schweiz. auch: ist⟩ (ugs.): **1. a)** *viel Arbeit, Schwierigkeiten mit etw. haben:* er steckt bis über die Ohren [in seiner Arbeit] drin; **b)** *drinsitzen:* in einer Affäre d. **2.** ⟨Prät. nur: steckte drin⟩ *in jmdm., etw. als Anlage o. Ä. vorhanden sein:* du weißt, etwas Großes in ihm drinsteckt. **3.** * **in etw. nicht d.** (über etw. keine [Vor]aussagen machen können: ob das Auto noch lange hält, weiß ich nicht, da steckt man nicht drin.)

drin|ste|hen ⟨unr. V.; hat; südd., österr., schweiz. auch: ist⟩ (ugs.): *in einem Buch o. Ä. zu lesen stehen:* dieses Wort steht [im Lexikon] nicht drin.

drisch: ↑ dreschen.

Dri|schel, der; -s, - od. die; -, -n [mhd. drischel, ahd. driscil] (südd., österr.): *Dreschflegel.*

drischst, drischt: ↑ dreschen.

dritt: in der Fügung **zu d.** (*als Gruppe von drei Personen*).

dritt... ⟨Ordinalz. zu ↑ drei⟩ [mhd. drit(t)..., ahd. dritt...] (als Ziffer: 3.): der dritte Mai; die dritte Patientin; ⟨subst.:⟩ er war der Dritte, der aufgerufen wurde; jeder Dritte; es ist noch ein Drittes zu erwähnen; bei dem Wettbewerb wurde er Dritter; er ist der Dritte im Bunde; das Dritte (*dritte Fernsehprogramm*); Ü etw. von dritter (*anderer*) *Seite erfahren;* ⟨subst.:⟩ jmdn. in den Augen Dritter herabsetzen; etw. vor Dritten (*einem Unbeteiligten, Außenstehenden*) *gegenüber erwähnen;* **Spr** wenn zwei sich streiten, freut sich der Dritte (*aus einer Auseinandersetzung zweier Personen oder Parteien zieht ein Dritter, eine dritte Partei Nutzen*); * **der lachende Dritte** (*jmd., der aus der Auseinandersetzung zweier Personen Nutzen zieht*).

dritt|äl|test... ⟨Adj.⟩: *dem Alter nach an dritter Stelle stehend:* der drittälteste Sohn; ⟨subst.:⟩ er ist der Drittälteste seiner Klasse; vgl. achtel.

drit|tel (Bruchz.) ⟨mit Ziffer: /₃⟩: vgl. achtel.

Drit|tel, das, schweiz. meist: der; -s, - [mhd. dritteil]: **1.** vgl. ¹Achtel. **2.** (Eishockey) **a)** *Abschnitt, der den dritten Teil der (in drei gleich große Flächen aufgeteilten) Spielfeldes einnimmt;* **b)** *zeitlicher Abschnitt, der den dritten Teil der (in drei gleich lange Einheiten geteilten) Spielzeit ausmacht:* im dritten D. stand es 1 : 0.

Drit|tel|mix, der (Kfz-Wesen): *Durchschnittswert des Kraftstoffverbrauchs eines Pkw, der sich aus* *den Verbrauchswerten bei [simuliertem] Fahren im Stadtverkehr, bei einer konstanten Geschwindigkeit von 90 km/h u. 120 km/h errechnet:* der Verbrauch liegt im D. bei 5,8 l auf 100 km.

drit|teln ⟨sw. V.; hat⟩ [aus älterem drittteilen]: *in drei gleiche Teile teilen.*

drit|tens ⟨Adv.⟩ ⟨mit Ziffer: 3.⟩: *an dritter Stelle, als dritter Punkt.*

Drit|te-Welt-La|den, der ⟨Pl. ...-Läden⟩: *Laden, in dem Erzeugnisse aus der Dritten Welt angeboten werden, mit deren Kauf der Käufer die Länder der Dritten Welt unterstützt.*

dritt|größt... ⟨Adj.⟩: vgl. drittältest...

◆ **dritt|halb** ⟨Bruchz.⟩ [mhd. drithalp]: *zwei[und]einhalb: ...dieser... jetzt etwa um d. Jahre zurückliegenden Bekanntschaft* (Fontane, Jenny Treibel 21).

dritt|höchst... ⟨Adj.⟩: vgl. drittältest...

Dritt|kläs|ser, der; -s, -: vgl. Erstklässer.

Dritt|kläs|se|rin, die; -, -nen: w. Form zu ↑ Drittklässer.

dritt|klas|sig ⟨Adj.⟩: **a)** (abwertend) *[von] dritter Klasse; eine sehr geringe Güte-, Qualitätsklasse aufweisend:* ein -es Hotel; **b)** (Sport) *in der dritten, dritthöchsten Spielklasse spielend.*

Dritt|klass|ler (österr.), **Dritt|kläss|ler** (ugs.), der: vgl. Erstklässer.

Dritt|klass|le|rin, die; -, -nen: w. Form zu ↑ Drittklässer.

Dritt|kläss|le|rin, die; -, -nen: w. Form zu ↑ Drittklässer.

Dritt|land, das ⟨Pl. ...länder⟩ ⟨meist Pl.⟩: *(aus der Sicht der Vertragspartner) Land, das außerhalb eines internationalen Vertrags o. Ä. steht.*

dritt|letzt... ⟨Adj.⟩: *von hinten, vom Ende her an dritter Stelle stehend:* der drittletzte Band.

Dritt|mit|tel ⟨Pl.⟩: *Gelder, die Hochschulen, öffentlichen Einrichtungen wie Museen o. Ä. außerhalb der Grundfinanzierung zufließen (z. B. von Stiftungen, aus der Wirtschaft o. Ä.).*

Dritt|per|son, die (bes. schweiz.): *dritte Person (außer den beiden zunächst Beteiligten).*

dritt|pla|ziert... ⟨Adj.⟩: *(bei einem Wettbewerb) den dritten Platz erreicht habend.*

dritt|ran|gig ⟨Adj.⟩: vgl. zweitrangig.

Dritt|scha|den, der (Rechtsspr.): *Schaden, den eine nur mittelbar durch ein schädigendes Ereignis betroffene Person erlitten hat.*

Dritt|schuld|ner, der (Rechtsspr.): *Schuldner einer Forderung, die vom Gläubiger des Gläubigers gepfändet wurde.*

Dritt|schuld|ne|rin, die: w. Form zu ↑ Drittschuldner.

Dritt|staat, der ⟨meist Pl.⟩: *(aus der Sicht der Vertragspartner) Staat, der außerhalb eines internationalen Vertrags o. Ä. steht, insbesondere Staat als Nichtmitglied der EU.*

Dritt|teil, Dritt-Teil, das; -s, -e (veraltet): ↑ Drittel (1).

Dr. iur.: ↑ Dr. jur.

Drive [draɪf, engl.: draɪv], der; -s, -s [engl. drive, eigtl. = das (An)treiben, zu: to drive = (an)treiben]: **1.** (bildungsspr.) **a)** *Neigung, starker Drang, Bestrebungen, Antrieb;* **b)** *Dynamik, Schwung, Lebendigkeit:* diese Musik entwickelt einen tollen D., verleiht der Aufführung erst den richtigen D. **2.** ⟨o. Pl.⟩ (Jazz) *durch die Spannung zwischen Beat u. Off-Beat entstehende, vorantreibende Dynamik des Spiels mit scheinbarer Beschleunigung des Rhythmus.* **3.** (bes. Golf, Tennis) *weiter Schlag; Treibschlag.*

Drive-in-Lo|kal [draɪf|ɪnloka:l, draɪˈvɪn...], das; -[e]s, -e, **Drive-in-Re|s|tau|rant** [draɪfˈɪn..., draɪˈvɪn...], das; -s, -s [engl. drive-in restaurant]: *Gaststätte für Autofahrer mit Bedienung am Fahrzeug.*

Dri|ver [ˈdraɪvɐ], der; -s, -s [engl. driver]: **1.** (Golf) *Golfschläger bes. für den Treibschlag.* **2.** (EDV) *Treiber* (5).

Dr. j. u.: ↑ Dr. jur. utr.

Dr. jur., Dr. iur. = doctor juris, doctor iuris (Doktor der Rechtswissenschaft).

Dr. jur. utr., Dr. j. u. = doctor juris utriusque (Doktor beider Rechte).

DRK [de|er'ka:], das; -: Deutsches Rotes Kreuz (ein großer deutscher Wohlfahrtsverband).

DRM [de:|ɛrˈ|ɛm], das; -s, -s [Abk. für engl. digital rights management]: *Gesamtheit der Strategien u. Maßnahmen zur Kontrolle der Nutzung digitaler Medien:* Filmdateien mit DRM verschlüsseln.

Dr. med. = doctor medicinae (Doktor der Medizin).

Dr. med. dent. = doctor medicinae dentariae (Doktor der Zahnheilkunde).

Dr. med. univ. = doctor medicinae universae (Doktor der gesamten Medizin).

Dr. med. vet. = doctor medicinae veterinariae (Doktor der Tierheilkunde).

Dr. mont. = doctor rerum montanarum (Doktor der Bergbauwissenschaften).

Dr. mult. = doctor multiplex (mehrfacher Doktor).

Dr. nat. techn. = doctor rerum naturalium technicarum (Doktor der Naturwissenschaften).

dro|ben ⟨Adv.⟩ (geh., auch südd., österr.): *dort oben:* am Himmel d., d. in den Bergen; da d.

dro|ben|blei|ben ⟨st. V.; ist⟩ (geh., auch südd., österr.): *dort oben bleiben.*

Dr. oec. = doctor oeconomie (Doktor der Wirtschaftswissenschaft).

Dr. oec. publ. = doctor oeconomiae publicae (Doktor der Staatswissenschaften).

Dro|ge, die; -, -n [frz. drogue, wohl zu niederl. droog = trocken (in Bez. für getrocknete Ware; irrtümlich als Warenbez. des Inhalts verstanden)]: **1.** *pflanzlicher, tierischer od. mineralischer Rohstoff für Heilmittel, Stimulanzien od. Gewürze:* die starke Schmerzen lindernden -n. **2. a)** (veraltend) *Arzneimittel;* **b)** *Rauschgift:* harte, weiche -n; die D. Alkohol; bewusstseinserweiternde -n nehmen; unter [dem Einfluss von] -n stehen; Er mochte keine -n, fühlte sich bereits von zu vielen Dingen abhängig (Zwerenz, Kopf 248).

drö|ge ⟨Adj.⟩ [mniederd. dröge = trocken] (nordd.): **a)** *trocken:* ein -r Kuchen; das Essen war ein bisschen d.; **b)** *langweilig u. reizlos:* ein -r Mensch, Vortrag.

dro|gen|ab|hän|gig ⟨Adj.⟩: *psychisch od. physisch abhängig von einem Rauschgift; rauschgiftsüchtig.*

Dro|gen|ab|hän|gi|ge ⟨vgl. Abhängige⟩: *weibliche Person, die drogenabhängig ist.*

Dro|gen|ab|hän|gi|ger ⟨vgl. Abhängiger⟩: *jmd., der drogenabhängig ist.*

Dro|gen|ab|hän|gig|keit, die: *psychische od. physische Abhängigkeit von einem Rauschgift; Rauschgiftsucht.*

Dro|gen|ban|de, die: *Bande, die Drogenhandel betreibt.*

Dro|gen|ba|ron, der [engl. drug baron] (ugs.): *jmd., der illegal Pflanzen, aus denen Rauschgift gewonnen wird, anpflanzen lässt u. mit dem gewonnenen Rauschgift Handel treibt:* die -e in Afghanistan, Kolumbien.

Dro|gen|ba|ro|nin, die: w. Form zu ↑ Drogenbaron.

Dro|gen|be|auf|trag|te ⟨vgl. Beauftragte⟩: *für Fragen der Drogenpolitik zuständige Regierungsbeauftragte.*

Dro|gen|be|auf|trag|ter ⟨vgl. Beauftragter⟩: *für Fragen der Drogenpolitik zuständige Regierungsbeauftragter.*

Dro|gen|be|ra|tungs|stel|le, die: *Ort, Stelle, wo Drogenberatung betrieben wird.*

Dro|gen|boss, der (ugs.): *Anführer einer Drogenbande.*

Dro|gen|dea|ler [...di:lɐ], der: *Rauschgifthändler, Dealer* (1).

Dro|gen|dea|le|rin, die: w. Form zu ↑ Drogendealer.

Dro|gen|de|likt, das (ugs.): *das Betäubungsmittelgesetz verletzende Straftat.*

Dro|gen|fahn|der, der: *jmd., der nach Rauschgifthändlern, Dealern* (1) *fahndet.*

Dro|gen|fahn|de|rin, die: w. Form zu ↑ Drogenfahnder.

Dro|gen|ge|schäft, das: *Geschäft mit Drogen* (2 b).

Dro|gen|han|del, der: *Handel mit Drogen* (2 b).

Dro|gen|händ|ler, der: *jmd., der Drogenhandel betreibt.*

Dro|gen|händ|le|rin, die: w. Form zu ↑ Drogenhändler.

Dro|gen|kar|ri|e|re, die (ugs.): *jmds. Entwicklung zum Drogensüchtigen von der ersten Einnahme von Drogen* (2 b) *bis zur völligen Abhängigkeit.*

Dro|gen|kon|sum, der: ¹*Konsum* (1) *von Drogen* (2 b).

Dro|gen|kon|sum|raum, der: *von einer Gemeinde, Behörde o. Ä. zur Verfügung gestellter Raum, in dem Drogenabhängige sich unter hygienischen Bedingungen Rauschgift spritzen können.*

Dro|gen|kri|mi|na|li|tät, die: *Gesamtheit der kriminellen Handlungen, die unter Drogeneinfluss begangen werden.*

Dro|gen|ku|rier, der: *jmd., der im Auftrag eines anderen Drogen* (2 a) *schmuggelt.*

Dro|gen|ku|rie|rin, die: w. Form zu ↑ Drogenkurier.

Dro|gen|miss|brauch, der: *Missbrauch von Drogen* (2 b).

Dro|gen|pflan|ze, die: *Heilpflanze.*

Dro|gen|po|li|tik, die: *Gesamtheit der staatlichen Maßnahmen zur Bekämpfung des Drogenhandels u. der Arbeit mit Menschen, die durch Drogenmissbrauch u. -abhängigkeit Probleme mit sich u. ihrer Umwelt haben, dienen.*

Dro|gen|pro|b|lem, das: **a)** (verhüll.) *Drogenabhängigkeit;* **b)** *Problem mit Drogen:* die Stadt konnte ihr D. nicht lösen.

Dro|gen|rausch, der: *durch den Genuss von Drogen* (2 a) *verursachter Rausch.*

Dro|gen|ring, der: *Drogenbande:* einen internationalen D. zerschlagen.

Dro|gen|schmug|gel, der: *Schmuggel von Drogen* (2 b).

Dro|gen|scree|ning [...skri:nɪŋ], das (Med.): *Untersuchung zum Nachweis von Drogenkonsum:* sich einem D. unterziehen.

Dro|gen|sucht, die ⟨o. Pl.⟩: *Drogenabhängigkeit.*

dro|gen|süch|tig ⟨Adj.⟩: *an einer krankhaften Sucht nach Drogen* (2 b) *leidend.*

Dro|gen|süch|ti|ge ⟨vgl. Süchtige⟩: *weibliche Person, die drogensüchtig ist.*

Dro|gen|süch|ti|ger ⟨vgl. Süchtiger⟩: *jmd., der drogensüchtig ist.*

Dro|gen|sze|ne, die: *Milieu der Rauschgiftsüchtigen u. -händler.*

Dro|gen|to|te ⟨vgl. Tote⟩: *weibliche Person, die nach einer Überdosis eines Rauschgiftes bzw. nach längerer Drogenabhängigkeit gestorben ist.*

Dro|gen|to|ter ⟨vgl. Toter⟩: *jmd., der nach einer Überdosis eines Rauschgiftes bzw. nach längerer Drogenabhängigkeit gestorben ist.*

Dro|ge|rie, die; -, -n [frz. droguerie]: *Geschäft, in dem nicht apothekenpflichtige Heilmittel, Chemikalien u. Kosmetikartikel verkauft werden.*

Dro|ge|rie|markt, der: *Drogerie in Form eines*

Selbstbedienungsladens od. entsprechende Abteilung in einem Kaufhaus od. Supermarkt.

Dro|gist, der; -en, -en [frz. droguiste]: *Inhaber od. Angestellter einer Drogerie mit spezieller Ausbildung* (Berufsbez.).

Dro|gis|tin, die; -, -nen: w. Form zu ↑ Drogist.

Droh|brief, der: *Brief mit einer Drohung.*

dro|hen ⟨sw. V.; hat⟩ [mhd. drōn, Nebenform von: dro(u)wen, dröuwen, ahd. drouwen, ↑ dräuen]: **1. a)** *jmdm. durch Gesten od. emphatische, nachdrückliche Worte einzuschüchtern versuchen, jmdm. etw. androhen; er droht nicht zu tun wagt:* jmdm. mit dem Finger, mit der Faust, mit dem Stock d.; er hat mir gedroht; eine drohende Haltung einnehmen; **b)** *darauf hinweisen, dass man etw. für jmdn. Unangenehmes tun wird, falls er sich nicht den Forderungen entsprechend verhält:* [jmdm.] mit Entlassung d.; sie drohten damit, die Geiseln zu erschießen; er drohte, den Saal räumen zu lassen. **2.** *als etw. Gefährliches, Unangenehmes möglicherweise eintreffen, als Gefahr o. Ä. bevorstehen:* eine Gefahr, Unheil droht; dem Land drohte eine Wirtschaftskrise; drohende Gefahren; Justinians Finanzwirtschaft ist die eines Mannes, der unaufhörlich vor drohendem Bankerott steht (Thieß, Reich 509); ♦ ⟨mit Akk.-Obj.:⟩ Vater, bring Er die Tochter weg – sie droht eine Ohnmacht (Schiller, Kabale II 2, 6). **3.** *im Begriff sein, etw. Gefährliches, Unangenehmes o. Ä. zu tun:* er drohte vor Erschöpfung zusammenzubrechen; das Haus droht einzustürzen. ♦ **4.** *androhen:* Der Strafen denke, die die heil'ge Kirche der mangelhaften Beichte droht (Schiller, Maria Stuart V, 7).

Droh|ge|bär|de, die (Verhaltensf.): *charakteristische, der Einschüchterung dienende Haltung, Gebärde, die (bei Menschen u. Tieren) einem Angriff vorausgeht.*

Droh|ku|lis|se, die (Politik, Wirtsch.): *sich aus mehreren Faktoren zusammensetzende [Be]drohung:* eine politische, militärische D.; eine D. aufbauen.

Drohn, der; -en, -en (Fachspr.): ↑ Drohne (1).

Droh|ne, die; -, -n [aus dem Niederd. < mniederd. drōne, drāne, lautm.; verw. mit ↑ dröhnen]: **1.** *Männchen der Honigbiene mit etwas größerem, plumperem Körper, das keinen Stachel besitzt u. sich während der Brutzeit von den Arbeitsbienen füttern lässt.* **2.** (abwertend) *fauler Nutznießer fremder Arbeit.*

dröh|nen ⟨sw. V.; hat⟩ [aus dem Niederd. < mniederd. drönen = mit Erschütterung lärmen, lautm.]: **1. a)** *durchdringend laut u. dumpf tönen, hallen:* die Glocken, Motoren dröhnen; seine Stimme dröhnt aus dem, durch den Lautsprecher; der Lärm dröhnte ihnen in den Ohren; dröhnendes Gelächter; Er pochte mit dem ... Klopfring. Die Schläge dröhnten in der Stille (Zuckmayer, Herr 128); Er lachte besonders dröhnend: vital, katholisch, offen (Böll, Ansichten 111); **b)** *von lautem, vibrierendem [dumpfem] Hall erfüllt sein:* der Saal dröhnte [von tosendem Beifall]; die Erde dröhnte unter den Hufen; Ü mein Kopf dröhnt *(ich habe heftige Kopfschmerzen).* **2.** (nordd.) *eintönig über belanglose Dinge sprechen.* **3.** (Jargon) **a)** *Rauschgift nehmen;* **b)** *jmdn. in einen Rauschzustand versetzen:* er nahm alles, was dröhnte.

Droh|nen|da|sein, das ⟨o. Pl.⟩ (abwertend): *Dasein eines Menschen, der andere für sich arbeiten lässt.*

Dröh|nung, die; -, -en [zu ↑ dröhnen (3 a)]: **1.** (Jargon) **a)** *Rauschzustand nach der Einnahme eines Rauschgifts;* **b)** *für einen Rauschzustand ausreichende Dosis, Menge eines Rauschgifts.* **2.** * **volle D.** (salopp: 1. *volle Lautstärke:* per Kopfhörer die volle D. kriegen. 2. *geballte Ladung; etw. in konzentrierter Form*).

Droh|po|ten|ti|al: ↑ Drohpotenzial.

Droh|po|ten|zi|al, Drohpotential, das: *der Abschreckung, Einschüchterung eines [potenziellen] Gegners dienendes militärisches Potenzial* (1).

Dro|hung, die; -, -en [mhd. nicht belegt, ahd. drōunga]: *das Drohen* (1), *drohende Äußerung, Geste o. Ä.:* eine offene, versteckte D.; das sind [alles] leere -en; eine D. ausstoßen, wahr machen; jmdn. durch -en einschüchtern.

Droh|ver|hal|ten, das (Verhaltensf.): vgl. Drohgebärde.

Droh|wort, das ⟨Pl. -e⟩: *drohende Äußerung.*

Dro|le|rie, die; -, -n [frz. drôlerie, zu niederl. drol, ↑ drollig]: **1.** (geh.) *etw. Lustiges, Komisches; belustigend, drollig Wirkendes:* die D. einer Äußerung, der Situation. **2.** (Kunstwiss.) *groteske od. komische Darstellung von Menschen, Tieren u. Fabelwesen in der Gotik.*

drol|lig ⟨Adj.⟩ [aus dem Niederd. < älter niederl. drollig, zu: drol = Knirps, Spaßmacher]: **a)** *spaßig, belustigend wirkend:* eine -e Geschichte, Art; das war so d., dass wir alle lachen mussten; **b)** *niedlich, possierlich:* ein -es kleines Mädchen, Kätzchen; **c)** *komisch, seltsam:* ein -er Kauz; »Komm, werd nicht d. Bin ich vielleicht 'n Verbrecher?« (Schnurre, Fall 4).

drol|li|ger|wei|se ⟨Adv.⟩ (ugs.): *in einer seltsam belustigend wirkenden, belustigendes Staunen hervorrufenden Weise:* d. ist niemand vorher auf den Gedanken gekommen.

Drol|lig|keit, die; -, -en: **1.** *das Drolligsein; drollige Art.* **2.** *drolliger Vorgang, drolliges Geschehen.*

Dro|me|dar [auch: ˈdroː...], das; -s, -e [mhd. dromedār(e) < afrz. dromedaire < spätlat. dromedarius, zu lat. dromas (camelus) < griech. dromàs kámelos = Rennkamel]: *einhöckeriges Kamel.*

Drom|me|te, die; -, -n [spätmhd. drommete, drummette, ↑ Trompete] (veraltet): *Trompete:* ♦ ... dass auch die D. schmettre (Goethe, Diwan [Elemente]).

♦ **Drom|me|ten|schall,** der: *Schall von Drommeten:* ... in festlichem Zuge unter D. (C. F. Meyer, Amulett 13).

Drop-down-Me|nü [...ˈdaʊn...], das [engl. drop-down menu, aus: drop-down = sich heruntersenkend, Sink- u. menu, ↑ Menü] (2) (EDV): *Auswahlfenster, das sich unterhalb der Mauszeigers od. einer Menüleiste öffnet.*

Drop|kick, der [engl. drop-kick, aus: drop = das Herabfallen u. kick = Schuss] (bes. Fußball): *Schuss, nach dem der Ball in dem Augenblick gespielt wird, in dem er auf den Boden aufprallt.*

Drop-out, Drop|out [ˈdrɒpˌaʊt], der; -[s], -s [engl. drop-out, zu: to drop out = herausfallen; ausscheiden]: **1.** (Jargon) **a)** *jmd., der aus einer sozialen Gruppe, in der er integriert war, ausgebrochen ist, herausfällt;* **b)** *das Aufgeben, Beenden, Abbrechen von etw.* **2.** (Technik) *fehlerhaftes Aussetzen in der Aufzeichnung des Schalls bei einem Magnetband.* **3.** (EDV) *Ausfall bei der Datenspeicherung auf dem Magnetband.*

Drop-out-Ra|te, Drop|out|ra|te, Drop|out-Ra|te [ˈdrɒpˌaʊtraːtə], die (bes. österr.): *Anteil derjenigen, die etw. abbrechen, mit etw. aufhören.*

drop|pen ⟨sw. V.; hat⟩ [nach engl. to drop = (herab)tropfen (lassen), (herab)fallen (lassen)] (Golf): *einen neuen Ball ins Spiel bringen, indem man auf bestimmte Weise fallen lässt.*

Drops, der, auch, österr., bayr. nur: das; -, - ⟨meist Pl.⟩ [engl. drops, Pl. von: drop = Tropfen]: *[zu mehreren in einer Rolle verpackter] ungefüllter, flacher, runder Fruchtbonbon.*

Drogist – Dr. rer. soc. oec.

drosch, drö|sche: ↑ dreschen.

Drosch|ke, die; -, -n [russ. droški = leichter Wagen, zu: droga = Verbindungsstange zwischen Vorder- u. Hinterachse]: **1.** (früher) *leichtes ein- od. zweispänniges Fuhrwerk zur Beförderung von Personen.* **2.** (veraltend) *Taxi.*

Drosch|ken|gaul, der (ugs. abwertend): *grobknochiges, schweres Pferd:* so ein alter D.!

Drosch|ken|kut|scher, der: **1.** *Kutscher einer Droschke* (1). **2.** (scherzh.) *Taxifahrer.*

Drosch|ken|kut|sche|rin, die: w. Form zu ↑ Droschkenkutscher (2).

drö|seln ⟨sw. V.; hat⟩ [zu md., niederd. triseln = drehen, rollen] (landsch.): **1.** *(Fäden o. Ä.) drehen:* Schnüre d. **2.** *trödeln* (1).

Dro|so|phi|la, die; -, ...lae [...le] [zu griech. philēn = lieben] (Zool.): *zu den Taufliegen gehörendes (häufig zu genetischen Versuchen benutztes) Insekt.*

¹**Dros|sel,** der; -s, -n [aus dem Md., Niederd. < mniederd. drōsle, viell. lautm.]: *(in vielen Arten weitverbreiteter) meist ziemlich großer Singvogel mit spitzem, schlanken Schnabel u. langen Beinen* (z. B. Amsel, Nachtigall, Singdrossel).

²**Dros|sel,** die; -, -n [spätmhd. droȝȝel, zu mhd. droȝȝe = Kehle, Gurgel]: **1.** (Elektrot.) *Drosselspule.* **2.** (Technik) *Drosselventil.*

Dros|sel|klap|pe, die (Technik): *verstellbare Scheibe in Rohrleitungen, die eine Verkleinerung des Rohrquerschnitts erlaubt.*

dros|seln ⟨sw. V.; hat⟩: **1.** (veraltend) *jmdm. die Kehle zudrücken; würgen:* er drosselte ihn von hinten mit einem Strick. **2. a)** *in der Leistung herabsetzen, kleiner stellen:* die Heizung d.; ein gedrosselter Motor; **b)** *die Zufuhr von etw. verringern:* den Dampf d.; **c)** *herabsetzen, einschränken:* das Tempo, die Einfuhr, die Produktion d.

Dros|sel|spu|le, die (Elektrot.): *elektrische Spule [mit einem Eisenkern], mit der Wechselströme gedrosselt werden können.*

Dros|se|lung, (auch:) **Drosslung,** die; -, -en: *das Drosseln* (2).

Dros|sel|ven|til, das (Technik): *in Rohrleitungen eingebautes Ventil zur Regelung von Menge, Druck o. Ä. der hindurchströmenden Gase od. Flüssigkeiten.*

Dross|lung: ↑ Drosselung.

Dr. paed. = doctor paedagogiae (Doktor der Pädagogik).

Dr. pharm. = doctor pharmaciae (Doktor der Arzneikunde).

Dr. phil. = doctor philosophiae (Doktor der Philosophie).

Dr. phil. nat. = doctor philosophiae naturalis (Doktor der Naturwissenschaften).

Dr. rer. camer. = doctor rerum cameralium (Doktor der Staatswirtschaftskunde).

Dr. rer. comm. = doctor rerum commercialium (Doktor der Handelswissenschaften).

Dr. rer. hort. = doctor rerum hortensium (Doktor der Gartenbauwissenschaften).

Dr. rer. med[ic]. = doctor rerum medicarum (Doktor der Medizinwissenschaften).

Dr. rer. mont. = doctor rerum montanarum (Doktor der Bergbauwissenschaften).

Dr. rer. nat. = doctor rerum naturalium (Doktor der Naturwissenschaften).

Dr. rer. oec. = doctor rerum oeconomicarum (Doktor der Wirtschaftswissenschaften).

Dr. rer. pol. = doctor rerum politicarum (Doktor der Staatswissenschaften).

Dr. rer. soc. = doctor rerum socialium (Doktor der Sozialwissenschaften).

Dr. rer. soc. oec. = doctor rerum socialium oeconomicarumque (Doktor der Sozial- u. Wirtschaftswissenschaften).

Dr. rer. techn. = doctor rerum technicarum (Doktor der technischen Wissenschaften).

Dr. sc. agr. = doctor scientiarum agrarium (Doktor der Landbau-, Landwirtschaftswissenschaft).

Dr. sc. hum. = doctor scientiarum humanarum (Doktor der Humanwissenschaften).

Dr. sc[ient]. techn. = doctor scientiarum technicarum (Doktor der technischen Wissenschaften).

Dr. sc. math. = doctor scientiarum mathematicarum (Doktor der mathematischen Wissenschaften).

Dr. sc. nat. = doctor scientiarum naturalium od. doctor scientiae naturalis (Doktor der Naturwissenschaften).

Dr. sc. pol. = doctor scientiarum politicarum od. doctor scientiae politicae (Doktor der Staatswissenschaften).

Dr. techn. = doctor rerum technicarum (Doktor der technischen Wissenschaften).

Dr. theol. = doctor theologiae (Doktor der Theologie).

drü|ben ⟨Adv.⟩: *auf der anderen, gegenüberliegenden Seite:* da, dort d.; von d. *(von jenseits des Ozeans, der Grenze)* kommen.

drü|ben|blei|ben ⟨st. V.; ist⟩: *auf der anderen, gegenüberliegenden Seite bleiben:* bleibt drüben, hier gibt es nichts zu sehen; er wollte d. *(in Westdeutschland bleiben)* und die Familie nachholen.

drü|ber (ugs.): ↑ darüber.

drü|big ⟨Adj.⟩ (ugs.): *drüben, jenseits des Ozeans, der Grenze existierend:* das -e Wetter.

¹Druck, der; -[e]s, Drücke (seltener: -e) u. -s [mhd., ahd. druc, zu ↑ drücken]: **1.** ⟨Pl. Drücke, seltener: -e⟩ (Physik) *auf eine Fläche wirkende Kraft:* ein großer, starker, geringer D.; ein D. von 10 bar; in dem Zylinder entstehen hohe Drücke; den D. messen, kontrollieren, erhöhen; etw. steht unter hohem D.; Ü die Abwehr stand machtlos unter D. *(wurde mit Macht bedrängt);* *D. hinter etw. machen (ugs.; *dafür sorgen, dass etw. beschleunigt erledigt wird).* **2.** ⟨o. Pl.⟩ **a)** *Betätigung durch ¹Druck* (1)*, die in leichter D. auf den Knopf; durch einen D./mit einem D. auf die Taste setzte sie die Anlage in Betrieb; **b)** *Gefühl des ¹Drucks* (1) *an einer bestimmten Körperstelle:* im Kopf haben; er spürte einen starken D. im Magen. **3.** ⟨o. Pl.⟩ *Zwang:* [moralischen] D. auf jmdn. ausüben; dem D. der Öffentlichkeit, der öffentlichen Meinung nachgeben; mit etw. in D. *(Bedrängnis)* kommen, geraten; in/im D. (ugs.: *in Zeitnot*) sein; unter dem D. der Verhältnisse *(weil die Verhältnisse dazu zwingen);* unter D. stehen, handeln; finanziell unter D., unter finanziellem D. stehen); jmdn. unter D. setzen *(bedrängen).* **4.** ⟨Pl. -s⟩ (Jargon) *Schuss* (4).

²Druck, der; -[e]s, -e u. -s [zu ↑ drucken]: **1. a)** ⟨o. Pl.⟩ *das Drucken:* den D. überwachen; etw. in D. geben; der Vortrag ist im D. erschienen *(liegt gedruckt vor);* **b)** ⟨Pl. -e⟩ *gedrucktes Werk, Bild:* ein alter D.; **c)** ⟨o. Pl.⟩ *Art od. Qualität, in der etw. gedruckt ist:* kursiver D.; ein schlechter, unklarer D.; ein kleiner D. *(ein Druck, bei dem kleine Schriftzeichen verwendet wurden).* **2.** ⟨Pl. -s⟩ *bedruckter [Kleider]stoff:* Hemden in neuen -s.

Druck|ab|fall, der (Physik): *Abfallen des [atmosphärischen] ¹Druckes* (1).

Druck|an|stieg, der (Physik): *Ansteigen des [atmosphärischen] ¹Druckes* (1).

Druck|auf|trag, der (Verlagsw.) *Auftrag an eine Druckerei, etw. zu drucken;* **b)** (EDV) *Befehl, Anweisung an einen Drucker* (2) *zur Ausführung eines Druckjobs.*

Druck|aus|gleich, der (Physik): *Ausgleich der unterschiedlichen Drücke in zwei Körpern od. Räumen.*

Druck|be|las|tung, die: *mögliche Belastung durch einen bestimmten ¹Druck* (1): Materialien unter D. testen.

Druck|blei|stift, der: *Schreibgerät mit einer ¹Mine* (3) *aus Grafit, die durch ¹Druck* (2 a) *auf das obere Ende des Stiftes weitergeschoben werden kann.*

Druck|bo|gen, der: *im Allgemeinen 16 Buchseiten umfassender Papierbogen, der meist zweiseitig bedruckt, gefaltet [aufgeschnitten] u. geheftet wird.*

Druck|buch|sta|be, der: *in der Schreibschrift verwendeter Buchstabe aus der Druckschrift* (1).

♦**Dru|cke,** die; -, -n [frühnhd. truck, mhd. truche, ahd. trucha, ↑ Truhe] (schweiz.): *Schachtel, Kasten:* ... unter dem einen Arme hatte sie noch eine D. mit dem Kränzchen und der Spitzenkappe (Gotthelf, Spinne 9).

Drü|cke|ber|ger, der; -s, - [scherzh. Nachbildung eines Einwohnernamens, zu ↑ drücken (5)] (ugs. abwertend): *jmd., der sich einer als unangenehm empfundenen Verpflichtung aus Feigheit, Bequemlichkeit o. Ä. entzieht.*

Drü|cke|ber|ge|rei, die; -, -en (ugs. abwertend): *drückebergerisches Verhalten.*

Drü|cke|ber|ge|rin, die; -, -nen: w. Form zu ↑ Drückeberger.

drü|cke|ber|ge|risch ⟨Adj.⟩ (ugs. abwertend): *in der Art eines Drückebergers, einen Drückeberger kennzeichnend:* ein -er Typ; eine -e Einstellung.

druck|emp|find|lich ⟨Adj.⟩: *empfindlich gegen ¹Druck* (1, 2).

dru|cken ⟨sw. V.; hat⟩ [oberd. Form von ↑ drücken]: **a)** *eingefärbte Typen od. Bilder durch Maschinen auf Papier od. Stoff pressen, übertragen u. vervielfältigen:* einen Text d.; etw. auf Bütten d.; den Bericht auf schlechtem/(seltener:) schlechtes Papier d.; die Maschine druckt sehr sauber; **b)** *durch Drucken* (a) *herstellen:* Bücher [in hoher Auflage] d.; ♦ **c)** ↑ drücken: Drucktest doch so freundlich gestern Abend mir die Hände (Goethe, Morgenklagen).

drü|cken ⟨sw. V.; hat⟩ [mhd. drücken, ahd. drucchen]: **1. a)** *einen ¹Druck* (2 a) *auf etw. ausüben:* auf einen Knopf d.; du darfst nicht an einem Geschwür ... auf die Hupe d. *(sie durch einen Druck betätigen);* Ü die Nachricht drückte auf *(beeinträchtigte)* die Stimmung; die Mannschaft drückte ständig [auf das Tor] (Sport; *bedrängte den Gegner hart);* **b)** *pressend drücken* (1 a): bei Alarm Knopf d.!; die Mutter drückt das Kind *(presst es an sich, umschließt es eng);* jmdm. die Hand d.; **c)** *durch Zusammenpressen aus etw. herausbringen:* den Saft aus der Zitrone d.; **d)** *[unter Anwendung von Kraft] bewirken, dass jmd., etw. irgendwohin gelangt:* jmdn. an sich, an seine Brust, an sein Herz d.; sie drückte ihr Gesicht in die Kissen, hatte den Hut tief in die Stirn gedrückt; jmdm. einen Kuss auf die Wange, Geld in die Hand d.; Ü der Schmerz drückte ihn zu Boden *(überwältigte ihn);* **e)** ⟨d. + sich⟩ *sich unauffällig irgendwohin begeben:* sich stillschweigend aus dem Saal d.; er drückte sich in das Dunkel der Toreinfahrt. **2.** *das Gefühl des ¹Druckes* (1) *an einer bestimmten Körperstelle hervorrufen:* der Rucksack drückt; die Schuhe drücken mich [anfangs noch]; das Brett drückt mir/(auch:) mich auf die Schulter. **3.** (geh.) *schwer auf jmdm. lasten;* *bedrücken:* das schlechte Gewissen drückt ihn; drückende Schulden. **4. a)** (Fliegerspr.) *nach unten steuern:* der Pilot drückte die Maschine; **b)** *herabsetzen, verringern:* das Niveau d.; den Rekord um zwei Sekunden d. *(unterbieten);* **c)** (ugs.) *jmds. Entfaltung verhindern:* der Lehrer hat ihn ständig gedrückt; ♦ Und gewiss, dass er euch alle drei geliebt und gleich geliebt, indem er zwei nicht d. mögen, um einen zu begünstigen (Lessing, Nathan III, 7). **5.** ⟨d. + sich⟩ (ugs.) *sich einer als unangenehm empfundenen Verpflichtung aus Feigheit, Bequemlichkeit o. Ä. entziehen:* du drückst dich gern vor der Arbeit. **6.** (Kartenspiele) *verdeckt ablegen:* was hattest du gedrückt?; Augenblick, ich muss noch d. **7.** (Gewichtheben früher) *nach bestimmten Regeln stemmen:* 180 kg d.; ⟨subst.:⟩ er war Meister im Drücken. **8.** (Jargon) *fixen* (1): sich Heroin d., eine Überdosis d. **9.** (Jägerspr.) *ohne Lärm zu verursachen, durch Wald u. Buschwerk gehen u. das Wild in die gewünschte Richtung u. an den Schützen heranbringen.*

drü|ckend ⟨Adj.⟩: *schwül, lastend:* eine -e Hitze; es ist heute d.

Dru|cker, der; -s, -: **1.** *jmd., der das Handwerk des Druckens ausübt* (Berufsbez.). **2.** (EDV) *Gerät zum Drucken von im Computer gespeicherten Texten, Bildern u. a.*

Drü|cker, der; -s, -: **1.** *Türdrücker:* * **auf den letzten D.** (ugs.; *im letzten Moment, fast zu spät;* gemeint ist vermutlich der Türgriff des letzten Wagens eines abfahrenden Zuges). **2.** *Drei- oder Vierkantschlüssel:* die Tür mit einem D. öffnen. **3.** *Abzug am Jagdgewehr.* **4.** *Knopf zur Betätigung elektrischer Anlagen:* * **am D. sitzen/sein** (ugs.; *die Entscheidung über etw. in der Hand haben, entscheidenden Einfluss auf etw. haben*). **5.** (ugs.) *einzelner Bestandteil eines Werkes, der Rührung hervorrufen soll.* **6.** (ugs.) *jmd., der von Tür zu Tür geht, um etw. zu verkaufen, bes. um Abonnenten für Zeitschriften zu gewinnen.*

Dru|cke|rei, die; -, -en [zu ↑ drucken]: *Betrieb des grafischen Gewerbes, der Druck-Erzeugnisse herstellt.*

Drü|cke|rei, die; -, -en (ugs. abwertend): *das Drücken.*

Dru|cker|far|be, die: ↑ Druckfarbe.

Dru|cke|rin, die; -, -nen: w. Form zu ↑ Drucker (1).

Drü|cke|rin, die; -, -nen: w. Form zu ↑ Drücker (6).

Drü|cker|ko|lon|ne, die (ugs.): *gemeinsam arbeitende, oft straff organisierte Gruppe von Drückern* (6).

Druck|er|laub|nis, die: *vom Autor od. Verleger erteilte Genehmigung zum Drucken.*

Dru|cker|pres|se, die: *Druckmaschine.*

Dru|cker|schwär|ze, die: *schwarze Druckfarbe.*

Dru|cker|spra|che, die: **1.** *Berufssprache der Buchdrucker, Setzer u. Schriftgießer, die durch altertümliche, zum Teil humorige Ausdrücke u. durch gelehrte Fremdwörter gekennzeichnet ist.* **2.** (EDV) *Programmiersprache, durch die bei einem Drucker der Druckvorgang ausgelöst wird.*

Dru|cker|trei|ber, der (EDV): *Treiber* (5), *mit dem ein Drucker* (2) *gesteuert wird.*

Dru|cker|zei|chen, das: *[Holzschnitt]ornament, das ein Buch als Erzeugnis einer bestimmten Druckerei od. eines Verlages kennzeichnet.*

Druck-Er|zeug|nis, Dru|cker|zeug|nis, das: *etw. Gedrucktes (z. B. Buch, Zeitung, Prospekt).*

druck|fä|hig ⟨Adj.⟩: *für den ²Druck* (1 a) *geeignet:* dieses Wort ist nicht d.

Druck|fah|ne, die: *Fahne* (3).

Druck|far|be, die: *beim Drucken verwendete Farbe.*

Druck|fas|sung, die: *endgültige Fassung eines Manuskripts, die gedruckt wird.*

Druck|feh|ler, der: *Fehler im gedruckten Text, der auf einen od. mehrere falsch gesetzte Buchstaben o. Ä. zurückgeht.*

Druck|feh|ler|teu|fel, der (scherzh.): *imaginäre, als heimtückisch-listig vorgestellte Macht, der die Schuld an den bei aller Sorgfalt auf uner-*

klärliche Weise auftretenden Druckfehlern zugeschrieben wird.
druck|fer|tig ⟨Adj.⟩: fertig zum ²Druck (1 a).
druck|fest ⟨Adj.⟩: einem bestimmten ¹Druck (1, 2) standhaltend: -e Kabinen.
Druck|fes|tig|keit, die (Physik): maximale Widerstandsfähigkeit eines Werkstoffes gegen ¹Druck (1).
Druck|form, die: flächiges Gebilde [aus Metall], mit dessen Hilfe die Druckfarbe zur Wiedergabe eines Textes od. Bildes übertragen werden kann.
druck|frisch ⟨Adj.⟩: gerade erst gedruckt: eine -e Zeitung.
Druck|ge|neh|mi|gung, die: Druckerlaubnis.
Druck|gra|fik, Druck|gra|phik, die (Kunstwiss.): in vielen [gleichwertigen] Exemplaren auf handwerklichem od. maschinellem Wege herstellbare Grafik.
Druck|in|dus|t|rie, die: Industriezweig, der sich mit der technischen Herstellung von Druck-Erzeugnissen befasst.
Druck|ka|bi|ne, die: in Flugzeugen u. Raumfahrzeugen abgeschlossener Raum mit höherem Innendruck (u. Klimatisierung) zur Aufrechterhaltung normaler Atmungsfunktionen.
Druck|kes|sel, der (Technik): Kessel, in dem Stoffe unter hohem ¹Druck (1) erhitzt werden.
Druck|knopf, der: **1.** für verdeckte Kleiderverschlüsse verwendeter metallischer Knopf aus zwei Plättchen, die, ineinandergedrückt u. durch eine Feder gehalten werden. **2.** Knopf, auf den zur Betätigung elektrischer Geräte u. Anlagen gedrückt wird.
Druck|koch|topf, der: (bes. im Haushalt verwendeter) Kochtopf, in dem Speisen mithilfe des Überdrucks des Dampfes gegart werden.
Druck|kos|ten ⟨Pl.⟩: Kosten, die das Drucken eines Textes, Buches o. Ä. verursacht.
Druck|le|gung, die; -, -en: **a)** Gesamtheit der in Verlag, grafischem Betrieb u. Buchbinderei geleisteten technischen u. organisatorischen Arbeiten zur Vervielfältigung einer Text- od. Bildvorlage; **b)** das In-Druck-Gehen eines Textes o. Ä.
Druck|li|zenz, die: Druckerlaubnis.
Druck|luft, die ⟨o. Pl.⟩ (Physik): verdichtete Luft, die als Energieträger zum Betreiben von Werkzeugen u. Geräten dient; Pressluft.
Druck|luft|brem|se, die: mit Druckluft arbeitendes Bremssystem.
Druck|luft|ham|mer, der: Presslufthammer.
Druck|ma|schi|ne, die: Maschine, mit der nach einem bestimmten Verfahren gedruckt wird.
Druck|me|di|um, das: **1.** Material, das bedruckt wird: als D. steht weißes 80-g-Papier zur Verfügung. **2.** durch ein Druckverfahren o. Ä. in großer Menge hergestelltes ¹Medium (2 b), das der Verbreitung von Informationen dient: die Tageszeitung ist als traditionsreiches D. nicht aus dem Alltag wegzudenken.
Druck|mes|ser, der (Physik): Gerät zum Messen des ¹Druckes (1) von Gasen u. Flüssigkeiten; Manometer.
Druck|mit|tel, das: etw., was dazu benutzt wird, auf jmdn. in bestimmter Weise ¹Druck (3) auszuüben: sie benutzt ihre Krankheit regelrecht als D.
Druck|ort, der: Ort, wo etw. gedruckt worden ist.
Druck|pa|pier, das: Papier zum Drucken.
Druck|plat|te, die: entsprechend der Druckverfahren ebene od. gekrümmte, starre od. flexible, platten- od. folienartige Druckform.
Druck|pres|se, die: Druckmaschine.
Druck|punkt, der: **1.** durch einen Widerstand beim Abdrücken wahrnehmbare Stellung des Abzugshebels an Schusswaffen (zur Ermöglichung der zielsicheren Abgabe des Schusses): D.

nehmen. **2.** Angriffspunkt der durch strömende Luft erzeugten Kraft am Profil von Flugzeugtragflächen.
Druck|raum, der (Jargon): Drogenkonsumraum.
Druck|reg|ler, der: Vorrichtung, mit deren Hilfe sich der ¹Druck (1) in einem Gefäß od. Behälter konstant halten lässt.
druck|reif ⟨Adj.⟩: in Bezug auf Inhalt, Stil usw. für den ²Druck (1 a) geeignet: ein -es Manuskript; Ü d. reden.
Druck|sa|che, die: **1.** (Postw. früher) aus einem gedruckten Text bestehende, zu ermäßigter Gebühr beförderte, nicht verschlossene Postsendung. **2.** (Druckerspr.) aus nicht fortlaufendem Text bestehendes Druck-Erzeugnis (wie Geschäftsbriefbogen, Visitenkarte, Formular; Akzidenz.
Druck|schrift, die: **1.** Schriftart für den ²Druck (1 a), die bestimmte Typen u. Schriftgrade verwendet. **2.** Schreibschrift, die Druckbuchstaben nachahmt. **3.** kleineres, nicht gebundenes Druck-Erzeugnis.
Druck|schwan|kung, die (Physik): Schwankung des ¹Drucks (1): -en auszugleichen.
Druck|sei|te, die: Seite eines Druck-Erzeugnisses.
druck|sen ⟨sw. V.; hat⟩ [zu ↑drucken, drücken] (ugs.): [auf eine Frage] sich nur zögernd äußern, nicht recht über etw. sprechen wollen od. können: er druckste lange, bis er damit herausrückte.
Druck|si|tu|a|ti|on, die: Situation, in der jmd. unter ¹Druck (3) steht: sich in einer D. befinden.
Druck|sor|te, die (meist Pl.) (österr.): Vordruck, Formular.
Druck|spal|te, die: Spalte einer Druckseite.
Druck|stel|le, die: Stelle, bes. am Körper, an der etw., was gedrückt hat, zu fest auflag, eine sichtbare Spur hinterlassen hat.
Druck|stock, der: Druckplatte im ²Hochdruck (1), die durch Aufbringen auf eine Unterlage auf Schriftöhe gebracht wird; Klischee.
Druck|stoff, der: Stoff mit aufgedrucktem Muster.
Druck|tas|te, die: vgl. Druckknopf (2).
Druck|tech|nik, die: vgl. Druckverfahren.
druck|tech|nisch ⟨Adj.⟩: das Drucken, die Drucktechnik betreffend.
Druck|un|ter|schied, der (Physik): Unterschied in der Stärke des ¹Drucks (1).
Druck|ver|band, der: der Blutstillung dienender, fester, straff anliegender Verband.
Druck|ver|fah|ren, das: bes. durch die Art der Druckform (z. B. Hoch-, Flach-, Tiefdruck o. Ä.) gekennzeichnete Art des Druckens.
druck|voll ⟨Adj.⟩: voller Druck; wuchtig (1), kraftvoll: die Gastgeber zeigten das -ere Spiel.
Druck|vor|la|ge, die: Text, Bild o. Ä. als Vorlage für den ²Druck (1 a).
Druck|vor|stu|fe, die: Stadium, in dem alle dem ²Druck (1 a) vorausgehenden Arbeiten, Prozesse stattfinden.
Druck|was|ser|re|ak|tor, der (Kernphysik): Kernreaktor, bei dem das als Kühlmittel dienende Wasser unter ¹Druck steht.
Druck|wel|le, die (Physik): sich wie eine bewegte Wand mit Überschallgeschwindigkeit fortpflanzende, stark verdichtete Luft, wie sie z. B. bei Explosionen auftritt: Unter der D. eines nahen Einschlags sind die Fenster gesprungen, Hunderte von Splittern spicken Möbel und Wände (Härtling, Hubert 151).
Druck|werk, das: Druck-Erzeugnis von größerem Umfang.

Druck|we|sen, das ⟨o. Pl.⟩: Gesamtheit aller mit dem Drucken zusammenhängenden Dinge, Einrichtungen, Vorgänge o. Ä.
Dru|de, die; -, -n [mhd. trut(e), ahd. trute, H. u.]: weiblicher ²Alb (1).
Dru|del, das od. der; -s, - [Fantasiebez.]: witziges Rätsel, das darin besteht, dass ein zu erratender Gegenstand [mit einfachen Strichen] aus einer ungewöhnlichen Perspektive od. in einem ungewöhnlichen Ausschnitt gezeichnet wird.
dru|deln ⟨sw. V.; hat⟩: Drudel zeichnen, raten.
Dru|den|fuß, der: im Volksglauben als Fußabdruck einer Drude gedeutetes Pentagramm.
Drug|store ['drΛgstɔ:], der; -s, -s [engl.-amerik. drugstore, aus: drug = Arzneimittel, Droge u. store = Lager, Geschäft]: (bes. in den USA) Verkaufsgeschäft für alle Artikel des täglichen Bedarfs.
Dru|i|de, der; -n, -n [lat. druides (Pl.), aus dem Gall.]: keltischer Priester der vorchristlichen Zeit.
Dru|i|din, die; -, -nen: w. Form zu ↑Druide.
dru|i|disch ⟨Adj.⟩: zu den Druiden gehörend, sie betreffend: -e Riten.
drum (ugs.) [~ darum; *** seis d.** (sei es, wie es ist); **alles/das [ganze] Drum und Dran** (alles/das, was dazugehört): eine richtige Hochzeit mit allem Drum und Dran).
Drum [dram, engl.: drΛm], die; -, -s [engl. drum(s), entw. gek. aus älter: drumslade, dromslade (< niederl. trommelslag, dt. Trommelschlag) od. verw. mit niederl. tromme, mhd. trumme, trumbe = Trommel]: **a)** engl. Bez. für: Trommel; **b)** ⟨Pl.⟩ Schlagzeug, bes. im Jazz u. in der Popmusik.
drum|bin|den ⟨st. V.; hat⟩ (ugs.): um etw. binden.
drum|he|rum ⟨Adv.⟩ (ugs.): darum herum.
Drum|he|rum, das; -s (ugs.): etw., was dazugehört, zu etw. notwendigerweise hinzukommt: das ganze D. störte ihn mehr als die eigentliche Arbeit.
drum|le|gen ⟨sw. V.; hat⟩ (ugs.): um etw. legen.
Drum|lin ['drΛmlɪn, engl.: 'drΛmlɪn], der; -s -s u. Drums [engl. drumlin, Vkl. von: drum, zu ir.-gäl. druim = Kamm, Rücken] (Geol.): von Eiszeitgletschern geformter, lang gestreckter Hügel aus Grundmoränenschutt.
Drum|mer ['drΛmɐ, 'drΛmɐ], der; -s, - [engl. drummer, zu: drum, ↑Drum]: Schlagzeuger in einer ³Band.
Drum|me|rin, die; -, -nen: w. Form zu ↑Drummer.
Drum 'n' Bass [drΛmn'beɪs], der; - - - [engl. drum 'n' bass, drum and bass, eigtl. = Trommel und Bass] (Musik): elektronische Popmusik mit harten Schlagzeug- u. Bassrhythmen, bes. zum Tanzen.
¹Drums [drams, engl.: drΛmz]: Pl. von ↑Drum.
²Drums [engl.: drΛmz]: Pl. von ↑Drumlin.
drun|ten ⟨Adv.⟩ (bes. südd., österr.): dort, da unten: d. im Tal; Ü Seit er so d. (heruntergekommen) ist, zwing' ich ihn ja zu keiner Arbeit mehr, aber was hilft's, das sitzt bei ihm anderwärts (Hesse, Sonne 48).
drun|ter (ugs.): **1.** ↑ darunter. **2. * es/alles geht d. und drüber** (es/alles geht planlos, ohne eine bestimmte Ordnung vor sich).
Drusch, der; -[e]s, -e [zu ↑dreschen]: **1.** das Dreschen. **2.** Ertrag des Dreschens: den D. zur Mühle bringen.
¹Dru|se, die; -, -n [mhd., ahd. druos, ↑Drüse]: runder od. ovaler Hohlraum im Gestein, dessen Wände mit kristallisierten Mineralien besetzt sind.
²Dru|se, der; -n, -n [arab. durzī, nach dem Gründer Ad Darazī]: Angehöriger einer islamischen Glaubensgemeinschaft im Libanon u. in Syrien.
Drü|se, die; -, -n [mhd. drües, ahd. druosi, Pl. von mhd., ahd. druos = Drüse; Schwellung, Beule,

drüsenartig – dudeln

H. u.]: *Körperorgan, das ein Sekret nach außen bzw. in Körperhohlräume od. ins Blut bzw. in die Lymphe ausscheidet.*

drü|sen|ar|tig ⟨Adj.⟩: *einer Drüse ähnlich.*

Drü|sen|fie|ber, das: *anginaartige Viruserkrankung.*

Drü|sen|funk|ti|on, die: *Funktion einer Drüse, der Drüsen.*

Drü|sen|schwel|lung, die: *Schwellung einer od. mehrerer Drüsen.*

drü|sig ⟨Adj.⟩: *von der Art einer Drüse, wie Drüsen geartet:* -es Gewebe.

Dru|sin, der, -, -nen: w. Form zu ↑Druse.

dru|sisch ⟨Adj.⟩: *die Drusen betreffend, zu ihnen gehörend.*

dry [draɪ] ⟨indekl. Adj.; nachgestellt⟩ [engl. dry, verw. mit ↑trocken]: *(von Sekt, Wein o. Ä.) herb, trocken.*

DSB = Deutscher Sportbund.

¹Dschi|bu|ti, -s: Staat in Afrika.

²Dschi|bu|ti: Hauptstadt von ¹Dschibuti.

Dschi|had, der; - [arab. ǧihād = zielgerichtetes Mühen]: *oft als »Heiliger Krieg« bezeichneter, zu den muslimischen Grundpflichten gehörender Kampf der Muslime zur Verteidigung u. Verbreitung des Islams:* großer D. *(religiöse u. ethische Pflicht zur Selbstbeherrschung u. Selbstvervollkommnung).*

Dschi|ha|dist, der; -en, -en: *Kämpfer für den Dschihad.*

Dschi|ha|dis|tin, die; -, -nen: w. Form zu ↑Dschihadist.

Dschu|ba: ↑Juba.

Dschun|gel, der, selten: das; -s, - [engl. jungle < sanskr. jāṅgala = wüster, unbebauter Boden]: *undurchdringlicher tropischer Sumpfwald:* in dichter D.; in den D. eindringen; Ü ein D. von Vorschriften und Verordnungen.

Dschun|gel|fie|ber, das (ugs.): *Gelbfieber.*

Dschun|gel|krieg, der: *im Dschungel geführter Krieg, in dem meist kleinere Einheiten aufeinandertreffen.*

Dschun|ke, die; -, -n [wohl engl. junk < port. junco < malai. djung = großes Schiff, aus dem Chin.]: *chinesisches Segelschiff mit flachem Schiffsrumpf u. rechteckigen, aus Bast geflochtenen Segeln.*

DSL [deːɛsˈɛl], das; - [Abk. für engl. digital subscriber line] (Nachrichtent., EDV): *Technik, mit der Daten über das Telefonnetz in einer hohen Bandbreite digital übertragen werden können.* Dazu: **DSL-Anschluss**, der.

DSV [deːɛsˈfaʊ], der; -: = Deutscher Schwimm-Verband; Deutscher Skiverband; Deutscher Seglerverband.

DSW [deːɛsˈveː], der; -: = Deutsche Schutzvereinigung für Wertpapierbesitz; Deutsches Sozialwerk; Deutsches Studentenwerk.

dt. = deutsch.

DTB [deːteːˈbeː], der; -: = Deutscher Turner-Bund; Deutscher Tennis Bund.

dto. = dito.

DTP [deːteːˈpeː], das; - ⟨meist ohne Art.⟩: Desktop-Publishing.

DTSB [deːteːɛsˈbeː], der; - (DDR): = Deutscher Turn- und Sportbund.

Dtzd. = Dutzend.

du ⟨Personalpron.; 2. Pers. Sg. Nom.⟩ [mhd., ahd. dū]: **a)** *Anrede an verwandte od. vertraute Personen u. an Kinder, an Gott od. göttliche Wesenheiten, gelegentlich noch an Untergebene, personifiziert an Dinge u. Abstrakta:* du hast recht; du Glücklicher!; du, meine Schwester; du zueinander sagen; [mit jmdm.] per Du/du sein; jmdn. mit Du anreden; ⟨subst.:⟩ das vertraute Du; mit jmdm. auf Du und Du stehen *(vertraut mit ihm sein)*; jmdm. das Du anbieten; ⟨Gen.:⟩ wir haben deiner/(veraltet:) dein gedacht; ⟨Dativ:⟩ kann ich dir helfen?; ⟨Akk.:⟩ ich habe dich nicht gesehen; **Spr** wie du mir, so ich dir *(ich werde dich genauso behandeln, wie du mich behandelt hast);* **b)** (ugs.) *man:* daran kannst du nichts ändern; du kannst machen, was du willst, es wird nicht besser.

du|al ⟨Adj.⟩ [lat. dualis, zu: duo = zwei]: *eine Zweiheit bildend; zwei Möglichkeiten, Verfahrensweisen aufweisend:* ein -es Ausbildungssystem *(in die Ausbildung in Betrieb u. Berufsschule gegliedertes System der beruflichen Bildung);* die Entsorgung von Verpackungen im -en System *(bei den Maßnahmen, die die Rücknahme u. das Sammeln von Verpackungen durch den Handel sowie die Zuführung zur Wiederverwertung durch den Hersteller betreffen).*

Du|al, der, -s, -e, Dualis, der; -, Duale [lat. dualis (numerus)] (Sprachwiss.): *(im Baltischen u. Slawischen) Numerus* (1) *für zwei Dinge od. Wesen od. Verbform für [zwei] zusammengehörige Tätigkeiten u. Vorgänge.*

Du|al-Band-Han|dy, das [aus engl. dual = zweifach, doppelt, engl. band = (Frequenz)band u. ↑Handy] (Fachspr.): *Handy, das in zwei unterschiedlichen Frequenzbereichen verwendet werden kann.*

Du|a|lis: ↑Dual.

Du|a|lis|mus, der; -, ...men: **1.** (bildungsspr.) *Zweiheit; Gegensätzlichkeit, Polarität:* der D. zweier Auffassungen. **2.** *philosophisch-religiöse Lehre von der Existenz zweier Grundprinzipien des Seins, die sich gegenseitig od. sich feindlich gegenüberstehen (z. B. Gott – Welt; Leib – Seele).* **3.** (Politik) *Nebeneinander, Rivalität zweier Machtfaktoren in einem politischen System.*

Du|a|list, der; -en, -en: *Anhänger des Dualismus* (2).

Du|a|lis|tin, die; -, -nen: w. Form zu ↑Dualist.

du|a|lis|tisch ⟨Adj.⟩ (bildungsspr.): **1.** *zwiespältig, gegensätzlich:* ein -es Verhältnis. **2.** *den Dualismus* (2, 3) *betreffend, auf ihm beruhend.*

Du|a|li|tät, die; - [lat. dualitas = Zweiheit] (bildungsspr.): *Zweiheit, Doppelheit; wechselseitige Zuordnung:* die D. von Sätzen, Axiomen.

Du|al|sys|tem, das ⟨o. Pl.⟩ (Math.): *Zahlensystem, das als Basis die Zahl Zwei verwendet u. mithilfe von nur zwei Zahlenzeichen (0 und 1) alle Zahlen als Potenzen von 2 darstellt.*

Dub [dab], der; -s [engl. slang. dub] (Musik): *aus Jamaika stammende instrumentelle Stilrichtung des Reggae, bei der Reggaerhythmen neu gemischt u. mit Soundeffekten versehen werden.*

Du|bai [auch: ˈduː...], -s: **1.** *Scheichtum der Vereinigten Arabischen Emirate.* **2.** *Hauptstadt von Dubai* (1).

Dub|bing [ˈdabɪŋ], das; -s, -s [engl. dubbing, zu: to dub = synchronisieren] (Technik): *das Überspielen, Kopieren von Video- od. Tonaufnahmen.*

Dü|bel, der; -s, - [mhd. tübel = Dübel (1 a), ahd. (gi)tubili = Ausschnitt, Fuge; viell. eigtl. = (Ein)geschlagenes]: **1. a)** *Pflock, Zapfen, mit dessen Hilfe Schrauben, Nägel, Haken u. a. in einer Wand od. Decke fest verankert werden können;* **b)** Kurzf. von ↑Spreizdübel. **2.** (Bauw.) *Verbindungselement zum Zusammenhalten von Bauteilen.* **3.** (österr.) *Beule.*

dü|beln ⟨sw. V.; hat⟩: *mit einem Dübel befestigen; mithilfe von Dübeln anbringen:* einen Haken d.; ein Regal an die Wand d.

du|bi|ös ⟨Adj.⟩, (seltener:) **du|bi|os** ⟨Adj.⟩ [lat. dubiosus, zu: dubius = ungewiss; zweifelnd] (geh.): *zweifelhaft, fragwürdig:* ein -es Hotel; seine Vergangenheit ist recht d.

Du|bi|ta|tiv, der; -s, -e [aus lat. dubitativus, zu: dubitare = zweifeln, schwanken; ungewiss sein] (Sprachwiss.): *Konjunktiv, der einen Zweifel ausdrückt.*

¹Du|blee usw.: ↑¹Doublé usw.

Du|b|let|te, die; -, -n [frz. doublet, zu: double = doppelt < lat. duplus, ↑doppelt]: **1.** *doppelt vorhandenes Stück (in einer Sammlung o. Ä.):* -n von Briefmarken tauschen; die D. einer Münze, eines Buches. **2.** (Boxen) *unmittelbar nacheinander erfolgende Abfolge von zwei Schlägen mit derselben Hand.*

Dub|lin [ˈdablɪn]: Hauptstadt Irlands.

Du|b|rov|nik: Hafenstadt an der Adria.

Duc [dyk], der; -[s], -s [frz. duc = Herzog < lat. dux (Gen.: ducis), ↑Dux]: **1.** ⟨o. Pl.⟩ *höchster Rang des Adels in Frankreich.* **2.** *Adliger dieses Ranges.*

Du|ce [ˈduːtʃe], der; -s [ital. Duce (del fascismo) = Führer (des Faschismus) < lat. dux, ↑Dux]: *Titel des italienischen Faschistenführers B. Mussolini (1883 bis 1945).*

Du|ces: Pl. von ↑Dux.

¹Du|chesse [dyˈʃɛs], die; -, -n [...sn] [frz. duchesse, zu: duc, ↑Duc]: w. Form zu ↑Duc.

²Du|chesse [dyˈʃɛs], die; -: *schweres Seidengewebe mit glänzender Vorder- u. matter Rückseite in Atlasbindung.*

Duck|dal|be, die; -, -n, (seltener:) **Dück|dal|be**, die; -, -n, (auch:) **Duck|dal|ben**, **Dück|dal|ben**, der; -, - ⟨meist Pl.⟩ [H. u., viell. zu niederl. duiken, (m)niederd. duken = tauchen u. ↑Dolle(n)] (Seemannsspr.): *eingerammte Gruppe von Pfählen zum Festmachen von Schiffen im Hafen.*

du|cken ⟨sw. V.; hat⟩ [mhd. tucken, tücken = eine schnelle Bewegung nach (unten) machen, Intensivbildung zu ↑tauchen]: **1.** ⟨d. + sich⟩ *Kopf u. Schultern einziehen u. den Oberkörper beugen od. in die Hocke gehen:* sich d., um einem Schlag auszuweichen; sich hinter eine Mauer, in eine Ecke d.; in geduckter Haltung verharren. **2. a)** ⟨d. + sich⟩ *sich aus Angst, Unterwürfigkeit, Berechnung o. Ä. demütigen, ergeben zeigen; es nicht wagen, aufzubegehren:* Nach oben duckte er sich in anbetender Schmeichelei, nach unten trat er rücksichtslos (Thieß, Reich 509); Sie hatten zu gehorchen, sich zu d. (A. Zweig, Grischa 206); **b)** (abwertend) *(die eigene Machtstellung o. Ä. ausnutzend) demütigen, einschüchtern:* er ist in seinem Leben immer nur geduckt worden.

Duck|mäu|ser, der; -s, - [frühnhd., zu spätmhd. tockelmüsen = Heimlichkeiten treiben, zum 2. Bestandteil vgl. mausen (3); heute angelehnt an ↑ducken] (abwertend): *jmd., der seine Meinung nicht zu sagen wagt, sie nicht einer entgegengesetzten entgegenzustellen wagt.*

Duck|mäu|se|rei, die; - (abwertend): *Verhalten eines Duckmäusers.*

Duck|mäu|se|rin, die; -, -nen: w. Form zu ↑Duckmäuser.

duck|mäu|se|risch ⟨Adj.⟩ (abwertend): *für einen Duckmäuser charakteristisch, wie ein Duckmäuser:* ein -es Auftreten; sich d. verhalten.

Duck|mäu|ser|tum, das; -s (abwertend): *Duckmäuserei.*

Du|de|lei, die; -, -en ⟨Pl. selten⟩ (ugs. abwertend): *ständiges, als lästig empfundenes Dudeln* (1).

Du|del|funk, der (ugs. abwertend): *Radiosender, in dem immer nur die gängigsten Schlager gespielt werden.*

Du|del|mu|sik, die ⟨o. Pl.⟩ (ugs. abwertend): *anspruchslose, [ständig] im Hintergrund laufende Musik.*

du|deln ⟨sw. V.; hat⟩ [entw. lautm. od. zu ↑Dudelsack] (ugs. abwertend): **1.** *(auf einem Instru-*

ment o. Ä.) lange u. eintönig kunstlose Klänge erzeugen: den ganzen Tag dudelt er schon das gleiche Lied. **2.** *lange u. eintönig kunstlose Klänge von sich geben:* nebenan dudelt das Radio.

Du|del|sack, der [zu poln., tschech. dudy = Dudelsack < türk. düdük = Pfeife]: *Blasinstrument mit mehreren Pfeifen, die über einen vom Spieler od. von der Spielerin unterm Arm getragenen, durch ein Mundstück mit Luft gefüllten, ledernen Sack mit Luft versorgt u. zum Klingen gebracht werden:* Dazu: **Du|del|sack|pfei|fer,** der; **Du|del|sack|pfei|fe|rin,** die; **Du|del|sack|spie|ler,** der; **Du|del|sack|spie|le|rin,** die.

Due Di|li|gence [dju:ˈdɪlɪdʒəns], die; -, - -s [engl. due diligence, eigtl. = gebührende Sorgfalt, aus: due = gebührend, angemessen (< mengl. due = zahlbar < afrz. deu = geschuldet, zu lat. debere, ↑ Debitor) u. diligence = Eifer, Fleiß, über das Afrz. < lat. diligentia] (Wirtsch.): *eingehende Prüfung eines zum Verkauf stehenden Unternehmens durch den potenziellen Käufer.*

Du|ell, das; -s, -e [mlat. duellum < älter lat. duellum = Krieg, für klass. lat. bellum; die Bed. »Zweikampf« entstand durch volksetym. Anschluss an das lat. Zahlwort duo = zwei]: **1.** (früher) *zur Entscheidung eines Ehrenhandels, zur Schlichtung eines Streits ausgetragener Zweikampf mit Waffen:* ein D. [mit jmdm.] austragen; ein D. auf Pistolen. **2. a)** (Sport) *sportlicher Wettkampf zwischen zwei Sportlern od. zwei Mannschaften:* die beiden Fußballmannschaften lieferten sich ein packendes, spannendes D.; **b)** (bildungsspr.) *Wortgefecht; Zweikampf mit geistigen Waffen:* es folgte ein scharfes D. zweier brillanter Rednerinnen.

Du|el|lant, der; -en, -en [zu mlat. duellans (Gen.: duellantis), 1. Part. von: duellare, ↑ duellieren]: *jmd., der sich mit einem anderen duelliert.*

Du|el|lan|tin, die; -, -nen: w. Form zu ↑ Duellant.

du|el|lie|ren ⟨sw. V.; hat⟩ [mlat. duellare]: **1.** (früher) *ein Duell* (1) *austragen:* sich mit jmdm. [wegen einer Sache] d. **2. a)** (Sport) *sich einen sportlichen Wettkampf liefern;* **b)** (bildungsspr.) *sich ein Wortgefecht liefern.*

Du|ett, das; -[e]s, -e [ital. duetto, zu due < lat. duo = zwei]: **1.** (Musik) **a)** *Komposition für zwei Singstimmen mit Instrumentalbegleitung:* ein D. singen; **b)** *zweistimmiger musikalischer Vortrag:* ihre Stimmen erklangen im D.; [im] D. *(zweistimmig)* singen. **2.** (seltener) *Duo* (2). ◆ **du|et|tie|ren** ⟨sw. V.; hat⟩: *ein Duett vortragen:* Ihren Gesang nicht unterbrechend, begrüßten sie ihn anmutig, duettierten gar anmutig (Goethe, Wanderjahre III, 1).

Düf|fel, der; -s [engl. duffel, duffle < niederl. duffel, nach der belg. Stadt Duffel]: *schweres, aufgerautes [Baumwoll]gewebe, bes. für Wintermäntel.*

Duf|fle|coat [ˈdaflkoʊt], der; -s, -s [engl. duffle coat, aus: duffle (↑ Düffel) u. coat = Rock, Mantel]: *dreiviertellanger, meist mit Knebeln u. Schlaufen zu schließender Sportmantel.*

Duft, der; -[e]s, Düfte [mhd. tuft, ahd. duft = Dunst, Nebel; ¹Tau, ¹Reif]: **1.** *als angenehm empfundener, zarter bis intensiver Geruch:* ein betäubender D. breitete sich aus; der D. einer guten Zigarre; der D. von Rosen, von Parfüm; der D. (iron.; *unangenehme Geruch*) von Knoblauch; Ü D. *(das Fluidum, die Atmosphäre) der weiten Welt;* ... die dazwischengelegten Lavendelsäckchen verhauchten – matt und durchdringend zugleich – einen qualvollen D. von Erinnerungen (Langgässer, Siegel 424). **2. a)** (dichter., landsch.) *feiner Dunst, leichter Nebel:* morgendlicher D. lag über den Bergen; ◆ Der Mond von einem Wolkenhügel sah kläglich aus dem D. hervor (Goethe, Willkommen u. Abschied); ◆ ... an dem Horizonte löst der Schnee der fernen Berge sich in leisen D. (Goethe, Torquato Tasso I, 1); **b)** (schweiz., Forstwirtsch.) *Raureif.*

Düft|chen, das; -s, -: Vkl. zu ↑ Duft.

Duft|drü|se, die: *(bei Tieren) Drüse, die Duftstoffe* (a) *absondert.*

duf|te ⟨Adj.⟩ [jidd. toff(te), ↑ taff] (salopp, bes. berlin.): *ausgezeichnet, großartig; erstklassig:* ein -s Mädchen; der Urlaub war d.

duf|ten ⟨sw. V.; hat⟩ [mhd. tuften, tüften = dampfen, dünsten, zu ↑ Duft]: **a)** *Duft verbreiten:* die Blumen duften [nicht]; die Rosen duften stark; **b)** *einen bestimmten od. für etw. charakteristischen Duft verbreiten:* die Rosen duften betörend.

Duft|gar|ten, der: *zur Schulung od. Stimulierung des Geruchssinns mit stark riechenden Pflanzen angelegter Garten.*

Duft|hauch, der (dichter.): *zarter Duft* (1), *Hauch eines Duftes.*

duf|tig ⟨Adj.⟩: *hauchzart, fein:* -e Spitzen; die Bluse ist, wirkt d. Dazu: **Duf|tig|keit,** die; -.

Duft|ker|ze, die: *Kerze, die beim Brennen einen bestimmten Duft verströmt.*

Duft|kis|sen, das: *kleines, mit wohlriechenden Kräutern o. Ä. gefülltes Kissen.*

Duft|lam|pe, die: *mit offener Flamme od. elektrisch betriebene Lampe, die durch die Verdampfung eines hinzugefügten ätherischen Öls einen bestimmten Duft verströmt.*

Duft|mar|ke, die (Biol.): *von Tieren gesetzter Duftstoff* (a) *zur Markierung des Reviers od. zur Verständigung mit Artgenossen:* der Nilpferdbulle setzt seine -n; Ü der italienische Radprofi setzte mit 20:21 Minuten schon früh die erste D. *(gab eine bemerkenswerte Leistung vor).*

Duft|no|te, die: *(von Parfüms, duftenden Substanzen) Duft von besonderer Prägung, Eigenart:* eine frische, herbe D.

Duft|öl, das: *mit etw. Duftstoff* (b) *versetztes Öl für Massagen, Duftlampen o. Ä.*

Duft|stoff, der: **a)** (Biol.) *von Lebewesen aus Duftdrüsen abgesonderte Substanz, deren Geruch besondere Funktionen (wie Verständigung, Abschreckung) erfüllt;* **b)** *auf der Basis natürlicher Duftstoffe* (a) *od. synthetisch hergestellte Substanz, die Parfüms, Kosmetika u. a. ihren Duft verleiht.*

Duft|was|ser, das ⟨Pl. ...wässer⟩: *duftende alkoholische Flüssigkeit in schwacher Konzentration zur Parfümierung u. Erfrischung.*

Duft|wäs|ser|chen, das (ugs. scherzh.): *Duftwasser.*

Duft|wol|ke, die (oft iron.): *jmdn., etw. umgebender Duft* (1) *: in eine D. eingehüllt sein.*

Duis|burg [ˈdyːs...]: *Stadt in Nordrhein-Westfalen.*

¹Duis|bur|ger, der; -s, -: Ew.

²Duis|bur|ger ⟨indekl. Adj.⟩.

Duis|bur|ge|rin, die; -, -nen: w. Form zu ↑ ¹Duisburger.

Du|ka|ten, der; -s, - [spätmhd. ducat < ital. ducato < m(lat. ducatus = Herzogtum, zu lat. dux, ↑ Dux]: *(vom 13. bis 19. Jh.) in ganz Europa verbreitete Goldmünze.*

Du|ka|ten|esel, der [↑ Goldesel] (scherzh.): *unerschöpfliche Geldquelle:* ich habe doch keinen D.!

Du|ka|ten|gold, das: *reinstes verarbeitetes Gold.*

Duke [djuːk], der; -s, -s [engl. duke < frz. duc, ↑ Duc]: **1.** (o. Pl.) *höchster Rang des Adels in Großbritannien.* **2.** *Adliger dieses Ranges.*

Dü|ker, der; -s, - [aus dem Niederd., eigtl. = Taucher < mniederd. dūker]: *Rohrleitung für einen Wasserlauf, der unter einem Verkehrsweg (z. B. einer Straße) hindurchgeleitet wird.* **2.** (landsch.) *Tauchente.*

duk|til ⟨Adj.⟩ [engl. ductile < lat. ductilis = zieh-, dehnbar, zu: ducere (2. Part.: ductum) = ziehen, führen] (Technik): *gut dehnbar, verformbar:* -e Rohre.

Duk|tus, der; - [lat. ductus = das Ziehen, Führung, innerer Zusammenhang] (geh.): **1.** *charakteristische Art, bestimmte Linienführung einer Schrift:* der D. der Sütterlinschrift; einen eigenwilligen, markanten D. haben. **2.** *charakteristische Art der künstlerischen Formgebung, der Linienführung eines Kunstwerks:* der D. ihrer Verse ist unverkennbar; am D. des Gemäldes den Maler erkennen.

dul|den ⟨sw. V.; hat⟩ [mhd., ahd. dulten, zu ahd. (gi)dult, ↑ Geduld]: **1. a)** *aus Nachsicht fortbestehen lassen, ohne ernsthaften Widerspruch einzulegen od. bestimmte Gegenmaßnahmen zu ergreifen; zulassen, gelten lassen:* etwas stillschweigend d.; keinen Widerspruch d.; Ausnahmen werden nicht geduldet; ich dulde nicht, dass du weggehst; **b)** *das Vorhandensein einer Sache od. die Anwesenheit einer Person an einem Ort gestatten:* sie duldete ihren Verwandten nicht in ihrem Haus; wir sind hier nur geduldet *(eigentlich nicht gern gesehen);* Sie duldete nicht seine Hand auf ihrer Schulter (Frisch, Stiller 274). **2.** (geh.) **a)** *etw. Schweres od. Schreckliches mit Gelassenheit ertragen:* standhaft, still, ergeben d.; er duldet, ohne zu klagen; **b)** *erdulden:* sie musste viel Leid d. ◆ **3.** *nicht weggehen lassen, halten* (4): Es duldete meinen Vater jedoch nicht lange auf diesem ruhigen Posten (C. F. Meyer, Amulett 6).

Dul|der, der; -s, - (geh.): *jmd., der viel duldet* (2 a).

Dul|de|rin, die; -, -nen: w. Form zu ↑ Dulder.

Dul|der|mie|ne, die ⟨Pl. selten⟩ (iron.): *absichtlich aufgesetzte Miene ergebenen Duldens.*

duld|sam ⟨Adj.⟩: *voller Geduld, nachsichtig; tolerant:* ein -er Mensch; eine -e Gesinnung. Dazu: **Duld|sam|keit,** die; -.

Dul|dung, die; -, -en ⟨Pl. selten⟩: **1.** *das Dulden* (1): trotz wohlwollender D. durch den Staat/vonseiten des Staates. ◆ **2.** *Geduld:* Nie werde ich sie vergessen, nie ihren festen Sinn und ihre göttliche D. (Goethe, Werther I, 17. Mai).

Dul|dungs|star|re, die ⟨o. Pl.⟩: **1.** (Zool., Landwirtsch.) *Zustand starrer Bewegungslosigkeit, in dem ein weibliches Tier sich begatten lässt.* **2.** *Haltung, in der man alles widerstandslos erduldet:* die ausgeplünderte Bevölkerung verharrte in gottergebener D.

Dult, die; -, -en [mhd., ahd. tult, wohl urspr. = Ruhezeit] (bayr., österr.): *Jahrmarkt.*

Dul|zi|nea, die; -, ...een [nach Dulcinea del Toboso, der Angebeteten des ↑ Don Quichotte, zu span. dulce = süß, lieblich < lat. dulcis] (scherzh. abwertend): *Geliebte.*

Du|ma, die; -, -s [russ. duma, eigtl. = Gedanke, wohl aus dem Germ. (vgl. got. dom [Akk.] = Ruhm; Urteil)]: **1.** *Unterhaus im russischen Parlament.* **2.** (Geschichte) *Rat der fürstlichen Gefolgsleute in Russland.* **3.** *russische Stadtverordnetenversammlung von 1870 bis 1917.* **4.** *russisches Parlament von 1906 bis 1917.*

Dum|dum, das; -[s], -[s], **Dum|dum|ge|schoss** [...gəfɔs], das, (südd., österr.:) **Dum|dum|ge|schoß** [...gəfoːs], das [engl. dumdum, nach der militär. Niederlassung Dumdum bei Kalkutta, wo diese Geschosse zuerst hergestellt wurden]: *Geschoss mit angebohrter od. abgeschnittener Spitze od. teilweise frei liegendem Bleikern, das große Wunden verursacht (u. daher völkerrechtlich verboten ist).*

dumm ⟨Adj.⟩, dümmer, dümmste [mhd. tump, ahd. tumb, eigtl. = verdunkelt, mit stumpfen Sinnen, urspr. = stumm]: **1. a)** *nicht klug; von schwacher, nicht zureichender Intelligenz:* ein -er Mensch; jmdn. wie einen -en Jungen behan-

Dummbeutel – dunkelbraun

deln; du bist gar nicht so d., wie du aussiehst; sich d. stellen (ugs.; *so tun, als ob man von nichts wüsste, jmds. Anspielung o. Ä. nicht verstünde*); ⟨subst.:⟩ immer wieder einen Dummen finden *(jmdn., der sich für etw. hergibt od. der auf etw. hereinfällt);* *d. und dämlich/duss[e]lig (ugs.; *[in Bezug auf ein bestimmtes Tun] sehr viel, bis an die Grenze des Erträglichen:* sich d. und dämlich/duss[e]lig verdienen); sich nicht für d. verkaufen lassen (ugs.; *sich nicht täuschen, sich nichts vormachen lassen*); der Dumme sein (ugs.; *der Benachteiligte sein, den Schaden tragen*); b) *in seinem Verhalten, Tun wenig Überlegung zeigend; unklug:* das war d. von dir, ihr das zu sagen; er war so d., war d. genug *(so naiv, naiv genug),* darauf hereinzufallen; c) (ugs.) *töricht, albern:* -es Gerede; rede kein -es Zeug!; die Sache ist mir einfach zu d.; * jmdm. ist/wird etw. zu d. (ugs.; *jmds. Geduld ist am Ende*). 2. (ugs.) *in ärgerlicher Weise unangenehm; fatal:* ein -er Zufall; das ist eine -e Geschichte; das hätte d. ausgehen können; jmdm. d. kommen (ugs.; *zu jmdm. frech, unverschämt werden*); ⟨subst.:⟩ etw. Dummes anstellen; mir ist etwas Dummes passiert. 3. (ugs.) *benommen, schwindlig:* mir ist ganz d. im Kopf.
Dumm|beu|tel, der (ugs. abwertend): *Dummkopf.*
Dumm|chen, das; -s, - (fam.): *Dummerchen.*
dumm|dreist ⟨Adj.⟩: *dumm u. dreist zugleich, in dummer, plumper Weise dreist:* eine -e Antwort; d. grinsen. Dazu: **Dumm|dreis|tig|keit,** die; -.
Dum|me|jun|gen|streich, der; -[e]s, -e, **Dumme-Jun|gen-Streich,** der; *des Dummen-Jungen-Streich[e]s, die Dummen-Jungen-Streiche* (ugs.): *unüberlegter, törichter Streich.*
Dum|men|fang, der ⟨o. Pl.⟩ (abwertend): *plumper Versuch, mit leeren Versprechungen Leichtgläubige anzulocken:* auf D. [aus]gehen, aus sein.
düm|mer: ↑ dumm.
Dum|mer|chen, das; -s, - (fam.): *ungeschickte od. unwissende Person.*
Dum|mer|jan, Dummrian, der; -s, -e [eigtl. = dummer Jan (Jan = niederd. Kurzf. des m. Vorn. Johannes)] (fam.): *dummer, einfältiger Mensch.*
dum|mer|wei|se ⟨Adv.⟩: **1.** *durch einen misslichen Umstand, Zufall; ärgerlicherweise:* man hat uns d. dabei beobachtet. **2.** *aus Dummheit, törichterweise:* ich bin d. weggelaufen, statt zu bleiben.
dumm|frech ⟨Adj.⟩: vgl. dummdreist.
Dumm|heit, die; -, -en: **1.** ⟨o. Pl.⟩ *Mangel an Intelligenz:* etw. aus reiner, purer D. sagen, tun; R wenn D. wehtäte, müsste/würde er den ganzen Tag schreien (salopp); *er ist entsetzlich dumm*). **2.** *unkluge Handlung, törichte Äußerung:* das war eine große, sträfliche D. von dir; mir ist eine D. passiert; -en begehen, sagen; mach keine -en!; lauter -en im Kopf haben; »Seit der Erschießung des Bürgermeisters ist die Bevölkerung fanatisiert und zu allen -en fähig.« (Langgässer, Siegel 305).
Dum|mi|an, der; -s, -e (österr., sonst landsch.): *Dummerjan.*
Dum|mie, der; -s, -s (ugs.): *jmd., der auf einem Gebiet nicht Bescheid weiß, der sich ungeschickt anstellt.*
Dumm|kol|ler, der (Tiermed.): *Erkrankung des Gehirns bei Pferden;* ²Koller (2).
dumm|kom|men: s. dumm (2).
Dumm|kopf, der (abwertend): *dummer, einfältiger Mensch.*
dümm|lich ⟨Adj.⟩: a) *ein wenig dumm, leicht beschränkt [wirkend], durch sein Aussehen, seine Miene einen wenig intelligenten Eindruck machend:* eine -e Person; sein Gesichtsausdruck war ein wenig d.; d. grinsen; b) *töricht, albern:* -es Gerede.
Dümm|lich|keit, die; -, -en: a) ⟨o. Pl.⟩ *dümmliche* (a) *Art;* b) *dümmliche* (b) *Äußerung od. Handlung.*
Dümm|ling, der; -s, -e (ugs.): *dümmlicher Mensch.*
Dumm|ri|an: ↑ Dummerjan.
Dumm|schwät|zer, der (ugs. abwertend): *jmd., der viel, aber ohne Sachverstand von etw. redet.*
Dumm|schwät|ze|rin, die: w. Form zu ↑ Dummschwätzer.
Dumms|dorf [erfundener Ortsname]: in der Wendung **[nicht] aus D. sein** (ugs.: *nicht dumm sein*).
dümms|te: ↑ dumm.
dumm|stolz ⟨Adj.⟩: *in törichter Weise stolz; dünkelhaft.*
Dum|my ['dami], der; -s, -s [engl. dummy, zu: dumb = stumm]. **1.** *lebensgroße, bei Unfalltests in Kraftfahrzeugen verwendete [Kunst]stoffpuppe.* **2.** ⟨auch: das⟩ *Attrappe, Probeexemplar.*
düm|peln ⟨sw. V.; hat⟩ [mniederd. dümpelen = eintauchen] (Seemannsspr.): *sich leicht schlingernd (auf dem Wasser) bewegen:* am Kai dümpeln die Kutter; Ü das Projekt dümpelt vor sich hin (*kommt nicht voran*).
dumpf ⟨Adj.⟩ [verkürzt aus ↑ dumpfig]: **1.** *dunkel u. gedämpft [klingend]:* -e Geräusche; das -e Rollen des Donners; d. klingen, aufprallen. **2.** *feucht, von Feuchtigkeit beeinträchtigt, verdorben, im Geruch, Geschmack davon zeugend [u. den Atem beklemmend]:* eine -e Schwüle lastet auf der Stadt; -e (*muffige, moderige*) Kellerluft. **3.** *untätig, geistig unbeweglich u. ohne Anteilnahme am äußeren Geschehen; stumpf[sinnig]:* die -e Atmosphäre der Kleinstadt; in -er Gleichgültigkeit dasitzen; d. vor sich hin brüten. **4.** *nicht klar ausgeprägt; undeutlich [hervortretend], unbestimmt:* eine -e Ahnung von etw. haben; einen -en Schmerz verspüren.
Dumpf|ba|cke, die (salopp): *törichter, einfältiger Mensch.*
Dumpf|heit, die; -: *das Dumpfsein* (1–3); *dumpfes Wesen, dumpfe Beschaffenheit.*
♦ **dumpficht:** ↑ dumpfig: ... wegen eines Gewitters, das sich in weißgrauen, -en (*düsteren*) Wölkchen ... zusammenzuziehen schien (Goethe, Werther I, 16. Junius).
dumpf|fig ⟨Adj.⟩ [zu älter dumpf = Schimmel, auch: Moder; vgl. ↑ Dampf]: a) *dumpf* (2);
♦ b) *dumpf* (1): *Dumpfiges Rasseln wie von Harnischen, die sich aneinander reiben* (Schiller, Fiesco IV, 3).
Dum|ping ['damping], das; -s, -s ⟨Pl. selten⟩ [engl. dumping, zu: to dump = zu Schleuderpreisen verkaufen] (Wirtsch.): a) *Export einer Ware unter ihrem Inlandspreis, um damit einen ausländischen Markt zu erobern;* b) *Verkauf einer Ware mit nur kleinem od. ohne Gewinn zur Durchsetzung dieser Ware auf dem Markt.*
Dum|ping|lohn, der (Wirtsch., oft abwertend): *Niedriglohn, den Firmen ihren Arbeitnehmer[inne]n zahlen, um dadurch ihre Kosten zu minimieren u. ihre Leistungen günstiger anbieten zu können als die Konkurrenz.*
Dum|ping|preis, der (Wirtsch., oft abwertend): *Preis einer Ware, der deutlich unter dem normalen Wert liegt.*
dun ⟨Adj.⟩ [aus dem Niederd. < mniederd. dun, urspr. = geschwollen] (landsch.): *betrunken:* d. sein.
Dü|ne, die; -, -n [aus dem Niederd. < mniederd. dūne, eigtl. = (vom Wind) Aufgeschüttetes, verw. mit ↑ Dunst]: *durch den Wind aufgeschütteter Sandhügel od. -wall:* flache -n; durch, über die -n laufen.
Dü|nen|gras, das: *auf Dünen wachsendes Gras.*
Dü|nen|land|schaft, die: *Landschaft* (1) *mit Dünen.*
Dü|nen|sand, der ⟨Pl. selten⟩: *feiner Sand von Dünen.*
Dung, der; -[e]s [mhd. tunge, ahd. tunga, eigtl. = das Bedeckende, zu mhd. tunc, ahd. tung = unterirdische Vorratsräume u. Webkammern, die gegen die winterliche Kälte mit Mist bedeckt wurden]: *als Dünger verwendeter Mist:* D. streuen, ausbreiten, untergraben.
Dün|ge|mit|tel, das: *Dünger.*
dün|gen ⟨sw. V.; hat⟩ [mhd. tungen]: a) *mit Dünger anreichern:* die Erde, den Boden, Acker d.; die Pflanzen d. *(dem Boden, auf dem die Pflanzen wachsen, Düngemittel zuführen);* b) *als Dünger wirken:* das faulende Laub düngt [gut].
Dün|ger, der; -s, - [zu ↑ düngen]: *Stoff, der dem Boden zur Erhöhung seiner Fruchtbarkeit zugeführt wird:* natürlicher, künstlicher, flüssiger D.; D. ausbringen.
Dung|flie|ge, die: *kleine, schwarze Fliege, deren Larven bes. in faulenden Stoffen u. in Exkrementen leben.*
Dung|gru|be, die: *Grube, in der Dung gelagert wird.*
Dung|hau|fen, der: *angehäufter Dung, Dünger.*
Dün|gung, die; -, -en ⟨Pl. selten⟩: **1.** *das Düngen* (a). **2.** (selten) *Dünger.*
Dunk [daŋk], der; -s, -s [engl. dunk; ↑ Dunking] (Basketball): kurz für ↑ Dunking.
dun|kel ⟨Adj.; dunkler, -ste⟩ [mhd. tunkel, ahd. tunkal = dunstig, neblig, verw. mit ↑ Dampf]: **1.** a) *nicht hell, nicht od. nur unzulänglich erhellt, [fast] ohne Licht* (1): eine dunkle Straße; in dunkler Nacht; alle Fenster waren d.; es wird d. *(es wird Abend);* ⟨subst.:⟩ im Dunkeln tappen; R im Dunkeln ist gut munkeln *(Heimlichkeiten tut man lieber, wenn es dunkel ist u. man dabei nicht beobachtet wird);* * im Dunkeln tappen *(in einer aufzuklärenden Sache noch keinen Anhaltspunkt haben);* b) *düster, unerfreulich:* ein dunkles Kapitel der Geschichte; das war der -ste Tag in meinem Leben. **2.** *nicht hell, sondern von intensiver Färbung, ins Schwärzliche spielend:* dunkle Kleidung; dunkles Haar; von dunkler Hautfarbe; dunkles Brot, Bier; ein dunkles Rot, Grün; diese Tapete ist mir zu d.; die Brille ist d. getönt; ⟨subst.:⟩ bitte ein Dunkles (ugs.; *dunkles Bier*). **3.** *(von Klängen, Tönen) tief, gedämpft; nicht hell:* eine dunkle Stimme; d. klingen; Dunkles Gebrumm der Hobelmaschine kam aus der Tischlerei (Böll, Haus 171). **4.** a) *unbestimmt, undeutlich:* nur eine dunkle Vorstellung von etw. haben; einen dunklen Verdacht haben; etw. d. ahnen, fühlen; sich nur d. an etw. erinnern können; b) *unklar in dunkler (ferner u. geheimnisvoller) Vorzeit;* eine dunkle *(schwer deutbare)* Textstelle; ⟨subst.:⟩ jmdn. [über etw.] im Dunklen *(im Unklaren, Ungewissen)* lassen. **5.** (abwertend) *undurchsichtig, verdächtig, zweifelhaft:* dunkle Geschäfte machen; eine dunkle Vergangenheit haben; das Geld fließt in dunkle Kanäle.
Dun|kel, das; -s [mhd. tunkel, ahd. tunkali = Dunkelheit]: **1.** (geh.) *Dunkelheit:* das D. der Nacht; es herrschte völliges D.; im D. des Waldes; der Weg war in tiefes D. gehüllt. **2.** *Undurchschaubarkeit, Rätselhaftigkeit:* die Ursachen sind in mysteriöses D. gehüllt.
Dün|kel, der; -s [für mhd. dunc = Meinung, zu ↑ dünken] (abwertend): *übertrieben hohe Selbsteinschätzung aufgrund einer vermeintlichen Überlegenheit; Eingebildetheit, Hochmut:* ein intellektueller, akademischer D.
dun|kel|äu|gig ⟨Adj.⟩: *dunkle Augen aufweisend.*
dun|kel|blau ⟨Adj.⟩: *von dunklem Blau.*
dun|kel|blond ⟨Adj.⟩: a) *ein dunkles Blond aufweisend:* -e Haare; b) *mit dunkelblonden Haaren versehen:* ein -es Mädchen.
dun|kel|braun ⟨Adj.⟩: *von dunklem Braun.*

dun|kel|far|ben, dun|kel|far|big ⟨Adj.⟩: *von dunkler Farbe, in dunklen Farben gehalten.*

Dun|kel|feld, das: *unaufgeklärter Bereich [einer Statistik]:* das große D. der Schutzgelderpressung.

dun|kel|gelb ⟨Adj.⟩: *von dunklem Gelb.*

dun|kel|grau ⟨Adj.⟩: *von dunklem Grau.*

dun|kel|grün ⟨Adj.⟩: *von dunklem Grün.*

dun|kel|haa|rig ⟨Adj.⟩: *dunkle Haare aufweisend.*

Dun|kel|haft, die: *Haft in einem verdunkelten Raum.*

dun|kel|haft ⟨Adj.⟩ (geh. abwertend): *voller Dünkel; eingebildet, hochmütig:* ein -es Auftreten; eine -e Gesellschaft; sich d. benehmen.

Dün|kel|haf|tig|keit, die; -: *dünkelhaftes Wesen, dünkelhafte Art.*

dun|kel|häu|tig ⟨Adj.⟩: *eine dunkle Hautfarbe aufweisend.*

Dun|kel|heit, die; -, -en ⟨Pl. selten⟩: **a)** *Zustand des Dunkelseins; lichtarmer Zustand:* die D. bricht herein; bei Einbruch der D.; im Schutze der D. entkommen; bei einbrechender D.; **b)** ⟨geh.⟩ *(von Farben) dunkle Tönung.*

Dun|kel|kam|mer, die: *verdunkelter, nur durch Speziallampen schwach beleuchteter Raum zum Arbeiten mit lichtempfindlichem Material.*

Dun|kel|mann, der ⟨Pl. ...männer⟩ (abwertend): **1.** *zwielichtiger Mensch, der dunkler Machenschaften verdächtigt wird; Drahtzieher.* **2.** [nach nlat. Epistolae obscurorum virorum = »Dunkelmännerbriefe«, einer satirischen Streitschrift des 16. Jh.s, in der die Unbildung und Rückständigkeit des damaligen Wissenschaftsbetriebes angeprangert wurde] (bildungsspr.) *Vertreter des Rückschritts; Feind der Bildung.*

dun|keln ⟨sw. V.⟩ [mhd. tunkeln, ahd. tunkalēn]: **1. a)** ⟨hat; unpers.⟩ (geh.) *langsam dunkel werden:* es dunkelt schon; **b)** ⟨hat⟩ (dichter.) *Dunkelheit verbreiten:* der Abend, die Nacht dunkelt. **2. a)** *eine dunklere Färbung annehmen, bekommen:* Das Bildnis hing an einem Ort, den er niemals vorher gesehen hatte. Es war gedunkelt (Jahnn, Geschichten 105); **b)** ⟨hat; meist im 2. Part.⟩ *dunkler machen, färben:* gedunkeltes Haar; künstlich gedunkeltes Holz.

◆ **dün|keln** ⟨sw. V.; hat⟩ [zu ↑Dünkel]: **a)** *dünken* (a): ... und dünkelt ihm, es wär' kein' Ehr' und Gunst, die nicht zu pflücken wär' (Goethe, Faust I, 2630 f.); **b)** *sich einbilden; dünken* (b): Wenn ... sie ... nach Jahren das alles derb an eigner Haut erfahren, dann dünkeln sie, es käm aus eignem Schopf (Goethe, Faust II, 6744 ff.)

Dun|kel|raum, der: *[zu unterschiedlichen Zwecken] völlig abgedunkelter, meist fensterloser Raum.*

Dun|kel|res|tau|rant, das: *Restaurant in einem völlig abgedunkelten Raum, in dem sich sowohl das Personal als auch die Gäste ohne die Hilfe der Augen orientieren müssen.*

dun|kel|rot ⟨Adj.⟩: *von dunklem Rot.*

dun|kel|schwarz ⟨Adj.⟩ (oft scherzh.): *tiefschwarz.*

dun|kel|vio|lett ⟨Adj.⟩: *von dunklem Violett.*

Dun|kel|zel|le, die: *verdunkelte Haftzelle.*

Dun|kel|zif|fer, die: *offiziell nicht bekannt gewordene Anzahl von bestimmten [sich negativ auswirkenden] Vorkommnissen, Erscheinungen.*

Dun|kel|zo|ne, die: **1.** *nicht beleuchteter Bereich in einem Gebäude, einer Straße o. Ä.:* die -n des Geländes sollen mit ausreichender Beleuchtung versehen werden. **2.** *Bereich, der öffentlich tabuisiert wird; Grauzone:* das Thema »Gewalt gegen Ältere« aus der D. holen.

dun|ken ['daŋkn̩] ⟨sw. V.; hat⟩ (Basketball): *einen ¹Dunking erzielen.*

dün|ken ⟨unr. V.⟩; dünkte/⟨veraltet:⟩ deuchte, hat gedünkt/⟨veraltet:⟩ gedeucht) [mhd. dünken, ahd. dunchen, eigtl. = den Anschein haben, zu ↑denken] (geh. veraltend): **a)** *jmdm. so vorkommen, scheinen:* mich/⟨seltener:⟩ mir dünkt/⟨veraltet:⟩ deucht, wir werden scheitern; ihr Verhalten dünkte ihn/⟨seltener:⟩ ihm seltsam; ⟨unpers.:⟩ es dünkt mich/⟨seltener:⟩ mir, man hat uns vergessen; Khosro zittert. Er ist kein Held ... Die starken Mauern Ktesiphons dünken ihm nicht Sicherheit genug (Jahn, Geschichten 58); **b)** ⟨d. + sich⟩ *sich zu Unrecht etw. einbilden, sich für etwas halten:* du dünkst dich/⟨seltener:⟩ dir etwas Besseres [zu sein].

Dun|king ['daŋkɪŋ], der; -s, -s [engl. dunking, eigtl. = das Eintauchen (1), zu: to dunk = eintauchen (1), einstippen] (Basketball): *Korbwurf, bei dem der Werfer so hoch springt, dass er den Ball kraftvoll direkt von oben in den Korb werfen kann.*

dünn ⟨Adj.⟩ [mhd. dünne, ahd. dunni, eigtl. = lang ausgedehnt]: **1. a)** *eine geringe Stärke, Dicke, einen geringen Umfang aufweisend:* ein -er Ast; ein -es Buch; -e Beine; etw. in -e Scheiben schneiden; die Eisdecke ist sehr d.; **b)** *hager, mager:* sei ist sehr d. geworden; setz dich zu mir, ich mache mich ganz d. (scherzh.: versuche, möglichst wenig Platz einzunehmen, damit du noch Platz hast); **c)** *in geringer Menge [sich über eine Fläche erstreckend od. darauf vorhanden]:* Farbe, Lack, eine Salbe d. auftragen. **2. a)** *fein, zart, leicht:* ein -er Schleier; -e Strümpfe; zu d. angezogen sein; Ü die Luft wird in großer Höhe immer -er; **b)** *nicht dicht; spärlich:* d. behaart sein; eine d. besiedelte Gegend; * **d. gesät/dünngesät** (ugs.; *[leider] spärlich vorhanden, selten:* gute Außenstürmer sind in der Liga d. gesät); **c)** *schwach:* eine -e Stimme; der Beifall kam nur zögernd und d. **3.** *wenig gehaltvoll:* eine -e Suppe; der Kaffee ist ziemlich d.; Ü der Inhalt des Buches ist doch recht d. (dürftig).

dünn be|haart, dünn|be|haart ⟨Adj.⟩: vgl. dünn (2 b).

dünn|bei|nig ⟨Adj.⟩: *dünne Beine aufweisend:* ein -es Mädchen; Flamingos standen d. und blassrosa um den moosgrünen Weiher (Kaschnitz, Wohin 9).

dünn be|sie|delt, dünn|be|sie|delt ⟨Adj.⟩: vgl. dünn (2 b).

dünn be|völ|kert, dünn|be|völ|kert ⟨Adj.⟩: vgl. dünn (2 b).

Dünn|bier, das (ugs.): *alkoholarmes Bier.*

dünn|blü|tig ⟨Adj.⟩ (geh. abwertend): *schwächlich, kraftlos:* ein -er Jüngling; ein -es (schwaches) Gedicht.

Dünn|brett|boh|rer, der (ugs. abwertend): **a)** *nicht besonders intelligenter Mensch;* **b)** *jmd., der bei der Bewältigung einer Aufgabe den Weg des geringsten Widerstandes geht.*

Dünn|brett|boh|re|rin, die: w. Form zu ↑Dünnbrettbohrer.

Dünn|darm, der: *vom Magenausgang bis zum Beginn des Dickdarms reichender Teil des Darmes.*

Dünn|druck, der ⟨Pl. ...drucke⟩ (Verlagsw.): **1.** ⟨o. Pl.⟩ ²*Druck* (1 a) *auf Dünndruckpapier:* das Buch erscheint in D. **2.** *Buchexemplar in Dünndruck.*

Dünn|druck|pa|pier, das: *bes. dünnes, feines Druckpapier.*

¹Dün|ne, die; - [mhd. dünne, ahd. dunnī] (bes. Fachspr.): *dünne Beschaffenheit, Dünnheit.*

²Dün|ne, der/die ⟨Dekl. ↑ Abgeordnete⟩: *einer, eine Dünne; zwei Dünne* (ugs.): *weibliche Person, die [auffallend] dünn ist.*

dünn|ne|ma|chen ⟨sw. V.⟩: † *dünnmachen.*

dünn|ne|mals ⟨Adv.⟩ [aus dem Niederd., zu dunn = dann, damals] (veraltet, noch landsch.): *damals;* * **anno d.** (↑anno).

Dün|ner, der, *Dünne/ein Dünner; des/eines Dünnen, die Dünnen, zwei Dünne* (ugs.): *jmd., der [auffallend] dünn ist.*

dünn|flüs|sig ⟨Adj.⟩: *sehr flüssig:* -es Öl; eine zähe Masse d. machen. Dazu: **Dünn|flüs|sig|keit,** die ⟨o. Pl.⟩.

dünn ge|sät, dünn|ge|sät ⟨Adj.⟩: s. dünn (2 b).

dünn|häu|tig ⟨Adj.⟩: **1.** *eine dünne Haut aufweisend:* ein -er Fisch. **2.** *[zu] sensibel, [über]empfindlich:* er ist, reagierte sehr d.

Dünn|häu|tig|keit, die; -: *Überempfindlichkeit.*

Dünn|heit, die; -: ¹*Dünne.*

dünn|lip|pig ⟨Adj.⟩: *dünne, schmale Lippen aufweisend:* ein -er Mund; eine -e Alte.

dünn|ma|chen, dünnmachen, sich ⟨sw. V.; hat⟩ (ugs.): *sich unauffällig, heimlich entfernen:* als es ihm zu brenzlig wurde, hat er sich dünn[e]gemacht.

Dünn|pfiff, der ⟨o. Pl.⟩ (salopp): *Durchfall.*

Dünn|säu|re, die (Chemie): *Schwefelsäure, die als Abfallprodukt in der chemischen Industrie entsteht.*

Dünn|säu|re|ver|klap|pung, die: *Verklappung von Dünnsäure.*

dünn|schalig ⟨Adj.⟩: *eine dünne Schale aufweisend:* -e Früchte.

Dünn|schiss, der (derb): *Durchfall.* Ü geistiger D. (Unsinn) sein.

dünn|wan|dig ⟨Adj.⟩: *eine dünne Wand aufweisend:* ein -es Gefäß.

Dunst, der; -[e]s, Dünste [mhd. dunst, tunst = Dampf, Dunst, ahd. tun(i)st = Sturm, urspr. wahrsch. = Staub, Staubwind]: **1. a)** ⟨o. Pl.⟩ *neblige Luft, getrübte Erdatmosphäre:* ein feiner D. liegt über der Stadt; die Berge liegen im D., sind in D. gehüllt; Von dem Graben herauf schlug ihnen der D. des stehenden Wassers entgegen (Langgässer, Siegel 274); **b)** *von starkem Geruch [u. Dampf] erfüllte Luft:* den Wind von Abgasen; der warme D. (die warme Ausdünstung) der Pferde; * **keinen [blassen] D. von etw. haben** (ugs.; *keine Ahnung von etw. haben*); **jmdm. blauen D. vormachen** (ugs.; *jmdm. etw. vorgaukeln;* nach dem blauen Rauch, den Zauberkünstler früher vor der Vorführung ihrer Kunststücke aufsteigen ließen). **2.** ⟨o. Pl.⟩ (Jägerspr.) *feinster Schrot für die Vogeljagd.*

Dunst|ab|zugs|hau|be, die: *über dem Herd anzubringende Vorrichtung [als Bestandteil einer Küchenzeile], die den beim Kochen entstehenden Dunst ansaugt.*

duns|ten ⟨sw. V.; hat⟩ [mhd. dunsten, dünsten]: **1.** (geh.) *ausdunstend Geruch verbreiten; Dunst* (1 b) *ausströmen:* die Kühe d. im Stall; In der Wärme dunsteten Leder und Polsterung, feiner Rauchgeruch kam durchs Fenster (Doderer, Wasserfälle 9). **2.** * **jmdn. d. lassen** (österr. ugs.; *jmdn. hinhalten, im Ungewissen lassen*).

düns|ten ⟨sw. V.; hat⟩ [vgl. dunsten]: **1.** *(Speisen) in einem zugedeckten Gefäß mit wenig Fett od. Flüssigkeit garen; dämpfen:* Fisch, Fleisch, Gemüse d. **2.** (seltener) *dampfen* (1).

Dunst|glo|cke, die: *sichtbare Ansammlung von verunreinigter Luft über Industriegebieten:* eine D. liegt über der Stadt.

duns|tig ⟨Adj.⟩ [mhd. dunstec = dampfend, ahd. dunistīg = stürmisch]: **a)** *leicht neblig, trübe:* ein -er Herbstmorgen; **b)** *von warmer, verbrauchter Luft erfüllt; verräuchert:* eine -e Kneipe.

Dunst|kreis, der (geh.): **1.** (seltener) *Umkreis, der von Dunst* (1) *erfüllt ist; Umgebung:* sie wohnen im D. einer chemischen Fabrik. **2.** *Atmosphäre, Wirkungs-, Ausstrahlungsbereich; geistige Umgebung:* sie entzog sich früh dem D. des spießigen Elternhauses.

Dunst|obst, (selten:) **Dünst|obst** (Fachspr.), das: **a)** *gedünstetes Obst ohne Zuckerzusatz;* **b)** *Obst, das sich zum Dünsten eignet.*

Dunstschicht, die: *Schicht von Dunst* (1 a).
Dunst|schlei|er, der: *sehr dünne Dunstschicht.*
Dunst|schwa|den ⟨Pl.⟩: vgl. Dunstwolke.
Dunst|wol|ke, die: *Schwall von Dunst* (1 b); *Ausdünstung: aus dem Stall schlug ihm eine [warme, üble] D. entgegen.*
Dü|nung, die; -, -en [wohl zu niederd. dunen, dünen = schwellen, auf u. nieder wogen, verw. mit ↑ Daumen]: *durch den Wind hervorgerufener Seegang mit gleichmäßigen, lang gezogenen Wellen:* eine leichte, schwere, flache D.
Duo, das; -s, -s [ital. duo = Duett < lat. duo = zwei]: **1.** (Musik) **a)** *Komposition für zwei meist ungleiche [Instrumental]stimmen:* ein D. für Flöte und Klavier; **b)** *aus zwei gemeinsam solistisch musizierenden Instrumentalisten bestehendes Ensemble:* das weltberühmte D. gibt ein Konzert. **2.** (oft scherzh.) *Gemeinschaft zweier Personen o. Ä., die häufig gemeinsam in Erscheinung treten od. gemeinsam eine [strafbare] Handlung durchführen, zusammenarbeiten:* das gerissene D. hat bereits mehrere Einbrüche verübt.
Duo|de|num, das; -s, ...na [zu lat. duodeni = je zwölf, nach griech. dōdekadáktylos (ekphysis), eigtl. = zwölf Finger breiter Auswuchs]: *Zwölffingerdarm.*
Duo|dez, das; -es [zu lat. duodecimus = der zwölfte]: *Buchformat in der Größe eines zwölftel Bogens* (Zeichen: 12°).
Duo|dez|for|mat, das: *Duodez.*
Duo|dez|fürst, der: *Herrscher eines winzigen Fürstentums.*
Duo|dez|fürs|ten|tum, das: vgl. Duodezstaat.
Duo|dez|staat, der: *sehr kleiner Staat; Zwergstaat.*
Duo|ton, das; -[s] [engl. duotone, aus ital. duo = zwei u. engl. tone = (Farb)ton] (Druckw.): *Druckverfahren mit zwei Farben od. mit einer Farbe im zweifachen Druck (bes. zur Wiedergabe von künstlerischen Fotografien).*
dü|pie|ren ⟨sw. V.; hat⟩ [frz. duper = narren, täuschen, zu: dupe = Narr, Tropf] (geh.): **1.** *täuschen, überlisten, zum Narren halten:* der angebliche Vertreter hat mehrere Geschäftsleute düpiert; sich düpiert fühlen. **2.** *jmdn. vor den Kopf stoßen, brüskieren.*
Dü|pie|rung, die; -, -en (geh.): **1.** *das Düpieren* (1), *Täuschung, Überlistung.* **2.** *das Düpieren* (2), *Brüskierung.*
Du|pli|kat, das; -[e]s, -e [zu lat. duplicatum, 2. Part. von: duplicare, ↑ duplizieren]: *Zweitschrift, Abschrift:* ein D. einer Urkunde anfertigen.
Du|pli|ka|ti|on, die; -, -en [lat. duplicatio]: **1.** (bildungsspr.) *das Duplizieren; Verdopplung.* **2.** (Genetik) *Verdopplung eines Chromosomenabschnitts.*
du|pli|zie|ren ⟨sw. V.; hat⟩ [lat. duplicare, zu: duplex (Gen.: duplicis) = doppelt (zusammengelegt), aus: du(o) = zwei und -plex, wohl zu: plaga (< griech. pláx) = Fläche] (bildungsspr.): *verdoppeln.*
Du|pli|zi|tät, die; -, -en [lat. duplicitas] (bildungsspr.): *Doppelheit; doppeltes Vorkommen, Auftreten von etw.:* die D. der Fälle, der Ereignisse.
Dur, das; -[s] [mhd. bēdūre < mlat. b durum, zu lat. durus = hart; nach dem als »hart« empfundenen großen Terz im Dreiklang; vgl. ¹Moll] (Musik): *Tongeschlecht aller Tonarten, bei denen nur ein Halbton zwischen der dritten u. vierten sowie der siebenten u. achten Stufe der Tonleiter liegt:* in Dur.
du|ra|bel ⟨Adj.; ...bler, -ste⟩ [lat. durabilis, zu: durare = (an-, aus)dauern, eigtl. = hart machen, (ver)härten, zu: durus = hart] (bildungsspr.): *dauerhaft, haltbar.*
Dur|ak|kord, der (Musik): *Akkord in Dur.*
Du|ra Ma|ter, die; -- [mlat. dura mater (cerebri),

eigtl. = harte Mutter (des Gehirns)] (Med.): *harte (äußere) Hirnhaut.*
du|ra|tiv [auch: ...ˈtiːf] ⟨Adj.⟩ [zu lat. durare, ↑ durabel] (Sprachwiss.): *andauernd, anhaltend:* -e Aktionsart (*Aktionsart eines Verbs, das die Dauer eines Seins od. Geschehens ausdrückt,* z. B. bei schlafen).
¹durch ⟨Präp. mit Akk.⟩ [mhd. dur(ch), ahd. dur(u)h, urspr. = hindurch, über ... weg]: **1.** ⟨räumlich⟩ **a)** *kennzeichnet eine Bewegung, die auf der einen Seite in etwas hinein- u. auf der anderen Seite wieder herausführt:* d. die Tür gehen; das Geschoss drang d. den rechten Oberarm; etw. d. ein Sieb gießen; d. die Nase atmen, sprechen; **b)** *kennzeichnet eine [Vorwärts]bewegung über eine [längere] Strecke innerhalb eines Raumes, Gebietes o. Ä.:* d. das Wasser waten; d. die Straßen, d. den Park bummeln; Ü mir schießt ein Gedanke d. den Kopf. **2.** ⟨modal⟩ **a)** *gibt die vermittelnde, bewirkende Person, das Mittel, den Grund, die Ursache an; mittels:* etw. d. Boten, d. die Post schicken; etw. d. Lautsprecher bekannt geben; etw. d. das Los entscheiden; d. Argumente überzeugen; d. Ausdauer sein Ziel erreichen; (Math.:) eine Zahl d. eine andere dividieren; 6 d. 3 = 2; **b)** *in passivischen Sätzen, wenn nicht der eigentliche, aber unmittelbare Träger des Geschehens bezeichnet wird; von:* das Haus wurde d. Bomben zerstört. **3.** ⟨zeitlich; meist nachgestellt⟩ *während eines bestimmten Zeitraums, über einen bestimmten Zeitraum hin:* den Winter, das ganze Jahr, die ganze Nacht d.
²durch ⟨Adv.⟩ [zu: ↑ ¹durch]: **1.** (ugs.) *vorbei, kurz danach:* es ist schon 3 [Uhr] d. **2. a)** (ugs.) *durchgekommen* (1): wir können froh sein, dass wir hier d. sind; **b)** *durchgekommen* (4): der 8-Uhr-Zug ist schon d.; **c)** (ugs.) *durchgekommen* (7): die Gefahr ist vorbei, alle sind heil d. **3.** (ugs.) *fertig:* mit dem Lehrbuch bin ich jetzt d. (*habe es durchgearbeitet*). **4.** (ugs.) *durchgescheuert, durchgelaufen, durchgebrannt, durchgerissen o. Ä. und deshalb kaputt:* am linken Schuh ist die Sohle d.; zwei Sicherungen waren d. **5. a)** *durchgezogen, reif:* der Camembert ist noch nicht d.; **b)** *durchgebraten, gar:* das Fleisch müsste jetzt d. sein. **6.** ** d. und d.* (ugs.: 1. *völlig, ganz u. gar:* ich bin d. und d. nass; ich bin d. und d. davon überzeugt. 2. *bis ins Innerste, durch Mark u. Bein:* der Schrei, der Schmerz ging mir d. und d.). **7.** ** bei jmdm. unten d. sein* (ugs.; *jmds. Wohlwollen verloren, verscherzt haben;* nach niederl. onderdoor gaan = unten durchfahren [vom Schiff unter Sturzseen], dann: scheitern [von gewagten Unternehmungen]).
durch|ackern ⟨sw. V.; hat⟩ (ugs.): *(einen schwierigen Stoff) angestrengt, mit Mühe durcharbeiten:* Akten, Fachliteratur d.
durch|ar|bei|ten ⟨sw. V.; hat⟩: **1.** *(über einen bestimmten Zeitraum) fortgesetzt arbeiten:* heute Nacht, die ganze Nacht wird durchgearbeitet; in der Mittagspause arbeite ich durch. **2.** *vollständig, gründlich lesen u. auswerten:* ein wissenschaftliches Werk d. **3.** *in allen Einzelheiten gestalten, vollständig, gründlich ausarbeiten:* der Aufsatz ist sprachlich und gedanklich gut durchgearbeitet. **4.** *durchkneten: arbeiten* Sie den Teig kräftig durch. **5.** *(d. + sich) sich mühsam einen Weg durch etw. bahnen:* ich habe mich durch die Menge, durch das Dickicht durchgearbeitet; ich muss mich noch durch ein Fachbuch d.
durch|ar|bei|tet ⟨Adj.⟩: *arbeitend verbracht:* eine -e Nacht (*eine Nacht, in der jmd. durchgearbeitet hat*).
Durch|ar|bei|tung, die; -, -en: *das Durcharbeiten* (2, 3, 4).
durch|at|men ⟨sw. V.; hat⟩: *tief einatmen u. dann*

ausatmen: bitte, einmal kräftig d.!; Ü wenn alles fertig ist, werde ich erst einmal tief d. (*mich erleichtert entspannen*).
durch|aus ⟨Adv.⟩: **a)** *unbedingt, unter allen Umständen:* er möchte d. mitkommen; **b)** *völlig, ganz und gar:* das ist d. richtig; ich bin d. Ihrer Meinung; sie ist d. nicht (*keinesfalls*) abgeneigt.
durch|ba|cken ⟨unr. V.; bäckt/backt durch, backte/(veraltend:) buk durch, hat durchgebacken⟩: *durch Backen völlig gar machen, zu Ende backen:* [gut] durchgebackenes Brot.
durch|be|ben ⟨sw. V.; hat⟩ (geh.): *bebend durchdringen:* ein Schauer durchbebte sie; Ü ... ich wurde, als ich diesen Stadtklatsch hörte, von einem Gefühl glühender Eifersucht durchbebt (Mayröcker, Herzzerreißende 91).
¹durch|bei|ßen ⟨st. V.; hat⟩: **1. a)** *in zwei Teile zerbeißen, durch Beißen trennen:* (beim Nähen) den Faden d.; eine Ratte hat das Kabel durchgebissen; **b)** *beißend durchdringen, mit den Zähnen durchbohren:* der Hund biss ihm die Kehle durch, hat ihm die Kehle durchgebissen; ich habe mir fast die Zunge durchgebissen. **2.** ⟨d. + sich⟩ (ugs.) *verbissen u. unter Schwierigkeiten, Notlagen durchstehen, überwinden:* es waren schwere Zeiten, aber wir haben uns durchgebissen.
²durch|bei|ßen ⟨st. V.; hat⟩: **1.** ¹durchbeißen (1 b): der Hund durchbiss ihm die Kehle, hat ihm die Kehle durchbissen. **2.** (seltener) ¹durchbeißen (1 a): ein Hai hatte ihre Schlagader durchbissen.
durch|be|kom|men ⟨st. V.; hat⟩ (ugs.): **1.** *durchbringen* (1). **2.** *durchbringen* (2): ein Gesetz, einen Antrag d.
durch|bet|teln, sich ⟨sw. V.; hat⟩: *sich mit Betteln durchbringen, ernähren:* er hat sich überall durchgebettelt.
durch|beu|teln ⟨sw. V.; hat⟩: *kräftig schütteln:* der Sturm hat das Boot ganz schön durchgebeutelt; Ü ... so ein langes Leben nimmt den Menschen tüchtig her, krümmt ihn, beutelt ihn durch (Zwerenz, Kopf 108).
durch|bie|gen ⟨st. V.; hat⟩: **a)** *sehr stark, so weit wie möglich biegen:* den Rücken, das Kreuz d. (*ein Hohlkreuz machen*); **b)** ⟨d. + sich⟩ *sich zur Mitte hin nach unten biegen:* die Bücherregale haben sich durchgebogen.
durch|bil|den ⟨sw. V.; hat⟩: *gründlich, bis ins Einzelne bilden, formen:* ein künstlerisch durchgebildetes Werk.
Durch|bil|dung, die; -, -en: *das Durchbilden; das Durchgebildetsein.*
durch|bla|sen ⟨st. V.; hat⟩: **1.** *durch Hineinblasen von einem Pfropfen o. Ä. befreien, reinigen:* ein verstopftes Röhrchen d.; die Ärztin hat ihm die Ohren durchgeblasen. **2.** *blasend durch etw. treiben:* er bläst die Kugel [durch das Rohr] durch. **3. a)** *blasend durch eine Öffnung bringen:* der Wind bläst [durch die Ritzen der Kleidung hindurch spürbar ist]: der Nordwind hatte uns durchgeblasen. **4.** *(ein Bläserstück) von Anfang bis Ende blasen:* der neue Posaunist bläst seinen Part schon fehlerlos durch.
¹durch|blät|tern ⟨sw. V.; hat⟩: *(ein Buch, eine Zeitung o. Ä.) blätternd durchsehen, überfliegen:* Akten, Papiere d.; ich habe eine Menge Zeitschriften durchgeblättert.
²durch|blät|tern ⟨sw. V.; hat⟩: ¹durchblättern: sie durchblätterte die Zeitung; Ü man durchblättere die Weltgeschichte nach Beispielen freiwilligen Entsagens (St. Zweig, Fouché 119).
durch|bläu|en ⟨sw. V.; hat⟩ (ugs.): *kräftig verprügeln.*
Durch|blick, der; -[e]s, -e: **1.** *Blick, Ausblick zwischen od. durch etw. hindurch:* an dieser Stelle bietet sich ein herrlicher D. auf den See. **2.** (ugs.)

das Verstehen von Zusammenhängen; Überblick über etw.: sich einen, den nötigen D. verschaffen; den D. [völlig] verloren haben.

durch|bli|cken ⟨sw. V.; hat⟩: **1.** *seinen Blick durch eine Öffnung od. einen durchsichtigen Körper richten; durchsehen* (1): er blickte angestrengt [durch das Fernrohr] durch. **2.** (ugs.) *die Zusammenhänge von etw. verstehen, erkennen:* da blicke ich nicht [ganz] durch; blickst du bei dieser Aufgabe durch? **3.** * *etw. d. lassen* (*zu verstehen geben, andeuten:* sie ließ d., dass sie nicht zufrieden sei).

Durch|bli|cker, der; -s, - (salopp, oft iron.): *jmd., der durchblickt* (2); *scharfsinniger Mensch.*

Durch|bli|cke|rin, die; -, -nen: w. Form zu ↑ Durchblicker.

¹**durch|blit|zen** ⟨sw. V.; hat/ist⟩: *erkennbar werden, sich andeuten:* ihr Charme blitzte immer wieder durch; gelegentlich blitze etwas wie Humor d.

²**durch|blit|zen** ⟨sw. V.; hat⟩: *blitzartig ²durchfahren* (2): ein Gedanke hat ihn, sein Gehirn durchblitzt.

¹**durch|blu|ten** ⟨sw. V.⟩: **a)** ⟨hat⟩ *(von einer Wunde) Blut durch den Verband o. Ä. dringen lassen:* die Wunde hat stark durchgeblutet; **b)** ⟨ist⟩ *(in Bezug auf einen Verband o. Ä.) von Blut aus einer Wunde durchdrungen werden:* den durchgebluteten Verband wechseln.

²**durch|blu|ten** ⟨sw. V.; hat⟩: **a)** *mit Blut versorgen:* durch kaltes Waschen wird der Körper besser durchblutet; das Gehirn ist schlecht durchblutet; gut durchblutete Haut; **b)** *(von einer Wunde verursacht) einen Verband o. Ä. mit Blut durchdringen, tränken:* ein durchblutetes Heftpflaster wechseln.

Durch|blu|tung, die; -, -en: *das ²Durchbluten* (a); *das Durchblutetsein:* eine gute, schlechte D. der Haut, des Gehirns. Dazu: **durch|blu|tungs|fördernd** ⟨Adj.⟩; **Durch|blu|tungs|stö|rung,** die.

¹**durch|boh|ren** ⟨sw. V.; hat⟩: **a)** *bohrend ²durchdringen* (1): die Wand d.; ein durchgebohrtes Brett; **b)** *von einem Ende bis zum anderen, von einer Seite bis zur anderen durch etw. bohren:* wir bohren jetzt durch die Wand durch; **c)** *eine Öffnung durch Bohren herstellen:* ein Loch [durch die Wand] d.; **d)** ⟨d. + sich⟩ *sich bohrend von dem einen bis zum anderen Ende durch etw. bewegen:* der Holzwurm hat sich durch den ganzen Schrank durchgebohrt.

²**durch|boh|ren** ⟨sw. V.; hat⟩: *[mit einem spitzen Gegenstand] ²durchdringen* (1): er durchbohrte ihn, seine Brust mit dem Speer; von einer Kugel, von Pfeilen durchbohrt werden; Ü jmdn. mit Blicken d. (¹*durchdringend* 2 *ansehen*); *jmdn. durchbohrend, mit durchbohrenden Blicken ansehen.*

Durch|boh|rung, die; -, -en: *das ²Durchbohren.*

durch|bo|xen ⟨sw. V.; hat⟩ (ugs.): **1.** ⟨d. + sich⟩ *sich stoßend u. drängend einen Weg bahnen:* viele haben sich rücksichtslos zum Ausgang durchgeboxt; Ü sie hat sich im Leben immer allein d. müssen. **2.** *mit Energie, Unnachgiebigkeit durchsetzen:* ein Gesetz trotz großer Widerstände d.

durch|bra|ten ⟨st. V.; hat⟩: *(bes. Fleisch) so lange braten, bis auch das Innere gegart ist:* ein Steak d.; gut durchgebratenes Fleisch.

¹**durch|brau|sen** ⟨sw. V.; ist⟩: *mit großer Geschwindigkeit durch einen Bereich ohne Aufenthalt durchfahren:* der Zug brauste [durch den kleinen Ort] durch.

²**durch|brau|sen** ⟨sw. V.; hat⟩: *mit Brausen erfüllen:* der Sturm durchbraust das Tal; Ü Begeisterung durchbrauste den Saal.

¹**durch|bre|chen** ⟨st. V.⟩: **1. a)** *in zwei Teile brechen* (1): sie hat die Tafel Schokolade durchgebrochen; **b)** *in zwei Teile brechen* (2): das Brett ist [in der Mitte] durchgebrochen; **c)** ⟨ist⟩ *ein-*

brechen u. nach unten fallen, sinken: er ist [durch die Eisdecke, durch den Boden] durchgebrochen. **2.** ⟨hat⟩ **a)** *eine Öffnung durch etw. schlagen:* eine Wand d.; **b)** ¹*durchbrechend* (2 a) *hervorbringen, entstehen lassen:* wir haben eine Tür, ein Fenster durchgebrochen. **3.** *durch etw., was ein Hindernis darstellt, brechen* (7): durch die feindlichen Stellungen, nach Osten d.; das Magengeschwür ist durchgebrochen *(hat die Magenwand perforiert);* Ü sein Hass brach durch *(brach hervor, trat plötzlich zutage).*

²**durch|bre|chen** ⟨sw. V.; hat⟩: *(ein Hindernis) mit Wucht od. Gewalt ²durchdringen* (1): eine Absperrung, Blockade, die Verteidigungslinien d.; das Flugzeug hat die Schallmauer durchbrochen; Ü ein Prinzip, alle Konventionen, ein Verbot d.

Durch|bre|chung, die; -, -en: *das ²Durchbrechen, Durchbrochenwerden.*

durch|bren|nen ⟨unr. V.⟩: **1. a)** ⟨ist⟩ *durch zu starke Hitze-, Strombelastung schmelzen u. entzweigehen:* die Sicherung, die Glühbirne ist durchgebrannt; **b)** ⟨hat⟩ *vollständig brennen, glühen:* die Kohlen müssen richtig d.; **c)** ⟨hat⟩ *(über einen bestimmten Zeitraum) ohne Unterbrechung brennen:* wir lassen den Ofen [heute Nacht] d. **2.** ⟨ist⟩ [eigtl. von hindurchringendem Feuer] (ugs.) *sich heimlich davonmachen, ausreißen:* mit dem Geld d.; der Junge ist mit 16 von zu Hause durchgebrannt.

durch|brin|gen ⟨unr. V.; hat⟩: **1. a)** *durch eine enge Stelle bringen, bewegen können:* bringen wir den Schrank hier durch?; **b)** *über die Grenze, durch die Kontrolle bringen:* man hat [an der Grenze] alle Flüchtlinge, alle Waren durchgebracht. **2. a)** *erfolgreich durch eine Wahl, eine Prüfung o. Ä. bringen:* man hat diesmal alle Kandidaten durchgebracht; **b)** *gegen Widerstände durchsetzen:* ein Gesetz, einen Antrag d.; ... eine Anordnung, die er nur mit dem Einsatz seiner ganzen Persönlichkeit durchzubringen vermochte (Dürrenmatt, Richter 9). **3. a)** *[notdürftig] ernähren* (2), *mit dem Lebensnotwendigen versorgen:* sie hat ihre Familie mit Heimarbeit durchgebracht; sich ehrlich, schlecht und recht d.; sich als Kellner d.; **b)** *durch ärztliche Kunst, durch intensive Pflege erreichen, dass jmd. eine schwere Krankheit o. Ä. übersteht:* die Ärzte hoffen, den Kranken durchzubringen. **4.** *vergeuden, verschwenden:* alle Ersparnisse, sein Vermögen d.

durch|bro|chen ⟨Adj.⟩: *mit einer Durchbrucharbeit versehen:* -e Stickereien, Schuhe.

Durch|bruch, der; -[e]s, ...brüche: **a)** *das ¹Durchbrechen* (3): der D. eines Zahnes; dem Feind glückte der D.; ihm gelang der D. zur Spitzenklasse; einer Sache zum D. *(Erfolg)* verhelfen; **b)** *Stelle des ¹Durchbrechens* (2), *durchbrochene Öffnung:* einen D. durch die Wand machen.

Durch|bruch|ar|beit, die; -, -en: **1.** *Handarbeit, bei der durchbrochene Stellen im Gewebe entstehen.* **2.** *kunstgewerbliche o. ä. Arbeit in einem festen Material, aus dem das Muster ausgestanzt od. in anderer Weise herausgearbeitet werden.*

durch|buch|sta|bie|ren ⟨sw. V.; hat⟩: **a)** *über Telefon, auf schriftlichem Wege o. Ä. buchstabierend übermitteln;* **b)** *von Anfang bis Ende buchstabieren:* ein Wort d.; **c)** (ugs.) *deutlich machen; bis ins Einzelne gründlich demonstrieren, erläutern:* die sollen nur d., worauf sie mit ihrem Vorschlag hinauswollen.

¹**durch|bum|meln** ⟨sw. V.⟩ (ugs.): **a)** ⟨ist⟩ *durch etw. bummeln* (1 a): durch die Straßen, durch eine Ausstellung d.; **b)** ⟨hat⟩ *(über eine bestimmte Zeit) ohne Pause bummeln* (1 b); *durchzechen, durchfeiern.*

²**durch|bum|meln** ⟨sw. V.; hat⟩: *bummelnd* (1 b)

verbringen: wir haben manche Nacht durchbummelt; ⟨meist 2. Part.:⟩ eine durchbummelte Nacht *(eine Nacht, in der man durchgefeiert, durchgezecht hat).*

durch|bürs|ten ⟨sw. V.; hat⟩: *(die Haare) gründlich bürsten:* das Haar nach dem Trocknen kräftig d.

durch|che|cken ⟨sw. V.; hat⟩: **1.** *vollständig, ganz und gar checken* (2): die Passagierliste d.; Ü ich muss mal wieder zum Arzt gehen und mich d. lassen (ugs.; *gründlich untersuchen lassen*); Wenn die drei zusammen verreisen, checkt Bruno erst einmal drei Tage lang seinen alten Mercedes Diesel durch (Enzensberger, Mittelmaß 15). **2.** *(Luftgepäck o. Ä.) ohne Rücksicht auf Zwischenlandungen od. Umsteigen bis zum Zielort abfertigen.*

durch|dacht: ↑ ²durchdenken.

durch|de|kli|nie|ren ⟨sw. V.; hat⟩: (Jargon): *in vollem Umfang berücksichtigen, ausschöpfen; sich mit etw. gründlich auseinandersetzen:* ein Programm d.; die Namen der Kandidaten wurden durchdekliniert.

¹**durch|den|ken** ⟨unr. V.; hat⟩ (seltener): *in Gedanken von Anfang bis Ende durchgehen, Schritt für Schritt bis zu Ende denken:* die Sache ist nicht richtig durchgedacht; Ich probierte ein paarmal, diesen Prozess durchzudenken (Bachmann, Erzählungen 113).

²**durch|den|ken** ⟨unr. V.; hat⟩: *vollständig, in allen Einzelheiten, hinsichtlich der Möglichkeiten u. Konsequenzen überdenken:* ein Problem d.; ein gut durchdachter Plan.

Durch|die|ner, der; (schweiz.): *Wehrpflichtiger, der seine gesamte Wehrpflicht ohne Unterbrechung ableistet.*

Durch|die|ne|rin, die; w. Form zu ↑ Durchdiener.

durch|dis|ku|tie|ren ⟨sw. V.; hat⟩: *gründlich, vollständig diskutieren:* das Thema ist noch nicht durchdiskutiert.

durch|drän|geln, sich ⟨sw. V.; hat⟩ (ugs.): *sich drängelnd durch eine Menge bewegen:* sich nach vorn d.

durch|drän|gen, sich ⟨sw. V.; hat⟩: *sich drängelnd durch etw. bewegen:* sich durch die Menge, zum Ausgang d.

durch|dre|hen ⟨sw. V.⟩: **1.** ⟨hat⟩ *mit einer Drehbewegung durch eine Maschine laufen lassen:* Fleisch, Kartoffeln [durch den Wolf] d. **2.** ⟨hat, seltener: ist⟩ (ugs.) *kopflos werden, die Nerven verlieren:* vor dem Examen hat sie plötzlich durchgedreht; er ist vor Schmerzen durchgedreht; bei dem Lärm dreh ich noch durch. **3.** ⟨hat⟩ *(von Rädern eines Fahrzeugs) sich auf der Stelle drehen:* beim Start auf dem vereisten Boden drehten die Räder durch. **4.** ⟨hat⟩ (Film) *eine Szene, Szenen ohne Unterbrechung aufnehmen.*

¹**durch|drin|gen** ⟨st. V.; ist⟩: **1.** *durch etw. Bedeckendes o. Ä. dringen:* der Regen drang durch die Kleider durch; Ü das Gerücht drang bis zu uns durchgedrungen. **2.** *aufgrund seiner Stärke, Intensität o. Ä. in alle Teile eines Körpers od. Raumes dringen:* seine Stimme drang nicht durch; ⟨meist im 1. Part.:⟩ durchdringende Kälte; ein durchdringender Schrei, Schmerz, Geruch; jmdn. durchdringend ansehen. **3.** *unter Überwindung von Hindernissen seine Absicht erreichen; sich mit etw. durchsetzen:* damit wirst du [bei der Behörde] nicht d.

²**durch|drin|gen** ⟨st. V.; hat⟩: **1.** *durch etw.* ¹*durchdringen* (1): die Strahlen können die dicksten Wände d. **2.** *[innerlich] ganz erfüllen:* diese Idee hat ihn völlig durchdrungen; eine von warmem Humor durchdrungene Komödie. **3.** *gründlich durcharbeiten u. in aller Komplexität verstehen:* ein Thema bis auf den Grund d.

Durch|drin|gung, die; -, -en: **1.** *das ²Durchdrin-*

gen; vollständiges Eindringen in etw.; Sättigung: die D. des Bodens mit Feuchtigkeit; Ü ...es entstehen Teilwahrheiten, aus deren gegenseitiger D. langsam die Wahrheit höher wächst (Musil, Mann 1 020). **2.** *geistige Erfassung, Aneignung:* die geistige D. eines Themas.

durch|drü|cken ⟨sw. V.; hat⟩: **1.** *durch etw., bes. ein Sieb o. Ä., drücken:* Quark [durch ein Tuch, durch ein Sieb] d. **2.** *so weit wie möglich nach hinten drücken, zu einer Geraden strecken:* den Ellenbogen, das Kreuz d.; mit durchgedrückten Knien. **3.** (ugs.) *gegen starken Widerstand mit Kraftaufwand, Hartnäckigkeit, Zähigkeit durchsetzen:* einen Plan, seinen Willen d.; sie hat durchgedrückt, dass sie Urlaub bekommt.

durch|drun|gen: ↑ ¹durchdringen.

Durch|drun|gen|sein, das; -s: *das Erfülltsein von etw.*

durch|dür|fen ⟨unr. V.; hat⟩ (ugs.): *durch, zwischen etw. durchgehen* (1 a), ¹*durchfahren* (a) *dürfen, an etw., jmdm. vorbeigehen, -fahren dürfen:* darf ich bitte mal durch?

¹**durch|ei|len** ⟨sw. V.; ist⟩: *sich eilig, ohne stehen zu bleiben durch einen Raum bewegen:* er ist durch die Bahnhofshalle durchgeeilt.

²**durch|ei|len** ⟨sw. V.; hat⟩: *eilig durchqueren:* er hat die Bahnhofshalle durcheilt.

durch|ein|an|der ⟨Adv.⟩: **1.** *völlig ungeordnet, in Unordnung:* hier ist ja alles d. **2.** (ugs.) *verwirrt, konfus:* nach dem Gespräch war sie völlig d.

Durch|ein|an|der, das; -s: **1.** *Unordnung:* in der Wohnung, im Schrank herrscht ein fürchterliches D. **2.** *Situation, in der Menschen verwirrt durcheinanderlaufen [u. kopflos handeln]; Wirrwarr:* es herrscht ein heilloses, wüstes, wildes D.; in dem allgemeinen D. konnte der Dieb entkommen.

durch|ein|an|der|brin|gen ⟨unr. V.; hat⟩: **a)** *in Unordnung bringen:* du hast meine Bücher durcheinandergebracht; **b)** *verwirren, in Verwirrung bringen:* er hat mit seinen Parolen die Leute nur durcheinandergebracht; **c)** *miteinander verwechseln:* zwei verschiedene Dinge, Ausdrücke d.

durch|ein|an|der|es|sen ⟨unr. V.; hat⟩: *wahllos die verschiedensten Dinge essen.*

durch|ein|an|der|ge|hen ⟨unr. V.; ist⟩: *völlig ungeordnet vor sich gehen, vonstattengehen:* im Betrieb geht heute alles durcheinander.

durch|ein|an|der|ge|ra|ten ⟨st. V.; ist⟩: *in Unordnung geraten:* meine schön geordnete Sammlung ist durcheinandergeraten; Ü mir sind wohl zwei Begriffe durcheinandergeraten *(ich habe sie verwechselt).*

durch|ein|an|der|lau|fen ⟨st. V.; ist⟩: *(von mehreren Personen od. Tieren) ziellos hin und her, kreuz u. quer laufen:* alle liefen aufgeregt durcheinander.

durch|ein|an|der|re|den ⟨sw. V.; hat⟩: *(von mehreren Personen) gleichzeitig reden, ohne gegenseitig auf das, was die anderen reden, zu achten:* wenn alle durcheinanderreden, versteht man kein Wort.

durch|ein|an|der|wer|fen ⟨sw. V.; hat⟩: **a)** *so [umher]werfen, dass eine Unordnung entsteht:* sie warf alle Papiere, die Wäsche im Korb durcheinander; **b)** *miteinander verwechseln:* er wirft wieder alles durcheinander, was ich ihm erklärt habe.

durch|ein|an|der|wir|beln ⟨sw. V.⟩: **1.** ⟨ist⟩ *wirbelnd umherfliegen:* die Blätter sind im Wind durcheinandergewirbelt. **2.** ⟨hat⟩ **a)** *wirbelnd umherfliegen lassen:* der Wind hat die Blätter durcheinandergewirbelt; **b)** (Fußballjargon) *(die gegnerische Mannschaft) durch gekonnte Spielzüge verwirren:* unsere Mannschaft wurde mächtig durcheinandergewirbelt; **c)** *mit viel Elan neu ordnen:* die ganze Abteilung wurde gründlich durcheinandergewirbelt.

durch|ein|an|der|wür|feln ⟨sw. V.; hat⟩: *wahllos, ohne Ordnungsprinzip zusammenstellen:* ⟨meist im 2. Part.:⟩ eine bunt durcheinandergewürfelte Gesellschaft.

durch|ex|er|zie|ren ⟨sw. V.; hat⟩ (ugs.): *gründlich, von Anfang bis Ende üben:* das Einmaleins, Grammatikregeln d.; Ü wir haben alle Möglichkeiten durchexerziert *(durchgespielt).*

¹**durch|fah|ren** ⟨st. V.; ist⟩: **a)** *sich mit einem Fahrzeug durch etw. hindurch fortbewegen:* durch einen Tunnel, unter einer Brücke, zwischen zwei Markierungen d.; **b)** *fahrend, auf seiner Fahrt durchkommen* (4): der Zug fährt durch H. durch; **c)** *eine bestimmte Strecke, Zeit ohne Unterbrechung fahren:* der Zug fährt bis München durch; bei dieser Zugverbindung können wir d. *(brauchen wir nicht umzusteigen).*

²**durch|fah|ren** ⟨st. V.; hat⟩: **1. a)** *fahrend durchqueren:* ein Gebiet, die Gegend, das Land d.; **b)** *(eine Strecke) fahrend zurücklegen:* er hat die Strecke in Rekordzeit durchfahren. **2.** *jmdm. plötzlich bewusst werden u. eine heftige Empfindung auslösen:* ein Schreck, ein Gedanke durchfuhr sie; plötzlich durchfuhr es sie *(kam es ihr ins Gedächtnis),* dass sie noch einmal ins Büro musste; In demselben Augenblick durchfuhr mich eisig, was für eine unglaubliche Torheit es eben gesagt hatte (Fallada, Herr 43).

Durch|fahrt, die; -, -en: **1.** ⟨o. Pl.⟩ **a)** *das* ¹*Durchfahren* (a): D. verboten!; freie D. haben; **b)** *Durchreise:* sich auf der D. befinden; wir sind hier nur auf der D. *(wir machen hier nur Zwischenstation).* **2.** *Raum, Weg, Stelle zum* ¹*Durchfahren* (a): bitte [die] D. frei halten.

Durch|fahrts|hö|he, die: *Höhe einer Öffnung, durch die jmd.* ¹*durchfährt* (a).

Durch|fahrts|stra|ße, die: *bevorrechtigte Straße, die durch eine Ortschaft führt u. über den örtlichen Verkehr hinausgehende Bedeutung hat.*

Durch|fahrts|ver|bot, das: *Verbot, etw. zu durchfahren, durch etw. durchzufahren:* ein D. für Lastkraftwagen.

Durch|fall, der; -[e]s, ...fälle: *schnelle u. häufige Ausscheidung von dünnflüssigem Stuhl; Diarrhö:* D. bekommen, haben; eine mit schweren Durchfällen einhergehende Krankheit.

durch|fal|len ⟨st. V.; ist⟩: **1.** *durch eine Öffnung hindurch nach unten fallen:* die kleinen Steine fallen [durch den Rost] durch. **2.** (urspr. Studentenspr.; geht auf der ma. Schwank von »Schreiber im Korbe« zurück, in dem ein Mädchen seinen Liebhaber zum Fenster hochzieht, um ihn dann durch den schadhaften Boden fallen zu lassen) (ugs.) **a)** *(von einem Theaterstück o. Ä.) keinen Erfolg haben:* die Aufführung ist [beim Publikum] durchgefallen; **b)** *[eine Prüfung] nicht bestehen:* sie ist [im Examen] durchgefallen; bei der Fahrprüfung; er ist mit Glanz durchgefallen *(ugs.; hat in der Prüfung vollständig versagt);* **c)** *(bei einer Wahl) verlieren, nicht gewählt werden:* der Kandidat ist bei der Wahl durchgefallen.

Durch|fal|ler|kran|kung, die: *Erkrankung, die gekennzeichnet ist durch die häufige Ausscheidung von dünnflüssigem Stuhl.*

Durch|fall|quo|te, die: *Anteil derjenigen, die eine Prüfung nicht bestehen, an der Gesamtzahl der Prüflinge:* die D. beim ersten Staatsexamen betrug 15 Prozent.

durch|fär|ben ⟨sw. V.; hat⟩: **1.** *vollständig, an allen Stellen [gleichmäßig] färben:* ein Gewebe gleichmäßig d. **2.** *Farbe [durch etw.] durchdringen lassen; abfärben:* die Unterlage hat [durch das dünne Papier] durchgefärbt.

durch|fau|len ⟨sw. V.; ist⟩: *durch u. durch faulen, von Fäulnis ganz zerstört werden:* die Balken sind völlig durchgefault.

durch|fa|xen ⟨sw. V.; hat⟩: *als Fax, per Fax senden:* faxen Sie uns bitte die genauen Daten durch.

durch|fech|ten ⟨st. V.; hat⟩: *so lange energisch für etw. eintreten, bis das angestrebte Ziel erreicht ist:* einen Prozess [durch alle Instanzen] d.; er hat seine Ansprüche [vor Gericht] durchgefochten.

¹**durch|fei|ern** ⟨sw. V.; hat⟩ (ugs.): *(über eine bestimmte Zeit) ohne Pause feiern:* wir haben [die ganze Nacht] durchgefeiert; heute feiern wir durch *(feiern wir bis zum Morgen).*

²**durch|fei|ern** ⟨sw. V.; hat⟩: *feiernd verbringen:* er hat manche Nacht durchfeiert.

durch|fei|len ⟨sw. V.; hat⟩: **1.** *durch Feilen in zwei Teile zertrennen:* er hat die Kette durchgefeilt. **2.** *im Ganzen sorgfältig bearbeiten, ausfeilen:* eine bis ins Kleinste durchgefeilte Analyse.

durch|feuch|ten ⟨sw. V.; hat⟩: *mit Feuchtigkeit* ²*durchdringen* (1): Blut hat den Verband durchfeuchtet; das Holz ist vom Regen ganz durchfeuchtet; Weißblatt weinte ein bisschen über sich selber und sprang dann wieder auf, weil ihm das Waldmoos den Hosenboden durchfeuchtet hatte (Strittmatter, Wundertäter 435/436). Dazu: **Durch|feuch|tung,** die; -, -en.

durch|fil|zen ⟨sw. V.; hat⟩ (ugs.): *gründlich, von oben bis unten* ¹*filzen* (2 a, b).

durch|fi|nan|zie|ren ⟨sw. V.; hat⟩ (Wirtsch.): *finanziell, hinsichtlich der Finanzierung vollständig absichern.*

durch|fin|den ⟨st. V.; hat⟩: **1.** *zu einem angestrebten Ziel hinfinden:* er hat endlich zu seiner wahren Bestimmung durchgefunden; ⟨auch d. + sich:⟩ ich kannte den genauen Ort zwar nicht, habe mich aber leicht durchgefunden. **2.** *die Übersicht behalten, sich zurechtfinden:* das alles ist so schwierig, dass man nicht mehr durchfindet; ⟨auch d. + sich:⟩ bei diesem, durch dieses Durcheinander finde ich mich nicht mehr durch.

¹**durch|flech|ten** ⟨st. V.; hat⟩: *beim Flechten durchschlingen,* ¹*durchziehen* (1): er hat das Band [durch den Kranz] durchgeflochten.

²**durch|flech|ten** ⟨st. V.; hat⟩: *beim Flechten mit etw. versehen:* einen Kranz mit Bändern d.

¹**durch|flie|gen** ⟨st. V.; ist⟩: **1.** *durch etw. fliegen, sich im Flug durch etw. hindurchbewegen:* ein Stein flog [durch die Scheibe] durch; das Segelflugzeug ist gerade durch eine Wolke durchgeflogen. **2.** *ohne Unterbrechung, ohne Zwischenlandung bis zum Ziel fliegen:* wir sind durchgeflogen. **3.** (ugs.) *in einer Prüfung durchfallen:* er ist im Staatsexamen durchgeflogen.

²**durch|flie|gen** ⟨st. V.; hat⟩: **1. a)** *fliegend durchqueren,* ²*durchstoßen:* soeben haben wir die Wolken durchflogen; **b)** *(eine bestimmte Strecke) fliegend zurücklegen:* die Maschine hat schon weite Strecken durchflogen. **2.** *flüchtig lesen; überfliegen:* rasch die Post, die Zeitung d.

¹**durch|flie|ßen** ⟨st. V.; ist⟩: *durch etw. fließen, sich fließend durch etw. hindurchbewegen:* das Wasser fließt nur langsam [durch die Röhren] durch.

²**durch|flie|ßen** ⟨st. V.; hat⟩: *fließend durchqueren:* das Tal wird von einem Bach durchflossen; (Physik:) der Strom durchfließt das Gerät.

Durch|flug, der; -[e]s, ...flüge: *das* ¹*Durchfliegen* (1): der D. durch ein Krisengebiet.

Durch|fluss, der; -es, ...flüsse: **1.** *das* ¹*Durchfließen:* der D. des Wassers [durch eine Leitung]. **2.** *Öffnung, durch die etw.* ¹*durchfließen kann:* einen D. bohren.

Durch|fluss|men|ge, die: *Menge der Flüssigkeit, die in einer bestimmten Zeiteinheit durch etw. fließt.*

¹durch|flu|ten ⟨sw. V.; ist⟩ (geh.): *durch etw. fluten:* das Wasser ist [durch den Riss im Deich] durchgeflutet.

²durch|flu|ten ⟨sw. V.; hat⟩ (geh.): *flutend ²durchfließen:* der Strom durchflutet das Land; Ü Licht, Sonne durchflutet den Raum.

durch|flut|schen ⟨sw. V.; ist⟩ (ugs.): *durch etw. gleiten, hindurchschlüpfen:* der Fisch ist [durch die Maschen des Netzes] durchgeflutscht.

durch|for|men ⟨sw. V.; hat⟩: *sorgfältig, bis ins Einzelne formen:* eine Rede, seinen Stil d.

durch|for|mu|lie|ren ⟨sw. V.; hat⟩: *sorgfältig, bis ins Einzelne formulieren:* einen Text gut d.

durch|for|schen ⟨sw. V.; hat⟩: **a)** *methodisch [wissenschaftlich] untersuchen:* die Quellen der Geschichte d.; **b)** *gründlich durchsuchen, absuchen:* die Gegend nach Spuren d.

Durch|for|schung, die; -, -en: *das Durchforschen.*

durch|fors|ten ⟨sw. V.; hat⟩: **1.** (Forstwirtsch.) *(Baumbestände) planmäßig ausholzen, von minderwertigen Stämmen befreien:* den Wald regelmäßig d. **2.** *auf etw. Bestimmtes hin kritisch durchsehen [u. Überflüssiges entfernen]:* alte Vorschriften, das System von Vergünstigungen d. **3.** *durchforschen* (b).

Durch|fors|tung, die; -, -en: *das Durchforsten.*

durch|fra|gen, sich ⟨sw. V.; hat⟩: *durch mehrmaliges Fragen nach dem Weg an sein Ziel gelangen:* ich habe mich nach dem Bahnhof, zum Museum durchgefragt.

¹durch|fres|sen ⟨st. V.; hat⟩: **1. a)** *durch Fressen, Nagen verursachen:* die Mäuse haben ein Loch [durch das Brett] durchgefressen; **b)** *(von Ungeziefer) durch Fraß zerstören:* die Motten haben das Gewebe durchgefressen; **c)** *(von bestimmten chemischen Stoffen) durch zersetzende Einwirkung zerstören:* der Rost hat das Blech durchgefressen. **2.** ⟨d. + sich⟩ **a)** *sich fressend einen Weg durch etw. bahnen:* der Wurm hat sich durch den ganzen Apfel durchgefressen; Ü der Brand fraß sich durch das ganze Haus durch; **b)** (ugs.) *bei anderen, auf Kosten anderer essen:* er frisst sich bei seinen Bekannten ungeniert durch; **c)** *etw., eine große Menge von etw. mühsam durcharbeiten:* einen Stoß von Akten d.

²durch|fres|sen ⟨Adj.⟩: *durch Ungeziefer od. durch zersetzende Einwirkung bestimmter Stoffe zerstört:* das Gewebe ist von Motten, von Säure d.

durch|fret|ten, sich ⟨sw. V.; hat⟩ (bayr. österr. ugs.): *sich ¹durchschlagen* (5 b).

durch|frie|ren ⟨st. V.; ist⟩: **a)** *vollständig gefrieren:* der See ist bis zum Grund durchgefroren; **b)** *völlig vor der Kälte durchdrungen werden, vor Kälte fast starr werden:* die Kinder waren ganz durchgefroren.

durch|fro|ren ⟨Adj.⟩: *ganz ausgekühlt, steif vor Kälte:* sie waren alle ganz d.

Durch|fuhr, die; -, -en (Wirtsch.): *Beförderung von Waren über ein drittes Staatsgebiet zu ihrem Bestimmungsland;* ¹*Transit.*

durch|führ|bar ⟨Adj.⟩: *sich durchführen* (2) *lassend:* ein leicht -er Plan; unser Vorhaben erwies sich als schwer d.; etw. ist technisch d. Dazu: **Durch|führ|bar|keit**, die; -.

durch|füh|ren ⟨sw. V.; hat⟩: **1. a)** *durch etw. führend* (1 a) *begleiten:* er hat uns [durch die ganze Ausstellung] durchgeführt; **b)** *durch einen bestimmten Bereich verlaufen:* die neue Autobahn führt mitten durch die Stadt durch. **2. a)** *(etw. Geplantes) in allen Einzelheiten verwirklichen:* im Vorhaben, einen Plan, einen Beschluss d.; **b)** *in der für das angestrebte Ergebnis erforderlichen Weise vornehmen, damit beschäftigt sein; ausführen:* eine Arbeit, eine Operation, Messungen d.; **c)** *bis zu Ende führen, konsequent einhalten u. vollenden:* etw. lässt sich auf die Dauer nicht d.; ein gut durchgeführter Gedankengang;

d) *stattfinden lassen, veranstalten:* eine Sammlung, Zählung d.

Durch|füh|rung, die; -, -en: **1.** *das Durchführen* (2): zur D. kommen/gelangen (Papierdt.; *durchgeführt werden*); etw. zur D. bringen (Papierdt.; *durchführen*). **2.** (Musik) *(in der Instrumentalmusik) Entwicklung u. Verarbeitung eines Themas u. seiner Motive.*

Durch|füh|rungs|be|stim|mung, die: *die zu einem Gesetz, einer Anordnung o. Ä. zusätzlich festgelegte Regelung der praktischen Anwendung.*

Durch|füh|rungs|ver|ord|nung, die: *Rechtsverordnung für die Durchführung eines Gesetzes.*

Durch|fuhr|ver|bot, das (Wirtsch.): *Verbot der Durchfuhr.*

durch|fur|chen ⟨sw. V.; hat⟩: *mit Furchen durchziehen:* das Land d.; Ü ein durchfurchtes Gesicht.

durch|fut|tern, sich ⟨sw. V.; hat⟩ (ugs.): ¹*durchfressen* (2 b).

durch|füt|tern ⟨sw. V.; hat⟩ (ugs.): **a)** *unter Schwierigkeiten über einen bestimmten Zeitraum ernähren, durchbringen:* sie musste ihre vier Kinder allein d.; **b)** *jmdn. (der sich nicht selbst ernähren kann od. will) vorübergehend mit ernähren, versorgen:* er lässt sich einfach von ihr d.

Durch|ga|be, die; -, -n: *das Durchgeben.*

Durch|gang, der; -[e]s, ...gänge: **1. a)** *das Durchgehen* (1 a): D. verboten; **b)** *Öffnung, Weg zum Durchgehen* (1 a): ein schmaler, ein öffentlicher D.; den D. versperren. **2.** *Phase eines mehrteiligen Geschehens, eines Gesamtablaufs:* der erste D. einer Versuchsreihe; der Kandidat kam erst im zweiten D. auf die nötige Stimmenzahl; die Stürmer vergaben im zweiten D. (Fußball; Spielsport) die besten Chancen.

durch|gän|gig ⟨Adj.⟩: *von Anfang bis Ende durchgehend, allgemein feststellbar:* ein -er Zug seines Stils; diese Meinung wird d. vertreten. Dazu: **Durch|gän|gig|keit**, die; -.

Durch|gangs|arzt, der: *Facharzt zur Beratung u. Untersuchung von Personen, die bei einem [Betriebs]unfall verletzt wurden.*

Durch|gangs|ärz|tin, die: w. Form zu ↑ Durchgangsarzt.

Durch|gangs|bahn|hof, der: *Bahnhof mit durchgehenden Hauptgleisen.*

Durch|gangs|la|ger, das ⟨Pl. ...lager⟩: *Lager zur vorübergehenden Unterbringung von Vertriebenen, Flüchtlingen u. a.*

Durch|gangs|sta|di|um, das: *Stadium des Übergangs:* er befindet sich in einem D. vom Jugendlichen zum Erwachsenen.

Durch|gangs|sta|ti|on, die: *Zwischenstation:* diese Prüfung war nur eine bedeutende D. in ihrem Leben.

Durch|gangs|stra|ße, die: *Straße, die einen Ort zwischen Ortseingang u. -ausgang durchquert.*

Durch|gangs|ver|kehr, der: **1.** *Durchfuhr.* **2. a)** *durch einen Ort führender Verkehr:* die Straße ist für den D. gesperrt; **b)** *(im Güterverkehr auf Eisenbahnen) Verkehr vom Ausland zum Ausland.*

Durch|gangs|zen|t|rum, das (schweiz.): *zentrale Einrichtung, Stelle zur vorübergehenden Unterbringung von Asylsuchenden.*

Durch|gangs|zim|mer, das: *Raum in einer Wohnung, den man durchqueren muss, um in einen anderen Wohnraum zu gelangen, der aber zugleich auch als Zimmer genutzt wird.*

durch|ga|ren ⟨sw. V.⟩: **a)** ⟨hat⟩ *durch u. durch gar werden lassen:* du hast das Gemüse nicht genug durchgegart; **b)** ⟨ist⟩ *durch u. durch gar werden:* der Braten ist durchgegart.

durch|gä|ren ⟨sw. u. st. V.; gärte/(auch:) gor durch, hat/ist durchgegoren/(seltener:) durchgegärt⟩: *vollständig gären:* der Most gärt durch; durchgegorener Wein.

durch|gau|nern, sich ⟨sw. V.; hat⟩ (ugs.): *sich mit kleinen Gaunereien, Unredlichkeiten durchschlagen:* du hast dich immer durchgegaunert.

durch|ge|ben ⟨st. V.; hat⟩: *(eine Nachricht) direkt übermitteln, mitteilen:* eine Meldung telefonisch, per Handy, über den Rundfunk d.

durch|ge|hen ⟨unr. V.; ist⟩: **1. a)** *durch etw. gehen:* er ist gerade vor Ihnen [durch die Tür] durchgegangen; wir sind durch den Bach durchgegangen (haben ihn durchquert); **b)** (ugs.) *durch eine enge Stelle, Öffnung bewegt, gebracht werden können:* ob das Klavier [durch die schmale Tür] durchgeht?; **c)** *durch etw.* ¹*durchdringen* (1): der Regen geht [durch meine Jacke] durch. **2. a)** *direkt bis zu einer bestimmten Station fahren:* der Zug geht bis München durch; ein durchgehender Zug (Zug, mit dem man direkt, ohne umzusteigen, das zum eigentlichen Reiseziel gefahren werden kann); **b)** *ohne [größere] Pause andauern:* die Sitzung geht bis zum Abend durch; **c)** *bis zu einem bestimmten Punkt, bis zum Ende von etw. verlaufen:* der Weg geht [bis zum Flussufer] durch. **3.** *bis zu einem bestimmten Punkt auf dem eingeschlagenen Weg o. Ä. weitergehen:* gehen Sie die Straße gerade durch bis zur Kirche; bitte im Wagen weiter d.! (aufrücken). **4. a)** *(von der dafür zuständigen Instanz) angenommen, bewilligt werden:* das Gesetz, der Antrag ist ohne Schwierigkeiten [im Parlament] durchgegangen; **b)** *hingenommen, nicht beanstandet werden:* diese Abweichung kann gerade noch d.; * [jmdm.] etw. d. lassen *(etw. [was jmd. tut od. getan hat] mit Nachsicht behandeln, nicht beanstanden od. bestrafen):* der Schiedsrichter hätte das Foul nicht d. lassen dürfen; sie lässt [den Kindern] alle Unarten d.; **c)** *für besser, jünger, neuer, etw. anderes gehalten werden, als es der Wirklichkeit entspricht:* sie geht glatt für 30 durch. **5.** *[in allen Einzelheiten] prüfend lesen, durchsehen [u. besprechen]:* etw. Punkt für Punkt, Wort für Wort d.; der Lehrer ist die Arbeit mit den Schülern durchgegangen; Da sitzt der Alte, der geht mit Sodemann die Post durch (Kempowski, Zeit 266). **6. a)** *(von Zug- od. Reittieren) in einer Fluchtreaktion wild davonstürmen:* die Pferde gingen [mit dem Wagen] durch; Ü sein Temperament ist mit ihm durchgegangen (er hat darüber die Kontrolle verloren); **b)** (ugs.) *mit fremdem Besitz heimlich einen Ort verlassen:* der Bote ist mit dem Geld, mit der Kasse durchgegangen; **c)** (ugs.) *seinen [Ehe]partner mit einem anderen heimlich verlassen:* seine Frau ist ihm durchgegangen.

durch|ge|hend ⟨Adj.⟩: **1.** *ohne räumliche Unterbrechung:* eine -e Linie; -e Verkehrsverbindungen; der Platz wurde d. mit Steinen aus Granit gepflastert. **2.** *ohne zeitliche Unterbrechung:* ein -es Beschäftigungsverhältnis; -e Handlung eines Theaterstücks; die Geschäfte sind d. [von 9 bis 18 Uhr] geöffnet. **3.** *konsequent durchgehalten:* das -e Thema der Festspiele war die zeitgenössische Klaviermusik.

durch|geis|tigt ⟨Adj.⟩ (geh.): *von geistiger Arbeit geprägt u. verfeinert:* ein -es Gesicht.

durch|ge|knallt ⟨Adj.⟩: ↑ *durchknallen* (1).

durch|ge|stal|ten ⟨sw. V.; hat⟩: *vollständig, bis ins Einzelne gestalten:* ein Motiv, ein Thema künstlerisch d. Dazu: **Durch|ge|stal|tung**, die; -, -en.

durch|ge|stylt ⟨Adj.⟩: ↑ *durchstylen.*

¹durch|glie|dern ⟨sw. V.; hat⟩: *(eine [schriftliche] Darlegung o. Ä.) bis ins Einzelne gliedern, in einzelne, in sich geschlossene Abschnitte, Gedankenschritte unterteilen:* einen Vortrag d.; ein gut durchgegliederter Aufsatz.

²durch|glie|dern ⟨sw. V.; hat⟩: ¹*durchgliedern:* sie hat den Aufsatz nicht richtig durchgliedert.

¹durch|glü|hen ⟨sw. V.⟩: **1.** ⟨hat⟩ *vollständig, bis ins Innerste zum Glühen bringen:* Eisen, Metall d. **2.** ⟨ist⟩ *vollständig, durch u. durch glühen:* die Kohlen sind noch nicht ganz durchgeglüht. **3.** ⟨ist⟩ *durch zu starke Hitze-, Strombelastung entzweigehen:* die Heizspirale ist durchgeglüht.

²durch|glü|hen ⟨sw. V.; hat⟩ (dichter.): *mit Glut erfüllen:* der Himmel war von der Abendsonne durchglüht; Ü Begeisterung durchglühte die jungen Menschen.

durch|gra|ben ⟨st. V.; hat⟩: **1.** *durch etw. graben:* ein Tunnel wurde [durch den Berg] durchgegraben. **2.** ⟨d. + sich⟩ *sich grabend einen Weg durch etw. bahnen:* die Maulwürfe haben sich durchgegraben.

durch|grei|fen ⟨st. V.; hat⟩: **1.** *durch etw. hindurchgreifen:* durch den engmaschigen Zaun kann man nicht d. **2.** *drastische Maßnahmen ergreifen, energisch einschreiten:* die Polizei griff [hart, energisch gegen die Demonstranten] durch; durchgreifende *(einschneidende)* Änderungen; die Polizei griff energisch gegen die Schutzgelderpresser durch.

Durch|griff, der (Politik, Wirtsch.): *kontrollierender, Einfluss nehmender Zugriff:* der Vorstand wehrte sich gegen -e der Politik auf die Unternehmensführung. Dazu: **Durch|griffs|recht**, das.

durch|grünt ⟨Adj.⟩: *Pflanzen, Gärten, Parks aufweisend:* -e Stadtviertel.

durch|gu|cken ⟨sw. V.; hat⟩ (ugs.): *durchblicken (1), durchblicken (2).*

durch|ha|ben ⟨unr. V.; hat⟩ (ugs.): **1.** *sich von Anfang bis Ende mit etw. befasst, es durchgelesen, durchgearbeitet haben:* ein Buch, eine Lektion d. **2.** *(durch Schneiden, Sägen) in zwei Teile zerteilt haben:* er hat den Ast endlich durch. **3.** *durch etw. hindurchbewegt haben:* habt ihr den Schrank jetzt [durch die Tür] durch?

durch|ha|cken ⟨sw. V.; hat⟩: *in zwei Teile hacken:* einen Holzklotz d.

durch|halt|bar ⟨Adj.⟩: *sich durchhalten (b) lassend:* diese Politik ist auf Dauer nicht d.

durch|hal|ten ⟨st. V.; hat⟩: **a)** *ausharren, nicht aufgeben:* wir müssen [bis zum Schluss] d.; **b)** *aushalten, durchstehen:* einen Kampf, einen Streik d.; die Belastung halte ich [gesundheitlich] nicht durch.

Durch|hal|te|pa|ro|le, die: *Parole, die dazu auffordert, in einer [offensichtlich aussichtslosen] Sache um jeden Preis durchzuhalten.*

Durch|hal|te|ver|mö|gen, das; -s: *Vermögen, Kraft zum Durchhalten.*

Durch|hal|te|wil|le, der; -ns, **Durch|hal|te|wil|len**, der; -s: *Wille, etw. durchzuhalten, zu überstehen:* eiserner D. führte uns zum Erfolg.

durch|han|geln, sich ⟨sw. V.; hat⟩ (ugs.): *etw. mit Improvisation, ohne solide Absicherung erreichen, überstehen:* die beiden letzten Semester hatten wir uns gerade noch so durchgehangelt.

durch|hän|gen ⟨st. V.; hat⟩: **1.** *[in der Mitte] nach unten hängen, sich durchbiegen:* das Seil, das Brett im Regal hängt durch. **2.** ⟨hat⟩ *(einige Zeit) in schlechter körperlicher od. seelischer Verfassung, müde, abgespannt sein:* nach seinem Auftritt hängt er immer total durch.

Durch|hän|ger, der; -s, - (ugs.): *(zeitweilige) schlechte körperliche od. seelische Verfassung:* einen D. haben; Ü es gab bei der Sache ein paar D. *(Phasen, in denen vieles nicht ganz abließ).*

¹durch|hau|en ⟨unr. V.; hat⟩: **1.** ⟨hieb/(ugs.): haute durch, hat durchgehauen⟩ **a)** *in zwei Teile hauen:* er hieb den Ast mit der Axt durch; **b)** ⟨d. + sich⟩ *sich durch Hauen einen Weg bahnen:* wir hieben uns [durch das Dickicht] durch. **2.** ⟨haute durch; hat durchgehauen⟩ (ugs.) *(in Bezug auf elektrische Leitungen) zerstören:* der Blitz hat die Leitung durchgehauen; es hat die Sicherung durchgehauen.

²durch|hau|en ⟨unr. V.; durchhieb/(ugs.): durchhaute, hat durchhauen⟩: **1.** ↑ ¹*durchhauen* (1 a). **2.** (Forstwirtsch.) *durch Hauen einen Weg durch etw. bahnen:* den Wald d.; ein durchhauener Wald.

Durch|haus, das; -es, …häuser (österr.): *Haus mit einem Durchgang, der zwei Straßen verbindet.*

durch|he|cheln ⟨sw. V.; hat⟩: **1.** *(Flachs) durch die Hechel ziehen.* **2.** (ugs. abwertend) *sich über jmdn., etw. in spöttischer, boshafter Weise verbreiten:* die Nachbarn d.; die Affäre wurde in allen Zeitungen durchgehechelt; Dann wurde das Protzwesen der hiesigen Kaufleute durchgehechelt (Grass, Butt 307).

durch|hei|zen ⟨sw. V.; hat⟩: **a)** *gründlich heizen:* das ganze Haus d.; die Wohnung ist gut durchgeheizt; **b)** *(über einen bestimmten Zeitraum) ohne Unterbrechung heizen:* über Nacht, den Winter über d.

durch|hel|fen ⟨st. V.; hat⟩: **1.** *jmdm. helfen, durch etw. zu gelangen:* sie half mir durch die schmale Öffnung durch. **2.** *helfen, eine schwierige Situation zu bestehen; aus einer Notlage heraushelfen:* er hat seinem arbeitslosen Freund durchgeholfen.

durch|hol|len ⟨sw. V.; hat⟩ (Seemannsspr.): *(ein durchhängendes Tau o. Ä.) straff anziehen.*

durch|hör|bar ⟨Adj.⟩ (Musik): *in seiner Zusammensetzung akustisch erkennbar:* d. klare Partituren.

durch|hö|ren ⟨sw. V.; hat⟩: **a)** *durch etw. (eine Wand o. Ä.) hindurch hören:* im Nebenzimmer wurde so laut gesprochen, dass man alles d. konnte; **b)** *aus jmds. Worten heraushören:* man hörte [durch seine Worte] tiefe Verbitterung durch; **c)** *insgesamt, bis zum Ende anhören:* die neue CD der Philharmoniker d.

durch|hun|gern, sich ⟨sw. V.; hat⟩: *sich hungernd* ¹*durchschlagen* (5 b): ich habe mich mit meiner Familie [durch die schlechten Zeiten] durchgehungert.

durch|hu|schen ⟨sw. V.; ist⟩: *durch etw. hindurchhuschen:* bevor die Tür zufiel, konnte sie gerade noch d.

durch|ir|ren ⟨sw. V.; hat⟩: *irrend durchstreifen, durchqueren.*

durch|ixen ⟨sw. V.; hat⟩ (ugs.): *durch Überschreiben mit dem Buchstaben x ungültig, unleserlich machen:* ein Wort d.

durch|ja|gen ⟨sw. V.; hat⟩: **a)** *durch etw. jagen* (3 a), *treiben:* die Tiere [durch das Buschwerk] d.; **b)** *mit höchster Eile behandeln, bearbeiten:* einen Auftrag d.

durch|kal|ku|lie|ren ⟨sw. V.; hat⟩: *[genau, detailliert] kalkulieren:* das Projekt wurde solide durchkalkuliert.

¹durch|käm|men ⟨sw. V.; hat⟩: **1.** *gründlich, kräftig kämmen:* die Haar d. **2.** ²*durchkämmen:* die Polizei hat das gesamte Gelände ergebnislos durchgekämmt.

²durch|käm|men ⟨sw. V.; hat⟩: *in einem größeren Einsatz gründlich u. systematisch* ²*durchsuchen* (a): die Polizei hat das Waldstück mehrmals durchkämmt.

durch|kämp|fen ⟨sw. V.; hat⟩: **1.** *über einen bestimmten Zeitraum ohne Unterbrechung kämpfen:* die Soldaten hatten drei Tage und drei Nächte durchgekämpft. **2.** *gegen starke Widerstände mit großem Einsatz u. großer Beharrlichkeit durchsetzen:* sein Recht d. **3.** ⟨d. + sich⟩ **a)** *sich mit großer Anstrengung, Mühe einen Weg bahnen:* sich [durch die Menge] zum Ausgang d.; **b)** *unter großen Mühen seine Existenz behaupten:* sie hat sich in der Nachkriegszeit, im Leben [hart, mühsam] d. müssen; **c)** *sich nach inneren Kämpfen zu etw. entschließen; sich durchringen:* er hat sich dazu durchgekämpft, seinen Plan aufzugeben.

durch|kau|en ⟨sw. V.; hat⟩: **1.** *gründlich kauen:* frisches Brot gut d. **2.** (ugs.) *ausführlich, bis zum Überdruss behandeln, besprechen:* ein Thema, eine Lektion d.

¹durch|klet|tern ⟨sw. V.; ist⟩: *durch eine Öffnung klettern:* ich bin [durch das Fenster] durchgeklettert.

²durch|klet|tern ⟨sw. V.; hat⟩: *kletternd zurücklegen, bewältigen, überwinden:* sie durchkletterten die Nordwand.

durch|kli|cken, sich ⟨sw. V.; hat⟩ (EDV): *die Maustaste so oft klickend betätigen, bis das gewünschte Internetangebot aufgefunden ist:* sich mühsam d.; ich klickte mich durch.

¹durch|klin|gen ⟨st. V.; hat⟩: **a)** ⟨ist⟩ *vor anderen Klängen hervorstechen, besonders deutlich hörbar sein:* seine Stimme klang am lautesten durch; **b)** *andeutungsweise zum Ausdruck kommen, mitschwingen:* durch seine Worte klang Unsicherheit durch.

²durch|klin|gen ⟨st. V.; hat⟩ (geh.): *mit Klängen erfüllen:* immer hatte Musik das Haus durchklungen.

durch|knal|len ⟨sw. V.; ist⟩ (ugs.): **1.** *den Verstand, die Nerven verlieren:* sie betäuben sich mit Alkohol, um nicht ganz durchzuknallen; ⟨meist im 2. Part.:⟩ lauter durchgeknallte Typen. **2.** *(von Sicherungen) durchbrennen (1 a):* die Sicherung ist durchgeknallt.

durch|kne|ten ⟨sw. V.; hat⟩: **a)** *gründlich kneten:* den Teig d.; **b)** (ugs.) *[kräftig] massieren:* jmdn. d.; seine Muskeln mussten durchgeknetet werden.

durch|knöp|fen ⟨sw. V.; hat⟩: *von oben bis unten zuknöpfen:* das Hemd d.; ⟨meist im 2. Part.:⟩ ein durchgeknöpftes Kleid *(ein Kleid, das sich von oben bis unten knöpfen lässt).*

durch|ko|chen ⟨sw. V.; hat⟩: *gründlich kochen:* das Ganze gut d.

durch|kom|men ⟨st. V.; ist⟩: **1.** *trotz räumlicher Behinderung durch einen Raum, Ort o. Ä. zum Ziel gelangen:* wir hatten Mühe [durch die Innenstadt] durchzukommen; ⟨subst.:⟩ ein Durchkommen ist hier nicht möglich. **2.** (ugs.) *eine telefonische Verbindung bekommen:* er kam [mit seinem Anruf] nicht durch. **3.** (ugs.) *durchgesagt, bekannt gegeben werden:* diese Meldung, Nachricht kam gerade durch. **4.** *auf seinem Weg durch einen Ort o. Ä. kommen, ohne dort Halt, Station zu machen:* um 5 Uhr muss der ICE nach München [hier] d. **5.** (ugs.) ¹*durchdringen* (1): der Regen kommt [durch die Zimmerdecke] durch; die Sonne kommt [durch die Wolken] durch; Ü manchmal kommt der Lehrer bei ihm durch (merkt man ihm an, dass er von Beruf Lehrer ist). **6. a)** *sein Ziel erreichen, Erfolg haben:* im Leben d.; mit Ausflüchten kommst du bei mir nicht durch; mit Englisch kommt man überall durch *(kann man sich überall verständigen);* **b)** *innerhalb eines vorgegebenen Zeitraums bewältigen:* wir sind mit dem Lehrstoff nicht ganz durchgekommen; **c)** *nicht mehr als das nötigsten Mittel zum Leben haben; auskommen:* sie kommt [mit ihrer Rente] kaum durch. **7.** (ugs.) **a)** *eine gefährliche, bedrohliche Situation überstehen, sich retten:* sie hoffen, unentdeckt, heil durchzukommen; **b)** *eine lebensgefährliche Krankheit überstehen:* der Patient ist durchgekommen; **c)** *bei einer Prüfung, Wahl o. Ä. erfolgreich sein:* nur die ersten drei Kandidatinnen kamen durch.

durch|kom|po|nie|ren ⟨sw. V.; hat⟩: **1.** *im Einzelnen durchgestalten:* einen Roman streng d. **2.** (Musik) *die einzelnen Strophen eines Gedichtes durchgehend, ohne Wiederholungen vertonen:* ein Lied d.

durch|kön|nen ⟨unr. V.⟩ (ugs.): vgl. durchdürfen.

durch|kon|s|t|ru|ie|ren ⟨sw. V.; hat⟩ (bes. Technik): *bis in die Einzelheiten konstruieren:* eine Maschine sorgfältig d.

durch|kop|peln ⟨sw. V.; hat⟩ (Sprachwiss.): *durchgehend koppeln* (3).

¹**durch|kos|ten** ⟨sw. V.; hat⟩ (geh.): **1.** *(alles Vorhandene od. eine größere Menge von Gleichartigem) der Reihe nach kosten:* ich habe alle Weinsorten durchgekostet. **2.** *in seinem ganzen Ausmaß erleiden:* die Qualen der Ungewissheit d. müssen.

²**durch|kos|ten** ⟨sw. V.; hat⟩ (geh.): *in seinem ganzen Ausmaß genießen:* sie hatten alle Freuden dieses Lebens durchkostet.

¹**durch|kra|men** ⟨sw. V.; hat⟩ (ugs.): *kramend* ²*durchsuchen* (a): er kramte die Schublade durch.

²**durch|kra|men** ⟨sw. V.; hat⟩ (ugs.): ¹*durchkramen:* er durchkramte die Schublade.

¹**durch|kreu|zen** ⟨sw. V.; hat⟩: *mit einem Kreuz* (1 a) ¹*durchstreichen* (1): Nichtzutreffendes bitte d.

²**durch|kreu|zen** ⟨sw. V.; hat⟩: **1.** (geh.) *kreuz u. quer* ²*durchfahren* (1 a), ²*durchwandern:* Länder, einen Erdteil, den Ozean d. **2.** *[durch entsprechende Gegenmaßnahmen] behindern, vereiteln:* jmds. Absichten, Überlegungen d.

Durch|kreu|zung, die: *das* †²*Durchkreuzen* (1); *das Durchkreuztwerden.*

¹**durch|krie|chen** ⟨st. V.; ist⟩: *durch etw. kriechen:* der Flüchtling ist [hier, unter dem Zaun] durchgekrochen.

²**durch|krie|chen** ⟨sw. V.; hat⟩: *kriechend durchqueren:* er hat das ganze Gelände durchkrochen.

durch|krie|gen ⟨sw. V.; hat⟩ (ugs.): *durchbekommen.*

durch|la|den ⟨st. V.; hat⟩: *eine Patrone durch Betätigen des Verschlusses aus dem Magazin in den Lauf bringen u. damit die Waffe schussbereit machen:* ein Gewehr d.; er lud durch und schoss.

durch|lan|gen ⟨sw. V.; hat⟩ (ugs.): *durch eine Öffnung durchgreifen:* durch das Loch d.

Durch|lass, der; -es, ...lässe: **1.** (geh.) *Möglichkeit, eine bestimmte Stelle o. Ä. zu passieren:* jmdm. D. gewähren, verschaffen. **2.** *Stelle, die im Durchgehen durch etw. Hinderndes ermöglicht; Durchgang, der durch eine Mauer, einen Bahndamm o. Ä. hindurchführt:* ein schmaler, enger, bequemer D.

durch|las|sen ⟨st. V.; hat⟩: **1.** *(in Bezug auf eine Absperrung, eine Grenze o. Ä.) durchgehen, -fahren, passieren lassen:* jmdn. [durch ein Tor] d.; würden Sie mich bitte d.?; er wurde von dem Posten nicht durchgelassen; Man lässt keine Fremden mehr nach Oran. – Unsereins lässt Spanien nicht durch (Seghers, Transit 55). **2.** ¹*durchdringen* (1) *lassen, für etw. durchlässig sein:* der Vorhang lässt [kein] Licht durch. **3.** *(Ballspiele) (vom Torwart) den Ball ins Tor gehen lassen, nicht halten.*

durch|läs|sig ⟨Adj.⟩: **1.** *flüssige od. gasförmige Stoffe* ¹*durchdringen* (1) *lassend; undicht:* die Membranen sind d. **2.** *(von einem abgeschlossenen System o. Ä.) einen Austausch, Wechsel, Wandel o. Ä. ermöglichend:* das Schulwesen sollte -er gestaltet werden.

Durch|läs|sig|keit, die; -, -en: *durchlässige Beschaffenheit.*

Durch|laucht, die; -, -en [frühnhd. Substantivierung von mhd. (md.) durchlúht (für gleichbed. lat. perillustris), 2. Part. von: durchliuhten = durchleuchten, durchstrahlen]: **a)** *Titel u. Anrede für Angehörige des hohen Adels im Rang von Fürsten:* D., Sie haben mich falsch verstanden; Seine D., der Fürst; Ihre D., die Prinzessin; **b)** *Träger des Titels »Durchlaucht«* (a): D. ist ausgeritten.

durch|lauch|tig ⟨Adj.⟩ [mhd. durchliuhtec = durchstrahlend, hell leuchtend] (geh.): *fürstlich; erhaben:* -e Herren; -ste Herrschaften.

Durch|lauf, der; -[e]s, ...läufe: **1. a)** *das* ¹*Durchlaufen* (1 b): das Wasser wird in zwei Durchläufen auf über 50 °C erhitzt; **b)** (EDV) *das Ablaufen eines Programms im Computer von Anfang bis Ende.* **2.** (Rundfunk, Fernsehen) **a)** *das Vorspielen eines aufgenommenen Beitrages vor der Instanz, die die Sendeerlaubnis erteilt:* nach dem D. erhob der Intendant Einspruch; **b)** *das vorherige Durchproben, Durchspielen vor der eigentlichen Livesendung:* trotz einiger Proben missglückte der erste D. ziemlich. **3.** (Sport) *Durchgang* (2): ein kurzer Abfahrtslauf mit zwei Durchläufen.

¹**durch|lau|fen** ⟨st. V.⟩: ⟨ist⟩ **a)** *sich laufend* (1 a) *durch, zwischen etw. hindurchbewegen:* er lief einfach [durch die Absperrung] durch; **b)** *(von flüssigen Stoffen) sich laufend* (9) *durch etw. hindurchbewegen; durchrinnen, durchsickern:* der Kaffee ist noch nicht ganz [durch den Filter] durchgelaufen. **2.** ⟨ist⟩ *laufend durchkommen* (4): sie ist eben hier durchgelaufen. **3.** *(eine bestimmte Zeit, Strecke) ohne Unterbrechung laufen:* wir sind vier Stunden, bis zum nächsten Dorf durchgelaufen. **4.** ⟨ist⟩ (Ballspiele) *an der gegnerischen Abwehr vorbeilaufen, sie überlaufen:* der Mittelstürmer lief frei durch. **5.** ⟨hat⟩ *durch vieles Laufen verschleißen:* er hat die Schuhe durchgelaufen; durchgelaufene Sohlen. **6.** ⟨ist⟩ *(von Bauteilen u. Ä.) von einem bis zur anderen Seite einer Wand, Fassade o. Ä.* ¹*durchgehen* (2 c): der Fries läuft unterhalb der Fenster durch; ⟨meist im 1. Part.:⟩ ein durchlaufendes Sims.

²**durch|lau|fen** ⟨st. V.; hat⟩: **1.** *(eine bestimmte Strecke) laufend* (1 a) *zurücklegen:* er durchlief die 800 m in weniger als zwei Minuten. **2. a)** *(ein Gebiet) laufend* (1 a) *durchqueren:* die ganze Stadt, den Wald d.; **b)** *sich durch etw. hindurchbewegen:* die Flüssigkeit durchläuft ein Kühlsystem. **3.** (geh.) *(von Empfindungen, Gemütsbewegungen) plötzlich durch den ganzen Körper hindurch spürbar werden:* ein Schauder durchlief mich. **4.** *hinter sich bringen, absolvieren* (1 a): sie hat alle kaufmännischen Abteilungen durchlaufen. **5.** *(einem Ablauf, Prozess o. Ä.) unterzogen werden:* das Projekt hat viele Stadien durchlaufen; das Produkt durchläuft mehrere Qualitätskontrollen, ehe es das Werk verlässt.

Durch|lauf|er|hit|zer, der: *mit Gas od. Elektrizität betriebenes Gerät, in dem Wasser beim Durchlaufen erhitzt wird.*

Durch|lauf|pro|be, die (Theater): *Probe, bei der ein Stück ohne Unterbrechung ganz gespielt wird.*

durch|la|vie|ren, sich ⟨sw. V.; hat⟩ (ugs.): *sich unter Ausnutzung aller Vorteile geschickt durchbringen:* er laviert sich so durch.

durch|le|ben ⟨sw. V.; hat⟩: *(eine bestimmte Zeit, eine Situation) von Anfang bis Ende erleben:* sie durchlebten bittere Tage.

durch|lei|den ⟨unr. V.; hat⟩ (geh.): *(eine bestimmte Zeit, Situation) leidend durchleben:* eine schreckliche Zeit d. müssen.

durch|lei|ten ⟨sw. V.; hat⟩: *durch öffentliche u. private Grundstücke durchleiten:* die Gesellschaft hat das Recht, den elektrischen Strom [durch dieses Gebiet] durchzuleiten. Dazu: **Durch|lei|tung**, die, -, -en; **Durch|lei|tungs|ge|bühr**, die; **Durch|lei|tungs|kos|ten** ⟨Pl.⟩.

durch|le|sen ⟨st. V.; hat⟩: *von Anfang bis Ende, ganz lesen:* ich habe das Buch, den Brief [zweimal] durchgelesen.

♦ **Durch|leucht** [auch: ...ˈlɔyçt]: ↑ Durchlaucht.

...und denn musst' ich ja auch bei dem Lever zugegen sein und Seiner D. das Wetter verkünden (Schiller, Kabale I, 6).

¹**durch|leuch|ten** ⟨sw. V.; hat⟩: *mit seinem Licht durch etw.* ¹*durchdringen* (1): die Sonne leuchtet [durch die Vorhänge] durch.

²**durch|leuch|ten** ⟨sw. V.; hat⟩: **1.** *Lichtstrahlen, Röntgenstrahlen durch etw.* ¹*durchdringen* (1) *lassen, um das Innere zum Zweck einer Prüfung, Untersuchung sichtbar zu machen:* Eier elektrisch d.; sich vom Arzt d. lassen; ich ließ mir die Lunge d. **2.** *um Klarheit zu gewinnen, in allen Einzelheiten kritisch untersuchen, gründlich prüfen:* einen Fall, eine Angelegenheit bis ins Kleinste d.; eine Problematik [auf etw. hin] d.; jmds. Vergangenheit d.

Durch|leuch|tung, die; -, -en: *das* ²*Durchleuchten, bes. als ärztliche Untersuchung mit Röntgenstrahlen.*

durch|lie|gen ⟨st. V.; hat⟩: **1.** *durch beständiges Daraufliegen verschleißen:* Matratzen d.; ein durchgelegenes Bett. **2.** ⟨d. + sich⟩ *sich wund liegen:* der Patient hat sich durchgelegen.

durch|lö|chern ⟨sw. V.; hat⟩: **1.** *viele Löcher in etw. machen:* eine Scheibe d. **2.** *auf etw. so einwirken, dass es nicht mehr fest in sich gefügt, nicht mehr stabil ist; schwächen:* ein staatliches System, Prinzipien d.

Durch|lö|che|rung, die; -: *das Durchlöchern.*

durch|lot|sen ⟨sw. V.; hat⟩ (ugs.): *durch eine schwierige Stelle lotsen* (1): ein Schiff durch die verengte Fahrrinne d.; Autofahrer [durch eine Stadt, bis zum Messegelände] d.

¹**durch|lüf|ten** ⟨sw. V.; hat⟩: *gründlich lüften:* sie hat die Wohnung gut durchgelüftet.

²**durch|lüf|ten** ⟨sw. V.; hat⟩: **1.** (selten) ¹*durchlüften.* **2.** (Fachspr.) *von frischer Luft* ²*durchziehen lassen:* das Erdreich d.; das Getreide muss gut durchlüftet werden.

Durch|lüf|tung, die; -, -en (Fachspr.): *das* ²*Durchlüften* (2).

durch|lü|gen, sich ⟨st. V.; hat⟩ (ugs.): *sich mit Lügen durchhelfen:* sich [mit Erfolg] durch alle Schwierigkeiten d.

durch|ma|chen ⟨sw. V.; hat⟩ (ugs.): **1.** ²*durchlaufen* (4): eine Entwicklung, eine Wandlung d. **2.** *eine Zeit lang einer schweren körperlichen, seelischen, wirtschaftlichen Belastung ausgesetzt sein; Schweres, Schwieriges o. Ä. durchleben:* Schreckliches d.; sie haben sehr viel, sehr schlimme Zeiten d. müssen. **3.** *in einer bestimmten Tätigkeit keine Pause machen, bis zum Schluss weitermachen:* wenn ich nicht fertig werde, muss ich das Wochenende d.; die Nacht d. *(nicht schlafen gehen).*

durch|mah|len ⟨unr. V.; hat⟩: *zum Zerkleinern durch eine Mühle* (1 b) *o. Ä. laufen lassen:* Mandeln, Nüsse d.

durch|ma|nö|v|rie|ren ⟨sw. V.; hat⟩: *durch eine schwierige Strecke, enge Stelle o. Ä. manövrieren:* ich versuchte, das Boot [durch die schmale Passage] durchzumanövrieren; Ü sich, seine Familie sicher durch alle Schwierigkeiten d.

Durch|marsch, der; -[e]s, ...märsche: **1.** *das Durchmarschieren:* die Truppen sind auf dem D. zur Grenze; Ü uns alle überraschte ihr D. ins Finale des Turniers *(ihr [rasches u.] niemals ernsthaft gefährdetes Erreichen des Finales).* **2.** ⟨o. Pl.⟩ (salopp) *Durchfall:* D. haben. **3.** (Skat) *Spiel beim Ramsch, bei dem die Mitspieler keinen Stich machen.*

durch|mar|schie|ren ⟨sw. V.; ist⟩: *marschierend, auf einem Marsch durchkommen* (4): die Truppen sind hier durchmarschiert; Ü die Mannschaft des Titelverteidigers wird wohl d. *(ihr Ziel [die Meisterschaft o. Ä.] problemlos erreichen).*

durch|men|gen ⟨sw. V.; hat⟩: *gründlich miteinan-*

durchmessen – durchrudern

der vermengen: die Zutaten zum Teig in einer Schüssel gut d.

¹durch|mes|sen ⟨st. V.; hat⟩: *durch Messen überprüfen, untersuchen:* alle elektrischen Komponenten des Gerätes wurden neu durchgemessen.

²durch|mes|sen ⟨st. V.; hat⟩: *in seinem Durchmesser ein bestimmtes Maß haben; messen* (2).

³durch|mes|sen ⟨st. V.; hat⟩ (geh.): *[schreitend] durchqueren:* einen Raum, ein Zimmer [mit großen Schritten] d.; eine Entfernung, eine Strecke schwimmend, laufend d.

Durch|mes|ser, der; -s, - [für †Diameter]: *gerade Linie, die durch den Mittelpunkt einer regelmäßigen ebenen od. räumlichen Figur geht* (Zeichen: *d* od. ∅): der D. beträgt 10 cm; den D. [in einen Kreis] einzeichnen; den D. [eines Kreises, einer Kugel] berechnen; der Krater hat einen D. von 22 Kilometern; etw. misst drei Meter im D.

¹durch|mi|schen ⟨sw. V.; hat⟩: *gründlich mischen:* die Zutaten, den Salat gut d.

²durch|mi|schen ⟨sw. V.; hat⟩: *mit einer Beimischung ²durchsetzen; ²untermischen:* der Kalk ist mit Sand durchmischt.

Durch|mi|schung, die; -, -en: *das ²Durchmischen; das Durchmischtsein.*

durch|mo|geln, sich ⟨sw. V.; hat⟩ (ugs.): *sich mit Mogeleien durchhelfen.*

durch|müs|sen ⟨unr. V.; hat⟩ (ugs.): vgl. durchdürfen.

¹durch|mus|tern ⟨sw. V.; hat⟩: *der Reihe nach prüfend ansehen, mustern, auf etw. hin ²durchsuchen* (a): er musterte die eingegangene Warensendung durch.

²durch|mus|tern ⟨sw. V.; hat⟩: *¹durchmustern:* wir durchmusterten unsere Vorräte.

¹Durch|mus|te|rung, die; -, -en: *das ¹Durchmustern.*

²Durch|mus|te|rung, die; -, -en: *das ²Durchmustern.*

◆ **durch|nach|ten** ⟨sw. V.; hat⟩: *übernachten:* Manchen Wald habe ich durchwandelt, … in mancher Mühle durchnachtet (Goethe, Was wir bringen 10).

¹durch|na|gen ⟨sw. V.; hat⟩: *in zwei Teile zernagen; durch Nagen zerstören:* Mäuse haben die Verpackung durchgenagt.

²durch|na|gen ⟨sw. V.; hat⟩: *¹durchnagen:* der Hamster durchnagte den Strick.

Durch|nah|me, die; - [zum 2. Bestandteil vgl. Abnahme]: *das Durchnehmen.*

durch|näs|sen ⟨sw. V.; hat⟩: *mit Nässe ²durchdringen* (2), *vollständig nass machen:* der Regen durchnässte sie; (meist im 2. Part.:) mit durchnässten Schuhen und Strümpfen.

durch|neh|men ⟨st. V.; hat⟩: *(einen Lehrstoff, ein [Unterrichts]thema o. Ä.) behandeln, durchsprechen:* eine neue Lektion, einen Schriftsteller [in der Schule, im Unterricht] d.; einen Lehrstoff mit den Schülern d.

◆ **durch|net|zen** ⟨sw. V.; hat⟩: *durchnässen:* … selbst das Zeichen derselben (= der priesterlichen Würde)… wird von dem giftigen Geifer durchnetzt (Lessing, Laokoon V).

durch|num|me|rie|ren ⟨sw. V.; hat⟩: *durchgehend, von Anfang bis Ende nummerieren:* Fragebogen, Seiten d. Dazu: **Durch|num|me|rie|rung,** die; -, -en.

durch|or|ga|ni|sie|ren ⟨sw. V.; hat⟩: *bis in alle Einzelheiten gründlich organisieren:* einen Betrieb d.; die Tagung war gut durchorganisiert.

durch|pas|sen ⟨sw. V.; hat⟩ (ugs.): *hindurchpassen.*

durch|pas|sie|ren ⟨sw. V.; hat⟩: *passieren* (3).

durch|pau|ken ⟨sw. V.; hat⟩ (ugs.): *mit Hartnäckigkeit od. Gewalt ¹durchsetzen* (1 a): Gesetze d.

durch|pau|sen ⟨sw. V.; hat⟩: *durch durchsichtiges Papier pausen:* eine Zeichnung d.

durch|peit|schen ⟨sw. V.; hat⟩: **1.** *mit einer Peitsche schlagen, auspeitschen:* Sklaven d. lassen. **2.** (ugs. abwertend) *in aller Schnelligkeit, ohne Eingehen auf Details durchbringen:* Gesetze, Beschlüsse [rücksichtslos] d.

durch|pen|nen ⟨sw. V.; hat⟩ (salopp): *¹durchschlafen.*

¹durch|pflü|gen ⟨sw. V.; hat⟩: *gründlich pflügen:* den Boden tief d.

²durch|pflü|gen ⟨sw. V.; hat⟩: *einen Bereich über eine längere Strecke aufwühlen, durchfurchen:* der Panzer durchpflügte die Getreidefelder.

durch|pla|nen ⟨sw. V.; hat⟩: *vollständig, bis ins Einzelne planen:* einen Ausbildungsgang d.

durch|pres|sen ⟨sw. V.; hat⟩: *durch etw., bes. ein Sieb u. Ä., pressen:* Kartoffeln durch ein Sieb d.

durch|pro|ben ⟨sw. V.; hat⟩: *von Anfang bis Ende proben* (a): eine Szene noch einmal d.

durch|pro|bie|ren ⟨sw. V.; hat⟩: *alles Vorhandene od. eine größere Menge von Gleichartigem der Reihe nach prüfend probieren* (1–3).

durch|prü|fen ⟨sw. V.; hat⟩: *[der Reihe nach] gründlich prüfen, kontrollieren:* ein elektrisches Gerät d.

durch|prü|geln ⟨sw. V.; hat⟩ (ugs.): *kräftig verprügeln.*

durch|pul|sen ⟨sw. V.; hat⟩ (geh.): *pulsend ²durchfließen, warm ²durchströmen:* Blut durchpulst die Adern; Ü vom Verkehr durchpulste Straßen.

durch|pus|ten ⟨sw. V.; hat⟩ (ugs.): *¹durchblasen* (1–3).

durch|put|zen ⟨sw. V.; hat⟩ (ugs.): *ein Zimmer, ein Haus o. Ä. ganz und gar [gründlich] putzen.*

durch|que|ren ⟨sw. V.; hat⟩: *sich gehend, fahrend o. ä. quer* (2) *durch einen Raum, Ort, ein Gebiet bewegen:* einen Raum, Erdteil, Fluss d.; Sie durchquerten eine Lichtung, wo am Rand sich Rehe aneinanderdrängten (Handke, Frau 104). Dazu: **Durch|que|rung,** die; -, -en.

durch|quet|schen ⟨sw. V.; hat⟩: **1.** *durch etw. quetschen* (1 a); *durchpressen.* **2.** ⟨d. + sich⟩ *sich durch etw. quetschen* (1 c); *durchdrängen:* sich zum Ausgang d.

¹durch|ra|deln ⟨sw. V.; ist⟩: **a)** *durch etw. hindurchradeln:* zwischen Bäumen d.; **b)** *vorüberradeln, radelnd passieren:* die beiden sind hier eben durchgeradelt.

²durch|ra|deln ⟨sw. V.; hat⟩: *radelnd durchqueren:* ein Gebiet d.

¹durch|ra|sen ⟨sw. V.; ist⟩: *sehr schnell, mit rasender Geschwindigkeit ¹durchfahren* (a,b), *¹durchlaufen* (1a, 2).

²durch|ra|sen ⟨sw. V.; hat⟩: *mit rasender Geschwindigkeit durchqueren:* eine schöne Gegend im Auto d.

durch|ras|seln ⟨sw. V.; ist⟩ (salopp): *¹durchfallen* (2 b).

durch|ra|ti|o|na|li|sie|ren ⟨sw. V.; hat⟩: *durch u. durch rationalisieren* (1 a, b).

durch|räu|chern ⟨sw. V.; hat⟩: *völlig, ganz und gar räuchern:* den Schinken gut d.

¹durch|rau|schen ⟨sw. V.; ist⟩: **1.** (ugs.) *¹durchfallen* (2 b). **2.** *durch einen Raum, Ort, ein Gebiet rauschen* (3).

²durch|rau|schen ⟨sw. V.; hat⟩ (dichter.): *mit Rauschen erfüllen.*

durch|rech|nen ⟨sw. V.; hat⟩: *von Anfang bis Ende, vollständig rechnen, durch Rechnen prüfen:* eine Aufgabe, die Kosten [noch einmal] d.

Durch|rech|nung, die; -, -en (österr.): **a)** *Berechnung der Höhe einer Pension auf der Grundlage des Verdienstes innerhalb eines mehrjährigen Zeitraumes vor der Pensionierung:* für Beamte beginnt durch die Pensionsreform erstmals eine D.; **b)** *Durchrechnungszeitraum:* Zeiten der Kindererziehung vermindern die D. um 3 Jahre pro Kind.

Durch|rech|nungs|zeit|raum, der (österr.): *Zeitraum, der bei der Durchrechnung* (a) *als Berechnungsgrundlage herangezogen wird.*

durch|re|gie|ren ⟨sw. V.; hat⟩: *sehr konsequent, ohne Rücksicht auf Widerstände u. alle Maßnahmen entschlossen durchsetzend regieren.*

durch|reg|nen ⟨sw. V.; hat; unpers.⟩: *(von Regen) ¹durchdringen* (1 a), *durchkommen:* in der Küche regnet es [durch das Dach] d.

durch|rei|ben ⟨sw. V.; hat⟩: *durch vieles Reiben abnützen, beschädigen:* [sich ⟨Dativ⟩] die Ärmel d.

Durch|rei|che, die; -, -n: *Öffnung in der Wand zwischen Küche u. [Ess]zimmer zum Durchreichen von Speisen, Geschirr.*

durch|rei|chen ⟨sw. V.; hat⟩: *durch eine Öffnung reichen:* Papiere [durch einen Schalter] d.

Durch|rei|se, die; -, -n: *das ¹Durchreisen* (1); *Durchfahrt:* auf der D. sein; eine Stadt [nur] von der D. kennen.

¹durch|rei|sen ⟨sw. V.; ist⟩: **1.** *reisend durch einen Ort, ein Gebiet kommen, ohne die Reise dort [länger] zu unterbrechen:* wir sind [durch Rom] nur durchgereist. **2.** *eine bestimmte Zeit, Strecke ohne Unterbrechung reisen:* sie sind [bis nach Berlin] durchgereist.

²durch|rei|sen ⟨sw. V.; hat⟩: *reisend durchqueren:* er hat die halbe Welt durchreist.

Durch|rei|sen|de, die/eine Durchreisende; der/einer Durchreisenden, die Durchreisenden/zwei Durchreisende: *weibliche Person, die sich auf der Durchreise befindet.*

Durch|rei|sen|der, der Durchreisende/ein Durchreisender; des/eines Durchreisenden, die Durchreisenden/zwei Durchreisende: *jmd., der sich auf der Durchreise befindet.*

Durch|rei|se|vi|sum, das: *Visum für Durchreisende; Transitvisum.*

durch|rei|ßen ⟨st. V.⟩: **1.** ⟨hat⟩ *in zwei Teile reißen:* ein Tuch, ein Papier [in der Mitte] d. **2.** ⟨ist⟩ *sich durch Reißen teilen:* der Faden ist durchgerissen.

¹durch|rei|ten ⟨sw. V.; ist⟩: **1. a)** *durch etw. reiten:* er ist durch den Bach durchgeritten; **b)** *reitend, auf einem Ritt durchkommen* (4): der Trupp ist hier eben durchgeritten. **2.** *(eine bestimmte Zeit, Strecke) ohne Unterbrechung reiten:* sie sind [die Nächte] durchgeritten.

²durch|rei|ten ⟨st. V.; hat⟩: *reitend durchqueren:* einen Wald d.

durch|rei|tern ⟨sw. V.; hat⟩ (österr.): *¹durchsieben.*

¹durch|ren|nen ⟨unr. V.; ist⟩: *schnell, mit großem Tempo ¹durchlaufen* (1a, 2).

²durch|ren|nen ⟨sw. V.; hat⟩: *rennend durchqueren.*

¹durch|rie|seln ⟨sw. V.; hat⟩: *durch etw. rieseln; sich rieselnd* (1) *hindurchbewegen:* Sand zwischen den Fingern d. lassen.

²durch|rie|seln ⟨sw. V.; hat⟩: *(von Gemütsbewegungen o. Ä.) jmdn. befallen, plötzlich erfüllen:* ein freudiger Schauer durchrieselte ihn.

durch|rin|gen, sich ⟨sw. V.; hat⟩: *sich unter Überwindung heftiger innerer Widerstände zu etw. entschließen:* sich zu einem Entschluss d.

durch|rin|nen ⟨st. V.; ist⟩: *durch etw. rinnen; (in geringerer Flüssigkeitsmenge) stetig u. langsam ¹durchfließen:* ein Bächlein rinnt zwischen den Felsen durch.

durch|rol|len ⟨sw. V.; ist⟩: **a)** *durch, unter etw. hindurchrollen:* der Ball ist [unter dem Auto] durchgerollt; **b)** *ohne Halt irgendwohin rollen:* der Torwart ließ den Ball d.

durch|ros|ten ⟨sw. V.; ist⟩: *von Rost gänzlich zerfressen, durch Rost zerstört werden:* das Rohr ist durchgerostet.

Durch|ros|tung, die; -, -en: *das Durchrosten:* eine Garantie gegen D.

durch|ru|dern ⟨sw. V.; hat⟩: *rudernd durchqueren:* den See d.

durch|ru|fen ⟨st. V.; hat⟩ (ugs.): *eine Telefonverbindung mit jmdm. herstellen.*
durch|rüh|ren ⟨sw. V.; hat⟩: **1.** *gründlich umrühren:* die Masse gut d. **2.** *unter Rühren durchpassieren:* die Haferflocken [durch das Sieb] d.
durch|rut|schen ⟨sw. V.; ist⟩ (ugs.): **1.** *sich rutschend durch, zwischen etw. hindurchbewegen:* zwischen zwei Platten d.; Ü diese Bemerkung ist ihr bloß so durchgerutscht *(unbeabsichtigt entschlüpft).* **2.** *ohne Beanstandung durchkommen:* bei der Prüfung, Kontrolle gerade noch d. **3.** ²*unterlaufen* (1): einige Fehler sind ihr durchgerutscht.
durch|rüt|teln ⟨sw. V.; hat⟩: *heftig rütteln* (1): der alte Bus hat uns ganz schön durchgerüttelt.
durchs ⟨Verschmelzung von Präp. + Art.⟩: *durch das:* d. Haus laufen; d. Examen fallen; nicht auflösbar in festen Verbindungen: für jmdn. d. Feuer gehen.
durch|sä|beln ⟨sw. V.; hat⟩ (salopp): *ungeschickt, unsachgemäß* ¹*durchschneiden:* einen Braten d.
durch|sa|cken ⟨sw. V.; ist⟩ (Fliegerspr. Jargon): *(vom Flugzeug) plötzlich an Höhe verlieren, nach unten* ²*sacken* (a).
Durch|sa|ge, die; -, -n: *über Rundfunk, Fernsehen od. fernmündlich durchgegebene Mitteilung:* eine D. des Kriminalpolizei, des Wetteramtes; eine D. bringen; Ende der D.!
durch|sa|gen ⟨sw. V.; hat⟩: **1.** *über Lautsprecher, Rundfunk, Fernsehen od. Telefon mitteilen:* den Wetterbericht, die Sportergebnisse d. **2.** *(eine Mitteilung) von Person zu Person weitergeben:* die Parole d.
durch|sä|gen ⟨sw. V.; hat⟩: *in zwei Teile sägen:* einen Stamm d.
Durch|satz, der; -es, ...sätze [zu veraltet durchsetzen = das zerkleinerte Erz durchsieben, im Ofen ausschmelzen]: **1.** (Fachspr.) *in einer bestimmten Zeit eine bestimmte Anlage durchlaufende Stoffmenge:* eine Rohölverarbeitung mit einem D. von 2 Millionen Tonnen im Jahr. **2.** (EDV) *Zahl der pro Zeiteinheit verarbeiteten Anweisungen od. übertragenen Daten.*
Durch|satz|ra|te, die (EDV): Durchsatz (2).
durch|säu|ern ⟨sw. V.; hat⟩: **1.** *(eine Speise) ganz und gar sauer machen:* Teig d.; Ü Konflikte durchsäuern die Familie. **2.** ⟨ist⟩ *ganz und gar sauer werden:* der Sauerteig war durchsäuert.
¹**durch|sau|fen** ⟨st. V.; hat⟩ (derb): **1.** *kräftig trinkend* ¹*durchfeiern:* sie haben [bis zum Morgen] durchgesoffen. **2.** ⟨d. + sich⟩ *auf Kosten anderer [viel] Alkohol trinken:* der Kerl säuft sich überall durch.
²**durch|sau|fen** ⟨st. V.; hat⟩ (derb): *(eine bestimmte Zeit) kräftig trinkend verbringen:* eine durchsoffene Nacht.
durch|sau|sen ⟨sw. V.; ist⟩ (ugs.): **1.** ¹*durchrasen.* **2.** ¹*durchfallen* (2 b).
durch|schal|ten ⟨sw. V.; hat⟩: **1.** (Technik) **a)** *die Schaltung mehrerer Schaltelemente ganz durchführen, Strom bis zum Endpunkt durchleiten:* eine Telefonleitung d.; **b)** *durch die Schaltung mehrerer Schaltelemente bis zu einem Endpunkt leiten, übermitteln:* ein Signal d. **2.** (Motorsport) *schnell hochschalten.*
durch|schau|bar ⟨Adj.⟩: **a)** *sich* ²*durchschauen* (a) *lassend:* leicht -e Motive, Vorwände; seine Handlungsweise ist schwer d.; **b)** *begreiflich, verständlich:* schwer -e Gesetzestexte.
Durch|schau|bar|keit, die; -: *das Durchschaubarsein.*
¹**durch|schau|en** ⟨sw. V.; hat⟩ (landsch.): *durchsehen.*
²**durch|schau|en** ⟨sw. V.; hat⟩: **a)** *durch den äußeren Schein hindurch in seiner wahren Gestalt, in seinen verborgenen, vertuschten Zielsetzungen erkennen:* jmds. Absichten, Motive, jmds. Wesen d.; du bist durchschaut *(deine Absichten sind erkannt);* **b)** *verstehen, begreifen:* die Regeln sind nicht leicht zu d.; Aber das Wesentliche, nämlich des Mörders systematische Methode und sein ideelles Motiv, hatte Richis durchschaut (Süskind, Parfum 260).
durch|schau|ern ⟨sw. V.; hat⟩ (geh.): *mit einem* ¹*Schauer* (2, 3) *erfüllen.*
durch|schau|keln ⟨sw. V.; hat⟩ (ugs.): *durchrütteln.*
¹**durch|schei|nen** ⟨st. V.; hat⟩: *mit seinem Schein durch etw. durchdringen:* die Sonne schien [durch die Wolken] durch.
²**durch|schei|nen** ⟨st. V.; hat⟩: *mit seinem Schein erfüllen:* die Sonne durchschien das Zimmer.
durch|schei|nend ⟨Adj.⟩: *Licht* ¹*durchscheinen lassend; lichtdurchlässig:* ein -er Vorhang; das Porzellan ist d.
durch|scheu|ern ⟨sw. V.; hat⟩: *durch ständiges Scheuern, Reiben schadhaft machen:* die Ärmel, die Hose d.; durchgescheuerte Kabel.
durch|schie|ben ⟨st. V.; hat⟩: *durch eine Öffnung schieben:* einen Brief durch den Briefkastenschlitz, unter der Tür d.
¹**durch|schie|ßen** ⟨st. V.; hat⟩: *durch eine Öffnung schießen:* durch eine Scharte d.
²**durch|schie|ßen** ⟨st. V.; hat⟩: **1.** *mit einem Schuss, mit Schüssen* ²*durchbohren:* der Kopf des Toten war von mehreren Kugeln durchschossen. **2.** (Buchbinderei) *zwischen die bedruckten Seiten eines Buches leere Seiten einfügen (für Korrekturen):* ein durchschossenes Exemplar. **3.** (Druckw.) *den Zeilenabstand vergrößern:* eine Seite d. **4.** (Textilind.) *in ein Gewebe ein farblich abstechendes Garn einschießen:* der Stoff war mit Silberfäden durchschossen. **5.** *(von Gedanken, Empfindungen o. Ä.) plötzlich* ²*durchfahren* (2): plötzlich durchschoss sie ein Gedanke.
durch|schim|mern ⟨sw. V.; hat⟩: **a)** *mit seinem Schimmer durch etw.* ¹*durchdringen* (1): der Schein einer Lampe schimmerte [durch den Vorhang] durch; ... sie erzählte von ihrer Operation, die Haare wuchsen ihr flaumig auf dem kahl durchschimmernden Schädel (Handke, Niemandsbucht 166); **b)** *andeutungsweise zum Ausdruck kommen, anklingen:* in seinen Worten schimmerte Misstrauen durch.
¹**durch|schla|fen** ⟨st. V.; hat⟩: *(einen bestimmten Zeitraum) ohne Unterbrechung schlafen:* das Baby hat [die ganze Nacht] durchgeschlafen.
²**durch|schla|fen** ⟨st. V.; hat⟩: *schlafend verbringen, hinbringen:* einen Nachmittag d.
Durch|schlag, der; -[e]s, ...schläge: **1.** *mit Kohlepapier hergestellte, meist maschinenschriftliche Kopie eines Schriftstücks:* einen Brief mit zwei Durchschlägen tippen. **2.** *schüsselförmiges Küchengerät aus Blech, Plastik o. Ä. mit durchlöchertem Boden zum Durchpassieren von etw.* **3.** (Kfz-Wesen) *Stelle, wo etw. den Reifen durchschlagen hat:* einen Reifen auf Durchschläge untersuchen.
¹**durch|schla|gen** ⟨st. V.⟩: **1.** ⟨hat⟩ **a)** *mit einem Schlag* ¹*durchtrennen, in zwei Teile schlagen:* einen Ziegelstein [mit einem Hammer] d.; **b)** *schlagend durch etw. treiben:* einen Nagel [durch ein Brett] d.; **c)** *eine Öffnung durch etw. schlagen:* eine Wand d.; **d)** *durch einen Durchschlag* (2) *pressen, streichen:* gekochte Kartoffeln d. **2.** ⟨hat⟩ *stark abführend wirken:* gedörrtes Obst schlägt [bei ihm] durch. **3.** ⟨ist⟩ *(von Sicherungen) durchbrennen:* die Sicherung ist durchgeschlagen. **4.** ⟨ist⟩ *durch ein Material* ¹*durchdringen* (1): die Feuchtigkeit schlägt [durch die Wände] durch; Ü Vielleicht überlegen Sie sich noch einen Grund, der völlig durchschlägt (Fallada, Blechnapf 260). **5.** ⟨d. + sich; hat⟩ **a)** *unter Überwindung von Hindernissen, Gefahren ein sicheres Ziel erreichen:* sich bis zur Grenze, durch das Kampfgebiet, zwischen den Fronten d.; **b)** *mühsam seine Existenz behaupten:* sie haben sich nach dem Krieg kümmerlich durchgeschlagen.
²**durch|schla|gen** ⟨st. V.; hat⟩: *mit einem Schlag* ²*durchdringen* (1) [u. dabei beschädigen od. zerstören]: ein Geschoss durchschlug den Kotflügel.
durch|schla|gend ⟨Adj.⟩ [zu ↑ ¹*durchschlagen* (4)]: *überzeugend, entscheidend:* -e Beweise; der Erfolg war d.
Durch|schlag|pa|pier, das: **1.** *beim Maschinenschreiben verwendetes dünnes Papier für Durchschläge* (1). **2.** *Kohlepapier.*
Durch|schlags|kraft, die ⟨o. Pl.⟩: **1. a)** *Kraft, mit der ein Geschoss o. Ä. etw.* ²*durchschlägt:* die D. einer Granate; **b)** (bes. Sport) *Kraft, mit der etw. od. jmd. durch etw. durchdringt:* der Mannschaft fehlte es an D. vor dem gegnerischen Tor. **2.** *Überzeugungskraft, Wirksamkeit:* Argumente von hoher D.
durch|schlags|kräf|tig ⟨Adj.⟩: *Durchschlagskraft besitzend, habend.*
durch|schlän|geln, sich sw. V.; hat: *sich durch etw. schlängeln* (2): sich durch die Reihen, zwischen den Tischen und Stühlen d.; Ü er hat sich sein Leben lang überall durchgeschlängelt *(hat Schwierigkeiten überall geschickt umgangen).*
¹**durch|schlei|chen** ⟨st. V.; ist⟩: *schleichend* (a) *durch etw. gelangen:* es glückte ihm [durch die Absperrung] durchzuschleichen; ⟨d. + sich; hat:⟩ sie hat sich durch den verbotenen Eingang durchgeschlichen.
²**durch|schlei|chen** ⟨st. V.; hat⟩: *schleichend* (a) *durchqueren:* auf Zehenspitzen durchschlichen sie das alte Gebäude.
durch|schlep|pen ⟨sw. V.; hat⟩ (ugs. emotional): **a)** *jmdm. unter Anstrengungen helfen, ein bestimmtes Leistungsziel zu erreichen:* die Klasse hat den Schüler bis zum Abitur [mit] durchgeschleppt; **b)** *unter eigenen Entbehrungen mit versorgen, unterhalten:* einen arbeitslosen Freund [mit] d.
durch|schleu|sen ⟨sw. V.; hat⟩: **1.** (Schifffahrt) *[ein Schiff] durch die Schleuse bringen.* **2.** *durch etw. schleusen* (3): jmdn. durch den Verkehr, durch feindliches Gebiet d.
Durch|schlupf, der; -[e]s, -e u. Durchschlüpfe: *Öffnung zum Durchschlüpfen.*
durch|schlüp|fen ⟨sw. V.; ist⟩: *sich schlüpfend* (1) *hindurchbewegen:* die Kinder sind hier, durch den Zaun durchgeschlüpft; Ü der Verbrecher ist der Polizei [zwischen den Fingern] durchgeschlüpft *(entkommen).*
durch|schme|cken ⟨sw. V.; hat⟩: *herausschmecken* (b).
durch|schmo|ren ⟨sw. V.; ist⟩ (ugs.): *durch übermäßige Hitzeentwicklung kaputtgehen:* ein Kabel, die Glühbirne ist durchgeschmort.
durch|schmug|geln ⟨sw. V.; hat⟩: *durch eine Absperrung, eine Kontrolle o. Ä. schmuggeln:* Flugblätter [durch die Werktore] d.
¹**durch|schnei|den** ⟨unr. V.; hat⟩: *in zwei Teile schneiden; schneidend durchtrennen:* das Brot in der Mitte d.; einen Bindfaden, den Telefondraht d.; mit durchgeschnittener Kehle.
²**durch|schnei|den** ⟨unr. V.; hat⟩: **a)** *schneidend* ²*durchtrennen:* er durchschnitt das Band, die Nabelschnur; mit durchschnittener Kehle; **b)** (geh.) *in einer scharfen Linie eine Fläche, einen Raum durchqueren,* ²*durchziehen* (3) *(u. dadurch optisch teilen):* das Schiff durchschneidet die ruhige See; ein von Wassergräben durchschnittenes Weideland.
Durch|schnitt, der; -[e]s, -e **1.** *aus mehreren vergleichbaren Größen errechneter Mittelwert* (b) *in Bezug auf Quantität od. Qualität:* der D. seiner Zensuren liegt bei 2,3; den D. ermitteln;

über, unter dem D. liegen; guter, unterer D. sein *(mit seinen Leistungen über, unter dem Durchschnitt liegen);* dafür benötigen wir im D. *(gewöhnlich, im Allgemeinen)* fünf bis sechs Wochen. **2.** *Mittelmaß als Bezugspunkt für eine Wertung:* diese Aufführung war nicht mehr als D., war bestenfalls D.; der Schüler gehört nur zum D. **3.** (Fachspr.) *Querschnitt:* den D. eines Hauses zeichnen. **4.** (Math.) *Durchschnittswert:* der D. von 8 und 4 ist 6.

durch|schnitt|lich ⟨Adj.⟩: **1.** *dem Durchschnitt (1) entsprechend, den Durchschnitt betreffend:* das -e Einkommen; die -e Lebenserwartung; ihre -e Leistung liegt bei 2,9; wir produzieren a. 2 000 Stück pro Tag; er ruft d. *(im Allgemeinen)* dreimal in der Woche an. **2.** *sich in nichts vom Durchschnitt (2) abhebend:* eine -e Begabung, Ehe; ein Mensch von -er Intelligenz.

Durch|schnitts-: drückt in Bildungen mit Substantiven häufig aus, dass jmd. oder etw. dem üblichen Mittelmaß entspricht und nichts Außergewöhnliches darstellt: Durchschnittshotel, -intelligenz, -patient.

Durch|schnitts|al|ter, das: *durchschnittliches (1) Alter:* das D. einer Gruppe.

Durch|schnitts|bür|ger, der: *Bürger, der den Durchschnitt der Bevölkerung repräsentiert, dessen Verhalten dem der Allgemeinheit entspricht.*

Durch|schnitts|bür|ge|rin, die: w. Form zu ↑Durchschnittsbürger.

Durch|schnitts|ein|kom|men, das: *durchschnittliches (1) Einkommen.*

Durch|schnitts|ge|schmack, der: *keine persönlichen Züge aufweisender Geschmack.*

Durch|schnitts|ge|schwin|dig|keit, die: *durchschnittliche (1) Geschwindigkeit.*

Durch|schnitts|ge|sicht, das: *Allerweltsgesicht.*

Durch|schnitts|leis|tung, die: *durchschnittliche (1, 2) Leistung.*

Durch|schnitts|mensch, der: vgl. Durchschnittsbürger.

Durch|schnitts|preis, der: *durchschnittlicher (1) Preis.*

Durch|schnitts|schü|ler, der: *Schüler mit durchschnittlichen (2) Leistungen.*

Durch|schnitts|schü|le|rin, die: w. Form zu ↑Durchschnittsschüler.

Durch|schnitts|tem|pe|ra|tur, die: *mittlere Temperatur.*

Durch|schnitts|ver|brauch, der: *durchschnittlicher (1) Verbrauch.*

Durch|schnitts|wert, der: *arithmetisches ¹Mittel (4); Mittelwert (a).*

¹durch|schnüf|feln ⟨sw. V.; hat⟩ (abwertend): ²*durchschnüffeln:* sie schnüffelten die Wohnung durch.

²durch|schnüf|feln ⟨sw. V.; hat⟩ *[heimlich] aus Neugier od. zur Kontrolle ²durchsuchen:* er durchschnüffelt die Container.

durch|schrei|ten ⟨sw. V.; hat⟩ (geh.): *schreitend durchqueren:* er durchschritt würdevoll den Saal.

Durch|schrift, die: -, -en: *mithilfe von speziellem Papier hergestellte, meist maschinenschriftliche Kopie eines Schriftstücks:* von einem Brief eine D. anfertigen, machen.

durch|schum|meln, sich ⟨sw. V.; hat⟩ (ugs.): *sich mit Schummeleien durchhelfen.*

Durch|schuss, der; -es, ...schüsse: **1. a)** *Schuss, bei dem das Geschoss in etw. eindringt u. auf der entgegengesetzten Seite wieder austritt;* **b)** *auf einen Durchschuss (1 a) zurückgehende Verletzung, Beschädigung o. Ä.:* ein glatter D. **2.** (Druckw.) *beim Setzen von Texten erzielter Zwischenraum zwischen den Zeilen.* **3.** (Textilind.) *Gesamtheit der Schussfäden, die beim Weben durch die Kettfäden durchgeschossen werden.*

durch|schüt|teln ⟨sw. V.; hat⟩: *gründlich u. über längere Zeit schütteln:* den Inhalt der Flasche gut d.; sie wurden im Bus kräftig durchgeschüttelt.

durch|schwei|ßen ⟨sw. V.; hat⟩: *durch Schweißen durchtrennen:* Stahlträger d.

¹durch|schwim|men ⟨st. V.; ist⟩: **1.** *sich schwimmend durch, unter, zwischen etw. hindurchbewegen:* unter einem Floß, zwischen zwei Bojen d. **2.** *eine bestimmte Zeit, Strecke ohne Unterbrechung schwimmen:* bis zum Ufer, 2 000 m, eine Stunde d.

²durch|schwim|men ⟨sw. V.; hat⟩: *schwimmend durchqueren:* den Ärmelkanal d.

durch|schwin|deln, sich ⟨sw. V.; hat⟩: *sich mit Schwindeleien durchhelfen.*

¹durch|schwit|zen ⟨sw. V.; hat⟩: *mit Schweiß durchnässen:* er hat sein Wollhemd durchgeschwitzt; den durchgeschwitzten Kragen wechseln; ich bin ganz durchgeschwitzt.

²durch|schwit|zen ⟨sw. V.; hat⟩: *¹durchschwitzen:* ein durchschwitztes T-Shirt.

¹durch|se|geln ⟨sw. V.; ist⟩: **1.** *sich segelnd durch, zwischen etw. hindurchbewegen:* sie sind zwischen den Felsen hindurchgesegelt. **2.** (Schülerspr.) *¹durchfallen (2 b).*

²durch|se|geln ⟨sw. V.; hat⟩: *segelnd durchqueren:* das Meer d.

durch|se|hen ⟨st. V.; hat⟩: **1.** *durch eine Öffnung od. einen durchsichtigen Körper o. Ä. sehen:* lass mich einmal [durch das Fernrohr] d.; sie versuchte, zwischen den Bambusstäben durchzusehen. **2. a)** *von Anfang bis Ende [der Reihe nach] überprüfend, kontrollierend ansehen:* Rechnungen, die Hefte der Schüler d.; den Brief [auf Schreibfehler hin] d.; **b)** *flüchtig einsehen:* Kataloge, eine Zeitschrift d. **3.** (ugs.) *durchblicken (2):* siehst du da noch durch?

durch|sei|hen ⟨sw. V.; hat⟩: *(Flüssigkeiten) durch ein Sieb od. ein Tuch gießen u. dadurch reinigen, filtern:* Obstsaft d.

durch sein: s. ²durch (2–7).

durch|set|zen, sich ⟨sich ¹durchsetzen (1 a) lassend:* kaum -e Forderungen.

¹durch|set|zen ⟨sw. V.; hat⟩: **1. a)** *(etw. Angestrebtes, Erwünschtes o. Ä.) unter Überwindung von Hindernissen verwirklichen:* eine Reform, Ansprüche d.; seinen Willen [gegen jmdn.] d.; **b)** ⟨d. + sich⟩ *Widerstände überwinden u. sich Geltung verschaffen:* er konnte sich mit seinen Forderungen, gegen die anderen d.; (Sport:) die Damen setzten sich gegen den Europameister durch; **c)** ⟨d. + sich⟩ *nach u. nach die Zustimmung, Anerkennung einer Mehrheit u. dadurch Gültigkeit gewinnen:* die Idee, Neuerung hat sich durchgesetzt. **2.** (Fachspr.) *einen bestimmten Durchsatz haben.*

²durch|set|zen ⟨sw. V.; hat⟩: *in größerer Anzahl einstreuen, verteilen:* einen Prosatext mit Versen d.; einen Betrieb mit Spitzeln d.

Durch|set|zung, die; -: *das ¹Durchsetzen (1 a):* D. einer Forderung.

durch|setz|bar ⟨Adj.⟩: **1.** *fähig, in der Lage, sich ¹durchzusetzen (1 b):* eine kompetente und -e Politikerin. **2.** *so beschaffen, dass es ¹durchgesetzt (1 a) werden kann:* eine -e Strategie.

Durch|set|zungs|fä|hig|keit, die: *das Durchsetzungsfähigsein.*

Durch|set|zungs|kraft, die ⟨Pl. selten⟩: *Durchsetzungsvermögen.*

Durch|set|zungs|ver|mö|gen, das ⟨o. Pl.⟩: *Fähigkeit, sich durchzusetzen.*

durch|seu|chen ⟨sw. V.; hat⟩: *(ein größeres Gebiet) ganz und gar verseuchen:* das Gebiet war völlig durchseucht; Ü durchseucht von Doping.

Durch|sicht, die: *das Durchsehen (2):* bei, nach D. der Akten.

durch|sich|tig ⟨Adj.⟩: **1.** *so beschaffen, dass hindurchgesehen werden kann; transparent:* -es Papier, Gewebe; die Bluse ist d.; Ü eine -e *(sehr zarte u. blasse)* Haut; ... ein bisschen d. *(blass)* warst du ja immer und bist du geblieben (Th. Mann, Hoheit 96). **2. a)** *leicht durchschaubar (a):* -e Lügen; ... ob er jedoch das Gold und den Plombenter Wald bloß zur Wahlpropaganda benützte, oder ob er auch daraus einen Privatgewinn zu ziehen beabsichtigte, das war weniger d. (Broch, Versucher 171); **b)** *begreiflich, verständlich:* Bestimmungen -er machen.

Durch|sich|tig|keit, die; -, -en: *durchsichtige (a) Beschaffenheit; Transparenz (1).*

durch|si|ckern ⟨sw. V.; ist⟩: **1.** *(von einer Flüssigkeit) sickernd, tropfenweise durch etw. durchdringen:* das Blut sickert [durch den Verband] durch. **2.** *auf Umwegen bekannt werden, langsam in die Öffentlichkeit dringen:* Berichte, Nachrichten sickerten durch; es sickerte durch, dass er fliehen wollte; es war nämlich trotz aller Gegenmaßnahmen etwas von dem leidigen Zwischenfall in die Zeitungen durchgesickert (Musil, Mann 1263).

durch|sie|ben ⟨sw. V.; hat⟩: *durch ein Sieb schütten, rühren od. gießen:* Mehl, Tee d.; Ü sie begannen, die Bewerber durchzusieben *(durchzumustern u. auszusondern).*

²durch|sie|ben ⟨sw. V.; hat⟩ (ugs.): *wie ein Sieb durchlöchern:* Splitter hatten den Tank durchsiebt; die Tür war von Kugeln durchsiebt; Jetzt sah er es: das ganze Kellergeviert war von frischen Rattenlöchern durchsiebt (Schnurre, Fall 66).

durch|sin|gen ⟨sw. V.; hat⟩: *von Anfang bis Ende singen:* sie haben das Lied noch einmal ganz durchgesungen.

durch|sit|zen ⟨unr. V.; hat⟩: **1.** *durch häufiges Daraufsitzen abnutzen, schadhaft machen:* [sich ⟨Dativ⟩] die Hose, den Hosenboden d. **2.** ⟨d. + sich⟩ *(von dem Polster eines Stuhles o. Ä.) die Federung einbüßen:* das Sofa hat sich rasch durchgesessen.

durch|sonnt ⟨Adj.⟩ (geh.): *von Sonnenschein erfüllt:* eine -e Landschaft.

Durch|spiel, das; -[e]s, -e (bes. Fußball): *Spielzug, mit dem sich eine Mannschaft durch die gegnerische Abwehr spielt:* ein blitzschnelles D.

durch|spie|len ⟨sw. V.; hat⟩: **1. a)** *[probend] von Anfang bis Ende spielen:* die Szene, den Satz einer Sonate noch einmal ganz d.; **b)** *bis zum Ende spielen:* die Rolle, die 90 Minuten nicht d. können; **c)** *ohne Pause, ohne zu unterbrechen spielen:* von Oktober bis Mai d. **2.** *(zum Zweck der Erkenntnis o. Ä.) sich genau vorzustellen suchen, wie etw. unter bestimmten Bedingungen abgelaufen ist od. ablaufen könnte:* einen Ernstfall [in Gedanken] d. **3.** ⟨d. + sich⟩ (Fußball) *sich einen Weg durch die gegnerische Abwehr bahnen.*

durch|spre|chen ⟨st. V.; hat⟩: *von Anfang bis Ende, eingehend besprechen:* einen Plan d.

¹durch|sprin|gen ⟨st. V.; ist⟩: *durch etw. hindurchspringen:* der Löwe musste [durch einen Reifen] d.

²durch|sprin|gen ⟨st. V.; hat⟩: *springend durchqueren:* der Löwe musste den Reifen d.

durch|spü|len ⟨sw. V.; hat⟩: *gründlich spülen:* die Wäsche mit klarem Wasser gut d.

durch|star|ten ⟨sw. V.; ist⟩: **1.** (Flugw.) *bei einem Landemanöver aus dem Flug heraus wieder starten, wenn sich herausstellt, dass eine Landung nicht möglich ist:* der Pilot musste d. **2.** (Kfz-Wesen) **a)** *kurz vor dem Anhalten plötzlich wieder Gas geben;* **b)** *beim Anlassen des [kalten] Motors kräftig Gas geben.* **3.** (ugs.) *los-*

legen (b), sich kräftig ins Zeug legen; in Schwung kommen, Erfolg haben: unsere Firma will im neuen Jahr d.

¹durch|ste|chen ⟨st. V.; hat⟩: durch etw. stechen: mit der Nadel [durch den Stoff] d.; durchgestochene Reifen.

²durch|ste|chen ⟨st. V.; hat⟩: mit einem Stich ²durchdringen, ²durchbohren: durchstochene Ohrläppchen.

Durch|ste|che|rei, die [viell. vom Falschspiel mit zur Kennzeichnung durchstochenen Spielkarten]: Betrügerei im Dienst.

durch|ste|cken ⟨sw. V.; hat⟩: durch eine Öffnung stecken: einen Brief durch den Türspalt, unter der Tür d.

durch|ste|hen ⟨unr. V.; hat⟩: 1. einer Belastung bis zu Ende standhalten: sie haben im Krieg viel durchgestanden; er hat das Tempo, das lange Match durchgestanden. 2. (Ski) einen Skilauf od. -sprung ohne Sturz zu Ende führen: einen Sprung, eine Weite [glatt] d.

¹durch|stei|gen ⟨st. V.; ist⟩: 1. durch etw. steigen: durch ein Loch in der Zaun d. 2. (salopp) etw. verstehen, ²durchschauen: da steig ich nicht [mehr] durch.

²durch|stei|gen ⟨st. V.; hat⟩ (bes. Bergsteigen): kletternd überwinden, ²durchklettern: sie haben die Nordwand in drei Tagen durchstiegen.

durch|stel|len ⟨sw. V.; hat⟩: (ein Telefongespräch) vom Hauptapparat auf einen Nebenanschluss weiterleiten: bitte [das Gespräch] in die Wohnung, zum Chef d.!

Durch|stich, der; -[e]s, -e: a) das Herstellen einer direkten Verbindung durch Graben od. Sprengen: der D. wird Millionen kosten; b) durch einen Durchstich (a) gewonnene direkte Verbindung: seit 1869 existiert ein D. durch die Landenge von Sues.

Durch|stieg, der; -[e]s, -e: freie Stelle, Öffnung zum Hindurchsteigen.

durch|stim|men ⟨sw. V.; hat⟩: 1. (Musik) ein Instrument ganz und gar stimmen: er hat das Klavier [ganz] durchgestimmt. 2. (Elektrot.) kontinuierlich, nacheinander auf die gewünschte Frequenz einstellen.

¹durch|stö|bern ⟨sw. V.; hat⟩ (ugs.): gründlich, bis in den letzten Winkel nach etw. Konkretem ²durchsuchen: er stöberte das ganze Haus [nach dem vermissten Brief] durch.

²durch|stö|bern ⟨sw. V.; hat⟩ (ugs.): a) ¹durchstöbern: sie durchstöberte ihre Taschen; b) in etw. [nach etw.] stöbern: im Laden nach einem Geschenk d.; alte Zeitungen d.

Durch|stoß, der; -es, ...stöße (bes. Militär): das ¹Durchstoßen (3): ihnen gelang der D. zur Küste.

¹durch|sto|ßen ⟨st. V.; hat⟩: 1. ⟨hat⟩ durch etw. stoßen: er hat die Stange [durch die Eisdecke] durchgestoßen. 2. ⟨hat⟩ durchwetzen. 3. ⟨ist⟩ (bes. Militär) bis zu einem bestimmten Ziel vorstoßen: die Feinde sind bis zum Fluss durchgestoßen.

²durch|sto|ßen ⟨st. V.; hat⟩: stoßend durchdringen: bei dem Unfall durchstieß ihr Kopf die Windschutzscheibe; das Flugzeug hat die Wolkendecke durchstoßen (ist durch die Wolkendecke hindurchgeflogen); die Division hat die feindlichen Linien durchstoßen (Militär; durchbrochen).

durch|strah|len ⟨sw. V.; hat⟩: 1. mit Strahlen ²durchdringen: eine chemische Substanz d. 2. mit strahlendem Licht erfüllen: Tausende heller Lampen durchstrahlten den Nachthimmel; Ü Zuversicht durchstrahlt den ganzen Roman.

durch|stre|cken ⟨sw. V.; hat⟩: a) völlig strecken: die Arme, Beine d.; b) streckend durchstecken: das Kind streckt den Kopf zwischen den Gitterstäben des Balkons durch.

¹durch|strei|chen ⟨st. V.; hat⟩: 1. (etw. Geschriebenes od. Gedrucktes) mit einem od. mehreren Strichen ungültig machen: ein Wort, einen Satz d.; nicht Zutreffendes/Nichtzutreffendes bitte d. 2. durch ein feines Sieb streichen; passieren: Erbsen [durch ein Sieb] d.

²durch|strei|chen ⟨st. V.; hat⟩ (veraltend): 1. ¹durchstreichen (1): er durchstrich die Zahlen. 2. (geh.) durchstreifen: das Dorf d.

durch|strei|fen ⟨sw. V.; hat⟩: 1. ziellos ²durchwandern: Wiesen und Wälder d. 2. (in einem Gebiet) Kontrollgänge, -fahrten durchführen: Patrouillen durchstreifen die Gegend.

¹durch|strö|men ⟨sw. V.; ist⟩: durch etw. strömen: das Wasser strömt hier [zwischen den Steinen] durch; Ü die Menge strömte durch den Eingang durch.

²durch|strö|men ⟨sw. V.; hat⟩: ²durchfließen: Wasser durchströmt die Ebene; Ü ein Gefühl des Glücks durchströmte ihn.

durch|struk|tu|rie|ren ⟨sw. V.; hat⟩: bis ins Einzelne strukturieren: ein Formular d.

Durch|struk|tu|rie|rung, die; -, -en: das Durchstrukturieren.

durch|stu|fen ⟨sw. V.; hat⟩: komplett mit einem Stufenschnitt versehen: das lange Haar d.; mit durchgestufter Mähne.

durch|sty|len ⟨sw. V.; hat⟩ (Jargon): vollständig mit einem einheitlichen Styling versehen, ausstatten: ihr Haus wurde von einem Innenarchitekten durchgestylt; ⟨meist im 2. Part.:⟩ durchgestylte Räume; ein durchgestylter (ein perfekt abgestimmtes Erscheinungsbild abgebender) Yuppie.

¹durch|su|chen ⟨sw. V.; hat⟩: bis in den letzten Winkel absuchen, um etw. od. jmdn. zu finden: ich suchte alles durch, fand es aber nicht.

²durch|su|chen ⟨sw. V.; hat⟩: a) in etw. gründlich suchen, um etw., jmdn. zu finden: jeden Winkel der Erde d.; sie haben das ganze Haus systematisch [danach, nach ihr] durchsucht; b) in jmds. Kleidung nach etw., was er verborgen halten könnte, suchen: jmdn. [nach Waffen] d.; die Kleidung soll durchsucht werden.

Durch|su|chung, die; -, -en: das ²Durchsuchen.

Durch|su|chungs|be|fehl, der (ugs.): amtliche Legitimation zur Durchsuchung einer privaten Wohnung, einer Firma o. Ä.: ein richterlicher D.

durch|tan|ken, sich ⟨sw. V.; hat⟩ [zu ↑Tank (2)] (bes. Handball-, Fußballjargon): mit kraftvollem körperlichem Einsatz durch die gegnerische Deckung brechen: der bullige Mittelstürmer hatte sich wieder durchgetankt.

¹durch|tan|zen ⟨sw. V.; hat⟩ (seltener): 1. (eine bestimmte Zeit) ohne [größere] Unterbrechung tanzen: sie haben die [ganze] Nacht durchgetanzt. 2. durch Tanzen abnutzen: Schuhe d.

²durch|tan|zen ⟨sw. V.; hat⟩: tanzend verbringen: sie durchtanzte die Nacht.

durch|tas|ten, sich ⟨sw. V.; hat⟩: sich tastend durchfinden: ich tastete mich bis zur Lampe durch.

durch|te|le|fo|nie|ren ⟨sw. V.; hat⟩: 1. telefonisch durchsagen: eine Information in die Redaktion d. 2. ⟨d. + sich⟩ (ugs.) nach einiger Anstrengung die telefonische Verbindung zu jmdm. bekommen: sich zu jmdm. d.

durch|tes|ten ⟨sw. V.; hat⟩: gründlich testen: das neue Modell d.

durch|tra|gen ⟨st. V.; hat⟩: durch etw. tragen: notfalls müssen wir den Verletzten [durch den Bach] d.

durch|trai|nie|ren ⟨sw. V.; hat⟩: [etw.] gründlich, konsequent trainieren: seinen Körper d.

durch|trai|niert ⟨Adj.⟩: drahtig, athletisch.

durch|trän|ken ⟨sw. V.; hat⟩ (geh.): mit Feuchtigkeit ²durchziehen: das Wasser durchtränkt den Erdboden; ein von Blut durchtränkter Verband.

durch|trei|ben ⟨st. V.; hat⟩: 1. durch etw. treiben (1): Kühe [durch ein Gatter] d. 2. durch etw. treiben (7 a): einen Bolzen [durch ein Brett] d.

¹durch|tren|nen ⟨sw. V.; hat⟩ (seltener): in zwei Teile trennen, entzweischneiden: er hat die Nabelschnur durchgetrennt.

²durch|tren|nen ⟨sw. V.; hat⟩: ¹durchtrennen: er durchtrennt die Nabelschnur.

durch|tre|ten ⟨st. V.; hat⟩: 1. ⟨hat⟩ a) auf einen Hebel bis zum Anschlag treten: das Gaspedal d.; b) (Fußball) (von einem Spieler, der gleichzeitig mit einem anderen nach dem Ball tritt) den Fuß nicht zurückziehen, sondern ohne Rücksicht auf den Gegenspieler nach dem Ball treten: der Verteidiger hat voll durchgetreten. 2. ⟨ist⟩ (von flüssigen u. gasförmigen Stoffen) durch eine abschließende Wand dringen: das Blut tritt [durch die Gefäßwände] durch. 3. ⟨ist⟩ (ugs.) ¹durchgehen (3 a), aufrücken: meine Herrschaften, treten Sie bitte durch!

durch|trie|ben ⟨Adj.⟩ [2. Part. von mhd. durchtrīben = mit etw. durchdringen, -setzen] (abwertend): [bereits] in allen Listen, Kniffen erfahren, eine entsprechende Art erkennen lassend: ein -er Bursche; Dazu besaß er einen zu zähen Selbstbehauptungswillen, ein zu -es Wesen und einen zu raffinierten Geist (Süskind, Parfum 245).

Durch|trie|ben|heit, die; - (abwertend): durchtriebene Art.

Durch|tritt, der; -s: das Durchtreten (2): den D. von Gas, Wasser verhindern.

durch|trop|fen ⟨sw. V.; ist⟩: durch etw. tropfen: an dieser Stelle ist Wasser durchgetropft.

♦ durch|tun ⟨unr. V.; hat⟩ (landsch.): übertreffen: ... wenn ich so fortfahre, so tue ich noch die Mutter selig durch, und die ist doch eine berühmte Frau gewesen (Gotthelf, Spinne 23).

durch|tur|nen ⟨sw. V.; hat⟩ (Turnen): mehrere Übungen, eine Kür o. Ä. von Anfang bis Ende turnen.

¹durch|wa|chen ⟨sw. V.; hat⟩: (eine bestimmte Zeit) ohne Unterbrechung wachen: wir haben [die ganze Nacht] durchgewacht.

²durch|wa|chen ⟨sw. V.; hat⟩: wachend verbringen: sie haben mehrere Nächte durchwacht.

¹durch|wach|sen ⟨st. V.; ist⟩: (von Pflanzen) durch etw. wachsen: die Blumen sind [durch den Maschendraht] durchgewachsen.

²durch|wach|sen ⟨Adj.⟩: a) (von etw. Gewachsenem) durchzogen, durchsetzt: ein -es Flussbett; -er (von magerem Fleisch in Schichten durchzogener) Speck; b) (ugs. scherzh.) mittelmäßig; abwechselnd besser u. schlechter: eine -e Leistung; -e Preise (sowohl niedrigere als auch ziemlich hohe Preise); das Wetter, die Stimmung war d.

durch|wa|gen, sich ⟨sw. V.; hat⟩ (ugs.): wagen, sich durch etw. durchzubewegen: ich wage mich nicht [durch die Menge] durch.

Durch|wahl, die: 1. das Durchwählen: bei der D. zu einem Nebenanschluss; eine Nebenstellenanlage ohne D. (ohne die Möglichkeit durchzuwählen). 2. (ugs.) Durchwahlnummer: ich gebe dir meine D.

durch|wäh|len ⟨sw. V.; hat⟩: a) mithilfe des Selbstwählfernverkehrs wählen: in die USA, nach Tokio d.; b) vom Nebenanschluss einer Nebenstellenanlage direkt in das öffentliche Netz wählen u. umgekehrt.

Durch|wahl|num|mer, die: Telefonnummer eines Nebenanschlusses zum Durchwählen (b).

durch|wal|ken ⟨sw. V.; hat⟩: 1. gründlich ¹walken: das Tuch wurde durchgewalkt. 2. (salopp) durchprügeln. 3. (landsch.) gründlich ¹walken (4).

Durch|wan|de|rer, der; -s, - (Amtsspr.): Nichtsesshafter, der von Ort zu Ort zieht.

Durchwanderin – dürr

Durch|wan|de|rin, die; -, -nen: w. Form zu ↑ Durchwanderer.

¹durch|wan|dern ⟨sw. V.; ist⟩: *(eine bestimmte Zeit) ohne Unterbrechung wandern:* sie sind [Tag und Nacht, bis zum Ziel] durchgewandert.

²durch|wan|dern ⟨sw. V.; hat⟩: *wandernd durchqueren:* ein Gebiet d.

Durch|wan|de|rung, die; -, -en: *das* ²*Durchwandern.*

¹durch|wär|men ⟨sw. V.; hat⟩ (seltener): *[wieder] ganz warm werden lassen.*

²durch|wär|men ⟨sw. V.; hat⟩: ¹*durchwärmen:* die Sonne durchwärmt den Körper.

Durch|wär|mung, die; -, -en: *das* ²*Durchwärmen:* eine wohltuende D.

durch|wa|schen ⟨st. V.; hat⟩ (ugs.): *(nicht zusammen mit der gesamten Wäsche, sondern als kleineres, einzelnes Stück, mehr nebenbei) waschen:* eine Strumpfhose [kurz] d.

¹durch|wa|ten ⟨sw. V.; ist⟩: *durch etw. waten:* er ist [durch den Bach] durchgewatet.

²durch|wa|ten ⟨sw. V.; hat⟩: *watend durchqueren:* ein überschwemmtes Gelände d.

durch|we|ben ⟨durchwebte/(geh.:) durchwob, hat durchwebt/(geh.) durchwoben⟩: *(ein Gewebe) mit in Farbe od. Qualität abstechenden Webfäden* ²*durchsetzen:* den Stoff mit hübschen Mustern d.; mit Lurexfäden durchwebter Stoff; Ü von Silberfäden durchwobene Haare; die Rede war von blumigen Floskeln durchwoben.

durch|weg ⟨Adv.⟩: *gänzlich, ausnahmslos:* sie zeigte d. gute Leistungen; die Statuen sind hier d. römische Kopien.

durch|wegs (österr., schweiz., sonst ugs.): *durchweg.*

durch|we|hen ⟨sw. V.; hat⟩ (geh.): *wehend durch etw. dringen:* ein frischer Luftzug durchwehte das Haus.

¹durch|wei|chen ⟨sw. V.; ist⟩: *ganz und gar von Nässe durchdrungen u. dadurch weich werden:* der Karton ist an dieser Stelle ganz durchgeweicht.

²durch|wei|chen ⟨sw. V.; hat⟩: *durchnässen u. dadurch weich machen:* der Regen hat den Boden völlig durchweicht.

durch|wer|fen ⟨st. V.; hat⟩: *durch etw. werfen:* den Ball [durch das Netz] d.

durch|wet|zen ⟨sw. V.; hat⟩: *durch langes Tragen abnutzen:* durchgewetzte Ärmel.

durch|win|den, sich ⟨st. V.; hat⟩: *sich durch etw. winden:* sie musste sich zwischen den Tischen d.; Ü sich zu mehr Toleranz d.

durch|win|ken ⟨sw. V.; hat; 2. Part. durchgewinkt, auch, bes. ugs.: durchgewunken⟩: *durch Winken auffordern, eine Absperrung, Kontrolle o. Ä. ohne anzuhalten zu passieren:* an der Schweizer Grenze winkte man uns durch.

durch|win|tern ⟨sw. V.; hat⟩: *(Pflanzen) durch den Winter bringen:* ich habe die Knollen im Keller durchwintert.

Durch|win|te|rung, die; -, -en: *das Durchwintern.*

¹durch|wir|ken ⟨sw. V.; hat⟩: *durchkneten* (a): den Teig kräftig d.

²durch|wir|ken ⟨sw. V.; hat⟩ (geh.): *durchweben:* mit Goldfäden durchwirkter Stoff; Ü die Rede war von Anspielungen durchwirkt.

durch|wit|schen ⟨sw. V.; ist⟩ (salopp): *gerade noch entkommen:* der Flüchtling ist [durch die Absperrung] durchgewitscht.

durch|wo|gen ⟨sw. V.; hat⟩ (geh.): *in starke Erregung versetzen:* eine heftige Empfindung durchwogte sie, ihr Inneres.

durch|wol|len ⟨unr. V.; hat⟩ (ugs.): a) *etw., eine Stelle als Durchgang benutzen wollen:* wir wollen hier, durch dieses Tor durch; b) *sich einen Durchgang durch etw. schaffen wollen:* durch das Gestrüpp, den Morast d.

durch|wu|chern ⟨sw. V.; hat⟩: *wuchernd* ²*durchziehen:* der Garten ist von Unkraut durchwuchert.

¹durch|wüh|len ⟨sw. V.; hat⟩: **1.** ↑ ²*durchwühlen* (1): eine Schublade d. **2.** ⟨d. + sich⟩ (ugs.) *etw. durchdringen, sich durch etw. durcharbeiten:* ein Maulwurf hat sich hier durch die Erde durchgewühlt; Ü er hat sich [durch den Aktenstoß] durchgewühlt.

²durch|wüh|len ⟨sw. V.; hat⟩: **1.** *wühlend* ²*durchsuchen:* den Schrank [nach Geld] d. **2.** *aufwühlen* (1 b): die Geschosse haben den Boden durchwühlt.

durch|wursch|teln, durch|wurs|teln, sich ⟨sw. V.; hat⟩ (salopp): *sich behelfsmäßig, unzulänglich durchbringen:* sich irgendwie d.

♦ **durch|wür|zen** ⟨sw. V.; hat⟩: *mit einem würzigen Duft erfüllen:* Jungfrauen, eilt, durchwürzt den Saal mit süßen Ambraduften (Schiller, Semele 1).

durch|zäh|len ⟨sw. V.; hat⟩: *von Anfang bis Ende zählend erfassen:* sie zählte rasch das Geld durch.

¹durch|ze|chen ⟨sw. V.; hat⟩: *(eine bestimmte Zeit) ohne Unterbrechung zechen:* sie haben [die ganze Nacht] durchgezecht.

²durch|ze|chen ⟨sw. V.; hat⟩: *zechend verbringen:* ich hatte nur eine Nacht durchzecht.

¹durch|zie|hen ⟨unr. V.⟩: **1.** ⟨hat⟩ *durch etw. ziehen:* die Schnur [durch eine Schlaufe] d.; ein Gummiband durch einen ausgeleierten Hosenbund d. **2.** ⟨hat⟩ *gleichmäßig bis zum Anschlag ziehen:* ein Sägeblatt, ein Ruder [gut] d. **3.** ⟨hat⟩ (ugs.) *[trotz Hindernissen] ablaufen lassen, zu Ende führen:* ein Projekt d. **4.** ⟨ist⟩ *durch ein Gebiet ziehen:* Flüchtlinge sind [in Scharen] durchgezogen; ein Gewitter zieht durch; durchziehende Vogelschwärme. **5.** ⟨d. + sich; hat⟩ *bis zum Ende in etw. zu verfolgen sein:* das Motiv zieht sich wie ein roter Faden durch das ganze Stück durch. **6.** ⟨ist⟩ (Kochkunst) *(von Salaten, etw. Eingelegtem) eine Marinade o. Ä. einziehen lassen u. dadurch den gewünschten Geschmack erhalten:* der in Essig eingelegte Sauerbraten muss einige Tage d.; der Salat ist gut durchgezogen. **7.** ⟨hat⟩ (vulg.) *mit jmdm. Geschlechtsverkehr haben.* ♦ **8.** ⟨hat⟩ *durchhecheln* (2): Wir hatten uns kaum zurechtgesetzt, als die Frauen sich bewillkommet ... und die Gesellschaft, die man erwartete, gehörig durchgezogen (Goethe, Werther I, 16. Junius).

²durch|zie|hen ⟨unr. V.; hat⟩: **1.** *ein Gebiet o. Ä. in [ungeordneten] Gruppen kreuz u. quer durchstreifen od. durchqueren:* Karawanen durchziehen die Sahara. **2.** *jmdn. schneidend, ziehend* ²*durchdringen:* ein plötzlicher Schmerz durchzog ihn; Ü (geh.) eine Welle von Mitleid, Dankbarkeit durchzog sie. **3.** *linienförmig quer durch etw. verlaufen:* Flüsse durchziehen die Landschaft; von blauen Adern durchzogener Marmor. **4.** *in etw. durchgängig enthalten sein:* dieses Motiv durchzieht das Alterswerk des Dichters; diese Frage durchzieht das ganze Buch.

durch|zu|cken ⟨sw. V.; hat⟩: **1.** *mit zuckenden Lichterscheinungen erfüllen:* Blitze durchzucken den Himmel. **2.** *(von Gedanken, Gefühlen o. Ä.) jmdn. plötzlich durchdringen, jmdm. ins Bewusstsein kommen:* plötzlich durchzuckte ihn eine Erkenntnis.

Durch|zug, der; -[e]s, ...züge: **1.** *das Durchqueren eines Ortes, das Ziehen durch ein Gebiet:* der D. der Truppen, eines Sturmtiefs. **2.** ⟨o. Pl.⟩ *starker Luftzug, der durch zwei einander gegenüberliegende Fenster, Türöffnungen o. Ä. entsteht:* zum Lüften D. machen; * **auf D. schalten** (ugs.: *jmds. Worten nicht zuhören:* wenn er zu reden anfängt, schalte ich automatisch auf D.).

Durch|zugs|stra|ße, die (österr.): *Durchgangsstraße.*

Durch|zugs|ver|kehr, der (österr.): *Durchgangsverkehr.*

durch|zwän|gen ⟨sw. V.; hat⟩: *durch etw. zwängen:* das Kind hat seinen Kopf durch das Gitter durchgezwängt; er zwängte sich [unter dem Zaun] durch.

Dur|drei|klang, der (Musik): *Dreiklang in Dur (aus Grundton, großer Terz u. Quinte).*

dür|fen ⟨unr. V.; hat⟩ [mhd. durfen, dürfen, ahd. durfan, urspr. = brauchen, nötig haben]: **1.** ⟨mit Inf. als Modalverb; durfte, hat ... dürfen⟩ **a)** *die Erlaubnis haben, berechtigt, autorisiert sein, etw. zu tun:* »Darf ich heute schwimmen gehen?« – »Du darfst [schwimmen gehen]«; ich habe nicht kommen dürfen; ich darf Sie bitten *(ich bitte Sie),* das Formular auszufüllen; (in höflicher Ausdrucksweise, in Form einer Frage:) darf ich Sie bitten, das Formular auszufüllen?; darf ich bitten?; (iron.:) darf man fragen, wie lange das noch dauert?; **b)** *drückt einen Wunsch, eine Bitte, eine Aufforderung aus (oft verneint):* du darfst jetzt nicht aufgeben!; ihr darf nichts passieren; R das darf doch nicht wahr sein (ugs.: *das ist doch nicht zu fassen*); **c)** *die moralische Berechtigung, das Recht haben, etw. zu tun (verneint):* du darfst Tiere nicht quälen!; das hätte er nicht tun dürfen!; das dürfte nicht kommen, hätte nicht kommen dürfen (ugs.: *die sich jetzt zum eigenen Nachteil auswirkende Äußerung hätte man nicht tun dürfen);* **d)** *Veranlassung zu etw. haben, geben:* wir dürfen annehmen, dass der Film ein Erfolg werden würde; die Kollektion darf als ausgewogen angesehen werden; nun darf *(kann, muss)* ich mich auch nicht für vier Versehen entschuldigen; wir dürfen mit einer Einnahme von 1 Million rechnen; **e)** ⟨nur im 2. Konjunktiv + Inf.⟩ *es ist wahrscheinlich, dass ...:* diese Zeitung dürfte die größte Leserzahl haben; es dürfte nicht schwer sein, das zu zeigen; es dürfte ein Gewitter geben; **f)** (landsch.) *brauchen* (meist in Verbindung mit »nur, bloß«): du darfst bloß ein Wort der Kritik sagen, dann gerät sie schon außer sich. **2.** ⟨Vollverb; durfte, hat gedurft⟩ *die Erlaubnis zu etw. Bestimmtem, Vorgenanntem haben:* sie hat nicht gedurft; darf sie das?; ich durfte nicht ins Kino; um diese Zeit dürfen die Kinder nicht mehr [zum Spielen] nach draußen.

durf|te, dürf|te: ↑ *dürfen.*

dürf|tig ⟨Adj.⟩ [mhd. durftic, ahd. durftic, zu mhd., ahd. dur(u)ft = Bedürfnis, Not (↑ Notdurft; Verbalabstraktum zu ↑ *dürfen)*]: **a)** *von materieller Armut zeugend; karg, ärmlich:* eine -e Unterkunft; in -en Verhältnissen leben; -e Mahlzeiten; d. bekleidet sein; **b)** (abwertend) *für den Gebrauch, einen Zweck nicht wirklich ausreichend; kümmerlich:* eine -e Beleuchtung; ein -es Ergebnis; -er Ersatz; -e Beweise; ihr Russisch ist d.; unsere Bilanz sieht eher d. aus; **c)** (seltener) *schwächlich, schmächtig:* Die kleinen Bäume in der Neunten Straße, seinerzeit gepflanzt, sind nach wie vor dünn und d. (Frisch, Montauk 13).

Dürf|tig|keit, die; -: **1.** *dürftige Beschaffenheit.* ♦ **2.** *Bedürftigkeit:* Die Wirtin und der Wirt ... entließen sie auf das wohlwollendste wegen ihres guten Benehmens, trotz der durchscheinenden D. (Keller, Romeo 65).

dürr ⟨Adj.⟩ [mhd. dürre, ahd. durri, urspr. = trocken, ausgedörrt]: **1. a)** *vertrocknet, verdorrt u. dadurch starr:* -e Äste; -es Gras, Laub, Reisig; **b)** *ohne Feuchtigkeit u. Nährstoffe, ausgetrocknet u. daher unfruchtbar:* -er Boden; **c)** *[in geistiger Hinsicht] wenig ertragreich od. fruchtbar:* es waren für ihn -e Jahre; sie antwortete in -en *(kargen, knappen) Worten.* **2.** *sehr mager, hager: ein -er Körper, Hals; der Junge ist sehr d. [geworden].*

Dür|re, die; -, -n [mhd. dürre, ahd. durrī, zu ↑ dürr]: **1.** *(in Bezug auf die Witterung) große Trockenheit: es herrschte eine entsetzliche D.; bei der D. dieses Sommers verdorrte alle Vegetation; das Land wurde von einer D. heimgesucht; Ü eine geistige D. (Unfruchtbarkeit) breitete sich aus.* **2.** ⟨o. Pl.⟩ *das Ausgetrocknetsein, Verdorrtsein:* die D. des Laubes, des Bodens.

Dür|re|jahr, das: *Jahr, in dem anhaltende, große Trockenheit herrscht.*

Dür|re|ka|ta|s|t|ro|phe, die: *durch Dürre verursachte Katastrophe.*

Dür|re|pe|ri|o|de, die: *Zeit anhaltender großer Trockenheit.*

Dür|re|scha|den, der ⟨meist Pl.⟩: *durch Dürre verursachter Schaden.*

Durst, der; -[e]s [mhd., ahd. durst, urspr. = Trockenheit (in der Kehle), verw. mit ↑ dürr]: **1.** *[stärkeres] Bedürfnis zu trinken:* quälender D.; D. bekommen, verspüren; [starken] D. haben; D. auf ein Bier haben; seinen D. löschen, stillen; vor D. klebt ihm die Zunge am Gaumen; Ü der Motor hat nur einen kleineren D. *(verbraucht weniger Benzin);* * *ein Glas/etliche/ eins/(meist:) einen über den D. trinken* (ugs. scherzh.; *zu viel von einem alkoholischen Getränk trinken*). **2.** *(dichter.) heftiges, drängendes Verlangen:* D. nach Ruhm, Freiheit.

durs|ten ⟨sw. V.; hat⟩ [mhd., ahd. dursten, ↑ dürsten] (geh.): **1. a)** *Durst leiden:* sie mussten lange hungern und d.; bei dieser Hitze durstet alles; **b)** ⟨unpers.⟩ *dürsten* (1). **2.** *dürsten* (2).

dürs|ten ⟨sw. V.; hat⟩ [mhd. dürsten, dursten, ahd. dursten] (geh.): **1.** ⟨unpers.⟩ *Durst haben:* mich dürstet/es dürstet mich [nach Wasser]. **2. a)** *herbei-, ersehnen, erhoffen, haben wollen:* nach einem Retter, nach Informationen d.; **b)** *heftiges Verlangen nach etw. haben:* nach Gerechtigkeit, Rache, Ruhm, Unabhängigkeit; ⟨auch unpers.:⟩ es dürstete ihn/ihn dürstete nach Anerkennung.

Durst|ge|fühl, das: *Gefühl, trinken zu müssen.*

durs|tig ⟨Adj.⟩ [mhd. durstec, ahd. durstac]: **1.** *Durst habend:* ein -er Wanderer; sehr d. sein; Ü ein -er Geländewagen. **2.** *nach etw.:* er ist d. nach Wissen; »Ich sah Sie zwar schon hier eintreten, doch sahen Sie mir zunächst nicht gerade d. auf Gesellschaft aus« (Seghers, Transit 213).

-durs|tig: 1. drückt in Bildungen mit Substantiven aus, dass die beschriebene Person ein heftiges Verlangen nach etw. hat, begierig auf etw. ist: abenteuer-, freiheitsdurstig. **2.** drückt in Bildungen mit Substantiven aus, dass die beschriebene Sache etw. [in hohem Umfang] benötigt, verbraucht: energie-, sprit-, stromdurstig.

durst|lö|schend ⟨Adj.⟩: *den Durst löschend:* -er ungesüßter Tee.

durst|stil|lend ⟨Adj.⟩: *den Durst stillend:* -e Getränke.

Durst|stre|cke, die: *Zeitspanne, in der jmd. Entbehrungen, Einschränkungen auf sich nehmen muss:* eine wirtschaftliche D.

Dur|ton|art, die (Musik): *Tonart in Dur.*

Dur|ton|lei|ter, die (Musik): *Tonleiter in Dur.*

Du|rum|wei|zen, der [zu lat. durum, Neutr. Sg. von: durus = hart]: *Hartweizen.*

Dusch|bad, das: **a)** *Raum mit einer Vorrichtung zum Duschen;* **b)** *Bad unter der Dusche:* ein D. nehmen.

Du|sche [auch: ˈduːʃə], die; -, -n [frz. douche < ital. doccia = Dusche, Gießbad, wohl zu: doccione = Wasserspeier < lat. ductio, eigtl. = das Ziehen, das Führen]: **1.** *[bewegliche] Vorrichtung zum Duschen, die im Wesentlichen aus einem in bestimmter Höhe an der Wand befestigten Duschkopf besteht:* die D. anstellen; Zimmer mit D.; sich unter die D. stellen; ich gehe jetzt unter die D. *(dusche mich jetzt).* **2.** *das Duschen; Duschbad* **(b):** die morgendliche [kalte] D.; eine heiße D. nehmen *(sich heiß duschen);* * *eine kalte D.* [für jmdn.] *sein, wie eine kalte D.* [auf jmdn.] *wirken* (ugs.; *eine Ernüchterung, Enttäuschung für jmdn. sein*). **3.** *Duschbad* (a).

du|schen [auch: ˈduːʃn̩] ⟨sw. V.; hat⟩: **a)** *unter einer Dusche (1) den ganzen Körper einer Berieselung mit kaltem od. heißem Wasser aussetzen; ein Duschbad* (b) *nehmen:* abwechselnd warm und kalt d.; ausgiebig d.; ⟨auch d. + sich:⟩ zu müde, um [sich] noch zu d.; **b)** *[mit der Dusche] besprittzen, absprühen:* den Rücken d.

Dusch|gel, das: *zum Duschen zu verwendendes Gel.*

Dusch|ka|bi|ne, die: **1.** *kleiner, abgetrennter, meist nach einer Seite hin offener Raum mit Dusche.* **2.** *kleinere Kabine mit Duschvorrichtung u. Heißwasseraggregat zum Aufstellen in einer Wohnung.*

Dusch|kopf, der: *einer Brause* (3) *ähnliche Vorrichtung, die das Ausströmen des Wassers bei einer Dusche* (1) *in feinen Strahlen ermöglicht.*

Dusch|raum, der: *größerer Raum mit mehreren Duschen.*

Dusch|vor|hang, der: *zum Abhalten des Wassers vor der Duschkabine od. vor der Badewanne aufgehängter Vorhang.*

Dü|se, die; -, -n [frühnhd. t(h)üsel, H. u.; urspr. Bez. für die Mündung des Blasebalgrohres] (Technik): *sich nach vorn stetig verengendes [Rohr]stück, in dem ein hindurchfließendes Medium wie Flüssigkeit od. Gas seine Geschwindigkeit unter gleichzeitigem Druckabfall erhöht.*

Du|sel, der; -s [aus dem Niederd., zu ↑ dösen] (ugs.): **a)** *unverdientes Glück, wobei jmdm. etw. Gutes widerfährt od. etw. Unangenehmes, Gefährliches an jmdm.* [*gerade noch*] *vorübergeht:* mit ihrem Geschäft hat sie [großen] D. gehabt; **b)** (landsch.) *Benommenheit, Schwindelgefühl;* **c)** (landsch.) *leichter Rausch:* er war ständig im D.

dü|sen ⟨sw. V.; ist⟩ [zu ↑ Düse] (ugs.): **a)** *mit einem Düsenflugzeug fliegen:* nach Australien d.; **b)** *sich fahrend, laufend o. ä. rasch fort-, irgendwohin bewegen:* übers Wochenende nach München d.; über die Autobahn d.; um die Ecke gedüst kommen.

Dü|sen|an|trieb, der: *Antrieb mithilfe eines Strahltriebwerks.*

Dü|sen|flug|zeug, das: *durch ein Strahltriebwerk angetriebenes Flugzeug.*

Dü|sen|jä|ger, der: **1.** *Jagd-, Kampfflugzeug mit Düsenantrieb.* **2.** (veraltend) *Düsenflugzeug.*

Dü|sen|ma|schi|ne, die: *Düsenflugzeug.*

Dü|sen|trieb|werk, das: *Strahltriebwerk.*

◆ **du|sig** ⟨Adj.⟩ [aus dem Niederd., zu ↑ dösen] (nordd.): *dusslig* (1): Friedrich ist so d. und auch so vorsichtig (Fontane, Effi Briest 59).

Dus|sel, der; -s, - [Nebenf. von ↑ Dusel] (ugs.): *Dummkopf, Schlafmütze:* so ein D.!

Düs|sel|dorf: *Landeshauptstadt von Nordrhein-Westfalen.*

Dus|se|lei, die; -, -en [zu ↑ Dussel] (ugs.): *Dummheit, Unachtsamkeit.*

dus|se|lig: ↑ *dusslig.*

Dus|se|lig|keit: ↑ *Dussligkeit.*

◆ **düs|seln** ⟨sw. V.; hat⟩ [auch: disseln, viell. zu mhd. tüscheln = verbergen] (schwäb.): *flüstern; heimlich bereden:* Magistrat und Bürgerschaft düsselten *(brüteten) Rache* (Schiller, Räuber I, 2).

duss|lig ⟨Adj.⟩, **dusselig** ⟨Adj.⟩ (ugs.): **1. a)** *nicht im Geringsten aufgeweckt, sondern einfältig u. langweilig:* so ein -er Kerl!; d. herumstehen; **b)** *töricht, dumm:* -es Zeug reden. **2.** (landsch.) *benommen, betäubt:* von den Medikamenten ganz d. sein.

Duss|lig|keit, Dusseligkeit, die; -, -en (ugs.): **1.** ⟨o. Pl.⟩ *dusslige Art.* **2.** *dussliges Verhalten.*

Dust, der; -[e]s [niederd. Form von ↑ Dunst] (nordd.): *Dunst, Staub:* endlich verzieht sich der D.; ◆ *Erfahrungswesen! Schaum und D.* (Goethe, Faust II, 6758).

dus|ter ⟨Adj.⟩ [Nebenf. von ↑ düster] (landsch.): *dunkel:* im Keller ist es d.; ⟨subst.:⟩ ihr sitzt ja im Dustern.

düs|ter ⟨Adj.⟩ [aus dem Niederd. < mniederd. düster]: **1. a)** *ziemlich dunkel, nicht genügend hell, nur spärlich erleuchtet:* ein -er Gang; im Zimmer war es d.; **b)** *als optischer Eindruck unheimlich u. bedrohlich:* diese Landschaft ist mir zu d.; **c)** *bedrückend negativ:* eine -e Zukunft; ein -es Bild zeichnen; eine -e Prognose stellen; **d)** (selten) *dunkel* (5): eine -e Angelegenheit; **e)** (selten) *dunkel* (4 a): in -en Andeutungen; nur eine -e Ahnung haben. **2.** *schwermütig, niedergedrückt [u. daher unheimlich wirkend]:* eine -e Stimmung; -e Gedanken.

Düs|ter|heit, Düs|ter|keit, die; -: *düstere Beschaffenheit.*

Düs|ter|nis, die; - (geh.): *Düsterheit.*

◆ **Dü|te:** ↑ *Tüte:* ...wo sie selbst hier... mit im Geschäft geholfen und auf einem über zwei Kaffeesäcke gelegten Brett kleine und große -n geklebt hatte (Fontane, Jenny Treibel 4).

Dutt, der; -[e]s, -e u. -s [aus dem Niederd., eigtl. = Haufen] (landsch.): *Haarknoten:* einen D. tragen.

Dut|te, die; -, -n [mhd. tutte, ahd. tutta, Lallwort der Kinderspr.; vgl. Titte, Zitze] (österr. ugs.): **1.** *Zitze.* **2.** *weibliche Brust.*

Du|ty-free-Shop [ˈdjuːtɪˈfriːʃɔp], der; -[s], -s [engl. duty-free shop, aus: duty-free = zollfrei u. shop, ↑ Shop]: *ladenähnliche Einrichtung im zollfreien Bereich eines Flughafens o. Ä., wo Waren zollfrei verkauft werden.*

Dut|zend, das; -s, -e [mhd. totzan, totzen < afrz. dozeine, zu: douze = zwölf]: **a)** ⟨Pl.: -⟩ *Menge von zwölf Stück* (Abk.: Dtzd.): ein ganzes, halbes D.; zwei D. frische Eier; ein D. Eier kostet/(auch:) kosten ...; R davon gehen 12 auf ein D. *(das ist nichts Besonderes);* **b)** ⟨Pl.⟩ (emotional) *große Anzahl:* Dutzende/ dutzende [von] Menschen strömten in den Raum; sie kamen in/zu Dutzenden/dutzenden; ich habe dies schon ein halbes, zwei D. Mal[e] gesagt.

dut|zend|fach ⟨Adj.⟩ (emotional): *sehr häufig:* -e Zusammenbrüche in der Wirtschaft.

Dut|zend|ge|sicht, das (abwertend): *Allerweltsgesicht:* ein D. haben.

dut|zend|mal ⟨Adv.⟩ (emotional): *sehr oft:* ich habe ihn das schon d. gesagt.

Dut|zend|wa|re, die (abwertend): *Ware, die in sehr großer Zahl angeboten wird.*

dut|zend|wei|se ⟨Adv.⟩: **1.** *im Dutzend* (a): diesen Artikel haben wir d. verkauft. **2.** (ugs.) *in großen Mengen:* Projekte d. bewilligen.

Du|vet [dyvɛ], das; -s, -s [frz. duvet, eigtl. = Daune, zu afrz. dum, dun = Daune < anord. dunn] (schweiz.): *Daunendecke, Federbett.*

Dux, der; -, Duces [ˈduːtseːs] [lat. dux = Führer, zu: ducere = ziehen, führen] (Musik): *meist einstimmiges Fugenthema in der Haupttonart, das im Comes* (2) *mündet.*

Duz|bru|der, der: *Duzfreund.*

du|zen ⟨sw. V.; hat⟩ [mhd. duzen, dutzen]: *mit Du anreden:* er duzt alle seine Leute.

Duzfreund – Ebbe

Duz|freund, der: *guter Bekannter von jmd., mit dem er sich duzt:* die beiden sind alte -e.

Duz|freun|din, die: w. Form zu ↑ Duzfreund.

Duz|fuß: in der Wendung **mit jmdm. auf [dem] D. stehen** (ugs.; *sich mit jmdm. duzen*).

DV = Datenverarbeitung.

DVD [de:faʊˈdeː], die; -, -s [Abk. für engl. digital versatile disc = digitale, vielseitig verwendbare (Compact) Disc]: *einer CD ähnlicher Datenträger mit sehr viel höherer Speicherkapazität.*

DVD-Bren|ner, der: *Gerät zum Brennen* (11) *von DVDs.*

DVD-Lauf|werk, das: *Teil eines Computers, eines DVD-Players, -Rekorders o. Ä., in dem auf DVDs gespeicherte Programme od. Daten gelesen od. DVDs mit neuen Programmen od. Daten beschrieben werden.*

DVD-Play|er [...pleɪɐ], der [engl. player = Abspielgerät]: *Gerät zum Abspielen von DVDs.*

DVD-Re|cor|der: ↑ DVD-Rekorder.

DVD-Re|kor|der, DVD-Recorder, der: *Gerät zum Abspielen von DVDs u. zum Aufnehmen von Filmmaterial auf DVD.*

DVD-Roh|ling, der: *zum Bespieltwerden vorgesehene DVD.*

DW [deːˈveː], die; - [Abk. für: Deutsche Welle] = Deutsche Welle: *öffentlich-rechtliche Rundfunkanstalt der Bundesrepublik Deutschland.*

Dy|a|de, die; -, -n [spätlat. dyas (Gen.: dyadis) < griech. dyás, zu: dýo = zwei]: **1.** (Math.) *(in der Vektorrechnung) Zusammenfassung zweier Einheiten.* **2.** (Soziol.) *Paar als einfachste soziale Beziehung.*

dy|a|disch 〈Adj.〉 (Math.): *dem Zweiersystem zugehörend:* das -e Zahlensystem.

dyn = Dyn.

Dyn, das; -[s], - [Abk. für griech. dýnamis, ↑ Dynamis]: *nicht gesetzliche physikalische Einheit der Kraft* (Zeichen: dyn).

Dy|na|mik, die; -, -en [spätlat. dynamice < griech. dynamikḗ (téchnē), zu ↑ dynamisch]: **1.** 〈o. Pl.〉 (Physik) *Lehre vom Einfluss der Kräfte auf die Bewegungsvorgänge von Körpern.* **2. a)** 〈Pl. selten〉 *auf Veränderung, Entwicklung gerichtete Kraft, Triebkraft:* die D. der gesamten Entwicklung; eine neue D. gewinnen; **b)** 〈o. Pl.〉 *dynamische* (2 b) *Art, dynamisches* (2 b) *Wesen:* in ihren Bewegungen steckt D. **3.** (Musik, Tontechnik) *Differenzierung der Tonstärke:* der 3. Satz dieser Sinfonie hat eine außerordentlich hohe D.

Dy|na|mis, die; - [griech. dýnamis = Kraft, zu: dýnasthai = vermögen, können] (Philos.): *Kraft, Vermögen, eine Veränderung herbeizuführen.*

dy|na|misch 〈Adj.〉 [zu griech. dynamikós = mächtig, wirksam]: **1.** (Physik) *die von Kräften erzeugte Bewegung betreffend:* -e Gesetze. **2. a)** *eine Bewegung, Entwicklung aufweisend:* eine -e Sozialpolitik; -e Kräfte treiben die Ereignisse voran; -e Rente *(Rente, deren Höhe nicht auf Lebenszeit festgesetzt, sondern periodisch der Entwicklung des Sozialprodukts angepasst wird);* **b)** *durch Schwung u. Energie gekennzeichnet; Tatkraft u. Unternehmungsgeist besitzend:* ein -er Typ; wir suchen eine -e Persönlichkeit. **3.** (Musik) *die Differenzierung der Tonstärken betreffend:* -e [Vortrags]bezeichnungen; der Künstler zeigte ein d. ausgefeiltes Spiel.

dy|na|mi|sie|ren 〈sw. V.; hat〉: **a)** (bildungsspr.) *in Bewegung setzen; vorantreiben, beschleunigen:* einen Prozess d.; **b)** (Fachspr.) *[bestimmte Leistungen] an die Veränderungen der allgemeinen Bemessungsgrundlage anpassen:* die Gebühren mit sechs Prozent d.; dynamisierte Renten.

Dy|na|mi|sie|rung, die; -, -en: *das Dynamisieren.*

Dy|na|mit [auch: ...ˈmɪt], das; -s [zu griech. dýnamis, ↑ Dynamis]: *auf der Grundlage des Nitroglyzerins hergestellter Sprengstoff:* ein Paket D.; der Felsen wurde mit D. gesprengt; Ü D. im Bein haben (Fußballjargon; *schussgewaltig sein*); mit D. spielen *(sich leichtsinnig in eine Situation begeben, die einen raschen Untergang bewirken kann);* diese Akten sind das reinste D. *(sind sehr brisant).*

◆ **Dy|na|mi|tar|de,** der; -n, -n [geb. nach ↑ Kommunarde]: *Sprengstoffattentäter:* ... können Sie sich einen Handelsgärtner denken, der ... Kornblumen im Großen zieht, Kornblumen, dies Symbol königlich preußischer Gesinnung, und der zugleich Petroleur und D. ist (Fontane, Jenny Treibel 32).

Dy|na|mo [dyˈnaːmo, auch: ˈdyːnamo], der; -s, -s [engl. dynamo, zu griech. dýnamis, ↑ Dynamis]: *Maschine zur Erzeugung elektrischen Stroms.*

Dy|na|mo|ma|schi|ne, die (Technik): *Dynamo.*

Dy|na|mo|me|ter, das: **1.** *Vorrichtung zum Messen von Kräften u. mechanischer Arbeit.* **2.** (Physik) *Messgerät für Ströme hoher Frequenzen.*

Dy|nast, der; -en, -en [griech. dynástēs, zu: dýnasthai, ↑ Dynamis] (Geschichte): *Herrscher [eines kleinen Gebiets].*

Dy|nas|tie, die; -, -n [griech. dynasteía] (bildungsspr.): **1.** *Herrschergeschlecht; Herrscherhaus:* die D. starb aus. **2.** *auf einem bestimmten Gebiet bekannte od. hervorragende, Einfluss ausübende Familie, Gruppe:* die D. der Krupps.

dy|nas|tisch 〈Adj.〉 (bildungsspr.): *den Dynasten, die Dynastie betreffend:* -e Interessen.

dys-, Dys- [griech. dys-]: drückt in Bildungen mit Substantiven oder Adjektiven aus, dass etw. abweichend von der Norm od. krankhaft bzw. übel, schlecht od. falsch ist: Dysrhythmie; dysfunktional.

Dys|funk|ti|on, die; -, -en [↑ Funktion]: **1.** (Med.) *gestörte Funktion; Funktionsstörung eines Organs:* erektile D. *(Erektionsstörung)* (Abk.: ED). **2.** (Soziol.) *für den Bestand eines Systems schädliche Sache.*

dys|funk|ti|o|nal 〈Adj.〉 (Soziol.): *einer Funktion, Wirkung o. Ä. abträglich.*

Dys|kal|ku|lie, die; -, -n [zu lat. calculare, ↑ kalkulieren] (Psychol.): *ausgeprägte Beeinträchtigung des mathematischen Denkens bzw. der Rechenfertigkeiten.*

◆ **dys|op|tisch** 〈Adj.〉 [↑ optisch]: *schwachsichtig:* Dich hätte ich wohl verbrauchen sollen als dyspeptischen Professor der Philologie und -en Doktor der Philosophie (Raabe, Alte Nester 65).

Dys|pla|sie, die; -, -n [zu griech. plásis = Form] (Med.): *Fehl-, Unterentwicklung.*

Dys|rhyth|mie, die; -, -n [zu ↑ Rhythmus] (Med.): *Störung eines normalen Rhythmus* (z. B. Herzrhythmusstörung).

Dys|stress: ↑ Disstress.

Dys|to|nie, die; -, -n [↑ Tonus] (Med.): *Störung des normalen Spannungszustandes der Muskeln u. Gefäße:* vegetative D. *(Gesamtheit der durch Erkrankung des vegetativen Nervensystems bedingten Symptome).*

Dys|to|pie, die; -, -n [zu griech. tópos = Platz, Stelle]: **1.** (Med.) *das Vorkommen von Organen an ungewöhnlichen Stellen.* **2.** [engl. dystopia, Gegenbildung zu: utopia ↑ Utopie] (Literaturwiss.) *fiktionale, in der Zukunft spielende Erzählung o. Ä. mit negativem Ausgang.*

dz = Doppelzentner.

D-Zug® [ˈdeː...], der; -[e]s, D-Züge [kurz für: Durchgangszug] (früher): *auf längeren Strecken verkehrender, sehr schnell fahrender Zug, der nur an wichtigen Bahnhöfen hält:* * im D. durch die Kinderstube gefahren/gebraust sein (salopp; *schlecht erzogen sein*).

D-Zug-Tem|po, das (salopp): *hohes Tempo:* im D. *(in hohem Tempo)* fahren.

e, E [eː], das; - (ugs.: -s), - (ugs.: -s): **1.** [mhd., ahd. e] *fünfter Buchstabe des Alphabets:* ein kleines e, ein großes E schreiben. **2.** 〈das; -, -〉 (Musik) *dritter Ton der Grund-(C-Dur-)Tonleiter:* auf dem Klavier das e, E anschlagen.

e = e-Moll.

E = 1. (internationale Meteorol.) East [iːst; engl.] od. Est [ɛst; frz.] (Ost). 2. Europastraße.

ε, E: ↑ Epsilon.

η, H: ↑ Eta.

€ = Euro.

Ea|gle [ˈiːgl], der, auch das; -[s], -s: **1.** 〈der〉 [engl. eagle, eigtl. = Adler, nach dem Münzbild] *Goldmünze der USA (im Wert von 10 $).* **2.** [nach dem größeren Wert des Schlags im Vergleich zum ↑ Birdie (= Vögelchen)] (Golf) *das Treffen des Loches mit zwei Schlägen weniger als durch Par vorgesehen.*

EAN-Code, EAN-Kode [eːˈaːˈɛn...], der; -s [1. Bestandteil Abk. für: europäische Artikelnummerierung]: *Strichcode.*

Earl [əːl], der; -s, -s [engl. earl; vgl. Jarl]: engl. Bez. für: *Graf.*

Earl Grey [- ˈgreɪ], der; - - [engl., wahrsch. nach Charles Grey, dem 2. Earl Grey (1764–1845), der die Rezeptur von einem befreundeten chinesischen Mandarin erhalten haben soll]: *mit Bergamottöl aromatisierter Tee.*

ea|sy [ˈiːzi] 〈indekl. Adj.〉 [engl.] (ugs.): *leicht, locker:* alles e., Leute! *(es gibt keine Probleme, keinen Grund zur Aufregung).*

Ea|sy Li|ving [ˈiːzi ˈlɪvɪŋ], das; - - [s] [engl. easy living, aus: easy = leicht u. living = Lebensart, -stil, zu: to live = leben] (ugs.): *unbeschwerte Lebensart.*

Ea|sy Ri|der [ˈiːzi ˈraɪdɐ], der; -s, - - [s] [engl. easy rider = lässiger Fahrer, amerik. auch: Nichtstuer; nach dem gleichnamigen amerik. Spielfilm]: **1.** *Motorrad mit hohem, geteiltem Lenker u. einem Sattel mit hoher Rückenlehne.* **2.** *Person, die auf einem Easy Rider* (1) *fährt.*

Eau de Co|lo|gne [ˈoː də koˈlɔnjə, österr.: ...ˈloːn], das, seltener: die; - - -, Eaux - - [ˈoː - -] [frz., zu: eau = Wasser u. Cologne = Köln (da es zuerst in Köln hergestellt wurde)]: *Kölnischwasser.*

Eau de Par|fum [ˈoː də parˈfœ̃ː], das; - - -, Eaux - - [ˈoː - -] [frz., zu ↑ Parfüm]: *Duftwasser, dessen Duftstärke zwischen Eau de Toilette u. Parfüm liegt.*

Eau de Toi|lette [- - toaˈlɛt], das; - - -, Eaux - - [ˈoː - -] [frz., zu ↑ Toilette (1 a)]: *Duftwasser, dessen Duftstärke zwischen Eau de Parfum u. Eau de Cologne liegt:* ein Fläschchen E. d. T.

E-Ban|king [ˈiːbɛŋkɪŋ], das; -[s]: *Electronic Banking.*

eBay®, E-Bay [ˈiːbeɪ], das; -[s] 〈meist o. Art.〉 [wahrsch. nach der Kurzf. von Echo Bay Technology Group, einer Firma des E-Bay-Gründers Pierre Omidyar]: *amerikanische Firma, die über das Internet die Möglichkeit bietet, Waren u. Dienstleistungen zu versteigern od. zu festgesetzten Preisen zu verkaufen.*

Eb|be, die; -, -n [aus dem Niederd. < mniederd. ebbe, eigtl. = das Wegfluten, zu ↑¹ab]: *im Wech-*

sel der Gezeiten allmählich wieder zurückgehender od. bereits zurückgegangener Wasserstand: es ist E.; E. und Flut *(die Gezeiten);* bei [Eintritt der] E.; die Schiffe laufen mit der E. aus; Ü eine E. *(ein Tiefstand)* im kulturellen Leben; im Geldbeutel ist, herrscht E. (ugs.: *er ist leer);* Liebe ist kein Teich, in dem man sich immer spiegeln kann, Joan. Sie hat E. und Flut *(es gibt ein ständiges Auf u. Ab;* Remarque, Triomphe 179).

eb|ben ⟨sw. V.; hat⟩ [mniederd. ebben]: *(vom Meeresspiegel) bei Ebbe absinken:* die See ebbt; ⟨meist unpers.:⟩ es ebbte *(die Ebbe kam, es war Ebbe);* Ü Aber diese böse und hochmütige Aufwallung ebbte (selten geh.; *ebbte ab, legte sich) im Fortschreiten des Mahles* (A. Zweig, Claudia 17).

Ebb|strom, der: *Strömung, die durch die Ebbe entsteht:* der E. trieb das Schiff auf das Meer hinaus.

ebd. = ebenda.

¹eben ⟨Adj.⟩ [mhd. eben, ahd. eban = gleich (hoch), flach, H. u.]: **1.** *gleichmäßig flach [u. horizontal]:* -es Land; der Weg verläuft e. **2.** *glatt, geebnet:* ein -er Weg; zu -er Erde *(in Höhe des Erdbodens; im Erdgeschoss);* die Bahn ist e.

²eben ⟨Adv.⟩ [mhd. ebene = soeben; genau, ahd. ebano = gleich; gemeinsam]: **1. a)** *in diesem Augenblick; soeben; gerade jetzt:* e. tritt sie ein; **b)** *gerade vorhin:* er war e. noch hier; was hast du e. gesagt?; **c)** (landsch.) *für [ganz] kurze Zeit; [nur ganz] kurz; schnell, rasch einmal:* kommst du e. [mal] mit?; ich muss das e. noch nachprüfen. **2.** *gerade noch; mit Mühe u. Not:* mit fünf Euro komme ich [so] e. [noch] aus. **3.** *bestätigt, oft allein stehend u. am Satzanfang, dass der Sprecher gleicher Ansicht ist, das zuvor Gesagte auch schon geäußert hat:* »Ich glaube, wir müssen gehen.« – »Ja e.«.

³eben ⟨Partikel; unbetont⟩: **1.** *verstärkt eine [resignierte] Feststellung, fasst bestätigend Vorangegangenes zusammen:* er ist e. zu nichts zu gebrauchen; das ist e. so; du hättest ihn e. nicht ärgern sollen. **2.** *verstärkt eine Aussage, eine Behauptung;* ⁴*gerade,* ²*genau:* e. jetzt brauchen wir das Geld; das e. nicht!; Sie hoben den Gegenstand auf, e. diese zweite Frau (Jahnn, Geschichten 73). **3.** *schwächt eine Verneinung ab:* sie war nicht e. freundlich *(war ziemlich unfreundlich)* zu ihm; er ist nicht e. *(nicht gerade)* ein Held.

Eben|bild, das [mhd. ebenbilde] (geh.): *im Äußeren (bes. in Bezug auf das Gesicht u. die Gestalt) fast das genaue Abbild eines anderen Menschen:* sie ist das E. ihrer Mutter.

eben|bür|tig ⟨Adj.⟩ [mhd. ebenbürtec = von gleicher Geburt]: **1.** (früher) *von gleicher vornehmer Abkunft:* die zweite Frau des Grafen war nicht e. **2.** *gleiche Fähigkeiten erkennen lassend; jmdm. geistig od. körperlich gewachsen; im Vergleich mit etw. anderem gleichwertig:* ein ihm -er Gegner; eine -e Leistung; die beiden waren sich, einander [geistig] e.

Eben|bür|tig|keit, die; -: *das Ebenbürtigsein.*

eben|da ⟨Adv.⟩: *genau, gerade dort* (Abk.: ebd.): e. verbrachte er seinen Urlaub; das Zitat findet sich e. *(an der eben angeführten Stelle);* ebd. S. 35 und S. 90 *(am angeführten Ort auf S. 35 und S. 90).*

eben|da|her: 1. ⟨Adv.⟩ *genau, gerade dorther:* er kam von e. **2.** ⟨Pronominaladv.⟩ *genau daher:* e. kommt dieses Problem.

eben|da|hin: 1. ⟨Adv.⟩ *genau, gerade dorthin:* e. gehen wir auch. **2.** ⟨Pronominaladv.⟩ *genau dahin:* seine Auffassung geht e., dass die Sache zu viel Risiken birgt.

eben|dann ⟨Adv.⟩: *eben zu diesem Zeitpunkt.*

eben|da|rum ⟨Pronominaladv.⟩: *aus ebendiesem Grunde:* e. muss ich zu ihr.

eben|der [auch: ...'deːɐ̯], ebendie [auch: ...'diː], ebendas [auch: ...'das] ⟨Demonstrativpron.⟩: *genau der, die, das:* ebender, von dem wir sprechen; ebendas bezweifle ich.

eben|der|sel|be, ebendieselbe, ebendasselbe ⟨Demonstrativpron.⟩: *genau derselbe, dieselbe, dasselbe:* an ebendemselben Platz.

eben|des|halb, eben|des|we|gen ⟨Pronominaladv.⟩: *genau deshalb:* e. bin ich gekommen.

eben|die|ser, ebendiese, ebendieses ⟨Demonstrativpron.⟩: *genau dieser, diese, dieses:* ebendies[es] gilt auch für die übergeordneten Behörden; Ein Schnitzer in Bierton war berühmt für die Einlegearbeiten, die den örtlichen Galgen zeigten. Sie wurden aus dem Holz ebendieses Galgens gefertigt (Muschg, Gegenzauber 185).

eben|dort ⟨Adv.⟩: *genau, gerade dort.*

Ebe|ne, die; -, -n [mhd. ebene, ahd. ebanī, eigtl. = Ebenheit, Gleichheit]: **1.** *sich weit erstreckendes flaches Land:* der Ort liegt in einer fruchtbaren E. **2.** [für lat. planum] (Geom., Physik) *unbegrenzte, nirgends gekrümmte Fläche:* zwei sich schneidende -n; eine schiefe E. *(eine sich neigende Fläche);* * **auf die schiefe E. geraten/ kommen** *(auf Abwege geraten; herunterkommen).* **3.** [für engl. level] *Stufe, Niveau:* ein Gespräch auf wissenschaftlicher E. führen; Verhandlungen auf höherer, höchster E. *(im Kreis der höheren, höchsten zuständigen Personen);* etw. liegt, bewegt sich auf gleicher E. *(ist genauso zu beurteilen).*

-ebe|ne, die; -, -n ⟨meist in der Fügung »auf -ebene«⟩: *bezeichnet in Bildungen mit Substantiven einen Bereich oder einen Kreis von Leuten:* Gewerkschafts-, Länder-, Verwaltungsebene.

eben|er|dig ⟨Adj.⟩: *zu ebener Erde [liegend]:* ein Haus mit -en Fenstern; e. wohnen.

eben|falls ⟨Adv.⟩ [für älteres: ebenen Falls]: *gleichfalls, auch:* er war e. anwesend; danke, e.! *(ich wünsche Ihnen das Gleiche).*

Eben|heit, die; -, -en: **1.** *ebene Beschaffenheit.* **2.** *Grad der Ebenheit* (1).

¹Eben|holz, das ⟨Pl. ...hölzer⟩ [verdeutlichende Zus. zu mhd., spätahd. ebenus = Ebenholz(baum) < lat. ebenus < griech. ébenos < altägypt. hbnj]: *sehr hartes, schwarzes od. tiefdunkles Edelholz:* ein Griff aus blankem E.; Haare, schwarz wie E.

◆Eben|holz, das ⟨o. Pl.⟩ [zu ↑Holz (4)] (landsch.): *eben liegender Wald (im Unterschied zum Gebirgswald):* Eines Tages ging ich in einer Hirtenangelegenheit ins E. (Roesgger, Waldbauernbub 22).

eben|holz|far|ben ⟨Adj.⟩: *von der Farbe des Ebenholzes; tiefdunkel, schwarz.*

Eben|holz|ge|wächs, das ⟨meist Pl.⟩: *meist tropisches Gewächs mit ganzrandigen Blättern und Beerenfrüchten, das wertvolles, dunkles Kernholz (Ebenholz) liefert.*

eben|je|ner, ebenjene, ebenjenes ⟨Demonstrativpron.⟩: *genau jener, jene, jenes:* ebenjenen habe ich in Bonn gesehen.

Eben|maß, das; -es [mhd. ebenmāʒ(e), ahd. ebanmāʒa]: *harmonisches Verhältnis der Teile zum Ganzen:* das E. ihres Körpers, seiner Verse; ...denn ihr war überaus angenehm und göttergleich gewachsen, schlank, weich und doch kräftig von Gliedern, goldig von Haut und ohne Tadel in Hinsicht auf schönes E. (Th. Mann, Krull 30).

eben|mä|ßig ⟨Adj.⟩ [mhd. ebenmæʒe(c)]: **a)** *ein gefälliges Gleichmaß aufweisend:* ein -er Wuchs; ihre Gesichtszüge sind e.; ♦ **b)** [eigtl. = im Maß entsprechend] *ebenso, auch:* Lerse, e. unser Tischgeselle, gehörte auch zu dieser Zahl (Goethe, Dichtung u. Wahrheit 9).

Eben|mä|ßig|keit, die; -: *ebenmäßige Beschaffenheit.*

eben|so ⟨Adv.⟩: *in ebenderselben Weise, in der gleichen Weise, geradeso [sehr], genauso [sehr]:* ich mache es e. wie Sie; e. höfliche wie deutliche Worte; wir verehren ihn e., wie ihr ihn ablehnt; er hätte e. gern *(nicht weniger gern)* etwas anderes gegessen; sie hätte e. gut zu Hause bleiben können; er hat e. häufig *(nicht weniger häufig)* gefehlt; er kommt e. oft; e. sehr für Sprachen wie für Mathematik begabt sein; e. viele sonnige Tage; heute hat sie e. viel/wenig geleistet; mir geht es e. schlecht wie (landsch.: als) ihr.

eben|sol|cher, ebensolche, ebensolches ⟨Demonstrativpron.⟩: *genau solcher, solche, solches:* das ist ebensolche/ebensolcho eine Ware [wie man sie hier immer bekommt].

Eber, der; -s, - [mhd. eber, ahd. ebur, H. u., verw. mit gleichbed. lat. aper]: *männliches [Haus]schwein.*

Eber|esche, die [frühnhd. eberboum, wohl urspr. = der Bräunliche, nach der Farbe seiner Früchte]: *Baum mit gefiederten Blättern, in Dolden wachsenden weißen Blüten u. beerenähnlichen roten od. gelben Früchten.*

Eber|rau|te, die [volksetym. Umbildung von lat. abrotonum]: *in Stauden wachsende, als Gewürz u. zu Heilzwecken verwendete Pflanze, deren in schmalen Rispen wachsenden, gelbliche Blütenköpfchen nach Zitronen duften.*

E-Bike, [ˈiːbaɪk], das [engl. e-bike, Kurzf. für: electric bike = elektrisches Fahrrad] (Jargon): *Elektrofahrrad.*

EBIT, Ebit, das; -[s], -s [Abk. für engl. earnings before interest and taxes = Gewinn vor Zinsen und Steuern] (Wirtsch.): *aus der gewöhnlichen Geschäftstätigkeit eines Unternehmens sich ergebender Gewinn ohne Berücksichtigung von Zinsen u. Steuern; Finanzergebnis.*

EBITA, Ebi|ta, das; -[s], -s [Abk. für engl. earnings before interest, taxes and amortization = Gewinn vor Zinsen, Steuern u. Abschreibungen] (Wirtsch.): *aus der gewöhnlichen Geschäftstätigkeit eines Unternehmens sich ergebender Gewinn ohne Berücksichtigung von Zinsen, Steuern u. Abschreibungen.*

EBITDA, Ebit|da, das; -[s], -s [Abk. für engl. earnings before interest, taxes, depreciation and amortization = Gewinn vor Zinsen, Steuern, Abschreibungen auf Sachanlagen u. immaterielle Vermögensgegenstände] (Wirtsch.): *aus der gewöhnlichen Geschäftstätigkeit eines Unternehmens sich ergebender Gewinn ohne Berücksichtigung von Zinsen, Steuern, Abschreibungen u. sonstigen Finanzierungsaufwendungen.*

eb|nen ⟨sw. V.; hat⟩ [mhd. ebenen, ahd. ebanōn]: ¹*eben* (2) *machen:* einen Weg, Platz e.

Eb|nung, die; -, -en: *das Ebnen.*

Ebo|la, das; -: Kurzf. von ↑Ebolafieber.

Ebo|la|fie|ber, das ⟨o. Pl.⟩ [nach dem Fluss Ebola in der Demokratischen Republik Kongo] (Med.): *durch ein Virus hervorgerufene, oft tödlich verlaufende epidemische Infektionskrankheit.*

E-Book, [ˈiːbʊk], das; -[s], -s [engl. e-book, Kurzwort aus: electronic **book,** ↑ Electronic Book]: *Electronic Book.*

E-Book-Rea|der [...riːdɐ], der (EDV): *Electronic Book* (1).

Eb|ro, der; -[s]: Fluss in Spanien.

E-Busi|ness [ˈiːbɪznɪs], das; - [engl. e-business, Kurzwort aus: electronic **business,** ↑ Electronic Business]: *Electronic Business.*

EC® [eːˈtseː] = Eurocityzug.

Ecaille|ma|le|rei [eˈkaj...], die [zu frz. écaille =

Ecart–Ecke

Schuppe, aus dem Germ.] (Kunstwiss.): *schuppenartiges Dekor auf Porzellan (bes. des 18. Jahrhunderts).*

Ecart: ↑ Ekart.

Ecar|té [ekar'te:]: ↑[1,2]Ekarté.

E-Cash ['i:kæʃ], das; - [engl. e-cash, Kurzwort aus: electronic **cash**, ↑ Electronic Cash]: *Electronic Cash.*

ec|ce ho|mo ['ɛktsə -] ⟨Interj.⟩ [lat., eigtl. = siehe da, der Mensch (nach dem Ausspruch des Pilatus, mit dem er den gegeißelten u. dornengekrönten Jesus dem Volk vorstellte, in der Vulgataübersetzung von Joh. 19,5)] (bildungsspr.): *sehet, welch ein Mensch!*

Ec|ce-Ho|mo, das; -[s], -[s] [zu ↑ ecce homo]: *Darstellung des dornengekrönten Christus in der Kunst.*

Ec|cle|sia, die; - [lat. ecclesia = Versammlung; christliche Gemeinde, Kirche < griech. ekklēsía]: **1.** ↑ Ekklesia (bes. in lat. Fügungen, entsprechend der [kath.] Ekklesiologie): *E. militans (die in der Welt kämpfende Kirche, die Kirche auf Erden); E. patiens (die leidende Kirche, die Seelen der Verstorbenen im Fegefeuer); E. triumphans (die triumphierende Kirche, die Kirche im Stande der Vollendung, die Heiligen im Himmel).* **2.** (bild. Kunst) *zusammen mit der Synagoge (2) dargestellte weibliche Figur (mit Krone, Kelch u. Kreuzstab) als Allegorie des Neuen Testamentes.*

Echap|pé [eʃa'peː], das; -s, -s [frz. échappé, zu: échapper, ↑ echappieren] (Ballett): *Sprung aus der geschlossenen Position der Füße (bei der sie mit den Fersen aneinanderstehen) in eine offene (bei der sie auseinanderstehen).*

echap|pie|ren [eʃa'piːrən] ⟨sw. V.; ist⟩ [frz. échapper, zu einem vlat. Verb mit der Bed. »sich davonmachen«, eigtl. = die Ordensmütze werfen, zu spätlat. cappa, ↑ Kappe] (bildungsspr. veraltet): *entweichen, entwischen.*

echauf|fie|ren [eʃo'fiːrən] ⟨sw. V.; hat⟩ [frz. (s')échauffer = (sich) erhitzen, über das Vlat. zu lat. excalefacere, ↑ Kalfaktor] (bildungsspr.): **1.** *[sich] durch Anstrengung od. Aufregung erhitzen: ...ein Gesicht bin ich aufallend echauffiert wie – da, fühle doch mal, wie ich brenne!* (Th. Mann, Zauberberg 23). **2.** *[sich] aufregen:* echauffieren Sie mich/sich nicht!; er war sehr echauffiert darüber.

Echauf|fiert|heit, die; -: *das Echauffiertsein.*

Echec [e'ʃɛk], der; -s, -s [frz. échec, über das Span. < arab. šāh, ↑ schachmatt]: **1.** frz. Bez. für Schach. ♦ **2.** *Niederlage:* Die Kuh'schen Töchter selbst fanden sich ziemlich leicht in diesen E. (Fontane, Jenny Treibel 208).

Echi|nus, der; -, - [lat. echinus < griech. echīnos]: **1.** (Zool.) *Seeigel.* **2.** (Archit.) *die Deckplatte mit dem Säulenschaft verbindender Wulst am Kapitell einer dorischen Säule.*

Echo, das; -s, -s [lat. echo < griech. ēchṓ, zu: ēchḗ = Schall]: **1. a)** *[mehrfache] Schallreflexion; Widerhall, Nachhall:* ein mehrfaches E.; das E. eines Hahnenschreis; das E. antwortete uns; Ü er ist nur das E. seiner Freundin (gibt nur deren Äußerungen, Ansichten wieder u. hat keine eigene Meinung); **b)** *Resonanz, Reaktion auf etw.:* das E. auf die Rede blieb; ein unterschiedliches E. finden; ein großes E. finden. **2. a)** (Technik) *echoartiges [Wieder]eintreffen, Zurückkommen:* das E. eines ausgesendeten [Radio]signals; das [fehlerhafte] Wiederholung od. [unbeabsichtigter] Nachhall aufgrund bestimmter technischer [Neben]effekte.

echo|ar|tig ⟨Adj.⟩: *in der Art eines Echos vollziehend.*

Echo|ef|fekt, der; **1.** (Technik) *durch Echo (2b) hervorgerufener Effekt.* **2.** (Musik) *[Stil]effekt durch echoartige Wirkung.*

echo|en ⟨sw. V.; hat⟩: **1.** ⟨unpers.⟩ *als Echo widerhallen:* »Esel!«, echote es [von den Bergen]; ♦ ⟨mit persönlichem Subjekt:⟩ ...ein Gelächter echot in den Höhlenräumen (Goethe, Faust II, 9598). **2.** *(eine Äußerung) [spöttisch] nachahmend od. gedankenlos wiederholen:* »Professor Anderegg«, sagte Herbert ergriffen. »Professor Anderegg«, echote Stefan (Muschg, Gegenzauber 95).

Echo|gra|fie, Echo|gra|phie, die; -, -n [↑ -grafie] (Med.): *elektroakustische Prüfung u. Aufzeichnung der Dichte eines Gewebes mithilfe von Schallwellen.*

Echo|kar|dio|gra|fie, Echo|kar|dio|gra|phie, die; -, -n [zu griech. kardía = Herz u. gráphein = schreiben] (Med.): *Untersuchung des Herzens mithilfe von Ultraschall; Ultraschallkardiografie.*

Echo|lot, das (Technik): *Gerät zur Entfernungs-, bes. Tiefen- od. Höhenmessung mithilfe von Schallwellen.*

Echo|lo|tung, die; **1.** (Technik) *Entfernungs-, bes. Tiefen- od. Höhenmessung mit dem Echolot.* **2.** (Zool.) *Orientierung bestimmter Tiere (z. B. Fledermäuse) mithilfe selbst ausgesandter Schallimpulse, die von Gegenständen ihrer Umgebung zurückgeworfen werden.*

Ech|se, die; -, -n [geb. durch falsche Worttrennung aus ↑ Eidechse]: *in sehr vielen Arten bes. in wärmeren Gebieten lebendes, Eier legendes Kriechtier mit meist schuppiger Haut u. mehr od. weniger vollständig ausgebildeten Gliedmaßen (z. B. Blindschleiche, Eidechse).*

echt ⟨Adj.⟩ [aus mnd. Niederd. < mniederd. echt = echt, recht, gesetzmäßig, zugez. aus: eahcht (dafür mhd., ahd. ēhaft [niederd. -cht- entspricht hochd. -ft-, vgl. Schacht]) = gesetzmäßig, zu mhd. ē, ahd. ēwa, ↑ Ehe]: **1. a)** *nicht nachgemacht, nicht imitiert; unverfälscht:* -e Perlen; ein -er Pelz; ein -er Dürer (von Dürer selbst gemaltes Bild); die Unterschrift ist e.; der Ring ist e. (rein) golden, silbern; **b)** *reinrassig:* ein -er Pudel; **c)** *wirklich [vorhanden]; nicht vorgetäuscht, nicht scheinbar:* eine -e Freundschaft; ein -es Problem; eine -e Lücke; sein Interesse war e.; ⟨als adverbiale Bestimmung, bes. bei Adj., meist ugs. verstärkend:⟩ Klaus beneidete Sabine und Helmut. Abends lesen, e. apt (M. Walser, Pferd 42); *⁎ in e.* (ugs.: in Wirklichkeit, tatsächlich). **2.** *typisch:* ein -er Berliner; das ist e. englisch, e. Hitchcock; (ugs.:) das war ja wieder einmal e.! **3.** (Math.) *einen Zähler aufweisend, der kleiner als der Nenner ist:* ein -er Bruch. **4.** (Chemie, Textilind.) *(von Farben) gegenüber bestimmten chemischen u. physikalischen Einflüssen fast unempfindlich:* -e Farben; das Blau ist e. ♦ **5.** *rechtlich, gesetzmäßig:* Sobald dem Briten keine Wahl mehr bleibt, bin ich im -en Ehebett geboren (Schiller, Maria Stuart IV, 10).

-echt: 1. drückt in Bildungen mit Substantiven aus, dass die beschriebene Sache gegen etw. unempfindlich, widerstandsfähig ist: licht-, säureecht. **2.** drückt in Bildungen mit Verben (Verbstämmen) aus, dass etw. ohne schädliche Auswirkungen gemacht werden kann: bügel-, kochecht.

echt|gol|den, echt gol|den ⟨Adj.⟩: *aus echtem Gold bestehend.*

Echt|haar, das: *echtes Haar.*

Echt|haar|pe|rü|cke, die: *Perücke aus echtem Haar.*

Echt|heit, die; -: *das Echtsein (1, 4).*

Echt|heits|nach|weis, der: *Nachweis, dafür, dass etw. echt (1) ist, dass es sich bei etw. um ein Original handelt.*

Echt|sil|ber, das: *echtes Silber.*

echt|sil|bern, echt sil|bern ⟨Adj.⟩: *aus Echtsilber bestehend.*

Echt|zeit, die: **a)** (EDV) *vorgegebene Zeit, die bestimmte Prozesse einer elektronischen Rechenanlage in der Realität verbrauchen dürfen;* **b)** *simultan zur Realität ablaufende Zeit.*

Echt|zeit|be|trieb, der (EDV): *Arbeitsweise einer elektronischen Rechenanlage, bei der das Programm od. die Datenverarbeitung (nahezu) simultan mit dem entsprechenden Prozessen in der Realität abläuft.*

Eck, das; -[e]s, -e u. (österr.:) -en [Nebenf. von ↑ Ecke]: **1.** (südd., österr.) ↑ Ecke (1): *⁎ über/ (südd., österr..) übers E. (diagonal [sodass zwei Ecken aufeinandertreffen]:* ein Halstuch über E. legen). **2.** (Ballspiele) *Ecke des Tors:* linkes, rechtes, oberes, unteres E.; ins kurze E. (in die nächstgelegene Torecke), ins lange E. (in die entfernter liegende Torecke) schießen.

Eckart: in der Fügung **ein getreuer E.** *(ein treuer, stets helfender Mann; nach der Gestalt aus der Heldendichtung des Mittelalters).*

EC-Kar|te, ec-Kar|te [eːˈtseː...], die; -, -n: *Eurochequekarte.*

Eck|ball, der (Ballspiele): *gegen die Mannschaft, die den Ball ins eigene Toraus befördert hat, verhängter Freistoß, -wurf, -schlag von der nächstgelegenen Ecke des Spielfeldes aus:* einen E. treten; der Schiedsrichter gab E.

Eck|ball|mar|ke, die (Radball): *Marke, von der aus der Eckball geschlagen wird.*

Eck|bank, die; -, ...bänke: *winkelförmige Bank, die in die Ecke eines Raumes eingepasst ist.*

Eck|chen, das; -s, -: Vkl. zu ↑ Ecke.

Eck|da|ten ⟨Pl.⟩: *Richtwerte [einer Planung]:* E. für etw. setzen.

Ecke, die; -, -n [mhd. ecke, ahd. ecka]: **1. a)** *von zusammenstoßenden, einen Winkel bildenden Linien, Kanten od. Flächen begrenztes Flächen-, Raum- od. Materialstück [an seiner äußersten Stelle]:* vorspringende -n; sich an der E. eines Tisches stoßen; die E. eines Dreiecks, Würfels (Geom.; *Punkt, in dem zwei Begrenzungslinien einer Fläche od. drei Grenzebenen bzw. Kanten eines Körpers zusammenstoßen);* Ü ein Typ mit -n und Kanten *(jmd., der schwierig, eigenwillig ist);* **⁎ an allen -n [und Enden/Kanten]** (ugs.: überall: es fehlt an allen -n und Enden); **b)** *Stelle, an der zwei Straßen zusammenstoßen; Straßenecke:* eine zugige E.; ich sah sie um die E. biegen, schwenken; gleich um die E. (ugs.; *gleich in der Nähe, in der nächsten Querstraße*) wohnen; ℞ das ist schon längst um die E. (ugs.; *das ist schon vorbei, schon erledigt*); ⁎ **jmdn. um die E. bringen** (ugs.: umbringen); **um die E. denken** *(außerhalb der üblichen Bahnen, unkonventionell denken);* **mit jmdm. um/über ein paar, um/über einen -n verwandt sein** (ugs.: mit jmdm. weitläufig verwandt sein); **c)** (landsch.) *[spitz zulaufendes] Stückchen:* eine E. Käse, Wurst. **2. a)** *Stelle, an der zwei Seiten eines Raumes zusammenstoßen:* die E. eines Zimmers; das Kind muss [zur Strafe] in der E. stehen; etw. in die E. (auf die Seite) stellen; er wurde in allen -n (überall) gesucht; Ü Beifall aus der falschen E. (von den falschen Kreisen); **b)** *Stelle, an der zwei Linien od. Kanten aufeinandertreffen; letztes Stück einer spitz zulaufenden Fläche:* etw. in die linke obere E. (einer Postkarte) schreiben; die -n des Spielfeldes. **3.** (landsch.) *Gegend:* in dieser E. Deutschlands; Ü er kommt aus der technischen E. (aus dem technischen Bereich). **4.** ⟨o. Pl.⟩ (ugs.) *Strecke; Ende* (2 c): wir sind eine tüchtige E. marschiert, gewandert; das ist noch eine ganze E. (das ist noch ziemlich weit); Ü mein Freund ist eine ganze E. jünger. **5.** (Ballspiele) *Eckball:* eine E.

treten, schlagen; die Mannschaft erzielte 10:5 -n; *****kurze E.** (1. Fußball; *auf kurze Entfernung zu einem Mitspieler gespielter Eckball.* 2. Hockey; *Strafecke*); **lange E.** (1. Fußball; *vors Tor gespielter Eckball.* 2. Hockey; *Eckschlag*). **6.** (Boxen) *einer der vier Winkel des Boxrings:* die neutrale E.; von der E. *(von der Ecke des Boxrings, an der sich das einen Boxer betreuende Team aufhält)* kamen laute Anweisungen. **7.** (Ringen) *farbig markierter Viertelkreis auf der Matte, in dem sich der Ringer während der Pausen aufhält.*

ecken ⟨sw. V.; hat⟩ (veraltet): *mit Ecken versehen.*

Ecken|schüt|ze, der (Hockey): *Spieler, der den bei der Strafecke hereingegebenen u. von einem anderen Spieler gestoppten Ball aufs Tor schlägt.*

Ecken|schüt|zin, die: w. Form zu ↑ Eckenschütze.

Ecken|stand, der: *Eckenverhältnis.*

Ecken|ver|hält|nis, das (Ballspiele, bes. Fußball): *Verhältnis der von beiden Mannschaften im Spiel erzielten Eckbälle.*

Ecker, die; -, -n [mhd. ecker(n), Umlautform von: ackeran = Eichel; Buchecker, viell. urspr. = wilde Frucht]: **1.** *Buchecker.* **2.** (selten) *Eichel.* **3.** ⟨Pl.; meist o. Art. als Sg. gebraucht⟩ (Kartenspiele) *Eicheln* (3): -n ist Trumpf.

Eck|fah|ne, die (Sport): *Stange mit einer kleinen Fahne zur Markierung der Ecke des Spielfelds.*

Eck|fens|ter, das: *in die Ecke eines Gebäudes eingebautes Fenster.*

Eck|grund|stück, das: *Grundstück an einer Straßenecke.*

Eck|haus, das: *Haus, das zwei meist rechtwinklig zueinander verlaufende Fronten hat.*

eckig ⟨Adj.⟩ [mhd. eckeht, zu ↑ Ecke]: **1.** *Ecken* (1 a) *aufweisend; nicht rund:* ein -er Tisch; (die Linie verläuft e. **2. a)** *abrupt wechselnde Bewegungen zeigend:* ein -er Gang; sich e. *(ungeschickt)* benehmen; **b)** *schroff, unverbindlich:* ein -es Wesen haben.

Eckig|keit, die; -: *das Eckigsein.*

Eck|knei|pe, die (ugs.): *Kneipe an einer Straßenecke.*

Eck|lohn, der (Wirtsch.): *tariflicher Normallohn als Richtwert.*

Eck|pfei|ler, der: *Stützpfeiler an der Ecke eines Gebäudes:* Ü diese Hypothese ist ein E. *(eine starke Stütze, Hauptstütze)* seiner Theorie.

Eck|platz, der: *äußerster Platz am Ende einer Sitzreihe.*

Eck|punkt, der: **1.** *Punkt, der die Ecke einer geometrischen Figur bildet.* **2.** ⟨Pl.⟩ *Richtwerte.*

Eck|punk|te|pa|pier, das: *Papier* (2), *in dem Eckpunkte* (2) *festgehalten sind.*

Eck|satz, der ⟨meist Pl.⟩ (Musik): *erster bzw. letzter Satz einer größeren drei- od. mehrsätzigen Komposition:* die Ecksätze eines Streichquintetts.

Eck|schlag, der (Hockey): *Eckball.*

Eck|schrank, der: *dreieckiger Schrank, der in die Ecke eines Raumes eingepasst ist.*

Eck|stan|ge, die (Sport): *Eckfahne.*

Eck|stein, der; -[e]s, -e: **1.** *Rand-, Schluss-, Hauptstein an der Ecke [eines Bauwerks]; die Ecke bildender od. bezeichnender [Grenz]stein:* Ü für die Regierung bleibt die europäische Integration der E. *(die Hauptstütze)* der Außenpolitik; diese Entdeckung stellt einen E. *(Markstein)* in der Geschichte der Psychologie dar. **2.** ⟨das; o. Pl.; meist o. Art.⟩ *Karo* (2 a).

Eck|stoß, der (Fußball): *Eckball.*

Eck|stück, das: *Stück des Randes od. der Kante, das die Ecke bildet.*

Eck|tisch, der: *Tisch in der Ecke [eines Lokals].*

Eck|turm, der: *Turm, der die Ecke [eines Bauwerks] bildet.*

Eck|wert, der (Wirtsch.): *Richtwert.*

Eck|wurf, der (Handball): *Eckball.*

Eck|zahn, der: *spitzer Zahn zwischen Schneide- u. Backenzähnen.*

Eck|zim|mer, das: *Zimmer mit zwei Außenwänden.*

Eck|zins, der; -es, -en (Geldw.): *Zinssatz für Sparkonten mit gesetzlicher Kündigung (als Richtsatz für die Verzinsung anderer Einlagen).*

Ec|lair [eˈklɛːɐ̯], das; -s, -s [frz. éclair, eigtl. = Blitz, weil man es schnell (wie der Blitz) isst]: *mit Creme gefülltes u. mit Zuckerguss od. Schokolade überzogenes, längliches Gebäckstück.*

E-Com|merce [ˈiːkɔməːs], der; - [engl. e-commerce, Kurzwort aus: **electronic commerce**, ↑ Electronic Commerce]: *Electronic Commerce.*

Eco|no|my|class, Eco|no|my-Class [ɪˈkɔnəmikla:s; zu engl. economy = Sparsamkeit < lat. oeconomia, ↑ Ökonomie, u. class, ↑ Klasse], **Eco|no|my|klas|se,** die; -: *preisgünstigste Tarifklasse im Flugverkehr.*

ec|ru: ↑ ekrü.

Ec|ru|sei|de [eˈkryː...]: ↑ Ekrüseide.

¹Ec|s|ta|sy [ˈɛkstəsi], das; -[s] ⟨meist o. Art.⟩ [engl. ecstasy, eigtl. = Ekstase < afrz. extasie < spätlat. ecstasis < griech. ékstasis, ↑ Ekstase]: *halluzinogene Designerdroge.*

²Ec|s|ta|sy, die; -, -: *Tablette aus* ¹*Ecstasy.*

Ecu, ECU [eˈkyː], der; -[s], -[s] od. die; -, - [frz. écu, Abk. für engl. European currency **u**nit]: *Verrechnungseinheit der EU bis zur Einführung des Euro.*

Écu [eˈkyː], der; -, -s [frz. écu < lat. scutum = Schild, nach dem Münzbild]: *frühere französische Silbermünze.*

Ecu|a|dor, -s: *Staat in Südamerika.*

Ecu|a|do|ri|a|ner, der; -s, -: *Ew.*

Ecu|a|do|ri|a|ne|rin, die; -, -nen: w. Form zu ↑ Ecuadorianer.

ecu|a|do|ri|a|nisch ⟨Adj.⟩: *Ecuador, die Ecuadorianer betreffend.*

Ed. = Edition.

ED = erektile Dysfunktion; Erkennungsdienst.

Eda|mer, der; -s, -, **Edamer Käse,** der; - -s, - - [nach der niederl. Stadt Edam]: *hell- bis goldgelber, fester Schnittkäse mit Rinde aus rotem Paraffin (in Brot- od. Kugelform).*

Ed|da, die; - ⟨anordl., H. u.⟩ (Literaturwiss.): *Sammlung altnordischer Dichtungen.*

ed|disch ⟨Adj.⟩: *die Edda betreffend.*

edel ⟨Adj.; edler, edelste⟩ [mhd. edel(e), ahd. edili, zu ↑ Adel]: **1. a)** (veraltet) *adlig:* ein Mann aus edlem Geschlecht; **b)** *reinrassig, hochgezüchtet:* ein edles Pferd; edle Rosen. **2.** (geh.) *menschlich vornehm; von vornehmer Gesinnung [zeugend]:* eine edle Gesinnung, Haltung; e. denken, handeln. **3. a)** (geh.) *harmonisch [gebildet], schön geformt:* edler Wuchs; eine e. geformte Vase. **b)** *(von bestimmten Erzeugnissen o. Ä.) vorzüglich; hochwertig:* edles Holz; edle (erlesene) Weine; (selte, gegen chemische Einflüsse widerstandsfähige) Metalle; das Aroma ist e.; das war ja wieder e. (iron.; *gemein, unfair*) von ihm; Wir liefern für den Kaiser, edle Tuche für seinen Hof (Hacks, Stücke 58); * **die edlen Teile** (↑ Teil 1 a).

Edel- (meist spött.): drückt in Bildungen mit Substantiven aus, dass jmd. oder etw. als etw. Besseres, Besonderes, Hochwertigeres angesehen wird: Edelboutique, -ganove, -porno.

Edel|da|me, die (Geschichte): *adlige Frau.*

Edel|dir|ne, die (verhüll.): *attraktive, anspruchsvolle Prostituierte, die einen vermögenden Kundenkreis hat.*

edel|faul ⟨Adj.⟩ (Winzerspr.): *Edelfäule aufweisend.*

Edel|fäu|le, die (Winzerspr.): *durch einen Schimmelpilz bewirkte Überreife u. Qualitätssteigerung bei Weintrauben.*

Edel|fe|der, die (leicht spött.): **1.** *[renommierter] Schriftsteller, Journalist o. Ä., der besonders kultiviert u. anspruchsvoll schreibt.* **2.** *sehr teurer, luxuriöser Füllfederhalter.*

Edel|fisch, der: *wertvoller Speisefisch.*

Edel|frau, die (Geschichte): *adlige Frau.*

Edel|fräu|lein, das (Geschichte): *junge, unverheiratete adlige Frau.*

Edel|gas, das (Chemie): *gasförmiges, farb- u. geruchloses, kaum Verbindungen eingehendes chemisches Element.*

edel|her|zig ⟨Adj.⟩ (geh.): *großmütig, groß-, gutherzig.*

Edel|holz, das: *wertvolles, feines Nutzholz.*

Edel|ling, der; -s, -e [mhd. edelinc, ahd. ediling] (Geschichte): *germanischer Adliger.*

Edel|kas|ta|nie, die: **1. a)** *Baum mit großen länglichen, gezähnten Blättern, weißen Blüten u. essbaren Früchten (Esskastanien) in stacheliger Hülle;* **b)** *Kastanie* (2 a). **2.** ⟨o. Pl.⟩ *hartes, dauerhaftes Holz der Edelkastanie* (1 a).

Edel|kitsch, der (meist spöttisch): *Kitsch, der sich ein anspruchsvolles Äußeres gibt.*

Edel|kna|be, der (Geschichte): *adliger, an einem Hof dienender Knabe; Page.*

Edel|ko|ral|le, die: *an den Mittelmeerküsten in größerer Tiefe auftretende rote Koralle, die bis zu 40 cm hohe bäumchenförmige Stöcke bildet.*

Edel|leu|te ⟨Pl.⟩: **1.** Pl. von ↑ Edelmann. **2.** *Gesamtheit der adligen Personen.*

Edel|li|kör, der: *qualitativ hochwertiger Likör.*

Edel|mann, der ⟨Pl. ...leute⟩ (Geschichte): *Adliger.*

edel|män|nisch ⟨Adj.⟩: *die Gesinnung, Haltung eines Edelmannes zeigend; einem Edelmann entsprechend.*

Edel|me|tall, das: *seltenes, kostbares Metall, das gegen chemische Einflüsse sehr widerstandsfähig ist* (z. B. Gold, Silber, Platin).

Edel|mut, der (geh.): *edle Gesinnung:* seinen E. zeigen, beweisen; aus E. handeln.

edel|mü|tig ⟨Adj.⟩ (geh.): *von Edelmut bestimmt:* ein -er Mensch; das war sehr e.

Edel|nut|te, die (salopp, meist spött.): *Edeldirne.*

Edel|obst, das (Gartenbau): *durch Veredlung gezüchtetes, hochwertiges Obst.*

Edel|pilz|kä|se, der: *halbfester Käse mit Zusatz von essbaren Schimmelpilzen.*

Edel|rei|fe, die: *Edelfäule.*

Edel|reis, das: *Pfropfreis zur Veredlung.*

Edel|re|ser|vist, der (Ballspiele Jargon): *leistungsfähiger Ersatzspieler, der längere Zeit nicht in der ersten Mannschaft gespielt hat.*

Edel|re|ser|vis|tin, die: w. Form zu ↑ Edelreservist.

Edel|ro|se, die: *gezüchtete Rose mit (im Unterschied zur Polyantharose) einzelnen großen, gefüllten [duftenden] Blüten.*

Edel|rost, der: *Patina.*

Edel|schnul|ze, die (abwertend): *Schnulze (bes. Film od. Schlager) mit künstlerischem Anspruch.*

Edel|sor|te, die: *edle, veredelte Sorte* (z. B. eines Obstes).

Edel|stahl, der: *mit veredelnden Metallen legierter, sehr harter u. rostfreier Stahl.*

Edel|stein, der: *seltenes u. kostbares Mineral von großer Härte, das wegen seines Glanzes, seiner schönen Farbe als Schmuck verwendet wird:* einen E. schleifen, in Gold fassen.

Edel|stein|kun|de, die: *Wissenschaft von den Edelsteinen.*

Edel|stein|schlei|fer, der: *Handwerker für die Bearbeitung von [Halb]edelsteinen* (Berufsbez.).

Edel|stein|schlei|fe|rin, die: w. Form zu ↑ Edelsteinschleifer.

Edelsteinschliff – Effet

Edel|stein|schliff, der: *Schliff* (1 b) *von Edelsteinen.*

Edel|tan|ne, die: *hochwachsende Tanne, deren kräftige, flache Nadeln auf der Unterseite zwei weiße Längsstreifen aufweisen; Weißtanne, Silbertanne.*

Edel|weiß, das; -[es], -e: *Pflanze des Hochgebirges, deren weißlich gelbe Blütenköpfchen sternförmig von weißen, filzigen Hüllblättern eingefasst sind.*

Edel|wild, das: *Rotwild.*

Edel|zwi|cker, der (↑ Zwicker (2)): *trockener elsässischer Weißwein in Form eines Verschnitts aus Qualitätsweinen verschiedener Rebsorten.*

Eden [hebr. ʾeḏen, eigtl. = Wonne; vielleicht angelehnt an akkad. edinu < sumer. eden = Ebene, Wüste (in den älteren Bibelstellen heißt es »Garten in Eden« statt »Garten Eden«)]:
1. ** der Garten E.* (1. Rel.): *das Paradies* 1 a: *eine Schilderung des Gartens E.* 2. *das Paradies* 2 b: *dieses Antiquariat ist ein Garten E. für den Bücherliebhaber.* 2. ⟨das; -s⟩ (geh.) *Paradies* (2 a): *diese Gegend ist ein wahres E.*

edie|ren ⟨sw. V.; hat⟩ [lat. edere (2. Part.: editum) = herausgeben]: 1. *[wissenschaftlich] herausgeben:* Schillers Werke e.; sorgfältig edierte Bände. 2. (EDV) *editieren.*

Edikt, das; -[e]s, -e [lat. edictum, subst. 2. Part. von: edicere = ansagen, bekannt machen]: 1. (bes. Geschichte) *Erlass, Verordnung einer Obrigkeit:* ein E. erlassen. 2. (österr. Amtsspr.) *gerichtliche Bekanntmachung von Versteigerungen, Konkursverfahren.*

Edin|burg: dt. Form von Edinburgh.

Edin|burgh [ˈɛdɪnbərə]: Hauptstadt von Schottland.

edi|tie|ren ⟨sw. V.; hat⟩ [vgl. gleichbed. engl. to edit, eigtl. = edieren < frz. éditer, zu: édition < lat. editio, ↑ Edition] (EDV): *Daten in ein ²Terminal eingeben, löschen, ändern o. Ä.*

Edi|ti|on, die; -, -en [lat. editio, zu: edere, ↑ edieren] (Verlagsw.): 1. *[bes. wissenschaftliche] Herausgabe* (Abk.: Ed.): *eine kritische E. von Schillers Werken.* 2. *in bestimmter Form [wissenschaftlich] herausgegebenes Werk; [kritische] Ausgabe:* eine broschierte E. von Schillers Werken. 3. (selten) *Verlag* (meist in Firmennamen): *die Partitur ist in der E. Schott erschienen.*

Edi|tio prin|ceps [- ˈprɪntsɛps], die; - -, -nes ...cipes [ediˈtsioːneːs ...tsipeːs] [lat. = erste Ausgabe] (Verlagsw.): *Erstausgabe (bes. eines alten Werkes).*

¹Edi|tor [auch: eˈdiː...], der; -s, ...oren [lat. editor = Hervorbringer] (Verlagsw.): *Herausgeber.*

²Edi|tor [ˈɛdɪtɐ], der; -s, -s [engl. editor, ↑ Editorial] (EDV): *Komponente des Betriebssystems eines Computers, die die Bearbeitung von Texten u. Grafiken steuert.*

Edi|to|ri|al [edito'rjaːl, engl.: ɛdɪˈtɔːrɪəl], das; -[s], -s [engl. editorial = Leitartikel, zu: editor = Herausgeber < lat. editor, ↑ ¹Editor]: 1. *Vorwort des Herausgebers in einer [Fach]zeitschrift.* 2. *Leitartikel des Herausgebers od. des Chefredakteurs einer Zeitung.* 3. a) *Redaktionsverzeichnis, -impressum*; b) *Verlagsimpressum.*

Edi|to|rin, die; -, -nen: w. Form zu ↑ ¹Editor.

edi|to|risch ⟨Adj.⟩ (Verlagsw.): 1. *die Edition betreffend:* -e Prinzipien. 2. *verlegerisch:* eine -e Leistung.

Ed|le, die/eine Edle; der/einer Edlen, die Edlen/zwei Edle [zu ↑ edel]: 1. (früher) *Adlige.* 2. (geh.) *edle weibliche Person.*

Ed|ler, der Edle/ein Edler; des/eines Edlen, die Edlen/zwei Edle [zu ↑ edel]: 1. (früher) *Adliger* (noch in Titeln): Joseph E. von Sonnenfels. 2. (geh.) *edler Mensch.*

Edu|ka|ti|on, die; - [lat. educatio, zu: educare, ↑ Edukt] (bildungsspr.): *Erziehung.*

Edukt, das; -[e]s, -e [lat. eductum, 2. Part. von: educere = herausführen; erziehen]: 1. (Fachspr.) *aus Rohstoffen abgeschiedener Stoff* (z. B. Öl aus Sonnenblumenkernen). 2. (Geol.) *Ausgangsgestein bei der Metamorphose.*

E-Dur [ˈeːduːɐ̯, auch: ˈeːˈduːɐ̯], das (Musik): *auf dem Grundton E beruhende Durtonart* (Zeichen: E).

E-Dur-Ton|lei|ter, die: *auf dem Grundton E beruhende Durtonleiter.*

Edu|tain|ment [ɛdjuˈteɪnmənt, ...mɛnt], das; -s [Kunstwort aus engl. **edu**cation = Erziehung u. enter**tainment** = Unterhaltung]: *Wissensvermittlung auf unterhaltsame u. spielerische Weise durch Filme, Fernseh- od. Computerprogramme.*

EDV [eːdeːˈfaʊ], die; -: elektronische Datenverarbeitung.

EDV-An|la|ge, die: *Datenverarbeitungsanlage.*

EDV-Pro|gramm, das: *Programm* (4).

EDV-Sys|tem, das: *Gesamtheit der EDV-Anlagen u. EDV-Programme.*

EEG [eːleˈgeː], das; -s, -s: Elektroenzephalogramm.

Efen|di: ↑ Effendi.

Efeu, der, auch das; -s [älter: Epheu, mhd. ephöu, ebehöu, ahd. ebihouwi, vermutlich in Anlehnung an: houwi = Heu, zu gleichbed. ahd. ebowe, H. u.]: *(zu den Efeugewächsen gehörende) immergrüne, als Kletterstrauch wachsende Pflanze mit drei- bis fünfeckig gelappten Blättern.*

Efeu|ge|wächs, das ⟨meist Pl.⟩: *Holzgewächs einer Pflanzenfamilie mit den Gattungen Efeu, Aralie u. a.*

efeu|um|rankt ⟨Adj.⟩: *von Efeu umrankt.*

Eff|eff [ɛfˈlɛf; H. u., viell. zu der kaufmannsspr. Abk. ff = sehr fein]: in den Wendungen *etw. aus dem E. beherrschen, können, verstehen* (ugs.: *etw. hervorragend beherrschen, können, verstehen).*

Effekt, der; -[e]s, -e [lat. effectus, zu: efficere, ↑ effizieren]: 1. *bezweckte od. auch nicht bezweckte [überraschende, beeindruckende] Wirkung, Auswirkung:* der künstlerische E., der E. seiner Bemühungen war gleich null; er hatte Worte hatten, erzielten einen unbeabsichtigten E.; keinen großen E. *(Eindruck)* [auf das Publikum] machen; im E. *(Endergebnis)* läuft beides auf das Gleiche hinaus; ♦ *...so ein Wind macht mit den E. wie eine Maus* (Büchner, Woyzeck [Beim Hauptmann]). 2. *etw., was aufgrund der Anwendung eines Verfahrens, einer Technik, eines Tricks [überraschend u.] beeindruckend wirken soll:* ein optischer, akustischer E.; mit billigen -en arbeiten; magnetokalorischer E. (Physik; *von magnetischen Zustandsveränderungen der Materie herrührende Temperaturveränderung).*

Ef|fek|ten ⟨Pl.⟩ [nach frz. effets, Pl. von: effet (↑ Effekt)]: 1. (Börsenw.) *an der Börse gehandelte Wertpapiere:* der Kurswert der E. 2. (veraltet, noch schweiz.) *bewegliche Habe, Habseligkeiten:* ♦ *...sah man einen hübschen Reisewagen, mit den E. beider Wiener Gäste bepackt* (Mörike, Mozart 273).

Ef|fek|ten|ab|tei|lung, die (Bankw.): *Abteilung einer ²Bank, die für das Effektengeschäft zuständig ist.*

Ef|fek|ten|bank, die ⟨Pl. -en⟩ (Bankw.): *²Bank, die das Emissions- u. Finanzierungsgeschäft betreibt.*

Ef|fek|ten|bör|se, die (Börsenw.): *regelmäßig stattfindender Markt für Wertpapiere.*

Ef|fek|ten|ge|schäft, das (Bankw.): *An- u. Verkauf, Verwahrung u. Verwaltung von Effekten* (1) *sowie Ausgabe von fremden Effekten* (1) *durch ein Kreditinstitut.*

Ef|fek|ten|han|del, der (Bankw.): *Effektengeschäft.*

Ef|fek|ten|händ|ler, der (Bankw.): *Angestellter einer ²Bank, der im Auftrag seiner Firma Effektengeschäfte abschließt.*

Ef|fek|ten|händ|le|rin, die: w. Form zu ↑ Effektenhändler.

Ef|fekt|garn, das (Textilind.): *Garn, das durch besondere Form (Knoten, Noppen, Schlingen u. a.) od. farbige Gestaltung (z. B. Verschiedenfarbigkeit der Einzelfäden) einem Gewebe, einer Wirk- od. Strickware einen bestimmten Effekt* (2) *verleiht.*

Ef|fekt|ha|sche|rei, die; -, -en (abwertend): 1. ⟨o. Pl.⟩ *übertriebenes Bedachtsein, Angelegtsein auf Effekte* (2): *auf E. verzichten.* 2. ⟨meist Pl.⟩ *einzelne Äußerung, Erscheinungsform der Effekthascherei* (1): *plumpe -en.*

ef|fekt|ha|sche|risch ⟨Adj.⟩ (abwertend): *von Effekthascherei* (1) *erfüllt.*

ef|fek|tiv ⟨Adj.⟩ [zu lat. effectivus = (be)wirkend]: 1. a) *wirksam, wirkungsvoll:* ein -er Schutz; die -ste Methode; e. arbeiten; b) *lohnend, nutzbringend:* ein wenig -es Unternehmen. 2. *sich tatsächlich feststellen lassend, wirklich:* der -e Gewinn; die -en Zinsen; feststellen, was e. geleistet wurde; (als adv. Bestimmung, meist ugs. verstärkend:) ich habe e. keine Zeit.

Ef|fek|tiv|ge|halt, das: vgl. Effektivlohn.

Ef|fek|ti|vi|tät, die; -: *Wirksamkeit; effektive* (2) *Wirkung, Leistung:* die E. der angewandten Mittel; ein hohes Maß an E. erreichen.

Ef|fek|tiv|lohn, der: *wirklich gezahlter Lohn, der aus Tariflohn u. übertariflichen Zahlungen sowie zusätzlichen Leistungen (Prämien, Fahrgelderstattung o. Ä.) besteht.*

Ef|fek|tiv|ver|zin|sung, die: *effektiver* (2) *Zins bzw. effektiver* (2) *Ertrag eines Wertpapiers.*

Ef|fek|tor, der; -s, ...oren ⟨meist Pl.⟩ [lat. effector = Urheber]: 1. (Physiol.) *Nerv, der einen Reiz vom Zentralnervensystem zu den Organen weiterleitet u. dort eine Reaktion auslöst.* 2. (Biol., Med.) *Stoff, der die Reaktionsgeschwindigkeit von Enzymen beim Stoffwechselprozess beschleunigt od. hemmt, ohne an ihrer Auslösung mitzuwirken.*

ef|fekt|voll ⟨Adj.⟩: *durch Effekte* (2) *beeindruckend:* -e Muster, Verzierungen; sie sprach mit -en Pausen; e. arrangiert sein; Er wandte den Blick von den eintönigen Passanten, vom grauen Pflaster in die Schaufenster, zu den e. drapierten Lederwaren... (Kronauer, Bogenschütze 108).

Ef|fe|mi|na|ti|on, die; -, -en [spätlat. effeminatio = Verweiblichung] (Med., Psychol.): a) *das Vorhandensein psychisch u. physisch weiblicher Eigenschaften beim Mann;* b) *passive Homosexualität beim Mann.*

Ef|fen|di, Efendi, der; -[s], -s [türk. efendi < ngriech. aphentēs < griech. authentḗs = unumschränkter Herr] (früher): *Titel u. Anrede für höhere Beamte (in der Türkei).*

ef|fe|rent ⟨Adj.⟩ [zu lat. efferre = herausbringen] (Physiol., Med.): *von einem Organ herkommend, herausführend.*

Ef|fe|renz, die; -, -en (Physiol., Med.): *Impuls, der über die efferenten Nervenfasern vom Zentralnervensystem zum peripheren Nervensystem geführt wird.*

Ef|fet [ɛˈfeː, auch: ɛˈfɛ], der, selten das; -s, -s [frz. effet < lat. effectus, ↑ Effekt]: *einer Kugel, einem Ball beim Stoßen, Schlagen, Treten o. Ä. durch seitliches Anschneiden verliehener Drall:* den Ball mit E. schlagen; das Stück wurde mit viel E. (ugs.; *Schwung*) vorgetragen.

Ef|fet|ball, der: *mit Effet gespielter Ball.*

ef|fet|tu|o|so ⟨Adv.⟩ [ital. effettuoso < spätlat. effectuosus] (Musik): *effektvoll, mit Wirkung.*

ef|fi|lie|ren ⟨sw. V.; hat⟩ [frz. effiler, zu: fil = Faser, Faden < lat. filum] (Friseurhandwerk): *(dichte Haare) beim Schneiden gleichmäßig ausdünnen.*

ef|fi|zi|ent ⟨Adj.⟩ [lat. efficiens (Gen.: efficientis) = bewirkend, adj. 1. Part. von: efficere, ↑ effizieren] (bildungsspr., Fachspr.): *wirksam u. wirtschaftlich:* eine -e Methode; die Schulung ist nicht besonders e.; e. arbeiten.

Ef|fi|zi|enz, die; -, -en [lat. efficientia] (bildungsspr., Fachspr.): *Wirksamkeit u. Wirtschaftlichkeit:* die E. einer Methode, eines Systems.

Ef|fi|zi|enz|klas|se, die: *Klasse, Kategorie, der ein Elektrogerät, Fahrzeug od. Gebäude aufgrund seines Energieverbrauchs zugeordnet wird.*

Ef|fi|zi|enz|stei|ge|rung, die: *Steigerung der Effizienz.*

ef|fi|zie|ren ⟨sw. V.; hat⟩ [lat. efficere, zu: facere = machen] (bildungsspr. selten): *hervorrufen, bewirken.*

Ef|fu|si|on, die; -, -en [lat. effusio = das Herausströmen] (Geol.): *das Ausfließen von Lava.*

ef|fu|siv ⟨Adj.⟩ (Geol.): *durch Ausfließen von Lava gebildet:* -es Gestein.

Ef|fu|siv|ge|stein, das (Geol.): *Ergussgestein, das sich bei der Erstarrung des Magmas an der Erdoberfläche bildet.*

EFSF, die; - = Europäische Finanzstabilisierungsfazilität: Kreditinstitut zur Stützung finanziell angeschlagener Staaten der EU.

EFTA, die; - [Kurzwort für engl. European Free Trade Association]: Europäische Freihandelsassoziation (wirtschaftspolitischer Zusammenschluss bestimmter Staaten).

¹EG [eːˈɡeː], die; -: a) Europäische Gemeinschaften (zusammenfassende Bezeichnung für EWG, Euratom u. EGKS); b) Europäische Gemeinschaft (gebräuchliche Bezeichnung für »Europäische Gemeinschaften«).

²EG [eːˈɡeː], das; -[s]: *Erdgeschoss.*

¹egal ⟨indekl. Adj.⟩ [frz. égal < lat. aequalis = gleich]: **1.** *gleich[artig], gleich beschaffen:* die Teile sind nicht ganz e.; Bretter e. schneiden; ⟨ugs. auch dekliniert:⟩ zwei -e Stühle. **2.** (ugs.) *einerlei, gleichgültig:* mir ist alles total, völlig e.; das kann dir doch e. sein; sie soll kommen, e.[,] wie sie das macht.

²egal [eˈɡaːl] ⟨Adv.⟩ (landsch., bes. ostmd.): *fortwährend:* es hat e. geregnet; e. meckern müssen; Wie das Mädchen noch nicht sechzehn war, ging sie schon e. *(immerzu)* ins Panoptikum und zu den Artisten, die da arbeiten (H. Mann, Unrat 58).

ega|li|sie|ren ⟨sw. V.; hat⟩ [frz. égaliser]: **1.** (Sport) **a)** *(eine Höchstleistung) nochmals erreichen;* (einen Rekord) einstellen: die Bestmarke e.; **b)** *(einen Vorteil) ausgleichen:* den [Punkt]vorsprung des Gegners e.; sie egalisierte das 0 : 1 *(schoss das Ausgleichstor).* **2.** (Technik, Textilind., Handwerk) *Ungleichmäßiges so bearbeiten, dass es überall gleich stark wird; gleichmäßig flach machen:* Leder e. **3.** (Textilind.) *gleichmäßig färben.*

Ega|li|sie|rung, die; -, -en: *das Egalisieren.*

ega|li|tär ⟨Adj.⟩ [frz. égalitaire, zu: égalité, ↑ Égalité] (bildungsspr.): *auf politische, soziale Gleichheit gerichtet:* die -e demokratische Massengesellschaft; -e Parolen; In den römischen Gesellschaft hatte sich in gewissen Grenzen eine -e Tendenz durchgesetzt (Enzensberger, Einzelheiten I, 190).

Ega|li|tät, die; - (bildungsspr.): *politische od. soziale Gleichheit, Gleichberechtigung.*

Éga|li|té [eɡaliˈte], die; - [frz. égalité < lat. aequalitas = Gleichheit] (bildungsspr.): *Egalität,*

Gleichheit (eines der drei Losungsworte der Französischen Revolution).

Egart, die; -, -en [mhd. egerte, egerde, ahd. egerda, H. u.] (bayr., österr. früher): *Grasland, das in anderen Jahren als Acker genutzt wird; Brache.*

Egel, der; -, -s, - [mhd. egel(e), ahd. egala, urspr. wohl = kleine Schlange u. verw. mit ↑ Igel]: *Blutegel.*

Eger: Stadt in Tschechien.

Eger|land, das; -[e]s: historische Landschaft in Nordwestböhmen.

¹Eger|län|der, der; -s, -: *Ew.*

²Eger|län|der ⟨indekl. Adj.⟩.

Eger|län|de|rin, die; -, -nen: w. Form zu ¹Egerländer.

Eger|ling, der; -s, -e [zu ↑ Egart] (landsch.): *Champignon.*

¹Eg|ge, die; -, -n [rückgeb. aus ↑ eggen]: *landwirtschaftliches Gerät mit mehreren Reihen von Zinken, das zur oberflächlichen Lockerung u. Krümelung des Bodens u. zur Unkrautbekämpfung dient.*

²Eg|ge, die; -, -n [aus dem Niederd. < mniederd. egge, eigtl. = Ecke]: *Webkante.*

eg|gen ⟨sw. V.; hat⟩ [mhd. eg(g)en, ahd. egen, ecken, zu mhd. egede, ahd. egida = Egge, eigtl. = Gerät mit Spitzen, verw. mit ↑ Ecke]: **a)** *mit der ¹Egge arbeiten:* der Bauer eggt; **b)** *mit der ¹Egge bearbeiten:* die Felder pflügen und e.

Egg|head [ˈɛɡhɛd], der; -s, -s [engl. egghead, eigtl. = Eierkopf] (bildungsspr., oft scherzh. od. abwertend): *Intellektuelle[r], Gelehrte[r].*

E-Gi|tar|re, die; -, -n: *Elektrogitarre.*

EGKS [eːɡeːkaːˈlɛs], die; -: Europäische Gemeinschaft für Kohle und Stahl (Montanunion).

Ego, das; -[s], -s [lat. ego = ich] (Philos., Psychol.): *Ich:* sein eigenes E. in den Vordergrund stellen.

Ego-Goo|geln, das; -s [zu ↑ Ego u. ↑ googeln] (ugs.): *gezielte Suche nach dem eigenen Namen im Internet mithilfe der Suchmaschine Google®:* E. ist zu einer Art Volkssport geworden.

Ego|is|mus, der; -, ...men [frz. égoïsme, zu lat. ego = ich]: **1.** ⟨o. Pl.⟩ **a)** *[Haltung, die gekennzeichnet ist durch] das Streben nach Erlangung von Vorteilen für die eigene Person, nach Erfüllung der die eigene Person betreffenden Wünsche ohne Rücksicht auf die Ansprüche anderer; Selbstsucht, Ichsucht, Eigenliebe:* reiner, krasser E.; etw. aus [gesundem] E. tun; **b)** (Philos.) *Lehre, Anschauung, nach der alles, auch das altruistische Handeln, auf Selbstliebe beruht.* **2.** ⟨Pl.⟩ *egoistische Verhaltensweisen:* persönliche Egoismen und Eitelkeiten.

Ego|ist, der; -en, -en [frz. égoïste]: *von Egoismus bestimmter, selbstsüchtiger, eigennütziger Mensch:* ein rücksichtsloser E.

Ego|is|tin, die; -, -nen: w. Form zu ↑ Egoist.

ego|is|tisch ⟨Adj.⟩: *von Egoismus bestimmt; selbstsüchtig, eigennützig:* ein -er Mensch; ihr Verhalten war sehr e.; e. denken, handeln.

ego|man ⟨Adj.⟩ (bildungsspr.): *krankhaft auf die eigene Person bezogen:* ein -er Mensch; ein -es Verhalten.

Ego|ma|ne, der; -n, -n (bildungsspr.): *jmd., der egoman ist.*

Ego|ma|nie, die ⟨o. Pl.⟩ [↑ Manie] (bildungsspr.): *krankhafte Selbstbezogenheit.*

Ego|ma|nin, die; -, -nen: w. Form zu ↑ Egomane.

Ego|tis|mus, der; - [frz. égotisme < engl. egotism] (bildungsspr.): *[übertriebene] Neigung, sich selbst in den Vordergrund zu stellen; philosophisch begründete Form des Egoismus, die das Glück der Menschheit dadurch herbeizuführen trachtet, dass der Einzelne (einer Elite) auf ein Höchstmaß persönlichen diesseitigen Glücks hinarbeitet.*

Ego|trip, der [engl. ego-trip] (Jargon): *Lebenshal-*

tung, bei der jmd. ganz auf sich selbst bezogen ist: auf dem E. sein *(sich egozentrisch verhalten, seine Egozentrik ausleben).*

E-Go|vern|ment [ˈiːɡɐv(ə)nmənt, ...mɛnt], das; -s, -s [engl. e-government, Kurzwort aus: electronic government = elektronische Regierung] (Verwaltungsspr.): *Durchführung von Prozessen, die zwischen staatlichen Institutionen od. zwischen staatlicher Institution u. Bürger ablaufen, mithilfe der Informationstechnologie.*

Ego|zen|t|rik, die; - [zu lat. ego = ich u. ↑ Zentrum] (bildungsspr.): *egozentrische Art:* die E. dieses Mannes stößt alle vor den Kopf.

Ego|zen|t|ri|ker, der; -s, - (bildungsspr.): *egozentrischer Mensch.*

Ego|zen|t|ri|ke|rin, die; -, -nen: w. Form zu ↑ Egozentriker.

ego|zen|t|risch ⟨Adj.⟩ (bildungsspr.): *die eigene Person als Zentrum allen Geschehens betrachtend; alles in Bezug auf die eigene Person beurteilend u. eine entsprechende Haltung erkennen lassend:* sie verhält sich völlig e.

¹eh ⟨Interj.⟩ (ugs.): **1.** *he[da]!:* eh, warte doch mal! **2.** Ausruf des Staunens: eh, was soll das! **3.** *nun, na:* bist du glücklich, eh?

²eh ⟨Adv.⟩ (südd., österr. ugs.): **1.** *sowieso, ohnehin [schon]:* das war eh bekannt; lass nur, jetzt ist eh alles gleich. **2.** * *seit eh und je* (solange jmd. denken, sich erinnern kann); *wie eh und je* (wie schon immer).

³eh: ↑ ehe.

eh., e. h. = ehrenhalber.

e. h. (österr.) = eigenhändig.

E. h. = Ehren halber (nur in: Dr.-Ing. E. h.).

◆ **Eh|bett:** ↑ Ehebett: Meinten Sie etwa, ich würde den empfindlichen Artikel meines -s *(meine Frau)* preisgeben, wenn mir meines Weibes Tugend und mein eigener Wert nicht Handschrift genug ausgestellt hätten? (Schiller, Fiesco II, 16).

¹ehe, (verkürzt:) ³eh ⟨Konj.⟩ [mhd. ē ⟨Adv.⟩ = vormals, früher, verkürzt aus: ēr, ↑ eher]: *vor dem Zeitpunkt, da …; bevor:* es vergingen drei Stunden, e. wir landen konnten; in einem verneinten Gliedsatz bei gleichfalls verneintem Hauptsatz nur bei besonderer Betonung der konditionalen Bedeutung u. bei Voranstellung des Gliedsatzes: e. (wenn) ihr nicht still seid, kann ich nicht reden.

◆ **²ehe**, (verkürzt:) eh ⟨Adv.⟩ [zu ↑ ehe]: *ehemals:* Deine Mutter! Eh nanntest du mich so (Schiller, Semele 70).

Ehe, die; -, -n [mhd. ē[we], ahd. ēwa = Ehe(vertrag); Recht, Gesetz, viell. urspr. = seit ewigen Zeiten geltendes Recht od. 1. Gewohnheitsrecht]: **a)** *gesetzlich [u. kirchlich] anerkannte Lebensgemeinschaft von Mann u. Frau:* eine glückliche, zerrüttete E.; die bürgerliche E.; ihre E. blieb kinderlos, zerbrach; nach kurzer Zeit wurde die E. wieder geschieden; die E. brechen *(Ehebruch begehen);* sie führen keine gute E.; die E. [miteinander] schließen, eine E. eingehen *(heiraten);* einen Sohn aus erster E. haben; Kinder in die E. mitbringen; sie war in zweiter E. mit einem Kaufmann verheiratet; Ü die E. zwischen Film und Fernsehen; * E. zur linken Hand/morganatische E. *(nicht standesgemäße Ehe im Hochadel, bei der ein Ehevertrag die Lage der nicht ebenbürtigen Frau u. der Nachkommen verbesserte;* mlat. matrimonium ad morganaticam = Ehe auf Morgengabe, zu ahd. morgan = Morgen); *E. ohne Trauschein/wilde E.* (veraltend; *Zusammenleben von Mann u. Frau ohne standesamtliche Trauung*); *E. zu dritt* (*Zusammenleben einer Person mit zwei Geschlechtspartnern*); **b)** *gleichgeschlechtliche Lebensgemeinschaft, die sich an der Ehe* (a) *orientiert:* eine schwule E.

ehe|ähn|lich ⟨Adj.⟩: *einer Ehe ähnlich:* mit jmdm. in einer -en Gemeinschaft leben.
Ehe|an|bah|nung, die: *Ehevermittlung.*
Ehe|an|bah|nungs|in|s|ti|tut, das: *Institut für Ehevermittlung.*
ehe|bal|dig ⟨Adj.⟩ (österr.): *baldmöglichst; so bald wie möglich:* Bedienung zu -em Termin gesucht; Ware e. liefern.
Ehe|band, das ⟨Pl. -e; meist Pl.⟩ (geh.): *Bindung durch die Ehe:* der -e ledig sein, werden.
Ehe|be|ra|ter, der: *jmd., der von amtlicher od. kirchlicher Seite zur Beratung in Fragen der Ehe eingesetzt ist.*
Ehe|be|ra|te|rin, die: w. Form zu ↑ Eheberater.
Ehe|be|ra|tung, die: **1.** *(bes. amtliche od. kirchliche) Beratung in Fragen der Ehe.* **2.** *Eheberatungsstelle* (1).
Ehe|be|ra|tungs|stel|le, die: *Beratungsstelle für Eheberatung* (1).
Ehe|bett, das: *[Doppel]bett der Eheleute.*
ehe|bre|chen ⟨st. V.; nur im Inf. u. 1. Part. gebr.⟩ [mhd. ēbrechen] (geh. veraltet): *die Ehe brechen; Ehebruch begehen:* der ehebrechende Partner; (bibl.:) du sollst nicht e.
Ehe|bre|cher, der [mhd. ēbrechære]: *jmd., der Ehebruch begeht.*
Ehe|bre|che|rin, die; -, -nen [mhd. ēbrechærinne]: w. Form zu ↑ Ehebrecher.
ehe|bre|che|risch ⟨Adj.⟩: *die eheliche Treue verletzend:* -e Beziehungen; ein -es Verhältnis.
Ehe|bruch, der [mhd. ēbruch]: *Verletzung der ehelichen Treue durch außerehelichen Geschlechtsverkehr:* E. begehen.
Ehe|bund, der, **Ehe|bünd|nis,** das (geh.): *Ehe.*
Ehec, die od. das; - ⟨meist o. Art.⟩ (Med.): **1.** [Kurzwort aus Entero-hämorrhagische Escherichia Coli] *Stamm bzw. Stämme von Kolibakterien, die beim Menschen Krankheiten auslösen können.* **2.** *durch Ehec* (1) *ausgelöste Infektionskrankheit.*
Ehec-In|fek|ti|on, die (Med.): *Ehec* (2).
ehe|dem ⟨Adv.⟩ (geh.): *vordem; vormals; damals; einst:* er war e. ein guter Sportler; der preußische Staat von e.
Ehe|dis|pens, der, (österr. u. im kath. Kirchenrecht nur:) die (Rechtsspr.): *Befreiung von einem Ehehindernis od. Eheverbot.*
Ehe|er|schlei|chung, die (Rechtsspr. früher): *Verleitung zum Eingehen einer Ehe durch Täuschung des Partners.*
ehe|fä|hig ⟨Adj.⟩ (Rechtsspr.): *zur rechtswirksamen Eheschließung fähig.*
ehe|feind|lich ⟨Adj.⟩: a) *der Ehe abgeneigt, sie ablehnend:* ein -er Junggeselle; e. eingestellt sein; b) *eine Ehe erschwerend:* -e Berufe, Verhältnisse.
Ehe|frau, die: *verheiratete Frau; Frau, mit der jmd. verheiratet ist.*
Ehe|freu|den ⟨Pl.⟩ (scherzh.): *Freuden am geschlechtlichen Teil der Ehe.*
Ehe|frie|de, (häufiger:) **Ehe|frie|den,** der ⟨o. Pl.⟩: *Zustand des harmonischen, nicht durch Streit getrübten Zusammenlebens.*
Ehe|gat|te, der: **1.** (geh.) *Ehemann.* **2.** (Rechtsspr.) *einer der beiden Partner einer Ehe.*
Ehe|gat|ten|be|steu|e|rung, die: *steuerrechtliches Verfahren, das das Einkommen der Eheleute betrifft.*
Ehe|gat|ten|split|ting, das: *Splitting* (1).
Ehe|gat|tin, die: w. Form zu ↑ Ehegatte.
Ehe|ge|löb|nis, Ehe|ge|lüb|de, das (geh.): *Eheversprechen.*
Ehe|ge|mein|schaft, die: *durch die Ehe begründete Gemeinschaft zwischen Mann u. Frau.*
◆ **Ehe|ge|richt,** das: *Gericht, das sich mit Ehesachen befasst:* ... ein streng altväterisches E. (Keller, Liebesbriefe 48).
Ehe|ge|setz, das (Rechtsspr.): *Gesetz, das Vor-*

schriften über die Eheschließung u. die Eheendigung enthält.
Ehe|ge|spann, das (abwertend, scherzh.): *Ehepaar.*
Ehe|ge|spons, das (scherzh., veraltet): **1.** ⟨auch: der⟩ *Ehemann.* **2.** *Ehefrau.*
ehe|ges|tern ⟨Adv.⟩ [mhd. ēgester] (veraltet): *vorgestern:* ◆ ... ich sah sie gestern – oder e. (Goethe, Faust II, 7991).
Ehe|glück, das: *Glück in der Ehe.*
Ehe|hal|fen, der (scherzh.): *Ehe (als Ort, wo jmd. vor Anker geht):* in den E. einlaufen, im E. landen *([endlich] heiraten).*
Ehe|hälf|te, die (scherzh.): *Ehefrau.*
Ehe|hin|der|nis, das (Rechtsspr.): *Umstand, bei dessen Vorliegen das Gesetz die Eheschließung verbietet (z. B. nahe Verwandtschaft).*
Ehe|jahr, das: vgl. Lebensjahr: im dritten E.
Ehe|joch, das (scherzh.): *(als Joch* (2) *empfundene Ehe:* wie kann man sich nur freiwillig ins E. begeben!
Ehe|ju|bi|lä|um, das: *[festlich begangener] Jahrestag der Schließung einer Ehe:* sein 50-jähriges E. feiern.
Ehe|kan|di|dat, der (scherzh.): a) *jmd., der kurz vor der Heirat steht;* b) *noch unverheirateter, heiratswilliger junger Mann.*
Ehe|kan|di|da|tin, die: w. Form zu ↑ Ehekandidat.
Ehe|krach, der (ugs.): *Ehestreit:* ein lautstarker E.
Ehe|krieg, der: *sehr heftiger u. eher unversöhnlicher, länger andauernder Streit unter Eheleuten.*
Ehe|kri|se, die: *Krise in der Ehe.*
Ehe|krüp|pel, der (scherzh.): *Ehemann [der sich von seiner Frau völlig beherrschen lässt].*
Ehe|le|ben, das ⟨o. Pl.⟩: *das Leben in der Ehe:* Freuden und Leiden des -s.
Ehe|leu|te ⟨Pl.⟩: *Ehemann u. Ehefrau; Ehepaar.*
ehe|lich ⟨Adj.⟩ [mhd. ēlich = ehelich, gesetzmäßig, ahd. ē(o)līh = gesetzmäßig]: **1.** *aus einer Ehe stammend:* -e und nicht -e Kinder; das Kind ist e. [geboren]. **2.** *die Ehe betreffend:* die -en Rechte und Pflichten; sich mit jmdm. e. verbinden (geh.; *jmdn. heiraten):* Es stellt sich heraus, dass der Freund inzwischen eine zweite Wohnung hat, eine kleine, weil er in der verheirateten Wohnung nicht in Ruhe arbeiten kann (Frisch, Montauk 125).
ehe|li|chen ⟨sw. V.; hat⟩ [mhd. ēlichen = uneheliches Kind durch Heirat ehelich machen; spätmhd. = heiraten] (veraltend, noch scherzh.): *heiraten:* er hat seine Jugendfreundin geehelicht.
Ehe|lich|er|klä|rung, die (Rechtsspr. früher): *gerichtliche Erklärung, die einem nicht ehelichen Kind (bes. gegenüber dem Vater) die Rechtsstellung eines ehelichen Kindes verleiht.*
Ehe|lich|keit, die; -: *das Ehelichsein:* die E. eines Kindes, seiner Abstammung.
Ehe|lich|keits|er|klä|rung, die (Rechtsspr. früher): *Ehelicherklärung.*
ehe|los ⟨Adj.⟩: *ohne Ehe, unverheiratet:* e. bleiben.
Ehe|lo|sig|keit, die; -: *das Unverheiratetsein.*
ehe|ma|lig ⟨Adj.⟩: *einstig, früher:* ein -er Offizier; meine -e Wohnung.
Ehe|ma|li|ge, die/eine Ehemalige; der/einer Ehemaligen, die Ehemalige/zwei Ehemalige: **1.** *ehemalige Schülerin, Studentin o. Ä.; ehemaliges weibliches Mitglied von etw.* **2.** *frühere Ehefrau od. Freundin.*
Ehe|ma|li|ger, der Ehemalige/ein Ehemaliger; des/eines Ehemaligen, die Ehemaligen/zwei Ehemalige: **1.** *ehemaliger Schüler, Student o. Ä.; ehemaliges Mitglied von etw.* **2.** (ugs.) *früherer Ehemann od. Freund.*
ehe|mals ⟨Adv.⟩ [mhd. ēmāles]: *einst, früher:* ein e. ruhiger Ort; e. war er ein guter Sportler.
Ehe|mann, der ⟨Pl. ...männer⟩: *verheirateter Mann; Mann, mit dem eine Frau verheiratet ist.*

Ehe|mü|dig|keit, die: *Überdruss an der Ehe.*
ehe|mün|dig ⟨Adj.⟩ (Rechtsspr.): *das vorgeschriebene Mindestalter für eine Eheschließung habend.*
Ehe|mün|dig|keit, die (Rechtsspr.): *das Ehemündigsein.*
Ehe|na|me, der (Amtsspr.): *Nachname von Eheleuten.*
Ehe|paar, das: *verheiratetes Paar:* ein älteres E.
Ehe|pakt, der (österr. Rechtsspr.): *Ehevertrag.*
Ehe|part|ner, der: *Partner* (1 b) *in der Ehe.*
Ehe|part|ne|rin, die: w. Form zu ↑ Ehepartner.
Ehe|pro|b|lem, das ⟨meist Pl.⟩: *Problem in der Ehe.*
eher ⟨Adv.⟩ [mhd. ē(r), ahd. ēr, urspr. komparativisches Adv. zu einem Positiv mit der Bed. »früh« (vgl. got. air = früh)]: **1.** *zu einem noch früheren Zeitpunkt; früher:* ich war e. da [als sie]; als Komp. zu »bald«: je e., desto besser; je e., je lieber. **2.** a) *lieber:* e. will ich sterben als ihn heiraten; b) *wahrscheinlicher, leichter:* e. stürzt der Himmel ein, als dass er nachgibt; das ist schon e. möglich; c) *mehr* (als Ausdruck der Beurteilung): das ist e. selten; ein e. bescheidenes Haus; sie ist alles e. als dumm, als ein Dummkopf *(sie ist durchaus nicht dumm).*
Ehe|recht, das (Rechtsspr.): **1.** ⟨o. Pl.⟩ *die Ehe regelndes Recht.* **2.** *eines der Rechte, die verheirateten Personen zustehen.*
ehe|recht|lich ⟨Adj.⟩ (Rechtsspr.): *das Eherecht betreffend.*
Ehe|ring, der: *Trauring.*
ehern ⟨Adj.⟩ [mhd., ahd. ērīn, zu mhd., ahd. ēr = Erz]: **1.** *aus Erz bestehend, erzen:* eine -e Rüstung, Statue; die -e Schlange (christl. Rel.; Symbol für den gekreuzigten Christus als Retter der Gläubigen; nach Joh. 3, 14, wo Christus mit der Schlange verglichen wird, die Moses auf Gottes Geheiß aus Erz geschaffen hatte und deren Anblick die von einer Schlange Gebissenen heilte [4. Mos. 21, 8 u. 9]); Ü etw. mit -er Stirn (geh.; *dreist u. unbeirrbar)* behaupten. **2.** (geh.) *unbeugbar fest:* ein -er Grundsatz, Wille; -e *(unumstößliche)* Gesetze.
Ehe|sa|kra|ment, das ⟨o. Pl.⟩ (kath. Kirche): *Sakrament der Ehe, das sich das Brautpaar während der Trauung im Beisein des Priesters spendet.*
Ehe|schei|dung, die: *gerichtliche Auflösung der Ehe.*
Ehe|schein, der (schweiz.): *Heiratsurkunde.*
Ehe|schlie|ßung, die: *Erklärung der Ehewilligen vor dem Standesbeamten, die Ehe miteinander eingehen zu wollen.*
◆ **Ehe|spons,** der ↑ Ehegespons (1): ... das Rätsel von seiner eigenen Frau, an der manches verschleierter ... sein soll, als ihm, dem -en, lieb sein kann (Fontane, Jenny Treibel 65).
ehest ⟨Adv.⟩ (österr.): *baldmöglichst, so bald wie möglich.*
ehest... ⟨Adj.⟩ [Sup. zu ↑ eher]: **1.** *frühestmöglich; so früh, bald, schnell wie möglich:* zum ehesten Termin; Ludwig ist am ehesten gekommen; ⟨subst.:⟩ mit Ehestem (Kaufmannsspr.; *in nächster Zeit, zum frühestmöglichen Termin).* **2.** in der Verbindung **am ehesten** (**1.** *noch am liebsten:* am liebsten würde ich [noch] Orientalistik studieren. **2.** *noch am wahrscheinlichsten, besten, leichtesten:* das ist [noch] am ehesten möglich; dieses Werkzeug ist [noch] am ehesten brauchbar.
Ehe|stand, der ⟨o. Pl.⟩: *Stand der Ehe, des Verheiratetseins:* einen E. begründen *(heiraten).*
ehes|tens ⟨Adv.⟩: **1.** *frühestens:* e. [am] Dienstag, e. in einer Stunde. **2.** (österr., sonst veraltet) *baldmöglichst; so schnell, bald wie möglich:* ◆ ... indem Charlotte ... mit einiger Befremdung vernahm, dass sie (= eine Freundin) ehestens

geschieden werden sollte (Goethe, Wahlverwandtschaften I, 10).
Ehe|stif|ter, der: *jmd., der eine Eheschließung herbeiführt; Heiratsvermittler.*
Ehe|stif|te|rin, die: w. Form zu ↑ Ehestifter.
Ehe|stif|tung, die: *das Stiften einer Ehe.*
ehest|mög|lich ⟨Adj.⟩ (bes. österr.): *frühestmöglich:* der -e Eintritt.
Ehe|streit, der: *Streit, Zerwürfnis zwischen Eheleuten.*
Ehe|strei|tig|keit, die ⟨meist Pl.⟩: *Streitigkeit in der Ehe.*
Ehe|stu|dio, das (schweiz.): *Ehevermittlungsinstitut.*
Ehe|tra|gö|die, die: *Ehestreit mit unheilvollem Ausgang.*
Ehe|tren|nung, die (Rechtsspr.): *das Getrenntleben der Eheleute bei Fortbestehen der Ehe.*
Ehe|ver|bot, das (Rechtsspr.): *gesetzliches Verbot der Eheschließung bei Vorliegen bestimmter Umstände.*
Ehe|ver|mitt|lung, die: **1.** *gewerbsmäßige Vermittlung von Ehepartnern.* **2.** *Eheanbahnungsinstitut.*
Ehe|ver|mitt|lungs|in|s|ti|tut, das: *Eheanbahnungsinstitut.*
Ehe|ver|spre|chen, das: *Versprechen gegenüber jmdm., mit ihm bzw. ihr die Ehe einzugehen.*
Ehe|ver|trag, der (Rechtsspr.): *Vertrag der Eheleute, der insbesondere ihre güterrechtlichen Verhältnisse regelt.*
Ehe|voll|zug, der (Rechtsspr.): *(sexueller) Vollzug der Ehe.*
Ehe|weib, das (scherzh., sonst veraltet): *Ehefrau.*
ehe|wid|rig ⟨Adj.⟩ (bes. Rechtsspr.): *zur Ehe im Gegensatz stehend, die Ehe störend:* -es Verhalten.
ehe|wil|lig ⟨Adj.⟩ (bes. Rechtsspr.): *gewillt, die Ehe zu schließen, zu heiraten.*
Ehe|wil|li|ge ⟨vgl. Willige⟩: *weibliche Person, die ehewillig ist.*
Ehe|wil|li|ger ⟨vgl. Williger⟩: *jmd., der ehewillig ist.*
Ehe|wirt, der (landsch., sonst veraltet): *Ehemann;* ◆ Mein lieber Herr und E. (Schiller, Tell I, 2).
Ehe|wunsch, der: *(bes. in Inseraten) Wunsch, einen Ehepartner zu finden.*
Ehe|zwist, der: *Zwist zwischen den Eheleuten.*
◆ **eh|ges|tern:** ↑ ehegestern: ... alles, was Adelin mir e. gesagt hatte (Goethe, Werther II, 16. März).
Eh|ni, der; -[s], -[s] ⟨vgl. Ehnel⟩ (alemann.): *Großvater;* ◆ Vater, wo gehst du hin? – Nach Altorf, Knabe, zum E. (Schiller, Tell III, 1).
Ehr|ab|schnei|der, der (emotional): *jmd., der einen anderen verunglimpft.*
Ehr|ab|schnei|de|rei, die (emotional): *Verunglimpfung.*
Ehr|ab|schnei|de|rin, die: w. Form zu ↑ Ehrabschneider.
ehr|bar ⟨Adj.⟩ [mhd. ērbære] (geh.): *(bürgerlich) ehrenhaft, achtbar; der Sitte gemäß [lebend] u. achtenswert:* -e Leute; ein -er Kaufmann; ihr Beruf ist durchaus e.; e. handeln.
Ehr|bar|keit, die; -: *das Ehrbarsein.*
Ehr|be|griff, der: *Begriff, Auffassung von Ehre, Ehrenhaftigkeit:* der übersteigerte E. eines Offiziers.
Ehr|be|zeu|gung: ↑ Ehrenbezeugung.
Eh|re, die; -, -n [mhd. ēre, ahd. ēra, urspr. = Ehrfurcht, Verehrung]. **1. a)** ⟨Pl. nur in festen präpositionalen Verbindungen⟩ *Ansehen aufgrund offenbaren od. vorausgesetzten (bes. sittlichen) Wertes; Wertschätzung durch andere Menschen:* die E. einer Familie; seine E. wahren, verlieren; diese Tat macht ihr [alle] E. *(fördert ihr Ansehen);* er macht seinen Eltern E.; (geh.:) in

-n ergraut sein; etw. in -n halten *(achtungsvoll behandeln, bewahren);* sein Wort in -n *(was er gesagt hat, soll keine Abwertung erfahren, soll nicht hergabgewürdigt werden),* aber ich wäre nicht so sicher; etw. nur um der E. willen *(nicht eines Vorteils wegen)* tun; jmdm. zu -n ein Fest veranstalten; zu akademischen -n kommen; zu ihrer E. *(um ihr gerecht zu werden)* muss ich das sagen; Ü jmdm. die E. abschneiden *(jmdn. verleumden);* Spr E. verloren, alles verloren; * **[ich] hab/habe die E.!** (südd., österr.; Grußformel); **auf E.!** (Beteuerungsformel); **auf E. und Gewissen** *(die unbedingte Wahrheit verlangend od. bekräftigend:* etw. auf E. und Gewissen beteuern); **bei meiner E.!** (veraltend; Beteuerungsformel); *etw. in [allen] -n sagen, tun (etw. ohne hässliche Nebengedanken sagen, tun);* **b)** *Zeichen od. Bezeigung der Wertschätzung:* jmdm., einer Sache [zu viel] E. antun; jmdm. militärische -n erweisen; etw. zur E. Gottes tun; sich etw. zur E. anrechnen; in Höflichkeitsformeln: es war mir eine [große] E.; ich hatte schon die E., Sie kennenzulernen; mit wem habe ich die E.? *(wie ist Ihr Name?);* was verschafft mir die E. [Ihres Besuches]?; wir geben uns die E. *(erlauben, beehren uns),* Ihnen die Geburt unseres Sohnes anzuzeigen; R E., wem E. gebührt!; * **jmdm. die letzte E. erweisen** (geh.; *an jmds. Bestattung teilnehmen);* **mit jmdm., etw. E. einlegen** *(mit jmdm., etw. großen Eindruck machen, sich damit besonders hervortun;* oft negiert als Kritik: damit ist keine E. einzulegen); **der Wahrheit die E. geben** *(die Wahrheit bekennen:* um der Wahrheit die E. zu geben ...); **aller -n wert sein** *(Lob, Anerkennung verdienen);* **mit -n** *(ehrenvoll).* **2.** ⟨o. Pl.⟩ *Gefühl für die eigene Ehre* (1 a): meine E. verbietet mir, sie zu hintergehen; das geht mir gegen die E.; sie ist eine Frau von E.; er setzt seine E. darein (geh.; *setzt sich mit seiner ganzen Person dafür ein),* diesen Plan zu unterstützen; * **keine E. im Leib[e] haben** *(kein Ehrgefühl besitzen);* **jmdn. bei seiner E. packen** *(erfolgreich an jmds. Ehrgefühl appellieren).* **3.** (veraltet) *Jungfräulichkeit eines jungen Mädchens:* die E. verlieren; einem Mädchen die E. rauben *(es deflorieren).* **4.** ⟨o. Pl.⟩ (Golf) *Berechtigung, den ersten Schlag auf einem Abschlag* (1 c) *zu machen.*
eh|ren ⟨sw. V.; hat⟩ [mhd. ēren, ahd. ērēn]: **1. a)** *jmdm. Ehre, [Hoch]achtung erweisen:* das Alter e.; der Sieger wurde [mit einem Pokal] geehrt; mich hat dadurch geehrt; ein ehrendes Andenken bewahren; in Briefanreden: Sehr geehrter Herr May!; **b)** *für jmdn. eine Ehre bedeuten; jmdm. eine Ehre sein:* sein Angebot, ihr Vertrauen ehrt mich; diese Großmut ehrt dich *(macht dir Ehre).* **2.** (veraltend) *jmds. Empfindungen o. Ä. achten, respektieren:* ich ehre deinen Schmerz, aber sei nicht so verbittert.
Eh|ren|amt, das: *[ehrenvolles] (bes. öffentliches) Amt, das überwiegend unentgeltlich ausgeübt wird.*
Eh|ren|amt|ler, (seltener:) **Ehren|ämt|ler,** der; -s, - (ugs.): *Ehrenamtlicher.*
Eh|ren|amt|le|rin, (seltener:) **Eh|ren|ämt|le|rin,** die; -, -nen: w. Formen zu ↑ Ehrenamtler, ↑ Ehrenämtler.
eh|ren|amt|lich ⟨Adj.⟩: *eine Tätigkeit als Ehrenamt ausübend:* eine -e Mitarbeiterin; Boldas Hauptbeschäftigung bestand darin, e. *(unentgeltlich)* verschiedene Kirchen zu schrubben (Böll, Haus 49).
Eh|ren|amt|li|che, der/die/eine Ehrenamtliche, der/einer Ehrenamtlichen/zwei Ehrenamtliche: *weibliche Person, die ehrenamtlich tätig ist.*
Eh|ren|amt|li|cher, der Ehrenamtliche/ein

Ehrenamtlicher; des/eines Ehrenamtlichen, die Ehrenamtlichen/zwei Ehrenamtliche: *jmd., der ehrenamtlich tätig ist.*
Eh|ren|be|zeich|nung, die: *ehrende Bezeichnung, insbesondere Ehrentitel.*
Eh|ren|be|zei|gung, die: *Ehrenbezeugung:* jmdm. die vorgeschriebene E. erweisen.
Eh|ren|be|zeu|gung, die: *Ehrbezeugung,* **1. a)** *militärischer Gruß gegenüber Vorgesetzten;* **b)** *ehrerbietiger Gruß gegenüber hochgestellten Persönlichkeiten.* **2.** *Ehrerweisung, Ehrerbietung.*
Eh|ren|bür|ger, der: **1.** *Träger eines von einer Stadt od. Hochschule für besondere Verdienste verliehenen Ehrentitels:* E. einer Stadt. **2.** ⟨o. Pl.⟩ (ugs.) *Titel eines Ehrenbürgers* (1): jmdm. den E. verleihen.
Eh|ren|bür|ge|rin, die: w. Form zu ↑ Ehrenbürger.
Eh|ren|bür|ger|schaft, die ⟨o. Pl.⟩: *Status eines Ehrenbürgers.*
Eh|ren|bür|ger|ur|kun|de, die: *Urkunde, die die Verleihung der Ehrenbürgerschaft bestätigt.*
Eh|ren|co|dex: ↑ Ehrenkodex.
Eh|ren|dok|tor, der; -s, ⟨o. Pl.⟩: *jmdm. aufgrund seiner Verdienste ehrenhalber verliehener Doktortitel* (Abk.: Dr. h. c., [nur bei Dr.-Ing.:] Dr. E. h.) **2.** *Träger des Titels eines Ehrendoktors* (1).
Eh|ren|dok|to|rin, die: w. Form zu ↑ Ehrendoktor.
Eh|ren|dok|tor|ti|tel, der: *Titel eines Ehrendoktors* (1).
Eh|ren|dok|tor|wür|de, die: vgl. Würde (2).
Eh|ren|er|klä|rung, die (Rechtsspr.): *öffentlicher Widerruf einer Beleidigung od. verleumderischen Behauptung.*
Eh|ren|er|weis, der, **Eh|ren|er|wei|sung,** die: *Ehrerweisung.*
eh|ren|fest ⟨Adj.⟩ (veraltend): *ehrenwert, ehrbar, redlich, achtbar:* -e Bürgerin; Ü ◆ ... ein sehr vortrefflicher, alter, -er Küchenschrank (Raabe, Chronik 62).
Eh|ren|for|ma|ti|on, die (Militär): *angetretene od. begleitende Formation, durch deren Anwesenheit jmd. geehrt werden soll.*
Eh|ren|fried|hof, der: *Friedhof für gefallene Soldaten.*
Eh|ren|ga|be, die: *Gabe, mit der jmd. geehrt werden soll.*
Eh|ren|gar|de, die: vgl. Ehrenformation.
Eh|ren|gast, der: *Gast, der besonders geehrt wird.*
Eh|ren|ge|halt, das: ²Gehalt als Ehrenerweisung.
Eh|ren|ge|leit, das: *[feierliches] Geleit für einen Ehrengast, eine hohe Persönlichkeit o. Ä.*
Eh|ren|ge|richt, das: *standesinternes Gericht, das sich zur Wahrung der Standesehre besonders mit der Verfolgung von Pflichtverletzungen befasst.*
eh|ren|haft ⟨Adj.⟩ [mhd., ahd. ērhaft]: *den Vorstellungen, Geboten von Ehre u. Anstand entsprechend:* ein -er Mann; das ist nicht e.
Eh|ren|haf|tig|keit, die; -: *-ehrenhaftes Verhalten.*
eh|ren|hal|ber ⟨Adv.⟩: *als Ehrung [verliehen]* (Abk.: e. h., eh.): der Titel wurde ihm e. verliehen; er ist Doktor e. *(hat den Doktortitel ehrenhalber verliehen bekommen).*
Eh|ren|hal|le, die: *Halle zur Ehrung verstorbener Persönlichkeiten od. gefallener Soldaten.*
Eh|ren|han|del, der (bildungsspr.): *Streit, bei dem es um die Ehre [eines] der Beteiligten geht.*
Eh|ren|hof, der: *Hof zur Ehrung verstorbener Persönlichkeiten od. gefallener Soldaten.*
Eh|ren|kleid, das: *Kleidung, die zu tragen als Ehre gilt:* das E. des Soldaten *(die Uniform).*
Eh|ren|ko|dex, Ehrencodex, der: *Gesamtheit der in einer Gesellschaft, Gruppe geltenden, die Ehre u. das ehrenhafte Verhalten betreffenden Normen:* der E. des preußischen Offiziers.
Eh|ren|kom|pa|nie, die: *Ehrenformation in Stärke einer Kompanie.*

Eh|ren|le|gi|on, die ⟨o. Pl.⟩ [nach frz. Légion d'honneur]: *bedeutendster französischer Orden* (2) *für militärische u. zivile Verdienste.*
Eh|ren|lo|ge, die: *Loge für Ehrengäste.*
Eh|ren|mal, das ⟨Pl. -e u. ...mäler⟩: *zu Ehren bedeutender Persönlichkeiten od. der Gefallenen [eines Krieges] errichtetes größeres Denkmal.*
Eh|ren|mann, der ⟨Pl. ...männer⟩: *ehrenhafter Mann, auf dessen Wort man sich verlassen kann:* jmdn. für einen E. halten.
Eh|ren|mit|glied, das: *[Vereins]mitglied ehrenhalber.*
Eh|ren|mit|glied|schaft, die: *[Vereins]mitgliedschaft ehrenhalber (unentgeltlich u. ohne Verpflichtungen).*
Eh|ren|mord, der: *Mord, der verübt wird, um jmds. Ehre, bes. die der eigenen Familie, wiederherzustellen.*
Eh|ren|na|del, die: *als Auszeichnung verliehene Nadel.*
Eh|ren|na|me, der: **a)** *ehrender Beiname* (z. B. Karl der Kühne); **b)** (DDR) *als Ehrung an eine Person, Institution o. Ä. verliehener Name:* die Schule hat den -n »Karl Liebknecht« erhalten.
Eh|ren|pflicht, die: *Pflicht, die zu erfüllen die Ehre vorschreibt.*
Eh|ren|platz, der: *guter Platz, auf dem sitzen zu dürfen eine Ehre bedeutet:* den E. [am oberen Tischende] erhalten; Ü das Erbstück erhielt einen E.
Eh|ren|pos|ten, der: **1.** *Ehrenamt.* **2.** *Posten, der Ehrenwache hält.*
Eh|ren|prä|si|dent, der: *Präsident ehrenhalber (ohne die Rechte u. Pflichten des eigentlichen Präsidenten).*
Eh|ren|prä|si|den|tin, die: w. Form zu ↑ Ehrenpräsident.
Eh|ren|preis, das od. der; -es, - [nach der oft gepriesenen Heilkraft der Pflanze]: *(zu den Rachenblütlern gehörende) kleine Pflanze mit kleinen blauen, in Trauben wachsenden Blüten.*
Eh|ren|pro|mo|ti|on, die: *Promotion zum Ehrendoktor.*
Eh|ren|rat, der: *aus Ehrenmitgliedern zusammengesetztes Gremium, das sich mit besonderen internen Angelegenheiten befasst.*
Eh|ren|rech|te ⟨Pl.⟩: in der Fügung **bürgerliche E.** *(bestimmte Rechte eines Staatsbürgers, besonders das aktive u. das passive Wahlrecht, das Recht, öffentliche Ämter zu bekleiden u. bestimmte Titel zu erwerben u. zu führen).*
Eh|ren|ret|tung, die: *erfolgreiche Verteidigung der Ehre einer Person od. Sache:* etw. zu jmds. E. sagen.
eh|ren|rüh|rig ⟨Adj.⟩ [zu ↑ rühren (eigtl. = an die Ehre rührend)]: *die Ehre antastend, verletzend:* -e Behauptungen.
Eh|ren|rüh|rig|keit, die: *ehrenrührige Beschaffenheit, ehrenrühriges Verhalten.*
Eh|ren|run|de, die: *(besonders beim Sport) jmdm. od. einer Sache zu Ehren (besonders als Zeichen der eigenen Ehre, Auszeichnung) zurückgelegte Runde:* * **eine E. drehen** (Schülerspr.; *eine Klasse wiederholen*).
Eh|ren|sa|che, die: **1.** *die Ehre betreffende Angelegenheit:* in einer E. vermitteln. **2.** *selbstverständlich [u. gern] erfüllte Pflicht:* etw. ist [eine] E. für jmdn.; »Kommst du auch?« – »E.!« (ugs. scherzh. bekräftigend; *selbstverständlich*).
Eh|ren|schuld, die: *Schuld, deren Begleichung die Ehre gebietet:* Spielschulden sind -en.
Eh|ren|schutz, der ⟨o. Pl.⟩: **1.** (Rechtsspr.) *gesetzlicher Schutz der persönlichen u. kollektiven Ehre.* **2.** (geh.) *Schirmherrschaft.*
Eh|ren|se|na|tor, der: *Ehrenbürger einer Hochschule.*
Eh|ren|se|na|to|rin, die: w. Form zu ↑ Ehrensenator.

Eh|ren|sold, der: vgl. Ehrengehalt.
Eh|ren|spiel|füh|rer, der (Fußball): *Ehrenbezeichnung für den Spielführer der deutschen Fußballnationalmannschaft, der sich besonders verdient gemacht hat.*
Eh|ren|ta|fel, die: **1.** *ehrende Gedenktafel.* **2.** (geh.) *jmdm. zu Ehren festlich dekorierter Tisch.*
Eh|ren|tag, der (geh.): *jmdm. zu Ehren festlich begangener [Erinnerungs]tag* (z. B. Geburtstag).
Eh|ren|ti|tel, der: **1.** *aufgrund besonderer Verdienste verliehener Titel.* **2.** *ehrender Titel, ehrende Anrede od. Bezeichnung; Ehrenname.*
Eh|ren|tor, das (Sport): *einziges Tor der (mit deutlichem Rückstand) verlierenden Mannschaft.*
Eh|ren|tref|fer, der (Sport): *Ehrentor.*
Eh|ren|tri|bü|ne, die: *Tribüne mit Ehrenplätzen.*
Eh|ren|ur|kun|de, die: *ehrende [Verleihungs]urkunde für besondere Leistungen od. Verdienste.*
eh|ren|voll ⟨Adj.⟩: **a)** *Ehre, Anerkennung bedeutend:* ein -er Auftrag; **b)** *die Ehre wahrend, nicht schimpflich:* ein -er Friede.
Eh|ren|vor|sitz, der: *Vorsitz ehrenhalber.*
Eh|ren|vor|sit|zen|de ⟨vgl. Vorsitzende⟩: *weibliche Person, die den Ehrenvorsitz innehat.*
Eh|ren|vor|sit|zen|der ⟨vgl. Vorsitzender⟩: *jmd., der den Ehrenvorsitz innehat.*
Eh|ren|wa|che, die: **1.** *Wachtposten[gruppe] vor einem Ehrenmal od. zur Ehrenbezeigung vor hochgestellten Persönlichkeiten:* die E. zog auf. **2.** *Dienst der Ehrenwache* (1): [die] E. halten.
♦ **Eh|ren|wein,** der: *für festliche Anlässe, als Geschenk für hochgestellte Persönlichkeiten bestimmter Wein:* Der Terzky hat der Mutter -e preisgegeben (Schiller, Piccolomini IV, 1).
eh|ren|wert ⟨Adj.⟩ [mhd. ēren(t)wert] (geh.): *(bürgerlich) ehrbar, achtbar:* -e Leute; ein -er Beruf.
Eh|ren|wort, das ⟨Pl. -e⟩ [älter = Kompliment]: *jmds. feierliche [an Eides statt stützende] Versicherung zur Bekräftigung einer Aussage od. eines Versprechens:* sein E. geben; [ich gebe dir/du hast] mein E. [darauf] [dass ich es tun werde]!; sich auf E. verpflichten, etw. zu tun; »Kommst du auch wirklich?« – »[Großes] E.!« (ugs.; *[ganz] bestimmt!*).
eh|ren|wört|lich ⟨Adj.⟩: *durch Ehrenwort, darauf beruhend:* eine -e Zusage.
Eh|ren|zei|chen, das: *jmdm. [für besondere Verdienste od. Leistungen] verliehenes äußeres Zeichen der Ehre [u. des Ranges].*
ehr|er|bie|tig ⟨Adj.⟩ (geh.): *voller Ehrerbietung; Ehrerbietung zeigend:* jmdn. e. grüßen.
Ehr|er|bie|tig|keit, die; -: *ehrerbietige Art.*
Ehr|er|bie|tung, die; -, -en (geh.): *Ausdruck der Hochachtung u. Verehrung gegenüber einer Person von wesentlich höherem Alter od. Rang:* jmdn. mit E. grüßen; jmdm. seine E. erweisen.
Ehr|er|wei|sung, die; -, -en: *das Erweisen* (3) *der Ehre; Ehrerbietung.*
Ehr|furcht, die [rückgeb. aus ↑ ehrfürchtig]: *hohe Achtung, achtungsvolle Scheu, Respekt vor der Würde, Erhabenheit einer Person, eines Wesens od. einer Sache:* die E. vor dem Leben; vor etw. E. haben.
Ehr|furcht ge|bie|tend, ehr|furcht|ge|bie|tend ⟨Adj.⟩: *Ehrfurcht einflößend, erweckend; hohe Achtung, achtungsvolle Scheu einflößend.*
ehr|fürch|tig ⟨Adj.⟩ [zu mhd. vorhtec = (Ehr)furcht habend, zu ↑ Furcht]: *von Ehrfurcht bestimmt, erfüllt; voll Ehrfurcht:* e. zuhören.
ehr|furchts|voll ⟨Adj.⟩ (geh.): *voll Ehrfurcht, von Ehrfurcht erfüllt, ehrfürchtig:* mit -er Miene.
Ehr|ge|fühl, das: *Gefühl für die eigene Ehre; Selbstachtung:* das verletzt mein E.; keinen Funken E. haben; etw. aus falschem E. [heraus] tun.
Ehr|geiz, der ⟨Pl. selten⟩: *starkes od. übertrie-*

benes Streben nach Erfolg u. Ehren: krankhafter, gesunder E.; mich packte der E.; mein E. war geweckt; keinen E. haben; seinen E. dareinsetzen, etwas zu leisten; er ist vom E. getrieben.
ehr|gei|zig ⟨Adj.⟩: *von Ehrgeiz bestimmt, erfüllt, zeugend; voller Ehrgeiz:* ein -er Mensch; sie hat -e Pläne (*hat sich viel vorgenommen*).
Ehr|geiz|ling, der; -s, -e (abwertend): *übertrieben ehrgeiziger Mensch.*
ehr|lich ⟨Adj.⟩ [mhd. ērlich, ahd. ērlīh = ehrenwert, angesehen, vortrefflich]: **1. a)** *ohne Verstellung; aufrichtig, offen:* ein -er Charakter, Freund; sie treibt kein -es Spiel; -e (*echte*) Besorgnis; er hat -e Absichten (veraltend; *er will das Mädchen wirklich heiraten*); wenn ich e. [gegen mich selbst] bin, muss ich sagen, dass mich das verwirrt; er meint es e. [mit dir]; ich muss e. sagen/e. gesagt, sie ist hässlich; das interessiert mich, e. (ugs.; *ganz bestimmt*); wo bist du gewesen? Ehrlich! (ugs.; *sei ehrlich, sage die Wahrheit!*); das ist e. (ugs.; *wirklich*) gut; Ü wie e. (*genau gehend, exakt*) ist dieser Tacho?; **b)** *aufgrund der gehörigen Achtung vor fremdem Eigentum[srecht] zuverlässig u. ohne Täuschungsabsicht mit Geld- od. Sachwerten umgehend:* eine Angestellte; der -e Finder (*jmd., der Gefundenes nicht behält, sondern abliefert*); wir haben e. geteilt, es uns e. verdient; Spr e. währt am längsten (*mit Ehrlichkeit besteht man am besten*). **2.** (veraltend) *anständig, ohne Schande:* mein -er Name; ein -es Handwerk treiben; e. (*schicklich; wie es sich gehört*) begraben werden.
ehr|li|cher|wei|se ⟨Adv.⟩: **1.** *in der Absicht, ehrlich* (1 a) *zu sein, zu bleiben:* sie hat e. alles zugegeben; e. (*wenn man ehrlich sein will*) muss man dies zugeben. **2.** (selten) *ehrlich* (1 b).
Ehr|lich|keit, die; -: **1.** *das Ehrlichsein* (1 a); *Aufrichtigkeit, Wahrhaftigkeit:* an seiner E. ist nicht zu zweifeln. **2.** *das Ehrlichsein* (1 b); *Zuverlässigkeit, besonders im Umgang mit Geld- od. Sachwerte:* die E. des Verkäufers; ihre E. war nie angezweifelt worden.
ehr|los ⟨Adj.⟩: *ohne Ehrgefühl, unehrenhaft.*
Ehr|lo|sig|keit, die; -: *ehrlose Art.*
ehr|pus|se|lig, ehr|puss|lig ⟨Adj.⟩ (ugs. spött.): *in spießbürgerlicher, übertriebener Weise auf seine Ehre bedacht.*
ehr|sam ⟨Adj.⟩ (geh.): *(bürgerlich) ehrbar.*
Eh|rung, die; -, -en: **1.** *das Ehren durch Ehrenerweisungen:* die E. der Siegerin. **2.** *Ehrenerweisung:* dem Jubilar wurden zahlreiche -en zuteil.
Ehr|ver|ges|sen ⟨Adj.⟩ (geh.): *keinerlei Ehrgefühl habend.*
Ehr|ver|ges|sen|heit, die (geh.): *ehrvergessenes Wesen, Verhalten.*
ehr|ver|let|zend ⟨Adj.⟩ (geh.): *beleidigend:* in -er Weise über jmdn. reden.
Ehr|ver|let|zung, die; -, -en (geh.): **1.** *Beleidigung, Verleumdung.* **2.** *Verletzung des Ehrenkodex.*
Ehr|wür|den; -[s] ⟨o. Art.⟩ [rückgeb. aus ↑ ehrwürdig] (kath. Kirche veraltend): *Anrede u. ehrende Bezeichnung für Brüder od. Schwestern in geistlichen Orden u. Kongregationen* (Abk.: Ew. [in schriftlicher Anrede]): E., Sie werden das verstehen; darf ich Euer, Eure E. etwas fragen?; ⟨Gen. bei Voranstellung:⟩ -s, Euer E. Hut; ⟨Gen. bei Nachstellung:⟩ der Hut Euer E.; in Briefanschriften: E. Schwester Notburga.
ehr|wür|dig ⟨Adj.⟩ [mhd. ērwirdic, ahd. ērwirdīg]: **1.** *aufgrund seines Ranges, Alters o. Ä. Ehrfurcht gebietend, Achtung gebietend:* eine -e alte Dame; ein Dokument von -em Alter; eine -e Gedenkstätte. **2.** (kath. Kirche) *in ehrenden Anreden od. Bezeichnungen:* -er Vater!, -e Mutter!; die -e Schwester Alberta.
♦ **eh|vor** ⟨Adv.⟩ [zu ↑ ehe u. ↑ ¹vor]: *bevor:* ... wir Kinder waren oft schon recht hungrig, e. die

Mutter das Feuer zuweg brachte (Rosegger, Waldbauernbub 47]).
◆ **eh|zeit** ⟨Adv.⟩ [zu ↑ehe u. ↑Zeit] (österr.): *bald, in kurzer Zeit: ...ich komm' ohnehin e. einmal zu euch hinauf* (Rosegger, Waldbauernbub 208).
ei ⟨Interj.⟩ [mhd. ei]: **1.** (oft Kinderspr.) Ausdruck der Verwunderung: ei, wo kommst du denn her? **2.** (Kinderspr.) Ausdruck der Zärtlichkeit (beim Streicheln, Liebkosen): *ei [ei] machen (streicheln, liebkosen)*.
Ei, das; -[e]s, -er [mhd., ahd. ei, zu einem Wort mit der Bed. »Vogel« (vgl. lat. avis = Vogel) u. eigtl. = das vom Vogel Gelegte]: **1.** *befruchtete od. nicht befruchtete weibliche tierische od. menschliche Keimzelle: das reife Ei wird befruchtet.* **2. a)** *(von bestimmten Tieren, besonders Vögeln, gelegtes) von einer Schale umschlossenes, die Eizelle u. meist Dotter u. Eiweiß enthaltendes kugeliges, oft länglich ovales Gebilde: ein angebrütetes Ei; die Henne legt ein Ei; das Küken schlüpft aus dem Ei;* **b)** *Hühnerei (als Nahrungsmittel): ein frisches, rohes Ei; ein weiches, hartes Ei; verlorene/pochierte, eingelegte -er; russische -er (Kochkunst; Gericht aus gekochten Eiern u. Mayonnaise); ein Ei austrinken, kochen, abschrecken, braten; sich ein paar -er in die Pfanne schlagen; jmdn. mit [faulen] -ern bewerfen; jmdn., etw. wie ein rohes Ei (sehr vorsichtig) behandeln;* R *das Ei will klüger sein als die Henne (manchmal wollen die Jungen wollen klüger sein als die erfahrenen Älteren);* * **ungelegte -er** *(ugs.; Dinge, die noch nicht spruchreif sind)*; **ein dickes [ei] dickes] Ei!** (ugs.): **1.** *das ist eine sehr unangenehme, bedenkliche Sache!* **2.** *das ist ausgezeichnet, hervorragend!*); **ach, du dickes Ei!** (ugs.; Ausruf der Überraschung); **das Ei des Kolumbus** *(überraschend einfache Lösung; aufgrund einer auf Kolumbus übertragenen älteren Anekdote, nach der er die einfache Lösung eines Problems dadurch demonstrierte, dass er ein Ei durch Eindrücken auf der Spitze stehen ließ);* **sich/einander gleichen wie ein Ei dem andern** *(einander zum Verwechseln ähnlich sein;* **in Ei legen** (1. ugs.; *etw. [mühsam] Ausgeklügeltes, Ausgetüfteltes produzieren.* 2. salopp; *seine große Notdurft verrichten*); **wie auf -ern gehen** (ugs.; *die Füße vorsichtig aufsetzend gehen*); **wie aus dem Ei gepellt**/(selten:) **geschält sein** (ugs.; *sehr sorgfältig gekleidet sein*). **3.** (bes. Fußball-, Basketballjargon) *Ball.* **4.** (ugs.) *Fliegerbombe:* * **Eier legen** (Bomben abwerfen). **5.** ⟨Pl.⟩ (ugs.) **a)** *Geld: das kostet 'ne Menge Eier;* **b)** *Euro, Mark o. Ä.: leih mir mal 100 Eier.* **6.** ⟨meist Pl.⟩ (derb) *Hoden: tritt dem Kerl in die Eier!;* * **Eier schleifen** (Soldatenspr. derb; *jmdn.* ¹*schleifen* 2); **jmdm. die Eier polieren** (derb; *jmdn. heftig verprügeln);* **jmdm. auf die Eier gehen** (derb; *jmdm. äußerst lästig werden*). **7.** (salopp abwertend) *Mensch, den jmd. aus irgendeinem Grund ablehnt: ein doofes Ei.*
eia ⟨Interj.⟩ [mhd. eiä] (Kinderspr.) *ei* (2).
Ei|a|la|ge, die (Zool.): *das Ablegen der Eier.*
eia|po|peia ⟨Interj.⟩ [lautm.] (Kinderspr.): als Begleitung der wiegenden Bewegung, mit der ein Kind in den Schlaf gesungen wird: *e. machen (ein Kind einzuwiegen, einzulullen versuchen).*
EIB = Europäische Investitionsbank.
Ei|be, die; -, -n [mhd. īwe, ahd. īwa, eigtl. = die Rötlichbraune (nach der Farbe des Kernholzes od. der Beeren)]: *häufig als Strauch wachsender immergrüner Nadelbaum mit weichen, dunkelgrünen Nadeln u. roten, beerenähnlichen Samen; Taxus.*
ei|ben ⟨Adj.⟩ [mhd. īwīn]: *aus Eibenholz [bestehend].*
Ei|ben|holz, das: *Holz der Eibe.*

Ei|bisch, der; -[e]s, -e [mhd. ībesche, ahd. ibisca < lat. ibiscum, wohl aus dem Kelt.]: *(zu den Malvengewächsen gehörende) hochwachsende Pflanze mit graugrünen, filzigen Blättern u. weißen od. rosaroten Blüten, die als Heilpflanze verwendet wird; Hibiskus.*
Eich|amt, das: *unterste Eichbehörde.*
Eich|be|hör|de, die: *Behörde, die die korrekte Verwendung der öffentlich gebrauchten Maße u. Messgeräte sicherstellt u. kontrolliert.*
¹**Ei|che,** die; -, -n [mhd. eich(e), ahd. eih, altgerm. Baumname, H. u.]: **1.** *großer Laubbaum mit schwerem, hartem Holz, verhältnismäßig kleinen, gelappten Blättern und Eicheln als Früchten.* **2.** ⟨o. Pl.⟩ *Holz der Eiche: ein Wohnzimmer in E.*
²**Ei|che,** die; -, -n [zu ↑¹eichen]: **1.** (Jargon) *Eichung.* **2.** (Fachspr.) *Maßgefäß für Maische.*
Ei|chel, die; -, -n [mhd. eichel, ahd. eihhila]: **1.** *länglich runde Frucht der* ¹*Eiche* (1). **2. a)** *vorderster Teil des männlichen Gliedes;* **b)** *vorderster Teil des Kitzlers.* **3.** ⟨Pl.; meist o. Art.; als Sg. gebraucht⟩ *Farbe im deutschen Kartenspiel; Eckern:* -n sticht; -n spielen.
ei|chel|för|mig ⟨Adj.⟩: *die Form einer Eichel* (1) *aufweisend.*
Ei|chel|hä|her, der: *taubengroßer Häher mit buntem Gefieder, der sich von Früchten u. Samen nährt.*
¹**ei|chen** ⟨sw. V.; hat⟩ [spätmhd. eichen, wohl über das Afränk. zu spätlat. (ex)aequare (misuras) = (die Maße) ausgleichen, zu lat. aequus = gleich]: *(besonders offiziell gebrauchte) Maße, Messgeräte [amtlich] prüfen u. mit der Norm in Übereinstimmung bringen: Gefäße, Waagen e.;* * **auf etw. geeicht sein** (ugs.; *sich auf etw. besonders gut verstehen*).
²**ei|chen** ⟨Adj.⟩ [mhd. eichīn, ahd. eihhīn]: *aus Eichenholz [bestehend]: ein -er Tisch.*
Ei|chen, das; -s, - u. Eierchen: Vkl. zu ↑Ei.
Ei|chen|baum, der (geh.): ¹*Eiche* (1).
Ei|chen|blatt, das: *Blatt der* ¹*Eiche* (1).
Ei|chen|ge|tä|felt ⟨Adj.⟩: *mit Eichenholz getäfelt.*
Ei|chen|holz, das ⟨Pl. ...hölzer⟩: *Holz der Eiche.*
Ei|chen|kranz, der: *Kranz aus Eichenlaub (bes. als Kopfschmuck u. Siegeszeichen).*
Ei|chen|laub, das: **1.** *Laub der* ¹*Eiche* (1). **2.** (nationalsoz.) *zusätzliche Auszeichnung zum Ritterkreuz.*
Ei|chen|sarg, der: *Sarg aus Eichenholz.*
Ei|chen|schrank, der: *Schrank aus Eichenholz.*
Ei|chen|tisch, der: vgl. *Eichensarg.*
Ei|chen|tür, die: *Tür aus Eichenholz.*
Ei|chen|wald, der: *Wald aus* ¹*Eichen* (1).
ei|chern ⟨Adj.⟩ (schweiz.): ²*eichen.*
Eich|ge|wicht, das: *bei der Eichung verwendetes Normalgewicht.*
Eich|horn, das [mhd. eich(h)orn, ahd. eihhorno, unter Anlehnung an ↑¹*Eiche* u. ↑*Horn* geb. Tiername; 1. Bestandteil wohl eigtl. = sich schnell bewegendes (Tier), 2. Bestandteil wohl von eigentliche Tiername] (bes. Zool.): *Eichhörnchen.*
Eich|hörn|chen, das: *kletterndes, rotbraunes bis schwarzbraunes Nagetier mit langem, buschigem Schwanz;* R *mühsam [er]nährt sich das E.* (ugs. scherzh.; *die Ausführung [dieses Vorhabens] ist langwierig, schwierig u. nur in kleinen Schritten möglich).*
Eich|ka|ter, der (landsch.), **Eich|kätz|chen,** das, **Eich|kat|ze,** die (landsch.): *Eichhörnchen.*
Eichs|feld, das ⟨o. Pl.⟩: *Landschaft in Thüringen.*
Eich|strich, der: *Strich, der einen geeichten Messwert anzeigt.*
Ei|chung, die; -, -en: *das* ¹*Eichen.*
Eich|we|sen, das ⟨o. Pl.⟩: *Gesamtheit aller Einrichtungen u. Maßnahmen, die mit dem* ¹*Eichen zusammenhängen.*
Eich|zei|chen, das: *Zeichen, das die amtliche Eichung beglaubigt.*

Eid, der; -[e]s, -e [mhd. eit, ahd. eid, wahrsch. aus dem Kelt.]: *nach fester (Eides)formel geleistete feierliche Bekräftigung einer Aussage vor einer zuständigen Instanz; Schwur [vor zuständiger Instanz, bes. vor Gericht]: ein feierlicher, heiliger E.; einen E. leisten, ablegen; einen E. auf die Bibel, auf die Verfassung schwören; ich kann einen E. darauf schwören (ich kann beschwören), dass es so war; tausend -e schwören* (emotional; *aufs Äußerste beteuern); seinen E. (sein eidliches Versprechen) halten; seinen E. brechen; einen falschen E. (einen Meineid) schwören; die Richterin nahm ihm den E. ab (ließ ihn schwören); sich durch einen E. gebunden fühlen; unter E. stehen* (Rechtsspr.; *durch Eid gebunden, verpflichtet sein [die Wahrheit zu sagen]); etw. unter E. aussagen; jmdn. unter E. nehmen (ihn schwören lassen); jmdn. vom E. entbinden;* * **hippokratischer E.** *(Gelöbnis der Ärzte, das die ethischen Leitsätze ärztlichen Handelns enthält u. das Vorbild des heutigen Arztgelöbnisses ist; zugeschrieben dem griechischen Arzt Hippokrates [um 400 v. Chr.], aber höchstens dem Sinn nach auf ihn zurückgehend);* **an -es statt** (Rechtsspr.; *anstatt eines gerichtlichen Eides: etw. an -es statt erklären).*
Eid|am, der; -s, -e [mhd. eidem, ahd. eidum, H. u.] (veraltet): *Schwiegersohn: Du aber bist, wie du weißt, nichts als ein Flüchtling und Unbehauster, zerfallen mit dem Deinen, und sitzest ein bei mir als E.* (Th. Mann, Joseph 295).
eid|brü|chig ⟨Adj.⟩: *seinen Eid brechend:* -e Verbündete; e. werden *(einen Eid brechen).*
Ei|dechs|chen, das; -s, -: Vkl. zu ↑*Eidechse.*
Ei|dech|se, die; -, -n [mhd. eidehse, egedehse, ahd. egidehsa, nicht sicher zu erklärende Zus.]: *sehr flinke, Wärme liebende kleine Echse von grüner bis brauner Färbung, die ihren meist über körperlangen Schwanz zur Ablenkung eines Verfolgers abwerfen kann.*
ei|dech|sen|ar|tig ⟨Adj.⟩: *in der Art einer Eidechse, wie eine Eidechse geartet.*
Ei|dech|sen|haut, die: *Haut der Eidechse.*
Ei|dech|sen|le|der, das: *Leder aus der Haut der Eidechse.*
◆ **Ei|der,** die; -, -n: *Eiderdaune: ...pflegt seine morschen Glieder in Kissen von E.* (Schiller, Räuber I,3).
Ei|der|dau|ne, die [niederd. edderdune < isländ. æðardúnn, zu aisl. ǽðr (H. u.) u. dūnn, ↑*Daune*]: *(bes. für die Füllung von Kissen u. Deckbetten verwendete) Flaumfeder der Eiderente.*
Ei|der|en|te, die: *große Ente der nördlichen Meeresküsten, die weiche Daunenfedern liefert.*
Ei|des|for|mel, die (Rechtsspr.): *vom Schwörenden gesprochene bekräftigende Formel (die die Worte »ich schwöre« enthält).*
Ei|des|leis|tung, die (Rechtsspr.): *das Schwören eines Eides.*
ei|des|stät|tig ⟨Adj.⟩ (österr. Rechtsspr.): *eidesstattlich.*
ei|des|statt|lich ⟨Adj.⟩ (Rechtsspr.): *an Eides statt, anstelle eines Eides: eine -e Versicherung; etw. e. erklären.*
Ei|de|tik, die; - [zu ↑*Eidos*] (Psychol.): *Fähigkeit, sich Objekte od. Situationen so anschaulich vorzustellen, als ob sie real wären.*
ei|de|tisch ⟨Adj.⟩: **a)** (Psychol.) *die Eidetik betreffend, zu ihr gehörend;* **b)** (bildungsspr.) *anschaulich, bildhaft.*
Eid|for|mel, die: ↑*Eidesformel.*
eidg. = eidgenössisch.
Eid|ge|nos|se, der [mhd. eitgenōʒ(e) = durch Eid Verbündeter, Verschworener; seit 1315 amtliche Bez. der Mitglieder der Schweizer Eidgenossenschaft]: *Schweizer [Bürger]:* die -n (Sport, bes. Fußball: *die schweizerische Mannschaft*) gewannen das Spiel mit 2:1.

Eid|ge|nos|sen|schaft: in der Fügung **Schweizerische E.** (amtlicher Name der Schweiz).
Eid|ge|nos|sin, Eid|ge|nös|sin, die: w. Form zu ↑ Eidgenosse.
eid|ge|nös|sisch ⟨Adj.⟩: *schweizerisch* (Abk.: eidg.): *die -e Verfassung.*
eid|lich ⟨Adj.⟩: *durch [einen] Eid [bekräftigt]:* eine -e Erklärung.
Ei|dos, das; - [griech. eîdos = Ansehen, Gestalt, zu: eídein = sehen] (Philos.): **1.** *Gestalt, Form, Aussehen.* **2.** *Idee (bei Plato).* **3.** *Gegensatz zur Materie (bei Aristoteles).* **4.** *Wesen (bei Husserl).* **5.** *Art im Gegensatz zur Gattung (in der Logik).*
Ei|dot|ter, der, auch: das: *Dotter.*
◆ **Eid|schwur,** der (verstärkend): *Eid:* …ich weiß einen dritten Ort, wo kein E. mehr bindet (Schiller, Kabale V, 1).
Ei|ent|wick|lung, die: *Entwicklung der Eizelle.*
Ei|er|be|cher, der: *kleiner Becher, in dem das gekochte Ei zum Essen auf den Tisch gestellt wird.*
Ei|er|bri|kett, das ⟨meist Pl.⟩: *eiförmig gepresstes Brikett.*
Ei|er|chen ⟨Pl.⟩: Vkl. zu ↑ Ei.
Ei|er|far|be, die: *Farbe zum Bemalen von Ostereiern.*
Ei|er|frau, die (ugs.): *Frau, die Eier verkauft.*
Ei|er|frucht, die: *dunkelviolette od. weißliche, eibis gurkenförmige, fleischige Frucht der Eierpflanze; Aubergine* (b).
Ei|er|ge|richt, das: *Gericht, dessen Hauptbestandteil Eier bilden.*
Ei|er|hand|gra|na|te, die: *eiförmige Handgranate.*
Ei|er|hau|be, die: *kleine Haube zum Warmhalten eines gekochten Eis.*
Ei|er|kis|te, die: **1.** *Kiste für den Transport von Eiern.* **2.** (ugs. abwertend, ugs. scherzh.) *altes Auto od. Flugzeug.*
Ei|er|ko|cher, der: *elektrisch betriebenes Gerät, in dem Eier gekocht werden.*
Ei|er|kopf, der: **1.** (salopp abwertend od. scherzh.) *eiförmiger Kopf:* er hatte einen E. **2.** [LÜ von ↑ Egghead] (oft abwertend) *Intellektueller, [weltfremder] Intelligenzler.*
Ei|er|korb, der: *Korb zum Transport von Eiern.*
Ei|er|ku|chen, der: *Eierpfannkuchen.*
Ei|er|lam|pe, die: *Gerät zum Durchleuchten von Eiern.*
Ei|er|lau|fen, das; -s: *Wettlaufspiel, bes. für Kinder, bei dem ein Ei auf einem Koch-, Esslöffel ans Ziel gebracht werden muss, ohne dass das Ei dabei vom Löffel fällt.*
Ei|er le|gend, ei|er|le|gend ⟨Adj.⟩ (bes. Zool.): *(als Art der Fortpflanzung) Eier hervorbringend, legend.*
Ei|er|li|kör, der: *aus Alkohol, Eiern u. Zucker hergestellter dickflüssiger, gelber Likör.*
Ei|er|löf|fel, der: *kleiner Löffel zum Essen des Eis.*
Ei|er|mann, der ⟨Pl. …männer⟩ (ugs.): *Mann, der Eier verkauft.*
ei|ern ⟨sw. V.⟩ (ugs.): **1.** ⟨hat⟩ *ungleichmäßig rotieren:* das Rad, die Schallplatte eiert. **2. a)** ⟨hat⟩ *wackelnd gehen:* seit dem Unfall eiert er; **b)** ⟨ist⟩ *sich mit wackelndem Gang irgendwohin begeben:* über die Straße, nach Hause e.
Ei|er|nu|del, die ⟨meist Pl.⟩: *mit Eiern bereitete Nudel.*
Ei|er|pe|cken, das; -s [zu: pecken, mhd. becken, landsch. Nebenf. von ↑¹picken] (österr.): *das Aneinanderschlagen von zwei hart gekochten Eiern (als Osterbrauch).*
Ei|er|pfann|ku|chen, der: *Pfannkuchen aus Eiern, Mehl, Milch; Omelett.*
Ei|er|pflan|ze, die: *(zu den Nachtschattengewächsen gehörende) hochwachsende Pflanze mit dunkelvioletten, gurkenähnlichen Früchten; Aubergine* (a).
Ei|er|pflau|me, die: *große, eiförmige Pflaume.*
Ei|er|sa|lat, der: *Salat aus gekochten u. zerkleinerten Eiern.*
Ei|er|scha|le, die: *Kalkschale des Eis:* in dem Kuchen waren ein paar -n (ugs.; *Bruchstücke von Eierschalen);* * *noch die -n hinter den Ohren haben* (salopp; *noch sehr unreif u. unerfahren sein).*
Ei|er|scha|len|far|be, die ⟨o. Pl.⟩: *gelbliches Weiß.*
ei|er|scha|len|far|ben ⟨Adj.⟩: *gelblich weiß.*
Ei|er|schaum, der ⟨o. Pl.⟩ (Kochkunst): *geschlagenes Eiweiß; Eischnee.*
Ei|er|schmalz, das (südd., österr.): *Rührei.*
Ei|er|schmar|ren, der (südd.): *noch vor dem Festwerden in der Pfanne zerkleinerter Eierpfannkuchen.*
Ei|er|schnee: ↑ Eischnee.
Ei|er|schnei|der, der: *kleines Küchengerät, mit dem hart gekochte Eier in Scheiben geschnitten werden.*
Ei|er|schwamm, der (österr., schweiz., sonst landsch.), **Ei|er|schwam|merl,** das (österr.): *Pfifferling.*
Ei|er|speis, die (österr.): *Rührei.*
Ei|er|spei|se, die: **1.** *Speise aus Eiern.* **2.** (österr.) *Rührei.*
Ei|er|stand, der: *Stand, an dem Eier verkauft werden.*
Ei|er|ste|cher, der: *Eipick.*
Ei|er|stich, der (Kochkunst): *in Milch verrührtes, im Wasserbad fest gewordenes u. mit einem Löffel abgestochenes oder in Würfelchen geschnittenes Ei als Suppeneinlage.*
Ei|er|stock, der ⟨meist Pl.⟩ (Anat.): *paarig angelegtes Geschlechtsorgan, das die weiblichen Keimzellen bildet.*
Ei|er|stock|schwan|ger|schaft, die (Med.): *Schwangerschaft, bei der sich der Fetus im Eierstock entwickelt.*
Ei|er|tanz, der [eigtl. = kunstvoller Tanz zwischen ausgelegten Eiern] (ugs.): *sehr vorsichtiges, gewundenes Verhalten, Taktieren in einer heiklen Situation:* einen E. [um jmdn. od. etw.] aufführen, vollführen.
Ei|er|teig|wa|re, die ⟨meist Pl.⟩: *mit Eiern bereitete Teigware.*
Ei|er|uhr, die: *kleine [Sand]uhr, die die Kochzeit für Eier anzeigt.*
Ei|er|wär|mer, der: *wattierte Haube, die zum Warmhalten über gekochte Eier gestülpt wird.*
Ei|fel, die; -: *nordwestlicher Teil des Rheinischen Schiefergebirges.*
Ei|fer, der; -s [bei Luther = freundlicher Neid, lieblicher Zorn, für lat. zelus < griech. zêlos]: *ernstes, angespanntes Streben, Bemühen:* ihr E. lässt nach, erlahmt; einen unermüdlichen E. zeigen; in E. geraten; etw. *(in der Eile, Aufregung, Erregung)* etw. übersehen, vergessen; etw. mit leidenschaftlichem Eifer betreiben; Spr blinder E. schadet nur; * **im E. des Gefechts** (*im Eifer; in der Eile:* etw. im E. des Gefechts übersehen).
Ei|fe|rer, der; -s, - [mhd. íferære = Glaubenseiferer (für spätlat. zelotes < griech. zēlōtēs)]: *jmd., der (bes. auf religiösem od. politischem Gebiet) fanatisch für eine Idee, Überzeugung eintritt.*
Ei|fe|rin, die; -, -nen: w. Form zu ↑ Eiferer.
ei|fern ⟨sw. V.; hat⟩ [spätmhd. eifern, urspr. = eifersüchtig, missgünstig sein, dann beeinflusst von ↑ Eifer; vielleicht zu ahd. eivar = scharf, bitter]: **1.** (oft abwertend) *mit leidenschaftlicher Erregung für od. gegen etw. sprechen:* für etw. e.; ein eifernder Sektierer. **2.** (geh.) *mit leidenschaftlichem Eifer nach etw. trachten:* nach Ruhm e.
Ei|fer|sucht, die ⟨Pl. selten⟩ [urspr. verdeutlichende Zus. mit Eifer = Eifersucht]: *starke, übersteigerte Furcht, jmds. Liebe od. einen Vorteil mit einem anderen teilen zu müssen od. an einen anderen zu verlieren:* rasende E.; aus E. handeln.
Ei|fer|süch|te|lei, die; -, -en ⟨meist Pl.⟩: *wiederholte schwächere Äußerung von Eifersucht; eifersüchtige Streiterei:* -en zwischen den Söhnen.
ei|fer|süch|tig ⟨Adj.⟩: *von Eifersucht erfüllt, bestimmt:* ein -er Ehemann; jmdn. [durch sein Verhalten] e. machen; e. auf jmdn. sein.
Ei|fer|suchts|sze|ne, die: *durch Eifersucht veranlasste Szene* (3 b).
Ei|fer|suchts|tat, die: *Bluttat aus Eifersucht.*
Eif|fel|turm, der [nach dem Konstrukteur Gustave Eiffel (1832–1923)]: *aus einer Stahlkonstruktion bestehender Aussichtsturm in Paris; Wahrzeichen dieser Stadt.*
Ei|form, die: *Form eines Eis.*
ei|för|mig ⟨Adj.⟩: *die Form eines Eis aufweisend.*
eif|rig ⟨Adj.⟩ [im 15. Jh. = eifersüchtig, dann beeinflusst von ↑ Eifer]: *von Eifer erfüllt; mit Eifer, voll Eifer:* -es Suchen; eine -e Schülerin; e. lernen; sich e. um etw. bemühen.
Eif|rig|keit, die; -: *eifrige Art, eifriges Verhalten.*
Ei|gelb, das; -s, -e (aber: drei Eigelb) (bes. Kochkunst): *Dotter des [Hühner]eis.*
ei|gen ⟨Adj.⟩ [mhd. eigen, ahd. eigan, urspr. 2. Part. zu einem Verb mit der Bed. »haben, besitzen« u. eigtl. = in Besitz genommen]: **1.** *jmdm. selbst gehörend; einer Sache zugehörend* (oft nur verstärkend beim Possessivpronomen od. an dessen Stelle): sein -er Bruder hat ihn verraten; sie drehte sich um die -e Achse; jede Wohnung hat einen -en *(gesonderten)* Eingang; es war so laut, dass man sein -es Wort nicht verstand; etw. vom -en Geld kaufen; das sind seine -en *(von ihm selbst geäußerten)* Worte; ich habe es mit [meinen] -en Augen *(selbst, persönlich)* gesehen; eine -e *(unabhängige, selbstständige)* Meinung haben; etw. aus -em Entschluss, Antrieb *(ohne fremde Veranlassung, unabhängig von anderen)* tun; das ist deine -ste Angelegenheit; auf -e Verantwortung; * **jmdm. etw. zu e. geben** (geh.; *jmdm. etw. schenken*); **sich** ⟨Dativ⟩ **etw. zu e. machen** (*sich etw.* ↑ *aneignen* 2; *etw.* ↑ *²übernehmen* 3: sich eine Auffassung zu e. machen). **2. a)** *einer Person, Sache zugehörend u. für sie typisch, charakteristisch:* mit allem mit ihr Charme; ein selbstgefälliges Lächeln ist ihm e.; **b)** (veraltend) *sonderbar, eigenartig:* mit dem sogenannten Fortschritt ist es eine -e Sache, *(eigentlich)* ein e. Ding; mir ist so e. zumute. **3.** (nicht adv.) (landsch.) *fast übertrieben sorgfältig, genau; penibel:* er ist darin sehr e.
Ei|gen, das; -s (geh.): *Eigentum, Besitz:* das Haus ist mein E.; * **etw. sein E. nennen** (geh.; *etw. besitzen, haben*).

> **-eigen: 1.** besagt in Bildungen mit Substantiven, wem die beschriebene Sache gehört, wer sie in seinem Besitz hat: gewerkschafts-, konzern-, universitätseigen. **2.** drückt in Bildungen mit Substantiven aus, dass die beschriebene Sache typisch, charakteristisch für etw. ist: system-, wesens-, zeiteigen.

Ei|gen|an|teil, der: *Anteil, Leistung o. Ä., die jmd. selbst erbringen muss.*
Ei|gen|an|trieb, der (Technik): *eigener Antrieb (einer Maschine, eines Fahrzeugs o. Ä.).*
Ei|gen|ar|beit, die: *von jmdm. selbst verrichtete Arbeit.*
Ei|gen|art, die: **a)** ⟨o. Pl.⟩ *eigentümliche, spezifische [Wesens]art, Eigentümlichkeit:* die E. einer Stadt; das ist die E. des Wieners; **b)** *einzelner, besonderer Wesenszug; einzelne merkwürdige Besonderheit:* jmds. -en kennen.

ei|gen|ar|tig ⟨Adj.⟩: *Eigenarten (b) zeigend; sonderbar, merkwürdig:* ein -er Mensch; ein -es Gefühl; das ist aber e.; es roch e.

ei|gen|ar|ti|ger|wei|se ⟨Adv.⟩: *als Tatbestand, Sachverhalt eigenartig anmutend.*

Ei|gen|ar|tig|keit, die: **1.** ⟨o. Pl.⟩ *das Eigenartigsein.* **2.** *eigenartige Verhaltensweise.*

Ei|gen|bau, der ⟨Pl. -ten⟩: **1. a)** ⟨o. Pl.⟩ *das Selbstbauen:* E. eines Vogelkäfigs; **b)** *etw. selbst Gebautes, selbst Konstruiertes; eigene Konstruktion:* Drachen im E. **2.** (ugs. scherzh.) *etw. selbst Angebautes, besonders Tabak:* er raucht nur [Tabak Marke] E.

Ei|gen|be|darf, der: *eigener Bedarf:* den E. selbst decken; Wohnungskündigung wegen E.

Ei|gen|be|las|tung, die (Technik): *Belastung durch das eigene Gewicht.*

Ei|gen|be|tei|li|gung, die: *von jmdm. selbst zu zahlender Betrag als Anteil an einer Gesamtsumme.*

Ei|gen|be|trieb, der: **1.** (Wirtsch.) *nach privatwirtschaftlichen Grundsätzen geführter Betrieb* (1 a) *ohne eigene Rechtspersönlichkeit.* **2.** *ohne äußere Einflussnahme vonstattengehender Betrieb* (2 a).

Ei|gen|be|we|gung, die: **1.** (Astron.) *scheinbare Bewegung eines Gestirns.* **2.** *von einer Person od. Sache selbst ausgeführte od. ausgelöste Bewegung.*

Ei|gen|blut, das (Med.): *körpereigenes Blut.*

Ei|gen|blut|be|hand|lung, die (Med.): *Form der Reizkörpertherapie, bei der eine bestimmte Menge Eigenblut aus einer Vene entnommen u. wieder in einen Muskel injiziert wird.*

Ei|gen|bröt|e|lei, (seltener:) **Eigenbrötlerei,** die; -, -en (oft abwertend): *eigenbrötlerisches Verhalten, eigenbrötlerische Handlung[sweise].*

Ei|gen|bröt|ler, der; -s, - [urspr. südwestd. mundartl. = Junggeselle, der sein eigenes Brot backt] (oft abwertend): *Mensch, der sich absondert, seine Angelegenheiten für sich allein u. auf seine Weise erledigt u. andern in seinem Verhalten merkwürdig erscheint.*

Ei|gen|bröt|le|rei: ↑ Eigenbrötelei.

Ei|gen|bröt|le|rin, die; -, -nen: w. Form zu ↑ Eigenbrötler.

ei|gen|bröt|le|risch ⟨Adj.⟩ (oft abwertend): *von, in der Art eines Eigenbrötlers; wie ein Eigenbrötler sich verhaltend.*

Ei|gen|dy|na|mik, die: *eigene Dynamik einer Sache.*

Ei|gen|ent|wick|lung, die: *Entwicklung, die ohne äußere Einflussnahme vor sich geht.*

Ei|gen|fi|nan|zie|rung, die (Finanzw.): *Finanzierung durch Eigenkapital* (2) *od. durch Rückstellung von Gewinnen aus dem zu finanzierenden Objekt.*

Ei|gen|ge|brauch, der: *Nutzung von etw. zu eigenen Zwecken.*

ei|gen|ge|nutzt, (auch:) **ei|gen|ge|nützt** ⟨Adj.⟩: *(von Wohnräumen) vom Eigentümer selbst genutzt.*

ei|gen|ge|setz|lich ⟨Adj.⟩: *eigenen Gesetzen entsprechend, gehorchend:* die -e Dynamik einer Entwicklung.

Ei|gen|ge|setz|lich|keit, die: *eigene Gesetzlichkeit einer Sache.*

Ei|gen|ge|wächs, das: *aus eigenem Anbau, eigener Züchtung stammendes Gewächs* (1 b): die Kellerei stellt ihren Sekt nur aus -en *(aus Weinen, die von eigenen Weinbergen stammen)* her; Ü das Münchner E. *(der aus dem Münchner Nachwuchs 2 stammende Spieler).*

Ei|gen|ge|wicht, das: **1.** *eigenes Gewicht:* das E. der Kugel spielt bei der Berechnung der Fallgeschwindigkeit keine Rolle; Ü das politische E. Europas. **2. a)** (Technik) *eigenes Gewicht ohne [Zu]ladung;* **b)** (Wirtsch.) *Gewicht der Ware ohne Verpackung.*

Ei|gen|goal, das (österr., schweiz.): *Eigentor.*

Ei|gen|gut, das (schweiz.): *[in die Ehe eingebrachtes] Eigenvermögen, Eigenbesitz:* weiteres E. entsteht durch Ehevertrag.

Ei|gen|han|del, der (Wirtsch.): *Kauf od. Verkauf von Waren od. Wertpapieren, ausgeführt für eigene Rechnung u. nicht für Rechnung des Kunden.*

ei|gen|hän|dig ⟨Adj.⟩: *mit eigener Hand; selbst ausgeführt:* e. abzugeben (bes. auf Briefen, österr.; *dem Empfänger persönlich*) (Abk.: e. h.); In der Nacht vor dem Aufbruch fiel von Babka, der bäurischen Frau, die zwei Gefechte mitgemacht und drei Männer e. erschossen hatte, alles Harte und die vermännlichende Kruste ihrer Seele ... (A. Zweig, Grischa 69).

Ei|gen|heim, das: *vom Eigentümer selbst bewohntes [einfacheres] Haus mit ein od. zwei Wohnungen.*

Ei|gen|heim|be|sit|zer, der: *Besitzer eines Eigenheims.*

Ei|gen|heim|be|sit|ze|rin, die: w. Form zu ↑ Eigenheimbesitzer.

Ei|gen|hei|mer, der; -s, - (ugs.): *Eigenheimbesitzer.*

Ei|gen|hei|me|rin, die; -, -nen: w. Form zu ↑ Eigenheimer.

Ei|gen|heim|zu|la|ge, die: *an bestimmte Bedingungen geknüpfter staatlicher Zuschuss für Eigentumswohnung od. Eigenheim.*

Ei|gen|heit, die; -, -en [mhd. eigenheit]: *Eigenart* (b): sich an jmds. -en stoßen.

Ei|gen|in|i|ti|a|ti|ve, die: *eigene Initiative:* etw. in E. bauen.

Ei|gen|in|te|r|es|se, das: *Ausrichtung auf den eigenen Vorteil:* aus E. handeln.

Ei|gen|ka|pi|tal, das (Wirtsch.): **1.** *Kapital, das dem Inhaber od. den Gesellschaftern eines Unternehmens gehört.* **2.** *aus eigenen Mitteln aufgebrachtes Kapital zur Finanzierung einer Sache.*

Ei|gen|ka|pi|tal|ba|sis, die (Wirtsch.): *eine Grundlage bildendes Eigenkapital.*

Ei|gen|ka|pi|tal|quo|te, die (Wirtsch.): *Anteil des Eigenkapitals am Gesamtkapital.*

Ei|gen|ka|pi|tal|ren|di|te, die (Wirtsch.): *Rendite im Verhältnis zum Eigenkapital* (1).

Ei|gen|kom|po|si|ti|on, die: *von jmdm. selbst verfasste, gestaltete Komposition.*

Ei|gen|le|ben, das (Pl. selten): *Leben auf eigene Art u. Weise:* ein E. führen; sein E. bewahren.

ei|gen|le|big ⟨Adj.⟩ (schweiz.): *ein eigenes Leben führend; selbstständig.*

Ei|gen|leis|tung, die: *selbst erbrachte Leistung:* ein Haus in E. bauen; -en von 50 Stunden, in Höhe von 100 000 Euro erbringen.

Ei|gen|lie|be, die: *mit Egoismus verbundene Eitelkeit:* etw. schmeichelt jmds. E.

Ei|gen|lob, das: *Selbstlob:* E. stinkt (ugs.; *man lobt sich nicht selbst*).

ei|gen|mäch|tig ⟨Adj.⟩: *ohne Auftrag u. Erlaubnis od. Befugnis; keine Rücksicht auf fremde Zuständigkeit od. Rechte nehmend, auf eigene Faust:* eine -e Entscheidung; e. handeln.

Ei|gen|mäch|tig|keit, die; -, -en: **1.** ⟨o. Pl.⟩ *das Eigenmächtigsein:* die E. seines Vorgehens wurde missbilligt. **2.** *eigenmächtige Handlung.*

Ei|gen|mar|ke, die (Wirtsch.): *eigene Handelsmarke.*

Ei|gen|mit|tel ⟨Pl.⟩ (Finanzw.): *eigene Geldmittel.*

Ei|gen|na|me, der: *Name, der ein Individuum (Person, Gruppe, Sache usw.) bezeichnet u. als einmalig von allen gleichartigen Individuen unterscheiden soll:* ein geografischer E.

Ei|gen|nutz, der; -es: *rücksichtsloses Bedachtsein auf den eigenen Nutzen:* aus reinem E. handeln.

ei|gen|nüt|zig ⟨Adj.⟩: *von Eigennutz bestimmt:* -e Motive; e. handeln.

Ei|gen|nüt|zig|keit, die; -: *eigennützige Art.*

Ei|gen|nut|zung, (auch:) **Ei|gen|nüt|zung,** die: *Nutzung von Wohneigentum durch den Eigentümer selbst.*

Ei|gen|pro|duk|ti|on, die: *eigene Produktion.*

Ei|gen|re|gie, die: *meist in der Fügung in E. (selbst, eigenständig, ohne fremde Hilfe, ganz allein).*

ei|gens ⟨Adv.⟩: *besonders; speziell zu einem bestimmten Zweck:* das braucht nicht e. erwähnt zu werden; sie ist deswegen e. aus Berlin gekommen; das Geld ist e. (*allein, ausschließlich*) für diesen Zweck bestimmt.

Ei|gen|schaft, die; -, -en [mhd. eigenschaft, ahd. eiginscaft = Eigentum[srecht], Eigentümlichkeit]: *zum Wesen einer Person od. Sache gehörendes Merkmal; charakteristische [Teil]beschaffenheit od. [persönliche, charakterliche] Eigentümlichkeit:* er hat auch gute -en; Wasser hat die E., bei 0 °C zu gefrieren; ein Kunststoff mit idealen -en; er ist in amtlicher E. hier *(in amtlicher Funktion, von Amts wegen);* ich spreche hier in meiner E. als *(in meinem Amt, meiner Funktion als)* gesetzlicher Vormund; Diese Versuche hat Meyerbeer, dessen hervorragendste E. sein echter Großmut war, niemals übelgenommen (Hildesheimer, Legenden 30).

Ei|gen|schafts|wort, das ⟨Pl. ...wörter⟩: *Adjektiv.*

ei|gen|schafts|wört|lich ⟨Adj.⟩: *adjektivisch.*

Ei|gen|sinn, der ⟨o. Pl.⟩: *hartnäckiges Beharren auf einer Meinung, Absicht o. Ä.:* sich aus E. gegen etw. sperren.

ei|gen|sin|nig ⟨Adj.⟩: *von Eigensinn bestimmt, voller Eigensinn:* ein -es Kind; e. auf einer Sache beharren.

Ei|gen|sin|nig|keit, die: *Eigensinn.*

Ei|gen|staat|lich|keit, die ⟨o. Pl.⟩: *staatliche Selbstständigkeit.*

ei|gen|stän|dig ⟨Adj.⟩: *auf eigener Grundlage fußend:* eine -e Kultur, Entwicklung; die Universitäten sollen -er werden.

Ei|gen|stän|dig|keit, die; -: *das Eigenständigsein.*

Ei|gen|sucht, die ⟨o. Pl.⟩: *Selbstsucht, Egoismus.*

ei|gen|süch|tig ⟨Adj.⟩: *selbstsüchtig, egoistisch:* ein -er Mensch; -e Motive; e. handeln, denken.

¹ei|gent|lich ⟨Adj.⟩ [mhd. eigenlich = eigen(tümlich); bestimmt]: *einer Sache in Wahrheit zugrunde liegend; tatsächlich, wirklich:* der -e Zweck war folgender; ihr -er *(richtiger)* Name lautet anders; die -e (*wirkliche, ursprüngliche, wörtliche, nicht übertragene*) Bedeutung eines Wortes; ein -er Bruch (Math.; *echter 3 Bruch*).

²ei|gent|lich ⟨Adv.⟩ [mhd. eigenlīche = ausdrücklich, bestimmt]: **a)** *in Wirklichkeit (im Unterschied zum äußeren Anschein)* (Abk.: eigtl.): er heißt e. Meyer; **b)** *im Grunde, genau genommen; an und für sich* (Abk.: eigtl.): e. hast du recht; e. wollten wir. *(ursprünglich)* nach München; **c)** *kennzeichnet einen meist halbherzigen, nicht überzeugenden Einwand, weist auf eine ursprüngliche, aber schon aufgegebene Absicht hin* (Abk.: eigtl.): ich habe e. keine Zeit; e. wollten wir heute lernen.

³ei|gent|lich ⟨Partikel; unbetont⟩: **a)** *verstärkt oder relativiert bes. in Fragesätzen eine gewisse Anteilnahme, eine vorwurfsvolle Äußerung* (Abk.: eigtl.): wie heißt du e. *(überhaupt)?;* was denkst du dir e. *(denn)?;* was willst du e. *(überhaupt)* hier?; bist du e. noch bei Trost?; **b)** *signalisiert in Fragesätzen eine gewisse Beiläufigkeit, einen spontanen Einfall; nebenbei bemerkt, übrigens, was ich noch sagen wollte* (Abk.: eigtl.): kennen Sie e. diese Malerin?; kannst du e. Klavier spielen?

Ei|gent|lich|keit, die; -: *Zustand, der einer Sache od. jmdm. ursprünglich u. eigentlich zukommt.*

Ei|gen|tor, das (Ballspiele): versehentlich gegen die eigene Mannschaft erzieltes Tor: dem Verteidiger unterlief ein E.; *ein E. schießen (ugs.; sich selbst Schaden zufügen).

Ei|gen|tum, das; -s, -e ⟨Pl. selten⟩ [mhd. eigentuom]: **1. a)** jmdm. Gehörendes; Sache, über die jmd. die Verfügungs- u. Nutzungsgewalt, die rechtliche (aber nicht unbedingt die tatsächliche) Herrschaft hat: das Haus ist mein E.; sich an fremdem E. vergreifen (verhüll.; stehlen); diese Erfindung ist sein geistiges E. (urheberrechtlich geschütztes Geisteserzeugnis); **b)** Recht od. Verfügungs- u. Nutzungsgewalt des Eigentümers, rechtliche (aber nicht unbedingt tatsächliche) Herrschaft über etw.: das E. achten; das Grundstück ist in unser E. übergegangen; geistiges E. (Rechtsspr.: Urheberrecht) an etw. haben. **2.** (veraltet) Land-, Grundbesitz.

Ei|gen|tü|mer, der; -s, -: jmd., der eine Sache als Eigentum hat: der [rechtmäßige] E. der Uhr.

Ei|gen|tü|mer|ge|mein|schaft, die: Gesamtheit, Gemeinschaft (2) aller Eigentümer u. Eigentümerinnen.

Ei|gen|tü|me|rin, die; -, -nen: w. Form zu ↑ Eigentümer.

Ei|gen|tü|mer|schaft, die; -: Eigenschaft, Eigentümer[in] zu sein; Status einer Eigentümerin, eines Eigentümers: seine E. nachweisen.

Ei|gen|tü|mer|struk|tur, die: Zusammensetzung der Eigentümer eines Unternehmens o. Ä.

Ei|gen|tü|mer|ver|samm|lung, die: **a)** zu bestimmten Terminen einberufene Versammlung von Wohnungseigentümern; **b)** (bes. österr.) Hauptversammlung.

Ei|gen|tü|mer|wech|sel, der: Wechsel des Eigentümers, der Eigentümer; Übergang an einen anderen, an andere Eigentümer.

ei|gen|tüm|lich ⟨Adj.⟩ [frühnhd. = als Besitz eigen]: **1.** [auch: ...'ty:m...] jmdm. od. einer Sache eigen (2 a); für jmdn. od. etw. typisch, charakteristisch: mit der ihr -en Liebenswürdigkeit; ein Hang zum Grübeln war ihm e. **2.** eine besondere u. merkwürdige Art aufweisend: eine -e Person; sich e. verhalten; (subst.:) das Eigentümliche an der Sache ist, dass...; Ihre Nähe im engen Raum des Fahrstuhls benahm mir recht e. den Sinn (Th. Mann, Krull 179). ♦ **3.** als Besitz eigen: ...allen Teilnehmern ihre bestimmten Stücke für immer e. zuzusetzen (Storm, Schimmelreiter 110).

ei|gen|tüm|li|cher|wei|se ⟨Adv.⟩: merkwürdigerweise.

Ei|gen|tüm|lich|keit, die; -, -en: **1. a)** ⟨o. Pl.⟩ eigentümliche (1) Art: dieser Volksstamm hat die E. seines Brauchtums bewahrt; **b)** eigentümlicher (1) Charakterzug: das ist ein männliche E. **2. a)** ⟨o. Pl.⟩ eigentümliche (2) Art: die E. des Grundrisses; **b)** eigentümlicher (2) Charakterzug: sich die E. eines anderen abgewöhnen.

Ei|gen|tums|bil|dung, die ⟨o. Pl.⟩ (bes. Politik): das (geförderte) Entstehen von Privateigentum.

Ei|gen|tums|de|likt, das (Rechtsspr.): Delikt, das in der Verletzung des Eigentums einer anderen Person besteht (z. B. Diebstahl).

Ei|gen|tums|er|werb, der (Rechtsspr.): **a)** Erwerb von Eigentum (1 a) durch Kauf; **b)** Erwerb von Eigentum (1 a) durch Erbschaft.

Ei|gen|tums|ga|ran|tie, die (Rechtsspr.): (auf dem Grundgesetz basierende) rechtliche Sicherheit für Eigentum.

ei|gen|tums|los ⟨Adj.⟩: kein Eigentum besitzend: die -en Bevölkerungsschichten.

Ei|gen|tums|recht, das: im Eigentum an einer Sache bestehendes Recht; Recht des Eigentümers: ein, das E. an etw. besitzen, -e geltend machen.

Ei|gen|tums|über|ga|be, die (Rechtsspr.): Übertragung des unmittelbaren Besitzes durch den Besitzer auf eine andere Person.

Ei|gen|tums|über|tra|gung, die (Rechtsspr.): Eigentumsübergabe.

Ei|gen|tums|ver|hält|nis, das ⟨meist Pl.⟩: das Eigentum betreffendes [Rechts]verhältnis.

Ei|gen|tums|vor|be|halt, der (Rechtsspr.): vertraglicher Vorbehalt, nach dem eine verkaufte u. übereignete Sache bis zu ihrer Bezahlung Eigentum des Verkäufers bleiben soll.

Ei|gen|tums|woh|nung, die: Wohnung [in einem größeren Haus], die das Eigentum einer Privatperson ist.

ei|gen|ver|ant|wort|lich ⟨Adj.⟩: auf Eigenverantwortung beruhend: etw. e. entscheiden.

Ei|gen|ver|ant|wort|lich|keit, die: das Eigenverantwortlichsein.

Ei|gen|ver|ant|wor|tung, die: eigene, selbst zu tragende Verantwortung.

Ei|gen|ver|brauch, der: eigener Verbrauch.

Ei|gen|vor|sor|ge, die: von jmdm. für sich selbst getroffene, private Vorsorge für Krankheit u. Altersversorgung.

Ei|gen|wär|me, die: von jmdm., einer Sache selbst entwickelte, hervorgebrachte Wärme: die E. des Holzes, der Erde.

Ei|gen|wer|bung, die: Werbung eines Politikers, eines Unternehmens, eines Vereins o. Ä. für sich selbst.

Ei|gen|wert, der: jmdm., einer Sache innewohnender, zukommender Wert.

Ei|gen|wil|le, der: starker eigener Wille [einer Persönlichkeit].

ei|gen|wil|lig ⟨Adj.⟩: **1.** sich im Verhalten u. Gestalten stark vom Eigenwillen leiten lassend; den eigenen [Gestaltungs]willen nachdrücklich zur Geltung bringend: eine -e Persönlichkeit; ein -er Stil. **2.** eigensinnig: ein -es Kind.

Ei|gen|wil|lig|keit, die: **1.** ⟨o. Pl.⟩ eigenwilliger Charakter, eigenwilliges Verhalten. **2.** eigenwillige Handlung.

eig|nen ⟨sw. V.; hat⟩ [mhd. eigenen, ahd. eiginēn = in Besitz nehmen, haben]: **1.** (geh.) jmdm., einer Sache als Merkmal, Eigenschaft zugehören: ihr eignet eine gewisse Schüchternheit. **2.** ⟨e. + sich⟩ die erforderlichen, zweckentsprechenden Eigenschaften besitzen; geeignet sein: sich [nicht] als/zum Lehrer e.; sich als Geschenk, zum Verschenken e.; Ich eigne mich nicht für den Posten (Erich Kästner, Fabian 17). ♦ **3. a)** sich zu eigen geben: Was ist das für ein Gott, dem Menschen sich zu eigen geben (Lessing, Nathan III, 1); **b)** sich zu eigen machen, aneignen: Möchten sie (= die Menschen) Vergangnes mehr beherz'gen, Gegenwärt'ges, formend, mehr sich e. (Goethe, Pandora 1074 f.); **c)** zu eigen geben, übergeben, zuführen: ...so führen wir noch heute Nacht den Anschlag aus, der mir das Mädchen eignet (Goethe, Claudine 506); **d)** in einem bestimmten Stellung, einen bestimmten Status o. Ä. bringen: So eign' ich dich zu meiner lieben Braut (Wieland, Oberon 5, 41); **e)** (für einen bestimmten Zweck) benutzen, verwenden, nehmen: ...in der Küche, wo man das Nudelbrett als Tisch eignete und sich um dasselbe herumsetzte (Rosegger, Waldbauernbub 106).

Eig|ner, der; -s, -: **1.** Eigentümer. **2.** Schiffseigner, -eigentümer.

Eig|ne|rin, die; -, -nen: w. Form zu ↑ Eigner.

Eig|nung, die; -, -en: das Geeignetsein (bes. eines Menschen); Tauglichkeit: die E. für, zu, als etw.

Eig|nungs|prü|fung, die: Prüfung, die zeigen soll, ob sich jmd. für eine bestimmte Tätigkeit eignet.

Eig|nungs|test, der: vgl. Eignungsprüfung.

ei|groß ⟨Adj.⟩: so groß wie ein Hühnerei: eine -e Geschwulst.

eigtl. = eigentlich.

Ei|haut, die (Med., Zool.): **1.** Eikern u. Eiplasma umhüllende Haut. **2.** den Fetus samt Fruchtwasser umhüllende Haut.

Ei|hül|le, die: vgl. Eihaut.

Ei|kern, der (Med., Zool.): Zellkern der Eizelle.

Ei|klar, das; -s, - (österr.): Eiweiß.

Ei|land, das; -[e]s, -e [mniederd., mniederl. eilant < afries. eiland, eigtl. = Inselland, zu afries. ei = Insel (dafür mhd. ouwe, ahd. ouw[i]a, ↑ Aue)] (dichter.): Insel.

Eil|an|trag, der (Rechtsspr.): eiliger, dringender Antrag (1 a).

Eil|auf|trag, der: eiliger, dringender Auftrag.

Eil|be|stel|lung, die: vgl. Eilauftrag.

Eil|bo|te, der: Bote für Eilsendungen, Eilbriefe.

Eil|bo|tin, die: w. Form zu ↑ Eilbote.

Eil|brief, der (Postw.): als Eilsendung zu befördernder u. zuzustellender Brief.

Ei|le, die; - [mhd. ile, ahd. īla, zu ↑ eilen]: Bestreben, Gedrängtsein, etw. so schnell wie möglich zu erledigen: ich habe [keine] E.; die Sache hat [große] E., keine E. (ist sehr, ist nicht eilig); sie ist immer in E., in der E. (Hast) vergessen; das teilte er mir in aller E. (schnell u. kurz) mit.

Ei|lei|ter, der (Anat.): in die Gebärmutter mündender, mit Schleimhaut ausgekleideter Ausführungsgang eines Eierstocks.

Ei|lei|ter|schwan|ger|schaft, die (Med.): Schwangerschaft, bei der sich der Embryo im Eileiter einnistet; Tubenschwangerschaft.

ei|len ⟨sw. V.⟩ [mhd. īlen, ahd. īlen, illan, urspr. = gehen]: **1.** ⟨ist⟩ sich in Eile fortbewegen: seines Weges e.; sie war ans Sterbebett der Mutter geeilt; nach Hause, über die Brücke, zum Bahnhof e.; jmdm. zu Hilfe eilen (herbeieilen, um jmdm. in einer Gefahr zu helfen); Ü sie eilten von Sieg zu Sieg, von Erfolg zu Erfolg; Spr eile mit Weile! (handle mit der gebotenen Eile, aber überstürze nichts!) **2.** ⟨hat⟩ Eile, schnelle Erledigung erfordern; eilig, dringend sein: die Angelegenheit eilt; es eilt; Eilt! (Notiz auf Akten o. Ä.); es eilt nicht damit (für mich hat die Sache keine Eile). **3.** ⟨e. + sich; hat⟩ sich beeilen: sich e., nach Hause zu kommen; sie eilte sich mit der Abrechnung.

ei|lends ⟨Adv.⟩: schleunigst; unverzüglich: e. kommen; etw. e. nachholen.

♦ **eilf:** ↑ elf: ...einem Mädchen von ungefähr e. Jahren (Goethe, Werther I, 16. Junius); e. lebendige Kinder (Schiller, Räuber V, 2); Schon vor e. rief man zum Essen, aber nun den Dienste (Gotthelf, Spinne 19); ⟨subst.:⟩ ...im Kreise seiner Eilfe (Schiller, Räuber II, 2).

eil|fer|tig ⟨Adj.⟩ (geh.): **a)** übereilig, vorschnell: eine -e Handlungsweise; wie e. behauptet wurde; **b)** dienstbeflissen, gefällig: e. aufstehen.

Eil|fer|tig|keit, die: eilfertige Art.

ei|lig ⟨Adj.⟩ [mhd. īlec, ahd. īlīc, zu ↑ eilen]: **1.** hastig, rasch, in Eile: -e Schritte; nur nicht so e.!; e. davonlaufen; er hat es immer so e. (er ist immer so in Eile). **2.** Eile erfordernd; dringend: eine -e Nachricht; die Sache ist; du hast es wohl sehr e. damit (die Sache ist für dich wohl dringend)?; ⟨subst.:⟩ sie hatte nichts Eiligeres zu tun, als die Sache weiterzuerzählen (iron.; sie hat die Sache umgehend weitererzählt). ♦ **3.** eilends: ...hier ist ein Saft, der e. trunken macht (Goethe, Faust I, 732).

Ei|lig|keit, die; -: Zustand der Eile; Tatsache, dass jmd. in Eile ist.

ei|ligst ⟨Adv.⟩ [Sup. zu ↑ eilig (1)]: in größter Eile, schleunigst: er machte sich e. davon.

Eil|marsch, der (bes. Militär): ¹Marsch (1) in schnellem Tempo.

Eil|mel|dung, die (Rundfunk, Fernsehen, Zeitungsw.): eilige, sofort zu druckende od. zu sendende Meldung (2).

Eil|post, die (Postw.): Gesamtheit von Eilsendungen.

Eil|schritt: in der Fügung **im E.** (*schnell, eilig:* sich im E. entfernen).
Eil|sen|dung, die (Postw.): Postsendung, die vorrangig befördert u. nach ihrer Ankunft sofort durch einen besonderen Boten zugestellt wird.
Eil|tem|po, das (ugs.): schnelles, sehr zügiges, oft durch eine gewisse Hast gekennzeichnetes Tempo: im E. arbeiten.
Eil|ver|fah|ren, das: **1.** (Rechtsspr.) Schnellverfahren (2). **2.** * **im E.** (↑ Schnellverfahren 1).
Eil|zug, der (Eisenbahn früher): Personenzug (2) von mittlerer Geschwindigkeit (Zeichen: E).
Ei|mer, der; -s, - [mhd. eim(b)er, einber, ahd. eimber, eimbar, in der Bed. »einhenkeliges Gefäß« für ahd. amber (< lat. amphora) angelehnt an ↑ ¹ein u. ahd. beran = tragen]: **1. a)** dem Aufbewahren, Transportieren bes. von Flüssigkeiten dienendes, hohes, zylindrisches od. kegelstumpfförmiges Gefäß mit beweglichem Henkel: der E. ist voll, läuft über; ein E. [voll] Wasser; ein E. heißes Wasser/(geh.:) heißen Wassers, mit heißem Wasser; es gießt wie aus/mit -n (ugs.; es regnet heftig, in Strömen); **b)** [gemeint ist der Abfalleimer] * **im E. sein** (salopp; kaputt, verdorben, verloren sein: die Uhr, unsere Stimmung, das Fest ist jetzt endgültig im E.). **2.** (ugs. abwertend) [altes od. unzuverlässiges] Schiff, Auto o. Ä. **3.** (Technik) eine der eimerförmigen Schürfvorrichtungen (Schürfkübel) am Eimerbagger. **4.** (Schimpfwort) dummer Mensch. ♦ **5.** Maßeinheit für Flüssigkeiten, meist für Wein, von unterschiedlicher Größe (ca. 64 od. 68 Liter): ...da wollt' ich mir ein E. zwanzig (einzigen Eimer) Wein einlegen (Schiller, Räuber IV, 3).
ei|mer|wei|se ⟨Adv.⟩: in Eimer füllender [großer] Menge; in Eimern: e. Sand, den Sand e. wegtragen; Erdbeeren e. ernten.
¹ein (Kardinalz.; betont) [mhd., ahd. ein, alter idg. Pronominalstamm, vgl. er; schon ahd. als unbest. Art.] (als Ziffer: 1): **1.** e. Euro achtzig; es war e. Uhr; e. Jahr später; die Ereignisse dieses -en Jahres; die Last ist für -en Mann zu schwer; in ein[em] und -em viertel Jahr; der -e (einzige) Gott; sie hat nicht ein -e (nicht einen einzigen) Tag gefehlt; in e. bis zwei Tagen; -e [von ihnen]; -er der beiden, -[e]s ist wichtig; ...; das -e, was nottut; * **e. für alle Mal** (endgültig, für immer: das lass dir e. für alle Mal gesagt sein); **in -em fort** (fortwährend, ununterbrochen); **zum -en ... zum and[e]ren** (nennt zwei zu ein u. derselben Sache o. Ä. gehörende Gesichtspunkte, Gegensätzlichkeiten: da ist zum -en die Steuerlast, zum anderen die Freude an der Selbstständigkeit); **jmds. Ein und Alles sein** (jmds. sein ganzes Glück ausmachender Lebensinhalt sein). **2. a)** der, die, das Gleiche; derselbe, dieselbe, dasselbe: wir sind -er Meinung, -[er] und derselben Meinung, (ugs.:) etw. kommt auf -s heraus, läuft auf -s hinaus; **b)** jmd., etw. im Ggs. zu anderem Ähnlichen: der Mann, dessen -es Bein verletzt ist; (ugs.:) sein -es Bein; -er nach dem ander[e]n, die ein[e]n so, die -[e]s nach dem ander[e]n (nacheinander); der -e oder/und [der] andere, der ein[e] oder andere, ein[er] oder/und der andere, die -e oder der andere (mancher); -er wie der andere, -e wie die andere war der Meinung (alle waren der Meinung), dass...; der Ausfall -es oder mehrerer Konsonanten; ⟨subst.:⟩ es gibt nur den Einen (Gott).
²ein (Indefinitpron.; betont) [vgl. ¹ein]: **1.** jemand, irgendeine[r]: das wird kaum e. erfreulich finden; da hat -e ihren Lippenstift vergessen; -es (selten; jemandes) Kleidung verkennen; du bist [mir] -er (oft iron.; ein ganz Besonderer); das ist der Rat -es, die die Lage kennt; die Ansicht -es unserer Mitarbeiter, -er unserer Mitarbeiterinnen; es ist -[e]s der besten Mittel, die ich kenne;

ist es -er von euch?; ist -s (landsch.; eine[r]) von euch verletzt?; -s (ugs.; etwas Unangenehmes, bes. einen Schlag) abbekommen; **b)** man: das soll -er wissen!; das wird -em schnell klar; das stört -en.
³ein (unbest. Art.; unbetont) [vgl. ¹ein]: **1.** führt jmdn., etw. als einen der Einzelfälle einer Gattung neu ein: der Hund ist e. Säugetier; der Sohn -er Lehrerin; e. Herr D. hat sich gemeldet; jmdm. -e Freude machen; e. bisschen, e. wenig; e. anderer, -e andere; e. jeder, -e jede; Frau Ober, -en (ein Mann wie) Beethoven; er besitzt -en (ein Bild von) Rubens; was für e. Lärm! (ugs.; welch starker Lärm!); so -e (ugs.; eine solch große, solch eine) Enttäuschung! **2.** stellt den Einzelfall als stellvertretend für alle Fälle einer Gattung hin: e. (jeder) Gletscher besteht aus Eis; e. Baby braucht besondere Pflege.
⁴ein ⟨Adv.⟩ [mhd., ahd. īn]: **1.** imperativisch od. elliptisch als Hinweis an Schaltern, die zum Ein- u. Ausschalten dienen: e. – aus. **2.** ↑ ²aus (3).
ein|ach|sig ⟨Adj.⟩: mit nur einer Achse (1 a) [versehen].
Ein|ak|ter, der; -s, -: Theaterstück in einem Akt.
ein|ak|tig ⟨Adj.⟩: aus einem Akt bestehend; in einem Akt: ein -es Schauspiel.
ei|n|an|der ⟨reziprokes Pron.⟩ [mhd., ahd. einander] (meist geh.): eine[r] der/dem anderen, eine[r] den anderen; sich/uns/euch gegenseitig, wechselseitig: e. widersprechende Behauptungen; e. die Hand geben; wir lieben e.
Ein|ant|wor|tung, die; -, -en (österr.): [gerichtliche] Übergabe.
ein|ar|bei|ten ⟨sw. V.; hat⟩: **1.** praktisch mit einer Arbeit vertraut machen: einen Neuling e.; sich erst [in die Materie, auf einem Gebiet] e. müssen. **2.** etw. sinnvoll einfügen: Verzierungen ins/(seltener:) im Holz e.; Ü Zusätze in einen/(seltener:) einem Aufsatz e. **3.** durch vermehrte Arbeit ausgleichen: den Zeitverlust e.
Ein|ar|bei|tung, die; -, -en (Pl. selten): das Einarbeiten.
Ein|ar|bei|tungs|zeit, die: Zeit, die für das [Sich]einarbeiten (1) benötigt wird.
ein|ar|mig ⟨Adj.⟩: **1.** nur einen Arm besitzend: ein -er Mann. **2.** mit nur einem Arm auszuführen: ein -er Felgumschwung; Gewichte e. stemmen.
ein|äschern ⟨sw. V.; hat⟩: **1.** (Gebäude) niederbrennen, in Schutt u. Asche legen: der Brand äscherte alle Häuser ein. **2.** (einen Leichnam) nach der Sitte der Feuerbestattung verbrennen.
Ein|äsche|rung, die; -, -en: das Einäschern.
ein|at|men ⟨sw. V.; hat⟩: **1.** den Atem in die Lunge einziehen; tief Luft, Atem holen: [tief] ein- und ausatmen; durch die Nase e. **2.** durch Einatmen (1), mit dem Atem durch Mund od. Nase einziehen: begierig die frische Luft e.; giftige Dämpfe e.
Ein|at|mung, die; -: das Einatmen.
ein|ät|zen ⟨sw. V.; hat⟩: **1.** in etw. ätzen: ein Monogramm in eine Metallplatte e. **2.** ⟨e. + sich⟩ ätzend in etw. eindringen.
ein|äu|gig ⟨Adj.⟩: mit nur einem Auge versehen: ein -er Bettler.
Ein|äu|gi|ge, die/eine Einäugige; der/einer Einäugigen, die Einäugigen/zwei Einäugige; die Einäugige: weibliche Person, die nur noch ein Auge besitzt.
Ein|äu|gi|ger, der/ein Einäugiger; des/eines Einäugigen, die Einäugigen/zwei Einäugige: jmd., der nur noch ein Auge besitzt: Spr unter Blinden ist der Einäugige König (wer wenig kann, ragt dennoch unter denjenigen hervor, die noch weniger können; wohl nach lat. inter caecos luscus rex).
Ein|back, der; -[e]s, -e, Einbäcke u. (ugs.) -s [zu ↑ ¹ein]: zu langen, eingekerbten Kuchen geformtes weiches Hefegebäck.

ein|ba|cken ⟨unr. V.⟩: **1.** ⟨bäckt/backt ein, backte/(veraltend:) buk ein, hat eingebacken⟩ in einen Teig hineinbringen u. sich beim Backen damit verbinden lassen: Mandeln in den Kuchen e. **2.** ⟨backt, backte ein, hat eingebackt⟩ durch Kleben, Festbacken einschließen: die Lava backte das Gestein ein.
ein|bah|nig ⟨Adj.⟩ (Verkehrsw.): für nur eine Verkehrsrichtung zugelassen: -er Verkehr.
Ein|bahn|re|ge|lung, die (Verkehrsw.): Regelung, nach der eine Straße nur in einer Richtung befahren werden darf.
Ein|bahn|stra|ße, die (Verkehrsw.): Straße, die nur in einer Richtung befahren werden darf: verkehrt in die E. fahren; Ü Solidarität darf keine E. sein (darf nicht nur von einer Seite ausgehen).
ein|bal|sa|mie|ren ⟨sw. V.; hat⟩: **1.** (einen Leichnam) mit bestimmten konservierenden Mitteln behandeln, um ihn vor Verwesung zu schützen: * **sich e. lassen können** (ugs.; zu nichts zu gebrauchen sein; versagt haben). **2.** (ugs. scherzh.) stark eincremen, einreiben od. parfümieren.
Ein|bal|sa|mie|rung, die; -, -en: das Einbalsamieren; das Einbalsamiertwerden.
Ein|band, der; -[e]s, Einbände [zu ↑ einbinden (1)]: geheftete Seiten zusammenhaltender u. schützender Teil eines Buches o. Ä., der aus den beiden Deckeln u. dem Rücken besteht: ein lederner E.
Ein|band|de|ckel, der: steife Tafel, die den Buchblock vorne od. hinten umgibt u. die mit der anderen Tafel u. dem Rücken den Einband bildet.
ein|bän|dig ⟨Adj.⟩: in einem Band [zusammengefasst]: eine -e Ausgabe der Werke ist erschienen.
Ein|bau, der; -[e]s, -ten: **1.** ⟨o. Pl.⟩ **a)** das Einbauen (1 a): der E. eines Bades, eines Schranks; **b)** das Einbauen (1 b): der E. eines Motors, eines Ersatzteils in einem Motor. **2.** ⟨o. Pl.⟩ sinnvolle Einfügung: der E. von Zusätzen in ein Kapitel. **3.** etw. Eingebautes; eingebautes Teil: -ten aus Edelholz.
ein|bau|en ⟨sw. V.; hat⟩: **1. a)** durch Bauarbeiten in etw. einfügen, herstellen: einen Schrank [in die/(selten:) in der Wand] e.; **b)** mithilfe eines bestimmten [technischen] Verfahrens in etw. (bes. in eine technische Vorrichtung) einfügen, einsetzen, montieren; in ein/(selten:) einem Auto einen neuen Motor e.; eine Kamera mit eingebautem Belichtungsmesser. **2.** als gute Ergänzung einfügen: [in einen Abschnitt] einen Zusatz e.
ein|bau|fer|tig ⟨Adj.⟩: vorgefertigt (u. damit sich leicht irgendwo einbauen lassend).
Ein|bau|kü|che, die: eingebaute, für den Einbau vorgesehene Kücheneinrichtung.
Ein|baum, der; -[e]s, Einbäume: aus einem ausgehöhlten Baumstamm hergestelltes Boot.
Ein|bau|schrank, der: ein- od. angebauter Schrank.
ein|be|grei|fen ⟨st. V.; hat⟩ (geh.): einbeziehen, einschließen: Freiheit begreift Gleichberechtigung [mit] ein; die Mehrwertsteuer ist im Preis [mit] einbegriffen; alle, der Pilot einbegriffen, kamen ums Leben.
ein|be|hal|ten ⟨st. V.; hat⟩: **1.** an- od. aufrechnend zurückbehalten: der Vermieter hat die Kaution einbehalten. **2.** (Amtsspr.) **a)** zurückbehalten, nicht mehr zurückgeben: der Polizisten behielten fünf Führerscheine ein; **b)** in Haft behalten, dabehalten: aufgrund des Haftbefehls wurde der Tatverdächtige gleich einbehalten.
Ein|be|hal|tung, die; -, -en: das Einbehalten.
ein|bei|nig ⟨Adj.⟩: **1.** nur ein Bein (1, 2) habend: ein -er Kriegsveteran. **2. a)** (Fußball) nur in einem Bein Schusskraft besitzend: ein -er Spie-

ler; **b)** (bes. Leichtathletik) *mit nur einem Bein [erfolgend, ausgeführt]:* ein -er Sprung.
ein|be|ken|nen ⟨unr. V.; hat⟩ (österr., sonst geh.): *bekennen, eingestehen:* seine Niederlage e.; er hat einbekannt, sie ermordet zu haben.
Ein|be|kennt|nis, das; -ses, -se (österr., sonst geh.): *Eingeständnis.*
Ein|be|ken|nung, die; -, -en: **1.** ⟨o. Pl.⟩ (österr., sonst geh.) *das Einbekennen.* **2.** (österr.) *Steuererklärung.*
ein|be|rech|nen ⟨sw. V.; hat⟩: *einkalkulieren.*
ein|be|ru|fen ⟨st. V.; hat⟩: **1.** *(eine Versammlung) zusammentreten lassen:* eine Versammlung [nach Berlin] e.; auf, für den 15. 11. eine Sitzung e. **2.** *jmdn. amtlich auffordern, seine Wehrpflicht zu erfüllen:* jmdn. zum Wehrdienst e.; einberufen werden.
Ein|be|ru|fung, die; -, -en: *das Einberufen; das Einberufenwerden.*
Ein|be|ru|fungs|be|fehl, der (ugs.): *Einberufungsbescheid:* den, seinen E. erhalten.
Ein|be|ru|fungs|be|scheid, der: *schriftlicher Bescheid, durch den jmd. zum Wehrdienst einberufen wird.*
ein|be|sche|ren ⟨sw. V.; hat⟩ (landsch. veraltend): *bescheren* (1): ♦ ... die Geschenke ..., die ihnen ... einbeschert werden sollten (Stifter, Bergkristall 23).
ein|be|schrei|ben ⟨st. V.; hat⟩ (Geom.): *(einen Kreis) als Inkreis in ein Vieleck zeichnen; (ein Vieleck) so in einen Kreis zeichnen, dass die Ecken den Kreis berühren.*
ein|be|stel|len ⟨sw. V.; hat⟩ (bes. Amtsspr.): *jmdn. [amtlich] an einen bestimmten Ort bestellen:* jmdn. zum Amtsgericht e.; Patientinnen e.
Ein|be|stel|lung, die; -, -en: *das Einbestellen; das Einbestelltwerden.*
ein|be|to|nie|ren ⟨sw. V.; hat⟩: *durch Betonieren od. Einfassen mit Beton [in etw.] befestigen, einsenken:* der Pfeiler wurde in die Felswand einbetoniert.
ein|bet|ten ⟨sw. V.; hat⟩: **a)** *in etw. schützend od. passend Umschließendes, Umgebendes legen; [zweckmäßig] einfügen:* ein Kabel in die Erde e.; Ü eingebettet in sattes Grün/im satten Grün liegen die Häuser; **b)** *in ein größeres Ganzes einbinden, einbeziehen, integrieren:* etw. in einen historischen Kontext e.; eingebettet in einen größeren Zusammenhang.
Ein|bet|tung, die; -, -en: *das Einbetten; das Eingebettetwerden.*
Ein|bett|zim|mer, das: *Hotel-, Krankenhaus-, Gästezimmer mit nur einem Bett.*
ein|beu|len ⟨sw. V.; hat⟩: **a)** *eine Beule in etw. machen:* einen Hut e.; ein eingebeulter Kotflügel; **b)** ⟨e. + sich⟩ *eine Beule bekommen:* durch den Druck hatte sich das Blechdach eingebeult.
Ein|beu|lung, die; -, -en: **1.** ⟨o. Pl.⟩ *das [Sich]einbeulen.* **2.** *eingebeulte Stelle; Delle.*
ein|be|zah|len ⟨sw. V.; hat⟩: *einzahlen.*
ein|be|zie|hen ⟨unr. V.; hat⟩: **a)** *(jmdn., etw.) zu jmdm., etw. in eine Beziehung bringen u. so mit einschließen; [bei etw.] mit in seine Überlegungen] [mit] e.;* **b)** *als dazugehörend betrachten; dazurechnen:* wenn ich von der heutigen Jugend rede, so beziehe ich meine beiden Söhne [mit] ein.
Ein|be|zie|hung, die; -: *das Einbeziehen* (a).
Ein|be|zug, der; -[e]s (bes. schweiz.): *Einbeziehung.*
ein|bie|gen ⟨st. V.⟩: **1.** ⟨hat⟩ *nach innen [um]biegen, einwärtsbiegen, krümmen:* die Zehen e.; ein Hut mit eingebogener Krempe. **2.** ⟨hat⟩ **a)** *in seinem mittleren Teil biegen, durch Biegen krümmen:* der Druck hat das Brett eingebogen; **b)** ⟨e. + sich⟩ *in seinem mittleren Teil gebogen werden, sich durch Biegen krümmen:* das Brett hat sich eingebogen. **3.** ⟨ist⟩ *die bisherige Richtung ändern u. in eine Seitenstraße, einen Seitenweg o. Ä. hineingehen, -fahren:* der Wagen ist [nach links] eingebogen.
Ein|bie|gung, die; -, -en: *das Einbiegen* (1).
ein|bil|den, sich ⟨sw. V.; hat⟩ [mhd. înbilden = (in die Seele) hineinprägen, dann: vorstellen]:
1. *sich (bes. auf die eigene Person Bezügliches) [fälschlich, unbegründeterweise als existierend] vorstellen, sich einreden; [irrtümlich] annehmen, von etw. überzeugt sein:* du bildest dir Gefahren ein; er bildet sich ein, Napoleon zu sein/er sei Napoleon; ... wenn ich ihm einbildete *(vorstellte, ausmalte),* wie vortrefflich, natürlich und überzeugend der Waffenrock mir angestanden haben würde ... (Th. Mann, Krull 126).
2. (landsch.) *unbedingt haben wollen:* das Kind hat sich (Dativ) eine Puppe eingebildet. **3.** *übermäßig, unangemessen, unberechtigterweise stolz sein, einen Dünkel haben:* er bildet sich viel [auf seine reichen Großeltern, auf seine Kenntnisse] ein; was bildest du dir eigentlich ein? *(was denkst du dir, wie kommst du zu solch einer Unverschämtheit?).*
♦ **ein|bil|disch** ⟨Adj.⟩: *eingebildet:* Mittel, die den Stolz eines -en Starrkopfs ... niederbeugen können (Schiller, Räuber III, 1).
Ein|bil|dung, die; -, -en [mhd. înbildunge = Einprägung]: **1. a)** ⟨o. Pl.⟩ *[bloße] Fantasie:* dieses Schloss existiert nur in seiner E.; **b)** *trügerische, falsche Vorstellung:* ihre Krankheit ist reine E.; sie leidet unter/an krankhaften -en. **2.** ⟨o. Pl.⟩ *Dünkel, Hochmut, Überheblichkeit [im Umgang mit anderen]:* R E. ist auch eine Bildung (ugs. scherzh.; *das ist reine Einbildung, nichts als Überheblichkeit).*
Ein|bil|dungs|ga|be, die: *Fähigkeit zur (geistigen od. künstlerischen) Einbildung* (1 a).
Ein|bil|dungs|kraft, die ⟨o. Pl.⟩ [LÜ von lat. vis imaginationis]: *Fähigkeit, sich etw. auszudenken, auszumalen; Fantasie.*
ein|bim|sen ⟨sw. V.; hat⟩ (ugs.): *mit Mühe, Anstrengung einprägen:* jmdm., sich lateinische Vokabeln e.
ein|bin|den ⟨st. V.; hat⟩: **1.** *(Geheftetes, Druckbogen) mit einem Einband versehen, binden:* ein Werk in rotes/(seltener:) rotem Leder e.; ein grün eingebundenes Buch. **2. a)** *in etw. binden, bindend einhüllen:* Obstbäume zum Schutz gegen Frost in Stroh e.; ein Verletzter mit eingebundenem Arm *(der den Arm in der Binde trägt);* **b)** *durch feste [Ver]bindung einbeziehen, einfügen:* ein Gebiet ins Verkehrsnetz e.; in seine Pflichten, in die Verantwortung eingebunden sein. **3.** [eigtl. = dem Täufling ein (Geld)geschenk unter das Wickelband einbinden] (schweiz.) *in Taufpatengeschenk machen.*
♦ **4.** *auftragen* (3): Ich habe es einem von meinen Freunden daselbst heilig eingebunden, mir sogleich Nachricht davon zu geben (Lessing, Der junge Gelehrte III, 15).
Ein|bin|dung, die; -, -en: *das Einbinden* (1,2).
ein|bla|sen ⟨st. V.; hat⟩: **1.** *durch Blasen od. mittels eines Gebläses in etw. bringen:* Luft in einen Ballon e.; Gott blies den Menschen Leben, seinen Odem ein (bibl.; *hauchte ihn ihm ein, erfüllte ihn damit).* **2.** (abwertend) **a)** (ugs.) *heimlich ins Ohr raunend mitteilen:* jmdm. Klatsch e.; jmdm. [die Antwort] e. (Schülerspr.; *leise vorsagen);* **b)** *einflüstern* (2), *einreden:* wer mag ihm diese Idee, Torheit eingeblasen haben? **3. a)** *ein Blasinstrument durch häufiges Benutzen, Blasen mit der Zeit seine volle klangliche Leistung erreichen lassen:* e. ⟨e. + sich⟩ *durch Spielen auf einem Blasinstrument allmählich die gewohnte spiel- u. klangtechnische Leistung erreichen:* ich muss mich erst [auf der Posaune] e. **4.** *durch heftiges Blaseneinstürzen, zusammenstürzen lassen:* der Orkan blies die Gebäude wie Kartenhäuser ein.
ein|blät|te|rig, ein|blätt|rig ⟨Adj.⟩ (Bot.): *mit nur einem Blatt versehen; unipetal.*
¹**ein|bläu|en** ⟨sw. V.; hat⟩: *(Textilien) blau einfärben:* Stoffe e.
²**ein|bläu|en** ⟨sw. V.; hat⟩ [zu ↑ ²bläuen]: *durch ständige, eindringliche Wiederholung beibringen:* jmdm. bedingungslosen Gehorsam e.
ein|blen|den ⟨sw. V.; hat⟩ [zu ↑ Blende (3 c)]: **a)** (Film, Rundfunk, Fernsehen) *(Ton, Bild) in eine Sendung, einen Film o. Ä. einschieben, einfügen:* Geräusche, Musik [in ein/einem Hörspiel] e.; das Foto des Gesuchten wurde kurz eingeblendet; **b)** ⟨e. + sich⟩ (Rundfunk, Fernsehen) *sich mit einer Sendung, in eine Sendung einschalten:* wir blenden uns in wenigen Minuten in die zweite Halbzeit ein.
Ein|blen|dung, die; -, -en: **1.** *das Einblenden, Sicheinblenden.* **2.** (Film, Rundfunk, Fernsehen) *eingeblendeter Teil einer Sendung o. Ä.*
Ein|blick, der; -[e]s, -e: **1. a)** *(Außenstehenden ermöglichter) Blick in etw. hinein:* er hatte E. in düstere Hinterhöfe; **b)** *(einem Außenstehenden ermöglichtes) Durchsehen, Durchlesen in bestimmter Absicht, prüfendes [Hin]einsehen:* E. in die Unterlagen nehmen; E. in die Akten gewähren. **2.** *Zugang zu einigen typischen Fakten eines größeren Zusammenhangs u. dadurch vermittelte Kenntnis, Einsicht:* tiefe -e in eine Methode gewinnen.
ein|boh|ren ⟨sw. V.; hat⟩: **a)** *in etw. bohren; hineinbohren;* **b)** ⟨e. + sich⟩ *bohrend an einer bestimmten Stelle eindringen:* der Meißel bohrte sich in das Holz ein.
ein|bre|chen ⟨st. V.⟩: **1. a)** ⟨ist⟩ *gewaltsam in ein Gebäude, in einen Raum o. Ä. eindringen (um etw. zu stehlen):* die Diebe sind in die Werkstatt eingebrochen; **b)** ⟨hat⟩ *einen Einbruch verüben, unternehmen:* Diebe haben bei unserem Nachbarn eingebrochen; in unserer Firma ist eingebrochen worden; **c)** ⟨ist⟩ *räuberisch, zerstörerisch, kriegerisch eindringen, einfallen:* der Gegner ist in unsere Stellung eingebrochen; Ü ich soll in ihre Ehe eingebrochen sein; Der Vater war ein ... plötzlich in seine Träume eingebrochener Fremdling, der anders war, als er ihn sich gewünscht hatte (Böll, Haus 5). **2.** ⟨ist⟩ *plötzlich beginnen:* der Winter, die Kälte bricht ein; einbrechender Dunkelheit. **3.** ⟨ist⟩ **a)** *[im mittleren Teil zuerst] einstürzen, nach unten [durch]brechen:* das Gewölbe, die Decke ist eingebrochen; ein eingebrochener Stollen; Ü die Nachfrage nach Konsumgütern ist eingebrochen *(dramatisch zurückgegangen);* die Aktienkurse drohten einzubrechen; **b)** *hindurchbrechend nach unten fallen, stürzen:* auf dem Eis, beim Eislaufen e.; **c)** *hindurchbrechend eindringen, hineinstürzen:* Wasser ist in den Stollen eingebrochen. **4. a)** ⟨ist⟩ (salopp) *mit etw. keinen Erfolg haben, scheitern; eine [unerwartet] schwere Niederlage erleiden:* die Konservativen sind bei den Wahlen [schwer] eingebrochen; die ganze Klasse brach ein *(schnitt sehr schlecht ab);* auf den letzten Metern brach die Läuferin völlig ein *(sie verließen die Kräfte);* **b)** (ugs.) *wegbrechen* (2): die Nachfrage ist eingebrochen. **5.** ⟨hat⟩ *gewaltsam eindrücken, durchbrechend einreißen:* die Tür, eine Mauer e. **6.** ⟨hat⟩ (Reiten) *zureiten.*
Ein|bre|cher, der; -s, -: *jmd., der einbricht* (1 a).
Ein|bre|cher|ban|de, die: *Bande von Einbrechern.*
Ein|bre|che|rin, die; -, -nen: w. Form zu ↑ Einbrecher.
ein|brem|sen ⟨sw. V.; hat⟩ (bes. südd., österr.): **a)** *abbremsen;* **b)** *eindämmen, aufhalten; sich nicht ungehindert weiterentwickeln, ausbreiten lassen.*

Ein|brenn, die; -, -en (österr.), **Ein|bren|ne,** die; -, -n (südd., österr.): *Mehlschwitze.*
ein|bren|nen ⟨unr. V.⟩: **1.** ⟨hat⟩ *durch Brennen, Sengen o. Ä. in etw. entstehen lassen; in etw. brennen:* Schriftzeichen in Holz, auf eine[r] Platte e.; einem Tier ein Zeichen e. *(mit glühendem Eisen auf sein Fell brennen).* **2.** ⟨e. + sich; hat⟩ *sich tief einprägen; unvergesslich bleiben:* das hat sich unauslöschlich meinem Gedächtnis/in mein Gedächtnis eingebrannt. **3.** ⟨hat⟩ (südd., österr.) **a)** *(Mehl) mit Fett rösten, bräunen;* **b)** *mit einer Einbrenne bereiten:* eine Soße e. **4.** ⟨ist⟩ (landsch.) *in der Sonne braun brennen.*
ein|brin|gen ⟨unr. V.; hat⟩: **1.** *mit dafür vorgesehenen [technischen] Mitteln hineinbringen, hineinschaffen:* die Ernte, das Heu e.; Dünger in die aufgelockerte Erde e.; ein Schiff [in den Hafen] e. **2.** *einfangen, festsetzen:* geflohene Häftlinge e. **3.** *offiziell zur Beschlussfassung vorlegen:* einen Antrag, eine Resolution e.; im Bundestag ein Gesetz e. **4. a)** (Amtsspr.) *(Werte, Wertvolles) in eine Gemeinschaft o. Ä. mitbringen:* ein Haus [in die Ehe] e.; Kapital in eine Gesellschaft e.; das eingebrachte Vermögen; **b)** *(etw. von sich) beisteuern, einsetzen:* Erfahrungen e.; ich werde meine volle Energie e.; **c)** ⟨e. + sich⟩ *sich selbst (als Persönlichkeit) einsetzen, sich beteiligen, zur Geltung bringen:* sich in seinem Fachgebiet wirkungsvoll e.; du kannst dich gerne in diese Debatten e. **5.** *mit sich bringen, eintragen:* meine Bemühungen haben mir große Anerkennung, nur Undank eingebracht; diese Arbeit brachte [ihr] viel [Geld] ein; reine Spekulation, die nichts einbringt *(die sich nicht lohnt).* **6. a)** *durch Nachholen, Aufholen wettmachen:* die verlorene Zeit, den Verlust [wieder] e.; **b)** (Druckw.) *(Zeilen) beim Schriftsatz durch Änderungen, Streichungen u. Ä. einsparen:* eine Zeile e.
ein|bring|lich ⟨Adj.⟩: *Gewinn einbringend:* ein -er Posten.
Ein|brin|gung, die; -: **1.** *das Einbringen (1-4, 6).* **2.** (österr. Rechtsspr.) *staatliche Sicherung der Ansprüche auf [Gerichts]gebühren.*
ein|bro|cken ⟨sw. V.; hat⟩: **1.** (landsch., sonst veraltet) *in etw. brocken, brockenweise hineintun:* Brot in die Milch e. **2.** (ugs.) *jmdm. (bes. sich selbst) unbedachterweise Schwierigkeiten machen u. ihn dadurch in eine unangenehme, peinliche Lage bringen:* was hast du dir, uns da eingebrockt!; diese Strafe hast du dir selbst eingebrockt.
Ein|bruch, der; -[e]s, Einbrüche: **1. a)** *das Einbrechen* (1 a): der E. in die Firma; **b)** *das Einbrechen* (1 b): der E. in der Firma; einen E. verüben; **c)** *das Einbrechen* (1 c): den E. des Gegners in unsere Stellung verhindern; Ü ein E. von Kaltluft in den Mittelmeerraum. **2.** *plötzlicher Beginn:* bei, nach, vor E. der Nacht. **3. a)** *das Einbrechen* (3 a): der E. des Stollens; Ü in E. (Wirtsch.; *plötzliches starkes Zurückgehen*) der Kurse; **b)** (Geol.) *durch Einbrechen* (3 a) *von Erdschichten entstandene Vertiefung;* **c)** *das Einbrechen* (3 c): beim E. des Wassers in den Stollen. **4.** (salopp) *das Scheitern; [unerwartet] schwere Niederlage:* bei den Wahlen einen E. erleben; mit einem solchen E. [der Mannschaft] hat niemand gerechnet.
Ein|bruch|dieb|stahl, Einbruchsdiebstahl, der: *nach Einbrechen* (1 a) *in ein Haus, einen Raum verübter Diebstahl.*
Ein|bruch|fall, Einbruchsfall, der (schweiz.): *Einbruch* (1 a).
Ein|bruchs|dieb|stahl: ↑ Einbruchdiebstahl.
Ein|bruchs|fall: ↑ Einbruchfall.
ein|bruch|si|cher, einbruchssicher ⟨Adj.⟩: *(aufgrund bestimmter Vorrichtungen) sicher vor Einbruch.*

Ein|bruch|si|che|rung, Einbruchssicherung, die: *Vorrichtung, Anlage zur Sicherung gegen Einbruch.*
ein|bruchs|si|cher usw.: ↑ einbruchsicher usw.
Ein|bruchs|si|che|rung: ↑ Einbruchsicherung.
Ein|bruchs|werk|zeug, Ein|bruch|werk|zeug, das: *für einen Einbruch* (1 a, b) *benutztes Werkzeug.*
ein|buch|ten ⟨sw. V.; hat⟩: **1.** [zu ↑ Bucht in der (m)niederd. Bed. »Pferch, Verschlag«] (salopp) *ins Gefängnis bringen; festsetzen, einsperren:* er wurde erwischt und eingebuchtet. **2.** *mit Einbuchtungen versehen.*
Ein|buch|tung, die; -, -en: **1.** (salopp) *das Einbuchten* (1). **2.** **3. a)** *nach innen gewölbte Form;* **b)** *Delle.*
ein|bud|deln ⟨sw. V.; hat⟩ (ugs.): *eingraben.*
ein|bü|geln ⟨sw. V.; hat⟩: *durch Bügeln hineinpressen:* eingebügelte Falten.
Ein|bund, der; -[e]s, Einbünde [zu ↑ einbinden (3)] (schweiz.): *Geschenk der Taufpaten.*
ein|bun|kern ⟨sw. V.; hat⟩: **1.** *in [einen] Bunker* (1) *bringen, einlagern:* Kohle, Öl e. **2.** (salopp) *einsperren* (2).
ein|bür|gern ⟨sw. V.; hat⟩: **1.** *jmdm. die Staatsangehörigkeit eines bestimmten Staates verleihen:* sie ist in die/der Schweiz eingebürgert worden. **2.** *(Tiere, Pflanzen) heimisch machen:* eine Kulturpflanze, bestimmte Tiere [in einem Gebiet] e. **3. a)** *heimisch u. zur verbreiteten Gewohnheit machen:* eine Sitte, einen Begriff e.; **b)** ⟨e. + sich⟩ *heimisch, üblich werden:* dieses Wort hat sich bei uns, in unserer Sprache eingebürgert.
Ein|bür|ge|rung, die; -, -en: *das Einbürgern, Eingebürgertwerden* (1, 2).
Ein|bür|ge|rungs|an|trag, der: *Antrag auf Einbürgerung.*
Ein|bür|ge|rungs|test, der: *behördliche Prüfung, die von Personen abgelegt wird, die eingebürgert werden wollen.*
Ein|bür|ge|rungs|ur|kun|de, die: *Urkunde, die die Einbürgerung bestätigt.*
Ein|bür|ge|rungs|wil|lig ⟨Adj.⟩: *gewillt, sich einbürgern zu lassen:* -e Ausländer.
Ein|bu|ße, die; -, -n [zu ↑ einbüßen]: *[Schädigung durch] Verlust; Beeinträchtigung besonders durch Schwinden, Minderung, Vernichtung, Entzug von etw.:* eine empfindliche E. an Prestige; schwere [finanzielle] -n hinnehmen müssen, erleiden, erfahren.
ein|bü|ßen ⟨sw. V.; hat⟩ [frühnhd. = einflicken, einfügen, zu mhd. büezen, ↑ boßen]: *den Verlust einer Sache (od. Person) erleiden; verlieren:* er hat ein Auge, sein ganzes Vermögen, seine Freiheit eingebüßt; sein Leben e. *(ums Leben kommen).*
Ein|cent|stück, Ein-Cent-Stück, das (mit Ziffer: 1-Cent-Stück): *Münze mit dem Wert von einem Cent.*
ein|che|cken ⟨sw. V.; hat⟩: **1.** (Flugw.) **a)** *(vor dem Abflug) abfertigen* (2): Passagiere, Gepäck e.; **b)** *(vor dem Abflug) abgefertigt werden, die Formalitäten für einen Flug erledigen:* die Passagiere checken ein, können an einem Automaten e. **2.** *(in ein Hotel o. Ä.) einziehen, sich anmelden, sich eintragen:* in eine/in einer Pension e.
ein|cre|men ⟨sw. V.; hat⟩: *mit Creme od. Lotion einreiben:* jmdm. den Rücken e.; ich creme mir das Gesicht, mich ein.
ein|däm|men ⟨sw. V.; hat⟩: **1.** *(fließendes Wasser) durch Bauen eines Dammes in eine bestimmte Bahn, Richtung lenken od. stauen.* **2.** *an der Ausbreitung hindern:* einen Waldbrand, die Kosten, die Kriminalität e.; jmds. Einfluss e.
ein|däm|mern ⟨sw. V.⟩: **1.** ⟨ist⟩ *in Halbschlaf geraten:* ich war gerade ein wenig eingedämmert; Er lehnte sich zurück, war nahe daran einzudämmern, als der Schaffner ihm zukam (Härt-

ling, Hubert 176). **2.** ⟨unpers.; hat⟩ (schweiz.) *dämmern, dunkeln:* es dämmert ein.
Ein|däm|mung, die; -, -en: **1.** *das Eindämmen.* **2.** *Damm.*
ein|damp|fen ⟨sw. V.; hat⟩: *(Flüssigkeit) durch [teilweises] Verdampfen eintrocknen od. konzentrieren, anreichern, gehaltvoll machen:* Salzwasser e.; Milch e. *(evaporieren).*
ein|de|cken ⟨sw. V.; hat⟩: **1. a)** ⟨e. + sich⟩ *sich mit Vorräten versehen, sich versorgen:* sich für den Urlaub mit Benzin, mit Lesestoff e.; wir sind mit allem gut eingedeckt; **b)** (ugs.) *überhäufen, überschütten:* jmdn. mit Fragen, Aufträgen e.; ich bin mit Arbeit [voll] eingedeckt *(habe viel Arbeit).* **2.** *schützend bedecken:* die Rosen e. **3.** (Gastron.) *(den Tisch in einem größeren [festlichen] Rahmen fachmännisch) decken:* der Tisch muss neu eingedeckt werden.
Ein|de|ckung, die; -, -en: **1.** *das Eindecken.* **2. a)** *etw. Eingedecktes;* **b)** *etw., womit etw. eingedeckt wird.*
ein|dei|chen ⟨sw. V.; hat⟩: *mit einem Deich umschließen, einfassen:* Land, einen Fluss e.
Ein|dei|chung, die; -, -en: **1.** *das Eindeichen.* **2.** *Deich.*
ein|del|len ⟨sw. V.; hat⟩ (ugs.): *mit einer Delle versehen; leicht einbeulen:* du hast meinen Hut eingedellt.
Ein|del|lung, die; -, -en: **1.** *das Eindellen.* **2.** *Delle.*
ein|deu|tig ⟨Adj.⟩: **1. a)** *(in Bedeutung, Inhalt, Sinn) völlig klar, unmissverständlich:* eine -e Anordnung, Absage; eine -e Anspielung machen; **b)** *jeden Zweifel ausschließend, sich klar u. deutlich zeigend:* -e Niederlage; die Beweise sind e.; e. (*klar*) überlegen sein; das hat sich nie e. klären lassen. **2.** (bes. Fachspr.) *nur eine, keine andere Deutung zulassend:* ein -er [sprachlicher] Ausdruck; -e Zuordnungen.
Ein|deu|tig|keit, die; -, -en: **1.** ⟨Pl. selten⟩ *das Eindeutigsein.* **2.** *eindeutige Äußerung, Verhaltensweise:* sexuelle -en.
ein|deut|schen ⟨sw. V.; hat⟩: **a)** *der deutschen Sprache angleichen, anpassen:* ein französisches Wort e., eindeutschend aussprechen; die eingedeutschte Schreibung; **b)** *(von deutscher Seite) annektieren:* ein Gebiet e.
Ein|deut|schung, die; -, -en: **1.** ⟨o. Pl.⟩ *das Eindeutschen* (a, b). **2.** *eingedeutschtes* (a) *Wort, eingedeutschter Ausdruck.*
ein|di|cken ⟨sw. V.⟩: **1.** ⟨hat⟩ *dick[er], zähflüssig machen:* Soße durch Kochen, mit Mehl e. **2.** ⟨ist⟩ *dick[er], zähflüssig werden:* die Farbe ist [allmählich] eingedickt; eingedickter Sirup.
Ein|di|ckung, die; -, -en ⟨Pl. selten⟩: *das Eindicken.*
ein|di|men|si|o|nal ⟨Adj.⟩: **1.** *auf der Ausdehnung, Entfaltung in nur einer Dimension beruhend; von, nach, in nur einer Dimension:* -e Erstreckung. **2.** *nur einen Aspekt berücksichtigend, beschränkt, einseitig* (4 b), *eingleisig:* eine -e Handlung.
ein|do|sen ⟨sw. V.; hat⟩: *zur Konservierung in Dosen einmachen:* Wurst, Obst e.
ein|dö|sen ⟨sw. V.; ist⟩ (ugs.): *eindämmern* (1).
ein|drän|gen ⟨sw. V.⟩: **1.** ⟨ist⟩ *jmdn. in großer Anzahl bestürmen:* die Fans drängten auf den Star ein; Ü Erinnerungen drängten auf ihn ein. **2.** ⟨e. + sich; hat⟩ *sich gewaltsam, aufdringlich zu einem Personenkreis Zutritt verschaffen:* ich drängte mich in den Kreis der Umstehenden ein; sie haben sich [bei uns] eingedrängt; Ü sich in jmds. Angelegenheiten e. *(einmischen);* andere Gedanken drängten sich ein *(schoben sich dazwischen).*
ein|dre|cken ⟨sw. V.⟩ (ugs.): **1.** ⟨hat⟩ **a)** *sehr dreckig werden lassen:* du hast [dir] deine Stiefel ziemlich eingedreckt; ⟨meist im 2. Part.:⟩ eingedreckt vom Schlamm; **b)** ⟨e. + sich⟩ *sich sehr*

dreckig machen: ich habe mich eingedreckt. **2.** ⟨ist⟩ *sehr dreckig werden:* die Schuhe sind stark eingedreckt; eingedreckte Kleider.

ein|dre|hen ⟨sw. V.; hat⟩: **1. a)** *in etw. drehen:* die Glühbirne [in die Fassung] e.; **b)** *um etw. drehen:* jmdm., sich die Haare e. *(auf Lockenwickler wickeln).* **2.** *nach innen, einwärtsdrehen:* die Hände e. **3.** (Fachspr.) *(in eine neue Richtung) um-, einschwenken:* nach Süden, zum Angriff e. **4.** (Leichtathletik) *ein Bein auf dem Fußballen in Richtung des Diskuswurfs drehen:* vor der Umdrehung dreht man ein.

ein|drei|vier|tel [...'fir...] ⟨Bruchz.⟩ (in Ziffern: $1\,^3/_4$): vgl. achteinhalb: e. Jahre.

ein|dre|schen ⟨st. V.; hat⟩ (ugs.). **1.** *auf jmdn., etw. heftig einschlagen:* auf den Gegner e.; Ü auf das Klavier e.; auf den innerparteilichen Gegner e. *(ihn heftig kritisieren).* **2.** (selten) *mit Wucht einschlagen:* die Tür mit dem Gewehrkolben e.

ein|dres|sie|ren ⟨sw. V.; hat⟩: *durch Dressieren einüben:* einem Tier, (abwertend:) jmdm. ein Verhalten e.; ein Tier, (abwertend:) jmdm. auf etw. e.

ein|dril|len ⟨sw. V.; hat⟩ (ugs., meist abwertend): *durch Drillen einüben:* jmdm. Kenntnisse, Fertigkeiten e.; eingedrillte Phrasen.

ein|drin|gen ⟨st. V.; ist⟩ [mhd. īndringen, ahd. īndringan]: **1.** *[durch etw. hindurch] sich einen Weg bahnend in etw. dringen, hineingelangen:* das Wasser drang [durch die Wände] in den Keller ein; der Splitter ist tief ins Bein eingedrungen; die Salbe dringt schnell [in die Haut] ein *(zieht schnell ein);* Ü in ein Fachgebiet e. *(sich Einsicht darin verschaffen);* diese Erkenntnis ist noch nicht ins politische Bewusstsein eingedrungen. **2.** *sich gewaltsam u. unbefugt Zutritt verschaffen:* die Diebe waren in die Wohnung eingedrungen. **3.** *jmdn. bedrängen, bedrohen, jmdm. [mit etwas] zusetzen:* die Männer drangen [mit Messern] auf ihn ein; Ü sie drangen immer wieder mit Fragen auf sie ein *(bedrängten sie damit).*

ein|dring|lich ⟨Adj.⟩: *durch Nachdrücklichkeit, Überzeugungskraft nachhaltig wirkend, ins Bewusstsein dringend:* ein -er Appell; -e Worte; seine Rede wurde immer e.; jmdn. e. ansehen, ermahnen; sie hat ihn e., auf das/aufs -ste/Eindringlichste gewarnt.

Ein|dring|lich|keit, die; -: *das Eindringlichsein:* mit großer E. sprechen.

Ein|dring|ling, der; -s, -e: *jmd., der irgendwo, bei jmdm. eindringt* (2): ein nächtlicher, lästiger E.

Ein|druck, der; -[e]s, Eindrücke [mhd. īndruc, LÜ von lat. impressio (↑Impression), zu ↑¹Druck]: **1.** *im Bewusstsein haftende, jmds. Vorstellung* (2 a) *von etw. od. etw. prägende Wirkung von etw. Wahrgenommenem, Erfahrenem:* ein tiefer, unauslöschlicher, nur oberflächlicher E.; ein E. von Verlassenheit; der erste E. war entscheidend, war enttäuschend; [keinen] E. auf jmdn. machen *(jmdn. [nicht] beeindrucken);* bei jmdm. einen guten, [un]günstigen E. hinterlassen; neue Eindrücke gewinnen, sammeln; wir hatten zunächst einen ganz falschen E. von ihr; er machte einen gedrückten E., den E. eines zerfahrenen Menschen *(wirkte gedrückt, zerfahren);* die Spielfläche macht einen hervorragenden E.; den E. erwecken *(so wirken),* als ob alles in Ordnung sei; ich habe den E., ⟨geh.:⟩ kann mich des -s nicht erwehren, dass hier etwas falsch läuft; er stand noch ganz unter dem E. dieses Erlebnisses; E. schinden (ugs.: *die Aufmerksamkeit auf sich lenken, um andere zu beeindrucken).* **2.** *in etw. hineingedrückte Spur, Stelle:* im Kissen war noch der E. ihres Kopfes; die Räder haben tiefe Eindrücke im Sand hinterlassen.

ein|dru|cken ⟨sw. V.; hat⟩: **1.** *in etw. drucken:* das Muster wird maschinell [in den Stoff] eingedruckt. **2.** (österr. ugs.) *eindrücken* (1).

ein|drü|cken ⟨sw. V.; hat⟩ [mhd. īndrücken, LÜ von lat. imprimere, ↑imprimieren]: **1.** *[an einer Stelle] nach innen drücken u. dadurch beschädigen, verbiegen, zerbrechen:* der Dieb drückte die Fensterscheibe ein; ein Kotflügel war eingedrückt. **2. a)** *in etw. [hinein]drücken:* sie stellte den Fuß auf die Gipsmasse und drückte ihn fest ein; ⟨auch e. + sich:⟩ der Stiefelabsatz hatte sich in das Erdreich eingedrückt; **b)** *durch Hineindrücken in etw. entstehen lassen:* die Reifen hatten eine Spur in den Boden eingedrückt. **3.** (Ballspiele) *den Ball aus kurzer Entfernung u. ohne Mühe ins Tor lenken:* der Stürmer konnte aus zwei Metern e.

ein|drück|lich ⟨Adj.⟩ [LÜ von frz. impressif]: *tief u. nachhaltig ins Bewusstsein dringend; eindrucksvoll:* -e Leistungen; etw. e. zeigen.

Ein|drück|lich|keit, die; -: *das Eindrücklichsein.*

ein|drucks|voll ⟨Adj.⟩: *durch Größe, Schönheit, Großartigkeit o. Ä. einen starken Eindruck* (1) *machend, hinterlassend:* ein -es Gebäude.

ein|dü|beln ⟨sw. V.; hat⟩: *mit einem Dübel in Beton, Mauerwerk o. Ä. befestigen:* Haken e.

ei|ne: ↑ ¹ein, ²ein, ³ein.

ein|eb|nen ⟨sw. V.; hat⟩: **1.** *durch Abtragen, Entfernen, Ausgleichen mit seiner Umgebung auf gleiches Niveau* (1) *bringen:* alte Gräber e. **2.** *auf gleiches Niveau* (2) *bringen, ausgleichen:* Unterschiede in der Auffassung e.; die bestehenden Unterschiede in der Auffassung eines Problems e.

Ein|eb|nung, die; -, -en: *das Einebnen; das Eingeebnetwerden.*

Ein|ehe, die; -, -n (Völkerkunde): *Ehe mit nur einem Partner, einer Partnerin; Monogamie.*

ein|ei|ig ⟨Adj.⟩: *aus einer einzigen befruchteten Eizelle entstanden; monozygot:* -e Zwillinge.

ein|ein|deu|tig ⟨Adj.⟩ (Fachspr.): *umkehrbar eindeutig, eindeutig in beiden Richtungen:* eine -e Abbildung.

Ein|ein|deu|tig|keit, die; -, -en ⟨Pl. selten⟩ (Fachspr.): *umkehrbare Eindeutigkeit.*

ein|ein|halb ⟨Bruchz.⟩ (in Ziffern: $1\,^1/_2$): vgl. achteinhalb: seit e. Jahren.

ein|ein|halb|fach ⟨Vervielfältigungsz.⟩: *eineinhalbmal genommen, ausgeführt u. Ä.:* die -e Menge.

ein|ein|halb|jäh|rig ⟨Adj.⟩: vgl. achtjährig.

ein|ein|halb|mal ⟨Wiederholungsz., Adv.⟩: *eineinhalb Male:* e. so viel; e. so groß wie …; e. mehr; ein Bild e. vergrößern.

ein|ein|halb|stün|dig ⟨Adj.⟩: vgl. achtstündig.

ei|nen ⟨sw. V.; hat⟩ [mhd. einen, ahd. einōn, zu ↑¹ein] (geh.): **1.** *[verschieden geartete] Personen, Personengruppen o. Ä. einig machen, zu einer Einheit verbinden; einigen* (1): ein Gedanke eint alle. **2.** ⟨e. + sich⟩ *sich einig werden, zu einer Einigung kommen:* die Stämme haben sich geeint.

ein|en|gen ⟨sw. V.; hat⟩: **a)** *in seiner Bewegungsfreiheit beschränken:* die neue Jacke engte ihn etwas ein; sich eingeengt fühlen; **b)** *nicht genug Raum lassen; einschränken:* jmds. Blick[feld] e.; diese Maßnahmen engen unsere Rechte ein; einen Begriff e.

Ein|en|gung, die; -, -en: *das Einengen; das Eingeengtwerden.*

ei|ner: ↑ ¹ein, ²ein, ³ein.

Ei|ner, der; -s, -: **1.** ⟨meist Pl.⟩ *Zahl zwischen eins u. neun bzw. die letzte Stelle einnehmende Zahl einer mehrstelligen Zahl:* zuerst die E., dann die Zehner addieren. **2.** (Sport) *einsitziges Sportruderboot, -paddelboot:* ein Sieg im E.

Ei|ner|kajak, der, seltener: das (Sport) *einsitziges Sportpaddelboot.*

Ei|ner|ko|lon|ne, die (schweiz.): *Gänsemarsch.*

¹ei|ner|lei ⟨indekl. Adj.⟩ [↑-lei]: *[völlig] gleich, gleichgültig; unwichtig, ohne jede Bedeutung:* das ist [mir] doch e.; alles ist ihr e.

²ei|ner|lei ⟨indekl.⟩: *[völlig] gleichartig; einheitlich:* Kleider von e. Farbe; es gab immer nur e. *(eintönige, abwechslungsarme)* Kost.

Ei|ner|lei, das; -s: *Gleichförmigkeit, Eintönigkeit, Monotonie:* das tägliche E.

ei|ner|seits ⟨Adv.⟩ [dafür mhd. einersīt; ↑-seits]: *gewöhnlich in der Verbindung* **einerseits …, andererseits** ⟨auch: **andersseits, andrerseits**⟩ *(auf der einen Seite …, auf der anderen Seite …):* e. freute er sich über das Geschenk, andererseits wusste er wenig damit anzufangen.

ei|nes: ↑ ¹ein, ²ein, ³ein.

ei|nes|teils ⟨Adv.⟩: *gewöhnlich in der Verbindung* **einesteils …, ander[e]nteils …** *(einerseits … andererseits; zum einen … zum andern:* dort standen e. Fachbücher, andernteils Romane und Bildbände.

Ein-Eu|ro-Job, Ein|eu|ro|job, der (mit Ziffer: 1-Euro-Job): *einfache Tätigkeit, die ein Arbeitsloser übernehmen soll u. für die er eine geringe Entschädigung (zusätzlich zu seinem Arbeitslosengeld) bekommt.*

Ein-Eu|ro-Job|ber, Ein|eu|ro|job|ber, der (ugs.): *jmd., der einen Ein-Euro-Job hat.*

Ein-Eu|ro-Job|be|rin, Ein|eu|ro|job|be|rin, die: w. Formen zu ↑Ein-Euro-Jobber, Eineurojobber.

Ein|eu|ro|stück, Ein-Eu|ro-Stück, das (mit Ziffer: 1-Euro-Stück): *Münze mit dem Wert von einem Euro.*

ein|ex|er|zie|ren ⟨sw. V.; hat⟩: **1.** *durch Exerzieren einüben, durch militärische Übungen beibringen:* den Rekruten militärisches Grüßen e. **2.** *durch häufiges Üben beibringen:* er wollte den Lehrlingen jeden Handgriff e.

¹ein|fach ⟨Adj.⟩ [spätmhd. einfach, ↑-fach]: **1.** *nur einmal gemacht, gefertigt; nicht doppelt od. mehrfach:* ein -er Knoten; eine -e Fahrkarte *(ohne Rückfahrt);* -e *(nicht gefüllte)* Nelken; (Kaufmannsspr.:) -e Buchführung; das Papier ist nur e. gefaltet. **2. a)** *leicht verständlich, durchführbar; ohne Mühe lösbar; unkompliziert, nicht schwierig:* eine -e Aufgabe; ein -es Hilfsmittel; es war gar nicht so e., dich zu erreichen; du hast es dir zu e. *(leicht)* gemacht; sie hat es nie e. gehabt im Leben *(hatte kein leichtes Leben);* die Maschine ist ganz e. *(nicht kompliziert)* konstruiert; R warum e., wenns auch umständlich geht? *(iron., das ist nur unnötig umständlich!);* **b)** *leicht einsehbar; einleuchtend, eindeutig:* dies ist die -e Wahrheit. **3.** *keinen großen Aufwand, Luxus treibend od. aufweisend; ohne große Ansprüche auftretend; schlicht, bescheiden:* seine -en Worte gingen zu Herzen; aus -en Verhältnissen kommen; sie kleidet sich betont e.

²ein|fach ⟨Partikel; meist unbetont⟩: *drückt eine [emotionale] Verstärkung einer Aussage, einer Behauptung, eines Wunsches aus:* das ist e. *(ganz und gar)* unmöglich!; das begreife ich e. nicht!; er lief e. davon; das wäre e. toll, herrlich.

ein|fä|che|rig: ↑-fächerig.

Ein|fa|ches, das: *Einfache/ein Einfaches; des/eines Einfachen* (selten): *einfache Menge, Größe (von etw.):* die Haftung ist auf das Einfache des Kaufpreises beschränkt.

Ein|fach|heit, die; -: **1.** *¹einfache* (2 a) *Gestaltung, Durchführung, Handhabung; Unkompliziertheit:* eine Konstruktion, ein Trick von verblüffender E.; der E. halber *(weil es so einfacher ist, müheloser geht).* **2.** *¹einfache* (3) *Art; Schlichtheit, Bescheidenheit:* die klösterliche E. sich mit betonter E. kleiden.

ein|fach|heits|hal|ber ⟨Adv.⟩: *der Einfachheit halber:* e. duzen wir uns alle.

ein|fä|deln ⟨sw. V.; hat⟩: **1. a)** *durch ein Nadelöhr ziehen:* Garn, einen Faden e.; **b)** *(etw. Faden- od. Bandartiges) durch Hineinziehen an einer bestimmten Stelle einfügen, an den dafür vorgesehenen Platz bringen:* einen Film [in eine Kassette] e.; **c)** *durch Einfädeln (1 a) mit einem Faden versehen:* eine Nadel e. **2.** ⟨e. + sich⟩ (Verkehrsw.) *sich in fließenden Verkehr in eine Fahrspur, in eine Wagenkolonne einordnen:* du hast dich nicht rechtzeitig eingefädelt. **3.** (Skisportjargon) *beim Slalom mit dem Ski an einer Torstange hängen bleiben:* am dritten Tor fädelte er ein und stürzte. **4.** (ugs.) *geschickt bewerkstelligen, in die Wege leiten:* eine Intrige e.; (Ballspiele:) einen Angriff e. *(geschickt einleiten).*

Ein|fä|de|lung, Einfädlung, die; -, -en: *das Einfädeln.*

ein|fah|ren ⟨st. V.⟩: **1.** ⟨ist⟩ *in etw. [hinein]fahren; fahrend in etw. gelangen:* der Zug fährt [auf Gleis 3] ein; die Bergleute sind eingefahren (Bergmannsspr.; *im Förderkorb in die Grube gefahren*); Ü wenn er wieder einfährt (Jargon; *wieder ins Gefängnis kommt*). **2.** ⟨hat⟩ **a)** *(als Ernte) in die Scheune bringen:* das Korn e.; Ü wir haben am kalten Büfett ganz schön eingefahren (ugs. scherzh.; *große Mengen gegessen*); **b)** (ugs.) *erzielen, erwirtschaften:* Gewinne, Verluste e. **3.** ⟨hat⟩ *durch heftiges Darauffahren beschädigen, zerstören:* das Garagentor e. **4.** ⟨hat⟩ **a)** ⟨e. + sich⟩ *sich an ein bestimmtes Fahrzeug gewöhnen:* ich muss mich erst e.; **b)** *durch entsprechende Fahrweise allmählich zu voller Leistungsfähigkeit bringen:* sein neues Auto e.; **c)** *an das Ziehen eines Wagens gewöhnen:* die Pferde e. **5.** ⟨e. + sich; hat⟩ *zur Gewohnheit werden, sich einspielen:* die Sache wird sich auch noch e.; (meist im 2. Part.:) *in eingefahrenen Bahnen, Gleisen (in konventionellen Bahnen) bewegen.* **6.** ⟨hat⟩ *(den einziehbaren Teil eines Apparates o. Ä.) mithilfe einer Mechanik nach innen bringen:* das Fahrwerk, die Antenne e. **7.** ⟨ist⟩ (Jägerspr.) *(von Fuchs, Dachs, Kaninchen o. Ä.) in den Bau [hinein]kriechen:* der Fuchs ist eingefahren.

Ein|fahrt, die; -, -en: ⟨o. Pl.⟩ *das Einfahren* (1): die E. des Schiffes in den Hafen; der Zug hat noch keine E. *(darf noch nicht in den Bahnhof fahren);* Vorsicht bei der E. des Zuges. **2. a)** *[überdachte] Stelle, an der ein Fahrzeug in einen bestimmten umgrenzten Raum hineinfährt; Weg zum Hineinfahren:* das Haus hat eine breite E.; jemand stand in der offenen E.; E. frei halten!; **b)** *Abzweigung, die zur Autobahn hinführt:* die E. zur Autobahn Mannheim–Frankfurt.

Ein|fall, der; -[e]s, Einfälle [mhd. înval]: **1.** *Gedanke, der jmdm. plötzlich in den Sinn kommt; Idee, die jmd. plötzlich hat:* es war nur so ein E. von ihr; ihm kam der E./kam auf den E., dass ...; zündende E. haben; die verrücktesten Einfälle haben; einem plötzlichen E. folgend, stand sie auf. **2.** ⟨o. Pl.⟩ *(von Licht) das Hereinkommen, Hereindringen:* der schräge E. der Strahlen. **3.** ⟨geh.⟩ *das plötzliche Einsetzen, Beginnen, Sicheinstellen:* der E. des Winters. **4.** *feindliches, überfallartiges Eindringen:* der E. der Hunnen in Europa. **5.** (Jägerspr.) *(von Federwild) das Niedergehen, Sichniederlassen auf der Erde:* der E. der Fasanen.

ein|fal|len ⟨st. V.; ist⟩: **1.** [mniederd. invallen] **a)** *jmdm. als Einfall (1), als Idee [plötzlich] in den Sinn kommen:* ihr fiel nichts Besseres, nichts Passendes ein; da fiel ihm eine Ausrede ein; lass dir das ja nicht e.! *(tu das ja nicht!);* was fällst dir denn ein! *(was ist das für eine Unverschämtheit!);* das fällt mir gar nicht/nicht im Schlaf[e]/nicht im Traum[e] ein! *(ich denke gar nicht daran, das von mir Gewünschte od. Verlangte zu tun; das* kommt gar nicht infrage!); * **sich etwas e. lassen** [müssen] *(einen Ausweg, eine Lösung finden [müssen]);* **b)** *jmdm. als Erinnerung wieder in den Sinn kommen:* sein Name fällt mir nicht ein; plötzlich fiel ihr ein, dass sie eine Verabredung hatte. **2. a)** *in sich zusammenfallen, zusammenstürzen; einstürzen:* das Haus drohte einzufallen; **b)** *abmagern, einsinken:* seine Wangen fallen immer mehr ein; eingefallene *(tief liegende)* Augen. **3.** *(von Licht o. Ä.) hereinkommen, hereindringen:* das Sonnenlicht fiel durch ein Fenster ein; schräg einfallende Strahlen. **4.** ⟨geh.⟩ *plötzlich einsetzen, beginnen, sich plötzlich einstellen:* der Winter, dichter Nebel fiel ein; bei einfallender Nacht; ... noch ehe, bei immer steigendem Barometer, das Wetter umschlug und der Sturm einfiel in der Nacht (Kaschnitz, Wohin 151). **5.** *mitzusingen, mitzusprechen beginnen; einstimmen* (1 b): dann fielen die Geigen, die Singstimmen ein; alle fallen in das Gelächter ein. **6.** *gewaltsam, überfallartig (in ein Gebiet) eindringen:* der Feind fiel in unser/(selten:) unserem Land ein. **7.** (Jägerspr.) *(von Federwild) irgendwo niedergehen:* die Enten fielen auf den/ auf dem See ein. **8.** (Bergbau, Geol.) *sich neigen, senken:* die Gesteinsschichten fallen steil, flach ein. ♦ **9.** *(jmdm.) in die Rede fallen, unterbrechen* (1 b): »Fallen Sie mir nicht ein«, versetzte Wilhelm (Goethe, Lehrjahre V, 4).

ein|fall|reich: ↑ einfallsreich.
Ein|fall|reich|tum: ↑ Einfallsreichtum.
ein|falls|los ⟨Adj.⟩: *keine guten, originellen Einfälle, Ideen habend, aufweisend; unoriginell, langweilig:* ein -er Regisseur; der Plan ist recht e.
Ein|falls|lo|sig|keit, die; -: *das Einfallslossein.*
ein|falls|reich ⟨Adj., seltener auch:⟩ einfallreich ⟨Adj.⟩: *voller guter, origineller Einfälle, Ideen; originell, ideenreich, findig:* -e Wissenschaftler; der Park ist sehr e. angelegt.
Ein|falls|reich|tum, Einfallreichtum, der ⟨o. Pl.⟩: *reiche Fülle von Einfällen:* seinen ganzen E. entfalten können.
Ein|falls|tor, das: *geografisch günstiger Ort, der einen leichten Übergang, einen Einfall (4) in ein anderes Gebiet ermöglicht.*
Ein|falls|stra|ße, die (Verkehrsw.): *Straße, die in einen bestimmten Bereich hineinführt.*
Ein|falls|win|kel, Ein|fall|win|kel, der (Optik): *Winkel zwischen einem auf eine Ebene einfallenden Strahl u. dem auf dieser Ebene errichteten Lot.*

Ein|falt, die; - [mhd. einvalte, ahd. einvaltī, zu mhd., ahd. einvalt = einfach, schlicht, aus ↑¹ein u. mhd. -valt, ahd. -falt ⟨↑ Falte⟩ = -fach]: **1.** *auf geistiger Beschränktheit, mangelndem Urteilsvermögen beruhende Arglosigkeit; Naivität:* in ihrer E. durchschaute sie die Vorgänge nicht; Hier griff Hans Castorp ein, mischte er sich ins Gespräch (Th. Mann, Zauberberg 523); * **[du] heilige E.!** *(Ausdruck der Betroffenheit über jmds. Naivität, Arglosigkeit, Unbekümmertheit; Übersetzung von lat. sancta simplicitas).* **2.** ⟨geh.⟩ *Einfachheit u. Reinheit, Lauterkeit des Geistes, des Gemüts:* kindliche E.

ein|fäl|tig ⟨Adj.⟩ [mhd. einvaltec, einveltec, -fältig]: **a)** *arglos-gutmütig; ohne Argwohn, nicht schlau od. raffiniert:* ein -es Gemüt; e. lächeln; **b)** *geistig etwas beschränkt, wenig geistreich, nicht sehr scharfsinnig:* ein -er Mensch; ihre Fragen, Texte waren ziemlich e.
Ein|fäl|tig|keit, die; - [mhd. einvaltekeit]: *einfältiges Wesen, einfältige Art.*
Ein|falts|pin|sel, der [zu ↑¹ Pinsel] (ugs. abwertend): *einfältiger* (b) *Mensch.*
Ein|fa|mi|li|en|haus, das: *(als Einzel-, Doppel- od. Reihenhaus gebautes) Haus für eine Familie.*

ein|fan|gen ⟨st. V.; hat⟩: **1.** *(jmdn., ein Tier in Freiheit) nach einer Verfolgung durch eine List o. Ä. fangen u. in Gewahrsam, Verwahrung bringen:* einen Verbrecher e.; die Kinder haben den Vogel wieder eingefangen. **2.** ⟨e. + sich⟩ (ugs.) **a)** *durch Ansteckung bekommen:* sich eine Grippe, einen Schnupfen e.; **b)** *einstecken müssen:* du fängst dir gleich eine [Ohrfeige]/Prügel ein. **3.** ⟨geh.⟩ *in seiner Eigenart festhalten u. wiedergeben:* er hat in seinem Bild, in dem Gedicht die Herbststimmung eingefangen.

ein|fär|ben ⟨sw. V.; hat⟩: **1.** *durch Färben mit einer einheitlichen [neuen] Farbe versehen:* einen Stoff [schwarz] e.; das Kleid kann nur in eine dunklere Farbe eingefärbt werden; Ü eine politisch eingefärbte *(durchsetzte, beeinflusste)* Komödie. **2.** (Druckw. früher) *(von der Druckform) durch Auftragen mit Druckfarbe versehen.*

ein|far|big ⟨Adj., österr.:⟩ **ein|fär|big** ⟨Adj.⟩: *nur eine Farbe aufweisend, in nur einer Farbe gehalten u. nicht gemustert:* -e Stoffe, Wände.
Ein|fär|bung, die; -, -en: *das Einfärben; Eingefärbtwerden;* Ü eine mundartliche E.
ein|fa|schen ⟨sw. V.; hat⟩ [zu ↑ Fasche] (österr.): *einbinden, einwickeln; verbinden:* einen Fuß e.
ein|fas|sen ⟨st. V.; hat⟩: *mit einem festen Rand, einer Umrandung umgeben:* die Decke ist mit einer Borte [rot] eingefasst; Edelsteine [in Gold] e. *(fassen* 8).
Ein|fas|sung, die; -, -en: **1.** *das Einfassen.* **2.** *einfassendes Material:* das Grab hat eine E. aus Stein.

ein|fet|ten ⟨sw. V.; hat⟩: *mit einem Fett, einer fetthaltigen Substanz einreiben:* die Backform mit Butter e.; du musst die Schuhe gut e.
ein|feuch|ten ⟨sw. V.; hat⟩: *feucht machen:* die Wäsche e.
ein|fil|trie|ren ⟨sw. V.; hat⟩ (ugs.): *einflößen, eingeben:* nach dem Schreck hat er ihr erst einmal einen Schnaps einfiltriert.

ein|fin|den, sich ⟨st. V.; hat⟩: **1.** *an einem bestimmten Ort erscheinen, eintreffen:* sich pünktlich e. *(rechtzeitig zugegen sein).* **2.** (seltener) *hineinfinden* (2): sich in ein Milieu e.

ein|flech|ten ⟨st. V.; hat⟩: **1. a)** *beim Flechten einfügen, mit etw. flechten:* ein Band in die Zöpfe e.; **b)** *durch Flechten zusammenfügen, befestigen:* die Haare e. **2.** *während eines Gesprächs, einer Unterhaltung, beim Erzählen, Berichten o. Ä. einfließen lassen, beiläufig erwähnen:* wenn ich noch schnell e. darf.

ein|fli|cken ⟨sw. V.; hat⟩ (ugs.): *flickend einsetzen, in etw. flicken:* ein Stück Stoff am Ärmel e.; Ü einen fehlenden Buchstaben in ein Wort e. *(nachträglich einfügen).*

ein|flie|gen ⟨st. V.⟩: **1.** ⟨ist⟩ (seltener) *hineinfliegen; in etw. fliegen:* er wartete, bis die Tauben [in den Schlag] eingeflogen waren. **2. a)** ⟨ist⟩ *(von Flugzeugen o. Ä.) in einen umgrenzten Bereich, ein bestimmtes Gebiet o. Ä. hineinfliegen:* das Flugzeug ist in fremdes Hoheitsgebiet, nach Belgien eingeflogen; **b)** ⟨hat⟩ *mit einem Flugzeug o. Ä. an einen Ort, in ein Gebiet bringen, transportieren:* Lebensmittel, Medikamente [in ein Katastrophengebiet] e.; die Ananas wurden frisch aus Hawaii eingeflogen; **c)** ⟨ist⟩ *in einen Ort, einen Bereich mit dem Flugzeug o. Ä. [hinein]fliegen.* **3.** ⟨hat⟩ **a)** ⟨e. + sich⟩ *sich im Fliegen üben:* sie wollte sich wieder e.; **b)** *in Flugübungen ausprobieren u. durch entsprechende Flugweise allmählich zu voller Leistungsfähigkeit bringen:* der Testpilot muss die neue Maschine e. **4.** ⟨hat⟩ *durch Fliegen, Flugtransporte erzielen, erwirtschaften:* im Frachtgeschäft flog Lufthansa Gewinne ein.

ein|flie|ßen ⟨st. V.; ist⟩: *in eine andere Flüssigkeit, in einen Raum, Behälter o. Ä. fließen:* in den

Keller war Wasser eingeflossen; Ü (Meteorol.:) von Nordosten fließt Kaltluft ein; neue Erkenntnisse fließen in die Praxis ein; * etw. e. lassen (beiläufig etw. bemerken: sie ließ [in ihre Rede] einige Anspielungen e.).

ein|flö|ßen ⟨sw. V.; hat⟩: 1. vorsichtig zu trinken geben, (eine Flüssigkeit) langsam eingeben, zuführen: einem Kranken Arznei e. 2. (ein bestimmtes Gefühl) in jmdm. hervorrufen, erwecken: jmdm. Angst, Respekt, Vertrauen e.; er flößt überall Ehrfurcht ein.

Ein|flug, der; -[e]s, Einflüge: das Einfliegen (2 a).

ein|flü|ge|lig, ein|flüg|lig ⟨Adj.⟩: einen Flügel (2 b) habend.

Ein|flug|loch, das (Zool.): als Ein- u. Auslass fliegender Tiere (z. B. Honigbienen, Vögel) dienende Öffnung ihrer Behausung.

Ein|flug|schnei|se, die (Flugw.): hindernisfreier Geländestreifen vor der Landebahn eines Flughafens, über dem der Flugzeuge zur Landung ansetzen.

Ein|fluss, der; -es, Einflüsse: 1. a) beeinflussende, bestimmende Wirkung auf jmdn., etw.; Einwirkung: der E. der französischen Literatur auf die deutsche; einen guten, positiven, verderblichen E. auf jmdn. ausüben; sich jmds. E. entziehen; er stand unter ihrem E.; unter dem E. von Drogen; von fremden Einflüssen frei bleiben; ich möchte auf diese Entscheidung keinen E. nehmen (nachdrücklich; sie nicht beeinflussen); das hat hier keinen E. (ist in diesem Falle ohne Bedeutung); b) Ansehen, Geltung: E. besitzen; seinen [ganzen] E. einsetzen; jmds. E. fürchten; Personen mit E./von großem E.; zu [starkem] E. gelangen. 2. (selten) das Einfließen.

Ein|fluss|be|reich, der: Bereich, Gebiet, in dem von jmdm., einer Institution, einem Staat o. Ä. Einfluss ausgeübt wird: im amerikanischen E.

Ein|fluss|fak|tor, der: Faktor (1), der Einfluss auf etw. hat.

ein|fluss|los ⟨Adj.⟩: ohne Einfluss; machtlos: diese Gruppe ist politisch e.

Ein|fluss|lo|sig|keit, die: das Einflusslossein.

Ein|fluss|mög|lich|keit, die: Möglichkeit, auf jmdn. od. etw. Einfluss zu nehmen.

Ein|fluss|nah|me, die; -, -n: das Ausüben eines Einflusses auf jmdn., etw.; Beeinflussung: eine direkte, politische E. auf die Gesetzgebung.

ein|fluss|reich ⟨Adj.⟩: großen Einfluss besitzend; mächtig: -e Männer, Organisationen.

Ein|fluss|sphä|re, Ein|fluss-Sphä|re, die: Einflussbereich.

ein|flüs|tern ⟨sw. V.; hat⟩: 1. in flüsterndem Ton eindringlich mit jmdm. sprechen. 2. (oft abwertend) heimlich, verstohlen einreden: diesen Verdacht hat ihr der Nachbar eingeflüstert.

Ein|flüs|te|rung, die; -, -en (oft abwertend): 1. das Einflüstern (2). 2. etw., was jmdm. eingeflüstert (2) wird.

ein|for|dern ⟨sw. V.; hat⟩: energisch von jmdm. fordern: sein Geld e.; Verbesserungen e.

Ein|for|de|rung, die; -, -en: das Einfordern.

ein|för|mig ⟨Adj.⟩: immer in gleicher Weise verlaufend; keine, wenig Abwechslung bietend; gleichförmig: ihr Leben verlief recht e.

Ein|för|mig|keit, die; -, -en: das Einförmigsein.

Ein|fran|ken|stück, das: Münze mit dem Wert von einem Franken.

Ein|fränk|ler, der; -s, - (schweiz.): Einfrankenstück.

◆ ein|frei|en ⟨sw. V.; hat⟩ [zu ↑ freien]: einheiraten: …hat denn Ole Peters sich nicht selber eingefreit (Storm, Schimmelreiter 67).

ein|fres|sen, sich ⟨st. V.; hat⟩: zerstörend, ätzend o. ä. eindringen: der Rost hat sich tief in das Blech eingefressen.

ein|frie|den, ein|frie|di|gen ⟨sw. V.; hat⟩ [zu mhd. vride, ahd. fridu (↑ Frieden) in der Bed.

»Einfriedung«]: mit einer Mauer, einer Hecke o. Ä. umgeben: ein Grundstück e.

Ein|frie|di|gung (selten), Ein|frie|dung, die; -, -en: 1. das Einfrieden. 2. Hecke, Mauer o. Ä., die etw. umgibt.

ein|frie|ren ⟨st. V.⟩: 1. ⟨ist⟩ a) durch Frosteinwirkung unbenutzbar, unbrauchbar werden: die Wasserleitung ist eingefroren; b) festfrieren, zu Eis werden: das Wasser in der Leitung friert ein; Ü bei diesen Worten war ihr Lächeln eingefroren (starr geworden); c) von Eis umgeben sein u. festgehalten werden: das Schiff ist [im Hafen] eingefroren. 2. ⟨hat⟩ durch Kälteeinwirkung haltbar machen: Lebensmittel e. 3. ⟨hat⟩ auf dem augenblicklichen Stand belassen; nicht weiterführen: ein Projekt, die diplomatischen Beziehungen e.; die Preise, die Löhne e.; die Regierung ließ die Konten der Terrorverdächtigen e. (sperren).

Ein|frie|rung, die; -, -en: das Einfrieren.

ein|fuch|sen ⟨sw. V.; hat⟩ [aus der Studentenspr. u. urspr. = einen ↑ Fuchs (7) mit seinen Rechten u. Pflichten vertraut machen] (ugs.): durch Einübung, Einarbeitung auf etw. einstellen, vorbereiten: er hat sie gehörig auf die Prüfung eingefuchst; eine Aufgabe für eingefuchste Spezialisten.

ein|fü|gen ⟨sw. V.; hat⟩: 1. in etw. fügen, einsetzen, genau einpassen: neue Steine in das Mauerwerk e.; Ü ein Zitat [in ein Manuskript] e. 2. ⟨e. + sich⟩ sich einer vorhandenen Ordnung, Umgebung anpassen; sich einordnen: sie hat sich rasch [in unser Team] eingefügt.

Ein|fü|gung, die; -, -en: das [Sich]einfügen.

ein|füh|len, sich ⟨sw. V.; hat⟩: sich in jmdn., jmds. Lage, Zustand o. Ä. hineinversetzen; etw. innerlich nachvollziehen, nachempfinden: ihr müsst euch in die Person, in das Gedicht e.

ein|fühl|sam ⟨Adj.⟩: die Fähigkeit besitzend, sich in jmdn., etw. einzufühlen, von dieser Fähigkeit zeugend: -e Worte; jmdn. e. behandeln.

Ein|fühl|sam|keit, die; -: das Einfühlsamsein.

Ein|füh|lung, die; -: das Sicheinfühlen.

Ein|füh|lungs|ga|be, die ⟨o. Pl.⟩ (selten): Einfühlungsvermögen.

Ein|füh|lungs|ver|mö|gen, das ⟨o. Pl.⟩: Fähigkeit, sich in jmdn., etw. einzufühlen.

Ein|fuhr, die; -, -en: 1. ⟨o. Pl.⟩ das Einführen (2), Importieren, Import (1): die E. von Obst wurde beschränkt. 2. das Eingeführte; eingeführte Waren, Import (2): die -en aus China.

Ein|fuhr|be|schrän|kung, die: Beschränkung der Einfuhr (1).

Ein|fuhr|be|stim|mung, die: die Einfuhr (1) regelnde Bestimmung (1 b): strenge -en für Lebensmittel.

ein|füh|ren ⟨sw. V.; hat⟩: 1. vorsichtig, sachgerecht in eine Öffnung, durch eine Öffnung in etw. schieben: einen Schlauch [durch den Mund] in den Magen e.; den Penis in die Vagina e. 2. (Waren) aus dem Ausland beziehen, kaufen; importieren: Rohstoffe [aus Übersee] e.; Drogen werden illegal eingeführt. 3. als Neuerung bekannt machen u. verbreiten, in Gebrauch nehmen: das Wahlrecht e.; ein neues Lehrbuch an einer Schule e.; die Sommerzeit e.; ⟨Kaufmannsspr. auch e. + sich⟩: die Ware hat sich gut eingeführt (ist allgemein bekannt, wird viel gekauft); ein [gut] eingeführtes Geschäft (allgemein bekanntes Geschäft mit einem großen Kundenkreis). 4. a) mit der zukünftigen Arbeit vertraut machen; einweisen: eine neue Kollegin e.; b) jmdn. die Anfangsgründe von etw. erklären; ihn, sie an ein neues Wissensgebiet heranführen: jmdn. in die Philosophie Hegels e.; einige einführende Worte sprechen. 5. a) mit jmdm. in offizieller Form bekannt machen, in einem bestimmten Personenkreis vorstellen:

jmdn. bei seinen Eltern, in die Gesellschaft, in sein Amt e.; b) ⟨e. + sich⟩ in einem Personenkreis in bestimmter Weise in Erscheinung treten; beim seinem ersten Auftreten einen bestimmten Eindruck machen: er hat sich im Klub gut eingeführt.

Ein|fuhr|er|laub|nis, die: staatliche Erlaubnis für die Einfuhr einer bestimmten Ware.

Ein|fuhr|ge|neh|mi|gung, die: Einfuhrlizenz.

Ein|fuhr|ha|fen, der: Hafen, in dem eingeführte (2) Waren gelöscht werden.

Ein|fuhr|kon|tin|gent, das: amtlich festgelegte Menge von einzuführenden (2) Waren.

Ein|fuhr|li|zenz, die: Genehmigung für die Einfuhr einer bestimmten Ware.

Ein|fuhr|preis, der: Preis für eingeführte Waren.

Ein|fuhr|sper|re, die: staatlich verordnete Sperre für weitere Einfuhren: die E. für britisches Rindfleisch.

Ein|fuhr|stopp, der: Einfuhrsperre.

Ein|füh|rung, die; -, -en: 1. das Einführen (1, 3, 4, 5 a). 2. einführende Worte, einführender Text.

Ein|füh|rungs|kurs, der: 1. (Börsenw.) Kurs, zu dem ein Wertpapier an der Börse eingeführt wird. 2. Kursus, Lehrgang o. Ä., der in ein bestimmtes Wissensgebiet einführt.

Ein|füh|rungs|pha|se, die: Phase, in der etw. eingeführt (3) wird.

Ein|füh|rungs|preis, der: niedrig gehaltener, günstiger Preis für eine Ware, die erstmals auf den Markt kommt.

Ein|füh|rungs|vor|trag, der: Vortrag, der [als erster Vortrag einer Vortrags-, Sonderreihe o. Ä.] in ein bestimmtes Wissensgebiet einführt.

Ein|fuhr|ver|bot, das: vgl. Einfuhrsperre.

Ein|fuhr|zoll, der: für Einfuhren (2) erhobener Zoll.

ein|fül|len ⟨sw. V.; hat⟩: in einen Behälter, Sack o. Ä. schütten, gießen u. ihn so füllen: Zucker [in Säcke] e.; Öl e.

Ein|füll|öff|nung, die: Öffnung an einem Behälter o. Ä., durch die etw. eingefüllt wird.

Ein|füll|stut|zen, der: vgl. Einfüllöffnung.

Ein|fül|lung, die; -, -en: das Einfüllen.

ein|fü|ßig ⟨Adj.⟩: 1. a) mit einem Fuß (2 a) als tragendem Teil versehen: ein -er Melkschemel; b) mit nur einem Fuß (1 a) versehen, nur einen Fuß benutzend. 2. (Fußball) nur in einem Fuß Schusskraft besitzend: selbst viele Bundesligafußballer sind e.

ein|füt|tern ⟨sw. V.; hat⟩ [zu ↑ ¹füttern] (EDV): eingeben (2): einem Computer Daten e.

Ein|ga|be, die; -, -n: 1. an eine Behörde gerichtete schriftliche Bitte, Beschwerde o. Ä.; Petition, Gesuch: eine E. aufsetzen, an das Landratsamt richten; eine E. machen, weiterleiten, bearbeiten. 2. ⟨o. Pl.⟩ das Eingeben (1): nach der E. des Beruhigungsmittels schlief die Kranke ein. 3. (EDV) a) ⟨o. Pl.⟩ das Eingeben (2): die E. von Daten in Datenbanken; b) Gesamtheit von Daten, Informationen, die in einen Computer eingegeben u. von ihm verarbeitet werden; Input. 4. (Fußball) Flanke (5 b).

Ein|ga|be|feh|ler, der (EDV): bei der Eingabe (3 a) aufgetretener Fehler.

Ein|ga|be|feld, das (EDV): auf dem Bildschirm dargestelltes Feld (3), in das einzugebende Daten, Texte o. Ä. eingetragen werden können.

Ein|ga|be|ge|rät, das (EDV): an einen Computer angeschlossenes Gerät, mit dem Daten, Informationen in den Computer übertragen werden.

Ein|ga|be|mas|ke, die (EDV): Maske (8).

Ein|ga|be|stift, der (EDV): dünnes Stäbchen, mit dem auf dem Display von Computern (bes. Smartphones oder Tablets) Texte, Zeichnungen o. Ä. eingegeben werden können: die Tastatur auf dem Display ist so klein, dass sie am besten mit einem E. bedient wird.

Ein|ga|be|tas|te, die: *Taste auf der Computertastatur zum Erzeugen einer neuen Textzeile sowie zum Bestätigen od. Beenden eines Vorgangs.*

Ein|gang, der; -[e]s, Eingänge [mhd. înganc, ahd. ingang, unter Einfluss von lat. introitus, ↑ Introitus]: **1. a)** *Tür, Öffnung zum Hineingehen, Betreten eines Gebäudes, eines Raumes, eines umgrenzten Geländes:* der E. eines Parks; der E. zur Höhle; jmdm. den E. versperren; das Haus hat zwei Eingänge; **b)** *Stelle, an der etw. einsetzt, was betreten od. durchquert werden kann:* sie wohnen am E. des Dorfes, des Waldes; bis zum E. der Zielgeraden; **c)** *Anschlussstelle an technischen Geräten (meist Buchse od.* ²*Port) für weitere Geräte, die Signale zur Weiterverarbeitung liefern;* **d)** *Öffnung an einem Organ, durch die etw. in dieses hineingelangen kann:* der E. des Magens. **2.** (selten) *Möglichkeit, zu jmdm., in einen Personenkreis, in einen Raum, ein Gebäude zu gelangen; Zugang, Zutritt:* er fand E. in diese Kreise, diesen Kreisen. **3.** ⟨o. Pl.⟩ *Beginn, Einleitung eines längeren, in bestimmter Weise ablaufenden Vorgangs od. von etw. sprachlich Gestaltetem:* am E. der Veranstaltung wurde gesungen; sie verfasste den E. seiner Rede. **4. a)** ⟨o. Pl.⟩ (Kaufmannsspr.) *(von Post, Waren o. Ä.) das Eintreffen, Eingehen* (2): den E. der nächsten Sendung abwarten; nach E. des Geldes; **b)** ⟨meist Pl.⟩ (Bürow.) *eingetroffene, eingegangene Post-, Warensendung o. Ä.:* die Eingänge sortieren.

ein|gän|gig ⟨Adj.⟩: *sich leicht einprägend; gefällig, unkompliziert:* eine -e Melodie; ein eingängiger Song, Refrain, Rhythmus. Dazu: **Ein|gängig|keit**, die; -.

¹**ein|gangs** ⟨Adv.⟩: *zu Beginn, am Anfang, einleitend:* das wurde e. bereits erwähnt; das e. Gesagte; e. *(zuerst)* wurde ein Lied gesungen.

²**ein|gangs** ⟨Präp. mit Gen.⟩: *am Anfang* **a)** (räumlich): e. der Kurve; **b)** (zeitlich): e. des letzten Jahrhunderts.

Ein|gangs|be|reich, der: *um den Eingang herum sich befindender Bereich.*

Ein|gangs|be|stä|ti|gung, die (Bürow.): *Bestätigung des Eingangs* (4 a) *von Post, Waren o. Ä.*

Ein|gangs|da|tum, das (Bürow.): *Datum des Eingangs* (4 a) *von Post, Waren o. Ä.*

Ein|gangs|for|mel, die: *formelhafter Anfang eines Textes.*

Ein|gangs|hal|le, die: *Halle, in die der Eingang* (1 a) *eines Gebäudes führt u. von der aus die weiteren Räume zu erreichen sind.*

Ein|gangs|por|tal, das: vgl. Eingangstür.

Ein|gangs|prü|fung, die: *Aufnahmeprüfung.*

Ein|gangs|stem|pel, der (Bürow.): *Stempel, der das Eingangsdatum zeigt.*

Ein|gangs|steu|er|satz, der: *niedrigster Steuersatz bei einer Progressionssteuer.*

Ein|gangs|stu|fe, die (Päd.): **a)** *Orientierungsstufe;* **b)** *(nach dem Plan eines der Fünfjährigen einsetzenden Schulsystems) Gesamtheit der ersten beiden Schuljahre.*

Ein|gangs|tor, das: vgl. Eingangstür.

Ein|gangs|tür, die: *Tür, durch die ein Gebäude o. Ä. betreten werden kann.*

Ein|gangs|wort, das ⟨Pl. -e; meist Pl.⟩: *Ausspruch o. Ä., mit dem jmd. eine Veranstaltung o. Ä. eröffnet.*

ein|ge|baut: ↑ einbauen.

ein|ge|ben ⟨st. V.; hat⟩: **1.** *(eine Arznei) verabreichen, einflößen:* das Kind stündlich die Tropfen e. **2.** (EDV) *in einen Computer [hinein]geben, übertragen:* Daten, Informationen, Befehle [in einen Rechner] e. **3.** (veraltet) *einreichen:* ein Gesuch e. **4.** (geh.) *jmdm. zu etw. veranlassen, in jmdm. einen Gedanken, Wunsch o. Ä. aufkommen lassen:* diese Idee hat ihr ein guter Geist eingegeben.

ein|ge|bil|det ⟨Adj.⟩ [zu ↑ einbilden] (abwertend): *aufgrund bestimmter Fähigkeiten, als positiv empfundener Eigenschaften od. einer gehobeneren sozialen Stellung sich für besser als andere haltend u. diesen gegenüber in überheblicher, dünkelhafter Weise Distanz haltend, sich ihnen überlegen fühlend:* ein -er Mensch; sie ist furchtbar e.; er ist maßlos [auf seine Stellung] e. Dazu: **Ein|ge|bil|det|heit**, die; -.

Ein|ge|bin|de, das; -s, - [zu ↑ einbinden (3)] (schweiz., sonst veraltet): *Patengeschenk;* ◆ Das junge Volk, es bildet sich ein, sein Tauftag sollte der Schöpfungstag sein. Möchten sie doch zugleich bedenken, was wir ihnen als E. schenken (Goethe, Sprichwörtlich).

¹**ein|ge|bo|ren** ⟨Adj.⟩ [mhd. in(ge)boren, LÜ von lat. ingenuus]: **1.** *an einem bestimmten Ort, in einem bestimmten Land, in einer bestimmten Gegend geboren u. dort wohnhaft, ansässig:* die -e Bevölkerung. **2.** (geh.) *von Geburt an vorhanden; angeboren:* einem Menschen -e Kräfte; Um aber so bescheiden abzutreten, hätte es eines Mindestmaßes an -er Freundlichkeit bedurft, und die besaß Grenouille nicht (Süskind, Parfum 28).

²**ein|ge|bo|ren** ⟨Adj.⟩ [mhd. einborn, ahd. einboran, zu ↑ ¹ein, LÜ von kirchenlat. unigenitus] (christl. Rel.): *(von Christus) als Einziger geboren, einzig:* Gottes -er Sohn.

Ein|ge|bo|re|ne, der/eine Eingeborene, die/eine Eingeborenen/zwei Eingeborene, Eingeborne, die/eine Eingeborene, der/einer Eingeborenen, die Eingebornen/zwei Eingeborne [zu ↑ ¹eingeboren] (veraltend): *Angehörige eines Naturvolks; Ureinwohnerin.*

Die Bezeichnung *Eingeborene* wird zunehmend als diskriminierend empfunden. Neutralere Ausweichformen für die Verwendung im Plural sind *Urbevölkerung* bzw. *einheimische Bevölkerung, Ureinwohnerinnen und Ureinwohner* oder die fachsprachliche Bezeichnung *Autochthone*.

Ein|ge|bo|re|nen|spra|che, die (veraltend): *Sprache der Ureinwohner eines Landes, Gebiets o. Ä.*

Ein|ge|bo|re|ner, der/ein Eingeborener; des/eines Eingeborenen, die Eingeborenen/zwei Eingeborene, Eingeborner, der Eingeborne/ein Eingeborner, des Eingebornen/eines Eingebornen, die Eingebornen/zwei Eingeborne [zu ↑ ¹eingeboren] (veraltend): *Angehöriger eines Naturvolks; Ureinwohner.*

Die Bezeichnung *Eingeborener* wird zunehmend als diskriminierend empfunden. Neutralere Ausweichformen für die Verwendung im Plural sind *Urbevölkerung* bzw. *einheimische Bevölkerung, Ureinwohnerinnen und Ureinwohner* oder die fachsprachliche Bezeichnung *Autochthone*.

Ein|ge|bor|ne usw.: ↑ Eingeborene usw.

¹**ein|ge|buch|tet** ⟨Adj.⟩ [zu ↑ Bucht]: *eine Einbuchtung aufweisend:* eine -e Küste.

²**ein|ge|buch|tet**: ↑ einbuchten (1).

ein|ge|bun|den: ↑ einbinden.

Ein|ge|bung, die; -, -en [zu ↑ eingeben (4)] (geh.): *plötzlich aufkommender [für e. entscheidender, wichtiger] Gedanke:* eine E. haben; einer E. folgend, änderte er seinen Plan; künstlerische, musikalische -en *(Einfälle, Erfindungen);* Aber endlich brauchte sie auch einmal Menschen, um sich auszusprechen, denn sie war von lauter -en bedrängt, die sie bei sich behalten musste (Musil, Mann 1187).

Ein|ge|dellt: ↑ eindellen.

¹**ein|ge|denk** ⟨Adj.⟩ [mhd. in(ge)denke]: *in der Verbindung* **einer Sache e. sein/bleiben** (geh.; *sich an etw. erinnern u. es beherzigen, sich etw.*

vor Augen halten): er war, blieb [dessen] stets e., dass er ohne Einfluss war).

²**ein|ge|denk** ⟨Präp. mit Gen.⟩ [vgl. ¹eingedenk] (geh.): *unter Berücksichtigung einer Sache; wegen:* er erhielt diese Auszeichnung e. seiner Verdienste.

ein|ge|fah|ren: ↑ einfahren (5).

ein|ge|fal|len ⟨Adj.⟩ [zu ↑ einfallen (2 b)]: *im Gesicht Spuren des Abgemagertseins, der Auszehrung, der Erschöpfung aufweisend; abgezehrt:* -e Wangen; sie wirkt ziemlich e.

ein|ge|fleischt ⟨Adj.⟩ [mhd. îngevleischet = Fleisch geworden, LÜ von lat. incarnatus]: **1.** *die der angesprochenen Lebensweise, Eigenschaft o. Ä. entsprechende innere Einstellung durch u. durch verkörpernd:* ein -er Junggeselle, eine -e Optimistin. **2.** *zu nicht mehr änderbarer Gewohnheit, zur zweiten Natur geworden:* -e Sparsamkeit. ◆ **3.** *unverbesserlich, ungehorsam:* Was hat denn dieser heillose, -e Sohn heute für Dinge an sich? (Stifter, Granit 17).

ein|ge|frie|ren ⟨st. V.; hat⟩: *einfrieren* (2).

ein|ge|fuchst: ↑ einfuchsen.

ein|ge|führt: ↑ einführen (3).

ein|ge|hen ⟨unr. V.; ist⟩: **1. a)** (geh.) *Eingang, Aufnahme, einen Platz finden; aufgenommen werden:* etw. geht in jmds. Bewusstsein ein; die Ereignisse sind in die Geschichte eingegangen *(haben geschichtliche Bedeutung erlangt);* Ü in das Reich des Todes, zur ewigen Ruhe e. (verhüll.; *sterben*); **b)** (selten) *hineingehen.* **2.** (bes. Bürow.) *an entsprechender Stelle ankommen, eintreffen; zugestellt, übermittelt werden:* Gelder, Nachrichten gehen ein; der Brief ist noch nicht bei uns eingegangen; der Betrag ist noch nicht auf unserem Konto eingegangen. **3.** (ugs.) **a)** *von jmdm. [in bestimmter Weise] verstanden, begriffen, aufgenommen werden:* ihr geht alles leicht ein; es will mir nicht e., dass …; **b)** *gern gehört, von jmdm. wohlgefällig aufgenommen werden:* das Lob, Kompliment ging ihm glatt ein; Und wie ich Zeile um Zeile las, da spürte ich auch, dass das meine Sprache war, meine Muttersprache, und sie ging mir ein wie die Milch dem Säugling *(machte mich glücklich;* Seghers, Transit 26). **4.** *(von Geweben) beim Nasswerden schrumpfen, sich zusammenziehen, enger werden:* dieser Pullover geht nicht ein; das Kleid ist bei der Wäsche eingegangen. **5. a)** *(von Tieren) sterben:* die Katze geht bald ein; (ugs. von Menschen:) er ist an dieser Krankheit jämmerlich eingegangen; bei dieser Hitze kann man ja e.; **b)** *(von Pflanzen) absterben, verdorren;* **c)** (ugs.) *wegen Unrentabilität o. Ä. nicht mehr weitergeführt werden, geschlossen werden müssen:* die kleinen Läden gehen alle ein; die Zeitung ist eingegangen *(hat ihr Erscheinen eingestellt).* **6. a)** (ugs.) *Schaden haben, Verluste hinnehmen müssen; den Kürzeren ziehen:* bei diesem Geschäft ist er ganz schön eingegangen; **b)** (Sportjargon) *sehr hoch, eindeutig verlieren:* die Mannschaft ist in dem Lokalderby sang- und klanglos eingegangen. **7.** *sich mit jmdm., etw. auseinandersetzen; zu etwas Stellung nehmen:* er ist auf ihren Plan nicht eingegangen *(hat ihm nicht zugestimmt);* sie gehen sehr auf das Kind ein *(zeigen viel Verständnis für das Kind);* er ging auf diesen Ton nicht ein *(ignorierte ihn);* ◆ ⟨mit Akk.-Obj.:⟩ Walther ging den Vorschlag ein (Tieck, Eckbert 4). **8.** *sich [vertraglich] an etw. binden, auf etw. einlassen:* ein Bündnis [mit jmdm.] e.; Verpflichtungen e. *(auf sich nehmen);* eine Wette e. *(mit jmdm. wetten);* mit jmdm. die Ehe e. *(jmdn. heiraten);* (Chemie:) die beiden Stoffe gehen eine Verbindung ein.

ein|ge|hend ⟨Adj.⟩ [zu ↑ eingehen (7)]: *in allen Einzelheiten; sorgfältig u. ins Einzelne gehend;*

ausführlich: eine -e Prüfung, Untersuchung; -e Forschungen; sich e. mit etwas beschäftigen; sich e. nach jmdm. erkundigen; e. über etw. berichten; sie musterte ihn e.
ein|ge|keilt: ↑ einkeilen (2).
Ein|ge|koch|tes, das Eingekochte/ein Eingekochtes; des/eines Eingekochten: *Eingemachtes.*
ein|ge|legt: ↑ einlegen (2, 3 b).
ein|ge|lei|sig usw.: ↑ eingleisig usw.
ein|ge|lernt: ↑ einlernen.
Ein|ge|mach|tes, das Eingemachte/ein Eingemachtes; des/eines Eingemachten: *(in Gläsern, Dosen u. Ä. aufbewahrte) durch Einmachen, Einlegen (2) in eine Lake o. Ä. haltbar gemachte Lebensmittel (bes. Obst):* im Keller steht E.; Ü das Eingemachte *(die Ersparnisse)* von der Bank holen; * **ans Eingemachte gehen** (ugs.; *an die Substanz gehen, die Substanz angreifen*).
ein|ge|mein|den ⟨sw. V.; hat⟩: *verwaltungsmäßig in eine größere Gemeinde (1 a) eingliedern:* der Vorort soll [in die Stadt Frankfurt/nach Frankfurt] eingemeindet werden; Ü Ich fühlte mich schon ganz eingemeindet. Ich hatte ein Zimmer, einen Freund, eine Geliebte (Seghers, Transit 68).
Ein|ge|mein|dung, die; -, -en: *das Eingemeinden; das Eingemeindetwerden.*
ein|ge|nom|men: ↑ einnehmen (7 a).
Ein|ge|nom|men|heit, die; -: *das Eingenommensein von sich od. etw.*
ein|ge|pfercht: ↑ einpferchen (2).
ein|ge|schlech|tig ⟨Adj.⟩ (Bot.): *nur männliche bzw. nur weibliche Geschlechtsorgane aufweisend; diklin:* -e Blüten.
ein|ge|schlecht|lich ⟨Adj.⟩: *nur auf ein Geschlecht gerichtet, ein Geschlecht betreffend; gleichgeschlechtlich:* eine -e Wohngemeinschaft.
ein|ge|schlif|fen: ↑ einschleifen (3 b).
ein|ge|schlos|sen: ↑ einschließen.
ein|ge|schnappt: ↑ einschnappen (2).
ein|ge|schos|sig, (südd., österr.:) ein|ge|schoßig ⟨Adj.⟩: *nur ein Geschoss (2) aufweisend:* -e Häuser.
ein|ge|schränkt: ↑ einschränken.
Ein|ge|schränkt|heit, die; -: *Begrenztheit in Bezug auf [finanzielle] Möglichkeiten.*
ein|ge|schrie|ben ⟨Adj.⟩ (Postw.): *als Einschreiben verschickt:* ein -er Brief.
ein|ge|schwo|ren: ↑ einschwören (b).
ein|ge|ses|sen ⟨Adj.⟩ [zu veraltet ein(ge)sitzen, mhd. însitzen = ansässig sein]: *schon lange an einem Ort ansässig; einheimisch:* eine -e Familie, Institution; bist du hier e.?
Ein|ge|ses|se|ne, die/eine Eingesessene; der/einer Eingesessenen, die Eingesessenen/zwei Eingesessene: *weibliche Person, die irgendwo eingesessen ist.*
Ein|ge|ses|se|ner, der/ein Eingesessene/ein Eingesessener; des/eines Eingesessenen, die Eingesessenen/zwei Eingesessene: *jmd., der irgendwo eingesessen ist.*
Ein|ge|sot|te|nes, das Eingesottene/ein Eingesottenes; des/eines Eingesottenen [subst. 2. Part. von ↑ einsieden] (österr. veraltend): *Gesamtheit eingekochter Früchte.*
ein|ge|spielt: ↑ einspielen (1 b, 2 a).
ein|ge|sprengt: ↑ einsprengen (4).
ein|ge|sprun|gen: ↑ einspringen (2 b).
ein|ge|stan|de|ner|ma|ßen ⟨Adv.⟩ [↑ -maßen]: *wie eingestanden wird:* wir haben uns e. unfair verhalten.
♦ ein|ge|stän|dig ⟨Adj.⟩: *geständig:* ...wenn der Herr Kapitän e. ist (Lessing, Die alte Jungfer III, 8).
Ein|ge|ständ|nis, das; -ses, -se: *das Eingestehen, das Zugeben eines Fehlers, einer Schuld o. Ä.:* das E. ihres Irrtums; sein Schweigen wirkte wie ein E. seiner Schuld; Taktvoll wenden wir den Blick ab: sind wir doch nicht gern Zeugen stummer -se von Scheitern oder Versagen (Hildesheimer, Legenden 140).
ein|ge|ste|hen ⟨unr. V.; hat⟩: *(bes. eine Schwäche, einen Fehler) schließlich zugeben, offen aussprechen:* eine Schuld, einen Irrtum, eine Niederlage e.; er hat ihr seine Angst eingestanden *(zugegeben, dass er Angst hat);* ich wollte mir nicht e. *(wollte nicht wahrhaben),* dass ich mich geirrt hatte.
ein|ge|stellt ⟨Adj.⟩: *eine bestimmte Einstellung zu jmdm., etw. habend; gesinnt, orientiert:* eine fortschrittlich -e Chefin; konservativ -e Kreise; man weiß nicht, wie er [politisch] e. ist.
ein|ge|stri|chen ⟨Adj.⟩ (Musik): *in der mittleren Höhenlage des Tonsystems liegend* (in der Notenschrift mit einem hochgestellten senkrechten Strich od. mit der Ziffer 1 versehen): das -e A *(der Kammerton).*
ein|ge|tra|gen: ↑ eintragen (1 c).
Ein|ge|tropf|tes, das Eingetropfte/ein Eingetropftes; des/eines Eingetropften (österr.): *flüssiger Teig, der [durch ein Sieb] als Einlage in eine kochende Suppe getropft wird.*
ein|ge|wach|sen ⟨Adj.⟩: **1.** ↑ einwachsen. **2.** *älteren Baumbestand, schon größer gewachsene Pflanzen aufweisend:* ein -er Garten.
Ein|ge|wei|de, das; -s, - ⟨meist Pl.⟩ [mhd. ingeweide, verdeutlichend für gleichbed. mhd. geweide, zu ↑ ²Weide, urspr. = Futter, Speise; die Eingeweide des Wildes wurden den Hunden vorgeworfen]: *(bei Wirbeltieren u. Mensch) in den Körperhöhlen vor allem der Bauch liegendes inneres Organ:* die E. sind verletzt, treten hervor; einem geschlachteten Huhn die E. herausnehmen.
Ein|ge|wei|de|bruch, der (Med.): *das Heraustreten von Teilen der Eingeweide in eine Ausstülpung des Bauchfells.*
Ein|ge|wei|de|sen|kung, die (Med.): *Senkung von Bauchorganen bes. bei Erschlaffung der Muskulatur der Bauchdecke.*
Ein|ge|wei|de|wurm, der: *im Verdauungstrakt von Mensch u. Tier schmarotzender Wurm.*
Ein|ge|weih|te, die/eine Eingeweihte; der/einer Eingeweihten, die Eingeweihten/zwei Eingeweihte: *weibliche Person, die in etw. eingeweiht, von jmdm. ins Vertrauen gezogen worden ist; weibliche Person, die von Dingen Kenntnis hat, die nicht allen bekannt, zugänglich sind.*
Ein|ge|weih|ter, der Eingeweihte/ein Eingeweihter; des/eines Eingeweihten, die Eingeweihten/zwei Eingeweihte: *jmd., der in etw. eingeweiht, von jmdm. ins Vertrauen gezogen worden ist; jmd., der von Dingen Kenntnis hat, die nicht jedem bekannt, zugänglich sind:* nur für Eingeweihte verständlich sein.
ein|ge|wöh|nen ⟨sw. V.; hat⟩: *an eine neue Umgebung, an neue Verhältnisse gewöhnen:* ein Tier im Zoo e.; ein Kind in der Kita e.; ⟨meist + sich:⟩ ich habe mich an meinem neuen Arbeitsplatz, in der neuen Umgebung rasch eingewöhnt. Dazu: **Ein|ge|wöh|nung,** die; -.
Ein|ge|wöh|nungs|phase, die: *Phase, in der man sich in eine neue Situation, in neue Verhältnisse eingewöhnt.*
Ein|ge|wöh|nungs|zeit, die: *Zeit, die benötigt wird, um sich einzugewöhnen, um Tiere einzugewöhnen.*
ein|ge|wur|zelt: ↑ einwurzeln.
ein|ge|zo|gen ⟨Adj.⟩ (selten): *gesellschaftlichen Umgang meidend, zurückgezogen:* ein -es Leben führen. Dazu: **Ein|ge|zo|gen|heit,** die; -.
ein|gie|ßen ⟨st. V.; hat⟩: **1. a)** *in ein Trinkgefäß gießen:* er goss ihr einen Schnaps ein; **b)** *mit einem Getränk füllen:* soll ich dir noch ein Gläschen e.? **2.** *durch Gießen (4) einfügen:* das Glas aus Kristall war eine silberne Figur eingegossen.
ein|gip|sen ⟨sw. V.; hat⟩: **1.** *mit Gips in etwas befestigen:* einen Nagel [in die Wand] e. **2.** *zur Ruhigstellung mit einem Gipsverband umgeben:* ein gebrochenes Bein e.; er wurde eingegipst *(seine gebrochenen Glieder wurden mit einem Gipsverband versehen).*
ein|git|tern ⟨sw. V.; hat⟩: *mit einem Gitter umgeben:* das Denkmal wurde eingegittert.
Ein|glas, das; -es, Eingläser [LÜ von frz. monocle] (veraltet): *Monokel.*
ein|gla|sen ⟨sw. V.; hat⟩ (landsch.): *unter Glas legen, zwischen Glas[scheiben] legen.*
ein|glei|sig ⟨Adj.⟩, (selten:) eingeleisig ⟨Adj.⟩: **a)** *mit nur einem Gleis ausgestattet:* eine -e Bahnlinie; **b)** *nur in eine Richtung gehend, alternative Möglichkeiten nicht einbeziehend:* eine -e Politik, -es Denken; **c)** (Sport) *einteilig, nicht in regionale Gruppen aufgeteilt:* eine -e Bundesliga.
ein|glie|dern ⟨sw. V.; hat⟩: *sinnvoll in ein größeres Ganzes einfügen, einordnen:* das Dorf wird der Verbandsgemeinde, in die Verbandsgemeinde eingegliedert; jmdn. in einen Arbeitsprozess e.
Dazu: **Ein|glie|de|rung,** die; -, -en.
Ein|glie|de|rungs|hil|fe, die: *bes. finanzielle Unterstützung bei der Eingliederung von jmdm. in Arbeitswelt u. Gesellschaft.*
ein|gra|ben ⟨st. V.; hat⟩: **1. a)** *grabend teilweise od. ganz in die Erde hineinbringen:* einen Kadaver e.; einen Pfahl einen Meter tief e.; ⟨auch e. + sich:⟩ der Krebs hat sich eingegraben; **b)** *(Pflanzen) grabend mit den Wurzeln ins Erdreich bringen; einpflanzen:* einen Strauch e. **2.** (geh.) *mit einem spitzen Gegenstand in etw. ritzen, meißeln:* eine Inschrift in den Grabstein e. **3. a)** *durch Hineindrücken, Eindringen als Vertiefung hinterlassen:* die Räder gruben ihre Spuren in den Sand ein; **b)** ⟨e. + sich⟩ *sich eine Vertiefung schaffend in etw. eindringen:* der Fluss hat sich in das Gestein eingegraben; Ü tiefe Furchen hatten sich in sein Gesicht eingegraben.
ein|gra|vie|ren ⟨sw. V.; hat⟩: *in etw. gravieren:* Initialen in den Ring e.
Ein|gra|vie|rung, die; -, -en: **1.** *das Eingravieren.* **2.** *etw. Eingraviertes.*
ein|grei|fen ⟨st. V.; hat⟩: **1.** *durch entscheidendes Handeln auf etw. Einfluss nehmen; sich entscheidend in etw. einschalten:* in einen Streit e.; helfend e.; die Polizei musste e. *(einschreiten);* diese Maßnahme greift tief in unsere Rechte ein *(beschneidet sie in entscheidendem Maße);* ⟨subst.:⟩ ihr beherztes Eingreifen rettete die Lage. **2.** (Technik) *[antreibend] in eine entsprechende Vertiefung hineinragen, sich hineinschieben:* das Zahnrad greift ins Getriebe ein.
Ein|greif|trup|pe, die; -, -n (Militär): *Truppe, die für einen Sondereinsatz in militärischen Krisengebieten zusammengestellt worden ist.*
ein|gren|zen ⟨sw. V.; hat⟩: **1.** *eine sichtbare Grenze um etw. ziehen, bilden:* eine Hecke grenzt das Grundstück ein. **2.** *auf etw. beschränken, einengen, begrenzen:* das Thema wurde [auf die wichtigste Frage] eingegrenzt.
Ein|gren|zung, die; -, -en: **1.** *das Eingrenzen.* **2.** *etw., was etw. eingrenzt.*
Ein|griff, der; -[e]s, -e: **1.** *[unrechtmäßiges, unberechtigtes] Eingreifen (1):* ein massiver politischer E.; ein E. in die Natur; staatlichen -en ausgeliefert sein. **2.** (Med.) *Operation, besonders an inneren Organen [die an jmdm. vorgenommen werden muss]:* ein operativer E.; sich einem leichteren E. unterziehen. **3.** (Fachspr.) *Hosenschlitz der Herrenunterhose.*
Ein|griffs|mög|lich|keit, die: *Möglichkeit zum Eingreifen (1).*
ein|grü|nen ⟨sw. V.; hat⟩ (Gartenbau): *Rasen säen:* eine Fläche e.

ein|grup|pie|ren ⟨sw. V.; hat⟩: *einer Gruppe zuordnen, in Gruppen einordnen:* die Arbeiter in verschiedene Lohngruppen e.; jmdn. falsch e. Dazu: **Ein|grup|pie|rung,** die -, -en.

ein|ha|cken ⟨sw. V.; hat⟩: **1.** *mit einem Beil, Messer, einer Hacke o. Ä. auf jmdn., etw. schlagen, hacken:* er hackte auf das Auto ein. **2. a)** *wiederholt, immer wieder nach jmdm., etw. hacken* (4): der Sperber hackte auf sein Opfer ein; **b)** (ugs.) *jmdn. angreifen, jmdm. Vorwürfe machen:* alle hacken auf mich ein! **3.** *(auf eine Tastatur) schlagen:* auf die Leertaste e.; auf den Computer, den Laptop e. *(auf die Tastatur eines Computers, Laptops einschlagen).* **4.** ⟨e. + sich⟩ (EDV) *in andere Computersysteme eindringen:* sich in eine Telefonleitung e.

ein|ha|ken ⟨sw. V.; hat⟩: **1.** *mit einem Haken befestigen, durch einen Haken verschließen, mit etw. verbinden:* den Fensterladen e.; das Seil in die/(seltener:) der Öse e. **2.** *seinen Arm in den angewinkelten Arm eines andern schieben, legen:* sie hakte ihn ein; ⟨meist e. + sich:⟩ sich bei jmdm. e. **3.** (ugs.) *jmds. Gespräch, Rede o. Ä. unterbrechen, um sich zu einem bestimmten Punkt, meist mit einem Einwand, zu äußern:* bei dem Wort Emanzipation hakte sie ein.

ein|halb|mal ⟨Wiederholungsz., Adv.⟩ (mit Ziffern: ¹/₂-mal): *ein halbes Mal: in zwölf Stunden dreht sich die Erde um ihre Achse;* e. *(um die Hälfte) mehr, größer, teurer;* e. *(selten: halb) so viel, groß, teuer.*

Ein|halt [15. Jh., zu ↑einhalten (2 a)]: in der Wendung **jmdm., einer Sache E. gebieten/tun** (geh.; *[durch energisches Entgegentreten] jmdn. dazu veranlassen, etw. nicht weiterzuführen; etw. Schädliches, Störendes abstellen, eindämmen:* er redete unaufhörlich und niemand gebot ihm E.; einem Übel E. tun).

ein|hal|ten ⟨st. V.; hat⟩: **1.** (geh.) *mit seinem Tun [vorübergehend] aufhören; innehalten:* er hielt in der/mit der Arbeit ein; halt ein! **2. a)** (veraltet) *aufhalten, zum Stillstand bringen;* **b)** (landsch.) *bei sich zurückhalten, nicht von sich geben:* die Kuh hält die Milch ein; das Kind kann es (*den Harn, Stuhl*) nicht mehr e. **3. a)** *(etwas, was als verbindlich gilt, eine Verpflichtung) befolgen, erfüllen, sich daran halten, danach richten:* einen Termin, sein Versprechen e.; eine strenge Diät e.; **b)** *nicht von etw. abweichen, sondern es beibehalten:* die vorgeschriebene Geschwindigkeit, den Abstand e.; einen Kurs e. **4.** (Schneiderei) *durch kleine Fältchen, Abnäher o. Ä. die Weite, Breite von etw. verringern:* den Ärmel etwas e. ♦ **5.** ⟨e. + sich⟩ *zu Hause bleiben, nicht aus dem Hause gehen:* Der Gesandte ist unpass und will sich auch so einige Tage e. (Goethe, Werther II, 20. Oktober 1771).

Ein|hal|tung, die; -, -en ⟨Pl. selten⟩: **a)** *das Einhalten* (3 a): auf die E. der Etikette achten; **b)** *das Einhalten* (3 b).

ein|häm|mern ⟨sw. V.; hat⟩: **1. a)** (selten) *mit einem Hammer hineinschlagen:* einen Pflock [in den Boden] e.; **b)** *durch Hämmern [in etw.] entstehen lassen:* Rillen in den Beton e. **2.** *wiederholt, immer wieder mit dem Hammer auf etw. schlagen:* er hämmerte auf den Stein ein; Ü der Boxer hämmerte auf seinen Gegner ein *(traf ihn mit zahlreichen, rasch aufeinanderfolgenden Schlägen);* unaufhörlich hämmert Lärm auf uns ein. **3.** *durch unausgesetztes Einwirken, ständiges Wiederholen einprägen:* einem Kind die Regeln e.

ein|hams|tern ⟨sw. V.; hat⟩ (ugs.): *einheimsen.*

Ein|hand|be|die|nung, die: *(Möglichkeit der) Handhabung, Steuerung o. Ä. eines Gerätes od. eines Teils eines Gerätes mit nur einer Hand.*

ein|han|deln ⟨sw. V.; hat⟩: **1.** *durch Handel, Tausch erwerben, für sich gewinnen:* im Krieg hatten sie den Schmuck gegen/(auch:) für Lebensmittel eingehandelt. **2.** ⟨e. + sich⟩ **a)** (ugs.) *für sein Tun etw. Negatives hinnehmen müssen:* sich wegen seines Zuspätkommens einen Verweis e.; in der letzten Spielminute handelte sich der Spielführer noch eine Gelbe Karte ein; **b)** *[im Zusammenhang mit einer Tätigkeit] bekommen:* im Urlaub hat er sich eine Geschlechtskrankheit eingehandelt.

ein|hän|dig ⟨Adj.⟩: *nur eine Hand gebrauchend, mit nur einer Hand:* e. Klavier spielen; eine e. geschlagene Rückhand.

ein|hän|di|gen ⟨sw. V.; hat⟩: *etw. in jmds. Hände geben; etw. in die Hand legen, ihm anvertrauen:* jmdm. Geld, die Schlüssel e.

Ein|hand|misch|bat|te|rie, die, **Ein|hand|mischer,** der (Fachspr.): *Armatur* (c), *aus der mithilfe einer mit nur einer Hand zu bedienenden hebelartigen Vorrichtung Wasser mit stufenlos zu regulierender Temperatur entnommen werden kann.*

Ein|hand|seg|ler, der [zu seemänn. Hand = Matrose < engl. hand, eigtl. = Hand] (Segeln): **1.** *jmd., der ein Segelboot allein über eine Rennstrecke od. über größere Meeresstrecken führt.* **2.** *Segelboot, das zur Bedienung durch nur eine Person eingerichtet ist.*

Ein|hand|seg|le|rin, die; w. Form zu ↑Einhandsegler (1).

ein|hän|gen ⟨sw. V.; hat⟩: **1. a)** *in eine Haltevorrichtung, einen Haken, eine Öse o. Ä. hängen u. dadurch daran befestigen:* eine Tür, den Fensterladen e.; Ü ...es war der an dem Passepartout befestigte Bindfaden, mit dem es genügte, einen dieser Fäden zu lockern oder aus seinem Ort, den Film zurechtzuflicken, die Streifen, die Träume geworden waren, einzuhängen in die Zähne der Kurbelwelle (Böll, Haus 25); **b)** (veraltend) *den Telefonhörer auf die Gabel legen bzw. in die Haltevorrichtung hängen u. das Gespräch damit beenden:* er hatte bereits [den Hörer] eingehängt. **2.** *einhaken* (2).

ein|har|ken ⟨sw. V.; hat⟩ (nordd.): *(Samen, Dünger) harkend unter das Erdreich mischen.*

ein|hau|chen ⟨sw. V.; hat⟩ (geh.): *jmdm., etw. mit etw. erfüllen; verleihen, vermitteln:* jmdm. neues Leben e.

ein|hau|en ⟨unr. V.; haute/(veraltend:) hieb ein, hat eingehauen⟩: **1. a)** *mit einem Werkzeug, einem Gerät (in Stein od. Holz) hauend hervorbringen:* in den/(seltener:) in dem Stein war eine Inschrift eingehauen; **b)** *in etw. [hinein]schlagen:* den Nagel in [die Wand] e. **2.** *durch Schlagen, Stoßen [mit einem Gegenstand] zertrümmern, zerstören:* eine Fensterscheibe e.; er hat ihm den Schädel eingehauen. **3.** *jmdm., etw., einem Tier fortgesetzt Schläge versetzen:* aufeinander e.; mit der/die haute auf seinen Gegner ein; Ü haut doch nicht immer auf die Lehrer ein! **4.** (ugs.) *bei einer Mahlzeit viel u. schnell, mit großem Appetit essen:* er musste sein Frühstück hieben/hauten sie ordentlich ein. **5.** *auftreffen, einschlagen* (3).

ein|hau|sen ⟨sw. V.; hat⟩: **1.** ⟨e. + sich⟩ [zu ↑hausen in der alten Bed. »wohnen«] (schweiz.) *sich häuslich einrichten.* **2. a)** (Fachspr.) *(mit einer Schutzhülle o. Ä.) umgeben, umhüllen:* ein Haus, Maschinen im Freien, Verkabelungen e.; **b)** (Fachspr.) *(einen Streckenabschnitt o. Ä.) überdachen;* **c)** (Straßenbau) *mit einem Tunnel überbauen:* die Autobahn, die Eisenbahnstrecke e.

ein|häu|sig ⟨Adj.⟩ (Bot.): *männliche u. weibliche Blüten zugleich aufweisend; monözisch:* -e Pflanzen.

Ein|hau|sung, die; -, -en (Straßenbau): *das Einhausen* (2).

ein|he|ben ⟨st. V.; hat⟩: **1.** *in seine Haltevorrichtung [hinein]heben; einhängen:* die Tür wieder e. **2.** (südd., österr.) *erheben* (5 a), *einziehen* (8 a), *kassieren:* einen Beitrag e.

Ein|he|bung, die; -, -en (südd., österr.): *das Einheben* (2): die E. von Gebühren, Steuern, Beiträgen.

ein|hef|ten ⟨sw. V.; hat⟩: **1.** *in einen Ordner, Hefter o. Ä. heften:* Briefe, Akten in den Ordner e. **2.** (Schneiderei) *mit Heftstichen in etw. nähen:* den Ärmel e.

ein|he|gen ⟨sw. V.; hat⟩: **1.** (bes. Forstwirtsch., Gartenbau) *mit einem Zaun o. Ä. umgeben:* eine Schonung e. **2.** *begrenzen, beschränken:* einen Konflikt e.

Ein|he|gung, die; -, -en: **1.** (bes. Forstwirtsch., Gartenbau) *das Einhegen.* **2.** (bes. Forstwirtsch., Gartenbau) *Zaun.* **3.** *Begrenzung, Beschränkung.*

ein|hei|len ⟨sw. V.; ist⟩ (Med.): *ins Körpergewebe einwachsen u. verheilen:* die übertragene Haut ist eingeheilt. Dazu: **Ein|hei|lung,** die; -, -en.

ein|hei|misch ⟨Adj.⟩ [spätmhd., mhd. inheimisch = zu Hause anwesend]: **a)** *aus einem bestimmten Ort, Land, einer bestimmten Gegend stammend u. dort lebend, ansässig:* die -e Bevölkerung; **b)** *aus dem eigenen Land stammend, dort vorkommend, wachsend, entstanden, üblich:* -e Pflanzen, Tiere; -e Rohstoffe; **c)** (Sport) *auf dem eigenen Platz, vor eigenem Publikum spielend, laufend o. Ä.:* die -e Mannschaft wurde von den Fans gefeiert.

Ein|hei|mi|sche, die, *eine Einheimische;* der/einer Einheimischen, die Einheimischen/zwei Einheimische ⟨a. subst.⟩: *weibliche Person, die irgendwo einheimisch ist* (a).

Ein|hei|mi|scher, der *Einheimische/ein Einheimischer;* des/eines Einheimischen, die Einheimischen/zwei Einheimische: *jmd., der irgendwo einheimisch ist:* einen Einheimischen nach dem Weg fragen.

ein|heim|sen ⟨sw. V.; hat⟩ [zu mhd. heimsen = heimbringen] (ugs.): *in großer Menge für sich gewinnen, erlangen:* viele Preise, viel Lob e.

Ein|hei|rat, die; -, -en: *das Einheiraten.*

ein|hei|ra|ten ⟨sw. V.; hat⟩: *durch Heirat Mitglied einer Familie, eines Unternehmens o. Ä. werden:* in eine Familie, Firma e.

Ein|heit, die; -, -en [15. Jh., in der Bed. beeinflusst von lat. unitas bzw. frz. unité]: **1.** *in sich geschlossene Ganzheit, Verbundenheit; als Ganzes wirkende Geschlossenheit, innere Zusammengehörigkeit:* die wirtschaftliche, nationale E. eines Volkes; E. von Form und Inhalt; die einzelnen Teile des Werkes bilden zusammen eine E. **2.** *einem Maß-, Zählsystem zugrunde liegende Größe:* der Meter ist die E. des Längenmaßes; das Präparat enthält tausend eine Penizillin. **3.** (bes. Militär) *zahlenmäßig nicht festgelegte [militärische] Formation:* eine motorisierte E.

Ein|hei|ten|sys|tem, das: *System von Einheiten* (2), *das aus einer bestimmten Anzahl voneinander unabhängiger Grundeinheiten aufgebaut ist.*

ein|heit|lich ⟨Adj.⟩: **a)** *eine Einheit* (1) *bildend, erkennen lassend; in sich geschlossen:* ein -es Werk; das muss -er gestaltet werden; **b)** *für alle in gleicher Weise geltend; unterschiedslos:* -e Kleidung; das muss e. geregelt werden.

Ein|heit|lich|keit, die; -: *das Einheitlichsein.*

Ein|heits|be|trag, der: *einheitlicher, für alle gleicher Beitrag* (1).

Ein|heits|be|stre|bung ⟨meist Pl.⟩: *Bestrebung, zu einer [politischen] Einheit* (1) *zu gelangen.*

Ein|heits|brei, der (abwertend): *unattraktives Einerlei ohne charakteristische, hervorstechende Elemente:* der Bau hebt sich wohltuend von dem üblichen postmodernen E. ab.

Ein|heits|front, die (Politik): *Zusammenschluss*

mehrerer Parteien, Gruppen o. Ä. mit einheitlichen (a) politischen Zielen, Bestrebungen.
Ein|heits|ge|werk|schaft, die: *gewerkschaftliche Organisation[sform], die das Prinzip einheitlichen (a) Gewerkschaftsbewegung zu verwirklichen versucht.*
Ein|heits|klei|dung, die (meist abwertend): *einheitliche (b), keine Unterschiede aufweisende Kleidung.*
Ein|heits|kurz|schrift, die ⟨o. Pl.⟩: *auf mehreren Systemen beruhende vereinheitlichte Kurzschrift.*
Ein|heits|lis|te, die (Politik): *Wahlliste, auf der Kandidierende aller Parteien vertreten sind.*
Ein|heits|look, der (oft abwertend): *einheitliches (b), keine individuelle Note aufweisendes Aussehen:* Häuser, Kleider im E.
Ein|heits|maß, das: *einheitliches (b), genormtes Maß.*
Ein|heits|par|tei, die (Politik): *bestimmende politische Partei in einem Einparteiensystem:* * Sozialistische E. Deutschlands (DDR; *im Jahr 1946 durch Zusammenschluss von SPD u. KPD entstandene Partei;* Abk.: SED).
Ein|heits|preis, der: *einheitlicher (b), allgemein üblicher od. festgelegter Preis für eine Ware.*
Ein|heits|re|gie|rung, die (Politik): *Regierung mit Beteiligung der oppositionellen Partei[en].*
Ein|heits|schu|le, die (auch abwertend): *Schulsystem, das für alle Kinder einen einzigen (in sich verschieden gegliederten) Schultyp vorsieht; Gesamtschule.*
Ein|heits|staat, der: *von einer Zentralgewalt gelenkter Staat mit einheitlich (b) geregelter Rechtsordnung, Verwaltung u. a.*
Ein|heits|stre|ben, das: *Streben nach Einheit [einer Nation].*
Ein|heits|ta|rif, der: *einheitlicher (b) Tarif.*
Ein|heits|wäh|rung, die: *einheitliche (b) Währung:* die europäische E.
Ein|heits|wert, der (Steuerw.): *einheitlich (b) festgesetzter steuerlicher Wert für Grund-, Vermögens-, Betriebsbesitz.*
Ein|heits|zeit, die ⟨o. Pl.⟩: *für bestimmte Zonen der Erde gültige einheitliche (b) Zeit.*
ein|hei|zen ⟨sw. V.; hat⟩: **1. a)** *Feuer machen, mit [mehr] Brennmaterial versorgen u. dadurch warm, heiß machen:* den Ofen, Kessel e.; **b)** *durch Heizen für Wärme sorgen, vollständig durchwärmen:* sie haben das Zimmer tüchtig eingeheizt; Ü die haben schon wieder ganz tüchtig eingeheizt (ugs. *hart mit Alkohol zugesprochen*). **2.** (ugs.) **a)** *mit Nachdruck, gehörig die Meinung sagen [um jmdn. zu etw. Bestimmten zu veranlassen]; heftig zusetzen, zu schaffen machen:* dem werde ich gehörig e., wenn er das noch mal tut; **b)** *in Schwung, Stimmung bringen, in Erregung versetzen,* powern (a): die Band hat den Fans ganz schön eingeheizt.
ein|hel|lig ⟨Adj.⟩ [zu mhd., ahd. einhel, zu mhd. enein hellen, ahd. in ein hellan = übereinstimmen, eigtl. = in eins klingen]: *gänzlich, in allen Punkten übereinstimmend; von allen ausnahmslos vertreten:* -e Zustimmung; sie waren e. der Meinung, dass er gut gespielt hat. Dazu: **Ein|hel|lig|keit,** die; -.
ein|hen|keln ⟨sw. V.; hat⟩ [zu mundartl. henken = hängen] (landsch.): *einhaken* (2).
ein|her|fah|ren ⟨st. V.; ist⟩ (geh.): *(in bestimmter Weise, an einem bestimmten Ort o. Ä.) vor jmds. Augen umher-, vorbeifahren:* sie sah ihn stolz mit seinem neuen Wagen e.
ein|her|ge|hen ⟨unr. V.; ist⟩ (geh.): **1.** *(in bestimmter Weise, an einem bestimmten Ort o. Ä.) vor jmds. Augen umher-, vorbeigehen:* mit gesenktem Kopf neben seinem Pferd e. **2.** *gleichzeitig mit etw. auftreten, vorkommen, erscheinen; mit etw. verbunden sein:* die Krankheit geht meist mit Fieber einher.
ein|her|re|den ⟨sw. V.; hat⟩ (geh.): *ohne rechte Überlegung sprechen, Belangloses sagen:* das hat er bloß so einhergeredet.
ein|her|schrei|ten ⟨st. V.; ist⟩ (geh.): *(in bestimmter Weise, an einem bestimmten Ort o. Ä.) vor jmds. Augen umher-, vorbeigehen.*
ein|her|stol|zie|ren ⟨sw. V.; ist⟩ (geh.): *voller Stolz einherschreiten.*
◆ **ein|het|zen** ⟨sw. V.; hat⟩: *hetzen* (1 a): Ein Schaf..., eingehetzt von Hunden (Kleist, Krug 1).
ein|hö|cke|rig, ein|höck|rig ⟨Adj.⟩: *nur einen Höcker besitzend:* das -e Dromedar.
ein|hol|bar ⟨Adj.⟩: *sich einholen* (1) *lassend:* ein nicht -er Vorsprung.
ein|ho|len ⟨sw. V.; hat⟩: **1. a)** *an jmdn., der einen Vorsprung hat, herankommen, ihn erreichen:* geht schon voraus, ich hole euch wieder ein; Ü die Vergangenheit hat ihn eingeholt (*er konnte sich nicht hinter sich lassen*); **b)** *einen [Leistungs]rückstand aufholen, Versäumtes wettmachen, ausgleichen:* das Versäumte rasch wieder e. **2.** *von unten herauf- bzw. von oben herunterziehen, hereinholen, einziehen u. verwahren:* die Fahne e.; die Fischer holten ihre Netze ein. **3.** (landsch.) *einkaufen* (1 a): Gemüse e.; sie ist e. gegangen. **4.** *in einem bestimmten Zeremoniell entgegengehen, empfangen u. feierlich geleiten:* die hohen Gäste wurden eingeholt. **5.** *sich geben lassen, erbitten:* ein Gutachten e.; Erkundigungen über jmdn. e.; ich habe seinen Rat eingeholt (habe mich von ihm beraten lassen).
Ein|ho|lung, die; -: *das Einholen* (2, 4, 5).
ein|hö|ren, sich ⟨sw. V.; hat⟩: *durch wiederholtes Hören kennen- u. verstehen lernen:* in das Stück muss ich mich erst e.
Ein|horn, das; -[e]s, Einhörner [mhd. einhorn, einhürne, ahd. einhurno, LÜ von lat. unicornis u. griech. monókerōs]: *(als Symbol der Keuschheit u. Jungfräulichkeit geltendes) pferde- od. ziegenähnliches Fabeltier mit einem langen geraden Horn in der Mitte der Stirn.*
Ein|hu|fer, der; -s, - (Zool.): *Huftier, bei dem mit Ausnahme des vergrößerten, mit einem Huf versehenen Mittelzehs (auf dem es läuft) alle Zehen zurückgebildet sind:* Pferde sind E.
ein|hu|fig ⟨Adj.⟩ (Zool.): *zu den Einhufern gehörend:* -e Tiere.
ein|hül|len ⟨sw. V.; hat⟩: *mit etw. hüllend umgeben, etw. als Hülle, als Umhüllung um jmdn., sich, etw. legen:* das Kind, sich in eine Decke e.; Ü Nebel hat die Berge eingehüllt; In der echten, tiefen, alles einhüllenden Lüge sind wir verborgen und geborgen (Jahnn, Geschichten 177).
Ein|hül|lung, die; -, -en: **1.** *das Einhüllen.* **2.** *Hülle.*
ein|hun|dert ⟨Kardinalz.⟩: *hundert.*
ein|hü|ten ⟨sw. V.; hat⟩ (bes. nordd.): *in jmds. Abwesenheit in dessen Haus[halt] anwesend sein:* meine Tochter ist verreist, ich muss deshalb dort/bei ihr e.
ei|nig ⟨Adj.⟩ [mhd. einec, einic, ahd. einac = einzig, allein, zu ↑¹ein]: **1.** *in seiner Meinung [u. Gesinnung] übereinstimmend; einer Meinung, eines Sinnes:* sie sind ein Brüder; sie sind wieder e.; ich bin mit ihr darin e., dass es so nicht geht; über den Preis sind sie sich, miteinander e. geworden (haben sie sich geeinigt); ich bin mit mir selbst noch nicht ganz e. (bin mir noch nicht ganz im Klaren), ob ich das tun soll; die beiden sind sich e. (ugs. veraltend; wollen heiraten). **2.** *zu etw. verbunden, geeint:* die verschiedenen Volksstämme wurden nie zu einer -en Nation. ◆ **3.** *einzig:* Sie sind der -e Mensch, dem ich darauf antworte (Schiller, Kabale II, 3).

ei|nig... ⟨Indefinitpron. u. unbest. Zahlw.⟩ [mhd. einic, ahd. einic = irgendein]: **1.** ⟨Sg.⟩ *eine unbestimmte kleinere Menge; ein wenig, etwas; nicht allzu viel:* einiges alte (seltener: altes) Gerümpel; er hat noch einige Hoffnung; mit einigem guten (selten: gutem) Willen; ⟨allein stehend:⟩ sie erzählte einiges, was wir noch nicht wussten; hier fehlt noch einiges (*allerlei*). **2.** ⟨Pl.⟩ *eine unbestimmte kleinere Anzahl; ein paar, mehrere; nicht allzu viele:* einige Leute; er war einige Wochen verreist; sie hat bereits einige Mal angerufen; einige wenige (*ein paar Leute*) wussten davon; die Taten einiger guter (seltener: guten) Menschen; ⟨allein stehend:⟩ einige standen noch herum; einige von uns wussten das; einige der Leute waren mir unbekannt. **3.** ⟨Sg. u. Pl.⟩ *beträchtlich, ziemlich groß, ziemlich viel; nicht wenig:* es wird einigen Ärger geben; ⟨allein stehend:⟩ die Reparatur wird sicher wieder einiges kosten; wir haben heute noch einiges zu erledigen; In einigem Abstand verließen zwei Frauen das Haus (Kronauer, Bogenschütze 45).
ei|ni|geln, sich ⟨sw. V.; hat⟩: **1.** *sich (wie ein Igel) einrollen, zusammenrollen:* sich gemütlich im Sessel e. **2.** *sich ganz zurückziehen, von anderen abschließen:* sich in seinem Haus e. **3.** (Militär) *eine Abwehrstellung beziehen, die eine Verteidigung nach allen Seiten ermöglicht.*
ei|ni|ge Mal [auch: 'ai...'ma:l]: ↑einig... (2)
ei|ni|gen ⟨sw. V.; hat⟩ [mhd. einigen, einegen, zu ↑einig]: **1.** *[verschieden geartete] Parteien, Personen, Personengruppen o. Ä. einig* (2) *machen, zu einer Einheit verbinden:* es war nicht gelungen, die verschiedenen Völkerstämme in ein geeinigtes Volk... trennte er nicht die weltliche von der geistlichen Ebene, sondern begriff alle Erscheinungen des Lebens unter dem Totalitätsanspruch der einen und alle einigenden christlichen Wahrheit (Thieß, Reich 491). **2.** ⟨e. + sich⟩ *sich einig* (1) *werden; zu einer Übereinstimmung, Einigung kommen; mit jmdm. übereinkommen:* sich gütlich e.; sich auf einen Vergleich, über den Preis e.; sich dahin e., dass beide eingeladen werden.
Ei|ni|ger, der; -s, -: *jmd., der ein Volk o. Ä. einigt.*
Ei|ni|ge|rin, die; -, -nen: w. Form zu ↑Einiger.
ei|ni|ger|ma|ßen ⟨Adv.⟩: **1.** *bis zu einem gewissen Grad, in erträglichem Maß; ungefähr, leidlich:* er hat sich wieder e. erholt; eine e. gelungene Arbeit; »Wie geht es dir?« – »Einigermaßen.«. **2.** (ugs.) *in hohem Maß, ziemlich, sehr:* wir waren doch e. überrascht.
ei|nig|ge|hen ⟨unr. V.; ist⟩: *einer Meinung sein, eine übereinstimmende Meinung haben, übereinstimmen:* wir gehen beide, sie geht mit mir darin einig, dass der Brief unverschämt war.
Ei|nig|keit, die; - [mhd. einecheit = Einigkeit; Einzigkeit, ahd. einigheit = Einzigkeit, Einsamkeit]: *das Einigsein:* die E. unter den Geschwistern wiederherstellen; es herrschte [volle] E. (*Übereinstimmung*) darüber, dass man jetzt nicht feiern sollte; Spr E. macht stark.
Ei|ni|gung, die; -, -en [mhd. einigung]: **1.** *das Sicheinigen, Einigwerden:* eine gütliche E. anstreben; über etw. keine E. erzielen. **2.** *das Einigen* (1): die politische, wirtschaftliche E. Europas.
Ei|ni|gungs|be|stre|bung, die ⟨meist Pl.⟩: *Streben nach Herbeiführung einer Einheit* (1): die europäischen -en waren ins Stocken geraten.
Ei|ni|gungs|pro|zess, der: *Prozess* (2), *bei dem allmählich eine Einigung, Einheit entsteht:* der europäische E.
Ei|ni|gungs|stel|le, die: *Gremium von Personen, das zwischen streitenden Parteien, bes. zwischen Arbeitgeber u. Betriebsrat, vermitteln soll.*
Ei|ni|gungs|ver|such, der: *Versuch, zu einer Eini-*

gung zu kommen, sich zu einigen: wenn auch dieser E. scheitert, droht ein Arbeitskampf.

Ei|ni|gungs|ver|trag, der: *zwischen der Bundesrepublik und der DDR geschlossener völkerrechtlicher Vertrag, der die Einzelheiten ihrer staatlichen Vereinigung regelt.*

Ei|ni|gungs|werk, das: *Herbeiführung eines Zusammenschlusses.*

ein|imp|fen ⟨sw. V.; hat⟩: **1.** *(einen Impfstoff) einspritzen:* einem Versuchstier ein neues Serum e. **2.** (ugs.) *so eindringlich sagen, so tief einprägen, dass es nicht mehr vergessen werden kann:* jmdm. Hass, eine Überzeugung e.

ein|ja|gen ⟨sw. V.; hat⟩: *(ein heftiges Gefühl der Angst o. Ä.) plötzlich in jmdm. hervorrufen, bewirken:* jmdm. einen Schreck e.

Ein|jah|res|ver|trag, der: *[Arbeits]vertrag, der für ein Jahr gilt.*

ein|jäh|rig ⟨Adj.⟩: **1.** vgl. achtjährig. **2.** (Bot.) *(von Blütenpflanzen, Kräutern) die gesamte Entwicklung während einer Vegetationszeit von höchstens einem Jahr durchlaufend:* -e und mehrjährige Kräuter.

ein|kal|ku|lie|ren ⟨sw. V.; hat⟩: **1.** *in die Kalkulation, Berechnung einbeziehen; mitberechnen:* die Verpackungskosten sind im Preis [mit] einkalkuliert. **2.** *im Voraus mit jmdm., etw. rechnen; in seine Erwägungen, Pläne einbeziehen:* ein Risiko, Verzögerungen e.

Ein|kam|mer|sys|tem, das (Politik): *Verfassungssystem, bei dem die gesetzgebende Körperschaft aus nur einer Kammer besteht.*

ein|kap|seln ⟨sw. V.; hat⟩: **a)** *in einer Hülle, einer Kapsel fest einschließen:* pharmazeutische Produkte maschinell e.; **b)** ⟨e. + sich⟩ *sich mit einer Hülle, einer Kapsel umgeben, sich in sie einschließen, sich verkapseln:* die Würmer kapseln sich in den Muskeln ein.

Ein|kap|se|lung, (seltener:) **Ein|kaps|lung,** die; -, -en: *das [Sich]einkapseln.*

Ein|ka|rä|ter, der; -s, -: *einkarätiger Edelstein.*

ein|ka|rä|tig ⟨Adj.⟩: **a)** *(von Edelsteinen) ein Gewicht von einem Karat habend:* in -er Brillant; **b)** *(von Gold) in einer Legierung ein Karat reines Gold enthaltend.*

ein|kas|sie|ren ⟨sw. V.; hat⟩ [nach ital. incassare]: **1.** *(einen zur Zahlung fälligen Betrag) einziehen:* den Betrag e. **2.** (ugs.) *[ohne Skrupel] für sich nehmen; [jmdm. wegnehmen u.] in seinen Besitz bringen:* er hat meinen Stift einfach einkassiert. **3.** (salopp) *verhaften u. einsperren:* der Einbrecher wurde einkassiert.

Ein|kas|sie|rung, die; -, -en: *das Einkassieren.*

ein|kas|teln ⟨sw. V.; hat⟩ [zu ↑ Kasten]: **1.** (bes. südd., österr.) **a)** *mit einem Viereck umgeben:* eine Zahl e.; **b)** *mit einem kastenähnlichen Gebilde, mit Gebäuden umgeben, einschließen;* einkeilen: einen Platz, eine Wiese e.; Ü eingekastelt von zwei Beamten sitzt er da. **2.** (österr.) *einsperren;* festsetzen.

ein|käs|teln ⟨sw. V.; hat⟩ (ugs.): einkasteln (1 a).

Ein|kauf, der; -[e]s, Einkäufe [spätmhd. einkauf = Mitgliedsbeitrag, zu ↑ einkaufen (2)]: **1. a)** *das Einkaufen* (1 a): Einkäufe machen, erledigen; Mama besorgte um diese Stunde Einkäufe, und Papa war noch im Büro (Musil, Mann 309); **b)** *eingekaufte Ware für den täglichen Bedarf:* sie packten ihre Einkäufe aus. **2. a)** *das Einkaufen* (1 b): Einkäufe im Ausland tätigen; **b)** ⟨o. Pl.⟩ (Kaufmannsspr.) *Abteilung eines Unternehmens, die für den Einkauf (2 a) zuständig ist:* er arbeitet im, beim E. **3.** *das Sicheinkaufen:* sie hat durch E. ein Altenheim für später vorgesorgt. **4. a)** *das Einkaufen* (3): der E. eines teuren Stars; **b)** *eingekaufte Person.*

ein|kau|fen ⟨sw. V.; hat⟩: **a)** *sich durch Kauf mit Waren für den täglichen Bedarf versehen; Einkäufe, Besorgungen machen:* etw. billig, vorteil-

haft e.; bargeldlos e. *(die Einkäufe mit Kreditkarte [od. Scheck] bezahlen);* ein paar Lebensmittel e.; e. gehen; **b)** *(Waren) in größeren Mengen durch Kauf beschaffen, im Handel beziehen:* das Material wurde en gros eingekauft; Ü ohne Geld, kostenlos e. (scherzh. verhüll.; *Ladendiebstahl begehen; stehlen).* **2.** ⟨e. + sich⟩ *durch Zahlung eine Berechtigung, eine Mitgliedschaft, Teilhaberschaft, die Anwartschaft auf etw. erwerben:* sich in eine Firma e. **3.** *jmdn. durch Zahlung von Geld [vertraglich] verpflichten, engagieren:* der Verein hat zwei Spitzenspieler eingekauft.

Ein|käu|fer, der; -s, -: **1.** *Angestellter eines Unternehmens, der mit dem Einkauf* (2 a) *beauftragt ist* (Berufsbez.). **2.** *jmd., der einkauft* (3).

Ein|käu|fe|rin, die; -, -nen: w. Form zu ↑ Einkäufer.

Ein|kaufs|bum|mel, der: *Spaziergang [durch eine Stadt], den jmd. macht, um dabei Einkäufe* (1 a) *zu erledigen.*

Ein|kaufs|cen|ter, das: *Einkaufszentrum.*

Ein|kaufs|ge|nos|sen|schaft, die: *Genossenschaft, zu der sich Einzelhandels-, Handwerks- u. Landwirtschaftsbetriebe zusammenschließen, um durch gemeinsamen Einkauf* (2 a) *die Kosten zu verringern.*

Ein|kaufs|korb, der: **a)** *einhenkeliger Korb zum Tragen der Einkäufe* (1 b); **b)** *Draht-, Plastikkorb, in den man in einem Geschäft vor Selbstbedienung die Waren legt, die man kaufen will.*

Ein|kaufs|lis|te, die: *Liste der einzukaufenden Dinge:* eine E. zusammenstellen.

Ein|kaufs|macht, die (Wirtsch.): *Stellung eines Unternehmens, die es ihm ermöglicht, beim Einkaufen von Waren günstige Preise auszuhandeln.*

Ein|kaufs|mall, die: *Mall.*

Ein|kaufs|markt, der: *großflächiger Selbstbedienungsladen mit umfangreichem Sortiment bes. an Lebensmitteln.*

Ein|kaufs|mei|le, die: *Hauptgeschäftsstraße [in größeren Städten]:* eine noble, teure E.

Ein|kaufs|mög|lich|keit, die: *Möglichkeit einzukaufen:* in diesem Viertel gibt es kaum -en.

Ein|kaufs|netz, das: *Netz* (1 a) *in Form eines Beutels zum Tragen der Einkäufe* (1 b).

Ein|kaufs|pa|ra|dies, das (bes. Werbespr.): *Stadt, Stadtteil, Einkaufszentrum o. Ä. mit einem reichhaltigen Warenangebot [zu günstigen Preisen] u. komfortablen äußeren Gegebenheiten.*

Ein|kaufs|pas|sa|ge, die: *überdachte kurze Einkaufsstraße für Fußgänger.*

Ein|kaufs|preis, der (Kaufmannsspr.): *Preis, der [dem Einzelhandel] für die Ware vom Großhandel, seltener auch vom Hersteller in Rechnung gestellt wird.*

Ein|kaufs|rol|ler, der: *Gestell mit zwei Rädern und einem taschenähnlichen Behältnis zum Transportieren der Einkäufe* (1 b); *Einkaufswagen* (b).

Ein|kaufs|stra|ße, die: *Geschäftsstraße, die besonders gut zum Einkaufen geeignet ist.*

Ein|kaufs|ta|sche, die: *[größere] Tasche zum Tragen der Einkäufe* (1 b).

Ein|kaufs|tour, die: *Einkaufsbummel od. -fahrt, -reise.*

Ein|kaufs|tü|te, die: *[mit Tragegriffen ausgestattete] Tüte aus festem Papier od. Kunststofffolie zum Verstauen und Tragen von Einkäufen.*

Ein|kaufs|wa|gen, der: **a)** *fahrbares Gestell mit einem [fest verbundenen] Drahtkorb, in den man in einem Selbstbedienungsladen die Waren legt, die man kaufen will;* **b)** *Einkaufsroller.*

Ein|kaufs|zen|t|rum, das [LÜ von amerik. shopping center]: *(häufig außerhalb der Stadt planmäßig angelegter) größerer Gebäudekomplex*

mit verschiedenen Einzelhandelsgeschäften, Gaststätten u. a.: ein E. auf der »grünen Wiese«.

Ein|kaufs|zet|tel, der: *Zettel, auf dem einzukaufende Dinge notiert sind.*

Ein|kehr, die; -: **1.** *das Einkehren* (1): E. halten. **2.** (geh.) *innere Sammlung, das Überdenken, Prüfen der eigenen inneren Situation; Selbstbesinnung:* das Erlebnis hatte ihn zur E. gebracht.

ein|keh|ren ⟨sw. V.; ist⟩: **1.** *unterwegs [auf einer Wanderung o. Ä.] einen Besuch in einer Gaststätte machen:* wir sind auf der Fahrt nur einmal [in einem/(selten:) in ein Wirtshaus] eingekehrt. **2.** (geh.) *sich einstellen, bemerkbar machen:* der Frühling kehrt in diesem Jahr verspätet ein; endlich kehrte wieder Friede ein.

ein|kei|len ⟨sw. V.; hat⟩: **1.** (selten) *mit einem Keil befestigen:* einen Axtstiel [in das Öhr] e. **2.** *von mehreren Seiten so an jmdn., etw. herankommen, sich herandrängen, dass eine Fortbewegung nicht mehr möglich ist:* ⟨oft im 2. Part.:⟩ wir standen eingekeilt in der Menge.

ein|keim|blät|te|rig, (häufiger:) **ein|keim|blätt|rig** ⟨Adj.⟩ (Bot.): *(als Keimling) nur ein Keimblatt ausbildend.*

ein|kel|lern ⟨sw. V.; hat⟩: *im Keller als Wintervorrat anlegen, unterbringen:* Kartoffeln, Kohlen e. Dazu: **Ein|kel|le|rung,** die; -, -en.

ein|ker|ben ⟨sw. V.; hat⟩: **a)** *eine Kerbe in etw. schneiden:* einen Stock am oberen Ende e.; **b)** *kerbend in etw. hervorbringen, entstehen lassen:* Buchstaben in einen Baumstamm e.

Ein|ker|bung, die; -, -en: **1.** *das Einkerben:* -en vornehmen. **2.** *Kerbe.*

ein|ker|kern ⟨sw. V.; hat⟩ (geh.): *in einem Kerker, Verlies o. Ä. gefangen setzen:* man hatte sie drei Jahre lang unschuldig eingekerkert. Dazu: **Ein|ker|ke|rung,** die; -, -en.

ein|kes|seln ⟨sw. V.; hat⟩ (bes. Militär): *völlig einschließen:* die Armee wurde eingekesselt. Dazu: **Ein|kes|se|lung,** die; -, -en.

Ein|kind|fa|mi|lie, die: *Familie mit nur einem Kind.*

ein|kit|ten ⟨sw. V.; hat⟩: *mithilfe von Kitt in etw. befestigen:* eine Glasscheibe [in den Rahmen] e.

ein|klag|bar ⟨Adj.⟩: *sich durch Klage vor einem Gericht erreichen, erlangen lassend:* -e Rechte.

ein|kla|gen ⟨sw. V.; hat⟩: **a)** *durch Klage vor einem Gericht einzutreiben, zu erlangen suchen:* Schulden, 80 000 Euro e.; der eingeklagte Betrag; **b)** *mit Nachdruck [und moralischem Rechtsanspruch] fordern:* Menschenrechte und Bürgerfreiheit, Solidarität, Grundsätze e.

ein|kla|gung, die; -, -en: *das Einklagen.*

ein|klam|mern ⟨sw. V.; hat⟩: *(etw. Geschriebenes) in Klammern einschließen:* ein Wort e. Dazu: **Ein|klam|me|rung,** die; -, -en.

Ein|klang, der; -[e]s, Einklänge ⟨Pl. selten⟩: **1.** (Musik) *das Zusammenklingen von zwei od. mehr Tönen auf derselben Tonhöhe od. im Oktavabstand.* **2.** (geh.) *etw. als richtig, angebracht, wohltuend empfundene Übereinstimmung, Harmonie:* der E. von Körper und Seele; mit jmdm., mit sich selbst im E. sein; etw. in E. zu bringen *(aufeinander abzustimmen)* suchen; Worte u. Taten stehen hier nicht miteinander im/in E.

ein|klap|pen ⟨sw. V.; hat⟩: *(etwas Ausgeklapptes) wieder nach innen klappen, zusammen-, hochklappen:* das Bett kann man e.

ein|klas|sig ⟨Adj.⟩ (Schule): *aus nur einer Schulklasse bestehend:* eine -e Schule.

ein|kle|ben ⟨sw. V.; hat⟩: *durch Kleben in etw. befestigen:* die Fotos [ins Album] e.

ein|klei|den ⟨sw. V.; hat⟩: **1. a)** *mit der nötigen Kleidung versehen, mit neuer Kleidung vollständig ausstatten:* sich [neu] e.; **b)** *mit Uniform, Berufskleidung, Ordnenstracht o. Ä. versehen:* die Rekruten wurden eingekleidet.

2. (geh.) *(Gedankliches, Erlebtes o. Ä.) in bestimmter Weise in Worte fassen:* seine Gedanken in ein Gleichnis e.; eine eingekleidete Aufgabe (Math.; Textaufgabe).

Ein|klei|dung, die; -, -en: *das Einkleiden; das Eingekleidetwerden.*

ein|kleis|tern ⟨sw. V.; hat⟩: *mit Kleister versehen:* die Tapetenbahnen gleichmäßig e.

ein|klem|men ⟨sw. V.; hat⟩: **1.** *etw., jmdn. zwischen od. in etw. geraten lassen u. dadurch in der Bewegung, Beweglichkeit hemmen [u. quetschen, verletzen]:* ich habe mir den Daumen in der Tür eingeklemmt; der Fahrer war hinter dem Steuerrad eingeklemmt; (Med.:) ein eingeklemmter Bruch. **2.** *fest in, zwischen etw. klemmen:* der Hund klemmte den Schwanz ein; einen Gegenstand in den Schraubstock e.; Er nahm das seidene Käppchen ab und klemmte die Lippe ein (Langgässer, Siegel 219). **3.** (Eishockey) *den Puck so gegen die Bande drücken, dass er blockiert u. nicht spielbar ist.*

Ein|klem|mung, die; -, -en: *das Einklemmen.*

ein|kli|cken ⟨sw. V.; ist⟩: **1.** *mit einem klickenden Laut einrasten:* das Zahnrad war bereits eingeklickt. **2.** ⟨e. + sich⟩ (EDV) *durch Anklicken eine Verbindung herstellen:* sich ins Internet e.

ein|klin|ken ⟨sw. V.; hat⟩: **a)** ⟨hat⟩ *durch Betätigen eines Hebels o. Ä. in eine Haltevorrichtung (bes. eine Tür mit der Klinke) einschnappen, einrasten lassen:* die Tür leise e.; er hat den Gurt nicht richtig eingeklinkt; **b)** ⟨ist⟩ *in eine Haltevorrichtung einschnappen, einrasten:* er hörte, wie die Tür einklinkte. **2.** ⟨e. + sich; hat⟩ (ugs.) *sich an etw. beteiligen, was schon im Gange ist; sich einschalten, zugesellen:* an diesem Punkt habe ich mich in die Diskussion eingeklinkt.

ein|klop|fen ⟨sw. V.; hat⟩: **a)** *klopfen* (1h): einen Nagel [in die Wand] e.; **b)** *durch leichte Schläge zum Einziehen* (4) *bringen:* die Creme leicht [in die Haut] e.

ein|knei|fen ⟨st. V.; hat⟩: **1.** *nach innen drücken, zusammenpressen:* die Lippen e. **2.** *einklemmen* (2): der Hund hat den Schwanz eingekniffen.

ein|kni|cken ⟨sw. V.⟩: **1.** ⟨hat⟩ **a)** *leicht knicken* (1 a): Streichhölzer e.; **b)** *scharf umbiegen:* ich habe mir den Fuß eingeknickt. **2.** ⟨ist⟩ *einen Knick bekommen; mit einem Knick zusammensinken:* die Halme knickten im Wind ein; vor Erschöpfung knickten ihr die Knie/knickte sie [in den Knien] ein. **3.** ⟨ist⟩ (abwertend) *seinen bisher vertretenen Standpunkt aufgeben, seine Meinung ändern:* die Regierung knickte im Streit um die Raketen ein.

ein|knöpf|bar ⟨Adj.⟩: *sich einknöpfen lassend:* ein -es Mantelfutter.

ein|knöp|fen ⟨sw. V.; hat⟩: *knöpfend, mit Knöpfen in etw. befestigen:* das Mantelfutter e.

ein|kno|ten ⟨sw. V.; hat⟩: *knotend in ein Tuch binden:* ein Geldstück ins Taschentuch e.

ein|knüp|fen ⟨sw. V.; hat⟩: *knüpfend in etw. befestigen:* in den Wandteppich waren Perlen eingeknüpft.

ein|knüp|peln ⟨sw. V.; hat⟩: *fortgesetzt mit dem Knüppel schlagen:* die Polizisten knüppelten auf die Demonstranten ein.

ein|ko|chen ⟨sw. V.; hat⟩: **1.** *etw. haltbar machen, konservieren, indem man es kocht und luftdicht verschließt:* Kirschen e. **2.** *[in Soße o. Ä.] längere Zeit köcheln lassen, damit ein Teil des Wassers verdampft u. das Gekochte dadurch konzentrierter, dickflüssiger wird:* ich würde die Soße noch etwas e. **3.** (österr.) **a)** (scherzh.) *jmdn. zu etw. überreden;* **b)** *betrügen.*

ein|kom|men ⟨st. V.; ist⟩: **1.** (veraltend) *(von Geld) eingenommen werden; als Einnahme, Gewinn eingehen:* durch den Verkauf ist eine größere Summe eingekommen. **2.** (bes. Sport) *ins Ziel gelangen, am Ziel ankommen, einen Platz belegen:* der Wagen, der Läufer kam als Zweiter ein; (Seemannsspr.:) das Schiff kommt [in den Hafen] ein. **3.** (geh.) *sich förmlich, offiziell mit einem Anliegen, einer Bitte o. Ä. an jmdn. (meist eine Behörde) wenden:* um Urlaub, um seine Versetzung, um die Genehmigung für etw. e. **4.** (veraltet, noch landsch.) *plötzlich in den Sinn kommen, einfallen:* es ist mir gerade eingekommen, dass ...; ♦ Ist die Geburt des Menschen das Werk einer viehischen Anwandlung, eines Ungefährs, wie sollte wegen der Verneinung seiner Geburt sich e. lassen, an ein bedeutendes Etwas zu denken (Schiller, Räuber IV, 2).

Ein|kom|men, das; -s, -: *Gesamtsumme der regelmäßigen Einnahmen, Einkünfte, Bezüge:* ein geringes monatliches E. haben; E. aus Grundbesitz; er hat ein gutes E.; das E. versteuern.

Ein|kom|mens|ab|hän|gig ⟨Adj.⟩: *vom Einkommen abhängig.*

Ein|kom|mens|aus|fall, der: *Ausfall* (2 b) *des Einkommens.*

Ein|kom|mens|ein|bu|ße, die: *Rückgang des Einkommens:* die Arbeitnehmer mussten in dieser Zeit reale -n hinnehmen.

Ein|kom|mens|ent|wick|lung, die: *Entwicklung des Einkommens:* die E. nimmt einen günstigen Verlauf.

Ein|kom|mens|gren|ze, die: *obere od. untere Grenze des Einkommens, die für die Berechnung von Steuern, Gewährung von Zuschüssen o. Ä. festgelegt ist:* der Zuschuss wird gewährt bis zu einer E. von 1500 Euro monatlich.

Ein|kom|mens|hö|he, die: *Höhe* (3 a) *des Einkommens.*

Ein|kom|mens|klas|se, die: *Klasse, Kategorie, der jmd. aufgrund seines Einkommens zugeordnet wird:* welcher E. gehört sie an?

Ein|kom|mens|los ⟨Adj.⟩: *über kein Einkommen verfügend.*

Ein|kom|mens|mil|li|o|när, der: *jmd., der ein Jahreseinkommen von einer Million (in einer bestimmten Währung) od. mehr hat.*

Ein|kom|mens|mil|li|o|nä|rin, die: w. Form zu ↑ Einkommensmillionär.

Ein|kom|mens|ni|veau, das: *Einkommenshöhe.*

Ein|kom|mens|quel|le, die: *Möglichkeit, zu [zusätzlichem] Einkommen zu kommen.*

Ein|kom|mens|schwach ⟨Adj.⟩: *nur über ein geringes Einkommen verfügend:* -e Familien.

Ein|kom|mens|stark ⟨Adj.⟩: *über ein höheres Einkommen verfügend.*

Ein|kom|mens|steu|er, (Steuerw.:) Einkommensteuer, die: *von jmds. Einkommen erhobene Steuer.*

Ein|kom|mens|steu|er|er|klä|rung, (Steuerw.:) Einkommensteuererklärung, die: *Steuererklärung über das Einkommen.*

Ein|kom|mens|steu|er|ge|setz, (Steuerw.:) Einkommensteuergesetz, das: *Gesetz, das die Besteuerung der Einkommen regelt.*

Ein|kom|mens|steu|er|pflich|tig, (Steuerw.:) einkommensteuerpflichtig ⟨Adj.⟩: *von der Einkommensteuer erfasst werdend.*

Ein|kom|mens|steu|er|ver|an|la|gung, (Steuerw.:) Einkommensteuerveranlagung, die: vgl. Steuerveranlagung.

Ein|kom|men|steu|er usw.: ↑ Einkommensteuer usw.

Ein|kom|mens|ver|hält|nis|se ⟨Pl.⟩: *Höhe, Zusammensetzung von jmds. Einkommen:* über seine E. schweigt er sich aus.

Ein|kom|mens|ver|lust, der: *Verlust, Einbuße an Einkommen.*

Ein|kom|mens|ver|tei|lung, die (bes. Wirtsch.): *Verteilung des Volkseinkommens auf die [einzelnen Schichten der] Bevölkerung.*

Ein|kom|mens|zu|wachs, der: *Zuwachs des Einkommens.*

ein|köp|fen ⟨sw. V.; hat⟩ (Fußball): *den Ball ins Tor köpfen:* er köpfte [eine Flanke] zum 1 : 0 ein.

Ein|korn, das; -s [mhd. einkorn, ahd. einchorn]: *Weizenart mit kurzen, dicken Ähren mit langen Grannen, die meist nur eine Frucht ausbilden.*

ein|ko|ten ⟨sw. V.; hat⟩ (bes. Med., Psychol., Päd.): *unkontrolliert den Darm entleeren [u. dadurch etw., sich mit Kot beschmutzen]:* das Kind hat sich eingekotet.

ein|kra|chen ⟨sw. V.; ist⟩ (ugs.): **1. a)** *krachend in sich zusammenfallen, einstürzen:* die Brücke ist eingekracht; **b)** *krachend durch etwas hindurchbrechen:* das Kind ist auf dem Eis eingekracht. **2.** *(von Granaten u. Ä.) einschlagen.*

ein|kral|len ⟨sw. V.; hat⟩: **a)** ⟨e. + sich⟩ *die Krallen in etw. schlagen, sich mit den Krallen in etw. festhalten:* man sah noch, wo sich die Katze eingekrallt hatte; **b)** *(die Finger u. Ä.) krampfhaft in etw., in sich selbst bohren, krallen, zusammenkrallen:* vor Schmerz krallte sie die Finger [ins Kissen] ein.

ein|krat|zen ⟨sw. V.; hat⟩: **1.** *durch Kratzen mit einem scharfen Gegenstand in etw. hervorbringen, in etw. kratzen:* er hat seinen Namen [in den Stein] eingekratzt. **2.** ⟨e. + sich⟩ (salopp) *sich einschmeicheln, beliebt machen:* sich bei der Lehrerin e. wollen.

ein|krei|sen ⟨sw. V.; hat⟩: **1.** *einen Kreis, eine kreisförmige Linie um etw. ziehen u. es dadurch markieren:* ich werde [mir] das Datum rot e. **2.** *von allen Seiten umstellen, einschließen, kreisförmig umgeben, umzingeln:* den Feind e. **3.** *dem Kernpunkt einer Sache (abwägend) immer näher kommen:* eine Frage [immer mehr] e. **4.** (Amtsspr.) *eine bisher kreisfreie Stadt in einen Landkreis eingliedern.*

Ein|krei|sung, die; -, -en: *das Einkreisen; das Eingekreistwerden.*

Ein|krei|sungs|po|li|tik, die ⟨o. Pl.⟩: *Politik, die darauf abzielt, einen Staat zu isolieren [u. in bestimmter Weise unter Druck zu setzen].*

♦ **ein|krem|pen** ⟨sw. V.; hat⟩: *[sehr klein] zusammenfalten:* ...legte seinen Bogen in die Quere oder krempte ihn Sedezimo ein (Jean Paul, Wutz 8).

ein|kreu|zen ⟨sw. V.; hat⟩ (Biol.): **1.** *mit etw. kreuzen* (7) *(u. dadurch verändern):* eine Rasse in eine andere e. **2.** *durch Kreuzen* (7) *hinein-, einbringen.* **3.** ⟨e. + sich⟩ *sich durch Kreuzen einnisten.*

Ein|kreu|zung, die; -, -en (Biol.): *das [Sich]einkreuzen.*

ein|krie|gen ⟨sw. V.; hat⟩ (ugs.): **1.** *einholen* (1 a). **2.** ⟨e. + sich⟩ *die Fassung, seine Selbstbeherrschung wiederfinden:* krieg dich ein!

ein|krüm|men ⟨sw. V.; hat⟩: *nach einer Seite, bes. nach innen krümmen:* die Finger e. Dazu: **Ein|krüm|mung,** die; -, -en.

ein|küh|len ⟨sw. V.; hat⟩: **1.** (Fachspr.) *(Lebensmittel) in einer Kühlanlage haltbar machen.* **2.** (österr.) *kühlen* (2).

Ein|kunft, die; - (Fachspr.): Sg. von ↑ Einkünfte.

Ein|künf|te ⟨Pl.⟩ [zu ↑ einkommen (1); zum 2. Bestandteil vgl. Abkunft]: *als Verdienst, Gewinn eingehende Gelder; feste, [un]regelmäßige E.; seine E. verbessern, versteuern.*

Ein|kunfts|art, die (Finanzw.): *Art der Einkünfte.*

ein|kup|peln ⟨sw. V.; hat⟩ (Kfz-Technik): *durch Loslassen des Kupplungspedals die Verbindung zwischen Motor u. Getriebe herstellen:* nach dem Schalten langsam e.

ein|kür|zen ⟨sw. V.; hat⟩ (bes. Gartenbau): *kürzer machen:* den Flieder e.

ein|ku|scheln ⟨sw. V.; hat⟩ (fam.): **a)** ⟨e. + sich⟩ *sich kuschelnd in etw. schmiegen:* sich behaglich [in die Kissen] e.; **b)** *warm zudecken u. die Kissen festdrücken:* jmdn. e.

¹ein|la|den ⟨st. V.; hat⟩: *(eine Ladung, Fracht o. Ä.) in ein Transportfahrzeug befördern, schaffen [u. dort verstauen]:* Säcke [in den Waggon] e.

²ein|la|den ⟨st. V. (landsch. im Präs. auch mit nicht umgelauteten Formen); hat⟩: **a)** *als Gast zu sich bitten, höflich zu einem Besuch, Aufenthalt bei sich auffordern:* seine Freunde [zum Geburtstag, in sein Haus] e.; jmdn. für Sonntag zum Tee e.; er lädt mich nach Paris, in die USA ein; sie lud ihn ein *(forderte ihn auf),* sich zu setzen; ich bin [heute Abend] eingeladen; eine einladende Handbewegung; Ü *der schöne Platz lädt zum Verweilen ein* (geh.; *veranlasst dazu*); **b)** *jmdn. zu einer kostenlosen Teilnahme an etw. auffordern; bitten, an etw. teilzunehmen, bei etw. mitzumachen:* jmdn. ins Theater, zu einem/(landsch.:) auf ein Glas Wein [in den Ratskeller] e.; **c)** (schweiz.) *jmdn. auffordern, etw. zu tun:* der Bundesrat wird eingeladen, die Sache endlich in die Hand zu nehmen.

ein|la|dend ⟨Adj.⟩: *Anreiz zu etw. bietend; zu etw. verlockend, verführerisch:* ein -er Anblick; die Kneipe sah nicht sehr e. aus.

¹Ein|la|dung, die; -, -en: *das ¹Einladen; das Verladen* (1).

²Ein|la|dung, die; -, -en: **1.** *das Einladen; Äußerung, mit der man jmdn. einlädt:* eine E. aussprechen, annehmen, ablehnen; eine schriftliche E. [zu einer Feier] bekommen; einer E. folgen, Folge leisten; Ü (ugs.:) die defekte Scheibe ist geradezu eine E. für Diebe *(verlockt geradezu Diebe),* das Auto zu entwenden; die Leistung der gegnerischen Hintermannschaft war eine E. *(bot viele Möglichkeiten)* zum Toreschießen. **2.** *Einladungsschreiben:* -en drucken lassen. **3.** *Festlichkeit, Veranstaltung mit Gästen:* -en geben; nach einer E. aufräumen. **4.** (schweiz.) *Aufforderung, etw. zu tun:* zweimal erging an ihn die E., sich um die Sache zu kümmern. **5.** (Fechten) *Klingenlage, mit der man absichtlich Blößen für einen gegnerischen Angriff öffnet.*

Ein|la|dungs|kar|te, die: *Karte, auf der in schriftlicher Form eine ²Einladung* (1) *ausgesprochen wird.*

Ein|la|dungs|schrei|ben, das: *schriftliche Einladung in Briefform.*

Ein|la|ge, die; -, -n: **1.** *etw., was in eine Postsendung eingelegt, ihr beigelegt ist:* der Brief enthielt zwei -n; etw. als E. verschicken. **2.** (Schneiderei) *zur Versteifung in bestimmte Teile der Kleidung eingefügtes Material:* die E. in einem Kragen. **3.** (Kochkunst) *feste Zutat in einer Suppe:* eine Bouillon mit Klößchen als E. **4. a)** *etw. (für einen bestimmten Zweck Geeignetes, Passendes, Vorgesehenes), was in etw. [hinein]gelegt wird:* die -n der Windeln; **b)** *etw., was zur Verzierung in die Oberfläche eines Gegenstandes eingearbeitet wurde:* eine Tischplatte mit -n aus Elfenbein. **5.** *der Stützung des Fußes dienende Unterlage, die in den Schuh eingelegt wird:* orthopädische -n; er muss -n tragen. **6.** (Zahnmed.) *vorläufige Zahnfüllung:* die E. wieder entfernen. **7.** *Darbietung als eingeschobener Teil eines Programms:* im Konzert mit tänzerische -n. **8.** (Finanzw.) **a)** *auf ein Bankkonto eingezahltes Geld:* die Einlagen bei den Sparkassen sind gestiegen; **b)** *in ein Unternehmen als Beteiligung eingebrachte Sach- od. Geldleistung:* die E. dieses Teilhabers beläuft sich auf 50 000 Euro; Die Liebe ist kein Händler, der seine -n zurückhaben will (Remarque, Triomphe 422).

Ein|la|gen|si|che|rung (Finanzw.): *Absicherung der Einleger gegen den Verlust ihrer Einlagen.*

ein|la|gern ⟨sw. V.; hat⟩: **1.** *zur Aufbewahrung, Lagerung in einen dafür geeigneten Raum bringen:* Kartoffeln [im Keller], Atommüll e.; eingelagerte Bestände. **2.** ⟨e. + sich⟩ *sich in einer anderen Materie festsetzen, ablagern:* der Kalkstein lagerte sich in die/den Schichten ein; ⟨oft im 2. Part.:⟩ ins Gewebe eingelagerte Stoffwechselprodukte.

Ein|la|ge|rung, die; -, -en: **1.** *das Einlagern* (1). **2. a)** *das Sicheinlagern;* **b)** *etw. in einer anderen Materie Abgelagertes:* -en aus Kalk.

ein|lan|gen ⟨sw. V.; ist⟩ (österr.): *ankommen, eintreffen:* er ist gestern in Wien eingelangt.

Ein|lass, der; -es, Einlässe: **1.** ⟨o. Pl.⟩ *das Hereinlassen, Eintretenlassen; Zutritt:* E. ab 18 Uhr; Ü ... unter den jungen Leuten hatte dieser und jener durch sein Benehmen Zeugnis davon gegeben, dass der neue Geist der Empörung sich tückisch E. zu verschaffen gewusst hatte (Th. Mann, Buddenbrooks 122). **2.** *Eingang, Eingangstür:* der E. war versperrt; ... soll es vor dem Werfttor am Jakobswall, wo auch früher die Werft ihren E. hatte, fünf oder sieben Tote gegeben haben (Grass, Butt 145).

ein|las|sen ⟨st. V.; hat⟩: **1.** *hereinkommen lassen, jmdm. Zutritt gewähren, den Eintritt gestatten:* sie wollte den Fremden nicht e.; Ü sie öffnete das Fenster, um Licht und Luft einzulassen; Kaum einer hat so viel gelesen wie Goethe und so viel fremden Geist in sich eingelassen wie er (Thieß, Reich 402). **2.** *einlaufen, einfließen lassen:* das Wasser [in die Badewanne] e. **3.** *in eine feste, harte Materie einfügen u. dort befestigen; genau einpassen, einsetzen:* in Gold eingelassene Edelsteine. **4.** (südd., österr.) **a)** *mit Wachs einreiben, einwachsen:* den Fußboden e.; **b)** *mit Farbe o. Ä. streichen, lackieren:* den Schrank mit Firnis e. **5.** ⟨e. + sich⟩ (meist abwertend) *Kontakt aufnehmen, Umgang pflegen, verkehren:* mit diesem Menschen solltest du dich nicht e. **6.** ⟨e. + sich⟩ **a)** *auf etw. eingehen; sich auf ein Abenteuer e.;* sich ließ mich auf nichts ein; sich in ein Gespräch e.; **b)** *sich an etw. beteiligen, mitmachen.* **7.** ⟨e. + sich⟩ (Rechtsspr.) *Einlassungen machen:* sich dahin gehend e., dass ... ◆ **8.** *(vom Lande o. Ä., den man zu bekommen hat) einbehalten lassen, auf-, verrechnen lassen:* ... ist er um Waldbäume eingekommen. Die können sie ihm nicht schenken, ... die muss er abdienen. So hat er Arbeitslohn dafür eingelassen (Rosegger, Waldbauernbub 79).

Ein|lass|kar|te, die: *Karte, die zum Eingelassenwerden, zum Zutritt berechtigt.*

Ein|las|sung, die; -, -en (bes. Rechtsspr.): *Äußerung, Stellungnahme, Aussage:* die E. des Angeklagten hören.

Ein|lauf, der; -[e]s, Einläufe: **1.** (Sport) **a)** ⟨o. Pl.⟩ *das Passieren der Ziellinie bei einem Fahr-, Renn-, Laufwettbewerb:* beim E. lagen die beiden Pferde dicht beieinander; **b)** *Reihenfolge beim Passieren der Ziellinie;* **c)** ⟨o. Pl.⟩ *das Einlaufen* (1 a, b): sie winkte beim E. ins Stadion; **d)** *Ziel[linie] bei einem Fahr-, Renn-, Laufwettbewerb.* **2.** (Med.) *Einführung von Flüssigkeit durch den After in den Dickdarm zur Darmreinigung, bei Verstopfung, zur künstlichen Ernährung u. a.:* jmdm. einen E. machen. **3.** (selten) *Öffnung, durch die eine Flüssigkeit in etw. hineinläuft:* der E. der Regenrinne ist verstopft. **4.** (Kochkunst) *aus Eiern, Mehl, Wasser u. a. hergestellte Suppeneinlage, die man in die Suppe einlaufen lässt.* **5.** (Bürow.) *Eingang* (4): die Einläufe der Reihe nach bearbeiten. **6.** (Jagdw.) *Öffnung an einem Gatter, durch das Wild in ein Gebiet hinein-, aber nicht wieder aus ihm herausgelangen kann.*

ein|lau|fen ⟨st. V.⟩: **1.** (Sport) **a)** ⟨ist⟩ *(von Sportlern) in die Wettkampfstätte, auf das Spielfeld laufen:* die Mannschaften laufen [in das Stadion] ein; **b)** ⟨ist⟩ *bei einem Wettbewerb im Laufen einen bestimmten Abschnitt beginnen:* in die Zielgerade e.; **c)** ⟨e. + sich; hat⟩ *sich vor einem Wettbewerb o. Ä. durch bestimmte Übungen u. a. vorbereiten:* die Eiskunstläufer sind dabei, sich einzulaufen. **2.** ⟨ist⟩ **a)** *fahrend im Bahnhof ankommen:* der Zug läuft gerade ein; **b)** *in den Hafen hineinfahren:* das Schiff ist bereits [in den Hafen] eingelaufen. **3.** ⟨ist⟩ *in ein Gefäß, einen Behälter o. Ä. [hinein]fließen:* das Wasser läuft in das Becken ein; Er vergisst, dass er ein Bad hat e. lassen (Frisch, Montauk 289). **4.** ⟨ist⟩ (bes. Bürow.) *an entsprechender Stelle ankommen, eingehen:* Briefe, Beschwerden laufen bei der Behörde ein; Der Steuerbeamte nun erklärte mit trockenem Gleichmut, falls die erwartete Summe nicht binnen acht Tagen einliefe, werde man pfänden müssen (Thieß, Legende 79). **5.** ⟨ist⟩ *eingehen* (4): der Stoff läuft beim Waschen [nicht] ein. **6.** ⟨hat⟩ *([neue] Schuhe) durch Tragen ausweiten u. so bequemer machen.* **7.** ⟨e. + sich; hat⟩ *durch Inbetriebsein allmählich die vorgesehene Leistungsfähigkeit erreichen:* die Maschine muss sich erst e.

Ein|lauf|stel|le, die (österr.): *Stelle bei einer Behörde, bei der die Post eingeht.*

ein|läu|ten ⟨sw. V.; hat⟩: *durch Läuten den Beginn von etw. verkünden, anzeigen:* die letzte Runde des 1 500-m-Laufs e.; Ü mit dieser Rede läutete sie den Wahlkampf ein *(eröffnete sie ihn),* setzte sie das Zeichen zu seinem *Beginn).*

ein|le|ben, sich ⟨sw. V.; hat⟩: *sich an eine neue Umgebung gewöhnen, seine Lebensgewohnheiten an sie anpassen, in ihr heimisch werden:* sich in einer anderen Stadt, bei jmdm. e.; Ü sich in neue Verhältnisse e. müssen.

Ein|le|ge|ar|beit, die (Kunsthandwerk): **a)** *Verzierung an einem Gegenstand aus Holz, Metall u. a. durch eingefügte andersfarbige Plättchen aus dem gleichen od. einem anderen Material, die zu bestimmten Mustern geordnet sind;* **b)** *Gegenstand mit Einlegearbeiten* (a): diese Truhe ist eine E. aus dem Barock.

Ein|le|ge|bo|den, der: *waagerecht in einen Schrank o. Ä. einzulegendes Brett, das als Ablagefläche dient.*

ein|le|gen ⟨sw. V.; hat⟩: **1.** *(etw. für einen bestimmten Zweck Geeignetes, Passendes, Vorgesehenes) in etw. [hinein]legen:* Geld, Bilder in einen Brief e.; Sohlen in die Schuhe e.; du musst einen neuen Film [in die Kamera] e.; den Rückwärtsgang e. *(Kfz-Technik; durch Betätigung der Gangschaltung in den Rückwärtsgang schalten);* die Lanze e. *(Geschichte; unter den Arm nehmen und zum Stoß waagerecht halten);* der Stier legt die Hörner ein *(veraltend; senkt sie zum Angriff).* **2.** (Kochkunst) *in eine spezielle [einen würzigen Geschmack verleihende] Flüssigkeit legen [u. dadurch haltbar machen]:* Eier, Gurken e.; eingelegte Heringe. **3.** (Kunsthandwerk) **a)** *als Verzierung in Oberflächen von Gegenständen aus Holz, Metall u. a. einfügen:* [ein Muster aus] Perlmutter, edle Hölzer [in Metall, Holz] e.; **b)** *mit der Oberfläche eingefügten Verzierungen versehen:* die Tischplatte war mit Elfenbein eingelegt; eine eingelegte Arbeit *(Einlegearbeit).* **4.** (Bankw.) *auf ein Konto einzahlen, auf einem Konto anlegen:* Gelder, eine größere Summe e. **5.** *(die nassen Haare) mithilfe von Lockenwicklern, Klipsen in eine bestimmte Form bringen:* ich muss [mir] die Haare e. [lassen]. **6.** *zusätzlich dazwischenschieben, einfügen:* eine Ruhepause e. **7.** *offiziell aussprechen, mit Nachdruck geltend machen:* ein Veto e.; Protest gegen etw. e. *([gegen etw.] protestieren);* Berufung, Revision [beim Oberlandesgericht] e. **8.** (schweiz.) *abgeben:* bei einer Wahl die Stimmkarten e. ◆ **9.** *bezahlen, ent-*

richten: *Man bringe ihm (= dem Publikum) nach und nach ... Gefühl und Geschmack für das Gute bei, und es wird sein Geld mit doppeltem Vergnügen e.* (Goethe, Lehrjahre V, 9).

Ein|le|ger, der; -s, -: (Bankw.) *jmd., der Geld bei einer Bank einlegt, eingelegt hat:* die Forderungen der E. müssen befriedigt werden.

Ein|le|ge|rin, die; -, -nen: **a)** w. Form zu ↑ Einleger; ◆ **b)** w. Form zu ↑ Einleger: *Nun hatten wir zu dieser Zeit eine alte E. im Hause* (Rosegger, Waldbauernbub 155).

Ein|le|ge|sohle, die: *einer Schuhsohle nachgeformte dünne Unterlage aus Filz, Leder o. Ä., die in einen Schuh eingelegt wird.*

Ein|le|gung, die; -: *das Einlegen.*

◆ **ein|lei|ern** ⟨sw. V.; hat⟩: *einlullen:* Der Postillenton hat mich so eingeleiert (Iffland, Die Hagestolzen II, 2).

ein|lei|ten ⟨sw. V.; hat⟩: **1.** *den Vollzug, die Ausführung von etw. in die Wege leiten:* eine Untersuchung, diplomatische Schritte e.; ein Verfahren gegen jmdn. e.; eine Geburt künstlich e. (Med.; *durch eine Spritze o. Ä. dafür sorgen, dass die Wehen einsetzen*). **2.** *[zur Einführung, Einstimmung] an den Anfang stellen u. damit eröffnen:* Orgelspiel leitete den Gottesdienst ein; er sprach einige einleitende *(einführende)* Worte. **3.** *in etw. [hinein]leiten:* Abwässer in einen See e.

Ein|lei|tung, die; -, -en: **1.** *das Einleiten.* **2.** *einleitender Teil, einführendes Kapitel eines Aufsatzes, Sachbuches o. Ä.*

Ein|lei|tungs|ka|pi|tel, das: *einen längeren Text, ein Buch einleitendes Kapitel.*

ein|len|ken ⟨sw. V.⟩: **1. a)** ⟨ist⟩ *in eine andere Richtung fahren, einbiegen:* sie, das Auto lenkte in eine Seitenstraße ein; **b)** ⟨hat⟩ *in eine andere Richtung lenken:* eine Rakete in eine andere Bahn e. **2.** ⟨hat⟩ *von seiner ablehnenden, starren Haltung abgehen u. sich nachgiebiger zeigen, versöhnlich werden:* als die Verhandlungen zu scheitern drohten, lenkte er schließlich ein; ⟨subst.:⟩ die Regierung zum Einlenken bewegen.

ein|ler|nen ⟨sw. V.; hat⟩ (abwertend): **a)** *durch mechanisches [kritikloses] Lernen[lassen] einprägen, beibringen:* seine Worte klangen sehr eingelernt; **b)** (EDV) *eingeben, von einem Computer (zu dessen weiterer Steuerung o. Ä.) aufnehmen lassen:* neue Zeichensätze [in ein Programm] e.; ⟨subst.:⟩ das Einlernen von Daten.

ein|le|sen ⟨st. V.; hat⟩: **1.** ⟨e. + sich⟩ *sich durch [längeres] Lesen mit einem Werk o. Ä. vertraut machen:* sich in die klassische Literatur e. **2.** (EDV) *Informationsmaterial, Daten durch Scanner o. Ä. in eine Rechenanlage eingeben, übertragen:* das Programm liest den Text [in den Arbeitsspeicher] ein.

ein|leuch|ten ⟨sw. V.; hat⟩ [eigtl. = wie Licht hell eindringen]: *für jmdn. verständlich, klar sein, auf jmdn. überzeugend wirken:* seine Argumente leuchten ihr ein; es will mir nicht e., dass ...

ein|leuch|tend ⟨Adj.⟩: *so beschaffen, dass es leicht zu verstehen ist, ohne Mühe gedanklich nachzuvollziehen ist; überzeugend, plausibel:* eine -e Erklärung.

ein|lie|fern ⟨sw. V.; hat⟩: **a)** *an einen entsprechenden Ort bringen u. dort zuständigen Personen zur besonderen Behandlung, zur Beaufsichtigung o. Ä. übergeben:* jmdn. ins Gefängnis e.; ⟨österr. auch mit Dativ:⟩ jmdn. einem Spital e.; **b)** *bei der zuständigen Stelle zur weiteren Bearbeitung, zur Abfertigung abliefern, abgeben:* Pakete bei der Post e.

Ein|lie|fe|rung, die; -, -en: *das Einliefern; das Eingeliefertwerden.*

Ein|lie|fe|rungs|schein, der: *Bescheinigung, auf der die Einlieferung von etw. bestätigt wird.*

ein|lie|gend ⟨Adj.⟩ (Papierd.): *beiliegend, beigefügt:* beachten Sie die -e Gebrauchsanweisung.

Ein|lie|ger|woh|nung, die [zu veraltet einliegen = einquartiert sein]: *kleinere, zusätzlich eingebaute Wohnung (für einen Mieter) in einem Privathaus, Einfamilienhaus o. Ä.*

ein|lo|chen ⟨sw. V.; hat⟩: **1.** (salopp) *ins Gefängnis bringen, einsperren.* **2.** (Golf) *[den Ball] in ein Loch spielen.*

ein|log|gen ⟨sw. V.; hat⟩: **1.** ⟨e. + sich⟩ [engl. to log in, zu: to log = ins Logbuch eintragen; verbuchen, zu; log, ↑ Log] (EDV) *durch Eingabe bestimmter Daten (wie Benutzername u. Passwort) eine Verbindung zu einer Datenverarbeitungsanlage herstellen:* loggen Sie sich bitte jetzt ein. **2.** (Jargon) *(bes. in Quizsendungen im Fernsehen, bei denen die Kandidaten jeweils aus mehreren Antworten diejenige auswählen müssen, die als einzig richtig ist) sich von Kandidaten gewählt registrieren:* der Moderator loggte Antwort C ein.

ein|lo|gie|ren ⟨sw. V.; hat⟩ (veraltend): *jmdm., sich in Quartier, eine Unterkunft verschaffen:* jmdn. bei sich, in einem Hotel e.

ein|lös|bar ⟨Adj.⟩: *sich einlösen lassend:* ab Dienstag ist der Pfandschein e.

ein|lö|sen ⟨sw. V.; hat⟩: **1. a)** *durch Vorlegen die Auszahlung des entsprechenden Geldbetrages erwirken:* einen Scheck, Schuldschein e.; **b)** *den entsprechenden Geldbetrag auszahlen:* die Bank hat den Scheck nicht eingelöst; **c)** *(einen verpfändeten Gegenstand) gegen Zahlung des entsprechenden Betrages zurückerhalten; zurückkaufen:* ein Pfand [im Pfandhaus] e.; **d)** *eintauschen:* einen Scheck, einen Gutschein e.; gesammelte Punkte in Sachpreise e. **2.** (geh.) *(eine [schon vor längerer Zeit eingegangene] Verpflichtung) erfüllen, ihr nachkommen:* sein Versprechen, sein Wort, seine Zusage e.

Ein|lö|sung, die; -, -en: *das Einlösen.*

ein|lul|len ⟨sw. V.; hat⟩: **a)** *(von einem eintönigen Geräusch o. Ä.) jmdn. [sanft] einschläfern:* die Musik lullte ihn ein; Ü er versuchte, die Belegschaft mit schönen Worten einzulullen.

Ein|mach, Ein|ma|che, die; - (österr.): *helle Mehlschwitze.*

ein|ma|chen ⟨sw. V.; hat⟩: *in Einmachgläsern einkochen* (1): Obst, Gemüse e.

Ein|mach|glas, das ⟨Pl. ... gläser⟩: *[zylindrisches] Glasgefäß mit [Glas]deckel, das [mit einem Einmachring] luftdicht verschlossen wird.*

Ein|mach|gum|mi, das, auch der; -s, -s (ugs.): *Gummiring für das Einmachglas, auf dem der Deckel aufliegt.*

Ein|mach|ring, der: *Gummiring für das Einmachglas, auf dem der Deckel aufliegt.*

Ein|mach|topf, der: *Topf zum Einkochen* (1).

Ein|mach|zeit, die: *Jahreszeit, in der besonders viel Obst, Gemüse o. Ä. eingemacht wird.*

ein|mah|nen ⟨sw. V.; hat⟩ (seltener): *(etw., was man zu bekommen hat, was einem zusteht) in Erinnerung rufen, einfordern:* die Schulden e. Dazu: **Ein|mah|nung,** die; -, -en.

¹**ein|mal** ⟨Adv.⟩: **1. a)** *ein [einziges] Mal:* e. und nicht wieder; noch e. *(ein letztes Mal);* ein- bis zweimal; e. ums/übers andere (veraltend; *dauernd, immer wieder*); e. sagt er dies, ein andermal das; noch e. (doppelt) so groß; es hat sich e. mehr *(wieder einmal;* nach engl. *once more)* gezeigt, dass ...; Spr e. ist keinmal (es ist bedeutungslos, so gut wie nicht geschehen); oft als Entschuldigung für ein bewusstes, aber als einmalige Ausnahme vom sonstigen Wohlverhalten angesehenes Fehlverhalten); * **auf e.** (↑ ¹auf); **b)** *zum ersten; erstens:* e. wegen des schlechten Wetters, dann aber auch aus Zeitgründen. **2.** [ˈaɪnˈmaːl] *(auch) eines Tages, später:* er wird es [noch] e. bereuen; **b)** *vor längerer, langer Zeit;*

einst, früher: es war e. ... (formelhafter Anfang von Märchen); **c)** *irgendwann:* kommen Sie doch e. zu mir!; (verblasst:) wir wollen e. sehen.

²**ein|mal** ⟨Partikel; unbetont⟩: **1.** wirkt verstärkend in Aussagen, Fragen u. Aufforderungen: es ist nun e. geschehen; darf ich auch e. probieren?; komm doch e. her! **2.** wirkt nach bestimmten Adverbien einschränkend, eingrenzend: wir wollen erst e. *(zuerst)* essen; er kann nicht e. schreiben *(sogar schreiben kann er nicht).*

Ein|mal|ef|fekt, der (bes. Wirtsch.): *einmaliger Effekt.*

Ein|mal|ein|la|ge, die (Finanzw.): *einmalige Einlage (8 a) mit festgelegter Verzinsung.*

Ein|mal|eins, das; -: **1.** *Zahlenreihe der Vervielfältigungen der Zahlen von 1 bis 20 mit den Zahlen von 1 bis 10:* das große *(die Zahlen von 1 bis 20 betreffende),* das kleine *(die Zahlen von 1 bis 10 betreffende)* E. **2.** *Grundbestand an Kenntnissen, Wissen, der als Voraussetzung für etw. gilt; Anfangsgründe:* das gehört zum E. des Politikers, der Buchführung.

Ein|mal|er|lag, der (österr.): *einmalige Zahlung.*

Ein|mal|hand|tuch, das (Fachspr.): **1.** *als Handtuch dienendes Papiertuch, das nach dem Gebrauch weggeworfen wird.* **2.** *(bes. in Toiletten, Waschräumen) von einem Automaten abrollbare handtuchartige Stoffbahn, die sich nach dem Gebrauch wieder selbsttätig einrollt.*

ein|ma|lig ⟨Adj.⟩: **1. a)** *nur ein [einziges] Mal vorkommend, erforderlich:* eine -e Zahlung, Anschaffung; **b)** *nicht mehr wiederkehrend, sich nicht mehr so schnell bietend:* eine -e Gelegenheit; die Chance ist e. **2.** *kaum noch einmal in solcher Güte vorkommend:* es war e. schön.

Ein|ma|lig|keit, die; -: *das Einmaligsein.*

Ein|mal|sprit|ze, die (Fachspr.): *Einwegspritze.*

Ein|mal|zah|lung, die: *einmalige Zahlung:* bei den Tarifverhandlungen wurde neben der Gehaltserhöhung eine E. vereinbart.

Ein|mann|be|trieb, der: **1.** *Geschäft o. Ä., das von einer Person betrieben wird.* **2.** *Betrieb durch eine Person:* die Busse auf E. umstellen.

Ein|mann|ge|sell|schaft, die (Wirtsch.): *Kapitalgesellschaft, bei der alle Anteile in einer Hand vereinigt sind.*

ein|ma|ri|nie|ren ⟨sw. V.; hat⟩: *in eine Marinade einlegen:* Heringe e.

Ein|mark|stück, das (früher) (mit Ziffer: 1-Mark-Stück): *Münze mit dem Wert von einer Mark.*

Ein|marsch, der; -[e]s, Einmärsche: *das Einmarschieren.*

ein|mar|schie|ren ⟨sw. V.; ist⟩: **a)** *sich [in einer Formation] marschierend in ein Gebiet, einen Raum begeben, hineinmarschieren:* die Sportler marschieren ins Stadion ein; **b)** *in ein Gebiet, Land mit Truppen einrücken u. es gewaltsam besetzen.*

ein|mas|sie|ren ⟨sw. V.; hat⟩: *in etw. massieren:* das Mittel muss man gut [in die Kopfhaut] e.

Ein|mas|ter, der; -s, - (Seemannsspr.): *Schiff mit nur einem Mast.*

ein|mas|tig ⟨Adj.⟩: *mit nur einem Mast [ausgerüstet]:* ein -es Schiff.

ein|mau|ern ⟨sw. V.; hat⟩: **1.** *in Mauerwerk einschließen, mit Mauerwerk umgeben:* bei der Grundsteinlegung wurden Dokumente [in das Fundament] eingemauert. **2.** *beim Mauern, bei der Errichtung einer Mauer o. Ä. ins Mauerwerk einfügen u. dort befestigen, einarbeiten:* der große Haken wird gleich [mit] eingemauert.

Ein|mau|e|rung, die; -, -en: *das Einmauern.*

ein|mei|ßeln ⟨sw. V.; hat⟩: *in etw. meißeln:* eine Inschrift [in ein Denkmal] e.

ein|men|gen ⟨sw. V.; hat⟩: **1.** (selten) *einmischen* (1). **2.** ⟨e. + sich⟩ *sich einmischen* (2): Ouvrard, das sei so ein zudringlicher Mensch, der sich gern in allerhand Dinge einmenge (St. Zweig, Fouché 148).

Ein|me|ter|brett, das (mit Ziffer: 1-Meter-Brett): *ein Meter hohes Sprungbrett.*

¹ein|mie|ten ⟨sw. V.; hat⟩: *in einem Haus, bei jmdm. ein Zimmer, eine Wohnung mieten:* jmdn. in einem Hotel e.; ⟨meist e. + sich:⟩ er hat sich bei Freunden eingemietet.

²ein|mie|ten ⟨sw. V.; hat⟩ (Landwirtsch.): *in einer ²Miete einlagern:* Kartoffeln, Rüben e.

¹Ein|mie|tung, die; -, -en: *das [Sich]einmieten.*

²Ein|mie|tung, die; -, -en: *das ²Einmieten.*

ein|mi|schen ⟨sw. V.; hat⟩: **1.** (selten) *in etw. [hinein]mischen:* er hat zu viel Rot [in das Blau] eingemischt. **2.** ⟨e. + sich⟩ *sich (redend od. handelnd) mit etw. befassen, an etw. beteiligen, womit man eigentlich nichts zu tun hat, was einen nicht betrifft:* da will ich mich lieber nicht e.

Ein|mi|schung, die; -, -en: *das [Sich]einmischen.*

ein|mo|na|tig ⟨Adj.⟩: vgl. achtmonatig.

ein|mo|nat|lich ⟨Adj.⟩ (selten) *monatlich.*

ein|mon|tie|ren ⟨sw. V.; hat⟩: **1.** *durch Montage* (1) *einbauen:* ein Schloss e.; Einzelteile [in eine Maschine] e. **2.** *als Montage* (3 b) *einfügen.*

ein|mo|to|rig ⟨Adj.⟩: *mit nur einem Motor [ausgerüstet]:* ein -es Flugzeug.

ein|mot|ten ⟨sw. V.; hat⟩: *mit einem Mittel zum Schutz gegen Motten zusammen [eingepackt] irgendwo für längere Zeit unterbringen:* im Frühjahr die Winterkleidung e.; Ü ein Auto e.; *du kannst dich e. lassen!* (ugs.; ↑ einpacken).

ein|mum|meln, ein|mum|men ⟨sw. V.; hat⟩ (fam.): *dick, fest in [warme] Kleidung, Decken o. Ä. einhüllen:* ich habe mich gut eingemummelt.

ein|mün|den ⟨sw. V.; ist/hat⟩: **1. a)** *hineinfließen:* in den See münden mehrere Bäche ein; **b)** *enden:* mehrere Gassen münden in diesen Platz ein. **2.** *zu etw. führen, auf etw. hinauslaufen:* die Aussprache musste in eine Konfrontation einmünden.

Ein|mün|dung, die; -, -en: **1.** *das Einmünden* (1 a, b). **2.** *Stelle, wo etw. in etw. mündet* (1 a, b).

ein|mü|tig ⟨Adj.⟩ [mhd. einmüetec, ahd. einmuotig]: *völlig übereinstimmend; einer Meinung, eines Sinnes:* -e Zustimmung; etw. e. beschließen.

Ein|mü|tig|keit, die; -: *einmütiges Verhalten, völlige Übereinstimmung:* über etw. besteht E.

ein|nach|ten ⟨sw. V.; hat; unpers.⟩ (schweiz.): *[allmählich] Nacht werden:* heute nachtet es früh ein.

ein|na|geln ⟨sw. V.; hat⟩: *in etw. nageln:* einen Haken [in die Wand] e.

ein|nä|hen ⟨sw. V.; hat⟩: **1. a)** *durch Nähen in etw. befestigen, in etw. festnähen:* das Futter [in den Rock] e.; **b)** *in eine Umhüllung aus Stoff bringen u. diese zunähen:* heimlich Geld in den Saum e. **2.** *durch Nähen enger machen:* ein Kleid an der Seite e.

Ein|nah|me, die; -, -n [zum 2. Bestandteil vgl. Abnahme]: **1.** ⟨meist Pl.⟩ *Geldsumme, die jmd. einnimmt:* private, öffentliche -n; eine unerwartete E. erzielen, verbuchen; seine -n steigen. **2.** ⟨o. Pl.⟩ *das Einnehmen* (2) *von Tabletten einschränken;* die E. einer Mahlzeit. **3.** ⟨o. Pl.⟩ *das Erobern, Besetzen:* die E. der Stadt.

Ein|nah|me|aus|fall, der: *das Ausfallen* (3 b) *von Einnahmen.*

Ein|nah|men|sei|te: ↑ Einnahmeseite.

Ein|nah|me|quel|le, die: *Möglichkeit, zu [zusätzlichen] Einnahmen zu kommen, Geld einzunehmen:* eine neue E. erschließen.

Ein|nah|me|sei|te, Einnahmenseite, die: *Seite, auf der die Einnahmen verzeichnet werden;* Habenseite.

Ein|nah|me|soll, das: ²Soll an Einnahmen.

Ein|nah|me|ver|lust, der: *Verlust, Einbuße an Einnahmen.*

ein|näs|sen ⟨sw. V.; hat⟩ (bes. Med., Psychol., Päd.): *unkontrolliert die Blase entleeren [u. etw., sich dadurch nass machen]:* das Kind nässt ein; das Kind hat das Bett eingenässt.

ein|ne|beln ⟨sw. V.; hat⟩: *mit [künstlichem] Nebel, Qualm o. Ä. einhüllen:* durch den Brand wurde das ganze Gebäude eingenebelt; die Gegend mit Gift einnebeln; die Schiffe nebelten sich ein (Militär; *entzogen sich durch künstlichen Nebel der Sicht);* Ü lass dich von dieser Stimmung nicht e.!; Jedoch, wenn sie wieder am Schreibtisch saßen, nebelten sie sich in Tiefsinn ein, gedachten sie der Gewissenhaftigkeit ihres Handwerks (Kreuder, Gesellschaft 20).

ein|neh|men ⟨st. V.; hat⟩: **1.** *(Geld) in Empfang nehmen; als Verdienst, Ertrag o. Ä. erhalten:* sie haben heute in ihrem Geschäft nicht viel [Geld] eingenommen; er gibt gern mehr aus, als er einnimmt. **2. a)** (geh.) *(Ess- u. Trinkbares) zu sich nehmen:* den Tee e.; Am Morgen, beim Frühstück, das nach ehrbarer Überlieferung gemeinsam eingenommen wurde ... (Musil, Mann 205); **b)** *(Arzneimittel) zu sich nehmen, schlucken, einnehmen:* Tabletten, den Hustensaft e. **3.** (veraltend) *als Ladung aufnehmen, laden:* das Schiff nimmt Fracht, Öl ein. **4.** *kämpfend in Besitz nehmen; erobern, besetzen:* eine Stadt, eine Festung e. **5.** *sich auf einen [vorgesehenen] Platz, auf eine [vorgesehene] Stelle niederlassen, stellen:* die Besucher wurden gebeten, ihre Plätze einzunehmen; die Boote nahmen ihre Startposition ein; Der Professor und seine Gemahlin saßen im Fond, Zouzou und ich nahmen die Rücksitze ein (Th. Mann, Krull 428). **6.** *als Raum, Platz beanspruchen; ausfüllen:* der Schrank nimmt die ganze Wand ein; der Artikel nahm eine Seite ein; Ü dieser Gedanke nahm ihn völlig ein (*beschäftigte ihn stark).* **7. a)** *jmds. Sympathie gewinnen; auf jmdn. einen günstigen Eindruck machen:* seine bescheidene Art nahm alle für ihn ein; sie hat durch ihr freundliches Wesen die Kollegen für sich eingenommen; alle waren von ihr eingenommen; *von sich eingenommen sein* (abwertend; *eingebildet, von sich überzeugt sein);* **b)** *auf jmdn. einen ungünstigen Eindruck machen; ihn zu einer ablehnenden Haltung bewegen:* sie hat [durch Intrigen] alle gegen ihn, gegen seine Pläne eingenommen; seine Unfreundlichkeit nimmt die Kollegen gegen ihn ein. ♦ **8.** *aufnehmen* (3): Lieber hätten sie uns nicht e. sollen (Lessing, Minna II, 2).

ein|neh|mend ⟨Adj.⟩: *gewinnend, anziehend, sympathisch:* er hat ein -es Wesen (auch scherzh.; *er nimmt alles, was er bekommen kann;* nach ↑ einnehmen 1).

ein|net|zen ⟨sw. V.; hat⟩ (Sportjargon): *einschießen* (3 b): er netzte [den Ball, den Puck] zum 1:0 ein.

ein|ni|cken ⟨sw. V.⟩ (ugs.): ⟨ist⟩ *meist im Sitzen über einer Tätigkeit [für kürzere Zeit] einschlafen, vom Schlaf übermannt werden:* im Sessel, beim Lesen e.

ein|nis|ten, sich ⟨sw. V.; hat⟩: **1. a)** (selten) *sich in etw. ein Nest bauen:* die Vögel haben sich unter dem Dach eingenistet; **b)** (Med.) *(vom befruchteten Ei) sich in der Wand des Uterus festsetzen;* **c)** *(abwertend) irgendwo festsetzen; irgendwo haften bleiben:* die Krankheitserreger hatten sich im Abfluss des Waschbeckens eingenistet.
2. ⟨meist abwertend⟩ *sich unerwünscht an einem Ort, bei jmdm. für längere Zeit niederlassen, einrichten:* er hat sich bei mir eingenistet und denkt nicht daran abzureisen; Sie kennen meine Definition vom Menschen: ganz nett,

aber sie bleiben alle zu lange, sie sagen einen Moment, und dann nisten sie sich ein (Benn, Stimme 107).

Ein|nis|tung, die; -, -en (Med.): *Nidation.*

ein|nor|den ⟨sw. V.; hat⟩: *(eine Landkarte) nach dem Kompass so ausrichten u. hinlegen, dass der eingezeichnete nördliche Teil auch nach Norden zeigt:* die Karte e.; Ü renitente Mitarbeiter e.

Ein|öd, die; -, -en (österr.): *Einöde.*

Ein|öd|bau|er, der; -n (selten: -s), -n (südd., österr.): *Bauer auf einem Einödhof.*

Ein|öd|bäu|e|rin, die: w. Form zu ↑ Einödbauer.

Ein|öde, die; -, -n [mhd. eincede, angelehnt an ↑ ¹Öde; älter mhd. eincete, eincöte, mhd. einöti = Einsamkeit, einsamer Ort, aus ↑ ¹ein u. dem Suffix -öti]: *einsame, menschenleere, meist öde u. eintönig wirkende Gegend.*

Ein|öd|hof, der: *außerhalb des dörflichen Siedlungsverbandes in der ²Flur* (b) *gelegener Bauernhof.*

ein|ölen ⟨sw. V.; hat⟩: **a)** *[gründlich] mit einem ölhaltigen Mittel einreiben:* hast du dir die Haut, den Rücken eingeölt?; **b)** *ölen* (a): das Türschloss e.

ein|ope|rie|ren ⟨sw. V.; hat⟩: *einpflanzen* (2): jmdm. eine fremde Niere e.

ein|ord|nen ⟨sw. V.; hat⟩: **1.** *ordnend in etw. [bereits Geordnetes] einfügen; in einer bestimmten Ordnung, an der entsprechenden, vorgesehenen Stelle unterbringen:* Karteikarten alphabetisch [in eine Kartei] e.; Ü er ist schwer einzuordnen (*man kann ihn schlecht einschätzen).* **2.** ⟨e. + sich⟩ **a)** *in die richtige, in eine bestimmte Fahrspur wechseln:* sich rechtzeitig e.; du musst dich links, in die mittlere Spur e.; **b)** *sich in eine vorhandene Ordnung, Umgebung gut einfügen, sich ihr anpassen:* es fällt ihm schwer, sich [in die Gemeinschaft] einzuordnen.

Ein|ord|nung, die; -, -en: **1.** *das Einordnen* (1); *das Eingeordnetwerden.* **2.** *das Sicheinordnen.*

ein|pa|cken ⟨sw. V.; hat⟩: **1.** *in ein dafür vorgesehenes Behältnis legen, darin verstauen:* ein Geschenk [in Papier] e.; die Kleider [in den Koffer] e.; * **e. können** (ugs.; *nichts erreichen, nichts ausrichten, keinen Erfolg haben):* **pack ein!** (ugs.; *hör auf, mach Schluss, verschwinde!),* **sich e. lassen können** (ugs.; ↑ begraben); **du kannst dich e. lassen/lass dich e. damit, mit ...!** (ugs.; *das ist uninteressant, alt; hör auf damit, mit ...!)* **2.** (ugs.) *[in bestimmter Weise] mit warmer Kleidung o. Ä. versehen:* das Kind in eine/⟨selten:⟩ einer Decke e. **3.** (ugs.) *jmdn. in einem sportlichen Wettkampf klar besiegen:* Jedes Turnier haben wir gewonnen: Eingepackt alle; den Turn- und Fechtverein, den TCD, Schellmühl achtundneunzig und sogar die Schutzpolizei (Grass, Hundejahre 529).

Ein|pack|pa|pier, das: *Papier zum Einpacken* (1).

ein|par|ken ⟨sw. V.; hat⟩: *in eine Parklücke hineinfahren:* er kann nicht gut e.; in eine Lücke e.

Ein|par|ker, der: *jmd., der ein Fahrzeug einparkt.*

Ein|par|te|i|en|herr|schaft, Einparteienherrschaft, die (Politik): *von nur einer Partei ausgeübte Herrschaft.*

Ein|par|tei|en|sys|tem, Einparteiensystem, das (Politik): *von nur einer Partei bestimmtes politisches System.*

Ein|par|tei|herr|schaft usw.: ↑ Einparteienherrschaft usw.

ein|pas|sen ⟨sw. V.; hat⟩: **1.** *genau passend machen u. in etw. einfügen, einsetzen:* ein Brett in den Schrank e. **2.** ⟨e. + sich⟩ *sich einordnen* (2 b).

ein|pau|ken ⟨sw. V.; hat⟩ (ugs., oft abwertend): **a)** ↑ *pauken* (1); **b)** *[in dogmatischer Weise] lehren, eintrichtern:* den Kindern Benimmregeln e.

Ein|pau|ker, der; -s, - (ugs.): jmd., der jmdm. etw. einpaukt, bes. Lehrer, der jmdn. auf ein Examen vorbereitet.

Ein|pau|ke|rin, die; -, -nen: w. Form zu ↑ Einpauker.

ein|pe|geln, sich ⟨sw. V.; hat⟩: sich einpendeln (1): der Preis hat sich auf ca. einen Euro pro Liter eingepegelt.

ein|peit|schen ⟨sw. V.; hat⟩: **1.** *mit der Peitsche einschlagen:* auf das Pferd e. **2.** *gewaltsam, unter Anwendung strenger Maßnahmen beibringen:* jmdm. unbedingten Gehorsam e.

Ein|peit|scher, der; -s, -: **1.** *jmd., der andere [fanatisch] zu etw. antreibt, anhält:* unermüdlich trieben die E. die Fans zu Sprechchören an. **2.** *im britischen Parlament der Abgeordnete, der für die Anwesenheit der Abgeordneten seiner Partei bei Abstimmungen u. anderen wichtigen Anlässen zu sorgen hat.*

Ein|peit|sche|rin, die; -, -nen: w. Form zu ↑ Einpeitscher.

ein|pen|deln ⟨sw. V.⟩: **1.** ⟨e. + sich; hat⟩ *nach ständigen Veränderungen ein bestimmtes, weitestgehend konstantes Niveau erreichen:* sich auf ein mittleres Niveau, sich auf einem mittleren Niveau e.; die Tagesproduktion hat sich allmählich wieder auf 300 Stück eingependelt; die Preise haben sich eingependelt (sind stabil geworden). **2.** ⟨ist⟩ *sich täglich von seinem auswärtigen Wohnort [im Nachbarland] in seinen Arbeitsort begeben:* die Zahl der täglich nach Berlin einpendelnden Brandenburger.

ein|pen|nen ⟨sw. V.; ist⟩ (salopp): *einschlafen.*

Ein|per|so|nen|haus|halt, der: *aus nur einer Person bestehender Haushalt.*

Ein|per|so|nen|stück, das: *Bühnenstück, in dem nur eine einzige Person auftritt.*

Ein|pfen|nig|stück, das (mit Ziffer: 1-Pfennig-Stück): *Münze mit dem Wert von einem Pfennig.*

ein|pfer|chen ⟨sw. V.; hat⟩: **1.** *in einen Pferch sperren, einschließen:* die Schafe e. **2.** *auf engem Raum zusammendrängen:* die Gefangenen in eine Zelle e.; irgendwo eingepfercht stehen.

ein|pflan|zen ⟨sw. V.; hat⟩: **1.** *an einem bestimmten Platz in entsprechende Erde pflanzen:* die Blume in einen/(seltener:) einem Topf e.; Ü die Ordnungsliebe hat man ihm von früh auf eingepflanzt (mit Nachdruck, Strenge anerzogen); Eine Ahnung dieses Sachverhaltes liegt wohl der Behauptung der Philosophen und Gläubigen zugrunde, dass der moralische Sinn dem Menschen nicht anerzogen oder von ihm im Gemeinschaftsleben erworben wird, sondern ihm von einer höheren Stelle eingepflanzt worden ist (Freud, Abriß 85). **2.** (Med.) *operativ in einen anderen Organismus od. an eine andere Stelle desselben Organismus übertragen; implantieren:* jmdm. eine fremde Niere e.

Ein|pflan|zung, die; -, -en: *das Einpflanzen.*

ein|pflas|tern ⟨sw. V.; hat⟩: *ins Pflaster setzen, schützend mit Pflaster umgeben:* die Bäume e.

ein|pfle|gen ⟨sw. V.; hat⟩ (bes. EDV): *eingeben* (2): *Daten in ein System e.; die Arbeitsschritte sind schon im Datenbestand eingepflegt.*

ein|pflo|cken ⟨sw. V.; hat⟩: **1.** *mit einem Pflock, mit Pflöcken in etw. befestigen:* ein Halteseil e. **2.** *mit Pflöcken eingrenzen, umgeben:* Weideplätze e.

ein|pfrop|fen ⟨sw. V.; hat⟩ (Gartenbau): *in den Stamm eines Baumes einen Ast einer anderen Baumsorte einstecken,* ¹*pfropfen:* einen Zweig e.

Ein|pha|sen|strom [auch: ˈain...], der (Physik, Elektrot.): *einphasiger Strom.*

Ein|pha|sen-Wech|sel|strom [auch: ˈain...ˈvɛks|...], der (Physik, Elektrot.): *einphasiger Wechselstrom.*

ein|pha|sig ⟨Adj.⟩ (Physik, Elektrot.): *nur eine unter Spannung stehende Phase* (5) *aufweisend:* -er Wechselstrom.

ein|pin|seln ⟨sw. V.; hat⟩: *mithilfe eines Pinsels mit etw. Flüssigkeit o. Ä. bestreichen:* die Wunde mit Jod e.

ein|pla|nen ⟨sw. V.; hat⟩: *in seinen Plan, seine Pläne einbeziehen; in der Planung berücksichtigen:* eine Assistenzstelle e.; (scherzh.:) Panne war nicht eingeplant. Dazu: **Ein|pla|nung,** die; -, -en.

♦ **ein|plan|ken** ⟨sw. V.; hat⟩: *mit einer Planke* (2) *umgeben, einzäunen:* ...er schritt an hoch eingeplankten Wirtsgarten dahin (Ebner-Eschenbach, Gemeindekind 73).

ein|pö|keln ⟨sw. V.; hat⟩ (Kochkunst): *einsalzen:* eine Rinderzunge e.; * sich [mit etw.] e. lassen können (ugs.; ↑ begraben (1)).

ein|pol|dern ⟨sw. V.; hat⟩ [zu ↑ Polder]: *eindeichen:* Dazu: **Ein|pol|de|rung,** die; -, -en.

ein|po|lig ⟨Adj.⟩ (Physik, Elektrot.): *nur einen* ↑ ¹*Pol* (2) *habend; mit nur einem* ¹*Pol* (2).

ein|prä|gen ⟨sw. V.; hat⟩: **1.** *in etw. prägen; prägend hineindrücken, hineinpressen:* in das/(seltener:) dem Metall eine Inschrift e. lassen. **2. a)** *etw. so eindringlich ins Bewusstsein bringen, dass es nicht vergessen wird, im Gedächtnis haften bleibt:* er prägte ihm ein, pünktlich zu sein; sich einen Namen e. (genau merken); **b)** ⟨e. + sich⟩ *im Gedächtnis haften bleiben, nicht vergessen werden:* die Melodie prägt sich leicht ein (ist einprägsam); In der Tat haben sich die Beobachtungen dieses Abends meinem Gemüt tief eingeprägt (Th. Mann, Krull 32).

ein|präg|sam ⟨Adj.⟩: *leicht im Gedächtnis haften bleibend, sich leicht behalten, merken lassend:* eine -e Melodie; etw. e. darstellen. Dazu: **Ein|präg|sam|keit,** die; -.

Ein|prä|gung, die; -, -en: **1.** *das Einprägen* (1); *das Eingeprägtwerden.* **2.** *eingeprägtes Muster, Zeichen.*

ein|pras|seln ⟨sw. V.; ist⟩: *in bedrängend rascher Folge an, gegen jmdn. gerichtet werden:* Vorwürfe sind auf ihn eingeprasselt.

ein|prei|sen ⟨sw. V.; hat⟩ (bes. Börsenw.): *[Aussicht auf Gewinne od. Verluste] bei Bestimmen der Preis- bzw. Kurshöhe mit berücksichtigen:* die Börse, der Markt hat die erwartete Konjunkturbelebung bereits [in die Kurse] eingepreist; der Gewinnrückgang des Unternehmens ist in den/dem Aktienkurs noch nicht eingepreist.

ein|pres|sen ⟨sw. V.; hat⟩: *hineinpressen.*

Ein|pres|sung, die; -, -en: **1.** *das Einpressen.* **2.** *eingepresstes Muster o. Ä.*

ein|pro|gram|mie|ren ⟨sw. V.; hat⟩: *in eine Rechenanlage, einen Computer als Programm* (4) *eingeben:* Dazu: **Ein|pro|gram|mie|rung,** die; -, -en.

ein|prü|geln ⟨sw. V.; hat⟩: **1.** *prügelnd einschlagen* (4): auf jmdn. e. *mithilfe von Prügeln beibringen, einprägen:* Zucht und Ordnung hat man den armen Kindern eingeprügelt.

ein|pu|dern ⟨sw. V.; hat⟩: *mit Puder bestreuen, bedecken:* das Baby, dem Baby den Po e.

ein|pum|pen ⟨sw. V.; hat⟩: *hineinpumpen* (1): Wasser [in ein Bassin] e.

ein|pup|pen ⟨sw. V.; hat⟩: **1.** ⟨e. + sich⟩ *sich zur Puppe* (3) *einspinnen.* **2.** (bes. berlin.) *einkleiden* (1): sich neu e.

ein|put|ten [auch: ...pʌtn] ⟨sw. V.; hat⟩ [zu Putt] (Golf): *den Golfball ins Loch spielen; putten:* sie hat [den Ball] eingeputtet.

ein|quar|tie|ren ⟨sw. V.; hat⟩: **a)** *bei jmdm., in einem Quartier unterbringen:* Soldaten [in einem Stadt] e.; Ich wurde in der Mansarde meiner Schwester einquartiert (Kempowski, Tadellöser 110); **b)** ⟨e. + sich⟩ *sich ein Quartier verschaffen:* sich bei Freunden e.

Ein|quar|tie|rung, die; -, -en: **1.** *das Einquartieren.* **2.** ⟨o. Pl.⟩ *einquartierte Person[en]:* E. haben.

ein|quet|schen ⟨sw. V.; hat⟩: *einklemmen* (1) u. *dadurch quetschen.*

ein|quir|len ⟨sw. V.; hat⟩: *in etw. quirlen, quirlend in etw. einrühren:* ein Ei [in die Suppe] e.

Ein|rad, das; -es, Einräder: *(bes. als Sportgerät, aber auch von Artisten verwendetes) Fahrzeug, das aus einem Rad mit Tretkurbel und einer Gabel* (3 c) *mit Sitz besteht.*

ein|rä|de|rig, (häufiger:) **ein|räd|rig** ⟨Adj.⟩: *mit nur einem Rad [versehen]:* ein -er Karren.

ein|rah|men ⟨sw. V.; hat⟩: *in einen Rahmen fassen:* ein Poster e. [lassen]; Ü er saß eingerahmt von zwei jungen Damen (saß zwischen ihnen) am Tisch; R das kannst du dir e. lassen (ugs.; *das ist nicht viel wert, darauf lege ich keinen Wert*).

Ein|rah|mung, die; -, -en: **1.** *das Einrahmen.* **2.** *Rahmen.*

ein|ram|men ⟨sw. V.; hat⟩: **1.** *in etw. rammen* (1): Pfähle [in die Erde] e. **2.** *rammend zertrümmern:* das Tor [mit einem Balken] e.

ein|ran|gie|ren ⟨sw. V.; hat⟩: **1.** *durch entsprechende Fahrmanöver an eine schwieriger zu erreichende Stelle fahren:* er wollte den Wagen [in eine Parklücke] e. **2.** *rangmäßig einordnen, einreihen:* man weiß nicht, wo man ihn e. soll.

ein|ras|ten ⟨sw. V.; ist⟩: **1.** (Technik) *in eine ineinandergreifende Haltevorrichtung o. Ä. gleiten, sich dort festhaken, einschnappen:* der Knopf muss erst richtig e.; das Lenkradschloss e. lassen. **2.** (ugs.) *einschnappen* (2).

♦ **ein|ra|ten** ⟨sw. V.; hat⟩: ¹*raten* (1 a): ...ist's nicht ein guter Geist, der ihnen einrät, auf Mittel zu denken, Deutschland zu beruhigen (Goethe, Götz I).

ein|rau|chen ⟨sw. V.; hat⟩: *(eine neue Pfeife) durch Rauchen in einen bestimmten, für den normalen Gebrauch wünschenswerten Zustand bringen:* die Pfeife ist noch nicht [richtig] eingeraucht.

ein|räu|chern ⟨sw. V.; hat⟩: *ganz mit Rauch einhüllen, erfüllen:* mit seinem Pfeifenqualm das Zimmer e.

ein|räu|men ⟨sw. V.; hat⟩: **1. a)** *in einer bestimmten Anordnung hineinstellen od. -legen:* die Möbel [wieder] ins Zimmer e.; **b)** *in einem Schrank, Raum etw., was dort hineingehört, stellen od. legen:* den Schrank e. **2.** *zugestehen, gewähren:* jmdm. Rechte e.; dem Kunden Kredit e.; er musste e. (zugeben), dass er viel zu spät gekommen war; »obgleich« ist eine einräumende (Sprachwiss.; *ein Zugeständnis ausdrückende, konzessive*) Konjunktion; Nun, ich verstehe nichts von Zahlen. Aber es ist klar, dass man ihnen keine allzu große Bedeutung e. (beimessen) darf (Rilke, Brigge 119).

Ein|räu|mung, die; -, -en: **1.** ⟨o. Pl.⟩ *das Einräumen* (2). **2.** *Äußerung o. Ä., mit der man etw. einräumt; Zugeständnis.*

Ein|raum|woh|nung, die (regional): *Einzimmerwohnung.*

ein|rech|nen ⟨sw. V.; hat⟩: *in eine [Be]rechnung einbeziehen:* Porto und Verpackung sind nicht [mit] eingerechnet; ⟨oft im 2. Part.:⟩ es waren 50 Personen, die Kinder [mit] eingerechnet.

Ein|re|de, die; -, -n (Rechtsspr.): *Einwand, Einspruch; Vorbringen eines Rechts, das dem Recht einer anderen Person entgegensteht.*

ein|re|den ⟨sw. V.; hat⟩: **1.** *durch eindringliches Reden bewirken, dass jmd., man selbst etw. tut od. glaubt:* jmdm. eine Idee e.; das hast du dir nur eingeredet (das stimmt gar nicht). **2.** *jmdm. mit Worten zusetzen; ständig u. eindringlich zu jmdm. sprechen:* dauernd auf jmdn. e.

ein|reg|nen ⟨sw. V.⟩: **1.** ⟨e. + sich; unpers.; hat⟩ *zu einem Dauerregen ausarten; nicht aufhören zu* *regnen:* es scheint sich einzuregnen. **2.** ⟨ist⟩ **a)** *vom Regen durchnässt werden:* wir sind [auf der Radtour] tüchtig eingeregnet; **b)** *durch Dauerregen an einem Ort festgehalten werden:* sie sind in den Bergen eingeregnet.

ein|re|gu|lie|ren ⟨sw. V.; hat⟩: **a)** (Technik) *genau auf einen bestimmten Wert, ein bestimmtes Maß einstellen:* den pH-Wert auf 7,0 e.; **b)** ⟨e. + sich⟩ *sich regeln; in Ordnung gehen:* das wird sich alles e.

Ein|rei|be|mit|tel, Einreibmittel, das: *zu Heilzwecken verwendetes Mittel zum Einreiben.*

ein|rei|ben ⟨st. V.; hat⟩: **a)** *durch Reiben in etw. eindringen lassen, reibend auftragen:* Salbe, Öl in die Haut e.; **b)** *reibend mit etw. behandeln, bearbeiten:* ... sei so lieb und gib mir das Sonnenöl, und wenn du so lieb sein willst, Lieber, und mir den Rücken e. kannst, aber so dass es nicht wehtut (Frisch, Gantenbein 380).

Ein|reib|mit|tel: ↑ Einreibemittel.

Ein|rei|bung, die; -, -en: **a)** *das Einreiben;* **b)** *Behandlung durch Einreiben:* vom Arzt wurden -en verordnet.

ein|rei|chen ⟨sw. V.; hat⟩: **a)** *der dafür zuständigen Instanz zur Prüfung od. Bearbeitung übergeben:* ein Gesuch, eine Rechnung, eine Examensarbeit, bei einem Gericht eine Klage e.; er reichte der Regierung, bei der Regierung seinen Abschied ein; die Scheidung e.; **b)** (ugs.) *vorschlagen:* jmdn. zur Beförderung, jmdn. für einen Orden e.

Ein|rei|chung, die; -, -en ⟨Pl. selten⟩: *das Einreichen.*

Ein|rei|chungs|frist, die: *Zeitspanne, innerhalb deren etw. eingereicht werden muss.*

ein|rei|hen ⟨sw. V.; hat⟩: **a)** ⟨e. + sich⟩ *sich in eine Reihe (1 b), an einen Platz stellen:* sich in die Schlange der Wartenden, in den Zug [der Demonstranten] e.; **b)** *in eine Reihe, Ordnung eingliedern; einer Gruppe zuordnen:* jmdn. unter die Dichter, in den Arbeitsprozess e.

Ein|rei|her, der; -s, - (Schneiderei): *Herrenanzug, dessen Jackett nur ein Knopfreihe hat.*

ein|rei|hig ⟨Adj.⟩: **a)** *mit einer einzigen Reihe versehen, in einer einzigen Reihe:* eine -e Perlenkette; sich e. einstellen; **b)** *mit einer einzigen Knopfreihe [versehen]:* ein -er/e. geknöpfter Mantel.

Ein|rei|se, die; -, -n: *das Einreisen:* die E. nach Frankreich, in die USA; jmdm. die E. verweigern.

Ein|rei|se|er|laub|nis, Ein|rei|se|ge|neh|mi|gung, die: *Erlaubnis zur Einreise.*

ein|rei|sen ⟨sw. V.; ist⟩: *(vom Ausland her) in ein Land reisen, indem man ordnungsgemäß die Grenze desselben passiert:* in die Schweiz, nach Frankreich e.; sie reisten mit dem Auto ein.

Ein|rei|se|ver|bot, das: *Verbot der Einreise.*

Ein|rei|se|vi|sum, das: *Visum für die Einreise.*

ein|rei|ßen ⟨st. V.⟩: **1.** ⟨hat⟩ *ab-, niederreißen:* ein altes Haus e. **2. a)** ⟨hat⟩ *(vom Rand her) einen Riss in etw. machen:* ich habe leider den [Geld]schein eingerissen; **b)** ⟨ist⟩ *einen Riss bekommen; brüchig werden:* der Stoff reißt überall ein; die eingerissene, rauen Hände eincremen. **3.** ⟨hat⟩ *sich durch Eindringen eines Splitters o. Ä. verletzen:* ich habe mir einen Dorn eingerissen. **4.** ⟨ist⟩ *zur üblen Angewohnheit werden; um sich greifen:* merkwürdige Sitten sind hier eingerissen; wir wollen es nicht [bei uns] e. lassen.

ein|rei|ten ⟨st. V.⟩: **1.** ⟨ist⟩ *reitend hereinkommen:* die Dressurreiter reiten [in die Bahn] ein. **2.** ⟨hat⟩ **a)** *(ein Pferd) an einen Reiter, an das Gerittenwerden gewöhnen:* das Pferd muss erst noch eingeritten werden; **b)** ⟨e. + sich⟩ *sich ans Reiten, an ein Pferd gewöhnen:* mit dem Pferd muss ich mich erst e.

ein|ren|ken ⟨sw. V.; hat⟩: **1.** *(ein ausgerenktes Glied) wieder in die Gelenkpfanne drehen:* einen Fuß, einen Arm e.; der Arzt hat ihm die Schulter, den Kiefer wieder eingerenkt; Ü als er ... langsam die Kupplung drückt, dann den Motor anlässt, bevor er den ersten Gang einrenkt (Frisch, Gantenbein 374). **2.** (ugs.) **a)** *etw., was das gute od. normale Verhältnis zwischen zwei Parteien o. Ä. stört, in Ordnung bringen, bereinigen:* er hat die Sache wieder eingerenkt; **b)** ⟨e. + sich⟩ *in Ordnung kommen:* zum Glück hat sich alles wieder eingerenkt.

ein|ren|nen ⟨unr. V.; hat⟩: **a)** *durch Dagegenrennen zerstören, öffnen:* das Tor [mit einer Eisenstange] einrennen; **b)** (ugs.) *aus einer Bewegung heraus gegen etw. stoßen u. sich dabei einen Körperteil verletzen:* ich habe mir den Kopf an der Glastür eingerannt.

ein|re|xen ⟨sw. V.; hat⟩ [↑ Rexapparat] (südd., österr.): *einwecken:* Marmelade e.

ein|rich|ten ⟨sw. V.; hat⟩: **1. a)** *mit Möbeln, Geräten ausstatten:* einen Laden e.; ein Zimmer [mit neuen Möbeln] e.; ich habe [mir/meinem Sohn] im Labor ein Labor eingerichtet; eine modern eingerichtete Wohnung; **b)** ⟨e. + sich⟩ *seine Wohnung o. Ä. gestalten:* sich geschmackvoll, mit Stilmöbeln e.; sie hat sich neu eingerichtet; du kannst dich hier häuslich e. (ugs.; *so tun, als ob du hier zu Hause wärst*); sie ist sehr hübsch eingerichtet (*hat eine sehr hübsch eingerichtete Wohnung o. Ä.*). **2.** (Med.) *(bei einem Bruch ein Glied o. Ä.) wieder in seine normale anatomische Lage bringen:* einen gebrochenen Arm e. **3.** ⟨e. + sich⟩ *sich den Umständen anpassen; mit beschränkten Mitteln auskommen:* er muss sich e.; seine Frau weiß sich einzurichten. **4. a)** *nach einem bestimmten Plan, auf ein Ziel hin gestalten:* eine Maschine so e., dass sie mit möglichst wenig Bedienung möglichst viel Leistung erbringt; **b)** *möglich machen, ermöglichen:* ich müssen es so e., dass wir vor ihm ankommen; kannst du es e., heute mit mir zu essen? **5.** ⟨e. + sich⟩ (ugs.) *sich auf jmdn., etw. einstellen, vorbereiten:* sich auf Gäste, auf eine lange Wartezeit e.; darauf bin ich nicht eingerichtet; ... ich wünsche mir ein langes Leben, und ich richte mich darauf ein (Mayröcker, Herzzerreißende 138). **6.** *zur öffentlichen Nutzung schaffen:* eine Filiale, eine Beratungsstelle, einen Pannendienst e. **7.** *nach bestimmten Gesichtspunkten umformen; für besondere Zwecke [um]gestalten, redigieren:* ein Orchesterwerk für Klavier e.; einen Roman für die Bühne e.; ein sorgfältig eingerichteter deutscher Text; eine gemischte Zahl e. (Math.; *in einen unechten Bruch verwandeln [um damit rechnen zu können]*). ♦ **8.** *ausstatten, sorgfältig herrichten:* Warte ein wenig, wie ich dich besser e. (Stifter, Bergkristall 35).

Ein|rich|ter, der; -s, -: **1.** *jmd., der Maschinen, Automaten u. Ä. für ihre jeweilige Aufgabe vorbereitet u. einstellt* (Berufsbez.). **2.** (ugs.) **a)** *jmd., der [beruflich] etw. einrichtet (1 a, 6);* **b)** *Einrichtungshaus.*

Ein|rich|te|rin, die; -, -nen: w. Form zu ↑ Einrichter.

Ein|rich|tung, die; -, -en: **1.** ⟨o. Pl.⟩ *das Einrichten (1, 2, 6, 7).* **2. a)** *Gesamtheit des Mobiliars; Ausstattung:* die Wohnung hat eine geschmackvolle E.; Zwei hatten in einer Bar Skandal bekommen und die E. demoliert (Jünger, Bienen 16); **b)** *[technische] Vorrichtung, Anlage:* die sanitären -en. **3.** *etw., was von einer kirchlichen, staatlichen od. kommunalen Stelle, von einem Unternehmen o. Ä. zur [meist] öffentlichen Nutzung eingerichtet worden ist:* öffentliche Nutzung eingerichtet worden ist: öffentliche, soziale, private -en; die Müllabfuhr ist eine nützliche E. **4.** *Gewohnheit, Gepflogenheit:* der Skatabend wurde zur ständigen E.

Ein|rich|tungs|ge|gen|stand, der: *Gegenstand, der zur Einrichtung (2 a) gehört.*

Ein|rich|tungs|haus, das: *Geschäft, das Einrichtungsgegenstände verkauft.*

Ein|rich|tungs|stück, das: *Einrichtungsgegenstand.*

ein|rie|geln ⟨sw. V.; hat⟩: *durch Vorlegen eines Riegels einsperren:* jmdn., sich [im Zimmer] e.

Ein|riss, der; -es, -e: *kleiner Riss (meist vom Rande her od. an der Oberfläche):* -e in der Haut.

ein|rit|zen ⟨sw. V.; hat⟩: *in etw. ritzen:* sein Namenszeichen [in einen Baum, in den Felsen] e.

Ein|rit|zung, die; -, -en: **1.** *das Einritzen.* **2.** *eingeritztes Zeichen.*

ein|rol|len ⟨sw. V.⟩: **1.** ⟨hat⟩ **a)** *zu einer Rolle wickeln; zusammenrollen (a):* den Teppich, eine Landkarte e. (*einrollen 1 b*); **b)** ⟨e. + sich⟩ *sich rollenförmig in sich zusammenkrümmen; zusammenrollen (b):* die Katze, der Igel rollt sich ein; ich habe mich auf dem Sofa eingerollt. **2.** ⟨ist⟩ *rollend einfahren:* der Zug rollt gerade ein.

ein|ros|ten ⟨sw. V.; ist⟩: *wegen Rosteinwirkung schwergängig, unbeweglich u. dadurch unbenutzbar werden:* das Türschloss, die Schraube ist eingerostet; Ü meine Knochen rosten ein (ugs.; *haben zu wenig Bewegung u. werden steif*); hier rostet man ein (ugs.; *hat man keinerlei Abwechslung, geistige Anregungen u. verliert seinen Schwung*).

ein|rü|cken ⟨sw. V.⟩: **1.** ⟨ist⟩ **a)** (bes. Militär) *sich (in Formation) in einen Ort begeben, einmarschieren:* die Truppen rücken in die Stellungen, in die Stadt, in das Land ein; die Feuerwehr ist wieder eingerückt (*nach dem Einsatz an den Standort zurückgekehrt*); **b)** (Militär) *zum Militärdienst eingezogen werden, in den Heeresdienst eintreten:* morgen muss er [zum Militär, zur Armee] e.; **c)** *in eine Stellung aufrücken, ein [höheres] Amt einziehen:* in ein höheres Staatsamt, in eine Schlüsselstellung e. **2.** ⟨hat⟩ (Technik) *(eine Maschine) einschalten, die Verbindung zum Motor herstellen; einkuppeln:* den Schalthebel, die Kupplung e. **3.** ⟨hat⟩ *(eine Zeile) etwas weiter rechts vom* ¹Rand *(3), mit einigen Leeranschlägen beginnen lassen:* einen Absatz, ein Zitat e. **4.** ⟨hat⟩ (Zeitungsw.) *(einen Text od. eine Anzeige) in der Zeitung veröffentlichen:* diese Nachricht muss noch eingerückt werden.

Ein|rü|ckung, die: *das Einrücken.*

ein|rüh|ren ⟨sw. V.; hat⟩: **1.** *rührend in etw. hineintun u. damit vermischen:* ein Ei [in die Suppe] e.; Gips [in Wasser] e. **2.** (ugs.) *jmdm., sich unbedachterweise Unannehmlichkeiten verursachen;* ↑ einbrocken e.

ein|rüs|ten ⟨sw. V.; hat⟩ (Bauw.): *mit einem Gerüst umgeben:* für den neuen Anstrich muss das Haus eingerüstet werden.

¹**eins** ⟨Kardinalz.⟩ [mhd. ein[e]z, ahd. einaʒ, urspr. Neutr. von ↑ ¹ein] ⟨als Ziffer: 1⟩: Startnummer e.; Punkt e., halb e.; es ist, schlägt e. (*ein Uhr*); er kommt gegen e. (*[ein] Viertel nach, vor e.*; e. durch e. ist e. und acht e. ist, macht e., gibt neun; die Mannschaft gewann e. zu null; Sport ist sein Hobby Nummer e. (ugs.; *sein liebstes Hobby*); es kostet e. fünfzig (*einen Euro und fünfzig Cent*); R e. zu null für dich! (ugs.; *in diesem Punkt gebe ich mich geschlagen, erkenne ich deine Überlegenheit an*); * **e., zwei, drei** *sehr schnell, im Handumdrehen:* sie war e., zwei, drei [damit] fertig; ⟨meist mit der röm. Ziffer geschrieben: I a⟩ **eins a** (*prima, hervorragend*); **e. zu e.** (*bis ins Detail genau, akribisch, ganz exakt, minutiös:* wie e. zu e. abbilden, umsetzen).

²**eins:** in den Fügungen **in e. fallen** (geh.; zusammenfallen, eine Einheit bilden): Form und Inhalt fallen in e.); **jmdn. e. sein** (ugs.; jmdm. gleichgültig sein): was auch geschieht, es ist mir alles e.); **e. sein** (1. ein und dasselbe sein: das ist doch alles e. 2. sich gleichzeitig ereignen: Blitz und Donner waren e.); **mit jmdm. e. sein/werden** (eines Sinnes, [handels]einig sein/werden); **mit jmdm., etw. e. werden** (1. zu einer Einheit verschmelzen. geh. verhüll.; geschlechtlich miteinander verkehren: sie wurden miteinander e.); **sich mit jmdm. e. wissen/fühlen** (geh.; sich mit jmdm. eines Sinnes, einer Meinung wissen, fühlen).

³**eins** 〈Indefinitpron.〉: ↑²ein (a).

⁴**eins** 〈Adv.〉 [mhd. ein[e]s, ahd. eines, urspr. Gen. von ↑¹ein] (landsch.): einmal: ich will auch e. tanzen; * **mit e.** (plötzlich: da überkam ihn mit e. Angst).

Eins, die; -, -en: a) Ziffer 1: eine arabische, römische E.; wie eine E. (ugs.; ganz gerade, senkrecht) stehen; b) ein Auge (beim Würfeln): eine E. würfeln; c) Zeugnis-, Bewertungsnote 1: [in Chemie] eine E. haben, kriegen; eine E. schreiben (eine Arbeit schreiben, die mit der Note 1 bewertet wird); d) (ugs.) [Straßen]bahn, Omnibus der Linie 1: die E. nehmen.

Ein|saat, die; -, -en: 1. 〈Pl. selten〉 als Saatgut vorgesehenes Getreide. 2. 〈o. Pl.〉 das Einsäen.

¹**ein|sa|cken** 〈sw. V.; hat〉: a) in einen Sack, in Säcke füllen: Kartoffeln e.; b) (ugs.) [schnell] an sich nehmen u. einstecken; an sich bringen: Geld, Gewinne e.

²**ein|sa|cken** 〈sw. V.; ist〉 [zu ↑²sacken] (ugs.): einsinken: der Karren sackte tief im/(seltener:) in den Boden ein; das Grab ist eingesackt.

ein|sä|en 〈sw. V.; hat〉: a) in den Boden säen: Weizen e.; b) ganz besäen: eine Fläche e.

ein|sa|gen 〈sw. V.; hat〉 (bes. südd., österr.): [heimlich] vorsagen, zuflüstern (bes. in der Schule).

ein|sä|gen 〈sw. V.; hat〉: a) mit der Säge einkerben: ein Brett e.; b) etw. in etw. sägen (1 c): Rillen e.

ein|sal|ben 〈sw. V.; hat〉: mit Salbe einreiben: jmdn., sich, etw. e.

ein|sal|zen 〈sw. V.; hat eingesalzen, selten: eingesalzt〉: durch Einlegen in Salz haltbar machen: Heringe, Bohnen e.; * **sich [mit etw.] e. lassen können** (ugs.; ↑ begraben 1).

ein|sam 〈Adj.〉 [zu mhd. ein = allein, ↑ -sam]: 1. a) für sich allein, verlassen; ohne Kontakte zur Umwelt: ein -er Mensch; er ist, lebt sehr e.; sich e. fühlen; ein -er Entschluss (Entschluss, den jmd. fasst, ohne andere zu fragen, bes. in Politik u. Wirtschaft); b) als [mehr od. weniger] einziges seiner Art [vorhanden, zu sehen]: ein -er Stern; das ist -e Spitze!; Draußen im Zimmer brannte e. die Petroleumlampe, um Finy und Feverl auf ihren Amtswegen zu leuchten (Doderer, Wasserfälle 86). 2. a) abgelegen, abgeschieden: ein -es Haus am Waldrand; b) menschenleer, unbewohnt: eine -e Gegend.

Ein|sam|keit, die; -, -en 〈Pl. selten〉: 1. das Einsamsein (1 a), Alleinsein: die E. lieben, suchen, fürchten; jmdn. in seiner E. trösten. 2. einsame Gegend: kaum einer dringt in diese E. vor.

ein|sam|meln 〈sw. V.; hat〉: 1. durch Sammeln zusammenbringen, vereinigen, auflesen: Früchte [in einen Korb] e.; Ü der letzte Bus sammelte die Nachzügler ein. 2. sich von jedem Einzelnen einer Gruppe geben, aushändigen lassen: die Ausweise, Geld, die Hefte, die Anträge e.

ein|sar|gen 〈sw. V.; hat〉: in einen Sarg legen: einen Toten, eine Leiche e.; * **sich [mit etw.] e. lassen können** (salopp; ↑ begraben 1).

Ein|satz, der; -es, Einsätze: 1. a) eingesetztes Teil: die Tischdecke hat einen geklöppelten E.; b) einsetzbares (u. herausnehmbares) Teil: ein Topf mit E. 2. a) Wert, Geldbetrag, durch den sich jmd. an einem [Glücks]spiel, einer Wette beteiligt: der E. beträgt einen Euro; den E. erhöhen; Er spielte ruhig und mit kleinen Einsätzen (Remarque, Triomphe 213); b) Pfand: zwei Euro E. hinterlegen. 3. 〈o. Pl.〉 a) das Einsetzen (2 b): der E. von Panzern, Flugzeugen; die Ausschreitungen machten den E. starker Polizeikräfte notwendig; der E. der beiden verletzten Spieler ist noch fraglich; er rettete das Kind unter E., (seltener:) mit E. seines Lebens; jmdn., etw. zum E. bringen (jmdn., etw. einsetzen); zum E. kommen, gelangen (eingesetzt werden); b) das Eingesetztsein (4 a): dieser Beruf verlangt, fordert den vollen E. [der Person]; c) Ausübung einer Tätigkeit, eines Dienstes: im sozialen E. stehen. 4. (Militär) das Eingesetztwerden an der Front: er hat schon mehrere Einsätze geflogen (wurde schon auf mehreren Kampfflügen eingesetzt); die Truppe ist im E. (im Kampf). 5. (Musik) das Einsetzen (5) einer Stimme, eines Instruments: der E. der Trompeten; die Einsätze waren ungenau; der Dirigent gibt den E. 6. (schweiz.) Amtseinführung (im kirchlichen Bereich): der E. des neuen Kaplans.

Ein|satz|be|fehl, der: Befehl (1 a, 2) zum Einsatz an der Front od. zum Einsatz von Polizeikräften o. Ä.

Ein|satz|be|reich, der: Bereich, wo jmd., etw. zum Einsatz kommt.

ein|satz|be|reit 〈Adj.〉: a) bereit, sich einzusetzen (4): er ist sehr e.; b) bereit, eingesetzt (2 b) zu werden: -e Feuerlöschfahrzeuge.

Ein|satz|be|reit|schaft, die 〈o. Pl.〉: a) einsatzbereite (a) Art; b) einsatzbereite (b) Beschaffenheit.

Ein|satz|dienst, der: Gruppe, die zum Einsatz (3 c) in Notfällen zur Verfügung steht.

ein|satz|fä|hig 〈Adj.〉: 1. a) fähig, sich einzusetzen (4 a); b) fähig, eingesetzt (2b,c) zu werden. 2. (Sport) in der Lage, körperlichen Verfassung, an einem Spiel teilzunehmen: der verletzte Spieler war noch nicht [voll] e.

Ein|satz|fä|hig|keit, die: das Einsatzfähigsein.

Ein|satz|fahr|zeug, das: Spezialfahrzeug (bes. von Polizei, Krankenhaus, Feuerwehr, THW), das bes. in Notfällen eingesetzt wird.

Ein|satz|feld, das: Bereich, in dem jmd. od. etw. eingesetzt (2 b) wird, eingesetzt werden kann: für die neue Technologie bieten sich zahlreiche -er an.

Ein|satz|freu|de, die (bes. Sport): Wille, freudige Bereitschaft zum Einsatz (3 c), zur körperlichen, kämpferischen Anstrengung.

ein|satz|freu|dig 〈Adj.〉 (bes. Sport): gern bereit, sich einzusetzen (4 a).

Ein|satz|ge|biet, das: 1. Gebiet, auf dem etw. eingesetzt (2 b) wird: das Gerät eignet sich für die verschiedensten -e. 2. (Militär) Gebiet, in dem ein Einsatz (4) stattfindet: die Truppen werden auf dem Luftweg ins E. gebracht.

Ein|satz|grup|pe, die, **Ein|satz|kom|man|do,** das (bes. Militär): Kommando (3 a), das für einen bestimmten Einsatz (3 a, c, 4) bereitsteht.

Ein|satz|kraft, die (meist Pl.): Person bei Polizei, Militär, Rettungsdienst o. Ä., die für einen bestimmten Einsatz bereitsteht od. im Einsatz ist.

Ein|satz|lei|ter, der: a) Leiter eines Einsatzkommandos; b) jmd., der einen Einsatz (3 c) leitet.

Ein|satz|lei|te|rin, die: w. Form zu ↑ Einsatzleiter.

Ein|satz|lei|tung, die: 1. Leitung eines Einsatzes. 2. Gesamtheit der Personen, die mit der Einsatzleitung (1) beauftragt sind.

Ein|satz|mög|lich|keit, die: Möglichkeit für einen Einsatz (3c, 4).

Ein|satz|ort, der: Ort, an dem jmd., etw. eingesetzt wird.

Ein|satz|plan, der: Plan für einen Einsatz (3 c, 4).

Ein|satz|trup|pe, die: Einsatzkommando.

Ein|satz|wa|gen, der: 1. Spezialwagen [der Polizei] für besondere Einsätze (3 c). 2. zusätzlicher Wagen einer Straßenbahn- od. Buslinie, der zu Stoßzeiten eingesetzt (1 b) wird.

Ein|satz|zen|t|ra|le, die: Zentrale (1 a), von der aus ein Einsatz (3 a) gesteuert wird.

ein|sau|en 〈sw. V.; hat〉 (salopp): stark beschmutzen: die Tischdecke; das Auto hat mich völlig eingesaut (mit Dreck bespritzt).

♦ **ein|säu|en:** ↑ einsauen: Sie (= die Katze) läge eingesäuet unter dem Bette da (Kleist, Krug 2).

ein|säu|ern 〈sw. V.; hat〉: a) durch Einlegen in Salz od. Essig konservieren: Bohnen e.; b) (Landwirtsch.) Futterpflanzen durch Gärung haltbar machen.

ein|sau|gen 〈sog ein/(seltener:) saugte ein, hat eingesogen/(seltener:) eingesaugt〉: 1. durch Saugen in sich aufnehmen; saugend einziehen: Bienen saugen den Honig ein. 2. 〈nur st. V.〉 tief einatmen: die würzige Waldluft, den Duft e.

ein|säu|men 〈sw. V.; hat〉: a) (Schneiderei) mit einem Saum versehen: den Rock e.; b) umrahmen, einfassen, umgrenzen: ein von Bäumen eingesäumter Platz.

ein|scan|nen 〈sw. V.; hat〉 (Fachspr.): mit einem Scanner erfassen: Daten, Texte e.

ein|schach|teln 〈sw. V.; hat〉: eng an-, ineinanderfügen, auf engem Raum einordnen: seine Sachen mühsam im Koffer e.

Ein|schach|te|lung, die; -, -en: das Einschachteln.

ein|scha|len 〈sw. V.; hat〉 (Bauw.): (eine zu betonierende Konstruktion) mit einer Schalung versehen.

ein|schal|ten 〈sw. V.; hat; 2. Part. nicht standardspr.: eingeschaltet〉: 1. a) durch Betätigen eines Schalters o. Ä. in Betrieb setzen: das Licht, das Fernsehgerät, die Zündung, eine Maschine e.; b) 〈e. + sich〉 durch eine automatische Schaltung in Betrieb gesetzt werden: die Alarmanlage schaltet sich sofort ein. 2. a) einfügen, dazwischenschieben: eine Pause e.; b) in eine laufende Angelegenheit hinzuziehen, zum Eingreifen veranlassen: Interpol wurde in die Ermittlungen eingeschaltet; c) 〈e. + sich〉 in eine Angelegenheit eingreifen: ich schaltete mich in die Diskussion ein.

Ein|schalt|quo|te, die (Rundfunk, Fernsehen): Zahl der Personen, die eine Sendung eingeschaltet haben, gemessen an der Gesamtzahl der Rundfunk- od. Fernsehteilnehmer.

Ein|schal|tung, die; -, -en: das Einschalten.

Ein|scha|lung, die; -, -en: a) das Einschalen; b) Schalung.

ein|schär|fen 〈sw. V.; hat〉: jmdn. mit allem Nachdruck zu einem bestimmten Verhalten, zur Befolgung einer Vorschrift anhalten; jmdn. eindringlich zu etw. ermahnen: jmdm. ein Verbot, eine Verhaltensregel e.

ein|schar|ren 〈sw. V.; hat〉: a) scharrend eingraben: der Hund scharrt den Knochen ein; b) in liebloser Weise hastig u. heimlich irgendwo begraben.

ein|schätz|bar 〈Adj.〉: sich einschätzen (1) lassend: eine kaum -e Gefahr.

ein|schät|zen 〈sw. V.; hat〉: 1. in bestimmter Weise beurteilen, bewerten: jmdn., eine Situation richtig e.; diese Arbeit kann nicht hoch genug eingeschätzt werden. 2. vorläufig, durch eine Schätzung zur Steuer veranlagen: das Finanzamt hat uns in diesem Jahr höher eingeschätzt.

Ein|schät|zung, die; -, -en: das Einschätzen; Bewertung, Beurteilung: eine E. geben.

Ein|schau, die; -, -en (österr. Amtsspr.): behördliche Überprüfung, Kontrolle.

ein|schau|feln 〈sw. V.; hat〉: in etw. schaufeln, mit einer Schaufel in etw. befördern: Kartoffeln e.

ein|schäu|men ⟨sw. V.; hat⟩: a) *mit [Seifen]schaum bedecken:* die Haare, sich vor dem Duschen gründlich e.; b) *mit Schaumstoff umhüllen:* empfindliches Gerät für den Lufttransport e.

ein|schen|ken ⟨sw. V.; hat⟩: a) *(ein Getränk) eingießen:* Wein, Kaffee e.; ich schenkte ihr, mir noch eine Tasse Tee ein; schenk ein!; b) *mit einem Getränk füllen:* die Tassen e.; … der alte Notar blickte still vor sich hin, griff nach der Karaffe, schenkte das Weinglas langsam und sorgfältig ein (Langgässer, Siegel 140).

¹ein|sche|ren ⟨sw. V.; ist⟩ [zu ↑⁴scheren (2a)]: *sich beim Fahren [wieder] in eine Reihe einordnen:* nach dem Überholen wieder [auf die rechte Fahrspur] e.

²ein|sche|ren ⟨st. V.; hat⟩ [zu ↑³scheren (3)] (Seemannsspr.): *(Tauwerk) durch Halterungen, Rollen, Blöcke o. Ä. ziehen.*

Ein|schicht, die; - (südd., österr.): *Einöde, Einsamkeit.*

ein|schich|ten ⟨sw. V.; hat⟩: *schichtweise hineinlegen, einordnen:* Kartoffel- und Eierscheiben abwechselnd in eine Auflaufform e.

ein|schich|tig ⟨Adj.⟩: **1.** (südd., österr.) a) *abgelegen, einsam:* ein -es Haus; b) *einzeln; den vereinzelten Teil eines Paares bildend:* ein -er Schuh. **2.** *aus nur einer Schicht* (1) *bestehend:* -es Gewebe. **3.** *eine einzige Schicht* (3) *aufweisend:* in dieser Abteilung wird e. gearbeitet.

ein|schi|cken ⟨sw. V.; hat⟩: **1.** *an eine zuständige Stelle schicken:* sie hat die Probe einem Institut, an ein Institut eingeschickt. **2.** (Technik) *in etw. leiten:* Erdgas in eine Leitung e.

ein|schie|ben ⟨st. V.; hat⟩: **1.** *in etw. hineinschieben:* ein Kuchenblech [in den Ofen] e. **2.** *in eine Reihenfolge, einen Ablauf o. Ä. zusätzlich einfügen:* Lockerungsübungen e.; Zitate in einen Aufsatz e.; sich in die Reihe der Wartenden e. **3.** ⟨e. + sich⟩ (Jägerspr.) *(vom Schwarzwild) sich in den Kessel* (5 a) *legen.*

Ein|schieb|sel, das; -s, -: *Zusatz; eingeschobene Textstelle.*

Ein|schie|bung, die; -, -en: a) *das Einschieben;* b) *eingeschobener Absatz, Satz.*

Ein|schie|nen|bahn, die (Verkehrsw.): *Bahn, die auf nur einer Schiene läuft.*

ein|schie|ßen ⟨st. V.⟩: **1.** ⟨hat⟩ *durch Schießen zertrümmern:* die Mauern einer Burg e. **2.** ⟨hat⟩ a) *eine neue Schusswaffe durch Schießen gebrauchstüchtig, treffsicher machen:* neue Gewehre auf dem Schießstand e.; b) ⟨e. + sich⟩ *wiederholt auf das gleiche Ziel schießen u. auf diese Weise treffsicher werden:* er müsste sich erst e.; c) ⟨e. + sich⟩ *jmdn., etw. mit Worten od. Gedanken wiederholt zum Angriffsziel machen:* die Medien hatten sich auf den Verteidigungsminister eingeschossen. **3.** ⟨hat⟩ a) *mithilfe eines entsprechenden Apparats in etw. [hinein]schießen:* einen Dübel e.; b) (Sport) *(den Ball) ins Tor schießen:* er schoss [den Ball] zum 1:1 ein; c) (Druckw.) *zwischen die Druckbogen heften:* leere Bogen e.; d) (Weberei) *beim Weben quer durchstoßen:* den Faden e. **4.** ⟨hat⟩ *als Einlage* (8 b) *geben; beisteuern:* Geld e. **5.** ⟨ist⟩ *hineinströmen, heftig strömend eindringen:* nach Öffnen der Schleuse schoss das Wasser ein; die Milch ist eingeschossen (Med.; *hat bei der Wöchnerin die Milchdrüsen gefüllt*). **6.** ⟨hat⟩ (landsch.) *(Brot) in den Ofen schieben.*

ein|schif|fen ⟨sw. V.; hat⟩: **1.** *vom Land aufs Schiff bringen:* Passagiere, Waren e. **2.** ⟨e. + sich⟩ *sich zu einer Reise an Bord eines Schiffes begeben:* er schiffte sich in Genua, nach Amerika ein; (auch ohne »sich«:) wir müssen e. *(an Bord gehen).*

ein|schif|fig ⟨Adj.⟩: *(von Kirchen) keine Seitenschiffe aufweisend.*

Ein|schif|fung, die; -, -en ⟨Pl. selten⟩: *das [Sich]einschiffen.*

Ein|schif|fungs|ha|fen, der: *Hafen, in dem die Einschiffung erfolgt.*

ein|schir|ren ⟨sw. V.; hat⟩: *(einem Zugtier, Zugtieren) das Geschirr anlegen:* die Ochsen e.

einschl. = einschließlich.

ein|schla|fen ⟨st. V.; ist⟩: **1.** *in Schlaf sinken, fallen:* nicht e. können; beim, über dem Lesen e.; bei diesem Buch schläft man ein *(es ist sehr langweilig);* schlaf nicht ein! (ugs.; *mach nicht so langsam!; pass auf!*); … er las sich die Zeit von der Seele und schlief über Büchern ein (Meckel, Suchbild 88). **2.** (verhüll.) *[sanft, ohne Qualen] sterben:* sie ist friedlich eingeschlafen. **3.** *(von Gliedmaßen) vorübergehend gefühllos werden:* mein Bein ist [mir] eingeschlafen. **4.** *in seiner Intensität allmählich nachlassen u. schließlich ganz aufhören:* der Briefwechsel ist eingeschlafen; alte Beziehungen nicht e. lassen.

ein|schlä|fern ⟨sw. V.; hat⟩: **1.** a) *in Schlaf versetzen:* das gleichmäßige Rauschen schläfert mich ein; b) *narkotisieren, betäuben:* jmdn. vor einer Operation e.; c) *(besonders ein krankes Tier) schmerzlos töten:* der Hund musste eingeschläfert werden. **2.** *sorglos, sicher machen; beruhigen:* jmds. Gewissen e.

Ein|schlä|fe|rung, die; -, -en: *das Einschläfern* (1 b, c, 2).

Ein|schlaf|stö|rung, die ⟨meist Pl.⟩: *Schlafstörung, die darin besteht, nicht od. nur sehr schwer einschlafen zu können.*

Ein|schlag, der; -[e]s, Einschläge: **1.** a) *das Einschlagen* (3): der E. des Blitzes; die Einschläge der Granaten; b) *Stelle des Einschlagens* (3): an dieser Mauer sind noch die Einschläge der Gewehrkugeln zu sehen. **2.** *sich im Äußeren von etw. auswirkender Anteil; Beimischung:* eine Bevölkerung mit französischem, südlichem, bäuerlichem E.; ein parlamentarisches Regierungssystem mit stark autoritärem E. **3.** (Forstwirtsch.) a) *das Einschlagen* (5); b) *eingeschlagenes* (5) *Holz.* **4.** (Kfz-Wesen) *Drehung der Vorderräder.* **5.** (Schneiderei) *eingeschlagener* (10) *Teil eines Kleidungs-, Wäschestückes* (z. B. am Saum, der Knopfleiste). **6.** (Landwirtsch.) a) *das Einschlagen* (6 b); b) *Erde o. Ä., in die etw. eingeschlagen* (6 b) *wird:* einige Pflanzen aus dem E. nehmen. ◆ **7.** *Umschlag, Kuvert:* Urkunden, Briefe, Zeugnisse – Hier sind sie. In diesem E. liegen sie beisammen (Kleist, Käthchen II, 10).

ein|schla|gen ⟨st. V.; hat⟩: **1.** *schlagend in etw. hineintreiben:* einen Nagel [in die Wand], Pfähle [in die Erde] e. **2.** *durch Schlagen zertrümmern:* eine Fensterscheibe e.; jmdm. den Schädel e.; ich habe mir [an der harten Kante] zwei Zähne eingeschlagen. **3.** *knallend, krachend auftreffen u. dabei zünden, explodieren:* das Geschoss schlägt [das Haus] ein; der Blitz hat eingeschlagen; ⟨auch unpers.:⟩ es hat [irgendwo] eingeschlagen *(der Blitz ist [irgendwo] knallend, krachend aufgetroffen).* **4.** *(jmdn., ein Tier) eine Zeit lang ohne Unterbrechung [unbeherrscht] schlagen:* wie von Sinnen auf jmdn., mit der Peitsche auf das Pferd e. **5.** (Forstwirtsch.) *planmäßig fällen:* einen Baumbestand e. **6.** a) *(Papier, ein Tuch o. Ä.) als Schutz, Hülle um etw. schlagen; einwickeln, locker einpacken:* den Salatkopf [in Zeitungspapier] e.; ein Buch e. *(mit einem Schutzumschlag versehen);* das Bild war in eine/(selten:) in einer Decke eingeschlagen; b) (Landwirtsch.) *schützend mit Erde bedecken:* die Setzlinge müssen vorläufig eingeschlagen werden. **7.** *(einen bestimmten Weg) wählen; in eine bestimmte Richtung gehen, fahren, fliegen:* einen Feldweg e.; die Richtung zum Wald, den kürzesten Weg zum Bahnhof e.; den eingeschlagenen Kurs ändern; Ü die juristische Laufbahn e. **8.** *jmds. Hand zustimmend ergreifen, etw. durch Handschlag bestätigen:* in eine dargebotene Hand e.; die Wette gilt, schlag ein!; Ü als man ihm die Stelle anbot, schlug er ein *(sagte er zu).* **9.** (Verkehrsw.) *durch Drehen des Lenkrades die Stellung der Vorderräder u. damit die Fahrtrichtung ändern:* nach rechts, links e. **10.** (Schneiderei) *nach innen umlegen [u. dadurch kürzen]:* die Ärmel e.; den Saum 5 cm breit e. **11.** a) *sich erfolgreich in eine bestimmte Richtung hin entwickeln:* in der Schule hat er [gut] eingeschlagen; der neue Mitarbeiter scheint einzuschlagen; b) *rasch großen Anklang finden, Erfolg haben:* dieser Film hat überall eingeschlagen; diese Idee schlug ein. **12.** ⟨e. + sich⟩ (Tennis) *sich mit bestimmten Schlägen auf ein kommendes Spiel vorbereiten:* nach der Regenpause dürfen sich die beiden Spielerinnen noch einmal zwei Minuten lang e.; ⟨subst.:⟩ er hat sich beim Einschlagen verletzt. ◆ **13.** a) *schlagend einprägen:* An drei goldnen Lilien ist's (= das Schwert) zu erkennen, die auf der Klinge eingeschlagen sind (Schiller, Jungfrau I, 10); b) (Bergmannsspr.) *mit der Suche nach einer Lagerstätte, einem Erzgang beginnen:* … fing an, den Landmann zu belehren, dass er Recht habe, hier einzuschlagen, und gab ihm dabei die ersten Begriffe vom Bergbau (Goethe, Lehrjahre II, 4).

ein|schlä|gig ⟨Adj.⟩ [zu veraltet einschlagen = hineinreichen, -wirken]: *zu einem bestimmten Gebiet od. Fach gehörend, dafür zutreffend:* die -e Literatur; e. *(wegen eines ähnlichen Delikts)* vorbestraft sein.

Ein|schlag|pa|pier, das: *Papier zum Einschlagen* (6 a).

ein|schläm|men ⟨sw. V.; hat⟩ (Gartenbau): *(beim Einpflanzen) stark wässern* (2), *sodass der sich bildende Schlamm alle Hohlräume um die Wurzeln ausfüllt u. die Pflanze sich dadurch gut einwurzeln kann:* Pflanzen e.

ein|schlei|chen ⟨st. V.; hat⟩: **1.** ⟨e. + sich⟩ *vorsichtig, heimlich eindringen:* Diebe haben sich [in den/(selten:) im Keller] eingeschlichen; Ü der Verdacht schleicht sich ein, dass er das mit Absicht getan hat; hier hat sich ein Druckfehler eingeschlichen. **2.** (Med., Pharm.) *(bei einer Behandlung) die Dosis des Medikaments langsam steigern:* einschleichende Therapie.

ein|schlei|fen ⟨st. V.; hat⟩: **1.** *durch Schleifen eingraben, eingravieren:* seine Initialen [in Glas] e. **2.** (Technik) *durch Schleifen passend machen, einpassen:* Kolben, Brillengläser e. **3.** (bes. Psych.) a) *durch häufige Wiederholung zur Gewohnheit werden lassen, einprägen:* eine korrekte Aussprache e.; b) ⟨e. + sich⟩ *zur Gewohnheit werden:* diese Reaktion hat sich [bei dem Tier] eingeschliffen. **4.** (österr.) *nach und nach anpassen:* der Steuerabsetzbetrag wird bei höheren Einkommen eingeschliffen.

ein|schlei|men, sich ⟨sw. V.; hat⟩ (ugs. abwertend): *sich auf widerliche Weise einschmeicheln:* er versuchte, sich beim Chef einzuschleimen.

ein|schlep|pen ⟨sw. V.; hat⟩: **1.** *in den Hafen schleppen* (1 b): ein Schiff [in den Hafen] e. **2.** *(eine Krankheit, Seuche) an einen anderen Ort mitbringen, auf andere übertragen:* er hat die Pocken [in die Schweiz, nach Europa] eingeschleppt; Ü Es blieb lange dunkel, wozu Anderegg diesen ruhigen Mann mit der kindlich dichten, nach hinten gestrählten Mähne und der solid bürgerlichen Verpackung eingeschleppt hatte (Muschg, Gegenzauber 232).

ein|schleu|sen ⟨sw. V.; hat⟩: a) *unbemerkt, heimlich durch Kontrollsysteme durch-, hineinbringen, einschmuggeln* (b): einen Agenten, sich [in

ein Land, in eine Organisation] e.; **b)** *unbemerkt durch eine Kontrolle durch- u. in etw. hineinbringen, einführen:* Falschgeld in den Verkehr e.; **c)** (Med.) *mithilfe gentechnischer Methoden hineingeben:* Proteine in Mäusezellen e.
Ein|schleu|sung, die; -, -en: *das Einschleusen.*
ein|schlie|ßen ⟨st. V.; hat⟩: **1. a)** *durch Abschließen der Tür daran hindern, einen Raum zu verlassen:* die Gefangenen in ihren Zellen, in ihren Zellen e.; **b)** ⟨e. + sich⟩ *durch Abschließen der Tür niemanden zu sich hereinlassen:* sich in sein Zimmer, in seinem Zimmer e.; **c)** *zur Aufbewahrung in einem Behälter o. Ä. verschließen:* Geld, Schmuck [in einen Tresor] e. **2.** *von allen Seiten umschließen, umgeben:* hohe Mauern schließen den Hof ein; die Truppen sind vollständig eingeschlossen *(umzingelt).* **3.** *in etw. mit einbeziehen, einbegreifen:* jmdn. in sein Gebet [mit] e.; das Frühstück ist im Preis eingeschlossen.
¹ein|schließ|lich ⟨Präp. mit Gen.⟩: *mitsamt, unter Einschluss* (Abk.: einschl.): e. der Unkosten; e. aller Reparaturen; alle Beamten e. der Lehrer; ⟨ein stark deklinierles Subst. im Sg. bleibt in der Regel ungebeugt, wenn es ohne Art. od. Attr. steht; ebenso ein Name:⟩ die Kosten e. Porto; e. Brigitte; Brigitte e.; ⟨im Pl. üblicherweise mit dem Dativ, wenn der Gen. nicht erkennbar ist:⟩ aller Besitz e. Büchern u. Kunstwerken.
²ein|schließ|lich ⟨Adv.⟩: *das [Letzt]genannte einbegriffen, mitgerechnet* (Abk.: einschl.): verreist bis zum 15. Juli e.; verreist bis e. 15. Juli; bis Seite 410 e.
Ein|schlie|ßung, die; -: *das Einschließen* (1–3).
ein|schlum|mern ⟨sw. V.; ist⟩: **1.** (geh.) *in Schlummer sinken:* über dem Lesen e. **2.** (verhüll.) *[ohne Qualen] sterben:* er ist friedlich eingeschlummert. **3.** (ugs.) *nicht mehr gepflegt werden, nachlassen u. allmählich ganz aufhören:* ihre Freundschaft ist eingeschlummert.
Ein|schluss, der; -es, Einschlüsse: **1.** (Geol.) *(in einem Mineral) eingeschlossener Fremdkörper:* fossile Einschlüsse im Gestein. **2.** *das Einschließen* (3), *Einbeziehen:* alle Staaten mit E. *(einschließlich)* der Bundesrepublik; die weltpolitischen Probleme unter E. der Abrüstungsfrage. **3. a)** *das Einschließen* (1 a) *bes. von Gefangenen;* **b)** *Stelle, an der jmd., ein Tier von allen Seiten eingeschlossen, umzingelt ist.*
ein|schmei|cheln ⟨sw. V.; hat⟩: ⟨e. + sich⟩ *sich durch Schmeicheln beliebt machen:* sich [mit schönen Worten] beim Chef e.
ein|schmei|chelnd ⟨Adj.⟩: *angenehm, sanft klingend:* eine -e Musik, Stimme.
Ein|schmei|che|lung, Einschmeichlung, die; -: *das Sicheinschmeicheln.*
Ein|schmeich|lung: ↑ Einschmeichelung.
ein|schmei|ßen ⟨st. V.; hat⟩ (ugs.): **1.** *einwerfen* (2): eine Fensterscheibe e. **2.** *einnehmen, zu sich nehmen, schlucken:* einen Trip e.
ein|schmel|zen ⟨st. V.; hat⟩: *(bes. Metall, auch Glas u. a.) zu einer Schmelze* (2 a) *verarbeiten:* Glocken, Münzen, Altglas, Schrott, Kerzenreste e. Dazu: **Ein|schmel|zung,** die; -, -en.
ein|schmie|ren ⟨sw. V.; hat⟩ (ugs.): **a)** *einfetten, einölen:* die Stiefel e.; jmdn., sich mit Sonnenöl e.; **b)** *schmutzig machen, verschmieren:* seinen Mund, sich [mit Marmelade] e.
ein|schmug|geln ⟨sw. V.; hat⟩: **a)** *heimlich, unter Umgehung des Zolls o. Ä. einführen:* Drogen e.; **b)** *unerlaubt, unter Umgehung der Kontrollen Zutritt verschaffen:* sich in ein Flugzeug e.
ein|schnap|pen ⟨sw. V.; ist⟩: **1.** *(durch Eindringen eines Bolzens, einer Feder od. dgl. in eine vorgesehene Öffnung) sich fest schließen:* das Türschloss, die Tür schnappte ein. **2.** (ugs. abwertend) *[aus nichtigem Anlass] beleidigt, gekränkt sein:* sie schnappt leicht, bei/wegen jeder Klei-

nigkeit ein; ⟨oft im 2. Part.:⟩ er ist ständig eingeschnappt.
ein|schnei|den ⟨unr. V.; hat⟩: **1. a)** *vom Rand, von einem Ende* (2) *aus einen Schnitt in etw. machen:* die Stiele von Schnittblumen e.; **b)** *schneidend eine Kerbe, ein Muster auf etw. anbringen; einritzen:* Namen in die Bänke e.; **c)** (Kochkunst) *mit dem Messer zerkleinern u. in etw. hineintun:* Äpfel [in den Rotkohl], Zwiebeln e.; **d)** (österr.) *zurechtschneiden u. in den Rahmen einsetzen:* Glas, einen Spiegel e.; **e)** (Film) *gesondert gemachte Aufnahmen in einen Filmstreifen (durch Zerschneiden u. Dazwischenkleben) einfügen:* Archivaufnahmen in einen Film e. **2.** *schneidend, scharf in etw. eindringen:* das Gummiband schneidet [in die Haut] ein; ⟨auch e. + sich:⟩ der Draht hat sich tief in die Kehle eingeschnitten; Ü diese Maßnahme schneidet tief in das Wirtschaftsleben ein *(ist für das Wirtschaftsleben von einschneidender Wirkung).*
ein|schnei|dend ⟨Adj.⟩: *tief greifend, sich stark auswirkend, entscheidend:* -e Veränderungen; -e Maßnahmen.
ein|schnei|dig ⟨Adj.⟩: *nur mit einer Schneide* (1 a) *versehen.*
ein|schnei|en ⟨sw. V.; ist⟩: **a)** *von Schnee ganz bedeckt werden:* das Haus ist vollkommen eingeschneit *(zugeschneit);* **b)** *infolge tiefen Schnees an einem Ort festgehalten werden:* wir sind seit zwei Tagen in der Skihütte eingeschneit.
Ein|schnitt, der; -[e]s, -e: **1.** *Schnitt in etw.:* der Arzt machte einen E. [in die Luftröhre]. **2.** *eingeschnittene Stelle:* der E. für den Ärmel ist zu klein; ein E. im Gelände. **3. a)** *Abschnitt, Zäsur:* hier ist ein deutlicher E. in dem Roman; **b)** *einschneidendes Ereignis:* der Tod des Vaters war ein E. in ihrer Entwicklung.
ein|schnit|zen ⟨sw. V.; hat⟩: *in etw. schnitzen:* seinen Namen in einen Baum e.
ein|schnü|ren ⟨sw. V.; hat⟩: **a)** *durch Schnüren fest zusammenhalten:* [jmdm.] die Taille, sich [durch einen Gürtel] e.; **b)** *drückend einengen:* der Gürtel schnürt mich, die Taille ein; das Gummiband schnürt ein *(Druckstellen in der Haut hinterlassen);* Ü Angst schnürte ihr die Kehle ein.
Ein|schnü|rung, die; -, -en: **a)** *das Einschnüren;* **b)** *eingeschnürte, eingedrückte Stelle.*
ein|schrän|ken ⟨sw. V.; hat⟩ [zu ↑ Schranke]: **1. a)** *verringern, reduzieren; auf ein geringeres Maß herabsetzen:* seine Ausgaben [auf das Notwendigste], den Zugverkehr e.; jmds. Macht, Rechte e.; eine eingeschränkte *(begrenzte)* Vollmacht; **b)** *in etw. einengen:* jmdn. in seinen Rechten, seiner Bewegungsfreiheit e. **2.** ⟨e. + sich⟩ *aus einer Zwangslage heraus, um etw. zu erübrigen, die Ausgaben für den Lebensunterhalt klein halten, sich mit wenigem begnügen; bescheiden leben:* ich muss mich sehr e.; eingeschränkt, in eingeschränkten Verhältnissen leben.
Ein|schrän|kung, die; -, -en: **a)** *das Einschränken;* **b)** *Vorbehalt:* etw. ohne E. empfehlen können.
ein|schrau|ben ⟨sw. V.; hat⟩: *in etw. schrauben:* eine Glühlampe [in die Fassung] e.
♦ **ein|schre|cken** ⟨sw. V.; hat⟩: *einschüchtern:* Das Kind e. - Hure - Schafsgesicht! So wird's uns nichts (Kleist, Krug 9).
Ein|schreib|brief, Ein|schrei|be|brief, der (Postw.): *eingeschriebener Brief.*
Ein|schrei|be|ge|bühr, Einschreibegebühr, die: **1.** *Gebühr für die Immatrikulation an einer Hochschule.* **2.** (Postw.) *Entgelt für einen Einschreibebrief.*
ein|schrei|ben ⟨st. V.; hat⟩: **1. a)** *in etw. schreiben:* seine Ausgaben [in ein Heft] e.; **b)** *seinen, jmds.*

Namen offiziell in eine [Aufnahme]liste o. Ä. eintragen: die Teilnehmer in eine(/selten:) in einer Liste e.; sich bei einem Verein e. lassen; sich an einer Hochschule e. *(immatrikulieren);* eingeschriebene Mitglieder; Ihre Bitte, nicht danebenstehen zu müssen, während er sie im Hotel einschreibt unter seinem Namen, lässt sich erfüllen (Frisch, Montauk 93). **2. a)** *(einen neuen Füllfederhalter o. Ä.) durch Schreiben gebrauchsfähig machen:* den neuen Füllfederhalter e.; **b)** ⟨e. + sich⟩ *schreibend eine gewisse Routine im Schreiben bekommen:* ich muss mich erst e.
Ein|schrei|ben, das; -s, - (Postw.): *Postsendung, deren Ein- und Auslieferung durch die Post dokumentiert wird:* für Sie liegt ein E. zum Abholen bereit; einen Brief als E. schicken.
Ein|schrei|be|sen|dung, Einschreibsendung, die (Postw.): *Einschreiben.*
Ein|schreib|ge|bühr: ↑ Einschreibegebühr.
Ein|schreib|sen|dung: ↑ Einschreibesendung.
Ein|schrei|bung, die; -, -en: *das Einschreiben* (1 b).
ein|schrei|en ⟨st. V.; hat⟩: *jmdn. fortwährend u. heftig anschreien [ohne ihn zu Wort kommen zu lassen]:* wütend schrie er auf ihn ein.
ein|schrei|ten ⟨st. V.; ist⟩: *gegen jmdn., etw. energisch vorgehen; eingreifen:* gegen den Lärm, die Demonstranten e.; die Polizei schritt nicht ein.
ein|schrum|peln ⟨sw. V.; ist⟩ (landsch.): *einschrumpfen.*
ein|schrump|fen ⟨sw. V.; ist⟩: *durch Schrumpfen kleiner werden:* die Äpfel sind eingeschrumpft; Ü die Vorräte schrumpften ein.
Ein|schub, der; -[e]s, Einschübe (Schrift- u. Druckw.): *eingeschobener Text, Satz; Zusatz, Parenthese:* ein E. von fremder Hand.
ein|schüch|tern ⟨sw. V.; hat⟩ [zu mniederd. schüchtern, ↑ schüchtern]: *jmdm. Angst machen u. ihm dadurch den Mut zu etw. nehmen:* jmdn. mit/durch Drohungen einzuschüchtern versuchen; ein völlig eingeschüchtertes Kind. Dazu: **Ein|schüch|te|rung,** die; -, -en; **Ein|schüch|te|rungs|ver|such,** der.
ein|schu|len ⟨sw. V.; hat⟩: **1.** *(ein schulpflichtiges Kind) in eine Schule aufnehmen:* sie wurde mit sechs Jahren eingeschult. **2.** *in eine bestimmte berufliche Tätigkeit [die keine Berufsausbildung voraussetzt] einarbeiten.*
Ein|schu|lung, die; -, -en: **1.** *das Einschulen* (1), *Eingeschultwerden:* bei der E. sind die Kinder normalerweise sechs Jahre alt; das Foto zeigt ihn bei seiner E. an seinem Schultag). **2.** *das Einschulen* (2), *Eingeschultwerden.*
Ein|schu|lungs|al|ter, das ⟨o. Pl.⟩: *Alter, mit dem ein Kind schulpflichtig wird.*
Ein|schuss, der; -es, Einschüsse: **1. a)** *das Eingedrungensein eines Geschosses; Schuss* (1 c); **b)** *Stelle, an der ein Geschoss eingedrungen ist:* der Ausschuss ist meist größer als der E. **2.** *Beimengung, Zusatz:* das Referat enthält viel subjektive Einschüsse. **3.** (Raumfahrt) *das Hineinschießen einer Rakete o. Ä. in eine Flugbahn.* **4.** (Sport) *Schuss ins Tor:* zum E. kommen. **5.** (Weberei) *Gesamtheit der in Querrichtung verlaufenden Gewebefäden; Schuss:* für den E. eine Kontrastfarbe nehmen. **6.** (Landwirtsch.) *Tiermed.) (bei Pferden) entzündliche, durch eine Wundinfektion hervorgerufene Schwellung, meist der Hinterhand.* **7.** (Bankw.) *als Anzahlung od. Sicherheit geleistete Zahlung an die Bank bei bestimmten Börsen- od. Außenhandelsgeschäften.*
Ein|schuss|loch, das: *von einem Einschuss* (1 a) *herrührendes kleineres Loch.*
Ein|schuss|stel|le, Ein|schuss-Stel|le, die: *Einschuss* (1 b).
Ein|schuss|win|kel, der: **1.** (Fußball) *Winkel,*

unter dem der Einschuss (4) *erfolgt.* **2.** (Ballistik) *Winkel, unter dem ein Geschoss eingedrungen ist:* mithilfe des -s wird der Standort des Schützen festgestellt.

ein|schüt|ten ⟨sw. V.; hat⟩: *in etw. [hinein]schütten; einfüllen, eingießen.*

ein|schwär|zen ⟨sw. V.; hat⟩: *schwarz färben; mit schwarzer Farbe bedecken:* Druckplatten e.

ein|schwat|zen, einlschwät|zen ⟨sw. V.; hat⟩ (ugs.): *einreden* (2).

ein|schwe|ben ⟨sw. V.; ist⟩: *(von Flugzeugen, Raumschiffen u. Ä.) im Gleitflug zur Landung einfliegen:* die Maschine schwebte in den Flughafen ein.

ein|schwei|ßen ⟨sw. V.; hat⟩: **1.** (Technik) *durch Schweißen in etw. einfügen:* ein Rohr e. **2.** *in [Klarsicht]folie verpacken u. zuschweißen:* Bücher, Schallplatten, Tiefkühlprodukte e.

ein|schwen|ken ⟨sw. V.⟩: **1.** ⟨ist⟩ *mit einer Schwenkung einbiegen:* links, rechts e.; die Fahrzeuge schwenken in den Hof ein; Ü auf einen neuen politischen Kurs e. **2.** ⟨hat⟩ *nach innen schwenken, drehen:* den Arm des Krans e.

ein|schwim|men, sich ⟨st. V.; hat⟩ (Sport): *sich vor einem Schwimmwettkampf oder zu Beginn des Trainings warm schwimmen.*

ein|schwin|gen ⟨st. V.⟩: **1. a)** ⟨ist⟩ *mit einer Schwenkung einbiegen:* der Satellit schwingt in die Umlaufbahn ein; **b)** ⟨e. + sich; hat⟩ *sich einlassen:* sich auf einen bestimmten Part e.; **c)** ⟨e. + sich; hat⟩ *sich in die richtige Lage schwingen, sich schwingend in etw. versetzen:* sich auf den Rhythmus e. **2.** ⟨hat⟩ *schwenken* (4): die Gewehrläufe auf die Angreifer e. **3.** ⟨e. + sich; hat⟩ (Ski) *Schwingübungen machen, die zur Vorbereitung auf das eigentliche Skifahren dienen:* wir müssen uns erst e.; ⟨meist subst., auch ohne sich:⟩ der Hang eignet sich gut zum Einschwingen. **4.** ⟨hat⟩ (Jägerspr.) *(von Federwild od. Raubvögeln) sich niederlassen:* der Auerhahn schwang in den Baum ein, ⟨auch e. + sich:⟩ schwang sich in den Baum ein.

ein|schwö|ren ⟨st. V.; hat⟩: **a)** *durch Treueschwur binden, verpflichten; vereidigen;* **b)** *zu etw. verpflichten, dazu bringen, jmdn. od. etw. nachdrücklich zu vertreten:* jmdn. auf strenge Vertraulichkeit e.; die Partei auf einen Kandidaten e.; die Koalitionsparteien schworen sich auf den Kabinettsvorschlag ein; er ist auf diese Automarke eingeschworen *(ist auf sie festgelegt, bevorzugt sie unter allen Umständen).*

ein|seg|nen ⟨sw. V.; hat⟩: **a)** *konfirmieren:* sie wird nächstes Jahr eingesegnet; **b)** *segnend [ein]weihen; den Segen über etw. sprechen:* eine Ehe e.

Ein|seg|nung, die; -, -en: **a)** *Konfirmation;* **b)** *das Einsegnen* (b).

ein|seh|bar ⟨Adj.⟩: **1. a)** *Einblick* (1 a) *gewährend, zulassend:* ein von allen Seiten her -er Garten; ein nicht -er Raum; **b)** *zugänglich, so geartet, dass Einblick* (1 b) *genommen werden kann:* die Akten sollen für alle e. sein. **2.** *verständlich, [leicht] einzusehen* (2 b): -e Gründe, Handlungsweisen; es ist nicht e., warum er darauf besteht.

ein|se|hen ⟨st. V.; hat⟩: **1. a)** *in einen Raum o. Ä. hineinsehen* (1) *[können]; einen Einblick* (1 a) *in etw. haben:* der Garten kann von keiner Seite eingesehen werden; **b)** *in etw. Einblick* (1 b) *nehmen; prüfend nachlesen, suchend in etw. lesen:* Briefe, Rechnungen, Zeugnisse, Akten e. **2. a)** *zu der Überzeugung kommen, dass etw., was man eigentlich nicht wahrhaben wollte, sich doch so verhält:* sein Unrecht, seinen Irrtum e.; endlich hat er eingesehen, dass es nun nicht mehr weiterkommt; **b)** *sich von den Argumenten eines andern überzeugen lassen, die Richtigkeit seiner Handlungsweise erkennen:* sein ein, dass er nicht anders handeln konnte.

Ein|se|hen: nur in der Verbindung [k]ein E.

haben (für jmdn., etw. [kein] Verständnis haben u. sich deshalb [nicht] nachgiebig u. freundlich zeigen: der Chef hatte ein E. und gab uns frei).

ein|sei|fen ⟨sw. V.; hat⟩: **1.** *mit Seife einreiben [sodass die betreffende Stelle mit Seifenschaum bedeckt ist]:* jmdn., sich e.; Ü jmdn. mit Schnee e. *(ihm zum Spaß Schnee ins Gesicht reiben).* **2.** [viell. unter dem Einfluss von rotwelsch beseibeln = betrügen, zu jidd. seiwel, seibel = Mist, Dreck] (ugs.) *wortgewandt von etw. überzeugen, zu etw. überreden, was für den Betroffenen nachteilig ist od. ihn schädigt; betrügen:* du hast dich von dem Vertreter an der Haustür schön e. lassen.

ein|sei|tig ⟨Adj.⟩: **1.** *nur eine Körperseite betreffend, nur auf einer Körperseite:* -e Kopfschmerzen; e. gelähmt sein. **2.** *nur eine Seite* (6 b, c) *betreffend, nur auf einer Seite:* Manuskripte bitte nur e. beschreiben. **3.** *nur eine Seite* (9 a) *betreffend, nur für eine Seite verbindlich:* eine -e Willenserklärung; der Vertrag ist e. gebrochen worden. **4. a)** *nur eine Seite* (8 a) *einer Sache, nur einen Gesichtspunkt berücksichtigend, hervorhebend; nicht erschöpfend; subjektiv, parteiisch:* eine -e Beurteilung; diese Maßnahme ist sehr e.; er hat die Sache zu e. dargestellt; **b)** *nur auf ein Gebiet, einen Sachbereich o. Ä. beschränkt; nicht vielseitig:* eine -e Begabung; er ist sehr e.; nur e. interessiert sein.

Ein|sei|tig|keit, die; -, -en ⟨Pl. selten⟩: *das Einseitigsein* (3, 4); *einseitiges Wesen, Verhalten, einseitige Beschaffenheit.*

ein|sen|den ⟨unr. V.; sandte/(seltener:) sendete ein, hat eingesandt/(seltener:) eingesendet⟩: *an eine zuständige Stelle schicken; einschicken:* er sandte das Gedicht einer Zeitung, an eine Zeitung ein; eingesandte Proben.

Ein|sen|der, der; -s, -: *jmd., der etw. eingesandt hat.*

Ein|sen|de|rin, die; -, -nen: w. Form zu ↑ Einsender.

Ein|sen|de|schluss, der: *Ende einer Frist, innerhalb deren etw. (z. B. eine Bewerbung od. die Lösung einer Preisaufgabe) eingesandt werden kann:* E. ist der/(seltener:) am 31. Mai.

Ein|sen|dung, die; -, -en: **1.** *das Einsenden.* **2.** *Eingesandte, Zuschrift.*

ein|sen|ken ⟨sw. V.; hat⟩: **1.** *in etw., in die Tiefe senken:* die Stützen sind in die Erde eingesenkt. **2.** (dichter.) *einprägen* (2 b): etw. senkt sich jmdm., in jmds. Seele [tief] ein. **3.** (Technik) *durch Eindrücken einer Form aus gehärtetem Stahl Matrizen, Schmiedeformen für die Metall- od. Kunststoffverarbeitung herstellen:* einen Prägestempel e.

Ein|sen|kung, die; -, -en: **1.** *das Einsenken.* **2.** *[Gelände]vertiefung:* -en im Gletschereis.

Ein|ser, der; -s, -: **a)** (südd., österr., sonst ugs.) *Ziffer Eins:* einen E. malen; **b)** (österr., sonst landsch.) *Zeugnisnote Eins:* sie hat drei E. im Zeugnis.

ein|setz|bar ⟨Adj.⟩: *sich [als Teil in etw.] einsetzen lassend.*

ein|set|zen ⟨sw. V.; hat⟩: **1. a)** *[als Teil] in etw. setzen, hineinbringen, einfügen, einarbeiten:* Fenster e.; einen Flicken in die Hose e.; in dem Satz ein Wort einzusetzen *(zu ergänzen);* Fische e. *(zur Zucht in einen Teich setzen);* Pflanzen e. *(in die Erde setzen; einpflanzen);* ⟨hat⟩ (Verkehrsw.) *zusätzlich fahren lassen, einschieben:* Entlastungszüge e. **2. a)** *[zu etw.] ernennen, [für etw.] bestimmen:* einen Kommissar e.; zur Untersuchung des Falles wurde ein Ausschuss eingesetzt; jmdn. zum/als Erben e.; **b)** *planmäßig für eine bestimmte Aufgabe verwenden, dafür in Aktion treten lassen:* Waffen, freiwillige Helfer

e.; all seine Kräfte, seine ganze Kraft [für eine Aufgabe] e.; gegen die Demonstranten wurde Polizei eingesetzt; **c)** *in eine Position setzen:* jmdn. [wieder] in seine Rechte e.; sie wurde feierlich in ihr Amt eingeführt. **3. a)** *als Einsatz* (2) *geben:* 10 Euro e.; **b)** *aufs Spiel setzen, riskieren:* bei etw. sein Leben, seine Ehre e. **4.** ⟨e. + sich⟩ **a)** *sich anstrengen; alle körperlichen u. geistigen Kräfte für etw. anspannen:* er hat sich [in dieser Sache] tatkräftig, selbstlos eingesetzt; die Spieler haben sich voll eingesetzt; **b)** *sich um jmdn., etw. persönlich bemühen; sich für jmdn., etw. verwenden; Fürsprache einlegen:* sich für eine Steuerreform e.; ich werde mich bei deinem Vater für dich e. **5.** *[zu einem bestimmten Zeitpunkt prompt od. erneut] beginnen:* der Regen hatte wieder eingesetzt; die Bläser setzten [im/mit dem fünften Takt] ein.

Ein|set|zung, die; -, -en: *das Einsetzen* (1, 2); *das Eingesetztwerden.*

Ein|sicht, die; -, -en: **1.** ⟨o. Pl.⟩ **a)** *das Einsehen* (1 a); *Einblick* (1 a): eine dichte Hecke verhindert die E. in den Garten; **b)** *das Einsehen* (1 b); *Einblick* (1 b): jmdm. E. in die Akten gewähren; E. in etw. nehmen *(etw. prüfend, suchend durchlesen).* **2. a)** *das Verstehen eines vorher unklaren, nicht durchschauten Sachverhaltes;* ¹*Erkenntnis* (1): theoretische -en; die E. kam spät; neue -en gewinnen; zu der E. kommen, dass etw. sich recht gehabt hatte; Aber der Dichter hat keine E. in den Bau unserer Welt, wenn er nicht aufmerksam und mit Begierde die Arbeit des Technikers und Naturwissenschaftlers verfolgt! (A. Schmidt, Platz 78); **b)** *das Einsehen* (2 a); *Verständnis für etw.; Vernunft:* hab doch E.!; zur E. kommen.

ein|sich|tig ⟨Adj.⟩: **1.** *habend; vernünftig, verständnisvoll:* -e Eltern; sie war e. genug, um nicht weiter zu fragen. **2.** *verständlich, [leicht] einzusehen* (2 b): -e Gründe; es wird e. gemacht, dass das Papier doch überarbeitet werden muss.

Ein|sich|tig|keit, die; -: *das Einsichtigsein* (1).

Ein|sicht|nah|me, die; -, -n [zum 2. Bestandteil vgl. Abnahme] (Papierdt.): *Einsicht* (1 b).

ein|sichts|fä|hig ⟨Adj.⟩: *fähig, etw. zu begreifen, einzusehen:* Dazu: **Ein|sichts|fä|hig|keit,** die; -.

ein|sichts|los ⟨Adj.⟩: *ohne Einsicht* (2 b), *uneinsichtig.*

ein|sichts|voll ⟨Adj.⟩: *voller Einsicht* (2 b), *einsichtig* (1).

ein|si|ckern ⟨sw. V.; ist⟩: *in etw. sickern; allmählich, tropfenweise eindringen:* der Regen sickert langsam [in den Boden] ein; Ü Agenten sind eingesickert.

Ein|sie|de|glas, das ⟨Pl. ...gläser⟩ (südd., österr.): *Einmachglas.*

Ein|sie|de|lei, die; -, -en: *Klause eines Einsiedlers.*

ein|sie|den ⟨unr. u. sw. V.; sott/(auch:) siedete ein, hat eingesotten/(auch:) eingesiedet⟩ (österr., auch südd.): *einkochen* (1).

Ein|sied|ler, der; -s, - [spätmhd. einsidelære, unter Anlehnung an ↑ siedeln weitergebildet aus mhd. einsidele, ahd. einsidilo, Lehnübertragung von lat. monachus, ↑ Mönch]: *Eremit:* er lebt als E., wie ein E.; Ü er ist zum E. *(einsamen, abgekapselt lebenden Menschen)* geworden.

Ein|sied|le|rin, die; -, -nen: w. Form zu ↑ Einsiedler.

ein|sied|le|risch ⟨Adj.⟩: *in der Art eines Einsiedlers, weltabgewandt, einsam lebend.*

Ein|sied|ler|krebs, der: *(im Meer lebender) Krebs mit großen Scheren u. weichem, meist spiralig gekrümmtem Hinterleib, der in einem leeren Schneckenhaus o. Ä. steckt.*

ein|sie|geln ⟨sw. V.; hat⟩: **1.** (Fachspr.) *maschinell* [luftdicht] verschließen. ◆ **2.** *in ein Behältnis legen u. dieses versiegeln:* Er siegelte die zerrissenen Stücke ein (Kleist, Marquise 282).

ein|sil|big ⟨Adj.⟩: **1.** *nur aus einer Silbe bestehend:* ein -es Wort. **2.** *wortkarg, wenig zum Reden aufgelegt:* ein -er Mann; er hat nur e. geantwortet.

Ein|sil|big|keit, die; -: **1.** einsilbige (1) Beschaffenheit. **2.** *einsilbiges* (2) *Wesen; Wortkargheit.*

ein|sin|gen ⟨st. V.; hat⟩: **1. a)** (selten) *in den Schlaf singen:* ein Kind e.; **b)** (veraltend) *etw. mit Singen beginnen, einleiten:* die Kinder singen den Frühling ein; **2.** ⟨e. + sich⟩ *durch bestimmte Übungen seine Stimme vor dem eigentlichen Singen klarer u. sicherer machen:* der Sänger muss sich vor dem Konzert e.

ein|sin|ken ⟨st. V.; ist⟩: **1.** *nach unten sinken, in einen weichen Untergrund tiefer hineingeraten:* bis über die Knie [im Schnee] e. **2.** *in sich zusammensinken; einfallen:* die Knie sinken ihm ein; das Haus ist baufällig, der hintere Teil schon eingesunken; eingesunkene Wangen.

ein|sit|zen ⟨unr. V.; hat⟩: **1.** (südd., österr., schweiz. auch: ist) (Rechtsspr.) *inhaftiert sein, im Gefängnis sitzen:* er sitzt zurzeit [im Landes]gefängnis ein; er hat schon öfter eingesessen. **2. a)** *durch häufiges Daraufsitzen eindrücken:* einen Sessel e.; **b)** ⟨e. + sich⟩ *durch häufiges Daraufsitzen eingedrückt werden:* so ein billiges Polster sitzt sich leicht ein. **3.** (südd., österr., schweiz. auch: ist) (Reiten) *sich im Sattel setzen; im Sattel sitzen:* sicher, gut e. **4.** (südd., österr., schweiz. auch: ist) (veraltet) *wohnen.* ◆ **5.** ⟨südd., österr., schweiz. auch: ist⟩ *sich hineinsetzen:* Sitzet wir ein (= in die Kutsche) (Goethe, Hermann u. Dorothea 6, 303).

Ein|sit|zer, der; -s, -: *Fahrzeug, Flugzeug mit nur einem Sitzplatz.*

ein|sit|zig ⟨Adj.⟩: *nur mit einem Sitzplatz versehen:* Rennwagen sind e.

◆ **eins|mals** ⟨Adv.⟩ (landsch.): *auf einmal, plötzlich:* Als sie aber e. die Augen ... aufschlugen (Keller, Romeo 40).

ein|sor|tie|ren ⟨sw. V.; hat⟩: *in verschiedene Fächer, Gruppen u. Ä. einordnen:* Bestecke [in die Kästen], Karteikarten e. Dazu: **Ein|sor|tie|rung**, die; -, -en.

ein|spal|tig ⟨Adj.⟩ (Druckw.): *aus [nur] einer Spalte bestehend, in [nur] einer Spalte [gesetzt]:* ein -er Bericht; einen Artikel e. setzen.

ein|span|nen ⟨sw. V.; hat⟩: **1. a)** *vor den Wagen spannen:* die Pferde e.; **b)** *in eine Vorrichtung spannen:* einen Bogen [in die Schreibmaschine] e.; die Hose e. (in einen Spannbügel hängen). **2.** (ugs.) *(zu etw.) heranziehen, (für einen bestimmten Zweck) arbeiten lassen:* die ganze Familie e.; sich für einen anderen, für fremde Ziele e. lassen; in seinen Beruf eingespannt sein (*beruflich so viel zu tun haben, dass kaum Zeit für etwas anderes bleibt*).

Ein|spän|ner, der; -s, -: **1.** *Wagen, der von nur einem Pferd gezogen wird.* **2. a)** *für sich lebender, verschlossener Mensch;* **b)** (ugs. scherzh.) *Junggeselle.* **3.** (österr.) *Glas mit schwarzem Kaffee u. Schlagsahne.* **4.** (österr.) *einzelnes Würstchen.*

Ein|spän|ne|rin, die; -, -nen: w. Form zu ↑Einspänner (2).

ein|spän|nig ⟨Adj.⟩: **1.** *mit nur einem Zugpferd versehen:* -e Kutschen; e. fahren. **2.** (ugs. scherzh.) *unverheiratet:* er geht e. durchs Leben.

Ein|spar|ef|fekt, der: *in einer Einsparung bestehender Effekt (1) einer Maßnahme.*

ein|spa|ren ⟨sw. V.; hat⟩: *durch Sparen, Sparmaßnahmen einbehalten, nicht brauchen, verwenden:* Kosten, Material, Arbeitsplätze e.

Ein|spar|mög|lich|keit, die: *Möglichkeit, etw. einzusparen.*

Ein|spar|po|ten|zi|al, Einsparpotential, das: *Potenzial* (1) *für Einsparungen.*

Ein|spa|rung, die; -, -en: *das Einsparen; das Eingesparte.*

Ein|spa|rungs|maß|nah|me, die ⟨meist Pl.⟩: *Maßnahme zum Einsparen.*

Ein|spa|rungs|po|ten|zi|al: ↑ Einsparungspotenzial.

Ein|spa|rungs|po|ten|zi|al, Einsparungspotential, das: *Einsparpotenzial.*

Ein|spar|vo|lu|men, das: *Umfang der erreichten Einsparungen.*

ein|spei|cheln ⟨sw. V.; hat⟩: **1.** *durch längeres Kauen mit Speichel gut vermischen:* die Speisen gut e. **2.** *mit Speichel überziehen:* Riesenschlangen speicheln ihre Beute vor dem Verschlingen ein.

ein|spei|chern ⟨sw. V.; hat⟩: **1.** (selten) *als Vorrat, zur Aufbewahrung o. Ä. einlagern, speichern:* Lebensmittel für den Winter e. **2.** (EDV) *(einer technischen Anlage, bes. einer EDV-Anlage) über Disketten, Scanner o. Ä. eingeben:* Daten, Programme [in den Rechner] e.

Ein|spei|che|rung, die; -, -en: *das Einspeichern.*

ein|spei|sen ⟨sw. V., schweiz. auch st. V.; hat⟩: **1.** (Technik) *[gespeicherte] Energie o. Ä. in die Zuleitungen bringen, sie einer bestimmten Anlage o. Ä. zuführen:* Strom, Wasser [in das Verbrauchernetz] e. **2.** (EDV) *einspeichern* (2).

Ein|spei|se|ver|gü|tung, die: *Vergütung, die jmd. für das Einspeisen von aus erneuerbaren Energien gewonnenem Strom in das öffentliche Stromnetz bekommt.*

Ein|spei|sung, die; -, -en: *das Einspeisen.*

ein|sper|ren ⟨sw. V.; hat⟩: **1.** *(in einem Raum) einschließen:* den Hund in der Wohnung, in die Wohnung e. **2.** (ugs.) *ins Gefängnis bringen; gefangen setzen.*

ein|spie|len ⟨sw. V.; hat⟩: **1. a)** *ein [neues] Instrument durch längeres Spielen zur vollen Entfaltung der Klangqualität bringen:* eine Geige e.; **b)** *durch Trainieren, Übenlassen auf einen guten Stand bringen:* eine Mannschaft e.; **c)** ⟨e. + sich⟩ *sich durch kürzeres übendes Spielen auf ein folgendes Auftreten, Spiel vorbereiten:* die Fußballmannschaft spielt sich noch ein. **2.** ⟨e. + sich⟩ **a)** *sich im Zusammenwirken o. Ä. möglichst gut aufeinander einstellen:* die Partner müssen sich noch aufeinander e.; **b)** *auf einen Stand reibungslosen Funktionierens gelangen:* die neue Regelung hat sich noch nicht ganz eingespielt. **3.** ⟨e. + sich⟩ (Technik) *(von Messinstrumenten) bei einem bestimmten [Zeiger]stand zur Ruhe kommen:* die Waage hat sich auf 50 kg, bei 50 kg eingespielt. **4. a)** *auf einem Tonträger festhalten; aufnehmen:* das Gesamtwerk Gustav Mahlers e.; **b)** *(bei einer Rundfunk-, Fernsehsendung) in die laufende Sendung einfügen:* ein paar Takte Musik, den Wetterbericht e. **5.** *durch Aufführungen, Veranstaltungen o. Ä. [wieder] hereinbringen:* der Film hat die Produktionskosten eingespielt.

Ein|spiel|er|geb|nis, das: *Ergebnis des Einspielens* (5), *eingespielte Geldsumme.*

Ein|spie|lung, die; -, -en: **1. a)** *das Einspielen* (4); *das Aufnehmen von Musik o. Ä. auf einen Tonträger:* bei der E. wurde sie am Klavier begleitet von ...; **b)** *das Einspielen* (4b); *das Einfügen in die laufende Sendung:* die E. von Bildern aus dem Vietnamkrieg. **2. a)** *etw. Eingespieltes* (4a): diese E. kenne ich noch nicht; **b)** *in die laufende Sendung eingespieltes Tongefüge:* die -en aus dem Off wirkten irritierend.

ein|spin|nen, sich ⟨st. V.; hat⟩: *sich [zur Verpuppung] mit einem Gespinst umgeben, in einen Kokon einschließen:* die Seidenraupen spinnen sich ein; Ü sich in seine Gedanken, Träumereien e. (geh.; *sich in sie zurückziehen*).

Ein|spra|che, die; -, -n (österr., schweiz.): *Einspruch:* E. gegen etw. erheben.

ein|spra|chig ⟨Adj.⟩: **a)** *in nur einer Sprache abgefasst:* ein -es Wörterbuch; **b)** *nur eine Sprache sprechend:* die Kinder sind b. aufgewachsen.

Ein|spra|chig|keit, die; -: *das Einsprachigsein* (b).

ein|spre|chen ⟨st. V.; hat⟩: **1.** *einreden* (2); *begütigend auf jmdn. e.* **2.** *auf einen Tonträger sprechen, aufzeichnen.* **3.** (veraltet) *jmdm. einen Besuch machen, bei ihm vorsprechen:* ◆ ... so sprech' ich heute Abend auf ein Gericht Karauschen bei euch ein (Kleist, Krug 10). **4.** (veraltet) *Einspruch erheben:* gegen ein Urteil e.

ein|spren|gen ⟨sw. V.; hat⟩: **1.** *durch Bespritzen mit Wasser anfeuchten, feucht machen:* Wäsche vor dem Bügeln e. **2.** *durch Sprengen in etw. hervorbringen:* ein Loch in den Felsen e. **3.** (selten) *gewaltsam öffnen, aufbrechen:* eine Tür e. **4.** *in kleinen Stücken einfügen* ⟨meist im 2. Partizip:⟩ Laubwald mit eingesprengten *(vereinzelt darin vorkommenden)* Kiefern.

Ein|spreng|sel, das; -s, -: *eingesprengtes* (4) *Teilchen:* der Stein hat kleine E. von Quarz.

ein|sprin|gen ⟨st. V.; ist⟩: **1.** *kurzfristig an jmds. Stelle treten, jmdn. vertreten, sodass etw. stattfinden kann:* der junge Sänger musste für einen erkrankten Kollegen e. [für jmdn.] mit einer größeren Summe e. *(jmdm. damit aushelfen).* **2.** (Sport) **a)** ⟨e. + sich;⟩ *sich durch einige Übungssprünge auf einen Sprungwettbewerb vorbereiten u. aufwärmen* (3): die Springer springen sich auf der neuen Schanze ein; **b)** ⟨ist⟩ *eine Übung mit einem Sprung einleiten:* in den Handstand e. **3.** ⟨ist⟩ *einschnappen* (1): das Schloss ist eingesprungen. **4.** ⟨ist⟩ *zurückspringen* (3): hier springt die Mauer ein Stück ein.

Ein|spritz|dü|se, die (Kfz-Technik): *Ventil, durch das der Kraftstoff in einem Einspritzmotor verteilt wird.*

ein|sprit|zen ⟨sw. V.; hat⟩: **1.** *mithilfe einer Spritze durch Einstechen in die Muskulatur od. die Adern dem Körper zuführen; injizieren.* **2.** (Kfz-Technik) *über eine Düse in den Motor spritzen:* Kraftstoff e. **3.** *einsprengen* (1).

Ein|sprit|zer, der; -s, -, **Ein|spritz|mo|tor**, der; -s, -en, auch: -e (Kfz-Technik): *Motor, in dem der Kraftstoff durch Einspritzung in den Zylinder gelangt.*

Ein|spritz|pum|pe, die (Kfz-Technik): *Pumpe, die dem Einspritzmotor den Kraftstoff in bestimmter Dosierung zuführt.*

Ein|sprit|zung, die; -, -en: *das Einspritzen* (1, 2).

Ein|spruch, der; -[e]s, Einsprüche: **a)** *Einwand, Widerspruch, Protest gegen etw.:* gegen etw. e. erheben; Erst nach der Ankunft von Hans würden sie ins Wohnzimmer umziehen, der bestand immer gegen alle Einsprüche darauf (Kronauer, Bogenschütze 57); **b)** (Amtsspr., Rechtsspr.) *Rechtsmittel, durch das man ein Urteil, eine amtliche Entscheidung zurückweisen kann:* gegen etw. E. einlegen, erheben; seinen E. zurückziehen.

Ein|spruchs|frist, die: *Frist, bis zu deren Ende ein Einspruch möglich ist.*

Ein|spruchs|recht, das: *Recht, Einspruch zu erheben, einzulegen.*

ein|sprü|hen ⟨sw. V.; hat⟩: *vollständig mit einer Flüssigkeit besprühen:* Wildlederschuhe [gegen Regen] e.; die Wäsche vorm Bügeln e.

ein|spü|len ⟨sw. V.; hat⟩: *eine pulverige od. flüssige Substanz in einem Spülvorgang in eine Flüssigkeit leiten, mit ihr vermischen:* das Waschmittel in die Waschmaschine e.

ein|spu|ren, sich ⟨sw. V.; hat⟩ (schweiz. Verkehrsw.): *sich einordnen* (2 a).

ein|spu|rig ⟨Adj.⟩: **1. a)** *eingleisig:* eine -e Eisenbahnstrecke; **b)** (Straßenbau) *nur eine Fahrspur aufweisend;* **c)** (Straßenbau) *nur auf einer Spur* *zu befahren:* wegen Bauarbeiten ist die Straße nur e. befahrbar. **2.** (bes. österr.) *mit hintereinander angeordneten Rädern ausgestattet:* -e Fahrzeuge, Inliner.

Eins|sein, das; -s (geh.): vollkommenes Verbundensein, erlangte Übereinstimmung mit jmdm., etw.

einst ⟨Adv.⟩ [mhd. ein(e)st, ahd. eines, einêst (der mit -t weitergebildete Genitiv von ↑¹ein)] (geh.): **a)** *früher, vor langer Zeit:* e. stand hier eine Burg; **b)** *in einer fernen Zukunft, später einmal, künftig:* e. wird er bedauern, sich nicht anders entschieden zu haben.

Einst, das; -: *lang vergangene Zeit, Vergangenheit:* das E. und das Jetzt.

ein|stampf|fen ⟨sw. V.; hat⟩: **1.** *fest in ein Gefäß stampfen:* Kohl [in ein Fass] e. **2.** *[wertlos gewordene] Druck-Erzeugnisse, Makulatur vernichten, indem man sie zu Altpapier macht:* unverkäufliche Bücher e.

Ein|stand, der; -[e]s, Einstände: **1.** (bes. südd., österr.) **a)** *Beginn eines [neuen] Arbeitsverhältnisses, Dienstantritt:* der neue Konzernchef war bei seinem E. zufrieden; **b)** *kleine Feier, Umtrunk zum Dienstantritt:* er hat seinen E. noch nicht gegeben; **c)** *Eintritt in eine Ausbildung, in die Schule.* **2.** ⟨o. Pl.⟩ **a)** (Sport) *erstes Spiel eines Trainers, einer Mannschaft, erstes Auftreten* (b) *eines Sportlers:* es war ein gelungener, glänzender, überzeugender, katastrophaler, missglückter E.; seinen internationalen E. geben, feiern *(zum ersten Mal international eingesetzt werden);* ein E. nach Maß *(ein passender, gelungener Einstand);* **b)** *erstes Auftreten* (c), *erster Auftritt eines Künstlers, einer Gruppe von Künstlern:* sie gab ihren E. als Minna von Barnhelm. **3.** ⟨o. Pl.⟩ (Tennis) *Ausgleich, bei dem beide Spieler drei od. mehr Punkte erreicht haben.* **4.** ⟨Jägerspr.⟩ *Teil eines Jagdreviers, in dem sich das Wild vorzugsweise aufhält, wo es Schutz sucht.*

Ein|stands|preis, der (Kaufmannsspr.): *Einkaufspreis, zu dem die Nebenkosten der Beschaffung, wie Fracht, Versicherung u. Ä., hinzukommen:* Waren unter dem E. verkaufen.

ein|stan|zen ⟨sw. V.; hat⟩ (Technik): *in etw. stanzen:* eingestanzte Daten in den Blechdosen.

ein|sta|peln ⟨sw. V.; hat⟩: *in Stapeln an dafür vorgesehenen Stellen einordnen:* Waren e.

ein|stau|ben ⟨sw. V.; hat⟩: **1. a)** ⟨hat⟩ *(nach und nach) völlig staubig werden:* die Bücher im Regal sind ganz eingestaubt; **b)** ⟨hat⟩ *staubig machen:* bei der Arbeit habe ich mich, habe ich mir die Schuhe sehr eingestaubt. **2.** ⟨hat⟩ (österr.) *einpudern, einstäuben* (1).

ein|stäu|ben ⟨sw. V.; hat⟩: **1.** *die Oberfläche von etw. ganz bestäuben:* den Kuchen mit Puderzucker e. **2.** *in etw. stäuben* (4).

ein|ste|chen ⟨st. V.; hat⟩: **1. a)** *(mit einem spitzen Gegenstand) in etw. hineinstechen [um es zu öffnen]:* mit der Gabel in die kochenden Kartoffeln e., um zu prüfen, ob sie gar sind; **b)** *(einen spitzen Gegenstand) durch Hineinstechen in etw. eindringen lassen:* die Nadel in die Vene e.; **c)** *mit einem Stich eindringen:* der Stachel stach tief in die Haut ein. **2.** *durch Stechen in etw. hervorbringen:* Löcher in das Papier e. **3.** *durch Hineinstechen durchlöchern u. dadurch weich machen:* den Teig mit der Gabel e. **4.** *mit einer Stichwaffe auf jmdn. eindringen u. ihn durch wiederholtes Zustechen verletzen:* auf jmdn. e. **5.** (Kartenspiele) *ausgespielte Karten [überraschend] mit einem Trumpf stechen* (13b). **6.** *durch Betätigen der Stechuhr den Arbeitsbeginn dokumentieren.*

ein|ste|cken ⟨sw. V.; hat⟩: **1. a)** *in etw. dafür Vorgesehenes [hinein]stecken:* den Schlüssel ins Schloss e.; **b)** *durch Hineinstecken an einer bestimmten Stelle befestigen:* das Betttuch zwischen Bettkante und Matratze e. **2.** (ugs.) *in den Briefkasten einwerfen:* könntest du [mir] die Briefe e.? **3.** *in die Tasche o. Ä. stecken, um es bei sich zu haben:* ich habe vergessen, [mir] Geld einzustecken. **4.** (ugs. abwertend) *(von Geld o. Ä.) für sich behalten, in Anspruch nehmen; in die eigene Tasche stecken:* den ganzen Gewinn e. **5.** *hinnehmen, ohne sich zu wehren; hinunterschlucken* (2a): *Demütigungen, Schläge, Kritik, vieles schweigend e. [müssen].* **6.** (ugs.) *jmdm. überlegen sein, ihn mühelos übertreffen:* alle Konkurrenten e. **7.** (ugs.) *ins Gefängnis bringen, zu einer Freiheitsstrafe verurteilen.*

Ein|steck|tuch, das ⟨Pl. ...tücher⟩: *als Schmuck in der äußeren Brusttasche bes. des Herrenjacketts getragenes kleines Tuch, das so gefaltet u. eingesteckt ist, dass einige Spitzen davon zu sehen sind.*

ein|ste|hen ⟨unr. V.; ist⟩: **1. a)** *sich verbürgen, garantieren, Gewähr leisten, eintreten:* ich bin bereit, für ihn einzustehen; ich kann nicht dafür e., dass die Sache gut geht; **b)** *geradestehen* (2), *aufkommen:* für einen Schaden e. **2.** ⟨ist⟩ (österr. ugs.) *eine feste Stelle antreten; in die Schule eintreten.*

Ein|steig|dieb|stahl (österr.), **Ein|stei|ge|diebstahl,** der: *Diebstahl, zu dem der Dieb eingestiegen* (2) *ist.*

ein|stei|gen ⟨st. V.; ist⟩: **1.** *in ein Fahrzeug o. Ä. steigen:* in ein Auto, in den Zug, Bus e.; bitte [vorn] e.! **2.** *sich durch Hineinklettern [unrechtmäßig] Zutritt zu etw. verschaffen:* die Diebe sind [über den Balkon] in das Haus eingestiegen. **3.** (ugs.) **a)** *in ein Unternehmen o. Ä. als Teilhaber eintreten:* er ist als Kompagnon in die Firma eingestiegen; **b)** *sich in einem bestimmten Bereich engagieren:* er ist [voll] in die Politik eingestiegen; wieder ins Berufsleben e. wollen; **c)** *bei etw., was bereits im Gange ist, mitzumachen beginnen;* **d)** *sich auf etw. einlassen, auf etw. eingehen, reagieren:* auf eine Frage e. **4.** (Bergsteigen) *in einem steil ansteigenden Felsbereich kletternd vordringen:* in eine Bergwand e. **5.** (Sport) *den Gegner hart [u. unfair] attackieren:* der Spieler ist hart eingestiegen.

Ein|stei|ger, der; -s, - (ugs.): *jmd., der in einem bestimmten Bereich [beruflich] beginnt, sich engagiert:* für E. in dieses Geschäft sind die Aussichten sehr gut.

Ein|stei|ge|rin, die; -, -nen: w. Form zu ↑ Einsteiger.

Ein|stei|ger|mo|dell, das (Jargon): *Modell, das für Konsumenten, die ein Produkt der betreffenden Art zum ersten Mal kaufen, besonders geeignet erscheint.*

Ein|stei|ni|um, das; -s [nach dem deutsch-amerikanischen Physiker A. Einstein (1879–1955)]: *radioaktives metallisches Transuran (chemisches Element)* (Zeichen: Es).

ein|stell|bar ⟨Adj.⟩: *sich einstellen* (3b) *lassend; regulierbar:* die Belichtungszeit ist genau e.

ein|stel|len ⟨sw. V.; hat⟩: **1. a)** *in etw. (als den dafür bestimmten Platz) stellen; einordnen:* die Bücher [in das Regal] e.; **b)** *an einem [dafür bestimmten] Platz vorübergehend, zeitweilig abstellen, unterstellen:* das Auto [in eine, in einer Garage] e.; falsch eingestellte *(nicht an der richtigen Stelle eingeordnete)* Bücher. **2.** *in ein Arbeitsverhältnis nehmen; anstellen:* die Firma stellt vorläufig keine neuen Arbeitskräfte ein. **3. a)** *(ein technisches Gerät o. Ä.) in bestimmter Weise stellen, regulieren:* ein Fernglas scharf, eine Kamera auf die richtige Entfernung, den Zeiger auf eine Marke e.; das Radio, den Fernsehapparat leiser, schärfer, auf Zimmerlautstärke, auf einen bestimmten Sender e.; die Sonde stellt sich [selbst] auf ihr Ziel ein; Ü er stellte seine Rede ganz auf Massenwirkung ein; einen Patienten auf ein Medikament e. (Med.; *die Dosierung des Medikaments so lange verändern, bis eine optimale Wirkung eintritt);* **b)** *(bei einem technischen Gerät) etw. regulieren od. zum Arbeiten bringen:* die Lautstärke, die Entfernung, einen bestimmten Sender e.; **c)** *justieren* (1). **4.** *[vorübergehend] nicht fortsetzen; mit einer Tätigkeit o. Ä. aufhören:* die Produktion, die Zahlungen, ein Gerichtsverfahren, das Rauchen e.; der Feind stellte das Feuer ein; die Belegschaft stellte die Arbeit ein *(streikte).* **5.** ⟨e. + sich⟩ **a)** *zu bestimmter Zeit an einen bestimmten Ort kommen:* ich stellte mich pünktlich bei ihm ein; **b)** *(als Folge von etw.) eintreten:* starke Schmerzen stellten sich ein; Zweifel stellten sich bei uns ein. **6.** ⟨e. + sich⟩ **a)** *sich innerlich od. durch entsprechendes Verhalten, durch bestimmte Maßnahmen auf etw. vorbereiten:* sich auf jmds. Besuch, auf die neue Situation e.; **b)** *sich jmdm. anpassen, sich in seinem Verhalten nach jmdm. richten:* sie hat sich ganz auf ihren Mann, sie haben sich gut aufeinander eingestellt. **7.** (Sport) *egalisieren* (1a): mit diesem Sprung stellte er den Weltrekord ein. **8.** (Sport) *eine Mannschaft, einen Sportler in bestimmter Weise auf den Gegner vorbereiten:* der Trainer hat die Mannschaft gut, defensiv, auf Defensive eingestellt. **9.** (Amtsspr.) *für etw. vorsehen, in Anschlag bringen.* **10.** (schweiz.) **a)** *von seinem Amt, von seinen Rechten suspendieren:* der Direktor wurde vorsorglich im Dienst eingestellt; **b)** (Rechtsspr.) *jmdm. etw. aberkennen:* jmdn. in der bürgerlichen Ehrenfähigkeit e. ♦ **11.** [eigtl. = sein Pferd einstellen (1 b)] *logieren:* Jeder Fremde wird ausgefragt, wo er einstelle (Schiller, Fiesco II, 15).

ein|stel|lig ⟨Adj.⟩: **1.** *aus nur einer Ziffer bestehend:* eine -e Zahl. **2.** *eine einstellige* (1) *Zahl als [prozentualer] Wert- od. Größenangabe aufweisend:* -e Zuwachsraten.

Ein|stell|mög|lich|keit, die: *Möglichkeit zum Einstellen* (3) *eines Gerätes, Programms o. Ä.*

Ein|stell|platz, der: *[mit einem Schutzdach versehener] Platz im Freien od. in einer Großgarage zum Ab- od. Einstellen eines Kraftfahrzeugs.*

Ein|stel|lung, die; -, -en: **1.** *das Einstellen* (1–4, 7-9). **2.** *Meinung, Ansicht, inneres Verhältnis, das jmd. bes. zu einer Sache, einem Sachverhalt hat:* eine kritische E. zu den Dingen haben. **3.** (Film) *Szene, die ohne Unterbrechung gefilmt wird:* eine lange E.; amerikanische E. (↑ amerikanisch 2). **4.** (schweiz. Rechtsspr.) *Aberkennung, Aufhebung:* jmdn. zu fünf Jahren E. in den bürgerlichen Ehrenrechten verurteilen.

Ein|stel|lungs|ge|spräch, das: *Gespräch mit jmdm., der eingestellt* (2) *werden soll.*

Ein|stel|lungs|stopp, der: *(vorübergehender) Stillstand bei der Einstellung neuer Arbeitskräfte.*

Ein|stel|lungs|ter|min, der: *Termin, zu dem jmd. eingestellt* (2) *wird.*

Ein|stel|lungs|test, der: *Test zur Prüfung, Begutachtung von jmdm., der eingestellt* (2) *werden soll, der je nach Ergebnis über eine Einstellung bewirkt.*

Ein|stel|lungs|un|ter|su|chung, die: *ärztliche Untersuchung bei Eintritt in ein Arbeits-, Dienstverhältnis.*

ein|stem|men ⟨sw. V.; hat⟩: **1.** *mit dem Stemmeisen o. Ä. in etw. stemmen:* Zapflöcher [in das Holz] e. **2.** *in die Seiten stemmen:* die Arme [in die Hüften] e.

eins|tens ⟨Adv.⟩ (geh.): *einst* (a).

ein|steu|ern ⟨sw. V.; hat⟩: **1.** *steuernd auf einen bestimmten Kurs, in eine bestimmte Bahn o. Ä.*

bringen: die Raumstation in eine Erdumlaufbahn e. **2.** *steuernd auf etw. einstellen* (3 a)*:* eine Verstärkeranlage auf die akustischen Verhältnisse des Raumes e.

Ein|stich, der; -[e]s, -e: **1.** *das Einstechen* (1)*:* er hat den E. [der Nadel] nicht gespürt. **2.** *Stelle, an der eingestochen wurde; Einstichstelle:* der E. hat sich entzündet.

Ein|stich|stel|le, die: *Einstich* (2).

ein|sti|cken ⟨sw. V.; hat⟩: *in etw. sticken:* ein Monogramm [in die Wäsche] e.

Ein|stieg, der; -[e]s, -e: **1. a)** *das Einsteigen* (1)*:* eine steinerne Treppe ermöglichte den E. in die Gewölbe; **b)** *Öffnung, Tür zum Einsteigen* (1)*:* der vordere, hintere E. bei der Straßenbahn. **2.** (Bergsteigen) **a)** *das Einsteigen* (4)*:* der E. war beschwerlich; **b)** *Stelle, an der man in eine Bergwand o. Ä. einsteigt.* **3. a)** *geistiger Zugang zu einer schwierigen od. nicht vertrauten Materie o. Ä.:* der E. in diese Problematik, diesen Fragenkomplex ist schwierig; **b)** *das Einsteigen* (3 b)*:* der späte E. ins Berufsleben; **c)** *das Einsteigen* (3 a)*:* der E. in den europäischen Markt.

Ein|stiegs|dro|ge, die: *Droge von geringerer Gesundheitsschädlichkeit, deren ständiger Genuss meist zur Einnahme stärkerer Rauschgifte führt, um das Erlebnis im Rausch zu steigern* (z. B. Haschisch).

Ein|stiegs|ge|halt, das (ugs.): *Anfangsgehalt.*

Ein|stiegs|lu|ke, die: *Luke für den Einstieg bes. in ein Flugzeug.*

Ein|stiegs|mo|dell, das ⟨Jargon⟩: *Einsteigermodell.*

Ein|stiegs|preis, der ⟨Jargon⟩: **1.** *Grundpreis (bes. bei Autos).* **2.** *Preis der preisgünstigsten Variante eines Produkts:* der E. für eine Kreuzfahrt liegt bei ca. 100 Euro pro Person und Tag.

eins|tig ⟨Adj.⟩ [zu ↑einst]: *ehemalig, früher.*

ein|stim|men ⟨sw. V.; hat⟩: **1. a)** *(Saiteninstrumente für das Zusammenspiel) auf die gleiche Tonhöhe stimmen:* ein Instrument auf den Kammerton e.; **b)** *in den Gesang, in das Spiel von Instrumenten einfallen, sich daran beteiligen:* in den Gesang [der anderen] [mit] e.; Ü sie stimmten in den allgemeinen Jubel ein. **2.** *in jmdm. die richtige innere Gestimmtheit hervorrufen, erzeugen:* das Publikum durch einführende Worte auf den Theaterabend e.; ⟨e. + sich:⟩ sich auf den festlichen Abend e. **3.** (veraltend) *jmds. Meinung, Absichten zustimmen:* in einen Plan e.

¹**ein|stim|mig** ⟨Adj.⟩ (Musik): *aus nur einer Stimme bestehend:* ein -es Lied; e. singen.

²**ein|stim|mig** ⟨Adj.⟩ [zu ↑einstimmen (3)]: *ohne Gegenstimme, mit allen Stimmen gefasst:* ein -er Beschluss; sie wurde e. gewählt.

¹**Ein|stim|mig|keit,** die; - (Musik): *einstimmiger Satz* (4 c).

²**Ein|stim|mig|keit,** die; -: ↑²*einstimmige Entscheidung, volle Übereinstimmung.*

Ein|stim|mung, die; -, -en: *das Einstimmen* (1 a, 2).

ein|stip|pen ⟨sw. V.; hat⟩ (bes. nordd.): *eintauchen* (1)*:* das Brötchen [in den Kakao] e.

einst|ma|lig ⟨Adj.⟩ (selten): *einstig.*

einst|mals ⟨Adv.⟩: **1.** (geh.) *früher [einmal], vor langer Zeit.* **2.** (selten) *in späterer Zeit, in ferner Zukunft.*

ein|stö|ckig ⟨Adj.⟩: *ein einziges Stockwerk aufweisend.*

ein|stöp|seln ⟨sw. V.; hat⟩: **a)** *zum Zweck des Verschließens einen stöpselartigen Verschluss in die Öffnung eines Gefäßes stecken:* den Korken [in die Flasche] e.; **b)** *den Stecker eines elektrischen Gerätes o. Ä. in die Steckdose stecken:* das Telefon, den Kontakt e.

ein|sto|ßen ⟨st. V.; hat⟩: **1.** *(einen scharfen od. spitzen Gegenstand) in etw. stoßen:* einen Stock [in die Erde] e. **2. a)** *mit einem heftigen Stoß nach innen drücken [u. dadurch zertrümmern]:* eine Tür, eine Fensterscheibe e.; **b)** *durch heftiges An-, Dagegenstoßen eine Verletzung beibringen [bei der etw. nach innen gedrückt wird]:* ich habe mir, ihm die obere Zahnreihe eingestoßen. **3.** *mit einem als Waffe gebrauchten Gegenstand wiederholt Stöße gegen jmdn., etw. ausführen:* er stieß mit einem Messer auf sein Opfer ein. **4.** ⟨e. + sich⟩ (Leichtathletik) *sich durch einige Probestöße auf den Wettbewerb im Kugelstoßen vorbereiten:* die Athleten stießen sich kurz ein.

ein|strah|len ⟨sw. V.; hat⟩: **1.** *hell u. strahlend in einen Raum [hinein]scheinen:* die Sonne strahlt durch das Fenster ein. **2.** (Meteorol.) *(von Sonne) Licht-, Wärmestrahlen auf die Erde senden.* **3.** (Physik, Technik) *durch Strahlung einbringen:* der Lichtleiter verliert ein Fünftel der eingestrahlten Leistung durch Streuung. **4.** (Rundfunk, Fernsehen) *über einen Sender in ein Gebiet hinein senden, ausstrahlen, dort verbreiten.*

Ein|strah|lung, die; -, -en (bes. Meteorol.): *das Einstrahlen.*

ein|strei|chen ⟨st. V.; hat⟩: **1.** *(über die ganze Fläche hin) mit etw. bestreichen; etw. auf etw. auftragen:* die Tapete mit Kleister e. **2.** (ugs.) **a)** *(Geld, bes. Münzen, von einem Tisch o. Ä. weg) mit einer scharrenden Handbewegung in den Geldbeutel, in die Hand gleiten lassen:* er strich eilig das Geld ein; **b)** (oft abwertend) *(eine Geldsumme, einen Gewinn o. Ä.) ohne Skrupel für sich nehmen:* eine hohe Provision e. **3.** (Theater) *durch Streichungen für eine Inszenierung kürzen:* einen Text, Akt e.

Ein|streu, die; - (Landwirtsch.): *als Lager für das Vieh in den Stall eingestreutes Stroh o. Ä.; Streu:* Stroh, Torf als E. verwenden.

ein|streu|en ⟨sw. V.; hat⟩: **1.** *in etw. streuen:* Stroh in den Stall e. **2.** *vollständig mit etw. bestreuen:* das Küchenbrett mit Mehl e. **3.** *in eine Abfolge, einen Ablauf, bes. in eine Rede, einen Text hier u. da einfügen; einflechten:* Zitate, Beispiele, Fragen in seinen Vortrag e.

Ein|strom, der; -[e]s, Einströme: *das Einströmen; Zustrom.*

ein|strö|men ⟨sw. V.; ist⟩: **1.** *(von Wasser, Luft o. Ä.) in etw. strömen, eindringen, hineinfluten:* die Abendluft strömte durchs Fenster ein; Gas war [in den Raum] eingeströmt. **2.** *in großer Zahl, in Scharen in einen Raum o. Ä. hineingehen:* viele Menschen strömten in das Stadion ein.

ein|stro|phig ⟨Adj.⟩: *aus nur einer Strophe bestehend:* ein -es Lied.

ein|stu|die|ren ⟨sw. V.; hat⟩: **1.** *durch intensives Üben lernen, sich aneignen, was dann wiedergegeben werden soll:* eine Rolle e. **2.** *für eine Aufführung vorbereiten:* ein Ballett e.

ein|stu|diert ⟨Adj.⟩ (abwertend): *bewusst eingeübt u. eingesetzt; unnatürlich, nicht spontan:* ein -es Lächeln; alle seine Gesten sind, wirken e.

Ein|stu|die|rung, die; -, -en: **1.** *das Einstudieren.* **2.** *einstudiertes Werk; Inszenierung.*

ein|stu|fen ⟨sw. V.; hat⟩: **1.** *(nach bestimmten Merkmalen) in eine Bewertungsklasse, -stufe einordnen:* jmdn. in eine bestimmte Steuerklasse e.; sie ist in einer höheren Gehaltsklasse eingestuft; jmdn., etw. höher e. **2.** *(nach bestimmten Merkmalen) beurteilen u. einer bestimmten Kategorie zurechnen:* jmdn. als gewalttätig, als ungefährlich, als Verdächtigen e.; etw. als sicher, als unbedenklich, als wichtiger e.

ein|stu|fig ⟨Adj.⟩: *nur eine Stufe* (3 b) *aufweisend:* eine -e Rakete.

Ein|stu|fung, die; -, -en: *das Einstufen:* eine E. vornehmen.

ein|stül|pen ⟨sw. V.; hat⟩: **a)** *nach innen stülpen:* einen Hut e.; **b)** ⟨e. + sich⟩ *sich nach innen stülpen, kehren:* die Ärmel hatten sich eingestülpt.

Ein|stül|pung, die; -, -en: *das Einstülpen.*

Ein|stun|den|takt, der (bes. Eisenbahn): *regelmäßig im zeitlichen Abstand von einer Stunde wiederkehrender Ablauf o. Ä. von etw.:* den E. einführen; die Züge verkehren im E.

ein|stün|dig ⟨Adj.⟩: *eine Stunde dauernd.*

ein|stünd|lich ⟨Adj.⟩ (selten): *sich jede Stunde wiederholend; stündlich.*

ein|stür|men ⟨sw. V.; ist⟩: **a)** *heftig, mit Vehemenz auf jmdn., etw. eindringen:* mit dem Messer, den Fäusten auf jmdn. e.; Ü eine Vielzahl von Eindrücken stürmte auf sie ein; **b)** *jmdn. heftig mit etw. bedrängen, bestürmen:* sie stürmten mit Fragen, Bitten auf die Mutter ein.

Ein|sturz, der; -es, Einstürze: *das Einstürzen:* E. der Mauer.

ein|stür|zen ⟨sw. V.⟩: **1.** ⟨ist⟩ *zusammenstürzen; in sich zusammenbrechen:* das Haus ist eingestürzt. **2.** ⟨ist⟩ *jmdn.* ↑¹*überkommen* (1)*:* alte Erinnerungen stürzten auf sie ein. **3.** ⟨hat⟩ *zum Einsturz bringen.*

Ein|sturz|ge|fahr, die ⟨o. Pl.⟩: *Gefahr des Einsturzens:* ein Haus wegen E. räumen.

ein|sturz|ge|fähr|det ⟨Adj.⟩: *von Einsturz bedroht:* das ausgebrannte Gebäude ist e.

einst|wei|len ⟨Adv.⟩ (geh.): **a)** *zunächst einmal, vorderhand, vorläufig:* es bleibt uns e. nichts anderes übrig, als abzuwarten; **b)** *unterdessen, inzwischen:* ich muss noch den Salat machen, du kannst e. schon den Tisch decken.

einst|wei|lig ⟨Adj.⟩ (Amtsspr.): *vorläufig, vorübergehend:* eine -e Verfügung (Rechtsspr.; *in einem abgekürzten Verfahren ergehende vorläufige, allerdings sofort vollstreckbare gerichtliche Anordnung*).

Eins|wer|dung, das; -, -s (geh.): *das Gewinnen einer vollkommenen Übereinstimmung; Verschmelzung:* das E. mit der Natur.

Eins|wer|dung, die; -: *Einswerden.*

Eins-zu-eins-Um|set|zung, die (mit Ziffern 1:1-Umsetzung): *das Umsetzen* (3 c) *ohne Abweichungen von der Vorlage od. Vorgabe* (3)*:* eine E. der Reformpläne wird nicht möglich sein.

ein|tä|gig ⟨Adj.⟩: *einen Tag dauernd.*

Ein|tags|flie|ge, die: **1.** *in vielen Arten vorkommendes Insekt mit zarten Flügeln, das in seinem geschlechtsreifen Stadium nur wenige Stunden od. Tage lebt.* **2.** (ugs.) *etw., was nur kurze Zeit Bedeutung hat od. besteht, was ohne Dauer ist:* der Preisrutsch bei Spirituosen war nur eine E.

ein|tan|zen, sich ⟨sw. V.; hat⟩: *sich durch kürzeres übendes Tanzen auf einen unmittelbar folgenden Auftritt vorbereiten.*

Ein|tän|zer, der; -s, -: **1.** *von einem Tanzlokal als Tanzpartner angestellter Mann; Gigolo* (1). **2.** *jmd., der auf einer Bühne o. Ä. vortanzt, um andere in Stimmung zu bringen, zum Tanzen zu animieren o. Ä.*

Ein|tän|ze|rin, die; -, -nen: w. Form zu ↑Eintänzer.

ein|tas|ten ⟨sw. V.; hat⟩ (Technik): *über eine Tastatur eingeben, eintippen:* eine Nummer ins Telefon, einen Text in den Computer e.

ein|tä|to|wie|ren ⟨sw. V.; hat⟩: *in die Haut tätowieren.*

ein|tau|chen ⟨sw. V.⟩: **1.** ⟨hat⟩ *(in eine Flüssigkeit) tauchen:* den Pinsel [in die Farbe] e.; sie tauchte den Zwieback in den Tee ein. **2.** ⟨ist⟩ *unter die Wasseroberfläche gelangen, unter Wasser gehen:* das Unterseeboot taucht ein.

Ein|tausch, der ⟨o. Pl.⟩: *das Eintauschen:* der E. von Gutscheinen.

ein|tau|schen ⟨sw. V.; hat⟩: *etw. hingeben u. etw.*

anderes [Gleichwertiges] dafür bekommen: Zigaretten gegen, (seltener:) für Brot e.; Ü ...aber es steckt viel Tüchtigkeit dahinter, und ich tausche unsere Gediegenheit für die Höflichkeit der anderen nicht ein (Th. Mann, Zauberberg 211).

ein|tau|send ⟨Kardinalz.⟩: tausend.

ein|ta|xie|ren ⟨sw. V.; hat⟩: einschätzen, beurteilen: die Verhältnisse, die Lage richtig e.

ein|tei|len ⟨sw. V.; hat⟩: **1.** in mehrere Teile, Teilbereiche o. Ä. auf-, untergliedern: eine Torte in gleich große Stücke e.; die Stadt in Wahlbezirke e.; Pflanzen in/nach Gattungen e. **2.** überlegt, planvoll mit etw. umgehen, über etw. disponieren, sodass es für den vorgesehenen Zweck, für eine bestimmte Zeit o. Ä. reicht: seine Vorräte e.; du musst [dir] deine Zeit [besser] e. **3.** jmdm. (für eine bestimmte befristete Zeit) eine bestimmte Arbeit, Aufgabe zuweisen: man hatte ihn für den/zum Nachtdienst eingeteilt.

Ein|tei|ler, der; -s, -: **1.** (Mode) **a)** einteiliger Badeanzug; **b)** einteiliger Sportdress. **2.** (Fernsehjargon) einteiliger Fernsehfilm: sie drehen gerade einen E.

ein|tei|lig ⟨Adj.⟩: aus einem Stück, einem Teil bestehend: ein -er Badeanzug; das Kleid ist e.

Ein|tei|lung, die; -, -en: das Einteilen (1–3).

Ein|tei|lungs|prin|zip, das: Prinzip der Einteilung, der Klassifizierung: ein vernünftiges E.

Ein|tel, das, schweiz. meist: der; -s, - (Math.): Ganzes.

ein|tip|pen ⟨sw. V.; hat⟩: durch Niederdrücken von Tasten in etw. eingeben: Daten in den Computer e.; die Kassiererin tippte die Preise ein.

ein|tö|nig ⟨Adj.⟩: ohne Abwechslung; gleichförmig, monoton (sodass ein Gefühl von Langeweile entsteht): eine -e Arbeit; sein Leben war e. Dazu: **Ein|tö|nig|keit**, die; -.

Ein|topf, der; -[e]s, Eintöpfe: Kurzf. von ↑ Eintopfgericht.

ein|top|fen ⟨sw. V.; hat⟩: in einen Topf, in Töpfe pflanzen: Sämlinge e.

Ein|topf|es|sen, das: **1.** Eintopfgericht. **2.** ¹Essen (1), bei dem es Eintopf gibt.

Ein|topf|ge|richt, das: einfaches ²Gericht aus Gemüse, Kartoffeln o. Ä. [u. Fleisch], bei dem alle Zutaten zusammen in einem Topf gekocht werden.

Ein|tracht, die; - ⟨mhd. eintraht < mniederd. ēndracht = Übereinstimmung, Vertrag, zu: (over)endrāgen = übereinkommen⟩: Zustand der Harmonie, des friedlichen Zusammenlebens: in [Frieden u.] E. miteinander leben.

ein|träch|tig ⟨Adj.⟩ [mniederd. ēndrachtich, -drechtich, mhd. (md.) entrehtec]: in Eintracht; friedlich: e. beieinandersitzen. Dazu: **Ein|träch|tig|keit**, die; -.

ein|träch|tig|lich ⟨Adj.⟩ (veraltet): einträchtig: ◆ ...ergreift euren Stab und wandert alle drei e. zum Tore hinaus (Keller, Kammacher 227).

Ein|trag, der; -[e]s, Einträge: **1.** ⟨o. Pl.⟩ das Eintragen (1 a, c). **2. a)** (Amtsspr.) schriftlicher Vermerk; [Akten]notiz: ein E. in den Akten; **b)** (in einem Verzeichnis, einem Nachschlagewerk o. Ä.) die zu einem bestimmten Stichwort verfügbaren Informationen enthaltender Text: das Lexikon, Wörterbuch enthält über 200 000 Einträge; unter dem Namen Humboldt hat er im Telefonbuch 25 Einträge. **3. a)** ⟨o. Pl.⟩ das Eintragen (2 b); **b)** Stoff, der irgendwohin eingetragen (2 b) wurde. **4.** [mhd. īntrāc = Schaden, Nachteil] *einer Sache E. tun (geh.; eine Sache beeinträchtigen, ihr abträglich sein).

ein|tra|gen ⟨st. V.; hat⟩: **1. a)** in eine Liste o. Ä. schreiben: jmdn., sich, seinen Namen in die/ (seltener:) der Teilnehmerliste e.; der Posten wurde auf dem falschen Konto eingetragen. **b)** ⟨als Markierungen o. Ä.⟩ einzeichnen: Linien, Punkte, Orte auf dem Messtischblatt e.; **c)** (Amtsspr.) in Bezug auf etw. eine rechtsgültige o. ä. Eintragung vornehmen: das Haus ins Grundbuch, auf den Namen der Frau e.; eine Firma ins Handelsregister e.; ein eingetragenes Warenzeichen (beim Patentamt registriertes Warenzeichen, dessen Verwendung nur dem Inhaber gestattet ist). **2. a)** sammelnd an einer bestimmten Stelle zusammentragen; irgendwohin tragen: die Bienen tragen Honig ein; **b)** (bes. von Stoffen, die im ökologischen Bereich eine Rolle spielen) zuführen, hineinbringen; hineingelangen, eindringen lassen. **3. a)** Ertrag abwerfen, Gewinn bringen; einträglich sein: sein Geschäft trägt einiges, wenig ein; **b)** (als Folge seines Handelns, Verhaltens o. Ä.) jmdm. zuteilwerden lassen; einbringen: sein Verhalten trug ihm Sympathie, viel Kritik ein. ◆ **4.** (in der Fachspr. der Weber) [ein]weben: ...wo der Einschlag trocken eingetragen und nicht sehr dicht geschlagen wird (Goethe, Wanderjahre III, 5).

ein|träg|lich ⟨Adj.⟩: gewinnbringend, rentabel, lohnend: ein -es Geschäft; das Projekt war für ihn sehr e.

Ein|tra|gung, die; -, -en: **1.** das Eintragen (1). **2.** etw. Eingetragenes (1), schriftlicher Vermerk.

ein|trai|nie|ren ⟨sw. V.; hat⟩: **1.** (jmdm., sich) etw. durch [planmäßiges] Üben über eine längere Zeit so einprägen, dass es zum festen inneren Besitz wird: jmdm., sich ein Verhalten e. **2.** ⟨e. + sich⟩ sich durch systematisches Trainieren in Übung, auf einen bestimmten Trainingsstand bringen: du solltest dich rechtzeitig vor dem Skiurlaub ein bisschen e.

ein|trän|ken ⟨sw. V.; hat⟩: eintrichtern: * **jmdm. etw./es jmdm. e.** (ugs.; jmdm. etw. heimzahlen; vermutlich nach dem sogenannten Schwedentrunk, einer Art der Folterung im Dreißigjährigen Krieg, die zuerst von Schweden praktiziert wurde und bei der dem Gefolterten Jauche o. Ä. gewaltsam eingeflößt wurde: das werde ich noch e.!)

ein|träu|feln ⟨sw. V.; hat⟩: in Tropfen zuführen, verabreichen; in etw. [hinein]tropfen lassen: [jmdm., sich] die Medizin [ins Ohr] e.

ein|tref|fen ⟨st. V.; hat⟩: **1.** an der Ziel einer Reise o. Ä., an einem Ort ankommen: pünktlich, verspätet e.; das Flugzeug wird um 10 Uhr auf dem Flughafen e.; heute ist neue Ware eingetroffen; ⟨subst.:⟩ kurz vor ihrem Eintreffen. **2.** gemäß einer Voraussage o. Ä. Vorahnung eintreten, Wirklichkeit werden: die befürchtete Katastrophe ist [nicht] eingetroffen; alles traf ein, wie sie es vorausgesagt hatte.

ein|trei|ben ⟨st. V.; hat⟩: **1.** [von der Weide wieder] in die Stallungen treiben: abends wird [das Vieh] eingetrieben. **2.** (mit Schlagwerkzeugen o. Ä.) in etw. treiben, schlagen: einen Pfahl in die Erde e.; ein Stollen wird in den Berg eingetrieben. **3.** (einen Geldbetrag, auf den man Anspruch hat) durch nachdrückliche Zahlungsaufforderung o. durch Zwangsmaßnahmen kassieren; einziehen: Außenstände, Steuern e.

Ein|trei|bung, die; -, -en: das Eintreiben (3).

ein|tre|ten ⟨st. V.⟩: **1.** ⟨ist⟩ in einen Raum hineingehen od. hereinkommen; einen Raum durch eine Tür betreten: sie trat leise [in das Zimmer] ein; treten Sie bitte ein!; ⟨subst.:⟩ er begrüßte die Eintretenden. **2.** ⟨hat⟩ **a)** durch Tritte zerstören [u. sich dadurch Zugang zu etw. verschaffen]: die Polizisten hatten die Tür eingetreten; **b)** jmdm. eine Zeit lang ohne Unterbrechung [unbeherrscht] Fußtritte versetzen: er hatte von am Boden Liegenden wie wahnsinnig eingetreten. **3.** ⟨hat⟩ ⟨e. + sich⟩ versehentlich auf etw. treten; Spitzes treten, sodass es in die Fußsohle dringt: ich habe mir einen Nagel [in den Fuß] eingetreten; **b)** durch Darauftreten in den Boden drücken: den Stein in die Erde e. **4.** ⟨ist⟩ einer Gemeinschaft, Organisation o. Ä. beitreten, Mitglied werden: in einen Verein, eine Partei e.; er ist als Teilhaber in die Firma eingetreten (ist Teilhaber geworden). **5.** ⟨ist⟩ (in einem Bewegungsablauf o. Ä.) in einen bestimmten Bereich gelangen: das Raumschiff ist in seine Umlaufbahn eingetreten. **6.** ⟨ist⟩ mit etw. beginnen; etw. [offiziell] eröffnen, anfangen lassen: in das 50. Lebensjahr e.; die Verhandlungen sind in eine kritische Phase eingetreten (befinden sich jetzt in einer kritischen Phase); in die Diskussion, in Verhandlungen e. **7.** ⟨ist⟩ [unerwartet] in einen Ablauf eingreifend, eine Situation verändernd sich ereignen, geschehen: plötzlich trat Stille ein; sein Tod war am frühen Morgen eingetreten; wenn der Fall eintritt, dass sie stirbt (wenn er stirbt); es trat eine Besserung ihres Befindens ein (ihr Befinden besserte sich). **8.** ⟨ist⟩ sich für jmdn., etw. mit Entschiedenheit öffentlich einsetzen: für Reformen, für seinen Freund e. **9.** ⟨ist⟩ (schweiz.) auf eine Angelegenheit, ein Thema näher eingehen, sich damit befassen. **10.** ⟨hat⟩ einlaufen (6).

ein|tre|ten|den|falls ⟨Adv.⟩ (Amtsspr.): für den Fall, dass dies eintritt (7).

Ein|tre|tens|de|bat|te, die (schweiz.): Debatte (b) über eine Vorlage o. Ä., die der die Einzelheiten gehenden parlamentarischen Beratung vorausgeht.

ein|trich|tern ⟨sw. V.; hat⟩ (ugs.): **1.** mühsam einflößen: dem kranken Kind die Medizin e. **2.** jmdm. mit Mühe etw., was er lernen od. beherzigen soll, einprägen: einem Schüler die Vokabeln, die mathematischen Formeln e.; man hatte ihr eingetrichtert, nichts zu erzählen.

Ein|trieb, der; -[e]s, -e ⟨Pl. selten⟩: das Eintreiben (1).

ein|trim|men ⟨sw. V.; hat⟩ (ugs.): einbläuen.

Ein|tritt, der; -[e]s, -e: **1.** das Eintreten (1, 4–8). **2. a)** [mit der Entrichtung einer Gebühr verbundener] Zugang zu etw.: [das im Museum] ist frei; sie hat freien E.; **b)** Kurzf. von ↑ Eintrittsgeld: es kostet E. **3.** (Ballspiele) Teilnahmeberechtigung, Qualifikation für die einzelnen Runden eines Wettbewerbs: der E. ins Viertelfinale.

Ein|tritts|al|ter, das: Alter, in dem jmd. in etw. eintritt (4), in dem jmd. einen bestimmten Status bekommt: das tatsächliche Renteneintrittsalter liegt durchschnittlich zwei Jahre unter dem gesetzlichen E.; der Beitrag hängt unter anderem vom E. des Versicherten ab.

Ein|tritts|ge|bühr, die: Eintrittsgeld.

Ein|tritts|geld, das: Geldbetrag, mit dem man die Berechtigung zum Besuch einer Veranstaltung, Einrichtung o. Ä. erwirbt.

Ein|tritts|kar|te, die: Kärtchen o. Ä., das man beim Entrichten des Eintrittsgeldes bekommt u. das zum Besuch einer Veranstaltung, Einrichtung o. Ä. berechtigt.

Ein|tritts|preis, der: Preis, der für den Eintritt (2 a) zu etw. zu bezahlen ist.

ein|trock|nen ⟨sw. V.; ist⟩: **1.** durch Verdunsten ganz verschwinden od. weniger werden; seine Flüssigkeitsbestandteile verlieren u. fest werden: das Wasser in den Pfützen ist eingetrocknet; eingetrocknetes Blut. **2.** durch Flüssigkeitsverlust einschrumpfen u. trocknen od. hart werden; verdorren: die Beeren sind eingetrocknet.

ein|trom|meln ⟨sw. V.; hat⟩ (ugs.): **1. a)** einhämmern (3); **b)** eintreten (2). **2. a)** durch wiederholtes Einwirken: die Werbung trommelt unablässig auf die Verbraucher ein. **2.** mit rasch aufeinanderfolgenden Schlägen auf jmdn. einschlagen: wütend trommelte sie auf ihn ein.

ein|trü|ben ⟨sw. V.; hat⟩: **1.** bes. Wasser ganz und gar unklar, trüb machen: eine Schlammlawine hat das Wasser des Sees eingetrübt; Ü ein Verhältnis e. **2.** ⟨e. + sich⟩ *sich völlig mit einer Dunst-, Wolkenschicht bedecken:* der Himmel hat sich eingetrübt; ⟨auch unpers., auch ohne »sich«:⟩ es trübt [sich] ein *(der Himmel bezieht sich völlig mit Wolken ab. Dunst).*

Ein|trü|bung, die; -, -en: *das Trübwerden; das Sicheintrüben.*

ein|tru|deln ⟨sw. V.; ist⟩ (ugs.): *langsam, nach u. nach, oft verspätet irgendwo ankommen, eintreffen:* er trudelte eine Stunde später ein.

ein|tun|ken ⟨sw. V.; hat⟩ (österr., sonst landsch.): *eintauchen* (1).

ein|tü|rig ⟨Adj.⟩: *mit nur einer Tür versehen:* ein -er Kleiderschrank.

◆ **ein|tür|men** ⟨sw. V.; hat⟩: *in einen Turm* (1 b) *sperren:* ...erhielt sie bald einen kurzen Brief von ihrem Sohne, laut welchem er wirklich eingetürmt war (Keller, Frau Regel 188).

ein|tur|nen, sich ⟨sw. V.; hat⟩: *sich vor einem Wettbewerb o. Ä. durch kürzeres Üben, durch Ausführen bestimmter turnerischer Übungen vorbereiten.*

ein|tü|ten ⟨sw. V.; hat⟩ (Kaufmannsspr.): *in Tüten abpacken, abfüllen; in Tüten o. Ä. stecken:* Mehl, Geld e.; Fragebogen, Unterlagen e. *(in ein Kuvert stecken);* Ü die Reform wurde heute eingetütet (ugs.; *zum Abschluss, unter Dach und Fach gebracht).*

ein|üben ⟨sw. V.; hat⟩: **1. a)** *durch systematisches Üben lernen, sich aneignen:* der Chor übt ein Lied ein; eingeübte *(eingelernte, nicht spontan geäußerte)* Worte; **b)** *jmdm. durch systematisches Übenlassen beibringen:* er will [mit der Klasse/⟨ugs.:⟩ der Klasse] ein Theaterstück e. **2. a)** *sich durch lernendes, übendes, nachvollziehendes, Erfahrungen sammelndes Verhalten eine Fähigkeit o. Ä. aneignen:* die Fähigkeit zur Liebe e.; **b)** ⟨e. + sich⟩ *sich lernend, übend, nachahmend in etw. eingewöhnen:* sich in eine neue Tätigkeit e.

Ein|übung, die; -, -en: **1.** *das Einüben* (1): die E. eines Liedes. **2.** *das Einüben* (2).

ein|und|ein|halb ⟨Bruchz.⟩: vgl. achtundeinhalb.

Ei|nung, die; -, -en (veraltet): **a)** *das Einen, Einigung;* ◆ **b)** *Vereinigung:* Stelle dir die Wasser, das Öl, das Quecksilber vor, so wirst du eine Einigkeit, einen Zusammenhang ihrer Teile finden. Diese E. verlassen sie nicht (Goethe, Wahlverwandtschaften I, 4).

ein|ver|lei|ben ⟨sw. V.; verleibt ein/⟨auch:⟩ einverleibt, verleibte ein/⟨auch:⟩ einverleibte; hat⟩ [zu ↑ Leib]: **1.** *einer Sache, besonders dem eigenen Besitz, [unrechtmäßig, gewaltsam, annektierend] zuschlagen, eingliedern, hinzufügen:* er hatte die eroberten Gebiete seinem Reich einverleibt. **2.** ⟨e. + sich⟩ (scherzh.) *[eine größere Menge von etw.] essen, (seltener:) trinken:* ich habe mir den übrig gebliebenen Kuchen einverleibt; Ü sich neue Erkenntnisse e. *(geistig aneignen).*

Ein|ver|lei|bung, die; -, -en: *das [Sich]einverleiben.*

Ein|ver|nah|me, die; -, -n [zum 2. Bestandteil vgl. Abnahme] (Rechtsspr., bes. österr. u. schweiz.): *Vernehmung [vor Gericht], Verhör.*

ein|ver|neh|men ⟨st. V.; hat⟩ (Rechtsspr., bes. österr. u. schweiz.): *vernehmen, verhören:* alle Augenzeugen wurden einvernommen.

Ein|ver|neh|men, das; -s [zu veraltet Vernehmen = Einverständnis] (geh.): *Einigkeit, Übereinstimmung, die auf gegenseitigem Verstehen, auf Verständigungsbereitschaft beruht:* es besteht ein gutes E. zwischen den beiden Mietparteien; in gegenseitigem E. mit jmdm. handeln; wir leben in bestem E. miteinander; sich mit jmdm. ins E. setzen (Papierdt.; *sich mit jmdm. in Bezug auf eine Frage verständigen, zur Übereinstimmung kommen, sich einigen).*

ein|ver|nehm|lich ⟨Adj.⟩ (geh.): *im Einvernehmen, in Übereinstimmung miteinander; einmütig:* nach einer -en Regelung suchen; e. handeln.

Ein|ver|neh|mung, die; -, -en (Rechtsspr., bes. österr. u. schweiz.): *Einvernahme.*

ein|ver|stan|den ⟨Adj.⟩ [eigtl. 2. Part. von veraltet sich einverstehen = übereinstimmen]: *billigend; jmdm., einer Sache zustimmend:* sie ist mit allem e.; sich mit etw. e. erklären; er ist mit ihm als Chef nicht e. *(akzeptiert ihn nicht als Chef);* e.! *(ich bin einverstanden);* ⟨subst.:⟩ ...um den Preis, dass er sich wissentlich auf ein Publikum von Einverstandenen, oder doch Eingeweihten, beschränkt (Enzensberger, Einzelheiten I, 102).

ein|ver|stän|dig ⟨Adj.⟩: *einverständlich, einverstanden:* e. nicken.

ein|ver|ständ|lich ⟨Adj.⟩: *im Einverständnis mit jmdm., miteinander seiend, geschehend o. Ä.:* eine -e Handlungsweise; etw. e. regeln.

Ein|ver|ständ|nis, das; -ses, -se ⟨Pl. selten⟩: **a)** *Billigung, Zustimmung:* sein E. zu etw. geben, erklären; im E. mit jmdm. handeln; **b)** *Übereinstimmung, Einigkeit in Bezug auf etw., wozu jmd. anderes die gleiche Einstellung hat:* zwischen ihnen herrscht voll[st]es, stillschweigendes E.

Ein|ver|ständ|nis|er|klä|rung, die: *offizielle Erklärung* (2) *des Einverständnisses* (a).

Ein|waa|ge, die; ⟨Pl. selten⟩ (Kaufmannsspr.): **1.** *Gewicht des Inhalts einer Konserve od. abgepackten Ware.* **2.** *beim Auswiegen von mehreren kleineren Mengen od. Portionen entstehender Verlust am Gesamtgewicht.*

¹**ein|wach|sen** ⟨st. V.; ist⟩: **1.** *an der Stelle der Einpflanzung anwachsen, einwurzeln:* die Bäumchen sind gut gewachsen, noch nicht eingewachsen. **2.** *in umgebendes Gewebe o. Ä. hineinwachsen:* der Zehennagel ist eingewachsen.

²**ein|wach|sen** ⟨sw. V.; hat⟩: *über die ganze Fläche hin mit [Bohner]wachs bestreichen, einreiben:* den Fußboden, die Skier e.

Ein|wahl, die; -, -en: *das Sicheinwählen:* die E. ins Netz.

ein|wäh|len, sich ⟨sw. V.; hat⟩: *über eine Telefonleitung den Zugang zum Internet od. zu einem anderen Datennetz herstellen.*

Ein|wahl|pro|gramm, das (EDV): *Dialer.*

ein|wal|zen ⟨sw. V.; hat⟩: *mithilfe einer Walze in den Boden, das Erdreich drücken:* Saatgut e.

Ein|wand, der; -[e]s, Einwände: *Äußerung einer [teilweise] anderen, abweichenden Auffassung in einer bestimmten Sache; Gegengrund; kritischer Vorbehalt:* ein berechtigter E.; gegen etw. einen E. erheben, vorbringen, machen; einen E. zurückweisen; ich habe keine Einwände.

Ein|wan|de|rer, der; -s, -: *jmd., der in ein Land einwandert od. eingewandert ist; Immigrant.*

Ein|wan|de|rer|fa|mi|lie, die: *eingewanderte Familie; Familie, bei der die Eltern Einwanderer sind.*

Ein|wan|de|rer|kind, das: *Kind von Einwanderern.*

Ein|wan|de|rer|strom, der: *große Zahl von Einwanderern.*

Ein|wan|de|rin, die; -, -nen: w. Form zu ↑ Einwanderer.

ein|wan|dern ⟨sw. V.; ist⟩: *in ein fremdes Land gehen, um sich dort anzusiedeln [u. die Staatsbürgerschaft zu erwerben]; immigrieren:* nach Australien, in die USA e.

Ein|wan|de|rung, die; -, -en: *das Einwandern; Immigration.*

Ein|wan|de|rungs|be|hör|de, die: *Behörde eines Landes, die die Erlaubnis zur Einwanderung erteilt.*

Ein|wan|de|rungs|ge|setz, das: *Gesetz, das die Einwanderung in ein Land regelt.*

Ein|wan|de|rungs|land, das ⟨Pl. ...länder⟩: *Land, in das Menschen bevorzugt einwandern.*

Ein|wan|de|rungs|po|li|tik, die: *auf Maßnahmen u. Richtlinien, die die Einwanderung betreffen, gerichtete Politik.*

Ein|wan|de|rungs|strom, der: *Einwandererstrom.*

ein|wand|frei ⟨Adj.⟩: **1. a)** *keinen Anlass zu Beanstandungen gebend; in tadellosem Zustand; ohne Fehler od. Mängel:* eine -e Arbeit, Ware; die Maschine funktioniert e.; **b)** *untadelig; so, dass kein Vorwurf u. Ä. aus etw. abgeleitet werden kann:* ein -er Leumund; sie hat sich e. verhalten. **2.** *unzweifelhaft, zweifelsfrei, eindeutig:* eine -e Beweisführung; es steht e. fest/ist e. erwiesen, dass er das getan hat.

ein|wärts ⟨Adv.⟩ [mhd. inwertes, ↑-wärts]: *nach innen:* zuerst ein Bogen rechts e.

ein|wärts|dre|hen ⟨sw. V.; hat⟩: *nach innen drehen:* die Hände e. und die Arme strecken!

ein|wärts|ge|bo|gen ⟨Adj.⟩: *nach innen gebogen:* -e Stäbe.

ein|wäs|sern ⟨sw. V.; hat⟩: *wässern* (1): Salzheringe über Nacht e.

ein|we|ben ⟨sw. V.; hat⟩: *webend in etw. hervorbringen, in etw. weben:* ein Muster, einen Namen [in den Stoff] e.

ein|wech|seln ⟨sw. V.⟩: **1.** ⟨hat⟩ **a)** *wechseln* (2 a): können Sie mir einen Fünfzigeuroschein e. ?; **b)** *wechseln* (2 b): 300 Euro in/⟨seltener:⟩ Schweizer Franken e. **2.** ⟨hat⟩ (Sport) *für einen aus dem Spiel genommenen Spieler einsetzen.* **3.** ⟨ist⟩ (Jägerspr.) *(von Wild) seinen Standort in ein anderes Gebiet verlegen.*

Ein|wech|se|lung, Ein|wechs|lung, die; -, -en: *das Einwechseln.*

ein|we|cken ⟨sw. V.; hat⟩ [nach J. Weck (1841–1914), der das Verfahren in Deutschland einführte]: *einmachen.*

Ein|weck|glas, das ⟨Pl. ...gläser⟩: *Einmachglas.*

Ein|weck|gum|mi, das, auch der (ugs.): *Einmachring.*

Ein|weck|ring, der: *Einmachring.*

Ein|weck|topf, der: *Einmachtopf.*

Ein|weg|fla|sche, die: *Flasche, die zu einmaligem Gebrauch, nicht zur Wiederverwendung bestimmt ist.*

Ein|weg|hahn, der (Chemie): *Absperrvorrichtung, die Gase od. Flüssigkeiten nur in eine Richtung strömen lässt.*

Ein|weg|pfand, das: *Pfand, das für Einwegflaschen u. andere Einwegverpackungen erhoben wird, um deren Rückgabe sicherzustellen.*

Ein|weg|schei|be, die: *Glasscheibe, die so präpariert ist, dass man nur in einer Richtung hindurchsehen (u. auf diese Weise unbemerkt Testpersonen od. -tiere beobachten) kann.*

Ein|weg|spie|gel, der: *Spiegel, der von seiner Rückseite her durchsichtig ist u. einem Beobachtenden erlaubt hindurchzusehen.*

Ein|weg|sprit|ze, die: *Injektionsspritze, die zu einmaligem Gebrauch, nicht zur Wiederverwendung bestimmt ist.*

Ein|weg|ver|pa|ckung, die: *Verpackung, die zu einmaligem Gebrauch, nicht zur Wiederverwendung bestimmt ist.*

ein|wei|chen ⟨sw. V.; hat⟩: **1.** *(Wäsche) vor dem Waschen für eine gewisse Zeit in eine Schmutz lösende Lauge legen:* die schmutzige Wäsche e. **2.** *zum Quellen od. Weichwerden für eine gewisse Zeit in Wasser, Milch o. Ä. legen:* Erbsen e.

Ein|weich|mit|tel, das: *waschaktive Substanzen enthaltendes Mittel zum Einweichen von Wäsche.*

ein|wei|hen ⟨sw. V.; hat⟩: **1. a)** *(bes. ein Bauwerk)* nach seiner Fertigstellung in feierlicher Form der Öffentlichkeit übergeben: ein Stadion, die neue Schule e.; **b)** (ugs. scherzh.) *zum ersten Mal benutzen, tragen; in Gebrauch nehmen.* **2.** *jmdn. mit etw., was er noch nicht weiß od. kennt, was nicht allgemein bekannt ist, was als vertraulich behandelt werden soll, vertraut machen:* jmdn. in seine Pläne e.; sie ist [in die Angelegenheit] noch nicht eingeweiht.

Ein|wei|hung, die; -, -en: *das Einweihen; das Eingeweihtwerden.*

Ein|wei|hungs|fei|er, die: *Feier anlässlich einer Einweihung.*

ein|wei|sen ⟨st. V.; hat⟩: **1.** *(in amtlicher Funktion) veranlassen, dass jmd. an einem bestimmten Ort aufgenommen, untergebracht wird:* jmdn. ins Krankenhaus, in ein Erziehungsheim e. **2. a)** *jmdn. in eine neue Tätigkeit einführen, indem man ihm Instruktionen über seine zu verrichtende Arbeit gibt:* die Sekretärin wurde von ihrer Chefin [in ihre Aufgaben] eingewiesen; **b)** *jmdm. feierlich sein Amt übergeben:* der Geistliche wurde im Rahmen eines Gottesdienstes in sein Amt eingewiesen. **3.** (Verkehrsw.) *(einen Autofahrer) durch Handzeichen an eine bestimmte Stelle dirigieren:* den Fahrer, den ankommenden Wagen [in eine Parklücke] e.

Ein|wei|ser, der; -s, -: *jmd., der jmdn. einweist* (1, 3).

Ein|wei|se|rin, die; -, -nen: w. Form zu ↑ Einweiser.

Ein|wei|sung, die; -, -en: *das Einweisen; das Eingewiesenwerden.*

Ein|wei|sungs|schein, der: *von einer Behörde, einem Arzt ausgestellte Bescheinigung über eine Einweisung in ein Krankenhaus, ein Heim o. Ä.*

ein|wen|den ⟨unr. V.; wandte/wendete ein, hat eingewandt/eingewendet⟩: *als Einwand gegen jmdn., etw. vorbringen:* dagegen ließe sich viel, manches e.; er wendete ein, dass er die Aktion für unzulässig halte; dagegen ist nichts einzuwenden (ugs.; *das ist völlig in Ordnung*); ich hätte jetzt nichts gegen eine Tasse Kaffee einzuwenden (ugs.; *würde jetzt gerne eine Tasse Kaffee trinken*); »Ich muss Ihnen e.«, bemerkte Diotima, »dass das eine trostlose und unwürdige Auffassung von Gefühlen wäre ...« (Musil, Mann 473).

Ein|wen|dung, die; -, -en: **1.** *etw., was man gegen jmdn., etw. einwendet:* keine E., -en machen. **2.** (Rechtsspr.) *Rechtseinwendung.*

ein|wer|ben ⟨st. V.; hat⟩: *durch Werben finanzielle Unterstützung erlangen:* Sponsorengelder e.

ein|wer|fen ⟨st. V.; hat⟩: **1.** *(an dafür vorgesehener Stelle) in etw. [hinein]fallen lassen:* einen Brief [in den Briefkasten], Münzen [in einen Automaten] e.; Ü ich habe [mir] wieder ein paar Pillen eingeworfen (salopp; *eingenommen*). **2.** *durch einen Wurf zertrümmern:* [jmdm.] eine Fensterscheibe e. **3.** *in einem Gespräch eine [kritische] Zwischenbemerkung machen:* eine [Frage] e.; sie warf ein, das könne wohl nicht stimmen; Die Untersuchung über Schmieds Aufenthalt auf dem Tessenberg... habe nichts zutage gebracht, warf der Kommissär unschuldig skeptisch in die Überlegungen seines Untergebenen ein (Dürrenmatt, Richter 33). **4. a)** (Ballspiele) *den ins Seitenaus gegangenen Ball durch einen Wurf von einem Standort hinter der Seitenauslinie wieder ins Spiel bringen;* **b)** (Eishockey) *(vom Schiedsrichter) den Puck beim Bully zwischen die beiden Spieler werfen;* **c)** (Rugby) *den Ball in das Gedränge, in die Gasse* (8) *werfen.*

ein|wer|tig ⟨Adj.⟩: **1.** (Chemie) *(von einem Atom) nur eine Bindung mit einem anderen Atom ein-* gehend; monovalent: Wasserstoff ist e. **2.** (Sprachwiss.) *(von Verben) nur eine Wertigkeit, eine obligatorische Ergänzung habend.*

Ein|wer|tig|keit, die; -: *einwertige Beschaffenheit.*

ein|wi|ckeln ⟨sw. V.; hat⟩: **1. a)** *(zum Schutz o. Ä.) in etw. wickeln; in Papier einschlagen:* ein Päckchen, ein Geschenk [in Seidenpapier] e.; **b)** *in etw. hüllen, mit etw. ganz bedecken:* sie hatte das Kind in eine/(selten:) einer Decke eingewickelt. **2.** (salopp) *durch geschicktes Reden für sich, für etw. gewinnen; in unlauterer Weise zu etw. überreden:* er hat sich von dem Vertreter e. lassen und den Staubsauger gekauft.

Ein|wi|ckel|pa|pier, das: *Papier zum Einwickeln.*

¹**ein|wie|gen** ⟨st. V.; hat⟩ (Kaufmannsspr.): **1.** *für Packungen, Konserven abwiegen u. in diese einfüllen.* **2.** *beim Auswiegen mehrerer kleinerer Mengen einbüßen, einen bestimmten Verlust machen.*

²**ein|wie|gen** ⟨sw. V.; hat⟩ (veraltend, noch landsch.): *(ein Kind) in den Schlaf wiegen:* sie wiegte das Kind leise singend ein.

Ein|wil|li|gung, die; -, -en: *das Einwilligen; die Zustimmung, das Einverständnis:* seine E. [zu etw.] geben.

ein|win|keln ⟨sw. V.; hat⟩: *(eine Gliedmaße) zu einem Winkel nach innen beugen, biegen:* den Arm e.

ein|win|ken ⟨sw. V.; hat; 2. Part. eingewinkt, auch, bes. ugs.: eingewunken⟩ (Verkehrsw.): *durch Handzeichen an eine bestimmte Stelle, in eine bestimmte Richtung dirigieren; einweisen:* Flugzeuge e.; Autos auf Parkplätze e.

ein|win|tern ⟨sw. V.; hat⟩: **1.** ⟨unpers.⟩ (selten) *ganz und gar Winter werden.* **2. a)** (Landwirtsch.) *über Winter ²einmieten od. an einen entsprechenden Ort lagern:* Kartoffeln, Rüben e.; **b)** *über Winter an einem geeigneten, dafür vorgesehenen, vorbereiteten Ort aufbewahren, abstellen o. Ä.:* das Boot, das Motorrad, die Gartenmöbel [im Schuppen] e.

ein|wir|ken ⟨sw. V.; hat⟩: **1.** *jmdn., etw. gezielt beeinflussen; Einfluss nehmen:* erzieherisch auf jmdn. e. **2.** *eine bestimmte, die Veränderung von etw. herbeiführende Wirkung ausüben:* eine Kraft wirkt auf etw. ein; die Salbe muss erst [ihre Wirkung auf die Haut entfalten] lassen. **3.** (Fachspr.) *einweben.*

Ein|wir|kung, die; -, -en: *das Einwirken* (1, 2).

Ein|wir|kungs|mög|lich|keit, die: *Möglichkeit, auf jmdn., etw. einzuwirken.*

ein|wö|chent|lich ⟨Adj.⟩ (selten): *sich jede Woche wiederholend; wöchentlich.*

ein|wö|chig ⟨Adj.⟩: **a)** *eine Woche alt:* ein einwöchiges Küken; **b)** *eine Woche dauernd:* eine -e Reise.

◆ **Ein|woh|ne,** die; - [zu ↑einwohnen (1)] (landsch.): *das Bewohnen als Einlieger:* Da hatten wir zur selbigen Zeit einen alten Weber in der E. (als Einlieger bei uns wohnen; Rosegger, Waldbauernbub 155).

ein|woh|nen ⟨sw. V.; hat⟩: **1. a)** (selten) *(als Mitbewohner) wohnen:* die Eltern wohnen bei uns [im Haus] ein; **b)** *(e. + sich) sich in einer neuen Wohnung eingewöhnen:* wir haben uns bereits eingewohnt; **c)** *durch längeres Bewohnen behaglich machen:* ich muss dieses Zimmer erst noch e. **2.** (selten) *innewohnen:* der Pflanze sollen Heilkräfte e.

Ein|woh|ner, der; -s, - [mhd. inwoner]: **1.** *jmd., der in einer Gemeinde, einem Land seinen ständigen Wohnsitz hat:* die E. des Saarlandes, von Potsdam. **2.** (selten) *Bewohner eines Hauses.*

Ein|woh|ner|dienst, der ⟨meist Pl.⟩ (schweiz.): *Einwohnermeldeamt.*

Ein|woh|ne|rin, die; -, -nen: w. Form zu ↑ Einwohner.

Ein|woh|ner|mel|de|amt, das: *Behörde, die für die An- u. Abmeldung meldepflichtiger Personen zuständig ist.*

Ein|woh|ner|schaft, die; -, -en ⟨Pl. selten⟩: *Gesamtheit der Einwohner und Einwohnerinnen einer Gemeinde, eines Landes.*

Ein|woh|ner|ver|samm|lung, die: *Versammlung der Bewohner eines Gebäudes, eines Bezirks, einer Straße o. Ä.*

Ein|woh|ner|ver|zeich|nis, das: *amtliches Verzeichnis der Einwohner eines Ortes, einer Gemeinde o. Ä.*

Ein|woh|ner|zahl, die: *Gesamtzahl der Einwohner.*

Ein|wort|satz, der; -es, ...sätze (Sprachwiss.): *Satz, der nur aus einem Wort besteht* (z. B. Feuer!; Bitte?; Teddy! *[Ich will den Teddy haben!])*.

ein|wüh|len ⟨sw. V.; hat⟩: *wühlend in etw. (Weiches) eingraben, hineinbewegen:* das Wildschwein hat seinen Kopf/sich in den Schlamm eingewühlt.

Ein|wurf, der; -[e]s, Einwürfe: **1.** *das Einwerfen* (1): nach E. des Geldstücks [in den Automaten bitte die] Kurbel drehen. **2.** (Ballspiele) *das ↑ Einwerfen* (4). **3.** *schlitzartige Öffnung, durch die etw. eingeworfen* (1) *werden kann:* der E. am Briefkasten; etw. in/durch den E. stecken. **4.** *kurze Zwischenbemerkung, die jmd. in ein Gespräch, eine Diskussion o. Ä. einwirft* (3): einen kritischen E. machen; auf einen E. eingehen.

ein|wur|zeln ⟨sw. V.⟩: **a)** ⟨ist⟩ *Wurzeln in die Erde treiben:* der Strauch muss erst e.; Ü ein tief eingewurzeltes Misstrauen; »Darf ich fragen, mein Herr, ob Sie selbst Portugiese sind?« »Doch nicht«, antwortete er. »Aber schon lange bin ich dort eingewurzelt...« (heimisch geworden; Th. Mann, Krull 303); * **wie eingewurzelt [da]stehen/stehen bleiben** (↑ anwurzeln); **b)** ⟨e. + sich; hat⟩ *sich mit den Wurzeln festsetzen:* die Sträucher haben sich noch nicht richtig eingewurzelt; Ü ein Aberglaube, der sich in den Köpfen der Menschen eingewurzelt (*festgesetzt*) hat.

Ein|zahl, die; -, -en ⟨Pl. selten⟩ (Sprachwiss.): *Singular.*

ein|zah|len ⟨sw. V.; hat⟩: **a)** *eine Zahlung an einen anderen auf dessen Konto o. Ä. leisten; überweisen:* die Miete ist auf ihr Konto einzuzahlen; Beträge in die Rentenkasse e.; **b)** *als Einlage auf ein Sparkonto buchen lassen:* einen bestimmten Betrag auf das Sparbuch e.

Ein|zah|ler, der; -s, -: *jmd., der etw. einzahlt.*

Ein|zah|le|rin, die; -, -nen: w. Form zu ↑ Einzahler.

Ein|zah|lung, die; -, -en: **1.** *das Einzahlen:* eine E. vornehmen. **2.** *eingezahlter Betrag:* die -en zurückbekommen.

Ein|zah|lungs|be|leg, der: *Quittung über eine eingezahlte Summe.*

Ein|zah|lungs|for|mu|lar, das: *Formular, das bei Einzahlungen auszufüllen ist.*

Ein|zah|lungs|schein, der: **1.** *Einzahlungsbeleg.* **2.** (österr., schweiz.) *Zahlschein.*

ein|zäu|nen ⟨sw. V.; hat⟩: *mit einem Zaun umgeben:* ein Grundstück [mit Maschendraht] e.

Ein|zäu|nung, die; -, -en: **1.** *das Einzäunen.* **2.** *Zaun, mit dem eine Fläche eingezäunt ist.*

Ein|zei|ler, der; -s, -: *aus einer Zeile bestehender Text.*

ein|zei|lig ⟨Adj.⟩: *aus einer Zeile* (1) *bestehend.*

Ein|zel, das; -s, - (Sport): *Spiel, Wettkampf, bei dem eine einzelne Person gegen eine andere kämpft:* sie gewann im E.
Ein|zel|ab|teil, das (Eisenbahn): *Abteil eines Eisenbahnwagens mit sechs bis acht Sitzplätzen, das man über einen an einer Seite des Wagens verlaufenden Gang erreicht.*
Ein|zel|ak|ti|on, die: *einzeln durchgeführte Aktion.*
Ein|zel|ak|ti|o|när, der: *einzelner Aktionär.*
Ein|zel|ak|ti|o|nä|rin, die: w. Form zu ↑ Einzelaktionär.
Ein|zel|an|fer|ti|gung, die: **1.** *auf besonderen Wunsch [eines Kunden] einzeln erfolgende Herstellung einzelner Artikel* (3). **2.** *einzeln angefertigter Artikel:* dieser Schrank ist eine E.
Ein|zel|aus|ga|be, die: *gesonderte Ausgabe eines einzelnen Werkes eines Autors:* die Gedichte Goethes erscheinen auch als E.
Ein|zel|aus|stel|lung, die: *Ausstellung von Werken eines einzelnen Künstlers.*
Ein|zel|band, der ⟨Pl. …bände⟩: **1.** *nicht zu einer Gesamtausgabe o. Ä. gehörender Band.* **2.** *einzelner Band eines mehrbändigen Werks, einer Buchreihe o. Ä.*
Ein|zel|be|hand|lung, die: *gesonderte Behandlung.*
Ein|zel|be|ob|ach|tung, die: *Beobachtung einer einzelnen Sache, Verhaltensweise o. Ä.:* aus vielen -en ein [mehr und mehr abgerundetes] Bild von etw. gewinnen.
Ein|zel|be|treu|ung, die (bes. Med.): *individuelle Betreuung (eines Patienten, Behinderten o. Ä.) außerhalb von Krankenhäusern u. Pflegeheimen.*
Ein|zel|be|trieb, der: **1.** *einzelner, individueller Betrieb (z. B. innerhalb eines Konzerns).* **2.** (DDR) *Privatbetrieb (im Unterschied zum volkseigenen Betrieb).*
Ein|zel|bett, das: *einzelnes od. einzeln stehendes Bett.*
Ein|zel|bild, das: *einzelnes Bild (z. B. eines Films, einer Videoaufnahme):* die aufeinanderfolgenden -er eines Films.
Ein|zel|bild|schal|tung, die: *(bei Geräten zur Aufnahme od. zur Wiedergabe von Film- od. Videomaterial) Funktion, die die Aufnahme bzw. die Wiedergabe von Einzelbildern erlaubt.*
Ein|zel|blatt|ein|zug, der: *Vorrichtung besonders an einem Drucker* (2), *die es ermöglicht, dem Gerät Einzelblätter zuzuführen.*
Ein|zel|box, die: *für sich abgeschlossene od. abgetrennte Box für ein einzelnes Tier od. ein einzelnes Fahrzeug.*
Ein|zel|buch|sta|be, der: *einzelner [allein stehender] Vokal od. Konsonant.*
Ein|zel|dar|stel|lung, die: *Darstellung eines einzelnen Gegenstandes, einer einzelnen Person usw. (z. B. in einem Buch, in einer Abhandlung).*
Ein|zel|ding, das ⟨Pl. -e⟩: *etw., besonders ein Gegenstand, sofern er als einzelner betrachtet wird, als einzelner an einem bestimmten Platz vorhanden ist o. Ä.*
Ein|zel|dis|zi|p|lin, die (Sport): **a)** *einzelne Sportart innerhalb eines Mehrkampfes;* **b)** *sportliche Disziplin von einzelnen, einzeln gewerteten Sportlern (im Unterschied zu Mannschaften).*
Ein|zel|do|sis, die: *auf einmal einzunehmende, zu verabreichende Dosis eines Medikamentes.*
Ein|zel|druck, der ⟨Pl. -e⟩ (Verlagsw.): *einzeln gedrucktes Werk; Sonderdruck.*
Ein|zel|ele|ment, das (Fachspr.): *einzelnes Element einer Kombination von Einrichtungen* (2 a): eine Sitzecke aus -en.
Ein|zel|er|geb|nis, das: *einzelnes Ergebnis:* aus den -sen das Gesamtergebnis berechnen.
Ein|zel|er|schei|nung, die: *etw., was nur selten,*

vereinzelt vorkommt: solche Fehlbildungen sind keine E. mehr.
Ein|zel|ex|em|p|lar, das: *einzelnes [seltenes] Exemplar von etw.*
Ein|zel|fah|rer, der (Sport): *Fahrer ohne Beifahrer (beim Motorradrennen).*
Ein|zel|fah|re|rin, die: w. Form zu ↑ Einzelfahrer.
Ein|zel|fahr|schein, der: *Fahrschein, der nur für eine Fahrt Gültigkeit hat.*
Ein|zel|fall, der: **1.** *konkreter, einzelner Fall (der jeweils individuell zu beurteilen od. zu behandeln ist):* im E. muss die Beurteilung anders sein. **2.** *etw., was eine Ausnahme darstellt, was nicht die Regel ist:* dieser Vorfall ist kein E.
Ein|zel|fall|prü|fung, die: *Prüfung des jeweiligen Einzelfalls* (1).
Ein|zel|feld, das (Tennis, Badminton): *mit den für das Einzel erforderlichen Markierungen versehenes Spielfeld.*
Ein|zel|feu|er, das (Waffent.): *Feuer aus einzeln abgegebenen Schüssen:* die Maschinenpistole war auf E. eingestellt.
Ein|zel|for|schung, die: *Forschung über einen einzelnen Gegenstand, eine einzelne Person usw. (z. B. in einem Buch, in einer Abhandlung).*
Ein|zel|fra|ge, die: *einzelne, nur einen Aspekt eines Themas o. Ä. betreffende Frage:* die Aufgabe bestand aus mehreren -n.
Ein|zel|gän|ger, der; -s, -: **a)** *jmd., der sich nicht an andere Menschen anschließt, der keinen Kontakt zu anderen Menschen sucht od. findet;* **b)** *Tier, das nicht im Rudel, in der Herde lebt.*
Ein|zel|gän|ge|rin, die; -, -nen: w. Form zu ↑ Einzelgänger.
ein|zel|gän|ge|risch ⟨Adj.⟩: *sich wie ein Einzelgänger verhaltend:* eine -e Existenzform.
Ein|zel|ge|höft, das: *einzeln liegendes Gehöft.*
Ein|zel|ge|spräch, das: *Gespräch* (1), *das mit einem Einzelnen geführt wird (z. B. als Beratung).*
Ein|zel|ge|werk|schaft, die: *[einer Dachorganisation angehörende] einzelne Gewerkschaft.*
Ein|zel|grab, das: **1.** *Grabstelle für einen einzelnen Verstorbenen.* **2.** *einzelnes, allein liegendes Grab.*
Ein|zel|haft, die: *Haft, bei der der Häftling in einer Einzelzelle untergebracht ist:* E. haben.
Ein|zel|han|del, der: *Bereich des Handels, der [in Ladengeschäften] Endverbrauchern Waren anbietet; Gesamtheit der Einzelhandelsgeschäfte.*
Ein|zel|han|dels|flä|che, die: *Fläche der für Einzelhandelsgeschäfte vorgesehenen Räumlichkeiten.*
Ein|zel|han|dels|ge|schäft, das: *Geschäft des Einzelhandels.*
Ein|zel|han|dels|kauf|frau, die: *Kauffrau im Einzelhandel.*
Ein|zel|han|dels|kauf|mann, der: *Kaufmann im Einzelhandel.*
Ein|zel|han|dels|ket|te, die: *aus einer Kette von Einzelhandelsgeschäften bestehendes Unternehmen.*
Ein|zel|han|dels|kon|zern, der: *Konzern des Einzelhandels.*
Ein|zel|han|dels|preis, der: *Preis, zu dem der Einzelhandel die Erzeugnisse an den Verbraucher verkauft.*
Ein|zel|han|dels|um|satz, der: *Umsatz im Einzelhandel.*
Ein|zel|han|dels|un|ter|neh|men, das: *Unternehmen des Einzelhandels.*
Ein|zel|han|dels|ver|band, der: *Interessenverband des Einzelhandels auf regionaler u. nationaler Ebene.*
Ein|zel|händ|ler, der: *Händler im Einzelhandel.*
Ein|zel|händ|le|rin, die: w. Form zu ↑ Einzelhändler.

Ein|zel|haus, das: *einzeln stehendes Haus (im Unterschied zu einem Doppel- od. Reihenhaus).*
Ein|zel|heft, das: *einzelnes Heft, einzelne Nummer einer Zeitschrift o. Ä.*
Ein|zel|heit, die; -, -en: *einzelner Teil, Gegenstand, Umstand eines größeren Ganzen, eines größeren Zusammenhangs; Detail:* solche -en kann ich ohne Brille nicht erkennen; sich an alle -en erinnern; auf jede E. eingehen.
Ein|zel|i|ni|ti|a|ti|ve, die (schweiz.): *politischer Antrag, Vorschlag eines Einzelnen.*
Ein|zel|in|te|r|es|se, das ⟨meist Pl.⟩: *Interesse einzelner Personen od. gesellschaftlicher Gruppen.*
Ein|zel|ka|bi|ne, die (Schifffahrt): *für eine Person vorgesehene Kabine* (1).
Ein|zel|kampf, der: **1.** (Militär) *Kampf zwischen Einzelnen; Nahkampf.* **2.** (Sport) *Wettkampf einzelner, einzeln gewerteter Sportler (im Unterschied zum Mannschaftskampf).*
Ein|zel|kämp|fer, der: **1.** (Militär) *speziell für den Einsatz in einem Kommandounternehmen ausgebildeter Soldat.* **2.** *jmd., der allein, ohne Unterstützung o. Ä. anderer gegen jmdn., etw. ankämpft.*
Ein|zel|kämp|fe|rin, die: w. Form zu ↑ Einzelkämpfer.
Ein|zel|kar|te, die: *Eintrittskarte für eine Einzelperson.*
Ein|zel|kauf|frau, die (Kaufmannsspr.): *Kauffrau als Alleininhaberin einer Unternehmung.*
Ein|zel|kauf|mann, der (Kaufmannsspr.): *Kaufmann als Alleininhaber einer Unternehmung.*
Ein|zel|kind, das: *einziges Kind eines Elternpaars; Kind, das ohne Geschwister aufwächst.*
Ein|zel|kon|kur|renz, die (Sport): *Konkurrenz* (2) *in einer Einzeldisziplin.*
Ein|zel|lauf, der (Sport): **1.** *Soloarbeitung im Eis-, Rollkunstlauf.* **2.** *Lauf eines einzelnen, einzeln gewerteten Sportlers (im Unterschied zum Lauf einer Staffel, einer Mannschaft).*
Ein|zel|leis|tung, die: **1. a)** *einzelne Leistung:* die -en des Schülers prüfen; **b)** *Leistung einer Einzelperson (im Unterschied zur Leistung einer Gruppe):* er erzielte das Tor durch eine hervorragende, imponierende, tolle E. **2.** *einzeln zu betrachtende, gesonderte Arbeitsleistung:* ärztliche -en.
Ein|zel|ler, der; -s, - (Biol.): *einzelliges Lebewesen.*
ein|zel|lig ⟨Adj.⟩ (Biol.): *aus nur einer Zelle bestehend.*
Ein|zel|maß|nah|me, die: *einzelne Maßnahme.*
Ein|zel|meis|ter|schaft, die (Sport): *Meisterschaft innerhalb einer Disziplin, bei der die Sportler einzeln, nicht in Mannschaften, antreten u. einzeln gewertet werden.*
Ein|zel|mit|glied|schaft, die: *Mitgliedschaft einer Einzelperson.*
Ein|zel|mö|bel, das: *einzelnes Möbelstück, das nicht Teil einer zusammengehörenden Zimmereinrichtung ist.*
ein|zeln ⟨Adj.⟩ [mhd. einzel, weitergeb. aus mhd. einez, ahd. einaz = einzeln, zu ↑ ¹**ein**]: **1.** *für sich allein, nicht mit anderen zusammen, gesondert:* ein -er Baum stand im Hof; jede -e Mitarbeiterin; die Gäste kamen e.; bitte e. eintreten!; ein e. stehendes Haus; ⟨subst.:⟩ ein Einzelner kann wenig ausrichten; im Einzelnen *(genauer)* kann ich darauf nicht eingehen; vom Einzelnen *(von der Einzelheit, vom Speziellen)* zum Ganzen, zum Allgemeinen fortschreiten. **2.** *vereinzelt, einige[s], wenige[s]:* -e Regenschauer; ⟨subst.:⟩ es sind nur Einzelne, die dies behaupten.
Ein|zel|nach|weis, der: *Nachweis einer einzelnen Sache (z. B. in der Buchführung).*
ein|zeln ste|hend, ein|zeln|ste|hend ⟨Adj.⟩: *allein, für sich, gesondert stehend:* ein einzeln stehender Baum.

Ein|zel|pa|ckung, die: *einzelne, einzeln verkaufte Packung* (1 b).

Ein|zel|per|son, die: *Person, die einzeln in einem bestimmten Zusammenhang auftritt, handelt o. Ä. (im Unterschied zu einer Gruppe von Personen).*

Ein|zel|per|sön|lich|keit, die: vgl. Einzelperson.

Ein|zel|pos|ten, der: *einzelner Posten* (3 b).

Ein|zel|preis, der: *(von etw., was im Allgemeinen in größerer Anzahl od. Menge auf einmal gekauft wird) Preis für ein einzelnes Teil, Stück o. Ä.*

Ein|zel|pro|blem, das: *einzelnes, für sich allein zu betrachtendes Problem.*

Ein|zel|pro|jekt, das: *einzelnes Projekt.*

Ein|zel|rad|auf|hän|gung, die (Kfz-Technik): *voneinander unabhängige Aufhängung der einzelnen Räder eines Fahrzeugs.*

Ein|zel|rei|se, die (Touristik): *von einem Reisebüro für eine Einzelperson gebuchte Reise mit Reservierung von Flugkarte, Hotel o. Ä.*

Ein|zel|rei|sen|de ⟨vgl. Reisende⟩: *weibliche Person, die allein, nicht in einer Gruppe reist.*

Ein|zel|rei|sen|der ⟨vgl. Reisender⟩: *jmd., der allein, nicht in einer Gruppe reist.*

Ein|zel|ren|nen, das (Sport): *Rennen, bei dem die Teilnehmer sich u. nicht in einer Staffel od. Mannschaft starten.*

Ein|zel|rich|ter, der: *Richter, der eine Verhandlung allein führt; Gericht entscheidet der Richter als E. in allen Zivilsachen.*

Ein|zel|rich|te|rin, die: w. Form zu ↑ Einzelrichter.

Ein|zel|schick|sal, das: *persönliches Schicksal eines einzelnen Menschen.*

Ein|zel|sieg, der (Sport): *Sieg eines Einzelsiegers.*

Ein|zel|sie|ger, der (Sport): *durch Einzelwertung ermittelter einzelner Sieger in einem Mannschaftskampf.*

Ein|zel|sie|ge|rin, die: w. Form zu ↑ Einzelsieger.

Ein|zel|spiel, das: **1.** (Sport) *Spiel, bei dem ein einzelner Spieler gegen einen anderen spielt.* **2.** ⟨o. Pl.⟩ (Sport) *Einzelaktionen eines einzelnen Spielers ohne Kombinationsspiel mit den Mitspielern.* **3.** (Musik) *Solospiel.*

Ein|zel|spie|ler, der: **1.** (Sport) *Spieler, der ein Einzel bestreitet.* **2.** (Musik) *jmd., der als Solist auftritt.*

Ein|zel|spie|le|rin, die: w. Form zu ↑ Einzelspieler.

Ein|zel|spra|che, die (Sprachwiss.): *einzelne Sprache (im Unterschied z. B. zu einer Sprachfamilie od. zur menschlichen Sprache überhaupt).*

Ein|zel|staat, der: *einzelner Staat eines Staatenbundes od. Bündnisses.*

ein|zel|staat|lich ⟨Adj.⟩: *einen Einzelstaat betreffend, zu ihm gehörend:* -e *politische Entscheidungen.*

Ein|zel|stim|me, die: *einzeln ausgeschriebene Stimme einer Partitur.*

Ein|zel|stra|fe, die (Rechtsspr.): *einzelne Strafe für eine von mehreren begangenen Straftaten.*

Ein|zel|stück, das: **a)** *einzelner Gegenstand, einzelnes Exemplar von etw.;* **b)** *etw., was nur einmal vorhanden ist, existiert.*

Ein|zel|stun|de, die: *Unterrichtsstunde für eine einzelne Person.*

Ein|zel|tä|ter, der: *jmd., der eine strafbare Handlung allein, ohne die Mithilfe anderer begeht, begangen hat.*

Ein|zel|tä|te|rin, die: w. Form zu ↑ Einzeltäter.

Ein|zel|teil, das: *Teil [stück], das mit anderen zusammen ein Ganzes bildet:* etw. in [seine] -e *zerlegen.*

Ein|zel|the|ra|pie, die (Med., Psychol.): *Therapie für einen einzelnen Patienten.*

Ein|zel|tier, das: *einzelnes od. vereinzeltes Tier (einer Herde, einer Tierart o. Ä.).*

Ein|zel|ti|tel, der (Verlagsw.): *einzelnes [Druck]werk, Buch mit bestimmtem Titel, einzelner Titel.*

Ein|zel|un|ter|neh|men, das: *einzelnes Unternehmen (z. B. eines Konzerns).*

Ein|zel|un|ter|richt, der: *Unterricht für eine einzelne Person.*

Ein|zel|ver|kauf, der: *Verkauf im Einzelhandel.*

Ein|zel|ver|trag, der: *einzelner, gesonderter [zu besonderen Bedingungen abgeschlossener] Vertrag.*

Ein|zel|wert, der: **1.** *Wert* (1 a) *einer einzelnen Sache aus einer bestimmten Gesamtheit:* die Diebe erbeuteten 12 Notebooks im E. von ca. 1 000 bis 1 600 Euro. **2.** *einzelner Zahlenwert: der aus zehn -en berechnete Mittelwert.* **3.** (Philat.) *einzelner Wert* (5 a): -e aus einem Block, Satz. **4.** (Börsenw.) *einzelnes Wertpapier:* er investiert lieber in Fonds als in -e.

Ein|zel|wer|tung, die (Sport): *gesonderte Wertung eines einzelnen Sportlers, der zu einer Mannschaft gehört:* in der E. liegt sie auf Platz zwei.

Ein|zel|we|sen, das: *einzelner Mensch, einzelnes Lebewesen; Individuum.*

Ein|zel|wett|be|werb, der (Sport): *Einzelkampf* (2).

Ein|zel|wis|sen, das: *Wissen, das Einzelheiten, einzelne od. vereinzelte Sachverhalte, Gegenstände betrifft: naturwissenschaftliches E.*

Ein|zel|wis|sen|schaft, die: *Wissenschaft, die nicht in den Bereich der Philosophie gehört (welche ihrerseits als Gesamtwissenschaft angesehen wird).*

Ein|zel|zeit, die (Sport): *für den einzelnen Staffelläufer, -schwimmer usw. gemessene Zeit.*

Ein|zel|zeit|fah|ren, das (Radsport): *Zeitfahren als Einzeldisziplin* (b).

Ein|zel|le, die: **1.** *Gefängniszelle für nur eine Person.* **2.** (Biol.) *einzelne Zelle einer Kolonie von einzelligen Organismen.*

Ein|zel|zim|mer, das: *für eine einzelne Person vorgesehenes Zimmer in einem Hotel od. Krankenhaus.*

ein|ze|men|tie|ren ⟨sw. V.; hat⟩: *mithilfe von Zement in etw. verankern, befestigen.*

ein|zieh|bar ⟨Adj.⟩: *sich einziehen* (2, 6, 8, 9) *lassend.*

ein|zie|hen ⟨unr. V.⟩: **1.** ⟨hat⟩ **a)** *durch Hineinziehen an einer bestimmten Stelle einfügen:* einen Faden [in die Nadel], ein Gummiband [in den Bund] e.; ein Kabel einziehen *(verlegen);* sich einen Spreißel e. (landsch.; *einreißen*); **b)** *einbauen, einfügen:* eine Zwischenwand, einen Balken e. **2.** ⟨hat⟩ **a)** *ziehend einholen:* die Fahne, die Segel, das Fahrgestell e.; Langsam fährt der Fischer in die Runde und schleppt das Netz hinter sich her. Als er es dann einzieht, staunt Karl, was da alles herausgepflückt wird (Kempowski, Zeit 169); **b)** *nach innen, nach unten, an seinen Ausgangspunkt zurückziehen:* den Kopf, den Bauch e.; der Hund hatte den Schwanz eingezogen *(eingeklemmt)*. **3.** ⟨hat⟩ *in sich hineinsaugen; einatmen:* die Luft e. **4.** ⟨ist⟩ *eindringen; von etw. völlig aufgesogen, aufgenommen werden:* die Creme zieht rasch [in die Haut] ein; die Feuchtigkeit ist in den Boden eingezogen. **5.** ⟨ist⟩ *sich [in einer Gruppe, einer Formation o. Ä.] gehend, marschierend od. fahrend in einen Ort, in einen umschlossenen Bereich [hinein]begeben:* die Sportler zogen [ins Stadion] ein; mit ihr sind mit 10 Abgeordneten in den Landtag eingezogen *(gekommen);* die Mannschaft ist in die Endrunde eingezogen (Sport; *hat die Endrunde erreicht*); endlich zog wieder Gemütlichkeit in unser/in unserem Haus ein. **6.** ⟨hat⟩ *einberufen* (2): zur Marine eingezogen werden. **7.** ⟨ist⟩ *mit seinem Besitz, seiner beweglichen Habe in eine Wohnung o. Ä. ziehen:* eine neue Mieterin ist [in die Wohnung] eingezogen. **8.** ⟨hat⟩ **a)** *einen Geldbetrag, auf den man Anspruch hat, anfordern u. beitreiben:* Gelder, Steuern e.; **b)** *(von staatlicher Seite) jmds. Besitz beschlagnahmen, konfiszieren: jmds. Vermögen e.* **9.** ⟨hat⟩ **a)** *für ungültig erklären u. aus dem Verkehr ziehen:* Münzen, Banknoten e.; **b)** *(eine Stelle) streichen, nicht mehr besetzen:* Ämter, Stellen e. **10.** ⟨hat⟩ (Amtsspr.) *einholen, einfordern; sich geben lassen:* Erkundigungen [über jmdn., etw.] e. **11.** ⟨hat⟩ (Druckw.) *(von Zeilen, Einzelwörtern) weiter rechts beginnen lassen als den übrigen Satz:* eine halbe Zeile e. ♦ **12.** *einschränken* (1 a): Abbrechen, e., sparen will ich gern (Lessing, Nathan II, 2). ♦ **13.** *fesseln* (2): … sie habe ihn mehrere Monate lang eingezogen und heiß genug auf ihrem Rost gehalten (Mörike, Mozart 256). ♦ **14.** *einrennen:* Pferde und Ochsen waren scheu geworden, … hatten … sich über Felsen gestürzt, und schwer verwundet … schrie mancher, dem man zerrissene Glieder einzog und zusammenband (Gotthelf, Spinne 46).

Ein|zie|hung, die; -, -en: *das Einziehen* (1, 2, 5–11).

Ein|zie|hungs|auf|trag, der (Bankw.): *Einzugsermächtigung.*

¹ein|zig ⟨Adj.⟩ [mhd. einzec, weitergeb. aus: einez, ↑ einzeln]: **1.** *alleinig; nicht mehrfach vorkommend o. Ä.:* das ist der -e Weg; wir waren die -en [Gäste]; ⟨subst.:⟩ wir waren die Einzigen; du als Einziger/als der Einzige hattest etwas dagegen; unser Einziger *(einziger Sohn);* ⟨intensivierend:⟩ die Stadt war ein -es Trümmerfeld *(war völlig zerstört, lag in Trümmern).* **2.** *unvergleichlich, einzigartig, wie es nicht häufig vorkommt:* etw., jmd. ist e. in seiner Art; ⟨intensivierend bei Adj.:⟩ e. schöner Tag.

²ein|zig ⟨Adv.⟩ [zu: ↑ ¹einzig]: *allein, ausschließlich, nur:* e. er; der e. gangbare Weg; das E. Richtige; * **e. und allein** *(nur … u. niemand, nichts sonst:* e. und allein er).

ein|zig|ar|tig ⟨Adj.⟩: *einzig, unvergleichlich in seiner Art; einmalig* (2), *unbeschreiblich:* Farben von -er Leuchtkraft; dieser Vorgang ist e. Dazu: **Ein|zig|ar|tig|keit**, die; -, -en.

Ein|zig|keit, die; -, -en: *Einzigartigkeit.*

Ein|zim|mer|woh|nung, die: *Wohnung mit einem Zimmer, Küche u. Bad.*

ein|zu|ckern ⟨sw. V.; hat⟩: *[zum Zwecke der Konservierung] mit viel Zucker bestreuen u. vermengen od. mit einer konzentrierten Zuckerlösung übergießen:* Erdbeeren e.

Ein|zug, der; -[e]s, Einzüge: **1.** *das Einziehen* (2, 7, 8 a). **2.** (geh.) *das Einziehen* (5): der E. der Gladiatoren; * **[in etw. ⟨Akk./Dativ⟩] E. halten** (1. *[in etw.] einziehen, eintreten, einmarschieren:* die Amerikaner hielten E. in die Stadt. 2. *[in etw.] vordringen* (b): die DVD hielt E. in die/in den Privatwohnungen). **3.** (Druckw.) *Abstand vom linken Zeilenrand:* eine Zeile mit E. setzen. **4.** Kurzf. von ↑ Papiereinzug.

Ein|zü|ger, der; -s, -: **1.** (Problemschach) *mit einem Zug zu lösende Schachaufgabe.* **2.** (schweiz.) *Kassierer.*

Ein|zü|ge|rin, die; -, -nen: w. Form zu ↑ Einzüger (2).

Ein|zugs|be|reich, der, seltener: das: *Bereich, weiterer Umkreis, aus dem der Zustrom zu einem wirtschaftlichen o. ä. Zentrum erfolgt.*

Ein|zugs|er|mäch|ti|gung, die: *von einem Kontoinhaber erteilte Ermächtigung zum [regelmäßigen] Einziehen eines Geldbetrags von seinem Bankkonto.*

Ein|zugs|ge|biet, das: **1.** *Einzugsbereich.* **2.** (Geogr.) *durch Wasserscheiden eingegrenztes Gebiet eines größeren Flusses mit seinen Nebenflüssen.*

Ein|zugs|ver|fah|ren, das: *Verfahren des bargeldlosen Zahlungsverkehrs, bei dem Geldbeträge vom Konto eines Kontoinhabers eingezogen werden.*

ein|zwän|gen ⟨sw. V.; hat⟩: *mit Gewalt in etw. [hinein]zwängen, in etw. verstauen, unterbringen:* Gepäckstücke in den Kofferraum e.; sich in ein beengendes Kleid e.; er stand eingezwängt *(sehr beengt, seiner Bewegungsfreiheit beraubt)* im Aufzug; Ü sich in starre Konventionen eingezwängt fühlen.

Ein|zy|lin|der, der; -s, - (Technik): Kurzf. von ↑Einzylindermotor.

Ein|zy|lin|der|mo|tor, der; -s, -en, auch: -e: *Motor mit nur einem Zylinder.*

Ei|pick®, der; -s, -s: *Gerät, mit dem man die Eierschale durchsticht, damit sie nicht beim Kochen des Eis platzt.*

Ei|pul|ver, das: *aus getrocknetem Ei[dotter] hergestelltes Pulver; Trockenei.*

Ei|re ['eːri, engl.: 'ɛərə]; -s: *irischer Name von* ↑Irland.

Ei|re|ne (griech. Mythol.): *Göttin des Friedens.*

ei|rund ⟨Adj.⟩: *länglich rund, oval.*

Ei|rund, das: *Oval;* ♦ *...frei und heiter zeigt sich des Kopfes vierliches E.* (Goethe, Hermann u. Dorothea 5, 173).

eis, ¹Eis, das; -, - (Musik): *um einen halben Ton erhöhtes e, E* (2).

²Eis, das; -es: **1.** (Med., ahd. îs, H. u.] a) *gefrorenes Wasser:* spiegelglattes E.; das E. kracht, trägt noch nicht; nehmen Sie E. *(Eiswürfel)* in den Whisky?; bei Schnee und E.; im ewigen E. der Antarktis, des Himalajas; *das E. ist gebrochen (die Stimmung hat sich gelockert, die ersten Hemmungen sind beseitigt);* etw. auf E. legen (1. *etw. verschieben, unterbrechen, vorläufig nicht weiter bearbeiten od. fortführen:* die Verhandlungen wurden auf E. gelegt. *etw. zurücklegen, sparen*); jmdn. auf E. legen (salopp; *jmdn. [vorläufig] zurückstellen; jmdn. für spätere Verwendung vormerken*); **sich auf dünnes E. begeben, wagen** *(sich in eine unsichere, riskante Lage bringen);* **auf dünnem E. stehen, sich bewegen** *(sich in einer unsicheren, riskanten Lage befinden);* b) (Sport) *Eisfläche eines Eisstadions:* das E. verlassen müssen. **2.** [LÜ von frz. glace] *Speiseeis:* E. am Stiel; E. lutschen; ein, zwei E. essen.

Ei|sack, der; -[s]: *linker Nebenfluss der Etsch.*

eis|ähn|lich ⟨Adj.⟩: *dem* ²Eis (1 a) *ähnlich:* -e Kristalle.

Eis|bad, das: **1. a)** *Bad in eisgekühltem Wasser;* **b)** *Bad in einem Eisloch eines zugefrorenen Gewässers.* **2.** (Kochkunst) *eisgekühltes Wasserbad* (1).

Eis|bahn, die: *Eisfläche zum Schlittschuhlaufen.*

Eis|bär, der: *arktischer Bär mit kräftigem Körperbau u. weißem bis gelblich weißem Fell.*

Eis|bä|ren|fell, Eis|bär|fell, das: *Fell eines Eisbären.*

Eis|bä|rin, die: w. Form zu ↑Eisbär.

Eis|be|cher, der: **1.** *kelchartiges Gefäß, aus dem Speiseeis gegessen wird.* **2.** *in einem kelchartigen Gefäß angerichtete größere Portion Speiseeis [mit Sahne u. anderen Zutaten]:* einen E. essen.

Eis|beil, das (Bergsteigen): *Gerät, das eine Kombination von Eispickel u. Eishammer darstellt.*

Eis|bein, das: **1.** [eigtl. = zum Eislauf geeigneter Knochen; aus dem gespaltenen Röhrenknochen großer Schlachttiere wurden früher Schlittschuhe hergestellt] *gepökeltes u. gekochtes Schweinebein:* E. mit Sauerkraut essen. **2.** ⟨Pl.⟩ (ugs. scherzh.) *kalte Füße:* -e haben, kriegen.

Eis|berg, der: *von einem Gletscher abgebrochene, im Meer schwimmende Eismasse mit aus dem Wasser herausragender Spitze.*

Eis|beu|tel, der: *bei Fieber o. Ä. zur Kühlung dienender, mit Eisstückchen gefüllter Gummi- od. Kunststoffbeutel.*

Eis|bil|dung, die: *Bildung, Entstehung von* ²Eis (1 a).

Eis|block, der ⟨Pl. ...blöcke⟩: *Block aus* ²Eis (1 a).

Eis|blu|me, die ⟨meist Pl.⟩: *Eisbildung in vielfältigen Kristallisationen, z. B. bei der Vereisung von Wasserdampf an Fensterscheiben.*

Eis|blu|men|glas, das ⟨o. Pl.⟩: *mit Mustern in der Art von Eisblumen überzogenes Mattglas.*

Eis|bo|den, der (Fachspr.): *ständig gefrorene Bodenschicht (in kalten Regionen).*

Eis|bom|be, die: *in einer Halbkugel- od. Kegelform gefrorenes Speiseeis.*

Eis|bon|bon, der od. (österr. nur:) das: *kühlendes, erfrischendes Bonbon.*

Eis|bre|cher, der: **1.** *Schiff mit spezieller Ausrüstung zum Freihalten der Schifffahrtswege von* ²Eis (1 a): selbst die E. kapitulierten vor den ungeheuren Eismassen. **2.** *keilförmiger Vorbau an Brückenpfeilern zum Schutz gegen Treibeis.*

Eis|bu|de, die: *Verkaufsbude für Speiseeis.*

Eis|ca|fé, das: *Café, in dem es vor allem Eisspezialitäten gibt.*

Eis|scha|le, die (bes. Fachspr.): *Kalkschale des Eis.*

Eis|schnee, der: *Eierschnee,* der (Kochkunst): *geschlagenes Eiweiß.*

Eis|creme, Eis|crème, die: *Speiseeis, Sahneeis.*

Eis|cru|sher [...krʌʃɐ], der; -s, - [engl. ice-crusher, zu: ice = Eis u. to crush = zerstoßen]: *Gerät zum Zerstoßen od. Zermahlen von Eiswürfeln;* ein elektrischer E.

Eis|de|cke, die: *Eisschicht, die etw. bedeckt.*

Eis|die|le, die: *kleines Lokal, in dem es vor allem Speiseeis gibt.*

Eis|dis|co, Eis|dis|ko, die: *in einer Eissporthalle, auf einer Eisfläche stattfindende Disco* (2).

¹ei|sen ⟨sw. V.; hat⟩: *einfrieren; mit* ²Eis (1 a) *versetzen:* Tee, Wodka e.; ⟨meist im 2. Part.⟩ geeiste Melonen.

♦**²ei|sen** ⟨Adj.⟩ [mhd. īsīn]: *eisern:* ...ein e. Geländerlein (Goethe, Götz I).

Ei|sen, das; -s, - [mhd. īse(r)n, ahd. īsa(r)n, H. u.]: **1.** ⟨o. Pl.⟩ *silberweißes, in feuchter Luft leicht rostendes Schwermetall (chemisches Element; Zeichen: Fe;* vgl. *Ferrum):* E. schmieden; das E. verarbeitende Industrie; E. führende *(Eisenerz enthaltende)* Schichten; ein Türschloss aus E.; Spr man muss das E. schmieden, solange es heiß ist *(man muss den rechten Augenblick nutzen).* **2.** *Gegenstand aus Eisen:* Schlägel und E. *(Bergmannswerkzeuge);* das E. *(Jägerspr.; Fangeisen, Falle)* war zugeschnappt; jmdn. in E. *(dichter., sonst veraltet; Ketten, Fesseln)* legen; das E. *(Golf; den Eisenschläger)* führen lernen; das gegnerische E. *(Fechten; die gegnerische Klinge)* berühren; * **ein heißes E.** *(eine bedenkliche, heikle Sache, ein unbeliebtes Thema; nach einem mittelalterlichen Gottesurteil, bei dem der Angeklagte seine Unschuld dadurch beweisen sollte, dass er ein Stück heißes Eisen in die Hand nahm, ohne dabei Verbrennungen zu erleiden);* **ein heißes E. anfassen/anpacken/anrühren** *(eine heikle Sache, ein heikles Thema aufgreifen);* **zwei/mehrere/noch ein E. im Feuer haben** (ugs.; *mehr als eine Möglichkeit, in jedem Fall einen Ausweg haben*); **in die E. gehen/steigen/treten** (ugs.; *[beim Autofahren] scharf abbremsen*); **etw. zum alten E. werfen/legen** (ugs.; *etw. als überholt, unbrauchbar ansehen u. nicht mehr nutzen*); **zum alten E. gehören/zählen** (ugs.; *aus Altersgründen nicht mehr gebraucht werden*).

Ei|se|nach: Stadt am Thüringer Wald.

¹Ei|se|na|cher, der; -s, -: Ew.

²Ei|se|na|cher ⟨indekl. Adj.⟩: die E. Museen.

Ei|se|na|che|rin, die; -, -nen: w. Form zu ↑¹Eisenacher.

Ei|sen|ader, die: *Ader* (3 d), *die Eisenerz führt.*

Ei|sen|bahn, die; -, -en: **a)** *schienengebundenes Verkehrsmittel mit eigenem Bahnkörper;* ↑Bahn (6 a): damals verkehrten keine -en; mit der E. fahren; * **es ist [die] [aller]höchste E.** (ugs.; *es ist [aller]höchste Zeit;* nach dem Ausspruch »es ist allerhöchste E., die Zeit ist schon vor 3 Stunden angekommen«, den A. Glaßbrenner [1810–1876] in einer humoristischen Szene einem zerstreuten Menschen in den Mund legte); **b)** *Schienenstrang; Strecke, auf der die Eisenbahn* (a) *verkehrt:* den Bau einer E. planen; **c)** *[nationale] Organisation, Verwaltung des Eisenbahnverkehrs; Bahn* (7 b): er ist bei der E. angestellt, arbeitet bei der E.; **d)** *Spielzeug-, Modellbahn:* die Kinder spielen mit der E.

Ei|sen|bahn|ab|teil, das: *Abteil* (1 a).

Ei|sen|bahn|bau, der ⟨o. Pl.⟩: *Maßnahmen zum Neubau u. zur Unterhaltung aller für den Betrieb der Eisenbahn notwendigen Anlagen.*

Ei|sen|bahn|be|am|ter ⟨vgl. Beamter⟩: *Beamter, der bei der Eisenbahn* (c) *Dienst tut.*

Ei|sen|bahn|be|am|tin, die: w. Form zu ↑Eisenbahnbeamter.

Ei|sen|bahn|brü|cke, die: **a)** *Brücke, auf der Fahrzeuge u. Fußgänger Gleisanlagen überqueren;* **b)** *Brücke, auf der Gleisanlagen verlaufen:* die neue E. über den Rhein.

Ei|sen|bahn|bun|des|amt, das: *für den Schienenverkehr zuständiges Bundesamt.*

Ei|sen|bahn|damm, der: *Bahndamm.*

Ei|sen|bahn|di|rek|ti|on, die (früher): *höchste Behörde der Eisenbahn.*

Ei|sen|bah|ner, der; -s, - (ugs.): *jmd., der bei der Eisenbahn* (c) *beschäftigt ist.*

Ei|sen|bah|ner|ge|werk|schaft, die: *Gewerkschaft der Beschäftigten bei einer Eisenbahn* (c).

Ei|sen|bah|ne|rin, die; -, -nen: w. Form zu ↑Eisenbahner.

Ei|sen|bah|ner|woh|nung, die (ugs.): *der Deutschen Bahn gehörende Wohnung für Eisenbahner u. deren Familien.*

Ei|sen|bahn|fäh|re, die: *Fähre mit eigener, fest montierter Gleisanlage zum Übersetzen von Schienenfahrzeugen.*

Ei|sen|bahn|fahr|kar|te, die: *Fahrkarte für die Eisenbahn.*

Ei|sen|bahn|fahr|plan, der: *Fahrplan der Eisenbahn* (a).

Ei|sen|bahn|fahrt, die: *Fahrt mit der Eisenbahn.*

Ei|sen|bahn|ge|sell|schaft, die: *private Gesellschaft, die eine od. mehrere Eisenbahnlinien besitzt u. unterhält.*

Ei|sen|bahn|gleis, das: *Gleis der Eisenbahn.*

Ei|sen|bahn|kno|ten|punkt, der: *größerer Ort mit einem Bahnhof, an dem Eisenbahnstrecken aus verschiedenen Richtungen zusammenlaufen.*

Ei|sen|bahn|li|nie, die: *Eisenbahnstrecke.*

Ei|sen|bahn|netz, das: *Netz der Eisenbahnlinien in einem Gebiet.*

Ei|sen|bahn|schaff|ner, der (veraltend): *Schaffner, der bei der Eisenbahn* (c) *beschäftigt ist.*

Ei|sen|bahn|schaff|ne|rin, die: w. Form zu ↑Eisenbahnschaffner.

Ei|sen|bahn|schie|ne, die: *Schiene der Eisenbahn.*

Ei|sen|bahn|schran|ke, die: *Bahnschranke.*

Ei|sen|bahn|schwel|le, die: *Bahnschwelle.*

Ei|sen|bahn|si|gnal, das: *den Eisenbahnverkehr regelndes Signal.*

Ei|sen|bahn|sta|ti|on, die: *Bahnstation.*

Ei|sen|bahn|stre|cke, die: *Strecke, auf der eine* ↑Eisenbahn (a) *verkehrt.*

Ei|sen|bahn|tun|nel, der: *Tunnel für den Eisenbahnverkehr.*

Ei|sen|bahn|über|füh|rung, die: *Bahnüberführung.*

Ei|sen|bahn|un|glück, das: *Verkehrsunglück, das sich im Eisenbahnverkehr ereignet.*

Ei|sen|bahn|un|ter|füh|rung, die: *Bahnunterführung.*

Ei|sen|bahn|ver|bin|dung, die: *Zugverbindung.*

Ei|sen|bahn|ver|kehr, der: *Verkehr auf den Eisenbahnstrecken.*

Ei|sen|bahn|wa|gen, der: *Wagen zur Personenbeförderung durch die Eisenbahn* (c).

Ei|sen|bahn|wag|gon, Ei|sen|bahn|wa|gon, der: *Waggon.*

Ei|sen|bahn|we|sen, das ⟨o. Pl.⟩: *die Institution Eisenbahn* (a, b, c); *alles, was zur Eisenbahn gehört.*

Ei|sen|bahn|zug, der: *Zug der Eisenbahn.*

Ei|sen|band, das ⟨Pl. ...bänder⟩: *eisernes Band:* die Kisten wurden mit Eisenbändern versandfertig gemacht.

Ei|sen|bart[h]: in der Verbindung **Doktor E.]** (scherzh.; *Arzt, der gern derbe Kuren anwendet;* nach dem dt. Wundarzt J. A. Eisenbarth [1663–1727]).

Ei|sen|bau, der ⟨Pl. -ten⟩: *Stahlbau* (2).

Ei|sen|berg|werk, das: *Bergwerk, in dem Eisenerz gefördert wird.*

Ei|sen|be|schlag, der: *eiserner Beschlag.*

ei|sen|be|schla|gen ⟨Adj.⟩: *mit Eisen beschlagen.*

Ei|sen|be|ton, der: *Stahlbeton.*

Ei|sen|bett, das: *Bett mit eisernem Gestell.*

Ei|sen|blech, das: *Stahlblech.*

Ei|sen|block, der ⟨Pl. ...blöcke⟩: *Block* (1) *aus Eisen.*

Ei|sen|chlo|rid, das (Chemie): *zur Herstellung von Farbstoffen verwendete chemische Verbindung des Chlors mit Eisen.*

Ei|sen|draht, der: *Draht aus Stahl.*

Ei|sen|erz, das (Mineral.): *Eisen enthaltendes Erz.*

Ei|sen|far|be, die: *Farbe mit Eisenoxiden als Hauptbestandteilen.*

ei|sen|far|ben ⟨Adj.⟩: *grau wie die Farbe von Eisen.*

ei|sen|far|big ⟨Adj.⟩: **a)** *eisenfarben;* **b)** *Eisenfarbe enthaltend.*

Ei|sen|fei|le, die: *Feile zur Bearbeitung von Metallen.*

◆ **Ei|sen|flos|se,** die; -, -n [Bergmannsspr. Flosse = in eine Form gegossenes Roheisen, zu ↑ fließen]: *Block aus Roheisen:* Gelegen bin ich mein Lebtag schon welche als damals auf den -n (Rosegger, Waldbauernbub 163).

Ei|sen füh|rend, ei|sen|füh|rend ⟨Adj.⟩: *Eisenerz enthaltend:* Eisen führende Schichten.

Ei|sen|garn, das: *appretiertes u. geglättetes, sehr festes Baumwoll- od. Leinengarn.*

Ei|sen|ge|halt, der: *Gehalt an Eisen.*

Ei|sen|ge|win|nung, die: *Gewinnung von Eisen.*

Ei|sen|gie|ßer, der: *jmd., der durch Gießen von flüssigem Eisen in Formen Gegenstände herstellt* (Berufsbez.).

Ei|sen|gie|ße|rei, die: *Betrieb für die Herstellung gusseiserner Gegenstände.*

Ei|sen|gie|ße|rin, die: w. Form zu ↑ Eisengießer.

Ei|sen|git|ter, das: *Gitter aus Eisen.*

Ei|sen|glanz, der (Geol.): *grobkörniger Hämatit.*

Ei|sen|guss, der: **1.** ⟨o. Pl.⟩ *das Gießen von geschmolzenem Eisen in bestimmte Formen.* **2.** *gegossenes Eisen.*

ei|sen|hal|tig, (österr.:) **ei|sen|häl|tig** ⟨Adj.⟩: *Eisen enthaltend:* -e Minerale; Ü Die Luft war e. (ugs. scherzh.; *es wurde [viel] geschossen*).

Ei|sen|ham|mer, der: **1. a)** *Schmiedehammer;* **b)** *großer, mechanisch betriebener Hammer zur Bearbeitung von Eisen.* **2.** (veraltet) *Hammerwerk, in dem Eisen bearbeitet wird.*

Ei|sen|hand|lung, die: *Eisenwarenhandlung.*

ei|sen|hart ⟨Adj.⟩: *sehr hart (wie Eisen):* ein e. gefrorener Boden.

Ei|sen|holz, das: *sehr hartes, schwer zu bearbeitendes Holz verschiedener außereuropäischer Baumarten.*

Ei|sen|hut, der: **1.** *(zu den Hahnenfußgewächsen gehörende) hochwachsende, ein sehr starkes Gift enthaltende Pflanze mit dunkelgrünen, handförmigen Blättern u. blauvioletten Blüten, bei denen das oberste Blütenblatt eine helmähnliche Form hat.* **2.** *eiserner Helm, Sturmhaube mit Rand (als Teil der mittelalterlichen Rüstung).*

Ei|sen|hüt|te, die: *industrielle Anlage, in der aus Erz Eisen gewonnen wird.*

Ei|sen|hüt|ten|kom|bi|nat, das (DDR): *Kombinat, in dem Eisen gewonnen u. teilweise weiterverarbeitet wird.*

Ei|sen|hüt|ten|we|sen, das ⟨o. Pl.⟩: *Gesamtheit der Vorgänge u. Vorrichtungen, die die Eisenverhüttung betreffen.*

Ei|sen|in|dus|t|rie, die: *Industrie, die Eisen gewinnt u. zum Teil weiterverarbeitet.*

Ei|sen|kar|bid, das: *sehr harte Eisen-Kohlenstoff-Verbindung, die u. a. im Stahl enthalten ist u. dessen Härte mitbestimmt; Zementit.*

Ei|sen|kern, der (Elektrot.): *den Hohlraum einer stromdurchflossenen Spule ausfüllender magnetisierbarer Massivkörper aus Eisen o. Ä., der die magnetische Induktion im Innern der Spule erhöhen soll.*

Ei|sen|ket|te, die: *eiserne Kette.*

Ei|sen|kies, der: *Schwefelkies, Pyrit.*

Ei|sen|kie|sel, der: *durch Eisenoxide gelb, braun od. auch rot gefärbter Quarz.*

Ei|sen|kitt, der: *aus feinen Eisenspänen u. Salmiaklösung hergestellte Masse zum Verbinden von Eisenteilen od. von Eisen mit Stein.*

Ei|sen|kraut, das [wohl nach spätlat. ferraria, zu lat. ferrum = Eisen, viell. nach den zähen, festen Stängeln]: *an Wegen u. Ackerrändern vorkommende Pflanze mit dunkelgrünen kleinen Blättern u. in rutenförmigen Ähren wachsenden, blasslila Blüten.*

Ei|sen|kur, die: *Kur mit eisenhaltigen Heilmitteln.*

Ei|sen|lack, der: *zum Anstreichen von Eisen geeigneter Asphaltlack.*

Ei|sen|le|gie|rung, die: *Legierung mit Eisen als hauptsächlichem Metall.*

Ei|sen|man|gel, der ⟨o. Pl.⟩: *Mangel an Eisen im menschlichen u. tierischen Körper.*

Ei|sen|oxid, Ei|sen|oxyd, das: *Verbindung von Eisen mit Sauerstoff.*

Ei|sen|prä|pa|rat, das (Pharm.): *Präparat, das hauptsächlich Eisen enthält.*

Ei|sen|quel|le, die: *eisenhaltige Mineralquelle.*

Ei|sen|rahm, der [zu mundartl. Rahm = Ruß, mhd. ram = sich ansetzender Schmutz, bes. am Metall der Rüstung] (Mineral.): *rote, pulverige Abart des Hämatits.*

ei|sen|reich ⟨Adj.⟩: *reich an Eisen.*

Ei|sen|ring, der: *eiserner Ring.*

Ei|sen|sä|ge, die: *Säge zum Schneiden von Eisen.*

Ei|sen|säu|er|ling, der: *kohlensäure- u. eisenhaltiges Mineralwasser.*

ei|sen|schaf|fend, ei|sen|schaf|fend ⟨Adj.⟩ (veraltet): *mit der Gewinnung u. Verarbeitung von Eisen befasst:* die Eisen schaffende Industrie.

Ei|sen|schla|cke, die: *Schlacke als Rückstand bei der Eisenverhüttung.*

Ei|sen|schlä|ger, der (Golf): *Schläger mit einem Stahlkopf, der von der Schlagfläche bis zur Rückseite verhältnismäßig schmal ist.*

ei|sen|schüs|sig ⟨Adj.⟩ (Mineral.): *(von Böden u. Gesteinen) von Eisenoxiden durchsetzt u. dadurch gelb bis bitbraun gefärbt.*

Ei|sen|schwarz, das: **1.** *Eisenfarbe.* **2.** *Antimon*pulver zum Färben von Gipsgegenständen. **3.** *Grafitmasse zum Schwärzen von Eisen.*

Ei|sen|span, der ⟨meist Pl.⟩: *beim Feilen von Eisen entstehender Span.*

Ei|sen|spat, der; -[e]s, -e u. Eisenspäte (Mineral.): *helles gelbbraunes Eisenerz.*

Ei|sen|spit|ze, die: *eiserne Spitze.*

Ei|sen|stadt, der: *Landeshauptstadt des Burgenlands.*

Ei|sen|stan|ge, die: *eiserne Stange.*

Ei|sen|sul|fat, das: *Sulfat des Eisens, das als Färbemittel (Berliner Blau) verwendet wird.*

Ei|sen|teil, der: *eisernes Teil.*

Ei|sen|trä|ger, der: *eiserner Träger* (2).

Ei|sen|tür, die: *eiserne Tür.*

Ei|sen ver|ar|bei|tend, ei|sen|ver|ar|bei|tend ⟨Adj.⟩: *mit der Verarbeitung von Eisen* (1) *befasst:* die Eisen verarbeitende Industrie.

Ei|sen|ver|bin|dung, die (Chemie): *Verbindung des Eisens mit anderen Elementen.*

Ei|sen|ver|hüt|tung, die: *Gewinnung [u. Weiterverarbeitung] von Eisen.*

Ei|sen|vi|t|ri|ol, das: *grünes, kristallisiertes Eisensulfat.*

Ei|sen|wa|ren ⟨Pl.⟩: *Waren, die in [Gebrauchs]gegenständen aus Eisen bestehen.*

Ei|sen|wa|ren|händ|ler, der: *Händler in Eisenwaren.*

Ei|sen|wa|ren|händ|le|rin, die: w. Form zu ↑ Eisenwarenhändler.

Ei|sen|wa|ren|hand|lung, die: *Geschäft, das hauptsächlich Eisenwaren führt.*

Ei|sen|werk, das: **a)** *Eisenhütte;* ◆ **b)** ⟨o. Pl.⟩ *Eisenzeug:* Er ... hatte schon die Hand in der Tasche, aus der ich Zeuge, Stangen, Schnüre, E., kurz alles, was zu dem prachtvollsten Lustzelt gehört, herauskommen sah (Chamisso, Schlemihl 20).

Ei|sen|wich|ser, der (Jargon): *Arbeiter, der auf das Lackieren von Metall spezialisiert ist.*

Ei|sen|zeit, die: *frühgeschichtliche Kulturperiode im Anschluss an die Bronzezeit, in der Eisen das wichtigste Rohmaterial für Waffen u. Werkzeuge war.*

ei|sen|zeit|lich ⟨Adj.⟩: *die Eisenzeit betreffend, zu ihr gehörend.*

ei|sern ⟨Adj.⟩ [mhd. īsern, ahd. īsarnīn]: **1.** *aus Eisen bestehend, hergestellt:* ein -es Geländer; ein -er Ofen. **2. a)** *unerschütterlich, unwandelbar:* -e Gesundheit; -e Nerven; mit -er Energie eine Sache verfolgen; -e schweigen; sich e. an etw. halten; (ugs. Ausruf der Bekräftigung:) »Du machst doch immer noch mit?« – »Eisern!«; **b)** *unerbittlich [hart, streng], unnachgiebig, kompromisslos:* ein -er Wille; (ugs.:) in der Sache ist die Chefin e. (*daran hält sie fest, davon lässt sie sich nicht abbringen*); e. entschlossen sein, durchgreifen.

Ei|ses|käl|te, die: *eisige Kälte.*

Ei|ses|sig, der: *reine, bei 16,6 °C zu eisähnlichen Kristallen erstarrende Essigsäure.*

Eis|fa|b|rik, die (ugs.): *Fabrik, die Kunsteis herstellt.*

Eis|fach, das: *Kühlschrankfach für Temperaturen unter 0 °C.*

Eis|feld, das: *größere vereiste Fläche.*

Eis|fi|sche|rei, die: *das Fischen in zugefrorenen Gewässern.*

Eis|flä|che, die: *vom ^{2}Eis* (1 a) *gebildete Fläche.*

Eis|frau, die (ugs.): vgl. Eismann.

eis|frei ⟨Adj.⟩: *frei von ^{2}Eis* (1 a).

Eis|fuchs, der: *Polarfuchs.*

Eis|gang, der: *das Vorhandensein von Treibeis auf fließenden Gewässern.*

eis|ge|kühlt ⟨Adj.⟩: *mit ^{2}Eis* (1 a) *gekühlt, im Kühlschrank gekühlt: -e Getränke.*

Eis|ge|tränk, das: *Getränk mit Eiswürfeln.*

eis|glatt ⟨Adj.⟩: **a)** [auch: ˈaɪsglat] *glatt von ^{2}Eis* (1 a): es gab zahlreiche Unfälle auf den -en

Straßen; **b)** (ugs.) *so glatt wie ²Eis (1 a), sehr glatt.*
Eis|glät|te, die: *durch ²Eis (1 a) hervorgerufene Glätte.*
eis|grau ⟨Adj.⟩: *weißgrau wie ²Eis (1 a):* -es Haar.
Eis|ha|ken, der (Bergsteigen): *mit Widerhaken versehener Metallstift, der zur Absicherung in das ²Eis (1 a) geschlagen wird.*
Eis|hal|le, die (ugs.): *Eissporthalle.*
Eis|ham|mer, der (Bergsteigen): *Hammer zum Einschlagen der Eishaken, Schlagen von Tritten u. a.*
Eis|hei|li|gen ⟨Pl.; nur mit best. Art.⟩ [urspr. Bez. für die Heiligen, deren Gedächtnis in der kath. Kirche an diesen Tagen gefeiert wird] (volkstüml.): *bestimmte Tage im Mai* (nordd.: 11.–13., südd.: 12.–15.) *mit erhöhter Frostgefahr.*
Eis|ho|ckey, das (Sport): *dem Hockey ähnliches, mit Schlittschuhen auf einer Eisfläche ausgetragenes Mannschaftsspiel, bei dem ein Puck* (2) *mit Eishockeyschlägern ins gegnerische Tor zu treiben ist.*
Eis|ho|ckey|mann|schaft, die: *Eishockey spielende Mannschaft.*
Eis|ho|ckey-Na|ti|o|nal|mann|schaft, Eis|ho|ckey|na|ti|o|nal|mann|schaft, die: *Nationalmannschaft im Eishockey.*
Eis|ho|ckey|schlä|ger, der: *Stock mit schräg abgewinkeltem, länglich schmalem Blatt* (5), *der zum Schlagen u. Führen des Pucks* (2) *dient.*
Eis|ho|ckey|spie|ler, der: *jmd., der Eishockey spielt.*
Eis|ho|ckey|spie|le|rin, die: w. Form zu ↑ Eishockeyspieler.
Eis|ho|ckey|team, das: *Eishockeymannschaft.*
Eis|ho|ckey-WM, die: *Weltmeisterschaft im Eishockey.*
Eis|höh|le, die: *[ständig] vereiste Höhle.*
ei|sig ⟨Adj.⟩ [mhd. isec]: **1.** *kalt wie ²Eis (1 a); schneidend kalt:* ein -er Wind; die Luft war e. [kalt]; Ü ein -er Schrecken; es durchzuckte mich e. **2.** *kalt ablehnend, frostig, unnahbar:* ein -es Schweigen; sie wurde e. empfangen.
Eis|jacht, die, Eisyacht, die: *segelbootartiger Schlitten zum Eissegeln.*
Eis|kaf|fee, der: *Kaffee mit Speiseeis u. Sahne.*
eis|kalt ⟨Adj.⟩: **1.** *sehr kalt:* -es Wasser; Ü ihr wurde e. (*sie schauderte*) bei diesem Gedanken. **2. a)** *völlig gefühllos, abweisend:* ein -er Mensch; **b)** *sehr nüchtern, von keinerlei Gefühlswerten od. -regungen bestimmt:* -es Karrieredenken; e. handeln.
Eis|ka|nal, der (Sportjargon): *ausgebaute, vereiste Bahn für Rennen mit Rodel od. Bob.*
Eis|kap|pe, die: *Eisschicht, die etw. Darunterliegendes wie eine Kappe bedeckt (bes. das Eis der Arktis od. der Antarktis).*
Eis|kas|ten, der (südd., österr. veraltend): *Kühlschrank.*
Eis|kel|ler, der (früher): *mit Eisblöcken gekühlter Kellerraum zur gewerblichen Lagerung besonders von Bier od. Wein.*
Eis|klet|tern, das; -s (Bergsteigen): *das Klettern im ²Eis (1 a) (im Unterschied zum Felsklettern).*
Eis|klum|pen, der: *Klumpen aus ²Eis (1 a).*
Eis|kraut, das: *Pflanze mit weißen, gelben od. roten strahligen Blüten u. dicken, fleischigen Blättern.*
Eis|kris|tall, der ⟨meist Pl.⟩: *Kristall aus ²Eis (1 a).*
Eis|kü|bel, der: *Kübel, in dem Getränke mit Eisstücken kühl gehalten werden.*
Eis|küh|ler, der: *Gefäß, in dem Getränke mit Eisstücken kühl gehalten werden.*
Eis|kunst|lauf, der ⟨o. Pl.⟩ (Sport): *auf bestimmten Figuren u. Sprüngen aufbauende künstlerische Form des Eislaufs.*
Eis|kunst|lau|fen, das; -s: *Eiskunstlauf.*

Eis|kunst|läu|fer, der: *jmd., der Eiskunstlauf betreibt.*
Eis|kunst|läu|fe|rin, die: w. Form zu ↑ Eiskunstläufer.
Eis|lauf, der ⟨o. Pl.⟩: *Fortbewegung auf dem ²Eis (1 a) mit Schlittschuhen.*
eis|lau|fen ⟨st. V.; ist⟩: *sich mit Schlittschuhen an den Füßen auf dem Eis bewegen:* sie läuft gern eis.
Eis|läu|fer, der: *jmd., der eisläuft.*
Eis|läu|fe|rin, die: w. Form zu ↑ Eisläufer: sie ist eine hervorragende E.
Eis|lauf|platz, der (bes. österr.): *Eisbahn.*
Eis|lauf|schuh, der (bes. österr.): *Schuh zum Eislaufen.*
Eis|la|wi|ne, die: *niedergehende Eismasse.*
Eis|le|ben: *Stadt im östlichen Harzvorland.*
¹**Eis|le|ber,** der; -s, -: *Ew.*
²**Eis|le|ber** ⟨indekl. Adj.⟩.
Eis|le|be|rin, die; -, -nen: w. Form zu ↑ ¹Eisleber.
Eis|loch, das: *Loch in der Eisdecke.*
Eis|mann, der ⟨Pl. ...männer⟩ (ugs.): **1.** *Mann, der Speiseeis auf der Straße [am Wagen] verkauft.* **2.** *Mann, der ²Eis (1 a) ausfährt, austrägt.* **3.** ⟨Pl.⟩ (österr., auch südd.) *die Eisheiligen.*
Eis|ma|schi|ne, die: *Maschine zur Herstellung von Speiseeis.*
Eis|mas|se, die: *Masse von ²Eis (1 a), besonders Gletschereis.*
Eis|meer, das: *Pack- u. Treibeis führendes Meer in den Polargebieten.*
Eis|mo|nat, Eis|mond, der (veraltet): *Januar.*
Eis|na|del, die ⟨meist Pl.⟩: *Eiskristall in Form einer Nadel.*
Eis|pa|last, der: **1.** *hallenartiges Gebäude mit künstlicher Eisbahn für den Eiskunstlauf.* **2.** (ugs. scherzh.) *eiskalte Wohnung, eiskaltes Zimmer.*
Eis|pan|zer, der: *bedeckende, einhüllende Eisschicht.*
Ei|spen|de, die (Med.): *das Spenden von Eizellen zur künstlichen Befruchtung.*
Eis|pi|ckel, der (Bergsteigen): *Ausrüstungsgegenstand des Bergsteigers zum Aufhacken von Eis, der aus Schaft u. zweiarmigem Kopf mit Spitze u. Schneide besteht.*
Eis|prinz, der (ugs.): *berühmter u. beliebter Eiskunstläufer.*
Eis|prin|zes|sin, die: w. Form zu ↑ Eisprinz.
Ei|sprung, der (Med., Zool.): *Follikelsprung, Ovulation.*
Eis|pul|ver, das: *Pulver zur Herstellung von Speiseeis.*
Eis|punkt, der: *Gefrierpunkt.*
Eis|re|gen, der: **1.** *Niederschlag aus Eiskörnern.* **2.** *unterkühlter Regen, der beim Auftreffen zu [Glatt]eis gefriert.*
Eis|re|gi|on, die: *Region des ewigen ²Eises (1 a).*
Eis|re|vue, die: *Revue, die von Eiskunstläufern u. -läuferinnen auf einer Eisfläche dargeboten wird.*
Eiß, der; -es, -e, Eiße, die; -, -n [mhd., ahd. eiȝ, eigtl. = Geschwulst, verw. mit Eiter] (südd., schweiz. mundartl.): *Eitergeschwür.*
Eis|sa|lat, der: *Salat mit festen, kräftigen grünen Blättern.*
Eis|sa|lon, der (bes. österr.): *Eiscafé.*
Eis|schicht, (österr.:) **Eis|schich|te,** die: *Schicht von ²Eis (1 a).*
Eis|schie|ßen, das; -s (Sport): *[Mannschafts]spiel, bei dem die Spieler Eisstöcke auf einer Eisfläche möglichst dicht an ein vorgegebenes Ziel gleiten lassen.*
Eis|schmel|ze, die: *das Schmelzen des ²Eises (1 a) bei Tauwetter.*
Eis|schnell|lauf, der ⟨o. Pl.⟩ (Sport): *auf einer Eisbahn auf Schlittschuhen ausgetragener Wettkampf im Schnelllaufen.*

Eis|schnell|läu|fer, der: *Sportler, der Eisschnelllauf betreibt.*
Eis|schnell|läu|fe|rin, die: w. Form zu ↑ Eisschnellläufer.
Eis|scho|ko|la|de, die: *Trinkschokolade mit Eis u. Sahne.*
Eis|schol|le, die: *großes Stück Treibeis.*
Eis|schrank, der: **a)** (veraltend) *Kühlschrank;* **b)** *früher zum Kühlhalten verwendeter schrankartiger Behälter mit isolierenden Wänden u. einer Eisfüllung in blockartiger Stangenform.*
Eiß|Be: ↑ Eiß.
Eis|se|geln, das; -s (Sport): *Segeln mit einer Eisjacht od. auf Schlittschuhen mit einem Handsegel.*
Eis|spal|te, die: **1.** *Spalte im ²Eis (1 a):* in eine E. fallen. **2.** *vereiste [Fels]spalte.*
Eis|sport, der: *Gesamtheit der auf dem ²Eis (1 a) betriebenen Sportarten.*
Eis|sport|hal|le, die: *für Veranstaltungen u. die Ausübung des Eissports errichtete u. dementsprechend ausgerüstete Sporthalle.*
Eis|spross, der; -es, -en, **Eis|spros|se,** die; -, -n [H. u.] (Jägerspr.): *über dem Augspross sitzendes Geweihende beim Rothirsch.*
Eis|sta|di|on, das: *Stadion mit einer Eisbahn.*
Eis|stand, der: *Verkaufsstand für Speiseeis.*
Eis|stock, der: *mit einem Griff versehene, eisenbeschlagene Holzscheibe zum Eisschießen.*
Eis|stock|schie|ßen, das; -s: *Eisschießen.*
Eis|sturm, der: *mit heftigem Frost, Schneefall und Eisregen einhergehender Sturm:* schwere Eisstürme fegten über das Land.
Eis|tag, der (Meteorol.): *Tag mit einer Höchsttemperatur unterhalb des Gefrierpunktes.*
Eis|tanz, der (Sport): *Disziplin des Eislaufs, bei der Paare Schritte tänzerischen Charakters im Rhythmus der Musik ausführen.*
Eis|tän|zer, der: *jmd., der Eistanz betreibt.*
Eis|tän|ze|rin, die: w. Form zu ↑ Eistänzer.
Eis|tee, der: *Erfrischungsgetränk aus kaltem (gesüßtem) Tee.*
Eis|tor|te, die: *Torte mit Speiseeis od. Halbgefrorenem.*
Eis|tü|te, die: *trichterförmige Waffel, in der kleine Portionen Speiseeis verkauft wird.*
Eis|ver|käu|fer, der: *Verkäufer von Speiseeis.*
Eis|ver|käu|fe|rin, die: w. Form zu ↑ Eisverkäufer.
Eis|vo|gel, der: **1.** [mhd. īsvogel, ahd. īsvogal, zu: īs = Eis, da man annahm, der Vogel brüte im Winter; umgedeutet aus: īsarno(vogal), eigtl. = Eisenvogel, nach seinem blau glänzenden Gefieder] *oberseits leuchtend blaugrün u. unterseits rotbraun gefiederter, am Wasser lebender Vogel mit langem, dolchähnlichem Schnabel.* **2.** *Tagfalter, dessen braune Flügeloberseite weiße Flecke aufweist.*
Eis|waf|fel, die: *Waffel, die zum Speiseeis gegessen wird.*
Eis|warn|dienst, der: *Einrichtung zur Warnung der Schifffahrt vor Eisbergen, Treibeis, Zufrieren der Fahrrinnen u. Ä.*
Eis|was|ser, das ⟨o. Pl.⟩: **1.** *eiskaltes Wasser.* **2.** *Wasser mit Eisstücken.*
Eis|wein, der: *Wein aus Trauben, in denen das Wasser des Saftes bei der Lese u. bei der Kelterung gefroren ist.*
Eis|wol|ke, die (Meteorol.): *Wolke aus Eiskristallen (z. B. Zirruswolke).*
Eis|wür|fel, der: *kleiner Würfel aus Kunsteis [zum Kühlen von Getränken].*
Eis|wüs|te, die (Geogr.): *vegetationsloses, eisbedecktes Gebiet.*
Eis|yacht, die: ↑ Eisjacht.
Eis|zap|fen, der: *aus herabtropfendem, sofort anfrierendem Wasser gebildeter [herabhängender] Zapfen.*
Eis|zeit, die: **1.** *Zeitraum der Erdgeschichte, für*

den ein Absinken der Temperatur u. eine Ausdehnung der Gletscherbildung u. des Inlandeises charakteristisch sind: Ü eine neue E. *(frostiges, kühles [politisches] Klima) zwischen Ost und West.* **2.** ⟨o. Pl.⟩ (volkstüml.) *Eiszeitalter* (2).
Eis|zeit|al|ter, das ⟨Geol.⟩: **1.** *durch eine Abfolge mehrerer Kalt- u. Warmzeiten geprägter erdgeschichtlicher Zeitraum.* **2.** ⟨o. Pl.⟩ *Pleistozän.*
eis|zeit|lich ⟨Adj.⟩: *der Eiszeit zuzuordnen, zugehörig.*
ei|tel ⟨Adj.⟩ [mhd. ītel, ahd. ītal, urspr. = leer, ledig, H. u.]: **1.** (abwertend) *viel Wert auf die eigene äußere Erscheinung legend; bestrebt, als schön (und klug) zu gelten:* ein eitler Mensch; er ist e. wie ein Pfau; sie drehte sich e. vor dem Spiegel hin und her; er war e. (veraltend; *eingebildet, stolz*) auf sein Werk. **2.** (geh. veraltend) *nichtig, vergeblich:* eitles Geschwätz; ♦ Mit eitler Rede wird hier nichts geschafft (Schiller, Tell I, 1). **3.** ⟨indekl.⟩ (veraltend, noch scherzh.) *rein, lauter:* die Figur ist e. Gold; es herrschte e. Freude, Sonnenschein; ♦ ... denn dieser stellte sich darunter ein kugelrundes, schwerfälliges Tier vor, welches ... aus e. *(nichts als)* Schmer bestand (Keller, Spiegel 260).
Ei|tel|keit, die; -, -en [mhd. ītelkeit]: **1.** (abwertend) *eitle [Wesens]art.* **2.** ⟨Pl. selten⟩ (geh. veraltend) *Nichtigkeit, Vergeblichkeit:* Ich glaube nicht an die Vergeblichkeit und E. der Welt (Strauß, Niemand 69).
Ei|ter, der; -s [mhd. eiter, ahd. eit(t)ar, eigtl. = Schwellendes; Geschwulst]: *aus weißen Blutkörperchen, Blutserum u. zerfallenem Gewebe bestehende gelbliche, dickflüssige Absonderung, die sich bei einer Entzündung bildet:* die Wunde sondert E. ab.
Ei|ter|beu|le, die: *Furunkel.*
Ei|ter|bläs|chen, das: *mit Eiter angefülltes Bläschen; Pustel.*
Ei|ter|er|re|ger, der: *Erreger, der eine eitrige Entzündung auslöst.*
Ei|ter|flech|te, die: *Impetigo.*
Ei|ter|ge|schwür, das: *Furunkel.*
Ei|ter|herd, der: *Herd* (2 b) *einer eitrigen Entzündung.*
ei|te|rig: ↑ *eitrig.*
ei|tern ⟨sw. V.; hat⟩ [mhd. eitern = vergiften]: *Eiter absondern:* die Wunde eitert.
Ei|ter|pi|ckel, der: *eiternder Pickel.*
Ei|te|rung, die; -, -en: *Bildung von Eiter.*
♦ **eit|richt:** ↑ *eitrig:* ... da spritzt es den -en, fressenden Schaum aus Stirn und Wangen (Schiller, Räuber I, 3).
eit|rig, ⟨Adj.⟩, (selten:) eiterig ⟨Adj.⟩ [mhd. eiterec, ahd. eitarig = giftig]: *eiternd:* -e Wunden.
Ei|weiß, das, -es, -e [seit dem 18. Jh. für alter eierweiß]: **1.** ⟨Pl. selten⟩ aber: drei Eiweiß) *den Dotter umgebender heller Bestandteil des [Hühner]eis:* drei E. zu Schnee schlagen. **2.** (Chemie, Biol.) *in überaus zahlreichen Abwandlungen vorkommende, besonders als Aufbausubstanz pflanzlicher u. tierischer Zellen sowie als Bestandteil der Nahrung lebenswichtige organische Verbindung (aus den Elementen Kohlen-, Wasser-, Stick-, Sauerstoff, Schwefel u. a. mit Aminosäuren als Grundbausteinen).*
ei|weiß|ar|tig ⟨Adj.⟩: *wie Eiweiße* (2) *geartet:* -e Verbindungen.
Ei|weiß|ge|halt, der: *Gehalt an Eiweiß* (2).
ei|weiß|hal|tig ⟨Adj.⟩: *Eiweiß* (2) *enthaltend:* -e Nahrung.
Ei|weiß|haus|halt, der: *das Zusammenwirken der zum Eiweißstoffwechsel gehörenden Vorgänge.*
Ei|weiß|kör|per, der (Chemie, Biol.): *Eiweiß[stoff], eiweißartige Verbindung.*
Ei|weiß|man|gel, der: *Mangel an Eiweiß* (2) *im menschlichen u. tierischen Körper.*

ei|weiß|reich ⟨Adj.⟩: *reich an Eiweiß* (2): -e Kost.
Ei|weiß|stoff, der ⟨meist Pl.⟩: *Eiweiß* (2), *eiweißartige Verbindung.*
Ei|weiß|stoff|wech|sel, der (Biol., Med.): *die Eiweiße* (2) *betreffender Stoffwechsel.*
Ei|zahn, der (Zool.): *am Zwischenkiefer sitzender Zahn bei jungen Schlangen u. Eidechsen (die gerade aus dem Ei schlüpfen), der dazu dient, die pergamentartige Eischale aufzuschlitzen (u. der später abgeworfen wird).*
Ei|zel|le, die: *weibliche Keimzelle.*
Eja|cu|la|tio prae|cox, die; - - [nlat., zu ↑ Ejakulation u. lat. praecox = vor-, frühzeitig] (Med.): *vorzeitig erfolgender Samenerguss.*
Eja|ku|lat, das; -[e]s, -e [zu lat. eiaculatum, 2. Part. von: eiaculare, ↑ ejakulieren] (Med.): *bei der Ejakulation ausgespritzte Samenflüssigkeit.*
Eja|ku|la|ti|on, die; -, -en (Med., bildungsspr.): *Ausspritzung der Samenflüssigkeit beim Orgasmus des Mannes; Samenerguss.*
eja|ku|lie|ren ⟨sw. V.; hat⟩ [lat. eiaculare = hinauswerfen; zu: iaculari = werfen, zu: iaculum = das Geworfene, Wurf, zu: iacere = werfen] (Med.): *Samenflüssigkeit ausspritzen.*
Ejek|ti|on, die; -, -en [lat. eiectio = das Hinauswerfen, zu: eicere (2. Part.: eiectum) = (hin)auswerfen, zu: iacere, ↑ ejakulieren] (Fachspr.): *explosionsartiges Ausschleudern von [vulkanischer] Materie.*
Ejek|tiv, der; -s, -e, **Ejek|tiv|laut,** der (Sprachwiss.): *Verschlusslaut, bei dessen Artikulation die zwischen Mundverschluss u. Kehlkopfverschluss komprimierte Luft nach außen gestoßen wird.*
E-Ju|gend ['eː...], die [E nach der Reihenfolge im Alphabet] (Sport): *fünftälteste Altersgruppe der Jugendlichen im Sport.*
Ekart (e'kaːɐ̯], der; -s, -s [frz. écart, eigtl. = Entfernung, zu: écarter = auseinandertreiben, urspr. = in vier Teile teilen, über das Vlat. zu lat. quartus, ↑ ¹Quart] (Börsenw.): *Unterschied zwischen dem Kaufpreis (Geldkurs) und dem Briefkurs (Verkaufspreis) eines Finanzprodukts; Marge* (2 c).
¹Ekar|té [ekarˈteː], das; -s, -s [frz. écarté, subst. 2. Part. von: écarter = (Karten) ablegen, zu: carte, ↑ Karte]: *französisches Kartenspiel.*
²Ekar|té, das; -s, -s [frz. pose écartée, aus: pose (↑ ¹Pose) u. écartée, 2. Part. (Fem.) zu: écarter, ↑ Ekart]: *(im klassischen Ballett) Position, in der der Tänzer schräg zum Zuschauer steht u. Arme u. Beine sich ebenfalls in dieser Ebene bewegen.*
EKD [eːkaːˈdeː], die; -: *Evangelische Kirche in Deutschland.*
ekel ⟨Adj.; ekler, -ste⟩ [frühnhd. (md.) eckel, H. u.] (geh.): **a)** *ekelerregend:* ... als den Geist von etwas Gewesenem, der nicht durch die üblichen Attribute der Gegenwart gestört war, als das sind der Tod, die Grelle, das ekle Aneinander der leibhaftigen Menschen (Süskind, Parfum 45/46); **b)** *verwerflich.*
¹Ekel, der; -s [frühnhd. (md.) e(c)kel, mniederd. ēkel = Graul]: **a)** *Übelkeit erregendes Gefühl des Widerwillens, des Abscheus vor etw. als widerlich Empfundenem:* E. vor fettem Fleisch empfinden; eine E. erregende Brühe; **b)** *Gefühl des Überdrusses vor etw. als sinnlos Angesehenem:* ein E. vor dem Leben befiel ihn.
²Ekel, das; -s, - (ugs. abwertend): *widerlicher, durch entsprechendes Verhalten unangenehm wirkender Mensch:* du E.!
ekel|er|füllt ⟨Adj.⟩: *von Ekel erfüllt:* sich e. abwenden.
ekel|er|re|gend, Ekel er|re|gend ⟨Adj.⟩: *ekelhaft* (1): *eine äußerst ekelerregende Brühe.*
ekel|haft ⟨Adj.⟩: **1.** *widerlich, abstoßend; psychischen Widerwillen, Abscheu hervorrufend;*

-es (ugs.; *sehr unangenehmes*) *Wetter;* e. riechen. **2.** ⟨intensivierend bei Verben u. Adjektiven⟩ (ugs.) *sehr, überaus:* es war e. kalt.
eke|lig: ↑ *eklig.*
ekeln ⟨sw. V.; hat⟩ [mniederd. ēkelen]: **1. a)** ⟨e. + sich⟩ *Ekel empfinden:* ich ek[e]le mich vor Ratten; **b)** ⟨unpers.⟩ *in jmdm. ein Gefühl des Ekels entstehen lassen:* es ekelt mich/mir vor der Ratte; mich/mir ekelt vor ihm; **c)** *bei jmdm. Ekel erregen; anwidern:* die Ratte ekelt mich. **2.** (ugs.) *hinausekeln:* jmdn. aus dem Haus e.
Ekel|na|me, der [niederd. ōkelname, mniederd. okelname, zu: oken = (ver)mehren, aus dem Anord.] (veraltet): *Über-, Spitzname:* ... dafür sorgte Lieschen Lustig schon, unter welchem -n die Wirtin weit und breit bekannt war (Löns, Hansbur 149).
Ekel|pa|ket, das (ugs. abwertend): *²Ekel, unangenehmer Mensch:* er ist ein richtiges E.
EKG, Ekg [eːkaːˈgeː], das; -s, -s: *Elektrokardiogramm.*
Ek|kle|sia, die; - [lat. ecclesia, ↑ Ecclesia] (Theol.): *christliche Kirche.*
Ek|kle|sio|lo|gie, die; - [zu griech. lógos, ↑ Logos] (Theol.): *theologische Lehre von der christlichen Kirche.*
Ek|lat [eˈklaː(ː)], der; -s, -s [frz. éclat, zu: éclater, ↑ eklatant]: *Aufsehen, Knall, Skandal; [in der Öffentlichkeit] starkes Aufsehen erregender Vorfall:* einen E. verursachen; es kam zum E.
ek|la|tant ⟨Adj.⟩ [frz. éclatant, 1. Part. zu: éclater < afrz. esclater = bersten, krachen): **a)** *offensichtlich, auffällig, ins Auge springend, in nicht zu übersehender Weise [vorhanden]:* -e Unterschiede; ein -er Widerspruch; -e Mängel, Fehler; **b)** *sensationell, aufsehenerregend:* -e Erfolge.
Ek|lek|ti|ker, der; -s, - [griech. eklektikós, eigtl. = auswählend, auslesend]: **1.** *Philosoph, der aus verschiedenen philosophischen Systemen das Passende auswählt u. zu einem eigenen System verarbeitet.* **2. a)** (bildungsspr. abwertend) *jmd., der keine eigenen Ideen entwickelt, sondern nur Gedanken, Stilelemente anderer für seine Werke, Theorien o. Ä. verwertet;* **b)** (bildungsspr.) *jmd., der aus bereits vorliegenden unterschiedlichen Ideen, Stilen o. Ä. etw. auswählt [u. dadurch etw. Neues schafft].*
Ek|lek|ti|ke|rin, die; -, -nen: w. Form zu ↑ *Eklektiker.*
ek|lek|tisch ⟨Adj.⟩ (bildungsspr.): **1. a)** *in der Art des Eklektikers [verfahrend];* **b)** (abwertend) *nur Ideen, Stilelemente anderer verwendend; unschöpferisch.* **2.** (bildungsspr.) *nicht den nötigen Zusammenhang, die nötige Einheitlichkeit aufweisend, zerstückelt:* ein -es Verfahren; **b)** *aus bereits Vorhandenem auswählend, aus Verschiedenem ausgewählt.*
Ek|lek|ti|zis|mus, der; -: **1.** *Philosophie eines Eklektikers* (1). **2. a)** (bildungsspr. abwertend) *unoriginelle, unschöpferische geistige od. künstlerische Arbeitsweise od. Form, bei der Ideen anderer übernommen od. zu einem System zusammengetragen werden:* Ästhetischer E. und Nachempfinden, der schöngeistig-kritische Nachvollzug von Gemachtem, waren ein Kapitel, das er unterschätzte (Meckel, Suchbild 121); **b)** (bildungsspr.) *Zusammenführung, Auswahl, Mischung unterschiedlicher Ideen, Stile, Stilelemente o. Ä.*
ek|lek|ti|zis|tisch ⟨Adj.⟩: **1.** *den Eklektizismus* (1) *betreffend, zum Eklektizismus gehörend.* **2. a)** (bildungsspr. abwertend) *durch Eklektizismus* (2 a) *gekennzeichnet;* **b)** (bildungsspr.) *den Eklektizismus* (2 b) *betreffend.*
ek|lig ⟨Adj.⟩, (selten:) ekelig ⟨Adj.⟩: **1. a)** *ekelerregend, widerwärtig, abscheulich:* ein -er Geruch; **b)** (ugs.) *in seinem Auftreten unangenehm; gemein, niederträchtig:* du, ich kann ganz schön

e. *(böse, unangenehm) werden.* **2.** ⟨intensivierend bei Verben u. Adjektiven⟩ (ugs.) *sehr, ganz gehörig, tüchtig:* sich e. wehtun.

Ek|lip|se [ɛkˈlɪpsə, eˈklɪpsə], die; -, -n [griech. ékleipsis, eigtl. = das Verlassen, Ausbleiben] (Astron.): *Sonnen- od. Mondfinsternis.*

Ek|lip|tik, die; -, -en [lat. linea ecliptica, eigtl. = zur Eklipse gehörende Linie, Bahn (da in ihr Eklipsen auftreten)]: *größter Kreis, in dem die Ebene der Erdbahn um die Sonne die als unendlich groß gedachte Himmelskugel schneidet; Weg, den die Sonne innerhalb eines Jahres scheinbar am Himmel beschreibt.*

ek|lip|tisch ⟨Adj.⟩ [lat. ecliptikus < griech. ekleiptikós]: *die Eklipse betreffend, mit ihr zusammenhängend.*

Ek|lo|ge, die; -, -n [lat. ecloga < griech. eklogé = Auswahl] (Literaturwiss.): **a)** *altrömisches Hirtengedicht;* **b)** *kleineres, ausgewähltes Gedicht.*

ek|rü, (fachspr.:) ecru [eˈkry:] ⟨indekl. Adj.⟩ [frz. écru, zu: cru = roh < lat. crudus]: **a)** *(von Textilien) ungebleicht, naturfarben;* **b)** *gelblich weiß.*

Ek|rü|sei|de, (fachspr.:) Ecruseide, die: *nicht vollständig entbastete Naturseide von gelblicher Farbe.*

Ek|s|ta|se, die; -, -n [kirchenlat. ecstasis < griech. ékstasis, eigtl. = das Aus-sich-Heraustreten]: *[religiöse] Verzückung, Entrückung; rauschhafter, tranceartiger Zustand, in dem der Mensch der Kontrolle seines normalen Bewusstseins entzogen ist:* wilde E.; jmdn. in E. versetzen; in [einen Zustand der] E. geraten; in E. sein.

Ek|s|ta|tik, die; - [zu griech. ekstatikós = verzückt] (bildungsspr.): *Ausdruck[sform] der Ekstase.*

Ek|s|ta|ti|ker, der; -s, -: *jmd., der [leicht] in Ekstase gerät.*

Ek|s|ta|ti|ke|rin, die; -, -nen: w. Form zu ↑ Ekstatiker.

ek|s|ta|tisch ⟨Adj.⟩: *rauschhaft, schwärmerisch; außer sich; in Ekstase:* in -er Verzückung; So wie ein Schiffbrüchiger nach wochenlanger Irrfahrt die erste von Menschen bewohnte Insel be. begrüßt, feierte Grenouille seine Ankunft auf dem Berg der Einsamkeit (Süskind, Parfum 154).

ek|to-, Ek|to- [griech. ektós]: Best. in Zus. mit der Bed. *außen, außerhalb* (z. B. ektotroph, Ektoparasit).

Ek|to|derm, das; -s, -e [zu griech. dérma = Haut] (Biol., Med.): *äußeres Keimblatt* (2).

Ek|to|mie, die; -, -n [zu griech. ektomḗ = das Ausschneiden, zu: ektémnein = herausschneiden] (Med.): *operatives Herausschneiden, Entfernung eines Organs.*

Ek|to|pa|ra|sit, der [↑ Parasit] (Med.): *Parasit, der auf der Körperoberfläche seines Wirtes lebt.*

Ek|to|to|xin, das [↑ Toxin] (Med.): *von lebenden Bakterien ausgeschiedenes Stoffwechselprodukt, das im Körper von Mensch und Tier als Gift wirkt.*

ek|to|troph ⟨Adj.⟩ [zu griech. trophḗ = das Ernähren; Nahrung] (Bot.): *(von symbiotisch an Pflanzenwurzeln lebenden Pilzen) außerhalb der Wirtspflanze lebend.*

Eku|a|dor usw.: ↑ Ecuador usw.

Ek|zem, das; -s, -e [griech. ékzema] (Med.): *nicht ansteckende, juckende Entzündung der Haut.*

El, der; - [semit.]: *höchste Gottheit der meisten semitischen Völker (so z. B. der vorisraelitischen kanaanäischen Bewohner Palästinas).*

Ela|bo|rat, das; -[e]s, -e [zu lat. elaborare = sorgfältig ausarbeiten]: **a)** (geh.) *schriftliche Arbeit, Ausarbeitung:* ein umfangreiches E.; **b)** (abwertend) *in Bezug auf den Inhalt nicht sorgfältig hergestellte, geistlose schriftliche Arbeit; Machwerk.*

ela|bo|riert ⟨Adj.⟩ [nach engl. elaborated = herausgearbeitet, entwickelt, zu lat. elaborare, ↑ Elaborat] (bildungsspr.): *differenziert ausgebildet, hoch entwickelt:* -er Code (Sprachwiss.; ↑ Code 3).

Elan [eˈlaːn, auch: eˈlɑ̃ː], der; -s [frz. élan, zu: s'élancer = vorschnellen, sich aufschwingen, zu: lancer, ↑ lancieren] (bildungsspr.): *innerer Schwung, Spannkraft; Begeisterung:* E. zeigen; mit viel E. an seine Aufgabe herangehen.

elan|voll ⟨Adj.⟩ (bildungsspr.): *mit Elan sich vollziehend:* ein -es Spiel; e. arbeiten.

Elast, der; -[e]s, -e ⟨meist Pl.⟩ [zu ↑ elastisch] (Chemie): *Kunststoff von gummiartiger Elastizität.*

Elas|ta|se, die; -, -n [zu ↑ elastisch u. -ase = Suffix zur Bez. von Enzymen] (Biochemie): *Enzym, das die Kittsubstanzen der elastischen Muskelfasern abbaut.*

Elas|tik, das; -s, -s, auch: die; -, -en: *Gewebe aus elastischem Material.*

Elas|tik|bin|de, die: *Binde aus elastischem Material.*

Elas|tin, das; -s [zu ↑ elastisch] (Biochemie): *Gerüsteiweißstoff, Grundsubstanz elastischen Gewebes, z. B. der Sehnen u. der Blutgefäßwände.*

elas|tisch ⟨Adj.⟩ [zu griech. elastós (elatós) = getrieben; dehnbar, biegbar]: **1.** *(von Material) biegsam, dehnbar; Elastizität aufweisend:* eine -e Binde. **2. a)** *geschmeidig, federnd:* mit -em Schritt; noch sehr e. sein; **b)** *beweglich, anpassungsfähig, flexibel:* eine -e Politik; e. reagieren.

Elas|ti|zi|tät, die; -, -en ⟨Pl. selten⟩: **1.** *elastische Beschaffenheit; Fähigkeit eines Körpers od. eines Stoffes, eine durch äußere Einwirkung hervorgerufene Formänderung aus eigener Kraft wieder rückgängig zu machen.* **2. a)** *körperliche Spannkraft, Geschmeidigkeit:* mit jugendlicher E.; **b)** *Beweglichkeit, Anpassungsfähigkeit, Flexibilität:* die E. einer Politik, eines Politikers.

Elas|to|mer, das; -s, -e, **Elas|to|me|re,** das; -n, -n ⟨meist Pl.⟩ [zu ↑ elastisch u. griech. méros = Teil] (Chemie): *synthetischer Kautschuk od. gummiähnlicher Kunststoff.*

Ela|tiv, der; -s, -e [1.: zu lat. elatus = erhaben, hoch; 2. zu lat. elatum, 2. Part. von: efferre = wegbringen] (Sprachwiss.): *absoluter, auf keinem Vergleich beruhender Superlativ* (z. B. *beste* [= sehr gute] *Lage*).

El|ba, -s: *italienische Mittelmeerinsel.*

elb|ab|wärts ⟨Adv.⟩: *die Elbe abwärts.*

elb|auf|wärts ⟨Adv.⟩: *die Elbe aufwärts.*

El|be, der; -: *Fluss in Mitteleuropa.*

El|be|sei|ten|ka|nal, der; -s: *Kanal zwischen der Elbe u. dem Mittellandkanal.*

Elb-Flo|renz, das; - (scherzh.): *Dresden.*

el|bisch ⟨Adj.⟩ [mhd. elbisch = elfisch] (veraltet): *geisterhaft, überirdisch.*

Elb|kahn, der: **1.** *Lastkahn auf der Elbe.* **2.** ⟨Pl.⟩ (ugs. scherzh.) *besonders große Schuhe.*

Elb|sand|stein|ge|bir|ge, das; -s: *von der Elbe durchflossenes Bergland.*

Elb|tun|nel, der: *unter der Elbe durchführender Tunnel.*

Elb|ufer, das: *Ufer der Elbe.*

Elch, der; -[e]s, -e [mhd. elch, elhe, ahd. el(a)ho, aus dem Germ.]: *größtes zu den Hirschen gehörendes Tier mit massigem Körper u. schaufelförmigem Geweih; Elen, Elentier:* ein gewaltiger, riesiger E.; R ich glaub, mich küsst/knutscht/ tritt ein E. (ugs. scherzh.; *ich halte das nicht für möglich, bin äußerst überrascht*).

Elch|bul|le, der: *männlicher Elch.*

Elch|kalb, das: *junger Elch.*

Elch|kuh, die: *weiblicher Elch.*

Elch|test, der [der Test simuliert die abrupte Lenkbewegung, die das Ausweichen vor einem plötzlich auf der Fahrbahn auftauchenden Hindernis (z. B. in nordischen Ländern ein Elch) erfordert] (ugs.): *(in der Autoproduktion) Sicherheitstest, bei dem das Fahrverhalten eines Autos bei ungebremsten Ausweichmanövern getestet wird:* das Fahrzeug hat den E. bestanden; Ü die neue Zeitschrift hat ihren E. *(ihre Bewährungsprobe)* bestanden.

Elch|wild, das: *Gesamtheit der Elche.*

El|der States|man [ˈɛldə ˈsteɪtsmən], der; --, Elder Statesmen [...mən] [engl. = (alt)erfahrener Staatsmann] (bildungsspr.): *Politiker, der nach seinem Ausscheiden aus einem hohen Staatsamt weiterhin große Hochachtung genießt.*

El|do|ra|do, das; -[s], -s, Dorado, das; -s, -s u. (selten): ...den [nach span. el dorado (país) = sagenhaftes Goldland in Südamerika, eigtl. = das vergoldete (Land), zu spätlat. deaurare = vergolden]: *Gebiet, das jmdm. (z. B. in Bezug auf eine bestimmte Betätigung) ideale Gegebenheiten, Voraussetzungen, ausreichende Entfaltungsmöglichkeiten bietet; Wunschland, Paradies:* ein E. für Wanderer und Fischer; Touristenzentren sind ein E. (iron.; *Tummelplatz*) für Diebe und Gauner.

E-Lear|ning [ˈiːləˌnɪŋ], das; -[s]: *Electronic Learning.*

Elec|t|ric Jazz [ɪˈlɛktrɪk ˈdʒæz], der; - - [engl. electric jazz = eigtl. elektrischer Jazz]: *Richtung des Jazz in den 1970er-Jahren mit elektroakustischer Verstärkung u. Verfremdung des Instrumentalklangs.*

Elec|t|ro|nic Ban|king [ɪlɛkˈtrɔnɪk ˈbæŋkɪŋ], das; - -[s] [engl. electronic banking, aus: electronic = elektronisch u. banking, ↑ Banking]: *Zahlungs- und Bankverkehr, der von den Kunden elektronisch abgewickelt wird.*

Elec|t|ro|nic Book [ɪlɛkˈtrɔnɪk ˈbʊk], das; - -[s], - -s [engl. electronic book, aus: electronic = elektronisch u. book = Buch]: **1.** *tragbares digitales Lesegerät in Buchformat, in das Texte aus dem Internet übernommen werden können.* **2.** *in digitalisierter Form vorliegender Inhalt eines Buches, der mithilfe des Electronic Books* (1) *gelesen werden kann.*

Elec|t|ro|nic Busi|ness [ɪlɛkˈtrɔnɪk ˈbɪznɪs], das; - - [engl. electronic business, eigtl. = elektronisches Geschäft, aus: electronic = elektronisch u. business = Geschäft]: *Geschäftsabwicklung über das Internet od. andere Computernetze.*

Elec|t|ro|nic Cash [ɪlɛkˈtrɔnɪk ˈkæʃ], das; - - [engl. electronic cash, aus: electronic = elektronisch u. cash, ↑ Cash]: *bargeldloser Zahlungsverkehr (mit der Scheckkarte).*

Elec|t|ro|nic Com|merce [ɪlɛkˈtrɔnɪk ˈkɔməːs], der; - - [engl. electronic commerce, eigtl. = elektronischer Handel, aus: electronic = elektronisch u. commerce = Handel]: *Vertrieb von Waren od. Dienstleistungen über das Internet.*

Elec|t|ro|nic Lear|ning [ɪlɛkˈtrɔnɪk ˈləːnɪŋ], das; -[s] [engl. electronic learning = elektronisches Lernen, aus: electronic = elektronisch u. learning = das Lernen]: *computergestütztes Lernen, bei dem Schüler und Lehrer räumlich getrennt voneinander sind und vor allem über das Internet in Kontakt stehen.*

Elec|t|ro|nic Mail [ɪlɛkˈtrɔnɪk ˈmeɪl], die; - -, - -s [engl. electronic mail, ↑ E-Mail]: **1.** *elektronischer Daten- u. Nachrichtenaustausch über Computer.* **2.** *per Electronic Mail* (1) *verschickte bzw. empfangene Nachricht.*

Elec|t|ro|nic Shop|ping [ɪlɛkˈtrɔnɪk ˈʃɔpɪŋ], das; -s [engl. electronic shopping, aus: electronic = elektronisch u. shopping, ↑ Shopping]: *Onlineshopping.*

Elec|tro|nic Vo|ting [ɪlɛkˈtrɔnɪk ˈvoʊtɪŋ], das; - -[s] [engl. electronic voting, aus: electronic = elektronisch u. voting, ↑ Voting]: *Abstimmungsverfahren, bei dem die Stimmen mithilfe eines elektronischen Geräts abgegeben bzw. weitergeleitet werden.*

Ele|fant, der; -en, -en [mhd. elefant, ahd. elpfant, elafant < lat. elephantus < griech. eléphas (Gen.: eléphantos), zu ägypt. āb(u), kopt. eb(o)u = Elfenbein, Elefant]: *großes, massiges Säugetier mit grauer, fast unbehaarter Haut, sehr großen, beweglichen Ohren, einer zum Rüssel verlängerten Nase u. langen, weißen Stoßzähnen: der E. trompetet;* * *sich wie ein E. im Porzellanladen benehmen* (ugs.; *sich [anderen Menschen gegenüber] ungeschickt, plump, taktlos verhalten*).

Ele|fan|ten|ba|by, das: **1.** *Elefantenkalb.* **2.** (abwertend) *größeres Kind, Jugendlicher von kräftig-plumper Gestalt.*

Ele|fan|ten|bul|le, der: *männlicher Elefant.*

Ele|fan|ten|füh|rer, der: *Führer, Wärter [u. Besitzer] eines Elefanten, der zur Beförderung von Personen od. Lasten eingesetzt wird.*

Ele|fan|ten|füh|re|rin, die: w. Form zu ↑ Elefantenführer.

Ele|fan|ten|fuß, der: *standfester runder Trittschemel.*

Ele|fan|ten|ge|dächt|nis, das (ugs.): *sehr gutes Gedächtnis für etw., was einem einmal angetan worden ist.*

Ele|fan|ten|gras, das: *sehr hoch wachsendes Gras der afrikanischen Savannen.*

Ele|fan|ten|haut, die (ugs.): *dickes Fell* (1 a).

Ele|fan|ten|hoch|zeit, die [1. Bestandteil in Zus. häufig zur Kennzeichnung von Größe, Gewicht, Bedeutung, aber auch von Schwerfälligkeit] (ugs.): *Zusammenschluss von mächtigen, großen Unternehmen, Verbänden o. Ä.*

Ele|fan|ten|kalb, das: *junger Elefant.*

Ele|fan|ten|kuh, die: *weibliche Elefant.*

Ele|fan|ten|ren|nen, das [zum 1. Bestandteil vgl. Elefantenhochzeit] (ugs. scherzh.): *langwieriges Überholmanöver zwischen schweren Lastkraftwagen.*

Ele|fan|ten|rob|be, die: *See-Elefant.*

Ele|fan|ten|run|de, die [zum 1. Bestandteil vgl. Elefantenhochzeit] (salopp): *Diskussionsrunde bes. wichtiger Politiker z. B. nach einer Wahl [die im Fernsehen übertragen wird].*

Ele|fan|ti|a|sis, (fachspr. auch:) Elephantiasis, die; -, ...asen [lat. elephantiasis < griech. elephantíasis, zu: eléphas, ↑ Elefant] (Med.): *durch Stauungen der Lymphe hervorgerufene krankhafte, unförmige Verdickungen der Haut u. des Bindegewebes.*

Ele|fan|tin, die; -, -nen: w. Form zu ↑ Elefant.

ele|fan|tös ⟨Adj.⟩: **1.** *für einen Elefanten charakteristisch:* ein -es Gedächtnis. **2. a)** *massig* (1), *ausladend, voluminös:* ein -es Hinterteil; **b)** *in hohem Grade vorhanden, stark ausgeprägt, gewichtig, von großer Intensität.* **3.** (scherzh.) *außergewöhnlich, großartig:* ein -es Erlebnis.

ele|gant ⟨Adj.⟩ [frz. élégant < lat. elegans = wählerisch, geschmackvoll, Nebenf. von: eligens, 1. Part. von: eligere (exlegere) = auswählen]: **a)** *(von der äußeren Erscheinung) durch Vornehmheit, Harmonie bes. der Kleidung od. der Form, Machart o. Ä. auffallend:* ein -er Herr; ein -er Mantel; dieser Wagen ist sehr e.; Silberringe sind -e Vögel; e. angezogen sein; in e. gewandter, geschickter Weise ausgeführt: eine -e Lösung dieses Problems; sich e. aus der Affäre ziehen; **c)** *kultiviert, erlesen:* sie spricht ein -es Französisch; ein -er Wein; etw. e. formulieren.

Ele|ganz, die; - [(unter Einfluss von frz. élégance <) lat. elegantia] *(in Bezug auf die äußere Erscheinung) Vornehmheit, elegantes* (a) *Aussehen: modische, lässige, sportliche E. zeigen;* ...beide gingen in Schuhen mit hohen Absätzen, beide bemühten sich um E. und unterschieden sich sehr (Kronauer, Bogenschütze 45); **b)** [(unter Einfluss von frz. élégance <) lat. elegantia] *Gewandtheit, Geschmeidigkeit [in der Bewegung]:* sie tanzten mit unnachahmlicher E.; **c)** *Form, Beschaffenheit:* alle loben die E. seines Stils.

Ele|gie, die; -, -n [lat. elegia < griech. elegeía, zu: élegos = Trauergesang mit Flötenbegleitung]: **1. a)** *Gedicht im Ton wehmütiger Klage;* **b)** *(in der Antike) Gedicht in Distichen.* **2.** (geh.) *Wehmut, Schwermut, elegische* (2) *Stimmung.*

Ele|gi|en|dich|ter, der: *Dichter von Elegien* (1).

Ele|gi|en|dich|te|rin, die: w. Form zu ↑ Elegiendichter.

Ele|gi|ker, der; -s, -: **1.** *Elegiendichter.* **2.** (bildungsspr.) *jmd., der zu elegischen Stimmungen neigt.*

Ele|gi|ke|rin, die; -, -nen: w. Form zu ↑ Elegiker.

ele|gisch ⟨Adj.⟩: **1.** *die Elegie, die Gedichtform der Elegie betreffend:* -e Distichen. **2.** *voll Schwermut, Wehmut; wehmütig:* Er war der Abschiedsmensch par excellence, begabt im Verbreiten -er Gefühle (Meckel, Suchbild 104).

Elei|son [auch: eˈleːi..., auch: eˈlɛi...], das; -s, -s: Kurzf. von ↑ Kyrieeleison.

elek|tiv ⟨Adj.⟩ [spätlat. electivus = die Wahl lassend, zu lat. electum, 2. Part. von: eligere = auswählen] (bildungsspr.): *[aus]wählend.*

Elek|to|rat, das; -[e]s, -e [mlat. electoratus]: **1.** (Geschichte) *Kurfürstenwürde.* **2.** (bildungsspr.) *Wählerschaft.*

Elek|t|ra|kom|plex, der [nach der griech. Sagengestalt Elektra] (Psychol.): *bei weiblichen Personen auftretende zu starke Bindung an den Vater.*

Elek|t|ri|fi|ka|ti|on, die; -, -en (schweiz.): *Elektrifizierung.*

elek|t|ri|fi|zie|ren ⟨sw. V.; hat⟩ [zu ↑ elektrisch u. lat. facere = machen]: *auf elektrischen Betrieb um-, einstellen:* eine Eisenbahnstrecke e.

Elek|t|ri|fi|zie|rung, die; -, -en: *das Elektrifizieren.*

Elek|t|rik, die; -, -en: **1.** *Gesamtheit einer elektrischen Ausstattung* (z. B. Autoelektrik). **2.** ⟨o. Pl.⟩ (ugs.) *Elektrotechnik.*

Elek|t|ri|ker, der; -s, -: *Handwerker im Bereich der Elektrotechnik, bes. Elektroinstallateur.*

Elek|t|ri|ke|rin, die; -, -nen: w. Form zu ↑ Elektriker.

Elek|t|ri|ker|zan|ge, die: *Kombinationszange eines Elektrikers mit isolierenden Griffen.*

elek|t|risch ⟨Adj.⟩ [zu lat. electrum < griech. élektron = Bernstein (da Reibungselektrizität zuerst am Bernstein beobachtet wurde)]: **1.** *auf der Anziehungskraft bzw. Abstoßungskraft geladener Elementarteilchen beruhend:* -er Strom; -e Spannung; der Zaun ist e. geladen. **2. a)** *Elektrizität speichernd, führend; Elektrizität erzeugend:* eine -e Leitung; **b)** *mit Elektrizität betrieben:* -es Licht; ein -er Rasierapparat; wir kochen e.; **c)** *durch Elektrizität hervorgerufen, bewirkt:* einen -en Schlag bekommen; **d)** *die Elektrizität betreffend:* -e Einheiten.

Elek|t|risch, das; -⟨meist o. Art.⟩ (ugs.): *elektrischer Strom:* sie hatten tagelang kein E.

Elek|t|ri|sche, die;/eine Elektrische; der/einer Elektrischen, die Elektrischen/zwei Elektrische od. Elektrischen (österr., sonst veraltend): *Straßenbahn.*

elek|t|ri|sie|ren ⟨sw. V.; hat⟩: **1. a)** *elektrisch aufladen:* durch Reibung wird der Bernstein elektrisiert; **b)** *mit elektrischen Stromstößen behandeln:* zur Kräftigung der Muskulatur wird das Bein elektrisiert; **c)** (e. + sich) *seinen Körper unabsichtlich der Wirkung elektrischen Stroms aussetzen u. dadurch einen elektrischen Schlag bekommen:* wie elektrisiert aufspringen. **2.** *entflammen, in spontane Begeisterung versetzen:* von einer Idee elektrisiert werden.

Elek|t|ri|sier|ma|schi|ne, die: *der Demonstration dienende Vorrichtung zur Erzeugung hoher elektrischer Spannungen.*

Elek|t|ri|sie|rung, die; -, -en: *das Elektrisieren* (1).

Elek|t|ri|zi|tät, die; -: **1.** (Physik) *auf der Anziehung bzw. Abstoßung elektrisch geladener Teilchen beruhendes, in Gestalt der elektrischen Ladung u. des elektrischen Stroms auftretendes Grundphänomen der Natur:* statische, dynamische E. **2.** *elektrische Energie, elektrischer Strom:* E. erzeugen; eine Stadt mit E. versorgen.

Elek|t|ri|zi|täts|er|zeu|ger, der: *Erzeuger von Elektrizität, Kraftwerksbetreiber.*

Elek|t|ri|zi|täts|er|zeu|ge|rin, die: w. Form zu ↑ Elektrizitätserzeuger.

Elek|t|ri|zi|täts|er|zeu|gung, die: *Erzeugung elektrischer Energie.*

Elek|t|ri|zi|täts|ge|sell|schaft, die: *Wirtschaftsunternehmen (mit dem Status einer Gesellschaft), das in Elektrizitätswerken Strom erzeugt u. an den Verbraucher abgibt.*

Elek|t|ri|zi|täts|leh|re, die: *Lehre von der Elektrizität.*

Elek|t|ri|zi|täts|markt, der: *Markt* (3 a) *für elektrischen Strom.*

Elek|t|ri|zi|täts|men|ge, die: *Menge an Elektrizität* (2).

Elek|t|ri|zi|täts|netz, das: *Leitungsnetz für die Elektrizitätsversorgung.*

Elek|t|ri|zi|täts|ver|sor|gung, die: *Versorgung einer Volkswirtschaft mit elektrischem Strom; Stromversorgung.*

Elek|t|ri|zi|täts|werk, das: *Anlage, in der elektrische Energie erzeugt, umgewandelt u. verteilt wird.*

Elek|t|ri|zi|täts|wirt|schaft, die: *Zweig der Energiewirtschaft, der sich mit der Erzeugung u. Verteilung des elektrischen Stroms befasst.*

Elek|t|ri|zi|täts|zäh|ler, der: *Zähler* (1) *zum Messen des Verbrauches od. der Lieferung elektrischen Stroms.*

Elek|t|ro ⟨indekl. Subst.; o. Art.⟩ (Jargon): *Bereich der Elektrotechnik, Elektrobranche.*

Elek|t|ro|akus|tik [auch: eˈlɛktro...], die [zu griech. élektron, ↑ elektrisch u. ↑ Akustik] (Physik, Technik): *Wissenschaft, die sich mit der Umwandlung der Schallschwingungen in elektrische Spannungsschwankungen u. umgekehrt befasst.*

elek|t|ro|akus|tisch [auch: eˈlɛktro...] ⟨Adj.⟩ (Physik, Technik): *zur Elektroakustik gehörend, darauf beruhend:* -e Geräte.

Elek|t|ro|an|trieb, der: *elektrischer Antrieb.*

Elek|t|ro|ar|ti|kel, der: *Bedarfsartikel, der zu den elektrischen Geräten, ihren Zubehörteilen o. Ä. gehört.*

Elek|t|ro|au|to, das: *mit einem Elektromotor angetriebenes Auto.*

Elek|t|ro|be|ruf, der: *Ausbildungsberuf der Industrie im Bereich der Anwendung der Elektrizität für die Erzeugung von Licht, Wärme u. Kraft sowie für die Übertragung von Nachrichten u. Signalen.*

Elek|t|ro|bike [...baɪk], das ⟨Jargon⟩: *Elektrofahrrad.*

Elek|t|ro|bran|che, die: *Branche, die sich mit der Entwicklung, Herstellung, Vermarktung, Installation von elektrischen Geräten u. Anlagen befasst.*

Elek|t|ro|bus, der: vgl. Elektroauto.

Elek|t|ro|che|mie, die: *Wissenschaft von den Zusammenhängen zwischen elektrischen Vorgängen u. chemischen Reaktionen.*

elek|t|ro|che|misch ⟨Adj.⟩: **a)** *die Elektrochemie betreffend, zu ihr gehörend;* **b)** *die elektrischen*

Vorgänge u. die damit zusammenhängenden chemischen Reaktionen betreffend, auf ihnen beruhend.

Elek|t|ro|chi|r|ur|gie [auch: eˈlɛktro...], die (Med.): *Form der Chirurgie, die auf der Anwendung elektrischer Energie beruht.*

elek|t|ro|chi|r|ur|gisch ⟨Adj.⟩ (Med.): *die Elektrochirurgie betreffend, auf ihr beruhend, zu ihr gehörend:* -e Methoden, Geräte.

Elek|t|ro|de, die; -, -n [engl. electrode, zu: electric = elektrisch u. griech. hodós = Weg]: *Teil eines Stromkreises, an dem elektrischer Strom in ein anderes Medium übergeht:* positive E. *(Anode);* negative E. *(Kathode).*

Elek|t|ro|de|gen, der (Fechten): *Degen, der für die elektrische Trefferanzeige hergerichtet ist.*

Elek|t|ro|di|a|g|nos|tik [auch: eˈlɛktro...], die ⟨o. Pl.⟩ (Med.): **a)** *Anwendung der Elektrizität zu diagnostischen Zwecken (z. B. beim Elektrokardiogramm);* **b)** *Anwendung der Elektrizität zur Prüfung der Funktion von Muskeln u. Nerven.*

Elek|t|ro|dy|na|mik, die (Physik): *Wissenschaft von der bewegten, strömenden Elektrizität u. ihren Wirkungen; die Theorie der Elektrizität bzw. sämtlicher elektromagnetischer Erscheinungen.*

elek|t|ro|dy|na|misch ⟨Adj.⟩ (Physik): *auf [Erscheinungen] der Elektrodynamik beruhend, sie betreffend.*

Elek|t|ro|ener|gie [auch: ...ˈgiː], die: *in Kraftwerken aus primären Energieträgern (Kohle, Erdgas, Erdöl, Kernbrennstoffe) u. aus der potenziellen Energie aufgestauten Wassers gewonnene elektrische Energie.*

Elek|t|ro|en|ze|pha|lo|graf, Elektroenzephalograph, der; -en, -en (Med.): *Gerät zur Aufzeichnung von Elektroenzephalogrammen.*

Elek|t|ro|en|ze|pha|lo|gra|fie, Elektroenzephalographie, die (Med.): *Verfahren der Aufzeichnung von Elektroenzephalogrammen.*

Elek|t|ro|en|ze|pha|lo|gramm, das (Med.): *diagnostischen Zwecken dienende grafische Darstellung des Verlaufs elektrischer Erscheinungen, die die Gehirntätigkeit begleiten (Abk.: EEG).*

Elek|t|ro|en|ze|pha|lo|graph usw.: ↑ Elektroenzephalograf usw.

Elek|t|ro|fahr|rad, das: *Fahrrad mit elektrischem Hilfsmotor.*

Elek|t|ro|fahr|zeug, das: *elektrisch angetriebenes Fahrzeug.*

Elek|t|ro|flo|rett, das (Fechten): vgl. Elektrodegen.

Elek|t|ro|ge|rät, das: *mit elektrischem Strom betriebenes [Haushalts]gerät.*

Elek|t|ro|gi|tar|re, die: *Gitarre, bei der die Schwingungen der Saiten elektrisch verstärkt u. durch einen Lautsprecher wiedergegeben werden.*

Elek|t|ro|hand|werk, das: *Handwerk auf dem Gebiet der Elektrotechnik.*

Elek|t|ro|herd, der: *mit elektrischem Strom betriebener Kochherd.*

Elek|t|ro|in|dus|t|rie, die: *Industrie auf dem Gebiet der Elektrotechnik u. der Elektroartikel.*

Elek|t|ro|in|ge|ni|eur, der: *Ingenieur auf dem Gebiet der Elektrotechnik (Berufsbez.).*

Elek|t|ro|in|ge|ni|eu|rin, die: w. Form zu ↑ Elektroingenieur.

Elek|t|ro|in|stal|la|teur, der: *Handwerker od. Industriearbeiter, der elektrische Geräte u. Einrichtungen installiert u. instand hält (Berufsbez.).*

Elek|t|ro|in|stal|la|teu|rin, die: w. Form zu ↑ Elektroinstallateur.

Elek|t|ro|kar|dio|graf, Elektrokardiograph, der (Med.): *Gerät zur Aufzeichnung von Elektrokardiogrammen.*

Elek|t|ro|kar|dio|gra|fie, Elektrokardiographie, die (Med.): *Verfahren der Aufzeichnung von Elektrokardiogrammen.*

Elek|t|ro|kar|dio|gramm, das (Med.): *diagnostischen Zwecken dienende grafische Darstellung des Verlaufs elektrischer Erscheinungen, die die Herztätigkeit begleiten (Abk.: EKG, Ekg).*

Elek|t|ro|kar|dio|graph usw.: ↑ Elektrokardiograf usw.

Elek|t|ro|kar|ren, der: *kleines, elektrisch betriebenes Fahrzeug zum Transport von Lasten auf kurzen Strecken.*

Elek|t|ro|kaus|tik, die (Med.): *Operationsmethode, bei der mit dem Elektrokauter gearbeitet wird.*

Elek|t|ro|kau|ter, der (Med.): *chirurgisches Instrument zur elektrischen Verschorfung kranken Gewebes.*

Elek|t|ro|ko|cher, der: *Kochplatte* (b).

Elek|t|ro|kon|zern, der: *Konzern der Elektroindustrie.*

Elek|t|ro|ly|se, die; -, -n [engl. electrolysis, zu griech. élektron (↑ elektrisch) u. lýsis = Auflösung] (Physik, Chemie): *durch elektrischen Strom bewirkte chemische Zersetzung von Elektrolyten* (1).

elek|t|ro|ly|sie|ren ⟨sw. V.; hat⟩ (Chemie): *mit elektrischem Strom eine chemische Verbindung aufspalten.*

Elek|t|ro|ly|sier|ge|fäß, das (Chemie): *Vorrichtung, Apparatur zur Durchführung einer Elektrolyse.*

Elek|t|ro|lyt, der; -en (selten: -s), -e (selten: -en) [engl. electrolyte]: **1.** (Physik, Chemie) *Substanz, die durch entgegengesetzt geladene, bewegliche Ionen elektrisch leitfähig ist.* **2.** (bes. Med., Sport) *für den Körper notwendige Salze enthaltende flüssige od. feste Substanz, die bes. dann verwendet wird, wenn ein Verlust von Elektrolyten* (1) *droht od. eingetreten ist.*

elek|t|ro|ly|tisch ⟨Adj.⟩: *die Elektrolyse, den Elektrolyten betreffend.*

Elek|t|ro|lyt|lö|sung, die (bes. Med., Sport): *Elektrolyt* (2).

Elek|t|ro|ma|g|net [auch: eˈlɛktro...], der (Physik): *Gerät zur elektrischen Erzeugung eines Magnetfeldes.*

elek|t|ro|ma|g|ne|tisch [auch: eˈlɛktro...] ⟨Adj.⟩ (Physik): *den Elektromagnetismus betreffend, darauf beruhend:* -e Wellen; ein -es Feld; -e Induktion *(Entstehung eines elektrischen Stroms durch das Bewegen eines Magnetpols).*

Elek|t|ro|ma|g|ne|tis|mus [auch: eˈlɛktro...], der (Physik): *Gesamtheit aller Erscheinungen, in denen elektrische Ströme u. magnetische Felder miteinander verknüpft sind.*

Elek|t|ro|mas|sa|ge, die: *Heilbehandlung mit einem elektrischen Vibrationsgerät:* eine E. gegen Muskelverspannung.

Elek|t|ro|me|cha|nik [auch: eˈlɛktro...], die: *Teilgebiet der Elektrotechnik bzw. Feinmechanik, das die Umsetzung von elektrischen Vorgängen in mechanische u. umgekehrt beinhaltet.*

Elek|t|ro|me|cha|ni|ker [auch: eˈlɛktro...], der: *Handwerker od. Industriearbeiter, der aus Einzelteilen elektromechanische Anlagen u. Geräte montiert (Berufsbez.).*

Elek|t|ro|me|cha|ni|ke|rin [auch: eˈlɛktro...], die: w. Form zu ↑ Elektromechaniker.

elek|t|ro|me|cha|nisch [auch: eˈlɛktro...] ⟨Adj.⟩: **1.** *die Elektromechanik betreffend:* -e Bauelemente. **2.** *auf der Zusammenwirkung elektrischer u. mechanischer Vorgänge beruhend, sie betreffend.*

Elek|t|ro|meis|ter, der: *Meister* (1) *im Elektrohandwerk.*

Elek|t|ro|meis|te|rin, die: w. Form zu ↑ Elektromeister.

Elek|t|ro|me|ter, das (Elektrot.): *spezielles Gerät zum Messen elektrischer Ladungen u. Spannungen.*

Elek|t|ro|mo|bil, das; -s, -e: *Elektroauto.*

Elek|t|ro|mo|bi|li|tät, die; -: *Fortbewegung mit elektrisch angetriebenen Fahrzeugen bzw. Verkehrsmitteln.*

Elek|t|ro|mo|tor, der; -s, -en, auch: -e (Technik): *Motor, der elektrische Energie in mechanische Energie umwandelt.*

¹**Elek|t|ron** [eˈlɛktrɔn, auch: eˈlɛktron, elɛkˈtroːn], das; -s, -en [elɛkˈtroːnən] [engl. electron, um 1892 gepr. von dem brit. Physiker G. J. S. Stoney (1826–1911)] (Kernphysik): *elektrisch negativ geladenes Elementarteilchen.*

²**Elek|t|ron**, das; -s: **1.** [griech. élektron = mit Silber gemischtes Gold; Bernstein] *natürlich vorkommende Gold-Silber-Legierung.* **2.** ⟨als ®⟩ *Magnesiumlegierung [mit wechselnden Zusätzen].*

Elek|t|ro|nen|ak|zep|tor, der: *Atom, das aufgrund seiner Ladungsverhältnisse ein ¹Elektron aufnehmen kann.*

Elek|t|ro|nen|blitz, der (Fotogr.): **1.** *kurzzeitige Lichtabstrahlung eines Elektronenblitzgerätes.* **2.** (Jargon) *Elektronenblitzgerät.*

Elek|t|ro|nen|blitz|ge|rät, das: *als Lichtquelle für fotografische Zwecke dienende Vorrichtung, in der ein kurzzeitiger, sehr heller Entladungsstoß in einer Elektronenröhre ausgelöst wird.*

Elek|t|ro|nen|ge|hirn, **Elek|t|ro|nen|hirn**, das (ugs. veraltend): *Computer.*

Elek|t|ro|nen|hül|le, die: *Gesamtheit der ¹Elektronen, die einen Atomkern umgeben.*

Elek|t|ro|nen|mi|k|ros|kop, das (Physik): *Mikroskop, das anstelle von Licht mit Elektronenstrahlen arbeitet u. dadurch eine stärkere Vergrößerung ermöglicht.*

elek|t|ro|nen|mi|k|ros|ko|pisch ⟨Adj.⟩ (Physik): **a)** *mittels eines Elektronenmikroskops durchgeführt:* -e Vergrößerungen; **b)** *die Elektronenmikroskopie betreffend.*

Elek|t|ro|nen|op|tik, die (Physik): *Teilgebiet der Physik, das sich mit dem Verhalten von Elektronenstrahlen in ablenkenden magnetischen u. elektrischen Feldern befasst.*

elek|t|ro|nen|op|tisch ⟨Adj.⟩ (Physik): *die Elektronenoptik betreffend, auf ihr beruhend, zu ihr gehörend.*

Elek|t|ro|nen|or|gel, die: *orgelähnliches Instrument, dessen Klänge elektronisch erzeugt u. abgewandelt, variiert werden.*

Elek|t|ro|nen|röh|re, die (Physik): *der Steuerung u. Verstärkung elektrischer Ströme dienender luftleerer Glas- od. Metallkolben, in dem ein Elektronenstrom fließt.*

Elek|t|ro|nen|schleu|der, die (Physik): *Betatron.*

Elek|t|ro|nen|stoß, der (Physik): *Stoß eines ¹Elektrons auf ein Atom od. Molekül.*

Elek|t|ro|nen|strahl, der (Physik): *Strahl von ¹Elektronen, die sich in eine bestimmte Richtung bewegen.*

Elek|t|ro|nen|strom, der: vgl. Elektronenstrahl.

Elek|t|ro|nen|the|o|rie, die (Physik): *Theorie, die physikalische Eigenschaften u. Erscheinungen auf die Wirkung von ¹Elektronen zurückführt.*

Elek|t|ro|nen|volt, (amtlich:) Elektronvolt (Physik), das: *Energieeinheit der Kernphysik (Zeichen: eV).*

Elek|t|ro|nen|wel|le, die (Physik): *elektromagnetische Welle beim bewegten ¹Elektron.*

Elek|t|ro|nik, die; -, -en: **a)** ⟨o. Pl.⟩ *Zweig der Elektrotechnik, der sich mit der Entwicklung u. Verwendung von Geräten mit Elektronenröhren, Fotozellen, Halbleitern u. Ä. befasst;* **b)** *Gesamtheit einer elektronischen Anlage od. Ausstattung.*

Elek|t|ro|ni|ker, der; -s, -: *Techniker auf dem Gebiet der Elektronik (Berufsbez.).*

Elek|tro|ni|ke|rin, die; -, -nen: w. Form zu ↑ Elektroniker.

Elek|tro|nik|in|dus|t|rie, die: *Industriezweig, der sich mit der Herstellung elektronischer Produkte befasst.*

Elek|tro|nik|kon|zern, der: *Konzern, dessen wirtschaftlicher Schwerpunkt auf der Produktion elektronischer Produkte liegt.*

Elek|tro|nik|schrott, der ⟨Jargon⟩: *Gesamtheit nicht mehr verwendeter od. unbrauchbar gewordener elektronischer Geräte, Elektrogeräte od. Bauteile daraus, die zum Müll gegeben werden:* E. recyceln, exportieren.

Elek|tro|nik|un|ter|neh|men, das: *Unternehmen, dessen wirtschaftlicher Schwerpunkt auf der Produktion elektronischer Produkte liegt.*

elek|tro|nisch ⟨Adj.⟩: *auf der Elektronik* (a) *basierend, sie benutzend:* eine -e Rechenmaschine; -e Datenverarbeitung (Abk.: EDV); -e Musik; -e Post; e. gesteuerte Antennen.

elek|tro|ni|sie|ren ⟨sw. V.; hat⟩: *mit elektronischen Geräten versehen, ausstatten, auf elektronische Datenverarbeitung umstellen.*

Elek|tron|volt: ↑ Elektronenvolt.

Elek|tro|ofen, der: **1.** (Technik) *elektrisch beheizter Schmelzofen.* **2.** *mit elektrischem Strom betriebener Ofen.*

Elek|tro|pho|re|se, die; - [zu griech. phórēsis = das Tragen] (Physik): *Bewegung elektrisch geladener Teilchen in nicht leitender Flüssigkeit unter dem Einfluss elektrischer Ladung.*

Elek|tro|punk|tur, die (Med.): *Zerstörung von krankhaftem Gewebe od. von Nerven mittels einer nadelförmigen Elektrode.*

Elek|tro|rad, das (ugs.): *Elektrofahrrad.*

Elek|tro|ra|sie|rer, der: *elektrischer Rasierapparat.*

Elek|tro|ra|sur, die: *Rasur mit dem Elektrorasierer.*

Elek|tro|schock, der (Med.): *durch elektrische Stromstöße erzeugter künstlicher Schock zur Behandlung bestimmter Psychosen u. Ä.*

Elek|tro|schrott, der ⟨Jargon⟩: *Elektronikschrott.*

Elek|tro|schwei|ßung, die (Technik): *Schweißverfahren, bei dem die Schmelzwärme durch elektrischen Strom erzeugt wird.*

Elek|tro|smog, der ⟨Jargon⟩: *elektromagnetische Strahlung, die von Hochspannungsleitungen, Fernseh-, Radar- u. Mikrowellen sowie auch von elektrischen Haushaltsgeräten ausgeht (u. sich möglicherweise schädlich auf die Gesundheit auswirkt).*

Elek|tro|sta|tik, die; -: **1.** (Physik) *Wissenschaft von den ruhenden elektrischen Ladungen u. deren Wirkung auf ihre Umgebung.* **2.** (Fachspr.) *(von Textilien) Neigung zu elektrostatischen Aufladungen.*

elek|tro|sta|tisch ⟨Adj.⟩: *auf [Erscheinungen] der Elektrostatik beruhend, sie betreffend:* -e Aufladung.

Elek|tro|tech|nik, die ⟨o. Pl.⟩: *Zweig der Technik, der sich mit der technischen Anwendung der physikalischen Grundlagen u. Erkenntnisse der Elektrizitätslehre befasst.*

Elek|tro|tech|ni|ker, der: **a)** *Elektroingenieur;* **b)** *Elektriker;* **c)** *Facharbeiter auf dem Gebiet der Elektrotechnik.*

Elek|tro|tech|ni|ke|rin, die: w. Form zu ↑ Elektrotechniker.

elek|tro|tech|nisch ⟨Adj.⟩: *auf [Erscheinungen] der Elektrotechnik beruhend, sie betreffend:* die -e Industrie.

Elek|tro|the|ra|pie [auch: ...'piː], die; -, -n (Med.): *Heilbehandlung durch die Anwendung elektrischen Stroms.*

Elek|tro|ty|pie, die; -, -n [zu ↑ Type (1)]: *Galvanoplastik.*

Elek|tro|wei|de|zaun, der: *elektrisch geladener Draht zur Einzäunung von Viehweiden, der bei Berührung Stromschläge mit sehr geringer Stärke aussendet.*

Elek|tro|werk|zeug, das: *von einem Elektromotor angetriebenes Werkzeug* (1 a).

Elek|tro|zaun, der: *Elektroweidezaun.*

Ele|ment, das; -[e]s, -e [mhd. element < lat. elementum, H. u.]: **1. a)** *[Grund]bestandteil, Komponente:* ein wesentliches E.; **b)** *typisches Merkmal, Wesenszug:* die Musik enthält einige -e des Jazz; **c)** ⟨o. Pl.⟩ *Kraft, Faktor:* ihre Anwesenheit brachte ein heiteres E. in die Gesellschaft. **2.** ⟨Pl.⟩ *Grundbegriffe, Grundgesetze; Anfangsgründe:* die -e einer Fremdsprache. **3.** ⟨o. Pl.⟩ *[idealer] Lebensraum; Umstände, in denen sich ein Individuum [am besten] entfalten kann:* hier fühlt sie sich, ist sie in ihrem E. **4. a)** *in der antiken u. mittelalterlichen Naturphilosophie einer der vier Urstoffe Feuer, Wasser, Luft und Erde:* *das nasse E.* (oft scherzh.; *das Wasser:* er ist passionierter Schwimmer und liebt das nasse E.); **b)** ⟨meist Pl.⟩ *Naturgewalt, Naturkraft:* die entfesselten -e. **5.** (Chemie) *mit chemischen Mitteln nicht weiter zerlegbarer Stoff:* die chemischen, radioaktiven -e. **6.** (Elektrot.) *Stromquelle, in der chemische Energie in elektrische umgewandelt wird:* galvanische -e. **7.** (Math.) *(in der Mengenlehre) einzelnes Objekt einer Menge* (2). **8.** ⟨meist Pl.⟩ (abwertend) *Person als Bestandteil einer nicht geachteten od. für schädlich angesehenen sozialen od. politischen Gruppe:* kriminelle -e. **9.** *Einzelteil, aus dem mit anderen zusammen etw. konstruiert, aufgebaut wird, aus dem etw. zusammensetzt; Bauteil:* die verschiedenen -e einer Anbauwand.

ele|men|tar ⟨Adj.⟩ [lat. elementarius]: **1. a)** *grundlegend, wesentlich:* eine -e Voraussetzung; -e Regeln; **b)** *selbst einem Anfänger, einem Unerfahrenen bekannt, geläufig; einfach, primitiv:* ihm fehlen [selbst] die -sten Kenntnisse. **2.** *naturhaft; ungebändigt, ungestüm:* mit -er Gewalt; Später nahte er, und ich bewunderte, was er hervorbrachte; es war alles andere als virtuos, aber e. (Frisch, Montauk 32). **3.** (Chemie) *in Form einzelnen Elements [auftretend, vorhanden]:* -er Schwefel.

Ele|men|tar|be|griff, der: *Grundbegriff.*

Ele|men|tar|er|eig|nis, das: *Naturereignis,* -katastrophe: die Versicherung tritt auch für Schäden durch -se ein.

Ele|men|tar|geist, der (Mythol.): *(nach einer im Volksglauben verhafteten Vorstellung) Dämon od. unbeseelter Geist, der in einem der vier Elemente* (4 a) *haust.*

Ele|men|tar|ge|walt, die: *elementare Gewalt, Naturgewalt.*

Ele|men|tar|kennt|nis, die ⟨meist Pl.⟩: *elementare Kenntnis, Grundkenntnis.*

Ele|men|tar|kraft, die: *Naturkraft.*

Ele|men|tar|la|dung, die (Elektrot.): *kleinste nachweisbare elektrische Ladung* (Zeichen: e).

Ele|men|tar|ma|the|ma|tik, die: *unterste Stufe der Mathematik.*

Ele|men|tar|scha|den, der (schweiz.): *durch Unwetter hervorgerufener Schaden.*

Ele|men|tar|teil|chen, das: *eines der verschiedenartigen kleinsten Teilchen, aus denen Atome aufgebaut sind.*

Ele|mi, das; -[s] [span. elemí < arab. al-lāmī]: *in Medizin u. Technik verwendetes Harz einer bestimmten Gruppe tropischer Bäume.*

Elen, das, seltener: der; -s, - [frühnhd. elen(d) < alttauisch ellenis = Hirsch]: *Elch.*

elend ⟨Adj.⟩ [mhd. ellende, eigtl. = fremd, verbannt, ahd. elilenti = in fremdem Land, ausgewiesen, 1. Bestandteil im germ. Pronominalstamm mit der Bed. »ander...«, 2. Bestandteil zu ↑ Land]: **1. a)** *kümmerlich, jämmerlich, beklagenswert:* sie führten ein -es Leben; sie ist e. zugrunde gegangen; **b)** *armselig, ärmlich:* eine -e Hütte; **c)** *krank, schwach:* ein -es Aussehen; ich fühle mich ganz e.; mir ist e. (übel); **d)** (abwertend) *gemein, niederträchtig, erbärmlich:* ein -er Schurke. **2.** (ugs.) **a)** ⟨nur attr.⟩ *sehr, besonders groß:* ich habe -en Durst; **b)** ⟨intensivierend bei Adjektiven u. Verben⟩ *sehr, schrecklich, ungeheuer:* wir haben e. gefroren.

Elend, das; -[e]s [mhd. ellende, ahd. elilenti = anderes Land, Verbannung; Not, Trübsal]: **a)** *Unglück, Leid, Kummer:* damit bringt sie sich nur ins E.; ist das ein E. (ugs.; *trostloser Zustand*) [mit ihm, mit den Kindern]!; ... und als ich den Spieß dann umkehrte und ihn fragte, wie und wo er diese Zeit verbracht hätte, verdüsterte sich seine Stirn, und er redete mit bewegter Stimme vom E. der Emigration (Heym, Schwarzenberg 202); *langes E.* (ugs.; *hochgewachsener, dünner Mensch*); **das heulende/graue E. haben, bekommen, kriegen** (ugs., oft scherzh.; *sich zutiefst unglücklich fühlen; sehr niedergeschlagen sein, werden; verzweifeln*); aussehen wie das leibhaftige E. (sehr krank, schlecht aussehen); *das heulende/graue E. haben, kriegen* (ugs., oft scherzh.; *sich zutiefst unglücklich fühlen, sein, werden; sehr niedergeschlagen sein, werden; verzweifeln*); **b)** *Armut, Not:* die Krise stürzte viele Familien ins E.; ◆ **c)** *Verbannung:* Du, der mir in das E. nachgefolgt (Schiller, Jungfrau V, 4).

elen|dig (bayr., österr.: e'lɛ...) ⟨Adj.⟩ (österr., sonst landsch.): *elend.*

elen|dig|lich [auch: 'eː'lɛn...] ⟨Adj.⟩ (geh.): *elend:* e. zugrunde gehen.

Elends|da|sein, das: *kümmerliches, trostloses Dasein:* ein E. fristen.

Elends|ge|stalt, die: *elende, erbärmliche Gestalt.*

Elends|quar|tier, das: **1.** *armselige Unterkunft.* **2.** *Elendsviertel, Slum.*

Elends|vier|tel, das: *vorwiegend aus armseligen Behausungen bestehendes Stadtviertel.*

Ele|phan|ti|a|sis: ↑ Elefantiasis.

Ele|va|ti|on, die; -, -en [lat. elevatio = das Aufheben]: **1.** (bildungsspr.) *Erhöhung, Erhebung.* **2.** (kath. Rel.) *das Emporheben des Kelches u. der Hostie während der Messe.* **3.** (Parapsychol.) *physikalisch nicht erklärbare Anhebung eines Körpers in Abhängigkeit von einem Medium.*

Ele|ve, der; -n, -n [frz. élève, zu: élever = unterweisen, eigtl. = aus der Unwissenheit herausheben < lat. elevare = emporheben]: **a)** *Schauspiel-, Ballettschüler;* **b)** *Land- od. Forstwirt während der praktischen Ausbildungszeit;* **c)** (bildungsspr.) *Schüler* (2); *Nachwuchs:* Adornos E.; als journalistischer E. *(Anfänger)* arbeitete er bei einer Lokalzeitung.

Ele|vin, die; -, -nen: w. Form zu ↑ Eleve.

elf ⟨Kardinalz.⟩ [mhd. eilf, ahd. einlif] (in Ziffern: 11): vgl. acht.

¹Elf, die; -, -en: **1.** *Zahl 11.* **2.** (Sport) *aus elf Spielern bestehende Mannschaft, z. B. beim Fußball.* **3.** *Bus-, [Straßen]bahnlinie 11.*

²Elf: ↑ Elfe.

El Fa|tah - ['fa'tax], die; -- [arab. el-fataḥ, Akronym von: harakat at-taḥrīr el-filasṭīnī = Bewegung zur Befreiung Palästinas, angelehnt an: faṭ = Eroberung]: *palästinensische Kampforganisation.*

El|fe, die; -, -n, (seltener:) ²Elf, der; -en, -en [engl. elf < angels. ælf, verw. mit ↑ ²Alb]: *zarter, anmutiger Naturgeist aus der Welt der Sagen u. Märchen.*

Elf|eck, das; -[e]s, -e: *Figur mit elf Ecken; Hendekagon.*

elf|eckig ⟨Adj.⟩: *elf Ecken aufweisend.*

elf|ein|halb ⟨Bruchz.⟩ (in Ziffern: 11 1/2): vgl. achteinhalb.

Elfenbein–Elmsfeuer

El|fen|bein, das; -[e]s, -e [mhd. helfenbein, ahd. helfantbein = Elefantenknochen]: **1.** ⟨Pl. selten⟩ *Substanz der Stoßzähne des Elefanten, die als wertvolles Material [künstlerisch] verarbeitet wird.* **2.** ⟨meist Pl.⟩ (Kunstwiss.) *Kunst-, Kultgegenstand, Schmuck aus Elfenbein* (1): *-e aus Ephesus.*

El|fen|bein|ar|beit, die: *aus Elfenbein gefertigter Gegenstand.*

el|fen|bei|nern ⟨Adj.⟩: *aus Elfenbein [gefertigt].*

el|fen|bein|far|ben ⟨Adj.⟩: *von der Farbe des Elfenbeins, gelblich weiß wie Elfenbein.*

¹El|fen|bein|küs|te, -s, häufiger: die; -: Staat in Westafrika (amtl.: Côte d'Ivoire): *die Bewohner der E.; er ist Staatsbürger von E.*

El|fen|bein|schnit|zer, der: *jmd., der Elfenbeinschnitzereien anfertigt.*

El|fen|bein|schnit|ze|rei, die: **1.** vgl. Elfenbeinarbeit. **2.** ⟨o. Pl.⟩ *Kunst, Gegenstände aus Elfenbein zu schnitzen, zu schneiden, zu drechseln.*

El|fen|bein|schnit|ze|rin, die: w. Form zu ↑ Elfenbeinschnitzer.

El|fen|bein|turm, der ⟨Pl. selten⟩ [LÜ von frz. tour d'ivoire]: *selbst gewählte Isolation des Künstlers, Wissenschaftlers o. Ä., der in seiner eigenen Welt lebt, ohne sich um Gesellschaft u. Tagesprobleme zu kümmern.*

el|fen|haft ⟨Adj.⟩: *zart u. anmutig wie eine Elfe.*

El|fen|rei|gen, der (Mythol.): *nächtlicher Reigen der Elfen.*

El|fer, der; -s, -: **1.** (Fußballjargon) *Elfmeter.* **2.** (österr., sonst landsch.) *Zahl 11.*

el|fer|lei ⟨bestimmtes Gattungsz.; indekl.⟩ [↑-lei]: vgl. achterlei.

El|fer|rat, der: *elfköpfiger Karnevalsausschuss, der die Karnevalsveranstaltungen plant u. leitet.*

El|fer|schie|ßen, das; -s ⟨ugs.⟩: *Elfmeterschießen.*

El|fer|wet|te, die (früher): *Wettsystem des Fußballtotos, bei dem Sieg, Niederlage od. Unentschieden bei elf Fußballspielen vorausgesagt werden müssen.*

elf|fach ⟨Vervielfältigungsz.⟩: (in Ziffern: 11-fach, 11fach): vgl. achtfach.

Elf|fa|ches, das Elffache/ein Elffaches; des/eines Elffachen (mit Ziffer: 11-Faches, 11faches): vgl. Achtfaches.

elf|hun|dert ⟨Kardinalz.⟩ (in Ziffern: 1 100): *eintausendeinhundert.*

el|fisch ⟨Adj.⟩: *dem Reich der Elfen zugehörig.*

elf|jäh|rig ⟨Adj.⟩ (mit Ziffer: 11-jährig): **a)** *elf Jahre alt;* **b)** *elf Jahre dauernd.*

elf|köp|fig ⟨Adj.⟩: *aus elf Personen bestehend.*

elf|mal ⟨Wiederholungsz., Adv.⟩: vgl. achtmal.

Elf|me|ter, der; -s, - (Fußball): *nach bestimmten schweren Regelverstößen innerhalb des Strafraums verhängte Strafe, bei der Ball vom Elfmeterpunkt aus direkt auf das Tor geschossen werden darf; Strafstoß:* der Schiedsrichter gab einen E.; einen E. verwandeln *(ein Tor durch einen Elfmeterschuss erzielen).*

Elf|me|ter|mar|ke, die (Fußball): *Elfmeterpunkt.*

Elf|me|ter|punkt, der (Fußball): *von der Mitte der Torlinie 11 m entfernter Punkt, von dem aus der Elfmeter ausgeführt wird.*

elf|me|ter|reif ⟨Adj.⟩ (Fußballjargon): *wegen der Schwere des Verstoßes gegen die Spielregeln einen Elfmeter rechtfertigend:* eine -e Situation.

Elf|me|ter|schie|ßen, das (Fußball): *Entscheidung eines Fußballspiels mithilfe von Elfmeterschüssen nach Ablauf der Spielzeit.*

Elf|me|ter|schuss, der (Fußball): *Ausführung eines Elfmeters.*

Elf|me|ter|tor, das (Fußball): *durch einen Elfmeter erzieltes Tor.*

elft: in der Fügung **zu e.** *(als Gruppe von elf Personen):* sie kamen zu e.).

elft... ⟨Ordinalz. zu ↑ elf⟩ [mhd. ei(n)l(i)fte, ahd. einlifto] (in Ziffern: 11.): vgl. acht...

elf|tel ⟨Bruchz.⟩: vgl. achtel.

Elf|tel, das, schweiz. meist: der; -s, -: vgl. ¹Achtel.

elf|tens ⟨Adv.⟩ (als Ziffer: 11.): vgl. achtens.

elf|und|ein|halb: verstärkend für ↑ elfeinhalb.

Eli|as [nach dem feurigen Wagen, in dem Elias in den Himmel fuhr (2. Könige 2, 11)]: in der Verbindung **feuriger E.** (ugs. scherzh. veraltet: *fauchende, Funken sprühende alte Dampflokomotive).*

Eli|die|rung, die; -, -en: *das Elidieren, Elidiertwerden.*

Eli|mi|na|ti|on, die; -, -en [frz. élimination, ↑ eliminieren] (bildungsspr., Fachspr.): *das Eliminieren.*

eli|mi|nie|ren ⟨sw. V.; hat⟩ [frz. éliminer < lat. eliminare = über die Schwelle setzen, entfernen, zu: limen = Schwelle]: **1.** (bildungsspr.) **a)** *[durch Herauslösen aus einem größeren Komplex] als überflüssig, fehlerhaft, ungenügend, Schaden bringend usw. ausschalten, beseitigen;* **b)** *aus einem größeren Komplex herauslösen, um es gesondert zu behandeln:* einzelne Punkte aus einem Fragenkomplex [vorläufig] e.; **c)** *(Konkurrenten, Feinde o. Ä.) ausschalten, aus dem Weg räumen, beseitigen:* seine Gegner e. **2.** (Math.) *eine unbekannte Größe, die in mehreren Gleichungen vorkommt, rechnerisch beseitigen.*

Eli|mi|nie|rung, die; -, -en: *das Eliminieren.*

eli|sa|be|tha|nisch ⟨Adj.⟩: *aus dem Zeitalter Elisabeths I. von England stammend, sich darauf beziehend:* das -e Drama; Möbel im -en Stil.

Eli|si|on, die; -, -en [lat. elisio = das Herausstoßen, zu: elisum, 2. Part. von: elidere, ↑ elidieren] (Sprachwiss.): *Ausstoßung eines unbetonten Vokals im Inneren od. am Ende eines Wortes* (z. B. ew'ge, glaub [statt glaube] ich).

eli|tär ⟨Adj.⟩ [französisierende Bildung zu ↑ Elite]: **1.** *einer Elite angehörend, eine Elite bildend.* **2.** *auf das [vermeintliche] Zugehörigkeit zu einer Elite begründet, sie kennzeichnend:* ein -es Bewusstsein; -es (abwertend; *dünkelhaftes, überhebliches) Benehmen.*

Eli|te [österr. auch: ...'lɪt], die; -, -n [frz. élite, zu: élire = auslesen]: **1.** *eine Auslese darstellende Gruppe von Menschen mit besonderer Befähigung, besonderen Qualitäten, die Führenden; Führungsschicht, -mannschaft:* die gesellschaftliche, sportliche E.; die E. der Rennfahrer; zur E. gehören. **2.** ⟨o. Pl.⟩ *genormte Schriftgröße bei Schreibmaschinen.*

Eli|te|ein|heit, die (bes. Militär): *Einheit* (3), *die aufgrund ihrer Ausbildung u. ihrer Ausrüstung eine bevorzugte Stellung vor den anderen Einheiten zuerkannt wird.*

Eli|te|klas|se, die (Sportjargon): *höchste Spielklasse.*

Eli|te|li|ga, die (Sportjargon): *Eliteklasse.*

Eli|te|schu|le, die (ugs.): *als qualitativ hochklassig geltende Schule.*

Eli|te|sol|dat, der (Militär): *Soldat einer Elitetruppe.*

Eli|te|sol|da|tin, die: w. Form zu ↑ Elitesoldat.

Eli|te|trup|pe, die (Militär): *Truppe, der aufgrund ihrer Ausbildung u. ihrer Ausrüstung eine bevorzugte Stellung vor den anderen Truppen zuerkannt wird.*

Eli|te|uni, die (ugs.): kurz für ↑ Eliteuniversität.

Eli|te|uni|ver|si|tät, die: *als qualitativ hochklassig geltende Universität, an der die akademische* ↑ Elite (1) *ausgebildet wird.*

Eli|xier, das; -s, -e [alchemistenlat. elixirium < arab. al-iksīr = (mit Artikel) der Stein der Weisen, eigtl. = trockene Substanz mit magischen Eigenschaften < griech. xērion = trockenes (Heilmittel)]: *Heiltrank; Zaubertrank.*

El Kai|da [auch: -ˈkaːida], die; -: ⟨meist ohne Artikel⟩ [arab. el-qāʿida = die Basis]: *weltweit operierende islamistische Terrororganisation.*

Ell|bo|gen, Ellenbogen, der; -s, - [mhd. el(l)enboge, ahd. el(l)inbogo, zu ↑ Elle]: *(bei gebeugtem Arm vorspringender) Knochenfortsatz der Elle am Ellbogengelenk:* sich auf die E. stützen; ich habe mir den E. gestoßen; *seine E. [ge]brauchen (sich rücksichtslos durchsetzen).*

Ell|bo|gen|frei|heit, die: **1.** ⟨o. Pl.⟩ *Spielraum, der groß genug ist, damit die Ellbogen frei bewegt werden können.* **2.** ⟨Pl. selten⟩ *Freiheit, Spielraum für jmdn., der sich rücksichtslos durchsetzt, andere beiseitedrängt.*

Ell|bo|gen|ge|lenk, das: *Ober- u. Unterarm verbindendes Gelenk.*

Ell|bo|gen|ge|sell|schaft, die (abwertend): *Gesellschaft, die dadurch charakterisiert ist, dass sich der Einzelne rücksichtslos durchzusetzen, die anderen beiseitezudrängen sucht.*

Ell|bo|gen|mensch, der (abwertend): *Mensch, der andere beiseitezudrängen sucht.*

El|le, die; -, -n [mhd. elle, elne, ahd. elina, eigtl. = die Gebogene]: **1.** *Knochen des Unterarms auf der Seite des kleinen Fingers:* E. und Speiche. **2. a)** *frühere Längeneinheit* (etwa 55–85 cm): drei -n englisches Tuch/(geh.:) englischen Tuchs; **b)** *Maßstab von der Länge einer Elle* (2a): *etw. mit der E. messen.*

El|len|beu|ge, die: *Innenseite des Ellbogens; Armbeuge.*

El|len|bo|gen usw.: ↑ Ellbogen usw.

el|len|lang ⟨Adj.⟩ [mhd. ellenlanc] (ugs.): *übermäßig lang:* -e Briefe, Formulare, Erörterungen.

El|ler, die; -, -n [mniederd. eller, elre, asächs. elora (ahd. elira; vgl. Erle], eigtl. = die (gelblich od. rötlich) Schimmernde, nach der Farbe des geschlagenen Holzes] (landsch.): *Erle.*

◆ **El|ler|va|ter,** der; -s, ...väter [mundartl. Form von: Ältervater] (landsch.): *Großvater, Ahn:* Scheint der Mond ... in meines -s Fenster (Büchner, Dantons Tod IV, 9).

El|lip|se, die; -, -n: **1.** [griech. élleipsis, eigtl. = Mangel (wohl weil der Form die volle Rundung des Kreises fehlt), zu: elleípein = mangeln, fehlen] (Geom.) *zu den Kegelschnitten gehörende, geschlossene Kurve, die die Form eines gestauchten Kreises hat u. um zwei feste Punkte, die Brennpunkte, verläuft (wobei der Abstand von dem einen Brennpunkt u. der Abstand von dem anderen Brennpunkt überall die gleiche Summe ergeben).* **2.** (Sprachwiss., Rhet.) **a)** [lat. ellipsis < griech. élleipsis, eigtl. = das Auslassen] *Ersparung von Redeteilen* (z. B. [ich] danke schön); **b)** *Satz, in dem Redeteile erspart werden; Auslassungssatz.*

El|lip|sen|bahn, die: *in Form einer Ellipse verlaufende Bahn.*

el|lip|sen|för|mig ⟨Adj.⟩: *in der Form einer Ellipse (verlaufend).*

El|lip|so|id, das; -s, -e [zu griech. -oeidḗs = ähnlich] (Geom.): **a)** *durch Drehung einer Ellipse* (1) *um eine ihrer Achsen entstehender Körper* (3b); **b)** *das Ellipsoid* (a) *umschließende Fläche.*

el|lip|tisch ⟨Adj.⟩: **1.** (Geom.) **a)** *die Form einer Ellipse* (1) *habend;* **b)** *von den Eigenschaften einer Ellipse ausgehend, sie betreffend:* -e Geometrie. **2.** (Sprachwiss., Rhet.) *die Ellipse* (2) *betreffend; unvollständig:* -e Sätze.

El|lok ['ɛlɔk], die; -, -s [Kurzwort aus **el**ektrische **Lok**omotive]: *E-Lok.*

Elms|feu|er, Sankt-Elms-Feuer, St.-Elms-Feuer, das [wohl nach dem heiligen Erasmus (roman.: Sant' Elmo, Santo Elmo), dem Schutzpatron der Seeleute]: *bei Gewitterluft auftretende elektrische Lichterscheinung an hohen, spitzen Gegenständen wie Masten o. Ä.:* ein doppeltes, vierfaches Elmsfeuer.

El Ni|ño [ɛl 'ninjo], der; - -s, - -s [span., eigtl. = (Christ)kind; nach dem Zeitpunkt (= Weihnachten), zu dem die Warmwasserströmung in gewissen Abständen zu beobachten ist]: *(im Abstand von 3 bis 7 Jahren) im Pazifik vor der Küsten von Peru u. Ecuador auftretende anomale Wassererwärmung, die oft zu drastischen Störungen der Wetterverhältnisse mit Überschwemmungen u. Dürren in den Tropen führt.*

Elo|ah, der; -[s], Elohim [hebr. ęlôâ]: *alttestamentliche Bez. für: Gottheit, Gott.*

Elo|dea, Helodea, die; - [zu griech. helódes = sumpfig] (Bot.): *Wasserpest.*

Elo|ge [e'lo:ʒə], die; -, -n [frz. éloge < lat. elogium = Grabinschrift < griech. elegeîon] (bildungsspr.): *überschwängliches Lob; Lobrede.*

Elo|him: Pl. von ↑ Eloah.

E-Lok, die; -, -s (Eisenbahn veraltend): *elektrische Lokomotive.*

Elon|ga|ti|on, die; -, -en [zu lat. elongare = entfernen, fernhalten]: **1.** (Astron.) *Winkel zwischen Sonne u. Planet.* **2.** (Physik) *[Pendel]ausschlag.*

elo|quent ⟨Adj.⟩ [lat. eloquens (Gen.: eloquentis)] (bildungsspr.): *beredt, wortreich u. ausdrucksvoll:* eine -e Rednerin; eine -e Schilderung; er vertrat seinen Standpunkt äußerst e.

Elo|quenz, die; - [lat. eloquentia, adj. 1. Part. von: eloqui = aussprechen; vortragen] (bildungsspr.): *Beredsamkeit, Wortgewandtheit.*

Elo|xal®, das; -s [Kurzwort aus **el**ektrisch **ox**idiertes **Al**uminium] (Fachspr.): *durch anodische Oxidation gewonnene Schutzschicht auf Aluminium[legierungen].*

elo|xie|ren ⟨sw. V.; hat⟩: *mit Eloxal überziehen.*

El|rit|ze, die; -, -n [ostmd., zu ↑ Eller, Erle; der Fisch hält sich gerne am Ufer (unter Erlen) auf]: *(meist auf der Oberfläche klarer Gewässer in Schwärmen lebender) kleiner Karpfenfisch, dessen Körperseiten silbrig glänzen; Pfrille.*

El Sal|va|dor, - -s: *Staat in Mittelamerika.*

El|sass, das; - u. -es: *Landschaft in Ostfrankreich.*

¹El|säs|ser, der; -s, -: **1.** *Ew.* **2.** *Wein aus dem Elsass.*

²El|säs|ser ⟨indekl. Adj.⟩: E. Weine.

El|säs|se|rin, die; -, -nen: *w. Form zu* ↑ ¹Elsässer (1).

el|säs|sisch ⟨Adj.⟩: *das Elsass, die Elsässer betreffend.*

El|sass-Loth|rin|gen, -s: *amtliche Benennung für das das Elsass u. das nordöstliche Drittel Lothringens umfassende Gebiet, das von 1871 bis 1918 zum Deutschen Reich gehörte.*

el|sass-loth|rin|gisch ⟨Adj.⟩: *Elsass-Lothringen betreffend.*

Els|ter, die; -, -n [mhd. elster, agelster, ahd. agalstra, weitergeb. aus ahd. aga, H. u.]: *schwarzweißer Rabenvogel mit langem, abgestuftem Schwanz, der die Nester kleiner Vögel plündert:* Wenn man nicht alles wohnt, stiehlt die Bande, wie eine Schar -n (Remarque, Triomphe 21); * **diebische E.** *(jmd., der öfter [kleinere] Diebstähle begeht; nach Gewohnheit der Elstern, glitzernde Gegenstände in ihr Nest zu tragen).*

El|ter, das od. der; -s, -n [rückgeb. aus ↑ Eltern] (Fachspr.): *Elternteil (bei Mensch, Tier, Pflanze).*

el|ter|lich ⟨Adj.⟩: **a)** *den Eltern gehörend:* die -e Wohnung; **b)** *von den Eltern kommend, ausgehend:* -e Liebe; **c)** *den Eltern zustehend, sie betreffend:* -e Pflichten.

El|tern ⟨Pl.⟩ [mhd. eltern, altern, ahd. eltirōn, altirōn = die Älteren]: *Vater u. Mutter:* liebevolle, strenge E.; an seinen E. hängen; bei seinen E. wohnen; * **nicht von schlechten E. sein** (ugs.; *gar nicht so schlecht, nicht zu unterschätzen sein [in Bezug auf die Art der Ausführung]):* diese Ohrfeige war nicht von schlechten E.).

El|tern|abend, der: *gewöhnlich abends stattfindende schulische Veranstaltung, bei der Lehrer u. Eltern der Schüler über schulische Dinge sprechen.*

El|tern|aus|schuss, der: *Ausschuss, der aus den Eltern von Schülern einer Schule gebildet ist.*

El|tern|bei|rat, der: *Elternvertretung.*

El|tern|bei|rats|vor|sit|zen|de ⟨vgl. Vorsitzende⟩: *Vorsitzende des Elternbeirats.*

El|tern|bei|rats|vor|sit|zen|der ⟨vgl. Vorsitzender⟩: *Vorsitzender des Elternbeirats.*

El|tern|bei|trag, der: *von Eltern zu zahlender Beitrag* (1).

El|tern|frei|be|trag, der (Steuerw.): *(bei der Berechnung von BAföG-Stipendien o. Ä. zugrunde gelegter) Freibetrag des elterlichen Einkommens.*

El|tern|geld, das: *für eine bestimmte Zeit gewährte finanzielle Zuwendung an Mütter od. Väter, die nicht od. nur teilweise erwerbstätig sind u. sich der Betreuung und Erziehung ihres neugeborenen Kindes widmen.*

El|tern|ge|ne|ra|ti|on, die: *Generation der Eltern (einer bestimmten Altersgruppe).*

El|tern|haus, das: **a)** *von den Eltern bewohntes Haus der eigenen Kindheit;* **b)** *Familie mit ihrem prägenden, erzieherischen Einfluss.*

El|tern|in|i|ti|a|tive, die: *Zusammenschluss von Eltern mit dem Ziel, etw. Bestimmtes durchzusetzen.*

El|tern|lie|be, die: *Liebe der Eltern zu ihren Kindern.*

el|tern|los ⟨Adj.⟩: *ohne Eltern, verwaist.*

El|tern|paar, das: *Paar (in der Rolle als Eltern).*

El|tern|pflicht, die: **a)** *rechtlich festgelegte Pflicht der Eltern gegenüber ihren Kindern;* **b)** ⟨o. Pl.⟩ *Gesamtheit der Elternpflichten* (a).

El|tern|recht, das: **a)** *juristisch festgelegtes Recht der Eltern gegenüber ihren Kindern;* **b)** ⟨o. Pl.⟩ (Rechtsspr.) *Gesamtheit der Elternrechte* (a).

El|tern|schaft, die; -, -en: **1.** ⟨Pl. selten⟩ *Gesamtheit von Eltern, die (über ihre Kinder) ein gemeinsames Interesse verbindet:* die E. der Schule. **2.** ⟨o. Pl.⟩ *das Elternsein:* geplante E.

El|tern|se|mi|nar, das: *Seminar* (1) *für Eltern, in dem Fragen der Kindererziehung u. der Beziehung zwischen Eltern u. Kindern behandelt werden.*

El|tern|sprech|stun|de, die: *von den Lehrern in der Schule einzeln abgehaltene Sprechstunde für die Eltern ihrer Schüler.*

El|tern|teil, der: *Teil eines Elternpaares.*

El|tern|teil|zeit, die (Amtsspr.): *Teilzeitarbeit während der Elternzeit.*

El|tern|tier, das (Zool.): *Tier, das ein od. mehrere Junge hat.*

El|tern|un|ter|halt, der (Rechtsspr.): *(gesetzliche) Pflicht der Kinder, unter bestimmten Bedingungen für ihre pflegebedürftigen Eltern Unterhalt* (1) *zu zahlen.*

El|tern|ver|band, der: *Interessenverband von Eltern.*

El|tern|ver|ein, der: *die Interessen von Kindern u. Eltern vertretender Verein von Eltern.*

El|tern|ver|samm|lung, die: *Versammlung der Eltern von Schülern einer Klasse od. einer Schule.*

El|tern|ver|tre|ter, der: *Vertreter der Elternschaft* (1) *einer Schulklasse, eines Kindergartens o. Ä.*

El|tern|ver|tre|te|rin, die: *w. Form zu* ↑ Elternvertreter.

El|tern|ver|tre|tung, die: *Vertretung, Abordnung der Eltern von Schülern, die die Aufgabe hat, die Zusammenarbeit zwischen Eltern und Elternschaft zu fördern.*

El|tern|zeit, die (Amtsspr.): *berufliche Freistellung (mit Kündigungsschutz), die Mütter od. Väter nach der Geburt eines Kindes für dessen Betreuung beanspruchen können.*

Ély|sée [eli'ze:], das; -[s], **Ély|sée-Pa|last**, der ⟨o. Pl.⟩: *Palast in Paris (Amtssitz des französischen Staatspräsidenten).*

ely|sisch ⟨Adj.⟩ [lat. elysius = elysisch < griech. ēlýsios]: **a)** *zum Elysium* (1) *gehörend;* **b)** (dichter.) *paradiesisch, himmlisch:* -e Wonnen.

Ely|si|um, das; -s, ...ien [lat. Elysium < griech. Ēlýsion (pedíon)]: **1.** ⟨o. Pl.⟩ *(in der griechischen Sage) Land der Seligen in der Unterwelt.* **2.** (dichter.) *Zustand des vollkommenen Glücks.*

em. = emeritiert, emeritus.

EM [e:'lɛm], die; -, -[s]: *Europameisterschaft.*

Email [e'mai, e'ma:j, südd., österr.: e'maɪl], das; -s, -s, Emaille [e'malja, e'maj, e'ma:j], die; -, -n [e'maljən, e'maɪən, e'ma:jən] [frz. émail < afrz. esmal = Schmelzglas, aus dem Germ., verw. mit ↑ schmelzen]: *glasharter, gegen Korrosion u. Temperaturschwankungen beständiger Schmelzüberzug, der als Schutz oder zur Verzierung auf metallische Oberflächen aufgetragen wird.*

E-Mail ['i:meɪl], die; -, -s, auch, bes. südd., österr., schweiz.: das; -s, -s [engl. e-mail, Kurzwort aus **e**lectronic **mail** = elektronische Post]: **1.** *elektronischer Daten- u. Nachrichtenaustausch über Computer.* **2.** *per E-Mail* (1) *verschickte bzw. empfangene Nachricht:* eine/(auch:) ein E. schreiben, schicken, senden, empfangen; seine -s beantworten.

E-Mail-Ad|res|se, die: *Adresse* (1 b)*, die Angaben wie Name u. Provider enthält und unter der E-Mails empfangen werden können.*

E-Mail-An|schluss, der: *Anschluss* (1 a) *zum Internet, der den Empfang u. den Versand von E-Mails ermöglicht.*

E-Mail-Cli|ent, der (EDV): *Client für E-Mails.*

Email|ei|mer, der: *emaillierter Eimer aus Metall.*

e-mai|len, emai|len ['i:meɪlən] ⟨sw. V.; hat⟩ [zu ↑ E-Mail]: *als E-Mail senden; mailen:* eine Nachricht e.; (selten im 2. Part.:) ich habe ihr meine Glückwünsche gemailt.

Email|far|be, die: *Farbe aus Metalloxiden, die besonders bei der Emailmalerei verwendet wird.*

Email|glas, das ⟨Pl. ...gläser⟩: *Glas mit eingebrannten Emailfarben.*

Email|lack, der: *stark glänzender, leicht verlaufender Lack.*

Emaille: ↑ Email.

Emailleur [ema'jø:ɐ̯, emal'jø:ɐ̯], der; -s, -e [frz. émailleur]: *jmd., der auf metallene Gegenstände Email aufträgt u. es einbrennt (Berufsbez.).*

Emailleurin [ema'jø:rɪn, emal'jø:rɪn], die; -, -nen: *w. Form zu* ↑ Emailleur.

email|lie|ren [ema'ji:rən, emal'ji:rən] ⟨sw. V.; hat⟩ [frz. émailler]: *mit Email überziehen:* Töpfe e.; (meist im 2. Part.:) emailliertes Kupfer, Gusseisen; ein blau emaillierter Schmortopf.

Email|lier|ofen, der: *Brennofen zum Emaillieren.*

Email|ma|le|rei, die: **a)** ⟨o. Pl.⟩ *das Malen auf farbigem Glas, das als flüssige Masse auf Metall zuweilen auch als Pulver mit Öl, aufgetragen u. eingebrannt wird;* **b)** *mithilfe von Emailmalerei* (a) *hergestelltes Kunstwerk.*

E-Mail-Pro|gramm, das: *Programm* (4) *zum Senden, Empfangen und Lesen von E-Mails.*

Email|über|zug, der: *Überzug aus Email.*

E-Mail-Ver|kehr, der ⟨o. Pl.⟩: *Nachrichtenaustausch über E-Mails.*

E-Mail-Wurm, der (EDV): *Computervirus, der sich als Anhang von E-Mails über Netzwerke selbstständig verbreitet.*

Ema|na|ti|on, die; -, -en [lat. emanatio = Ausfluss]: **1.** (Philos.) *das Hervorgehen aller Dinge aus dem unveränderlichen, vollkommenen, göttlichen Einen (bes. in der neuplatonischen u.*

gnostischen Lehre). **2.** (bildungsspr.) *Ausstrahlung:* die E. einer starken Persönlichkeit.
ema|nie|ren ⟨sw. V.; ist⟩ [lat. emanare] (geh.): *ausströmen.*
Eman|ze, die; -, -n (ugs., oft abwertend): *Frau, die sich bewusst emanzipiert gibt u. die sich aktiv für die Emanzipation* (b) *einsetzt.*
Eman|zi|pa|ti|on, die; -, -en [lat. emancipatio]: **a)** *Befreiung aus einem Zustand der Abhängigkeit; Selbstständigkeit; Gleichstellung:* gesellschaftliche E.; **b)** *rechtliche u. gesellschaftliche Gleichstellung [der Frau mit dem Mann].*
Eman|zi|pa|ti|ons|be|we|gung, die: *Bewegung* (3), *die eine Emanzipation zum Ziel hat.*
Eman|zi|pa|ti|ons|stre|ben, das: *das Streben nach Emanzipation.*
eman|zi|pa|tiv ⟨Adj.⟩ (bildungsspr.): *Emanzipation beinhaltend.*
eman|zi|pa|to|risch ⟨Adj.⟩ (bildungsspr.): **a)** *auf Emanzipation* (a) *gerichtet:* -e Bestrebungen; **b)** *die Emanzipation* (b) *betreffend.*
eman|zi|pie|ren ⟨sw. V.; hat⟩ [lat. emancipare, eigtl. = (einen erwachsenen Sohn od. einen Sklaven) aus der väterlichen Gewalt in die Selbstständigkeit entlassen]: **a)** (e. + sich) *sich aus einer die eigene Entfaltung hemmenden Abhängigkeit lösen, sich selbstständig, unabhängig machen, Gleichstellung erlangen:* die Frauen haben sich längst emanzipiert; **b)** (e. + sich) *sich loslösen, befreien:* sich von einer Vorherrschaft, den Eltern e.; er hat sich von seinem Chef, die Ukraine hat sich von Russland emanzipiert; Ü sich von einem schädlichen Image, einem schlechten Ruf e.; **c)** (selten) *jmdn. aus einer Abhängigkeit lösen, selbstständig, unabhängig machen.*
eman|zi|piert ⟨Adj.⟩: *die traditionelle Rolle nicht mehr akzeptierend, selbstständig, unabhängig:* eine politisch -e Massengesellschaft.
Eman|zi|pie|rung, die; -, -en: *das [Sich]emanzipieren; Emanzipation.*
Em|bal|la|ge [ãbaˈlaːʒə, österr. meist: ...ʃ], die; -, -n [frz. emballage] (Kaufmannsspr.): *[dem Käufer in Rechnung gestelltes] Verpackungsmaterial* (z. B. Kisten).
Em|bar|go, das; -s, -s [span. embargo, zu: embargar = in Beschlag nehmen, behindern] (Völkerrecht): **1.** *staatliches Verbot, mit einem bestimmten Staat Handel zu treiben.* **2.** *das Zurückhalten fremden Eigentums (besonders Handelsschiffe) durch einen Staat.*
Em|blem [ɛmˈbleːm, auch: ãˈbleːm], das; -s, -e u. -ata [ɛmˈbleːmata] [frz. emblème < lat. emblema < griech. émblēma = Einlegearbeit mit Symbolgehalt] (geh.): **a)** *Sinnbild; Symbol, Wahrzeichen:* der Ölzweig ist das E. des Friedens; **b)** *Kennzeichen eines Staates, Hoheitszeichen.*
Em|ble|ma|tik [ɛmbleˈmaːtɪk, österr. auch: ...ˈmat...], die; -: **1.** *sinnbildliche Darstellung religiöser, mythologischer u. ä. Inhalte.* **2.** *Forschungsrichtung, die sich mit der Herkunft u. Bedeutung von Emblemen* (a) *befasst.*
em|ble|ma|tisch [österr. auch: ...ˈmat...] ⟨Adj.⟩: **1.** *die Emblematik betreffend:* die -e Literatur. **2.** (geh.) *sinnbildlich.*
Em|bo|li: Pl. von ↑ Embolus.
Em|bo|lie, die; -, -n [zu griech. embolḗ = Hineinwerfen] (Med.): *Verstopfung eines Blutgefäßes durch in die Blutbahn geratene körpereigene oder körperfremde Substanzen.*
Em|bo|lus, der; -, ...li [griech. émbolos = das Hineingeschobene; Pflock; Pfropf] (Med.): *in der Blutbahn befindlicher Fremdkörper; Gefäßpfropf.*
◆ **Em|bras|se|ment** [ãbrasəmãː], das; -s, -s [frz. embrassement, zu: embrasser, ↑ embrassieren]: *Umarmung: ... seit gestern ist sie zurück, und jetzt mit ihrem übervollem Herzen ... stracks

hin zur Oberstin damit ... stell dir den Jubel selber vor und das E. beiderseits* (Mörike, Mozart 224).
◆ **em|bras|sie|ren** [ãbraˈsiːrən] ⟨sw. V.; hat⟩ [frz. embrasser, zu: bras = Arm < lat. brachium]: *umarmen, küssen;* ◆ *... lief ich sogleich auf ihn zu und embrassierte ihn heftig* (Eichendorff, Taugenichts 103).
Em|bryo, der, österr. auch: das; -s, ...onen u. -s [spätlat. embryo < griech. émbryon = Neugeborenes, Ungeborenes]: **a)** (Anthropol., Zool.) *im Anfangsstadium der Entwicklung befindlicher Organismus (beim Menschen die Leibesfrucht von der vierten Schwangerschaftswoche bis zum Ende des vierten Schwangerschaftsmonats);* **b)** (Med. seltener) *Fetus.*
Em|bryo|ge|ne|se, die (Anthropol., Zool.): *Embryonalentwicklung.*
Em|bryo|lo|gie, die [zu griech. lógos, ↑ Logos] (Anthropol., Zool.): *Lehre u. Wissenschaft von der vorgeburtlichen Entwicklung der Lebewesen.*
em|bry|o|nal ⟨Adj.⟩: **1.** (Biol., Med.) **a)** *zum Stadium des Embryos gehörend, es betreffend, von ihm ausgehend:* der Mensch in seiner -en Phase; **b)** *unentwickelt, unreif.* **2.** (bildungsspr.) *in Ansätzen [vorhanden]:* -e Anzeichen einer Entwicklung.
Em|bry|o|nal|ent|wick|lung, die (Anthropol., Zool.): *Entwicklung des Embryos.*
Em|bry|o|nal|zeit, die (Biol., Med.): *Zeitraum der Entwicklung des Embryos.*
Em|bry|o|nen|for|schung, die: *Forschung* (2 a) *mit u. an Embryonen* (1 a): überzählige künstlich befruchtete Eizellen dienen als Material für die E.
Em|bry|o|nen|schutz|ge|setz, das (Rechtsspr.): *Gesetz zur Regelung der* ↑ *In-vitro-Befruchtung.*
em|bry|o|nisch ⟨Adj.⟩: *embryonal.*
Em|bry|o|trans|fer, der (Med., Zool.): *Übertragung u. Einpflanzung von Eizellen, die außerhalb des Körpers befruchtet wurden.*
Emd, das; -[e]s [mhd. embde] (schweiz.): *Heu aus dem zweiten Grasschnitt; Grummet.*
em|den ⟨sw. V.; hat⟩ (schweiz.): *Grummet machen.*
Em|det, der; -s [↑ Emd] (schweiz.): *zweiter Grasschnitt.*
EM-End|run|de, die (Sport): *Endrunde einer Europameisterschaft.*
emer|gie|ren ⟨sw. V.; ist⟩ [lat. emergere = auftauchen]: **1.** (veraltet) *auftauchen, hochkommen.* **2.** *sich hervortun:* ♦ Nun emergiert und eminiert er bald ohne Unterbrechung irgendeiner Art; er verbreitet sich mit Leichtigkeit in der literarischen und bürgerlichen Welt (Goethe, Dichtung u. Wahrheit 11).
Eme|rit, der; -en, -en [zu ↑ emeritus] (kath. Kirche): *im Alter dienstunfähig gewordener Geistlicher.*
Eme|ri|ta, die; -, ...tae [...tɛː] (Hochschulw.): *emeritierte Hochschulprofessorin.*
Eme|ri|ti: Pl. von ↑ Emeritus.
eme|ri|tie|ren ⟨sw. V.; hat⟩ (Hochschulw.): **a)** *(einen ordentlichen Hochschulprofessor/eine ordentliche Hochschulprofessorin) von der Lehrtätigkeit entbinden, entpflichten u. in den Ruhestand versetzen:* er wird demnächst emeritiert; die inzwischen emeritierte Theologin; Ü Im Schaufenster einer Verlagsbuchhandlung liegen die Memoiren bedeutender, aus der Weltgeschichte emeritierter Persönlichkeiten (Koeppen, Rußland 163); **b)** *von der Lehrtätigkeit (als ordentlicher Hochschulprofessor/ordentliche Hochschulprofessorin) entbunden u. in den Ruhestand versetzt werden:* er will e.
Eme|ri|tie|rung, die; -, -en (Hochschulw.): *das Emeritieren, Emeritwerden.*

eme|ri|tus ⟨Adj.⟩ [lat. emeritus = ausgedient, adj. **2.** Part. von: emereri = zu Ende dienen]: *von seiner Lehrtätigkeit entbunden* (in Verbindung mit dem davor stehenden Titel; Abk.: em., emer., emerit.)
Eme|ri|tus, der; -, ...ti (Hochschulw.): *emeritierter Hochschulprofessor.*
Emer|si|on, die; -, -en [lat. emersio]: **1.** (Geol.) *Aufsteigen des Landes über den Meeresspiegel.* **2.** (Astron.) *Heraustreten eines Mondes aus dem Schatten eines Planeten.*
Eme|ti|kum, das; -s, ...ka [zu spätlat. emeticum, zu: emeticus, ↑ emetisch] (Med.): *Brechmittel.*
eme|tisch ⟨Adj.⟩ [spätlat. emeticus < griech. emetikós] (Med.): *Brechreiz erregend.*
EM-Fi|na|le [eːˈlɛmfinaːlə], das (Sport): *Finale einer Europameisterschaft.*
Emi|grant, der; -en, -en [zu lat. emigrans (Gen.: emigrantis), 1. Part. von: emigrare, ↑ emigrieren]: *jmd., der emigriert; Auswanderer:* ein russischer E.
Emi|gran|ten|li|te|ra|tur, die; -, -en ⟨Pl. selten⟩: *Exilliteratur.*
Emi|gran|tin, die; -, -nen: w. Form zu ↑ Emigrant.
Emi|gra|ti|on, die; -, -en [spätlat. emigratio = das Ausziehen, Wegziehen]: **1.** *das Emigrieren:* die rechtzeitige E. bewahrte ihn vor dem Tod; *innere E.* (bildungsspr.; *innerliche Abkehr von den Auseinandersetzungen mit den aktuellen wirtschaftlichen, politischen, religiösen u. ä. Vorgängen als Ausdruck von Opposition*). **2.** ⟨o. Pl.⟩ *fremdes Land, Fremde als Schicksalsraum des Emigranten:* in die E. gehen. **3.** ⟨o. Pl.⟩ *Gesamtheit von Emigranten; Menschen in der Emigration* (2): die E. entfaltete zahlreiche Aktivitäten.
emi|grie|ren ⟨sw. V.; ist⟩ [lat. emigrare, aus: e(x) = aus, weg u. migrare, ↑ Migration]: *sein Land [freiwillig] aus wirtschaftlichen, politischen, religiösen u. a. Gründen verlassen; auswandern:* er entschloss sich zu e.
Emi|grier|te, die/eine Emigrierte; der/einer Emigrierten, die Emigrierten/zwei Emigrierte: *weibliche Person, die emigriert ist.*
Emi|grier|ter, der Emigrierte/ein Emigrierter; des/eines Emigrierten, die Emigrierten/zwei Emigrierte: *jmd., der emigriert ist.*
emi|nent ⟨Adj.⟩ [frz. éminent < lat. eminens, 1. Part. von: eminere = heraus-, hervorragen]: **a)** (österr., sonst bildungsspr.) *sehr wichtig, bedeutsam; außerordentlich groß, in hohem Maße gegeben; hervorragend, herausragend:* eine -e Begabung; ♦ (intensivierend bei Adjektiven u. Verben) *sehr, außerordentlich; in hohem Maße, äußerst:* ein e. gefährlicher Gegner.
Emi|nenz, die; -, -en [lat. eminentia = das Hervorragen] (kath. Kirche): **a)** ⟨o. Pl.⟩ *Hoheit (als Titel eines Kardinals):* Eure E.!; **b)** *Träger des Titels Eminenz; Kardinal:* * **graue/Graue E.** (*einflussreiche [politische] Persönlichkeit, die als solche nach außen kaum in Erscheinung tritt;* LÜ des Beinamens »l'Éminence grise« des Kapuziners Père Joseph [1577 bis 1638], des engsten Beraters Richelieus).
◆ **emi|nie|ren** ⟨sw. V.; hat⟩ [lat. eminere, ↑ eminent]: *hervorragen* (2); *sich auszeichnen:* Nun emergiert und eminiert er bald ohne Unterbrechung irgendeiner Art; ... er verbreitet sich mit Leichtigkeit in der literarischen und bürgerlichen Welt (Goethe, Dichtung u. Wahrheit 11).
Emir [auch: eˈmiːɐ̯], der; -s, -e [arab. amīr, zu: amara = befehlen; vgl. Admiral]: *(besonders in islamischen Ländern) Befehlshaber, Fürst, Gebieter.*
Emi|rat, das; -[e]s, -e: *arabisches Fürstentum.*
Emis|sär, der; -s, -e [frz. émissaire < lat. emissarius = Sendbote, zu: emittere, ↑ emittieren]:

Emissärin – empfängnisverhütend

Abgesandter mit bestimmtem [geheimem] Auftrag; Agent.
Emis|sä|rin, die; -, -nen: w. Form zu ↑Emissär.
Emis|si|on, die; -, -en: **1.** (Finanzw.) **a)** [(frz. émission <) lat. emissio = das Herausschicken, Ausströmenlassen] *Ausgabe von Wertpapieren od. Geld, ihre Einführung in den Verkehr:* eine E. französischer Staatsanleihen; **b)** *Wertpapier:* -en mit langen Laufzeiten. **2.** *Ausgabe von Briefmarken, ihre Einführung in den Verkehr.* **3. a)** *das Ausströmen verunreinigender Stoffe, schädlicher Energien in die Umwelt:* die E. von Treibhausgasen; **b)** ⟨meist Pl.⟩ *verunreinigender Stoff; Schadstoff.* **4.** (Physik) *Aussendung von elektromagnetischen Teilchen od. Wellen.* **5.** (schweiz.) *Rundfunksendung.*
emis|si|ons|arm ⟨Adj.⟩: *wenig Schadstoffe abgebend:* -e Lacke, Fahrzeuge, Möbel.
Emis|si|ons|bank, die ⟨Pl. -en⟩: *Effektenbank.*
Emis|si|ons|be|las|tung, die: *Belastung (eines Gebietes) durch Emissionen* (3).
Emis|si|ons|er|lös, der (Finanzw.): *Erlös aus dem Verkauf von Emissionen* (1 b).
emis|si|ons|frei ⟨Adj.⟩: *keine Schadstoffe abgebend:* ein -er Motor.
Emis|si|ons|ge|schäft, das (Bankw.): *Gesamtheit aller Maßnahmen einer Bank, die mit der Emission* (1 a) *zusammenhängen.*
Emis|si|ons|han|del, der: *kurz für* ↑Emissionsrechtehandel.
Emis|si|ons|haus, das (Finanzw.): *Firma o. Ä., die sich mit Emissionsgeschäften befasst.*
Emis|si|ons|ka|tas|ter, der od. das: *Bestandsaufnahme der Luftverschmutzung in einem Gebiet.*
Emis|si|ons|kon|sor|ti|um, das; -s, ...ien (Bankw.): *Zusammenschluss von Banken zur gemeinsamen Emission* (1 a) *neuer Wertpapiere.*
Emis|si|ons|kurs, der (Bankw.): *Ausgabekurs von Wertpapieren.*
Emis|si|ons|preis, der (Finanzw.): *Ausgabepreis.*
Emis|si|ons|pros|pekt, der, österr. auch: das (Finanzw.): *Prospekt mit Informationen zu bestimmten Emissionen* (1 b).
Emis|si|ons|recht, das (Bankw.): *Recht, eine bestimmte Menge Emissionen* (3 b) *auszustoßen.*
Emis|si|ons|rech|te|han|del, der: *(als Instrument der Umweltpolitik eingesetzter) Handel mit Emissionsrechten mit dem Ziel, die Umweltbelastung zu begrenzen und so dem Klimaschutz zu dienen.*
Emis|si|ons|schutz, der ⟨o. Pl.⟩: *Schutz der Bevölkerung vor schädlichen Auswirkungen von Emissionen* (3).
Emis|si|ons|stopp, der (Bankw.): *vom Staat verhängtes, zeitlich befristetes Verbot der Ausgabe von Aktien u. Wertpapieren.*
Emis|si|ons|vo|lu|men, das (Finanzw.): *Umfang, Gesamtmenge von Emissionspreis u. Stückzahl der (bei Börsengang od. Kapitalerhöhung) ausgegebenen Wertpapiere.*
Emis|si|ons|wert, der: *die Emission* (3) *betreffender Messwert.*
Emis|si|ons|zer|ti|fi|kat, das: *Zertifikat, durch das dem Inhaber ein bestimmtes Emissionsrecht verbrieft wird.*
Emit|tent, der; -en, -en [zu lat. emittens (Gen.: emittentis), 1. Part. von: emittere, ↑emittieren]: **1.** (Bankw.) *jmd., der Wertpapiere ausstellt u. ausgibt.* **2.** *Industriebetrieb o. Ä., der Emissionen* (3) *verursacht.*
Emit|ten|tin, die; -, -nen: w. Form zu ↑Emittent.
Emit|ter [eˈmɪtɐ, engl.: ɪˈmɪtə], der; -s, - [engl. emitter, zu: to emit = aussenden < lat. emittere, ↑emittieren] (Technik): *Teil des Transistors, der die Elektronen emittiert.*
emit|tie|ren ⟨sw. V.; hat⟩: **1.** [nach frz. émettre < lat. emittere = herausgehen lassen, ausschi-

cken, zu: mittere, ↑Mission] (Bankw.) *(Wertpapiere) ausgeben, in Verkehr bringen:* eine 150-Mill.-Euro-Anleihe e. **2.** *(umweltgefährdende Stoffe) in die Luft ablassen:* Abgase, Schadstoffe e. **3.** (Physik) (Elektronen) *aussenden.*
Em|ma|us: biblischer Ort.
Em|men|tal, das; -[e]s: schweizerische Landschaft.
¹Em|men|ta|ler, der; -s, -: Ew.
²Em|men|ta|ler (indekl. Adj.): E. Käse.
³Em|men|ta|ler, der; -s, - [nach dem Emmental in der Schweiz, wo der Käse zuerst hergestellt wurde]: *vollfetter Schweizer Käse mit kirschgroßen Löchern u. nusskernartigem Geschmack; Emmentaler Käse.*
Em|men|ta|le|rin, die; -, -nen: w. Form zu ↑¹Emmentaler.
Em|mer, der; -s [spätmhd. emer, ahd. amari, wohl Nebenf. von: amar(o), H. u.] (südd.): *dem Dinkel verwandte Weizenart.*
Em|my, der; -s, -s, **Em|my Award** [ˈɛmɪ əˈwɔːd], der; - -[s], - -[s] [engl.-amerik., vicll., zu: Immy (im Technikjargon Kurzwort für: image orthicon camera = eine spezielle Fernsehkamera) u. award = Preis]: *(jährlich verliehener) amerikanischer Preis für TV-Sendungen.*
e-Moll [ˈeːmɔl, auch: ˈeːˈmɔl], das (Musik): *auf dem Grundton e beruhende Molltonart* (Abk.: e-M.).
e-Moll-Ton|lei|ter, die: *auf dem Grundton e beruhende Molltonleiter.*
Emo|lu|ment, das; -s, -e [lat. emolumentum = Vorteil, Nutzen, zu: emoliri = hervorbringen, zustande bringen] (veraltet): **1.** *Nutzen, Vorteil.* **2.** *Nebeneinnahme:* ♦ ...dass er ... eins der subalternen Ämter übernehmen und solches ohne -e führen wolle (Goethe, Dichtung u. Wahrheit 2).
Emo|ti|con, das; -s, -s [engl. emoticon, Kurzwort aus **emot**ion = Gefühl u. **icon,** ↑Icon]: *Kombination verschiedener auf einer Computertastatur vorhandener Zeichen, mit der in einer E-Mail* (2) *eine Gefühlsäußerung wiedergegeben werden kann* (z. B. Smiley).
Emo|ti|on, die; -, -en [frz. émotion, zu: émouvoir = bewegen, erregen < lat. emovere = herausbewegen, emporwühlen]: *psychische Erregung, Gemütsbewegung; Gefühl, Gefühlsregung:* [durch, mit etw.] -en wecken.
emo|ti|o|nal ⟨Adj.⟩: *mit Emotionen verbunden, aus Emotion erfolgend; gefühlsmäßig:* eine -e Beziehung, Bindung, Reaktion; ein sehr -er Mensch; sei nicht so e.
emo|ti|o|na|li|sie|ren ⟨sw. V.; hat⟩: **a)** *Emotionen wecken, erregen; emotionalisierende Schlagwörter;* **b)** *Emotionen hineinbringen, mit Emotionen versehen:* eine Diskussion e.; **c)** ⟨e. + sich⟩ *emotional werden; eine emotionale Färbung annehmen.*
Emo|ti|o|na|li|sie|rung, die; -: *das Emotionalisieren, Sichemotionalisieren.*
Emo|ti|o|na|li|tät, die; -: *emotionale Verhaltensweise, Äußerungsform.*
emo|ti|o|nell ⟨Adj.⟩: *emotional:* eine -e Beziehung, Bindung, Diskussion, Reaktion.
emo|ti|ons|frei ⟨Adj.⟩: *frei von Emotionen.*
emo|ti|ons|ge|la|den ⟨Adj.⟩: *von starken Emotionen bestimmt.*
emo|ti|ons|los ⟨Adj.⟩: *keine Emotionen aufweisend.*
emo|tiv ⟨Adj.⟩ [engl. emotive] (Fachspr.): *Emotionen enthaltend:* -e Reaktionen.
Em|pa|thie, die; - ⟨Pl. selten⟩ [engl. empathy (unter Einfluss von dt. Einfühlung) < spätgriech. empátheia = Leidenschaft] (Psychol.): *Bereitschaft u. Fähigkeit, sich in die Einstellungen anderer Menschen einzufühlen.*

em|pa|thisch ⟨Adj.⟩ (Psychol.): *die Empathie betreffend, auf ihr beruhend, zu ihr gehörend.*
♦ **emp|fa|hen:** Präs. von ↑empfangen: ... da eine weiche Hand im Dunkeln ihn empfahet (Wieland, Oberon 11, 45).
Emp|fang, der; -[e]s, Empfänge [mhd. en-, anphanc, ahd. antfanc]: **1.** ⟨o. Pl.⟩ *das Empfangen* (1 a), *Entgegennehmen:* den E. einer Ware bestätigen; *etw. in E. nehmen (sich etw. aushändigen lassen; etw. entgegennehmen);* jmdn. in E. nehmen (ugs.; *jmdn. bei seiner Ankunft begrüßen, ihm zur Begrüßung [u. weiteren Betreuung] entgegengehen):* jmdn. auf dem Bahnhof in E. nehmen; [iron.:] er wurde auf dem Flughafen von der Kripo in E. genommen). **2.** ⟨o. Pl.⟩ (Funkw., Rundfunk, Fernsehen) *das Empfangen* (2): ein ungestörter E. **3. a)** ⟨o. Pl.⟩ (geh.) *[offizielle] Begrüßung eines Ankommenden:* hier wurde ihm ein begeisterter E. zuteil; **b)** *festliche [Begrüßungs]veranstaltung:* einen E. geben. **4.** *Raum, Stelle in einem Hotel, wo sich die Gäste anmelden; Rezeption:* am, beim E. liegen zwei Briefe für dich.
emp|fang|bar ⟨Adj.⟩ (Funkw., Rundfunk, Fernsehen): *sich empfangen* (2) *lassend:* der Sender ist frei, über Satellit, in der Türkei e.
emp|fan|gen ⟨st. V.; hat⟩ [mhd. enphähen, entvāhen, ahd. intvāhen, zu ↑fangen u. urspr. nur = empfangen (4 a)]: **1. a)** (geh.) *entgegennehmen; bekommen, erhalten:* einen Auftrag e.; (Rel.:) die Kommunion e.; **b)** (geh.) *[als Strafe] hinnehmen müssen; verabreicht bekommen:* Schläge e.; **c)** (Soldatenspr.) *bei der Ausgabe zugeteilt bekommen:* Essen e. **2.** (Funkw., Rundfunk, Fernsehen) *mit einem Empfangsgerät hören bzw. sehen:* einen Sender über UKW e. **3.** (geh.) *in sich aufnehmen, in sein Bewusstsein dringen lassen; gewinnen:* neue Anregungen e. **4. a)** *einem Ankommenden in bestimmter Weise entgegentreten, ihn in bestimmter Weise begrüßen:* jmdn. kühl e.; die Polizei empfing die Demonstranten bei ihrer Ankunft mit dem Gummiknüppel (iron.; *verprügelte sie);* **b)** *als Besucher willkommen heißen, als Gast aufnehmen [u. bewirten]:* Gäste [bei sich] e.; jmdn. in Privataudienz e. **5.** (geh. veraltend) *schwanger werden:* sie hat [ein Kind von ihm] empfangen.
Emp|fän|ger, der; -s, -: **1.** *jmd., der etw. empfängt, entgegennimmt, dem etw. zuteilwird.* **2.** (Technik) *Empfangsgerät.*
Emp|fän|ge|rin, die; -, -nen: w. Form zu ↑Empfänger (1).
Emp|fän|ger|land, das ⟨Pl. ...länder⟩: *Land* (5), *das von einem anderen Land, von anderen Ländern [im Rahmen der Entwicklungshilfe] Unterstützung bes. in Form von Krediten bekommt.*
emp|fäng|lich ⟨Adj.⟩ [mhd. enphenclich = aufnahmebereit; annehmbar, angenehm, ahd. antfanclīh]: **a)** *(Eindrücken, Empfindungen, von außen kommenden Einwirkungen, Versuchungen) leicht zugänglich:* für Schmeicheleien sehr e. sein; **b)** *bestimmten Krankheiten gegenüber nicht widerstandsfähig; anfällig:* e. für Erkältungen, Infektionen sein.
Emp|fäng|lich|keit, die; -: *das Empfänglichsein.*
Emp|fang|nah|me, die; -, -n [zum 2. Bestandteil vgl. Abnahme] (Amtsspr., Kaufmannsspr.): *das In-Empfang-Nehmen, Entgegennehmen.*
Emp|fäng|nis, die; - [spätmhd. enphencnisse = Einnahme, Belehrung, ahd. intfancnissa]: *das Empfangen* (5), *Schwangerwerden:* eine E. verhüten; *die Unbefleckte E.* [Mariens/Marias] (kath. Rel.; *das Freisein Marias von der Erbsünde schon von dem Augenblick an, in dem sie selbst gezeugt bzw. von ihrer Mutter Anna empfangen wurde).*
emp|fäng|nis|ver|hü|tend ⟨Adj.⟩: *eine Empfängnis verhütend:* -e Mittel.

Emp|fäng|nis|ver|hü|tung, die: *Verhütung einer Empfängnis durch bestimmte Mittel, Maßnahmen:* Methoden der E.

Emp|fäng|nis|ver|hü|tungs|mit|tel, das: *Mittel zur Empfängnisverhütung.*

Emp|fäng|nis|zeit, die (Rechtsspr.): *Zeitspanne, in der die Empfängnis eines Kindes stattgefunden haben muss.*

Emp|fangs|an|ten|ne, die (Funkw., Rundfunk, Fernsehen): *Antenne für den Empfang (2).*

emp|fangs|be|rech|tigt ⟨Adj.⟩: *zum Empfang (1) berechtigt, bevollmächtigt, befugt.*

Emp|fangs|be|rech|tig|te ⟨vgl. Berechtigte⟩: *weibliche Person, die empfangsberechtigt ist.*

Emp|fangs|be|rech|tig|ter ⟨vgl. Berechtigter⟩: *jmd., der empfangsberechtigt ist.*

Emp|fangs|be|reich, der: **1.** *Bereich in einem Hotel, einem Bürogebäude, einer Praxis o. Ä., in dem Besucher, Kunden o. Ä. empfangen werden.* **2.** (Funkw., Rundfunk, Fernsehen) *Bereich, in dem man Funksprüche, Rundfunk- u. Fernsehsendungen empfangen kann.*

emp|fangs|be|reit ⟨Adj.⟩: *bereit für den Empfang* (2, 3 a).

Emp|fangs|be|schei|ni|gung, Emp|fangs|be|stä|ti|gung, die: *Bescheinigung, auf der der Empfang von etw. bestätigt wird.*

Emp|fangs|bü|ro, das: *Büro in einer Firma, einem Hotel o. Ä., in dem Besucher empfangen werden.*

Emp|fangs|chef, der: *Leiter einer Gruppe von Angestellten in einem Hotel, Kaufhaus o. Ä., die die ankommenden Gäste bzw. Kunden begrüßen* [*u. weiterleiten*]*.*

Emp|fangs|che|fin, die: w. Form zu ↑ Empfangschef.

Emp|fangs|da|me, die: vgl. Empfangschef.

Emp|fangs|ein|rich|tung, die: vgl. Empfangsgerät.

Emp|fangs|ge|rät, das (Technik): *Gerät, mit dem Signale empfangen werden können.*

Emp|fangs|hal|le, die: *großer Raum in einem Hotel, einem Flughafen, einem Bürogebäude o. Ä., in dem sich der Empfang (4) befindet.*

Emp|fangs|ko|mi|tee, das: *Komitee, das den Auftrag hat, jmdn. feierlich zu empfangen.*

Emp|fangs|qua|li|tät, die (Funkw., Rundfunk, Fernsehen): *Qualität des Empfangs (2).*

Emp|fangs|raum, der: *Raum, in dem Gäste, Besucher empfangen werden.*

Emp|fangs|sta|ti|on, die: **1.** (Kaufmannsspr.) *Bestimmungsort.* **2.** (Funkw., Rundfunk, Fernsehen) *Stelle, an der Sendungen empfangen werden.*

Emp|fangs|stö|rung, die (Funkw., Rundfunk, Fernsehen): *Störung beim Empfang (2).*

◆ **Emp|fehl,** der; -s, -e: *Empfehlung (3): Macht ihr meinen E.* (Lessing, Minna I, 9).

emp|feh|len ⟨st. V.; hat⟩ [mhd. enphelhen, enphelen = zur Bewahrung od. Besorgung übergeben]: **1. a)** *jmdm. als vorteilhaft, geeignet, zuverlässig vorschlagen; jmdm. raten, sich für jmdn., etw. zu entscheiden:* ich kann ihn dir [als Fachmann] sehr e.; jmdm. einen Entwurf [zur Annahme, als Arbeitsgrundlage] e.; dieses Präparat ist sehr zu e.; empfohlener *(vom Hersteller einer Ware vorgeschlagener, unverbindlicher)* Preis, Verkaufspreis; in Höflichkeitsformeln: empfehlen Sie mich bitte Ihrer Frau!, ich lasse mich Ihrer Frau e.! (geh. veraltend); *grüßen Sie Ihre Frau von mir!*; **b)** ⟨e. + sich⟩ *sich, seine Dienste anbieten:* du empfiehlst dich als geeigneter/(veraltend:) geeigneten Mann; **d)** ⟨e. + sich; unpers.⟩ *ratsam, empfehlenswert sein:* es empfiehlt sich zuzustimmen. **2.** (geh.) *anvertrauen, anbefehlen:* ich empfehle das Kind deiner Obhut. **3.** ⟨e. + sich⟩ (geh.) *sich* [*förmlich*] *verabschieden u. weggehen:* sich bald e.

emp|feh|lens|wert ⟨Adj.⟩: **a)** *geeignet, wert, empfohlen* (1 a) *zu werden; lohnend, gut:* -e Bücher; **b)** *ratsam, geraten; von Nutzen, vorteilhaft:* es wäre e., rechtzeitig dort zu sein.

Emp|feh|lung, die; -, -en: **1.** *empfehlender* (1 a) *Vorschlag, Rat, Hinweis, Tipp:* er reist auf E. seines Arztes in den Süden. **2.** *empfehlende* (1 a), *lobende Beurteilung, Fürsprache:* jmdm. eine E. schreiben; auf die -en seines Lehrers hin hatte er die Stelle bekommen. **3.** (geh.) *höflicher, respektvoller Gruß:* meine E. an Ihre Frau Mutter!

Emp|feh|lungs|schrei|ben, das: *schriftliche Empfehlung* (2).

emp|fin|den ⟨st. V.; hat⟩ [mhd. enphinden, entfinden, ahd. intfindan = fühlen, wahrnehmen, zu ↑ finden]: **a)** ⟨*als einen über die Sinne vermittelten Reiz*⟩ *wahrnehmen, verspüren:* Schmerz e.; **b)** *eine bestimmte Gemütsbewegung erfahren, erleiden; in Bezug auf jmdn., etw. von einer bestimmten Emotion erfüllt sein:* Freude, Angst e.; er empfindet nichts für sie; **c)** *in bestimmter Weise spüren, auffassen, für etw. halten:* etw. als kränkend, als [eine] Wohltat e.; ich empfand mich als Begnadeter/(veraltend:) Begnadeten; ⟨oft im 2. Part.:⟩ ein [von vielen] als zu hoch empfundener Preis.

Emp|fin|den, das; -s: **a)** (geh.) *in bestimmter Weise in jmdm. hervorgerufenes Gefühl:* er hatte bei dieser Sache ein unangenehmes E.; **b)** *feines, sensibles Gefühl, Gespür, das jmdn. befähigt, etw. (Unausgesprochenes) wahrzunehmen, richtig einzuschätzen:* das einfache E. für Recht und Unrecht; für mein E. *(meinem Gefühl, Eindruck, meiner Meinung nach).*

◆ **Emp|fin|der,** der; -s, - [zu empfinden = besonders, in übertriebener Weise empfindsam sein]: *besonders empfindsamer* (a) *Mensch.*

◆ **Emp|fin|de|rin,** die; -, -nen: w. Form zu: ↑ Empfindler: *… sie werden eine Buhlerin suchen und eine E. treffen* (Schiller, Fiesco I, 5).

emp|find|lich ⟨Adj.⟩ [mhd. enphintlich, ahd. inphintlich]: **1.** *auf bestimmte Reize leicht, schnell reagierend:* ein -es Nervensystem; meine Haut ist sehr e.; Ü -e *(fein reagierende, anzeigende)* Geräte; dieser Film ist sehr e. *(lichtempfindlich).* **2. a)** [*seelisch*] *leicht verletzbar; feinfühlig, sensibel, zartbesaitet:* ein -er Mensch; er traf ihn an seiner -sten Stelle; in dieser Angelegenheit ist er sehr e.; sie ist e. für alle Untertöne *(sie merkt, spürt sie sehr schnell);* Menschen, die zu e. sind, so denkt man in der Regel bei uns, sind unzuverlässige Menschen, weil irgendwann der Moment kommt, wo sie sich von ihren Empfindlichkeiten leiten lassen (Hilbig, Ich 60); **b)** *gereizt, gekränkt; leicht beleidigt, reizbar:* e. reagieren. **3.** *aufgrund einer körperlichen Schwäche anfällig:* er ist e. gegen Hitze; das Kind ist sehr e. *(schwächlich).* **4.** *aufgrund einer weniger robusten Beschaffenheit leicht zu verderben, zu beschädigen:* eine -e Tapete; das helle Seidenkleid ist zu e. für diesen Zweck. **5. a)** *spürbar, einschneidend, hart, schmerzlich:* -e Verluste; eine e Strafe; diese Bemerkung hat ihn e. getroffen; **b)** ⟨*intensivierend bei Adjektiven u. Verben*⟩ *sehr (sodass es unangenehm spürbar wird):* es war e. kalt; …ein kleiner Saal mit einer zerspungenen Deckenmalerei, rotseidenen, vergoldete Leisten gefasster Tapete und drei bis zum Fußboden reichenden Fenstern, durch die e. zog (Th. Mann, Hoheit 107). ◆ **6. a)** *empfindbar:* … um ihren Übermut dem armen Volke desto -er zu machen (Goethe, Werther I, 15. Mai); **b)** *delikat* (3): Meinten Sie etwa, ich würde den -en Artikel meines Ehebetts preisgeben …? (Schiller, Fiesco II, 16); **c)** *** jmdn. e. sein** *(jmdn. schmerzlich berühren).*

Emp|find|lich|keit, die; -, -en [mhd. enphintlîcheit = Wahrnehmung]: **1.** *(Pl. selten) Eigenschaft, [mehr od. weniger] empfindlich auf bestimmte Reize zu reagieren:* die E. der Haut; Ü die E. des Gerätes, eines Films. **2. a)** ⟨Pl. selten⟩ *Verletzbarkeit, Feinfühligkeit, Sensibilität; Reizbarkeit:* man muss seine E. in solchen Dingen berücksichtigen; **b)** ⟨meist Pl.⟩ *einzelne empfindliche, gereizte, beleidigte Reaktion auf etw.:* immer diese -en! **3.** ⟨Pl. selten⟩ *Anfälligkeit:* seine E. gegen Hitze. **4.** ⟨Pl. selten⟩ *empfindliche* (4) *Beschaffenheit (z. B. eines Gewebes).*

emp|find|sam ⟨Adj.⟩: **a)** *von feinem, zartem Empfinden; zartfühlend, einfühlsam:* eine -e Natur; **b)** *gefühlvoll, sentimental:* eine -e Geschichte.

Emp|find|sam|keit, die; -: **1.** *feines, zartes Empfinden, Feinfühligkeit.* **2.** *von England ausgehende europäische Geistesströmung des 18. Jahrhunderts, die durch eine gefühlsbestimmte, sentimentale Weltsicht gekennzeichnet ist.*

Emp|fin|dung, die; -, -en: **a)** *Wahrnehmung durch die Sinnesorgane, sinnliche Wahrnehmung; körperliches Gefühl:* die E. von Kälte; die E. in den Händen stellte sich wieder ein; **b)** *Gemütsbewegung, seelische Regung; Gefühl:* jede E. erwiderte seine E. (geh.: *seine Liebe zu ihr*).

emp|fin|dungs|fä|hig ⟨Adj.⟩: *fähig, tiefere Empfindungen zu haben:* Dazu: **Emp|fin|dungs|fä|hig|keit,** die; -.

Emp|fin|dungs|kraft, die: *Fähigkeit, stark zu empfinden.*

emp|fin|dungs|los ⟨Adj.⟩: **a)** *keiner sinnlichen Wahrnehmung fähig, körperlich gefühllos:* mein Arm ist ganz e.; **b)** *keiner seelischen Regung fähig, seelisch gefühllos:* ein -er Mensch.

Emp|fin|dungs|ver|mö|gen, das (geh.): *Vermögen der Empfindung.*

Em|pha|se, die; -, -n ⟨Pl. selten⟩ [frz. emphase < lat. emphasis < griech. émphasis, eigtl. = Verdeutlichung] (bildungsspr.): *Nachdruck, Eindringlichkeit:* mit E. sprechen.

em|pha|tisch ⟨Adj.⟩ [frz. emphatique < griech. emphatikós = nachdrücklich] (bildungsspr.): *mit Nachdruck, eindringlich:* -e Worte.

Em|phy|sem, das; -s, -e [griech. emphýsēma, eigtl. = das Eingeblasene] (Med.): *krankhafte Aufblähung von Geweben od. Organen, bes. der Lunge, durch Luft od. Fäulnisgase.*

¹**Em|pire** [ã'pi:ɐ̯], das; -s (Fachspr. auch: -) [frz. (style) Empire, zu: empire = Kaiserreich < lat. imperium, ↑ Imperium]: **a)** *französisches Kaiserreich unter Napoleon I. u. Napoleon III.*; **b)** *Stil[epoche] zur Zeit Napoleons I. u. der folgenden Jahre* (etwa 1800 bis 1830).

²**Em|pire** ['ɛmpaɪə], das; -[s] [engl. (the British) Empire < frz. empire, ↑ ¹Empire]: *britisches Weltreich* [*im Zeitalter des Kolonialismus*].

Em|pire|mö|bel [ã'pi:ɐ̯…], das ⟨meist Pl.⟩: **a)** *Möbel aus der Zeit des* ¹*Empire;* **b)** *Möbel im Stil des* ¹*Empire.*

Em|pire|stil, der: ¹*Empire* (b).

Em|pi|rie, die; - [griech. empeiría, zu: émpeiros, ↑ empirisch] (bildungsspr.): **a)** *Methode, die sich auf wissenschaftliche Erfahrung stützt, um Erkenntnisse zu gewinnen;* **b)** *aus wissenschaftlicher Erfahrung gewonnenes Wissen; Erfahrungswissen.*

Em|pi|ri|ker, der; -s, - (bildungsspr.): **a)** *Anhänger der Empirie* (a); **b)** *jmd., der aufgrund von Erfahrung denkt u. handelt.*

Em|pi|ri|ke|rin, die; -, -nen: w. Form zu ↑ Empiriker.

em|pi|risch ⟨Adj.⟩ [griech. empeirikós, zu: émpeiros = erfahren, kundig] (bildungsspr.): *aus der Erfahrung, Beobachtung, auf dem Wege der Empirie gewonnen, auf ihr beruhend.*

Em|pi|ris|mus, der; - (Philos.): *erkenntnistheoretische Richtung, die als Quelle der Erkenntnis allein die Sinneserfahrung, die Beobachtung, das Experiment gelten lässt.*

em|pi|ris|tisch ⟨Adj.⟩ (Philos.): *den Grundsätzen des Empirismus entsprechend.*

Em|p|lo|y|a|bi|li|ty [emplɔɪə'bɪlɪti, ɪm...], die; - [engl. employability, zu: employable = beschäftigungsfähig, zu: to employ = beschäftigen, einstellen < (a)frz. employer, ↑ employieren]: *Einsetzbarkeit im Beruf; Fähigkeit, auf dem Arbeitsmarkt zu bestehen.*

em|por ⟨Adv.⟩ [mhd. embor, enbor(e), ahd. in bor = in die Höhe; zu mhd., ahd. bor = oberer Raum, Höhe] (geh.): *[von unten] nach oben, aufwärts, hinauf,* ²*hoch, in die Höhe:* zum Licht e.; e. zu den Sternen.

em|por|ar|bei|ten, sich ⟨sw. V.; hat⟩ (geh.): *durch fleißiges Arbeiten eine höhere Stellung erlangen, im Beruf weiterkommen.*

Em|po|re, die; -, -n [für älter: (Em)porkirche, spätmhd. borkirche = oberer Kirchenraum, zu mhd. bor, ↑ empor]: *innen angebautes, zum Innenraum hin offenes, galerieartiges Obergeschoss, bes. in Kirchen:* eine offene, gedeckte E.

em|pö|ren ⟨sw. V.; hat⟩ [mhd. enbœren = [sich] erheben; nur mittelbar zusammenhängend mit mhd., ahd. bor, ↑ empor]: **1. a)** *in [starke] Entrüstung versetzen, aufbringen, erzürnen:* seine Worte empörten mich; **b)** ⟨e. + sich⟩ *sich sehr entrüsten, wütend werden; in Erregung geraten:* sich über jmdn., über jmds. Benehmen e. **2.** ⟨e. + sich⟩ *sich [in einem Aufstand] auflehnen, widersetzen, rebellieren:* sich gegen die Besatzung e. Ü Grischa hatte die Absicht, in der vierten Nacht seine Fluchthöhle zu verlassen. Aber er hielt es so lange nicht aus. Sein Körper empörte sich (A. Zweig, Grischa 32).

em|pö|rend ⟨Adj.⟩: *Empörung hervorrufend; unerhört, skandalös:* ein -es Benehmen.

Em|pö|rer, der; -s, - (geh.): *jmd., der sich gegen jmdn., gegen etw. empört; Aufständischer, Rebell.*

Em|pö|re|rin, die; -, -nen: w. Form zu ↑ Empörer.

em|pö|re|risch ⟨Adj.⟩ (geh.): **a)** *auf eine Empörung, einen Aufstand hinzielend:* -e Ideen, Reden; **b)** *in einem Aufstand befindlich; rebellisch, aufrührerisch:* -e Bauern.

em|por|fah|ren ⟨st. V.; ist⟩ (geh.): **a)** *hinauffahren, hinauffahren;* **b)** *aufschrecken, auffahren.*

em|por|flam|men ⟨sw. V.; ist⟩ (geh.): *(vom Feuer) in hohen Flammen brennen:* Ü eine Leidenschaft flammte in ihm empor.

em|por|flie|gen ⟨st. V.; ist⟩ (geh.): *nach oben, in die Höhe fliegen:* die Schaukel fliegt weit empor.

em|por|he|ben ⟨st. V.; hat⟩ (geh.): *nach oben, in die Höhe heben.*

em|por|klet|tern ⟨sw. V.; ist⟩ (geh.): *nach oben, in die Höhe klettern.*

em|por|kom|men ⟨st. V.; ist⟩ (geh.): **a)** *nach oben, in die Höhe kommen;* **b)** *in Beruf u. Gesellschaft ein höheres Ansehen, einen höheren Rang gewinnen.*

Em|por|kömm|ling, der; -s, -e (abwertend): *jmd., der in kurzer Zeit zu Macht, Reichtum gelangt; Parvenü.*

em|por|lo|dern ⟨sw. V.; ist⟩ (geh.): *in die Höhe lodern:* das Feuer lodert hoch empor.

em|por|quel|len ⟨sw. V.; ist⟩ (geh.): *quellend auf-, emporsteigen:* emporquellende Lava.

em|por|ra|gen ⟨sw. V.; hat⟩ (geh.): *nach oben, in die Höhe ragen.*

em|por|schau|en ⟨sw. V.; hat⟩ (geh.): *nach oben schauen.*

em|por|schnel|len ⟨sw. V.; ist⟩ (geh.): **a)** *rasch auf-, hochspringen:* er schnellte aus seinem Sessel empor; ⟨auch e. + sich; hat:⟩ die Fische schnellten sich aus dem Wasser empor; **b)** *im Wert, in der Menge, im Grad o. Ä. in sehr kurzer Zeit beträchtlich zunehmen:* die Preise waren zu astronomischen Höhen emporgeschnellt.

em|por|schwe|ben ⟨sw. V.; ist⟩ (geh.): *nach oben schweben.*

em|por|schwin|gen ⟨st. V.; hat⟩ (geh.): *nach oben, in die Höhe schwingen:* die Fahne e.

em|por|stei|gen ⟨st. V.; ist⟩: **1. a)** *hinaufgehen, hinaufklettern:* einen Berg, eine Rampe e.; die Treppen vom vierten Stock e.; **b)** *sich [schwebend] nach oben bewegen, aufsteigen:* die Leuchtkugeln steigen [am, zum Himmel] empor; der Mond steigt aus den Wolken empor; Ü ein Gebet steigt zum Himmel empor. **2.** *in Beruf u. Gesellschaft Ansehen u. Einfluss gewinnen; Karriere machen:* er stieg zum Abteilungsleiter empor.

em|por|stre|ben ⟨sw. V.; ist⟩ (geh.): *nach oben streben.*

em|pört ⟨Adj.⟩: *aufgebracht, wütend:* ein -er Zwischenruf; ich bin e.!; die Zuschauer reagierten e.

em|por|tau|chen ⟨sw. V.; ist⟩ (geh.): *an die Wasseroberfläche kommen, auftauchen.*

em|por|trei|ben ⟨st. V.; hat⟩ (geh.): *nach oben treiben.*

Em|pö|rung, die; -, -en: **1.** ⟨o. Pl.⟩ *von starken Emotionen begleitete Entrüstung als Reaktion auf Verstöße gegen moralische Konventionen:* ihn erfüllte eine tiefe E. über diesen Treiben; die Äußerung des Ministers löste [bei der Opposition] E. aus, sorgte [bei der Opposition] für E.; sie war voller E. **2.** *Aufstand, Rebellion, Meuterei:* eine offene E.; die E. der Unterdrückten wurde niedergeschlagen.

em|por|win|den, sich ⟨st. V.; hat⟩ (geh.): *sich nach oben winden, hochwinden;* an dem Mast wand sich eine Kletterpflanze empor.

em|por|wir|beln ⟨sw. V.⟩ (geh.): **a)** ⟨hat⟩ *nach oben wirbeln, aufwirbeln:* der Wind hat die Blätter emporgewirbelt; **b)** ⟨ist⟩ *aufstieben:* der Staub wirbelte hoch empor.

em|por|zie|hen ⟨unr. V.; hat⟩ (geh.): **a)** *nach oben, in die Höhe ziehen:* die Augenbrauen e.; **b)** ⟨e. + sich⟩ *nach oben verlaufen, in die Höhe führen:* der Weg zieht sich in Windungen den Berg empor.

EM-Qua|li|fi|ka|ti|on, die (Sport): *Qualifikation* (3 a) *für eine Europameisterschaft.* Dazu: **EM-Qua|li|fi|ka|ti|ons|spiel,** das.

¹**Ems,** die; -: Fluss in Nordwestdeutschland.

²**Ems:** ↑ Bad Ems.

Em|scher, das; -s [nach dem Fluss Emscher] (Geol.): *Stufe der Kreide* (3) *in Mitteleuropa.*

¹**Em|ser,** der; -s, -: Ew. zu ↑ Bad Ems.

²**Em|ser** (indekl. Adj.).

Em|se|rin, die; -, -nen: w. Form zu ↑ ¹Emser.

em|sig ⟨Adj.⟩ [mhd. emȝec, ahd. emaȝȝig, emiȝȝig, zu: emiȝ = beständig, urspr. = unablässig, drängend] (geh., oft iron.): *rastlos, unablässig tätig; mit großem Fleiß u. Eifer unermüdlich arbeitend:* -e Ameisen; ein Ergebnis -en Fleißes; e. arbeiten. Dazu: **Em|sig|keit,** die; -.

Emu, der; -s [engl. emu < port. ema, urspr. = Kranich, dann um Strauß u. straußenähnliche Vögel übertr.]: *straußenähnlicher Laufvogel der australischen Steppe.*

Emu|la|ti|on, die; - [zu engl. emulation, lat. aemulatio, zu aemulari = wetteifern] (EDV): *Nachahmung der Funktionen eines anderen Computers.*

Emu|la|tor, der; -s, ...oren [engl. emulator] (EDV): *Zusatzgerät od. Programm* (4) *zur Emulation.*

Emul|ga|tor, der; -s, ...oren [zu lat. emulgere,

↑ emulgieren] (Chemie): *Stoff, der die Bildung einer Emulsion* (1) *ermöglicht, erleichtert.*

emul|gie|ren ⟨sw. V.; hat⟩ [lat. emulgere = ausschöpfen] (Chemie): *eine Emulsion bilden.*

emu|lie|ren ⟨sw. V.; hat⟩ [engl. emulate] (EDV): *die Funktionen eines Computers auf einem anderen nachbilden.*

Emul|sin, das; -s [zu ↑ Emulsion] (Biochemie): *in bitteren Mandeln enthaltenes Enzym.*

Emul|si|on, die; -, -en [zu lat. emulsum, 2. Part. von: emulgere, ↑ emulgieren]: **1.** (Chemie) *Gemenge aus zwei nicht zu mischenden, ineinander unlösbaren Flüssigkeiten, bei dem die eine Flüssigkeit in Form kleiner Tröpfchen in der anderen verteilt ist.* **2.** (Fotogr.) *lichtempfindliche Schicht fotografischer Platten, Filme, Papiere.*

E-Mu|sik, die ⟨o. Pl.⟩: *kurz für:* ernste Musik.

EN = europäische Norm.

en bloc [ã'blɔk] ⟨Adv.⟩ [frz., aus: en = in u. bloc, ↑ blockieren]: *im Ganzen, in Bausch u. Bogen:* etw. en b. ablehnen.

En-bloc-Ab|stim|mung, die: *Abstimmung über mehrere zur Wahl stehende Kandidaten in einem Wahlgang.*

En|ce|pha|li|tis: ↑ Enzephalitis.

En|chei|re|sis Na|tu|rae [ɛnˈçaɪrezɪs naˈtuːrɛ], die; - - [wörtlich = Handgriff der Natur, aus griech. egcheírēsis (↑ Encheirese) u. lat. natura = Natur; Ausdruck, den Goethes Straßburger Lehrer, der Chemiker Spielmann, benutzt hat]: *Verfahrensweisen der Natur im Zusammensetzen und Aufbauen, die vom Menschen nicht nachgeahmt werden können:* ◆ *...das geistige Band, Encheiresin N. nennt's die Chemie* (Goethe, Faust I, 1939 f.)

En|chi|la|da [...tʃi..., auch: ...çi...], die; -, -s [span. (mittelamerik.) enchilada, subst. 2. Part. von: enchilar = mit Chili würzen]: *mit Fleisch u. Gemüse gefüllte Tortilla.*

En|co|der [auch: ɪnˈkoʊdɐ], Enkoder, der; -s, - [engl. encoder, zu: to encode, ↑ encodieren] (Elektronik): *Vorrichtung zur Encodierung (als Teil verschiedenster Geräte).*

en|co|die|ren, enkodieren ⟨sw. V.; hat⟩ [engl. to encode, zu: code, ↑ Code (1)] (Fachspr.): *[eine Nachricht] mithilfe eines Codes verschlüsseln.*

En|co|die|rung, Enkodierung, die; -, -en (Fachspr.): *das Encodieren.*

En|co|ding [auch: ɪnˈkoʊdɪŋ], Enkoding, das; -[s], -s [engl. encoding] (Kommunikationsf.): *Verschlüsselung einer Nachricht.*

En|coun|ter [ɪnˈkaʊntɐ], das, ⟨auch:⟩ der; -s, - [engl. encounter = Begegnung, Treffen] (Psychol.): *Sensitivitätstraining, bei dem die Selbstverwirklichung in der Gruppe durch die spontane Äußerung von Aggressionen, Sympathien u. Antipathien gefördert werden soll.*

End|ab|rech|nung, die: *endgültige Abrechnung, Schlussabrechnung.*

End|an|wen|der, der (Wirtsch.): *Anwender, Nutzer eines Produkts, bes. einer Software.*

End|an|wen|de|rin, die: w. Form zu ↑ Endanwender.

End|aus|bau, der: **1.** *Schlussphase eines Ausbaus.* **2.** *nach abgeschlossenem Ausbau erreichter Endzustand:* Er soll für den Windpark Strom für 10 000 Haushalte produzieren.

End|aus|schei|dung, die: *letzte Phase eines auf verschiedenen Ebenen, in verschiedenen Etappen ausgetragenen Wettbewerbs, Wettkampfs o. Ä., die zur Ermittlung eines Siegers führt:* sie kam bis in die E. und wurde schließlich Dritte.

End|bahn|hof, der: *Zielbahnhof, letzte Station; Endstation.*

End|be|scheid, der: *abschließender Bescheid.*

End|be|trag, der: *Betrag, der sich aus einer Berechnung schließlich ergibt.*

End|buch|sta|be, der: *letzter Buchstabe (eines Wortes).*

End|darm, der (Med.): *Dickdarm.*

End|drei|ßi|ger, der: *Mann Ende dreißig.*

End|drei|ßi|ge|rin, die: w. Form zu ↑ Enddreißiger.

En|de, das; -s, -n [mhd. ende, ahd. enti = äußerster räumlicher od. zeitlicher Punkt, eigtl. = vor einem Liegendes]: **1. a)** ⟨Pl. selten⟩ *Stelle, Ort, wo etw. aufhört:* das spitze E.; das E. der Straße; am E. der Welt (scherzh.; *weit draußen);* jmdm. bis ans E. der Welt *(überallhin)* folgen; wir liefen von einem E. zum andern; Ü er fasst die Sache am richtigen E. *(richtig)* an; **b)** ⟨o. Pl.⟩ *Zeitpunkt, an dem etw. aufhört; letztes Stadium:* ein schlimmes E.; das E. der Welt *(der Jüngste Tag);* das E. *(der Schluss)* der Vorstellung; E. (Funkw.; *Schluss)* der Durchsage; das E. naht, ist nicht abzusehen; (geh.:) es war des Staunens kein E.; alles muss einmal ein E. haben; bei seinen Erzählungen findet er kein E., kann er kein E. finden *(kommt er nicht zum Schluss, kann er nicht aufhören);* kein E. nehmen *(nicht aufhören wollen);* Regen und kein E. *(nicht enden wollender Regen);* ein böses, kein gutes E. nehmen *(böse ausgehen);* einer Sache ein E. machen, setzen, bereiten (geh.; *etw. beenden);* seinem Leben ein E. machen, setzen (geh.; *Selbstmord begehen);* E. April; er ist E. fünfzig/der Fünfziger *(er ist bald 60 Jahre alt);* am, bis, gegen, seit, zu[m] E. des Jahres, der Woche, (schweiz.:) E. Jahr, Woche; die Vorstellung ist [gleich] zu E. *(aus, beendet);* meine Geduld ist zu E.; mit jmdm. geht es zu E. (verhüll.; *jmd. liegt im Sterben);* unser Geld geht zu E.; mit etwas zu E. kommen *(fertig werden);* den Brief zu E. *(fertig)* lesen, bis zum E. *(vollständig)* lesen; bis zum bitteren E. *(bis zum [unvermeidlich] unangenehmen Schluss);* eine Arbeit zu E. bringen, führen *(beenden);* R alles hat ein E., nur die Wurst hat zwei (scherzh.; *alles muss einmal aufhören);* Spr E. gut, alles gut *(bei glücklichem Ausgang einer Sache sind die vorangegangenen Schwierigkeiten nicht mehr so wichtig);* * **das dicke E.** (ugs.; *die [unerwarteten] größten Schwierigkeiten;* H. u.: das dicke E. kommt noch, kommt nach); **das E. vom Lied** (ugs.; *der enttäuschende Ausgang;* nach dem häufig traurigen Ausgang alter Volkslieder: das E. vom Lied war, dass alles beim Alten blieb); **ein E. mit Schrecken** *(ein schreckliches, schlimmes Ende;* Ps. 73, 19); **letzten -s** *(schließlich:* letzten -s musste er doch nachgeben); **am E.** (1. *schließlich, im Grunde:* das ist am E. dasselbe. nordd.; *vielleicht, etwa:* du bist es am E. [gar] selbst gewesen); **am E. des Tages** *(schließlich, letzten Endes;* LÜ von engl. at the end of the day); **am E. sein** (ugs.; *völlig erschöpft sein);* **mit etw. am E. sein** *(nicht mehr weiterwissen, -können:* mit seinem Wissen am E. sein); **ohne E.** (1. *fortwährend, fortgesetzt.* 2. *in unüberschaubar großer Zahl [aufeinanderfolgend]; sehr viel[e]:* Autos, Tabellen, Zahlen ohne E.); **c)** ⟨geh. verhüll.⟩ *Tod:* sein E. nahen fühlen; ein qualvolles E. haben; **d)** (veraltet) *Zweck, Endzweck:* zu welchem E.? **2. a)** *letztes, äußerstes Stück:* die beiden -n der Schnur; das E. *(der Zipfel)* der Wurst; **b)** (landsch.) *kleines Stück (von einem Ganzen):* ein E. Bindfaden; **c)** ⟨o. Pl.⟩ (ugs.) *[größere] Strecke:* es ist noch ein ganzes, gutes E. bis zum Bahnhof. **3.** (Jägerspr.) *Sprosse des [Hirsch]geweihs:* das Geweih hat acht -n. **4.** (Seemannsspr.) *Tau:* ein E. auswerfen, kappen.

End|ef|fekt, der: *letztlich erzielter Effekt; Endergebnis:* im E. seiner Bemühungen war gleich null; im E. *(letztlich, letzten Endes)* bleibt sich das gleich.

En|del, das; -s, - (bayr., österr.): *(verstärkter) Stoffrand:* das E. einnähen.

en|deln ⟨sw. V.; hat⟩ (bayr., österr.): *die Ränder eines Stoffs, Gewebes o. Ä. einfassen.*

En|de|mie, die; -, -n [zu griech. éndēmos = einheimisch] (Med.): *örtlich begrenztes Auftreten einer Infektionskrankheit.*

en|de|misch ⟨Adj.⟩: **a)** (Med.) *(von Infektionskrankheiten) örtlich begrenzt auftretend;* **b)** (Biol.) *in einem begrenzten Gebiet verbreitet:* -e Pflanzen.

En|de|mis|mus, der; - (Biol.): *Vorkommen von Tieren u. Pflanzen in einem bestimmten, begrenzten Gebiet.*

en|den ⟨sw. V.⟩ [mhd. enden, ahd. entōn, zu ↑ Ende]: **1. a)** ⟨hat⟩ *räumlich aufhören, nicht weiterführen:* der Weg endete vor einer riesigen Grube; die Röcke enden knapp unter dem Knie; **b)** ⟨hat/ugs. auch: ist⟩ *zeitlich aufhören, zu Ende sein; zu Ende gehen, ausgehen:* der Vortrag endet um 22 Uhr; nicht e. wollender (emotional; *lange anhaltender)* Beifall. **2. a)** ⟨hat⟩ *(eine Rede o. Ä.) [ab]schließen, beenden:* der Redner endete mit einem Hoch auf den Jubilar; **b)** ⟨hat/(seltener:) ist⟩ *sein Leben beschließen, sterben:* am Galgen e. **3.** ⟨hat⟩ (Sprachwiss.) *etw. als Auslaut, als Endung haben:* dieses Wort endet auf k, mit k.

End|er|folg, der: *letztlich erzielter Erfolg.*

End|er|geb|nis, das: *endgültiges Ergebnis:* das E. einer Diskussion; im E. *(letztlich)* läuft es auf das Gleiche hinaus.

End|er|zeug|nis, das: vgl. Endprodukt.

en dé|tail [ãde'taj; frz., zu ↑ Detail]: **a)** (Kaufmannsspr.) *im Kleinen; einzeln, im Einzelverkauf:* Waren en gros und en d. verkaufen; **b)** (bildungsspr.) *im Einzelnen, eingehend.*

end|fäl|lig ⟨Adj.⟩ (Kaufmannsspr., Bankw.): *(von Krediten o. Ä.) am Ende einer Laufzeit insgesamt fällig:* Dazu: **End|fäl|lig|keit,** die.

End|fas|sung, die: *endgültige Fassung, Formulierung.*

End|fer|ti|gung, die: *letzter Abschnitt, Endphase in der Fertigung eines Produkts.*

End|fünf|zi|ger, der: vgl. Enddreißiger.

End|fünf|zi|ge|rin, die; -, -nen: w. Form zu ↑ Endfünfziger.

end|geil ⟨Adj.⟩ (salopp, bes. Jugendspr.): *großartig; in besonders begeisternder Weise schön, gut:* der Film ist [voll] e.!

End|ge|rät, das: *Datenendgerät* (z. B. PC, Telefon): benutzerfreundliche, leistungsfähige, mobile e.

End|ge|schwin|dig|keit, die: vgl. Höchstgeschwindigkeit.

end|gül|tig ⟨Adj.⟩: *von letzter, abschließender Gültigkeit, unumstößlich; definitiv:* eine -e Lösung, Beurteilung; diese Entscheidung ist e.; nun ist e. Schluss; ⟨subst.:⟩ ich weiß noch nichts Endgültiges. Dazu: **End|gül|tig|keit,** die.

End|hal|te|stel|le, die: vgl. Endbahnhof.

End|hirn, das: *vorderster Abschnitt des Gehirns der Wirbeltiere.*

en|di|gen ⟨sw. V.; hat⟩ (veraltend): *enden:* ♦ Heiliger Gott, du endigst grässlich mit mir *(du bereitest mir ein schlimmes Ende;* Goethe, Götz V).

En|di|vie [...vịə], die; -, -n [über das Romanische (frz. endive, ital. endivia) < spätlat. intiba < lat. intubus (intubum) < griech. entýbion, wohl zu ägypt. tōbi = Januar u. eigtl. = im Januar wachsende Pflanze]: *(als Salat od. Gemüse verwendete) Pflanze mit krausen, geschlitzten hellgrünen Blättern:* Dazu: **En|di|vi|en|sa|lat,** der.

End|kampf, der (Sport, Militär): *letzter, entscheidender Kampf.*

End|klas|se|ment, das (Sport): *Klassement (2) am Ende eines Wettkampfs, einer Spielzeit.*

End|kon|so|nant, der: *letzter Konsonant (eines Wortes).*

End|kon|t|rol|le, die: *letzte Kontrolle (1 b), bes. eines Produkts am Ende des Produktionsprozesses.*

End|kun|de, der (Wirtsch.): *Kunde, für den ein Produkt oder eine Dienstleistung letztendlich bestimmt ist; Verbraucher, Konsument:* das Unternehmen beliefert neben dem Großhandel auch -n direkt. Dazu: **End|kun|den|ge|schäft,** das.

End|kun|din, die: w. Form zu ↑ Endkunde.

End|la|ger, das ⟨Pl. ...lager⟩: *Endlagerstätte.*

end|la|gern ⟨sw. V.; hat; meist im Inf. u. 2. Part. gebr.⟩: *in einem Endlager unterbringen, endgültig lagern* (3 b): man suchte eine Möglichkeit, die radioaktiven Abfälle endzulagern; endgelagerte Schadstoffe.

End|la|ger|stät|te, die: *Deponie, Platz für die Endlagerung.*

End|la|ge|rung, die: *(meist von radioaktiven Abfallprodukten) endgültige Lagerung.*

End|lauf, der (bes. Leichtathletik, Ski): *letzter, zur Ermittlung des Siegers führender Lauf eines Wettbewerbs.*

¹**end|lich** ⟨Adv.⟩: **a)** *(meist emotional) bezeichnet das Ende einer als lang empfundenen Wartezeit; nach einer langen Zeit des Wartens, der Verzögerung, des Zweifels:* er ist e. doch noch gekommen; wann bist du e. fertig?; (ugs.:) na e.!; **b)** *schließlich, zuletzt, am Ende:* wir mussten e. erkennen, dass alle Mühe vergebens war.

²**end|lich** ⟨Adj.⟩ (Fachspr.): *in Raum, Zeit, Zahl o. Ä. begrenzt:* eine -e Zahl.

End|lich|keit, die; -, -en ⟨Pl. selten⟩ (Fachspr.): *endliche Beschaffenheit.*

end|los ⟨Adj.⟩: **a)** *ohne Ende, fortlaufend:* eine -e Schleife; **b)** *sich sehr in die Länge ziehend; ohne absehbares Ende, nicht enden wollend:* eine -e Kolonne; -e *(unerschöpfliche)* Geduld; es dauerte e. *(unendlich)* lange, bis er kam.

End|los|band, das ⟨Pl. ...bänder⟩: **1.** (Druckw.) *Papierband, auf das ein Text endlos aufgenommen wird.* **2.** *Magnetband, dessen Schleife in einer speziellen Kassette so abgespielt wird, dass eine endlose Wiedergabe der gespeicherten Information möglich ist.*

End|lo|sig|keit, die; -: *Unendlichkeit, Grenzenlosigkeit.*

End|los|pa|pier, das (EDV): *in harmonikaartig gefalteten Stapeln geordnetes Papier mit gelochten Rändern, das für das Ausdrucken aufbereiteter Daten in einem Drucker (2) verwendet wird.*

End|los|schlei|fe, die (EDV): *Schleife, deren Abbruchbedingung niemals eintritt, sodass sie endlos weiterläuft.*

End|lö|sung, die: (nationalsoz. verhüll.) *(von den Nationalsozialisten geplante) vollständige Vernichtung der europäischen Juden.*

End|mon|ta|ge, die: *letzte Arbeit während einer Montage.*

End|mo|rä|ne, die (Geol.): *am Ende eines Gletschers gebildete Moräne.*

End|no|te, die: **1.** (Schule) *abschließende Gesamtnote.* **2.** (Buchw.) *durch eine hochgestellte Zahl o. Ä. markierte Anmerkung zu einem Textabschnitt am Ende des gesamten Textes.*

en|do-, En|do- [griech. éndon]: bedeutet in Bildungen mit Adjektiven od. Substantiven *innen, innerhalb:* endotherm; Endoallergie.

En|do|bi|o|se, die; -, -n [zu griech. bíos = Leben] (Biol.): *Gemeinschaft meist verschiedenartiger Lebewesen, von denen ein Partner im anderen lebt* (z. B. Bakterien im Darm).

En|do|ga|mie, die; -, -n [zu griech. gámos = Hochzeit, Ehe] (Soziol.): Bestimmung, nach der nur innerhalb eines bestimmten sozialen Verbandes (z. B. Stamm, Kaste) geheiratet werden darf.

en|do|gen ⟨Adj.⟩ [zu griech. endogenés = im Hause geboren]: **1. a)** (Med.) (von Stoffen, Krankheitserregern od. Krankheiten) im Körper selbst, im Körperinneren entstehend, von innen kommend: -e Faktoren; **b)** (Psychol.) anlagebedingt: ein e. gesteuerter Mechanismus; **c)** (Bot.) (von Pflanzenteilen, die nicht aus Gewebeschichten der Oberfläche, sondern aus dem Innern entstehen u. die unbeteiligten äußeren Gewebeschichten durchstoßen) innen entstehend. **2.** (Geol.) von Kräften im Erdinneren erzeugt: -e Beben.

En|do|kard, das; -[e]s, -e [zu griech. kardía = Herz] (Med.): die Hohlräume des Herzens auskleidende, glatte Innenwand; Herzinnenhaut.

En|do|kar|di|tis, die; -, ...itiden [zu ↑ Endokard] (Med.): Entzündung der Herzinnenhaut, besonders an den Herzklappen.

En|do|karp, das; -s, -e [zu griech. karpós = Frucht] (Bot.): (bei Früchten) innerste Schicht der Fruchtwand.

en|do|krin ⟨Adj.⟩ [zu griech. krínein = trennen] (Med.): **1.** (von Drüsen) mit innerer Sekretion gefüllt: eine -e Drüse. **2.** die Drüsen mit innerer Sekretion betreffend: -e Erkrankungen.

En|do|kri|no|lo|gie, die; - [zu griech. éndon = innen, innerhalb u. krínein = trennen] (Med.): Lehre von den endokrinen Drüsen.

En|do|pa|ra|sit, der; -en, -en [↑ Parasit] (Med., Zool.): im Organismus seines Wirtes lebender Parasit (z. B. Bandwurm).

En|do|phyt, der; -en, -en [zu griech. phytón = Pflanze] (Biol.): als Endoparasit lebender [niederer] pflanzlicher Organismus.

En|do|plas|ma, das; -s, ...men [zu griech. éndon = innen, innerhalb u. ↑ Plasma] (Biol.): innere Schicht des Protoplasmas bei Einzellern; Dazu: **en|do|plas|ma|tisch** ⟨Adj.⟩.

En|do|pro|the|se, die; -, -n [↑ Prothese] (Med.): aus Kunststoff, Metall o. Ä. gefertigte Prothese (1), die im Organismus den geschädigten Körperteil ganz od. teilweise ersetzt.

En|dor|phin, das; -s, -e ⟨meist Pl.⟩ [Kunstwort aus ↑ endogen u. ↑ Morphin] (Biol., Med.): körpereigenes Peptid mit morphinähnlicher Wirkung: der Verzehr von Schokolade setzt -e frei.

En|do|s|kop, das; -s, -e [zu griech. skopeín = betrachten] (Med.): mit elektrischer Lichtquelle u. Spiegeln versehenes optisches Instrument zur Untersuchung von Hohlorganen u. Körperhöhlen u. zur gezielten Entnahme von Gewebeproben.

En|do|s|ko|pie, die; -, -n (Med.): Untersuchung mit dem Endoskop: Dazu: **en|do|s|ko|pisch** ⟨Adj.⟩.

En|do|spo|re, die; -, -n [↑ Spore] (Bot.): (bes. bei Pilzen) im Innern eines Sporenbehälters entstehende Spore.

En|do|thel, das; -s, -e, **En|do|the|li|um,** das; -s, ...ien [zu griech. thēlé = Brustwarze] (Med.): Zellschicht an der Innenfläche der Blut- u. Lymphgefäße: Dazu: **en|do|the|li|al,** **en|do|the|li|ell|e** ⟨Adj.⟩.

en|do|therm ⟨Adj.⟩ [zu griech. thérme = Wärme] (Physik, Chemie): Wärme bindend, aufnehmend: -e Vorgänge.

End|pha|se, die: letzte Phase, Schlussphase.

End|preis, der: endgültiger, einschließlich aller Aufschläge, Zusatzkosten o. Ä. vom Kunden zu bezahlender Preis für eine Ware od. Dienstleistung.

End|pro|dukt, das: Ergebnis eines Produktions-, Verarbeitungsprozesses o. Ä.

End|punkt, der: äußerster Punkt, Schlusspunkt.

End|re|dak|ti|on, die (bes. österr., schweiz.): ↑ Schlussredaktion.

End|reim, der: Reim von Versenden untereinander.

End|rei|ni|gung, die: abschließende Reinigung (z. B. vor der Übergabe einer Wohnung).

End|re|sul|tat, das: letztes, endgültiges Resultat.

End|run|de, die (Sport): letzte, über den Gesamtsieg entscheidende Runde eines aus mehreren Runden bestehenden Wettbewerbs.

End|see, der (Geogr.): abflussloser See.

End|sieg, der (bes. nationalsoz.): am Ende eines Krieges, Kampfes stehender Sieg.

End|sil|be, die: letzte Silbe eines Wortes.

End|spiel, das: **a)** (Sport) Spiel, in dem der Sieger eines Wettbewerbs nach vorausgegangenen Qualifikationsspielen ermittelt wird: das E. erreichen; **b)** letzte Phase einer Schachpartie.

End|spiel|geg|ner, der (Sport): Gegner in einem Endspiel (a).

End|spiel|geg|ne|rin, die: w. Form zu ↑ Endspielgegner.

End|spurt, der (bes. Leichtathletik): **a)** Beschleunigung des Tempos durch verstärkten Einsatz der Kräfte auf der letzten Strecke vor dem Ziel; Finish: den E. anziehen; zum E. ansetzen; **b)** ⟨o. Pl.⟩ Fähigkeit zum Endspurt (a).

End|sta|di|um, das: letztes Stadium.

End|stand, der (Sport): Stand bei Spielende; Endergebnis.

end|stän|dig ⟨Adj.⟩ (Biol.): (vor allem von Blättern, Blüten, Knospen) sich am Ende, an der Spitze von etw. befindend.

End|sta|ti|on, die: letzte Station, letzte Haltestelle: E., alles aussteigen!; Ü E. Krankenhaus.

End|stück, das: letztes, äußerstes Stück: das E. eines Brotes, eines Rohrs.

End|stu|fe, die: **1.** letzte Stufe einer Entwicklung, Planung o. Ä. **2.** (Elektrot.) Verstärker (1) der in einem Gerät erzeugten Leistung für den Betrieb von Lautsprechern, Antennen o. Ä.

End|sum|me, die: Summe, die das Endergebnis bildet: die E. einer Addition.

End|ter|min, der: Termin (1 a), bis zu dem etw. beendet ist od. sein soll.

En|dung, die; -, -en (Sprachwiss.): letzter Bestandteil (Laut od. Silbe) eines Wortes, der der Beugung od. Ableitung dient: Substantive mit der E. -heit.

en|dungs|los ⟨Adj.⟩ (Sprachwiss.): keine Endung aufweisend.

En|du|ro, die; -, -s [engl. enduro, zu: endurance = Ausdauer; Strapazierfähigkeit]: geländegängiges Motorrad mit leichtem Rahmen, das auch für den Straßenverkehr zugelassen ist.

End|ur|teil, das (Rechtsspr.): Urteil, das für die jeweilige Instanz endgültige Entscheidung in einem Rechtsstreit enthält.

End|ver|brau|cher, der (Wirtsch.): einzelner Verbraucher, der die Ware erst nach Durchgang durch den Zwischenhandel vom Einzelhändler kauft.

End|ver|brau|che|rin, die: w. Form zu ↑ Endverbraucher.

End|ver|brau|cher|preis, der (Wirtsch.): Preis, den der Endverbraucher für eine Ware zu zahlen hat.

end|ver|han|deln ⟨sw. V.; hat⟩: in der letzten, entscheidenden Phase einer Verhandlung sein; eine endgültige Entscheidung anstreben: eine Vereinbarung, einen Vertrag e.

End|vier|zi|ger, der: vgl. Enddreißiger.

End|vier|zi|ge|rin, die: w. Form zu ↑ Endvierziger.

End|vo|kal, der: Endkonsonant.

End|zeit, die: (in religiösen Glaubensvorstellungen, bes. in denen der christlichen Urkirche) Zeit des Endes der bestehenden Welt.

End|zeit|er|war|tung, die ⟨o. Pl.⟩: das Erwarten, das Leben in der Erwartung der Endzeit.

end|zeit|lich ⟨Adj.⟩: zur Endzeit gehörend, in der Endzeit geschehend, die Endzeit betreffend.

End|zeit|stim|mung, die: Weltuntergangsstimmung (2).

End|ziel, das: endgültiges, eigentliches Ziel.

End|zif|fer, die: letzte Ziffer (einer Zahl).

End|zu|stand, der: endgültig erreichter Zustand.

End|zwan|zi|ger, der: vgl. Enddreißiger.

End|zwan|zi|ge|rin, die: w. Form zu ↑ Endzwanziger.

End|zweck, der: letzter eigentlicher Zweck.

ene, me|ne, muh (auch: **mu**): Abzählreim, meist mit der Fortsetzung »und raus bist du!«.

Ener|ge|tik, die; -: **1.** (bes. Musik) der Gehalt an od. das Auftreten von Energie (1): die intensive E. ihres Spiels beeindruckte das Publikum. **2.** (Physik) Lehre von der Umwandlung u. industriellen Nutzung der Energie.

Ener|ge|ti|kum, das; -s, ...ka (Pharm.): Droge, die leistungssteigernd wirkt.

ener|ge|tisch ⟨Adj.⟩ [griech. energētikós = wirksam, kräftig, zu: enérgeia, ↑ Energie]: **1.** (Physik) **a)** die Energie betreffend, auf ihr beruhend: -e Gesetze, Kräfte; **b)** die Energetik (2) betreffend, auf ihr beruhend: die -e Verwertung von Hausmüll. **2. a)** aktivierend, Energie freisetzend; **b)** (Esoterik, Naturheilkunde) den Energiefluss betreffend: -e Blockade (Störung des Energieflusses im Körper).

Ener|gie, die; -, -n [frz. énergie < spätlat. energia < griech. enérgeia = wirkende Kraft, zu: érgon = Werk, Wirken]: **1.** ⟨o. Pl.⟩ mit Nachdruck, Entschiedenheit [u. Ausdauer] eingesetzte Kraft, etw. durchzusetzen; starke körperliche u. geistige Spannkraft, Tatkraft: geballte E.; keine E. haben; etw. mit eiserner E. durchführen; er steckt voller E. **2.** (Physik) Fähigkeit eines Stoffes, Körpers od. Systems, Arbeit zu verrichten: elektrische E.; bei diesem Vorgang wird E. frei, geht E. verloren; -n nutzen; E. sparende Maßnahmen.

ener|gie|arm ⟨Adj.⟩: **a)** arm an Energie (2): ein -er Elektronenstrahl; **b)** arm an Energieträgern, ohne genügend Energiereserven.

Ener|gie|aus|weis, der: amtliches Dokument, das die für den Energieverbrauch eines Gebäudes bedeutsamen Daten enthält.

Ener|gie|be|darf, der: Bedarf an Energie (2).

Ener|gie|be|ra|ter, der: Berater bei Elektrizitäts- u. Gaswerken od. Firmen der Elektro- u. Gasgeräteindustrie, der Verbraucher berät.

Ener|gie|be|ra|te|rin, die: w. Form zu ↑ Energieberater.

ener|gie|be|wusst ⟨Adj.⟩: Energie (2) nicht vergeudend, sondern sich beim Verbrauch ihrer natürlichen Begrenztheit in besonderem Maße bewusst seiend: sich e. verhalten.

Ener|gie|bi|lanz, die (bes. Ökol.): Verhältnis zwischen sinnvoller Nutzung u. Verbrauch von [primärer] Energie, bes. im Hinblick auf die ökologischen Auswirkungen.

Ener|gie|bün|del, das (ugs.): besonders energiegeladener Mensch: sie ist ein wahres E.

ener|gie|ef|fi|zi|ent ⟨Adj.⟩: die verfügbare Energie (2) optimal ausnutzend, sie nicht verschwendend: -es Bauen und Sanieren.

Ener|gie|ef|fi|zi|enz, die: optimale Nutzung der verfügbaren Energie (2).

Ener|gie|ef|fi|zi|enz|klas|se, die: Qualitätsklasse eines Kühlschranks, einer Waschmaschine o. Ä., die an dem Verbrauch von Strom u. Wasser bemessen wird: unsere neue Gefriertruhe hat die E. A (gehört zu den besonders energieeffizienten Geräten).

Ener|gie|ein|spa|rung, die: Einsparung von Energie (2).

Ener|gie|ein|spar|ver|ord|nung, die: *Rechtsverordnung mit dem Ziel, den Energieverbrauch eines Gebäudes zu senken.*

Ener|gie|er|zeu|gung, die: *Erzeugung von Energie (2).*

Ener|gie|form, die: *Form, Art der Energie (2, z. B. Bewegungsenergie).*

Ener|gie|ge|halt, der: *Gehalt an Energie (2):* der E. der Nahrung.

ener|gie|ge|la|den ⟨Adj.⟩: *große Energie (1 a) aufweisend:* ein -er Mensch.

Ener|gie|ge|win|nung, die: *Gewinnung von Energie (2).*

Ener|gie|haus|halt, der: *Verhältnis zwischen Energieerzeugung u. -bedarf.*

ener|gie|in|ten|siv ⟨Adj.⟩: *bei der Herstellung von etw. viel Energie verbrauchend.*

Ener|gie|kon|zern, der: *Konzern der Energiewirtschaft.*

Ener|gie|kri|se, die: *Krise in der Energieversorgung.*

Ener|gie|leis|tung, die: *Leistung, für die besonders viel Energie (1 a) aufzuwenden ist.*

Ener|gie|lie|fe|rant, der: *Stoff, Körper od. ein System, dessen Energie (2) nutzbar gemacht wird.*

Ener|gie|lie|fe|ran|tin, die: w. Form zu Energielieferant.

ener|gie|los ⟨Adj.⟩: *keine Energie (1 a) aufweisend:* ein -er Mensch. Dazu: **Ener|gie|lo|sig|keit,** die; -.

Ener|gie|markt, der (Wirtsch.): *Markt (3 a) für die Erzeugnisse der Energiewirtschaft (bes. Gas u. Strom).*

Ener|gie|mix, der (Politik, Wirtsch.): *aus unterschiedlichen Energiequellen bestehende Gesamtheit der Versorgung mit Energie (2).*

Ener|gie|pass, der: *Energieausweis.*

Ener|gie|po|li|tik, die: *Maßnahmen o. Ä. auf dem Gebiet der Energieversorgung.*

ener|gie|po|li|tisch ⟨Adj.⟩: *die Energiepolitik betreffend:* -e Maßnahmen.

Ener|gie|quel|le, die: *in großem Rahmen nutzbarer Energielieferant.*

Ener|gie|rech|nung, die: *Rechnung über den Verbrauch von Strom u. Gas.*

ener|gie|reich ⟨Adj.⟩: **a)** *reich an Energie (2):* Ströme -er Elektronen; **b)** *reich an Energieträgern, mit genügend Energiereserven:* -e Gebiete.

Ener|gie|reich|tum, der: *Reichtum an Energieträgern u. -reserven.*

Ener|gie|re|ser|ve, die ⟨meist Pl.⟩: *Reserve an Energie:* die -n des Körpers.

Ener|gie|satz, der ⟨o. Pl.⟩ (Physik): *Satz von der Erhaltung der Energie in einem geschlossenen System.*

Ener|gie|spa|ren, das; -s: *sparsamer Verbrauch von Energie (2).*

ener|gie|spa|rend, Ener|gie spa|rend ⟨Adj.⟩: *wenig Energie (2) verbrauchend.*

Ener|gie|spar|haus, das: *Haus, das durch seine Bauweise weniger Energie für Heizung u. Warmwasser benötigt.*

Ener|gie|spar|lam|pe, die: *[im Vergleich zur älteren Glühlampe] wenig Energie (2) verbrauchende ¹Lampe (2).*

Ener|gie|spar|pro|gramm, das: *Programm (3) zur Durchführung von Sparmaßnahmen beim Verbrauch von Energie (2).*

Ener|gie|trä|ger, der: *Stoff, dessen Energie (2) nutzbar gemacht wird.*

Ener|gie|um|wand|lung, die (Physik): *Umwandlung einer Energieform in eine andere.*

Ener|gie|ver|brauch, der: *Verbrauch an Energie.*

Ener|gie|ver|schwen|dung, die: *Verschwendung von Energie.*

Ener|gie|ver|sor|ger, der: *Energieversorgungsunternehmen.*

Ener|gie|ver|sor|gung, die: *Versorgung mit Energie (2) od. Energieträgern:* Dazu: **Ener|gie|ver|sor|gungs|un|ter|neh|men,** das.

Ener|gie|vor|rat, der ⟨meist Pl.⟩: *Vorrat an Energieträgern.*

Ener|gie|wen|de, die (Ökol.): *Ersatz der Nutzung von fossilen u. atomaren Energiequellen durch eine ökologische, nachhaltige Energieversorgung.*

Ener|gie|wirt|schaft, die: *Wirtschaftszweig, der die Produktion, Verarbeitung u. Verteilung von Energie umfasst.*

ener|gie|wirt|schaft|lich ⟨Adj.⟩: *die Energiewirtschaft betreffend:* -e Probleme.

Ener|gie|wirt|schafts|ge|setz, das (Politik, Wirtsch.): *Gesetz, das Versorgung u. Wettbewerb im Bereich der Märkte für Strom u. Gas regelt.*

Ener|gie|zu|fuhr, die: *Zufuhr von Energie.*

ener|gisch ⟨Adj.⟩ [nach frz. énergique]: **a)** *von Energie (1 a) erfüllt, starken Willen u. Durchsetzungskraft zeigend, tatkräftig:* ein -er Mann; e. durchgreifen; **b)** *von Energie (1 a), von starkem Willen u. Durchsetzungskraft zeugend:* ein -es Kinn; **c)** *nachdrücklich, entschlossen.*

Ener|gy|drink ['ɛnədʒi...], der; -s, -s [engl. energy drink, aus: energy = Energie u. drink, ↑ Drink]: *Energie spendendes, alkoholfreies Getränk.*

Ener|va|ti|on, die; -, -en [lat. enervatio] (bildungsspr.): *Enervierung.*

ener|vie|ren ⟨sw. V.; hat⟩ [nach frz. énerver < lat. enervare = entkräften; entnerven, zu: nervus; ↑ Nerv] (bildungsspr.): *entnerven:* ein enervierender Mann. Dazu: **Ener|vie|rung,** die; -, -en.

en face [ã'fas; frz.; eigtl. = ins Gesicht, aus: en = in u. face, ↑ Face] (Fachspr.): *(bes. von Bildnisdarstellungen) von vorn [gesehen], in gerader Ansicht:* jmdn. en f. malen.

En|fant ter|ri|ble [ãfãtɛ'ri:bl], das; - -, -s -s [ãfãtɛ'ri:bl] [frz., eigtl. = schreckliches Kind, aus: enfant = Kind (lat. infans, ↑ Infant) u. terrible, ↑ terribel] (bildungsspr.): *jmd., der gegen die geltenden [gesellschaftlichen] Regeln verstößt u. dadurch seine Umgebung oft schockiert od. in Verlegenheit bringt.*

eng ⟨Adj.⟩ [mhd. enge, ahd. engi, eigtl. = zusammengedrückt, eingeschnürt]: **1. a)** *räumlich eingeschränkt, von geringer räumlicher Ausdehnung:* -e Gassen; das Tal ist sehr e.; ein e. begrenztes, umgrenztes Gebiet; Ü in -en *(beschränkten, bescheidenen)* Verhältnissen leben; **b)** *dicht [gedrängt]:* die Bäume stehen etwas zu e.; ein e. bedrucktes, beschriebenes Blatt; ein e. umschlungenes Liebespaar; **c)** *(von Kleidungsstücken) dem Körper fest anliegend:* -e Hosen; ein [ganz] e. anliegender Pullover; der Rock ist mir zu e. geworden; **d)** *keinen Spielraum aufweisend:* ihm sind -e Grenzen gesetzt; Ü die Entscheidung wird e. (ugs.; *knapp)* für uns; das darf man nicht so e. sehen (ugs.; *das muss man tolerieren).* **2.** *(oft im Komparativ u. Superlativ) [durch Auswahl] begrenzt:* in die -ere Wahl kommen, gezogen werden *(nach einer ersten Auswahl noch infrage kommen);* im -eren, -sten Sinn des Wortes. **3.** *nah, vertraut:* in -em Kontakt mit jmdm. stehen; die -ere Heimat; im -sten Kreis feiern; mit jmdm. e. verbunden, verwandt sein; e. befreundete Familien.

En|ga|din ['ɛngadi:n, auch, schweiz. nur: ...'di:n], das; -s: *Talschaft des Inns in der Schweiz.*

En|ga|ge|ment [ãgaʒ(ə)'mã:], das; -s, -s [frz. engagement]: **1. a)** ⟨o. Pl.⟩ *[persönlicher] Einsatz aus [weltanschaulicher] Verbundenheit; Gefühl des Verpflichtetseins zu etw.:* ihr soziales E.; sein E. für Gerechtigkeit; **b)** *[militärische, geschäftliche] Bindung, Verpflichtung:* das militärische E. der USA in Europa; die Bank hat ihr E. auf dem chinesischen Markt ausgebaut. **2.** *berufliche Verpflichtung, Anstellung eines Künstlers, Artisten o. Ä.:* ein E. suchen; sie hat ihr E. verlängert.

en|ga|gie|ren [ãga'ʒi:rən] ⟨sw. V.; hat⟩ [frz. engager = in Gage nehmen, zu: gage, ↑ Gage]: **1.** (e. + sich) **a)** *sich bekennend für etw. einsetzen, sich binden:* sich politisch e.; du hast dich voll für die Ziele der Partei engagiert; **b)** *militärische, geschäftliche o. ä. Verpflichtungen eingehen:* die Amerikaner hatten sich zu sehr in Vietnam engagiert. **2. a)** *(einen Künstler, Artisten o. Ä.) unter Vertrag nehmen, verpflichten:* der Schauspieler wurde [für eine Spielzeit] nach Berlin engagiert; **b)** *zur Erledigung einer bestimmten Aufgabe in Dienst nehmen:* zur Nachhilfe einen Privatlehrer, jmdn. als Privatlehrer e.

en|ga|giert ⟨Adj.⟩: *entschieden für etw. eintretend, ein starkes persönliches Interesse an etw. habend:* sozial sehr e. sein. Dazu: **En|ga|giert|heit,** die; -.

eng an|lie|gend, eng|an|lie|gend ⟨Adj.⟩: *am Körper fest anliegend:* ein eng anliegender Pullover.

en garde [ã'gard; frz., aus: en = in u. garde = Deckung, (Fecht)stellung, ↑ Garde] (Fechten): *Kommando, mit dem die Fechter aufgefordert werden, Fechtstellung einzunehmen.*

eng be|druckt, eng|be|druckt ⟨Adj.⟩: *kaum unbedruckte Stellen aufweisend:* ein eng bedrucktes Flugblatt.

eng be|freun|det, eng|be|freun|det ⟨Adj.⟩: *durch enge Freundschaft verbunden:* zwei eng befreundete Ehepaare.

eng be|grenzt, eng|be|grenzt ⟨Adj.⟩: *von geringer Ausdehnung, beschränkt:* ein eng begrenztes Gesichtsfeld.

eng be|schrie|ben, eng|be|schrie|ben ⟨Adj.⟩: *kaum unbeschriebene Stellen aufweisend:* ein eng beschriebenes Blatt Papier.

eng|brüs|tig ⟨Adj.⟩: **a)** *schmal gebaut, schwächlich:* ein -er Jugendlicher; **b)** *kurzatmig.*

En|ge, die; -, -n [mhd. enge, ahd. engi]: **1.** ⟨o. Pl.⟩ *Mangel an Raum, räumliche Beschränktheit:* in bedrückender E. leben; Ü kleinbürgerliche E. des Geistes. **2.** (veraltend) *verengte Stelle, Engpass:* das Schiff durch eine E. steuern; * **in die E. geraten** *(in Bedrängnis geraten);* **jmdn. in die E. treiben** *(durch Fragen, Drohungen o. Ä. in Bedrängnis bringen).*

En|gel, der; -s, - [mhd. engel, ahd. engil < griech. ággelos = Bote (Gottes)]: **1.** (Rel.) *[als Bote Gottes wirkendes] meist mit Flügeln gedachtes, überirdisches Wesen:* gute, gefallene E.; der E. der Verkündigung, des Todes; sie ist sanft und gütig wie ein E.; ein blonder E. *(jüngere [sanft wirkende] Person mit längerem blondem Haar);* R ein E. fliegt, geht durchs Zimmer (kennzeichnet eine Situation, bei der eine Unterhaltung plötzlich verstummt, irgendwo große Stille eintritt); * **ein E. mit einem B davor** (ugs.; *bes. Kind, das sich frech, rüpelhaft, gar nicht so benimmt, wie man es von ihm erwartet;* scherzhafte Bildung aus dem Buchstaben B u. Engel = Bengel); **die E. im Himmel singen/pfeifen hören** (ugs.; *sehr starke Schmerzen haben);* nach der Vorstellung von einem Orchester der Engel, das ein Verstorbener musizieren hört, wenn sich ihm der Himmel auftut). **2. a)** *als Helfer od. Retter wirkender Mensch:* er kam als rettender E.; sie ist mein guter E.; sie ist ein E. der Armen; * **die Gelben E.** *(die Mitarbeiter der Straßenwacht des Allgemeinen Deutschen Automobil-Clubs);* **b)** (ugs., oft iron.) *harmloser, unschuldiger Mensch:* du amüsierst dich!; er ist kein E.

En|gel|amt, das (kath. Kirche): **1.** *Hochamt zu Ehren der Engel.* **2.** *¹Messe (1) zu Ehren der Muttergottes im Advent.* **3.** *Mitternachtsmesse in der Heiligen Nacht.* **4.** *Totenamt für ein Kind.*

En|gel|chen, En|gel|lein, das; -s, -: Vkl. zu ↑ Engel.
en|gel|gleich, engelsgleich ⟨Adj.⟩ (geh.): *wie ein Engel geartet:* e. singen.
en|gel|gut, engelsgut ⟨Adj.⟩: *gut wie ein Engel:* sie war ein -er Mensch.
en|gel|haft ⟨Adj.⟩: *zart, ätherisch, liebreizend (wie ein Engel).*
En|gel|kopf, Engelskopf, der: *Kopf [wie der] einer Engelsfigur.*
En|gel|ma|cher, der [rückgeb. aus ↑ Engelmacherin]: vgl. Engelmacherin.
En|gel|ma|che|rin, die [urspr. = Frau, die Pflegekinder absichtlich sterben lässt, »zu Engeln macht«] (ugs. verhüll.): *Frau, oft Hebamme, die illegale Abtreibungen vornimmt.*
en|gel|rein, (auch:) engelsrein ⟨Adj.⟩ (geh.): *rein, wie es einem Engel eigentümlich ist:* ein -es Wesen.
En|gel|schar, die: *Schar der Engel.*
En|gels|ge|duld, die: *sehr große, fast unerschöpfliche Geduld:* sie hatte eine E. [mit ihm].
En|gels|ge|sicht, das: *Gesicht [wie das] eines Engels, einer Engelsfigur.*
en|gels|gleich: ↑ engelgleich.
En|gels|gruß, der: *Englischer Gruß.*
en|gels|gut: ↑ engelgut.
En|gels|haar, das: *Gesamtmenge von haarfeinen, gold- od. silberglänzenden Fäden, die meist als Christbaumschmuck dienen.*
En|gels|kopf: ↑ Engelkopf.
En|gels|mie|ne, die: *Miene, die Unschuld vortäuschen soll:* jmdn. mit E. anschauen.
En|gels|mu|sik, die: *als überirdisch schön empfundene Musik.*
en|gels|rein: ↑ engelrein.
En|gels|zun|gen ⟨Pl.⟩: in der Verbindung **mit E.** *(mit größter Beredsamkeit, Eindringlichkeit; nach 1. Kor. 13, 1:* er versuchte ihn mit E. zu überreden).
En|gel|wurz, die [wohl nach der mit dem Wirken von Engeln verglichenen Heilkraft]: *[in Wäldern u.] auf feuchten Wiesen wachsende Pflanze mit gefiederten, gezähnten Blättern u. in großen Dolden wachsenden grünlich weißen Blüten;* Angelika.
En|ger|ling, der; -s, -e [mhd. enger(l)inc, ahd. engiring = Made]: *weißlich gelbe, augenlose, als Pflanzenschädling auftretende Larve (z. B. des Maikäfers).*
Eng|füh|rung, die: **1.** (Musik) *sich überschneidendes Einsetzen von aufeinander folgenden Stimmen (bes. in der Fuge).* **2.** (bildungsspr.) *enge Verschränkung, Zusammenführung; enge Beziehung aufeinander:* die E. von Tradition und Moderne im letzten Akt des Dramas.
eng|her|zig ⟨Adj.⟩: *kleinlich, pedantisch, nicht großzügig:* Dazu: **Eng|her|zig|keit,** die; -.
En|gi|nee|ring [ɛndʒɪˈnɪərɪŋ], das; -[s] [engl. engineering, zu: to engineer = entwickeln, konstruieren, zu: engineer = Ingenieur < afrz. engineor, letztlich zu lat. ingenium, ↑ Ingenium]: *engl. Bez. für: Ingenieurwesen, technische Entwicklung.*
Eng|land; -s: **1.** *Teil von Großbritannien.* **2.** (volkstüml.) *Großbritannien.*
Eng|län|der, der; -s, -: **1.** *Angehöriger des englischen Volkes, aus England stammende Person.* **2.** [H. u.] (ugs.) *verstellbarer Schraubenschlüssel.*
Eng|län|de|rin, die; -, -nen: w. Form zu ↑ Engländer (1).
Eng|lein, das; -s, -: Vkl. zu ↑ Engel.
¹**eng|lisch** ⟨Adj.⟩: **a)** *die Engländer, England (1, 2) betreffend; aus England stammend, zu England gehörend:* -es Vollblut *(Reit-, Rennpferd einer sehr edlen Rasse, die sich durch feuriges Temperament, Mut, Härte u. Ausdauer auszeichnet);* Englische Fräulein *(von den Engländerin Maria Ward gegründete Frauenkongregation für Erziehung u. Unterricht);* -er Trab, e. traben (vgl. Englischtraben); e. braten *(ein Fleischstück so braten, dass es innen noch etwas blutig ist);* **b)** *in der Sprache der Engländer [verfasst]:* -e Literatur; **c)** (ugs.) *britisch.*
²**eng|lisch** ⟨Adj.⟩ [mhd. englisch, wohl für lat. angelicus, zu ↑ Engel] (veraltet): *die Engel betreffend* (vgl. Gruß 1).
Eng|lisch, das; -[s]: **a)** *englische Sprache:* ein E. sprechender Tourist; **b)** *englische [u. nordamerikanische] Sprache u. Literatur als Unterrichts-, Lehrfach:* in E. eine Zwei haben.
Eng|li|sche, das; -n ⟨nur mit best. Art.⟩: *die englische Sprache im Allgemeinen.*
Eng|lisch|horn [auch: ˈɛŋ…ˈhɔrn], das ⟨Pl. …hörner⟩ (Musik): *Oboe in Altlage.*
Eng|lisch|kennt|nis, die ⟨meist Pl.⟩: *Kenntnisse der englischen Sprache; Fähigkeit, sich auf Englisch zu verständigen:* gute -se sind für die Stelle unabdingbar.
Eng|lisch|leh|rer, der: *Lehrer für das Unterrichtsfach Englisch.*
Eng|lisch|leh|re|rin, die: w. Form zu ↑ Englischlehrer.
Eng|lisch|pflas|ter [auch: ˈɛŋ…ˈpflas…], das, [wohl zuerst in England hergestellt] (veraltet): *Heftpflaster:* ♦ … sie verletzte sich an einem Dorn … Es wurde E. gesucht (Chamisso, Schlemihl 18).
Eng|lisch|rot [auch: ˈɛŋ…ˈroːt], das ⟨o. Pl.⟩: *gut deckende rote Farbe aus Eisenoxid, die zum Polieren von Glas, Metallen o. Ä. u. als Malerfarbe verwendet wird.*
eng|lisch|spra|chig ⟨Adj.⟩: **a)** *in englischer Sprache [verfasst]:* eine -e Zeitschrift; **b)** *die englische Sprache sprechend:* eine -e Bevölkerung.
eng|lisch|sprach|lich ⟨Adj.⟩: *die englische Sprache betreffend:* der -e Unterricht.
Eng|lisch spre|chend, eng|lisch|spre|chend ⟨Adj.⟩: *englischsprachig (2):* die Englisch sprechenden Bevölkerungsteile Kanadas.
Eng|lisch|tra|ben [auch: ˈɛŋ…ˈtraː…], das; -s (Pferdesport): *Art des Trabens, bei der der Reiter die Trabbewegungen mit dem Körper auffängt; leichtes Traben.*
Eng|lisch|un|ter|richt, der: *Unterricht in der englischen Sprache.*
Eng|lish|waltz, der; -, -, **Eng|lish Waltz,** der; -, - - [ˈɪŋglɪʃwɔ(:)l(t)s, - ˈwɔ(:)l(t)s; engl. English waltz]: *langsamer Walzer.*
eng|li|sie|ren ⟨sw. V.; hat⟩: *einem Pferd die niederziehenden Schweifmuskeln durchschneiden, damit es den Schwanz hoch trägt.*
eng|ma|schig ⟨Adj.⟩: *kleine Maschen aufweisend:* ein -es Netz; Ü ein -es Verwaltungsnetz.
En|go|be [ãˈgoːbə], die; -, -n [frz. engobe, zu: engober, ↑ engobieren] (Fachspr.): *Überzugsmasse für keramische Erzeugnisse.*
en|go|bie|ren [ãgoˈbiːrən] ⟨sw. V.; hat⟩ [frz. engober, zu: gobe (mundartl.) = Erdklumpen] (Fachspr.): *Tonwaren mit Engobe überziehen.*
Eng|pass, der: **1.** *schmale, verengte Stelle auf einem Weg, einer Straße, einem Durchgang o. Ä.* **2.** *wirtschaftliche Notlage, schwierige Situation [in der etw. knapp geworden ist].*
en gros [ãˈgroː; frz., aus: en = in u. gros, ↑ ¹Gros] (Kaufmannsspr.): *im Großen, in großen Mengen:* etw. en g. verkaufen.
En|gros|han|del, der (Kaufmannsspr.): *Großhandel.*
En|gros|sist [ãgrɔˈsɪst], der; -en, -en (österr.): *Grossist.*
En|gros|sis|tin, die; -, -nen: w. Form zu ↑ Engrossist.
Eng|stel|le, die: *enge Stelle (in einer Durchfahrt, bei einem Flusslauf o. Ä.).*
engs|tens ⟨Adv.⟩: *sehr eng, so eng wie möglich:* e. mit jmdm. verbunden sein.

eng|stir|nig ⟨Adj.⟩ (abwertend): *in Vorurteilen befangen; sehr einseitig denkend, kurzsichtig; borniert:* ein -er Mensch; e. handeln. Dazu: **Eng|stir|nig|keit,** die; -, -en ⟨Pl. selten⟩.
eng um|grenzt, eng|um|grenzt ⟨Adj.⟩: *eine sehr enge Umgrenzung aufweisend:* ein eng umgrenztes Gebiet.
eng um|schlun|gen, eng|um|schlun|gen ⟨Adj.⟩: *dicht beieinanderstehend und sich umarmend:* ein eng umschlungenes Liebespaar.
eng ver|bun|den, eng|ver|bun|den ⟨Adj.⟩: *sich sehr nahestehend:* ein eng verbundenes Geschwisterpaar.
eng ver|wandt, eng|ver|wandt ⟨Adj.⟩: **1.** *sehr nah ²verwandt* (1). **2.** *inhaltlich sehr ähnlich, nah ²verwandt* (2): zwei eng verwandte Begriffe.
eng|zei|lig ⟨Adj.⟩: *einen geringen Zeilenabstand aufweisend:* e. gedruckte Texte.
en|har|mo|nisch ⟨Adj.⟩ [griech. enharmónios = übereinstimmend] (Musik): *mit einem anders benannten u. geschriebenen Ton den gleichen Klang habend:* gis und as sind e. gleich.
Enig|ma, das; -s, -ta u. …men [engl. enigma < lat. aenigma < griech. aínigma] (bildungsspr.): *Rätsel:* Dazu: **enig|ma|tisch** ⟨Adj.⟩.
En|jam|be|ment [ãʒãbəˈmãː], das; -s, -s [frz. enjambement, zu: enjamber = überspringen, zu: jambe = Bein < spätlat. gamba, ↑ Gambe] (Verslehre): *Übergreifen des Satzes in den nächsten Vers.*
En|kaus|tik, die; - [griech. egkaustiké (téchnē), eigtl. = zum Einbrennen gehörende (Kunst), zu: kaustikós, ↑ kaustisch] (Kunstwiss.): *(in der griechischen Antike entwickeltes) Malverfahren, bei dem die Farben durch Wachs gebunden sind:* Dazu: **en|kaus|tisch** ⟨Adj.⟩.
En|kel, der; -s, - [mhd. einkel, spätahd. eninchilî, Vkl. von ↑ Ahn]: **1.** *Kind des Sohnes od. der Tochter, Kindeskind:* die Großmutter und ihre E. **2.** *Nachfahre, Nachkomme.*
En|kel|ge|ne|ra|ti|on, die: *Generation der Enkel (einer bestimmten Altersgruppe):* die E. der ersten Gastarbeiter hat sich bereits assimiliert.
En|ke|lin, die; -, -nen: *Tochter des Sohnes od. der Tochter.*
En|kel|kind, das: *Enkel (im Kindesalter).*
En|kel|sohn, der (seltener): *Enkel.*
En|kel|toch|ter, die (seltener): *Enkelin.*
En|kla|ve, die; -, -n [frz. enclave, zu: enclaver = einschließen, über das Vlat. zu lat. in- = ein- u. clavis = Schlüssel]: *vom eigenen Staatsgebiet eingeschlossener Teil eines fremden Staatsgebiets.*
En|kli|se, En|kli|sis, die; -, …isen [griech. égklisis = das Hinneigen] (Sprachwiss.): *Verschmelzung eines unbetonten Wortes [geringeren Umfangs] mit einem vorangehenden betonten* (z. B. »zum« aus »zu dem«): Dazu: **en|kli|tisch** ⟨Adj.⟩.
En|ko|der usw.: ↑ Encoder usw.
En|kul|tu|ra|ti|on, die; -, -en [engl. enculturation, zu: culture = Kultur] (Soziol.): *das Hineinwachsen des Einzelnen in die Kultur der ihn umgebenden Gesellschaft.*
en masse [ãˈmas; frz., aus: en = in u. masse, ↑ Masse] (ugs.): *in besonders großer Menge, Zahl [vorhanden, vorkommend]; gar nicht wenig:* diese Blumen gibt es hier en m.
en mi|ni|a|ture [ãminjaˈtyːr; frz., aus: en = in u. miniature = Miniatur] (bildungsspr.): *in kleinerem Maßstab, im Kleinen [dargestellt].*
en|net ⟨Präp. mit Gen. od. Dativ⟩ [mhd. ennet, jenent] (schweiz. mundartl.): *jenseits:* e. des Rheins/dem Rhein.
Enns, die; -: *rechter Nebenfluss der Donau.*
En|nui [ãˈnyː], der; -s [frz. ennui] (bildungsspr.): **a)** *Langeweile;* **b)** *Verdruss, Überdruss.*
en|nu|yie|ren [ãnyˈjiːrən, an…] ⟨sw. V.; hat⟩ [frz.

enorm – entblößen

ennuyer < vlat. inodiare = hassen, zu lat. odium, ↑ Odium] (bildungsspr. veraltet): **a)** *langweilen;* **b)** *ärgern, lästig werden;* ◆ *Er will noch Dank, dass er mich ennuyiert* (Goethe, Faust I, 3265).

enorm ⟨Adj.⟩ [frz. énorme < lat. enormis = unverhältnismäßig groß, zu: norma, ↑ Norm]: **a)** *außerordentlich; ungewöhnlich [groß]:* die Preise sind e. gestiegen; **b)** ⟨ugs. intensivierend vor Adj.⟩ *äußerst, sehr:* e. weit; e. wichtig.

Enor|mi|tät, die; -, -en (bildungsspr.): **a)** ⟨o. Pl.⟩ *enorme Größe, enormes Maß;* **b)** *etw. Enormes.*

en pas|sant [ãpaˈsãː; frz.; eigtl. = auf der Durchreise, aus: en = in u. passant, 1. Part. von: passer, ↑ passieren]: **a)** *beiläufig, nebenbei:* etw. en p. erwähnen; **b)** *im Vorübergehen:* ich habe das noch en p. gekauft; einen Bauern en p. schlagen (Schach; *nach dessen Schritt über zwei Felder so schlagen, als sei er nur ein Feld weit gezogen*).

en pro|fil [ãproˈfil; frz.; aus: en = in u. profil, ↑ Profil] (Fachspr.): *(bes. von Bildnisdarstellungen) von der Seite [gesehen], im Profil:* jmdn. en p. malen, fotografieren.

En|quete, (schweiz. häufig:) **En|quête** [ãˈkeːt, auch: ãˈkɛːt(ə)], die; -, -n [...tn̩] [frz. enquête, zu: enquérir < lat. inquirere = untersuchen]: **1.** (Amtsspr.) *bes. sozial- od. wirtschaftspolitische Verhältnisse betreffende, groß angelegte Untersuchung, Erhebung, Umfrage:* eine E. über die wirtschaftliche Lage veröffentlichen. **2.** (Parlamentsspr.) Kurzf. von ↑ Enquetekommission: die Mitglieder der E. tagen gerade. **3.** (österr.) *Arbeitstagung.*

En|quete|kom|mis|si|on, die (Parlamentsspr.): *vom Bundestag eingesetzte Kommission zur Untersuchung besonderer Themen (z. B. Fragen der Verfassungsreform, des Wahlrechts), die Vorschläge u. Materialien für künftige Entscheidungen des Parlaments erarbeiten soll.*

en|ra|giert [ãraˈʒiːɐ̯t] ⟨Adj.⟩ [frz. enragé, eigtl. = toll, wütend] (bildungsspr. veraltend): **a)** *leidenschaftlich für etw. eingenommen:* eine -e Stellungnahme; **b)** *leidenschaftlich erregt:* über etw. sehr e. sein.

Ens, das; - [spätlat. ens, subst. 1. Part. von lat. esse = ¹sein] (Philos.): *das Seiende, Sein; Wesen, Idee.*

En|sem|b|le [ãˈsãːbl], das; -s, -s [frz. ensemble = zusammen < lat. insimul = zusammen, miteinander]: **1. a)** *zusammengehörende, aufeinander abgestimmte Gruppe von Schauspielern, Tänzern, Sängern od. Orchestermusikern mit festem Engagement:* das E. des Schauspielhauses; **b)** *kleine Besetzung in der Kammer-, Unterhaltungs- u. Jazzmusik; [kleine] Gruppe von (in einem bestimmten Stück) auftretenden Künstlern:* ein E. von drei Mann spielte zum Tanz auf; die beiden Paare sangen im E. (*gemeinsam*); **c)** *Auftritt, Nummer für eine kleine Gruppe von Solisten:* auf die Arie folgt ein E. **2.** *mehrteiliges [Damen]kleidungsstück, dessen Teile aufeinander abgestimmt sind (z. B. Kleid mit Jacke od. Mantel):* ein elegantes grünes E. **3.** (bildungsspr.) *[planvoll, wirkungsvoll gruppierte] Gesamtheit:* das denkmalgeschützte E. bestand aus Kirche, Gasthaus und Museum; Einmal hatte er mit ihr... eine Porzellankanne mit Waschschüssel entdeckt. Sie waren mit dem E. gleich die vielen Treppen wieder hochgestiegen (Kronauer, Bogenschütze 14).

En|sem|b|le|mit|glied, das: *Mitglied eines Ensembles* (1).

En|sem|b|le|spiel, das: *gemeinsames Musizieren, Zusammenspiel (in der Kammermusik).*

En|sem|b|le|the|a|ter, das: *Theater, an dem ein Ensemble (1 a) fest angestellt ist.*

En|si|la|ge [ãsiˈlaːʒə, österr. meist: ...ˈʃ], die; -, -n [frz. ensilage = das Einbringen in ein Silo, zu: silo < span. silo, ↑ Silo] (Landwirtsch.): **a)** *Bereitung von Gärfutter;* **b)** ⟨selten⟩ *Gärfutter, Silage.*

en suite [ãˈsɥit; frz.; eigtl. = in (Reihen)folge, aus: en = in u. suite, ↑ Suite] (bildungsspr.): *ununterbrochen.*

ent- [mhd. ent-, ahd. int-, Gegensatz od. Trennung bezeichnendes Präfix, durch Abschwächung in unbetonter Stellung entstanden aus mhd., ahd. ant-, ↑ Antlitz]: **1.** drückt in Bildungen mit Verben aus, dass etw. wieder rückgängig gemacht, in den Ausgangszustand zurückgeführt wird: entbürokratisieren, entnuklearisieren, entproblematisieren. **2.** drückt in Bildungen mit Substantiven und einer Endung aus, dass etw. entfernt wird: entmotten, entrußen. **3.** drückt in Bildungen mit Verben ein Weggehen, ein Entfernen aus; *weg-:* enteilen, entschweben. **4.** drückt in Bildungen mit Verben ein Herausgelangen, ein Wegnehmen aus: entreißen, entsteigen. **5.** drückt in Bildungen mit Verben den Beginn von etw. aus: entbrennen, entzünden. **6.** drückt in Bildungen mit Adjektiven und einer Endung aus, dass eine Person oder Sache so wird, wie es das Adjektiv besagt: entblößen, entleeren. **7. a)** drückt den Gegensatz zu Verben mit dem Präfix *ver-* aus: entkrampfen, entzaubern; **b)** drückt den Gegensatz zu Verben mit dem Präfix *be-* aus: entkleiden, entwaffnen; **c)** drückt in Bildungen mit Verben den Gegensatz zu diesen Verben aus: entsichern, entwarnen.

ent|ar|ten ⟨sw. V.; ist⟩ [mhd. entarten, zu ↑ Art] (oft abwertend): **a)** *von bestimmten Gesetzmäßigkeiten od. von der Norm in negativer Weise abweichen:* gesunde Zellen können zu Krebszellen e.; entartete Kunst *(nationalsozialistische Bezeichnung für das gesamte moderne künstlerische Schaffen, das nicht der nationalsozialistischen Kunstauffassung entsprach);* **b)** *sich in etw. (Negatives) verkehren, ausarten:* der Staat war zu einem Monstrum entartet.

Ent|ar|tung, die; -, -en: **1.** ⟨o. Pl.⟩ *negative Abweichung von der Norm:* die E. der Sitten, des Zellwachstums. **2.** *Erscheinungsform, Möglichkeit der Entartung:* die -en der Revolution.

Ent|ar|tungs|er|schei|nung, die: *Erscheinung der Entartung:* -en zeigen.

ent|aschen ⟨sw. V.; hat⟩: *von Asche befreien, reinigen:* Dazu: **Ent|aschung,** die; -, -en.

En|ta|se, En|ta|sis, die; -, -...asen [griech. éntasis = das Anspannen] (Archit.): *das kaum merkliche Dickerwerden des Schaftes antiker Säulen nach der Mitte zu.*

ent|äs|ten, ent|ĕs|ten ⟨sw. V.; hat⟩ (Forstwirtsch.): *(einen Baum, Baumstamm) von Ästen befreien.*

◆ **ent|at|men** ⟨sw. V.; hat⟩: *den Atem nehmen, rauben:* ⟨subst.:⟩ Vorempfinden wir's... zum Entatmen, zum Ersticken, wenn du, Rhea, aller Götter hohe Mutter, dich nicht erbarmst (Goethe, Faust II, 8968 ff.)

ent|äu|ßern, sich ⟨sw. V.; hat⟩: **a)** *etw. ablegen, auf etw. verzichten, einer Sache entsagen:* sich seiner Freiheit e.; **b)** *sich von etw. trennen, etw. weggeben:* sich seines gesamten Vermögens e.; ◆ **c)** *sich von jmdm. trennen, lossagen:* ...wenn Ihr dieses Sohnes Euch entäußertet (Schiller, Räuber I, 1).

Ent|äu|ße|rung, die; -, -en ⟨Pl. selten⟩: **1.** (geh.) *Verzicht:* eine seelische E. **2.** *Weggabe, Veräußerung:* die E. der Grundstücke.

Ent|bal|lung, die; -, -en: *Entlastung, Entflechtung von Ballungszentren:* die E. von Industriegebieten.

ent|beh|ren ⟨sw. V.; hat⟩ [mhd. enbern, ahd. inberan, eigtl. = nicht (bei sich) tragen, zu mhd. bern, ahd. beran, ↑ gebären]: **1. a)** (geh.) *[ver]missen:* sie entbehrt schmerzlich ihren Freund; **b)** *auf jmdn., etw. verzichten, ohne jmdn., etw. auskommen:* ich kann das Buch nicht länger e.; er hat in seiner Jugend viel[es] e. müssen. **2.** (geh.) *ohne etw. sein, einer Sache ermangeln:* diese Behauptung entbehrt jeder Grundlage; das entbehrt nicht einer gewissen Komik (*es ist recht komisch*).

ent|behr|lich ⟨Adj.⟩: *zu entbehren, nicht notwendig, überflüssig:* -e Kleidungsstücke wegwerfen. Dazu: **Ent|behr|lich|keit,** die; -, -en ⟨Pl. selten⟩.

Ent|beh|rung, die; -, -en: *schmerzlich empfundener Mangel, empfindliche Einschränkung:* große, schmerzliche -en auf sich nehmen, ertragen.

ent|beh|rungs|reich, ent|beh|rungs|voll ⟨Adj.⟩: *reich an Entbehrungen, voller Entbehrungen.*

ent|bei|nen ⟨sw. V.; hat⟩ (Kochkunst): *die Knochen aus etw. (einem Tier, einem Stück Fleisch) entfernen.*

ent|ber|gen ⟨st. V.; hat⟩ (geh.): *zeigen, erkennen lassen (was verborgen war):* ⟨auch + sich:⟩ sie entbarg sich als Kunstliebhaberin.

ent|bie|ten ⟨st. V.; hat⟩ [mhd. enbieten, ahd. inbiotan = wissen lassen, zu ↑ bieten]: **a)** (geh.) *(Grüße o. Ä.) übermitteln, senden, darbieten:* jmdm. seine besten Grüße, ein Willkommen e.; **b)** (geh. veraltend) *an einen Ort rufen, kommen lassen:* der Kaiser entbot alle Fürsten [zu sich].

ent|bin|den ⟨st. V.; hat⟩ [mhd. enbinden = entbinden]: **1.** *befreien, dispensieren:* jmdn. von seinen Ämtern/(geh.:) seiner Ämter e. **2.** [eigtl. = der Nabelschnur losbinden] **a)** *einer Frau Geburtshilfe leisten:* eine Frau e.; sie ist von einem gesunden Jungen entbunden worden (*sie hat einen gesunden Jungen mit Geburtshilfe zur Welt gebracht*); **b)** *ein Kind (mit Geburtshilfe) zur Welt bringen:* sie hat in der Klinik entbunden.

Ent|bin|dung, die; -, -en: **1.** *Befreiung, Loslösung:* die E. von einem Amt. **2.** *das Entbinden (2b), das Gebären.*

Ent|bin|dungs|heim, das: *Heim für werdende Mütter.*

Ent|bin|dungs|pfle|ger, der: *Mann, der Geburtshilfe leistet* (Berufsbez.).

Ent|bin|dungs|sta|ti|on, die: *Abteilung eines Krankenhauses, in der Entbindungen vorgenommen werden.*

ent|blät|tern ⟨sw. V.; hat⟩: **1.** *von Blättern befreien:* der Sturm hat die Bäume entblättert. **2.** ⟨e. + sich⟩ (ugs. scherzh.) *sich für ein Publikum, die Öffentlichkeit ausziehen, entkleiden.*

ent|blö|den ⟨sw. V.; hat⟩ [veraltet sich entblöden = sich erkühnen, zu ↑ blöde]: **1.** in der Wendung **sich nicht e.,** etw. zu tun (geh. abwertend; *sich nicht schämen, etw. zu tun; [Dreistes, Unkluges o. Ä.] zu tun*). ◆ **2.** *sich erdreisten:* Wie könnt'st du sonst mit solchen harten Reden dein treues Weib zu morden dich e. (Wieland, Oberon 6, 95).

ent|blö|ßen ⟨sw. V.; hat⟩ [mhd. enblœʒen, zu ↑ ¹bloß]: **1. a)** *die Bekleidung (vom Körper, von einem Körperteil) entfernen:* sich, die Brust e.; mit entblößtem Kopf stand er am Grabe; Ü ich habe mich, mein Innerstes vor dir entblößt (*alle meine geheimen Gedanken mitgeteilt*); **b)** ¹*bloß* (1) *legen:* beim Sprechen die Zähne e. **2.** *von etw. frei machen; (nützlicher, notwendiger Dinge) berauben:* er entblößte die Stadt von allen Truppen; ich bin von allen Mitteln/(geh.:) aller Mittel entblößt (*ich habe kein Geld mehr*); die Abwehr e. (Fußball; *durch das Aufrücken von Abwehrspielern die eigene Abwehr schwächen u. so dem Gegner Möglichkeit zum Kontern geben*).

Ent|blö|ßung, die; -, -en: *das [Sich]entblößen, Entblößtwerden.*

◆ **ent|blü|hen** ⟨sw. V.; hat⟩: *entsprießen, [heraus]wachsen:* ... *wie einen Giftpilz, der der Heid' entblüht* (Kleist, Käthchen V, 1).

ent|bren|nen ⟨unr. V.; ist⟩ [mhd. enbrennen = entzünden] (geh.): **1.** *mit Heftigkeit ausbrechen:* es entbrannte ein Krieg, ein Streit. **2.** *heftig, leidenschaftlich von etw. (einer Gemütsbewegung) ergriffen werden:* in Zorn e.; er, sein Herz entbrannte in Liebe für sie, zu ihr.

ent|bün|deln ⟨sw. V.⟩: *zu einem Bündel zusammengefasste einzelne Bestandteile) [wieder] trennen:* Netzanschlüsse, Kaufangebote e. Dazu: **Ent|bün|de|lung,** die; -, -en.

ent|bü|ro|kra|ti|sie|ren ⟨sw. V.; hat⟩: *aus einer bürokratischen Ordnung lösen, unbürokratisch machen:* den Verwaltungsapparat e. Dazu: **Ent|bü|ro|kra|ti|sie|rung,** die; -, -en.

Ent|chen, das; -s, -: Vkl. zu ↑ Ente (1).

ent|chlo|ren ⟨sw. V.; hat⟩: *von Chlor befreien:* Trinkwasser e.

Ent|christ|li|chung, die; -: *Rückgang des christlichen Glaubens, Denkens u. Handelns.*

ent|dä|mo|ni|sie|ren ⟨sw. V.; hat⟩: *aus dem Bereich des Dämonischen herausrücken; jmdm. od. einer Sache dämonische Kräfte u. Wirkungen absprechen:* die Natur e. Dazu: **Ent|dä|mo|ni|sie|rung,** die; -, en.

ent|de|cken ⟨sw. V.; hat⟩ [mhd. endecken = entblößen, aufdecken; mitteilen, ahd. intdecchan = aufdecken]: **1.** *etw. bislang Unbekanntes finden:* eine Insel, ein chemisches Element e. **2. a)** *(etw. Verborgenes, Gesuchtes) finden, ausfindig machen:* ich kann hier nichts Besonderes e.; in dieser Arbeit ist kein Fehler zu e.; der Verbrecher wurde endlich entdeckt; **b)** *unvermutet bemerken, gewahren, auf etw. stoßen:* einen neuen Weg e.; ich entdeckte ihn zufällig unter den Gästen; sein Herz für jmdn. e. *(jmdn. zu lieben beginnen);* die junge Künstlerin ist entdeckt worden *(man hat ihr Talent entdeckt);* Die chinesische Malerei hat e erst in seiner letzten Phase, während der letzten drei Serien ist sie entdeckt (Strauß, Niemand 185). **3.** (geh. veraltend) *offenbaren, anvertrauen:* ich will dir mein Geheimnis e.

Ent|de|cker, der; -s, -: *jmd., der etw. entdeckt (1, 2) hat:* der E. Amerikas.

Ent|de|cker|freu|de, die: *Freude am Entdecken (1, 2).*

Ent|de|cke|rin, die; -, -nen: w. Form zu ↑ Entdecker.

ent|de|cke|risch ⟨Adj.⟩: *dem Entdecker eigentümlich:* -e Freude.

Ent|de|ckung, die; -, -en: **1.** *das Entdecken (1):* die E. Amerikas; die E. eines Virus; auf -en ausziehen. **2.** *das Entdecken (2):* die E. von Unterschieden; die E. (*Enthüllung*) eines Verbrechens; eine [grausige] E. machen (nachdrücklich; *etw. [Grausiges] entdecken*). **3.** *etw., was entdeckt worden ist:* eine schreckliche, wissenschaftlich bedeutsame E.; eine junge Schauspielerin ist eine großartige E.; eine schmerzliche E. (Erkenntnis).

Ent|de|ckungs|fahrt, die: vgl. Entdeckungsreise.

Ent|de|ckungs|rei|se, die: **1.** *Reise, die der Entdeckung eines unerforschten Teils der Erde dient od. dazu führt:* die -n Alexander von Humboldts. **2.** *[räumliche] Erkundung von bisher Unbekanntem:* eine E. ins historische Museum machen; jedes Kleinkind liebt -n im Küchenschrank; auf -n ins Internet gehen.

Ent|de|ckungs|rei|sen|de ⟨vgl. Reisende⟩: *weibliche Person, die eine Entdeckungsreise unternimmt.*

Ent|de|ckungs|rei|sen|der ⟨vgl. Reisender⟩: *jmd., der eine Entdeckungsreise unternimmt.*

Ent|de|ckungs|tour, die: vgl. Entdeckungsreise (2).

ent|de|mo|kra|ti|sie|ren ⟨sw. V.; hat⟩: *von demokratischen Prinzipien loslösen, demokratische Prinzipien in etw. abbauen:* der Staat, eine Institution wird langsam entdemokratisiert. Dazu: **Ent|de|mo|kra|ti|sie|rung,** die; -, -en.

ent|dif|fe|ren|zie|ren ⟨sw. V.; hat⟩ (bes. Fachspr.): *undifferenziert machen:* Dazu: **Ent|dif|fe|ren|zie|rung,** die; -, -en.

ent|dra|ma|ti|sie|ren ⟨sw. V.; hat⟩: *von dramatischen Elementen befreien, einer Sache ihre Dramatik nehmen:* die Angelegenheit muss entdramatisiert werden. Dazu: **Ent|dra|ma|ti|sie|rung,** die; -, -en.

ent|dröh|nen ⟨sw. V.; hat⟩ (Technik): *von dröhnenden Geräuschen befreien:* ein Fahrzeug e. Dazu: **Ent|dröh|nung,** die; -, -en ⟨Pl. selten⟩.

En|te, die; -, -n: **1.** [mhd. ente, ant, ahd. enita, anut, urspr. Bez. für die Wildente] **a)** *Schwimmvogel mit kurzem Hals, breitem Schnabel u. Schwimmfüßen:* die -n gründeln; er watschelt wie eine E.; er schwimmt wie eine bleierne E. (ugs. scherzh.; *er kann nicht od. nur schlecht schwimmen*); * **lahme E.** (ugs. abwertend: **1.** *schwunglose, schwerfällige Person.* **2.** *langsames Fahrzeug mit schwachem Motor*); **b)** *weibliche Ente* (1 a); **c)** *Entenbraten, -gericht.* **2.** [LÜ von frz. canard] (Jargon) *falsche [Presse]meldung.* **3.** (ugs.) *Uringefäß mit einem* ^{1} Hals (3 a) *für bettlägerige Männer.* **4.** [H. u.] * **kalte/Kalte E.** *(einer Bowle ähnliches Getränk aus Wein, Schaumwein, Mineralwasser u. Zitronenscheiben.*

ent|eh|ren ⟨sw. V.; hat⟩ [mhd. entēren]: **a)** *der Ehre berauben:* jmds. Namen e.; eine entehrende Anschuldigung; ◆ Hat mein Verhängnis gleich das Elend mich geweiht, zum Lügner soll es nimmer mich e. *(mich niemals so ehrlos machen, dass ich ein Lügner werde;* Schiller, Zerstörung v. Troja 13); **b)** (veraltet) *verführen, geschlechtlich missbrauchen:* ein Mädchen e.

Ent|eh|rung, die; -, -en: *das Entehren.*

ent|eig|nen ⟨sw. V.; hat⟩: **a)** *jmdm. Eigentum durch legalen staatlichen Eingriff für öffentliche, dem Allgemeinwohl dienende Zwecke entziehen:* einen Hausbesitzer e.; **b)** *von Privateigentum in staatliches Eigentum überführen:* ein Unternehmen, jmds. Vermögen e.

Ent|eig|nung, die; -, -en: **a)** *das Enteignen (a):* die E. der Großgrundbesitzer; **b)** *das Enteignen (b):* die E. von Großgrundbesitz.

ent|ei|len ⟨sw. V.; ist⟩ (geh.): **1.** *sich eilends entfernen, davoneilen:* er enteilte über die Brücke, nach München, in den Urlaub; Ü die Zeit enteilt *(verrinnt, vergeht schnell).* **2.** (bes. Sport) *eilig abschütteln* (2 c): der Konkurrenz um 10 Sekunden, mit 10 Sekunden Vorsprung e.; der Stürmer war seinem Bewacher enteilt; der Spitzenreiter ist [auf sieben Punkte, um sieben Punkte, mit sechs Siegen] enteilt *(hat den Punkteabstand vergrößert).*

ent|ei|sen ⟨sw. V.; hat⟩: *von Eis befreien:* die Tragflächen eines Flugzeugs e.

ent|ei|se|nen ⟨sw. V.; hat⟩: *vom Eisengehalt befreien:* enteisentes Mineralwasser.

Ent|ei|se|nung, die; -, -en: *das Enteisenen.*

Ent|ei|sung, die; -, -en: *das Enteisen.*

En|te|le|chie, die; -, -n [lat. entelechia < griech. entelécheia = *das wirkliche Tätigsein,* zusger. aus: entelès échein = *vollständig besitzen*] (Philos.): *sich im Stoff verwirklichende Form; im Organismus liegende Kraft, die seine Entwicklung u. Vollendung bewirkt.*

ent|emo|tio|na|li|sie|ren ⟨sw. V.; hat⟩: *von Emotionalität befreien u. sachlich behandeln:* Dazu: **Ent|emo|tio|na|li|sie|rung,** die; -, -en.

En|ten|bra|ten, der: *Braten aus dem Fleisch einer Ente.*

En|ten|brust, die (Kochkunst): *Bruststück der Ente:* gebratene, geräucherte E.

En|ten|flott, das (nordd.): *Entengrütze.*

En|ten|grieß, der, **En|ten|grün,** das; -s, **En|tengrüt|ze,** die ⟨o. Pl.⟩: *als feiner grüner Schleier die Oberfläche von Seen u. Teichen bedeckendes Geflecht von Wasserlinsen.*

En|ten|jagd, die: *Jagd auf wilde Enten.*

En|ten|jun|ges ⟨vgl. Junges⟩: *Entenklein.*

En|ten|klein, das: **1.** *Innereien [u. Kopf, Füße, Flügel] der geschlachteten Ente, aus denen Suppe od. einfachere Gerichte gekocht werden.* **2.** *Gericht aus Entenklein* (1).

En|ten|kü|ken, (österr.:) **En|ten|kü|cken,** das: *Küken einer Ente.*

En|ten|schna|bel, der: **a)** *Schnabel der Ente;* **b)** ⟨meist Pl.⟩ *(im 15. Jh.) Schuh mit schnabelförmiger Spitze.*

En|ten|tanz, der ⟨Pl. selten⟩: *auf Partys getanzter Tanz [der 1980er-Jahre], dessen Bewegungen das Flügelschlagen u. Watscheln der Ente nachahmen.*

En|tente [ã'tã:t(ə)], die; -, -n [...tn̩] [frz. entente = *Einverständnis,* eigtl. = *Absicht, über das Vlat. zu lat. intendere,* ↑ intendieren] (Politik): *auf engem Einverständnis beruhendes bündnisähnliches Verhältnis od. Bündnis zwischen [zwei] Staaten:* die E. zwischen Großbritannien und Frankreich.

En|tente cor|di|ale [ãtãtkɔr'djal], die; - - [frz. = *herzliches Einverständnis*]: *französisch-britisches Bündnis von 1904.*

En|ten|teich, der: *Teich, auf dem Enten leben.*

En|ten|vo|gel, der (Zool.): *Vogel einer weltweit verbreiteten Familie, zu der Schwäne, Gänse u. Enten gehören.*

En|ten|wal, der: *kleinerer Zahnwal, der weit über die Wasseroberfläche springen u. sehr tief tauchen kann; Dögling.*

En|ter ⟨ohne Artikel gebr.⟩ [engl., zu: to enter = *eingeben,* eigtl. = *hineingehen* < afrz. < entrer < lat. intrare] (EDV): *Kurzf. von* ↑ Entertaste: mit E. bestätigen.

en|te|ral ⟨Adj.⟩ [zu ↑ Enteron] (Med.): *den Darm bzw. die Eingeweide betreffend.*

En|ter|beil, das (früher): *Kampfwaffe zum Kappen der Taue u. Erschlagen der Feinde auf einem geenterten Schiff.*

ent|er|ben ⟨sw. V.; hat⟩: *von einem versprochenen od. dem gesetzlichen Erbe ausschließen:* seine Kinder e.

En|ter|brü|cke, die (früher): *Fallbrücke zum Entern eines Schiffes.*

Ent|erb|te, die; eine Enterbte; der/einer Enterbten, Enterbte/zwei Enterbte: *weibliche Person, die enterbt worden ist.*

Ent|erb|ter, der; Enterbte/ein Enterbter; des/eines Enterbten, Enterbte/zwei Enterbte: *jmd., der enterbt worden ist.*

Ent|er|bung, die; -, -en: *das Enterben.*

En|ter|ha|ken, der (früher): *langer Haken zum Heranziehen u. Entern eines Schiffes.*

En|te|rich, der; -s, -e [mhd. antreche, ahd. anutrehho]: *männliche Ente.*

En|te|ri|tis, die; -, ...itiden [zu griech. énteron, ↑ Enteron] (Med.): *Entzündung des Dünndarms; Darmkatarrh.*

en|tern ⟨sw. V.⟩ [aus dem Niederd. < (m)niederl. enteren = *entern* (1) < span. entrar = *hineingehen, betreten* < lat. intrare = *hineingehen*]: **1.** ⟨hat⟩ *auf ein [feindliches] Schiff dringen u. es gewaltsam in Besitz nehmen:* die Piraten haben den Dreimaster geentert. **2. a)** ⟨ist⟩ (Seemannsspr.) *in die Takelung eines Schiffes klettern:* in die Masten e.; **b)** ⟨hat⟩ (ugs.) *erklettern:* eine Mauer e.

En|te|ro|bak|te|rie, die; -, -n ⟨meist Pl.⟩ [zu ↑ Enteron u. ↑ Bakterie] (Med.): *vor allem im Darm vorkommende stäbchenförmige Bakterie, die Zucker unter Säurebildung vergärt* (z. B. Salmonelle).

En|te|ro|kok|ke, die; -, -n, **En|te|ro|kok|kus,** der; -, ...ken ⟨meist Pl.⟩ [zu ↑ Enteron u. ↑ Kokke] (Med.): *bes. in Lebensmitteln u. im menschlichen Darm vorkommende, Milchsäure bildende Bakterie.*

En|te|ron, das; -s, ...ra [griech. énteron, eigtl. = das Innere] (Med.): *Darm (bes. Dünndarm), Eingeweide.*

En|te|ro|s|kop, das; -s, -e [zu ↑ Enteron u. griech. skopeĩn = betrachten] (Med.): *Endoskop zur Untersuchung des Dickdarms.*

En|te|ro|s|ko|pie, die; -, -n (Med.): *Untersuchung mit dem Enteroskop.*

En|te|ro|s|to|mie, die; -, -n [zu ↑ Enteron u. griech. stóma = Mund; Öffnung] (Med.): *Anlegung eines künstlichen Darmausgangs.*

en|ter|tai|nen [ɛntɐˈteɪnən] ⟨sw. V.; hat⟩ [engl. to entertain = unterhalten, amüsieren < frz. entretenir] (Jargon): *unterhalten, amüsieren:* die Kinder, das Publikum e.; lasst euch einfach e.!

En|ter|tai|ner [ˈɛntɐteɪnɐ], der; -s, - [engl. entertainer, zu: to entertain (↑ entertainen)]: *jmd., dessen Beruf es ist, einem [größeren] Publikum leichte, heitere Unterhaltung zu bieten.*

En|ter|tai|ne|rin, die; -, -nen: w. Form zu ↑ Entertainer.

En|ter|tain|ment [ɛntɐˈteɪnmənt, ...mɛnt], das; -s [engl. entertainment]: *berufsmäßig gebotene leichte Unterhaltung.*

En|ter|tas|te, die (EDV): *Eingabetaste [zur Bestätigung von Befehlen] auf der Tastatur des Computers.*

En|te|rung, die; -, -en: *das Entern.*

ent|fa|chen ⟨sw. V.; hat⟩ [zu ↑ fachen] (geh.): **a)** *(ein Feuer o. Ä.) anzünden, zum Brennen bringen; (Glut) zum Lodern bringen:* ein Feuer e.; der Wind hat einen Brand entfacht; Ü ...für sie alle will ich in mir die Flamme einer unauslöschlichen Liebe e. (Langgässer, Siegel 407); **b)** *erregen, entfesseln:* einen Streit e.; der Anblick entfachte seine Begierde.

Ent|fa|chung, die; -, -en: *das Entfachen.*

ent|fah|ren ⟨st. V.; ist⟩: **a)** *(von Worten, Lauten o. Ä.) von jmdm. unbeabsichtigt ausgesprochen, ausgestoßen werden:* kein Wort des Zorns entfuhr ihm; »Mist!«, entfuhr es ihm; **b)** (geh. veraltend) *rasch, plötzlich aus etw. herauskommen:* ...oder in Wolken verwandelt, denen Blitz und Donner entfuhren (Langgässer, Siegel 455).

Ent|fall, der; -[e]s (bes. bayr., österr.): *das Entfallen* (3), *Wegfall:* für den E. von Energieverlusten sorgen.

ent|fal|len ⟨st. V.; ist⟩: **1. a)** (geh.) *aus der Hand fallen; aus etw. heraus-, von etw. herunterfallen:* das Buch entfiel ihm, seinen Händen; **b)** *plötzlich aus dem Gedächtnis kommen:* sein Name ist mir entfallen; ... wie einem ein Wort entfällt, ist er mir entfallen, also ist er meinem Herzen entfallen (Mayröcker, Herzzerreißende 38). **2.** *auf jmdn., etw. als Anteil [von od. an etw.] kommen:* von dem gesamten Gewinn entfallen auf jeden Teilnehmer 100 Euro; drei Mandate entfielen auf Frauen. **3.** *ausfallen, wegfallen, nicht [mehr] in Betracht kommen:* dieser Punkt des Antrags entfällt.

ent|fal|ten ⟨sw. V.; hat⟩: **1. a)** *(etwas Gefaltetes) ausbreiten, auseinanderfalten:* die Blume entfaltet ihre Blüten; der Duft der Suppe zieht durchs Zimmer, Tante entfaltet ihre Serviette, schnüffelt genießerisch ... (Schädlich, Nähe 137); **b)** ⟨e. + sich⟩ *sich öffnen, sich auseinanderfalten:* die Blüte, der Fallschirm entfaltete

sich. **2. a)** ⟨e. + sich⟩ *sich [voll] entwickeln:* er will sich frei e.; ihr Talent kann sich hier nicht voll e.; **b)** *zeigen, zur Geltung bringen, an den Tag legen:* seine Wirkung, Kraft, Pracht e.; viel Fantasie e.; großen Prunk, seinen Charme e.; einen Gedanken e. (geh.; *erläuternd darlegen*). **3.** *erläuternd darlegen, gedanklich ausbreiten:* er entfaltete vor uns seine Gedanken. **4.** *beginnen u. intensiv betreiben:* eine fieberhafte Tätigkeit e.

Ent|fal|tung, die; -, -en: *das [Sich]entfalten:* * **zur E. bringen** (nachdrücklich; *entfalten, sich entfalten lassen*); **zur E. kommen/gelangen** (nachdrücklich; *sich entfalten*).

Ent|fal|tungs|mög|lich|keit, die: *Möglichkeit, sich zu entfalten:* dieser Beruf bietet viele -en.

ent|fär|ben ⟨sw. V.; hat⟩: **1.** *einer Sache (bes. Textilien) die Farbe entziehen:* Stoffe e. **2.** ⟨e. + sich⟩ *die Farbe verlieren:* das Laub hat sich entfärbt; sein Gesicht entfärbte sich (*wurde blass*).

Ent|fär|ber, der; -s, -: *chemisches Mittel zum Entfärben (bes. von Textilien).*

ent|fär|bung, die; -, -en ⟨Pl. selten⟩: *das Entfärben;* Dazu: **Ent|fär|bungs|mit|tel,** das.

ent|fer|nen ⟨sw. V.; hat⟩ [mhd. entvernen, entverren, zu veraltet fernen = fern machen, sein, mhd. verren, ahd. ferrēn, zu ↑ ¹fern]: **1. a)** *wegbringen, beseitigen; dafür sorgen, dass jmd., etw. nicht mehr da ist:* einen Flecken aus dem Kleid e.; das Schild wurde entfernt; ihr wurden die Mandeln entfernt *(herausgenommen)*; er wurde aus seinem Amt entfernt; der Schüler wurde aus der Schule, von der Schule entfernt *(ausgeschlossen)*; **b)** *[immer weiter] in die Ferne bringen; in wachsende Entfernung versetzen:* der Zug entfernte ihn mit großer Geschwindigkeit von der Heimat; Ü du hast dich allzu weit von unserem Thema (*bringt uns allzu weit davon ab*). **2.** ⟨e. + sich⟩ *weggehen, verschwinden; sich wegbegeben:* ich entfernte mich heimlich aus der Stadt; die Schritte entfernten sich; Ü du hast dich auch sehr von der Wahrheit entfernt (*du bist nicht bei der Wahrheit geblieben*).

ent|fernt ⟨Adj.⟩: **1. a)** *fern, in größerer Entfernung [gelegen]:* bis in die -esten Teile des Landes; der Hof liegt weit e. von der Straße, liegt weit von der Straße e.; Ü ich bin weit davon e., dir zu glauben (*ich glaube dir auf keinen Fall*); Wieder war ihr die eigene Stimme sonderbar fremd und e. vorgekommen (Strauß, Niemand 88); * **nicht e., nicht im Entferntesten** (*nicht im Geringsten, bei Weitem nicht, keineswegs*); **b)** *in einer bestimmten Entfernung [gelegen]:* das Haus liegt 300 Meter, eine Stunde [von hier] e. **2.** *weitläufig:* -e Verwandte; er ist e. mit mir verwandt. **3.** *gering, schwach, undeutlich:* eine -e Ähnlichkeit; ich erinnere mich ganz e. daran.

Ent|fer|nung, die; -, -en: **1.** *Abstand (zwischen zwei Punkten):* die E. bis zur Mauer beträgt 50 Meter; der Zug überwindet weite -en *(Strecken)*; auf eine E. von 50 Metern/(auch:) Meter treffen; die Musik war auf eine große E. [hin] *(weithin)* zu hören; aus einer E. zusehen; in sicherer E. stehen. **2. a)** *das Entfernen* (1), *Beseitigen;* **b)** *das Sichentfernen, Weggehen:* er wurde wegen unerlaubter E. von der Truppe bestraft.

Ent|fer|nungs|ki|lo|me|ter, der; (bes. Amtsspr.): *eine Entfernung* (1) *bemessender Kilometer:* steuerlich abzugsfähig waren 90 Cent pro E.

Ent|fer|nungs|mes|ser, der: *optisches Gerät zum Messen von Entfernungen.*

Ent|fer|nungs|pau|scha|le, die (Steuerw.): *Steuererleichterung für die Kosten, die jmdm. für die Fahrten zwischen Wohnung und Arbeitsstätte entstehen.*

ent|fes|seln ⟨sw. V.; hat⟩: **1.** *zu einem heftigen Ausbruch kommen lassen, auslösen:* einen Krieg e.; er entfesselte eine Debatte; das Spiel

der Mannschaft entfesselte Stürme der Begeisterung; entfesselte Elemente, Leidenschaften. **2.** (seltener) *jmdm. die Fesseln abnehmen:* ♦ Man hebt mich auf, ich bin entfesselt (Lessing, Nathan I, 5).

Ent|fes|se|lung, die; -, -en, (seltener:) *Entfesslung: das Entfesseln.*

Ent|fes|se|lungs|künst|ler, der: *in Varietés o. Ä. auftretender Künstler, der sich aus allen möglichen Arten der Fesselung selbst befreit.*

Ent|fes|se|lungs|künst|le|rin, die: w. Form zu ↑ Entfesselungskünstler.

Ent|fess|lung usw.: ↑ Entfesselung usw.

ent|fet|ten ⟨sw. V.; hat⟩: *Fett aus etw. entfernen:* Wolle, Milch e. Dazu: **Ent|fet|tung,** die; -, -en.

Ent|fet|tungs|kur, die: *Schlankheitskur.*

ent|feuch|ten ⟨sw. V.; hat⟩: *von Feuchtigkeit befreien:* die Luft in einem Raum, den Boden e.

Ent|feuch|ter, der; -s, -: *Gerät, das der Luft Feuchtigkeit entzieht.*

ent|flamm|bar ⟨Adj.⟩: **1.** *sich [leicht] entflammen lassend:* leicht, schwer -es Material. **2.** (geh.) *[leicht] zu begeistern:* in Liebesdingen leicht e. sein.

Ent|flamm|bar|keit, die; -: *das Entflammbarsein.*

ent|flam|men ⟨sw. V.⟩ [mhd. enpflammen] (geh.): **1.** ⟨hat⟩ **a)** (selten) *in Flammen setzen, anzünden:* das Material ist sehr leicht zu e.; **b)** ⟨e. + sich⟩ *zu brennen beginnen, sich entzünden:* das Gasgemisch hat sich entflammt; Ü seine Fantasie hat sich daran entflammt. **2.** ⟨hat⟩ **a)** *begeistern, in Begeisterung versetzen:* der Gedanke der Freiheit entflammte das Volk; [in Liebe] für jmdn. entflammt sein; **b)** *(ein starkes, heftiges Gefühl) hervorrufen:* jmds. Zorn e.; von Leidenschaft entflammt sein. **3.** ⟨ist⟩ *[mit Heftigkeit] plötzlich entstehen:* ein Kampf ist entflammt; die Diskussion um das Gesundheitswesen entflammte erneut.

Ent|flam|mung, die; -, -en: *das [Sich]entflammen.*

ent|flech|ten ⟨st. u. sw. V.⟩: entflicht/(auch:) entflechtet, entflocht/(auch:) entflechtete, hat entflochten) [mhd. enphlechten = aufflechten]: **1.** (Wirtsch.) *(Großunternehmen od. Konzerne in selbstständige Teilunternehmen) aufspalten,* aufgliedern. **2.** *entwirren, auflösen:* schwierige Besitzverhältnisse e.

Ent|flech|tung, die; -, -en: *das Entflechten.*

ent|flei|schen ⟨sw. V.; hat⟩: **1.** *das Fleisch von etw. ablösen:* Wölfe hatten das tote Tier entfleischt. **2.** (Gerberei) *das Bindegewebe der Unterhaut entfernen; scheren:* Häute e.

ent|fleu|chen ⟨sw. V.; ist⟩ (altertümelnd scherzh.): *entfliehen.*

ent|flie|gen ⟨st. V.; ist⟩: *fliegend entkommen, entweichen:* der Vogel ist mir entflogen.

ent|flie|hen ⟨st. V.; ist⟩ [mhd. entvliehen, ahd. antfliuhan]: *aus einem Gewahrsam, aus jmds. Machtbereich, aus dem Bereich einer Gefahr fliehen, entkommen:* der Gefangene konnte [seinen Wächtern] e.; Ü dem Lärm e. (geh.; *sich davor zurückziehen*); seinem Schicksal zu e. (geh.; *entrinnen*) suchen; War der Mensch wirklich dazu geschaffen, den Aristoteles und Thomas von Aquin zu studieren, Griechisch zu können, seine Sinne abzutöten und der Welt zu e. (Hesse, Narziß 399).

ent|flo|hen ⟨Adj.⟩ [2. Part. von ↑ entfliehen]: *aus einem Gewahrsam, aus jmds. Machtbereich geflohen, entkommen:* ein -er Häftling.

ent|frem|den ⟨sw. V.; hat⟩ [mhd. enphremden]: **1. a)** *bewirken, dass eine bestehende enge Beziehung aufgelöst wird, fremd machen:* die Arbeit hat ihn mir entfremdet; er ist seiner Familie entfremdet; **b)** *nicht dem eigentlichen Zweck entsprechend verwenden:* man hat diesen Raum seinem Zweck entfremdet. **2.** ⟨e. + sich⟩ *sich innerlich von jmdm., etw. entfernen:* du hast dich [von] deinen Freunden, hast dich dir/deiner selbst entfremdet; die dem Menschen entfremdete Umwelt.

Ent|frem|dung, die; -, -en: *das Entfremden, Entfremdetsein:* zwischen uns ist eine E. eingetreten.

ent|fris|ten ⟨sw. V.; hat⟩: *nicht [mehr] mit einer bestimmten Frist belegen, von einer Befristung lösen:* Tarifverträge e.

ent|fros|ten ⟨sw. V.; hat⟩: *den ¹Reif (1) von etw. abtauen:* die Frontscheibe mit dem Gebläse e.

Ent|fros|ter, der; -s, -: *Defroster.*

Ent|fros|tung, die; -, -en: *das Entfrosten.*

ent|füh|ren ⟨sw. V.; hat⟩ [mhd. enphüeren, ahd. antfuorjan]: **a)** *heimlich od. gewaltsam an einen anderen [als den vorgesehenen] Ort bringen:* ein Kind e.; im Flugzeug ins Ausland e.; Ü Es zeigt sich ... in der Literatur: die meisten und wohl auch besten Erzählungen entführen in die ländliche Idylle (Frisch, Stiller 292); **b)** (scherzh.) *mit-, wegnehmen, wegbringen:* hast du [mir] mein Buch entführt?

Ent|füh|rer, der; -s, -: *jmd., der eine Person od. ein Flugzeug entführt.*

Ent|füh|re|rin, die; -, -nen: w. Form zu ↑ Entführer.

Ent|führ|te, die/eine Entführte; der/einer Entführten, die Entführten/zwei Entführte: *weibliche Person, die Opfer (3) einer Entführung ist.*

Ent|führ|ter, der Entführte/ein Entführter; des/eines Entführten, die Entführten/zwei Entführte: *jmd., der Opfer (3) einer Entführung ist.*

Ent|füh|rung, die; -, -en: *das Entführen; das Entführtwerden:* eine gewaltsame E. planen.

Ent|füh|rungs|fall, der: *¹Fall (1), bei dem es um eine Entführung geht:* ein spektakulärer E. beschäftigt die Kriminalpolizei.

Ent|füh|rungs|op|fer, das: *Opfer (3) einer Entführung.*

ent|ga|sen ⟨sw. V.; hat⟩ (Fachspr.): *aus chemischen Stoffen Gase entfernen od. gewinnen:* Kohle, Stahl e. Dazu: **Ent|ga|sung,** die; -, -en.

¹ent|ge|gen ⟨Adv.⟩ [mhd. engegen, ahd. ingegin, aus ↑¹in u. ↑¹gegen]: **1.** *[in Richtung] auf jmdn., etw. hin; auf jmdn., etw. zu:* der Sonne e.; ... ich liebe die Menschenflut, die sich von den schmalen Gehsteigen in die Fahrbahn stürzt, die den schweren Autobussen mutig e. (Koeppen, Rußland 187). **2.** *entgegengesetzt, zuwider:* diese Ansicht ist meiner völlig e.

²ent|ge|gen ⟨Präp. mit Dativ⟩ [↑¹entgegen]: *im Widerspruch, im Gegensatz zu:* e. meinem Rat/(selten:) meinem Rat e. ist er abgereist.

ent|ge|gen|ar|bei|ten ⟨sw. V.; hat⟩: *gegen jmdn., etw. arbeiten, ankämpfen:* einer Verschwörung, einem Irrglauben e.

ent|ge|gen|bli|cken ⟨sw. V.; hat⟩: **1.** *in Richtung auf jmdn., etw. [Herankommendes] blicken:* sie blickte dem Besucher freundlich entgegen. **2.** *entgegensehen (1):* sorgenvoll der Zukunft e.; wir blicken unseren Aufgaben optimistisch entgegen.

ent|ge|gen|brin|gen ⟨unr. V.; hat⟩: *mit etw. (einem Gefühl, einer Geisteshaltung) begegnen; bezeigen, erweisen:* jmdm. großes Vertrauen e.; einem Vorschlag wenig Interesse e.

ent|ge|gen|ei|len ⟨sw. V.; ist⟩: *sich eilend in Richtung auf jmdn., etw. [Herankommendes] bewegen:* er eilte ihr entgegen.

ent|ge|gen|fah|ren ⟨st. V.; ist⟩: *sich fahrend in Richtung auf jmdn., etw. [Herankommendes] bewegen:* ich fahre dir ein Stück entgegen.

ent|ge|gen|fie|bern ⟨sw. V.; hat⟩: *in höchster Erwartung, Erregung entgegensehen:* die Gefangenen fieberten ihrer Befreiung entgegen.

ent|ge|gen|ge|hen ⟨unr. V.; ist⟩: *in Richtung auf jmdn., etw. [Herankommendes] gehen:* dem Vater ein Stück e.; Ü besseren Zeiten e.

ent|ge|gen|ge|setzt ⟨Adj.⟩: **1. a)** *in umgekehrter Richtung liegend, gegenüberliegend:* er wohnt am -en Ende der Stadt; **b)** *umgekehrt:* in die -e Richtung gehen. **2.** *gegensätzlich, gegenteilig; konträr:* -er Meinung sein; sich e. verhalten.

ent|ge|gen|hal|ten ⟨st. V.; hat⟩: **1.** *(darreichend, darbietend) in Richtung auf jmdn., etw. halten:* er hielt ihr die Hand entgegen; sein Gesicht der Sonne e. **2.** *als Gegenargument o. Ä. gegen jmdn., etw. vorbringen, einwenden:* diesen Beweisen ist nichts entgegenzuhalten.

ent|ge|gen|han|deln ⟨sw. V.; hat⟩: *gegen jmdn., etw., etwas gegen zu jmdn., etw. handeln:* er handelt allen Abmachungen entgegen.

ent|ge|gen|kom|men ⟨st. V.; ist⟩: **1. a)** *auf jmdn., etw. [Herankommendes] zukommen:* sie kam mir ein Stück entgegen; der entgegenkommende Wagen hat ihn geblendet; **b)** *sich in bestimmter Weise gegenüber jmdm. verhalten:* man kam uns freundlich, mit Achtung entgegen. **2. a)** *Zugeständnisse machen; jmds. Wünsche, Forderungen eingehen:* wir kommen Ihnen, Ihren Wünschen gerne entgegen; sich [gegenseitig] auf halbem Weg e. *(sich aufgrund beiderseitiger Zugeständnisse einigen)*; **b)** *entsprechen, gerecht werden:* diese Arbeit kommt seinen Neigungen sehr entgegen.

Ent|ge|gen|kom|men, das; -s: **1.** *freundliche, gefällige Haltung, Konzilianz:* die Firma zeigte höfliches E. **2.** *Zugeständnis:* sich zu einem [großen] E. bereitfinden.

ent|ge|gen|kom|mend ⟨Adj.⟩: *hilfreich, gefällig, konziliant:* ein -er Vorschlag; er war uns gegenüber immer sehr e.

ent|ge|gen|kom|men|der|wei|se ⟨Adv.⟩: *aus Entgegenkommen, in entgegenkommender Weise.*

ent|ge|gen|la|chen ⟨sw. V.; hat⟩: **1.** *in jmds. Richtung lachen:* ein fröhliches Kind lachte mir entgegen. **2.** *sich [in positiver, einladender, fröhlicher o. ä. Weise] darbieten:* die Sonne lacht den Wanderern entgegen; aus dem Korb lachten uns Kirschen entgegen.

ent|ge|gen|lau|fen ⟨st. V.; ist⟩: **1.** vgl. entgegenfahren: freudig lief sie ihm entgegen. **2.** *zu etw. im Widerspruch, im Gegensatz stehen:* dieser Beschluss läuft meinen Wünschen völlig entgegen.

Ent|ge|gen|nah|me, die; -, -n ⟨Pl. selten⟩: *das Entgegennehmen:* die E. einer Geldsumme bestätigen.

ent|ge|gen|neh|men ⟨st. V.; hat⟩: *annehmen, in Empfang nehmen:* eine Sendung, Bestellung e.; sie nahm die Glückwünsche freundlich entgegen.

ent|ge|gen|ren|nen ⟨unr. V.; ist⟩: *sich rennend in Richtung auf jmdn., etw. [Herankommendes] bewegen:* er rannte uns entgegen.

ent|ge|gen|ru|fen ⟨st. V.; hat⟩: *jmd. Kommendem zurufen; in jmds. Richtung rufen.*

ent|ge|gen|schal|len ⟨sw. u. st. V.; schallte/(seltener:) scholl entgegen, hat entgegengeschallt⟩: *in jmds. Richtung schallen:* Gejohle schallte uns entgegen.

ent|ge|gen|schla|gen ⟨st. V.; ist⟩: **1.** *plötzlich, mit Heftigkeit zu jmdm. dringen:* Schwaden von Rauch schlugen uns entgegen. **2.** *jmdm. mit Heftigkeit entgegengebracht werden:* jmdm. schlägt blanker Hass, Verachtung entgegen.

ent|ge|gen|schleu|dern ⟨sw. V.; hat⟩: **1.** *auf jmdn. zu schleudern (1 a):* sie schleuderten den Angreifern Felsbrocken entgegen. **2.** *jmdm. gegenüber direkt u. sehr heftig äußern:* jmdm. ein schroffes »Nein« entgegenschleudern; sie schleuderte ihm die gemeinsten Beleidigungen entgegen.

ent|ge|gen|se|hen ⟨st. V.; hat⟩: **1.** *etw. (Kommendes, Zukünftiges) erwarten:* einer Entscheidung mit Skepsis e.; sie sieht ihrer Niederkunft entgegen *(sie wird bald niederkommen)*; ich sehe Ihrer Antwort gern, mit Interesse entgegen. **2.** *in Richtung auf jmdn., etw. [Herankommendes] sehen:* ein paar Kühe sahen uns entgegen, als wir den Stall betraten.

ent|ge|gen|set|zen ⟨sw. V.; hat⟩: **1.** *als Hindernis gegen etw. aufrichten (um etw. zu blockieren, zu verhindern):* er setzte mir, meinen Forderungen Widerstand entgegen; ⟨auch e. + sich:⟩ er, starker Widerstand setzte sich mir entgegen. **2.** *(als Gegengewicht) gegenüberstellen:* dieser Beschuldigung habe ich nichts entgegenzusetzen.

ent|ge|gen|set|zend ⟨Adj.⟩ (Sprachwiss.): *adversativ:* -e Bindewörter.

Ent|ge|gen|set|zung, die; -, -en: *das Entgegensetzen.*

ent|ge|gen|ste|hen ⟨unr. V.; hat; südd., österr., schweiz. auch: ist⟩: **1.** *im Wege stehen, ein Hindernis sein:* der Durchführung des Plans stehen Schwierigkeiten entgegen. **2.** *im Widerspruch, Gegensatz zu etw. stehen:* seinen Behauptungen stehen schwerwiegende Beweise entgegen.

ent|ge|gen|stel|len ⟨sw. V.; hat⟩: **1. a)** *in den Weg stellen:* dem Feind starke Truppenverbände e.; **b)** ⟨e. + sich⟩ *sich in den Weg stellen, den Weg versperren:* sie stellte sich uns mit ausgebreiteten Armen entgegen. **2.** *entgegensetzen (2).*

ent|ge|gen|stem|men ⟨sw. V.; hat⟩: **1.** *sich gegen etw. stemmen (3 a), wehren, auflehnen:* er stemmte sich mit aller Kraft dieser Entwicklung entgegen. **2.** *sich von etw. nicht wegdrücken lassen:* sie stemmten sich dem Wind, der Strömung entgegen.

ent|ge|gen|steu|ern ⟨sw. V.; hat⟩: *(auf etw.) aufhaltend od. umkehrend einwirken:* einem Trend, steigender Arbeitslosigkeit, drohenden Gefahren e.

ent|ge|gen|stre|cken ⟨sw. V.; hat⟩: **a)** *in Richtung zu jmdm., etw. strecken:* sie streckte ihm, dem Himmel die Arme entgegen; **b)** ⟨e. + sich⟩ *in Richtung zu jmdm., etw. gestreckt werden:* ihre Hand streckte sich ihm entgegen.

ent|ge|gen|tre|ten ⟨st. V.; ist⟩: **1. a)** *in den Weg treten:* einem Einbrecher furchtlos e.; **b)** *begegnen:* diese Erscheinung tritt uns in der Natur häufig entgegen; **c)** *in bestimmter Weise gegenübertreten:* allen Problemen mit Elan e. **2.** *gegen jmdn., etw. [in bestimmter Weise] angehen, sich zur Wehr setzen:* einem Vorurteil e.; er trat ihren Forderungen energisch entgegen.

ent|ge|gen|wer|fen ⟨sw. V.; hat⟩: **1.** *in jmds. Richtung werfen:* sie warf mir den Ball entgegen. **2.** ⟨e. + sich⟩ **a)** *sich jmdm., einer Sache in den Weg werfen:* mutig warf er sich seinen Verfolgern entgegen; **b)** *sich in etw. stürzen, werfen:* sie warf sich furchtlos der Gefahr entgegen.

ent|ge|gen|wir|ken ⟨sw. V.; hat⟩: *sein Wirken, seine Wirkung gegen etw. einsetzen:* dem Laster, der Korruption e.

ent|geg|nen ⟨sw. V.; hat⟩ [mhd. engegenen, ahd. ingaganen = entgegenkommen, gegenüberstehen, zu ↑ ¹gegen]: **1.** *[gegenteilig, abweichend] antworten, erwidern; als Argument dagegensetzen:* »Nein«, entgegnete er heftig; darauf wusste er nichts e.; er entgegnete [ihr], dass er nichts gewusst habe. ♦ **2. a)** *entgegengehen:* er besinnt sich, zaudert, steht; ... entgegnet ihm, dass er nichts entgeht (Goethe, Faust II, 7720 f.); **b)** *begegnen, entgegenkommen:* Am schönsten Tage ... entgegnete sie im Garten mir (Goethe, Pandora 694 f.)

Ent|geg|nung, die; -, -en: *Erwiderung, Antwort, Reaktion auf die Äußerung eines andern:* eine scharfe, schlagfertige E.

ent|ge|hen ⟨unr. V.; ist⟩ [mhd. engēn, -gān, ahd.

antgän]: **1. a)** *[durch einen glücklichen Umstand] von etw. nicht betroffen werden, von jmdm., etw. verschont bleiben:* einer Gefahr, der Strafe e.; **b)** *von jmdm. versäumt werden, ungenutzt bleiben:* diese einmalige Gelegenheit soll mir nicht e.; die Premiere darfst du dir nicht/(schweiz.:) darfst du nicht e. lassen *(nicht versäumen).* **2.** *von jmdm., etw. unbemerkt bleiben:* mir entging nicht, dass sie verlegen wurde.

ent|geis|tert ⟨Adj.⟩ [2. Part. von veraltet entgeistern = der Lebenskraft berauben]: *völlig verstört, sprachlos (vor Erstaunen, Überraschung, Entsetzen):* er starrte mich e. an.

Ent|geis|te|rung, die; -: *Verstörtheit, Fassungslosigkeit:* in den Reaktionen des Publikums mischten sich Begeisterung und E.

Ent|gelt, das; -[e]s, -e [zu ↑ entgelten]: *Bezahlung, Vergütung als Gegenleistung für geleistete Arbeit, Hilfe o. Ä.:* ein E. fordern; er arbeitete gegen/(seltener:) für [ein] geringes E., ohne E.

ent|gel|ten ⟨st. V.; hat⟩ [mhd. en(t)gelten, ahd. intgeltan = zahlen; büßen, zu ↑ gelten] (geh.): **1.** *büßen:* sie hat diesen Fehler schwer e. müssen; ♦ ⟨mit Dativobjekt:⟩ So lass' Er es doch dem gnädigen Fräulein nicht e. (Lessing, Minna v. Barnhelm II, 6). **2.** *vergüten; jmdm. für etw. (eine Leistung od. Mühe) entschädigen:* er entgalt mir diese Arbeit reichlich, mit Undank; alle Mühen wurden mir entgolten.

ent|gelt|lich ⟨Adj.⟩ (Rechtsspr.): *gegen Entgelt [sich vollziehend]:* -e Abgabe von Formularen. Dazu: **Ent|geltlich|keit,** die; -.

Ent|gelt|punkt, der (Rentenvers.): *bei der Rentenformel zu berücksichtigender Wert, der aus den gezahlten Rentenbeiträgen errechnet wird.*

ent|gif|ten ⟨sw. V.; hat⟩: *von Gift, schädlichen Substanzen o. Ä. befreien:* Abgase, das Blut e.; Ü durch das Gespräch wurde die Atmosphäre merklich entgiftet.

Ent|gif|tung, die; -, -en: *das Entgiften; das Entgiftetwerden.*

ent|glei|sen ⟨sw. V.; ist⟩: **1.** *(von einem Schienenfahrzeug) aus den Gleisen springen:* der Zug, die Straßenbahn ist entgleist. **2. a)** *sich in Gesellschaft taktlos, ungehörig, schlecht benehmen:* wenn er betrunken ist, entgleist er leicht; **b)** *aus dem Konzept kommen:* er ist in seinem Vortrag wiederholt entgleist; ihre Gesichtszüge entgleisten *(sie geriet aus der Fassung).*

Ent|glei|sung, die; -, -en: **1.** *das Entgleisen.* **2.** *Geschmacklosigkeit, taktlose Äußerung:* das war nur eine einmalige E.

ent|glei|ten ⟨st. V.; ist⟩ (geh.): **1.** *aus etw. gleiten, entfallen* (1 a)*:* die Vase ist ihr, ihren Händen entglitten. **2.** *verloren gehen, sich jmdm. entziehen:* die Kontrolle darüber war uns entglitten.

ent|glo|ri|fi|zie|ren ⟨sw. V.; hat⟩: *einer Sache den Glorienschein nehmen:* den Krieg e. Dazu: **Ent|glo|ri|fi|zie|rung,** die; -, -en.

♦ **ent|glü|hen** ⟨sw. V.; ist⟩: *entbrennen* (1): ...löschen die Zwietracht, die tobend entglüht (Schiller, Würde der Frauen).

ent|göt|tern ⟨sw. V.; hat⟩: **a)** *vom Glauben an Gott od. Götter lösen, abwenden:* das entgötterte Dasein; ♦ **b)** *der Göttlichkeit berauben:* ...dass es jemals eines Sokrates gelingen möchte, den Amor völlig zu e. (Wieland, Agathon 9, 5).

ent|gra|ten ⟨sw. V.; hat⟩: *von Gräten befreien; ausgräten:* Sardellen e.

ent|gren|zen ⟨sw. V.; hat⟩ (geh.): *aus seinen Grenzen lösen, aus der Begrenztheit befreien:* einen Begriff e.; die Märkte e. sich. Dazu: **Ent|grenzung,** die; -, -en.

♦ **ent|gür|ten** ⟨sw. V.; hat⟩: *von einem Gürtel befreien, den Gürtel lösen:* ...lasst hurtig euch e. (Wieland, Oberon 3, 55).

ent|haa|ren ⟨sw. V.; hat⟩: *von unerwünschten Haaren befreien:* die Beine, die Achselhöhlen e. Dazu: **Ent|haa|rung,** die; -, -en.

Ent|haa|rungs|mit|tel, das: *chemisches Mittel zur Enthaarung.*

Ent|haf|tung, die; -, -en: **1.** (österr.) *Haftentlassung.* **2.** (Rechtsspr.) *Befreiung von einer* ²*Haftung* (2).

Ent|hal|pie, die; -, -n [zu griech. enthálpein = darin erwärmen]: **a)** (Physik) *bei konstantem Druck vorhandene Wärme;* **b)** (Meteorol.) *gesamte in der feuchten Luft vorhandene Wärmeenergie.*

ent|hal|ten ⟨st. V.; hat⟩ [mhd. enthalten, eigtl. = weg-, zurückhalten]: **1.** *zum Inhalt haben, umfassen; in sich haben, tragen:* die Flasche enthält einen Liter Wein; das Referat dürfte einigen Zündstoff e.; in dem Getränk ist Kohlensäure enthalten; die Verpackung ist im Preis [mit] enthalten *(eingeschlossen);* wie oft ist 4 in 12 enthalten? **2.** ⟨e. + sich⟩ (geh.) *auf etw. verzichten:* sich geschlechtlich e. *(keinen Geschlechtsverkehr haben);* bei der Abstimmung enthielt er sich der Stimme *(er gab keine [Ja- od. Nein]stimme ab);* sich jeder Äußerung e. *(nichts sagen, äußern);* ich konnte mich nicht e., ihn zu tadeln; ich konnte mich des Lachens nicht e. *(ich musste lachen).*

ent|halt|sam ⟨Adj.⟩: *(in Bezug auf Genüsse) mäßig, maßvoll; abstinent:* ein -es Leben führen; [sexuell] e. sein. Dazu: **Ent|halt|sam|keit,** die; -.

Ent|hal|tung, die; -, -en: **1.** ⟨o. Pl.⟩ *Enthaltsamkeit.* **2.** *Stimmenthaltung:* er wurde mit 47 Stimmen bei drei -en gewählt.

Ent|här|ter, der; -s, -: *Substanz, die etw. weich macht, von unerwünschter Härte befreit.*

ent|haup|ten ⟨sw. V.; hat⟩ [mhd. enthoubeten]: *jmdm. den Kopf abschlagen:* der Mörder wurde enthauptet. Dazu: **Ent|haup|tung,** die; -, -en.

ent|häu|ten ⟨sw. V.; hat⟩: *die Haut (von etw.) abziehen:* Fische, Zwiebeln e. Dazu: **Ent|häu|tung,** die; -, -en.

ent|he|ben ⟨st. V.; hat⟩ [mhd. entheben = befreien] (geh.): **1.** *von etw. befreien:* wir sind aller Sorgen enthoben; das enthebt mich dieses Problems, der Notwendigkeit, mich zu rechtfertigen. **2.** *absetzen, von etw. (einem Amt o. Ä.) entbinden:* er wurde seines Amtes enthoben.

Ent|he|bung, die; -, -en: *das Entheben; das Enthobenwerden.*

ent|hei|li|gen ⟨sw. V.; hat⟩: *entweihen; die Heiligkeit von etw. verletzen:* den Sonntag e. Dazu: **Ent|hei|li|gung,** die; -, -en.

ent|hem|men ⟨sw. V.; hat; meist im 1. od. 2. Part. gebr.⟩: (Psychol.) *von Hemmungen befreien:* die -de Wirkung einer Droge; er tobte, vom Alkohol völlig enthemmt. Dazu: **Ent|hemmt|heit,** die; -; **Ent|hem|mung,** die; -.

ent|hül|len ⟨sw. V.; hat⟩: **1. a)** (geh.) *von etw. die Bedeckung, Verhüllung entfernen:* die Verschleierte enthüllte ihr Gesicht; **b)** *durch Entfernen einer Hülle der Öffentlichkeit übergeben:* eine Büste e. **2.** (geh.) **a)** *offenbaren, offenkundig machen:* [jmdm.] ein Geheimnis e.; **b)** *entlarven, bloßstellen:* dieser Brief enthüllt ihn als Schwindler. **3.** ⟨e. + sich⟩ **a)** *sich offenbaren, offenkundig werden:* jetzt hat sich [mir] sein wahrer Charakter enthüllt; **b)** *sich als etw. erweisen, herausstellen:* die Warnung enthüllte sich als nicht ernst gemeint.

Ent|hül|lung, die; -, -en: **1.** *das Enthüllen:* die E. eines Denkmals, eines Geheimnisses. **2.** ⟨meist Pl.⟩ *etw. Enthülltes, enthülltes Geheimnis:* die Zeitung kündigte intime, sensationelle E.

Ent|hül|lungs|jour|na|lis|mus, der: *Journalismus, bei dem Enthüllungen* (2)*, das Aufdecken von Skandalen, Affären o. Ä. im Vordergrund stehen.*

ent|hül|sen ⟨sw. V.; hat⟩: *von der Hülse befreien, aus der Hülse lösen:* Erbsen, Bohnen e.

en|thu|si|as|mie|ren ⟨sw. V.; hat⟩ [nach frz. enthousiasmer] (bildungsspr.): **a)** *in Begeisterung versetzen, begeistern, entzücken:* die Aufführung enthusiasmierte das Publikum; **b)** ⟨e. + sich⟩ *Begeisterung für jmdn., etw. entwickeln, sich leidenschaftlich begeistern:* er enthusiasmierte sich fürs Theater, für diese Künstlerin.

En|thu|si|as|mus, der; - [griech. enthousiasmós, zu: éntheos = gottbegeistert, zu: théos = Gott(heit)]: *leidenschaftliche Begeisterung, Schwärmerei:* etw. mit E. verkünden.

En|thu|si|ast, der; -en, -en [griech. enthousiastés]: *jmd., der sich leidenschaftlich für etw. begeistert.*

En|thu|si|as|tin, die; -, -nen: w. Form zu ↑ Enthusiast.

en|thu|si|as|tisch ⟨Adj.⟩: *leidenschaftlich begeistert, schwärmerisch, überschwänglich:* -er Beifall; die Künstlerin wurde e. gefeiert.

ent|ideo|lo|gi|sie|ren ⟨sw. V.; hat⟩: *frei machen von Ideologie, von ideologischen Interessen, Zielen, Vorurteilen u. Ä.:* ein Programm e. Dazu: **Ent|ideo|lo|gi|sie|rung,** die; -, -en.

En|ti|tät, die; -, -en [mlat. entitas, zu spätlat. ens, ↑ Ens]: **1.** (Philos.) *Dasein im Unterschied zum Wesen eines Dinges.* **2.** (Fachspr.) *[gegebene] Größe, Einheit.*

ent|jung|fern ⟨sw. V.; hat⟩: **1.** *deflorieren:* ein Mädchen e. **2.** *einen Jungen od. [jungen] Mann zum ersten Mal in seinem Leben den Koitus vollziehen lassen:* eine Nachbarin hatte den damals 16-Jährigen entjungfert.

Ent|jung|fe|rung, die; -, -en: **1.** *Defloration.* **2.** *das Entjungfern* (2)*.*

ent|kal|ken ⟨sw. V.; hat⟩: *von Kalkablagerungen befreien:* einen Wasserkessel e. Dazu: **Ent|kal|kung,** die; -, -en.

Ent|kal|ker, der (ugs.): *Mittel zum Entkalken.*

ent|kei|men ⟨sw. V.; hat⟩: **a)** *keimfrei machen:* Lebensmittel, Trinkwasser e.; **b)** *von Keimen* (1)*, jungen Trieben befreien.*

Ent|kei|mung, die; -, -en: *das Entkeimen; das Entkeimtwerden.*

ent|ker|nen ⟨sw. V.; hat⟩: **1.** *aus Früchten die Kerne od. Steine entfernen:* Äpfel, Kirschen e. **2. a)** (Bauw.) *durch Entfernung von Gebäuden, Gebäudeteilen o. Ä. auflockern:* einen Stadtteil e.; **b)** *bis auf die Außenwände, bes. die Fassade abreißen, um den Bau innen zu modernisieren:* das Haus wurde entkernt und umgebaut. **3.** (Biol., Med.) *aus Zellen* (5) *den Zellkern entfernen.*

Ent|ker|nung, die; -, -en: *das Entkernen; das Entkerntwerden.*

ent|klei|den ⟨sw. V.; hat⟩ [mhd. en(t)kleiden] (geh.): **1.** *(jmdm., sich) die Kleidung vom Körper ziehen; ausziehen* (2 b): einen Kranken e. **2.** *einer Sache berauben; jmdm., einer Sache etw. nehmen:* er wurde seines Amtes entkleidet.

Ent|klei|dung, die; -, -en: *das Entkleiden; das Entkleidetwerden.*

Ent|klei|dungs|sze|ne, die: *Film-, Theaterszene o. Ä., in der sich einzelne Darsteller entkleiden.*

ent|kno|ten ⟨sw. V.; hat⟩: *(etw. Verknotetes) aufmachen, aufknoten:* Fäden, ein Band e.

ent|kof|fe|i|nie|ren ⟨sw. V.; hat⟩ (Fachspr., Werbespr.): *einem* ¹*Kaffee weitgehend das Koffein entziehen:* entkoffeinierter (meist im 2. Part.) entkoffeinierter Kaffee.

ent|ko|lo|ni|a|li|sie|ren ⟨sw. V.; hat⟩: *dekolonisieren.* Dazu: **Ent|ko|lo|ni|a|li|sie|rung,** die; -, -en.

ent|ko|lo|ni|sie|ren ⟨sw. V.; hat⟩: *dekolonisieren.* Dazu: **Ent|ko|lo|ni|sie|rung,** die; -, -en.

ent|kom|men ⟨st. V.; ist⟩ [mhd. entkomen]: *es schaffen zu fliehen; von etw. freikommen:* aus dem Gefängnis, ins Ausland e.; den Verfolgern e.; ⟨subst.:⟩ es gab kein Entkommen.

Ent|kon|so|li|die|rung, die; -, -en (Wirtsch.): *(bei Ausgliederung eines Unternehmens aus einem Gesamtkonzern) Beseitigung aller Werte (wie Vermögen, Schulden usw.) aus dem Jahresabschluss.*

ent|kop|peln ⟨sw. V.; hat⟩: **1.** *aus einer [technischen] Koppelung lösen, auskoppeln:* die Raumschiffe wieder e. **2.** *aus der Verbindung, dem Zusammenhang mit etw. lösen:* der Zugang zur Bildung muss von der sozialen Herkunft abgekoppelt werden.

Ent|kop|pe|lung, Ent|kopp|lung, die; -, -en: *das Entkoppeln; das Entkoppeltwerden.*

ent|kor|ken ⟨sw. V.; hat⟩: *den Korken aus etw. entfernen, herausziehen:* eine Flasche Wein e.

Ent|kör|per|li|chung, die; - (bildungsspr.): *das Zurückdrängen, Beseitigung, Verschwinden der körperlichen Eigenschaften:* die E. von Menschen zu Idolen.

ent|kräf|ten ⟨sw. V.; hat⟩: **1.** *der Kräfte berauben, kraftlos machen:* (meist im 2. Part.:) völlig entkräftet sein. **2.** *widerlegen, gegenstandslos machen:* der Verdacht wurde durch Zeugenaussagen entkräftet.

ent|kräf|tet ⟨Adj.⟩ [2. Part. von ↑ entkräften (1)]: *ohne Kräfte, erschöpft, schwach:* ein völlig -er Flüchtling.

Ent|kräf|tung, die; -, -en: **1.** *das Entkräften, Entkräftetwerden.* **2.** *das Entkräftetsein:* an E., vor E. sterben.

ent|kramp|fen ⟨sw. V.; hat⟩: **a)** *aus dem Zustand der Verkrampfung lösen; (Verkrampftes) lockern:* den Körper e.; Ü eine angespannte Situation e.; **b)** ⟨e. + sich⟩ *aus dem Zustand der Verkrampfung gelöst werden:* die Muskeln entkrampfen sich; Ü die Lage hat sich entkrampft.

Ent|kramp|fung, die; -, -en: *das Entkrampfen, Sichentkrampfen; das Entkrampftwerden.*

ent|kri|mi|na|li|sie|ren ⟨sw. V.; hat⟩: *vom Vorwurf des Kriminellen befreien:* Verkehrsdelikte e. Dazu: **Ent|kri|mi|na|li|sie|rung,** die; -.

Ent|lad, der; -[e]s, -e (schweiz.): *das Entladen* (1 a).

ent|la|den ⟨st. V.; hat⟩: **1. a)** [mhd. entladen] *eine Ladung von etw. herunternehmen, aus etw. herausnehmen, ausladen:* den Wagen, das Schiff e.; **b)** *die Munition aus etw. herausnehmen:* ein Gewehr e. **2. a)** *von der elektrischen Ladung befreien, elektrische Energie entnehmen:* einen Akkumulator e.; **b)** ⟨e. + sich⟩ *elektrische Energie abgeben:* der Kondensator entlädt sich. **3.** ⟨e. + sich⟩ **a)** *losbrechen, heftig zum Ausbruch kommen:* das Gewitter entlud sich [über dem See]; **b)** *sich als Ausgleich einer psychischen Spannung o. Ä. Belastung heftig äußern:* sein Zorn entlud sich auf/über die Kinder; die Begeisterung des Publikums entlud sich in stürmischem Beifall; ♦ **c)** *sich entledigen* (1): Nicht vom Gesetze borge sie das Schwert, sich der verhassten Feindin zu e. (Schiller, Maria Stuart I, 7).

Ent|la|dung, die; -, -en: *das Entladen, Sichentladen.*

¹**ent|lang** ⟨Präp.; bei Nachstellung mit Akk., selten (aber noch schweiz.) mit Dativ; bei Voranstellung mit Gen., seltener mit Dativ, veraltet mit Akk.⟩ [aus dem Niederd. < mniederd. en(t)lanc, aus ↑¹in u. ↑lang]: *an etw. in der ganzen Länge hin:* die Wand, das Seil e.; e. des Weges/(seltener:) dem Weg läuft ein Zaun; Ü e. der vorgegebenen Muster/(seltener:) den vorgegebenen Mustern.

²**ent|lang** ⟨Adv.⟩ [↑¹entlang]: *an etw. in der ganzen Länge hin:* einen Weg am Ufer e. verfolgen.

ent|lang|fah|ren ⟨st. V.; ist⟩: **a)** *auf einem bestimmten Weg in einer bestimmten Richtung fahren:* am Wald e.; **b)** *[mit dem Finger o. Ä.] am Rand von etw. eine streichende Bewegung ausführen, eine bestimmte Linie nachzeichnen:* auf der Landkarte den Rhein e.

ent|lang|füh|ren ⟨sw. V.; hat⟩: **1.** *einen bestimmten Weg in einer bestimmten Richtung führen:* einen Blinden die Straße e. **2.** *parallel zu etw. in der Nähe verlaufen:* der Weg führte am Ufer entlang.

ent|lang|ge|hen ⟨unr. V.; ist⟩: *einen bestimmten Weg in einer bestimmten Richtung gehen:* eine Allee e.

ent|lang|kom|men ⟨st. V.; ist⟩: *auf einem bestimmten Weg aus einer bestimmten Richtung immer näher kommen:* er sah ihn die Straße e.

ent|lang|lau|fen ⟨st. V.; ist⟩: **a)** (ugs.) *entlanggehen:* die Straße e.; **b)** *einen bestimmten Weg in einer bestimmten Richtung fließen:* das Blut lief den ganzen Arm entlang, **c)** *sich an etw. hinziehen, irgendwo verlaufen:* der Balkon läuft an der Südfront des Hauses entlang.

ent|lang|wan|dern ⟨sw. V.; ist⟩: *auf einem bestimmten Weg in eine bestimmte Richtung wandern* (1): einen schattigen Waldweg e.; Ü sie ließ ihre Augen an den Regalen der Buchhandlung e.

ent|lang|zie|hen ⟨unr. V.⟩: **1.** ⟨ist⟩ *sich als Gruppe od. Masse auf einem bestimmten Weg o. Ä. in einer bestimmten Richtung stetig fortbewegen:* die Herde zog am Horizont entlang. **2.** ⟨e. + sich; hat⟩ **a)** *sich an etw. über eine längere Strecke hinziehen, ausdehnen:* die Wiese zog sich am Fluss entlang; **b)** *sich mit den Händen an etw. von Stelle zu Stelle ziehen:* sich mit den Händen am Geländer e.

ent|lar|ven ⟨sw. V.; hat⟩ [eigtl. = die Maske wegnehmen]: *jmds. wahre Absichten, den wahren Charakter einer Person od. Sache aufdecken:* jmdn. als Betrüger, jmds. falsches Spiel e. Dazu: **Ent|lar|vung,** die; -, -en.

ent|las|sen ⟨st. V.; hat⟩ [mhd. entlāʒen, ahd. intlāʒan = loslassen, lösen]: **1.** *jmdm. erlauben, etw. zu verlassen:* einen Gefangenen [vorzeitig aus der Haft] e.; jmdn. aus dem Krankenhaus e.; er entließ ihn (geh.: *er ließ ihn gehen*) mit der Bitte, bald wiederzukommen; (schweiz.:) Schüler nach der Abschlussprüfung der Schule (Gen.; = aus der Schule) e.; Ü jmdn. aus einer Verpflichtung e. *(jmdn. von einer Verpflichtung entbinden).* **2.** *jmdn. nicht weiter beschäftigen; jmdm. kündigen:* jmdn. [wegen eines schwerwiegenden Vorfalls] fristlos e.; das Unternehmen musste 5 000 Mitarbeiter e. ♦ **3.** *erlassen* (2): Doch entlasst mich mein meiner Ahnenprobe (Lessing, Nathan III, 9).

Ent|lass|fei|er, die; (südd.): *Entlassungsfeier.*

Ent|lass|schü|ler, der; (südd.): *Schulabgänger.*

Ent|lass|schü|le|rin, die; w. Form zu ↑ Entlassschüler.

Ent|las|sung, die; -, -en: **1.** *das Entlassen* (1). **2. a)** *das Entlassen* (2), *Kündigung;* **b)** *Schreiben, in dem jmdm. seine Entlassung mitgeteilt wird:* seine E. zugestellt bekommen.

Ent|las|sungs|fei|er, die; (bes. schweiz.): *Abschlussfeier.*

Ent|las|sungs|ge|such, das: *Gesuch [eines Ministers, einer Ministerin], aus dem Dienst entlassen zu werden.*

Ent|las|sungs|pa|pie|re ⟨Pl.⟩: *Unterlagen für die Entlassung bes. aus dem Militärdienst.*

Ent|las|sungs|schein, der: *Bescheinigung über die Entlassung aus dem Krankenhaus, aus einem Lager, dem Militärdienst o. Ä.*

Ent|las|sungs|ur|kun|de, die: **1.** *Urkunde, die bes. Beamten bei ihrer Entlassung [in den Ruhestand] überreicht wird.* **2.** *Urkunde, die die Entlassung aus einer Staatsbürgerschaft dokumentiert.*

Ent|las|sungs|wel|le, die: *Welle* (2 a) *von Entlassungen:* die Gewerkschaften befürchten eine neue E.

ent|las|ten ⟨sw. V.; hat⟩ [mhd. entlasten]: **1. a)** *die Beanspruchung einer Person od. Sache mindern:* seine Eltern im Geschäft e.; den Verkehr, die Straßen e.; **b)** *von einer seelischen Belastung befreien:* sein Gewissen e. **2. a)** (Rechtsspr.) *[teilweise] von einer zur Last gelegten Schuld befreien:* den Angeklagten durch eine Aussage e.; **b)** (Kaufmannsspr.) *jmds. Geschäftsführung nach Prüfung gutheißen:* der Vorstand wurde entlastet. **3.** (Geldw.) *durch Tilgung einer Schuld ausgleichen:* ein Konto e.

Ent|las|tung, die; -, -en: *das Entlasten; das Entlastetwerden.*

Ent|las|tungs|an|griff, der (Militär, Sport): *Angriff, durch den die eigene Abwehr entlastet wird.*

Ent|las|tungs|ma|te|ri|al, das (Rechtsspr.): *den Angeklagten entlastendes Material.*

Ent|las|tungs|pro|gramm, das: **1.** *Vorhaben zur [bes. finanziellen] Entlastung:* ein steuerliches E. für kinderreiche Familien. **2.** (schweiz.) *Programm* (3) *zur Entlastung des öffentlichen Haushaltes:* im E. des Bundes ist ein Abbau verschiedener Subventionen vorgesehen.

Ent|las|tungs|schlag, der (Ballspiele): *[weiter] Schlag, durch den jmd. sich od. seine Mannschaft aus einer bedrängten Lage befreit.*

Ent|las|tungs|zeu|ge, der (Rechtsspr.): *Zeuge, dessen Aussage den Angeklagten [teilweise] entlastet.*

Ent|las|tungs|zeu|gin, die; w. Form zu ↑ Entlastungszeuge.

Ent|las|tungs|zug, der (Eisenbahn): *zur Entlastung [eines fahrplanmäßigen Zuges] zusätzlich eingesetzter Zug.*

ent|lau|ben ⟨sw. V.; hat⟩: *das Laub von einem Baum od. Strauch entfernen:* winterlich entlaubte Bäume; Wälder chemisch e. Dazu: **Ent|lau|bung,** die; -, -en.

ent|lau|fen ⟨st. V.; ist⟩: *weglaufen, entfliehen:* aus dem Heim e.; ein entlaufener Hund; Ü Da aber eine vernünftige Auskunft von dem haarigen Teufel doch nicht zu bekommen war, entlief ich seinem Geschrei... (Fallada, Herr 69).

ent|lau|sen ⟨sw. V.; hat⟩: *von Läusen befreien:* Lagerinsassen, Soldaten e. Dazu: **Ent|lau|sung,** die; -, -en.

Ent|lau|sungs|schein, der: *Nachweis über eine vollzogene Entlausung.*

ent|le|di|gen ⟨sw. V.; hat⟩ [mhd. entledigen = frei machen, zu ↑ ledig] (geh.): **1.** *von jmdm., etw. befreien:* sich eines Mitwissers, seiner Schulden e.; diese Aussagen entledigen uns nicht unserer Sorgen. **2.** ⟨e. + sich⟩ *ein Kleidungsstück ablegen:* sich seines Jacketts e. **3.** ⟨e. + sich⟩ *einer Verpflichtung nachkommen:* sich eines Auftrags e.

ent|lee|ren ⟨sw. V.; hat⟩: **1. a)** *durch Ausschütten o. Ä. leer machen:* einen Aschenbecher [in den Mülleimer] e.; die [Harn]blase e.; sich e. *(Stuhlgang haben, seine Notdurft verrichten, sich übergeben);* **b)** ⟨e. + sich⟩ *leer werden:* das Becken entleerte sich nur langsam. **2. a)** *etw. seines eigentlichen Inhalts entleeren:* entleerte Theorien; **b)** ⟨e. + sich⟩ *seinen eigentlichen Inhalt verlieren, hohl werden:* eine sich nach und nach entleerende Ideologie.

Ent|lee|rung, die; -, -en: *das Entleeren, Sichentleeren.*

ent|le|gen ⟨Adj.⟩ [2. Part. von veraltet entliegen, mhd. ferm liegen]: **1.** *weit entfernt von allem, abgelegen:* bis in die -sten Dörfer; sie wohnen ganz e. **2.** *(in geistiger Hinsicht) weit entfernt vom Üblichen, abseitig:* -e Dinge.

Ent|le|gen|heit, die; - (geh.): *das Entlegensein; abgelegene, einsame Lage.*

ent|leh|nen ⟨sw. V.; hat⟩ [mhd. entlēh(e)nen, ahd. intlēhanōn]: **1.** *aus einem anderen geistigen Bereich übernehmen u. umsetzen:* ein Wort aus einer fremden Sprache e. **2.** (veraltet) *entleihen:* ◆ *...dass er ... etwas Geld zu e. trachten ... solle* (Keller, Das Sinngedicht 70).

Ent|leh|nung, die; -, -en: **1.** *das Entlehnen.* **2.** *Lehnwort.*

ent|lei|ben ⟨sw. V.; hat⟩ [mhd. entlīben, zu: līp, ↑Leib] (geh.): **a)** *töten;* **b)** ⟨e. + sich⟩ *Selbstmord begehen.*

◆ **ent|lei|den** ⟨sw. V.; hat⟩: *verleiden: ...wenn er* (= Zeus)... *dir den Donner, die den Kommenden umrollen, zu Popanzen aufstellen wird, den Wunsch dir zu e.* (Schiller, Semele 237 ff.).

ent|lei|hen ⟨st. V.; hat⟩ [mhd. entlīhen, ahd. antlīhan = ent-, verleihen]: *von jmdm. für sich leihen:* [aus der Bibliothek] entliehene Bücher zurückgeben. Dazu: **Ent|lei|her,** der; -s, -; **Ent|lei|he|rin,** die; -, -nen; **Ent|lei|hung,** die; -, -en.

Ẹnt|lein, das; -s, -: Vkl. zu ↑Ente (1): **hässliches E.* (ugs. scherzh.; *hässlicher od. unscheinbarer junger Mensch;* nach der Märchenfigur von H. C. Andersen).

ent|ler|nen ⟨sw. V.; hat⟩ (Psychol.): *etw. Erlerntes, Gewusstes, Gekonntes bewusst vergessen, um dadurch die Kapazität und die Offenheit zu haben, Neues zu lernen.*

ent|lie|ben, sich ⟨sw. V.; hat⟩ [scherzh. Gegenbildung zu ↑verlieben; ↑ent- (7 a)]: *aufhören [einander, jmdn.] zu lieben:* ich beschloss, mich zu e.; wir haben uns entliebt.

ent|lo|ben, sich ⟨sw. V.; hat⟩: *eine Verlobung lösen.* Dazu: **Ent|lo|bung,** die; -, -en.

ent|lo|cken ⟨sw. V.; hat⟩: *jmdn. zu einer Äußerung veranlassen:* jmdm. ein Lächeln zu e. versuchen; Ü er konnte dem Instrument keinen Ton e.

ent|loh|nen, (schweiz.:) **ent|löh|nen** ⟨sw. V.; hat⟩: *jmds. Tätigkeit, Arbeit bezahlen:* gleiche Tätigkeiten werden oft ungleich entlohnt/(schweiz. auch:) entlöhnt. Dazu: **Ent|loh|nung,** (schweiz. auch:) **Ent|löh|nung,** die; -, -en.

ent|lüf|ten ⟨sw. V.; hat⟩: **a)** *verbrauchte Luft aus einem Raum durch Zufuhr von Frischluft entfernen, herauslassen:* einen Saal, ein Gebäude e.; **b)** (Technik) *störende Lufteinschlüsse in einer Leitung, einem hydraulischen System o. Ä. entfernen:* die Heizung e.

Ent|lüf|ter, der; -s, -: *Gerät zum Entlüften; Exhaustor.*

Ent|lüf|tung, die; -, -en: **1.** *das Entlüften* (a, b). **2. a)** Kurzf. von ↑Entlüftungsanlage; **b)** *Einrichtung zum Entlüften* (b).

Ent|lüf|tungs|an|la|ge, die: *Anlage zur mechanischen Entlüftung.*

Ent|lüf|tungs|ven|til, das: *Ventil zum Ablassen von [Druck]luft.*

ent|mach|ten ⟨sw. V.; hat⟩: *der Macht berauben u. jeden Einfluss nehmen:* einen Herrscher e. Dazu: **Ent|mach|tung,** die; -, -en.

ent|ma|g|ne|ti|sie|ren ⟨sw. V.; hat⟩: *in einen unmagnetischen Zustand versetzen:* Dazu: **Ent|ma|g|ne|ti|sie|rung,** die; -, -en.

ent|man|nen ⟨sw. V.; hat⟩ [mhd. entmannen = der Mannschaft berauben, zu: mannen, ↑bemannen]: **a)** *(einen Mann) kastrieren;* **b)** *jmdm. [chirurgisch] den Penis entfernen.*

Ent|man|nung, die; -, -en: *das Entmannen; das Entmanntwerden.*

ent|ma|te|ri|a|li|sie|ren ⟨sw. V.; hat⟩ (bildungsspr.): *von der Materie, vom Stofflichen loslösen.* Dazu: **Ent|ma|te|ri|a|li|sie|rung,** die; -, -en (bildungsspr.): *das Entmaterialisieren.*

ent|men|schen ⟨sw. V.; hat⟩ (geh.): **a)** *seiner Menschlichkeit, seiner Würde u. seines Wertes als Mensch berauben:* der Krieg hatte sie alle entmenscht; **b)** *zum Unmenschen werden lassen, verrohen:* entmenschte Horden fielen über sie her.

ent|mensch|li|chen ⟨sw. V.; hat⟩: *entmenschen.*

Ent|mensch|li|chung, Ent|men|schung, die; -: *das Entmenschlichen.*

ent|mie|ten ⟨sw. V.; hat⟩: *das Leerstehen eines Hauses, einer Wohnung bewirken, indem die Mieter zum Auszug veranlasst werden:* Immobilienhaie entmieten ganze Häuser. Dazu: **Ent|mie|tung,** die; -, -en.

ent|mi|li|ta|ri|sie|ren ⟨sw. V.; hat⟩: *aus einem Gebiet die Truppen abziehen u. die militärischen Anlagen abbauen; demilitarisieren:* eine Stadt e.; eine entmilitarisierte Zone. Dazu: **Ent|mi|li|ta|ri|sie|rung,** die; -, -en.

ent|mi|nen ⟨sw. V.; hat⟩: *von Minen säubern.*

Ent|mi|nung, die; -, -en: *das Entminen.*

ent|mi|schen ⟨sw. V.; hat⟩ (Chemie, Technik): **a)** *ein Gemisch in die einzelnen Komponenten zerlegen:* ein Gas, Beton e.; Ü es galt, Gewerbe- und Wohngebiete stärker zu e.; **b)** *aus einem Gemisch lösen:* unedle Bestandteile e.

Ent|mi|schung, die; -, -en (Chemie, Technik): *Zerlegung, Trennung eines Gemisches.*

ent|mis|ten ⟨sw. V.; hat⟩: *[mechanisch] ausmisten.*

ent|mo|no|po|li|sie|ren ⟨sw. V.; hat⟩: *nicht länger einem Monopol unterwerfen:* die Versorgung mit Erdgas e. Dazu: **Ent|mo|no|po|li|sie|rung,** die; -, -en.

Ent|mü|dungs|be|cken, das; -s, -: *meist den Umkleidekabinen von Sportvereinen angegliedertes [Sprudel]becken, in dem mehrere Personen sitzen bzw. liegen können, um nach einem Wettkampf zu regenerieren.*

ent|mün|di|gen ⟨sw. V.; hat⟩ [zu ↑mündig]: *jmdm. durch Gerichtsbeschluss das Recht entziehen, bestimmte juristische Handlungen vorzunehmen:* jmdn. e. lassen; Ü der Staat darf seine Bürgerinnen und Bürger nicht e. *(ihnen nicht die Mitsprache bei politischen u. a. Entscheidungen verwehren).*

Ent|mün|di|gung, die; -, -en: *das Entmündigen; das Entmündigtwerden.*

ent|mu|ti|gen ⟨sw. V.; hat⟩: *jmdm. den Mut zu etw. nehmen, mutlos machen:* der Misserfolg entmutigte ihn; sich nicht e. lassen. Dazu: **Ent|mu|ti|gung,** die; -, -en.

ent|mys|ti|fi|zie|ren ⟨sw. V.; hat⟩ (bildungsspr.): *mystische Vorstellungen, die sich mit etw. verknüpft haben, beseitigen:* Dazu: **Ent|mys|ti|fi|zie|rung,** die; -, -en.

ent|my|thi|sie|ren ⟨sw. V.; hat⟩ (bildungsspr.): *entmythologisieren:* Dazu: **Ent|my|thi|sie|rung,** die; -, -en.

ent|my|tho|lo|gi|sie|ren ⟨sw. V.; hat⟩ (bildungsspr.): *mythische od. irrationale Vorstellungen, die mit etw. verknüpft sind, beseitigen:* Dazu: **Ent|my|tho|lo|gi|sie|rung,** die; -, -en.

Ent|nah|me, die; -, -n [zum 2. Bestandteil vgl. Abnahme]: *das Entnehmen* (1).

ent|na|ti|o|na|li|sie|ren ⟨sw. V.; hat⟩ (bildungsspr.): **1.** *aus einem Staats-, Volksverband entlassen, ausbürgern.* **2.** *eine Verstaatlichung rückgängig machen.*

Ent|na|ti|o|na|li|sie|rung, die; -, -en (bildungsspr.): *das Entnationalisieren; das Entnationalisiertwerden.*

ent|na|zi|fi|zie|ren ⟨sw. V.; hat⟩ [nach engl. denazify]: **a)** *(nach dem Zweiten Weltkrieg) die politische Tätigkeit o. Ä. eines ehemaligen Nationalsozialisten überprüfen u. ihn bestrafen bzw. [durch Sühneleistung] entlasten; denazifizieren:* ein Parteimitglied e.; **b)** *(nach dem Zweiten Weltkrieg) in staatlichen Einrichtungen, im öffentlichen Leben nationalsozialistische Einflüsse ausschalten:* Ämter e.

Ent|na|zi|fi|zie|rung, die; -, -en: *das Entnazifizieren; das Entnazifiziertwerden:* Dazu: **Ent|na|zi|fi|zie|rungs|ver|fah|ren,** das.

ent|neh|men ⟨st. V.; hat⟩ [mhd. entnemen = entfernen, entledigen; (Geld) aufnehmen]: **1.** *zu einem bestimmten Zweck aus etw. herausnehmen:* [aus] der Kasse Geld e.; jmdm. eine Blutprobe e.; Ü ein Leitbild der Literatur e. **2.** *etw. aus etw. als Information gewinnen, schließen:* dem Schlusskommuniqué war nicht viel zu e.; Ihrem Schreiben haben wir entnommen, dass ...

◆ **3.** *(von jmdm.) nehmen* (3 c): *...als er ... hinaufblickte zum heitern sonnenhellen Himmel, war ihm alle Angst jenes schauerlichen Augenblicks entnommen* (E. T. A. Hoffmann, Bergwerke 19).

ent|ner|ven ⟨sw. V.; hat⟩: *nervlich erschöpfen; der Kraft, der Nerven berauben:* der lange Krieg hatte sie entnervt; ein entnervender Lärm. Dazu: **Ent|ner|vung,** die; -, -en.

ent|nervt ⟨Adj.⟩: *ausgebrannt, zermürbt, mit den Nerven am Ende:* e. gab sie auf.

En|to|blast, das; -[e]s, -e [zu griech. entós = innerhalb u. blastós = Spross, Trieb], **En|to|derm,** das; -s, -e [zu griech. dérma = Haut] (Biol., Med.): *inneres Keimblatt des Embryos.*

ent|ölen ⟨sw. V.; hat⟩: *den Öl-, Fettgehalt von etw. reduzieren:* entölter Kakao. Dazu: **Ent|ölung,** die; -, -en.

En|to|mo|lo|ge, der; -n, -n [↑-loge]: *Wissenschaftler auf dem Gebiet der Entomologie; Insektenforscher.*

En|to|mo|lo|gie, die; -: *wissenschaftliche Erforschung der Insekten, Insektenkunde.*

En|to|mo|lo|gin, die; -, -nen: w. Form zu ↑Entomologe.

en|to|mo|lo|gisch ⟨Adj.⟩: *die Entomologie betreffend.*

en|to|pisch ⟨Adj.⟩ [griech. entópos, aus: en = innerhalb u. tópos, ↑Topos] (Fachspr.): *am Ort befindlich, einheimisch.*

En|tou|ra|ge [ãtuˈraːʒə, österr. meist: ...ʃ], die; -, -n [frz. entourage, zu: entourer = einfassen, umgeben, zu: tour = Umdrehung; Umkreis, ↑Tour] (bildungsspr.): *jmds. Umgebung; Kreis von Personen, die jmdn. zu begleiten pflegen.*

En-tout-Cas [ãtuˈka], der; -, - [...a(s)], - [...as] [frz. en-tout-cas, eigtl. = auf, für alle Fälle] (veraltet): *großer Schirm, der zum Schutz gegen Regen od. Sonne verwendet werden kann:* ◆ *Johanna ... brachte ihr den Umhang, Hut und E.* (Fontane, Effi Briest 88).

ent|pa|cken ⟨sw. V.; hat⟩ (EDV): *(eine komprimierte Datei) wieder in ihre Ausgangsform bringen.*

Ent|par|la|men|ta|ri|sie|rung, die; - (Politik): *Abbau des Einflusses eines Parlaments auf die politischen Entscheidungen.*

ent|per|so|na|li|sie|ren ⟨sw. V.; hat⟩ (bildungsspr.): *vom Bezug auf Einzelpersonen, auf Individuen lösen.*

ent|per|sön|li|chen ⟨sw. V.; hat⟩: *das Persönliche, die Persönlichkeit bei etw. ausschalten:* durch Computer wird der Unterricht weitgehend entpersönlicht. Dazu: **Ent|per|sön|li|chung,** die; -, -en.

ent|pflich|ten ⟨sw. V.; hat⟩: *[nach Ablauf der Dienstzeit] von seinen Amtspflichten entbinden, aus dem Amt entlassen:* einen Professor e. Dazu: **Ent|pflich|tung,** die; -, -en.

ent|po|li|ti|sie|ren ⟨sw. V.; hat⟩: *das Politische in einem [staatlichen od. sozialen] Bereich ausschalten:* den Rundfunk e. Dazu: **Ent|po|li|ti|sie|rung,** die; -, -en.

ent|pri|va|ti|sie|ren ⟨sw. V.; hat⟩: *verstaatlichen:* Dazu: **Ent|pri|va|ti|sie|rung,** die; -, -en.

entproblematisieren – entschädigen

ent|pro|ble|ma|ti|sie|ren ⟨sw. V.; hat⟩: *aus der Problematik herausführen; von der Problematik befreien:* Dazu: **Ent|pro|ble|ma|ti|sie|rung,** die; -, -en.

ent|pup|pen, sich ⟨sw. V.; hat⟩ [zu ↑Puppe (3)]: *sich überraschenderweise als jmd., etw. erweisen:* sich als [kleiner] Tyrann, als großes Talent e. Dazu: **Ent|pup|pung,** die; -, -en.

ent|quel|len ⟨st. V.; ist⟩ (geh.): *aus etw. quellen, quellend herausdringen:* Tränen entquollen ihren Augen.

♦ **ent|quil|len** [gelegtl. in nicht korrektem Gebrauch für ↑entquellen]: Seufzer, die meiner... Brust entquillen (Kleist, Käthchen II, 1).

ent|rah|men ⟨sw. V.; hat⟩: *(aus Milch) den Rahm entfernen:* entrahmte Frischmilch. Dazu: **Ent|rah|mung,** die; -, -en.

ent|rap|pen ⟨sw. V.; hat⟩ [zu ↑Rapp] (Winzerspr.): *Beeren von den Traubenstielen vor der Kelterung abtrennen.*

ent|ra|ten ⟨st. V.; hat⟩ [mhd. entraten] (geh. veraltend): *auf etw. verzichten; ohne etw. auskommen:* der Geselligkeit e.; der südlichen Lebensart nicht e. wollen.

ent|rät|seln ⟨sw. V.; hat⟩: **a)** *etw. Rätselhaftes verstehen, durchschauen:* ein Geheimnis, eine unbekannte Schrift e.; **b)** ⟨e. + sich⟩ *als etw. Rätselhaftes verstanden, durchschaut werden:* langsam beginnt sich das Geheimnis zu e.

Ent|rät|se|lung, die; -, -en: *das Enträtseln; das Enträtseltwerden.*

En|t|re|chat [ãtrəˈʃa], der; -s, -s [frz. entrechat = Luft-, Kreuzsprung (in Anlehnung an: chasser = jagen) < ital. (capriola) intrecciata = verflochtener (Sprung), zu: intrecciare = verflechten, zu: treccia = Flechte, Zopf] (Ballett): *gerader Sprung in die Höhe, bei dem die Fersen in der Luft [mehrmals] gekreuzt übereinandergeschlagen werden.*

ent|rech|ten ⟨sw. V.; hat⟩ (geh.): *jmdn. seiner Rechte berauben, um seine Rechte bringen.*

Ent|rech|te|te, die/eine Entrechtete; der/einer Entrechteten, die Entrechteten/zwei Entrechtete (geh.): *weibliche Person, die ihrer Rechte beraubt worden ist, die keine Rechte mehr hat.*

Ent|rech|te|ter, der Entrechtete/ein Entrechteter; des/eines Entrechteten, die Entrechteten/zwei Entrechtete (geh.): *jmd., der seiner Rechte beraubt worden ist, der keine Rechte mehr hat.*

Ent|rech|tung, die; -, -en: *das Entrechten; das Entrechtetwerden.*

En|t|re|cote [ãtrəˈkoːt], das; -[s], -s [frz. entrecôte, eigtl. = zwischen Rippenstück < entre = zwischen u. côte = Rippe]: *Rippenstück vom Rind, das in Scheiben gebraten wird.*

En|t|ree, (schweizerisch häufig:) **En|t|rée** [ãˈtreː], das; -s, -s [frz. entrée, zu: entrer = eintreten < lat. intrare]: **1.** *Eingangsraum, Vorzimmer.* **2.** *Eintritt, Erscheinen.* **3.** (bes. österr.) *Eintritt, Eintrittsgeld.* **4.** *erster Gang, Vorspeise.* **5. a)** *Eröffnungsmusik eines Balletts;* **b)** *Auftrittslied in Singspiel u. Operette.*

Ent|rei|che|rung, die; - (Rechtsspr.): *Minderung des Vermögens, der finanziellen Mittel.*

Ent|reiß|dieb|stahl, der (schweiz.): *Diebstahl, bei dem jmdm. etw. entrissen wird, was er bei sich trägt (z. B. eine Handtasche).*

ent|rei|ßen ⟨st. V.; hat⟩: **1.** *unter Gewaltanwendung [mit einer heftigen Bewegung] wegnehmen, aus den Händen reißen:* jmdm. die Handtasche e.; Ü inden Sieg e.; sie wurde ihm durch den Tod entrissen. **2.** (geh.) **a)** *aus, vor etw. retten:* jmdn. den Flammen e.; **b)** *aus einer bestimmten Verfassung herausreißen, von etw. befreien:* jmdn. seinen Träumen e.; jmdn. dem Vergessen e. *(die Erinnerung an jmdn., etw. jmdn. wieder ins Gedächtnis rufen).*

En|t|re|me|ti|er [ãtrəməˈtje], der; -s, -s [frz. entremétier] (Gastron.): *Spezialkoch für Suppen u. kleinere Zwischengerichte.*

En|t|re|mets [ãtrəˈmeː], das; - [...e:(s)], - [...e:s] [frz. entremets, aus: entre = zwischen u. mets = ²Gericht] (Gastron.): *(bei einer größeren Speisenfolge) leichtes Zwischengericht.*

en|t|re nous [ãtrəˈnu:; frz., aus: entre = zwischen, unter u. nous = uns] (bildungsspr.): *unter uns; ohne die Gegenwart eines Fremden u. daher in der nötigen Atmosphäre der Vertrautheit:* das sollten wir einmal e. n. besprechen.

En|t|re|pre|neur [ãtrəprəˈnøːɐ̯], der; -s, -e [(engl. entrepreneur <) frz. entrepreneur = Unternehmer, zu: entreprendre = unternehmen, zu lat. pre(he)ndere = nehmen, ergreifen] (Wirtschaftsjargon): **1.** (Wirtschaftsjargon) *Unternehmer, Firmengründer.* **2.** (veraltet) *Veranstalter, Agent* (z. B. von Konzerten, Theateraufführungen): ♦ Einem Tambour folgte der E. zu Pferde, hinter ihm eine Tänzerin (Goethe, Lehrjahre II, 4).

En|t|re|pre|neu|rin [ãtrəprəˈnøːrɪn], die; -, -nen: *w. Form zu ↑Entrepreneur (1):* sie ist E. mit eigenem Fitnessstudio.

En|t|re|pre|neur|ship [...ʃɪp], die; -, -s od. das; -[s], -s ⟨meist ohne Artikel gebr.⟩ [engl. entrepreneurship, zu frz. entrepreneur (↑Entrepreneur) u. engl. -ship (Suffix zur Bildung von Substantiven, ähnl. dem dt. -schaft)] (Wirtschaftsjargon): *Unternehmergeist, Unternehmertum* (b).

ent|rich|ten ⟨sw. V.; hat⟩ [mhd. entrihten, ahd. intrihten, eigtl. = aus der (richtigen) Lage bringen u. dadurch verschlimmern od. verbessern] (bes. Amtsspr.): *(einen festgelegten Betrag) zahlen:* Steuern, eine Gebühr e.; er muss die Raten monatlich [an die Bank] e. Dazu: **Ent|rich|tung,** die; -, -en.

ent|rie|geln ⟨sw. V.; hat⟩: *die Verriegelung aufheben, einen Riegel zurückschieben:* eine Tür e. Dazu: **Ent|rie|ge|lung,** die; -, -en.

ent|rin|den ⟨sw. V.; hat⟩: *von der Rinde befreien, die Rinde von etw. ablösen:* Baumstämme e. Dazu: **Ent|rin|dung,** die; -, -en.

ent|rin|gen ⟨st. V.; hat⟩ (geh.): **1.** *in einem Kampf, unter großen Mühen wegnehmen:* jmdm. die Waffe, ein wichtiges Dokument e. **2.** ⟨e. + sich⟩ **a)** *sich mühsam aus einer Umklammerung o. Ä. befreien:* sich jmds. Umarmung e.; **b)** *(als Laut) mühsam aus jmdm. hervorkommen:* ein Seufzer entrang sich ihm, seiner Brust.

ent|rin|nen ⟨st. V.; ist⟩ [mhd. entrinnen, ahd. intrinnan, zu ↑rinnen in dessen alter Bed. »rinnen, laufen«] (geh.): **a)** *mit knapper Not einer Bedrohung entgehen:* einer Gefahr, dem Tod e.; ⟨subst.:⟩ ...und sie entdeckte nun, dass es wirkliche Wirbel waren, die sie in eine Tiefe rissen, aus der es kein Entrinnen gab (Andersch, Sansibar 136); **b)** *sich jmdm. gerade noch durch Flucht entziehen können:* er entrann den Verfolgern; Er stieg in einen Zug und entrann zu diesem Mal dem Kommissar Escherich, den Herren vom Alex und der ganzen Gestapo (Fallada, Jeder 161).

ent|rip|pen ⟨sw. V.; hat⟩ (Fachspr.): *die Rippen aus Tabakblättern entfernen:* Tabak e.

ent|risch ⟨Adj.⟩ [mhd. entrisch = alt, altertümlich, ahd. entrisc, antrisc = fremd] (österr. veraltend, bayr.): *nicht geheuer, unheimlich.*

ent|rol|len ⟨sw. V.; hat⟩ (geh.): **1.** *(etw. Gerolltes) auseinanderrollen u. in eine Fläche bringen:* eine Urkunde, eine Fahne e. **2.** ⟨e. + sich⟩ *nach u. nach in Erscheinung treten, sich entfalten:* vor seinen Augen entrollte sich eine andere Welt.

En|tro|pie, die; -, -n [zu griech. en = innerhalb u. tropē = Wendung, Umkehr]: **1.** *physikalische Größe, die die Verlaufsrichtung eines Wärmeprozesses kennzeichnet.* **2.** (Informationst.) *Maß für die Informationsdichte, den Informationsgehalt eines Zeichensystems.*

ent|ros|ten ⟨sw. V.; hat⟩: *die Rostschicht von etw. entfernen:* Eisen e. Dazu: **Ent|ros|tung,** die; -, -en.

ent|rü|cken ⟨sw. V.; hat⟩ [mhd. entrücken, zu ↑rücken] (geh.): **a)** *einem bestimmten Bereich od. Zusammenhang, der Gegenwart entrückt sein;* **b)** *auf wunderbare Weise in eine andere Welt, in einen anderen Zustand versetzen* ⟨häufig im 2. Part.:⟩ [im Traum] selig entrückt sein.

Ent|rückt|heit, die; -, -en ⟨Pl. selten⟩ (geh.): *das Entrücktsein.*

Ent|rü|ckung, die; -, -en (geh.): **a)** *das Entrücken* (a); **b)** *das Entrücktsein:* in traumhafter E.

ent|rüm|peln ⟨sw. V.; hat⟩: *Gerümpel aus einem Raum entfernen:* einen Dachboden e. Dazu: **Ent|rüm|pe|lung,** (seltener:) **Ent|rümp|lung,** die; -, -en.

ent|run|den ⟨sw. V.; hat⟩ (Sprachwiss.): *bei der Aussprache eines Lautes die Lippenrundung aufgeben:* mittelhochdeutsch »diu« wurde zu neuhochdeutsch »die« entrundet. Dazu: **Ent|run|dung,** die; -, -en.

ent|ru|ßen ⟨sw. V.; hat⟩: *von Ruß befreien, säubern:* den Ofen e.

ent|rüs|ten ⟨sw. V.; hat⟩ [mhd. entrüsten = die Rüstung abnehmen, entwaffnen; aus der Fassung bringen, in Zorn versetzen]: **a)** ⟨e. + sich⟩ *seiner Empörung Ausdruck geben, sich aufregen:* sich über jmdn., jmds. Verhalten [sittlich] e.; **b)** *jmdn. zornig machen u. dadurch in Empörung versetzen:* er war entrüstet über das, was hier geschah; ein entrüstetes *(Empörung verratendes)* Gesicht.

Ent|rüs|tung, die; -, -en: *das Entrüstetsein; Empörung:* dieses Verbrechen ruft große E., einen Sturm der E. hervor.

Ent|rüs|tungs|sturm, der: *heftige Entrüstung einer größeren Menschenmenge.*

ent|saf|ten ⟨sw. V.; hat⟩: *den Saft (aus etw.) gewinnen:* Kirschen e.

Ent|saf|ter, der; -s, -: *Gerät zum Entsaften (bes. von Früchten).*

ent|sa|gen ⟨sw. V.; hat⟩ [mhd. entsagen, ahd. intsagēn = aufkündigen, sich einer Sache entziehen] (geh.): *auf etw. schweren Herzens aus einer bestimmten Einsicht heraus freiwillig verzichten:* den Freuden des Lebens e.; Kurz, um der Kinder, um der schönen und edlen Mannes willen, den sie hoch schätzten, hatten sie Verzicht geleistet und einander entsagt (Th. Mann, Hoheit 193). Dazu: **Ent|sa|gung,** die; -, -en.

ent|sa|gungs|reich ⟨Adj.⟩: *reich an Entsagungen:* ein -es Leben.

ent|sa|gungs|voll ⟨Adj.⟩: **a)** *Entsagungen auf sich nehmend:* sich e. der Familie widmen; **b)** *Entsagung verlangend:* eine -e Tätigkeit.

ent|sal|zen ⟨sw. V.; hat⟩: *(aus etw., bes. aus Meerwasser) das Salz entfernen:* Meerwasser wird entsalzt. Dazu: **Ent|sal|zung,** die; -, -en; **Ent|sal|zungs|an|la|ge,** die.

ent|säu|ern ⟨sw. V.; hat⟩: *(aus etw.) die Säure entfernen, den Säuregehalt von etw. verringern:* Wein mit Süßmost e.; Papier alter Bücher mithilfe von Kalziumkarbonat e.

Ent|säu|e|rung, die; -, -en: *das Entsäuern; das Entsäuertwerden.*

ent|schä|di|gen ⟨sw. V.; hat⟩ [mhd. entschadegen]: **a)** *jmdm. für einen Schaden einen angemessenen Ausgleich zukommen lassen, einen Ersatz geben:* jmdn. für einen Verlust mit Geld e.; Ü die Aussicht vom Gipfel entschädigte uns *(war ein Ausgleich)* für den mühsamen Aufstieg; Hier kein Wort weiter! Der Leser wird für die augenblickliche Entbehrung baldigst entschädigt werden (Th. Mann, Krull 104); **b)** *einen Schaden [angemessen] ausgleichen:* Totalinvalidität wird mit einer Rente entschädigt.

Ent|schä|di|gung, die; -, -en: **a)** *das Entschädigen* (a): die E. der enteigneten Grundbesitzer [durch den Staat]; **b)** *das, womit jmd. entschädigt wird; Ausgleich für erlittenen Schaden:* 50 000 Euro [als] E. erhalten.

Ent|schä|di|gungs|an|spruch, der: *Anspruch auf Entschädigung.*

Ent|schä|di|gungs|kla|ge, die: *Klage auf Entschädigung.*

ent|schä|di|gungs|los ⟨Adj.⟩: *keine Entschädigung bietend.*

Ent|schä|di|gungs|sum|me, die: *Summe, die als Entschädigung gefordert, gezahlt wird.*

Ent|schä|di|gungs|zah|lung, die: **1.** *Zahlung* (1) *einer Entschädigung* (b). **2.** *gezahlte Entschädigung* (b).

ent|schär|fen ⟨sw. V.; hat⟩: **1.** *die Zündvorrichtung von einem Explosivgeschoss entfernen:* eine Mine, Bombe e.; Ü der Torwart konnte auch diesen Schuss e. (Sportjargon; halten). **2.** *weniger problematisch gestalten, (einer Auseinandersetzung o. Ä.) die Schärfe nehmen:* ein Problem, eine Debatte, einen Konflikt e.; ein Buch, einen Film e. (als zu scharf empfundene politische Aussagen, anstößige, Gewalt verherrlichende, obszöne Stellen o. Ä. aus einem Buch, Film herausnehmen).

Ent|schär|fung, die; -, -en: *das Entschärfen; das Entschärftwerden.*

Ent|scheid, der; -[e]s, -e [spätmhd. entscheit]: **a)** *von richterlicher, amtlicher o. ä. Seite ausgesprochene Entscheidung:* nach E. des Schiedsrichters; **b)** *Entscheidung:* sein E. ist für/gegen den Verkauf des Hauses gefallen.

ent|schei|den ⟨st. V.; hat⟩ [mhd. entscheiden = sondern; richterlich bestimmen]: **1. a)** *(einen Zweifelsfall) [endgültig] klären u. darüber ein Urteil fällen:* das Gericht wird den Streit e.; **b)** *in einem Zweifelsfall anordnend bestimmen:* über den Einsatz von Truppen e. **2.** *in Bezug auf etw. den Ausschlag geben:* das Los soll e.; die Partie, die Meisterschaft für sich e. [können] (Sport; gewinnen [können]); dieser Zug entschied die Schachpartie. **3.** ⟨e. + sich⟩ **a)** *nach Prüfen, Vergleichen od. kurzem Besinnen in einem Entschluss seine Wahl auf jmdn., etw. festlegen:* sich für einen Bewerber, ein Verfahren e.; er konnte sich nur schwer e. (zu einem Entschluss kommen); **b)** *als eine von mehreren Möglichkeiten eintreten, sich herausstellen:* morgen wird [es] sich e., wer recht behält.

ent|schei|dend ⟨Adj.⟩: *ausschlaggebend, von richtungweisender Bedeutung:* sie hatte -en Einfluss auf ihn; die außenpolitische Stellung e. (aufs Äußerste, sehr) schwächen.

Ent|schei|der, der; -s, -: *Person, die in einem Unternehmen, einer Institution o. Ä. eine Schlüsselposition innehat u. daher besonders wichtige Entscheidungen zu fällen hat.*

Ent|schei|de|rin, die; -, -nen: w. Form zu ↑ Entscheider.

Ent|schei|dung, die; -, -en [mhd. entscheidunge]: **1. a)** *das Entscheiden* (1): eine E. treffen, fällen, herbeiführen (etw. entscheiden); die Frage steht vor der E. (wird demnächst entschieden); **b)** *das Entscheiden* (2): die E. für diese Kandidatin fiel in letzter Minute; die E. fiel durch das Los; eine E. erzwingen. **2.** *das Sichentscheiden:* einer E. ausweichen; zu einer E. kommen. **3.** *etw., was entschieden worden ist:* die E. des Gerichts lautet auf Freispruch; die -en der Kommission wurden nicht akzeptiert.

Ent|schei|dungs|be|fug|nis, die: *Befugnis, eine Entscheidung* (1) *zu treffen.*

Ent|schei|dungs|fin|dung, die: *Findung einer Entscheidung* (2).

Ent|schei|dungs|fra|ge, die (bes. Sprachwiss.): *Frage, die ein Ja od. ein Nein als Antwort verlangt.*

Ent|schei|dungs|frei|heit, die: *Freiheit, eine [selbstständige] Entscheidung* (1) *zu treffen.*

Ent|schei|dungs|ge|walt, die: *Macht, über etw. zu entscheiden* (1 b).

Ent|schei|dungs|grund|la|ge, die: *Grundlage, Basis, auf der etw. entschieden wird.*

Ent|schei|dungs|hil|fe, die: *Hilfe für eine Entscheidung* (1).

Ent|schei|dungs|lauf, der (Leichtathletik): *Lauf, in dem sich die Läufer für eine weitere Teilnahme am Wettbewerb qualifizieren.*

Ent|schei|dungs|pro|zess, der: *Prozess der Entscheidungsfindung.*

Ent|schei|dungs|recht, das: *Recht, eine Entscheidung* (1) *zu treffen.*

Ent|schei|dungs|schlacht, die: *Schlacht um den endgültigen Sieg.*

ent|schei|dungs|schwach ⟨Adj.⟩: *nur ungern Entscheidungen* (1) *treffend; zaudernd:* ein -er Minister.

Ent|schei|dungs|schwer ⟨Adj.⟩ (geh.): *entscheidende, schwerwiegende Bedeutung aufweisend.*

Ent|schei|dungs|spiel, das (Ballspiele): *Spiel, das bei gleichem Punkt- od. Torverhältnis angesetzt wird, um eine Entscheidung herbeizuführen.*

Ent|schei|dungs|spiel|raum, der: *Spielraum, eine Entscheidung* (1) *zu treffen.*

Ent|schei|dungs|trä|ger, der: *Träger* (4 c) *einer Entscheidung* (1).

Ent|schei|dungs|trä|ge|rin, die: w. Form zu ↑ Entscheidungsträger.

¹**ent|schie|den:** ↑ entscheiden.

²**ent|schie|den** ⟨Adj.⟩: **a)** *eine eindeutige Meinung vertretend, fest entschlossen:* ein -er Gegner dieser Richtung; ⟨subst.:⟩ etw. auf das Entschiedenste/entschiedenste (ganz energisch) ablehnen; **b)** *eindeutig, klar ersichtlich:* das geht e. zu weit.

Ent|schie|den|heit, die; -, -en ⟨Pl. selten⟩: *entschiedene Haltung:* etw. mit [aller] E. vertreten.

ent|schla|cken ⟨sw. V.; hat⟩: *zur Entgiftung u. Reinigung des Körpers von Stoffwechselprodukten befreien:* mit Abführmitteln den Organismus e.

Ent|schla|ckung, die; -, -en: *das Entschlacken; das Entschlacktwerden.*

ent|schla|fen ⟨st. V.; ist⟩ [mhd. entsläfen, ahd. intsläfan = einschlafen]: **1.** (geh. verhüll.) *[eines sanften Todes] sterben:* er ist gestern [sanft] entschlafen. **2.** (geh.) *einschlafen:* Thiel entkleidete sich, ging zu Bett und entschlief, nachdem er geraume Zeit gedankenvoll die niedrige und rissige Stubendecke angestarrt hatte (Hauptmann, Thiel 14).

Ent|schla|fe|ne, die/eine Entschlafene; der/einer Entschlafenen, die Entschlafenen/zwei Entschlafene (verhüll.): *gerade erst Verstorbene.*

Ent|schla|fe|ner, der Entschlafene/ein Entschlafener; des/eines Entschlafenen, die Entschlafenen/zwei Entschlafene (verhüll.): *gerade erst Verstorbener.*

ent|schla|gen, sich ⟨st. V.; hat⟩ [mhd. entslahen = losmachen, befreien] (geh.): **a)** *sich innerlich von etw. frei machen:* sich einer Furcht, einer Sorge e.; **b)** *auf ein Recht o. Ä. verzichten:* sich eines Vorteils e.

ent|schläm|men ⟨sw. V.; hat⟩: *von Schlamm befreien:* Wasserläufe e.

Ent|schläm|mung, die; -, -en: *das Entschlämmen; das Entschlämmtwerden.*

ent|schlei|ern ⟨sw. V.; hat⟩ (geh.): **1.** *den Schleier zurückschlagen, entfernen u. dadurch den Blick auf etw. freigeben:* sich, das Gesicht e. **2. a)** *etw. Geheimnisvolles, Unergründliches, nur zu* Ahnendes sichtbar machen: ein Geheimnis e.; **b)** ⟨e. + sich⟩ *als etw. bisher Verborgenes sichtbar werden:* nur langsam entschleierte sich der ungeheure Betrug.

Ent|schlei|e|rung, die; -, -en: **1.** *das Entschleiern.* **2.** *Enthüllung.*

ent|schlei|men ⟨sw. V.; hat⟩: *von Schleim befreien:* einen Fisch e.

ent|schleu|ni|gen ⟨sw. V.; hat⟩: *eine [sich bisher ständig beschleunigende] Entwicklung, eine Tätigkeit o. Ä. gezielt verlangsamen:* sein Leben, die Finanzmärkte e.

Ent|schleu|ni|gung, die; -, -en: *gezielte Verlangsamung einer [sich bisher ständig beschleunigenden] Entwicklung, einer Tätigkeit o. Ä.*

ent|schlie|ßen, sich ⟨st. V.; hat⟩ [mhd. entslieʒen, ahd. intslioʒan = aufschließen]: *den Entschluss (zu einem bestimmten Handeln) fassen:* sich nur schwer [zu etw.] e. können; sich zur Flucht e.; kurz entschlossen reiste sie ab; er war fest entschlossen, nicht nachzugeben.

Ent|schlie|ßung, die; -, -en: **1.** *das Sichentschließen:* er hat E. gelangen. **2.** *(von Behörden, Parlamenten o. Ä.) gemeinsamer Beschluss, Resolution:* eine E. einbringen, annehmen.

Ent|schlie|ßungs|an|trag, der: *Antrag* (2) *auf eine Entschließung* (2).

¹**ent|schlos|sen:** ↑ entschließen.

²**ent|schlos|sen** ⟨Adj.⟩: *zielbewusst, energisch; nicht zögernd:* -es Handeln.

Ent|schlos|sen|heit, die; -: *durch nichts zu beugender Wille, etw. Bestimmtes zu tun; entschlossene Haltung, Zielbewusstheit, Energie:* dazu fehlte es ihm an E.

ent|schlum|mern ⟨sw. V.; ist⟩ (geh.): **1.** *einschlafen* (1). **2.** (verhüll.) *entschlafen* (1).

ent|schlüp|fen ⟨sw. V.; ist⟩: **1.** *sich schnell u. geschmeidig einer Bedrohung od. Bewachung entziehen:* der Dieb ist durch das Fenster entschlüpft; das Kind entschlüpfte der Mutter. **2.** *unbedacht geäußert werden, entfahren:* ihm entschlüpfte eine unvorsichtige Bemerkung; Es war vierzehn Tage nach der Verhaftung bei einem der ersten Verhöre von Anna Quangel, die wieder gesund geworden war, als sich Anna e. ließ, dass ihr Sohn Otto mit einer gewissen Trudel Baumann verlobt gewesen war (Fallada, Jeder 304).

Ent|schluss, der; -es, Entschlüsse [zu ↑ entschließen]: *durch Überlegung gewonnene Absicht, etw. Bestimmtes zu tun:* ein plötzlicher, löblicher, weiser E.; es ist mein fester E., daran teilzunehmen; den E. zu einer Teilnahme fassen, bereuen; jmdn. von seinem E. abbringen.

ent|schlüs|seln ⟨sw. V.; hat⟩: **a)** *(einen verschlüsselten Text) mithilfe des bei der Verschlüsselung verwendeten Schlüssels wieder lesbar machen, in Klartext umsetzen:* einen Funkspruch e.; Ü das Erbgut, die DNS e.; **b)** *einer Sache durch Aufdecken von etw. ihre Rätselhaftigkeit nehmen:* ein Geheimnis, jmds. Tagebücher e.

Ent|schlüs|se|lung, die; -, -en: *das Entschlüsseln; das Entschlüsseltwerden.*

ent|schluss|fä|hig ⟨Adj.⟩: *fähig, einen Entschluss zu fassen.*

Ent|schluss|fä|hig|keit, die ⟨o. Pl.⟩: *Fähigkeit, Kraft, sich zu etw. zu entschließen.*

ent|schluss|freu|dig ⟨Adj.⟩: *bereitwillig u. ohne Zögern einen Entschluss fassend [wenn es nötig ist].*

Ent|schluss|freu|dig|keit, die ⟨o. Pl.⟩: *das Entschlussfreudigsein.*

Ent|schluss|kraft, die ⟨Pl. selten⟩: *Kraft, sich zu etw. zu entschließen:* die Ausführung des Gedankens scheiterte an mangelnder E.

ent|schluss|los ⟨Adj.⟩: *sich [in seiner Lethargie] zu nichts entschließen könnend:* er stand e. in der Gegend herum.

Ent|schluss|lo|sig|keit, die; -: *entschlussloses Wesen, Verhalten.*
ent|schuld|bar ⟨Adj.⟩: *sich noch entschuldigen lassend:* eine -e *Verspätung.*
Ent|schuld|bar|keit, die; -: *das Entschuldbarsein.*
ent|schul|den ⟨sw. V.; hat⟩ [mhd. entschulden = freisprechen]: *durch bestimmte gesetzliche Maßnahmen von übermäßiger Verschuldung befreien:* den Fiskus e.
ent|schul|di|gen ⟨sw. V.; hat⟩ [mhd. entschuldigen = lossagen; freisprechen]: **1. a)** ⟨e. + sich⟩ *jmdn. wegen eines falschen Verhaltens o. Ä. um Verständnis, Nachsicht, Verzeihung bitten:* sich förmlich, in aller Form e.; sich [bei jmdm.] für ein Versehen, wegen eines Versehens e.; **b)** *[unter Angabe des Grundes] mitteilen, dass jmd. nicht anwesend sein kann, nicht teilnehmen kann:* sich, ein Kind in der Schule e.; er fehlt entschuldigt. **2.** *für jmdn., etw. Nachsicht, Verständnis zeigen, aufbringen:* eine solche Unterlassung ist nicht zu e.; sie bat die Störung zu e.; entschuldige bitte, dass/wenn ich unterbreche; (Höflichkeitsformel:) entschuldigen Sie bitte!; Sie müssen schon e. (ugs.: *entschuldigen Sie bitte*), dass ich das sage. **3.** *(einen Fehler, ein falsches Verhalten o. Ä.) entschuldbar erscheinen lassen:* der Alkoholgenuss entschuldigt sein Benehmen nicht.
Ent|schul|di|gung, die; -, -en: **1. a)** *Begründung, Rechtfertigung für einen Fehler, ein Versäumnis o. Ä.:* eine plausible E.; nach einer [passenden] E. suchen; etw. zu seiner E. anführen; **b)** *[schriftliche] Mitteilung darüber, nicht anwesend sein, nicht teilnehmen zu können:* die Mutter schrieb ihr eine E. **2. a)** ⟨o. Pl.⟩ *Nachsicht, Verständnis für jmds. Fehler, falsches Verhalten:* jmdn. für etw., wegen etw. um E. bitten; (Höflichkeitsformel:) E.!; **b)** *Äußerung od. Höflichkeitsformel, mit der jmd. um Nachsicht, Verständnis bittet:* eine E. murmeln.
Ent|schul|di|gungs|brief, der: *Brief, in dem jmd. etw. zu entschuldigen* (1 b) *bittet.*
Ent|schul|di|gungs|grund, der: *Umstand, aufgrund dessen etw. entschuldigt werden kann, der ein Verhalten entschuldbar macht.*
Ent|schul|di|gungs|schrei|ben, das: vgl. Entschuldigungsbrief.
Ent|schul|dung, die; -, -en: *das Entschulden; das Entschuldetwerden.*
ent|schup|pen ⟨sw. V.; hat⟩: *(von einem Fisch) die Schuppen entfernen:* Barsche e.
ent|schwe|ben ⟨sw. V.; ist⟩ [mhd. entsweben = bewegen] (geh., oft iron.): *sich schwebend od. auf ähnliche Art entfernen.*
ent|schwe|feln ⟨sw. V.; hat⟩ (Chemie): **a)** *den Schwefel (aus einem schwefelhaltigen Stoff) entfernen;* **b)** *Schwefel aus schmelzflüssigem Eisen entfernen.*
Ent|schwe|fe|lung, Entschwefung, die; -, -en: *das Entschwefeln; das Entschwefeltwerden.*
Ent|schwe|fe|lungs|an|la|ge (seltener), Entschwefungsanlage, die: (bes. in Kohlekraftwerken) *Anlage* (4) *zur Entschwefelung.*
Ent|schwef|lung, die; -, -en: ↑ Entschwefelung usw.
ent|schwin|den ⟨st. V.; ist⟩: **1.** (geh., oft scherzh. od. iron.) *sich aus dem Blickfeld entfernen u. dann nicht mehr sichtbar sein:* das Schiff entschwand [am Horizont]; jmds. Blicken e.; (scherzh.:) nach dem Frühstück entschwand sie in die Küche; Ü der Name ist mir, meinem Gedächtnis entschwunden. **2.** (geh.) *zu jmds. Bedauern vergehen:* die Zeit entschwindet wie im Flug.
ent|seelt ⟨Adj.⟩ (geh.): *keine lebende Seele mehr habend; leblos, tot:* ein -er Körper.
Ent|sen|de|ge|setz, das (Politik, Wirtsch.): *Gesetz, das tarifliche Mindestlöhne auch für ausländische Arbeitnehmer vorschreibt.*

ent|sen|den ⟨unr. V.; entsandte/(seltener:) entsendete, hat entsandt/(seltener:) entsendet⟩ (geh.): *von einem Ort zur Erfüllung eines Auftrags an einen anderen Ort schicken:* jmdn. in ein Komitee, Delegierte zu einem Kongress e.; Ü Er entsandte ein Stoßgebet zur Madonna (Thieß, Legende 55).
Ent|sen|dung, die; -, -en: *das Entsenden; das Entsendetwerden.*
ent|set|zen ⟨sw. V.; hat⟩ [mhd. entsetzen = absetzen; fürchten; befreien, ahd. intsezzen = fürchten, argwöhnen]: **a)** ⟨e. + sich⟩ *durch etw. Schlimmes, Abstoßendes außer Fassung geraten:* alle entsetzten sich bei diesem Anblick, davor; **b)** *in Schrecken, Grauen versetzen, aus der Fassung bringen:* der Anblick hat mich entsetzt.
Ent|set|zen, das; -s: *mit Grauen u. panikartiger Reaktion verbundener Schrecken:* lähmendes E. befiel sie; ein großes E. erregender Anblick; ich habe mit E. vernommen, dass er verunglückt ist; bleich vor E.; (geh.:) zu aller E.
ent|set|zen|er|re|gend, Ent|set|zen er|re|gend ⟨Adj.⟩: *bei jmdm. Entsetzen hervorrufend:* ein -er Anblick.
Ent|set|zens|schrei, der: *Schrei des Entsetzens.*
ent|setz|lich ⟨Adj.⟩: **1.** *durch seine Art [nicht für möglich gehaltene] Furchtbarkeit bei jmdm. Entsetzen erregend:* ein -es Unglück, Verbrechen; es war e.; Sie wolle nicht übertreiben, aber sie müsse schon sagen, dass ihre E. geworden sei (R. Walser, Gehülfe 40). **2.** (ugs.) **a)** ⟨nur attr.⟩ *in unangenehmer Weise sehr stark:* -en Hunger haben; **b)** *(intensivierend bei Adjektiven u. Verben) sehr, in beängstigend hohem Maß, überaus, äußerst:* es war e. kalt.
Ent|setz|lich|keit, die; -, -en: *das Entsetzlichsein.*
ent|setzt ⟨Adj.⟩: *empört, bestürzt, fassungslos:* ich bin ganz e. darüber; e. starrte sie mich an.
ent|seu|chen ⟨sw. V.; hat⟩: **1.** *(etw., was z. B. durch radioaktive Stoffe od. andere Schadstoffe verseucht ist) von der Verseuchung befreien:* den Landstrich mit den modernsten Mitteln e. **2.** *desinfizieren.*
Ent|seu|chung, die; -, -en: **1.** *das Entseuchen; das Entseuchtwerden.* **2.** *Desinfektion.*
ent|si|chern ⟨sw. V.; hat⟩: *eine Handfeuerwaffe durch Lösen der Sicherung schussfertig machen:* das Gewehr e.; mit entsicherter Pistole.
ent|sie|geln ⟨sw. V.; hat⟩: **1.** *das Siegel von etw. aufbrechen:* einen Brief e. **2.** (Fachspr.) *eine Flächenversiegelung rückgängig machen:* der Schulhof soll entsiegelt werden.
Ent|sie|ge|lung, (seltener:) **Ent|sieg|lung,** die; -, -en: *das Entsiegeln; das Entsiegeltwerden.*
ent|sin|nen, sich ⟨st. V.; hat⟩ [mhd. entsinnen = in den Sinn aufnehmen, sich erinnern] (geh.): *sich etw. wieder ins Gedächtnis rufen; sich erinnern:* sich jmds., eines Gesprächs e.; ich entsinne mich [dessen] gut; sich an jmdn., an ein Gespräch e.
ent|sinn|li|chen ⟨sw. V.; hat⟩: *einer Sache das Sinnlich-Konkrete nehmen:* die künstlerischen Disziplinen werden immer mehr entsinnlicht.
Ent|sinn|li|chung, die; -, -en: *das Entsinnlichen; Verlust des Sinnlich-Konkreten.*
ent|so|li|da|ri|sie|ren, sich ⟨sw. V.; hat⟩: *aus der Solidarität mit einer Gruppe lösen:* man verlangte von ihm, sich zu e.
Ent|so|li|da|ri|sie|rung, die; -, -en: *das Entsolidarisieren.*
ent|sor|gen ⟨sw. V.; hat⟩ (bes. Amtsspr.): **a)** *von Müll, Abfallstoffen befreien:* eine Fabrik, ein Atomkraftwerk e.; **b)** *(Abfallstoffe) beseitigen:* seine Abfälle umweltgerecht entsorgen; viele Schiffe entsorgen ihr Altöl illegal im Meer.
Ent|sor|ger, der; -s, -: *Person od. Firma, die etw.*

entsorgt, sich mit der Entsorgung von etw. befasst.
Ent|sor|ge|rin, die; -, -nen: w. Form zu ↑ Entsorger.
Ent|sor|gung, die; -, -en: *das Entsorgen; das Entsorgtwerden.*
Ent|sor|gungs|un|ter|neh|men, das: *Unternehmen der Entsorgungswirtschaft.*
Ent|sor|gungs|wirt|schaft, die: *Wirtschaftszweig, der sich mit Abfallbeseitigung, Recycling u. Ä. befasst.*
ent|span|nen ⟨sw. V.; hat⟩ [mhd. entspannen = abspannen, losmachen]: **1. a)** *lockern, von einer [An]spannung befreien:* den Körper, die Muskeln e.; **b)** ⟨e. + sich⟩ *von einer Anspannung frei werden, sich glätten:* seine Züge entspannten sich; **c)** *sich körperlich u. psychisch für kurze Zeit von der Belastung durch anstrengende u. angespannte Tätigkeit frei machen u. neue Kraft schöpfen:* hier kannst du dich einmal e.; ⟨meist e. + sich:⟩ du musst dich jetzt erst einmal e.; **d)** *(jmdn.) von einer körperlich-seelischen Belastung vorübergehend frei machen u. ihn neue Kraft schöpfen lassen:* seine Gegenwart wirkte angenehm entspannend; Alle Häuser in Barcelona sind zu dieser Stunde gegen die Sonne wohlverteidigte kühle Burgen. Es ist gemütlich in den verdunkelten Räumen, gemütlich und wohltuend entspannend (Koeppen, Rußland 19); **e)** *von einer Spannung befreien:* einen Bogen e.; dieses Spülmittel entspannt das Wasser (verringert die Oberflächenspannung des Wassers). **2. a)** *weniger gefährlich gestalten, einer Sache die unangenehme Spannung nehmen:* die Verhandlungen haben die politische Lage entspannt; ein entspanntes (gelöstes, von Spannungen freies) Verhältnis zu Kindern haben; **b)** ⟨e. + sich⟩ *die gefährliche, unangenehme Spannung verlieren, sich beruhigen:* die Lage hat sich weitgehend entspannt.
ent|spannt ⟨Adj.⟩: *frei von psychischen Belastungen:* er ist ein total -er Typ; wir sehen die Entwicklung sehr e.
Ent|span|nung, die; -, -en: **1.** *das [Sich]entspannen* (1). **2.** *Abbau politischer u. militärischer Spannungen:* eine weltweite, globale E.
Ent|span|nungs|mas|sa|ge, die: **1.** *der Entspannung* (1) *dienende Massage.* **2.** (verhüll.) *Massage, der der sexuellen Befriedigung des Mannes dient.*
Ent|span|nungs|pau|se, die: *Pause zur körperlichen Entspannung.*
Ent|span|nungs|po|li|tik, die: *politische Bemühungen um Entspannung* (2) *zwischen Machtblöcken.*
Ent|span|nungs|übung, die: *Übung zur körperlichen u. geistigen Entspannung.*
ent|sper|ren ⟨sw. V.; hat⟩: **1.** *eine [elektronische] Sperre aufheben:* sein Handy e. (den Sicherheitscode aufheben) lassen. **2.** *die Auszahlung von Geld [von einem Konto] wieder ermöglichen.*
Ent|sper|rung, die; -, -en: *das Entsperren.*
ent|spie|geln ⟨sw. V.; hat⟩: *(eine reflexmindernde Schicht) auf optische Linsen od. Prismen auftragen:* die Gläser sollten entspiegelt werden.
Ent|spie|ge|lung, (seltener:) **Ent|spieg|lung,** die; -, -en: **1.** *das Entspiegeln; das Entspiegeltwerden.* **2.** *entspiegelte Schicht.*
ent|spin|nen, sich ⟨st. V.; hat⟩ (geh.): *zwischen jmdm. u. einem andern allmählich entstehen, sich entwickeln:* es entspann sich [zwischen ihnen] ein Gespräch, eine Freundschaft.
ent|spre|chen ⟨st. V.; hat⟩ [mhd. entsprechen = entgegnen, antworten]: **1.** *mit jmdm., etw. übereinstimmen, einer Sache gleichkommen, gemäß sein, angemessen sein:* das Buch, der Bewerber entspricht nicht ganz unseren Erwartungen. **2.** (Amtsspr.) *einen Wunsch, eine For-*

derung o. Ä. erfüllen, verwirklichen: einer Bitte e.

¹ent|spre|chend ⟨Adj.⟩: **a)** *angemessen, zu etw. im richtigen Verhältnis stehend:* bei der Kälte musst du dich e. [warm] anziehen; es geht ihm den Umständen e.; **b)** *für etw. zuständig, kompetent:* bei der -en Behörde anfragen.

²ent|spre|chend ⟨Präp. mit Dativ⟩: *gemäß, nach, in Übereinstimmung mit etw.:* einem Auftrag e. handeln.

Ent|spre|chung, die; -, -en: **1.** *das Entsprechen* (1): eine E. feststellen, konstatieren. **2.** *etw. Ähnliches, das einer Sache entspricht; Analogie:* eine E. zum amerikanischen System.

ent|sprie|ßen ⟨st. V.; ist⟩ [mhd. entspriezen] (geh.): **1.** *aus etw., einem Untergrund sprießen:* die ersten Krokusse entsprießen der Erde. **2.** *aus etw. hervorgehen:* [aus] der Ehe sind vier Kinder entsprossen.

ent|sprin|gen ⟨st. V.; ist⟩ [mhd. entspringen, ahd. intspringan]: **1.** *als Quelle aus dem Boden hervorkommen:* die Donau entspringt im Schwarzwald. **2. a)** *in seinem Ursprung haben, sich aus etw. erklären lassen:* diese Geschichte ist seiner Fantasie entsprungen; **b)** (geh.) *aus etw., jmdm. hervorgehen:* er entsprang einem alten Geschlecht. **3.** *aus einem Gewahrsam entweichen, entfliehen:* er war dem Kloster, Gefängnis entsprungen; ein entsprungener Häftling.

ent|staat|li|chen ⟨sw. V.; hat⟩: *aus staatlichem in privaten Besitz überführen.*

Ent|staat|li|chung, die; -, -en: *das Entstaatlichen; das Entstaatlichtwerden.*

ent|sta|li|ni|sie|ren [...ʃt..., ...st...] ⟨sw. V.; hat⟩: *vom Stalinismus, von stalinistischen Elementen befreien:* die Partei wurde entstalinisiert.

Ent|sta|li|ni|sie|rung, die; -: *das Entstalinisieren; das Entstalinisiertwerden.*

ent|stam|men ⟨sw. V.; ist⟩: **a)** *aus einer bestimmten Familie, einem bestimmten Bereich stammen:* einem anderen Geschlecht, Milieu e.; alle Modelle entstammen derselben Kollektion; **b)** *aus einer bestimmten Zeit stammen, von etw. herrühren:* die Urkunde entstammt dem 13. Jh.

ent|stau|ben ⟨sw. V.; hat⟩: **1.** *vom Staub befreien:* die Luft e. **2.** *modernisieren, von überflüssigem Ballast befreien:* alte, überholte Bestimmungen e.

Ent|stau|bung, die; -, -en: *das Entstauben; das Entstaubtwerden.*

ent|ste|hen ⟨unr. V.; ist⟩ [mhd. entstēn = sich erheben, werden]: **a)** *zu bestehen, zu sein beginnen; geschaffen, hervorgerufen werden:* es entstand ein ganz neuer Stadtteil; es entstand große Aufregung; ⟨subst.:⟩ das Projekt ist erst im Entstehen begriffen; **b)** *sich für jmdn. ergeben:* Ihnen entstehen dadurch keine zusätzlichen Kosten; ♦ **c)** *entgehen; vorenthalten bleiben:* Wenn sie Ernst sieht, kann mir ihre Vergebung nicht e. (Lessing, Minna IV, 8); ... ihre Hülfe wird uns nicht entstehn, wenn sie das Land in Waffen erst erblicken (Schiller, Tell I, 4).

Ent|ste|hung, die; -, -en: *das Entstehen:* die Frage nach der E. des Lebens.

♦ **Ent|ste|hungs|fall,** der *[zu entstehen = von etw. Abstand nehmen; sich weigern, eigtl. = wegstehen]:* in der Fügung **im E.** *(im Weigerungsfall).*

Ent|ste|hungs|ge|schich|te, die: *Geschichte der Entstehung, des Ursprungs einer Sache:* die E. einer Partei, eines Staat.

Ent|ste|hungs|ort, der ⟨Pl. -e⟩: *Ort, an dem etw. entstanden ist:* der E. eines Werkes.

Ent|ste|hungs|ur|sa|che, die: *Ursache für die Entstehung einer Sache.*

Ent|ste|hungs|zeit, die: *Zeit, in der etw. entstanden ist.*

ent|stei|gen ⟨st. V.; ist⟩ (geh.): **a)** *aus einem Fahr-*

zeug o. Ä. *aussteigen;* **b)** *aus etw. nach oben steigen:* dem Wasser e.

ent|stei|nen ⟨sw. V.; hat⟩: *(aus Steinobst) die Steine entfernen:* Kirschen e.

ent|stel|len ⟨sw. V.; hat⟩ [mhd. entstellen, eigtl. = aus der rechten Stelle bringen]: **1.** *jmds. Aussehen zu seinen Ungunsten verändern (oft so sehr, dass er kaum wiederzuerkennen ist):* der Ausschlag entstellte sie sehr; der Soldat war bis zur Unkenntlichkeit entstellt; ein entstelltes Gesicht. **2.** *im Sinn verfälschen, falsch darstellen:* der Druckfehler entstellt den Sinn des Satzes; der Artikel gab ihre Äußerungen entstellt wieder.

Ent|stel|lung, die; -, -en: **1.** *das Entstelltsein* (1): die E. durch einen Unfall. **2.** *das Entstellen* (2): die E. von Nachrichten.

ent|stie|len ⟨sw. V.; hat⟩: *(bes. von Obst) die Stiele entfernen:* Kirschen e.

ent|stö|ren ⟨sw. V.; hat⟩: *Störungen [des Funkempfangs], etw. als Ursache einer Störung ausschalten:* eine [Telefon]leitung, Elektrogeräte e.

Ent|stö|rung, die; -, -en: *das Entstören; das Entstörtwerden.*

Ent|stö|rungs|stel|le, die (früher): *Abteilung für die Entstörung von Telefonleitungen; Störungsstelle.*

ent|strö|men ⟨sw. V.; ist⟩ (geh.): *aus etw. [heraus]strömen:* der Leitung entströmte Gas.

ent|süh|nen ⟨sw. V.; hat⟩ (geh.): *durch Sühne von Schuld befreien.*

Ent|süh|nung, die; -, -en (geh.): *das Entsühnen; das Entsühntwerden.*

ent|sump|fen ⟨sw. V.; hat⟩: *von Sümpfen befreien, trockenlegen.*

Ent|sump|fung, die; -, -en: *das Entsumpfen; das Entsumpftwerden.*

ent|ta|bu|ie|ren usw.: ↑ **enttabuisieren** usw.

ent|ta|bu|i|sie|ren ⟨sw. V.; hat⟩: *einer Sache den Charakter eines Tabus nehmen:* den Tod e.

Ent|ta|bu|i|sie|rung, die; -, -en: *das Enttabuisieren; das Enttabuisiertwerden.*

ent|tar|nen ⟨sw. V.; hat⟩: **1.** *als Agenten* (1) *überführen:* einen Spionagering e.; sich freiwillig e. **2.** *aufdecken, entdecken:* den angebotenen Gebrauchtwagen als Schrottmühle e.

Ent|tar|nung, die; -, -en: *das Enttarnen; das Enttarntwerden.*

ent|täu|schen ⟨sw. V.; hat⟩ [eigtl. = aus einer Täuschung herausreißen, um 1800 für: desabusiren (< frz. désabuser) u. detrompiren < frz. détromper]: *jmds. Hoffnungen, Erwartungen nicht erfüllen, sodass er unzufrieden, niedergeschlagen, verstimmt ist:* den Freund e.; jmds. Vertrauen e.; das Match enttäuschte *(war schlechter als erwartet);* der Fluss enttäuscht. Zu Stunden der Ebbe entblößt er schamlos Geröll und Unrat in seinem Bett (Koeppen, Rußland 162).

ent|täu|schend ⟨Adj.⟩: *unbefriedigend, schwach:* ein -es Ergebnis; der Film ist e.

ent|täuscht ⟨Adj.⟩: *desillusioniert, niedergeschlagen, ernüchtert:* -e Mitglieder verließen scharenweise den Saal; ein -es *(Enttäuschung ausdrückendes)* Gesicht machen; ich bin schwer e. von ihr; ich bin angenehm e. (ugs. scherzh.: *ich bin angenehm überrascht, nachdem ich zunächst etw. Negatives erwartet hatte).*

Ent|täu|schung, die; -, -en: **a)** *Nichterfüllung einer Hoffnung od. Erwartung, die jmdn. unzufrieden o. ä. stimmt:* [sie war für mich] eine große, bittere, schwere, schmerzliche E.; mit jmdm., etw. eine tiefe E. erleben; **b)** ⟨o. Pl.⟩ *das Enttäuschtsein:* seine E. konnte er nicht verbergen; zu unserer E. hat sie sich anders entschieden.

ent|thro|nen ⟨sw. V.; hat⟩: **a)** (geh.) *(einen Monarchen) absetzen, von seinem Thron verdrängen:* den König e.; **b)** *aus seiner Machtstellung ver-*

drängen: der Rohrzucker wurde entthront *(wurde zu einer weniger wichtigen Anbaupflanze).*

Ent|thro|nung, die; -, -en: *das Entthronen; das Entthrontwerden.*

ent|trüm|mern ⟨sw. V.; hat⟩: *von Trümmern befreien:* ein Ruinengelände e.

ent|völ|kern ⟨sw. V.; hat⟩: **a)** *bewirken, dass die Bevölkerungszahl in einem bestimmten Gebiet zurückgeht:* die Pest, die Hungersnot hat ganze Landstriche entvölkert; **b)** ⟨e. + sich⟩ *seine Bevölkerung verlieren, menschenleer werden.*

Ent|völ|ke|rung, die; -, -en ⟨Pl. selten⟩: *das Entvölkern; das Entvölkertwerden.*

ent|wach|sen ⟨st. V.; ist⟩ [mhd. entwahsen]: **1.** *durch seine Entwicklung über ein bestimmtes Stadium hinausgelangen [u. sich bestimmten Einflüssen nicht mehr unterwerfen]:* die Kinder begannen der Mutter zu e. **2.** (geh.) *aus etw. herauswachsen:* dem Boden entwuchs dichter Rasen.

ent|waff|nen ⟨sw. V.; hat⟩ [mhd. entwäfen(en)]: **1.** *jmdm. [gewaltsam] die Waffe[n] abnehmen:* Truppen, einen Einbrecher e. **2.** *durch sein [entgegenkommendes] Wesen in Erstaunen setzen, etwa bestehende Antipathien besiegen u. so bewirken, dass jmd. seine widerstrebende Haltung aufgibt:* jmdn., jmds. Groll durch Güte e.; ⟨häufig im 1. Part.:⟩ ihr Lachen, ihre Unbekümmertheit war entwaffnend; von entwaffnender *(sprachlos machender)* Offenheit, Naivität sein. ♦ **3.** ⟨e. + sich⟩ *die Waffen ablegen:* Kommt, entwaffnet euch (Goethe, Götz I).

Ent|waff|nung, die; -, -en: *das Entwaffnen; das Entwaffnetwerden.*

ent|wal|den ⟨sw. V.; hat⟩: *(auf einem Gebiet) den Wald abholzen:* größere Flächen des Landes wurden entwaldet; ein entwaldeter Boden.

Ent|wal|dung, die; -, -en: *das Entwalden; das Entwaldetwerden.*

ent|wan|zen ⟨sw. V.; hat⟩: *von Wanzen befreien:* einen Raum e.

ent|war|nen ⟨sw. V.; hat⟩: *einen Alarmzustand durch bestimmte Sirenentöne für beendet erklären:* es wurde entwarnt.

Ent|war|nung, die; -, -en: *das Entwarnen:* die Sirenen geben E.; Ü die Experten geben E., es bestehe keine Seuchengefahr.

ent|wäs|sern ⟨sw. V.; hat⟩: **1. a)** *Wasser aus dem Boden ableiten; trockenlegen:* eine Flussniederung, Moore e.; **b)** *irgendwohin Wasser abgeben; abfließen:* unterirdisch. **2. a)** *(Körpergewebe o. Ä.) von [krankhafter] Wasseransammlung befreien:* den Körper e.; **b)** *einem Stoff Wasser entziehen:* Milch e. **3.** (Fachspr.) *Abwasser von Haushalten, Industrie in die Kanalisation ableiten.*

Ent|wäs|se|rung, die; -, -en: **1.** *das Entwässern* (1, 2). **2.** *Kanalisation.*

Ent|wäs|se|rungs|gra|ben, der: *Graben zur Entwässerung des Bodens.*

Ent|wäs|se|rungs|ka|nal, der: *Entwässerungsgraben.*

Ent|wäss|rung (selten): ↑ Entwässerung.

ent|we|der ⟨Konj.⟩ [mhd. e(i)ntweder, ahd. einweder, aus ↑¹ein u. ↑weder]: *nur in der Verbindung* **e. ... oder** *(wenn nicht..., dann); führt die erste von zwei od. mehreren Möglichkeiten ein, betont nachdrücklich, dass nur jeweils eine infrage kommt:* e. kommt mein Vater oder mein Bruder; e. strengst du/du strengst dich mehr an, oder du wirst die Prüfung wieder nicht schaffen).

Ent|we|der-oder, das; -, -: ↑¹*Alternative* (1).

ent|wei|chen ⟨st. V.; ist⟩: **1.** *aus etw. ausströmen:* das Gas entweicht [aus der Leitung]; aus ihrem Gesicht entwich alles Blut (geh.; *ihr Gesicht wurde blass);* Ü die Spannung entwich. **2.** [mhd.

entwichen] *unbemerkt entfliehen, sich vor einer Bedrohung in Sicherheit bringen:* aus dem Gefängnis e.; der Dieb ist [in der allgemeinen Verwirrung] entwichen.

Ent|wei|chung, die; -, -en (schweiz., sonst selten): *das Entweichen.*

ent|wei|hen ⟨sw. V.; hat⟩ [mhd. entwīhen]: *die Weihe einer Sache zerstören, verletzen:* durch seine Anwesenheit einen Ort e.

Ent|wei|hung, die; -, -en: *das Entweihen; das Entweihtwerden.*

ent|wen|den ⟨sw. V.; hat⟩ [mhd. entwenden = befreien, losmachen] (geh.): *unter Ausnutzung einer Gelegenheit unbemerkt wegnehmen u. [mühelos] an sich bringen; stehlen.*

Ent|wen|dung, die; -, -en: *das Entwenden; das Entwendetwerden; Diebstahl.*

ent|wer|fen ⟨st. V.; hat⟩ [mhd. entwerfen = (in der Bildweberei) im Bild gestalten; literarisch, geistig gestalten]: **a)** *planend zeichnen, skizzieren:* Möbel, ein Plakat e.; Ü *ein Bild der sozialen Zustände im 16. Jh. e. (eine charakterisierende Schilderung der sozialen Zustände im 16. Jh. geben);* **b)** *in seinen wesentlichen Punkten [schriftlich] festlegen:* einen Plan, ein Programm e.

Ent|wer|fer, der; -s, -: *Designer.*

Ent|wer|fe|rin, die; -, -nen: w. Form zu ↑ Entwerfer.

Ent|wer|fung, die; -: *das Entwerfen.*

ent|wer|ten ⟨sw. V.; hat⟩: **1.** *(zur Verhinderung einer nochmaligen Verwertung) ungültig machen:* einen Fahrschein, eine Eintrittskarte e. **2.** *den Wert einer Sache, (selten:) einer Person mindern:* alte Privilegien wurden im Laufe der Zeit entwertet; das Geld ist entwertet; Er entfloh, wurde aber eingebracht, verurteilt und ins Loch gesteckt, und nach mehreren Jahren wieder in der Stadt erschien, war er ein entwerteter und lahmer Mensch, mit dem nichts mehr anzufangen war (Hesse, Sonne 9); **b)** ⟨e. + sich⟩ (selten) *an Wert verlieren:* das Geld entwertete sich.

Ent|wer|ter, der; -s, -: *Automat zur Entwertung eines Fahrscheins o. Ä.*

Ent|wer|tung, die; -, -en: *das Entwerten; das Entwertetwerden.*

ent|we|sen ⟨sw. V.; hat⟩: **1.** (Fachspr.) *von Ungeziefer befreien:* ein Haus, ein Schiff e. **2.** (geh.) *seines Wesens berauben.*

Ent|we|sung, die; -, -en: *das Entwesen; das Entwestwerden.*

ent|wi|ckeln ⟨sw. V.; hat⟩: **1.** ⟨e. + sich⟩ *allmählich entstehen, sich stufenweise herausbilden:* aus der Raupe entwickelt sich der Schmetterling; es entwickelte sich [daraus] eine Diskussion. **2.** ⟨e. + sich⟩ **a)** *(von Lebewesen, Pflanzen) ein Stadium erreichen, in dem vorhandene Anlagen zur [vollen] Entfaltung kommen:* das Mädchen hat sich körperlich voll entwickelt; die Pflanze hat sich gut entwickelt; **b)** *in einem Prozess fortlaufend in eine neue [bessere] Phase treten:* die Wahlumfragen entwickeln sich erwartungsgemäß. **3.** *durch seine Einwirkung auf ein höheres Niveau heben:* einen Betrieb zur Fabrik e.; sie hat ihn zu einem bühnenreifen Schauspieler entwickelt *(herangebildet);* **b)** ⟨e. + sich⟩ *allmählich unter bestimmten Bedingungen zu etw. anderem, Neuem werden:* Japan hat sich zu einer Industriemacht entwickelt. **4. a)** *bei einem Prozess, Vorgang durch sich od. an sich entstehen lassen:* das Feuer entwickelte große Hitze; **b)** *bei etw. wirksam werden lassen, als Fähigkeit aus sich hervorbringen od. in Erscheinung treten lassen:* bei einer Arbeit Talent, Fantasie e.; die neuen Züge entwickeln *(erreichen)* eine große Geschwindigkeit; **c)** *in einem Arbeitsprozess etw. Neues, Fortschrittlicheres erfinden, konstruieren:* ein neues Verfahren, eine Software, ein Heilmittel e. **5.** *in allen Einzelheiten darlegen, jmdm. auseinandersetzen:* jmdm. eine Theorie, seine Gedanken zu einem Thema e.; eine mathematische Formel e. *(ableiten).* **6.** (Fotogr.) *durch die Behandlung mit Chemikalien ein Bild auf einem Film sichtbar werden lassen:* einen Film, eine Aufnahme e. **7.** (Militär) **a)** *zur Gefechtsaufstellung auseinanderziehen:* eine Truppe e.; **b)** ⟨e. + sich⟩ *sich zur Gefechtsaufstellung auseinanderbewegen:* das Regiment entwickelte sich zwischen den beiden Gehölzen.

Ent|wi|cke|lung (veraltet): ↑ Entwicklung.

Ent|wick|ler, der; -s, -: **1.** *jmd., der etw. entwickelt* (4 c). **2.** (Fotogr.) *wässrige Lösung zum Entwickeln* (6).

Ent|wick|ler|bad, das (Fotogr.): *Bad mit der Lösung des Entwicklers, in das der Film zum Entwickeln gelegt wird.*

Ent|wick|le|rin, die; -, -nen: w. Form zu ↑ Entwickler (1).

Ent|wick|lung, die; -, -en: *das [Sich]entwickeln* (1–7).

Ent|wick|lungs|ab|schnitt, der: *Teilstück, abgeschlossene Stufe, Zeitraum aus einer gesamten Entwicklung.*

Ent|wick|lungs|ar|beit, die: *Arbeit an der Schaffung od. Verbesserung eines [technischen] Produktes.*

Ent|wick|lungs|auf|ga|be, die: *Entwicklungsarbeit.*

Ent|wick|lungs|bü|ro, das: *Büro, in dem Entwicklungsarbeiten durchgeführt werden.*

Ent|wick|lungs|chan|ce, die: *Möglichkeit, sich zu entwickeln.*

Ent|wick|lungs|dienst, der: *organisierter freiwilliger Dienst bei Aufbauarbeiten in Entwicklungsländern.*

ent|wick|lungs|fä|hig ⟨Adj.⟩: *sich noch weiter entwickeln könnend od. lassend:* ein -er Mitarbeiter; ihre Stimme war e.

Ent|wick|lungs|fä|hig|keit, die (Pl. selten): *Fähigkeit zu weiterer Entwicklung.*

Ent|wick|lungs|gang, der: *Gang einer bestimmten Entwicklung:* der [geistige] E. eines Menschen.

Ent|wick|lungs|ge|schich|te, die: **a)** *Geschichte eines bestimmten Entwicklungsprozesses:* die E. der verschiedenen Regierungssysteme; **b)** *Wissenschaft u. Lehre von der Entstehung der Organismen in ontogenetischer u. phylogenetischer Hinsicht.*

ent|wick|lungs|ge|schicht|lich ⟨Adj.⟩: *die Entwicklungsgeschichte betreffend.*

Ent|wick|lungs|hel|fer, der: *jmd., der als Freiwilliger bei Aufbauarbeiten in Entwicklungsländern tätig ist.*

Ent|wick|lungs|hel|fe|rin, die: w. Form zu ↑ Entwicklungshelfer.

ent|wick|lungs|hem|mend ⟨Adj.⟩: *eine Entwicklung hemmend:* -e Stoffe.

Ent|wick|lungs|hem|mung, die: *Hemmung einer Entwicklung.*

Ent|wick|lungs|hil|fe, die: **a)** *Unterstützung der industriell noch nicht entwickelten Länder der Dritten Welt durch die Industriestaaten:* E. leisten; **b)** *Zahlung für die Entwicklungshilfe* (a): E. in Millionenhöhe genehmigen.

Ent|wick|lungs|in|ge|ni|eur, der: *Ingenieur, der an der Entwicklung eines Projektes arbeitet.*

Ent|wick|lungs|in|ge|ni|eu|rin, die: w. Form zu ↑ Entwicklungsingenieur.

Ent|wick|lungs|jah|re ⟨Pl.⟩: *Pubertät.*

Ent|wick|lungs|kos|ten ⟨Pl.⟩: *Kosten, die durch Verbesserung od. Neuschaffung eines Projektes entstehen.*

Ent|wick|lungs|land, das ⟨Pl. …länder⟩: *im Vergleich zu den Industrienationen wirtschaftlich wenig entwickeltes Land.*

Gelegentlich wird die Bezeichnung *Entwicklungsland* als unangemessen kritisiert. Zum einen werde eine *Entwicklung* der so bezeichneten Länder behauptet, die gar nicht stattfinde, zum anderen werde *Entwicklung* mit Industrialisierung gleichgesetzt. Eine Ausweichbezeichnung existiert jedoch nicht.

ent|wick|lungs|mä|ßig ⟨Adv.⟩: *der Entwicklung nach; von der Entwicklung her gesehen:* diese Tiere stehen e. zwischen Reptilien und Säugetieren.

Ent|wick|lungs|mi|nis|ter, der (ugs.): *für die Entwicklungshilfe* (a) *zuständiger Minister.*

Ent|wick|lungs|mi|nis|te|rin, die: w. Form zu ↑ Entwicklungsminister.

Ent|wick|lungs|mi|nis|te|ri|um, das (ugs.): *Ministerium für Entwicklungshilfe.*

Ent|wick|lungs|mög|lich|keit, die: *Möglichkeit der Entwicklung.*

Ent|wick|lungs|pha|se, die: *Phase der Entwicklung:* sich in einer frühen E. befinden.

Ent|wick|lungs|phy|sio|lo|gie, die (Biol.): *Teilgebiet der Biologie, auf dem die Entwicklung eines Individuums aus der Keimzelle im Hinblick auf die Entfaltung der genetisch fixierten Anlagen unter Einfluss von Umweltfaktoren untersucht wird.*

Ent|wick|lungs|po|li|tik, die: *Gesamtheit aller Maßnahmen, die zu sozialem Fortschritt in den Entwicklungsländern führen.*

ent|wick|lungs|po|li|tisch ⟨Adj.⟩: *die Entwicklungspolitik betreffend.*

Ent|wick|lungs|po|ten|ti|al: ↑ Entwicklungspotenzial.

Ent|wick|lungs|po|ten|zi|al, Entwicklungspotential, das: *Potenzial für eine persönliche, wirtschaftliche od. technische Weiterentwicklung:* ein junger Spieler mit viel E.; der Tourismus, die Technologie hat noch ein deutliches E.

Ent|wick|lungs|pro|gramm, das: *Programm für die Entwicklung von etw.*

Ent|wick|lungs|pro|jekt, das: **1.** *Projekt, das der Entwicklung von etw. dient.* **2.** *Projekt, das zu sozialem Fortschritt in einem Entwicklungsland führen soll.*

Ent|wick|lungs|pro|zess, der: *Prozess, in dem sich eine Entwicklung vollzieht.*

Ent|wick|lungs|ro|man, der (Literaturwiss.): *Roman, in dem die geistige Entwicklung eines [jungen] Menschen dargestellt wird.*

Ent|wick|lungs|sta|di|um, das: *Stadium einer Entwicklung.*

Ent|wick|lungs|stand, der: *Stand einer Entwicklung.*

Ent|wick|lungs|stö|rung, die: *Störung in der Entwicklung eines Lebewesens.*

Ent|wick|lungs|stu|fe, die: *Stufe, Abschnitt innerhalb eines Entwicklungsprozesses.*

Ent|wick|lungs|ten|denz, die: *Tendenz einer Entwicklung:* politische e.

Ent|wick|lungs|ver|zö|ge|rung, die: *Retardation.*

Ent|wick|lungs|zeit, die: **1.** ⟨o. Pl.⟩ *Pubertät.* **2.** *Zeit, die zur Entwicklung von etw. gebraucht wird.*

Ent|wick|lungs|zu|sam|men|ar|beit, die: *Entwicklungshilfe.*

Ent|wick|lungs|zu|stand, der: *Zustand der Entwicklung.*

ent|wid|men ⟨sw. V.; hat⟩ (Amtsspr.): *einer bestimmten öffentlichen Benutzung o. Ä. entziehen; einziehen:* eine Teilstrecke der Bundesstraße e.

ent|win|den ⟨st. V.; hat⟩ [mhd. entwinden] (geh.):

1. *gewaltsam durch geschickte Bewegungen jmdm. aus den Händen winden u. wegnehmen:* jmdm. den Revolver e. **2.** ⟨e. + sich⟩ *sich mühsam durch geschickte Drehbewegungen von jmdm., etw. befreien:* sich jmdm. e.

◆ **ent|wir|ken**, sich ⟨sw. V.; hat⟩: *sich entwickeln, sich entfalten:* ...und hier mit heilig reinem Weben entwirkte sich das Götterbild (Goethe, Faust I, 2715 f.)

ent|wir|ren ⟨sw. V.; hat⟩ [zu ↑ wirren] (geh.): **1.** *(ungeordnet Verschlungenes) auseinanderziehen, ordnend auflösen:* verhakte Zahnräder e.; einen stark verknoteten Bindfaden nicht mehr e. können. **2. a)** *die Unklarheit, Schwierigkeit einer Sache auflösen:* die politische Lage, ein Rätsel e. **b)** ⟨e. + sich⟩ *seine Unklarheit, Schwierigkeit verlieren u. sich auflösen lassen.* ◆ **3.** *(auch starkes Verb:)* ...da durchaus die Sache nicht entworren (Kleist, Krug 9).

Ent|wir|rung, die; -, -en (geh.): *das Entwirren; das Entwirrtwerden.*

ent|wi|schen ⟨sw. V.; ist⟩ [mhd. entwischen, ahd. intwiskēn] (ugs.): *[unter Anwendung einer List] entkommen, sich schnell u. unauffällig einem Zugriff o. Ä. entziehen:* durch die Hintertür e.; der Polizei e.

◆ **ent|wöh|nen** ⟨sw. V.; hat⟩ [mhd. entwonen, ahd. intwonēn]: *sich entwöhnen* (2 b): Mich fasst ein längst entwohnter Schauer (Goethe, Faust I, 4405).

ent|wöh|nen ⟨sw. V.; hat⟩ [mhd. entwenen, ahd. intwennen, zu mhd., ahd. wenen, ↑ gewöhnen]: **1.** *einem Säugling allmählich die Muttermilch entziehen u. ihn an andere Nahrung gewöhnen.* **2.** (geh.) **a)** *von etw. Gewohntem abbringen:* der geregelten Arbeit entwöhnt sein *(sie nicht mehr gewohnt sein);* ihr der Sonne entwöhnter Körper; **b)** ⟨e. + sich⟩ *sich von etw. [innerlich] lösen.*

Ent|wöh|nung, die; -, -en: *das [Sich]entwöhnen; das Entwöhntwerden.*

ent|wür|di|gen ⟨sw. V.; hat⟩: *der Würde berauben; jmds. Würde verletzen:* die Opfer des Nationalsozialismus, das Parlament e.; sich nicht e. lassen.

Ent|wür|di|gung, die; -, -en: **1.** *das Entwürdigen, Entwürdigtwerden.* ◆ **2.** *Entrüstung:* »Eine Hebamme!«, rief Frau von G... mit E. (Kleist, Marquise 269).

Ent|wurf, der; -[e]s, Entwürfe: **1. a)** *Zeichnung, nach der jmd. etw. ausführt, anfertigt:* einen E. für eine, zu einer Kongresshalle anfertigen; **b)** *schriftliche Festlegung einer Sache in ihren wesentlichen Punkten:* der E. einer Verfassung; der Vertrag liegt im E. vor; Ü ...selbst das Erlebnis, dass es zu jedem großen E. dem menschlichen Geistes einen Gegenentwurf gibt, hatte keine Schrecken mehr für sie (Musil, Mann 423). **2.** (veraltet) *Plan, Vorhaben:* Entwürfe für die Zukunft.

Ent|wurfs|zeich|nung, die: *Zeichnung, die einen Entwurf zu etw. darstellt.*

ent|wur|men ⟨sw. V.; hat⟩: *von Würmern befreien:* Welpen e.

ent|wur|zeln ⟨sw. V.; hat⟩: **1.** *mit den Wurzeln aus der Erde reißen:* der Sturm hat viele Bäume entwurzelt. **2.** *[die vertraute Umgebung u. damit] den sozialen, seelischen Halt nehmen:* die Vertreibung aus der Heimat hat sie entwurzelt; die entwurzelte Jugend.

Ent|wur|ze|lung, die; (seltener:) **Ent|wurz|lung**; die; -, -en: *das Entwurzeln; das Entwurzeltwerden.*

ent|zau|bern ⟨sw. V.; hat⟩ (geh.): **a)** *von einem Zauber, Bann befreien:* der Prinz im Märchen musste erst entzaubert werden; **b)** ⟨e. + sich, einer Sache den Zauber, den Glanz, die Poesie nehmen:* das Wunder der Geburt e.; **c)** *(Sportjargon) einem für überragend gehaltenen Gegner gleichwertig od. überlegen sein u. ihn deklassieren:* sie entzauberten den Zweitligisten mit 5 : 1.

Ent|zau|be|rung, die; -, -en: *das Entzaubern; das Entzaubertwerden.*

ent|zer|ren ⟨sw. V.; hat⟩: **a)** *(die dichte Abfolge von etw.) zeitlich strecken:* die Abflüge deutlich e.; entzerrte Schulferien; **b)** *(Nachrichtent.) Veränderungen in der Übertragungsqualität durch entsprechende Schaltungen ausgleichen:* den Empfang eines Radiogeräts e.; **c)** *(Fotogr.) von Verzerrungen befreien.*

Ent|zer|rung, die; -, -en: *das Entzerren.*

ent|zie|hen ⟨unr. V.; hat⟩ [mhd. entziehen = entziehen; verhindern; abhalten, ahd. antziuhan]: **1. a)** *von jmdm. wegziehen:* sie entzog ihm ihre Hand; **b)** *nicht länger geben od. zuteilwerden lassen; jmdm. wegnehmen:* jmdm. die Unterstützung e.; Ü jmdm. das Vertrauen e.; **c)** *nicht länger zur Nutzung überlassen:* jmdm. den Führerschein, das Sorgerecht, die Konzession e.; **d)** *von etw. fernhalten:* jmdn., etw. jmds. Kontrolle e.; **e)** *aus etw. ziehen u. in sich aufnehmen:* die Wurzeln entziehen dem Boden Feuchtigkeit. **2.** ⟨e. + sich⟩ **a)** *sich von jmdm., etw. losmachen:* sich jmdm., jmds. Umarmung e.; Ü er konnte sich ihrem Charme nicht e.; **b)** (geh.) *sich von jmdm., etw. zurückziehen, fernhalten:* du entziehst dich deiner Familie; sie entzog *(verbarg sich vor)* unseren Blicken; **c)** *eine Aufgabe o. Ä. nicht erfüllen; einer Sache nicht nachkommen:* sich der Verantwortung e.; **d)** (geh.) *durch rechtzeitige eigene Anstrengung entgehen, entkommen:* sich der Verhaftung [durch die Flucht] e.; der Angeklagte hat sich den irdischen Richtern entzogen (verhüll.; hat Selbstmord begangen); **e)** *nicht Gegenstand von etw. sein, einem bestimmten Zugriff nicht unterliegen:* etw. entzieht sich jeder Kontrolle; das entzieht sich meiner Kenntnis *(das weiß ich nicht);* ...so entzieht sich das markverzehrende, wahrhaft unerhörte Vergnügen, das ich an Genovefas weißer und wohlgenährter Brust erprobte, jedenfalls aller Beschreibung (Th. Mann, Krull 62). **3.** (ugs.) **a)** *einer Entziehungskur unterziehen, einen [Drogen]süchtigen heilen:* jmdn. stationär e.; **b)** *sich einer Entziehungskur unterziehen:* Fixer, die entzogen haben.

Ent|zie|hung, die; -, -en: **a)** *das Entziehen* (1 b, c); **b)** Kurzf. von ↑ Entziehungskur.

Ent|zie|hungs|an|stalt, die: *Einrichtung, in der Entziehungskuren durchgeführt werden.*

Ent|zie|hungs|kur, die: *Behandlung, Therapie, durch die Alkoholiker od. Drogensüchtige in einer Spezialklinik durch Absetzung od. langsame Reduzierung der Suchtmittel von ihrer Sucht geheilt werden sollen.*

ent|zif|fer|bar ⟨Adj.⟩: *sich entziffern lassend.*

ent|zif|fern ⟨sw. V.; hat⟩: **a)** *(etw. schwer Lesbares) mühsam lesen:* eine Inschrift e.; **b)** *entschlüsseln, dechiffrieren:* einen Funkspruch e.

Ent|zif|fe|rung, die; -, -en: *das Entziffern; das Entziffertwerden.*

ent|zü|cken ⟨sw. V.; hat⟩ [mhd. en(t)zücken (in der Spr. der Mystik) = entrücken; (von der Seele) außer sich geraten, eigtl. = eilig wegnehmen, rauben]: **1. a)** *[plötzlich] mit freudiger Lust erfüllen, jmds. Wohlgefallen erregen, jmdn. begeistern:* die Musik entzückte ihn; sie war hell entzückt über die Blumen; (iron.:) er wird von deinem Angebot wenig entzückt sein; **b)** ⟨e. + sich⟩ (geh.) *sich begeistern, entzückt sein.* **2. a)** (veraltet) *entrücken* (1 b): ◆ Es ist die Gegenwart (= der Freunde), die mich erhöht; abwesend schein' ich nur, bin ich dem entzückt (Goethe, Torquato Tasso I, 3); ◆ **b)** ⟨e. + sich⟩ *in Begeisterung geraten, versetzt werden:* Und wenn's nichts wäre als das, als vorübergehende Phantome, so macht's doch immer unser Glück, wenn wir wie frische Jungen davor stehen und uns über die Wundererscheinung entzücken (Goethe, Werther I, 18. Julius).

Ent|zü|cken, das; -s (geh.): *Begeisterung, Freude; freudige Zustimmung:* E. an etw. haben.

ent|zü|ckend ⟨Adj.⟩: *überaus reizvoll u. besonderes Gefallen erregend:* sie sieht e. aus.

Ent|zü|ckung, die; -, -en (geh.): *Zustand des Entzückens; das Sichentzücken.*

Ent|zug, der; -[e]s, Entzüge: **1.** ⟨o. Pl.⟩ *das Entziehen* (1 b, c, e). **2.** (ugs.) *Entziehungskur:* einen richtigen E. mitmachen; auf E. sein (Jargon; *eine Entziehungskur machen*).

Ent|zugs|er|schei|nung, die: *[heftige] Reaktion des Körpers auf das Entziehen von Mitteln, an die er sich gewöhnt hat.*

ent|zugs|wil|lig ⟨Adj.⟩: *bereit, eine Entziehungskur zu machen.*

ent|zünd|bar ⟨Adj.⟩: *sich entzünden* (1-3) *lassend.*

Ent|zünd|bar|keit, die; -: *das Entzündbarsein.*

ent|zün|den ⟨sw. V.; hat⟩ [mhd. enzünden, ahd. inzunden]: **1. a)** (geh.) *zum Brennen bringen, [an]zünden:* eine Fackel, ein Streichholz e.; ein Feuer e. *(entfachen);* **b)** ⟨e. + sich⟩ *in Brand geraten:* das Heu hat sich [von selbst] entzündet. **2.** (geh.) **a)** *(eine heftige Gefühlsregung o. Ä.) entstehen lassen:* eine Leidenschaft e.; **b)** *in heftige Erregung versetzen:* dieser Jüngling hat mich entzündet. **3.** ⟨e. + sich⟩ **a)** *[in jmdm.] durch etw. hervorgerufen werden, entstehen, aufbrechen:* an dieser These hatte sich ihr Streit entzündet; **b)** *sich über etw. erregen:* die Gemüter entzündeten sich an dieser Entscheidung. **4.** ⟨e. + sich⟩ *sich krankhaft röten u. schmerzhaft anschwellen:* die Wunde hat sich entzündet, ist entzündet.

ent|zünd|lich ⟨Adj.⟩: **1.** *sich [leicht] entzündend* (1 a). **2.** *[leicht] in Erregung zu versetzen:* eine leicht -e Fantasie. **3.** *mit einer Entzündung einhergehend, auf einer Entzündung* (1) *beruhend:* eine -e Erkrankung.

Ent|zünd|lich|keit, die; -, -en ⟨Pl. selten⟩: **a)** *Entzündung* (1); **b)** *Feuergefährlichkeit.*

Ent|zün|dung, die; -, -en: **1.** *das Sichentzünden einer Körperstelle als Reaktion auf einen schädigenden Reiz (z. B. eine Infektion):* eine chronische, fiebrige E.; eine E. der Luftwege. **2. a)** *das Entzünden* (1 a); **b)** *das Sichentzünden* (1 b).

ent|zün|dungs|hem|mend ⟨Adj.⟩: *eine Entzündung verhindernd od. nicht voll zur Auswirkung kommen lassend:* dieses Mittel wirkt e.

Ent|zün|dungs|herd, der: *Stelle, an der sich eine Entzündung* (1) *gebildet hat, von der sie ihren Ausgang genommen hat:* den E. beseitigen.

ent|zwei ⟨Adj.⟩ [mhd. enzwei, ahd. in zwei, eigtl. = in zwei (Teile)]: *in Stücke gegangen, in einzelne Teile auseinandergefallen:* der Teller, das Spielzeug, der Stuhl ist e.; Ü »Ich bin ganz e. und erschöpft von Lachen«, sagte er und atmete durch den Mund (Th. Mann, Zauberberg 21).

ent|zwei|bre|chen ⟨st. V.⟩: **a)** ⟨hat⟩ *in [zwei] Stücke brechen:* ein Stück Holz über dem Knie e.; **b)** ⟨ist⟩ *auseinanderbrechend entzweigehen:* das Porzellan brach entzwei.

ent|zwei|en ⟨sw. V.; hat⟩ [mhd. enzweien]: **a)** ⟨e. + sich⟩ *den Bruch eines freundschaftlichen o. ä. Verhältnisses durch Meinungsverschiedenheiten u. Streitigkeiten herbeiführen:* wegen Kleinigkeiten hat er sich mit seinen Eltern entzweit; sie haben sich [miteinander] entzweit; ein entzweites Paar; **b)** *den Bruch eines freundschaftlichen o. ä. Verhältnisses bewirken, auslösen:* ein Missverständnis hat sie entzweit.

ent|zwei|ge|hen ⟨unr. V.; ist⟩: *in Stücke gehen, in einzelne Teile auseinanderfallen:* die Uhr, meine Brille ist entzweigegangen.

ent|zwei|rei|ßen ⟨st. V.⟩: **a)** ⟨hat⟩ *in [zwei] Stücke* *reißen:* einen Brief e.; Sie seien verabredet gewesen, schrie er und stampfte so heftig mit dem Fuß auf, als wollte er sich mitten e. (Hoppe, Paradiese 11); **b)** ⟨ist⟩ *durch einen Riss im Gewebe o. Ä. entzweigehen:* der Schleier, Vorhang riss entzwei.

ent|zwei|schla|gen ⟨st. V.; hat⟩: *in [zwei] Stücke schlagen:* er hat den Tisch entzweigeschlagen.

ent|zwei|sprin|gen ⟨st. V.; ist⟩: *zerspringen:* bei der Explosion sprangen die Scheiben entzwei.

Ent|zwei|ung, die; -, -en: *das [Sich]entzweien.*

Enu|me|ra|ti|on, die; -, -en [lat. enumeratio] (bildungsspr., Fachspr.): *Aufzählung.*

enu|me|rie|ren ⟨sw. V.; hat⟩ [lat. enumerare, zu: numerare, ↑ nummerieren] (bildungsspr., Fachspr.): *aufzählen, anführen.*

En|vi|ron|ment [ɛnˈvai(ə)rənmənt, ...mɛnt], das; -s, -s [engl. environment, eigtl. = das Umgeben(sein); Umgebung, zu frz. environ = um ... herum] (Kunstwiss.): *mithilfe von Objekten aus dem Alltagsleben künstlerisch gestalteter Raum, der die Betrachterin bzw. den Betrachter umgibt u. deren bzw. dessen aktive Teilnahme wecken soll.*

en|vi|ron|men|tal [ɛnvirɔnmen..., engl.: ɪnvai(ə)rənˈmɛnt(ə)l] ⟨Adj.⟩ [engl. environmental] (Kunstwiss.): *wie ein Environment geartet, geformt:* e. angeordnete Gebilde.

en vogue [ãˈvoːk, ãˈvɔg; frz., aus: en = in u. vogue = Ansehen, Mode, zu: voguer = sich fortbewegen, rudern < ahd. wagōn = in Bewegung sein, wogen]: *in der Verbindung* **en v. sein** *(gerade modern sein; in Mode, im Schwange sein).*

◆ **en vue** [ãˈvyː; frz., zu: vue = Sicht, eigtl. = in Sicht(weite)]: *gegenüber:* ... als innerhalb des Wagens selbst en v. seiner Mutter zu sitzen (Fontane, Jenny Treibel 144).

En|ze|pha|li|tis, die; -, ...litiden [zu griech. egképhalos = Gehirn] (Med.): *Gehirnentzündung.*

En|ze|pha|lo|gra|fie, Enzephalographie, die; -, -n [zu griech. egképhalos = Gehirn u. gráphein = schreiben] (Med.): **1.** *Elektroenzephalografie.* **2.** *Röntgenografie des Gehirns.*

En|ze|pha|lo|gramm, das; -s, -e [zu griech. egképhalos = Gehirn u. ↑ -gramm] (Med.): *Röntgenbild der Gehirnkammern.*

En|ze|pha|lo|gra|phie: ↑ Enzephalografie.

En|zi|an, der; -s, -e [spätmhd., ahd. (g)encian(e) < lat. gentiana, H. u.]: **1.** *meist blau, gelb od. lila, selten weiß blühende [stängellose] Gebirgspflanze mit glockigen Blüten.* **2.** (Pl. für Sorten: -e, aber: zwei [Glas] -) *klarer, in Geschmack u. Geruch erdiger Branntwein, der aus den Wurzeln des Gelben Enzians* (1) *hergestellt wird.*

en|zi|an|blau ⟨Adj.⟩: *vom leuchtenden Blau des Enzians* (1).

En|zy|k|li|ka [auch: ...ˈt͜syk...], die; -, ...ken [zu spätlat. encyclicus = zirkulierend, Rund-, zu griech. egkýklios = rund, im Kreise gehend, zu: kýklos, ↑ Zyklus]: *nach den Anfangsworten zitiertes päpstliches Rundschreiben, das eine Stellungnahme zu aktuellen Fragen enthält.*

En|zy|k|lo|pä|die, die; -, -n [frz. encyclopédie < mlat. encyclopaedia = (Grund)lehre aller Wissenschaften u. Künste (die dem Spezialstudium vorausgeht) < griech. egkyklopaideía, aus: egkýklios (↑ Enzyklika) u. paideía = Lehre, (Aus)bildung]: *Nachschlagewerk, in dem der gesamte Wissensstoff aller Disziplinen od. nur eines Fachgebiets in alphabetischer od. systematischer Anordnung dargestellt ist.*

En|zy|k|lo|pä|di|ker, der; -s, -: *Verfasser einer Enzyklopädie.*

En|zy|k|lo|pä|di|ke|rin, die; -, -nen: w. Form zu ↑ Enzyklopädiker.

en|zy|k|lo|pä|disch ⟨Adj.⟩: **a)** *in der Art einer Enzyklopädie [dargestellt]; für eine Enzyklopä-*
die kennzeichnend: ein -es Lexikon; **b)** *(in Bezug auf jmds. Wissen) umfassend:* er ist e. gebildet.

En|zy|k|lo|pä|dist, der; -en, -en [frz. encyclopédiste]: *Mitarbeiter an der französischen »Encyclopédie« (1751–80).*

En|zym, das; -s, -e [zu griech. en = in u. zýmē = Sauerteig] (Biochemie): *in der lebenden Zelle gebildete organische Verbindung, die den Stoffwechsel des Organismus steuert.*

en|zy|ma|tisch [österr. auch: ...ˈmat...] ⟨Adj.⟩: *von Enzymen bewirkt.*

eo ip|so [lat. = durch sich selbst] (bildungsspr.): *[wie es sich aus den eigenen Gegebenheiten heraus] von selbst [versteht]; von sich aus.*

Eo|lith [auch: ...ˈlɪt], der; -s u. -en, -e[n] [zu griech. ēós = Morgenröte u. líthos = Stein]: *Feuerstein mit natürlichen Absplitterungen, die an vorgeschichtliche Steinwerkzeuge erinnern.*

Eo|li|thi|kum [auch: ...ˈlɪt...], das; -s: *vermeintliche, aufgrund gefundener Eolithen angenommene früheste Periode der Kulturgeschichte.*

Eos (griech. Mythol.): *Göttin der Morgenröte.*

EOS [eːˈoːˈlɛs], die; -, - (DDR): *erweiterte* ↑ *Oberschule* (2) *(mit dem Abitur abschließende Schule).*

Eo|sin, das; -s, -e [zu griech. ēós = Morgenröte]: *roter Farbstoff, der u. a. zur Herstellung von roten Tinten, Lippenstiften, Zuckerwaren verwendet wird.*

eo|si|no|phil ⟨Adj.⟩ [zu ↑ Eosin u. griech. phileĩn = lieben] (Fachspr.): *mit Eosin färbbar.*

eo|zän ⟨Adj.⟩ (Geol.): *das Eozän betreffend, zum Eozän gehörend.*

Eo|zän, das; -s [zu griech. ēós = Morgenröte u. kainós = neu] (Geol.): *zweitälteste Abteilung des Tertiärs.*

E-Pass, der: *Reisepass mit einem Chip zur Speicherung biometrischer Daten.*

Epau|lett [epoˈlɛt], das; -s, -s, **Epau|let|te,** die; -, -n [frz. épaulette, zu: épaule = Achsel, Schulter < lat. spatula = Schulterblatt]: *Achsel-, Schulterstück an Uniformen.*

Epen: Pl. von ↑ Epos.

Ephe|d|ra, die; -, ...drae [...drɛ] u. ...edren [lat. ephedra < griech. ephédra] (Bot.): *Pflanze einer zur einzigen Gattung der Ephedragewächse gehörenden Art.*

Ephe|d|ra|ge|wächs, das: *bes. im Mittelmeerraum u. in den Trockengebieten Asiens u. Amerikas beheimatete Pflanze, aus deren Arten teilweise Ephedrin gewonnen wird.*

Ephe|d|rin®, das; -s [zu ↑ Ephedra]: *dem Adrenalin ähnliches Alkaloid einiger Ephedragewächse, das als Heilmittel bei Asthma, Kreislaufschwäche u. a. verwendet wird.*

eph|e|mer ⟨Adj.⟩ [griech. ephḗmeros, eigtl. = für einen Tag, zu: hēméra = Tag]: **1.** (bildungsspr.) *nur kurze Zeit bestehend; flüchtig, rasch vorübergehend [u. ohne bleibende Bedeutung].* **2.** (Bot., Zool.) *(von kurzlebigen Organismen) nur einen Tag lang lebend, bestehend.*

Ephe|se, Ephesus, das; -: ↑ Ephesos.

Ephe|ser|brief, der ⟨o. Pl.⟩: *Brief des Apostels Paulus an die Epheser.*

Ephe|se|rin, die; -, -nen: w. Form zu ↑ Epheser.

Ephe|sos, Ephe|sus: altgriechische Stadt in Kleinasien.

epi-, Epi- [griech. epí =(dar)auf, darüber, über – hin; hinzu]: *bedeutet in Bildungen mit Substantiven auf, darüber, darauf (örtlich u. zeitlich), bei, [da]neben:* Epibiont, Epizentrum.

Epi|bi|ont, der; -en, -en [zu griech. epí = (dar)auf u. biōn (Gen.: bioũntos), 1. Part. von: bioũn = *leben*] (Biol.): *Organismus, der auf einem anderen lebt.*

Epi|deik|tik, die; - [griech. epideiktikḗ (téchnē), eigtl. = aufzeigende (Kunst)] (Rhet., Stilkunde): *rhetorisch reich ausgeschmückte Fest- u. Preisrede; bei Fest- u. Gelegenheitsreden üblicher Redestil.*

epi|deik|tisch ⟨Adj.⟩ [griech. epideiktikós = aufzeigend, zur Schau stellend] (Rhet., Stilkunde): *die Epideiktik betreffend; prahlend, prunkend.*

Epi|de|mie, die; -, -n [mlat. epidemia < griech. epidēmía nósos = im ganzen Volk verbreitete Krankheit]: *zeitlich u. örtlich in besonders starkem Maß auftretende, ansteckende Massenkrankung, Seuche:* eine E. ist ausgebrochen; Ü diese Unsitte kann zur E. werden.

Epi|de|mi|o|lo|ge, der; -n, -n [rückgeb. aus ↑ Epidemiologie] (Med.): *Wissenschaftler auf dem Gebiet der Epidemiologie.*

Epi|de|mi|o|lo|gie, die; - [zu ↑ Epidemie u. griech. lógos, ↑ Logos] (Med.): *Wissenschaft von der Entstehung, Verbreitung, Bekämpfung u. den sozialen Folgen von Epidemien, zeittypischen Massenerkrankungen u. Zivilisationsschäden.*

Epi|de|mi|o|lo|gin, die; -, -nen: w. Form zu ↑ Epidemiologe.

epi|de|mi|o|lo|gisch ⟨Adj.⟩ (Med.): *die Epidemiologie betreffend.*

epi|de|misch ⟨Adj.⟩: *in Form einer Epidemie, seuchenartig auftretend:* die -e Tuberkulose; Ü eine Massenbewegung, die epidemische Ausmaße annimmt.

Epi|der|mis, die; -, ...men [zu griech. epí = (dar)auf u. dérma = Haut] (Biol., Med.): *äußere Zellschicht der Haut, Oberhaut.*

epi|go|nal ⟨Adj.⟩ (bildungsspr.): *unschöpferisch, nachahmend:* -e Musik; ... und eigentlich nicht viel mehr unternimmt, als nach und nach alle Erfindungen der fantastischen Literatur mit kindischem und em Ehrgeiz in die Tat umzusetzen (Strauß, Niemand 123).

Epi|go|ne, der; -n, -n [griech. epígonos = Nachgeborener] (bildungsspr.): *jmd., der in seinen Werken schon vorhandene Vorbilder verwendet od. im Stil nachahmt, ohne selbst schöpferisch, stilbildend zu sein.*

epi|go|nen|haft ⟨Adj.⟩ (bildungsspr.): *in der Art eines Epigonen; nachahmend.*

Epi|go|nen|tum, das; -s (bildungsspr.): *epigonenhafte Art u. Weise.*

Epi|go|nin, die; -, -nen: w. Form zu ↑ Epigone.

Epi|graf, Epigraph, das; -s, -e [griech. epigraphḗ]: *antike Inschrift.*

Epi|gra|fik, Epigraphik, die; -: *Inschriftenkunde (als Teil der Altertumswissenschaft).*

Epi|gra|fi|ker, Epigraphiker, der; -s, -: *Wissenschaftler, der sich mit der Epigrafik befasst.*

Epi|gra|fi|ke|rin, Epigraphikerin, die; -, -nen: w. Formen zu ↑ Epigrafiker, Epigraphiker.

Epi|gramm, das; -s, -e [lat. epigramma < griech. epígramma, zu epí = (dar)auf u. grámma = Geschriebenes] (Literaturwiss.): *kurzes, meist in Distichen abgefasstes Sinn- od. Spottgedicht.*

Epi|gram|ma|tik [...ˈma(ː)tik], die; - (Literaturwiss.): *Kunst des Verfassens von Epigrammen.*

Epi|gram|ma|ti|ker [auch: ...ˈmatikɐ], der; -s, - (Literaturwiss.): *Verfasser von Epigrammen.*

Epi|gram|ma|ti|ke|rin, die; -, -nen: w. Form zu ↑ Epigrammatiker.

epi|gram|ma|tisch [...ˈma(ː)tɪʃ] ⟨Adj.⟩ [spätlat. epigrammaticus] (bildungsspr.): *in der Art eines Epigramms [verfasst]:* -e Sprüche.

Epi|graph usw.: ↑ Epigraf usw.

Epik, die; - [zu ↑ episch] (Literaturwiss.): *literarische Gattung, die jede Art von Erzählung in Versen od. Prosa umfasst.*

Epi|karp, das; -s, -e [zu griech. epí = (dar)auf u. karpós = Frucht] (Bot.): *äußerste Schicht der Fruchtschale von Pflanzen.*

Epi|ker, der; -s, - [zu ↑Epik] (Literaturwiss.): Verfasser von Werken der Epik.
Epi|ke|rin, die; -, -nen: w. Form zu ↑Epiker.
Epi|ku|re|er, der; -s, - [lat. Epicurei < griech. Epikoúreioi (Pl.)]: **1.** (Philos.) *Vertreter u. Anhänger der Lehre des altgriechischen Philosophen Epikur (341–270 v. Chr.).* **2.** (bildungsspr.) *jmd., der die materiellen Freuden des Daseins unbedenklich genießt; Genussmensch.*
Epi|ku|re|e|rin, die; -, -nen: w. Form zu ↑Epikureer (2).
epi|ku|re|isch, epikurisch ⟨Adj.⟩: **1.** (Philos.) *die Lehre Epikurs betreffend.* **2.** (bildungsspr.) *auf Genuss, auf das Genießen gerichtet.*
Epi|ku|re|is|mus, der; -: **1.** (Philos.) *Lehre Epikurs.* **2.** (bildungsspr.) *auf Genuss der materiellen Freuden des Daseins gerichtetes Lebensprinzip.*
epi|ku|risch: ↑epikureisch.
Epi|la|ti|on, die; -, -en [zu ↑epilieren] (Med.): *Entfernung von Körperhaaren.*
Epi|lep|sie, die; -, -n [frz. épilepsie < lat. epilepsia < griech. epilēpsía = Anfassen; Anfall] (Med.): *Krankheit, die sich in plötzlich einsetzenden starken Krämpfen u. kurzer Bewusstlosigkeit äußert; Fallsucht.*
Epi|lep|ti|ker, der; -s, -: *jmd., der an Epilepsie leidet.*
Epi|lep|ti|ke|rin, die; -, -nen: w. Form zu ↑Epileptiker.
epi|lep|tisch ⟨Adj.⟩ [lat. epilepticus < griech. epilēptikós] (Med.): **a)** *durch Epilepsie verursacht:* ein -er Anfall; **b)** *an Epilepsie leidend.*
epi|lie|ren ⟨sw. V.; hat⟩ [zu lat. ex = aus u. pilus = Haar] (Med.): *Körperhaare entfernen.*
Epi|lie|rer, der; -s, - (ugs.): *Epiliergerät.*
Epi|lier|ge|rät, das: *kleines elektrisches Gerät zum Epilieren.*
Epi|log, der; -s, -e [lat. epilogus < griech. epílogos] (Literaturwiss.): **a)** *Schlussrede, Nachspiel im Drama;* **b)** *abschließendes Nachwort [zur Erläuterung eines literarischen Werkes].*
Epi|pha|nia: ↑Epiphanie.
Epi|pha|ni|as, das; - [zu ↑Epiphanie] (christl. Rel.): *Fest der »Erscheinung [des Herrn]« am 6. Januar; Dreikönigsfest.*
Epi|pha|nie, die; -, -n, Epiphania, die; -, ...jen [griech. epipháneia, zu: epipha͟ı́nesthai = sich zeigen, erscheinen] ([christl.] Rel.): *Erscheinung einer Gottheit (bes. Christi) unter den Menschen.*
Epi|pha|ni|en|fest, das (christl. Rel.): *Epiphanias.*
Epi|phy|se, die; -, -n [griech. epíphysis = Zuwuchs, Ansatz] (Biol.; Med.): **1.** *Zirbeldrüse der Wirbeltiere.* **2.** *Gelenkstück der Röhrenknochen von Wirbeltieren u. vom Menschen.*
Epi|phyt, der; -en, -en [zu griech. epí = (dar)auf u. phytón = Pflanze] (Bot.): *Pflanze, die auf anderen Pflanzen wächst, sich aber selbstständig ernährt; Überpflanze.*
Epi|rot, der; -en, -en: Ew. zu ↑Epirus.
Epi|ro|tin, die; -, -nen: w. Form zu ↑Epirot.
Epi|rus; Epirus': *westgriechische Landschaft.*
episch ⟨Adj.⟩ [lat. epicus < griech. epikós]: **a)** (Literaturwiss.) *die Epik, das Epos betreffend:* ein -es Gedicht; **b)** (bildungsspr.) *erzählerisch, erzählend, berichtend:* -e Elemente; etw. in aller Breite (in allzu großer Ausführlichkeit) schildern.
epis|ko|pal ⟨Adj.⟩ [kirchenlat. episcopalis] (Rel.): *bischöflich.*
Epis|ko|pa|lis|mus, der; - (kath. Kirche): *kirchenrechtliche Auffassung, nach der das Konzil der Bischöfe über dem Papst steht.*
Epis|ko|pal|kir|che, die (Rel.): *nicht katholische Kirche mit episkopaler Leitung.*
Epis|ko|pat, das, (Theol.:) der; -[e]s, -e [kirchenlat. episcopatus, episcopatum, zu: episcopus,

↑Episkopus] (Rel.): **1.** ⟨o. Pl.⟩ *Amt u. Würde eines Bischofs.* **2.** *Gesamtheit der Bischöfe [eines Landes].*
epis|ko|pisch ⟨Adj.⟩ (Rel.): *episkopal.*
Epis|ko|pus, der; -, ...pi [kirchenlat. episcopus, ↑Bischof] (Rel.): *Bischof.*
Epi|so|de, die; -, -n [frz. épisode < griech. epeisódion = Dialogteile zwischen den Chorgesängen]: **1.** *flüchtiges Ereignis innerhalb eines größeren Geschehens; unbedeutende, belanglose Begebenheit:* eine lustige, kleine E.; die Pariser Kommune von 1871 blieb E. *(war nur eine vorübergehende Erscheinung);* Das Leben ist eine E., und zwar, im Maßstabe der Äonen, eine sehr flüchtige (Th. Mann, Krull 308). **2.** *Nebenhandlung, Zwischenstück in Dramen oo. Romanen.* **3.** (Musik) *eingeschobener Teil zwischen erster u. zweiter Durchführung des Fugenthemas.* **4.** *einzelner Teil, einzelne Folge einer Fernsehserie o. Ä.*
Epi|so|den|film, der: *Film, der nicht eine durchgehende Handlung, sondern mehrere thematisch miteinander verbundene Episoden zum Inhalt hat.*
epi|so|den|haft ⟨Adj.⟩: *in der Art einer Episode; flüchtig, kurz.*
epi|so|disch ⟨Adj.⟩: *dazwischengeschaltet, vorübergehend, nebensächlich.*
Epis|tel, die; -, -n [lat. epistola = Brief < griech. epistolḗ]: **1.** (christl. Rel.) **a)** *Apostelbrief im Neuen Testament;* **b)** *vorgeschriebene gottesdienstliche Lesung aus der Bibel, bes. aus den neutestamentlichen Briefen u. der Apostelgeschichte.* **2.** (veraltet, aber noch abwertend od. scherzh.) *[kunstvoller] längerer Brief:* seitenlange -n verfassen.
Epis|te|mo|lo|gie, die; - [engl. epistemology, zu griech. epistḗmē = das Verstehen; Wissenschaft] (Philos.): *Wissenschaftstheorie, -lehre; Erkenntnistheorie, -lehre.*
epis|te|mo|lo|gisch ⟨Adj.⟩ (Philos.): *wissenschafts-, erkenntnistheoretisch.*
Epis|to|lar, das; -s, -e, **Epis|to|la|ri|um**, das; -s, ...ien [mlat. epistolarium, zu lat. epistola, ↑Epistel] (kath. Kirche): *liturgisches Buch mit den gottesdienstlichen Episteln (1 b) der Kirche.*
Epi|taph, das; -s, -e, **Epi|ta|phi|um**, das; -s, ...ien [lat. epitaphium < griech. epitáphion, eigtl. = zum Grab Gehörendes]: **a)** *Grabinschrift;* **b)** *Gedenktafel mit Inschrift für einen Verstorbenen an einer Kirchenwand od. einem Pfeiler.* **2.** (kath. Kirche) *in den orthodoxen Kirchen am Karfreitag aufgestelltes Christusbild.*
Epi|thel, das; -s, -e [zu griech. epí = (dar)auf u. thēlḗ = Brustwarze] (Biol.): *oberste Zellschicht des tierischen u. menschlichen Haut- u. Schleimhautgewebes.*
epi|the|li|al ⟨Adj.⟩: *zum Epithel gehörend; in der Art des Epithels.*
Epi|the|li|um, das; -s, ...ien (Biol.): *Epithel.*
Epi|thel|zel|le, die (meist Pl.): *Zelle des Epithels.*
Epi|the|se, die; -, -n [griech. epíthesis = Zusatz] (Sprachwiss.): *meist zur Erleichterung der Aussprache erfolgende Anfügung eines Lauts an ein Wort (z. B. die Anfügung des »d« in »niemand«, mhd. nieman).*
Epi|the|ta or|nan|tia: Pl. von ↑Epitheton ornans.
Epi|the|ton, das; -s, ...ta [lat. epitheton < griech. epítheton = Beiwort] (Sprachwiss.): *als Attribut gebrauchtes Adjektiv od. Partizip (z. B. das große Haus).*
Epi|the|ton or|nans, das; - -, ...ta ornántia [lat.] (Rhet.): *nur schmückendes, d. h. typisierendes, formelhaftes, immer wiederkehrendes Beiwort (z. B. grüne Wiese).*
Epi|zent|rum, das; -s, ...ren [zu griech. epíkentros = über dem Mittelpunkt] (Geol.): *über dem*

Erdbebenherd liegendes Gebiet der Erdoberfläche: das E. des Bebens; Ü das E. der Finanzkrise liegt in den USA.
Epo, EPO, das; - (Jargon): *kurz für* ↑Erythropoietin.
epo|chal ⟨Adj.⟩ [zu ↑Epoche] (bildungsspr.): **1.** *über den Augenblick hinaus bedeutsam, in die Zukunft hinein wirkend:* eine -e Erfindung, Theorie; ein Ereignis von -er *(sehr großer, überragender)* Bedeutung; Ü (iron., scherzh. übertreibend:) du hast wieder mal eine -e Idee. **2.** (Päd.) *die einzelnen Fächer nicht nebeneinander, sondern nacheinander zum Gegenstand habend:* -er Unterricht.
Epo|che, die; -, -n [mlat. epocha < griech. epochḗ, eigtl. = das Anhalten]: *größerer geschichtlicher Zeitabschnitt, dessen Beginn [u. Ende] durch einen deutlichen, einschneidenden Wandel der Verhältnisse, durch eine Wende o. Ä. gekennzeichnet ist:* eine friedliche, längst vergangene E.; eine neue E. der Raumfahrt; der Geist einer E.; am Beginn einer neuen E. stehen; * E. machen *(durch eine bedeutende Leistung einen neuen Zeitabschnitt einleiten, eine Wende herbeiführen; Aufsehen erregen;* LÜ von frz. faire époque: diese Erfindung wird E. machen; eine E. machende Entdeckung).
epo|che|ma|chend, Epo|che ma|chend ⟨Adj.⟩: *eine neue Epoche begründend; besonders wichtig für eine weitere Entwicklung; aufsehenerregend:* eine -e Entdeckung.
Ep|o|de, die; -, -n [lat. epodos < griech. epōdós] (Verslehre): **1.** ⟨o. Pl.⟩ *[antike] Gedichtform, bei der einem längeren Vers ein kürzerer folgt.* **2.** *in antiken Gedichten u. besonders in den Chorliedern der altgriechischen Tragödie auf Strophe u. Antistrophe folgender dritter Kompositionsteil; Abgesang.*
ep|o|disch ⟨Adj.⟩ (Verslehre): *die Epode (1, 2) betreffend, zu ihr gehörend, als Epode verfasst.*
Ep|o|nym, das; -s, -e [zu griech. epṓnymos = seinen Namen woher habend, wonach benannt, zu: ónyma = Name] (Sprachwiss.): *Gattungsbezeichnung, die auf einen Personennamen zurückgeht (z. B. Zeppelin für Luftschiff).*
Epos, das; -, Epen [lat. epos < griech. épos = Rede, Erzählung] (Literaturwiss.): *erzählende Versdichtung größeren Umfangs in gleichmäßiger Versform:* das höfische E. des Mittelalters; die Epen Homers.
E-Post, die; -: *kurz für: elektronische Post; E-Mail.*
Ep|pich, der; -s, -e [mhd. epfich, ahd. epfi(ch)] = Sellerie < lat. apium] (landsch.): **1.** *Efeu.* **2.** *Sellerie.*
Ep|rou|vet|te [epruˈvɛt(ə)], die; -, -n [...tn] [frz. éprouvette, zu: éprouver = probieren, zu lat. probare = prüfen] (österr.): *Reagenzglas.*
Ep|si|lon, das; -[s], -s [griech. è psilón = bloßes e]: *fünfter Buchstabe des griech. Alphabets* (Abk.: E, ε, Zeichen: E, ε).
EQ [eːˈkuː, auch: iːˈkjuː], der; -[s], -[s] [Abk. für Emotionsintelligenzquotient; in den 1990er-Jahren von dem amerik. Psychologen u. Publizisten Daniel Goleman eingeführt]: *Maß für die Fähigkeit eines Menschen, seine eigenen Gefühle u. die Gefühle anderer Menschen wahrzunehmen u. zu verstehen und mit ihnen der jeweiligen Situation angepasst umzugehen.*
Equa|li|zer [ˈiːkwəlaɪzɐ], der; -s, - [engl. equalizer, eigtl. = Ausgleich(er), zu lat. aequus = gleich] (Elektrot., Rundfunk.): *[Zusatz]gerät an Verstärkern von Hi-Fi-Anlagen zur Verbesserung des Klangbildes.*
Equer|re [eˈkɛrə], die; -, -s [frz. équerre, über das Vlat. zu lat. quadrare, ↑quadrieren] (schweiz.): *Winkelmaß (2).*
◆ **eques|t|risch** ⟨Adj.⟩ [lat. equester, ↑Equestrik]:

equilibrieren – erben

reiterlich: Was ihm e. dabei zur Verfügung stand, war freilich nichts weniger als ein Dänenross voll Kraft und Feuer (Fontane, Jenny Treibel 103).

equi|li|b|rie|ren usw.: ↑ äquilibrieren usw.

Equi|pa|ge [ekvi'pa:ʒə, eki…, österr. meist: …ʃ], die; -, -n [frz. équipage, zu: équiper, ↑ equipieren]: **1.** (früher) *elegante Kutsche:* eine herrschaftliche E. **2.** (veraltet) *Schiffsmannschaft.* **3.** (veraltet) *Ausrüstung [eines Offiziers]:* ◆ … brachte mich … zu einem Kanonikus, dessen großes Haus … mich und meine kompendiöse E. freundlich und bequemlich aufnahm (Goethe, Kampagne in Frankreich 1792, 23. August).

Equipe [e'ki:p, e'kɪp], die; -, -n […pn], selten -s […p] [frz. équipe, zu: équiper, ↑ equipieren] (bes. [Reit]sport): *ausgewählte Mannschaft; Team:* die deutsche E.; die E. der Springreiter.

equi|pie|ren [ek(v)i'pi:rən] ⟨sw. V.; hat⟩ [frz. équiper < anord. skipa = ein Schiff ausrüsten] (veraltet): *ausrüsten, ausstatten.*

Equip|ment [ɪ'kwɪpmənt, ɪ'kvɪpmɛnt], das; -s, -s [engl. equipment < frz. équipement, zu: équiper, ↑ equipieren]: *technische Ausrüstung:* das E. ist auf dem neuesten Stand der Technik.

er ⟨Personalpron.; 3. Pers. Sg. Nom. Mask.⟩ [mhd., ahd. er, alter idg. Pronominalstamm; verw. mit ¹ein]: **1.** steht für ein männliches Substantiv, das eine Person od. Sache bezeichnet, die bereits bekannt ist: der Mann dort, er läuft; er ist mein bester Freund; hier ist dein Hut, er lag auf dem Schrank; der Berg dort drüben, ist er nicht eindrucksvoll?; bei den Vögeln sorgt er *(das Männchen)* für Futter, während sie brütet; er *(der [modebewusste] Mann)* trägt in diesem Sommer Blazer; die Toilettentüren, die Handtücher im Bad waren mit »Er« und »Sie« gekennzeichnet; Er *(Gott)* hält seine Hand schützend über uns; ⟨Gen.:⟩ seiner: wir gedenken seiner/(veraltet:) sein mit Hochachtung; ⟨Dativ:⟩ ihm: ich gebe ihm das Buch; ⟨Akk.:⟩ ihn: wo ist Vati? ich habe ihn gerade nicht gesehen; sie dachte nur an ihn. **2. a)** (veraltet) (in Großschreibung) Anrede an Untergebene (die weder mit Du noch mit Sie angeredet werden): was hat Er dem Grafen die Nachricht überbracht?; ◆ **b)** Höflichkeitsanrede an eine höher stehende Persönlichkeit (die man mit Herr, Herr Doktor o. Ä. anredet): Lieber Herr, gehe Er doch nach Haus und bete Er fein (Cl. Brentano, Kasperl 347); ⟨Dativ:⟩ Ich will Ihm etwas erzählen (Cl. Brentano, Kasperl 365); ⟨Akk.:⟩ Ich danke für Seine Bemühung, Herr Wachtmeister. – Es ist mir lieb gewesen, Ihn kennen zu lernen (Lessing, Minna IV, 4).

Er, der; -, -[s] (ugs.): *Person od. Tier männlichen Geschlechts:* dieser Hund ist ein Er.

ER = Europäischer Rat.

---

er- [mhd. er-, ahd. ar-, ir-, das Einsetzen eines Geschehens od. die Erreichung eines Zwecks bezeichnendes Präfix, durch Abschwächung in unbetonter Stellung entstanden aus ↑ ur-, urspr. = heraus, hervor, dann = zum Ende hin]: drückt in Bildungen mit Verben aus, dass etw. erfolgreich abgeschlossen wird, zum gewünschten Erfolg führt, dass man eine Sache bekommt, erreicht: ersegeln, erspurten; sich erklatschen.

---

er|ach|ten ⟨sw. V.; hat⟩ (geh.): *aufgrund von Überlegungen eine bestimmte Meinung von etw. haben; für etw. halten, als etw. ansehen:* etw. als/für notwendig, als/für seine Pflicht e.

Er|ach|ten: in der Verbindung **meinem E. nach/ nach meinem E./meines -s** (*meiner Meinung/ Ansicht nach:* meinem E. nach/nach meinem E./meines -s ist das Ergebnis falsch).

er|ah|nen ⟨sw. V.; hat⟩: *ahnend erkennen, intuitiv erfassen:* man kann den Weg im Nebel nur e.

er|ar|bei|ten ⟨sw. V.; hat⟩: **1.** [mhd. erarbeiten] *durch Arbeit erwerben, bekommen:* ich habe mir meine jetzige Position allein erarbeitet. **2.** *sich durch intensives Studium, Bemühen zu eigen machen:* den Unterrichtsstoff gemeinsam e. **3.** *in gemeinsamer Arbeit, Diskussion o. Ä. erstellen, ausarbeiten:* einen Plan e.

Er|ar|bei|tung, die; -, -en: *das Erarbeiten; das Sicherarbeiten.*

◆ **er|at|men** ⟨sw. V.; hat⟩: *tief [auf]atmen:* Du flehst eratmend, mich zu schauen (Goethe, Faust I, 486).

Erb|adel, der: *erblicher Adel* (3); *Geburtsadel.*

Erb|än|de|rung, die: *Mutation.*

◆ **er|ban|gen** ⟨sw. V.; ist⟩: *bange werden:* … und ich erbangend abwehrte den erhabenen Beruf (Uhland, Ludwig V, 2).

Erb|an|la|ge, die (Biol.): *durch die Gene festgelegte Fähigkeit eines Organismus, bestimmte Merkmale auszubilden.*

Erb|an|spruch, der: *Anspruch auf eine Erbschaft.*

er|bar|men ⟨sw. V.; hat⟩ [mhd. (er)barmen, ahd. (ir)barmen, aus der got. Kirchenspr., vgl. got. (ga)arman = sich erbarmen, LÜ von lat. misereri (zu: miser = arm); das b der ahd. Form gehört zum Präfix ab-, wurde aber zum Stamm gezogen]: **1.** ⟨e. + sich⟩ (geh.) *jmdm. aus Mitleid helfen:* er hat sich seiner/(veraltet:) über mich erbarmt; Herr, erbarme dich unser/über uns; Ü will sich keiner des letzten Stück Kuchens e.? (scherzh.) *sich dessen annehmen, es essen?* **2.** *jmds. Mitleid erregen; jmdm. leidtun:* du erbarmst mich/(österr.:) mir.

Er|bar|men, das; -s: *von Herzen kommendes Mitgefühl, das zum Handeln bereit macht:* E. mit jmdm. haben, er kennt kein E.; **zum E.** (*sehr schlecht, erbärmlich [in Bezug auf eine Leistung o. Ä.]:* sie singt zum E.).

er|bar|mens|wert ⟨Adj.⟩: *so geartet, beschaffen, dass jmds. Mitleid sehr erregt wird:* ein -er Anblick.

Er|bar|mer, der; -s (geh.): *Gott als Helfer aus Erbarmen.*

er|bärm|lich ⟨Adj.⟩ [mhd. erbermelīche (Adv.), ahd. erbarmelīh]: **1. a)** *[heruntergekommen u.] armselig, sodass Mitgefühl angebracht ist; elend, jämmerlich:* ein -er Zustand; das Kind schluchzte e.; **b)** *in seiner Qualität sehr schlecht; unzulänglich, unzureichend:* eine -e Leistung; **c)** (abwertend) *moralisch minderwertig; verabscheuungswürdig, gemein:* er ist ein -er Lump; er hat sich e. benommen. **2. a)** *sehr groß, stark, heftig, schrecklich:* wir hatten einen -en Hunger; **b)** ⟨intensivierend bei Adjektiven u. Verben⟩ *sehr:* wir froren e.

Er|bärm|lich|keit, die; -: *das Erbärmlichsein.*

Er|bar|mung, die; -, -en ⟨Pl. selten⟩ [mhd. erbarmunge] (veraltet): *Erbarmen.*

er|bar|mungs|los ⟨Adj.⟩: *ohne Erbarmen; unbarmherzig, grausam.*

Er|bar|mungs|lo|sig|keit, die; -: *das Erbarmungslossein; die Unbarmherzigkeit.*

er|bar|mungs|voll ⟨Adj.⟩ (geh.): *voller Erbarmen.*

er|bar|mungs|wür|dig ⟨Adj.⟩ (geh.): *erbarmenswert.*

er|bau|en ⟨sw. V.; hat⟩ [mhd. erbouwen, erbūwen = (an-, auf)bauen]: **1.** *ein [größeres] Bauwerk errichten [lassen]:* die Kirche wurde im 14. Jh. erbaut; Spr Rom ist nicht an/in einem Tage erbaut worden (*bedeutende Dinge brauchen ihre Zeit*). **2.** (geh.) ⟨e. + sich⟩ *sich durch etw. erfreuen, innerlich erheben lassen:* sich an guter Musik e.; **b)** *das Gemüt erheben, innerlich in eine gute Stimmung versetzen:* die Predigt erbaute sie; * **von etw./über etw. nicht, wenig erbaut sein** (ugs.; *von etw. nicht begeistert sein, entzückt sein; sich über etw. nicht freuen; unangenehm berührt sein*).

Er|bau|er, der; -s, -: *jmd., der etw. erbaut [hat].*

Er|bau|e|rin, die; -, -nen: w. Form zu ↑ Erbauer.

er|bau|lich ⟨Adj.⟩ (veraltend): *von positivem Einfluss auf das Gemüt; in eine besinnliche Stimmung versetzend, [religiös] erhebend:* eine -e Predigt; -e Geschichten; ein nicht sehr, nicht gerade -er (ugs.; *wenig erfreulicher*) Anblick.

Er|bau|lich|keit, die; -, -en: **1.** ⟨o. Pl.⟩ *das Erbaulichsein.* **2.** *etw. Erbauliches.*

Er|bau|ung, die; -, -en: *andächtige Erhebung des Gemüts; erhebende innere Stimmung:* etw. zur E. lesen.

Er|bau|ungs|buch, das: *Buch [mit religiösem Inhalt], dessen Lektüre der Erbauung dienen soll.*

Erb|bau|recht, das (Rechtsspr.): *veräußerliches, vererbbares Recht, auf fremdem Boden zu bauen; Erbpacht* (b).

Erb|bau|zins, der; -es, -en (Rechtsspr.): *Summe, die in bestimmten zeitlichen Abständen für das Erbbaurecht entrichtet werden muss.*

erb|be|dingt ⟨Adj.⟩: *durch Vererbung bedingt.*

erb|be|rech|tigt ⟨Adj.⟩: *berechtigt, ein* ¹Erbe (1) *anzunehmen.*

Erb|bild, das (Genetik): *Gesamtheit der bereits in der befruchteten Eizelle bzw. in der Sporenzelle vorliegenden Vererbungsanlagen eines Individuums.*

Erb|bio|lo|gie, die: *Genetik.*

erb|bio|lo|gisch ⟨Adj.⟩: *die Erbbiologie betreffend.*

¹Er|be, das; -s [mhd. erbe, ahd. erbi, urspr. = verwaister Besitz; vgl. Arbeit, arm]: **1.** *Vermögen, das jmd. bei seinem Tod hinterlässt u. das in den Besitz einer gesetzlich dazu bestimmten Person od. Institution übergeht:* das väterliche, mütterliche E. antreten, ausschlagen; auf sein E. verzichten. **2.** *etw. auf die Gegenwart Überkommenes; nicht materielles [geistiges, kulturelles] Vermächtnis:* das E. der Vorfahren.

²Er|be, der; -n, -n [mhd. erbe, ahd. erb(e)o, zu ↑ ¹Erbe]: *jmd., dem eine Erbschaft zugefallen ist od. zufallen wird:* der rechtmäßige, mutmaßliche E.; die lachenden -n (ugs.; *die sich über eine [zu erwartende] Erbschaft freuenden Nachkommen*); jmdn. zum/als -n einsetzen.

er|be|ben ⟨sw. V.; ist⟩ [mhd. erbiben, ahd. irbibēn]: **1. a)** *plötzlich u. heftig zu beben anfangen:* die vorbeifahrenden LKWs ließen das Haus e.; **b)** (geh.) *beben* (1): *der Boden unter unseren Füßen erbebte.* **2.** *von heftiger innerer Erregung gepackt werden; plötzlich zu zittern anfangen:* sie erbebte beim Anblick ihres Mannes.

Erb|ein|set|zung, die (Rechtsspr.): *(aufgrund der Verfügung eines Verstorbenen erfolgende) Berufung einer od. mehrerer Personen zu Gesamtrechtsnachfolgern.*

◆ **er|bei|ßen** ⟨st. V.; hat⟩ [mhd. erbīzen]: *totbeißen:* Unsere Hunde haben just einen fremden Hund erbissen (Ebner-Eschenbach, Gemeindekind 154).

er|ben ⟨sw. V.; hat⟩ [mhd., ahd. erben, zu ↑ ¹Erbe]: **1. a)** *jmds. Eigentum nach dessen Tod erhalten; durch Erbschaft erlangen:* ein großes Vermögen, kostbaren Schmuck e.; vom Großvater ein Haus e.; **b)** (ugs.) *aus dem Besitz von jmdm. übernehmen, geschenkt bekommen:* die Hose hat er von seinem Bruder geerbt; hier nichts, gibts es nichts zu e. (*hier kann man nichts umsonst bekommen*); bei ihm ist nichts zu e.; Ü Mein Vater kann gar nichts dafür, er hat sein Schicksal geerbt und hat nicht leicht daran getragen (Th. Mann, Hoheit 184). **2.** *von seinen Eltern, Vorfahren als Veranlagung, Begabung mitbekommen:* die roten Haare hat sie von der

Mutter geerbt. ♦ **3. a)** *als Erbe (auf jmdn.) übergehen; (jmdm.) vererbt werden:* ...*dem Willen meiner Eltern gemäß, welche wünschten, dass künftig diese gute Pfründe auf mich e. möchte* (Goethe, Wanderjahre I, 2); ...*ihre Knechtschaft erbt auf ihre Kinder* (Schiller, Tell II, 2); **b)** *beerben: Guido, der ihn einst zu e. gedenkt* (Wieland, Klelia I, 366).

Er|ben|ge|mein|schaft, die: *Gesamtheit aller an einer Erbschaft beteiligten* ²*Erben, die den Nachlass gemeinsam verwalten.*

Er|bes|er|be, der: ²*Erbe eines Erben.*

Er|bes|er|bin, die: w. Form zu ↑ Erbeserbe.

¹**er|be|ten** ⟨sw. V.; hat⟩: *durch Beten zu erlangen suchen: das lang erbetete Glück.*

²**er|be|ten:** ↑ erbitten.

er|bet|teln ⟨sw. V.; hat⟩: **a)** *durch Betteln erhalten: Brot e.; ich habe mir das Geld erbettelt;* **b)** *durch wiederholtes, inständiges Bitten erreichen: die Erlaubnis für etw. von den Eltern e.*

er|beu|ten ⟨sw. V.; hat⟩ [zu mhd. biuten, ↑ ausbeuten]: *durch Kampf, Raub, Plünderung o. Ä. in seinen Besitz bringen u. mitnehmen; als Beute erringen: feindliche Panzer e.; erbeutetes Diebesgut.*

Er|beu|tung, die; -, -en: *das Erbeuten; das Erbeutetwerden.*

erb|fä|hig ⟨Adj.⟩ (Rechtsspr.): *die rechtlichen Voraussetzungen für die Annahme eines* ¹*Erbes* (1) *erfüllend.*

Erb|fak|tor, der (Genetik): *deutlich in Erscheinung tretendes erbliches Merkmal.*

Erb|fall, der (Rechtsspr.): *Tod eines Menschen, mit dem das Erbfolge eintritt.*

Erb|feind, der: **1. a)** *Volk, das seit Generationen als ständiger Feind bekämpft wird: Deutsche und Franzosen galten lange Zeit als -e;* **b)** *seit Langem verhasster Gegner.* **2.** ⟨o. Pl.⟩ (verhüll.) *Teufel.*

Erb|fein|din, die: w. Form zu ↑ Erbfeind (1 b).

Erb|fol|ge, die: **a)** *Rechtsnachfolge in die [Vermögens]stellung einer bzw. eines Verstorbenen;* **b)** *Thronfolge.*

Erb|fol|ge|krieg, der: *kriegerische Auseinandersetzung aufgrund von Streitigkeiten um die Thronfolge.*

Erb|gut, das: **1.** ⟨o. Pl.⟩ (Biol.) *Gesamtheit der Erbanlagen: in ihrem E. identische eineiige Zwillinge.* **2.** *Erbhof.*

Erb|hof, der: **a)** (bes. nationalsoz.) *Bauernhof, der ungeteilt [an den ältesten Sohn] vererbt wird;* **b)** *unbestrittener Anspruch, Einfluss- od. Herrschaftsbereich: Brasilien als römisch-katholischer E.*

er|bie|ten, sich ⟨st. V.; hat⟩ [mhd. erbieten = darreichen, anbieten] (geh.): **a)** *sich bereit erklären (etw. zu tun); seine Dienste anbieten: er erbot sich, ihr bei den Aufgaben zu helfen;* ♦ **b)** *anbieten:* ...*was mein kleines Paradies zu eurer Notdurft hat, ist herzlich euch erboten* (Wieland, Oberon 8, 10).

♦ **Er|bie|ten,** das; -s, - ⟨Pl. selten⟩: *Anerbieten: Ob dich nicht sonst ein Argwohn treibt, mir dieses E. freiergings zu natun* (Lessing, Nathan III, 7).

Er|bin, die; -, -nen: w. Form zu ↑ ²Erbe.

Erb|in|for|ma|ti|on, die (Genetik): *in den Chromosomen lokalisierter genetischer Code.*

er|bit|ten ⟨st. V.; hat⟩: **1.** [mhd. erbiten, ahd. irbitan] (geh.) *höflich, in höflichen Worten um etw. für sich selbst bitten: jmds. Rat, Verzeihung e.; ich erbat seine Hilfe; baldige Antwort wird erbeten.* **2.** ⟨e. + sich + lassen⟩ (veraltend) *aufgrund von Bitten bereit sein (etw. zu tun): ich ließ mich e., ihnen die Miete zu stunden; er hat sich nicht e. lassen (gab den Bitten nicht nach).*

er|bit|tern ⟨sw. V.; hat⟩: **a)** *mit bitterem Groll erfüllen; in Wut, Zorn versetzen: die Ablehnung erbitterte sie zutiefst; die erbitterten Bauern wehrten sich; erbittert über etw. sein;* **b)** ⟨e. + sich⟩ *in Wut, Zorn geraten [u. dies zum Ausdruck bringen]; sich heftig erregen: wieso erbitterst du dich so darüber, deshalb?*

er|bit|tert ⟨Adj.⟩: *hartnäckig, sehr heftig; mit äußerstem Einsatz:* -en *Widerstand leisten.*

Er|bit|te|rung, die; -: *das Erbittertsein; Groll:* sie war voller E. über diese Ungerechtigkeit.

erb|krank ⟨Adj.⟩ (Med.): *mit einer erblichen Krankheit belastet.*

Erb|krank|heit, die (Med.): *Krankheit, bei der krankhaft veränderte Erbmasse eine ursächliche Rolle spielt; erbliche Krankheit.*

Erb|lan|de ⟨Pl.⟩ (Geschichte): *Stammlande einer Dynastie:* die Habsburger E.

er|blas|sen ⟨sw. V.; ist⟩: **1.** (geh.) *blass, bleich werden: sie erblasste vor Schreck, bei diesem Anblick.* **2.** (dichter. veraltet) *sterben.*

Erb|las|sen|schaft, die; -, -en (Rechtsspr.): *Erbe, das ein Verstorbener, eine Verstorbene hinterlässt.*

Erb|las|ser, der; -s, - (Rechtsspr.): *jmd., der bei seinem Tod eine Erbschaft hinterlässt.*

Erb|las|se|rin, die; -, -nen: w. Form zu ↑ Erblasser.

Erb|last, die: *aus einer vorangegangenen Zeit stammender belastender Tatbestand; von einem Vorgänger unbewältigt weitergegebenes Problem, das sich als starke Belastung erweist.*

er|blei|chen ⟨st. u. sw. V.⟩: **1.** ⟨erbleichte/(veraltet:) erblich, erbleicht/(veraltet:) erblichen⟩ **a)** [mhd. erblīchen] (geh.) *bleich, blass werden; erblassen: vor Angst e.; ihre Gesichter erbleichten;* **b)** *heller, fahl werden, an Farbe verlieren: ein erbleichter Anzug.* **2.** ⟨erblich, ist erblichen⟩ (dichter. veraltet) *sterben.*

erb|lich ⟨Adj.⟩: **a)** *sich vererbend; durch Erbfolge bestimmt:* -er *Adel;* ein -er *Titel;* **b)** *durch Vererbung übertragbar: eine -e Krankheit; er ist e. belastet/das ist -e Belastung bei ihm (er hat negative Erbanlagen);* ⟨scherzh. auch positiv:⟩ *sie ist e. belastet, schon ihr Großvater war ein berühmter Schauspieler.*

Erb|lich|keit, die; -: *erbliche Beschaffenheit; das Vererbbarsein.*

er|bli|cken ⟨sw. V.; hat⟩ [mhd. erblicken]: **1.** (geh.) *mit den Augen [plötzlich od. unvermutet] wahrnehmen, erfassen: die Berge am Horizont e.* **2.** *jmdn., etw. als jmdn., etw. ansehen, betrachten; [zu] erkennen [glauben]: darin erblicke ich einen Fortschritt.*

er|blin|den ⟨sw. V.; ist⟩ [mhd. erblinden]: **1.** *blind werden: nach einem Unfall e.;* Ü *Wer von den Heiden das mit ansah, der musste, wofern sein Geist nicht im Eisenpanzer der reinen Machtgier erblindet war, etwas ganz Neues bemerken* (Thieß, Reich 259). **2.** *matt, glanzlos, undurchsichtig werden: der Spiegel ist erblindet.*

Er|blin|dung, die; -, -en: *das Erblinden* (1).

er|blon|den ⟨sw. V.; ist⟩ (ugs. scherzh.): *durch Färben, Bleichen blond werden: sie ist über Nacht erblondet.*

er|blü|hen ⟨sw. V.; ist⟩ (geh.): **a)** *zum Blühen gelangen, voll aufblühen: die Rose ist in der Vase erblüht;* **b)** *in eine positive Richtung entwickeln; sich voll entfalten: das Mädchen war zu voller Schönheit erblüht.*

Erb|mas|se, die: **1.** (Biol.) *Gesamtheit der Erbanlagen.* **2.** (Rechtsspr.) *alles in einer Erbschaft enthaltene Gut u. Vermögen.*

Erb|merk|mal, das: *vererbbare Eigenschaft.*

Erb|mo|n|ar|chie, die: *Monarchie, bei der Monarch durch dynastische Erbfolge berufen wird.*

Erb|on|kel, der (ugs. scherzh.): *Onkel, von dem eine Erbschaft zu erwarten ist.*

er|bo|sen ⟨sw. V.; hat⟩ [mhd. erbösen = schlecht, böse werden]: **1.** *böse, zornig, wütend machen: dieser Gedanke erboste sie sehr.* **2.** ⟨e. + sich⟩ *böse, zornig, wütend werden:* ich habe mich über dein Verhalten erbost.

er|bost ⟨Adj.⟩: *sehr verärgert; zornig, wütend:* -e *Bürger drängten sich ins Rathaus; über die Benzinpreiserhöhung e. sein; er sah sie e. an.*

er|bö|tig ⟨Adj.⟩ [zu ↑ erbieten]: *in den Verbindungen* e. sein (*bereit sein, sich anbieten:* sie war e., ein Treffen zu veranstalten); sich e. machen/erklären (*seine Bereitschaft bekunden, sich anbieten:* sie machten/erklärten sich e., die Aufgabe zu übernehmen).

Erb|pacht, die: **a)** (früher) *erbliches Recht, ein Grundstück wirtschaftlich zu nutzen;* **b)** *Erbbaurecht.*

Erb|prinz, der: *ältester Sohn u. Thronfolger eines Fürsten.*

Erb|prin|zes|sin, die: w. Form zu ↑ Erbprinz.

er|brau|sen ⟨sw. V.; ist⟩ (geh.): *brausend, rauschend ertönen:* die Orgel erbrauste.

er|bre|chen ⟨st. V.; hat⟩: **1.** [mhd. erbrechen, ahd. arbrehhan] **a)** (geh.) *aufbrechen: das Schloss e.;* **b)** (veraltet) *unter Zerstörung der Umhüllung o. Ä. öffnen: ein Siegel e.* **2.** [mhd. = hervorbrechen] *Mageninhalt, etw. im Magen Befindliches unverdaut durch den Mund von sich geben; sich übergeben: die Kranke erbricht alle Speisen; das Baby hat seinen Brei wieder erbrochen;* ⟨auch e. + sich:⟩ *ich musste mich e.;* Ü *Ihr Koffer, dessen Reißverschluss nur zur Hälfte geöffnet ist, erbricht seinen Inhalt im Korridor* (Frisch, Gantenbein 130); * **bis zum Erbrechen** (ugs. abwertend; *bis zum Überdruss:* wir haben bis zum E. geübt).

Erb|recht, das (Rechtsspr.): **a)** ⟨o. Pl.⟩ *Gesamtheit der Rechtsvorschriften, die das Vermögen eines Menschen nach seinem Tod betreffen;* **b)** *mit dem Tode des Erblassers, der Erblasserin entstehendes Recht auf den Nachlass.*

erb|recht|lich ⟨Adj.⟩ (Rechtsspr.): *das Erbrecht betreffend.*

er|brin|gen ⟨unr. V.; hat⟩: **a)** *als Ergebnis haben, liefern: die Nachforschungen haben nichts erbracht;* **b)** *aufbringen: die Summe für den Bau e.; den Beweis, Nachweis für etw. e. (nachdrücklich; etw. beweisen, nachweisen).*

Er|brin|gung, die; -, -en (Amtsspr.): **a)** *das Erbringen* (a), *Leisten:* die E. von Dienstleistungen; **b)** *das Aufbringen, Zahlen:* die E. der geschuldeten Leistungen.

Er|bro|che|nes, das: *Erbrochene; des Erbrochenen: herausgewürgter, erbrochener Mageninhalt:* E. aufwischen.

Erbs|brei, der: *Erbsenbrei.*

Erb|scha|den, der (Genetik): *durch Mutation verursachte Anomalie bei Lebewesen.*

Erb|schaft, die; -, -en [mhd. erbeschaft]: ¹*Erbe* (1), *Hinterlassenschaft:* eine E. antreten, machen.

Erb|schafts|an|ge|le|gen|heit, die: *Erbschaftssache.*

Erb|schafts|aus|ei|n|an|der|set|zung, die: *eine Erbschaft betreffende Auseinandersetzung* (3).

Erb|schafts|kla|ge, die (Rechtsspr.): *Klage eines Erben bzw. einer Erbin auf eine Erbschaft.*

Erb|schafts|sa|che, die (Rechtsspr.): *Angelegenheit, die mit einer Erbschaft zusammenhängt.*

Erb|schafts|steu|er, (Steuerr.:) **Erb|schaft|steu|er,** die: *von den Erben zu zahlende Steuer bei der Übernahme einer Erbschaft.*

Erb|schein, der (Rechtsspr.): *amtliches Zeugnis über das Recht an einer Erbschaft u. den Umfang des Erbteils.*

Erb|schlei|cher, der (abwertend): *jmd., der auf unmoralische od. widerrechtliche Weise in den Besitz einer Erbschaft zu gelangen sucht.*

Erb|schlei|che|rin, die; -, -nen: w. Form zu ↑ Erbschleicher.

Erb|se, die; -, -n [mhd. erbeiʒ, arwiʒ, ahd. arawiʒ, araweiʒ, verw. mit lat. ervum = Wicke; wohl aus einer Spr. des östl. Mittelmeeres]: **1. a)** *(zu den Schmetterlingsblütlern gehörende) Pflanze mit in Ranken auslaufenden Blättern und grünen, in Hülsen sitzenden, kugeligen Samen:* -n anbauen, ziehen, legen; zum Hochranken Birkenreiser in die -n stecken; **b)** *Frucht der Erbse* (1 a): -n pflücken; **c)** *(meist Pl.) als Gemüse verwendeter Samen der Erbse* (1 a): grüne, getrocknete -n; aus -n eine Suppe kochen; ♦ Ihr greift, ich seh', mit Eurem Urteil ein, wie eine Hand in einen Sack voll -n *(Ihr urteilt völlig willkürlich;* Kleist, Krug 9). **2.** *(salopp) Kopf:* zieh die E. ein!; * *etw.* **an der E. haben** *(nicht recht bei Verstand sein).*

Erb|sen|bein, das (Med.): *kleiner Handwurzelknochen.*

Erb|sen|brei, der: *gekochter Brei aus [getrockneten] Erbsen.*

Erb|sen|ein|topf, der: *dicke Erbsensuppe.*

erb|sen|groß ⟨Adj.⟩: *die Größe einer Erbse aufweisend:* -e Verdickungen; das Magengeschwür ist e.

Erb|sen|pü|ree, das: *Erbsenbrei.*

Erb|sen|scho|te, die (volkstüml.): ¹*Schote* (1) *der Erbse.*

Erb|sen|stein, der (Geol.): *aus kleinen, kugelförmigen Körpern zusammengesetztes Gestein; Oolith.*

Erb|sen|strauch, der: *häufig als Zierstrauch kultivierter Schmetterlingsblütler mit hochwachsenden Sträuchern u. gelben od. rötlich weißen Blüten.*

Erb|sen|sup|pe, die: *[dicke] Suppe aus [getrockneten] Erbsen, [Speck,] Gewürzen u. a.*

Erb|sen|zäh|ler, der (ugs. abwertend): *jmd., der kleinlich, geizig ist.*

Erb|sen|zäh|le|rei, die; - (ugs. abwertend): *kleinliches, pedantisches Verhalten.*

Erb|sen|zäh|le|rin, die: w. Form zu ↑ Erbsenzähler.

Erb|stück, das: *alter [wertvoller] Gegenstand, den jmd. geerbt hat:* die Brosche ist ein wertvolles E.

Erb|sub|stanz, die (Biol.): *Erbgut* (1).

Erb|sün|de, die [mhd. erbesünde, LÜ von lat. peccatum hereditarium] (christl. Rel.): *durch den Sündenfall dem Menschen angeborene Sündhaftigkeit.*

Erb|tan|te, die (ugs. scherzh.): *Tante, von der eine Erbschaft zu erwarten ist.*

Erb|teil, das: **1.** ⟨BGB: der⟩ *Anteil eines* ²*Erben an der gesamten Erbschaft:* Anspruch auf sein E. erheben. **2.** *ererbte Anlage od. Eigenschaft:* ein schlechtes E.

Erb|ver|trag, der (Rechtsspr.): *Vertrag zwischen* ²*Erbe u. Erblasser zu dessen Lebzeiten.*

Erb|wort, das ⟨Pl. ...wörter⟩ (Sprachwiss.): *aus dem vorausgehenden Sprachzustand überkommenes Wort.*

Erd|ach|se, die: *gedachte Linie zwischen Nord- u. Südpol, um die sich die Erde* (5) *dreht.*

er|dacht: ↑ erdenken.

Erd|al|ka|li|en ⟨Pl.⟩ (Chemie): *Oxide von Barium, Kalzium, Magnesium u. Strontium.*

Erd|al|ka|li|me|tall, das (Chemie): *Element der II. Hauptgruppe des Periodensystems der chemischen Elemente.*

Erd|al|ter|tum, das: *Paläozoikum.*

Erd|an|sicht, die: *(von oben, von außerhalb aufgenommene) Ansicht der Erde.*

Erd|an|zie|hung, die ⟨o. Pl.⟩: *Anziehungskraft der Erde* (5).

Erd|ap|fel, der (österr., sonst landsch.): *Kartoffel:* geröstete Erdäpfel (österr.; Bratkartoffeln); * **Erdäpfel in der Montur** (österr. ugs.; *Pellkartoffeln).*

Erd|äp|fel|pü|ree, das (österr.): *Kartoffelpüree, Kartoffelbrei.*

Erd|äp|fel|sa|lat, das (österr.): *Kartoffelsalat.*

Erd|äqua|tor, der: *Äquator.*

Erd|ar|bei|ten ⟨Pl.⟩ (Bauw.): *alle Arbeiten im Hoch- u. Tiefbau, bei denen Erde* (1 a) *bewegt wird:* mit der Ausschachtung sind die E. abgeschlossen.

Erd|at|mo|sphä|re, die ⟨o. Pl.⟩: *gasförmige Hülle, die die Erde* (5) *umgibt.*

er|dau|ern ⟨sw. V.; hat⟩ (schweiz.): **a)** *eine Sache reifen lassen;* **b)** *sich etw. durch Warten verdienen.*

Er|dau|e|rung, die; -, -en (schweiz.): *das Erdauern.*

Erd|auf|schüt|tung, die: *Aufschüttung* (2 a) *von Erde.*

Erd|aus|hub, der: *Aushub.*

Erd|bahn, die (Astron.): *Umlaufbahn der Erde* (5) *um die Sonne.*

Erd|ball, der ⟨o. Pl.⟩ (geh.): *Erdkugel* (a).

Erd|be|ben, das: *natürliche Erschütterung der Erdkruste in mehreren Stößen:* ein E. der Stärke 5; Ü ein politisches E.

Erd|be|ben|ge|biet, das: **a)** *Gebiet, in dem sich ein Erdbeben ereignet hat;* **b)** *Gebiet, das von Erdbeben bedroht ist.*

Erd|be|ben|herd, der: *Ausgangspunkt eines Erdbebens im Erdinnern; Hypozentrum.*

Erd|be|ben|op|fer, das: *Opfer* (3) *eines Erdbebens.*

erd|be|ben|si|cher ⟨Adj.⟩: *vor Zerstörung durch Erdbeben geschützt:* -e Gebäude; ein -es Gebiet *(Gebiet, in dem keine Erdbeben zu erwarten sind).*

Erd|be|ben|wel|le, die: *vom Erdbebenherd ausgehende elastische Welle.*

Erd|beer|bow|le, die: *Bowle, die mit Erdbeeren angesetzt wird.*

Erd|bee|re, die [mhd. ertber, ahd. erdberi]: **a)** *(wild u. in Gärten wachsende) Pflanze mit in Rosetten stehenden Blättern, weißen Blüten u. Erdbeeren* (b) *als Früchten;* **b)** *rote, fleischig aromatische Frucht der Erdbeere* (a).

Erd|beer|eis, das: *Speiseeis mit Erdbeergeschmack.*

erd|beer|far|ben, erd|beer|far|big ⟨Adj.⟩: *von der Farbe reifer Erdbeeren.*

Erd|beer|ge|schmack, der ⟨o. Pl.⟩: *Geschmack von Erdbeeren.*

Erd|beer|kon|fi|tü|re, die: *Konfitüre aus Erdbeeren.*

Erd|beer|mar|me|la|de, die: *Marmelade aus Erdbeeren.*

erd|beer|rot ⟨Adj.⟩: *erdbeerfarben.*

Erd|beer|tört|chen, das: *Törtchen mit Erdbeeren.*

Erd|beer|tor|te, die: *mit Erdbeeren belegter Tortenboden.*

Erd|be|schleu|ni|gung, die (Physik): *Beschleunigung, die ein frei fallender Körper im luftleeren Raum erfährt.*

Erd|be|stat|tung, die: *Bestattung eines Leichnams in einem Sarg in der Erde* (1 a).

Erd|be|völ|ke|rung, die ⟨Pl. selten⟩: *Gesamtheit der auf der Erde lebenden Menschen.*

Erd|be|we|gung, die: **a)** *Bewegung in der Erdkruste:* starke -en; **b)** *das Bewegen von Erdmassen bei Bauarbeiten.*

Erd|be|woh|ner, der: *Mensch als Bewohner der Erde* (3).

Erd|be|woh|ne|rin, die: w. Form zu ↑ Erdbewohner.

Erd|bo|den, der: *fester, aus Erde* (1 a) *bestehender Boden:* auf dem E. liegen; ich wäre am liebsten in den E. versunken *(es war mir äußerst peinlich);* **dem E. gleichmachen** *(völlig zerstören):* die Stadt wurde dem E. gleichgemacht; **wie vom E. verschluckt/verschwunden sein** *(ganz plötzlich verschwunden sein).*

erd|braun ⟨Adj.⟩: *braun wie Erde.*

Erd|bro|cken, der: *hartes Stück Erde* (1 a).

Er|de, die; -, -n ⟨Pl. selten⟩ [mhd. erde, ahd. erda]: **1. a)** *aus verwittertem Gestein, organischen Stoffen u. Mineralien bestehendes, feinkörniges Gemisch, das einen Teil der Erdoberfläche bildet u. die Grundlage des Pflanzenwachstums darstellt; Erdboden, Erdreich:* fruchtbare, lockere, feuchte, sandige E.; ein Klumpen E.; ihn deckt längst die kühle E. (geh.; *er ist längst tot*); z. E. *(Worte beim Begräbnis);* die E. lockern, aufwühlen, umgraben; in geweihter E. (geh.; *auf dem Friedhof*) begraben sein; (geh.:) Sie teilt ihr Leben zwischen Mama und den Kindern – den armen guten Papa deckt längst die kühle E. (er ist längst tot; Fallada, Herr 256); * **verbrannte E.** (1. *völlig verwüstete Erdoberfläche.* 2. *Chaos, Durcheinander, katastrophale Verhältnisse:* der Trainer verließ den Verein, nicht ohne verbrannte E. zu hinterlassen) [nach der militärischen Taktik, dass Truppen auf dem Rückzug alles vernichten, was dem nachrückenden Feind von Nutzen sein könnte; engl. »scorched earth policy«, wohl aus dem Chinesischen]; **b)** (Chemie) *bestimmtes Metalloxid:* seltene, alkalische -n. **2.** ⟨o. Pl.⟩ *fester Boden, Grund, auf dem man steht; Untergrund:* die E. bebt; ebene E.; das Wasser quillt aus der E.; etw. von der E. aufheben; zu ebener E. *(ebenerdig; im Erdgeschoss);* bei dieser Bemerkung wäre sie am liebsten in die E. versunken *(diese Bemerkung war ihr äußerst peinlich);* Täusche dich nicht: auch du bist nur eines jener unzähligen Blütenblätter, die, wenn der Frühling vorüber ist, zur E. niedertaumeln (Langgässer, Siegel 399); * **auf der E. bleiben** (ugs.; *sich keinen Illusionen hingeben);* etw. **aus der E. stampfen** (↑ *Boden*); **unter der E. liegen** (geh. verhüll.; *tot u. begraben sein*); **jmdn. unter die E. bringen** (ugs.; *jmds. vorzeitigen Tod verschulden*). 2. *beerdigen;* **jmdn. unter die E. wünschen** (*aus Ärger o. Ä. wünschen, dass jmd. tot sei*). **3.** *begrenztes Gebiet, Land, zu dem eine emotionale Beziehung besteht:* ein gesegnetes Fleckchen E.; auf heimatlicher, fremder E. kämpfen; er liegt in fremder E. (geh.; *im Ausland*) begraben. **4.** *irdische Welt; Welt als das von der Menschheit bewohnte Gebiet:* auf der ganzen E. bekannt sein, vorkommen; am Anfang schuf Gott Himmel und E.; * **auf Erden** (geh.; *in der irdischen Welt*). **5.** ⟨o. Pl.⟩ *(von der Sonne aus gerechnet) dritter Planet unseres Sonnensystems:* die E. dreht sich um die Sonne. **6.** (Elektrot.) *Leitung zum Erden:* den Heizkörper als E. benutzen.

er|den ⟨sw. V.; hat⟩ (Elektrot.): *eine Strom leitende Verbindung zwischen einem elektrischen Gerät u. dem Erdboden herstellen:* das Radio e.

Er|den|be|woh|ner, der (geh.): *Erdbewohner.*

Er|den|be|woh|ne|rin, die: w. Form zu ↑ Erdenbewohner.

Er|den|bür|ger, der (geh.): *Mensch, Erdbewohner:* ein kleiner, neuer E. (oft scherzh.; *neugeborenes Kind*).

Er|den|bür|ge|rin, die: w. Form zu ↑ Erdenbürger.

Er|den|glück, das (dichter.): *irdisches Glück.*

er|den|ken ⟨unr. V.; hat⟩ [mhd. erdenken]: *ausdenken, ersinnen:* er erdachte einen raffinierten Plan; eine erdachte *(erfundene) Geschichte.*

er|denk|lich ⟨Adj.⟩: *was sich nur denken lässt; was, soweit überhaupt denkbar, irgendwie möglich ist:* er gab sich alle E. Mühe; wir wünschen Ihnen alles e. Gute/-e Gute; ⟨subst.:⟩ er tat alles Erdenkliche.

Er|den|lauf, der ⟨o. Pl.⟩ (dichter.): *Lauf des Lebens, der Welt.*

Er|den|le|ben, das ⟨o. Pl.⟩ (dichter.): *das Leben auf der Erde (bes. im Hinblick auf sein Begrenztsein durch den Tod).*

Er|den|rund, das (dichter.): *Welt in ihrer ganzen Ausdehnung; Erdkreis.*

er|den|schwer ⟨Adj.⟩ (geh.): *dem Irdischen, Materiellen verhaftet (u. deshalb in gewisser Weise schwerfällig).*

◆ **er|den|tot** ⟨Adj.⟩: *nur in Bezug auf die irdische Existenz, die leibliche Hülle tot: ... kommt die -e Mutter zurück, über ihrem Kinde zu schweben* (Raabe, Chronik 59).

Er|den|win|kel, der (dichter.): *idyllischer, abgelegener Ort.*

Er|den|wurm, der (dichter.): *Mensch als vergänglicher, unbedeutender Teil der Natur.*

Erd|er|wär|mung, die ⟨Pl. selten⟩: *Erwärmung der Erde.*

Erd|far|be, die ⟨meist Pl.⟩: *anorganische Farbe, die in der Natur als Mineral vorkommt (z. B. Ocker).*

erd|far|ben, erd|far|big ⟨Adj.⟩: *von der Farbe der Erde (1 a); bräunlich.*

Erd|fer|kel, das (Zool.): *in Afrika in Erdhöhlen lebendes, nachtaktives plumpes Säugetier mit schweineartiger Schnauze, langem, sehr dickem Schwanz u. hufartigen Krallen.*

erd|fern ⟨Adj.⟩: **1.** (Astron.) *weit von der Erdkugel (a) entfernt.* **2.** (dichter.) *entrückt.*

Erd|fer|ne, die: **1.** *Apogäum.* **2.** (dichter.) *Entrücktheit.*

Erd|frucht, die: *Frucht, die unter der Erde (2) reift (z. B. die Erdnuss).*

Erd|gas, das: *in der Erde (5) vorkommendes, brennbares Gasgemisch.*

Erd|gas|fahr|zeug, das: *Fahrzeug, dessen Motor mit Erdgas betrieben wird.*

Erd|gas|la|ger, das ⟨Pl. ...lager⟩, **Erd|gas|la|ger|stät|te,** die: *Lagerstätte von Erdgas.*

Erd|gas|vor|kom|men, das: *Vorkommen an Erdgas.*

erd|ge|bun|den ⟨Adj.⟩: *an die Erde (5) gebunden.*

Erd|geist, der: *in der Erde (2) wohnender Dämon; einer der Elementargeister.*

Erd|ge|schich|te, die ⟨o. Pl.⟩.

erd|ge|schicht|lich ⟨Adj.⟩: *die Erdgeschichte betreffend; geologisch.*

Erd|ge|schmack, der ⟨o. Pl.⟩: *an Erde (1 a) erinnernder Geschmack.*

Erd|ge|schoss [...gəʃɔs], (südd., österr.:) **Erd|ge|schoß** [...gəʃoːs], das: *meist zu ebener Erde gelegenes Geschoss; Parterre* (Abk.: EG): *im E. wohnen.*

Erd|gra|vi|ta|ti|on, die: *Erdanziehung.*

erd|haft ⟨Adj.⟩ (geh.): *der Erde (1 a), dem Irdischen verbunden, verhaftet; urwüchsig.*

erd|hal|tig ⟨Adj.⟩: *Erde (1 a) enthaltend.*

Erd|hau|fen, der: *aus Erde (1 a) bestehender Haufen.*

Erd|höh|le, die: *natürliche od. künstliche Höhle unter der Erde (2).*

Erd|hü|gel, der: vgl. Erdhaufen.

Erd|hund, der (Jagdw.): *Hund, der bei der Jagd zum Aufstöbern von Tieren in ihren Bauen (5 a) verwendet wird (z. B. Dackel, Foxterrier).*

er|dich|ten ⟨sw. V.; hat⟩ [mhd. ertihten] (geh.): *sich mithilfe der Fantasie etw. [Unwahres] ausdenken, erfinden: eine Ausrede e.*

er|dig ⟨Adj.⟩ [im 15. Jh. erdic]: **a)** *aus Erde (1 a) bestehend, Erde enthaltend; die Eigenschaft von Erde aufweisend: eine -e Masse; ein -er Boden;* **b)** (geh.) *mit Erde (1 a) beschmutzt, bedeckt:* -e Hände, Stiefel; **c)** *nach Erde (1 a) schmeckend, riechend; wie Erde, Geruch an Erde erinnernd:* ein -er Moselwein; **d)** *bodenständig, ungekünstelt, urwüchsig, unmanieriert.*

Erd|in|ne|res ⟨vgl. Inneres⟩: *unter der Erdkruste gelegenes Inneres der Erde (5).*

Erd|ka|bel, das: *unterirdisch verlegtes Kabel.*

Erd|kampf, der (Militär): *Bodengefecht.*

Erd|kar|te, die: *Landkarte, die die ganze Erde (5) darstellt.*

Erd|kern, der: *aus Metallen bestehender innerster Kern der Erde (5).*

Erd|klum|pen, der: *Klumpen aus Erde (1 a).*

Erd|kreis, der (dichter.): *Welt.*

Erd|krö|te, die: *in Europa vorkommende braune od. graue Kröte.*

Erd|krus|te, die ⟨o. Pl.⟩: *äußerste, spröde u. feste Schicht der Erde (5): die E. ist etwa 30 km dick.*

Erd|ku|gel, die: **a)** *Erde (5) als kugelförmiger Planet;* **b)** *Globus.*

Erd|kun|de, die ⟨o. Pl.⟩: *Geografie: er hat die Note 5 in E. (im Schulfach Erdkunde).*

Erd|kun|de|un|ter|richt, der: *Unterricht im Schulfach Erdkunde.*

erd|kund|lich ⟨Adj.⟩: *geografisch.*

Erd|lei|tung, die (Elektrot.): *Erde (6).*

Erd|ling, der; -s, -e [viell. nach engl. earthling = Erdbewohner, bes. aus der Sichtweise von »Außerirdischen«] (scherzh.): *Erdbewohner[in].*

Erd|loch, das: *Loch in der Erde (2): in ein E. fallen.*

erd|mag|ne|tisch ⟨Adj.⟩ (Physik): *den Erdmagnetismus betreffend, auf ihm beruhend:* -es Feld.

Erd|mag|ne|tis|mus, der (Physik): *Wirksamkeit des Magnetfelds der Erde (5).*

Erd|männ|chen, das: **1.** *Kobold,* ↑ *Alraune (2).* **2.** *(zu den Schleichkatzen gehörendes) kleines, in Bauen (5 a) lebendes Tier mit braunem Fell, spitzer Schnauze u. langem, dünn behaartem Schwanz.*

Erd|man|tel, der ⟨o. Pl.⟩: *unter der Erdkruste liegende feste Schicht im Erdinneren.*

Erd|mas|se, die: **1.** ⟨Pl.⟩ *große Mengen von Erde (1 a).* **2.** *Masse (5) des Planeten Erde.*

Erd|maus, die: *graubraune Wühlmaus.*

Erd|me|tall, das (Chemie): *Element der III. Hauptgruppe des Periodensystems der chemischen Elemente.*

Erd|mit|tel|al|ter, das ⟨o. Pl.⟩: *Mesozoikum.*

Erd|mit|tel|punkt, der ⟨o. Pl.⟩: *Mittelpunkt der Erde (5).*

erd|nah ⟨Adj.⟩ (Astron.): **a)** *der Erdkugel (a) nah;* **b)** (dichter.) *erdverbunden.*

Erd|nä|he, die (Astron.): *Perigäum.*

Erd|neu|zeit, die: *Känozoikum.*

Erd|nuss, die: **a)** *(zu den Schmetterlingsblütlern gehörende) in Tropen u. Subtropen wachsende Pflanze mit eiförmigen Fiederblättchen u. gelben Blüten, aus denen sich (an einem langen, in die Erde wachsenden Stiel) längliche Hülsenfrüchte entwickeln, die meist zwei ölhaltige, essbare Samen enthalten;* **b)** *Hülsenfrucht, Samenkern der Erdnuss (a): gesalzene Erdnüsse.*

Erd|nuss|but|ter, die (ugs.): *Erdnusscreme.*

Erd|nuss|creme, Erd|nuss|crème, die: *Brotaufstrich aus gemahlenen Erdnüssen.*

Erd|nuss|flip, der ⟨meist Pl.⟩: *Knabbergebäck aus Maismehl u. Erdnüssen.*

Erd|nuss|öl, das: *aus Erdnüssen gewonnenes, hochwertiges Speiseöl.*

Erd|ober|flä|che, die ⟨o. Pl.⟩: *Oberfläche der Erdkugel.*

Erd|öl, das: *durch [Tief]bohrung geförderter, dickflüssiger, fettiger Rohstoff von meist schwärzlicher Färbung: E. fördern; nach E. bohren.*

Erd|öl|boh|rung, die: *Bohrung nach Erdöl.*

Erd|öl|che|mie, die: *Petrolchemie.*

er|dol|chen ⟨sw. V.; hat⟩ (geh.): *mit einem Dolch, einer Stichwaffe töten.*

Erd|öl|er|zeu|ger, der: *Staat, der Erdöl fördert.*

Erd|öl|ex|por|tie|rend, erd|öl|ex|por|tie|rend ⟨Adj.⟩: *Erdöl ausführend:* die Erdöl exportierenden Staaten.

Erd|öl|feld, das: *Gebiet, in dem Erdöl vorkommt.*

Erd|öl|för|der|län|der ⟨Pl.⟩: *Erdöl fördernde Länder.*

Erd|öl för|dernd, erd|öl|för|dernd ⟨Adj.⟩: *Erdölförderung betreibend:* die Erdöl fördernden Länder.

Erd|öl|för|de|rung, die: *Förderung von Erdöl.*

erd|öl|höf|fig ⟨Adj.⟩: *ein reiches Erdölvorkommen versprechend.*

Erd|öl|kon|zern, der: *Konzern, dessen wirtschaftlicher Schwerpunkt auf der Förderung, der Verarbeitung u. dem Vertrieb von Erdöl liegt.*

Erd|öl|kri|se, die: *Ölkrise.*

Erd|öl|la|ger, das ⟨Pl. ...lager⟩, **Erd|öl|la|ger|stät|te,** die: *Lagerstätte von Erdöl.*

Erd|öl|lei|tung, die: *Rohrleitung, in der Rohöl transportiert wird; Pipeline.*

Erd|öl|preis, der: *Preis für Erdöl.*

Erd|öl|pro|dukt, das: *Produkt, für dessen Herstellung Erdöl der Grundstoff ist.*

Erd|öl pro|du|zie|rend, erd|öl|pro|du|zie|rend ⟨Adj.⟩: *Erdöl erzeugend:* die Erdöl produzierenden Staaten.

Erd|öl|raf|fi|ne|rie, die: *Betrieb, der Rohöl zu Treibstoffen, Schmier- u. Heizölen verarbeitet.*

Erd|öl|ver|ar|bei|tung, die: *Verarbeitung von Erdöl.*

Erd|öl ver|brau|chend, erd|öl|ver|brau|chend ⟨Adj.⟩: *Erdöl als Rohstoff verbrauchend:* die Erdöl verbrauchenden Länder.

Erd|öl|vor|kom|men, das: *Vorkommen an Erdöl.*

Erd|reich, das: *Erde (1 a) als Grundlage des Pflanzenwachstums: steiniges E.*

er|dreis|ten, sich ⟨sw. V.; hat⟩ (geh.): *so dreist sein, etw. Bestimmtes zu tun: der Schüler erdreistete sich, wortlos zu gehen;* Wer war hier eingedrungen in ihre Kammer, wer hatte sich des Einbruchs erdreistet in ihr verschlossenes Gemach? (Fussenegger, Haus 479).

◆ **er|dreus|ten** [zu dreust, im 18. Jh. häufige hochd. Nebenf. des urspr. niederd. ↑ dreist]: ↑ erdreisten: ... *regt sich dort hinten, mir bekannt, ein Gast. Doch diesmal ist er von den Neusten, er wird sich grenzenlos e.* (Goethe, Faust II, 6686 ff.).

Erd|rin|de, die: *Erdkruste.*

er|dröh|nen ⟨sw. V.; ist⟩: **a)** *dröhnend ertönen, widerhallen; [plötzlich] zu dröhnen beginnen:* die Glocken erdröhnen; **b)** *dröhnend zu beben beginnen:* die Erde erdröhnte.

er|dros|seln ⟨sw. V.; hat⟩: *durch Zuschnüren od. Zudrücken der Kehle gewaltsam töten:* er hat sein Opfer [mit einem Strick] erdrosselt.

Er|dros|se|lung, (seltener:) **Er|dross|lung,** die; -, -en: *das Erdrosseln.*

Erd|ro|ta|ti|on, die: *Erdumdrehung.*

er|drü|cken ⟨sw. V.; hat⟩: **1.** [mhd. erdrücken] *[durch zu großes Gewicht, Druck o. Ä.] zu Tode drücken:* die Boa erdrückt ihre Beute. **2.** *durch ein Übermaß sehr stark belasten [und in der Existenz gefährden]:* von Sorgen [fast] erdrückt werden. **3.** *durch Größe, Auffälligkeit, Bedeutsamkeit o. Ä. jmdn., etw. anderes in seiner Wirkung nicht zur Geltung kommen lassen:* das Bildchen wird von der Tapete völlig erdrückt; Selbst der Schatten eines Napoleon erdrückt einen Fouché (St. Zweig, Fouché 201).

er|drü|ckend ⟨Adj.⟩: *überwältigend, übermächtig, zu stark od. groß:* -es Beweismaterial; die Übermacht war e.

Erd|rutsch, der: *[plötzliche] Abwärtsbewegung großer Erdmassen an einem Hang:* die schweren Regenfälle hatten einen E. ausgelöst, verursacht; Ü die Partei erlebte bei den letzten Wahlen einen E. (hatte erhebliche Stimmenverluste).

erd|rutsch|ar|tig ⟨Adj.⟩: **1.** *in der Art eines Erdrutsches, einem Erdrutsch gleichkommend.* **2.** (ugs.) *sehr hoch, sehr stark:* ein -er Sieg; -e Verluste.

Erd|rutsch|sieg, der: *sehr hoher Wahlsieg.*
Erd|sa|tel|lit, der: *natürlicher od. künstlicher Himmelskörper, der die Erde (5) umkreist.*
Erd|schat|ten, der: *Schatten, den die von der Sonne beschienene Erde (5) [auf den Mond] wirft.*
Erd|schicht, die: **a)** *[dünne] Schicht Erde (1 a);* **b)** (Geol.) *einheitliche Ablagerungsschicht.*
Erd|schlipf, der (schweiz.): *Erdrutsch.*
Erd|schol|le, die: *großes Stück Erde (1 a).*
Erd|spal|te, die: *Spalte in der Erde (2).*
Erd|stoß, der: *stoßartige Erschütterung der Erdkruste.*
Erd|strah|len ⟨Pl.⟩: **1.** (Physik) *Alpha-, Beta- u. Gammastrahlen aus radioaktiven Bestandteilen des Bodens od. Gesteins.* **2.** *physikalisch nicht nachweisbare Strahlen, die Einfluss auf Menschen u. Tiere haben sollen.*
Erd|teil, der: *große zusammenhängende Landmasse mit vorgelagerten Inseln; Kontinent:* nach vielen Berufsjahren in allen -en; * **der Schwarze E.** *(Afrika).*
Erd|tra|bant, der: **a)** (selten) *Erdsatellit;* **b)** ⟨o. Pl.⟩ (geh.) *Mond der Erde (5).*
er|dul|den ⟨sw. V.; hat⟩ [mhd. erdulden]: *etw. (Unangenehmes, Schweres, Schreckliches) mit Geduld [u. Tapferkeit] auf sich nehmen, über sich ergehen lassen:* Leid, Demütigungen e.
Erd|um|dre|hung, die: *Drehung der Erde (5) um die eigene Achse.*
Erd|um|fang, der: *Umfang der Erdkugel (a).*
Erd|um|krei|sung, die: *Umkreisung der Erde (5) von Satelliten o. Ä.*
Erd|um|lauf, der: vgl. Erdumkreisung.
Erd|um|lauf|bahn, die: *kreisförmige od. elliptische Bahn [eines Satelliten] um die Erde (5):* die Rakete wurde in eine E. geschossen.
Erd|um|run|dung, die: *Umrundung der Erde (5) [mit dem Schiff].*
Erd|um|se|ge|lung, Erd|um|seg|lung, die: *Fahrt mit dem Segelboot rund um die Erde (5).*
erd|um|span|nend ⟨Adj.⟩: *die ganze Erde (5) umspannend, einbeziehend.*
Er|dung, die; -, -en: **1.** ⟨o. Pl.⟩ *das Erden.* **2.** *Strom leitende Verbindung zwischen einem elektrischen Gerät u. dem Erdboden.*
Erd|ur|zeit, die ⟨o. Pl.⟩: *Archaikum.*
erd|ver|bun|den ⟨Adj.⟩ (geh.): *der Erde (1 a), dem Irdischen verhaftet; naturverbunden; bodenständig.*
Erd|wall, der: *künstlich aufgeschütteter Wall aus Erde (1 a).*
Erd|wär|me, die: *Wärme des Erdkörpers, die sich aus der Wärme des Erdinnern u. aus der Sonneneinstrahlung zusammensetzt.*
Erd|zeit|al|ter, das (Geol.): *Ära der Erdgeschichte.*
Ere|bos [auch: ′ε...], **Ere|bus**, der; - [lat. Erebus < griech. Érebos] (Mythol.): *Unterwelt; Reich der Toten in der griechischen Sage.*
er|ei|fern, sich ⟨sw. V.; hat⟩: *in Eifer geraten, leidenschaftlich u. erregt mit Worten für etw. eintreten:* sich im Gespräch e.
Er|ei|fe|rung, die; -, -en: *das Sichereifern.*
er|eig|nen, sich ⟨sw. V.; hat⟩ [unter Anlehnung an ↑eignen zu mhd. (er)öugen, ahd. (ir)ougen = vor Augen stellen, zeigen]: *geschehen, sich zutragen, sich abspielen:* es hat sich nichts Besonderes ereignet; (geh.:) Wohin man blickte, mit wem man auch sprach: überall herrschten Trauer, Schwermut und schmerzendes Mitgefühl, und wo sich noch Leben ereignete, da ereignete es sich gedämpft (Lenz, Suleyken 141).
Er|eig|nis, das; -ses, -se: *besonderer, nicht alltäglicher Vorgang, Vorfall; Geschehnis:* ein trauriges, bedeutendes, historisches E.; die Duplizität der -se; das Konzert war ein E. *(etwas ganz* *Besonderes) für unsere Stadt;* R große -se werfen ihre Schatten voraus *(es gibt erste Anzeichen für das Bevorstehen einer besonderen Veranstaltung, eines großen Festes, einer bedeutenden Veränderung o. Ä.;* nach dem von Lord Byron als Motto gewählten Vers des schott. Schriftstellers Thomas Campbell [1777–1844]: coming events cast their shadows before); * **ein freudiges E.** (verhüll.; *die Geburt eines Kindes*).
Er|eig|nis|fern|se|hen, das: *Fernsehen, das vorwiegend sensationelle Ereignisse in meist reißerischer Form aufbereitet:* einen Kanal für das E. einrichten.
Er|eig|nis|ka|nal, der: *Fernsehkanal, der vorrangig politische Ereignisse, parlamentarische Debatten u. Ä. überträgt.*
er|eig|nis|los ⟨Adj.⟩: *keine besonderen, bemerkenswerten Ereignisse aufweisend:* ein -er Tag.
er|eig|nis|reich ⟨Adj.⟩: *reich an Ereignissen, Abwechslungen:* ein -er Urlaub, Tag.
er|ei|len ⟨sw. V.; hat⟩ (geh.): *(als etw. Unangenehmes) plötzlich u. überraschend erreichen, hart treffen:* die Nachricht ereilte ihn bei der Abreise; der Tod hat sie ereilt *(sie ist [plötzlich] gestorben).*
erek|til ⟨Adj.⟩ [zu lat. erectum, 2. Part. von: erigere, ↑erigieren] (Med.): *zur Erektion fähig:* -e Organe; -e Dysfunktion (↑Dysfunktion 1).
Erek|ti|on, die; -, -en [lat. erectio = Aufrichtung]: *durch Blutstauung entstehende Versteifung u. Aufrichtung von Organen, die mit Schwellkörpern versehen sind wie z. B. das männliche Glied.*
Erek|ti|ons|stö|rung, die: *(beim Mann) Unfähigkeit, eine Erektion zu bekommen; fehlende od. unvollständige Versteifung des Penis bei sexueller Stimulation.*
Ere|mit [österr. auch: …′mɪt], der; -en, -en [lat. eremita < griech. erēmítēs, zu: erēmos = verlassen; einsam]: **a)** *jmd., der aus religiösen Gründen von der Welt abgeschieden lebt; Einsiedler, Klausner;* **b)** *allein u. zurückgezogen lebender Mensch.*
Ere|mi|ta|ge [eremi′ta:ʒə, österr. meist: …ʃ], die; -, -n [frz. ermitage]: *abseits gelegene Grotte od. Nachahmung einer Einsiedelei in Parkanlagen des 18. Jh.s.*
Ere|mi|ten|da|sein [österr. auch: …′mɪt...], das ⟨geh.⟩: *Leben eines zurückgezogen lebenden Menschen.*
Ere|mi|tin, die; -, -nen: w. Form zu ↑Eremit.
Eren, Ern, ahd. erin, arin; vgl. anord. arinn = Erhöhung, Podium; Herd, Feuerstelle] (landsch.): *Hausflur, Hausgang.*
er|er|ben ⟨sw. V.; hat⟩ (veraltet): *erben (1 a, 2).*
er|erbt ⟨Adj.⟩: **1.** *als [materielles] Erbe hinterlassen bekommen:* ein -es Haus, Grundstück. **2.** *als Veranlagung, Begabung von den Eltern, Vorfahren mitbekommen:* eine -e Krankheit.
er|fahr|bar ⟨Adj.⟩: *sich erkennen, erfahren lassend.*
¹**er|fah|ren** ⟨st. V.; hat⟩ [mhd. ervarn, ahd. irfaran, urspr. = reisen, durchfahren, erreichen]: **1.** *Kenntnis erhalten; zu wissen bekommen:* etw. frühzeitig, zu spät e.; sie erfuhr Näheres, Genaueres aus dem Brief; wie wir aus zuverlässiger Quelle erfahren, ist noch nichts entschieden; er konnte keine Einzelheiten über die Person e. *(in Erfahrung bringen, ausfindig machen).* **2. a)** *an sich selbst erleben, zu spüren bekommen:* Glück, Leid, nichts als Undank, manche Demütigung e.; ich habe es am eigenen Leibe erfahren; **b)** (verhüllt.) *in irgendeiner Weise behandelt, verändert werden; eine Behandlung, Veränderung mitmachen, erleiden:* das Buch soll eine Überarbeitung e. *(soll überarbeitet werden):* der Umsatz hat eine Steigerung e. *(ist gestiegen).*
²**er|fah|ren** ⟨Adj.⟩: *reich an Erfahrungen, Routine, Kenntnissen; kundig; versiert:* ein -er Arzt; sie ist auf ihrem Gebiet sehr e.
³**er|fah|ren** ⟨st. V.; hat⟩: *durch Fahren erlangen, in seinen Besitz bringen:* eine Medaille e.
⁴**er|fah|ren**: 2. Part. zu ↑¹⁻³erfahren.
Er|fah|ren|heit, die; -: *das Reichsein an Erfahrungen (1).*
Er|fah|rung, die; -, -en [mhd. ervarunge, auch: Durchwanderung; Erforschung]: **1.** ⟨Pl. selten⟩ *bei praktischer Arbeit od. durch Wiederholen einer Sache gewonnene Kenntnis; Routine:* sie hat viel E. auf diesem Gebiet; wir müssen uns seine -en zunutze machen; über reiche, langjährige -en verfügen. **2.** *Erleben, Erlebnis, durch das jmd. klüger wird:* die E. hat gezeigt, dass Fehler unvermeidlich sind; -en sammeln, austauschen; ich mit ihr habe ich schlechte -en gemacht; ich habe da so meine -en [gemacht] (ugs.; *bin durch Schaden klug geworden*); das weiß sich aus eigener E.; -en mit etw. in den letzten Jahre. **3.** (Philos.) *durch Anschauung, Wahrnehmung, Empfindung gewonnenes Wissen als Grundlage der Erkenntnis.* **4.** * *etw. in E. bringen*, ermitteln, feststellen: hast du ihre Anschrift in E. bringen können?
Er|fah|rungs|aus|tausch, der: *gegenseitiges Mitteilen von Erfahrungen.*
Er|fah|rungs|be|reich, der: *Bereich, in dem jmd. Erfahrungen macht, gemacht hat.*
Er|fah|rungs|be|richt, der: *Bericht über Erfahrungen, die jmd. auf einem Gebiet gemacht hat.*
er|fah|rungs|ge|mäß ⟨Adv.⟩: *aufgrund von Erfahrung, der Erfahrung nach.*
Er|fah|rungs|sa|che, die ⟨o. Pl.⟩ (ugs.): *Sache der praktischen Erfahrung u. nicht der theoretischen Wissens:* der Umgang mit dieser Maschine ist reine E.
Er|fah|rungs|schatz, der: *Summe der Erfahrungen, die jmd. erworben hat, über die jmd. verfügt.*
Er|fah|rungs|welt, die ⟨geh.⟩: *Welt, wie sie sich jmdm. aufgrund gemachter Erfahrungen darstellt.*
Er|fah|rungs|wert, der: *[Durchschnitts]zahl, die jmd. aufgrund von Erfahrungen u. nicht durch exakte Messungen gewinnt.*
◆ **er|fan|gen** ⟨st. V.; hat⟩: *[ein]fangen:* …denn der Feind geht um und sucht, wo er sich einen erfange (Cl. Brentano, Kasperl 347).
er|fass|bar ⟨Adj.⟩: *sich erfassen (3, 4) lassend.*
er|fas|sen ⟨sw. V.; hat⟩: **1. a)** (selten) *[mit den Händen] ergreifen u. festhalten:* den Ertrinkenden am Arm e.; Ü die Scheinwerfer erfassten uns; **b)** *durch seine eigene Bewegung [gewaltsam] mitnehmen, mit sich reißen:* der Schwimmer wurde von einem Strudel erfasst. **2.** *(von einem Gefühl, einer Gemütsbewegung o. Ä.) [plötzlich] ergreifen u. für eine Weile in einem gewissen Zustand belassen; packen, überkommen:* Ekel, Angst, Freude, Mitleid erfasste ihn. **3.** *einen umfassenden Eindruck von etw. ins Bewusstsein aufnehmen; das Wesentliche einer Sache begreifen;* etw. intuitiv e.; die Situation sofort e.; du hast es erfasst! (ugs.; *du hast es ganz richtig verstanden*). **4. a)** *unter bestimmten Gesichtspunkten u. zu einem bestimmten Zweck ermitteln u. registrieren:* eine Bevölkerungsschicht, einen Sachverhalt statistisch e.; **b)** *mit einbegreifen, berücksichtigen:* die Versicherung erfasst auch die Angestellten; **c)** (EDV) *in einen Computer eingeben:* Daten, Texte e.
Er|fas|sung, die; -, -en: *das Erfassen (3, 4).*
er|fech|ten ⟨st. V.; hat⟩ [mhd. ervehten] (geh.): *durch Kämpfen erlangen, bekommen; erkämpfen:* [sich ⟨Dativ⟩] den Sieg e.

erfinden – erfrischen

er|fin|den ⟨st. V.; hat⟩ [mhd. ervinden, ahd. irfinden = entdecken, erfahren]: **1.** *durch Forschen u. Experimentieren etw. Neues, bes. auf technischem Gebiet, hervorbringen:* eine Maschine e. **2.** *sich (etw. Unwahres, Unwirkliches) ausdenken; fantasieren:* eine Ausrede, Geschichte e.; die Gestalten dieses Romans sind frei erfunden.

Er|fin|der, der; -s, -: *jmd., der etw. erfindet* (1), *einen Gegenstand, eine Verfahrensweise, einen neuen Gedanken o. Ä. als Erster hervorbringt:* Gutenberg war der E. der Buchdruckerkunst; R das ist nicht im Sinne des -s (ugs.: *das ist nicht so gedacht gewesen).*

Er|fin|der|geist, der ⟨o. Pl.⟩: *Fähigkeit, Neues zu schaffen od. [praktische] Probleme auf eine neue Art u. Weise zu lösen.*

Er|fin|de|rin, die; -, -nen: w. Form zu ↑ Erfinder.

er|fin|de|risch ⟨Adj.⟩: *reich an Einfällen; stets in der Lage, eine Lösung für ein [praktisches] Problem zu finden:* er ist ein -er Kopf; »Geld«, sagte Ravic. »Wie e. das macht.« (Remarque, Triomphe 303).

er|find|lich ⟨Adj.⟩: in der Verbindung **nicht e. sein** *(nicht erkennbar, ersichtlich, verständlich sein:* warum er es tat, ist nicht e.).

Er|fin|dung, die; -, -en: **1. a)** ⟨o. Pl.⟩ *das Erfinden* (1): die E. der Dampfmaschine durch James Watt; **b)** *etw. Erfundenes, neu Hervorgebrachtes:* eine bahnbrechende E.; eine E. machen *(etwas erfinden).* **2.** *etw., was ausgedacht ist, nicht auf Wahrheit od. Realität beruht:* sie wies diese Aussage als [eine] reine E. zurück.

Er|fin|dungs|ga|be, die ⟨Pl. selten⟩: *Erfindergeist, Einfallsreichtum.*

er|fin|dungs|reich ⟨Adj.⟩: *reich an erfinderischen Einfällen.*

Er|fin|dungs|reich|tum, der ⟨o. Pl.⟩: *das Erfindungsreichsein; Fülle erfinderischer Einfälle.*

er|fle|hen ⟨sw. V.; hat⟩ [mhd. ervlēhen] ⟨geh.⟩: *mit flehenden Bitten zu erlangen suchen:* Gottes Segen, jmds. Verzeihung e.

Er|folg, der; -[e]s, -e [rückgeb. aus ↑ erfolgen]: *positives Ergebnis einer Bemühung; Eintreten einer beabsichtigten, erstrebten Wirkung:* ein durchschlagender E.; ein E. versprechender Plan; der E. gab ihr recht; der E. blieb aus; die Aufführung war ein voller E. *(war sehr erfolgreich);* kein E. (ugs. iron.: *die Folge)* war, dass wir zu spät kamen; keinen E. haben; sie hat sich mit E. beschwert; seine Anstrengungen waren von E. gekrönt; Seine Energie brachte unleugbare außenpolitische -e zustande, doch Außenpolitik war in einer Zeit, da man nur mit geschulten Heeren die Einfälle barbarischer Völker zurückzuschlagen brauchte, keine Staatskunst (Thieß, Reich 235).

er|fol|gen ⟨sw. V.; ist⟩ [mhd. ervolgen = erreichen]; *refl. = sich zutragen⟩: geschehen, eintreten, vor sich gehen:* der Tod erfolgte wenig später; auf das Klingeln erfolgte nichts; (oft verblasst:) es ist noch keine Antwort erfolgt *(es ist noch nicht geantwortet worden);* Ihr Eintritt kann sofort e. *(Sie können sofort eintreten);* nach erfolgter *(durchgeführter)* Montage fuhr er sofort los.

er|folg|ge|krönt ⟨Adj.⟩ ⟨geh.⟩: *nach langem Bemühungen schließlich mit einem Erfolg abschließend:* ein -es Vorgehen.

er|folg|los ⟨Adj.⟩: *ohne Erfolg, ohne positives Ergebnis; vergeblich:* -e Versuche; e. bleiben.

Er|folg|lo|sig|keit, die; -: *das Erfolgloseins.*

er|folg|reich ⟨Adj.⟩: **a)** *sich durch viele Erfolge auszeichnend:* eine -e Forscherin; **b)** *ein positives Ergebnis aufweisend:* eine -e Politik.

er|folgs|ab|hän|gig ⟨Adj.⟩: *vom Erfolg abhängig.*

Er|folgs|aus|sicht, die ⟨meist Pl.⟩: *Wahrscheinlichkeit eines Erfolges.*

Er|folgs|au|tor, der: *jmd., der erfolgreiche Bücher schreibt.*

Er|folgs|au|to|rin, die: w. Form zu ↑ Erfolgsautor.

Er|folgs|be|tei|li|gung, die: *finanzielle Beteiligung von Betriebsangehörigen am Erfolg des Unternehmens.*

Er|folgs|bi|lanz, die: *Erfolge, erfolgreiche Unternehmungen aufweisende Bilanz* (b): seine E. reicht von zehn Meistertiteln bis zur olympischen Goldmedaille.

Er|folgs|chan|ce, die: *Erfolgsaussicht.*

Er|folgs|druck, der ⟨o. Pl.⟩: vgl. Erfolgszwang.

Er|folgs|er|leb|nis, das: *freudiges, Auftrieb gebendes Gefühl der Selbstbestätigung beim Gelingen von etw., was nicht leicht zu schaffen, zu bewältigen war.*

Er|folgs|fak|tor, der: *Faktor, Umstand, der zum Erfolg maßgeblich beiträgt.*

Er|folgs|fall, der (Papierdt.): *Fall eines Erfolges:* im E. gibt es eine Prämie.

Er|folgs|film, der: *erfolgreicher Kinofilm.*

Er|folgs|ge|heim|nis, das: *Erfolg versprechender Faktor* (1), *der nur Eingeweihten bekannt ist.*

Er|folgs|ge|schich|te, die: *besonders erfolgreiche Entwicklung; besonders erfolgreicher Verlauf, Werdegang.*

Er|folgs|ho|no|rar, das: *Honorar, dessen Höhe sich nach dem Erfolg (des verkauften Produktes, der erbrachten Dienstleistung) richtet.*

Er|folgs|kurs, der ⟨o. Pl.⟩ (Jargon): *Weg zum Erfolg:* eine Mannschaft auf E. bringen *(ihr zum Erfolg verhelfen).*

Er|folgs|mel|dung, die: *Meldung, dass etw. erfolgreich gewesen ist.*

Er|folgs|mensch, der: *Person, die besonders beruflich viel Erfolg hat.*

Er|folgs|mo|dell, das: *erfolgreiches Modell.*

er|folgs|ori|en|tiert ⟨Adj.⟩: *in erster Linie auf Erfolg, auf Karriere o. Ä. ausgerichtet; stets auf Erfolg bedacht:* -e Schüler.

Er|folgs|prä|mie, die: *Prämie für ein positives Ergebnis.*

Er|folgs|quo|te, die: **1.** *Anteil derjenigen, die eine Sache erfolgreich beenden.* **2.** *Anteil des bei etw. Bestimmten erzielten erfolgreichen Abschlusses o. Ä. im Vergleich zum Gesamtumfang.* **3.** *Erfolgsaussicht.*

Er|folgs|re|zept, das: *Verfahrensweise, die immer wieder zum Erfolg führt.*

Er|folgs|ro|man, der: *erfolgreicher Roman; Bestseller.*

Er|folgs|se|rie, die: **1.** (Sport) *Serie* (3) *von Erfolgen.* **2.** *erfolgreiche Serie* (2).

Er|folgs|spur, die ⟨Pl. selten⟩ (Jargon): *Erfolgskurs.*

Er|folgs|sto|ry, die, (ugs.): *besonders erfolgreiche Entwicklung; besonders erfolgreicher Werdegang.*

Er|folgs|stück, das: *erfolgreiches Theaterstück.*

er|folgs|ver|wöhnt ⟨Adj.⟩: *aufgrund zahlreicher Erfolge nicht mehr od. kaum noch an die Möglichkeit eines Misserfolgs denkend.*

Er|folgs|zwang, der: *in einer bestimmten Situation sich ergebender Zwang, Erfolge zu haben, erfolgreich zu sein:* jmdn. unter E. setzen; unter E. stehen.

Er|folg ver|spre|chend, er|folg|ver|spre|chend ⟨Adj.⟩: *einen Erfolg erwarten lassend:* Erfolg versprechende Maßnahmen; die Pläne erscheinen uns wenig e. v.

er|for|der|lich ⟨Adj.⟩: *für einen bestimmten Zweck unbedingt notwendig; unerlässlich:* die -en Mittel; die Einwilligung der Eltern ist e.; ⟨subst.:⟩ alles Erforderliche veranlassen.

er|for|der|li|chen|falls ⟨Adv.⟩ (Papierdt.): *falls nötig, falls erforderlich:* e. wird die Polizei eingeschaltet.

Er|for|der|lich|keit, die; -, -en: *das Erforderlichsein.*

er|for|dern ⟨sw. V.; hat⟩ [mhd. ervordern = fordern; vor Gericht einklagen]: *als Voraussetzung zur Verwirklichung einer Sache unbedingt notwendig machen:* dieses Projekt erfordert viel Geld, Zeit; das erfordert *(macht es nötig),* dass alle Kräfte eingesetzt werden; das erfordert *(dazu braucht man)* schon etwas Mut; Die Frage kann nur rhetorisch gemeint sein und erfordert keine *(bedarf keiner)* Antwort (Remarque, Obelisk 283).

Er|for|der|nis, das; -ses, -se: *erforderliche Bedingung, Voraussetzung:* ein wichtiges E. für etwas sein; finanzielle, materielle -se.

er|for|schen ⟨sw. V.; hat⟩ [mhd. ervorschen]: *[wissenschaftlich] genau untersuchen mit dem Ziel, möglichst viele Erkenntnisse zu erlangen; forschend ergründen:* unbekannte Länder e.; die Hintergründe, Zusammenhänge e.; sein Gewissen e. *(sich genau prüfen).*

Er|for|scher, der; -s, -: *jmd., der etw. erforscht, ergründet:* der E. der Antarktis.

Er|for|sche|rin, die; -, -nen: w. Form zu ↑ Erforscher.

Er|for|schung, die; -, -en: *das Erforschen:* die E. des Weltalls.

er|fra|gen ⟨sw. V.; hat⟩: *durch Fragen in Erfahrung bringen od. zu erfahren suchen:* den Weg, eine Telefonnummer e.; Stiller rauchte, nicht ohne ihre Erlaubnis erfragt zu haben (um Erlaubnis gebeten zu haben; Frisch, Stiller 144).

er|fre|chen, sich ⟨sw. V.; hat⟩ ⟨geh.⟩: *sich erdreisten:* ⟨iron.:⟩ ich habe mich nur erfrecht, die Wahrheit zu sagen.

er|freu|en ⟨sw. V.; hat⟩: **1.** [mhd. ervröuwen, ahd. irfreuwen] **a)** *jmdm. Freude bereiten; in frohe Stimmung versetzen:* jmdn. mit einem Geschenk e.; sein Besuch hat mich sehr erfreut; über diese Ehrung bin ich sehr erfreut *(freue mich sehr);* sehr erfreut! (veraltend; formelhafte Wendung bei der Vorstellung); **b)** ⟨e. + sich⟩ *bei od. über etw. Freude empfinden:* ich erfreute mich an den Blumen. **2.** ⟨e. + sich⟩ ⟨geh.⟩ *etw. [voller Freude] genießen, im glücklichen Besitz von etw. sein:* der Politiker erfreut sich des Vertrauens der Wähler; sich großer Beliebtheit e. *(sehr beliebt sein).*

er|freu|lich ⟨Adj.⟩: *freudig stimmend, angenehm:* eine -e Nachricht; ⟨subst.:⟩ ich konnte leider nur wenig Erfreuliches berichten.

er|freu|li|cher|wei|se ⟨Adv.⟩: *zum Glück; glücklicherweise:* e. passierte ihr nichts.

er|frie|ren ⟨st. V.⟩ [mhd. ervriesen, vgl. frieren]: **1. a)** ⟨ist⟩ *durch übermäßige Frosteinwirkung umkommen:* im Krieg sind viele Soldaten erfroren; Ü völlig erfroren *(vor Kälte starr, durchgefroren)* kamen sie nach Hause; **b)** ⟨ist⟩ *(von Gliedmaßen od. deren Teilen) durch Frosteinwirkung absterben:* dem Bergsteiger sind zwei Zehen erfroren; **c)** ⟨e. + sich (Dativ); hat⟩ *durch Frosteinwirkung an Gliedmaßen geschädigt werden:* ich habe mir die Ohren erfroren; **d)** ⟨ist⟩ *durch Frosteinwirkung eingehen:* die Geranien sind über Nacht erfroren; **e)** ⟨ist⟩ *(von bestimmten pflanzlichen Nahrungsmitteln) durch Frosteinwirkung verderben:* die Äpfel sind im Keller erfroren. **2.** ⟨ist⟩ *starr werden, erstarren:* das Lächeln erfror ihr auf den Lippen.

Er|frie|rung, die; -, -en: *Schädigung durch übermäßige Frosteinwirkung:* sich -en dritten Grades zuziehen.

Er|frie|rungs|tod, der: *Tod durch übermäßige Frosteinwirkung.*

er|fri|schen ⟨sw. V.; hat⟩: **1.** [mhd. ervrischen] *neu beleben, jmdm. neue Frische bringen:* die Rast hat den Fahrer erfrischt; erfrischende Getränke. **2.** ⟨e. + sich⟩ *sich durch äußerliche Mittel od.*

den Verzehr von etw. Kühlem od. Belebendem frisch machen, neu beleben: sich mit einem Bad, einem Kaffee e.

er|fri|schend ⟨Adj.⟩: *wohltuend, unverblümt, unkonventionell:* sie hat einen -en Humor; etw. mit -er Deutlichkeit sagen; ihre Offenheit war e.; sie ist so e. normal.

Er|fri|schung, die; -, -en: **1.** *das Erfrischen* (1 a): die E. des Körpers durch ein Bad. **2. a)** *etw., wodurch jmd. sich erfrischt:* die Dusche war eine angenehme E.; **b)** *meist kühles, erfrischendes Getränk, kühle od. aus frischen Zutaten bestehende Speise:* es wurden -en gereicht.

Er|fri|schungs|ge|tränk, das: *alkoholfreies, aus Säften, Fruchtauszügen, Mineralwasser o. Ä. bestehendes, kühles Getränk.*

Er|fri|schungs|stand, der: *Stand, an dem Erfrischungen, Süßigkeiten, Sandwiches o. Ä. verkauft werden:* ein Freibad mit Liegewiese und E.

Er|fri|schungs|tuch, das ⟨Pl. ...tücher⟩: *kleines, wohlriechendes, feucht u. luftdicht verpacktes Papiertuch zur Erfrischung u. Reinigung von Händen u. Gesicht.*

er|füh|len ⟨sw. V.; hat⟩ (geh.): *mit dem Gefühl, gefühlsmäßig erfassen.*

er|füll|bar ⟨Adj.⟩: *sich erfüllen* (3) *lassend; sich erfüllen* (4) *könnend:* ein schwer -er Wunsch.

er|fül|len ⟨sw. V.; hat⟩ [mhd. erfullen, ahd. irfullen]: **1. a)** *[sich ausbreitend einen Raum allmählich] ganz und gar [aus]füllen:* Qualm erfüllte das Zimmer; der ganze Raum war von betäubendem/mit einem betäubenden Duft erfüllt; **b)** *mit etw. ausfüllen:* die Kinder erfüllten das Haus mit Leben. **2. a)** *innerlich ganz in Anspruch nehmen, stark beschäftigen, von jmds. Gemüt od. Denken Besitz ergreifen:* Zorn, Freude erfüllte ihn; die neue Aufgabe erfüllte sie ganz; von Reiseeindrücken erfüllt sein; **b)** (geh.) *etw. in jmdm. aufkommen, entstehen lassen:* ihr Verhalten erfüllt mich mit Sorge. **3.** *einer Verpflichtung, Erwartung, Forderung o. Ä. ganz und gar nachkommen, völlig entsprechen:* ein Versprechen, eine Pflicht e.; einem Kind jeden Wunsch e.; der Bewerber erfüllt die Bedingungen, Erwartungen nicht; damit ist der Tatbestand des Betrugs erfüllt (Rechtsspr.: *gegeben*). **4.** ⟨e. + sich⟩ *Wirklichkeit werden; eintreffen:* mein Wunsch, seine Prophezeiung hat sich erfüllt; er blickt auf ein erfülltes (geh.: *in seinen Anlagen u. Möglichkeiten verwirklichtes*) Leben zurück. **5.** (Math.) *stimmig, gültig machen:* welcher Wert für x erfüllt diese Gleichung?

Er|füllt|heit, die; -: *innerliches Erfülltsein, In-Anspruch-genommen-Sein.*

Er|fül|lung, die; -, -en: **1.** *inneres Erfülltsein von einer Sache, sodass das Denken u. Fühlen weitgehend davon beherrscht wird:* in einer Aufgabe E. finden. **2.** *das Erfüllen* (3): die E. meines Wunsches, des Vertrages. **3.** * *in E. gehen* (*Wirklichkeit werden:* mein Traum ging in E.).

Er|fül|lungs|ge|hil|fe, der (bes. Rechtsspr.): *jmd., der für einen andern eine Leistung erbringt, zu der dieser verpflichtet ist:* der Malergeselle führt als E. den Auftrag aus; Ü (abwertend:) die Städte wehren sich dagegen, -n des Bundes zu sein.

Er|fül|lungs|ge|hil|fin, die: w. Form zu ↑ Erfüllungsgehilfe.

Er|fül|lungs|ort, der ⟨Pl. -e⟩ (Rechtsspr.): *Ort, an dem eine Leistung erbracht werden soll, zu der jmd. vertraglich verpflichtet ist:* E. ist Hamburg.

er|fun|den: ↑ erfinden.

Er|furt: *Landeshauptstadt von Thüringen.*

¹Er|fur|ter, der; -s, -: Ew.

²Er|fur|ter ⟨indekl. Adj.⟩.

Er|fur|te|rin, die; -, -nen: w. Form zu ↑ ¹Erfurter.

er|gän|zen ⟨sw. V.; hat⟩ [zu ↑ ganz]: **1. a)** *durch Schließen entstandener Lücken wieder vollständig machen; durch Hinzufügen von etw. vervollständigen, bereichern:* seine Vorräte, eine Sammlung, das Lager e.; **b)** ⟨e. + sich⟩ *durch Schließen entstandener Lücken wieder vollständig werden:* der Vorstand ergänzt sich durch Zuwahl; **c)** *vervollständigend zu etw. hinzukommen:* Anmerkungen ergänzen den Text. **2.** *als zusätzliche, vervollständigende Feststellung o. Ä. äußern, vorbringen:* darf ich hierzu noch etwas e.?; eine ergänzende Bemerkung machen. **3.** *durch seine Eigenschaften, Fähigkeiten o. Ä. ausgleichen, was einem andern fehlt:* die Freunde, die Partner ergänzen sich/(geh.:) einander vortrefflich.

Er|gän|zung, die; -, -en: **1.** *das Ergänzen, Ergänztwerden:* zur, in E. unseres Schreibens teilen wir Ihnen mit ... **2.** *etw., was etw. ergänzt:* eine solche Zusatzversicherung eignet sich besonders als E. zur gesetzlichen Krankenversicherung. **3.** (Sprachwiss.) *Objekt* (4): eine E. im 4. Fall.

Er|gän|zungs|ab|ga|be, die (Steuerw.): *(zu gewissen Zeiten erhobene) zusätzliche Abgabe.*

Er|gän|zungs|band, der ⟨Pl. ...bände⟩ (Verlagsw.): *Buch, das Nachträge, Ergänzungen im Anschluss an ein [mehrbändiges] Werk bringt* (Abk.: Erg.-Bd.).

er|gän|zungs|be|dürf|tig ⟨Adj.⟩: *einer Ergänzung bedürfend, eine Ergänzung benötigend:* sicherlich ist der Beitrag hier und da e.; der Artikel finde ich sehr e.

Er|gän|zungs|bin|de|strich, der (Sprachwiss.): *Bindestrich, der bei zusammengesetzten od. abgeleiteten Wörtern anstelle eines gemeinsamen Bestandteils gesetzt wird.*

Er|gän|zungs|fra|ge, die: **1.** (Sprachwiss.) *Frage, die als Antwort nicht ein Ja od. ein Nein, sondern eine Ergänzung verlangt.* **2.** *zusätzliche, das Thema ergänzende Frage, z. B. im Parlament.*

Er|gän|zungs|heft, das: vgl. Ergänzungsband.

Er|gän|zungs|kom|man|do, das (österr.): *für die Einberufungen zum österreichischen Bundesheer zuständige Militärdienststelle.*

er|gat|tern ⟨sw. V.; hat⟩ [eigtl. = von einem Gatter od. über ein Gatter hinweg zu erlangen suchen] (ugs.): *sich (etw. Seltenes, knapp Gewordenes) mit Ausdauer, List od. Geschick verschaffen:* die letzten Eintrittskarten e.; einen Job e.

er|gau|nern ⟨sw. V.; hat⟩ (abwertend): *sich durch Betrug, Gaunerei verschaffen:* dieses Geld hast du [dir] doch ergaunert.

¹er|ge|ben ⟨st. V.; hat⟩ [mhd. ergeben, ahd. irgebān]: **1. a)** *zum Resultat, zur Folge haben:* die Untersuchung ergab einen Beweis ihrer Schuld; 60 geteilt durch 4 ergibt 15; die Nachprüfung hat ergeben, dass alles seine Ordnung hatte; **b)** ⟨e. + sich⟩ *aus etw. folgen; sich als andern; aus alledem ergibt sich, dass du recht hattest; das hat sich so ergeben* (*ist von allein so gekommen*); wenn sich das gerade ergibt (*wenn es gerade passt*); Ich treffe natürlich eine Menge Leute. Das ergibt sich aus dem Beruf (Strauß, Niemand 161). **2.** ⟨e. + sich⟩ **a)** *sich jmdm., einer Sache rückhaltlos hingeben, widmen:* sich dem Spiel, dem Alkohol, einer Leidenschaft e.; **b)** *sich fügen; etw. widerstandslos hinnehmen:* sich in sein Schicksal e.; **c)** *keinen Widerstand [mehr] leisten; kapitulieren:* er ergab sich der Polizei.

²er|ge|ben ⟨Adj.⟩: **a)** *demütig zugeneigt; hingebungsvoll:* er ist ihr bedingungslos, blind e.; **b)** (veraltend) *still resignierend:* ein -es Gesicht machen; **c)** (geh.) *untertänig, devot:* sich e. verneigen; (veraltend; in Briefen:) Ihr sehr -er Markus Meier.

³er|ge|ben: ↑ ¹ergeben.

Er|ge|ben|heit, die; -: **a)** *Treue, Fügsamkeit, Hingegebensein:* jmdm. seine E. zeigen; **b)** *klagloses Sichfügen:* sein Schicksal mit E. tragen.

Er|ge|ben|heits|ad|res|se, die: *an eine führende Persönlichkeit gerichtete Adresse* (2), *mit der jmd. od. ein Personenkreis seine Ergebenheit bekunden will.*

Er|geb|nis, das; -ses, -se: **a)** *Folge einer Anstrengung, Unterlassung; Resultat:* ein mageres, günstiges, positives E.; die Untersuchung hatte, brachte kein befriedigendes E., führte zu keinem E.; **b)** *etw., was durch Rechnung, Messung, Auszählung o. Ä. ermittelt wird:* das E. einer Mathematikaufgabe.

Er|geb|nis|be|tei|li|gung, die (Wirtsch.): *Erfolgsbeteiligung.*

Er|geb|nis|lis|te, die: *Liste, in die die Ergebnisse sportlicher Wettkämpfe eingetragen werden.*

er|geb|nis|los ⟨Adj.⟩: *ohne Ergebnis [bleibend]:* die Verhandlungen wurden e. abgebrochen.

Er|geb|nis|lo|sig|keit, die; -: *das Ergebnislossein.*

er|geb|nis|of|fen ⟨Adj.⟩: *nicht von vornherein auf ein bestimmtes zu erzielendes Ergebnis festgelegt:* -e Beratungen, Verhandlungen; e. diskutieren.

er|geb|nis|ori|en|tiert ⟨Adj.⟩: *konsequent auf ein zu erzielendes Ergebnis hin ausgerichtet:* eine -e Diskussion.

Er|geb|nis|pro|to|koll, das: *Protokoll* (1 a), *das nur die wesentlichen Ergebnisse einer Sitzung o. Ä. [in der Art von Thesen] darstellt.*

er|geb|nis|reich ⟨Adj.⟩: *reich an Ergebnissen:* -e Forschungen.

Er|geb|nis|stei|ge|rung, die (Wirtsch.): *Steigerung des Betriebsergebnisses.*

Er|geb|nis|ver|bes|se|rung, die (Wirtsch.): *Verbesserung des Betriebsergebnisses.*

Er|ge|bung, die; - [zu ↑ ¹ergeben (2 b)] (geh.): *klagloses Sichfügen:* er trägt sein Los in stiller E.

er|ge|bungs|voll ⟨Adj.⟩ (geh.): *voll Ergebung:* e. stillhalten.

er|ge|hen ⟨unr. V.⟩ [mhd. ergān, ergēn = geschehen, sich vollenden, ahd. irgān = ausgehen, ereignen]: **1.** ⟨ist⟩ (geh.) *[offiziell] erlassen, an jmdn. gerichtet werden:* es ist ein neues Gesetz ergangen; an den Gelehrten erging ein Ruf in die USA. **2.** ⟨unpers.; ist⟩ *jmdm. in bestimmter Weise geschehen, widerfahren:* es ist ihr dort schlecht ergangen; ⟨subst.:⟩ sich nach jmds. Ergehen (*Los, Befinden*) erkundigen; * *etw. über sich e. lassen* (*[geduldig] hinnehmen, mit sich geschehen lassen:* sie hat alles ruhig, teilnahmslos über sich e. lassen). **3.** ⟨e. + sich; hat⟩ *sich langatmig (in Worten od. Gedanken) mit etw. beschäftigen; sich über etw. verbreiten, umständlich äußern:* sich in Vermutungen, Dankesworten e.; (oft abwertend:) man erging sich in langen Reden. **4.** ⟨e. + sich; hat⟩ (geh.) *an einem Ort spazieren gehen, lustwandeln:* die Damen ergingen sich im Park.

♦ **er|get|zen:** ↑ ergötzen: ... damit ihr euch daran ergetzt (Goethe, Diwan [Freisinn]).

♦ **Er|get|zung:** ↑ Ergötzung: ... was bieten der Ihnen für mannigfaltige en dar (Goethe, Werther II, Der Herausgeber an den Leser).

er|gie|big ⟨Adj.⟩: **a)** *ertragreich, groß, stark, in großer Fülle:* -e Lagerstätten, Regenfälle, Gewinne; die Ernte war e.; **b)** (als Ausgangsstoff o. Ä.) *viel ergebend; gute Ausbeute bringend:* eine -e Kaffeesorte; **c)** *lohnend, dankbar, großen Nutzen bringend:* das Thema war nicht besonders e.

Er|gie|big|keit, die; -: *das Ergiebigsein.*

er|gie|ßen ⟨st. V.; hat⟩ [mhd. ergiezen = aus-, vergießen]: **1.** ⟨e. + sich⟩ *in großer Menge irgendwohin fließen, strömen:* der Strom ergießt sich ins Meer; die Milch ergoss sich über ihn; Ü ein

erglänzen – erhaschen

Schwall von Schimpfwörtern ergoss sich über sie. **2.** (geh.) *irgendwohin aussenden, verströmen:* die Sonne ergoss ein gleißendes Licht über das Tal.

er|glän|zen ⟨sw. V.; ist⟩ [mhd. erglenzen] (geh.): *glänzend aufleuchten; Glanz bekommen:* das Meer erglänzt in der Sonne.

er|glü|hen ⟨sw. V.; ist⟩ [mhd. erglüejen] (geh.): **a)** *zu glühen, glühend zu scheinen beginnen:* die Sterne erglühen, Ü in Liebe erglüht sein *(sich verliebt haben);* **b)** *rot werden:* vor Scham e.

er̦|go ⟨Adv.⟩ [lat.] (bildungsspr.): *also, folglich, demnach:* du hast es getan, e. musst du dafür geradestehen.

Er|go|me̦|ter, das; -s, - (Med.): *Gerät zur Messung der körperlichen Leistungsfähigkeit eines Menschen.*

Er|go|no|mie̦, Er|go|no|mik, die; - ⟨engl. ergonomics, zu griech. érgon = Arbeit u. engl. economics = Volkswirtschaft(slehre)⟩: **a)** *Wissenschaft von den Leistungsmöglichkeiten u. -grenzen des arbeitenden Menschen sowie von den optimalen wechselseitigen Anpassung zwischen dem Menschen u. seinen Arbeitsbedingungen;* **b)** *optimale wechselseitige Anpassung zwischen dem Menschen u. seinen Arbeitsbedingungen.*

er|go|no|misch ⟨Adj.⟩: *die Ergonomie betreffend, auf den Erkenntnissen der Ergonomie beruhend.*

Er̦|go|the|ra|peut [auch: ...'pɔyt], der; -en, -en (Med., Psychol.): *jmd., der Ergotherapien durchführt.*

Er̦|go|the|ra|peu|tin [auch: ...'pɔy...], die; -, -nen: w. Form zu ↑ Ergotherapeut.

Er̦|go|the|ra|pie [auch: ...'piː], die; -, -n [zu griech. érgon = Arbeit u. ↑ Therapie] (Med., Psychol.): *Therapie mit dem Ziel, Menschen mit psychischen od. körperlichen Schädigungen (durch systematisch aktive Bewegung des Körpers od. einzelner Glieder od. durch geistige Arbeit) ein möglichst eigenständiges u. uneingeschränktes Handeln zu ermöglichen.*

er|göt|zen ⟨sw. V.; hat⟩ [frühnhd. = sich erholen, mhd. ergetzen, ahd. irgetzen = vergessen machen, entschädigen] (geh.): **a)** *jmdm. Spaß, Vergnügen, Freude bereiten:* ihre Späße haben mich ergötzt; **b)** ⟨e. + sich⟩ *an etw. Vergnügen haben:* ich ergötzte mich an diesem Anblick.

Er|göt|zen, das; -s (geh.): *Vergnügen, Entzückung:* es geschah zum E. der Zuschauer.

er|götz|lich ⟨Adj.⟩ (geh.): *Vergnügen bereitend; vergnüglich:* eine -e Geschichte.

Er|göt|zung, die; -, -en (geh.): *Vergnügen, Zerstreuung.*

er|grau|en ⟨sw. V.; ist⟩: *grau[haarig] werden:* er, sein Haar begann zu e.; ⟨meist im 2. Part.:⟩ sie war schon leicht ergraut; ein im Dienst ergrauter *(alt gewordener)* Beamter.

er|grei|fen ⟨st. V.; hat⟩: **1. a)** [mhd. ergrīfen] *mit der Hand nach einer Person, Sache greifen u. sie festhalten; [zu einem bestimmten Zweck] in die Hand nehmen:* ein Glas, jmds. Hand e.; ein Kind bei der Hand e.; er ergriff den Ertrinkenden beim Schopf; Ü die Flammen ergriffen das Haus; **b)** *festnehmen:* einen Dieb e.; der Täter konnte sofort ergriffen werden; **c)** *verblasst;* drückt den Entschluss zu etw. aus: einen Beruf e. *(wählen);* die Initiative e. *(aktiv werden, zu handeln beginnen);* die Macht e. *(übernehmen).* **2. a)** *als [plötzliche] Empfindung in jmds. Bewusstsein dringen, als [plötzliches] Verhalten in jmdm. wirksam werden:* Reue, eine böse Ahnung, ein Gefühl der Freude ergreift mich; **b)** *erfassen, befallen; [schädigend] beeinflussen, übergreifen:* von einer Krankheit ergriffen werden. **3.** *im Innersten bewegen; jmdm. nahegehen:* ihr Schicksal, die Musik hat mich tief ergriffen;

eine ergreifende Rede, Szene; [tief] ergriffen *(erschüttert)* sein.

Er|grei̦|fung, die; -, -en ⟨Pl. selten⟩: **1.** *das Ergreifen; Übernahme.* **2.** *Festnahme:* für die E. des Täters wurde eine Belohnung ausgesetzt.

er|grif|fen: ↑ ergreifen.

Er|grif̦|fen|heit, die; -: *tiefe Gemütsbewegung unter dem Eindruck eines feierlichen Ereignisses, erhebenden Erlebnisses o. Ä.:* er versuchte seiner E. Herr zu werden; vor E. schweigen.

er|gri̦m|men ⟨sw. V.; ist⟩ (geh.): *von Grimm, Zorn erfasst werden:* über etw. ergrimmt sein.

er|gründ|bar ⟨Adj.⟩: *sich in seinen Gründen, Ursachen erfassen lassend.*

er|grün|den ⟨sw. V.; hat⟩ [mhd. ergründen]: *in allen Einzelheiten, bis zum Ursprung erforschen:* die Ursache von etw. e.

Er|grün|dung, die; -, -en ⟨Pl. selten⟩: *das Ergründen.*

er|grü|nen ⟨sw. V.; ist⟩ [mhd. ergrüenen = grün machen] (geh.): *grün werden:* Bäume und Sträucher sind ergrünt.

Er|guss, der; -es, Ergüsse: **1.** (Med.) **a)** *Ansammlung von Flüssigkeit in einer Körperhöhle od. von Blut außerhalb der Blutbahn in den Weichteilen;* **b)** *Ejakulation.* **2.** (Geol.) **a)** *das Ausströmen flüssiger Lava bei Vulkanausbrüchen;* **b)** *ausgeströmte flüssige Lava.* **3.** (geh., oft iron.) *[wortreicher] Ausbruch von Gefühlen, Stimmungen o. Ä.:* ein poetischer E.

Er|guss|ge|stein, das (Geol.): *vulkanisches Gestein.*

er|ha|ben ⟨Adj.⟩ [mhd. erhaben; altes 2. Part. von: erheben = in die Höhe heben]: **1.** (bes. Fachspr.) *aus einer Fläche hervortretend, herausragend:* nur die -en Stellen der Platte erscheinen beim Druck. **2.** *durch seine Großartigkeit feierlich stimmend, wiehevoll:* ein -es Gefühl; ein -er Anblick; R vom Erhabenen zum Lächerlichen ist nur ein Schritt (nach einem Ausspruch Napoleons auf seiner Flucht aus Russland). **3.** *überlegen; von etw. nicht mehr berührt:* er fühlt sich über alles e.; über jeden Verdacht e. sein *(keinen Verdacht zulassen);* seine Arbeit ist über jeden Zweifel e. *(lässt keinen Zweifel zu).*

Er|ha̦|ben|heit, die; -, -en: **1.** (selten) *Erhöhung, kleine Erhebung:* eine E. des Bodens. **2.** ⟨o. Pl.⟩ *das Erhabensein; Würde.*

Er|halt, der; -[e]s (Papierdt.): **1.** *Empfang, Entgegennahme:* [jmdm.] den E. einer Ware, Lieferung, Sendung bestätigen; nach E. Ihres Schreibens. **2.** *Erhaltung von etw., was in seiner Existenz bedroht ist:* der E. der Privatschule.

er|ha̦l|ten ⟨st. V.; hat⟩: **1. a)** *mit etw. bedacht, versehen werden; empfangen:* einen Orden e.; du erhältst, er erhielt das Buch als/zum Geschenk; **b)** *jmdm.* (als Äquivalent, als Bezahlung o. Ä.) *zuteilwerden;* (etw., worauf man Anspruch hat) *bekommen:* [keine] Verpflegung, [keinen] Urlaub e.; sie erhielt für einen Auftritt 5000 Euro; Ü er hat den Lohn für seine Untaten erhalten *(er ist für seine Untaten bestraft worden);* **c)** *zugestellt, übermittelt o. Ä. bekommen:* eine SMS, neue Nachrichten im Paket e.; **d)** (als Strafe o. Ä.) *hinnehmen müssen; bekommen:* einen Tadel, eine Strafe e.; er erhielt drei Jahre Gefängnis; **e)** (an einer bestimmten Körperstelle) *plötzlich von etw. getroffen werden:* er erhielt einen Schlag auf den Kopf; **f)** *erteilt bekommen:* einen Befehl, einen Auftrag, keine Aufenthaltsgenehmigung e.; [keine] Antwort e.; die Straße erhielt einen neuen Namen; der Aufsatz erhielt eine neue Fassung *(wurde umgearbeitet);* **g)** *(eine bestimmte Vorstellung) bekommen:* einen Eindruck, ein schiefes Bild von jmdm., etw. e.; **h)** (als Endprodukt) *aus etw. gewinnen:* Teer erhält man aus Kohle; durch das Einsetzen die-

ses Wertes erhalten wir die gesuchte Lösung; ◆ **i)** [als bestimmtes Ziel] *erreichen, zustande bringen:* ... bis ich erhielt durch mütterliches Flehn, dass sie's zufrieden sind ..., sich von Angesicht zu sehn (Schiller, Braut v. Messina 85 ff.]. **2. a)** ⟨e. + sich⟩ *Bestand haben, sich halten:* diese Sitte hat sich erhalten; nur einige konstitutionellen Monarchien haben sich noch erhalten; **b)** *in seinem Bestand, Zustand bewahren; beibehalten, aufrechterhalten:* ein Gebäude e.; den Frieden e.; die Vitamine bleiben bei diesem Verfahren erhalten; erhalte dir deine gute Laune!; davon ist nicht mehr viel erhalten *(übrig geblieben);* **c)** *in einem bestimmten Zustand bewahren:* Gemüse, Fleisch frisch e.; ich will mich durch Sport fit e.; die Möbel sind gut erhalten, er ist [noch recht] gut erhalten (scherzh.; *sieht für sein Alter [noch] gut aus).* **3.** *unterhalten, ernähren:* eine große Familie zu e. haben; mit diesem Verdienst kann er sich und seine Angehörigen kaum e.; das Geschäft kann ihn gerade eben e. **4.** ⟨e. + 2. Part.; als Umschreibung des Passivs:⟩ etw. bestätigt, zugesprochen e.

er|ha̦l|tens|wert ⟨Adj.⟩: *erhaltungswürdig:* ein -es Gebäude, Erbe.

er|hä̦lt|lich ⟨Adj.⟩: *so beschaffen, dass man es erhalten, kaufen kann, dass ein Kauf möglich ist:* ein nicht mehr -es Präparat; dieser Artikel ist nur im Fachgeschäft e.

Er|ha̦l|tung, die; -: **1.** *das Erhalten* (2); *Sicherung des weiteren Bestehens:* die E. eines Gebäudes, des Status quo, des Friedens; eine Kur dient der E. der Arbeitskraft; in der Physik gilt der Satz von der E. *(vom unveränderten Fortbestehen)* der Energie. **2.** *Ernährung, Versorgung:* sein Lohn ist zu gering zur E. der großen Familie.

Er|ha̦l|tungs|kos|ten ⟨Pl.⟩: *Kosten für Ernährung, Sicherung, Instandsetzung o. Ä.*

er|ha̦l|tungs|wür|dig ⟨Adj.⟩: *wert, erhalten* (2b) *zu werden:* ein -er Bau, Brunnen.

Er|ha̦l|tungs|zu|stand, der: *Zustand, in dem sich eine Sache im Augenblick befindet:* der Wagen ist in bestem E.

er|ha̦n|deln ⟨sw. V.; hat⟩: **a)** *durch Handeln, Handel erwerben;* **b)** *aushandeln:* bessere Bedingungen e.

er|hä̦n|gen ⟨sw. V.; hat⟩: **a)** ⟨e. + sich⟩ *sich mit einem um den Hals gelegten Strick o. Ä. an etw. aufhängen u. sich so selbst töten:* sich an einem Balken, in der Zelle, mit einem Koppel e.; **b)** [mhd. erhenken] *mit einem um den Hals gelegten Strick o. Ä. an etw. aufhängen u. dadurch töten:* man hat seinen Vater in den letzten Kriegstagen erhängt; ⟨subst.:⟩ jmdn. zum Tod durch Erhängen verurteilen.

Er|hä̦ng|te, die/eine Erhängte; der/einer Erhängten, die Erhängten/zwei Erhängte: *weibliche Person, die erhängt worden ist.*

Er|hä̦ng|te, der; Erhängte/ein Erhängter; des/eines Erhängten, die Erhängten/zwei Erhängte: *jmd., der erhängt worden ist.*

er|hä̦r|ten ⟨sw. V.⟩: **1.** ⟨hat⟩ **a)** *durch Argumente untermauern, bekräftigen:* einen Verdacht [durch Zeugen] e.; eine Aussage eidlich, durch einen Eid e.; **b)** ⟨e. + sich⟩ *durch etw. untermauert, bekräftigt werden:* meine These hat sich erhärtet. **2.** (geh.) **a)** ⟨ist⟩ *hart werden:* Beton erhärtet an der Luft; **b)** ⟨hat⟩ *hart machen:* Ton durch Brennen e.

Er|hä̦r|tung, die; -, -en: *das Erhärten; das Erhärtetwerden.*

er|ha̦|schen ⟨sw. V.; hat⟩ (geh.): **1.** *durch plötzliches Zugreifen o. Ä. fangen:* mit einem Sprung erhaschte die Katze ihre Beute. **2. a)** [gerade noch] *wahrnehmen können:* einen Blick, ein paar Worte, einen Eindruck von jmdm. e.; mein Blick erhaschte gerade noch ihr Gesicht; **b)** *sich*

er|hausen ⟨sw. V.; hat⟩ (schweiz.): *ersparen; durch Sparsamkeit erwerben*.

er|he|ben ⟨st. V.; hat⟩ [mhd. erheben = hoch-, anheben, ahd. irheffan]: **1. a)** *in die Höhe heben; emporstrecken:* den Arm e.; das Glas [auf jmds. Wohl] e.; erhobenen Hauptes *(stolz)* entfernte sie sich; die Augen, den Blick [zu jmdm.] e. *(geh.; zu jmdm. aufsehen);* Ü er sprach mit erhobener *(lauter)* Stimme; **b)** *erbauen* (2 b): die Kunst will uns, unser Gemüt e.; sich erhoben fühlen. **2.** ⟨e. + sich⟩ **a)** *aus dem Liegen, Sitzen od. Hocken hochkommen; aufstehen:* sich von seinem Platz, vom Stuhl e.; erst gegen Mittag erhob sie sich (geh.; *stand sie vom Schlaf auf*); **b)** *in die Höhe steigen; hochfliegen:* der Adler erhebt sich in die Lüfte; **c)** *emporragen:* auf dem Platz erhebt sich ein Denkmal; die Berge erheben sich dort nicht über 1000 Meter. **3. a)** *in einen höheren Rang einordnen, auf eine höhere Stufe stellen:* jmdn. in den Adelsstand e.; eine Gemeinde zur Stadt e.; **b)** (veraltet) *rühmen, preisen, über alles loben;* **c)** ⟨e. + sich⟩ *über jmdn., etw. hinauswachsen, hinauskommen:* er erhebt sich, seine Leistungen erheben sich nie über den Durchschnitt; **d)** ⟨e. + sich⟩ *sich für besser halten:* du erhebst dich zu gern über die andern. **4.** ⟨e. + sich⟩ *einen Aufstand machen, gegen Unterdrückung o. Ä. rebellieren:* die Gefangenen erhoben sich gegen ihre Bewacher. **5. a)** *als Zahlung verlangen, einfordern, einziehen:* Steuern, Gebühren e.; bei dieser, für diese Veranstaltung werden 10 Euro erhoben; **b)** (bes. südd., österr.) *[behördlich] feststellen:* die Hochwasserschäden e.; **c)** *zusammentragen, sammeln:* Daten e.; das vom Autor erhobene Material. **6. a)** ⟨e. + sich⟩ (geh.) *beginnen, aufkommen, ausbrechen:* ein Sturm erhebt sich; ⟨auch unpers.⟩ es erhob sich großes Geschrei; es erhebt sich die Frage, ob wir richtig gehandelt haben; **b)** (verblasst) *vorbringen, geltend machen:* Widerspruch, einen Einwand gegen jmdn., etw. e.; Klage e. *(klagen);* einen Anspruch auf etw. e. *(bez. beanspruchen);* ein großes Geschrei e. (ugs.; *laut protestieren)*.

er|he|bend ⟨Adj.⟩ [1. Part. von ↑ erheben (1 b)]: *in feierliche Stimmung versetzend, jmdm. ein Gefühl der Erbauung vermittelnd:* ein -er Augenblick; deine Leistung war nicht gerade e. *(war wenig erfreulich)*.

er|heb|lich ⟨Adj.⟩: *beträchtlich; ins Gewicht fallend:* ein -er Schaden, Unterschied, Nachteil; e. weniger verdienen; sie wurde e. verletzt.

Er|heb|lich|keit, die; -: *das Erheblichsein*.

Er|he|bung, die; -, -en: **1.** *Anhöhe, Hügel, Berg[gipfel]:* die höchste E. des Riesengebirges. **2.** *das Erheben* (3 a): seine E. in den Adelsstand. **3.** *seelisches Glücksgefühl:* Es kam nun gut heraus, was ich wollte (oder einmal gewollt hatte), nämlich den trostlasligen Leser in seine Schranken zurückweisen, ihm seinen alten Wunsch nach E. und Erlösung austreiben (Kaschnitz, Wohin 17). **4.** *das Sicherheben* (4) *Aufstand:* eine bewaffnete E. des Volkes gegen die Diktatur. **5.** *das Erheben* (5 a), *Einziehen von Abgaben:* die E. erfolgt nach neuen Beitragssätzen. **6.** *das Erheben* (5 b); *Nachforschung, Umfrage:* eine amtliche, statistische E.; -en über etw. anstellen, durchführen, machen.

Er|he|bungs|zeit|raum, der (Papierdt.): *Zeitraum, in dem eine Erhebung* (6) *stattfindet*.

er|hei|schen ⟨sw. V.; hat⟩ (geh.): *erfordern; nötig haben; verlangen:* Glanz und Ruhm e.

er|hei|tern ⟨sw. V.; hat⟩: **1. a)** *heiter, lustig stimmen:* ihre Späße erheitern uns; ⟨subst. 1. Part.:⟩ das hatte etwas Erheiterndes *(reizte zum Lachen)*; **b)** (veraltend) *aufheitern, aufmuntern:* der Wein erheitert unser Gemüt. **2.** ⟨e. + sich⟩ (geh.) **a)** *schön, klar, hell werden:* der Himmel erheiterte sich; **b)** *heiter werden:* ihr Gesicht erheiterte sich.

Er|hei|te|rung, die; -, -en ⟨Pl. selten⟩: *das Erheitern:* zur allgemeinen E. beitragen.

er|hel|len ⟨sw. V.; hat⟩: **1. a)** *hell machen, beleuchten:* Fackeln erhellen den Weg; den Raum mit einer/durch eine Lampe e.; die Fenster waren erhellt; Ü ein Lächeln erhellte ihr Gesicht *(gab ihm einen heiteren Ausdruck);* **b)** ⟨e. + sich⟩ *hell werden; sich aufheitern:* der Himmel erhellte sich; Ü sein Gesicht erhellte sich *(wurde heiter)*. **2. a)** *deutlich machen, erklären:* diese Äußerung erhellt die ganze Situation; **b)** *deutlich, verständlich werden; sich [als Folgerung] ergeben:* aus den Messwerten erhellt, wie wichtig der Umweltschutz ist.

Er|hel|lung, die; -, -en ⟨Pl. selten⟩: *das Erhellen; das Erhelltwerden*.

er|hit|zen ⟨sw. V.; hat⟩ [mhd. erhitzen = heiß werden]: **1.** *heiß machen, stark erwärmen:* Milch, Wasser e.; ⟨subst.:⟩ beim Erhitzen platzen die Bläschen; Ü der Wein erhitzte sie. **2.** ⟨e. + sich⟩ *heiß werden:* das Öl hat sich erhitzt; Ü sie hatte sich beim Treppensteigen erhitzt; sie war erhitzt vom Tanzen. **3. a)** *erregen, innerlich stark bewegen:* der Streit erhitzte die Gemüter; dieser Gedanke erhitzte ihn, seine Fantasie; **b)** ⟨e. + sich⟩ *über etw. in Erregung, in Streit geraten:* sie erhitzten sich an dieser Frage; ... so würde sie wohl, ohne sich für die Gründe und Gegengründe zu e., kurzerhand zur Antwort gegeben haben, dass sie die Sonne es ja immer auch anders tun könnte (Musil, Mann 1121).

Er|hit|zung, die; -, -en ⟨Pl. selten⟩: *das Erhitzen; das Erhitztwerden:* eine E. auf 80 °C.

er|hof|fen ⟨sw. V.; hat⟩: *auf etw. hoffen; hoffend [für sich] erwarten:* nichts mehr zu e. haben; ich erhoffe mir davon große Vorteile; der erhoffte Gewinn blieb aus.

er|hö|hen ⟨sw. V.; hat⟩ [1–3: mhd. erhœhen]: **1.** *höher machen:* die Deiche [um einen Meter] e. **2.** *steigern; vermehren, verstärken:* die Steuern, die Löhne, die Preise, die Produktion e.; den Beitragssatz um 0,5 % auf 11 % e.; der Blutdruck ist erhöht; erhöhte Temperatur *(leichtes Fieber);* **b)** ⟨e. + sich⟩ *wachsen, steigen; stärker werden:* die Kosten erhöhen sich ständig; die Zahl der Opfer hat sich auf 34 erhöht. **3.** *jmdn. auf höhere Stufe stellen, in seinem Rang erheben:* er wurde im Rang erhöht. **4.** (Musik) *einen Halbton heraufsetzen:* bei dieser Tonart ist c [zu cis] zu erhöhen.

Er|hö|hung, die; -, -en [spätmhd. erhœhunge = Erhebung]: **1.** *das Erhöhen* (1), *Höhermachen, Höherlegen durch bauliche Maßnahmen o. Ä.:* die E. des Dammes. **2.** (selten) *kleine Bodenerhebung; Anhöhe:* eine E. im Gelände. **3. a)** *das Steigern, Vermehren:* die E. der Preise, Gebühren; **b)** *das Vermehren, Vergrößern von etw.:* eine E. der Sicherheit; **c)** *das Ansteigen[lassen], Zunehmen[lassen]:* eine E. der Geschwindigkeit, des Blutdrucks. **4.** (geh.) *Erhebung in einen höheren [inneren, geistigen] Rang.* **5.** (Musik) *das Heraufsetzen eines Tones um einen Halbton:* die E. des c [zu cis].

Er|hö|hungs|zei|chen, das (Musik): *Vorzeichen, das die Erhöhung eines Tons um einen Halbton anzeigt; Kreuz (Zeichen: ♯)*.

er|ho|len ⟨sw. V.; hat⟩ [mhd. erholn = erwerben, ahd. irholōn = fordern]: **a)** *seine Kraft wiedererlangen:* ich habe mich an der See, im Urlaub gut erholt; sie sieht erholt aus; Ü der Rasen hat sich nach dem Regen schnell erholt; die Batterie hat sich über Nacht erholt; die Börsenkurse haben sich erholt (Wirtsch.; *sind wieder gestiegen);* **b)** *etw. überwinden; etw. überstanden haben u. wieder zu Kräften kommen:* sich von einem Schreck, einer Krankheit e.

er|hol|sam ⟨Adj.⟩: *der Erholung dienend; Erholung bewirkend:* ein -er Urlaub.

Er|ho|lung, die; -: *die Zurückgewinnen von Gesundheit u. Leistungsfähigkeit:* E. suchen; sie hat dringend E. nötig; zur E. [an die See, in ein Bad] fahren; die E. *(Selbstreinigung)* verschmutzten Wassers; E. des Bodens *(Wiedergewinnung der Fruchtbarkeit);* Ü es gibt Anzeichen für eine E. der Konjunktur, des Aktienmarktes.

Er|ho|lungs|auf|ent|halt, der: **1.** *zeitlich begrenzter Aufenthalt an einem Erholungsort:* der E. hat ihr sehr gutgetan. **2.** (selten) *Erholungsort*.

er|ho|lungs|be|dürf|tig ⟨Adj.⟩: *[abgespannt, erschöpft u. daher] Erholung benötigend*.

Er|ho|lungs|ge|biet, das: *Landschaft, die der Erholung besonders förderlich ist*.

Er|ho|lungs|heim, das: *der Erholung dienendes Heim; Heim für Erholungsbedürftige*.

Er|ho|lungs|ort, der: *Ort, der seiner Lage, seiner Beschaffenheit nach besonders zur Erholung geeignet ist:* staatlich anerkannter E.

Er|ho|lungs|pau|se, die: *der Erholung dienende Pause*.

Er|ho|lungs|raum, der: *Gebiet, das für Erholungsuchende besonders geeignet u. mit entsprechenden Einrichtungen versehen ist:* Erholungsräume in der Nähe der Industriegebiete schaffen.

Er|ho|lung su|chend, er|ho|lung|su|chend ⟨Adj.⟩: *Erholung anstrebend:* Erholung suchende Gäste; Feriengebiete für Erholung suchende Großstädter.

Er|ho|lung|su|chen|de, die/eine Erholungsuchende; der/einer Erholungsuchenden, die Erholungsuchenden/zwei Erholungsuchende: *weibliche Person, die Erholung sucht*.

Er|ho|lung|su|chen|der, der Erholungsuchende/ein Erholungsuchender; des/eines Erholungsuchenden, die Erholungsuchenden/zwei Erholungsuchende: *jmd., der Erholung sucht*.

Er|ho|lungs|ur|laub, der: *der Erholung dienender Urlaub*.

Er|ho|lungs|wert, der: *Wert eines Gebietes in Bezug auf die Erholungsmöglichkeiten*.

Er|ho|lungs|zen|t|rum, das: *Anlage, die mit ihren Einrichtungen der Erholung besonders förderlich ist*.

Er|ho|lungs|zweck, der: *Zweck der Erholung:* der Urlaub dient -en.

er|hö|ren ⟨sw. V.; hat⟩ [mhd. erhœren = (an)hören, wahrnehmen]: **1. a)** (geh.) *jmdm. Erbetenes gewähren:* Gott hat ihn im Gebet erhört; seine Bitten wurden erhört; **b)** (veraltend) *einer Werbung nachgeben:* sie hat ihn erhört. **2. a)** ⟨meist verneint⟩ (ostmd.) *anhören u. aushalten:* ich kann diesen Lärm nicht mehr e.!; ♦ **hö|ren** (1 b): Büberei, wie noch erhört worden ist! (Schiller, Kabale III, 6); ... mich ... vor ein noch nie erhört Gericht *(vor ein Gericht, von dem ich noch nie gehört habe)* gestellt (Schiller, Maria Stuart I, 2).

Er|hö|rung, die; -, -en ⟨Pl. selten⟩: *das Erhören* (1); *das Erhörtwerden:* E. finden.

Erie|see ['ɪəri...], der; -s: See in Nordamerika.

eri|gie|ren ⟨sw. V.; ist⟩ [lat. erigere = (sich) aufrichten] (Med.): **a)** *sich in einer Erektion versteifen:* das Glied erigiert; ⟨oft im 2. Part.:⟩ ein erigierter Penis; **b)** *eine Erektion haben:* er erigierte.

Eri|ka, die; -, -s od. ...ken [lat. erice < griech. ereíkē]: **a)** *Glockenheide;* **b)** *Heidekraut*.

Eri|ka|ge|wächs, das ⟨meist Pl.⟩: *Heidekrautgewächs*.

er|in|ner|lich ⟨Adj.⟩: *[noch, im gegenwärtigen*

Augenblick] im Gedächtnis, in der Erinnerung vorhanden: der Vorgang ist mir [nicht mehr] e.
er|in|nern ⟨sw. V.; hat⟩ [mhd. (er)innern, ahd. innarōn = machen, dass jmd. einer Sache innewird, zu ahd. innaro = inwendig]: **1.** ⟨e. + sich⟩ *im Gedächtnis bewahrt haben u. sich dessen wieder bewusst werden:* ich erinnere mich an den Vorfall, an diesen Menschen/(geh.:) dieses Menschen/(österr., schweiz.:) auf diesen Menschen; wenn ich mich recht erinnere, war es vor drei Jahren; ⟨ugs., bes. nordd. auch mit Akk.-Obj. u. ohne Reflexivpron.:⟩ ich erinnere ihn gut; das erinnere ich nicht; Erinnert man Zärtlichkeit? Ist es Zärtlichkeit, was das Kind heute noch weiß, wenn es »deine Mutter« hört? (Chr. Wolf, Nachdenken 169). **2. a)** *die Erinnerung an jmdn., etw. bei jmdm. wachrufen; wieder ins Bewusstsein rufen:* dieses Denkmal erinnert [uns] an vergangene Zeiten; es will nicht mehr daran erinnert werden; **b)** *veranlassen, an etw. zu denken, jmdn., etw. nicht zu vergessen:* jmdn. an sein Versprechen e.; **c)** *durch seine Ähnlichkeit ins Bewusstsein bringen:* sie, ihre Stimme erinnert mich lebhaft an meine Schwester. **3.** (veraltend) *vorbringen, zu bedenken geben:* ich habe Verschiedenes dagegen zu e.; ich möchte e., dass ...; ♦ Ich trage darum auch keine Sorge; ich will's nur e. (Lessing, Minna III, 3).
Er|in|ne|rung, die; -, -en: **1.** ⟨o. Pl.⟩ **a)** *Fähigkeit, sich an etw. zu erinnern* (1): meine E. setzt hier aus, lässt mich im Stich; **b)** *Besitz aller bisher aufgenommenen Eindrücke; Gedächtnis:* wenn mich die meine E. nicht täuscht; dieses Ereignis ist meiner E. ganz entfallen; etw. aus seiner E. streichen, tilgen; etw. [gut] in E. haben, in [guter] E. behalten; jmdm., sich etw. in die E. zurückrufen; sie wollte sich mit dieser Mail in E. bringen *(bewirken, dass man sich wieder an sie erinnert u. für sie in einer bestimmten Weise einsetzt).* **2.** *Eindruck, an den jmd. sich erinnert; wieder lebendig werdendes Erlebnis:* -en [an jmdn., etw.] werden wach; alte -en auffrischen; der Anblick weckt traurige -en [in mir]; sie hat keine, nur eine schwache E. an ihre Kindheit; sie tauschten ihre -en aus; er hing seinen -en nach; sie war ganz in E. versunken; nach meiner E./meiner E. nach war das ganz anders; sie zehrte noch von ihren -en; ... man muss auch die -en der Städte und Stätten hüten (Böll, Erzählungen 406). **3. a)** ⟨o. Pl.⟩ *Andenken, Gedenken:* er wollte jede E. an den Krieg auslöschen; behalte mich in freundlicher E.; sie steht bei uns in guter E.; in dankbarer E. gedenken wir des Mannes; zur E. an meine Mutter (Widmung); **b)** *Erinnerungsstück:* nimm das als E. an meinen Vater. **4.** ⟨Pl.⟩ *Niederschrift von Erlebtem; Autobiografie:* seine -en schreiben. **5.** *Mahnung:* öffentliche E. an Zahlungstermine. **6.** (Rechtsspr.) *Rechtsbehelf gegen nicht richterliche Entscheidungen, gegen die Art u. Weise der Zwangsvollstreckung.*
Er|in|ne|rungs|bild, das: *bildhaft-anschauliche Erinnerung an etw. Erlebtes, Vergangenes.*
Er|in|ne|rungs|buch, das: *Buch, in dem jmd. Erinnerungen niedergeschrieben hat.*
Er|in|ne|rungs|fet|zen, der ⟨meist Pl.⟩: *Fetzen* (1 b) *einer Erinnerung.*
Er|in|ne|rungs|fo|to, das, schweiz. auch: die: *Foto zur Erinnerung an etw.*
Er|in|ne|rungs|lü|cke, die: *Gedächtnislücke.*
Er|in|ne|rungs|stät|te, die: *Gedenkstätte.*
Er|in|ne|rungs|stück, das: *Gegenstand, der jmdn. an etw., jmdn. erinnert.*
Er|in|ne|rungs|ta|fel, die: *Gedenktafel.*
Er|in|ne|rungs|täu|schung, die: *durch eine subjektive Einstellung od. gefühlsmäßige Bewertung von Erlebnissen hervorgerufene Beeinträchtigung des Erinnerungsvermögens.*
Er|in|ne|rungs|ver|mö|gen, das ⟨o. Pl.⟩: *Fähigkeit, sich zu erinnern.*
Er|in|ne|rungs|wert, der: *(nicht materieller) Wert, den eine Sache für jmdn. als Erinnerung an jmdn., etw. hat:* dieses Stück hat nur noch E.
Erin|nye [...nyə] ⟨griech. Mythol.⟩, **Erin|nys,** die; -, ...yen ⟨meist Pl.⟩ [lat. Erin(n)ys < griech. Erinnýs]: (griech. Mythol.) *Rachegöttin.*
Eris (griech. Mythol.): *Göttin der Zwietracht.*
Eris|ap|fel, der ⟨Pl. selten⟩ [nach der griech. Sage warf die nicht zur Hochzeit der Thetis geladene Eris einen Apfel mit der Aufschrift »der Schönsten« unter die Hochzeitsgäste, wodurch es zum Streit zwischen Hera, Athene u. Aphrodite kam] (bildungsspr.): *Zankapfel.*
Eri|trea, -s: *afrikanischer Staat am Roten Meer.*
Eri|t|re|er, der; -s, -: Ew.
Eri|t|re|e|rin, die; -, -nen: w. Form zu ↑Eritreer.
eri|t|re|isch ⟨Adj.⟩: *Eritrea, die Eritreer betreffend; aus Eritrea stammend.*
Eri|wan: *Hauptstadt von Armenien.*
er|ja|gen ⟨sw. V.; hat⟩: **a)** *durch Jagen erbeuten:* Wild e.; **b)** *durch eifriges Bemühen gewinnen:* Geld, Ruhm e.
er|kal|ten ⟨sw. V.; ist⟩ [mhd. erkalten]: *kalt werden:* erkaltete Lava; Ü ihre Liebe ist längst erkaltet *(erloschen, zu Ende).*
er|käl|ten ⟨sw. V.; hat⟩: **1. a)** ⟨e. + sich⟩ *sich eine Infektion der oberen Luftwege zuziehen; Husten, Schnupfen bekommen:* ich habe mich bei dem Regen erkältet; er ist stark erkältet; **b)** ⟨e. + sich (Dativ)⟩ *durch Kälteeinwirkung schädigen, krank machen:* ich habe mir den Magen, die Blase erkältet. **2.** (geh.) *kalt machen, kalt werden lassen:* Frost erkältet die Haut.
Er|kal|tung, die; -: *das Erkalten.*
Er|käl|tung, die; -, -en: *Erkrankung der Atemwege; Katarrh:* die E. klingt ab; eine [schwere] E. haben; eine E. bekommen; -en durch Abhärtung vorbeugen; sich vor E. schützen.
Er|käl|tungs|ge|fahr, die ⟨Pl. selten⟩: *Gefahr, sich zu erkälten.*
Er|käl|tungs|krank|heit, die: *Erkältung.*
er|kämp|fen ⟨sw. V.; hat⟩: *durch kämpferischen Einsatz erringen:* eine Goldmedaille, den Sieg e.; ich habe mir das alles mühsam e. müssen.
Er|kannt|nis, das; -ses, -se (schweiz.): ²*Erkenntnis.*
er|kau|fen ⟨sw. V.; hat⟩ [mhd. erkoufen = kaufen]: **1.** *durch Einsatz u. Opfer gewinnen:* sie haben den Sieg mit viel Blut erkauft; eine teuer erkaufte Freiheit. **2.** *durch [Bestechungs]geld u. Ä. gewinnen, sich verschaffen:* die Aussage des Zeugen war erkauft. **3.** *kaufen* (1 a): ... ein Knecht, welcher zwei Pferde, das des Rosskammes und die erkaufte braune Stute, hinter sich herführte (Immermann, Münchhausen 165).
er|kenn|bar ⟨Adj.⟩: *[deutlich] zu erkennen; nahe, hell od. deutlich genug, um erkannt zu werden:* eine deutlich -e Gestalt; sich e. unterscheiden.
Er|kenn|bar|keit, die; -: *Deutlichkeit, Durchschaubarkeit; erkennbare Beschaffenheit.*
er|ken|nen ⟨unr. V.; hat⟩ [mhd. erkennen, ahd. irchennan = geistig erfassen, sich erinnern, zu ↑kennen]: **1.** *so deutlich sehen, dass man weiß, wen od. was man vor sich hat:* in der Dunkelheit niemanden e. können; hier sind noch Bremsspuren zu e.; der Stern ist gerade noch mit bloßem Auge zu e.; *etw. [an etw.]* Umrisse; ♦ ⟨mit Gen.-Obj.:⟩ ... und klar den Trappgang erblickte, sodass er seiner Salbänder ... zu e. vermochte (E. T. A. Hoffmann, Bergwerke 31). **2. a)** *aufgrund bestimmter Merkmale ausmachen, identifizieren:* seinen Freund [nicht gleich] e.; ich erkenne seine Stimme, ihn an der Stimme; der Arzt erkannte die Krankheit sofort; ich gab mich als Deutscher/(veraltet:) Deutschen zu e.; jmdn. als [den] Täter e.; sie gab sich zu e. *(nannte ihren Namen);* **b)** *Klarheit über jmdn., etw. gewinnen; richtig einschätzen:* seinen Irrtum e.; etw. als falsch, als unvermeidlich, als seine Pflicht e.; du bist erkannt *(durchschaut);* ich erkenne *(sehe ein),* dass es nicht anders geht. **3.** [biblische, auch hebr. Urtext zurückgehende LÜ von lat. cognoscere feminam] (geh. veraltet) *[mit einer Frau] Geschlechtsverkehr haben:* Und Adam erkannte sein Weib Eva, und sie ward schwanger (1. Mos. 4, 1); Aber, vielleicht, ich weiß es noch nicht, suche ich überhaupt nicht die Frau, die ich noch nicht ihren Körper erkannt und mich nicht vermischte habe mit der Schönheit, nach welcher ich verschmachte (Langgässer, Siegel 358). **4. a)** (Rechtsspr.) *ein Urteil fällen, einen Beschluss verkünden:* die Richter erkannten auf Freispruch, auf eine Geldstrafe; **b)** (Sport) (als Schieds- od. Linienrichter[in]) *entscheiden:* der Schiedsrichter erkannte auf Elfmeter. **5.** (Bankw.) *(einem Konto eine Summe) gutschreiben.* ♦ **6.** ⟨e. + sich⟩ *sich zurechtfinden:* ... aber bald erkannt' ich mich, denn war dasselbe Dorf, in welchem ich geboren war (Tieck, Eckbert 16). ♦ **7.** *anerkennen:* Er will als seinen König mich e., sagt Ihr, und mir huldigen (Schiller, Jungfrau III, 2); Des Landvogts oberherrliche Gewalt verachtet er und will sie nicht e. (Schiller, Tell III, 3).
er|kennt|lich ⟨Adj.⟩: in der Verbindung **sich e. zeigen** *(seinen Dank durch eine Gabe od. Gefälligkeit ausdrücken):* ich möchte mich gern für seine Hilfe e. zeigen).
Er|kennt|lich|keit, die; -, -en (Papierdt.): **a)** ⟨o. Pl.⟩ *zum Ausdruck gebrachte Dankbarkeit;* **b)** *Gabe od. Gefälligkeit, durch die jmd. seine Dankbarkeit zum Ausdruck bringt.*
¹**Er|kennt|nis,** die; -, -se [mhd. erkantnisse = Erkennung, Einsicht]: **1.** *durch geistige Verarbeitung von Eindrücken u. Erfahrungen gewonnene Einsicht:* eine historische, gesicherte E.; neue -se gewinnen; ich durfte mich dieser E. nicht verschließen; nach den neuesten technischen -sen; er kam zu der E., dass sie recht hatte. **2.** ⟨o. Pl.⟩ *Fähigkeit des Erkennens, des Erfassens der Außenwelt:* an die Grenzen der E. stoßen.
²**Er|kennt|nis,** das; -ses, -se (österr., sonst veraltet): *Gerichtsbescheid, Urteil.*
Er|kennt|nis|drang, der ⟨o. Pl.⟩: *das Streben nach* ¹*Erkenntnis* (1).
Er|kennt|nis|ge|winn, der: *Gewinn von Erkenntnis.*
Er|kennt|nis|leh|re, die ⟨o. Pl.⟩: *Erkenntnistheorie.*
Er|kennt|nis|pro|zess, der: *Prozess des bewussten Erfassens u. Erkennens.*
Er|kennt|nis|stand, der: *Stand der Erkenntnis:* nach derzeitigem, heutigem, gegenwärtigem E.
Er|kennt|nis|the|o|re|tisch ⟨Adj.⟩ (Philos.): *die Erkenntnistheorie betreffend.*
Er|kennt|nis|the|o|rie, die (Philos.): **a)** ⟨o. Pl.⟩ *Teilgebiet der Philosophie, das sich mit der Frage nach den Bedingungen eines begründeten Wissens befasst;* **b)** *Theorie* (1 a) *der Erkenntnis.*
Er|kennt|nis|ver|mö|gen, das ⟨o. Pl.⟩: *Fähigkeit,* ¹*Erkenntnisse* (1) *zu gewinnen.*
Er|ken|nung, die; -: *das Erkennen:* in E. der Lage.
Er|ken|nungs|dienst, der: *kriminalpolizeiliche Dienststelle zur Identifikation von Personen u. Sachen mit wissenschaftlichen Methoden (Abk.: ED).*
Er|ken|nungs|dienst|lich ⟨Adj.⟩: *für Zwecke des Erkennungsdienstes bestimmt; vom Erkennungsdienst vorgenommen od. ausgehend.*
Er|ken|nungs|mar|ke, die: *der Identifikation die-*

nende metallene Plakette, die (bes. von Soldaten) an einer Kette auf der Brust getragen wird.
Er|ken|nungs|me|lo|die, die: *Melodie, an der eine Rundfunk- od. Fernsehsendung zu erkennen ist.*
Er|ken|nungs|merk|mal, das: *Merkmal, an dem jmd. zu erkennen ist.*
Er|ken|nungs|zei|chen, das: *[verabredetes] Zeichen, an dem jmd., etw. erkannt werden soll:* er trug als E. eine rote Nelke im Knopfloch.
Er|ker, der; -s, - [mhd. erker(e), ärkēr, wohl < afrz. (nordfrz.) arquière = Schießscharte, über das Mlat. zu lat. arcus = Bogen]: *geschlossener, mit Fenstern versehener Vorbau an Gebäuden.*
Er|ker|fens|ter, das: *Fenster eines Erkers.*
er|kie|sen ⟨unr. V.; hat; meist in den Formen des Präteritums u. des 2. Partizips gebr.⟩ [mhd. erkiesen, ahd. arkiosan, ↑ ²kiesen] (geh.): *erwählen:* sie erkor ihn zu ihrem Begleiter.
er|klär|bar ⟨Adj.⟩: *sich erklären lassend:* kaum -e Zusammenhänge.
er|klä|ren ⟨sw. V.; hat⟩ [mhd. erklæren = klarmachen; klar werden]: **1. a)** *deutlich machen; [in allen Einzelheiten] auseinandersetzen; so erläutern, dass der bzw. die andere die Zusammenhänge versteht:* etw. genau, kurz e.; einen Text, ein Bild e.; b) will es dir [an einem Beispiel] e.; erklärende Worte; **b)** *begründen, deuten:* etw. psychologisch e.; sie erklärte mir, warum sie nicht kommen könne; ich kann mir dein Verhalten nicht e. *(verstehe es nicht);* **c)** ⟨e. + sich⟩ *seine Begründung in etw. finden:* das erklärt sich aus sich selbst; ⟨auch unpers.:⟩ so erklärt es sich, dass sie nach Hause müssen. **2. a)** *äußern, [offiziell] mitteilen, sagen; etw. mit Bestimmtheit, an Eides statt e.;* seinen Rücktritt, sein Einverständnis e.; einem Land den Krieg e.; **b)** ⟨e. + sich⟩ *eine Haltung zum Ausdruck bringen:* erkläre dich deutlicher!; sich einverstanden, solidarisch e.; sich als treuer Beamter/(seltener:) treuen Beamten e.; sich für, gegen jmdn., etw. e. *(für, gegen jmdn., etw. Stellung nehmen);* er hat sich ihr erklärt *(hat ihr seine Liebe offenbart).* **3.** *[amtlich] bezeichnen, als jmdn., etw. kennzeichnen:* einen Vermissten für tot e. [lassen]; etw. für ungültig, für null und nichtig e.; er wurde zum Sieger nach Punkten erklärt.
Er|klä|rer, der; -s, -: *jmd., der etw. erklärt.*
Er|klä|re|rin, die; -, -nen: w. Form zu ↑ Erklärer.
er|klär|lich ⟨Adj.⟩: *sich erklären lassend, verständlich:* ein -er Irrtum; das macht die Sache e.
er|klär|ter|ma|ßen ⟨Adv.⟩: *durch eine Willensäußerung zum Ausdruck gebracht; ausdrücklich:* er hat den Vertrag e. als verbindlich angesehen.
er|klär|ter|wei|se ⟨Adv.⟩: *in ausgesprochener, entschiedener Weise.*
Er|klä|rung, die; -, -en: **1.** *das Erklären; Deutung; Begründung; Darlegung der Zusammenhänge:* sie hat, findet für alles eine E.; für dieses Verhalten verlange ich eine E. von Ihnen; ich musste mich mit dieser E. zufriedengeben. **2.** *Mitteilung; [offizielle] Äußerung:* eine feierliche E.; die Regierung gibt eine E. ab.
Er|klä|rungs|ver|such, der: *Versuch, etw. zu erklären:* -e machen.
er|kleck|lich ⟨Adj.⟩ [zu veraltet erklecken = ausreichen, genügen] (geh.): *beträchtlich, beachtlich, ziemlich groß (an Wert od. Zahl):* eine -e Summe, Erbschaft, Anzahl; ⟨subst.:⟩ um ein Erkleckliches größer sein.
er|klet|tern ⟨sw. V.; hat⟩: *kletternd besteigen; die höchste Stelle einer Erhebung durch Klettern erreichen:* einen hohen Felsen, den Gipfel e.

er|klim|men ⟨st. V.; hat⟩ (geh.): *mühsam, mit Anstrengung ersteigen:* einen Berg e.; Ü den höchsten Posten e.
er|klin|gen ⟨st. V.; ist⟩ [mhd. erklingen]: *[als melodischer Klang] hörbar werden; Töne von sich geben:* die Glocken erklingen; sie ließ ihre Stimme, ein Lied e.
er|ko|ren: ↑ erkiesen.
◆ **er|kra|chen** ⟨sw. V.; hat⟩ [mhd. erkrachen]: *krachen* **(1):** ... dass die Feste des Himmels erkracht (Kleist, Käthchen II, 3).
er|kran|ken ⟨sw. V.; ist⟩: *krank werden:* an [einer] Grippe e.; sein Vater ist schwer, auf den Tod erkrankt; eine erkrankte Kollegin.
Er|kran|kung, die; -, -en: *Krankheit; Zustand des Krankseins:* eine E. der Atemwege.
Er|kran|kungs|fall, der: *Fall des Krankwerdens:* im -e tritt die Kasse ein.
er|küh|nen, sich ⟨sw. V.; hat⟩ (geh.): *kühn* **(c)** *wagen, es wagen, etw. zu sagen od. zu tun:* was erkühnen Sie sich?; ich erkühnte mich zu widersprechen.
er|kun|den ⟨sw. V.; hat⟩ [zu ↑ kund]: **a)** (auch Militär) *auskundschaften, erforschen:* das Gelände e.; militärische Geheimnisse e.; ◆ **b)** ⟨e. + sich⟩ *sich erkundigen:* Ich soll mich nur nach euch e., auf den Zahn euch fühlen (Lessing, Nathan I, 5).
er|kun|di|gen, sich ⟨sw. V.; hat⟩: *um Auskunft bitten; durch Fragen etw. zu erfahren suchen; nachfragen:* sich [bei jmdm.] nach dem Weg e.; ich muss mich e. Befinden e.; erkundige dich bitte, ob Post gekommen ist.
Er|kun|di|gung, die; -, -en: *Nachfrage, Nachforschung:* unsere -en haben nichts ergeben; -en über jmdn., etw. [bei jmdm.] einziehen.
Er|kun|dung, die; -, -en (bes. Militär): *das Erkunden, Auskundschaften:* die E. des Geländes.
Er|kun|dungs|fahrt, die: *der Erkundung einer Sache dienende Fahrt.*
er|kü|ren ⟨sw. u. st. V.; hat⟩ (geh., bes. schweiz.): *erwählen.*
Er|kü|rung, die; -, -en (geh., bes. schweiz.): *Ernennung, Wahl.*
Er|lag, der; -[e]s, Erläge [zu ↑ erlegen **(2)**] (österr. Amtsspr.): *Einzahlung, Entrichtung [eines bestimmten Betrages].*
Er|lag|schein, der (österr.): *Einzahlungsschein.*
er|lah|men ⟨sw. V.; ist⟩ [mhd. erlamen = lahm werden]: **a)** *(durch körperliche Anstrengung) müde u. schlaff werden:* seine Kräfte erlahmten, der Arm erlahmte ihr; **b)** (geh.) *an Stärke, Intensität nachlassen:* der Sturm erlahmt allmählich; ihr Eifer ist schnell erlahmt.
Er|lah|mung, die; -: *das Erlahmen.*
er|lan|gen ⟨sw. V.; hat⟩: *erlangen, zu: langen = sich ausstrecken; erreichen, gewinnen; [nach eifrigem Bemühen] bekommen:* die Freiheit, die absolute Mehrheit, einen Posten e.; wir konnten endlich Gewissheit über ihr Schicksal e.; Genaueres über sie erfahren).
Er|lan|gung, die; -: *das Erlangen.*
Er|lass, der; -es, -e, (österr.:) Erlässe: **1. a)** ⟨o. Pl.⟩ *das Erlassen* **(1),** *Herausgeben von etw.;* **b)** *behördliche Anordnung, amtliche Verfügung:* einen E. herausgeben, befolgen; nach dem E. des Ministeriums vom 30. 11. **2.** *das Erlassen* **(2),** *Entbinden von etw.:* den E. einer Strafe beantragen.
er|las|sen ⟨st. V.; hat⟩: **1.** *amtlich bekannt machen, verkünden:* ein Gesetz, eine Verfassung, eine Amnestie, einen Befehl, eine Verordnung, ein Verbot e. **2.** [mhd. erlāʒen, ahd. irlāʒan, ↑ ¹lassen] *jmdn. von einer Verpflichtung entbinden, von einer Strafe freistellen:* jmdm. den Rest der Strafe e.; lassen Sie es mir, näher darauf einzugehen!; ◆ ⟨mit Akk.-Obj. + Gen. der Sache:⟩ ... ich habe sie Ihrer Verbindlichkeit erlassen (Lessing, Min-

na V, 5). ◆ **3.** *entlassen:* ... dass sie mein müde werden und mich e. sollen (Goethe, Götz V).
er|lau|ben ⟨sw. V.; hat⟩ [mhd. erlouben, erlöuben, ahd. irlouben, verw. mit ↑ lieb; vgl. Urlaub]: **1.** *die Zustimmung zu etw. geben; gestatten; jmdm. die Möglichkeit, die Freiheit, das Recht geben, etw., was er gern tun möchte, zu tun:* ich erlaubte ihr zu gehen; meine Eltern erlauben [mir] das nicht; dem Kranken das Aufstehen e.; Fotografieren ist hier nicht erlaubt; erlauben Sie, dass ich rauche?; [na] erlauben Sie mal! (ugs.; *wie kommen Sie dazu, so etw. zu sagen, sich so zu benehmen?*); R erlaubt ist, was gefällt. **2.** *bei jmdm. die Voraussetzung für etw. bieten; jmdn. in eine bestimmte Lage versetzen; ermöglichen, zulassen:* meine Zeit erlaubt mir nicht, euch zu besuchen; ihre Mittel erlauben ihr kein eigenes Auto; seine Gesundheit erlaubt diese Anstrengung nicht; wenn es das Wetter erlaubt. **3.** ⟨e. + sich⟩ **a)** *sich eine Freiheit zu etw. nehmen:* sich einen Scherz [mit jmdm.] e.; Sie meinen wohl, Sie können sich alles e.; ich erlaube mir, Sie morgen aufzusuchen; ich kann mir hierüber kein Urteil e.; was erlaubst du dir denn! (empört-ärgerlicher Ausruf der Ablehnung); die Abwehr erlaubte sich reihenweise Fehlpässe *(ihr unterliefen zahlreiche Fehlpässe);* **b)** *sich etw. leisten:* endlich kann ich mir eine größere Wohnung e.

Er|laub|nis, die; -, -se ⟨Pl. selten⟩: *Genehmigung, Zustimmung; Bestätigung, dass jmd. etw. tun darf:* jmdm. die E. zu etw. erteilen, verweigern; er hat den Wagen mit, ohne E. des Chefs benutzt; um E. bitten; mit Ihrer E. (Höflichkeitsfloskel; *wenn Sie erlauben; in der Annahme, dass es Ihnen recht ist*) fange ich jetzt an.
er|laucht ⟨Adj.⟩ [spätmhd. (md.) erlūht, eigtl. 2. Part. von mhd. erliuhten = aufleuchten] (geh.): *durch seine Berühmtheit, sein Wissen, Können o. Ä. herausragend u. andere überstrahlend: eine -e Gesellschaft; ein Kreis -er Lehrer.*
Er|laucht, die; -, -en: **a)** ⟨o. Pl.⟩ *Titel u. Anrede für [Reichs]grafen, Angehörige mediatisierter gräflicher Häuser:* Seine E., Graf von Waldsee; Ihre E., die Gräfin; Euer E. werden gebeten einzuschreiten; **b)** *Träger dieses Titels:* E. lässt bitten.
er|lau|fen ⟨st. V.; hat⟩ (Sport): **a)** *(den Ball) durch Laufen erreichen:* eine Flanke e.; **b)** *durch Laufen (als Preis) gewinnen:* du hast [dir] viele Trophäen erlaufen.
er|läu|tern ⟨sw. V.; hat⟩ [mhd. erliutern, eigtl. = rein, klar machen, zu ↑ läutern]: *(einen komplizierten Sachverhalt) näher erklären, durch Beispiele o. Ä. verdeutlichen:* einen Text e.; sie erläuterte mir, was es damit auf sich hatte; erläuternder Zusatz; »Ja, wissen Sie, der echte katholische Glaube erzieht dazu, die Dinge zu sehn, wie sie wirklich sind«, erläuterte der Graf huldvoll (Musil, Mann 844).
Er|läu|te|rung, die; -, -en: *nähere Erklärung* **(1):** *fachliche -en [zu einer Sache] geben.*
Er|le, die; -, -n [mhd. erle, ahd. erila, umgestellt aus älter: elira = (so (gelblich od. rötlich) Schimmern, nach der Farbe des geschlagenen Holzes)]: **1.** *bes. an feuchten Stellen wachsender Baum od. Strauch mit rundlichen, am Rande leicht gelappten od. gesägten Blättern, Blüten in Kätzchen u. rundlichen, verholzenden Fruchtzapfen.* **2.** ⟨o. Pl.⟩ *Holz der Erle.*
er|leb|bar ⟨Adj.⟩: *so geartet, dass es innerlich empfunden u. erlebt werden kann.*
er|le|ben ⟨sw. V.; hat⟩ [mhd. erleben]: **1. a)** *von etw. betroffen u. beeindruckt werden; erfahren müssen od. können; mitmachen, durchmachen:* Schönes, Schweres, eine Enttäuschung e.; ich habe schon viel[es] erlebt; **b)** *auf sich wirken lassen:* etw. bewusst, intensiv e.; ein Konzert,

Erleben – Erlöser

Abenteuer e.; so aufgeregt habe ich sie noch nie erlebt *(war sie noch nie in meinem Beisein).* **2. a)** *als Reaktion der Außenwelt, als Folge seines Tuns an sich erfahren:* einen glänzenden Aufstieg e.; (verblasst:) das Buch erlebt schon die 5. Auflage; hat man so was schon erlebt!; du kannst [von mir] noch was e.!; **b)** ⟨e. + sich⟩ (geh.) *eine bestimmte Feststellung in Bezug auf die eigene Person machen, sich als etw. empfinden:* er erlebte sich als unbedeutend, als unbedeutendes Wesen. **3.** *[noch] am Leben sein u. etw. als Zeitgenosse miterleben:* werden wir das Jahr 2050 e.?; sie hat ihren 90. Geburtstag nicht mehr erlebt.

Er|le|ben, das; -s: *Art, in der etw. erlebt* (1 b) *wird;* **b)** *etw., was jmd. erlebt.*

Er|le|bens|fall, der (Versicherungsw.): *festgesetzter Zeitpunkt, zu dem jmd. noch am Leben sein soll, um Geld ausbezahlt zu bekommen.*

Er|leb|nis, das; -ses, -se: *von jmdm. als in einer bestimmten Weise beeindruckend erlebtes Geschehen:* ein aufregendes E.; dieses Konzert war ein E.; ich habe ein schreckliches E. gehabt; die Reise wurde [ihr/für sie] zu einem großen E.

Er|leb|nis- (Werbespr.): drückt in Bildungen mit Substantiven aus, dass etw. als aufregendes Erlebnis empfunden wird: Erlebnisbad, -einkauf.

Er|leb|nis|auf|satz, der (Päd.): *Aufsatz, durch den die anschauliche Wiedergabe persönlicher Erlebnisse geübt werden soll.*
Er|leb|nis|be|richt, der: *Bericht über ein selbst erlebtes Ereignis.*
Er|leb|nis|dich|tung, die (Literaturwiss.): *Dichtung, in der persönliches Erleben verarbeitet u. objektiviert wird.*
Er|leb|nis|gas|t|ro|no|mie, die: *Gesamtheit der gastronomischen Betriebe, die auch Unterhaltungsprogramme, Musik o. Ä. anbieten.*
Er|leb|nis|ge|sell|schaft, die: *in einem Lebensstil vorwiegend auf Erlebnis, Genuss u. [Freizeit]vergnügen ausgerichtete Gesellschaft:* das umsatzstarke Marktsegment der Spaß- und Erlebnisgesellschaft; der Trend geht zur E.
Er|leb|nis|hun|ger, der: *großes Verlangen, Begierde, etw. [Außergewöhnliches] zu erleben.*
er|leb|nis|hung|rig ⟨Adj.⟩: *von Erlebnishunger erfüllt:* die -e Jugend.
er|leb|nis|ori|en|tiert ⟨Adj.⟩: *darauf ausgerichtet, etw. [Aufregendes] zu erleben:* der zunehmend -e Freizeitmarkt.
Er|leb|nis|pä|d|a|go|gik, die: *(bes. in der Sozial- u. außerschulischen Jugendarbeit zur Entwicklung u. Förderung sozialer Kompetenzen angewandtes) Unterrichtsprinzip, nach dem das Lernen bes. in der Gruppe durch eigenes Erleben (z. B. der Natur) in den Vordergrund gestellt wird.*
Er|leb|nis|park, der: *Freizeitpark.*
er|leb|nis|reich ⟨Adj.⟩: *reich an Erlebnissen:* -e Tage.
Er|leb|nis|rei|se, die: *[Urlaubs]reise, die den Reisenden besonders reiche Erlebnisse vermittelt, viele Aktivitäten bietet u. abenteuerliche Elemente enthält.*
Er|leb|nis|welt, die: *Bereich der Vorstellung u. des inneren Erlebens:* die E. des Kindes.

er|le|di|gen ⟨sw. V.; hat⟩ [mhd. erledigen = frei machen, in Freiheit setzen, zu ↑ ledig]: **1. a)** *ausführen, zu Ende führen, vollständig durchführen, fertig machen:* einen Auftrag, die Formalitäten e.; das muss der Chef selbst e.; viel zu e. *(zu tun)* haben; erledigt! (ugs.; *fertig, abgetan – darüber wird nicht mehr gesprochen);* **b)** ⟨e. + sich⟩ *zum Abschluss kommen, sich klären:* das erledigt sich alles von selbst; **c)** ⟨e. + sich⟩ *nicht* realisiert, umgesetzt werden können, aufgegeben werden: der Plan erledigt sich damit; der Fall hat sich erledigt. **2.** (ugs.) *vernichtend besiegen; vernichten:* den Gegner [mit einem Schlag] e.; Ü jmdn. moralisch e.; durch die Verleumdungen wurde er erledigt *(gesellschaftlich unmöglich gemacht).* ◆ **3.** ⟨e. + sich⟩ *sich entledigen, sich von etw. befreien:* Drum tät es gut, dass eurer etliche... still zurate gingen, wie man des Druckes sich möcht' e. (Schiller, Tell I, 2).

er|le|digt ⟨Adj.⟩: **1.** (ugs.) *völlig erschöpft:* einen -en Eindruck machen. **2.** (veraltend) *nicht mehr besetzt:* ein -es Amt.

Er|le|di|gung, die; -, -en: **a)** ⟨o. Pl.⟩ *das Erledigen; das Erledigtwerden:* die E. ist dringend; (Papierdt.:) in E. Ihrer Anfrage teilen wir Ihnen Folgendes mit; **b)** *etw., was erledigt werden muss; Besorgung, Dienstgeschäft:* alltägliche -en machen.

er|le|gen ⟨sw. V.; hat⟩ [mhd. erlegen = niederlegen; beilegen, ahd. irleggen = auflegen; entgegensetzen; bestimmen]: **1.** (geh.) *(ein Tier) [durch einen Schuss] töten, niederstrecken:* Wild e. **2.** (österr., sonst landsch.) *(einen Geldbetrag) hergeben, bezahlen:* ein paar Groschen e.

Er|le|gung, die; -: *das Erlegen; das Erlegtwerden.*

er|leich|tern ⟨sw. V.; hat⟩: **1. a)** *leichter machen, das Gewicht von etw. verringern:* seinen Rucksack [um einige entbehrliche Sachen] e.; **b)** *einfacher, bequemer, leichter erträgbar machen:* jmdm. die Arbeit, das Schicksal e.; diese Erklärung erleichtert [ihr] das Verständnis; bei dieser Hitze muss ich mich erst einmal etwas e. (ugs.; *es mir durch Ablegen des Jacketts, der Krawatte, Öffnen des Kragens o. Ä. bequem machen).* **2.** *von einer seelischen Last, inneren Bedrückung befreien:* sein Herz, sein Gewissen e.; sich durch ein Geständnis e.; diese Nachricht erleichterte sie sehr; Ü er ging hinaus, um sich zu e. (verhüll.; *um seine Notdurft zu verrichten*). **3.** (ugs. scherzh.) *jmdm. Geld o. Ä. (durch Betteln* (2), *Betrug, Diebstahl o. im Spiel) abnehmen:* jmdn. beim Pokern, einen Betrunkenen um eine Brieftasche e.; sie hat mich schon wieder um 100 Euro erleichtert *(100 Euro von mir geborgt, mir 100 Euro gestohlen).*

er|leich|tert ⟨Adj.⟩: *von Angst u. Sorge befreit, voller Erleichterung:* sie war e., dass ihm der Unfall nichts passiert war; e. aufatmen; »Danke!«, sagte er e.

Er|leich|te|rung, die; -, -en: **a)** ⟨o. Pl.⟩ *erleichtertes Gefühl, inneres Befreitsein:* E. empfinden; ein Seufzer der E.; etw. mit E., voller E. feststellen; **b)** *etw., was etw. leichter, erträglicher macht:* jmdm. -en bei der Haft gewähren.

er|lei|den ⟨unr. V.; hat⟩ [mhd. erliden, ahd. irlīdan, zu ↑ leiden]: **a)** *Leiden ausgesetzt sein; durchstehen, erdulden:* große Schmerzen e.; er hat [dort] viel Böses e. müssen; **b)** *Schaden zugefügt bekommen:* eine Niederlage, schwere Verluste, den Tod e.; erlittenes Unrecht; (verblasst:) einen Rückfall e. (*erneut krank werden*); die Verhandlungen erlitten eine Unterbrechung *(wurden unterbrochen);* ◆ **c)** *leiden* (3 a): Elsi... lehnte manierlich ab: ... sie möge den Wein nicht e., sagte sie (Gotthelf, Elsi 129).

Er|len|holz, das ⟨Pl. ...hölzer⟩: *Holz der Erle.*

er|lern|bar ⟨Adj.⟩: *sich erlernen lassend:* -e Fertigkeiten; das ist alles e.

Er|lern|bar|keit, die; -: *das Erlernbarsein.*

er|ler|nen ⟨sw. V.; hat⟩: *sich lernend mit einer Sache beschäftigen, bis man sie beherrscht:* Sprachen, ein Handwerk e.; der erlernte Beruf.

Er|ler|nung, die; -: *das Erlernen.*

¹er|le|sen ⟨st. V.; hat⟩ [mhd. erlesen, ahd. irlesan, zu ↑ ²lesen] (geh. veraltet): *aussuchen, erwählen.*

²er|le|sen ⟨st. V.; hat⟩ (selten): *sich durch Lesen aneignen:* sie hat [sich ⟨Dativ⟩] ihr ganzes Wissen erlesen.

³er|le|sen ⟨Adj.⟩ (geh.): *ausgesucht, auserlesen, ausgezeichnet, hervorragend:* -e Weine; eine Ausstattung von -em Geschmack; der Kreis der Gäste war e.

Er|le|sen|heit, die; -, -en (geh.): **1.** *das Erlesensein, Ausgesuchtheit.* **2.** *etw. Erlesenes.*

er|leuch|ten ⟨sw. V.; hat⟩: **1.** [mhd. erliuhten, ahd. irliuhten, zu ↑ leuchten] **a)** *mit Licht erfüllen; durch seine Leuchtkraft hell machen, erhellen:* Blitze erleuchten den Himmel; der Saal wird durch viele Kerzen erleuchtet; hell erleuchtete Fenster; **b)** ⟨e. + sich⟩ *zu leuchten beginnen; hell werden:* Paris erleuchtete sich; Ü ihr Gesicht erleuchtete sich von innen. **2.** (geh.) *mit geistiger Klarheit erfüllen:* eine Kultur, die uns, die Welt erleuchtet.

Er|leuch|tung, die; -, -en: *plötzliche Erkenntnis, Eingebung:* die göttliche E.; ihr kam eine E.

er|lie|gen ⟨st. V.; ist⟩ [mhd. erligen, ahd. irliggen = umkommen, zu ↑ liegen]: **1. a)** *von jmdm. besiegt werden, jmdm. unterliegen; von etw. (einem Gefühl, einer Leidenschaft o. Ä.) überwältigt werden:* einer Übermacht e.; dem Gegner im Kampf e.; den Versuchungen, den Verlockungen des Lebens e.; (verblasst:) einer Täuschung e. *(sich täuschen lassen);* einem Irrtum e. *(sich irren);* * **zum Erliegen kommen** (*zusammenbrechen; zum Stillstand kommen;* der Verkehr ist zum Erliegen gekommen); **etw. zum Erliegen bringen** (*zusammenbrechen lassen; zum Stillstand bringen;* der Frost hat die Schifffahrt zum Erliegen gebracht); **b)** *an etw. sterben:* einem Herzschlag e. **2.** (österr.) *hinterlegt sein:* beim Pförtner erliegt eine Nachricht für Sie.

Erl|kö|nig, der; -s, -e: **1.** [durch J. G. Herders falsche Übers. von dän. ellekonge (= Elfenkönig als »Ellerkönig« (= Erlenkönig, ↑ Eller) in die dt. Dichtung eingeführt] *märchenhafte Sagengestalt.* **2.** [wohl in Anlehnung an die erste Zeile (»Wer reitet so spät durch Nacht und Wind?«) der Ballade »Erlkönig« von Goethe] (Kfz-Wesen-Jargon) *getarnter, probehalber eingesetzter Wagen eines neuen Autotyps.*

er|lo|gen: ↑ erlügen.

Er|lös, der; -es, -e: *beim Verkauf einer Sache od. für eine Dienstleistung eingenommener Geldbetrag:* der E. der Sammlung, aus der Tombola; sie lebte vom E. ihrer Bilder.

er|lö|schen ⟨st. V.; ist⟩ [mhd. erleschen = auslöschen]: **a)** *zu brennen, zu leuchten aufhören:* das Feuer erlischt; der Vulkan ist erloschen; Ü das Lächeln erlosch wieder; **b)** *schwächer werden, nachlassen u. vergehen:* die Leidenschaft erlischt; mit erlöschender *(versagender)* Stimme sprechen; **c)** *aussterben:* das Adelsgeschlecht ist erloschen; **d)** *zu bestehen aufhören:* seine Gültigkeit verlieren; er ließ sein Mandat, ihre Mitgliedschaft erlischt; die Firma ist erloschen.

er|lö|sen ⟨sw. V.; hat⟩ [mhd. erlœsen, ahd. irlōsan, eigtl. = frei machen, zu ↑ lösen]: **1.** *frei machen; (aus einer Notlage, von Schmerzen, innerer Bedrängnis) befreien, erretten:* eine verzauberte Prinzessin e.; jmdn. aus einer gefährlichen Lage, von seinen Schmerzen e.; der Tod hat sie erlöst; er wurde von seinem schweren Leiden erlöst (verhüll.; *ist gestorben*); ich bin erlöst (ugs.; *bin [durch eine gute Nachricht] von einer Angst, Sorge befreit*); ich werde dich e. (ugs. scherzh.; *von etw. entbinden, ablösen*); er hat das erlösende *(klärende, befreiende)* Wort gesprochen. **2.** (veraltend) *(als Geldbetrag) bei einem Verkauf einnehmen; erzielen:* er hat 2 Euro pro Stück erlöst.

Er|lö|ser, der; -s, - [mhd. erlœsære, ahd. irlōsāri]: **a)** *jmd., der jmdn. erlöst:* der Tod kam als E.;

b) ⟨o. Pl.⟩ (christl. Rel.) *Christus als Erretter der Menschen.*
Er|lö|ser|bild, das: **a)** *Darstellung von Christus als Erlöser;* **b)** (Rel.) *geistige Vorstellung eines Erlösers.*
Er|lö|se|rin, die; -, -nen: w. Form zu ↑ Erlöser (a).
Er|lö|sung, die; -, -en ⟨Pl. selten⟩ [mhd. erlœsunge, ahd. irlōsunga]: *das Erlösen; das Erlöstwerden; Befreiung:* E. von seinen Qualen; der Tod war für sie eine E.; etw. als E. empfinden.
◆ **Er|lö|sungs|geld,** das: *Lösegeld:* ... erhielt sie bald einen kurzen Brief von ihrem Sohne, laut welchem er ... sie um die sofortige Erlegung einer Geldbürgschaft bat ... Da nahm sie ein Gefährt, packte die -er nebst frischer Wäsche und guten Kleidern ein (Keller, Frau Regel 188).
er|lü|gen ⟨st. V.; hat⟩: *erfinden u. als wahr ausgeben:* eine Geschichte e.; ⟨meist im 2. Part.:⟩ das ist alles erlogen.
er|lus|ti|gen, sich ⟨sw. V.; hat⟩: **a)** (veraltet) *sich vergnügen, amüsieren:* ◆ Der Alte dachte sich seine Sache und erlustigte sich dann besonders an dem Vetter Leubelfing, dessen Konterfei er sich von dem Pagen entwerfen ließ (C. F. Meyer, Page 164); ◆ **b)** *belustigen* (1): ... eine Menge Menschen ... zu e. (Goethe, Wanderjahre I, 8).
er|mäch|ti|gen ⟨sw. V.; hat⟩ [für älter: mächtigen, mhd. mehtigen, zu ↑ mächtig]: *jmdm. ein besonderes Recht, eine Vollmacht für etw. erteilen:* wir ermächtigen ihn, die Verhandlungen zu führen; dazu bin ich nicht ermächtigt.
Er|mäch|ti|gung, die; -, -en: *Vollmacht, [begrenzte] Berechtigung:* die E. zum Führen der Verhandlungen; dazu hat sie keine E.
Er|mäch|ti|gungs|ge|setz, das (Verfassungsw.): *Gesetz, das (in Notzeiten) gewisse Rechte der Gesetzgebung vom Parlament auf die Regierung überträgt.*
er|mah|nen ⟨sw. V.; hat⟩ [mhd. ermanen, ahd. irmanōn]: *eindringlich an eine Pflicht, an ein bestimmtes Verhalten erinnern:* jmdn. zur Vorsicht e.; ich muss dich ernstlich e. *(zurechtweisen);* »Seid leise!«, ermahnte sie die Kinder.
Er|mah|nung, die; -, -en: *dringende Aufforderung; ermahnende Worte:* eine väterliche E.; sie hat alle -en in den Wind geschlagen.
◆ **er|mä|keln** ⟨sw. V.; hat⟩ [vgl. mäkeln]: *erhandeln:* Ü ... ich wollte viel drum geben, wenn ich mir dabei noch Zutrauen gegen die Weiber e. könnte (Goethe, Lehrjahre VII, 8).
er|man|geln ⟨sw. V.; hat⟩ (geh.): *etw., was als notwendig, vorteilhaft, erwünscht o. Ä. betrachtet wird, nicht haben, nicht besitzen; etw. als fehlend empfinden:* ich ermang[e]le dieses Vorteils; sein Vortrag ermangelte jeglicher Sachkenntnis; ⟨häufig unpers.:⟩ es ermangelte eines Spielfeldes; es ermangelte ihr an Erfahrung *(ihr fehlte Erfahrung).*
Er|man|ge|lung, Er|mang|lung, die; in der Fügung in E. (geh.; *mangels):* in E. eines Besseren begnügte sie sich mit der Kopie.
er|man|nen, sich ⟨sw. V.; hat⟩ [mhd. ermannen = Mut fassen, zu ↑ bemannen] (geh.): *sich aufraffen; [neuen] Mut zu etw. fassen:* endlich ermannte er sich [zu einer Erklärung].
er|mä|ßi|gen ⟨sw. V.; hat⟩: **a)** *senken, herabsetzen:* die Beiträge auf die Hälfte, um ein Drittel e.; Drucksachen zu ermäßigter Gebühr; **b)** ⟨e. + sich⟩ *niedriger, geringer werden:* mit der Sammelkarte ermäßigt sich der Fahrpreis um 10 %.
Er|mä|ßi|gung, die; -, -en: **a)** *Herabsetzung, Senkung:* eine E. der Gebühren beantragen; **b)** *[Preis]nachlass:* eine E. auf den Eintrittspreis bekommen, erhalten.
er|mat|ten ⟨sw. V.⟩ (geh.): **1.** ⟨ist⟩ **a)** *schlapp, matt werden; (bei etw.) an Kraft verlieren:* ihre Arme waren von der Last ermattet; ermattet niedersinken; Ü sein Mut war bald ermattet; **b)** (sel-

ten) *an Glanz verlieren; stumpf werden:* das Gold ist ermattet. **2.** ⟨hat⟩ *matt, schwach machen:* die Anstrengungen haben sie ermattet.
Er|mat|tung, die; - (geh.): *das Ermatten* (1).
er|mess|bar ⟨Adj.⟩: *sich ermessen lassend; absehbar.*
er|mes|sen ⟨st. V.; hat⟩: *in seinem Ausmaß, seiner Bedeutung erfassen u. einschätzen:* wer ermisst die Bedeutung dieses Augenblicks?
Er|mes|sen, das; -s: *Einschätzung, Beurteilung:* richterliches E.; aus, nach freiem, eigenem E.; * **nach menschlichem E.** *(mit allergrößter Wahrscheinlichkeit; soweit es sich überhaupt beurteilen lässt);* etw. in jmds. E. stellen *(es jmdm. freistellen, etw. nach eigenem Ermessen zu entscheiden).*
Er|mes|sens|ent|schei|dung, die: *Entscheidung nach eigenem Ermessen.*
Er|mes|sens|fra|ge, die: *Frage, deren Entscheidung jmds. persönlichem Ermessen anheimgestellt ist.*
Er|mes|sens|spiel|raum, der: *Spielraum für eine Entscheidung nach eigenem Ermessen.*
er|mit|teln ⟨sw. V.; hat⟩ [zu ↑ ¹Mittel]: **a)** *durch [geschicktes] Nachforschen herausfinden, feststellen:* einen Täter, die Adresse e.; **b)** *errechnen, feststellen:* den Sieger in einem Wettkampf, den Durchschnittswert e.; **c)** (Rechtsspr.) *Untersuchungen durchführen:* gegen jmdn. in einer Strafsache, wegen Sachbeschädigung e.
Er|mitt|ler, der; -s, -: *jmd., der Ermittlungen* (b) *durchführt:* verdeckter E. *(Polizeibeamter, der unter falscher Identität ermittelt).*
Er|mitt|le|rin, die; -, -nen: w. Form zu ↑ Ermittler.
Er|mitt|lung, die; -, -en: **a)** *das Ermitteln* (a); **b)** *Nachforschung, polizeiliche Untersuchung:* -en einleiten, durchführen.
Er|mitt|lungs|ar|beit, die: *einer Ermittlung* (b) *dienende Tätigkeit:* die E. der Polizei wird dadurch erschwert.
Er|mitt|lungs|aus|schuss, der: *Ausschuss, der in einer bestimmten Sache ermittelt.*
Er|mitt|lungs|be|am|ter ⟨vgl. Beamter⟩: *mit einer Ermittlung* (b) *betrauter Beamter.*
Er|mitt|lungs|be|am|tin, die: w. Form zu ↑ Ermittlungsbeamter.
Er|mitt|lungs|be|hör|de, die: *Behörde, die mit der Ermittlung* (b) *befasst ist.*
Er|mitt|lungs|er|geb|nis, das: *Ergebnis einer Ermittlung* (b).
Er|mitt|lungs|grup|pe, die: *Gruppe von polizeilichen Ermittlern.*
Er|mitt|lungs|rich|ter, der: *Richter, der über Durchsuchungen, Haftbefehle u. Ä. zu entscheiden hat:* der Täter wurde dem E. vorgeführt.
Er|mitt|lungs|rich|te|rin, die: w. Form zu ↑ Ermittlungsrichter.
Er|mitt|lungs|stand, der: *Stand der Ermittlungen* (b).
Er|mitt|lungs|ver|fah|ren, das: *Verfahren der Staatsanwaltschaft zur Entscheidung, ob Anklage zu erheben ist:* ein E. [gegen jmdn.] einleiten.
er|mög|li|chen ⟨sw. V.; hat⟩: *möglich machen; die Möglichkeit, die Voraussetzungen für etw. schaffen:* jmdm. eine Reise e.; ich komme, sobald meine Zeit es ermöglicht *(sobald ich Zeit habe).*
Er|mög|li|chung, die; -, -en ⟨Pl. selten⟩: *das Ermöglichen, das Ermöglichtwerden.*
er|mor|den ⟨sw. V.; hat⟩ [mhd. ermorden, -murden]: *(einen Menschen) vorsätzlich töten:* jmdn. brutal e.; er wurde auf offener Straße ermordet.
Er|mor|dung, die; -, -en: *das Ermorden; das Ermordetwerden.*
er|müd|bar ⟨Adj.⟩: *leicht zu ermüden, schnell müde:* sie ist nach der Krankheit noch sehr e.

Er|müd|bar|keit, die; -: *Neigung zu schneller Ermüdung.*
er|mü|den ⟨sw. V.⟩ [mhd. ermüeden, zu: müeden, ahd. muadēn = müde machen; müde werden]: **1. a)** ⟨ist⟩ *müde, matt, schläfrig werden:* er arbeitete stundenlang, ohne zu e.; die Augen ermüden beim Autofahren zuerst; ermüdet setzten sie sich hin; Ü der Boden war ermüdet; **b)** ⟨hat⟩ *müde, matt, schläfrig machen:* das Reden ermüdet mich; ⟨auch ohne Akk.-Obj.:⟩ langes Fahren ermüdet; eine ermüdende Beschäftigung. **2.** (Technik) *durch Dauerbelastung seine Spannung, Härte verlieren:* der Stahl ermüdet.
Er|mü|dung, die; -, -en ⟨Pl. selten⟩: **1.** *das Müdewerden; Müdigkeit:* vor E. einschlafen. **2.** (Technik) *das Ermüden* (2).
Er|mü|dungs|bruch, der (Med.): *Knochenbruch bes. infolge wiederholter Überbelastung od. hoher Dauerbelastung.*
Er|mü|dungs|er|schei|nung, die: *Anzeichen von Ermüdung* (1).
Er|mü|dungs|zu|stand, der: *Zustand der Ermüdung* (1).
er|mun|tern ⟨sw. V.; hat⟩ [für gleichbed. älter muntern, mhd. mundern]: **1.** *jmdm. Mut u. Lust machen, etw. zu tun; durch Worte od. Beispiel ermutigen:* jmdn. zum Reden e.; der Erfolg ermunterte sie zu weiteren Taten; jmdn. ermunternd ansehen. **2.** (seltener) *wach machen:* der Kaffee wird dich e.
Er|mun|te|rung, die; -, -en: **a)** *das Ermuntern, Ermuntertwerden;* **b)** *ermunterndes Wort:* jmdm. eine E., -en zufen.
er|mu|ti|gen ⟨sw. V.; hat⟩: *jmdm. [zu etw.] den Antrieb geben; in positiver Weise in seinen Absichten bestärken:* Kinder durch Lob e.; günstige Kredite sollen die Unternehmer zu Investitionen e.; das klingt nicht sehr ermutigend; ermutigt durch Erfolge, machte er weiter.
Er|mu|ti|gung, die; -, -en: **a)** *das Ermutigen, Ermutigtwerden;* **b)** *ermutigendes Wort.*
Ern: ↑ Eren.
er|näh|ren ⟨sw. V.; hat⟩ [mhd. ernern, ahd. irneren = (er)retten, am Leben erhalten]: **1. a)** *[regelmäßig] mit Nahrung versorgen:* ein Baby mit der Flasche e.; der Kranke muss künstlich ernährt werden; schlecht ernährt aussehen; Ü ... bis der Staat steht vor dem Bankerott, die Kassen sind leer, der Perserkrieg ist noch nicht zu Ende und Belisar dem Kaiser gerade gut genug, die verzweifelte Lage hinzuhalten, hinzuschleppen, den Krieg durch den Krieg e. (Thieß, Reich 613); **b)** ⟨e. + sich⟩ *etw. über längere Zeit zu sich nehmen; von einer [bestimmten] Nahrung leben:* ich ernähre mich hauptsächlich von Obst; sich einseitig ernähren. **2. a)** *für jmds. Lebensunterhalt sorgen:* eine große Familie zu e. haben; **b)** ⟨e. + sich⟩ *seinen eigenen Lebensunterhalt bestreiten:* von dem Gehalt kann ich mich kaum e.
Er|näh|rer, der; -s, -: *jmd., der für jmds. Unterhalt sorgt:* der E. einer großen Familie; die Kinder haben ihren E. verloren.
Er|näh|re|rin, die; -, -nen: w. Form zu ↑ Ernährer.
Er|näh|rung, die; -, -en ⟨Pl. selten⟩: **1. a)** *das Ernähren, Ernährtwerden; Nahrungszufuhr:* natürliche, künstliche E.; für vernünftige E. sorgen; **b)** *Nahrung[smittel]:* tierische, pflanzliche E.; seine E. umstellen. **2.** *wirtschaftliche Versorgung:* für die E. der Hungernden in aller Welt.
Er|näh|rungs|be|dingt ⟨Adj.⟩: *durch die Ernährung* (1 b) *bedingt:* -e Krankheiten.
Er|näh|rungs|be|ra|ter, der: *Berater [bei Gesundheitsämtern, Krankenkassen o. Ä.], der in Fragen der Ernährung* (1) *berät.*
Er|näh|rungs|be|ra|te|rin, die: w. Form zu ↑ Ernährungsberater.

Ernährungsphysiologie – Ernüchterung

Er|näh|rungs|phy|sio|lo|gie, die (Med.): Physiologie, bei der das Gebiet der Ernährung im Vordergrund steht.
er|näh|rungs|phy|sio|lo|gisch ⟨Adj.⟩ (Med.): die Ernährungsphysiologie betreffend.
Er|näh|rungs|stö|rung, die (Med.): Gesundheitsstörung, die durch übermäßige, unzureichende od. fehlerhafte Ernährung hervorgerufen wird.
Er|näh|rungs|wei|se, die: Art, Zusammensetzung der Ernährung.
Er|näh|rungs|wis|sen|schaft, die: Wissenschaft von der physiologisch richtigen Ernährung.
Er|näh|rungs|wis|sen|schaft|ler, der: Wissenschaftler auf dem Gebiet der Ernährungswissenschaft.
Er|näh|rungs|wis|sen|schaft|le|rin, die: w. Form zu ↑ Ernährungswissenschaftler.
Er|näh|rungs|zu|stand, der (Med.): körperlicher Zustand in Bezug auf die Nahrung u. ihre Verwertung im Körper.
er|nen|nen ⟨unr. V.; hat⟩ [mhd. ernennen = ganz aussprechen]: **a)** *für ein Amt, einen Posten bestimmen:* jmdn. zu seinem Nachfolger e.; **b)** *den Inhaber bzw. die Inhaberin eines Amtes bestimmen:* einen Nachfolger e.; der Präsident ernennt den Regierungschef auf Vorschlag des Parlaments.
Er|nen|nung, die; -, -en: *das Ernennen; das Ernanntwerden.*
Er|nen|nungs|ur|kun|de, die: *offizielles Dokument, in dem die Ernennung zu einem Amt bescheinigt wird:* den Ministern wurden die -n überreicht.
er|neu|en ⟨sw. V.; hat⟩ [mhd. erniuwen]: **a)** (selten) erneuern: das Wasser häufig e.; immer wieder seine Anträge e.; **b)** ⟨e. + sich⟩ (geh.) *neu werden, neu erscheinen.*
er|neu|er|bar ⟨Adj.⟩: *sich erneuern lassend, zum Erneuern geeignet:* -e *(regenerative)* Energien.
Er|neu|e|rer, Erneurer, der; -s, -: *jmd., der Altes neu macht od. Vergangenes wiederbelebt:* Coubertin war der E. der Olympischen Spiele.
Er|neu|e|rin, die; -, -nen: w. Form zu ↑ Erneuerer.
er|neu|ern ⟨sw. V.; hat⟩ [mhd. erniuwern]:
1. a) *(Altes, Verbrauchtes) gegen Neues auswechseln:* die Autoreifen e.; der Verband muss täglich erneuert werden; **b)** *(durch Ausbessern, Auswechseln von Einzelteilen, Neuanstrich o. Ä.) wiederherstellen, renovieren:* ein Bauwerk von Grund auf e.; **c)** ⟨e. + sich⟩ *[von innen heraus] neu werden, neue Kraft gewinnen:* Körperzellen erneuern sich immer wieder. **2.** *neu beleben; wieder in Erinnerung rufen, wieder wirksam werden lassen:* eine alte Freundschaft e.
3. *für weiterhin gültig erklären [lassen]:* den Pass e.
Er|neu|e|rung, die; -, -en: *das Erneuern; das Erneuertwerden.*
Er|neu|e|rungs|be|we|gung, die: *geistige, kulturelle od. politische Richtung, die eine bestimmte Idee erneuern will.*
Er|neu|rer: ↑ Erneuerer.
Er|neu|re|rin, die; -, -nen: w. Form zu Erneuerer.
er|neut ⟨Adj.⟩: *von Neuem, wieder auftretend, vorhanden:* -e Unruhen; mit -er Kraft arbeiten; -e *(neue, weitere)* Forderungen; e. Forderungen stellen.
er|nied|ri|gen ⟨sw. V.; hat⟩: **1. a)** *moralisch herabsetzen, herabwürdigen:* jmdn. öffentlich e.; damit hast du dich selbst erniedrigt; **b)** *[jmdn.] im Rang niedriger einstufen.* **2.** *niedriger machen; vermindern:* die Preise e.; den Druck in einer Vakuumkammer immer weiter e.; der erniedrigte Gefrierpunkt.
3. (Musik) *um einen Halbton herabsetzen:* a zu as e.
er|nied|ri|gend ⟨Adj.⟩: *demütigend, beschämend, die Ehre verletzend, eine Entwürdigung darstellend:* eine -e Behandlung erfahren; es ist e., wie hier verfahren wird.
Er|nied|ri|gung, die; -, -en: **1. a)** *das Erniedrigen (1); das Erniedrigtwerden;* **b)** erniedrigende Handlung, Verhaltensweise: viele -en zu ertragen haben. **2.** *das Erniedrigen (2):* Erhöhung oder E. des Druckes. **3.** (Musik) *das Herabsetzen eines Tones um einen Halbton:* die E. des Grundtons.
Er|nied|ri|gungs|zei|chen, das (Musik): *Vorzeichen, das die Erniedrigung eines Tones um einen Halbton angibt* (Zeichen: b).
ernst ⟨Adj.⟩ [im 16. Jh. entstanden aus Wendungen wie »es ist mir Ernst«]: **1.** *von Ernst [u. Nachdenklichkeit] erfüllt; nicht sorglos-heiter, nicht lachend:* ein -er Mensch; eine -e Miene machen; er, sein Gesicht wurde e.; sie bemühte sich, e. zu bleiben *(nicht zu lachen);* -e Musik *(klassische, seriöse Musik im Unterschied zu Unterhaltungsmusik);* Er spricht immer noch wenig und ist viel -er als früher (Remarque, Westen 187). **2.** *eindringlich, gewichtig, bedeutungsvoll:* -e Bedenken haben; jmdm. mit -en Worten ins Gewissen reden; seine Aufgabe e. nehmen. **3.** *wirklich so gemeint; aufrichtig:* es ist ihre -e Absicht, sich zu bessern; ein e. gemeinter Rat; er meint es e.; ist er mit ihr [vollkommen] e. damit; er nahm die Drohung nicht e. *(glaubte nicht, dass sie wirklich so gemeint war);* du musst das Kind e. *(als eigene, selbstständige Persönlichkeit)* nehmen. **4.** *sehr gefahrvoll; bedrohlich; besorgniserregend:* eine -e Krankheit; -e Verletzungen; ihr Zustand ist sehr e.; die Lage sieht e. aus; ⟨subst.:⟩ es was Ernstes?.
Ernst, der; -es, selten: -s [mhd. ernest, ahd. ernust = Kampf; Festigkeit, Aufrichtigkeit, urspr. = Kampf(eseifer)]: **1. a)** *ernsthafte, durch Sachlichkeit, Nachdenklichkeit, oft eine gewisse Gemessenheit, Strenge gekennzeichnete Einstellung, Grundhaltung:* feierlicher E.; der E. seiner Worte; tierischer E. (ugs. abwertend); *Humorlosigkeit);* Sie sah deutlich vor sich das Gesicht Martins, wie er mit spitzbübischem E. dem mühsamen Toast zuhörte, den der Bürgermeister auf ihn ausbrachte (Feuchtwanger, Erfolg 92); **b)** *ernster Wille; wirkliche, aufrichtige Meinung:* es ist mir [völliger] E. damit; es ist mein [bitterer] E.; hast du das ihm E. gemeint?; ... ich bin nun fünfundvierzig geworden, und was ich einst mit wissenschaftlichem E. betrieb, betreibe ich nun als Liebhaberei (Böll, Erzählungen 86); * [mit etw.] E. machen *(etw. in die Tat umsetzen; etw. [Angekündigtes nun] wirklich tun):* er hat mit seiner Drohung E. gemacht und ist abgereist); **allen -es** *(ganz ernsthaft, tatsächlich:* das hat sie allen -es behauptet).
2. a) *[ernste, gewichtige] Wirklichkeit:* aus dem Spiel wird E.; * **der E. des Lebens** *(der harte Alltag; die raue Wirklichkeit; das Berufsleben:* nach der Schulzeit beginnt der E. des Lebens); **b)** *Bedrohlichkeit, Gefährlichkeit:* der E. der Lage; Sie schienen überhaupt vielleicht erst jetzt auf den E. ihrer Verluste gekommen zu sein (Brecht, Geschichten 46).
Ẹrnst|fall, der ⟨Pl. selten⟩: *das Eintreten eines für möglich gehaltenen [gefährlichen] Ereignisses:* wenn der E. eintritt; Vorsorge für den E. treffen; im E. muss alles schnell gehen.
ernst ge|meint, ẹrnst|ge|meint ⟨Adj.⟩: *aufrichtig, ehrlich gemeint:* nur ernst gemeinte Zuschriften werden berücksichtigt; ein ernst gemeintes Angebot.
ernst|haft ⟨Adj.⟩ [mhd. ernesthaft = ernst; kampfbereit, streitbar, ahd. ernisthaft = vor Eifer brennend]: **1.** *nicht heiter; ernst aussehend; in ernster Weise:* eine -e Miene aufsetzen; wir müssen etwas e. besprechen. **2.** *eindringlich, gewichtig:* -e Ermahnungen; die Arbeit zeigt -e *(größere, nicht zu übersehende)* Mängel; e. bemüht sein. **3.** *aufrichtig, ernst gemeint, tatsächlich; im Ernst:* ein -es Angebot; auch -e *(ernst zu nehmende)* Forscher bezweifeln das; daran hat niemand e. geglaubt. **4.** *sehr [stark], gefährlich:* -e Verletzungen; sie ist e. erkrankt.
Ẹrnst|haf|tig|keit, die; -: *das Ernsthaftsein; ernste Gesinnung, Haltung; Aufrichtigkeit:* mit großer E.; an der E. dieser Aussage ist nicht zu zweifeln.
ẹrnst|lich ⟨Adj.⟩ [mhd. ernestlich = ernstlich, wahrhaft; wohl gerüstet; streitbar, ahd. ernestlīh = ernstlich, echt]: **1.** *nachdrücklich, gewichtig, eindringlich; mit Nachdruck [vorgetragen]:* -e Bedenken; jmdn. e. ermahnen. **2.** *wirklich so gemeint; im Ernst; aufrichtig:* -e Anstrengungen machen; die -e Absicht, den einen Wunsch haben, etw. zu tun; jmdm. e. böse sein; etw. e. wollen. **3.** *in nicht unbedenklicher Weise; nicht ungefährlich:* eine -e Gefährdung; e. krank sein; diese Gebiete sind in Gefahr.
ernst zu neh|mend, ẹrnst|zu|neh|mend ⟨Adj.⟩: *ernstlich, ernsthaft; schwer[wiegend].*
Ẹrn|te, die; -, -n [mhd. ernde, aus dem Pl. von ahd. arnōt = Ernte[zeit]; zu: arnōn = ernten, zu: ar[a]n = Ernte, urspr. = Erntezeit, Sommer]:
1. *das Ernten:* die E. hat begonnen; bei der E. helfen; * **reiche/schreckliche/furchtbare** o. ä. **E. halten** (geh.; *Verderben, den Tod bringen:* Krieg und Pest hielten reiche E.). **2.** *Gesamtheit der [geernteten] reifen Feld- u. Gartenfrüchte:* eine gute, schlechte E.; die gesamte E. wurde vernichtet; die E. einbringen, abliefern; wir hatten nur mittlere -n an Weizen; * **jmdm. ist die ganze E. verhagelt** (ugs.; *jmd. ist durch einen Misserfolg, eine Niederlage mutlos geworden, niedergeschlagen).*
Ẹrn|te|aus|fall, der: **1.** ⟨o. Pl.⟩ *Beschaffenheit, Qualität, Menge einer Ernte (2):* ein guter, schlechter E. **2.** *Verlust, Einbuße bei einer Ernte (2).*
Ẹrn|te|dank|fest, das: *kirchliches, meist am ersten Sonntag im Oktober gefeiertes Fest nach der Ernte (1).*
Ẹrn|te|er|geb|nis, das: *Ergebnis, Ertrag einer Ernte (1).*
Ẹrn|te|er|trag, der: *Ernteergebnis.*
Ẹrn|te|fest, das: *bäuerliches Fest bei od. nach der Ernte (1) mit überliefertem Brauchtum.*
Ẹrn|te|hel|fer, der: *jmd., der bei der Ernte (1) hilft.*
Ẹrn|te|hel|fe|rin, die: w. Form zu ↑ Erntehelfer.
Ẹrn|te|kranz, der: *zum Erntedank[dank]fest aufgehängter großer Kranz aus Ähren, Blumen, Früchten u. Ä.*
Ẹrn|te|kro|ne, die: *Erntekranz.*
Ẹrn|te|mo|nat, Ẹrn|te|mond, der [mhd. nicht belegt, ahd. aranmānōd] (veraltet): *August.*
ẹrn|ten ⟨sw. V.; hat⟩ [für mhd. arnen, ahd. arnon, zu: ar[a]n = Ernte]: **1.** *(die reifen Feld- u. Gartenfrüchte) durch Pflücken, Mähen usw. einbringen:* Getreide, Kartoffeln, Obst e. **2.** *erhalten; jmdm. zuteilwerden:* der Künstler erntete großen Beifall; sie erntete nur Spott; Undank, keinen Dank e. *(mit etw. keinen Beifall, eher Ablehnung finden).*
ẹrn|te|reif ⟨Adj.⟩: *reif zur Ernte (1):* -e Tomaten.
Ẹrn|te|zeit, die: *Zeit der Ernte (1).*
Ẹrn|ting, der; -s, -e (veraltet): *August.*
er|nüch|tern ⟨sw. V.; hat⟩: **1.** *nüchtern machen:* die frische Nachtluft ernüchterte ihn. **2.** *von einer rauschhaften Vorstellung od. Einbildung befreien; jmdm. seine Illusionen nehmen:* Ärger und Enttäuschung hatten sie ernüchtert; ein ernüchterndes Ergebnis.
Er|nüch|te|rung, die; -, -en: **1.** *das Nüchternwer-*

den. **2.** *das Aufhören eines [Begeisterungs]rausches:* der Begeisterung folgte sehr bald die E.

Er|obe|rer, der; -s, -: *jmd., der etw. erobert:* den -n Widerstand entgegensetzen.

Er|obe|rin, die; -, -nen: w. Form zu ↑ Eroberer.

er|obern ⟨sw. V.; hat⟩ [spätmhd. erobern für mhd. [ge]oberen, ahd. [ga]obarōn = erlangen, gewinnen, eigtl. = der Obere sein, werden]: **1.** *(ein fremdes Land, Gebiet o. Ä.) durch eine militärische Aktion an sich bringen:* eine Festung im Sturm e.; die eroberten Städte, Provinzen. **2.** *durch eigene Anstrengung, Bemühung oft gegen Widerstände erlangen, erhalten, gewinnen:* die Macht, ein Mandat, den Weltmeistertitel e.; eine Frau, das Herz einer Frau e.; du hast dir die Sympathien der Zuhörer erobert; einen Berg e. (geh.; besteigen, bezwingen); das Lied hat [sich] die Welt, hat die Herzen im Sturm erobert; das Produkt hat der Firma neue Märkte erobert *(erschlossen);* ich hatte mir einen guten Platz erobert *(scherzh.; gesichert).*

Er|obe|rung, die; -, -en: **1. a)** *das Erobern;* **b)** *etw. Erobertes:* die -en wieder herausgeben. **2. a)** *das Für-sich-Gewinnen, das Erringen:* die E. neuer Absatzmärkte; **b)** *etw. Gewonnenes, Errungenes:* dieses Mädchen ist seine neueste E. (ugs. scherzh.; *Freundin);* * **eine E./-en machen** *(jmdn., v. a. für sich gewinnen);* **auf -en ausgehen** (scherzh.; Partner od. Partnerinnen für erotische Abenteuer zu gewinnen suchen).

Er|obe|rungs|feld|zug, der: vgl. Eroberungskrieg: einen E. planen, führen.

Er|obe|rungs|krieg, der: *Angriffskrieg zur Eroberung fremden Gebietes.*

Er|obe|rungs|zug, der: vgl. Eroberungskrieg.

ero|die|ren ⟨sw. V.⟩ [lat. erodere = weg-, ausnagen] (Geol.): **1.** ⟨hat⟩ *den Boden auswaschen, wegspülen, abtragen:* der Wind erodiert die Berghänge; Ü (bildungsspr.:) die Finanzkrise hat ihr Vermögen erodiert. **2.** ⟨ist⟩ *durch Erosion (1) zurückgehen, abgetragen werden:* ein Fels droht zu e.; Ü (bildungsspr.:) der Rechtsstaat erodiert immer mehr.

er|öff|nen ⟨sw. V.; hat⟩ [mhd. eroff(en)en = kundtun, ahd. aroffonōn = offenbaren; öffnen]: **1.** *[erstmalig] der Öffentlichkeit, dem Publikumsverkehr zugänglich machen:* ein [neues] Geschäft, eine Praxis, eine Ausstellung e.; eine neue Straße für den Verkehr e. **2. a)** (Med., sonst veraltet) *[durch Schneiden] öffnen, aufmachen, freilegen:* Körperhöhlen e.; **b)** (Amtsspr.) *amtlich öffnen:* der Notar eröffnete das Testament; **c)** (Kaufmannsspr.) *anlegen, einrichten:* ein Konto bei der Bank e. **d)** (Rechtsspr.) *in die Wege leiten:* einen Vergleich, den Konkurs e. **3. a)** *einleiten, (mit) etw. offiziell beginnen:* eine Sitzung, Diskussion, Verhandlung e.; der Ball wurde mit einer Polonaise eröffnet; eine Schachpartie e. *(die einleitenden Züge machen);* das Feuer [auf eine Stellung] e. *(zu schießen beginnen);* ein Lustspiel eröffnete die Theatersaison *(bildete den Anfang);* »Es trifft sich höchst dankenswert«, eröffnete Jaakob die heikle Unterredung, »dass ich meinen Vater und Oheim noch einmal sehe …« (Th. Mann, Joseph 367); **b)** (Börsenw.) *zu Beginn in bestimmter Weise verlaufen:* die Börse eröffnete ruhig, mit schwankenden Kursen. **4. a)** *jmdm. Neues, Unerwartetes mitteilen:* sie eröffnete mir ihre Absichten, ihren Plan; **b)** ⟨e. + sich⟩ (geh.) *sich jmdm. anvertrauen:* ich eröffnete mich meinem älteren Freund. **5. a)** *zugänglich machen; offenbar werden lassen:* das Angebot eröffnet [mir] neue Möglichkeiten, Aussichten, Wege; **b)** ⟨e. + sich⟩ *zugänglich werden:* glänzende Aussichten eröffneten sich ihr.

Er|öff|nung, die; -, -en: **1.** *das Eröffnen* (1–5). **2.** *etw., was jmdm. eröffnet wird, [unerwartete] Mitteilung:* eine vertrauliche E.; er wollte uns eine E. machen (nachdrücklich; *wollte uns etw. bisher geheim Gehaltenes, Persönliches, Vertrauliches mitteilen*); Eine tödliche Stille folgte meiner E. (Fallada, Herr 149). **3.** (Schach) *Gesamtheit der einleitenden Züge einer Schachpartie.*

Er|öff|nungs|abend, der: **1.** *erster Abend* (1) *einer mehrtägigen Veranstaltung.* **2.** *eine mehrtägige Veranstaltung eröffnender Abend* (2): der E. findet im Zelt statt.

Er|öff|nungs|an|spra|che, die: *Ansprache, mit der eine Veranstaltung eröffnet wird.*

Er|öff|nungs|fei|er, die: *Feier, mit der eine Veranstaltung, eine Reihe von Veranstaltungen eröffnet wird.*

Er|öff|nungs|kon|zert, das: *Konzert, mit dem eine Veranstaltung, eine Reihe von Veranstaltungen eröffnet wird.*

Er|öff|nungs|re|de, die: *Rede, mit der eine Veranstaltung eröffnet wird.*

Er|öff|nungs|sit|zung, die: *erste von mehreren Sitzungen auf einem Kongress, einer Veranstaltung o. Ä.*

Er|öff|nungs|spiel, das (Sport): *Spiel, mit dem ein Turnier eröffnet wird.*

Er|öff|nungs|tag, der: *Tag der Eröffnung einer Veranstaltung:* am E. wurden die meisten Ausstellungsbesucher gezählt.

Er|öff|nungs|ver|an|stal|tung, die: vgl. Eröffnungsfeier.

ero|gen ⟨Adj.⟩ [zu griech. érōs (↑²Eros) u. -genēs = verursachend]: **a)** *(meist von Körperstellen od. -zonen) geschlechtlich leicht erregbar, reizbar:* -e Zonen; **b)** *geschlechtliche Erregung auslösend:* -e Einflüsse.

er|ör|tern ⟨sw. V.; hat⟩ [Lehnübertragung von lat. determinare (t determinieren), zu: Örter, Pl. von ↑¹Ort]: *ausführlich u. oft ins Einzelne gehend über einen noch nicht geklärten Sachverhalt sprechen, diskutieren:* eine Frage, einen Fall, die Lage mit jmdm. e.; das Für und Wider eines Plans gründlich e.; ein Problem wissenschaftlich e. *(abhandeln).*

Er|ör|te|rung, die; -, -en: *eingehende Diskussion, Untersuchung; gründliche, theoretische -en über etw. anstellen; das bedarf keiner E.*

¹Eros (griech. Mythol.): *Gott der Liebe.*

²Eros [auch: 'ɛrɔs], der - [griech. érōs, H. u.]: *sehnsuchtsvolles sinnliches Verlangen; der Geschlechterliebe innewohnendes Prinzip [ästhetisch-]sinnlicher Anziehung; durch Seele u. Geist geadelte sinnliche Liebe.*

Eros|cen|ter, das: *Haus, in dem [behördlich genehmigt u. kontrolliert] Prostitution betrieben wird; Bordell.*

Ero|si|on, die; -, -en [lat. erosio = das Zerfressenwerden, zu: erodere, ↑ erodieren]: **1.** (Geol.) *zerstörende Wirkung von fließendem Wasser, auch von Eis u. Wind an der Erdoberfläche:* in den von der Landwirtschaft aufgegebenen Gebieten setzt E. ein; durch E. entstandene Täler; Ü (bildungsspr.) eine E. der Glaubwürdigkeit, des Ansehens findet statt. **2.** (Med.) **a)** *Gewebeschaden an der Oberfläche der Haut od. der Schleimhäute* (z. B. Abschürfung); **b)** *das Fehlen od. die Abschleifung des Zahnschmelzes.* **3.** (Technik) *mechanische Zerstörung feuerfester Baustoffe.*

Ero|si|ons|schutz, der (o. Pl.): *Schutz gegen Erosion* (z. B. durch Anpflanzen von Wäldern).

ero|siv ⟨Adj.⟩: *die Erosion* (1) *betreffend; durch Erosion* (1) *entstanden.*

Ero|ten ⟨Pl.⟩ [lat. Erotes, Pl. von: Eros < griech. Érōs = ¹Eros]: *allegorische Darstellungen geflügelter Liebesgötter, meist in Kindergestalt.*

Ero|tik, die; -, [zu ↑ erotisch]: **a)** *den geistig-psychischen Bereich einbeziehende sinnliche Liebe; Liebes-, Geschlechtsleben:* die E. im Gegensatz zur bloßen Sexualität; Haben Sie sich nie die Frage vorgelegt, ob nicht vielleicht der Weg zu einer beschwingten und harmonischen E. nur durch härtere Selbsterziehung führe? (Musil, Mann 820); **b)** (verhüll.) *Sexualität:* die billige E. eines Films.

Ero|ti|ka: Pl. von ↑ Erotikon.

Ero|tik|film, der: *Film mit hauptsächlich erotischen Szenen.*

Ero|ti|kon, das; -s, …ka, selten: …ken [griech. erōtikón = die Liebe Betreffendes]: **a)** *Werk, Dichtung mit erotischem Hauptthema;* **b)** ⟨meist Pl.⟩ *im Hinblick auf sexuelle Betätigung anregendes Mittel.*

ero|tisch ⟨Adj.⟩ [frz. érotique < griech. erōtikós, zu: érōs, ↑²Eros]: **a)** *die Liebe in ihrer [ästhetisch-]sinnlichen Anziehungskraft betreffend:* -e Beziehungen, Erlebnisse, Lippen; **b)** (verhüll.) *sexuell:* -e Bedürfnisse.

ero|ti|sie|ren ⟨sw. V.; hat⟩: **a)** *durch ästhetisch-sinnliche Reize sinnliches Verlangen hervorrufen, wecken:* erotisierende Musik; **b)** *auf das Gebiet der Erotik verlagern, mit erotischem Inhalt erfüllen:* eine Beziehung e.

Ero|ti|sie|rung, die; -, -en: *das Erotisieren; das Erotisiertwerden.*

Ero|to|ma|ne, der; -n, -n (Med., Psychol.): *jmd., der an Erotomanie leidet.*

Ero|to|ma|nie, die; -, -n [griech. erōtomanía = rasende Liebe] (Med., Psychol.): *übersteigertes sexuelles Verlangen.*

Ero|to|ma|nin, die; -, -nen: w. Form zu ↑ Erotomane.

Er|pel, der; -s, - [aus dem Niederd. < mniederd., mniederl. erpel, wahrsch. Kosef. des Personenn. asächs. Erpo, ahd. Erpho, eigtl. = der Braune]: *männliche Ente; Enterich.*

er|picht ⟨Adj.⟩ [Nebenf. von verpicht = (mit Pech) festgeklebt, urspr. bezogen auf die Pechrute beim Vogelfang]: meist in der Verbindung **auf etw. e. sein** *(begierig, versessen sein:* er ist aufs Geld, auf die Belohnung e.; ⟨auch attr.:⟩ auf Neuigkeiten -e Damen.

Er|press|bar ⟨Adj.⟩: *die Voraussetzung für eine Erpressung bietend:* dieser Vertragsabschluss macht uns e.

Er|press|bar|keit, die; -: *das Erpressbarsein.*

er|pres|sen ⟨sw. V.; hat⟩: **1.** *durch Drohungen od. mit Gewalt unter Druck setzen u. zu etw. zwingen, nötigen:* er wurde von ihr/durch sie mit seinen früheren Briefen erpresst; ich lasse mich nicht e. **2.** *durch Drohungen od. Gewalt erlangen:* man erpresste von ihm Geld, ein Geständnis; eine erpresste Zusage.

Er|pres|ser, der; -s, -: *jmd., der andere erpresst:* ein kaltblütiger E.

Er|pres|ser|brief, der: *eine Erpressung enthaltender Brief.*

Er|pres|se|rin, die; -, -nen: w. Form zu ↑ Erpresser.

er|pres|se|risch ⟨Adj.⟩: *eine Erpressung darstellend, enthaltend, bezweckend:* e., mit -en Mitteln vorgehen.

Er|pres|sung, die; -, -en: *von Drohungen od. Gewaltmaßnahmen begleitete od. damit durchgesetzte Forderung:* eine versuchte E.; das ist E.!; die E. von Lösegeld; räuberische E.

Er|pres|sungs|ver|such, der: *Versuch, jmdn. zu erpressen, etw. von jmdm. zu erpressen.*

er|pro|ben ⟨sw. V.; hat⟩: *auf bestimmte Eigenschaften, auf die Eignung zu etw. prüfen, einer Belastungs- od. Bewährungsprobe unterziehen:* das Mittel muss noch klinisch erprobt werden; jmdn. auf seine Zuverlässigkeit hin e.; Hast du deine Fähigkeit, Menschen und Schicksale zu erkennen, an Beispielen erprobt? (Hesse, Narziß 13).

er|probt ⟨Adj.⟩: **a)** *geprüft u. bewährt; als zuverlässig ausgewiesen:* ein -er Kämpfer; **b)** (seltener) althergebracht; seit Langem üblich: er begrüßte uns in -er Manier.

Er|pro|bung, die; -, -en: *das Erproben; das Erprobtwerden.*

er|qui|cken ⟨sw. V.; hat⟩ [mhd. erquicken, ahd. irquicchan, zu gleichbed. mhd. quicken, ahd. quicchan, eigtl. = lebendig machen, zu ↑keck] (geh.): *neu beleben, stärken, erfrischen:* sich mit einem kühlen Getränk e.

er|quick|lich ⟨Adj.⟩ (geh.): *angenehm, erfreulich:* -e Aussichten.

Er|qui|ckung, die; -, -en (geh.): **1.** *das Erquicken; das Erquicktwerden:* zur E. ein Bad nehmen. **2.** *etw. Erquickendes.*

er|ra|re hu|ma|num est [lat.]: *Irren ist menschlich.*

er|ra|ten ⟨st. V.; hat⟩: *durch Raten, Sicheinfühlen richtig herausfinden:* jmds. Wunsch e.; das war leicht, [nicht] schwer zu e.; In der Altenbergstraße fuhr er langsam, denn er war noch nie bei Bärlach gewesen, und spähte durch die nassen Scheiben nach dessen Hausnummer, die er mühsam erriet (*entzifferte;* Dürrenmatt, Richter 28).

er|ra|tisch ⟨Adj.⟩ [frz. (bloc) erratique < lat. erraticus = umherirrend, zu: errare = (umher)irren; sich irren, verw. mit ↑irr] (bildungsspr.): *im Schlingerkurs befindlich, abirrend, nicht stringent:* eine -e Politik betreiben; Kritiker bemängeln, das IOC handele oft e.; ein -er Block (Geol.; *vereinzelt liegender, großer Gesteinsblock in einem ehemals vergletscherten Gebiet, der während der Eiszeit dorthin gelangte*).

er|re|chen|bar ⟨Adj.⟩: *sich errechnen lassend.*

er|rech|nen ⟨sw. V.; hat⟩: **1. a)** *durch längeres Rechnen ermitteln; ausrechnen:* den Verkaufspreis, eine Entfernung e.; aus dem gegebenen Radius die Fläche eines Kreises e.; vom errechneten Kurs abweichen; **b)** *aufgrund genauer Berechnungen u. Überlegungen erwarten:* alles kam anders, als ich es mir errechnet hatte. **2.** ⟨e. + sich⟩ (Papierdt.) *sich durch Rechnen ermitteln lassen:* die Gebühr errechnet sich aus einer bestimmten Formel.

Er|rech|nung, die; -: *das Errechnen* (1 a).

er|reg|bar ⟨Adj.⟩: *sich leicht erregen lassend:* ein [leicht] -er Mensch.

Er|reg|bar|keit, die; -: *das Erregbarsein.*

er|re|gen ⟨sw. V.; hat⟩: **1. a)** *in einen Zustand heftiger Gefühls-, Gemütsbewegung versetzen; aufregen:* dieser Brief erregte sie, ihr Gemüt; ihr Anblick erregte ihn (*versetzte ihn in geschlechtliche Erregung*); eine erregte Diskussion; die erregten Gemüter beruhigen; freudig, leidenschaftlich erregt sein; Ü die vom Sturm erregte (geh.; *in Bewegung versetzte, aufgewühlte*) See; **b)** ⟨e. + sich⟩ *in einen Zustand heftiger Gefühls-, Gemütsbewegung geraten:* ich habe mich sehr darüber erregt. **2. a)** *hervorrufen, verursachen:* Aufsehen, Furcht, Besorgnis, Missfallen, Staunen e.; sein Betragen erregte Anstoß, öffentliches Ärgernis, allgemeine Heiterkeit; ich wollte keinen Verdacht e.; Ich fühle nur noch das Gehirn. Es liegt wie eine Flechte in meinem Schädel. Es erregt mir eine von oben ausgehende Übelkeit (Benn, Stimme 13); **b)** *anregen, reizen:* jmds. Fantasie e.; Muskeln durch einen Reiz e. ♦ **3.** *in Bewegung bringen, setzen; anhalten, etw. zu tun:* Keineswegs irrte der Mann, der hier an der Küste sich die Warte zu schaffen die Seinigen sämtlich erregte (Goethe, Achilleis 472 f.)

er|re|gend ⟨Adj.⟩: *in Erregung, Aufregung versetzend:* ein -es Schauspiel; der Anblick war e. schön.

Er|re|ger, der; -s, -: *etw., was etw. anderes (bes. eine Krankheit) hervorruft:* der E. der Cholera.

Er|regt|heit, die; -: *Erregung* (1 b).

Er|re|gung, die; -, -en: **1. a)** *das Erregen* (1), *Aufregung:* alle möglichen -en von jmdm. fernhalten; **b)** *das Erregtsein; Zustand heftiger Gemüts-, Gefühlsbewegung; Erregtheit:* seine E. nur mühsam verbergen; sie zitterte vor E. **2. a)** *das Erregen* (2 a); *das Hervorrufen, Verursachen:* (Rechtsspr.:) wegen E. öffentlichen Ärgernisses; **b)** *das Erregen* (2 b); *das Anregen, Reizen:* die E. eines Muskels durch den dazugehörigen Nerv.

Er|re|gungs|im|puls, der: *Erregung bewirkender Impuls.*

Er|re|gungs|lei|tung, die (Med.): *Fortleitung einer Erregung* (2 b) *entlang den Nerven- u. Muskelfasern.*

Er|re|gungs|zu|stand, der: *Zustand der Erregung* (1).

er|reich|bar ⟨Adj.⟩: *sich erreichen* (1–4) *lassend.*

Er|reich|bar|keit, die; -: *das Erreichbarsein.*

er|rei|chen ⟨sw. V.; hat⟩ [mhd. erreichen, ahd. irreihhen = erlangen, erreichen]: **1.** *bis zu etw., an etw. reichen, um es zu berühren od. zu fassen:* etw. mit ausgestrecktem Arm gerade noch e.; das Kind kann die Türklinke noch nicht e.; Nur die Reste, die der Löffel nicht mehr erreicht, werden ausgespült (Remarque, Westen 135). **2.** *zu jmdm., etw. hinkommen, gelangen:* das Finale e.; den Gipfel des Berges e.; der Brief hat sie gerade noch erreicht; der Ort ist nur zu Fuß zu e.; die Krankheit hat ihren Höhepunkt erreicht; er hat ein hohes Alter erreicht (*ist sehr alt geworden*); das Klassenziel e. (*in die nächsthöhere Klasse versetzt werden*). **3.** *mit jmdm., etw. in Verbindung treten:* wie, wo kann ich Sie e.?; ich habe die Firma, das Büro nicht erreicht; durch den Film erreicht man viele Menschen. **4.** *durchsetzen, zustande bringen:* sie hat alles erreicht, was sie wollte; bei dir wirst du [damit] nichts e.; ⟨subst. 2. Part.:⟩ erfreut sein über das Erreichte.

Er|rei|chung, die; -: *das Erreichen* (2, 4).

er|ret|ten ⟨sw. V.; hat⟩ [mhd. erretten, ahd. irretten] (geh.): *retten* (1): jmdn. aus großer Not e.; er hat sie vom/vor dem Tode des Ertrinkens errettet; Nur Gottes Hilfe kann uns e., ruft der Steuermann (Hacks, Stücke 40).

Er|ret|ter, der; -s, -: *Retter.*

Er|ret|te|rin, die; -, -nen: w. Form zu ↑Erretter.

Er|ret|tung, die; -, -en (geh.): *das Erretten; das Errettetwerden.*

er|rich|ten ⟨sw. V.; hat⟩: **1.** [mhd. nicht belegt, ahd. irrihten] **a)** *in die Höhe bauen, erbauen:* Wohnblocks e.; **b)** *aufstellen, aufbauen, aufrichten:* Barrikaden e.; (Geom.:) auf einer Geraden das Lot e. **2. a)** *einrichten, [offiziell] begründen:* eine Schreckensherrschaft e.; eine Stiftung e.; Ü einen Kult um den Tod e.; **b)** (Rechtsspr.:) *urkundlich niederlegen:* ein Testament e.

Er|rich|tung, die; -, -en: *das Errichten; das Errichtetwerden.*

er|rin|gen ⟨st. V.; hat⟩ [mhd. erringen, ahd. irringen]: *kämpfend, im Wettstreit, durch Anstrengung erlangen:* einen Vorteil, jmds. Vertrauen e.; bei einer Wahl die Mehrheit e.; ein hart, durch harte Arbeit errungener Sieg; So gleichgewichtig, so überlegen, so harmonisch – und so zufrieden... Ist dieser Zustand mühsam errungen oder schon angeboren? (Langgässer, Siegel 483).

Er|rin|gung, die; -: *das Erringen.*

er|rö|ten ⟨sw. V.; ist⟩ [mhd. erröten, ahd. irrōten] (geh.): *im Gesicht rot werden:* vor Verlegenheit [tief] e.; sie schlug errötend die Augen nieder; das macht mich e.; ⟨subst.:⟩ mit dieser Bemerkung brachte er sie zum Erröten.

Er|run|gen|schaft, die; -, -en [LÜ von mlat. acquaestus]: *etw., was durch große Anstrengung erreicht, errungen wurde:* eine E. der Forschung; die Wohnung ist mit den neuesten -en der Technik ausgestattet; Ü dieses Kleid ist meine neueste E. (ugs. scherzh.; *Anschaffung*).

er|sät|ti|gen ⟨sw. V.; hat⟩: **1.** in der Wendung **sich [nicht] an etw. e. können** (geh.: *[nicht] genug von etw. sehen, tun, bekommen können:* ich konnte mich an seiner Schönheit nicht e.). ♦ **2.** *[völlig] satt* (1 a) *machen; sättigen* (1): Ü ...der Korsar... Männer führt er davon und Frauen und ersättigt die wilde Begierde (Schiller, Braut v. Messina 1248 ff.)

Er|satz, der; -es: **1. a)** *Person, Sache, die anstelle einer anderen Person od. Sache eingesetzt wird od. werden kann, deren Funktion übernimmt:* er ist ein guter E. für den Erkrankten; sie bekam ein neues Buch als E. für das beschädigte; für jmdn., etw. E. schaffen; als E. (Sport; *Ersatzspieler[in]*) aufgestellt werden; **b)** *Entschädigung* (b): für einen Schaden E. leisten; **c)** (Militär) *Reserve, Ersatztruppe:* ein Unteroffizier vom E.; Zum Teil sind es alte Leute, aber auch fünfundzwanzig Mann junger E. aus den Feldrekrutendepots werden uns überwiesen (Remarque, Westen 31). **2.** (selten) *das Ersetzen* (1 a): der E. von Öl durch Kohle.

Er|satz|an|spruch, der: *Anspruch auf Ersatz* (1 b): einen E. an jmdn. stellen.

Er|satz|bank, die ⟨Pl. ...bänke⟩ (Sport): *Reservebank.*

Er|satz|be|frie|di|gung, die (Psychol.): *durch eine Ersatzhandlung erreichte Triebbefriedigung.*

Er|satz|dienst, der: *von Kriegsdienstverweigerern abzuleistender nicht militärischer Dienst; Zivildienst.*

Er|satz|dienst|leis|ten|der, der Ersatzdienstleistende/ein Ersatzdienstleistender; des/eines Ersatzdienstleistenden, die Ersatzdienstleistenden/zwei Ersatzdienstleistende, **Er|satz|dienst Leis|ten|der,** der Ersatzdienst Leistende/ein Ersatzdienst Leistender; des/eines Ersatzdienst Leistenden, die Ersatzdienst Leistenden/zwei Ersatzdienst Leistende: vgl. Ersatzdienstpflichtiger.

er|satz|dienst|pflich|tig ⟨Adj.⟩: *zum Ersatzdienst verpflichtet.*

Er|satz|dienst|pflich|ti|ger, der Ersatzdienstpflichtige/ein Ersatzdienstpflichtiger; des/eines Ersatzdienstpflichtigen, die Ersatzdienstpflichtigen/zwei Ersatzdienstpflichtige: *ersatzdienstpflichtiger Mann.*

Er|satz|dienst|zeit, die: *Zeit des Ersatzdienstes.*

Er|satz|dro|ge, die: *pharmazeutisches Präparat, das Drogenabhängigen ermöglichen soll, eine Abhängigkeit von einem (gefährlichen) Rauschgift zu überwinden:* die Verteilung von -n.

Er|satz|frau, die: vgl. Ersatzmann.

er|satz|ge|schwächt ⟨Adj.⟩ (Sport): *durch den Einsatz von Ersatzspielern in der Spielstärke beeinträchtigt:* eine -e Mannschaft.

Er|satz|hal|te|stel|le, die: *Haltestelle, die eine andere ersetzt (z. B. wegen Bauarbeiten).*

Er|satz|hand|lung, die (Psychol.): *Handlung, die an die Stelle der eigentlich angestrebten tritt, wenn diese nicht ausgeführt werden kann.*

Er|satz|heer, das (Militär früher): *Teil des Heeres, der (im Krieg) innerhalb des Landes stationiert ist.*

Er|satz|in|fi|ni|tiv, der (Sprachwiss.): *Infinitiv, der in bestimmten Fällen nach einem reinen Infinitiv an die Stelle des 2. Partizips treten kann (z. B. er hat ihn kommen »hören« statt »gehört«).*

Er|satz|kaf|fee, der: *aus Kaffee-Ersatz hergestelltes Getränk.*

Er|satz|kas|se, die: *Krankenkasse, die von Versicherungspflichtigen anstelle einer Pflichtkrankenkasse gewählt werden kann od. deren Mit-*

Er|satz|leu|te ⟨Pl.⟩: **1.** Pl. von ↑ Ersatzmann. **2.** Gesamtheit der Ersatzfrauen u. Ersatzmänner.

er|satz|los ⟨Adj.⟩: keinen Ersatz liefernd: der Paragraf wird e. gestrichen.

Er|satz|lö|sung, die: als Ersatz (1 a) angesehene Lösung einer Schwierigkeit.

Er|satz|mann, der ⟨Pl. ...leute, auch: ...männer⟩: als Ersatz (1 a) vorgesehene männliche Person.

Er|satz|mut|ter, die: **1.** Person, die für jmdn. die Mutter ersetzt. **2.** Leihmutter.

Er|satz|pflicht, die: Verpflichtung, für einen verursachten Schaden o. Ä. Ersatz zu leisten.

Er|satz|re|li|gi|on, die: [politische] Ideologie, die die Religion ersetzt.

Er|satz|spie|ler, der (Sport): Spieler, der bei Ausfall od. Verletzung eines Spielers für diesen eingesetzt wird.

Er|satz|spie|le|rin, die: w. Form zu ↑ Ersatzspieler.

Er|satz|stoff, der: Stoff als Ersatz für einen anderen: so für Nikotin.

Er|satz|teil, das, seltener: der (bes. Technik): Teil, das ein unbrauchbar gewordenes od. verloren gegangenes Teil eines Ganzen ersetzen kann.

Er|satz|teil|la|ger, das: Lager für Ersatzteile: Ü Embryonen als menschliche E. missbrauchen.

Er|satz|tor|hü|ter, der: Torwart, der bei Ausfall od. Verletzung des eigentlichen Torwartes eingesetzt wird.

Er|satz|tor|hü|te|rin, die: w. Form zu ↑ Ersatztorhüter.

Er|satz|tor|wart, der: Ersatztorhüter.

Er|satz|tor|war|tin, die: w. Form zu ↑ Ersatztorwart.

Er|satz|trup|pe, die: militärische Einheit, die dem Ersatzheer angehört.

Er|satz|ver|kehr, der: bei Störung der Verkehrsverbindung als Ersatz eingesetzte Verkehrsmittel wie Busse, Taxen o. Ä., die die Reisenden befördern.

er|satz|wei|se ⟨Adv.⟩: als Ersatz: Sie erhalten e. eine neue Lieferung; ⟨mit Verbalsubstantiven auch attr.⟩: e. eine e. Lieferung.

Er|satz|zeit, die (Versicherungsw.): Zeit, in der aus bestimmten Gründen keine Beiträge zur sozialen Rentenversicherung entrichtet werden, die aber als Versicherungszeit angerechnet wird.

er|sau|fen ⟨st. V.; ist⟩ [mhd. nicht belegt, ahd. arsūfan] (salopp): **1.** ertrinken: wir werden mit dem Boot noch e. **2. a)** mit Wasser überschwemmt werden; im Wasser versinken, untergehen: die Felder, Wiesen sind durch den starken Regen ersoffen; (Bergmannsspr.:) die Grube ist ersoffen; Ü in Formularen e.; **b)** (seltener) absaufen (2): der Motor ist ersoffen.

er|säu|fen ⟨sw. V.; hat⟩ [mhd. ersoufen]: ertränken: junge Katzen e.; Ü einen Misserfolg im Alkohol e. (durch Genuss von Alkohol [vorübergehend] vergessen machen).

er|schaf|fen ⟨st. V.; hat⟩ (geh.): schaffen, entstehen lassen: Gott hat die Welt erschaffen; man hat die Stadt aus dem Nichts erschaffen; ⟨subst. 2. Part.:⟩ Erschaffenes wieder zerstören.

Er|schaf|fung, die; - (geh.): das Erschaffen; das Erschaffenwerden.

er|schal|len ⟨st. u. sw. V.; erscholl/(auch:) erschallte, ist erschollen/(selten:) erschallt⟩ (geh.): laut erklingen: ein Ruf, lautes Gelächter erscholl/erschallte; er ließ die Stimmen zur Ehre Gottes e. lassen.

er|schau|dern ⟨sw. V.; ist⟩ (geh.): von einem Schauder ergriffen, gepackt werden: er erschauderte vor Entsetzen.

er|schau|ern ⟨sw. V.; ist⟩ (geh.): von einem Schauer ergriffen, überlaufen werden: vor Kälte, vor Entsetzen e.; die plötzliche Stille ließ sie e.; ⟨subst.:⟩ ein wohliges Erschauern.

er|schei|nen ⟨st. V.; ist⟩: **1.** [mhd. erschīnen, ahd. irscīnan] **a)** sichtbar, wahrnehmbar werden; sich zeigen: er erschien auf dem Bildschirm; die Küste erschien am Horizont; **b)** sich im Traum, als Vision o. Ä. zeigen: Hamlet erscheint der Geist seines Vaters; **c)** sich wie erwartet einfinden, einstellen; auftreten: als Zeugin vor Gericht e.; er ist heute nicht zum Dienst erschienen; ⟨subst.:⟩ sie dankte den Zuhörern für ihr zahlreiches Erscheinen. **2.** herausgegeben, veröffentlicht werden: die Zeitschrift erscheint monatlich; ⟨subst.:⟩ das Buch war gleich nach [seinem] Erscheinen vergriffen. **3.** sich in bestimmter Weise darstellen: alles erschien mir wie ein Traum; es erscheint uns nötig, wünschenswert, dass nachgebessert wird; er bemüht sich, ruhig zu e. (zu wirken, einen ruhigen Eindruck zu machen).

Er|schei|nung, die; -, -en: **1.** wahrnehmbarer Vorgang: der Totalitarismus ist eine spezifische E. des 20. Jahrhunderts; eine meteorologische E. beobachten; krankhafte -en feststellen; * [Fest der] E. des Herrn (christl. Rel.; Epiphanias); in E. treten (sichtbar, erkennbar werden: jetzt sind ihre wahren Absichten in E. getreten). **2.** durch ihr Äußeres, ihr Erscheinungsbild in bestimmter Weise wirkende Persönlichkeit: er ist eine stattliche E.; in ihrer äußeren E., ihrer äußeren E. nach (nach ihrem Äußeren) ist sie sehr unauffällig. **3.** Vision, Traumbild: sie hat -en; er starrte mich an wie eine E.

Er|schei|nungs|bild, das: auf den Betrachter wirkendes äußeres Bild von jmdm., etw.: das E. der Stadt; wir erwarten für diese Position ein gepflegtes E.

Er|schei|nungs|da|tum, das: Datum des Erscheinens einer Publikation.

Er|schei|nungs|fest, das (christl. Rel.): Epiphanias.

Er|schei|nungs|form, die: äußere Form, in der etw. erscheint, sich zeigt.

Er|schei|nungs|jahr, das: Jahr der Veröffentlichung einer Publikation.

Er|schei|nungs|ort, der ⟨Pl. -e⟩: vgl. Erscheinungsjahr.

Er|schei|nungs|ter|min, der: vgl. Erscheinungsdatum.

Er|schei|nungs|wei|se, die: **1.** Art und Weise, in der etw. erscheint, sich darstellt: die verschiedenen -en ein und desselben Vorgangs. **2.** das Erscheinen einer Zeitung o. Ä. in einem bestimmten zeitlichen Abstand: eine wöchentliche E.

er|schie|ßen ⟨st. V.; hat⟩ [mhd. erschiezen, ahd. irsciezan]: mit einer Schusswaffe töten: er wurde hinterrücks erschossen; sie hat sich [mit einer Pistole] erschossen; das verletzte Pferd musste erschossen werden; * erschossen sein (1. ugs.: am Ende seiner Kräfte, völlig erschöpft sein. 2. ugs.: äußerst überrascht sein. österr., schweiz.: sich in einer schwierigen Lage befinden).

Er|schie|ßung, die; -, -en: das Erschießen; das Erschossenwerden.

Er|schie|ßungs|kom|man|do, das: für eine Hinrichtung durch Erschießen zusammengestelltes Kommando (3 a).

er|schlaf|fen ⟨sw. V.⟩ [mhd. nicht belegt, ahd. irslaffen]: **1.** ⟨ist⟩ **a)** schlaff, kraftlos, matt werden: seine Arme erschlafften; Ü die Truppe ist moralisch erschlafft; **b)** seine Straffheit verlieren; welk werden. **2.** ⟨hat⟩ (seltener) schlaff, kraftlos, matt machen: die Schwüle erschlaffte mich.

Er|schlaf|fung, die; - (geh.): das Erschlaffen.

¹**er|schla|gen** ⟨st. V.; hat⟩ [mhd. erslahen, ahd. irslahan]: **a)** durch einen od. mehrere Schläge, Hiebe töten; totschlagen: er wurde mit einem Hammer erschlagen; die Vermisste wurde erschlagen aufgefunden; Ü man hat ihn mit Beweismaterial förmlich erschlagen (ugs.; erdrückt, sodass er von seiner Ansicht, Meinung abrücken musste); sie war [wie] erschlagen (ugs.; fassungslos, bestürzt), als sie das hörte; **b)** auf jmdn. mit Wucht, Heftigkeit treffen u. ihn töten: er wurde vom Blitz erschlagen.

²**er|schla|gen** ⟨Adj.⟩ (ugs.): erschöpft, am Ende der Kräfte: ich fühle mich total e.

er|schlei|chen ⟨st. V.; hat⟩ [mhd. erslīchen = schleichend zu etw. kommen] (abwertend): zu Unrecht, durch heimliche, listige Machenschaften erwerben, durch Schmeichelei od. Täuschung erlangen, sich verschaffen: ein Amt e.

Er|schlei|chung, die; -, -en ⟨Pl. selten⟩: das Erschleichen.

er|schließ|bar ⟨Adj.⟩: sich erschließen lassend: -e Märkte.

er|schlie|ßen ⟨st. V.; hat⟩: **1. a)** zugänglich machen: ein Reisegebiet durch Verkehrsmittel e.; Baugelände e. (durch Anlage od. Ausbau der Zugangswege, Kanalisation usw. für die Bebauung vorbereiten); Ü jmdm. das Verständnis einer Sache e.; jmdm. ein Geheimnis e.; **b)** auffinden u. nutzbar machen: neue Bodenschätze e.; Ü neue Käuferschichten e. **2.** ⟨e. + sich⟩ **a)** (geh.) sich öffnen, aufbrechen: die Knospe, die Blüte erschließt sich; **b)** zugänglich, verständlich werden: diese Dichtung erschließt sich schwer; **c)** (geh.) sich jmdm. offenbaren, anvertrauen: du hast dich mir ganz erschlossen. **3.** durch bestimmte Schlussfolgerungen ermitteln: die Bedeutung eines Wortes aus dem Textzusammenhang e.; etw. aus Andeutungen e.; eine erschlossene (Sprachwiss.; aufgrund bestimmter sprachlicher Gesetze rekonstruierte, nicht belegte) Wortform.

Er|schlie|ßung, die; -, -en: das Erschließen (1, 3); das Erschlossenwerden.

Er|schlie|ßungs|kos|ten ⟨Pl.⟩: Kosten für die bauliche Erschließung eines Grundstücks.

er|schlos|sen: ↑ erschließen.

er|schmei|cheln ⟨sw. V.; hat⟩: durch Schmeicheln, Schmeicheleien erlangen, sich verschaffen.

er|schnüf|feln ⟨sw. V.; hat⟩: durch Schnüffeln wahrnehmen.

er|schöp|fen ⟨sw. V.; hat⟩ [mhd. erschepfen] **1. a)** vollständig verbrauchen, aufbrauchen, restlos nutzen: seine Reserven e.; alle Möglichkeiten sind erschöpft; **b)** vollständig, in allen Einzelheiten behandeln, erörtern: der Stoff lässt sich in so kurzer Zeit nicht e.; ein Thema erschöpfend darstellen. **2.** bis ans Ende der Kräfte ermüden, anstrengen: die Strapazen haben ihn völlig, zu Tode erschöpft; sie erschöpfte sich in fruchtlosen Bemühungen; in völlig erschöpftem Zustand; erschöpft zu Boden sinken. **3.** ⟨e. + sich⟩ **a)** nur in etw. bestehen, nicht über etw. hinausgehen: ihr Auftrag erschöpft sich darin, die Briefe zu registrieren; **b)** nachlassen, aufhören: das Interesse erschöpft sich langsam.

Er|schöp|fung, die; -, -en ⟨Pl. selten⟩: **1.** das Erschöpfen (1): die E. aller Reserven. **2.** durch übermäßige Anstrengung hervorgerufene Ermüdung: bis zur totalen E. arbeiten.

Er|schöp|fungs|grad, der: Grad (1 a) der Erschöpfung (2).

Er|schöp|fungs|syn|drom, das (Med., Psychol.): durch psychische od. körperliche Überbelastung bedingte Schwäche des Nervensystems, die sich meist in diffusen körperlichen Symptomen äußert.

Er|schöp|fungs|zu|stand, der: Zustand der Erschöpfung (2), des Erschöpftseins.

er|schos|sen: ↑ erschießen.

◆ **er|schran|zen** ⟨sw. V.; hat⟩: *sich nach Art schmarotzerhafter Hofschranzen verschaffen, erschmeicheln:* Sonst haben wir manchen Bissen erschranzt (Goethe, Faust I, 4371).

¹**er|schre|cken** ⟨st. V.; ist⟩ [mhd. erschrecken, zu ↑¹schrecken]: *in Schrecken geraten, einen Schrecken bekommen:* heftig, zu Tode e.; erschrick bitte nicht, wenn ...; ich erschrak bei dieser Nachricht, über seine Worte, vor ihr; ein erschrockenes Gesicht machen; erschrocken zurückweichen; ich war zutiefst, ehrlich erschrocken, als ich das hörte; ⟨subst.:⟩ das Erschrecken, das mich packte; ◆ An ihrem Vater erschrickt meine Tochter? (Schiller, Fiesco I, 10).

²**er|schre|cken** ⟨sw. V.; hat⟩ [mhd. erschrecken, ahd. irscrecchen, zu ↑²schrecken]: *in Schrecken versetzen:* jmdn. heftig e.; erschrecke sie nicht!; die Seuche nimmt erschreckende Ausmaße an; sie sieht erschreckend blass aus; die Tauben flogen erschreckt auf.

³**er|schre|cken**, sich ⟨sw. u. st. V.⟩ (ugs.): *in Schrecken geraten:* wie habe ich mich [darüber] erschreckt/erschrocken!

er|schro|cken: ↑¹erschrecken, ³erschrecken.

er|schröck|lich ⟨Adj.⟩ (altertümelnd scherzh.): *schrecklich.*

er|schüt|tern ⟨sw. V.; hat⟩ [zu mhd. erschüttern, ahd. irscutten, zu ↑schütten in dessen alter Bed. »schütteln«]: **1. a)** *in zitternde, wankende Bewegung bringen:* die Luft wurde von einer Detonation erschüttert; Ü schwere Unruhen erschütterten den Staat; **b)** *infrage stellen:* einen Beweis e.; dieser Vorfall hat ihr Ansehen erschüttert; mein Vertrauen ist erschüttert. **2.** *im Innersten bewegen, ergreifen:* der Tod des Freundes hat ihn tief erschüttert; eine erschütternde Szene; das Resultat ist nicht gerade erschütternd (ugs.; *ist nur von geringer Bedeutung*); über etw. tief erschüttert sein.

Er|schüt|te|rung, die; -, -en: **1. a)** *heftig rüttelnde Bewegung:* eine starke E. des Erdbodens; durch die ständigen -en haben sich Risse in der Wand gebildet; Ü der Staat hat eine schwere E. durchgemacht; **b)** *das Infragestellen:* die E. meines Vertrauens. **2.** *tiefe Ergriffenheit:* eine schwere seelische E.; ihr Tod löste tiefe E. aus; stumm vor E. stand er da.

er|schüt|te|rungs|frei ⟨Adj.⟩: *ohne Erschütterung; von Erschütterung frei.*

er|schwe|ren ⟨sw. V.; hat⟩: **a)** *(durch Widerstand, Hindernisse o. Ä.) schwierig, mühevoll machen:* Glatteis erschwerte das Fahren; Nebel erschwert die Orientierung; unter erschwerten Bedingungen; erschwerende (Rechtsspr.; *strafverschärfende*) Umstände; **b)** *Schwierigkeiten bei etw. bereiten:* sie hat uns die Arbeit sehr erschwert; du erschwerst dir unnötig deine Aufgabe; ...denn sonst... werde ich alles daransetzen, Ihnen Ihre Laufbahn zu e., wenn nicht unmöglich zu machen (H. Mann, Unrat 37); **c)** ⟨e. + sich⟩ *schwerer, schwieriger werden:* dadurch erschwert sich die Aufgabe.

Er|schwer|nis, die; -, -se: *etw., was etw. anderes erschwert; [zusätzliche] Schwierigkeit:* eine große E. für etw. sein.

Er|schwer|nis|zu|la|ge, die: *Lohnzuschlag für besonders schwere Arbeit od. Schichtarbeit.*

Er|schwe|rung, die; -, -en: *das Erschweren.*

er|schwin|deln ⟨sw. V.; hat⟩: *durch Schwindeln, Betrug o. Ä. erlangen:* du hast [dir] eine Menge Geld erschwindelt.

er|schwin|gen ⟨st. V.; hat⟩ [mhd. erswingen = im Schwung erreichen]: **a)** (selten) *(eine hohe Summe o. Ä.) aufbringen, bezahlen;* **b)** (etw. Kostspieliges) leisten: sie hatte sich mit Absicht keinen Pelzmantel erschwungen;

◆ **b)** *imstande sein:* ... meine selige Tochter, seine Mutter, hat sich zu Tode gearbeitet bei dem Faulpelz, hat sich nicht e., seine Schulden zu tilgen (Cl. Brentano, Kasperl 351).

er|schwing|lich ⟨Adj.⟩: *sich erschwingen, aufbringen lassend; finanziell zu bewältigen.*

Er|schwing|lich|keit, die; -: *das Erschwinglichsein.*

er|se|hen ⟨st. V.; hat⟩ [mhd. ersehen = betrachten; erblicken]: **1. a)** *entnehmen, schließen:* aus den Akten lässt sich nichts e.; ich ersehe daraus, dass du verzichtest; **b)** (selten) *etw. Sichbietendes erkennen:* er ersah eine Gelegenheit, seinen Vorteil. **2.** (veraltet) *auserwählen, erwählen:* das Schicksal hatte sie zu Höherem ersehen.

er|seh|nen ⟨sw. V.; hat⟩ (geh.): *herbeisehnen, sehnlichst wünschen:* etw. heiß e.; ich ersehne mir einen Enkel; der [lange, lang] ersehnte Augenblick war gekommen.

er|setz|bar ⟨Adj.⟩: *sich ersetzen (1) lassend:* jeder ist e.

Er|setz|bar|keit, die; -: *das Ersetzbarsein.*

er|set|zen ⟨sw. V.; hat⟩: **1.** [mhd. ersetzen, ahd. irsetzan] **a)** *für jmdn., etw. Ersatz schaffen; jmdn., etw. an die Stelle von jmdm., etw. setzen:* alte Reifen durch neue e.; bis zu einem gewissen Grade lässt sich Talent durch Fleiß e.; **b)** *für jmdn., etw. Ersatz sein; an die Stelle von jmdm., etw. treten:* den Verstorbenen wird niemand leicht e. können; sie ersetzt dem Kind die Mutter. **2.** *erstatten, wiedergeben, für etw. Ersatz leisten:* die Fahrkosten werden ersetzt.

Er|set|zung, die; -, -en: *das Ersetzen; das Ersetztwerden.*

er|sicht|lich ⟨Adj.⟩: *für den Intellekt deutlich erkennbar:* ohne -en Grund; es ist nicht e., was sie gemeint hat; man hat uns e. (*augenscheinlich, offensichtlich*) belogen.

er|sin|nen ⟨st. V.; hat⟩ [mhd. ersinnen = erforschen; erdenken, erwägen]: **a)** (geh.) *durch Nachsinnen finden, sich ausdenken:* eine Geschichte, Verse e.; eine Ausrede, Lüge e.; der Plan ist raffiniert ersonnen; ◆ **b)** *als Sinn (einer Sache) erkennen; entnehmen, ersehen:* Welch andern Zweck ersänn ich deiner Tat (Kleist, Käthchen V, 11).

er|sor|gen ⟨sw. V.; hat⟩ (schweiz. veraltend): *mit Sorge erwarten:* jmds. Heimkehr e.

er|spä|hen ⟨sw. V.; hat⟩ [mhd. erspehen = ersehen, erforschen, ahd. irspehōn = auskundschaften; erkennen] (geh.): *durch Spähen, suchendes Schauen zu sehen bekommen:* Wild, den Feind [in der Ferne] e.; ich erspähte sie unter den Gästen; Ü einen Vorteil e. (*entdecken*).

er|spa|ren ⟨sw. V.; hat⟩: **1.** [mhd. ersparn] **a)** *durch Sparen zusammentragen, erwerben:* einen Notpfennig e.; ich habe mir ein Häuschen erspart; erspartes Geld; ⟨subst. 2. Part.:⟩ von seinem Ersparten leben; ◆ **b)** *absparen:* Der Spitzbub!... Fort ist er! Mit allem davongefahren, was ich mir tät an Hiebe e. (Schiller, Wallensteins Lager 5). **2.** *(Unangenehmes, eine Mühe o. Ä.) von jmdm. fernhalten; jmdm. mit etw. verschonen:* jmdm. eine Aufregung, Ärger e.; diesen Vorwurf kann ich Ihnen nicht e.; es bleibt einem [aber auch] nichts erspart (ugs.; *man muss auch das noch auf sich nehmen*); diesen Umweg hättest du dir e. können; diese Vorrichtung erspart (*erübrigt*) viel Arbeit.

Er|spar|nis, die; -, -se: **1.** ⟨meist Pl.⟩ *ersparte Summe:* er hat sie um ihre -se gebracht. **2.** *Einsparung:* eine erhebliche E. an Arbeit, Kosten; eine E. von 15 Minuten.

Er|spar|nis|grün|de ⟨Pl.⟩: *Gründe der Einsparung:* aus -n verkaufen.

Er|spar|nis|kas|se, die (schweiz.): *Sparkasse.*

Er|spa|rung, die; -: *das Ersparen.*

er|spie|len ⟨sw. V.; hat⟩: *durch Spielen gewinnen, erlangen:* du hast [dir] beim Tennis einen Preis erspielt.

er|sprieß|lich ⟨Adj.⟩ [zu veraltet erspießen = von Nutzen sein] (geh.): *nutzbringend, fruchtbar:* eine -e Zusammenarbeit.

Er|sprieß|lich|keit, die; -: *das Ersprießlichsein.*

er|spü|ren ⟨sw. V.; hat⟩ [mhd. erspürn = aufspüren] (geh.): **a)** *gefühlsmäßig erfassen, erkennen, wahrnehmen:* ich erspürte Misstrauen bei ihr; **b)** (selten) *ertasten.*

¹**erst** ⟨Adv.⟩ [mhd. ēr(e)st, ahd. ērist, Sup. von ↑eher]: **1. a)** *als Erstes, an erster Stelle; zuerst, zunächst:* e. kommst du an die Reihe, dann sie; sprich e. mit dem Arzt; e. einmal; e. mal überlegen; (abgeschwächt:) das muss sich e. (*vorher noch*) zeigen; **b)** *anfänglich, zu Beginn:* e. ging alles noch gut, aber dann versagte er. **2. a)** *nicht eher, früher als:* e. zu Hause erfuhr er es; sie wird e. morgen kommen; e. jetzt, nun e. begriff er; die Vorstellung hat eben e., hat e. um acht Uhr angefangen; der nächste Bus fährt e. in zwanzig Minuten; e. mit vierzig Jahren hat sie geheiratet; **b)** *nicht länger zurückliegend als:* ich habe ihn e. gestern gesprochen; **c)** *nicht mehr als:* er ist e. zehn Jahre alt; sie haben e. die halbe Strecke zurückgelegt; ich habe e. einige Seiten gelesen.

²**erst** ⟨Partikel⟩ [zu: ↑¹erst]: **1.** gibt der Aussage besonders in Wunschsätzen eine gewisse Nachdrücklichkeit: wären wir doch e. (*nur schon*) zu Hause!; hätten wir e. unsere eigene Wohnung! **2.** drückt eine Steigerung, Hervorhebung aus: er ist schon frech, aber e. sein Bruder!; das war e. ein Theater; was wird sie e. dazu sagen!; diese Nachteile und e. noch (schweiz.; *noch obendrein, zudem [noch]*) in dieser Vielzahl.

erst... ⟨Ordinalz. zu ↑¹eins⟩ (als Ziffer: 1.): **a)** *in einer Reihe od. Folge den Anfang bildend:* die ersten beiden (einer Gruppe) sind das Grün; den ersten Schritt zur Versöhnung tun; er hat seine erste Liebe geheiratet; den ersten Zug haben (*bei einem Brettspiel als Erste[r] ziehen*); die Meldung steht auf der ersten Seite; Liebe auf den ersten Blick; bei der ersten (*nächsten*), ersten besten Gelegenheit; einen Prozess in erster Instanz verlieren; der Brief kam mit der ersten Post; zum ersten Mal[e]; Verbrennungen ersten (*leichtesten*) Grades; im ersten Rang gewinnen; im ersten Stock wohnen; der Erste Weltkrieg; der Erste Mai; ⟨subst.:⟩ der Erste von rechts; du bist nicht der Erste, der das sagt; als Erstes (*zuerst*) möchte ich das bemerken; die beiden Ersten; (Ruf des Auktionators bei Versteigerungen) zum Ersten, zum Zweiten, zum Dritten;
◆ Warum bin ich nicht der Erste (*als Erster, zuerst*) aus dem Mutterleib gekrochen? (Schiller, Räuber I, 1); *der, die, das erste Beste (der, die, das zunächst sich Anbietende):* wir wollen nicht den ersten Besten mit dieser Aufgabe betrauen); **Erste/erste Hilfe** (*sofortige, vorläufige Hilfsmaßnahmen bei Unglücksfällen*): Erste/erste Hilfe leisten; ein Kurs in Erster/erster Hilfe); fürs Erste (*zunächst, vorläufig*); **b)** *nach Rang u. Qualität an der Spitze stehend:* eine erste Kraft; das erste Hotel am Platze; erster Klasse fahren; Strümpfe erster Wahl (*bester Qualität*); (ugs.:) sie gehört zur ersten Garnitur.

Erst|an|mel|dung, die: *die erste Anmeldung von jmdm., etw.*

er|star|ken ⟨sw. V.; ist⟩ (geh.): *(wieder) an Stärke gewinnen; stark, stärker werden:* die liebevolle Pflege ließ sie wieder e.; erstarkte Beine; Ü wirtschaftlich erstarkt; erstarkende Gewerkschaften.

Er|star|kung, die; -, -en ⟨Pl. selten⟩: *das Erstarken.*

er|star|ren ⟨sw. V.; ist⟩ [dafür mhd. erstorren, vgl. starren]: **1. a)** *starr, fest, hart werden:* die glühende Masse erstarrt sehr schnell; das Wasser erstarrt zu Eis; erstarrte Lava; Ü der grauenhafte Anblick ließ ihr das Blut in den Adern e.; b) (geh.) *jedes Leben verlieren u. sich auf etw. reduzieren: das gesellschaftliche Leben war in Konventionen erstarrt.* **2.** *vor Kälte steif, unbeweglich werden: meine Finger sind ganz erstarrt; erstarrte Glieder.* **3.** *plötzlich eine starre, unbewegte Haltung annehmen u. darin verharren:* vor Schreck e.; sie erstarrten in Ehrfurcht *(wurden von großer Ehrfurcht ergriffen);* das Lächeln erstarrte *(wurde starr)* auf ihren Lippen.

Er|star|rung, die; -, -en: **1.** *das Erstarren; das Starrwerden.* **2.** *Starrsein, Starrheit, Regungslosigkeit:* sich aus seiner E. lösen.

er|stat|ten ⟨sw. V.; hat⟩ [mhd. erstaten, zu ↑ Statt]: **1.** *(Unkosten o. Ä.) zurückzahlen, ersetzen, vergüten:* alle Unkosten werden erstattet; die Firma erstattete ihr das Fahrgeld. **2.** *drückt in Verbindung mit bestimmten Substantiven aus, dass etw. in offizieller Form an entsprechender Stelle vorgebracht wird:* gegen jmdn. Anzeige e. *(jmdn. anzeigen);* Meldung e. *(etw. offiziell melden).*

Er|stat|tung, die; -, -en: *das Erstatten; das Erstattetwerden.*

er|stat|tungs|fä|hig ⟨Adj.⟩: *zu einer Gruppe von Waren od. Dienstleistungen gehörend, für die die Kosten von einer Behörde, einer Krankenversicherung o. Ä. erstattet werden können:* -e Medikamente.

Erst|auf|füh|rung, die: *erste Aufführung eines Bühnenwerks, eines Films:* die deutsche E. dieses französischen Films.

Erst|auf|la|ge, die: *erste Auflage eines Buches o. Ä.*

Erst|auf|tritt, der: *das erste Auftreten, Auftauchen von jmdm., etw.:* ein kostenloser E. im Internet; was führt zum E. einer Angstattacke?

er|stau|nen ⟨sw. V.⟩ [urspr. schweiz.; älter auch = erstarren]: **1.** ⟨hat⟩ *in Staunen, Verwunderung versetzen: das erstaunt mich nicht weiter (das wundert mich gar nicht).* **2. a)** ⟨ist⟩ *in Staunen, Verwunderung geraten:* sie erstaunte über diesen Bericht; ich war sehr erstaunt darüber; erstaunte Blicke; jmdn. erstaunt ansehen; **b)** (e. + sich; hat) *erstaunen* (2 a): ich habe mich sehr darüber e.

Er|stau|nen, das; -s: *das Erstauntsein:* seine Miene drückte E. aus; jmdn. in E. [ver]setzen *(jmdn. erstaunen);* zu meinem [großen, größten] E. ist er noch hier.

er|staun|lich ⟨Adj.⟩: **1.** *Staunen [u. Bewunderung] erregend:* eine -e Begebenheit, Leistung; eine -e *(merkwürdige)* Geschichte; es ist e., wie er das macht; ⟨subst.:⟩ er hat Erstaunliches geleistet. **2. a)** *sehr groß:* das Gelände hat -e Ausmaße; **b)** ⟨intensivierend bei Adjektiven u. Verben⟩ *sehr:* sie sieht e. jung aus; er läuft e. schnell.

er|staun|li|cher|wei|se ⟨Adv.⟩: *zu jmds. Erstaunen:* e. war alles besetzt.

Erst|aus|bil|dung, die: *erste Berufsausbildung.*

Erst|aus|ga|be, die: **1. a)** *erste Veröffentlichung eines gedruckten Werkes als selbstständiges Buch;* **b)** *Exemplar einer Erstausgabe* (1 a): er hat zahlreiche -n in seiner Bibliothek. **2.** *erste Ausgabe einer bestimmten Briefmarke.*

Erst|aus|ga|be|tag, der: *Tag der Erstausgabe* (2).

Erst|aus|rüs|tung, die: *erste, ursprüngliche Ausrüstung (z. B. im Gegensatz zu den Ersatzteilen eines Autos).*

Erst|aus|stat|tung, die: *anfängliche Ausstattung:* die E. für ein Baby kaufen.

Erst|aus|strah|lung, die: *Erstsendung.*

Erst|be|ra|tung, die: *erste, einführende Beratung* (1 a).

erst|bes|te ⟨Adj.⟩: in der Verbindung **der, die, das e.** ... *(der, die, das erste beste ...):* sie griff nach dem -n Gegenstand).

Erst|be|stei|gung, die (Bergsteigen): *erste Ersteigung eines sehr hohen [schwer zu besteigenden] Berges:* die E. des Matterhorns.

Erst|be|zug, der: *erster Bezug einer Wohnung od. eines Hauses.*

Erst|bun|des|li|gist, der: *Mannschaft der Ersten Bundesliga.*

Erst|di|vi|si|o|när, der: *Divisionär* (2) *in der ersten Division* (3).

Erst|druck, der ⟨Pl. -e⟩ (Druckw.): **1.** (Druckw.) *erster Abzug eines gedruckten Werkes wie Korrekturabzug od. Probedruck.* **2.** *Erstausgabe* (1).

er|ste|chen ⟨st. V.; hat⟩ [mhd. erstechen]: *durch einen od. mehrere Stiche töten:* jmdn. mit einem Messer e.

er|ste|hen ⟨unr. V.⟩ ⟨ist⟩ [mhd. erstēn, mhd. irstēn] **a)** (geh.) *auferstehen; von Neuem entstehen:* Vergangenes ersteht zu neuem Leben; das zerstörte Schloss war wieder in alter Pracht erstanden; ♦ **b)** *aufstehen, sich erheben:* ...indem er, vom Pult erstehend, nach einer Klingel griff (Kleist, Kohlhaas 46). **2.** ⟨ist⟩ (geh.) *entstehen:* daraus werden uns nur Unannehmlichkeiten e. **3.** ⟨hat⟩ *käuflich erwerben:* ein Halstuch, eine Antiquität e.; er hat in letzter Minute noch drei Eintrittskarten erstanden.

Ers|te-Hil|fe-Aus|rüs|tung, die: *Ausrüstung für Erste Hilfe.*

Ers|te-Hil|fe-Kas|ten, der: *[kleinerer] transportabler Kasten mit Erste-Hilfe-Ausrüstung.*

Ers|te-Hil|fe-Kurs, der: *Kurs in Erster Hilfe.*

Ers|te-Hil|fe-Lehr|gang, der: *Lehrgang in Erster Hilfe.*

Ers|te-Hil|fe-Leis|tung, die: *das Leisten von Erster Hilfe.*

er|stei|gen ⟨st. V.; hat⟩: **a)** *bis zum höchsten Punkt von etw., auf etw. steigen:* eine Treppe e.; Ü sie hat die höchsten Stufen des Ruhms erstiegen; **b)** *bis zum höchsten Punkt von etw., auf etw. klettern; erklettern:* wir erstiegen den Berg in vier Stunden.

er|stei|gern ⟨sw. V.; hat⟩: *bei einer Versteigerung erwerben:* ein Gemälde e.

Er|stei|ge|rung, die; -, -en: *das Ersteigern.*

Er|stei|gung, die; -, -en: *das Ersteigen* (b).

Erst|ein|satz, der: *das Einsetzen von Atomwaffen, bevor dies der Gegner tut, woran dieser daran gehindert wird, einen Gegenangriff zu starten.*

Ers|te-Klas|se-Ab|teil usw.: ↑ Erster-Klasse-Abteil usw.

er|stel|len ⟨sw. V.; hat⟩ (Papierdt.): **1.** *bauen, errichten:* ein Gebäude, Wohnungen e.; etw. fertig e. (schweiz.; *fertigstellen).* **2.** *anfertigen, ausarbeiten:* ein Gutachten e.

Er|stel|lung, die; -, -en ⟨Pl. selten⟩: *das Erstellen; das Erstelltwerden.*

Er|stel|lungs|kos|ten ⟨Pl.⟩: *Kosten der Erstellung.*

ers|te Mal: s. ¹Mal.

ers|tens ⟨Adv.⟩: *als Erstes, an erster Stelle:* e. habe ich kein Geld und zweitens keine Zeit.

ers|ter... ⟨Adj.⟩ [Komp. zu erst...]: *(von zweien) zuerst genannt, gesagt; erstgenannt; der, die, das Erstgenannte:* weiße und rote Rosen; die ersteren dufteten nur schwach; sie haben ein Haus in der Stadt und eines auf dem Land, ersteres hat er gekauft, letzteres hat er geerbt; ⟨subst.:⟩ Ersteres/das Erstere glaube ich nicht.

er|ster|ben ⟨st. V.; ist⟩ [mhd. ersterben = absterben] (geh.): **1.** *allmählich aufhören:* das Lächeln erstarb auf ihren Lippen; die Flamme erstirbt *(hört langsam auf zu brennen).* **2.** (selten) *sterben, vergehen:* er ist in Geschlecht erstirbt.

Ers|ter-Klas|se-Ab|teil, Erste-Klasse-Abteil, das: *Eisenbahnabteil der ersten Wagenklasse.*

Ers|ter-Klas|se-Wa|gen, Erste-Klasse-Wagen, der: *Eisenbahnwagen der ersten Wagenklasse.*

Erst|fahrt, die: *erste [eröffnende, einweihende] Fahrt:* an der E. der neuen Seilbahn teilnehmen.

Erst|flug, der: vgl. Erstfahrt.

erst|ge|bo|ren ⟨Adj.⟩: *als erstes Kind von mehreren Kindern einer Familie geboren:* der -e Sohn.

Erst|ge|bo|re|ne, die/eine Erstgebor[e]ne; der/einer Erstgebor[e]nen, die Erstgebor[e]nen/zwei Erstgebor[e]ne: *erstgeborene Tochter.*

Erst|ge|bo|re|ner, der Erstgebor[e]ne/ein Erstgebor[e]ner, des Erstgebor[e]nen, die Erstgebor[e]nen/zwei Erstgebor[e]ne: *erstgeborener Sohn.*

Erst|ge|bo|re|nes, Erstgeborenes, des Erstgebor[e]nen/eines Erstgebor[e]nen, die Erstgebor[e]nen/zwei Erstgebor[e]ne: *erstgeborenes Kind.*

Erst|ge|bor|ne: ↑ Erstgeborene.

Erst|ge|burt, die: **1.** *Erstgeborene, Erstgeborener, Erstgeborenes.* **2.** ⟨o. Pl.⟩ (Rechtsspr.) *besonderes Vorrecht des erstgeborenen Kindes in der Erbfolge.*

erst|ge|nannt ⟨Adj.⟩: *an erster Stelle in einer Reihenfolge genannt:* die beiden -en Namen; ⟨subst.:⟩ der Erstgenannte jeder Gruppe.

er|sti|cken ⟨sw. V.⟩: **1.** ⟨ist⟩ [mhd. ersticken, ahd. irsticken, eigtl. wohl = mit dem Atem stecken bleiben] *durch Mangel an Luft, Sauerstoff sterben:* sie wäre fast an dem Bissen erstickt; vor Lachen fast e. *(unmäßig lachen);* ⟨subst.:⟩ die Luft ist hier zum Ersticken; Ü in Arbeit e. *(sehr viel Arbeit haben, fast darin umkommen);* der wird noch einmal in seinem eigenen Dreck e. *(umkommen);* ein ersticktes *(unterdrücktes)* Schluchzen. **2.** ⟨hat⟩ [mhd. erstecken, zu ↑ stecken] **a)** *durch Entzug der zum Atmen benötigten Luft töten:* sie erstickte ihn mit einem Kissen; es ist erstickend heiß; Ü eine Revolution im Keim e. *(schon im Entstehen unterdrücken);* eine von Tränen erstickte Stimme; ... und tatsächlich, die unsaubere Affäre wird still und schmerzlos erstickt *(bereinigt, aus der Welt geschafft;* St. Zweig, Fouché 85); **b)** *löschen:* die Flammen mit Sand, mit einer Decke e.

Er|sti|ckung, die; -: *das Ersticken.*

Er|sti|ckungs|an|fall, der: *Anfall* (1), *bei dem Erstickung droht.*

Er|sti|ckungs|ge|fahr, die: *Gefahr zu ersticken.*

Er|sti|ckungs|tod, der: *Tod durch Ersticken.*

Erst|imp|fung, die (Med.): *erste Impfung gegen eine bestimmte Krankheit.*

Erst|in|stanz, die (Rechtsspr.): *erste Instanz.*

erst|in|stanz|lich ⟨Adj.⟩ (Rechtsspr.): *die erste Instanz betreffend, durch sie ergangen:* das -e Urteil anfechten.

Erst|jän|ner|brauch, der (österr., auch südd., schweiz.): *Neujahrsbrauch.*

Erst|klass- (schweiz.): **1.** *drückt in Bildungen mit Substantiven aus, dass jmd. oder etw. zur ersten Schulklasse gehört:* Erstklassdiktat, -lehrer. **2.** *drückt in Bildungen mit Substantiven aus, dass etw. zu den ersten Leistungsgruppe, Qualität, [Größen]ordnung angehört:* Erstklasshaus, -hotel.

Erst|kläs|ser, der; -s, - (ugs. seltener): *Schüler der ersten Klasse.*

Erst|kläs|se|rin, die; -, -nen: w. Form zu ↑ Erstklässer.

erst|klas|sig ⟨Adj.⟩: **a)** *ausgezeichnet, hervorragend, vorzüglich:* ein -er Koch; das Hemd ist e. [gearbeitet]; **b)** (Sport) *in der ersten, höchsten Spielklasse spielend:* der Verein wird alles tun, um e. zu bleiben.

Erst|klas|sig|keit, die; -: *das Erstklassigsein.*

Erst|klass|ler ⟨österr.⟩, **Erst|kläss|ler** ⟨ugs.⟩, der: *Schüler der ersten Klasse.*
Erst|klass|le|rin, die; -, -nen: w. Form zu ↑ Erstklassler.
Erst|käss|le|rin, die; -, -nen: w. Form zu ↑ Erstklässler.
Erst|klass|wa|gen, der (schweiz.): *Erster-Klasse-Wagen.*
Erst|kom|mu|ni|on, die (kath. Kirche): *erster Empfang der Kommunion* (1).
Erst|kom|mu|ni|on|fei|er, die (kath. Kirche): *Feier der Erstkommunion.*
Erst|kon|su|ment, der: *jmd., der zum ersten Mal etw. (meist Drogen) konsumiert.*
Erst|kon|su|men|tin, die: w. Form zu ↑ Erstkonsument.
erst|lich ⟨Adv.⟩ (veraltend): *erstens:* ♦ *Müssen nicht die glücklichen Inhaftaten einer solchen Fürstenschule die drei Klostergelübde ablegen? Erstlich das des Gehorsams ... Zweitens das der Armut* (Jean Paul, Wutz 11).
Erst|li|ga|mann|schaft, die: *Mannschaft* (1 a), *die in der ersten Liga* (2) *spielt.*
Erst|li|gist, der: *Ligist in der ersten Liga* (2).
Erst|li|gis|tin, die: w. Form zu ↑ Erstligist.
Erst|ling, der; -s, -e: *erstes Werk eines Künstlers, einer Künstlerin:* dieser Film ist sein E.
Erst|lings|ar|beit, die: *erste Arbeit eines Künstlers bzw. einer Künstlerin.*
Erst|lings|film, der: vgl. Erstlingsarbeit.
Erst|lings|ro|man, der: vgl. Erstlingswerk.
Erst|lings|werk, das: *erstes literarisches Produkt eines Autors bzw. einer Autorin:* dieser Roman ist ihr E.
erst mal, erst|mal ⟨Adv.⟩ (ugs.): *zunächst, fürs Erste, erst einmal:* der Vertrag läuft e. m. nur ein Jahr; wir sollten hier e. m. aufräumen.
erst|ma|lig ⟨Adj.⟩: *zum ersten Mal geschehend, vorkommend, stattfindend.*
Erst|ma|lig|keit, die; -: *das Erstmaligsein.*
erst|mals ⟨Adv.⟩: *zum ersten Mal.*
♦ **er|sto|cken** ⟨sw. V.; ist⟩: *in Staunen geraten, erstaunen* (2): Von ungefähr erblickte sie ihr eigen Bild im Spiegel, davor blieb sie betroffen und erstockt eine ganze Weile stehn (Mörike, Hutzelmännlein 129).
er|stor|ben: ↑ ersterben.
Er|stor|ben|heit, die; -: *das Erstorbensein.*
Erst|plat|zier|te, der/die/eine Erstplatzierte; der/einer Erstplatzierten, die Erstplatzierten/zwei Erstplatzierte (Sport): *weibliche Person, die bei einem Wettbewerb den ersten od. einen der ersten [drei] Plätze erreicht hat.*
Erst|plat|zier|ter, der, Erstplatzierte/ein Erstplatzierter; des/eines Erstplatzierten, die Erstplatzierten/zwei Erstplatzierte (Sport): *jmd., der bei einem Wettbewerb den ersten od. einen der ersten [drei] Plätze erreicht hat.*
er|strah|len ⟨sw. V.; ist⟩: *strahlend erglänzen.*
erst|ran|gig ⟨Adj.⟩: **a)** *vordringlich; sehr bedeutsam, wichtig; ersten Ranges:* ein -es Problem; eine -e Aufgabe; etw. ist von -er Bedeutung; **b)** (seltener) *erstklassig* (a); **c)** *(von Hypotheken) im Grundbuch an erster Stelle eingetragen.*
Erst|ran|gig|keit, die; -: *das Erstrangigsein.*
er|stre|ben ⟨sw. V.; hat⟩ (geh.): *zu erreichen suchen; nach etw. streben:* Ansehen e.
er|stre|bens|wert ⟨Adj.⟩: *wert, erstrebt zu werden:* ein -es Ziel; etw. [nicht] für e. halten.
er|stre|cken ⟨sw. V.; hat⟩ [mhd. erstrecken = (sich) ausstrecken]. **1.** ⟨e. + sich⟩ **a)** *eine bestimmte räumliche Ausdehnung haben:* der Wald erstreckt sich über ein riesiges Gebiet, [von hier] bis zum Fluss; **b)** *eine bestimmte Dauer haben:* ihre Forschungen erstreckten sich über zehn Jahre; **c)** *jmdn., etw. betreffen u. mit einbeziehen:* seine Kritik erstreckte sich auch

auf Kollegen. **2.** (österr.) *verlängern:* eine Frist e.; einen Termin e. *(hinausschieben).*
Er|stre|ckung, die; -, -en. **1.** *das Sicherstrecken.* **2.** (österr.) *das Erstrecken* (2).
er|strei|ten ⟨st. V.; hat⟩ [mhd. erstrīten] (geh.): *streitend erringen, erkämpfen:* den Sieg e.
Erst|satz, der ⟨o. Pl.⟩ (Druckw.): vgl. Erstdruck (1).
Erst|schlag, der [LÜ von engl. first strike] (Militär): *nicht provozierter atomarer Angriff, der es dem Gegner unmöglich machen soll, seinerseits noch einen Vergeltungsschlag zu führen.*
Erst|se|mes|ter, das: *Student[in] im ersten Semester.*
Erst|sen|dung, die: *erste Ausstrahlung einer bestimmten Rundfunk- od. Fernsehsendung.*
erst|stel|lig ⟨Adj.⟩: *erstrangig* (c).
Erst|stim|me, die: *Stimme, die der Wähler, die Wählerin bei den Wahlen zum Bundestag für einen Kandidaten bzw. eine Kandidatin in seinem, ihrem Wahlkreis abgibt.*
Erst|tags|brief, der (Philat.): *zum ersten Tag der Gültigkeit neuer Briefmarken herausgegebener, mit den abgestempelten Marken versehener Schmuckumschlag (auch Postkarte).*
Erst|tä|ter, der: *jmd., der zum ersten Mal eine Straftat begeht.*
Erst|tä|te|rin, die: w. Form zu ↑ Ersttäter.
er|stun|ken: in der Wendung e. und erlogen sein (salopp emotional; *eine ganz bewusste, niederträchtige Lüge sein;* erstunken ist 2. Part. von veraltet erstinken = stinkend werden; also = stinkend geworden).
Erst|un|ter|su|chung, die: *die erste Untersuchung von jmdm., etw.*
er|stür|men ⟨sw. V.; hat⟩ [mhd. erstürmen]: *durch einen Sturmangriff einnehmen, erobern:* eine Stadt, eine Festung e.; die Gruppe der Bergsteiger erstürmte *(bestieg, bezwang)* den Gipfel.
Er|stür|mung, die; -, -en: *das Erstürmen; das Erstürmtwerden.*
Erst|ver|kaufs|tag, der: *erster Tag, an dem etw. (meist ein Buch) verkauft wird.*
erst|ver|öf|fent|li|chen ⟨sw. V.; hat; nur im Inf. u. 2. Part. gebr.⟩: *erstmals veröffentlichen:* die Erzählung ist in deutscher Sprache erstveröffentlicht worden.
Erst|ver|öf|fent|li|chung, die: **1.** *das Erstveröffentlichen eines Werkes.* **2.** *erstveröffentlichtes Werk.*
Erst|ver|sor|gung, die: *das Leisten Erster Hilfe:* die E. von Unfallverletzten.
Erst|ver|stor|be|ne ⟨vgl. Verstorbene⟩: *(meist von Ehepartnern) zuerst Verstorbene.*
Erst|ver|stor|be|ner ⟨vgl. Verstorbener⟩: *(meist von Ehepartnern) zuerst Verstorbener.*
Erst|wäh|ler, der: *jmd., der aufgrund seines Alters zum ersten Mal wählen darf.*
Erst|wäh|le|rin, die: w. Form zu ↑ Erstwähler.
Erst|woh|nung, die: *als Hauptwohnsitz gemeldete Wohnung.*
Erst|zu|las|sung, die (Kfz-Wesen): *erstmalige Zulassung eines Kraftfahrzeugs.*
er|su|chen ⟨sw. V.; hat⟩ [mhd. ersuochen = (unter)suchen; aufsuchen; erregen, ahd. irsuohhen = (durch)suchen; prüfen, versuchen] (geh.): *höflich, in förmlicher Weise um etw. bitten, zu etw. auffordern:* jmdn. um eine Aussprache e.; um Geduld e.; wir ersuchen Sie, unser Haus zu verlassen.
Er|su|chen, das; -s, - (geh.): *höfliche, förmliche Bitte, Aufforderung:* ein E. an jmdn. richten, stellen; einem E. stattgeben, entsprechen; auf E. von Frau Müller/der Antragstellerin.
er|tan|zen ⟨sw. V.; hat⟩: *durch Tanzen erlangen, erringen:* das Paar hat [sich] die Weltmeisterschaft ertanzt.
er|tap|pen ⟨sw. V.; hat⟩ [zu ↑ tappen]. **1.** *bei heimlichem od. verbotenem Tun überraschen:* einen

Schüler beim Abschreiben e.; der Dieb wurde auf frischer Tat, in flagranti ertappt; er ertappte sie, als sie seine Brieftasche durchsuchte. **2.** ⟨e. + sich⟩ *plötzlich merken, dass man etw. Unrechtes, Seltsames o. Ä. denkt od. wünscht:* er ertappte sich bei dem Gedanken, das Bild an sich zu nehmen; ♦ Oft ertappe ich mich auf Gedanken, welche aufgeschrieben kindisch ... erscheinen würden (Raabe, Chronik 13).
er|tas|ten ⟨sw. V.; hat⟩: *durch Tasten wahrnehmen, erkennen:* im Dunkeln ein Hindernis e.
er|tau|ben ⟨sw. V.; ist⟩ [mhd. ertouben = taub machen; betäuben]: **a)** *gehörlos werden:* auf einem Ohr war er fast ertaubt; **b)** *gefühllos werden:* der kalte Wind ließ die Hände e.
Er|tau|bung, die; -: *das Ertauben.*
er|tei|len ⟨sw. V.; hat⟩ [mhd. erteilen, ahd. irteilen = Recht zuteilen, ein Urteil sprechen]: *aufgrund seiner Funktion od. einer Berechtigung geben, zuteilwerden lassen, zukommen lassen:* jmdm. einen Rat, eine Auskunft, eine Rüge, einen Verweis e.; dem Vorstand wurde Entlastung erteilt; sie erteilt keinen Unterricht mehr *(sie unterrichtet nicht mehr).*
Er|tei|lung, die; -, -en: *das Erteilen.*
er|tö|nen ⟨sw. V.; ist⟩: **a)** *laut, hörbar werden:* plötzlich ertönte ein Ruf; der Dampfer ließ seine Sirene e.; **b)** (geh.) *von Klängen, Tönen, Lärm erfüllt werden.*
er|tö|ten ⟨sw. V.; hat⟩ [mhd. ertœten, ahd. irtōden = töten]: **a)** (geh.) *(Gefühle, Regungen o. Ä.) absterben lassen, ersticken, unterdrücken:* seine Triebe, Begierden e.; ♦ **b)** (verstärkend) *töten:* Alle (= die Reiher) sind sie schon ertötet (Goethe, Faust II, 7664).
Er|trag, der; -[e]s, Erträge [rückgeb. aus veraltet ertragen = einbringen, Nutzen abwerfen]: **1.** *bestimmte Menge [in der Landwirtschaft] erzeugter Produkte:* der Acker brachte dieses Jahr gute Erträge; durch Düngung höhere Erträge erzielen. **2.** *finanzieller Nutzen; Gewinn, den etw. einträgt:* der E. eines Unternehmens; seine Häuser werfen gute Erträge ab; sie lebt vom E. ihrer Bücher.
er|trag|bar ⟨Adj.⟩: *erträglich* (a).
er|tra|gen ⟨st. V.; hat⟩: *(etw. Unangenehmes, Lästiges, Quälendes) hinnehmen u. aushalten:* tapfer alle Schmerzen e.; er konnte die Schande nicht länger e.; sie erträgt es nicht, kritisiert zu werden; ich kann ihn, seine Launen nicht mehr e.
er|trag|fä|hig, ertragsfähig ⟨Adj.⟩: *so beschaffen, dass ein Ertrag möglich ist, erwartet werden kann:* ein sehr -er Boden.
Er|trag|fä|hig|keit, (auch:) Ertragsfähigkeit, die ⟨o. Pl.⟩: *das Ertragfähigsein.*
er|träg|lich ⟨Adj.⟩: **a)** *sich ertragen lassend:* die Hitze ist [gerade noch] e.; ⟨subst.:⟩ das überschreitet die Grenze, das Maß des Erträglichen; **b)** (ugs.) *nicht besonders schlecht; leidlich:* er hat ein -es Auskommen.
er|trag|los ⟨Adj.⟩: *keinen Ertrag bringend.*
Er|träg|nis, das; -ses, -se (seltener): *Ertrag:* ♦ ... sie rauschte in schwarzer Seide einher, einem -se ihrer Käferhandlung (Keller, Das Sinngedicht 282).
er|trag|reich ⟨Adj.⟩: *guten, reichen Ertrag bringend:* ein -er Acker; dieses Jahr war besonders e.
er|trags|ab|hän|gig ⟨Adj.⟩: *vom Ertrag abhängig.*
er|trags|arm ⟨Adj.⟩: *geringen Ertrag bringend:* ein -es Geschäftsjahr.
Er|trags|aus|fall, der: *Ausfall des erwarteten Ertrages.*
Er|trags|aus|sich|ten ⟨Pl.⟩: *Aussichten auf den zu erwartenden Ertrag:* die E. für dieses Jahr sind günstig.
Er|trags|ein|bu|ße, die: vgl. Ertragsausfall.
er|trags|fä|hig: ↑ ertragfähig.

Er|trags|fä|hig|keit: ↑ Ertragfähigkeit.
Er|trags|la|ge, die: *Lage im Hinblick auf den zu erwartenden Ertrag:* eine unbefriedigende E.
Er|trags|min|de|rung, die: *Minderung eines Ertrags.*
Er|trags|schwan|kung, die: vgl. Ertragsminderung.
er|trags|si|cher ⟨Adj.⟩: *sicher im Hinblick auf den zu erwartenden Ertrag.*
Er|trags|stei|ge|rung, (auch:) Ertragsteigerung, die: *Steigerung eines Ertrags.*
Er|trags|steu|er, (Steuerw.:) Ertragsteuer, die: *Steuer auf bestimmte Erträge.*
Er|trag|stei|ge|rung: ↑ Ertragssteigerung.
Er|trag|steu|er: ↑ Ertragssteuer.
Er|trags|wert, der (Wirtsch., Steuerw.): *aufgrund des gegenwärtigen od. zukünftigen Ertrags (2) errechneter Wert eines Grundstücks, einer Immobilie, einer Vermögensanlage o. Ä.*
Er|trags|zu|wachs, der: *Zuwachs an Ertrag.*
er|trän|ken ⟨sw. V.; hat⟩ [mhd. ertrenken]: *durch Untertauchen im Wasser töten:* er ertränkte die jungen Hunde im Teich; sie hat sich ertränkt; Ü seine Sorgen im/in Alkohol e. *(durch Genuss von Alkohol [vorübergehend] vergessen).*
Er|trän|kung, die; -, -en: *das Ertränken; das Ertränktwerden.*
er|träu|men ⟨sw. V.; hat⟩: *träumend od. in seinen Vorstellungen herbeiwünschen, sich ausdenken:* ein nie erträumtes Glück.
♦ **er|tre|ten** ⟨st. V.; hat⟩ [mhd. ertreten]: *zertreten:* ... das Mädchen ... ertrat das arme Veilchen (Goethe, Das Veilchen).
er|trin|ken ⟨st. V.; ist⟩ [mhd. ertrinken, eigtl. = (aus)trinken]: *durch Versinken im Wasser ums Leben kommen:* der Junge ist beim Baden ertrunken; ⟨subst.:⟩ jmdn. vor dem Ertrinken retten; Ü wir ertrinken in einer Flut von Briefen; ...quäle nur dich, Liebling? Einen Augenblick ertrinkt mein Herz in brennendem Erbarmen (A. Zweig, Claudia 60).
Er|trin|ken|de, die/eine Ertrinkende; der/einer Ertrinkenden, die Ertrinkenden/zwei Ertrinkende: *weibliche Person, die in großer Gefahr ist zu ertrinken:* eine E. retten.
Er|trin|ken|der, der/ein Ertrinkender/ein Ertrinkender; des/eines Ertrinkenden, die Ertrinkenden/zwei Ertrinkende: *jmd., der in großer Gefahr ist zu ertrinken.*
er|trot|zen ⟨sw. V.; hat⟩ (geh.): *durch Trotz, Eigensinn erreichen, durchsetzen:* du hast [dir] die Erlaubnis ertrotzt.
er|trun|ken: ↑ ertrinken.
Er|trun|ke|ne, die/eine Ertrunkene; der/einer Ertrunkenen, die Ertrunkenen/zwei Ertrunkene: *weibliche Person, die ertrunken ist:* eine E. bergen.
Er|trun|ke|ner, der Ertrunkene/ein Ertrunkener; des/eines Ertrunkenen, die Ertrunkenen/zwei Ertrunkene: *jmd., der ertrunken ist.*
er|tüch|ti|gen ⟨sw. V.; hat⟩: **1.** *durch Übungen kräftigen, leistungsfähig machen; stählen:* sich durch täglichen Frühsport e. **2.** (Bauw.) *verstärken, festigen, durch Modernisierung sicherer machen:* Kraftwerke, Brücken, Bahnstrecken, Deiche e.
Er|tüch|ti|gung, die; -, -en: *das Ertüchtigen (1, 2).*
er|üb|ri|gen ⟨sw. V.; hat⟩ [zu ↑ übrig; im 16. Jh. in der Kanzleispr. für älter erübern]: **1.** *durch Sparsamkeit gewinnen, einsparen, übrig behalten:* einen größeren Betrag e.; so viel kann ich nicht e. **2.** ⟨e. + sich⟩ *überflüssig sein:* weitere Nachforschungen erübrigen sich; das hat sich jetzt alles erübrigt *(das ist jetzt alles nicht mehr nötig).*
Er|üb|ri|gung, die; -: *das Erübrigen (1).*
eru|ie|ren ⟨sw. V.; hat⟩ [lat. eruere, eigtl. = herausgraben]: **a)** (bildungsspr.) *durch gründli-*

che Untersuchungen, Nachforschungen herausfinden, feststellen: die Wahrheit konnte nicht eruiert werden; **b)** (österr., schweiz.) *jmdn. ermitteln, ausfindig machen:* die Besitzerin des Wagens e.
Eru|ie|rung, die; -, -en (bildungsspr.): *das Eruieren.*
erup|tie|ren ⟨sw. V.; ist⟩ [zu lat. eruptum, 2. Part. von: erumpere = hervorbrechen] (Geol.): *(von Lava, Asche, Gas, Dampf) aus-, hervorbrechen:* Asche und Schlacke eruptierten aus dem Vulkan; Ü eruptierendes Gelächter.
Erup|ti|on, die; -, -en [lat. eruptio = das Hervorbrechen]: **1. a)** (Geol.) *vulkanischer Ausbruch von Lava, Asche, Gas, Dampf:* die E. eines Vulkans; rasch aufeinanderfolgende -en; **b)** *Gasausbruch auf der Sonne.* **2.** (Med.) **a)** *Ausbruch eines Hautausschlages;* **b)** *Hautausschlag.*
erup|tiv ⟨Adj.⟩: **1. a)** (Geol.) *durch Eruption (1) entstanden;* **b)** (bildungsspr.) *wie eine Eruption (1) wirkend.* **2.** (Med.) *aus der Haut hervortretend.*
Erup|tiv|ge|stein, das (Geol.): *durch die Erstarrung von Magma entstandenes Gestein.*
er|wa|chen ⟨sw. V.; ist⟩ (geh.): **a)** [mhd. erwachen, ahd. irwachen] *aufwachen, wach werden:* aus einer tiefen Ohnmacht e.; ich bin von dem Lärm erwacht; Ü aus seinen Träumen e.; seine Gleichgültigkeit e. *(seine Gleichgültigkeit verlieren, aufgeben);* die Natur, der Tag erwacht [zu neuem Leben]; **b)** *sich in jmdm. regen, geweckt werden:* sein Interesse ist erwacht; ⟨subst.:⟩ das wird ein böses E. geben.
¹**er|wach|sen** ⟨st. V.; ist⟩: **1. a)** [mhd. erwahsen, ahd. irwahsan] *(aus etw.) allmählich hervorgehen, sich [heraus]bilden, entstehen, sich entwickeln:* daraus konnte nichts Gutes e.; tiefes Misstrauen war zwischen uns erwachsen; * **in Rechtskraft e.** (schweiz.; *rechtskräftig werden*); **b)** *sich für jmdn., etw. ergeben:* daraus kann ihm nur Nutzen e. **2.** (veraltend) *heranwachsen.*
²**er|wach|sen** ⟨Adj.⟩: **1.** ↑ ¹erwachsen. **2.** ⟨Adj.⟩ *dem Jugendalter entwachsen; volljährig:* -e Töchter; die Kinder sind bald e.
Er|wach|se|ne, die/eine Erwachsene; der/einer Erwachsenen, die Erwachsenen/zwei Erwachsene: *erwachsene weibliche Person.*
Er|wach|se|nen|al|ter, das ⟨o. Pl.⟩: *Alter, in dem jmd. ²erwachsen ist.*
Er|wach|se|nen|bild|ner, der: *jmd., der in der Erwachsenenbildung tätig ist* (Berufsbez.).
Er|wach|se|nen|bild|ne|rin, die: w. Form zu ↑ Erwachsenenbildner.
Er|wach|se|nen|bil|dung, die ⟨o. Pl.⟩: *Einrichtungen u. Maßnahmen zur Weiterbildung von Erwachsenen.*
Er|wach|se|nen|tau|fe, die (Rel.): *Taufe von Erwachsenen.*
Er|wach|se|ner, der Erwachsene/ein Erwachsener; des/eines Erwachsenen, die Erwachsenen/zwei Erwachsene: *erwachsene Person:* der Film ist nur für Erwachsene.
Er|wach|sen|sein, das: *Status eines Erwachsenen.*
er|wä|gen ⟨st., seltener auch: sw. V.; hat⟩ [mhd. erwegen = bedenken; in Bewegung setzen]: *prüfend, abwägend überlegen, durchdenken; in Betracht ziehen:* einen Plan ernsthaft, gründlich e.; das Für und Wider einer Sache e.
er|wä|gens|wert ⟨Adj.⟩: *wert, erwogen zu werden:* dieser Vorschlag ist durchaus e.
Er|wä|gung, die; -, -en: *prüfende Überlegung:* -en über etw. anstellen; aus gesundheitlichen -en; in der E. dessen, was er gesagt hat; nach reiflicher E.; in E. ziehen *(erwägen).*
er|wäh|len ⟨sw. V.; hat⟩ [mhd. erweln, ahd. irwellen] (geh.): **a)** *[aus]wählen, aussuchen:* er hat den richtigen Beruf erwählt; ich habe sie [mir]

zur Frau erwählt; **b)** *durch eine Wahl bestimmen; wählen:* jmdn. zum König e.
Er|wähl|te, die/eine Erwählte; der/einer Erwählten, die Erwählten/zwei Erwählte: *Auserwählte.*
Er|wähl|ter, der Erwählte/ein Erwählter; des/eines Erwählten, die Erwählten/zwei Erwählte: *Auserwählter.*
Er|wäh|lung, die; -, -en: *das Erwählen, Erwähltwerden.*
er|wäh|nen ⟨sw. V.; hat⟩ [im 16. Jh. für mhd. gewähenen, ahd. giwahan(en) = sagen, berichten, zu einem Verb mit der Bed. »sprechen«]: *[beiläufig] nennen, kurz von etw. sprechen:* etwas nur beiläufig e.; er hat dich namentlich erwähnt, vergaß zu e., dass sie ihn verlassen hat; der Ort wird im 9. Jh. zuerst erwähnt *(urkundlich genannt);* die eben, schon, oben erwähnten Personen; wie oben erwähnt, war er zu dieser Zeit bereits abgereist; ⟨schweiz., sonst geh. veraltet auch mit Gen.:⟩ Es wäre schon längst eines Umstandes zu e. gewesen, der in verschiedenen Verbindungen gestreift worden ist ... (Musil, Mann 398).
er|wäh|nens|wert ⟨Adj.⟩: *wert, erwähnt zu werden:* ein -es Ergebnis; ⟨subst.:⟩ nichts Erwähnenswertes.
er|wäh|ter|ma|ßen ⟨Adv.⟩ [↑ -maßen] (Papierdt., veraltet): *wie bereits erwähnt.*
Er|wäh|nung, die; -, -en: *das Erwähnen:* etw. findet E. *(etw. wird erwähnt);* etw. verdient [keine] E. *(etw. ist [nicht] erwähnenswert);* (geh.:) die Sache ist nicht der E. wert.
er|wah|ren ⟨sw. V.; hat⟩ (schweiz.): **1.** *(das Ergebnis einer Abstimmung od. Wahl) rechtsverbindlich feststellen.* **2. a)** *wahr machen;* **b)** *wahr werden;* **c)** ⟨e. + sich⟩ *sich bewahrheiten.*
er|wan|dern ⟨sw. V.; hat⟩: **a)** *durch Wandern kennenlernen, für sich erschließen:* den Odenwald e.; [sich] seine Heimat e.; **b)** *durch Wandern erlangen (für sich gewinnen).*
er|wär|men ⟨sw. V.; hat⟩: **1. a)** [mhd. erwermen] *warm machen:* die Strahlen erwärmen die Luft; Ü ein Anblick erwärmte mir das Herz *(er machte mich froh);* **b)** ⟨e. + sich⟩ *warm werden:* die Luft, die See erwärmt sich langsam; Ü ... empfing der Gast in seiner Stube mit noch etwas fremdem Blick, der sich aber im Nu erwärmte (Buber, Gog 131). **2. a)** ⟨e. + sich⟩ *an jmdm., etw. Gefallen finden, jmdn., etw. sympathisch finden:* sich für eine Idee e.; ich kann mich für ihn nicht e.; **b)** *(für jmdn., etw.) gewinnen, einnehmen:* er versuchte, die Partei für seine Ideen e.
Er|wär|mung, die; -, -en: *das [Sich]erwärmen.*
er|war|ten ⟨sw. V.; hat⟩ [mhd. erwarten = aufschauen, ahd. erwartēn = anblicken, mustern, zu ↑ warten]: **1.** *dem als gewiss vorausgesetzten Eintreffen einer Person od. Sache mit einer gewissen Spannung entgegensehen:* Besuch e.; Post e.; zum Essen Gäste e.; jmdn. am Bahnhof e.; er erwartete dich um 8 Uhr am Eingang; die Kinder können die Ferien kaum e. *(sie sind ungeduldig vor Vorfreude);* sie erwartet ein Kind [von ihm] *(sie ist schwanger);* Ü so wird mich noch alles e.! *(mir wird noch vieles bevorstehen!)* **2. a)** *für wahrscheinlich halten, mit etw. rechnen:* das war zu e.; viel Gutes war [von ihnen] nicht zu e., dass e., dass die Regierung zurücktritt; ich erwarte von dir (setze als selbstverständlich voraus), dass du uns hilfst; ⟨subst.:⟩ es ist wider Erwarten *(ganz im Gegensatz zu dem, was man erwartet hat; obwohl man dergleichen gar nicht erwarten durfte)* gut abgelaufen; **b)** *erhoffen, sich versprechen:* ich erwarte mir viel von ihm; die junge Künstlerin lässt noch viel e. *(sie berechtigt zu großen Hoffnungen).*
Er|war|tung, die; -, -en: **1.** ⟨o. Pl.⟩ *Zustand des*

Wartens, Spannung: er war voll[er] E.; sie verbrachte den Tag in banger E.; sie leben in E. des Todes. **2.** ⟨meist Pl.⟩ *vorausschauende Vermutung, Annahme, Hoffnung:* übertriebene -en hegen; sie hat unsere -en erfüllt; das bestätigt meine -en, entspricht ganz meiner E.; er hat sich in seinen -en getäuscht; in der E. *(indem ich hoffe),* bald von dir zu hören, gehe ich jetzt.

Er|war|tungs|druck, der ⟨o. Pl.⟩: *durch Erwartungen anderer entstehender psychischer Druck, diese Erwartungen zu erfüllen:* junge, talentierte Sportler sehen sich rasch einem wachsenden E. ausgesetzt.

er|war|tungs|froh ⟨Adj.⟩: *voll froher Erwartung:* die Augen der Kinder glänzten e.

er|war|tungs|ge|mäß ⟨Adj.⟩: *den Erwartungen gemäß, wie erwartet:* der -e Gang der Dinge.

Er|war|tungs|hal|tung, die: *durch bestimmte Erwartungen geprägte Haltung.*

Er|war|tungs|ho|ri|zont, der ⟨o. Pl.⟩: *Umfang, Grenzen bestimmter Erwartungen:* die Maßnahmen müssen sich am E. der Betroffenen orientieren.

er|war|tungs|voll ⟨Adj.⟩: *voller Erwartung:* jmdn. e. ansehen.

er|we|cken ⟨sw. V.; hat⟩: **1.** [mhd. erwecken, ahd. arwecken] **a)** (geh.) *aufwecken:* jmdn. aus tiefem Schlaf e.; **b)** *ins Leben zurückrufen, auferwecken:* jmdn. vom Tode, von den Toten e.; Ü alte Bräuche wieder zum Leben e. *(wieder aufleben lassen).* **2.** *erregen, wach-, hervorrufen:* Vertrauen e.; in jmdm. Interesse für etw. e.

Er|we|ckung, die; -, -en: **1.** *das Erwecken* (1, 2). **2. a)** (Mystik) *plötzlich vernommener Anruf zur völligen Hingabe an Gott;* **b)** (ev. Theol.) *Bekehrung eines sündigen od. gleichgültigen Christen.*

Er|we|ckungs|be|we|gung, die: *innerprotestantische Bewegung zur Wiedererweckung des religiösen Lebens (im 18./19. Jh.).*

er|weh|ren, sich ⟨sw. V.; hat⟩ [mhd. erwern, ahd. irwer(r)en = (sich) verteidigen] (geh.): **1.** *jmdn. mit Mühe abwehren, fernhalten:* er musste sich der beiden Angreifer, der Autogrammjäger e. **2.** *sich gegen etw. wehren, etw. unterdrücken:* sie konnte sich der Tränen, eines Lächelns kaum e.; ich kann mich des Eindrucks nicht e. *(ich hatte den Eindruck),* dass du das mit Absicht getan hast.

er|weich|bar ⟨Adj.⟩: *sich erweichen* (1) *lassend.*

er|wei|chen ⟨sw. V.⟩: **1.** ⟨hat⟩ *weich machen:* die Hitze erweichte das Wachs; Ü ihre Tränen haben mein Herz erweicht *(mich gerührt, milde gestimmt).* **2.** ⟨ist⟩ *weich werden:* der Asphalt ist in der Sonne erweicht; Ü sein starrer Sinn ist erweicht *(er ist nachgiebig[er] geworden).*

Er|wei|chung, die; -, -en: *das Erweichen; das Erweichtwerden.*

Er|weis, der; -es, -e (veraltend): *Nachweis, Beweis:* den E. für etw. erbringen.

er|weis|bar ⟨Adj.⟩: *sich erweisen* (1) *lassend:* eine -e Behauptung.

er|wei|sen ⟨st. V.; hat⟩ [mhd. erwīsen = anweisen; refl. = sich zeigen, kundtun]: **1.** *nachweisen, beweisen:* jmds. Unschuld e.; ⟨häufig im 2. Part.:⟩ es ist noch nicht erwiesen, ob er recht hat; etw. als erwiesen ansehen. **2.** ⟨e. + sich⟩ *sich in bestimmter Weise zeigen, sich (als jmd., etw.) herausstellen:* sich dankbar gegen jmdn. e.; die Nachricht hat sich als falsch erwiesen; du hast dich als wahrer Freund erwiesen. **3.** *zuteilwerden lassen, bezeigen:* jmdm. Achtung e.; du hast mir damit einen schlechten Dienst erwiesen.

er|wei|ter|bar ⟨Adj.⟩: *sich erweitern lassend:* -er Speicherplatz.

er|wei|tern ⟨sw. V.; hat⟩ [zu veraltet weitern, mhd. wītern = weiter werden; weiter machen]: **1.** *in seiner Ausdehnung, in seinem Umfang vergrößern:* die Blutgefäße werden durch das Präparat erweitert; erweiterte Pupillen; die Sammlung wurde durch Leihgaben um fünf wertvolle Stücke erweitert; Ü seinen Horizont e. *(sein geistiges Blickfeld vergrößern);* seine Kenntnisse e.; einen Bruch e. *(Zähler u. Nenner mit derselben Zahl multiplizieren);* ein Wort im erweiterten Sinn verwenden. **2.** ⟨e. + sich⟩ *weiter, größer werden:* der Tunnel erweitert sich zum Ausgang hin; die Pupillen, die Gefäße erweitern sich; ihr Herz ist krankhaft erweitert.

Er|wei|te|rung, die; -, -en: *das Erweitern; das Erweitertwerden:* die E. der Fahrbahn, der Anlagen.

Er|wei|te|rungs|bau, der ⟨Pl. -ten⟩: *Bau zur Erweiterung eines bestehenden Gebäudes.*

Er|werb, der; -[e]s, -e: **1. a)** *das Erwerben* (1a): der E. des Lebensunterhalts; **b)** *bezahlte Tätigkeit, berufliche Arbeit:* sich einen neuen E. suchen; einem E. nachgehen; **c)** *(geistige) Aneignung:* der E. von Wissen; **d)** *das Kaufen, Kauf:* der E. eines Grundstückes. **2.** *das Erworbene:* von seinem E. *(Verdienst)* leben.

er|wer|ben ⟨st. V.; hat⟩ [mhd. erwerben, ahd. irhwerban, eigtl. = *durch tätiges Handeln erreichen, zu Ende bringen*]: **1. a)** *durch Arbeit, Tätigsein erlangen, in seinen Besitz bringen:* er hat als Unternehmer ein beträchtliches Vermögen erworben; damit kannst du [dir] keine Reichtümer e.; Ü [sich] große Verdienste um etw. e.; sie erwarb sich die Achtung ihrer Mitmenschen; **b)** *sich durch Übung, Lernen o. Ä. aneignen:* [sich] Fertigkeiten e.; durch Lektüre ein umfangreiches Wissen e.; Wohl musste er ... dies und jenes hübsche Stück Holz zuschanden hauen und sich mehrmals tüchtig in die Finger schneiden. Aber er kam rasch über die Anfänge hinweg und erwarb Geschicklichkeit (Hesse, Narziß 212). **2. a)** *durch Kauf, Verhandlungen erlangen:* ein Grundstück käuflich e.; die [Aufführungs]rechte für ein neues Theaterstück e.; das Museum hat drei wertvolle Gemälde erworben; **b)** (Med., Psychol.) *allmählich herausbilden, sich aneignen:* den Herzklappenfehler hat er schon als Kind erworben; ⟨meist im 2. Part.:⟩ angeborene und erworbene Reflexe, Leiden.

Er|wer|ber, der; -s, -: *jmd., der etw. erwirbt od. erworben hat:* der E. des Grundstücks.

Er|wer|be|rin, die; -, -nen: w. Form zu ↑ Erwerber.

Er|werbs|ar|beit, die: *Arbeit* (1 d) *zu Erwerbszwecken.*

Er|werbs|aus|fall, der: *Ausfall der Verdienstmöglichkeit; Verdienstausfall.*

er|werbs|be|schränkt ⟨Adj.⟩: *durch körperliche od. psychische Beeinträchtigung in der Erwerbsfähigkeit beschränkt.*

Er|werbs|ein|künf|te ⟨Pl.⟩ (Wirtsch.): *Einkünfte, die der öffentlichen Hand aus der Teilnahme am wirtschaftlichen Prozess zufließen.*

er|werbs|fä|hig ⟨Adj.⟩: *fähig, sich seinen Lebensunterhalt zu verdienen:* voll e. sein.

Er|werbs|fä|hig|keit, die ⟨o. Pl.⟩: *Fähigkeit, sich seinen Lebensunterhalt zu verdienen.*

Er|werbs|ge|min|dert ⟨Adj.⟩: *erwerbsbeschränkt.*

Er|werbs|le|ben, das: *Berufstätigkeit als Lebensbereich u. -phase:* im E. stehen *(berufstätig sein).*

er|werbs|los ⟨Adj.⟩: **a)** *arbeitslos;* **b)** (Amtsspr.) *arbeitslos u. ohne Anspruch auf Leistung aus der Arbeitslosenversicherung:* -e Schulabgänger.

Er|werbs|lo|se, die/eine Erwerbslose; der/einer Erwerbslosen, die Erwerbslosen/zwei Erwerbslose: *weibliche Person, die erwerbslos ist.*

Er|werbs|lo|ser, der Erwerbslose/ein Erwerbsloser; des/eines Erwerbslosen, die Erwerbslosen/zwei Erwerbslosen: *jmd., der erwerbslos ist.*

Er|werbs|lo|sig|keit, die: *das Erwerbslossein.*

Er|werbs|min|de|rung, die: *Minderung der Erwerbsfähigkeit.*

Er|werbs|mög|lich|keit, die: *Möglichkeit, seinen Lebensunterhalt zu verdienen.*

Er|werbs|per|son, die (Wirtsch.): *Person, die eine unmittelbar od. mittelbar auf Erwerb ausgerichtete Tätigkeit auszuüben pflegt.*

Er|werbs|quel|le, die: vgl. Einnahmequelle.

Er|werbs|quo|te, die (Wirtsch.): *Anteil der Erwerbsfähigen an der Gesamtbevölkerung; Beschäftigungsgrad.*

Er|werbs|sinn, der ⟨o. Pl.⟩: *vom Erwerbsstreben bestimmte Neigung:* starken, keinen E. haben.

Er|werbs|stre|ben, das: *auf Erwerb gerichtetes Streben.*

er|werbs|tä|tig ⟨Adj.⟩: *einen Beruf zu Erwerbszwecken ausübend.*

Er|werbs|tä|ti|ge, die/eine Erwerbstätige; der/einer Erwerbstätigen, die Erwerbstätigen/zwei Erwerbstätige: *weibliche Person, die erwerbstätig ist.*

Er|werbs|tä|ti|ger, der Erwerbstätige/ein Erwerbstätiger; des/eines Erwerbstätigen, die Erwerbstätigen/zwei Erwerbstätige: *jmd., der erwerbstätig ist.*

er|werbs|tä|tig|keit, die: *das Erwerbstätigsein.*

er|werbs|un|fä|hig ⟨Adj.⟩: *wegen Krankheit, aus Altersgründen o. Ä. unfähig, [regelmäßig] erwerbstätig zu sein.*

Er|werbs|un|fä|hi|ge, die/eine Erwerbsunfähige; der/einer Erwerbsunfähigen, die Erwerbsunfähigen/zwei Erwerbsunfähige: *weibliche Person, die erwerbsunfähig ist.*

Er|werbs|un|fä|hi|ger, der Erwerbsunfähige/ein Erwerbsunfähiger; des/eines Erwerbsunfähigen, die Erwerbsunfähigen/zwei Erwerbsunfähige: *jmd., der erwerbsunfähig ist.*

Er|werbs|un|fä|hig|keit, die: *Unfähigkeit zur Erwerbstätigkeit.*

Er|werbs|zweck, der: *Zweck des Erwerbs.*

Er|werbs|zweig, der: *bestimmte Erwerbsmöglichkeiten bietender Wirtschafts-, Berufszweig; Branche:* die Autoindustrie ist ein wichtiger E.

Er|wer|bung, die; -, -en: **1.** ⟨o. Pl.⟩ *das Erwerben* (1, 2 a). **2.** *etwas Erworbenes.* **3.** (Bibliothekswesen) *Abteilung einer Bibliothek, die für den Erwerb von Büchern zuständig ist.*

er|wi|dern ⟨sw. V.; hat⟩: **1.** [mhd. erwidern; ahd. irwidarōn = verwerfen] *antworten, entgegnen:* »Er ist krank«, erwiderte sie; sie konnte [mir] darauf nichts e.; er erwiderte ihm auf eine Frage. **2.** *auf etw. in gleicher od. entsprechender Weise reagieren:* einen Besuch, einen Blick e.; seine Liebe wurde nicht erwidert; das Feuer e. (Militär; zurückschießen).

Er|wi|de|rung, die; -, -en: **1.** *das Erwidern* (1); *Antwort:* eine mündliche, schriftliche E. **2.** *das Erwidern* (2): die E. eines Besuchs, ihrer Liebe.

er|wie|se|ner|ma|ßen ⟨Adv.⟩ [↑ -maßen]: *wie erwiesen ist:* er war e. an der Tat beteiligt.

♦ **er|wil|den** ⟨sw. V.; ist⟩ [mhd. erwildern = verwildern]: *wild, rasend werden:* Natur ist vermessen Weib, jetzt aber erwildet in wütendem Schmerz (Gotthelf, Spinne 60).

er|wir|ken ⟨sw. V.; hat⟩ (bes. Rechtsspr.): *durch Bemühungen erreichen, durchsetzen:* eine Zahlung e.; jmds. Entlassung, Freispruch e.

er|wirt|schaf|ten ⟨sw. V.; hat⟩: *durch Wirtschaften erlangen, erreichen:* hohe Gewinne e.

er|wi|schen ⟨sw. V.; hat⟩ [mhd. erwischen, zu ↑ wischen] (ugs.): **1. a)** *nach einem Vergehen o. Ä. fassen, ergreifen:* man hat den Falschen erwischt; **b)** *bei einem Vergehen o. Ä. ertappen:* jmdn. beim Stehlen e.; lass dich nicht e.! **2. a)** *gerade noch fassen, zu fassen bekommen:* ich habe sie bei den Zöpfen erwischt; **b)** *gerade noch antreffen, erreichen:* den Zug noch erwischt; **c)** *zufällig, unverhofft [zu fassen] bekommen:* das beste Stück, einen Sitzplatz e. **3.** ⟨unpers.⟩ *als Betroffenen in Mitleidenschaft*

ziehen: *ausgerechnet jetzt im Urlaub muss es mich e. (muss ich krank werden);* zwei Soldaten hat es bei dem Gefecht erwischt *(sie wurden [tödlich] verwundet);* zum ersten Mal in ihrem Leben hat es sie schwer erwischt *(war sie heftig verliebt);* Ü den Motor hats erwischt *(er ist kaputt);* Ihr Telefon scheint's auch erwischt zu haben *(es funktioniert nicht mehr;* Hochhuth, Stellvertreter 38).

er|wor|ben: ↑ erwerben.

er|wün|schen ⟨sw. V.; hat⟩ (selten): *wünschen, herbeisehnen.*

er|wünscht ⟨Adj.⟩ [eigtl. 2. Part. von veraltet, heute wieder selten gebr. erwünschen (mhd. erwünschen)]: *gewünscht, willkommen:* die -e Wirkung; du bist hier nicht e.

er|wür|gen ⟨sw. V.⟩ [mhd. erwürgen, ahd. irwurgen]: **1.** ⟨hat⟩ *durch Zudrücken der Kehle töten:* er hat sein Opfer mit bloßen Händen, mit einer Krawatte erwürgt. ♦ **2.** ⟨ist⟩ *ersticken* (1): ... du solltest mir den Räuber fressen oder daran e. (Goethe, Götz IV); ... dass du und deinesgleichen am Nachbeten dessen, was andre getan haben, erwürgen (Schiller, Kabale IV, 9).

Ery|si|pel, das; -s, -e, **Ery|si|pe|las,** das; -, ...pelata [lat. erysipelas < griech. erysípelas, viell. zu: erythrós = rot u. eigtl. = das die Haut Rötende] (Med.): *Wundrose.*

Ery|them, das; -s, -e [griech. erýthēma, eigtl. = Röte, zu: erythrós = rot] (Med.): *entzündliche Rötung der Haut infolge vermehrter Durchblutung durch Gefäßerweiterung.*

Ery|th|ro|po|i|e|tin® [...pɔyɛ...], das; -s (Med., Pharm.): *Medikament, das die Bildung roter Blutkörperchen fördert u. das wegen seiner die Ausdauer verbessernden Wirkung auch als Mittel zum Doping verwendet wird.*

Ery|th|ro|zyt, der; -en, -en ⟨meist Pl.⟩ [zu griech. erythrós = rot u. kýtos = Höhlung, Wölbung] (Med.): *rotes Blutkörperchen.*

Erz [auch: ɛrts], das; -es, -e [mhd. erze, arze, ahd. aruzzi, arizzi, aruz, H. u.; viell. aus einer kleinasiatischen Spr., vgl. sumer. urdu = Kupfer]: **1.** *metallhaltiges Mineral:* wertvolle -e; E. verhütten; gediegenes E. *(Erz, das Metall in nahezu reiner Form enthält).* **2.** (geh.) *Bronze:* eine Glocke aus E.; er stand da wie aus, in E. gegossen.

erz-, Erz- [mhd. erze-, ahd. erzi < lat. archi- < griech. archi-, Architekt] (emotional verstärkend): **1.** drückt in Bildungen mit Adjektiven eine Verstärkung aus; *sehr:* -gut, -misstrauisch. **2.** drückt in Bildungen mit Substantiven aus, dass eine Person – seltener eine Sache – etw. von Grund auf ist, etw. ganz und gar verkörpert: Erzheuchler, -kapitalist, Erzlüge.

Erz|ader, die: *kluftartiger kleiner Gang, der mit Erz ausgefüllt ist.*

er|zäh|len ⟨sw. V.; hat⟩ [mhd. erzeln, erzellen = aufzählen, berichten]: **a)** *schriftlich od. mündlich auf anschauliche Weise darstellen:* gut e. können; den Kindern ein Märchen e.; erzähle keine Märchen! *(lüg nicht so!);* der soll mir nur kommen, dem werd ich was e.! (ugs.; *meine Meinung sagen!);* Ü der Film erzählt die Geschichte einer ungewöhnlichen Liebe; **b)** *berichten:* den Hergang eines Unfalls e.; er hat viel über ihn erzählt; er kann etwas e. *(er hat viel erlebt);* ich habe mir e. lassen *(man hat mir berichtet),* dass du lange krank warst; das kannst du einem anderen, deiner Großmutter e./mir kannst du viel e. (ugs.; *das glaube ich dir nicht);* aus seinem Leben e.; **c)** *[in vertraulicher Unterredung] mitteilen, sagen:* man kann ihm alles e., man hat einen innerlich beschäftigt; du darfst aber niemandem [etwas] davon e.!

er|zäh|lens|wert ⟨Adj.⟩: *wert, erzählt zu werden.*

Er|zäh|ler, der; -s, -: **a)** *jmd., der etw. erzählt* (a); **b)** *Verfasser erzählender Dichtung:* ein zeitgenössischer E.; **c)** (Literaturwiss.) *in einem epischen Werk fiktive Gestalt, aus deren Perspektive erzählt wird:* der E. in Storms Novellen.

Er|zäh|le|rin, die; -, -nen: w. Form zu ↑ Erzähler.

er|zäh|le|risch ⟨Adj.⟩: *das Erzählen* (a), *die Kunst des Erzählens betreffend:* sie besitzt ein großes -es Talent.

Er|zähl|fluss, der ⟨o. Pl.⟩: *fließender, ununterbrochener Fortgang des Erzählens, einer Erzählung.*

Er|zähl|kunst, die: *Kunst des Erzählens:* ein Meister der E.

Er|zähl|tech|nik, die: *Technik des Erzählens.*

Er|zäh|lung, die; -, -en: **1.** *anschauliche schriftliche od. mündliche Darstellung, Wiedergabe eines Geschehens:* eine angefangene E. fortsetzen; eine unterbrochene E. wieder aufnehmen; jmds. E. zuhören; in seiner E. fortfahren, innehalten. **2.** (Literaturwiss.) *kürzeres Werk der erzählenden Dichtung:* eine mittelalterliche E.; -en schreiben, herausgeben.

Er|zähl|wei|se, die: **a)** *Art, in der eine schriftliche Erzählung dargestellt ist;* **b)** *Art, in der jmd. etw. mündlich erzählt.*

Erz|amt, das [1 erz-, Erz-] (Geschichte): *oberste Reichswürde u. vor allem bei der Krönung des Königs von den Kurfürsten ausgeübtes Ehrenamt im Heiligen Römischen Reich (z. B. Erzkämmerer, Erzkanzler, Erztruchsess).*

Erz|bau, Erz|berg|bau, der ⟨o. Pl.⟩: *der Erzgewinnung dienender Bergbau.*

Erz|berg|werk, das: *Bergwerk, in dem Erz abgebaut wird.*

Erz|bi|schof, der [mhd. erzebischof, ahd. erzibiscof < kirchenlat. archiepiscopus, zum 1. Bestandteil vgl. Architekt] (kath. Kirche): **a)** *Titel eines Bischofs, der eine Erzdiözese leitet, eines Metropoliten, der eine Kirchenprovinz leitet; Ehrentitel einzelner Bischöfe;* **b)** *Träger des Titels Erzbischof.*

erz|bi|schöf|lich ⟨Adj.⟩ (kath. Kirche): vgl. bischöflich.

Erz|bis|tum, das (kath. Kirche): *Erzdiözese.*

Erz|de|mo|krat, der (emotional verstärkend): *völlig überzeugter, kämpferischer Demokrat.*

Erz|de|mo|kra|tin, die: w. Form zu ↑ Erzdemokrat.

Erz|di|ö|ze|se, die (kath. Kirche): *führende Diözese einer Kirchenprovinz.*

erz|dumm ⟨Adj.⟩ (emotional verstärkend): *in höchstem Grade dumm.*

Erz|dumm|heit, die (emotional verstärkend): *besonders große Dummheit* (2).

er|zei|gen ⟨sw. V.; hat⟩ [mhd. erzeigen = dartun, erweisen] (geh.): **1. a)** *als Ausdruck seiner Gesinnung, seines Empfindens zuteilwerden lassen, bezeugen:* jmdm. Ehre e.; **b)** ⟨e. + sich⟩ *jmdm. gegenüber in bestimmter Weise seiner Gesinnung od. Empfindung Ausdruck geben:* sich jmdm. gegenüber dankbar e. **2. a)** *als etw. erscheinen lassen, erweisen:* die Peinlichkeit des Vorfalls als unwichtig e.; **b)** ⟨e. + sich⟩ *sich als etw. erweisen, zeigen:* sich als Gentleman e.

er|zen [auch: ˈɛrtsn̩] ⟨Adj.⟩ (geh.): *bronzen:* eine -e Glocke, Statue.

Erz|en|gel, der [mhd. erzengel, LÜ von kirchenlat. archangelus < griech. archággelos; vgl. Erzbischof]: *(in der Bibel) einer der ranghöchsten Engel:* die E. Gabriel, Michael und Raphael.

er|zeu|gen ⟨sw. V.; hat⟩ [mhd. erziugen, zu ↑ ²zeugen]: **1. a)** *entstehen lassen; bewirken:* Reibung erzeugt Wärme; er versteht es, Spannung zu e.; **b)** (veraltend) *zeugen:* er hatte viele Kinder erzeugt. **2. a)** *produzieren, hervorbringen:* Strom e.; der Boden erzeugt alles, was wir brauchen; Musikalische Menschen ... erzeugen zwar eine Sache, für die sie den unpersönlichen Namen Musik gebrauchen, aber diese Sache besteht doch zum größten Teile oder wenigstens in dem ihnen wichtigsten Teil aus ihnen selbst (Musil, Mann 1 455); **b)** (österr.) *(Gebrauchsgüter) herstellen:* Kleider e.

Er|zeu|ger, der; -s, -: **1.** (bes. Amtsspr.) *leiblicher Vater:* er ist nachweislich nicht der E. dieses Kindes; mein E. (iron.; *mein Vater).* **2. a)** *jmd., der etw. (eine Ware) produziert:* der Weg vom E. zum Verbraucher; **b)** (österr.) *jmd., der etw. erzeugt* (2 b): die E. von Glaswaren, Textilien.

Er|zeu|ger|ab|fül|lung, die: *beim Erzeuger (Winzer od. Winzergenossenschaft) abgefüllter Wein.*

Er|zeu|ge|rin, die; -, -nen: w. Form zu ↑ Erzeuger (2).

Er|zeu|ger|land, das ⟨Pl. ...länder⟩: *Land, in dem etw. erzeugt wird.*

Er|zeu|ger|preis, der: *Preis, den der Erzeuger für seine Ware verlangt.*

Er|zeug|nis, das; -ses, -se: *etw., was erzeugt wird, erzeugt worden ist; Produkt:* industrielle -se; diese Vase ist ein deutsches E.; seine -se vertreiben; Ü diese Gestalt ist ein E. seiner Fantasie.

Er|zeu|gung, die; -, -en: *das Erzeugen; das Erzeugtwerden.*

erz|faul ⟨Adj.⟩ (emotional verstärkend): vgl. erzdumm: er ist ein -er Schüler.

Erz|feind, der (emotional verstärkend): *schlimmster Feind.*

Erz|fein|din, die: w. Form zu ↑ Erzfeind.

Erz|feind|schaft, die (emotional verstärkend): *besonders erbitterte Feindschaft:* die alte E. zwischen den beiden Ländern.

Erz|gau|ner, der (abwertend): *besonders übler Gauner* (1, 2).

Erz|gau|ne|rin, die: w. Form zu ↑ Erzgauner.

Erz|ge|bir|ge, das; -s: *Mittelgebirge in Deutschland u. der Tschechischen Republik.*

Erz|ge|bir|ge|rin, die; -, -nen: w. Form zu ↑ Erzgebirger.

Erz|ge|birg|ler, (auch:) Erzgebirger, der; -s, -: Ew.

Erz|ge|birg|le|rin, die; -, -nen: w. Form zu ↑ Erzgebirgler.

Erz|ge|halt, der: *Gehalt eines Gesteins an Erzen.*

Erz|ge|win|nung, die: *Gewinnung von Erz.*

Erz|gie|ße|rei, die: *Gießerei, in der Erz gegossen wird.*

Erz|gru|be, die: *Erzbergwerk.*

erz|hal|tig ⟨Adj.⟩: *Erz enthaltend:* -es Gestein.

Erz|her|zog, der: **a)** *Titel der Prinzen des Hauses Österreich;* **b)** *Träger des Titels Erzherzog.*

Erz|her|zo|gin, die: w. Form zu ↑ Erzherzog.

Erz|her|zog|tum, das: *Territorium mit einem Erzherzog als Oberhaupt; Besitz, Herrschaftsbereich eines Erzherzogs.*

erz|höf|fig ⟨Adj.⟩ (Bergmannsspr.): *reiches Erzvorkommen versprechend.*

Erz|hüt|te, die: *Hütte* (3).

er|zieh|bar ⟨Adj.⟩: *sich erziehen lassend:* ein sehr schwer -es Kind.

er|zie|hen ⟨unr. V.; hat⟩ [mhd. erziehen, ahd. irziohan, eigtl. = herausziehen, beeinflusst von lat. educare, ↑ Edukt]: **1. a)** *jmds. (bes. eines Kindes) Geist u. Charakter bilden u. seine Entwicklung fördern:* ein Kind e.; sie wurde in einem Internat erzogen; er ist sehr frei erzogen worden; ein gut erzogenes Kind; **b)** *zu einem bestimmten Verhalten anleiten:* seine Kinder zur Selbstständigkeit e.; du musst dich zur Toleranz e.; Zehn Mark Taschengeld in der Woche! Da erzögen wir Sie ja zum Verschwender! (Fallada, Blechnapf 104). **2.** (Gartenbau) *(Pflanzen) [heran]ziehen.*

Er|zie|her, der; -s, -: **1.** *jmd., der Kinder u. Jugendliche erzieht:* dieser Lehrer ist der geborene E. **2.** *jmd., der eine Ausbildung an einer Fachschule als Betreuer von Kindern und Jugendlichen in öffentlichen Einrichtungen (wie Kindergärten, Heimen) abgeschlossen hat* (Berufsbez.).
Er|zie|he|rin, die; -, -nen: w. Form zu ↑ Erzieher.
er|zie|he|risch ⟨Adj.⟩: **a)** *die Erziehung betreffend, sich auf die Erziehung beziehend, pädagogisch;* **b)** *Erziehung bezweckend, der Erziehung dienend:* dieser Film soll e. wirken.
er|zieh|lich ⟨Adj.⟩ (bes. österr.): *erzieherisch.*
Er|zie|hung, die; -: **1.** *das Erziehen* (1): seinen Kindern eine gute E. geben; er hat ihre E. vernachlässigt. **2.** *in der Kindheit anerzogenes Benehmen, anerzogene gute Manieren:* ihm fehlt jede, jegliche E.; vergiss deine gute E. nicht!
Er|zie|hungs|an|stalt, die: *erzieherischen Zwecken dienende Einrichtung.*
Er|zie|hungs|ar|beit, die ⟨Pl. selten⟩: **1.** *das [professionelle] Erziehen* (1) *[mit bestimmten Erziehungszielen].* **2.** *[elterliche] Kindererziehung (die als der Erwerbsarbeit entsprechend [u. gleichwertig] angesehen wird).*
Er|zie|hungs|be|ra|ter, der: *jmd., der in Erziehungsfragen berät* (Berufsbez.).
Er|zie|hungs|be|ra|te|rin, die: w. Form zu ↑ Erziehungsberater.
Er|zie|hungs|be|ra|tung, die: **a)** *Beratung von Eltern in Erziehungsfragen;* **b)** *sozialpädagogische Einrichtung, die Eltern in Erziehungsfragen berät.*
er|zie|hungs|be|rech|tigt ⟨Adj.⟩: *berechtigt, die elterliche Gewalt auszuüben.*
Er|zie|hungs|be|rech|tig|te ⟨vgl. Berechtigte⟩: *weibliche Person, die die elterliche Gewalt ausübt.*
Er|zie|hungs|be|rech|tig|ter, der: *Erziehungsberechtigte/ein Erziehungsberechtigter; des/eines Erziehungsberechtigten, die Erziehungsberechtigten/zwei Erziehungsberechtigte: jmd., der die elterliche Gewalt ausübt.*
Er|zie|hungs|fra|ge, die: *die Erziehung betreffende Frage.*
Er|zie|hungs|geld, das (früher): *Elterngeld.*
Er|zie|hungs|heim, das: *Heim für Jugendliche, deren Entwicklung gefährdet od. geschädigt ist.*
Er|zie|hungs|hil|fe, die: **1.** *vom Jugendamt in Absprache mit den Eltern durchgeführte Hilfe bei der Erziehung schwer erziehbarer od. entwicklungsgefährdeter Kinder.* **2.** *finanzielle Unterstützung bei der Erziehung von Kindern.* **3.** (schweiz.) *im Jugendstrafrecht festgelegte Erziehungsmaßnahme, die für straffällig gewordene Kinder od. Jugendliche angeordnet wird, wenn sie in ihrer Familie bleiben können.*
Er|zie|hungs|maß|nah|me, die: *erzieherische Maßnahme.*
Er|zie|hungs|me|tho|de, die: *Methode der Erziehung.*
Er|zie|hungs|mi|nis|ter, der: *für das Erziehungswesen zuständiger Minister.*
Er|zie|hungs|mi|nis|te|rin, die: w. Form zu ↑ Erziehungsminister.
Er|zie|hungs|mi|nis|te|ri|um, das: *Ministerium für das Erziehungswesen.*
Er|zie|hungs|mit|tel, das: *Maßnahme, die angewendet wird, um das angestrebte Ziel in der Erziehung zu erreichen.*
Er|zie|hungs|pflicht, die: *Pflicht der Erziehung:* seine E. vernachlässigen.
Er|zie|hungs|pro|zess, der: *Verlauf der Erziehung.*
Er|zie|hungs|ro|man, der (Literaturwiss.): *Roman, in dem die Erziehung eines jungen Menschen dargestellt wird.*
Er|zie|hungs|schwie|rig|kei|ten ⟨Pl.⟩: *Schwierigkeiten bei der Erziehung von Kindern u. Jugendlichen:* mit der Pubertät zusammenhängende E.
Er|zie|hungs|stil, der: *typisierte erzieherische Verhaltensweise:* ein strenger, autoritärer E.
Er|zie|hungs|sys|tem, das: *System, in dem das Erziehungswesen organisiert ist.*
Er|zie|hungs|ur|laub, der (ugs., sonst veraltend): *(maximal drei Jahre dauernde) Freistellung von der Arbeit für Arbeitnehmer[innen] ab der Geburt des Kindes.*

Seit 2001 lautet die offizielle Bezeichnung vonseiten des Gesetzgebers *Elternzeit*, um die Erziehungsleistung nicht als Urlaub abzuwerten.

Er|zie|hungs|we|sen, das ⟨o. Pl.⟩: *Gesamtheit aller Einrichtungen u. Maßnahmen, die dem Erziehung betreffen.*
Er|zie|hungs|wis|sen|schaft, die: **a)** *Teilbereich der Pädagogik, dessen Gegenstand die wissenschaftliche Erforschung der Erziehungsprozesse ist;* **b)** *Pädagogik.*
Er|zie|hungs|zeit, die ⟨meist Pl.⟩: *Kindererziehungszeit.*
Er|zie|hungs|ziel, das: *dem erzieherischen Handeln zugrunde liegendes Ziel.*
er|zie|len ⟨sw. V.; hat⟩: *(etw. Angestrebtes) erreichen:* einen Erfolg e.; darüber konnte keine Einigung erzielt (herbeigeführt) werden.
Er|zie|lung, die; -: *das Erzielen.*
er|zit|tern ⟨sw. V.; ist⟩ [mhd. erzittern, erzittern]: *plötzlich [u. heftig] zittern:* der Boden erzitterte unter seinen Schritten; Ü ihr Blick ließ ihn e.
Erz|käm|me|rer, der (Geschichte): *Kämmerer am Königshof.*
Erz|kanz|ler, der (Geschichte): *Leiter des königlichen Kanzleiwesens im Mittelalter.*
erz|ka|tho|lisch ⟨Adj.⟩ (emotional verstärkend): *im höchsten Grade vom Katholizismus geprägt.*
erz|kon|ser|va|tiv ⟨Adj.⟩ (emotional verstärkend): *im höchsten Grade konservativ.*
Erz|la|ger|stät|te, die (Geol.): *natürliche Erzanhäufung in der Erdrinde.*
Erz|lüg|ner, der (abwertend): *besonders frecher, unverbesserlicher Lügner.*
Erz|lüg|ne|rin, die: w. Form zu ↑ Erzlügner.
erz|pro|tes|tan|tisch ⟨Adj.⟩ (emotional verstärkend): vgl. erzkatholisch.
erz|re|ak|ti|o|när ⟨Adj.⟩ (emotional abwertend): vgl. erzkonservativ.
Erz|ri|va|le, der (emotional verstärkend): *schlimmster, langjähriger Rivale:* das Spiel der beiden un hat begonnen.
Erz|ri|va|lin, die: w. Form zu ↑ Erzrivale.
♦ **Erzt** [auch: ertst], das; -[e]s, -e [frühnhd.]: Nebenf. von ↑ Erz: Menschen! Falsche, heuchlerische Krokodilbrut! Ihre Augen sind Wasser! Ihre Herzen sind E. (Schiller, Räuber I, 2).
Erz|truch|sess, der [↑ erz-, Erz-] (Geschichte): *Truchsess am Königshof.*
er|zür|nen ⟨sw. V.; hat⟩ [mhd. erzürnen, ahd. irzurnen] (geh.): **1.** ⟨hat⟩ **a)** *zornig machen:* seine Frechheit hat mich sehr erzürnt; **b)** ⟨e. + sich⟩ *zornig werden:* ich bin darüber nie gewesen der erzürnte Vater. **2.** ⟨ist⟩ *zornig werden.*
Er|zür|nung, die: *das [Sich]erzürnen.*
Erz|va|ter, der [↑ erz-, Erz-] (Rel.): *einer der Stammväter des jüdischen Volkes:* die Erzväter Abraham, Isaak und Jakob.
Erz|ver|hüt|tung, die: *Verhüttung von Erz.*
Erz|vor|kom|men, das: *Vorkommen* (b) *von Erz.*
er|zwin|gen ⟨sw. V.; hat⟩ [mhd. ertwingen = erobern, bezwingen]: *durch Zwang erreichen, erhalten, herbeiführen:* eine Entscheidung mit Gewalt e.; ein Versprechen von jmdm. e.; ein erzwungenes Geständnis, Lächeln.
Er|zwin|gung, die; -: *das Erzwingen.*
Er|zwin|gungs|haft, die: *Beugehaft.*
er|zwun|ge|ner|ma|ßen ⟨Adv.⟩: *unter Zwang.*
¹es ⟨Personalpron.; 3. Pers. Sg. Neutr. Nom. u. Akk.⟩ [mhd., ahd. eȝ; vgl. er]: **1.** ⟨bezeichnet etw. bereits Bekanntes, von dem die Rede ist od. sein soll⟩ **a)** *vertritt ein sächliches [Pro]nomen einschließlich der hinzukommenden Bestimmungen:* schaut, es (= das Kaninchen) frisst!; es (= das Buch) ist sehr spannend; ⟨zur hervorhebenden Wiederaufnahme od. Vorwegnahme eines Subjekts:⟩ dieses umständliche Hin und Her, es ödete ihn an; da ist es wieder, dein Misstrauen; ⟨Gen.:⟩ gedenke (geh.:) seiner/(veraltet:) sein!; ⟨Dativ:⟩ das Tier hat Hunger, gib ihm etwas zu fressen!; das ist ein ganz neues Problem, bei ihm (bei Sachen häufiger: dabei) ist Folgendes zu beachten; ⟨Akk.:⟩ er hatte das Buch zu Ende gelesen und legte es weg; Mode für ihn, sie und es (= das Kind); ein ungewöhnliches Urteil, aber man kann für es (bei Sachen öfter: dafür) schwerwiegende Gründe anführen; ⟨zur hervorhebenden Wiederaufnahme od. Vorwegnahme eines Objekts:⟩ ein armes Tier, wer sorgt für es?; da habe ich es endlich wieder, mein lange vermisstes Buch; **b)** *bezieht sich als Prädikatsnomen od. dazugehörendes Subj. auf ein [Pro]nomen beliebigen Geschlechts (Sg. od. Pl.) od. auf ein Adj.:* Paul war es, der das sagte; keiner will es (der Täter) gewesen sein; er ist wütend, und sie ist es auch; Er hat sowieso seine Telefonate mit mir aufgegeben, es sei denn, ich bin es, die im Laufe der Woche anruft (Wohmann, Absicht 61). **2. a)** *bezieht sich auf das Prädikat* (einschl. Bestimmungen od. Ergänzungen) *od. auf den Gesamtinhalt eines [Neben]satzes;* *dies; dieses:* sie ist ein Buch, und ich tat es auch; er hat zwar gesagt, er werde teilnehmen, es ist aber fraglich; du sagst es *(du hast recht);* **b)** *kündigt ein ins Mittel- od. Nachfeld des Satzes gerücktes (hervorzuhebendes) Subjekt an. Nachfeld des Satzes gerücktes (hervorzuhebendes) Subjekt- od. Objektsatz; da;* *das:* es fielen die ersten Tropfen; es war einmal ein König ... (Märchenanfang); es ist schön, dass Sie da sind; ich lehne es ab, alles noch mal zu sagen; ⟨urspr. Gen.:⟩ er wurde es *(dessen)* müde, immer wieder darauf hinzuweisen; ich bin es leid, immer Kindermädchen zu spielen!; **c)** *bezieht sich unmittelbar auf einen gemeinten Sachverhalt:* halt, es (das) ist genug!; es ist gut so; wir haben es geschafft!; wollen wir es dabei belassen?; hören wir auf, ich bin es (geh.; *dessen)* müde. **3.** ⟨ist Subjekt in unpers. Ausdrücken⟩ **a)** *bei Witterungsimpersonalien:* es regnet, es friert; es blitzt; **b)** *bei den unpersönlichen Darstellung eines Geschehens od. einer sich zeigenden, sich ergebenden Situation:* es brennt!; es grünt und blüht; es knistert; es klopft (an der Tür]; es friert mich *(ich friere)* [an den Armen]; diesmal hat es mich getroffen (bin ich an der Reihe); er hat ihn hart getroffen (er hat viele Krankheiten od. Schicksalsschläge durchzustehen); **c)** *bei Zustands- und Artsätzen:* es ist Nacht; es war schon spät; es wird wieder kälter; bald wird [es] dir wieder besser sein; **d)** *bei passivischer od. reflexiver Konstruktion* (in der Bed. *man* + Aktiv): es wurde [viel] gelacht; es darf nicht geraucht werden; hier wohnt es sich gut, lässt es sich gut wohnen *(kann man gut wohnen)*. **4.** *ist nur formales Objekt* (bei bestimmten verbalen Verbindungen): er bekommt es mit zu tun; sie hat es gut; er meint es gut mit dir; sie hat es weit gebracht; er nimmt es mit jedem auf; sie hat es mit der Galle (ugs.; *sie ist gallenleidend)*.
²es, **¹Es**, das; -, - (Musik): *um einen halben Ton erniedrigtes e,* E (2).
²Es, das; -, - (Psychol.): *das Unbewusste.*
³Es = Einsteinium.

ESA, die; - [Abk. für engl. European Space Agency]: Europäische Weltraumorganisation.
Esc = Escudo.
Es|cal|lopes [εska'lɔp, ...'lɔps] ⟨Pl.⟩ [frz. escalopes, Pl. von: escalope, im heutigen Sinne seit dem 18. Jh.; afrz. escalope = Muschel, aus dem Germ.] (Kochkunst): *dünne, gebratene Fleisch-, Geflügel- od. Fischscheibchen.*
Es|cape [ɪsˈkeɪp, auch: εs...] ⟨ohne Artikel gebr.⟩ [engl., zu: to escape = entkommen, entfliehen < afrz. eschapper (= frz. échapper), vgl. echappieren]: Kurzf. von ↑ Escapetaste.
Es|cape|tas|te [ɪsˈkeɪp..., auch: εs...], die: *Taste auf der Computertastatur zum Abbrechen od. Verlassen eines Programms o. Ä.*
Es|cha|to|lo|gie [εsça...], die; -, -n [zu griech. éschatos = der Äußerste, Letzte u. ↑-logie] (Theol.): *Lehre bzw. Gesamtheit religiöser Vorstellungen von den Letzten Dingen, d. h. vom Endschicksal des einzelnen Menschen u. der Welt.*
es|cha|to|lo|gisch ⟨Adj.⟩ (Theol.): **1.** *auf die Eschatologie bezüglich, ihr eigentümlich, gemäß, zu ihr gehörend:* der -e Charakter der Verkündigung im Neuen Testament. **2.** *auf die letzten Dinge bezüglich, ihnen eigentümlich, gemäß, zu ihnen gehörend; endzeitlich.*
Esche, die; -, -n [mhd. esche, eigtl. Pl. von gleichbed. asch, ahd. asc, alter idg. Baumname]: **1.** *(in mehreren Arten vorkommender) Laubbaum mit gefiederten Blättern u. a. geflügelten Früchten.* **2.** ⟨o. Pl.⟩ *Holz der Esche:* ein Wohnzimmer in E.
eschen ⟨Adj.⟩ [mhd. eschīn, ahd. eskīn]: *aus Eschenholz [gemacht].*
Eschen|holz, das ⟨Pl. ...hölzer⟩: *Esche* (2): Möbel aus E.
Es|cort|ser|vice [εsˈkɔːtsə:vɪs], der, österr. auch: das [zu engl. escort = ↑ Eskorte]: **a)** *Service, der Begleitung anbietet;* **b)** *Service zur Vermittlung sexueller Kontakte.*
Es|cu|do, der; -[s], -[s] [port. escudo, eigtl. = Schild < lat. scutum]: *frühere Währungseinheit in Portugal* (1 Escudo = 100 Centavo; Abk.: Esc).
Es-Dur [ˈεsduːɐ̯, auch: ˈεsˈduːɐ̯], das (Musik): *auf dem Grundton ¹Es beruhende Durtonart* (Zeichen: Es; ↑²es, ¹Es).
Esel, der; -s, - [mhd. esel, ahd. esil < lat. asinus od. asellus (Vkl.), wohl aus einer kleinasiatischen Spr.]: **1.** *dem Pferd verwandtes, aber kleineres Säugetier mit grauem bis braunem Fell, kurzer Mähne, langen Ohren u. Quastenschwanz:* ein störrischer E.; beladen wie ein E. sein; ⓇⒿ der E. geht voran (kritisch-saloppe Äußerung, wenn sich jmd. [unhöflicherweise] an die erste Stelle setzt); Spr wenn es dem E. zu wohl wird, geht er aufs Eis [und bricht sich ein Bein]/geht er aufs Eis tanzen (ugs.; *wenn es jmdm. zu gut geht, wird er übermütig [u. fügt sich selbst Schaden zu]*). **2.** (salopp) *Dummkopf, Tölpel, Tor* (oft als Schimpfwort): du E.!; ich bin ein alter E.; ⓇⒿ der E. nennt sich zuerst (*es ist unhöflich, sich selbst vor einer anderen Person zu nennen*; kritisch-saloppe Äußerung, wenn sich jmd. unhöflicherweise an erster Stelle nennt).
Ese|lei, die; -, -en [mhd. eselīe] (ugs.): *dumme, törichte Handlung.*
Ese|lein, das; -s, -: Vkl. zu ↑ Esel.
esel|grau ⟨Adj.⟩: *grau wie das Fell eines Esels.*
esel|haft ⟨Adj.⟩ (ugs.): *dumm, töricht:* -es Benehmen.
Esel|hengst, der: *männlicher Esel.*
Ese|lin, die; -, -nen [mhd. eselin(ne), ahd. esilin]: w. Form zu ↑ Esel (1).
Esels|brü|cke, die [in der Schulsprache des 18. Jh.s als LÜ von mlat. pons asinorum = Ausdruck der scholastischen Philosophie für einen logischen Mittelbegriff] (ugs.): **a)** *[Anhalts-*

punkt als] Gedächtnisstütze; **b)** *Verstehenshilfe; Hinweis, Wink, der jmdm. etw. erleichtert soll.* **2.** (Schülerspr.) *unerlaubte[rweise benutzte] Übersetzung, Übersetzungshilfe.*
Esels|milch, die: *Milch einer Eselin:* in E. baden.
Esels|ohr, das: **1.** *Ohr des Esels.* **2.** (ugs.) *umgeknickte Ecke einer [Buch]seite:* das Buch hat -en. **3.** *rötlicher, auch rosa- od. orangefarbener essbarer Schlauchpilz mit kurz gestieltem Fruchtkörper, der einseitig ohrförmig ausgegen ist.*
Esels|rü|cken, der: **1.** *Rücken des Esels.* **2. a)** (Archit.) *dem Querschnitt eines Eselsrückens ähnliche Form des spätgotischen Bogens;* **b)** (Eisenbahnjargon) *Ablaufberg.*
Esel|stu|te, die: *weiblicher Esel.*
E-Shop|ping [ˈiːʃɔpɪŋ], das; -[s]: *Electronic Shopping.*

-esk [frz. -esque, ital. -esco] (bildungsspr.): drückt in Bildungen mit Substantiven (oft Namen) aus, dass die beschriebene Person oder Sache vergleichbar mit jmdm., etw. oder dem ähnlich ist; *in der Art von jmdm., etw.:* gigantesk, goyaesk.

Es|ka|la|de, die; -, -n [frz. escalade < ital. scalata; zu: scala, ↑ Skala] (Geschichte): *Erstürmung einer Festung mit Sturmleitern.*
es|ka|la|die|ren ⟨sw. V.; hat⟩ [frz. escalader, zu: escalade, ↑ Eskalade]: **1.** (*Geschichte*) *mit Sturmleitern erstürmen.* **2.** (veraltet) *an der Eskaladierwand üben, sie überklettern.*
Es|ka|la|dier|wand, die (veraltet): *Kletterwand.*
Es|ka|la|ti|on, die; -, -en [engl. escalation, zu: escalator = Rolltreppe, zu: escalade < frz. escalade, ↑ Eskalade] (bildungsspr.): **1.** *der jeweiligen Notwendigkeit angepasste allmähliche Steigerung, Verschärfung, insbesondere bei Einsatz militärischer od. politischer Mittel:* Ü die technische E. in der Autoindustrie. **2.** *[unkontrollierte] Verschärfung, Ausweitung eines Konflikts:* eine E. der Gewalt verhindern.
es|ka|lie|ren ⟨sw. V.⟩: **1.** ⟨hat⟩ *durch Eskalation steigern, verschärfen:* den Krieg e.; den Widerstand [bis] zum Terror e. **2.** ⟨ist, auch: hat⟩ *sich [allmählich] steigern, verschärfen, ausweiten.*
Es|ka|lie|rung, die; -, -en: *das Eskalieren.*
Es|ka|mo|ta|ge [εskamoˈtaːʒə, österr. meist: ...ʃ], die; -, -n [frz. escamotage, zu: escamoter, ↑ eskamotieren] (veraltet): **1.** *Taschenspielerei.* **2.** *Taschenspielertrick.*
Es|ka|mo|teur [...ˈtøːɐ̯], der; -s, -e [frz. escamoteur] (veraltet): *Taschenspieler, Zauberkünstler.*
es|ka|mo|tie|ren ⟨sw. V.; hat⟩ [frz. escamoter, viell. < provenz. escamo(u)tar, zu: escamar = zerfasern, urspr. wohl = abschuppen, zu: escama = Schuppe, über das Vlat. zu gleichbed. lat. squama] (bildungsspr.): **a)** *durch einen [Taschenspieler]trick, durch ein [Zauber]kunststück verschwinden lassen; wegzaubern;* **b)** *durch gezwungene Erklärungen scheinbar zum Verschwinden bringen; weginterpretieren:* Worauf es ankäme, das wird eskamotiert (Enzensberger, Einzelheiten I, 96); Heute aber ist die Bestimmung von Bewusstsein durch Sein zu einem Mittel geworden, alles nicht mit dem Dasein einverstandene Bewusstsein zu e. (Adorno, Prismen 19).
Es|ka|pa|de, die; -, -n [frz. escapade < ital. scappata od. span. escapada, aus dem Vlat., vgl. echappieren]: **1.** (Reiten) *falscher Sprung eines Dressurpferdes, Sprung zur Seite.* **2.** (bildungsspr.) *abenteuerlich-eigenwillige Unternehmung, eigenwillige Handlung (insbesondere mutwilliger Streich od. Seitensprung, Abenteuer):* sich disziplin verbietet es mir, derartige -n vom All-

tag beliebig auszudehnen (Hildesheimer, Legenden 98).
Es|ka|pis|mus, der; - [engl. escapism, zu: to escape = entfliehen, über das A(nord)frz. aus dem Vlat., vgl. echappieren] (Psychol., bildungsspr.): *eskapistische Haltung, eskapistisches Verhalten.*
es|ka|pis|tisch ⟨Adj.⟩ (Psychol., bildungsspr.): *vor der Realität u. ihren Anforderungen in Illusionen od. in Zerstreuungen u. Vergnügungen ausweichend.*
¹Es|ki|mo, der; -[s], -[s]: **1.** [wohl Fremdbez. für diese Völkergruppe aus nordostamerik. Indianersprachen (Algonkin), früher fälschlich übersetzt mit »Rohfleischesser«] *Angehöriger einer in arktischen u. subarktischen Gebieten (bes. in Grönland) lebenden Völkergruppe;* Inuk: Ⓡ das haut den stärksten E. vom Schlitten (salopp; *das ist wirklich umwerfend, verblüfft einen sehr*). **2.** ⟨o. Pl.⟩ *schwerer Mantelstoff.*

Die Bezeichnung *Eskimo* wird gelegentlich als diskriminierend empfunden, auch wenn die Wortherkunft »Rohfleischesser« inzwischen sprachwissenschaftlich umstritten ist. Als Ausweichbezeichnung (im Plural) wurde *Inuit* vorgeschlagen; diese bezieht sich jedoch nur auf einen Teil der Völkergruppe.

²Es|ki|mo, das; -: *Eskimoisch.*
Es|ki|mo|frau, die: *weiblicher Eskimo.*
Es|ki|mo|hund, der: *Polarhund.*
es|ki|mo|isch ⟨Adj.⟩: **1.** *die Eskimos betreffend, zu ihnen gehörend.* **2.** vgl. deutsch: -e Gesänge, Lieder.
Es|ki|mo|isch, das; -[s], (nur mit best. Art.:) **Es|ki|mo|i|sche,** das; -n: *Sprache der Eskimos.*

Wegen des Bezugs auf die gesamte Bevölkerungs- und sprachliche Gruppierung wird in der Sprachwissenschaft die Bezeichnung *Eskimoisch* beibehalten und nicht diskriminierend verwendet.

Es|ki|mo|rol|le, die (Kanusport): *im Kanusport ausgeübte, von den Eskimos entwickelte Technik, um einen Kajak nach dem Kentern wieder aufzurichten, ohne auszusteigen, indem man durch entsprechende Bewegungen mit dem Paddel das Boot um seine Längsachse dreht u. so wieder in die richtige Lage bringt.*
es|ki|mo|rol|len ⟨sw. V.; hat⟩ (Kanusport): *eine Eskimorolle ausführen.*
Es|kor|te, die; -, -n [frz. escorte < ital. scorta = Geleit, zu: älter zu scorgere (2. Part.: scorto) = geleiten, über ein vlat. über dem Bed. »ausrichten; beaufsichtigen« zu lat. corrigere, ↑ korrigieren]: *Begleitmannschaft, begleitende Schutzwache od. Wachmannschaft, [militärisches] [Ehren]geleit:* von einer E. bewacht werden.
es|kor|tie|ren ⟨sw. V.; hat⟩ [frz. escorter] (bes. Militär): *schützend, bewachend od. ehrend geleiten:* Polizeihubschrauber eskortierten den Präsidentenwagen in niedriger Höhe.
Es|me|ral|da, die; -, -s [span. esmeralda = Smaragd < lat. smaragdus, ↑ Smaragd]: *spanischer Tanz.*
es-Moll [ˈεsmɔl, auch: ˈεsˈmɔl], das (Musik): *auf dem Grundton es beruhende Molltonart* (Zeichen: es; ↑²es, ¹Es).
Eso|te|rik, die; -: **1. a)** *Grenzwissenschaft* (2); **b)** *weltanschauliche Bewegung, Strömung, die durch Heranziehung okkultistischer, naturphilosophischer, metaphysischer u. a. Lehren u. Praktiken auf die Selbsterkenntnis u. Selbstverwirklichung des Menschen abzielt.* **2.** (bildungsspr.) *esoterische* (2) *Geisteshaltung, Beschaffenheit, esoterisches* (2) *Denken.*
Eso|te|ri|ker, der; -s, - (bildungsspr.): *Anhänger,*

Vertreter einer (mystischen, religiösen, philosophischen, ästhetischen o. ä.) Geheimlehre.

Eso|te|ri|ke|rin, die; -, -nen: w. Form zu ↑ Esoteriker.

eso|te|risch ⟨Adj.⟩ [griech. esōterikós, eigtl. = innerlich]: **1. a)** *die Esoterik* (1 a) *betreffend, dazu gehörend;* **b)** *die Esoterik* (1 b) *betreffend, dazu gehörend:* -e Zirkel. **2.** (bildungsspr.) *nur für Eingeweihte einsichtig, [geistig] zugänglich:* eine -e Lehre.

Es|pa|dril|le [...'dri:j], die; -, -s [...'dri:j] ⟨meist Pl.⟩ [frz. espadrille, Nebenf. von älter espardille < provenz. espardi(l)hos (Pl.) = Sandalen aus Espartogras < aprovenz. espart < span. esparto, ↑ Esparto]: *Leinenschuh mit einer aus Gräsern o. Ä. geflochtenen Sohle [u. mit kreuzweise um den unteren Teil der Wade geschnürten Bändern].*

Es|pa|gnole [espanˈjoːlə], die; -, -n [frz. danse espagnole, zu: danse = Tanz u. espagnol = spanisch]: *spanischer Tanz.*

Es|pa|gno|let|te [espanjoˈlɛta], die; -, -n [frz. espagnolette = Drehriegel, zu: espagnol, ↑ Espagnole (da sie wahrsch. aus Spanien stammt)]: *Drehstangenverschluss für Fenster.*

Es|par|set|te, die; -, -n [frz. esparcet(te) < provenz. esparseto]: *(zu den Schmetterlingsblütlern gehörende) Pflanze mit rosaroten, traubenförmig angeordneten Blüten.*

Es|par|to, der; -s, -s [span. esparto < lat. spartum < griech. spárton]: **a)** *(zu den Süßgräsern gehörendes) hochwachsendes Gras mit scharfkantigem Halm u. langer Blütenrispe;* **b)** *Blatt des Espartos* (a), *das bes. zur Papierfabrikation verwendet wird.*

Es|par|to|gras, das: *Esparto* (a).

Es|pe, die; -, -n [mhd. espe, aspe, ahd. aspe, alter idg. Baumname]: *Pappel mit runden Blättern, die im Wind sehr leicht in Bewegung geraten; Zitterpappel.*

es|pen ⟨Adj.⟩ [mhd. espīn]: *aus Espenholz bestehend.*

Es|pen|holz, das: *Holz der Espe.*

Es|pen|laub, das: *Laub der Espe:* * *wie E. zittern* (ugs.; *am ganzen Körper heftig zittern*).

Es|pe|ran|tist, der; -en, -en: *Kenner, Anhänger des Esperanto.*

Es|pe|ran|tis|tin, die; -, -nen: w. Form zu ↑ Esperantist.

Es|pe|ran|to, das; -[s] [nach dem Pseudonym Dr. Esperanto (= der Hoffende), unter dem der poln. Augenarzt L. Zamenhof (1859–1917) den Plan zu dieser Sprache 1887 vorlegte]: *(hauptsächlich auf den romanischen Sprachen u. dem Englischen aufbauende) Welthilfssprache.*

Es|pe|ran|to|lo|gie, die; - [↑-logie]: *Wissenschaft von der Sprache u. Literatur des Esperanto.*

Es|pla|na|de, die; -, -n [frz. esplanade < ital. spianata, zu: spianare = ebnen < lat. explanare = eben ausbreiten]: *freier [Vor]platz (vor großen [öffentlichen] Gebäuden u. Gärten).*

Es|pres|si: Pl. von ↑ ¹Espresso.

es|pres|si|vo ⟨Adv.⟩ [ital. espressivo, zu: espresso, ↑ ¹Espresso] (Musik): *ausdrucksvoll.*

Es|pres|si|vo, das; -s, -s od. ...vi: *ausdrucksvolle musikalische [Gestaltung einer] Passage.*

¹Es|pres|so, der; -[s], -s od. ...ssi ⟨aber: drei Espresso⟩ [ital. (caffè) espresso, urspr. = auf ausdrücklichen Wunsch eigens (d. h. schnell) zubereiteter Kaffee, zu: espresso = ausgedrückt < lat. expressus, ↑ express]: **a)** ⟨o. Pl.⟩ *sehr dunkel gerösteter Kaffee* (2 b); **b)** *in einer Spezialmaschine aus* ¹*Espresso* (a) *zubereiteter, sehr starker Kaffee.*

²Es|pres|so, das; -[s], -s: *kleines Lokal, in dem bes.* ¹*Espresso* (b) *serviert wird.*

Es|pres|so|bar, die: *barähnliches Lokal od. bar-*ähnliche Theke für den Ausschank von ¹*Espresso* (b) *u. Ä.*

Es|pres|so|ma|schi|ne, die: *Maschine zur Zubereitung von* ¹*Espresso* (b).

Es|pres|so|pad [...ped], das; -s: *zur Verwendung in bestimmten Kaffeemaschinen vorgesehener mit Espressopulver gefüllter kleiner geschlossener Beutel aus einem wasserdurchlässigen Material.*

Es|p|rit [esˈpriː], der; -s [frz. esprit < lat. spiritus, ↑ ²Spiritus] (bildungsspr.): *geistvoll-brillante, vor Geist und Witz sprühende Art [zu reden]:* E. haben, zeigen; ein Stilist mit E.

◆ **Es|prit fort** [ɛspriˈfɔːr], der; - -, -s -s [ɛspriˈfɔːr] [frz., eigtl. = starker Geist]: *Freidenker:* In dieser Strenge ging sie so weit, dass selbst Sidonie von Grasenabb eine Art E. f. neben ihr war (Fontane, Effi Briest 135).

Esq. = Esquire.

Es|qui|re [ɪsˈkwaɪə], der; -[s], -s [engl. esquire, eigtl. = Edelmann < afrz. escuier < (spät)lat. scutarius = Schildträger]: *englischer Höflichkeitstitel (in der Briefanschrift) (ohne vorangehendes Mr (= Mister) abgekürzt hinter dem Namen, falls dort kein Titel steht; Abk.: Esq.)*

Es|say [ˈese, auch, österr. nur: ɛˈseː], der od. das; -s, -s [engl. essay < mfrz. essai = Probe, (literarischer) Versuch < lat. exagium = das Wägen]: *Abhandlung, die eine literarische od. wissenschaftliche Frage in knapper u. anspruchsvoller Form behandelt.*

Es|say|ist [eseˈɪst], der; -en, -en: *Schriftsteller, der Essays verfasst.*

Es|say|is|tik, die; -: **a)** *essayistisches Schaffen;* **b)** *Gesamtheit essayistischer Werke.*

Es|say|is|tin, die; -, -nen: w. Form zu ↑ Essayist.

es|say|is|tisch ⟨Adj.⟩: *dem Essay eigen[tümlich]; in der Form, Art eines Essays.*

ess|bar ⟨Adj.⟩: *als Nahrung für Menschen, zum Verzehr geeignet:* -e Pilze; ⟨subst.⟩ (ugs.:) *nach etw. Essbarem suchen.*

Ess|bar|keit, die; -: *das Essbarsein.*

Ess|be|steck, das: *Besteck* (1 a).

Es|se, die; -, -n [mhd. esse, ahd. essa = Feuerherd, eigtl. = die Brennende, Glühende, verw. mit ↑ Asche]: **a)** (landsch., bes. ostmd.) *Schornstein; Fabrikschlot;* **b)** *[Rauchfang über dem] Herd einer Schmiede:* * *etw. in die E. schreiben* (ugs.; ↑ Schornstein). **2.** (landsch. scherzh.) *Zylinderhut.*

Ess|ecke, die: *für die Einnahme von Mahlzeiten eingerichtete Ecke eines Raums.*

es|sen ⟨unr. V.; hat⟩ [mhd. eʒʒen, ahd. eʒʒan, urspr. = kauen, beißen]: **1.** *[feste] Nahrung zu sich nehmen:* wir essen gern etwas Kräftiges; mit Messer und Gabel e.; bei Kerzenlicht e.; hier isst man gut; sie isst in der Kantine (*pflegt in der Kantine zu essen*); heute Abend essen wir warm (*nehmen wir warme Speisen zu uns*); an einer Gans drei Tage e.; »Rinderherz besitzt einen hervorragenden Geschmack«, sagte Borg, »säuerlich und feinfaserig, dabei fest. Ich werde davon noch e., wenn ich diese Kleinigkeit verzehrt habe« (Jahnn, Geschichten 137); R selber e. macht fett (ugs.; Kommentar, wenn jmd. von etwas Essbarem nichts abgibt u. od. die anderen beim Essen hungrig zusehen lässt). **2.** *als Nahrung zu sich nehmen, verzehren:* Fleisch, seine Suppe e.; sie isst keinen Fisch (*für sie kommt Fisch als Nahrung nicht infrage*); er isst zu viel; etw. isst sich gut, lässt sich gut e.; Spr wird nichts so heiß gegessen, wie es gekocht wird (*man stellt sich alles viel schlimmer vor, als es dann wirklich ist*). **3.** *durch Nahrungsaufnahme in einen bestimmten Zustand bringen:* seinen Teller leer e.; er isst mich noch arm!; sich satt e.

¹Es|sen, das; -s, - [subst. Inf. von ↑ essen]: **1. a)** ⟨o. Pl.⟩ *Einnahme der [Mittags-, Abend]mahlzeit:* beim E. sitzen; mit dem E. anfangen; jmdn. zum E. einladen; Spr E. und Trinken hält Leib und Seele zusammen; **b)** *offizielle, festliche Mahlzeit:* nach dem Empfang findet ein E. statt; an einem E. teilnehmen; [für jmdn.] ein E. geben. **2.** *zur Mahlzeit zubereitete Speise:* ein warmes E.; das E. wird kalt; das E. auf den Tisch bringen; (das) E. kochen; ich werde dir das E. warm stellen; (Soldatenspr.:) E. fassen, empfangen; acht E. *(acht Portionen Essen)* fehlen; E. auf Rädern *(soziale Einrichtung, durch die in einer Gemeinschaftsküche zubereitetes Mittagessen älteren Menschen ins Haus geliefert wird)*. **3.** ⟨o. Pl.⟩ *Verpflegung:* am E. sparen; für E. und Trinken sorgen.

²Es|sen: Stadt im Ruhrgebiet.

Es|sen|aus|ga|be, (seltener:) Essensausgabe, die: **1.** ⟨o. Pl.⟩ *Ausgabe von Essen.* **2.** *Stelle für die Essenausgabe* (1).

Es|sen|emp|fang, der ⟨o. Pl.⟩: *Entgegennahme von Essen.*

¹Es|se|ner, der; -s, -: Ew. zu ↑ ²Essen.

²Es|se|ner ⟨indekl. Adj.⟩: zu ↑ ²Essen.

³Es|se|ner, der; -s, - [griech. Essēnói, aus dem Aram., wohl eigtl. = die Sorger]: *Angehöriger einer altjüdischen Glaubensgemeinschaft.*

¹Es|se|ne|rin, die; -, -nen: w. Form zu ↑ ¹Essener.

²Es|se|ne|rin, die; -, -nen: w. Form zu ↑ ³Essener.

Es|sen|fas|sen, das; -s (bes. Soldatenspr.): *Essenempfang:* zum E. gehen.

Es|sen|ge|ruch, der: *Geruch, der beim Zubereiten von Speisen entsteht od. von Gekochtem u. Gebratenem ausgeht.*

Es|sen|kar|te, die: *Essenskarte, die: (mit Geld aufgeladene) Karte, mit der man für das Essen in einer Kantine o. Ä. bezahlt.*

Es|sen|keh|rer, der; -s, - (landsch., bes. ostmd.): *Schornsteinfeger.*

Es|sen|keh|re|rin, die; -, -nen: w. Form zu ↑ Essenkehrer.

Es|sen|mar|ke, Essensmarke, die: *Wertmarke für ein Essen (in einer Kantine o. Ä.).*

Es|sens|aus|ga|be: ↑ Essenausgabe.

es|sensch ⟨Adj.⟩: zu ↑ ²Essen.

Es|sens|fol|ge, die: *Reihenfolge der Speisen während eines Essens.*

Es|sens|kar|te: ↑ Essenkarte.

Es|sens|mar|ke: ↑ Essenmarke.

Es|sens|rest, der: *Speiserest.*

Es|sens|zeit, die: *Zeit, in der das Essen eingenommen wird:* es ist E.

es|sen|ti|al: ↑ essenzial.

Es|sen|ti|al [ɪˈsɛnʃəl], das; -s, -s ⟨meist Pl.⟩ [engl. essential] (bildungsspr.): **1.** *wesentlicher Punkt, wesentliche Sache.* **2.** *unentbehrliches, lebenswichtiges Gut.*

es|sen|ti|ell: ↑ essenziell.

Es|senz, die; -, -en [lat. essentia = Wesen(heit), zu: esse = ¹sein, existieren; Bedeutungsübertr. in der Alchemie von J. C. Scaliger]: **1.** ⟨o. Pl.⟩ **a)** (bildungsspr.) *das Wesentlich[st]e, Wesen* (1 a); *der Kern:* dieser Satz ist die E. seiner Lehre; **b)** (Philos.) *Wesen[heit], Sosein, innere Natur.* **2.** *konzentrierte [alkoholische] Lösung meist pflanzlicher Stoffe, besonders ätherischer Öle:* duftende -en. **3.** (selten) *stark eingekochte Brühe von Fleisch, Fisch od. Gemüse zur Verbesserung von Speisen.*

es|sen|zi|al, essential ⟨Adj.⟩ [mlat. essentialis = zu lat. essentia, ↑ Essenz] (bes. Philos.): *essenziell.*

es|sen|zi|ell, essentiell ⟨Adj.⟩ [frz. essentiel < mlat. essentialis, ↑ essential]: **1. a)** (bildungsspr.) *wesentlich;* **b)** (Philos.) *wesensmäßig:* -e Eigenschaften. **2.** (Chemie, Biol.) *lebensnotwendig:* -e Fettsäuren. **3.** (Med.) *(von Krankheitserscheinungen) nicht symptomatisch für eine bestimmte Krankheit, sondern ein eigenes Krankheitsbild darstellend, selbstständig.*

Esser, der; -s, - [mhd. eʒʒer]: *Essender, Essen Beanspruchender:* er ist ein guter, schlechter E. *(isst immer viel, nur wenig).*

Es|se|rei, die; -, -en (ugs. abwertend): **1.** *unangenehme od. ungehörige Art des Essens:* was ist denn das für eine E.? **2.** *ständiges, allzu häufiges Essen.*

Es|se|rin, die; -, -nen: w. Form zu ↑ Esser.

Ẹss|ge|rät, das (geh.): **1.** *Gerät, mit dem man isst (bes. Messer, Gabel, Löffel).* **2.** *Gesamtheit von Essgeräten (z. B. eines Haushalts).*

Ẹss|ge|schirr, das: **1.** *zum Essen benötigtes Geschirr.* **2.** *Kochgeschirr.*

ẹss|ge|stört ⟨Adj.⟩: *an einer Essstörung leidend.*

Ẹss|ge|wohn|heit, die ⟨meist Pl.⟩: *das Essen betreffende Gewohnheit eines Menschen, einer bestimmten Gruppe, eines Volkes:* die -en der Franzosen.

Ẹss|gier, die: *Gier auf Essen.*

ẹss|gie|rig ⟨Adj.⟩: *gierig auf Essen.*

Ẹs|sig, der; -s, ⟨Sorten:⟩ -e [mhd. eʒʒich, ahd. eʒʒih, mit Konsonantenumstellung zu lat. acetum, verw. mit: acer = scharf]: *würzende u. konservierende saure Flüssigkeit:* scharfer E.; Fleisch in E. [ein]legen; E. an den Salat tun; * **es ist E. mit etw.** (ugs.; *es ist vorbei/aus mit etw.; es wird nichts [mehr] aus etw.; etw. kommt nicht [mehr] zustande;* urspr. vom Wein, der durch zu langes Gären zu Essig u. damit ungenießbar geworden ist).

Ẹs|sig|baum, der: *kleiner, meist mehrstämmiger (strauchartiger), oft als Ziergewächs angepflanzter Baum, dessen Rinde, bes. die der Wurzel, Gerbstoff enthält;* Hirschkolbensumach.

Ẹs|sig|es|senz, die: *synthetisch hergestellte Flüssigkeit mit hohem Essigsäuregehalt, aus der durch Verdünnen mit Wasser Essig gewonnen wird.*

Ẹs|sig|flie|ge, die: *Taufliege.*

Ẹs|sig|gur|ke, die: *kleine in Essig eingelegte Gurke.*

Ẹs|sig|mut|ter, die ⟨o. Pl.⟩ [2. Bestandteil Mutter = Sinkstoff, hochd. Form von ↑ Moder]: *von Essigsäurebakterien gebildeter Überzug, Bodensatz o. Ä. bei alkoholhaltigen Flüssigkeiten od. Essig.*

Ẹs|sig|sau|ce: ↑ Essigsoße.

ẹs|sig|sau|er ⟨Adj.⟩ (Chemie): *zur Essigsäure gehörend, von ihr abgeleitet:* essigsaure Salze.

Ẹs|sig|säu|re, die ⟨o. Pl.⟩: *stechend riechende organische Fettsäure, die Hauptbestandteil des Essigs ist.*

Ẹs|sig|säu|re|bak|te|rie, die ⟨meist Pl.⟩: *Bakterie, die alkoholhaltige Flüssigkeiten bei Luftzutritt allmählich in Essig umwandelt.*

Ẹs|sig|so|ße, die: *Essigsauce, die: Soße aus Essig, Öl und anderen Zutaten.*

Ẹs|sig|su|mach, der: *Essigbaum.*

Ẹs|sig-und-Öl-Stän|der, der: *Ständer mit Essigu. Ölbehälter.*

Ẹs|sig|was|ser, das ⟨o. Pl.⟩: *Wasser mit einem Schuss Essig:* Schwarzwurzeln in E. legen.

Ẹss|kas|ta|nie, die: *Kastanie (2a);* Edelkastanie (1 b).

Ẹss|koh|le, die [zu ↑ Esse]: *für das Schmiedefeuer u. als Hausbrandkohle geeignete, fast rauchfreie Steinkohle.*

Ẹss|kü|che, die: *Küche, die so eingerichtet ist, dass dort auch Mahlzeiten eingenommen werden können.*

Ẹss|kul|tur, die: *Kultur des Essens [u. der Zubereitung von Speisen].*

Ẹss|löf|fel, der: *größerer Löffel, bes. zum Essen von Suppe, Eintopf o. Ä.:* zwei E. Zucker.

ẹss|löf|fel|wei|se ⟨Adv.⟩: vgl. löffelweise.

Ẹss|lust, die: *Lust zu essen.*

ẹss|lus|tig ⟨Adj.⟩: *Esslust habend.*

Ẹss|mar|ke (selten): ↑ Essenmarke.

Ẹss|pa|pier, das (landsch.): *einer* ¹*Oblate* (2 a) *ähnliche Süßigkeit.*

Ẹss|stäb|chen, Ess-Stäb|chen, das ⟨meist Pl.⟩: *paarweise verwendetes stäbchenförmiges Essgerät der Ostasiaten, z. B. der Chinesen und Japaner.*

Ẹss|stö|rung, Ess-Stö|rung, die (Med., Psychol.): *in der Aufnahme* (10) *übermäßiger, unzureichender od. falscher Nahrung bestehende (psychisch bedingte) Störung.*

Ẹss|sucht, Ess-Sucht, die: vgl. Essgier.

Ẹss|tisch, der: *hochbeiniger [Auszieh]tisch, an dem Mahlzeiten eingenommen werden.*

Ẹss|ver|hal|ten, das: *die Nahrungsaufnahme betreffendes Verhalten.*

Ẹss|wa|ren ⟨Pl.⟩: *Lebensmittel.*

Ẹss|zim|mer, das: **1. a)** *besonders eingerichtetes Zimmer zum Einnehmen der Hauptmahlzeiten;* **b)** *Einrichtung für ein Esszimmer* (1 a): ein E. in Eiche. **2.** (ugs.) **a)** *Mund[höhle];* **b)** (verhüll. scherzh.) *[künstliches] Gebiss.*

Ẹss|zwang, der ⟨o. Pl.⟩ (Psychol.): *Zwangsvorstellung, essen zu müssen.*

Es|tab|lish|ment [ɪsˈtɛblɪʃmənt, …mɛnt], das; -s, -s [engl. establishment = Einrichtung, organisierte Körperschaft, zu: to establish = festsetzen, einrichten < afrz. establir = frz. établir), ↑ etablieren]: **a)** *Oberschicht der politisch, wirtschaftlich od. gesellschaftlich einflussreichen Personen;* **b)** (abwertend) *etablierte bürgerliche Gesellschaft, die auf Erhaltung des Status quo bedacht ist.*

Es|ta|min: ↑ Etamin.

Es|tam|pe [ɛsˈtã:p(ə)], die; -, -n […pn] [frz. estampe < ital. stampa, zu: stampare = drucken, prägen, aus dem Germ.]: *Abdruck eines Stahl-, Kupfer- od. Holzstichs.*

Es|tan|zia [ɛsˈtantsja, …nsja], die; -, -s [span. estancia, eigtl. = Wohnsitz]: *südamerikanisches Landgut [mit Viehwirtschaft].*

Ẹs|te [auch: ˈɛstə], der; -n, -n: Ew. zu ↑ Estland.

Ẹs|ter, der; -s, - [Kunstwort aus **Es**sigäther] (Chemie): *unter Wasserabspaltung aus organischen Säuren u. Alkoholen entstehende organische Verbindung.*

Ẹs|tin, die; -, -nen: w. Form zu ↑ Este.

Ẹst|land; -s: *Staat in Nordosteuropa.*

Ẹst|län|der, der; -s, -: Ew.

Ẹst|län|de|rin, die; -, -nen: w. Form zu ↑ Estländer.

ẹst|län|disch ⟨Adj.⟩: *Estland betreffend, aus Estland stammend.*

ẹst|nisch ⟨Adj.⟩: **a)** *Estland, die Estländer betreffend, aus Estland stammend;* **b)** *in der Sprache der Estländer.*

Ẹst|nisch, das; -[s], (nur mit best. Art.:) **Ẹst|ni|sche,** das: *die estnische Sprache.*

Es|to|mi|hi ⟨o. Art.⟩; indekl.: [lat. Esto mihi = Sei mir (nach den Anfangsworten des Introitus des Sonntags)] (ev. Kirche): *der letzte Sonntag vor der Passionszeit* (b) *(7. Sonntag vor Ostern).*

Es|t|ra|de, die; -, -n: **1.** [frz. estrade < span. estrado < lat. stratum = das Hingebreitete; Fußboden] (veraltend) *erhöhter Teil des Fußbodens (z. B. vor einem Fenster): die Musiker sitzen auf einer E.* **2.** [nach russ. estrada] (regional) *volkstümliche künstlerische Veranstaltung, bei der ein gemischtes Programm (bes. Musik, Tanz od. Artistik) dargeboten wird.*

Es|t|ra|den|kon|zert, das: *bei einer Estrade* (2) *stattfindendes Konzert.*

Es|t|ra|gon, der; -s [frz. estragon < mlat. tarc(h)on < arab. ṭarḫūn]: **1.** *(zu den Korbblütlern gehörende, als Gewürz verwendete) Pflanze mit langen, schmalen Blättern u. unscheinbaren weißen Blüten in Rispen.* **2.** *aus [getrockneten] Blättern des Estragons bestehendes Gewürz.*

Es|t|ra|gon|es|sig, der: *mit Estragon gewürzter Essig.*

Es|t|re|ma|du|ra|garn, Es|t|re|ma|du|ra-Garn, das; -[e]s [nach der span. Landschaft Estremadura]: *glattes Strick- od. Häkelgarn aus Baumwolle.*

Ẹst|rich, der; -s, -e [mhd. est(e)rich, ahd. esterih, astrih < mlat. astracum, astricum = Pflaster < griech. óstrakon = Scherbe, irdenes Täfelchen]: **1.** *fugenloser Fußboden, Unterboden aus einer erhärteten Masse (insbesondere Zement):* den E. legen *(herstellen, machen);* ◆ ⟨auch das:⟩ Treppe schwankt, es bebt die Mauer; … Springt das E., und von oben rieselt Kalk und Schutt verschoben (Goethe, Faust II, 6621 ff.) **2.** (schweiz.) *Dachboden, Dachraum.*

Es|zẹtt, das; -, - [entstanden aus der Schreibung ſʒ für s u. ʒ, die im 14. Jh. aufkam]: *der Buchstabe ß.*

Ẹta, das; -[s], -s [griech. ēta < hebr. ḥēt, aus dem Phöniz.]: *siebenter Buchstabe des griech. Alphabets* (Abk.: H, η).

ETA, die; - [Abk. für baskisch Euzkadi Ta Azkatasuna = Baskenland und Freiheit]: *(seit 1959) Untergrundbewegung im Baskenland.*

eta|b|lie|ren ⟨sw. V.; hat⟩ [frz. (s')établir, eigtl. = festmachen < lat. stabilire = befestigen, zu: stabilis, ↑ stabil]: **1.** *einrichten, gründen (z. B. eine Fabrik):* ein Geschäft e.; eine neue Wissenschaft e. *(begründen);* etablierte *(fest gegründete)* Machtpositionen; der etablierten *(namhaften)* Verlage. **2.** ⟨e. + sich⟩ **a)** *sich (besonders als selbstständiger Geschäftsmann) niederlassen;* **b)** *sich [häuslich] niederlassen, einrichten:* sich in einem Zimmer e.; **c)** *einen sicheren Platz innerhalb einer Ordnung od. Gesellschaft gewinnen, festen Bestand erlangen, sich festsetzen u. breitmachen:* eine Kultur hat sich etabliert; ⟨subst. 2. Part.:⟩ die Etablierten *(das Establishment).*

Eta|b|lie|rung, die; -, -en: *das Etablieren, Sichetablieren.*

Eta|b|lis|se|ment [etablɪsˈ(ə)mã:, schweiz.: …ˈmɛnt], das; -s u. (schweiz.:) -e […ˈmɛntə] [frz. établissement] (geh.): **1.** *Unternehmen, Niederlassung, Geschäft, Betrieb, Einrichtung.* **2. a)** *gepflegte [kleine] Gaststätte;* **b)** *Vergnügungsstätte, [zweifelhaftes] [Nacht]lokal;* **c)** (verhüll.) *Bordell.*

Eta|ge [eˈta:ʒə, österr. meist: …ʃ], die; -, -n [frz. étage, urspr. = Rang; (Zu)stand; Aufenthalt, über das Vlat. zu lat. status, ↑ Status]: *Geschoss, bes. Obergeschoss;* ² *Stock:* 5 000 m² Verkaufsfläche auf vier -n; in/auf der dritten E.; Ü Auslagen, Dekorationen in -n (ugs.; *Stufen)* anordnen; die -n (Jargon; *Stufen, Ebenen)* der Parteiapparate.

Eta|gen|bett [eˈta:ʒn…], das: *Bettgestell, bei dem zwei Betten fest übereinander angebracht sind.*

eta|gen|för|mig ⟨Adj.⟩: *in Form von Etagen, Terrassen, Stufen o. Ä. angeordnet, verlaufend.*

Eta|gen|haus, das: *mehrstöckiges [Miets]haus.*

Eta|gen|hei|zung, die: *Heizungsanlage, durch die eine einzelne Etage zentral beheizt wird.*

Eta|gen|tür, die: *Wohnungstür einer Etagenwohnung.*

Eta|gen|woh|nung, die: *Wohnung in der Etage eines Mietshauses.*

Eta|ge|re [etaˈʒe:rə, österr. auch: …ˈʒe:ɐ̯], die; -, -n [frz. étagère]: **a)** (veraltend) *Gestell für Bücher od. für Geschirr:* Auf einer E. befanden sich einige alte und moderne Bücher (R. Walser, Gehülfe 14); **b)** *Schale aus drei verschieden großen, übereinander angeordneten Tellern, die durch einen durch ihre Mitte verlaufenden Stab verbunden sind.*

et al. = et alii

et alii [- …ii; lat.]: *und andere* (Abk.: et al.).

Eta|min, Etamin, das (auch, bes. österr.: der); -s,

Eta|mi|ne, die; - [frz. étamine < afrz. estamine, zu lat. stamineus = voll Fäden, faserig]: *gitterartiges, durchsichtiges Gewebe [für Vorhangsstoffe].*

Etap|pe, die; -, -n [frz. étape, eigtl. = Versorgungs-, Verpflegungsplatz, urspr. = Handelsplatz < mniederl. stapel, ↑ Stapel]: **1. a)** *[an einem Tag] zu bewältigender Abschnitt, zurückzulegende Teilstrecke, nach der eine Ruhepause eingelegt wird:* eine Strecke in [drei] -n zurücklegen; Sieger der dritten E. [eines Rennens] sein; **b)** *zu bewältigender Zeitabschnitt, zu durchlaufendes Stadium; Entwicklungsabschnitt:* -n eines Lebens; die Entwicklung durchläuft viele -n; eine wichtige E. auf dem Weg zum Erfolg zurücklegen. **2.** (Militär) **a)** *Versorgungs-, Nachschubgebiet hinter der Front;* **b)** *(oft abwertend) Gebiet hinter der Front, wo man fern vom Kampf ist u. bequem leben kann.*

Etap|pen|flug, der: *Flug in mehreren Etappen* (1 a).

Etap|pen|lauf, der (Leichtathletik): *Rennen über mehrere Etappen.*

Etap|pen|ren|nen, das (Sport): *Straßenrennen über mehrere Etappen.*

Etap|pen|sieg, der (Rennsport): *Sieg in einer Teilstrecke eines Etappenlaufes od. -rennens.*

Etap|pen|sie|ger, der (Rennsport): *Sieger einer Etappe.*

Etap|pen|sie|ge|rin, die: w. Form zu ↑ Etappensieger.

etap|pen|wei|se ⟨Adv.⟩: *in Etappen* (1).

Etap|pen|ziel, das: *Ziel einer Etappe* (1 a).

etap|pie|ren ⟨sw. V.; hat⟩ (schweiz.): *in Etappen aufteilen.*

Etat [e'ta:], der; -s, -s [frz. état, eigtl. = Zustand < lat. status, ↑ Status]: **1. a)** *[Staats]haushalt:* der E. ist ausgeglichen; den E. kürzen; das ist im E. nicht vorgesehen; **b)** *Umfang eines Etats* (1 a), *Haushaltsvolumen:* ein E. von 500 Millionen Euro; Ü unser E. für Neuanschaffungen können wir nicht mehr finanzieren; den E. überschreiten *(mehr ausgeben als vorgesehen).* **2.** (Kunstwiss.) *durch einen Probedruck festgehaltener Zustand der Platte während der Entstehung eines Kupferstichs.* **3.** (schweiz.) *Mitglieder-, Funktionärsverzeichnis.*

Etat|auf|stel|lung, die: *Aufstellung eines Etats.*

Etat|aus|gleich, der: *Ausgleich eines Etats.*

Etat|be|ra|tung, die: *Beratung über einen Etat.*

Etat|ent|wurf, der: *Entwurf eines Etats.*

eta|ti|sie|ren ⟨sw. V.; hat⟩ [frz. étatiser] (Verwaltungsspr.): *in den Etat aufnehmen, im Etat berücksichtigen.*

Eta|ti|sie|rung, die; -, -en: *das Etatisieren; das Etatisiertwerden.*

Etat|kür|zung, die: *Kürzung des Etats.*

Etat|la|ge, die: *(durch den Etat bestimmte) finanzielle Lage.*

etat|mä|ßig ⟨Adj.⟩: **a)** *im Etat [vorgesehen]:* -e Ausgaben; **b)** *eine Planstelle innehabend:* -e Beamte; Ü der -e (Sport; *normalerweise auf diesem Posten eingesetzte*) Linksaußen.

Etat|mit|tel ⟨Pl.⟩: *für den Etat zur Verfügung stehende Mittel.*

Etat|pos|ten, der: *Posten in einem Etat.*

Etat|stär|ke, die (Militär): *planmäßige Stärke.*

Etat|über|schrei|tung, die: *Überschreitung des Etats.*

etc. = et cetera.

et ce|te|ra [lat. eigtl. = und die übrigen (Dinge)]: *und so weiter* (Abk.: etc.).

et ce|te|ra pp. [pp. = Abk. von lat. perge, perge = fahre fort, fahre fort] (scherzh.): *und so weiter, und so weiter* (Abk.: etc. pp.).

etc. pp. = et cetera pp.

ete|pe|te|te [e:təpe'te:tə, ...pa...] ⟨Adj.⟩ [wohl berlin. Umformung von niederd. ete, öte = geziert od. von frz. être, peut-être = [kann] sein, vielleicht] (ugs.): *geziert, zimperlich, eigen; übertrieben fein, steif u. konventionell:* er, ihr Benehmen ist sehr e.; seine Mutter spricht immer so e.

Eter|nit® [auch: ...'nɪt], das od. der; -s [Kunstwort zu lat. aeternus = ewig, unvergänglich]: *Asbestzement.*

Eter|nit|plat|te, die: *Platte aus Eternit.*

Ete|si|en ⟨Pl.⟩ [lat. etesiae < griech. etēsíai, eigtl. = (all)jährliche (Winde)]: *von Mai bis Oktober regelmäßig wehende, trockene Nord[west]winde im östlichen Mittelmeer.*

Ete|si|en|kli|ma, das: *Klima des Mittelmeergebietes.*

ETH = Eidgenössische Technische Hochschule.

Ethan: ↑ Äthan.

Etha|nol: ↑ Äthanol.

Ether: ↑ ²Äther.

ethe|risch: ↑ ²ätherisch.

ethe|ri|sie|ren: ↑ ätherisieren.

Ether|nar|ko|se: ↑ Äthernarkose.

Ether|net [auch: 'i:θənɛt], das; -[s] [zu engl. ether = Äther u. network, ↑ Network] (EDV): *Datennetz für [lokale] Netzwerke.*

Ethik, die; -, -en [lat. ethica, ethice < griech. ēthikḗ, zu: ēthikós, ↑ ethisch]: **1. a)** *philosophische Disziplin od. einzelne Lehre, die das sittliche Verhalten des Menschen zum Gegenstand hat; Sittenlehre, Moralphilosophie:* Probleme der E.; **b)** *die Ethik darstellendes Werk:* -en des 19. Jh.s. **2.** ⟨o. Pl.⟩ (bildungsspr.) *Gesamtheit sittlicher Normen u. Maximen, die einer [verantwortungsbewussten] Einstellung zugrunde liegen:* sein Handeln war von christlicher E. geleitet. **3.** *Ethik* (1 a) *als Schulfach.*

Ethi|ker, der; -s, -: *Lehrer der Ethik, Vertreter einer Ethik; Moralphilosoph.*

Ethi|ke|rin, die; -, -nen: w. Form zu ↑ Ethiker.

Ethik|kom|mis|si|on, die: *unabhängiges Gutachtergremium zur Beurteilung medizinisch-wissenschaftlicher Forschungsvorhaben.*

Ethik|rat, der: *Ethikkommission.*

ethisch ⟨Adj.⟩ [lat. ethicus < griech. ēthikós = sittlich, moralisch, zu: ēthos, ↑ Ethos]: **1.** *die Ethik* (1 a) *betreffend, zur Ethik* (1 a) *gehörend:* -e Gesichtspunkte, Begründungen. **2.** *auf einer Ethik* (2) *beruhend, dazugehörend; von sittlichem Verhalten bestimmt, davon zeugend; sittlich:* -e Werte, Motive; »Sich e. hinstellen«, sagt er noch, »kann nach einem bisschen Übung jeder Lump« (Feuchtwanger, Erfolg 512).

Eth|nie [auch: 'ɛtnjə], die; -, -n [zu griech. éthnos = Volk(sstamm), H. u.] (Völkerkunde): *Menschengruppe (insbesondere Stamm od. Volk) mit einheitlicher Kultur.*

eth|nisch ⟨Adj.⟩ [griech. ethnikós = zum Volk gehörend, ihm eigentümlich] (bildungsspr.): *die [einheitliche] Kultur- u. Lebensgemeinschaft einer Volksgruppe bezogend, betreffend:* -e Eigentümlichkeiten; -e Säuberung (↑ Säuberung 2); ein e. [un]einheitliches Volk.

Eth|no|graf, Ethnograph, der; -en, -en [zu griech. gráphein = schreiben]: *Wissenschaftler auf dem Gebiet der Ethnografie.*

Eth|no|gra|fie, Ethnographie, die; -, -n: *Teil der Völkerkunde, der die Merkmale der verschiedenen Völker u. Kulturen systematisch beschreibt; beschreibende Völkerkunde.*

Eth|no|gra|fin, die; -, -nen: w. Form zu ↑ Ethnograf.

eth|no|gra|fisch, ethnographisch ⟨Adj.⟩: *die Ethnografie betreffend.*

Eth|no|graph usw.: ↑ Ethnograf usw.

Eth|no|lin|gu|is|tik, die; -: *Disziplin der Linguistik, die die Sprache im Zusammenhang mit der Geschichte der Kultur untersucht, der die jeweiligen Sprachträger angehören.*

Eth|no|lo|ge, der; -n, -n [↑ -loge]: *Wissenschaftler auf dem Gebiet der Ethnologie.*

Eth|no|lo|gie, die; - [↑ -logie]: **1.** *allgemeine [vergleichende] Völkerkunde, in der die Ergebnisse der Ethnografie miteinander verglichen werden.* **2.** *Wissenschaft, die sich mit Sozialstruktur u. Kultur der [primitiven] Gesellschaften beschäftigt.* **3.** *in den USA betriebene Wissenschaft, die sich mit Sozialstruktur u. Kultur aller Gesellschaften beschäftigt.*

Eth|no|lo|gin, die; -, -nen: w. Form zu ↑ Ethnologe.

eth|no|lo|gisch ⟨Adj.⟩: *die Ethnologie betreffend.*

Eth|no|so|zio|lo|gie, die; -: *interdisziplinärer wissenschaftlicher Teilbereich, der mit soziologischen Forschungsansätzen u. -methoden unter besonderer Berücksichtigung der Naturvölker die soziokulturellen Lebensverhältnisse der verschiedenen Gesellschaften untersucht.*

Eth|no|zen|t|ris|mus, der; - [zu ↑ Zentrum]: *Form des Nationalismus, bei der das eigene Volk (die eigene Nation) als Mittelpunkt u. zugleich als gegenüber anderen Völkern überlegen angesehen wird.*

Etho|lo|ge, der; -n, -n [rückgeb. aus ↑ Ethologie; ↑ -loge]: *Wissenschaftler auf dem Gebiet der Ethologie; Verhaltensforscher.*

Etho|lo|gie, die; - [lat. ethologia < griech. ēthología]: *Wissenschaft vom Verhalten der Tiere u. des Menschen; Verhaltensforschung.*

Etho|lo|gin, die; -, -nen: w. Form zu ↑ Ethologe.

etho|lo|gisch ⟨Adj.⟩: *die Ethologie betreffend.*

Ethos, das; - [griech. ēthos = Gewohnheit; Gesittung, Charakter] (bildungsspr.): *vom Bewusstsein sittlicher Werte geprägte Gesinnung, Gesamthaltung; ethisches Bewusstsein:* Ethik (2): ein hohes E. bestimmte sein Handeln.

Ethyl|al|ko|hol: ↑ Äthylalkohol.

Ethy|len: ↑ Äthylen.

ETHZ = ETH Zürich.

Eti|kett, das; -[e]s, -e[n], auch: -s [zu ↑ ¹Etikette]: *[aufgeklebtes, angehängtes] Hinweisschildchen (an Gegenständen, Waren):* ein E. einnähen; die Flasche hat kein E.; der Preis steht auf dem E.; Ü jmdn. od. etw. mit einem E. versehen (meist abwertend; *[oberflächlich, vorschnell] in eine bestimmte Kategorie einordnen, abstempeln).*

¹Eti|ket|te, die; -, -n [frz. étiquette, urspr. = Markierung an einem in die Erde gesteckten Pfahl, zu afrz. estiqu(i)er = feststecken < mniederl. stikken] (schweiz., österr., sonst veraltet): *Etikett.*

²Eti|ket|te, die; -, -n ⟨Pl. selten⟩ [frz. étiquette, eigtl. = Zettel mit Hinweisen (auf das Hofzeremoniell), ↑ ¹Etikette]: *Gesamtheit der herkömmlichen Regeln, die gesellschaftliche Umgangsformen vorschreiben:* die E. erlaubt das nicht; die E. verletzen; gegen die E. verstoßen.

Eti|ket|ten|schwin|del, der (ugs. abwertend): *irreführende Benennung [durch Verwendung einer bekannten Bezeichnung für eine minderwertige Sache].*

eti|ket|tie|ren ⟨sw. V.; hat⟩ [frz. étiqueter]: **1.** *mit einem Etikett versehen:* Flaschen, Waren e. **2.** *[oberflächlich, vorschnell] in eine bestimmte Kategorie einordnen; mit einem gebräuchlichen Begriff kennzeichnen.*

Eti|ket|tie|rung, die; -, -en: **1.** *das Etikettieren.* **2.** *[oberflächliche] kategorisierende Bezeichnung:* ...ja, ich gehe weiter und meine, dass -en wie etwa »ein Trunkenbold«, »ein Spieler« oder auch »ein Wüstling« den lebendigen Einzelfall nicht nur nicht zu decken und zu verschlingen, sondern ihn unter Umständen nicht einmal ernstlich zu berühren imstande sind (Th. Mann, Krull 140).

Eti|o|le|ment [etjolǝmã:], das; -s [frz. étiolement] (Bot.): *Vergeilung.*

eti|o|lie|ren ⟨sw. V.; hat/ist⟩ [frz. étioler, zu: éteule = Stoppel < afrz. estuble < spätlat. stupula, ↑¹Stoppel] (Bot.): *vergeilen.*

et|lich... ⟨Indefinitpron. u. unbest. Zahlwort⟩ [mhd. ete(s)lich, ahd. etelīh, ettalīh = irgendein; Pl.: einige, gek. aus: edde(s)hwelih, aus: etta- (< edde-) = irgend(wie) u. hwelih, ↑¹welcher]: **1.** ⟨Sg.⟩ *einige...* (1): sie braucht hierfür noch etliche Zeit; ⟨allein stehend:⟩ ich kann dazu noch etliches bemerken. **2.** ⟨Pl.⟩ *einig...* (2): etliche Mal[e]; die Behebung etlicher kleiner Mängel; ⟨allein stehend:⟩ es meldeten sich eine Menge Helfer, etliche waren schon bald im Einsatz. **3.** ⟨Sg. u. Pl.⟩ (ugs. verstärkend) ↑ *einig...* (3): das hat etlichen Wirbel verursacht.

Et|mal, das; -[e]s, -e [mniederd. etmāl = wiederkehrende Periode, wohl aus: et = wieder u. ↑¹Mal] (Seemannsspr.): **1.** *Zeit von Mittag bis Mittag.* **2.** *innerhalb eines Etmals* (1) *zurückgelegte Strecke:* Eintragungen über Wind, Wetter, gesteuerte Kurse und -e.

Eton [i:tᵊn]: englische Stadt an der Themse.

Et|ru|ri|en, -s: altitalienische Landschaft.

Et|rus|ker, der; -s, -: Ew.

Et|rus|ke|rin, die; -, -nen: w. Form zu ↑ Etrusker.

et|rus|kisch ⟨Adj.⟩: **a)** *Etrurien, die Etrusker betreffend, aus Etrurien stammend;* **b)** *in der Sprache der Etrusker.*

Etrus|kisch, das; -[s], (nur mit best. Art.:) **Etrus|ki|sche,** das; -n: *die etruskische Sprache.*

Etsch, die; -: Fluss in Norditalien.

Et|ter, der od. das; -s, - [frühnhd. < mhd. eter, ahd. etar = Zaun, urspr. = (Zaun)pfahl] (südd.): *bebautes Ortsgebiet.*

Etü|de, die; -, -n [frz. étude, eigtl. = Studium, Studie < afrz. estudie < lat. studium, ↑Studium] (Musik): *Übungs-, Vortrags-, Konzertstück, das spezielle Schwierigkeiten enthält:* -n spielen; Ü *szenische -n* (bildungsspr.: *Stücke, mit denen ein Autor hauptsächlich die Bewältigung spezieller Schwierigkeiten übt, demonstriert*).

Etui [ɛt'vi:, e'tyi:], das; -s, -s [frz. étui, afrz. estui, zu: estuier = einschließen, H. u.]: **1.** *kleiner [flacher] Behälter, meist aus festerem Material, zum Mitführen, Aufbewahren eines od. mehrerer Gegenstände bestimmter Art:* ein goldenes E. mit Zigaretten; die Brille ins E. stecken. **2.** (ugs. scherzh.) *schmales, enges Bett.*

Etui|kleid, das: *modisches, sehr eng geschnittenes Kleid.*

¹et|wa ⟨Adv.⟩ [mhd. etewā = irgendwo; ziemlich, sehr; ahd. etewār = irgendwann, -wie (vgl. etlich...) u. wā, ↑¹wo]: **1.** *ungefähr:* [so] e. acht Tage; e. faustgroß; e. 7500 Euro; in e. einer Woche; so e./e. so könnte man das machen; wann e.?; * **in e.** (*ungefähr, in gewisser Hinsicht:* das ist in e. dasselbe; wir stimmen in e. überein). **2.** *beispielsweise, zum Beispiel:* Klaus e. hätte anders reagiert; anderswo, [so] e. im Iran. **3.** (schweiz.) *bisweilen, manchmal:* auch später hat er uns immer noch e. besucht.

²et|wa ⟨Partikel; unbetont⟩: **1.** gibt verstärkend einer angenommenen Möglichkeit Ausdruck; *womöglich, möglicherweise, gar, vielleicht:* wenn er e. doch noch kommt, dann soll er hier unterschreiben; ist er e. *(er ist doch wohl nicht)* krank? **2.** verstärkt in negierten Aussage-, Frage- u. Wunschsätzen die ausgedrückte Verneinung: ist es e. nicht seine Schuld? *(es ist doch wohl offensichtlich seine Schuld!);* er soll nicht e. denken, ich sei reich; glauben Sie nicht e. *(nur nicht, ja nicht)*, das wäre ein Versehen!

et|wa|ig ['ɛtva(:)ɪç] ⟨Adj.⟩: ²*etwa* (1) *vorhanden, eintretend, auftretend, geschehend; eventuell:*

-es besseres Material; bei -em gemeinsamem/(selten:) gemeinsamen Handeln; -e kleine Verzögerungen; -e Gäste.

◆ **et|wan** ⟨Adv.⟩ [mhd. etewanne, ahd. et(t)heswanne = manchmal; einst]: *vielleicht, gar:* Auch sind unsere Zöglinge hier nicht e. eingesperrt (Goethe, Wanderjahre I, 10).

◆ **et|wa|nig** ⟨Adj.⟩ [zu ↑etwan]: *etwaig:* ... und büße -es Lob ein (Jean Paul, Siebenkäs 5).

et|was ⟨Indefinitpron.⟩ [mhd., ahd. etewaʒ, aus: ete- (vgl. etlich...) u. ↑¹was, urspr. Neutr. eines Pronomens mit der Bed. »irgendjemand«]: **1. a)** bezeichnet ein nicht näher Bestimmtes, eine [gewisse] Sache, ein Ding, Wesen o. Ä.: da klappert doch e.; hat er e. gesagt?; e. muss geschehen; ich will dir einmal e. sagen; ich habe e. unternehmen; du darfst dir e. wünschen; hat er dir e. getan *(ein Leid zugefügt)?*; sie hat e. *(eine Antipathie)* gegen mich; die beiden haben e. (ugs.: *ein Liebesverhältnis*) miteinander; ich weiß e., was ihr Freude macht; ich habe e. gehört, was/(seltener:) das ich nicht glauben kann; er findet an allem e. [auszusetzen]; e. zum Lesen; e. Seltsames, was er gesehen hatte; e. ganz/ganz e. Neues; niemand weiß e. Genaues; nun zu e. anderem!; * **so e.** (*Derartiges:* mit so e. muss man rechnen; so e. *(etwas so)* Schönes hatte er nicht erwartet; so e. Dummes! (Ausruf der Verärgerung); nein, so e.!; der Typ war so e. von blöd); **[so] e. wie ...** *(etwas Ähnliches wie ...:* er ist so e. wie ein Dichter); **b)** bezeichnet eine nicht näher bestimmte Sache, die bedeutsam erscheint: aus dem Jungen wird einmal e.; sie wird es noch zu e. bringen *(sie wird Erfolg haben)*; e. sein *(eine geachtete, angesehene berufliche, gesellschaftliche Stellung haben);* ihr Wort gilt e. bei der Regierung; **c)** bezeichnet einen nicht näher bestimmten Anteil: nimm dir e. von dem Geld; kann ich auch e. [davon] haben?; verstehst du e. davon? **2.** *ein bisschen, ein wenig:* sie nahm e. Salz; ich brauche e. Geld; e. Musik machen; sie spricht e. Englisch; er e. ungeschickt; jetzt bin ich e. ruhiger; ich will noch e. *(eine Weile)* lesen; e. *(ein kleines Stück)* höher.

Et|was, das; -, -, (scherzh. auch:) -se [Subst. zu etwas (1 a)]: *nicht näher bestimmtes Wesen od. Ding:* ein kleines, piependes E.; er stieß an ein spitzes, hartes E.; Dann ist da noch Krokowski, der Assistent − ein ganz gescheites E. (Th. Mann, Zauberberg 20); * **das gewisse E.** (*eine schwer definierbare, anziehend wirkende Art, Eigenschaft, Fähigkeit:* sie hat das gewisse E.).

et|welch... ⟨Indefinitpron.⟩ [mhd. (md.) eteswilch, ahd. ettes(h)welih, aus: ete- (etliche) u. welch] (schweiz., österr., sonst veraltet): *einig...:* etwelches, geringfügiges Interesse; etwelche kleine Geschenke.

Ety|mo|lo|ge, der; -n, -n [lat. etymologos < griech. etymológos]: *Fachmann, Forscher auf dem Gebiet der Etymologie.*

Ety|mo|lo|gie, die; -, -n [lat. etymologia < griech. etymologia, eigtl. = Untersuchung des wahren (ursprünglichen) Sinnes eines Wortes, zu: étymon (↑Etymon) u. lógos, ↑Logos] (Sprachwiss.): **1.** ⟨o. Pl.⟩ *Wissenschaft von der Herkunft u. Geschichte der Wörter u. ihrer Bedeutungen.* **2.** *Herkunft u. Geschichte eines Wortes u. seiner Bedeutung:* die E. eines Wortes angeben.

Ety|mo|lo|gin, die; -, -nen: w. Form zu ↑ Etymologe.

ety|mo|lo|gisch ⟨Adj.⟩ [lat. etymologicus < griech. etymologikós] (Sprachwiss.): *die Etymologie betreffend:* -e Angaben, Wörterbücher.

ety|mo|lo|gi|sie|ren ⟨sw. V.; hat⟩ (Sprachwiss.): *etymologisch untersuchen u. beschreiben.*

Ety|mon [auch: 'e:...], das; -s, -ma [griech. étymon, zu: étymos = wahrhaft, wirklich] (Sprachwiss.): *die sogenannte ursprüngliche Form u. Bedeutung eines Wortes.*

Et-Zei|chen, das [zu lat. et = und]: *Und-Zeichen* (Zeichen: &).

Et|zel: in der deutschen Sage Name von ↑¹Attila.

Eu = Europium.

EU [e:'|u:], die; -: Europäische Union.

EU-Bei|tritt, der: *Beitritt in die Europäische Union.*

Eu|böa; -s: griechische Insel.

eu|bö|isch ⟨Adj.⟩: *Euböa betreffend, von Euböa stammend.*

euch ⟨Dativ u. Akk. Pl.⟩ [mhd. iu, iuch, ahd. iu, iuwih]: **1.** Dativ u. Akk. von ↑²ihr. **2.** Reflexivpronomen der 2. Pers. Pl., Dativ u. Akk.: ihr irrt e. (Akk.); macht e. (Dativ) keine Sorgen!; (Höflichkeitsform, Sg. u. Pl., veraltet:) Gevatter, freut Ihr Euch (Akk.)? **3.** *einander:* ihr helft e. [gegenseitig].

Eu|cha|ris|tie, die; -, -n [kirchenlat. eucharistia < griech. eucharistía, eigtl. = Dankbarkeit, Danksagung, zu: eũ = gut, wohl u. cháris = Dankbarkeit] (kath. Kirche): **1. a)** *Opfergottesdienst, Messopfer* (als zentraler Teil der Messe, der die Bereitung, Wandlung u. Austeilung der Opfergaben umfasst); *bes. Kommunion:* die Feier der heiligen E.; **b)** ↑ *Sakrament der heiligen Kommunion; Altar[s]sakrament.* **2.** *eucharistische Opfergabe* (Brot u. Wein, insbesondere als äußere Gestalt des Leibes Christi).

eu|cha|ris|tisch ⟨Adj.⟩ (kath. Kirche): *auf die Eucharistie bezogen:* -e Opfergaben.

Eu|dä|mo|nie, die; - [griech. eudaimonía, zu griech. eũ = gut u. ↑ Dämon] (Philos.): *seelisches Wohlbefinden; Glück, Glückseligkeit.*

Eu|dä|mo|nis|mus, der; -: *philosophische Lehre, die im Glück des Einzelnen od. der Gemeinschaft die Sinnerfüllung menschlichen Daseins sieht.*

eu|dä|mo|nis|tisch ⟨Adj.⟩: *dem Eudämonismus entsprechend, auf ihn bezogen.*

¹eu|er ⟨Possessivpron.; entspricht einem possessiven Gen. u. bezeichnet die Zugehörigkeit zu mit »ihr« (bzw. »Ihr«) angeredeten Personen⟩ [mhd., ahd. i(u)wer]: **1. a)** ⟨vor einem Subst.⟩ e. Vater, eu[e]re Mutter, e. Kind; eu[e]re Pflicht; e. neuer Chef; alle eu[e]re Kinder; dieser e. Name; ich bestaune eu[e]ren/euern Mut; kann e. [neues] Auto sehen?; ruft eu[e]re Kinder herbei!; wegen eu[e]res Leichtsinns müsstet ihr bestraft werden; sagt das eu[e]rem/euerm Lehrer!; herzliche Grüße von Eu[e]rem Emil od. eu[e]rem Emil/Euer od. euer Emil (Schlussformel in Briefen); **b)** als Ausdruck einer Gewohnheit, gewohnheitsmäßigen Zugehörigkeit, Regel o. Ä.: raucht ihr immer noch täglich eu[e]re *(die eurer Gewohnheit entsprechenden)* 20 Zigaretten?; **c)** (geh.) in der Anrede an eine hochgestellte Persönlichkeit: Eu[e]re, Euer Eminenz, Ehrwürden; Gevatter, wir gratulieren Eu[e]rem/Euerm 80. Geburtstag; **d)** ⟨o. Subst.⟩ das ist nicht unser Hund, sondern eu[e]rer, nicht unser Verdienst, sondern eu[e]res; er, sie, alles ist e. (geh.: *gehört euch*). **2.** ⟨mit Art.⟩ (geh.): das ist nicht unser Verdienst, sondern das eu[e]re; der Eu[e]re/eu[e]re *(euer Mann);* die Eu[e]ren *(eure Frau);* das Eu[e]re/eu[e]re *(eure Angehörigen);* das Eu[e]re/eu[e]re *(das euch Gehörende, das euch Zukommende, eure Aufgabe, euer Teil);* (veraltet:) Gevatter, Ihr habt das Eu[e]re getan.

²eu|er [mhd., ahd. i(u)wer]: Gen. von ↑²ihr.

eu|er|seits: ↑ euerseits.

eu|ers|glei|chen: ↑ euresgleichen.

eu|ert|hal|ben, **eu|ert|wil|len:** ↑ euerthalben usw.

EU-Er|wei|te|rung, die: *Erweiterung der Europäischen Union.*

Eu|fo|nie, Euphonie, die; -, -n [lat. euphonia <

griech. euphōnía, zu: eû = gut, wohl u. phōnḗ, ↑Phon] (bes. Sprachwiss., Musik): *Wohlklang, Wohllaut.*

eu|fo|nisch, euphonisch ⟨Adj.⟩: **1.** (bes. Sprachwiss.; Musik) *wohlklingend, wohllautend.* **2.** (Sprachwiss.) *des Wohlklangs, der Erleichterung des Sprechens wegen eingeschoben (bes. von Lauten):* das »t« in »eigentlich« ist ein -er Konsonant.

Eu|fo|ni|um, Euphonium, das; -s, ...ien [zu griech. eúphōnos = wohlklingend]: **1.** *Glasröhrenspiel, das durch Bestreichen mit den Fingern zum Klingen gebracht wird.* **2.** (veraltend) *Kornett in Baritonlage.*

EUFOR, Eu|for, die; - [engl.; Kurzwort für European Force]: *multinationale Truppe der EU, z. B. in Bosnien und Herzegowina.*

Eu|ge|ne|tik, die; - [zu griech. eû = gut, wohl u. ↑Genetik]: *Eugenik.*

eu|ge|ne|tisch ⟨Adj.⟩: *eugenisch.*

Eu|ge|nik, die; - [zu griech. eugenḗs = wohlgeboren, von edler Abkunft, aus: eû = gut, wohl u. -genḗs, ↑-gen] (Med. veraltend): *Wissenschaft von der Verbesserung der Erbanlagen in der menschlichen Bevölkerung (z. B. durch die Zurückdrängung von Erbkrankheiten).*

eu|ge|nisch ⟨Adj.⟩: *die Eugenik betreffend.*

EuGH, der; -[s]: Europäischer Gerichtshof.

EU-Gip|fel [e:ˈluː...], der (Politikjargon): *Gipfeltreffen der EU-Länder.*

Eu|ka|lyp|tus, der; -, ...ten u. - [zu griech. eû = gut, wohl u. kalýptein = verhüllen, also eigtl. = der Wohlverhüllte (nach den haubenartig geschlossenen Blütenkelchen)]: *zu den Myrtengewächsen gehörender, bes. in Australien heimischer hochwachsender, immergrüner Baum mit schmalen, oft bläulich bereiften, ein ätherisches Öl enthaltenden Blättern.*

Eu|ka|lyp|tus|baum, der: *Eukalyptus.*

Eu|ka|lyp|tus|bon|bon, das od. der: *Hustenbonbon mit dem Geschmack des Eukalyptusöls.*

Eu|ka|lyp|tus|öl, das: *ätherisches Öl, das aus Blättern u. Holz des Eukalyptus gewonnen wird.*

Eu|ka|ry|ont, Eu|ka|ry|ot, der; -en, -en [zu griech. eû = gut, wohl u. káryon = Nuss, Kern] (Biol.): *Kleinstorganismus mit echtem Zellkern.*

eu|kli|disch ⟨Adj.⟩ [nach dem griech. Mathematiker Euklid, um 300 v. Chr.] (Math.): *auf den von Euklid aufgestellten Axiomen bzw. der entsprechenden Geometrie beruhend:* -er Raum; -e Geometrie.

EU-Kom|mis|sar, der: *von den Mitgliedstaaten der Europäischen Union ernannte Person mit der Aufgabe, zu kontrollieren, zu initiieren u. auszuführen.*

EU-Kom|mis|sa|rin, die: w. Form zu ↑EU-Kommissar.

EU-Kom|mis|si|on, die ⟨o. Pl.⟩: *Gesamtheit der EU-Kommissare.*

EU-Land, das ⟨Pl. ...länder⟩: *Mitgliedstaat der Europäischen Union.*

Eul|chen, das; -s, -: Vkl. zu ↑Eule.

Eu|le, die; -, -n: **1.** [mhd. iu(we)le, ahd. ūwila, Vkl. von ↑Uhu] *(in vielen Arten weltweit verbreiteter) in Wäldern lebender nachtaktiver Vogel mit großen runden Augen u. kurzem krummem Schnabel:* von ferne hörte man den Ruf einer E.; Otto Bambuss sieht mich an wie eine E., die mit Buttermilch gefüttert ist (Remarque, Obelisk 257); * -n nach Athen tragen (bildungsspr.; *einen überflüssigen geistigen Beitrag zu etw. leisten;* nach einem Ausspruch in einer Komödie des Aristophanes; wer Eulen nach Athen trägt, tut überflüssige [geistige] Arbeit, weil die Eule – bes. als Attribut der weisen Stadtgöttin Athene – schon längst in Athen heimisch war). **2. a)** *(Schimpfwort) unattraktive weibliche Person;* **b)** *(Jugendspr. veraltend) Mädchen.*

3. [wohl nach der Form] (nordd.) **a)** *Handfeger;* **b)** *Flederwisch, Staubwedel.* **4.** *(in vielen Arten vorkommender) Nachtfalter, dessen Flügel eine an Baumrinde erinnernde Tarnfärbung aufweisen.* **5.** (nord[west]dt., berlin. ugs.) *Polizist auf Nachtstreife; Nachtwächter.*

eu|len|ähn|lich ⟨Adj.⟩: *einer Eule ähnlich.*

eu|len|ar|tig ⟨Adj.⟩: *wie eine Eule geartet.*

eu|len|äu|gig ⟨Adj.⟩: *nachtsichtige Augen, Augen wie eine Eule habend.*

Eu|len|flucht, die ⟨o. Pl.⟩ [2. Bestandteil ↑²Flucht] (nordd.): *Abenddämmerung.*

Eu|len|flug, der: *Flug der, einer Eule.*

eu|len|haft ⟨Adj.⟩: *einer Eule ähnelnd, gleich[end]:* ein -es Aussehen.

Eu|len|spie|gel, der; -[s], - [zum niederd. Eigenn. Ulenspiegel (-spēgel) = später sogenannter Schalksnarr des 14. od. 15. Jh.s u. Held eines urspr. niederd. Volksbuches; viell. zu niederd. ūlen = reinigen, wischen (zu: Ule = Eule 3) u. spēgel = Spiegel, auch: Hinterteil, also eigtl. = wisch [mir] den Hintern]: *zu lustigen, mutwilligen Schelmenstreichen aufgelegter Mensch; jmd., der, sinnreich zu handeln glaubt od. vorgibt u. doch Törichtes tut, Narrheiten begeht.*

Eu|len|spie|ge|lei, die; -, -en: *Gaukelspiel, mutwilliger Streich.*

Eu|len|vo|gel, der (Zool.): *Vogel einer Ordnung (6), zu der die Eulen u. die Schleiereulen gehören.*

Eu|mel, der; -s, - [H. u.]: **1.** (Jugendspr. veraltend) **a)** *unsympathischer Mensch, Dummkopf;* **b)** *umgänglicher, sympathischer Mensch.* **2.** (ugs.) *Gegenstand, Ding.*

eu|meln ⟨sw. V.; hat⟩ [H. u.] (Jugendspr. veraltend): **1.** *feiern; fröhlich u. ausgelassen sein; sich amüsieren.* **2.** *Zärtlichkeiten austauschen; zärtlich, intim sein; liebkosen.*

Eu|me|ni|de, die; -, -n ⟨meist Pl.⟩ [lat. Eumenis (Gen.: Eumenidis) < griech. Eumenís = die Wohlwollende]: *Erinnye.*

EU-Mi|nis|ter|rat, der (ugs.): *aus den Fachministern der Mitgliedstaaten sich zusammensetzender Rat der Europäischen Union.*

Eu|nuch, der; -en, -en, **Eu|nu|che**, der; -n, -n [lat. eunuchus < griech. eunoûchos = Kämmerer, eigtl. = Betthalter, -schützer, zu: euné = Lager, Bett u. échein = halten, bewahren]: **1.** *Kastrat* (1). **2.** *Haremswächter:* Georg, wie ein Pascha, nimmt die Huldigung hin und lässt mich wie einen Eunuchen, der nicht zählt, daran teilnehmen (Remarque, Obelisk 292).

eu|nu|chen|haft ⟨Adj.⟩: *einem Eunuchen* (1) *ähnlich, gleich[end].*

Eu|nu|chen|stim|me, die (ugs. scherzh.): *Kastratenstimme.*

Eu|phe|mis|mus, der; -, ...men [griech. euphēmismós, zu: euphēmeĩn = gut reden; Unangenehmes mit angenehmen Worten sagen, aus: eû = gut, wohl u. phemeĩn = reden, sagen] (bildungsspr.): *beschönigende, verhüllende, mildernde Umschreibung für an anstößiges od. unangenehmes Wort:* »geistige Umnachtung« ist ein E. für »Wahnsinn«.

eu|phe|mis|tisch ⟨Adj.⟩ (bildungsspr.): *verhüllend, beschönigend für etw.:* Sie sind eine Art von Feigling und Duckmäuser, Mensch, und wenn Ihr Vetter Sie einen Zivilistennennt, so ist das noch sehr e. ausgedrückt (Th. Mann, Zauberberg 731).

Eu|pho|nie usw.: ↑Eufonie usw.

Eu|phor|bia, die; -, ...ien, **Eu|phor|bie**, die; -, -n [lat. euphorbia < griech. euphórbion, zu, zu: euphorbía = gute Nahrung, zu: eúphorbos = wohlgenährt, zu: eû = gut, wohl u. phorbḗ = Nahrung, Futter] (Bot.): *zu den Wolfsmilchgewächsen gehörende Pflanze (z. B. Weihnachtsstern).*

Eu|pho|rie, die; -, -n [griech. euphoría = das leichte Tragen; Geduld, eigtl. = das reiche Tragen, zu: eû = gut, wohl u. phérein = tragen] (bildungsspr.): **1.** *zeitweilige übersteigerte heitere u. zuversichtliche [Gemüts]stimmung, Hochstimmung, Zustand optimistischer Begeisterung, [rauschhaft] gesteigerter überschwänglicher Gefühls:* Augenblicke, Tage der E.; in [eine] E. verfallen. **2.** (Med., Psychol.) **a)** ⟨o. Pl.⟩ *dem objektiven Zustand nicht entsprechende gesteigerte Gemütsstimmung;* **b)** *Zustand übersteigerter Heiterkeit nach Genuss von Rauschmitteln u. bei bestimmten psychischen Störungen.*

eu|pho|risch ⟨Adj.⟩: **1.** (bildungsspr.) *Euphorie* (1) *zeigend, bezeugend, ausdrückend.* **2.** (Med., Psychol.) *im Zustand der Euphorie* (2) *befindlich.*

eu|pho|ri|sie|ren ⟨sw. V.; hat⟩ (bes. Med.): *[durch Drogen-, Rauschmittelwirkung] in Euphorie versetzen:* euphorisierende Drogen.

Eu|ph|rat, der; -[s]: *Strom in Vorderasien.*

Eu|phu|is|mus, der; -, ...men [engl. euphuism, nach dem Roman »Euphues« (1578) des engl. Dichters J. Lyly (1553/54–1606)] (Literaturwiss.): **1.** ⟨o. Pl.⟩ *schwülstiger Stil [in der englischen Literatur der Barockzeit].* **2.** *euphuistischer Ausdruck, euphuistische Passage o. Ä.*

eu|phu|is|tisch ⟨Adj.⟩: *in der Art des Euphuismus* (1) *gestaltet.*

EUR = *internationaler Währungscode für: Euro.*

Eu|ra|si|en, -s: *Asien u. Europa umfassende Landmasse.*

Eu|ra|si|er, der; -s, -: **1.** Ew. **2.** *jmd., der als Kind eines europäischen u. eines asiatischen Elternteils geboren wurde.*

Eu|ra|si|e|rin, die; -, -nen: w. Form zu ↑Eurasier.

eu|ra|sisch ⟨Adj.⟩: **1.** zu ↑Eurasien: *der -e Kontinent; die -e Kontinentalplatte.* **2.** *die Eurasier betreffend.*

EU-Rat, der ⟨o. Pl.⟩: *aus Vertretern der Mitgliedstaaten sich zusammensetzender Rat der Europäischen Union.*

Eu|ra|tom, die; - [Kurzwort aus: Europäische Atom(energie)gemeinschaft]: *internationale Organisation der Länder der Europäischen Union zur gemeinsamen friedlichen Nutzung der Atomenergie.*

EU-Rats|prä|si|dent, der: *Präsident des Rates der Europäischen Union.*

EU-Rats|prä|si|den|tin, die: w. Form zu ↑EU-Ratspräsident.

eu|re: ↑¹euer.

eu|rer|seits (österr. nur so), euerseits ⟨Adv.⟩ [↑-seits]: *von euch aus, von eurer Seite aus.*

eu|res|glei|chen (österr. nur so), euersgleichen ⟨indekl. Pron.⟩: *jmd. wie ihr; jmd., der euch gleich ist.*

eu|ret|hal|ben, euerthalben ⟨Adv.⟩ [↑-halben] (veraltend): *euretwegen.*

eu|ret|we|gen (österr. nur so), euertwegen ⟨Adv.⟩: *aus Gründen, die euch betreffen.*

eu|ret|wil|len (österr. nur so), euertwillen ⟨Adv.⟩: * um e. *(mit Rücksicht auf euch).*

Eu|rhyth|mie, die; - [griech. eurhythmía = das richtige Verhältnis, Ebenmaß, zu: eû = gut, wohl u. rhythmós, ↑Rhythmus]: **1.** (bes. Tanz, Gymnastik) *schöne Ausgeglichenheit der [Ausdrucks]bewegung.* **2.** (Med.) *Regelmäßigkeit des Pulses.* **3.** ↑Eurythmie.

Eu|rhyth|mik, die; -: *Eurhythmie* (1).

EU-Richt|li|nie, die: *Rechtsetzung, an die sich die Mitgliedstaaten der EU zu halten haben.*

eu|ri|ge, das, die ⟨Possessivpron.; immer mit Art.⟩ (geh. veraltend): *der, die, das eure;* ↑¹*euer* (2); vgl. meinige.

Eu|ro, der; -[s], -s ⟨aber: 10 Euro⟩ [Kunstwort]:

Währungseinheit der Europäischen Währungsunion (1 Euro = 100 Cent; internationaler Währungscode: EUR; Zeichen: €).

Eu|ro|cheque [...ʃɛk], der; -s, -s [aus: euro-, Euro- (in Zus.) = europäisch, Europa- u. frz. chèque = Scheck] (früher): *bis 31. 12. 2001) offizieller, bei den Banken fast aller europäischen Länder einlösbarer Scheck.*

Eu|ro|cheque|kar|te, Eu|ro|cheque-Kar|te, die (früher): vgl. Scheckkarte.

Eu|ro|ci|ty®, der; -[s], -s: ↑ Eurocityzug.

Eu|ro|ci|ty|zug, der: *Intercityzug im Fernverkehr mit dem Ausland.*

Eu|ro|dol|lars 〈Pl.〉 (Wirtsch.): *Dollarguthaben in Europa, als Gegenstand von Geld- u. Kreditgeschäften europäischer Banken od. europäischer Niederlassungen von US-Banken.*

Eu|ro|kom|mu|nis|mus, der: *(bis zur Auflösung der Sowjetunion) politische Richtung innerhalb der kommunistischen Parteien westeuropas (wie z. B. in Italien, Frankreich), die den Führungsanspruch der KPdSU nicht akzeptiert u. nationalen Sonderformen Platz einzuräumen versucht.*

eu|ro|kom|mu|nis|tisch 〈Adj.〉: *den Eurokommunismus betreffend, zu ihm gehörend.*

Eu|ro|krat, der; -en, -en [frz. eurocrate, zusgez. aus: euro- = Europa-, europäisch u. technocrate = Technokrat] (Politik): *Politiker, der den Interessen der Europäischen Gemeinschaft (besonders gegenüber den USA) Vorrang einräumt.*

Eu|ro|kra|tin, die; -, -nen: w. Form zu ↑ Eurokrat.

Eu|ro|land: 1. 〈-s, auch: das; -[e]s:〉 *an der Europäischen Währungsunion teilnehmende Staatengruppe.* **2.** 〈das〉 *Staat, der an der Europäischen Währungsunion teilnimmt.*

Eu|ro|mün|ze, die: *auf einen Eurobetrag lautende Münze.*

Eu|ro|norm, die [Kurzwort aus: **europ**äische **Norm**]: *in europäischen Ländern bes. der Europäischen Union geltende Norm (1 c) für Maße, Produkte, Verfahren o. Ä.*

¹Eu|ro|pa; -s: **1.** *als Erdteil angesehener westlicher Teil Eurasiens.* **2.** *Staatenkomplex, der aus einem Zusammenschluss der europäischen Staaten entstehen soll: sich für E. (einen Zusammenschluss der europäischen Staaten) einsetzen.*

²Eu|ro|pa (griech. Mythol.): *phönikische Königstochter, die von Zeus nach Kreta entführt wird.*

Eu|ro|pa|cup, der (Sport): *Europapokal.*

Eu|ro|pä|er, der; -s, -: **1.** *Ew. zu* ↑ ¹Europa. **2.** *Politiker, der für einen Zusammenschluss der Staaten Europas eintritt.*

Eu|ro|pä|e|rin, die; -, -nen: w. Form zu ↑ Europäer.

Eu|ro|pa|ge|dan|ke, der 〈o. Pl.〉: *Gesamtheit der politischen Leitbilder, Ordnungsvorstellungen u. Entwürfe, die darauf gerichtet sind, die nationalstaatliche Zersplitterung Europas als Quelle kriegerischer Konflikte u. weltpolitischer Schwäche zu überwinden u. damit eine Neuordnung dieses Kontinents herbeizuführen.*

eu|ro|pä|isch 〈Adj.〉: **1.** *zu* ¹Europa. **2.** *den Zusammenschluss der Staaten* ¹*Europas* (1) *betreffend: der -e Gedanke.*

eu|ro|pä|i|sie|ren 〈sw. V.; hat〉: *der europäischen Lebensart angleichen, nach europäischem Vorbild umgestalten, kulturell od. politisch an [Gesamt]europa orientieren: europäisierte Völker, Länder.*

Eu|ro|pä|i|sie|rung, die; -, -en: *das Europäisieren; das Europäisiertwerden.*

Eu|ro|pa|meis|ter, der (Sport): *Sieger im Kampf um die Europameisterschaft.*

Eu|ro|pa|meis|te|rin, die: w. Form zu ↑ Europameister.

Eu|ro|pa|meis|ter|schaft, die (Sport): **1.** *periodisch stattfindender Wettkampf, bei dem die beste Sportlerin od. der beste Sportler bzw. die beste Mannschaft Europas in einer Disziplin ermittelt wird* (Abk.: EM). **2.** *Sieg u. Titelgewinn in der Europameisterschaft* (1) (Abk.: EM): *um die E. spielen, kämpfen.*

Eu|ro|pa|par|la|ment, das 〈o. Pl.〉: *kurz für: Europäisches Parlament.*

Eu|ro|pa|po|kal, der (Sport): **1.** *Siegestrophäe bei einem Pokalwettbewerb für europäische Mannschaften einer bestimmten Disziplin: das Endspiel um den E.* **2.** *Pokalwettbewerb für europäische Mannschaften einer bestimmten Disziplin.*

Eu|ro|pa|po|kal|spiel, das (Sport): *im Rahmen eines Europapokals* (2) *ausgetragenes Spiel.*

Eu|ro|pa|rat, der 〈o. Pl.〉: *internationale Organisation europäischer Staaten.*

Eu|ro|pa|re|kord, der (Sport): *offiziell als höchste Leistung Europas anerkannter Rekord.*

Eu|ro|pa|re|kord|ler, der: *jmd., der einen Europarekord hält.*

Eu|ro|pa|re|kord|le|rin, die: w. Form zu ↑ Europarekordler.

Eu|ro|pa|stra|ße, die (Verkehrsw.): *für den internationalen Fernverkehr innerhalb Europas besonders gekennzeichnete u. nummerierte Fernstraße* (Abk.: E).

Eu|ro|pa|uni|on, die: *Union europäischer Staaten.*

Eu|ro|pa|wahl, die: *Wahl der Abgeordneten des Europäischen Parlaments.*

eu|ro|pa|weit 〈Adj.〉: *ganz Europa umfassend, einschließend, in ganz Europa.*

Eu|ro|pi|de, die/eine Europide; der/einer Europiden, die Europiden/zwei Europide (Anthrop. veraltet): *Vertreterin der in Europa, Nordafrika u. dem Westteil Asiens einheimischen Menschengruppe, deren auffälligstes Merkmal die geringe Pigmentation von Haut, Haaren u. Augen ist.*

Eu|ro|pi|der, der Europide/ein Europider; des/eines Europiden, die Europiden/zwei Europide (Anthrop. veraltet): *Vertreter des in Europa, Nordafrika u. dem Westteil Asiens einheimischen Menschentypus, dessen auffälligstes Merkmal die geringe Pigmentation von Haut, Haaren u. Augen ist.*

Eu|ro|pi|um, das; -s [nach dem Erdteil Europa]: *graues, gut verformbares Metall aus der Gruppe der Seltenen Erden (chemisches Element)* (Zeichen: Eu).

Eu|ro|pol, der; - 〈meist o. Art.〉 [Kurzwort aus **Euro**päisches **Pol**izeiamt]: *Behörde der EU zur länderübergreifenden Bekämpfung von Terrorismus, Drogenhandel u. a.*

Eu|ro|skep|ti|ker, der (Politikjargon): *Politiker, der dem Europagedanken, der Politik der Europäischen Gemeinschaften skeptisch gegenübersteht: es gibt es in allen Parteien.*

Eu|ro|skep|ti|ke|rin, die: w. Form zu ↑ Euroskeptiker.

eu|ro|skep|tisch 〈Adj.〉 (Politikjargon): *gegenüber der Europäischen Union skeptisch eingestellt: -e Bürger, Parteien; die Briten gelten traditionell als e.*

Eu|ro|sta|bi|li|täts|pakt, Eu|ro-Sta|bi|li|täts-pakt, der: *Vereinbarung, die die Mitgliedstaaten der EU dazu verpflichtet, möglichst schnell ausgeglichene Staatshaushalte zu erreichen.*

Eu|ro|star®, der; -s, -s: *Hochgeschwindigkeitszug zwischen London und Paris bzw. Brüssel.*

Eu|ro|su|per, das 〈meist o. Art.〉 (österr.): *Superbenzin.*

Eu|ro|vi|si|on, die; -: *Zusammenschluss zahlreicher europäischer Rundfunk- u. Fernsehorganisationen zur gemeinsamen Veranstaltung von Fernsehsendungen.*

Eu|ro|vi|si|ons|sen|dung, die: *Fernsehsendung der Eurovision.*

eu|ro|zen|t|risch 〈Adj.〉: *Europa als Mittelpunkt auffassend, auf Europa als Mittelpunkt bezogen.*

Eu|ro|zo|ne, die 〈o. Pl.〉: *Staatengruppe, die an der Europäischen Währungsunion teilnimmt; Währungsgebiet, in dem der Euro Zahlungsmittel ist: die Mitgliedsländer der E.; der Großteil der Produkte geht in die E.*

Eu|ry|di|ke [...ke:, auch: ...ry'di:ke:]: *weibliche Gestalt der griechischen Mythologie.*

Eu|ryth|mie, die; - [vom Begründer der Anthroposophie, R. Steiner, gebrauchte Schreibung für ↑ Eurhythmie]: *in der anthroposophischen Bewegung gepflegte Bewegungskunst u. -therapie, bei der Gesprochenes, Vokal- u. Instrumentalmusik in Ausdrucksbewegungen umgesetzt werden.*

eu|ryth|misch 〈Adj.〉: *die Eurythmie betreffend, zu ihr gehörend.*

-eu|se [...ø:zə], die; -, -n [frz. -euse] (meist scherzh.): *bezeichnet in Bildungen mit Substantiven oder Verben (Verbstämmen) eine weibliche Person, die etw. tut, die mit etw. in irgendeiner Weise zu tun hat: Kontrolleuse, Regisseuse.*

Eu|se|bie, die; - [griech. eusébeia, zu: eusebés = fromm, gottesfürchtig, zu: sébesthai = verehren, Ehrfurcht haben] (veraltet): *Gottes-, Götterfurcht; Frömmigkeit.*

EU-Staat [e:'lu:...], der: *Mitgliedstaat der Europäischen Union.*

eus|ta|chisch [nach dem ital. Anatomen B. Eustachi (1520–1574)]: *in den Fügungen* **-e Röhre/ Tube** (Med., Zool.: *Verbindungsgang zwischen Mittelohr u. Rachenraum; Ohrtrompete*).

Eu|stress ['ɔystrɛs], der; -es, -e [zu griech. eũ = gut, wohl u. ↑ Stress] (Med., Psychol.): *anregender, stimulierender Stress.*

Eu|ter, das, außerhalb der Fachspr. auch: der; -s, - [mhd. iuter, üter, ahd. ūtar(o), eigtl. = Schwellendes]: *in der Leistengegend bei bestimmten weiblichen Säugetieren (z. B. Kühen, Ziegen, Schafen, Kamelen) sack- oder beutelartig herabhängendes Organ mit zwei oder mehr Zitzen, in dem sich die Milchdrüsen befinden; pralle, volle E.*

Eu|ter|pe (griech. Mythol.): *Muse der Lyrik.*

Eu|tha|na|sie, die; - [griech. euthanasía = leichter Tod, zu: eũ = gut, wohl u. thánatos = Tod]: **1.** (Med.) **a)** *Erleichterung des Sterbens, bes. durch Schmerzlinderung mit Narkotika;* **b)** *absichtliche Herbeiführung des Todes bei unheilbar Kranken durch Medikamente od. durch Abbruch der Behandlung.* **2.** (nationalsoz. verhüll.) *systematische Ermordung psychisch kranker und behinderter Menschen.*

Eu|thy|mie, die; - [griech. euthymía, zu: eúthymos = fröhlich, zu: eũ = gut, wohl u. thymós = Gemüt] (bildungsspr.): *Heiterkeit, Frohsinn.*

eu|troph 〈Adj.〉 [griech. eútrophos = gut nährend, zu: eũ = gut, wohl u. tréphein = nähren] (bes. Fachspr.): **1.** *(von Böden od. Gewässern) nährstoffreich;* ~ *in näherstoffreiche Umgebung gebundene) Pflanzen.* **2.** *(von Gewässern) zu viel Nährstoffe enthaltend, überdüngt.* **3.** (Med.) *(von Feten im Mutterleib) gut entwickelt, versorgt.*

Eu|tro|phie, die; - [griech. eutrophía] (Med.): **a)** *guter Ernährungszustand des Körpers, bes. von Säuglingen;* **b)** *regelmäßige u. ausreichende Versorgung eines Organs mit Nährstoffen.*

eu|tro|phie|ren 〈sw. V.; ist〉: *eutroph* (2) *werden.*

EU-Um|welt|kom|mis|sar, der (Politikjargon): *EU-Kommissar für Umweltpolitik.*

EU|Um|welt|kom|mis|sa|rin, die: w. Form zu ↑EU-Umweltkommissar.
EU-Ver|fas|sung [eˈluː...], die 〈o. Pl.〉: Verfassung (1 b) der Europäischen Union.
EU-weit 〈Adj.〉: die ganze Europäische Union umfassend, einschließend, in der ganzen Europäischen Union: -e Vorschriften.
EU-Wett|be|werbs|kom|mis|sar, der (Politikjargon): EU-Kommissar, der für die Wettbewerbspolitik der Europäischen Union zuständig ist.
EU-Wett|be|werbs|kom|mis|sa|rin, die: w. Form zu ↑EU-Wettbewerbskommissar.
ev. = evangelisch.
Ev. = Evangelium.
eV = Elektronenvolt.
e. V. = eingetragener Verein.
E. V. = Eingetragener Verein.
Eva|kos|tüm, Evaskostüm, das: in der Wendung im E. (ugs. scherzh.; [von weiblichen Personen] nackt: im E. herumlaufen).
Eva|ku|a|ti|on, die, -, -en [frz. évacuation < lat. evacuatio = Ausleerung]: **1.** (seltener) das Evakuieren (1). **2.** (Technik) das Evakuieren (2).
eva|ku|ie|ren 〈sw. V.; hat〉 [frz. évacuer < lat. evacuare = leer machen, zu: vacuus = leer]: **1. a)** wegen drohender Gefahr von seinem [Wohn]platz wegbringen, [vorübergehend] aussiedeln: die Bewohner [aus einem Gebiet, Haus] e.; 〈subst. 2. Part.:〉 Evakuierte aufnehmen; Ü ein Archiv [in ein sicheres Gebiet] e. (verlagern, auslagern); **b)** durch Evakuieren (1 a) räumen: ein Gebiet e. **2.** (Technik) (in einem Hohlraum o. Ä.) ein Vakuum herstellen.
Eva|ku|ie|rung, die; -, -en: das Evakuieren; Evakuiertwerden.
Eva|lu|a|ti|on, die; -, -en [frz. évaluation = Schätzung, zu: évaluer = (ab)schätzen, zu lat. valere = stark, wert sein] (bildungsspr.): das Evaluieren, sach- u. fachgerechte Bewertung: die E. eines Lehrplanes.
eva|lu|a|tiv 〈Adj.〉 (bildungsspr., Sprachwiss.): wertend: ein -er Kommentar; die -e Adjektive.
eva|lu|ie|ren 〈sw. V.; hat〉 (bildungsspr.): sach- u. fachgerecht beurteilen, bewerten: Lehrpläne, Unterrichtsprogramme, Forschungsprojekte e.
Eva|lu|ie|rung, die; -, -en: das Evaluieren; Evaluiertwerden.
Evan|ge|le, der; -n, -n [zu ↑evangelisch (2)] (ugs. abwertend): Protestant (1).
Evan|ge|li|ar, das; -s, -e, **Evan|ge|li|a|ri|um,** das; -s, ...ien [mlat. evangeliarium, zu kirchenlat. euangelium, ↑Evangelium]: liturgisches Buch mit dem vollständigen Text der vier Evangelien [u. einem Verzeichnis der bei der Messe zu lesenden Abschnitte].
Evan|ge|li|en: Pl. von ↑Evangelium.
Evan|ge|li|en|buch, das: Evangeliar.
evan|ge|li|kal 〈Adj.〉 [engl. evangelical, zu: evangelic = die Evangelien betreffend < kirchenlat. euangelicus, ↑evangelisch] (christl. Rel.): **1.** (Theol.) dem Evangelium gemäß. **2.** die unbedingte Autorität des Neuen Testaments im Sinne des Fundamentalismus (a) vertretend.
Evan|ge|li|ka|le, die/eine Evangelikale; der/einer Evangelikalen, die Evangelikalen/zwei Evangelikale (christl. Rel.): weibliche Person, die der evangelikalen (2) Richtung angehört.
Evan|ge|li|ka|ler, der Evangelikaler/ein Evangelikaler; des/eines Evangelikalen, die Evangelikalen/zwei Evangelikale (christl. Rel.): jmd., der der evangelikalen (2) Richtung angehört.
Evan|ge|li|sa|ti|on, die; -, -en [kirchenlat. euangelizatio = das Predigen des Evangeliums] (ev. Rel.): Evangelisierung.
evan|ge|lisch [evanˈgeː..., auch: efaŋ...] 〈Adj.〉 (christl. Rel.): **1.** [mhd. ewangēlisch, ahd. ēwangēlisc < kirchenlat. euangelicus < griech. euaggelikós, zu: euaggélion, ↑Evangelium] das Evangelium betreffend, darauf beruhend, dem Evangelium entsprechend. **2.** [eigtl. = sich allein auf die schriftliche Überlieferung der Bibel stützend] protestantisch (Abk.: ev.): eine -e Kirche; die -e Kirche; e. sein; 〈subst.:〉 Wo ich in einer katholischen Gegend gesehn hab', wie sie einen Evangelischen steinigten, der der Mutter Gottes am Wege einen Schnurrbart angemalt hatte (Strittmatter, Wundertäter 250).
evan|ge|lisch-lu|the|risch 〈Adj.〉: protestantisch im Rahmen des Bekenntnisses und der Bekenntnisgemeinschaft, die sich ausschließlich an Martin Luther u. seiner Theologie orientiert (Abk.: ev.-luth.)
evan|ge|lisch-re|for|miert 〈Adj.〉: protestantisch im Rahmen des auf Zwingli u. Calvin zurückgehenden Bekenntnisses (Abk.: ev.-ref.)
evan|ge|li|sie|ren 〈sw. V.; hat〉 [kirchenlat. euangelizare < spätgriech. euaggelízesthai, ↑Evangelist] (ev. Rel.): mit dem Evangelium vertraut machen, zum Evangelium bekehren: jmdn., ein Land e.
Evan|ge|li|sie|rung, die; -, -en (ev. Rel.): das Evangelisieren; das Evangelisiertwerden.
Evan|ge|list, der; -en, -en [mhd. evangeliste < kirchenlat. euangelista < griech. euaggelistḗs, zu: euaggelízesthai = eine frohe Botschaft verkünden, zu: euággelos, ↑Evangelium]: **1.** (christl. Rel.) Verfasser eines der vier Evangelien (2 b): der E. Markus. **2.** (historisch) einer, der Evangelium verlesende Diakon. **3.** (ev. Rel.) evangelisierender [Wander]prediger (bes. einer evangelischen Freikirche).
Evan|ge|lis|ten|sym|bol, das: eins der den vier Evangelisten (1) zugeordneten Bildsymbole: Engel od. Mensch (Matthäus), Löwe (Markus), Stier (Lukas), Adler (Johannes).
Evan|ge|li|um, das; -s, ...ien [mhd. ewangēlje, ahd. euangēlijō < kirchenlat. euangelium < griech. euaggélion, eigtl. = gute Botschaft, zu: euággelos = gute Botschaft bringend, zu: eû = gut, wohl u. ággelos, ↑Engel]: **1.** 〈o. Pl.〉 **a)** (christl. Rel.) Heilsbotschaft Christi; die Frohe Botschaft von Jesus Christus; **b)** Äußerung od. Schrift, an deren Richtigkeit bzw. maßgebenden Charakter man bedingungslos glaubt u. die man als höchste Instanz für das eigene Handeln anerkennt: was er sagte, war [ein] E. für uns. **2.** (christl. Rel.) **a)** 〈o. Pl.〉 Geschichte des Lebens u. Wirkens Jesu: das E. nach Matthäus; **b)** von einem der vier Evangelisten (1) verfasster Bericht über das Leben u. Wirken Jesu (Ev.): das E. des Lukas, Johannes; **c)** apokryphe Schrift, die das Leben Jesu zum Gegenstand hat: die apokryphen Evangelien; **d)** für die gottesdienstliche Lesung vorgeschriebener Abschnitt aus einem Evangelium (2 a).
Eva|po|ra|ti|on, die; -, -en [lat. evaporatio] (Fachspr.): Verdunstung [von Wasser].
eva|po|rie|ren 〈sw. V.〉 [lat. evaporare = ausdampfen, ausdünsten, zu: vaporare = dampfen, zu: vapor = Dunst, Dampf] (Fachspr.): **1.** 〈ist〉 verdunsten: das Wasser evaporiert. **2.** 〈hat〉 (Chemie, Technik) etw. durch Eindampfen mehr od. weniger des Wassergehalts berauben u. dadurch dickflüssig[er] machen: eine Flüssigkeit e.
Eva|po|ri|me|ter, das; -s, -: Gerät, das den Grad der Verdunstung [von Wasser] misst.
Eva|si|on, die; -, -en [spätlat. evasio = das Entrinnen, zu lat. evadere (2. Part.: evasum) = entrinnen] (bildungsspr.): **1.** massenhaftes Hinausdringen, Entweichen; Massenflucht. **2.** (veraltet) Ausflucht.
Evas|kos|tüm: ↑Evakostüm.
Event [iˈvɛnt], das od. der; -s, -s [engl. event < afrz. event < lat. eventus, zu: eventum, 2. Part. von: evenire = heraus-, hervorkommen; sich zutragen, ereignen] (Jargon): besonderes Ereignis.
Event|gas|t|ro|no|mie, die: gastronomischer Betrieb, in dem die Gäste im Verlauf der Mahlzeit mit künstlerischen Darbietungen unterhalten werden.
even|tu|al 〈Adj.〉 (selten): ¹eventuell.
Even|tu|al|ab|stim|mung, die (schweiz.): Vorabstimmung bei mehreren Anträgen.
Even|tu|al|an|trag, der [zu ↑¹eventuell] (schweiz. Rechtsspr.): Neben-, Hilfsantrag, der für den Fall gestellt wird, dass der Hauptantrag abgewiesen wird: einen E. stellen.
Even|tu|al|bud|get, das: vgl. Eventualhaushalt.
Even|tu|al|fall, der: möglicherweise eintretender Fall: etw. ist für den E. bestimmt.
Even|tu|al|haus|halt, der (Politik): Posten im Bundeshaushaltsplan, der nötigenfalls zur Wirtschaftsförderung in Anspruch genommen werden kann.
Even|tu|a|li|tät, die; -, -en: eventueller Fall: für alle -en gerüstet sein; auf jede E., auf alle -en gefasst sein.
¹even|tu|ell 〈Adj.〉 [frz. éventuel, zu lat. eventus = Ausgang; Zufall, Ereignis, zu: evenire (2. Part.: eventum = herauskommen; eintreffen, sich ereignen): unter Umständen, möglicherweise eintretend (Abk.: evtl.): für -e Notfälle.
²even|tu|ell 〈Adv.〉 [zu: ↑¹eventuell]: unter Umständen, vielleicht.
Eve|rest: ↑Mount Everest.
Ever|glaze® [ˈɛvɐgleɪz], das; -, - [aus engl. ever = immer u. glaze = Glasur, Lasur] (Textilind.): krumpf- u. knitterfreies [Baumwoll]gewebe mit erhaben geprägter Kleinmusterung.
Ever|green [...griːn], der, auch: das; -s, -s [engl. evergreen = Immergrün, aus: ever = immer u. green = grün]: **1.** Musikstück, das lange Zeit beliebt bleibt u. immer wieder gespielt wird: einen E. spielen. **2.** ²Standard.
Eve|ry|bo|dy's Dar|ling [ˈɛvrɪbɔdɪz ˈdaːɐlɪŋ] (engl.: ˈdaːlɪŋ)], der; -, -s [engl., aus: everybody = jeder(mann) u. darling, ↑Darling] (bildungsspr. scherzh.): jmd., der [aufgrund seines Bemühens, allen zu gefallen u. es allen recht zu machen] überall beliebt, gern gesehen ist, Liebling.
evi|dent 〈Adj.〉 [lat. evidens (Gen.: evidentis), zu: videre = sehen]: **1.** (bildungsspr.) **a)** unmittelbar einleuchtend, keines Beweises bedürfend: eine -e Aussage; **b)** augenfällig, offenkundig: eine -e Tatsache; seine Dummheit ist e.; es ist e., dass dem so ist; sie ist e. benachteiligt. **2.** * **e. halten** (österr. Amtsspr.; in Evidenz halten).
Evi|denz, die; -, -en: **1.** [lat. evidentia] (bildungsspr.) **a)** 〈o. Pl.〉 das Evidentsein; unmittelbare u. vollständige Einsichtigkeit, Deutlichkeit, Gewissheit: die E. dieser Tatsache; **b)** (selten) etw. Evidentes. **2.** (österr. Amtsspr.) handliche, klare Übersicht: *in E. halten (österr. Amtsspr.): etw., z. B. eine Liste, auf dem Laufenden halten. **2.** registrieren, [in einer Liste] führen, übersichtlich zusammenstellen. **3.** im Auge behalten, vormerken).
Evi|denz|bü|ro, das (österr. Amtsspr.): Stelle, bei der bestimmten Personen, Dinge registriert werden; Registratur.
ev.-luth. = evangelisch-lutherisch.
Evo|ka|ti|on, die; -, -en [lat. evocatio = das Heraus-, Hervorrufen, zu: evocare, ↑evozieren]: **1.** (bildungsspr.) [suggestive] Erweckung von Vorstellungen od. Erlebnissen (z. B. durch ein Kunstwerk, seine Formen u. Inhalte). **2.** (Rechtsspr.) Vorladung eines Beklagten vor ein anderes, höheres Gericht (unter Abforderung des gegen ihn rechtshängigen Prozesses).
evo|ka|tiv 〈Adj.〉 (bildungsspr.): Evokation (1)

betreffend, bewirkend: eine -e Wirkung; -e Klänge.
Evo|lu|ti|on, die; -, -en [lat. evolutio = das Aufschlagen (eines Buches), zu: evolvere, ↑evolvieren]: **1.** *(bildungsspr.) langsame, bruchlos fortschreitende Entwicklung bes. großer od. großräumiger Zusammenhänge; allmähliche Fortentwicklung im Geschichtsablauf:* die E. der Gesellschaftsformen. **2.** *(Biol.) stammesgeschichtliche Entwicklung von niederen zu höheren Formen des Lebendigen:* die E. der irdischen Fauna.
evo|lu|ti|o|när ⟨Adj.⟩ *(bildungsspr.): auf Evolution beruhend, bezogen:* sich e. vollziehen.
Evo|lu|ti|o|nis|mus, der; -: *vom Gedanken der Evolution ausgehende naturphilosophische Richtung des 19. Jahrhunderts.*
evo|lu|ti|o|nis|tisch ⟨Adj.⟩: *auf dem Evolutionismus beruhend.*
Evo|lu|ti|ons|bio|lo|gie, die: *Teilgebiet der Biologie, das sich mit der Entwicklung der Lebewesen aus ihren Vorgängern befasst.*
Evo|lu|ti|ons|leh|re, die: *Lehre von der Entwicklung aller Lebewesen aus niederen, primitiven Organismen.*
Evo|lu|ti|ons|the|o|rie, die: *Theorie von der Entwicklung aller Lebewesen aus niederen, primitiven Organismen.*
evo|lu|tiv ⟨Adj.⟩ *(bes. Fachspr.): die allmähliche u. stufenweise Gesamtentwicklung, die Evolution betreffend, darauf beruhend.*
evol|vie|ren ⟨sw. V.; hat⟩ [lat. evolvere = entwickeln, eigtl. = hinauswälzen, zu: volvere, ↑Volumen] *(bildungsspr.): entwickeln, entfalten.*
E-Vo|ting ['i:voʊtɪŋ], das; -s: *Electronic Voting.*
evo|zie|ren ⟨sw. V.; hat⟩ [lat. evocare = heraus-, hervorrufen; vorladen, zu: vocare, ↑Vokabel]: **1.** *(bildungsspr.) durch Evokation (1) hervorrufen, bewirken:* Vorstellungen, Erinnerungen e. **2.** *(Rechtsspr.) durch Evokation (2) vorladen.*
ev.-ref. = evangelisch-reformiert.
evtl. = eventuell.
ev|vi|va ⟨Interj.⟩ [ital. evviva, zu: e = und u. vivere = leben]: *er, sie, es lebe hoch!* (italienischer Hochruf).
Ew. [Abk. von frühnhd. ewer, mhd. iuwer] = Euer, Eure (in Titeln, z. B. Ew. Majestät).
¹Ewe, der; -, -: *Angehöriger eines westafrikanischen Volkes.*
²Ewe, das; -: *Sprache der ¹Ewe.*
Ewen|ke, der; -n, -n: *Tunguse.*
Ewer, der; -s, - [mniederd. ēver, ēvar, älter: ē(i)nvār, eigtl. = Schiff, das nur ein Mann führt] (nordd.): *kleines [anderthalbmastiges] Küsten[segel]schiff mit flachem Boden.*
E-Werk, das: *Elektrizitätswerk.*
EWG [e:ve:'ge:], die; -: *Europäische Wirtschaftsgemeinschaft.*
EWI [e:ve:'li:], das; -[s]: *Europäisches Währungsinstitut.*
ewig ⟨Adj.⟩ [mhd. ēwic, ahd. ēwig, zu: ēwa = Ewigkeit, vgl. Ehe]: **1. a)** *zeitlich unendlich; unvergänglich, zeitlos: die -en Naturgesetze;* die -e Seligkeit; *das -e Leben (Leben in der Ewigkeit);* ⟨subst.:⟩ der Ewige *(Gott);* **b)** *die Zeiten, den Wechsel überdauernd; immerwährend, immer [bestehend]:* -e Liebe / Friede *(Friede, der auf immer gelten soll);* der Blinde lebt in -er Nacht; für immer und e.; ein -er Student *(ugs.; Studierender, der bereits sehr lange studiert u. noch kein abschließendes Examen gemacht hat).* **2.** *(ugs.) sich immer wiederholend; endlos; übermäßig lang [dauernd], nicht endend:* lass doch dein -es Jammern und Klagen!; ich habe das -e Einerlei satt; -e Liebe *(derjenige, der immer wieder, immer nur verliert);* der -e Zweite; das dauert ja wieder e. *(unerträglich lange),* bis das Bad frei ist!; soll das e. *(immer*

nur) so weitergehen?; das Material hält e. *(ist außerordentlich haltbar, widerstandsfähig);* das ist e. schade *(das ist sehr schade und bleibt bedauerlich);* *** e. und drei Tage** *(scherzh.; unendlich lange;* in Anspielung auf den alten Rechtsbrauch, zu einer Frist der Sicherheit halber einen kurzen Zeitraum hinzuzugeben: das dauert ja e. und drei Tage).
Ewig|gest|ri|ge, die/eine Ewiggestrige; der/einer Ewiggestrigen, die Ewiggestrigen/zwei Ewiggestrige (abwertend): *weibliche Person, die in ihren Ansichten rückständig ist u. bleibt.*
Ewig|gest|ri|ger, der Ewiggestrige/ein Ewiggestriger; des/eines Ewiggestrigen, die Ewiggestrigen/zwei Ewiggestrige (abwertend): *jmd., der in seinen Ansichten rückständig ist u. bleibt:* zu den Ewiggestrigen gehören.
Ewig|keit, die; -, -en [mhd. ēwicheit, ahd. ēwigheit]: **1.** ⟨o. Pl.⟩ **a)** *ewige Dauer, Unvergänglichkeit:* die E. Gottes, der Naturgesetze; so sei es in E.; von E. zu E. (bibl.; *ewig);* **b)** (Rel.) *das jenseits der Zeit Liegende; jenseitiges ewiges Reich:* nach dem Tode erwartet uns die E.; in die E. eingehen (geh. verhüll.; *sterben).* **2.** (ugs.) *sehr lange Dauer, übermäßig lange Zeit, endlos scheinende Zeit:* er schien uns eine E. wegzubleiben; das ist schon -en her; das dauert ja wieder eine [halbe] E. [lang]!; seit einer [kleinen] E., seit -en warte ich schon auf dich; das kann nicht [bis] in alle E. *(dauernd, immer)* so weitergehen; die Minuten dehnten sich zu -en *(wollten nicht vergehen).*
Ewig|keits|sonn|tag, der (ev. Kirche): *Totensonntag, letzter Sonntag des Kirchenjahres.*
Ewig|keits|wert, der (geh.): *zeitloser, unvergänglicher Wert:* Kunstwerke mit E.
ewig|lich ⟨Adv.⟩ [mhd. ēwiclīche] (dichter. veraltet): *ewig, unaufhörlich, immer.*
Ewig|weib|li|ches, das Ewigweibliche/ein Ewigweibliches; des/eines Ewigweiblichen (bildungsspr.): *dem Wesen der Frau innewohnender Reiz, der zu allen Zeiten und unabhängig von allen Modeerscheinungen für den Mann bedeutsam ist:* ◆ ... das Ewigweibliche zieht uns hinan (Goethe, Faust II, 12 110 f.).
Ew. M. [vgl. Ew.] = Eure Majestät, Euer Majestät.
EWS [e:ve:'|ɛs], das; -: *Europäisches Währungssystem.*
EWU [e:ve:'|u:], die; -: *Europäische Währungsunion.*
EWWU [e:veve'|u:], die; -: *Europäische Wirtschafts- und Währungsunion.*
ex ⟨Adv.⟩ [lat. ex (Präp.) = (her)aus]: **1.** (salopp) *tot:* der Patient von nebenan ist ex; er geht bald ex *(er stirbt bald).* **2.** (ugs.) *vorbei, aus, zu Ende:* diese Freundschaft ist ex. **3. * ex trinken** (ugs.; *sein Glas mit einem alkoholischen Getränk in einem Zug leer trinken):* er trank [sein Glas] ex auf ihr Wohl; (als Aufforderung auch allein stehend) ex, auf das Wohl des Gastgebers!)
¹Ex, der; -, - (ugs.): *früherer Freund (2) od. Ehemann.*
²Ex, die; -, - (ugs.): *frühere Freundin od. Ehefrau.*
Ex. = Exemplar.

Ex- [↑ex]: drückt in Bildungen mit Substantiven (meist Personenbezeichnungen) aus, dass der beschriebene Person früher etw. war, einen bestimmten Status, eine bestimmte Stellung innehatte: Exgattin, Exminister.

ex ab|rup|to [lat., zu ↑ex u. lat. abruptus, ↑abrupt] *(bildungsspr.): unversehens.*
ex ae|quo [lat., zu ↑ex u. lat. aequus = gleich] *(bildungsspr.): in derselben Weise, gleichermaßen.*
ex|akt ⟨Adj.⟩ [lat. exactus = genau zugewogen,

adj. 2. Part. von: exigere = abmessen, abwägen, zu: agere = treiben, führen, handeln]: *in sachgerechter Weise genau, präzise:* eine -e Definition; ein -er Mensch; -e Wissenschaften *(Wissenschaften, deren Ergebnisse auf logischen od. mathematischen Beweisen od. auf genauen Messungen beruhen);* er ist immer sehr e. [in seinen Angaben]; e. arbeiten; er kam e. *(genau)* um 12 Uhr an; e.! *(stimmt genau!);* Wie kindisch waren doch all diese Berichte in ihrer zwanghaften Suche nach einer -en Sprache (Hilbig, Ich 280).
Ex|akt|heit, die; -: *sachgerechte Genauigkeit, Sorgfalt:* mit größter E. arbeiten.
Ex|al|ta|ti|on, die; -, -en [frz. exaltation < lat. exaltatio = Erhöhung] (Psychol., bildungsspr.): *Zustand, Haltung des Exaltiertseins.*
ex|al|tie|ren, sich ⟨sw. V.; hat⟩ [frz. s'exalter < lat. exaltare = erhöhen, zu: altus = hoch] (bildungsspr.): *sich [künstlich] aufregen, sich in einer dem Anlass unangemessenen, übertriebenen Weise (über etw., jmdn.) erregen, ereifern:* sich über jmdn. [moralisch] e.
ex|al|tiert ⟨Adj.⟩ [frz. exalté, 2. Part. von: exalter, ↑exaltieren] (bildungsspr.): **1.** *[künstlich] aufgeregt, künstlich übersteigert; hysterisch:* ein -es Benehmen; e. sein; e. lachen. **2.** *überspannt:* ein -er Mensch; e. reagieren.
Ex|al|tiert|heit, die; -, -en: **1.** ⟨o. Pl.⟩ *Eigenschaft des Exaltiertseins.* **2.** ⟨meist Pl.⟩ *exaltierte Handlung, Verhaltensweise.*
Ex|a|men, das; -s, -, seltener: ...mina [(spät)lat. examen = Verhör, Untersuchung, eigtl. = Prüfung, urspr. = Ausschlag der Waage u. verw. mit: exigere, ↑exakt]: *Prüfung (besonders als Studienabschluss):* das mündliche E.; ein E. bestehen, ablegen; durchs E. fallen, im E. durchfallen; Ü jmdn. einem E. *(einem Verhör, einer Gesinnungsprüfung)* unterziehen.
Ex|a|mens|angst, die: *Angst vor od. bei dem Examen.*
Ex|a|mens|ar|beit, die: *schriftliche Arbeit als Teil eines Examens.*
Ex|a|mens|fra|ge, die: **1.** *Frage, die in einem Examen gestellt wird, zu beantworten ist.* **2.** *sehr schwierige, unangenehme Frage.*
Ex|a|mens|kan|di|dat, der: *jmd., der vor od. in einem Examen steht.*
Ex|a|mens|kan|di|da|tin, die: w. Form zu ↑Examenskandidat.
Ex|a|mens|no|te, die: *[Gesamt]note, mit der ein Examen abgeschlossen wird.*
Ex|a|mens|vor|be|rei|tung, die: *Vorbereitung auf das Examen:* er steckt mitten in -en.
Ex|a|mi|nand, der; -en, -en [lat. examinandus = ein zu Prüfender, Gerundivum von: examinare, ↑examinieren] (bildungsspr.): *Prüfling (in einem Examen).*
Ex|a|mi|nan|din, die; -, -nen: w. Form zu ↑Examinand.
Ex|a|mi|na|tor, der; -s, ...oren [lat. examinator] (bildungsspr.): *Prüfende[r] (in einem Examen).*
Ex|a|mi|na|to|rin, die; -, -nen: w. Form zu ↑Examinator.
ex|a|mi|nie|ren ⟨sw. V.; hat⟩ [mhd. examinieren < lat. examinare = untersuchen, prüfen] (bildungsspr.): **1.** *im Rahmen eines Examens prüfen, befragen:* jmdn. über einen Stoff e.; eine examinierte Krankenschwester *(Frau, die ihre Ausbildung zur Krankenschwester erfolgreich abgeschlossen hat).* **2.** *prüfend ausfragen, ausforschen:* einen Augenzeugen eingehend e. **3.** *prüfend untersuchen.*
Ex|an|them, das; -s, -e [lat. exanthema < griech. exánthēma, eigtl. = das Aufgeblühte, zu: exantheīn = aufblühen] (Med.): *[entzündlicher] Hautausschlag.*
Ex|arch, der; -en, -en [spätlat. exarchus = Vorge-

setzter < griech. éxarchos, zu: exárchein = Anführer sein, zu: árchein, ↑ Architekt]: **1.** (Geschichte) *byzantinischer (oströmischer) Statthalter (in Italien od. Nordafrika).* **2.** (Ostkirche) *für ein bestimmtes Gebiet, einen bestimmten Auftrag zuständiger Vertreter des Patriarchen; Obermetropolit.*

Ex|ar|chat, das; -[e]s, -e [mlat. exarchatus]: *Amt[szeit] od. Verwaltungsgebiet eines Exarchen.*

Ex|au|di ⟨o. Art.; indekl.⟩ [lat. exaudi = (er)höre (nach dem ersten Wort des Eingangsverses der Liturgie des Sonntags)] (ev. Rel.): *sechster Sonntag nach Ostern: am Sonntag E.*

exc. = excudit.

ex ca|the|dra [auch: -'ka:...; lat. = vom (Lehr)stuhl herab, ↑ Katheder]: **1.** (kath. Rel.) *kraft päpstlichen Lehramtes [u. darauf beschränkter Unfehlbarkeit].* **2.** (bildungsspr. abwertend) *kraft höherer Entscheidungsgewalt, sodass Zweifel od. Einwände nicht zulässig sind:* etwas ex c. verurteilen.

Ex|change [ɪks'tʃeɪndʒ], die; -, -n [engl. exchange < frz. échange, zu: échanger = umtauschen, zu: changer, ↑ changieren] (Bankw.): **1.** *Tausch[handel], Devisenhandel.* **2.** *Börse[nkurs].*

excud. = excudit.

ex|cu|dit [lat., zu: excudere = schriftlich verfertigen, eigtl. = meißeln, prägen]: *verlegt von..., gedruckt von...* (auf Kupferstichen hinter der Signatur od. dem Namen des Verlegers od. Druckers; Abk.: exc., excud.)

Ex|e|dra, die; -, Exedren [lat. exedra < griech. exédra, eigtl. = draußen gelegener Sitz, zu: éxō = draußen, außen u. hédra = Sitz] (Archit.): **1.** *halbrunder od. rechteckiger Raum als Erweiterung eines Saales od. einer Säulenhalle.* **2.** *Apsis* (1) *in der ma. Baukunst.*

Ex|e|ge|se, die; -, -n [griech. exḗgēsis = das Erklären, Auslegung] (bildungsspr., Fachspr.): *[wissenschaftliche] Erklärung u. Auslegung eines Textes, bes. der Bibel:* die E. eines Textes.

Ex|e|get, der; -en, -en [griech. exēgētḗs = Erklärer]: *jmd., der Exegese betreibt.*

Ex|e|ge|tik, die; - [spätlat. exegetice = Erklärungskunst < griech. exēgētikḗ téchnē] (veraltet): *Wissenschaft der Bibelauslegung* (Teilgebiet der Theologie).

Ex|e|ge|tin, die; -, -nen: w. Form zu ↑ Exeget.

ex|e|ge|tisch ⟨Adj.⟩ [griech. exēgētikós = erklärend, auslegend, zu: exēgeĩsthai = auslegen, erklären]: *die Exegese betreffend, Exegese enthaltend; erklärend u. auslegend:* die -e Methode; sich e. mit einem Text befassen.

ex|e|ku|tie|ren ⟨sw. V.; hat⟩ [zu ↑ Exekution]: **1. a)** *hinrichten:* jmdn. e.; **b)** (Rechtsspr. veraltet) *(einem Urteil entsprechend) bestrafen.* **2.** (bildungsspr.) *ausüben, vollziehen, durchführen:* ein strenges Ritual e. **3.** (österr. Amtsspr.) *(jmdn.) pfänden:* er wurde wegen seiner Steuerschulden exekutiert.

Ex|e|ku|ti|on, die; -, -en [urspr. = Ausführung einer Anordnung < lat. ex(s)ecutio = Ausführung, Vollstreckung, zu: ex(s)equi (2. Part.: ex(s)ecutum) = aus-, durchführen]: **1. a)** *Hinrichtung:* die [standrechtliche] E. [des Verurteilten] vornehmen; **b)** (Rechtsspr. veraltet) *Bestrafung (gemäß Urteil):* ◆ So merkte er auch, als man ihm die Nachricht brachte, es sollte in dem Schlosshofe eine E. vorgehen und ein Knabe gestäupt werden, der sich eines nächtlichen Einbruchs verdächtig gemacht habe (Goethe, Lehrjahre III, 9). **2.** (bildungsspr.) *Durchführung einer besonderen Aktion:* die E. (Vollstreckung) [des Todes]urteils vornehmen; (Sportjargon): die E. [des Strafstoßes] übernehmen, vornehmen. **3.** (österr. Amtsspr., sonst veraltet) *Pfändung:* die E. des Schuldners;

◆ Drei Taler Zins von der Witwe Müller, gegen die muss Er um E. anrufen (Iffland, Die Hagestolzen II, 1). ◆**4.** *Abteilung, Truppe o. Ä., die den Auftrag hat, eine Exekution* (1 b) *durchzuführen:* So sind die beiden -en schon aufgebrochen (Goethe, Götz III).

Ex|e|ku|ti|ons|ge|richt, das (österr.): *Gericht, das für Pfändungen, Zwangsvollstreckungen usw. zuständig ist.*

Ex|e|ku|ti|ons|kom|man|do, das: *Kommando, das eine Exekution* (1 a) *durchzuführen hat.*

ex|e|ku|tiv ⟨Adj.⟩ (bes. Politik, Rechtsspr.): *vollziehend, durchführend, ausübend:* die -e Gewalt.

Ex|e|ku|tiv|aus|schuss, der: *Ausschuss zur Ausführung von Beschlüssen o. Ä.*

Ex|e|ku|tiv|be|am|ter ⟨vgl. Beamter⟩: *Beamter einer Exekutivbehörde.*

Ex|e|ku|tiv|be|am|tin, die: w. Form zu ↑ Exekutivbeamter.

Ex|e|ku|tiv|be|hör|de, die (Politik): *Behörde, die an der Ausübung der vollziehenden Gewalt beteiligt ist, Regierungs- bzw. Verwaltungsbehörde.*

Ex|e|ku|ti|ve, die; -, -n: **1.** (Politik, Rechtsspr.) vgl. Judikative, Legislative; *vollziehende, vollstreckende Gewalt im Staat.* **2.** (Politik) *Gesamtheit der Organe zur Ausübung der vollziehenden, vollstreckenden Gewalt.*

Ex|e|ku|tiv|ge|walt, die (Politik): *Exekutive* (1).

Ex|e|ku|tiv|ko|mi|tee, das (Politik): vgl. Exekutivausschuss.

Ex|e|ku|tiv|or|gan, das (Politik): *Organ der Exekutive* (1).

Ex|e|ku|tor, der; -s, ...oren [lat. ex(s)ecutor]: **1.** (bes. Rechtsspr.) *Vollstrecker [einer Strafe].* **2.** (österr.) *Gerichtsvollzieher.*

Ex|e|ku|to|rin, die; -, -nen: w. Form zu ↑ Exekutor.

ex|e|ku|to|risch ⟨Adj.⟩: *durch [Zwangs]vollstreckung erfolgend.*

Ex|em|pel, das; -s, - [mhd. exempel < lat. exemplum, eigtl. = das (als Muster) Herausgenommene, Herausgegriffene, zu: eximere (2. Part.: exemptum), ↑ eximieren]: **1.** (bildungsspr. veraltend) *[Lehr]beispiel:* nimm dir an diesem Bruder, an seinem Vorgehen ein E.; etw. zum E. nehmen; * ein E. [an jmdm., mit etw.] statuieren (*durch drastisches Vorgehen in einem Einzelfall ein abschreckendes Beispiel aufstellen;* exemplum statuere). **2.** (veraltet) *Rechenaufgabe (als Übungsbeispiel):* jmdm. ein E. aufgeben; ein E. lösen; * **die Probe aufs E. machen** (*etw. durch Ausprobieren am praktischen Fall auf seine Richtigkeit prüfen*).

Ex|em|pl|ar, das; -s, -e [mhd. exemplar = Muster, Modell < lat. exemplar]: *Einzelstück, einzelnes Individuum (bes. Ding od. Tier) aus einer Menge gleichartiger Stücke, Individuen* (Abk. für Bücher o. Ä.: Ex., Expl.): ein seltenes, schönes E.; von dem Buch wurden 3 000 -e gedruckt; Fische dieser Art kommen nur noch in einzelnen -en vor; Du wirst die Namen sehen, es sind Männer von Klang, Männer, die ich als die besten -e der schweizerischen Gesellschaft ansehe (Dürrenmatt, Richter 62).

ex|em|pla|risch ⟨Adj.⟩ [lat. exemplaris] (bildungsspr.): **a)** *ein (aufschlussreiches) Beispiel gebend, liefernd; beispielhaft:* von -er Bedeutung sein; die -en Gestalten der Geschichte; -es Lernen (Päd.; *Lernen am aufschlussreichen Beispiel*); dieses Werk ist e. für die ganze Stilrichtung; jmdn. e. bestrafen (*ihn streng bestrafen, damit er ein warnendes Beispiel abgibt*).

Ex|em|pli|fi|ka|ti|on, die; -, -en (bildungsspr.): *Exemplifizierung.*

ex|em|pli|fi|zie|ren ⟨sw. V.; hat⟩ [mlat. exemplificare] (bildungsspr.): *durch Beispiele erläutern, veranschaulichen:* eine These [mit, an etw.] e.

Ex|em|pli|fi|zie|rung, die; -, -en: *das Exemplifizieren.*

ex|emt ⟨Adj.⟩ [zu lat. exemptum, 2. Part. von: eximere, ↑ eximieren]: **1.** (Rechtsspr.) *von einer gesetzlichen Pflicht, einer Verbindlichkeit befreit.* **2.** (von Klöstern u. anderen kirchlichen Einrichtungen) *aus dem normalen kirchlichen Verband ausgegliedert u. einem höheren od. besonders eingesetzten Geistlichen unterstellt.*

Ex|em|ti|on, die; -, -en [lat. exemptio = das Herausnehmen]: **1.** (Rechtsspr.) *rechtsübliche od. gesetzliche generelle Freistellung (besonderer Personenkreise, Institutionen usw.) von bestimmten Lasten u. Pflichten od. von der normalen Gerichtsbarkeit.* **2.** *Ausgliederung (z. B. eines Klosters aus dem kirchlichen Verband u. Unterstellung unter einen höheren od. besonders eingesetzten Geistlichen).*

Exe|qua|tur, das; -s, ...uren [lat. ex(s)equatur = er möge ausführen, zu: ex(s)equi, ↑ Exekution] (Amtsspr.): **1.** *Zulassung eines ausländischen Konsuls, Bestätigung im Amt:* jmdm. das E. erteilen. **2.** *staatliche Genehmigung zur Publikation kirchlicher Akte.*

Exe|qui|en ⟨Pl.⟩ [lat. ex(s)equiae, zu: ex(s)equi = einem Leichenzug nachfolgen] (kath. Kirche): *Begräbnisfeier.*

exe|quie|ren ⟨sw. V.; hat⟩ [lat. ex(s)equi = vollziehen, vollstrecken] (Rechtsspr. veraltet): *zwangsvollstrecken, pfänden, eintreiben:* Ü ◆ Kann er sein darbendes Gehirn auf ein einziges schönes Gefühl e. ? (*kann er seinem armen Gehirn ein einziges schönes Gefühl abgewinnen?*; Schiller, Kabale II, 1).

Ex|er|gie, die; -, -n [zu griech. ex = (her)aus u. érgon = Werk, analog zu ↑ Energie] (Physik): *Anteil der Energie, der in die gewünschte, wirtschaftlich verwertbare Form (z. B. elektrische Energie) umgewandelt wird.*

Ex|er|zier|bom|be, die: *für Übungszwecke bestimmte Bombe.*

ex|er|zie|ren ⟨sw. V.; hat⟩ [lat. exercere = beschäftigen]: **1. a)** *militärische (Ausbildungs)übungen machen:* scharf e.; **b)** *militärisch ausbilden:* Rekruten e. **2. a)** (ugs.) *wiederholt üben:* die Berechnung von Kreisumfängen e.; Von Musik verstehe ich, wohlgemerkt, gar nichts... Aber meine Mundharmonika liebe ich über alles, und ich exerziere immer auf ihr, wenn ich mich wohl fühle (Fallada, Herr 12); **b)** *anwenden, praktizieren:* diese Methode hat schon sein Vorgänger exerziert.

Ex|er|zier|platz, der: *Platz zum Exerzieren* (1).

Ex|er|zier|schritt, der (veraltet): *Stechschritt, Paradeschritt.*

Ex|er|zier|übung, die: *einzelne beim Exerzieren* (1) *ausgeführte Übung.*

Ex|er|zi|ti|en ⟨Pl.⟩ [Pl. zu ↑ Exerzitium]: **1.** Pl. von ↑ Exerzitium. **2.** (kath. Rel.) *geistliche Übungen (zur inneren Einkehr):* E. abhalten; an E. teilnehmen.

Ex|er|zi|ti|um, das; -s, ...ien [lat. exercitium] (veraltend): **1.** *Übung (übende Handlung, Verrichtung):* ein stilistisches E.; körperliche Exerzitien; sich strengen Exerzitien unterwerfen. **2.** *schriftliche Übungs-, Hausarbeit für die Schule:* ◆ Du sollst erst dein E. fertig machen (Raabe, Chronik 111).

Ex|frau, die: *Frau, die von ihrem Mann geschieden ist.*

Ex|freund, der: *ehemaliger Freund* (2).

Ex|freun|din, die: w. Form zu ↑ Exfreund.

Ex|ha|la|ti|on, die; -, -en [lat. exhalatio]: **1.** (Med.) *das Exhalieren* (1). **2.** (Geol.) *das Ausströmen von vulkanischen Gasen u. Dämpfen.*

ex|ha|lie|ren ⟨sw. V.; hat⟩: **1.** [lat. exhalare, zu: halare = hauchen, duften] (Med.) *ausatmen,*

Exhaustion – exklusiv

ausdünsten. **2.** (Geol.) *Gase u. Dämpfe ausströmen.*

Ex|haus|ti|on, die; -, -en [spätlat. exhaustio = Ausschöpfung] (Med.): *Erschöpfung[szustand].*

Ex|haus|ti|ons|me|tho|de, die (Geom.): *in der Antike ausgebildetes Rechenverfahren zur Bestimmung des Flächen- bzw. Rauminhalts gekrümmter Figuren u. Körper, wobei diese durch eine Folge immer größer werdender Figuren gleichsam ausgeschöpft werden.*

ex|haus|tiv ⟨Adj.⟩ [zu lat. exhaustus] (bildungsspr.): *vollständig, erschöpfend.*

Ex|haus|ti|vi|tät, die; - (bildungsspr.): *Vollständigkeit.*

Ex|haus|tor, der; -s, ...oren [zu lat. exhaustum, 2. Part. von: exhaurire = (her)ausschöpfen, entleeren] (Technik): *Gebläse zum Absaugen von Dampf, Staub o. Ä.*

ex|hi|bie|ren ⟨sw. V.; hat⟩ [lat. exhibere = darbieten, zeigen] (bildungsspr., oft abwertend): **a)** *exhibitionistisch (a) zur Schau stellend zeigen:* er geht ins Schwimmbad, um seinen Körper, sich zu e.; **b)** *der Öffentlichkeit [vor]zeigen, vorzeigend darbieten, vorführen.*

Ex|hi|bie|rung, die; -, -en: *das Exhibieren, Sichexhibieren; das Exhibiertwerden.*

Ex|hi|bi|ti|on, die; -, -en [lat. exhibitio = das Vorzeigen]: **1.** (Psychol.) *exhibitionistische Entblößung der Geschlechtsteile in der Öffentlichkeit.* **2.** (bildungsspr.) *Zurschaustellung, Exhibierung.*

ex|hi|bi|tio|nie|ren ⟨sw. V.; hat⟩ (Psychol.): *sich exhibitionistisch zur Schau stellen.*

Ex|hi|bi|ti|o|nis|mus, der; -: **1.** (Psychol.) *krankhafte, auf sexuellen Lustgewinn gerichtete Neigung (bes. von Männern) zur Entblößung der Geschlechtsteile in Gegenwart fremder Personen, meist des anderen Geschlechts.* **2.** (bildungsspr.) **a)** *Neigung zur Exhibition (2);* **b)** *Zurschaustellung von Gefühlen, Überzeugungen.*

Ex|hi|bi|tio|nist, der; -en, -en: *exhibitionistisch Handelnder.*

Ex|hi|bi|tio|nis|tin, die; -, -nen: w. Form zu ↑ Exhibitionist.

ex|hi|bi|tio|nis|tisch ⟨Adj.⟩: **a)** *Exhibitionismus (1) zeigend, bezeugend:* -e Handlungen; **b)** *den Exhibitionismus (1, 2) betreffend.*

ex|hu|mie|ren ⟨sw. V.; hat⟩ [mlat. exhumare = ausgraben, zu: lat. humare = begraben, zu: humus, ↑ Humus]: *(eine Leiche) aufgrund behördlicher Genehmigung od. Anordnung wieder ausgraben.*

Ex|hu|mie|rung, die; -, -en: *das Exhumieren; das Exhumiertwerden.*

Exil, das; -s, -e [lat. exilium, zu: ex(s)ul = in der Fremde weilend, verbannt; Verbannter]: *langfristiger Aufenthalt außerhalb des Heimatlandes, das aufgrund von Verbannung, Ausbürgerung, Verfolgung durch den Staat od. unerträglichen politischen Verhältnissen verlassen wurde:* die Jahre seines -s; während ihres -s; das Stück hat er in seinem amerikanischen E. *(während seines Exils in Amerika)* geschrieben.

Exi|lant, der; -en, -en: *jmd., der im Exil lebt.*

Exi|lan|tin, die; -, -nen: w. Form zu ↑ Exilant.

Exil|hei|mat, die: *Heimat, die jmd. im Exil gefunden hat.*

exi|lie|ren ⟨sw. V.; hat⟩ spätlat. ex(s)iliare (bildungsspr.): *ins Exil schicken, verbannen:* jmdn. e.; ⟨meist im 2. Part.:⟩ ein exilierter Politiker.

Exi|lie|rung, die; -, -en (bildungsspr.): *das Exilieren; das Exiliertwerden.*

exi|lisch ⟨Adj.⟩ (bildungsspr.): **a)** *in die Zeit des Exils fallend, im Exil geschehen;* **b)** *vom Exil, vom Geist der Exilzeit geprägt.*

Exil|li|te|ra|tur, die; -, ⟨Pl. selten⟩: *Literatur von Autorinnen u. Autoren, die im Exil leben (bes. Werke deutscher Autorinnen u. Autoren,*

die während des Nationalsozialismus im Exil lebten).

Exil|po|li|ti|ker, der: *im Exil lebender Politiker.*

Exil|po|li|ti|ke|rin, die; w. Form zu ↑ Exilpolitiker.

Exil|re|gie|rung, die (Völkerrecht): *im Ausland ansässige u. tätige Regierung eines Landes, in dem eine illegitime Regierung die Macht an sich gerissen hat.*

ex|i|mie|ren ⟨sw. V.; hat⟩ [lat. eximere = herausnehmen; befreien, entheben, zu: emere = nehmen] (Rechtsspr.): *von einer Verbindlichkeit, bes. von der Gerichtsbarkeit eines anderen Staates, befreien.*

exis|tent ⟨Adj.⟩ [zu lat. ex(s)istens (Gen.: ex(s)istentis), 1. Part. von: ex(s)istere, ↑ existieren]: *existierend, vorhanden:* eine -e Größe.

exis|ten|ti|al: ↑ existenzial.

Exis|ten|ti|a|lis|mus usw.: ↑ Existenzialismus usw.

Exis|tenz, die; -, -en [spätlat. ex(s)istentia = Dasein, Vorhandensein]: **1. a)** ⟨o. Pl.⟩ *das Existieren, Vorhandensein:* von der E. dieses Briefes; **b)** ⟨Pl. selten⟩ *(menschliches) Dasein, Leben:* die menschliche E.; die nackte E. retten. **2.** *[berufliche Stellung als] den materielle] Lebensgrundlage:* eine sichere E. haben; ich baue mir gerade eine E. auf; um seine E. ringen; der Krieg hat Tausende von -en vernichtet. **3.** ⟨mit abwertendem Attribut⟩ *Mensch:* in diesem Viertel treiben sich allerlei zweifelhafte -en herum; er ist eine gestrandete, gescheiterte E.

Exis|tenz|ana|ly|se, die (Psychol.): *psychoanalytische Methode, bei der die Geschichte eines Individuums unter dem Gesichtspunkt von Sinn- u. Wertbezügen durchforscht wird.*

Exis|tenz|angst, die: **a)** (Philos., bildungsspr.) *Angst, das eigene Leben nicht zu meistern od. den Sinn des Lebens zu verfehlen; Lebens-, Daseinsangst;* **b)** *Angst vor der Arbeitslosigkeit, vor dem wirtschaftlichen Ruin;* **c)** *Angst, als Institution, Partei, Verein o. Ä. künftig nicht mehr zu existieren* (1).

exis|tenz|be|dro|hend ⟨Adj.⟩: *die Existenz bedrohend.*

Exis|tenz|be|rech|ti|gung, die ⟨Pl. selten⟩: *[berufliche, gesellschaftliche] Daseinsberechtigung.*

exis|tenz|fä|hig ⟨Adj.⟩: *fähig zu existieren.*

Exis|tenz|fä|hig|keit, die ⟨o. Pl.⟩: *Fähigkeit zu existieren.*

Exis|tenz|fra|ge, die: *für die künftige Existenz* (1) *entscheidende Frage.*

exis|tenz|ge|fähr|dend ⟨Adj.⟩: *die Existenz gefährdend.*

Exis|tenz|grün|der, der: *jmd., der sich eine Existenz* (2) *gründet, aufbaut.*

Exis|tenz|grün|de|rin, die: w. Form zu ↑ Existenzgründer.

Exis|tenz|grund|la|ge, die: *Grundlage für die [materiell, finanziell] gesicherte Existenz* (2).

Exis|tenz|grün|dung, die: *Gründung einer Existenz* (2).

exis|ten|zi|al, existential ⟨Adj.⟩ (Philos.): *die Existenz, das [menschliche] Dasein hinsichtlich seiner Wesensmerkmale betreffend.*

Exis|ten|zi|a|lis|mus, Existentialismus, der; - [frz. existentialisme] (Philos.): **1.** *bes. von J. P. Sartre ausgehende Philosophie, Weltanschauung; davon beeinflusste unbürgerliche, unkonventionelle [u. moralisch freizügige] Lebenseinstellung, die auf der Überzeugung von der [verpflichtenden] Freiheit u. unausweichlichen Diesseitigkeit des menschlichen Daseins beruht.* **2.** Existenzphilosophie.

Exis|ten|zi|a|list, Existentialist, der; -en, -en [frz. existentialiste]: **1.** *Vertreter, Anhänger des Existen-*

zialismus. **2.** *jmd., der existentialistisch [eingestellt ist u.] lebt.*

Exis|ten|zi|a|lis|tin, Existentialistin, die; -, -nen: w. Form zu ↑ Existenzialist.

exis|ten|zi|a|lis|tisch, existentialistisch ⟨Adj.⟩: **1.** *den Existenzialismus vertretend od. betreffend.* **2.** *die Lebenseinstellung des Existenzialismus* (1) *bzw. [ähnliche wie] dessen Lebens- u. Ausdrucksformen zeigend.*

Exis|ten|zi|al|phi|lo|so|phie, Existentialphilosophie, die: Existenzphilosophie.

exis|ten|zi|ell, existentiell ⟨Adj.⟩ [frz. existentiel, zu: existence = Existenz < spätlat. ex(s)istentia, ↑ Existenz] (Philos., bildungsspr.): **a)** *das im Erleben u. Handeln sich erschließende, wesenhafte menschliche Dasein (das Dasein hinsichtlich seines Seinscharakters) betreffend; wesenhaft daseinsmäßig;* **b)** *das Dasein, die Existenz wesentlich betreffend; lebenswichtig.*

Exis|tenz|kampf, der: *Kampf um die Existenz* (1, 2).

Exis|tenz|mi|ni|mum, das: *zum Leben unbedingt nötiges Mindesteinkommen.*

Exis|tenz|phi|lo|so|phie, die: *philosophische Richtung des 20. Jh.s, deren Hauptthema das im Erleben u. Handeln sich erschließende, wesenhafte menschliche Dasein ist.*

Exis|tenz|recht, das ⟨Pl. selten⟩: *Recht zu existieren.*

Exis|tenz|si|che|rung, die: *Sicherung der Existenz* (1 b, 2).

exis|tie|ren ⟨sw. V.; hat⟩ [lat. ex(s)istere = heraus-, hervortreten, vorhanden sein, zu: sistere = (sich) hinstellen, stellen]: **1.** *vorhanden sein, da sein, bestehen:* das alte Haus existiert noch; diese Dinge existieren nur in deiner Fantasie; es existieren keine Aufzeichnungen mehr darüber. **2.** *leben, sein Auskommen haben:* von 300 Euro monatlich kann man kaum e.

Exi|tus, der; - [lat. exitus, eigtl. = das Herausgehen, Ausgang] (Med.): *Tod.*

Ex|ka|va|ti|on, die; -, -en [lat. excavatio = Aushöhlung]: **1.** (Med.) *(krankhafte od. normale) Aushöhlung, Ausbuchtung [eines Organs].* **2.** (Zahnmed.) *Entfernung kariösen Zahnbeins durch Exkavieren* (1). **3.** (Fachspr.) *Ausschachtung, Ausbaggerung.*

Ex|ka|va|tor, der; -s, ...oren: **1.** (Zahnmed.) *löffelartiges Instrument zur Entfernung kariösen Zahnbeins.* **2.** *Maschine für Erdarbeiten.*

ex|ka|vie|ren ⟨sw. V.; hat⟩ [lat. excavare = aushöhlen, zu: cavus = hohl, gewölbt]: **1.** (Zahnmed.) *kariöses Zahnbein mit dem Exkavator* (1) *entfernen.* **2.** (Fachspr.) *ausschachten, ausbaggern, aushöhlen.*

exkl. = exklusive.

Ex|kla|ma|ti|on, die; -, -en [lat. exclamatio] (Rhet., bildungsspr. veraltet): *Ausruf.*

ex|kla|ma|to|risch ⟨Adj.⟩ (bildungsspr.): *ausrufend; marktschreierisch.*

Ex|kla|ve, die; -, -n [Ggb. zu ↑ Enklave]: **1.** *von fremdem Staatsgebiet eingeschlossener Teil eines Staatsgebietes:* eine britische E. **2.** (Biol.) *kleineres, vom Hauptverbreitungsgebiet isoliertes Areal einer Tier- od. Pflanzenart.*

Ex|klu|si|on, die; -, -en [lat. exclusio] (bildungsspr.): *Ausschließung.*

ex|klu|siv ⟨Adj.⟩ [engl. exclusive < (m)frz. exclusif < mlat. exclusivus, zu lat. excludere, aus: ex = (her)aus u. claudere, ↑ Klause]: **1.** (bildungsspr.) **a)** *sich [gesellschaftlich] abschließend, abgrenzend, abhebend [u. daher in der allgemeinen Wert-, Rangeinschätzung hochstehend]:* ein -er Zirkel; die -e *(vornehme)* Gesellschaft; e. leben; **b)** *höchsten Ansprüchen genügend, [vornehm u.] vorzüglich, anspruchsvoll:* ein Modell; ein -es Restaurant; e. speisen. **2.** *ausschließlich einem bestimmten Personenkreis od. bestimm-*

ten Zwecken, Dingen vorbehalten, anderen [Dingen] nicht zukommend: eine -e [Theater]aufführung; einer Zeitung e. (aufgrund einer Vereinbarung ihr allein) über etw. berichten.

Ex|klu|siv|be|richt, der (bes. Zeitungsw.): *ausschließlich einer bestimmten Zeitung, einem bestimmten Sender o. Ä. vorbehaltener bzw. zur Veröffentlichung überlassener Bericht.*

¹ex|klu|si|ve ⟨Präp. mit Gen.; zur Rektion vgl. auch ↑³ausschließlich⟩ (bes. Kaufmannsspr.): ³*ausschließlich* (Abk.: exkl.).

²ex|klu|si|ve ⟨Adv.⟩ (bildungsspr.): *Letztgenanntes nicht mit einbegriffen* (Abk.: exkl.): der Vertrag läuft noch bis Januar e.; lesen Sie bitte weiter bis Kapitel drei e.

Ex|klu|siv|fo|to, das, schweiz. auch: die: vgl. Exklusivbericht.

Ex|klu|siv|in|ter|view, das (bes. Zeitungsw., Rundfunk, Fernsehen): *nur einer bestimmten Person (z. B. einem Reporter) gewährtes Interview.*

Ex|klu|si|vi|tät, die; - (bildungsspr.): *das Exklusivsein; exklusive Beschaffenheit.*

Ex|klu|siv|recht, das (bes. Verlagswesen): *alleiniges Recht an, auf etw., bes. auf Veröffentlichung von etw.*

Ex|klu|siv|ver|trag, der: *Vertrag, in dem die Übertragung von Exklusivrechten festgelegt ist.*

Ex|koch|le|a|ti|on, die; -, -nen [engl. excochleation, zu: chochlea, ↑Kochlea] (Med.): *Auskratzung, Ausschabung eines Hohlraums mit einem scharfen, löffelartigen Instrument; Kürettage.*

Ex|kom|mu|ni|ka|ti|on, die; -, -en [kirchenlat. excommunicatio] (kath. Kirche): *Ausschluss aus der Gemeinschaft der Gläubigen, bes. vom Empfang der Sakramente (aber nicht aus der Kirche).*

ex|kom|mu|ni|zie|ren ⟨sw. V.; hat⟩ [kirchenlat. excommunicare, aus lat. ex = (her)aus u. communicare, ↑kommunizieren] (kath. Kirche): *(zur Strafe) aus der Gemeinschaft der Gläubigen ausschließen:* einen Ketzer e.

Ex|kom|mu|ni|zie|rung, die; -, -en: *das Exkommunizieren; das Exkommuniziertwerden.*

Ex|kre|ment, das; -[e]s, -e ⟨meist Pl.⟩ [lat. excrementum, zu: excernere, ↑Exkret] (bildungsspr.): *Ausscheidung* (bes. Kot): tierische, menschliche -e; die -e der Vögel beseitigen.

Ex|kret, das, -[e]s, -e [zu lat. excretum, 2. Part. von: excernere = aussondern, ausscheiden] (Med., Zool.): *vom Körper ausgeschiedenes wertloses Stoffwechselprodukt* (bes. Harn, Kot, Schweiß).

Ex|kre|ti|on, die; -, -en (Med., Zool.): *Ausscheidung wertloser Stoffwechselprodukte aus dem Körper.*

ex|kre|to|risch ⟨Adj.⟩ (Med., Zool.): *ausscheidend, absondernd:* -e Drüsen.

Ex|kul|pa|ti|on, die; -, -en [mlat. exculpatio = Schuldbefreiung, zu lat. culpa = Schuld] (Rechtsspr., bildungsspr.): *[Selbst]entlastung vom Vorwurf des Verschuldens, Rechtfertigung, Schuldbefreiung.*

ex|kul|pie|ren ⟨sw. V.; hat⟩ (Rechtsspr., bildungsspr.): *vom Vorwurf des Verschuldens entlasten, befreien; rechtfertigen.*

Ex|kurs, der; -es, -e [lat. excursus, eigtl. = das Herauslaufen; Streifzug, zu: excurrere (2.Part. excursum) = herauslaufen, zu: currere, ↑Kurs] (bildungsspr.): *Erörterung in Form einer Abschweifung:* ein historischer E.

Ex|kur|si|on, die; -, -en [frz. excursion < lat. excursio = Streifzug]: *Gruppenausflug zu wissenschaftlichen od. Bildungszwecken:* eine geografische E. in den Alpen unternehmen; zu [einer] E. in die Antarktis aufbrechen; sich auf [einer] E. befinden.

◆ **Ex|ku|se** [ɛksˈkyːz; frz. excuse, zu: excuser < lat. excusare, ↑Exkusation], **Ex|kü|se,** die; -: *Entschuldigung* (2 a): ...ergriff ihn sachte am Mantel und bat ihn treuherzig um Exküse (Hebel, Schatzkästlein 20).

ex|lex ⟨Adv.⟩ [lat. exlex = an kein Gesetz gebunden, gesetzlos, zu: lex = Gesetz] (bildungsspr.): *recht- u. gesetzlos, vogelfrei, geächtet.*

Ex|li|b|ris, das; -, - [lat. ex libris = aus den Büchern] (Grafik, Verlagsw.): *auf die Innenseite des vorderen Buchdeckels geklebter, künstlerisch gestalteter Zettel mit [der Aufschrift »Exlibris« od. »Ex libris« u. a.] dem Namen des Eigentümers.*

Ex|mann, der ⟨Pl. ...männer⟩: *Mann, der von seiner Frau geschieden ist.*

Ex|ma|t|ri|kel [auch: ...ˈtrɪk], die; -, -n [aus lat. ex = (her)aus u. ↑Matrikel] (Hochschulw.): *Bescheinigung über das Verlassen der Hochschule.*

Ex|ma|t|ri|ku|la|ti|on, die; -, -en ⟨Ggb. zu ↑Immatrikulation⟩ (Hochschulw.): *Streichung aus der Matrikel:* die E. beantragen; seit meiner E.

ex|ma|t|ri|ku|lie|ren ⟨sw. V.; hat⟩ ⟨Ggb. zu ↑immatrikulieren⟩ (Hochschulw.): **a)** *aus der Matrikel streichen:* einen Studenten e.; **b)** ⟨e. + sich⟩ *sich exmatrikulieren* ⟨a⟩ *lassen:* ich habe mich noch nicht exmatrikuliert.

Ex|mis|si|on, die; -, -en [zu ↑exmittieren] (Rechtsspr.): *gerichtliche Ausweisung aus einem Haus od. Verweisung von einem Grundstück.*

ex|mit|tie|ren ⟨sw. V.; hat⟩ [lat. e(x)mittere (2. Part.: e(x)missum = fortschicken, herauswerfen, zu: mittere, ↑Mission)] **1.** (Rechtsspr.) *durch gerichtlich angeordnete Zwangsräumung aus einer Wohnung, von einem Grundstück weisen.* **2.** (bildungsspr. selten) *hinauswerfen, hinaussetzen, hinausbefördern.*

Ex|mit|tie|rung, die; -, -en: *Emission.*

exo-, Exo- [griech. éxō, zu: ex = (her)aus] ⟨Best. in Zus. mit der Bed.⟩: *außen, außerhalb* (z. B. exotherm, Exoallergie).

Exo|al|ler|gie, die; -, -n [↑Allergie] (Med.): *Allergie, bei der die Allergene von außen her auf den Organismus einwirken.*

Exo|bio|lo|gie, die; - [↑Biologie]: *Kosmobiologie.*

Exo|der|mis, die; -, ...men [zu griech. dérma = Haut] (Bot.): *äußeres [verkorktes] Abschlussgewebe der Pflanzenwurzel.*

Ex|o|dus, der; -, -se: **1.** ⟨o. Pl.⟩ [lat. exodus < griech. éxodos = Ausgang; nach dem 2. Buch Mose, das den Auszug der Juden aus Ägypten schildert] 2. Buch Mose. **2.** (bildungsspr.) *Auszug* (*einer Gesamtheit*): der E. der deutschen Bevölkerung aus Danzig; der E. der Opposition [aus dem Plenum] (*das demonstrative Verlassen des Plenums*).

ex of|fi|cio [lat., zu: officium, ↑Offizium] (Rechtsspr.): *von Amts wegen, amtlich, kraft Amtes* (Abk.: e. o.).

Exo|ga|mie, die; -, -n [zu ↑exo-, Exo- u. griech. gámos = Hochzeit, Ehe] (Soziol.): *Heiratsordnung, nach der nur außerhalb des eigenen sozialen Verbandes (z. B. Stamm, Sippe) geheiratet werden darf.*

exo|gen ⟨Adj.⟩ [↑-gen]: **1. a)** (Med.) *(von Stoffen, Krankheitserregern od. Krankheiten) außerhalb des Organismus entstehend; von außen her in den Organismus eindringend:* -e Erreger; **b)** (Psychol.) *umweltbedingt:* eine -e Psychose; **c)** (Bot.) *(bes. von Blattanlagen u. Knospen) außen entstehend.* **2.** (Geol.) *von Kräften ableitbar, die auf die Erdoberfläche einwirken, wie Wasser, Atmosphäre, Organismen u. Ä.:* Verwitterungen sind e. bestimmte Vorgänge.

Exo|karp, das; -s, -e [zu griech. karpós = Frucht] (Bot.): *äußerste Wandschicht einer pflanzlichen Frucht* (z. B. der Haarüberzug beim Pfirsich).

exo|krin ⟨Adj.⟩ [zu griech. krínein = scheiden] (Med.): *(von Drüsen) nach außen abscheidend.*

Exon, das; -s, Pl. -s od. ...onen [Kunstwort; Analogiebildung zu ↑Codon] (Biol.): *Abschnitt eines Gens, der die nötige Information für die Erzeugung von Proteinen enthält.*

Ex|o|nym, das; -s, -e, **Ex|o|ny|mon,** das; -s, ...ma [zu ↑exo-, Exo- u. griech. ónyma = Name] (Sprachwiss.): *von dem amtlichen Namen abweichende, in anderen Ländern gebrauchte Ortsnamenform* (z. B. dt. Mailand für ital. Milano).

ex|or|bi|tant ⟨Adj.⟩ [zu spätlat. exorbitans (Gen.: exorbitantis), 1. Part. von: exorbitare = von der Bahn, der Wagenspur abweichen, zu lat. orbita, ↑Orbit] (bildungsspr.): *außerordentlich, gewaltig, enorm, ungeheuer:* -e Preise, Einkommen, Erfolge; ein -es Honorar; die Hitze war e.; seine Leistungen e. steigern.

Ex|or|bi|tanz, die; -, -en ⟨Pl. selten⟩ (bildungsspr.): *exorbitante Beschaffenheit:* die E. einer Forderung.

ex ori|en|te lux [lat., zu: oriens (↑Orient) u. lux = Licht]: *aus dem Osten (kommt) das Licht* (zunächst auf die Sonne bezogen, dann übertragen auf Christentum u. Kultur).

ex|or|zie|ren, exorzisieren ⟨sw. V.; hat⟩ [spätlat. exorcizare < griech. exorkízein = schwören lassen; beschwören, zu: hórkos = das, wobei od. worauf man schwört] (Rel.): *(vermeintlich vorhandene Dämonen, böse Geister) durch Beschwörung austreiben:* den Teufel e.

Ex|or|zie|rung, Exorzisierung, die; -, -en: *das Exorzieren; das Exorziertwerden.*

ex|or|zi|sie|ren usw.: ↑ exorzieren usw.

Ex|or|zis|mus, der; -, ...men [lat. exorcismus < griech. exorkismós] (Rel.): *[Praktik der] Austreibung von vermeintlich vorhandenen Dämonen, bösen Geistern.*

Ex|or|zist, der; -en, -en [spätlat. exorcista < griech. exorkistés]: **1.** (Rel.) *jmd., der exorziert.* **2.** (kath. Kirche veraltet) *jmd., der den dritten Grad der niederen Weihen besitzt.*

Ex|or|zis|tin, die; -, -nen: w. Form zu ↑ Exorzist (1).

Exo|sphä|re, die; -, -n [↑Sphäre]: *an die Ionosphäre grenzende, oberste Schicht der Atmosphäre.*

Exot, der; -en, -en, **Exo|te,** der; -n, -n [zu ↑exotisch]: **1.** *Mensch, Tier, Pflanze aus einem fernen (bes. überseeischen, tropischen) Land:* in dieser Voliere sind die Exoten untergebracht; Ü am Automarkt sind die Exoten (Jargon; *ausgefallene Fabrikate*) sehr gefragt. **2.** ⟨Pl.⟩ (Börsenw.) *Wertpapiere aus kleinen, meist überseeischen Staaten, die im ungeregelten Freiverkehr gehandelt werden.*

Exo|te|ri|ker, der; -s, - [zu ↑exoterisch] (bildungsspr.): *(bezüglich esoterischer Lehren o. Ä.) Außenstehender, nicht Eingeweihter.*

Exo|te|ri|ke|rin, die; -, -nen: w. Form zu ↑ Exoteriker.

exo|te|risch ⟨Adj.⟩ [lat. exotericus < griech. exōterikós, zu: éxō, ↑exo-, Exo-] (bildungsspr.): *für Außenstehende, für die Öffentlichkeit bestimmt; allgemein verständlich.*

exo|therm ⟨Adj.⟩ [zu ↑exo-, Exo- u. griech. thérmē = Wärme, Hitze] (Physik, Chemie): *(von chemischen Vorgängen) mit Freiwerden von Wärme verbunden, unter Freiwerden von Wärme ablaufend:* -e Reaktionen.

Exo|tik, die; - [zu ↑exotisch] (bildungsspr.): *exotisches Aussehen, Wesen; exotische Beschaffenheit, Gestaltung:* ein Geschehen von pittoresker E.

Exotika – Explantation

Exo|ti|ka ⟨Pl.⟩: *aus fernen Ländern stammende Kunstgegenstände.*

Exo|tin, die; -, -nen: *Frau od. Mädchen aus einem fernen (bes. überseeischen, tropischen) Land.*

exo|tisch ⟨Adj.⟩ [lat. exoticus < griech. exōtikós = ausländisch, zu: exō, ↑ exo-, Exo-]: **a)** *fernen (bes. überseeischen, tropischen) Ländern, Völkern eigentümlich, ihnen zugehörend, entstammend; [der Art, dem Aussehen, Eindruck nach] fremdländisch, fremdartig u. dabei einen gewissen Zauber ausstrahlend:* -e Tiere, Pflanzen, Menschen; -e (Jargon; *aus dem Fernen Osten importierte*) Gewürze; e. klingen; **b)** *ausgefallen, ungewöhnlich:* -e Flugversuche unternehmen.

Exo|tis|mus, der; -, ...men (Sprachwiss.): *fremdsprachiges Wort, das auf einen Begriff der fremdsprachigen Umwelt beschränkt bleibt* (z. B. College, Iglu, Hazienda).

ex ovo [lat., eigtl. = vom Ei an]: *ab ovo.*

Ex|pan|der, der; -s, - [engl. expander, eigtl. = (Aus)dehner, zu: to expand = ausdehnen, strecken < lat. expandere, ↑ expandieren] (Sport): *Trainingsgerät aus Metallspiralen od. elastischen Seilen, das man mit beiden Armen auseinanderzieht, um Arm- und Oberkörpermuskulatur zu stärken.*

ex|pan|die|ren ⟨sw. V.⟩ [lat. expandere (2. Part.: expansum) = auseinanderspannen, ausbreiten, ↑ Spaß]: **1.** ⟨hat⟩ (bildungsspr.) *sich ausdehnen, sich vergrößern, zunehmen:* die Kleinstadt expandiert immer weiter; die Sozialausgaben haben am stärksten expandiert *(sind am stärksten gestiegen).* **2.** (Physik, Technik) **a)** ⟨hat⟩ *(bes. Dämpfe, Gase) ausdehnen:* der Wasserdampf wird durch Erhitzung expandiert; **b)** ⟨ist⟩ *(bes. von Dämpfen, Gasen) sich ausdehnen:* das Gas ist um das Doppelte seines Volumens expandiert; der expandierende Kosmos. **3.** ⟨hat⟩ **a)** (Politik) *den Macht- od. Einflussbereich erweitern:* ein Staat, der expandiert; **b)** (Wirtsch.) *den Umsatz u. den Marktanteil kräftig steigern sowie den Leistungs- od. Einflussbereich erweitern, eine Expansion (3 b) zeigen:* das Unternehmen expandiert.

Ex|pan|si|on, die; -, -en [frz. expansion < lat. expansio = Ausdehnung, Ausstreckung, zu: expandere, ↑ expandieren]: **1.** (bildungsspr.) *das Expandieren (1); Vergrößerung:* die E. der Großstädte; eine kräftige E. *(Steigerung)* des Etats, der Unkosten. **2.** *das Expandieren (2b); starke räumliche Ausdehnung (bes. von Gasen, Dämpfen):* die E. des Wasserdampfes; die E. des Kosmos. **3. a)** (Politik) *Erweiterung des Macht- od. Einflussbereichs:* eine Politik der E. betreiben; **b)** (Wirtsch.) *kräftige Steigerung des Umsatzes u. Marktanteils in Verbindung mit einer Erweiterung des Leistungs- od. Einflussbereichs:* die E. eines Unternehmens [in neue Marktbereiche].

ex|pan|si|o|nis|tisch ⟨Adj.⟩: *auf Expansion (3 a) bedacht:* eine -e Politik.

Ex|pan|si|ons|be|stre|bun|gen ⟨Pl.⟩: *Bestrebungen, die auf eine Expansion (3) abzielen.*

Ex|pan|si|ons|drang, der: *Drang nach Expansion.*

ex|pan|si|ons|freu|dig ⟨Adj.⟩: *leicht u. schnell expandierend (3), stark zur Expansion (3) neigend.*

Ex|pan|si|ons|kraft, die (Physik): *Kraft, die sich in einer Tendenz zur Expansion zeigt.*

Ex|pan|si|ons|kurs, der: *das Streben nach Expansion (3b).*

Ex|pan|si|ons|po|li|tik, die: **a)** *expansionistische Politik;* **b)** *auf Expansion (3b) gerichtete Politik.*

Ex|pan|si|ons|ver|mö|gen, das: *Vermögen, Fähigkeit eines Stoffes zu expandieren (2).*

ex|pan|siv ⟨Adj.⟩: *sich ausdehnend, auf Ausdehnung u. Erweiterung, Expansion bedacht:* ein sehr -es *(starke Expansion 3b aufweisendes)* Unternehmen; die Kostenentwicklung auf diesem Gebiet ist sehr e. *(die Kosten steigen sehr).*

Ex|pan|siv|kraft, die: *Kraft, die auf Expansion (3) gerichtet ist.*

Ex|pat [ɛksˈpæt], der; -s, -s: Kurzf. von ↑ Expatriate.

Ex|pa|t|ri|ate [ɛksˈpætriət], der; -s, -s [engl. expatriate, zu mengl. to expatriate = aus der Heimat weggehen < mlat. expatriare (2. Part.: expatriatum), zu lat. ex = aus u. patria = Heimat, Vaterland]: *jmd., der [im Auftrag seiner Firma] längere Zeit im Ausland arbeitet.*

Ex|pa|t|ri|a|ti|on, die; -, -en [zu ↑ expatriieren] (Politik, Rechtsspr.): *Ausbürgerung, Verbannung.*

ex|pa|t|ri|ie|ren ⟨sw. V.⟩ [mlat. expatriare = aus der Heimat weggehen, zu lat. patria = Vaterland] (Politik, Rechtsspr.): *ausbürgern, verbannen.*

Ex|pa|t|ri|ie|rung, die; -, -en: *Expatriation.*

Ex|pe|di|ent, der; -en, -en [zu lat. expediens (Gen.: expedientis), 1. Part. von: expedire, ↑ expedieren]: **a)** *kaufmännischer Angestellter, der in der Expedition (4 a) eines Betriebes für die Abfertigung von Versand- u. Transportgütern zuständig ist* (Berufsbez.); **b)** *Angestellter in einem Reisebüro, Reiseverkehrskaufmann* (Berufsbez.).

Ex|pe|di|en|tin, die; -, -nen: w. Form zu ↑ Expedient.

ex|pe|die|ren ⟨sw. V.; hat⟩ [lat. expedire = losmachen, entwickeln, aufbereiten, eigtl. etwa = von einer Fußfessel befreien, zu lat. pes (Gen.: pedis) = Fuß] (bildungsspr., auch scherzh.): *[abfertigen u.] absenden, befördern:* Briefe durch einen Boten e.

Ex|pe|die|rung, die; -, -en: *das Expedieren; das Expediertwerden.*

♦ **ex|pe|dit** ⟨Adj.⟩ [lat. expeditus = rüstig; (kampf)bereit]: *behände, gewandt:* ... nahm mit mir und meiner Schwester bei dem -en Meister Lektion (Goethe, Dichtung u. Wahrheit 4).

Ex|pe|dit, das; -[e]s, -e (österr.): *Versandabteilung [einer Firma].*

Ex|pe|di|ti|on, die; -, -en [lat. expeditio = Beseitigung, Erledigung; Feldzug]: **1. a)** *Forschungsreise unter Expedition (1) in unerschlossene Gebiete]:* eine gefährliche E.; eine E. [zum Nordpol] antreten; an einer E. teilnehmen; **b)** *Personengruppe, die eine Expedition (1 a) unternimmt:* sich einer E. anschließen. **2.** (veraltet) *Kriegszug:* eine missglückte E. Napoleons. **3.** *[ins Ausland] entsendete Personengruppe, die [für einen Verband, ein Unternehmen o. Ä.] bestimmte Aufgaben wahrnehmen soll:* die dreizehnköpfige E. des Deutschen Tischtennisbundes. **4. a)** *Versand-, Abfertigungsabteilung [einer Firma]:* in der E. eines Warenhauses arbeiten; **b)** (Kaufmannsspr., seltener) *Expedierung.*

Ex|pe|di|ti|ons|lei|ter, der: *Leiter einer Expedition (1 a).*

Ex|pe|di|ti|ons|lei|te|rin, die: w. Form zu ↑ Expeditionsleiter.

♦ **Ex|pe|di|ti|ons|rat,** der [zu Expedition = Geschäftsstelle, Büro]: *Abteilungs-, Büroleiter:* Ihr seid E. mit sechshundert Gulden Besoldung (Hauff, Jud Süß 406).

Ex|pe|di|ti|ons|teil|neh|mer, der: *jmd., der an einer Expedition (1 a) teilnimmt.*

Ex|pe|di|ti|ons|teil|neh|me|rin, die: w. Form zu ↑ Expeditionsteilnehmer.

Ex|pek|to|rans, das; -, …ranzien u. …rantia, **Ex|pek|to|ran|ti|um,** das; -s, …ranzien u. …rantia [zu lat. ex = (her)aus u. pectus (Gen.: pectoris) = Brust] (Med.): *schleimlösendes Mittel, Hustenmittel.*

Ex|pe|ri|ment, das; -[e]s, -e [lat. experimentum = Versuch, Probe; Erfahrung, zu: experiri = versuchen, erproben]: **1.** *wissenschaftlicher Versuch, durch den etw. entdeckt, bestätigt od. gezeigt werden soll:* ein chemisches, psychologisches E.; das E. gelingt, missglückt; ein E. durch-, vorführen; -e an, mit Tieren; -e [mit jmdm., etw.] anstellen; etw. im E., in, an -en zeigen. **2.** *[gewagter] Versuch, Wagnis; gewagtes, unsicheres Unternehmen:* ein kühnes, gefährliches E.; das politische E. der Demokratisierung; wir wollen keine e. machen, [nur] keine -e! *(wir wollen uns auf kein Risiko einlassen!).*

ex|pe|ri|men|tal ⟨Adj.⟩ (selten): *experimentell (1).*

Ex|pe|ri|men|tal|film, der: *mit [avantgardistischen] künstlerischen Ambitionen gedrehter experimenteller Film.*

Ex|pe|ri|men|tal|phy|sik, die: *experimentelle Physik.*

Ex|pe|ri|men|ta|tor, der; -s, ...oren: *jmd., der Experimente durch- od. vorführt.*

Ex|pe|ri|men|ta|to|rin, die; -, -nen: w. Form zu ↑ Experimentator.

ex|pe|ri|men|tell ⟨Adj.⟩: **1.** *auf Experimenten beruhend, mit Experimenten [erfolgend]:* die -e Physik; -e Methoden; etw. e. nachweisen. **2.** (Kunst, Literatur, Musik) *(versuchsweise) mit besonderen, neuartigen, ungewöhnlichen, fremd wirkenden künstlerischen Mitteln frei gestaltet, komponiert:* ein Musikstück.

Ex|pe|ri|men|tier|büh|ne, die: *Bühne für experimentelles Theater.*

ex|pe|ri|men|tie|ren ⟨sw. V.; hat⟩: *Experimente anstellen, durchführen:* mit, an Tieren e.; mit Chemikalien e.

Ex|pe|ri|men|tier|freu|de, die: *starke Neigung zum Experimentieren.*

ex|pe|ri|men|tier|freu|dig ⟨Adj.⟩: *gern experimentierend:* ein -er Filmemacher.

Ex|pe|ri|men|tier|freu|dig|keit, die: *Experimentierfreude.*

Ex|pe|ri|men|tier|sta|di|um, das: *Versuchsstadium.*

Ex|pe|ri|men|tier|the|a|ter, das: **a)** ⟨o. Pl.⟩ *experimentelles Theater (2);* **b)** *Experimentierbühne.*

Ex|per|te, der; -n, -n [frz. expert < lat. expertus = erprobt, bewährt, adj. 2. Part. von: experiri, ↑ Experiment]: *Sachverständiger, Fachmann, Kenner:* militärische -n; ein E. in, für Steuerfragen.

Ex|per|ten|be|fra|gung, die: *das Einholen einer Stellungnahme verschiedener Experten zu einem Thema, Problem o. Ä.*

Ex|per|ten|grup|pe, die: *vgl. Expertenstab.*

Ex|per|ten|kom|mis|si|on, die: *aus Experten bestehende Kommission.*

Ex|per|ten|stab, der: *Gruppe, Stab von Experten.*

Ex|per|ten|sys|tem, das (EDV): *Programmsystem, das Daten über ein spezielles Gebiet speichert, daraus Schlussfolgerungen zieht u. zu konkreten Problemen des Gebietes Lösungen anbietet.*

Ex|per|tin, die; -, -nen: w. Form zu ↑ Experte.

Ex|per|ti|se, die; -, -n [frz. expertise] (bes. Wirtsch., Kunsthandel, Recht, Politik): *Gutachten eines Experten:* eine E. über etw. einholen, vorlegen; ein Rubens mit E. *(Expertengutachten über die Echtheit).*

Ex|pla|na|ti|on, die; -, -en [lat. explanatio = Erklärung, Auslegung] (Literaturwiss.): *inhaltliche Erläuterung, Erklärung eines Textes; Explikation.*

ex|pla|na|tiv ⟨Adj.⟩ [spätlat. explanativus] (Literaturwiss.): *auslegend, erläuternd.*

Ex|plan|ta|ti|on, die; -, -en [zu lat. ex = (her)aus u. planta = Gewächs, Pflanze] (Med., Zool.):

Entnahme von Zellen, Geweben od. Organen aus dem lebenden Organismus.

ex|plan|tie|ren ⟨sw. V.; hat⟩ (Med., Zool.): (Zellen, Gewebe, Organe) für die Gewebezüchtung od. Transplantation aus dem lebenden Organismus entnehmen, auspflanzen.

Ex|pli|ka|ti|on, die; -, -en [lat. explicatio, eigtl. = das Auseinanderrollen]: **1.** (bildungsspr.) Erklärung, Erläuterung, Darlegung: seine theoretischen -en. **2.** (Logik) entfaltende u. präzisierende Erklärung, Definition.

ex|pli|zie|ren ⟨sw. V.; hat⟩ [lat. explicare, eigtl. = auseinanderfalten, -rollen] (bildungsspr.): erklären, näher erläutern, darlegen, auseinandersetzen: jmdm. einen Begriff, eine Angelegenheit e.

ex|pli|zit [auch, österr. nur: ...'tsɪt] ⟨Adj.⟩ [lat. explicitus = ohne Schwierigkeiten auszuführen; klar, adj. 2. Part. von: explicare, ↑ explizieren] (bildungsspr., Fachspr.): **1.** ausdrücklich, deutlich: diese Aussage ist e. im Text enthalten; implizite Regeln e. machen (sie zu erkennen geben, ausformulieren). **2.** (bezüglich der Darstellung, Erklärung) ausführlich u. differenziert: etw. e. darstellen.

ex|pli|zi|te ⟨Adv.⟩ [lat. explicite] (bildungsspr.): ausdrücklich, in aller Deutlichkeit.

Ex|pli|zit|heit, die; -: das Explizitsein.

Ex|plo|dier|bar ⟨Adj.⟩: die Eigenschaft besitzend, explodieren zu können.

ex|plo|die|ren ⟨sw. V.; ist⟩ [lat. explodere = klatschend, schlagend hinaustreiben, aus: ex = (her)aus u. plodere (plaudere), ↑ plausibel]: **1.** durch heftigen inneren [Gas]druck plötzlich auseinandergetrieben werden, krachend [zer]platzen, [zer]bersten: die Bombe, der Kessel, das Gasgemisch ist explodiert; Ü die Kosten explodieren (steigen rapide an). **2.** plötzlich in etw. ausbrechen, einen Gefühlsausbruch haben: vor Zorn, Wut e.

Ex|ploi|ta|ti|on [eksploata'tsi̯oːn], die; -, -en [frz. exploitation, zu: exploiter, über das Afrz. u. Vlat. zu lat. explicitus, ↑ explizit] (veraltet): Ausbeutung, Ausnutzung (von Sachen od. Personen).

Ex|plo|rand, der; -en, -en [zu lat. explorandus, Gerundivum von: explorare, ↑ explorieren] (Fachspr.): jmd., der exploriert (2) wird.

Ex|plo|ra|ti|on, die; -, -en [lat. exploratio = Untersuchung, Erforschung] (bes. Fachspr.): das Explorieren.

Ex|plo|ra|tor, der; -s, ...oren (Fachspr.): jmd., der exploriert.

Ex|plo|ra|to|rin, die; -, -nen: w. Form zu ↑ Explorator.

ex|plo|ra|to|risch ⟨Adj.⟩ [lat. exploratorius = zum Aufklären gehörend] (bes. Fachspr.): Exploration bezweckend, betreffend; ausforschend, erkundend: -e Gespräche.

ex|plo|rie|ren ⟨sw. V.; hat⟩ [lat. explorare = untersuchen, erforschen, urspr. in der Jägerspr. = das Wild herausschreien (= aufscheuchen), zu lat. plorare = schreien, weinen] (Fachspr.): **1.** (Boden, Gelände) erforschen, untersuchen, erkunden (z. B. archäologisch od. zur Auffindung von Bodenschätzen): das Terrain e.; ⟨auch ohne Akk.-Obj.:⟩ der Ölkonzern exploriert in der Arktis. **2.** (Personen[gruppen]) zu Untersuchungs-, Erkundungszwecken befragen; (Verhältnisse) durch Befragung u. Gespräche untersuchen, erkunden: eine Population e.

ex|plo|si|bel ⟨Adj.; ...bler, -ste⟩ [zu lat. explosum, 2. Part. von: explodere, ↑ explodieren]: **1.** leicht explodierend, explosiv (1 a): ein explosibles Gemisch. **2.** (Med., Psychol.) zu unvermittelten Gewalthandlungen u. plötzlichen Kurzschlussreaktionen neigend.

Ex|plo|si|on, die; -, -en [lat. explosio = das Herausklatschen]: **1.** durch starken inneren [Gas]druck verursachtes, mit einem heftigen Knall verbundenes plötzliches Zerplatzen od. Zerbersten eines Körpers: die E. eines Dampfkessels; eine heftige E. auslösen; eine E. zur E. bringen. **2.** heftiger Gefühlsausbruch, bes. Zornes-, Wutausbruch: seit Langem gestauter Ärger führte schließlich zur, zu einer E., entlud sich in einer E. **3.** rapides Ansteigen, Anwachsen: eine E. der Kosten, der Bevölkerungszahlen.

ex|plo|si|ons|ar|tig ⟨Adj.⟩: **1.** einer Explosion ähnlich [vor sich gehend]: ein -es Zerbersten. **2.** rapide, plötzlich [erfolgend]: -e Kostensteigerungen.

Ex|plo|si|ons|ge|fahr, die: Gefahr einer Explosion.

Ex|plo|si|ons|herd, der: **1.** Quelle einer Explosion (1). **2.** Unruheherd.

Ex|plo|si|ons|kraft, die: Wirkungskraft einer Explosion.

Ex|plo|si|ons|kra|ter, der (Geol.): durch eine Explosion (1) entstandener Krater.

Ex|plo|si|ons|mo|tor, der; -s, -en, auch: -e (Technik): Verbrennungsmotor.

Ex|plo|si|ons|si|cher ⟨Adj.⟩: vor Explosion (1) gesichert: ein -er Ofen.

Ex|plo|si|ons|wir|kung, die: Wirkung einer Explosion (1): eine kaum vorausberechenbare E.

ex|plo|siv ⟨Adj.⟩: **1. a)** leicht explodierend: ein -es Gemisch; Ü die E. einem (brisanten, gefährlichen) Kräfte der Revolution; **b)** zu plötzlichen Gefühls-, bes. Zornes-, Wutausbrüchen neigend: ein -es Temperament. **2. a)** explosionsartig: -e Laute (Sprachwiss.; Explosivlaute); Ü etw. geschieht mit -er Heftigkeit; **b)** sehr temperamentvoll, heftig: e. reagieren.

Ex|plo|siv, der; -s, -e, **Ex|plo|si|va**, die; -, ...vä (Sprachwiss.): Kurzf. von ↑ Explosivlaut.

Ex|plo|siv|ge|schoss [...gəʃɔs], (südd., österr.:)
Ex|plo|siv|ge|schoß [...gəʃoːs], das: Geschoss, das beim Einschlagen explodiert.

Ex|plo|si|vi|tät, die; -: explosive Beschaffenheit, Art [u. Weise].

Ex|plo|siv|laut, der (Sprachwiss.): Laut, bei dessen Artikulation der nach außen drängende Luftstrom für einen Moment völlig gestoppt wird; Verschlusslaut; Explosiv; Plosiv[laut]; Okklusiv (z. B. p, t, k).

Ex|plo|siv|stoff, der: **1.** (Technik) explosiver Stoff. **2.** Sprengstoff.

Ex|po|nat, das; -[e]s, -e [russ. éksponat, zu lat. exponere, ↑ exponieren] (Fachspr.): Ausstellungs-, Museumsstück: die Ausstellung umfasst über tausend -e.

Ex|po|nent, der; -en, -en [zu lat. exponens (Gen.: exponentis) = (her)aussetzend, -stellend, 1. Part. von: exponere, ↑ exponieren]: **1.** herausgehobener Vertreter einer Richtung, Partei usw.: der E. einer politischen Bewegung. **2.** (Math.) **a)** rechts oben angefügte Hochzahl als Angabe, wie oft ein zu potenzierender Ausdruck als Faktor zu setzen ist: der E. einer Potenz; **b)** dem Wurzelzeichen vorn hinzugesetzte Zahl, die angibt, in wie viele gleiche Faktoren der Radikand aufzugliedern ist: der E. einer Wurzel.

Ex|po|nen|ti|al|funk|ti|on, die (Math.): mathematische Funktion, bei der die unabhängige Veränderliche als Exponent einer Konstanten auftritt.

ex|po|nen|ti|ell ⟨Adj.⟩ (Math.): gemäß einer Exponentialfunktion verlaufend: der -e Anstieg einer Kurve.

Ex|po|nen|tin, die; -, -nen: w. Form zu ↑ Exponent.

ex|po|nie|ren ⟨sw. V.; hat⟩ [lat. exponere (2. Part.: expositum) = (her)aussetzen, -stellen]: **1.** (bildungsspr.) in eine der Aufmerksamkeit od. möglichen Angriffen, Gefahren ausgesetzte, ungeschützte, bes. herausgehobene räumliche Lage, Stellung bringen: den Körper [der Sonnenstrahlung] e.; ein Spähtrupp darf sich nicht e. **2.** (bildungsspr.) in einer der Aufmerksamkeit od. möglichen Angriffen, Gefahren ausgesetzte Lage, Situation bringen: jmdn., sich durch unvorsichtige Äußerungen e. **3.** (Fachspr.) als Voraussetzung weiterer Entfaltung einleitungsartig [knapp] darstellen: in den ersten Kapiteln werden alle Regeltypen exponiert. **4.** [zu ↑ Exposition (5)] (Fotogr. selten) belichten: [den Film] e. ◆ **5.** erklären, auslegen; übersetzen: ...feuchtohrige Buben... greinen über die Siege des Scipio, weil sie sie e. müssen (Schiller, Räuber I, 2).

ex|po|niert ⟨Adj.⟩: **1.** (durch räumliche Lage, Stellung) der Aufmerksamkeit od. möglichen Angriffen, Gefahren ausgesetzt, ungeschützt, herausgehoben: ein -er Ort; eine -e Lage; strategisch -e Staaten. **2.** (durch Lage, persönliche Situation o. Ä.) der Aufmerksamkeit od. möglichen Angriffen, Gefahren, Krankheiten ausgesetzt: eine -e politische Figur; eine -e Stellung einnehmen.

¹Ex|port, der; -[e]s, -e [engl. export, zu: to export, ↑ exportieren]: **1.** ⟨o. Pl.⟩ Ausfuhr (a): den E. [von Kraftfahrzeugen] fördern, drosseln; für den E. nach Übersee bestimmten Waren; Fa. Schulz, E. und Import. **2.** Ausfuhr (b): die -e (Exportlieferungen) nach Neuseeland wurden stark eingeschränkt.

²Ex|port, das; -, -: Kurzf. von ↑ Exportbier.

ex|port|ab|hän|gig ⟨Adj.⟩: wirtschaftlich vom Export abhängig.

Ex|port|ab|hän|gig|keit, die: wirtschaftliche Abhängigkeit (z. B. eines Landes, einer Wirtschaft 1) vom Export.

Ex|port|an|teil, der: **1.** Anteil des Exportes am [gesamten] Großhandel. **2.** Anteil am [gesamten] Export.

Ex|port|ar|ti|kel, der: Artikel, der exportiert wird: Mais ist der wichtigste E. dieses Landes.

Ex|port|be|schrän|kung, die: Beschränkung der Exporte.

Ex|port|bier, das [urspr. das für den Export nach Übersee stärker gebrauete Bier von besonderer Haltbarkeit]: qualitativ gutes, geschmacklich abgerundetes (nicht sehr bitteres) Bier.

Ex|por|teur [...ˈtøːɐ̯], der [französierende Bildung zu ↑ exportieren] (Wirtsch.): Person, Firma, die etw. exportiert.

Ex|por|teu|rin [...ˈtøːrɪn], die; -, -nen: w. Form zu ↑ Exporteur.

Ex|port|fir|ma, die: Exportgeschäft (1).

Ex|port|för|de|rung, die: Ausfuhrförderung.

ex|port|freu|dig ⟨Adj.⟩: in der Lage u. gerne bereit, Waren zu exportieren: -e Länder.

Ex|port|ge|neh|mi|gung, die: Ausfuhrgenehmigung.

Ex|port|ge|schäft, das: **1.** Firma, deren Tätigkeit im Export von Waren besteht. **2.** einzelnes, über bestimmte Exportlieferungen abgeschlossenes Geschäft. **3.** ⟨o. Pl.⟩ Exporthandel.

Ex|port|han|del, der: Handel mit dem Ausland.

ex|por|tie|ren ⟨sw. V.; hat⟩ [engl. to export < lat. exportare = heraus-, hinaustragen, aus ex = (her)aus u. portare = tragen]: (Waren) ins Ausland verkaufen, ausführen: Südfrüchte, Kaffee e.; vor allem nach Indien e.; Ü die Inflation, Arbeitslosigkeit e. (ins Ausland übertragen).

Ex|port|in|dus|trie, die: Industrie, die [vorwiegend] für den Export produziert.

ex|port|in|ten|siv ⟨Adj.⟩: viel für den Export produzierend: ein sehr -er Wirtschaftszweig.

Ex|port|kauf|frau, die: Exportkaufmann.

Ex|port|kauf|mann, der: Außenhandelskaufmann (Berufsbez.).

Ex|port|kon|tin|gent, das: Kontingent von

Waren, das für den Export zur Verfügung steht, genehmigt, freigegeben ist.

Ex|port|land, *das* ⟨Pl. ...länder⟩: *Land, dessen Industrie vorwiegend für den Export produziert.*

Ex|port|markt, *der: Markt* (3 b), *auf dem exportierte Waren abgesetzt werden können.*

Ex|port|prä|mie, *die: vom Staat od. von privaten Verbänden gewährte Prämie für den Export bestimmter Waren.*

Ex|port|preis, *der: Preis exportierter, für den Export bestimmter Waren* (bes. im Gegensatz zum Inlandspreis).

Ex|port|quo|te, *die:* **1.** vgl. Exportkontingent. **2.** *Verhältnis zwischen dem Wert der Ausfuhr eines Landes u. dem Sozialprodukt.*

Ex|port|schla|ger, *der: Ware, die sich besonders gut im Exporthandel verkauft.*

Ex|port|sub|ven|ti|on, *die:* vgl. Exportprämie.

Ex|port|über|schuss, *der: Überschuss des Exports (einer Volkswirtschaft) über den Import.*

Ex|port|wa|re, *die: Ware, die exportiert wird.*

Ex|port|wirt|schaft, *die:* vgl. Exportindustrie.

Ex|po|sé, Ex|po|see [ɛkspoˈzeː, auch: ˈɛks...], *das;* -s, -s [frz. exposé = Auseinanderlegung, Darlegung, subst. 2. Part. von: exposer = auslegen, -stellen; darlegen < lat. exponere, ↑ exponieren]: **1.** *schriftlich niedergelegte, erläuternde Darstellung; Denkschrift, Bericht: seine Meinung zu etw. in einem* [kurzen] *E. niederlegen.* **2.** *Zusammenstellung, Übersicht, Plan.* **3.** (Film, Literatur) *Handlungsskizze, bes. als Vorstufe eines Drehbuchs: das E. eines Romans, zu einem Film.*

Ex|po|si|ti|on, *die;* -, -en [frz. exposition < lat. expositio = Darlegung, Entwicklung]: **1. a)** (selten) *Darstellung, Darlegung* (als Voraussetzung weiterer Entfaltung); **b)** *Plan, Gliederung: die E. eines Schulaufsatzes.* **2.** (Literaturwiss.) *vorbereitender Teil eines Dramas, der die Voraussetzungen für das weitere Geschehen bildet.* **3.** (Musik) **a)** *Teil bes. des ersten Sonatensatzes, der die Aufstellung der musikalisch zu verarbeitenden Themen enthält;* **b)** *Kopfteil der Fuge mit der ersten Durchführung des Themas.* **4.** *Ausstellung, Schau.* **5.** (Fotogr. selten) *Belichtung.* **6.** (Fachspr.) *das Exponiertsein* (2).

ex|po|si|to|risch ⟨Adj.⟩ (bes. Literaturwiss.): *der Exposition* (3) *dienend: die -e Funktion der ersten Szene.*

Ex|po|si|tur, *die;* -, -en [zu lat. ex = (her)aus u. positus = gestellt, gelegt]: **1.** (kath. Kirche) *abgegrenzter, selbstständiger Seelsorgebezirk einer Pfarrei.* **2.** (österr.) **a)** *auswärtige Zweigstelle eines Geschäfts;* **b)** *Teil einer Schule, der in einem anderen Gebäude untergebracht ist* [u. selbstständig geleitet wird].

Ex|po|si|tus, *der;* -, ...ti (kath. Kirche) *Geistlicher, der eine Expositur* (1) *leitet.*

ex|press ⟨Adv.⟩: **1.** [eigtl. = extra, eigens eingesetzt < lat. expressus = ausgedrückt, ausdrücklich, adj. 2. Part. von: exprimere = ausdrücken] (veraltend) *eilig: eine Bestellung e. erledigen; einen Brief e.* (durch Eilboten) *zustellen.* **2.** (landsch.) *eigens, extra: etw. e. für jmdn. tun; das tut er e.* (absichtlich, mit Absicht, aus Trotz); ◆ *... fährt der Kaiser zu ihrer Wohnung und verhüllt sich e. mit einem Mantel, also dass man ihn nicht recht erkennen konnte, wer ihn nicht e. darum ansah* (Hebel, Schatzkästlein 43).

Ex|press, *der;* -es, -e [kurz für: Expresszug, für engl. express train]: **1.** (österr., sonst veraltet) [*Fern*]*schnellzug.* **2.** *per E.* (durch Eilboten) *einen Brief per E. zustellen.*

Ex|press|brief, *der: Brief, der bes. besonders schnell* (bis zum nächsten Tag) *zugestellt wird.*

Ex|press|dienst, *der: Einrichtung, Personalgruppe für schnelle Dienstleistungen.*

◆ **Ex|pres|se,** *der;* -n, -n: *Eilbote:* Man muss dem Kutscher sogleich einen -n nachschicken (Keller, Kleider 21); ... und bat den Prinzen ..., das Erforderliche unverzüglich durch einen -n an ihn zu erlassen (Kleist, Kohlhaas 99).

Ex|press|gut, *das* (Eisenbahn): *Versandgut, das auf dem schnellsten Weg zum Bestimmungsort gebracht wird: etw. als E. schicken.*

Ex|pres|si|on, *die;* -, -en [lat. expressio, ↑ Expressionismus]: **1.** (bildungsspr.) [*gesteigerter*] *Ausdruck.* **2.** (Genetik) *Umsetzung genetischer Informationen in Proteine.*

Ex|pres|si|o|nis|mus, *der;* - [zu lat. expressio = Ausdruck, zu: exprimere = ausdrücken]: *im Gegensatz zum Impressionismus stehende* [*Stil*]*richtung der Literatur, bildenden Kunst u. Musik* (bes. im Anfang des 20. Jh.s), *deren Grundzug der gesteigerte Ausdruck des Geistig-Seelischen ist: der literarische, musikalische E.*

Ex|pres|si|o|nist, *der;* -en, -en: *Vertreter des Expressionismus.*

Ex|pres|si|o|nis|tin, *die;* -, -nen: w. Form zu ↑ Expressionist.

ex|pres|si|o|nis|tisch ⟨Adj.⟩: *den Expressionismus betreffend, vertretend; vom Expressionismus bestimmt: der -e Stil; -e Künstler.*

ex|pres|sis ver|bis [...siːs ...biːs; lat., zu: expressus (↑ express) u. verbum, ↑ Verb] (bildungsspr.): *ausdrücklich.*

ex|pres|siv ⟨Adj.⟩ [zu lat. expressus, ↑ express] (bildungsspr.): *ausdrucksvoll, ausdrucksstark, ausdrucksbetont, mit Ausdruck: eine -e Gebärde; -er Stil; etw. e. schildern.*

Ex|pres|si|vi|tät, *die;* -: **1.** *expressive Beschaffenheit.* **2.** (Biol.) *Grad der Ausprägung einer Erbanlage im Erscheinungsbild.*

Ex|press|rei|ni|gung, *die: Schnellreinigung.*

Ex|press|sen|dung, Ex|press-Sen|dung, *die:* vgl. Expressgut.

Ex|press|stra|ße, Ex|press-Stra|ße, *die* (schweiz.): *Schnellstraße* (in großen Städten).

Ex|press|zug, *der* (veraltet, noch schweiz.): [*Fern*]*schnellzug.*

Ex|press|zu|stel|lung, *die: besonders schnelle Zustellung* (einer Postsendung).

ex pro|fes|so [lat., aus: ex = (her)aus u. professo, 2. Part. (Ablativ) von: profiteri, ↑ ¹Profess] (bildungsspr.): *berufsmäßig, von Amts wegen.*

Ex|pro|p|ri|a|ti|on, *die;* -, -en [frz. expropriation] (marx.): *Enteignung: die E. der Bourgeoisie.*

ex|pro|p|ri|ie|ren ⟨sw. V.; hat⟩ [frz. exproprier, zu lat. ex = (her)aus u. proprius = eigen] (marx.): *enteignen: die Großgrundbesitzer e.*

ex|qui|sit [auch, österr. nur: ...'zɪt] ⟨Adj.⟩ [lat. exquisitus, adj. 2. Part. von: exquirere = aussuchen]: *ausgesucht, erlesen, vorzüglich: -e Genüsse; der Wein ist e.*

Ex|qui|sit, *das;* -s, -s: Kurzf. von ↑ Exquisitladen.

Ex|qui|sit|la|den, *der* ⟨Pl. ...läden⟩ (DDR): *Geschäft für qualitativ hochwertige, modische Waren zu hohen Preisen.*

Ex|sik|kat, *das;* -[e]s, -e [zu lat. exsiccatus = trocken, adj. 2. Part. von: exsiccare = austrocknen, zu: siccus = trocken] (Bot.): *getrocknete Pflanzenprobe.*

Ex|sik|ka|tor, *der;* -s, ...oren (Chemie): *Gerät zum Austrocknen od. zum trockenen Aufbewahren von Chemikalien.*

Ex|spi|ra|ti|on, *die;* - [zu ↑ exspirieren] (Med.): *Ausatmung.*

ex|spi|ra|to|risch ⟨Adj.⟩ (Med.): *-e Artikulation* (Sprachw.); *Artikulation beim Ausatmen;* -er *Akzent* (Sprachw.; *den germanischen Sprachen eigentümlicher Akzent, der auf der Tonstärke des Gesprochenen beruht*).

ex|spi|rie|ren ⟨sw. V.; hat⟩: lat. exspirare = herausblasen, aushauchen, aus: ex = (her)aus u. spirare, ↑ ²Spiritus] (Med.): *ausatmen.*

Ex|stir|pa|ti|on, *die;* -, -en [lat. exstirpatio = Ausrottung] (Med.): *völlige Entfernung* [*eines erkrankten Organs*].

Ex|su|dat, *das;* -[e]s, -e [zu lat. exsudatum, 2. Part. von: exsudare = ausschwitzen]: **1.** (Med.) *eiweißhaltige Flüssigkeit, die bei Entzündungen aus den Gefäßen austritt; Ausschwitzung:* entzündliches *E.* **2.** (Biol.) *Drüsenabsonderung bei Insekten.*

Ex|su|da|ti|on, *die;* -, -en [spätlat. exsudatio = Ausschwitzung]: **1.** (Biol., Med.) *Ausschwitzung, Absonderung eines Exsudats.* **2.** (Geol.) *Ausscheidung von Mineralstoffen aus feinstverteilt aufsteigenden u. verdunstenden Bodenlösungen.*

ex tem|po|re ⟨Adv.⟩ [lat., eigtl. = aus dem Zeitabschnitt heraus, zu: tempus (Gen.: temporis) = Zeit] (Theater, bildungsspr.): *aus dem Stegreif, unvorbereitet: ex t. sprechen.*

Ex|ten|ded [ɪksˈtɛndɪd], *die;* - [engl. extended = ausgedehnt; (vom Buchstaben) breit, eigtl. 2. Part. von: to extend = ausdehnen < lat. extendere, ↑ extendieren (2. Part.: extensum), aus: ex = (her)aus u. tendere, ↑ Tendenz] (Druckw.): *aus England stammende, breite Antiquadruckschrift.*

ex|ten|die|ren ⟨sw. V.; hat⟩ [lat. extendere] (veraltet): *ausweiten, ausdehnen, erweitern.*

Ex|ten|si|on, *die;* -, -en [lat. extensio, zu extendere, ↑ extendieren]: **1.** (bildungsspr. selten) *Ausweitung, Ausdehnung, Streckung.* **2.** (Logik) *Umfang eines Begriffes; Gesamtheit der Gegenstände, die unter diesen Begriff fallen.* **3.** (Med.) **a)** *Streckbewegung einer Gliedmaße od. der Wirbelsäule;* **b)** *Reposition von Knochenbrüchen od. Verrenkungen* (1) *durch mechanische Streckung.* **4.** (EDV) *dem Namen einer Datei hinzugefügte, aus drei Buchstaben bestehende Kennung* (1). **5.** [auch: ɪksˈtɛnʃn] ⟨auch: die; -, -s⟩ [engl. extension] *Verlängerung der Haare.*

ex|ten|si|o|nal ⟨Adj.⟩ (Logik): *die Extension betreffend, auf ihr beruhend:* -e Logik.

Ex|ten|si|tät, *die;* - [zu lat. extensum, 2. Part. von: extendere, ↑ extendieren] (bildungsspr.): *Ausdehnung, Umfang.*

ex|ten|siv ⟨Adj.⟩ [spätlat. extensivus]: **1. a)** (bildungsspr.) *ausgedehnt, umfassend, in die Breite gehend:* -e *Beeinflussung;* **b)** (Landwirtsch.) *auf großen Flächen, aber mit verhältnismäßig geringem Aufwand betrieben:* -e *Wirtschaft,* Nutzung; *e. bewirtschaftetes Dauergrünland.* **2.** (Rechtsspr.) *ausdehnend, erweiternd.*

ex|ten|si|vie|ren ⟨sw. V.; hat⟩: **a)** (bildungsspr.) *ausdehnen, in die Breite gehen od. wirken lassen;* **b)** (Landwirtsch.) *auf extensive* (1 b) *Bewirtschaftung umstellen.*

Ex|ten|si|vie|rung, *die;* -, -en: **a)** (bildungsspr.) *das Extensivieren; Ausdehnung;* **b)** (Landwirtsch.) *Umstellung auf extensive* (1 b) *Bewirtschaftung.*

Ex|ten|si|vi|tät, *die;* - (seltener): *Extensität.*

Ex|te|ri|eur [ɛksteˈri̯øːɐ̯], *das;* -s, -s u. -e [frz. extérieur < lat. exterior, Komp. von: exter(us) = außen befindlich]: **a)** *Äußeres, Außenseite: das klassizistische E. des Gebäudes;* **b)** *äußere Erscheinung: sein elegantes E.*

ex|ter|mi|na|to|risch ⟨Adj.⟩ (bildungsspr.): *auf völlige Vernichtung ausgerichtet.*

ex|tern ⟨Adj.⟩ [lat. externus, zu: exter, ↑ Exterieur]: **1.** (bildungsspr., Fachspr.) **a)** *draußen befindlich, äußere:* -e *Bauelemente;* **b)** *nicht angestellt, in freier Mitarbeit tätig:* -e *Mitarbeiterinnen.* **2. a)** (bes. als Prüfung) *von auswärts zugewiesen: ein -er Abiturient, Lehrling;* ⟨subst.:⟩ *das Examen als Externer ablegen;* **b)** *nicht im Internat wohnend: ein -er Schüler;* ⟨subst.:⟩ *das Konvikt nimmt noch Externe auf.*

ex|ter|na|li|sie|ren ⟨sw. V.; hat⟩ [zu lat. externus,

↑extern] (Psychol.): *nach außen verlagern:* Konflikte e.

Ex|ter|na|li|sie|rung, die; -, -en (Psychol.): *das Externalisieren:* psychische Konflikte durch E. lösen.

Ex|ter|nat, das; -[e]s, -e [Ggb. zu ↑Internat]: *Lehranstalt, deren Schüler außerhalb der Schule wohnen.*

Ex|ter|ne, die/eine Externe; der/einer Externen, die Externen/zwei Externe: **1.** *weibliche Person, die von auswärts, von außerhalb kommt.* **2.** *weibliche Person, die nicht zu einer bestimmten Gruppe (wie Familie, Firma, Insitution) gehört.*

Ex|ter|ner, der Externe/ein Externer; des/eines Externen, die Externen/zwei Externe: **1.** *jmd., der von auswärts, von außerhalb kommt:* ich konnte die Prüfung als E. machen. **2.** *jmd., der nicht zu einer bestimmten Gruppe (wie Familie, Firma, Institution) gehört:* der Auftrag wird an einen Externen vergeben.

Ex|ter|nist, der; -en, -en: (österr.) **a)** *externer* (2a) *Prüfling;* **b)** *externer* (2b) *Schüler;* **c)** (Theater) *externer, nicht fest verpflichteter Schauspieler.*

Ex|ter|nis|tin, die; -, -nen: w. Form zu ↑Externist.

ex|ter|res|t|risch ⟨Adj.⟩ (seltener): *extraterrestrisch.*

ex|ter|ri|to|ri|al ⟨Adj.⟩ [aus lat. ex = (her)aus u. ↑territorial] (Völkerrecht): *den Gesetzen des Aufenthaltslandes nicht unterworfen:* -e Gebiete.

ex|ter|ri|to|ri|a|li|sie|ren ⟨sw. V.; hat⟩: (*jmdm., einer Sache*) *einen exterritorialen Status geben.*

Ex|ter|ri|to|ri|a|li|tät, die; -: *exterritorialer Status, Charakter:* E. genießen.

¹**ex|t|ra** ⟨Adv.⟩ [lat. extra (Adv. u. Präp.) = außerhalb, außerdem; über ... hinaus]: **1.** *gesondert, für sich:* etw. e. einpacken; das Frühstück wird e. bezahlt; ⟨ugs. auch attr.:⟩ ein e. Zimmer. **2. a)** *über das Übliche hinaus, zusätzlich, außerdem:* jmdm. noch ein Trinkgeld e. geben; ein e. *(besonders)* starker Kaffee; ⟨ugs. auch attr.:⟩ eine e. Belohnung; **b)** (landsch.) *besonders gut* (oft verneint): es geht mir nicht e. **3.** *eigens:* er ist e. deinetwegen gekommen; das hast du e. ⟨ugs.; *absichtlich*⟩ gemacht!

²**ex|t|ra** ⟨Adj.⟩ (bayr., österr.): *anspruchsvoll, wählerisch:* sei nicht gar so e.!

Ex|t|ra, das; -s, -s ⟨meist Pl.⟩: *Zusätzliches, zusätzliche Sonderleistung, insbesondere Zubehör[teil], das über die übliche Ausstattung hinausgeht, bes. bei Autos:* das Schiebedach ist ein E.; gepflegter Garagenwagen mit vielen -s.

ex|t|ra-: **1.** (Fachspr.) drückt in Bildungen mit Adjektiven aus, dass die beschriebene Sache außerhalb von etw. liegt: extrakorporal, -zellulär. **2.** drückt in Bildungen mit Adjektiven eine Verstärkung aus: extragroß, -stark.

Ex|t|ra-: kennzeichnet in Bildungen mit Substantiven eine Sache als etw. Zusätzliches, Besonderes: Extrabonus, -urlaub, -vorstellung.

Ex|t|ra|aus|ga|be, die: **1.** *Sonderausgabe, bes. einer Zeitung od. eines Buches.* **2.** *zusätzliche Geldausgabe.*

Ex|t|ra|blatt, das: *Sonderausgabe einer Zeitung mit sensationellen Nachrichten:* E.!

ex|t|ra dry ⟨indekl. Adj.; nachgestellt⟩ [engl., ↑dry]: *(von alkoholischen Getränken) besonders trocken.*

Ex|t|ra|ein|la|dung, die (ugs.): *besondere Aufforderung, zusammen mit anderen an etwas teilzunehmen (nachdem eine erste, an alle gerichtete Aufforderung unbeachtet geblieben ist):* kommt ihr endlich, oder braucht ihr eine E.?

ex|t|ra|fein ⟨Adj.⟩ (ugs.): *besonders fein:* -e Qualität; -e Stoffe.

ex|t|ra|ga|lak|tisch ⟨Adj.⟩ [aus lat. extra (Adv.; ↑¹extra) u. ↑galaktisch] (Astron.): *außerhalb der Galaxis befindlich; außergalaktisch:* -e Nebel.

ex|t|ra|hie|ren ⟨sw. V.; hat⟩ [lat. extrahere = herausziehen (2. Part.: extractum), aus: ex = (her)aus u. trahere, ↑traktieren]: **1.** (Med.) *[her]ausziehen:* einen Zahn e. **2.** (Chemie, Pharm.) *ausziehen* (1 c): Wirkstoffe aus Pflanzen e. **3.** (veraltet) *ausziehen* (6), *exzerpieren:* die wichtigsten Textstellen [aus dem Buch] e.

Ex|t|ra|klas|se, die: *Klasse von Dingen, Personen mit außergewöhnlicher Qualität:* ein Sportler der E.; sie ist, das ist E. ⟨ugs.; *hervorragend*⟩.

ex|t|ra|kor|po|ral ⟨Adj.⟩ [zu lat. extra (Adv.; ↑¹extra) u. corpus (Gen.: corporis) = Körper] (Med.): *außerhalb des Organismus befindlich, geschehend:* -e Befruchtung.

Ex|t|rakt, der, auch: das; -[e]s, -e [lat. extractum = Herausgezogenes, subst. 2. Part. von: extrahere, ↑extrahieren]: **1.** *[eingedickter od. eingetrockneter] Auszug aus pflanzlichen od. tierischen Stoffen:* -e aus pflanzlichen Substanzen. **2.** *konzentrierte Zusammenfassung der wesentlichen Punkte eines Textes, Buches o. Ä.:* der E. eines Buches; dieser Aufsatz enthält den E. *(den Kern, die Essenz)* seiner Forschungen; Es wimmelt von sprachlichen Feinheiten, jede der letzte E. sauberster Arbeit, quellender Einfälle (Tucholsky, Werke II, 268).

Ex|t|rak|ti|on, die; -, -en [spätlat. extractio = das Herausziehen]: **1.** (Med.) *das Extrahieren* (1), *[Her]ausziehen:* die E. eines Zahnes. **2.** (Chemie, Pharm.) *das Extrahieren* (2): die E. einer Substanz aus einem Stoffgemisch.

ex|t|rak|tiv ⟨Adj.⟩ (Chemie, Pharm.): *ausziehend, auslaugend.*

Ex|t|ra|leis|tung, die: *Sonderleistung.*

ex|t|ra|lin|gu|al ⟨Adj.⟩ [zu lat. extra (Adv.; ↑¹extra) u. lingua = Zunge, Sprache] (Sprachwiss.): *außersprachlich, nicht zur Sprache gehörend; extralinguistisch.*

ex|t|ra|lin|gu|is|tisch ⟨Adj.⟩ [aus lat. extra (Adv.; ↑¹extra) u. ↑linguistisch] (Sprachwiss.): *extralingual.*

ex|t|ra mu|ros [lat. = außerhalb der Mauern] (bildungsspr.): *draußen; außerhalb der Öffentlichkeit.*

Ex|t|ra|net, das; -s, -s [engl. extranet, zu lat. extra- u. engl. net = Netz] (EDV): *betriebsinternes Computersystem, das für bestimmte externe Benutzergruppen geöffnet ist.*

ex|t|ra|or|di|när ⟨Adj.⟩ [frz. extraordinaire < lat. extraordinarius, aus: extra (Adv.; ↑¹extra) u. ordinarius, ↑Ordinarius] (bildungsspr. veraltend): *außergewöhnlich, außerordentlich.*

Ex|t|ra|or|di|na|ri|at, das; -[e]s, -e [zu ↑Extraordinarius]: *Amt, Lehrstuhl eines Extraordinarius.*

Ex|t|ra|or|di|na|ri|um, das; -s, ...ien [zu lat. extraordinarius, ↑extraordinär]: *außerordentlicher Haushalt[splan] eines Staates.*

Ex|t|ra|or|di|na|ri|us, der; -, ...rien [zu lat. extraordinarius, ↑extraordinär]: *außerordentlicher Professor.*

Ex|t|ra|po|la|ti|on, die; -, -en (Math.): *das Extrapolieren.*

ex|t|ra|po|lie|ren ⟨sw. V.; hat⟩ [zu lat. extra (Adv.; ↑¹extra); geb. nach ↑interpolieren]: **1.** (Math.) *Funktionswerte außerhalb eines Intervalls aufgrund der innerhalb dieses Intervalls bekannten Funktionswerte näherungsweise bestimmen:* einen Wert e.; extrapolierte Werte ⟨subst.:⟩ Werte durch Extrapolieren bestimmen. **2.** (bildungsspr.) *aus Bekanntem unter Voraussetzung gleichbleibenden Verlaufs erschließen:* ein [aus bekannten Daten] extrapoliertes Resultat.

Ex|t|ra|pro|fit, der (marx.): *infolge besserer Produktionstechniken u. höherem Grad der Arbeitsorganisation erzielter zusätzlicher Kapitalertrag.*

Ex|t|ra|ra|ti|on, die: *zusätzliche Ration.*

ex|t|ra|so|lar ⟨Adj.⟩ [aus lat. extra = außerhalb u. ↑solar] (Physik, Astron.): *außerhalb des Sonnensystems [befindlich].*

Ex|t|ra|sys|to|le, die; -, -n [...zʏs.to:lən] [aus lat. extra (Adv.; ↑¹extra) u. ↑Systole] (Med.): *auf einen ungewöhnlichen Reiz hin erfolgende vorzeitige Zusammenziehung des Herzens innerhalb der normalen Herzschlagfolge.*

Ex|t|ra|ter|res|t|rik, die; - [zu ↑extraterrestrisch]: *Fachgebiet der Physik, auf dem die physikalischen Vorgänge u. Gegebenheiten untersucht werden, die sich außerhalb der Erde u. ihrer Atmosphäre abspielen.*

ex|t|ra|ter|res|t|risch ⟨Adj.⟩ [aus lat. extra = außerhalb u. ↑terrestrisch] (Physik, Astron.): **1.** *außerirdisch* (1). **2.** *außerirdisch* (2): -es Leben, -e Intelligenz; -e Objekte.

Ex|t|ra|tour, die: **1.** *zusätzliche Tour:* eine E. machen, fahren. **2.** (ugs. abwertend) *ungern gesehene Unternehmung eines Einzelnen auf eigene Faust:* sich -en leisten.

ex|t|ra|va|gant [auch: ˈɛkstra...] ⟨Adj.⟩ [frz. extravagant = ab-, ausschweifend < mlat. extravagans (Gen.: extravagantis), zu: extravagari = ausschweifen; unstet sein, aus lat. extra (Adv.; ↑¹extra) u. vagari, ↑Vagabund]: *vom Üblichen in [geschmacklich] auffallender Weise, ausgefallener od. in übertriebener, überspannter Weise bewusst abweichend u. dadurch auffallend:* ein -er Mensch, Lebenswandel, Geschmack; sie trug einen -en Hut; ihre Wohnung ist e. eingerichtet.

Ex|t|ra|va|ganz [auch: ˈɛkstra...], die; -, -en [frz. extravagance]: **a)** ⟨o. Pl.⟩ *das Extravagantsein, extravagante Beschaffenheit, extravagantes Wesen:* sie ist wegen ihrer E., der E. ihrer Kleidung bekannt; **b)** ⟨meist Pl.⟩ *extravagante Sache, Handlung:* sich [keine] -en leisten [können]; eine Ausstattung ohne alle -en.

ex|t|ra|ver|tiert ⟨Adj.⟩ [zu lat. extra = außerhalb u. vertere, ↑Vers] (Psychol.): *nach außen gerichtet, für äußere Einflüsse leicht empfänglich:* ein -er Typ.

Ex|t|ra|ver|tiert|heit, die; -: *das Extravertiertsein.*

Ex|t|ra|wunsch, der ⟨meist Pl.⟩: *Sonderwunsch.*

Ex|t|ra|wurst, die: **1.** *jmdm. eine E. braten (ugs.; *jmdn. besonders, bevorzugt behandeln);* eine E. [gebraten] kriegen/bekommen (ugs.; *besonders, bevorzugt behandelt werden*). **2.** (österr.) *Brühwurst aus Rind- und Schweinefleisch, Schweinespeck und Gewürzen.*

ex|t|ra|zel|lu|lär ⟨Adj.⟩ [zu lat. extra (Adv.; ↑¹extra) u. ↑zellulär] (Med.): *außerhalb der Zelle [liegend].*

Ex|t|ra|zim|mer, das (österr.): *kleiner, abgesonderter Raum in einem Restaurant:* sie aßen im E.

Ex|t|ra|zug, der (schweiz.): *Sonderzug.*

ex|t|rem ⟨Adj.⟩ [lat. extremus = der äußerste, zu: exterus, ↑Exterieur]: *äußerst..., bis an die äußerste Grenze gehend:* -e Temperaturen; er hat -e *(radikale)* Ansichten, -e *(krasse)* Gegensätze; der Wagen ist e. sparsam im Verbrauch; sie steht [politisch] e. links; sich e. verbessern; ⟨subst.:⟩ er ist ein Extremer *(Extremist),* ... mit den e. hellen, schmalen Augen, die ihr eine interessante Gefährlichkeit verliehen (Kronauer, Bogenschütze 116).

Ex|t|rem, das; -s, -e: *das Äußerste; äußerste Grenze, höchster bzw. niedrigster Grad:* das entgegengesetzte E.; etw. ins, bis zum E. treiben; von, aus einem E. ins andere fallen *(eine*

Extremfall – fabelhaft

extreme Haltung aufgeben u. eine andere, ebenso extreme annehmen); zwischen den -en (Gegensätzen) schwanken, vermitteln; Spr die -e berühren sich (sind in gewisser Hinsicht verwandt).

Ex|t|rem|fall, der: *extremer Fall:* das sind untypische Extremfälle.

Ex|t|rem|form, die: *extreme Form:* die E. einer Diktatur.

Ex|t|re|mis|mus, der; -, ⟨Arten:⟩ ...men: *extreme, radikale [politische] Haltung od. Richtung.*

Ex|t|re|mist, der; -en, -en: *[politisch] extrem, radikal eingestellter Mensch.*

Ex|t|re|mis|tin, die; -, -nen: w. Form zu ↑ Extremist.

ex|t|re|mis|tisch ⟨Adj.⟩: *eine extreme, radikale [politische] Einstellung zeigend, bezeugend, betreffend; den Extremismus verfechtend, vertretend, zu ihm gehörend:* -e Tendenzen, Aktivitäten, Parolen, Parteien.

Ex|t|re|mi|tät, die; -, -en: **1.** [lat. extremitas (Gen.: extremitatis)] **a)** *äußerstes Ende;* **b)** *Extremsein:* die E. eines Plans, einer Idee. **2.** ⟨meist Pl.⟩ [lat. extremitates (corporis), eigtl. = die äußersten Enden (des Körpers)] *Gliedmaße:* die vorderen, hinteren -en; die oberen -en *(Arme);* die unteren -en *(Beine).*
♦ **3. a)** *extreme Situation, äußerste Notlage:* ...dass du in dieser E. seine Hülfe verschmäht (Goethe, Götz II); **b)** *Extrem:* die Freiheit brütet Kolosse und -en aus (Schiller, Räuber I,2).

Ex|t|rem|klet|te|rer, der: *jmd., der Extremklettern als Sportart betreibt.*

Ex|t|rem|klet|te|rin, die: w. Form zu ↑ Extremkletterer.

Ex|t|rem|klet|tern, das; -s ⟨Bergsteigen⟩: *Klettern an Steilwänden ohne Hilfsmittel wie Steighaken od. Kletterseil* (b).

Ex|t|rem|punkt, der ⟨Math.⟩: *extremer Punkt einer Kurve (Minimum od. Maximum).*

Ex|t|rem|si|tu|a|ti|on, die: *extreme Situation:* auch in -en die Nerven nicht verlieren.

Ex|t|rem|sport, der ⟨Pl. selten⟩: *mit höchster körperlicher Beanspruchung, mit besonderen Gefahren verbundener Sport* (z. B. Triathlon, Freeclimbing).

Ex|t|rem|sport|art, die: *einzelne Disziplin* (3) *des Extremsports.*

Ex|t|rem|sport|ler, der: *jmd., der eine Extremsportart betreibt.*

Ex|t|rem|sport|le|rin, die: w. Form zu ↑ Extremsportler.

Ex|t|rem|wert, der: **1.** ⟨Math.⟩ *extremer Wert einer Funktion (Minimum od. Maximum).* **2.** *extremer Mess-, Zahlenwert.*

ex|t|rin|sisch ⟨Adj.⟩ [nach engl. extrinsic < lat. extrinsecus = von außen, zu: exterus (↑ Exterieur) u. secus = -seitig, -seits] (bes. Psychol., Päd.): *von außen her [bestimmt, gesteuert, angeregt]:* -e Motivation *(durch äußere Zwänge, z. B. Strafen, bewirkte Motivation).*

ex|t|ro|ver|tiert ⟨Adj.⟩ [geb. nach ↑ introvertiert]: *extravertiert.*

Ex|t|ru|der, der; -s, - [engl. extruder] (Technik): *Maschine zur Herstellung von Formstücken aus thermoplastischem Material.*

ex|t|ru|siv ⟨Adj.⟩ (Geol.): *(von Gesteinen) an der Erdoberfläche erstarrt.*

Ex|t|ru|siv|ge|stein, das (Geol.): *an der Erdoberfläche erstarrtes Ergussgestein.*

Ex-und-hopp- [zu ↑ ex u. ↑ hopp] (ugs., oft abwertend): *drückt in Bildungen mit Substantiven aus, dass etwas auf Flüchtigkeit, Bequemlichkeit, Unverbindlichkeit (und eine gewisse Rücksichtslosigkeit od. Verantwortungslosigkeit) hin ausgerichtet ist:* Ex-und-hopp-Generation, Ex-und-hopp-Sex.

Ex-und-hopp-Fla|sche, die; -, -n (ugs.): *Einweg-, Wegwerfflasche.*

ex usu [lat., zu ↑ Usus] (bildungsspr.): *aus der Erfahrung, durch Übung, nach dem Brauch.*

Ex|u|vie, die; -, -n [lat. exuviae (Pl.), zu: exuere = abnehmen; ablegen]: *beim Wachstumsprozess abgestreifte Haut (z. B. der Schlange).*

ex vo|to [lat., zu ↑ Votum]: *aufgrund eines Gelübdes* (Inschrift auf Votivgaben).

Ex|vo|to, das; -s, -s u. ...ten (Rel.): *Weihgabe, Votivbild, -tafel.*

Exz. = Exzellenz.

ex|zel|lent ⟨Adj.⟩ [frz. excellent < lat. excellens (Gen.: excellentis), 1. Part. von: excellere, ↑ exzellieren] (bildungsspr.): *hervorragend, ausgezeichnet:* ein -er Kenner; eine -e Ausstattung; das Frühstück ist e., war e. zubereitet.

Ex|zel|lenz, die; -, -en [frz. excellence, eigtl. = Erhabenheit, Herrlichkeit < lat. excellentia]: **a)** *Anrede im diplomatischen Verkehr:* Euer, Eure E.; die Einladung Eurer, Seiner E.; Seiner E., dem Herrn amerikanischen Botschafter; **b)** (früher) *Titel für Generale u. höchste Beamte* (Abk.: Exz.).

ex|zel|lie|ren ⟨sw. V.; hat⟩ [lat. excellere, verw. mit culminare, ↑ Kulmination] (bildungsspr.): *hervorragen, glänzen:* als Schauspieler in allen Rollen e.

Ex|zen|ter, der; -s, - (Technik): *exzentrisch auf einer Welle angebrachte Steuerungsscheibe, die eine mit ihr gekoppelte Stange bei Drehung der Welle in eine hin- u. hergehende Bewegung versetzt.*

Ex|zen|ter|schei|be, die (Technik): *Exzenter.*

Ex|zen|t|rik, die; -: **1.** (bildungsspr.) *exzentrisches, überspanntes Benehmen.* **2.** *mit stark übertriebener Komik dargebotene Artistik.*

Ex|zen|t|ri|ker, der; -s, - (bildungsspr.): *exzentrischer, überspannter Mensch.*

Ex|zen|t|ri|ke|rin, die; -, -nen: w. Form zu ↑ Exzentriker.

ex|zen|t|risch ⟨Adj.⟩: **1.** [nlat. Bildung zu spätlat. eccentros < griech. ékkentros, zu: ek = (her)aus u. kéntron = Zentrum] (Math., Astron.) *[mit dem eigenen Zentrum] außerhalb des Kreiszentrums bzw. Drehpunktes liegend:* -e Kreise; eine -e Scheibe; eine -e Umlaufbahn. **2.** (bildungsspr.) *auf überspannte, übertriebene Weise ungewöhnlich, vom Üblichen abweichend:* ein -er Mensch; der Lebensstil des Künstlers ist e.

Ex|zen|t|ri|zi|tät, die; -, -en: **1.** (Math., Astron.) *das Abweichen, Abstand vom Mittelpunkt:* die numerische E. der Ellipse. **2.** (bildungsspr.) *exzentrisches* (2) *Wesen, Verhalten, Benehmen, exzentrische* (2) *Handlung.*

ex|zep|ti|o|nell ⟨Adj.⟩ [frz. exceptionnel, zu lat. exceptio = Ausnahme] (bildungsspr.): *außergewöhnlich:* eine -e Darbietung.

Ex|zep|tiv|satz, der [zu lat. exceptum, 2. Part. von: excipere = von etw. ausnehmen, als Ausnahme hinstellen] (Sprachwiss.): *bedingender Gliedsatz, der eine Ausnahme ausdrückt (z. B. es sei denn).*

ex|zer|pie|ren ⟨sw. V.; hat⟩ [lat. excerpere, eigtl. = herauspflücken, zu: ex = (her)aus u. carpere = pflücken] (bildungsspr.): *in Form eines Exzerptes herausschreiben:* wichtige Textstellen e.

Ex|zerpt, das; -[e]s, -e [spätlat. excerptum, subst. 2. Part. von lat. excerpere, ↑ exzerpieren] (bildungsspr.): *schriftlicher (mit dem Text der Vorlage übereinstimmender) Auszug aus einem Schriftstück, Werk:* -e machen, anfertigen.

Ex|zerp|ti|on, die; -, -en [spätlat. excerptio = Exzerpt] (bildungsspr.): **1.** *das Exzerpieren.* **2.** (selten) *das Exzerpierte.*

Ex|zerp|tor, der; -s, ...oren (bildungsspr.): *jmd., der Exzerpte anfertigt.*

Ex|zerp|to|rin, die; -, -nen: w. Form zu ↑ Exzerptor.

Ex|zess, der; -es, -e [lat. excessus, zu: excedere (2. Part.: excessum) = (über etw.) herausgehen] (bildungsspr.): *Ausschweifung; Maßlosigkeit:* sexuelle -e; es kam zu wilden -en [der Brutalität]; etw. bis zum E. *(ins Maßlose)* treiben; bis zum E. *(bis zur Maßlosigkeit)* arbeiten.

ex|zes|siv ⟨Adj.⟩ (bildungsspr.): *das Maß sehr stark überschreitend, maßlos [ausschweifend]:* -e Fantasie, Lebensweise; -es Klima *(mit jährlichen Temperaturschwankungen über 40 °C).*

ex|zi|die|ren ⟨sw. V.; hat⟩ [lat. excidere = herausschneiden] (Med.): *Gewebe herausschneiden.*

Ex|zi|si|on, die; -, -en [lat. excisio = das Ausschneiden, zu: excisum, 2. Part. von: excidere, ↑ exzidieren] (Med.): *das Exzidieren.*

ey [eɪ] ⟨Interj.⟩ [engl.] (ugs.): **1.** *Ausruf, der Erstaunen, Überraschung ausdrückt:* ey, das ist cool! **2.** *Ausruf, der Empörung, Abwehr ausdrückt:* ey, Mann, das kannst du doch nicht machen!

Eye|cat|cher, Eye-Cat|cher ['aɪkɛtʃɐ], der; -s, - [engl. eye-catcher]: *Blickfang (z. B. in der Werbung).*

Eye|li|ner, Eye-Li|ner ['aɪlaɪnɐ], der; -s, - [zu engl. eye = Auge u. to line = liniieren]: *flüssiges Kosmetikum zum Ziehen eines Lidstriches.*

Ey|rir, der od. das; -s, Aurar [isländ. eyrir < anord. eyrir = Unze; Münzeinheit] (Währungseinheit in Island (100 Aurar = 1 Krone).

EZB = Europäische Zentralbank.

Ez|zes ⟨Pl.⟩ [jidd. eizes (Pl.), zu hebr. 'ez ah = Rat(schlag)] (österr. ugs.): *Tipps, Ratschläge, Hinweise.*

f, F [ɛf], das; - (ugs.: -s), - (ugs.: -s): **1.** [mhd., ahd. f, v] *sechster Buchstabe des Alphabets, ein Konsonantenbuchstabe:* ein kleines f, ein großes F schreiben. **2.** (Musik) *vierter Ton der Grund-(C-Dur-)Tonleiter.*

f = Femto...; forte; f-Moll.

f. = folgende [Seite]; für; fecit.

F = Fahrenheit; Farad; Fluor; F-Dur.

fa [ital.]: *Silbe, auf die beim Solmisieren der Ton f gesungen wird.*

Fa. = Firma.

Fa|bel, die; -, -n [mhd. fabel(e) < (a)frz. fable < lat. fabula = Erzählung, Sage, verw. mit fari, ↑ Fatum]: **1.** *lehrhafte, oft satirische Erzählung in Vers od. Prosa, in der Tiere nach menschlichen Verhaltensweisen handeln u. in der eine allgemein anerkannte Wahrheit, eine praktische Lebensweisheit o. Ä. veranschaulicht wird:* eine lehrreiche F.; die F. vom Fuchs und den Trauben. **2.** *erfundene, fantastische Geschichte:* jmdm. eine F. auftischen. **3.** (Literaturwiss.) *einer Dichtung zugrunde liegende Handlung in ihren wesentlichen Zügen:* die F. des Romans ist nicht gerade neu.

Fa|bel|dich|ter, der: *Dichter, dessen Werk vorwiegend aus Fabeln* (1) *besteht, der wegen seiner Fabeln bekannt ist.*

Fa|bel|dich|te|rin, die: w. Form zu ↑ Fabeldichter.

fa|bel|haft ⟨Adj.⟩: **1.** *alle Vorstellungen, Erwar-*

fabeln – Fach

tungen übertreffend; außergewöhnlich: eine -e Leistung; ein -es Material; er ist ein -er Kerl!; ist sie nicht f.?; das ist ja f.! **2.** (ugs.) **a)** *(nur attr.) außergewöhnlich, unglaublich groß:* er besitzt ein -es Vermögen; **b)** ⟨intensivierend bei Adj.⟩ *überaus, sehr:* er ist f. reich; sie ist f. elegant angezogen. ♦ **3.** *in das Reich der Fabel gehörend; sagenhaft* (1): ... jene -e Urzeit ..., wo jeder Keim noch für sich schlummerte (Novalis, Heinrich 75).

fa|beln ⟨sw. V.; hat⟩: *fantastische, nicht der Wirklichkeit entsprechende Geschichten erfinden; etw. Unwahres, Erfundenes erzählen:* von Gespenstern f.; was fabelst du denn da wieder?

Fa|bel|tier, das: *(in der Mythologie) Tier von fantastischer, oft monströser Gestalt* (z. B. Basilisk, Einhorn, Greif).

Fa|bel|welt, die: **1.** *nur in der Fantasie existierende Welt.* **2.** *Welt der Fabel* (1).

Fa|bel|we|sen, das: *nur in der Fantasie existierendes Geschöpf.*

Fa|brik [faˈbriːk, auch, österr. nur: ...'brɪk], die; -, -en [frz. fabrique < lat. fabrica = Künstler-, Handwerksarbeit; Werkstätte, zu: faber (Gen.: fabri) = Handwerker, Künstler]: **1.** *Betrieb* (1 a), *in dem auf industriellem Wege durch Be- u. Verarbeitung von Werkstoffen unter Einsatz mechanischer u. maschineller Hilfsmittel bestimmte Waren, Produkte (od. Teile davon) in großer Stückzahl hergestellt werden:* eine F. gründen, besitzen; er arbeitet in einer chemischen F.; sie geht in die F. (ugs.: *ist Fabrikarbeiterin*). **2.** *Fabrikgebäude, Fabrikanlage:* eine F. bauen; die Arbeiter strömten aus der F. **3.** *Belegschaft einer Fabrik* (1).

-fa|brik, die; -, -en (oft abwertend): *bezeichnet in Bildungen mit Substantiven oder Verben (Verbstämmen) einen Ort, eine Einrichtung, wo fließbandmäßig und in hohem Maß etw. getan wird, wo in großen Mengen etw. hergestellt wird oder wo jmd. unpersönlich, mechanisch und ohne individuelle Betreuung behandelt wird:* Denk-, Hit-, Patientenfabrik.

Fa|brik|an|la|ge, die: *Gesamtheit von Gebäuden, Einrichtungen u. dem Gelände einer Fabrik.*

Fa|bri|kant, der; -en, -en [frz. fabricant]: **a)** *jmd., der eine Fabrik besitzt;* **b)** *Hersteller einer Ware.*

Fa|bri|kan|tin, die; -, -nen: w. Form zu ↑Fabrikant.

Fa|brik|ar|beit, die: *Tätigkeit eines Fabrikarbeiters, einer Fabrikarbeiterin.*

Fa|brik|ar|bei|ter, der: *Arbeiter, der in einer Fabrik arbeitet.*

Fa|brik|ar|bei|te|rin, die: w. Form zu ↑Fabrikarbeiter.

Fa|bri|kat, das; -[e]s, -e: **1.** *[fabrikmäßig hergestelltes] Industrieerzeugnis:* die Firma stellt außer diesem Fabrikat auch noch andere -e her. **2.** *bestimmte Ausführung, bestimmter Typ eines Fabrikats* (1): die Maschine ist kein deutsches F. ♦ **3.** *[zum Verkauf angebotenes] handwerklich gefertigtes Produkt:* ... der offene Laden des Seilers, ein schmaler, mit -en vollgepfropfter Raum (Mörike, Mozart 259).

Fa|bri|ka|ti|on, die; -, -en: *fabrikmäßige Herstellung; Produktion von Waren in einer Fabrik.*

Fa|bri|ka|ti|ons|be|trieb, der: *[kleinerer] Betrieb* (1 a) *oft als Teil eines größeren Unternehmens, in dem ein bestimmtes Produkt hergestellt wird.*

Fa|bri|ka|ti|ons|feh|ler, der: *Fehler an einem Produkt, der während der Fabrikation entstanden ist.*

Fa|bri|ka|ti|ons|ge|heim|nis, das: *die Fabrikation betreffendes Betriebsgeheimnis.*

Fa|bri|ka|ti|ons|pro|zess, der: *Prozess* (2) *der Fabrikation.*

Fa|bri|ka|ti|ons|ver|fah|ren, das: vgl. Fabrikationsprozess.

fa|bri|ka|to|risch ⟨Adj.⟩: *die Fabrikation betreffend, zu ihr gehörend, für sie charakteristisch:* die -e Herstellung, Beschaffenheit eines Geräts.

Fa|brik|be|sit|zer, der: *Fabrikant* (a).

Fa|brik|be|sit|ze|rin, die: w. Form zu ↑Fabrikbesitzer.

Fa|brik|be|trieb, der: **1.** Fabrik (1). **2.** *Arbeitsablauf, Betrieb in einer Fabrik.*

Fa|brik|di|rek|tor, der: *Direktor einer Fabrik.*

Fa|brik|di|rek|to|rin, die: w. Form zu ↑Fabrikdirektor.

Fa|brik|er|zeug|nis, das: *Fabrikat* (1).

Fa|brik|fah|rer, der (Sport): *professioneller Radrod. Autorennfahrer, der (innerhalb eines Teams) für ein bestimmtes Industrieunternehmen startet.*

Fa|brik|fah|re|rin, die: w. Form zu ↑Fabrikfahrer.

Fa|brik|ge|bäu|de, das: *Gebäude, in dem sich eine Fabrik od. ein Teil einer Fabrik befindet:* ein nüchternes F.; ein F. ist ausgebrannt.

Fa|brik|ge|län|de, das: *Gelände, auf dem sich eine Fabrik befindet, das zu einer Fabrikanlage gehört.*

Fa|brik|hal|le, die: vgl. Fabrikgebäude.

Fa|brik|mar|ke, die: *[gesetzlich geschütztes] Zeichen, Emblem, mit dem eine Fabrik ihre Produkte kennzeichnet.*

fa|brik|mä|ßig ⟨Adj.⟩: *einem serienmäßigen Fabrikationsverfahren, der Produktionsweise einer Fabrik entsprechend:* der Artikel wird nur f. produziert.

fa|brik|neu ⟨Adj.⟩: *nach der (fabrikmäßigen) Herstellung noch nicht benutzt, ungebraucht:* ein -er Wagen.

Fa|brik|preis, der: *Preis einer Ware, eines Produkts ab Fabrik, ohne Aufschlag eines Händlers.*

Fa|briks|an|la|ge (österr.): ↑Fabrikanlage usw.

Fa|brik|schiff, das (Fischereiw.): *Schiff für den Fischfang, auf dem die Fische gleich nach dem Fang verarbeitet werden.*

Fa|brik|schlot, Fa|brik|schorn|stein, der: *Schornstein einer Fabrik* (2).

Fa|brik|si|re|ne, die: *Sirene, die Arbeitsbeginn u. -ende in einer Fabrik anzeigt.*

Fa|brik|stadt, die: *Stadt mit sehr viel Industrie; Industriestadt.*

Fa|brik|tor, das: *Tor [am Eingang] einer Fabrik.*

Fa|brik|ver|kauf, der: *Verkauf von Waren direkt von der Fabrik an den Verbraucher (ohne Zwischenhandel).*

Fa|brik|wa|re, die (oft abwertend): *in einer Fabrik gefertigte, maschinell hergestellte Ware:* das ist keine Handarbeit, sondern reine F.

fa|bri|zie|ren ⟨sw. V.; hat⟩ [lat. fabricare = verfertigen, herstellen]: **1.** (veraltend) *fabrikmäßig herstellen:* diese Firma fabriziert nur noch elektrische Geräte. **2.** (ugs., oft abwertend) **a)** *behelfsmäßig, laienhaft herstellen; mühsam, recht u. schlecht anfertigen, zurechtbasteln; verfertigen, zustande bringen:* ein windschiefes Vogelhäuschen f.; **b)** *etw. Übles, Törichtes tun; anrichten, anstellen:* ein Eigentor f.

Fa|bu|lant, der; -en, -en [zu lat. fabulans (Gen.: fabulantis), 1. Part. von: fabulari, ↑fabulieren] (bildungsspr.): **a)** *jmd., der fantastische Geschichten erfindet;* **b)** (abwertend) *Schwätzer; Schwindler.*

Fa|bu|lan|tin, die; -, -nen: w. Form zu ↑Fabulant.

Fa|bu|lie|ren ⟨sw. V.; hat⟩ [lat. fabulari, zu: fabula, ↑Fabel]: *fantasievoll erzählen; Geschichten erfinden u. ausschmücken:* er fabulierte von seltsamen Begegnungen, Ereignissen; ⟨subst.:⟩ er geriet gelegentlich ins Fabulieren.

Fa|bu|lie|rer, der; -s, -: *jmd., der zu fabulieren versteht.*

Fa|bu|lie|re|rin, die; -, -nen: w. Form zu ↑Fabulierer.

Fa|bu|lier|kunst, die: *Fähigkeit, fantasievoll zu erzählen.*

Fa|bu|lier|lust, die ⟨o. Pl.⟩: *Freude am Fabulieren, Lust, fantasievoll zu erzählen.*

fa|bu|lös ⟨Adj.⟩ [frz. fabuleux < lat. fabulosus] (ugs.): **a)** *fantastisch anmutend:* ein -er Rekord; **b)** *unwahrscheinlich.*

Face [faːs], die; -, -n [...sn̩] [frz. face = Gesicht; Vorderseite; Außenfläche, über das Vlat. zu lat. facies, ↑Fazies] (veraltet): **1.** *Gesicht, Vorderseite.* **2.** (Münzkunde) *Avers.*

Face|book® [ˈfɛɪsbʊk] (ohne Artikel gebraucht) [aus englisch face = Gesicht und book = Buch, nach der umgangssprachlichen amerikanischen Bezeichnung für eine Broschüre mit Bildern und Namen von Studierenden, die von der Verwaltung amerikanischer Universitäten jährlich verteilt wird, damit sich die Studierenden untereinander besser kennenlernen]: *Website eines internationalen sozialen Netzwerks.*

Face|lif|ting [ˈfɛɪslɪftɪŋ], das; -s, -s [engl. face-lift(ing), aus: face = Gesicht < (a)frz. face (↑Face) u. lift(ing), ↑²Lift, ↑Lifting]: *Gesichtsoperation, bei der altersbedingte Hautfalten durch Herausschneiden von Hautstreifen operativ beseitigt werden.*

Face-to-Face-Kom|mu|ni|ka|ti|on [ˈfɛɪstəˈfɛɪs...], die [zu engl. face to face = persönlich (gegenüberstehend) u. ↑Kommunikation]: *persönliches Gespräch (ohne zwischengeschaltete Medien).*

Fa|cet|te [faˈsɛtə], die; -, -n [frz. facette, Vkl. von: face, ↑Face]: **1.** *durch Schleifen entstandene, kleine eckige Fläche an einem Edelsteinen, auch an Körpern aus Glas od. Metall.* **2.** *Teilaspekt:* vielen -n des Umweltschutzes. **3.** (Zahnmed.) *Verkleidung aus Porzellan od. Kunststoff bei Zahnersatz.*

Fa|cet|ten|au|ge, das (Zool.): *aus mehreren Teilen, Einzelaugen zusammengesetztes Sehorgan der Gliederfüßer.*

Fa|cet|ten|glas, das ⟨Pl. ...gläser⟩: *in Facetten geschliffenes Glas.*

fa|cet|ten|reich ⟨Adj.⟩: **a)** *viele Facetten* (2) *aufweisend;* **b)** *reich an Nuancen.*

Fa|cet|ten|schliff, der: *Schliff in Form von Facetten* (1).

fa|cet|tie|ren ⟨sw. V.; hat⟩: *durch Schleifen mit Facetten* (1) *versehen:* einen Edelstein f.

Fach, das; -[e]s, Fächer [mhd. vach = Stück, Teil, Abteilung einer Wand o. Ä., ahd. fah = Mauer, urspr. = (Zusammen)gefügtes, Gebundenes, Geflochtenes]: **1.** *durch festeres, meist starres Material von der angrenzenden Umgebung abgeteilter, der Aufbewahrung von etw. dienender Teil eines Behältnisses, Möbelstücks o. Ä.:* das mittlere F. des Schrankes ist noch leer; die Tasche hat mehrere Fächer. **2.** (Archit.) *den Zwischenraum zwischen den Balken eines Fachwerkbaus füllendes Mauerstück.* **3.** (Weberei) *durch Hebung bzw. Senkung entstehender Zwischenraum zwischen den Kettfäden, durch den das Schiffchen geführt wird.* **4. a)** *Gebiet, auf dem sich jmd. ausgebildet, ausgebildet, spezialisiert hat, auf dem jmd. speziell arbeitet:* sie studiert, lehrt die Fächer Chemie und Biologie; Meister seines -es sein; er ist vom F. *(ist ein Fachmann, kennt sich aus auf diesem Gebiet);* **b)** *bestimmte körperliche, stimmliche, darstellerische Gegebenheiten, Fähigkeiten voraussetzendes Gebiet eines Schauspielers, Opernsän-*

gers: vom lyrischen ins dramatische F. wechseln.

-fach [spätmhd. -vach (in: zwi-, mannecvach), wohl älterem -valt (↑ -fältig) nachgebildet; zu ↑ Fach]: in Zusb., z. B. achtfach, mehrfach.

Fach|abi|tur, das: *Fachhochschulreife.*
Fach|ab|tei|lung, die: *für einen bestimmten Bereich zuständige Abteilung* (2 c).
Fach|an|walt, der: *Rechtsanwalt, der auf ein bestimmtes Fachgebiet spezialisiert ist.*
Fach|an|wäl|tin, die: w. Form zu ↑ Fachanwalt.
Fach|ar|bei|ter, der: *Arbeiter mit abgeschlossener Lehre in einem anerkannten Lehrberuf.*
Fach|ar|bei|ter|brief, der: *Urkunde über die abgelegte Facharbeiterprüfung.*
Fach|ar|bei|te|rin, die: w. Form zu ↑ Facharbeiter.
Fach|ar|bei|ter|prü|fung, die: *Prüfung, die ein Facharbeiter am Ende seiner Ausbildung ablegt.*
Fach|ar|bei|ter|zeug|nis, das: *Facharbeiterbrief.*
Fach|arzt, der: *Arzt mit einer zusätzlichen anerkannten Ausbildung auf einem medizinischen Spezialgebiet.*
Fach|ärz|tin, die: w. Form zu ↑ Facharzt.
fach|ärzt|lich ⟨Adj.⟩: *von einem Facharzt ausgehend:* ein -es Gutachten; sich f. behandeln lassen.
Fach|auf|sicht, die: *staatliche Aufsicht über die Verwaltungstätigkeit nachgeordneter Verwaltungseinheiten.*
Fach|aus|bil|dung, die: *berufliche Ausbildung in einem bestimmten Fach* (4 a).
Fach|aus|druck, der ⟨Pl. ...drücke⟩: *feste, spezielle Bezeichnung für etw. ganz Bestimmtes in einem bestimmten Fachgebiet; Terminus.*
Fach|aus|schuss, der: *für ein bestimmtes Fachgebiet gebildeter Ausschuss.*
Fach|aus|stel|lung, die: *auf ein bestimmtes Fachgebiet bezogene Ausstellung.*
Fach|be|griff, der: *Fachausdruck.*
Fach|be|ra|ter, der: *Berater für ein bestimmtes Fachgebiet.*
Fach|be|ra|te|rin, die: w. Form zu ↑ Fachberater.
Fach|be|reich, der: **1.** *Fachgebiet.* **2.** (Hochschulw.) *organisatorisch zusammengefasster Bereich von wenigen wissenschaftlich od. ausbildungsmäßig zusammengehörenden Fächern als Untergliederung od. anstelle einer Fakultät an wissenschaftlichen Hochschulen.*
fach|be|reichs|über|grei|fend ⟨Adj.⟩: *mehrere Fachbereiche* (2) *einbeziehend.*
Fach|be|su|cher, der: *jmd., der eine Fachmesse besucht.*
Fach|be|su|che|rin, die: w. Form zu ↑ Fachbesucher.
Fach|be|zeich|nung, die: *Fachausdruck.*
fach|be|zo|gen ⟨Adj.⟩: *auf ein bestimmtes Fach[gebiet] bezogen; gerichtet.*
Fach|bi|blio|thek, die: *Bibliothek, in der nur Bücher eines od. mehrerer Fachgebiete enthalten sind.*
Fach|blatt, das: *Fachzeitschrift.*
Fach|buch, das: *ein Fachgebiet, einen Gegenstand aus einem Fachgebiet [wissenschaftlich] darstellendes Buch.*
Fach|buch|hand|lung, die: *Buchhandlung, die vorwiegend od. ausschließlich Fachbücher führt.*
Fach|chi|ne|sisch, das; -[s] (abwertend): *dem Laien, Außenstehenden unverständlich erscheinende Sprache, Ausdrucksweise von Fachleuten.*
Fach|di|dak|tik, die: *Didaktik eines Faches* (4 a).
fä|cheln ⟨sw. V.; hat⟩ [zu ↑ fachen]: **1.** (geh.) **a)** *in sanfter Bewegung wehen:* es fächelte eine leichte Brise; **b)** *sanft umwehen, anwehen:* ein kühler Lufthauch fächelte mir die Stirn; **c)** *(durch den Luftzug) leicht hin u. her bewegen:* eine leichte Brise fächelte die Blätter der Pappeln; **d)** *sich im Luftzug leicht hin- u. herbewegen:* die Zweige fächelten im Wind. **2.** *jmdm., sich, einem Körperteil durch leichtes Hin-und-her-Bewegen [eines Fächers] o. Ä. kühlende Luft zuwehen:* ich fächelte mich [mit einer gefalteten Zeitung].

fa|chen ⟨sw. V.⟩ [für älter fochen = blasen, zu mlat. focare = entflammen, zu lat. focus, ↑ Fokus] (selten): *an-, entfachen:* ◆ ...ganz ähnlich jenem abscheulichen Rädelsführer, der tausend Legionen Engel in rebellisches Feuer fachte (Schiller, Räuber II, 3).

Fä|cher, der; -s, - [älter focher, focker = Blasebalg, Wedel zum Anfachen des Feuers < mlat. focarius = Heizer; Küchenjunge, zu lat. focus, ↑ Fokus]: **1.** *halbkreisförmiger [zusammenklappbarer] Gegenstand aus Seide, Papier o. Ä., den man mit der Hand hin- u. herbewegt, um sich kühlende Luft zuzuwehen:* ein seidener F.; ein F. aus Sandelholz; einen F. entfalten, zusammenlegen. **2.** (Jägerspr.) *fächerförmiger Schwanz des Auerhahns.* **3.** (Bot.) *fächerförmiger Wedel bestimmter Palmen.*
fä|cher|ar|tig ⟨Adj.⟩: *in der Art eines Fächers gestaltet.*
fä|cher|för|mig ⟨Adj.⟩: *die Form eines [ausgebreiteten] Fächers aufweisend.*
fä|che|rig, fächrig ⟨Adj.⟩: *fächerförmig.*

-fä|che|rig: in Zusb., z. B. ein-, dreifächerig usw. (Bot.; *mit einem Fach, drei Fächern usw. ausgestattete Samenanlage von Pflanzen*).

¹fä|chern ⟨sw. V.; hat⟩ (selten): *in Fächer* (1) *einteilen:* den Schrank f.; ⟨meist im 2. Part.:⟩ ein gefächertes Gestell.
²fä|chern ⟨sw. V.; hat⟩: **1. a)** *fächerartig aufgliedern; auffächern:* den Unterricht stärker f.; die Arbeiten waren reich gefächert; **b)** ⟨f. + sich⟩ (selten) *sich fächerartig ausbreiten, fächerartig angeordnet sein.* **2.** (bes. Jägerspr.) *fächerartig entfalten, auseinanderschieben, spreizen:* der Auerhahn fächert den Stoß. **3.** (seltener) **a)** *fächeln* (2): ◆ Die Oberhofmeisterin steht dabei, sie fächert die Brust, die weiße (Heine, Romanzero [Marie Antoinette]); **b)** *fächeln* (1 c): Wind fächert die Gardine ins Zimmer.
Fä|cher|pal|me, die: *Palme mit fächerförmigen Wedeln.*
fä|cher|über|grei|fend ⟨Adj.⟩: *fachübergreifend.*
Fä|che|rung, die; -, -en: *das Fächern; das Gefächertsein.*
fach|ex|tern ⟨Adj.⟩: *außerhalb eines bestimmten Fachgebiets gelegen, erfolgend; nicht zu einem bestimmten Fachgebiet gehörend.*
Fach|fra|ge, die: *ein bestimmtes Fachgebiet betreffende Frage; fachliches Problem.*
Fach|frau, die: vgl. Fachmann.
Fach|fremd ⟨Adj.⟩: *einem bestimmten Fach[gebiet] fremd, nicht darin ausgebildet.*
Fach|ge|biet, das: *ein bestimmtes Fach* (4 a) *umfassendes Wissensgebiet.*
fach|ge|bun|den ⟨Adj.⟩: *an ein bestimmtes Fach[gebiet] gebunden.*
Fach|ge|lehr|te ⟨vgl. Gelehrte⟩: *auf ein Fachgebiet spezialisierte Wissenschaftlerin; Gelehrte im Hinblick auf ihr Spezialgebiet.*
Fach|ge|lehr|ter ⟨vgl. Gelehrter⟩: *auf ein Fachgebiet spezialisierter Wissenschaftler; Gelehrter im Hinblick auf sein Spezialgebiet.*
fach|ge|mäß ⟨Adj.⟩: *den Regeln, Erfordernissen eines Fachgebietes gemäß; bestimmten fachlichen Ansprüchen entsprechend.*

fach|ge|recht ⟨Adj.⟩: *fachgemäß:* eine -e Reparatur; etw. f. ausbessern.
Fach|ge|schäft, das: *Geschäft, das nur Waren einer bestimmten Kategorie führt, auf den Verkauf bestimmter Waren spezialisiert ist; Spezialgeschäft.*
Fach|ge|spräch, das: *fachliches Gespräch.*
Fach|grup|pe, die: **1.** *durch bestimmte fachliche Merkmale gekennzeichnete Abteilung innerhalb einer Berufsgruppe.* **2.** *Gruppe, Arbeitsgemeinschaft, die sich mit einem bestimmten Fachgebiet befasst.*
Fach|han|del, der: *Handel mit bestimmten Waren, mit Waren einer bestimmten Kategorie.*
Fach|händ|ler, der: *Person od. Firma, die Fachhandel betreibt.*
Fach|händ|le|rin, die: w. Form zu ↑ Fachhändler.
Fach|hoch|schu|le, die: *[staatliche] Hochschule, an der man ein [technisches, künstlerisches] Fachstudium absolvieren kann* (Abk.: FH).
Fach|hoch|schul|rei|fe, die: *durch einen bestimmten qualifizierten Schulabschluss erworbene Berechtigung, an einer Fachhochschule zu studieren.*
Fach|idi|ot, der (abwertend): *jmd., der sich nur mit seinem Fachgebiet befasst.*
Fach|idi|o|tin, die: w. Form zu ↑ Fachidiot.
Fach|in|for|ma|ti|on, die: *fachspezifische Information* (1, 2. 4).
Fach|jar|gon, der: *innerhalb eines Fachbereichs, einer Berufsgruppe üblicher Jargon* (a).
Fach|jour|na|list, der: *Journalist, der [für eine Fachzeitschrift] über ein bestimmtes Fachgebiet berichtet.*
Fach|jour|na|lis|tin, die: w. Form zu ↑ Fachjournalist.
Fach|ju|ry, die: *Jury* (1).
Fach|kennt|nis, die ⟨meist Pl.⟩: *fundierte Kenntnis auf einem bestimmten Gebiet.*
Fach|kol|le|ge, der: *jmd., der mit andern zusammen im gleichen Fachgebiet beruflich tätig ist.*
Fach|kol|le|gin, die: w. Form zu ↑ Fachkollege.
Fach|kom|mis|si|on, die: *aus Fachleuten eines bestimmten Fachgebietes gebildete Kommission.*
Fach|kom|pe|tenz, die: *Kompetenz in einem, das Expertesein auf einem bestimmten Fachgebiet.*
Fach|kon|gress, der: *Kongress der Fachleute eines bestimmten Fachgebietes.*
Fach|kraft, die: *jmd., der innerhalb seines Berufs, seines Fachgebiets über die entsprechenden Kenntnisse, Fähigkeiten verfügt.*
Fach|kräf|te|man|gel, der: *Mangel an Fachkräften.*
Fach|kreis, der ⟨meist Pl.⟩: *Kreis von Fachleuten:* ein in -en bekannter Wissenschaftler.
Fach|kun|de, die: *Gruppe von Unterrichtsfächern im beruflichen Schulwesen, die der zukünftige Facharbeiter für sein Arbeitsgebiet absolvieren muss.*
fach|kun|dig ⟨Adj.⟩: *genaue Kenntnisse in einem bestimmten Fachgebiet besitzend; auf genauen Fachkenntnissen beruhend, davon zeugend.*
fach|kund|lich ⟨Adj.⟩: *die Fachkunde betreffend, zu ihr gehörend:* -er Unterricht.
Fach|leh|rer, der: *für den Unterricht in einem od. mehreren bestimmten Lehrfächern ausgebildeter Lehrer.*
Fach|leh|re|rin, die; -, -nen: w. Form zu ↑ Fachlehrer.
Fach|leu|te ⟨Pl.⟩: **1.** Pl. von ↑ Fachmann. **2.** *Gesamtheit der Fachfrauen u. Fachmänner.*
Fach|le|xi|kon, das: *Lexikon für ein bestimmtes Fachgebiet.*
fach|lich ⟨Adj.⟩: *ein bestimmtes Fach, Fachgebiet betreffend, dazu gehörend:* -e Kenntnisse; etw. f. (vom Fach her) beurteilen.
Fach|li|te|ra|tur, die ⟨Pl. selten⟩: *ein bestimmtes*

Fachmagazin – Faden

Fachgebiet behandelnde, bes. wissenschaftliche Literatur.

Fach|ma|ga|zin, das: *Magazin (4a), in dem Fragen eines bestimmten Fachgebietes, eines Berufszweiges abgehandelt werden.*

Fach|mann, der ⟨Pl. ...leute, selten: ...männer⟩: *jmd., der auf einem bestimmten Gebiet die entsprechenden Fachkenntnisse hat, sich in seinem Fachgebiet genau auskennt:* F. auf diesem Gebiet sein; sich von einem F. beraten lassen.

fach|män|nisch ⟨Adj.⟩: *einem Fachmann entsprechend; aus der Sicht des Fachmanns:* ein -es Urteil; jmdn. f. beraten; Er schenkte »Bewegung IV« dem Gemeinderat mit der Auflage, dass die Plastik f. gewartet würde (Muschg, Gegenzauber 326).

Fach|markt, der: *großflächiger Selbstbedienungsladen mit umfangreichem Sortiment an Waren einer bestimmten Kategorie.*

Fach|mes|se, die: *große [internationale] Ausstellung von Warenmustern o. Ä. eines bestimmten Wirtschaftszweiges.*

Fach|ober|schu|le, die: *auf bestimmte Fachgebiete ausgerichtete Schule, die zur Fachhochschulreife führt.*

Fach|or|gan, das: *Fachzeitschrift.*

Fach|per|so|nal, das: *fachlich geschultes Personal.*

Fach|pres|se, die ⟨o. Pl.⟩: *Gesamtheit der Fachzeitungen u. Fachzeitschriften.*

Fach|pu|b|li|ka|ti|on, die: vgl. Fachliteratur.

Fach|pu|b|li|kum, das: *Publikum (a, b), das aus Fachleuten eines bestimmten Fachgebiets besteht.*

Fach|re|fe|rat, das: **1.** *fachbezogenes Referat, fachbezogener Vortrag.* **2.** *für ein bestimmtes Fachgebiet zuständige Verwaltungs- od. Ministeriumsabteilung:* das F. [für] Kultur.

Fach|re|fe|rent, der: **1.** *Referent (1), der ein Fachreferat (1) hält.* **2.** *Referent (2) eines Fachreferats (2).*

Fach|re|fe|ren|tin, die: w. Form zu ↑ Fachreferent.

Fach|rich|ter, der: *Richter mit einer Fachausbildung.*

Fach|rich|te|rin, die: w. Form zu ↑ Fachrichter.

Fach|rich|tung, die: *spezielle Abteilung, Zweig eines [wissenschaftlichen] Fachgebietes.*

fäch|rig: ↑ fächerig.

Fach|schaft, die; -, -en: **1.** *Gesamtheit der Angehörigen einer Berufsgruppe, eines Arbeitsbereichs o. Ä.* **2.** *Gesamtheit der Studierenden eines Fachbereichs.*

Fach|schafts|ver|tre|ter, der: *Vertreter (1 b) einer Fachschaft (2).*

Fach|schafts|ver|tre|te|rin, die: w. Form zu ↑ Fachschaftsvertreter.

Fach|schu|le, die: *der beruflichen Aus- od. Weiterbildung dienende Tages- od. Abendschule.*

Fach|se|mes|ter, das: *in einem bestimmten Fach absolviertes, zu absolvierendes Semester.*

Fach|sim|pe|lei, die; -, -en ⟨ugs., oft abwertend⟩: *ausgiebiges Fachsimpeln:* sich in -en ergehen.

fach|sim|peln ⟨sw. V.; hat⟩ [aus ↑ Fach (4 a) u. veraltet simpeln = einfältig werden] ⟨ugs.⟩: *sich ausgiebig über rein fachliche, rein berufliche Angelegenheiten unterhalten:* wir haben die ganze Nacht gefachsimpelt.

fach|spe|zi|fisch ⟨Adj.⟩: *auf ein bestimmtes Fachgebiet, eine Fachrichtung speziell ausgerichtet.*

Fach|spra|che, die: *Sprache, die sich vor allem durch Fachausdrücke von der Gemeinsprache unterscheidet.*

fach|sprach|lich ⟨Adj.⟩: *die Fachsprache betreffend, zu ihr gehörend.*

Fach|stu|di|um, das ⟨Pl. selten⟩: *Studium eines bestimmten Fachs (4 a).*

Fach|ta|gung, die: vgl. Fachkongress.

Fach|ter|mi|nus, der: *Fachausdruck.*

fach|über|grei|fend ⟨Adj.⟩: *mehrere Fächer (4 a) einbeziehend:* -er Unterricht.

Fach|ver|band, der ⟨Wirtsch.⟩: *freiwilliger Zusammenschluss von Unternehmen unter fachlichen Gesichtspunkten zur Vertretung gemeinsamer Interessen.*

Fach|ver|käu|fer, der: *für einen bestimmten Geschäftszweig ausgebildeter Verkäufer.*

Fach|ver|käu|fe|rin, die: w. Form zu ↑ Fachverkäufer.

Fach|ver|lag, der: *Verlag, in dem vorwiegend od. ausschließlich Fachbücher verlegt werden.*

Fach|ver|tre|ter, der: *Vertreter eines Fachgebiets.*

Fach|ver|tre|te|rin, die: w. Form zu ↑ Fachvertreter.

Fach|welt, die: *Gesamtheit der Fachleute u. Experten eines bestimmten Fachgebietes.*

Fach|werk, das: **1.** ⟨Archit.⟩ **a)** ⟨o. Pl.⟩ *Bauweise, bei der die Wände aus einem Gerippe von Balken bestehen, dessen Zwischenräume durch Mauerwerk (Ziegelsteine, Lehm o. Ä.) ausgefüllt sind;* **b)** *Gerippe von Balken beim Fachwerkbau:* das F. des Hauses ist mit Schnitzereien verziert. **2.** ⟨Bauw.⟩ *Baukonstruktion aus einem System von Stäben, die bes. für den Bau von Dächern, Brücken u. a. verwendet wird.*

Fach|werk|bau, der ⟨Pl. -ten⟩: **1.** ⟨o. Pl.⟩ ⟨Archit.⟩ *Fachwerk (1 a).* **2.** *Gebäude, das in Fachwerkbauweise gebaut ist.*

Fach|werk|bau|wei|se, die: *Fachwerk (1 a).*

Fach|werk|haus, das: *Fachwerkbau (2).*

Fach|wis|sen, das: *Fachkenntnis[se].*

Fach|wis|sen|schaft, die: *auf ein spezielles Fachgebiet ausgerichtete Wissenschaft.*

Fach|wis|sen|schaft|ler, der: *Wissenschaftler, der in einem speziellen Fachgebiet arbeitet.*

Fach|wis|sen|schaft|le|rin, die: w. Form zu ↑ Fachwissenschaftler.

Fach|wort, das ⟨Pl. ...wörter⟩: *Fachausdruck.*

Fach|wort|schatz, der: *Wortschatz einer Fachsprache.*

Fach|zeit|schrift, die: *Zeitschrift, in der Fragen eines bestimmten Fachgebietes, eines Berufszweiges abgehandelt werden.*

Fach|zei|tung, die: vgl. Fachzeitschrift.

Fa|ci|a|lis: ↑ Fazialis.

Fa|ci|es ['fa:tsi̯ɛs], die; -, -: **1.** ↑ Fazies. **2.** ⟨Med.⟩ **a)** ¹*Gesicht (1 a);* **b)** *Außenfläche an Organen u. Knochen;* **c)** *für bestimmte Krankheiten typischer Gesichtsausdruck.*

Fa|ci|li|ty [fəˈsɪlɪti], die; -, -: ⟨engl.; -, -s⟩ ⟨engl. facility = Einrichtung; Möglichkeit < frz. facilité = Leichtigkeit, aus gleichbed. lat. facilitas, zu facilis = leicht] ⟨Wirtsch.⟩: *[technische] Ausstattung, Einrichtung, Infrastruktur eines Unternehmens od. Gebäudes.*

Fa|ci|li|ty-Ma|nage|ment, Fa|ci|li|ty|ma|nage|ment [fəˈsɪlɪti...], das; ⟨engl.; -, -s⟩ ↑ Management] ⟨Wirtsch.⟩: *umfassende Betreuung u. Verwaltung von Gebäuden (vom Neubau über die Nutzung bis zum Abbruch).*

Fa|ckel, die; -, -n [mhd. vackel, ahd. faccala < vlat. facla < lat. facula, Vkl. von: fax = Fackel]: *mit einer brennbaren Schicht am oberen Ende versehener Stab [aus Holz], dessen Flamme hell leuchtet:* die F. brennt, lodert, flackert, verlischt; eine F. anzünden, [weiter]tragen; das Auto brannte wie eine F. (lichterloh).

Fa|ckel|lauf, der: *Lauf (1), bei dem der Läufer eine Fackel trägt (bes. als Zeremonie der Olympiade).*

fa|ckeln ⟨sw. V.; hat⟩: **1.** ⟨ugs.⟩ *unentschlossen, zögernd abwarten:* los, nicht lang gefackelt!; wenn du noch lange fackelst, ist die gute Gelegenheit vorbei. ♦ **2.** [eigtl. = unbestimmt, vage reden] *flunkern:* ... die Mutter hat gefackelt. Doch welch ein Schrecken hinterher! Die Glocke kommt gewackelt (Goethe, Die wandelnde Glocke).

Fa|ckel|schein, der ⟨Pl. selten⟩: *der Schein (1 a) von Fackeln.*

Fa|ckel|trä|ger, der: *jmd., der eine Fackel trägt.*

Fa|ckel|trä|ge|rin, die: w. Form zu ↑ Fackelträger.

Fa|ckel|zug, der: *[feierlicher] Umzug mit Fackeln.*

Fact [fækt], der; -s, -s ⟨meist Pl.⟩ [engl. fact < lat. factum, ↑ ¹Faktum]: *Tatsache[nmaterial].*

Fac|to|ring [ˈfæktərɪŋ], das; -[s] ⟨engl.-amerik. factoring, zu factor = Agent, Vertreter < frz. facteur < lat. factor, ↑ Faktor] ⟨Wirtsch.⟩: *Methode der Absatzfinanzierung, bei der der Lieferbetrieb seine Forderungen aus Warenlieferungen einem Finanzierungsinstitut verkauft, das meist auch das volle Kreditrisiko übernimmt.*

Fac|to|ry-Out|let, Fac|to|ry|out|let [ˈfɛktərilaʊtlet], das; -s, -s [engl. factory outlet; aus: factory = Fabrik u. outlet = Verkaufsstelle]: *Verkaufsstelle einer Firma, in der ihre Waren [mit Rabatt] direkt an den Verbraucher verkauft werden.*

Fac|to|ry-Out|let-Cen|ter, Fac|to|ry|out|let-cen|ter, Fac|to|ry|out|let-Cen|ter, das: *Einkaufszentrum, das aus Factory-Outlets besteht* (Abk.: FOC).

Fac|tu|re [fakˈty:rə], die; -, -n: *Faktur (2).*

fad: ↑ fade.

Fäd|chen, das; -s, -: Vkl. zu ↑ Faden.

fa|de ⟨Adj.⟩, **fad** ⟨Adj.⟩ (bes. südd., österr.) [frz. fade, über das Galloroman. zu lat. fatuus = albern, blödsinnig] (abwertend): **1.** *[leicht unangenehm] nach nichts schmeckend; schlecht gewürzt, schal:* eine fade Brühe; einen faden Geschmack im Mund haben; die Suppe ist, schmeckt f. **2.** *[ohne jeglichen Reiz u. daher] langweilig (1,2):* ein fader Mensch; mir ist f. (österr.; ich langweile mich); komm, mach mit, sei nicht so f.! (österr.; zier dich nicht so!).

Fade-in [feɪdˈɪn], das; -[s] [engl. to fade-in = einblenden]: *das Einblenden (z. B. von Musiktiteln).*

fä|deln ⟨sw. V.; hat⟩: **a)** *einfädeln:* das Garn durch das Nadelöhr, in die Nadel f.; **b)** *auffädeln:* Jene Bernsteinkiere ... habe ich an Stücken vom Strand gesammelt, mit glühendem Draht gelöchert, unter geeigneten Sprüchen gefädelt (Grass, Butt 9).

Fa|den, der; -s, Fäden u. Faden [mhd. vaden, vadem, ahd. fadum, urspr. = so viel Garn, wie man mit ausgespanntem Arm messen kann]: **1.** ⟨Pl. Fäden⟩ *langes, sehr dünnes, aus Fasern gedrehtes, aus Kunststoff, Metall u. a. hergestelltes Gebilde:* ein dünner, langer, seidener F.; Fäden aus Gold; der F. verknotet sich, ist gerissen; einen F. einfädeln, abschneiden; der Arzt zieht morgen die Fäden; hast du Nadel und F. (Nähzeug) bei dir?; etw. mit Nadel und F. annähen, mit einem F. umwickeln; die Marionetten hängen an Fäden; einen Knoten in den F. machen; Ü wir wollen den F. nicht weiterspinnen (den Gedanken nicht weiterverfolgen): * **der rote F.** (*der leitende, wiederkehrende Grundgedanke;* nach Goethes »Wahlverwandtschaften« [2, 2], wo eine alles verbindende Hauptidee mit dem durchlaufenden roten Faden im Tauwerk der engl. Marine verglichen wird: sich als roter F./wie ein roter F. durch etw. hindurchziehen); **alle Fäden laufen in jmds. Hand zusammen/jmd. hat, hält alle Fäden [fest] in der Hand** (*jmd. überschaut u. lenkt alles, übt entscheidenden Einfluss auf alles aus;* urspr. bezogen auf die Spinn- od. Webearbeit, dann mit Bezug auch auf den Marionettenspieler, der mithilfe der Fäden die Puppen bewegt); **keinen trockenen F. [mehr] am Leibe haben** (ugs.; *völlig durchnässt sein*); **die Fäden ziehen** (*[insgeheim] den entscheidenden Einfluss haben, die*

Fadendichte – Fahne

eigentliche Macht ausüben; bezogen auf den Marionettenspieler); **den F. verlieren** *(beim Sprechen, Reden plötzlich nicht mehr weiterwissen, den gedanklichen Zusammenhang verlieren; eigtl. = den Faden beim Garnwickeln, Spinnen o. Ä. aus der Hand gleiten lassen);* **keinen guten F. an jmdm. lassen** *(ugs.; nur Schlechtes über jmdn. sagen, jmdn. gründlich schlechtmachen; aus der Weberspr., eigtl. = bei der Prüfung eines Meisterstückes den Faden [= die Gesamtheit der Fäden, aus der der Stoff gewebt ist] nicht gut genug finden);* **an einem [dünnen/seidenen] F. hängen** *(sehr gefährdet, bedroht sein; in seinem Fortgang, Ausgang äußerst ungewiss sein).* **2.** ⟨Pl. Fäden⟩ *etw., was die Form eines Fadens* (1) *hat, einem Faden ähnlich sieht:* ein dünner F. Blut rann aus seinem Mund; sie hat schon silberne Fäden im Haar; die Fäden von den Bohnen abziehen; der Sirup zieht Fäden. **3.** ⟨Pl. Faden⟩ (Seemannsspr.) *Maßeinheit, die etwa 1,80 m entspricht u. bes. zur Angabe der Wassertiefe dient:* der Anker liegt sechs F. tief.

Fa|den|dich|te, die (Weberei): *Kennzahl, die angibt, wie viel Kett- u. Schussfäden je Längeneinheit sich in einem Gewebe befinden.*

fa|den|dünn ⟨Adj.⟩: *sehr dünn.*

Fa|den|en|de, das: *Ende eines Fadens:* das F. vernähen.

fa|den|för|mig ⟨Adj.⟩: *einem Faden ähnlich.*

Fa|den|glas, das ⟨Pl. ...gläser⟩: *Glas, in das Fäden eingeschmolzen sind, die Gitter, Muster bilden; Filigranglas.*

Fa|den|hef|tung, die (Buchbinderei): *Methode des Heftens von Büchern mit Fäden.*

Fa|den|kreuz, das (Optik): *an der Linse von optischen Geräten angebrachte Markierung in Form zweier senkrecht aufeinanderstehender Fäden od. eingeätzter dünner Striche zum genauen Visieren:* etw. mit dem F. anvisieren; Ü jmdn. im F. haben *(jmdn. scharf beobachten).*

Fa|den|lauf, der (Weberei, Schneiderei): *Richtung der Längsfäden im Gewebe.*

Fa|den|nu|del, die ⟨meist Pl.⟩: *dünne, fadenförmige Nudel, bes. als Suppeneinlage.*

Fa|den|pilz, der: *Algenpilz.*

fa|den|schei|nig ⟨Adj.⟩: [für älter fadenschein; eigtl. von abgenutztem Gewebe, dessen Fäden erscheinen]: **1.** *ziemlich abgetragen:* ein -es Gewebe; die Jacke war an den Ärmeln f. geworden. **2.** (abwertend) *nicht sehr glaubhaft u. leicht zu durchschauen:* eine -e Ausrede.

Fa|den|spiel, das: *Spiel, bei dem mit einem zu einer geschlossenen Schlinge geknüpften, zwischen den Fingern gespannten Faden verschiedene Figuren gebildet werden, die bestimmte Namen haben.*

Fa|den|stär|ke, die (Weberei): *(von Wolle, Nähgarn) Stärke des [Web]fadens.*

Fa|den|wurm, der: *in zahlreichen Arten vorkommender Schlauchwurm mit fadenförmigem Körper.*

Fade-out [feɪdˈaʊt], das; -[s] [engl. to fade out = ausblenden]: *das Ausblenden (z. B. von Musiktiteln).*

Fa|desse [faˈdɛs], die; - [mit frz. Endung zu ↑fad] (österr.): *langweilige Art.*

Fad|heit, die; -, -en (abwertend): **1.** ⟨o. Pl.⟩ *das Fadesein.* **2.** *fade Äußerung o. Ä.*

fä|dig ⟨Adj.⟩: **a)** *aus feinen Fäden, fadenartigen Gebilden bestehend;* **b)** *in Form od. Aussehen einem Faden, Fäden ähnlich.*

Fa|ding [ˈfeɪdɪŋ], das; -s [engl. fading, zu: to fade = verblassen]: **1.** (Rundfunk.) *An- u. Abschwellen der Lautstärke im Rundfunkgerät.* **2.** (Technik) *das Nachlassen der Bremswirkung infolge Erhitzung der Bremsen.*

fa|di|sie|ren, sich ⟨sw. V.; hat⟩ [zu ↑fad] (österr. ugs.): *sich langweilen.*

Fa|do [port.: ˈfaðu], der; -[s], -s [port. fado, eigtl. = Geschick, Verhängnis < lat. fatum, ↑Fatum] (Musik): *mit Gitarrenbegleitung gesungenes portugiesisches Volks- u. Tanzlied mit melancholischer Grundstimmung.*

Fae|ces: ↑ Fäzes.

Fa|gott, das; -[e]s, -e [ital. fagotto, H. u.]: *Holzblasinstrument in Basslage mit u-förmig geknickter Röhre, Grifflöchern u. Klappen, dessen Ton in der Tiefe voll u. dunkel u. in der Höhe leicht gepresst u. näselnd ist.*

Fa|got|tist, der; -en, -en: *jmd., der [berufsmäßig] Fagott spielt.*

Fa|got|tis|tin, die; -, -nen: w. Form zu ↑ Fagottist.

Fä|he, die; -, -n [mhd. vohe, ahd. voha = Füchsin] (Jägerspr.): *weibliches Tier bei Fuchs, Dachs u. Marder.*

◆ **fa|hen** [mhd. vä(he)n, ahd. fähan]: Präsens zu ↑ fangen: Dass mich der Landvogt f. ließ und binden (Schiller, Tell IV, 1); Man muss im Walde streifen, wenn man ihn f. will (Uhland, Schenk von Limburg).

fä|hig ⟨Adj.⟩ [im 15. Jh. für mhd. gevæhic = fähig, zu: va(he)n, ↑fangen; eigtl. = imstande, etw. zu empfangen od. aufzunehmen]: **1.** *begabt, tüchtig, geschickt u. daher gestellten Aufgaben gewachsen; befähigt:* ein [überaus] -er Jurist. **2.** * **zu etw. f. sein** *(zu etw. in der Lage, imstande sein:* sie war zu keinem Gedanken, [geh.:] keines Gedankens f.; diese Burschen sind zu allem f.; ⟨auch attr.:⟩ ein zu dieser Aufgabe durchaus, ein zu großen Leistungen -er Mann*).*

-fä|hig: 1. drückt in Bildungen mit Substantiven oder Verben (Verbstämmen) aus, dass die beschriebene Person oder Sache etw. machen kann, zu etw. in der Lage ist: aufnahme-, explodierfähig. **2.** drückt in Bildungen mit Substantiven oder Verben (Verbstämmen) aus, dass etw. gemacht werden kann: sende-, zitierfähig. **3.** drückt in Bildungen mit Substantiven aus, dass die beschriebene Person oder Sache für etw. geeignet ist, die erforderlichen Eigenschaften für etw. besitzt: mehrheits-, wettbewerbsfähig.

Fä|hig|keit, die; -, -en: **1.** ⟨meist Pl.⟩ *geistige, praktische Anlage* (6), *die zu etw. befähigt; Wissen, Können, Tüchtigkeit:* jmds. geistige; -en in jmdm. wecken; seine -en für etw. einsetzen; an jmds., den eigenen -en zweifeln. **2.** ⟨o. Pl.⟩ *das Imstandesein, In-der-Lage-Sein, das Befähigtsein zu etw., Vermögen, etw. zu tun:* die F., jmdn. zu überzeugen, geht ihm ab. **3.** (Fachspr.) *durch bestimmte Anlagen* (4), *Eigenschaften geschaffene Möglichkeit, gewisse Funktionen zu erfüllen, gewissen Anforderungen zu genügen, etw. zu leisten:* das Gerät hat attraktive -en.

fahl ⟨Adj.⟩ [mhd. val, ahd. falo, urspr. = grau, weißlich; scheckig]: *von blasser Färbung, fast farblos:* -es Licht; f. vor Entsetzen sein; Ü ein -es *(schwaches)* Lächeln; Sie verlässt mit keiner Silbe den -en *(kraftlosen, blassen)* Stil der offiziellen Kommuniqués (Enzensberger, Einzelheiten I, 27).

Fahl|erz, das (Mineral.): *stahlgraues bis eisenschwarzes Silber- od. Kupfererz mit fahlem Glanz.*

fahl|gelb ⟨Adj.⟩: *von fahlem, blassem Gelb.*

fahl|grau ⟨Adj.⟩: *von fahlem, blassem Grau.*

Fahl|heit, die; -, -: *fahles Aussehen.*

fahl|rot ⟨Adj.⟩: *von fahlem, blassem Rot.*

Fähn|chen, das; -s, -: **1. a)** *kleine Fahne* (1) *[aus Papier]:* die Kinder schwenkten ihre F.; **b)** *Markierungszeichen in Form einer kleinen Fahne:* die Grenzen auf der Landkarte waren mit verschiedenfarbigen F. gekennzeichnet. **2.** (ugs. abwertend) *leichtes, billig wirkendes, meist nicht sehr geschmackvolles Kleid:* Es wurde ein bisschen heller, und er sah sie vor sich mit ihren bläulichen Zähnen und im dünnen Kleid, einem ausgewaschenen F. (H. Lenz, Tintenfisch 133).

fahn|den ⟨sw. V.; hat⟩ [wohl aus dem Niederd. < mniederd. vanden = aufsuchen, besuchen, zu ↑ finden]: *polizeilich suchen [um zu verhaften, zu beschlagnahmen]:* nach Terroristen, Rauschgift f.; Ü ⟨mit »auf« + Akk.-Obj.:⟩ In Sloschau wird zuerst auf ihn gefahndet (Ebner-Eschenbach, Gemeindekind 7).

Fahn|der, der; -s, -: *jmd., der als Angehöriger eines Fahndungsdienstes eine Fahndung durchführt.*

Fahn|de|rin, die; -, -nen: w. Form zu ↑ Fahnder.

◆ **Fähn|rich:** ↑ Fahnrich: Götz erreicht den F. (Fähnrich 1 a) – er hat die Fahn' – er hält (Goethe, Götz III); Du bist im zwölften Jahre F.! Im zwanzigsten Major (Schiller, Kabale I, 7).

Fahn|dung, die; -, -en: *das Fahnden:* eine polizeiliche F. einleiten; jmdn. zur F. ausschreiben.

Fahn|dungs|ak|ti|on, die: *polizeiliche Aktion des Fahndens nach jmdm., etw.*

Fahn|dungs|ap|pa|rat, der: *Gesamtheit der bei einer polizeilichen Fahndung eingesetzten Personen.*

Fahn|dungs|dienst, der: *Abteilung bei Zoll- u. Steuerbehörden, Bahnpolizei u. Ä., die Fahndungen durchführt.*

Fahn|dungs|er|folg, der: *erfolgreicher Abschluss einer Fahndung.*

Fahn|dungs|fo|to, das, schweiz. auch: die: *für die Verbreitung in der Öffentlichkeit bestimmtes Foto einer Person, nach der gefahndet wird.*

Fahn|dungs|lis|te, die: *von den Kriminalämtern herausgegebener Katalog von Personen, nach denen gefahndet wird:* auf, in der F. stehen.

Fah|ne, die; -, -n [mhd. vane, ahd. fano, urspr. = Gewebe; die Bed. »Fahne« wohl entstanden durch Kürzung aus ahd. gundfano = Kriegsfahne]: **1.** *meist rechteckiges, an einer Stange befestigtes Tuch, das die Farben, das Zeichen eines Landes, eines Vereins, einer Gemeinschaft o. Ä. zeigt u. als Symbol o. Ä. für etw. gilt:* eine seidene, zerschlissene F.; die schwarz-rot-goldene F., die F. Schwarz-Rot-Gold; die -n flattern im Wind; die -n wehen auf halbmast; die F. aufziehen, hissen; die weiße F. (Militär; *das Zeichen der Kapitulation, der Unterhandlungsbereitschaft)* hinaushängen, zeigen; Ü die F. der Freiheit hochhalten (geh.; *für die Freiheit eintreten, kämpfen);* sie konnten einen Sieg in ihre F. schreiben (geh.; *den Sieg erringen);* trotz des 0 : 1 wehen in Bremen die -n nicht auf halbmast *(ist man nicht traurig, niedergeschlagen, verliert man nicht den Mut);* * **die, seine F./das, sein Fähnchen nach dem Wind drehen, hängen** (abwertend; *sich [um persönlicher Vorteile willen] sehr schnell der jeweils herrschenden Meinung anschließen, sich an die jeweilige Lage anpassen);* **etw. auf seine F. schreiben** *(sich etw. zum Ziel setzen, etw. als Programm verkünden u. für dessen Verwirklichung kämpfen;* mit Bezug darauf, dass in Fahnen früher häufig Inschriften hineingestickt wurden); **[sich] etw. an/auf die F. heften** (1. *[sich] etw. zum Ziel setzen, für etw. kämpfen:* sie haben sich die Inflationsbekämpfung auf die F. geheftet. 2. *[für sich] als Erfolg verzeichnen, sich zuschreiben:* dieses Verdienst wollte er sich nicht an die F. heften); **mit fliegenden -n zu jmdm., etw. übergehen/überlaufen** *(plötzlich seine Ansichten, seinen Standpunkt ändern u. sich ohne Bedenken, in einem kurzen Entschluss auf die andere Seite schlagen);* **zu den**

Fahnenabzug–fahren

-n eilen (geh. veraltet; *im Kriegsfall freiwillig, aus Überzeugung Soldat werden*); **zu den -n rufen** (geh. veraltet; *zum Kriegsdienst einberufen*). **2.** (ugs.) Kurzf. von ↑ Alkoholfahne. **3.** (Druckw.) *zu Korrekturzwecken auf losen Blättern od. Streifen hergestellter Abzug eines gesetzten, noch nicht auf Seitenformat gebrachten Textes.* **4.** (Jägerspr.) *lange Behaarung des Schwanzes bei bestimmten Jagdhunden u. bei Eichhörnchen.* **5.** (Zool.) *aus einzelnen Ästen bestehende Teil der Vogelfeder zu beiden Seiten des Federkiels; Vexillum* (2). **6.** (Bot.) *die übrigen Blütenblätter teilweise umgreifendes, oberes, größtes Blütenblatt bei Schmetterlingsblütlern; Vexillum* (3). **7.** (ugs. veraltend) *Wehrdienst bei der Nationalen Volksarmee der DDR:* gleich nach der Schule kam die F.

Fah|nen|ab|zug, der (Druckw.): Fahne (3).
Fah|nen|ap|pell, der (Militär): *Appell, bei dem die Fahne* (1) *gehisst wird.*
Fah|nen|eid, der (Militär): *vom Soldaten auf die Fahne* (1) *geschworener Eid der Treue u. des Gehorsams.*
Fah|nen|flucht, die (Militär): *eigenmächtiges Sichentfernen od. Fernbleiben von der Truppe od. der militärischen Dienststelle in der Absicht, sich den militärischen Verpflichtungen zu entziehen:* F. begehen.
fah|nen|flüch|tig ⟨Adj.⟩ (Militär): *Fahnenflucht begehend; desertiert.*
Fah|nen|flüch|ti|ge, die/eine Fahnenflüchtige; der/einer Fahnenflüchtigen, die Fahnenflüchtigen/zwei Fahnenflüchtige (Militär): *Soldatin, die fahnenflüchtig ist; Deserteurin.*
Fah|nen|flüch|ti|ger, der Fahnenflüchtige/ein Fahnenflüchtiger; des/eines Fahnenflüchtigen, die Fahnenflüchtigen/zwei Fahnenflüchtige (Militär): *Soldat, der fahnenflüchtig ist; Deserteur.*
Fah|nen|jun|ker, der: **1.** (Geschichte) *zum Offizier ausgebildeter Edelmann, dem das Tragen der Fahne* (1) *anvertraut wurde.* **2.** (Militär) **a)** *niedrigster Dienstgrad eines Offiziersanwärters (bei Heer u. Luftwaffe);* **b)** *Träger dieses Dienstgrades.*
Fah|nen|mast, der: *Mast zum Aufziehen einer Fahne* (1).
Fah|nen|schwin|gen, das; -s: *(bei feierlichen Aufzügen, Handwerkerfesten o. Ä.) kunstvolles Schwingen, Hochwerfen u. Auffangen von Fahnen* (1).
Fah|nen|schwin|ger, der: *jmd., der eine Fahne* (1) *schwingt, bes. beim Fahnenschwingen.*
Fah|nen|schwin|ge|rin, die: w. Form zu ↑ Fahnenschwinger.
Fah|nen|stan|ge, die: vgl. Fahnenmast: * **das Ende der F.** (ugs.; *Punkt, an dem es im Hinblick auf die Fortsetzung eines Vorhabens, auf das Fortführen einer Entwicklung o. Ä. nicht [mehr] weitergeht:* in der Sozialgesetzgebung ist jetzt das Ende der F. erreicht).
Fah|nen|trä|ger, der: *Träger einer Fahne* (1).
Fah|nen|trä|ge|rin, die: w. Form zu ↑ Fahnenträger.
Fah|nen|tuch, das: **1.** ⟨Pl. -e⟩ *vorwiegend für Fahnen* (1) *verwendeter einfarbiger Stoff.* **2.** ⟨Pl. ...tücher⟩ *Fahne* (1).
Fähn|lein, das; -s, -: **1.** Vkl. zu ↑ Fahne (1). **2. a)** (Geschichte) *Truppeneinheit der Landsknechte:* Ü er scharte ein F. *(eine Schar)* von Sympathisanten um sich; ♦ Sie haben sechzig F. schon beisammen (Schiller, Piccolomini V, 2); **b)** *kleinere Einheit in Jugendorganisationen.*
Fähn|rich, der; -s, -e [mhd. venre, ahd. faneri] (Militär): **1. a)** (Geschichte) *besonders tapferer Soldat als Fahnenträger (im mittelalterlichen Heer);* **b)** *jüngster Offizier einer Einheit (im preußischen Heer).* **2. a)** *Dienstgrad eines Offiziersanwärters zwischen Fahnenjunker u. Oberfähnrich (bei Heer u. Luftwaffe):* F. zur See (Marine; *Dienstgrad eines Offiziersanwärters zwischen Seekadett u. Oberfähnrich zur See*); **b)** *Träger dieses Dienstgrades.*

◆ **Fahr,** die; -, -en [mhd. väre, ↑ Gefahr]: *Gefahr:* Wer ... auf Gott vertraut und die gelenkte Kraft, der ringt sich leicht aus jeder F. und Not (Schiller, Tell III, 1).

Fahr|an|fän|ger, der: *jmd., der erst seit Kurzem den Führerschein hat u. im Fahren eines Kraftfahrzeugs noch ungeübt ist.*
Fahr|an|fän|ge|rin, die: w. Form zu ↑ Fahranfänger.
Fahr|aus|bil|dung, die: *Ausbildung im Führen eines Fahrzeugs.*
Fahr|aus|weis, der: **1.** *Fahrkarte, die zur Benutzung eines öffentlichen Verkehrsmittels berechtigt.* **2.** (schweiz.) *Führerschein.*
Fahr|bahn, die: *für den Fahrzeugverkehr bestimmter Teil einer befestigten Straße:* von der F. abkommen.
Fahr|bahn|be|lag, der: *oberste Schicht der Befestigung einer Fahrbahn.*
Fahr|bahn|brei|te, die: *Breite einer Fahrbahn.*
Fahr|bahn|mar|kie|rung, die (Verkehrsw.): *für den Verkehrsteilnehmer bestimmte, der Regelung des Verkehrs dienende Markierung auf der Fahrbahn in Form von Linien, Zeichen o. Ä.*
Fahr|bahn|rand, der: *seitliche Begrenzung einer Fahrbahn.*
Fahr|bahn|ver|en|gung, die: *Verengung, Engerwerden einer Fahrbahn.*
Fahr|bahn|wech|sel, der: *Wechsel, das Wechseln einer Fahrbahn.*
fahr|bar ⟨Adj.⟩: **1.** *so konstruiert, dass es fahren kann; sich fahren lassend; geeignet, gefahren zu werden:* ein -es Bett; der Teewagen ist f. **2.** (veraltend) *befahrbar.*
fahr|be|reit ⟨Adj.⟩: **a)** *alle technischen Voraussetzungen zum Fahren erfüllend:* die Fahrzeuge f. machen müssen; **b)** *fertig zum [Ab]fahren:* der Bus stand f. an der Haltestelle.
Fahr|be|reit|schaft, die: *einer Dienststelle angeschlossene Einrichtung, die über einen Wagenpark mit fahrbereiten Fahrzeugen u. dienstbereiten Fahrern verfügt.*
Fähr|be|trieb, der: *Verkehr von Fähren:* den F. einstellen.
Fähr|boot, das: *für den Fährbetrieb eingesetztes Boot.*
Fahr|bü|che|rei, die: *in einem Bus untergebrachte kleine Leihbücherei zur Versorgung städtischer Randgebiete, Vororte o. Ä.*
Fahr|damm, der (landsch., bes. berlin.): *Fahrbahn.*
Fähr|de, die; -, -n [dafür mhd. gevǣrde, ahd. gifārida = Heimtücke; Falschheit, zu mhd. vāre, ahd. fāra, ↑ Gefahr]: **1.** (dichter.) *Gefahr.* ◆ **2.** *Arglist:* Darum schwör' ich feierlich und ohn' alle F., dass ich mich nicht freventlich wegbegeben werde (Goethe, Tischlied).
Fahr|dienst, der: **1.** (Eisenbahn) *Tätigkeit des Fahrdienstleiters u. seiner Mitarbeiter.* **2.** *Tätigkeit der auf öffentlichen Verkehrsmitteln Beschäftigten.* **3.** *privater od. privatwirtschaftlich organisierter Personenbeförderung.*
Fähr|dienst, der: *Fährbetrieb.*
Fahr|dienst|lei|ter, der (Eisenbahn): *Bahnbeamter, der innerhalb bestimmter Streckenabschnitte bes. die Zugfolge in eigener Verantwortung regelt.*
Fahr|dienst|lei|te|rin, die: w. Form zu ↑ Fahrdienstleiter.
Fahr|draht, der (Verkehrsw., Technik): *als Oberleitung für elektrisch betriebene Bahnen od. Busse dienender Draht.*

Fäh|re, die; -, -n [mhd. ver(e), zu mhd. vern, ahd. ferian = mit dem, auf dem Schiff fahren, eigtl. Kausativ von ↑ fahren in dessen alter Bed. »sich bewegen«]: **1.** *Wasserfahrzeug zum Transportieren, Übersetzen von Personen über einen Fluss, einen See od. eine kürzere Meeresstrecke:* die F. legt [am Ufer] an, legt ab, fährt quer über den Strom; mit der F. übersetzen. **2.** Kurzf. von ↑ Mondlandefähre.

Fahr|ei|gen|schaft, die ⟨meist Pl.⟩: *technische Eigenschaft eines Kraftfahrzeugs, die bes. während des Fahrens hervortritt:* gute -en haben.

fah|ren ⟨st. V.⟩ [mhd. varn, ahd. faran, urspr. jede Art der Fortbewegung bezeichnend]: **1. a)** ⟨ist⟩ *(von Fahrzeugen) sich rollend, gleitend [mithilfe einer antreibenden Kraft] fortbewegen:* der Zug fährt; unser Auto fährt nicht *(ist defekt);* der Fahrstuhl fährt nur bis zum achten Stock; der Bus fährt durch den Tunnel, über eine Brücke; das Schiff fährt langsam [aus dem Hafen]; wann fährt die nächste Straßenbahn? *(wann fährt sie ab?);* fährt die Straßenbahn über den Markt? *(kommt sie am Markt vorbei, hat sie eine Haltestelle am Markt, in der Nähe des Marktes?);* der Triebwagen fährt *(verkehrt)* fahrplanmäßig, täglich; **b)** ⟨f. + sich; hat⟩ *bestimmte Fahreigenschaften haben:* der neue Wagen fährt sich hervorragend; **c)** ⟨f. + sich; unpers.; hat⟩ *sich unter bestimmten Umständen in bestimmter Weise fahren lassen:* auf dieser Straße, bei/im Nebel fährt es sich schlecht. **2.** ⟨ist⟩ **a)** *sich [in bestimmter Weise] mit einem Fahrzeug o. Ä. fortbewegen:* vorsichtig, schnell, mit großer Geschwindigkeit, wie der Teufel f.; rechts, links, geradeaus, in einer Kolonne f.; 80 [km/h] f.; mit dem Fahrrad, mit der Bahn, mit dem Zug, erster Klasse, mit dem Roller [zur Arbeit] f.; in einer Kutsche f.; ihr fahrt u. wir gehen zu Fuß; er ist seit 20 Jahren unfallfrei gefahren; er fährt gut *(ist ein guter [Auto]fahrer);* er ist gegen einen Baum gefahren; wir fahren um 8 Uhr *(treten unsere Fahrt um 8 Uhr an);* man fährt bis dahin 2 Stunden *(braucht für die Fahrt 2 Stunden);* er ist ihm [mit dem Vorderrad] über den Fuß gefahren; der Pkw fuhr dem Lkw in die Flanke; Ü Christus ist gen Himmel gefahren *(zum Himmel aufgestiegen);* **b)** *eine Reise machen:* an die See, nach Paris, in den Urlaub, zu den Großeltern f.; **c)** *eine bestimmte Strecke fahrend (1 a) zurücklegen:* der Bus fährt von Bonn nach Köln. **3.** ⟨ist⟩ *(von Verkehrsmitteln o. Ä.) ein bestimmtes Ziel haben:* fährt dieser Zug nach Rom? **4. a)** ⟨ist⟩ *sich auf, mit etw. Beweglichem fortbewegen:* Auto, Rad, Karussell, Ski, Rollschuh f.; wir sind Schlitten gefahren; **b)** ⟨hat⟩ *ein Fahrzeug [irgendwohin] lenken, steuern:* einen Pkw, ein schweres Motorrad f.; den Traktor aufs Feld f.; gegen einen Baum f.; den Wagen in die Garage f.; wer von euch hat das Auto gefahren?; sie hat mich den Wagen f. lassen *(hat mir erlaubt, den Wagen zu steuern);* **c)** ⟨hat⟩ *ein bestimmtes Fahrzeug besitzen:* er fährt einen ganz neuen Wagen, einen Ferrari; **d)** ⟨ist⟩ *als Treibstoff benutzen:* er fährt nur bleifreies Benzin, Super, Superbenzin. **5. a)** *mit einem Fahrzeug zurücklegen:* einen Umweg, einige Runden, täglich eine bestimmte Strecke f.; er ist/(seltener:) hat die Runde in 5 : 42 Minuten gefahren; ich bin diese Straße schon oft gefahren; **b)** ⟨hat/ist⟩ *mit einem Fahrzeug ausführen, bewältigen:* Kurven f.; die beste Zeit, einen Rekord f.; er fährt morgen sein letztes Rennen. **6.** ⟨hat⟩ *durch Fahren (2 a, 4 b) in einen bestimmten Zustand bringen:* er hat seinen Wagen schrottreif, in Grund und Boden, zu Bruch gefahren. **7.** ⟨hat⟩ *mit einem Fahrzeug befördern, an einen bestimmten Ort transportieren:* Sand, Mist f.; er hat den Verletzten ins Krankenhaus gefahren. **8.** ⟨hat⟩

Fahren – Fahrprüfung

a) (Technik) *in Betrieb halten, bedienen:* einen Hochofen f.; **b)** (Jargon) *ablaufen lassen; [nach Plan] organisieren:* volles Programm f.; eine Sonderschicht in der Fabrik f.; die Nachrichtensendungen werden täglich mehrmals gefahren. **9. a)** ⟨ist⟩ *sich rasch, hastig in eine bestimmte Richtung, an eine bestimmte Stelle bewegen:* erschrocken aus dem Bett f.; in die Kleider f. *(sich rasch anziehen);* der Blitz ist in einen Baum gefahren; er fuhr in die Höhe *(sprang auf);* (Jägerspr.:) der Hase fährt aus dem Lager *(springt auf),* der Fuchs fährt zu Bau; der Hund ist ihm an die Kehle gefahren *(gesprungen);* Ü was ist denn in dich gefahren? *(was ist mit dir los?);* blitzschnell fuhr es ihr durch den Kopf *(kam ihr der Gedanke),* sofort abzureisen; der Schrei fuhr *(drang)* mir durch Mark und Bein; **b)** ⟨hat/ist⟩ *[mit einer schnellen Bewegung] über, durch etw. streichen, wischen, eine schnelle Bewegung machen:* sie fuhr mit dem Staubtuch kurz über die Tischplatte; er fuhr ihr einige Male mit der Hand durchs Haar, über den Kopf; sie fuhr mit den Handrücken über die Stirn; er fuhr mit der Hand in die Tasche *(steckte sie rasch hinein).* **10.** ⟨ist⟩ (Bergmannsspr.) *sich in einem Grubenbau fortbewegen, sich in die Grube hinein- od. aus ihr herausbegeben.* **11.** ⟨ist⟩ (ugs.) *in bestimmter Weise zurechtkommen, bestimmte Erfahrungen machen:* mit ihm, mit dieser Methode sind wir immer gut gefahren. ◆ **12.** *eine rasche Bewegung machen:* ...ich fuhr *(griff hastig)* darnach (Goethe, Götz I). ◆ **13.** *bestellen* (6 a): ...wenn einer eine Kuh melken oder einen Acker f. soll (Gotthelf, Spinne 24).
Fah|ren, das; -s (Pferdesport): *Fahrsport.*
fah|rend ⟨Adj.⟩: *nicht sesshaft; umherziehend:* -e Musikanten; -e Habe.
Fah|ren|heit [nach dem dt. Physiker D. G. Fahrenheit (1686–1736)] (Physik): *Gradeinheit auf der Fahrenheitskala* (Zeichen: F).
Fah|ren|heit|ska|la, die ⟨o. Pl.⟩ (Physik): *Temperaturskala, bei der der Abstand zwischen dem Gefrierpunkt u. dem Siedepunkt des Wassers in 180 gleiche Teile unterteilt ist.*
fah|ren las|sen, fah|ren|las|sen ⟨st. V.; hat⟩: **1.** *nicht mehr [fest]halten, sondern [schnell] loslassen:* sie hat seinen Arm f. l./fahrenlassen, (seltener auch:) fahren gelassen/fahrengelassen; * **einen f. l./fahrenlassen** (derb; *eine Blähung abgehen lassen).* **2.** *aufgeben; auf etw. verzichten, nicht mehr daran glauben, festhalten:* sie hat alle Hoffnung fahren lassen/fahrenlassen.
Fah|rens|mann, der ⟨Pl. ...leute u. ...männer⟩ (Seemannsspr.): *Seemann; Schiffer.*
Fah|rer, der; -s, -: **a)** *jmd., der fährt, ein Fahrzeug führt:* er ist ein sicherer F.; er ist als kämpferischster F. der diesjährigen Tour de France ausgezeichnet worden; sie saß neben ihrem F.; **b)** *jmd., der berufsmäßig ein [Kraft]fahrzeug (als Transport-, Verkehrsmittel o. Ä.) fährt:* während der Fahrt bitte nicht mit dem F. sprechen!
Fah|re|rei, die; -, -en (oft abwertend): *dauerndes, als lästig empfundenes Fahren.*
Fah|rer|flucht, die ⟨o. Pl.⟩: *unerlaubtes Sichentfernen eines Verkehrsteilnehmers vom Verkehrsunfall nach einem von ihm verschuldeten Verkehrsunfall:* F. begehen.
fah|rer|flüch|tig ⟨Adj.⟩: *Fahrerflucht begehend, begangen habend:* nach dem -en Mann wird gesucht; f. werden *(Fahrerflucht begehen).*
Fah|rer|haus, das: *Führerhaus.*
Fah|re|rin, die; -, -nen: w. Form zu ↑ *Fahrer.*
fah|re|risch ⟨Adj.⟩: *die Fahrkunst, -technik eines Kraftfahrers betreffend:* -es Können.
Fah|rer|ka|bi|ne, die: *Führerhaus.*
Fah|rer|la|ger, das (Rennsport): *Gelände, auf dem bei Motorsportveranstaltungen Fahrer u. Fahrzeuge untergebracht sind.*
Fahr|er|laub|nis, die: **1.** (Amtsspr.) *Genehmigung zum Fahren eines Kraftfahrzeugs:* er fuhr ohne F. **2.** *Führerschein.*
Fah|rer|sei|te, die: *Seite in einem Kraftfahrzeug, auf die die Fahrerin, der Fahrer sitzt.*
Fah|rer|sitz, der: *Platz des Fahrers in einem Kraftfahrzeug, einer Straßenbahn o. Ä.*
Fah|rer|stand, der: *Fahrstand* (1).
Fahr|feh|ler, der: *durch Verstoß gegen die Verkehrsregeln, mangelnde Einschätzung der gegebenen Möglichkeiten o. Ä. verursachte fehlerhafte Verhaltensweise beim Fahren eines Kraftfahrzeugs o. Ä.:* der Unfall wurde durch einen F. verursacht.
Fähr|frau, die: *Führerin einer Fähre.*
Fahr|freu|de, die: *Freude am Fahren bes. eines Autos.*
Fahr|gast, der: *jmd., der in einem öffentlichen Verkehrsmittel fährt.*
Fahr|gast|raum, der: *für die Fahrgäste bestimmter Raum in einem öffentlichen Verkehrsmittel.*
Fahr|gast|schiff, das: *Schiff mit Kabinen, Gesellschaftsräumen u. a., das der Beförderung von Fahrgästen dient.*
Fahr|gast|ver|band, der: *Verband, der die Interessen der Fahrgäste vertritt.*
Fahr|gast|zahl, die: *Anzahl der Fahrgäste.*
Fahr|ge|fühl, das: *Gefühl, das sich bei jmdm. aufgrund der Beschaffenheit und der Fahreigenschaften eines [Kraft]fahrzeugs beim Fahren einstellt.*
Fahr|geld, das: *für die Benutzung eines öffentlichen Verkehrsmittels zu entrichtender Geldbetrag:* das F. bereithalten.
Fahr|geld|er|stat|tung, die: *Erstattung des Fahrgelds.*
◆**Fahr|ge|leis,** das: *eingefahrene Spur der Wagenräder von Gespannen auf der Landstraße:* Ü ...er fand sich unversehens im alten F. wieder *(stellte wieder die gleichen schlechten Angewohnheiten bei sich fest;* Mörike, Mozart 222).
Fahr|ge|mein|schaft, die: *Gruppe von Personen, die (z. B. aus Gründen der Kostenersparnis) ihre Fahrt zur Arbeit od. zur Ausbildung gemeinsam in einem Fahrzeug zurücklegen.*
Fahr|ge|räusch, das: *beim Fahren eines Fahrzeugs entstehendes Geräusch.*
Fahr|ge|schäft, das: *Schaustellerbetrieb, der Fahrten auf Karussells, in Luftschaukeln, Kleinautos o. Ä. anbietet.*
Fahr|ge|schwin|dig|keit, die: *Geschwindigkeit, mit der sich ein Fahrzeug fortbewegt.*
Fahr|ge|stell, das: **1.** *Fahrwerk.* **2.** (salopp scherzh.) *Beine (eines Menschen).*
Fähr|ha|fen, der: *Hafen, Teil eines Hafens, in dem Fährschiffe anlegen.*
Fähr|haus, das: *Haus des Fährmanns.*
fah|rig ⟨Adj.⟩: **a)** *unausgeglichen u. unkontrolliert:* -e Bewegungen; **b)** *nicht in der Lage, sich richtig auf etw. zu konzentrieren; zerfahren:* ein -er Schüler; er wirkte ein wenig f.
Fah|rig|keit, die; -: *das Fahrigsein.*
Fahr|kar|te, die: *Kärtchen, das gegen Entrichtung eines bestimmten Geldbetrags zur Benutzung eines öffentlichen Verkehrsmittels, bes. der Eisenbahn, berechtigt:* eine F. lösen; um die F. zum Endspiel (Sportjargon; *um die Berechtigung zur Teilnahme am Endspiel)* kämpfen.
Fahr|kar|ten|au|to|mat, der: *Automat, an dem Fahrkarten gelöst werden können.*
Fahr|kar|ten|kon|trol|le, die: *Überprüfung der Fahrkarten.*
Fahr|kar|ten|schal|ter, der: *Schalter, an dem gegen Entrichtung des entsprechenden Fahrgelds Fahrkarten ausgegeben werden.*
Fahr|ki|lo|me|ter, der: *Kilometer gefahrener Strecke.*
Fahr|kom|fort, der: *Komfort, den die Insassen eines Fahrzeugs während der Fahrt genießen können:* ein völlig neues Fahrwerk sorgt für mehr Sicherheit und F.
Fahr|kos|ten ⟨Pl.⟩: *für eine Fahrt zu entrichtender Geldbetrag; Fahrtkosten.*
Fahr|kunst, die: *Geschicklichkeit beim Führen eines Fahrzeugs.*
fahr|läs|sig ⟨Adj.⟩ [eigtl. = fahren lassend, zu mhd. varn lāzen = gehen lassen, vernachlässigen]: *die gebotene Vorsicht, Aufmerksamkeit, Besonnenheit fehlen lassend:* ein -es Verhalten; -e (Rechtsspr.; *durch Fahrlässigkeit verursachte)* Tötung; die Arbeiter waren f.; [grob] f. handeln; ein schweres Brand f. verursacht.
Fahr|läs|sig|keit, die; -, -en: *fahrlässiges Verhalten:* grobe F.; (Rechtsspr.:) bewusste, unbewusste F.
Fahr|leh|rer, der: *jmd., der anderen Unterricht im Führen eines Kraftfahrzeugs erteilt, sie beim Fahrenlernen anleitet.*
Fahr|leh|re|rin, die: w. Form zu ↑ *Fahrlehrer.*
Fahr|leis|tung, die: *Leistung eines Fahrzeugs bezüglich seiner Fahreigenschaften.*
Fahr|lei|tung, die: *Fahrdraht.*
fahr|lich ⟨Adj.⟩ [mhd. værlich, ahd. fārlîh, zu: fāra, ↑ Gefahr] (veraltet): *gefährlich.*
Fähr|lich|keit, die; -, -en [mhd. værlicheit] (veraltet): *das Gefährlichsein, Gefährdung:* ◆ ...sie treiben allerlei Hantierung, und habe es gut wie die andere, wenn sie nur mit keiner F. verbunden ist (Keller, Kammacher 205).
Fähr|li|nie, die: **a)** *planmäßig von Fähren* (1) *befahrene Strecke;* **b)** *Geschäftsunternehmen, das einen planmäßigen Fährbetrieb unterhält.*
Fähr|mann, der ⟨Pl. ...leute u. ...männer⟩: *Führer einer Fähre.*
Fahr|nis, die; -, -se (Rechtsspr.): *bewegliches Vermögen; fahrende Habe.*
Fähr|nis, die; -, -se (dichter.): *Gefahr, gefährliche Situation:* sich in -se begeben.
Fahr|plan, der: **1. a)** *Zeitfolge der [Ankunft u.] Abfahrt eines Zuges, eines Busses o. Ä. an den Bahnhöfen od. Haltestellen:* die Straßenbahn hat ihren F. nicht eingehalten; **b)** *Zusammenfassung der Ankunfts- u. Abfahrtszeiten von Zügen, Bussen o. Ä. (an Bahnhöfen od. Haltestellen) auf einem Plan, in einem Buch:* auf dem, im F. nachsehen, wann der nächste Zug abfährt. **2. a)** (ugs.) *Plan, Programm:* ihr unerwarteter Besuch hatte seinen ganzen F. durcheinandergebracht; **b)** (Theaterjargon) *Theaterspielplan.*
Fahr|plan|än|de|rung, die: *Änderung des Fahrplans* (1 a).
fahr|plan|mä|ßig ⟨Adj.⟩: *den Angaben des Fahrplans entsprechend:* die -e Abfahrt des Zuges.
Fahr|plan|wech|sel, der: *das Auswechseln eines Fahrplans* (1 a) *gegen einen neuen.*
Fahr|pra|xis, die ⟨o. Pl.⟩: *durch häufiges Fahren gewonnene Übung im Führen eines Kraftfahrzeugs.*
Fahr|preis, der: *Preis für eine Fahrt mit einem öffentlichen Verkehrsmittel.*
Fahr|preis|an|zei|ger, der: *Zählwerk im Taxi, das den Fahrpreis anzeigt; Taxameter.*
Fahr|preis|er|hö|hung, die: *Erhöhung der Fahrpreise.*
Fahr|preis|er|mä|ßi|gung, die: vgl. *Fahrpreiserhöhung.*
Fahr|prü|fung, die: *aus einem theoretischen u. einem praktischen Teil bestehende Prüfung eines Fahrschülers* (1), *durch die er die Fahrerlaubnis erwirbt:* er hat die F. erst beim zweiten Mal bestanden.

Fahrrad – fahruntüchtig

Fahr|rad, das: *zweirädriges Fahrzeug, dessen Räder hintereinander angeordnet sind u. das durch Treten von Pedalen angetrieben wird:* F., auf einem F. fahren; mit dem F. wegfahren.

Fahr|rad|an|hän|ger, der: *Anhänger (2) für ein Fahrrad.*

Fahr|rad|fah|rer, der (seltener): *Radfahrer.*

Fahr|rad|fah|re|rin, die: w. Form zu ↑ Fahrradfahrer.

Fahr|rad|helm, der: *Sturzhelm für Fahrradfahrer.*

Fahr|rad|kar|te, die: **1.** *Landkarte mit Radwegen u. für Radtouren geeigneten Strecken.* **2.** *Schein für die Beförderung eines unverpackten Fahrrads o. Ä.*

Fahr|rad|ket|te, die: *Kette, durch die beim Fahrrad die Antriebskraft von der Tretkurbel auf einen Zahnkranz an der Hinterachse übertragen wird:* die F. ist herausgesprungen.

Fahr|rad|ku|rier, der: *Bote (a), der bes. in größeren Städten Sendungen mit dem Fahrrad zustellt.*

Fahr|rad|ku|rie|rin, die: w. Form zu ↑ Fahrradkurier.

Fahr|rad|lö|sung, die (schweiz.): *Lösung (5) für ein Fahrrad.*

Fahr|rad|rah|men, der: *Gestell eines Fahrrads (ohne Räder).*

Fahr|rad|rei|fen, der: *Reifen eines Fahrrads.*

Fahr|rad|rik|scha, die: *dreirädriges Gefährt, das wie ein Fahrrad angetrieben wird und hinter dem Fahrer Platz für die Beförderung von Fahrgästen od. Transportgütern bietet.*

Fahr|rad|sat|tel, der: *Sattel (2) eines Fahrrads.*

Fahr|rad|schloss, das: *Schloss zur Sicherung eines Fahrrads gegen Diebstahl.*

Fahr|rad|schlüs|sel, der: **1.** *Schlüssel zum Fahrradschloss.* **2.** *spezieller Schraubenschlüssel für das Fahrrad.*

Fahr|rad|stän|der, der: *Vorrichtung, Gestell zum Abstellen von Fahrrädern.*

Fahr|rad|tour, die: *Radtour.*

Fahr|rad|weg, der: *Radweg.*

Fahr|rin|ne, die: *durch bestimmte Zeichen markierter Streifen in einem Fluss u. im Meer vor der Küste, der auch bei sonst geringer Wasserführung, die für die Schifffahrt erforderliche Wassertiefe aufweist.*

Fahr|schein, der: vgl. Fahrkarte.

Fahr|schein|kon|t|rol|le, die: *Überprüfung der Fahrscheine.*

Fahr|sche|mel, der (Technik): *Teilrahmen eines Kraftfahrzeugs, an dem Aggregate wie der Motor od. das Ausgleichsgetriebe sowie die komplette zugehörige Achsgruppe befestigt sind.*

Fahr|schiff, das: vgl. *Fähre.*

Fahr|schrei|ber, der: *Fahrtschreiber.*

Fahr|schu|le, die: **a)** *Unternehmen, in dem man das Fahren eines Kraftfahrzeugs erlernen kann;* **b)** (ugs.) *Unterricht in der Fahrschule (a).*

Fahr|schü|ler, der: **1.** *jmd., der Fahrstunden nimmt.* **2.** *Schüler, der täglich einen längeren Weg zwischen Wohnort u. Schule mit einem öffentlichen Verkehrsmittel zurücklegen muss.*

Fahr|schü|le|rin, die: w. Form zu ↑ Fahrschüler.

Fahr|schul|prü|fer, der: *amtlich anerkannter Prüfer (2), der Fahrschülern die Fahrprüfung abnimmt.*

Fahr|schul|prü|fe|rin, die: w. Form zu ↑ Fahrschulprüfer.

Fahr|si|cher|heit, die ⟨o. Pl.⟩: *Sicherheit, die ein Fahrzeug beim Fahren bietet.*

Fahr|spaß, (österr. auch:) **Fahr|spass**, der: *Fahrfreude.*

Fahr|sport, der (Pferdesport): *Gesamtheit sportlicher Übungen von Pferdegespannen bei Leistungsprüfungen für Wagenpferde (z. B. Dressurprüfung, Geschicklichkeitsfahren); Fahren.*

Fahr|spur, die: *durch entsprechende Markierungen gekennzeichneter Teil einer Fahrbahn für den Verkehr in einer Richtung, den ein Fahrzeug für sich benötigt:* die linke F. zum Überholen benutzen.

Fahr|stand, der: **1.** *Stand mit Armaturenbrett für die Fahrerin, den Fahrer (einer Straßenbahn, Lokomotive usw.); Fahrerstand, Führerstand.* **2.** *im Maschinenraum liegender Überwachungs- u. Steuerstand für die Antriebsanlage (bei Seeschiffen).*

Fahr|steig, der: *einem Gehsteig ähnliches Laufband, das der kontinuierlichen Personenbeförderung dient.*

Fahr|stil, der: *Art u. Weise, wie jmd. fährt.*

Fahr|stra|ße, die: **1.** *breite, gut ausgebaute, vorwiegend dem Fernverkehr dienende Straße.* **2.** (Eisenbahn) *durch Weichen- u. Signalstellung gesicherter Weg eines Zuges [durch einen Bahnhof].*

Fahr|stre|cke, die: *bei einer Fahrt zurückzulegende od. zurückgelegte Strecke.*

Fahr|strei|fen, der: *durch entsprechende Markierungen gekennzeichneter Teil einer geschlossenen Fahrbahn für den Verkehr in einer Richtung.*

Fahr|stuhl, der: **1. a)** *Kabine, Korb eines Aufzugs, bes. zur Beförderung von Personen:* sie ließ den F. kommen; **b)** *Aufzug (2):* den F. benutzen. **2.** Kurzf. von ↑ Krankenfahrstuhl.

Fahr|stuhl|füh|rer, der: *jmd., der den Fahrstuhl in einem öffentlichen Gebäude, einem Kaufhaus, Hotel o. Ä. bedient.*

Fahr|stuhl|füh|re|rin, die: w. Form zu ↑ Fahrstuhlführer.

Fahr|stuhl|mann|schaft, die (Sportjargon): *Mannschaft, die häufig von einer Spielklasse in die nächsthöhere aufsteigt u. in der nächsten Saison wieder absteigt.*

Fahr|stun|de, die: *Unterrichtsstunde bei einem Fahrlehrer, in der das Fahren eines Kraftfahrzeugs geübt wird.*

Fahrt, die; -, -en [mhd., ahd. vart = Fahrt, Reise; (Kriegs)zug; Spur]: **1.** ⟨o. Pl.⟩ **a)** *das Fahren:* nach drei Stunden F. kamen wir an; wir sprachen während der F. kein Wort; **b)** *Geschwindigkeit des Fahrens (2a):* der Zug verlangsamt die F., ist in voller F.; das Schiff nahm F. auf *(wurde schneller);* das Schiff machte nur wenig, kleine F. (Seemannsspr.); *fuhr langsam;* volle F. voraus! (Seemannsspr.; Befehl an den Maschinisten); Wir brauchen F., wir können uns die Böen nichts mehr machen (M. Walser, Pferd 115); * **in F. kommen/geraten** (ugs.: 1. *in gute Stimmung, in Schwung geraten.* 2. *wütend, böse werden*); **in F. sein** (ugs.: 1. *guter Stimmung, in Schwung sein.* 2. *wütend, böse sein*); **jmdn. in F. bringen** (ugs.: 1. *in gute Stimmung versetzen.* 2. *wütend, zornig machen*). **2. a)** *Reise:* eine lange, anstrengende F.; die F. begann in Hamburg und endete nach Umwegen schließlich in Paris; wir hatten eine gute, angenehme F.; eine F. unterbrechen; eine F. [mit dem Auto] ins Ausland machen; * **eine F. ins Blaue** *(Ausflugsfahrt mit unbekanntem Ziel;* mit »das Blaue« ist hier die unbestimmte Ferne gemeint; vgl. blau 1, ins Blaue [hinein]); **b)** (veraltend) *mehrtägige Wanderung vorwiegend junger Leute [mit Zelten]:* auf F. gehen. **3.** (Bergmannsspr.) **a)** *in einem Schacht zum Ein- u. Aussteigen angebrachte Leiter;* **b)** *mit Seilzug betriebene Förderanlage.* **4.** (Seew.) *Fahrtbereich:* er ist Kapitän auf großer F.; das Schiff ist für mittlere F. zugelassen; sie hat das Patent für kleine F. ♦ **5.** (landsch.) *Kahn zum Übersetzen, Fähre:* Am Rhein an der F. kommen wir wieder zusammen (Hebel, Schatzkästlein 58).

fahr|taug|lich ⟨Adj.⟩: *Fahrtauglichkeit besitzend.*

Fahr|taug|lich|keit, die ⟨o. Pl.⟩: *geistige, körperliche Fähigkeit, ein Kraftfahrzeug zu fahren.*

Fahrt|aus|weis, der: *Fahrausweis (1).*

Fahrt|be|reich, der (Seew.): *Bereich, für den ein Schiffsführer durch sein Patent zugelassen ist od. innerhalb dessen ein Schiff seiner Größe, Konstruktion o. Ä. entsprechend eingesetzt werden, fahren darf.*

fahrt|be|reit ⟨Adj.⟩: *fahrbereit.*

Fähr|te, die; -, -n [im Nhd. geb. aus den gebeugten Formen von mhd. vart (Gen., Dativ Sg., Nom., Akk. Pl.: verte), ↑ Fahrt] (Jägerspr.): *Spur des Schalenwilds:* eine frische F.; der Hund nimmt die F. auf, folgt der F.; auf eine F. stoßen; den Hund auf die F. setzen; Ü die Polizei verfolgt eine falsche F.

Fahr|tech|nik, die: *sichere Beherrschung der technischen Mittel beim Fahren:* über F. verfügen.

fahr|tech|nisch ⟨Adj.⟩: *die Fahrtechnik betreffend, auf ihr beruhend.*

Fahr|ten|buch, das: **1.** *Kontrollbuch, in das ein Fahrzeugführer Einzelheiten über Fahrten, Reparaturen o. Ä. einträgt.* **2.** *Tagebuch einer Wandergruppe o. Ä.*

Fahr|ten|mes|ser, das: *feststehendes Messer, das in einer Scheide [aus Leder] steckt u. bes. bei Fahrten (2b) mitgeführt wird.*

Fahr|ten|schrei|ber, der: *Fahrtschreiber.*

Fahr|ten|schwim|mer, der (früher): *Prüfung, die u. a. aus 30 Minuten Dauerschwimmen [u. einem Sprung vom 3-m-Brett] besteht.*

Fähr|ten|su|cher, der: *jmd., der eine Fährte sucht.*

Fähr|ten|su|che|rin, die: w. Form zu ↑ Fährtensucher.

Fahrt|test, der: *Test, mit dem die Fahrtüchtigkeit (2) festgestellt werden soll.*

Fahrt|ge|schwin|dig|keit, die: *Fahrgeschwindigkeit.*

Fahrt|ki|lo|me|ter, der: *Fahrkilometer.*

Fahrt|kos|ten ⟨Pl.⟩: *Fahrkosten.*

Fahr|trep|pe, die: *Rolltreppe.*

Fahrt|rich|tung, die: *Richtung, in der sich ein Fahrzeug fortbewegt.*

Fahrt|rich|tungs|an|zei|ger, der (Kfz-Technik): *Blinkleuchte.*

Fahrt|rin|ne, die: *Fahrrinne.*

Fahrt|route, die: *Verlauf einer Wegstrecke, einer Fahrt (2a); Reiseweg.*

Fahrt|schrei|ber, der (Kfz-Technik): *Gerät in einem Fahrzeug, das die Fahrgeschwindigkeit (in Abhängigkeit von der Zeit) aufzeichnet; Fahrschreiber; Fahrtenschreiber; Tachograf.*

Fahrt|stre|cke, der: *Fahrstrecke.*

fahr|tüch|tig ⟨Adj.⟩: **1.** *Fahrtüchtigkeit (1) besitzend, aufweisend:* in diesem Zustand war er nicht mehr f. **2.** *aufgrund seines technischen Zustands einwandfreies Fahren gewährleistend.*

Fahr|tüch|tig|keit, die: **1.** *geistige, körperliche (bes. die nicht durch Alkohol, Drogen o. Ä. beeinträchtigte) Fähigkeit, ein Kraftfahrzeug im Verkehr sicher zu führen.* **2.** *einwandfreies Fahren gewährleistender technischer Zustand eines Kraftfahrzeugs.*

Fahrt|un|ter|bre|chung, die: *Unterbrechung einer Fahrt.*

Fahrt|wind, der: *beim Fahren entstehender Gegenwind.*

Fahrt|zeit, die: *Fahrzeit.*

Fahrt|ziel, das: *Ziel einer Fahrt (2a); Reiseziel.*

fahr|un|taug|lich ⟨Adj.⟩: *fahruntüchtig (1).*

Fahr|un|taug|lich|keit, die ⟨o. Pl.⟩: *Fahruntüchtigkeit (1).*

fahr|un|tüch|tig ⟨Adj.⟩: **1.** *Fahruntüchtigkeit (1) aufweisend, sie betreffend, davon zeugend:* -e

Personen. **2.** *aufgrund technischer Mängel einwandfreies Fahren nicht mehr gewährleistend.*

Fahr|un|tüch|tig|keit, die: **1.** *geistige, körperliche, bes. die durch Alkohol, Drogen o. Ä. bewirkte Unfähigkeit, ein Kraftfahrzeug im Verkehr sicher zu führen.* **2.** *technischer Zustand eines Kraftfahrzeugs, bei dem aufgrund bestimmter Mängel ein einwandfreies Fahren nicht mehr gewährleistet ist.*

Fahr|ver|bot, das: *vom Gericht od. einer entsprechenden Behörde ausgesprochenes, für eine befristete Zeit geltendes Verbot, ein Kraftfahrzeug zu führen.*

Fahr|ver|hal|ten, das: **1.** *Verhalten einer Kraftfahrerin, eines Kraftfahrers beim Fahren, bes. im Verkehr.* **2.** *Gesamtheit der technischen Eigenschaften eines Kraftfahrzeugs, die bes. während des Fahrens hervortreten.*

Fahr|ver|käu|fer, der (bes. österr.): *Verkaufsfahrer.*

Fahr|ver|käu|fe|rin, die: w. Form zu ↑ Fahrverkäufer.

Fahr|ver|kehr, der: *durch Fahrzeuge verursachter Verkehr (im Unterschied zum Fußgängerverkehr).*

Fähr|ver|kehr, der: *Fährbetrieb.*

Fahr|was|ser, das ⟨o. Pl.⟩: *Bereich in einem Fluss u. im Meer vor der Küste, der für die Schiffe erforderliche Wassertiefe aufweist:* das schmale F. des Flusses ist mit Bojen gekennzeichnet; Ü die Unterhaltung geriet in [ein] politisches F. *(wurde unversehens politisch);* * **in seinem/im richtigen/im rechten F. sein** (ugs.; *eifrig von etw. reden, etw. mit Eifer betreiben, was einem besonders [am Herzen] liegt*); **in jmds. F. schwimmen/segeln** (ugs.; *von jmdm. stark beeinflusst sein, jmds. Gedanken, Anschauungen [kritiklos] übernehmen*).

Fahr|weg, der: **1.** vgl. Fahrstrecke. **2.** *Weg, der von Fahrzeugen benutzt werden kann.*

Fahr|wei|se, die: -[e]s, -e *Art u. Weise, in der jmd. ein Kraftfahrzeug fährt, bes. im Hinblick auf andere Verkehrsteilnehmer:* defensive, offensive F.

Fahr|werk, das: **1.** *Gesamtheit der meist einziehbaren Teile eines Luftfahrzeugs, die dem Aufsetzen beim Landen u. der Fortbewegung auf dem Boden dienen.* **2.** *Gesamtheit der Bauelemente der Vorder- u. Hinterachse eines Kraftfahrzeugs, die die Räder führend u. federnd mit dem Fahrzeug verbinden.*

Fahr|wind, der: **1.** *beim Segeln u. Segelflug als Antrieb dienender Wind.* **2.** *Fahrtwind.*

Fahr|zeit, die: *für das Zurücklegen einer bestimmten Strecke während einer Fahrt benötigte Zeit; Fahrtzeit.*

Fahr|zeug, das: -[e]s, -e [aus dem Niederd., niederd. fahrtüg, älter niederl. vaartuig = Schiff]: *u. a. mit Rädern, Kufen od. Tragflächen ausgerüstete Konstruktion mit Eigen- od. Fremdantrieb zur Beförderung von Personen u. Lasten.*

Fahr|zeug|bau, der ⟨o. Pl.⟩: *Industriezweig, der sich mit dem Bau von Fahrzeugen befasst.*

Fahr|zeug|brief, der: *Urkunde, die als Nachweis für den rechtmäßigen Besitz eines Kraftfahrzeugs dient.*

Fahr|zeug|füh|rer, der: *jmd., der ein Kraftfahrzeug fährt.*

Fahr|zeug|füh|re|rin, die: w. Form zu ↑ Fahrzeugführer.

Fahr|zeug|hal|ter, der: *jmd., der die Verfügungsgewalt über ein Kraftfahrzeug besitzt u. es für eigene Rechnung gebraucht.*

Fahr|zeug|hal|te|rin, die: w. Form zu ↑ Fahrzeughalter.

Fahr|zeug|her|stel|ler, der: *Unternehmen, das Fahrzeuge herstellt.*

Fahr|zeug|in|sas|se, der: *Insasse eines Fahrzeugs.*

Fahr|zeug|in|sas|sin, die: w. Form zu ↑ Fahrzeuginsasse.

Fahr|zeug|ko|lon|ne, die: *Kolonne* (1 b).

Fahr|zeug|len|ker, der (bes. österr., schweiz.): *Fahrzeugführer.*

Fahr|zeug|len|ke|rin, die: w. Form zu ↑ Fahrzeuglenker.

Fahr|zeug|pa|pie|re ⟨Pl.⟩: *Kraftfahrzeugpapiere.*

Fahr|zeug|park, der: *Fuhrpark.*

Fahr|zeug|schlan|ge, die: vgl. Autoschlange.

Fahr|zeug|tech|nik, die: *Kraftfahrzeugtechnik.*

Fahr|zeug|typ, der: *Typ* (4) *eines Fahrzeugs.*

Fahr|zeug|ver|kehr, der: *Fahrverkehr.*

Fai|b|le ['fɛːbl], das; -s, -s [frz. faible, eigtl. = Schwachheit, Kraftlosigkeit, Subst. zu: faible = schwach, kraftlos, über das Galloroman. zu lat. flebilis = beweinenswert, kläglich, zu: flere = weinen] (bildungsspr.): *Vorliebe, Schwäche, die jmd. für jmdn., etw. hat; Neigung, Hang, etw. Bestimmtes zu tun:* ein F. für jmdn., etw. haben; ...man hatte damals in mondänen Kreisen ein F. fürs Natürliche und für eine Art ungehobelten Charmes (Süskind, Parfum 205).

fair [fɛːɐ̯] ⟨Adj.⟩ [engl. fair < aengl. fæger = schön, lieblich; vgl. asächs., ahd. fagar = schön]: **a)** *den Regeln des Zusammenlebens entsprechend; anständig, gerecht im Verhalten gegenüber anderen:* eine -e Verhandlung; ich bin immer f. zu Ihnen gewesen; das war nicht ganz f. von ihm; jmdn. f. behandeln; sich jmdm. gegenüber f. benehmen, verhalten; **b)** (Sport) *den [Spiel]regeln entsprechend u. kameradschaftlich:* ein -er Wettkampf; er spielt nicht immer f.

fai|rer|wei|se ⟨Adv.⟩: *den Grundsätzen der Fairness entsprechend:* er hat mich f. gewarnt.

Fair|ness ['fɛːɐ̯nɛs], die; - [engl. fairness]: **a)** *anständiges Verhalten; gerechte, ehrliche Haltung anderen gegenüber;* **b)** (Sport) *den [Spiel]regeln entsprechendes, anständiges u. kameradschaftliches Verhalten beim Spiel, Wettkampf o. Ä.*

Fair Play, das; - -[s], **Fair|play,** das; -[s] ['fɛːɐ̯ 'pleɪ, 'fɛːɐ̯pleɪ; engl. fair play]: *Fairness.*

Fair|way ['fɛːɐ̯weɪ], das; -s, -s [engl. fairway, aus: fair = von Hindernissen u. way = Weg, Bahn] (Golf): *kurz gemähte Spielbahn zwischen Abschlag und Grün* (3).

Fait ac|com|p|li [fɛtakɔ'pliː], das; - -, -s -s [fɛzakɔ'pli; frz., aus: fait = Tat(sache) u. accompli = vollendet] (bildungsspr.): *vollendete Tatsache:* ein F. a. schaffen; jmdn. vor ein F. a. stellen.

fä|kal ⟨Adj.⟩ [zu lat. faex (Gen.: faecis), ↑ Fäzes] (bes. Med.): *die Fäkalien betreffend, daraus bestehend; kotig.*

Fä|kal|be|reich, der: *Bestand an vulgären Ausdrücken, die Dinge u. Vorgänge im Zusammenhang mit Fäkalien bezeichnen.*

Fä|ka|li|en ⟨Pl.⟩ (bes. Med.): *von Menschen u. Tieren ausgeschiedener Kot* [u. Harn].

Fä|kal|spra|che, die ⟨Pl. selten⟩: *viele vulgäre Ausdrücke aus dem Fäkalbereich enthaltende Sprache, Ausdrucksweise.*

Fake [feɪk], der od. das; -s, -s [engl. fake, zu: to fake = vortäuschen, nachmachen] (ugs.): *Schwindel; Fälschung.*

Fa|kel|la|ki, das; -[s] [ngriech. fakellaki = kleiner Umschlag (für Bestechungsgeld), Verkleinerungsform zu fakellos = Briefumschlag]: *in Griechenland gegenüber Behörden, Ärzten u. a. ausgeübte Form der Bestechung zur Beschleunigung od. Verbesserung von Leistungen.*

fa|ken ['feɪkn] ⟨sw. V.; hat⟩ (ugs.): **a)** *Informationen fälschen od. übertrieben darstellen;* **b)** *unter falschem Namen auftreten [im Internet].*

Fa|kih, der; -s, -s [arab. faqīh = Lehrer, Kenner des Fikh]: *Lehrer der islamischen Rechtswissenschaft.*

Fa|kir [österr.: fa'kiːɐ̯], der; -s, -e [arab. faqīr = arm; Armer]: **1.** *Angehöriger asketischer Glaubensgemeinschaften in islamischen Ländern u. in Indien [der seinen Körper durch besondere Konzentrationsübungen, durch Autosuggestion o. Ä. unempfindlich gegen Schmerzen machen kann].* **2.** *als Fakir* (1) *auftretender Zauberer, Gaukler.*

Fak|si|mi|le, das; -s, -s [engl. facsimile, subst. aus lat. fac simile = mach ähnlich!] (Fachspr.): *mit einem Original in Größe u. Ausführung genau übereinstimmende Nachbildung, Wiedergabe, bes. als fotografische Reproduktion.*

Fak|si|mi|le|druck, der ⟨Pl. -e⟩: **1.** ⟨o. Pl.⟩ *Druckverfahren, in dem Faksimiles eines historisch wertvollen Schriftwerks o. Ä. hergestellt wird.* **2.** *in Faksimiledruck* (1) *hergestellte Nachbildung eines Originals.*

fak|si|mi|lie|ren ⟨sw. V.; hat⟩: *ein Faksimile von etw. herstellen:* eine alte Urkunde f.

Fakt, der, auch: das; -[e]s, -en, auch: -s: ¹*Faktum:* das ist der F.; F. *(Tatsache)* ist, dass er hier nicht erschienen ist.

Fak|ta: Pl. von ↑ ¹Faktum.

Fak|ten: Pl. von ¹ Fakt u. ↑ ¹Faktum.

Fak|ten|la|ge, die: *bestehende Situation, augenblickliche Lage der Fakten in einem bestimmten Zusammenhang:* die F. ist eindeutig, unklar.

Fak|ten|wis|sen, das: *Bestand an Kenntnissen über bestimmte Fakten, Daten o. Ä.:* seine Kenntnisse beschränken sich auf bloßes F.

¹**fak|tisch** ⟨Adj.⟩ [zu ↑ ¹Faktum]: *in Wirklichkeit, tatsächlich, wirklich:* der -e Nutzen einer Reform; das ist f. schwer durchsetzbar; ⟨subst.:⟩ die normative Kraft des Faktischen.

²**fak|tisch** ⟨Adv.⟩ [vgl. ¹faktisch]: **a)** *bekräftigt eine Aussage, die Richtigkeit einer Aussage; in der Tat:* das ist f. unmöglich; **b)** (österr. ugs.) *eigentlich, quasi:* das ist ja f. dasselbe.

fak|ti|tiv [auch: 'fak...] ⟨Adj.⟩ [zu lat. factitare = oft, gewöhnlich tun]: **1.** (bildungsspr.) *bewirkend.* **2.** (Sprachwiss.) *das Faktitiv betreffend:* -e Verben.

Fak|ti|tiv [auch: 'fak...], das; -s, -e, **Fak|ti|ti|vum,** das; -s, ...va (Sprachwiss.): *abgeleitetes Verb, das ein Bewirken zum Ausdruck bringt* (z. B. schärfen = scharf machen).

Fak|ti|zi|tät, die; -, -en (bildungsspr.): *Wirklichkeit; Tatsächlichkeit, Gegebenheit.*

Fak|tor, der; -s, ...oren [lat. factor = Macher, Verfertiger]: **1.** *etw., was in einem bestimmten Zusammenhang bestimmte Auswirkungen hat; Umstand:* ein entscheidender, wesentlicher, bestimmender F.; der F. Zeit; hier wirken viele verschiedene -en zusammen; das Wetter ist bei unserem Vorhaben ein unsicherer F. *(es lässt sich nicht von vornherein fest einkalkulieren).* **2.** (Math.) *Zahl od. Größe, mit der eine andere multipliziert wird, ein konstanter F.; ein F. von* 10^8. **3.** (veraltet) *technischer Leiter einer Setzerei, auch einer Buchdruckerei od. Buchbinderei.* **4.** *Vorsteher einer Faktorei:* der F. kümmerte sich um die Handelsbeziehungen der gesamten Westküste.

Fak|to|rei, die; -, -en [mlat. factoria = Geschäft] (veraltet): *größere Handelsniederlassung, bes. in Kolonien.*

Fak|to|ren|ana|ly|se, die: *mathematisch-statistische Methode zur Ermittlung der Faktoren, die einer großen Menge verschiedener Eigenschaften zugrunde liegen.*

fak|to|ri|ell ⟨Adj.⟩: *nach Faktoren* (1) *aufgeschlüsselt, in Faktoren zerlegt.*

Fak|to|tum, das; -s, -s u. ...ta [subst. aus lat. fac totum = mache alles!]: **1.** *jmd., der schon längere Zeit in einem Haushalt, Betrieb o. Ä. tätig ist u. alle anfallenden Arbeiten u. Besorgungen* erledigt. **2.** *älterer Mensch, der (auf liebenswerte Weise) etwas sonderbar ist.*

¹Fak|tum, *das;* -s, ...ten, veraltend auch: ...ta [lat. factum = das Gemachte, subst. 2. Part. von: facere = machen, tun] (bildungsspr.): *etw., was tatsächlich, nachweisbar vorhanden, geschehen ist; [unumgängliche] Tatsache:* ein politisches, unabänderliches F.; sich auf Fakten stützen, mit den Fakten auseinandersetzen; von den bloßen Fakten ausgehen; ♦ ⟨mit lateinischem Dativ:⟩ Ihr setzt nicht mehr ins Protokoll, Herr Schreiber, als nur der Jungfer Eingeständnis, hoff ich, vom gestrigen Geständnis, nicht vom Fakto *(nicht von der eingestandenen Sache selbst; Kleist, Krug 7).*

²Fak|tum, *das;* -s, ...tümer [↑ ¹Faktum; wohl verhüll. Gebrauch] (Gaunerspr.): *Beute, Diebesgut.*

Fak|tur, *die;* -, -en [relativisiert aus ital. fattura < lat. factura = Bearbeitung]: **1.** (Kaufmannsspr. veraltend) *Rechnung für eine gelieferte Ware; Lieferschein.* **2.** (Musik) *kunstgerechter Aufbau einer Komposition.*

Fak|tu|ra, *die;* -, ...ren (österr., schweiz., sonst veraltet): ↑ Faktur (1).

fak|tu|rie|ren ⟨sw. V.; hat⟩ (Kaufmannsspr.): *Fakturen* (1) *ausschreiben; Waren berechnen:* alle Arbeiten wurden sofort fakturiert.

Fak|tu|rier|ma|schi|ne, *die* (Bürow. früher): *Büromaschine zum Erstellen von Rechnungen o. Ä. in einem Arbeitsgang.*

Fä|ku|lom, *das;* -s, -e (Med.): *Koprom.*

Fa|kul|tas, *die;* -, ...täten [lat. facultas = Fähigkeit, Vermögen, zu: facere, ↑ ¹Fakultät] (bildungsspr.): *wissenschaftliche Lehrbefähigung in einem bestimmten Fach:* ein Studienrat mit der F. für Geschichte.

Fa|kul|tät, *die;* -, -en [mlat. facultas (Gen.: facultatis) = Wissens-, Forschungsgebiet < lat. facultas, ↑ Fakultas]: **1.** (Hochschulw.) **a)** *eine Gruppe zusammengehörender Wissenschaften od. Wissenschaftsgebiete umfassende Abteilung an Lehr- u. Verwaltungseinheit einer Universität od. Hochschule:* sich an der medizinischen F. einschreiben lassen; die F. wechseln; * **[ein Kollege] von der anderen F. sein** (veraltend: 1. *eine andere [Glaubens]richtung, [Welt]anschauung vertreten.* 2. *homosexuell sein);* **b)** *Gesamtheit der Lehrenden u. Studierenden, die einer Fakultät* (1 a) *gehören;* **c)** *Gebäude, Räumlichkeiten als Sitz einer Fakultät* (1 a). **2.** (Math.) *Produkt, dessen Faktoren durch die Gliederung der natürlichen Zahlenreihe, von 1 beginnend, gebildet werden* (Zeichen: !; z. B. $1 \cdot 2 \cdot 3 \cdot 4 \cdot 5 = 5!$).

fa|kul|ta|tiv ⟨Adj.⟩ [frz. facultatif] (bildungsspr.): *dem eigenen Ermessen überlassen; nach eigener Wahl; nicht unbedingt verbindlich:* -er Unterricht; die Teilnahme daran ist f.

Fa|kul|täts|rat, *der* (Hochschulw.): *Ausschuss, der sich aus Vertretern der verschiedenen Gruppen einer Fakultät* (1 a) *zusammensetzt (Lehrstuhlinhaber[innen], Assistent[inn]en, Studierende o. Ä.).*

♦ **Fa|kul|tist,** *der;* -en, -en: *Angehöriger, Gelehrter einer Fakultät* (1 a): ... der Philosoph ist doch ein vierter F. *(Angehöriger der vierten, nämlich der philosophischen Fakultät; nach der alten Gliederung der Universität in die theologische, juristische, medizinische und philosophische Fakultät)* (Jean Paul, Siebenkäs 11).

Fa|la|fel [auch: faˈlaːf], *die;* -, nach: das;-s, -s [arab. falāfel, zu: filfil = Pfeffer] (Kochkunst): *pikant gewürztes, frittiertes Bällchen aus gemahlenen Kichererbsen u. Linsen.*

Fa|lan|ge [faˈlaŋe, span.: faˈlaŋxe], *die;* - [span. Falange, eigtl. = Stoßtrupp < lat. phalanx (Gen.: phalangis), ↑ Phalanx]: *(1977 im Zuge der Demokratisierung aufgelöste) faschistische, totalitäre Staatspartei Spaniens.*

Fa|lan|gist, *der;* -en, -en [span. falangista]: **1.** *Mitglied der Falange.* **2.** *Mitglied einer rechtsgerichteten, überwiegend christlichen Partei im Libanon.*

Fa|lan|gis|tin, *die;* -, -nen: w. Form zu ↑ Falangist.

Fa|la|scha, *der;* -n, ...scha, auch: -n [amharisch fālaša (Pl.) = Vertriebene]: *äthiopischer Jude.*

Fa|la|schin, *die;* -, -nen: w. Form zu ↑ Falasche.

falb ⟨Adj.⟩ [mhd. val, valwer, urspr. südd. Nebenf. von ↑ fahl] (geh.): *ein fahles Gelb aufweisend.*

Fal|be, *der;* -n, -n: *Pferd mit graugelbem Fell, bei dem die Haare der Mähne u. des Schwanzes meist dunkler gefärbt sind.*

Fal|bel, *die;* -, -n [frz. falbala, zu afrz. felpe, frepe = Franse] (Schneiderei): *gefältelter od. gekrauster Besatz an Kleidern; Rüsche.*

Fa|ler|ner, *der;* -s, -: **a)** [lat. Falernum (vinum), zu: Falernus ager = Gebiet im nördl. Kampanien] *(in der Antike) berühmtester Wein Italiens:* ♦ ... sie haben F. damals sicherlich schon gerade so vermanscht wie heute hier diesen Rüdesheimer (Raabe, Alte Nester 85); **b)** [ital. falerno] *einfacher roter od. weißer Tischwein aus Kampanien.*

Fal|ke, *der;* -n, -n [mhd. valk(e), ahd. falc(h)o, wohl zu ↑ fahl (nach dem graubraunen Gefieder)]: **1.** *(in vielen Arten vorkommender) Greifvogel mit schlankem Körper, spitz zulaufenden Flügeln u. langem Schwanz, mit hakig gebogenem Schnabel u. graubraunem, an der Unterseite meist heller gefärbtem Gefieder.* **2.** (Politikjargon) *Vertreter eines harten politischen Kurses [gegenüber dem Gegner, bes. in der Außenpolitik].*

Fal|ken|au|ge, *das;* **1.** (geh.) *wachsames, bes. scharfes Auge eines Menschen.* **2.** *als Schmuckstein verwendete, feinfaserige Quarzart.*

Fal|ken|hau|be, *die* (Jagdw.): *Haube, die einem zur Jagd abgerichteten Falken über den Kopf gestülpt wird, solange er auf der Hand des Falkners sitzt.*

Fal|ken|jagd, *die: Jagd mit abgerichteten Falken.*

Fal|kin, *die;* -, -nen: w. Form zu ↑ Falke.

Falk|land|in|seln ⟨Pl.⟩: *Inselgruppe östlich der Südspitze Südamerikas.*

Falk|ner, *der;* -s, - [mhd. valkenære < mlat. falconarius] (Jagdw.): *jmd., der bestimmte Greifvögel, meist Falken, für die Jagd abrichtet u. mit ihnen jagt.*

Falk|ne|rei, *die;* -, -en (Jagdw.): **1.** ⟨o. Pl.⟩ *das Abrichten von bestimmten Greifvögeln, bes. von Falken, u. das Jagen mit ihnen.* **2.** *Anlage, in der zahlreiche Greifvögel, bes. Falken, gehalten u. abgerichtet werden.*

Falk|ne|rin, *die;* -, -nen: w. Form zu ↑ Falkner.

Fal|ko|nett, *das;* -s, -e [ital. falconetto, Vkl. von: falcone = Mauerbrecher, Rammbock, eigtl. = Falke, Vgr. von: falco < spätlat. falco = Falke]: *(im 16. und 17. Jh.) Feldgeschütz von kleinem Kaliber:* ♦ Deswegen rüstete ich zwei -e grade auf meine Treppe (Goethe, Benvenuto Cellini I, 1, 7).

¹Fall, *der;* -[e]s, Fälle: **1.** ⟨o. Pl.⟩ [mhd., ahd. val, zu ↑ fallen] **a)** *das Fallen* (1 a): der Fallschirm öffnet sich im F., während des -es; * **der freie F.** (Physik; *gesetzmäßig beschleunigter Fall eines Körpers, auf den außer der Schwerkraft keine zusätzliche Kraft einwirkt);* **b)** *das Fallen* (1 d), *Hinfallen; Sturz:* einen schweren F. tun; Hinfallen; Sturz: einen schweren F. tun; riss er sie mit; man hörte einen dumpfen F. *(das Geräusch eines Sturzes);* Ü *der F. (Untergang) Trojas;* der F. *(die Öffnung, der Abbau) der Berliner Mauer;* * **zu F. kommen** (1. geh.; *hinfallen, hinstürzen:* sie ist im Dunkeln zu F. gekommen. 2. *gestürzt werden; scheitern:* durch einen Skandal zu F. kommen; **zu F. bringen** (1. geh.; *hinfallen, hinstürzen lassen:* eine Baumwurzel hat ihn zu F. gebracht. 2. *scheitern lassen, zunichtemachen; stürzen:* ein Gesetz zu F. bringen). **2.** [von der Vorstellung des Würfelfalls ausgehend, aber beeinflusst von lat. casus = Fall (frz. cas)] **a)** *etw., womit man rechnen muss:* wenn dieser F. eintritt; für den schlimmsten, äußersten F.; für diesen Fall hat ihn vorgesorgt; in solchen Fällen gibt es nur eins; * **[nicht] der F. sein** *(sich [nicht] so verhalten, [nicht] so sein);* **den F. setzen** *(als gegeben annehmen);* **gesetzt den F., dass ...; für den F., dass ...; im Fall[e], dass ...** *(falls, wenn);* **auf jeden F.** *(ganz bestimmt, unbedingt);* **auf alle Fälle** (1. *unbedingt, unter allen Umständen, ganz sicher.* 2. *zur Vorsicht, vorsichtshalber:* wir nehmen auf alle Fälle einen Schirm mit); **auf keinen F.** *(absolut nicht, unter keinen Umständen);* **für den F. der Fälle** (ugs.; *für den schlimmsten, den äußersten Fall);* **in der F. der Fälle** (ugs.; *im schlimmsten, im äußersten Falle);* **von F. zu F.** (*jeweils für sich, besonders, in jedem Einzelfall:* etw. von F. zu F. entscheiden); ♦ **im F. sein** (1. *in einer bestimmten Lage sein, sich in einer bestimmten Situation befinden:* Meine Gedichte ... musste ich immer für die besten halten. Allein ich merkte bald, dass meine Mitwerber, welche sehr lahme Dinge vorbrachten, in dem gleichen -e waren und sich nicht weniger dünkten [Goethe, Dichtung u. Wahrheit 1]. 2. *imstande sein: ...* so bin ich meiner selbst nicht mächtig, bin im -e, toll und wild das Äußerste zu wagen [Goethe, Claudine 2]); ♦ **in den F. kommen** (*in eine schwierige, peinliche o. ä. Lage, Situation geraten:* Man müsste ganz in Gesellschaft schweigen, wenn man nicht manchmal in den F. kommen sollte: denn nicht allein bedeutende Bemerkungen, sondern die trivialsten Äußerungen können auf eine so missklingende Weise mit dem Interesse der Gegenwärtigen zusammentreffen [Goethe, Wahlverwandtschaften II, 10]); **b)** *sich in einer bestimmten Weise darstellende Angelegenheit, Sache, Erscheinung:* ein ungewöhnlicher, hoffnungsloser, vergleichbarer F.; ein typischer F. von Leichtsinn; er ist ein hoffnungsloser F. (ugs.; *er ist unverbesserlich, bei ihm ist alle Mühe vergebens);* ich komme noch auf den F. zurück; bei ihm ist in jedem [einzelnen] F. wieder anders; R [das ist] ein typischer F. von denkste (ugs.; *da habe ich mich, hat sich jmd. gewaltig geirrt);* damit hat sich die Sache erledigt); **klarer F.!** (ugs.; *aber natürlich!, selbstverständlich!);* **jmds. F. sein** (; *jmdm. gefallen, zusagen, entsprechen:* er ist nicht gerade mein F.); **in jedem F.** *(unter allen Umständen, was auch immer eintrifft o. Ä.)*. **3.** [von der Vorstellung des Würfelfalls ausgehend, aber beeinflusst von lat. casus = Fall (frz. cas)] (Rechtsspr.) *Gegenstand einer Untersuchung; Verhandlung:* der F. Robert Krause; dieser F. wird die Gerichte noch einige Zeit beschäftigen; einen F. aufklären, erneut aufrollen. **4.** [von der Vorstellung des Würfelfalls ausgehend, aber beeinflusst von lat. casus = Fall (frz. cas)] (Med.) *das Auftreten, Vorhandensein einer Krankheit bei jmdm.:* es traten mehrere Fälle von Pilzvergiftung auf; sie haben zwei schwere Fälle *(schwer kranke Patienten)* auf der Station. **5.** [für lat. casus, ↑ Kasus] (Sprachwiss.) *(bei Substantiven, Adjektiven, Pronomina, Numeralia) grammatische Form, die die Beziehung ausdrückt, in der das betreffende Wort zu anderen Teilen eines Satzes steht; Kasus.*

²Fall, *das;* -[e]s, -en [aus dem Niederd. - mniederd. val, eigtl. = das Fallen] (Seemannsspr.): *Tau zum Aufziehen u. Herablassen eines Segels.*

Fall|ana|ly|ti|ker, *der* (Kriminologie): *Fachmann für die Erstellung des psychologischen Pro-*

Fallanalytikerin – Fälligkeitstag

fils (2 b) *eines gesuchten Täters anhand von Indizien, Tathergang o. Ä.*

Fall|ana|ly|ti|ke|rin, die: w. Form zu ↑ Fallanalytiker.

Fall|beil, das: *schweres Beil der Guillotine, das bei der Hinrichtung [durch Herabfallen] den Kopf vom Rumpf trennt:* unter das F. kommen.

Fall|bei|spiel, das: *einen bestimmten Sachverhalt charakterisierender, illustrierender typischer Fall als Beispiel.*

Fall|be|schleu|ni|gung, die (Physik): *Beschleunigung, die ein frei fallender Körper erfährt.*

Fall|bö, die (Meteorol.): *(häufig an der Leeseite von Bergen od. Gebirgskämmen, auch in Schauer- od. Gewitterwolken auftretende) heftige, abwärtsgerichtete Luftströmung.*

Fall|brü|cke, die (Geschichte): *bewegliche Brücke, die zur Erstürmung von Mauern, Überbrückung von Gräben dient u. auch an Schiffen angebracht wird.*

Fal|le, die; -, -n [mhd. valle, ahd. falla, zu ↑ fallen; urspr. Bez. für ein Fanggerät mit Falltür]: **1.** *in unterschiedlicher Weise konstruierte Vorrichtung zum Fangen von Tieren:* die F. schnappt zu, schlägt zu; -n stellen; eine F. aufstellen; ein Tier in, mit der F. fangen; der Fuchs ist in die F. gegangen; Ü dieses Angebot ist nur eine [plumpe] F.; jmdm. eine F. stellen *(jmdn. mit einer List überraschen, hereinlegen wollen);* jmdn. in eine F. locken *(durch eine List überraschen, hereinlegen);* wir sitzen in der F. *(wissen keinen Ausweg aus dieser Lage);* er ist in eine F. geraten; er ist der Polizei in die F. gegangen *(ist von ihr durch eine List dingfest gemacht worden).* **2.** ⟨in Verbindung mit bestimmten Präp.⟩ *(salopp) Bett:* in die F. gehen. **3. a)** *(der durch Niederdrücken der Türklinke bewegte) Riegel am Türschloss;* **b)** (schweiz.) *Türklinke:* Archilochos drückte die F. nieder. Die Tür war unverschlossen (Dürrenmatt, Grieche 89).

fal|len (st. V.; ist) [mhd. vallen, ahd. fallan; altgerm. Verb]: **1. a)** *(von einem Körper) durch seine Schwere aus einer bestimmten Höhe abwärts-, in Richtung Boden bewegt werden:* senkrecht f.; die Kirschen, Blätter fallen von den Bäumen; der Vorhang fällt *(senkt sich herab);* der Baum fiel krachend zu Boden; die Tropfen fielen dicht; es ist Schnee gefallen; das Buch ist mir aus der Hand gefallen; er ist aus dem Bett gefallen; das Bild ist hinter den Schrank gefallen; etw. ist in den Brunnen, vom Tisch gefallen; Ü er hat sogar seinen besten Freund f. lassen, (seltener:) f. gelassen *(sich von ihm losgesagt, ihn nicht weiter unterstützt);* **b)** ⟨f. + lassen⟩ *bewirken, verursachen, dass etw. fällt:* fällt (1 a): lass das Kind nicht f.!; vor Schreck das ganze Geschirr f. lassen; beim Stricken die Maschen f. lassen; Ü er hat sogar seinen Freund f. lassen (seltener:) f. gelassen *(sich von ihm losgesagt, ihn nicht weiter unterstützt);* **c)** ⟨f. + sich + lassen⟩ (ugs.) *sich irgendwohin in eine bequeme, sitzende Stellung begeben:* erschöpft ließ sich mich aufs Bett, ins Gras f.; **d)** *[beim Gehen, Laufen] den festen Halt, das Gleichgewicht verlieren und mit dem Körper auf den Boden geraten; hinfallen; hinstürzen:* pass auf, fall nicht!; die alte Frau ist gefallen; er ist sehr unglücklich, nach hinten, aufs Knie, gegen die Tischkante, über einen Stein, in den Schmutz gefallen; ich bin auf die Nase gefallen (ugs.; *bin hingefallen*) ⟨subst.:⟩ er hat im Fallen das Tischtuch mitgerissen; Ü ein gefallenes Mädchen *(nach früherer bürgerlicher Moralauffassung junge Frau, die Geschlechtsverkehr gehabt hat, ohne verheiratet zu sein).* **2. a)** *in bestimmter Weise nach unten hängen:* die Gardinen fallen locker; die Haare fielen ihm strähnig ins Gesicht; **b)** *schräg nach unten verlaufen, abfallen:* die Felsen fallen schroff ins Tal. **3. a)** *seine Höhe vermindern; niedriger werden; sinken:* das Hochwasser, der Wasserspiegel ist [um 1 m] gefallen; das Barometer fällt *(es gibt schlechtes Wetter);* die Temperatur, das Thermometer ist gefallen *(es ist kälter geworden);* **b)** *(im Wert) geringer werden; sinken:* die Preise, Aktien fallen; die Waren sind im Preis gefallen; Ü sein Ansehen fällt immer mehr; unsere Aussichten, Chancen sind gefallen. **4. a)** *im Kampf sterben, als Soldat o. Ä. ums Leben kommen:* ihr Bruder ist [im Krieg] gefallen; Max Schwarz, gefallen 1944; gefallene Soldaten, Kameraden; **b)** (Jägerspr.) *durch Krankheit, Hunger, Kälte o. Ä. eingehen, verenden:* in diesem Winter ist viel Wild gefallen; ein gefallenes Reh. **5.** *erstürmt, erobert, überwältigt werden:* auch die [belagerte] Hauptstadt ist jetzt gefallen; Ü der Tag, als die Berliner Mauer fiel *(geöffnet wurde, als Grenze keinen Bestand mehr hatte).* **6.** *seine Geltung verlieren:* diese Steuer, das Verbot ist gefallen; der Zustand ändert sich erst, wenn diese Grenzen, Hindernisse fallen; dieses Tabu ist jetzt [endlich] gefallen; wir haben unsere Ansicht, Meinung f. lassen, (seltener:) f. gelassen *(aufgegeben).* **7. a)** *sich plötzlich, mit einer bestimmten Heftigkeit irgendwohin, an eine bestimmte Stelle bewegen:* er fiel [vor ihr] auf die Knie *(warf sich [vor ihr] nieder);* sie fiel der Freundin um den Hals *(umarmte sie);* er fiel dem Pferd in die Zügel *(ergriff sie u. hielt das Pferd auf);* die Tür fiel ins Schloss; *(eingedrungen);* sie wollten dem Feind in die Flanke, in den Rücken f. *(ihn dort angreifen);* **b)** *an eine bestimmte Stelle dringen, geworfen werden:* das Licht fällt ins Zimmer; ein Schatten fällt auf die Wand; sein Blick fiel [zufällig] auf den Ring; Ü die Wahl ist auf sie gefallen *(sie wurde gewählt);* der Verdacht fiel auf ihn *(er wurde verdächtigt).* **8. a)** *zu einer bestimmten Zeit, zu einem bestimmten Zeitpunkt stattfinden, sein:* der Heilige Abend fällt dieses Jahr auf einen Sonntag; in die Zeit fallen die Hauptwerke der Dichterin *(sie entstanden in dieser Zeit);* **b)** *zu einem bestimmten Bereich gehören; von etw. erfasst, betroffen werden:* in, unter dieselbe Kategorie f., das fällt nicht in die Kompetenz der Länder, unter dieses Gesetz; **c)** *in jmds. Besitz kommen, jmdm. zufallen:* das Erbschaft fiel an seine Tochter; das Gebiet ist an Italien gefallen. **9. a)** *[unvermittelt] ausgeführt, durchgeführt, getroffen o. Ä. werden:* die Entscheidung, der Urteilsspruch ist gefallen; bei der Demonstration fielen Schüsse *(wurden Schüsse abgefeuert);* während der ersten Halbzeit fiel kein Tor *(wurde kein Tor geschossen, erzielt);* **b)** *ausgesprochen, geäußert werden:* in der Sitzung fielen böse Bemerkungen; dein Name ist auch gefallen; sie hat da so eine Bemerkung, Andeutung f. lassen (seltener:) f. gelassen. **10.** *[unvermittelt] in einen bestimmten Zustand geraten:* in Schwermut, in Angst und Schrecken f.; in seinen alten Dialekt f.; das Gebäude ist in Trümmer gefallen *(ist zerstört worden).* **11.** (ugs.) ¹*durchfallen* (2 b): durchs Examen f. **12.** (Geol.) *(von schräg verlaufenden Gesteinsschichten) sich neigen.* ◆ **13.** *finden, entdecken, stoßen* (3 b): Das ist das beste Mittel, und wir sind noch nicht drauf gefallen (Lessing, Die alte Jungfer II, 3).

fäl|len (sw. V.; hat) [mhd. vellen, ahd. fellan = fallen machen, zu Fall bringen, umwerfen, Kausativ zu ↑ fallen]: **1.** *durch Hauen, Sägen o. Ä. zum Fallen bringen; umschlagen; umhauen:* Bäume, Holz f.; Ü nicht ruhen, bis der Gegner gefällt *(zu Fall gebracht, gestürzt)* ist. **2.** (Militär) *zum Angriff senken, nach vorn richten:* das Bajonett f. **3.** *(als gültig) aussprechen, verkünden:* eine Entscheidung, ein Urteil f. *(treffen).* **4.** (Chemie) *das Ausscheiden, Absondern eines gelösten Stoffes in Form von Tropfen, Flocken, Kristallen aus einer Lösung bewirken; ausfällen:* ein Salz aus einer Lösung f.

◆ **Fäl|len**, das; -s, - [zu ↑ fallen (12)] (Geol. veraltet): *senkrechte Richtung, Senkung: ... sodass er seine Salbänder, Streichen und F. zu erkennen vermochte* (E. T. A. Hoffmann, Bergwerke 31).

fal|len las|sen, fal|len|las|sen (st. V.; hat): **1.** *aufgeben:* einen Plan f. l./fallenlassen. **2.** *sich von jmdm. lossagen:* einen Freund f. l. **3.** *beiläufig äußern:* eine Bemerkung f. l.

Fal|len|stel|ler, der; -s, -: *jmd., der Fallen (1) zum Tierfang aufstellt.*

Fal|len|stel|le|rin, die; -, -nen: w. Form zu ↑ Fallensteller.

Fall|ge|schwin|dig|keit, die (Physik): *Geschwindigkeit, mit der sich ein frei fallender Körper bewegt.*

Fall|ge|stal|tung, die: *Art u. Weise, wie sich ein Fall gestaltet; Gestaltung eines Falles.*

Fall|gru|be, die (Jägerspr.): *tiefe, mit Zweigen überdeckte u. unsichtbar gemachte Grube als Falle für Tiere, bes. für Großwild.*

Fall|hö|he, die: **1.** (Physik) *Strecke, die ein Körper im freien Fall zurücklegt.* **2. a)** (Literaturwiss.) *(bes. in der Dramaturgie des Barocks u. der Aufklärung) Weg des sozialen Falls des Helden, der als desto tiefer empfunden wird, je höher sein sozialer Rang ist;* **b)** *hohe Ausgangsbasis, hoher Ausgangspunkt (von dem ein Absturz leicht möglich ist):* die F. dieses Ausnahmeschauspielers ist atemberaubend. **3.** *Diskrepanz:* die F. zwischen Anspruch und Wirklichkeit.

Fall|holz, das: *Gesamtheit der abgefallenen, meist dürren Äste u. Zweige:* F. sammeln.

◆ **Fall|hut, Fall|hüt|chen**, das: *ausgepolsterter, Kleinkindern aufgesetzter Hut, der beim Fallen den Kopf vor Verletzungen schützen soll:* ... damit uns der Advokat nach der Mechanik des Genfer Uhrmachers Fallhütchen, Schulbänke und einen Herrgott erfände (Büchner, Dantons Tod I, 1); Ü ... einen grünen steifen ... Hutüberzug, in welchen er ihn (= seinen Hut) zu stecken denke, um ihn, in diesem Stechhelm und Fallhut eingepackt, ohne das geringste Abgreifen täglich zu derjenigen Höflichkeit zu verwenden, welche die Menschen einander im Freien schuldig sind (Jean Paul, Siebenkäs 330).

fal|li|bel ⟨Adj.⟩ [mlat. fallibilis, zu lat. fallere = betrügen] (bildungsspr.): *dem Irrtum unterworfen, fehlbar.*

fäl|lig ⟨Adj.⟩ [mhd. vellec, vellic = fallend; baufällig; zur Zahlung verpflichtet, ahd. fellig = fallend, eingestürzt]: **a)** *zu einem bestimmten Zeitpunkt erforderlich, bezahlt zu werden:* -e, -e gewordene Wechsel; der Betrag ist, wird am, [bis] zum 1. April f.; **b)** *[seit längerer Zeit] notwendig, zur Erledigung anstehend:* die längst -e Reform der Schulwesens; das Urteil ist am Freitag f.; der Kerl ist heute Abend f.! (salopp; *ich werde ihn mir vornehmen);* Die -e Züchtigung mit dem Stock ertrug er ohne Schmerzensäußerung (Süskind, Parfum 35); **c)** *zu einem bestimmten Zeitpunkt erwartet:* der Schnellzug ist in 4 Minuten f.

fäl|lig ge|wor|den, fäl|lig|ge|wor|den ⟨Adj.⟩: *fällig* (a): ein fällig gewordener Wechsel.

Fäl|lig|keit, die; -, -en: **1.** ⟨o. Pl.⟩ *das Fälligsein.* **2.** (Kaufmannsspr., Bankw.) *festgelegter Zeitpunkt, zu dem die Zahlung einer Schuld fällig wird.*

Fäl|lig|keits|tag, der: *Tag, an dem etw. fällig* (a) *wird.*

Fälligkeitstermin – falsettieren

Fäl|lig|keits|ter|min, der: *Zeitpunkt, zu dem eine Schuld zu begleichen ist.*

Fal|li|ment, das; -s, -e [ital. fallimento, zu: fallire, ↑ fallieren] (veraltet): *Bankrott, Zahlungseinstellung:* ◆ Denn er hatte wegen des -s irgendeines Seldwyler Schneidermeisters seinen Arbeitslohn mit der Arbeit zugleich verlieren und auswandern müssen (Keller, Kleider 3).

Fal|lit [auch, österr. nur: ...'lɪt], der; -en, -en (veraltet): *jmd., der zahlungsunfähig ist:* ◆ ... auf dem Gässchen, auf welchem alsbald die Kinder die -en herumsprangen (Keller, Romeo 25).

Fall|laub, Fall-Laub, das: *abgefallenes Laub.*

Fall|laub|ge|hölz, das: *Holzgewächs, das sein Laub jahreszeitlich abwirft.*

Fall|li|nie, Fall-Li|nie, die: **1.** *auf einer geneigten Fläche die Linie des größten Gefälles.* **2. a)** (Bergsteigen) *Direttissima;* **b)** (Ski) *direkte, kürzeste Abfahrt ins Tal.*

Fall|ma|na|ger, der: *persönlicher Berater für Arbeitslose.*

Fall|ma|na|ge|rin, die: w. Form zu ↑ Fallmanager.

Fall|obst, das: *Obst, das von selbst vom Baum gefallen ist:* F. auflesen.

Fall-out, Fall-out [fɔːˈlaʊt, ˈfɔːl...], der; -s, -s [engl. fall-out, zu: to fall out = herausfallen] (Kernphysik): *nach Kernwaffenexplosionen od. Betriebsunfällen in Kernkraftwerken niedergehender radioaktiver Niederschlag.*

Fall|pau|scha|le, die (Versicherungsw.): *pauschale Vergütung medizinischer Leistungen pro Krankheitsfall.*

◆ **fall|recht** ⟨Adj.⟩ (landsch.): *senkrecht:* ... eine -e Wand, die viele Klaftern hoch hinabging (Stifter, Bergkristall 59).

Fall|recht, das: *Recht* (1 a), *das auf den richterlichen Entscheidungen bei einzelnen exemplarischen Fällen beruht, sich künftig an diesen ausrichtet u. durch sie fortgebildet wird* (z. B. das angloamerikanische Recht).

Fall|reep, das [eigtl. = Reep (= Tau), an dem der Seemann sich vom Schiffsbord ins Boot »fallen« lässt] (Seemannsspr.): *an der Bordwand eines Schiffes herablassbare Treppe zum Betreten des Schiffes bes. von einem Boot aus.*

Fall|rohr, das: *senkrechtes, von der Regenrinne zum Erdboden führendes Rohr, das Regenwasser abführt.*

Fall|rück|zie|her, der (Fußball): *Aktion, bei der sich der Spieler rückwärts fallen lässt u. dabei den Ball über den eigenen Kopf hinweg nach hinten schießt.*

falls ⟨Konj.⟩ [eigtl. Gen. von ↑ ¹Fall]: *im Falle, für den Fall, unter der Voraussetzung, dass; wenn:* f. es regnen sollte, bleiben wir zu Hause; wir werde[,] f. nötig[,] selbst kommen.

Fall|schirm, der: *zu einem Paket zusammengefaltete, sich während des Fallens öffnende, die Fallgeschwindigkeit vermindernde schirmartige Vorrichtung, mit der Personen od. Gegenstände von einem Luftfahrzeug aus unversehrt zur Erde gebracht werden können:* der F. öffnet sich; mit dem F. abspringen.

Fall|schirm|ab|sprung, der: *Absprung aus einem Luftfahrzeug mit einem Fallschirm.*

Fall|schirm|jä|ger, der (Militär): **1.** *Soldat der Fallschirmjäger* (2). **2.** ⟨Pl.⟩ *im Fallschirmspringen bes. für die Luftlandung ausgebildete Kampftruppe:* er ist, dient bei den -n.

Fall|schirm|jä|ge|rin, die: w. Form zu ↑ Fallschirmjäger (1).

Fall|schirm|sport, der: *Fallschirmspringen als Sportart mit Wettbewerben, die Präzision, Geschicklichkeit u. Ä. betreffen.*

Fall|schirm|sprin|gen, das; -s: *das Abspringen mit einem Fallschirm aus einem Luftfahrzeug.*

Fall|schirm|sprin|ger, der: **a)** *Fallschirmjäger;* **b)** *jmd., der als Sportart Fallschirmspringen betreibt.*

Fall|schirm|sprin|ge|rin, die: w. Form zu ↑ Fallschirmspringer (b).

Fall|strick, der [zu ↑ ¹Strick in der alten Bed. »Schlinge«]: *Hinterhältigkeit, auf die jmd. unversehens hereinfallen kann:* ein Examen voller -e; jmdm. -e legen (*jmdn. hereinlegen wollen*).

Fall|stu|die, die: *[wissenschaftliche] Untersuchung, Darstellung eines psychologischer, pädagogischer, soziologischer o. ä. Hinsicht interessanten Einzelfalles, Phänomens* (u. daraus folgende Ableitung genereller Prinzipien).

Fall|stu|fe, die (bes. Geogr.): *künstliche od. natürliche Stufe in einem Fließgewässer.*

Fall|sucht, die ⟨o. Pl.⟩ (volkstüml. veraltet): *Epilepsie.*

Fall|tech|nik, die (Budo): *Technik des regelgerechten Fallens auf die Matte.*

Fall|tür, die: **1.** *waagerecht aufklappbare, in Fußbodenhöhe über einer Keller- od. Bodentreppe angebrachte Tür.* **2.** *geheime Klapptür im Fußboden, durch die eine eintretende Person hindurchfallen soll.*

Fäl|lung, die; -, -en: **1.** *das Fällen* (1). **2.** *das Fällen* (3): die F. militärischer, politischer Entscheidungen. **3.** (Chemie) *das Fällen* (4); *Ausfällung.*

Fäl|lungs|mit|tel, das (Chemie): *gasförmiger, flüssiger od. fester Stoff, der die Bildung unlöslicher Niederschläge in Lösungen bewirkt.*

fall|wei|se ⟨Adv.⟩ (bes. österr.): *von Fall zu Fall erfolgend; gegebenenfalls:* er arbeitet nur f.

Fall|wind, der: *in Gebirgen auftretender, mit großer Geschwindigkeit aus der Höhe nach unten wehender Wind.*

Fall|wurf, der (Handball): *Wurf aufs Tor, bei dem sich der Spieler in den gegnerischen Torraum fallen lässt.*

Fall|zahl, die: *Anzahl von* ¹*Fällen* (2 a): die -en steigen, sind rückläufig.

Fa|lott, der; -en, -en [älter frz. falot = komischer, belustigender Mensch < engl. fellow (älter: Fellow)], ↑ Follot (österr. ugs.): *Gauner, Betrüger.*

Fa|lot|tin, die; -, -nen: w. Form zu ↑ Falott.

falsch ⟨Adj.⟩ [mhd. valsch (unter Einfluss von mniederl. valsc) < afrz. fals < lat. falsus = falsch, irrig]: **1. a)** (*einer echten Sache gleicher Art*) *künstlich u. meist täuschend ähnlich nachgebildet, imitiert:* -e Zähne; ein -er Zopf; **b)** *gefälscht:* -e Banknoten; sein Pass war f. **2. a)** *dem tatsächlichen Sachverhalt, der realen Gegebenheit nicht entsprechend; nicht stimmend; verkehrt:* ein -es Wort; in den -en Zug einsteigen; auf der -en Fährte sein; unter -em Namen reisen; vieles ist f. gelaufen; das hast du f. verstanden; f. verbunden sein (*einen anderen Telefonpartner bekommen, als man ursprünglich wollte*); * **an den Falschen/die Falsche geraten** (*bei jmdm. eine vollkommen unerwartete Reaktion erleben, eine Reaktion erleben, die gerade das Gegenteil der erwarteten ist*); **b)** *nicht so, wie es sein sollte; fehlerhaft; nicht richtig:* die -e Aussprache eines Wortes; die Antwort des Schülers war f.; f. singen, schreiben, parken; alles f. machen; deine Uhr geht f.; da sind Sie f. informiert; R wie mans macht, ists f./macht mans f. **3.** *einer gegebenen Situation nicht angemessen; unangebracht:* -e Bescheidenheit, Scham; mit -em Pathos reden. **4.** *nicht der Wahrheit entsprechend; irreführend; betrügerisch:* -e Angaben, Versprechungen machen; f. schwören. **5.** (abwertend) *seine eigentlichen Absichten in heuchlerischer Weise verbergend; unaufrichtig u. hinterhältig:* -es Spiel [mit jmdm.] treiben; sie ist eine -e Schlange; f. lächeln.

6. (landsch.) *böse, erzürnt, wütend:* f. auf jmdn. sein.

Falsch, der: in den Wendungen **an jmdm. ist kein F.** (*jmd. ist ein aufrichtiger Mensch*); **ohne F. sein** (*offen u. aufrichtig sein*).

Falsch|aus|sa|ge, die (Rechtsspr.): *nicht der wirklichen Lage entsprechende Darstellung eines Sachverhalts.*

Falsch|bu|chung, die (Wirtsch.): *falsche Buchung.*

Falsch|eid, der (Rechtsspr.): *durch Eid bezeugte falsche Aussage, die der od. die Schwörende für wahr hält.*

fäl|schen ⟨sw. V.; hat⟩ [mhd. velschen, ahd. (gi)felscōn, (gi)felscen = für falsch erklären, widerlegen < mlat. falsi(fi)care, ↑ falsifizieren]: *in betrügerischer Absicht etw. Echtes möglichst originalgetreu nachbilden u. für echt ausgeben:* Geld, Banknoten, eine Unterschrift f.; der Pass ist gefälscht; gefälschte Papiere.

Fäl|scher, der; -s, - [mhd. valschære, velscher]: *jmd., der etw. fälscht.*

Fäl|sche|rin, die; -, -nen: w. Form zu ↑ Fälscher.

Falsch|fah|rer, der: *jmd., der auf der Autobahn nicht in der vorgeschriebenen Richtung fährt u. dadurch den ihm entgegenkommenden Verkehr gefährdet.*

Falsch|fah|re|rin, die: w. Form zu ↑ Falschfahrer.

Falsch|geld, das: (*in betrügerischer Absicht*) *originalgetreu nachgeahmtes Geld.*

Falsch|heit, die; -, -en: **1.** ⟨o. Pl.⟩ *das Falschsein.* **2.** ⟨o. Pl.⟩ (Logik) *Eigenschaft von Aussagen, die nicht mit der Wirklichkeit übereinstimmen.* **3.** ⟨Pl. selten⟩ (abwertend) *Unaufrichtigkeit; Hinterhältigkeit; unaufrichtige, hinterhältige Handlung.*

fälsch|lich ⟨Adj.⟩: *auf einem Irrtum, Versehen, Fehler beruhend:* eine -e Beschuldigung, Behauptung; jmdn. f. verdächtigen.

fälsch|li|cher|wei|se ⟨Adv.⟩: *aufgrund eines Fehlers:* das Paket wurde f. bei uns abgegeben.

falsch|lie|gen ⟨st. V.; hat⟩ (ugs.): *sich irren:* mit dieser Vermutung liegst du falsch!

Falsch|luft, die (Technik): *überschüssige, störende Luft, die in einen Verbrennungsmotor o. Ä. gerät.*

Falsch|mel|dung, die: *Meldung, Nachricht, die nicht dem wirklichen Sachverhalt entspricht, ihm widerspricht:* er ist einer F. aufgesessen.

◆ **falsch|mün|zen** ⟨sw. V.; hat⟩: *Falschgeld herstellen:* Ü ... einen Schurken ... unter den Hammer kriegen, der die Gesetze falschmünzt (Schiller, Räuber II, 3).

Falsch|mün|zer, der; -s, -: *jmd., der Falschgeld herstellt, Geld fälscht.*

Falsch|mün|ze|rei, die; -, -en: *Herstellung von Falschgeld, das Fälschen von Geld.*

Falsch|mün|ze|rin, die; -, -nen: w. Form zu ↑ Falschmünzer.

Falsch|par|ker, der: *jmd., der im Halte- od. Parkverbot parkt.*

Falsch|par|ke|rin, die: w. Form zu ↑ Falschparker.

falsch|spie|len ⟨sw. V.; hat⟩: *beim Spielen, bes. beim Kartenspiel, betrügen.*

Falsch|spie|ler, der: *jmd., der beim Spielen, bes. beim Kartenspiel, betrügt.*

Falsch|spie|le|rin, die: w. Form zu ↑ Falschspieler.

Fäl|schung, die; -, -en: **1.** ⟨Pl. selten⟩ *das Fälschen:* die F. einer Unterschrift. **2.** *etw. Gefälschtes, gefälschter Gegenstand:* das Gemälde ist eine F.

fäl|schungs|si|cher ⟨Adj.⟩: *sich nicht fälschen lassend:* -e Ausweise.

Fal|sett, das; -[e]s, -e [ital. falsetto, zu: falso = falsch < lat. falsus] (Musik): *männliche Kopfstimme* (ohne Brustresonanz).

fal|set|tie|ren ⟨sw. V.; hat⟩ (Musik): *[im] Falsett singen.*

Fal|sett|stim|me, die: *Kopfstimme.*
Fal|si|fi|kat, das; -[e]s, -e [mlat. falsificatum, 2. Part. von: falsificare, ↑ falsifizieren] (bildungsspr.): *Fälschung* (2).
fal|si|fi|zier|bar ⟨Adj.⟩: *sich falsifizieren* (2) *lassend.*
fal|si|fi|zie|ren ⟨sw. V.; hat⟩ [mlat. falsificare, zu lat. falsus = falsch u. facere = machen, tun] (bildungsspr.): **1.** *[ver]fälschen.* **2.** *(eine wissenschaftliche Aussage, eine Behauptung) durch empirische Beobachtung, durch einen logischen Beweis widerlegen:* Hypothesen werden verifiziert oder falsifiziert.
falt|bar ⟨Adj.⟩: *sich falten* (1) *lassend:* ein nur schwer -es Material.
Falt|blatt, das: *gefalteter bedruckter, bebilderter Papierbogen als Beilage in einem Schriftwerk, als Werbeprospekt o. Ä.*
Falt|boot, das: *zerlegbares Paddelboot aus starker, gummierter Leinwand u. einem leichten Holz- od. Metallgerüst.*
Fält|chen, das; -s, -: Vkl. zu ↑ Falte.
Fal|te, die; -, -n [mhd. valte, Nebenf. von: valt, ahd. falt, zu ↑ falten]: **1. a)** *längliche, schmale Eindrückung od. Umbiegung (in Stoff, seltener auch in Papier o. Ä.):* tiefe -n; eine F. glätten; **b)** *durch Übereinanderlegen od. Zusammenschieben von Stoff entstandener, schmaler, lang gestreckter, wellenförmiger od. geknickter Stoffteil:* lose, aufspringende -n. **2.** *unregelmäßig geformte Linie in der Haut:* tiefe, harte -n im Gesicht; die Stirn in -n ziehen. **3.** (Geol.) *durch Faltung entstandene, wellenartige Formung von Gesteinsschichten der Erdkruste.*
fäl|teln ⟨sw. V.; hat⟩: *in kleine, nahe beieinanderliegende Falten* (1 a) *legen:* sie war damit beschäftigt, die Gardinen zu f.
fal|ten ⟨sw. V.; hat⟩ [mhd. valten, ahd. faldan; altes germ. Verb]: **1.** *sorgfältig zusammenlegen, sodass an der umgeschlagenen Stelle eine Falte* (1 a) *entsteht, ein Knick entsteht:* einen Brief [zweimal] f. **2. a)** *in Falten* (2) *ziehen; runzeln:* die Stirn f.; **b)** ⟨f. + sich⟩ *aus sich heraus Falten bilden, sich in Falten legen:* die Haut faltet sich. **3.** *(von den Händen) zusammenlegen u. ineinander verschränken:* die Hände auf der Brust, zum Gebet, andächtig f. **4.** (Geol.) **a)** *in Gesteinsschichten der Erdkruste Falten* (3) *bilden, entstehen lassen;* **b)** ⟨f. + sich⟩ *aus sich heraus Falten* (3) *bilden:* die Erdrinde hat sich hier gefaltet.
Fal|ten|bil|dung, die: **1.** *Bildung, Entstehung von Falten* (2). **2.** (Geol.) *Entstehung einer Faltung* (2).
Fal|ten|ge|bir|ge, das (Geol.): *durch Faltung* (2) *entstandenes, meist lang gestrecktes Gebirge.*
Fal|ten|haut, die (Med.): *Haut mit starker Faltenbildung.*
fal|ten|los ⟨Adj.⟩: **1.** *keine Falten* (1 b) *aufweisend.* **2.** *keine Falten* (2) *aufweisend.*
fal|ten|reich ⟨Adj.⟩: **1.** *mit vielen Falten* (1 b) *versehen.* **2.** *viele Falten* (2) *aufweisend.*
Fal|ten|rock, der: ¹*Rock* (1 a), *der in Falten* (1 b) *fällt.*
Fal|ten|wurf, der: *Fall eines Gewandes in Falten* (1 b): das Bild zeigt eine Madonna in blauem F.
Fal|ter, der; -s, - [über mundartl. Formen zu mhd. vīvalter, ahd. fīfaltra; verdoppelnde Bildung zu ↑ flattern]: **1.** *Schmetterling, bes. Nachtfalter.* **2.** (österr.) *Faltblatt, Faltprospekt.*
fal|tig ⟨Adj.⟩: **1. a)** *in viele Falten* (1 b) *gelegt, Falten werfend, mit vielen Falten versehen:* der Vorhang ist f. gerafft; **b)** *viele durch Unachtsamkeit entstandene Falten* (1 a) *aufweisend; zerknittert:* sein Anzug war ganz f. **2.** *von Falten* (2) *durchzogen; runzelig:* ein -es Gesicht; Wie alt bist du eigentlich? Bald wird du einen -en Hals haben und aus deinen Leberflecken werden Haare wachsen (Handke, Frau 75).

-fäl|tig [mhd. -valtec, -veltec, weitergeb. aus mhd. -valt, ahd -falt, zu ↑ Falte]: *in Zusb.,* z. B. achtfältig, vielfältig.

Falt|kar|ton, der: *Karton* (2), *den man zum Aufbewahren flach zusammenlegen kann.*
Falt|pro|s|pekt, der, österr. auch: das: *Prospekt* (1), *der meist aus nur einem Blatt besteht, das [für den Versand, die Verteilung] zu einem handlichen Format gefaltet ist.*
Falt|rad, das: *zusammenklappbares Fahrrad.*
Falt|stuhl, der: *zusammenklappbarer, hockerartiger Stuhl mit einer Sitzfläche aus Stoff od. Leder.*
Falt|tür, die: *aus mehreren schmalen Teilen bestehende Tür, die sich harmonikaartig zusammenfalten lässt.*
Fal|tung, die; -, -en: **1.** *das Falten* (1). **2.** (Geol.) *durch Einengung, seitlichen Druck verursachte wellenartige Formung von Gesteinsschichten der Erdkruste.*
Fa|lun Gong [- ˈɡʊŋ], die; --: *auf dem Qigong beruhende Schule des chinesischen Buddhismus.*
Falz, der; -es, -e u. Fälze [mhd. valz = Fuge, Schwertrinne, zu ↑ falzen]: **1.** (Buchbinderei) **a)** *Stelle, an der ein Papierbogen [scharf] gefaltet ist; Kniff* (2) *im Papier;* **b)** *meist rillenförmiger Übergang zwischen Buchdeckel u. Buchrücken:* ein tiefer F.; **c)** *in Büchern mitgeheftetes Papier- od. Leinenstreifen zum Ankleben von Einzelblättern.* **2.** (Bauw., Holzverarb.) *kantige, meist rechtwinklige Aussparung, Vertiefung an Übergangs-, Anschlussstellen, die ein gutes Übereinandergreifen der Materialien ermöglicht:* die Bretter müssen in den -en genau zusammenpassen. **3.** (Technik) *Verbindungsstelle von ineinandergreifenden Blechrändern, die umgebogen u. zusammengepresst werden.*
Falz|bein, das (Buchbinderei): *glattes, flaches Gerät zum Falzen* (1) *von Papier mit der Hand.*
fal|zen ⟨sw. V.; hat⟩ [mhd. valzen, velzen = krümmen, ineinanderbiegen, ahd. (ga)falzen, viell. Intensivbildung zu ↑ falten u. eigtl. = fest zusammenlegen]: **1.** *mit einem Falz* (1 a, 2, 3) *versehen:* gefalztes Blech. **2.** (Gerberei) *durch Abheben dünner Schichten auf der Fleischseite von Tierhäuten die Dicke des Leders ausgleichen.*
fal|zig ⟨Adj.⟩: *mit Falzen versehen.*
Fal|zung, die; -, -en: **1.** *das Falzen.* **2.** *gefalzte Stelle; Falz.*
Fa|ma, die; - [lat. fama, verw. mit: fari, ↑ Fatum] (bildungsspr.): *Geschichte, die gerüchtweise über jmdn., etw. verbreitet wird:* es ging die F., dass er sich ins Ausland abgesetzt hat.
fa|mi|li|al ⟨Adj.⟩ [zu ↑ Familie] (Soziol.): *die Familie als soziale Gruppe betreffend:* die -e Arbeitsteilung.
fa|mi|li|är ⟨Adj.⟩ [mit französierender Endung zu älter familiar < lat. familiaris, zu: familia, ↑ Familie]: **1.** *die Familie betreffend:* -e Sorgen haben; aus -en Gründen. **2. a)** *freundschaftlich; ungezwungen:* es herrschte eine -e Atmosphäre; **b)** *(auch abwertend) [allzu] vertraulich:* sein -er Ton wurde als peinlich empfunden.
Fa|mi|li|a|ri|tät, die; -, -en [lat. familiaritas] (bildungsspr.): **a)** *familiäres* (2 a) *Verhalten; Vertrautheit, Zwanglosigkeit;* **b)** *familiäres* (2 b), *plumpvertrauliches Verhalten; Zudringlichkeit.*
Fa|mi|lie, die; -, -n [lat. familia, eigtl. = Gesinde, Kollektivbildung zu: famulus, ↑ Famulus]: **1. a)** *aus einem Elternpaar od. einem Elternteil u. mindestens einem Kind bestehende [Lebens]gemeinschaft:* eine vierköpfige, große, intakte, kinderreiche F.; F. Meyer ist verreist; eine F. gründen; haben Sie F.? *(haben Sie einen Partner, eine Partnerin u. Kinder?);* R das kommt in den besten -n vor *(das kann jedem passieren, ist nicht so schlimm);* **b)** *Gruppe aller miteinander [bluts]verwandten Personen; Sippe:* eine alte, adlige, reiche F.; (iron.:) eine feine, schöne F.!; aus guter F. stammen; in eine F. einheiraten; das liegt in der F. *(ist ihre Eigenart).* **2.** (Biol.) *systematische Einheit, Kategorie, in der näher miteinander verwandte Gattungen tierischer od. pflanzlicher Lebewesen zusammengefasst sind.* **3.** *Gesamtheit, Serie von ähnlich gebauten technischen Geräten [eines Herstellers] mit gleichem od. verwandtem System.*
Fa|mi|li|en|ähn|lich|keit, die: *Ähnlichkeit im Aussehen zwischen Personen, die derselben Familie* (1) *angehören und blutsverwandt sind.*
Fa|mi|li|en|al|bum, das: *Fotoalbum mit Familienbildern.*
Fa|mi|li|en|an|ge|hö|ri|ge ⟨vgl. Angehörige⟩: *Angehörige* (a).
Fa|mi|li|en|an|ge|hö|ri|ger ⟨vgl. Angehöriger⟩: *Angehöriger* (a).
Fa|mi|li|en|an|ge|le|gen|heit, die: *Angelegenheit, die die Familie* (1) *betrifft:* in einer dringenden F. verreisen müssen.
Fa|mi|li|en|an|schluss, der: *das Einbezogenwerden (eines Außenstehenden) in den Kreis einer Familie* (1 a): F. haben, suchen.
Fa|mi|li|en|an|zei|ge, die (Zeitungsw.): *in einer Zeitung erscheinende Anzeige, durch die ein familiäres Ereignis bekannt gegeben wird.*
Fa|mi|li|en|aus|flug, der: *von einer ganzen Familie* (1 a) *unternommener Ausflug.*
Fa|mi|li|en|ban|de ⟨Pl.⟩ (geh.): *besonderer Zusammenhalt von Familienmitgliedern.*
Fa|mi|li|en|be|ra|tung, die: *Beratung von Familien* (1 a) *in pädagogischen, wirtschaftlichen u. rechtlichen Fragen.*
Fa|mi|li|en|be|ra|tungs|stel|le, die: *Beratungsstelle, die Familienberatung durchführt.*
Fa|mi|li|en|be|sitz, der; ⟨Pl. selten⟩: *Besitz einer Familie* (1 b): aus F. stammen.
Fa|mi|li|en|be|trieb, der: *[kleineres] Unternehmen, Geschäft o. Ä., das sich im Besitz einer Familie* (1) *befindet [u. von dieser geleitet, betrieben wird]:* kleine und mittelständische -e.
Fa|mi|li|en|bild, das: *Bild, Fotografie von [den] Mitgliedern einer Familie* (1).
Fa|mi|li|en|bil|dungs|stät|te, die: *der außerschulischen Bildung von Eltern u. Kindern dienende Einrichtung.*
Fa|mi|li|en|buch, das: *auf dem Standesamt nach der Eheschließung angelegtes Buch* (2), *das die Personalien der Ehegatten u. ihrer Eltern enthält u. in das die Eheschließung sowie spätere Änderungen in den persönlichen Verhältnissen (z. B. Tod, Scheidung, Geburt eines Kindes) eingetragen werden.*
Fa|mi|li|en|chro|nik, die: *Chronik einer Familie* (1 b).
Fa|mi|li|en|clan, die: *durch verwandtschaftliche Beziehungen verbundene Gruppe.*
Fa|mi|li|en|dra|ma, das: *dramatisches Ereignis in einer Familie* (1).
Fa|mi|li|en|eh|re, die: *Ehre einer Familie* (1 b): die F. retten.
Fa|mi|li|en|ein|kom|men, das: *Gesamteinkommen, das sich aus den einzelnen Einkommen der in einem Haushalt lebenden Familienmitglieder zusammensetzt.*
Fa|mi|li|en|fei|er, die: *Feier aus familiärem Anlass.*
fa|mi|li|en|feind|lich ⟨Adj.⟩: *der Familie (als sozialer Gruppe) nicht dienlich, förderlich, gegen sie eingestellt:* -e Maßnahmen.
Fa|mi|li|en|fest, das: vgl. Familienfeier.

Fa|mi|li|en|for|schung, die: *Genealogie.*
Fa|mi|li|en|fo|to, das, schweiz. auch: die: vgl. Familienbild.
fa|mi|li|en|freund|lich ⟨Adj.⟩: *der Familie (als sozialer Gruppe) dienlich, ihr entgegenkommend, sie fördernd:* eine -e Politik.
fa|mi|li|en|ge|recht ⟨Adj.⟩: *einer Familie (1 a) entsprechend, für sie geeignet:* -e Wohnungen bauen.
Fa|mi|li|en|ge|richt, das: **1.** *Gericht, das für Fragen des Familienrechts zuständig ist.* **2.** (ugs.) *Familienrat.*
Fa|mi|li|en|ge|schich|te, die: **1.** *Geschichte (1 a) einer Familie (1 a):* er erzählte mir seine ganze F. **2.** *Geschichte (2) über Ereignisse in der Familie:* sie gruben die alten -n wieder aus.
Fa|mi|li|en|ge|setz|buch, das (DDR): *Sammlung der Gesetze, die das Zusammenleben in der Familie* (1 a) *u. andere Dinge des Familienrechts regeln* (Abk.: FGB).
Fa|mi|li|en|glück, das: *glückliches zufriedenes Dasein einer Familie (1 a), häusliches Glück* (3 a).
Fa|mi|li|en|got|tes|dienst, der: *Gottesdienst, der in seiner Form auf die speziellen Bedürfnisse von Kindern u. ihren Familienangehörigen u. Freunden ausgerichtet ist.*
Fa|mi|li|en|grab, das: *Grabstätte, in der die Angehörigen einer Familie (1) beigesetzt werden.*
Fa|mi|li|en|gruft, die: vgl. Familiengrab.
Fa|mi|li|en|hil|fe, die: *Leistung der gesetzlichen Krankenversicherung an den Versicherten für dessen unterhaltsberechtigte Angehörige.*
Fa|mi|li|en|idyll, das: *häusliches Idyll.*
Fa|mi|li|en|krach, der (ugs.): *Streit in der Familie* (1).
Fa|mi|li|en|kreis, der: *Gruppe der Mitglieder einer Familie* (1): eine Feier im engsten F.
Fa|mi|li|en|kun|de, die ⟨o. Pl.⟩: *Genealogie.*
Fa|mi|li|en|kut|sche, die (scherzh.): *größeres Auto.*
Fa|mi|li|en|las|ten|aus|gleich, der ⟨o. Pl.⟩: *finanzielle Unterstützung, die der Staat kinderreichen Familien gewährt.*
Fa|mi|li|en|le|ben, das ⟨o. Pl.⟩: *Zusammenleben innerhalb einer Familie* (1 a): ein glückliches F. führen; darunter leidet das F.
Fa|mi|li|en|mi|nis|ter, der: *Minister für Angelegenheiten, die die Familie (1 a) betreffen.*
Fa|mi|li|en|mi|nis|te|rin, die: w. Form zu ↑Familienminister.
Fa|mi|li|en|mi|nis|te|ri|um, das: vgl. Familienminister.
Fa|mi|li|en|mit|glied, das: *Mitglied einer bestimmten Familie.*
Fa|mi|li|en|mut|ter, die: *Mutter, bes. im Hinblick auf die Fürsorge für ihre Familie* (1 a).
Fa|mi|li|en|nach|zug, der: *Nachzug (2) von Familienmitgliedern.*
Fa|mi|li|en|na|me, der: *Name, den jmd. aufgrund seiner Zugehörigkeit zu einer bestimmten Familie (1 a) trägt u. den er in der Regel bei der Geburt od. anlässlich einer Heirat bekommt; Nachname; Zuname.*
Fa|mi|li|en|ober|haupt, das (scherzh. veraltend): *Oberhaupt einer Familie* (1).
Fa|mi|li|en|pa|ckung, die (Werbespr.): *besonders große Warenpackung.*
Fa|mi|li|en|pass, der: **1.** *Pass, der für mehrere Familienmitglieder (darunter stets mindestens ein Elternteil) ausgestellt wird.* **2.** *Ausweis, der u. a. von manchen Kommunen unter bestimmten Voraussetzungen für Familien ausgestellt wird, deren Mitglieder dadurch in den Genuss bestimmter Vergünstigungen (z. B. Preismäßigungen bei Eintrittsgeldern usw.) kommen.*
Fa|mi|li|en|pfle|ge, die: *Betreuung einer Familie (1 a) durch eine Familienpflegerin od. einen Familienpfleger.*
Fa|mi|li|en|pfle|ger, der: vgl. Familienpflegerin.
Fa|mi|li|en|pfle|ge|rin, die: *weibliche Person, die (nach entsprechender Ausbildung) Familien (1 a) betreut, bei denen die Versorgung durch die Eltern [vorübergehend] nicht möglich ist (Berufsbez.).*
Fa|mi|li|en|pla|nung, die: *Gesamtheit der Bestrebungen, durch Maßnahmen der Geburtenregelung die Anzahl der Kinder den wirtschaftlichen u. sozialen Verhältnissen der Eltern entsprechend zu bestimmen.*
Fa|mi|li|en|po|li|tik, die: *Gesamtheit der unterstützenden Maßnahmen, mit denen der Staat die Gestaltung der Familie (1 a) beeinflusst.*
fa|mi|li|en|po|li|tisch ⟨Adj.⟩: *die Familienpolitik betreffend, auf ihr beruhend, zu ihr gehörend.*
Fa|mi|li|en|rat, der ⟨o. Pl.⟩: **a)** *Beratung mehrerer Familienmitglieder über ein die Familie (1) betreffendes Problem:* einen F. halten; **b)** *Gesamtheit der an einem Familienrat (a) teilnehmenden Familienmitglieder:* er musste tun, was der F. beschlossen hatte.
Fa|mi|li|en|recht, das: **1.** ⟨o. Pl.⟩ *Teil des bürgerlichen Rechts, der sich mit der Familie (1 a), der rechtlichen Stellung von Familienmitgliedern, Verwandten, Vormund u. Mündel o. Ä. befasst.* **2.** *eines der Rechte, die Familien zustehen.*
Fa|mi|li|en|rich|ter, der: *Richter an einem Familiengericht.*
Fa|mi|li|en|rich|te|rin, die: w. Form zu ↑Familienrichter.
Fa|mi|li|en|ro|man, der: *Roman, in dem Probleme, Ereignisse, die Geschichte einer Familie (1) [über mehrere Generationen hinweg] gestaltet sind.*
Fa|mi|li|en|schmuck, der: *in einer Familie weitervererbter Schmuck.*
Fa|mi|li|en|se|rie, die: *Fernsehserie, bei der eine Familie (1 a) im Mittelpunkt steht.*
Fa|mi|li|en|sinn, der ⟨o. Pl.⟩: *Verständnis, teilnehmendes Interesse für die Belange, Angelegenheiten, Probleme der eigenen Familie (1 a) od. eines ihrer Mitglieder:* einen ausgeprägten F. besitzen.
Fa|mi|li|en|sitz, der: *größeres Besitztum (b) einer meist wohlhabenden, adligen o. ä. Familie* (1 b).
Fa|mi|li|en|stamm|buch, das: *Buch (2), das wichtige, den Personenstand betreffende Urkunden sowie kirchliche Urkunden (z. B. Taufschein) enthält u. meist bei der Eheschließung angefertigt u. ausgehändigt wird; Stammbuch* (2 a).
Fa|mi|li|en|stand, der ⟨o. Pl.⟩: *Status einer Person im Hinblick darauf, ob sie ledig, verheiratet, geschieden od. verwitwet ist:* Alter und F. angeben.
Fa|mi|li|en|the|ra|pie, die (Psychol.): *Gruppentherapie zur Änderung gestörter familiärer Zusammenhänge, an der mehrere Familienmitglieder teilnehmen.*
Fa|mi|li|en|tra|di|ti|on, die: *Tradition innerhalb einer Familie* (1).
Fa|mi|li|en|tra|gö|die, die: vgl. Familiendrama.
Fa|mi|li|en|tref|fen, das: *Treffen aller Mitglieder einer Familie (1 b) aus einem bestimmten Anlass.*
Fa|mi|li|en|un|ter|neh|men, das: vgl. Familienbetrieb.
Fa|mi|li|en|van [...væn], der (Kfz-Wesen): *bes. für Familien geeigneter Van.*
Fa|mi|li|en|va|ter, der: *Vater, bes. im Hinblick auf die Fürsorge für seine Familie:* ein treu sorgender, ordentlicher F.
Fa|mi|li|en|ver|band, der (Soziol.): *Gesamtheit aller in einem Haushalt zusammenlebenden Familienangehörigen.*
Fa|mi|li|en|ver|hält|nis|se ⟨Pl.⟩: *Bedingungen, Lebensumstände, die jmdm. durch seine Familie gegeben sind:* in zerrütteten -n leben.
Fa|mi|li|en|ver|mö|gen, das: *in einer Familie (1) vorhandenes Vermögen:* ein bescheidenes F.
Fa|mi|li|en|vor|stand, der: *Familienoberhaupt.*
Fa|mi|li|en|wap|pen, das: *Wappen einer Familie* (1 b).
Fa|mi|li|en|zen|t|rum, das: *zentrale Stelle, Einrichtung zur Förderung u. Unterstützung von Kindern u. ihren Familien.*
Fa|mi|li|en|zu|la|ge, die: *Zulage zur Arbeitslosenunterstützung für jedes unterhaltsberechtigte Familienmitglied.*
Fa|mi|li|en|zu|sam|men|füh|rung, die: *Zusammenführung der Angehörigen von Familien, die bes. durch Kriegswirren u. Kriegsfolgen auseinandergerissen wurden.*
Fa|mi|li|en|zwist, der: *über eine längere Zeit andauernder Streit in der Familie.*
Fa|mi|ly ['fɛmɪli], die; -, -s [engl. family] (salopp): *Familie.*
fa|mos ⟨Adj.⟩ [frz. fameux = berühmt <] lat. famosus = viel besprochen, berühmt, berüchtigt, zu: fama, ↑Fama] (ugs.): **1.** *fabelhaft; ausgezeichnet; großartig:* ein -er Kerl; das ist ganz f.!; ... die Handarbeit ist f. ausgeführt (Mayröcker, Herzzerreißende 19). **2.** (veraltet) *berüchtigt, verrufen.*
Fa|mu|la, die; -, ..lä [lat. famula = Dienerin]: w. Form zu ↑Famulus.
Fa|mu|lant, der; -en, -en [zu lat. famulans (Gen.: famulantis), 1. Part. von: famulari, ↑famulieren] (Med., Pharm.): *Studierender, der seine Famulatur ableistet.*
Fa|mu|lan|ten|stel|le, die (Med., Pharm.): *Arbeitsstelle eines Famulanten, einer Famulantin.*
Fa|mu|lan|tin, die; -, -nen: w. Form zu ↑Famulant.
Fa|mu|la|tur, die; -, -en (Med., Pharm.): *Praktikum, das Studierende der Medizin od. Pharmazie im Rahmen ihrer Ausbildung ableisten müssen.*
fa|mu|lie|ren ⟨sw. V.; hat⟩ [lat. famulari = Diener sein] (Med., Pharm.): *die Famulatur ableisten.*
Fa|mu|lus, der; -, ...li u. -se [lat. famulus = Diener, Gehilfe, H. u.] (veraltet): **1.** *Famulant.* **2.** *Student, der einem Hochschullehrer assistiert:* ◆ ... ich kenn's – die Geister der F. (Eheschließung, Faust I, 518).
Fan [fɛn], der; -s, -s [engl. fan, gek. aus: fanatic = Fanatiker; fanatisch < lat. fanaticus, ↑fanatisch]: *begeisterter Anhänger, begeisterte Anhängerin von jmdm., etw.:* die -s stürmten auf den Fußballplatz.
Fa|nal, das; -s, -e [frz. fanal = Leuchtfeuer, Feuerzeichen < ital. fanale, zu griech. phanós = Leuchte, Fackel] (geh.): *Ereignis, Tat, Handlung als weithin erkennbares Zeichen, das eine Veränderung, den Aufbruch zu etw. Neuem ankündigt:* das Volk setzte mit dem Aufstand ein F.
Fan|ar|ti|kel ['fɛn...], der: *für die Fans eines Vereins, Stars o. Ä. produzierter Artikel (3), der in Farbgebung, Design, Bebilderung o. Ä. deutlich den Bezug zum jeweiligen Idol erkennen lässt.*
Fa|na|ti|ker [österr. auch: ...'nat...], der; -s, - [zu ↑fanatisch]: *jmd., der von bestimmten Ideen, einer bestimmten Weltanschauung o. Ä. so überzeugt ist, dass er sich leidenschaftlich, mit blindem Eifer [und rücksichtslos] dafür einsetzt:* ein wilder, religiöser, politischer F.
Fa|na|ti|ke|rin [österr. auch: ...'nat...], die; -, -nen: w. Form zu ↑Fanatiker.
fa|na|tisch [österr. auch: ...'nat...] ⟨Adj.⟩ [(frz. fanatique <) lat. fanaticus, eigtl. = von der Gottheit ergriffen u. in rasende Begeisterung versetzt; zu: fanum = der Gottheit geweihter Ort, Tempel]: *sich leidenschaftlich, mit blindem Eifer [u. rücksichtslos] für etw. einsetzend; von*

Fanatismus zeugend, erfüllt: ein -er Katholik; -e Anhänger; mit -er Begeisterung; er hat geradezu f. für diese Reform gekämpft.

fa|na|ti|sie|ren ⟨sw. V.; hat⟩ [frz. fanatiser]: *mit Fanatismus erfüllen, aufhetzen:* die Massen f.; die fanatisierte Menge bejubelte die Bücherverbrennungen.

Fa|na|tis|mus, der; -, ...men [frz. fanatisme]: **1.** ⟨o. Pl.⟩ *rigoroses, unduldsames Eintreten für eine Sache od. Idee als Ziel, das kompromisslos durchzusetzen versucht wird:* sein [blinder] F. schadet nur. **2.** *fanatische Idee, Handlungsweise, Äußerung.*

Fan|be|treu|er ['fɛn...], der: *jmd., der im Auftrag eines Sportvereins dessen Fans (bes. zur Vorbeugung gegen Gewalttaten bei Sportveranstaltungen) sozialpädagogisch betreut.*

Fan|be|treu|e|rin, die: w. Form zu ↑ Fanbetreuer.

Fan|block ['fɛn...], der; ⟨Pl. ...blöcke, selten: -s⟩: *größere Gruppe von Fans einer Mannschaft (1 a) in einem Block (12) des Stadions:* der Schalker F.; die Fanblöcke trennen, um Ausschreitungen zu verhindern.

Fan|club: ↑ Fanklub.

fand: ↑ finden.

Fan|dan|go, der; -s, -s [span. fandango, H. u.]: *schneller spanischer Volkstanz (im 3/4- od. 6/8-Takt) mit Kastagnetten- u. Gitarrenbegleitung.*

fän|de: ↑ finden.

Fan|fa|re, die; -, -n [frz. fanfare, H. u., viell. lautm.] (Musik): **1.** *lange, einfache Trompete ohne Ventile:* die F. spielen, blasen. **2.** *Trompetensignal aus Tönen des Dreiklangs:* -n erklingen, schmettern. **3.** *kurzes Musikstück, meist für Trompeten u. Pauken (in der Kunst- u. Militärmusik).*

Fan|fa|ren|blä|ser, der: *jmd., der Fanfare bläst.*

Fan|fa|ren|blä|se|rin, die: w. Form zu ↑ Fanfarenbläser.

Fan|fa|ren|zug, der: *meist bei einem größeren Aufmarsch mitziehende Gruppe von Fanfarenbläsern.*

Fang, der; -[e]s, Fänge [mhd. vanc, zu ↑ fangen]: **1. a)** *das Fangen (1 a):* der F. von Pelztieren; die Fischdampfer laufen zum F. aus; **b)** *beim Fangen (1 a) gemachte Beute:* der Angler freute sich über seinen guten F.; Ü einen guten, fetten F. machen, tun *(etw. Gutes finden);* mit dir haben wir ja einen tollen F. gemacht! (iron.; *von dir, deinen Leistungen sind wir sehr enttäuscht).* **2.** ⟨Jägerspr.⟩ **a)** *Maul bei Raubwild u. Hund;* **b)** ⟨meist Pl.⟩ *Eckzahn bei Raubwild u. Hund; Fangzahn;* **c)** ⟨Pl.⟩ *Füße od. Krallen bei Raubvögeln:* die starken Fänge des Adlers; Ü was er einmal in den Fängen (ugs.; *in seiner Gewalt)* hat, rückt er nicht wieder heraus. **3.** * **(einem Wild) den F. geben** (Jägerspr.; *ein angeschossenes, verletztes Wild mit der Waffe töten).*

Fang|arm, der: *beweglicher, armartiger Fortsatz in der Region des Kopfes bei niederen, im Wasser lebenden Tieren zum Aufspüren u. Erfassen von Beutetieren; Tentakel (1).*

Fang|boot, das: vgl. Fangschiff.

Fang|ein|rich|tung, die (Telefonie): *fahrbares Gerät zur Feststellung von Anschlüssen anonymer Anrufer.*

Fang|ei|sen, das (Jagdw.): *eisernes Gerät, Falle zum Fangen von Raubwild.*

Fan|ge|mein|de ['fɛn...], die: *Gesamtheit der Fans; Anhängerschaft.*

fan|gen (st. V.; hat) [nach dem Vorbild von mniederd. vangen rückgeb. aus dem Prät. u. 2. Part. von mhd. vā(he)n, ahd. fāhan, eigtl. = greifen, fassen]: **1. a)** *(ein Tier [das man verfolgt, gejagt hat]) ergreifen, zu fassen bekommen; in seine Gewalt bekommen, der Freiheit berauben:* Vögel, Fische f.; die Katze hat eine Maus gefangen; drei Affen im Käfig gefangen halten; **b)** *jmdn. (der gesucht, verfolgt wird) festnehmen, fassen:* alle wollten helfen, den Dieb zu f.; ⟨meist im 2. Part.:⟩ die gefangenen Soldaten; jmdn. viele Jahre gefangen *(in Gefangenschaft)* halten; er wurde von einem Stoßtrupp gefangen genommen; jmdn. gefangen setzen (geh. veraltend; *festnehmen u. festsetzen);* so leicht lasse ich mich nicht f. (ugs.; *überlisten);* ihre Erzählung hatte uns ganz gefangen *(in ihren Bann geschlagen, gefesselt);* die Musik, ihr Anblick, die Aufgabe nahm ihn ganz gefangen; **c)** ⟨f. + sich⟩ *in eine Falle, an ein Hindernis geraten u. nicht mehr loskommen:* der Fuchs hat sich im Tellereisen gefangen; Ü der Wind fängt sich im Schornstein; er hat sich in der eigenen Schlinge gefangen *(hat sich selbst überführt, kann sich nicht mehr herausreden).* **2.** *nach etw., was geworfen o. Ä. wird, greifen u. es festhalten:* einen Ball f.; Ü (ugs.:) eine [Ohrfeige] f. *(eine Ohrfeige bekommen).* **3.** ⟨f. + sich⟩ *wieder ins Gleichgewicht, in die normale Lage kommen:* ich stolperte, konnte mich aber gerade noch f.; Ü sie hat sich endlich wieder gefangen *(hat endlich ihr seelisches Gleichgewicht zurückgewonnen);* ...dann das Kind, wollte endlich nicht lernen, der Junge, jetzt hat er sich endlich gefangen, arbeitet schon ein Jahr als Buchhalter (Schädlich, Nähe 139).

Fan|gen, das; -s: *Kinderspiel, bei dem ein Kind den anderen nachlaufen muss, bis es eines von ihnen erreicht u. mit einem leichten Schlag (1 a) berührt:* F. spielen.

Fän|ger, der; -s, -: *Fangzahn:* ...ich will ihnen mit meinen -n den Bauch schlitzen (Schiller, Räuber II, 3).

Fän|ger, der; -s, -: **1. a)** *jmd., der etw., ein Tier fängt;* **b)** (Baseball) *Catcher (2).* ◆ **2.** *Fangzahn:* Es würd' ein Eber ... Müh' mit den -n haben durchzubrechen (Kleist, Krug 10).

Fän|ge|rin, die; -, -nen: w. Form zu ↑ Fänger.

Fang|flot|te, die: *Flotte von gemeinsam fischenden Schiffen.*

Fang|fra|ge, die: *geschickte Frage, mit der man erreichen will, dass der Befragte sich verrät, etw. ungewollt preisgibt:* jmdm. eine F. stellen.

fang|frisch ⟨Adj.⟩: *(von Fischen o. Ä.) frisch gefangen:* -e Muscheln verkaufen.

Fang|ge|biet, das: *Gebiet, in dem Tiere, bes. Fische, gefangen werden können.*

Fang|ge|rät, das: *Gerät zum Fangen von Tieren.*

Fang|grün|de ⟨Pl.⟩: *für den Fischfang ertragreiche Gebiete im Meer.*

Fang|heu|schre|cke, die: *Gottesanbeterin.*

Fang|lei|ne, die (Seemannsspr.): *an Bord eines Schiffes od. Bootes befestigte Leine zum Festmachen.*

Fang|netz, das: **1.** (Fischereiw., Jagdw.) *Netz zum Fangen von Fischen od. Wild.* **2.** (Flugw.) *am Ende einer Landebahn installiertes elastisches Netz, mit dem Flugzeuge bei Fehlstart od. Landung mit versagenden Bremsen abgebremst werden.* **3.** *in der Zirkusmanege ausgespanntes Netz, das Artisten zur Sicherung dient.*

Fan|go ['faŋɡo], der; -s [ital. fango, aus dem Germ.]: *aus Mineralien reicher Schlamm vulkanischer Herkunft, der in Form von Packungen u. Bädern zu Heilzwecken, bes. bei rheumatischen Erkrankungen, verwendet wird.*

Fan|go|bad, das: *Bad mit Fango zu Heilzwecken.*

Fang|quo|te, die: *für den Fischfang, Walfang, Robbenfang usw. festgelegte zulässige Höchstmenge.*

Fang|rie|men, der: *Riemen an Skibindungen, der den Ski festhält, wenn die Bindung sich beim Sturz löst.*

Fang|schal|tung, die: vgl. Fangeinrichtung: die Post hatte eine F. installiert, die eine Rückverfolgung der Gespräche ermöglichte.

Fang|schiff, das: *speziell für den Fischfang ausgerüstetes Schiff.*

Fang|schnur, die (Militär): **a)** (früher) *Kopfbedeckung u. Uniform verbindende Schnur (bei berittenen Truppen);* **b)** *als Rangabzeichen od. als Zierde dienende Schnur an Uniformen.*

fang|si|cher ⟨Adj.⟩ (Sport): *sicher im Fangen von Bällen:* ein -er Torwart.

Fang|spiel, das: *Fangen.*

Fang|vor|rich|tung, die: **1.** *an Aufzügen, Fahrstühlen o. Ä. angebrachte, sich selbst auslösende Vorrichtung zum Abbremsen od. Festhalten des Förderkorbs, der Kabine beim Reißen des Seils.* **2.** *Fangeinrichtung.*

Fang|zeit, die: *für den Fischfang günstige Zeit.*

Fan|klub, Fanclub ['fɛn...], der: *Klub für die Fans einer bekannten Persönlichkeit, eines [bekannten] Sportklubs o. Ä.*

Fan|kur|ve ['fɛn...], die (Sport): *Kurve (2 b), wo bes. die eingefleischten Fans einer Mannschaft sitzen od. stehen.*

Fan|mei|le ['fɛn...], die: *meist breite, lang gestreckte Straße o. Ä., auf der sich in großer Zahl Sportfans zusammenfinden, bes. um Fernsehübertragungen von Sportereignissen auf Großbildleinwänden anzusehen.*

Fan|nings ['fænɪŋs] ⟨Pl.⟩ [engl. fannings, Pl. von: fanning = Getreidereinigung, zu: fan, eigtl. = Fächer]: *(fast ausschließlich für Teebeutel verwendete) durch Sieben gewonnene aus kleinen Blättern bestehende, feine Teesorte.*

Fa|non [fa'nõː], der; -s, -s, **Fa|no|ne,** der; -, ...ni [ital. fanone < frz. fanon, zu einem germ. Wort mit der Bed. »Tuch«, vgl. Fahne]: *zweiteiliger liturgischer Schulterkragen des Papstes.*

Fan|post ['fɛn...], die ⟨o. Pl.⟩: *Post, die jmd. von seinen Fans bekommt:* F. erhalten.

Fan|pro|jekt ['fɛn...], das: *bes. der Vorbeugung gegen Gewalttaten dienendes Projekt für Fans einer Mannschaft, einer Sportart o. Ä.*

Fan|shop ['fɛnʃɔp], der [aus ↑ Fan u. ↑ Shop]: *Laden, in dem bestimmte, für Fans von Sportvereinen, Radiosendern o. Ä. interessante Artikel (3) verkauft werden.*

Fant, der; -[e]s, -e [Vermischung von niederd. fent = Knabe mit südd. Fant = Junge, Geck < ital. fante = Knabe, Knecht, eigtl. = ein kleines Kind] (veraltet): *junger, noch unerfahrener, unreifer Mensch.*

Fan|ta|sia, die; -, -s [ital. fantasia < lat. phantasia, ↑ Fantasie]: **1.** *Reiterspiel [der Araber u. Berber] in Form eines Wettkampfs, bei dem Reitergruppen möglichst gemeinsam eine Gewehrsalve abschießen u. aus vollem Galopp möglichst auf der Stelle anhalten sollen.* **2.** (Musik) *italienische Bez. für: Fantasie.*

Fan|ta|sie, Phantasie, die; -, -n [mhd. fantasie < lat. phantasia < griech. phantasía, zu: phantázesthai = erscheinen, zu: phaínesthai, ↑ Phänomen]: **1. a)** ⟨o. Pl.⟩ *Fähigkeit, Gedächtnisinhalte zu neuen Vorstellungen zu verknüpfen, sich etw. in Gedanken auszumalen:* eine wilde, krankhafte, reiche F.; F. haben; keine, viel, wenig F. haben; du hast eine schmutzige F. *(stellst dir zu Unrecht etw. Unanständiges vor);* Musik regt die F. an, beflügelt die F.; eine ungewöhnliche F. entwickeln; der F. freien Lauf lassen; etw. entspringt jmds. F.; ein Spiel, Gebilde der F.; das ist nur in deiner F. so; du hast ja eine blühende F.! *(du übertreibst maßlos!);* **b)** *Produkt der Fantasie (1 a), (nicht der Wirklichkeit entsprechende) Vorstellung:* krankhafte, abgründige, sexuelle -n; das ist reine F. **2.** ⟨Pl.⟩ (Med.) *Fieberträume; bei Bewusstseinstrübungen wahrgenommene Trugbilder.* **3.** (nur Fantasie; Musik) *instrumentales Musikstück*

fantasiearm – farbenempfindlich

mit freier, oft improvisationsähnlicher Gestaltung ohne formale Bindung.

fan|ta|sie|arm, phantasiearm ⟨Adj.⟩: *durch einen Mangel an Fantasie gekennzeichnet.*

Fan|ta|sie|bild, Phantasiebild, das: *Fantasie* (1 b): *-er von einer besseren Welt.*

Fan|ta|sie|ge|bil|de, Phantasiegebilde, das: **a)** *nur in der Fantasie* (1 a) *bestehendes Gebilde; Fantasie* (1 b); **b)** *aus der Fantasie* (1 a) *heraus geschaffenes Gebilde:* der Pavillon in Sanssouci ist ein reines F.

Fan|ta|sie|ge|stalt, Phantasiegestalt, die: **a)** *nur in der Fantasie* (1 a) *bestehende Gestalt;* **b)** *aus der Fantasie* (1 a) *heraus geschaffene Gestalt; fantastische Gestalt:* bei dem Faschingsball waren allerlei -en zu sehen.

fan|ta|sie|los, phantasielos ⟨Adj.⟩: *keine Fantasie aufweisend.*

Fan|ta|sie|lo|sig|keit, Phantasielosigkeit, die; -: *fantasielose Art, Beschaffenheit.*

fan|ta|sie|reich, phantasiereich ⟨Adj.⟩: *reich an Fantasie.*

fan|ta|sie|ren, phantasieren ⟨sw. V.; hat⟩ [mlat. phantasiari = sich einbilden]: **1. a)** *über etw., womit sich die Fantasie beschäftigt, was man sich in Gedanken ausmalt, sprechen:* vom Reichtum f.; fantasierst du *(redest du Unsinn),* oder sagst du die Wahrheit?; **b)** *sich jmdn., etw. in der Fantasie vorstellen, ausmalen:* die Eltern fantasierten ihre Kinder als engelhafte Unschuldswesen. **2.** (Med.) *(in Fieberträumen) wirr reden:* der Kranke fantasierte die ganze Nacht. **3.** (Musik) *auf einem Instrument ohne Noten spielen, was einem gerade einfällt:* auf dem Klavier f.; er fantasierte über ein Thema von Bach.

fan|ta|sie|voll, phantasievoll ⟨Adj.⟩: **a)** *mit [viel] Fantasie begabt:* ein -es Kind; **b)** *mit viel Fantasie, fantasiereich:* ein -es Muster; f. schreiben, erzählen.

Fan|ta|sie|vor|stel|lung, Phantasievorstellung, die: *Fantasie* (1 b).

Fan|ta|sie|welt, Phantasiewelt, die: *nur in der Fantasie* (1 a) *bestehende, nicht der Wirklichkeit entsprechende Welt:* in einer F. leben.

Fan|tast, Phantast, der; -en, -en [spätmhd. fantast < mlat. phantasta < griech. phantastés = Prahler] (abwertend): *Mensch mit überspannten Ideen, der zwischen Wunschtraum u. Wirklichkeit nicht unterscheiden kann; Schwärmer:* ein harmloser, weltfremder F.

Fan|tas|te|rei, Phantasterei, die; -, -en (abwertend): *wirklichkeitsfremde Träumerei; Überspanntheit:* die wilden -en eines Schwärmers; das ist doch reine F. *(Unsinn).*

Fan|tas|tik, Phantastik, die; -, -en ⟨Pl. selten⟩ (bildungsspr.): *das Fantastische, Wirklichkeitsfremde, Unwirkliche:* von der F. einer Szene gefesselt sein.

Fan|tas|tin, Phantastin, die; -, -nen: w. Formen zu ↑ Fantast, Phantast.

fan|tas|tisch, phantastisch ⟨Adj.⟩ [lat. phantasticus < griech. phantastikós]: **1.** (bildungsspr.) *von Illusionen, unerfüllbaren Wunschbildern, unwirklichen, oft unklaren Vorstellungen od. Gedanken beherrscht u. außerhalb der Wirklichkeit od. im Widerspruch zu ihr stehend:* in ihrem Kopf spuken allerlei -e Vorstellungen; er erzählte -e Geschichten; -e Literatur (Literaturwiss.; *über das Realismus hinausgehende, durch phantastische Elemente gekennzeichnete Literatur);* dein Vorhaben erscheint mir [zu] f. **2.** (ugs.) **a)** *großartig u. begeisternd:* ein -er Mensch; sie hat eine -e Figur; der Plan, der Gedanke ist f.; [es war einfach] f.!; er kocht f.; **b)** *unglaublich, ungeheuerlich:* das Flugzeug erreicht eine -e Höhe; die Preise sind f. gestiegen.

Fan|ta|sy ['fæntəzi], die; - [engl. fantasy = Fantasie]: *Bereich derjenigen bes. im Roman, im Film, im Comicstrip behandelten Thematiken, mit denen (wie in Mythen, Märchen und Sagen) das Fantastische, Magisch-Geheimnisvolle mit Zauber u. Magie in Traumwelten voller Fabelwesen heraufbeschworen wird.*

Fan|ta|sy|li|te|ra|tur, die ⟨o. Pl.⟩: *Literatur mit Thematiken aus dem Bereich der Fantasy.*

Fan|zine ['fɛnziːn], das; -s, -s [engl. fanzine, zusges. aus: fan (↑ Fan) u. magazine = Magazin]: *Zeitschrift für Fans bestimmter Personen, Sachen od. Themen.*

Fan|zo|ne: ↑ Fanmeile.

FAQ [ɛfˈeːˈkjuː, auch: fak], die; -, -[s] [engl., aus: frequently asked questions] (EDV): *Zusammenstellung von Informationen zu bes. häufig gestellten Fragen, häufig auftretenden Problemen (z. B. bei Gebrauchsanweisungen od. auf einer Homepage).*

Fa|rad, das; -[s], - [nach dem engl. Physiker u. Chemiker M. Faraday (1791–1867)] (Physik): *elektrische Maßeinheit für die Kapazität* (Zeichen: F).

Fa|ra|day|kä|fig ['fɛradeː..., 'færədɪ...], der (Physik): *metallene Umhüllung zur Abschirmung eines begrenzten Raumes gegen äußere elektrische Felder u. zum Schutz empfindlicher [Mess]geräte gegen elektrische Störungen.*

fa|ra|day|sche Ge|set|z, Fa|ra|day'sche Ge|set|z ['fɛradeː-ʃə-, auch: 'fɛrədɪʃə-], das; -n -es, -n -e ⟨meist Pl.⟩ (Physik): *eines der beiden von Faraday aufgestellten Gesetze, die bei der Elektrolyse den Zusammenhang zwischen dem Stromfluss u. den an den Elektroden abgeschiedenen Stoffmengen beschreiben.*

fa|ra|disch ⟨Adj.⟩ [vgl. Farad]: * **-er Strom** (Physik; *unsymmetrischer, durch Unterbrecherschaltung erzeugter Wechselstrom).*

Farb|ab|stim|mung, die: **a)** (Fotogr.) *Einstellung der Dichte der drei am Bildaufbau beteiligten Teilfarbenbilder zu einer möglichst naturtreuen Wiedergabe;* **b)** *Abstimmung verschiedener Farben miteinander.*

Farb|ab|stu|fung, die: *Änderung einer Farbe in Bezug auf Sättigung u. Helligkeit.*

Farb|ab|wei|chung, die (Fotogr.): *Abweichen der Farbwiedergabe eines Details od. eines ganzen Farbbildes vom Original.*

Farb|ab|zug, der (Fotogr.): *Abzug von einem Farbnegativ od. Farbdia auf Farbpapier.*

Farb|auf|nah|me, die: *Farbfotografie* (2).

Farb|band, das ⟨Pl. ...bänder⟩: *mit einer farbigen Flüssigkeit getränkter Baumwoll-, Nylon- od. Seidenstreifen für Schreibmaschinen.*

Farb|beu|tel, der: *mit Farbe* (2) *gefüllter Plastikbeutel:* die Demonstranten warfen mit -n.

Farb|be|zeich|nung, die: *Bezeichnung einer Farbe.*

Farb|bild, das: *Farbfotografie* (2).

Farb|buch, das (Dipl.): *aus Anlass bestimmter außenpolitischer Ereignisse veröffentlichte Dokumentensammlung eines Staates, deren Umschlag eine bestimmte, je nach Land verschiedene Farbe hat* (z. B. Weißbuch).

Farb|dia, das (Fotogr.): *farbiges Diapositiv.*

Farb|dis|play, das: *farbiges Display* (2).

Farb|druck, der ⟨Pl. -e⟩: **1.** ⟨o. Pl.⟩ *Druckverfahren mit bunten Druckfarben.* **2.** *mit bunten Druckfarben hergestellter* ²Druck (1 b).

Farb|dru|cker, der (ugs.): *Farbtintenstrahldrucker.*

Far|be, die; -, -n [mhd. varwe, ahd. farawa, zu mhd. var, varwer, ahd. faro, farawēr = farbig, ursprüngl. = gesprenkelt, bunt]: **1. a)** *mit dem Auge wahrnehmbare Erscheinungsweise der Dinge, die auf der verschiedenartigen Reflexion u. Absorption von Licht beruht:* eine dunkle, helle, warme, kalte, giftige F.; grelle, schreiende, leuchtende -n; diese -n beißen sich; in allen -n schillern; drei Hefte in den -n Gelb, Rot u. Orange; sein Gesicht verlor plötzlich alle F. *(wurde blass, bleich);* du hast wieder richtig F. bekommen *(du siehst gesund aus);* Ü ihr Spiel bekam, gewann immer mehr F. *(Ausdruckskraft, Lebendigkeit);* * **die F. wechseln** *(blass u. wieder rot werden);* **b)** ⟨o. Pl.⟩ *das Buntsein, Farbigsein* (1): die meisten Abbildungen des Buches sind in F. *(farbig, bunt);* eine Fotografie in zarten -n gehaltenes Bild. **2.** *färbende Substanz; Mittel zum Färben, Anmalen; Farbstoff:* eine schnell trocknende, gut deckende F.; die F. blättert von der Wand; die -n laufen ineinander; die F. dick auftragen; du kannst ruhig noch etwas F. *(Make-up)* auflegen; Ü etw. in den schwärzesten -n malen, schildern, beschreiben *(außerordentlich negativ, pessimistisch darstellen).* **3.** *Farbe* (1 a) *als Symbol eines Landes, einer Vereinigung o. Ä.:* er vertritt bei den Wettkämpfen die -n seines Landes, seines Vereins; Fähnchen in den französischen -n; ein -n tragender *(einer [schlagenden] Verbindung, einem Korps angehörender)* Student; * **die F. wechseln** *(seine [politische] Überzeugung ändern, zu einer anderen Partei, Vereinigung o. Ä. übergehen).* **4.** *durch die gleichen Zeichen gekennzeichnete Serie von Spielkarten eines Kartenspiels:* eine F. ausspielen, bekennen; * **F. bekennen** (ugs.; *seine [wirkliche] Meinung nicht länger zurückhalten).*

farb|echt ⟨Adj.⟩: *so gefärbt, dass die Farben nicht verblassen, auslaufen; nicht abfärbend.*

Farb|ef|fekt, der: *bestimmter Effekt einer bestimmten Farbe od. einer bestimmten Farbzusammenstellung.*

Fär|be|me|tho|de, die: *beim Färben von etw. angewandte Methode.*

Fär|be|mit|tel, das: *Farbstoff zum Färben von etw.*

farb|emp|find|lich ⟨Adj.⟩: **1.** (Fotogr.) *so beschaffen, dass Farben differenziert aufgenommen, genau registriert werden:* ein -er Film. **2.** *leicht verblassende od. auslaufende Farben aufweisend:* -e Gewebe.

Farb|emp|find|lich|keit, die ⟨o. Pl.⟩: *das Farbempfindlichsein.*

Farb|emp|fin|dung, die: *von einer Farbe ausgelöste subjektive Empfindung des Gesichtssinns.*

-**far|ben** [älter -farb, für mhd. var = farbig, aussehend nach; dann nach »golden, seiden« u. a. umgebildet]: *drückt in Bildungen mit Substantiven oder unbestimmten Zahlwörtern aus, dass etw. eine bestimmte Farbe aufweist:* creme-, honigfarben.

fär|ben ⟨sw. V.; hat⟩ [mhd. verwen, ahd. farawen]: **a)** *mithilfe von Farbstoff farbig, bunt machen, einer Sache eine bestimmte Farbe verleihen:* ein Kleid [dunkelblau] f.; Ostereier f.; sie hat ihr Haar [rot] gefärbt; Ü er liebt es, seine Vorträge humoristisch zu f.; **b)** (ugs.) *abfärben* (1): der Stoff färbt etwas; **c)** *(von etw., das Farbstoff enthält) bewirken, dass etw. eine bestimmte Farbe annimmt:* Henna färbt [die Haare] rot; **d)** ⟨f. + sich⟩ *eine bestimmte Farbe bekommen, eine bestimmte Färbung annehmen:* das Laub färbt sich schon; der Himmel färbte sich rötlich.

Far|ben|be|zeich|nung, die: *Farbbezeichnung.*

far|ben|blind ⟨Adj.⟩: *nicht die Fähigkeit besitzend, Farben richtig zu erkennen od. zu unterscheiden.*

Far|ben|blind|heit, die: *das Farbenblindsein (als schwerste Form der Farbenfehlsichtigkeit).*

Far|ben|druck, der ⟨Pl. -e⟩: *Farbdruck.*

far|ben|emp|find|lich ⟨Adj.⟩: *farbempfindlich.*

Farbenfehlsichtigkeit – Farbwerk

Far|ben|fehl|sich|tig|keit, die: *Störung des Sehvermögens bei der Wahrnehmung von Farben.*

Far|ben|film, der (schweiz.): *Farbfilm.*

far|ben|freu|dig ⟨Adj.⟩: **a)** *reich an kräftigen, lebhaften Farben:* Stoffe mit -en Mustern; **b)** *kräftige, lebhafte Farben bevorzugend.*

far|ben|froh ⟨Adj.⟩: *farbenfreudig.*

Far|ben|holz|schnitt, der: *Farbholzschnitt.*

Far|ben|in|dus|t|rie, die: *vorwiegend synthetische Farbstoffe u. Lacke herstellende Industrie.*

Far|ben|kas|ten, der: *Malkasten.*

far|ben|kräf|tig ⟨Adj.⟩: *eine kräftige Farbe aufweisend.*

Far|ben|leh|re, die: *Wissenschaftszweig, der sich mit den Farben (1 a), ihrer Entstehung, Messung, ihrem Zusammenwirken u. a. beschäftigt.*

Far|ben|pa|let|te, die: **1.** *meist mit Daumenloch versehenes, ovales Mischbrett für Farben.* **2.** *reiche Auswahl, viele Möglichkeiten bietende Anzahl an Farben.*

Far|ben|pracht, die: *harmonisch wirkungsvoller Zusammenklang verschiedener intensiv leuchtender Farben:* die F. der Blumenbeete.

far|ben|präch|tig ⟨Adj.⟩: *reich an intensiv leuchtenden Farben:* sie waren alle sehr f. kostümiert.

Far|ben|pro|be, die: *auf einem kleinen Stück eines Materials aufgetragene Farbe, die die farbliche Wirkung auf diesem Material zeigen soll.*

far|ben|reich ⟨Adj.⟩: *viele verschiedene Farben aufweisend:* ein -er handgeknüpfter Teppich.

Far|ben|spiel, das: *ständig wechselndes Auftreten verschiedener Farben:* das reizvolle F. des abendlichen Himmels.

Far|ben|sym|bo|lik, die: *sinnbildliche Deutung, Anwendung bestimmter Farben:* die F. einer Dichtung untersuchen.

Far|ben tra|gend, Far|ben|tra|gend ⟨Adj.⟩: *einer [schlagenden] Verbindung, einem Korps angehörend:* Farben tragende Studenten.

Far|ben|wech|sel, der: *Farbwechsel.*

Far|ben|zu|sam|men|stel|lung, die: *Farbkombination.*

Fär|ber, der; -s, - [mhd. verwære]: *jmd., der beruflich mit dem Färben (a) von Textilien, textilen Materialien beschäftigt ist (Berufsbez.).*

Fär|be|rei, die; -, -en: **1.** ⟨o. Pl.⟩ *das Färben (a) von etw.* **2.** *Betrieb, in dem Textilien gefärbt werden.*

Fär|be|rin, die; -, -nen: w. Form zu ↑ Färber.

Fär|ber|rö|te, die: *(zu den Rötegewächsen gehörende, im Mittelmeergebiet verbreitete) hohe, ausdauernde Pflanze mit gelben, doldenartigen Blüten, aus denen ein Farbstoff gewonnen wurde.*

Farb|fern|se|hen, das: *Fernsehen mit in Farbe wiedergegebenen Bildern, Filmen.*

Farb|fern|se|her, der (ugs.): *Farbfernsehgerät.*

Farb|fern|seh|ge|rät, das: *Fernsehgerät, das die Bilder, Filme in Farbe wiedergibt.*

Farb|film, der: **1.** *Film (2) für die Farbfotografie.* **2.** *in Farbe gedrehter Film (3 a):* seit den 50er-Jahren laufen in den Kinos fast nur noch -e.

Farb|fil|ter, der, Fachspr. meist: das: *Filter, durch den bestimmte unerwünschte Anteile aus Lichtstrahlen ausgefiltert, absorbiert werden.*

Farb|fleck, der: **1.** *durch Farbe entstandener Fleck:* der Malerkittel war voller -e. **2.** *farbiger, bunter Fleck:* etw. durch -e auflockern.

Farb|fo|to, das, schweiz. auch: die: *kurz für* ↑ Farbfotografie (2).

Farb|fo|to|gra|fie, Farbphotographie, die: **1.** ⟨o. Pl.⟩ *Verfahren, etw. in natürlichen Farben fotografisch wiederzugeben.* **2.** *farbige Fotografie (2).*

Farb|ge|bung, die; -, -en: *Verwendungsweise u. Anordnung von Farben bei der Gestaltung von etw.; Kolorit:* die F. eines Wohnraums.

Farb|ge|stal|tung, die: *Farbgebung.*

Farb|holz, das ⟨Pl. ...hölzer⟩: *bestimmte Farbstoffe enthaltendes Holz meist tropischer Pflanzen.*

Farb|holz|schnitt, der (bild. Kunst): *mit einem verschiedenfarbig eingefärbten Druckstock od. mit mehreren, jeweils in einer Farbe eingefärbten Druckstöcken hergestellter Holzschnitt.*

far|big ⟨Adj.⟩: **1. a)** *verschiedene Farben aufweisend:* eine Zeichnung f. ausführen; ...und Sibylle zeigte ihm der Gegend, überhaupt das Lichtspiel, die so unwahrscheinlich -e Dämmerung über Manhattan (Frisch, Stiller 372); **b)** *eine andere Farbe als Weiß od. Schwarz aufweisend:* -es Glas; ein -er Druck; **c)** [für engl. coloured] *eine braune od. schwarze [od. rote od. gelbe] Hautfarbe habend:* ein -er Amerikaner; die Bevölkerung ist überwiegend f. **2.** *lebhaft, anschaulich; abwechslungsreich:* eine -e Schilderung.

> Die Bezeichnungen *Farbiger, Farbige* für Personen sollten nur verwendet werden, wenn in bestimmten Kontexten die Hautfarbe relevant ist (wie z. B. in Bevölkerungsstatistiken). In Deutschland lebende Menschen dunkler Hautfarbe haben als Eigenbezeichnung *Afrodeutscher, Afrodeutsche* gewählt. Diese setzt sich immer mehr durch.

> **-far|big,** (österr.:) **-fär|big:** *drückt in Bildungen mit Substantiven oder unbestimmten Zahlwörtern aus, dass etw. eine bestimmte Farbe oder eine Anzahl von Farben aufweist:* creme-, rosen-, ein-, mehr-, vielfarbig.

fär|big (österr.): ↑ farbig (1 a, b).

Far|bi|ge, die/eine Farbige; der/einer Farbigen, die Farbigen/zwei Farbige: *weibliche Person, die farbig (1 c) ist.*

Far|bi|ger, der/ein Farbige/ein Farbiger; des/eines Farbigen, die Farbigen/zwei Farbige: *jmd., der farbig (1 c) ist.*

> Die Bezeichnungen *Farbiger, Farbige* sollten nur verwendet werden, wenn in bestimmten Kontexten die Hautfarbe relevant ist (wie z. B. in Bevölkerungsstatistiken). In Deutschland lebende Menschen dunkler Hautfarbe haben als Eigenbezeichnung *Afrodeutscher, Afrodeutsche* gewählt. Diese setzt sich immer mehr durch.

Far|big|keit, die; -, -en: **1.** *das Farbigsein (a, b, 2).* **2.** *Färbung; Farbenvielfalt.*

Fär|big|keit, die; - (österr.): *das Färbigsein.*

Farb|kar|te, die: *Musterblatt, das die Palette der verschiedenen zur Wahl stehenden Farben zeigt.*

Farb|kas|ten, der: *Malkasten.*

Farb|klecks, der: *Farbfleck.*

Farb|kom|bi|na|ti|on, die: *bestimmte Kombination von verschiedenen Farben.*

Farb|kom|po|si|ti|on, die: *vgl. Farbkombination.*

Farb|kon|t|rast, der: *farblicher Kontrast.*

Farb|ko|pie, die: *farbige Kopie (1).*

Farb|ko|pie|rer, der (ugs.), **Farb|ko|pier|ge|rät,** das: *Kopiergerät, mit dem Farbkopien hergestellt werden können.*

Farb|kör|per, der: **1.** (Biol., Med.) *Pigment (1).* **2.** *farbiger Körper (2 a, 3).*

Farb|leh|re, die: *Farbenlehre.*

farb|lich ⟨Adj.⟩: *die Farbe (1 a), die Färbung von etw. betreffend:* die -e Ausgewogenheit eines Bildes.

Farb|li|tho|gra|fie, Farb|li|tho|gra|phie, die: *vgl. Farbholzschnitt.*

farb|los ⟨Adj.⟩: **1.** *keine [richtige] Farbe aufweisend, enthaltend:* -er Lack, Leim. **2.** *keine hervorstechenden [positiven] Merkmale, Eigenschaften aufweisend:* ein -er Politiker; Das Mitglied Mahlke blieb innerhalb der staatlichen Jugendorganisation, zumal die Überweisung vom Jungvolk in die Hitlerjugend kein Sonderfall gewesen war, unbekannt und f. (Grass, Katz 31).

Farb|lo|sig|keit, die; -: *farblose Beschaffenheit.*

Farb|mi|ne, die: *farbige* ¹*Mine (3) in einem Farbstift, Druckbleistift o. Ä.*

Farb|mo|ni|tor, der: *Monitor, der das Bild in Farbe wiedergibt.*

Farb|ne|ga|tiv, das (Fotogr.): *Negativ, das die komplementären Farben zum Positiv zeigt.*

Farb|ne|ga|tiv|film, der: *aus drei Schichten bestehender Negativfilm.*

Farb|nu|an|ce, die: *kaum merkliche Schattierung eines Farbtons (1).*

Farb|pa|let|te, die: *Farbskala.*

Farb|pa|pier, das (Fotogr.): *fotografisches Papier zum Anfertigen von Farbabzügen od. -vergrößerungen.*

Farb|pho|to|gra|phie: ↑ Farbfotografie.

Farb|pro|be, die: *Farbenprobe.*

Farb|pul|ver, das: *Farbe in Pulverform.*

Farb|punkt, der (Technik): *Leuchtpunkt des farbigen Bildschirms; einzelner Punkt eines Farbtripels.*

Farb|schicht, die: *Schicht von Farbe:* unter der oberen F. kamen mehrere andere zutage.

Farb|schlag, der; -[e]s, Farbschläge (Tierzucht): *Art der [Fell-, Haut- oder Feder]färbung bei verschiedenen Tieren:* welcher F. ist das?; Wellensittiche mit einem neuen Farbschlag züchten.

Farb|ska|la, die: *Reihe verschiedener Farbtöne:* eine reiche F.

Farb|stift, der: *farbig schreibender* ¹*Stift (2) (z. B. Buntstift, Kugelschreiber).*

Farb|stoff, der: *farbige Substanz, die etw. in einer bestimmten Farbe erscheinen lässt od. zum Färben von etw. verwendet wird:* natürliche -e.

Farb|strahl|dru|cker, der: *Farbtintenstrahldrucker.*

Farb|sym|bo|lik, die: *Farbensymbolik.*

Farb|ta|fel, die (Druckw.): *farbige Tafel (2 b).*

Farb|tem|pe|ra|tur, die (Fotogr.): *einer Lichtquelle zugeordnete Temperatur eines zum Vergleich dienenden nicht reflektierenden Körpers (schwarzen Strahlers), bei der dieser dieselbe Lichtstrahlung aussendet und damit dieselbe Farbe besitzt wie die Lichtquelle.*

Farb|tin|ten|strahl|dru|cker, der: *Tintenstrahldrucker, der farbige* ²*Ausdrucke (1 b) liefert.*

Farb|ton, der ⟨Pl. ...töne⟩: **1.** *Eigenschaft, durch die sich eine Farbe in allen ihren Schattierungen von anderen Farben unterscheidet:* Hut und Tasche im gleichen F. **2.** *Tönung (2):* einen rötlichen, kühlen F. haben.

Farb|topf, der: *Topf mit Farbe (2).*

Farb|tri|pel, das (Technik): *Leuchtpunkt auf dem farbigen Bildschirm für die drei Primärfarben Rot, Grün u. Blau, die zusammen das Farbbild ergeben.*

Farb|tup|fen, Farb|tup|fer, der: *vgl. Farbfleck.*

Farb|um|kehr|film, der: *Umkehrfilm.*

Fär|bung, die; -, -en: **a)** *Gefärbtwerden:* die F. der Wolle; **b)** *Art, wie etw. gefärbt ist; das Gefärbtsein:* eine auffallende F. haben; Ü er gab seiner Rede eine ironische F.; »Pardon, meine Herren, dass ich als Fremder mich einzumischen wage«, sagte eine beruhigende Stimme von angenehmer F. (*mit angenehmem Timbre*; Langgässer, Siegel 288).

Farb|wech|sel, der: **1.** *wechselndes Auftreten von Farben:* den F. der Nachmittagsbeleuchtung beobachten. **2.** (Zool.) *Wechsel der Farbe des Körpers bei bestimmten Tieren:* F. zeigen.

Farb|werk, das (Druckw.): *aus mehreren Walzen bestehender Teil einer Druckmaschine, der das Einfärben der Druckform besorgt.*

Farb|wie|der|ga|be, die: *Wiedergabe der Farbe eines Originals durch eine Kopie.*

Farb|zu|sam|men|stel|lung, die: *Farbkombination.*

Far|ce ['farsə, österr.: 'fars], die; -, -n [frz. farce, eigtl. = Einlage, über das Vlat. zu lat. farcire = hineinstopfen]: **1.** (Literaturwiss.) **a)** *volkstümliche, spottende Einlage im französischen Mirakelspiel;* **b)** *kürzeres, derbkomisches Lustspiel [in Versen]; Posse.* **2.** *Angelegenheit, bei der die vorgegebene Absicht, das vorgegebene Ziel nicht mehr ernst zu nehmen ist* (u. nur noch lächerlich gemacht, verhöhnt wird); *lächerliche Karikatur* (2) *auf ein bestimmtes Ereignis:* die Vereidigung war eine einzige F. **3.** (Kochkunst) *aus gehacktem Fleisch, Fisch, Gemüse, Ei, Gewürzen u. a. hergestellte Füllung bei Fleisch- u. Fischspeisen.*

fare|well [fɛəˈwel; engl., aus: fare = Imperativ Sg. u. Pl. von veraltet to fare = reisen, fahren, ziehen (verw. mit ↑¹fahren) u. well (Adv.) = gut (verw. mit ↑¹wohl)]: *leb[t] wohl!* (engl. Abschiedsgruß).

Far|fal|le ⟨Pl.⟩ [ital. farfalle (Pl.), eigtl. = Schmetterlinge]: *in der Form an Schmetterlinge erinnernde Nudeln.*

Fa|rin, der; -s [zu lat. farina = Mehl, wegen der Feinheit des Zuckers] (Fachspr.): **a)** *feiner, mehlartiger, brauner Zucker;* **b)** *Puderzucker.*

Fä|rin|ger, der; -s, -: ²Färöer.

Fä|rin|ge|rin, die; -, -nen: w. Form zu ↑ Färinger.

fä|rin|gisch ⟨Adj.⟩: *färöisch.*

Farm, die; -, -en [engl. farm, urspr. = gegen einen festen Preis verpachtetes Landgut < ⟨a⟩frz. ferme, zu: fermer = schließen; bindend vereinbaren < lat. firmare, ↑ Firma]: **1.** *größerer landwirtschaftlicher Betrieb (in angelsächsischen Ländern):* eine F. bewirtschaften. **2.** *größerer Betrieb, in dem Geflügel od. Pelztiere gehalten, gezüchtet werden.*

Far|mer, der; -s, - [engl. farmer]: *Besitzer einer Farm* (1).

Far|me|rin, die; -, -nen: w. Form zu ↑ Farmer.

Far|mers|frau, die: **a)** *Frau eines Farmers;* **b)** *Frau, die eine Farm bewirtschaftet.*

Farn, der; -[e]s, -e [mhd., ahd. farn]: *(in zahlreichen Arten vorkommende, in den Tropen auch baumartige) sich durch Sporen vermehrende Pflanze mit großen, meist gefiederten Blättern, die in der ersten Wachstumsphase noch eingerollt sind.*

farn|ar|tig ⟨Adj.⟩: **a)** *mit dem Farn verwandt;* **b)** *wie Farn aussehend.*

Farn|kraut, das: *Farn.*

Farn|pflan|ze, die: **1.** (Biol.) *mehrere Klassen* (3) *umfassende Sporenpflanze.* **2.** *einzelne Pflanze des Farns.*

Farn|we|del, der: *gefiedertes Blatt eines Farns.*

¹Fä|rö|er [auch: fɛˈrøːɐ] ⟨Pl.⟩: *Inselgruppe zwischen Schottland und Island.*

²Fä|rö|er [auch: fɛˈrøːɐ], der; -s, -: Ew.

³Fä|rö|er [auch: fɛˈrøːɐ] ⟨indekl. Adj.⟩: *die F. Fischereihäfen.*

Fä|rö|e|rin [auch: fɛˈrøːərɪn], die; -, -nen: w. Form zu ↑²Färöer.

fä|rö|isch [auch: fɛˈrøːɪʃ] ⟨Adj.⟩: *die* ¹,²*Färöer betreffend.*

◆ **Far|ren|kraut,** das: *Farnkraut: ... an dessen ... Wurzeln sich wohlbeleuchtete Farrenkräuter anschmiegten* (Goethe, Dichtung u. Wahrheit 6).

Fär|se, die; -, -n [spätmhd. verse < mniederl. verse, zu: var(r)e = Stier]: *weibliches Rind, das noch nicht gekalbt hat.*

Fa|san, der; -[e]s, -e u. -en [mhd. fasān < ⟨a⟩frz. faisan < lat. (avis) phasianus < griech. (órnis) Phasianós, eigtl. = in der Gegend des Flusses Phasis (am Schwarzen Meer) heimischer Vogel] (in zahlreichen Arten vorkommender) *Hühnervogel, bei dem die Henne unauffällig graubraun, der Hahn meist sehr farbenprächtig gefiedert ist u. lange Schwanzfedern besitzt.*

Fa|sa|ne|rie, die; -, -n [nach frz. faisanderie]: **a)** *Gehege zur Aufzucht von Fasanen;* **b)** *(bes. im 17. u. 18. Jh.) [oft prächtig ausgestattetes] Gebäude in einer Fasanerie* (a).

Fas|ces: ↑ Faszes.

Fa|sche, die; -, -n [ital. fascia < lat. fascia, ↑ Faszie] (österr.): *lange Binde zum Umwickeln verletzter Gliedmaßen o. Ä.*

fa|schen ⟨sw. V.; hat⟩ [zu ↑ Fasche] (österr.): *mit einer Binde fest umwickeln.*

◆ **Fäs|chen,** das; -s, - [Vkl. von: Fase, mhd. vase, ↑ Faser]: *dünner Faden, Fäserchen: ...verdank' ich es doch ... meinem seligen Vater, der mir als Knaben die Wurzel aller Ungeduld ausriss, dass auch kein F. zurückblieb* (Goethe, Hermann u. Dorothea 9, 17 f.)

fa|schie|ren ⟨sw. V.; hat⟩ [zu österr. mundartl. Fasch = ↑ Farce (3)] (österr.): *durch den Fleischwolf drehen:* faschierte Laibchen *(Frikadellen).*

Fa|schier|ma|schi|ne, die: *Fleischwolf.*

Fa|schier|tes, das Faschierte/ein Faschiertes; des/eines Faschierten (österr.): **1.** *Hackfleisch.* **2.** *aus Hackfleisch hergestellte Speise.*

Fa|schi|ne, die; -, -n [ital. fascina < lat. fascina, zu: fascis, ↑ Faszes] (Fachspr.): *mit Draht fest zusammengeschnürtes Bündel aus Reisig, das bei der Befestigung u. Sicherung der Böschung eines Ufers o. Ä. verwendet wird.*

Fa|sching, der; -s, -e u. -s [mhd. vaschanc, vastschang, eigtl. = Ausschenken des Fastentrunks, umgedeutet aus: vastganc = Faschingsprozession] (bes. bayr., österr.): **1.** *Karnevalszeit:* im F. besuchen sie viele Bälle. **2.** *Fastnachtsfest:* auf den, zum F. gehen.

Fa|schings|ball, der (bes. bayr., österr.): *Fastnachtsball.*

Fa|schings|diens|tag, der (bes. bayr., österr.): *Fastnachtsdienstag.*

Fa|schings|fest, das (bes. bayr., österr.): *anlässlich des Faschings veranstaltetes Fest.*

Fa|schings|kos|tüm, das (bes. bayr., österr.): *Karnevalskostüm.*

Fa|schings|krap|fen, der (bes. bayr., österr.): *bes. zur Faschingszeit gegessener Krapfen* (2).

Fa|schings|prinz, der (bes. bayr., österr.): *Karnevalsprinz.*

Fa|schings|prin|zes|sin, die: w. Form zu ↑ Faschingsprinz.

Fa|schings|scherz, der (bes. bayr., österr.): *Scherz, der für den Fasching* (1) *typisch ist.*

Fa|schings|trei|ben, das (bes. bayr., österr.): *Fastnachtstreiben.*

Fa|schings|um|zug, der (bes. bayr., österr.): *Karnevalsumzug.*

Fa|schings|zeit, die (bes. bayr., österr.): *Karnevalszeit.*

Fa|schings|zug, der (bes. bayr., österr.): *Karnevalsumzug.*

Fa|schis|mus, der; - [ital. fascismo, zu: fascio = (Ruten)bündel < lat. fascis, ↑ Faszes (die Fasces wurden von den Faschisten als Abzeichen getragen]: **1.** *von Mussolini errichtetes Herrschaftssystem in Italien (1922–1945).* **2.** (Politik) **a)** *nach dem Führerprinzip organisierte, nationalistische, antidemokratische, rechtsradikale Bewegung, Ideologie;* **b)** *auf dem Faschismus* (2 a) *basierende totalitäre Herrschaftsform.*

Fa|schist, der; -en, -en [ital. fascista (oft abwertend): *Anhänger, Vertreter des Faschismus.*

Fa|schis|tin, die; -, -nen: w. Form zu ↑ Faschist.

fa|schis|tisch ⟨Adj.⟩: **a)** *den Faschismus vertretend, zu ihm gehörend:* eine -e Partei; **b)** *auf den Prinzipien des Faschismus* (2) *beruhend, ihnen folgend:* eine -e Gesinnung.

fa|schis|to|id ⟨Adj.⟩: [zu ↑ Faschist u. griech. -oeidés = ähnlich]: *faschistische Züge zeigend:* -e Äußerungen, Gedanken.

Fa|scho, der; -s, -s (Jargon): *Faschist.*

Fa|se, die; -, -n [frz. face = Gesicht; (Ober)fläche < lat. facies, ↑ Fazies] (Holz-, Steinbearbeitung): *durch die Bearbeitung einer Kante entstandene, abgeschrägte Fläche.*

Fa|sel, der; -s, - [mhd. vasel = Zuchttier; Zuchtstier, Eber, ahd. fasal = Nachkommenschaft; Junges (1), H. u.]: *junges, geschlechtsreifes, (je nach Landschaft) männliches od. weibliches Rind, seltener auch Schwein.*

Fa|se|lei, die; -, -en [zu ↑ faseln] (ugs. abwertend): **1.** *[dauerndes] Faseln* (1). **2.** *gefaselte Äußerung.*

Fa|se|ler, Fasler, der; -s, - (ugs. abwertend): *jmd., der faselt* (1).

Fa|se|le|rin, Faslerin, die; -, -nen: w. Formen zu ↑ Faseler, Fasler.

fa|se|lig ⟨Adj.⟩ [zu ↑ faseln] (ugs. abwertend): *konfus; unüberlegt.*

fa|seln ⟨sw. V.; hat⟩ [neben älter fasen = irrereden; H. u.]: **1.** (ugs. abwertend) *unüberlegt, wirr, meist weitschweifig u. ohne genaue Sachkenntnis von etw. reden od. über etw. schreiben; Unsinn von sich geben; daherreden:* er hat [etwas] von einem Roman gefaselt; hör auf zu f.!; Das stellst du dir nicht vor, sagte es zu Janko, wie die Leute ihre Töchter aufklären ... anstatt zu sagen: was Sache ist, hat sie von Hühnern gefaselt (Schädlich, Nähe 51). **2.** (landsch.) *ungenau, planlos, liederlich arbeiten.*

◆ **fa|sel|nackt** ⟨Adj.⟩ (bes. südd.): *fasernackt: ...stand ein alter kahlköpfiger Dickbauch f. auf einem Stein und angelte* (Keller, Romeo 28).

fa|sen ⟨sw. V.; hat⟩ [zu ↑ Fase] (Holz-, Steinbearbeitung): *mit einer Fase versehen.*

Fa|ser, die; -, -n [mhd. vase = loser Faden, Franse, Saum, ahd. faso, fasa, eigtl. = im Winde wehender Faden]: **1.** *feines, dünnes fadenähnliches Gebilde, das aus einem pflanzlichen od. tierischen Rohstoff besteht od. synthetisch erzeugt ist [u. als Ausgangsmaterial für Garne u. Gewebe dient]:* lange, elastische, brüchige, haltbare -n; natürliche od. synthetische -n; Ü mit allen -n, mit jeder F. [seines Herzens] (geh.; *sehr, außerordentlich stark*) an jmdm., etw. hängen. **2.** *lang gestreckte Zelle des menschlichen, tierischen od. pflanzlichen Gewebes:* die -n eines Muskels.

Fä|ser|chen, das; -s, -: Vkl. zu ↑ Faser.

Fa|ser|dämm|stoff, der (Technik): *aus pflanzlichen od. synthetisch hergestellten Fasern bestehender Dämmstoff in Form von Matten, Filzen o. Ä.*

fa|se|rig, fasrig ⟨Adj.⟩: **1.** *zum großen Teil aus [sich leicht ablösenden] Fasern* (1) *bestehend; voller Fasern* (1): -es Holz, Papier. **2.** (bes. Kochkunst) *viele Fasern* (2) *enthaltend, voller Fasern* (2): das Fleisch ist f.

fa|sern ⟨sw. V.; hat⟩: **1.** *Fasern* (1) *verlieren:* das Gewebe, das Papier fasert zu sehr. **2.** (Kochkunst) *Fasern* (2) *enthalten, sich in Fasern* (2) *auflösen:* das Rindfleisch faserte nicht.

Fa|ser|pflan|ze, die: *Pflanze, deren Fasern bei der Herstellung von Spinnerei- u. Seilereiprodukten, von Geflechten, Besen, Pinseln o. Ä. verwendet werden.*

Fa|ser|plat|te, die: *Platte, die aus Fasern, bes. Holzfasern, u. entsprechenden Bindemitteln hergestellt wird.*

Fa|ser|scho|nend ⟨Adj.⟩: *so beschaffen, dass die Fasern eines Gewebes, Stoffes nicht od. nur wenig angegriffen werden:* das Mittel wäscht besonders f.

Fa|ser|stoff, der: *aus pflanzlichen, tierischen, mineralischen od. synthetisch hergestellten Fasern bestehender textiler Rohstoff.*

Fa|se|rung, die; -, -en: *faserige Beschaffenheit, Oberfläche.*
Fa|shion ['fɛʃn, engl.: 'fæʃ(ə)n], die; - [engl. fashion < (a)frz. façon, ↑¹Fasson]: **a)** *Mode;* **b)** *Vornehmheit; gepflegter Lebensstil.*
fa|shio|na|bel [faʃjoˈnaːbl̩], **fa|shio|na|ble** [ˈfæʃ(ə)nəbl̩] ⟨Adj.⟩ [engl. fashionable] (bildungsspr. veraltend): *modisch-elegant; in Mode.*
Fas|ler usw.: ↑ Faseler usw.
Fas|nacht usw.: ↑ Fastnacht usw.
fas|rig: ↑ faserig.
Fass, das; -es, Fässer (als Maßangabe auch: Fass) [mhd., ahd. vaʒ = Behälter, Gefäß, urspr. = geflochtenes Behältnis]: **1.** *größeres, zylindrisches, oft bauchig geformtes hölzernes, aus Dauben zusammengesetztes u. von Reifen zusammengehaltenes od. aus Metall bestehendes Behältnis, das der Aufnahme, Aufbewahrung meist ganz od. teilweise flüssiger Substanzen, Materialien, Nahrungsmittel usw. dient:* drei schwere Fässer aus Eichenholz; drei Fässer/F. Bier; ein F. mit Heringen; ein F. [Bier] anstechen, anzapfen; der Wein schmeckt nach [dem] F.; Bier vom F.; er ist so dick wie ein F., ist ein richtiges F. (ugs.: *ist sehr dick*); er trinkt, säuft wie ein F. (salopp; *unmäßig viel*); R das schlägt dem F. den Boden aus *(jetzt ist es aber genug; mehr kann man sich nicht gefallen lassen; das ist der Gipfel);* * **ein F. ohne Boden sein** *(so geartet, beschaffen sein, dass vergeblich immer wieder neue Mittel investiert werden müssen);* **ein F. aufmachen** (ugs.: 1. *eine ausgelassene Feier, Party veranstalten; etw. Übermütiges tun:* wir sollten mal wieder ein F. zusammen aufmachen. 2. *viel Aufhebens machen; eine Auseinandersetzung beginnen:* es ist nicht meine Art, wegen Kleinigkeiten ein F. aufzumachen). **2.** (Jugendspr. veraltend) *hervorragender Könner, Fachmann.*
Fas|sa|de, die; -, -n [frz. façade < ital. facciata, zu: faccia = Vorderseite, Gesicht, Aussehen, über das Vlat. zu lat. facies, ↑ Fazies]: **1.** *vordere (gewöhnlich der Straße zugekehrte) Außenseite eines Gebäudes; Front, Vorderseite:* eine [un]verputzte, barocke F.; die F. (des Theaters) wird gereinigt, restauriert; die F. blättert ab. **2.** (oft abwertend) *Äußeres, äußeres Erscheinungsbild, das über das wahre Hintergrund, das eigentliche Wesen von jmdm., etw. nichts aussagt, es verbirgt:* bei ihm ist alles nur F.; hinter die -n gucken; die F. wahren. **3.** (ugs., oft abwertend) *Äußeres, bes. Gesicht eines Menschen:* sie hat zwar eine hübsche F., aber es ist nicht viel dahinter.
Fas|sa|den|ge|stal|tung, die (Archit.): *bauliche Gestaltung einer Fassade* (1).
Fas|sa|den|klet|te|rer, der: *Einbrecher, der, um durch ein Fenster einsteigen zu können, an der Fassade* (1) *eines Hauses hinaufklettert.*
Fas|sa|den|klet|te|rin, die: w. Form zu ↑ Fassadenkletterer.
Fas|sa|den|rei|ni|ger, der: *jmd., der sich mit der Reinigung von Gebäuden, bes. der Fassaden, beschäftigt* (Berufsbez.).
Fas|sa|den|rei|ni|ge|rin, die; -, -nen: w. Form zu ↑ Fassadenreiniger.
Fas|sa|den|stu|cka|teur, der: *Handwerker, der Stuckarbeiten an Fassaden* (1) *ausführt* (Berufsbez.).
Fas|sa|den|stu|cka|teu|rin, die: w. Form zu ↑ Fassadenstukateur.
Fas|san|stich, der: *Anstich* (1) *eines Bierfasses.*
Fass|band, das ⟨Pl. ...bänder⟩: *Fassreifen.*
fass|bar ⟨Adj.⟩: **a)** *deutlich erkennbar, greifbar, konkret* (2): ich kann mir keine -en Ergebnisse nennen; **b)** *dem Verstand zugänglich, begreifbar; fasslich:* das ist kaum, nicht f.

Fass|bar|keit, die; -: *das Fassbarsein.*
Fass|bier, das: *Bier, das vom Fass abgezapft wird.*
Fass|bin|der, der (südd., österr.): *Böttcher.*
Fass|bin|de|rei, die (südd., österr.): *Böttcherei.*
Fass|bin|de|rin, die; -, -nen: w. Form zu ↑ Fassbinder.
Fäss|chen, das; -s, -: Vkl. zu ↑ Fass.
Fass|dau|be, die: *gebogenes Seitenbrett eines Fasses.*
fas|sen ⟨sw. V.; hat⟩ [mhd. vaʒʒen, ahd. faʒʒōn, eigtl. = in ein Gefäß tun, zu ↑ Fass]: **1.** *ergreifen u. festhalten:* das Messer am Griff, das Seil mit beiden Händen f.; jmdn. am Arm, bei der Hand f.; er bekam den Ast zu f. *(erreichte ihn);* der Habicht fasst seine Beute [mit den Fängen]; fasst!; Ü die Strömung fasste das Boot *(nahm, riss es mit);* der Wind fasste ins Segel; (häufig verblasst:) Vertrauen, Zutrauen zu jmdm. f. *(gewinnen);* er konnte keinen [klaren] Gedanken f. *(zustande bringen);* er fasste wieder Mut *(bekam wieder Mut, wurde wieder zuversichtlich);* einen Entschluss f. *(sich zu etw. entschließen).* **2.** *mit der Hand an eine bestimmte Stelle greifen, eine bestimmte Stelle berühren:* an den heißen Ofen, in den Schnee f.; nach einem Glas f.; er fasste ins Leere. **3.** *aufgreifen, in seine Gewalt bekommen u. festnehmen; gefangen nehmen:* der Täter konnte schließlich bei der Razzia gefasst werden. **4.** *an der vorgesehenen Stelle eindringen, eingreifen, dort einrasten od. festsitzen:* die Schraube fasst [gut]; das Zahnrad fasst nicht mehr richtig. **5.** (geh.) *erfassen:* ein Schauder fasste ihn; Entsetzen hatte sie gefasst; Da fiel ein Schlaf über ihn, der war nicht wie andere, und fassten ihn Schrecken und Finsternis. Denn also redete der Herr zu ihm im Schlaf ... (Th. Mann, Joseph 118). **6. a)** *als Ladung, Einfüllung o. Ä. aufnehmen, entgegennehmen:* sie liefen den Haken an, um Kohlen zu f.; **b)** (Soldatenspr.) *als Zuteilung in Empfang nehmen, entgegennehmen:* Essen, Munition f. **7.** *aufnehmen können, in bestimmtes Fassungsvermögen haben, Raum für eine bestimmte Menge, Anzahl bieten:* der Tank fasst 50 Liter; der Saal fasst 1000 Zuschauer. **8.** *mit einer Einfassung, Umrandung versehen; in eine Fassung bringen; einfassen:* einen Edelstein [in reines Gold] f.; eine Quelle f. *(die Stelle, an der die Quelle austritt, ausmauern).* **9.** *einer Sache Ausdruck verleihen, sie in bestimmter Weise ausdrücken, formulieren, gestalten:* seine Gedanken in Worte f.; etw. in Verse f.; die Verfügung sollte verständlicher gefasst sein. **10. a)** (geh.) *in seinen Zusammenhängen erkennen, verstehen; geistig erfassen:* den Sinn der Worte nicht f. können; es fiel ihm schwer, das Problem [ganz] zu f.; **b)** *in all seinen Auswirkungen begreifen:* er konnte nicht f., dass alles vorbei sein sollte; das ist [doch] nicht zu f.! **11.** ⟨f. + sich⟩ *sein inneres Gleichgewicht, seine Haltung wiederfinden; sich wieder beruhigen:* sie erschrak, fasste sich aber schnell; Sie standen sich also, wie gesagt, auf dem sehr schmalen Weg gegenüber, und der Erste, der sich im Wort fasste (landsch.: *der seine Haltung wieder fand und sich äußerte),* war Kukielka (Lenz, Suleyken 63). **12.** (Kunstwiss.) *mit einer Fassung* (3) *versehen:* eine mit Ölfarbe gefasste Holzplastik.
fäs|ser|wei|se ⟨Adv.⟩: *in mehreren, in vielen Fässern [gleichzeitig]:* die Heringe können nur f. geliefert werden; ⟨mit Verbalsubstantiven auch attr.:⟩ die f. Vernichtung von Wein.
fass|lich ⟨Adj.⟩: *fassbar* (b); in [leicht] -er Form geschrieben sein; seine Rede war klar und f. formuliert.
Fass|lich|keit, die; -: *das Fasslichsein.*
¹**Fas|son** [faˈsõː, südd., österr. u. schweiz. meist: ...ˈsoːn], die; -, -s u. (südd., österr. u. schweiz.

meist:) -en [...ˈsoːnən] [frz. façon < lat. factio = das Machen, Verfahren, zu: facere = machen]: **a)** *(von Kleidungsstücken) Machart, [Zu]schnitt:* ein Mantel nach neuester F.; **b)** *normale Form:* der Hut hat keine F. mehr, hat die F. verloren; sie ist in letzter Zeit etwas aus der F. geraten (ugs.: *ist dicker geworden, hat zugenommen);* Ü Das spanisch Gottesfürchtige und Demütig-Feierliche und streng Abgezirkelte ist eine sehr würdige F. der Menschlichkeit, sollte ich meinen (Th. Mann, Zauberberg 410); R jeder muss/soll/kann nach seiner, auf seine [eigene] F. selig werden *(jeder soll nach seiner eigenen Auffassung leben, sein Leben gestalten;* nach einer Bemerkung Friedrichs des Großen, die sich auf die Toleranz allen Religionen gegenüber bezieht).
²**Fas|son,** das; -s, -s [zu ↑ ¹Fasson (a)] (veraltet): ¹*Revers.*
fas|so|nie|ren ⟨sw. V.; hat⟩: **1.** *(von Speisen, bes. Fleisch) in eine bestimmte Form bringen; gestalten, formen.* **2.** (veraltend) *(die Haare) im Fassonschnitt schneiden.* **3.** (bildungsspr.) *formen, [aus]gestalten:* in Frankreich fassonieren zwei große Strömungen des Bewusstseins des Landes, ◆ ... eine Reihe großer und dergestalt fassonierter Knöpfe (Mörike, Mozart 213).
Fas|son|schnitt, der (veraltend): *Haarschnitt für Männer, bei dem die Haare an der Seite u. im Nacken mit stufenlosem Übergang in eine bestimmte Form geschnitten werden.*
Fass|reif, Fass|rei|fen, der: *Reifen aus Holz od. Metall, das aus Dauben zusammengesetzte Fass zusammenhält.*
Fas|sung, die; -, -en [mhd. vaʒʒunge = Gefäß; Bekleidung; Schmuck]: **1. a)** *der Befestigung eines Gegenstands (bes. eines Schmucksteins) in etw. dienende, oft kunstvoll ausgearbeitete Umrandung, Einfassung:* die goldene F. einer Perle; *(Die Gestell)* der Brille ist verbogen; **b)** *dem Auffangen, Sammeln von Wasser (bes. eines Brunnens) dienende [ausgemauerte] Umrandung:* eine Quelle mit einer steinernen F. umgeben; **c)** *[genormte] Haltevorrichtung zum Festschrauben bzw. Festklemmen von elektrischen Glühlampen, Röhren o. Ä., durch die gleichzeitig der elektrische Kontakt hergestellt wird:* die Birne aus der F. schrauben. **2. a)** *sprachliche Form, Ausformung; Formulierung:* die genaue F. *(den genauen Wortlaut)* eines Gesetzes nicht kennen; der Beschluss wurde in einer kürzeren F. gebracht; **b)** *durch entsprechende Ausarbeitung od. bearbeitende Gestaltung entstandene Form, Art der formalen u. inhaltlichen Gestaltung eines künstlerischen, wissenschaftlichen o. ä. Werkes:* die ursprüngliche, letzte F. eines Romans, einer Abhandlung; der französische Film läuft in deutscher F. **3.** (Kunstwiss.) *farbige Bemalung bzw. Vergoldung einer Skulptur aus Holz od. auch Stein (bes. im MA. u. im Barock).* **4.** ⟨o. Pl.⟩ *Selbstbeherrschung; Haltung:* die F. bewahren, verlieren; er ist aus der F. geraten (ist durch nichts aus der F. zu bringen): sie war völlig außer F.; trags mit F.!; nach F. ringen. **5.** ⟨o. Pl.⟩ (selten) **a)** *das Fassen* (1): die F. voreiliger Beschlüsse; **b)** *dasige Erfassen,* F. *(10a).* **6. a)** ⟨o. Pl.⟩ *Fassungsvermögen:* ein Getreidesilo mit 120 t F.; **b)** ¹*Ladung* (1 b).
Fas|sungs|kraft, die ⟨o. Pl.⟩: *Auffassungskraft.*
fas|sungs|los ⟨Adj.⟩: *aus dem inneren Gleichgewicht gebracht; völlig verwirrt, aufs Höchste erstaunt, sprachlos:* ein -es Gesicht machen; f. vor Schrecken sein; f. anstarren.
Fas|sungs|lo|sig|keit, die; -: *das Fassungslossein.*
Fas|sungs|ver|mö|gen, das ⟨o. Pl.⟩: **1.** *vorhandener Raum zur Aufnahme einer bestimmten Menge, Anzahl:* das F. eines Tanks, eines Saales. **2.** *Auffassungsgabe:* das übersteigt sein F.
Fass|wein, der: vgl. Fassbier.

fass|wei|se ⟨Adv.⟩: *fässerweise.*

fast ⟨Adv.⟩ [mhd. vaste = fest, nahe an; stark, schnell, sehr, ahd. fasto, Adv. von ↑fest]: *kaum noch von einem bestimmten Zustand, Ergebnis, Ausmaß, einer Anzahl, Größe o. Ä. entfernt; einer genannten Angabe ziemlich nahekommend; beinahe, nahezu:* f. tausend Leute; f. jeder kennt dieses Wort; f. in allen Fällen/in f. allen Fällen; der Bau ist f. fertig; f. wie ein Kind; wir hätten uns f. verlaufen.

fas|ten ⟨sw. V.; hat⟩ [mhd. vasten, ahd. fastēn, zu ↑fest, wahrsch. urspr. = an den (Fasten)geboten festhalten]: *sich für eine bestimmte Zeit ganz od. teilweise der Nahrung enthalten od. auf den Genuss bestimmter Speisen verzichten:* der Kranke musste zwei Tage f.; ⟨subst.:⟩ durch langes Fasten war sein Körper geschwächt.

Fas|ten ⟨Pl.⟩ [Pl. von gleichbed. veraltet Faste, mhd. vaste, ahd. fasta] (kath. Kirche): **a)** *Fastenzeit vor Ostern;* **b)** *während der Fasten (a) auferlegte Einschränkungen u. Bußübungen.*

Fas|ten|kur, die: *Kur, bei der durch Einschränkung der Nahrungsaufnahme eine Verminderung des Gewichts od. eine Entschlackung des Körpers erreicht wird.*

Fas|ten|mo|nat, der: vgl. Fastenzeit (a).

Fas|ten|pre|digt, die (kath. Rel.): *während der Fastenzeit gehaltene Predigt, die der Vorbereitung auf Ostern dient.*

Fas|ten|sonn|tag, der: *einer der in die Fastenzeit vor Ostern fallenden Sonntage.*

Fas|ten|zeit, die: **a)** (Rel.) *in verschiedenen Religionen festgesetzte Zeit des Fastens:* die F. im Islam ist der Monat Ramadan; **b)** (kath. Kirche) *von Aschermittwoch bis Ostern während, der inneren Vorbereitung auf das Osterfest dienende Zeit; Passionszeit (b).*

Fast Food, das; - -[s], **Fast|food,** das; -[s] ['fa:stfu:d; engl. fast food, aus: fast = schnell u. food = Essen, Nahrung]: **a)** ⟨o. Pl.⟩ *(in bestimmten Schnellgaststätten angebotenes)* ²*Schnellgericht;* **b)** *Schnellgaststätte.*

Fast-Food-Ket|te, Fast|food|ket|te, die: *Kette (2 d) von Schnellgaststätten.*

Fast|nacht [mhd. vastnaht = Vorabend der Fastenzeit], (südd., westösterr., schweiz.:) Fasnacht [mhd. vas(e)nacht, Ausspracheerleichterung für vastnacht (↑Fastnacht)], die; -, -en: *die letzten sechs Tage umfassende Zeitraum der Fastnachtszeit vor der mit dem Aschermittwoch beginnenden Fastenzeit:* F. feiern *(an Veranstaltungen während der Fastnacht teilnehmen);* ein Kostüm für [die] F. kaufen; ein F. vergnügen; * **alte F.** (westmd., südd.) *Sonntag nach Fastnacht);* **hinterherkommen wie die alte F.** (westmd., südd., schweiz.; *mit etw. zu spät kommen, irgendwo zu spät eintreffen*).

Fast|nacht|ball usw.: ↑Fastnachtsball usw.

Fast|nach|ter, der; -s, -: *jmd., der sich [als Mitglied eines Karnevalsvereins] aktiv an Fastnachtstreiben beteiligt (z. B. als Büttenredner).*

Fast|nach|te|rin, die; -, -nen: w. Form zu ↑Fastnachter.

fast|nächt|lich ⟨Adj.⟩: *zur Fastnacht gehörend, die Fastnacht betreffend:* das -e Treiben der Narren.

Fast|nachts|ball, der: *anlässlich der Fastnacht veranstalteter Ball, bei dem die Teilnehmer in Kostümen (2, 3) erscheinen.*

Fast|nachts|brauch, der: *fastnächtlicher Brauch.*

Fast|nachts|diens|tag, der: *Dienstag vor Aschermittwoch.*

Fast|nachts|kos|tüm, das: *Karnevalskostüm.*

Fast|nachts|mas|ke, die: *Maske (1 a), die an Fastnacht zur Verkleidung getragen wird.*

Fast|nachts|prinz, der: *Karnevalsprinz.*

Fast|nachts|prin|zes|sin, die: w. Form zu ↑Fastnachtsprinz.

Fast|nachts|spiel, das (Literaturwiss.): *volkstümliches, meist derbkomisches weltliches Spiel des späten Mittelalters mit schwankähnlichem Charakter mit Bezug zur Fastnachtszeit.*

Fast|nachts|trei|ben, das; -s: *fastnächtliches Treiben.*

Fast|nachts|tru|bel, der: *fastnächtlicher Trubel.*

Fast|nachts|um|zug, der: *Karnevalsumzug.*

Fast|nachts|ver|ein, der: *Karnevalsverein.*

Fast|nachts|zeit, die: *Karnevalszeit.*

Fast|nachts|zug, der: *Fastnachtsumzug.*

Fast|tag, der: *Tag, an dem jmd. fastet, an dem gefastet wird.*

Fas|zes, Fasces ['fastsɛ:s] ⟨Pl.⟩ [lat. fasces, Pl. von: fascis = Bund, Bündel, Paket]: *aus einem Rutenbündel mit Beil bestehendes Abzeichen der altrömischen Liktoren als Symbol des Amtsgewalt der höchsten Staatsbeamten.*

Fas|zie, die; -, -n [lat. fascia = Binde, Band; Streifen (an den Säulen)] (Anat.): *dünne, sehnenartige Muskelhaut.*

Fas|zi|kel [auch, österr. nur: ...'tsɪ...], der; -s, - [lat. fasciculus = kleines Bündel von fascis, ↑Faszes]: **1.** (bildungsspr.) **a)** *Bündel von Akten, Manuskriptseiten, Druckfahnen o. Ä.;* **b)** *Lieferung (3).* **2.** (Anat.) *kleines Bündel von Muskel- od. Nervenfasern.*

Fas|zi|na|ti|on, die; - [lat. fascinatio = Beschreiung]: *anziehende, fesselnde Wirkung; bezaubernde Ausstrahlung, Anziehungskraft:* eine besondere, eigenartige F. geht von dem Redner, von den Bildern aus; die F. für die Raumfahrt (ugs.; *das Fasziniertsein von der Raumfahrt*); die F. des Fliegens ergeben.

fas|zi|nie|ren ⟨sw. V.; hat⟩ [lat. fascinare = beschreien, behexen, H. u.]: *eine Faszination auf jmdn. ausüben; anziehend, fesselnd, bezaubernd auf jmdn. wirken:* die Sängerin, ihre Erscheinung, der Gedanke faszinierte ihn; die Menge war fasziniert von seinen Worten.

fas|zi|nie|rend ⟨Adj.⟩: *anziehend, fesselnd, bezaubernd:* ein -es Lächeln, es ist f. zu sehen, welche Fortschritte der Patient macht.

Fas|zi|no|sum, das; -s, ...sa (bildungsspr.): *etw., was jmdn. auf seltsame, geheimnisvolle Weise fasziniert, fesselt, anzieht.*

Fa|ta: Pl. von ↑Fatum.

Fa|tah [fa'tax], die; - [arab. (al-)fataḥ, geb. aus rückwärts gelesenem ḥarakat at-taḥrīr al-waṭanī al-filasṭīnī = Bewegung zur nationalen Befreiung Palästinas, also eigtl. = Eroberung]: *von palästinensischen Arabern gegründete, zur PLO gehörende politische Organisation, die für ein unabhängiges Palästina eintritt.*

fa|tal ⟨Adj.⟩ [lat. fatalis = vom Schicksal bestimmt; Verderben bringend; zu: fatum, ↑Fatum]: **a)** *sehr unangenehm u. peinlich; Unannehmlichkeiten, Ärger verursachend, in Verlegenheit bringend; misslich:* ein -es Gefühl; in eine -e Lage geraten; die Verwechslung hatte -e Folgen, war/erwies sich als sehr f.; **b)** *unangenehme, schlimme Folgen nach sich ziehend; verhängnisvoll, verderblich, folgenschwer:* -e Neigungen, Anlagen; etwas wirkt sich f. aus.

Fa|ta|ler|wei|se ⟨Adv.⟩: *unglücklicherweise.*

Fa|ta|lis|mus, der; -, ...men (bildungsspr.): **1.** ⟨o. Pl.⟩ *Haltung, bei der die Ergebenheit in die als unabänderlich hingenommene Macht des Schicksals das Handeln bestimmt.* **2.** *fatalistische Einstellung, Idee, Äußerung.*

Fa|ta|list, der; -en, -en (bildungsspr.): *jmd., der eine fatalistische Haltung hat.*

Fa|ta|lis|tin, die; -, -nen: w. Form zu ↑Fatalist.

fa|ta|lis|tisch ⟨Adj.⟩ (bildungsspr.): *von Fatalismus zeugend, davon bestimmt:* -e Gedanken.

Fa|ta|li|tät, die; -, -en (bildungsspr.): *das Fatal-, Verhängnisvollsein; Peinlichkeit, Missgeschick, peinliche Lage.*

Fa|ta Mor|ga|na, die; - -, - -...nen u. - -s [ital. fata morgana, eigtl. fata Morgana = Fee Morgana (eine Fee, auf die der Volksglaube die Erscheinung der Luftspiegelung zurückführt, die in der Straße von Messina bes. häufig zu beobachten ist), zu: fata < vlat. Fata, ↑Fee]: *(bes. in Wüstengebieten auftretende) Luftspiegelung, bei der entfernte Teile einer Landschaft näher gerückt scheinen od. Wasserflächen vorgegaukelt werden:* ich habe eine F. M. gesehen; Ü er schien uns für eine F. M. zu halten.

Fat|bur|ner ['fætbɜ:nɐ], der; -s, - [engl. fat-burner, aus: fat = Fett u. to burn = verbrennen]: *Substanz, Fitnesstraining od. Diät zur effektiven Körperfettverbrennung.*

fa|ti|gant ⟨Adj.⟩ [frz. fatigant, adj. 1. Part. von: fatiguer < lat. fatigare = ermüden] (veraltet): *ermüdend, langweilig; lästig.*

Fa|tum, das; -s, ...ta ⟨Pl. selten⟩ [lat. fatum = (Schicksals)spruch, verw. mit: fari = [feierlich] sagen, sprechen] (bildungsspr.): *dem Menschen bestimmtes Schicksal, Geschick; Verhängnis.*

Fat|wa, Fetwa, die; -, -s, auch: das; -s, -s [arab. fatwā]: **a)** *(in arabischen Ländern) Rechtsgutachten des Muftis, in dem festgestellt wird, ob eine Handlung mit den Grundsätzen des islamischen Rechts vereinbar ist;* **b)** *in einer Fatwa (a) dargelegtes [Todes]urteil:* eine/ein F. aussprechen.

Fatz|ke, der; -n u. -s, -n u. -s [wohl zu frühnhd. Fatz = beißender Witz, Spötterei, gek. aus lat. facetia = Witz, Scherz] (ugs. abwertend): *eitler, von sich eingenommener, arroganter Mensch.*

◆ **Fatz|vo|gel,** der; -s, ...vögel [zu: fatzen, ↑Fatzke]: *Spaßvogel, Spötter:* Nach einem Scherzwort etlicher Fatzvögel aber ward ... eine besondere Gattung grober Schuhe ... nicht anderst mehr verschrieben oder ausgeboten als mit dem Namen: echte, gestenkelte Stuttgarter Wasserratten (Mörike, Hutzelmännlein 157).

fau|chen ⟨sw. V.; hat⟩ [mhd. pfūchen, zu pfūch = lautm. für das drohende Fauchen von Tieren]: **1.** *(bes. von Tieren) gereizt, mit drohendem, zischendem Geräusch den Atem ausstoßen:* die Katze fauchte; Ü der Wind faucht; die Lokomotive fauchte (*ließ zischend den Dampf ab*) beim Anfahren; ⟨subst.:⟩ ... aus den Hallen sprang Hammerlärm dünn und scharf in das dicke Fauchen von Dampf (Johnson, Mutmaßungen 14). **2.** *sich erregt, gereizt äußern, in gereiztem Ton sagen:* »Raus!«, fauchte er.

faul ⟨Adj.⟩ [mhd. vūl, ahd. fūl, eigtl. = stinkend, modrig]: **1.** *durch Einwirkung zersetzender Bakterien [u. unter Entwicklung übel riechender Gase] in Gärung, Verwesung geraten, übergegangen [u. dadurch verdorben, unbrauchbar]:* -es Fleisch, Obst, Holz; das Wasser hat einen -en Geruch; die Eier sind, schmecken f.; der Tümpel riecht f. *(riecht nach Fäulnis);* Vom täglichen Aufwaschen waren im ganzen Haus die Bretter der Fußböden f. geworden (Herta Müller, Niederungen 69). **2.** (ugs. abwertend) *sehr zweifelhaft, bedenklich, nicht einwandfrei, nicht in Ordnung u. daher unbefriedigend:* ein -er Kompromiss; das ist eine ganz -e Sache; eine -e *(unglaubwürdige)* Ausrede; ein -er *(ungedeckter)* Wechsel; an der Sache ist etwas f.; R etwas ist f. im Staate Dänemark *(hier stimmt etwas nicht, ist etwas nicht in Ordnung;* nach Shakespeare, Hamlet I, 4: something is rotten in the state of Denmark). **3.** [schon mhd., eigtl. = so lange liegen geblieben, bis Fäulnis eintritt] *abgeneigt zu arbeiten, sich zu bewegen, sich anzustrengen; nicht gern tätig; bequem, träge:* ein -er Schüler; ein -es Leben führen; er hat heute seinen -en Tag *(an dem er nichts tut);* er ist zu f. zum

Schreiben; f. herumliegen; stinkend f. sein (salopp abwertend; *eine extreme Faulheit zeigen*); * **nicht f.** *(ohne zu zögern, schnell reagierend, rasch bei der Hand)*: sie, nicht f., beantwortete seine Zudringlichkeit mit einer Ohrfeige). **4.** (veraltend) *säumig, nachlässig*: ein -er Schuldner.

Faul|baum, der [nach dem fauligen Geruch der Rinde]: *als Strauch od. kleinerer Baum wachsende Pflanze mit glattrandigen, eiförmigen Blättern u. grünlich weißen Blüten, aus denen sich schwarze, erbsengroße Steinfrüchte entwickeln.*

Faul|baum|rin|de, die: *(in der Medizin genutzte) Rinde des Faulbaums.*

Fäu|le, die; - [mhd. viule, ahd. fuli] (geh.): *Fäulnis*: es riecht nach F.

fau|len ⟨sw. V.; ist /(auch:) hat⟩ [mhd. vūlen, ahd. fūlēn]: *faul werden, in Fäulnis übergehen, durch Fäulnis verderben*: das Obst, das Holz fault; faulendes Stroh; Die Zahnfäule ist eine Dorfkrankheit, hat er gesagt, auch den Kindern faulen die Eckzähne *(sie werden kariös;* Herta Müller, Niederungen 133).

fau|len|zen ⟨sw. V.; hat⟩ [aus dem Ostmd., eigtl. = faulig schmecken, riechen (= mhd. vūlezen)]: *sich dem Nichtstun hingeben [u. dabei Dinge vernachlässigen, die man zu erledigen hätte]*: er faulenzt den ganzen Tag; genug gefaulenzt!

Fau|len|zer, der; -s, - (abwertend): *jmd., der faul ist, zu viel faulenzt*: steh endlich auf, du F.!

Fau|len|ze|rei, die; -, -en ⟨Pl. selten⟩ (abwertend): *[übermäßiges] Faulenzen, Faulsein.*

Fau|len|ze|rin, die; -, -nen: w. Form zu ↑ Faulenzer.

Faul|gas, das: *Biogas.*

Faul|gru|be, die (Technik): *in mehrere Kammern unterteilter Raum, in dem Abwasser fault.*

Faul|heit, die; - [mhd. vūlheit]: *das Faulsein; Unlust, sich zu betätigen*: er hat es aus reiner F. nicht getan; * **vor F. stinken** (ugs. abwertend; *extrem faul sein*).

fau|lig ⟨Adj.⟩ [mhd. vūllich]: *faul (1) werdend, von Fäulnis befallen; angefault*: -es Obst; f. schmecken.

Fäul|nis, die; - [mhd. vūlnis, ahd. fūlnussi]: *durch Einwirkung von Bakterien [u. unter Entwicklung übel riechender Gase] entstehende Zersetzung, Gärung, Verwesung organischer Stoffe; das Faulwerden*: in F. übergehen; Ü der F. *(dem Verfall)* der Moral Einhalt gebieten; Kaspar Pröckl erwiderte lebhaft, die Empörung jener Menschen sei genügend motiviert durch die F. *(den inneren Verfall, die Zersetzung)* der gesellschaftlichen Institutionen (Feuchtwanger, Erfolg 590).

Fäul|nis|bak|te|rie, die ⟨meist Pl.⟩: *Fäulnis bewirkende Bakterie.*

fäul|nis|hem|mend ⟨Adj.⟩: *die Entstehung von Fäulnis hemmend.*

Fäul|nis|herd, der: *Stelle, von der Fäulnis ausgeht, sich weiterverbreitet.*

Faul|pelz, der (ugs. abwertend): *sehr fauler Mensch, Faulenzer*: steh auf, du F.!

Faul|schlamm, der: *(auf dem Grund von Gewässern, in Kläranlagen) durch Fäulnis entstehender schwarzer, übel riechender Schlamm.*

Faul|tier, das [nach den träge wirkenden Bewegungen des Tieres]: **1.** *in den Wäldern Mittel- u. Südamerikas auf Bäumen lebendes Säugetier mit rundlichem Kopf, bräunlichem, dichtem Fell u. einem kurzen Schwanz.* **2.** (ugs. abwertend) *Faulpelz.*

Fau|lung, die; -, -en ⟨Pl. selten⟩: *das Faulen, Faulwerden*: Schlamm in einer Kläranlage zur F. bringen.

Faun, der; -[e]s, -e [lat. Faunus, H. u.] (röm. Mythol.): *gehörnter, bocksfüßiger altrömischer Flur- u. Waldgott, später Waldgeist, der in Kunst u. Literatur besonders die starke, ungehemmte sexuelle Triebhaftigkeit symbolisiert*: die Darstellung eines Flöte spielenden -s; Ü er ist ein F. (geh.; *lüsterner Mensch*).

Fau|na, die; -, ...nen [nach lat. Fauna, der Frau od. Schwester des Gottes Faunus, die als Fruchtbarkeits- u. Feldgottin verehrt wurde] (Zool.): **1.** *Tierwelt (vorwiegend eines bestimmten Gebietes, Naturbereichs)*: die heimische F. **2.** *systematische Zusammenfassung der in einem bestimmten Gebiet vorkommenden Tierarten*: eine F. dieser Inseln wird gerade erarbeitet.

Fau|nen|kun|de, die: *Faunistik.*

fau|nisch ⟨Adj.⟩ [zu ↑ Faun] (geh.): **a)** *natürlich-einfach, naturhaft; urwüchsig, unverbildet*: eine -e Idylle; **b)** *sinnenfroh, sinnlich, lüstern*: ein -es Lachen.

Fau|nis|tik, die; -: *Teilbereich der Zoologie, der sich mit der systematischen Zusammenstellung der Tierwelt eines Gebietes befasst.*

Faust, die; -, Fäuste [mhd. vūst, ahd. fūst, viell. verw. mit ↑ fünf u. dann eigtl. = Fünfzahl der Finger]: *geballte Hand*: seine F. traf den Gegner, eine F. machen; die F. ballen; etw. aus der F. essen (ugs.; *etw. [unterwegs Gekauftes] ohne Besteck essen*); mit den Fäusten auf jmdn. losgehen, gegen die Tür trommeln; er hat schnelle Fäuste (Boxen; *er schlägt schnell*); * **passen wie die F. aufs Auge** (ugs.: 1. *überhaupt nicht passen*. 2. *genau passen*); **die F. im Nacken spüren** *(sich hart unterdrückt fühlen; unter Zwang handeln müssen)*; **die F./die Fäuste in der Tasche ballen** (schweiz.:) **die F. im Sack machen** *(heimlich drohen; ohnmächtig seinen Zorn, seine Wut gegen jmdn. verbergen)*; **auf eigene F.** *(selbstständig ohne sich, ohne einen anderen [um Rat] zu fragen; auf eigene Verantwortung)*; **mit der F. auf den Tisch schlagen/hauen** *(energisch auftreten; sich energisch Gehör verschaffen, durchsetzen*: es wird Zeit, dass die betroffenen Frauen einmal gehörig mit der F. auf den Tisch hauen); **mit eiserner F.** *(unter Einsatz von Gewalt, gewaltsam*: der Aufstand wurde mit eiserner F. unterdrückt).

Faust|ball, der: **1.** ⟨o. Pl.⟩ *Mannschaftsspiel, bei dem ein Ball mit der Faust od. dem Unterarm über eine Leine geschlagen wird.* **2.** *beim Faustball (1) verwendeter Lederball.*

Fäust|chen, das; -s, -: Vkl. zu ↑ Faust: * **sich** ⟨Dativ⟩ **ins F. lachen**/(schweiz.:) **ins F. lachen** *(voll heimlicher Schadenfreude od. Genugtuung sein).*

faust|dick ⟨Adj.⟩: **1.** *ungefähr so dick wie eine Faust*: eine -e Geschwulst. **2.** (ugs.) **a)** *dreist, plump*: eine -e Lüge; **b)** *sehr groß, unerwartet*: eine -e Sensation.

Fäus|tel, der; -s, -: **1.** *schwerer Hammer, vor allem für die Arbeit der Bergleute u. der Steinmetzen.* **2.** *Faustkeil.* **3.** (landsch.) *Fausthandschuh.*

faus|ten ⟨sw. V.; hat⟩ [oberd. im 18. Jh., aber schon ahd. fūstōn = mit der Faust stoßen]: *(einen Ball) mit der Faust, den Fäusten [irgendwohin] schlagen*: der Torwart faustete den Ball ins Aus, zur Ecke.

Faust|feu|er|waf|fe, die: *Feuerwaffe, die in der Faust, mit einer Hand gehalten u. abgefeuert werden kann (z. B. Pistole).*

Faust|for|mel, die: *grobe, einfache Formel, mit der man eine überschlägige Berechnung anstellen kann.*

faust|groß ⟨Adj.⟩: *ungefähr so groß wie eine Faust*: ein -er Stein.

Faust|hand|schuh, der: *Handschuh, bei dem nur der Platz für den Daumen (nicht aber der für die vier übrigen Finger) gesondert gearbeitet ist.*

Faust|hieb, der: *Hieb mit der Faust.*

faus|tisch ⟨Adj.⟩ [nach der Titelgestalt von Goethes »Faust«] (bildungsspr.): *stets nach neuem Erleben u. Wissen, nach immer tieferen Erkenntnissen strebend u. nie befriedigt*: ein -er Mensch; ein -es Streben.

Faust|kampf, der (geh.): *Boxkampf.*

Faust|kämp|fer, der (geh.): *Boxer.*

Faust|kämp|fe|rin, die: w. Form zu ↑ Faustkämpfer.

Faust|keil, der (Archäol.): *(in der Älteren Steinzeit als Werkzeug u. Waffe dienender) keilförmiger, bearbeiteter Stein.*

Fäust|ling, der; -s, -e: **1.** [mhd. viustelinc, ahd. füstling] *Fausthandschuh*: gestrickte, pelzgefütterte -e. **2.** (Bergmannsspr.) *etwa faustgroßer Brocken Gestein.*

Faust|pfand, das: *jmdm. als Pfand (1 a) überlassener Gegenstand*: etw. als F. an sich nehmen; Ü die Besatzer benutzen das Gebiet als F.

Faust|recht, das ⟨o. Pl.⟩: *rechtloser Zustand, in dem sich jeder durch Selbsthilfe sein [vermeintliches] Recht zu verschaffen sucht.*

Faust|re|gel, die: *grob gefasste, einfache Regel, nach der man sich meist ungefähr richten kann*: eine bewährte F. anwenden.

Faust|schlag, der: *Schlag mit der Faust.*

Fau|teuil [foˈtœj], der; -s, -e [frz. fauteuil < afrz. faldesteuil, faldestoel = Faltstuhl, aus dem Germ., vgl. ahd. faltistuol = Faltstuhl] (österr., schweiz., sonst veraltend): *bequemer Polstersessel mit Armlehnen.*

Fau|vis|mus [foˈvɪsmʊs], der; - [frz. fauvisme, zu: fauves = Fauvisten, urspr. spöttische Bez. für eine lose Gruppe von Pariser Malern, eigtl. = wilde Tiere, Pl. von: fauve = wildes Tier, Raubtier (mit fahlrotem Fell), Substantivierung von: fauve = fahlgelb, fahlrot, aus dem Germ., verw. mit ↑ fahl] (Kunstwiss.): *Richtung innerhalb der französischen Malerei des frühen 20. Jh.s, die bes. durch Bilder in reinen, expressiven Farben u. durch die Vereinfachung der malerischen Mittel gekennzeichnet ist.*

Fau|vist, der; -en, -en ⟨meist Pl.⟩ (Kunstwiss.): *Vertreter des Fauvismus.*

Fau|vis|tin, die; -, -nen: w. Form zu ↑ Fauvist.

fau|vis|tisch ⟨Adj.⟩ (Kunstwiss.): *den Fauvismus betreffend, zu ihm gehörend; im Stil des Fauvismus gestaltet*: -e Malerei.

Faux|ami [fozaˈmi:], der; -, -s [...ˈmi:] ⟨meist Pl.⟩ [frz. faux ami = falscher Freund, aus: faux = falsch (< afrz. fals, ↑ falsch) u. ami < lat. amicus = Freund] (Sprachwiss.): *in mehreren Sprachen in gleicher od. ähnlicher Form vorkommendes Wort, das jedoch von Sprache zu Sprache verschiedene Bedeutungen hat (was häufig Anlass zu falschem Gebrauch u. zu Übersetzungsfehlern ist)*: frz. état = »Staat«, aber dt. Etat = »Haushalt«.

Faux|pas [foˈpa], der; - [...ˈpa(s)], - [...ˈpa] [frz. faux pas = Fehltritt, eigtl. = falscher Schritt, zu: pas < lat. passus = Schritt] (bildungsspr.): *Verstoß gegen gesellschaftliche Umgangsformen; Taktlosigkeit*: ihm ist ein F. unterlaufen; er hat F. begangen.

Fa|ve|la, die; -, -s [port. favela]: *Elendsquartier, Slum [in südamerikanischen, bes. in brasilianischen Großstädten].*

fa|vo|ri|sie|ren ⟨sw. V.; hat⟩ [frz. favoriser, zu lat. favor, ↑ Favorit]: **1.** (bildungsspr.) *bevorzugen, begünstigen*: der neue Strompreis favorisiert die Großverbraucher. **2.** *als voraussichtlichen Sieger in einem Wettbewerb ansehen; zum Favoriten (2) erklären*: wen favorisieren die Wettbüros?; ⟨meist im 2. Part.:⟩ Frankreich ist favorisiert.

Fa|vo|rit, der; -en, -en: **1.** [frz. favori (Fem.: favorite) = beliebt; Günstling < ital. favorito = Begünstigter, zu: favore = Gunst < lat. favor]

a) *jmd., der bevorzugt, anderen vorgezogen wird; begünstigte Person, Liebling:* der vielseitige Schauspieler ist der F. dieses Regisseurs; Ü der einteilige Badeanzug ist der F. *(das beliebteste Modell)* dieser Saison; **b)** (veraltet) *Günstling, Geliebter:* er war der F. der Königin. **2.** [engl. favourite] *Teilnehmer an einem Wettbewerb mit den größten Aussichten auf den Sieg:* diese Mannschaft ist klarer, der erklärte F.; Ü der erfahrene Politiker geht als F. in den Wahlkampf.

Fa|vo|ri|ten|rol|le, die: *Rolle einer Favoritin, eines Favoriten (2):* sie fühlte sich in ihrer F. gar nicht wohl.

Fa|vo|ri|tin, die; -, -nen: w. Form zu ↑ Favorit.

Fax, das, schweiz. meist: der; -, -e [gek. aus: Telefax, dies zu ↑ tele-, Tele- (1) u. ↑ Faksimile, das x steht wohl in Anlehnung an ↑ Telex]: **1.** *per Fax* (2b) *verschicktes Schriftstück, Dokument.* **2. a)** *Faxgerät;* **b)** *Einrichtung, die das Faxen ermöglicht.*

Fa|xe, die; -, -n [gek. aus mundartl. Fickesfackes = alberne Späße, Unsinn, zu einem Verb fickfacken, dies wohl ablautende Verdoppelung von mundartl. ficken, ↑ ficken]: **1.** ⟨meist Pl.⟩ *possenhafte, spaßige Grimasse, Bewegung, die belustigen soll:* sie lachten über die -n, die der Clown machte. **2.** ⟨Pl.⟩ *Dummheiten, Albernheiten, Unfug, dummes Zeug:* mach ja keine -n! (salopp; *mach keine Ausflüchte, keine Schwierigkeiten, leiste keinen Widerstand!*); *** die -n dick, dicke haben** (salopp; *genug haben, mit seiner Geduld am Ende sein*).

fa|xen ⟨sw. V.; hat⟩: *mithilfe eines Faxgeräts übertragen:* ich faxe dir mal schnell die Rechnung.

Fax|ge|rät, das: *Gerät, mit dessen Hilfe Faxe (1) erstellt u. empfangen werden können.*

Fax|num|mer, die: *Nummer, unter der ein ans Fax (2b) angeschlossener Teilnehmer zu erreichen ist.*

Fa|yence [faˈjãːs], die; -, -n [...sn̩] [älter frz. fayence (heute: faïence), für: vaisselle de faenze = Geschirr aus (der ital. Stadt) Faenza]: *farbig od. weiß glasierte, bemalte Tonware:* Delfter -n.

Fa|yence|tech|nik, die: *Technik des Glasierens von Fayencen.*

Fa|zen|da, die; -, -s [port. fazenda < lat. facienda, ↑ Hazienda]: *Landgut in Brasilien.*

Fä|zes [ˈfɛːtsɛːs] ⟨Pl.⟩ [lat. faeces, Pl. von: faex = Bodensatz, Hefe] (Med.): *Kot, Ausscheidungen.*

fa|zi|al ⟨Adj.⟩ [mlat. facialis, zu lat. facies, ↑ Fazies] (Med.): *zum Gesicht gehörend.*

Fa|zi|a|lis, der; - [kurz für: Nervus facialis] (Med.): *Gesichtsnerv.*

Fa|zies [ˈfaːtsi̯ɛs], die; -, -[...jeːs] [lat. facies = Gestalt, Gesicht, Aussehen, Erscheinung, eigtl. = Aufmachung, zu: facere, ↑ ¹Faktum]: **1.** (Geol.) *Merkmal, das die verschiedenen Ausbildungen von Sedimentgesteinen gleichen Alters kennzeichnet.* **2.** ↑ Facies (2).

Fa|zit, das; -s, -e u. -s [subst. aus lat. facit = (es) macht, 3. Pers. Sg. Präs. Indik. von: facere, ↑ ¹Faktum]: *zusammenfassend festgestelltes Ergebnis; Schlussfolgerung; Resümee:* das F. der Untersuchungen, Überlegungen war jedes Mal das gleiche; *** das F. aus etw. ziehen** *(das Ergebnis von etw. zusammenfassen).*

FBI [ɛfbiːˈlaɪ], der od. das; - [Abk. für engl. Federal Bureau of Investigation = bundesstaatliche Ermittlungsabteilung]: *Bundeskriminalpolizei der USA.*

FBI-Agent [ɛfbiːˈlaɪ...], der: *für das FBI tätiger Agent.*

FBI-Agen|tin, die: w. Form zu ↑ FBI-Agent.

FCKW [ɛftsəːkaːˈveː], das; -, - ⟨fachspr. nur Pl.⟩: Fluorkohlenwasserstoff.

FCKW-frei ⟨Adj.⟩: *frei von Fluorchlorkohlenwasserstoffen:* -e Sprays.

FDGB [ɛfdeːgeːˈbeː], der; - (DDR): Freier Deutscher Gewerkschaftsbund.

FDJ, die; - (DDR): Freie Deutsche Jugend.

FDJler, der; -s, - (DDR): *Mitglied der FDJ.*

FDJle|rin, die; -, -nen: w. Form zu ↑ FDJler.

FDP [ɛfdeːˈpeː], die; -: Freisinnig-Demokratische Partei (der Schweiz).

FDP [ɛfdeːˈpeː], (veraltet:) **F.D.P.** [ɛfdeːˈpeː], die; -: Freie Demokratische Partei (Deutschlands).

F-Dur [ˈɛfduːɐ̯, auch: ˈɛfˈduːɐ̯], das (Musik): *auf dem Grundton F beruhende Durtonart* (Zeichen: F).

F-Dur-Ton|lei|ter, die: *auf dem Grundton F beruhende Durtonleiter.*

Fe = Ferrum.

Fea|ture [ˈfiːtʃɐ], das; -s, -s, auch: die; -, -s [engl. feature < afrz. faiture < lat. factura = das Machen, die Bearbeitung]: **1. a)** (Rundfunk, Fernsehen) *Sendung in Form eines aus Reportagen, Kommentaren u. Dialogen zusammengesetzten [Dokumentar]berichtes:* ein F. über die Tour de France; **b)** (Zeitungsw.) *zu einem aktuellen Anlass herausgegebener, besonders aufgemachter Text- od. Bildbeitrag.* **2.** (Film) *Hauptfilm einer Filmvorstellung.* **3.** (bes. Technik, EDV) *einer Sache eigenes Merkmal:* die neue Version der Software hat einige interessante zusätzliche -s.

Fe|ber, der; -s, - (österr., bes. Amtsspr.): Februar.

Febr. = Februar.

fe|b|ril ⟨Adj.⟩ [zu lat. febris = Fieber] (Med.): *fieberhaft, fiebrig:* ein -er Infekt.

Fe|b|ris, die; - [lat. febris] (Med.): *Fieber.*

Fe|b|ru|ar, der; -[s], -e ⟨Pl. selten⟩ [lat. (mensis) Februarius = Reinigungsmonat, nach den Reinigungs- u. Sühneopfern, die in dieser Zeit veranstaltet wurden, zu: februare = reinigen]: *zweiter Monat im Jahr* (Abk.: Febr.).

fec. = fecit.

Fecht|an|zug, der: *aus Fechtjacke u. -hose bestehender Anzug für Fechtende.*

Fecht|aus|rüs|tung, die: *Ausrüstung* (wie Fechtanzug, -maske, -handschuhe u. a.) *der Fechtenden.*

Fecht|bahn, die: *Platz, Anlage zum Fechten.*

Fecht|bo|den, der (Verbindungsw.): *Fechtsaal.*

fech|ten ⟨st. V.; hat⟩: **1. a)** [mhd. vehten, ahd. fehtan, urspr. wahrsch. = kämmen; rupfen; zur Bedeutungsentwicklung vgl. raufen] *mit einer Hieb- od. Stoßwaffe kämpfen:* mit jmdm., gegen jmdn. f.; zu Fuß, zu Pferd f.; ficht mit dem Degen, dem Säbel, dem Florett (Fechten:) einen Gang f. *(fechtend austragen);* auf Hieb, Stoß f.; Damen fochten früher nur Florett; Ü sie fechten mit harten Worten (geh.; *sie führen eine harte Diskussion*); sie focht *(kämpfte)* für das Recht der Schwachen; **b)** (geh.) *im Krieg als Soldat kämpfen:* er hat unter Napoleon gefochten; in den vordersten Reihen f.; sie fechten um/für ihre Unabhängigkeit, gegen die Fremdherrschaft. **2.** [rotwelsch (17. Jh.), nach den wandernden Handwerksburschen, die ihre Fechtkünste zeigten] (ugs. veraltend) *[von Tür zu Tür, Haus zu Haus o. Ä. gehen u.] betteln.*

Fech|ter, der; -s, - [mhd. vehter] = Kämpfer: *jmd., der ficht (1 a):* ein geübter F.

Fech|ter|gruß, der: *Fechtgruß.*

Fech|te|rin, die; -, -nen: w. Form zu ↑ Fechter.

fech|te|risch ⟨Adj.⟩: *das Fechten betreffend, zu ihm gehörend:* eine -e Glanzleistung.

Fecht|gruß, der (Fechten): *zeremonielle Begrüßung zu Beginn des Kampfes, bei der die Fechtenden die Fechtmaske unter dem linken Arm halten u. die Waffe in Richtung von Gegner od. Kampfrichter senken.*

Fecht|hand|schuh, der: *besonderer Handschuh zum Fechten.*

Fecht|hieb, der: *beim Fechten ausgeführter Hieb.*

Fecht|ho|se, die: *beim Fechten getragene spezielle Hose.*

Fecht|ja|cke, die: vgl. Fechthose.

Fecht|kampf, der: *Kampf zwischen zwei Fechtenden.*

Fecht|mas|ke, die: *korbartiger Gesichtsschutz für Fechtende.*

Fecht|meis|ter, der: *Lehrer im Fechten.*

Fecht|meis|te|rin, die: w. Form zu ↑ Fechtmeister.

Fecht|pup|pe, die (Fechten): *dem menschlichen Körper nachgebildete Puppe, an der Fechtende üben können.*

Fecht|saal, der: *größerer Raum mit einer Fechtbahn.*

Fecht|sport, der: *das Fechten als Sport.*

Fecht|stel|lung, die: *halb seitliche Körperstellung der Fechtenden beim Fechtkampf:* in F. gehen.

Fecht|übung, die: *Übung im Fechten.*

Fecht|un|ter|richt, der: *Unterricht im Fechten.*

Fecht|waf|fe, die: *Waffe zum Fechten.*

fe|cit [ˈfeːtsɪt; lat. = hat (es) gemacht]: *geschaffen von ...* (öfter auf Kunstwerken hinter dem Namen des Künstlers; Abk.: f., fec.)

Fe|da|jin, der; -s, - [arab. fidāʾiyyūn, eigtl. = die sich Opfernden]: **a)** *arabischer Freischärler;* **b)** *Angehöriger einer arabischen politischen Untergrundorganisation.*

Fe|der, die; -, -n: **1.** [mhd. veder(e), ahd. fedara, zu einem Verb mit der Bed. »auf etw. los-, niederstürzen; fliegen] *auf dem Körper eines Vogels wachsendes Gebilde, das aus einer Art hornigem Stiel besteht, von dem feine rippenartige Verzweigungen od. fadenartige Gebilde ausgehen, u. das zusammen mit vielen gleichartigen das Gefieder des Vogels bildet u. dem Fliegen sowie dem Wärmeschutz dient:* zerzauste -n; ein Vogel mit schwarzen -n; eine F. am Hut tragen; -n schleißen *(von den Kielen befreien);* sie ist leicht wie eine F. *(sehr leicht);* Zugleich sträubten sich auch die -n des Papageis (Roth, Beichte 146); *** -n lassen [müssen]** (ugs.; *Schaden erleiden, Einbußen, Nachteile, Verluste hinnehmen [müssen]:* die Partei musste -n lassen); **in die/in den/aus den -n** (ugs.; *ins/im/aus dem Bett:* in den -n liegen; ich muss morgen früh aus den -n); **sich mit fremden -n schmücken** *(Verdienste anderer als die eigenen ausgeben [u. sich damit brüsten];* nach einer Fabel, in der sich eine Krähe mit Pfauenfedern schmückt [Quelle ist eine Fabel von Äsop]). **2. a)** *spitz zulaufender] metallener Gegenstand, mit dem (mithilfe eines Federhalters) geschrieben od. gezeichnet wird:* eine goldene F.; die F. kleckst, kratzt; die F. eintauchen; mit einer breiten, einer dünnen F. schreiben; Ü der Tod nahm ihm die F. aus der Hand; jmd. schreibt, führt eine kluge, geschliffene, gewandte F. *(schreibt klug, geschliffen, drückt sich schriftlich gewandt aus);* eine spitze F. schreiben/führen *(sehr kritische u. aggressive Texte verfassen);* jmdm. etw. in die F. diktieren; **b)** *[Füll]federhalter:* mit der F. füllen. **3.** (Technik) *in verschiedene Mechanismen eingebautes elastisches, spiraliges od. blattförmiges [Metall]teil, das einen Druck od. Zug aushalten od. ausüben soll:* die F. der Uhr ist gebrochen; die -n des Sofas ächzten unter der Last; Ein kleiner Kutschwagen ... blieb dort wie ein Kinderspielzeug, dessen F. plötzlich abschnurrt ist, am Rand der Landstraße stehen (Langgässer, Siegel 155). **4.** (Tischlerei) **a)** *an ein Brett angearbeitete Leiste, die in die rinnenförmige Vertiefung eines anderen Brettes eingepasst wird u. so eine Verbindung zwischen zwei Brettern herstellt;* **b)** *Leiste, die in die rinnenförmigen Vertiefungen zweier benachbarter*

Bretter eingeschoben wird. **5.** (Jägerspr.) **a)** ⟨meist Pl.⟩ *Borste auf dem Rücken des Wildschweins;* **b)** *Rippe des Rotwilds.*

Fe|der|an|trieb, der (Technik): *Antrieb durch Federkraft.*

Fe|der|ball, der: **1.** *leichter, zur Stabilisierung des Fluges mit Federn od. einem entsprechenden Ersatz ausgestatteter kleiner Gummiball.* **2.** ⟨o. Pl.⟩ *dem Tennis verwandtes Spiel, bei dem ein Federball* (1) *von den Spielenden mit Schlägern über ein gespanntes Netz hin- u. hergeschlagen wird.*

Fe|der|ball|schlä|ger, der: *einem Tennisschläger ähnlicher Schläger für das Federballspiel.*

Fe|der|ball|spiel, das: **1. a)** ⟨o. Pl.⟩ *Federball* (2); **b)** *Partie Federball* (2). **2.** *aus Schlägern u. Federbällen* (1) *bestehende Ausrüstung zum Federballspielen.*

Fe|der|ball|spie|len, das; -s: *das Spielen einer Partie Federball.*

Fe|der|bein, das (Technik): *der Federung dienendes teleskopartiges Bauteil im Fahrwerk von Flugzeugen u. Kraftfahrzeugen.*

Fe|der|bett, das: *mit Federn* (1) *gefülltes Deckbett.*

Fe|der|boa, die: *aus [Straußen]federn gefertigte Boa* (2).

Fe|der|busch, der: **1.** *Büschel mehrerer in Größe u. Farbe vom übrigen Gefieder abstechender Federn auf dem Kopf eines Vogels.* **2.** *Büschel von Federn* (1) *als Zierde auf Hut od. Helm.*

Fe|der|fuch|ser, der; -s, - [urspr. wohl = Schreiber (2), der andere durch seine pedantische Genauigkeit ärgert, zu ↑ Feder (2 a) u. ↑ fuchsen] (abwertend): *jmd., der pedantisch auf der genauen Einhaltung von Vorschriften o. Ä. besteht.*

Fe|der|fuch|se|rin, die; -, -nen: w. Form zu ↑ Federfuchser.

fe|der|füh|rend ⟨Adj.⟩: *die Federführung habend:* das -e Ministerium; Ü f. in etw. sein *(bei etw. die wichtigste Rolle spielen).*

Fe|der|füh|rung, die ⟨Pl. selten⟩: *Verantwortlichkeit, Zuständigkeit innerhalb einer Dienststelle o. Ä.:* unter [der] F. der Außenministerin/von Frau A.

Fe|der|ge|wicht, das [nach engl. featherweight] (Schwerathletik): **1.** ⟨o. Pl.⟩ *niedrige Körpergewichtsklasse.* **2.** *Sportler[in] der Gewichtsklasse Federgewicht* (1).

Fe|der|ge|wicht|ler, der; -s, - (Schwerathletik): *Federgewicht* (2).

Fe|der|ge|wicht|le|rin, die; -, -nen: w. Form zu ↑ Federgewichtler.

Fe|der|hal|ter, der: *stielförmiges Schreibgerät, in dessen vorderes Ende eine Feder* (2 a) *eingesetzt wird.*

Fe|der|hal|ter|griff, der ⟨o. Pl.⟩ (Tischtennis): *Penholder.*

Fe|der|kern, der: *innerster, aus Sprungfedern bestehender Teil einer Matratze.*

Fe|der|kern|ma|tra|tze, die: *Matratze mit einem Federkern.*

Fe|der|kiel, der: **a)** *in der Haut wurzelnder schaftartiger Teil einer Feder* (1), *von dem nach zwei Seiten feine Äste abzweigen;* **b)** *(früher) aus einem Federkiel* (a) *gefertigtes Schreibgerät.*

Fe|der|kis|sen, das: *mit Federn* (1) *gefülltes Kissen.*

Fe|der|kleid, das (geh.): *Gefieder.*

Fe|der|kraft, die (Technik): **a)** *Spannkraft einer Feder* (3); **b)** *(seltener) Elastizität* (1).

fe|der|leicht ⟨Adj.⟩: **a)** *leicht wie eine Feder* (1); *kein nennenswertes Gewicht habend:* ein -es seidenes Tuch; **b)** *scheinbar schwerelos, wie schwebend:* f. gleitet sie übers Eis.

Fe|der|le|sen, das; -s [zu mhd. vederlesen = schmeicheln, eigtl. = das beflissene ¹Ablesen

von Federn, Fusseln vom Kleid vornehmer Personen]: *nur in den Wendungen* **nicht viel -[s]] [mit jmdm., etw.] machen** *([mit jmdm., etw.] energisch verfahren, ohne große Umstände zu machen od. Rücksichten zu nehmen);* **ohne viel -s/ohne viel F./ohne langes F.** *(ohne große Umstände);* **[viel] zu viel -s** *(zu große Umstände).*

Fe|der|ling, der; -s, -e: *im Gefieder von Vögeln u. im Fell von Säugetieren als Parasit lebendes kleines flügelloses Insekt.*

fe|dern ⟨sw. V.; hat⟩ [zu ↑ Feder (3); mhd. videren, ahd. fideran = mit Federn versehen]: **1.** *unter einer Belastung nachgeben u. nach dem Wegfall der Belastung sogleich in die Ausgangsstellung zurückkehren; elastisch schwingen, wippen:* das Brett federte beim Absprung; der Waldboden federte unter ihren Schritten; der Turner federt mit/in den Knien; mit federndem Gang. **2.** *mit einer Federung versehen:* ein Auto gut f.; ⟨meist im 2. Part.:⟩ eine gut gefederte Matratze. **3.** (Jägerspr.) **a)** *(bei der Jagd auf Flugwild) nicht voll treffen, sondern nur die Federn abschießen;* **b)** *(bei der Jagd auf Schalenwild) nur den Fortsatz der Rückenwirbel treffen.*

◆ **Fe|dern|fuch|ser,** der; -s, - [vgl. Federfuchser] (abwertend): *Schreiber* (2): ... wenn ich den F. (= den Sekretär Wurm) zu Gesichte krieg (Schiller, Kabale I, 2).

Fe|der|ohr, das: *Büschel von Federn* (1) *an den Ohren einiger Vögel, bes. der Eulen.*

Fe|der|pen|nal, das (österr.): *Federmäppchen.*

Fe|der|schaft, der: *aus der Haut ragender Teil eines Federkiels.*

Fe|der|schmuck, der: **a)** *Gefieder;* **b)** *aus großen Federn bestehender Schmuck.*

Fe|der|stiel, der (österr.): *Federhalter.*

Fe|der|strich, der: *mit einer Feder (2 a) gezogener Strich:* etw. mit wenigen -en skizzieren; Ü sie hat noch keinen F. getan (ugs.; *noch nichts geschrieben o. Ä.*); * **mit einem/durch einen F.** (*kurzerhand, ohne Rücksicht auf gehobene od. mögliche Einwände, durch einfache schriftliche Verfügung:* solche historisch gewachsenen Verhältnisse kann man nicht mit einem F. aus der Welt schaffen).

Fe|de|rung, die; -, -en: *aus Federn (3) od. anderem elastischem Material bestehende Vorrichtung, die dazu dient, einen plötzlichen u. starken Druck auf etw. aufzufangen u. abzumildern:* das Auto, das Sofa hat eine ungenügende F.

Fe|der|vieh, das (ugs.): *Geflügel.*

Fe|der|waa|ge, die: *Waage, bei der das Gewicht des zu wiegenden Objekts auf eine Feder wirkt, die sich je nach der Größe dieses Gewichts mehr od. weniger stark ausdehnt.*

Fe|der|wech|sel, der: *Mauser.*

Fe|der|weiß, das [wohl nach der Ähnlichkeit mit einer weichen Federfahne]: *feines Alaunpulver; Schneiderkreide.*

Fe|der|wei|ßer ⟨vgl. Weißer⟩ [viell. nach der dem ↑ Federweiß ähnlichen milchigen Farbe od. weil früher Federweiß als Konservierungsmittel dem Wein zugegeben wurde]: *junger, noch gärender milchig-trüber Wein.*

Fe|der|wild, das, (bes. Jägerspr.): *jagdbare Vögel.*

Fe|der|wisch, der (geh.): *Federwisch.*

Fe|der|wol|ke, die: *zarte, faserige, aus Eiskristallen bestehende Wolke; Zirruswolke.*

Fe|der|zeich|nung, die: **a)** *mit einer Feder (2 a) u. Tinte od. Tusche angefertigte Zeichnung;* **b)** ⟨o. Pl.⟩ *das Anfertigen von Federzeichnungen (a); die Technik der F.*

Fe|der|zug, der (geh.): *Federstrich.*

Fee, die; -, -n [frz. fée = Fee, Zauberin < vlat. Fata = Schicksalsgöttin, Fee, zu lat. fatum, ↑ Fatum]: *schönes, den Menschen meist wohlwollend gegenüberstehendes weibliches Märchenwesen, das mit Zauberkraft ausgestattet ist:* eine gute, böse F.; Ü Tante Liese war unser Schutzengel und unsere gute F.

Feed [fi:d], der od. das; -s, -s [engl. feed, eigtl. = Versorgung, Einspeisung] (Jargon): *elektronische Nachricht aus dem Internet, die kostenlos abonniert u. in ein E-Mail-Programm o. Ä. eingespeist werden kann.*

Feed|back, Feed-back ['fi:dbɛk], das; -s, -s [engl. feedback, zu: to feed back = zurück-, weiterleiten, aus: to feed = (mit Nahrung) füttern (verw. mit ↑ ¹Futter) u. back, ↑ back]: **1.** (Kybernetik) *zielgerichtete Steuerung eines technischen, biologischen od. sozialen Systems durch Rückmeldung der Ergebnisse, wobei die Eingangsgröße durch Änderung der Ausgangsgröße beeinflusst werden kann; Rückkoppelung.* **2.** (bes. Fachspr.) *Reaktion, die jmdm. anzeigt, dass ein bestimmtes Verhalten, eine Äußerung o. Ä. vom Kommunikationspartner verstanden wird [u. zu einer bestimmten Verhaltensweise od. -änderung geführt hat]; Rückkoppelung, Rückmeldung:* jmdm. ein F. geben; ein [spontanes] F. bekommen.

Fee|der ['fi:dɐ], der; -s, - [engl. feeder, eigtl. = Fütterer] (Funkw.): *elektrische Leitung, die der Energiezuführung dient (bes. die von einem Sender zur Sendeantenne führende Speiseleitung).*

Fee|ling ['fi:lɪŋ], das; -s, -s [engl. feeling, zu: to feel = fühlen]: **a)** *[den ganzen Körper erfüllendes] Gefühl:* ein ganz eigenartiges F. [bei dieser Musik] verspüren; **b)** *Gefühl, Empfindung (für etw.); Einfühlungsvermögen:* er hat einfach kein F. für Außenseiter; **c)** *Stimmung, Atmosphäre:* das F. der 60er-Jahre.

fe|en|haft ⟨Adj.⟩: **a)** *märchenhaft, zauberhaft, geheimnisvoll:* das Zimmer hatte eine -e Beleuchtung; **b)** *wie eine Fee anmutig-zart.*

Fe|en|mär|chen, das: *Märchen, in dem eine od. mehrere Feen vorkommen.*

Feet: Pl. von ↑ Foot.

Fe|ge|feu|er, Feg|feu|er, das; -s, - ⟨Pl. selten⟩ [mhd. vegeviur, LÜ von kirchenlat. ignis purgatorius = reinigendes Feuer] (kath. Rel.): *Ort der Läuterung, in dem die Verstorbenen ihre lässlichen Sünden abbüßen, bevor sie in das Reich Gottes eingehen; Purgatorium:* durchs F. gehen; im F.

fe|gen ⟨sw. V.⟩ [mhd., mniederd. vegen, verw. mit mniederl. vāgen, aisl. fāga = reinigen, glänzend machen]: **1.** ⟨hat⟩ (bes. nordd.) **a)** *mit einem Besen, Handfeger von Staub, Schmutz u. a. befreien, säubern:* den Fußboden, Hof f.; die Küche f.; den Schornstein f.; ⟨auch ohne Akk.-Obj.:⟩ hast du hier schon gefegt; **b)** *fegend irgendwohin bewegen:* sie fegte den Schnee vom Bürgersteig; sie fegte die Blätter in die Ecke; **c)** *durch Fegen entstehen lassen, hervorbringen:* eine Bahn f. **2.** ⟨hat⟩ **a)** *mit einer [ausholenden] Bewegung (wie beim Hantieren mit dem Besen) von etw. entfernen, herunterwerfen:* sie fegte mit der linken Hand die Hefte aus dem Regal; Ü eine Angelegenheit vom Tisch f.; **b)** *sehr schnell irgendwohin treiben, jagen:* die Feinde wurden ins Meer gefegt. **3.** ⟨ist⟩ *sich mit außerordentlich großer Geschwindigkeit fortbewegen, rasen, jagen, [dahin]stürmen:* ein Sturm fegte über die Ebene; die Jungen fegten um die Ecke. **4.** ⟨hat⟩ (südd. schweiz.): *blank reiben, putzen:* blank gefegte Töpfe. **5.** ⟨hat⟩ (Eishockey) *mit dem in einer Hand gehaltenen Schläger mit einer wischenden Bewegung den Puck spielen.* **6.** ⟨hat⟩ (Jägerspr.) *(von Tieren, die mit einem Geweih ausgestattet sind) das Geweih durch Scheuern an Bäumen vom Bast (2) befreien:* im

Sommer fegen die Hirsche [ihr Geweih]. **7.** ⟨hat⟩ (derb) *koitieren.*
Fe|ger, der; -s, -: **1.** (selten) *Kehrbesen.* **2.** (ugs.) **a)** *lebhaftes Kind, Wildfang;* **b)** *draufgängerischer [junger] Mann; frecher Bursche;* **c)** *temperamentvolle, unternehmungslustige [junge] Frau:* seine Freundin ist ein ganz schöner F.
Feg|feu|er: ↑ Fegefeuer.
Feh, das; -[e]s, -e [mhd. vēch = buntes Pelzwerk, zu einem Adj. mit der Bed. »bunt«, vgl. ahd. fēh = verschieden(farbig); bunt]: *grauer od. weißer, fein- u. langhaariger Pelz aus dem Fell einer in Sibirien u. Nordwesteuropa vorkommenden Art Eichhörnchen.*
Feh|de, die; -, -n [mhd. vēhede, ahd. (gi)fēhida = Feindschaft, Streit, zu mhd. gevēch, ahd. gifēh = feindselig; *(im Mittelalter) tätliche Feindseligkeit od. Privatkrieg zwischen Einzelpersonen, Sippen od. Familien zur Durchsetzung von Rechtsansprüchen; kämpferische Auseinandersetzung, Kampf:* endlose -n zwischen den Adelsgeschlechtern; jmdm. F. ansagen; in F. leben; Ü (geh.:) politische -n [mit jmdm.] austragen.
Feh|de|hand|schuh, der: in den Wendungen **jmdm. den F. hinwerfen/vor die Füße werfen/ ins Gesicht schleudern, werfen** (geh.; *jmdm. zum Kampf, Streit herausfordern; nach dem Brauch der Ritter, dem Gegner als Zeichen der Herausforderung zum Kampf einen Handschuh vor die Füße zu werfen* [den der Betroffene bei Annahme der Herausforderung aufhob]); **den F. aufnehmen/aufheben** (geh.; *eine Herausforderung zum Kampf, Streit annehmen*).
fehl (Adv.): meist in der Verbindung **f. am Platz[e] sein** (↑ Platz 2).
Fehl [mhd. væl(e) < afrz. faille, zu: fa(il)lir, ↑ fehlen]: **1.** in der Fügung **ohne F. [und Tadel]** (geh.; *ohne Fehler, Makel; einwandfrei, untadelig:* ihre Schönheit war ohne F.). ◆ **2.** ⟨der; -[e]s, -e⟩ *Fehler, Irrtum:* Durch meinen schweren F. bin ich so tief erschreckt (Goethe, Faust II, 11003); Was sollt ich eines -s mich schämen (Lessing, Nathan V, 5); ...frei von Schuld und -e (Schiller, Kraniche des Ibykus); Haben sie von deinen -en immer viel erzählt (Goethe, Diwan [Buch der Betrachtungen]); * **sonder F.** *(ohne einen Fehler [zu begehen]; problemlos.*

fehl-, Fehl-: 1. drückt in Bildungen mit Substantiven oder Verben aus, dass etw. als fehlerhaft, verfehlt oder falsch angesehen wird: Fehlauslegung, Fehlbelichtung, Fehleinweisung; fehlauffassen, fehldeuten. **2.** (seltener) drückt in Bildungen mit Substantiven aus, dass etw. fehlt, nicht vorhanden ist, nicht zur Verfügung steht: Fehlsumme, Fehlwort.

Fehl|alarm, der: *versehentlich ausgelöster Alarm.*
Fehl|an|zei|ge, die: **a)** (Militär) *(bei Schießübungen) Meldung, dass ein Schuss nicht getroffen hat;* **b)** (ugs.) *negativer Bescheid, negatives Ergebnis, Mitteilung, dass etw. nicht zutrifft, nicht vorhanden, nicht geschehen ist:* »Hast du denn schon versucht, sie im Büro zu erreichen?« – »Ja klar, [war] auch F.«.
fehl|bar (Adj.): **1.** *nicht gegen Irrtümer, Fehler gefeit:* ein -er Mensch. **2.** (schweiz.) **a)** *(einer Übertretung o. Ä.) schuldig;* **b)** *kränklich.*
Fehl|bar|keit, die; -: *das Fehlbarsein.*
Fehl|be|die|nung, die: *falsche Bedienung (eines Geräts o. Ä.).*
fehl|be|le|gen ⟨sw. V.; hat; nur im Inf. u. 2. Part.⟩ (Amtsspr.): *(eine Sozialwohnung) an eine nicht bedürftige Person vermieten.*
Fehl|be|le|gung, die (Amtsspr.): *das Fehlbelegen, Fehlbelegtsein einer Sozialwohnung.*
Fehl|be|le|gungs|ab|ga|be, die (Amtsspr.):

monatlicher Betrag, den ein nicht bedürftiger Mieter einer Sozialwohnung zusätzlich zur Miete zu entrichten hat.
Fehl|be|set|zen ⟨sw. V.; hat⟩: *(eine Stelle, Rolle) mit einer ungeeigneten Person besetzen.*
Fehl|be|set|zung, die: *Besetzung (einer Stelle, Rolle) mit einer ungeeigneten Person.*
Fehl|be|stand, der: vgl. Fehlbetrag: in der Stadt gibt es immer noch einen F. von rund 8000 Wohnungen.
Fehl|be|trag, der: *fehlender Betrag; Defizit* (1).
fehl|be|wer|ten ⟨sw. V.; hat⟩: *falsch bewerten.*
Fehl|be|wer|tung, die: *das Fehlbewerten, Fehlbewertetwerden.*
Fehl|bil|dung, die: *fehlerhafte Ausbildung eines Organs, Körperteils.*
Fehl|deu|tung, die: vgl. Fehlinterpretation.
Fehl|di|a|gno|se, die: *falsche Diagnose:* er hatte eine F. gestellt.
Fehl|druck, der ⟨Pl. -e⟩ (bes. Philat.): *fehlerhafter Druck:* ein wertvoller F.
Fehl|ein|kauf, der (Sport): **a)** *sich im Nachhinein als falsch erweisende Verpflichtung eines Sportlers:* mit der Verpflichtung dieses Spielers tat der Verein einen glatten F.; **b)** *verpflichteter Spieler, der die an ihn gestellten Erwartungen nicht erfüllt:* der Südamerikaner ist ein F.
Fehl|ein|schät|zung, die: *falsche Einschätzung.*
feh|len ⟨sw. V.; hat⟩ [mhd. vælen, vēlen < (a)frz. fa(il)lir = verfehlen, sich irren < lat. fallere]:
1. a) *nicht existieren, nicht vorhanden sein; besondere Kennzeichen fehlen;* sie will dem Kind den fehlenden Vater ersetzen; **b)** *nicht zu jmds. Verfügung stehen;* jmdm. abgehen, mangeln: uns fehlt das Geld für eine Sommerreise; ihr fehlt jeder Sinn für Humor; **c)** *(von Menschen) zu einem bestimmten Zeitpunkt nicht an dem bestimmten Stelle sein, wo man eigentlich sein sollte; abwesend sein, ausbleiben:* die Kinder haben schon öfter unentschuldigt gefehlt; er fehlt schon die Woche, seit einer Woche; du hast die meiste Zeit, während der meisten Zeit gefehlt; bei dieser Party darfst du nicht f. (*musst du unbedingt dabei sein*);
d) *[sehnlich] herbeigewünscht, vermisst werden:* du wirst/deine Hilfe wird mir sehr f.; das Auto fehlte uns doch sehr; **e)** *nicht mehr da sein; verschwunden, verloren gegangen sein:* in der Kasse fehlen 500 Euro; an der Jacke fehlt ein Knopf (*ist ein Knopf abgegangen*); Ü fehlt dir etwas? (*fühlst du dich nicht wohl, bist du krank?*); **f)** *zur Erreichung eines bestimmten Zustandes erforderlich sein:* noch drei Punkte fehlen [ihm] zum Sieg; diesem Satz fehlt noch der letzte Schliff (*er muss in seiner letzten Form noch verbessert werden*); es fehlte nicht viel, und wir hätten Streit bekommen (*beinahe hätten wir Streit bekommen*); das hat mir gerade noch gefehlt! (iron.; *das kommt mir äußerst ungelegen*); R das fehlte [gerade] noch! (*das wäre ja noch schöner, das kommt gar nicht infrage!*) **2.** ⟨unpers.⟩ *nicht in genügendem Ausmaß vorhanden sein, nicht ausreichen, zu knapp sein, mangeln:* es fehlt uns an allem, am Nötigsten, an ausgebildeten Lehrern; die Gastgeber ließen es an nichts f. (*haben alles aufgeboten, um die Gäste zufriedenzustellen*); an mir soll es nicht f. (*ich bin [dazu] bereit, stelle mich [dazu] zur Verfügung*); wo fehlts denn? (ugs.; *was hast du für Sorgen, Probleme?*) **3.** (veraltet) *nicht treffen, verfehlen:* das Ziel, den richtigen Weg f.; ◆ ...schleuderte einen Bierkrug nach dem Kopf Pavels, fehlte ihn (Ebner-Eschenbach, Gemeindekind 58); * **weit gefehlt!** (*Irrtum!; völlig falsch [eingeschätzt, vermutet, geraten]!*)
4. (geh.) *eine Sünde begehen, etwas Unrechtes tun:* ich weiß, wie sehr ich gefehlt habe.

◆ **5. a)** *fehlschlagen, fehlgehen:* ...der ganze Bund wird in kurzem zusammen sein. Fehlen kann's nicht (Goethe, Götz V); Der Streich konnte f. (C. F. Meyer, Amulett 76); **b)** *(jmdm.) nicht gelingen:* ...dass ... es bei seinem Fleiß, bei seiner Sparsamkeit ihm gar nicht f. könne, künftig zum Besitztum eines Berghemmans ... zu gelangen (E. T. A. Hoffmann, Bergwerke 26).
Fehl|ent|scheid, der: *Fehlentscheidung.*
Fehl|ent|schei|dung, die: *falsche Entscheidung:* eine F. treffen.
Fehl|ent|wick|lung, die: *Entwicklung in eine falsche Richtung:* politische, wirtschaftliche -en.
Fehller, der; -s, - [um 1500 in der Bed. »Fehlschuss«]: **1. a)** *etw., was falsch ist, vom Richtigen abweicht; Unrichtigkeit:* ein grober, schwerer, [ganz] dummer, folgenschwerer F.; grammatische, stilistische F.; F. korrigieren; sie hat im Diktat 10 F.; (Sport:) der Schiedsrichter entschied, erkannte auf F.; **b)** *irrtümliche Entscheidung, Maßnahme; Fehlgriff:* einen F. begehen, machen; das war mein F. (*meine Schuld*); es war ein F. (*es war falsch*), dass wir ihm fortgegangen sind. **2. a)** *schlechte Eigenschaft, Mangel:* charakterliche, körperliche F. haben; sein F. ist, dass er zu viel trinkt; **b)** *Stelle an einer hergestellten Ware, die nicht so sein müsste:* Textilien, Porzellan mit kleinen -n.
Feh|ler|ana|ly|se, die: *Analyse* (1), *Untersuchung einer Sache in Hinblick auf gemachte od. mögliche Fehler.*
feh|ler|an|fäl|lig ⟨Adj.⟩: *anfällig für Fehler* (2 b): ein -es Gerät.
feh|ler|frei ⟨Adj.⟩: *fehlerlos:* der deutsche Reiter blieb auch bei dieser Runde f.
feh|ler|haft ⟨Adj.⟩: *Fehler aufweisend.*
Feh|ler|haf|tig|keit, die; -: *das Fehlerhaftsein.*
Feh|ler|kor|rek|tur, die: **1.** *das Korrigieren von Fehlern;* **b)** *Funktion* (1 d) *der Fehlerkorrektur* (1 a) *in einem Programm, Gerät o. Ä.* **2.** *korrigierter Fehler.*
Feh|ler|lin|gu|is|tik, die (Sprachwiss.): *Forschungsrichtung der Linguistik, die Arten u. Ursachen der beim Spracherwerb u. beim Erlernen von Fremdsprachen auftretenden Abweichungen von sprachlichen Normen untersucht.*
feh|ler|los ⟨Adj.⟩: *keine Fehler aufweisend, ohne Fehler:* etw. f. übersetzen.
Feh|ler|mel|dung, die: *Meldung, Anzeige eines [Funktions]fehlers (bes. bei elektronischen Geräten):* auf dem Display des Faxgerätes erschien eine F.
feh|ler|näh|ren ⟨sw. V.; hat; meist im Inf. u. im 2. Part.⟩: *falsch ernähren:* fehlernährte Babys; er hat sich lange fehlernährt.
Feh|ler|näh|rung, die: *das Fehlernähren, Fehlernährtwerden:* Übergewicht durch F.
Feh|ler|punkt, der (Sport): *Wertungspunkt bei begangenen Fehlern* (1 a): das Abwerfen der Stange brachte der Reiterin 4 -e ein.
Feh|ler|quel|le, die: *etw., was zu einem Fehler führen kann, was [häufig] zu Fehlern führt:* -n möglichst ausschalten.
Feh|ler|quo|te, die (Statistik): *(meist durch einen Prozentsatz ausgedrückte) Quote der bei etw. Bestimmtem auftretenden Fehler.*
Feh|ler|su|che, die: *Suche nach einem Fehler, nach Fehlern:* der Mechaniker ist noch bei der F.
feh|ler|to|le|rant ⟨Adj.⟩ (EDV): *Fehlertoleranz aufweisend:* -e Datenbankabfragen.
Feh|ler|to|le|ranz, die (EDV): *Eigenschaft eines Rechners* (2), *auch dann noch korrekt zu arbeiten, wenn Teile der Hardware od. Software ausfallen.*
Feh|ler|zahl, die ⟨Pl. selten⟩: *Anzahl der Fehler (bes. in einer schriftlichen Arbeit).*
Fehl|far|be, die: **1.** (Kartenspiele) **a)** *Farbe* (4), *von der jmd. keine Karte hat;* **b)** *Farbe* (4), *die*

nicht Trumpf ist. **2.** Zigarre mit verfärbtem Deckblatt.

Fehl|funk|ti|on, die: *falsche, fehlerhafte Funktion* (1 c): *eine F. der Hirnanhangsdrüse.*

◆ **fehl|ge|ben** ⟨st. V.; hat⟩: *einen Fehler beim Geben machen, fälschlicherweise od. irrtümlicherweise hergeben:* Sie gaben Ihr Herz das erste Mal fehl (Schiller, Fiesco II, 3).

fehl|ge|bil|det ⟨Adj.⟩ (Fachspr.): *eine Fehlbildung, Fehlbildungen aufweisend.*

Fehl|ge|burt, die: **1.** *Abgang einer [noch] nicht lebensfähigen Leibesfrucht;* ²*Abort.* **2.** *[vorzeitig] abgegangene, nicht lebensfähige Leibesfrucht.*

fehl|ge|hen ⟨unr. V.; ist⟩ (geh.): **1.** *den falschen Weg einschlagen, in die Irre gehen.* **2.** *nicht treffen; danebengehen:* der erste Schuss ging fehl. **3.** *sich irren, sich täuschen.*

fehl|ge|steu|ert ⟨Adj.⟩: *in die falsche Richtung, falsch geleitet:* eine -e Rakete.

Fehl|griff, der: **a)** *sich als falsch erweisende Entscheidung, Maßnahme;* **b)** *Person od. Sache, die die an sie gestellten Erwartungen nicht erfüllt.*

Fehl|hal|tung, die: **1.** *vom Normalen abweichende körperliche Haltung.* **2.** (Psychol.) *vom Normalen abweichendes Verhalten od. abweichende Einstellung.*

Fehl|hand|lung, die: *Fehlleistung.*

Fehl|in|for|ma|ti|on, die: *falsche Information:* eine gezielte F. verbreiten.

Fehl|in|ter|pre|ta|ti|on, die: *falsche, dem Sachverhalt nicht gerecht werdende Interpretation:* die F. einer Aussage, eines Verhaltens.

fehl|in|ter|pre|tie|ren ⟨sw. V.; hat⟩: *falsch interpretieren, auslegen, deuten:* sie hat die Entwicklung fehlinterpretiert.

Fehl|in|ves|ti|ti|on, die (bes. Wirtsch.): **a)** *unwirtschaftliche Investition: das Management ist verantwortlich für -en;* **b)** (ugs.) *Gegenstand einer unwirtschaftlichen Investition:* dieser Wohnhausblock war eine F.

Fehl|kal|ku|la|ti|on, die: **a)** (Wirtsch.) *falsche Kalkulation:* -en vermeiden; **b)** *irrtümliche Annahme, [Ein]schätzung.*

Fehl|kauf, der: **a)** (geh.) *Kauf, dessen Gegenstand die Erwartungen des Käufers enttäuscht; unnötiger, zu hoch bezahlter Kauf:* mit dieser Kaffeemaschine habe ich einen F. getätigt; **b)** *die Erwartungen des Käufers enttäuschender Gegenstand eines Kaufs:* diese Schuhe waren ein F.

Fehl|kon|s|t|ruk|ti|on, die: *Konstruktion, deren Funktion durch technische Mängel beeinträchtigt ist:* diese Brücke ist eine F.

Fehl|leis|tung, die: **1.** (Psychol.) *(aufgrund von Erregung od. Erschöpfung auftretende od. von Vorgängen des Unterbewusstseins beeinflusste) fehlgeleitete Handlung, Äußerung* (z. B. ein Sichversprechen, Sichverschreiben): eine freudsche F. **2.** *sich als falsch, verfehlt erweisende Handlung o. Ä.:* die -en der Regierung.

fehl|lei|ten ⟨sw. V.; hat⟩ (geh.): *auf einen falschen Weg, in eine falsche Richtung führen:* Transporte f.; Ü eine fehlgeleitete Fantasie.

Fehl|lei|tung, die: *das Fehlleiten.*

Fehl|mel|dung, die: **a)** *Falschmeldung;* **b)** *Fehlanzeige.*

Fehl|men|ge, die (Wirtsch.): *(durch fehlerhafte Planung, Lieferschwierigkeiten o. Ä.) nicht od. nicht vollständig gedeckter Bedarf an benötigten Wirtschaftsgütern.*

Fehl|pass, der (Ballspiele): *missglückter Pass* (3).

Fehl|pla|nung, die: *falsche Planung.*

Fehl|pro|g|no|se, die: *Prognose, die sich als unzutreffend erweist.*

fehl|schie|ßen ⟨st. V.; hat⟩ (geh.): *vorbeischießen* (1).

Fehl|schlag, der: **1.** *Misserfolg:* etw. hat sich als F.

herausgestellt. **2.** (Ballspiele) *missglückter Schlag.*

fehl|schla|gen ⟨st. V.; ist⟩: *keinen Erfolg haben, misslingen:* alle Bemühungen schlugen fehl.

Fehl|schluss, der: *falsche Schlussfolgerung:* ein logischer, voreiliger, fataler F.

Fehl|schuss, der: *Schuss, der sein Ziel verfehlt.*

fehl|sich|tig ⟨Adj.⟩ (Fachspr.): *an einer Fehlsichtigkeit leidend:* sie ist f.

Fehl|sich|tig|keit, die; -, -en ⟨Pl. selten⟩ (Fachspr.): *auf einer anomalen Lichtbrechung beruhende Verminderung der Sehleistung.*

Fehl|spe|ku|la|ti|on, die: *falsche Spekulation.*

Fehl|sprung, der (Sport): *fehlerhafter, regelwidriger Sprung* (1 b).

Fehl|start, der: **1.** (Leichtathletik) *regelwidriger, verfrühter Start.* **2.** (Flugw., Technik) *missglückter Start:* das Flugzeug, die Rakete hatte einen F.

Fehl|stel|lung, die (Fachspr.): *fehlerhafte Stellung* (z. B. von Zähnen im Kiefer).

Fehl|steu|e|rung, die (Med.): *Funktionsstörung:* vegetative -en.

Fehl|stun|de, die: **a)** *ausgefallene, nicht geleistete Arbeits-, Unterrichtsstunde o. Ä.;* ◆ **b)** *verlorene Stunde, verlorene Zeit:* ... was ergaben sich da oft für Misstage und -n (Goethe, Dichtung u. Wahrheit 17).

Fehl|sum|me, die: vgl. *Fehlbetrag.*

Fehl|tag, der: *ausgefallener Arbeitstag:* eine Krankmeldung muss spätestens am dritten F. vorgelegt werden.

fehl|tre|ten ⟨st. V.; ist⟩ (geh.): *falsch, ungeschickt auftreten:* plötzlich trat ich fehl und stürzte.

Fehl|tritt, der: **a)** *falscher, ungeschickter Tritt:* im F. im Gebirge kann das Leben kosten; **b)** (geh.) *Vergehen, Verfehlung, Verstoß gegen ein [sittliches] Gebot:* ein peinlicher, unverzeihlicher F.; einen F. tun, begehen; sich einen F. leisten; **c)** (veraltend) *(von der Gesellschaft verpönte) Liebesbeziehung einer Frau, aus der ein nicht eheliches Kind hervorgegangen ist.*

Fehl|ur|teil, das: **a)** *unangemessenes Urteil* (1); **b)** *falsches Urteil* (2).

Fehl|ver|hal|ten, das (Sozialpsych.): *den gesellschaftlichen Normen widersprechendes Verhalten:* kriminelles, sexuelles F.

Fehl|ver|such, der (Gewichtheben, Leichtathletik): *ungültiger Versuch in einem Sportwettkampf.*

Fehl|wurf, der (Leichtathletik): *ungültiger Wurf bei einem Wurfwettbewerb.*

Fehl|zeit, die: **1.** (Sozialvers.) *Zeitraum, der bei der Berechnung der Rente nicht berücksichtigt wird.* **2.** *Zeit, in der jmd. abwesend ist, nicht zur Verfügung steht:* krankheitsbedingte -en am Arbeitsplatz werden statistisch erfasst.

Fehl|zün|dung, die (Technik): *(bei Verbrennungsmotoren) Zündung zu einem dafür nicht vorgesehenen Zeitpunkt.*

Fehn, das; -[e]s, -e [niederl. veen = Morast < mniederl. venen, vene, vgl. Fenn] (nordd.): *Fenn.*

Fei, die; -, -en [mhd. fei(e) < afrz. faie < vlat. Fata, ↑ Fee] (dichter. veraltet): *Fee:* ◆ Dies Glas von leuchtendem Kristall gab meinem Ahn am Quell der F. (Uhland, Glück von Edenhall).

◆ **Feie,** die; -, -n: ¹Fei: »Das Geschenk ist schön«, unterbrach sie die zweite F. (Lessing, Fabeln 3, 4).

fei|en ⟨sw. V.; hat⟩ [zu mhd. veinen = nach Art der Feen durch Zauber schützen] (geh.): *gegen etw. schützen, unverletzlich machen:* vor rechtzeitig gegen jmds. Vorwürfe/(ugs. auch:) vor jmds. Vorwürfen f.; ein Zauber sollte ihn gegen Feuer f.

Fei|er, die; -, -n [mhd. vire, ahd. fīr(r)a = Festtag, Feier < spätlat. feria, Sg. von lat. feriae, ↑ Ferien]: **a)** *festliche Veranstaltung anlässlich eines bedeutenden Ereignisses od. eines Gedenktages:* wo soll die F. stattfinden?; zu ihrem Geburtstag veranstalteten wir eine kleine F.; eine nette, gemütliche F. machen; (geh.:) eine F. begehen; **b)** *festliches, würdiges Begehen:* die F. des heiligen Abendmahls; Fräulein Helga, genehmigen Sie dem Leutnant zur F. des Ritterkreuzes einen Ehrentanz? (Hochhuth, Stellvertreter 29); * **zur F. des Tages** (meist scherzh.; *um den Tag würdig zu begehen*).

Fei|er|abend, der [spätmhd. vīrabent = Vorabend eines Feiertags, dann unter Anlehnung an ↑ feiern umgedeutet]: **a)** *Freizeit im Anschluss an die Arbeitszeit:* seinen F. genießen; **b)** *Dienstschluss; Schluss der täglichen beruflichen Arbeit:* [für heute ist] F.!; F. machen; nach F.; R für mich ist es F., dann ist/mache ich F.! (ugs.; *ich kann, mag nicht mehr weitermachen; für mich ist es aus, vorbei!*); damit ist [bei mir] F. (ugs.; *diese Sache interessiert [mich] nicht mehr, ist [für mich] abgeschlossen, erledigt*).

Feier|abend- (öfter spött.): drückt in Bildungen mit Substantiven aus, dass eine Person etwas nur nebenher, nicht professionell ausübt, betreibt: Feierabendfußballer, -politiker.

Fei|er|abend|be|schäf|ti|gung, die: *Beschäftigung, der nach Feierabend* (b) *nachgegangen wird.*

Fei|er|abend|lek|tü|re, die: *Lektüre für den Feierabend* (a).

Fei|er|abend|mahl, das (ev. Kirche): *Abendmahlsfeier mit abweichender Liturgie, bei der das Gemeinschaftsgefühl im Vordergrund steht.*

Fei|er|abend|ver|kehr, der: *nachmittäglicher Berufsverkehr.*

Fei|e|rei, die; -, -en (ugs. abwertend): *allzu häufiges od. allzu langes, als lästig empfundenes Feiern:* diese F. geht mir allmählich auf die Nerven.

Fei|er|lau|ne, die ⟨Pl. selten⟩: *Stimmung, in der jmdm. zum Feiern* (b) *zumute ist:* in F. sein.

fei|er|lich ⟨Adj.⟩ [mhd. vīrelich]: **a)** *der Würde des Augenblicks Rechnung tragend, würde-, weihevoll, erhaben:* eine -e Handlung; -e Stille; sie wurden f. verabschiedet; er verbeugte sich f. (*förmlich*); R das/es ist ja [schon] nicht mehr f. (ugs.; *kaum mehr erträglich*); **b)** *nachdrücklich, emphatisch:* etw. f. versprechen.

Fei|er|lich|keit, die; -, -en: **1. a)** ⟨o. Pl.⟩ *das Feierlichsein; Würde, Ernst:* die F. der Stunde; **b)** *feierliche, förmliche Äußerung:* spar dir die -en. **2.** *Feier, feierliche Veranstaltung:* die -en dauern mehrere Tage; an einer F. teilnehmen.

fei|ern ⟨sw. V.; hat⟩ [mhd. vīren, ahd. fīrōn, nach gleichbed. lat. feriari]: **a)** *festlich, würdig begehen; als Fest, Feier gestalten:* Feste, Hochzeit f.; Abschied f.; sein Debüt, sein Comeback f.; das heilige Abendmahl f. (*zelebrieren*); **b)** (von einer Gesellschaft) *fröhlich, lustig beisammen sein:* wir feierten jede Nacht; **c)** *[als jmdn., etw.] ehren, umjubeln:* sie feierten ihn als Helden; eine gefeierte Schönheit.

Fei|er|stun|de, die: **a)** *Veranstaltung in festlichem, würdevollem Rahmen zur Begehung eines feierlichen Anlasses:* eine F. zum 1. Mai; jmdn. in einer F. ehren; ◆ **b)** *Mußestunde:* Die Marquise ... suchte, für die -n, ihre Staffelei und Bücher hervor (Kleist, Marquise 255).

Fei|er|tag, der [mhd. vīretac, ahd. fīratag]: **a)** *jährlich wiederkehrender Gedenktag [an dem nicht gearbeitet wird]:* ein gesetzlicher, kirchlicher F.; ein hoher F.; morgen ist F.; schöne -e!; an Sonn- und Feiertagen geschlossen; **b)** *Tag, an dem jmd. etw. besonderes Schönes erlebt:* heute ist für mich ein F.

fei|er|täg|lich ⟨Adj.⟩: *sonntäglich, festlich.*

feier|tags ⟨Adv.⟩: *an Feiertagen:* der Zug fährt auch sonn- und f.
Feier|tags|ar|beit, die ⟨Pl. selten⟩: *an Feiertagen geleistete berufliche Arbeit.*
Feier|tags|ru|he, die: *an Feiertagen eingehaltene [Arbeits]ruhe:* die F. stören, beeinträchtigen.
Feier|tags|stim|mung, die ⟨Pl. selten⟩: *für Feiertage* (a) *typische friedliche, ruhige Stimmung.*
feig ⟨Adj.⟩, **fei|ge** ⟨Adj.⟩ [mhd. veige, ahd. feigi, eigtl. = dem Tode verfallen; verdammt, viell. verw. mit ↑ Fehde] (abwertend): **1. a)** *[ohne Ehrgefühl, unehrenhaft] vor jeder Gefahr, jedem Risiko ängstlich zurückschreckend, ohne Mut:* sich f. zurückziehen; **b)** *von Feigheit zeugend:* feige Ausreden. **2.** *hinterhältig, gemein:* ein feiger Mord; sie haben uns f. im Stich gelassen.
Fei|ge, die; -, -n [mhd. vīge, ahd. figa < aprovenz. figa < mlat. fica < lat. ficus, ↑ Ficus]: **1.** (Bot.) *in sehr vielen Arten überwiegend in den Tropen vorkommende, als Baum, Strauch od. Schlingpflanze wachsende Pflanze mit immergrünen Blättern.* **2.** *Feigenbaum.* **3.** *Frucht des Feigenbaums:* getrocknete -n. **4. a)** (derb) *Vulva;* **b)** (derb abwertend) *Hure* (a).
Fei|gen|baum, der: *(in tropischem u. subtropischem Klima wachsender) Baum mit großen, fingerförmig gelappten Blättern u. grünen od. violetten, birnenförmigen, süßen Früchten, die frisch od. getrocknet gegessen werden.*
Fei|gen|blatt, das: **1.** *Blatt des Feigenbaums.* **2.** [nach 1. Mos. 3,7, wo sich Adam u. Eva Lendenschurze aus Feigenblättern flechten] *etw., was dazu benutzt wird, etw. vor anderen zu verbergen; etw., was als Tarnung od. [schamhafte] Verhüllung dient:* etw. als F. benutzen. **3.** (Jägerspr.) *äußeres Geschlechtsteil beim weiblichen Schalenwild; Feuchtblatt.*
Feig|heit, die; - [mhd. veicheit = Unheil, Unseligkeit]: *das Feigesein; Angst vor jeder Gefahr, jedem Risiko:* sich seiner F. schämen; (Militär:) er wurde verurteilt wegen F. vor dem Feind.
Feig|ling, der; -s, -e (abwertend): *Mensch, der als feige angesehen wird:* ein erbärmlicher F.
Feig|war|ze, die; -, -n [nach der Ähnlichkeit mit einer Feige (3)]: *warzenähnliche Hautwucherung an Geschlechtsteilen u. am After.*
feil ⟨Adj.⟩ [mhd. veile, ahd. feili = käuflich, zu einem Verb mit der Bed. »verkaufen; verdienen«]: **1.** (geh. abwertend) *(von Menschen) käuflich:* eine -e Dirne. **2.** ** f. sein* (veraltet; *verkäuflich, zu verkaufen sein*).
feil|bie|ten ⟨st. V.; hat⟩ [zu ↑ feil] (geh.): *zum Verkauf anbieten:* Souvenirs f.
Fei|le, die; -, -n [mhd. vīle, ahd. fī(ha)la, H. u.]: *Werkzeug aus gehärtetem Stahl mit vielen kleinen Zähnen od. Rillen zur Bearbeitung, Glättung von Oberflächen:* eine grobe, feine F.; etw. mit der F. bearbeiten; Ü [an] einer Sache fehlt die letzte F. *(eine Sache lässt die Vollendung vermissen).*
fei|len ⟨sw. V.; hat⟩ [mhd. vīlen, ahd. fīhalōn]: *durch Bearbeitung mit einer Feile die letzten Unebenheiten von etw. entfernen, glätten:* etw. rund f.; ich muss mir die [Finger]nägel f.; Ü an diesem Konzept muss noch gefeilt werden.
Fei|len|hau|er, der: *jmd., der Feilen herstellt* (Berufsbez.).
Fei|len|hau|e|rin, die; -, -nen: w. Form zu ↑ Feilenhauer.
feil|hal|ten ⟨st. V.; hat⟩ (veraltet): *feilbieten.*
feil|schen ⟨sw. V.; hat⟩ [mhd. veils(ch)en, zu ↑ feil] (oft abwertend): *bei einem Kauf durch hartnäckiges, kleinliches Handeln einen möglichst günstigen Preis für etw., den größtmöglichen Vorteil zu erreichen suchen:* sie feilscht zäh um den Preis jedes einzelnen Stücks; Ü ⟨subst.:⟩ nach der Wahl begann das Feilschen um die Kabinettsposten.

¹Feim, der; -[e]s [mhd. veim, ahd. feim = Schaum, verw. mit engl. foam = Schaum; vgl. abgefeimt] (veraltet): *Brandung.*
²Feim, der; -[e]s, -e, **Fei|me,** die; -, -n, **Fei|men,** der; -s, - [mniederd. vīme] (nordd., md.): *großer, aufgeschichteter Haufen von Heu, Stroh, Getreide od. Holz.*
fei|men ⟨sw. V.; hat⟩ (nordd., md.): *zu Feimen aufschichten.*
fein ⟨Adj.⟩ [mhd. fīn < (a)frz. fin = fein, zart, über ein galloroman. Wort mit der Bed. »Äußerstes, Bestes« zu lat. finis = Ende, Grenze; Äußerstes, Höchstes]: **1. a)** *von dünner, zarter Beschaffenheit:* -es Gewebe; eine -e Röte überzog ihr Gesicht; ein -es *(engmaschiges)* Sieb; ihr Haar ist sehr f.; f. geschliffenes Kristall; f. gesponnenes Garn; **b)** *von angenehm-zartem Äußeren; nichts Grobes enthaltend, in allen Einzelheiten ausgebildet:* ein -es Profil; -e Hände haben; das Mädchen hat ein -es, ein f. geschnittenes Gesicht; f. geschwungene Augenbrauen; **c)** *aus kleinsten Teilchen bestehend:* -er Zucker; Mehl f. mahlen; f. gemahlenes Mehl; f. gehackte, geschnittene Kräuter; f. gestoßener Zimt; f. vermahlenes Mehl; f. verteilter Puderzucker; **d)** *sehr leise u. zart:* er hörte ein -es Stimmchen. **2. a)** *einfühlsam, feinsinnig:* einen -en Sinn für etw. haben; in ihren Worten lag eine -e Ironie; **b)** *fähig, auch nur andeutungsweise vorhandene Sinneseindrücke wahrzunehmen bzw. auf Impulse zu reagieren; empfindlich, scharf, genau, exakt:* ein -es Gehör haben; -e Instrumente; ein -er Beobachter; Unterschiede f. *(alle Einzelheiten berücksichtigend, genau)* herausarbeiten; **c)** *nur einem scharfsinnigen Beobachter (als solches) erkennbar:* f., aufs Feinste/feinste ausgeklügelt. **3. a)** *von ausgezeichneter Qualität, hochwertig, erlesen, vorzüglich, exquisit:* -es Gebäck; es duftet nach einer -en Seife; -es *(reines)* Gold, Silber; die -e Küche *(die Zubereitung feiner Speisen);* ⟨subst.:⟩ sie kauft immer nur das Feinste vom Feinen *(das Allerbeste, die allerbeste Qualität);* **b)** (ugs.) *erfreulich, lobenswert:* das ist eine -e Sache; f., dass du wieder da bist; * f. [he]raus sein *(ugs.; [nach Überwindung einer Schwierigkeit] in glücklicher Lage sein:* wer damals in dieser Branche investiert hat, ist heute f. raus); **c)** (ugs.) *(von Menschen) anständig, nett:* er ist wirklich ein -er Kerl; (iron.:) du hast ja eine -e Verwandtschaft. **4.** *gepflegt, vornehm, elegant [aussehend]:* -e Manieren; (abwertend:) ein -er Pinkel; du bist dir wohl zu f. dafür; f. aussehen; sich f. machen *(sich gut anziehen; sich nett zurechtmachen).* **5.** ⟨verstärkend, bekräftigend bei Adjektiven u. Verben⟩ *etwas f. (schön) säuberlich aufschreiben; dass du mir f. (schön) brav bist!*
Fein|ab|stim|mung, die (Technik): *präzise Abstimmung, Einstellung (eines Geräts).*
Fein|ar|beit, die: *ins Detail gehende [dem Erzeugnis den letzten Schliff gebende] Arbeit:* die F. kann man auch später noch machen.
Fein|bä|cker, der: *Konditor* (Berufsbez.).
Fein|bä|cke|rei, die: *Konditorei.*
Fein|bä|cke|rin, die: w. Form zu ↑ Feinbäcker.
Fein|back|wa|ren ⟨Pl.⟩: *Feingebäck.*
Fein|be|ar|bei|tung, die (Technik): *Bearbeitungsverfahren zur Verbesserung der Präzision od. zur Erreichung einer optimalen Oberflächenstruktur eines Werkstücks.*
fein be|sai|tet, fein|be|sai|tet ⟨Adj.⟩: *zartbesaitet, empfindlich.*
Fein|blech, das: *dünnes Blech.*
feind (indekl. Adj.) (geh. veraltend): *nur in Wendungen* **jmdm., einer Sache f. bleiben** *(jmdm., einer Sache feindlich gesinnt bleiben, weiterhin ablehnend gegenüberstehen);* **jmdm., einer Sache f. sein** *(jmdm., einer Sache feindlich, ablehnend gegenüberstehen:* die beiden waren sich schon immer f.; dem Alkohol f. sein).
Feind, der; -[e]s, -e [mhd. vīnt, vīant, ahd. fīand, eigtl. = der Hassende, subst. 1. Part. von ahd. fīēn = hassen, urspr. = schädigen, wehtun]: **1. a)** *jmd., dessen [persönliches] Verhältnis zu einer bestimmten anderen Person durch Feindschaft bestimmt ist:* er ist mein gefährlichster F.; die beiden waren [persönliche; -e; [keine, viele] -e haben; sich jmdn. zum F. machen; R viel Feind', viel Ehr *(es ist ehrenvoll, viele Feinde zu haben);* **b)** *jmd., dessen Verhalten den Interessen einer bestimmten Gruppe von Menschen zuwiderläuft, der für diese Gruppe eine Bedrohung darstellt:* ein F. der Menschheit; Ü der Tiger hat keine [natürlichen] -e (Zool.: *es gibt keine Tiere, die dem Tiger gefährlich werden können);* die Eifersucht ist der F. der Liebe; Wo sind meine Träume? Erfüllung ist der F. der Sehnsucht (Remarque, Obelisk 259). **2. a)** *Angehöriger einer feindlichen Macht, feindlicher Soldat:* im Krieg waren die Amerikaner die -e der Japaner; **b)** *feindliche Macht:* das Bündnis mit den ehemaligen -en im Westen; **c)** ⟨o. Pl.⟩ *feindliche Truppen:* den F. in die Flucht schlagen; Tapferkeit, Feigheit vor dem F. *(im Gefecht);* R ran an den F.! (ugs. scherzh.; *auf, auf, nicht länger gezögert!);* *** vor dem F. bleiben** (geh. verhüll.; *im Krieg fallen).* **3.** *jmd., der etw. entschieden bekämpft:* ein F. der künstlichen Düngung.
Feind|be|rüh|rung, die (Militär): *Zusammentreffen mit feindlichen Truppen:* F. haben.
Feind|bild, das: *Vorstellung von einer Person od. Sache als von einem Feind, Gegner, als von etwas Feindlichem, Bedrohlichem:* Topmanager müssen häufig als -er herhalten.
Feind|ein|wir|kung, die (Militär): *Einwirkung vom Feind ausgehender zerstörerischer Kräfte.*
Fein|des|land, das ⟨o. Pl.⟩ (geh. veraltet): *Land des Feindes, feindliches Gebiet:* durch F. marschieren.
Feind|flug, der (Militär): *Flug über feindliches Gebiet.*
Fein|din, die; -, -nen: w. Form zu ↑ Feind.
feind|lich ⟨Adj.⟩ [mhd. vī(e)ntlich, ahd. fiantlīh]: **1. a)** *auf persönliche Ablehnung zurückgehend, von Feindschaft gekennzeichnet:* eine -e Haltung [gegen jmdn./jmdm. gegenüber] einnehmen; -e Blicke; »Was hast du drinnen getan?« fragte sie f. (Remarque, Obelisk 229); **b)** *in Feindschaft mit jmdm. lebend, verfeindet:* zwei -e Brüder. **2.** *zum Feind (2), zum militärischen Gegner gehörend, von ihm ausgehend:* -e Stellungen; das Abhören der -en Sender. **3.** *einem Feind (3) entsprechend:* einer Sache f. gegenüberstehen.

-**feind|lich: 1.** drückt in Bildungen mit Substantiven aus, dass die beschriebene Person od. Sache ungünstig für jmdn., etw. ist, sich für jmdn., etw. nachteilig auswirkt, etw. behindert, hemmt: arbeitnehmer-, kommunikations-, verbraucherfeindlich. **2.** drückt in Bildungen mit Substantiven aus, dass die beschriebene Person od. Sache jmdn., etw. ablehnt, gegen jmdn., etw. eingestellt ist: fremden-, regierungs-, systemfeindlich.

Feind|lich|keit, die; -, -en: **1.** ⟨o. Pl.⟩ *feindliches Wesen, feindliche Haltung.* **2.** *feindliche Handlung.*
Feind|schaft, die; -, -en: **1.** ⟨o. Pl.⟩ *Haltung einem anderen Menschen gegenüber, die von dem Wunsch bestimmt ist, diesem zu schaden, ihn zu bekämpfen od. sogar zu vernichten:* sich

jmds. F. zuziehen; ihr Verhältnis ist von jeher durch gegenseitige F. bestimmt. **2.** ⟨Pl. selten⟩ *durch gegenseitige Feindschaft (1) geprägte Beziehung zwischen Menschen:* [mit jmdm.] in F. leben.

feind|schaft|lich ⟨Adj.⟩: *von Feindschaft erfüllt:* eine -e Haltung; sich f. gegenüberstehen.

feind|se|lig ⟨Adj.⟩ [im 16. Jh. nach anderen Bildungen auf -selig, urspr. = verhasst]: *feindlich gesinnt, hasserfüllt:* -e Blicke; sich f. ansehen.

Feind|se|lig|keit, die; -, -en: **1.** ⟨o. Pl.⟩ *feindselige Haltung:* jmdm. mit offener F. gegenübertreten. **2.** ⟨Pl. selten⟩ *Kampfhandlungen:* zwischen den beiden Mächten sind -en ausgebrochen; In der vergangenen Nacht ... waren die -en eingestellt worden - en, was für ein außerordentlich zurückhaltendes Wort für so viel Blut (Heym, Schwarzenberg 17).

Feind|sen|der, der: *[Nachrichten]sender des Feindes* (2 b).

feind|wärts ⟨Adv.⟩ [↑ -wärts]: *in Richtung auf den Feind* (2).

Fein|ein|stel|lung, die: *Feinabstimmung.*

fein|fä|dig ⟨Adj.⟩: *feine Fäden aufweisend; aus feinen Fäden bestehend.*

fein|fa|se|rig ⟨Adj.⟩: *feine Fasern aufweisend, aus feinen Fasern bestehend.*

Fein|frost, der ⟨o. Pl.⟩ (regional): *Tiefkühlkost.*

fein|füh|lend, fein füh|lend ⟨Adj.⟩: *Zart-, Taktgefühl besitzend.*

fein|füh|lig ⟨Adj.⟩: **a)** *fein empfindend, zartfühlend; einfühlsam, sensibel:* ein -er Mensch; eine Komposition sehr f. interpretieren; **b)** (Technik) *auf feinste Impulse ansprechend:* ein -er Sensor.

Fein|füh|lig|keit, die; -, -en ⟨Pl. selten⟩: *das Feinfühligsein.*

Fein|ge|bäck, das: *feine Backwaren.*

Fein|ge|fühl, das ⟨Pl. selten⟩: *feines Gefühl, Empfinden:* etw. mit großem F. tun; er hat überhaupt kein F.

Fein|ge|halt, der: *Gehalt an absolut reinem Gold od. Silber in einer Legierung.*

Fein|geist, der ⟨Pl. -er⟩: *gebildeter, kultivierter, empfindsamer Mensch.*

fein ge|mah|len, fein|ge|mah|len ⟨Adj.⟩: *zu einem feinen Mehl, Pulver od. dgl. zermahlen:* fein gemahlener Pfeffer.

fein ge|narbt, fein|ge|narbt ⟨Adj.⟩: *eine feine Narbung aufweisend:* fein genarbtes Leder.

fein ge|schlif|fen, fein|ge|schlif|fen ⟨Adj.⟩: *einen feinen Schliff aufweisend:* fein geschliffenes Kristall.

fein ge|schnit|ten, fein|ge|schnit|ten ⟨Adj.⟩: **1.** *in sehr kleine Stücke geschnitten:* fein geschnittene Kräuter. **2.** *bis ins Einzelne ausgeformt:* ein fein geschnittenes Gesicht, Profil.

fein ge|schwun|gen, fein|ge|schwun|gen ⟨Adj.⟩: *in feinem Schwung verlaufend:* fein geschwungene Augenbrauen.

fein ge|spon|nen, fein|ge|spon|nen ⟨Adj.⟩: *zu einem feinen Faden gesponnen:* fein gesponnene Wolle.

fein ge|sto|ßen, fein|ge|sto|ßen ⟨Adj.⟩: *in kleine Partikel zerstoßen:* fein gestoßener Zimt.

fein ge|streift, fein|ge|streift ⟨Adj.⟩: *mit schmalen Streifen gemustert:* ein fein gestreifter Anzug.

Fein|ge|wicht, das (Münzkunde): *Gewicht des in einer Münze enthaltenen Anteils an Edelmetall.*

fein|glie|de|rig, fein|glied|rig ⟨Adj.⟩: *einen feinen, schmalen Wuchs aufweisend:* ein -er Knabe; -e Hände.

Fein|gold, das: vgl. Feinsilber.

Fein|heit, die; -, -en: **1.** ⟨o. Pl.⟩ *feine (1) Beschaffenheit d. F. einer Stickerei, einer Struktur.* **2.** ⟨oft im Plural⟩ **a)** *Einzelheit, Nuance, Finesse:* stilistische -en nicht erkennen, registrieren; **b)** *etw. Feines* (2 c)*; Subtilität:* seine Rede war

mit -en gespickt. **3.** ⟨o. Pl.⟩ *feine, erlesene Qualität:* die F. dieses Porzellans, dieser Stickerei. **4.** ⟨o. Pl.⟩ *feine, vornehme [Lebens]art; Vornehmheit.*

fein|herb ⟨Adj.⟩: **1.** *(von Weinen) halbtrocken:* ein -er Weißwein, Riesling. **2.** *leicht herb:* ein -es Pils; der Tee ist f.

fein|hö|rig ⟨Adj.⟩: *ein feines Gehör besitzend.*

fein|kör|nig ⟨Adj.⟩: **1.** *aus feinen Körnern bestehend:* -er Sand. **2.** (Fotogr.) *(von Filmen) ein feines* ¹*Korn* (4 a) *aufweisend.*

Fein|kör|nig|keit, die; -: *feinkörnige Beschaffenheit.*

Fein|kost, die: *Delikatessen.*

Fein|kost|ge|schäft, das: *auf Feinkost spezialisiertes Lebensmittelgeschäft.*

fein ma|chen, fein|ma|chen, sich ⟨sw. V.; hat⟩: *sich gut anziehen; sich nett zurechtmachen:* sie hat sich für das Fest am Abend fein gemacht.

fein mah|len, fein|mah|len ⟨unr. V.; hat⟩: *in kleinste Teilchen zermahlen:* Mandeln, Kaffeebohnen f. m.

fein|ma|schig ⟨Adj.⟩: *feine Maschen aufweisend:* ein -es Netz.

Fein|me|cha|nik, die: *Teilgebiet der Technik, das sich mit dem Bau feiner [mess]technischer Geräte u. Apparate befasst.*

Fein|me|cha|ni|ker, der: *jmd., der feinmechanische Geräte baut u. wartet (Berufsbez.).*

Fein|me|cha|ni|ke|rin, die: w. Form zu ↑ Feinmechaniker.

fein|me|cha|nisch ⟨Adj.⟩: *zur Feinmechanik gehörend:* -e Geräte.

Fein|mess|ge|rät, das: *hochempfindliches Gerät, das zur genauen Messung von Längen u. Winkeln dient.*

Fein|mes|sung, die (Technik): *Messen bes. von Längen mit extremer Genauigkeit.*

Fein|mo|to|rik, die (Physiol., Med.): *besondere, differenziertere Motorik, vor allem der Finger u. (im Hinblick auf die Mimik) der Gesichtsmuskulatur.*

fein|mo|to|risch ⟨Adj.⟩ (Physiol., Med.): *die Feinmotorik betreffend:* -e Fähigkeiten.

fein|ner|vig ⟨Adj.⟩: *sehr sensibel, feinempfindsam:* eine -e Künstlerin.

Fein|op|tik, die: *Optik* (2) *von hoher Genauigkeit für die Fertigung hochwertiger optischer Geräte.*

fein|op|tisch ⟨Adj.⟩: *die Feinoptik betreffend, dazu gehörend.*

fein|po|rig ⟨Adj.⟩: *feine Poren habend:* -es Leder.

Fein|ripp, der; -s (Textilind.): *gewirkter Stoff mit feinem Rippenmuster, bes. für Unterwäsche.*

Fein|ripp|wa|re, die ⟨Pl. selten⟩ (Textilind.): *Wirkware aus Feinripp.*

fein|san|dig ⟨Adj.⟩: *mit feinem Sand bedeckt:* ein -er Strand.

fein|schlei|fen ⟨st. V.; hat⟩ (Technik): *durch abschließendes Schleifen die Präzision od. die Oberflächenbeschaffenheit eines Werkstücks verbessern.*

Fein|schliff, der: *besonders feiner Schliff* (1 b).

Fein|schme|cker, der: *jmd., der einen ausgeprägten Sinn für feine Speisen hat:* ein f.

Fein|schme|cke|rin, die; -, -nen: w. Form zu ↑ Feinschmecker.

Fein|schme|cker|lo|kal, das: *Restaurant, in dem besonders feine u. ausgefallene Speisen u. Getränke serviert werden.*

Fein|schnitt, der: *besonders fein geschnittener Rauchtabak.*

Fein|sil|ber, das: *Silber mit sehr hohem Feingehalt.*

fein|sin|nig ⟨Adj.⟩: *mit Feinsinnigkeit begabt, von Feinsinnigkeit zeugend:* -er Humor.

Fein|sin|nig|keit, die; -: *feines Empfinden (bes. für künstlerische Dinge); Sensibilität.*

Fein|spitz, der (österr. salopp): *Feinschmecker.*

Fein|staub, der (bes. Fachspr.): *aus sehr kleinen Partikeln bestehender Staub (bes. als Luftschadstoff).*

Fein|staub|be|las|tung, die (bes. Fachspr.): *Belastung mit Feinstaub.*

Fein|staub|par|ti|kel, das, auch: die: *extrem kleines, mit bloßem Auge nicht mehr wahrnehmbares Staubkorn.*

Fein|staub|pla|ket|te, die: *Plakette, die ein Kraftfahrzeug mit einem bestimmten [geringen] Ausstoß von Feinstaub kennzeichnet.*

Fein|struk|tur, die: *Struktur im Kleinen.*

Fein|strumpf, der ⟨meist Pl.⟩: *feiner Strumpf, Strumpf mit voller Passform.*

Fein|strumpf|ho|se, die: vgl. Feinstrumpf.

Fein|tu|ning [...tjuːnɪŋ], das: *bis ins Kleinste gehende präzise Einstellung eines Geräts (meist als abschließende Verbesserung).*

Fein|un|ze, die: *Gewichtseinheit für Feingold u. Feinsilber* (31,10 g)*.*

fein ver|mah|len, fein|ver|mah|len ⟨Adj.⟩: *sehr fein gemahlen:* fein vermahlenes Korn, Mehl.

fein ver|teilt, fein|ver|teilt ⟨Adj.⟩: *in feiner Verteilung vorhanden:* fein verteilte Tröpfchen, Staubpartikel.

Fein|waa|ge, die: *sehr empfindliche Waage.*

Fein|wä|sche, die: *Wäsche, die besonders schonend gewaschen werden muss.*

Fein|wasch|mit|tel, das: *Waschmittel für Feinwäsche.*

feiß [mhd. vei3(e), urspr. = strotzend, schwellend] (alemann.): *fett, feist.*

feist [mhd. vei3(e)t, ahd. fei3(3)t, eigtl. 2. Part. von mhd. vei3en = fett machen, zu: vei3(e), ↑ feiß] (meist abwertend): *[unangenehm, widerlich] fett, dick:* Ü mit einem -en Grinsen.

Feist, das; -[e]s (Jägerspr.): *Fett, Speck des Haarwildes.*

Feis|te [mhd. vei3(e)te], **Feist|heit,** die; - (abwertend): *das Feistsein.*

Feis|tig|keit, die; - (abwertend): *Feistheit.*

Fei|tel, der; -s, - [H. u.] (bayr., österr. ugs.): *einfaches, billiges Taschenmesser.*

fei|xen ⟨sw. V.; hat⟩ [wohl aus der Studentenspr., zu nordd. Feix = Unerfahrener, Dümmling, H. u.] (ugs.): *breit, schadenfroh, hämisch lachen, grinsen:* * *sich* (Dativ) *eins f.* (ugs.; *sich hämisch lachend lustig machen, sich in schadenfroher Weise amüsieren).*

Fel|ber, der; -s, -, **Fel|ber|baum,** der [mhd. velwer, ahd. felwar]: *Weidenbaum.*

Fel|chen, der; -s, - [mhd. felche, H. u.]: *(zu den Renken gehörender) schlanker Lachsfisch mit silberglänzendem Körper.*

Feld, das; -[e]s, -er [mhd. veld, ahd. feld, urspr. = Ebenes, Breites]: **1.** (geh.) *weite, unbebaute Bodenfläche:* F. und Wald; über freies F. laufen. **2.** *abgegrenzte Bodenfläche für den Anbau von Nutzpflanzen:* ein brachliegendes F.; der Bauer bestellt sein F.; das Korn steht noch im F. *(ist noch nicht eingefahren);* * *noch in weitem F./-e stehen (noch ganz ungewiss, noch lange nicht sicher sein;* urspr. vom noch nicht geernteten Getreide). **3.** *von einer zusammenhängenden Fläche abgetrenntes, abgeteiltes Teilstück:* die 64 -er des Schachbretts; dieses Wappen hat eine weiße Lilie auf blauem F. **4.** (Sport) *Spielfeld:* das F. beherrschen *(das Spiel bestimmen).* **5.** ⟨o. Pl.⟩ (veraltend) *Kriegsschauplatz, Schlachtfeld, Front:* (geh. verhüll.:) er ist auf dem F. der Ehre geblieben; aus dem F. *(aus dem Krieg)* zurückkommen; die Soldaten ins F. schicken *(in den Krieg ziehen lassen, an die Front schicken);* Ü die Partei beschloss, die gehörende Ministerin ins F. zu schicken; * *das F. behaupten (seine Stellung gegen seine Konkurrenten behaupten);* **das F. beherrschen** *(maßgebend, allgemein als maß-*

geblich anerkannt sein); **das F. räumen** (seine Stellung aufgeben, weichen, sich absetzen); **das F. gewinnen** (veraltend; siegen, Sieger werden, siegreich sein); **jmdm. das F. streitig machen** (mit jmdm. um etw., jmdm. kämpfen; jmdm. Konkurrenz machen); **jmdm. das F. überlassen** (sich zurückziehen u. dadurch jmdm. den Weg zu etw. frei machen); **jmdm. aus dem F./-e schlagen** (geh.; jmdn. besiegen); **etw. ins F. führen** (geh.; etw. als Argument anführen); **gegen, für jmdn., etw. zu -e ziehen** (geh.; gegen, für jmdn., etw. kämpfen). **6.** Gebiet (2), Sach-, Tätigkeitsbereich, Forschungs-, Fachgebiet: sein eigentliches F. ist die Neurochirurgie; R das ist ein weites F. (das ist ein schwer überschaubarer Bereich, ein Thema, über das sich viel sagen ließe). **7.** (Physik) Raum, in dem die von einem Stoff ausgehenden Kräfte wirksam sind: ein elektromagnetisches F. **8.** (Sport) geschlossene Gruppe von Sportlern in einem Lauf od. Rennen; Gesamtheit der Teilnehmer an einem Lauf od. Rennen: das F. anführen, von hinten aufrollen; im hinteren F. landen. **9.** (Sprachwiss.) Kurzf. von ↑ Wortfeld: des Begriff des sprachlichen -es.
Feld|ar|beit, die: **1.** Arbeit auf den Feldern (2). **2.** Feldforschung.
Feld|ar|til|le|rie, die (Militär): ungepanzerte Artillerie.
Feld|aus|rüs|tung, die (Militär): Ausrüstung der Soldaten für den Dienst an der Front.
Feld|bahn, die: schmalspurige, leicht zu verlegende Bahn.
Feld|bett, das [geb. nach ↑ Feldstuhl]: leicht zusammenlegbare u. transportable einfache Liege.
Feld|bin|de, die (Militär): **a)** Offiziersschärpe; **b)** (früher) bei Wehrmacht u. Reichswehr zur Paradeuniform gehörender Leibgurt; ♦ **c)** Armbinde als militärisches Erkennungszeichen: ... ein lothringischer Kriegsmann mit der F. der Guisen (C. F. Meyer, Amulett 75).
Feld|blu|me, die: auf Feldern (1) blühende Blume: Feld- und Wiesenblumen.
Feld|boh|ne, die: Saubohne.
Feld|dieb|stahl, der: Diebstahl von Feld-, Gartenfrüchten.
Feld|dienst, der (Militär früher): Dienst der Truppe im Gelände (zur Übung u. im Gefecht).
feld|dienst|fä|hig ⟨Adj.⟩ (Militär früher): zum Felddienst fähig, tauglich.
feld|ein, feld|ein|wärts ⟨Adv.⟩: in die Felder hinein.
Fel|den|krais, das; - ⟨meist o. Art.⟩: Therapie, Training nach der Feldenkraismethode.
Fel|den|krais|me|tho|de, die ⟨o. Pl.⟩ [nach dem israelischen Physiker u. Physiologen M. Feldenkrais (1904–1984)]: Form der Bewegungstherapie mit dem Ziel, den eigenen Körper besser wahrzunehmen.
Feld|fla|sche, die (Militär): zur Feldausrüstung gehörende flache Flasche aus Blech zum Mitführen von Getränken.
Feld|flur, die: zu einer Ortschaft gehörende Ackerfläche.
Feld|for|schung, die [LÜ von engl. field research] (Soziol., Sprachwiss. u. a.): systematisches, an Ort u. Stelle vorgenommenes Sammeln von wissenschaftlich auswertbaren Daten über Verhältnisse in der Wirklichkeit.
Feld|frucht, die ⟨meist Pl.⟩: auf dem Acker angebaute Kulturpflanze (Getreide, Hackfrüchte, Kartoffeln u. a.) im Gegensatz zu den Gartenfrüchten.
Feld|gans, die: im freien Gelände lebender Gänsevogel.
Feld|gen|dar|me|rie, die ⟨o. Pl.⟩ (Militär früher): Heerestruppe, die im Krieg militärpolizeiliche Aufgaben wahrgenommen hat.

Feld|ge|schütz, das: Geschütz der Feldartillerie.
Feld|got|tes|dienst, der: zu besonderen Anlässen od. im Krieg vom Militärgeistlichen im Freien abgehaltener Gottesdienst.
feld|grau ⟨Adj.⟩: die Farbe Feldgrau aufweisend: die -e Uniformjacke.
Feld|grau, das ⟨o. Pl.⟩: graue Farbe der deutschen Uniformen im Ersten u. Zweiten Weltkrieg.
Feld|hams|ter, der: auf Feldern lebender Hamster mit gelblich braunem, an der Bauchseite schwarzem Fell.
Feld|hand|ball, der ⟨o. Pl.⟩: Handball (1) auf einem Spielfeld im Freien.
Feld|ha|se, der: auf Feldern lebender Hase mit graugelbem bis braunem Fell u. weißlicher Bauchseite.
Feld|heer, das: aktiver [an der Front stehender] Teil des Heeres im Unterschied zu den Reservisten.
Feld|herr, der (veraltet): Oberbefehlshaber, Heerführer.
Feld|herrn|blick, der: strenger, unnachsichtiger, prüfend-forschender, ins Weite gehender Blick.
Feld|ho|ckey, das: Hockey auf einem Spielfeld im Freien.
Feld|huhn, das: Hühnervogel mit kurzem Schwanz u. unbefiederten Läufen (z. B. Rebhuhn, Wachtel).
Feld|hü|ter, der: jmd., der Felder (2) bewacht; Flurschütz.
Feld|hü|te|rin, die: w. Form zu ↑ Feldhüter.
Feld|jä|ger, der (Militär): **1.** Angehöriger der Feldjäger (2). **2.** ⟨Pl.⟩ (in der Bundeswehr) Führungstruppe, die den militärischen Verkehr zu regeln u. zu überwachen u. für die Aufrechterhaltung der Ordnung zu sorgen hat.
Feld|jä|ge|rin, die: w. Form zu ↑ Feldjäger (1).
Feld|kü|che, die (Militär): großer fahrbarer Kessel (1 b) für die Verpflegung der Soldaten bei Übungen od. im Einsatz.
Feld|la|ger, das (früher): Lager der im Feld (5) stehenden Truppen; Heerlager.
Feld|la|za|rett, das (Militär): verlegbares Lazarett zur ärztlichen Behandlung u. Pflege von Verwundeten u. Kranken an der Front.
Feld|li|nie, die (Physik): Linie, die für alle auf ihr liegenden Punkte die Richtung einer bestimmten in einem Kraftfeld wirkenden Kraft veranschaulicht: elektrische, magnetische -n.
Feld|mar|schall, der [nach frz. maréchal de camp] (früher): **a)** ⟨o. Pl.⟩ höchster militärischer Dienstgrad [unter dem Generalfeldmarschall]; **b)** Offizier dieses Dienstgrades.
feld|marsch|mä|ßig ⟨Adj.⟩: so geartet, wie es für den Einsatz an der Front vorgeschrieben ist.
Feld|maß, das: Flächenmaß für landwirtschaftlich genutzte Bodenflächen.
Feld|maus, die: auf Feldern in weitverzweigten Gängen lebende Wühlmaus mit gelblich braunem bis graubraunem Fell.
Feld|mohn, der: Klatschmohn.
Feld|müt|ze, die (früher): zum Dienst getragene Mütze des Soldaten.
Feld|po|li|zei, die: **1.** staatliche Institution zur Verhütung von Beschädigungen der Äcker u. Wiesen, die durch Menschen od. Tiere verursacht werden können. **2.** (Militär) Polizei, die für die öffentliche Ordnung u. Sicherheit im Kriegsgebiet sorgt.
Feld|post, die: Postwesen in Kriegszeiten, durch das die Postverbindungen zwischen Truppe u. Heimat sowie innerhalb der Truppen (tariffrei) hergestellt werden.
Feld|post|brief, der: mit der Feldpost geschickter Brief.
Feld|rain, der: Grasstreifen an der Grenze eines Feldes (2).
♦ **Feld|ruf,** der: Feldgeschrei: ... den F. hör ich

mächtig zu mir dringen (Schiller, Jungfrau, Prolog 4).
Feld|sai|son, die (Sport): Zeit, in der auf einem Spielfeld im Freien gespielt wird.
Feld|sa|lat, der: (wild wachsende u. in Gärten gezogene) Pflanze mit länglich ovalen, in Rosetten angeordneten Blättern, die als Salat gegessen werden; Rapunzel.
Feld|schlacht, die (früher): Kampfhandlungen bei einem militärischen Einsatz auf offenem Feld (5).
Feld|schütz, der [vgl. ¹Schütz]: Flurhüter.
Feld|spat, der; -[e]s, -e u. Späte: in vielen Formen vorkommendes farbloses od. helles gesteinsbildendes Mineral.
Feld|spiel, das (Sport): **1.** ⟨o. Pl.⟩ Spiel im Mittelfeld. **2.** auf dem Spielfeld im Freien stattfindendes Spiel.
Feld|spie|ler, der: (im Unterschied zum Torwart) im Spielfeld eingesetzter Spieler: wie viele F. dürfen ausgewechselt werden?
Feld|spie|le|rin, die: w. Form zu ↑ Feldspieler.
Feld|sport, der ⟨o. Pl.⟩: Sport, der auf einem Spielfeld im Freien betrieben wird.
Feld|sport|art, die: einzelne Disziplin (3) des Feldsports.
Feld|stär|ke, die (Physik): in einem Kraftfeld wirksame Kraft.
Feld|ste|cher, der [älter auch: Stecher, viell. urspr. scherzh. Bez.]: Fernglas.
Feld|stein, der: auf einem Acker liegender od. von dort (als störend) entfernter [größerer] Stein.
Feld|stück, das: **a)** Stück Feld (2), Acker; ♦ **b)** [zu ↑ Stück in der alten Bed. »Kanone« (ein Stück Geschütz)] kleineres Geschütz: ...wohlriechend köstliche Essenzen wurden aus niedlichen -en abgefeuert (Schiller, Maria Stuart II, 1).
Feld|stu|die, die: einzelne Studie innerhalb der Feldforschung.
Feld|stuhl, der [umgedeutet aus älterem ↑ Faltstuhl, zu ↑ Feld (5)]: vgl. Feldbett.
Feld|übung, die (Militär): Manöver (1).
Feld|ver|such, der: Versuch unter realen Bedingungen; Erprobung in der praktischen Anwendung.
Feld|ver|weis, der (Sport): Ausschluss eines Spielers vom weiteren Spiel (als disziplinarische Maßnahme).

Feld-Wald-und-Wie|sen- (ugs. leicht abwertend): drückt in Bildungen mit Substantiven aus, dass jmd. od. etw. nichts Spezielles od. Charakteristisches hat, sondern ganz unspezifisch ist u. von allem ein bisschen umfasst: Feld-Wald-und-Wiesen-Dichter, Feld-Wald-und-Wiesen-Buchhandlung.

Feld|we|bel, der; -s, - [vgl. Feldweibel]: **1.** (Militär) **a)** ⟨o. Pl.⟩ höchster Unteroffiziersdienstgrad (bis 1918); **b)** ⟨o. Pl.⟩ niedrigster Dienstgrad in der Rangordnung der Unteroffiziere mit Portepee (bei Heer u. Luftwaffe); **c)** Träger dieses Dienstgrades. **2.** (landsch. scherzh.) bes. große Blume (2 b). **3.** (ugs. abwertend) energische, laute weibliche Person.
Feld|we|bel|ton, der (abwertend): scharfer, befehlender Ton: einen F. anschlagen.
Feld|weg, der: [unbefestigter] schmaler Weg, der zwischen Feldern (2) u. Wiesen hindurchführt.
Feld|wei|bel, der [zu mhd. weibel, ahd. weibil = Gerichtsbote, zu: weibōn = sich hin u. her bewegen] (schweiz.): höherer Dienstgrad eines Unteroffiziers in der Armee, bei der Polizei od. Feuerwehr.
Feld|zei|chen, das (Militär früher): Kennzeichen (Fahne, Standarte, Adler o. Ä.), das an der Spitze der einzelnen militärischen Formationen im kriegerischen Einsatz mitgeführt wird.

Feld|zug, der: **1.** (Militär) *Gesamtheit der Kampfhandlungen während eines bestimmten Zeitabschnitts gegen einen bestimmten Gegner.* **2.** *groß angelegte Aktion, Unternehmung, Kampagne:* einen breit angelegten F. zur Bekämpfung der Kriminalität einleiten.
Felg|auf|schwung, der (Turnen): *Aufschwung mit einer ganzen Drehung um die Querachse des Körpers:* einen F. am Reck turnen.
¹**Fel|ge,** die; -, -n: **1.** [mhd. velge, ahd. felga = Kranz des Wagenrades, urspr. wohl = die Gebogene] *Teil des Rades, auf den der Reifen aufgezogen wird:* den Reifen auf die F. montieren, ziehen. **2.** [nach dem felgenähnlichen Kreisschwung der Beine] (Turnen) *Felgumschwung.*
²**Fel|ge,** die; -, -n [zu mhd. velgen = (den Boden) auflockern, pflügen] (landsch.): *Brachland nach dem Umpflügen.*
Fel|gen|brem|se, die (Technik): *Bremse, die auf die Felge eines Rades wirkt:* ein Fahrrad mit -n.
Felg|um|schwung, der (Turnen): *Umschwung aus dem Stütz.*
Fell, das; -[e]s, -e [mhd., ahd. vel, urspr. = Haut (von Mensch u. Tier), verw. mit lat. pellis, ↑ Pelz]: **1. a)** ⟨Pl. selten⟩ *dicht behaarte Haut (eines Säugetiers):* ein glänzendes, dichtes, weiches, struppiges F.; einem Pferd das F. striegeln; einem Hasen das F. abziehen; * **nur/bloß noch F. und Knochen sein** (ugs.; ↑ Haut 1 a); **jmdm./jmdn. juckt das F.** (salopp: *jmd. ist so übermütig, verhält sich so provozierend, dass ihm jeden Moment Prügel drohen);* **ein dickes F. kriegen/bekommen** (ugs.; *unempfindlich, abgehärtet werden);* **ein dickes F. haben** (ugs.; *unempfindlich, abgehärtet sein);* **sich ein dickes F. anschaffen** (ugs.; *sich unempfindlich machen, abhärten);* **jmdm. das F. über die Ohren ziehen** (1. salopp; *jmdm. übervorteilen, betrügen.* 2. Sportjargon; *einen Gegner deklassieren);* **jmdm. das F. gerben/versohlen** (salopp: *jmdn. verprügeln);* **nur sein eigenes F. anhaben** (ugs. scherzh.; *nackt sein);* **sein F. zu Markte tragen** (ugs.; ↑ Haut 1 a); **das F. versaufen** (salopp: *im Anschluss an eine Beerdigung einen Umtrunk veranstalten);* **b)** *(als Rohmaterial dienendes) abgezogenes Fell:* -e gerben; * **jmdm. schwimmen die/alle -e davon/fort/weg** (ugs.; *jmds. Hoffnungen zerrinnen; wahrsch. urspr. auf den [unachtsamen] Gerber bezogen, der früher die gegerbten Häute im Stadtbach wässerte: sie sah aus, als wären ihr alle -e davongeschwommen);* **seine -e davon-/fort-/wegschwimmen sehen** (ugs.; *seine Hoffnungen in nichts zerrinnen sehen);* **c)** ⟨o. Pl.⟩ *aus einem od. mehreren Fellen (1 b) gewonnenes Material:* eine Mütze aus F. **2.** *[aus Tierhaut hergestellte] Bespannung einer Trommel o. Ä., für eine Trommel o. Ä.* **3.** (Skisport) *Steigfell.*
Fel|la|che, der; -n, -n [arab. fallāḥ, eigtl. = Pflüger]: *Angehöriger der Ackerbau treibenden Landbevölkerung im Vorderen Orient.*
Fel|la|chin, die; -, -nen: w. Form zu ↑ Fellache.
fel|la|chisch ⟨Adj.⟩: *die Fellachen betreffend:* -e Folklore.
Fel|lah, der; -s, -s: *Fellache.*
Fel|la|tio, die; -, …ones […ne:s] [zu lat. fellatum, 2. Part. von: fellare, ↑ fellieren]: *Praktik sexueller Befriedigung, bei der der Penis des Geschlechtspartners in den Mund genommen u. mit Lippen, Zähnen u. Zunge gereizt wird.*
fel|la|tio|nie|ren ⟨sw. V.; hat⟩: *(einen Geschlechtspartner) durch Fellatio stimulieren [u. sexuell befriedigen].*
Fell|ei|sen, das; -s, - [spätmhd. velīs(en); H. u.; vergleiche frz. valise, ital. valigia = Koffer] (veraltet): *Rucksack, Tornister:* ♦ *… hob das F. vom Boden und lud es … auf seine Schulter* (Ebner-Eschenbach, Gemeindekind 126).

fel|lie|ren ⟨sw. V.; hat⟩ [lat. fellare, eigtl. = saugen]: *fellationieren.*
Fell|ja|cke, die: *Jacke aus Fell.*
Fell|klei|dung, die: *aus Fellen gefertigte [primitive] Kleidung.*
Fell|müt|ze, die: *Mütze aus Fell.*
Fel|low ['feloʊ], der; -s, -s [engl. fellow, eigtl. = Partner, Gefährte < aengl. fēolaga < anord. fēlagi = Teilhaber; Geschäftspartner, zu: fē = Vermögen, Besitz, verw. mit ↑ Vieh]: **1. a)** *(in Großbritannien) mit Rechten u. Pflichten ausgestattetes Mitglied eines Colleges* (1 b); **b)** *(in Großbritannien) Inhaber eines Forschungsstipendiums;* **c)** *(in Großbritannien) Mitglied einer wissenschaftlichen Gesellschaft.* **2.** *(in den USA) Student höheren Semesters.*
Fel|low|ship ['feloʊʃɪp], die; -, -s [engl. fellowship, eigtl. = Kameradschaft]: **1.** *Status eines Fellows* (1). **2.** *Stipendium für graduierte Studierende an britischen u. amerikanischen Universitäten.*
Fell|stie|fel, der: *Stiefel aus Fell.*
Fe|lo|nie, die; -, -n [frz. félonie, zu: félon = eidbrüchig; Verräter < mlat. fello = Sklavenschinder, übertr. = böser, gemeiner Mensch, aus dem Germ.] (Geschichte): *vorsätzlicher Bruch des Treueverhältnisses zwischen Lehnsherr u. Lehnsträger im Mittelalter.*
¹**Fels,** der; -es [mhd. vels(e), ahd. felis, felisa; vgl. anord. fjall, fell = Berg, Fels]: *feste Masse harten Gesteins:* harter, brüchiger F.; der nackte F.
²**Fels,** der; -ens ⟨älter: -en⟩, -en (geh.): *Felsen:* er stand da wie ein F. (unerschütterlich, unbeirrt) [in der Brandung].
Fels|bild, das ⟨meist Pl.⟩: *in frühen Kulturen auf Felswände [von Höhlen] gemalte, in Felswände [von Höhlen] geritzte bildliche Darstellung.*
Fels|block, der ⟨Pl. …blöcke⟩: *aus ¹Fels bestehender Block* (1).
Fels|bro|cken, der: vgl. Felsblock.
Fel|sen, der; -s, - [vgl. ¹Fels]: *größere, aufragende Masse fest in sich zusammenhängenden Gesteins:* ein steiler, schroffer F.; auf einen F. klettern.
Fel|sen|bein, das [für nlat. os petrosum = felsiger Knochen, da er aus sehr hartem Knochengewebe besteht] (Anat.): *doppelseitiger, zur Schädelbasis gehörender, das innere Ohr umschließender Teil des Schläfenbeins.*
Fel|sen|bucht, die: *von Felsen eingefasste Bucht.*
fel|sen|fest ⟨Adj.⟩: *ganz fest, unerschütterlich:* der -en Meinung sein, dass …; davon war er f. überzeugt.
Fel|sen|ge|bir|ge, das: *Gebirge, das reich an Felsen ist; felsiges Gebirge.*
Fel|sen|grab, das: *als Begräbnisplatz verwendete [natürliche] Felsenhöhle.*
Fel|sen|höh|le, die: *Höhle in Felsen, in felsigem Gestein.*
Fel|sen|in|sel, die: *felsige, aus felsigem Gestein bestehende Insel.*
Fel|sen|kir|che, die: *zu einer Kirche ausgestaltete große Felsnische.*
Fel|sen|küs|te, die: *felsige Küste.*
Fel|sen|nest, das: *hoch in den Felsen gelegenes, schwer zugängliches Versteck; hoch in die Felsen gebaute, schwer zugängliche Burg.*
Fel|sen|riff, das: *Reihe zusammenhängender Klippen im Meer.*
Fel|sen|schlucht, die: *felsige Schlucht.*
Fel|sen|spit|ze, die: *spitzer Felsvorsprung.*
Fel|sen|ufer, das: *felsiges Ufer.*
Fel|sen|vor|sprung, der: *Felsvorsprung.*
Fel|sen|wand, die: *Felswand.*
Fels|for|ma|ti|on, die: *Formation* (4 b).
Fels|ge|stein, das: *¹Fels.*
Fels|grat, der: *oberste Kante eines Felsrückens.*
fel|sig ⟨Adj.⟩ [mhd. felseht]: **a)** *mit Felsen, Fels-

brocken durchsetzt; steinig; reich an Felsen:* eine -e Landschaft; das Gelände ist sehr f.; **b)** *aus Fels[en] bestehend:* -e Gipfel, Höhen.
Fels|klet|tern, das; -s: *das Klettern, Bergsteigen im Fels (im Unterschied zum Eisklettern).*
Fels|kup|pe, die: *aus ¹Fels bestehende Kuppe* (1).
Fels|ma|le|rei, die: vgl. Felsbild.
Fels|mas|se, die: *große Ansammlung, Masse von Felsen.*
Fels|mas|siv, das: *großes, kompakte Felsmasse; felsiges Bergmassiv.*
Fels|na|del, die: *spitzer, steil aufragender Felsen.*
Fels|ni|sche, die: *Nische in einem Felsen, im Felsgestein.*
Fels|plat|te, die: *glatte, plattenförmige Fläche eines großen Felsens, im Felsgestein.*
Fels|rit|ze, die: *Ritze im Fels.*
Fels|rü|cken, der: *lang gestreckter oberer Teil eines Berges aus felsigem Gestein.*
Fels|spalt, der, **Fels|spal|te,** die: *Spalte im Fels.*
Fels|sturz, der ⟨Plural …stürze⟩: **a)** *das Herabstürzen von Felsgestein;* **b)** *Stelle, an der sich Felsgestein gelöst hat u. herabgestürzt ist; steil abfallender Abhang im Felsgestein.*
Fels|vor|sprung, der: *vorspringender Felsen.*
Fels|wand, die: *Seite eines steil aufragenden Felsens; aus Fels bestehender steiler Abhang.*
Fels|zeich|nung, die: vgl. Felsbild.
Fe|lu|ke, die; -, -n [frz. felouque < span. falucho, zu: falúa = ²Gig (1), viell. aus dem Arab.]: **a)** *im Mittelmeer verwendetes Küstenfahrzeug mit zwei Masten u. einem dreieckigen Segel;* **b)** *(früher) kleines Kriegsschiff in Form einer Galeere.*
Fe|me, die; -, -n [mhd. vēme, mnied. veime, vēme, H. u.]: **1.** *(bes. vom 13. bis 15. Jh. in Westfalen) mittelalterliches Sondergericht, das besonders schwere Straftaten aburteilt.* **2.** *geheime gerichtsähnliche Versammlung, die über die Ermordung von politischen Gegnern u. Verrätern in den eigenen Reihen entscheidet.*
Fe|me|ge|richt, Femgericht, das: *Feme* (1, 2).
Fe|mel, ¹Fimmel, der; -s [zu lat. femella = Weibchen (da man die kleineren männlichen Pflanzen zuerst für die weiblichen hielt), Vkl. von: femina, ↑ feminin] (Landwirtsch.): *männlicher Hanf.*
fe|meln, fimmeln ⟨sw. V.; hat⟩ [zu ↑ Femel]: *die bereits reifen männlichen Hanfpflanzen im Voraus ernten.*
Fe|me|mord, der: *aufgrund des Spruches einer Feme* (2) *durchgeführter [politischer] Mord.*
Fem|ge|richt: ↑ Femegericht.
fe|mi|nin [auch: ˈfeːmiˈniːn] ⟨Adj.⟩ [lat. femininus, zu: femina = Frau, verw. mit: fel(l)are (↑ fellieren) u. eigtl. = die Säugende od. viell. = die sich saugen Lassende]: **1. a)** *für die Frau charakteristisch, weiblich: -e Körperfunktionen;* **b)** *das Weibliche betonend:* ein -es Parfüm; eine gute -e Figur; **c)** (oft abwertend) *(als Mann) nicht die charakteristischen Eigenschaften eines Mannes habend, nicht männlich, zu weich, weibisch:* ein -er Mann, Typ. **2.** (Sprachwiss.) *mit weiblichem Geschlecht:* ein -es Substantiv.
Fe|mi|ni|ni|tät, die; -: *Femininität:* Maskulinität und F. schließen einander nicht aus.
Fe|mi|ni|num [auch: femiˈniːnʊm], das; -s, …na [lat. (genus) femininum] (Sprachwiss.): **a)** *Substantiv, das weibliches Geschlecht hat;* **b)** ⟨o. Pl.⟩ *weibliches Geschlecht eines Nomens:* das F. dient nicht nur zur Bezeichnung von Lebewesen.
fe|mi|ni|sie|ren ⟨sw. V.; hat⟩: **1.** *verweiblichen* (2): die Hormonbehandlung hat ihn feminisiert. **2. a)** *feminer* (1 b) *gestalten;* **b)** *auf die Bedürfnisse von Frauen ausrichten:* unsere Arbeitswelt feminisiert sich zusehends; **c)** *feminin* (1 c) *machen:* eine feminisierte Sportart. **3. a)** ⟨f. + sich⟩ *(vom Frauenanteil) sich erhöhen:* die

Feminisierung – ferial

Grundschule hat sich feminisiert; **b)** *mit einem höheren Frauenanteil ausstatten:* die Immunschwäche Aids wird feminisiert.

Fe|mi|ni|sie|rung, die; -, -en: *das Feminisieren, Feminisiertwerden, Feminisiertsein.*

Fe|mi|nis|mus, der; -, ...men: **1.** ⟨o. Pl.⟩ *Richtung der Frauenbewegung, die, von den Bedürfnissen der Frau ausgehend, eine grundlegende Veränderung der gesellschaftlichen Normen (z. B. der traditionellen Rollenverteilung) u. der patriarchalischen Kultur anstrebt.* **2.** (Med., Zool.) *das Vorhandensein od. die Ausbildung weiblicher Geschlechtsmerkmale beim Mann od. bei einem männlichen Tier; Verweiblichung.*

Fe|mi|nist, der; -en, -en ⟨meist Pl.⟩: *Anhänger des Feminismus* (1).

Fe|mi|nis|tin, die; -, -nen: *Vertreterin des Feminismus* (1).

fe|mi|nis|tisch ⟨Adj.⟩: **1.** *den Feminismus* (1) *betreffend:* -e Literatur, Theologie. **2.** *den Feminismus* (2) *betreffend, weibisch.*

Fe|mi|ni|tät, die; -: *das Femininsein, feminine* (1) *Art.*

Femme fa|tale [famfa'tal], die; - -, - -s [famfa'tal] [frz. = verhängnisvolle Frau, aus: femme = Frau < lat. femina (↑ feminin) u. fatale, Femininum von: fatal = verhängnisvoll < lat. fatalis, ↑ fatal] (bildungsspr.): *Frau mit Charme u. Intellekt, die durch ihren extravaganten Lebenswandel u. ihr verführerisches Wesen ihren Partnern häufig zum Verhängnis wird.*

Fem|to- [zu schwed. femton = fünfzehn] (Physik): Best. in Zus. mit der Bed. *das 10^{-15}-Fache (der 10^{15}te Teil) einer Einheit* (Zeichen: f).

Fem|to|fa|rad, das; -[s], -: *ein billiardstel Farad* (Zeichen: f^F).

Fem|to|me|ter, der, früher fachspr. auch: das; -s, -: *ein billiardstel Meter* (Zeichen: fm).

Fen|chel, der; -s [mhd. ven(i)chel, ahd. fenihhal < lat. feniculum, zu: fenum = Heu (nach seinem Heugeruch)]: *(zu den Doldenblütlern gehörende) gelb blühende, würzig riechende, feinblättrige Pflanze, die als Arznei-, Gewürz- u. Gemüsepflanze angebaut wird.*

Fen|chel|öl, das: *aus den Früchten des Fenchels destilliertes ätherisches Öl, das als Aromastoff u. zu medizinischen Zwecken verwendet wird.*

Fen|chel|tee, der: *aus den Samen des Fenchels hergestellter Tee.*

Fen|dant [fã'dã:], der; -s, -s [frz. fendant, subst. 1. Part. von: (se) fendre = platzen, sich spalten (da die Beeren der gleichnamigen Traubensorte unter den Zähnen zerplatzen)]: *Weißwein aus dem Wallis.*

Fen|der, der; -s, - [engl. fender, eigtl. = Abwehrer, zu lat. defendere = abwehren] (Seew.): *aus Tau, Kork, alten Reifen o. Ä. bestehende Vorrichtung, die an der Außenwand eines Schiffes befestigt wird, um (z. B. beim Anlegen) Stöße gegen die Kaimauer o. Ä. zu dämpfen.*

Fe|nek: ↑ Fennek.

Feng-Shui, Feng|shui [auch: ...'ʃui], das; - [chin., aus feng = Wind u. shui = Wasser, nach drei beiden wesentlichen naturbestimmenden Elementen]: *chinesische Lehre der harmonischen Lebens- u. Wohnraumgestaltung.*

Fe|ni|er, der; -s, -s [engl. Fenian, nach der sagenhaften altirischen Kriegertruppe der Fianna]: *Angehöriger eines von der 2. Hälfte des 19. bis zum Anfang des 20. Jh.s für die Trennung Irlands von Großbritannien eintretenden irischen Geheimbundes.*

Fenn, das; -[e]s, -e [mniederd. venne = Sumpf, Moorland, vgl. ahd. fenne = Sumpf, H. u.] (bes. nordd.): *Moor, Sumpf[land].*

Fen|nek, Fenek, der; -s, -s u. -e [arab. fanak]: *kleines, einem Fuchs ähnliches Raubtier mit langem, wolligem Fell, buschigem Schwanz u. außergewöhnlich großen Ohren; Wüstenfuchs.*

Fen|no|skan|dia, Fen|no|skan|di|en, -s [zu Scandia, im Mlat. wohl Name Schwedens]: **1.** *Skandinavien einschließlich Dänemarks u. Finnlands.* **2.** (Geol.) *Scholle* (3), *die das östliche Skandinavien u. Teile des nördlichen Osteuropas sowie bestimmte Gebiete des westlichen Skandinaviens umfasst.*

fen|no|skan|disch ⟨Adj.⟩: *Fennoskandia, Fennoskandien betreffend, dazu gehörend.*

Fens|ter, das; -s, - [mhd. venster, ahd. fenstar < lat. fenestra]: **1. a)** *meist verglaste Öffnung, die Licht [u. Luft] in einen Raum dringen lässt:* ein vergittertes F.; das F. geht auf die Straße hinaus; aus dem F. sehen, fallen; die Nachbarn lagen alle in den -n *(stützten sich mit den Armen auf die Fensterbank u. sahen hinaus);* Ü ein Briefumschlag mit F. *(Fensterbriefumschlag);* * sich [zu] weit aus dem F. lehnen/hängen *(sich [zu] weit vorwagen, sich [zu] sehr exponieren);* aus dem/zum F. hinausreden, -sprechen (1. *vergeblich, erfolglos reden, sprechen.* 2. *scheinbar nur um der Sache willen, in Wahrheit aber für die Öffentlichkeit propagandistisch, manipulierend reden, sprechen);* weg vom F. sein (ugs.; *[von der Öffentlichkeit] nicht mehr beachtet sein, abgeschrieben, nicht mehr gefragt sein);* **b)** *zum Verschließen der Fensteröffnung dienendes gerahmtes Glas:* ein geöffnetes, gekipptes, eingeschlagenes F.; das F. ist blind geworden; die F. putzen; Ü mit dieser Maßnahme hat der Staat endlich wieder ein F. zur Welt geöffnet *(Beziehungen mit der übrigen Welt möglich gemacht).* **2.** (ugs.) Kurzf. von ↑ Schaufenster: etw. ins F. stellen. **3.** [LÜ von engl. window] (EDV) *auf dem Bildschirm eines Computers erscheinendes rechteckiges Feld, das dazu dient, Textteile, Teile eines Programmes* (4) *od. andere Informationen zusätzlich auf der Benutzeroberfläche darzustellen [u. zu bearbeiten].*

Fens|ter|an|gel, die: vgl. Angel (2).

fens|ter|ar|tig ⟨Adj.⟩: *wie ein Fenster, in der Art eines Fensters gestaltet:* eine -e Maueröffnung.

Fens|ter|bal|ken, der (österr.): *Fensterladen.*

Fens|ter|band, das ⟨Pl. ...bänder⟩ (Archit.): *mehrere in einer Reihe bandartig unmittelbar nebeneinanderliegende schmale Fenster.*

Fens|ter|bank, die ⟨Pl. ...bänke⟩: **1.** *Brett od. Platte aus Holz, Stein o. Ä., mit der die obere Fläche der Fensterbrüstung verkleidet ist.* **2.** *Sitzbank in einer Fensternische.*

Fens|ter|bo|gen, der (Archit.): *oberer Teil eines Bogenfensters.*

Fens|ter|brett, das: *Fensterbank* (1).

Fens|ter|brief|um|schlag, der: *Briefumschlag mit rechteckiger durchsichtiger Stelle, an der die auf dem Briefpapier stehende Anschrift sichtbar ist.*

Fens|ter|brüs|tung, die: *unterhalb eines Fensters liegender Teil einer Wand.*

Fens|ter|flü|gel, der: *Flügel* (2 a) *eines Fensters.*

Fens|ter|front, die: *Front eines Hauses, die von zahlreichen Fenstern durchbrochen ist.*

Fens|ter|gips, der: *Gipsverband, der eine Öffnung für die Behandlung einer Wunde frei lässt.*

Fens|ter|git|ter, das: *schmiedeeisernes Gitter vor od. in der Fensteröffnung als Schutz gegen Einbruch.*

Fens|ter|glas, das: **a)** ⟨o. Pl.⟩ *für die Fensterfüllung verwendetes Glas;* **b)** ⟨Pl. ...gläser⟩ *ungeschliffenes, keine optische Verstärkung, Vergrößerung o. Ä. bewirkendes Glas.*

Fens|ter|griff, der: *Griff zum Öffnen u. Schließen des Fensters.*

Fens|ter|he|ber, der (Kfz-Technik): *Vorrichtung, mit der die Türfenster eines Kraftfahrzeugs in die Seitenverkleidung versenkt u. wieder hochgehoben werden können:* elektrische F.

Fens|ter|höh|le, die (geh.): *Fenster ohne Glas u. Rahmen [das leer u. hohl wirkt].*

Fens|ter|kitt, der: *Kitt, mit dem die Fensterscheiben im Rahmen befestigt werden.*

Fens|ter|kreuz, das: *sich kreuzende Stützhölzer, die den Fensterflügel in vier Flächen unterteilen.*

Fens|ter|kur|bel, die: vgl. Fenstergriff.

Fens|ter|la|den, der ⟨Pl. ...läden, seltener ...laden⟩: *meist aus Holz gefertigte, schwenkbare Vorrichtung an der Außenwand, mit der ein Fenster geschützt od. verdunkelt werden kann;* geschlossene Fensterläden.

Fens|ter|le|der, das: *Lappen aus weichem, dünnem Leder zum Fensterputzen.*

fens|ter|ln ⟨sw. V.; hat⟩ (südd., österr., schweiz.): *nachts zu einem Mädchen ans Fenster gehen [u. durchs Fenster zu ihm ins Zimmer klettern].*

fens|ter|los ⟨Adj.⟩: *keine Fenster habend:* ein -er Raum.

Fens|ter|lu|ke, die: *lukenartiges Fenster.*

Fens|ter|ni|sche, die: *Nische, in der sich ein Fenster befindet.*

Fens|ter|öff|nung, die: *für ein Fenster bestimmte, als Fenster dienende Öffnung in einer Wand.*

Fens|ter|platz, der: *(bes. in öffentlichen Verkehrsmitteln) Sitzplatz am Fenster.*

Fens|ter|put|zer, der: *jmd., der Fensterscheiben reinigt* (Berufsbez.).

Fens|ter|put|ze|rin, die; -, -nen: w. Form zu ↑ Fensterputzer.

♦ **Fens|ter|räh|me,** die; -, -n [2. Bestandteil w. Nebenf. von ↑ Rahmen, mhd. reme]: *Fensterrahmen:* ... hatte den Kopf im Nacken und studierte an den -n ihm gegenüber (Storm, Schimmelreiter 27).

Fens|ter|rah|men, der: **a)** *in der Mauer verankerter äußerer Rahmen, an dem die Fensterflügel befestigt sind;* **b)** *meist beweglich angebrachter innerer Rahmen, in dem die Glasscheiben befestigt sind.*

Fens|ter|re|de, die: *großspurige, propagandistische [aber wirkungslose, erfolglose] Rede, Ansprache.*

Fens|ter|ro|se, die (Archit.): *großes, rundes, mit Maßwerk ausgefülltes, oft buntes Kirchenfenster (der Gotik); Rosette* (1 b).

Fens|ter|schei|be, die: *in den Fensterrahmen* (b) *eingesetzte Glasscheibe.*

Fens|ter|schnal|le, die (österr.): *Fenstergriff.*

Fens|ter|sims, der od. das: *in der Höhe der Fensterbank sitzender Sims an der Außenseite des Fensters.*

Fens|ter|stock, der ⟨Pl. ...stöcke⟩ (österr.): *Fensterrahmen* (a).

Fens|ter|sturz, der: **1.** ⟨Pl. ...stürze⟩ *Sturz aus einem Fenster:* einen F. überleben. **2.** ⟨Pl. -e u. ...stürze⟩ (Archit.) *Sturz* (4) *des Fensters.*

Fens|ter|tag, der (österr.): *Brückentag.*

Fens|ter|tür, die: *bis zum Fußboden reichendes, hohes Fenster [mit einem Gitter als Brüstung].*

Fens|ter|ver|gla|sung, die: *Verglasung* (2) *eines Fensters* (1 a).

Fer|ge, der; -n, -n [mhd. ver(i)ge, verje, ahd. fer(i)go, ferio, zu: far = Überfahrtstelle, wohl verw. mit ahd. faran, ↑ Fähre] (dichter. veraltet): *Fährmann; Schiffer;* ♦ ... wär ich ein kecker F. auf Uris grünem See (Uhland, Tells Tod).

Fe|ria, die; -, ...iae [...je] [mlat. feria = Gebetsfeiertag; Wochentag, Sg. von lat. feriae, ↑ Ferien]: *(in der römisch-katholischen Liturgie) Wochentag im Gegensatz zum Sonn- u. Feiertag.*

fe|ri|al ⟨Adj.⟩ [mlat. ferialis = festlich, zu: feria,

↑ Feria] (österr.): *zu den Ferien gehörend, frei, unbeschwert:* eine -e Stimmung.

Fe|ri|al- [zu ↑ferial] (österr.): Best. in Zus. mit der Bed. Ferien- (z. B. Ferialzeit).

Fe|ri|al|ar|beit, die (österr.): *Ferienarbeit.*
Fe|ri|al|ko|lo|nie, die (österr.): *Ferienkolonie.*
Fe|ri|al|kurs, der (österr.): *Ferienkurs.*
Fe|ri|al|tag, der (österr.): *Ferientag.*
Fe|ri|en ⟨Pl.⟩ [lat. feriae = Festtage, Ruhetage, urspr. = die für religiöse Handlungen bestimmten Tage, mit: fanum (↑fanatisch) u. festus (↑Fest) zu einem Subst. mit der Bed. »religiöse Handlung«: a) *mehrere zusammenhängende Tage od. Wochen dauernde, der Erholung dienende, turnusmäßig wiederkehrende Arbeitspause einer Institution (z. B. der Schule, der Hochschule, des Gerichts od. des Parlaments):* die großen F. *(die langen Sommerferien der Schulen);* wir haben F.; das Parlament geht in die F.; **b)** *Urlaub:* F. machen; die F. an der See verbringen; in die F. fahren; Ü Mutter braucht dringend einmal F. von der Familie; * **F. vom Ich** *(das Losgelöstsein vom Alltag, von sich selbst; zeitlich begrenzte Abkehr, völlige Entspannung vom Alltagsleben; wohl nach dem gleichnamigen Roman von P. Keller, 1873–1932).*

Fe|ri|en|an|la|ge, die: *den besonderen Bedürfnissen von Urlaubern Rechnung tragende Anlage mit Gebäuden zur Unterbringung einer größeren Zahl von Menschen.*
Fe|ri|en|ar|beit, die: **1.** *Arbeit, die von Schüler[inne]n od. Studierenden für den Zeitraum der Ferien angenommen wird:* sich durch F. Geld verdienen. **2.** *Arbeit, die während der Ferien zu Hause erledigt werden muss.*
Fe|ri|en|auf|ent|halt, der: **1.** *Aufenthalt während der Ferien:* ich kenne die Stadt von einem F. **2.** (selten) *Ort, an dem jmd. sich während seiner Ferien aufhält.*
Fe|ri|en|be|ginn, der: *Beginn der Ferien, der Ferienzeit.*
Fe|ri|en|club: ↑ Ferienklub.
Fe|ri|en|do|mi|zil, das (bildungsspr., oft scherzh.): *Unterkunft (Hotel, Pension, Appartement o. Ä.), in der jmd. seine Ferien verbringt.*
Fe|ri|en|dorf, das: *größerer, eine Einheit darstellender Geländekomplex mit Ferienhäusern [die an Urlauber vermietet werden].*
Fe|ri|en|en|de, das: vgl. Ferienbeginn.
Fe|ri|en|flie|ger, der (ugs.): *Fluggesellschaft, die ausschließlich od. überwiegend [Charter]flüge in Ferienregionen anbietet:* im Sommer steuert die F. die Insel täglich an.
Fe|ri|en|gast, der: *jmd., der seine Ferien als Gast in einem Hotel, einer Pension, einem Privatquartier o. Ä. verbringt.*
Fe|ri|en|haus, das: *für Ferienaufenthalte bestimmtes Haus:* ein F. haben, mieten.
Fe|ri|en|heim, das: *Heim (2 b) für Urlauber, Ferienkinder.*
Fe|ri|en|in|sel, die: *Insel, auf der viele Menschen ihre Ferien verbringen.*
Fe|ri|en|job, der (ugs.): *Ferienarbeit (1).*
Fe|ri|en|kind, das: *Kind, das seine Ferien bes. an der See od. auf dem Land bei einer anderen Familie, in einem Heim o. Ä. verbringt.*
Fe|ri|en|klub, der, Ferienclub, der: *größere, eine Einheit darstellende Anlage (3) mit klubähnlichem Charakter, in der jmdm., der hier seinen Urlaub verbringt, vor allem Animation (2) geboten wird.*
Fe|ri|en|ko|lo|nie, die: *Einrichtung für Ferienaufenthalte von Kindern auf dem Land, an der See, in der Jugendliche erzieherisch betreut werden.*
Fe|ri|en|kurs, der: **1.** (Hochschulw.) *an einer Hochschule während der vorlesungsfreien Zeit stattfindende [Lehr]veranstaltungen für ausländische Studierende.* **2.** *[im Ausland stattfindender] Sprachkurs (bes. für Schüler).*
Fe|ri|en|la|ger, das ⟨Pl. …lager⟩: *Lager, in dem Kinder u. Jugendliche ihre Ferien verbringen.*
Fe|ri|en|lek|tü|re, die: *[leichte] Lektüre für die Ferien.*
Fe|ri|en|ort, der ⟨Pl. -e⟩: **1.** *Ort, an dem man seine Ferien verbringt.* **2.** *Ortschaft, in der viele Leute ihre Ferien verbringen.*
Fe|ri|en|pa|ra|dies, das: *idealer Urlaubsort.*
Fe|ri|en|park, der: *eigens für Urlauber angelegter Komplex mit Häusern, Wohnungen usw.*
Fe|ri|en|plä|ne ⟨Pl.⟩: *Pläne, die die Gestaltung der Ferienzeit betreffen:* F. machen, schmieden.
Fe|ri|en|pro|gramm, das: *Programm für die Gestaltung der Ferien:* wir haben kein festes F.
Fe|ri|en|re|gi|on, die: *Region, in der viele Menschen ihre Ferien verbringen:* die Algarve ist eine beliebte F.
Fe|ri|en|rei|se, die: *Reise, die jmd. in den Ferien macht:* eine F. ans Meer, ins Gebirge machen.
Fe|ri|en|spie|le ⟨Pl.⟩: *Veranstaltungen während der Ferienzeit am Heimatort für die zu Hause gebliebenen Schulkinder.*
Fe|ri|en|stim|mung, die: *gelöste, heitere Stimmung, wie sie sich gewöhnlich einstellt, wenn man Ferien hat, bekommt.*
Fe|ri|en|tag, der: *Tag in den Ferien.*
Fe|ri|en|wo|che, die: vgl. Ferientag.
Fe|ri|en|woh|nung, die: vgl. Ferienhaus.
Fe|ri|en|zeit, die: *Zeit der Ferien.*
Fe|ri|en|zen|t|rum, das: vgl. Ferienpark.
Fe|ri|en|ziel, das: *Ziel (1 a) einer Ferienreise.*
Fer|kel, das; -s, - [mhd. verkel(în), verhel(in), ahd. farhilî(n), Vkl. von: far(a)h = *junges Schwein,* eigtl. = Wühler]: **1.** *junges Hausschwein:* ein rosiges, quiekendes F. **2.** oft als Schimpfwort **a)** *Mensch, der nicht auf Sauberkeit achtet:* das F. wäscht sich nie; **b)** (salopp) *jmd., der sich unanständig, anstößig benimmt.*
Fer|ke|lei, die; -, -en (ugs. abwertend): *schmutzige Bemerkung od. Handlung:* lass doch diese -en!
fer|keln ⟨sw. V.; hat⟩: **1.** *(von der Sau) Junge gebären.* **2.** (ugs.) **a)** (abwertend) *schmutzige Bemerkungen machen; sich unanständig benehmen;* **b)** *etw. u. bes. beim Essen, in unachtsamer Weise beschmutzen.*
Fer|kel|zucht, die: *Zucht (1 a, c) von Ferkeln.*
ferm ⟨Adj.⟩ [ital. fermo = fest < lat. firmus, ↑firm] (österr. ugs.): *firm.*
fer|ma|men|te ⟨Adv.⟩ [ital., zu: fermare, ↑Fermate] (Musik): *sicher, fest, kräftig.*
Fer|ma|te, die; -, -n [ital. fermata, eigtl. = Halt, Aufenthalt, zu: fermare = anhalten, befestigen < lat. firmare, ↑firmen] (Musik): **a)** *Zeichen der musikalischen Notation über einer Note od. einer Pause, durch das auch eine nicht genau festgelegte Zeit verlängert wird* (Zeichen: ⌒); **b)** *durch eine Fermate (a) verlängerte Note od. Pause:* eine F. spielen.
Ferme [ferm], die; -, -n […mən] [(a)frz. ferme, ↑Farm]: frz. Bez. für: Bauernhof, Pachtgut.
Fer|ment, das; -s, -e [lat. fermentum = Gärung; Gärstoff, eigtl. = Quellendes, (Auf)wallendes] (veraltet): *Enzym.*
Fer|men|ta|ti|on, die; -, -en: **1.** *chemische Umwandlung von Stoffen durch Bakterien u. Enzyme.* **2.** *biochemisches Verfahren zur Entwicklung des Aromas in Lebens- u. Genussmitteln.*
fer|men|ta|tiv ⟨Adj.⟩: *durch Enzyme hervorgerufen:* eine F. Reaktion.
Fer|men|ter, der; -s, - (Biochemie): *meist geschlossener Behälter unterschiedlicher Größe aus Glas od. Stahl zur Durchführung biochemischer Reaktionen, bes. zur Massenproduktion von Mikroorganismen in Forschung u. Industrie; Bioreaktor.*
fer|men|tie|ren ⟨sw. V.; hat⟩ [lat. fermentare = gären machen, zu: fermentum, ↑Ferment]: *durch Fermentation (2) veredeln:* Tee f.
Fer|mi|um, das; -s [nach dem ital. Physiker E. Fermi (1901–1954)]: *zu den Transuranen gehörendes radioaktives Metall (chemisches Element; Zeichen: Fm).*
¹**fern** ⟨Adj.⟩ [mhd. verren, ahd. ferrana = (von) fern, Ersatz des Adv. mhd. ver(re), ahd. ferro, zu ↑ver-]: **1.** *weit entfernt, in großer Entfernung befindlich:* -e Länder; -es Donnern; f. von der Heimat sein; etw. von f. beobachten; Ü von f. *(aus der Distanz mit nüchterner Überlegung)* betrachtet, sieht das ganz anders aus; Er hatte plötzlich das sonderbare Gefühl, in einer -en *(nicht deutlich, nicht eindeutig erkennbaren)* Weise zum Mitschuldigen geworden zu sein (Remarque, Triomphe 120); R das sei f. von mir! *([Gott] behüte!)* **2. a)** *weit zurückliegend, lange vergangen:* -e Vergangenheit; Erinnerungen an -e Jugenderlebnisse; **b)** *in weiter Zukunft liegend:* in -ster Zukunft; der Tag ist nicht mehr f.; diese Hoffnung ist -er gerückt denn je.
²**fern** ⟨Präp. mit Gen., seltener mit Dativ⟩ [zu: ↑¹fern] (geh.): *weit entfernt von:* f. der Heimat; f. allen Trubels/f. allem Trubel leben.

-fern: 1. *drückt in Bildungen mit Substantiven aus, dass die beschriebene Person od. Sache nicht auf jmdn., etw. ausgerichtet, an jmdm., etw. orientiert ist:* bürger-, staats-, zivilisationsfern. **2.** *drückt in Bildungen mit Substantiven aus, dass die beschriebene Sache einen gewissen Abstand zu etw. hat:* hals-, körperfern.

¹**fern|ab** ⟨Adv.⟩ (geh.): *weit entfernt, in weiter Ferne:* das Haus ist f. [von der Straße] gelegen.
²**fern|ab** ⟨Präp. mit Gen.⟩ (geh.): *weit entfernt von, in großer Entfernung von:* f. der Heimat.
Fern|amt, das (früher): *Vermittlungsstelle für Fern- u. Auslandsgespräche.*
Fern|an|schluss, der: **1.** (Eisenbahn) *Anschluss an den Fernverkehr.* **2.** (veraltend) *Telefonanschluss für Ferngespräche.*
Fern|auf|nah|me, die (Fotogr.): *Aufnahme eines Objekts aus größerer Entfernung [mit einem Teleobjektiv].*
Fern|aus|lö|ser, der (Fotogr.): *Einrichtung, die das Auslösen des Kameraverschlusses von einer von der Kamera entfernt liegenden Stelle aus ermöglicht.*
Fern|bahn, die: vgl. Fernzug.
Fern|be|ben, das: *Erdbeben mit sehr weit entferntem Epizentrum.*
fern|be|die|nen ⟨sw. V.; hat; nur im Inf. u. 2. Part. gebr.⟩: *(ein elektronisches Gerät, eine Maschine) mithilfe einer entsprechenden Einrichtung aus einiger Entfernung bedienen:* der Drucker wird über den Computer fernbedient.
Fern|be|die|nung, die: **1.** *das Fernbedienen.* **2.** *die Fernbedienung (1) ermöglichende Vorrichtung; kleines elektronisches Gerät zur Fernbedienung (1):* die F. des CD-Players ist defekt.
fern|be|heizt ⟨Adj.⟩: *ferngeheizt:* eine -e Wohnung.
Fern|be|zie|hung, die: *Lebensgemeinschaft (a) von Personen, die an unterschiedlichen Orten wohnen:* eine glückliche F. führen.
fern|blei|ben ⟨st. V.; ist⟩ (geh.): *(an etw.) nicht teilnehmen:* dem Unterricht [unentschuldigt] f.; ⟨subst.:⟩ er wurde wegen unentschuldigten Fernbleibens von der Arbeit abgemahnt.
Fern|blick, der: *über weite Entfernungen reichen-*

Fernbrille – Fernsehaufzeichnung

der Ausblick: bei klarem Wetter hat man von hier einen herrlichen F.
Fern|bril|le, die: *Brille, die den Sehfehler der Kurzsichtigkeit korrigiert u. dadurch ein besseres Sehen in die Ferne ermöglicht.*
Fern|di|a|g|no|se, die: *Beurteilung, zu der jmd. gelangt, ohne sich unmittelbar mit einem bestimmten Untersuchungsgegenstand od. Sachverhalt zu befassen.*
◆ **fern|dig** ⟨Adj.⟩ [zu: fern(d) = im Vorjahr, mhd. vern(e), vert, vgl. spätahd. fernerīg = vorjährig, verw. mit ↑¹fern] (landsch.): (landsch., bes. alemann.) *vorjährig:* Wir haben die -en Lieder gesungen und haben die -en Tänze gesprungen *(die gleichen Lieder u. Tänze wie im vorigen Jahr;* Mörike, Hutzelmännlein 125).
Fern|du|ell, das: **a)** (Sport) *Wettkampf zwischen unmittelbar konkurrierenden Sportlern od. Mannschaften, der an verschiedenen Schauplätzen ausgetragen wird:* die beiden Teams lieferten sich ein packendes F. um die Meisterschaft; **b)** *Meinungsstreit, den zwei Kontrahenten in räumlicher Entfernung voneinander [öffentlich] austragen:* zwischen den beiden Wahlkämpfern entwickelte sich ein F.
fer|ne ⟨Adv.⟩ (geh. veraltend): ↑¹fern.
Fer|ne, die; -, -n [frühnhd. für mhd. virre, ahd. ferrī]: **1.** ⟨o. Pl.⟩ **a)** *räumliche Entfernung, Distanz, größerer Abstand:* etw. aus der F. betrachten, in weiter F. erblicken; eine Brille für die F.; **b)** (geh.) *entfernte Gegend; entferntes, unbekanntes Land, Gebiet; Fremde:* ein Gruß aus der F.; in die F. ziehen. **2.** ⟨Pl. selten⟩ **a)** *weit zurückliegende Vergangenheit:* das Ereignis liegt schon in weiter F.; **b)** *ferne Zukunft:* eine Lösung des Problems scheint noch in weiter F. zu liegen.
◆ **fer|nen** ⟨sw. V.; hat⟩ [mhd. verren, ahd. ferrēn]: **a)** (f. + sich) *sich entfernen:* So fern' dich (Kleist, Käthchen III, 6); **b)** (in bestimmter Art u. Weise) *aus der Ferne wirken:* Sie wurden durch kleine Kinder dargestellt, welche gar malerisch fernten (Goethe, Theater u. Literatur I, Proserpina).
¹fer|ner ⟨Adv.⟩ [eigtl. Komp. von ↑¹fern, dafür mhd. verrer, ahd. ferrōr] (geh.): *in Zukunft, künftig, weiterhin:* an diesem Brauch werden wir auch f. festhalten; * ◆ **und so f.** (*und so weiter:* Da beweis ich nun doch triftige Dokumente, Herodes… sei mein Großahnherr gewesen, und so f. [Schiller, Räuber I, 2]).
²fer|ner ⟨Konj.⟩ [vgl. ¹ferner]: *außerdem, des Weiteren:* wir brauchen eine Zange und einen Bohrer, f. einige Dübel und Schrauben; Ü er rangiert unter »↑f. liefen« (ugs.; *nimmt einen untergeordneten Platz ein, ist nur untergeordneter Bedeutung*).
Fer|ner, der; -s, - [zu mundartl. fern = firn; eigtl. = Schnee vom vorigen Jahr] (südd., österr.): *Gletscher.*
¹fer|ner|hin [auch: ˈfɛrnəˈhɪn] ⟨Adv.⟩ (geh.): ¹*ferner:* darum werden wir uns auch f. bemühen.
²fer|ner|hin [auch: ˈfɛrnəˈhɪn] ⟨Konj.⟩: ²*ferner:* das hatte f. zur Folge, dass man sie entließ.
Fern|er|kun|dung, die (Geowissenschaften): *Gesamtheit der Verfahren zur Herstellung fotografischer Aufnahmen u. zur Erfassung von Messdaten mithilfe von Luft- u. Satellitenbildern sowie Sonargeräten, die alle ohne direkten Kontakt mit dem zu erforschenden Objekt erfolgen.*
Fern|fah|rer, der: *Fahrer eines Fernlastwagens, -zuges.*
Fern|fah|re|rin, die: w. Form zu ↑Fernfahrer.
Fern|fahrt, die: **1.** *über eine weite Strecke führende Fahrt mit dem Fernlastwagen od. -zug.* **2.** (Sport) *über eine weite Strecke führende Wettfahrt von Autos, Motor- od. Fahrrädern.*
Fern|gas, das: *Gas, das an einer zentralen Stelle gewonnen od. erzeugt u. in Leitungen zum mehr*

od. weniger weit entfernten Zielort befördert wird.
fern|ge|lenkt ⟨Adj.⟩: *mit einer Fernlenkung ausgestattet:* -e Modellautos.
Fern|ge|spräch, das: *über den Nahbereich hinausgehendes Telefongespräch.*
fern|ge|steu|ert ⟨Adj.⟩: vgl. ferngelenkt.
Fern|glas, das ⟨Pl. …gläser⟩ [Anfang des 17. Jh.s zuerst für das in den Niederlanden erfundene einrohrige Teleskop, niederl. verrekijker]: *handliches Fernrohr mit doppeltem Okular.*
fern|gu|cken ⟨sw. V.; hat⟩ (ugs.): *fernsehen.*
fern|hal|ten ⟨st. V.; hat⟩ (geh.): **1.** (an etw., jmdn.) *nicht nah herankommen, nicht in Kontakt kommen lassen:* wir haben den Kranken [von ihr] ferngehalten; er hat alle Sorgen von seinen Kindern ferngehalten; der Geruch soll Mücken f. **2.** (f. + sich) (etw., jmdn.) *meiden:* von solchen Leuten, von rechtsradikalen Demonstrationen halte ich mich fern.
Fern|han|del, der: *Handel mit weit entfernt liegenden Ländern od. Gebieten.*
fern|hei|zen ⟨sw. V.; nur im Inf. u. 2. Part. gebr.⟩: *durch Fernheizung mit Wärme versorgen.*
Fern|hei|zung, die: *[Anlage zur] Heizung von Gebäudegruppen, die von einer zentralen Stelle aus über Rohrleitungen mittels Wasser od. Dampf mit Wärme versorgt werden.*
Fern|heiz|werk, das: *zentrale Stelle, an der die Wärme für die Fernheizung erzeugt wird.*
fern|her ⟨Adv.⟩ (geh.): *aus weiter Ferne; weither.*
fern|hin ⟨Adv.⟩ (geh.): *in weite Entfernung; weithin:* f. hörte man das Läuten der Glocken.
Fern|ko|pie, die: *Fax.*
fern|ko|pie|ren ⟨sw. V.; hat⟩: *faxen.*
Fern|ko|pie|rer, der: *Faxgerät.*
Fern|kurs, Fern|kur|sus, der: *Kurs[us], bei dem Lernende ohne persönlichen Kontakt mit den Lehrenden durch Briefe, Fernseh-, Rundfunksendungen u. mithilfe elektronischer [Kommunikations]medien unterrichtet werden.*
Fern|las|ter, der (ugs.): *Fernlastwagen, -zug.*
Fern|last|wa|gen, der: *Lastkraftwagen für den Transport von Gütern über weite Strecken.*
Fern|last|zug, der: *Fernlastwagen mit Anhänger.*
Fern|lehr|gang, der: vgl. Fernkurs.
Fern|lei|he, die: **1.** *für den Fernleihverkehr zuständige Dienststelle einer Bibliothek.* **2.** *Fernleihverkehr.*
Fern|leih|ver|kehr, der: *zwischen wissenschaftl. Bibliotheken stattfindender leihweiser Austausch von Büchern.*
Fern|lei|tung, die: *große Entfernungen überbrückende Leitung.*
fern|len|ken ⟨sw. V.; hat; bes. im Inf. u. 2. Part. gebr.⟩: *durch Fernlenkung steuern.*
Fern|len|kung, die: *meist per Funk erfolgende Lenkung eines [unbemannten] Land-, Luft- od. Wasserfahrzeuges von einer entfernten Stelle aus.*
Fern|licht, das (Kfz-Wesen): *nicht abgeblendetes Scheinwerferlicht:* das F. einschalten.
fern|lie|gen ⟨st. V.; hat⟩: **a)** (in einem bestimmten Zusammenhang) *kaum in Betracht kommen, abwegig, abseitig sein; nicht naheliegen:* solche Überlegungen lagen ihm völlig fern; **b)** *keineswegs in jmds. Absicht liegen, für jmdn. keinesfalls infrage kommen:* es liegt mir fern, das zu tun.
fern|lie|gend ⟨Adj.⟩: *nicht in jmds. Absicht liegend:* -e Gedanken.
Fern|mel|de|amt, das: *Dienststelle für das Fernmeldewesen.*
Fern|mel|de|an|la|ge, die: *technische Einrichtung, die Informationen in elektrische Signale verwandelt u. überträgt.*
Fern|mel|de|dienst, der: *für das Fernmeldewesen zuständiger Dienst.*

Fern|mel|de|ge|heim|nis, das: vgl. Postgeheimnis.
Fern|mel|de|mast, der: *Mast zur oberirdischen Führung von Leitungen, die dem Fernmeldeverkehr dienen.*
Fern|mel|de|netz, das: *Gesamtheit der Vermittlungs- u. Übertragungseinrichtungen, die es den Teilnehmern ermöglichen, beliebig miteinander fernmündlich, fernschriftlich od. über Fax u. Funk zu verkehren; Telekommunikationsnetz.*
Fern|mel|de|tech|nik, die ⟨o. Pl.⟩: *Zweig der Nachrichtentechnik, der sich mit der Übermittlung von Informationen durch Telefon, Funk u. Ä. befasst.*
Fern|mel|de|tech|ni|ker, der: *Facharbeiter auf dem Gebiet der Fernmeldetechnik (Berufsbez.).*
Fern|mel|de|tech|ni|ke|rin, die: w. Form zu ↑Fernmeldetechniker.
fern|mel|de|tech|nisch ⟨Adj.⟩: *die Fernmeldetechnik betreffend, zu ihr gehörend.*
Fern|mel|de|trup|pe, die (Militär): *Führungstruppe, die für das militärische Fernmeldewesen sowie für die elektronische Kriegführung zuständig ist.*
Fern|mel|de|turm, der: *höherer Turm, der fernmeldetechnisch genutzt wird.*
Fern|mel|de|we|sen, das ⟨o. Pl.⟩: *alles, was die technische Übermittlung u. Verbreitung von Informationen über Telefon, Funk, Fax u. Ä. betrifft.*
fern|münd|lich ⟨Adj.⟩: *telefonisch:* einen Termin f. vereinbaren.
Fern|ost ⟨o. Art.; unflekt.⟩: *der Ferne Osten:* in, aus, nach F.
fern|öst|lich ⟨Adj.⟩: *zum Fernen Osten gehörend.*
Fern|rei|se, die: *[Urlaubs]reise mit einem weit entfernten Ziel.*
Fern|rohr, das: *meist fest montiertes optisches Gerät zum Betrachten entfernter Objekte, die mit dem bloßen Auge nicht deutlich zu erkennen sind; Teleskop.*
Fern|schrei|ben, das: *durch einen Fernschreiber übermitteltes Schreiben.*
Fern|schrei|ber, der: *schreibmaschinenähnliches Gerät, das der Aufnahme u. Übermittlung von Schriftzeichen dient.*
Fern|schreib|netz, das: *Gesamtheit der Übermittlungseinrichtungen für den Fernschreibverkehr.*
Fern|schreib|ver|kehr, der: *Nachrichtenaustausch über Fernschreiber.*
fern|schrift|lich ⟨Adj.⟩: *durch Fernschreiber [übermittelt].*
Fern|schuss, der (Ballspiele): *aus größerer Entfernung abgegebener Schuss auf das Tor.*
Fern|seh|abend, der: *mit Fernsehen zugebrachter Abend:* gemütliche -e im Freundeskreis.
Fern|seh|aka|de|mie, die: *Akademie (2), die Kenntnisse auf dem Gebiet der Herstellung u. Produktion von Fernsehfilmen, -sendungen u. Ä. vermittelt.*
Fern|seh|an|sa|ger, der: *jmd., der beim Fernsehen als Ansager arbeitet.*
Fern|seh|an|sa|ge|rin, die: w. Form zu ↑Fernsehansager.
Fern|seh|an|spra|che, die: *für eine Fernsehübertragung gehaltene Ansprache [eines Politikers].*
Fern|seh|an|stalt, die: vgl. Rundfunkanstalt.
Fern|seh|an|ten|ne, die: *Antenne für den Fernsehempfang.*
Fern|seh|ap|pa|rat, der: *Fernsehgerät.*
Fern|seh|auf|nah|me, die ⟨meist Pl.⟩: *Aufnahme für eine Fernsehsendung.*
Fern|seh|auf|tritt, der: *Auftritt (1) in einer Fernsehsendung:* der erste F. des Komikers wurde ein voller Erfolg.
Fern|seh|auf|zeich|nung, die: *Aufzeichnung*

einer Fernsehsendung auf Film bzw. Magnetband zur Konservierung.

Fern|seh|be|richt, der: *für eine Fernsehsendung produzierter Bericht.*

Fern|seh|bild, das: *auf einem Fernsehschirm sichtbares Bild.*

Fern|seh|bild|schirm, der: *Bildschirm eines Fernsehgerätes.*

Fern|seh|de|bat|te, die: *im Fernsehen gesendetes Streitgespräch zwischen mehreren Personen.*

Fern|seh|du|ell, das: *im Fernsehen gesendetes Streitgespräch zwischen zwei Personen, bes. zwischen den Spitzenkandidaten zweier politischer Parteien vor einer Wahl:* im F. haben beide Kandidaten überzeugt.

Fern|seh|emp|fang, der ⟨o. Pl.⟩: *Empfang von Fernsehsendungen.*

fern|se|hen ⟨st. V.; hat⟩: *sich Fernsehsendungen ansehen:* wir sahen den ganzen Abend fern; wir haben lange ferngesehen; ⟨subst.:⟩ das kommt vom vielen Fernsehen; Das fernsehende Kind hörte nichts mehr. Die Frau rief es laut; machte mit den Händen einen Schalltrichter, als sei es im Freien irgendwo; aber es starrte nur in den Apparat (Handke, Frau 10).

Fern|se|hen, das; -s: **1. a)** *mithilfe der Hochfrequenztechnik meist drahtlos erfolgende Übertragung gewöhnlich vertonter [bewegter] Bilder, die auf dem Bildschirm eines Empfangsgeräts sichtbar gemacht werden:* die Technik des digitalen -s; **b)** *als Massenkommunikationsmittel eingesetztes Fernsehen* (1 a): damals gab es noch kein F. **2.** *bestimmter Fernsehsender* (*als Teil des Fernsehens* 1 b): das F. brachte ein Interview mit dem Minister; sie arbeitet beim F.; das Spiel wird vom F. aufgezeichnet. **3. a)** *Sendung des Fernsehens* (2): im F. auftreten; **b)** *Gesamtheit der Fernsehsendungen, -programme:* unterhaltsames, anspruchsvolles F. machen. **4.** (ugs.) *Fernsehgerät:* wir haben kein F.

Fern|se|her, der (ugs.): **1.** *Fernsehgerät:* ein tragbarer F.; der F. läuft; den F. einschalten, ausschalten; die Kinder sitzen vor dem F. *(sehen fern).* **2.** *Fernsehzuschauer:* Millionen von -n verfolgten das Pokalendspiel.

Fern|se|he|rin, die: w. Form zu ↑ Fernseher (2).

Fern|seh|fea|ture, das: vgl. Feature (a).

Fern|seh|film, der: *für das Fernsehen produzierter Film.*

Fern|seh|for|mat, das (Fernsehen): **1.** *bestimmter Typ von Fernsehsendung; Sendeformat* (1). **2. a)** *Format* (1) *eines Fernsehbildes, einer Fernsehsendung:* das übliche Kinoformat entspricht in etwa dem F. 16 : 9; **b)** *für das Senden u. Empfangen von Fernsehprogrammen verwendeter technischer Standard:* das hochauflösende F. HDTV stand im Mittelpunkt der Internationalen Funkausstellung.

Fern|seh|ge|bühr, die ⟨meist Pl.⟩: vgl. Rundfunkgebühr.

Fern|seh|ge|mein|de, die ⟨o. Pl.⟩ (spött.): *gewisser Kreis von Zuschauern, der bestimmte Sendungen des Fernsehens mit Begeisterung u. mit großer Regelmäßigkeit ansieht:* bei Fußballübertragungen versammelt sich die F. vor dem Bildschirm.

Fern|seh|ge|rät, das: *Gerät zum Empfang von Fernsehsendungen.*

Fern|seh|in|ter|view, das: *Interview mit einem Fernsehjournalisten.*

Fern|seh|jour|na|list, der: *fürs Fernsehen arbeitender Journalist.*

Fern|seh|jour|na|lis|tin, die: w. Form zu ↑ Fernsehjournalist.

Fern|seh|ka|me|ra, die: *elektronische Kamera zur Aufnahme von Fernsehbildern.*

Fern|seh|ka|nal, der: *Kanal* (4).

Fern|seh|koch, der: *Koch, der in einer Kochsendung Gerichte zubereitet.*

Fern|seh|kö|chin, die: w. Form zu ↑ Fernsehkoch.

Fern|seh|kom|men|tar, der: vgl. Kommentar (2).

Fern|seh|kom|men|ta|tor, der: vgl. Kommentator (2).

Fern|seh|kom|men|ta|to|rin, die: w. Form zu ↑ Fernsehkommentator.

Fern|seh|kon|sum, der (oft abwertend): *Nutzung des Angebots an Fernsehsendungen, bes. im Hinblick auf die dafür verwendete Zeit:* besonders Pädagogen kritisieren den übermäßigen F. von Kindern und Jugendlichen.

Fern|seh|kri|mi, der (ugs.): *für das Fernsehen produzierter Kriminalfilm.*

Fern|seh|leu|te ⟨Pl.⟩ (ugs.): *Personen, die beruflich bei einem Fernsehsender* (1) *tätig sind, bes. Kameraleute o. Ä., die die Aufnahmen machen:* die F. bauten ihre Kameras auf.

Fern|seh|lot|te|rie, die: *vom Fernsehen* (2) *durchgeführte u. übertragene Lotterie.*

Fern|seh|ma|ga|zin, das: *berichtende u. kommentierende Fernsehsendung mit Beiträgen zu aktuellen Ereignissen, Problemen.*

Fern|seh|mo|de|ra|tor, der: *jmd., der eine Fernsehsendung moderiert.*

Fern|seh|mo|de|ra|to|rin, die: w. Form zu ↑ Fernsehmoderator.

Fern|seh|preis, der: *Preis, der für eine künstlerische Leistung bei der Mitarbeit an einer Fernsehsendung zuerkannt wird.*

Fern|seh|pro|duk|ti|on, die: **1.** *Herstellung u. Finanzierung einer Fernsehsendung.* **2.** *für das Fernsehen produzierte Sendung.*

Fern|seh|pro|du|zent, der: *jmd., der die Herstellung einer Fernsehsendung finanziert.*

Fern|seh|pro|du|zen|tin, die: w. Form zu ↑ Fernsehproduzent.

Fern|seh|pro|gramm, das: vgl. Rundfunkprogramm.

Fern|seh|pu|bli|kum, das: *Publikum, das sich [regelmäßig] Sendungen im Fernsehen ansieht.*

Fern|seh|quiz, das: *Quizsendung im Fernsehen.*

Fern|seh|rech|te ⟨Pl.⟩: *Befugnis, etw. im Fernsehen zu senden, zu übertragen:* der Privatsender hat die F. für die Pokalfinale erworben.

Fern|seh|re|por|ta|ge, die: vgl. Reportage.

Fern|seh|re|por|ter, der: vgl. Reporter.

Fern|seh|re|por|te|rin, die: w. Form zu ↑ Fernsehreporter.

Fern|seh|röh|re, die: *Bildröhre.*

Fern|seh|sa|tel|lit, der: *als Sender* (a) *od. Umsetzer arbeitender Nachrichtensatellit zur Übertragung von Fernsehprogrammen.*

Fern|seh|schirm, der: vgl. Bildschirm.

Fern|seh|sen|der, der: **1.** *Institution, die Fernsehsendungen produziert u. ausstrahlt.* **2.** *technische Anlage, über die Fernsehsendungen ausgestrahlt werden.*

Fern|seh|sen|dung, die: vgl. Rundfunksendung.

Fern|seh|se|rie, die: *inhaltlich, thematisch zusammengehörende Folge von [in sich abgeschlossenen] Fernsehsendungen, Episoden, die über einen bestimmten Zeitraum hin meist in regelmäßigen Abständen ausgestrahlt werden.*

Fern|seh|ses|sel, der: *bequemer Sessel, der bes. zum Fernsehen in entspannter Haltung dient.*

Fern|seh|show, die: vgl. Show.

Fern|seh|spiel, das: *für das Fernsehen produzierte, schauspielähnliche Sendung.*

Fern|seh|spot, der: vgl. Spot (1 a).

Fern|seh|star, der: *TV-Star.*

Fern|seh|sta|ti|on, die: *Fernsehsender.*

Fern|seh|stu|dio, das: vgl. Studio (2).

Fern|seh|team, das: *Team von Mitarbeitern des Fernsehens, die das Aufnahmen für eine Sendung machen o. Ä.*

Fern|seh|tech|ni|ker, der: *Elektroniker, der sich mit der Einrichtung, Wartung, Prüfung, Reparatur o. Ä. von Sende- u. Empfangseinrichtungen im Bereich des Fernsehens beschäftigt.*

Fern|seh|tech|ni|ke|rin, die: w. Form zu ↑ Fernsehtechniker.

Fern|seh|teil|neh|mer, der (Amtsspr.): *jmd., der ein Fernsehgerät zum Betrieb bereithält.*

Fern|seh|teil|neh|me|rin, die: w. Form zu ↑ Fernsehteilnehmer.

Fern|seh|turm, der: *Fernmeldeturm; Sendeturm.*

Fern|seh|über|tra|gung, die: *Übertragung einer Veranstaltung durch das Fernsehen.*

Fern|seh|un|ter|hal|tung, die: *Unterhaltung* (5 a) *bietende Fernsehsendungen.*

Fern|seh|volk, das ⟨o. Pl.⟩ (scherzh.): *Gesamtheit von Fernsehzuschauern:* das F. liebt Quizsendungen.

Fern|seh|wer|bung, die: *Werbung im Fernsehen.*

Fern|seh|zeit|schrift, die: vgl. Programmzeitschrift.

Fern|seh|zu|schau|er, der: *jmd., der fernsieht.*

Fern|seh|zu|schau|e|rin, die: w. Form zu ↑ Fernsehzuschauer.

Fern|sicht, die: *Ausblick, gute Sicht in die Ferne; gute Möglichkeit, in die Ferne zu sehen.*

fern|sich|tig ⟨Adj.⟩ (selten): **a)** *weitsichtig* (1); ◆ **b)** *eine gute Fernsicht bietend:* ... eine anmutige -e Höhe (Keller, Romeo 66).

Fern|sprech|amt, das (veraltend): *größeres Gebäude mit Fernsprechanlagen als Sitz der Telefonzentrale.*

Fern|sprech|an|la|ge, die (veraltend): *Anlage, die alle zu einem Fernsprechanschluss gehörenden Einrichtungen umfasst.*

Fern|sprech|an|sa|ge|dienst, der (veraltend): *Telefonansagedienst.*

Fern|sprech|an|schluss, der (veraltend): *Anschluss an ein Telefonnetz:* einen F. beantragen.

Fern|sprech|ap|pa|rat, der (veraltend): *Telefonapparat.*

Fern|sprech|auf|trags|dienst, der (veraltend): *Telefonauftragsdienst.*

Fern|sprech|aus|kunft, die ⟨o. Pl.⟩ (veraltend): vgl. Auskunft (2).

Fern|sprech|ein|rich|tung, die (veraltend): *Fernsprechanlage.*

Fern|spre|cher, der (Amtsspr. veraltend): *Telefon.*

Fern|sprech|ge|heim|nis, das ⟨Pl. selten⟩: *Fernmeldegeheimnis.*

Fern|sprech|netz, das: *öffentliches Fernmeldenetz für individuelle Kommunikation.*

Fern|sprech|num|mer, die (österr. Amtsspr.): *Telefonnummer.*

Fern|sprech|teil|neh|mer, der (veraltend): *Inhaber eines Fernsprechanschlusses.*

Fern|sprech|teil|neh|me|rin, die: w. Form zu ↑ Fernsprechteilnehmer.

fern|ste|hen ⟨unr. V.; hat⟩ (geh.): *(zu etw., jmdm.) keine innere Beziehung haben:* einem Plan, jmdm. f.

fern|steu|ern ⟨sw. V.; hat; bes. im Inf. u. 2. Part. gebr.⟩: *vgl. fernlenken:* ein Flugzeug f.

Fern|steu|e|rung, die: vgl. Fernlenkung.

Fern|stra|ße, die: *breite, gut ausgebaute Straße, die weit voneinander entfernt liegende Orte miteinander verbindet.*

Fern|stu|dent, der: *jmd., der ein Fernstudium absolviert.*

Fern|stu|den|tin, die: w. Form zu ↑ Fernstudent.

Fern|stu|di|um, das: *oft nebenberuflich, ohne Teilnahme an Hochschulveranstaltungen absolviertes Studium, bei dem die Lernenden sich die erforderlichen fachlichen u. methodischen Kenntnisse mithilfe von Studienbriefen u. audiovisuellen Medien aneignen.*

Fern|trau|ung, die: *(bes. in Kriegszeiten mögli-*

fernübermitteln – Fertigungsstätte

che) Form der Eheschließung in Abwesenheit des Bräutigams od. der Braut.

fern|über|mit|teln ⟨sw. V.; hat⟩: *mithilfe eines Faxgerätes übermitteln.*

Fern|über|wa|chung, die: *drahtlose Überwachung von Objekten od. Personen aus der Ferne durch den Einsatz moderner Übertragungstechnik:* die F. einer Mess- u. Regelstation; die F. von Patienten mit Herzinsuffizienz.

Fern|uni|ver|si|tät, die: *Universität, an der das Studium ausschließlich als Fernstudium möglich ist.*

Fern|un|ter|richt, der: vgl. Fernkurs.

Fern|ver|kehr, der ⟨Pl. selten⟩: **1.** *Eisenbahn- u. Fahrzeugverkehr über größere Entfernungen.* **2.** *Gesamtheit aller Ferngespräche.*

Fern|ver|kehrs|stra|ße, die: *Fernstraße.*

Fern|wär|me, die: *Wärme aus der Fernheizung.*

Fern|wär|me|netz, das: *Leitungsnetz für die Versorgung mit Fernwärme.*

Fern|weh, das ⟨o. Pl.⟩ (geh.): *Sehnsucht nach der Ferne, nach fernen Ländern.*

Fern|wir|kung, die: *Wirkung über räumliche od. zeitliche Entfernungen hinweg.*

Fern|ziel, das: **1.** *Ziel, das nicht sofort, sondern für einen in der Zukunft liegenden Zeitpunkt angestrebt wird:* das F. der Arbeitsmarktpolitik bleibt die Vollbeschäftigung. **2.** (seltener) *in weiterer Entfernung liegendes Ziel:* auf den Wegweisern sollten mehr -e angegeben werden.

Fern|zug, der: *Zug für den Fernverkehr.*

Fern|zün|dung, die: *über Funk od. elektrische Leitungen erfolgende Zündung von Sprengkörpern von einer entfernten Stelle aus.*

fe|ro|ce [fe'ro:tʃə] ⟨Adv.⟩ [ital. feroce < lat. ferox (Gen.: ferocis) = wild, unbändig] (Musik): *wild, ungestüm, stürmisch.*

Fer|rit [auch: …'rɪt], der; -s, -e ⟨meist Pl.⟩ [zu lat. ferrum, ↑ Ferrum]: **1.** *reines, kohlenstofffreies Eisen in Form von mikroskopisch kleinen, magnetischen Kristallen.* **2.** *einer der magnetischen, zur Herstellung nachrichtentechnischer Bauteile verwendeten Werkstoffe, die durch Mischen u. Sintern von Eisen-, Mangan-, Nickel-, Zinkoxiden u. Ä. gewonnen werden.*

Fer|ro, -s: *früherer Name von Hierro.*

Fer|rol|le|gie|rung, die; -, -en: *Legierung des Eisens mit Begleitelementen.*

fer|ro|mag|ne|tisch ⟨Adj.⟩ (Physik): *Ferromagnetismus aufweisend.*

Fer|ro|mag|ne|tis|mus, der; -: *Magnetismus des Eisens (Kobalts, Nickels u. a.).*

Fer|rum, das; -s [lat. ferrum, über das Hebr. u. Phöniz. wohl aus einer vorderasiat. Spr.]: lat. Bez. für ↑ Eisen (Zeichen: Fe).

Fer|se, die; -, -n [mhd. verse(ne), ahd. fersana, verw. mit gleichbed. aind. pārṣṇi-h]: **1.** *hinterer, gewölbter Teil des Fußes;* ²Hacke: die F. tut mir weh; * **sich an jmds. -n/sich jmdm. an die -n heften/hängen** *(jmdn. hartnäckig verfolgen);* **jmdm. auf den -n sein/bleiben/sitzen** (1. *jmdn. so verfolgen, dass man immer dicht hinter ihm ist.* 2. *jmdn. in Bezug auf Leistung bald erreicht, eingeholt haben);* **jmdm. auf den -n folgen** *(jmdm. sofort nachfolgen);* **jmdn. auf den -n haben** *(einen Verfolger nicht loswerden).* **2.** *die Ferse bedeckender Teil des Strumpfes:* Strümpfe mit Löchern in den -n.

Fer|sen|au|to|ma|tik, die (Ski): *hinterer Teil der Sicherheitsbindungen am Ski, der die Ferse des Skischuhs umschließt u. sich beim Anlegen der Skier automatisch schließt bzw. beim Sturz automatisch öffnet.*

Fer|sen|bein, das: *hinterster, die Ferse bildender Fußwurzelknochen.*

Fer|sen|geld: nur in der Wendung **F. geben** (ugs. scherzh.; *fliehen, davonlaufen;* mhd. versegelt geben; mhd. versegelt = Bez. einer früher übli-

chen Abgabe, vielleicht des Bußgeldes eines Flüchtigen: statt sich zu verteidigen, gab er lieber F.).

Fer|sen|sitz, der (Gymnastik): *Übung, bei der man sich zuerst mit aufrechtem Oberkörper niederkniet u. dann auf die Fersen setzt, wobei die Fußspitzen entweder gestreckt od. zum Unterschenkel hin angezogen sind.*

fer|tig ⟨Adj.⟩ [mhd. vertec, ahd. fartîg, eigtl. = zur Fahrt bereit, reisefertig, zu ↑ Fahrt]: **1. a)** *im endgültigen Zustand befindlich, vollendet:* ein -es Manuskript; -e *(gekochte, zubereitete)* Speisen; ist das Essen noch nicht f.?; das Bild ist f.; etw. f. kaufen; die Kartoffeln müssen noch f. *(bis zum Garsein)* kochen; das Essen f. bekommen; seine Arbeit rechtzeitig f. machen, f. bekommen; einen Bau, ein Manuskript pünktlich f. stellen *(abschließen, beenden);* **b)** *völlig; vollkommen, ausgereift:* ein -er Künstler, Wissenschaftler; er ist noch nicht f. (ugs.; *noch nicht ganz erwachsen);* Sie aber wolle meine Lehrmeisterin sein und mich in eine gründliche Schule nehmen; denn es sei deutlich, dass meine Gaben der Anleitung von -er *(kundiger, geschickter, routinierter)* Hand noch bedürften… (Th. Mann, Krull 137); **c)** *so weit, dass nichts mehr zu tun übrig bleibt; zu Ende:* sie ist mit den Hausaufgaben f.; ich hoffe, rechtzeitig [damit] f. zu werden; wenn du so weiterarbeitest, wirst du nie f.; ich habe das Buch f. (ugs.; *ausgelesen*), f. gegessen; du bleibst daheim, [und] f. [ab]! *(keine Diskussion mehr, basta!);* * **mit jmdm. f. sein** (ugs.; *mit jmdm. nichts mehr zu schaffen haben wollen; zu jmdm. keine Beziehung mehr haben:* mit diesem Menschen bin ich [endgültig] f.); **f. werden** (salopp verhüll.; *einen Orgasmus haben*). **2.** *vollständig vorbereitet; bereit:* die für den Versand -en Stücke; bist du [endlich] f., dass wir gehen können?; sie sind f. zur Abreise; sich für den Theaterbesuch f. machen *(zurechtmachen);* auf die Plätze, f., los! (Sport; Startkommando); f. machen [zum Dienst, zum Start]! (Kommando). **3.** (ugs.) *erschöpft, am Ende [seiner Kräfte]; erledigt:* nach dieser Reise waren wir körperlich und seelisch f.; sie ist mit den Nerven f.; dieser Lärm macht mich [noch] richtig, total f. *(zermürbt mich);* * **f. sein** (ugs.: 1. *verblüfft, aufs Höchste erstaunt sein.* 2. *zahlungsunfähig sein*).

-fer|tig: 1. a) drückt in Bildungen mit Substantiven oder Verben (Verbstämmen) aus, dass etw. sofort, ohne weitere Vorbereitung gemacht werden kann: anschluss-, back-, bügel-, trinkfertig; **b)** drückt in Bildungen mit Substantiven aus, dass die beschriebene Sache für etw. bereit, vorbereitet, fertiggestellt ist: pfannen-, schrankfertig. **2.** drückt in Bildungen mit Verben (Verbstämmen) aus, dass die beschriebene Person zu etw. bereit, gerüstet ist: ausgeh-, reisefertig.

Fer|tig|bau, der ⟨Pl. -ten⟩: **1.** ⟨o. Pl.⟩ *Herstellung eines Gebäudes in Fertigbauweise.* **2.** *in Fertigbauweise errichtetes Gebäude.*

Fer|tig|bau|wei|se, die: *Bauweise, bei der vorgefertigte Bauteile auf dem Bauplatz zu einem Gebäude zusammengefügt werden:* das Haus ist in F. gebaut.

¹**fer|tig|be|kom|men** ⟨st. V.; hat⟩ (ugs.): ¹*fertigbringen:* ich bekomme es nicht fertig, ihr die Wahrheit zu sagen; (iron.:) er hat es wieder einmal fertigbekommen, alle zu verärgern.

fer|tig be|kom|men, ²**fer|tig|be|kom|men** ⟨st. V.; hat⟩ (ugs.): *fertigstellen:* er hat das Sitzungsprotokoll endlich f. b.

¹**fer|tig|brin|gen** ⟨unr. V.; hat⟩: *zustande, zuwege bringen; zu etw. imstande sein; erreichen:* sie hat es fertiggebracht, den Streit zu schlichten;

sie bringt es nicht fertig, ihm die Wahrheit zu sagen; (iron.:) so etwas bringst nur du fertig!

²**fer|tig|brin|gen, fer|tig brin|gen** ⟨unr. V.; hat⟩: *zu Ende, zum Abschluss bringen; fertigstellen:* sie haben ihr Projekt endlich fertiggebracht.

fer|ti|gen ⟨sw. V.; hat⟩ [mhd. vertigen, vertegen = reisefertig machen]: *anfertigen, herstellen:* Behälter aus Holz f.; mit der Hand, maschinell gefertigte Waren.

Fer|tig|er|zeug|nis, das: *Fertigprodukt.*

Fer|tig|fa|b|ri|kat, das: *Fertigprodukt.*

Fer|tig|ge|richt, das: *fertig zubereitetes* ²*Gericht, das vor dem Essen nur aufgewärmt zu werden braucht:* -e für Camping und Wanderungen; tiefgekühlte -e; Selbstgekochtes schmeckt besser als -e.

Fer|tig|haus, das: vgl. Fertigbau (2).

Fer|tig|keit, die; -, -en: **a)** *bei der Ausführung bestimmter Tätigkeiten erworbene Geschicklichkeit; Routine, Technik:* handwerkliche -en; [eine] große F. im Klavierspielen, Basteln haben; **b)** ⟨Pl.⟩ *Kenntnisse, Fähigkeiten:* für diesen Beruf braucht man besondere -en.

Fer|tig|klei|dung, die: *Konfektion.*

fer|tig ko|chen, fer|tig|ko|chen ⟨sw. V.; hat⟩: *mit dem Kochen einer Speise zu Ende kommen:* sie kommt, nachdem sie die Suppe fertig gekocht hat.

¹**fer|tig|krie|gen** ⟨sw. V.; hat⟩ (ugs.): ¹*fertigbringen:* er kriegt es nicht fertig, eine Gehaltserhöhung zu verlangen.

²**fer|tig|krie|gen, fer|tig krie|gen** ⟨sw. V.; hat⟩ (ugs.): ²*fertigbringen:* sie hat ihre Abrechnung noch pünktlich fertiggekriegt.

fer|tig lesen, fer|tig|le|sen ⟨st. V.; hat⟩: *zu Ende lesen:* einen Zeitungsartikel f. l.

¹**fer|tig|ma|chen** ⟨sw. V.; hat⟩: **1.** (ugs.) *in schärfstem Ton zurechtweisen, abkanzeln.* **2.** (ugs.) *jmds. seelische Widerstandskraft brechen, erschöpfen, zermürben; zur Verzweiflung bringen:* dieser Lärm, diese Gedanke macht mich [noch] ganz fertig. **3.** (ugs.) *völlig besiegen, körperlich erledigen:* im nächsten Spiel machen wir sie fertig; er hat ihn total fertiggemacht *(zusammengeschlagen);* noch ein Wort und ich mach dich fertig! **4.** (salopp verhüll.) *sexuell befriedigen, zum Orgasmus bringen.*

fer|tig ma|chen, ²**fer|tig|ma|chen** ⟨sw. V.; hat⟩: **a)** *zu Ende bringen, abschließen:* eine Arbeit rechtzeitig f. m.; **b)** *bereitmachen, -stellen, zurechtmachen:* sich zum Aufbruch, für den Theaterbesuch f. m.; fertig machen [zum Dienst, zum Start]! (Kommando).

Fer|tig|me|nü, das: vgl. Fertiggericht.

Fer|tig|pro|dukt, das (Wirtsch.): *Erzeugnis, das alle Stufen der Produktion durchlaufen hat.*

fer|tig|stel|len, fer|tig stel|len ⟨sw. V.; hat⟩: *die Herstellung von etw. abschließen, beenden:* ein Manuskript, einen Roman f.; der Rohbau sollte bis zum Monatsende fertiggestellt sein.

Fer|tig|stel|lung, die: *das Fertigstellen, Fertiggestelltwerden:* die F. des Films, der Reparatur.

Fer|tig|teil, das: *vorgefertigtes [Bau]teil:* ein hölzerner Geräteschuppen aus -en.

Fer|ti|gung, die; -, -en: **1. a)** *industrieller od. handwerklicher Produktionsprozess; Herstellung:* die F. einer Serie; die F. von Ersatzteilen, Kleidern; **b)** *Art, Weise, wie etw. gefertigt ist:* die sorgfältige F. der einzelnen Teile. **2.** ⟨Pl. selten⟩ *Abteilung in einem Betrieb, in der der Produktionsprozess abläuft:* in der F. tätig sein.

Fer|ti|gungs|ab|lauf, der: *Produktionsablauf.*

Fer|ti|gungs|ka|pa|zi|tät, die: *Kapazität* (2 a).

Fer|ti|gungs|kos|ten ⟨Pl.⟩: *Herstellungskosten.*

Fer|ti|gungs|me|tho|de, die: *Methode der Fertigung* (1 a).

Fer|ti|gungs|pro|zess, der: *Fertigungsablauf.*

Fer|ti|gungs|stät|te, die: *Produktionsstätte.*

Fer|ti|gungs|stra|ße, die: *Gesamtheit der dem Produktionsablauf entsprechend aneinandergereihten Arbeitsplätze mit jeweiligen Werkzeugmaschinen o. Ä., die bei der Fertigung* (1 a), *Bearbeitung eines Werkstücks nötig sind.*

Fer|ti|gungs|tech|nik, die: vgl. Technologie (2).

Fer|ti|gungs|ver|fah|ren, das: vgl. Fertigungsmethode.

Fer|tig|wa|re, die (Wirtsch.): vgl. Fertigprodukt.

¹fer|tig|wer|den ⟨unr. V.; ist⟩ (ugs.): **1.** *sich durchsetzen; die Oberhand behalten; der Stärkere bleiben:* mit dir werde ich allemal fertig!; die Eltern wussten nicht mehr, wie sie mit ihrem Sohn f. sollten. **2.** *etw. [innerlich] bewältigen; zurechtkommen:* sie glaubt immer, mit allem allein fertigzuwerden; er ist mit diesem Erlebnis, Problem noch nicht fertiggeworden; Du wirst ja mit dem Leben so spielend fertig, du hast ja diese wunderbare Hochachtung vor den kleinen Dingen und Genüssen, du bist eine solche Künstlerin im Leben (Hesse, Steppenwolf 139).

fer|tig wer|den, ²fer|tig|wer|den ⟨unr. V.; ist⟩: **1.** *zum Ende kommen, zum Abschluss gelangen:* wir hoffen, bald mit den Vertragsverhandlungen fertig zu werden; wenn du so weiterarbeitest, wirst du nie fertig. **2.** (salopp verhüll.) *einen Orgasmus haben.*

fer|til ⟨Adj.⟩ [lat. fertilis, eigtl. = zum (Frucht)tragen geeignet, zu: ferre = tragen] (Biol., Med.): *fruchtbar, ertragreich.*

Fer|ti|li|sa|ti|on, die; -, -en (Med.): **1.** *Befruchtung.* **2.** *In-vitro-Fertilisation.*

Fer|ti|li|tät, die; - [lat. fertilitas] (Biol., Med.): *Fruchtbarkeit.*

fes, ¹Fes, das; -, - (Musik): *um einen halben Ton erniedrigtes f* (2), *F.*

²Fes, Fez, der; -[es], -[e] [türk. fes, wohl nach der marokkanischen Stadt Fes, die möglicherweise der erste Herstellungsort war]: *(in den arabischen Ländern von Männern getragene) kappenartige Kopfbedeckung aus rotem Filz in Form eines Kegelstumpfes [mit einer Quaste].*

fesch [österr.: feːʃ] ⟨Adj.⟩ [gek. aus ↑ fashionable]: **a)** (österr. u. ugs.) *hübsch, flott, sportlich aussehend:* ein -er Mann; das Kleid ist nicht sehr f.; **b)** (österr.) *nett, freundlich:* sei f. und komm mit!

Fe|schak [auch: ˈfeːʃak] ⟨österr. ugs.⟩ der; -s, -s [aus ↑ fesch u. der slaw. Endung -ak] (österr. ugs.): *fescher Kerl.*

¹Fes|sel, die; -, -n ⟨meist Pl.⟩ [vermischt aus mhd. veʒʒer, ahd. feʒʒara = Fessel (verw. mit ↑ Fuß) u. mhd. veʒʒel, ahd. feʒʒil = Trag- u. Halteband für Schwert u. Schild (verw. mit ↑ Fass u. eigtl. = Geflochtenes)]: **1.** *Band, Seil, Kette o. Ä. zum Fesseln* (1): jmdm. -n anlegen; die -n sprengen; sie legten ihn in -n (geh.; *fesselten ihn*). **2.** *als unangenehm empfundene Bindung; Einschränkung, Zwang:* die F. des Berufs, der Ehe abstreifen, abwerfen, loswerden; die wissenschaftliche Forschung soll von den -n der Bürokratie befreit werden.

²Fes|sel, die; -, -n [mhd. veʒʒel, fissel, zu: vuoz, ↑ Fuß]: **1.** *(bei Huftieren) Teil des Fußes zwischen Mittelfuß u. Huf:* ein schwarzes Pferd mit weißen -n. **2.** *(beim Menschen) Teil des Beins zwischen Wade u. Fußgelenk:* sie hat schlanke -n.

Fes|sel|bal|lon, der: *Ballon, der, mit Drahtseilen am Erdboden verankert, über einem bestimmten Ort gehalten wird.*

Fes|sel|ge|lenk, das [zu ↑ ²Fessel]: *(bei Huftieren) Gelenkverbindung zwischen Mittelfuß u. dem oberen Ende des ersten Zehenglieds.*

fes|sel|los ⟨Adj.⟩: **1.** *fesselfrei.* **2.** *zügellos, hemmungslos, entfesselt:* ein -es Leben.

fes|seln ⟨sw. V.; hat⟩ [spätmhd. vesseln, für mhd. veʒʒeren, ahd. feʒʒarōn, zu ↑ ¹Fessel]: **1.** *durch Anlegen von ¹Fesseln od. Festbinden an etw. seiner Bewegungsfreiheit berauben:* ich fessele, fessle ihn [an einen Pfahl]; jmds. Hände, jmdn. an den Händen f.; der Gefangene war gefesselt und geknebelt; Ü die Kranke war ans Bett, an den Rollstuhl gefesselt; Und eine Religion, die ... die Armen durch Almosenspenden an sich zu f. verstand, musste großen Zulauf finden (Thieß, Reich 200). **2.** *in Bann halten, faszinieren;* *Aufmerksamkeit stark beanspruchen:* das Buch, der Film, die Arbeit, der Anblick, die Frau fesselte ihn. **3.** (Ringen) **a)** *den Arm od. das Bein des Gegners einklemmen u. blockieren;* **b)** *den Gegner so greifen, dass er sich nicht mehr befreien kann.*

fes|selnd ⟨Adj.⟩ [zu ↑ fesseln (2)]: **1.** *aufregend, packend, spannungsgeladen:* ein -er Kriminalfilm; das Pokalendspiel blieb bis zur letzten Minute f. **2.** *interessant, attraktiv, mitreißend:* ein -er Vortrag; das Buch ist f. geschrieben.

Fes|se|lung, Fess|lung, die; -, -en: **1.** *das Fesseln* (1), *Gefesseltwerden.* **2.** (Schach) *Stellung, bei der eine Figur ihr Feld nicht verlassen darf, weil sonst der König im Schach steht.*

fest ⟨Adj.⟩ [mhd. veste, ahd. festi, fasti; verw. mit engl. fast = fest; schnell]: **1.** *von harter, kompakter Beschaffenheit, nicht flüssig od. gasförmig:* der Kranke bekommt wieder -e Nahrung. **2. a)** *stabil, haltbar, widerstandsfähig, solide:* ein -es Tuch, Gewebe; -es Schuhwerk; die -e Schale eines Krebses; sie wohnen in den Häusern; der Betrunkene ist nicht mehr f. auf den Beinen *(bewegt sich, steht nicht mehr sicher);* eine f. verwurzelte Eiche; Ü eine -e *(robuste)* Gesundheit haben; eine f. begründete Meinung haben; f. verwurzelte *(durch festen Glauben unerschütterliche)* Anschauungen; der Staat ist f. gefügt; **b)** (veraltend, noch landsch.) *geschützt, gefeit, unempfindlich:* eine -e (Militär; *befestigte)* Stellung; Der übrige Baumschmuck der Gegend, ob ragend oder geduckt, war immergrünes Nadelholz, f. gegen den Winter (Th. Mann, Zauberberg 316). **3. a)** *straff [sitzend], haftend; nicht locker:* ein -er Verband; der Hut, die Perücke sitzt nicht f.; die Schrauben sitzen f.; der Schmutz sitzt ziemlich f. an den Schuhen; sich f. an jmdn., etw. klammern; die Schnürsenkel ganz f. binden; eine Schraube f. anziehen; Ü eine -e (Sprachwiss.; *untrennbare)* Zusammensetzung; Er saß der alte, der Kenner des Jenseits und des Weines, das Glas f. in der Hand (Remarque, Obelisk 79); **b)** *stark, kräftig, nicht leicht:* ein -er Händedruck; du hast zu f. zugeschlagen; die Tür f. schließen; er schläft f. *(wacht nicht so leicht auf);* **c)** ⟨auch: feste⟩ (ugs.) *tüchtig, ordentlich, kräftig:* wir haben fest[e] mitgefeiert; er hat den ganzen Tag fest[e] gearbeitet; du musst fest[e] essen, zugreifen. **4.** *Entschlossenheit zeigend; energisch:* ein -er Blick; mit -en Schritten auftretend; ihre Stimme war f. **5. a)** *unerschütterlich, unbeirrbar, unwandelbar:* sie handelt nach Grundsätzen; eine -e Meinung vertreten; sie ist der -en Überzeugung, dass es ihr gelingen wird; ich bin f. davon überzeugt, Hermine hatte ein Geheimnis, sie blieb f. dabei, mir nicht zu verraten, in welcher Maskentracht sie erscheinen werde (Hesse, Steppenwolf 168); **b)** *endgültig, definitiv, bindend:* eine -e Zusage; eine -e Verabredung haben; es gibt dafür keine -en Regeln; sie hat schon -e Berufspläne; etw. f. vereinbaren; f. umrissene Vorstellungen. **6.** *ständig, geregelt, gleichbleibend, konstant:* einen -en Wohnsitz, ein -es Einkommen haben; ein f *(feststehende)* Preise, Kosten; das Geschäft hat viele -e Kunden *(Stammkunden);* sie hat schon einen -en Freund (ugs.; *einen ständigen [Geschlechts]partner);* er ist f. angestellt; f. angestellte Mitarbeiter; f. besoldete Beamte; die f. Angestellten, f. Besoldeten.

Fest, das; -[e]s, -e [mhd. fest < lat. festum = Fest(tag), zu: festus = die für die religiösen Handlungen bestimmten Tage betreffend; festlich, feierlich, verw. mit: feriae, ↑ Ferien]: **1.** *[größere] gesellschaftliche Veranstaltung [in glanzvollem Rahmen]:* ein großes, gelungenes F.; ein rauschendes F.; das F. der goldenen Hochzeit; das F. ist in vollem Gang; ein F. geben, veranstalten, besuchen, feiern; zu einem F. gehen; Ü es ist mir ein F. (ugs. scherzh.; *eine große Freude, ein großes Vergnügen*); R man muss die -e feiern, wie sie fallen *(man soll sich keine gute Gelegenheit entgehen lassen [ein F. zu feiern]).* **2.** *einzelner hoher kirchlicher Feiertag (od. zwei aufeinanderfolgende):* bewegliche -e sind z. B. Ostern und Pfingsten, unbewegliche -e sind die Weihnachten u. Allerheiligen; frohes F.!

-fest: 1. *drückt in Bildungen mit Substantiven aus, dass die beschriebene Sache gegen etw. unempfindlich, widerstandsfähig, vor etw. geschützt ist:* frost-, kältefest. **2.** *drückt in Bildungen mit Verben (Verbstämmen) aus, dass etw. ohne schädliche Auswirkungen gemacht werden kann:* strapazier-, waschfest. **3.** *drückt in Bildungen mit Verben aus, dass die beschriebene Sache etw. nicht macht oder etw. verhindert:* klopf-, knitterfest. **4. a)** *drückt in Bildungen mit Substantiven aus, dass die beschriebene Person oder Sache in etw. beständig ist, an etw. festhält:* charakter-, prinzipienfest; **b)** *drückt in Bildungen mit Verben aus, dass die beschriebene Person standfest, ausdauernd in etw. ist:* sauf-, trinkfest. **5.** *drückt in Bildungen mit Substantiven aus, dass die beschriebene Person sich gut in etw. auskennt:* bibel-, satzungsfest.

Fest|abend, der: *festliche Abendveranstaltung.*

Fest|akt, der: *festlicher ¹Akt* (1 b).

Fest|an|ge|bot, das (Wirtsch.): *Angebot, dessen Annahme einem Vertragsabschluss gleichkommt.*

fest an|ge|stellt, fęst|an|ge|stellt ⟨Adj.⟩: *eine feste Anstellung habend:* fest angestellte und freie Mitarbeiter.

Fęst|an|ge|stell|te, fest An|ge|stell|te ⟨vgl. Angestellte⟩: *weibliche Person, die eine feste Anstellung hat.*

Fęst|an|ge|stell|ter, fest An|ge|stell|ter ⟨vgl. Angestellter⟩: *jmd., der eine feste Anstellung hat.*

Fęst|an|lass, der (schweiz.): *Festveranstaltung.*

Fęst|an|schluss, der: *Anschluss für ein Festnetztelefon.*

Fęst|an|spra|che, die: vgl. Festrede.

Fęst|an|stel|lung, die: *feste Anstellung.*

Fęst|auf|füh|rung, die: *Aufführung* (1) *aus festlichem Anlass:* eine F. zur Einweihung der Oper.

fęst|ba|cken ⟨sw. V.; hat⟩ (landsch.): *irgendwo festkleben, haften:* der Schnee backt an den Stiefeln fest.

Fęst|ban|kett, das: *offizielles Festessen.*

fęst|bei|ßen, sich ⟨st. V.; hat⟩: **1.** *krampfartig in etw. beißen, sich darin festhalten:* der Wolf biss sich an, in seiner Beute fest. **2.** *sich so intensiv mit etw. beschäftigen, dass man davon nicht mehr loskommt:* sie hat sich an diesem Fall festgebissen.

Fęst|bei|trag, der: *Beitrag zur Gestaltung eines Festes.*

Fęst|be|leuch|tung, die: *festlich helle Beleuchtung:* der Saal erstrahlte in F.; Ü wozu diese F.? (ugs. scherzh.; *warum brennt hier so viel [unnötiges] Licht?*).

fẹst be|sol|det, fẹst|be|sol|det ⟨Adj.⟩: *[im öffentlichen Dienst] ein festes Gehalt beziehend.*

Fẹst|be|trag, der: *feststehender Betrag.*

fẹst|bin|den ⟨st. V.; hat⟩: **a)** *durch Binden an etw. befestigen:* den Strick an einem Pfosten f.; **b)** *durch Anbinden mit einer Leine, Schnur o. Ä. an etw. festhalten, festmachen:* den Hund an einem/(selten:) einen Baum f.; **c)** *durch Binden mit einem Band, einer Schnur o. Ä. in einer bestimmten Lage festhalten:* die Haare mit einer Schleife f.; die Mütze [unter dem Kinn] f.

fẹst|blei|ben ⟨st. V.; ist⟩: *sich nicht umstimmen lassen, nicht nachgeben:* sie ist in ihrem Entschluss festgeblieben.

fẹst|drü|cken ⟨sw. V.; hat⟩: *durch Andrücken befestigen; zusammendrücken:* Setzlinge in der Erde f.

fẹs|te: ↑ fest (3 c).

Fẹs|te, die; -, -n [mhd. veste, ahd. festī = Festigkeit, befestigter Ort] (veraltet): **1. a)** (in Verbindung mit Namen auch: Veste) *befestigte Burg, Festung:* eine F. erstürmen; Veste Coburg; **b)** (veraltet) *Fundament, Grundlage:* ihr Vertrauen war bis in die -n *(zutiefst)* erschüttert. **2.** (dichter.) *Himmel[sgewölbe], Firmament.*

fes|ten ⟨sw. V.; hat⟩ (bes. österr., schweiz.): *ein Fest, Feste feiern.*

Fẹst|es|sen, das: *Essen in festlichem Rahmen:* R es ist mir ein F. (ugs. scherzh.; *ist mir ein Vergnügen).*

fẹst|fah|ren ⟨st. V.⟩: **1. a)** (ist) *(mit einem Fahrzeug) in etw. so stecken bleiben, dass die Räder o. Ä. nicht mehr greifen, sich nicht mehr drehen:* das Auto ist im Schnee festgefahren; **b)** ⟨f. + sich; hat⟩ *(von einem Fahrzeug) so festgefahren* (a) *sein, dass ein Weiterkommen nicht mehr möglich ist:* der Lkw fuhr sich im Morast fest. **2. a)** (ist) *nicht mehr weiterkommen, keine Fortschritte mehr machen:* die Tarifverhandlungen sind festgefahren; **b)** ⟨f. + sich; hat⟩ *gedanklich in eine ausweglos erscheinende Situation geraten, nicht mehr weiterwissen:* sie hat sich mit ihrem ehrgeizigen Projekt völlig festgefahren.

fẹst|fres|sen, sich ⟨st. V.; hat⟩: **1.** *irgendwo hineingeraten, sich verklemmen u. dadurch blockieren:* der Kolben des Motors hatte sich [im Zylinder] festgefressen. **2.** *sich bei jmdm. festsetzen, jmdn. nicht mehr loslassen:* diese Meinung fraß sich [in ihm] fest.

Fẹst|freu|de, der: *Freude anlässlich eines Festes.*

fẹst|frie|ren ⟨st. V.⟩: **a)** *gefrieren u. dadurch an etw. haften:* die Wäsche ist über Nacht [an der Leine] festgefroren; **b)** *gefrieren u. dadurch in einer bestimmten Form erstarren:* im Schnee festgefrorene Spuren; Ü ein festgefrorenes Lächeln.

Fẹst|gast, der: *jmd., der als Gast zu einem Fest eingeladen ist.*

fẹst|ge|fah|ren ⟨Adj.⟩ [2. Part. von ↑ festfahren]: *nicht mehr vorankommend, keine Fortschritte mehr machend, ins Stocken geraten:* -e Gespräche, Verhandlungen, Situationen.

fẹst ge|fügt, fẹst|ge|fügt ⟨Adj.⟩: *in seinem Gefüge stabil, widerstandsfähig:* ein fest gefügter Häuserblock.

fẹst ge|grün|det, fẹst|ge|grün|det ⟨Adj.⟩: **1.** *auf festem Grund ruhend:* eine gegründete Burg. **2.** (geh. veraltend) *gefestigt, stabil, nicht wankend:* fest gegründete Demokratie.

Fẹst|ge|halt, das: *festes Gehalt; Fixum:* er bekommt ein hohes F. und erfolgsabhängige Prämien.

Fẹst|ge|la|ge, das (abwertend): *allzu üppiges Festessen.*

Fẹst|geld, das (Bankw.): *Einlage* (8 a) *mit fester Laufzeit von mindestens einem Monat.*

Fẹst|ge|wand, das (geh.): *aus festlichem Anlass getragenes Gewand.*

Fẹst|got|tes|dienst, der: *Gottesdienst aus Anlass eines Festes.*

fẹst|ha|ken ⟨sw. V.; hat⟩: **a)** *durch Einhaken befestigen:* er öffnete das Tor und hakte es [an der Mauer] fest; **b)** ⟨f. + sich⟩ *sich verhaken, irgendwo hängen bleiben:* die Dornen hatten sich in den Strümpfen festgehakt; ⟨auch ohne »sich«:⟩ das Seil hakt irgendwo fest.

Fẹst|hal|le, die: *Halle für [festliche] Großveranstaltungen.*

fẹst|hal|ten ⟨st. V.; hat⟩: **1. a)** *durch Zupacken, Ergreifen daran hindern, sich zu entfernen; nicht loslassen:* einen Hund [am Halsband] f.; jmds. Arm f.; etw. mit den Händen, den Zähnen f.; Ü einen Brief f. *(nicht weitergeben; zurückhalten);* **b)** *gefangen halten:* man hat ihn an der Grenze [widerrechtlich] festgehalten. **2. a)** *in Bild, Ton o. Ä. fixieren, aufzeichnen:* ein Ereignis auf Kassette, mit dem Tonband, in einem Roman, fotografisch, in Wort u. Bild f.; eine Persönlichkeit in Stein oder Erz f.; Was er erzählte, teilte er mit – seine Krankheiten, seine Freundinnen –, in der stillschweigenden Überzeugung, der andere sei dazu da, es für die Nachwelt festzuhalten (Handke, Niemandsbucht 129/130); **b)** *feststellen, konstatieren:* halten wir fest, der Vorfall ereignete sich um Mitternacht; diese Tatsache muss festgehalten werden. **3.** ⟨f. + sich⟩ *sich fest an jmdm., etw. halten, anklammern, um nicht zu fallen:* ich hielt mich [mit beiden Händen] am Geländer, an ihm fest; hier ist die Kanne, halte dich mal dran fest (ugs. scherzh.; halte sie mal, nimm sie mal einen Augenblick in die Hand); Ü Halt dich fest (ugs.; *du wirst staunen, sehr überrascht sein*), unser Neffe ist im Geschäftsführer geworden (Lenz, Brot 82). **4.** *von jmdm., etw. nicht abgehen; jmdn., etw. nicht aufgeben:* [eisern, zäh, hartnäckig] an einer alten Tradition, an einem Grundsatz, an seiner Überzeugung, an einer Forderung f.; sie hielt treu an ihrem Freund fest. ♦ **5.** *standhalten:* Die zärtliche Nerve hält Feveln fest, die die Menschheit an ihren Wurzeln zernagen (Schiller, Kabale V, 7).

fẹst|hän|gen ⟨st. V.; hat⟩: *(durch Hängenbleiben an etw.) nicht weiterkommen, nicht vom Fleck kommen, stecken bleiben:* ich hing in den Dornen fest; Ü über Südeuropa hängt ein Tief fest.

fẹst|hef|ten ⟨sw. V.; hat⟩: *durch Heften an etw. befestigen:* einen Zettel [an der Tür] f.

fes|ti|gen ⟨sw. V.; hat⟩: **a)** *stärken, kräftigen; fester, widerstandsfähiger machen; stabilisieren; konsolidieren:* eine Freundschaft, ein Bündnis f.; die Arbeit hat ihn charakterlich gefestigt; eine gefestigte *(in sich sichere)* Persönlichkeit; **b)** ⟨f. + sich⟩ *fester, stärker werden; sich stabilisieren:* jmds. Gesundheit festigt sich wieder; die Beziehungen zwischen den beiden Ländern haben sich gefestigt.

Fes|ti|ger, der; -s, -: Kurzf. von ↑ Haarfestiger.

Fes|tig|keit, die; -: **1.** *Widerstandsfähigkeit gegen Bruch; Haltbarkeit:* der Grad der F. eines Materials; Ü die F. *(Stabilität)* eines politischen Systems. **2. a)** *Entschlossenheit:* mit F. auftreten; ... er hob gegen die Hand und sprach mit der trockenen F. des denkenden Menschen das Ungeheure fast unbefangen aus (Langgässer, Siegel 145); **b)** *Standhaftigkeit:* die F. seines Glaubens.

Fes|tig|keits|leh|re, die ⟨o. Pl.⟩ (Technik): *Lehre von der Bestimmung der Verformungen u. Spannungen, denen Werkstoffe, Bauteile u. Ä. bei Belastung unterliegen.*

Fes|ti|gung, die; -, -en: *das Festigen; das Gefestigtwerden:* zur F. des Friedens.

Fes|ti|val ['fɛstivl, 'fɛstival], das; -s, -s [engl. festival < afrz. festival = festlich, zu lat. festivus = festlich, zu: festus, ↑ Fest]: *[mehrere Tage dauernde] kulturelle Großveranstaltung, Festspiele:* ein F. des Films, des Sports; auf dem F. spielen bekannte Rockgruppen.

Fes|ti|vi|tät, die; -, -en [lat. festivitas] (veraltet, noch ugs. scherzh.): *Festlichkeit* (2).

fẹst|kei|len ⟨sw. V.; hat⟩: *durch Verkeilen so befestigen, dass es sich nicht mehr bewegen kann:* die Tür f.; Ü sie waren zwischen den Menschenmassen festgekeilt *(konnten sich nicht mehr [fort]bewegen).*

fẹst|klam|mern ⟨sw. V.; hat⟩: **1.** *mit Klammern befestigen:* das Tischtuch [am Tisch] f. **2.** ⟨f. + sich⟩ *sich krampfhaft festhalten, anklammern:* sie klammerte sich an dem Ast fest.

fẹst|kle|ben ⟨sw. V.⟩: **1.** ⟨ist⟩ *fest an etw. kleben, haften, festsitzen:* der Kaugummi ist an der Schuhsohle festgeklebt. **2.** ⟨hat⟩ *durch Ankleben befestigen:* die abgelöste Sohle f.

Fẹst|kleid, das: **1.** *bei einem festlichen Anlass getragenes Kleid.* **2.** ⟨Pl.⟩ *Festkleidung.*

Fẹst|klei|dung, die ⟨o. Pl.⟩: *aus festlichem Anlass getragene Kleidung.*

fẹst|klem|men ⟨sw. V.⟩: **1.** ⟨ist⟩ *so eingeklemmt, eingekeilt sein, dass keine Bewegung mehr möglich ist; festsitzen:* das oberste Schubfach klemmt fest. **2.** ⟨hat⟩ *durch Einklemmen in einer bestimmten Lage festhalten:* das Vorderrad des Fahrrades zwischen den Beinen f.

fẹst|klop|fen ⟨sw. V.; hat⟩: *durch Klopfen fest, zusammenhängend machen:* er klopfte die Erde fest; Ü sie wollte ihre Position f.

fẹst|kno|ten ⟨sw. V.; hat⟩: vgl. festbinden.

fẹst|ko|chend ⟨Adj.⟩ (Kochkunst): *so beschaffen, dass nach dem Kochen eine feste Konsistenz entsteht:* -e Kartoffeln.

Fẹst|ko|mi|tee, das: *Komitee, das Organisation u. Durchführung eines Festes leitet.*

Fẹst|kon|zert, das: *Konzert aus Anlass eines Festes.*

Fẹst|kör|per, der (Physik): *Stoff, der Formveränderungen von außen großen Widerstand entgegensetzt:* Kristalle als F.

Fẹst|kör|per|phy|sik, die: *Teilgebiet der Physik, das die Eigenschaften von Festkörpern untersucht.*

fẹst|kral|len, sich ⟨sw. V.; hat⟩: *(bes. von Tieren) sich krampfhaft [mit den Krallen] festhalten:* die Katze krallt sich am Vorhang fest; er hat sich an den Armlehnen seines Sessels festgekrallt.

Fẹst|land, das ⟨Pl. selten⟩: **1.** *größere zusammenhängende Landmasse, Kontinent (im Gegensatz zu den Inseln):* das afrikanische, griechische F. **2.** ⟨o. Pl.⟩ *aus festem Boden bestehender Teil der Erdoberfläche (im Gegensatz zum Meer);* Land (1).

Fẹst|land|block, Festlandsblock, der ⟨Pl. ...blöcke⟩: *ein Festland* (2) *bildende Landmasse.*

fẹst|län|disch ⟨Adj.⟩: *zum Festland* (1) *gehörend, kontinental* (2): -es Klima.

Fẹst|lands|block: ↑ Festlandblock.

Fẹst|land|so|ckel, Fẹst|lands|so|ckel, der: *unter dem Meeresspiegel in bis zu 200 Meter Tiefe gelegender Rand des Festlandes; Schelf:* Ölbohrungen im F.

fẹst|lau|fen, sich ⟨st. V.; hat⟩: **a)** *[an einem Hindernis] stecken bleiben, nicht mehr weiterkommen:* das Schiff hat sich im Packeis festgelaufen; ⟨auch ohne »sich«; ist:⟩ die Jacht wird f.; Ü an seinem Widerstand liefen sich alle Ansätze zu Neuerungen fest; **b)** (Ballspiele) *die gegnerische Abwehr nicht durchbrechen können:* die Stürmer liefen sich im gegnerischen Strafraum fest.

fẹst|leg|bar ⟨Adj.⟩: *sich festlegen* (1), *genau bestimmen lassend:* eindeutig -e Werte.

fẹst|le|gen ⟨sw. V.; hat⟩: **1.** *verbindlich beschließen, bestimmen, regeln, vorschreiben:* etw. schriftlich, testamentarisch f.; einen Termin, ein Programm genau f.; es wurde festgelegt, dass die Kinder jedes zweite Wochenende bei ihm verbringen durften; gesetzlich, durch Gesetz, in einem Gesetz festgelegte Rechte. **2.** *sich, jmdn. in Bezug auf etw. binden, verpflichten:* ich habe mich nicht, auf nichts, (schweiz.:) über nichts f. lassen; legen Sie mich bitte nicht darauf fest *(verlangen Sie von mir keine verbindliche Aussage darüber),* dass ich heute noch fertig werde. **3.** *(einen Geldbetrag) langfristig anlegen:* das Geld ist auf mehrere Jahre festgelegt.

Fest|le|gung, die; -, -en: **1.** *das Festlegen; das Festgelegtwerden.* **2.** *Regelung* (1 b).

fest|le|sen, sich ⟨st. V.; hat⟩ (ugs.): *beim Lesen vom Inhalt so fasziniert werden, dass man länger liest als ursprünglich beabsichtigt:* sich in einem Kriminalroman f.

fest|lich ⟨Adj.⟩: **a)** *den Charakter eines Festes habend; wie ein Fest glanzvoll, sehr eindrucksvoll:* ein -es Konzert; **b)** *einem Fest gemäß, angemessen, entsprechend:* -e Kleidung, Tischdekoration; Zuvor habe ich der Verlobung meiner Schwester Olympia mit dem Secondeleutnant Übel vom Zweiten Nassauischen Infanterieregiment Nr. 88 in Mainz zu gedenken, die sehr f. begangen wurde (Th. Mann, Krull 64).

Fest|lich|keit, die; -, -en: **1.** ⟨o. Pl.⟩ *festliche Stimmung:* die F. dieses Augenblicks. **2.** *festliches Ereignis, festliche Veranstaltung.*

fest|lie|gen ⟨st. V.; hat; südd., österr., schweiz. auch: ist⟩: **1.** *festgelaufen, -gefahren sein, nicht weiterkommen:* das Schiff liegt auf der Sandbank fest. **2.** *bestimmt, festgelegt sein; feststehen:* der Termin für die Besprechung liegt fest.

Fest|lohn, der: *vertraglich abgesicherter Lohn.*

fest|ma|chen ⟨sw. V.; hat⟩: **1.** *befestigen, fest anbringen:* ein Poster an der Wand f.; Ü das Problem kann man nicht allein daran f. *(darauf zurückführen).* **2.** *fest, gebunden machen:* einen Treffpunkt [mit jmdm.] f.; ein Geschäft f. (Kaufmannsspr.; *abschließen*). **3. a)** (Seemannsspr.) *(ein Schiff) an einer Anlegestelle fest vertäuen:* das Boot am Poller f.; **b)** *landen* (1 b), *anlegen:* wir machen im Jachthafen fest. **4.** (Jägerspr.) **a)** *(ein Wildschwein) durch Hunde aufspüren u. umstellen:* die Hunde haben das Wildschwein festgemacht; **b)** *(den Aufenthaltsort von Marder u. Iltis) feststellen:* der Jäger hat einen Marder festgemacht.

Fest|mahl, das (geh.): *Festessen.*

Fest|me|ter, der: *Raummaß für 1 m³ feste Holzmasse* (Abk.: Fm, fm).

fest|na|geln ⟨sw. V.; hat⟩: **1.** *durch Annageln befestigen:* eine Leiste, ein Blech f.; sie sitzt da wie festgenagelt; Ü er hat mich mit einem langen Gespräch festgenagelt (ugs.; *aufgehalten*). **2.** (ugs.) *deutlich auf etw. hinweisen:* in einem Fernsehinterview nagelte sie die Widersprüche ihres politischen Gegners fest. **3.** (ugs.) *festlegen* (2): ich ließ mich nicht, auf keine Aussage f.

fest|nä|hen ⟨sw. V.; hat⟩: *durch Annähen befestigen:* den Rocksaum [wieder] f.

Fest|nah|me, die; -, -n [zum 2. Bestandteil vgl. Abnahme]: *vorläufige Gefangennahme, Verhaftung:* bei seiner F. leistete der Dieb Widerstand.

fest|neh|men ⟨st. V.; hat⟩: *vorläufig u. für kurze Zeit [ohne richterliche Anordnung] in polizeilichen Gewahrsam nehmen:* einen Verbrecher f.

◆ **Fest|neh|mung,** die; -, -en: *Festnahme:* ...die F. ... des Schuldigen (C. F. Meyer, Amulett 12).

Fest|netz, das (Technik): *aus [fest verlegten] Telefonleitungen o. Ä. bestehendes Telekommunikationsnetz.*

Fest|netz|an|schluss, der: *Anschluss* (1 b) *an ein Festnetz.*

Fest|netz|te|le|fon, das: *Telefon, das an das Festnetz angeschlossen wird.*

fest|pin|nen ⟨sw. V.; hat⟩ (ugs.): *mit Reißzwecken o. Ä. (an etw.) fest anbringen:* eine Quittung an der Wand f.

Fest|plat|te, die [LÜ von engl. hard disk] (EDV): *fest im Computer eingebaute u. hermetisch abgeschlossene Magnetplatte als Speichermedium:* sie hat ihre wichtigsten Dateien auf [der] F. gespeichert.

Fest|platz, der: *Platz, auf dem [Volks]feste, Jahrmärkte o. Ä. veranstaltet werden:* auf den F. gehen.

Fest|preis, der (Wirtsch.): *staatlich festgelegter od. vertraglich vereinbarter Preis.*

Fest|pro|gramm, das: *Folge der einzelnen Darbietungen eines Festes.*

Fest|punkt, der: **1.** *genau gekennzeichneter u. seiner Lage nach bestimmter Punkt, auf den Messungen im Gelände bezogen werden.* **2.** *Bezugspunkt für eine Temperaturskala* (z. B. Siedepunkt u. Gefrierpunkt des Wassers).

Fest|re|de, die: *anlässlich eines Festes gehaltene Rede.*

fest|re|den, sich ⟨sw. V.; hat⟩: *beim Reden auf ein Thema kommen, das einen so beschäftigt, dass man länger redet als ursprünglich beabsichtigt:* ich hatte mich an dieser Streitfrage festgeredet.

Fest|red|ner, der: *jmd., der eine Festrede hält.*

Fest|red|ne|rin, die: w. Form zu ↑ Festredner.

Fest|saal, der: *Saal, in dem ein Fest veranstaltet wird.*

fest|sau|gen, sich ⟨st. u. sw. V.; saugte/(geh.:) sog sich fest, hat sich festgesaugt/(geh.:) festgesogen⟩: *saugend an etw. haften:* die Zecke hatte sich an ihrer Wade festgesaugt.

Fest|schie|ßen, das; -s: *Schießen mit Böllern* (1) *anlässlich eines Festes.*

Fest|schmaus, der (scherzh.): *Festessen.*

fest|schmie|den ⟨sw. V.; hat⟩: *[unlösbar] fest anschmieden:* die Ketten waren am Betonboden festgeschmiedet.

Fest|schmuck, der: *festlicher Schmuck:* die ganze Stadt prangt im F.

fest|schnal|len ⟨sw. V.; hat⟩: *durch Anschnallen befestigen, festmachen:* das Kind hinten im Auto f.; der Pilot schnallt sich am Sitz fest.

fest|schnü|ren ⟨sw. V.⟩: *mit einer Schnur befestigen; fest anbinden, zubinden:* ein festgeschnürtes Paket; die Koffer waren auf dem Dachgepäckträger festgeschnürt.

fest|schrau|ben ⟨sw. V.; hat⟩: *fest anschrauben:* eine Mutter, Kleiderhaken [an der Wand] f.

fest|schrei|ben ⟨st. V.; hat⟩: *(durch einen Vertrag o. Ä.) festlegen; festsetzen:* für die Bauwirtschaft wurde gesetzlich ein Mindestlohn festgeschrieben.

Fest|schrei|bung, die; -, -en: *das Festschreiben; das Festgeschriebenwerden.*

Fest|schrift, die: *aus mehreren, von verschiedenen Autoren verfassten Beiträgen bestehende Veröffentlichung, die zu einem Jubiläum herausgegeben wird:* eine F. zum tausendjährigen Bestehen der Stadt; jmdn. mit einer F. ehren.

fest|set|zen ⟨sw. V.; hat⟩: **1.** *verbindlich beschließen, bestimmen, festlegen:* Preise für etw. f.; der Streitwert wurde auf 500 Euro festgesetzt; sie erschien am festgesetzten Tag. **2.** *in Haft nehmen, gefangen setzen:* jmdn. wegen Steuerhinterziehung f.; Mit solchen Leuten wie mit Borkhausen machte man bei der Polizei nicht viel Umstände..., sie setzten ihn sofort auf dem Kriminalgericht fest (Fallada, Jeder 263). **3.** ⟨f. + sich⟩ **a)** *sich ansammeln, haften bleiben:* in den Ritzen hat sich Schmutz festgesetzt; b) (ugs.) *sich an einem Ort niederlassen:* er hatte sich vor Jahren hier festgesetzt.

Fest|set|zung, die; -, -en: **1.** *verbindliche Bestimmung, Festlegung.* **2.** *Gefangennahme.*

fest|sit|zen ⟨unr. V.; hat; südd., österr., schweiz. auch: ist⟩: **a)** *nicht mehr weiterkommen, stecken geblieben sein, festgefahren sein:* wir sitzen mit einem Motorschaden fest; das Schiff saß auf der Sandbank fest; Ü ich sitze mit diesem Problem fest (ugs.: *finde keine Lösung*); **b)** (selten) *längere Zeit sitzen bleiben, nicht fortgehen:* wir haben bis Mitternacht in der Kneipe festgesessen.

Fest|spiel, das: **1.** *Bühnenstück, das aus festlichem Anlass geschrieben wurde.* **2.** ⟨Pl.⟩ *periodisch wiederkehrende Serie festlicher Veranstaltungen, bei der mehrere Bühnen- u. Musikstücke od. Filme aufgeführt werden:* die Salzburger -e.

Fest|spiel|haus, das: *Theater, in dem Festspiele stattfinden.*

Fest|spiel|stadt, die: *Stadt, in der regelmäßig Festspiele stattfinden.*

fest|stamp|fen ⟨sw. V.; hat⟩: vgl. festtreten.

fest|ste|cken: 1. ⟨sw. V.; hat⟩ **a)** *durch [An-, Hinein]stecken befestigen:* eine Blume im Knopfloch f.; **b)** *durch Stecken mit Nadeln in die gewünschte Form, an die gewünschte Stelle bringen:* die Haare f. **2.** ⟨geh. auch: st. V.; hat; südd., österr., schweiz. auch: ist⟩ *am Weiterkommen gehindert werden:* wir steckten im Stau fest.

fest|ste|hen ⟨unr. V.; hat; südd., österr., schweiz. auch: ist⟩: **a)** *bestimmt, festgelegt, geregelt sein:* der Termin für die Prüfung steht noch nicht fest; eine feststehende Reihenfolge; **b)** *sicher, gewiss, unumstößlich sein:* jmds. Entschluss steht fest; es steht fest/fest steht, dass wir morgen abreisen; feststehende Tatsachen.

fest|stell|bar ⟨Adj.⟩: **1.** *sich feststellen* (1 a, b) *lassend:* eine -e Entwicklung. **2.** *sich feststellen* (2), *arretieren lassend:* die Markise ist f.

fest|stel|len ⟨sw. V.; hat⟩: **1. a)** *in Erfahrung bringen, ermitteln:* jmds. Personalien f.; wer an dem Unfall beteiligt war, [das] können wir leicht f.; **b)** *bemerken, wahrnehmen:* eine Veränderung f.; sie stellte fest, dass ihr Plan gelungen war; ... sie durchschnitt die Nabelschnur mit der sterilisierten Nähschere ihrer Mutter, die misstrauisch und doch bewundernd die Kenntnisse ihrer Tochter feststellte (Böll, Haus 12); **c)** *mit Entschiedenheit sagen, nachdrücklich aussprechen:* ich muss hier mit aller Deutlichkeit f., dass überhaupt nichts getan worden ist. **2.** *durch Einstellen festmachen, arretieren:* die Armlehne des Drehstuhls in der richtigen Höhe f.

Fest|stell|he|bel, der: *Hebel, mit dem man etw. feststellen* (2) *kann.*

Fest|stell|schrau|be, die: vgl. Feststellhebel.

Fest|stell|tas|te, die: **a)** *Taste der Schreibmaschine, mit der man den Wagen* (4) *so einstellen kann, dass nur Großbuchstaben geschrieben werden;* **b)** *Taste einer Computertastatur, die durch einmaliges Drücken dauerhaft auf Großbuchstaben bzw. die obere Tastenbelegung umschaltet.*

Fest|stel|lung, die: **a)** *das Feststellen* (1 a); *Ermittlung:* die Angaben dienen zur F. der Tatzeit; **b)** *das Feststellen* (1 b); *Wahrnehmung:* beim näheren Hinsehen machte ich die F., dass das Bild schon sehr alt sein musste; **c)** *das Feststellen* (1 c); *ausdrückliche Erwähnung, entschiedene Aussage:* dazu machte sie, traf sie folgende en-...; ich lege Wert auf die F., dass ... (ich betone, dass ...).

Fest|stel|lungs|be|scheid, der: *Bescheid des Finanzamtes, durch den bestimmte Besteuerungsgrundlagen (nicht aber die Steuerschuld) festgestellt werden.*

Fest|stel|lungs|kla|ge, die (Rechtsspr.): *Klage,*

Feststimmung – fettgedruckt

durch die nur festgestellt werden soll, ob ein bestimmtes Rechtsverhältnis existiert od. nicht.

Fest|stim|mung, die: *festliche Stimmung.*

Fest|stoff, der (meist Pl.) (Wasserbau): *sich im Wasser nicht lösender Stoff (wie Sand, Kies, Geröll), der von der Strömung fortbewegt od. abgelagert wird.*

Fest|stoff|ra|ke|te, die: *Rakete, deren fester Treibstoff direkt in die Brennkammer eingegossen u. dort polymerisiert wird.*

Fest|ta|fel, die (geh.): *für ein Festessen gedeckte, festlich geschmückte Tafel.*

Fest|tag, der: **1.** *Tag, der jmdm. od. einem Ereignis zu Ehren festlich begangen wird:* ein hoher, kirchlicher F.; zu ihrem F. kamen viele Glückwünsche. **2.** ⟨Pl.⟩ *periodisch wiederkehrender Zeitraum von mehreren Tagen, in dem Festspiele stattfinden.*

♦ **fest|tä|gig** ⟨Adj.⟩: *festtäglich:* Dann taten sie dem Meisen-Sepp -e Kleider an (Rosegger, Waldbauernbub 38).

fest|täg|lich ⟨Adj.⟩: *dem Festtag entsprechend, angemessen, feiertäglich:* in -er Kleidung; f. gestimmt sein.

Fest|tags|klei|dung, die: *festliche Kleidung.*

Fest|tags|stim|mung, die: *festliche Stimmung.*

fest|tre|ten ⟨st. V.; hat⟩: *durch Darauftreten fest, zusammenhängend machen:* die Erde [wieder] f.; R das tritt sich fest! (ugs.; scherzhafte Bemerkung, wenn jmdm. etw. auf den Boden gefallen ist).

fest um|ris|sen, fest|um|ris|sen ⟨Adj.⟩: **a)** *klar abgegrenzt:* fest umrissene Begriffe; **b)** *bis ins Einzelne gehend, genau, detailliert:* fest umrissene Vorstellungen, Ziele.

Fest|um|zug, der: *Umzug aus Anlass eines Festes.*

Fes|tung, die; -, -en: **1.** [mhd. vestunge, zu: vesten, ahd. festen = befestigen] *stark befestigte, strategischen Zwecken dienende Verteidigungsanlage; Zitadelle:* eine uneinnehmbare F.; die F. ist gefallen; eine F. belagern, stürmen, einnehmen, halten, schleifen; Ü Wenn sie sich erheben, hinter ihrem Schreibtisch hervorkommen könnte, ihre F. verlassen ... (Chr. Wolf, Nachdenken 60). **2.** *Festungshaft.*

Fes|tungs|an|la|ge, die: *Gesamtkomplex einer Festung.*

Fes|tungs|bau, der ⟨Pl. -ten⟩: **1.** *Festung F. erstreckt sich über den ganzen Bergrücken.* **2.** ⟨o. Pl.⟩ *das Bauen einer Festung:* Material für den F. heranschaffen. **3.** ⟨o. Pl.⟩ *die Kunst, Festungen zu bauen:* der englische F. des 16. Jahrhunderts.

Fes|tungs|gra|ben, der: *eine Festung umgebender Verteidigungsgraben.*

Fes|tungs|haft, die (früher): *[in einer Festung zu verbüßende] Haftstrafe bei militärischen u. politischen Vergehen:* zu 5 Jahren F. verurteilt werden.

Fes|tungs|mau|er, die: *eine Festung (1) umgebende, dicke Mauer.*

Fes|tungs|wall, der: vgl. Festungsgraben.

Fes|tungs|werk, das: *Gesamtheit der befestigten Anlagen einer Festung (1).*

Fest|ver|an|stal|tung, die: *Veranstaltung aus Anlass eines Festes.*

fest ver|wur|zelt, fest|ver|wur|zelt ⟨Adj.⟩: **1.** *mit den Wurzeln fest im Boden steckend:* fest verwurzelte Bäume. **2.** *durch feste Verbundenheit, innerliche Verankerung unerschütterlich:* das war seine fest verwurzelte Überzeugung.

fest|ver|zins|lich ⟨Adj.⟩ (Bankw.): *über einen langen Zeitraum einen gleichbleibenden Zins abwerfend:* -e Wertpapiere.

Fest|vor|trag, der: vgl. Festrede.

fest|wach|sen ⟨st. V.; ist⟩: *fest anwachsen.*

Fest|wert|spei|cher, der (EDV): *Datenspeicher, dessen Daten nach dem Einprogrammieren nur noch abgerufen, aber nicht mehr verändert werden können; ROM.*

Fest|wie|se, die: vgl. Festplatz.

Fest|wo|che, die: **1.** *Woche, in der mehrere festliche Veranstaltungen u. Aufführungen stattfinden.* **2.** ⟨Pl.⟩ *periodisch wiederkehrender Zeitraum von mehreren Wochen, in dem Festspiele stattfinden.*

Fest|zelt, das: *auf einem Festplatz aufgestelltes großes Zelt, in dem den Besuchern eines [Volks]festes Getränke u. Speisen angeboten werden [u. Festveranstaltungen stattfinden].*

fest|zie|hen ⟨unr. V.; hat⟩: *fest an-, zusammenziehen:* einen Knoten f.

Fest|zug, der: vgl. Festumzug.

fest|zur|ren ⟨sw. V.; hat⟩ (bes. Seemannsspr.): *(mit einer ruckartigen Bewegung) ziehend, zerrend festbinden; zurrend festziehen:* die Segelleine f.

Fe|ta, der; -s [ngriech. phéta, eigtl. = Schnitte, Scheibe < ital. fetta, über mundartl. Formen u. das Vlat. zu lat. offa = Bissen]: *[stark gesalzener] griechischer Weichkäse aus Schafsmilch.*

fe|tal, fötal ⟨Adj.⟩ [zu ↑Fetus] (Med.): **a)** *den Fetus betreffend:* die -e Entwicklung; **b)** *zum Fetus gehörend:* -es Gewebe.

Fe|te ['feːtə, auch: 'fɛːtə], die; -, -n [frz. fête < vlat. festa = Fest, zu lat. festus, ↑Fest] (ugs.): *fröhliche Feier in kleinerem Rahmen; kleineres Fest; Party:* sie war eine tolle F.; eine F. machen.

Fe|tisch, der; -[e]s, -e [frz. fétiche < port. feitiço = Zauber(mittel), eigtl. = (Nach)gemachtes < lat. facticius = nachgemacht, künstlich, zu: facere = machen] (Völkerkunde): *[heiliger] Gegenstand, dem magische Kräfte zugeschrieben werden, subjektiv besondere Bedeutung beigemessen wird; Götzenbild:* einen F. verehren, anbeten; Ü (bildungsspr.:) die Jugend zum F. erheben.

Fe|ti|schis|mus, der; -, ...men ⟨Pl. selten⟩: **1.** (Völkerkunde) *Glaube an die magischen Kräfte, die Ausstrahlung eines Fetischs; Verehrung eines Fetischs.* **2.** (Psychol.) *sexuelle Neigung, bei der Gegenstände, die dem vom Fetischisten verehrten od. begehrten Menschen gehören, als einzige od. bevorzugte Objekte sexueller Erregung od. Befriedigung dienen.*

Fe|ti|schist, der; -en, -en: **1.** (Völkerkunde) *jmd., der an die magischen Kräfte eines Fetischs glaubt, einen Fetisch verehrt.* **2.** (Psychol.) *dem Fetischismus (2) zugeneigte Person.*

Fe|ti|schis|tin, die; -, -nen: w. Form zu ↑Fetischist.

fe|ti|schis|tisch ⟨Adj.⟩: *den Fetischismus (1, 2) betreffend:* -e Neigungen.

fett ⟨Adj.⟩ [aus dem Niederd. < mniederd. vet, eigtl. adj. 2. Part., vgl. feist]: **1. a)** *viel Fett enthaltend; fettreich:* -er Käse, -e Kost; eine -e Hautcreme; f. *(fettreiche Speisen)* essen; **b)** *abwertend:* -e Haut, -es Haar; **c)** *sehr dick, mit viel Fettgewebe ausgestattet:* eine -e Gans; ein -er (abwertend; *sehr beleibter, korpulenter*) Mann; f. werden, machen; Schweine f. füttern (*mästen*); Ü davon wirst du/wird man nicht f. (ugs.; *das bringt nicht viel ein, rentiert sich nicht*).

2. a) *üppig, kräftig, ertragreich:* -er Boden; -er Klee; Ü -e (*große*) Beute machen; R das macht den Kohl [auch] nicht f. (ugs.; *das nützt auch nichts, macht etwas nicht besser*); **b)** (ugs.) *auf materiellen Wohlstand gegründet, reich:* wir erlebten -e Jahre, Zeiten; f. leben; Maßvolle Auslandsgeschäfte machten einen, auch ohne dass man viel riskierte, f. zur Genüge (Feuchtwanger, Erfolg 375); **c)** (Jugendspr.) *hervorragend; sehr gut, schön:* das ist ja f.! **3.** (Druckw.) *(von gedruckten Buchstaben) durch besondere Breite u. Größe gekennzeichnet:* -e Lettern; f. gedruckte Schlagzeilen. **4.** (landsch. salopp) *völlig betrunken:* er kam ganz schön f. nach Hause.

Fett, das; -[e]s, -e [aus dem Niederd. < mniederd. vet(te), subst. Adj.]: **1.** *aus tierischen od. pflanzlichen Zellen gewonnene od. synthetisch hergestellter fester, halbfester od. flüssiger Stoff, der hauptsächlich aus den Estern des Glyzerins u. Fettsäuren besteht u. als Nahrungsmittel od. für industriell-technische Zwecke verwendet wird:* pflanzliche, tierische, synthetische -e; das F. brutzelt in der Pfanne; F. auslassen; überflüssiges F. abschöpfen; es roch nach ranzigem F.; * **das F. abschöpfen** (ugs.; *sich selbst den größten Vorteil, das Beste verschaffen*); **sein F. [ab]bekommen, [ab]kriegen** (ugs.; *verdientermaßen für etw. getadelt, bestraft werden*; H. u., vielll. urspr. ein iron. Vergleich mit dem früheren Brauch des gemeinsamen Schweineschlachtens, bei dem jeder Besitzer eines Schlachttieres eine bestimmte Menge Fett erhielt); **sein F. [weg]haben** (ugs.; *die verdiente Strafe bekommen haben*); **im F. sitzen/schwimmen** (ugs.; *im Wohlstand leben*). **2.** *Anhäufung von Fettgewebe im Körper von Menschen u. Tieren:* die Gans hat sehr viel F.; F. ansetzen (*an Gewicht zunehmen*); Ü von seinem F. zehren (ugs.; *von Reserven leben*); im eigenen F. schmoren (ugs.; *mit selbst verschuldeten Schwierigkeiten nicht fertigwerden*); R F. schwimmt [immer] oben (scherzhafte Äußerung, die besagen soll, dass dicke Leute aufgrund ihres Fettes keine Angst vor dem Ertrinken zu haben brauchen).

Fett|ab|la|ge|rung, die (Med., Physiol.): *Ablagerung von Fett im Körper.*

Fett|ab|sau|gung, die; -, -en: *das [medizinische] Absaugen von Fettgewebe.*

fett|ähn|lich ⟨Adj.⟩: *dem Fett (1) ähnlich.*

Fett|an|satz, der: *[am Körper sichtbare] Ablagerung von Fett:* zum F. neigen.

fett|arm ⟨Adj.⟩: *(von Speisen) niedrigen Fettgehalt aufweisend, arm an Fett:* -e Kost, Milch.

Fett|au|ge, das: *Fetttropfen an der Oberfläche einer heißen Flüssigkeit (z. B. einer Suppe).*

Fett|bauch, der (salopp abwertend): **1.** *fetter Bauch, Schmerbauch:* streck deinen F. nicht so in die Gegend! **2.** *Person mit fettem Bauch:* den F. kann ich nicht leiden.

fett|bäu|chig ⟨Adj.⟩ (ugs.): *einen fetten Bauch habend.*

Fett|be|darf, der: *für die Ernährung des Menschen notwendige Menge an Fett.*

Fett|creme, Fett|crème, die: *Hautcreme mit hohem Fettgehalt.*

Fett|de|pot, das (Med., Physiol.): *Ablagerung von Fett im Körper.*

Fett|druck, der (Druckw.): *Druck in fetten (3) Lettern.*

fet|ten ⟨sw. V.; hat⟩ [spätmhd. vetten = fett machen od. werden < mniederd. vetten]: **1.** *mit Fett einreiben, einschmieren:* Schuhe f.; ein gefettetes Backblech. **2. a)** *Fett absondern, abgeben:* eine fettende Creme; **b)** *Fett annehmen, durchlassen:* Aber der Feldkoch hatte ihm schon ein Paket gemacht, dessen Papier fettete und das er an einem Bindfaden in der Hand trug (Gaiser, Jagd 76).

Fett|film, der: *dünne Fettschicht.*

Fett|fleck, Fett|fle|cken, der: *durch Fett hervorgerufener Fleck.*

fett|frei ⟨Adj.⟩: *von Fett frei:* -e Kost; f. kochen, essen.

fett füt|tern, fett|füt|tern ⟨sw. V.; hat⟩: *mästen:* Schweine werden ein halbes Jahr lang fett gefüttert.

Fett|ge|bäck, das: *Gebäck aus Hefeteig, das in heißem Fett schwimmend gebacken wird.*

fett ge|druckt, fett|ge|druckt ⟨Adj.⟩: *mit fet-*

ten (3) *Lettern gedruckt:* die Kapitelüberschriften sind fett gedruckt.
Fett|ge|halt, der: *Gehalt an Fett:* Milch mit einem F. von 3,5%.
Fett|ge|schwulst, die (Med.): *gutartige Geschwulst aus Fettgewebe.*
Fett|ge|we|be, das (Med., Physiol.): *Bindegewebe aus Fettzellen.*
fett|glän|zend ⟨Adj.⟩: *von Fett glänzend:* -e Haut.
fett|hal|tig, (österr.:) **fett|häl|tig** ⟨Adj.⟩: *Fett enthaltend:* -e Nahrungsmittel.
Fett|heit, die; -: *das Dick-, Fettsein; Beleibtheit.*
Fett|hen|ne, die: *(in vielen Arten vorkommende) Pflanze mit fleischigen Blättern u. strahligen Blüten.*
Fett|herz, das (Med.): *krankhafte Vermehrung von Fettgewebe im Herzen.*
fet|tig ⟨Adj.⟩: **a)** *fetthaltig:* eine -e Substanz; **b)** *mit Fett durchsetzt, bedeckt, beschmiert:* -es Papier; meine Haare sind f.
Fet|tig|keit, die; -, -en: **1.** ⟨o. Pl.⟩ *das Fettigsein.* **2.** ⟨Pl.⟩ (ugs.) *fettreiche Nahrungsmittel.*
Fett|kloß, der (ugs. abwertend): *sehr dicker Mensch:* er ist ein richtiger F. geworden.
Fett|le|be, die; - (landsch.): *üppiges Leben, Wohlleben:* * F. machen *(gut u. üppig essen, leben).*
Fett|le|ber, die (Med.): *krankhaft erhöhter Fettgehalt des Gewebes der Leber.*
fett|lei|big ⟨Adj.⟩ (geh.): *(von Menschen) sehr dick, beleibt, korpulent:* ein -er Mann.
Fett|lei|big|keit, die; - (geh.): *Beleibtheit, Dicke, Korpulenz; Adipositas* (a): *krankhafte F.*
fett|lös|lich ⟨Adj.⟩: *in Fett löslich:* -e Vitamine, Substanzen.
Fett|napf, der: *Fettnäpfchen.*
Fett|näpf|chen, das: meist in der Wendung **[bei jmdm.] ins F. treten** (ugs. scherzh.; *durch eine unbedachte, unkluge Äußerung o. Ä. jmds. Unwillen erregen, einen Fauxpas begehen;* nach der Ungeschicklichkeit, die früher jmd. beging, der in das neben der Tür stehende Näpfchen mit [Stiefel]fett trat: da war sie wieder voll ins F. getreten).
Fett|pflan|ze, die: *(hauptsächlich in trockenen Gebieten vorkommende) Pflanze mit besonderen, Wasser speichernden Geweben in Wurzeln, Blättern od. Stamm; Sukkulente.*
Fett|pols|ter, das, österr. auch: der: *Fettdepot:* überflüssige F. abbauen; Ü die Firma besitzt ein ausreichendes F. *(Reservekapital).*
Fett|rand, der ⟨Pl. ...ränder⟩: *[schmale] Fettschicht am Rand eines Fleischstückes.*
fett|reich ⟨Adj.⟩: *(von Speisen) viel Fett enthaltend, reich an Fett:* -e Kost.
Fett|sack, der (derb abwertend): *sehr dicker Mensch.*
Fett|säu|re, die (Chemie): *organische Säure, die in der Natur in Form von tierischem u. pflanzlichem Fett u. Öl vorkommt:* gesättigte u. ungesättigte -n.
Fett|schicht, die: *Schicht von flüssigem od. festem Fett.*
Fett|schwein, das (Landwirtsch.): *Schwein, das einen hohen Fettanteil besitzt.*
Fett|spal|tung, die (Chemie): *Aufspaltung der Fette u. fetten Öle in freie Fettsäuren u. Glyzerin.*
Fett|steiß, der: **1.** (Med.) *starke Fettablagerungen im Bereich des Steißbeins.* **2.** (salopp) *sehr dickes Gesäß.*
Fett|stift, der: **1.** *fetthaltiger Farbstift zum Schreiben auf glatten Oberflächen.* **2.** *Fettcreme für die Lippen in Form eines Lippenstifts.*
Fett|stuhl, der (Med.): *[lehmartiger] Stuhl* (4 b) *mit reichlichem Gehalt an Fettsäuren u. Ä.; Stea[to]rrhö.*
Fett|sucht, die ⟨o. Pl.⟩ (Med.): *übermäßige Vermehrung od. Bildung von Fettgewebe; krankhafte Fettleibigkeit; Adipositas* (b).

fett|trie|fend ⟨Adj.⟩: *von Fett triefend:* -e Bratwürste.
Fett|trop|fen, der: *Fett in Form eines Tropfens.*
Fett|tu|sche, die: *fetthaltige Tusche.*
Fett|wanst, der (derb abwertend): *Fettbauch* (1, 2).
Fett|wulst, der od. die: *aus Fettgewebe bestehender Wulst.*
Fett|zel|le, die (Physiol.): *der Speicherung von Fetttröpfchen dienende Bindegewebszelle.*
Fe|tus, Fötus, der; *Gen.* - (selten: -ses), *Pl.* ...ten, selten: -se [lat. fetus, foetus = Kind, Sprössling; das Zeugen, Gebären, zu einem Verb mit der Bed. »säugen«] (Med.): *[menschliche] Leibesfrucht vom 4. Monat der Schwangerschaft an.*
Fet|wa: ↑ Fatwa.
◆ **Fet|zel:** ↑ Fötzel: ...da man uns den F. fortwährend aufhalsen will (Keller, Romeo 7).
fet|zeln ⟨sw. V.; hat⟩ (landsch.): *in Fetzen* (1 a) *zerreißen:* er fetzelte den Brief in den Papierkorb.
fet|zen ⟨sw. V.⟩: **1.** ⟨hat⟩ *[mit Wucht] ab-, herunterreißen:* sie fetzten die Wahlplakate von den Tafeln. **2.** (ugs.) **a)** ⟨ist⟩ *sich sehr schnell fortbewegen; wetzen* (2): sie fetzte mit dem Rad in die Ecke; **b)** ⟨hat⟩ *schnell irgendwohin bringen:* er fetzte die Teller in den Schrank. **3.** ⟨f. + sich; hat⟩ (ugs.) *sich heftig streiten:* die beiden haben sich stundenlang gefetzt. **4.** ⟨hat⟩ (ugs.) *mitreißen, begeistern:* der Sound, die Musik fetzt; das fetzt *(das reißt mit, erweckt Begeisterung, ist toll).*
Fet|zen, der; -s, - [mhd. vetze, zu: vassen (↑ fassen) in der Bed. »kleiden«, vgl. aisl. fǫt = Kleider, Pl. von: fat = Gefäß; Decke] *unregelmäßig abgerissenes Stück eines dünnen Materials, bes. Stoff, Papier:* ein F. Papier; etw. in F. [zer]reißen; die Haut ging ihm in F. runter; etw. geht in F. (ugs.; *zerreißt*); ...dass die F. fliegen (ugs.; *rücksichtslos, hart*); wir mussten arbeiten, dass die F. [nur so] flogen; **b)** *zusammenhangloses Stück von etw.; Ausschnitt:* nur F. eines Gesprächs, von Tanzmusik waren zu hören; In jeder Richtung argwöhnte er, doch noch einen verborgenen F. menschlichen Geruchs zu entdecken (Süskind, Parfum 154). **2.** (ugs. abwertend) **a)** *billiges, schlecht sitzendes Kleid;* **b)** (österr.) *Arbeitsschürze;* **c)** (österr.) *Scheuerlappen, Staubtuch.* **3.** (österr. salopp) *schleche Schulnote.* **4.** (österr. ugs.) *Rausch:* er hat einen ganz schönen F.
Fet|zen|markt, der, (österr.): *Trödelmarkt, Flohmarkt.*
fet|zig ⟨Adj.⟩ [zu ↑ fetzen (4)] (Jugendspr.): *mitreißend, temperamentvoll, wirkungsvoll, toll:* ein -es Outfit; einen -en Titel spielen.
feucht ⟨Adj.⟩ [mhd. viuhte, ahd. fūht(i), urspr. = schlammig, sumpfig]: *mit Wasser o. Ä. geringfügig durchtränkt od. bedeckt; ein wenig nass:* -e Umschläge machen; -e (viel Wasserdampf enthaltende) Luft; ein -er (regenreicher) Sommer; sie machte einen Sprung in das -e Element (scherzh.; *ins Wasser*); das Gras war f. von Tau; den Boden f. (mit einem feuchten Lappen) aufwischen; ihre Augen waren, schimmerten f. (sie hatte Tränen in den Augen); Ü ein -er Abend (ugs. verhüll.; *Abend, an dem viel Alkohol getrunken wird*).
Feucht|bio|top, das, auch: der: *Biotop, dessen pflanzliche u. tierische Lebensgemeinschaften auf das Vorhandensein von Wasser (wie Teiche, Moore o. Ä.) angewiesen sind; Feuchtgebiet.*
Feucht|blatt, das (Jägerspr.): *Feigenblatt* (3).
Feucht|blat|tern ⟨Pl.⟩ (österr.): *Windpocken.*
Feuch|te, die; - [mhd. viuhte, ahd. fūhtē] (geh.): **1.** *Feuchtigkeit, bes. der Luft.*
feuch|ten ⟨sw. V.; hat⟩ [mhd. viuhten, ahd. fūhten]: **1.** (dichter.) **a)** *feucht machen, benetzen;* **b)** *Feuchtigkeit abgeben:* das Gras feuchtet schon; **c)** ⟨f. + sich⟩ *[von hervortretenden Tränen] feucht werden:* ihr Auge feuchtete sich. **2.** (Jägerspr.) *(von Hunden, von Wild) urinieren.*
feucht|fröh|lich ⟨Adj.⟩ (ugs. scherzh.): *im Zusammenhang mit Alkohol fröhlich u. ausgelassen:* ein -er Abend; wir haben f. gefeiert.
Feucht|ge|biet, das: *Feuchtbiotop.*
feucht|heiß ⟨Adj.⟩: *feucht u. heiß:* ein -es Klima.
Feuch|tig|keit, die; - [mhd. viuhtecheit]: **1.** *das Feuchtsein, die Feuchte; der Gehalt an Wasser[dampf]:* die F. des Bodens, der Luft. **2.** *leichte Nässe:* etw. saugt F. auf, gibt F. ab.
Feuch|tig|keits|creme, Feuch|tig|keits|crème, die (Kosmetik): *Feuchtigkeit spendende Hautcreme.*
Feuch|tig|keits|ge|halt, der: *Gehalt an Feuchtigkeit:* der F. der Luft.
Feuch|tig|keits|grad, der: *vgl. Feuchtigkeitsgehalt.*
Feuch|tig|keits|mes|ser, der (Technik): *Gerät zum Bestimmen bes. der Luftfeuchtigkeit.*
feucht|kalt ⟨Adj.⟩: *feucht u. kalt:* ein -er Herbsttag; -e Hände.
Feucht|raum, der (Fachspr.): *Raum, in dem eine gewisse Feuchtigkeit herrscht bzw. vorkommt.*
feucht|warm ⟨Adj.⟩: *feucht u. warm:* -e Luft.
feu|dal [mlat. feudalis, zu: feudum, feodum = Lehngut, unter Einwirkung von mlat. al(l)odium (aus dem Germ., eigtl. = Ganzbesitz) umgebildet aus gleichbed. mlat. feum, aus dem Germ. (vgl. ahd. fihu, ↑ Vieh)]: **1.** *den Feudalismus betreffend, auf ihn gegründet:* eine -e Gesellschaftsordnung. **2.** *den höheren Ständen angehörend, aristokratisch:* -e und bürgerliche Kreise. **3.** (ugs.) *vornehm, herrschaftlich vom äußeren Eindruck her:* ein -es Restaurant; f. wohnen. **4.** (bes. marx. abwertend) *reaktionär:* -e Ansichten.
Feu|dal|ge|sell|schaft, die: *Gesellschaft[sform] des Feudalismus.*
Feu|dal|herr, der: *Vertreter der herrschenden Oberschicht in einem Feudalstaat.*
Feu|dal|herr|schaft, die: *Feudalismus.*
Feu|da|lis|mus, der; -: **1.** *auf dem Lehnsrecht aufgebaute Wirtschafts- u. Gesellschaftsform, in der alle Herrschaftsfunktionen von der über den Grundbesitz verfügenden aristokratischen Oberschicht ausgeübt werden.* **2. a)** *System des Lehnswesens im mittelalterlichen Europa: das Zeitalter des F.;* **b)** *Zeit des Feudalismus* (2 a).
feu|da|lis|tisch ⟨Adj.⟩: *den Feudalismus betreffend, zu ihm gehörend:* die -e Gesellschaft.
Feu|da|li|tät, die; -: *feudales Wesen, feudale Beschaffenheit.*
Feu|dal|staat, der: *Staatswesen, das auf dem Feudalismus* (1) *beruht:* der mittelalterliche F.
Feu|dal|sys|tem, das: *Feudalismus.*
Feu|dal|we|sen, das: *Feudalismus* (1, 2 a).
Feu|dal|zeit, die ⟨o. Pl.⟩: *Zeit des Feudalismus.*
Feu|del, der; -s, - [auch: Feul < niederl. mundartl. feil < frz. faille = grober Seidenstoff; Mantel] (nordd.): *Tuch zum Aufwischen; Scheuerlappen.*
feu|deln ⟨sw. V.; hat⟩ (nordd.): *mit dem Feudel reinigen:* den Boden f.
Feu|er, das; -s, - [mhd. viur, ahd. fiur, verw. mit griech. pŷr = Feuer]: **1.** ⟨o. Pl.⟩ *Form der Verbrennung mit Flammenbildung, bei der Licht u. Wärme entstehen:* F., Wasser, Luft und Erde (die vier Elemente der antiken Wissenschaft); F. [mit einem Stein] schlagen; die Wunde brennt wie F. (schmerzt empfindlich); * **[ein Gegensatz] wie F. und Wasser sein** (vollkommen unvereinbar, ein schroffer Gegensatz sein). **2.** *vom Menschen kontrolliertes Feuer* (1) *als Energiespender:* das olympische F.; das F. brennt, flackert im Kamin, ist ausgegangen; das F. [im Herd, Ofen] anzünden, anmachen; das Essen aufs F. (auf

den Herd zum Kochen) stellen; jmdn. um F. (zum Anzünden von Zigarette, Zigarre od. Pfeife) bitten; um das F. *(Lagerfeuer)* herumsitzen; Ü obwohl der Bruder einlenken wollte, schürte die Schwester das F. *(verstärkte sie den Konflikt)* mit Stichelein; * **mit dem F. spielen** *(leichtsinnig ein Risiko eingehen, sich in Gefahr begeben).* **3.** *zerstörendes, verzehrendes Feuer* (1); *Feuersbrunst, Brand:* F.!; das F. griff auf das Nachbarhaus über; F. [an ein Haus] legen *([ein Haus] in Brand stecken);* das F. löschen; ein F. speiender Vulkan; durch F. zerstört werden; im F. umkommen; (dichter.:) Wie waberndes F. wellte die Hitze in der stehenden Luft auf und nieder (Langgässer, Siegel 110); R es ist F. (bes. österr.:) am Dach/(bes. schweiz.:) im Dach (österr., schweiz.; *es herrscht heftige Erregung, gereizte Stimmung*); * F. und Flamme sein *(ugs.; hellauf begeistert sein*); F. fangen (1. *in Brand geraten, in Flammen aufgehen.* 2. *von Begeisterung für etw. gepackt werden.* 3. *sich verlieben*); F. hinter **etw. machen** *(ugs.; etw., was zu langsam vorwärtsgeht, durch entsprechende antreibende Maßnahmen beschleunigen);* F. unter dem Dach haben *(ugs.; Familienzwist, Familienstreit haben);* jmdm. F. unter den/dem Hintern/(derb:) Arsch/unter den/dem Schwanz/Frack machen *(derb; jmdn. nachdrücklich zur Eile antreiben);* etw. aus dem F. reißen *(etw., was so sehr gefährdet, fast verloren war, doch noch retten, zu einem guten Ende bringen:* schließlich haben sie das Spiel doch noch aus dem F. gerissen); **für jmdn. durchs F. gehen** *(jmdn. so sehr schätzen, dass man für ihn alles tun würde).* **4.** *das Schießen mit Feuerwaffen; Beschuss:* feindliches, gegnerisches F.; [gebt] F.! *(Kommando zum Schießen);* F. frei! *(Schießen ist erlaubt);* F. geben *(schießen);* das F. einstellen; etw. unter F. nehmen; * **zwischen zwei F. geraten** *(von zwei Seiten gleichzeitig bedrängt werden, in zwei Unnehmlichkeiten geraten).* **5.** (Seemannsspr.) Kurzf. von ↑ Leuchtfeuer: das F. des Leuchtturms. **6.** ⟨o. Pl.⟩ *das Leuchten, Funkeln, Strahlen:* das F. eines Diamanten; das F. in seinen Augen; ihre Augen sprühten F. **7.** ⟨o. Pl.⟩ *sich in Taten od. Gesten zeigende seelische Energie, innerer Schwung, Begeisterung:* sein jugendliches F. war erloschen; dieses Pferd hat viel F. *(Temperament);* der Wein hat F. *(berauschende Kraft);* beim Spielen in F. geraten; sich in F. reden.

Feu|er|alarm, der: *Alarm bei Ausbruch eines Feuers* (3).

Feu|er|an|zün|der, der: **1.** *leicht entflammbarer Stoff in Form von Würfeln o. Ä. zum Entfachen eines Feuers* (2). **2.** *Gasanzünder.*

Feu|er|ball, der: **1.** *Zentrum einer Atombombenexplosion.* **2.** (geh.) *feurig glühender Ball:* die Sonne als riesiger F.

Feu|er|be|fehl, der (Militär): *Befehl zu feuern* (2); *Schießbefehl.*

feu|er|be|reit ⟨Adj.⟩ (Militär): *zum Abfeuern bereit:* -e Geschütze.

Feu|er|be|reit|schaft, die (Militär): *Bereitschaft zum Abfeuern.*

Feu|er|berg, der (dichter.): *Feuer speiender Berg; Vulkan.*

feu|er|be|stän|dig ⟨Adj.⟩: *widerstandsfähig gegen Feuer, nicht brennbar:* -e Bauteile.

Feu|er|be|stat|tung, die: *Form der Bestattung, bei der die Leiche verbrannt wird; Einäscherung.*

Feu|er|boh|ne, die: *weiß od. rot blühende Bohne* (1 a) *mit violetten, schwarzen, weißen od. gesprenkelten Samen.*

Feu|er|brand, der: *bes. an Obstbäumen auftretende Pflanzenkrankheit, bei der in der Rinde brandige* (2 b) *Stellen auftreten u. Blüten, Blätter u. junge Zweige verdorren.*

Feu|er|büch|se, die: **1.** (veraltet) *Gewehr.* **2.** (Technik) *Kammer für die Feuerung von Dampfmaschinen o. Ä.*

Feu|er|dorn, der: *(als Strauch wachsende) Pflanze mit dunkelgrünen, eiförmigen Blättern, weißen Blüten u. kleinen, leuchtend roten od. gelben, kugeligen Früchten.*

Feu|er|ei|fer, der: *[besonders] großer Eifer:* mit F. bei der Sache sein.

Feu|er|ein|stel|lung, die (Militär): *Einstellung des Beschusses;* Befehl zur F. geben.

feu|er|fest ⟨Adj.⟩: *feuerbeständig:* -es Glas, Porzellan.

feu|er|flüs|sig ⟨Adj.⟩: *durch Hitzeeinwirkung flüssig geworden:* -e Lava.

Feu|er|fres|ser, der (ugs.): *Feuerschlucker.*

Feu|er|fres|se|rin, die: w. Form zu ↑ Feuerfresser.

Feu|er|ge|fahr, die: *Gefahr des Ausbrechens von Feuer.*

feu|er|ge|fähr|det ⟨Adj.⟩: *der Feuergefahr besonders ausgesetzt:* -e Gebäude.

feu|er|ge|fähr|lich ⟨Adj.⟩: *leicht entflammbar; explosiv:* Benzin ist f.

Feu|er|ge|fähr|lich|keit, die: *feuergefährliche Beschaffenheit, Art.*

Feu|er|ge|fecht, das (bes. Militär): *mit Feuerwaffen ausgetragenes Gefecht.*

Feu|er|geist, der: **1.** ⟨meist Pl.⟩ *im Feuer* (1) *lebender Elementargeist.* **2.** *[geniale, jugendliche] Persönlichkeit, die voll Leidenschaft u. Tatendrang ist, ihre Ideen u. Ziele vertritt [u. schöpferisch tätig ist]:* der junge Schiller war ein F.

Feu|er|ge|schwin|dig|keit, die: *Maß für die Leistung einer Feuerwaffe, angegeben in Schusszahl pro Minute; Kadenz* (5).

Feu|er|glo|cke, die (veraltet): *Alarmglocke, die bei Schadenfeuer geläutet wird.*

Feu|er|ha|ken, der: *Schürhaken.*

Feu|er|hal|le, die (österr.): *Krematorium.*

feu|er|hem|mend ⟨Adj.⟩: *eine Zeit lang gegen Feuer widerstandsfähig:* eine -e Tür; -e Stoffe.

Feu|er|herd, der: vgl. Brandherd.

Feu|er|holz, das ⟨o. Pl., ...hölzer ⟨Pl. selten⟩⟩: *trockenes [in Scheite gespaltenes] Holz zum Feuern* (1).

Feu|er|kas|se, die: *Brandkasse.*

Feu|er|kopf, der: *leicht aufbrausender Mensch; Hitzkopf.*

Feu|er|kraft, die (Militär): *von Feuergeschwindigkeit, Reichweite u. Explosionsgewalt abhängende Wirkung von Feuerwaffen.*

Feu|er|krö|te, die: *Unke.*

Feu|er|ku|gel, die: *großer, sehr heller Meteor; Bolid* (1).

Feu|er|land, -s: *Insel u. Inselgruppe an der Südspitze Südamerikas.*

Feu|er|lei|ter, die: **1.** *außen an einem Haus fest montierte eiserne Leiter als Fluchtweg bei Feuer* (3). **2.** *Leiter, über die höher gelegene Brandstellen erreicht u. gelöscht werden können.*

Feu|er|li|lie, die: *Lilie mit großen, trichterförmigen, feuerroten, schwarz gefleckten Blüten.*

Feu|er|loch, das (landsch.): *Öffnung in Ofen od. Herd zum Heizen.*

Feu|er|lösch|an|la|ge, die: *Anlage* (4) *zum Löschen eines Feuers.*

Feu|er|lösch|boot, das: *Boot mit Wasserwerfern zur Bekämpfung von Bränden im Hafengebiet.*

Feu|er|lö|scher, der: *leicht bedienbares, tragbares Feuerlöschgerät.*

Feu|er|lösch|ge|rät, das: *mit feuerlöschendem Pulver od. Schaum gefülltes Gerät zur Bekämpfung von Bränden.*

Feu|er|lösch|teich, der: *Teich, aus dem das Wasser zum Löschen eines Brandes gepumpt wird.*

Feu|er|lösch|zug, der: *Gruppe von Feuerwehrfahrzeugen, die bei einem Brand eingesetzt werden.*

Feu|er|mal, das: *bes. am Gesicht vorkommendes rotes od. blaurotes* ²*Mal* (1).

Feu|er|mau|er, die: a) *Brandmauer;* ♦ b) *Schornstein:* Hinten an dem Taubenschlage; ... die Aussicht zwischen den Nachbars -n (Lessing, Minna I, 2).

Feu|er|mel|der, der: *[öffentlich angebrachtes] elektrisches Gerät, über das Feueralarm gegeben werden kann.*

feu|ern ⟨sw. V.; hat⟩: **1.** [mhd. viuren = Feuer machen; glühen] *Feuer [im Ofen] machen u. unterhalten; heizen:* den Ofen [mit Koks, Briketts] f. **2.** (Militär) *Feuer* (4) *geben, schießen:* in die Luft, aus allen Rohren f.; feuernde Geschütze. **3.** (ugs.) *mit Wucht irgendwohin befördern, werfen, schleudern:* das Buch [zornig] an die Wand f. **4.** [nach engl. to fire] (ugs.) *[fristlos] entlassen* (7): sie wurde auf der Stelle [vom Chef] gefeuert. **5.** (landsch.) *brennen, glühen:* sie spürte die Wunde f. **6.** * **jmdm. eine f.** (salopp; *jmdm. eine Ohrfeige geben*)

Feu|er|pat|sche, die: *einer Klatsche ähnliches Gerät zum Ausschlagen eines kleinen Feuers* (3).

Feu|er|pau|se, die (Militär): *vorübergehende Einstellung des Feuers* (4).

Feu|er|po|li|zei, die: *Gesamtheit der staatlichen Dienststellen, die für den Brandschutz zuständig sind.*

feu|er|po|li|zei|lich ⟨Adj.⟩: *die Feuerpolizei betreffend:* -e Vorschriften, Maßnahmen.

Feu|er|pro|be, die: **1.** [urspr. nach dem Verfahren, Gold durch Feuer zu läutern; später bezogen auf das Gottesurteil] *Prüfung[ssituation], in der der Beweis höchster Belastbarkeit u. bester Qualität erbracht werden soll:* das Auto hat bei dieser Rallye die F. bestanden. **2.** *mittelalterliches Gottesurteil, bei dem die Schuld od. Unschuld des Angeklagten aus der Art hervorging, wie die durch die Berührung mit glühendem Eisen entstandenen Wunden abheilten.*

Feu|er|qual|le, die: *Qualle, deren Nesselfäden eine Flüssigkeit absondern, die bei Berührung das Gefühl hervorruft, man habe sich verbrannt.*

Feu|er|quel|le, die: *etw., was ein Feuer entfacht, wovon Feuer ausgeht.*

Feu|er|rad, das: **1.** *Feuerwerkskörper, der sich dreht u. dadurch den Eindruck eines aus Feuer bestehenden Rades erweckt.* **2.** *mit Stroh umwundenes brennendes Wagenrad, das nach einem alten Brauch zur Frühjahrs- od. zur Sonnwendfeier zu Tal gerollt wird.*

Feu|er|rei|ter, der: *sagenhafte Gestalt eines Reiters, der bei einer Feuersbrunst auftaucht u. sie durch Umreiten löscht.*

feu|er|rot ⟨Adj.⟩: *grellrot (wie Feuer):* ein -er Pullover; Ü als ich den Jungen ansprach, wurde er f. [vor Scham, Verlegenheit].

Feu|er|sa|la|man|der, der [galt nach altem Volksglauben als Feuergeist]: *Schwanzlurch mit schwarzem, gelb gefleckten Körper.*

Feu|er|säu|le, die: *steil aufsteigende, riesige Flamme.*

Feu|ers|brunst, die [zu ↑ Brunst in der alten Bed. »Brand, Glut«] (geh.): *Schadenfeuer, Brand von größerem Ausmaß:* mehrere Häuser waren der F. zum Opfer gefallen.

Feu|er|schein, der: *Widerschein eines Feuers:* F. erleuchtete den Nachthimmel.

Feu|er|schiff, das: *mit Leuchtfeuer ausgerüstetes, verankertes Schiff.*

Feu|er|schlu|cker, der (ugs.): *Artist, der brennende Gegenstände scheinbar verschluckt.*
Feu|er|schlu|cke|rin, die: w. Form zu ↑ Feuerschlucker.
Feu|er|schutz, der ⟨o. Pl.⟩: **1. a)** *Schutz gegen Feuer* (3); **b)** *Gesamtheit aller Einrichtungen u. Maßnahmen gegen die Gefahr eines Brandes.* **2.** (Militär) *Schutz durch den Einsatz von Feuerwaffen, mit dem militärische Operationen gedeckt werden:* jmdm. F. geben.
feu|er|si|cher ⟨Adj.⟩: **a)** *widerstandsfähig gegen Feuer:* ein -er Anzug aus Asbest; **b)** *geschützt vor Feuer:* etw. f. aufheben, installieren.
Feu|ers|not, die (veraltet): *Gefahr durch ausgebrochenes Feuer.*
Feu|er spei|end, feu|er|spei|end ⟨Adj.⟩: *Feuer auswerfend:* Feuer speiende Vulkane.
Feu|er|sprit|ze, die: *[durch einen Motor angetriebene] Spritze der Feuerwehr.*
Feu|er|stät|te, die: *feste Einrichtung zum Heizen u. Kochen; Feuerstelle.*
Feu|er|stein, der: **1.** [mhd. viurstein; wurde zum Feuerschlagen benutzt] *hartes, kiesartiges Gestein, das bes. in der Steinzeit zur Herstellung von Werkzeugen u. bis in die Gegenwart zur Erzeugung von Feuer diente; Flint:* Faustkeile aus F.; mit -en Funken schlagen. **2.** *kleiner Stift aus einer Legierung von Cer u. Eisen, mit dem das Feuerzeug entzündet wird; Zündstein.*
Feu|er|stel|le, die: *[einfache] Feuerstätte.*
Feu|er|strahl, der: *Flamme, die mit Wucht hervor- od. emporschießt:* ein F. fuhr aus dem Rohr.
Feu|er|stuhl, der (ugs.): *[schweres] Motorrad; Moped:* ein heißer F. *(ein schweres Motorrad).*
Feu|er|sturm, der: *durch Feuersbrünste hervorgerufene, einen starken Sog verursachende, stürmische Aufwinde.*
Feu|er|tau|fe, die [nach Matth. 3, 11, eigtl. = Taufe mit dem Heiligen Geist]: **1.** *erste Bewährungsprobe:* der neue Trainer, das teure EDV-System hat seine F. nicht bestanden. **2.** (Soldatenspr.) *erste Teilnahme eines Soldaten an einem Gefecht.*
Feu|er|teu|fel, der (ugs.): *Brandstifter.*
Feu|er|tod, der: **1.** (geh.) *Flammentod:* den F. sterben. **2.** *(bis ins 18. Jh. angewandte) Form der Todesstrafe durch Verbrennen.*
Feu|er|trep|pe, die: vgl. Feuerleiter (1).
Feu|e|rung, die; -, -en: **a)** *Vorrichtung zum Verbrennen von Brennstoffen (z. B. Ofen):* eine neue F. errichten; **b)** *Teil der Feuerung* (1 a), *in dem die Verbrennung erfolgt:* die F. reinigen. **2.** ⟨o. Pl.⟩ *das Feuern* (1), *Heizen:* die F. mit Holz ist zu teuer. **3.** ⟨o. Pl.⟩ *Brennmaterial, Brennstoffe.*
Feu|e|rungs|an|la|ge, die: *Einrichtung zum Verbrennen von Heizmaterial.*
Feu|er|ver|si|che|rung, die: *Versicherung gegen Schäden durch Brand, Explosion u. Blitzschlag.*
feu|er|ver|zin|ken ⟨sw. V.; hat; meist im Inf. u. 2. Part. gebr.⟩ (Metallbearb.): *durch Eintauchen in flüssiges Zink mit einem Schutzüberzug gegen Rost versehen:* ein feuerverzinkter Eimer.
Feu|er|wa|che, die: *Gebäude, in dem alle Einrichtungen der Feuerwehr* (1) *ständig in Alarmbereitschaft sind.*
◆ **Feu|er|wäch|ter,** der: *Nachtwächter, der auf den Ausbruch eines Schadenfeuers zu achten hat u. im Brandfall Feueralarm auslöst:* Der F. vom Selisberg hat eben zwei gerufen (Schiller, Tell II, 2).
Feu|er|waf|fe, die: *Waffe, bei der das Geschoss mithilfe von Schießpulver u. Ä. in hoher Geschwindigkeit aus dem Lauf getrieben wird.*
Feu|er|wal|ze, die: **1.** (Biol.) *(zu den Manteltieren gehörender, im Meer in röhrenförmigen Kolonien lebender) winziger, gallertiger Zwitter, der auf mechanischen Reiz hin leuchtet.* **2.** *[sich zügig vorwärtsbewegende] lang gezogene Feuerfront bei einem Flächenband, z. B. einem Buschfeuer:* viele tausend Menschen flüchteten vor der F.
Feu|er|wan|ze, die: *Wanze mit auffallender schwarzroter od. schwarzgelber Zeichnung, mit meist reduzierten Flügeln, die sich hauptsächlich von Pflanzensäften aus Samen u. Früchten ernährt.*
Feu|er|was|ser, das ⟨o. Pl.⟩ (ugs.): *Branntwein, Schnaps.*
Feu|er|wech|sel, der (Militär): *gegenseitiges Beschießen:* die F. in den umkämpften Gebieten dauern an.
Feu|er|wehr, die: **1.** *Einrichtung* (3) *zur Abwehr von Schäden durch Feuer, zur Hilfeleistung in Katastrophenfällen:* die freiwillige F.; die F., deren Mitglieder den Dienst zum Großteil ehrenamtlich versehen; die F. alarmieren, herbeirufen; Die Kremser F. steht seit Jahrzehnten in dem Rufe, die beste F. der Welt überhaupt zu sein (Bernhard, Stimmenimitator 22). **2.** (ugs.) *Feuerwehrmänner, die sich im Einsatz befinden:* die F. rückt aus, war sofort zur Stelle; alle -en der Umgebung rückten an; er fuhr wie die F. *(sehr schnell).* **3.** (Kinderspr.) *Spielzeugauto als Nachbildung eines Feuerwehrautos:* meine F. ist kaputt.
Feu|er|wehr|au|to, das: vgl. Feuerwehrfahrzeug.
Feu|er|wehr|fahr|zeug, das: *dem Transport von Feuerwehrmännern, technischen Gerätschaften zur Brandbekämpfung u. a. dienendes Fahrzeug.*
Feu|er|wehr|frau, die: *Angehörige der Feuerwehr* (1).
Feu|er|wehr|ge|rä|te|haus, das: *Gebäude, in dem Geräte der Feuerwehr untergebracht sind.*
Feu|er|wehr|haupt|mann, der: *Führer eines Trupps der freiwilligen Feuerwehr.*
Feu|er|wehr|haus, das: *Gebäude, in dem Geräte u. Fahrzeuge der Feuerwehr untergebracht sind.*
Feu|er|wehr|kom|man|dant, der: *Leiter, Befehlshaber einer Feuerwehr.*
Feu|er|wehr|kom|man|dan|tin, die: w. Form zu ↑ Feuerwehrkommandant.
Feu|er|wehr|lei|ter, die: *lange, ausfahrbare Leiter, die von der Feuerwehr bei der Brandbekämpfung u. zur Rettung von Personen eingesetzt wird.*
Feu|er|wehr|mann, der ⟨Pl. ...männer u. ...leute⟩: *Angehöriger der Feuerwehr* (1).
Feu|er|werk, das [frühnhd., eigtl. = Pulver, Geschützmunition]: *durch das Abbrennen von Feuerwerkskörpern hervorgebrachte Lichteffekte (am Nachthimmel):* ein prächtiges F.; das Fest endete mit einem großen F.; Ü seine Rede war ein F. visueller Einfälle.
feu|er|wer|ken ⟨sw. V.; hat⟩ (selten): *ein Feuerwerk abbrennen:* er hat schon immer gern gefeuerwerkt.
Feu|er|wer|ker, der: **a)** *jmd., der Feuerwerkskörper herstellt; Pyrotechniker;* **b)** *Sachverständiger für Sprengstoff;* **c)** (Militär) *(in der Bundeswehr) Unteroffizier od. Offizier mit mehrjähriger Ausbildung im Bereich Konstruktion, Wartung u. Vernichtung von Munition.*
Feu|er|wer|ke|rei, die: *Herstellung u. Gebrauch von Feuerwerkskörpern; Pyrotechnik.*
Feu|er|wer|ke|rin, die; -, -nen: w. Form zu ↑ Feuerwerker.
Feu|er|werks|kör|per, der: *Gegenstand, der aus einer Papphülle besteht u. ein explosives, Funken sprühendes Gemisch enthält.*
Feu|er|zan|ge, die: *eiserne Zange zum Ergreifen von Brennmaterial.*
Feu|er|zan|gen|bow|le, die: *heißes, aus Rotwein, Rum u. Fruchtsaft gereiftes Getränk, bei dessen Zubereitung über eine Bowle* (2) *eine Art Feuerzange mit Zuckerhut gelegt wird, der mit Rum übergossen u. angezündet wird.*
Feu|er|zei|chen, das: *über weite Entfernungen erkennbares, durch Feuer od. Scheinwerfer erzeugtes Lichtsignal.*
Feu|er|zeug, das; -[e]s, -e [mhd. viurziuc]: **a)** *[kleines] Gerät zum Entzünden einer Flamme (für Raucher):* das F. funktioniert nicht mehr; die Zigarette mit dem F. anzünden; ◆ **b)** ⟨o. Pl.⟩ *zum Erzeugen von Feuer dienende Utensilien* (Feuerstein, ein Stück Stahl u. Zunder 1): Das Weib rannte in der Stube herum und suchte nach F. (Rosegger, Waldbauernbub 37).
Feuil|la|ge [fœ'ja:ʒə, österr. meist: ...ʃ], die; -, -n [frz. feuillage, zu: feuille, ↑ Feuilleton] (bild. Kunst): *geschnitztes od. gemaltes Laub- od. Blattwerk.*
Feuil|le|ton [fœjə'tõ, auch: 'fœjətõ], das; -s, -s [frz. feuilleton, eigtl. = (das unterhaltende) Beiblättchen (einer Zeitung), zu: feuille = Blatt < vlat. folia, ↑ ¹Folie]: **1.** *literarischer, kultureller od. unterhaltender Teil einer Zeitung:* das F. machen; die Rezension steht im F.; Was soll ein Vers, der keine Zumutung ist. Er ist eine Zumutung oder ist Parfüm. Ein Steinschlag, oder Dünger fürs F. (Meckel, Nachricht 93). **2.** *literarischer Beitrag im Feuilletonteil einer Zeitung:* ein geistreiches F. schreiben. **3.** (österr.) *populärwissenschaftlicher Aufsatz [zu kulturellen Themen]; Essay.*
Feuil|le|to|nist, der; -en, -en: *Verfasser von Feuilletons* (2).
Feuil|le|to|nis|tin, die; -, -nen: w. Form zu ↑ Feuilletonist.
feuil|le|to|nis|tisch ⟨Adj.⟩: **1.** *das Feuilleton* (1) *betreffend.* **2. a)** *im Stil eines Feuilletons* (2), *unterhaltend:* ein -er Stil; **b)** (abwertend) *oberflächlich, halbwissenschaftlich:* -es Geschwafel.
Feuil|le|ton|re|dak|teur, der: *Redakteur des Feuilletons* (1).
Feuil|le|ton|re|dak|teu|rin, die: w. Form zu ↑ Feuilletonredakteur.
Feuil|le|ton|sei|te, die: *Seite einer Zeitung, die für das Feuilleton* (1) *reserviert ist.*
Feuil|le|ton|stil, der: *unterhaltender, geistreichwitziger Stil:* dieser F. ist einer wissenschaftlichen Arbeit nicht angemessen.
Feuil|le|ton|teil, der: vgl. Feuilletonseite.
feu|rig ⟨Adj.⟩ [mhd. viurec = brennend, glühend, zu ↑ Feuer]: **1.** *temperamentvoll, leidenschaftlich:* ein -er Liebhaber; ein -es Pferd; jmdm. -e Blicke zuwerfen; eine -e *(zündende)* Rede; -e *(scharfe)* Gewürze; der Wein ist f. *(stark berauschend);* Frau Tobler war erstaunt über seinen -en Diensteifer (R. Walser, Gehülfe 116). **2. a)** (veraltend) *glühend, brennend:* -e Kohlen; **b)** (geh.) *feuerrot:* ein -er Abendhimmel; ...und schöne wachsbleiche Kinder mit -en Ausschlägen streckten die Hände nach gesponnenen Zuckerwolken aus (Kaschnitz, Wohin 108); **c)** (geh.) *funkelnd:* -e Diamanten.
Fex, der; -es, -e, südd., österr.: der; -en, -en [gek. aus älter Narrifex = Narr, scherzh. Bildung nach lat. pontifex u. a., ↑ Pontifex] (südd., österr.): *jmd., der von etw. sehr begeistert ist.*
¹Fez [fe:s, auch: fe:ts]: s. ² Fes.
²Fez, der; -es [viell. zu frz. fêtes, Pl. von: fête, ↑ Fete] (ugs.): *Spaß, Ulk, Unsinn:* viel F. machen.
ff. = sehr fein.
ff = fortissimo.
ff. = folgende [Seiten].
FGB = Familiengesetzbuch.
FH = Fachhochschule.
Fi|a|ker, der; -s, - [frz. fiacre, wohl nach einem Pariser Hotel St.-Fiacre, in dem im 17. Jh. das erste Vermietungsbüro für Mietkutschen eingerichtet war] (österr.): **a)** *[zweispännige] Pferdedroschke;* **b)** *Kutscher eines Fiakers* (a).

Fiale–fiebern

Fi|a|le, die; -, -n [ital. fiala = Flasche mit engem Hals < lat. phiala, ↑Phiole] (Archit.): *schlankes, spitzes gotisches Türmchen.*

Fi|as|ko, das; -s, -s [aus der Theaterspr., eigtl. = Stück, das beim Publikum nicht ankommt < ital. fiasco in der Wendung: far fiasco, eigtl. = Flasche machen; ital. fiasco = Flasche < mlat. flasco, aus dem Germ. (vgl. ahd. flaska, ↑Flasche)]: *großer Misserfolg; Fehlschlag, Reinfall:* die Inszenierung war ein F.; ein klägliches, schmähliches, peinliches F. [mit etw.] erleben.

fi|at [lat., 3. Pers. Sg. Konjunktiv von: fieri = werden, geschehen]: **1.** [nach den Worten aus der lat. Übers. der Schöpfungsgeschichte (1. Mos. 1, 3) fiat lux = es werde Licht] (bildungsspr.) *es geschehe.* **2.** (Med.) *man verarbeite zu* (auf Rezepten) (Abk.: f.)

¹Fi|bel, die; -, -n [entstellt aus ↑Bibel (aus der viele Lesestücke stammten)]: **1.** (veraltend) *Lesebuch, nach dem die Schüler der ersten Klasse lesen u. schreiben lernen.* **2.** *Lehrbuch, das in die Anfangsgründe eines bestimmten Fachgebietes einführt:* eine F. für Bastler.

²Fi|bel, die; -, -n [lat. fibula = Klammer, Spange] (Kunstwiss.): *frühgeschichtliche kunstvolle Spange od. Nadel aus Metall:* zu den Funden gehören auch -n aus Bronze und Silber.

Fi|ber, die; -, -n [lat. fibra = Pflanzen-, Muskelfaser]: **1.** (Biol., Med.) *Muskel-, Pflanzenfaser.* **2.** ⟨o. Pl.⟩ *Kunstfaser von größerer Festigkeit.*

Fi|ber|glas®, das ⟨o. Pl.⟩ [engl. fiberglass = Glasfaser]: *Material, das aus Kunststoff u. Glasfasern hergestellt wird.*

fi|b|ril|lär ⟨Adj.⟩ [zu ↑Fibrille] (Med.): *aus Fibrillen bestehend; faserig.*

Fi|b|ril|le, die; -, -n [nlat. fibrilla, Vkl. von lat. fibra, ↑Fiber] (Med.): *sehr feine Muskel- od. Nervenfaser.*

Fi|b|rin, das; -s, -e ⟨Pl. selten⟩ [zu lat. fibra, ↑Fiber] (Med.): *Eiweißstoff des Blutes, der bei der Blutgerinnung entsteht; Blutfaserstoff, Plasmafaserstoff.*

Fi|b|ri|no|gen, das; -s [zu ↑Fibrin u. ↑-gen] (Med.): *im Blut enthaltener Eiweißstoff (die lösliche Vorstufe des Fibrins).*

Fi|b|ro|blast, der; -en, -en ⟨meist Pl.⟩ [zu griech. blastós = Keim, Trieb] (Biol., Med.): *(vor allem bei Wirbeltieren vorkommende) Bildungszelle des faserigen Bindegewebes.*

Fi|b|rom, das; -s, -e [zu lat. fibra, ↑Fiber] (Med.): *gutartige Geschwulst aus Bindegewebe.*

Fi|b|ro|my|al|gie, die; -, -n [zu lat. fibra, ↑Fiber u. zu ↑Myalgie] (Med.): *chronische Erkrankung mit Muskel- und Sehnenschmerzen.*

fi|b|rös ⟨Adj.⟩ (Med.): *aus Bindegewebe bestehend:* eine -e Geschwulst.

¹Fi|bu|la, die; -, Fibuln [lat. fibula]: ²Fibel.

²Fi|bu|la, die; -, ...lae [...le] [lat. fibula = Klammer, Spange] (Med.): *Wadenbein.*

¹Fiche [fiːʃ], die; -, -s [frz. fiche, eigtl. = Rammpflock; Kennzeichen, zu: ficher = einrammen, festmachen, zu lat. figere = (an)heften]: **1.** *Spielmarke.* **2.** (veraltet) *Pflock zum Lagerabstecken.*

²Fi|che [ˈfiʃ(ə)], die; -, -n (schweiz.): *Karteikarte.*

³Fiche [fiːʃ], das u. der; -s, -s [engl. fiche < frz. fiche, ↑¹Fiche] (Dokumentation, EDV): *mit einer lichtempfindlichen Schicht überzogene Karte, auf der in Form fotografischer Verkleinerungen Daten von Originalen gespeichert sind, die mit speziellen Lesegeräten gelesen werden.*

ficht: ↑fechten.

Fich|te, die; -, -n [mhd. viehte, ahd. fiohta, viell. eigtl. = die Stechende (nach den Nadeln)]: **1. a)** *(in vielen Arten auf der nördlichen Erdhalbkugel verbreiteter) hochwachsender Nadelbaum mit meist gleichmäßig um den Zweig angeordneten kurzen, einzelnen Nadeln u. läng-* lichen, hängenden Zapfen; **b)** *Rottanne.* **2.** ⟨o. Pl.⟩ *Holz der Fichte* (1): Möbel aus F.

Fich|tel|berg, der; -[e]s: *höchster Berg im deutschen Teil des Erzgebirges.*

fich|ten ⟨Adj.⟩ [mhd. viehtīn]: *aus Fichtenholz bestehend:* eine -e Truhe.

Fich|ten|baum, der: Fichte (1).

Fich|ten|holz, das; ⟨Pl. ...hölzer⟩: Fichte (2).

Fich|ten|kreuz|schna|bel, der: *(zu den Finken gehörender) Vogel mit gelblich olivfarbenem Gefieder u. gekreuztem Schnabel, der bes. in Nadelwäldern lebt.*

Fich|ten|na|del, die: *nadelförmiges Blatt der Fichte.*

Fich|ten|na|del|bad, das: *Vollbad, das mit einem Extrakt od. Öl aus Fichtennadeln versetzt ist.*

Fich|ten|na|del|öl, das: *durch Destillation aus den Nadeln von Nadelhölzern gewonnenes ätherisches Öl, das u. a. als Badezusatz verwendet wird.*

Fich|ten|spar|gel, der (Bot.): *in dunklen Wäldern wachsende, spargelähnlich aussehende Pflanze von blassgelber Farbe mit schuppenartigen Blättern u. in einer Traube stehenden Blüten.*

Fich|ten|stamm, der: *Stamm einer Fichte.*

Fich|ten|zap|fen, der: *zapfenförmige, verholzte Frucht der Fichte, bei der die Samen schuppenartig um eine Achse angeordnet sind.*

Fi|chu [fiˈʃyː], das; -s, -s [frz. fichu, Substantivierung von: fichu, 2. Part. von: ficher, ↑¹Fiche (hier im Sinne von »nachlässig gekleidet«)]: *großes Dreieckstuch, das um die Schultern u. Brust geschlungen u. auf dem Rücken gebunden wird.*

Fick, der; -s, -s [rückgeb. aus ↑ficken] (vulg.): *Koitus.*

fi|cken ⟨sw. V.; hat⟩ [eigtl. (mundartl.) = hin u. her bewegen, mhd. ficken = reiben, urspr. wohl lautm.]: **1.** (vulg.) **a)** *koitieren:* gut f. können; mit jmdm., zusammen f.; R fick dich ins Knie! *(lass mich in Ruhe!);* **b)** *mit jmdm. Geschlechtsverkehr haben:* eine Frau/einen Mann f. **2. a)** (Soldatenspr., Jugendspr.) *hart herannehmen:* die Ausbilder haben uns heute ganz schön gefickt; **b)** (vulg.) *hereinlegen* (2).

Fi|cker, der; -s, - (vulg.): *jmd., der [häufig] Geschlechtsverkehr hat.*

Fi|cke|rei, die; -, -en (vulg.): *[häufigeres] Koitieren.*

fi|cke|rig, fickrig ⟨Adj.⟩ [zu mundartl. ficken, ↑ficken]: **1.** (landsch.) *unruhig, zappelig:* ein -es Kind. **2.** (vulg.) *geschlechtlich erregt, geil.*

fick|rig: ↑fickerig.

Fi|cus, der; -, ...ci [...tsi] [lat. ficus, aus einer kleinasiat. Spr. od. einer Spr. des Mittelmeerraums]: *Feige* (1).

Fi|dei|kom|miss [fidei..., ˈfiːdei...], das; -es, -e [lat. fideicommissum = im Vertrauen auf die Ehrlichkeit des Erben gemachte testamentarische Verfügung über einen Gegenstand, den er einem Nichterben übergeben soll] (Rechtsspr. früher): *unveräußerliches u. unteilbares Vermögen einer Familie.*

fi|del ⟨Adj.⟩ [aus Studentenspr., urspr. scherzh. Verwendung von älter fidel = treu < lat. fidelis = treu, zuverlässig, zu: fides, ↑Fides] (ugs.): *von unbeschwerter Fröhlichkeit, Lustigkeit; vergnügt:* eine -e Gesellschaft; er ist ein -es Haus *(ein gut gelaunter, fröhlicher Mensch).*

Fi|del, die; -, -n [mhd. videl(e), ahd. fidula, H. u.]: *der Geige ähnliches Saiteninstrument (des MA.s).*

Fi|des, die; - [lat. fides = Vertrauen, Glaube, Treue]: *(im alten Rom) Treueverhältnis zwischen Patron u. Klient.*

Fi|di|bus, der; - u. -ses, - u. -se [H. u., wohl scherzh. latinis. Bildung der Studentenspr.] (veraltend, noch scherzh.): *gefalteter Papierstreifen (seltener Holzspan), den man an einem* offenen Feuer entzündet, um damit die Pfeife o. Ä. anzuzünden.

¹Fi|d|schi; -s: *Staat auf den Fidschi-Inseln.*

²Fi|d|schi, der; -[s], -[s] (salopp abwertend): *jmd., der aus Indochina stammt, bes. Vietnamese.*

³Fi|d|schi, die; -, -[s] (salopp abwertend): *weibliche Person, die aus Indochina stammt, bes. Vietnamesin.*

Fi|d|schi|a|ner, der; -s, -: Ew.

Fi|d|schi|a|ne|rin, die; -, -nen: w. Form zu ↑Fidschianer.

fi|d|schi|a|nisch ⟨Adj.⟩.

Fi|d|schi-In|seln, Fi|d|schi|in|seln ⟨Pl.⟩: *Inselgruppe im südwestlichen Pazifischen Ozean.*

Fi|du|zi|ar, der; -s, -e (Rechtsspr.): *Treuhänder bei einem fiduziarischen Geschäft.*

Fi|du|zi|a|rin, die; -, -nen: w. Form zu ↑Fiduziar.

fi|du|zi|a|risch ⟨Adj.⟩ [lat. fiduciarius] (Rechtsspr.): *treuhänderisch.*

Fie|ber, das; -s, - ⟨Pl. selten⟩ [mhd. fieber, ahd. fiebar < lat. febris = Fieber]: **1. a)** *über 38 °C ansteigende Körpertemperatur als Abwehrreaktion des Organismus:* das F. steigt; hohes F. haben; F. messen; ein in F. hervorrufendes Mittel; mit F. im Bett liegen; **b)** *fieberhafte Erkrankung:* ein F. warf ihn nieder. **2.** (geh.) *Zustand starker seelischer Erregung;* das Besessensein von etw.: das F. der Spielleidenschaft hatte sie erfasst; Wind der Hoffnung, der über die verbrannten Felder streicht, rasendes F. der Ungeduld, der Enttäuschung ... (Remarque, Westen 198).

Fie|ber|an|fall, der: *plötzliches Auftreten von Fieber.*

Fie|ber er|zeu|gend, fie|ber|er|zeu|gend ⟨Adj.⟩: *Fieber hervorrufend.*

Fie|ber|fan|ta|sie, die (meist Pl.): *bei hohem Fieber häufiger auftretende Wahnvorstellungen.*

fie|ber|frei ⟨Adj.⟩: *ohne Fieber:* sie ist jetzt seit zwei Tagen f.; eine f. verlaufende Erkrankung.

Fie|ber|frost, der: *bei Fieber gleichzeitig akut auftretendes Frostgefühl.*

fie|ber|glän|zend ⟨Adj.⟩: *(von den Augen) im Gefolge von Fieber einen besonderen Glanz aufweisend:* -e Augen.

fie|ber|glü|hend ⟨Adj.⟩: *von Fieber glühend:* ein -es Gesicht.

fie|ber|haft ⟨Adj.⟩: **1.** *mit Fieber verbunden:* eine -e Erkrankung. **2. a)** *angestrengt u. eilig; hektisch:* sie waren in -er *(sehr großer)* Aufregung, Eile; es wurde f. [an der Ausbesserung der Brücke] gearbeitet; er überlegte f.; **b)** *von einem seltsamen, erregenden Zauber erfüllt:* ein -er Sonnenuntergang.

Fie|ber|heiß ⟨Adj.⟩: *heiß von Fieber:* ein -es Gesicht.

Fie|ber|hit|ze, die: *durch Fieber hervorgerufene hohe Körpertemperatur.*

fie|be|rig: ↑fiebrig.

◆ **fie|be|risch** ⟨Adj.⟩: *fiebrig:* ...dein Gesicht brennt f. *(fiebrig* 1 c; Schiller, Fiesco IV, 12); Ü ... in -er *(fiebriger 2)* Eile (C. F. Meyer, Amulett 4).

Fie|ber|krank ⟨Adj.⟩: *an Fieber erkrankt.*

Fie|ber|kran|ke ⟨vgl. Kranke⟩: *weibliche Person, die an Fieber erkrankt ist.*

Fie|ber|kran|ker ⟨vgl. Kranker⟩: *jmd., der an Fieber erkrankt ist.*

Fie|ber|kur|ve, die: *grafische Darstellung der gemessenen Körpertemperatur bei fieberhaften Erkrankungen, die den Verlauf des Fiebers anzeigt.*

Fie|ber|mes|ser, der (ugs.): *Fieberthermometer.*

Fie|ber|mit|tel, das (Med.): *Fieber erzeugendes od. das Fieber senkendes Mittel.*

Fie|ber|mü|cke, die: *Anopheles.*

fie|bern ⟨sw. V.; hat⟩ [spätmhd. fiebern]: **1.** *Fieber haben:* der Kranke fiebert; ein fieberndes Kind. **2. a)** *sehr aufgeregt, voll innerer Unruhe, Erwar-*

fiebersenkend – figürlich

tung sein: die Prüflinge fieberten vor Aufregung; **b)** *heftig nach etw. verlangen; etw. erstreben:* sie fiebert danach, eine Chance zu bekommen.

fie|ber|sen|kend ⟨Adj.⟩: *das Fieber herabsetzend:* ein -es Mittel.

Fie|ber|ther|mo|me|ter, das: *Thermometer zum Messen der Körpertemperatur.*

Fie|ber|traum, der: *Fieberfantasie.*

fieb|rig ⟨Adj.⟩, fieberig ⟨Adj.⟩: **1.** [spätmhd. fieberic] **a)** *Fieber habend, von Fieber befallen:* das Kind ist f., sieht f. aus; **b)** *mit Fieber einhergehend:* eine -e Erkältung; **c)** *auf Fieber hinweisend:* -e, f. glänzende Augen. **2.** *(in Erwartung von etw.) in einem Zustand von Hektik, Aufregung; fieberhaft* (2 a): in -er Eile, Aufregung; f. auf etw. gespannt sein; Dieses Verstecken und Auftauchen, dieses fiebrige Hin und Her dauert Tage, dauert Wochen (St. Zweig, Fouché 160).

Fie|del, die; -, -n [↑ Fidel] (scherzh., sonst veraltet): *Geige:* die F., auf der F. spielen; Doch war es jetzt so, als spiele der Reiter dort drüben nicht mehr die Laute, vielmehr schien er eine F. zu streichen, deren durchdringend süßer Ton aufjauchzte (Doderer, Abenteuer 106).

fie|deln ⟨sw. V.; hat⟩ [mhd. videlen] (abwertend, scherzh.): *[ohne große Kunstfertigkeit, schlecht] auf der Geige spielen:* eine bekannte Melodie f.; sie fiedelte den ganzen Abend.

Fie|der, die; -, -n [zu ↑ fiedern]: **1.** (veraltet) *kleine Feder.* **2.** (Bot.) *einzelnes Blättchen eines Fiederblattes.*

Fie|der|blatt, das (Bot.): *gefiedertes Blatt.*

fie|de|rig, fiedrig ⟨Adj.⟩: *gefiedert.*

fie|dern, sich ⟨sw. V.; hat⟩ [mhd. videren, ahd. fideran = mit Federn versehen, zu ↑ Feder] (Jägerspr.): *sich mausern.*

fie|der|lig ⟨Adj.⟩: *gefiedert* (2).

Fie|de|rung, die; -, -en: *das Gefiedertsein; Art des Gefiedertseins:* Blätter mit verschiedenen -en.

Fied|ler, der; -s, - [mhd. videlære, zu: videl(e), ↑ Fidel]: **a)** (veraltet) *Geige spielender [Straßen]musikant;* **b)** (abwertend, scherzh.) *jmd., der ohne große Kunstfertigkeit Geige spielt.*

Fied|le|rin, die; -, -nen: w. Form zu ↑ Fiedler.

fied|rig: ↑ fiederig.

fiel: ↑ fallen.

Field-Re|search, Field|re|search ['fi:ldrɪsɐːtʃ], die; -, auch: das; -[s] [engl. field research, aus: field = Feld u. ↑ Research] (Soziol., Statistik): *Feldforschung.*

Field|work, Field-Work ['fi:ldwəːk], das; -s [engl. field-work, eigtl. = Arbeit im Gelände] (Soziol.): *Field-Research.*

fie|pen ⟨sw. V.; hat⟩ [lautm.]: **1.** (Jägerspr.) *(von Rehkitz u. Ricke) einen leisen, hohen Lockruf hervorbringen.* **2.** *einen leisen, hohen Ton von sich geben:* der Hund, der Vogel fiepte ängstlich.

fiep|sen ⟨sw. V.; hat⟩: *fiepen* (2): die Maus fiepste.

fiep|sig ⟨Adj.⟩: *sich wie ein Fiepsen anhörend:* eine -e Stimme.

Fi|le|rant [fjəˈrant, fjeˈrant], der; -en, -en [zu ital. fiera = Jahrmarkt < mlat. feria, ↑ Feria] (bayr., österr.): *Warenhändler, Markthändler.*

Fi|le|ran|tin [fjaː..., fjeː...], die; -, -nen: w. Form zu ↑ Fierant.

fie|ren ⟨sw. V.; hat⟩ [mniederd. vīren; vgl. ahd. gifieren = (nach einer bestimmten Seite) wenden; fügen, führen, bringen, zu: fiera = Seite] (Seemannsspr.): **a)** *eine Last o. Ä. durch Lösen des Taus herunterlassen:* das Großsegel, die Rettungsboote f.; **b)** *(ein belastetes Tau) ablaufen lassen.*

fie|ro ⟨Adv.⟩ [ital. fiero < lat. ferus = ungezähmt, wild] (Musik): *stolz, wild, heftig.*

fies ⟨Adj.⟩ [aus dem Niederd. < mniederd. vīs, vielL. zu: fi = pfui od. vīst = abgehende Blähung,

vgl. Fist] (ugs.): **1.** *Ekel, Widerwillen erregend, auslösend; unangenehm, widerlich:* das schmeckt f.; er sieht f. aus in seiner Ungepflegtheit. **2.** *charakterlich widerwärtig, unsympathisch, abstoßend:* ein -er Charakter, Kerl; sie kann ziemlich f. werden; das war f. von dir.

fie|seln ⟨sw. V.; hat⟩ (bayr., österr. ugs.): *(etw. Kleines, nur mit den Fingerspitzen o. Ä. zu Fassendes) mühsam u. einzeln [ab]lösen.*

Fies|ling, der; -s, -e (salopp abwertend): *Mensch, der als widerlich, durch seine Eigenschaften abstoßend angesehen wird:* der Trainer galt als richtiger F.

Fi|es|ta, die; -, -s [span. fiesta < vlat. festa, ↑ Fete]: *[spanisches Volks]fest.*

Fi|es|ta me|xi|ca|na, die; --, -s -s [aus ↑ Fiesta u. span. mexicana, w. Form von mexicano = mexikanisch]: *Fest im mexikanischen Stil (mit typisch mexikanischen Tänzen, Speisen u. Ä.):* eine F. m. anlässlich des mexikanischen Nationalfeiertags.

FIFA, Fi|fa, die; - [Abk. für frz. Fédération Internationale de Football Association]: *Internationaler Fußballverband.*

fif|ty-fif|ty ['fɪftɪ'fɪftɪ; engl. fifty-fifty = halbpart, eigtl. = fünfzig-fünfzig]: in den Verbindungen **f. ausgehen, stehen** (ugs.; *unentschieden ausgehen, stehen*); **f. machen** (ugs.; *halbpart machen:* mit den Einnahmen machen wir f.)

Fif|ty-fif|ty-Jo|ker, der [aus engl. fifty = fünfzig u. ↑ Joker]: *Joker, dessen Einsatz bei einem Quiz die vorgegebenen Antwortmöglichkeiten halbiert.*

Fi|ga|ro, der; -[s], -s [nach der Bühnengestalt in Beaumarchais' Lustspiel »Der Barbier von Sevilla«] (scherzh.): *Friseur.*

Fight [faɪt], der; -s, -s [engl. fight, eigtl. = Kampf, zu: to fight = kämpfen, verw. mit ↑ fechten]: **1.** *verbissen geführter Kampf in einem sportlichen Wettkampf; harte Auseinandersetzung.* **2.** (Boxen) *Boxkampf:* der F. zwischen dem Weltmeister und seinem Herausforderer musste verschoben werden.

figh|ten ['faɪtn̩] ⟨sw. V.; hat⟩ [engl. to fight]: **1.** *hart, verbissen kämpfen, um etw. zu erreichen:* um den Sieg f. **2.** (Boxen) *ungestüm, den Schlagabtausch suchend kämpfen.*

Figh|ter ['faɪtɐ], der; -s, - [engl. fighter]: **1.** *jmd., der hart u. verbissen um etw. kämpft; Kämpfernatur.* **2.** (Boxen) *Boxer, der den Schlagabtausch u. eine ungestüme Kampfweise bevorzugt.*

Figh|te|rin, die; -, -nen: w. Form zu ↑ Fighter.

Fi|gur, die; -, -en [mhd. figur(e) < afrz. figure < lat. figura = Gebilde, Gestalt, Erscheinung, zu: fingere, ↑ fingieren]: **1.** *Körperform, Gestalt, äußere Erscheinung eines Menschen im Hinblick auf ihre ausgewogene Proportion:* eine gute, schlanke, grazile, rundliche F.; sie hat eine tolle F.; auf seine F. achten [müssen] *(sich beim Essen mäßigen [müssen], um nicht dicker zu werden);* *** machen/abgeben** *(durch seine Erscheinung, sein Auftreten einen guten, schlechten, kläglichen o. Ä. Eindruck machen).* **2.** *[künstlerische] Darstellung eines menschlichen, tierischen od. abstrakten Körpers:* mythologische -en; -en aus Porzellan; eine abstrakte F. von Moore. **3.** *Spielstein besonders beim Schachspiel:* eine F. ziehen. **4. a)** *[geometrisches] Gebilde aus Linien od. Flächen; Umrisszeichnung o. Ä.:* eine geometrische F.; Grotten sowie ein Springbrunnen waren da, der die Wasserstrahlen in ein kunstreiche F. von Wasser in die Lüfte warf (Th. Mann, Krull 13) **b)** *Abbildung, die als Illustration einem Text beigegeben ist* (Abk. : Fig.): vergleiche F. 4. **5. a)** *Person, Persönlichkeit (in ihrer Wirkung auf ihre Umgebung, auf die Gesellschaft):* er war eine wichtige, herausragende F. seiner Zeit; eine undurchschaubare, merkwürdige F.; **b)** (salopp) *Person, Mensch (meist männlichen Geschlechts), Typ:* das waren die -en von vorhin; **c)** *handelnde Person, Gestalt in einem Werk der Dichtung:* die -en des Dramas; die -en dieses Romans sind frei erfunden; die komische F. *(Rollenfach im Theater).* **6.** (Sport) *in sich geschlossene Bewegungsabfolge, die Teil eines größeren Ganzen ist:* eine einzelne F. [eines Tanzes] üben; auf dem Eis -en laufen; Er beherrschte mehr als die -en des Kunstflugs und konnte auch mehr als schießen (Gaiser, Jagd 154). **7.** (Musik) *in sich geschlossene Tonfolge als schmückendes u. vielfach zugleich textausdeutendes Stilmittel:* eine musikalisch-rhetorische F. **8.** (Sprachwiss.) *von der normalen Sprechweise abweichende sprachliche Form, die als Stilmittel eingesetzt wird:* eine rhetorische F.

Fi|gu|ra [lat.]: nur in der Wendung **wie F. zeigt** (schweiz., sonst veraltend; *wie man an dem gegebenen Beispiel sehen, ablesen kann*).

Fi|gu|ra ety|mo|lo|gi|ca, die; - -, ...rae ...cae [...rɛ ...tsɛ] [↑ etymologisch] (Rhet., Stilkunde): *Redefigur, bei der sich ein intransitives Verb mit einem Substantiv gleichen Stammes od. verwandter Bedeutung als Objekt verbindet* (z. B. einen Kampf kämpfen).

fi|gu|ral ⟨Adj.⟩: *mit Figuren versehen.*

Fi|gu|ral|mu|sik, die: *mehrstimmiger kontrapunktischer Tonsatz in der Kirchenmusik des Mittelalters.*

Fi|gu|rant, der; -en, -en [lat. figurans (Gen.: figurantis), 1. Part. von: figurare, ↑ figurieren]: **a)** (Theater, Film veraltet) *stumme [Neben]rolle, Statist;* **b)** *Lückenbüßer.*

Fi|gu|ran|tin, die; -, -nen: w. Form zu ↑ Figurant.

Fi|gu|ra|ti|on, die; -, -en [lat. figuratio = Bildung, äußere Gestalt]: **1.** (Musik) *Auflösung einer Melodie od. Akkords in rhythmische [melodisch untereinander gleichartige] Notengruppen.* **2.** (Kunstwiss.) *figürliche, bildhafte Darstellung.*

fi|gu|ra|tiv ⟨Adj.⟩ [spätlat. figurativus = zur bildlichen Darstellung geeignet]: **1.** (bildungsspr.) *figürlich, gegenständlich abbildend, abgebildet:* die -e Wiedergabe wird zum Merkmal der -en Malerei. **2.** (Sprachwiss.) *(von Wortbedeutungen) in bildlichem, übertragenem Sinn:* ein -er Sprachgebrauch.

fi|gur|be|tont ⟨Adj.⟩: *die Figur* (1) *betonend:* ein -es Kleid; die Mode ist dieses Jahr sehr f.

Fi|gür|chen, das; -s, -: Vkl. zu ↑ Figur.

Fi|gu|ren|grup|pe, die: *Gruppe von Figuren* (2): dieser Bildhauer schuf die F.

Fi|gu|ren|mus|ter, das: *aus Figuren* (4 a) *bestehendes Muster.*

fi|gu|ren|reich ⟨Adj.⟩: *viele Figuren* (2, 5 c, 6) *aufweisend:* ein -es Theaterstück; ein -er Tanz.

Fi|gu|ren|the|a|ter, das: *Theater mit Figuren (Marionetten, Puppen u. Ä.).*

fi|gu|rie|ren ⟨sw. V.; hat⟩ [lat. figurare = bilden, gestalten, darstellen]: **1.** (bildungsspr.) *(in einer Funktion o. Ä.) eine Rolle spielen, in Erscheinung treten, auftreten:* als Rennleiter f. **2.** (Musik) *einen Akkord mit einer Figuration* (1) *versehen:* einen Cantus firmus f.; ⟨meist im 2. Part.:⟩ ein figurierter Choral *(mehrstimmiger Choralsatz, dessen Motive in allen Stimmen verwendet werden).*

Fi|gu|rie|rung, die; -, -en: *das Figurieren* (1, 2).

Fi|gu|ri|ne, die; -, -n [frz. figurine < ital. figurina, zu lat. figura, ↑ Figur]: **1.** (Kunstwiss.) *kleine Statue.* **2.** (Kunstwiss.) *menschliche Figur als Staffage auf Gemälden, bes. Landschaftsbildern.* **3.** (bes. Theater) *Kostümentwurf, Modellbild [für eine bestimmte Rolle, ein bestimmtes Stück]:* -n zeichnen.

fi|gür|lich ⟨Adj.⟩: **1.** *in Bezug auf die Figur* (1): sie ist ihr f. sehr ähnlich. **2.** (Kunstwiss.) *eine Figur* (2), *Figuren* (2) *darstellend:* eine -e Darstellung. **3.** (Sprachwiss.) *figurativ* (2): *ein -er Wortgebrauch.*

Fikh, das; - [arab. fiqh]: *Rechtswissenschaft des Islams.*

Fik|ti|on, die; -, -en [lat. fictio = Einbildung, Annahme, zu: fingere, ↑fingieren]: **1.** (bildungsspr.) *etw., was nur in der Vorstellung existiert; etw. Vorgestelltes, Erdachtes:* eine politische, literarische F.; alle Gestalten des Werkes sind dichterische F. **2.** (Philos.) *bewusst gesetzte widerspruchsvolle od. falsche Annahme als methodisches Hilfsmittel bei der Lösung eines Problems.*

fik|ti|o|nal ⟨Adj.⟩ (bildungsspr.): *auf einer Fiktion* (1) *beruhend:* ein -er Text; f. erzählen, verarbeiten.

fik|ti|o|na|li|sie|ren ⟨sw. V.; hat⟩ (bildungsspr.): *als Fiktion darstellen:* die Zeit f.

Fik|ti|o|na|li|sie|rung, die; -, -en: *das Fiktionalisieren; das Fiktionalisiertwerden.*

Fik|ti|o|na|lis|mus, der; - (Philos.): *philosophische Theorie der Fiktionen.*

fik|tiv ⟨Adj.⟩ (bildungsspr.): *nur angenommen; erdacht, erdichtet, frei erfunden:* ein -er Dialog; die Geschichte ist, erwies sich als [rein] f.

Fi|la|ment, das; -s, -e [spätlat. filamentum = Fadenwerk, zu lat. filum, ↑Filet]: **1.** (Bot.) *Staubfaden der Blüte.* **2.** ⟨meist Pl.⟩ (Astron.) *dunkles, fadenförmige Gebilde in der Chromosphäre.* **3.** *nach verschiedenen chemisch-technischen Verfahren hergestellte, fast endlose Faser als Bestandteil von Garnen u. Kabeln.* **4.** (Biochemie) *sehr dünnes, fadenförmiges Gebilde aus Proteinen in einer Zelle* (5).

fil di vo|ce ['fɪl di 'voːtʃɐ; ital., zu: fil(o) = dünner Faden (< lat. filum, ↑Filet) u. voce = Stimme < lat. vox (Gen.: vocis)] (Musik): *mit schwacher dünner Stimme.*

File [faɪl], das, *auch* der; -s, -s [engl. file, eigtl. = Aktenordner, Aktenbündel, urspr. = Schnur, mit der Akten o. Ä. zusammengehalten werden < frz. fil < lat. filum, ↑Filet] (EDV): engl. Bez. für: *Datei.*

Fi|let [fiˈleː], das; -s, -s [frz. filet, eigtl. = kleiner Faden, zu: fil = Faden < lat. filum]: **1.** [wohl, weil die Stücke früher in Fäden eingerollt verkauft wurden] (Kochkunst) **a)** *zartes Fleisch von der Lende* (2); **b)** *entgrätetes u. enthäutetes Stück vom Rücken eines Fisches;* **c)** *Fleisch von der Brust von Geflügel.* **2.** (Textilind.) *netzartig gewirkter Stoff.* **3.** (Handarb.) *Filetarbeit.* **4.** (Textilind.) *Abnehmerwalze hinter der Auflockerungsmaschine in Baumwollspinnereien.*

Fi|let|ar|beit, die: *Handarbeit[stechnik], bei der ein Gitterwerk aus quadratisch verknüpften Fäden hergestellt wird, das dann in verschiedenartiger Weise bestickt wird.*

Fi|let|bra|ten, der: *Braten aus Filet.*
Fi|let|de|cke, die: *Tischdecke in Filetarbeit.*
Fi|let|hä|ke|lei, die: *Häkelarbeit, die eine Nachahmung der echten Filetarbeit in einer Häkeltechnik darstellt.*
Fi|let|hand|schuh, der: *Handschuh in Filetarbeit.*
fi|le|tie|ren ⟨sw. V.; hat⟩ (Kochkunst): *Filets* (1) *aus dem Fleisch von Schlachttieren, Fisch, Geflügel od. Wild herauslösen:* Fisch f.; Ü *der neue Eigentümer will das angeschlagene Unternehmen f. (will profitable Bereiche aus dem Unternehmen herauslösen u. gewinnbringend weiterverkaufen).*
Fi|le|tie|rer, der; -s, -: *(bes. in der Fisch verarbeitenden Industrie) jmd., der Filets schneidet* (Berufsbez.).
Fi|le|tie|re|rin, die; -, -nen: w. Form zu ↑Filetierer.
Fi|le|tier|ma|schi|ne, die: *Maschine zum Filetieren von Fisch.*

Fi|let|na|del, die: *Sticknadel zur Herstellung von Filetarbeiten.*
Fi|let|spit|ze, die: *Spitze in Filetarbeit.*
Fi|let|steak, das: *Steak aus Filet* (1 a).
Fi|let|stück, das: *Lendenstück:* ein zartes F.; Ü *das F. (das Beste) ist der V8-Motor mit 306 PS.*

Fi|li|al|bank, die ⟨Pl. -en⟩ (Bankw.): *Bank, die zur Abwicklung ihrer Geschäfte Filialen unterhält:* viele Anleger schätzen die persönliche Beratung bei einer F.
Fi|li|al|be|trieb, der: *Filiale.*
Fi|li|a|le, die; -, -n [zu kirchenlat. filialis = kindlich (abhängig), zu: filia = Sohn od. filia = Tochter]: **1.** *(bes. im Lebensmitteleinzelhandel) einzelnes Geschäft einer Gruppe von gleichartigen Läden, die zentral geführt werden; Zweiggeschäft:* das Geschäft hat -n in mehreren Vororten. **2.** *(bes. im Versicherungs- u. Bankengewerbe) Zweigstelle, -niederlassung, die in einem anderen Stadtteil od. an einem anderen Ort unterhalten wird:* die F. einer Bank eröffnen.
Fi|li|al|ge|mein|de, die: *Gemeinde einer Filialkirche.*
Fi|li|a|list, der; -en, -en (Wirtsch.): **1. a)** *Einzelhandelsunternehmer, der eine Reihe von Filialen* (1) *besitzt;* **b)** *Leiter einer Filiale.* **2.** *Seelsorger einer Filialgemeinde.*
Fi|li|a|lis|tin, die; -, -nen: w. Form zu ↑Filialist.
Fi|li|al|kir|che, die: *von dem Geistlichen einer anderen, meist größeren Gemeinde mitbetreute Kirche.*
Fi|li|al|lei|ter, der: *Geschäftsführer eines Filialbetriebes, -geschäfts.*
Fi|li|al|lei|te|rin, die: w. Form zu ↑Filialleiter.
Fi|li|al|netz, das: *Gesamtheit von planmäßig über ein Gebiet verteilten Filialen.*
Fi|li|a|ti|on, die; -: **1.** (Geneal.) *[Nachweis der] Abstammung einer Person von einer anderen:* [il]legitime F.; Ü ♦ ... und die F. solcher Gedanken von weit her, von unten herauf womöglich, zu vergegenwärtigen (Goethe, Wanderjahre I, 10). **2.** (Rechtsspr.) *legitime Abstammung eines Kindes von seinen Eltern.* **3.** (Politik) *Gliederung des Staatshaushaltsplans.* **4.** (Geschichte) *Verhältnis von Mutter- u. Tochterkloster im Ordenswesen des Mittelalters.*
Fi|li|a|ti|ons|nach|weis, der: *Nachweis einer Filiation* (1).
¹**Fi|li|bus|ter**: ↑Flibustier.
²**Fi|li|bus|ter** [fɪliˈbastɐ], der; -[s], - [engl. filibuster (↑Flibustier), eigtl. = jmd., der in seinen Aktionen einem Freibeuter od. Partisan vergleichbar ist]: *im amerikanischen Unterhaus u. in Minderheiten geübte Praktik, durch Marathonreden Parlamentsbeschlüsse zu verzögern od. zu verhindern.*
fi|lie|ren ⟨sw. V.; hat⟩: **1.** [nach frz. filer = spinnen < spätlat. filare = in Fäden ziehen, zu lat. filum, ↑Filet] (Handarb.) *eine Filetarbeit herstellen:* eine Decke, ein Netz f.; filierte Spitze. **2.** *filetieren.*
fi|li|gran ⟨Adj.⟩: *aus Filigran, filigranähnlichen Formen bestehend; fein[gliedrig]:* ein -es Schmuckstück; die Brücke ist sehr f. konstruiert.
Fi|li|gran, das; -s, -e [ital. filigrana, eigtl. = Faden und Korn, zu lat. filum = Faden u. granum = Korn]: *Goldschmiedearbeit aus einem kunstvollen Geflecht von Gold- od. Silberdrähten.*
Fi|li|gran|ar|beit, die: *Filigran.*
Fi|li|gran|glas, das ⟨Pl. ...gläser⟩: *Fadenglas.*
Fi|li|gran|schmuck, der: *Schmuck aus Filigran.*
Fi|li|pi|na, die; -, -s: w. Form zu ↑Filipino.
Fi|li|pi|no, der; -s, -s: **1.** *Angehöriger der eingeborenen (alt)malaiischen Bevölkerung der Philippinen.* **2.** *Philippiner.*
Fi|li|us, der; -, -se [lat. filius, eigtl. = Säugling,

zu: fel(l)are, ↑fellieren] (bildungsspr. scherzh.): *jugendlicher Sohn:* unser F. steht vorm Abitur.

Fil|lér [ˈfɪlɐ, ˈfiːlɛːɐ̯], der; -[s], - [ung. fillér]: *(bis 1999) ungarische Währungseinheit* (100 Fillér = 1 Forint).

Film, der; -[e]s, -e [engl. film, eigtl. = Häutchen, dann = dünne Schicht, verw. mit ↑Fell]: **1.** *[sehr] dünne zusammenhängende Schicht:* die Creme bildet einen schützenden F. auf der Haut; ... als sie seinen Hals umschlungen hielt, spürte er ihre zarte, sprühende Körperwärme, den dünnen strahlenden F. in den Konturen ihrer Schultern, ihrer Arme, ihres Busens ... nachzeichnete (Andersch, Rote 77). **2.** *[zu einer Rolle aufgewickelter] Streifen aus einem mit einer lichtempfindlichen Schicht überzogenen Material für fotografische Aufnahmen od. Filme* (3 a): ein hochempfindlicher F.; der F. ist unterbelichtet; einen neuen F. [in den Fotoapparat] einlegen; den F. entwickeln; ich habe noch drei Bilder auf dem F. (ugs.; *kann noch drei Aufnahmen machen*). **3. a)** *mit der Filmkamera aufgenommene Abfolge von bewegten Bildern, Szenen, Handlungsabläufen o. Ä., die zur Vorführung in Kino oder zur Ausstrahlung im Fernsehen bestimmt ist:* ein historischer, dokumentarischer, abendfüllender F.; der F. läuft schon seit vier Wochen; die Ereignisse laufen ab wie ein F.; einen F. vorführen, ansehen; das Drehbuch für einen F. schreiben; in den F. (ugs.; *ins Kino*) gehen; Ü (ugs.:) bei ihm ist der F. gerissen; ↑Filmriss (2); **b)** ⟨o. Pl.⟩ *Filmbranche, -industrie:* der F. hat ihn mehr interessiert als das Theater; sie will zum F. (ugs.; *will Filmschauspielerin werden*).

Film|abend, der: *Abendveranstaltung, bei der Filme* (3 a) *vorgeführt werden.*
Film|aka|de|mie, die: *Filmhochschule.*
Film|ama|teur, der: *jmd., der als Amateur Filmaufnahmen, kleine Filme* (3 a) *für seinen privaten Gebrauch macht.*
Film|ama|teu|rin, die: w. Form zu ↑Filmamateur.
Film|ar|chiv, das: *Archiv für Filme.*
Film|ate|li|er, das: *Atelier, in dem Filmaufnahmen gemacht werden.*
Film|auf|nah|me, die: *filmische Aufnahme einer Szene, eines Vorgangs.*
Film|aus|schnitt, der: *Ausschnitt* (1 b) *aus einem Film:* -e zeigten das Wandlungsfähigkeit des Schauspielers.
Film|au|tor, der: *Drehbuchautor.*
Film|au|to|rin, die: w. Form zu ↑Filmautor.
Film|bei|trag, der: *Film* (3 a) *als in sich abgeschlossener Teil innerhalb einer Fernsehsendung:* die Talkshow wurde durch eingespielte Filmbeiträge aufgelockert.
Film|be|richt, der: *von Filmaufnahmen begleiteter Bericht eines Reporters, Berichterstatters.*
Film|be|spre|chung, die: *Filmkritik* (a).
Film|bran|che, die: *den Bereich des Films* (3 a) *umfassende Branche.*
Film|büh|ne, die (veraltend): *Kino.*
Film|di|va, die (veraltend): vgl. *Diva.*
Film|ma|cher, der (Jargon): *jmd., der als Regisseur [u. zugleich als Drehbuchautor] Filme in eigener Verantwortung macht.*
Film|ma|che|rin, die: w. Form zu ↑Filmemacher.
fil|men ⟨sw. V.; hat⟩: **1. a)** *(mit einer Kamera) Filmaufnahmen machen:* in Zeitlupe f.; sie hat [im Urlaub, mit einer Unterwasserkamera] gefilmt; **b)** *mit der Filmkamera aufnehmen:* die Tiere im Zoo f.; **c)** *Dreharbeiten für einen Film machen:* das Team filmt gerade in Afrika; **d)** *als Schauspieler in einem Film* (3 a) *mitwirken:* er hat die Theaterarbeit aufgegeben u. filmt nur noch. **2.** (ugs.) *hereinlegen, lächer-*

lich machen: da bist du ganz schön gefilmt worden!

Fil|mer, der; -s, - (ugs.): **1.** Filmemacher. **2.** Filmamateur.

Fil|me|rei, die; - (leicht abwertend): **a)** *jmds. Betätigung als Amateurfilmer, -filmerin;* **b)** *jmds. Arbeit als Filmschauspieler, -schauspielerin.*

Fil|me|rin, die; -, -nen: w. Form zu ↑ Filmer.

Film|fan, der: *jmd., der sehr gerne Filme sieht.*

Film|fest, das: Kurzf. von ↑ Filmfestival.

Film|fes|ti|val, das: *Festival, bei dem besondere Filme (3 a) vorgeführt u. von einer Jury bewertet [u. ausgezeichnet] werden.*

Film|fest|spie|le ⟨Pl.⟩: *Filmfestival.*

Film|fi|gur, die: *handelnde Person, Gestalt aus einem Film* (3 a).

Film|för|de|rung, die: *für die Herstellung künstlerisch wertvoller Filme (3 a) bestimmte finanzielle Zuwendung aus öffentlichen Mitteln.*

Film|for|mat, das: *Format, Breite eines Films* (2).

Film|frit|ze, der [↑-fritze] (ugs. abwertend): *jmd., der beim Film (3 b) arbeitet.*

Film|ge|schäft, das ⟨o. Pl.⟩: *Arbeitsbereich des Filmemachens, -produzierens in künstlerischer od. wirtschaftlicher Hinsicht.*

Film|ge|schich|te, die ⟨o. Pl.⟩: *Geschichte (1 a) der Entwicklung des Films (3 a):* Max Ophüls Verfilmung von Schnitzlers »Reigen« hat F. geschrieben *(ist filmgeschichtlich bedeutsam geworden).*

film|ge|schicht|lich ⟨Adj.⟩: *die Geschichte des Films betreffend.*

Film|ge|sell|schaft, die: *Unternehmen der Filmindustrie.*

Film|grö|ße, die: *bekannter männlicher od. weiblicher Filmschauspieler:* zur Preisverleihung erschienen zahlreiche -n.

Film|hand|lung, die: *Handlung eines Films* (3 a).

Film|held, der: *Leinwandheld.*

Film|hoch|schu|le, die: *Einrichtung zur Ausbildung von Filmschaffenden.*

Film|in|dus|trie, die: *Gesamtheit der Filmgesellschaften, die sich mit der Produktion von Filmen (3 a) befassen.*

fil|misch ⟨Adj.⟩: *mit den Mitteln des Films (3 a) [gestaltet]; dem Film (3 a) eigen, zugehörig:* -e Kunstmittel; etw. f. darstellen.

Film|jar|gon, der: *unter Filmemachern u. Cineasten gebräuchlicher Jargon* (3 a).

Film|ka|me|ra, die: *Kamera für Filmaufnahmen.*

Film|kar|ri|e|re, die: *Karriere als Filmschauspieler, -schauspielerin.*

Film|kas|set|te, die (Fotogr.): *lichtundurchlässige Kassette, in die der Film (2) eingelegt wird.*

Film|klas|si|ker, der: *Film, der [innerhalb eines bestimmten Genres] als meisterhaftes, mustergültiges Kunstwerk angesehen wird:* John Fords Western »Der schwarze Falke« gilt seit Jahrzehnten als F.

Film|ko|mi|ker, der: *komödiantenhafter Filmschauspieler.*

Film|ko|mi|ke|rin, die: w. Form zu ↑ Filmkomiker.

Film|ko|mö|die, die: *Film in der Art einer Komödie.*

Film|kom|po|nist, der: *Komponist von Filmmusik.*

Film|kom|po|nis|tin, die: w. Form zu ↑ Filmkomponist.

Film|kri|tik, die: **a)** *kritische Besprechung eines Films (3 a) in einer Zeitung, Zeitschrift:* sie schreibt -en; **b)** ⟨o. Pl.⟩ *Gesamtheit der Kritiker, die den Film (3 a) zum Gegenstand ihrer kritischen Betrachtung machen:* die F. hat dieses Melodram verrissen.

Film|kri|ti|ker, der: *jmd., der berufsmäßig Filmkritiken verfasst.*

Film|kri|ti|ke|rin, die: w. Form zu ↑ Filmkritiker.

Film|ku|lis|se, die: *Kulisse einer Filmszene.*

Film|kunst, die: *Richtung des Filmschaffens, die dem künstlerischen Film (3 a) gewidmet ist; Cineastik.*

Film|kunst|the|a|ter, das: *Programmkino.*

Film|lein|wand, die: *[aufrollbare] Bildwand, auf die der Film (3 a) projiziert wird.*

Film|leu|te ⟨Pl.⟩ (ugs.): *Personen, die beruflich in der Filmbranche tätig sind.*

Film|lieb|ling, der: *beliebte Filmschauspielerin, beliebter Filmschauspieler.*

Film|ma|te|ri|al, das: **1.** *Film (2) hinsichtlich seiner Eigenschaften, Beschaffenheit:* hochempfindliches F. **2.** *Filme (3 a) zu einem bestimmten Thema:* in den Archiven liegen große Mengen F. von den Kämpfen an den verschiedenen Kriegsschauplätzen.

Film|mu|si|cal, das: *Film in der Art eines Musicals.*

Film|mu|sik, die: *speziell für einen bestimmten Film (3 a) komponierte Musik.*

Fil|mo|gra|fie, Filmographie, die; -, -n [engl. filmography, zu: film (↑ Film), geb. nach: bibliography = Bibliografie; ↑-grafie]: *Verzeichnis, Zusammenstellung aller Filme (3 a) eines Regisseurs, Schauspielers o. Ä.:* Alfred Hitchcocks F.

Film|pa|last, der: *großes, luxuriöses Kino.*

Film|pla|kat, das: *Plakat, das für einen Film (3 a) wirbt.*

Film|preis, der: *Preis, der für eine künstlerische Leistung bei der Mitarbeit an einem Film (3 a) zuerkannt wird.*

Film|pre|mi|e|re, die: vgl. Premiere.

Film|pro|duk|ti|on, die: *Herstellung u. Finanzierung eines Films.*

Film|pro|du|zent, der: *jmd., der die Herstellung eines Films (3 a) finanziert.*

Film|pro|du|zen|tin, die: w. Form zu ↑ Filmproduzent.

Film|pro|gramm, das: *Programm (1 b) zu einem bestimmten Film.*

Film|pro|jekt, das: *Projekt einer Verfilmung.*

Film|pro|jek|tor, der: vgl. Diaprojektor.

Film|rech|te ⟨Pl.⟩: *Berechtigung zur Verfilmung eines literarischen Werkes, z. B. eines Romans:* er hatte die F. erworben, bevor das Buch zum Bestseller wurde.

Film|re|gis|seur, der: *Regisseur eines Films.*

Film|re|gis|seu|rin, die: w. Form zu ↑ Filmregisseur.

film|reif ⟨Adj.⟩: *(von einem Vorgang, Vorfall) so aufsehenerregend, dass er aus einem Film stammen könnte:* zwischen Polizei und Verbrechern lieferten sich eine -e Verfolgungsjagd.

Film|rei|he, die: *Reihe von [thematisch zusammenhängenden] Filmen:* der Sender ehrt den berühmten Regisseur mit einer F.

Film|riss, der: **1.** *plötzliches Reißen (1) eines Films* (2). **2.** (ugs.) *plötzlich auftretender Verlust des Erinnerungsvermögens; Blackout:* einen F. haben *(sich plötzlich nicht mehr an etw. erinnern können).*

Film|rol|le, die: **1.** *Spule, die ein Teilstück eines Films (3 a) enthält.* **2.** *schauspielerische Rolle in einem Film (3 a):* sie hat eine neue F. übernommen.

Film|satz, der: *Fotosatz.*

Film|schaf|fen, das: *Filmproduktion hinsichtlich ihres künstlerischen Anspruchs:* Ballettfilme haben Tradition im sowjetischen F.

Film|schaf|fen|de, die/eine Filmschaffende; der/einer Filmschaffenden; -/zwei Filmschaffende: *weibliche Person, die an der Herstellung eines Films (3 a) mitwirkt.*

Film|schaf|fen|der, der Filmschaffende/ein Filmschaffender; des/eines Filmschaffenden, die Filmschaffenden/zwei Filmschaffende: *jmd.,* der an der Herstellung eines Films (3 a) mitwirkt.

Film|schau|spie|ler, der: *Schauspieler, der [überwiegend od. ausschließlich] in Filmen (3 a) spielt.*

Film|schau|spie|le|rin, die: w. Form zu ↑ Filmschauspieler.

Film|se|quenz, die: *Sequenz (4) in einem Film (3 a): eine kurze, eindrucksvolle, ungeschnittene F.*

Film|spu|le, die: *Spule, auf der der Filmstreifen aufgewickelt wird.*

Film|stadt, die: *Gelände einer Filmgesellschaft mit vielen Einrichtungen (z. B. Bauten, Kulissen u. a.) für Filmaufnahmen.*

Film|star, der: *Filmschauspielerin od. -schauspieler von größerer Bekanntheit.*

Film|start, der: *Beginn der Vorführungen eines neuen Films in den Kinos.*

Film|stern|chen, das: *junge Nachwuchsschauspielerin beim Film (3 b).*

Film|stoff, der: *verfilmter od. für eine Verfilmung geeigneter Stoff:* dieser Spionageroman würde einen guten F. abgeben.

Film|strei|fen, der: *Film* (2).

Film|stu|dio, das: *Räumlichkeiten mit technischen Einrichtungen für Filmaufnahmen.*

Film|sze|ne, die: *Szene in einem Film* (3 a).

Film|ta|blet|te, die: *Tablette, die von einer einem Film (1) ähnlichen Schicht, die sich im Magen rückstandslos auflöst, umgeben ist.*

Film|team, das: *Gruppe von Personen, die an den Dreharbeiten zu einem Film mitwirken.*

Film|tech|nik, die: *gesamte Technik, die zur Herstellung eines Films (3 a) gehört.*

Film|the|a|ter, das: *größeres Kino.*

Film|tipp, der (ugs.): *Hinweis auf einen sehenswerten Film* (3 a).

Film|ti|tel, der: *Titel eines Films* (3 a).

Film|trans|port, der: *Durchlauf, das Weiterwandern des Films (2) in der [Film]kamera od. dem Projektor:* eine Kamera mit automatischem F.

Film|ver|leih, der: *Unternehmen, das Filme (3 a) erwirbt u. in Form von Kopien an Filmtheater verleiht.*

Film|vor|füh|rer, der: *jmd., der die Vorführapparate eines Kinos bedient* (Berufsbez.).

Film|vor|füh|re|rin, die: w. Form zu ↑ Filmvorführer.

Film|vor|führ|ge|rät, das: *Filmprojektor.*

Film|vor|füh|rung, die: *das Vorführen eines Films (3 a), von Filmen.*

Film|vor|stel|lung, die: *Darbietung eines Films (3 a) in einem Kino.*

Film|wirt|schaft, die (Pl. selten): *Gesamtheit der mit Herstellung, Verleih u. Aufführung von Filmen (3 a) in Zusammenhang stehenden Unternehmen.*

Film|wo|che, die: **1.** *Filmvorführungen unter einem besonderen Motto, die über mehrere Tage verteilt [u. in einem bestimmten Kino gezeigt] werden.* **2.** *Filmfestival:* die 34. Duisburger F.

Film|zeit|schrift, die: *Zeitschrift, die über Filme u. die Filmbranche berichtet.*

Film|zen|sur, die: *Zensur von Filmen (3 a) im Hinblick auf ihre Eignung für eine öffentliche Aufführung.*

Fi|lou [fi'lu:], der, landsch. auch: das; -s, -s [frz. filou, wohl < engl. fellow, ↑ Fellow] (scherzh., auch abwertend): *jmd., der andere mit Schläue, Raffinesse [in harmloser Weise] zu übervorteilen versteht:* du bist ein F.!

Fils, der; -, -: *Währungseinheit in Bahrain, im Irak, im Jemen, in Jordanien u. Kuwait.*

Fil|ter, der, fachspr. meist: das; -s, - [älter Filtrum < mlat. filtrum = Durchseihgerät aus Filz, aus dem ↑ Filz zugrunde liegenden germ. Wort]: **1. a)** *durchlässiges Material (verschiedener*

Art), das zum Filtern von flüssigen od. gasförmigen Stoffen verwendet wird: in dieser Anlage dient Kies als F.; **b)** *Vorrichtung, Gerät, mit dessen Hilfe feste Stoffe von flüssigen od. gasförmigen Stoffen getrennt werden:* die Flüssigkeit durch ein/einen F. gießen. **2.** (Optik, Fotogr.) *Vorrichtung, durch die bestimmte unerwünschte Anteile aus Lichtstrahlen ausgefiltert, absorbiert werden:* einen F. auf ein Objektiv schrauben. **3.** Kurzf. von ↑ Filtermundstück. **4.** (Elektrot.) *aus elektrischen Schwingkreisen bestehende Vorrichtung, die nur Wechselstrom bestimmter Frequenzen hindurchlässt.* **5.** (Math.) *System von Mengen mit bestimmten Eigenschaften.*

Fil|ter|an|la|ge, die: *technische Anlage, in der bestimmte Stoffe gefiltert werden.*

fil|ter|fein ⟨Adj.⟩ (Werbespr.): *(von Kaffee) so fein gemahlen, dass er bei Filterung besonders ergiebig ist:* den Kaffee f. mahlen.

Fil|ter|kaf|fee, der: *mithilfe eines Filters (1 b) zubereiteter Kaffee.*

Fil|ter|mund|stück, das: *Mundstück einer Zigarette, das aus filterndem Material besteht.*

fil|tern ⟨sw. V.; hat⟩: **1.** *einen flüssigen od. gasförmigen Stoff durch einen Filter (1) gehen lassen u. dadurch feste Bestandteile zurückhalten od. abtrennen:* den Kaffee f.; die angesaugte Luft wird gefiltert u. gereinigt; gefiltertes Wasser. **2.** (Optik, Fotogr.) *Licht[strahlen] durch einen Filter (2) gehen lassen u. dadurch bestimmte unerwünschte Strahlungsanteile zurückhalten, ausschalten.*

Fil|ter|pa|pier, das: *Papier von bestimmter Beschaffenheit, das als Einsatz in einem Filter (1 b) verwendet wird.*

Fil|ter|staub, der: *sich in einem Filter (1) ansammelnder Staub.*

Fil|ter|sys|tem, das: *der Filterung dienendes System (5).*

Fil|ter|tuch, das: **a)** ⟨Pl. -e⟩ *Gewebe von bestimmter Beschaffenheit, das bei der Filtration verwendet wird;* **b)** ⟨Pl. …tücher⟩ *Tuch aus solchem Gewebe, mit dessen Hilfe etw. gefiltert wird.*

Fil|ter|tü|te®, die: *aus Filterpapier bestehender tütenförmiger Einsatz.*

Fil|te|rung, die; -, -en: *das Filtern; das Gefiltertwerden.*

Fil|ter|zi|ga|ret|te, die: *Zigarette mit Filter (3).*

Fil|t|rat, das; -[e]s, -e [mlat. filtratum, 2. Part. von: filtrare, ↑ filtrieren] (Fachspr.): *durch Filtration geklärte, gereinigte Flüssigkeit.*

Fil|t|ra|ti|on, die; -, -en (Fachspr.): *das Filtrieren.*

fil|t|rie|ren ⟨sw. V.; hat⟩ [mlat. filtrare, frz. filtrer] (bes. Fachspr.): *filtern (1).*

Fil|t|rier|pa|pier, das: *Filterpapier.*

Fil|t|rie|rung, die; -, -en: *das Filtern (1).*

Filz, der; -es, -e: **1.** [mhd. vilz, ahd. filz, eigtl. = gestampfte Masse] *durch Pressen vorwiegend aus Schafwolle u. anderen Tierhaaren hergestelltes dichtes Material:* Stiefel aus F. **2. a)** *etw. filzartig, filzähnlich Verwobenes, Verschlungenes:* die Pflanzen des Hochmoors sind zu einem dichten F. zusammengewachsen; **b)** (südwestd.) *Fussel, Fluse.* **3.** Kurzf. von ↑ Filzhut. **4.** (ugs.) Kurzf. von ↑ Bierfilz. **5.** (südd.) *Moor.* **6.** [urspr. Schelte des groben u. geizigen Bauern (mhd. vilzgebūr), nach seiner Lodenkleidung] (ugs. abwertend) **a)** *Mensch, der als geizig angesehen wird;* **b)** *Mensch, der als bäurisch, ungehobelt angesehen wird.* **7.** (österr.) *ungeschmolzenes Bauchfett des Schweines.* **8.** *Filzokratie:* F. und Korruption gibt es in allen Parteien.

filz|ar|tig ⟨Adj.⟩: *dem Filz (1) ähnlich beschaffen, strukturiert.*

Filz|de|cke, die: *Decke aus Filz.*

Filz|de|ckel, der: **1.** *Bierdeckel.* **2.** (ugs. scherzh.) *Filzhut.*

¹**fil|zen** ⟨sw. V.⟩ [mhd. vilzen = zu od. von Filz machen]: **1.** ⟨hat, seltener: ist⟩ *verfilzen:* die Wolle filzt leicht beim Waschen. **2.** ⟨hat⟩ [rotwelsch filzen = (Handwerksburschen in der Herberge) auf Reinlichkeit prüfen, eigtl. = durch-, auskämmen (wobei auch gestohlen wurde)] **a)** (selten) *(Kleidungsstücke) auf Ungeziefer hin untersuchen;* **b)** (ugs.) *im Zuge einer Kontrolle [auf verstohlenen Besitz hin] gründlich durchsuchen:* die Besucher wurden am Eingang gründlich gefilzt; **c)** (salopp) *[durchsuchen und] bestehlen, berauben:* sie war überfallen u. gefilzt worden. **3.** ⟨hat⟩ [wohl nach der Filzdecke im Bett] (ugs.) *[fest] schlafen:* sie haben unterwegs im Stroh gefilzt. **4.** ⟨hat⟩ (ugs.) *knauserig, geizig sein:* er filzt mit jedem Euro.

²**fil|zen** ⟨Adj.⟩: *aus Filz (1) bestehend:* -e Schuhe.

Filz|hut, der: *Hut aus Filz (1).*

fil|zig ⟨Adj.⟩: **1. a)** *verfilzt, zu Filz (1) geworden:* -es Haar; **b)** *dem Filz (1) ähnlich in der [Oberflächen]beschaffenheit:* die Blätter haben eine -e Unterseite. **2.** (ugs. abwertend) *in unangenehmer u. kleinlicher Weise geizig:* sei nicht so f. mit dem Trinkgeld.

Filz|laus, die: **1.** *Laus, die sich vor allem in der Schambehaarung des Menschen festsetzt.* **2.** (salopp abwertend) *Mensch, der lästig fällt, Ärger bereitet.*

Fil|zo|k|rat, der; -en, -en [↑-krat] (spött.): *jmd., der zur Filzokratie gehört.*

Fil|zo|kra|tie, die; -, -n [zu ↑ Filz (2 a) u. ↑-kratie, analog zu ↑ Demokratie] (spött.): *verfilzte, ineinander verflochtene Machtverhältnisse, die durch Begünstigung bei der Ämterverteilung o. Ä. zustande kommen:* F. im Rathaus.

Fil|zo|kra|tin, die; -, -nen: w. Form zu ↑ Filzokrat.

Filz|pan|tof|fel, der: *Pantoffel aus Filz.*

Filz|schrei|ber, der: *Schreibgerät, dessen Spitze aus einem gehärteten, die Farbe od. Tinte leitenden Docht aus Filz besteht.*

Filz|soh|le, die: *Schuhsohle aus Filz (1).*

Filz|stift, der: *Filzschreiber.*

Filz|un|ter|la|ge, die: *Unterlage aus Filz (1).*

¹**Fim|mel**: ↑ Femel.

²**Fim|mel**, der; -s, - [H. u.; viell. zu ↑ femeln, fimmeln = heraussuchen] (ugs. abwertend): *übertriebene, fast zu einer Sucht ausartende Vorliebe für etw.; Tick, Spleen:* er hat den F., Bierdeckel zu sammeln; die hat doch einen F.! *(die ist doch verrückt, hat einen Spleen!)*

fim|meln: ↑ femeln.

FI|NA, Fi|na, die; - = Fédération Internationale de Natation Amateur: *Internationaler Amateur-Schwimmverband.*

fi|nal ⟨Adj.⟩ [lat. finalis = die Grenze, das Ende betreffend, zu: finis, ↑ Finis]: **1.** (bildungsspr.) *das Ende, den Schluss von etw. bildend.* **2.** (Philos., Sprachwiss.) *die Absicht, den Zweck betreffend, bestimmend od. kennzeichnend:* »damit« ist eine -e Konjunktion.

¹**Fi|nal** ['faɪnl], das; -s, -s [engl. final, zu lat. finalis, ↑ final]: *Finale (3).*

²**Fi|nal**, das; -s, -, im Sport auch: Finals **1.** (schweiz.): *Finale (3).*

Fi|nal|be|geg|nung, die (Sport): ↑ Finale (3 a).

Fi|na|le, das; -s, -, im Sport auch: Finals **1.** [ital. finale, zu lat. finalis, ↑ final] (Musik) **a)** *letzter, meist der vierte Satz eines größeren Instrumentalwerkes:* ein furioses F.; **b)** *Schlussszene der einzelnen Akte eines musikalischen Bühnenwerks:* das F. des dritten Aktes. **2.** [ital. finale, zu lat. finalis, ↑ final] (bildungsspr.) *einen besonderen Höhepunkt darstellender, glanzvoller Abschluss von etw.:* ein großes Feuerwerk bildete das F. der Veranstaltung. **3.** [viell. durch frz. Vermittlung] (Sport) **a)** *Endkampf, Endspiel:* das F. erreichen; im F. stehen; **b)** *Endspurt:* sie gewann nach einem großartigen F.

Fi|nal|ein|zug, der (Sportjargon): *das Erreichen eines Endspiels:* der Pokalverteidiger verpasste den erneuten F.

Fi|nal|geg|ner, der (Sport): *Gegner in einem Finale (3 a).*

Fi|nal|geg|ne|rin, die: w. Form zu ↑ Finalgegner.

fi|na|li|sie|ren ⟨sw. V.; hat⟩: **1.** [aus ↑ final u. ↑-isieren (1)] (bes. österr.) *endgültig vereinbaren, verbindlich beschließen:* der Umbau der neuen Filiale wurde finalisiert. **2.** [zu engl. finalize = abschließen] (EDV) *(einen optischen Datenträger) abschließend beschreiben, sodass keine weiteren Schreibvorgänge mehr möglich sind.*

Fi|na|list, der; -en, -en [ital. finalista] (Sport): *Teilnehmer an einem Finale (3 a).*

Fi|na|lis|tin, die; -, -nen: w. Form zu ↑ Finalist.

Fi|na|li|tät, die; -, -en [zu ↑ final (2)] (bes. Philos.): *Bestimmung des Geschehens, einer Handlung nicht durch ihre Ursache, sondern durch ihren Zweck; Zweckbestimmtheit.*

Fi|nal|run|de, die (Sport): *Endrunde.*

Fi|nals: Pl. von ↑ Finale (3).

Fi|nal|satz, der (Sprachwiss.): *Gliedsatz, der die Absicht, den Zweck eines Verhaltens angibt.*

Fi|nal|se|rie, die (Sport): *Folge von Spielen, in denen zwei Mannschaften den Sieger eines Wettbewerbs ermitteln:* beide Teams stehen erstmals in der F. um die Eishockeymeisterschaft.

Fi|nal|sieg, der (Sport): *Sieg im Finale (3).*

Fi|nal|spiel, das: *Finale (3 a).*

Fi|nal|teil|nah|me, die (Sportjargon): *Teilnahme an einem Endspiel.*

Fi|nanz, die; - [rückgeb. aus ↑ Finanzen] (Jargon): **1.** *Finanz-, Geldwesen:* in der F. geübte Praktiken. **2.** *Gesamtheit der Fachleute des Bank- u. Geldwesens; Hochfinanz.* **3.** (österr. ugs.) *Finanzamt.*

Fi|nanz|ab|tei|lung, die: *kaufmännische Abteilung eines Unternehmens.*

Fi|nanz|adel, der: *Finanzaristokratie.*

Fi|nanz|amt, das: **a)** *unterste Behörde, die für die Einziehung u. Verwaltung der Steuern zuständig ist:* Ü wir arbeiten ja nur noch fürs F.! (ugs.; *was wir erarbeiten, wird zur Bezahlung von Steuern u. Abgaben gebraucht);* **b)** *Gebäude, in dem ein Finanzamt (a) untergebracht ist.*

Fi|nanz|ana|ly|se, die: *fachmännisch erstellte Analyse der finanziellen Situation [von Privatpersonen od. Wirtschaftsunternehmen].*

Fi|nanz|aris|to|kra|tie, die: *über Geld, Besitz verfügende, einflussreiche [Führungs]schicht eines Landes; Geldaristokratie.*

Fi|nanz|auf|sicht, die: *Behörde, die die Aufsicht (1) über Finanzdienstleister ausübt:* die F. untersagte der Firma den weiteren Geschäftsbetrieb.

Fi|nanz|aus|gleich, der: *zweckmäßiger Ausgleich der anfallenden Einnahmen u. Ausgaben zwischen Bund, Ländern u. Gemeinden.*

Fi|nanz|aus|schuss, der (Wirtsch.): *Ausschuss (2), der die Finanzverwaltung in Großunternehmen o. Ä. überwacht.*

Fi|nanz|be|am|ter, der (vgl. Beamter): *Beamter der Finanzverwaltung.*

Fi|nanz|be|am|tin, die: w. Form zu ↑ Finanzbeamter.

Fi|nanz|be|darf, der (Wirtsch.): *Bedarf an Finanzierungsmitteln:* die Krankenversicherung will ihren steigenden F. durch Beitragserhöhungen decken.

Fi|nanz|be|hör|de, die: *untergeordnete Behörde der Finanzverwaltung.*

Fi|nanz|be|ra|ter, der: vgl. Steuerberater.

Fi|nanz|be|ra|te|rin, die: w. Form zu ↑ Finanzberater.

Fi|nanz|bran|che, die: *den Bereich der Finanzdienstleistungen umfassende Branche:* die Regierung will die F. stärker regulieren.

Fi|nanz|buch|hal|ter, der: *jmd., der die Finanzbuchhaltung eines Unternehmens führt* (Berufsbez.).

Fi|nanz|buch|hal|te|rin, die: w. Form zu ↑ Finanzbuchhalter.

Fi|nanz|buch|hal|tung, die (Wirtsch.): *Bestandteil des betrieblichen Rechnungswesens, der den außerbetrieblichen Werteverkehr erfasst.*

Fi|nanz|dienst|leis|ter, der: *Unternehmen, das Dienstleistungen in finanziellen Angelegenheiten anbietet* (z. B. eine Bank, Versicherung).

Fi|nanz|dienst|leis|tung, die (Wirtsch.): *Dienstleistung in finanziellen Angelegenheiten* (z. B. ein Darlehen od. eine Versicherung).

Fi|nanz|di|rek|ti|on, die (schweiz.): *[kantonales] Finanzministerium.*

Fi|nanz|di|rek|tor, der (schweiz.): *Vorsteher der Finanzdirektion.*

Fi|nanz|di|rek|to|rin, die: w. Form zu ↑ Finanzdirektor.

Fi|nan|zen ⟨Pl.⟩ [frz. finance(s) = Zahlungen, Geldmittel, mlat. finantia, zu: finare = endigen, zum Ende kommen, zu lat. finis, ↑ Finis]: **1.** *Finanz-, Geldwesen:* das Ressort Wirtschaft u. F. **2.** *Einkünfte od. Vermögen des Staates, eines Landes, einer Körperschaft des öffentlichen Rechts u. Ä.:* die F. des Staates in Ordnung bringen. **3.** (ugs.) *Geld, das jmd. zur Verfügung hat:* bei knappen F. sein; sich die F. aufbessern.

Fi|nan|zer, der; -s, - [ital. finanziere] (österr. ugs.): *Zoll- od. Finanzbeamter.*

Fi|nanz|er|geb|nis, das (Wirtsch.): *aus der gewöhnlichen Geschäftstätigkeit eines Unternehmens sich ergebender Gewinn ohne Berücksichtigung von Zinsen u. Ertragssteuern.*

Fi|nan|ze|rin, die; -, -nen: w. Form zu ↑ Finanzer.

Fi|nanz|ex|per|te, der: *Experte in finanziellen Angelegenheiten.*

Fi|nanz|ex|per|tin, die: w. Form zu ↑ Finanzexperte.

Fi|nanz|ge|ba|ren, das: *Art des Umgangs mit [öffentlichen] Geldmitteln.*

Fi|nanz|ge|nie, das (oft scherzh.): *jmd., der ganz besonderes Geschick im Umgang mit Geld hat.*

Fi|nanz|ge|schäft, das: *Geldgeschäft.*

Fi|nanz|grup|pe, die: *Zusammenschluss eng verbundener Finanziers.*

Fi|nanz|haus, das: *Bankhaus.*

Fi|nanz|hil|fe, die: *finanzielle Hilfe, die der Staat, das Land, die Stadt jmdm. gewährt.*

Fi|nanz|ho|heit, die: *Recht des Staates, von seinen Bürgern Abgaben zu erheben.*

fi|nan|zi|ell ⟨Adj.⟩ [französierende Bildung]: *die Geldmittel betreffend, geldlich:* die -e Situation, Lage des Vereins; -e Transaktionen; -e Sorgen haben; von jmdm. f. abhängig sein; jmdn. f. unterstützen; *Übrigens waren es nicht zuletzt Überlegungen -er Art gewesen, die mich beschäftigt hatten* (Th. Mann, Krull 191).

Fi|nan|zi|er [finan'si̯e:], der; -s, -s [frz. financier, zu: finance, ↑ Finanzen]: *jmd., der über ein Vermögen verfügt u. damit bestimmte Dinge finanziert.*

fi|nan|zier|bar ⟨Adj.⟩: *so beschaffen, gestaltet, geplant, dass eine Finanzierung möglich ist.*

Fi|nan|zier|bar|keit, die; -: *das Finanzierbarsein:* die F. eines Projekts prüfen, infrage stellen, bezweifeln.

fi|nan|zie|ren ⟨sw. V.; hat⟩ [frz. financer]: **1.** *finanzielle Mittel für etw., jmdn. zur Verfügung stellen:* [seinen] Urlaub im Studium f.; er finanziert sich seinen Urlaub mit einem Nebenjob (*er verdient das Geld für seinen Urlaub durch eine Nebentätigkeit*); staatlich finanzierte Wohnungen. **2.** (Kaufmannsspr.) **a)** *mithilfe eines Kredits kaufen, bezahlen:* ein Auto f.; **b)** *einen Kredit aufnehmen.*

Fi|nan|zie|rung, die; -, -en: **1.** *das Finanzieren* (1): eine Auskunft über die direkte F. der Parteien. **2.** *Kreditgewährung:* langfristige F.

Fi|nan|zie|rungs|be|darf, der: **a)** *Bedarf an Finanzierungsmitteln:* die meisten privaten Bauherrn haben F.; **b)** *Menge an [Fremd]kapital, die zur Finanzierung von etw. beschafft werden muss:* der F. für die geplanten Investitionen beträgt rund 10 Millionen Euro.

Fi|nan|zie|rungs|ge|schäft, das (Bankw.): *Beschaffung von Kapital durch eine Bank für Unternehmungen verschiedener Art.*

Fi|nan|zie|rungs|kos|ten ⟨Pl.⟩: *mit der Finanzierung* (1) *verbundene Kosten.*

Fi|nan|zie|rungs|lü|cke, die: *Differenz zwischen den in einem bestimmten Bereich für die Ausgaben benötigten finanziellen Mitteln einerseits u. den durch Einnahmen zur Verfügung stehenden Mitteln andererseits, z. B. in einem Haushaltsentwurf:* bei dem Projekt besteht eine F. von zwei Millionen Euro; eine F. schließen.

Fi|nan|zie|rungs|mit|tel ⟨Pl.⟩: *für die Finanzierung* (1) *benötigte Geldmittel.*

Fi|nan|zie|rungs|mo|dell, das (Wirtsch.): *Modell* (5 a), *nach dem eine Investition* (2) *finanziert werden kann:* für Dienstwagen ist Leasing ein beliebtes F.

Fi|nan|zie|rungs|mög|lich|keit, die: *Möglichkeit, etw. zu finanzieren* (1): zusätzliche Investitionen hängen von -en ab.

Fi|nan|zie|rungs|zu|sa|ge, die: *Zusicherung (einer Bank od. eines Kapitalgebers), die für einen beabsichtigten Kauf, eine beabsichtigte Investition erforderlichen Geldmittel zur Verfügung zu stellen.*

Fi|nanz|in|dus|t|rie, die: *Gesamtheit der Einrichtungen, Dienstleistungen u. Ä., die der Beschaffung u. Anlage von Kapital dienen:* die F. wehrt sich gegen staatliche Kontrolle.

Fi|nanz|in|sti|tut, das: *Unternehmen, das Geld- u. Kreditgeschäfte betreibt; Bank.*

Fi|nanz|in|ves|tor, der; -s, -en: *Investor, der ein Unternehmen aufkauft (um eine möglichst hohe Wertsteigerung zu erzielen).*

Finanzinvestorin, die: w. Form zu Finanzinvestor.

Fi|nanz|jahr, das: *Rechnungsjahr.*

Fi|nanz|jon|g|leur, der (salopp): *jmd., der sich durch fragwürdige Geldgeschäfte größeren Ausmaßes Vorteile verschafft.*

Fi|nanz|jon|g|leu|rin, die: w. Form zu ↑ Finanzjongleur.

Fi|nanz|ka|pi|tal, das ⟨o. Pl.⟩ [gepr. von dem österr.-dt. Sozialwissenschaftler u. Politiker R. Hilferding (1877–1941)]: *miteinander verflochtenes Kapital von Industrieunternehmen u. Banken in kapitalistischen Staaten, das einen wirtschaftlichen u. zugleich politischen Machtfaktor darstellt.*

Fi|nanz|kauf, der: *Kauf auf Raten, der über eine mit dem Anbieter kooperierende Bank erfolgt:* etw. per F. anschaffen.

Fi|nanz|kon|t|rol|le, die (Wirtsch.): *laufende Überwachung u. Prüfung der [öffentlichen] Finanzwirtschaft [durch den Bundesrechnungshof u. Ä.].*

Fi|nanz|kraft, die: *finanzielle Möglichkeiten eines Landes, eines Unternehmens o. Ä.:* diese Investition hätte die F. der Stadt überfordert.

fi|nanz|kräf|tig ⟨Adj.⟩: *über großen finanziellen Rückhalt verfügend:* ein -es Unternehmen.

Fi|nanz|kri|se, die: *Krise durch Änderung der Finanzlage.*

Fi|nanz|la|ge, die: *finanzielle Lage, Situation.*

Fi|nanz|loch, das (ugs.): *Fehlbetrag, Deckungslücke [in einem Etat]: ein drohendes, erwartetes, riesiges F.;* in den öffentlichen Haushalten tun sich immer mehr Finanzlöcher auf.

Fi|nanz|mak|ler, der: *Makler, der Kredite, Beteiligungen, auch ganze Unternehmen [im Auftrag einer Bank od. Versicherung] vermittelt* (Berufsbez.).

Fi|nanz|mak|le|rin, die: w. Form zu ↑ Finanzmakler.

Fi|nanz|mann, der ⟨Pl. ...männer, ...leute⟩: *Finanzier.*

Fi|nanz|markt, der: *Markt* (3 a), *auf dem Finanzierungsmittel [als Ertrag bringendes Geld- u. Vermögensanlagen der Gläubiger] angeboten u. [zur Finanzierung von Aktivgeschäften] nachgefragt werden.*

Fi|nanz|markt|auf|sicht, die: *staatliche Überwachung des Finanzmarktes auf Einhaltung der gesetzlichen Bestimmungen.*

Fi|nanz|mi|nis|ter, der: *für das Finanzwesen zuständiger Minister.*

Fi|nanz|mi|nis|te|rin, die: w. Form zu ↑ Finanzminister.

Fi|nanz|mi|nis|te|ri|um, das: *für das Finanzwesen zuständiges Ministerium.*

Fi|nanz|mi|se|re, die: *sich negativ auswirkende, als sehr unangenehm empfundene [anhaltende] Finanzkrise:* als Auswege aus der F. der Kommunen gelten Steuererhöhungen und Leistungskürzungen.

Fi|nanz|mit|tel ⟨Pl.⟩: *Geld, das für bestimmte [öffentliche] Aufgaben od. Vorhaben benötigt wird od. zur Verfügung steht:* die Landesregierung will für das Schulwesen zusätzliche F. bereitstellen.

Fi|nanz|not, die: *Mangel an verfügbaren öffentlichen Geldern:* die Finanznöte der Gemeinden.

Fi|nanz|pla|nung, die: *Planung der Finanzpolitik.*

Fi|nanz|platz, der: *Stadt od. Land mit einer hohen Konzentration an Banken, Börsen o. Ä. und einem bedeutenden Finanzmarkt:* London ist der wichtigste europäische F.

Fi|nanz|po|li|tik, die: **a)** *Gesamtheit der finanzwirtschaftlichen Überlegungen u. Maßnahmen eines Staates;* **b)** (Wirtsch.) *Gesamtheit der Maßnahmen, die den finanziellen Sektor eines Unternehmens betreffen.*

fi|nanz|po|li|tisch ⟨Adj.⟩: *die Finanzpolitik betreffend, auf ihr beruhend:* der langjährige -e Sprecher der Partei.

Fi|nanz|pro|b|lem, das: *Problem, das sich aus dem Mangel an Finanzmitteln ergibt.*

Fi|nanz|pro|dukt, das (Wirtsch.): *Form der Geldanlage* (2), *die von Banken o. Ä. angeboten wird:* Optionsscheine gehören zu den spekulativen -en.

Fi|nanz|pro|ku|ra|tur, die; -, -en [2. Bestandteil veraltet Prokuratur = Amt, Verwaltung, nlat. Bildung zu ↑ Prokura] (österr.): *Vertretung des Staates bei Gerichten und Behörden.*

Fi|nanz|re|form, die: *Reform des Finanzwesens.*

Fi|nanz|res|sort, das: **1.** *das Finanzwesen umfassendes Ressort* (a) *(bes. als Zuständigkeitsbereich des Finanzministeriums):* das F. leiten. **2.** *Behörde, die ein Finanzressort* (1) *verwaltet; Finanzministerium:* im F. wird ein Konzept zum Subventionsabbau erarbeitet.

fi|nanz|schwach ⟨Adj.⟩: *keinen größeren finanziellen Rückhalt habend:* Hilfen für die -en Länder.

Fi|nanz|sek|tor, der: *Finanzmarkt:* auf dem F. kam es zu Kursverlusten.

Fi|nanz|si|tu|a|ti|on, die: *finanzielle Lage:* eine angespannte, schwierige, desolate F.

Fi|nanz|sprit|ze, die (ugs.): *finanzielle Hilfe, bes. für ein Unternehmen, ein Land o. Ä., das sich in wirtschaftlichen Schwierigkeiten befindet.*

fi|nanz|stark ⟨Adj.⟩: *finanzkräftig:* -e Investoren.

Fi|nanz|sys|tem, das: *Gesamtheit der finanzwirtschaftlichen Institutionen eines Staates.*

fi|nanz|tech|nisch ⟨Adj.⟩: *die methodischen, verfahrensmäßigen, organisatorischen Äußerlichkeiten des Finanzwesens betreffend.*

Fi|nanz|trans|ak|ti|on, die (Wirtsch.): *Transaktion* (1) *im Kapitalverkehr; Geldgeschäft:* globale, spekulative, dubiose -en.

Fi|nanz|trans|ak|ti|ons|steu|er, die: *Steuer auf Finanztransaktionen.*

Fi|nanz|ver|wal|tung, die: *Gesamtheit aller Finanzämter u. -behörden.*

Fi|nanz|vo|lu|men, das: *Umfang der finanziellen Mittel, die für eine bestimmte Sache zur Verfügung stehen:* für dieses Projekt wird ein F. von 1,5 Millionen Euro bereitgestellt.

Fi|nanz|vor|stand, der: *für die Finanzen* (1) *zuständiger Vorstand* (1 b).

Fi|nanz|welt, die ⟨o. Pl.⟩: *Gesamtheit des Finanziers u. anderer einflussreicher Persönlichkeiten der Finanzwirtschaft.*

Fi|nanz|we|sen, das ⟨o. Pl.⟩: *alles, was mit den öffentlichen Finanzen* (2) *zusammenhängt.*

Fi|nanz|wirt|schaft, die: *Wirtschaft der öffentlichen Körperschaften, die alle Einrichtungen u. Tätigkeiten umfasst, die auf die Beschaffung u. Verwendung von Mitteln für öffentliche Zwecke gerichtet sind.*

fi|nanz|wirt|schaft|lich ⟨Adj.⟩: *die Finanzwirtschaft betreffend, zu ihr gehörend.*

Fi|nanz|wis|sen|schaft, die: *Gebiet der Wirtschaftswissenschaften, das die öffentliche Finanzwirtschaft zum Gegenstand hat.*

Fi|nanz|zen|t|rum, das: **a)** *Finanzplatz von besonderer Bedeutung:* London gilt als wichtigstes F. Europas; **b)** *größerer Gebäudekomplex od. Geschäftsviertel, in dem zahlreiche Finanzinstitute vertreten sind:* der Schnellzug verbindet den Flughafen mit dem F. der Stadt.

fi|nas|sie|ren ⟨sw. V.; hat⟩ [frz. finasser, zu: fin, ↑fein] (bildungsspr.): *Tricks, Kunstgriffe anwenden, um etw. zu erreichen.*

Fin|ca, die; -, -s [span. finca, zu älter: fincar = (ver)bleiben; sich aufhalten, über das Vlat. zu lat. figere = (an)heften]: *spanisches Landhaus mit Garten; Landgut in Südamerika.*

Fin|del|haus, das (früher): *Haus, in dem Findelkinder Aufnahme fanden:* ♦ Als Kind ist er aus dem F. in unsere Gegend gebracht worden (Rosegger, Waldbauernbub 126).

Fin|del|kind, das [zu älter fündel = gefundenes Kind]: *von seinen Eltern ausgesetztes, verlassen aufgefundenes kleines Kind.*

fin|den ⟨st. V.; hat⟩ [mhd. vinden, ahd. findan, urspr. = auf etw. treten; antreffen]: **1. a)** *zufällig od. suchend auf jmdn., etw. treffen, stoßen; jmdn., etw. entdecken:* sie hat im Zug eine Uhr gefunden; hast du die Brille endlich gefunden?; die Polizei hat eine Spur gefunden; sie fanden unterwegs eine Menge Pilze; so etwas findet man heute nicht mehr *(gibt es nicht mehr);* R das wird sich alles f. 1. *(das/es wird sich herausstellen, aufklären.)* 2. *(das/es wird alles in Ordnung kommen);* **b)** ⟨f. + sich⟩ *zum Vorschein kommen:* die abhandengekommenen Gegenstände haben sich doch gefunden; für diese Arbeit fand sich niemand, ließ sich niemand f. *(konnte man niemanden gewinnen);* dieses Wort findet sich nur bei Homer *(nur im Werk dieses Dichters gebraucht);* **c)** *[durch eigene Bemühung] bekommen, erlangen, erwerben, sodass man es für längere Zeit behalten kann:* Arbeit, eine Wohnung f.; er hat hier viele Freunde gefunden; die beiden haben sich gefunden *(sind sich begegnet und haben sich befreundet, da sie gut zueinanderpassen);* Ü nun hat der Künstler seinen eigenen Stil gefunden *(entwickelt);* Ich hatte mich noch nicht gefunden *(noch nicht meine eigene Persönlichkeit entwickelt;* Jahnn, Geschichten 203); **d)** *durch Überlegung auf etw. kommen:* den Fehler, die Lösung des Problems f.; die Antwort auf eine Frage f.; sie findet immer die richtigen Worte *(weiß immer etwas Passendes zu sagen);* hast du einen Ausweg gefunden?; Er fand das englische Wort für Blinddarmentzündung nicht (Böll, Haus 99). **2.** *in bestimmter Weise vorfinden:* sie hatten das Haus leer, die Kinder schlafend gefunden; Ü hier finde ich meinen Eindruck bestätigt. **3.** *in bestimmter Weise einschätzen, beurteilen, empfinden:* etw. gut, richtig, in Ordnung, falsch f.; das finde ich komisch, zum Lachen; wie findest du meinen neuen Hut?; ich finde nichts dabei, dass sie sich so verhalten hat *(beurteile es nicht negativ, nehme nicht Anstoß daran);* ich habe gefunden *(festgestellt),* dass in diesem Laden alles viel billiger ist; ich finde *(bin der Meinung),* dass er sehr ungerecht ist; ich finde es *(mir ist es)* kalt hier; Tobler fand es *(hielt es)* für das Vernünftigste, laut zu lachen (R. Walser, Gehülfe 92). **4.** *(an einen bestimmten Ort) kommen, gelangen:* nach Hause f.; ich habe nur mit Schwierigkeiten zu euch gefunden; sie findet meist erst spät ins Bett. **5.** *jmdn., etw. in bestimmter Weise sehen, erfahren, erleben:* Freude, Gefallen, Geschmack an jmdm., etw. f.; ich weiß nicht, was sie an ihm findet *(was ihr an ihm gefällt).* **6.** *einer Sache teilhaftig werden:* Hilfe, Beifall, Befriedigung f.; Beachtung, Berücksichtigung, Verwendung f. *(beachtet, berücksichtigt, verwendet werden).* **7.** ⟨f. + sich⟩ (geh.) *sich in etw. schicken, mit etw. abfinden:* hast du dich in deine Lage, dein Schicksal gefunden? **8.** (Gaunerspr.) *stehlen.* ♦ **9.** ⟨f. + sich⟩ *sich fühlen* (4 a): Ich weiß nicht, wie ich mich heute finde (Schiller, Kabale II, 1).

Fin|der, der; -s, - [mhd. vindære]: *jmd., der etw., was ein anderer verloren hat, findet:* der [ehrliche] F. erhält eine Belohnung.

Fin|de|rin, die; -, -nen: w. Form zu ↑Finder.

Fin|der|lohn, der: *Belohnung, die der Eigentümer eines verlorenen Gegenstandes dem Finder gibt od. zu geben hat.*

Fin de Siè|c|le [fɛ̃d'sjɛkl], das; - - - [frz. = Jahrhundertwende, zu: fin = ↑lat. finis, ↑Finis] u. siècle = Jahrhundert (< lat. saeculum, ↑Säkulum); nach dem gleichlautenden Titel eines Lustspiels von F. de Jouvenot u. H. Micard (1888)]: *Zeit des ausgehenden 19. Jh.s, die in Gesellschaft, bildender Kunst u. Literatur ausgeprägte Verfallserscheinungen wie Überfeinerung u. Ä. aufwies.*

fin|dig ⟨Adj.⟩ [mhd. vündec = erfinderisch, zu: vunt (↑Fund) = Erfindung]: *gewitzt, wendig, einfallsreich:* sie ist ein -er Kopf; ⟨subst.:⟩ die ganz Findigen fangen die Sache anders an.

Fin|dig|keit, die; -: *das Findigsein.*

Find|ling, der; -s, -e [mhd. vundelinc = ausgesetztes, gefundenes Kind]: **1.** (seltener) *Findelkind.* **2.** (Geol.) *erratischer Block.*

Find|lings|block, der ⟨Pl. ...blöcke⟩: *Findling* (2).

Fin|dung, die; -, -en ⟨Pl. selten⟩ (geh.): *das Finden* (1), *Heraussuchen:* der F. des Urteils.

Fin|dungs|kom|mis|si|on, die: *Gremium, dessen Aufgabe es ist, geeignete Kandidaten für die Besetzung einer wichtigen Stelle zu finden:* mit der Suche nach einem neuen Programmdirektor wurde eine F. beauftragt.

Fi|ne, das; -s, -s [ital. fine < lat. finis, ↑Finis] (Musik): *Bezeichnung am Ende des ersten Teils eines Musikstücks, das bis zu dieser Stelle wiederholt werden soll.*

Fine|li|ner ['faɪnlaɪnɐ], der; -s, - [aus engl. fine = fein, dünn u. liner = dünner Pinsel zum Malen von Konturen u. Umrissen]: *Kugel- od. Faserschreiber mit besonders feiner Spitze.*

Fines Herbes [fin'zɛrb] ⟨Pl.⟩ [frz., zu: fin (↑fein) u. herbes = Kräuter, Pl. von: herbe = Gras (< lat. herba, ↑Herbalist) (Kochkunst): *fein gehackte Kräuter [mit Champignons od. Trüffeln].*

Fi|nes|se, die; -, -n [frz. finesse, zu: fin, ↑fein] (bildungsspr.): **1. a)** ⟨meist Pl.⟩ *Kunstgriff, Trick, besondere Technik in der Arbeitsweise o. Ä.:* er beherrscht alle -n des Schachspiels; **b)** *Schlauheit, Durchtriebenheit:* ihrer taktischen F. war keiner gewachsen. **2.** ⟨meist Pl.⟩ *Besonderheit, Feinheit in der Beschaffenheit, Ausstattung o. Ä.:* ein Gerät mit allen technischen -n.

fi|nes|sen|reich ⟨Adj.⟩: *schlau, trickreich.*

fing: ↑fangen.

Fin|ger, der; -s, - [mhd. vinger, ahd. fingar, verw. mit ↑fünf, urspr. = Gesamtheit der Finger an einer Hand]: **1.** *eines der fünf beweglichen Glieder der Hand bei Menschen u. Affen:* zarte, dicke, schlanke, bewegliche, geschickte F.; der kleine *(fünfte)* F.; der F. blutet; die F. werden [ihr] steif vor Kälte; die F. krümmen, spreizen; einen bösen, schlimmen *(entzündeten)* F. haben; F. weg!; den F. *(Zeigefinger)* auf die Lippen legen (als Bitte, leise zu sein); [sich ⟨Dativ⟩] die F. in die Ohren stecken (um sich gegen Lärm abzuschirmen); ich steckte mir den F. in den Hals (um erbrechen zu können); die Polizisten hatten den F. am Abzug *(waren schussbereit);* einen Ring am F. tragen; der Riss in der Mauer ist einen F. breit *(etwa so breit wie ein Finger);* man konnte die Besucher an den -n abzählen *(ganz wenige Besucher waren da);* auf zwei -n pfeifen; ich habe mir/mich in den F. geschnitten; mit den -n schnalzen, schnippen; sie tippt mit zwei -n *(schreibt nur mit zwei Fingern auf der Tastatur);* Ü du hast dir die F. wund geschrieben/wundgeschrieben mit Anträgen *(hast viele Anträge geschrieben [ohne etw. zu erreichen]);* das Geld zerrann ihm unter, zwischen den -n *(er konnte nicht sparsam wirtschaften);* Sie ... kniete nieder und ließ den etwas dunkel gefärbten Sand durch ihre harten F. laufen (Hauptmann, Thiel 36); Der Pfarrer (bewegt lautlos die Lippen und fährt, die halb erloschenen Augen auf das Brevier des Tages gesenkt, mit dem F. die Zeilen entlang) ... (Langgässer, Siegel 600); R das sagt mir mein kleiner F. *(ich habe eine untrügliche Ahnung, dass es so ist);* wenn man ihr den kleinen F. reicht, nimmt sie gleich die ganze Hand *(wenn man ihr nur ein kleines Zugeständnis macht, dann fordert sie noch mehr);* (scherzh.:) man zeigt nicht mit nacktem F. auf angezogene Leute; * **jmdm./jmdn. jucken die F. nach etw.** (ugs.; *jmd. möchte etw. sehr gerne haben*); **die F. von etw. lassen/weglassen** (ugs.; *sich nicht mit etw. abgeben*); **den/seinen F. darauf haben** (ugs.; *etw. unter seiner Kontrolle haben*); **keinen F. krumm machen/krummmachen** (ugs.; *[von sich aus] nichts arbeiten, nichts tun*); **klebrige F. haben** (ugs.; ↑Hand); **keinen F. rühren** (ugs.; ↑Hand); **lange/krumme F. machen** (ugs.; *stehlen*); **sich ⟨Dativ⟩ die F./alle zehn F. nach etw. lecken** (ugs.; *auf etw. begierig sein*); **die F. in etw./im Spiel haben** (ugs.; *an etw. [in negativer Weise] heimlich beteiligt sein*); **den F. auf/in die Wunde legen** (*auf ein Übel deutlich hinweisen*); **sich ⟨Dativ⟩ nicht gern die F. schmutzig machen** (*einer unangenehmen Arbeit o. Ä. aus dem Wege gehen*); **sich ⟨Dativ⟩ die F. verbrennen** (ugs.; *[durch Unvorsichtigkeit] bei etw. Schaden erleiden*); **sich ⟨Dativ⟩ die F. wund schreiben/wundschreiben** (ugs. übertreibend; *sehr viel, bis zum Überdruss per Hand schreiben*); **sich ⟨Dativ⟩ die F. wund telefonieren/wundtelefonieren** (ugs. übertreibend; *überaus viel, anhaltend telefonieren*); **sich ⟨Dativ⟩ etw. an den [fünf, zehn] -n abzählen können** (ugs.; *sich etw. leicht denken, etw. leicht voraussehen können*); **an jedem F. eine, einen/(emotional:) zehn haben** (ugs.; *viele Verehrer, Freunde, Verehrerinnen, Freundinnen haben*); **jmdm. auf die F. sehen/gucken** (ugs.; *auf jmdn. [aus Miss-*

trauen] besonders aufpassen); **jmdm. auf die F. klopfen** (ugs.; *jmdn. scharf zurechtweisen);* **sich** ⟨Dativ⟩ **etw. aus den -n saugen** *(einen Sachverhalt frei erfinden);* **etw. im kleinen F. haben** (ugs.; *etw. genau kennen, völlig beherrschen; nach der Vorstellung, dass der kleine Finger wie der Däumling im Märchen besonders schlau sei);* **jmdm./jmdn. juckt/kribbelt es in den -n** (ugs.; *jmd. hat das heftige Bedürfnis, etw. Bestimmtes zu tun);* **jmdm. in die F. fallen/geraten** (ugs.; *in jmds. Gewalt geraten, jmds. Opfer werden: als Soldat war er dem Feind in die F. gefallen);* **etw. in die F. bekommen/kriegen** (ugs.; *[zufällig] in den Besitz von etw. kommen);* **jmdn. in die F. bekommen/kriegen** (ugs.; *jmds. habhaft werden, jmdn. zu fassen kriegen);* **sich** (Dativ) **in den F. schneiden** (ugs.; *sich gründlich irren, täuschen);* **etw. mit spitzen -n anfassen** *(aus Ekel, Widerwillen nicht richtig zugreifen);* **etw. mit dem kleinen F. machen** (ugs.; *etw. so selbstverständlich beherrschen, dass man es mühelos erledigen kann);* **mit -n/mit dem F. auf jmdn. zeigen** *(jmdn. wegen seines Verhaltens öffentlich bloßstellen, anprangern od. lächerlich machen);* **jmdn. um den [kleinen] F. wickeln** (ugs.; *jmdn. leicht beeinflussen, lenken können; alles von jmdm. bekommen können: die kleine Tochter wickelt ihren Vater immer wieder um den F.);* **jmdn. unter die F. kommen/geraten** *(jmdn. begegnen; von jmdm. angetroffen, eingesperrt, geschnappt werden: das Papier darf ihm auf keinen Fall unter die F. geraten);* **der elfte F.** (scherzh. verhüll.; *Penis*). **2.** *Teil des Handschuhs, der einen Finger (1) umschließt:* die F. der Handschuhe haben dünne Stellen bekommen.

Fin|ger|ab|druck, der ⟨Pl. ...drücke⟩: *(zur Feststellung der Identität 1 a auswertbarer, die Linien der Haut erkennen lassender)* ²*Abdruck (2) der Innenfläche eines Fingers (1):* jmdm. Fingerabdrücke abnehmen; * **genetischer F.** *(Muster des persönlichen Erbgutes, das durch molekularbiologische Genanalyse gewonnen wird).*

fin|ger|breit ⟨Adj.⟩: *die Breite eines Fingers (1) aufweisend:* fie Butter f. aufs Brot schmieren.

Fin|ger|breit, der; -, -: *Breite eines Fingers (1) als Maßeinheit:* Ü sie gab keinen F. nach; er war nicht bereit, auch nur einen F. Boden herzugeben.

Fin|ger|brei|te, die: *Fingerbreit.*

fin|ger|dick ⟨Adj.⟩: *die Dicke eines Fingers (1) aufweisend:* die Butter f. aufs Brot schmieren.

Fin|ge|rei, die; -, -en (abwertend): *häufiges, als lästig empfundenes Anfassen, Betasten, Befingern.*

Fin|ger|ent|zün|dung, die (Med.): *eitrige Entzündung am Finger, am Nagelbett; Umlauf (5); Panaritium.*

Fin|ger|far|be, die: *Malfarbe für Kinder, die unmittelbar mit den Fingern aufgetragen wird.*

fin|ger|fer|tig ⟨Adj.⟩: *geschickt, flink im Gebrauch der Finger:* eine -e Näherin.

Fin|ger|fer|tig|keit, die: *Geschicklichkeit mit den Fingern.*

Fin|ger|food, Fin|ger-Food [ˈfɪŋɡəfuːd], das; -[s] [engl. finger food, zu finger = Finger u. food = Essen, Nahrung]: *Gesamtheit der Speisen, die so zubereitet sind, dass sie [auf Partys od. Empfängen] ohne Besteck [mit den Fingern] zum Mund geführt werden können:* es wurde nur F. angeboten, gereicht.

fin|ger|för|mig ⟨Adj.⟩: (Bot.): *(von Fiederblättern) mit Fiedern versehen, die alle von der gleichen Stelle des Stängels ausgehen:* die Kastanie hat -e Blätter.

Fin|ger|ge|lenk, das: *Gelenk zwischen den Fingergliedern.*

Fin|ger|ges|te, die (EDV): *Berührung u. Verschiebung von Objekten auf Bildschirmen od. Displays mit den Fingerspitzen zur Programmsteuerung von Computern und Smartphones:* mit -n Programme aufrufen und steuern.

Fin|ger|glied, das: *einzelnes Glied eines Fingers (1).*

Fin|ger|ha|keln, das; -s: *(in den Alpenländern in Wettkämpfen geübte) sportliche Betätigung, bei der sich zwei Männer mit ineinandergehakten Mittelfingern über einen schmalen ihnen stehenden Tisch zu ziehen versuchen.*

Fin|ger|hand|schuh, der: *Handschuh mit fünf Fingern (2) im Gegensatz zum Fausthandschuh.*

Fin|ger|hut, der ⟨Pl. ...hüte⟩: **1.** *bei Näharbeiten zum Schutz des Mittelfingers über das oberste Fingerglied zu stülpende Kappe aus Metall o. Ä.:* Ü ein F. [voll] *(sehr wenig).* **2.** *(zu den Rachenblütlern gehörende) hohe Staude mit großen roten od. gelben, in Trauben wachsenden, einem Fingerhut (1) ähnlichen Blüten;* ¹*Digitalis.*

Fin|ger|knö|chel, der: *mittleres Fingergelenk.*

Fin|ger|kraut, das: *Rosengewächs mit meist fingerförmigen Blättern u. kleinen gelben od. weißen Blüten; Potentilla.*

Fin|ger|kup|pe, die: *Fingerspitze.*

fin|ger|lang ⟨Adj.⟩: **a)** *von, in der Länge eines Fingers:* ein -es Stück; ◆ **b)** *in der Verbindung* **alle f.** *(sich in kurzen zeitlichen Abständen wiederholend).*

Fin|ger|ling, der; -s, -e [mhd. vingerlinc = Ring]: **1.** *als Schutz über einen verletzten Finger zu streifende Hülle.* **2.** *Teil des Fingerhandschuhs, der einen Finger umschließt.*

fin|gern ⟨sw. V.; hat⟩ [mhd. vingern = mit den Fingern Zeichen machen; mit den Fingern berühren]: **1. a)** *sich mit den Fingern an etw. zu schaffen machen; herumnesteln;* **b)** *mit den Fingern suchend, tastend nach etw. greifen;* **c)** *[mit einiger Mühe] mit den Fingern aus etw. hervorziehen:* ein Geldstück aus der Tasche f. **2.** (salopp) *mit Geschick bewerkstelligen, ausführen:* kannst du die Sache f.? **3.** (salopp) *einen Diebstahl begehen, etw. stehlen.*

Fin|ger|na|gel, der: *Nagel (3) auf der Oberseite des vordersten Fingergliedes:* schmutzige, gepflegte Fingernägel; an den Fingernägeln kauen; * **nicht das Schwarze unter dem/unterm F.** (ugs.; *gar nichts:* er gönnt ihr nicht das Schwarze unterm F.).

Fin|ger|print, der; -s, -s [engl. fingerprint] (Fachspr.): *Fingerabdruck.*

Fin|ger|ring, der: *als Schmuck im Allgemeinen am Ringfinger getragener Ring.*

Fin|ger|satz, der (Musik): *(durch Zahlen meist über den Noten angegebene) Anweisung zum zweckmäßigen Einsatz der einzelnen Finger beim Spielen eines Streich- od. Tasteninstrumentes.*

Fin|ger|scha|le, die: *kleine, mit Wasser gefüllte Schale zum Reinigen der Fingerspitzen bei Tisch.*

Fin|ger|schnal|zen, das; -s: *das Hervorbringen eines kurzen, knallenden Lautes mit dem Daumen u. einem zweiten Finger.*

Fin|ger|schnip|pen, das; -s: *Fingerschnalzen.*

Fin|ger|spiel, das: *(meist von Erwachsenen mit kleinen Kindern gespieltes) Spiel, bei dem mit den Fingern Figuren dargestellt werden.*

Fin|ger|spit|ze, die: *Ende des vordersten Fingergliedes; Fingerkuppe:* etw. mit den -n berühren, anfassen; Ü mir kribbelt es in den -n (ugs.; *ich bin sehr ungeduldig);* bis in die -n *(durch u. durch)* musikalisch sein.

Fin|ger|spit|zen|ge|fühl, das ⟨o. Pl.⟩: *Feingefühl; Einfühlungsgabe im Umgang mit Menschen u.*

Dingen: die Verhandlungen müssen mit politischem F. geführt werden.

Fin|ger|spra|che, die: **1.** *Zeichensprache, die bes. zur Verständigung mit Gehörlosen dient.* **2.** (ugs.) *System von mit den Fingern (1) dargestellten Zeichen für die Buchstaben des Alphabets.*

Fin|ger|übung, die (Musik): **a)** *Übung auf einem Instrument zur Gewinnung größerer Fingerfertigkeit:* sie macht täglich -en; Ü seine bisherigen Aufgaben waren nur -en gegenüber dem, was ihn jetzt erwartet; **b)** *kleines Übungsstück als Fingerübung (a).*

Fin|ger|wisch, der: *Fingergeste.*

Fin|ger|zeig, der; -s, -e: *nützlicher Hinweis, Wink, durch den jmd. auf etw., jmdn. aufmerksam gemacht wird:* einen F. geben; einen F. bekommen, erhalten.

fin|gie|ren ⟨sw. V.; hat⟩ [lat. fingere = bilden, formen; sich vorstellen, erdichten, urspr. wohl = Lehm, Ton formen] (bildungsspr.): *in einer bestimmten Absicht vortäuschen, vorspiegeln; erdichten:* einen Unfall f.; der Einbruch war fingiert; ein fingierter *(frei erfundener)* Briefwechsel.

Fi|nis, das; -, - [lat. finis = Grenze, Ende; Äußerstes, Höchstes; Zweck]: **1.** (früher) *Schlussvermerk in Büchern.* **2.** ⟨o. Art.; o. Pl.⟩ (bildungsspr.) *Schluss, Ende:* [jetzt ist] F.!

Fi|nish [ˈfɪnɪʃ], das; -s, -s [engl. finish, eigtl. = Abschluss, zu: to finish = (be)enden < afrz. fenir < lat. finire, zu: finis, ↑ Finis]: **1.** (Fachspr.) *letztes Stadium in der Fertigung (eines Industrieproduktes); letzter Schliff, Vollendung.* **2.** (Sport) *Endkampf, Endspurt:* ein überragendes F. laufen.

fi|ni|shen [ˈfɪnɪʃn̩] ⟨sw. V.; hat⟩ [engl. to finish]: **1.** (Sportjargon) *ins Ziel kommen, ankommen: als Dritter f.;* sie will nur f., die Zeit ist egal. **2.** (Pferdesport) *bei einem Rennen im Finish (2) dem Pferd die äußerste Leistung abverlangen.*

Fi|nis|sa|ge [...'saːʒə, österr. meist: ...ʃ], die; -, -n [zu frz. fini = beendet, geb. nach ↑ Vernissage] (bildungsspr.): *Veranstaltung zur Beendigung einer Kunstausstellung, Schließung einer Galerie o. Ä.*

fi|nit ⟨Adj.⟩ [spätlat. finitus, adj. 2. Part. von lat. finire, ↑ Finish] (Sprachwiss.): *bestimmt:* -e Form *(in Person u. Zahl bestimmte Verbform im Unterschied zum Infinitiv u. Partizip).*

Fi|ni|tum, das; -s, ...ta [↑ finit] (Sprachwiss.): *finite Verbform.*

Fink, der; -en, -en [mhd. vinke, ahd. finc(h)o; lautm.]: **1.** *(in vielen Arten vorkommender) Körner fressender kleiner Singvogel mit buntem Gefieder u. kegelförmigem Schnabel.* **2.** [vgl. die Schimpfwörter Dreckfink, Mistfink] (Verbindungsw.) *Student, der keiner Korporation angehört.*

Fin|ken, der; -s, - [H. u.; vgl. mlat. ficones, Pl. von: fico = Hausschuh] (schweiz. mundartl.): *warmer Hausschuh.*

◆ **Fin|ken|klo|ben,** der [zu ↑ Kloben = gespaltenes Holzstück; Fessel]: *aus einem od. zwei miteinander verbundenen Holzstücken bestehende Vorrichtung zum Fangen von Vögeln:* Auf dem Deckbette lag ... eine Wanduhr, ein beschmutztes Schreibbuch und ein F. fingerlang (Jean Paul, Wutz 42).

Fin|ken|schlag, der ⟨o. Pl.⟩ (Fachspr.): *das Zwitschern des Finken.*

Fin|ken|vo|gel, der: *zur Familie der Finken gehörender Vogel.*

Finn-Din|gi, Finn-Din|ghy [ˈfɪndɪŋɡi], das; -s, -s [eigtl. = finnisches Dingi (wohl, weil es für die Olympischen Spiele 1952 in Helsinki konstruiert wurde)] (Segeln): *von einer Person zu*

Finne – firmieren

segelndes Boot mit Schwert für den Rennsegelsport (Kennzeichen: ≈).

¹**Fin|ne**, die; -, -n [wohl verw. mit mhd. phinne = (kleiner) Nagel]: **1.** (Zool.) *Larve eines parasitären Wurms.* **2.** (Med.) *durch Akne hervorgerufenes Knötchen od. Pustel in der Haut; Mitesser.*

²**Fin|ne**, die; -, -n [aus dem Niederd.]: **1.** [mniederd. vinne, eigtl. wohl = Ende, Spitze] (Zool.) *Rückenflosse von Hai u. Wal.* **2.** [eigtl. = Nagel, Pflock < mniederd. pin(ne)] *zugespitzte Seite des Hammers:* Steine mit der F. behauen.

³**Fin|ne**, der; -n, -n: Ew. zu ↑Finnland.

fin|nig ⟨Adj.⟩: **1.** *von* ¹*Finnen* (1) *befallen:* -es Fleisch. **2.** ¹*Finnen* (2) *aufweisend; pickelig.*

Fin|nin, die; -, -nen: w. Form zu ↑³Finne.

fin|nisch ⟨Adj.⟩: *in der Sprache der Finnen.*

Fin|nisch, das; -[s], (nur mit best. Art.:) **Fin|ni|sche**, das; -n: *die finnische Sprache.*

fin|nisch-ug|risch, finnougrisch, finnugrisch ⟨Adj.⟩ [zu aruss. ugre (Pl.) = die Ungarn] (Sprachwiss.): *die Sprachfamilie betreffend, deren Sprecher heute auf den Gebieten der finnischen Halbinsel, dem nordwestlichen Sibirien u. der ungarischen Steppe beheimatet sind.*

Finn|land; -s: Staat in Nordeuropa.

Finn|län|der, der; -s, -: ³Finne mit schwedischer Muttersprache.

Finn|län|de|rin, die; -, -nen: w. Form zu ↑Finnländer.

finn|län|disch ⟨Adj.⟩.

finn|lan|di|sie|ren ⟨sw. V.; hat⟩ [zu ↑Finnlandisierung] (Politik, meist abwertend): *ein nach außen hin unabhängiges Land unter den Einfluss einer Großmacht bringen.*

Finn|lan|di|sie|rung, die; - [gepr. von dem dt. Politikwissenschaftler R. Löwenthal (1908–1991) mit Bezug auf das Verhältnis zwischen Finnland u. der Sowjetunion nach dem 2. Weltkrieg] (Politik, meist abwertend): *das Finnlandisieren.*

Finn|mark, die; -, - [schwed. finnmark; vgl. Markka]: *frühere Währungseinheit in Finnland* (1 Finnmark = 100 Penni; Abk.: Fmk).

fin|no|ug|risch: ↑finnisch-ugrisch.

Fin|no|ug|ris|tik, die; -: *Wissenschaft von den finnisch-ugrischen Sprachen.*

finn|ug|risch: ↑finnisch-ugrisch.

Finn|wal, der [zu ↑²Finne (1), nach seiner großen Fettfinne]: *sehr großer Wal mit grauer Färbung des Rückens u. weißer Bauchseite.*

fins|ter ⟨Adj.⟩ [mhd. vinster, ahd. finstar, wahrsch. dissimiliert aus gleichbed. mhd. dinster, ahd. dinstar, verw. mit ↑Dämmerung]: **1.** *[sehr] dunkel, ohne Licht:* ein -er Raum; es wird schon f. *(die Nacht bricht herein);* ⟨subst.:⟩ im Finstern den Lichtschalter suchen; Ü das -e *(geistig unaufgeklärte)* Mittelalter; es waren -e *(trostlose, schlimme)* Zeiten; * **im Finstern tappen** (↑dunkel: in dieser Sache tappt die Polizei noch völlig im Finstern). **2.** *dunkel, düster erscheinend u. dadurch unheimlich:* eine -e Gasse, Kneipe; das Gebäude wirkt f.; Wir sollten ihm den schwarzen Obelisken aufs Grab setzen, denke ich, diesen -en Steinfinger, der sich der Erde in den Himmel zeigt (Remarque, Obelisk 290). **3.** *anrüchig, zwielichtig:* eine -e Gestalt begegnete ihnen. **4.** *verdüstert, unfreundlich, feindselig wirkend:* eine -e Miene; Er saß oft lange – in -em Nachdenken – gleichsam über sich selbst gebeugt (Musil, Törleß 15).

Fins|te|re, die; - [mhd. vinstere, ahd. finstri] (schweiz., sonst veraltet): *Finsternis, Dunkelheit:* ◆ ... wie die armen Tierchen in der F. nach ihren Röcken tappten (Schiller, Räuber II, 3).

Fins|ter|ling, der; -s, -e [1788 gepr. von dem Dichter Chr. M. Wieland (1733–1813), im 19. Jh. Schlagwort] (abwertend): *düster u. grimmig wirkender Mensch.*

Fins|ter|nis, die; -, -se [mhd. vinsternisse, ahd. finstarnissi]: **1.** *undurchdringliche Dunkelheit; Lichtlosigkeit:* die F. der Nacht; Ü die Mächte der F. (bibl.; *das Böse);* das Reich der F. (bibl.; *die Hölle);* ... alles ist Stein. Immer wieder klafft es in -se, die eine Laterne nicht ausleuchtet (Frisch, Stiller 194); * **eine ägyptische F.** (ugs.; *tiefste Finsternis;* nach 2. Mos. 20, 21–23). **2.** (Astron.) *Himmelserscheinung, die dadurch gekennzeichnet ist, dass ein leuchtender Himmelskörper durch einen anderen verdeckt wird od. in den Schatten eines anderen tritt:* eine partielle, totale F. der Sonne.

Fin|te, die; -, -n [ital. finta = List < spätlat. fincta, subst. 2. Part. von lat. fingere, ↑fingieren]: **1.** (bildungsspr.) *Vorwand, Täuschung:* das war nur eine F. von ihr; jmdn. durch eine F. täuschen; »Ich habe jetzt mein eigenes Gewissen erforscht«, fing er an, und es war keine seelsorgerische F., sondern die lautere Wahrheit (Werfel, Himmel 193). **2. a)** (Fechten, Boxen) *vorgetäuschter Stoß, bei dem die Reaktion des Gegners erwartet u. für eigene Zwecke ausgenutzt wird;* **b)** (Ringen) *angedeuteter Griff, der den Gegner täuschen soll.*

fin|ten|reich ⟨Adj.⟩ (geh.): *geschickt im Erfinden von Ausflüchten, Vorwänden; häufig Finten* (1) *gebrauchend.*

fin|tie|ren ⟨sw. V.; hat⟩ (Fechten, Boxen, Ringen): *eine Finte* (2) *ausführen:* er fintiert gekonnt.

fin|ze|lig, finz|lig ⟨Adj.⟩ [H. u.] (ostmd.): *sehr mühsam, knifflig, anstrengend [für die Augen].*

Fi|o|ret|te, die; -, -n ⟨meist Pl.⟩ [ital. fioretto, eigtl. = Blümchen, Vkl. von: fiore = Blume < lat. flos (Gen.: floris)], **Fi|o|ri|tur**, die; -, -en ⟨meist Pl.⟩ [ital. fioritura, zu: fiorire = mit Blumen schmücken] (Musik): *Gesangsverzierung in Opernarien des 18. Jahrhunderts.*

Fips, der; -es, -e [aus dem Niederd., wohl rückgeb. aus: fipsen = schnelle Bewegungen machen; lautm.] (landsch.): *kleiner, unscheinbarer Mensch.*

fip|sig ⟨Adj.⟩ (ugs.): *klein [u. mickrig], unansehnlich:* ein -er Kerl.

Fi|ren|ze: ital. Name von ↑Florenz.

Fire|wall [ˈfaɪ̯ɐwɔːl], die; -, - od. der; -s, -s [engl. fire wall, eigtl. = Brandmauer (das System schützt das Netzwerk, wie eine Brandmauer ein Haus schützt)] (EDV): *Sicherheitssystem, das ein Netzwerk od. einen einzelnen Computer vor unerwünschtem Zugriff über Datenleitungen von außen, bes. über das Internet, schützt.*

Fir|le|fanz, der; -es, -e [spätmhd. firlifanz, Bez. für einen lustigen Springtanz, H. u.] (ugs. abwertend): **1.** ⟨o. Pl.⟩ *überflüssiges od. wertloses Zeug; Tand, Flitter.* **2.** ⟨o. Pl.⟩ *Unsinn, törichtes Zeug, Gerede, Gebaren:* das ist doch alles F. **3.** (selten) *jmd., der nur Torheiten im Sinn hat, mit dem nicht viel anzufangen ist.*

firm ⟨Adj.⟩ [lat. firmus = fest, stark, tüchtig, zuverlässig]: Er konnte sich auf sein Gewissen verlassen. Schule und Kirche hatten ihn f. gemacht. Daheim hatte dieses -e Gewissen durch seine Mutter noch eine Verfeinerung und Verschärfung erfahren (M. Walser, Seelenarbeit 232); in der Wendung **in etw. f. sein** (veraltend) *[in einem bestimmten Fachgebiet, Bereich] sicher, sattelfest, beschlagen sein).*

Fir|ma, die; -, Firmen [ital. firma, eigtl. = bindende, rechtskräftige Unterschrift, zu: firmare = durch Unterschrift bekräftigen, bestätigen, zu: firmus, ↑firm]: **1. a)** *kaufmännischer Betrieb, gewerbliches Unternehmen:* eine alteingesessene F.; eine F. gründen; in einer F. arbeiten; Ü Der Katholizismus hat mehr Farbe. Ich darf so reden, denn ich gehöre keiner der beiden frommen Firmen an (Wohlmann, Absicht 293); R die F. dankt (ugs. scherzh.; *danke [nein]*); **b)** (Wirtsch.) *ins Handelsregister eingetragener Name eines Unternehmens, Geschäftes o. Ä.* (Abk.: Fa.): die F. ist erloschen; das Geschäft wird unter der F. Meyer u. Co. geführt. **2.** (ugs. abwertend) *Sippschaft, Gesellschaft:* das ist [mir] eine saubere F.

Fir|ma|ment, das; -[e]s [spätlat. firmamentum = der über der Erde befestigte Himmel] (geh.): *Himmel, Himmelsgewölbe.*

fir|meln ⟨sw. V.; hat⟩ (veraltet, noch landsch.): *konfirmieren; firmen;* ◆ Blutjung, gefirmelt kaum (Kleist, Krug 9).

fir|men ⟨sw. V.; hat⟩ [mhd. firmen, eigtl. = (im Glauben) stärken, befestigen, ahd. firmōn < lat. firmare, ↑Firma] (kath. Kirche): *[jmdm.] das Sakrament der Firmung spenden.*

Fir|men|an|ga|be, die: *Information, Angabe* (1), *die eine Firma zu einer etw. macht:* nach F. werden alle Azubis übernommen.

Fir|men|auf|druck, der: *Aufdruck [auf Briefbögen], der den Firmennamen zeigt.*

Fir|men|chef, der (ugs.): vgl. Firmeninhaber.

Fir|men|che|fin, die: w. Form zu ↑Firmenchef.

fir|men|ei|gen ⟨Adj.⟩: *der Firma gehörend.*

Fir|men|ge|län|de, das: *Gelände, auf dem sich eine Firma befindet.*

Fir|men|grün|der, der: *Gründer einer Firma.*

Fir|men|grün|de|rin, die: w. Form zu ↑Firmengründer.

Fir|men|grün|dung, die: *Gründung einer Firma.*

Fir|men|grup|pe, die: *Gesamtheit rechtlich selbstständiger Firmen, die aber aufgrund bestimmter Gemeinsamkeiten zusammengehören.*

Fir|men|in|ha|ber, der: *Inhaber einer Firma.*

Fir|men|in|ha|be|rin, die: w. Form zu ↑Firmeninhaber.

fir|men|in|tern ⟨Adj.⟩: *nur für den Bereich der Firma bestimmt, nach außen geheim.*

Fir|men|ju|bi|lä|um, das: *festlicher Jahrestag einer Firmengründung nach einer bestimmten Anzahl von Jahren.*

Fir|men|kun|de, der: *Firma in ihrer Rolle als Kunde:* wir wenden uns mit unseren Produkten nicht so sehr an Privatkunden, sondern eher an -n.

Fir|men|lo|go, das: *Firmenzeichen.*

Fir|men|na|me, der: *Name einer Firma.*

Fir|men|plei|te, die (ugs.): *Pleite, Bankrott einer Firma.*

Fir|men|sitz, der: *Sitz* (3) *einer Firma.*

Fir|men|spre|cher, der: *offizieller Sprecher einer Firma.*

Fir|men|spre|che|rin, die: w. Form zu ↑Firmensprecher.

Fir|men|über|nah|me, die: *Übernahme einer Firma.*

Fir|men|ver|zeich|nis, das: *Verzeichnis aller Firmen einer Branche, Stadt o. Ä.*

Fir|men|wa|gen, der: *firmeneigener Wagen.*

Fir|men|wert, der (Wirtsch.): *Teil des Wertes eines Betriebes, der im Gegensatz zu den Sachwerten auf dem Unternehmen als Ganzem, auf ideellen Faktoren beruht u. im Vertrauen zur u. im guten Ruf der Firma, der Stellung des Betriebes im Markt u. a. in Erscheinung tritt; Geschäftswert; Goodwill* (a).

Fir|men|zei|chen, das: *Zeichen, Signet als Erkennungszeichen auf Produkten einer Firma (häufig als eingetragenes Warenzeichen).*

fir|mie|ren ⟨sw. V.; hat⟩: *(von Firmen, Unternehmen o. Ä.) unter einem bestimmten Namen bestehen, einen bestimmten Namen führen [u. mit diesem unterzeichnen]:* das Unternehmen firmiert als Meyer & Co., mit/unter dem Namen Meyer & Co.

Fir|mie|rung, die; -, -en: *(von Firmen, Unternehmen o. Ä.) Bezeichnung, Benennung.*

Firm|ling, der; -s, -e (kath. Kirche): *jmd., der gefirmt wird.*

Fir|mung, die; -, -en (kath. Kirche): *Sakrament, bei dem durch Salben u. Auflegen der Hand durch den Bischof dem Firmling eine Festigung im Glauben zuteilwerden soll.*

Firm|ware ['fə:mwe:g], die; -, -s [engl. firmware, aus: firm (< afrz. ferme < lat. firmus, ↑ firm) u. ware = Ware] (EDV): *Gesamtheit der zur Hardware eines Computers gehörenden, vom Hersteller auf Festwertspeicher abgelegten u. vom Benutzer nicht veränderbaren Programme* (4).

firn ⟨Adj.⟩ [mhd. virne, ahd. firni = alt, verw. mit ↑ ¹fern] (Winzerspr.): *(von Wein) alt:* ein -er Wein.

Firn, der; -[e]s, -e, (auch:) -en [zu ↑ firn]: **a)** *nicht wegschmelzender Schnee des Hochgebirges, der durch wiederholtes Auftauen u. Wiedergefrieren körnig geworden ist;* **b)** (schweiz.) *mit Firn bedeckter Berggipfel, Gletscher.*

Fir|ne, die; -, -n [zu ↑ firn] (Winzerspr.): *Altersstadium des Weines, bei dem eine Dunkelfärbung eintritt, später auch eine Beeinträchtigung des Geschmacks.*

Firn|eis, das: *aus fest zusammengebackenem Firn entstandene Eisschicht; Gletschereis.*

Fir|ner: ↑ Ferner.

Firn|feld, das: *flaches Becken im Nährgebiet eines Gletschers, in dem sich der Firn sammelt.*

fir|nig ⟨Adj.⟩: *wie Firn beschaffen:* -er Schnee.

Fir|nis, der; -ses, -se [mhd. virnīs < (a)frz. vernis = Firnis, Lack, H. u.]: *schnell trocknendes, farbloses Öl, das als Schutzschicht auf glatt aufgetragen wird:* ein Gemälde, Möbel mit F. behandeln.

fir|nis|sen ⟨sw. V.; hat⟩ [mhd. virnīsen]: *zum Schutz gegen Licht, Schmutz u. Ä. mit Firnis bestreichen:* ein Gemälde f.

Firn|schnee, der: *Firn* (a).

First, der; -[e]s, -e [mhd. virst, ahd. first]: *oberste waagrechte Kante des geneigten Daches; Dachfirst:* auf dem F. der Scheune sitzen Tauben; Ü ... wie Wolkenschatten wandelten über den F. (geh.; *Kamm*) eines Gebirges wandelten und den Sonnenstand ahnen lassen (Langgässer, Siegel 147).

First|baum, der (österr.): *Richtbaum.*

first class ['fə:st 'kla:s; engl. first-class, zu: first = erst... u. class = Klasse]: *erste Klasse, erstklassig, von gehobenem Standard:* dieses Haus, Hotel ist first class.

First-Class-Ho|tel, das: *Hotel von gehobenem Standard; Luxushotel.*

First|fei|er, die (österr.): *Richtfest.*

First|hö|he, die: *bis zum First gemessene Höhe eines Bauwerks:* die F. des Hauses beträgt 10 m.

First La|dy ['fə:st 'leɪdɪ], die; - -, - -Ladies [engl., eigtl. = erste Dame, aus: first = erst... u. ↑ Lady]: *Frau eines Staatsoberhauptes.*

First|pfet|te, die: *Konstruktionsteil (Balken oder Bohle) des Dachstuhls, der die Sparren am Dachfirst trägt.*

fis, ¹**Fis**, das; -, - (Musik): *um einen halben Ton erhöhtes f* (2).

FIS, ²**Fis**, die; - [Abk. für: Fédération Internationale de Ski]: *Internationaler Skiverband.*

Fisch, der; -[e]s, -e [mhd. visch, ahd. fisk; vgl. lat. piscis = Fisch]: **1. a)** *im Wasser lebendes, durch Kiemen atmendes Wirbeltier mit einem von Schuppen bedeckten Körper u. Flossen, mit deren Hilfe es sich fortbewegt;* ein großer, dicker, exotischer F.; ein F. hat [am Angelhaken] angebissen; -e zappeln im Netz; -e fangen, räuchern; die F. (Fische) verarbeitende Industrie; Fliegende -e (↑ fliegen 1); es ist gesund, munter wie ein F. im Wasser; er fühlt sich hier wie ein F. auf dem Trocknen (es fehlt ihm das Lebenselement, das er braucht); sie ist stumm wie ein F. (spricht kein Wort, verhält sich schweigend); der Junge schwimmt wie ein F. (schwimmt gut, ausdauernd); Am nächsten Morgen fuhr Ulrich früh und so glatt aus dem Schlaf, wie ein F. aus dem Wasser schnellt (Musil, Mann 686); R die großen -e fressen die kleinen (die Reichen u. Mächtigen leben auf Kosten der Armen); * **ein kalter F.** (ugs.; *ein Mensch, der keine Gefühlsregungen, kein Mitgefühl zeigt*); **ein großer/ein dicker F.** (ugs. scherzh.; *eine [ge]wichtige Persönlichkeit*); **kleine -e** (ugs.; *Dinge, die nicht ins Gewicht fallen; Kleinigkeiten*); **die -e füttern** (ugs. scherzh.; *sich infolge von Seekrankheit übergeben*); **b)** *Fischgericht:* heute gibt es F.; sie isst keinen F.; * **weder F. noch Fleisch sein** (ugs.; *nicht zu bestimmen, einzuordnen sein; nichts Eindeutiges sein).* **2.** (Astrol.) **a)** ⟨Pl.⟩ *Tierkreiszeichen für die Zeit vom 20. 2. bis 20. 3.:* sie ist im Zeichen -e geboren; **b)** *jmd., der im Zeichen Fische* (2a) *geboren ist:* er ist [ein] F. **3.** ⟨o. Pl.⟩ *Sternbild beiderseits des Himmelsäquators.*

Fisch|ad|ler, der: *(an europäischen Küsten heimischer) größerer Greifvogel mit schwärzlichem Rücken und weißer Bauchseite, der sich hauptsächlich von Fischen ernährt.*

fisch|ähn|lich ⟨Adj.⟩: *fischartig.*

fisch|arm ⟨Adj.⟩: *keinen Reichtum an Fischen aufweisend:* -e Gewässer.

fisch|ar|tig ⟨Adj.⟩: *wie ein Fisch geartet; wie ein Fisch aussehend, wirkend.*

Fisch|au|ge, das: **1.** *Auge eines Fisches.* **2.** [LÜ von engl. fish-eye (lens)] *fotografisches Objektiv mit extrem weitem Bildwinkel u. entsprechend kurzer Brennweite; Fisheye.*

Fisch|bein, das ⟨o. Pl.⟩ [↑ Bein (5)]: *hornartige Substanz aus den Barten des Bartenwals, die früher bes. zur Herstellung von Schirmgestellen u. Korsettstäben verwendet wurde.*

Fisch|be|stand, der: *Bestand an Fischen in einem Gewässer.*

Fisch|be|steck, das: *Essbesteck, mit dem Fisch gegessen wird.*

Fisch|bla|se, die: **1.** *Schwimmblase der Fische.* **2.** (Archit.) *einer Fischblase* (1) *ähnliche Ornamentform bes. im spätgotischen Maßwerk; Schneuß.*

Fisch|bröt|chen, das: *meist mit Hering, Aal od. Lachs belegtes Brötchen.*

Fisch|brut, die: *Brut von Fischen.*

Fisch|damp|fer, der: *Schiff, das für den Hochseefischfang ausgerüstet ist.*

Fisch|ech|se, die: *Ichthyosaurus.*

Fisch|ei, das: *Ei des Fischs.*

fi|scheln ⟨sw. V.; hat⟩ (bes. österr., schweiz.): *nach Fisch riechen:* hier fischelt es abscheulich.

fi|schen ⟨sw. V.; hat⟩ [mhd. vischen, ahd. fiscōn]: **1. a)** *mit einem Fanggerät [berufsmäßig] Fische fangen, zu fangen versuchen:* in diesem Bach kann man [Forellen] f.; (Jargon:) auf Kabeljau f.; mit der Reuse f.; er angelt f. (geht auf Fischfang); **b)** *mit Netzen, durch Tauchen o. Ä. vom Meeresboden herauf-, aus dem Wasser herausholen:* Perlen f. **2.** (ugs.) **a)** [*mühsam, vorsichtig*] *aus etw. herausholen, -kramen, -ziehen:* [sich] ein Stück Zucker [aus der Dose] f.; Ü die Polizei hatte den Gesuchten schnell aus der Menge gefischt (ihn entdeckt u. festgenommen); **b)** *in einem Behältnis nach etw. suchen, kramen:* sie fischte in ihrer Tasche nach dem Schlüssel.

Fi|scher, der; -s, - [mhd. vischære, ahd. fiscāri]: **a)** *jmd., dessen Beruf der Fischfang ist:* die F. sind bereits auf hoher See; **b)** (ugs.) *Angler.*

Fi|scher|boot, das: *Boot für Binnen- u. Küstenfischerei.*

Fi|scher|dorf, das: *überwiegend von Fischern bewohntes Dorf bes. an der Küste.*

Fi|sche|rei, die; -, -en [mhd. vischerīe]: **1.** *gewerbsmäßig betriebener Fang von Fischen u. anderen nutzbaren Wassertieren:* von der F. leben. **2.** *Unternehmen, das Fischerei* (1) *betreibt.*

Fi|sche|rei|be|trieb, der: *Fischerei* (2).

Fi|sche|rei|fahr|zeug, das: *Schiff od. Boot, das zur Fischerei gebraucht wird.*

Fi|sche|rei|flot|te, die: *Gesamtheit der Fangboote eines Landes, Ortes od. Gebietes.*

Fi|sche|rei|ge|setz, das: *Gesetz, das die mit dem Fischereiwesen zusammenhängenden Rechtsfragen regelt.*

Fi|sche|rei|gren|ze, die (Völkerrecht): *im Meer verlaufende Grenze, die das Fischfanggebiet eines Küstenstaates gegen die hohe See abgrenzt.*

Fi|sche|rei|ha|fen, der: *Hafen, von dem aus die Fischerei in einem bestimmten Gebiet betrieben wird.*

fi|sche|rei|lich ⟨Adj.⟩: *die Fischerei betreffend, zu ihr gehörend:* -e Probleme.

Fi|sche|rei|recht, das: **1.** *Recht, die Fischerei in einem bestimmten Gebiet auszuüben.* **2.** ⟨o. Pl.⟩ *Gesamtheit der die Fischerei betreffenden Rechtsvorschriften.*

Fi|sche|rei|schiff, das: vgl. Fischereifahrzeug.

Fi|sche|rei|we|sen, das ⟨o. Pl.⟩: *alles, was mit dem gewerbsmäßigen Fischfang zusammenhängt, einschließlich Organisation u. Verwaltung.*

Fi|scher|frau, die: *Frau des Fischers.*

Fi|sche|rin, die; -, -nen: **1.** w. Form zu ↑ Fischer. **2.** (selten) *Fischerfrau.*

Fi|scher|netz, das: *Netz, das die Fischer zum Fischfang verwenden.*

Fi|schers|frau: ↑ Fischerfrau.

Fi|schers|mann, der; -[e]s, ...leute (veraltet): *Fischer.*

Fi|scher|ste|chen, das; -s, -: *(in manchen Gegenden noch lebendiger) Brauch der Fischer, bei dem diese versuchen, in leichten Booten stehend sich gegenseitig mit langen Stangen ins Wasser zu stoßen.*

Fisch|fa|brik, die (ugs.): *Fabrik, in der Fische zu Konserven u. Ä. verarbeitet werden.*

Fisch|fang, der: *das Fangen von Fischen:* auf F. gehen; vom F. leben.

Fisch|fang|ge|biet, das: *Gebiet, in dem Fischerei betrieben wird.*

Fisch|fi|let, das: Filet (1 b).

Fisch|fleisch, das: *Fleisch vom Fisch.*

Fisch|fri|ka|del|le, die: *gebratener flacher Kloß aus gemahlenem Fischfleisch.*

Fisch|fut|ter, das: *Futter für Fische.*

Fisch|ga|bel, die: *Gabel, die zum Fischbesteck gehört.*

Fisch|ge|richt, das: *Gericht, zu dem zubereiteter Fisch gehört.*

Fisch|ge|ruch, der: *Geruch, der von Fisch u. Fischwaren ausgeht.*

Fisch|ge|schäft, das: *Einzelhandelsgeschäft, das bes. frische Fische, Fischkonserven u. Ä. anbietet.*

¹**Fisch|grat**, das; -s, -s ⟨meist ohne Art.⟩ [spätmhd. vischgrāt = Fischgräte, ↑ Grat] (Textilind.): *Fischgrätenmuster.*

²**Fisch|grat**, der; -s, -s [↑ ¹Fischgrat] (Textilind.): *Gewebe in Fischgrätenmuster:* ein grauer F.

Fisch|grat|bin|dung, die (Textilind.): *bestimmte Bindung eines Gewebes, die ein fischgrätenähnliches Muster ergibt.*

Fisch|grä|te, die: **1.** (Zool.) *knöcherner, häufig gegabelter Faden od. dünner Stab im Muskelfleisch vieler Knochenfische.* **2.** (ugs.) *Rippe eines Knochenfischs.*

fisch|grä|ten|ähn|lich ⟨Adj.⟩: *wie Fischgräten* (2) *aussehend.*

Fisch|grä|ten|mus|ter, das (Textilind.): *Musterung eines Gewebes mit Fischgratbindung.*

Fischgrund – Fitzchen

Fisch|grund, der ⟨meist Pl.⟩ (Fischereiw.): *Fischfanggebiet mit besonderem Fischreichtum.*
Fisch|han|del, der: *Handel mit Fisch.*
Fisch|hand|lung, die: *Fischgeschäft.*
fi|schig ⟨Adj.⟩ [mhd. fischec]: **1.** *[unangenehm] nach Fisch riechend od. schmeckend.* **2.** *wie ein Fisch aussehend; wie bei einem Fisch beschaffen.*
Fisch|kom|bi|nat, das (DDR): *Großbetrieb der Hochseefischereiwirtschaft.*
Fisch|kon|ser|ve, die: vgl. *Fleischkonserve.*
Fisch|kun|de, die ⟨o. Pl.⟩: *Ichthyologie.*
Fisch|kut|ter, der (Fischereiw.): *in der Küsten- u. Hochseefischerei eingesetzter Kutter.*
Fisch|laich, der (Zool.): *Laich von Fischen.*
Fisch|markt, der: *Markt, auf dem Fische verkauft werden.*
Fisch|maul, das: *Maul eines Fisches.*
Fisch|mehl, das: *Futtermittel aus getrockneten u. zermahlenen Fischabfällen.*
Fisch|mes|ser, das: *Messer, das zum Fischbesteck gehört.*
Fisch|milch, die (Zool.): *Milch (3).*
Fisch|netz, das: *Fischernetz.*
Fisch|ot|ter, der: *am Wasser u. bes. von Fischen lebender Otter.*
Fisch|pass, der: *Vorrichtung an Wehren o. Ä., die Fischen bei der Wanderung ermöglicht, ein sonst unüberwindliches Hindernis zu passieren; Fischweg (1).*
fisch|reich ⟨Adj.⟩: *(von einem Gewässer) einen großen Reichtum an Fischen aufweisend.*
Fisch|reich|tum, der ⟨o. Pl.⟩: *Reichtum an Fischen.*
Fisch|rei|her, der: *Reiher mit teils grauem, teils weißem Gefieder u. langem, gelbem Schnabel.*
Fisch|res|tau|rant, das: *Restaurant, in dem es vorwiegend Fischgerichte gibt.*
Fisch|reu|se, die (Fischereiw.): *sackartiges Netz, mit dem bestimmte Fischarten gefangen werden.*
Fisch|ro|gen, der (Zool.): *Gesamtheit der Eier eines Fischs.*
Fisch|schup|pe, die: *kleines, rundes Knochenplättchen auf der Haut der meisten Fische.*
Fisch|schwanz, der: *Schwanz[flosse] eines Fisches.*
Fisch|schwarm, der: *große Anzahl zusammen schwimmender Fische.*
Fisch|stäb|chen, das ⟨meist Pl.⟩ (Kochkunst): *[gebratenes] kleines, rechteckiges Stück Fischfleisch.*
Fisch|ster|ben, das; -s, - ⟨Pl. selten⟩: *Massensterben von Fischen in verschmutzten Gewässern.*
Fisch|sup|pe, die (Kochkunst): *aus Fischfleisch zubereitete Suppe.*
Fisch|teich, der: *Teich, in dem Fische [zu gewerblichen Zwecken] gehalten werden.*
Fisch ver|ar|bei|tend, fisch|ver|ar|bei|tend ⟨Adj.⟩: *Fische verarbeitend.*
Fisch|wan|de|rung, die (Zool.): *das Wandern von Fischen, bes. zum Aufsuchen der Laichplätze.*
Fisch|weg, der: **1.** *Fischpass.* **2.** (Zool.) *je nach Art verschiedener Weg, den Fische auf ihren Wanderungen einhalten.*
Fisch|wehr, das: *Fischzaun.*
Fisch|wei|her, der: *Fischteich für die Angelfischerei.*
Fisch|wirt|schaft, die: *Wirtschaftszweig, der den Fang u. die Verarbeitung von Fischen betreibt.*
Fisch|zaun, der: *in Küstengebieten benutzte Vorrichtung zum Fischfang.*
Fisch|zucht, die: *planmäßige Aufzucht von Fischen unter wirtschaftlichem Aspekt.*
Fisch|zug, der: **1.** (Fischereiw.) *das Ausbringen u. Einholen eines Zug- od. Schleppnetzes.* **2.** *Unternehmung, von der man sich reiche Ausbeute erhofft od. die einem reiche Aus-*

beute an etw. bringt: er hatte einen großen F. geplant.
Fis-Dur ['fɪsduːɐ̯, auch: ˈfɪsˈduːɐ̯], das (Musik): *auf dem Grundton Fis beruhende Durtonart* (Zeichen: Fis).
Fish|eye ['fɪʃlai], das; -s, -s [engl. fish-eye (lens)]: *Fischauge (2).*
Fi|shing for Com|pli|ments ['fɪʃɪŋ fə ˈkɒmplɪmənts, -- ...ments], das; - - - [engl., zu: to fish = fischen; angeln (2) u. compliment = Kompliment]: *das Herauslocken einer positiven Reaktion, eines Lobes durch auffallend bescheidene od. negative Selbstdarstellung.*
Fi|si|ma|ten|ten ⟨Pl.⟩ [16. Jh., H. u.; volksetym. mit Bezug auf den Dt.-Frz. Krieg von 1870/1871 fälschlich gedeutet als frz. je visite ma tante = ich besuche meine Tante (Ausrede des Soldaten gegenüber den Wachtposten) od. visitez ma tente = besuchen Sie mein Zelt (Aufforderung, mit der Offiziere junge Damen um ein Rendezvous gebeten haben sollen)] (ugs.): *etw., was unnötigerweise etw. anderes behindert, verzögert; Umstände; Sperenzchen, Ausflüchte:* das sind alles nur F.; [mach] keine F.!
Fis|kal, der; -s, -e [zu lat. fiscalis, ↑fiskalisch] (früher): *Amtsträger, der vor Gerichten die (vermögenswerten) Rechte des Kaisers od. eines Landesherrn vertritt.*
fis|ka|lisch ⟨Adj.⟩ [lat. fiscalis = die Staatskasse betreffend, dem Staat gehörend, zu: fiscus, ↑Fiskus]: *den Staat als Verwalter des Staatsvermögens betreffend.*
Fis|ka|lis|mus, der; - [zu ↑fiskalisch u. ↑-ismus (1)] (Finanzw.): *das Bestreben der staatlichen Finanzpolitik, die staatliche Verfügungsgewalt über das Volksvermögen übermäßig auszudehnen.*
Fis|kal|po|li|tik, die: *Gesamtheit der fiskalischen u. monetären Maßnahmen eines Staates im Dienste der Konjunktur- u. Wachstumspolitik.*
fis|kal|po|li|tisch ⟨Adj.⟩: *die Fiskalpolitik betreffend.*
Fis|kus, der; -, ...ken u. -se ⟨Pl. selten⟩ [lat. fiscus, eigtl. = (Geld)korb]: *Staat als Eigentümer des Staatsvermögens; Staatskasse:* der F. als Empfänger der Steuern.
fis-Moll [ˈfɪsmɔl, auch: ˈfɪsˈmɔl], das (Musik): *auf dem Grundton fis beruhende Molltonart* (Zeichen: fis).
Fi|sol|le, die; -, -n (österr.): *grüne Bohne (1 b).*
fis|seln ⟨sw. V.; hat; unpers.⟩ [niederd. fi(e)sseln = wohl lautm.] (landsch.): *längere Zeit hindurch dünn, fein regnen od. schneien; nieseln.*
fis|sil ⟨Adj.⟩ [lat. fissilis, zu: findere (2. Part.: fissum) = spalten] (Fachspr.): *spaltbar.*
Fis|si|on, die; -, -en: **1.** [lat. fissio = das Spalten] (Biol.) *Teilung einzelliger pflanzlicher u. tierischer Organismen in zwei gleiche Teile.* **2.** [engl. (nuclear) fission < lat. fissio, ↑Fission (1)] (Kernphysik) *Atomkernspaltung.*
Fis|sur, die; -, -en [lat. fissura = Spalte, Ritze] (Med.): **1.** *Riss, Schrunde bes. der unelastisch gewordenen Haut od. Schleimhaut.* **2.** *Riss in einem Knochen.*
Fist, der; -[e]s, -e [mhd. vist, vīst, wohl zu einem Verb mit der Bed. »blasen«] (landsch. derb): *abgehende Blähung.*
Fis|tel, die; -, -n: **1.** [mhd. fistel, ahd. fistul < lat. fistula = röhrenförmiges Geschwür] (Med.) *in einem krankhaften Prozess entstandener od. operativ hergestellter röhrenförmiger Kanal, der ein Organ mit der Körperoberfläche od. mit einem anderen Organ verbindet.* **2.** [lat. fistula = Röhre; (hell tönende) Rohrpfeife] *Kurzf. von* ↑Fistelstimme (1).
fis|te|lig ⟨Adj.⟩: *(von der Sprechstimme) unangenehm hoch klingend.*
fis|teln ⟨sw. V.; hat⟩: *mit Fistelstimme sprechen.*

Fis|tel|stim|me, die: **1.** (Musik) *männliche Kopfstimme ohne Brustresonanz:* mit F. singen. **2.** *unangenehm hohe, kraftlose Sprechstimme bei Männern.*
Fist|fu|cking [...fakɪŋ], das; -s, -s [engl. fist fucking, aus: fist = Faust u. fucking = das Ficken] (vulg.): *homosexuelle Praktik, bei der die Hand od. Faust in den After des Geschlechtspartners eingeführt wird.*
◆ **fis|tu|lie|ren** ⟨sw. V.; hat⟩: *mit Fistelstimme (1) singen:* ...alles, was da geigt und fistuliert und komponiert (Mörike, Mozart 236).
fit ⟨Adj.; -ter, -teste⟩ [engl. fit, H. u.]: **a)** *in guter körperlicher Verfassung, sportlich durchtrainiert:* eine -te Sportlerin; f. sein, bleiben; er hält sich durch tägliches körperliches Training f.; *f. wie ein Turnschuh sein* (ugs.; *sehr fit sein*); **b)** *leistungsfähig, tüchtig, qualifiziert, befähigt:* man muss heutzutage f. im Beruf sein; Schüler für den Alltag, ein Land für die Zukunft f. machen.
Fi|tis, der; - u. -ses, -se [lautm.]: *kleiner, auf der Oberseite graugrüner, auf der Unterseite gelblich weißer, zu den Laubsängern gehörender Singvogel.*
Fit|ma|cher, der (ugs.): **a)** *die körperliche u. geistige Leistungsfähigkeit steigerndes [Nahrungs]mittel:* Sanddorn und Hagebutte haben einen guten Ruf als F.; **b)** *die körperliche u. geistige Leistungsfähigkeit steigernde Tätigkeit:* Sport, Wandern als F. neu entdecken.
Fit|ness, die; - [engl. fitness, zu: fit, ↑fit]: *gute körperliche Verfassung, Leistungsfähigkeit [aufgrund eines planmäßigen sportlichen Trainings]:* sich durch Joggen seine F. erhalten; Ü ihre geistige F. ist erstaunlich; Aus dem Wasser klangen die Schnaufer der Schwimmer, die sich abmühten, Fett zu verlieren und F. zu gewinnen (Zwerenz, Quadriga 57).
Fit|ness|cen|ter, das: *Einrichtung, die die Möglichkeit bietet, an bes. für diesen Zweck bestimmten Geräten seine körperliche Leistungsfähigkeit zu verbessern od. auf einem guten Stand zu halten.*
Fit|ness|raum, der: *Raum, der mit Geräten für das Fitnesstraining ausgestattet ist.*
Fit|ness|stu|dio, das: *Fitnesscenter.*
Fit|ness|trai|ner, der: *jmd., der beruflich Fitnesstraining erteilt.*
Fit|ness|trai|ne|rin, die: w. Form zu ↑Fitnesstrainer.
Fit|ness|trai|ning, das: *sportliches Training zur Erhaltung od. Verbesserung der körperlichen Leistungsfähigkeit.*
fit|ten ⟨sw. V.; hat⟩ [engl. to fit = passend machen, zu: fit, ↑fit]: **1.** (Technik) *anpassen.* **2.** (Schiffbau) *einen Kiel auf Unebenheiten hin abtasten.*
Fit|tich, der; -[e]s, -e [mhd. vitich, vetach, ahd. fettāh, feddāh] (dichter.): *Flügel, Schwinge:* die -e des Adlers; *jmdn. unter seine -e nehmen* (ugs. scherzh.; *sich jmds. annehmen, sich um ihn kümmern, ihn betreuen, ihm helfen o. Ä.*).
Fit|ting, das; -s, -s: **1.** ⟨meist Pl.⟩ [engl. fitting = Zubehörteil, zu: to fit, ↑fitten] (Technik) *bei der Installation von bestimmten Rohrleitungen verwendetes Verbindungsstück mit Gewinde.* **2.** [engl. fitting = Anprobe, zu: to fit, ↑fitten] (Golf) *das Anpassen des Golfschlägers an den Spieler.*
Fitz, der; -es [mhd. vitz, ↑Fitze] (landsch.): **1.** *etw., was sich zu einem unentwirrbaren Knäuel aus Fäden od. Fadenartigem verwirrt hat:* die Wolle, das Haar hat sich zu einem einzigen F. verwirrt. **2.** *Aufregung, Ärger, Mühe:* sie hatte ihren F., mit der Arbeit fertig zu werden.
Fitz|chen, das; -s, - (landsch.): *kleines, kaum noch*

brauchbares od. verwertbares Stück, Endchen von etw.: ein F. Garn, Stoff.

Fit|ze, die; -, -n [mhd. vitz, vitze, ahd. fizza = eine beim Haspeln abgeteilte u. für sich verbundene Anzahl Fäden; vgl. griech. péza = (Saum am) Fischernetz] (landsch.): **1.** abgeteilter Strang von [Garn]fäden. **2.** geflochtene Rute.

Fit|zel, der od. das; -s, - (landsch.): Fitzchen.

Fit|zel|chen, das; -s, - (ugs.): kleines, kaum noch brauchbares od. verwertbares Stück, Endchen von etw.

fit|zen ⟨sw. V.; hat⟩ [zu mhd. vitz(e), ↑ Fitze] (landsch.): **1.** sich verwirren: das Garn, das Haar hat gefitzt. **2.** (landsch. veraltet) zerfetzen, zerkleinern, zerschnippeln: Bohnen f. **3.** beim Arbeiten nervös, aufgeregt sein; hastig, unüberlegt hantieren: du brauchst doch nicht so zu f.

◆ **Fit|zer,** der; -s, - [zu landsch. fitzen = mit Ruten schlagen, wohl über eine Form »fickezen« zu gleichbed. rhein., südd. ficken, vgl. ficken] (landsch.): leichter Schlag [mit der Peitsche, Rute]: An der Grenze aber gab er dem Rösslein eine F. und ritt hinüber (Hebel, Schatzkästlein 58).

Five o'Clock Tea [- - 'ti:], der; ---, ---s [engl.] (bildungsspr.): Fünfuhrtee.

¹fix ⟨Adj.⟩: **1.** [lat fixus = angeheftet, befestigt, fest, adj. 2. Part. von: figere = anheften] **a)** auf eine gleichbleibende feste Summe o. Ä. festgelegt: -e Kosten; **b)** (österr.) ständig, dauernd: an einem -en Wohnort ansässig sein; er ist f. angestellt; f. Angestellte, Besoldete; **c)** (österr.) endgültig, definitiv: jmdm. f. zusagen; **d)** (veraltend) feststehend, unveränderlich, konstant: ein -er Punkt. **2.** [eigtl. = fest, verlässlich, geschickt] (ugs.) **a)** schnell, ohne Verzögerung: das geht ganz f.; gehts nicht ein bisschen -er?; **b)** flink; wendig; agil; rasch in seiner Reaktionsfähigkeit: er ist ein -er Bursche. **3.** [eigtl. = geübt, geschickt] * **f. und fertig** (ugs.: 1. mit einer Arbeit o. Ä. ganz fertig, zum vollständigen Abschluss gelangt; fertig vorbereitet; f. u. fertig angezogen sein. 2. völlig erschöpft: nach dem Umzug war sie f. und fertig. 3. ruiniert: die Firma ist pleite, und er ist f. und fertig); **f. und foxi** (salopp; völlig erschöpft; nach Fix und Foxi, zwei von R. Kauka erfundenen Comicfiguren, unter Anlehnung an »fix und fertig«: nach dem Konzert war er f. und foxi); **nicht [ganz] f. sein** (landsch. abwertend; nicht [ganz] bei Verstand sein).

²fix ⟨Interj.⟩ [verkürzt aus ↑ Kruzifix] (österr.): verflucht!

Fix, der; -[es], -e [engl. fix, zu ↑ fixen (1)] (Jargon): Einspritzung einer Droge.

Fi|xa: Pl. von ↑ Fixum.

fix an|ge|stellt, fix|an|ge|stellt ⟨Adj.⟩ (österr.): fest angestellt.

Fi|xa|teur [fɪksa'tøːɐ̯], der; -s, -e [frz. fixateur, zu: fixe = fest, beständig < lat. fixus, ↑ fix (1a)]: **1.** (Kosmetik) Stoff, der die Fähigkeit hat, dem Duft des Parfüms erhöhte Beständigkeit zu verleihen. **2.** (Technik) Zerstäuber, mit dem ein Fixativ aufgetragen wird.

Fi|xa|ti|on, die; -, -en [frz. fixation, zu: fixe, ↑ Fixateur]: **1.** (veraltet) Festigung. **2.** (Psychol.) emotionale Bindung an jmdn., etw.

Fi|xa|tiv, das; -s, -e [frz. fixatif, zu: fixe, ↑ Fixateur] (Fachspr.): Mittel, das in verschiedenen Bereichen zum Festigen u. Härten verwendet wird.

Fi|xe, die; -, -n (Jargon): Spritze, mit der eine Droge injiziert wird: da lag eine gebrauchte F.; * **an der F. hängen** (↑ Nadel 2 e).

fi|xen ⟨sw. V.; hat⟩ [engl.-amerik. to fix, eigtl. = zurechtmachen]: **1.** (ugs.) sich Drogen [ein]spritzen: sie fixt schon lange. **2.** (EDV) berichtigen, beheben: Bugs f.

Fi|xer, der; -s, -: **1.** (ugs.) Drogenabhängiger, der

sich ein Rauschgift einspritzt. **2.** (Börsenw. veraltet) Spekulant, der auf eine erwartete Baisse hin Geschäfte tätigt.

Fi|xe|rin, die; -, -nen: w. Form zu ↑ Fixer.

Fi|xer|raum, der (ugs.): unter behördlicher Kontrolle stehender Raum für Fixer.

Fi|xer|stu|be, die (landsch.): Fixerraum.

fix|fer|tig ⟨Adj.⟩ (schweiz.; österr. ugs.): fix und fertig (↑ ¹fix 3): wir waren f.

Fi|xier|bad, das: Lösung für das Fixieren (5 a) von fotografischem Material.

fi|xie|ren ⟨sw. V.; hat⟩ [zu lat. fixus, ↑ ¹fix (1 a)]: **1.** (bildungsspr.) **a)** schriftlich niederlegen, in Wort od. Bild dokumentarisch festhalten: Beschlüsse in einem Protokoll f.; **b)** [schriftlich] festlegen; verbindlich bestimmen: ein Recht vertraglich f. **2. a)** (landsch., auch Fachspr.) an einer Stelle befestigen, festmachen, -heften: den Aushang mit Tesafilm am Schwarzen Brett f.; einen Knochenbruch f. (Med.; durch einen Gipsverband o. Ä. ruhig stellen); **b)** (Gewichtheben) etw. mit gestreckten Armen über dem Kopf halten u. damit dessen Beherrschung demonstrieren; **c)** (Ringen) jmdn. so festhalten, dass er sich nicht befreien kann. **3.** ⟨f. + sich⟩ (Psychol., Verhaltensf.) sich emotional an jmdn., etw. binden: ⟨2. Part.:⟩ an/auf jmdn., etw. fixiert sein; Ü er ist nicht auf ein bestimmtes Urlaubsziel fixiert. **4.** [unter Einfluss von frz. fixer < mlat. fixare, eigtl. = festmachen] **a)** die Augen fest auf ein Objekt richten, heften [um es genau zu erkennen]: einen Punkt in der Ferne mit den Augen f.; **b)** unverwandt ansehen, anstarren, mustern: er fixierte sie schon den ganzen Abend. **5. a)** (Fotogr.) (fotografisches Material) im Fixierbad lichtbeständig machen: einen Film f.; **b)** (Fachspr.) etw. mit einem Fixativ behandeln: eine Kohle-, Kreidezeichnung f.; **c)** (Fachspr.) (pflanzliche od. organische Gewebeteile) zum Zwecke mikroskopischer Untersuchung o. Ä. mit geeigneten Stoffen haltbar machen: ein Transplantat f.

Fi|xier|mit|tel, das: Fixativ.

Fi|xier|salz, das (Fotogr.): für das Fixieren (5 a) von fotografischem Material verwendetes Salz.

Fi|xie|rung, die; -, -en: **1.** das Fixieren; das Fixiertwerden. **2.** Vorrichtung zum Fixieren (2 a): die Schraube der F. anziehen.

Fi|xig|keit, die (ugs.): Behändigkeit, Schnelligkeit, das ↑ ¹Fixsein (2 b).

Fi|xing, das; -s, -s [engl. fixing, zu: to fix = festmachen, bestimmen] (Börsenw.): an der Börse zu einem bestimmten, regelmäßigen Zeitpunkt erfolgende Feststellung bestimmter Kurswerte.

Fix|kos|ten ⟨Pl.⟩ (Kaufmannsspr.): ¹fixe (1 a) Kosten.

Fix|punkt, der: **1.** fester Bezugspunkt für eine Messung, Beobachtung o. Ä. **2.** (Math.) Punkt, der bei einer Abbildung auf sich selbst abgebildet wird.

Fix|stern, der [lat. fixa stella, ↑ ¹fix (1 a)] (Astron.): selbstleuchtender Himmelskörper, der seine Lage zu anderen Sternen nicht merklich ändert.

Fi|xum, das; -s, Fixa [zu ↑ ¹fix (1 a)]: festes Gehalt für eine berufliche Tätigkeit, zu dem im Allgemeinen noch eine zusätzliche Summe aus Einzelleistungen, z. B. Provision, hinzukommt: sie hat nur ein bescheidenes F.

Fix|zeit, die: (bei gleitender Arbeitszeit) Zeitspanne im Verlauf eines Arbeitstages, während deren die Arbeitnehmer anwesend sein müssen.

Fizz [fɪs], der; -[es], (Sorten:) -e [engl. fizz, zu: fizz = zischen, sprühen, lautm.]: Mixgetränk aus Alkohol, Fruchtsaft, Ei u. Sekt o. Ä.

Fjäll, das, auch: der; -s, -s [schwed. fjäll = Felsen, Berg, aus dem Anord.]: baumlose Hochfläche oberhalb der Waldgrenze in Skandinavien

Fjeld, der; -s, -s [dän. fjeld, vgl. Fjäll] (veraltet): Fjäll.

Fjord, der; -[e]s, -e [schwed., norw. fjord, aisl. fjorðr, verw. mit ↑ Furt]: [an einer Steilküste] tief ins Landinnere reichende, schmale, lang gestreckte Bucht.

Fjord|küs|te, die: Küste mit Fjorden.

F-Ju|gend ['ɛf...], die [F nach der Reihenfolge im Alphabet] (Sport): sechstälteste Altersgruppe der Jugendlichen im Sport.

FKK [ɛfkaː'kaː], die od. das; -: Freikörperkultur.

FKK-Ge|län|de, das: [abgegrenztes] Gelände für Anhänger der Freikörperkultur.

FKKler [ɛfkaː'kaːlɐ], der; -s, - (ugs.): Anhänger der Freikörperkultur.

FKKle|rin, die; -, -nen: w. Form zu ↑ FKKler.

FKK-Strand, der: vgl. FKK-Gelände.

Fl. = Florin, Florin.

Fla, die; -: kurz für ↑ Flugabwehr (1).

Flab, die; - (schweiz.): kurz für ↑ Fliegerabwehr (1, 2).

flach ⟨Adj.⟩ [mhd. vlach, ahd. flah, eigtl. = ausgebreitet]: **1.** ohne größere Erhebung od. Vertiefung, in der Breite ausgedehnt, eben: ein -es Gelände; ein -es Dach; auf der -en (geöffneten, ausgestreckten) Hand; mit der -en Klinge (nicht mit der Schneide) schlagen; sich f. hinlegen (sich ausgestreckt auf einen ebenen Untergrund legen). **2.** niedrig, ohne größere Höhe: ein -es Gebäude; Schuhe mit -en Absätzen; eine -e (kaum gewölbte) Brust. **3.** nicht tief: -e Teller; der Fluss ist an dieser Stelle f. (seicht); f. atmen (nicht durchatmen); Ü der Wein schmeckt f. (hat nicht viel Geschmack). **4.** (abwertend) ohne [gedankliche] Tiefe u. daher nichtssagend, unwesentlich; oberflächlich, banal: eine -e Unterhaltung; er ist ein -er Mensch. ◆ **5.** mit der flachen Klinge (des Degens, Säbels), nicht mit der Schneide geschlagen: ... trieb den Knecht ... mit -en Hieben ... in den brennenden Schuppen hinein (Kleist, Kohlhaas 32).

Flach|band|ka|bel, das (Elektrot.): aus mehreren nebeneinander zu einem Band angeordneten Leitungen bestehendes, flaches Kabel.

Flach|bau, der; ⟨Pl. -ten⟩: ein- bis zweistöckiges Bauwerk.

Flach|bett|scan|ner, der (EDV): Scanner, bei dem die einzulesenden Texte od. Bilder flach auf eine Glasplatte gelegt u. abgedeckt werden.

Flach|bild|fern|se|her, der (ugs.): Fernsehgerät mit Flachbildschirm.

Flach|bild|schirm, der (EDV, Fernsehen): Bildschirm eines Fernsehgeräts, Personal Computers o. Ä. von sehr geringer Tiefe.

Flach|bo|gen, der (Archit.): flach gewölbter Bogen.

flach|brüs|tig ⟨Adj.⟩: eine wenig gewölbte Brust besitzend: ein -es Hutzelmännchen.

Flach|dach, das: Dach ohne od. nur mit geringer Neigung: ein Bungalow mit F.

Flach|druck, der ⟨Pl. -e⟩: **1.** ⟨o. Pl.⟩ Druckverfahren, bei dem die druckenden Teile mit den nicht druckenden in einer Ebene liegen. **2.** im Flachdruckverfahren hergestelltes Druck-Erzeugnis.

flach drü|cken, flach|drü|cken ⟨sw. V.; hat⟩: etw. so drücken, bis es flach ist.

Flach|druck|ver|fah|ren, das: Flachdruck (1).

Flä|che, die; -, -n [mhd. vleche]: **1.** nach Länge u. Breite flach ausgedehnter Bereich; ebenes Gebiet: die spiegelglatte F. des Sees. **2.** [glatte] flache Außenseite, Oberfläche eines Körpers, Gegenstands: ein Würfel hat sechs -n. **3.** (Math.) ebenes od. gekrümmtes zweidimensionales Gebilde: eine geometrische F.

Flach|ei|sen, das: **1.** bandförmig gewalztes Eisen mit rechteckigem Querschnitt. **2.** meißelähnliches Werkzeug zum Behauen von Steinen, zur Holzbearbeitung o. Ä.

Flä|chen|aus|deh|nung, die: *Größe einer Fläche in Länge u. Breite.*

Flä|chen|be|rech|nung, die: *mathematische Berechnung der Größe einer Fläche (3).*

Flä|chen|brand, der: *über eine größere Fläche sich erstreckender Brand:* das Feuer entwickelte sich zu einem F.; Ü der Skandal weitet sich allmählich zu einem F. aus.

flä|chen|de|ckend ⟨Adj.⟩: *ein bestimmtes Gebiet, einen Bereich vollständig erfassend.*

Flä|chen|er|trag, der: *Ertrag auf einer bestimmten Ackerfläche (im Allgemeinen auf einem Hektar).*

flä|chen|haft ⟨Adj.⟩: **1.** *sich über eine Fläche erstreckend:* das Öl breitete sich f. *(wie eine Fläche)* auf dem Meer aus. **2.** *nur sehr allgemein u. ohne deutliche Konturen.*

Flä|chen|in|halt, der (Math.): *Inhalt eines zweidimensionalen Gebildes; Größe einer Fläche (3):* den F. eines Rechtecks, Kreises berechnen.

Flä|chen|land, das: *Flächenstaat.*

Flä|chen|maß, das (Math.): *Maßeinheit für die Berechnung der Größe einer Fläche:* Hektar, Morgen sind -e.

Flä|chen|nut|zungs|plan, (auch:) **Flä|chen|nütz|ungs|plan,** der: *von den Gemeinden zu erstellender Plan, der die beabsichtigte Nutzung der Fläche der Gemeinde veranschaulicht.*

Flä|chen|staat, der: **a)** *Staat (1 b), dessen Einwohnerzahl im Verhältnis zu seiner Fläche niedrig ist;* **b)** (Bundesrepublik Deutschland) *Bundesland im Unterschied zu den Stadtstaaten Berlin, Hamburg u. Bremen.*

Flä|chen|ta|rif, der (ugs.): *Tarif, der in einem festgelegten größeren Tarifgebiet angewendet wird.*

Flä|chen|ta|rif|ver|trag, der: *für eine od. mehrere Branchen innerhalb eines bestimmten Tarifgebietes gültiger Tarifvertrag.*

flä|chen|treu ⟨Adj.⟩ (Kartografie): *(von Landkarten) eine Fläche maßstabsgetreu abbildend:* -e Projektion.

Flä|chen|ver|sie|ge|lung, die (Fachspr.): *Bebauung des Erdbodens, der Bodenfläche (sodass kein Niederschlag eindringen kann).*

Flä|chen|wid|mungs|plan, der (österr.): *Flächennutzungsplan.*

Flä|chen|wir|kung, die: *flächige Wirkung.*

flach|fal|len ⟨st. V.; ist⟩ (salopp): *nicht stattfinden, nicht eintreten; ausfallen:* der Ausflug fällt flach.

Flach|glas, das ⟨Pl. ...gläser⟩ (Fachspr.): *plattenförmiges Glas für Fensterscheiben o. Ä.*

flach hal|ten, flach|hal|ten ⟨st. V.; hat⟩ (Sport): *flach spielen (3 e), zuspielen:* nach der Führung spielten wir schön weiter und hielten den Ball flach; * **den Ball flach halten/flachhalten** (ugs.; ↑ ¹Ball 1).

Flach|heit, die; -, -en: **1.** ⟨o. Pl.⟩ *das Flachsein:* die F. des Daches erleichtert die Begrünung. **2.** (abwertend) **a)** ⟨o. Pl.⟩ *Geistlosigkeit, Gedankenarmut, geistige Oberflächlichkeit;* **b)** *geistlose, oberflächliche Bemerkung, Äußerung:* er gibt immer nur -en von sich.

flä|chig ⟨Adj.⟩: **1.** *eine breitere Fläche bildend; abgeflacht.* **2.** *sich auf einer Fläche ausdehnend.*

flach klop|fen, flach|klop|fen ⟨sw. V.; hat⟩: *etw. so lange klopfen, bis es flach ist:* ein Steak f. k.

Flach|kopf, der (abwertend): *Mensch, der als geistig wenig rege, dumm, geistlos angesehen wird.*

flach|köp|fig ⟨Adj.⟩: *nicht viel Geist besitzend; geistlos.*

Flach|küs|te, die (Geogr.): *allmählich abfallende Küste.*

Flach|land, das ⟨Pl. ...länder⟩: *ausgedehnte Landfläche mit geringen Höhenunterschieden.*

Flach|land|bahn, die: *Bahn für den Eisschnelllauf in einer Höhe unter 1 000 m.*

Flach|län|der, der; -s, -: *Bewohner des Flachlandes.*

Flach|län|de|rin, die; -, -nen: w. Form zu ↑ Flachländer.

Flach|land|ti|ro|ler, der (ugs. scherzh. abwertend): *jmd., der kein Gebirgsbewohner ist, aber wie ein Gebirgsbewohner gekleidet ist u. sich auch entsprechend zu benehmen versucht.*

Flach|land|ti|ro|le|rin, die; -, -nen: w. Form zu ↑ Flachlandtiroler.

flach|le|gen ⟨sw. V.; hat⟩ (salopp): **1.** ⟨f. + sich⟩ *sich [für kurze Zeit] schlafen legen.* **2. a)** *bewusstlos schlagen, niederstrecken;* **b)** *mit jmdm. koitieren:* er prahlt, dass er schon viele Frauen flachgelegt habe.

flach|lie|gen ⟨st. V.; hat⟩: *süddt., österr., schweiz. auch:* ist⟩ (salopp): *krank sein.*

Flach|mann, der ⟨Pl. ...männer⟩ (ugs. scherzh.): *kleine, flache [Schnaps]flasche, die man in die Tasche stecken kann:* er nimmt einen Schluck aus dem F.

Flach|meer, das (Geogr.): *Schelfmeer (b).*

Flach|mei|ßel, der: *Meißel mit breiter Schneide.*

Flach|moor, das (Geogr.): *Moor, das durch Verlandung entstanden ist.*

Flach|pass, der (Fußball): *flach zugespielter Pass (3).*

Flach|re|li|ef, das: *Basrelief.*

Flachs, der; -es: **1.** [mhd. vlahs, ahd. flahs, zu ↑ flechten] **a)** *einjährige, blau od. weiß blühende Pflanze mit bastreichen Stängeln u. ölhaltigen Samen:* der F. blüht; **b)** *Faser der Flachspflanze, die gesponnen zu Leinen verarbeitet wird:* F. spinnen. **2.** [rückgeb. aus ↑ flachsen] (ugs.) *leichthin gemachte spaßige Äußerung [mit der man einen anderen neckt, aufzieht]:* das war nur F.; [jetzt mal] ganz ohne F. (im Ernst).

flachs|blond ⟨Adj.⟩: *hellblond:* -es Haar; Ein kleines, -es Mädchen mit entzündeten Augen und schmutzigem Gesicht kam auf mich zu (Kreuder, Gesellschaft 124).

Flach|schuss, der (Fußball): *Schuss, dessen Bahn in niedriger Höhe über dem Boden verläuft.*

Flach|se, die; -, -n (bayr., österr.): *Flechse.*

flach|sen ⟨sw. V.; hat⟩ [viell. scherzh. Verwendung von ostmd. flachsen = (durch)hecheln] (ugs.): *jmdm. gegenüber scherzend Unsinn reden u. sich dabei auf seine Kosten amüsieren; jmdn., indem man ihm Unwahrheiten erzählt od. Dinge übertreibend darstellt, necken:* mit jmdm. f.

fläch|sen ⟨Adj.⟩: *flächsern.*

Flach|se|rei, die; -, -en (ugs.): **1.** ⟨o. Pl.⟩ *beständiges, als lästig empfundenes Flachsen.* **2.** *flachsige Bemerkung.*

fläch|sern ⟨Adj.⟩: **1.** *aus Flachs bestehend; den Flachs betreffend:* -e Fäden. **2.** *flachsfarben.*

flachs|far|ben ⟨Adj.⟩: *hellgelb.*

Flachs|fa|ser, die: *Flachs (1 b).*

Flachs|garn, das: *Faden aus Flachs (1 b).*

Flachs|haar, das: *hellblondes Haar.*

flachs|haa|rig ⟨Adj.⟩: *flachsfarbenes Haar habend.*

flach|sig ⟨Adj.⟩: **1.** (bayr., österr.) *sehnig, zäh (von Fleisch).* **2.** (ugs.) *neckisch.*

Flachs|kopf, der: *Kind, junger Mensch mit hellblondem Haar.*

Flachs|sa|men, der: *Leinsamen.*

Flachs|spin|ne|rei, die: *Fabrik, in der Flachs (1 b) zu Leinenfäden gesponnen wird.*

Flach|was|ser, das ⟨o. Pl.⟩: *flaches, seichtes Wasser.*

Flach|web|stuhl, der: *Webstuhl mit waagerecht gespannter Kette.*

Flach|wich|ser, der (derb abwertend): *männliche Person (deren Verhaltensweise, Meinung nachdrücklich abgelehnt wird).*

Flach|wurz|ler, der; -s, - (Bot.): *Pflanze mit flach unter der Bodenoberfläche verlaufenden seitlichen Wurzeln:* die Fichte gehört zu den -n.

Flach|zan|ge, die: *Zange mit flachen Backen zum Biegen von Draht, Blech o. Ä.*

¹fla|cken ⟨sw. V.; hat⟩ [frühnhd. (oberd.) vlacken; vgl. flackern] (selten): *flackern.*

²fla|cken ⟨sw. V.; hat⟩ [schwäb., bayr. flacken, H. u.] (südd.): *[faul] daliegen.*

Fla|cker|feu|er, das (Seemannsspr.): *mit behelfsmäßig hergestellten Fackeln gezeigtes Feuer als Signal.*

fla|cke|rig, flack|rig, flackrig ⟨Adj.⟩: *flackernd.*

fla|ckern ⟨sw. V.; hat⟩ [spätmhd. vlackern = flackern, flattern, weitergebildet aus dem ↑ ¹flacken zugrunde liegenden Verb, wohl eigtl. = hin u. her schlagen]: **1. a)** *unruhig, mit zuckender Flamme brennen:* die Kerze flackerte; Ü in ihren Augen flackerte die Angst; **b)** *(vom elektrischen Licht) in kurzen, unregelmäßigen Abständen an u. ausgehen:* die Neonröhre, die Glühlampe flackert. **2.** *sich unruhig bewegen:* seine Augen flackerten vor Erregung; Ein Grinsen flackerte über sein Gesicht (Remarque, Funke 220).

flack|rig: ↑ flackerig.

Fla|den, der; -s, - [mhd. vlade = breiter, dünner Kuchen; Honigscheibe; Kuhfladen, ahd. flado = flacher, dünner (Honig)kuchen (als Opferkuchen), eigtl. = Flaches, Ausgebreitetes, verw. mit ↑ Flunder u. ahd. flaʒ = flach]: **1.** *flacher [süßer] Pfannkuchen:* einen F. backen. **2. a)** *flach u. breit sich erstreckende [breiige] Masse;* **b)** *Kurzf. von ↑ Kuhfladen.* **3.** (landsch.) *großes Stück Brot od. Kuchen.*

Fla|den|brot, das: *flaches [rundes] Brot.*

Fla|der, die; -, -n [spätmhd. vlader, zu: vlader(e)n = flattern, flackern (nach der Ähnlichkeit mit einer flackernden Flamme)]: *bogenförmiger Jahresring des Sehnenschnitts beim Baumstamm; Maser, Holzader.*

Fla|der|holz, das ⟨Pl. ...hölzer⟩: *Holz mit Maserung.*

fla|de|rig, flad|rig ⟨Adj.⟩: *gemasert.*

Fla|der|schnitt, der: *Schnitt durch einen Baumstamm, durch den die Fladern sichtbar werden.*

Fla|de|rung, die; -, -en [zu ↑ Flader]: *Maserung des Holzes.*

Fläd|le, das; -s, - (bes. schwäb., westösterr.): *kleiner, in Streifen geschnittener Fladen (1) aus dünn ausgerolltem, in Fett gebackenem Eierteig als Suppeneinlage.*

Fläd|le|sup|pe, die: *Suppe mit Flädle.*

flad|rig: ↑ fladerig.

Fla|gel|lant, der; -en, -en [zu lat. flagellans (Gen.: flagellantis), 1. Part. von: flagellare = geißeln, schlagen, zu: flagellum, ↑ Flegel]: **1.** (Geschichte) (im Mittelalter) *Angehöriger religiöser Bruderschaften, die durch Selbstgeißelung Sündenvergebung erreichen wollen.* **2.** (Med., Psychol.) *sexuell abnorm veranlagter Mensch, der in Züchtigung u. Geißelung geschlechtliche Erregung u. Triebbefriedigung sucht.*

Fla|gel|lan|ten|tum, das; -s ⟨bildungsspr.⟩: *Kasteiung, Selbstgeißelung aus religiösen Gründen.*

Fla|gel|lan|tin, die; -, -nen: w. Form zu ↑ Flagellant (2).

Fla|gel|lan|tis|mus, der; - (Med., Psychol.): *abnormer Trieb zur sexuellen Lustgewinnung durch Flagellation.*

Fla|gel|lat, der; -en, -en [zu ↑ Flagellum] (Biol.): *Einzeller mit einer od. mehreren Geißeln zur Fortbewegung; Geißeltierchen.*

Fla|gel|la|ti|on, die; -, -en (Med., Psychol.): *Geißelung u. Züchtigung mittels einer Riemen- od.*

Strickpeitsche als sexuelles Reizmittel (Form des Sadismus bzw. Masochismus).

Fla|gel|le, die; -, -n ⟨Biol.⟩: *Flagellum* (1).

Fla|gel|lum, das; -s, ...llen [lat. flagellum, ↑ Flegel]: **1.** ⟨Biol.⟩ *Fortbewegungsorgan vieler einzelliger Tiere u. Pflanzen.* **2.** ⟨Med., Psychol.⟩ *Riemen- od. Strickpeitsche eines Flagellanten* (2).

Fla|geo|lett [flaʒoˈlɛt], das; -s, -e u. -s [frz. flageolet, zu lat. flare = blasen] (Musik): **1.** *besonders hohe Flöte, kleinster Typ der Blockflöte.* **2.** *flötenähnlicher Ton bei Streichinstrumenten u. Harfe.* **3.** *Flötenregister der Orgel.*

Fla|geo|lett|ton, der (Musik): *Flageolett* (2).

Flag|ge, die; -, -n [aus dem Niederd. < engl. flag, wahrsch. verw. mit aisl. flogra = flattern (verw. mit ↑ flackern)]: *an einer Leine befestigte Fahne als Hoheits- od. Ehrenzeichen eines Staates, als Erkennungszeichen u. Verständigungsmittel [im Seewesen für Schiffe], die an einem Flaggenmast, -stock o. Ä. gehisst od. befestigt wird:* eine F. aufziehen, hissen; (Seemannsspr.:) die F. setzen; das Schiff fährt unter britischer F. *(ist ins britische Schiffsregister eingetragen);* * **die F. streichen** *(sich geschlagen geben;* nach dem seemännischen Brauch, als Zeichen der Niederlage die F. einzuziehen; vgl. engl. to strike the flag: vor diesen Argumenten musste sie die F. streichen); **F. zeigen** *(seine Meinung od. Erwartung mit Nachdruck u. deutlich zu erkennen geben;* nach engl. to show the flag); **unter falscher F. segeln** *(eine bestimmte Identität vortäuschen).*

flag|gen ⟨sw. V.; hat⟩: *aus einem besonderen Anlass Fahnen hissen.*

Flag|gen|al|pha|bet, das (Seew.): *Darstellung des Alphabets durch verschiedene Flaggen.*

Flag|gen|gruß, der: *Gruß zwischen Schiffen durch Dippen der Schiffsflagge.*

Flag|gen|mast, der: *Mast, an dem eine Flagge gehisst wird.*

Flag|gen|pa|ra|de, die: *das feierliche Hissen der Dienst- od. Nationalflagge bei Sonnenaufgang u. das Niederholen bei Sonnenuntergang.*

Flag|gen|sig|nal, das: *Signal, das mithilfe einer Flagge gegeben wird.*

Flag|gen|stock, der (Seemannsspr.): *Stock am Heck eines Schiffes, an dem die Flagge befestigt wird.*

Flagg|of|fi|zier, der: *höherer Seeoffizier, dem ein Verband von Kriegsschiffen unterstellt ist.*

Flagg|of|fi|zie|rin, die: w. Form zu ↑ Flaggoffizier.

Flagg|schiff, das: **1.** [nach der gehissten Flagge seines Befehlshabers] *Kriegsschiff, von dem aus der Flaggoffizier seinen Verband führt.* **2.** *größtes Schiff einer Flotte od. Reederei.* Ü *diese Firma ist das F. (das bedeutendste Unternehmen) der niedersächsischen Wirtschaft.*

fla|g|rant ⟨Adj.⟩ [frz. flagrant < lat. flagrans (Gen.: flagrantis) = brennend, adj. 1. Part. von: flagrare = brennen, lodern] (bildungsspr.): *deutlich u. offenkundig [im Gegensatz zu etw. stehend], ins Auge fallend:* ein -er Verstoß, Widerspruch.

Flag|ship-Store, Flag|ship|store [ˈflɛgʃɪpstɔː], der; -s, -s [aus engl. flagship = Flaggschiff; (in Zus.:) führend u. store = Geschäft, Laden]: *repräsentatives Geschäft einer Kette, das durch Produkte, Design u. Service die hinter der Marke stehende Philosophie vermitteln soll.*

Flair [flɛːɐ̯], das, seltener: der; -s [frz. flair = Geruchssinn; Spürsinn, zu: flairer = riechen, wittern < mlat. flagrare, dissimiliert aus lat. fragrare = stark riechen, duften]: **1.** *einen Menschen od. eine Sache umgebende, als positiv, angenehm empfundene persönliche Note; Atmosphäre; Fluidum:* sie hatte ein F. von Extravaganz. **2.** (bes. schweiz., sonst selten) *feiner Instinkt, Gespür:* ein F. für den Außendienst haben.

Flak, die; -, -, auch: -s ⟨Militär⟩: **1.** *Kurzwort für* Flug(zeug)abwehrkanone. **2.** ⟨o. Pl.⟩ *Flugabwehrartillerie.*

Fla|ke, die; -, -n [mniederd. vlake, wohl verw. mit ↑ flechten] (nordd.): *geflochtene [Schutz]wand; Flechtwerk; Netz.*

Flak|ge|schütz, das: *zur Flugzeugabwehr eingesetztes Geschütz.*

Flak|hel|fer, der: *(im Zweiten Weltkrieg) noch nicht wehrpflichtiger Helfer bei der Flak* (2).

Flak|hel|fe|rin, die: w. Form zu ↑ Flakhelfer.

Fla|kon [flaˈkõː], der od. das; -s, -s [frz. flacon < spätlat. flasca, flasco = Flasche, aus dem Germ.]: *Glasfläschchen mit Stöpsel zum Aufbewahren von Parfüm o. Ä.*

Flak|sol|dat, der: *Soldat der Flak* (2).

Flak|stel|lung, die: *[ausgebaute] Stellung der Flak* (2).

Flam|beau [flãˈboː], der; -s, -s [frz. flambeau, zu afrz. flamb(l)e = Flamme < lat. flammula = kleine Flamme, Vkl. von: flamma, ↑ Flamme]: *mehrarmiger Leuchter mit hohem Fuß.*

Flam|berg, der; -[e]s, -e [frz. flamberge, in Anlehnung an: flambe = Flamme, zu: Floberge = Name eines Schwerts in einem afrz. Heldenepos]: *mit beiden Händen zu führendes Schwert der Landsknechte mit wellig-geflammter Klinge; Flammenschwert.*

flam|bie|ren ⟨sw. V.; hat⟩ [frz. flamber < lat. flammare = (ent)flammen, brennen, zu: flamma, ↑ Flamme]: **1.** *(Speisen wie z. B. Fleisch, Früchte) zur Geschmacksverfeinerung mit Alkohol übergießen u. anzünden.* **2.** (veraltet) *absengen.*

flam|bo|y|ant [flãboaˈjant] ⟨Adj.⟩ [frz. flamboyant, 1. Part. von: flamboyer = flammen, aufleuchten, zu: flamber, ↑ flambieren] (bildungsspr.): **1. a)** *flammend, geflammt:* -e Muster; **b)** *farbenprächtig, grellbunt.* **2.** *heftig, energisch.*

Flam|bo|y|ant|stil [flãboaˈjãː...], der ⟨o. Pl.⟩ [frz. style flamboyant, eigtl. = geflammter Stil (nach den Schmuckformen)]: *spätgotischer Baustil in England u. Frankreich.*

¹**Fla|me,** die; -, -n; m.: Ew. zu ↑ Flandern.

²**Flame** [fleɪm], die; -, -s, auch: das; -s, -s [engl. flame, eigtl. = Flamme < afrz. flamme < lat. flamma] (Jargon): *verbale Attacke in der schriftlichen Kommunikation im Internet, z. B. beim Chatten.*

Fla|men|co, der; -[s], -s [span. flamenco, eigtl. = flämisch; (andalusischer) Rom < mniederd. Vlaminc = Flame]: **a)** *andalusisches [Tanz]lied;* **b)** *stark rhythmisch bewegter Solo- od. Paartanz, der auf den Flamenco* (a) *getanzt wird.*

Flame-out [ˈfleɪmˌlaʊt, ˈfleɪmˈlaʊt], der; -s, -s [engl. flame-out, eigtl. = Zu-Ende-Flammen, zu: to flame out = Schubkraft durch Triebwerksausfall verlieren, zu: flame = Flamme < lat. flamma, ↑ Flamme] (Flugw.): *durch Treibstoffmangel bedingter Ausfall eines Strahltriebwerks beim Flugzeug; Burn-out* (1 b).

Fla|min, Flä|min, die; -, -nen: w. Form zu ↑ ¹Flame.

Fla|ming [ˈfleɪmɪŋ], das; -s, -s [engl. flaming, zu: to flame = ein(e) Flame verschicken] (Jargon): *[häufigeres] Auftreten bzw. gezielte Verwendung von Flames.*

Fla|min|go, der; -s, -s [älter span. flamengo, (heute: flamenco), viell. zu lat. flamma = Flamme (wegen des »geflammten« Gefieders)]: *gesellig lebender, grazilier, weiß, rot od. rosafarben befiederter großer Wasservogel mit sehr langen Beinen, sehr langem Hals u. einem vorn abgebogenen Schnabel.*

Fla|min|go|blu|me, die [der rote Blütenkolben erinnert in Form u. Farbe an den Hals eines Flamingos]: *Anthurie.*

flä|misch ⟨Adj.⟩: **1.** *die Flamen betreffend, von ihnen stammend, zu ihnen gehörend.* ◆ **2.** [urspr. = fein, zart, H. u.] *mürrisch; zornig:* Es trat mir dereinst ein ungeschlachter Mann so f. in meinen Schatten, dass er ein großes Loch darein riss (Chamisso, Schlemihl 46).

Flä|misch, das; -[s], (nur mit best. Art.:) **Flä|mi|sche,** das; -n: *die flämische Sprache.*

Flämm|chen, das; -s, -: Vkl. zu ↑ Flamme.

Flam|me, die; -, -n [mhd. vlamme < lat. flamma, zu: flagrare, ↑ flagrant]: **1.** *(in bläulich od. gelbrot leuchtenden Zungen 8) hochschlagender Teil des Feuers:* die F. schießt empor; Ü die -n der Leidenschaft; ...aber wir wissen auch, dass nichts auf der Welt ohne die F. des Ideals geschehen ist, geändert ist, gewirkt wurde (Tucholsky, Werke II, 179); * **in [hellen] -n stehen** *(mit aufschlagenden Flammen brennen:* der Dachstuhl stand in -n); **in [Rauch und] -n aufgehen** *(vom Feuer völlig zerstört werden).* **2. a)** *an der Luft verbrennender Gasstrom:* auf kleiner F. kochen; **b)** *Stelle, an der Gas [an einem Kochherd] zum Zwecke des Kochens angezündet werden kann:* ein Gasherd mit vier -n. **3.** (ugs. veraltend) *Freundin* (2).

Flam|mé [...ˈmeː], der; -[s], -s [zu frz. flammé = geflammt] (Textilind.): *in Leinwandbindung gewebter Kleider- u. Dekorationsstoff mit Flammengarn im Schuss* (8).

flam|men ⟨sw. V.; hat⟩ [mhd. vlammen]: **1.** (geh. veraltet) *mit hochschießender, aufschlagender Flamme brennen, lodern:* das Feuer flammt im Kamin. **2.** (geh.) *vor Erregung leuchten, funkeln.*

flam|men ⟨sw. V.; hat⟩ (bes. Technik): *absengen.*

Flam|men|bo|gen, der (südd., österr.): *Lichtbogen.*

flam|mend ⟨Adj.⟩: **1.** *strahlend; funkelnd; leuchtend [rot]:* ein -es Rot. **2.** *leidenschaftlich-mitreißend, begeistert.*

flam|men|för|mig ⟨Adj.⟩: *die Form einer Flamme aufweisend.*

Flam|men|ku|chen: ↑ Flammkuchen.

Flam|men|meer, das (emotional): *große brennende Fläche:* die Stadt war ein einziges F.

Flam|men|schwert, das: *Flamberg.*

Flam|men|tod, der (emotional): *Tod durch Verbrennen.*

Flam|men|wer|fer, der: **1.** (Militär) *im Nahkampf eingesetzte Waffe, bei der flüssiger Brennstoff versprizt wird, der sich beim Ausströmen entzündet.* **2.** (ugs. scherzh.) *Feuerzeug, das mit großer Flamme brennt.*

Flam|me|rie, die; -, -n [engl. flummery, eigtl. = Haferbrei < walisisch llymru, H. u.]: *kalte Süßspeise aus Milch, Zucker, Stärkeprodukten u. Früchten (die zum Servieren gestürzt wird).*

◆ **flam|mern** ⟨sw. V.; hat⟩ [Iterativbildung zu ↑ flammen]: *flackern:* Es schleicht ein Flämmchen am Unkenteich, das flimmert und flammert so traurig (Bürger, Des Pfarrers Tochter).

◆ **fläm|mern** ⟨sw. V.; hat⟩: *flammern:* ...aufwärts der Schein des ew'gen Lämpchens flämmert (Goethe, Faust I, 3651).

flamm|fest ⟨Adj.⟩ (Fachspr.): *(von Textilien) mithilfe einer speziellen Appretur schwer entflammbar gemacht:* ein -er Theatervorhang.

Flamm|ku|chen, der, Flammenkuchen, der Kuchen wurde früher im von Glut u. Asche gesäuberten vorderen Teil des Backofens (a) gebacken, während im hinteren Teil noch Feuer brannte] (landsch.): *fladenartiger Kuchen aus Hefeteig, der bes. mit Speck u. Zwiebeln belegt ist u. warm gegessen wird.*

Flamm|punkt, der: *Temperatur, bei der ein Stoff brennbare Gase entwickelt.*

◆ **flamm|rot** ⟨Adj.⟩: *rot wie die Flamme:* Der lange verweilende Kuss auf ihren entblößten

Arm, dass noch die Spur seiner Zähne im -en Fleck zurückblieb (Schiller, Fiesco I, 1).

Flan|dern; -s: **1.** historische Landschaft an der Nordseeküste auf dem Gebiet der heutigen Staaten Belgien u. Frankreich. **2.** belgische Provinz.

flan|drisch ⟨Adj.⟩: *Flandern betreffend.*

Fla|nell, der; -s, -e [frz. flanelle < engl. flannel, zu kelt. (kymrisch) gwlân = Wolle]: *gerautes Gewebe in Leinen- od. Köperbindung aus [Baum]wolle für Wäsche od. Oberbekleidung.*

Fla|nell|an|zug, der: *meist grauer Anzug aus Flanell.*

fla|nel|len ⟨Adj.⟩: *aus Flanell bestehend.*

Fla|nell|hemd, das: *Oberhemd aus leichtem Flanell.*

fla|nel|lig ⟨Adj.⟩: *flanellartig, wie Flanell.*

Fla|neur [flaˈnøːɐ̯], der; -s, -e [frz. flâneur, zu: flâner, ↑flanieren]: *jmd., der irgendwo flaniert.*

Fla|neu|rin [flaˈnøːrɪn], die; -, -nen: w. Form zu ↑Flaneur.

fla|nie|ren ⟨sw. V.; hat/ist⟩ [frz. flâner, wohl über das Norm. zu aisl. flana = zielos herumlaufen, verw. mit ↑Feld]: *ohne ein bestimmtes Ziel langsam spazieren gehen, umherschlendern:* Man hastete auch nicht, man flanierte in Leningrad (Koeppen, Rußland 144).

Fla|nier|mei|le, die (ugs.): *meist breite, lang gestreckte Straße, die bes. zum Flanieren geeignet ist.*

Flan|ke, die; -, -n [frz. flanc, aus dem Germ., vgl. ahd. (h)lanka, ↑Gelenk]: **1.** *weicher seitlicher Teil des Rumpfes [von Tieren]; Weiche:* das Pferd stand mit zitterndem -n da. **2.** (Militär) *rechte od. linke Seite einer marschierenden od. in Stellung gegangenen Truppe:* die F. war ungeschützt. **3.** (seltener) *breiter, stärker geneigter seitlicher Berghang.* **4.** (seltener) *Seite* (1 b, c): das Motorrad fuhr dem Lastzug in die F. **5.** (Sport) **a)** (Turnen) *Stützsprung über ein Turngerät, bei dem eine gestreckte Körperseite dem Gerät zugewendet ist;* **b)** (Ballspiele) *[halb]hohe Ballabgabe vor das gegnerische Tor von der Seite her:* eine F. schlagen; **c)** (Ballspiele) *rechter od. linker Teil des Sturms einer Mannschaft;* **d)** (Ballspiele) *rechter od. linker Teil des Spielfeldes;* **e)** (Fechten) *untere Blöße auf der rechten Seite.*

flan|ken ⟨sw. V.; hat⟩: **a)** (Ballspiele) *den Ball mit einer Flanke* (5 b) *spielen:* in den Strafraum f.; **b)** *eine Flanke* (5 a) *machen:* er flankte rechtshändig über eine Barriere.

Flan|ken|ball, der (Ballspiele): *als Flanke* (5 b) *geschlagener Ball.*

Flan|ken|de|ckung, die (Militär): *Deckung der Flanke* (2).

Flan|ken|lauf, der (Ballspiele): *das Eindringen in die gegnerische Abwehr, indem ein Spieler an der Außenseite des Spielfelds mit dem Ball läuft u. ihn dann vor dem Tor spielt.*

Flan|ken|schutz, der ⟨o. Pl.⟩ (Militär): *Schutz der Flanke* (2): Ü sie erhielt politischen F.

Flan|ken|wech|sel, der (Ballspiele): *Vorlage, bei der der Ball von einer Seite des Spielfeldes auf die andere geschlagen wird.*

flan|kie|ren ⟨sw. V.; hat⟩ [frz. flanquer, zu: flanc, ↑Flanke]: *zu beiden Seiten von etw., jmdm. stehen, gehen; [schützend] begleiten:* zwei Türme flankierten das Tor; flankiert von seinem Anwalt betrat er das Podium; Ü flankierende *(zusätzliche, unterstützende)* Maßnahmen.

Flansch, der; -[e]s, -e [spätmhd. vlansch = Zipfel, verw. mit ↑flennen]: *als Verbindung od. Anschluss dienende ringförmige Verbreiterung am Ende eines Rohrs od. einer Welle.*

flan|schen ⟨sw. V.; hat⟩: *(ein Rohr od. eine Welle) mit einem Flansch versehen.*

Flap [flɛp], das; -s, -s [engl. flap = Klappe, zu: to flap = (mit den Flügeln) schlagen, flattern, wohl lautm.; vgl. flappen] (Flugw.): *an der Unterseite der Tragflächen von Flugzeugen anliegender klappenähnlicher Teil, der zur Erhöhung des Auftriebs nach vorn geklappt wird.*

Flap|pe, die; -, -n [mniederd. vlabbe, zu ↑flappen] (md., nordd.): *[schiefer, verzerrter] Mund.*

flap|pen ⟨sw. V.; hat⟩ [aus dem Niederd.; wohl lautm.]: *(meist von Gegenständen aus Stoff) sich mit klatschendem Geräusch [im Wind] bewegen:* das Segel flappte im Wind.

flap|sig ⟨Adj.⟩ (ugs.): *schlechte, ungeschliffene Manieren zeigend:* eine -e Antwort.

Fla-Ra|ke|te, die; -, -n [↑Fla] (Militär): *Flugabwehrrakete.*

Fläsch|chen, das; -s, -: Vkl. zu ↑Flasche.

Fla|sche, die; -, -n: **1.** [mhd. vlasche, ahd. flaska, entw. zu ↑flach u. eigtl. = flaches Gefäß od. zu ↑flach u. eigtl. = flaches Gefäß] *[verschließbares] Gefäß aus Glas, Metall od. Kunststoff mit enger Öffnung u. Halsansatz zum Aufbewahren von Flüssigkeiten, auch Gasen:* eine bauchige F. aus Glas; eine F. Bier; eine F. spanischer Wein/(geh.:) spanischen Wein[e]s; mit drei -n hochprozentigem Rum/(geh.:) hochprozentigen Rums; eine F. verkorken, entkorken; eine F. austrinken; dem Kind die F. *(Milchflasche)* geben; Wein auf -n ziehen *(in Flaschen abfüllen)*; * einer F. den Hals brechen (ugs. scherzh.; eine Flasche Wein, Schnaps o. Ä. öffnen, um sie auszutrinken); **zu tief in die F. gegucket/geschaut haben** (ugs. scherzh.; ↑¹Glas 2 a); **zur F. greifen** (ugs.; *sich dem Alkohol ergeben*). **2.** *[auf die Vorstellung der leeren Flasche zurückgehend]* (ugs.) *unfähiger Mensch; Versager:* so eine F.!

Fla|schen|ab|fül|lung, die: *Abfüllung in Flaschen.*

Fla|schen|baum, der: *Baum mit flaschenförmigem, Wasser speicherndem Stamm.*

Fla|schen|bier, das: *in Flaschen abgefülltes Bier (im Unterschied zu Fassbier).*

Fla|schen|bo|fist, Fla|schen|bo|vist, der: *flaschenförmiger [essbarer] Pilz.*

Fla|schen|bürs|te, die: *schmale, lange Bürste zum Reinigen von Flaschen.*

Fla|schen|eti|kett, das: *Etikett auf einer Flasche.*

fla|schen|för|mig ⟨Adj.⟩: *die Form einer Flasche habend:* eine -e Frucht.

Fla|schen|gar|ten, der: *Flasche, in der Zierpflanzen angepflanzt sind.*

Fla|schen|gä|rung, die: *(bei der Schaumweinherstellung) Gärung des Schaumweins in der Flasche.*

Fla|schen|gas, das: *Gas, das unter Druck in Stahlflaschen aufbewahrt u. transportiert wird.*

Fla|schen|ge|stell, das: *Gestell zum waagerechten Lagern von Weinflaschen.*

Fla|schen|glas, das ⟨Pl. selten⟩: *[dickes, billiges] Glas, aus dem Flaschen gemacht werden.*

fla|schen|grün ⟨Adj.⟩: *kräftig dunkelgrün.*

Fla|schen|hals, der: **1.** *schmaler, oberer Teil einer Flasche.* **2.** (ugs.) *bes. enge Stelle eines Verkehrsweges, an der sich der Verkehr in Stoßzeiten staut; Engpass:* diese Brücke, der Grenzübergang ist ein F.; Ü Provider wirken als F.

Fla|schen|kind, das: *Kleinkind, das statt Muttermilch Nahrung aus der Flasche bekommt.*

Fla|schen|kor|ken, der: *Flaschenverschluss aus Kork.*

Fla|schen|kür|bis, der: *Kürbis mit flaschenförmigen Früchten.*

Fla|schen|milch, die: *in Flaschen abgefüllte Milch.*

Fla|schen|nah|rung, die: *Nahrung für Kleinkinder, die mit einer Flasche gefüttert werden.*

Fla|schen|öff|ner, der: *Gerät zum Öffnen von mit Kronkorken verschlossenen Flaschen; Kapselheber.*

Fla|schen|pfand, das: *(beim Kauf von Getränken) für Flaschen zu entrichtendes Pfand.*

Fla|schen|post, die: *Nachricht in einer verschlossenen Flasche, die ins Meer geworfen wird in der Hoffnung, dass sie irgendwo ans Land getrieben u. von jmdm. gefunden u. gelesen wird.*

fla|schen|reif ⟨Adj.⟩ (Fachspr.): *(vom Wein) so lange gelagert, dass er in Flaschen gefüllt werden kann, ohne trüb zu werden.*

Fla|schen|rei|fe, die (Fachspr.): *das Flaschenreifsein.*

Fla|schen|schiff, das: *in eine Flasche hineingebautes Schiffsmodell.*

Fla|schen|ver|schluss, der: *Verschluss einer Flasche in Form eines [Kron]korkens, Schraubverschlusses o. Ä.*

Fla|schen|wein, der: *Wein, der in Gaststätten als ganze Flasche serviert wird.*

fla|schen|wei|se ⟨Adv.⟩: **a)** *in Flaschen [abgefüllt];* **b)** *in großer, in Flaschen gemessener Menge.*

Fla|schen|zug, der [zu ↑Flasche = flaschenförmiges Gehäuse, in dem die Rollen laufen]: *Vorrichtung zum Heben von Lasten, bei der ein Seil od. eine Kette über eine od. mehrere Rollen geführt wird.*

Flasch|ner, der; -s, - [spätmhd. vlaschener (da früher Flaschen auch aus Blech od. Zinn hergestellt wurden)] (südd., schweiz.): *Klempner.*

Fla|ser, die; -, -n [H. u.]: *Ader im Gestein.*

fla|se|rig, fla|srig ⟨Adj.⟩: *geädert, gemasert.*

Flash [flɛʃ], der; -s, -s [engl. flash, eigtl. = Blitz, zu: to flash = (auf)blitzen, wohl laut- u. bewegungsnachahmend u. urspr. auf das Ansteigen u. Auseinanderfließen von Wellen bezogen]: **1.** (Film) **a)** *kurze Einblendung in eine längere Bildfolge;* **b)** *Rückblick, Rückblende.* **2.** (Jargon) *Augenblick, in dem sich ein gespritztes Rauschmittel in dem Blut verbindet u. der Rauschzustand eintritt.* **3.** (engl. news flash) (Rundfunk, Fernsehen, Zeitungsw.) *Eil-, Kurzmeldung.*

Flashback, Flash-back [ˈflɛʃbɛk], der; -s, -s [engl. flashback = Rückschlag (von Flammen); Rückblende]: **1.** *durch Konditionierung bedingter Rauschzustand wie nach der Einnahme von Drogen, ohne dass eine Einnahme von Drogen erfolgt.* **2.** (Film) *einzelnes Bild einer Rückblende.* **3.** (Psychol.) *Erinnerungsbild: ein[en] F. erleben.*

fla|shen [ˈflɛʃn] ⟨sw. V.; hat⟩ [engl. to flash]: **1.** (Musikjargon) *begeistern:* mit seiner Musik flashte er das Publikum. **2.** (EDV) *ROM-gespeicherte Software überschreiben.*

Flash|light [...laɪt], das; -s, -s [engl. flashlight = Blitzlicht]: **1.** *rasche Abfolge von Lichtblitzen, aufblitzendes Licht (z. B. in Diskotheken).* **2.** *Anlage, die Flashlights* (1) *erzeugt.*

Flash|mob [ˈflɛʃmɔp], der (engl. flash mob, zu: flash = Blitz u. mob = (aufgewiegelte) Volksmenge]: **1.** *kurze, überraschende öffentliche Aktion einer größeren Menschenmenge, die sich anonym, per moderner Telekommunikation dazu verabredet hat.* **2.** *sich zu einem Flashmob* (1) *zusammenfindende Menschenmenge.*

flas|rig: ↑flaserig.

Flat [flɛt], die; -, -s (ugs.): Kurzf. von ↑Flatrate.

Flat|fee, Flat Fee [ˈflɛtfiː], die; -, -s [engl. flat fee, aus: flat = pauschal, Einheits- (eigtl. = flach, eingeebnet, aus dem Anord.) u. fee = Gebühr, über das Afrz. letztlich zu mlat. feudum, ↑feudal]: *[pauschal] zu entrichtende Gebühr für den Zugang zu einem Provider od. einem anderen* ²*Service* (1 b).

Flat|rate, die; -, -s, **Flat Rate**, die; - -, - -s [ˈflɛtreɪt;

Flatsch ['fla(:)tʃ], der; -[e]s, -e, **Flat|sche** ['fla(:)tʃə], die; -, -n, **Flat|schen** ['fla(:)tʃn̩], der; -s, - [mhd. vlatsche, vletsche = Schwert mit breiter Klinge, wohl zu ahd. flaz, ↑Fladen] (landsch.): **a)** *auf dem Boden liegende breiige Masse;* **b)** *größeres [unförmiges] Stück.*

Flat|ter, die; - [zu ↑flattern (1 b)]: nur in der Fügung **die F. machen** (salopp; *weggehen, verschwinden*).

Flat|ter|ech|se, die: *Flugdrache.*

Flat|te|rei, die; -: *dauerndes Flattern.*

flat|ter|haft ⟨Adj.⟩ (abwertend): *von unbeständigem, unstetem Charakter; oberflächlich.*

Flat|ter|haf|tig|keit, die; - (abwertend): *unstetes, wankelmütiges Wesen; Oberflächlichkeit.*

Flat|te|rie, die; -, -n [frz. flatterie, zu: flatter, ↑flattieren] (veraltet): *Schmeichelei.* ◆ Dass er der Bürgercanaille den Hof macht – -n sagt – auch meinetwegen Empfindungen vorplaudert (Schiller, Kabale I, 5).

flat|te|rig, flatt|rig ⟨Adj.⟩: **a)** (abwertend) *flatterhaft;* **b)** *unruhig, unregelmäßig: der Puls ist, geht f.*

Flat|ter|mann, der ⟨Pl. ...männer⟩ (ugs.): **1.** (scherzh.) *Brathähnchen.* **2.** *nervöser, unruhiger Mensch, Mann.* **3.** ⟨o. Pl.⟩ *innere Unruhe, Aufgeregtheit:* den F. überwinden; *einen F. haben (Lampenfieber haben).

flat|tern ⟨sw. V.⟩ [frühnhd. flatern, mhd. vladeren, wohl verw. mit ↑Falter]: **1. a)** ⟨ist⟩ *unruhig-taumelig fliegen:* ein Vogel flattert durch das Zimmer; **b)** ⟨hat⟩ *mit den Flügeln in kurzen Abständen schlagen [u. sich hin u. her bewegen]:* ...und als ein riesiger Mann die Gans einfing, schrie und flatterte sie so laut unter seinen Händen, dass er vor Angst fester zupackte, und dabei starb die Gans (Lenz, Suleyken 56). **2.** ⟨ist⟩ *(von Blättern, Papierstücken o. Ä.) vom Wind od. Luftzug bewegt weitergetragen werden:* die Blätter flatterten durch die Luft; Ü eine Einladung ist mir auf den Tisch geflattert (*ich habe sie unvermutet, unerwartet bekommen*). **3.** ⟨hat⟩ **a)** *heftig vom Wind bewegt werden:* die Fahne flattert im Wind; **b)** *[aufgrund von innerer Unruhe od. Erregtheit] sich unruhig, zitternd bewegen:* seine Hände flatterten nervös; Ü das Herz, der Puls beginnt zu f. (*unregelmäßig zu schlagen*); Beim Essen flatterte ihm der Magen, zerschürften die Bissen die Mundhöhle, fühlte er Schwärze hinter der Stirn (Johnson, Ansichten 15); **c)** (ugs.) *die [Boden]haftung verlieren u. dadurch unregelmäßig u. heftig vibrieren.*

Flat|ter|satz, der ⟨o. Pl.⟩ (Druckw.): *Schriftsatz mit ungleichmäßig langen Zeilen.*

Flat|ter|tier, das: **1.** *(in mehreren Hundert Arten vorkommendes) Säugetier, das mithilfe von großen Flughäuten weit u. schnell fliegen kann* (z. B. Fledermaus). **2.** (ugs.) *flatternd fliegendes Insekt* (z. B. Schmetterling).

flat|tie|ren ⟨sw. V.; hat⟩ [frz. flatter, eigtl. = mit der (flachen) Hand streicheln, aus dem Germ. (im Sinne von »die flache Hand über etw. gleiten lassen«), vgl. ahd. flaz, ↑Fladen] (schweiz., sonst veraltet): *jmdm. schmeicheln.*

flatt|rig: ↑flatterig.

Fla|tu|lẹnz, die; -, -en [zu ↑Flatus] (Med.): **a)** *Gasbildung im Magen od. Darm, Blähsucht;* **b)** *Abgang von Blähungen.*

Fla|tus, der; -, - [...tu:s] [lat. flatus, eigtl. = das Blasen, zu: flare, ↑Inflation] (Med.): *Blähung.*

flau ⟨Adj.⟩ [aus dem Niederd. < mniederd. flau, H. u.]: **a)** *schwach, kraftlos, matt:* eine -e Brise; **b)** *leicht übel, schwindlig:* ein -es Gefühl im Magen haben; **c)** (Kaufmannsspr.) *(in Bezug auf Geschäftliches) nicht den Erwartungen entsprechend, schlecht:* der Absatz verläuft f.; in meinem Geldbeutel sieht es f. aus (ugs.; *es ist nicht viel Geld darin*).

¹**Flaum,** der; -[e]s (landsch.): *Flom.*

²**Flaum,** der; -[e]s [mhd. pflūme, ahd. pflūma < lat. pluma = Flaumfeder]: **1.** *Gesamtheit der Flaumfedern bei Vögeln.* **2. a)** *feiner, zarter Haarwuchs [eines Säuglings], erster Bartwuchs:* blonder, rötlicher F.; **b)** *weicher, pelziger Überzug.*

Flaum|bart, der [zu ↑²Flaum (2 a)]: *erster, weicher Bart.*

Flau|mer, der; -s, - [zu ↑²Flaum (1)] (schweiz.): *Mopp.*

Flaum|fe|der, die: *Daunenfeder.*

flau|mig ⟨Adj.⟩: **a)** *aus ²Flaum (1) bestehend, wie Flaum wirkend:* -es Gefieder; -e Teppiche; **b)** *weich u. locker:* ein -es Püree, Dessert; **c)** *mit ²Flaum (2 a) bedeckt, wie Flaum wirkend:* ein -er Bartwuchs, Schnauzer.

flaum|weich ⟨Adj.⟩: *so weich wie ²Flaum (2 a):* eine -e Haut; Nie benützten wir das -e Toilettenpapier der Städter, immer nur das Papier der Zeitungen (Winkler, Kärnten 322).

Flaus, der; -es, -e (veraltet): *Flausch (2):* ◆ Ich schüttle noch einmal den alten F. (Goethe, Faust II, 6606).

Flausch, der; -[e]s, -e [aus dem Niederd. < mniederd. vlūs(ch) = Wollbüschel; Schaffell, verw. mit ↑Vlies u. urspr. = ausgerupfte Wolle od. Feder]: **1.** *dicker, weicher Wollstoff mit gerauter Oberfläche.* **2.** *Mantel aus Flausch (1).*

flau|schig ⟨Adj.⟩: *weich wie Flausch:* ein -es Handtuch.

Flausch|ja|cke, die: *Jacke aus Flausch (1).*

Flau|se, die; -, -n ⟨meist Pl.⟩ [landsch. Nebenform zu ↑Flausch, eigtl. = loses Fadenende, herumfliegende Wollflocke] (ugs.): **1.** *dummer od. lustiger Einfall; Unsinn, Spinnerei.* **2.** *Ausflucht, Ausrede:* mach keine -n!

flau|tạn|do, flau|tạl|to ⟨Adv.⟩ [ital. flautando = flötend, flautato = geflötet, zu: flautare = flöten] (Musik): *mit flötenartiger Klangfarbe (durch Spielen nahe am Griffbrett des Streichinstruments).*

Flau|te, die; -, -n [zu ↑flau]: **1.** (Seemannsspr.) *sehr geringe Bewegung der Luft; Windstille:* es herrschte totale f.; in eine F. geraten. **2.** (Kaufmannsspr.) *Zeit, in der keine Nachfrage nach Waren, Gütern o. Ä. herrscht:* es herrschte eine allgemeine F. **3.** *vorübergehende Leistungsschwäche, lustlose Stimmung:* Ich hol dich heraus aus deiner F., Junge. Dich richte ich wieder her (M. Walser, Pferd 112).

Fla|vo|no|id, das; -[e]s, -e ⟨meist Pl.⟩ [zu lat. flavus = gelb] (Chemie): *(in vielen pflanzlichen Lebensmitteln vorhandener) wasserlöslicher Pflanzenfarbstoff.*

Fläz, der; -es, -e [aus dem Niederd., viell. zu: vlöte = breiter Löffel zum Abschöpfen der Sahne] (ugs. abwertend): *Mensch, der als plump, roh, flegelhaft angesehen wird; Lümmel.*

flä|zen, sich ⟨sw. V.; hat⟩ (ugs. abwertend): *in nachlässiger Haltung halb sitzen, halb liegen; sich halb setzen, halb legen; sich hinlümmeln, -flegeln.*

flä|zig ⟨Adj.⟩: *flegelhaft, lümmelhaft.*

Fleb|be, Fleppe, die; -, -n ⟨meist Pl.⟩ [H. u.] (Gaunerspr.): **a)** *Legitimations-, Ausweispapier;* **b)** *Geldschein.*

Flẹch|se, die; -, -n [wohl zusgez. aus: Flechtsehne]: *Sehne, bes. von Tieren.*

flẹch|sig ⟨Adj.⟩: *sehnig.*

Flẹcht|band, das ⟨Pl. ...bänder⟩: *Ornament aus verschlungenen Bändern.*

Flẹch|te, die; -, -n [mhd. vlehte = Flechtwerk, Geflochtenes]: **1.** (geh.) *Zopf:* sie trug lange blonde -n. **2.** *niedere Pflanze aus Algen u. Pilzfäden, die in Symbiose leben u. zu krustigen, strauchigen Körpern zusammenwachsen.* **3.** *schuppiger od. krustiger Hautausschlag:* eine nässende F. am Arm haben.

flẹch|ten ⟨st. V.; hat⟩ [mhd. vlehten, ahd. flehtan, verw. mit gleichbed. lat. plectere]: **a)** *mehrere Stränge o. Ä. aus einem biegsamen Material regelmäßig ineinanderschlingen:* die Haare zu einem Zopf f.; ich flocht mir ein Band ins Haar; Ü Ferner schweben mir einige Witze in vulgärem Geschmack vor, die er ins Gespräch flocht (*einfließen ließ*; Th. Mann, Krull 40); **b)** *durch Ineinanderschlingen von biegsamem Material herstellen:* einen Korb f.

Flẹcht|werk, das: **1.** *geflochtener Gegenstand, Geflecht.* **2.** (Archit.) **a)** *aus Geflecht bestehende Wand, die mit Lehm verkleidet ist;* **b)** *Flechtband.* **3.** *Reisigmatte zur Befestigung von Böschungen.*

Flẹck, der; -[e]s, -e [mhd. vlec(ke), ahd. flec(cho), eigtl. wohl = flaches, breit geschlagenes Stück], **Flẹ|cken,** der; -s, -: **1.** *[durch einen Klecks] verschmutzte Stelle:* einen F. entfernen; Rotwein macht -e; R mach dir nur keinen F. ins Hemd! (salopp; *stell dich nicht so an!*); * *einen F. auf der [weißen] Weste haben* (ugs.; *etw. Unredliches, Ungesetzliches, Unmoralisches getan haben*). **2.** *andersfarbige Stelle:* braune -e auf der Haut; sie hat vom Sturz einen blauen F.; Ü ein weißer F. auf der Landkarte (*ein unerforschtes Gebiet*). **3.** (ugs.) *bestimmte Stelle; bestimmter Punkt, Ort:* der gelbe F. im Auge (Med.: *Stelle der größten Sehschärfe auf der Netzhaut*); ich stehe schon eine Stunde auf demselben F.; ich rührte mich nicht vom F.; * *am falschen F.* (*wo es nicht angebracht ist:* sie ist am falschen F. energisch); *nicht vom F. kommen* (*[mit einer Sache] nicht vorankommen:* wir sind heute mit der Arbeit nicht vom F. gekommen); *vom F. weg* (*auf der Stelle, sofort:* er heiratete sie vom F. weg). **4.** (landsch.) *Flicken.*

Flẹck|chen, das; -s, - [zu ↑Fleck (3)]: *kleine Stelle* (meist in Verbindung mit »Erde«): ein herrliches F. [Erde].

flẹ|cken ⟨sw. V.; hat⟩ [mhd. vlecken = beschmutzen; schlagen; vom Fleck schaffen, fördern] (landsch.): **1.** *Flecke machen:* Rotwein fleckt. **2.** *[leicht] Flecke annehmen:* Seide fleckt. **3.** *(Schuhe) mit neuen Sohlen od. Absätzen versehen.* **4.** *vorangehen, vorwärtsgehen:* die Arbeit will heute nicht fleckt f.

Flẹ|cken|ent|fer|ner, der (ugs.): *Fleckenentfernungsmittel.*

Flẹ|cken|ent|fer|nungs|mit|tel, das: *chemisches Mittel zum Entfernen von Flecken bes. aus Textilien.*

flẹ|cken|los ⟨Adj.⟩: **a)** *keine [Schmutz]flecke aufweisend:* die Hose ist wieder f. sauber; **b)** *(in Bezug auf Benehmen od. Lebenswandel) einwandfrei, tadellos.*

Flẹ|cken|lo|sig|keit, die; -: *das Fleckenlossein.*

Flẹck|ent|fer|ner, der (ugs.): *Fleckenentfernungsmittel.*

Flẹ|cken|was|ser, das ⟨Pl. ...wässer⟩: *dünnflüssiges Fleckenentfernungsmittel.*

Flẹ|ckerl, das; -s, -[n] (österr.): **a)** *kleiner Fleck;* **b)** ⟨meist Pl.⟩ *quadratisch geschnittenes Stück aus dünnem Nudelteig als Beilage od. Suppeneinlage.*

Flẹ|ckerl|sup|pe, die (österr.): *Suppe mit Fleckerln (b) als Einlage.*

Flẹ|ckerl|tep|pich, der (bayr., österr.): *Flickenteppich.*

Flẹck|fie|ber, das [nach dem fleckigen Hautausschlag] (Med.): *durch Läuse übertragene Infektionskrankheit des Menschen.*

fle|ckig ⟨Adj.⟩: **a)** *voller Flecke* (1); *viele Flecken* (1) *aufweisend:* eine -e Tischdecke; **b)** *voller Flecke* (2); *viele Flecken* (2) *aufweisend:* ein -er Apfel.

◆ **Fleck|ku|gel,** die: *Waschmittel in Kugelform zum Entfernen von Flecken:* ...aus ihren abgeschlagenen Köpfen -n für ihre schmutzigen Kleider zu machen (Büchner, Dantons Tod I, 6).

Fleck|ty|phus, der (Med.): *Fleckfieber.*

Fle|ckung, die; -: *das Geflecktsein.*

Fleck|vieh, das: *geflecktes Vieh.*

Fled|de|rer, der; -s, -: *jmd., der fleddert.*

Fled|de|rin, die; -, -nen: w. Form zu ↑ Fledderer.

fled|dern ⟨sw. V.; hat⟩ [zu rotwelsch fladern = waschen (verhüll. gebr.)]: **a)** (Gaunerspr.) *(Wehrlose, Leichen) ausrauben, ausplündern;* **b)** (ugs. scherzh.) *(herrenlos, unbewacht umherliegende Gegenstände) wegnehmen, an sich nehmen.*

Fle|der|maus, die; -, ...mäuse [mhd. vledermūs, ahd. fledarmūs = Flattermaus, zu mhd. vlederen, ahd. fledarōn = flattern, ablautende Bildung zu ↑ flattern]: *kleineres, meist insektenfressendes Säugetier mit Flughäuten zwischen den Gliedmaßen, das in der Dämmerung seine Beute fängt.*

Fle|der|maus|oh|ren ⟨Pl.⟩ (salopp scherzh.): *große Ohren.*

Fle|der|tier, das: *Flattertier.*

Fle|der|wisch, der; -[e]s, -e [in Anlehnung an mhd. vlederen = flattern < mhd. vederwisch]: **1.** *Gänseflügel, Büschel von Federn mit Stiel zum Abstauben.* **2.** (ugs.) *unruhiger, oberflächlicher Mensch.*

Fleece [fliːs], das; - [engl. fleece, verw. mit ↑ Vlies]: *synthetischer Flausch* (1).

Fleece|ja|cke ['fliːs...], die: *Jacke aus Fleece.*

Fleet, das; -[e]s, -e [aus dem Niederd. < mniederd. vlēt, eigtl. = fließendes Wasser] (landsch.): **a)** *schiffbarer Kanal in norddeutschen Küstenstädten, bes. in Hamburg;* **b)** *größerer Entwässerungsgraben, bes. in der* ²Marsch.

Fle|gel, der; -s, - [mhd. vlegel, ahd. flegil < kirchenlat. flagellum = Dreschflegel < lat. flagellum = Geißel, Peitsche, Vkl. von lat. flagellum]: **1.** [frühnhd. = Bauer, der den Dreschflegel schwingt] (abwertend) *[junger] Mann, der als ungeschliffen, schlecht erzogen angesehen wird; Lümmel.* **2.** (seltener) *Dreschflegel.*

Fle|gel|al|ter, das ⟨o. Pl.⟩: vgl. Flegeljahre.

Fle|ge|lei, die; -, -en (abwertend): *grobe Unhöflichkeit, Ungezogenheit.*

fle|gel|haft ⟨Adj.⟩ (abwertend): *sehr ungezogen, wie ein Flegel* (1): -e Bemerkungen.

Fle|gel|haf|tig|keit, die; -, -en (abwertend): **1.** ⟨o. Pl.⟩ *das Flegelhaftsein.* **2.** *flegelhafte Handlung, Äußerung.*

fle|ge|lig ⟨Adj.⟩ (abwertend): *flegelhaft.*

Fle|gel|jah|re ⟨Pl.⟩: *Entwicklungsjahre, in denen ein junger Mensch zu flegelhaftem Benehmen neigt.*

fle|geln, sich ⟨sw. V.; hat⟩ (ugs. abwertend): *sich in botont nachlässiger Haltung setzen:* er flegelte sich in einen Sessel, aufs Sofa.

fle|hen ⟨sw. V.; hat⟩ [mhd. vlēhen, ahd. flēhan, flēhōn; vgl. got. (ga)þlaihan (geh.)]: **1.** *eindringlich, demütig bei jmdm. um etw. bitten:* in ihren Augen flehten um Hilfe; der Gefangene flehte [beim König] um Gnade; mit flehender Stimme; ◆ ...ich flehe dich um drei Tage Zeit (Schiller, Bürgschaft). **2.** *inständig, voller Verzweiflung zu jmdm. beten:* zu Gott, zum Himmel f.

fle|hent|lich ⟨Adj.⟩ (geh.): *eindringlich u. demütig, inständig, unter Flehen:* f. um etw. bitten.

Fleisch, das; -[e]s [mhd. vleisch = (Frucht)fleisch, Leib, ahd. fleisc = Fleisch, Leib, H. u.]: **1.** *von Bindegewebe umgebenes weiches Muskelgewebe des menschlichen u.*

tierischen Körpers: in der Wunde sah man das rohe F.; in diesem Film wurde viel [nacktes] F. (spärlich bekleidete Darsteller, bes. Frauen) gezeigt; * *sein/ihr eigen[es] F. und Blut* (geh.; *sein[e]/ihr[e] Kind[er]*); *jmdm. in F. und Blut übergehen* (*jmdm. zur selbstverständlichen Gewohnheit werden; etw. beherrschen, ohne überlegen zu müssen*); *sich ins eigene F. schneiden* (*sich selbst schaden*); *vom Fleisch[e] fallen* (ugs.; *abmagern*). **2.** (bibl.) *menschlicher Körper [mit seinen Begierden] (im Unterschied zum Geist):* dem F. erliegen (*seinen Begierden nachgeben*); ...das Wort ward F. (Gott wurde Mensch; Joh. 1, 14); Trotz ihrer gar nicht hässlichen Züge sah sie aus wie die F. gewordene (geh.; *personifizierte*) Bitterkeit (Werfel, Himmel 128); R *der Geist ist willig, aber das F. ist schwach* (↑¹Geist 1 a). **3.** *essbares Muskelgewebe von Tieren:* geräuchertes F.; heute gibt es [kein] F. **4.** *weiche, essbare Teile von Früchten u. Ä.; Fruchtfleisch:* das saftige F. des Pfirsichs.

fleisch|arm ⟨Adj.⟩: *mit wenig Fleisch* (3) *versehen:* -e Kost; sich f. ernähren.

Fleisch|bank, die ⟨Pl. ...bänke⟩: **1.** (österr. veraltet) **a)** *Fleischerei;* **b)** *Arbeits- u. Verkaufsstück des Fleischers.* **2.** (früher) *zentrale Verkaufsstätte für Fleischwaren:* man fand Reste mittelalterlicher Fleischbänke.

Fleisch|berg, der (ugs. abwertend): **1.** *große Menge von Fleisch.* **2.** *großer, dicker Mensch.*

Fleisch|be|schau, die: **1.** *amtliche Untersuchung des zur menschlichen Ernährung bestimmten Fleisches* (3). **2.** (ugs. scherzh.) *lüsternes Betrachten wenig bekleideter Frauen durch männliche Personen.*

Fleisch|be|schau|er, der: *jmd., der eine Fleischbeschau* (1) *vornimmt* (Berufsbez.).

Fleisch|be|schau|e|rin, die: w. Form zu ↑ Fleischbeschauer.

Fleisch|brü|he, die: *durch Auskochen von Fleisch* (3) *u. Knochen gewonnene Brühe; Bouillon.*

Fleisch|ein|la|ge, die: *Einlage* (3) *von Fleisch.*

Fleisch|ein|waa|ge, die: *Einwaage* (1) *von Fleisch [in einer Konserve].*

◆ **flei|schen** ⟨sw. V.; hat⟩: *(von einem Angriff mit einer Waffe) zu einer Fleischwunde führen:* Er hieb mit auch durch den Panzerärmel hindurch, dass es ein wenig gefleischt hatte (Goethe, Götz III).

Flei|scher, der; -s, - [spätmhd. vleischer, wohl gek. aus: vleischhouwer, -hacker]: *jmd., der Vieh schlachtet, zerlegt, zu Fleisch- u. Wurstwaren weiterverarbeitet u. diese verkauft; Metzger, Schlachter* (Berufsbez.): er ist F., will F. werden.

Flei|sche|rei, die; -, -en: *Betrieb eines Fleischers, einer Fleischerin; Metzgerei, Schlachterei.*

Flei|scher|ha|ken, der: *Stahlhaken zum Aufhängen von Fleischstücken.*

Flei|scher|hand|werk, das ⟨o. Pl.⟩: *Handwerk der Fleischerinnen u. Fleischer.*

Flei|sche|rin, die; -, -nen: w. Form zu ↑ Fleischer.

Flei|scher|in|nung, die: *Innung der Fleischer u. Fleischerinnen.*

Flei|scher|meis|ter, der: *Fleischer, der die Meisterprüfung abgelegt hat.*

Flei|scher|meis|te|rin, die: w. Form zu ↑ Fleischermeister.

Flei|scher|mes|ser, das: *großes, scharfes Messer.*

flei|schern ⟨Adj.⟩: *aus Fleisch bestehend.*

Flei|sches|lust, die ⟨Pl. selten⟩ (geh.): *sinnliche, geschlechtliche Begierde.*

Fleisch|es|ser, der: **a)** *jmd., der (im Gegensatz zum Vegetarier) gewohnheitsmäßig Fleisch* (3) *u. Fleischprodukte zu sich nimmt;* **b)** *jmd., der gern u. viel Fleisch* (3) *isst.*

Fleisch|es|se|rin, die: w. Form zu ↑ Fleischesser.

Fleisch|ex|trakt, der, auch: das: *aus Fleisch[brühe] gewonnene pastenartige Masse als Speisewürze.*

Fleisch|fa|b|rik, die (ugs.): *Fabrik, in der Fleisch* (3) *zu Konserven o. Ä. verarbeitet wird.*

Fleisch|far|be, die: *Fleischton.*

fleisch|far|ben, fleisch|far|big ⟨Adj.⟩: *von der Farbe der menschlichen Haut; zartrosa.*

Fleisch|fon|due, das: *Fondue* (b).

fleisch|fres|send, Fleisch fres|send ⟨Adj.⟩: *sich von Fleisch ernährend:* -e Tiere; -e Pflanzen (*Pflanzen, die Insekten u. Ä. auf verschiedene Weise anlocken, fangen u. verdauen*).

Fleisch|fres|ser, der: *[Raub]tier, dessen Nahrung vorwiegend aus Fleisch* (3) *besteht.*

Fleisch|fül|lung, die (Kochkunst): *Füllung aus gehacktem Fleisch* (3), *Gewürzen u. a. für ein Gericht:* eine Pastete mit F.

Fleisch|gang, der: *aus einem Fleischgericht bestehender* ¹Gang (9).

Fleisch|ge|richt, das: *Gericht, in dem Fleisch* (3) *enthalten ist.*

Fleisch|ge|schwulst, die (Med.): *Sarkom.*

fleisch|ge|wor|den, Fleisch ge|wor|den ⟨Adj.⟩: *personifiziert.*

Fleisch|hau|er, der (österr.): *Fleischer.*

Fleisch|hau|e|rei, die; -, -en (österr.): *Fleischerei.*

Fleisch|hau|e|rin, die: w. Form zu ↑ Fleischhauer.

flei|schig ⟨Adj.⟩: **1.** *mit viel Fleisch [versehen]; dick:* -e Hände. **2.** *mit viel Fleisch* (4), *Fruchtfleisch [versehen]:* eine -e Frucht.

Fleisch|in|dus|t|rie, die: *Zweig* (2 b) *der Lebensmittelindustrie, in dem Fleisch* (3) *verarbeitet wird.*

Fleisch|kä|se, der (landsch.): *dem Leberkäse ähnliches Erzeugnis aus Fleisch* (3), *Eiern u. Gewürzen.*

Fleisch|klop|fer, der: *Küchengerät zum Mürbeklopfen von Fleischscheiben.*

Fleisch|klops, der: *Fleischkloß* (1).

Fleisch|kloß, der: **1.** *Kloß aus Hackfleisch, Eiern u. Gewürzen.* **2.** *Fleischklumpen* (2).

Fleisch|klöß|chen, das: *kleiner Fleischkloß [als Suppeneinlage].*

Fleisch|klotz, der: *Hackklotz des Fleischers.*

Fleisch|klum|pen, der (ugs.): **1.** *großes Stück Fleisch* (3). **2.** (abwertend) *großer, unförmig dicker Mensch.*

Fleisch|kon|ser|ve, die: *Konserve, die in der Hauptsache Fleisch* (3) *enthält.*

Fleisch|kü|chel, das [mhd. küechel = kleiner Kuchen] (südd.): *Frikadelle.*

Fleisch|laib|chen, das (österr.): *Frikadelle.*

Fleisch|leis|tung, die: *bestimmte Menge Fleisch* (3), *die ein Schlachttier erbringt.*

fleisch|lich ⟨Adj.⟩: **1.** *aus Fleisch* (1) *bestehend, Fleisch* (3) *enthaltend:* -e Kost. **2.** (geh.) *die sinnlichen, bes. die geschlechtlichen Begierden betreffend:* die -en Lüste.

Fleisch|lich|keit, die (geh.): *fleischliche* (1) *Beschaffenheit.*

fleisch|los ⟨Adj.⟩: **1.** *(von Speisen u. Gerichten) ohne Fleisch* (3) *bereitet:* die -e (*vegetarische*) Küche; f. kochen. **2.** *mit nur wenig Fleisch* (1) *versehen; sehr mager u. knochig:* -e Hände.

Fleisch|markt, der: **1.** *Markt* (1), *auf dem Fleisch* (3) *verkauft wird.* **2.** *Gesamtheit der Angebote von Fleisch* (3) *(im Verhältnis zur Nachfrage).*

Fleisch|ma|schi|ne, die (österr.): *Fleischwolf.*

Fleisch|mehl, das: *aus getrockneten gemahlenen Fleischresten bestehendes Mehl [als Viehfutter].*

Fleisch|mes|ser, das: *großes Messer zum Schneiden von Fleisch* (3).

Fleisch|nah|rung, die: *Nahrung, die aus Fleisch* (3) *besteht.*

Fleisch|pas|te|te, die: *Pastete mit Fleischfüllung.*

Fleisch|pflan|zerl, das; -s, -[n] (bayr.): *Frikadelle.*

Fleisch|saft, der: *Flüssigkeit, die in einem Stück Fleisch (3) enthalten ist.*

Fleisch|sa|lat, der: *aus klein geschnittenem Fleisch (3), Mayonnaise, Gewürzgurken, Gewürzen u. a. hergestellter Salat.*

Fleisch|schaf, das: *Schaf, das wegen des Fleisches (u. nicht wegen der Wolle) gezüchtet wird.*

Fleisch|schau, die (schweiz.): *Fleischbeschau (1).*

Fleisch|schau|er, der: *Fleischbeschauer (Berufsbez.).*

Fleisch|schau|e|rin, die; -, -nen: w. Form zu ↑ Fleischschauer.

Fleisch|schei|be, die: *Scheibe (2) von gebratenem Fleisch (3).*

Fleisch|sei|te, die (Gerberei): *dem Körper zugewandte Seite der tierischen Haut; Aasseite.*

Fleisch|spei|se, die: *Fleischgericht.*

Fleisch|spieß, der: *Gericht aus Stückchen verschiedener Fleischsorten, Zwiebeln, Speck o. Ä., die auf einem Spieß (2) gebraten od. gegrillt u. serviert werden.*

Fleisch|stück, das: *Stück vom Fleisch (3).*

Fleisch|to|ma|te, die: *gegenüber Tomate mit dickerer, aromatischer Fruchtwand.*

Fleisch|ton, der (Malerei): *blassrote Hautfarbe.*

Fleisch|topf, der: *schwerer Kochtopf zum Braten od. Kochen von Fleisch (3):* * **die Fleischtöpfe Ägyptens** (*das Leben im Wohlstand;* nach 2. Mos. 16, 3).

Fleisch ver|ar|bei|tend, fleisch|ver|ar|bei|tend ⟨Adj.⟩: *mit der Verarbeitung von Fleisch (3) beschäftigt:* die Fleisch verarbeitende Industrie.

Fleisch|ver|gif|tung, die: *Vergiftung nach dem Verzehr von verdorbenem Fleisch (3).*

Fleisch|vo|gel, der [schweiz. Vogel = Gericht aus kleinen Stücken Kalbfleisch, die einem Vogel ähneln] (schweiz.): *Roulade (1).*

Fleisch|wa|ren ⟨Pl.⟩: *verschiedenerlei zum Verkauf bestimmte, bes. durch Trocknen, Salzen, Erhitzen od. Räuchern zubereitete Sorten von Fleisch.*

Fleisch|wer|dung, die; - (geh.): *Verkörperung [des Göttlichen] in menschlicher Gestalt; Menschwerdung.*

Fleisch|wolf, der [nach der Vorstellung des reißenden, gierig fressenden Tieres]: *Gerät, das Fleisch (3) o. Ä. mithilfe eines sich drehenden Flügelmessers zerkleinert u. durch eine Lochscheibe presst, sodass eine weiche Masse entsteht:* Rindfleisch durch den F. drehen; * **jmdn. durch den F. drehen** (ugs.; *jmdm. sehr zusetzen, jmdn. hart herannehmen:* der Unteroffizier dreht die Rekruten durch den F.).

Fleisch|wun|de, die: *Verletzung des Fleisches (1).*

Fleisch|wurst, die: *Wurst aus zerkleinertem Fleisch (3), Gewürzen u. a., die meist als Ring hergestellt wird.*

Fleiß, der; -es [mhd. vlīʒ, ahd. flīʒ, urspr. = (Wett)streit, H. u.; vgl. aengl. gleichbed. flīt]: **1.** *strebsames u. unermüdliches Arbeiten; ernsthafte u. beharrliche Beschäftigung mit einer Sache:* sein F. trug Früchte, wurde belohnt; Spr ohne F. kein Preis! (*nur bei entsprechendem Fleiß stellt sich der Erfolg ein).* **2.** * **mit F.** (veraltend, noch landsch.; *absichtlich, vorsätzlich).*

Fleiß|ar|beit, die: **a)** *Arbeit, die viel Fleiß erfordert;* **b)** (oft leicht abwertend) *mit viel Fleiß zustande gekommene, aber wenig Anregendes enthaltende Arbeit.*

flei|ßig ⟨Adj.⟩ [mhd. vlīʒec, vlīʒic, ahd. flīʒīg = eifrig bemüht]: **a)** *unermüdlich u. zielstrebig arbeitend, arbeitsam:* eine -e Schülerin; mein Mann war heute sehr f. (*hat viel getan, erledigt);* f. lernen; **b)** *von Fleiß zeugend:* eine -e Arbeit; **c)** (ugs.) *regelmäßig, häufig:* du musst f. spazieren gehen.

Fleiß|kärt|chen, das (landsch.): *kleine Karte mit einem Bild o. Ä., das ein Schüler, eine Schülerin als Belohnung für Fleiß erhält.*

flek|tier|bar ⟨Adj.⟩ (Sprachwiss.): *(von einem Wort) sich flektieren lassend.*

Flek|tier|bar|keit, die; - (Sprachwiss.): *das Flektierbarsein.*

flek|tie|ren ⟨sw. V.; hat⟩ [lat. flectere = biegen, beugen] (Sprachwiss.): **a)** *(ein Wort) in seinen grammatischen Formen abwandeln, beugen; deklinieren, konjugieren:* ein Verb, ein Substantiv f.; flektierende Sprache (*Sprache, die – im Unterschied zu den agglutinierenden u. den isolierenden Sprachen – die Beziehungen der Wörter im Satz durch Flexion ausdrückt);* **b)** *(von einem Wort) die grammatischen Formen in bestimmter Weise bilden:* dieses Wort flektiert stark, schwach.

flen|nen ⟨sw. V.; hat⟩ [eigtl. = den Mund verziehen, vgl. gleichbed. ahd. flannēn; verw. mit ↑ Flansch, ↑ Flunsch] (ugs. abwertend): *heftig weinen, heulen:* hör auf zu f.!

Flen|ne|rei, die; -, -en (ugs. abwertend): *[dauerndes] Flennen.*

Flens|burg: *Stadt in Schleswig-Holstein.*

Flep|pe: ↑ Flebbe.

flet|schen ⟨sw. V.; hat⟩ [mhd. vletschen, eigtl. = den Mund breit ziehen, zu ahd. flaʒ, ↑ Fladen]: *[von Tieren] als Ausdruck der Aggression dem Gegner die Zähne zeigen.*

Flett, das; -[e]s, -e [aus dem Niederd. < mniederd. vlet(te) = Fußboden, Estrich, dafür mhd. vletze, ↑ Flöz; vgl. Fletz]: *Wohn- u. Herdraum im altniedersächsischen Bauernhaus.*

Fletz [auch: flɛ̞ts], das; -es od. der; -es, -e [mhd. vletze, ↑ Flöz] (südd.): *Hausflur.*

◆ **fleuch**! (fälschlich für: fleug!, ältere Form von: flieg!, Imperativ Sg. von ↑ fliegen]: *Geh! Fleuch! Verbreit' es in dem Platz* (Kleist, Hermannsschlacht III, 2).

fleucht [fälschlich für: fleugt, ältere (frühnhd.) Form von: (er, sie, es) fliegt, ↑ fliegen (1); als Reimwort zu »kreucht« gebildet]: in der Verbindung **alles,] was da kreucht und f.** (geh.; *alle Lebewesen [zu Lande und in der Luft];* eigtl. alles, was kriecht und fliegt).

Fleu|ron [flø'rõ:], der; -s, -s [frz. fleuron, zu: fleur = Blume, Blüte]: **1.** *Blumenverzierung in der Baukunst u. im Buchdruck.* **2.** ⟨Pl.⟩ (Kochkunst) *zur Garnierung von Speisen verwendete, ungesüßte Blätterteigstückchen.*

Fleu|rop® ['flɔyrɔp, 'flø:rɔp], die; - [Kurzwort für Flores Europae = Blumen Europas]: *internationale Organisation der Blumengeschäfte zur Vermittlung von Blumengeschenken an auswärtige Empfänger(innen).*

◆ **fleußt** [ältere Form von (er, sie, es) »fließt«]: ↑ fließen; … *von mancher edlen Kelter fleußt für mich der Traube Feuergeist* (Bürger, Danklied).

Flex®, die; -, - [geb. in den 1920er-Jahren im Unternehmen Ackermann & Schmitt als Bez. für eine Handschleifmaschine, deren Elektromotor eine flexible Welle antreibt]: *tragbares, mit einer Trennscheibe (2) ausgestattetes u. mit einem Elektromotor betriebenes Gerät, mit dem harte Materialien wie Stein, Beton, Metall) zersägt werden können.*

fle|xi|bel ⟨Adj.; ...bler, -ste⟩ [lat. flexibilis, zu: flectere, ↑ flektieren]: **1.** *biegsam, elastisch.* **2.** *an veränderte Umstände anpassungsfähig, bei Entscheidungen wendig:* die flexible Altersgrenze (*gesetzlich festgelegte Möglichkeit, einem bestimmten vorgezeichneten Zeitpunkt an Altersrente zu beziehen);* f. verhandeln. **3.** (Sprachwiss.) *flektierbar.*

Fle|xi|bi|li|sie|ren ⟨sw. V.; hat⟩: *flexibel (2) gestalten, machen:* die Arbeitszeit f.

Fle|xi|bi|li|sie|rung, die; -, -en: *das Flexibilisieren; das Flexibilisiertwerden.*

Fle|xi|bi|li|tät, die; -: **1.** *flexible (1) Beschaffenheit; Biegsamkeit, Elastizität.* **2.** *Fähigkeit des flexiblen (2), anpassungsfähigen Verhaltens:* wir erwarten von unseren Mitarbeiterinnen und Mitarbeitern regionale F. *(Bereitschaft, überall eingesetzt zu werden).*

Fle|xi|ble Re|s|ponse ['flɛksəbl rıs'pɔns], die; - - [engl. = flexible Reaktion] (Militär): *(in der strategischen Planung der NATO) das Sichoffenhalten verschiedener, der jeweiligen Situation angepasster Möglichkeiten des Reagierens auf einen Angriff, das aber zeitlich noch von der Wahl der Mittel her für den Gegner kalkulierbar sein soll.*

Fle|xi|on, die; -, -en [lat. flexio]: **1.** (Sprachwiss.) *das Flektieren; die starke F. eines Verbs, Substantivs.* **2.** (Med.) *Beugung, Abknickung von Körperorganen.* **3.** (Geol.) *Flexur (2).*

Fle|xi|ons|en|dung, die (Sprachwiss.): *Endung, die als Kennzeichen der Flexion an den Wortstamm angehängt wird* (z. B. Garten-s, lieb-te).

fle|xi|ons|fä|hig ⟨Adj.⟩ (Sprachwiss.): *flektierbar.*

fle|xi|ons|los ⟨Adj.⟩ (Sprachwiss.): *ohne Flexion (1), beugungslos:* -e Sprachen.

fle|xi|visch ⟨Adj.⟩ (Sprachwiss.): *die Flexion (1) betreffend; Flexion (1) aufweisend.*

Fle|xo|druck, der; -[e]s, -e [zu ↑ flexibel] (Druckw.): **1.** ⟨o. Pl.⟩ *Hochdruckverfahren, bei dem die Druckform aus Gummi od. Kunststoff besteht.* **2.** *im Flexodruck (1) hergestellte Druck-Erzeugnis.*

Fle|xur, die; -, -en [lat. flexura = Krümmung]: **1.** (bes. Anat.) *Biegung, gebogener Abschnitt [eines Organs].* **2.** (Geol.) *bruchlose Verbiegung einer Gesteinsschicht.*

Fli|bus|ti|er, ¹Filibuster, der; -s, - [frz. flibustier, engl. filibuster, wohl < älter engl. flibutor, freebooter < niederl. vrijbuiter = Freibeuter]: *westindischer Seeräuber in der zweiten Hälfte des 17. Jh.s.*

Flic, der; -s, -s [frz. flic, wohl < rotwelsch Flick = Knabe]: *volkstüml. frz. Bez. für: Polizist.*

flicht: ↑ flechten.

Flick|ar|beit, die: *in Flicken, [notdürftigem] Ausbessern bestehende Arbeit:* -en ausführen.

fli|cken ⟨sw. V.; hat⟩ [mhd. vlicken = einen Fleck (4) an- od. aufsetzen, zu ↑ Fleck in dessen alter Bed. »Lappen«]: **a)** *[durch Aufsetzen eines Flickens] ausbessern:* geflickte Schuhe; **b)** (landsch.) *stopfen;* **c)** (ugs.) *reparieren.*

Fli|cken, der; -s, - [zu ↑ flicken]: *kleines Stück Stoff, Leder, Gummi o. Ä. zum Ausbessern od. zum Aufsetzen auf eine beschädigte Stelle.*

Fli|cken|de|cke, die: *aus [bunten] Stoffstücken od. gehäkelten od. gestrickten Vierecken zusammengesetzte Decke (1).*

Fli|cken|tep|pich, der: vgl. Flickendecke: ein F. aus farbigen Stoffresten.

Flick|flack, der; -s, -s [frz. flic flac = klipp, klapp; lautm.] (Turnen): *mehrmals schnell hintereinander, meist rückwärts ausgeführter Handstandüberschlag.*

Flick|korb, der: *Korb mit Utensilien u. Materialien zum Ausbessern von Kleidungsstücken.*

Flick|schus|te|rei, die; -, -en (ugs. abwertend): *das Flickschustern.*

flick|schus|tern ⟨sw. V.; hat⟩: *nicht koordiniert, ohne Gesamtkonzept u. fundierte Sachkenntnis (u. deshalb stümperhaft u. ohne akzeptables Ergebnis) arbeiten, vorgehen.*

Flick|werk, das; -[e]s (abwertend): *zusammengestückte, nicht fachmännisch ausgeführte Arbeit:* dieses Buch musste F. bleiben.

Flick|wort, das ⟨Pl. ...wörter⟩: *Füllwort.*

Flick|zeug, das: *Materialien zum Flicken (z. B. von Fahrradschläuchen).*

Flie|der, der; -s, -: **1.** [nach der Ähnlichkeit mit Flieder (2)] **a)** *als Strauch od. kleiner Baum*

wachsende Pflanze mit weißen od. hell- bis dunkellila, stark duftenden Blüten in großen Rispen: der F. blüht; **b)** *Anzahl blühender Zweige des Fliederstrauchs:* ein Strauß F.; jmdm. F. schenken. **2.** [aus dem Niederd., mniederd. vleder = Holunder; 1. Bestandteil H. u., zum 2. Bestandteil -der vgl. Teer] (landsch.) *Holunder.*
Flie|der|baum, der: *Flieder* (1 a).
Flie|der|bee|re, die (landsch.): *Holunderbeere.*
flie|der|blau ⟨Adj.⟩: *hellviolett.*
Flie|der|blü|te, die: vgl. *Apfelblüte.*
Flie|der|busch, der: **1.** *Flieder* (1 a). **2.** (landsch.) *Holunder* (1).
Flie|der|duft, der: *Duft von Fliederblüten.*
flie|der|far|ben, flie|der|far|big ⟨Adj.⟩: *hellviolett:* ein -es Kleid.
Flie|der|strauch, der: vgl. *Fliederbusch.*
Flie|der|tee, der (landsch.): *Tee aus getrockneten Holunderblüten.*
Flie|ge, die; -, -n: **1.** [mhd. vliege, ahd. fliege, eigtl. = die Fliegende] *(in zahlreichen Arten vorkommendes) gedrungenes, kleines Insekt mit zwei Flügeln u. kurzen Fühlern:* eine lästige F.; die -n summen; eine F. fangen; mit der [künstlichen] F. *(einer Nachbildung der Fliege)* angeln; **jmdm. stört die F. an der Wand (jmdn. stört jede Kleinigkeit);* matt sein wie eine F. (ugs.; *sehr erschöpft sein);* umfallen wie die -n (ugs.; *in großer Zahl sterben);* die F. machen (salopp; *[schnell] weggehen;* nach dem raschen Davonfliegen der Fliegen); zwei -n mit einer Klappe schlagen (ugs.; *einen doppelten Zweck auf einmal erreichen);* einer F. etw. zuleide tun [können] (ugs.; *sehr gutmütig sein u. niemandem etwas zuleide tun [können]);* sich über die F. an der Wand ärgern *(sich über jede Kleinigkeit ärgern).* **2.** *als Querschleife gebundene Krawatte:* eine F. umbinden. **3.** [für frz. mouche] *schmales, gestutztes Bärtchen auf der Oberlippe od. zwischen Unterlippe u. Kinn.*
flie|gen ⟨st. V.⟩ [mhd. vliegen, ahd. fliogan, urspr. wohl = sich (schnell) bewegen]: **1.** ⟨ist⟩ *sich [mit Flügeln] aus eigener Kraft durch die Luft bewegen:* die Schwalben fliegen heute tief; fliegende Fische *(Fische, die aus dem Wasser schnellen u. einige Sekunden lang über das Wasser zu gleiten vermögen).* **2.** ⟨ist⟩ *sich durch Auftrieb od. mechanischen Antrieb durch die Luft, den freien Raum bewegen:* der Ballon ist weit geflogen. **3.** ⟨f. + sich; hat⟩ **a)** *bestimmte Flugeigenschaften haben:* diese Maschine fliegt sich gut, leicht; **b)** ⟨unpers.⟩ *in bestimmter Art u. Weise geflogen werden können:* bei Nebel fliegt es sich schlecht. **4.** ⟨ist⟩ *sich mit einem Luft-, Raumfahrzeug fortbewegen, reisen:* sie ist nach London geflogen; von Frankfurt nach Köln fliegt man *(braucht man mit dem Flugzeug)* 1 Stunde; das fliegende Personal *(Personal, das seinen Dienst an Bord eines Flugzeugs verrichtet).* **5. a)** ⟨hat/ist⟩ *die Fähigkeit zum Steuern eines Luftfahrzeugs besitzen; den Beruf eines Piloten, einer Pilotin ausüben:* ich kann, lerne jetzt f.; er hat/ist 10 000 Stunden geflogen *(hat als Pilot 10 000 Stunden Flugerfahrung);* **b)** ⟨hat⟩ *(ein Luftfahrzeug) steuern:* eine Maschine vom ersten Mal f.; **c)** ⟨ist⟩ *fliegend zurücklegen:* einen Umweg f. **6.** ⟨hat/ist⟩ *fliegend ausführen:* eine Kurve f. **7.** ⟨hat⟩ *mit einem Luftfahrzeug befördern, transportieren:* Medikamente in das Katastrophengebiet f. **8.** ⟨ist⟩ *durch äußeren Einfluss (meist Wind) bewegt werden:* die Blätter fliegen durch die Luft. **9.** ⟨hat⟩ ⟨geh.⟩ **a)** *zittern:* ihre Hände flogen; **b)** *das normale Tempo erheblich überschreiten:* ihr Puls flog. **10.** ⟨ist⟩ ⟨geh.⟩ *sich rasch irgendwohin bewegen:* ich flog nach Hause; die Hand flog über das Papier *(schrieb eilig);* in fliegender *(überaus großer) Hast;* Ü ein Lächeln flog über ihr Gesicht *(war für einen Augenblick zu sehen).* **11.** ⟨ist⟩ [irgendwohin] *geschleudert, geworfen werden:* beim Unfall durch die Scheibe f.; ein Stein flog ins Fenster; (ugs.:) der Wagen flog aus der Kurve; Reklamebriefe fliegen bei mir sofort in den Papierkorb *(werfe ich sofort weg);* Ü ins Gefängnis, in den Bau f. (ugs.; *ins Gefängnis kommen).* **12.** ⟨ist⟩ (ugs.) *[hin]fallen, stürzen:* über das Geländer f. **13.** ⟨ist⟩ (ugs.) *plötzlich, aufgrund von Verfehlungen ausgeschlossen, entlassen werden:* von der Schule f. **14.** ⟨ist⟩ *durchfallen* (2 b): *durch die Prüfung f.* **15.** ⟨ist⟩ (ugs.) *von etw. stark angezogen werden:* er fliegt auf blonde Frauen.
flie|gend ⟨Adj.⟩: *ohne festen Standort, frei beweglich, umherziehend:* eine -e Ambulanz.
Flie|gen|draht, der: *feinmaschiges Drahtgewebe zum Schutz gegen Insekten.*
Flie|gen|dreck, der: *Kot von Fliegen.*
Flie|gen|fän|ger, der: *mit Leim überzogener Papierstreifen, an dem Fliegen kleben bleiben, wenn sie sich daraufsetzen:* einen F. aufhängen.
Flie|gen|fens|ter, das: *Fenstereinsatz aus Fliegendraht.*
Flie|gen|ge|wicht, das [nach engl. flyweight]: **1.** ⟨o. Pl.⟩ (Schwerathletik) *leichteste Körpergewichtsklasse.* **2. a)** (Schwerathletik) *Sportler[in] der Körpergewichtsklasse Fliegengewicht;* **b)** (ugs.) *jmd., der ein sehr niedriges Körpergewicht hat:* du bist ja nur ein F.
Flie|gen|ge|wicht|ler, der; -s, - (Schwerathletik) *Fliegengewicht* (2 a).
Flie|gen|ge|wicht|le|rin, die; -, -nen: w. Form zu ↑*Fliegengewichtler.*
Flie|gen|git|ter, das: *Gitter aus Fliegendraht.*
Flie|gen|klap|pe, Flie|gen|klat|sche, die: *dünne Stange aus Kunststoff, an der ein elastisches, gitterförmiges Blatt* (5) *angebracht ist u. die bes. zum Schlagen nach Fliegen benutzt wird.*
Flie|gen|kopf, der (Druckw.): *als Blockade dienende, auf den Kopf gestellte Letter.*
Flie|gen|pilz, der [Milch, in der der Pilz abgekocht worden ist, wurde früher als »Fliegenfalle« aufgestellt]: *giftiger Blätterpilz mit weiß gepunktetem, leuchtend rotem Hut.*
Flie|gen|schiss, der, (salopp): *Fliegendreck:* Ü reg dich bloß nicht über jeden F. *(über jede Kleinigkeit)* auf!
Flie|gen|schnäp|per, der: *insektenfressender Singvogel.*
Flie|gen|schwamm, der [↑ Schwamm (3)]: *Fliegenpilz.*
Flie|ger, der; -s, -: **1.** ¹*Pilot* (1 a). **2. a)** (ugs.) *Angehöriger der Luftwaffe:* er ist bei den -n; **b)** *einfacher Soldat der Luftwaffe.* **3.** *Tier, das (in bestimmter Weise) fliegen kann:* Fasane sind schlechte F. **4.** (ugs.) *Flugzeug:* der F. geht schon um 4 Uhr morgens; in den F. steigen. **5.** (Radrennen) *Fahrer, der über kurze Strecken u. ohne Schrittmacher fährt.*
Flie|ger|ab|wehr, die (Militär, bes. schweiz.): **1.** *Flugabwehr* (1). **2.** *Bekämpfung feindlicher Flugzeuge vom Boden aus.*
Flie|ger|alarm, der: *wegen eines feindlichen Luftangriffs ausgelöster, gegebener Alarm.*
Flie|ger|an|griff, der: *mit Flugzeugen durchgeführter militärischer Angriff.*
Flie|ger|bom|be, die: *von einem Flugzeug aus abgeworfene Bombe.*
Flie|ge|rei, die; -, -en: **a)** ⟨o. Pl.⟩ *Flugwesen;* **b)** *das Fliegen* (5 b).
flie|ger|ge|schä|digt ⟨Adj.⟩: *(von Zivilpersonen) durch einen Fliegerangriff geschädigt.*
Flie|ger|ge|schä|dig|te ⟨vgl. Geschädigte⟩: *weibliche Person, die fliegergeschädigt ist.*
Flie|ger|ge|schä|dig|ter ⟨vgl. Geschädigter⟩: *jmd., der fliegergeschädigt ist.*
Flie|ger|horst, der (Militär): *Militärflugplatz.*
Flie|ge|rin, die; -, -nen: w. Form zu ↑*Flieger* (1, 2, 5).
flie|ge|risch ⟨Adj.⟩: *das Fliegen* (5 b), *die Fliegerei betreffend:* eine -e Glanzleistung.
Flie|ger|ren|nen, das: **1.** (Radrennen) *Bahnrennen* (1) *über kurze Sprintstrecken ohne Schrittmacher.* **2.** (Pferdesport) *Rennen über kurze Distanzen.*
Flie|ger|spra|che, die ⟨Pl. selten⟩: *Fachjargon der Flieger* (1).
Flieh|burg, die (Geschichte): *(vor- od. frühgeschichtliche) Befestigungsanlage, in die die Bevölkerung bei Gefahr Zuflucht nehmen kann.*
flie|hen ⟨st. V.⟩ [mhd. vliehen, ahd. fliohan, H. u.]: **1.** ⟨ist⟩ *eilig entfernen, um sich vor einer Gefahr in Sicherheit zu bringen; (vor etw., jmdm.) davonlaufen:* vor dem Feind, vor einem Unwetter f.; sie floh entsetzt aus dem Haus; ins Ausland f.; der Gefangene ist bei Nacht über die Grenze geflohen; bei Kriegsende mussten sie f. *(die Heimat verlassen);* Ü die Zeit flieht (dichter.; *verrinnt schnell;* nach lat. tempus fugit). **2.** ⟨hat⟩ (geh.) *vor jmdm., etw. ausweichen; meiden:* die Gesellschaft, den Lärm der Stadt f.; Ü der Schlaf flieht mich seit Tagen (geh.; *ich kann seit Tagen nicht schlafen).* ♦ **3.** ⟨Sg. Prät. flohe, flohest, flohe:⟩ Ich ... flohe nach Deutschland mit meiner Wärterin (Schiller, Kabale II, 3); **b)** (2. u. 3. Pers. Sg. u. Imperativ fleuchst, fleucht, fleuch!:) Fleuch auf der Stelle! (Schiller, Räuber III, 1).
flie|hend ⟨Adj.⟩: *schräg nach hinten verlaufend, zurückweichend:* eine -e Stirn.
Flieh|kraft, die (Physik): *Zentrifugalkraft.*
Flie|se, die; -, -n [aus dem Niederd. < mniederd. vlise = Steinplatte, viell. eigtl. = die (Ab)gespaltene]: **a)** *meist viereckige Platte aus Steingut, Stein, Kunststoff od. Glas als wasserdichter u. hygienischer Wand- u. Fußbodenbelag;* **b)** Kurzf. von ↑ *Teppichfliese.*
flie|sen ⟨sw. V.; hat⟩: *mit Fliesen auslegen.*
Flie|sen|le|ger, der; -s, -: *Handwerker, der Fliesen verlegt* (Berufsbez.).
Flie|sen|le|ge|rin, die; -, -nen: w. Form zu ↑*Fliesenleger.*
Fließ, das; -es, -e [mhd. vlieʒ, zu ↑*fließen*] (veraltet, noch landsch.): *Bach.*
Fließ|ar|beit, die ⟨Pl. selten⟩: *Arbeitsmethode in der Industrie, bei der verschiedene zusammenhängende Arbeitsvorgänge lückenlos aneinandergereiht werden:* Autos in F. herstellen.
Fließ|band, das ⟨Pl. ...bänder⟩: *mechanisch bewegtes Band, auf dem bei der Fließarbeit die Werkstücke von einem Arbeitsplatz zum anderen befördert werden:* am F. arbeiten; ein Gerät am F. fertigen.
Fließ|band|ar|beit, die: *Arbeit am Fließband.*
Fließ|band|ar|bei|ter, der: *Arbeiter, der am Fließband arbeitet.*
Fließ|band|ar|bei|te|rin, die: w. Form zu ↑*Fließbandarbeiter.*
Fließ|ei, das: *Windei* (1).
flie|ßen ⟨st. V.; hat⟩ [mhd. vlieʒen, ahd. flioʒan, urspr. wohl = überfließen]: **1. a)** *(von flüssigen Stoffen, bes. Wasser) sich gleichmäßig u. ohne Stocken fortbewegen:* das Wasser fließt spärlich [aus der Leitung]; hinter dem Haus fließt ein Bach; das Zimmer hat fließendes Wasser *(Anschluss an die Wasserleitung);* Ü der Sekt floss in Strömen *(es wurde sehr viel Sekt getrunken);* es ist sehr viel Blut geflossen *(viele Menschen wurden verwundet od. getötet);* die Gelder fließen reichlich *(die Einnahmen sind reichlich);* **b)** *strömend irgendwohin gelangen:* die Isar fließt in die, zur Donau; die Elbe fließt *(mündet)* in die Nordsee; Ü die Verse fließen ihm nur so aus der Feder; **c)** *sich ohne Stauung*

fließend – floaten

od. Stockung [von einem Ort zu einem anderen] bewegen: der Verkehr fließt [durch einen Tunnel, auf sechs Spuren]; R alles fließt (alles verändert sich ständig; Übersetzung des griech. Ausspruchs pánta rheĩ, der Heraklit [um 500 v. Chr.] zugeschrieben wird). **2.** [größere Mengen von] Flüssigkeit abgeben: die Quelle fließt reichlich. **3.** weich u. wellig nach unten fallen: das Haar fließt weich auf die Schultern.

flie|ßend ⟨Adj.⟩: **1.** ohne Stocken [vor sich gehend], geläufig: in -em Russisch; er spricht f. Englisch; das Kind kann das Gedicht f. aufsagen. **2.** nicht klar markiert u. daher nicht genau lokalisierbar, definierbar: -e Übergänge. **3.** sanft geschwungen [verlaufend]: -e Linien.

Fließ|fer|ti|gung, die: Fertigung in Fließarbeit.
Fließ|ge|schwin|dig|keit, die (Wasserbau): Quotient (b) aus der Länge einer bestimmten Strecke u. der Zeit, die das Wasser eines Fließgewässers benötigt, um diese Strecke zu durchfließen.
Fließ|ge|wäs|ser, das: fließendes Gewässer.
Fließ|heck, das: in einer nicht gebrochenen geraden od. leicht gekrümmten Linie flach nach hinten abfallendes Heck eines Pkw.
Fließ|laut, der (Sprachwiss.): Liquida.
Fließ|pa|pier, das [die Tinte »zerfließt« auf dem Papier]: Löschpapier.
Fließ|satz, der ⟨o. Pl.⟩ (Druckw.): Satz (3 a), in dem Kleinanzeigen ohne besondere Hervorhebungen u. ohne Abstände gesetzt sind.
Fließ|text, der (Druckw.): fortlaufender Text eines Artikels ohne Überschrift, Tabellen o. Ä.
Fließ|was|ser, das ⟨o. Pl.⟩ (österr.): fließendes Wasser; Anschluss an die Wasserleitung: ein möbliertes Zimmer mit F.
◆ **flim|men** ⟨sw. V.; hat⟩ [ablautende Bildung zu ↑flammen]: hell strahlen: ...es flimmt und flammt wie Sternenschein (Goethe, Was wir bringen [Halle], 5).
Flim|mer, der; -s: **1.** (dichter.) das Flimmern, flimmernder Schein; Flimmer der Sterne. **2.** (dichter.) eitler, nichtiger Glanz. **3.** (Biol.) feiner, kurzer, beweglicher Protoplasmafortsatz, der der Nahrungsaufnahme, der Ausscheidung od. Fortbewegung dient. **4.** (veraltet) Glimmer (1).
Flim|mer|epi|thel, das (Biol.): oberste, mit Wimpern versehene Zellschicht vieler Schleimhäute.
flim|mer|frei ⟨Adj.⟩ (Fachspr.): (von Bildern) nicht von Flimmern begleitet.
Flim|mer|här|chen, das (Biol.): Flimmer (3).
flim|me|rig: ↑flimmrig.
Flim|mer|kas|ten, der, **Flim|mer|kis|te,** die (ugs. scherzh., oft abwertend): Fernsehgerät.
flim|mern ⟨sw. V.; hat⟩ [zu veraltet flammern = unruhig, zitternd flammen, zu ↑flammen]: Licht in vielen kleinen, zitternden Punkten zurückwerfen; unruhig, zittrig leuchten, funkeln: das Wasser flimmert in der Sonne; der Film flimmert stark; es flimmert mir vor den Augen; flimmernde Hitze; Ü diese Sendung ist schon mehrmals über die Bildschirme geflimmert (ugs.; im Fernsehen gesendet worden); Es dämmerte eben ... Der Schnee flimmerte bläulich (Schnurre, Bart 46); Das Jahr wurde trocken und heiß wie keines zuvor ... Der Horizont begann zu f., zerfloss (Ransmayr, Welt 119).
flimm|rig, flimmerig ⟨Adj.⟩: flimmernd.
flink ⟨Adj.⟩ [aus dem Niederd., eigtl. = blank, glänzend]: sich rasch u. geschickt bewegend od. arbeitend: sie ist f. wie ein Wiesel; sie verpackte f. das Geschenk; er hat ein -es Mundwerk (ugs.; kann schnell u. schlagfertig antworten, sehr gewandt reden).
◆ **flin|kern** ⟨sw. V.; hat⟩ [Iterativbildung zu niederd. flinken = flimmern, zu ↑flink]: glitzern, blinken: ...wie das (= Halsband) flinkert in der Sonne (Schiller, Wallensteins Lager 3).

flink|fü|ßig ⟨Adj.⟩: sich rasch u. geschickt [fort]bewegend: sie kam f. daher.
Flink|heit, die; -: das Flinksein.
flink|zün|gig ⟨Adj.⟩: schlagfertig: f. antworten.
Flins, der; -es, -e, **Flin|se,** die; -, -n [aus dem Slaw.] (landsch.): Plinse.
Flint, der; -[e]s, -e [mniederl. vlint, urspr. = Steinsplitter]: Feuerstein (1).
Flin|te, die; -, -n [gek. aus: Flintbüchse, bei der ein ↑Flint den Zündfunken lieferte]: Jagdgewehr zum Schießen mit Schrot: Ü der soll mir nur vor die F. kommen (ugs.; der soll mir werde in abrechnen); * **die F. ins Korn werfen** (ugs.; vorschnell aufgeben, verzagen; urspr. vom Soldaten, der im aussichtslos gewordenen Kampf die Waffe wegwirft [und flieht]).
Flin|ten|ku|gel, die: Geschoss für eine Flinte.
Flin|ten|schrot, der od. das: Schrot (2) für eine Flinte.
Flin|ten|weib, das (salopp abwertend): **1.** Frau, die eine Feuerwaffe trägt. **2.** Frau, deren kompromissloses Auftreten u. deren [übersteigertes] Selbstbewusstsein als unangenehm empfunden werden.
◆ **Flin|ter,** der; -s, - [Nebenf. von ↑Flinder]: glänzendes, paillettenartiges Goldplättchen: ...ein Kind..., das mit Bändern und in Himmelblau herausgeputzt war (Goethe, Lehrjahre II, 4).
Flint|glas, das ⟨Pl. ...gläser⟩ [engl. flint glass, zu: flint = Flint]: sehr reines, für optische Zwecke verwendetes Glas.
Flinz, der; -es, -e [mhd. vlins, ahd. flins = Kiesel, Stein]: **1.** feinkörniger, meist dunkler, bituminöser Kalk u. Schiefer. **2.** im Alpenvorland vorkommendes feines, sandiges Sediment (1).
Flip, der; -s, -s [engl. flip, zu: to flip = leicht schlagen; schnipsen, schnellen; laut- u. bewegungsnachahmend]: **1.** alkoholisches Mischgetränk mit Ei. **2.** (Eiskunstlauf, Rollkunstlauf) nach dem Einstechen mit der Zacke des Schlittschuhs ausgeführter Sprung mit einer vollen Drehung u. Landung auf dem gleichen Bein, mit dem abgesprungen wurde. **3.** Kurzf. von ↑Erdnussflip.
Flip|chart, Flip-Chart [...tʃaːɐ̯t, ...tʃart], das od. die; -, -s ⟨engl.-(amerik.) flip chart, aus: to flip = (um)drehen u. chart = Schaubild (↑Chart)⟩: Gestell, auf dem ein großer Papierblock befestigt ist, dessen Blätter nach oben umgeschlagen werden können.
¹Flip|flop, das; -s, -s [engl. flip-flop (circuit)]: Kippschaltung in elektronischen Geräten.
²Flip|flop®, Flip-Flop®, der; -s ⟨meist Pl.⟩ [engl. flip-flop, eigtl. = etwas, was klipp, klapp macht, lautspielerisch verdoppelnde Bildung zu: to flip = flattern u. to flop = plumpsen]: nur aus Sohle u. Zehenriemen bestehender, flacher, bunter Sommerschuh aus Kunststoff.
Flip|flop|schal|tung, die: ¹Flipflop.
Flip|per, der; -s, - [zu engl. to flip, ↑Flip]: Spielautomat, bei dem eine Kugel möglichst lange auf dem abschüssigen Spielfeld gehalten werden muss.
flip|pern ⟨sw. V.; hat⟩ (ugs.): an einem Flipper spielen: wollen wir f.?; ⟨subst.:⟩ auf dem Foto sieht man die Kids beim Flippern.
Flip|pi, der; -s, -s [zu ↑flippig (2) u. ↑-i (2)] (salopp): flippige Person.
flip|pig ⟨Adj.⟩ (ugs.): von lockerer, leichter, unsteter Art; kess, flott u. oft ein wenig ausgefallen, leicht verrückt: ein -er Typ; ein -er Kleider.
flir|ren ⟨sw. V.; hat⟩ [wohl Vermischung von ↑flimmern mit ↑schwirren] (geh.): unruhig, zitternd glänzen, flimmern: die Luft flirrte in der flirrenden Hitze.
Flirt [flœrt, flø:ɐ̯t, auch: flɪrt], der; -s, -s [zu ↑flirten]: **a)** Bekundung von Zuneigung durch ein bestimmtes Verhalten, durch Gesten, Blicke od. scherzhafte Worte: ein kleiner F.; **b)** unverbindliche erotische Beziehung von meist kurzer Dauer; Liebelei: einen F. mit jmdm. haben.
flir|ten ['flœrtn̩, 'fløːɐ̯tn̩, auch: 'flɪrtn̩] ⟨sw. V.; hat⟩ [engl. to flirt, H. u.]: jmdm. durch ein bestimmtes Verhalten, durch Gesten, Blicke od. scherzhafte Worte seine Zuneigung bekunden u. auf diese Weise eine erotische Beziehung anzubahnen suchen: er flirtete den ganzen Abend mit ihr.
Flir|te|rei [flœrtəˈraɪ, auch: flɪrtəˈraɪ], die; -: allzu häufiges od. allzu langes Flirten.
◆ **flis|tern:** ältere Form von ↑flüstern: ...da flistert und stöhnt's so ängstlich (Bürger, Des Pfarrers Tochter).
Flit|scherl, das; -s, -[n] [Vkl. von mundartl. Flitsch(en) = Mädchen, eigtl. = Flügel, viell. aus Flittich, mundartl. Nebenf. von ↑Fittich] (österr. ugs.): Flittchen.

Flitt|chen, das; -s, - [wohl zu ↑Flitter, flittern] (salopp abwertend): leichtlebige [junge] Frau, die häufig u. mit verschiedenen Männern sexuelle Beziehungen hat: sie ist ein ziemliches F.
Flit|ter, der; -s, - [rückgeb. aus ¹↑flittern]: **1.** glitzernder Schmuck in Form von Metallplättchen zum Aufnähen auf Kleidungsstücke: ein Kostüm mit aufgenähten -n. **2.** ⟨o. Pl.⟩ (abwertend) billiger, unechter, wertloser Schmuck.
Flit|ter|gold, das: als Ersatz für Blattgold dienendes, sehr dünnes Messingblech.
¹flit|tern ⟨sw. V.; hat⟩ (selten): flimmern:
◆ ⟨subst.:⟩ Das zweifelhafte Licht, das unter tausendfachem Flittern ... mit sichtbar'm Dunkel ficht (Wieland, Oberon 12, 13).
²flit|tern ⟨sw. V.; hat⟩ [rückgeb. aus ↑Flitterwochen] (ugs. scherzh.): sich in den Flitterwochen befinden.
◆ **Flit|ter|sei|te,** die: dasjenige, was am Wesen, an der Art von jmd. besonders angenehm, vorteilhaft ist: Sie kennen sie nur erst von ihrer F. (Lessing, Minna V, 9).
Flit|ter|werk, das (abwertend): Flitter.
Flit|ter|wo|chen ⟨Pl.⟩ [zu mhd. vlittern »flüstern, kichern; liebkosen« (lautm.), eigtl. = Kosewochen«]: **a)** erste [als besonders unbeschwert-schön empfundene] Wochen nach der Eheschließung: die F. in Italien verbringen; **b)** Hochzeitsreise.
Flit|ter|wöch|ner, der; -s, -: Ehemann in den Flitterwochen.
Flit|ter|wöch|ne|rin, die; -, -nen: w. Form zu ↑Flitterwöchner.
Flitz|bo|gen, (landsch. auch:) **Flit|ze|bo|gen,** der [mniederd. flitsbōgen] (ugs.): Bogen (4): * **gespannt sein wie ein F.** (ugs.; sehr neugierig auf den Ausgang einer Sache sein).
flit|zen ⟨sw. V.; ist⟩ [im 19. Jh. = wie ein Flitz (= Pfeil) sausen, eilen, urspr. = mit Flitzen schießen] (ugs.): **1.** sich sehr rasch [mit einem Fahrzeug] fortbewegen: um die Ecke f.; eben mal zum Bäcker f. **2.** (veraltend) blitzen (5).
Flit|zer, der; -s, - (ugs.): **1.** kleines, sportliches schnelles Fahrzeug: einen F. fahren. **2.** (seltener) jmd., der schnell laufen kann.
Flit|ze|rin, die; -, -nen: w. Form zu ↑Flitzer (2).
Float [floʊt], der; -s, -s [engl. float, eigtl. = das Fließen, Fluss, zu: to float ↑floaten] (Bankw.): Summe der von Konten abgebuchten, aber noch nicht gutgeschriebenen Zahlungen im bargeldlosen Zahlungsverkehr.
floa|ten ['floʊtn̩] ⟨sw. V.; hat⟩ [engl. to float, eigtl. = schwimmen, treiben]: **1.** (Wirtsch.) (vom Außenwert einer Währung) durch Freigabe des Wechselkurses schwanken. **2.** (im Wellnessbereich) sich zur Entspannung in einem mit Salzwasser gefüllten Tank treiben lassen.

Floating – Floß

Floa|ting ['floʊtɪŋ], das; -s ⟨engl. floating = das Freigeben⟩: **1.** (Wirtsch.) *durch Freigabe des Wechselkurses eingeleitetes Schwanken des Außenwertes einer Währung in einem System fester Wechselkurse.* **2.** *das Floaten* (2).

Flo|bert|ge|wehr [auch: flo'bεːɐ̯..., floˈbεːɐ̯...], das; -[e]s, -e [nach dem frz. Waffentechniker N. Flobert (1819–1894)]: *leichte Handfeuerwaffe mit innen glattem Lauf.*

F-Loch ['εf...], das; -[e]s, F-Löcher: *Schallloch in Form eines f (f od. ʃ) bei Streichinstrumenten.*

flocht, flöch|te: ↑ flechten.

Flöck|chen, das; -s, -: Vkl. zu ↑ Flocke.

Flock|druck, der ⟨o. Pl.⟩ [nach engl. flock printing, aus: flock = Flocke u. printing = das Drucken] (Textilind.): *Verfahren zum Bedrucken von Stoffen, bei dem das Muster durch aufgeklebten Faserflor erzeugt wird, wodurch eine samtartige Oberfläche entsteht.*

Flo|cke, die; -, -n [mhd. vlock(e), ahd. floccho, H. u.; wahrsch. Vermischung von lat. floccus = Wollfaser u. einem germ. Wort]: **1. a)** *kleines, leichtes, lockeres Stück eines faser- od. fadenförmigen Stoffes;* **b)** Kurzf. von ↑ Schneeflocke; **c)** *kleines Stückchen von Schaum od. einer weichen Masse:* kleine -n aus Eischnee. **2.** ⟨meist Pl.⟩ *zu kleinen, dünnen Plättchen zerdrücktes Getreidekorn o. Ä.:* Hafer zu -n verarbeiten. **3.** *kleiner weißer Fleck auf der Stirn von Haustieren, bes. Pferden.* **4.** ⟨Pl.⟩ (salopp) *Geld:* her mit den -n!

flo|cken ⟨sw. V.⟩: **1.** ⟨hat/ist⟩ *Flocken bilden, sich zu Flocken zusammenballen; in Form von Flocken in Erscheinung treten.* **2.** ⟨hat⟩ (Textilind.) *im Flockdruck herstellen, durch Flockdruck aufdrucken:* seinen Namen auf das Trikot f.

Flo|cken|blu|me, die: *(zu den Korbblütlern gehörende, in vielen Arten vorkommende) meist flockig behaarte Kräuter mit in Köpfchen stehenden, großen Röhrenblüten.*

flo|cken|wei|se ⟨Adv.⟩: *in einzelnen Flocken.*

flo|ckig ⟨Adj.⟩: *in Form von Flocken, wie Flocken geartet.*

Flo|ckung, die; -, -en: *das Flocken.*

Flo|ckungs|mit|tel, das (Chemie): *Mittel, das eine Flockung bewirkt od. verstärkt.*

flog, flö|ge: ↑ fliegen.

floh: ↑ fliehen.

Floh, der; -[e]s, Flöhe: **1.** [mhd. vlō(ch), ahd. flōh; schon früh an ↑ fliehen angelehnt im Sinne von »schnell entkommendes Tier«, wahrsch. aber verhüll. Abwandlung ost. urspr. Tiernamens] *sehr kleines, flügelloses, blutsaugendes Insekt, das sehr gut springen kann u. auf Vögeln, Säugetieren u. Menschen schmarotzt:* einen F. fangen; der Hund hat Flöhe; Flöhe knacken; R es ist schlimmer, [einen Sack (voll)] Flöhe zu hüten (↑ Sack 1 a); * **jmdm. einen F. ins Ohr setzen** (ugs.; *jmdm. einen Gedanken, einen Wunsch eingeben, der diesen dann nicht mehr ruhen lässt*); **die Flöhe husten/niesen hören** (ugs. spött.; *schon aus den kleinsten Veränderungen etwas für die Zukunft erkennen wollen*). **2.** ⟨Pl.⟩ [viell. nach einem Vergleich des schnellen Ausgebens von Geldmünzen mit dem Weghüpfen der Flöhe] (salopp) *Geld:* keine Flöhe mehr haben.

Floh|biss, der: *Biss eines Flohs.*

flö|he: ↑ fliehen.

flö|hen ⟨sw. V.; hat⟩: *nach Flöhen absuchen.*

Floh|hüp|fen, das; -s: *Flohspiel.*

Floh|ki|no, das (ugs.): *kleines Vorstadtkino.*

Floh|kraut, das [früher als Mittel gegen Flöhe verwendet]: *(zu den Korbblütlern gehörendes, in mehreren Arten vorkommendes) Kraut mit gelben Blüten.*

Floh|markt, der [H. u., vgl. gleichbed. frz. marché aux puces (zu: marché = Markt u. puce = Floh)]: *Markt, auf dem Trödel u. gebrauchte Gegenstände verkauft werden; Trödelmarkt.*

Floh|spiel, das ⟨o. Pl.⟩: *Kinderspiel, bei dem bunte Plättchen in einen Becher geschnipst werden müssen.*

Floh|zir|kus, der: *zirkusähnliche Vorführung mit scheinbar dressierten Flöhen.*

Flo|ka|ti, der; -s, -s [ngriech. phlokáte = wollene Decke, zu: phlóka = Quaste]: *Teppich mit langen haarigen Wollfäden an der Oberseite.*

Flom, der; -[e]s, **Flo|men,** der; -s [aus dem Niederd. < mniederd. vlōme, eigtl. wohl = (flach) Ausgebreitetes]: *Bauch- u. Nierenfett vom Schwein, aus dem Schmalz hergestellt wird.*

Floor [flɔː], der; -s, -s ⟨engl. floor = Fußboden, Stockwerk; Sitzungssaal, verw. mit ↑ ¹Flur⟩: **1.** (Börsenw.) *(an Produktenbörsen) abgegrenzter Raum, in dem sich die Makler zur Abwicklung von Termingeschäften zusammenfinden.* **2.** (Börsenw.) *vereinbarter Mindestzins bei zinsvariablen Anleihen.* **3.** *Tanzboden, Dancefloor* (1): das »Pacha« hat fünf -s.

Flop, der; -s, -s [engl. flop, eigtl. = das Hinplumpsen]: **1.** (Leichtathletik) Kurzf. von ↑ Fosburyflop (b). **2. a)** (ugs.) *Misserfolg;* **b)** (bes. Werbespr.) ¹Niete (2).

flop|pen ⟨sw. V.; hat/ist⟩: **1.** (Leichtathletikjargon) *im Fosburyflop springen:* sie floppte allerdings 1,96 m. **2.** (ugs.) *einen Misserfolg, Flop* (2 a) *sein, werden:* ihr letzter Film floppte gnadenlos.

Flop|py Disc: ↑ Floppy Disk.

Flop|py Disk, Floppy Disc, die; - -, - -s [engl. floppy disk, aus: floppy = weich u. biegsam u. disc = Scheibe, (Schall)platte] (EDV): *Diskette.*

¹Flor, der; -s, -e ⟨Pl. selten⟩ [aus lat. in flore esse = in Blüte stehen, zu: flos (Gen.: floris) = Blume, Blüte] (geh.): **1. a)** *Blumen-, Blütenfülle, Blumenpracht:* der Zauber des herbstlichen -s; **b)** *Fülle, Menge blühender [schöner] Blumen [der gleichen Art]; Fülle, Menge von Blüten [einer Pflanze]:* ein F. duftender Rosen; Ü ein F. reizender Damen. **2.** (seltener) *Wohlstand, Gedeihen.*

²Flor, der; -s, -e, selten: Flöre [niederl. floers, wohl < frz. velours, ↑ ¹Velours]: **1. a)** *feines, zartes, durchsichtiges Gewebe:* ein festliches Kleid aus F.; **b)** Kurzf. von ↑ Trauerflor. **2.** *Gesamtheit der aufrecht stehenden Enden der [Stoff]fasern bei Samt, Plüsch u. Teppichen:* ein Teppich mit dickem F.

¹Flo|ra, die; -, ...ren [nach dem Namen der ↑ ²Flora, zu lat. flos, ↑ ¹Flor]: **1.** *[systematisch erfasste] Pflanzenwelt eines bestimmten Gebietes:* die tropische F. **2.** *Bestimmungsbuch für die Pflanzen eines Gebiets.* **3.** ⟨o. Pl.⟩ *Gesamtheit der natürlich vorkommenden Bakterien in einem Körperorgan.*

²Flo|ra (röm. Mythol.): *Göttin der Blüte u. des Frühlings.*

flo|ral ⟨Adj.⟩ [zu lat. flos (Gen.: floris) = Blume]: **a)** *mit Blumen, geblümt:* -e Dessins; **b)** *Blüten betreffend, darstellend.*

Flor|band, das ⟨Pl. ...bänder⟩: *Trauerflor.*

Flo|ren|ge|biet, das: *bes. durch bestimmte Pflanzengattungen u. -arten charakterisiertes Gebiet der Erde mit einer aufgrund der geografischen u. klimatischen Verhältnisse einheitlichen Pflanzenwelt; pflanzengeografische Region.*

Flo|ren|re|gi|on, die: *Florengebiet.*

¹Flo|ren|ti|ner, der; -s, -: **1.** Ew. zu ↑ Florenz. **2.** *Damenstrohhut mit breitem, schwingendem Rand.* **3.** *halbseitig mit Kuvertüre überzogenes Gebäckstück mit Honig u. Nüssen od. Mandeln.*

²Flo|ren|ti|ner ⟨indekl. Adj.⟩: zu ↑ Florenz.

Flo|ren|ti|ne|rin, die; -, -nen: w. Form zu ↑ Florentiner (1).

flo|ren|ti|nisch ⟨Adj.⟩: *Florenz, die ¹Florentiner* (1) *betreffend.*

Flo|renz: *italienische Stadt.*

Flo|res ['floːreːs] ⟨Pl.⟩ [lat. flores, Pl. von flos, ↑ ¹Flor]: **1.** (Pharm.) *getrocknete Blüten[teile] als Bestandteile von Drogen.* **2.** *[improvisierte] Gesangsverzierungen in der mittelalterlichen Musik.*

Flo|res|zenz, die; -, -en [zu lat. florescens (Gen.: florescentis), 1. Part. von: florescere = aufblühen] (Bot.): **1.** *Blütezeit.* **2.** *Gesamtheit der Blüten einer Pflanze; Blütenstand.*

Flo|rett, das; -[e]s, -e [frz. fleuret < ital. fioretto, eigtl. = Knospe; nach dem knospenähnlichen Knopf, der bei Fechtübungen auf die Spitze gesteckt wurde]: **1.** *Stoßwaffe mit biegsamer, vierkantiger Klinge u. Handschutz.* **2.** ⟨o. Pl.⟩ *Florettfechten:* er hat im F. gewonnen.

Flo|rett|fech|ten, das; -s (Sport): *Fechten mit dem Florett als sportliche Disziplin.*

Flo|rett|fech|ter, der (Sport): *jmd., der das Florettfechten betreibt.*

Flo|rett|fech|te|rin, die: w. Form zu ↑ Florettfechter.

Flo|rett|sei|de, die [nach ital. fioretto di seta = Auswahlseide] (Textilind.): *aus den kurzen Fadenenden des Kokons gesponnene [Abfall]seide.*

Flor|flie|ge, die: *zartes, hellgrünes Insekt mit großen, durchsichtigen Flügeln.*

Flo|ri|ans|jün|ger, der; -s, - [nach dem hl. Florian (Märtyrer im 4. Jh.), dem Schutzpatron der Feuerwehrleute] (ugs. scherzh.): *Feuerwehrmann.*

Flo|ri|ans|jün|ge|rin, die: w. Form zu ↑ Floriansjünger.

flo|rid ⟨Adj.⟩ [lat. floridus = blühend] (Med.): *(von Krankheiten) stark ausgeprägt, rasch fortschreitend.*

Flo|ri|da; -s: **1.** *nordamerikanische Halbinsel.* **2.** *Bundesstaat der USA.*

flo|rie|ren ⟨sw. V.; hat⟩ [lat. florere = blühen, zu: flos, ↑ ¹Flor]: *sich [geschäftlich] günstig entwickeln, gedeihen; blühen:* die Wirtschaft, das Unternehmen floriert; eine florierende Praxis besitzen.

Flo|ri|leg, das; -s, -e, **Flo|ri|le|gi|um,** das; -s, ...ien [zu lat. florilegus = Blüten sammelnd, also eigtl. = Blütenlese] (veraltet): **1.** *Anthologie.* **2. a)** *Auswahl aus den Werken von Schriftstellern der Antike;* **b)** *Sammlung von Aussprüchen u. Redewendungen.*

Flo|rin, der; -s, -e u. -s ⟨mlat. florinus = (Florentiner) Gulden, zu lat. flos (Gen.: floris) = Blume (nach der Wappenlilie auf der Rückseite)⟩: **a)** *niederländischer Gulden (frühere Währungseinheit in den Niederlanden)* (Abk.: Fl., fl.); **b)** ['flɔrɪn] *ehemalige englische Silbermünze (zwei Shilling)* (Abk.: Fl., fl.).

Flo|rist, der; -en, -en: **1.** [zu ↑ ¹Flora] *Kenner u. Erforscher der ¹Flora* (1). **2.** [zu lat. flos (Gen.: floris) = Blume] *Blumenbinder (Berufsbez.).*

Flo|ris|tik, die; -: **1.** *Wissenschaft von den natürlichen Verbreitungsgebieten der Pflanzenarten u. -sippen.* **2.** *Bereich des Handwerks, das sich mit der Zusammenstellung von Blumen, Pflanzen, dem Binden von Kränzen u. Ä. befasst.*

Flo|ris|tin, die; -, -nen: w. Form zu ↑ Florist.

flo|ris|tisch ⟨Adj.⟩: **1.** *die Flora od. die Floristik* (1) *betreffend, zu ihr gehörend.* **2.** *die Floristik* (2) *betreffend, zu ihr gehörend.*

Flos|kel, die; -, -n [lat. flosculus = Blümchen, eigtl. = Redeblume, Vkl. von: flos, ↑ ¹Flor]: *nichtssagende Redensart; formelhafte, leere Redewendung:* seine Rede bestand nur aus -n.

flos|kel|haft ⟨Adj.⟩: *in der Art einer Floskel gehalten.*

floss: ↑ fließen.

Floß, das; -es, Flöße [mhd. vlōʒ, ahd. flōʒ, zu

↑fließen in der alten Bed. »schwimmen«]: **1. a)** *flaches Wasserfahrzeug aus zusammengebundenen schwimmfähigen Materialien (wie Holz, Bambus, Schilf o. Ä.) zur Beförderung von Personen u. Waren;* **b)** *Verbund von mehreren zum Transport auf fließenden Gewässern zusammengebundenen Baumstämmen, der durch die Strömung fortbewegt wird.* **2.** *Schwimmer* (3) *an einer Angel.*
flöß|bar ⟨Adj.⟩: *(von Gewässern) zum Flößen* (1 a) *geeignet.*
Floß|brü|cke, die: *behelfsmäßige Brücke aus zusammengebundenen Baumstämmen.*
Flos|se, die; -, -n [mhd. vlǫȥȥe, ahd. floȥȥa, zu ↑fließen in der alten Bed. »schwimmen, treiben«]: **1.** *der Fortbewegung u. Steuerung dienendes, fächerförmiges, aus Haut u. Knorpel bestehendes Organ im Wasser lebender Tiere.* **2.** Kurzf. von ↑Schwimmflosse (1). **3.** *fest stehender Teil des Leitwerks an Flugzeugen, Luftschiffen, [Unter]wasserfahrzeugen.* **4.** (ugs. scherzh. od. abwertend) **a)** *Hand;* **b)** ⟨meist Pl.⟩ (seltener) *Fuß.*
flös|se: ↑fließen.
flö|ßen ⟨sw. V.; hat⟩ [mhd. vlœȥen, vlœtzen = fließen machen]: **1. a)** *Baumstämme als Flöße* (1 b) *befördern;* **b)** *einem Floß* (1) *transportieren.* **2.** *jmdm. eine Flüssigkeit in kleinen Mengen durch den Mund eingeben; einflößen.*
♦ **Flos|sen|füh|rer,** der [1. Bestandteil Bergmannsspr. Flosse = in eine Form gegossenes Roheisen, zu ↑fließen]: *jmd., der in Blöcke gegossenes Roheisen zur Weiterverarbeitung transportiert:* Unterwegs ... nahm ich ein F. ein, auf seinen Eisenschollen Platz zu nehmen (Rosegger, Waldbauernbub 163).
Flos|sen|fü|ßer, Flos|sen|füß|ler, der: *Robbe.*
Flö|ßer, der; -s, -: *jmd., der ein Floß* (1) *begleitet u. steuert* (Berufsbez.).
Flö|ße|rei, die; -, -en: **1.** ⟨o. Pl.⟩ *das Flößen* (1 a): die F. hat in Nordeuropa noch große Bedeutung. **2.** *Unternehmen, das gewerbsmäßig Flößerei* (1) *betreibt.*
Flö|ße|rin, die; -, -nen: w. Form zu ↑Flößer.
Floß|fahrt, die: *Fahrt mit einem Floß* (1).
Floß|gas|se, die (Wasserbau): *(in Stauanlagen) geneigte Rinne, durch die Flöße vom oberen ins untere Wasser schwimmen können.*
Floß|holz, das ⟨Pl. ...hölzer⟩: *Holz, das geflößt wird.*
Flo|ta|ti|on, die; -, -en [engl. flo(a)tation, zu: to float = schwimmen (lassen)] (Technik, bes. Hüttenw.): *Aufbereitung, Sortierung von [mineralischen] Stoffgemischen durch Feinstverteilung in Wasser u. Beigabe schäumender Chemikalien, die bestimmte Bestandteile an Gasblasen angelagert nach oben treiben.*
Flö|te, die; -, -n [mhd. vloite ← afrz. flaüte ← aprovenz. flaüt, H. u.]: **1.** *rohrförmiges Blasinstrument aus Holz od. Metall, dessen Tonlöcher mit Klappen od. den Fingern geschlossen werden:* F. spielen; die F., auf der F. spielen. **2.** (Musik) *Labialpfeife.* **3.** *hohes, schlankes [Sekt]glas.* **4.** (Skat) *fortlaufende Reihe von Karten gleicher Farbe.*
¹**flö|ten** ⟨sw. V.; hat⟩: **1. a)** (selten) *[laienhaft] Flöte* (1) *spielen:* ... viele aber harften und flöteten, schlugen Lauten und Pauken, und Singende hielten sich hinter diesen (Th. Mann, Joseph 142); **b)** *Töne hervorbringen, die wie Flötentöne klingen:* die Amsel flötete; **c)** (landsch.) *pfeifen.* **2. a)** *mit einschmeichelnder, hoher Stimme sprechen;* **b)** ¹*flötend* (2 a) *sagen:* »Die Freude ist ganz meinerseits«, flötete sie.
²**flö|ten** [H. u., viell. über das Jidd. aus dem Rotwelschen]: nur in der Wendung **f. gehen** (ugs.): **1.** *verloren gehen, abhandenkommen.* **2.** *entzwei gehen.*

flö|ten|ar|tig ⟨Adj.⟩: *wie eine Flöte* (1) *geartet:* -e Töne hervorbringen.
Flö|ten|kon|zert, das: **1.** *Konzert* (1 a) *für Flöte* (1) *u. Orchester.* **2.** *Konzert* (1 b) *mit Flötenmusik.*
Flö|ten|mu|sik, die: **1.** ⟨o. Pl.⟩ *mittels einer Flöte* (1) *erzeugte Musik.* **2.** *Musikstück für Flöte* (1).
Flö|ten|re|gis|ter, das: *zu den Flöten* (2) *gehörendes Register bei der Orgel.*
Flö|ten|spiel, das: *Spiel* (5 b) *auf der Flöte.*
Flö|ten|spie|ler, der: *jmd., der Flöte spielt.*
Flö|ten|spie|le|rin, die: w. Form zu ↑Flötenspieler.
Flö|ten|ton, der ⟨Pl. ...töne⟩: *mit einer Flöte hervorgebrachter Ton:* *jmdm. [die] Flötentöne beibringen (ugs.; *jmdm. das richtige Benehmen, Ordnung lehren; wohl eigtl. jmdm. beibringen, sich nach den Signalen einer Flöte zu richten*).
Flö|ten|werk, das (Musik): **1.** *kleine Orgel, die nur mit Flöten* (2) *besetzt ist.* **2.** *Gesamtheit der Labialstimmen einer Orgel.*
flo|tie|ren ⟨sw. V.; hat⟩ [nach engl. to float, ↑Flotation] (Technik, bes. Hüttenw.): *(Erz) durch Flotation aufbereiten.*
Flö|tist, der; -en, -en: *jmd., der [berufsmäßig] Flöte* (1) *spielt:* ein virtuoser F.
Flö|tis|tin, die; -, -nen: w. Form zu ↑Flötist.
flott ⟨Adj.⟩: **1.** (ugs.) **a)** *schnell, flink; zügig:* eine -e Bedienung; ein -es Tempo fahren; geht es nicht etwas -er?; bei der Arbeit f. vorankommen; *einen Flotten bekommen/kriegen, haben* (salopp; *Durchfall bekommen, haben*); **b)** *vergnügt, beschwingt:* -e Musik. **2.** (ugs.) **a)** *schick, modisch:* ein -er Hut, Mantel; sie sieht in dem Kleid f. aus; **b)** *(von Personen) hübsch, attraktiv [u. unbekümmert]:* junge, -e Burschen. **3.** (ugs.) *Studentenspr.] leichtlebig, lebenslustig u. unbeschwert:* ein -es Leben führen; f. leben. **4.** [aus niederd. flot maken = ein Schiff fahrbereit, schwimmfähig machen, zu mniederd. vlot = zum Schwimmen, zu: vlēten = fließen; schwimmen] (Seemannsspr.) *frei schwimmend, fahrbereit:* das aufgelaufene Schiff ist wieder f.; Ü das Auto ist wieder f. (*wieder fahrtüchtig*); ... noch eine Behandlung, mein Bester, und wir sind wieder f. (*gesund*) (Dürrenmatt, Meteor 57).
Flott, das; -[e]s [aus dem Niederd. < mniederd. vlot, ↑flott] (nordd.): **1.** *Entenflott.* **2.** *Floß* (2). **3. a)** *Sahne;* **b)** *Haut der abgekochten Milch.*
flott|be|kom|men ⟨st. V.; hat⟩ (ugs.): *fahrbereit bekommen* (6 c): habt ihr das Boot, das Auto wieder flottbekommen?
Flot|te, die; -, -n: **1.** [unter Einfluss von ital. flotta, frz. flotte < mniederd. vlote, zu ↑fließen] **a)** *Gesamtheit der [Kriegs]schiffe eines Staates:* die englische F.; **b)** *größerer [Kriegs]schiffsverband:* eine F. von Fischerbooten verließ den Hafen; Die Menschen, die diese Erdteil verlassen wollten, hätten jede Woche eine gigantische F. bemannen können (Seghers, Transit 255). **2.** [zu ↑Flut] *Flüssigkeit, in der Textilien gebleicht, gefärbt od. imprägniert werden.*
Flot|ten|ab|kom|men, das (Militär): *Vertrag zwischen zwei od. mehr Staaten über Stärke u. Bewaffnung ihrer Flotten* (1 a).
Flot|ten|ba|sis, die (Militär): *Hafen mit Versorgungseinrichtungen für eine Flotte* (1).
Flot|ten|stütz|punkt, der (Militär): *Hafen mit Versorgungseinrichtungen für eine Flotte* (1).
Flot|ten|ver|band, der (Militär): *Gruppe von Kriegsschiffen mit gemeinsamer Aufgabe.*
flot|tie|ren ⟨sw. V.; hat⟩ [frz. flotter, zu: flot = Welle, aus dem Germ.]: **1.** (Med.) *in einer Flüssigkeit frei beweglich schwimmen:* der Fetus flottiert im Fruchtwasser. **2.** (bildungsspr., Fachspr.) *schwanken, schweben:* flotierende

Schuld (Rechtsspr.; *kurzfristige Darlehensschuld des Staates, schwebende Schuld*). **3.** (Textilind.) *(von Garnfäden im Gewebe) stellenweise frei liegen.*
Flot|til|le [auch: flɔˈtɪljə], die; -, -n [span. flotilla, Vkl. von: flota < frz. flotte, ↑Flotte]: **1.** (Militär) *Verband kleinerer Kriegsschiffe.* **2.** *Verband aus mehreren Fangschiffen u. einem verarbeitenden Schiff, die gemeinsam fischen.*
Flot|til|len|ad|mi|ral, der (Militär): **a)** ⟨o. Pl.⟩ *niedrigster Dienstgrad in der Rangordnung der Admirale (bei der Marine);* **b)** *Offizier dieses Dienstgrades.*
flott|krie|gen ⟨sw. V.; hat⟩ (ugs.): *flottbekommen.*
flott|ma|chen ⟨sw. V.; hat⟩: **1.** (Seemannsspr.) *(ein auf Grund gelaufenes Schiff) wieder zum freien Schwimmen bringen:* der Kahn wurde wieder flottgemacht; Ü *ein marodes Unternehmen mit viel Kapital wieder f.* **2.** (ugs.) *(ein Fahrzeug) fahrbereit machen.*
flott|schlep|pen ⟨sw. V.; hat⟩: *(ein auf Grund gelaufenes Schiff) wegziehen, sodass es wieder frei schwimmt.*
flott|weg ⟨Adv.⟩ (ugs.): *flott, zügig, ohne Verzögerungen:* f. arbeiten.
♦ **Flötz** [auch: fløːts], der, auch: das; -es, -e [Nebenf. von ↑Fletz] (südd., österr.): *Fußboden:* ... da ... meine kleineren Geschwister sich ... auf dem F. herumbalgten (Rosegger, Waldbauernbub 134).

Flotz|maul, das; -[e]s, ...mäuler [wohl zu mhd. vlōȥ, ahd. flōȥ = Fließendes, Fluss]: *feuchte Hautpartie zwischen Nase u. Oberlippe beim Rind.*
Flow [floʊ], der; -, -s [engl. flow »das Fließen, Strömen« zu to flow »fließen, strömen«]: **1.** (Med.) *Durchfluss von Flüssigkeiten (z. B. Blut, Harn) in entsprechenden Gefäßen des Körpers.* **2.** [geb. von dem 1934 geborenen ungarischen Psychologen M. Csikszentmihalyi] (Psychol.) *Zustand höchster Konzentration und völliger Versunkenheit in eine Tätigkeit.* **3.** (Musik) *sprachlicher und rhythmischer Fluss, mit dem Musiker, insbes. Rapper, ihre Texte reimen und vortragen.*
Flow|chart, das; -s, -s [engl. flow chart, aus: flow = das Fließen, der Fluss u. chart, ↑Chart (1)] (EDV): *engl. Bez. für: Flussdiagramm.*
Flo|wer-Pow|er, Flo|wer|pow|er [ˈflaʊɐpaʊɐ], die; - [engl. flower power = Macht der Blumen: Schlagwort der Hippies, die in der Konfrontation mit der bürgerlichen Gesellschaft Blumen als Symbol für ihr Ideal einer humanisierten Gesellschaft verwenden; *Schlagwort der Hippies, die in der Konfrontation mit der bürgerlichen Gesellschaft Blumen als Symbol für ihr Ideal einer humanisierten Gesellschaft verwenden.*
Flöz, das; -es, -e [mhd. vletze, ahd. flezzi, flazzi = geebneter Boden, zu ahd. flaȥ, ↑Fladen; vgl. Flett, Fletze] (Bergbau): *Schicht nutzbarer Gesteine von großflächiger Ausdehnung:* die Kohle gestern ist nicht minderwertig.
Fluch, der; -[e]s, Flüche [mhd. vluoch, ahd. fluoh, rückgeb. aus ↑fluchen]: **1.** *im Zorn gesprochener Kraftausdruck:* ein derber, [gottes]lästerlicher F.; einen kräftigen F. ausstoßen. **2.** *böse Verwünschung; Wunsch, dass jmdm. ein Unheil widerfahren soll:* der F. erfüllte sich nicht; einen F. gegen jmdn. ausstoßen. **3.** ⟨o. Pl.⟩ *Strafe, Unheil, Verderben [das durch einen Fluch* (2) *bedingt ist]:* ein fürchterlicher F. liegt auf dem Haus; R das ist der F. der bösen Tat (*das ist die verhängnisvolle Folge;* nach Schiller, Piccolomini, V, 1).
fluch|be|la|den ⟨Adj.⟩ (geh.): *unter einem Fluch* (3) *stehend:* ein -es Geschlecht.

fluchen – Flugbetrieb

flu|chen ⟨sw. V.; hat⟩ [mhd. vluochen, ahd. fluohhōn, eigtl. = mit der Hand auf die Brust schlagen (diese Bewegung hat wohl die Verwünschung begleitet; vgl. aengl. flōcan = schlagen)]: **1. a)** *im Zorn, in ärgerlicher Erregung Flüche, Kraftausdrücke gebrauchen, ausstoßen:* laut f.; fluch nicht so gotteslästerlich!; unflätig fluchend verließ sie das Büro; **b)** *in großer Erregung u. unter Verwendung von Kraftausdrücken heftig auf jmdn. od. etw. schimpfen:* sie fluchte auf/über das Wetter, über ihre Chefin. **2.** (geh.) *verfluchen* ⟨a⟩: sie fluchte ihrem Schicksal; ◆ ⟨auch mit Akk.-Obj.:⟩ ... damit er Zeit hat, die Vinska in den Brunnen zu jagen und den Sohn um sein Glück zu f. und sich selber das ewige Leben (Ebner-Eschenbach, Gemeindekind 87).

¹**Flucht,** die; -, -en [mhd. vluht, ahd. fluht, zu ↑ fliehen]: **1. a)** ⟨o. Pl.⟩ *das Fliehen, Flüchten:* sie wurde auf der F. erschossen; er ist auf der F. vor der Polizei; er konnte sich durch schnelle F. [ins Freie] retten; sie jagten in wilder F. davon; * **die F. ergreifen** ([*vor etw., jmdm.*] *davonlaufen; fliehen:* von dem Hund ergriff der Dieb die F.); **jmdn. in die F. schlagen** (*jmdn. durch Androhung von Gewalt od. durch Gegenwehr dazu bringen zu fliehen*); **b)** *das unerlaubte u. heimliche Verlassen eines Landes, Ortes:* aus dem Gefängnis gelang; seine F. vorbereiten; an seiner F. arbeiten (ugs. scherzh.; *im Begriff sein, sich* [*heimlich*] *zu entfernen, wegzugehen*). **2.** ⟨o. Pl.⟩ *das Ausweichen aus einer als unangenehm empfundenen od. nicht zu bewältigenden* [*Lebens*]*situation:* die F. in die Anonymität, in die Krankheit; die F. nach vorn antreten (*durch eine entsprechende Handlung, durch risikoreiche Aktivitäten aus einer misslichen Lage herauszukommen suchen*).

²**Flucht,** die; -, -en [aus dem Niederd., niederd. flugt = zusammen fliegende Vogelschar, zu ↑ fliegen (nach der geraden Linie, in der z. B. die Wildgänse hintereinanderfliegen)] (Bauw.): **1.** *Reihung in gerader Linie, bes. vertikale Ebene, die auf einer Seite den Abschluss von Gebäuden, Innenräumen od. Bauteilen bildet:* die F. der Fenster, der Arkaden; die Häuser stehen alle in einer F. (*in einer Linie*). **2.** (geh.) *Reihe von nebeneinanderliegenden Zimmern, die durch Türen miteinander verbunden sind:* eine F. von Gemächern. **3.** *senkrecht u. waagerecht geradliniger Verlauf einer Mauer:* die Mauer in die F. bringen.

flucht|ar|tig ⟨Adj.⟩: *sehr schnell, wie auf der* ¹*Flucht vor etw., jmdm.* [*vor sich gehend*]: sie verließen das Lokal f.

Flucht|au|to, das: *Fluchtwagen.*

Flucht|be|we|gung, die: **1.** ¹*Flucht vieler Menschen aus einem Land wegen drohender Gefahr:* die Hintergründe der F. in Südostasien. **2.** (Verhaltensf.) *Reaktion fluchtartiger Wegbewegung eines Lebewesens aus dem Bereich einer Gefahr, eines unangenehmen Reizes.*

Flucht|burg, die (Geschichte): *Fliehburg:* die Einwohner des Dorfes verschanzten sich in der F.

fluch|ten ⟨sw. V.; hat⟩ [zu ²*Flucht*] (Bauw.): **1.** *beim Bauen eine Mauer, Häuser od. Gebäudeteile in eine gerade Linie bringen.* **2.** *(von einer Mauer, Häusern, Gebäudeteilen) in einer geraden Linie liegen, verlaufen:* die beiden Häuser fluchten nicht.

flüch|ten ⟨sw. V.⟩ [zu ↑¹*Flucht*; mhd. vlühten, ahd. fluhten = in die Flucht schlagen, vertreiben]: **1. a)** ⟨ist⟩ [*plötzlich u. sehr eilig*] *fliehen; sich einer drohenden Gefahr durch* ¹*Flucht* (1) *zu entziehen versuchen:* vor den Soldaten, dem Hochwasser f.; über die Grenze ins Ausland f.; das Kind flüchtete ängstlich zur Mutter; Ü in Sachwerte f. (*aus Angst vor Inflation o. Ä. sein Geld in Sachwerten anlegen*); **b)** ⟨f. + sich; hat⟩ *sich durch* ¹*Flucht* (1) *irgendwohin in Sicherheit bringen:* sie flüchteten sich vor dem Gewitter in eine Hütte. **2.** ⟨hat⟩ (veraltet) *jmdn., etw. vor einer drohenden Gefahr in Sicherheit bringen:* bei Kriegsbeginn flüchteten sie Kinder und Möbel aufs Land; ◆ Euer Eidam hat ihn übern See geflüchtet (Schiller, Tell I, 4).

Flucht|fahr|zeug, das: *zur* ¹*Flucht* (1) *benutztes Fahrzeug.*

Flucht|ge|fahr, die ⟨Pl. selten⟩: *Gefahr, dass eine bestimmte Person flüchtet:* bei den Verdächtigen besteht F.

Flucht|ge|schwin|dig|keit, die (Physik): *Geschwindigkeit, die ein Körper haben muss, um die Anziehungskraft eines Himmelskörpers zu überwinden.*

Flucht|hel|fer, der: *jmd., der einem anderen zur* ¹*Flucht* (1 b) *verhilft.*

Flucht|hel|fe|rin, die: w. Form zu ↑ *Fluchthelfer.*

Flucht|hil|fe, die: *Handlung, die den Zweck hat, jmdm. zur* ¹*Flucht* (1 b) *zu verhelfen.*

flüch|tig ⟨Adj.⟩ [mhd. vlühtec, ahd. fluhtīc = fliehend, zu ↑¹Flucht]: **1.** *auf der* ¹*Flucht* (1 a) *befindlich, geflüchtet:* ein -es (*schnell, fluchtartig davonlaufendes*) Reh; die Täter sind f.; ⟨subst.:⟩ Seine Distanz zu den Flüchtigen betrug gute zweihundert Meter (Zwerenz, Quadriga 98); * **f. gehen** (landsch.; *die* ¹*Flucht* 1 a *ergreifen, fliehen*). **2. a)** *von kurzer Dauer, geringer Intensität*; *im Vorübergehen, nebenbei* [*erfolgend*]: ein -er Blick; ein -en Kuss; sein Blick streifte sie f.; **b)** *oberflächlich, ungenau:* einen -en Eindruck von jmdm. haben; ich kenne ihn nur f.; **c)** *zu rasch u. unkonzentriert u. daher fehlerhaft:* eine -e Arbeit; f. arbeiten. **3.** *rasch vorübergehend, nicht lange bestehend, vergänglich:* -e Augenblicke des Glücks. **4.** (Chemie) *rasch verdunstend:* ein -es Öl; Alkohol ist leicht f.; Er wusste ja nicht, dass die Destillation nichts anderes war, als ein Verfahren zur Trennung gemischter Substanzen in ihre -en und weniger -en Einzelteile (Süskind, Parfum 129).

Flüch|tig|keit, die; -, -en: **1.** ⟨o. Pl.⟩ *das Flüchtigsein.* **2.** *flüchtige* (2 c) *Ausführung, Handhabung, Gestaltung:* solche -en dürfen nicht vorkommen.

Flüch|tig|keits|feh|ler, der: *auf Flüchtigkeit beruhender Fehler:* der Aufsatz war voll von -n.

Flücht|ling, der; -s, -e: **1.** *Person, die aus politischen, religiösen, wirtschaftlichen od. ethnischen Gründen ihre Heimat eilig verlassen hat od. verlassen musste u. dabei ihren Besitz zurückgelassen hat:* als politischer F. anerkannt werden; das Elend der -e nach dem Krieg; Aus den nördlichen Dörfern ergoss sich noch immer ein stummer Strom von -en (Seghers, Transit 9). ◆ **2.** *flatterhafter, oberflächlicher Mensch:* ... dann gibts -e und üble Spaßvögel (Goethe, Werther I, 15. Mai).

Flücht|lings|aus|weis, der: *Ausweis, den jmd. erhält, der als Flüchtling anerkannt worden ist.*

Flücht|lings|elend, das: *Elend, große Not der Flüchtlinge.*

Flücht|lings|heim, das: *Heim* (2 a), *in dem Flüchtlinge* [*vorübergehend*] *wohnen können.*

Flücht|lings|hil|fe, die: *durch Gesetz geregelte Leistungen an Flüchtlinge in Form von Beihilfen u. Darlehen.*

Flücht|lings|la|ger, das ⟨Pl. ...lager⟩: *Lager, in dem Flüchtlinge* [*vorübergehend*] *Aufnahme finden.*

Flücht|lings|po|li|tik, die: *die Belange von Flüchtlingen betreffende Politik.*

Flücht|lings|rat, der: *Gremium, das sich für die Belange von Flüchtlingen einsetzt.*

Flücht|lings|strom, der (emotional): *große Zahl von einherziehenden Flüchtlingen.*

Flücht|lings|treck, der: *Treck von Menschen, die als Flüchtlinge ihre Heimat verlassen.*

Flücht|lings|wel|le, die: *größere Anzahl von Menschen, die aus einem bestimmten Anlass plötzlich ihre Heimat verlassen.*

Flucht|li|nie, die [zu ↑²*Flucht*]: **1.** *Baufluchtlinie.* **2.** *auf einen Fluchtpunkt zulaufende Linie.*

Flucht|punkt, der: *Punkt eines perspektivischen Bildes, in dem solche Linien zusammenlaufen, die in der Wirklichkeit parallelen Linien entsprechen.*

Flucht|re|ak|ti|on, die (Verhaltensf.): *in* ¹*Flucht* (1 a) *bestehende Reaktion* (*eines Tieres*).

Flucht|ver|dacht, der: *Verdacht, dass eine bestimmte Person flüchtet.*

flucht|ver|däch|tig ⟨Adj.⟩: *unter Fluchtverdacht stehend.*

Flucht|ver|such, der: *Versuch zu fliehen:* ein misslungener F.

Flucht|wa|gen, der: *zur* ¹*Flucht* (1) *benutzter Wagen.*

Flucht|weg, der: **a)** *Weg, auf dem jmd. flüchtet, geflüchtet ist:* F. rekonstruieren; **b)** *Weg, auf dem jmd. gegebenenfalls flüchten kann.*

fluch|wür|dig ⟨Adj.⟩ (geh.): *verabscheuungswürdig, verdammenswert:* eine -e Tat.

fluf|fig ⟨Adj.⟩ [eindeutschend für engl. fluffy = leicht, locker, luftig] (ugs.): *leicht u. luftig:* ein -es Gebäck; -e Federboas.

Flug, der; -[e]s, Flüge [mhd. vluc, ahd. flug, zu ↑ fliegen]: **1.** *das Fliegen als Fortbewegung in der Luft:* den F. eines Vogels, eines Flugzeugs beobachten; ... es gibt das Schlafen der Mauersegler im F. (*während des Fliegens*; Wohmann, Absicht 378); * **[wie] im -e** ([*überraschend, sehr*] *schnell in Bezug auf etw., was sich über eine gewisse Zeit erstreckt*): die Tage vergingen [mir] wie im -e. **2.** *das Fliegen zu einem bestimmten Zweck od. Ziel; Flugreise:* ein ruhiger F.; billige Flüge nach Amerika; der F. zum Mond; einen F. antreten, buchen. **3.** (Skispringen, Skifliegen) *das Gleiten durch die Luft; Verlauf der Flugbahn des Skispringers vom Absprung bis zum Aufsetzen:* ein wundervoller F. über 180 m.

Flug|ab|wehr, die: **1.** (Militär) *Abwehr von Luftangriffen; Luftabwehr.* **2.** (Ballspiele) *das Abwehren eines Balles im Sprung.*

Flug|ab|wehr|ka|no|ne, die (Militär): *bei der Flugabwehr eingesetztes bewegliches* [*Schnellfeuer*]*geschütz.*

Flug|ab|wehr|ra|ke|te, die (Militär): *bei der Flugabwehr eingesetzte Raketenwaffe.*

Flug|angst, die: *Angst vor dem Fliegen* (4): unter panischer F. leiden.

Flug|asche, die: *bei der Verbrennung eines Brennstoffs vom Rauch mitgeführte Asche.*

Flug|bahn, die: *Bahn, die ein fliegendes Objekt beschreibt.*

Flug|ball, der (Sport): **a)** *hoch durch die Luft fliegender Ball;* **b)** (Tennis) *Ball, der direkt aus der Luft gespielt wird, ohne dass er vorher auf dem Boden aufspringt.*

Flug|be|glei|ter, der: *Betreuer der Passagiere an Bord von Flugzeugen* (Berufsbez.).

Flug|be|glei|te|rin, die: w. Form zu ↑ *Flugbegleiter.*

Flug|ben|zin, das: *Benzin für Flugzeugmotoren.*

flug|be|reit ⟨Adj.⟩: **1.** *alle technischen Voraussetzungen zum Fliegen erfüllend.* **2.** *fertig zum* [*Ab*]*flug.*

Flug|be|reit|schaft, die: **1.** ⟨Pl. selten⟩ *das Flugbereitsein.* **2.** *einer Dienststelle angeschlossene Einrichtung, die über flugbereite Flugzeuge u. Hubschrauber u. dienstbereite Piloten verfügt.*

Flug|be|trieb, der: **a)** ⟨Pl. selten⟩ *organisierter Ablauf des Flugverkehrs:* der F. konnte wieder aufgenommen werden; **b)** ⟨o. Pl.⟩ *das* [*häufige*]

Starten u. Landen von Flugzeugen: auf dem Sportflugplatz herrscht sonntags reger F.
Flug|be|we|gung, die ⟨meist Pl.⟩: *Start oder Landung eines Luftfahrzeugs:* eine gestiegene Zahl von -en im Flughafenbereich.
Flug|bild, das (Zool.): *charakteristisches Erscheinungsbild eines fliegenden Vogels.*
Flug|blatt, das [nach frz. feuille volante]: *meist unentgeltlich verteiltes od. von Flugzeugen o. Ä. in größerer Menge abgeworfenes Blatt, das einod. zweiseitig bedruckt [u. illustriert] ist u. über ein aktuelles Ereignis informiert od. dazu Stellung nimmt:* Flugblätter abwerfen, verteilen.
Flug|blatt|ak|ti|on, die: *Aktion* (1) *zur Verteilung von Flugblättern:* eine bundesweite F.
Flug|boot, das: *Wasserflugzeug, dessen Rumpf als Schwimmkörper ausgebildet ist.*
Flug|dach, das (Archit.): *frei auf Stützen ruhende od. als Teil eines Gebäudes [ähnlich einem Vordach] als horizontale [leicht geneigte] Fläche ausgeführte Überdachung.*
Flug|da|ten|schrei|ber, der: *Flugschreiber.*
Flug|dienst, der: **1.** *regelmäßiger Flugverkehr auf einer bestimmten Strecke.* **2.** *Gesamtheit der Dienste zur Überwachung u. Gewährleistung der Sicherheit im Flugverkehr.*
Flug|dra|che, der: *Echse, die mithilfe zweier flügelartiger Hautlappen ein Stück weit durch die Luft gleiten kann; Flatterechse.*
Flug|dra|chen, der: *Drachen* (4).
Flug|ech|se, die: *Flugsaurier.*
Flug|ei|gen|schaft, die ⟨meist Pl.⟩: *technische Eigenschaft eines Flugzeugs o. Ä., die bes. während des Flugs hervortritt.*
Flü|gel, der; -s, -: **1. a)** [mhd. vlügel] *paariges, am Rumpf sitzendes Organ, mit dessen Hilfe Vögel u. Insekten fliegen* (1): der Adler breitet die F. aus; die Gans hat einen F. gebrochen, schlägt mit den -n; * **die F. hängen lassen** (ugs.; *mutlos u. bedrückt sein*); **jmdm. die F. beschneiden/ stutzen** (*jmds. Tatendrang, Übermut dämpfen*); **jmdm. F. verleihen** (geh.; *jmdn. beflügeln u.*); **b)** *(von mythologischen o. ä. Wesen) in der Form den Vogelflügeln ähnliches, zum Fliegen geeignetes Organ:* ein Engel, eine Elfe mit silbernen -n; **c)** (Flugw.) *Tragflügel:* Die Maschine, von Böen geschüttelt, sodass die F. wippten, kreiste noch mindestens zwanzig Minuten im Nebel (Frisch, Gantenbein 387). **2. a)** *Teil eines zweiod. mehrgliedrigen, symmetrischen Ganzen:* der rechte F. eines Altars, Fensters; der linke F. der Lunge; Er sah den matten Hochmut seiner blauen Augen, die Furchen, die stolz und grämlich von den -n seiner Nase in den Bart verliefen (Th. Mann, Hoheit 39); **b)** *von einem [sich im Zentrum drehenden] Mittelstück abstehendes Teil eines mechanischen Geräts, das in der Form od. Funktion einem Vogelflügel ähnelt:* die F. der Windmühle; die Schiffsschraube mit drei -n. **3. a)** [unter Einfluss von gleichbed. lat. ala, eigtl. = Vogelflügel] *äußerer Teil einer aufgestellten Truppe, Mannschaft o. Ä.:* der linke F. der Armee; über die F. (Fußball; *über den vorderen rechten u. linken Teil der gegnerischen Spielfeldhälfte*) angreifen; **b)** *Gruppierung innerhalb einer politischen od. weltanschaulichen Partei od. Gruppe:* der linke, rechte F. der Partei. **4.** *seitlicher Teil eines größeren Gebäudes, der in einem Winkel an das Hauptgebäude anschließt:* im westlichen F. des Schlosses.
5. [nach der Ähnlichkeit mit einem Vogelflügel] *großes, dem Klavier ähnliches Musikinstrument auf drei Beinen mit relativ flachem, an die Form eines Vogelflügels erinnerndem Resonanzkörper, dessen Deckel hochgestellt werden kann, u. in dem die Saiten waagerecht in Richtung der Tasten gespannt sind:* am F., auf dem F. begleitete eine berühmte Pianistin.

Flü|gel|al|tar, der: *Altar mit fest stehendem Mittelteil u. zwei od. mehr beweglichen Flügeln* (2 a).
Flü|gel|är|mel, der: *sehr weiter Ärmel.*
flü|gel|ar|tig ⟨Adj.⟩: *wie ein Flügel* (1 a) *geartet.*
Flü|gel|de|cke, die: *als Schutz für Hinterflügel u. Hinterleib dienender Vorderflügel der Insekten; Deckflügel.*
Flü|gel|fens|ter, das: *Fenster mit mehreren Flügeln* (2 a).
Flü|gel|frau, die: (Ballspiele) *Außenstürmerin.*
Flü|gel|hau|be, die: (früher) *Haube mit groß gestärkter Schleife.*
Flü|gel|horn, das [H. u.; viell. urspr. Horn der Jäger, die die Flügel einer Treibjagd begleiten] (Musik): *dem Kornett verwandtes, hohes Blechblasinstrument.*
Flü|gel|kampf, der ⟨meist Pl.⟩ (bes. Politik): *Auseinandersetzung zwischen den verschiedenen Flügeln einer Partei o. Ä.*
flü|gel|lahm ⟨Adj.⟩: **a)** *(von Vögeln) mit verletzten, lahmen Flügeln* (1 a): eine -e Drossel; **b)** *mutlos, kraftlos, matt:* seit diesem Ereignis ist er etwas f. geworden.
flü|gel|los ⟨Adj.⟩: *keine Flügel* (1 a) *besitzend:* -e Insekten.
Flü|gel|mann, der ⟨Pl. …männer u. …leute⟩: **a)** (Militär) *erster bzw. letzter Mann eines Gliedes;* **b)** (Ballspiele) *Außenstürmer.*
Flü|gel|mes|ser, das: *Maschinen-, Geräteteil aus mehreren im Kreis angeordneten, sich drehenden Messern.*
Flü|gel|mut|ter, die: *Schraubenmutter mit zwei flügelartigen Ansätzen, die das Festziehen u. das Lösen von Hand ermöglichen.*
Flü|gel|paar, das: **1.** *Paar Flügel* (1 a). **2.** (Ballspiele) *rechter u. linker Außenstürmer.*
Flü|gel|rad, das: **1.** (Technik) *Maschinenteil aus mehreren, sich um eine Achse drehenden Flügeln* (2 b); *Propeller.* **2.** *geflügeltes Rad als Symbol (der Eisenbahn).*
Flü|gel|schlag, der: *Bewegung der Flügel* (1 a): mit kraftvollen Flügelschlägen schwang sich der Adler empor.
flü|gel|schla|gend ⟨Adj.⟩: *mit den Flügeln schlagend:* schnatternd und f. lief die Gans davon.
Flü|gel|schrau|be, die: *Schraube mit zwei flügelartigen Ansätzen, die das Festziehen u. das Lösen von Hand ermöglichen.*
Flü|gel|spie|ler, der: **1.** *jmd., der auf einem Flügel* (5) *spielt oder spielen kann.* **2.** (Ballspiele) *Flügelspieler.*
Flü|gel|spie|le|rin, die: *w. Form zu ↑ Flügelspieler* (1, 2).
Flü|gel|spit|ze, die: *Spitze eines Flügels* (1 a).
Flü|gel|stür|mer, der: (Ballspiele) *rechter od. linker Außenstürmer.*
Flü|gel|stür|me|rin, die: *w. Form zu ↑ Flügelstürmer.*
Flü|gel|tür, die: *Tür mit zwei Flügeln* (2 a).
flug|fä|hig ⟨Adj.⟩: *in der Lage, fähig zu fliegen.*
Flug|fä|hig|keit, die: *das Flugfähigsein.*
Flug|feld, das: *Rollfeld.*
Flug|funk, der: *Funkverkehr zwischen Flugzeugen od. zwischen Flugzeug u. Bodenstation; Bordfunk.*
Flug|gast, der: *Passagier[in] eines Flugzeugs.*
flüg|ge ⟨Adj.⟩: [aus dem Niederd. < mniederd. vlügge = flugfähig; beweglich, emsig, zu ↑ fliegen]: *(von jungen Vögeln) so weit entwickelt, dass eine Flüge möglich sind:* die Amseln werden nach drei Wochen f.; Ü die Kinder sind bald f. (ugs., oft scherzh.; *[weitgehend] erwachsen; selbstständig*).
Flug|ge|rät, das: **1.** *flugfähiges Gerät* (1 a). **2.** (bes. Militär) *Gesamtheit aller Luftfahrzeuge.*
Flug|ge|sell|schaft, die: *Luftfahrtgesellschaft.*
Flug|ha|fen, der: *größerer Flugplatz für den all-* *gemeinen Flugverkehr [bes. den Linienverkehr]: ein internationaler F.;* jmdn. zum F. bringen.
Flug|ha|fen|ge|län|de, das: *Gelände* (b) *eines Flughafens.*
Flug|ha|fen|res|tau|rant, das: *Restaurant auf einem Flughafen.*
Flug|haut, die (Zool.): *ausspannbare Hautfalte bei Wirbeltieren, die zu Gleitflügen befähigt.*
Flug|hö|he, die: *Höhe, in der ein Vogel, Flugzeug o. Ä. während des Fluges fliegt.*
Flug|hund, der: *(in den Tropen u. Subtropen lebendes, zu den Fledermäusen gehörendes) Säugetier, das den Tag schlafend, meist an Baummästen hängend verbringt.*
Flug|ka|pi|tän, der: *verantwortlicher Pilot in einer größeren Verkehrsmaschine.*
Flug|ka|pi|tä|nin, die: *w. Form zu ↑ Flugkapitän.*
Flug|kar|te, die: **1.** *spezielle Navigationskarte für den Flugverkehr; Fliegerkarte.* **2.** *Flugschein* (1).
Flug|ki|lo|me|ter, der ⟨meist Pl.⟩: *von einem Flugzeug o. Ä. zu fliegender od. geflogener Kilometer.*
Flug|kör|per, der: *Rakete, die, Raumschiff o. Ä., das sich auf einer Flugbahn bewegt.*
Flug|lärm, der: *Lärm, der beim Starten u. Landen von Flugzeugen entsteht:* die Anwohner fühlen sich durch den F. gestört.
Flug|la|ter|ne, die: *Himmelslaterne.*
Flug|leh|rer, der: *jmd., der Unterricht im Führen von Flugzeugen gibt.*
Flug|leh|re|rin, die: *w. Form zu ↑ Fluglehrer.*
Flug|lei|ter, der: *jmd., der im Flugsicherungsdienst tätig ist* (Berufsbez.).
Flug|lei|te|rin, die: *w. Form zu ↑ Flugleiter.*
Flug|lei|tung, die: *Dienststelle auf einem Flughafen für den Flugsicherungsdienst.*
Flug|li|nie, die: **1.** *Luftfahrtgesellschaft.* **2.** *planmäßig von Flugzeugen beflogene Strecke:* auf dieser F. verkehren täglich drei Maschinen.
Flug|loch, das: *Öffnung an Bienenstöcken, Taubenschlägen o. Ä., durch die die Tiere ein- u. ausfliegen.*
Flug|lot|se, der: *Fluglotse.*
Flug|lot|sin, die: *w. Form zu ↑ Fluglotse.*
Flug|ma|schi|ne, die: *Luftfahrzeug.*
Flug|num|mer, die: *Zahl, die die Identifikation eines bestimmten Fluges dient:* der Flug mit der F. 648 von London nach Warschau.
Flug|ob|jekt, das: *[nicht näher auszumachendes] fliegendes Objekt* (1 a): * **unbekanntes F.** (UFO).
Flug|pas|sa|gier, der: *Fluggast.*
Flug|pas|sa|gie|rin, die: *w. Form zu ↑ Flugpassagier.*
Flug|per|so|nal, das: *Personal einer Fluggesellschaft, das im Flugzeug tätig ist.*
Flug|plan, der: **1.** *Zeitfolge des [An- u.] Abflugs von Flugzeugen an den Flughäfen:* Hamburg in den F. aufnehmen. **2.** *Zusammenfassung der Ankunfts- u. Abfahrtszeiten von Flugzeugen an einem Flughafen auf einem Plan:* den F. studieren.
Flug|platz, der: *Gelände mit [befestigten] Rollbahnen zum Starten u. Landen von Luftfahrzeugen, mit Wartungseinrichtungen, Gebäuden zur Abfertigung von Passagieren u. Frachtgut, technischen Anlagen zur Steuerung u. Überwachung des Flugverkehrs.*
Flug|post, die: *Luftpost.*
Flug|preis, der: *Preis eines Fluges* (2).
Flug|rei|se, die: *Reise mit dem Flugzeug.*
Flug|rei|sen|de ⟨vgl. Reisende⟩: *weibliche Person, die mit dem Flugzeug reist.*
Flug|rei|sen|der ⟨vgl. Reisender⟩: *jmd., der mit dem Flugzeug reist.*
Flug|rich|tung, die: *Richtung, in die jmd., etw. fliegt.*
Flug|rou|te, die: *Route, die ein Flugzeug fliegt:*

flugs – Flur

die F. geht von Frankfurt über Hamburg nach London.

flugs ⟨Adv.⟩: *schnell, sofort, sogleich:* als sie ihn rief, kam er f. herbei.

Flug|sand, der: *sehr feiner, vom Wind transportierter Sand (z. B. bei Dünen).*

Flug|sau|ri|er, der: *ausgestorbenes Kriechtier unterschiedlicher Größe, das mithilfe großer Flughäute fliegen kann.*

Flug|schan|ze, die (Skifliegen): *Sprungschanze, bei der Sprünge über große Weiten möglich sind.*

Flug|schau, die: *Veranstaltung, bei der Luftfahrzeuge ausgestellt werden und in oft spektakulären Vorführungen zu sehen sind.*

Flug|schein, der: **1.** *Flugticket.* **2.** *Pilotenschein.*

Flug|schnei|se, die: *Einflugschneise, Ausflugschneise.*

Flug|schrei|ber, der: *Gerät, das in einem Flugzeug automatisch die technischen Daten des Fluges (Höhe, Geschwindigkeit usw.) aufzeichnet; Flugdatenschreiber.*

Flug|schrift, die: *Flugblatt.*

Flug|schü|ler, der: *jmd., der Unterricht im Führen von Flugzeugen nimmt.*

Flug|schü|le|rin, die: w. Form zu ↑Flugschüler.

Flug|si|cher|heit, die ⟨o. Pl.⟩: *Sicherheit beim Fliegen mit einem Flugzeug o. Ä.*

Flug|si|che|rung, die: **a)** *Gewährleistung der Sicherheit des Flugverkehrs;* **b)** *für die Flugsicherung (a) zuständige Abteilung.*

Flug|si|che|rungs|dienst, der: *Gesamtheit der der Sicherheit des Flugverkehrs dienenden Tätigkeiten.*

Flug|si|mu|la|tor, der: *Gerät, das die bei einem Flug auftretenden Bedingungen simuliert:* sich in einen F. setzen.

Flug|sport, der: *Gesamtheit der mit dem Fliegen zusammenhängenden sportlichen Disziplinen.*

Flug|steig, der: *[überdachter] Gang, der von den Hauptgebäuden des Flughafens auf das Rollfeld hinausführt.*

Flug|stre|cke, die: *geflogene od. zu fliegende Strecke.*

Flug|stun|de, die: **1.** *Unterrichtsstunde bei einem Fluglehrer, in der das Führen eines Flugzeugs geübt wird.* **2. a)** *Flugzeit von einer Stunde:* nach einer halben F. waren wir an der Küste; **b)** *Zeitraum von etwa einer Flugstunde (2 a), in ein Flugzeug eine bestimmte Strecke zurücklegen kann:* London ist anderthalb -n entfernt.

flug|taug|lich ⟨Adj.⟩: **1.** *vom Gesundheitszustand her geeignet, ein Flugzeug zu führen.* **2.** *die technischen Voraussetzungen für sicheres Fliegen erfüllend:* die Cessna war nicht mehr f.

Flug|taug|lich|keit, die; -: *das Flugtauglichsein.*

Flug|tech|nik, die: *Technik des Flugzeugbaus, Fliegens.*

flug|tech|nisch ⟨Adj.⟩: *die Flugtechnik betreffend.*

Flug|ti|cket, das: *Ticket (1 a) für eine Flugreise.*

flug|un|fä|hig ⟨Adj.⟩: *nicht fähig, in der Lage zu fliegen bzw. geflogen zu werden:* ein -er Vogel; das Flugzeug war f.

Flug|ver|bin|dung, die: *Verbindung durch eine Fluglinie.*

Flug|ver|bot, das: **a)** *Verbot, ein Flugzeug zu führen, in einem Flugzeug mitzufliegen;* **b)** *Verbot [für einen bestimmten Flugzeugtyp], über ein bestimmtes Gebiet zu fliegen:* das umstrittene F. über der Innenstadt.

Flug|ver|bots|zo|ne: *Gebiet, in dem ein Flugverbot (b) besteht:* eine F. einrichten, überwachen, kontrollieren.

Flug|ver|kehr, der: *Verkehr von Luftfahrzeugen:* die Überwachung des -s.

Flug|weg, der: *Richtung, die ein Flugzeug, Flugkörper o. Ä. zu einem bestimmten Ziel einschlägt.*

Flug|we|sen, das ⟨o. Pl.⟩: *Gesamtheit dessen, was mit dem Fliegen (4, 5) zusammenhängt, einschließlich Organisation, Verwaltung o. Ä.*

Flug|wet|ter|dienst, der: *Wetterdienst, der bes. für den Flugverkehr wichtige Informationen gibt.*

Flug|wild, das (Jägerspr.): *Federwild.*

Flug|zeit, die: *für das Fliegen einer Flugstrecke benötigte Zeit:* die gesamte F. beträgt 5 Stunden.

Flug|zet|tel, der (österr.): *Flugblatt.*

Flug|zeug, das [nach ↑Fahrzeug geb.]: *Luftfahrzeug, das während des Fluges durch den aerodynamischen Auftrieb fest stehender bzw. umlaufender Flügel getragen wird:* einmotorige, viermotorige -e; das F. startet, hebt ab, steigt [auf], kreist über der Stadt, setzt zur Landung an, landet, setzt [hart] auf, ist abgestürzt, ist notgelandet; ein F. konstruieren, bauen, führen; mit dem F. reisen, fliegen.

Flug|zeug|ab|sturz, der: *Absturz eines Flugzeugs.*

Flug|zeug|ab|wehr, die: *Flugabwehr.*

Flug|zeug|bau, der ⟨o. Pl.⟩: *Bau von Flugzeugen.* Dazu: **Flug|zeug|bau|er,** der; **Flug|zeug|bau|e|rin,** die.

Flug|zeug|ent|füh|rer, der: *jmd., der ein Flugzeug entführt [hat].*

Flug|zeug|ent|füh|re|rin, die: w. Form zu ↑Flugzeugentführer.

Flug|zeug|ent|füh|rung, die: *Entführung eines Flugzeugs.*

Flug|zeug|füh|rer, der: ¹*Pilot (1 a).*

Flug|zeug|füh|re|rin, die: w. Form zu ↑Flugzeugführer.

Flug|zeug|hal|le, die: *Hangar.*

Flug|zeug|ka|ta|st|ro|phe, die: *Flugzeugunglück, bei dem viele Menschen ums Leben gekommen sind.*

Flug|zeug|mo|dell, das: *Modell eines Flugzeugs.*

Flug|zeug|trä|ger, der: *großes [Kriegs]schiff mit langen Decks zum Starten u. Landen von Flugzeugen.*

Flug|zeug|typ, der: *Typ (4) eines Flugzeugs:* zivile, militärische -en.

Flug|zeug|un|glück, das: *Unglück, bei dem ein Flugzeug abstürzt:* ein schweres F.

Fluh, die; -, Flühe [mhd. vluo, ahd. fluoh, viell. verw. mit ↑flach] (schweiz., westösterr.): *Fels[wand].*

flu|id ⟨Adj.⟩ [lat. fluidus, zu: fluere = fließen, strömen] (Chemie): *flüssig, fließend.*

Flu|id [auch: flu'i:t], das; -s, -s u. (*bei Betonung auf der 2. Silbe:*) -e [engl. fluid, über das Afrz. zu lat. fluidus, ↑fluid]: **1.** (Chemie, Kosmetik) *Flüssigkeit, flüssiges Mittel.* **2.** (Technik) *Stoff od. Teil, der Druckkräfte übertragen kann; Fluid.* **3.** (Physik) *zusammenfassende Bez. für Flüssigkeiten, Gase u. Plasmen.*

Flu|i|da: Pl. von ↑Fluidum.

Flu|i|dum, das; -s, ...da [zu lat. fluidus, ↑fluid; urspr. Bez. für hypothetisch angenommene flüchtige Stoffe, die Eigenschaften u. Wirkungen übertragen können] (geh.): *besondere, von einer Person od. Sache ausgehende Wirkung auf ihre Umgebung; Ausstrahlung, die eine bestimmte Atmosphäre schafft:* die Sängerin hat, besitzt ein starkes künstlerisches F.; im Stadtteil mit besonderem F.

Fluk|tu|a|ti|on, die; -, -en [lat. fluctuatio = das Schwanken]: **1.** (bildungsspr.) *das Fluktuieren (1):* die Zahl der F. der Angestellten. **2.** (Med.) *das Fluktuieren (2).*

fluk|tu|ie|ren ⟨sw. V.; hat⟩ [lat. fluctuare = wogen; schwanken]: **1.** (bildungsspr.) *schwanken, wechseln, sich ändern:* die Zahl der Grippekranken, die Verkehrsdichte fluktuiert sehr stark; fluktuierende Preise. **2.** (Med.) (*von abgekapselten Körperflüssigkeiten*) *hin u. her schwappen.*

Flum|mi, der; -s, -s [zusgez. aus »fliegendes Gummi«, womit in dem Walt-Disney-Film »Der fliegende Pauker« (1960) ein Fluggegenstand bezeichnet wurde]: *springender, kleiner Ball aus elastischem Vollgummi.*

Flun|der, die; -, -n [mniederd. vlundere, eigtl. = flacher Fisch]: *(im Atlantik u. auch in Flussmündungen vorkommender) braungelber, in großen Schwärmen lebender Plattfisch:* gebackene -n; * **platt sein wie eine F.** (ugs.; *sehr erstaunt sein;* Wortspiel mit der Bed. von ↑platt).

Flun|ke|rei, die; -, -en (ugs.): **a)** ⟨o. Pl.⟩ *allzu häufiges [als lästig empfundenes] Flunkern:* wenn er nur die F. lassen könnte; **b)** *geflunkerte Geschichte, Behauptung:* ich glaube ihm seine -en nicht.

Flun|ke|rer, der; -s, - (ugs.): *jmd., der flunkert.*

Flun|ke|rin, die; -, -nen: w. Form zu ↑Flunkerer.

flun|kern ⟨sw. V.; hat⟩ [aus dem Niederd., eigtl. = glänzen, schimmern, dann: glänzen wollen, aufschneiden]: **1.** (ugs.) *nicht ganz der Wahrheit Entsprechendes erzählen (um damit bei anderen Eindruck zu machen. um einen anderen damit aufzuziehen); schwindeln:* er hat wohl nur geflunkert. ♦ **2.** *glitzern:* ...das flunkernde Ziergeräte (Keller, Schmied 362).

Flunsch, der; -[e]s, -e u. die; -, -en [aus dem Niederd., Md., zu mhd. vlans = Maul, verw. mit ↑flennen; vgl. Flansch] (ugs.): *verdrießlich od. zum Weinen verzogener Mund:* eine[n] F. machen, ziehen.

¹**Flu|or,** das; -s [urspr. Bez. des Flussspats, des wichtigsten Fluor enthaltenden Minerals; lat. fluor = das Fließen]: *gelblich grünes Gas mit stechendem Geruch (chemisches Element; Zeichen: F).*

²**Flu|or,** der; -s [lat. fluor = das Fließen] (Med.): *Ausfluss aus der Scheide u. der Gebärmutter.*

Flu|or|chlor|koh|len|was|ser|stoff, der (Chemie): *(als Treib- od. Kühlmittel verwendete) organische Verbindung, die sich, wenn sie freigesetzt wird, zerstörend auf die Ozonschicht der Erdatmosphäre auswirkt (Abk.: FCKW).*

Flu|o|res|zenz, die: - [engl. fluorescence, zu: fluor = Flussspat (an dem diese Erscheinung zuerst beobachtet wurde), ↑¹Fluor]: *Eigenschaft bestimmter Stoffe zu Fluoreszieren.*

flu|o|res|zie|ren ⟨sw. V.; hat⟩ [zu ↑Fluoreszenz]: *(bei Bestrahlung mit Licht- od. Röntgenstrahlen) von selbst leuchten.*

Flu|o|rid, das; -[e]s, -e [zu ↑¹Fluor] (Chemie): *Salz der Flusssäure.*

flu|o|ri|die|ren, flu|o|rie|ren, flu|o|ri|sie|ren ⟨sw. V.; hat⟩: **1.** ¹*Fluor in chemische Verbindungen einführen; eine chemische Verbindung f.* **2.** *mit* ¹*Fluor anreichern:* das Trinkwasser f.

Flu|o|rit [auch: ...'rɪt], der; -s, -e [zu ↑¹Fluor] (Mineral.): *Flussspat.*

flu|o|ro|gen ⟨Adj.⟩ [↑-gen]: *die Eigenschaft der Fluoreszenz habend, fluoreszierend.*

Flu|o|ro|se, die; -, -n [zu ↑¹Fluor] (Med.): *Gesundheitsschädigung durch* ¹*Fluor.*

Flu|or|test, der (Paläontol.): *chemisches Verfahren zur Bestimmung des relativen Alters von Fossilien nach ihrem Gehalt an* ¹*Fluor.*

Flu|or|ver|gif|tung, die (Med.): *Fluorose.*

Flu|or|was|ser|stoff, der: *farblose, giftige, an Luft rauchende Substanz (chemische Verbindung des Wasserstoffs mit* ¹*Fluor).*

Flu|or|was|ser|stoff|säu|re, die: *farblose, stechend riechende Lösung von Fluorwasserstoff in Wasser; Flusssäure.*

¹**Flur,** die; -, -en [unter Einfluss von mniederd. flōr = Diele, Estrich < mhd. vluor, ↑²Flur]: **a)** *[lang gestreckter, schmaler] Raum innerhalb einer Wohnung od. eines öffentlichen Gebäudes, an dessen Seiten sich die Türen zu den angren-

Flur – fluten

zenden Räumen befinden: ein langer, dunkler F.; über, durch den F. gehen; **b)** Hausflur.
²**Flur,** die; -, -en [mhd. vluor = Boden(fläche), Feld, urspr. = flacher, festgestampfter Boden]: **a)** (geh.) offenes, unbewaldetes Kulturland: blühende -en; durch Wald und F. schweifen; Ü allein auf weiter F. (ganz allein) sein, stehen; **b)** in Parzellen eingeteilte landwirtschaftliche Nutzfläche eines Siedlungsverbandes: planmäßig angelegte -en; die F. bereinigen; ein Acker, Waldstück in der Altenbacher F.; **c)** abgegrenztes Teilstück einer ²Flur (b); Gewann.
Flur|be|rei|ni|gung, die: Zusammenlegung u. Neueinteilung von zersplittertem landwirtschaftlichem Grundbesitz: eine F. vornehmen.
Flur|buch, das: Verzeichnis der zu einer Gemeinde gehörenden Grundstücke.
Flur|för|de|rer, der (Fachspr.): Fahrzeug zum Transport von Lasten innerhalb eines Betriebs (z. B. Elektrokarren, Stapler).
Flur|funk, der (Jargon): inoffizielle Weitergabe von Informationen bes. innerhalb von Unternehmen u. Behörden: der F. schlägt mal wieder Wellen; Kommunikation via F.; das Neueste erfahren wir immer nur über den F.
Flur|gar|de|ro|be, die: im Flur befindliche Garderobe.
Flur|hü|ter, der: Feldhüter.
Flur|hü|te|rin, die: w. Form zu ↑ Flurhüter.
Flur|na|me, der: feste Bezeichnung (Eigenname) für einen Teil der ²Flur.
Flur|pro|zes|si|on, die (kath. Rel.): Begehung der ²Flur durch den Geistlichen u. die Gemeinde, verbunden mit Segnungen.
Flur|scha|den, der: durch Wild, Truppenübungen, Straßenbau o. Ä. entstandener Schaden an Feldern u. Feldfrüchten: Ü politischer F.
Flur|schütz, Flur|schüt|zer, der: Feldhüter.
Flur|schüt|ze|rin, die: w. Form zu ↑ Flurschützer.
Flur|schüt|zin, die: w. Form zu ↑ Flurschütz.
Flur|stück, das: Parzelle einer ²Flur (b, c).
Flur|tür, die: Tür in einem Flur.
◆ **Flur|zug,** der: Spaziergang durch die Felder, die ²Fluren: Am Schönsten, heitersten, längsten Tage einmal auf dem Wege, hielt man einen sinnigen F. um und durch das Ganze (Goethe, Wanderjahre I, 8).
Flu|se, die; -, -n [niederd. Form von ↑ Flausch] (nordd.): Fadenrest, Fussel.
flu|sen ⟨sw. V.; hat⟩ (nordd.): fusseln.
Flu|sen|sieb, das: Sieb bei Waschmaschinen u. Wäschetrocknern, mit dem von der Wäsche stammende Flusen u. andere Partikel aufgefangen werden.
flu|sig ⟨Adj.⟩ (nordd.): **a)** fusselig; **b)** oberflächlich, ungenau; flüchtig (2 c).
Fluss, der; -es, Flüsse [mhd. vluʒ, ahd. fluʒ, zu ↑ fließen]: **1.** größerer natürlicher Wasserlauf: ein breiter, reißender F.; der F. entspringt im Gebirge, mündet ins Meer; einen F. regulieren, überqueren; das Haus am F.; im F. baden; mit einem Boot über den F. setzen. **2.** ⟨o. Pl.⟩ fließende Bewegung; stetiger, ununterbrochener Fortgang: der F. des Verkehrs; den F. der Rede unterbrechen; der Verkehr ist wieder in F., kommt in F.; Am bedeutendsten ist wohl »Die Brücke im Dschungel«, eine im ruhigen F. der Erzählung vorgetragene Geschichte (Tucholsky, Werke II, 296); *im F. sein (in Bewegung, in der Entwicklung sein, noch nicht endgültig geklärt u. abgeschlossen sein: die Dinge, Verhandlungen sind [noch] in F.); in F. kommen/geraten (beginnen u. dann kontinuierlich fortwirken, fortdauern: die Angelegenheit kommt allmählich wieder in F.); in F. bringen ([eine ins Stocken geratene Angelegenheit wieder] in Bewegung setzen; bewirken, dass etw. in Gang kommt u. abläuft: das Gespräch [wieder] in F. bringen). **3.** ⟨o. Pl.⟩ (Technik) flüssiger Zustand von Metallen, Gesteinen, Mineralien.

fluss|ab, fluss|ab|wärts ⟨Adv.⟩: in Richtung auf die Mündung (eines Flusses): f. fahren; zwei Kilometer [weiter] f.
Fluss|arm, der: Arm (2) eines Flusses.
fluss|auf, fluss|auf|wärts ⟨Adv.⟩: in Richtung auf die Quelle (eines Flusses): f. schwimmen; eine Meile [weiter] f.
Fluss|barsch, der: im Süßwasser lebender Barsch.
Fluss|bett, das ⟨Pl. -en, selten: -e⟩: durch die Ufer begrenzter Graben, in dem der Fluss (1) fließt: ein schmales, ausgetrocknetes F.
Flüss|chen, das; -s, -: Vkl. zu ↑ Fluss.
Fluss|dia|gramm, das (EDV): grafische Darstellung eines Arbeitsablaufs.
Fluss|ebe|ne, die: Ebene, die durch einen Fluss (1) gebildet wurde.
Fluss|fisch, der: in Flüssen (1) lebender Fisch; Süßwasserfisch.
Fluss|gott, der (Mythol.): (in der [antiken] Plastik) häufig liegend mit einer Urne, aus der das Wasser strömt, dargestellter) Gott od. mythologische Gestalt, deren Sitz in Quellen, Flüssen u. Strömen gedacht wird.
Fluss|göt|tin, die: w. Form zu ↑ Flussgott.
flüs|sig ⟨Adj.⟩ [mhd. vlüʒʒec, ahd. fluʒʒig, zu ↑ Fluss]: **1.** die Eigenschaft besitzend, fließen zu können; ohne feste Form; weder fest noch gasförmig: -e Nahrung; der Lack ist noch f.; Wachs f. machen. **2.** ohne Stocken; fließend, zügig: -er Verkehr; f. schreiben, sprechen. **3.** (von Geld, Kapital o. Ä.) verfügbar: -e Gelder; ich bin nicht f. (ugs.; habe kein Geld zur Hand).
Flüs|sig|dün|ger, der: Dünger in flüssiger Form.
Flüs|sig|gas, das: verflüssigtes Gas.
Flüs|sig|keit, die; -, -en: **1.** Stoff in flüssigem Zustand: eine grünliche, übel riechende F.; die F. verdunstet, schlägt sich nieder; Flaschen mit verschiedenen leicht entzündbaren -en. **2.** ⟨o. Pl.⟩ das Flüssigsein (2): die F. seiner Rede: Dies ermutigte mich, mit aller F., die mir gegeben ist ..., im Sprechen fortzufahren und dem Monarchen Land und Leute von Portugal zu rühmen (Th. Mann, Krull 383).
Flüs|sig|keits|maß, das: Maß, mit dem eine Flüssigkeit gemessen wird.
Flüs|sig|keits|men|ge, die: Menge einer Flüssigkeit, Menge an flüssigen Substanzen.
Flüs|sig|kris|tall, der, auch: das (Physik): homogene Flüssigkeit, die bei einem bestimmten Zustand ihrer Moleküle eine bestimmte Kristalle eine Doppelbrechung verursacht.
Flüs|sig|kris|tall|an|zei|ge, die [LÜ von engl. liquid crystal display] (Elektronik): Display (2) bei Digitaluhren, Taschenrechnern, Laptops o. Ä., bei dem mithilfe von Flüssigkristallen u. durch Anlegen einer elektrischen Spannung an entsprechend geformte transparente Elektroden Buchstaben, Ziffern u. Zeichen sichtbar gemacht werden (Abk.: LCD).
flüs|sig|ma|chen ⟨sw. V.; hat⟩: (Geld) verfügbar machen, bereitstellen: könntest du 1 000 Euro f.?
Flüs|sig|sei|fe, die: Seife (1) in flüssiger Form.
Fluss|ki|lo|me|ter, der: einen bestimmten Punkt der [schiffbaren] Strecke eines Flusses bezeichnende Kilometerangabe: der Havarist liegt bei F. 7,5 quer zur Fahrrinne.
Fluss|krebs, der: grauer od. bräunlicher, im Süßwasser lebender Krebs, dessen Fleisch als Delikatesse gilt.
Fluss|land|schaft, die: **a)** Landschaft an einem Fluss (1); **b)** bildliche Darstellung einer Flusslandschaft (a): eine F. von Salomon van Ruysdael.
Fluss|lauf, der: Verlauf eines Flusses (1).
Fluss|mün|dung, die: Mündung eines Flusses (1).

Fluss|nie|de|rung, die: tief liegendes Land, Gebiet an einem Flusslauf.
Fluss|pferd, das: (in langsam fließenden Gewässern Afrikas lebendes) pflanzenfressendes Säugetier mit massigem, plumpem Körper, breitem Kopf mit kleinen Augen u. Ohren.
Fluss|re|gu|lie|rung, die: Veränderung eines natürlichen Wasserlaufs zur Verbesserung der Schiffbarkeit, Vermeidung von Überschwemmungen u. a.
Fluss|rich|tung, die: Richtung des Fließens.
Fluss|säu|re, die: Fluorwasserstoffsäure.
Fluss|schiff|fahrt, die: Schifffahrt auf Flüssen (1).
Fluss|spat, der; -[e]s, -e u. Flussspäte: wasserhelles od. farbiges, meist auf Erzgängen vorkommendes Mineral; Fluorit.
Fluss|stahl, der: (heute ausschließlich verwendeter) in flüssigem Zustand erzeugter Stahl.
Fluss|tal, das: Tal, das durch einen Fluss (1) gebildet wurde.
Fluss|ufer, das: Ufer eines Flusses (1).
Fluss|was|ser, das: Wasser eines Flusses (1).
Flüs|ter|ge|wöl|be, das: Gewölbe mit der akustischen Besonderheit, dass an bestimmten Stellen geflüsterte Worte an entfernteren Stellen deutlich wahrgenommen werden können, während sie im übrigen Raum nicht zu hören sind.
flüs|tern ⟨sw. V.; hat⟩ [aus dem Niederd. < mniederd. flistern = leise zischen; lautm.]: **a)** mit tonloser, sehr leiser Stimme sprechen: sie flüsterten miteinander; ⟨subst.:⟩ es war nur leises Flüstern zu hören; Sie flüstern, um das Kind nicht zu wecken. Das hatten sie gemeinsam (Frisch, Gantenbein 412); **b)** sehr leise, nur für einen od. wenige hörbar sagen: jmdm. etw. ins Ohr f.; sie flüsterte, ich solle mitkommen; Ü wer hat ihm denn das geflüstert? (ugs.; die vertrauliche Mitteilung gemacht?); R das kann ich dir f.! (ugs.; darauf kannst du dich verlassen!); *jmdm. etw. f. (ugs.; jmdn. tüchtig zurechtweisen).
Flüs|ter|pro|pa|gan|da, die: verstohlen weitergegebene mündliche Propaganda (2).
Flüs|ter|ton, der: in der Verbindung im F. (leise, mit tonloser Stimme).
Flüs|ter|tü|te, die (ugs. scherzh.): Megafon.
Flut, die; -, -en: **1.** [aus dem Niederd. < mniederd. vlöt] im Wechsel der Gezeiten ansteigender od. bereits wieder angestiegener Wasserstand: die F. kommt, steigt; die F. abwarten; das Schiff lief mit der F. ein. **2.** ⟨häufig Pl.⟩ [mhd. vluot, ahd. fluot, eigtl. = das Fließen] (geh.) größere, strömende Wassermasse: die aufgewühlten, steigenden -en des Rheins; viele kamen in den -en um; wir wollen uns in die F. stürzen (scherzh.; schwimmen gehen); Ü er tauchte in der F. der Menschenmenge unter; ... die F. des Jammers, die F. der Tränen, die Sintflut – vermehrt um den eigenen Speichel, den der Ekel über das freche Gesicht der Zeitungsschreiber hervorbringt ... (Langgässer, Siegel 597); *eine F. von etw. (eine [plötzlich auftretende] unerwartete große Menge von etw.: eine F. von Briefen erreichte ihn, ergoss sich über ihn).

-flut, die; -, -en (emotional verstärkend): drückt in Bildungen mit Substantiven aus, dass [plötzlich] etw. unerwartet in großer Masse auftaucht, auftritt: Arzneimittel-, Spielhallen-, Vorschriftenflut.

flu|ten ⟨sw. V.⟩ [mhd. vluoten, zu ↑ Flut]: **1.** ⟨ist⟩ (geh.) (von Wasser) in großer Menge [plötzlich herein]strömen: das Wasser flutet in die Schleusenkammer; Ü Menschenmassen fluteten in den Saal, durch die Stadt; helles Sonnenlicht, die abendliche Kühle flutete ins Zimmer.

2. ⟨hat⟩ (Seemannsspr.) *volllaufen lassen:* eine Schleuse f.
Flu|ter, der; -s, -: **1.** Kurzf. von ↑ Vorfluter. **2.** *[Decken]leuchte mit einer Halogenlampe als Lichtquelle.*
Flut|hö|he, die: *Höhe, die die Flut (1) erreicht.*
Flut|ka|ta|s|t|ro|phe, die: *durch eine ungewöhnlich hohe Flut (1) ausgelöste Katastrophe.*
Flut|licht, das ⟨Pl. -er⟩ [LÜ von engl. floodlight]: **1.** *starkes künstliches Licht zur Beleuchtung von Sportplätzen u. a.:* bei F. spielen. **2.** *Lampe, die Flutlicht (1) erzeugt.*
Flut|licht|an|la|ge, die: *Beleuchtungsanlage mit Flutlicht.*
Flut|op|fer, das: *Opfer (3) einer Flutkatastrophe.*
flut|schen ⟨sw. V.⟩ [aus dem Niederd., lautm.]: **1.** ⟨ist⟩ (ugs.) *rutschen, schlüpfen, [ent]gleiten:* die Seife flutschte ihm aus der Hand. **2.** ⟨hat⟩ (ugs.) *glatt vonstattengehen, flott u. reibungslos vorangehen:* die Arbeit flutscht heute.
Flut|war|nung, die: *Warnung vor einer zu erwartenden, besonders hohen Flut (1).*
Flut|wel|le, die: *(bes. in Flussmündungen) sprunghaftes Ansteigen des Wassers beim Einsetzen der Flut (1);* **b)** *durch ein Seebeben, eine unter Wasser sich ereignende Detonation o. Ä. ausgelöste sehr hohe Welle.*
flu|vi|al [lat. fluvialis = im Fluss befindlich, zu: fluvius = fließendes Wasser, Fluss], **flu|vi|a|til** [lat. fluviatilis = im Fluss befindlich] ⟨Adj.⟩ (Geol.): *durch fließendes Wasser geschaffen, verursacht; zum Fluss gehörend.*
Fly|er ['flaiɐ], der; -s, - (Technik): **1.** [engl. flyer, zu: to fly = fliegen; eilen] *besondere Spinnmaschine.* **2.** *Arbeiter an einem Flyer (1).* **3.** *Handzettel:* zu Werbezwecken F. verteilen.
Fly|e|rin, die; -, -nen: w. Form zu ↑ Flyer (2).
Fly|ing Dutch|man ['flaiŋ 'datʃmən], der; - -, - -...men [...mən] [engl. = Fliegender Holländer (viell. in Anspielung darauf, dass das Boot von einem Holländer konstruiert wurde)]: *von zwei Personen zu segelndes Boot mit Schwert für den Rennsegelsport* (Kennzeichen: die schwarzen Buchstaben FD im Segel).
Fly|ing Food ['flaiŋ 'fu:d], das; - -[s] [zu engl. to fly = fliegen u. food = Essen, Nahrung]: *Gesamtheit der Speisen, die auf Partys od. Empfängen von Personal auf Platten serviert werden u. im Stehen zu verzehren sind.*
fm = Festmeter.
Fm = Fermium, Festmeter.
FM = Frequenzmodulation.
f-Moll ['ɛfmɔl, auch: 'ɛf'mɔl], das (Musik): *auf dem Grundton f beruhende Molltonart* (Zeichen: f).
f-Moll-Ton|lei|ter, die: *auf dem Grundton f beruhende Molltonleiter.*
FOC [fɔk, auch: ɛfloːˈtseː], das; -[s], -[s]: Factory-Outlet-Center.
Fo|cac|cia [foˈkatʃa], die; -, -s u. Focacce [ital. focaccia < vlat. focacia, focacius (panis) = in der Asche gebackenes (Brot), zu lat. focus = Herd, Ofen] (Kochkunst): *italienisches Fladenbrot, das mit Olivenöl gebacken [u. beliebig belegt bzw. gefüllt] wird.*
focht, föch|te: ↑ fechten.
Fock, die; -, -en [aus dem Niederd., zu: focken = Segel hissen] (Seemannsspr.): **a)** *(auf alten Rahseglern) unterstes Segel am Vordermast;* **b)** (Segelsport) *Vorsegel vor dem Großsegel;* **c)** *(auf Jachten u. Ä.) hinterstes Vorsegel.*
Fock|mast, der (Seemannsspr.): *vorderer Mast eines mehrmastigen Segelschiffes.*
Fock|ra|he, die (Seemannsspr.): *Rahe zur Befestigung der Fock.*
Fock|schot, die (Seemannsspr.): *Schot zum Bedienen der Fock.*
Fock|se|gel, das (Seemannsspr.): *Fock.*

Fo|cu|sing ['foʊkəsɪŋ], das; -s [engl. focusing = das Bündeln, zu: to focus = bündeln, zu: focus, ↑ Fokus]: *psychotherapeutisches Verfahren der Introspektion, das der Aufdeckung unbewusster Konflikte u. Motivationen dient.*
fö|de|ral ⟨Adj.⟩ [nach frz. fédéral, zu lat. foedus (Gen.: foederis) = Bündnis]: *föderativ.*
Fö|de|ra|lis|mus, der; - [frz. fédéralisme]: **a)** *Streben nach Errichtung od. Erhaltung eines Bundesstaates mit weitgehender Eigenständigkeit der Einzelstaaten;* **b)** *politisches Gestaltungsprinzip, das den Föderalismus (a) verwirklicht.*
Fö|de|ra|lis|mus|re|form, die: *Neuordnung der Verteilung von Kompetenzen von Bundesstaat u. Einzelstaaten.*
Fö|de|ra|list, der; -en, -en: *Anhänger des Föderalismus.*
Fö|de|ra|lis|tin, die; -, -nen: w. Form zu ↑ Föderalist.
fö|de|ra|lis|tisch ⟨Adj.⟩: *den Föderalismus betreffend, auf dem Föderalismus beruhend, im Sinne des Föderalismus:* eine -e Verfassung.
Fö|de|ra|ti|on, die; -, -en [lat. foederatio = Vereinigung]: **1.** (Politik) **a)** *Bündnis zwischen Staaten;* **b)** *Bundesstaat (1);* **c)** *Staatenbund.* **2.** *Zusammenschluss von Organisationen.*
fö|de|ra|tiv ⟨Adj.⟩ [frz. fédératif, zu lat. foederatus = verbündet]: *auf einer Föderation beruhend, in der Art einer Föderation:* eine -e Regierungsform.
Fö|de|ra|tiv|staat, der: *Bundesstaat (1).*
fö|de|riert ⟨Adj.⟩: *verbündet:* -e Staaten.
Fö|de|rier|ter, der *Föderierte/ein Föderierter; des/eines Föderierten, die Föderierten/zwei Föderierte:* verbündeter Staat.
♦ **fo|dern** ⟨sw. V.; hat⟩ [ostmd. Form von ↑ fordern]: *fordern:* Sollt' er auch wohl die Wahrheit nicht in Wahrheit f. (Lessing, Nathan III, 6); ...an wen hast du dein Taglohn zu f.? (Schiller, Fiesco I, 9).
♦ **fö|dern** ⟨sw. V.; hat⟩ [im 17. u. 18. Jh. Nebenf. von ↑ fördern, analog zu ↑ fodern]: *förderlich sein:* Schulden einkassieren ist gewiss auch kein Geschäft, das merklich födert (Lessing, Nathan I, 1).
♦ **Fo|de|rung**: ↑ Forderung: Seine -en sind so tig wie die meinigen (Lessing, Minna I, 6).
Fo|gosch, der; -s, -e [ung. fogas, eigtl. = gezahnt (nach seinen langen, spitzen Zähnen)] (österr.): *Zander.*
fohlen ⟨sw. V.; hat⟩: *ein Fohlen zur Welt bringen:* die Stute hat gefohlt.
Foh|len, das; -s, - [mhd. vol(e), ahd. folo, eigtl. = Kleines]: **1. a)** *neugeborenes bzw. junges Pferd;* **b)** *(von Eseln, Kamelen, Zebras) neugeborenes bzw. junges Tier.* **2.** *naturfarbener od. gefärbter, kurzhaariger Pelz mit Moirézeichnung aus dem Fell junger Fohlen (1).*
Föhn, der; -[e]s, -e [mhd. foenne, ahd. phönno < vlat. faonius < lat. favonius = Frühlingswind, zu: fovere = warm machen]: **1.** *(bes. auf der Nord- u. Südseite der Alpen auftretender) warmer, trockener Fallwind, der beim Überströmen der Luft über ein hohes Gebirge entsteht:* der F. bringt Tauwetter; wir haben F.; bei F. **2.** *elektrisches Gerät zum Trocknen des Haars.*
föh|nen ⟨sw. V.; hat⟩: **1.** ⟨unpers.⟩ *föhnig werden:* es föhnt. **2.** *mit dem Föhn trocknen.*
föh|nig ⟨Adj.⟩: *vom Föhn (1) beeinflusst, bestimmt:* -es Wetter.
Föhn|wel|le, die: *durch Föhnen erzeugte Wellung der Haare.*
Föhn|wet|ter, das ⟨o. Pl.⟩: *föhniges Wetter.*
Föhn|wind, der: *Föhn (1).*
Föhr, -s: *eine der Nordfriesischen Inseln.*
Föh|re, die; -, -n [mhd. vorhe, ahd. forha, idg. Baumname] (österr., sonst landsch.): ²Kiefer.
FÖJ = freiwilliges ökologisches Jahr.

fo|kal ⟨Adj.⟩ [zu ↑ Fokus]: **1.** (Optik) *den Fokus (1) betreffend:* im -en Bereich. **2.** (Med.) *von einem Fokus ausgehend, ihn betreffend.*
Fo|kal|dis|tanz, die (Optik): *Brennweite.*
Fo|kus, der; -, -se: **1.** [lat. focus = Feuerstätte, Herd] (Optik) *Brennpunkt:* der F. einer Linse. **2.** [mlat. focus] (Med.) *streuender Krankheitsherd im Körper.* **3.** [nach gleichbed. engl. focus (übertr. von 1)] (bildungsspr.) *Schwerpunkt, Mittelpunkt des Interesses, einer Sache, einer Auseinandersetzung, eines Diskurses.*
fo|kus|sie|ren ⟨sw. V.; hat⟩: **1.** (Physik) **a)** *(Lichtstrahlen) in einem Punkt vereinigen;* **b)** *(von Lichtstrahlen) sich in einem Punkt vereinigen;* **c)** *(eine Linse) ausrichten, (ein Objektiv) scharf stellen.* **2.** (Kernt.) *(Strahlen, die aus geladenen Teilchen bestehen) durch geeignete elektrische od. magnetische Felder sammeln.* **3.** (bildungsspr.) **a)** *zum Fokus (3) machen:* wir fokussieren zunächst die wichtigsten Probleme; wir fokussieren zunächst unsere Anstrengungen auf die wichtigsten Probleme; **b)** ⟨f. + sich⟩ *sein Hauptaugenmerk auf etw. richten, sich auf etw. konzentrieren:* wir fokussieren uns zunächst auf die wichtigsten Probleme.
Fo|kus|sie|rung, die; -, -en: *das Fokussieren; das Fokussiertwerden.*
fol., Fol. = Folio; Folioblatt.
Fol|der ['foʊldɐ], der [engl. folder, zu: to fold = falten] (bes. Werbespr.): *Faltblatt, Faltprospekt.*
Fol|ge, die; -, -n [mhd. volge = Gefolge; Nachfolge; Befolgung; Lehnsfolge, ahd. nur in: selbfolga = Partei, zu ↑ folgen]: **1.** *etw., was aus einem bestimmten Handeln, Geschehen folgt (4); Auswirkung eines bestimmten Handelns, Geschehens:* unangenehme, verhängnisvolle, katastrophale, schwerwiegende -n; die zwangsläufige F. [davon] war, dass sie sich vollends verschloss; die -n sind noch gar nicht abzusehen; etw. kann üble, böse -n haben, nach sich ziehen; die -n tragen müssen ([für etw.] zur Verantwortung gezogen werden); er starb an den -n eines Unfalls; das Verhältnis blieb nicht ohne -n (verhüll.; *aus dieser Beziehung ging ein Kind hervor*); das Unwetter hatte schwere Schäden zur F. (*führte zu schweren Schäden*). **2.** *das Aufeinanderfolgen von etw., Reihe von zeitlich aufeinanderfolgenden Dingen:* eine F. von Tönen, in rascher F. erschienen mehrere Romane dieses Autors; es kam zu einer ganzen F. von Unfällen; die nächste F. (*Lieferung*) der Zeitschrift erscheint im Juni; ein Fernsehspiel in drei -n (*Teilen*); * **einer Sache F.** leisten (Papierdt.; *einer Aufforderung o. Ä. entsprechen, nachkommen;* urspr. von der Befolgung einer gerichtlichen Vorladung; mhd. volge = Gehorsam: einer Einladung F. leisten); **in der F./für die F.** (*künftig, später:* ich bitte dies in der F. zu beachten); **in F.** (*in ununterbrochener Reihenfolge, ohne Unterbrechung:* die dritte Niederlage in F.).
Fol|ge|auf|trag, der: *Auftrag (2), der im Anschluss an einen ersten Auftrag erteilt wird.*
Fol|ge|er|kran|kung, die: *Erkrankung, die als Folge einer anderen Beeinträchtigung des Gesundheitszustandes auftritt:* Diabetes ist eine der -en von Übergewicht.
Fol|ge|er|schei|nung, die: *etw., was sich als Folge von etw. ergibt, einstellt:* eine Krankheit mit ihren -en.
Fol|ge|jahr, das: *das auf ein bestimmtes Jahr folgendes Jahr:* so blüht Ihr Kaktus auch im F.!
Fol|ge|kos|ten ⟨Pl.⟩: *finanzielle Verpflichtungen, die aus bestimmten Tatbeständen, Investitionen od. Ausgaben resultieren.*
Fol|ge|las|ten ⟨Pl.⟩: *finanzielle, ökologische od. gesundheitlich-soziale Belastungen, die aus bestimmten Tatbeständen, Handlungen*

od. Investitionen resultieren: finanzielle, soziale F.

fol|gen ⟨sw. V.⟩ [mhd. volgen, ahd. folgēn, H. u.]: **1.** ⟨ist⟩ **a)** *nachgehen; hinter jmdm., etw. hergehen:* jmdm. heimlich, unauffällig, in einigem Abstand, auf dem Fuße, auf Schritt und Tritt, ins Haus f.; einer Spur f.; jmdm. mit den Augen f. *(hinter jmdm. hersehen);* gefolgt von verschiedenen Würdenträgern, betrat er den Saal; Ü die Straße folgt dem Fluss *(verläuft an ihm entlang);* **b)** *[später] nachkommen:* seine Familie folgte ihm ins Ausland; Ü er folgte ihr in den Tod (geh.; *er starb kurz nach ihrem Tod, nahm sich auf ihren Tod hin das Leben);* **c)** *mit Verständnis zuhören; verstehend nachvollziehen:* einem Gespräch aufmerksam, mit Interesse f.; wir sind der Rednerin, dem Vortrag aufmerksam, gespannt, konzentriert, mit Interesse gefolgt; kannst du mir [geistig] f.? (oft scherzh.; *verstehst du überhaupt, was ich meine?);* ich konnte seinen Gedankengängen nicht f. *(konnte sie nicht verstehen);* ... hatte Hanno kürzlich zum ersten Male das Theater besucht, das Stadttheater, wo er im ersten Range an der Seite seiner Mutter atemlos den Klängen und Vorgängen des »Fidelio« hatte f. dürfen (Th. Mann, Buddenbrooks 363); **d)** *in der gleichen Weise od. ähnlich wie jmd. handeln; sich nach jmdm., etw. richten; etw. mitmachen:* er ist mir nicht immer, nicht in allen Stücken gefolgt; wir können dem Kurs der Regierung nicht weiter f. **2. a)** ⟨ist⟩ *einer Aufforderung o. Ä. entsprechend handeln, sich von etw. leiten lassen:* jmds. Rat, Drängen, Befehlen f.; seiner inneren Stimme f.; **b)** ⟨hat⟩ *gehorchen:* das Kind will nicht f.; der Hund folgt [ihr] aufs Wort. **3.** ⟨ist⟩ *zeitlich nach jmdm., etw. kommen, sich anschließen:* jmdm. im Amt f.; dem Winter, auf den Winter folgte ein nasses Frühjahr; auf Karl den Großen folgte *(sein Nachfolger war)* Ludwig der Fromme; [die] Fortsetzung folgt [in der nächsten Nummer]; sie schreibt wie folgt *(folgendermaßen);* ⟨häufig im 1. Part.:⟩ folgender überraschende / (seltener:) überraschender Anblick; er sprach folgende [beleidigende / (seltener:) beleidigenden] Worte; am folgenden (nächsten) Abend; ⟨subst.:⟩ ich möchte dir Folgendes, das Folgende berichten; im Folgenden werde ich darlegen, wie es dazu kam; Seite 35 u. die folgende [Seite] / die folgenden [Seiten]; geschrieben: S. 35 f.); Meine Glieder zittern, ein Schweißausbruch folgt auf den anderen (Fallada, Trinker 90). **4.** ⟨ist⟩ *sich mit logischer Konsequenz ergeben:* daraus, aus seinen Darlegungen folgt, dass er im Recht war; daraus kann für uns nur eines f. *(daraus können wir nur eine Konsequenz ziehen).*

fol|gen|der|ma|ßen ⟨Adv.⟩: *auf folgende Art u. Weise; so:* das funktioniert f.

fol|gen|los ⟨Adj.⟩: *keine Folgen nach sich ziehend; ohne Folgen, Auswirkung, Ergebnis:* die Auseinandersetzungen blieben f.

fol|gen|reich ⟨Adj.⟩: *reich an Auswirkungen, von einschneidenden Folgen begleitet:* eine -e Entdeckung.

fol|gen|schwer ⟨Adj.⟩ [LÜ von frz. gros de conséquences]: *schwerwiegende [negative] Folgen nach sich ziehend; sich nachteilig, verhängnisvoll auswirkend:* -e Durchblutungsstörungen.

Fol|gen|schwe|re, die: *das Folgenschwersein.*

fol|gen|schwer (Adj.) (veraltend): *folgerichtig.*

fol|ge|rich|tig ⟨Adj.⟩: *der Logik entsprechend, konsequent:* es ist nur f., so zu reagieren.

Fol|ge|rich|tig|keit, die: *das Folgerichtigsein:* die F. seines Verhaltens.

fol|gern ⟨sw. V.; hat⟩: *als Folge [logisch] ableiten; schließen, den Schluss ziehen:* richtig, messerscharf, voreilig f.; daraus lässt sich f.,

dass er es so wollte; In allen Gegenständen, die wir mit einem Wert verbinden, können wir keine Verschiedenheit annehmen, ohne höhere oder mindere Schätzbarkeit zu f. (Hacks, Stücke 48).

Fol|ge|rung, die; -, -en: *logische Ableitung einer Folge; Schluss[folgerung]:* eine falsche, notwendige F.; eine F. aus etw. ableiten, ziehen.

Fol|ge|scha|den, der (bes. Versicherungsw.): *durch einen Schaden verursachter weiterer Schaden.*

Fol|ge|tag, der: *auf einen bestimmten Tag folgender Tag.*

fol|ge|wid|rig ⟨Adj.⟩: *der Logik widersprechend, inkonsequent:* sich f. verhalten.

Fol|ge|wid|rig|keit, die; -. **1.** ⟨o. Pl.⟩ *das Folgewidrigsein.* **2.** *etw. Folgewidriges.*

Fol|ge|zeit, die: *(auf etw. Bestimmtes) folgende Zeit:* in der F. geschah nichts.

folg|lich ⟨Adv.⟩: *aus etw. Bestimmtem folgend (4); also, demzufolge, infolgedessen:* ich war verreist, f. bin ich über die Angelegenheit nur ungenügend informiert; ... weil mit einer gesteigerten Produktion gerechnet wird und f. mit größerem Umsatz (Weiss, Marat 79).

folg|sam ⟨Adj.⟩: *sich (als Kind) den Anordnungen fügend, sich ihnen nicht widersetzend; gehorsam, artig:* ein -es Kind.

Folg|sam|keit, die; -: *folgsames Wesen, Verhalten.*

Fo|lia: Pl. von ↑ Folium.

Fo|li|ant, der; -en, -en [zu ↑ Folio (1)]: *großes [unhandliches, altes] Buch [im Format eines halben Bogens (7) hergestellt]:* ein dicker F. aus dem 16. Jh.

Fo|lie, die; -, -n [vlat. folia < lat. folium = Blatt; urspr. Bez. für ein metallenes Glanzplättchen als Unterlage für gefasste Edelsteine]: **1.** *aus Metall od. Kunststoff in Bahnen hergestelltes, sehr dünnes Material zum Bekleben od. Verpacken:* eine durchsichtige F.; in F. verpackt. **2.** (geh.) *geistiger Hintergrund, von dem sich etw. abhebt:* der Krieg bildet die dunkle F., vor der die eigentliche Geschichte spielt.

Fo|li|en: Pl. von ↑ Folio, ↑ Folium.

Fo|li|en|kar|tof|fel, die (Kochkunst): *mit der Schale in einer Folie (1) gegarte Kartoffel.*

fo|li|en|ver|packt ⟨Adj.⟩: *in Folie (1) verpackt:* -e Waren.

fo|lie|ren ⟨sw. V.; hat⟩: **1.** *in eine Folie einschweißen:* können Sie mir den Aufschnitt bitte f.? **2.** (seltener) *foliieren (1).*

fo|li|ie|ren ⟨sw. V.; hat⟩: **1.** *die Blätter eines Druckbogens nummerieren.* **2.** *mit Folie (1) unterlegen.* **3.** (gegenüberliegende Seiten eines Geschäftsbuches) *gleich beziffern.*

fo|lio [lat. folio, ↑ Folium]: *auf dem Blatt [einer mittelalterlichen Handschrift]* (Abk.: fol., z. B.: fol. 3 b).

Fo|lio, das; -s, Folien u. -s [aus der Fügung »in Folio« < lat. in folio = in einem Blatt]: **1.** ⟨o. Pl.⟩ (Verlagsw.) *Buchformat in der Größe eines halben Bogens* (Abk.: Fol., fol., Zeichen: 2°): ein Buch in F. **2.** *Doppelseite eines Geschäftsbuches.*

Fo|lio|blatt, das: *Folio (2)* (Abk.: Fol., fol.).

Fo|lio|for|mat, das (Verlagsw.): *Folio (1): ein Buch im Fo. F.*

Fo|li|um, das; -s, ...ia u. ...ien ⟨meist Pl.⟩ [lat. folium] (Pharm.): *Pflanzenblatt (bes. als Bestandteil von Drogen u. Heilmitteln).*

Folk [foʊk], der; -[s] [engl. folk, eigtl. = Volk]: *meist vokale englische, schottische, irische od. nordamerikanische Volksmusik od. an deren Traditionen anknüpfende, oft vom Rock beeinflusste populäre Musik.*

Fol|ke|ting, das; -[s] [dän. folketing, eigtl. = Volksversammlung, aus: folk = Volk u. ting = Versammlung]: **1.** *(bis 1953) zweite Kammer*

des dänischen Reichstags. **2.** *(ab 1953) dänisches Parlament.*

Fol|k|lo|re, die; - [engl. folklore, aus: folk = Volk u. lore = (überliefertes) Wissen]: **1. a)** *volkstümliche Überlieferung (z. B. in Liedern, Trachten, Brauchtum):* die Pflege der heimatlichen F.; **b)** *Volkskunde.* **2. a)** *Musik in Form von Volkstanz u. Volkslied:* ein Konzert mit internationaler F.; **b)** *volkstümliche Musik in der Kunstmusik:* die tschechische Musik ist reich an F.

Fol|k|lo|re|kleid, das: *mit farbigem Druck od. bunter Stickerei mit Motiven aus der Volkskunst verziertes Kleid.*

Fol|k|lo|rist, der; -en, -en: *Kenner der Folklore; Volkskundler.*

Fol|k|lo|ris|tik, die; -: *Wissenschaft von den Volksüberlieferungen, bes. Volksliedforschung.*

Fol|k|lo|ris|tin, die; -, -nen: w. Form zu ↑ Folklorist.

fol|k|lo|ris|tisch ⟨Adj.⟩: **1.** *die Folklore (1 a, 2 a) betreffend, zu ihr gehörend, aus ihr stammend:* eine -e Veranstaltung. **2.** *volkskundlich:* das -e Interesse ist neu erwacht. **3.** *volksliedhaft, nach Art der Volksmusik:* Musik mit -en Elementen.

Folk|sän|ger, der: *Sänger des Folksongs.*

Folk|sän|ge|rin, die: w. Form zu ↑ Folksänger.

Folk|song ['foʊksɔŋ], der [engl. folk-song]: *Lied (1) in der Art u. dem Stil eines Volkslieds.*

Fol|li|kel, der; -s, - [lat. folliculus = kleiner Ledersack, -schlauch, Vkl. von: follis = Schlauch; Blasebalg] (Biol., Med.): **1.** *[Drüsen]bläschen, kleiner Schlauch, Säckchen (z. B. Haarbalg, Lymphknötchen).* **2.** *Hülle der heranreifenden Eizelle im Eierstock.*

Fol|li|kel|hor|mon, das (Biol., Med. veraltend): *Östrogen.*

Fol|li|kel|sprung, der (Biol., Med.): *Ausstoßung des reifen Eis aus dem Eierstock; Eisprung.*

fol|li|ku|lar, fol|li|ku|lär ⟨Adj.⟩ (Biol., Med.): **1.** *follikelartig, schlauchartig.* **2.** *den Follikel betreffend; von einem Follikel ausgehend.*

Fol|lo|wer ['fɔloʊɐ], der; -s, -[s] [englisch follower = Anhänger]: *regelmäßiger Empfänger einer Nachricht beim Twittern.*

Fol|lo|we|rin, die; -, -nen: w. Form zu ↑ Follower.

Fol|säu|re, die; - [zu lat. folium = Blatt, nach dem Vorkommen in grünen Blättern]: *(u. a. in Hefe, Milch, Leber u. Niere vorkommendes) Vitamin des Vitamin-B-Komplexes.*

Fol|ter, die; -, -n [um 1400 föltrit, foltren (Dativ), umgestaltet aus mlat. poledrus = Fohlen, das dann ein Form nach einem kleinen Pferd ähnelndes Foltergestell bezeichnete]: **1.** *das Foltern; Folterung:* die F. anwenden; jmdn. mit F. bedrohen. **2.** *Gerät od. Instrument, mit dem jmd. gefoltert wird:* jmdn. auf die F. legen; *jmdn. auf die F. spannen (jmdn. in quälende Spannung versetzen, ihn im Unklaren über etw. lassen, was er gern wissen möchte):* Halten Sie nicht hinter dem Berg, und spannen Sie mich nicht zu lange auf die F. [Remarque, Triomphe 402]). **3.** (geh.) *[peinigende] Qual:* die F. der Einsamkeit.

Fol|ter|bank, die ⟨Pl. ...bänke⟩: *(im MA.) Gestell, auf das jmd. zur Folterung (durch gewaltsames Strecken) gelegt wird.*

Fol|te|rer, der; -s, -: *jmd., der foltert.*

Fol|ter|ge|rät, das: *Werkzeug zum Foltern.*

Fol|te|rin, die; -, -nen: w. Form zu ↑ Folterer.

Fol|ter|in|s|t|ru|ment, das: *Werkzeug zum Foltern.*

Fol|ter|kam|mer, die: *(im MA.) mit Foltergeräten u. -werkzeugen ausgerüsteter Raum, in dem gefoltert wird:* die -n des Mittelalters.

Fol|ter|kel|ler, der: *[im MA.] mit Foltergeräten u. -werkzeugen ausgerüsteter Kellerraum, in dem gefoltert wird.*

Fol|ter|knecht, der: *(im MA.) jmd., der die Folter* (1) *ausführt.*

Fol|ter|me|tho|de, die: *Art des Vorgehens beim Foltern* (1).

fol|tern ⟨sw. V.; hat⟩: **1.** *[mit Folterwerkzeugen] sehr quälen, misshandeln [um etw., bes. eine Aussage, ein Geständnis zu erzwingen]:* Gefangene f.; jmdn. zu Tode f. **2.** (geh.) *peinigen, quälen:* die Schmerzen folterten ihn.

Fol|ter|op|fer, das: *Opfer* (3) *von Folter.*

Fol|ter|qual, die: **1.** *bei der Folter* (1) *erlittene Qual.* **2.** (geh.) *äußerste [seelische] Qual.*

Fol|te|rung, die; -, -en: *das Foltern; das Gefoltertwerden.*

Fol|ter|werk|zeug, das: *Instrument zum Foltern.*

¹**Fon:** ↑ Phon.

²**Fon,** das; -s ⟨meist o. Art. u. ungebeugt⟩: (bes. auf Visitenkarten, Briefbögen o. Ä.) kurz für ↑ Telefon.

-fon, -phon [↑ Phon]: Best. in Zus. mit der Bed. *Laut, Ton; einen Laut, Ton betreffend* (z. B. Grammofon, Saxofon; monofon).

Fön®, der; -[e]s, -e [nach ↑ Föhn (1)]: *Föhn* (2).

Fo|na|ti|on: ↑ Phonation.

Fond [fõ:], der; -s, -s [frz. fond = Grund; Grundstock < afrz. fons < lat. fundus, ↑ Fundus]: **1.** *hinterer Teil des Wageninneren, der die Rücksitze enthält:* im F. sitzen. **2. a)** *Hintergrund (z. B. eines Gemäldes, einer Bühne):* Statisten im F. der Bühne; **b)** *Untergrund (z. B. eines Stoffmusters):* ein buntes Karomuster auf blauem F., mit blauem F. **3.** (bildungsspr.) *Grundlage, Basis:* der F. zum Erfolg. **4.** *beim Braten, Dünsten od. Schmoren von Fleisch zurückgebliebener Fleischsaft als Grundlage für Soßen od. Suppen:* aus dem F. eine Soße bereiten.

Fon|dant [fõ'dã:], der, auch, österr. nur: das; -s, -s [frz. fondant, eigtl. = im Munde zergehend, zu: fondre = schmelzen < lat. fundere]: **a)** *unter Zugabe von Farb- u. Geschmacksstoffen hergestellte Zuckermasse;* **b)** *Praline aus Fondant* (a).

Fonds [fõ:], der; - [fõ:(s)], - [fõ:s] [frz. fonds, identisch mit Fond, ↑ Fond; das -s stellt die in afrz. fons vorliegende Schreibweise wieder her]: **1. a)** *für bestimmte Zwecke gebildetes Vermögensreserve:* einen F. für Notfälle haben; **b)** (Wirtsch.) *Sondervermögen einer Gesellschaft für Kapitalanlagen, das in Wertpapieren od. Immobilien angelegt ist:* offene *(zu jeder Zeit An- u. Verkauf von Anteilen ermöglichende)* F., geschlossene *(nach einer Anfangszeit keine weiteren Anleger mehr zulassende)* F.; in F. einzahlen, investieren. **2.** (geh.) *ideeller Grundstack:* sie konnte aus dem reichen F. ihrer Erfahrung schöpfen.

fonds|ge|bun|den ⟨Adj.⟩ (Wirtsch.): *in einem Fonds* (1 b) *angelegt:* eine -e Lebensversicherung *(Lebensversicherung, bei der die gezahlten Beiträge in Fonds* 1 b *angelegt werden).*

Fonds|ge|schäft ['fõ:...], das (Wirtsch.): *Handel mit Fonds* (1 b).

Fonds|ge|sell|schaft ['fõ:...], die (Bankw.): *Gesellschaft, die Investmentfonds vertreibt u. managt.*

Fonds|ma|nage|ment ['fõ:mænɪdʒmənt,...mənt], das (Wirtsch.): *Gremium, das für einen Fonds* (1 b) *die Entscheidungen über bestimmte Kapitalanlagen fällt.*

Fonds|ma|na|ger ['fõ:mɛnɪdʒɐ], der (Wirtsch.): *Manager, der bei einem [Investment]fonds für die Geldanlage zuständig ist.*

Fonds|ma|na|ge|rin, die: w. Form zu ↑ Fondsmanager.

Fon|due [fõ'dy:, schweiz.: 'fõdy], das; -s, -s od. die; -, -s [frz. fondue, eigtl. = geschmolzen, w. 2. Part. von: fondre, ↑ Fondant]: **a)** *(schweizerisches) Gericht, bei dem kleine Stücke Brot bei Tisch in eine durch Erhitzen flüssig gehaltene Mischung von Hartkäse, Weißwein, Kirschwasser u. Gewürzen getaucht u. dann gegessen werden; Käsefondue;* **b)** *Gericht, bei dem kleine Fleischstücke bei Tisch in heißem Öl gegart u. mit verschiedenen Soßen gegessen werden:* chinesisches F. *(Fleischfondue, bei dem statt des Öls eine Brühe* 1 a *verwendet wird).*

Fon|due|ga|bel, die: *langstielige Gabel mit zwei Zinken zum Fondueessen.*

Fo|nem: ↑ Phonem.

Fo|ne|ma|tik: ↑ Phonematik.

fo|ne|ma|tisch: ↑ phonematisch.

Fo|ne|mik: ↑ Phonemik.

fo|ne|misch: ↑ phonemisch.

fö|nen: frühere Schreibung für ↑ föhnen (2).

Fo|ne|tik: ↑ Phonetik.

Fo|ne|ti|ker: ↑ Phonetiker.

Fo|ne|ti|ke|rin: ↑ Phonetikerin.

fo|ne|tisch: ↑ phonetisch.

Fo|ni|a|ter usw.: ↑ Phoniater usw.

Fo|ni|a|t|rie: ↑ Phoniatrie.

fo|nisch: ↑ phonisch.

Fo|no|dik|tat: ↑ Phonodiktat.

Fo|no|graf usw.: ↑ Phonograph usw.

Fo|no|lith: ↑ Phonolith.

Fo|no|lo|gie usw.: ↑ Phonologie usw.

Fo|no|me|ter usw.: ↑ Phonometer usw.

Fo|no|me|t|rie: ↑ Phonometrie.

Fo|no|thek: ↑ Phonothek.

Font, der; -s, -s [engl. font, fount < frz. fonte = das Gießen (von Drucktypen), über das Vlat. zu lat. fundere = gießen] (EDV): *Zeichensatz.*

Fon|tä|ne, die; -, -n [frz. fontaine = (Spring)brunnen < spätlat. fontana = Quelle, zu gleichbed. lat. fons (Gen.: fontis)]: **a)** *aufsteigender starker Wasserstrahl [eines Springbrunnens]:* im Teich stieg eine hohe F. auf; Ü eine blutrote F. schießt aus seiner Wunde; **b)** *Springbrunnen mit starkem Wasserstrahl.*

Fon|ta|nel|le, die; -, -n [frz. fontanelle, eigtl. = kleine Quelle (Anat.): **1.** *Knochenlücke am Schädel des Neugeborenen.* ◆ **2.** (Med.) *operativ angelegte Wunde, aus der schädliche Körpersäfte abfließen sollen:* Mein Arm ist schwach, ich trage eine F. (Heine, Rabbi 470).

Fon|zahl: ↑ Phonzahl.

Food|de|sig|ner ['fu:ddɪzaɪnɐ], der; -s, - [aus engl. food = Essen, Nahrung u. ↑ Designer]: *jmd., der berufsmäßig Fotos von Speisen für Kochbücher u. Zeitschriften macht.*

Food|de|sig|ne|rin, die; -, -nen: w. Form zu ↑ Fooddesigner.

Foot [fʊt], der; -, Feet [fi:t] [engl. foot, eigtl. = Fuß]: *Längeneinheit in Großbritannien u. in den USA (= 12 Inches = 0,3048 m; Zeichen: '; Abk.: ft).*

Foot|ball ['fʊtbɔ:l], der; -[s] [engl. football, eigtl. = Fußball]: *dem Rugby ähnliches amerikanisches Mannschaftsspiel mit zwei Mannschaften zu je elf Spielern; American Football.*

fop|pen ⟨sw. V.; hat⟩ [spätmhd. = lügen, aus der Gaunerspr.; H. u.]: *jmdn. (meist im Scherz) etw. Unwahres sagen [u. sich darüber freuen, wenn er es glaubt]:* man wollte ihn [damit] f.

Fop|pe|rei, die; -, -en (oft abwertend): *das Foppen:* was soll die alberne F.?

Fo|ra: Pl. von ↑ Forum.

Fo|ra|men, das; -s, - u. ...mina [lat. foramen, zu: forare = bohren] (Anat., Med.): *Loch, Lücke, Öffnung.*

Force [fɔrs], die; -, -n ⟨Pl. selten⟩ [frz. force < vlat. fortia = Kraft, Macht, eigtl. subst. Neutr. Pl. von lat. fortis = stark] (veraltet): *Stärke, Gewalt, Zwang.*

Force de Frappe [fɔrsdə'frap], die; - - - [frz., eigtl. = Schlagkraft]: *Gesamtheit der mit Atomwaffen ausgerüsteten französischen militärischen Einheiten.*

for|cie|ren [fɔr'si:rən] ⟨sw. V.; hat⟩ [frz. forcer, über das Vlat. zu lat. fortis = stark, fest]: **1. a)** *verstärken, steigern:* seine Anstrengungen, das Tempo, die Produktion, den Export f.; die Arbeiten, eine Entwicklung, die Industrialisierung f. *(durch erhöhte Anstrengungen vorantreiben);* das Wachstum künstlich f. *(beschleunigen);* sie forcierte das Rennen *(steigerte das Tempo);* forcierten *(beschleunigten)* Schrittes; **b)** *durch gezielte Maßnahmen, durch Zwang o. Ä. erreichen; erzwingen:* er versuchte immer wieder, sein Glück zu f.; Dankbarkeit, Zuneigung kann man nicht f.; so etwas darf man nicht f., das muss sich ergeben. **2.** (Militär) *(ein Hindernis od. eine Festung o. Ä.) bezwingen, nehmen* (18): einen Fluss f. ◆ **3.** *zwingen* (1 a): Wir sorgten, die Herren werden zu viel Ehr' im Leib haben und nein sagen, und hatten's schon verabred't, sie zu f. (Schiller, Räuber I, 2).

for|ciert ⟨Adj.⟩ (bildungsspr.): *erzwungen, gezwungen, unnatürlich:* ein -es Lächeln.

For|cie|rung, die; -, -en: *das Forcieren; das Forciertwerden.*

För|de [auch: 'fœrdə], die; -, -n [aus dem Niederd. < schwed., norw. fjord, ↑ Fjord]: *weit ins Flachland eindringende, lang gestreckte Meeresbucht:* die Flensburger F.; ein Haus an der F.

För|der|an|la|ge, die (Technik): *maschinelle Vorrichtung zum Befördern von Massengütern; Transportanlage.*

För|der|an|trag, der: *Antrag auf finanzielle Förderung:* einen F. stellen, prüfen, bewilligen.

För|der|band, das ⟨Pl. ...bänder⟩ (Technik): *endloses, mechanisch bewegtes Band zur Beförderung von Gütern; Transportband.*

För|de|rer, der; -s, -; *jmd., der jmdn., etw. fördert:* ein F. junger Künstler, der Wissenschaft.

För|de|rer|kreis: ↑ Förderkreis.

För|der|ge|fäß, das (Bergbau): *schmaler, hoher, oben offener Stahlbehälter für die Förderung im Schacht.*

För|der|geld, das ⟨meist Pl.⟩: *Geldbetrag, [der von Bund, Ländern oder Kommunen] zur Förderung von etw. ausgegeben wird.*

För|de|rin, die; -, -nen: w. Form zu ↑ Förderer.

För|der|klas|se, die (Schule): *Klasse* (1 a) *zur Förderung* (1) *leistungsschwacher Schüler u. Schülerinnen.*

För|der|korb, der (Bergbau): *schmales, langes, korbartiges Stahlgerüst zum Aufwärts- od. Abwärtsbewegen der Bergleute u. der Wagen bei der Förderung im Schacht.*

För|der|kreis, Fördererkreis, der: *Vereinigung von Personen od. Institutionen, die jmdn., etw. fördert.*

För|der|kurs, der (Schule): *(innerhalb eines Kurssystems) Kurs zur besonderen Förderung von Schülerinnen u. Schülern, der zum Erreichen des geforderten Leistungsniveaus verhelfen soll.*

För|der|land, das ⟨Plural ...länder⟩: *Land, das im Hinblick auf die Förderung bestimmter Rohstoffe, bes. von Erdöl, gesehen wird.*

för|der|lich ⟨Adj.⟩ [mhd. vürderlich]: *der positiven, vorteilhaften Entwicklung einer Person od. Sache nützend, dienlich; einen Vorteil gereichend:* Sport wäre seiner Gesundheit f.

För|der|ma|schi|ne, die (Bergbau): *Maschine, mit deren Hilfe die Förderkörbe auf- u. abbewegt werden.*

För|der|mit|tel ⟨Pl.⟩: *Fördergelder.*

for|dern ⟨sw. V.; hat⟩ [mhd. vo(r)dern, ahd. fordarōn, eigtl. = verlangen, dass jmd., etw. hervorkommt, zu ↑ vorder...]: **1.** *einen Anspruch erheben u. ihn nachdrücklich kundtun; verlangen:* etw. energisch, leidenschaftlich f.; sein Recht f.; Rechenschaft von jmdm. f.; die Vertei-

fördern ⟨sw. V.; hat⟩ [mhd. vürdern, ahd. furdiren, eigtl. = weiter nach vorn bringen, zu ↑ **für-der**]: **1. a)** *in seiner Entfaltung, bei seinem Vorankommen (finanziell) unterstützen*: sie hat viele junge Künstler, unsere Arbeit gefördert; den Handel, das Gewerbe, den Absatz, den Tourismus, die Bildung f.; er wurde in den 60er-Jahren nach dem Honnefer Modell gefördert *(erhielt ein Stipendium nach dem Honnefer Modell)*; **b)** *unterstützen, verstärken*: solche Komplimente fördern seinen Hang zur Eitelkeit. **2.** (bes. Bergbau) *aus dem Erdinnern [zum Zwecke der wirtschaftlichen Nutzung] heraufholen, [durch Abbau] gewinnen*: Kohle, Erze f.; große Mengen Gold zutage f. **3.** (Technik) *an eine Stelle vorwärtsbewegen*: das Band fördert die Briketts in den Waggon. ♦ **4. a)** *befördern* (1): Ich mag niemand zu früh in den Himmel f. (Schiller, Räuber V, 1); **b)** *beschleunigen* (1 a): Munter fördert seine Schritte fern in wilden Forst der Wandrer (Schiller, Glocke); **c)** *rasch voranbringen, gut vorankommen lassen*: Ein paar regnichte Tage förderten mich leicht auf dem Weg (Chamisso, Schlemihl 69); **d)** *vorangehen, Fortschritte machen*: Wie ist's? Will's f.? Will's bald gehn? (Goethe, Faust I, 3025).

För|der|preis, der: *Preis, durch dessen Vergabe begabte Künstler(innen), Wissenschaftler(innen) u. a. gefördert werden sollen*.

För|der|pro|gramm, das: *[staatliches] Programm* (3) *zur Förderung von etw.*: ein F. für erneuerbare Energien, für kleine und mittlere Betriebe.

För|der|ren|te, die (Politikjargon): *staatlich geförderte private Altersvorsorge*.

För|der|schacht, der (Bergbau): *Schacht, der zum Transport der gewonnenen Kohle o. Ä. dient*.

För|der|schu|le, die: *Schule für Lernbehinderte, für körperlich od. geistig behinderte. für schwer erziehbare Kinder u. Jugendliche; Sonderschule*.

För|der|seil, das (Bergbau): *Seil zum Heraufziehen u. Ablassen eines Förderkorbs*.

För|der|stu|fe, die (Schule): *Orientierungsstufe (in Hessen)*.

För|der|turm, der (Bergbau): *turmartiges Bauwerk aus Stahl od. Beton unmittelbar über dem Schacht eines Bergwerks, in dem die Fördermaschine untergebracht ist*.

For|de|rung, die; -, -en [mhd. vo(r)derunge, ahd. fordrunga]: **1.** *nachdrücklich zum Ausdruck gebrachter Wunsch, Anspruch*: eine berechtigte F.; seine -en sind unannehmbar; eine F. geltend machen, erfüllen, an jmdn. stellen; sie wollte von ihrer F. nicht abgehen; eine F. von einem bestimmten Standpunkt aus erforderlich scheint: eine politische F.; die F. des Tages *(was die Umstände gerade erfordern)*; **c)** (Kaufmannsspr.) *aus einer Warenlieferung od. Leistung resultierender finanzieller Anspruch*: die ausstehende F. beträgt 2500 Euro; eine F. an jmdn. haben. **2.** (früher) *Aufforderung, sich einem Duell mit dem Auffordernden zu stellen*: jmdm. eine F. [auf Pistolen, Säbel] schicken.

För|de|rung, die; -, -en: **1. a)** *das Fördern* (1); *das Gefördertwerden*: die F. des Nachwuchses; zur F. des Tourismus beitragen; **b)** (österr. Amtsspr.) *Subvention, Fördersumme*. **2.** (bes. Bergbau) *das Fördern* (2): die F. von Kohle. **3.** (Technik) *das Fördern* (3). **4.** (Bergbau) *geförderte Menge*.

för|de|rungs|fä|hig ⟨Adj.⟩: *die Voraussetzungen für eine [staatliche] Förderung* (1) *erfüllend*.

För|de|rungs|ka|ta|log, der: *Katalog* (2) *von Forderungen*: einen F. [für, gegen etw.] aufstellen.

För|de|rungs|maß|nah|me, die: *[staatliche] Maßnahme zur Förderung von etw.*: sozialpolitische -n.

För|de|rungs|mit|tel ⟨Pl.⟩: *staatliche* ¹*Mittel* (3) *zur Förderung von etw*.

För|de|rungs|pro|gramm, das: *Programm, in dem Förderungsmaßnahmen dargelegt sind*.

för|de|rungs|wür|dig ⟨Adj.⟩: *[nach dem Gesetz] berechtigt, [staatlich] gefördert zu werden; Förderung* (1) *verdienend*: -e Bauvorhaben.

För|der|un|ter|richt, der (Schule): *Unterricht zur Förderung* (1) *der Leistungen [schwacher Schülerinnen u. Schüler]*.

För|der|ver|ein, der: *zur Förderung* (1) *einer bestimmten Sache gegründeter Verein*.

För|der|wa|gen, der (Bergbau): *Wagen zum Transport von Erz, Kohle u. a. im Bergwerk*.

För|der|werk, das (Technik): *maschinelle Vorrichtung zum Befördern von Massengütern*.

för|der|wür|dig ⟨Adj.⟩: *förderungswürdig*.

Fö|re, die; - [schwed. före, norw. føre, schwed. föra, norw. føra = führen] (Ski): *Eignung des Schnees zum Fahren; Fahrigkeit*.

Fore|cast ['fɔ:ka:st], das od. der; -s, -s [engl. forecast = Voraussage] (bes. Meteorol., Wirtsch.): *Voraussage einer künftigen Entwicklung, des wahrscheinlichen Verlaufs von etw*.

Fore|che|cking ['fɔːtʃɛkɪŋ], das; -s, -s [zu engl.-amerik. to forecheck = den Gegner bereits in dessen Verteidigungsdrittel stören, zu: fore = vorder-, Vorder- u. ↑ ²**Check**] (Eishockey): *das Stören des gegnerischen Angriffs bereits im gegnerischen Verteidigungsdrittel*.

Foreign Of|fice ['fɔrɪn 'ɔfɪs], das; - - [engl.]: *britisches Außenministerium*.

Fo|rel|le, die; -, -n [mhd. forhele, ahd. forhana, eigtl. = die Gesprenkelte, die Bunte (nach den bunten Tupfen auf dem Rücken)]: *in kalten Bächen lebender, räuberischer Lachsfisch mit schlankem Körper, der wegen seines zarten, schmackhaften Fleisches geschätzt wird*: F. [auf/nach] Müllerinart (Kochkunst; *Fischgericht, bei dem die Forelle in Mehl gewendet, in Butter gebraten u. danach mit brauner Butter übergossen wird*); -n angeln, fangen, züchten; An den Hängen blühte der Schlehdorn, und aus dem Bachbett schnellten sich die -n, als wollten sie nachsehen, wer da des Wegs kam (Strittmatter, Wundertäter 236).

Fo|rel|len|teich, der: *zur Zucht von Forellen angelegter Fischteich*.

Fo|rel|len|zucht, die: *Zucht* (1 a, c) *von Forellen*.

Fo|ren: Pl. von ↑ **Forum**.

Fo|ren|sik ⟨o. Pl.⟩ [zu ↑ forensisch]: **1.** ⟨o. Pl.⟩ *Gerichtsmedizin*. **2.** (Jargon) *Klinik für psychisch kranke u. suchtkranke Straftäter(innen)*: jmdn. in die F. einweisen.

fo|ren|sisch ⟨Adj.⟩ [lat. forensis, eigtl. = zum ↑ Forum gehörend]: *gerichtlichen od. kriminologischen Zwecken dienend, im Dienste der Rechtspflege stehend; gerichtlich*: -e Chemie, Psychologie, Pädagogik, Medizin, Histologie; ein -es Gutachten; für -e Zwecke.

For|fait [fɔr'fɛ], das; -s, -s [frz. forfait = Reugeld] (schweiz., bes. Sport): *Zurückziehung einer Meldung bes. für einen Sportwettbewerb; Absage*.

Fo|rint ['fo:rɪnt, auch: fo'rɪnt], der; -[s], -s od. -e [fo'rɪntə] ⟨aber: 30 Forint⟩ [ung. forint < ital. fiorino = Gulden, zu: fiore = Blume < lat. flos, ↑ ¹**Flor**]: *Währungseinheit in Ungarn* (1 Forint = 100 Fillér; Währungscode: HUF; Abk.: Ft).

For|ke, die; -, -n [niederdt. forke < lat. furca = zweizinkige Gabel] (nordd.): **1.** *Heu-, Mistgabel*. **2.** (salopp abwertend) *Gabel* (1).

for|keln ⟨sw. V.; hat⟩ [zu veraltet Forkel = Gabel am Geweih des Hirsches < lat. furcula = gabelförmige Stütze] (Jägerspr.): *mit dem Geweih angreifen, aufspießen, kämpfen*: die Hirsche f.

For|le, die; -, -n [vgl. Föhre] (südd.): ²*Kiefer*.

For|leu|le, die [zu ↑ Forle]: *als gefährlicher Schädling auftretender Schmetterling*.

Form, die; -, -en [mhd. forme < lat. forma]: **1. a)** *äußere plastische Gestalt mit bestimmten Umrissen, in der etw. erscheint*: die weiblichen (*Rundungen des Körpers*) -en; der Gegenstand hat eine plumpe, schöne, elegante F., die F. einer Kugel; der Hut hat seine F. verloren, ist aus der F. geraten, wird wieder in [seine] F. gebracht; * **[feste] F.**/-en annehmen (*als Projekt allmählich in seiner künftigen Entwicklung deutlicher erkennbar werden, Gestalt annehmen*): der Plan nimmt F. an); **hässliche, scharfe** o. ä. **-en annehmen** (*sich in einer bestimmten unangenehmen Weise gestalten, entwickeln*: der Streit nahm hässliche Formen an); **aus der F. gehen** (ugs. abwertend, ugs. scherzh.; *sehr dick werden*); **in F. von etw./** (auch:) **in F. einer Sache** (*in Gestalt von; als*: örtliche Niederschläge in F. von Regen; Zuwendungen in F. kleinerer Geldbeträge); **b)** *dem Inhalt entsprechende Art der geistigen, künstlerischen Gestaltung; Darstellungsweise*: die F. dieses Gedichts ist das Sonett; etw. in eine leicht verständliche F. bringen; **c)** *Art u. Weise, in der etw. vorhanden ist, erscheint, sich darstellt; Erscheinungsform*: *einzelne Erscheinungsformen*: die -en des menschlichen Zusammenlebens; die -en (*Spielarten*) einer Pflanzengattung; die -en (*Deklinationsformen*) eines Substantivs; **d)** *festgelegte Verhaltensweise, vorgeschriebene Art des gesellschaftlichen Umgangs*: feine, gute, höfliche, strenge -en; das ist alles nur F. (*alles sinnentleert, rein äußerlich*); die F. wahren; der F. genügen; sich über gesellschaftliche -en hinweggesetzen; Ich habe ihm vollauf Bescheid gesagt. Freilich verhandelt man in gesitteter F. (H. Mann, Stadt 69); * **in aller F.** (*ausdrücklich u. unmissverständlich, unter Beachtung aller Vorschriften*). **2.** ⟨o. Pl.⟩ [nach engl. form] (bes. Sport) *leistungsfähige Verfassung; Kondition*: seine F. verbessern; gänzlich außer F. sein, gut, nicht in F. sein; er ist in der F. seines Lebens (*in hervorragender Form*); allmählich wieder in F. kommen; zu großer F. auflaufen (*sich zu einer großen Leistung steigern*). **3.** *Gegenstand, mit dem einem bestimmten Stoff, einer Masse eine bestimmte Form* (1 a) *gegeben wird*: Kuchenteig in eine F. (*Backform*) füllen; Metall in eine F. (*Gießform*) gießen.

for|mal ⟨Adj.⟩: **1.** [lat. formalis] *die äußere Form* (1 a, b, d), *die Anlage o. Ä. von etw. betreffend, auf ihr beruhend, zu ihr gehörend*: die -e Gliederung eines Dramas; -e (*juristische*) Gleichstellung der Frau mit dem Mann. **2.** *nur der Form* (1 b, d) *nach [vorhanden], ohne eigentliche Entsprechung in der Wirklichkeit*: eine -e Wahrung äußerer Gesetzmäßigkeit; f. im Recht sein.

Form|al|de|hyd [auch: ...'hy:t], der od. das; -s, -e [Kurzwort aus nlat. acidum formicum = Ameisensäure u. ↑ **Aldehyd**]: *zur Desinfektion von Räumen verwendetes, farbloses, stechend riechendes Gas*.

Formalfehler – Formfehler

For|mal|feh|ler, der (bes. österr.): *Verstoß gegen eine formalen [Rechts]vorschrift; Formfehler:* wegen eines -s wurde die Klage abgewiesen.

For|ma|lie, die; -, -n ⟨meist Pl.⟩ [lat. formalia, Neutr. Pl. von: formalis, ↑ formal]: *etw., was nur zum Formalen, Formellen gehört, nicht zum Wesen, zum Inhalt, zur Sache selbst; formale, formelle Einzelheit:* juristische -n; die notwendigen -n erledigen.

For|ma|lin®, das; -s [zu ↑ Formaldehyd]: *wässerige Lösung von Formaldehyd, die als Konservierungs- u. Desinfektionsmittel verwendet wird.*

for|ma|li|sie|ren ⟨sw. V.; hat⟩: **1.** *(einen Zusammenhang) mithilfe von Formeln u. grafischen Zeichen allgemein formulieren, formal darstellen:* eine grammatische Theorie f. **2.** *in eine strenge Form (1 b) bringen, systematisieren; durchgehend an gegebenen Formen (1 b, d), Regeln orientieren:* eine Idee, Strategie f.; eine stark formalisierte Kunst.

For|ma|li|sie|rung, die; -, -en: *das Formalisieren; das Formalisiertwerden.*

For|ma|lis|mus, der; -, ...men: **a)** ⟨o. Pl.⟩ *Überbetonung der Form (1 b, d), des Formalen:* diese Wissenschaft droht im F., in F. zu erstarren; **b)** *etw. rein äußerlich, mechanisch Vollzogenes:* eine durch Formalismen geprägte Verwaltung.

For|ma|list, der; -en, -en: *jmd., der etw. rein formalistisch behandelt, für den das Formale im Vordergrund steht.*

For|ma|lis|tin, die; -, -nen: w. Form zu ↑ Formalist.

for|ma|lis|tisch ⟨Adj.⟩: *den Formalismus (1) betreffend, auf ihm beruhend:* der -e Charakter der Rechtsprechung.

For|ma|li|tät, die; -, -en [mlat. formalitas]: **a)** *äußere [behördliche] Vorschrift:* alle nötigen -en erledigen; **b)** *Äußerlichkeit, Formsache:* die Genehmigung ist nur noch eine F.

for|ma|li|ter ⟨Adv.⟩ [lat. formaliter] (bildungsspr.): *der äußeren Form (1 b) nach:* die Trennung war nun auch f. vollzogen.

for|mal|ju|ris|tisch ⟨Adj.⟩: *rein äußerlich genau dem Gesetz entsprechend:* eine -e Entscheidung.

for|mal|recht|lich ⟨Adj.⟩: *formaljuristisch.*

For|mans, das; -, ...anzien u. ...antia [lat. formans (Gen.: formantis), 1. Part. von formare, ↑ formieren] (Sprachwiss.): *grammatisches Bildungselement; gebundenes Morphem (z. B. ...lich in lieblich).*

Form|an|stieg, der (Sport): *Verbesserung der Form (2).*

For|mat, das; -[e]s, -e [lat. formatum = das Geformte; das Genormte, subst. 2. Part. von: formare = formen; ordnen]: **1.** *[genormtes] Größenverhältnis eines Gegenstandes nach Länge u. Breite:* ein mittleres F.; das F. eines Papierbogens, eines Briefumschlages; das Buch hat ein handliches F.; es waren hauptsächlich kleinere -e *(Bilder in kleinerem Format)* ausgestellt; ein Briefbogen im F. DIN A4. **2.** ⟨o. Pl.⟩ **a)** *stark ausgeprägte Persönlichkeit; außergewöhnlicher Rang aufgrund der Persönlichkeit, bedeutender Fähigkeiten o. Ä.:* dazu fehlt ihm das [menschliche] F.; sie hat F. *(ist eine Persönlichkeit);* ein Mann von [außergewöhnlichem] F.; **b)** *besonderes Niveau, große Bedeutung:* die Aufführung hatte F.; ein Theater von [großstädtischem] F. **3.** (Druckw.) *aus den beim Schließen einer Buchdruckform zwischen die einzelnen Schriftkolumnen gelegten Eisen- od. Kunststoffstegen (Formatstegen) gebildeter Rahmen, der den gleichmäßigen Abstand der Druckseiten voneinander sichert.* **4.** (Rundfunk, Fernsehen) Kurzf. von ↑ Sendeformat (1).

For|mat|fern|se|hen, das: *Fernsehen mit einem konsequent auf eine bestimmte Zielgruppe ausgerichteten Programm.*

for|ma|tie|ren ⟨sw. V.; hat⟩ [zu ↑ Format (1) u. ↑-ieren] (EDV): **a)** *Daten nach verbindlich vorgegebenen Vorschriften od. nach den Bedürfnissen des Benutzers anordnen u. zusammenstellen:* einen Text f.; **b)** *(einen Datenträger) für die Aufnahme von Daten vorbereiten:* eine Diskette f.

For|ma|tie|rung, die; -, -en (EDV): **1.** *das Formatieren; das Formatiertwerden.* **2.** *formatierte Fassung, Form.*

For|ma|ti|on, die; -, -en [lat. formatio = Gestaltung; (An)ordnung]: **1.** *Herausbildung durch Zusammenstellung:* die F. gesellschaftlicher Gruppen. **2. a)** *bestimmte Anordnung, Aufstellung, Verteilung:* in geschlossener F. marschieren; in F. fliegen; die Mannschaft trat in der gleichen F. wie beim letzten Spiel an; **b)** *für einen bestimmten militärischen Zweck od. Auftrag gebildete Truppe, Gruppe; Verband:* die F. der Pioniere rückte wieder ab. **3.** *Gruppe, die sich zusammengeschlossen hat, die ein in bestimmter Weise strukturiertes soziales, ökonomisches o. ä. Gebilde darstellt:* die F. der Jungsozialisten; diese Band gehört zu den musikalisch interessantesten deutschen -en. **4.** (Geol.) **a)** *Zeitabschnitt in der Erdgeschichte, der sich hinsichtlich Fauna od. Flora von anderen unterscheidet;* **b)** *Folge von Gesteinsschichten, die sich in einem größeren erdgeschichtlichen Zeitraum gebildet hat.* **5.** (Bot.) *durch das Vorherrschen einer bestimmten Form des Wachstums, einer Lebensform gekennzeichnete Pflanzengesellschaft (z. B. Laubwald).*

For|ma|ti|ons|flug, der: **a)** *Flug mehrerer Luftfahrzeuge in Formation (2 a);* **b)** *Flug von zwei od. mehreren Raumfahrzeugen auf gleichen od. ähnlichen Bahnen als Vorbereitung eines Rendezvousmanövers.*

For|ma|ti|ons|tanz, der (Tanzsport): *Tanz, bei dem Paare eine Formation (2 a) bilden.*

for|ma|tiv ⟨Adj.⟩ [zu lat. formatio, ↑ Formation]: *die Gestaltung betreffend, gestaltend.*

For|ma|tiv, das; -s, -e (Sprachwiss.): **1.** *Formans.* **2.** *kleinstes Element mit syntaktischer Funktion innerhalb einer Kette.* **3.** *Zeichenform, -gestalt (im Unterschied zum bezeichneten Inhalt).*

For|mat|ra|dio, das: *Radio mit einem konsequent auf eine bestimmte Zielgruppe ausgerichteten Programm.*

form|bar ⟨Adj.⟩: **1.** *sich formen (1), kneten, in eine bestimmte Form bringen lassend:* ein -es Material. **2.** *sich formen (2), prägen lassend:* in diesem Alter sind Kinder noch f.

Form|bar|keit, die; -: *das Formbarsein.*

form|be|stän|dig ⟨Adj.⟩: *seine Form (1 a) behaltend, nicht so schnell verlierend:* -es Material.

Form|be|stän|dig|keit, die: *das Formbeständigsein.*

Form|blatt, das: *amtliches Formular.*

Förm|chen, das; -s, -: **1.** Vkl. zu ↑ Form (3). **2.** Kurzf. von ↑ Sandförmchen.

Form|ei|sen, das (Fachspr.): *Werkstück aus Eisen mit vorgegebenem Querschnitt (z. B. Schiene).*

For|mel, die; -, -n [lat. formula, Vkl. von: forma, ↑ Form]: **1.** *fester, sprachlicher Ausdruck, feste Formulierung für etw. Bestimmtes:* eine stereotype F.; die F. des Eides sprechen. **2.** *Folge von Buchstaben, Zahlen od. Worten zur verkürzten Bezeichnung eines mathematischen, chemischen od. physikalischen Sachverhalts:* eine chemische F.; eine F. [für etw.] aufstellen; einen physikalischen Zusammenhang in einer F. ausdrücken. **3.** *kurz gefasster Satz od. Ausdruck, in dem sich ein gedanklicher Zusammenhang erhellend fassen lässt:* etw. auf eine [einfache] F. bringen. **4.** (Motorsport) *durch eine Kommission des Internationalen Automobilverbandes od. durch einen Motorsportverband festgelegte Merkmale des Rennwagens einer bestimmten Klasse (z. B. Formel 1, 2, 3, V, Super-V):* Rennwagen der F. 1.

for|mel|haft ⟨Adj.⟩: *in der Art einer Formel (1), zu einer Formel erstarrt:* eine -e Ausdrucksweise.

for|mell ⟨Adj.⟩ [frz. formel < lat. formalis, ↑ formal]: **a)** *dem Gesetz od. der Vorschrift entsprechend; offiziell:* es kam eine -e Einigung zustande; **b)** *den Regeln der Höflichkeit genau entsprechend:* ein -er Antrittsbesuch; er ist immer sehr f. *(höflich, aber sehr distanziert u. unverbindlich);* **c)** *aufgrund festgelegter Ordnung, aber nur äußerlich sich vollziehend, ohne eigentlichen Wert, nur dem Anschein genügend:* er ist [nur] f. im Recht.

For|mel|samm|lung, die: *Nachschlagewerk, das die Formeln (2) u. Gesetze eines Fachgebiets enthält:* eine mathematische F.

For|mel|spra|che, die: *durch viele Formeln (1, 2) geprägte fachsprachliche Ausdrucksweise.*

For|mel|zei|chen, das: *in Formeln (2) verwendetes Zeichen, Symbol für bestimmte Größen u. ihre Verknüpfungen od. Relationen in mathematischen, chemischen od. physikalischen Sachverhalten.*

For|mel-1-Ren|nen [...'|ains...], das (Motorsport): *Autorennen mit Formel-1-Wagen.*

For|mel-1-Wa|gen [...'|ains...], der (Motorsport): *Rennwagen der Formel 1.*

for|men ⟨sw. V.; hat⟩ [mhd. formen, zu ↑ Form]: **1.** *einer Sache eine bestimmte [ihr eigene] Form (1 a, b) geben:* ein Modell aus, in Ton f.; Ton zu einer Vase f.; Brot f.; Hüte f.; Laute mit den Lippen f. *(artikulieren);* ihre Hände sind schön geformt *(haben eine schöne Form 1 a).* **2.** *in einer bestimmten Weise innerlich verändern u. prägen:* diese Erlebnisse haben ihn [zu einer Persönlichkeit], haben seinen Charakter geformt. **3.** ⟨f. + sich⟩ *eine bestimmte Form (1 a, b) bekommen; Gestalt gewinnen:* das Wachs formt sich unter ihren Händen.

For|men|kreis, der (Med.): *Komplex unterschiedlicher Ausprägungsformen eines Krankheitstyps:* der rheumatische F.

For|men|leh|re, die: **1.** (Sprachwiss.) *Teilgebiet der Grammatik, das die Bildung der Wortformen bei Deklination, Konjugation u. Komparation umfasst; Morphologie.* **2.** (Musik) *Teil der Kompositionslehre, der die Beschreibung formaler Schemata (z. B. Fuge, Sonatensatz) umfasst.* **3.** (Biol.) *Morphologie (2).*

for|men|reich ⟨Adj.⟩: *eine Vielfalt der Erscheinungsformen aufweisend; vielgestaltig:* -e Pflanzenarten.

For|men|reich|tum, der ⟨o. Pl.⟩: *Vielfalt der Erscheinungsformen; Vielgestaltigkeit.*

For|men|sinn, der ⟨o. Pl.⟩: *Sinn, Empfindung für [künstlerische] Formen (1 b).*

For|men|spra|che, die: *zu einem bestimmten Konzept gehörende Gesamtheit der Ausdrucksmittel eines [bildenden] Künstlers, einer [bildenden] Künstlerin od. einer Epoche der bildenden Kunst:* die F. der Kubisten.

For|mer, der; -s, -: *Facharbeiter, der Gießformen für den Guss von Metallteilen herstellt (Berufsbez.).*

For|me|rei, die; -, -en: *Abteilung eines Gießereibetriebes, in der die [Sand]formen hergestellt werden.*

For|me|rin, die; -, -nen: w. Form zu ↑ Former.

Form|feh|ler, der: **1.** *Verstoß gegen die Form (1 d), in der etw. vor sich zu gehen hat:* bei der Abstimmung ist ein F. unterlaufen. **2.** *Fehler in der Körperform bes. von Zuchttieren.*

Form|fra|ge, die: *Problem, Frage der Form* (1 d): *das sind alles nur* -n.
form|ge|bend ⟨Adj.⟩: *einer Sache [ihre] Form* (1 a, b) *gebend:* ein -es Modell.
Form|ge|bung, die, -, -en: *Gestaltung eines Gebrauchs- od. Kunstgegenstandes:* diese Keramik wirkt durch ihre eigenwillige F.
form|ge|recht ⟨Adj.⟩: *der Form* (1 d) *entsprechend:* sich f. ausdrücken, verhalten.
Form|ge|stal|tung, die: *Design.*
for|mi|da|bel ⟨Adj., ...bler, -ste⟩ [frz. formidable < lat. formidabilis = grausig, fürchterlich] (bildungsspr.): **1.** *durch seine Größe, Leistung o. Ä. beeindruckend; großartig:* eine formidable Sportlerin; ein formidables Souper. **2.** (veraltend) *durch sein großes Ausmaß o. Ä. besorgnis-, furchterregend:* formidable Hindernisse.
for|mie|ren ⟨sw. V.; hat⟩ [frz. former = (Truppen) aufstellen, anordnen; schon mhd. formieren = gestalten, bilden < lat. formare]: **1. a)** *zur Aufstellung in einer bestimmten Ordnung veranlassen:* eine Mannschaft f.; **b)** ⟨f. + sich⟩ *sich in einer bestimmten Ordnung aufstellen; sich ordnen:* der Festzug formierte sich. **2. a)** *nach bestimmten Prinzipien bilden; nach einem bestimmten Plan organisieren:* eine Partei, Organisation [neu] f.; **b)** ⟨f. + sich⟩ *sich zusammenschließen; sich nach einem bestimmten Plan organisieren:* neue Verbände formierten sich.
For|mie|rung, die; -, -en: **1.** *das Formieren; das Formiertwerden.* **2.** *das Sichformieren.*

-för|mig: *drückt in Bildungen mit Substantiven aus, dass die beschriebene Sache in der äußeren Gestalt vergleichbar mit etw. ist, die Form von etw. hat:* pilz-, treppenförmig; A-förmig.

Form|kri|se, die (Sport): *eine gewisse Zeit anhaltende schlechte Form* (2), *die unzulängliche sportliche Leistungen zur Folge hat.*
förm|lich ⟨Adj.⟩ [mhd. formelich = nach einer Form gestaltet; vorbildhaft]: **1.** *durch Vorschrift angeordnet; offiziell, formell:* die -e Übergabe der Geschäfte; die Kündigung war noch nicht f. [erfolgt]. **2.** *die Höflichkeitsformen peinlich genau beachtend u. dabei oft konventionell, steif, unpersönlich:* eine f. Begrüßung; bei unserer Unterhaltung war er sehr f. **3.** *regelrecht; wahrhaft, geradezu:* eine -e Angst ergriff ihn; sie erschrak f., als sie mich sah.
Förm|lich|keit, die; -, -en: **1.** *vorgeschriebene [zur Äußerlichkeit erstarrte] Form:* eine juristische F.; überlebte -en. **2.** *mit Unpersönlichkeit u. Steifheit verbundene, genaue Beachtung der Höflichkeitsformen:* alle F. beiseitelassen.
Form|ling, der; -s, -e [zu ↑ formen] (Fachspr.): *in einer dafür vorgesehenen Form (durch Gießen, Pressen o. Ä. einer bestimmten Masse z. B. bei der Herstellung von Keramiken) hergestelltes Gebilde.*
form|los ⟨Adj.⟩: **1.** *keine bestimmte Form* (1 a) *erkennen lassend, umrisslos:* eine -e Masse. **2. a)** *keine vorgeschriebene Form* (1 b) *aufweisend:* ein -er Antrag; **b)** *nicht auf die Form* (1 d) *achtend, zwanglos, ungezwungen:* eine -e Begrüßung.
Form|lo|sig|keit, die; -: **1.** *formlose* (1) *Beschaffenheit:* die F. eines Stoffes. **2. a)** *formlose* (2 a) *Beschaffenheit, Darstellungsweise:* das Werk scheitert an seiner inneren F.; **b)** *formlose* (2 b) *Verhaltensweise, Art.*
Form|obst, das: **1.** *Gesamtheit der niedrigen, veredelten Obstbäume, bei denen durch regelmäßiges starkes Schneiden ein künstlicher Baumkronenwuchs erzielt wird.* **2.** *Gesamtheit der Früchte von Formobst* (1).

Form|obst|baum, der: *zum Formobst* (1) *gehörender Baum.*
For|mo|sa; -s: *früherer Name von* ↑ Taiwan.
Form|sa|che, die: *ausschließliche Angelegenheit der Form* (1 d); *Formalität:* etw. ist [eine] reine F.
Form|schin|ken, der: *aus Fleischresten hergestelltes, in Form gepresstes Nahrungsmittel.*
form|schön ⟨Adj.⟩: *als Gebrauchsgegenstand schön geformt, von schöner Form* (1 a): ein -es Essservice; f. gestaltete Lampenschirme.
Form|schön|heit, die; -, -en: *das Formschönsein.*
form|schwach ⟨Adj.⟩ (Sport): *schwache Form* (2) *besitzend; konditionsschwach.*
Form|schwä|che, die (Sport): *Mangel an Form* (2); *Konditionsschwäche.*
Form|schwan|kung, die ⟨meist Pl.⟩ (Sport): *Schwankung hinsichtlich der Form* (2): der Spieler war besonders starken -en unterworfen.
Form|stand, der (schweiz., bes. Sport): *Stand* (4 b) *der Form* (2).
Form|stein, der: *von der normalen Ausführung abweichender Mauer- od. Dachstein* (z. B. Lüftungsstein, Kaminformstück).
Form|stück, das: *vorgefromtes* ²*Bauteil o. Ä.*
Form|tief, das (Sport): *Formkrise.*
form|treu ⟨Adj.⟩: *formbeständig.*
For|mu|lar, das; -s, -e [subst. aus lat. formularius (-ium) = die vorgeschriebenen (Rechts-, Gerichts)formeln betreffend]: *[amtlicher] Vordruck zur Beantwortung bestimmter Fragen od. für bestimmte Angaben:* ein amtliches F.; ein F. ausfüllen, unterschreiben.
for|mu|lie|ren ⟨sw. V.; hat⟩ [frz. formuler, zu: formule = Formel < lat. formula, ↑ Formel]: **1.** *in eine angemessene sprachliche Form* (1 b) *bringen:* eine Frage f.; eine prägnant formulierte Antwort. **2.** *festlegen, entwerfen:* die Ziele für ein Programm f.
For|mu|lie|rung, die; -, -en: ⟨Pl. selten⟩ *das Formulieren; das Formuliertwerden.* **2.** *etw. Formuliertes; in bestimmter Weise formulierter Text:* eine ungenaue F.; einige -en wurden geändert.
For|mung, die; -, -en: **1.** *Art, in der etw. geformt ist:* die künstlerische F. einer Vase. **2.** ⟨o. Pl.⟩ *das Formen* (2), *Erziehung, Bildung:* die F. der Persönlichkeit, des Charakters.
Form|ver|än|de|rung, die: *Veränderung der Form* (1 a).
form|voll|en|det ⟨Adj.⟩: *vollendet in der Beherrschung der Form* (1 b, d), *in der etw. ausgeführt ist:* eine -e Verbeugung.
Form|wil|le, der: *Streben nach Verwirklichung eines künstlerischen Konzepts unter Berücksichtigung ausgewählter Gestaltungsprinzipien:* in seiner Lyrik ist ein ausgeprägter F. zu erkennen.
Form|wort, das ⟨Pl. ...wörter⟩ (Sprachwiss.): *Wort, das den Satz hauptsächlich von seiner syntaktischen Form* (1 c), *weniger vom Inhalt her bestimmt* (z. B. Konjunktion, Pronomen).
forsch ⟨Adj.⟩ [aus dem Niederd., niederd. fors = kräftig, zu mniederd. forse = Kraft, Macht < frz. force, ↑ Force]: *[leicht allzu] entschlossen u. energisch; resolut, zupackend:* ein -er Bursche; ein -er Stil; er ist sehr f.; f. auftreten.
For|sche, die; - (ugs.): *forsche Art des Vorgehens.*
för|schen ⟨sw. V.; hat⟩ [Vkl. von ↑ forschen] (schweiz.): *vorsichtig forschen* (a), *jmdn. aushorchen:* sie förschelte nach unseren Gründen.
for|schen ⟨sw. V.; hat⟩ [mhd. vorschen, ahd. forscōn = fragen, (aus)forschen, urspr. = fragen, bitten, im Sinne von »wühlen« verw. mit ↑ Furche]: **a)** *durch intensives Bemühen jmdn., etw. zu finden od. zu ermitteln suchen:* in jmds. Gesicht, nach den Ursachen des Unglücks, nach dem Täter f.; jmdn. forschend ansehen; »Und hast du gar keinen Eifer mehr... für die Ehrung der großen Ideen...?«, forschte (*fragte*) Ulrich

neugierig (Musil, Mann 1252); **b)** *sich um [wissenschaftliche] Erkenntnis bemühen:* in unveröffentlichten Werken f.; sie hat jahrelang, unermüdlich auf diesem Gebiet geforscht; **c)** (schweiz.) *erforschen, herausfinden.*
For|scher, der; -s, - [mhd. vorschære]: *jmd., der auf einem Gebiet [wissenschaftliche] Forschung betreibt.*
For|scher|geist, der ⟨Pl. -er⟩: **a)** ⟨o. Pl.⟩ *Geist, Verstand des Forschers, der Forscherin;* **b)** *Mensch mit großem Wissensdrang.*
For|sche|rin, die; -, -nen: w. Form zu ↑ Forscher.
for|sche|risch ⟨Adj.⟩: *den Forscher, die Forscherin, die Forschung betreffend, charakterisierend:* die -e Tätigkeit.
For|scher|team, das: *Team von Forschern od. Forscherinnen u. Forschern.*
Forsch|heit, die; -: *das Forschsein.*
For|schung, die; -, -en: **1.** *das Forschen* (a), *forschende Bemühung:* die F. nach den Ursachen blieb erfolglos. **2. a)** *das Forschen* (b), *das Arbeiten an wissenschaftlichen Erkenntnissen; Untersuchung eines wissenschaftlichen Problems:* empirische -en anstellen; diese Erkenntnisse sind Ergebnisse eingehender -en; **b)** ⟨o. Pl.⟩ *forschende Wissenschaft:* die neuere F. hat dies bestätigt; in der F. tätig sein.
For|schungs|an|stalt, die: *Anstalt, die Forschungen durchführt, Forschungsarbeit leistet.*
For|schungs|ar|beit, die: **1.** *Arbeit* (4 a) *über bestimmte Forschungsergebnisse.* **2.** *Forschung* (2 a): intensive F.
For|schungs|auf|ga|be, die: *Forschungsauftrag.*
For|schungs|auf|trag, der: *Auftrag, auf einem bestimmten Gebiet zu forschen.*
For|schungs|be|reich, der: *Forschungsgebiet.*
For|schungs|be|richt, der: *Bericht über bestimmte Forschungsergebnisse.*
For|schungs|ein|rich|tung, die: *Forschungsinstitut.*
For|schungs|er|geb|nis, das: *Ergebnis bestimmter Forschungen* (2 a).
For|schungs|ge|biet, das: *Gebiet, Sachbereich, dem bestimmte Forschungen* (2 a) *gelten:* neue, interessante -e in der Medizin.
For|schungs|ge|gen|stand, der: *Gegenstand bestimmter Forschungen* (2 a).
For|schungs|ge|mein|schaft, die: *Gemeinschaft, Gruppe, die mit bestimmten Forschungsaufgaben beschäftigt ist.*
For|schungs|in|sti|tut, das: *[staatlich gefördertes] Institut für bestimmte Forschungszwecke.*
For|schungs|la|bor, das: kurz für ↑ Forschungslaboratorium.
For|schungs|la|bo|ra|to|ri|um, das: *bestimmten Forschungen dienendes Laboratorium.*
For|schungs|me|tho|de, die: *Methode, nach der bestimmte Forschungen betrieben werden.*
For|schungs|ob|jekt, das: *Forschungsgegenstand.*
For|schungs|pro|gramm, das: *Konzept, Programm, nach dem bestimmte Forschungen betrieben werden.*
For|schungs|pro|jekt, das: *Projekt im Bereich der Forschung:* ein interdisziplinäres, innovatives F.; ein F. fördern, unterstützen, initiieren.
For|schungs|ra|ke|te, die: *suborbitale Rakete mit ausschließlich wissenschaftlicher Aufgabenstellung* (z. B. im Bereich der Meteorologie).
For|schungs|re|ak|tor, der: *Kernreaktor, der vor allem Forschungszwecken in Physik, Chemie, Radiomedizin, Biologie u. Technik dient.*
For|schungs|rei|se, die: *Reise zur Erforschung wissenschaftlich unerschlossener Gebiete.*
For|schungs|rei|sen|de ⟨vgl. Reisende⟩: *weibliche Person, die eine Forschungsreise unternimmt.*
For|schungs|rei|sen|der ⟨vgl. Reisender⟩: *jmd., der eine Forschungsreise unternimmt.*

Forschungsrichtung–fortfahren

For|schungs|rich|tung, die: *von einer Gruppe von Forscher[inne]n (mit bestimmten gemeinsamen wissenschaftlichen Anschauungen) vertretene Richtung innerhalb eines Forschungsbereiches.*

For|schungs|sa|tel|lit, der: *Satellit, der mit ausschließlich wissenschaftlicher Aufgabenstellung ins All geschickt wird.*

For|schungs|schiff, das: *Schiff mit Einrichtungen zur Erforschung des Meerwassers, der Lebewesen des Meeres o. Ä.*

For|schungs|sta|ti|on, die: *Beobachtungsstelle für meteorologische, geologische o. ä. Forschungszwecke.*

For|schungs|stät|te, die: *zu einem bestimmten Forschungszweck eingerichtete Stätte:* eine außeruniversitäre, zentrale, kunsthistorische F.

For|schungs|sti|pen|di|um, das: *Stipendium zum Zwecke der Forschung* (2 a).

For|schungs|tä|tig|keit, die: *Tätigkeit im Bereich der Forschung* (2).

For|schungs|vor|ha|ben, das: *Forschungsplan einer staatlichen Stelle od. eines Instituts.*

For|schungs|zen|t|rum, der: *großes Forschungsinstitut mit verschiedenen, bes. naturwissenschaftlichen Forschungszweigen.*

For|schungs|ziel, das: *bestimmtes Ziel, auf das Forschung ausgerichtet ist.*

For|schungs|zweck, der: *der Forschung dienender, auf Forschung ausgerichteter Beweggrund einer Handlung.*

For|schungs|zweig, der: *Teilgebiet der [naturwissenschaftlichen] Forschung.*

Forst, der; -[e]s, -e[n] [mhd. vorst, ahd. forst, H. u.]: *nach forstwirtschaftlichen Grundsätzen bewirtschafteter u. abgegrenzter Wald.*

Forst|amt, das: **1.** *unterste Dienststelle der Forstverwaltung.* **2.** *Gebäude, in dem ein Forstamt* (1) *untergebracht ist.*

Forst|be|am|ter ⟨vgl. Beamter⟩: *in der Forstverwaltung tätiger Beamter.*

Forst|be|am|tin, die: w. Form zu ↑ Forstbeamter.

Forst|be|hör|de, die: *Behörde, die die staatliche Hoheitsgewalt über Forsten hinsichtlich Aufsicht u. Betreuung ausübt.*

Forst|be|trieb, der: *Waldbesitz, dessen wirtschaftliche Nutzung einer bestimmten Verwaltung unterstellt ist.*

Forst|be|zirk, der: *Bezirk, für den ein Forstamt zuständig ist.*

Förs|ter, der [mhd. forster, forstaere, spätmhd. forstāri]: *jmd., der mit der Hege des Waldes u. der Pflege des Wildes betraut ist (Berufsbez.).*

Förs|te|rei, die; -, -en: **1.** *Dienststelle eines Försters.* **2.** *Gebäude, in dem eine Försterei* (1) *untergebracht ist.*

Förs|te|rin, die; -, -nen: w. Form zu ↑ Förster.

Forst|fre|vel, der: *Übertretung der Bestimmungen, die zum Schutze des Waldes erlassen worden sind; Waldfrevel.*

forst|ge|recht ⟨Adj.⟩: *sich im Forstwesen auskennend; von Kenntnissen im Forstwesen zeugend.*

Forst|haus, das: *Haus u. Dienststelle eines Försters, einer Försterin.*

Forst|leu|te ⟨Pl.⟩: **1.** Pl. von ↑ Forstmann. **2.** *Gesamtheit der Försterinnen u. Förster.*

forst|lich ⟨Adj.⟩: *den Forst, die Forstwirtschaft betreffend, zu ihm gehörend:* f. genutzte Flächen.

Forst|mann, der ⟨Pl. ...männer u. ...leute⟩: Förster.

Forst|meis|ter, der: *Forstbeamter im höheren Dienst mit abgeschlossenem Studium als Leiter eines Forstamtes.*

Forst|meis|te|rin, die: w. Form zu ↑ Forstmeister.

Forst|recht, das: *Gesamtheit der Gesetze u. rechtlichen Vorschriften, die den Wald u. die Forstwirtschaft betreffen.*

Forst|re|vier, das: *dem Revierförster, der Revierförsterin unterstellter Teilbezirk eines Forstamtes.*

Forst|scha|den, der: *von Menschen, durch Forstschädlinge, Wettereinwirkungen od. sonstige Naturgewalten verursachter Schaden im Wald.*

Forst|schäd|ling, der: *pflanzlicher od. tierischer Schädling des Waldes.*

Forst|ver|wal|tung, die: *Verwaltung zur Erhaltung u. Pflege des Waldes u. zur wirtschaftlichen Vermarktung des Holzes.*

Forst|we|sen, das ⟨o. Pl.⟩: *Gesamtheit der Erkenntnisse, Erfahrungen, Maßnahmen u. Verwaltungstätigkeiten auf dem Gebiet der Forstwirtschaft u. Forstwissenschaft.*

Forst|wirt, der: **1. a)** *Forstbeamter im höheren Dienst mit abgeschlossenem Studium der Forstwissenschaft;* **b)** *Waldfacharbeiter.* **2.** *Waldeigentümer, der seinen Waldbesitz nach ökonomischen Grundsätzen bewirtschaftet od. bewirtschaften lässt.*

Forst|wir|tin, die: w. Form zu ↑ Forstwirt.

Forst|wirt|schaft, die: *Zweig der Landwirtschaft, der sich mit der wirtschaftlichen Nutzung, der Pflege u. dem Anbau des Waldes beschäftigt.*

forst|wirt|schaft|lich ⟨Adj.⟩: *die Forstwirtschaft betreffend:* -e Fachbegriffe.

Forst|wis|sen|schaft, die: *Wissenschaft von den biologischen Gesetzmäßigkeiten im Wachstum von Bäumen u. Wäldern, der Nutzung von Holz, vom Forstrecht o. Ä.*

Forst|zei|chen, das: *in den Stamm von Bäumen, die zum Fällen vorgesehen sind, eingeschlagenes Zeichen.*

For|sy|thie [fɔrˈzyːtsi̯ə, auch: ...ti̯ə, österr., schweiz.: fɔrˈziːtsi̯a], die; -, -n [nach dem engl. Botaniker W. Forsyth (1737–1804)]: *im zeitigen Frühjahr blühender Strauch mit vor den Blättern erscheinenden leuchtend gelben Blüten.*

fort ⟨Adv.⟩ [mhd. vort, asächs. forth = vorwärts, weiter, fortan, verw. mit ↑ ¹vor]: **1.** *nicht mehr länger an einem Ort [anwesend]; weg:* f. mit ihm, damit!; [schnell] f.!; die Kinder sind schon f. (ugs.; weggegangen); das Buch ist f. (ugs.; *nicht zu finden*); wann seid ihr nun zu Hause f. (ugs.; *aufgebrochen*)? **2.** *ohne Unterbrechung, unausgesetzt ablaufend, sich in die weitere Zeit erstreckend; weiter:* nur immer so f.!; * **und so f.** (*und Ähnliches, in derselben Art [zu ergänzen]; und so weiter;* Abk.: usf.); **in einem f.** (*ununterbrochen, fortgesetzt, fortwährend, ständig*).

Fort [foːɐ̯], das; -s, -s [frz. fort, zu: fort = fest, stark < lat. fortis]: *einzelne Befestigungsanlage zur Verteidigung strategisch wichtiger Geländepunkte, die oft Teil eines ausgedehnten Systems von Befestigungen ist.*

fort|an ⟨Adv.⟩ (geh.): *[mit logischer Konsequenz] von einem bestimmten markanten Zeitpunkt an:* er zog aufs Land und lebte f. als Bauer.

fort|be|ge|ben, sich ⟨st. V.; hat⟩ (geh.): *[gemessenen Schrittes] weggehen; sich entfernen:* ich begab mich [aus der Stadt] fort.

Fort|be|stand, der ⟨o. Pl.⟩: *das Fortbestehen.*

fort|be|ste|hen ⟨unr. V.; hat; südd., österr., schweiz. auch: ist⟩: *[trotz veränderter Voraussetzungen] nach wie vor bestehen:* die alten Verhältnisse bestanden fort.

fort|be|we|gen ⟨sw. V.; hat⟩: **a)** *von der Stelle bewegen:* er versuchte, den schweren Stein fortzubewegen; **b)** ⟨f. + sich⟩ *sich in bestimmter Richtung [in gemäßigtem Tempo] vorwärtsbewegen:* der Kranke kann sich nur an Krücken f.

Fort|be|we|gung, die: **a)** *das Fortbewegen; das Fortbewegtwerden;* **b)** *das Sichfortbewegen.*

Fort|be|we|gungs|mit|tel, das: *etw., das der Fortbewegung dient:* Rodelschlitten, Kinderwagen und Roller sind besondere F.

Fort|be|we|gungs|or|gan, das: *der Fortbewegung dienendes Organ* (1).

fort|bil|den ⟨sw. V.; hat⟩: *die Fähigkeiten einer Person, jmds. od. die eigene Bildung weiterentwickeln, vervollkommnen:* Mitarbeiter in speziellen Kursen f.

Fort|bild|ner, der: *jmd., der Fortbildungen, bes. für Lehrerinnen u. Lehrer, durchführt.*

Fort|bild|ne|rin, die: w. Form zu ↑ Fortbildner.

Fort|bil|dung, die: **a)** *das Fortbilden; das Fortgebildetwerden; das Sichfortbilden;* **b)** *Fortbildungskurs:* sie hat schon an vielen -en teilgenommen.

Fort|bil|dungs|kurs, (seltener:) **Fort|bil|dungs|kur|sus,** der: *der beruflichen Fortbildung dienender Kurs:* an einem F. teilnehmen.

fort|bla|sen ⟨st. V.; hat⟩: *durch Blasen entfernen; wegblasen:* Krümel, Staub [vom Tisch] f.; ihre Skrupel waren wie fortgeblasen (*waren plötzlich nicht mehr vorhanden*).

fort|blei|ben ⟨st. V.; ist⟩: *[über einen bestimmten Zeitraum] nicht [wieder]kommen; wegbleiben.*

fort|brau|sen ⟨sw. V.; ist⟩ (ugs.): *(von Kraftfahrzeugen) mit Lärm u. großer Geschwindigkeit davonfahren.*

fort|brin|gen ⟨unr. V.; hat⟩: **1.** *aus einem bestimmten Grund, zu einem bestimmten Zweck an einen anderen Ort bringen, wegbringen:* einen Verunglückten [mit dem Unfallwagen] f. (*ins Krankenhaus bringen*); ein Paket f. (*zur Post bringen*). **2.** *von der Stelle wegbewegen u. vorwärtsbringen:* die Frau konnte den schweren Karren kaum f.

Fort|dau|er, die: *das Fortdauern.*

fort|dau|ern ⟨sw. V.; hat⟩: *weiterhin dauern, nicht aufhören zu sein od. zu geschehen:* das schlechte Wetter dauert fort; ein fortdauernder Widerstand.

fort|den|ken ⟨unr. V.; hat⟩: *wegdenken.*

fort|drän|gen ⟨sw. V.; hat⟩: *wegdrängen.*

fort|dür|fen ⟨unr. V.; hat⟩ (ugs.): *wegdürfen.*

for|te ⟨Adv.; Komp.: più forte, Sup.: fortissimo⟩ [ital. forte < lat. fortis]: **1.** (Musik) *laut, stark, kräftig* (Abk.: f): eine Stelle f. spielen. **2.** (Pharm.) *stark [wirkend].*

For|te, das; -s, -s u. ...ti (Musik): *große Lautstärke, Klangfülle:* das Klavier hat an dieser Stelle ein F.

fort|ei|len ⟨sw. V.; ist⟩ (geh.): *sich schnell, eilends entfernen.*

fort|ent|wi|ckeln ⟨sw. V.; hat⟩: **a)** *durch Entwicklung auf eine neue Stufe stellen; weiterentwickeln:* bestimmte Ansätze, ein Modell, eine Serie f.; **b)** ⟨f. + sich⟩ *durch Entwicklung eine neue Stufe erreichen; sich weiterentwickeln:* diese Gruppen haben sich zu Parteien fortentwickelt.

Fort|ent|wick|lung, die: **a)** *das Fortentwickeln; das Fortentwickeltwerden;* **b)** *das Sichfortentwickeln.*

for|te|pi|a|no ⟨Adv.⟩ [aus ↑ forte u. ↑ piano] (Musik): *laut u. sofort danach leise* (Abk.: fp): der Taktanfang ist f. zu spielen.

For|te|pi|a|no, das; -s, -s: **1.** (Musik) *laute u. sofort danach leise Tonstärke.* **2.** (veraltet) *Klavier, Pianoforte.*

fort|er|ben, sich ⟨sw. V.; hat⟩: *von einem zum andern weitervererbt werden:* Ü ◆ Es erben sich Gesetz' und Rechte wie eine ew'ge Krankheit fort (Goethe, Faust I, 1972 f.).

For|tes: Pl. von ↑ Fortis.

fort|fah|ren ⟨st. V.⟩: **1. a)** ⟨ist⟩ *mit einem Fahrzeug einen Ort verlassen; abreisen, wegfahren:* sie ist um 10 Uhr fortgefahren; wir fahren heute [mit dem Auto] fort (*machen einen Ausflug*); **b)** ⟨hat⟩ *mit einem Fahrzeug wegbringen; abtransportieren, wegfahren:* er hat den Müll fortgefahren. **2.** ⟨hat/ist⟩ *ein Tun [nach einer Unterbrechung] fortsetzen:* in seiner Rede f.; »Und dann«, fuhr ich unbeirrbar fort, »vergisst du ganz, dass ...« (Fallada, Herr 15).

Fort|fall, der ⟨o. Pl.⟩: *das Fortfallen, Wegfall:* der F. aller radikalen Parteien.
fort|fal|len ⟨st. V.; ist⟩: *bei der Ausführung von etw. ausgelassen werden, nicht in Erscheinung treten od. wirksam werden; wegfallen.*
fort|flat|tern ⟨sw. V.; ist⟩: **1.** *sich flatternd entfernen; wegflattern:* der Schmetterling flatterte fort. **2.** *in flatternder Bewegung vom Wind fortgetragen werden; wegflattern:* der Zettel ist fortgeflattert.
fort|flie|gen ⟨st. V.; ist⟩: *sich fliegend entfernen; davon-, wegfliegen:* die Schwalben sind fortgeflogen.
fort|füh|ren ⟨sw. V.; hat⟩: **1.** *fortsetzen [was von jmd. anderem begonnen wurde]:* der Sohn führte das Geschäft des Vaters fort. **2.** *von einem Ort wegbringen, wegführen:* einen Gefangenen f.
Fort|füh|rung, die ⟨Pl. selten⟩: *das Fortführen; das Fortgeführtwerden.*
Fort|gang, der ⟨o. Pl.⟩: **1.** *das [endgültige] Weggehen aus einer bestimmten Umgebung:* sein F. aus der Heimat, mit seinem F., nach seinem F. veränderte sich vieles. **2.** *weitere Entwicklung von etw., weiterer Verlauf, das Voranschreiten:* der F. der Verhandlungen.
fort|ge|ben ⟨st. V.; hat⟩: *einem anderen übergeben; weggeben:* etw. zur Reparatur f.
fort|ge|hen ⟨unr. V.; ist⟩: **1.** *sich von einem Ort, von jmdm. entfernen; weggehen:* schnell, heimlich f.; ... sie war ohne Abschied von K. fortgegangen, so als wisse sie, er werde noch lange bleiben und es sei kein Abschied nötig (Kafka, Schloß 171). **2.** *ohne Unterbrechung weiter geschehen, verlaufen; andauern:* wie lange soll das noch f.?; Alles freute sich des Gehänsels..., und es hätte ruhig so noch eine Zeit lang f. können (Broch, Versucher 77).
¹fort|ge|schrit|ten: ↑ fortschreiten.
²fort|ge|schrit|ten ⟨Adj.⟩: **a)** *in einer sozialen, technischen, wissenschaftlichen o. ä. Entwicklung auf einem höheren Niveau stehend:* ein industriell -er Staat; **b)** *ein späteres Entwicklungsstadium, einen späteren Zeitpunkt erreicht habend:* in einem [weit] -en Herzschwäche; ein Mann im -en Alter *(in älterer Mann);* zu -er Tageszeit *(zu später Stunde).*
Fort|ge|schrit|te|ne, die/eine Fortgeschrittene; der/einer Fortgeschrittenen, die Fortgeschrittenen/zwei Fortgeschrittene: *weibliche Person, die auf einem Gebiet schon Fortschritte gemacht hat, keine Anfängerin mehr ist.*
Fort|ge|schrit|te|ner, der Fortgeschrittene/ein Fortgeschrittener; des/eines Fortgeschrittenen, die Fortgeschrittenen/zwei Fortgeschrittene: *jmd., der auf einem Gebiet schon Fortschritte gemacht hat, kein Anfänger mehr ist:* Spanisch für Fortgeschrittene.
fort|ge|setzt ⟨Adj.⟩: *ständig wiederholt, immer wieder sich ereignend, vorkommend:* eine -e Steuerhinterziehung; f. den Unterricht stören.
fort|gie|ßen ⟨st. V.; hat⟩: *weggießen.*
fort|ha|ben ⟨unr. V.; hat⟩ (ugs.): *weghaben* (1): ich will den alten Schrank endlich f.
fort|hin ⟨Adv.⟩ (veraltend): *von einem bestimmten Zeitpunkt, von nun an immer:* f. fragte er sie zuerst nach ihrer Meinung.
fort|ho|len ⟨sw. V.; hat⟩: *wegholen.*
For|ti: Pl. von ↑ Forte.
For|ti|fi|ka|ti|on, die; -, -en [frz. fortification < spätlat. fortificatio = das Starkmachen, zu lat. fortis = stark]: **a)** *Festungswerk, Befestigungswerk:* eine neolithische F.; **b)** ⟨o. Pl.⟩ *Kunst, Befestigungsanlagen zu bauen:* Vauban war ein Meister der F.
For|tis, die; -, ...tes [...te:s] [zu lat. fortis = stark] (Sprachwiss.): *mit großer Intensität gesprochener u. mit gespannten Artikulationsorganen gebildeter Konsonant* (z. B. p, t, k, ß).
For|tis|si|mi: Pl. von ↑ Fortissimo.
for|tis|si|mo (Musik): *sehr laut, sehr stark u. kräftig* (Abk.: ff).
For|tis|si|mo, das; -s, -s u. ...mi (Musik): *sehr große Lautstärke, Klangfülle:* das Orchester spielte im höchsten F.
fort|ja|gen ⟨sw. V.⟩: **1.** ⟨hat⟩ **a)** *jmdn., ein Tier unsanft dazu bringen, einen bestimmten Ort sofort zu verlassen; wegjagen:* die Kinder von der Baustelle f.; die Spatzen vom Kirschbaum f.; **b)** *aus Verärgerung sofort aus der Wohnung werfen, aus dem Dienst entlassen, wegjagen:* der Chef hat seinen Fahrer fortgejagt. **2.** ⟨ist⟩ *sich aus einem bestimmten Grund im Galopp od. in rasender Fahrt von einem Ort entfernen:* auf einem Pferd, Motorrad f.
fort|kom|men ⟨st. V.; ist⟩: **1. a)** *[es schaffen] sich von einem Ort [zu] entfernen; wegkommen:* machen Sie, dass Sie fortkommen!; **b)** *weggebracht, abtransportiert werden, wegkommen:* es wird Zeit, dass die alten Möbel einmal fortkommen; **c)** *abhandenkommen, verloren gehen, wegkommen:* es ist schon wieder [jmdm.] Geld fortgekommen. **2.** *vorwärtskommen, seinen Weg fortsetzen können:* im tiefen Schnee nicht mehr f. **3.** *im Beruf o. Ä. sich durch seine Leistung weiterentwickeln, Erfolg haben, vorankommen:* er kommt im Leben, mit seiner Arbeit nicht fort.
Fort|kom|men, das; -s: **1.** *das Vorwärtskommen auf einem Weg, Fortsetzung des Weges:* Nebel, das Dickicht erschwerte das F. **2. a)** *das Vorwärtskommen in einer Laufbahn:* jmds. F. hinderlich sein; etw. ist für jmds. F. wichtig; **b)** *zum Leben Notwendiges; Lebensunterhalt:* er hat hier sein F.
fort|kön|nen ⟨unr. V.; hat⟩ (ugs.): *wegkönnen* (1, 2).
fort|krie|chen ⟨st. V.; ist⟩: *sich kriechend von einer Stelle wegbewegen.*
fort|krie|gen ⟨sw. V.; hat⟩ (ugs.): *fortbringen* (2).
fort|las|sen ⟨st. V.; hat⟩: **1.** *weggehen lassen:* seine Mutter wollte ihn nicht mehr f. **2.** *bei etw. nicht verwenden, anwenden, erwähnen; aus-, weglassen:* in einem Brief etwas absichtlich, aus Versehen f.
Fort|las|sung, die; -, -en: *das Fortlassen* (2).
fort|lau|fen ⟨st. V.; ist⟩: **1.** *sich laufend, schnell von einem Ort entfernen, weglaufen:* von zu Hause f.; ihre Katze ist ihnen fortgelaufen *(entlaufen);* Ü ihm ist die Frau fortgelaufen *(sie hat ihn verlassen).* **2.** *sich in räumlicher od. zeitlicher Erstreckung fortsetzen:* der Feldweg lief noch ein Stück f.
fort|lau|fend ⟨Adj.⟩: **1.** *kontinuierlich, durchgehend:* eine -e Nummerierung, Erzählung. **2.** *ständig wiederholt:* -e Störungen des Unterrichts.
fort|le|ben ⟨sw. V.; hat⟩: **1.** *über den Tod hinaus in jmdm., in jmds. Gedächtnis gegenwärtig sein, weiterleben:* in seinen Kindern, in seinem Werk f. **2.** (veraltet) *seine Existenz fortsetzen:* mögen sie glücklich f.!
fort|le|gen ⟨sw. V.; hat⟩: *[von sich weg, aus den Händen] an einen anderen Ort legen; weglegen:* die Zeitung, das Messer f.
fort|lo|ben ⟨sw. V.; hat⟩: *wegloben:* jmdn. in eine andere Abteilung f.
fort|lo|cken ⟨sw. V.; hat⟩: *von einem Ort an einen anderen locken, weglocken.*
fort|ma|chen ⟨sw. V.⟩: **1. a)** ⟨f. + sich; hat⟩ (ugs.) *sich [schnell, unauffällig] aus einem bestimmten Grund entfernen:* er machte sich fort und ließ seine Familie im Elend zurück; mach dich fort! *(geh sofort weg von hier!);* **b)** ⟨ist⟩ (landsch.) *von einem Ort an einen anderen ziehen:* wegen seiner neuen Arbeitsstelle ist er nach Stuttgart fortgemacht. **2.** ⟨hat⟩ (ugs.) *in einem bestimmten Tun fortfahren, weitermachen:* er macht immer so fort.
fort|mar|schie|ren ⟨sw. V.; ist⟩: *sich marschierend von einem Ort entfernen, fortbewegen.*
fort|müs|sen ⟨unr. V.; hat⟩ (ugs.): *wegmüssen.*
fort|neh|men ⟨st. V.; hat⟩: **1.** *von einem Ort entfernen, wegnehmen:* welke Blumen f. **2.** *jmd. anderem nicht länger lassen, wegnehmen [u. in seinen Besitz bringen]:* einem Kind ein Spielzeug, einer Katze alle Jungen f.
fort|pa|cken, sich ⟨sw. V.; hat⟩ (salopp): *sich aus einem bestimmten Grund schleunigst entfernen* (meist in Aufforderungen o. Ä.): pack dich fort!
fort|pflan|zen ⟨sw. V.; hat⟩: **1. a)** ⟨f. + sich⟩ *sich vermehren, Nachkommen hervorbringen:* sich durch Zeugung f.; **b)** *durch Zeugung von Nachkommen weiterhin bestehen lassen:* sein Geschlecht f. **2. a)** ⟨f. + sich⟩ *sich (bes. akustisch) verbreiten:* das Echo, das Licht, die Heiterkeit pflanzt sich fort; **b)** (selten) *verbreiten, weiterleiten:* jmds. Namen, eine Lehre f.
Fort|pflan|zung, die: **1.** *das [Sich]fortpflanzen* (1): eine [un]geschlechtliche F. **2.** *das [Sich]fortpflanzen* (2): die F. des Lichtes.
fort|pflan|zungs|fä|hig ⟨Adj.⟩: *fähig, sich fortzupflanzen* (1 a).
Fort|pflan|zungs|fä|hig|keit, die ⟨Pl. selten⟩: *das Fortpflanzungsfähigsein.*
Fort|pflan|zungs|ge|schwin|dig|keit, die: *Geschwindigkeit der Fortpflanzung* (2): die F. des Lichtes.
Fort|pflan|zungs|me|di|zin, die ⟨o. Pl.⟩: *Teilgebiet der Medizin, das sich mit der Erforschung der biologischen Grundlagen der menschlichen Fortpflanzung sowie mit der Entwicklung medizinisch-technischer Verfahren zur Sicherung u. Verbesserung der menschlichen Fortpflanzungsfähigkeit beschäftigt.*
Fort|pflan|zungs|or|gan, das: *Geschlechtsorgan.*
Fort|pflan|zungs|trieb, der: *Geschlechtstrieb.*
fort|pflan|zungs|un|fä|hig ⟨Adj.⟩: *nicht fähig, sich fortzupflanzen* (1 a).
fort|räu|men ⟨sw. V.; hat⟩: *wegräumen.*
fort|rei|sen ⟨sw. V.; ist⟩: *einen Ort verlassen u. an einen anderen reisen.*
fort|rei|ßen ⟨st. V.; hat⟩: *mit einer heftigen Bewegung erfassen u. von einem Ort gewaltsam wegbringen, mit sich nehmen, wegreißen:* die Menge, der Strom riss mich [mit sich] fort; Ü sich von seinen Gefühlen f. *(überwältigen)* lassen.
fort|rei|ten ⟨st. V.; ist⟩: *sich reitend von einem Ort entfernen; wegreiten.*
fort|ren|nen ⟨unr. V.; ist⟩ (ugs.): *schnell weglaufen, wegrennen.*
fort|rol|len ⟨sw. V.⟩: **1.** ⟨hat⟩ *rollend von einer Stelle wegbewegen:* Fässer f. **2.** ⟨ist⟩ *sich rollend entfernen, wegrollen:* der Ball ist fortgerollt.
fort|rü|cken ⟨sw. V.⟩: **1.** ⟨hat⟩ *von einer Stelle an eine andere rücken, wegrücken:* den Schrank f. **2.** ⟨ist⟩ *durch eine rückende Bewegung entfernen, wegrücken:* er rückte vom Fenster fort.
fort|rüh|ren, sich ⟨sw. V.; hat⟩: *sich von einer Stelle wegbewegen* (meist verneint): dass du dich nicht fortrührst!
Fort|satz, der: *von einem Organismus ausgebildete Verlängerung:* Fortsätze von Nervenzellen.
fort|schaf|fen ⟨sw. V.; hat⟩: *[unter Anstrengungen] von einem Ort zu einem bestimmten Zweck wegbringen, wegschaffen:* alte Möbel f.
fort|sche|ren, sich ⟨sw. V.; hat⟩ (ugs.): *sich schleunigst entfernen, wegscheren* (meist in Aufforderungen o. Ä.): schert euch fort!
fort|scheu|chen ⟨sw. V.; hat⟩: *durch drohende*

Zurufe, Gebärden o. Ä. fortjagen, wegscheuchen: [jmdm. die] Fliegen f.; Ü trübe Gedanken f.

fort|schi|cken ⟨sw. V.; hat⟩: **a)** *zum Weggehen auffordern u. nicht länger bei sich lassen; wegschicken:* einen Hausierer, lästige Besucher f.; **b)** *(Briefe, Pakete usw.) befördern lassen, an einen anderen Ort senden; wegschicken.*

fort|schie|ben ⟨st. V.; hat⟩: *wegschieben.*

fort|schlei|chen ⟨st. V.; hat/ist⟩: *davonschleichen* (a, b).

fort|schlep|pen ⟨sw. V.; hat⟩ (ugs.): **1.** *unter Anstrengung [gewaltsam] wegtragen, wegschleppen:* seine Beute f. **2.** ⟨f. + sich⟩ *sich nur unter größter Anstrengung langsam fortbewegen:* der Verletzte schleppte sich nur mühsam [an Krücken] fort; Ü das Gespräch schleppte sich fort *(verlief nur stockend).*

fort|schleu|dern ⟨sw. V.; hat⟩: *von einer Stelle an eine andere schleudern; wegschleudern:* den Ball, [vor Wut] die Schulmappe f.

fort|schmei|ßen ⟨st. V.; hat⟩ (ugs.): *wegschmeißen.*

fort|schrei|ben ⟨st. V.; hat⟩: **1.** *eine Statistik entsprechend den neuen Zu- und Abgängen fortlaufend ergänzen:* den Bevölkerungsstand f. **2.** *einen Grundstückseinheitswert neu feststellen, wenn eine Abweichung im Wert der wirtschaftlichen Einheit seit dem letzten Bescheid feststellbar ist:* einen Einheitswert f. **3.** *als Projekt o. Ä. weiterführen u. in Anpassung an veränderte Gegebenheiten aktualisieren:* einen Plan, ein Modell, eine begonnene Diskussion f.

Fort|schrei|bung, die: *das Fortschreiben; das Fortgeschriebenwerden.*

fort|schrei|ten ⟨st. V.; ist⟩: *sich in derselben Richtung weiterentwickeln:* die Krankheit schreitet fort; die Arbeit schreitet gut, langsam, schnell fort; die Wissenschaft ist heute schon weit fortgeschritten; das Jahr, die Zeit ist schon weit fortgeschritten *(vorgerückt).*

fort|schrei|tend ⟨Adj.⟩: *sich allmählich steigernd, progressiv:* die -e Technisierung des Lebens; aufgrund der -en globalen Erwärmung.

Fort|schritt, der [nach frz. progrès < lat. progressus = das Fortschreiten, ↑ Progress]: *positiv bewertete Weiterentwicklung; Erreichung einer höheren Stufe der Entwicklung:* rasche, erstaunliche, greifbare -e; -e der Medizin, auf dem Gebiet der Technik; etw. ist schon ein F. *(stellt schon eine Verbesserung dar);* -e erzielen; [große] -e machen *(gut vorankommen).*

fort|schritt|lich ⟨Adj.⟩: **a)** *sich für den Fortschritt einsetzend:* -e Lehrkräfte; f. eingestellt sein; **b)** *den Fortschritt repräsentierend, bekundend:* eine -e Idee, Lösung.

Fort|schritt|lich|keit, die; -: *das Fortschrittlichsein; fortschrittliche Haltung, Beschaffenheit.*

fort|schritts|feind|lich ⟨Adj.⟩: *dem Fortschritt gegenüber nicht aufgeschlossen:* eine -e Einstellung.

Fort|schritts|glau|be, der: *[allzu] großes Vertrauen in den ständigen Fortschritt.*

fort|schritts|gläu|big ⟨Adj.⟩: *[in naiver Weise] von einem ständigen Fortschritt überzeugt:* das -e 19. Jahrhundert.

fort|schwem|men ⟨sw. V.; hat⟩: *von einem Ort an einen anderen schwemmen; wegschwemmen:* der Regen schwemmte die Erde fort.

fort|schwim|men ⟨st. V.; ist⟩: **a)** *sich schwimmend entfernen; wegschwimmen;* **b)** *von der Strömung fortgetragen werden:* das Brett schwimmt [auf dem Wasser] fort.

fort|se|geln ⟨sw. V.; ist⟩: **a)** *sich mithilfe eines Segelbootes o. Ä. durch Nutzung des Winddrucks von einem Ort wegbewegen;* **b)** (iron.) *in angemessener Eile, würdevoll u. die Aufmerksamkeit auf sich ziehend einen Ort verlassen.*

fort|se|hen ⟨st. V.; hat⟩: *wegsehen.*

fort|seh|nen, sich ⟨sw. V.; hat⟩: *sich sehnlichst an einen anderen Ort wünschen.*

fort|set|zen ⟨sw. V.; hat⟩: **a)** *etw. Begonnenes wieder aufnehmen u. weiterführen:* eine Reise, Arbeit f.; den Weg zu Fuß f.; **b)** ⟨f. + sich⟩ *sich räumlich od. zeitlich weiter ausdehnen:* der Wald setzt sich bis zur Grenze fort.

Fort|set|zung, die; -, -en: **1.** *das Fortsetzen:* die F. der Verhandlungen. **2.** *etw. Fortgesetztes, Sichfortsetzendes; anschließender Teil:* die südliche F. der Alpen; F. folgt; etw. ist eine F. zu etw.

Fort|set|zungs|ro|man, der: *in Fortsetzungen* (2) *erscheinender Roman.*

fort|sol|len ⟨unr. V.; hat⟩ (ugs.): *weggehen, -fahren müssen.*

fort|spin|nen ⟨st. V.; hat⟩: *etw. Gedankliches weiter ausführen:* ein Thema f.

fort|spü|len ⟨sw. V.; hat⟩: **a)** *im Darüberfließen mit fortnehmen; wegspülen:* der Regen hat die Spuren fortgespült; **b)** *mit Wasser od. einer Flüssigkeit wegbringen, beseitigen, wegspülen.*

fort|steh|len, sich ⟨st. V.; hat⟩: *sich heimlich von einem Ort wegbewegen; sich wegstehlen:* er stahl sich leise [aus dem Zimmer] fort.

fort|sto|ßen ⟨st. V.; hat⟩: *wegstoßen.*

fort|stür|men ⟨sw. V.; ist⟩: *sich schnell in stürmischer Bewegung von einem Ort entfernen.*

fort|stür|zen ⟨sw. V.; ist⟩ (ugs.): *sich kopflos u. schnell von einem bestimmten Ort entfernen:* auf die Nachricht hin stürzte sie fort.

fort|tö|nen ⟨sw. V.; hat⟩ (veraltend): *weiterhin tönen, zu hören sein:* die Musik tönte lange fort.

fort|tra|gen ⟨st. V.; hat⟩: *von einem Ort zu einem andern tragen; wegbringen, wegtragen:* die Gartengeräte f.; Ü sie ließen sich von ihren Träumen f.

fort|trei|ben ⟨st. V.⟩: **1.** ⟨hat⟩ *nicht länger an einem Ort dulden, von dort vertreiben, wegtreiben:* jmdn. aus dem Haus f. **2. a)** ⟨hat⟩ *vorwärtstreiben:* die Strömung trieb sie, das Boot fort; **b)** ⟨ist⟩ *an einen anderen Ort treiben, von der Strömung fortgetragen werden, wegtreiben:* der Ball trieb auf den Wellen fort. **3.** ⟨hat⟩ *weiterhin treiben, tun:* lange kann sie es nicht mehr so f.

¹For|tu|na [lat. Fortuna, personifiziert aus: fortuna = Schicksal, Zufall; Glück, Unglück, zu: fors = blinder Zufall, Schicksal, zu: ferre = bringen, tragen] (röm. Mythol.): Göttin des Glücks, des Schicksals.

²For|tu|na, die; - [↑ ¹Fortuna] (geh.): *Glück* (2): F. war, erwies sich ihr hold (geh.; *sie hatte Glück*); F. lächelt, ist jmdm. hold. (geh.; *jmd. hat Glück*).

For|tune [fɔrˈtyːn], (auch:) **For|tü|ne,** die; - [frz. fortune < lat. fortuna] (bildungsspr.): *Erfolg, Glück, das jmd. bei od. mit etw. hat* (meist verneint): er hatte einfach keine F.

fort|wäh|ren ⟨sw. V.; hat⟩ (geh.): *andauern, weiterbestehen:* die Bedrohung durch den Klimawandel währt fort.

fort|wäh|rend ⟨Adj.⟩: *sich stets wiederholend, immer wieder auftretend, vorkommend; fortgesetzt, andauernd:* das -e Reden störte sie; er hatte f. etwas auszusetzen.

fort|wäl|zen ⟨sw. V.; hat⟩: *von einer Stelle an eine andere wälzen; wegwälzen:* einen Stein f.

fort|we|hen ⟨sw. V.⟩: **1.** ⟨hat⟩ *wehend* (1 a) *entfernen; von einem Ort fortblasen:* der Wind hat die Blätter fortgeweht. **2.** ⟨ist⟩ *vom Wind weggetragen werden; an eine andere Stelle wehen* (1 c): die Blätter sind weggeweht.

fort|wer|fen ⟨st. V.; hat⟩: *wegwerfen.*

fort|wir|ken ⟨sw. V.; hat⟩ (geh.): *nicht an Wirkung verlieren, in einer späteren Zeit noch Wirkung ausüben:* dieser Roman wirkt noch bis heute fort.

fort|wol|len ⟨unr. V.; hat⟩: *nicht länger an einem Ort bleiben, sondern von dort weggehen wollen; wegwollen:* er sah ihr an, dass sie fortwollte.

fort|wün|schen ⟨sw. V.; hat⟩: **a)** ⟨f. + sich⟩ *wünschen von einem unangenehmen Ort fort zu sein:* ich wünschte mich von dort fort; **b)** *wegwünschen* (b): sie haben ihn oft fortgewünscht.

fort|zah|len ⟨sw. V.; hat⟩: *weiterhin zahlen.*

Fort|zah|lung, die: *weiterlaufende Zahlung.*

fort|zau|bern ⟨sw. V.; hat⟩: *durch Zauber entfernen; wegzaubern.*

fort|zer|ren ⟨sw. V.; hat⟩: *wegzerren.*

fort|zie|hen ⟨unr. V.⟩: **1.** ⟨hat⟩ *von einer Stelle wegziehen, ziehend entfernen:* jmdn. vom Schaufenster f.; seine Hand f.; Ü es gibt nichts, was mich fortzieht. **2.** ⟨ist⟩ *an einen anderen Ort [um]ziehen, wegziehen:* ich will von hier f.; Wohnungen, Häuser, Siedlungen in dieser Gegend stehen leer, die Menschen sind fortgezogen aus dieser Region (Jirgl, Stille 422).

Fo|rum, das; -s, Foren u. Fora [lat. forum, wohl eigtl. = mit einem Bretterzaun umgebener Platz, zu: forus = (mit Planken) abgeteilte Fläche]: **1.** ⟨Pl. Foren⟩ **a)** *geeigneter Personenkreis, der eine sachverständige Erörterung von Problemen od. Fragen garantiert:* ein internationales F.; vor einem F. sprechen; **b)** *Plattform, geeigneter Ort für etw.:* eine Zeitschrift als F. für bestimmte Fragen. **2.** ⟨Pl. Foren⟩ *öffentliche Diskussion, Aussprache:* ein literarisches F.; ein F. über Politik; ein F. zu Umweltfragen veranstalten; * **Neues Forum** (Bürgerbewegung in der DDR). **3.** ⟨Pl. Foren u. Fora⟩ *Platz in altrömischen Städten als Ort der Rechtspflege, der Volksversammlung o. Ä.*

Fo|rums|dis|kus|si|on, die, **Fo|rums|ge|spräch,** das: *Forum* (2).

For|ward [ˈfɔːwəd], der; -s, -s [engl. forward, eigtl. = vorwärts, vorn] (Fußball, Eishockey, bes. schweiz.): *Stürmer.*

for|zan|do ⟨Adv.⟩ [ital. zu: forzare = anstrengen; (voran)treiben, zu lat. fortia = Kraft, subst. Neutr. Pl. von: fortis = stark, kräftig]: *sforzato.*

for|za|to: ↑ *forzando.*

Fos|bu|ry|flop, Fos|bu|ry-Flop [ˈfɔsbərɪflɔp], der; -s, -s [nach dem amerik. Leichtathleten R. Fosbury (geb. 1947); zu engl. flop = das Hinplumpsen]: **a)** ⟨o. Pl.⟩ *Technik im Hochsprung, bei der der Springer bzw. die Springerin sich nach dem Absprung so dreht, dass er bzw. sie in Rückenlage mit Kopf u. Schultern zuerst die Latte überquert;* **b)** *einzelner Sprung in dieser Technik.*

fos|sil ⟨Adj.⟩ [lat. fossilis = ausgegraben, zu: fossum, 2. Part. von: fodere = graben]: **a)** *vorweltlich, urzeitlich, als Versteinerung erhalten:* -e Krebse; **b)** *(auf bestimmte Rohstoffe bezogen) aus erdgeschichtlich weit zurückliegender Zeit stammend:* -e Brennstoffe, Energieträger.

Fos|sil, das; -s, -ien: *als Abdruck, Versteinerung o. Ä. erhaltener Überrest von Tieren od. Pflanzen aus frühen Epochen der Erdgeschichte:* -ien in Bernstein; -ien präparieren; Ü der alte Lehrer ist für die Schüler ein F. (*jmd. mit überlebten Vorstellungen*); das Auto war in F. aus den Zwanzigerjahren.

fö|tal; ↑ *fetal.*

¹Fo|to, das; -s, -s, schweiz. auch: die; -, -s: *Fotografie:* ein gestochen scharfes, verwackeltes, vergilbtes, digitales F.; -s von seiner Familie machen, knipsen, zeigen; sie brachten ihr F. *(ein Foto, das sie darstellt)* als Titelbild; auf dem F. ist sie nicht zu erkennen.

²Fo|to, der; -s, -s (ugs.): Kurzf. von ↑ *Fotoapparat.*

foto-, Foto-, photo-, Photo- [zu griech. phôs (Gen.: phōtós) = Licht]: Best. in Zus. mit der Bed. *Licht-* (z. B. Fotobiologie, fotochrom).

Fo|to|al|bum, das: *Album für Fotografien* (2).

Fo|to|ap|pa|rat, der: *Apparat zum Fotografieren:*

den F. zücken (scherzh.; *zum Fotografieren bereit machen [u. fotografieren]*).

Fo|to|ate|lier, das: *Geschäft, in dem [künstlerische] Fotografien (2) hergestellt werden.*

Fo|to|bio|lo|gie, Photobiologie, die ⟨o. Pl.⟩: *Teilgebiet der Biologie, das sich mit der Wirkung des Lichtes auf Organismen befasst.*

Fo|to|che|mie, Photochemie [auch: ˈfoː...], die ⟨o. Pl.⟩: *Teilgebiet der Chemie, das die durch Licht ausgelösten Reaktionen untersucht.*

fo|to|chrom, photochrom ⟨Adj.⟩ [zu griech. chrõma, ↑Chrom] (Physik, Optik): *fototrop* (1).

Fo|to|ef|fekt, Photoeffekt, der (Elektrot.): *Austritt von Elektronen aus bestimmten Stoffen durch deren Bestrahlung mit Licht.*

fo|to|elek|t|risch, photoelektrisch ⟨Adj.⟩ (Elektrot.): *die Fotoelektrizität betreffend.*

Fo|to|elek|t|ri|zi|tät, Photoelektrizität [auch: ˈfoː...], die (o. Pl.) (Elektrot.): *Gesamtheit der durch Einwirkung von Licht in Materie hervorgerufenen elektrischen Erscheinungen.*

Fo|to|ele|ment, Photoelement, das (Elektrot.): *elektrisches Element (Halbleiter), das die Energie des Lichtes in elektrische Energie umwandelt.*

Fo|to|fi|nish, das (Sport): *Finish, dessen Sieger(in) nur durch Zielfotografie ermittelt werden kann.*

fo|to|gen, photogen ⟨Adj.⟩ [nach engl. photogenic, zu: photo(graph) = Foto(grafie) u. griech. -genés, ↑-gen]: *sich gut fotografieren lassend, zum Fotografieren od. Filmen besonders geeignet:* sie ist sehr f.

Fo|to|ge|ni|tät, Photogenität, die; -: *das Fotogensein.*

Fo|to|graf, Photograph, der; -en, -en [zu: griech. gráphein = schreiben, aufzeichnen]: *jmd., der Fotografien (2) herstellt* (Berufsbez.).

Fo|to|gra|fie, Photographie, die; -, -n [vermischt aus engl. photogenic = durch Lichteinwirkung entstanden u. frz. héliographie = Lichtpause]: **1.** ⟨o. Pl.⟩ **a)** *[Verfahren zur] Herstellung dauerhafter, durch elektromagnetische Strahlen od. Licht erzeugter Bilder:* angewandte, experimentelle F.; **b)** *Art des Fotografierens beim Film:* die F. dieses Films ist hervorragend. **2.** *einzelnes Lichtbild, Foto:* eine alte F.; eine F. von jmdm. machen; jmdn. auf einer F. erkennen.

fo|to|gra|fie|ren ⟨sw. V.; hat⟩: **1. a)** *durch Einstellen des Fotoapparates u. Auslösen seines Verschlusses einen Film belichten [u. dadurch Abbildungen von jmdm. od. etw. machen], fotografische Aufnahmen machen:* mit Teleobjektiv f.; sie fotografiert gerne, gut, nur noch digital; er hat den ganzen Abend fotografiert; es ist verboten, in der Ausstellung zu f.!; **b)** *durch Fotografieren (1 a) aufnehmen [u. abbilden]:* seine Familie f.; **c)** (seltener) *durch Fotografieren (1 a) herstellen:* diese Aufnahme habe nicht ich fotografiert; **d)** (f. + sich) *sich in einer bestimmten Weise dazu eignen, fotografiert (1 b) zu werden:* dieses Modell fotografiert sich gut, schlecht. **2.** *bei einem Film mit der Kamera arbeiten; Filmaufnahmen machen:* der Film ist sehr schön fotografiert.

Fo|to|gra|fik, Photographik [auch: ˈfoː...], die: **1.** *Form der künstlerischen Fotografie (1), bei der grafische Effekte im Vordergrund stehen.* **2.** *einzelnes Werk der Fotografik* (1).

Fo|to|gra|fin, Photographin, die; -, -nen: w. Formen zu ↑ Fotograf, ↑ Photograph.

fo|to|gra|fisch, photographisch ⟨Adj.⟩: **a)** *die Fotografie, das Fotografieren betreffend:* eine fotografische Aufnahme; **b)** *mithilfe der Fotografie [erfolgend]:* etw. f. kopieren.

Fo|to|gramm, Photogramm, das; -s, -e [↑-gramm]: *Messbild.*

Fo|to|gram|me|t|rie, Photogrammetrie, die; - [↑-metrie] (Messtechnik): *Verfahren zum Herstellen von Messbildern, Grund- u. Aufrissen aus fotografischen Bildern.*

fo|to|gram|me|t|risch, photogrammetrisch ⟨Adj.⟩ (Messtechnik): *durch Fotogrammetrie gewonnen.*

Fo|to|gra|vü|re, Photogravüre, die; -, -n: **1.** ⟨o. Pl.⟩ *Heliogravüre* (1). **2.** *Heliogravüre* (2).

Fo|to|han|dy, das: *Handy mit integrierter Fotokamera.*

Fo|to|jour|na|list, der: *Journalist, der für eine Zeitung o. Ä. fotografiert.*

Fo|to|jour|na|lis|tin, der: w. Form zu ↑ Fotojournalist.

Fo|to|ko|pie, die: *fotografisch hergestellte Kopie eines Schriftstücks, einer Druckseite od. eines Bildes; Ablichtung:* die beglaubigte F. eines Briefes; eine F. von etw. machen, anfertigen [lassen].

fo|to|ko|pie|ren ⟨sw. V.; hat⟩: *ein Schriftstück o. Ä. fotografisch vervielfältigen; ablichten:* ein Zeugnis f.; fotokopierte Unterlagen.

Fo|to|ko|pie|rer, der, **Fo|to|ko|pier|ge|rät,** das: *Gerät zum Fotokopieren.*

Fo|to|la|bor, das: *Labor, in dem Fotografien (2) o. Ä. entwickelt sowie Abzüge u. Vergrößerungen hergestellt werden.*

Fo|to|ly|se, Photolyse, die [↑ Lyse] (Biol.): *Zersetzung chemischer Verbindungen durch Licht (als Teil der Fotosynthese).*

fo|to|me|cha|nisch, photomechanisch [auch: ˈfoː...] ⟨Adj.⟩ (Druckw.): *mit fotografisch hergestellten Platten [arbeitend]:* ein -es Verfahren.

Fo|to|me|ter, Photometer, das [↑-meter] (Physik): *Gerät, mit dem durch Vergleich zweier Lichtquellen die Lichtstärke gemessen wird; Lichtmesser.*

Fo|to|me|t|rie, Photometrie, die; -, -n [↑-metrie] (Physik): *Verfahren zum Messen der Lichtstärke; Lichtmessung.*

fo|to|me|t|risch, photometrisch ⟨Adj.⟩ (Physik): *die Fotometrie betreffend, zu ihr gehörend.*

Fo|to|mo|dell, das: *fotogene Person, die als Modell für [Mode]fotos u. Kurzfilme tätig ist* (Berufsbez.).

Fo|to|mon|ta|ge, die: **1.** *Zusammensetzung verschiedener Bildausschnitte zu einem neuen Gesamtbild.* **2.** *durch Fotomontage (1) hergestelltes Bild.*

Fo|ton: ↑ Photon.

Fo|to|ob|jek|tiv, das: *Linsenkombination an einem Fotoapparat zur Bilderzeugung.*

Fo|to|pa|pier, das: *Spezialpapier mit lichtempfindlicher Schicht zur Herstellung von Fotografien (2).*

Fo|to|re|a|lis|mus, der: *Stilrichtung in der modernen Malerei, bei der Fotografien (2) als Vorlagen für großformatige Bilder dienen.*

Fo|to|re|por|ta|ge, die: *Reportage, die ein Thema mit Fotos dokumentiert.*

Fo|to|re|por|ter, der: *Reporter, der für eine Zeitung o. Ä. fotografiert* (Berufsbez.).

Fo|to|re|por|te|rin, die: w. Form zu ↑ Fotoreporter.

Fo|to|re|zep|tor, Photorezeptor, der ⟨meist Pl.⟩: *Lichtreize aufnehmende Zelle im menschlichen u. tierischen Auge.*

Fo|to|ro|man, der: *in aneinandergereihten Fotos [mit Sprechblasen od. Untertiteln versehene] erzählte Bildergeschichte mit meist trivialem Inhalt.*

Fo|to|sa|fa|ri, die: *[Gesellschafts]reise bes. nach Afrika, bei der Tiere beobachtet u. fotografiert werden können.*

Fo|to|satz, der (Druckw.): *fotografisch mit entsprechenden Geräten u. Maschinen hergestellter Satz (3); Lichtsatz; Filmsatz:* vom Bleisatz auf den digitalen F. umstellen.

Fo|to|shoo|ting [...ˈʃuːtɪŋ], das [zu engl. shooting = das ↑ Schießen (4)]: *Aufnahme, Anfertigung von Fotos für einen bestimmten Zweck (z. B. für eine Werbekampagne o. Ä.).*

Fo|to|sphä|re, Photosphäre [auch: ˈfoː...], die ⟨o. Pl.⟩ (Astron.): *Schicht der Atmosphäre der Sonne, aus der der größte Teil des Sonnenlichts abgestrahlt wird.*

Fo|to|stre|cke, die: *Zusammenstellung von Fotos zu einem bestimmten Thema (bes. im Internet); Bilderstrecke.*

Fo|to|syn|the|se, Photosynthese, die ⟨o. Pl.⟩ (Biol.): *Aufbau organischer Substanzen aus anorganischen Stoffen in Pflanzen, die Blattgrün haben, unter Mitwirkung von Sonnenlicht.*

Fo|to|ta|sche, die: *Tasche für den Fotoapparat.*

Fo|to|ta|xis, Phototaxis, die; -, ...xen [zu griech. táxis = Ordnung] (Biol.): *durch Licht[reize] ausgelöste, bestimmte Bewegung, Orientierung von Organismen.*

Fo|to|tech|nik, die: *Technik der Fotografie* (1).

Fo|to|ter|min, der: *vereinbartes Treffen einer Person od. von Personen des öffentlichen Interesses mit Fotografen, -reportern, -journalisten.*

Fo|to|the|ra|pie, Phototherapie [auch: ˈfoː...], die (Med.): *Lichtbehandlung.*

fo|to|trop, phototrop ⟨Adj.⟩ [zu griech. tropé = (Hin)wendung]: **1.** (Physik, Optik) *(von Brillengläsern) sich unter Lichteinwirkung verfärbend.* **2.** (Biol.) ↑ fototropisch.

fo|to|tro|pisch, phototropisch ⟨Adj.⟩ (Biol.): *den Fototropismus betreffend, auf ihm beruhend.*

Fo|to|tro|pis|mus, Phototropismus, der (Biol.): *durch einseitigen Einfall von Licht hervorgerufene Veränderung der Wachstumsbewegung (zur Lichtquelle hin od. auch von ihr weg).*

Fo|to|vol|ta|ik, Photovoltaik, die; - [zu ↑ Volt]: *Zweig der Energietechnik, der sich mit der Gewinnung von elektrischer Energie bes. aus Sonnenenergie befasst.*

fo|to|vol|ta|isch, photovoltaisch ⟨Adj.⟩: *die Fotovoltaik betreffend, auf ihr beruhend.*

Fo|to|wett|be|werb, der: *Wettbewerb, bei dem es um die besten Fotos zu einer bestimmten Thematik geht.*

Fo|to|zeit|schrift, die: *Zeitschrift für Fotografie* (1).

Fo|to|zel|le, Photozelle, die (Elektrot.): *Vorrichtung, mit der Licht in Strom umgewandelt wird.*

Fö|tus: ↑ Fetus.

Fot|ze, die; -, -n: **1.** [15. Jh., zu gleichbed. mhd. vut, wahrsch. verw. mit ↑ faul in dessen alter Bed. »stinkend«] (vulg.) **a)** *Vulva;* **b)** *Vagina.* **2.** (vulg., oft als Schimpfwort) **3.** [H. u.] (bayr., österr. derb) **a)** *Mund;* **b)** *Ohrfeige.*

Föt|zel, der; -s, - [wohl zu alemann. Fotz = Zotte, Fetzen, H. u.] (schweiz.): *Lump, Taugenichts, Lumpenhunde! Ihr alle! F.! Bis zum letzten Mann.* F.! (Frisch, Andorra 96).

Fot|zel|schnit|te, die; ⟨meist Pl.⟩ [vgl. Fötzel] (schweiz. Kochk.): *arme Ritter.*

fot|zen ⟨sw. V.; hat⟩ [zu ↑ Fotze (3 b)] (bayr., österr. derb): *ohrfeigen.*

foul [faʊl] ⟨Adj.⟩ [engl. foul, eigtl. = schmutzig; hässlich, verw. mit ↑ faul] (Sport): *regelwidrig, unfair, unsportlich:* der Verteidiger spielte f.

Foul, das; -s, -s [engl. foul] (Sport): *regelwidriges, unfaires, unsportliches Verhalten, Spiel:* ein grobes, klares, verstecktes, unbeabsichtigtes F.; ein F. [an jmdm.] mit einem Elfmeter ahnden.

Foul|elf|me|ter [ˈfaʊl...], der (Fußball): *nach einem Foul im Strafraum verhängter Strafstoß:* durch einen F. ein Tor erzielen.

fou|len [ˈfaʊlən] ⟨sw. V.; hat⟩ [engl. to foul] (Sport): *durch ein Foul behindern, zu Fall bringen o. Ä.:* die Stürmerin wurde hart gefoult.

Foul|spiel [ˈfaʊl...], das ⟨Pl. selten⟩: *Foul.*

Fou|rier [fuˈriːɐ̯], der; -s, -e [↑ Furier]: **1. a)** (österr., schweiz.) *für die Verpflegung und das Rechnungs-*

wesen einer Einheit verantwortlicher Unteroffizier; b) (schweiz.) *dritthöchster Dienstgrad eines Unteroffiziers (zwischen Feldwebel u. Wachtmeister).* **2.** (veraltet) *Furier* (2).

Four-Let|ter-Word [fɔːˈlɛtwəːd], das; -s, -s [engl. four-letter word, eigtl. = Vierbuchstabenwort, nach den vier Buchstaben des engl. to fuck = koitieren]: *vulgäres Wort bes. aus dem Sexualbereich.*

fou|tie|ren [fuˈtiːrən], futieren ⟨sw. V.; hat⟩ [zu frz. foutre = werfen, schmeißen; refl.: sich um nichts kümmern, vulg. = koitieren < lat. futuere] (schweiz.): ⟨f. + sich⟩ *sich (um etw.) nicht kümmern, (über etw.) hinwegsetzen:* kein Staat darf sich einfach um das Völkerrecht f.

Fo|vea, die; -, Foveae [...eɛ] [lat. fovea = Grube] (Anat.): *flache Grube in Knochen, Geweben od. Organen.*

Fox, der; -[es], -e [engl. fox = Fuchs]: **1.** Kurzf. von ↑ Foxterrier. **2.** Kurzf. von ↑ Foxtrott.

Fox|ter|ri|er, der [engl. fox-terrier, aus: fox = Fuchs u. terrier, ↑ Terrier]: *kleiner, temperamentvoller Hund mit weißem, schwarz geflecktem Fell, stehenden Ohren u. gestutztem Schwanz.*

Fox|trott, der; -s, -e u. -s [engl. foxtrot, eigtl. = Fuchsgang]: *Gesellschaftstanz im ⁴/₄-Takt.*

Fo|yer [foaˈjeː], das; -s, -s [frz. foyer, eigtl. = Herd, Brennpunkt, über das Vlat. zu lat. focus = Feuerstätte, Herd]: *Wandelhalle bes. im Theater.*

FPÖ [ɛfpeːˈʔøː], die; -: Freiheitliche Partei Österreichs.

fr. = frei.

Fr = Francium.

Fr. = ²Franken; Frau; Freitag.

Fra ⟨o. Art.⟩ [ital., Abk. von Frate < lat. frater = Bruder] (kath. Kirche): *Anrede italienischer Klosterbrüder.*

Fracht, die; -, -en [aus dem Niederd. < mniederd. vracht = Frachtgeld, Schiffsladung, urspr. = Beförderungspreis, zu ↑ ver… in dessen alter Bed. »weg« u. einem Subst. mit der Bed. »Lohn, Preis«]: **1.** *Ladung; zu beförderne Last; Frachtgut:* die F. ein-, ausladen, löschen, umschlagen; etw. per F. schicken. **2.** *Preis für die Beförderung einer Fracht* (1): die F. beträgt 500 Euro.

Fracht|brief, der: *vorgedrucktes Begleitpapier für die Fracht, das alle Angaben über Empfänger, Gewicht, Verpackung o. Ä. enthält.*

Frach|ten|bahn|hof, der, **Frach|ten|sta|ti|on,** die (österr.): *Güterbahnhof.*

Frach|ter, der; -s, -: *Schiff, das zur Beförderung von Fracht bestimmt ist.*

Fräch|ter, der; -s, - (österr.): *Spediteur, der Transporte selbst mit Lkw durchführt.*

Fracht|flug|zeug, das: *Transportflugzeug.*

Fracht|füh|rer, der: *Unternehmer, Kaufmann, der gewerbsmäßig Fracht befördert.*

Fracht|füh|re|rin, die: w. Form zu ↑ Frachtführer.

Fracht|geld, das: *für eine Fracht zu zahlendes Geld.*

Fracht|gut, das: *[mit Güterzügen] zu befördernde größere Sendung.*

Fracht|kahn, der: *Kahn* (2).

Fracht|kos|ten ⟨Pl.⟩: *Frachtgeld.*

Fracht|raum, der: *für die Beladung zur Verfügung stehender Platz.*

Fracht|schiff, das: *Frachter.*

Fracht|stück, das: *Einzelstück der Fracht.*

Fracht|ver|kehr, der: *Verkehr von Fahrzeugen, die Frachten befördern.*

Frack, der; -[e]s u. Fräcke, seltener: -s [engl. frock = Rock, urspr. = ein langes Mönchsgewand < afrz. froc, H. u.]: *bei festlichen Anlässen od. von Kellnern u. Musikern als Berufskleidung getragene, vorne kurze, hinten mit langen Rockschößen*

versehene, meist schwarze Jacke: Auch ein Lohndiener ist engagiert, in betrestem F. mit schwarz-gelb gestreifter Seidenweste (Kempowski, Zeit 267); * **jmdm. den F. vollhauen** (ugs.; *jmdn. verprügeln).*

Frack|hemd, das: *zum Frack getragenes, weißes [verziertes] Hemd mit steifer Brustpartie.*

Frack|ho|se, die: *zum Frack getragene meist schwarze Hose mit seidenen Tressen an den äußeren Hosennähten.*

Fra|cking [ˈfrækɪŋ], das; -s [engl. Kurzf. für hydraulic fracturing = hydraulisches Zerbrechen] (Geol.): *das Aufspalten von Gestein mit Chemikalien und hohem Wasserdruck zur Gewinnung von Gas od. Erdöl.*

Frack|sau|sen: nur in der Wendung **F. haben, kriegen/bekommen** (ugs.; *Angst haben, bekommen).*

Frack|schoß, der: *an der Taille angesetzter Teil eines Fracks.*

Frack|zwang, der ⟨o. Pl.⟩: *gesellschaftliche Verpflichtung, im Frack zu erscheinen:* bei diesem Empfang besteht F.

Fra|ge, die; -, -n [mhd. vrāge, ahd. frāga, zu einem untergegangenen Verb mit der Bed. »fragen«, urspr. = herumwühlen; suchen]: **1.** *eine Antwort, Auskunft, Erklärung, Entscheidung o. Ä. fordernde Äußerung, mit der sich jmd. an jmdn. wendet:* eine neugierige, dumme, verfängliche, müßige F.; eine rhetorische F. *(als Frage gestellte rhetorische Figur, auf die keine Antwort erwartet wird);* so eine F.! *(das ist doch selbstverständlich!);* -n zur Person und zur Sache; F. *(ugs.; es stellt sich die Frage),* können wir das schaffen?; die F. muss erlaubt sein, ob diese Handlungsweise richtig ist *(man muss daran zweifeln dürfen);* es stellt sich die F. *(man muss sich fragen),* ob das reichen wird; »Was war da los?« – »Gute F. «; jmdm./an jmdn. eine F. stellen; an jmdn. eine F. richten; eine F. beantworten, bejahen, verneinen; hat jemand noch eine F.?; auf eine F. antworten; sich mit einer F. an jmdn. wenden. **2.** *Problem; zu erörterndes Thema, zu klärende Sache, Angelegenheit:* eine schwierige, ungelöste, offene F.; die der letzten -n *(religiöse Themen, bes. das Problem des Todes);* die F. nach dem Sinn des Lebens; das ist eine F. des Geldes *(das hängt vom verfügbaren Geld ab);* das ist eine F. der Ehre *(es geht um die Selbstachtung, die innere Würde);* das ist noch sehr die F., ist die große F. *(ist noch nicht sehr zweifelhaft);* das ist gar keine F. *(ist ganz gewiss);* eine F. aufwerfen, anschneiden, diskutieren, klären; über wissenschaftliche, politische -n sprechen; wir kommen um diese F. nicht herum; * **nur eine F. der Zeit sein** *(mit Gewissheit früher od. später eintreten);* **außer F. sein/stehen** *(ganz gewiss, unbezweifelbar sein);* **jmdn., etw. in F. stellen** (↑ infrage); **wie in F. stellen** (↑ infrage); **in F. kommen** (↑ infrage); **ohne F.** *(zweifellos, ganz gewiss).*

-fra|ge, die; -, -n: **1.** bezeichnet in Bildungen mit Substantiven ein Problem, einen Komplex, der jmdn., etw. betrifft, der sich auf jmdn., etw. bezieht, z. B. Arbeiter-, Umweltfrage. **2.** drückt in Bildungen mit Substantiven aus, dass es um etw. Bestimmtes geht, dass etw. im Vordergrund steht, ein wichtiges Thema darstellt: Disziplin-, Stil-, Überlebensfrage. **3.** drückt in Bildungen mit Substantiven aus, dass alles von etw. abhängt: Geld-, Kostenfrage.

Fra|ge|bo|gen, der: *Vordruck, der eine Reihe zu beantwortender Fragen enthält.*

Fra|ge|bo|gen|ak|ti|on, die: *Aktion* (1), *bei der*

mithilfe von Fragebogen Meinungen zu einem bestimmten Thema, Problem eingeholt werden.

Fra|ge|für|wort, das: *Interrogativpronomen.*

frä|geln ⟨sw. V.; hat⟩ (schweiz. mundartl.): *vorsichtig, listig fragen.*

fra|gen ⟨sw. V.; hat⟩ [mhd. vrāgen, ahd. frāgēn, frāhēn, zu ↑ Frage]: **1. a)** *sich mit einer Äußerung an jmdn. wenden u. dabei eine Antwort, Auskunft, Erklärung o. Ä. erwarten:* [jmdn.] unvermittelt, ärgerlich, beiläufig, geradeheraus, erstaunt etw. f.; »Kommst du bald?«, fragte sie ungeduldig; ich habe ihn gefragt, ob er etwas davon wisse; ich muss erst f., wie das geht; darf ich [dich] etwas f.?; **R** da fragst du mich zu viel (ugs.; *das weiß ich auch nicht);* **b)** *Fragen stellen: gezielt, klug, überlegt, systematisch f.;* frag nicht so dumm!; wie alt sind Sie, wenn ich f. darf?; da fragst du noch? *(das ist doch klar, da müsstest du doch selbst wissen).* **2. a)** *sich erkundigen, Auskunft über jmdn., etw. haben, Genaueres wissen wollen:* nach dem Weg, nach Einzelheiten f.; ich habe ihn nach seinen Eltern gefragt; danach wollte ich schon immer f.; er fragte wegen der Höhe der Miete; ♦ … wenn man am Tore um seinen Charakter gefragt wird (Cl. Brentano, Kasperl 353); **b)** *sich um jmdn., etw. kümmern* (meist verneint): der Vater fragte nicht nach den Kindern; wer fragt nach der einsamen, alten Frau?; ich frage einen Dreck danach! (salopp; *das kümmert mich überhaupt nicht).* **3.** *sich an jmdn. wenden, um etw. zu erbitten; nachfragen, nachsuchen:* [jmdn.] um Rat, um [die] Erlaubnis f.; er hat schon an vielen Stellen nach Arbeit, um Arbeit, wegen Arbeit gefragt. **4.** ⟨f. + sich⟩ *sich etw. überlegen, über etw. nachdenken, auf etw. neugierig, gespannt sein:* das habe ich mich auch schon gefragt; ich frage mich, ob ich das tun kann; ⟨auch unpers.:⟩ wir möchten es gern machen. Es fragt sich nur *(es ist fraglich, nicht sicher),* ob es sich realisieren lässt. ♦ **5.** ⟨auch starkes Verb:⟩ … dann frägt der Vater, ob er ein gerechter Mann ist (Freytag, Ahnen 8); Dann frug er plötzlich freundlich, was die Frauenzimmer mache (Büchner, Lenz 97); »Stehst du hier, Elke?«, frug er (Storm, Schimmelreiter 40).

Fra|gen|ka|ta|log, der: *große Anzahl, Reihe von Fragen zu einem bestimmten Thema, Problem o. Ä.*

Fra|gen|kom|plex, Fra|gen|kreis, der: *Gesamtheit mehrerer ineinandergreifender, thematisch zusammengehörender Fragen u. Probleme.*

Fra|ge|par|ti|kel, die (Sprachwiss.): *in einem Fragesatz stehende, einen Fragesatz einleitende* ¹*Partikel* (2).

Fra|ger, der; -s, -: *jmd., der [immer wieder] fragt; Neugieriger:* einen unbequemen F. loswerden.

Fra|ge|rei, die; -, -en (abwertend): *häufiges, langes, als lästig empfundenes Fragen:* hör auf mit deiner F.!

Fra|ge|rin, die; -, -nen: w. Form zu ↑ Frager.

Fra|ge|satz, der: *Interrogativsatz.*

Fra|ge|stel|ler, der; -s, -: a) *jmd., der [offiziell vor einem Kreis] Fragen stellt od. eine Frage stellt;* b) *Interviewer.*

Fra|ge|stel|le|rin, die; -, -nen: w. Form zu ↑ Fragesteller.

Fra|ge|stel|lung, die: a) *Formulierung einer Frage:* die F. ist unklar; b) *Frage* (2), (wissenschaftliches, philosophisches) *Problem:* neue -en traten auf.

Fra|ge|stun|de, die: *Termin für mündliche Anfragen im Parlament:* die F. des Bundestages.

Fra|ge-und-Ant|wort-Spiel, das: **1.** *Gesellschaftsspiel, bei dem Fragen zu beantworten od. vorgegebene Antworten bestimmten Fragen zuzuordnen sind.* **2.** (bes. in Diskussionen, Interviews

o. Ä.) längere Folge von Fragen u. Antworten [mit geringem Informationsgehalt].

Fra|ge|wort, das ⟨Pl. ...wörter⟩: **1.** *Interrogativpronomen.* **2.** (seltener) *Fragepartikel.*

Fra|ge|zei|chen, das [LÜ von lat. signum interrogationis]: *Satzzeichen, das am Ende einer wörtlich wiedergegebenen Frage geschrieben wird:* ein F. setzen; dastehen, dasitzen wie ein F. *(in schlechter Haltung dastehen, dasitzen);* Ü es bleiben noch einige F. *(Unklarheiten, Ungewissheiten);* sie ist ein wandelndes F. *(fragt unentwegt);* etw. mit einem [dicken, großen] F. versehen *(anzweifeln, nicht [ohne Weiteres] für richtig, glaubwürdig halten).*

fra|gil ⟨Adj.⟩ [lat. fragilis, zu: frangere, ↑ Fraktion] (geh.): *zerbrechlich, zart.*

Fra|gi|li|tät, die; - [lat. fragilitas] (geh.): *Zartheit, Zerbrechlichkeit:* die F. der Welt, des Friedens, menschlicher Beziehungen.

frag|lich ⟨Adj.⟩: **1.** *unsicher, ungewiss, zweifelhaft:* ein äußerst -es Unterfangen; ihre Teilnahme an dem Wettbewerb bleibt f. **2.** *infrage kommend; betreffend:* zur -en Zeit war ich verreist.

frag|los ⟨Adv.⟩: *ohne Frage, zweifellos:* so ist es f. am besten.

Frag|ment, das; -[e]s, -e [lat. fragmentum, zu: frangere, ↑ Fraktion]: **a)** *Bruchstück:* nur Teile der Skulptur sind erhalten geblieben; **b)** *etw. Unvollendetes; nicht fertiggestelltes Kunstwerk:* der Nachwelt nur -e hinterlassen; dieses Drama ist F. geblieben.

frag|men|ta|risch ⟨Adj.⟩: *bruchstückhaft, nicht vollständig [erhalten]; unvollkommen:* ein -er Text, Zustand, Stil; ein f. gebliebenes, erhaltenes, überliefertes Werk.

frag|men|tie|ren ⟨sw. V.; hat⟩ (bildungsspr.): *in Fragmente zerlegen:* fragmentiertes Wissen.

frag|wür|dig ⟨Adj.⟩: **a)** *zu Bedenken, Zweifeln, Misstrauen Anlass gebend:* ein -er Gewinn; das Angebot kam mir sehr f. vor; **b)** (abwertend) *anrüchig, verdächtig, zweifelhaft:* eine -e Vergangenheit; -e Lokale; das ist sehr, äußerst, höchst f.; sich f. benehmen; es ist doch f. (unwahrscheinlich), ob er kommt; f. aussehen; eine f. wirkende Person; eine sehr f. erscheinende Geschichte; eine f. berühmte Persönlichkeit; eine f. erzielte Entscheidung; -es Vergnügen; ihr f. erworbenes Geld; eine sehr f. aussehende Gestalt; f. gewonnenes Gehör; eine f. gewordene Existenz; eine f. wirkende Gegend; eine f. wirkende Lokalität.

Frag|wür|dig|keit, die; -, -en: **a)** ⟨o. Pl.⟩ *das Fragwürdigsein* (a): die F. ihrer Handlungsweise; **b)** *fragwürdige* (a) *Handlung o. Ä.*

frais [frɛːs], **frai|se** [ˈfrɛːzə] ⟨indekl. Adj.⟩ [zu frz. fraise = Erdbeere < vlat. fraga < lat. fragum]: *erdbeerfarben:* ein f. Kostüm.

Frai|se [ˈfrɛːzə], (auch:) Fräse, die; -, -n: [frz. fraise, im 15. u. 16. Jh. getragene Halskrause. **1.** *schmaler Backen- u. Kinnbart von Ohr zu Ohr.*

fraise|far|ben [ˈfrɛːz...] ⟨Adj.⟩: *frais.*

Frak|ti|on, die; -, -en: **1. a)** [frz. fraction = Bruchteil, Teil < lat. fractio = das Brechen; Bruch, zu: fractum, 2. Part. von: frangere = (zer)brechen] *organisatorische Gliederung im Parlament, in der alle Abgeordneten einer Partei od. befreundeter Parteien zusammengeschlossen sind:* die sozialdemokratische F.; die -en des Bundestages; die F. der CDU/CSU; die F. tritt zusammen; eine F. bilden; **b)** *Zusammenschluss einer Sondergruppe innerhalb einer Organisation:* in der Gewerkschaft bildeten sich -en; **c)** (österr.) *[einzeln gelegener] Ortsteil.* **2.** (Chemie) *bei einem Trenn- od. Reinigungsverfahren gewonnenes Produkt; Destillat:* nicht verwertbare -en.

frak|ti|o|nie|ren ⟨sw. V.; hat⟩ (bildungsspr.): *in Gruppen, Fraktionen* (1 b) *aufspalten:* eine Organisation f. **2.** (Chemie) *(Gemische mit verschiedenen Siedepunkten) in Fraktionen* (2) *zerlegen;* *fraktionieren.*

frak|ti|o|niert ⟨Adj.⟩ (Med.): *aufgeteilt, unterteilt; in Abständen erfolgend:* ein Heilmittel f. verabreichen.

Frak|ti|o|nie|rung, die; -, -en: *das Fraktionieren; das Fraktioniertwerden.*

Frak|ti|ons|be|schluss, der: *von der ganzen Fraktion* (1 a) *gefasster Beschluss.*

Frak|ti|ons|chef, der: *Fraktionsvorsitzender.*

Frak|ti|ons|che|fin, die: w. Form zu ↑ Fraktionschef.

Frak|ti|ons|dis|zi|p|lin, die ⟨Pl. selten⟩: *Unterordnung im Interesse der Fraktion* (1 a), *zu der jmd. gehört:* strikte F.; sich der F. unterwerfen.

Frak|ti|ons|füh|rer, der: *Fraktionsvorsitzender.*

Frak|ti|ons|füh|re|rin, die: w. Form zu ↑ Fraktionsführer.

Frak|ti|ons|ge|mein|schaft, die: *Gemeinschaft von Abgeordneten zweier od. mehrerer Parteien zur Bildung einer gemeinsamen Fraktion:* die F. von CDU und CSU im Bundestag.

Frak|ti|ons|kol|le|ge, der: *Mitglied der gleichen Fraktion* (1), *der jmd. selbst angehört.*

Frak|ti|ons|kol|le|gin, die: w. Form zu ↑ Fraktionskollege.

frak|ti|ons|los ⟨Adj.⟩: *keiner Fraktion* (1 a) *[mehr] angehörend:* ein -er Abgeordneter.

Frak|ti|ons|mit|glied, das: *Mitglied einer Fraktion* (1 a).

Frak|ti|ons|sit|zung, die: *Sitzung einer Fraktion* (1 a).

Frak|ti|ons|spre|cher, der: *Sprecher einer Fraktion* (1 a).

Frak|ti|ons|spre|che|rin, die: w. Form zu ↑ Fraktionssprecher.

Frak|ti|ons|stär|ke, die: **a)** *für die Bildung einer Fraktion* (1 a) *erforderliche Anzahl von Mitgliedern:* F. haben; **b)** *durch die Anzahl ihrer Mitglieder bestimmte Größe einer Fraktion.*

Frak|ti|ons|sta|tus, der: *Status* (2 b) *als Fraktion* (1 a): den F. verlieren.

Frak|ti|ons|ver|samm|lung, die: *Versammlung einer Fraktion* (1 a).

Frak|ti|ons|vor|sitz, der: *Vorsitz einer Fraktion* (1 a).

Frak|ti|ons|vor|sit|zen|de ⟨vgl. Vorsitzende⟩: *weibliche Person, die den Vorsitz einer Fraktion* (1 a) *hat.*

Frak|ti|ons|vor|sit|zen|der ⟨vgl. Vorsitzender⟩: *jmd., der den Vorsitz einer Fraktion* (1 a) *hat.*

Frak|ti|ons|vor|stand, der: *Vorstand einer Fraktion* (1 a).

Frak|ti|ons|zwang, der: *Verpflichtung eines bzw. einer Abgeordneten, seine bzw. ihre Stimme nur im Sinne der Fraktionsbeschlüsse abzugeben.*

Frak|tur, die; -, -en [lat. fractura = Bruch]: **1.** (Med.) *Knochenbruch:* eine F. des rechten Oberarms. **2.** ⟨o. Pl.⟩ *(heute nicht mehr gebräuchliche) Druckschrift mit gebrochenen Linien; deutsche Schrift:* *** F. **[mit jmdm.] reden** *([jmdm.] unmissverständlich, deutlich seine Meinung sagen; eigtl. = jmdm. etw. in Fraktur aufschreiben [die wegen ihrer Eckigkeit als derb u. grob empfunden wurde]).*

Frak|tur|schrift, die: *Fraktur* (2).

Frame [freɪm], der u. das; -s, -s [engl. frame = Rahmen, Gestell, zu: to frame = verfertigen, zusammenpassen]: **1.** (Sprachwiss., EDV) *besondere Datenstruktur für die begriffliche Repräsentation von Objekten u. stereotypen Situationen in Modellen künstlicher Intelligenz.* **2.** (Päd.) *(im programmierten Unterricht) einzelner Lernschritt innerhalb eines Programmes.* **3.** (Sport) *einzelnes Spiel* (3) *beim Snooker.*

Franc [frãː], der; -s, -s [frã:] ⟨aber: 100 Franc⟩ [frz. franc, nach der mlat. Aufschrift Francorum rex = König der Franken auf der ersten im Jahre 1360 hergestellten Münze dieser Art]: *Währungseinheit verschiedener Länder, bes. in Frankreich, Belgien, Luxemburg, vor der Einführung des Euro.*

Fran|chise [ˈfrɛntʃaɪs], das; - [engl. franchise = Konzession < frz. franchise = Freiheit (von Abgaben), zu: franc, ↑ frank] (Wirtsch.): *Vertriebsform im Einzelhandel, bei der ein Unternehmen seine Produkte durch Einzelhändler(innen) in Lizenz verkaufen lässt.*

Fran|chise|ge|ber, der (Wirtsch.): *Unternehmer, der seine Produkte im Rahmen von Franchise durch selbstständige Lizenzhändler(innen) verkaufen lässt.*

Fran|chise|ge|be|rin, die: w. Form zu ↑ Franchisegeber.

Fran|chise|neh|mer, der; -s, - (Wirtsch.): *selbstständiger Lizenzhändler, der im Rahmen von Franchise die Produkte eines Unternehmens verkauft.*

Fran|chise|neh|me|rin, die; -, -nen: w. Form zu ↑ Franchisenehmer.

Fran|chi|sing [ˈfrɛntʃaɪzɪŋ], das; -s: *Franchise.*

Fran|ci|um, das; -s [frz. France = Frankreich (dem Heimatland seiner Entdeckerin) < mlat. Francia]: *radioaktives, schnell zerfallendes Alkalimetall (chemisches Element; Zeichen: Fr).*

fran|co: ↑ franko.

Fran|gi|pani [frãʒiˈpani], der; -[s], -[s] [nach dem Namen einer ital. Adelsfamilie]: *(zur Gattung der Plumeria gehörender) in den Tropen u. Subtropen beheimateter Baum mit stark duftenden, sehr dekorativen weißen, rosafarbenen od. gelben Blüten:* hawaiianische Blütenkränze aus F.

frank ⟨Adj.⟩ [frz. franc < mlat. Francus = Franke; fränkisch; frei (die Franken galten als Eroberer u. freie Herren)] (veraltend): *frei, offen, unmittelbar:* eine -e Antwort; gewöhnlich nur noch in der Verbindung **f. und frei** *(offen u. ehrlich):* etw. f. und frei aussprechen, sagen, zugeben).

Fran|ke, der; -n, -n: **1.** *Angehöriger eines westgermanischen Volksstammes.* **2.** *Ew. zu* ¹Franken.

¹**Fran|ken;** -s: *Landschaft in Bayern u. Baden-Württemberg.*

²**Fran|ken,** der; -s, - [↑ Franc]: *Währungseinheit in der Schweiz* (1 Franken = 100 Rappen; Abk.: Fr.)

Fran|ken|stück, das: *Münze im Wert eines* ²*Frankens.*

Fran|ken|wein, der: *Wein aus* ¹*Franken.*

Frank|furt am Main: *Stadt in Hessen.*

¹**Frank|fur|ter,** der; -s, -: *Ew.*

²**Frank|fur|ter** ⟨indekl. Adj.⟩: F. Würstchen; (österr.:) F. Würstl.

³**Frank|fur|ter,** die; -, - od. das; -s, - ⟨meist Pl.⟩: *aus Schweinefleisch hergestellte, leicht geräucherte Brühwurst; Frankfurter Würstchen:* ein Paar F.

Frank|fur|te|rin, die; -, -nen: w. Form zu ↑ ¹Frankfurter.

frank|fur|tisch ⟨Adj.⟩: *Frankfurt, die* ¹*Frankfurter betreffend.*

Frank|furt (Oder): *Stadt in Brandenburg.*

fran|kie|ren ⟨sw. V.; hat⟩ [ital. francare, zu: franco, ↑ franko]: *(eine Postsendung) mit Briefmarken, Freistempel o. Ä. versehen, freimachen:* einen Brief f.

Fran|kier|ma|schi|ne, die: *Maschine zum Freimachen von Postsendungen.*

Fran|kie|rung, die; -, -en: **a)** *das Frankieren, das Frankiertwerden;* **b)** *Porto.*

Frän|kin, die; -, -nen: w. Form zu ↑ Franke.

frän|kisch ⟨Adj.⟩: ¹*Franken, die Franken* (2) *betreffend; aus* ¹*Franken stammend.*

Fränk|ler, der; -s, - (schweiz.): *Frankenstück.*

fran|ko, franco ⟨Adv.⟩ [ital. franco, gek. aus: porto franco = Beförderung frei, zu: franco = frei < mlat. Francus, ↑ frank] (Kaufmannsspr. veraltend): *portofrei (für den Empfänger).*

fran|ko|fon, frankophon ⟨Adj.⟩ [frz. francophone, zu griech. phōnē, ↑ Phon] (bildungsspr.): *Französisch als Muttersprache sprechend; französischsprachig.*

Fran|ko|ka|na|di|er, der: *Französisch sprechender Bewohner Kanadas.*

Fran|ko|ka|na|di|e|rin, die: w. Form zu ↑ Frankokanadier.
fran|ko|ka|na|disch ⟨Adj.⟩: *die Frankokanadier betreffend.*
fran|ko|phil ⟨Adj.⟩ [zu griech. phileĩn = lieben] (bildungsspr.): *Frankreich, seinen Bewohnern u. seiner Kultur besonders aufgeschlossen gegenüberstehend.*
fran|ko|phob ⟨Adj.⟩ [zu griech. phobeĩn = fürchten] (bildungsspr.): *Frankreich, seinen Bewohnern u. seiner Kultur ablehnend gegenüberstehend, gegen alles Französische eingenommen.*
fran|ko|phon: ↑ frankofon.
Frank|reich, -s: Staat in Westeuropa.
Frank|ti|reur [frãti'rø:ɐ̯, auch: fraŋk...], der; -s, -e u. (frz.:) -s [frz. franc-tireur, eigtl. = Freischütze, aus: franc (↑ frank) u. tireur = Schütze] (früher): *Freischärler, hinter der Front kämpfender Zivilist.*
Fräns|chen, das; -s, -: Vkl. zu ↑ Franse.
Fran|se, die; -, -n [mhd. franse < frz. frange, über das Vlat. zu lat. fimbria = Haargekräusel, Tierzotte, Franse]: *herabhängender Faden, der mit vielen anderen gleichartigen Abschluss u. Verzierung eines Gewebes bildet:* ein Tuch mit -n; die -n des Teppichs glatt streichen; Ü die -n (*Haarsträhnen*) hingen ihr ins Gesicht.
fran|sen ⟨sw. V.; hat⟩: *fransig werden, Fransen bilden:* der Stoff, der Ärmel franst [an der Kante].
fran|sig ⟨Adj.⟩: *Fransen aufweisend; ausgefranst.*
Franz|brannt|wein, der ⟨Pl. selten⟩ [zum 1. Bestandteil vgl. Franzmann]: *alkoholisches, erfrischendes u. kräftigendes Einreibmittel.*
Fran|zis|ka|ner, der; -s, - [nach dem hl. Franziskus von Assisi (1181/82–1226)]: *Angehöriger des Franziskanerordens.*
Fran|zis|ka|ne|rin, die; -, -nen: w. Form zu ↑ Franziskaner.
Fran|zis|ka|ner|klos|ter, das: *Kloster der Franziskaner od. der Franziskanerinnen.*
Fran|zis|ka|ner|mönch, der: *Franziskaner.*
Fran|zis|ka|ner|or|den, der: **a)** ⟨o. Pl.⟩ *von Franz von Assisi gegründeter Bettelorden* (Abk.: OFM [für lat. Ordo Fratrum Minorum = Orden der Minderen Brüder]); **b)** *einer von mehreren sich auf Franz von Assisi als Gründer berufenden Ordensgemeinschaften.*
fran|zis|ka|nisch ⟨Adj.⟩: *die Franziskaner od. die Franziskanerinnen betreffend, zu ihnen gehörend.*
Franz|mann, der ⟨Pl. ...männer⟩ [1. Bestandteil älter Franze, mhd. Franze = Franzose, zu mlat. Francia, ↑ Francium] (ugs. veraltend): *Franzose; französischer Soldat.*
Fran|zo|se, der; -n, -n: **1.** Ew. zu ↑ Frankreich. **2.** [H. u.] (ugs.) *verstellbarer Schraubenschlüssel.*
Fran|zo|sen|brot, das (landsch.): *langes, dünnes französisches Weißbrot.*
Fran|zo|sen|krank|heit, die ⟨o. Pl.⟩ [die Krankheit verbreitete sich im 15. Jh. von Frankreich aus über Europa] (veraltet): *Syphilis.*
fran|zö|sie|ren ⟨sw. V.; hat⟩: *der französischen Sprache, den französischen Verhältnissen angleichen; nach französischem Geschmack gestalten.*
Fran|zö|sin, die; -, -nen: w. Form zu ↑ Franzose (1).
fran|zö|sisch ⟨Adj.⟩ [spätmhd. franzo(i)sisch, zu mhd. franzois < afrz. françois, zu: France, ↑ Francium]: **a)** *die Franzosen, Frankreich betreffend:* die -e Staatsangehörigkeit; die -e Küche lieben; der -e Kuss (*Zungenkuss*); ein -es Bett; der -e Verkehr (veraltend; *Syphilis*); -er Verkehr (Sexualkunde; *Oralverkehr; Ausüben von Cunnilingus u. Fellatio*); * **sich f. empfehlen/verabschieden** (ugs.; *heimlich weggehen, ohne sich zu verabschieden;* unhöfliche Haltung, die den Franzosen zugeschoben wurde); **b)** *in der Sprache der Bevölkerung Frankreichs [verfasst]:* die -e Literatur; ein f. sprechender Redner.
Fran|zö|sisch, das; -[s]: **a)** *das Französische:* kein F. verstehen; gut F. sprechen; die F. sprechende (*die französische Sprache verbreitende*) Bevölkerung Afrikas; das Buch ist in F. abgefasst; * **sich auf F. empfehlen/verabschieden** (ugs.; *sich französich empfehlen*); **b)** *französische Sprache als Lehrfach:* sie unterrichtet F.; er hat eine Eins in F.; hast du schon F. (Schülerspr.; *die Hausaufgaben o. Ä. für den Französischunterricht*) gemacht?
fran|zö|sisch-deutsch ⟨Adj.⟩: **1.** *zwischen Frankreich u. Deutschland bestehend, beide Staaten betreffend:* die -en Beziehungen. **2.** *zwischen der französischen u. der deutschen Sprache vermittelnd:* ein -es Wörterbuch; -e Übersetzungen.
Fran|zö|si|sche, das; -n: **a)** ⟨mit best. Art.⟩ *die französische Sprache:* die sprachlichen Feinheiten des -n; **b)** *die Franzosen Kennzeichnendes; französische Eigenart:* sie begeistert sich für alles F.
Fran|zö|sisch|kennt|nis, die ⟨meist Pl.⟩: *Kenntnis der französischen Sprache; Fähigkeit, sich auf Französisch zu verständigen.*
Fran|zö|sisch|leh|rer, der: *Lehrer für den Französischunterricht.*
Fran|zö|sisch|leh|re|rin, die: w. Form zu ↑ Französischlehrer.
fran|zö|sisch|spra|chig ⟨Adj.⟩: **a)** *die französische Sprache sprechend:* die -e Bevölkerung Kanadas; **b)** *in französischer Sprache [verfasst]:* eine -e Zeitschrift.
fran|zö|sisch|sprach|lich ⟨Adj.⟩: *die französische Sprache betreffend:* den Ausbau des -en Unterrichts in Deutschland fördern.
fran|zö|sisch|un|ter|richt, der: *[Schul]unterricht in französischer Sprache u. Literatur.*
fran|zö|si|sie|ren ⟨sw. V.; hat⟩: *französieren.*
frap|pant ⟨Adj.⟩ [frz. frappant, 1. Part. von: frapper, ↑ frappieren] (bildungsspr.): *verblüffend, überraschend, frappierend:* eine -e Ähnlichkeit.
¹Frap|pé [fra'pe:], Frappee, das; -s, -s [zu frz. frappé, ↑ ²Frappé]: **1.** *mit Eis geschlagenem Eis serviertes [alkoholisches] Getränk.* **2.** (österr.) *Mixgetränk aus Milch u. Früchten.* **3.** *gut gekühlt servierte Süßspeise mit Früchten od. Früchtestücken [der Speiseeis od. Sorbet (2) zugesetzt ist].*
²Frap|pé, Frappee, das; -s, -s [frz. frappé, eigtl. = geschlagen, 2. Part. von: frapper, ↑ frappieren] (Ballett): *leichtes, schnelles Anschlagen der Ferse des Spielbeins gegen das Standbein vor u. hinter dem Spann des Fußes.*
Frap|pee: ↑ ¹,²Frappé.
frap|pie|ren ⟨sw. V.; hat⟩ [frz. frapper, eigtl. = schlagen, treffen, wohl aus dem Germ.] (bildungsspr.): **1.** *in Erstaunen versetzen, sehr überraschen:* ihr Kommentar frappierte; ⟨häufig im 1. Part.:⟩ mit frappierender Genauigkeit; der Schluss ist frappierend. **2.** (Fachspr.) (*Sekt, Wein*) *durch drehende Bewegung der Flasche in Eis kühlen.*
Fras|ca|ti, der; -, -: *italienischer Weißwein aus der Umgebung der Stadt Frascati.*
Frä|se, die; -, -n [frz. fraise, eigtl. = Halskrause (nach einem Vergleich mit deren Einschnitten), urspr. = Hülle, identisch mit: fraise = Gekröse (eigtl. = Hülle um die Eingeweide, zu: fraiser = ausweiten, wohl zu einem vlat. Verb für das Bed. »von seiner Umhüllung befreien«, zu lat. fresum, 2. Part. von: frendere = zermalmen, schroten]: **1.** *Fraise.* **2. a)** *Maschine, mit deren Hilfe Werkstücke spanend geformt werden können;* **b)** *Fräser* (1).
frä|sen ⟨sw. V.; hat⟩: **a)** (*Holz, Metall u. Ä.*) *mit einer Fräse bearbeiten:* ein Werkstück f.; **b)** *durch Fräsen* (a) *herstellen:* ein Gewinde f.
Frä|ser, der; -s, -: **1.** *Werkzeug mit rotierenden Messern.* **2.** *eine Fräse (2 a) bedienender Facharbeiter* (Berufsbez.).
Frä|se|rin, die; -, -nen: w. Form zu ↑ Fräser (2).
Fräs|ma|schi|ne, die: *Maschine für [automatisches] Fräsen; Fräse* (2 a).
fraß: ↑ fressen.
Fraß, der; -es, -e ⟨Pl. selten⟩ [mhd. vrāʒ = das Fressen; Schlemmerei]: **1. a)** *Nahrung für [Raub]tiere:* den Löwen werden Fleischbrocken als, zum F. vorgeworfen; * **jmdm. etw. zum F. hinwerfen/vorwerfen** (abwertend: *jmdm. etw., was er für seine Zwecke benutzen soll, opfernd übergeben, preisgeben:* dem Sieger wurde die fruchtbare Provinz zum F. hingeworfen); **b)** (derb abwertend) *schlechtes Essen; Nahrung, die einem widersteht:* ein abscheulicher F. **2.** *Schaden anrichtendes Abfressen durch Insekten, Nagetiere o. Ä.*
frä|ße: ↑ fressen.
Fra|ter, der; -s, Fratres ['fra:tre:s] [lat. frater = Bruder] (kath. Kirche): **a)** *[Kloster]bruder vor der Priesterweihe;* **b)** *Laienbruder eines Mönchsordens.*
Fra|ter|ni|sa|ti|on, die; -, -en [frz. fraternisation] (bildungsspr.): *das Fraternisieren:* F. betreiben.
fra|ter|ni|sie|ren ⟨sw. V.; hat⟩ [frz. fraterniser, zu lat. fraternus = brüderlich] (bildungsspr.): *(bes. von Soldaten mit der Bevölkerung eines besiegten Landes) sich verbrüdern; Freundschaft schließen:* sie fraternisierte mit dem Feind. Dazu: **Fra|ter|ni|sie|rung,** die; -.
Fra|ter|ni|tät, die; - [lat. fraternitas]: **1.** (bildungsspr.) **a)** *Brüderlichkeit;* **b)** *Verbrüderung.* **2.** (kath. Kirche) *[kirchliche] Bruderschaft.*
Fra|ter|ni|té [...ni'te:], die; - [frz. fraternité < lat. fraternitas]: *Brüderlichkeit (eines der drei Losungsworte der Französischen Revolution).*
Fra|t|res: Pl. von ↑ Frater.
Fratz, der; -en, -e, (österr. nur:) -en, -en [frühnhd. fratz(e) = Laffe, geckenhafter Kerl < ital. frasca, ↑ ¹Fratze]: **a)** (fam.) *niedliches Kind; nettes Mädchen:* ein süßer, kleiner F.; **b)** (landsch., bes. südd., österr. abwertend) *ungezogenes Kind, bes. Mädchen:* so ein eitler, ungezogener F.!
Frätz|chen, das; -s, -: **1.** Vkl. zu ↑ Fratz. **2.** Vkl. zu ↑ ¹Fratze (2 a).
¹Frat|ze, die; -, -n [gek. aus: Fratzengesicht = Spaßmachergesicht, zu frühnhd. fratzen (Pl.) = Späße, Unsinn; albernes Gerede, wohl < ital. frasche (Pl.) = Unfug, Unsinn]: **1. a)** *abstoßend hässliches, deformiertes Gesicht:* die scheußliche F. einer Maske; **b)** (ugs.) *absichtlich verzerrtes, künstlich entstelltes Gesicht, Grimasse:* [vor jmdm., vor dem Spiegel] -n, eine F. schneiden (*höhnisch od. zum Spaß das Gesicht verziehen*); er verzog das Gesicht zu einer F. **2.** (salopp, oft abwertend) **a)** *Gesicht:* ich kann seine F. nicht ausstehen, nicht mehr sehen!; **b)** *unangenehmer, widerlicher Mensch:* was will denn diese F. von mir. ◆ **3.** *Albernheit, Unsinn:* ...der wackre Mann, der ... dergleichen -n hasst (Kleist, Krug 1).
◆**²Frat|ze,** der; -n, -n: *dummer, närrischer Mensch:* ...und jetzt macht die F. große Augen, da der andere nun wirklich kommt und ihm das Mädchen wegnimmt (Goethe, Werther I, 30. Julius).
Frat|zen|ge|sicht, das: *¹Fratze* (1 a).
frat|zen|haft ⟨Adj.⟩: *einer ¹Fratze* (1) *gleich; wie eine Fratze aussehend:* ein -es Gesicht.
frau ⟨Indefinitpron.⟩: bes. in feministischem Sprachgebrauch, sonst oft scherzh. für

»↑ ¹man«, bes. wenn [ausschließlich] Frauen gemeint sind.

Frau, die; -, -en [mhd. vrouwe, ahd. frouwe = Herrin, Dame, w. Form zu einem untergegangenen Subst. mit der Bed. »Herr«, vgl. asächs. frōio = Herr u. (mit anderer Bildung) ahd. frō, ↑Fron]: **1.** *erwachsene Person weiblichen Geschlechts:* eine junge, kluge, mütterliche, elegante, emanzipierte, berufstätige, verheiratete, schwangere F.; eine F. aus guter Familie; sie war die F. seiner Träume *(sein weibliches Idealbild);* eine Russin war die erste F. im Weltall; sie war die Chefin und damit die wichtigste F. in der Firma; sie hatte sich als einzige F. der Freiheitsbewegung angeschlossen; eine F. lieben, begehren, heiraten; er hat viele -en *(Freundinnen, Geliebte)* gehabt; für die Gleichberechtigung der F. kämpfen; die Rolle der F. in der Gesellschaft hat sich gewandelt; Sie ist eine Frau, aber kein Untertan, also durchaus eine F. von heute *(eine moderne Frau;* Frisch, Gantenbein 342); R selbst ist die F.! *(das mache ich, machst du, macht sie am besten selbst!);* * **weise F.** (1. veraltet; *Hebamme.* 2. veraltet verhüll.; *Frau, die illegal Abtreibungen vornimmt);* **eine F. von Welt** *(eine Frau, die gewandt im [gesellschaftlichen] Auftreten u. im Umgang mit Menschen ist);* **die F. sein, etw. zu tun** *([als Frau] eine bestimmte Handlungsweise, Fähigkeit erwarten lassen:* sie ist nicht die F., so schnell aufzugeben); **ihre F. stehen** *([als Frau] auf sich selbst gestellt tüchtig sein, sich bewähren:* sie stand ihre F. im Beruf ebenso wie als alleinerziehende Mutter); **von F. zu F.** *(als Frau unter einerander:* wir werden den Fall von F. zu F. klären). **2.** *Ehefrau* (hebt weniger die gesetzmäßige Bindung als die Zusammengehörigkeit mit dem Mann hervor): meine, seine F.; seine zukünftige, geschiedene F.; er fragte sie, ob sie seine F. werden wolle; sie lebten wie Mann und F.; keine passende F. finden; [sich] eine F. suchen; er wird [sich] eine F. nehmen *(er wird heiraten);* er hat eine liebe F.; er hat eine Australierin zur F.; Eines Tages werde ich die F. fürs Leben noch finden (Johnson, Achim 39). **3.** *Hausherrin, Dame:* die F. des Hauses; die F. hat es so angeordnet; die gnädige F. ist nicht zu Hause; * **Unsere Liebe F.** (kath. Rel.; *Maria, die Mutter Christi).* **4.** a) *titelähnliche, auch als Anrede verwendete Bezeichnung für eine erwachsene Person weiblichen Geschlechts:* ich habe F. Meier getroffen; F. Bundeskanzlerin, F. Direktorin, F. Rechtsanwältin, F. Studienrätin; sehr geehrte F. Müller; sehr geehrte gnädige F.; **b)** (geh.) als Zusatz bei Verwandtschaftsbezeichnungen: Ihre F. Mutter; Grüße an die F. Gemahlin! ◆ **5.** (Gen. -en:) ... auch ein Mal, womit seiner -en Hals bezeichnet war, bemerkte er (Kleist, Kohlhaas 110); ⟨Dativ -en:⟩ ... so eilt er mit der bangen -en grad' nach seines Vaters hoher Wohnung (Goethe, Klagegesang).

Fräu|chen, das; -s, -: **1.** *kleine [alte] Frau* (1): ein kleines, verhutzeltes F. **2.** *Herrin des Hundes:* komm zu F.! **3.** (fam. veraltend) *Ehefrau:* ich will meinem F. Arbeit od. Verrichtung, die das bes. geeignet für Frauen angesehen wird; **c)** ⟨o. Pl.⟩ *organisierte Betätigung für die Belange von Frauen:* kirchliche F.

◆ **Fraue,** die; -, -n: bis ins 18. Jh. dichter. altertümelnd für ↑Frau: Vielschöne gnäd'ge F., grüß' ich dich tausendmal (Eichendorff, Taugenichts 4).

Frau|en|abend, der: **1.** *gesellige Zusammenkunft, zu der nur Frauen geladen sind.* **2.** *abendliche Diskussionsveranstaltung für Frauen.*

Frau|en|an|teil, der: *Anteil der Frauen an der Gesamtmenge einer Personengruppe.*

Frau|en|ar|beit, die: **a)** ⟨o. Pl.⟩ *Erwerbstätigkeit von Frauen;* **b)** *Verrichtung, die als bes. geeignet für Frauen angesehen wird;* **c)** ⟨o. Pl.⟩ *organisierte Betätigung für die Belange von Frauen:* kirchliche F.

Frau|en|ar|beits|platz, der: **a)** *Arbeitsplatz, an dem eine Frau arbeitet;* **b)** *für Frauen geeigneter Arbeitsplatz.*

Frau|en|arzt, der: *Gynäkologe.*

Frau|en|ärz|tin, die: w. Form zu ↑Frauenarzt.

Frau|en|be|auf|trag|te ⟨vgl. Beauftragte⟩: *Frau, die (z. B. als Angestellte einer Kommune, eines Betriebes) damit betraut ist, die Rechte von Frauen zu vertreten.*

Frau|en|be|ruf, der: *Beruf, der vorwiegend von Frauen ausgeübt wird:* ein reiner, klassischer, typischer F.

frau|en|be|wegt ⟨Adj.⟩: *von der Frauenbewegung getragen, beeinflusst; der Frauenbewegung angehörend:* eine Publizistin.

Frau|en|be|we|gung, die: *organisierte Form des Kampfes um die Gleichberechtigung der Frauen.*

Frau|en|bild, das: *Bild* (3), *das jmd. von Frauen hat:* das von den Medien transportierte F.; das F. des DDR-Films.

Frau|en|buch, das: *Buch der Frauenliteratur.*

Frau|en|bund, der: ¹*Bund* (1 a) *von Frauen.*

Frau|en|ca|fé, das: *von Frauen für Frauen als Gäste betriebenes Café.*

Frau|en|chor, der: *Chor, der nur aus Frauenstimmen besteht.*

Frau|en|eman|zi|pa|ti|on, die: *Emanzipation der Frauen:* für die F. eintreten.

Frau|en|farn, der: *Farn mit zwei- bis dreifach gefiederten langen, hellgrünen Wedeln, der vor allem an feuchten Waldstellen wächst.*

Frau|en|feind, der: **a)** *Mann, der sich aus Abneigung od. Verachtung von Frauen fernhält;* **b)** *frauenfeindlicher Mann.*

frau|en|feind|lich ⟨Adj.⟩: *den Frauen schadend, sie benachteiligend; die Benachteiligung der Frauen akzeptierend:* -e Äußerungen.

Frau|en|feind|lich|keit, die: **1.** ⟨o. Pl.⟩ *frauenfeindliche Haltung.* **2.** *frauenfeindliche Handlung.*

Frau|en|feld: Hauptstadt des Kantons Thurgau.

Frau|en|fi|gur, die: **1.** *erwachsene weibliche Figur* (5 c). **2.** *eine erwachsene Frau darstellende Figur* (2).

Frau|en|film, der: **1.** *von Frauen gedrehter [im Zusammenhang mit der Frauenbewegung entstandener] Film, Frauen betreffender Film:* der F. als eigenes Genre. **2.** (oft leicht abwertend) *Film, der aufgrund der [romantischen] Gefühle, die er freisetzt, u. der angebotenen Identifikationsmöglichkeiten insbesondere Frauen als Publikum anspricht.*

Frau|en|för|der|plan, der: *Maßnahmenkatalog zur Verbesserung der Gleichstellung der Frauen im Beruf.*

Frau|en|för|de|rung, die: *besondere Förderung* (1 a) *von Frauen im Hinblick auf die Verbesserung ihrer Gleichstellung in Beruf u. Ausbildung.*

Frau|en|for|schung, die ⟨o. Pl.⟩: *Forschung u. Lehre, die ausdrücklich von weiblichen Bedürfnissen, Sichtweisen u. Interessen ausgeht u. sich mit Frauen betreffenden Themen beschäftigt.*

Frau|en|fra|ge, die: *die Emanzipation u. Gleichberechtigung der Frauen umfassender Fragenkomplex.*

frau|en|freund|lich ⟨Adj.⟩: *den Frauen, der Frauenemanzipation gegenüber positiv eingestellt; für Frauen förderlich:* eine -e Haltung, Partei.

Frau|en|fuß|ball, der (Sport): *von Frauenmannschaften gespielter Fußball.*

Frau|en|ge|fäng|nis, das: *Gefängnis für weibliche Gefangene.*

Frau|en|ge|schich|te, die: **1.** ⟨Pl.⟩ (ugs.) *Liebeserlebnisse mit Frauen:* er hatte angeblich viele -n. **2.** *von Frauen od. einer Frau handelnde Geschichte* (2): die Autorin erzählt eine bewegende F.

Frau|en|ge|stalt, die: **a)** *körperliches Erscheinungsbild einer Frau:* eine schöne F.; **b)** *künstlerische, meist dichterische Darstellung [des Charakters] einer Frau:* die -en bei Hebbel.

Frau|en|grup|pe, die: ¹*Gruppe* (2) *von Frauen, die für die Emanzipation arbeiten:* sie schloss sich einer F. an.

Frau|en|hand, die: *Hand einer Frau:* eine zarte, behandschuhte F.; die Polizei fand eine F.; Ü die wenigsten Führungspositionen sind in F. *(durch Frauen besetzt).*

Frau|en|han|del, der ⟨o. Pl.⟩: *Vermittlung, Verkauf von Frauen (z. B. zur Prostitution) in ein anderes Land.*

Frau|en|haus, das: **1.** *(von Frauen, einer Frauengruppe geleitete) Institution, in der Frauen, die von ihren Männern misshandelt werden, [mit ihren Kindern] aufgenommen werden, Schutz u. Hilfe finden.* **2.** (Völkerkunde) *Gemeinschaftshaus, in dem bei manchen Völkern die heiratsfähigen Mädchen meist unter Aufsicht der älteren Frauen wohnen.* ◆ **3.** *Bordell:* ... ein Rudel fahrender Fräulein, die aus dem -e »Zum Esel« von Würzburg herkamen (Heine, Rabbi 466).

Frau|en|heil|kun|de, die: *Gynäkologie.*

Frau|en|held, der: *[junger] Mann, der viele Liebschaften, viel Erfolg bei Frauen hat.*

Frau|en|herz, das: *Herz* (2), *Gefühle einer Frau:* -en schlugen höher, wenn er den Raum betrat *(er wirkte sehr attraktiv auf Frauen).*

Frau|en|kleid, das: **1.** *Kleid einer Frau.* **2.** ⟨Pl.⟩ *üblicherweise von Frauen getragene Kleidung:* er trug -er, um nicht erkannt zu werden.

Frau|en|kli|nik, die: *auf Frauenkrankheiten u. Geburtshilfe spezialisierte Klinik* (1).

Frau|en|kör|per, der: *Körper einer Frau.*

Frau|en|krank|heit, die ⟨meist Pl.⟩: *geschlechtsspezifische Krankheit der Frau.*

Frau|en|la|ger, das ⟨Pl. ...lager⟩: *Konzentrations-, Internierungslager für Frauen.*

Frau|en|le|ben, das: **a)** *Leben* (2 a) *einer Frau;* **b)** *für Frauen in einer bestimmten Zeit, einer bestimmten Umgebung typisches Leben* (2 b).

Frau|en|lei|den, das: *geschlechtsspezifisches Leiden* (1) *der Frau.*

Frau|en|lieb|ling, der: *Mann, der der Liebling der Frauen ist:* der Poet ist ein F.

Frau|en|li|te|ra|tur, die ⟨Pl. selten⟩: *von Frauen verfasste [im Zusammenhang mit der Frauenbewegung entstandene] Literatur, Frauen betreffende Literatur.*

frau|en|los ⟨Adj.⟩: *keine Frau od. Frauen aufweisend:* ein -er Haushalt.

Frau|en|mann|schaft, die (Sport): *von Frauen gebildete Mannschaft.*

Frau|en|man|tel, der: *Pflanze mit großen, runden, am Rande ausgebogten u. gesägten Blättern, behaarten Stängeln u. gelbgrünen unscheinbaren Blüten.*

Frau|en|mi|nis|ter, der: *Minister, der ein Frauenministerium leitet.*

Frau|en|mi|nis|te|rin, die: *Ministerin, die ein Frauenministerium leitet.*

Frau|en|mi|nis|te|ri|um, das: *für Frauenfragen zuständiges Ministerium.*

Frau|en|mör|der, der: *Mann, der Frauen ermordet [hat].*

Frau|en|mör|de|rin, die: *Frau, die Frauen ermordet [hat].*

Frau|en|netz|werk, das: *von Frauen organisiertes, von Frauen nutzbares, für Frauen nützliches Netzwerk* (4).

Frau|en|or|den, der (kath. Rel.): *weibliche Ordensgemeinschaft.*

Frau|en|or|ga|ni|sa|ti|on, die: vgl. Frauennetzwerk.
Frau|en|po|li|tik, die: a) *von Frauen bestimmte Politik;* b) *auf die Wahrung der Interessen von Frauen gerichtete Politik.*
frau|en|po|li|tisch ⟨Adj.⟩: *auf die Frauenpolitik (b) bezogen.*
Frau|en|po|w|er [...pauɐ], die (Jargon): *Kraft, Stärke, Macht der Frauen.*
Frau|en|quo|te, die: *Anteil der Frauen (z. B. in Betrieben, Verwaltungen, Führungspositionen).*
Frau|en|raub, der (Völkerkunde): *gewaltsame Entführung einer jungen Frau gegen od. mit deren Willen zur Eheschließung.*
Frau|en|recht, das ⟨meist Pl.⟩: a) *Menschenrecht in Bezug auf die besondere gesellschaftliche Situation der Frauen;* b) *auf Frauen bezogenes Recht* (1 a).
Frau|en|recht|le|rin, die; -, -nen: *Kämpferin für die Gleichberechtigung der Frau.*
Frau|en|rol|le, die: **1.** *gesellschaftliche Rolle der Frau.* **2.** *Rolle einer Frau beim Theater.*
Frau|en|sa|che, die: *Sache, Angelegenheit, die Frauen betrifft:* Schönheitsoperationen sind längst nicht mehr reine F.
Frau|en|schuh, der: **1.** *Damenschuh.* **2.** *einheimische, ein bis vier Blüten tragende Orchidee mit fünf langen, braunroten Blütenblättern u. gelber Lippe.*
Frau|en|schwarm, der (emotional): *[männliche] Person, die von vielen Frauen schwärmerisch verehrt wird:* der Hollywoodstar pflegt sein Image als F.
frau|en|spe|zi|fisch ⟨Adj.⟩: *für Frauen kennzeichnend, speziell Frauen betreffend:* -e Themen, Bedürfnisse.
Frau|en|sport, der: a) *von Frauen [u. Mädchen] ausgeübter Sport:* F. war in vielen Ländern lange Zeit ein Tabu; b) *von Frauen [u. Mädchen] ausgeübte Sportart:* als F. wird Fußball immer beliebter.
Frau|en|sta|ti|on, die: *ausschließlich mit Patientinnen zu belegende Station in einem Krankenhaus.*
Frau|en|stift, das (früher): *Stiftung, in der alleinstehende [adlige] Frauen leben.*
Frau|en|stim|me, die: *weibliche Sprech- od. Singstimme.*
Frau|en|tag, der: **1.** in der Fügung **Internationaler F.** *(internationaler Aktionstag, an dem die Forderung nach der Gleichberechtigung der Frauen ins Bewusstsein gehoben werden soll).* ◆ **2.** (landsch.) *Marienfest:* ...als am F. die Leute...zur Kirche gingen (Rosegger, Waldbauernbub 14).
Frau|en|ten|nis, das: *von Frauen betriebenes Tennis.*
Frau|en|the|ma, das: *bes. für Frauen wichtiges, interessantes Thema* (1): die klassischen Frauenthemen behandeln.
Frau|en|treff, der: **1.** *Frauentreffen.* **2.** *Örtlichkeit, Einrichtung, wo Frauen sich treffen können.*
Frau|en|tref|fen, das: *Zusammenkunft, Treffen für Frauen.*
Frau|en|tur|nen, das: *Turnen mit für den weiblichen Körper besonders geeigneten Übungen (auch als sportliche Disziplin für Wettbewerbe u. Meisterschaften).*
Frau|en|typ, der: **1.** *weiblicher Typ* (1 a). **2.** *Mann, von den Frauen bes. angezogen werden.*
frau|en|ver|ach|tend, Frau|en ver|ach|tend ⟨Adj.⟩: *die Frauen [in ihrer Würde] grob herabsetzend:* -e Herrenwitze.
Frau|en|ver|band, der: *organisatorischer Zusammenschluss von Frauen u. Frauenvereinen.*
Frau|en|ver|ein, der: *Zusammenschluss von Frauen, bes. mit dem Ziel, sich sozial zu engagieren od. Frauenthemen u. -fragen stärker ins allgemeine Bewusstsein zu heben.*
Frau|en|ver|ste|her, der (ugs. scherzh. od. iron.): *Mann, der den Frauen gegenüber sehr einfühlsam u. verständnisvoll gibt.*
Frau|en|wahl|recht, das: *den Frauen in gleicher Weise wie den Männern zustehendes Recht zur aktiven u. passiven Wahl:* der Kampf um gleiche Löhne und um das F.
Frau|en|zeit|schrift, die: *Zeitschrift, die Themen behandelt, die besonders Frauen interessieren.*
Frau|en|zen|t|rum, das: *Institution, die sich um Frauen u. Frauenthemen kümmert, Schutz gegen Diskriminierung, häusliche Gewalt u. a. sowie entsprechende Beratung anbietet.*
Frau|en|zim|mer, das [spätmhd. vrouwenzimmer = Frauengemach u. die Gesamtheit der dort wohnenden weiblichen Personen; im 17. Jh. auf die einzelne Person übertragen, urspr. ohne negative Bedeutung]: a) (abwertend) *als liederlich, leichtfertig o. ä. angesehene weibliche Person;* b) (veraltend, noch landsch.) *weibliche Person:* ein fesches F. war die Rosi; ◆ ⟨mit Relativpronomen im natürlichen Geschlecht:⟩ ...er kündigte ihr die Ankunft eines -s an, die hier hereinreisen sollte (Goethe, Wahlverwandtschaften II, 16); ◆ c) ⟨o. Pl.⟩ *Gesamtheit der Hofdamen:* Vielleicht finden Sie bei meinem F. Zerstreuung (Schiller, Fiesco I, 7).
◆ **frau|en|zim|mer|lich** ⟨Adj.⟩: *weiblich* (3): Frauenzimmerliche Handarbeiten in Gesellschaft unternommen und scheinbar gleichgültig fortgesetzt, erhalten durch Klugheit und Anmut oft eine wichtige Bedeutung (Goethe, Wanderjahre II, 3).
Frau Hol|le; - - ⟨o. Art.⟩ [Gestalt der Sage u. des Volksglaubens, die als Anführerin der Hollen (zu ↑ hold), einer Dämonenschar, auftritt, nach jüngeren Sagen die Neugeborenen aus ihrem geheimnisvollen Brunnen hervorgehen lässt, die Seelen der Verstorbenen empfängt u. belohnend u. strafend auftritt]: Titelgestalt eines grimmschen Märchens: R F. H. schüttelt die Betten aus *(es schneit).*
Fräu|lein, das; -s, -, ⟨ugs.:⟩ -s [mhd. vrouwelīn (Vkl. von: vrouwe) = junge Frau vornehmen Standes; erst seit dem 18./19. Jh. auch für bürgerliche Mädchen]: **1.** a) (veraltend) *kinderlose, ledige [junge] Frau* (Abk.: Frl.): ein junges, älteres F. öffnete die Tür; b) (ugs. veraltet) *leichtfertiges junges Mädchen; Prostituierte.* **2.** a) (veraltet) *titelähnliche, auch als Anrede verwendete Bezeichnung für eine unverheiratete weibliche Person* (Abk.: Frl.): F. Meier ist nicht zu Hause; guten Tag, F. Müller!; sehr geehrtes F. Doktor; sehr geehrtes gnädiges F.; Es tut mir leid, schönes F., dass euer Galan ein solcher Schuft ist (Frisch, Cruz 71); b) (geh. veraltend) *als Zusatz bei Verwandtschaftsbezeichnungen:* wie geht es Ihrem F. Tochter?; schöne Grüße an das F. Braut; c) (ugs.) *kleines Mädchen* (1) (oft [scherzh.] bewundernd): nimm dich in Acht, mein liebes F.!; na, mein F., was hast du auf dem Herzen?; d) (ugs. abwertend, veraltet) *Deutsche als Geliebte eines amerikanischen Besatzungssoldaten nach 1945.* **3.** (ugs. veraltet) *weibliche Angestellte in einem Dienstleistungsberuf od. im Lehramt* (meist als Anrede): was kostet die Bluse, F.?; F., bitte zahlen!; das F. hat uns eine Strafarbeit aufgegeben; * **das F. vom Amt** (veraltet; *die Vermittlerin im Fernsprechverkehr).*
◆ **4.** *nicht verheiratete junge Frau aus adliger Familie:* Mein schönes F., darf ich wagen, meinen Arm und Geleit Ihr anzutragen? – Bin weder F., weder schön... (Goethe, Faust I, 2605 ff.); ...die Ritter, die durch die Stadt zogen, weinten, dass sie kein F. war (Kleist, Käthchen I, 1); ⟨in nicht gewählter Rede Pl. -s:⟩ ...dass der Weg zu den -s durch die Kammermädchens geht (Lessing, Minna III, 2); ⟨auch: die; -, -:⟩ Inwärts auf dem Kasten muss der F. ... Name stehn (Lessing, Minna II, 2).

> Als Anrede für eine erwachsene weibliche Person sollte, unabhängig von Alter, Familienstand und Beruf, immer *Frau* statt *Fräulein* gewählt werden. Die Anrede *Fräulein* ist nur noch üblich, wenn die angesprochene Frau diese Bezeichnung selbst wünscht.

Fräu|lein|wun|der, das ⟨o. Pl.⟩: *in den 1960er-Jahren überraschend ins Positive gewandeltes Bild von deutschen Mädchen in den USA aufgrund ihrer Erscheinung [u. Wesensart].* Ü das deutsche Fotomodell gilt als neues F.
frau|lich ⟨Adj.⟩ [mhd. vrouwelich]: *der Art einer [reifen] Frau entsprechend:* ein sehr -er Typ. Dazu: **Frau|lich|keit,** die; -.
Frau|schaft, die; -, -en (seltener): *aus weiblichen Mitgliedern bestehendes Team:* die Regierungschefin stellte ihre Mann- und Frauschaft vor.
frdl. = freundlich.
Freak [fri:k], der; -s, -s [engl. freak, H. u.]: **1.** *Person, die sich nicht ins normale bürgerliche Leben einfügt, die ihre gesellschaftlichen Bindungen aufgegeben hat, um frei zu sein:* sie ist ein totaler F. geworden. **2.** *jmd., der sich in übertrieben erscheinender Weise für etw. begeistert:* die -s auf ihren Motorrädern.

-freak, der; -s, -s (ugs.): *kennzeichnet in Bildungen mit Substantiven – seltener mit Verben (Verbstämmen) – eine Person, die sich für etw. sehr od. übertrieben begeistert:* Computer-, Fernseh-, Kontroll-, Technikfreak.

frea|kig ⟨Adj.⟩ [nach engl. freakish]: *wie ein Freak* (1) *beschaffen; ausgeflippt* (b).
frech ⟨Adj.⟩ [mhd. vrech = tapfer, kühn, lebhaft, keck, ahd. freh = wild; habsüchtig, verw. mit ↑ frank]: a) *in herausfordernder Weise, ohne Achtung u. Respekt vor anderen sich verhaltend; unverschämt:* ein -er Kerl; -e Antworten; sie hat ein -es Mundwerk; die Kinder waren wieder sehr f. (ungezogen); zuletzt wurde er noch f.; jmdn. f. anlügen; Er dachte, er könnte mir f. kommen (Fallada, Jeder 395); b) *keck, [auf liebenswerte Weise] respektlos u. draufgängerisch, kess, herausfordernd:* eine -e Karikatur; ein Hütchen; flotte und ein bisschen -e junge Mode; sie ist f. frisiert; Für einen illegalen Flüchtling treibst du dich eigentlich ziemlich f. in den elegantesten Lokalen von Paris herum (Remarque, Triomphe 86); ◆ c) *kühn, verwegen:* Du traust auf Schonung, die dich nur zu sehr im -en Laufe deines Glücks verzog (Goethe, Torquato Tasso II, 3).
Frech|dachs, der (fam., meist scherzh. wohlwollend): *(auf liebenswerte Weise) freches [kleines] Kind:* ein richtiger kleiner F.!
Frech|heit, die; -, -en: **1.** ⟨o. Pl.⟩ *freches Benehmen; das Frechsein:* er treibt die F. zu weit; das ist der Gipfel der F.; sie hatte, besaß die F., alles abzustreiten; R F. siegt! (Kommentar, wenn jemand mit frechem Benehmen sein Ziel erreicht). **2.** *freche Äußerung od. Handlung:* sie hat sich zu viele -en herausgenommen, erlaubt.
Free|clim|ber ['fri:klaɪmɐ], der; -s, - [engl. free climber, aus: free = frei u. climber = Bergsteiger, zu: to climb = (hinauf)klettern, verw. mit ↑ klimmen]: *jmd., der Freeclimbing [als Sportart] betreibt.*
Free|clim|be|rin, die; -, -nen: w. Form zu ↑ Freeclimber.

Free|clim|bing, das; -s, **Free Clim|bing**, das; - -s ['fri:klaɪmɪŋ; engl. free climbing]: *Bergsteigen ohne technische Hilfsmittel wie Steigeisen o. Ä. [aber mit Seilsicherung], Freiklettern.*

Free Jazz ['fri: dʒæz], der; - - [engl., aus: free = frei u. ↑Jazz] (Musik): *auf freier Improvisation beruhendes Spielen von Jazzmusik.*

Free|lance ['fri:la:ns], der; -, -s [...sɪz] [engl. freelance, eigtl. = Söldner, aus: free = frei u. lance = Lanze] (seltener): *Freelancer[in].*

Free|lan|cer ['fri:la:nsɐ], der; -s, - [vgl. Freelance]: *freier Mitarbeiter.*

Free|lan|ce|rin, die; -, -nen: w. Form zu ↑Freelancer.

Free|sie, die; -, -n [nach dem dt. Arzt F. H. Th. Freese († 1876)]: *(zu den Schwertliliengewächsen gehörende) Pflanze mit schmalen Blättern u. trichterförmigen, duftenden, alle nach einer Seite ausgerichteten Blüten.*

Free|style, der; -[s], -s, **Free Style**, der; - -[s], - -s ['fri:staɪl; engl. freestyle, aus: free = frei und style = Stil] (Sport): **1.** ⟨o. Pl.⟩ *Trickskilaufen.* **2.** ⟨o. Pl.⟩ *freier Stil* (4). **3.** *etw. in freiem Stil Ausgeführtes (z. B. ein Musikstück).*

Free|town ['fri:taʊn]: *Hauptstadt von Sierra Leone.*

Free-TV, das; -[s], **Free TV**, das; - -[s] ['fri:tivi:, -...'vi:; zu engl. free = frei u. ↑TV] (Fernsehen): *(im Gegensatz zum Pay-TV) durch Gebühren u. Werbung finanziertes, frei zu empfangendes Fernsehprogramm.*

Free-TV-Pre|mi|e|re ['fri:tivi:...], die (Fernsehen): *erste Sendung eines Spielfilms o. Ä. in einem nicht zum Pay-TV gehörenden Fernsehprogramm.*

Free|ware ['fri:wɛːɐ̯], die; -, -s (EDV): *Software, die kostenlos abgegeben wird u. beliebig kopiert, weitergegeben u. verändert werden darf.*

Fre|gat|te, die; -, -n [urspr. = Beiboot, wohl < frz. frégate < ital. fregata, H. u.]: **1.** *schwer bewaffnetes, hauptsächlich zum Geleitschutz eingesetztes, wendiges Kriegsschiff:* die F. traf im Heimathafen ein. **2.** (salopp, oft als Schimpfwort) *ältere [korpulente] weibliche Person:* eine abgetakelte F.

Fre|gat|ten|ka|pi|tän, der (Militär): **a)** *dem Oberstleutnant entsprechender Dienstgrad (bei der Marine);* **b)** *Offizier dieses Dienstgrades.*

Fre|gat|ten|ka|pi|tä|nin, die: w. Form zu ↑Fregattenkapitän.

Fre|gatt|vo|gel, der: *(an [sub]tropischen Küsten lebender) großer, im Fliegen sehr gewandter Vogel mit schwarzem Gefieder, langem, an der Spitze gekrümmtem Schnabel u. einem Kehlsack beim Männchen, den es während der Balz zu einem großen roten Ball aufbläst.*

frei ⟨Adj.⟩ [mhd. vrī, ahd. frī; in der germ. Rechtsordnung urspr. = zu den Lieben (= zur Sippe) gehörend (u. daher geschützt); eigtl. = lieb, erwünscht]: **1. a)** *sich in Freiheit befindend, unabhängig, nicht gebunden:* der -e Wille; das -e Spiel der Kräfte; sie ist -e *(nicht fest angestellte, gegen Einzelhonorar schreibende)* Mitarbeiterin bei der Zeitung; etw. zur -en Verfügung haben; Ü eine -e *(nicht wörtliche)* Übersetzung; f. nach Morgenstern *(in der Art Morgensterns ausgedrückt, parodiert);* die Geschichte ist f. erfunden; Sie trägt schon f. nach Schiller den Dolch im Gewande. Es ist zwar nur ein Küchenmesser ... (Döblin, Alexanderplatz 241); **b)** *keine Hilfsmittel gebrauchend:* aus -er Hand (ohne Lineal u. Zirkel) zeichnen; f. in der Luft schweben; sie hat f. *(ohne Manuskript)* gesprochen; **c)** *nicht an [moralische] Normen gebunden, von [sittlichen] Vorurteilen unabhängig:* hier ist einer -en *(natürlicher, unkonventioneller)* Ton; er ist ein Verfechter der -en Liebe *(des Zusammenlebens von Mann u. Frau ohne Eheschließung);* die Kinder sind sehr f. erzogen worden; R ich bin so f.! *(ich erlaube mir ohne weitere Formalitäten, das zu tun);* **d)** (Physik, Chemie) *nicht gebunden, nicht fest in den Bau des Atom[kern]s od. Moleküls eingefügt:* -e Elektronen; bei diesem Vorgang wird Stickstoff f. **2. a)** *nicht behindert, nicht beeinträchtigt:* ein -er Blick bis zum Horizont; -e Arztwahl; ein Zugang zu etw. haben; etw. aus -em Entschluss tun; der Zug hält auf -er Strecke *(außerhalb des Bahnhofs);* ein Haus, das f. steht *(nicht mit Nachbarhäusern verbunden ist);* sich von Vorurteilen f. machen *(befreien);* die Ausfahrt bitte f. halten; geben Sie bitte die Ausfahrt f.!; sich f. entfalten können; Sie konnten vollständig f. schalten und walten (Brecht, Groschen 49); **b)** *durch bestimmte Dinge nicht [mehr] beeinträchtigt od. gehemmt:* die Kranke ist f. von Beschwerden; er ist f. von Schuld; das Brot ist f. von Konservierungsstoffen; **c)** *nicht festgenommen, nicht gefangen:* der Gefangene ist wieder f. *(in Freiheit);* der Dieb läuft noch f. herum; f. lebende Tiere; Eier von f. laufenden Hühnern *(von Hühnern, die so gehalten werden, dass sie Auslauf haben).* **3. a)** *offen, unbedeckt, nicht umschlossen:* unter -em Himmel, im -er Platz; bitte machen Sie sich f.!; ⟨subst.:⟩ ins Freie gehen; **b)** *unbekleidet, bloß:* das Kleid lässt Arme und Schultern f.; bitte den Oberkörper f. machen! **4. a)** *unbesetzt, nicht von andern benutzt:* ein -er Arbeitsplatz; wir haben noch zwei Betten f.; Bahn f.!; (Boxen:) Ring f.!; die Wohnung hat lange f. *(leer, unvermietet)* gestanden; ich werde dir/für dich einen Platz f. halten; Ü ich soll mich für den Chef f. halten *(Zeit für ihn einplanen, reservieren);* **b)** *verfügbar:* -e Zeit haben; der Film ist f. *(zugelassen)* für Jugendliche ab 16 Jahren. **5.** *kostenlos* (Abk.: fr.): *-er Eintritt; ein Getränk ist f.; (mit Akk., in der Art einer Präposition gebraucht)* (Kaufmannsspr.:) wir liefern die Ware f. Haus. **6.** (bes. Fußball) *nicht gedeckt u. daher anspielbar:* einen -en Mann anspielen; der Rechtsaußen stand f. vor dem Tor.

-frei: 1. *drückt in Bildungen mit Substantiven aus, dass die beschriebene Sache nicht an etw. gebunden, nicht von etw. abhängig ist:* bündnis-, kreisfrei. **2.** *drückt in Bildungen mit Substantiven aus, dass etw. nicht benötigt wird, nicht erforderlich ist:* schienen-, waffenscheinfrei. **3.** *drückt in Bildungen mit Substantiven aus, dass etw. nicht erhoben wird, nicht geschuldet wird:* beitrags-, schulgeldfrei. **4.** *drückt in Bildungen mit Substantiven oder Verben (Verbstämmen) aus, dass etw. nicht gemacht zu werden braucht:* bügel-, wartungsfrei. **5.** *drückt in Bildungen mit Substantiven aus, dass etw. nicht stattfindet, dass man etw. nicht hat:* schul-, vorlesungsfrei. **6.** *drückt in Bildungen mit Substantiven aus, dass etw. nicht vorhanden ist:* herrschafts-, kalorienfrei. **7.** *drückt in Bildungen mit Substantiven oder Verben (Verbstämmen) aus, dass etw. nicht eintritt:* knautsch-, verschleißfrei. **8.** *drückt in Bildungen mit Substantiven aus, dass etw. nicht bedeckt wird:* hals-, wadenfrei.

Freia: ↑Freyja.

Frei|ar|beit, die (Päd.): *Unterrichtsmethode, die den Lernenden Gelegenheit gibt, einer Aufgabenstellung weitgehend selbstständig u. eigenverantwortlich nachzugehen.*

Frei|bad, das: *Schwimmbad im Freien.*

Frei|bal|lon, der: *Ballon* (1 a).

Frei|bank, die ⟨Pl. ...bänke; Pl. selten⟩ [frühnhd. = steuerfreier Verkaufsstand der Landfleischer in der Stadt] (früher): *kommunale od. private Verkaufsstelle am Schlachthof für Fleisch, das bei der Fleischbeschau als nur bedingt tauglich abgestempelt wurde.*

frei|be|kom|men, frei be|kom|men ⟨st. V.; hat⟩: **a)** (ugs.) *Urlaub, Freizeit erhalten; eine bestimmte Zeit als schul- od. dienstfrei zugeteilt bekommen:* wir haben heute zwei Stunden freibekommen; **b)** *bewirken, dass jmd., etw. wieder frei wird:* einen Inhaftierten gegen Kaution f.

Frei|be|ruf|ler, der; -s, -: *in einem freien Beruf Tätiger:* F. sein; als F. arbeiten.

Frei|be|ruf|le|rin, die; -, -nen: w. Form zu ↑Freiberufler.

frei|be|ruf|lich ⟨Adj.⟩: *in einem freien Beruf [tätig]:* eine -e Tätigkeit ausüben.

Frei|be|trag, der (Steuerw.): *Betrag, der vor der Berechnung der Steuer vom Einkommen abgezogen werden kann.*

Frei|beu|ter, der; -s, - [mniederd. vrībüter = Schiffsführer mit Vollmacht zum Kapern; Seeräuber, zu: vrībūte = freigegebene Kriegsbeute, aus vrī = frei u. būte, ↑¹Beute] (früher): *Seeräuber.*

Frei|beu|te|rei, die ⟨Pl. selten⟩: **a)** (früher) *Seeräuberei;* **b)** (abwertend) *skrupellose Gewinnerzielung auf Kosten anderer.*

Frei|beu|te|rin, die; -, -nen: w. Form zu ↑Freibeuter.

Frei|bier, das: *[aus Anlass einer Festlichkeit, eines Jubiläums o. Ä.] kostenlos ausgeschenktes Bier:* F. ausschenken.

frei|blei|bend ⟨Adj.⟩ (Kaufmannsspr.): *ohne Verbindlichkeit, ohne Verpflichtung:* -es Angebot; für das Darlehen bieten wir Ihnen f. folgende Konditionen an ...

Frei|brief, der [spätmhd. vrībrief = Privileg, Pass] (früher): **1.** *Urkunde über eine erteilte Erlaubnis od. Befreiung von einem Verbot:* * **[k]ein F. für etw. sein** *([nicht] die Erlaubnis in sich schließen, etw. [nach Willkür] zu tun):* Karneval ist kein F. für Ehebruch). **2.** *Urkunde über die Entlassung aus der Leibeigenschaft.*

Frei|burg; -s: *Schweizer Kanton.*

Freiburg im Breis|gau: *Stadt in Baden-Württemberg.*

Freiburg im Ücht|land: *Hauptstadt des Kantons Freiburg.*

Frei|de|mo|krat, der: *Mitglied der Freien Demokratischen Partei.*

Frei|de|mo|kra|tin, die: w. Form zu ↑Freidemokrat.

frei|de|mo|kra|tisch ⟨Adj.⟩: *die Freie Demokratische Partei betreffend, zu ihr gehörend, für sie charakteristisch.*

Frei|den|ker, der [LÜ von engl. freethinker]: *jmd., der bes. in Bezug auf Religion seine eigenen Anschauungen hat.*

Frei|den|ke|rin, die: w. Form zu ↑Freidenker.

frei|den|ke|risch ⟨Adj.⟩: *nicht weltanschaulich gebunden; einem Freidenker gemäß.*

frei|en ⟨sw. V.; hat⟩ [aus dem Niederd., Md. < mniederd. vrīen, eine. < asächs. frīhōn = lieben od. zu: frī = Frau (von vornehmer Herkunft), eigtl. = die Liebe) (veraltet): **1.** *heiraten, mit jmdm. eine Ehe schließen:* Spr jung gefreit hat nie gereut. **2.** *[für einen andern] einer weiblichen Person einen Heiratsantrag machen, um sie werben, um ihre Hand bitten.*

Frei|er, der; -s, - [mniederd., mhd. (md.) vrīer]: **1.** (veraltend) *jmd., der um ein Mädchen freit; Bewerber:* der F. wurde abgewiesen. **2.** (verhüll.) *Kunde einer Prostituierten od. eines Strichjungen.*

frei|er|dings (veraltet): *aus freien Stücken, freiwillig:* ♦ ... ob dich nicht sonst ein Argwohn treibt, mir dieses Erbieten f. zu tun (Lessing, Nathan III, 7).

Frei|e|rin, die; -, -nen: w. Form zu ↑ Freier (2).
Frei|ers|fü|ße ⟨Pl.⟩: in der Wendung **auf -n gehen/wandeln** (scherzh.; *eine Ehefrau suchen; bald heiraten wollen*).
Frei|ex|em|p|lar, das (Buch-, Zeitungsw.): *an bestimmte Personen wie Autor(in), Rezensent(in) o. Ä. kostenlos abgegebenes Exemplar eines Druck-Erzeugnisses.*
Frei|fahr|schein, der: *Fahrschein, der zu einer Freifahrt berechtigt:* Ü Reichtum kann kein F. für rücksichtsloses Benehmen sein.
Frei|fahrt, die: *kostenlose Fahrt mit einem öffentlichen Verkehrsmittel.*
Frei|fahrt|schein, der: *Freifahrschein.*
frei fi|nan|ziert, frei|fi|nan|ziert ⟨Adj.⟩: *(in Bezug auf den Wohnungsbau) mit eigenen Mitteln finanziert u. nicht steuerbegünstigt: der frei finanzierte Wohnungsbau.*
Frei|flä|che, die: *zwischen Wohngebieten liegende [absichtlich zur Auflockerung frei gelassene] unbebaute Fläche.*
Frei|flug, der: *kostenloser Flug.*
Frei|frau, die [spätmhd. vrīvrouwe]: **1.** ⟨o. Pl.⟩ *Adelstitel der Ehefrau eines Freiherrn:* Eva F. von Hartog. **2.** *Ehefrau eines Freiherrn.*
Frei|fräu|lein, das: *Freiin.*
Frei|ga|be, die: *das Freigeben; das Freigegebenwerden.*
Frei|gang, der: **1.** *(in Bezug auf eine[n] Strafgefangene[n]) das tägliche Verlassen der Haftanstalt ohne Aufsicht zur Berufsausübung im gelockerten Strafvollzug.* **2.** *Hofgang der Strafgefangenen:* der tägliche F. im Gefängnishof.
Frei|gän|ger, der; -s, -: *Häftling, der Freigang* (1) *hat.*
Frei|gän|ge|rin, die; -, -nen: w. Form zu ↑ Freigänger.
frei|ge|ben, frei ge|ben ⟨st. V.; hat⟩: **1. a)** *aus der Haft od. aus einer Bindung entlassen; jmdm. die Freiheit [wieder]geben:* einen Gefangenen f.; **b)** *nicht mehr zurückhalten, zur Verfügung stellen:* die Akten wurden freigegeben; ein Haus zum Abriss f.; der Schiedsrichter gibt den Ball frei (Fußball); *lässt das Spiel nach einer Unterbrechung wieder fortsetzen*). **2.** *der Öffentlichkeit, dem freien Gebrauch übergeben:* eine Straße für den Verkehr, einen See für Wassersportler f.; Ü Das Fenster gibt den Blick auf die Berge frei (*lässt die Berge ungehindert sichtbar werden*). **3.** *Freizeit gewähren, Urlaub geben:* wegen der Hitze hatte die Lehrerin ihnen freigegeben.
frei|ge|big ⟨Adj.⟩ [veraltet gebig, gäbig = *gerne gebend,* zu ↑ Gabe]: *großzügig im Schenken; gern bereit, andern etw. zu geben:* ein -er Mensch; Ü *Der abfallende Garten war f. (reichlich) mit Zwergen, Pilzen und allerlei täuschend nachgeahmtem Getier aus Steingut geschmückt* (Th. Mann, Krull 13).
Frei|ge|big|keit, die; -, -en: **1.** ⟨o. Pl.⟩ *das Freigebigsein.* **2.** *freigebige Verhaltensweise.*
Frei|ge|he|ge, das: *größeres, oft nicht eingezäuntes Gehege, Revier [in einem Tiergarten], in dem bestimmte Tiere in einer ihrer Lebensweise möglichst entsprechenden Umgebung gehalten werden.*
Frei|geist, der ⟨Pl. -er⟩ [LÜ von frz. esprit libre]: *Freidenker.*
frei|geis|tig ⟨Adj.⟩: **a)** *freidenkerisch;* **b)** *den eigenen Gedanken folgend, frei im Denken.*
Frei|ge|län|de, das: *[Ausstellungs]gelände unter freiem Himmel.*
Frei|ge|päck, das: *Gepäck, das [bei einem Flug] kostenlos mitgenommen werden kann.*
Frei|ge|tränk, das: *im Eintrittspreis o. Ä. einbegriffenes kostenloses Getränk.*
Frei|ge|wehr, das (Schießsport): *Sportgewehr für das Schießen auf 50 u. 300 m.*

frei|gie|big ⟨Adj.⟩ [analog zu ergiebig, ausgiebig, nachgiebig usw. geb.]: *freigebig.*
Frei|gie|big|keit, die; -, -en: *Freigebigkeit.*
Frei|gren|ze, die (Steuerw.): *[Einkommens]betrag, bis zu dem keine Steuer erhoben wird.*
frei|ha|ben, frei ha|ben ⟨unr. V.; hat⟩ (ugs.): *Urlaub, Freizeit haben:* kann ich heute Nachmittag f.?
Frei|ha|fen, der: *Hafen, in dem Güter, die nicht zur Einfuhr ins Inland bestimmt sind, zollfrei ¹umgeschlagen* (6) *u. gelagert werden.*
frei|hal|ten ⟨st. V.; hat⟩: *für jmdn. die Zeche bezahlen:* er hat die Tischrunde freigehalten.
Frei|han|del, der [LÜ von engl. free trade]: *System eines durch keinerlei Zölle, Devisenvorschriften o. Ä. eingeschränkten zwischenstaatlichen Handelsverkehrs.*
Frei|han|dels|ab|kom|men, das (Wirtsch.): *Abkommen, das den Freihandel zwischen den Staaten gewährleisten soll.*
Frei|han|dels|zo|ne, die: *Gebiet mehrerer Staaten, zwischen denen Freihandel besteht.*
frei|hän|dig ⟨Adj.⟩: **1.** *ohne technische Hilfsmittel ausgeführt:* -es Zeichnen. **2.** *ohne sich aufzustützen ausgeführt; ohne Zuhilfenahme der Hände:* f. Rad fahren. **3.** (Amtsspr.) *ohne öffentliche Versteigerung od. Ausschreibung; unter der Hand getätigt:* ein -er Verkauf.
Frei|hand|zeich|nen, das; -s: *[künstlerisches] Zeichnen ohne Lineal o. ä. Hilfsmittel.*
Frei|heit, die; -, -en [mhd. vrīheit, auch = *Stand eines Freien; Privileg; Asyl, Zufluchtsort,* ahd. frīheit = *freier Sinn; verliehenes Privileg*]: **1.** ⟨o. Pl.⟩ *Zustand, in dem jmd. von bestimmten persönlichen od. gesellschaftlichen, als Zwang od. Last empfundenen Bindungen od. Verpflichtungen frei ist u. sich in seinen Entscheidungen o. Ä. nicht [mehr] eingeschränkt fühlt; Unabhängigkeit, Ungebundenheit:* die politische F.; die innere F.; die F. des Geistes, der Presse; die F. des Andersdenkenden; die F. von Forschung und Lehre; F. *(das Freisein)* von Not und Furcht; (Losung der Französischen Revolution:) F., Gleichheit, Brüderlichkeit; seine F. bewahren, verlieren. **2.** ⟨o. Pl.⟩ *Möglichkeit, sich frei u. ungehindert zu bewegen; das Nichtgefangensein:* den Gefangenen, einem Tier die F. schenken; jmdn. seiner F. berauben; ein Tier in der F. *(in der freien Natur)* beobachten. **3.** *Recht, etw. zu tun; bestimmtes [Vor]recht, das jmdm. zusteht od. das er bzw. sie sich nimmt:* die F. der Wahl haben; besondere -en genießen; sich gewisse -en erlauben, herausnehmen; ich nehme mir die F. *(ich erlaube mir),* deinen Brief zu öffnen; das ist ein Beispiel dichterischer F. *(der einem Autor, einer Autorin erlaubten Abweichung von den [historischen] Tatsachen).*
frei|heit|lich ⟨Adj.⟩: **1.** *nach Freiheit strebend, von der Freiheit bestimmt:* eine -e Gesinnung; die Verfassung ist f. **2.** (österr.) *die Freiheitliche Partei Österreichs betreffend, zu ihr gehörend, für sie charakteristisch.*
frei|heit|lich-de|mo|kra|tisch ⟨Adj.⟩: *auf den Prinzipien der Freiheit u. Demokratie beruhend.*
Frei|heit|li|che, die/eine Freiheitliche; der/einer Freiheitlichen, die Freiheitlichen/zwei Freiheitliche (österr.): *weibliches Mitglied der Freiheitlichen Partei Österreichs.*
Frei|heit|li|cher, der Freiheitliche/ein Freiheitlicher; des/eines Freiheitlichen, die Freiheitlichen/zwei Freiheitliche (österr.): *Mitglied der Freiheitlichen Partei Österreichs.*
Frei|heits|be|griff, der: *Vorstellung von Freiheit.*
Frei|heits|be|rau|bung, die (Rechtsspr.): *widerrechtlicher Entzug der persönlichen Bewegungsfreiheit (durch Einsperren, Verschleppen o. Ä.).*
Frei|heits|be|schrän|kung, die: *Beschränkung der individuellen Freiheit.*

Frei|heits|be|stre|bung, die ⟨meist Pl.⟩: *auf das Erlangen von Freiheit u. Unabhängigkeit gerichtete Bestrebung.*
Frei|heits|be|we|gung, die: *Bewegung* (3 a), *die für die Freiheit eines Landes, einer Bevölkerungsgruppe o. Ä. kämpft.*
Frei|heits|drang, der ⟨o. Pl.⟩: *Sehnsucht, Streben nach Freiheit.*
Frei|heits|ent|zie|hung, die (Rechtsspr.): *rechtmäßige Unterbringung einer Person [für begrenzte Zeit] in einem Gefängnis, Haftraum o. Ä.*
Frei|heits|ent|zug, der (Rechtsspr.): *Entzug der Freiheit nach Gerichtsurteil.*
Frei|heits|ge|dan|ke, der: *Vorstellung von Freiheit, vom Prinzip der Freiheit.*
Frei|heits|grad, der: **1.** *Grad an Freiheit u. Unabhängigkeit.* **2.** (Physik) *Bewegungsmöglichkeit eines Körpers im dreidimensionalen Raum.*
Frei|heits|held, der: *Freiheitskämpfer, der als Held verehrt wird.*
Frei|heits|hel|din, die: w. Form zu ↑ Freiheitsheld.
Frei|heits|kampf, der: *Kampf um die Freiheit [eines Volkes].*
Frei|heits|käm|pfer, der: *jmd., der für die Freiheit [seines Volkes] kämpft.*
Frei|heits|käm|pfe|rin, die: w. Form zu ↑ Freiheitskämpfer.
Frei|heits|krieg, der: **a)** *Krieg für die Freiheit* (1); **b)** ⟨Pl.⟩ *Kämpfe von 1813 bis 1815, die Europa von der Herrschaft Napoleons befreiten.*
frei|heits|lie|bend ⟨Adj.⟩: *besonderen Wert auf Freiheit legend; sich für die Freiheit einsetzend:* -e Völker.
Frei|heits|recht, das ⟨meist Pl.⟩: *jedes im Sinne des Freiheitsgedankens dem Einzelnen u. den Völkern zustehende Recht:* individuelle -e.
Frei|heits|sta|tue, die ⟨o. Pl.⟩: *große Statue im Hafen von New York, die eine Frau mit hoch erhobener Fackel darstellt u. die [politische] Freiheit symbolisiert.*
Frei|heits|stra|fe, die (Rechtsspr.): *Strafe des Freiheitsentzugs:* hohe -n wurden beantragt.
frei|he|r|aus ⟨Adv.⟩: *unumwunden, geradeheraus; ohne Umschweife; direkt:* f. gesagt ist das Unsinn; etw. f. bekennen.
Frei|herr, der [spätmhd. vrīherre, vrīer herre = *freier Edelmann*]: **1.** ⟨o. Pl.⟩ *Adelstitel eines Angehörigen einer Klasse des niederen Adels* (Abk.: Frhr.). **2.** *Träger dieses Titels* (Abk.: Frhr.).
♦ **frei|her|zig** ⟨Adj.⟩: *freimütig: ... da sie nicht f. mit der Sprache herausrückt* (Kleist, Käthchen I, 1).
Frei|in, die; -, -nen: **1.** ⟨o. Pl.⟩ *Adelstitel für die unverheiratete Tochter eines Freiherrn.* **2.** *Trägerin dieses Titels.*
frei|kämp|fen, frei kämp|fen ⟨sw. V.; hat⟩: *durch Kampf befreien.*
Frei|kar|te, die: *kostenlos abgegebene Eintrittskarte zu einer Veranstaltung.*
Frei|kauf, der: **a)** *das Freikaufen, das Freigekauftwerden;* **b)** *das Sichfreikaufen.*
frei|kau|fen ⟨sw. V.; hat⟩: **a)** *durch einen [Löse]geldbetrag befreien:* den Inhaftierten aus dem Iran f.; **b)** ⟨f. + sich⟩ *sich durch einen Geldbetrag befreien:* die Firma hat sich von der Ausbildungspflicht freigekauft; Ü sich von einer Schuld f. (*sich durch Geld eines Schuldgefühls entledigen*).
Frei|kir|che, die: *[vom Staat u. den Landeskirchen] unabhängige protestantische Kirche:* Dazu: **frei|kirch|lich** ⟨Adj.⟩.
Frei|klet|tern, das; -s: *Freeclimbing.*
♦ **Frei|knecht,** der [eigtl. = Abdecker(sknecht), zu ↑ frei im Sinne von »vollberechtigt« (ein Freiknecht war nicht ehrlos)]: *jmd., der die Leichen Hingerichteter bestattet:* ... der Scharfrichter mit seinen -n (Hebbel, Agnes Bernauer I, 3).

frei|kom|men ⟨st. V.; ist⟩: *loskommen* (3), *sich befreien; befreit werden; in die Freiheit gelangen*: nach Stalins Tod kam sie frei.

Frei|kör|per|kul|tur, die ⟨o. Pl.⟩: *Baden u. Bewegung in der freien Natur mit nacktem Körper* (Abk.: FKK).

Frei|korps, das (früher): *aus Freiwilligen gebildeter Truppenverband.*

frei|krat|zen ⟨sw. V.; hat⟩: *von gefrorenem Schnee u. Eis befreien*: die Scheiben des Wagens f.

Frei|ku|gel, die [eigtl. = durch Zauber »frei« gemachte (= geschützte) Kugel]: *(in der Sage) vom Teufel gegossene Flintenkugel, die mit Sicherheit trifft.*

Frei|land, das ⟨o. Pl.⟩ (Landwirtsch., Gartenbau): *Anbaufläche im Freien (im Unterschied zu Gewächshaus od. Frühbeet).*

Frei|land|ge|mü|se, das: *Gemüse, das im Freiland auf natürliche Weise ausgereift ist.*

Frei|land|hal|tung, die: *Haltung von Nutztieren ohne enge Käfige o. Ä. u. mit angemessenem Auslauf:* Eier aus F.

Frei|land|ver|such, der: *im Freiland durchgeführter Versuch* (3).

frei|las|sen, frei las|sen ⟨st. V.; hat⟩: *jmdm., einem Tier die Freiheit geben; aus der Haft, aus einer Fesselung entlassen*: sie haben den Vogel wieder freigelassen; man hat sie gegen eine Kaution freigelassen; den Hund f. *(von der Leine losmachen).* Dazu: **Frei|las|sung,** die; -, -en.

Frei|lauf, der (Technik): *(bei Motorfahrzeugen, beim Fahrrad u. bei Maschinen) Vorrichtung zum zeitweiligen Ausschalten der Verbindung zwischen Antrieb u. Rädern.*

frei|lau|fen, sich ⟨st. V.; hat⟩ (bes. Fußball, Handball, Hockey): *seinem Bewacher durch Laufen entkommen u. dadurch frei, ungedeckt sein.*

frei lau|fend, frei|lau|fend ⟨Adj.⟩: *(von Hühnern) nicht in Käfigen gehalten:* frei laufende Hühner.

frei le|bend, frei|le|bend ⟨Adj.⟩: *(von Tieren) in der freien Natur, nicht gefangen, nicht als Haustier lebend:* frei lebende Stockenten.

frei|le|gen, frei le|gen ⟨sw. V.; hat⟩: *deckende Schichten von etw. entfernen u. es zugänglich machen:* Skelette f.; die Grundmauern eines römischen Hauses f. Dazu: **Frei|le|gung,** die; -, -en.

frei|lich ⟨Adv.⟩ [mhd. vrīliche = ungehindert, unbekümmert, dann = unverdeckt, offenkundig]: **1.** *jedoch, hingegen, allerdings* (einschränkend, einräumend): das wusste ich f. nicht. **2.** (bes. südd.) *ja, natürlich, selbstverständlich, gewiss doch* (als bekräftigende Antwort, Zustimmung): »Kommst du mit?« – »[Ja] f.«.

Frei|licht|auf|füh|rung, die: *Theateraufführung im Freien.*

Frei|licht|büh|ne, die: *Freilichttheater.*

Frei|licht|ki|no, das: *Freiluftkino.*

Frei|licht|ma|le|rei, die ⟨o. Pl.⟩ [wohl nach frz. peinture de plein air, eigtl. = Malerei in freier Luft]: *das Malen von Landschaften unmittelbar in u. nach der Natur.*

Frei|licht|mu|se|um, das: *volkskundliche Museumsanlage im Freien.*

Frei|licht|the|a|ter, das: *Anlage [mit Bühne u. Zuschauerbänken] für Theateraufführungen im Freien.*

Frei|los, das: **1.** *unentgeltliches Lotterielos.* **2.** *Los, durch das eine Mannschaft, ein[e] Spieler[in] kampflos die nächste Runde erreicht.*

Frei|luft|ki|no, das: *[Einrichtung für] Filmvorführungen im Freien.*

Frei|luft|sai|son, die: *Saison, in der Veranstaltungen, Bewirtungen o. Ä. im Freien stattfinden [können].*

¹frei|ma|chen ⟨sw. V.; hat⟩: *frankieren:* bitte den Brief mit einer 55-Cent-Briefmarke f.

²frei|ma|chen, ¹frei ma|chen ⟨sw. V.; hat⟩ (ugs.): *dienstfrei nehmen, freie Zeit erübrigen:* ein paar Tage f.; heute machen wir frei; ⟨auch f. + sich:⟩ kannst du dich heute für 2 Stunden f.?

²frei ma|chen, ³frei|ma|chen ⟨sw. V.; hat⟩: **1.** *entblößen:* sich, den Oberkörper f. m. **2.** *befreien:* sich von Vorurteilen f. m.

Frei|ma|chung, die; -: **1.** *Frankierung* (a). **2.** *Bereitstellung, Räumung, Freigabe.*

Frei|mau|rer, der [LÜ von engl. Freemason, urspr. = in die Geheimzeichen der Bauhütten eingeweihter Steinmetzgeselle]: *Mitglied eines weltweit verbreiteten, in Logen gegliederten Männerbundes mit ethischen u. kosmopolitischen Zielen u. einem mystischen Ritual.*

Frei|mau|re|rei, die ⟨o. Pl.⟩: *Bewegung der Freimaurer.* Dazu: **frei|mau|re|risch** ⟨Adj.⟩.

Frei|mau|re|rin, die: *weibliches Mitglied eines weltweit verbreiteten, in Logen gegliederten Bundes mit ethischen u. kosmopolitischen Zielen u. einem mystischen Ritual.*

Frei|mau|rer|lo|ge, die: *Loge* (2).

Frei|mut, der: *Offenheit, Aufrichtigkeit.*

frei|mü|tig ⟨Adj.⟩: *ohne Ängste u. falsche Rücksicht seine Meinung bekennend; offen:* eine Aussprache; sie äußerte sich sehr f. Dazu: **Frei|mü|tig|keit,** die; -.

Frei|nacht, die: **1.** (schweiz.) *Nacht ohne Polizeistunde.* **2.** (südd.) *Nacht zum 1. Mai, in der bes. Jugendliche verschiedene Streiche in der Öffentlichkeit verüben.*

frei|neh|men, frei neh|men ⟨st. V.; hat⟩: *Urlaub, dienstfrei nehmen:* wir haben uns drei Tage freigenommen.

Frei|platz, der: **1.** *kostenlose Ausbildung an Schule, Hochschule od. Internat.* **2.** (Ballspiele) *Spielfeld im Freien bei Ballspielen, die überwiegend in der Halle betrieben werden.*

frei|pres|sen ⟨sw. V.; hat⟩: *durch Erpressung mithilfe einer Geiselnahme o. Ä. aus der Haft befreien:* die Terroristen wurden freigepresst. Dazu: **Frei|pres|sung,** die; -, -en.

Frei|raum, der (Psychol., Soziol.): *Möglichkeit zur Entfaltung eigener Kräfte u. Ideen (für eine Person od. Gruppe):* sich Freiräume schaffen; jmdm. Freiräume einräumen.

frei|räu|men, frei räu|men ⟨sw. V.; hat⟩: *durch Räumen* (2) *freilegen:* sie begann, ihren Schreibtisch freizuräumen.

frei|re|li|gi|ös ⟨Adj.⟩: *jede dogmatisch gebundene Religionsgemeinschaft ablehnend.*

Frei|sass, Frei|sas|se, der [mhd. vrīsāʒe, ↑ Sass] (Geschichte): *persönlich freier Bauer, dessen Landgut einem Grundherrn gehört, aber von bestimmten Abgaben befreit ist.*

frei|schaf|fend ⟨Adj.⟩: *nicht angestellt; in eigener Verantwortung [künstlerisch od. wissenschaftlich] arbeitend:* er ist -er Architekt; sie ist f.; ⟨subst.:⟩ Steuervergünstigungen für Freischaffende.

frei|schal|ten ⟨sw. V.; hat⟩ (Nachrichtent.): *(eine vom Betreiber eingerichtete Sperre aufheben u. einen Dienst o. Ä.) zur Nutzung freigeben:* eine Leitung, eine [Telefon]nummer f.; eine Website im Internet f. Dazu: **Frei|schal|tung,** die; -, -en.

Frei|schar, die (Geschichte): *aus Freiwilligen bestehender militärischer Verband.*

Frei|schär|ler, der; -s, -: **a)** (Geschichte) *Angehöriger einer Freischar;* **b)** *Angehöriger einer Guerillatruppe.*

Frei|schär|le|rin, die; -, -nen: w. Form zu ↑ Freischärler.

frei|schau|feln, frei schau|feln ⟨sw. V.; hat⟩: *durch Schaufeln freilegen:* einen zugeschneiten Weg f.

Frei|schicht, die: *(im Schichtbetrieb) für Arbeitnehmer[innen] zum Ausgleich von mehr geleisteter Arbeit eingeschobene Freizeit.*

frei|schie|ßen, frei schie|ßen ⟨st. V.; hat⟩: *durch Schießen frei machen:* die Gangster versuchten, sich den Fluchtweg freizuschießen.

Frei|schlag, der (bes. Hockey, Polo): *nach einer Regelwidrigkeit vom Schiedsrichter verfügtes unbehindertes Schlagen des Balles od. Pucks durch die Gegenpartei.*

♦ **Frei|schul|ze,** der: *Besitzer eines Freischulzengerichts:* Herr F., oder Herr Wachtmeister – ... wenn's Ihr nichts verschlägt: Herr Wachtmeister, höre ich am liebsten (Lessing, Minna III, 5).

♦ **Frei|schul|zen|ge|richt,** das: *von Abgaben u. Lasten freies Gut, mit dessen Besitz zugleich auch das Amt des Bürgermeisters u. des Gerichtsherrn verbunden ist:* Er hat drei Meilen von hier ein schönes -e (Lessing, Minna III, 4).

Frei|schuss, der: **1. a)** *durch einen Treffer gewonnener kostenloser Schuss (in einer Schießbude);* **b)** *(in der Sage) Schuss mit einer Freikugel.* **2.** *relativ früh im Verlauf eines Studiums unternommener Examensversuch, der als nicht unternommen gilt, wenn er misslingt:* nach der Einführung des -es ist die Studiendauer gesunken.

Frei|schütz, Frei|schüt|ze, der: *(in der Sage) Gestalt eines Mannes, der mit Freikugeln schießt.*

frei|schwim|men, sich ⟨st. V.; hat⟩: **1.** (früher) *eine Schwimmprüfung ablegen als Nachweis für die Fertigkeit, eine Viertelstunde sicher schwimmen zu können:* schon als Fünfjährige hatte sie sich freigeschwommen. **2.** *selbstständig werden, unabhängig von äußeren Beeinflussungen zu handeln lernen:* es dauerte ein paar Jahre, bis sie sich beruflich freigeschwommen hatte.

Frei|schwim|mer, der (früher): **1.** *jmd., der sich freigeschwommen* (1) *hat.* **2.** (ugs.) *Nachweis, Freischwimmer* (1) *zu sein:* sie hat den F.

Frei|schwim|me|rin, die: w. Form zu ↑ Freischwimmer (1).

Frei|schwin|ger, der: *Stuhl mit einem aus Stahlrohr gebogenen federnden Gestell.*

Frei|set|zen ⟨sw. V.; hat⟩: **a)** (Physik, Chemie, Med.) *aus bisheriger Bindung lösen:* Energie, Radioaktivität, Hormone f.; Ü bestimmte Finanzmittel f.; Emotionen, Gefühle, Hass f. *(provozieren);* **b)** (verhüll.) *(Arbeitskräfte) entlassen:* Mitarbeiter f.

Frei|set|zung, die; -, -en: *das Freisetzen; das Freigesetztwerden.*

Frei|sinn, der ⟨o. Pl.⟩: **a)** (veraltet) *freiheitliche, liberale Gesinnung;* **b)** *Kurzwort für:* Freisinnig-Demokratische Partei in der Schweiz.

frei|sin|nig ⟨Adj.⟩: **1.** (geh.) *von freiheitlicher Gesinnung zeugend:* f. eingestellt sein. **2.** (schweiz.) *die Freisinnig-Demokratische Partei betreffend, zu ihr gehörend, für sie charakteristisch.*

Frei|sin|ni|ge, die/eine Freisinnige; der/einer Freisinnigen, Freisinnige/zwei Freisinnige (schweiz.): *weibliches Mitglied der Freisinnig-Demokratischen Partei.*

Frei|sin|ni|ger, der: Freisinnige/ein Freisinniger; des/eines Freisinnigen, die Freisinnigen/zwei Freisinnige (schweiz.): *Mitglied der Freisinnig-Demokratischen Partei.*

frei|spie|len ⟨sw. V.; hat⟩ (Ballspiele): *spielend sich selbst od. eine Mitspielerin, einen Mitspieler der eigenen Partei in eine freie, ungedeckte Position bringen.*

Frei|sprech|an|la|ge, die: *(meist im Auto) technische Einrichtung für ein Handy, die ein freihändiges Telefonieren ermöglicht.*

frei|spre|chen ⟨st. V.; hat⟩: **1.** (Rechtsspr.) *durch Gerichtsurteil von einer Anklage befreien:* die Angeklagte wurde freigesprochen, Ü vom Vorwurf der Eitelkeit ist er nicht ganz freizusprechen. **2.** (Handwerk) *nach bestandener Prüfung zum Gesellen bzw. zur Gesellin od.*

Facharbeiter[in] erklären: zwanzig Azubis wurden freigesprochen.

Frei|spre|chung, die; -, -en: *das Freisprechen; das Freigesprochenwerden.*

Frei|spruch, der: *gerichtliches Urteil, das einen Angeklagten freispricht:* auf F. plädieren.

Frei|staat, der: **a)** (veraltend) *Republik;* **b)** *Teil der amtlichen Bezeichnung der Bundesländer Bayern, Sachsen u. Thüringen.*

Frei|statt, Frei|stät|te, die; -, ...stätten (geh.): *Asyl, Zufluchtsort (an dem Dinge getan od. gesagt werden können, die anderswo nicht möglich sind):* eine F. für geistige Auseinandersetzungen.

frei|ste|hen (unr. V.; hat; südd., österr., schweiz. auch: ist): *jmds. Entscheidung überlassen sein:* es steht dir frei, ob du kommen willst.

frei ste|hend, frei|ste|hend ⟨Adj.⟩: *für sich allein stehend:* ein frei stehendes (*nicht mit dem Nachbarhaus verbundenes*) Haus; der Stürmer schoss f. s. (*ohne von einem Gegenspieler bedrängt zu sein*) am leeren Tor vorbei.

frei|stel|len ⟨sw. V.; hat⟩: **1.** *jmdn. zwischen mehreren Möglichkeiten entscheiden lassen; jmdm. die Wahl überlassen:* es wurde ihr freigestellt, wie sie ihre Arbeit einteilte. **2.** *aus bestimmten Gründen, für bestimmte Zwecke vom Dienst befreien:* jmdn. vom Wehrdienst f.; er wurde für den Dienst im Ministerium freigestellt. **3.** (verhüll.) *(Arbeitskräfte) entlassen.*

Frei|stel|lung, die: *das Freistellen (2, 3); das Freigestelltwerden.*

Frei|stel|lungs|auf|trag, der (Bankw., Finanzw.): *Anweisung an ein Kreditinstitut, bei anfallenden Zinserträgen (innerhalb des Freibetrags) die Abgeltungssteuer nicht automatisch an das Finanzamt zu überweisen.*

Frei|stel|lungs|be|scheid, der (Amtsspr.): *amtliches Dokument, in dem eine Freistellung (z. B. vom Wehrdienst) bescheinigt wird.*

Frei|stem|pel, der (Postw.): *mit der Frankiermaschine aufgedrückter Stempel (der nachweist, dass die Sendung freigemacht ist).*

Frei|stil, der ⟨o. Pl.⟩ (Sport): **a)** Kurzf. von ↑ Freistilringen; **b)** Kurzf. von ↑ Freistilschwimmen.

Frei|stil|rin|gen, das; -s (Sport): *bestimmte Art des Ringens, bei der Griffe am ganzen Körper erlaubt sind.*

Frei|stil|schwim|men, das; -s (Sport): *Schwimmdisziplin, in der die Wahl des Schwimmstils freigestellt ist.*

Frei|stoß, der (Fußball): *als Strafe nach einer Regelwidrigkeit vom Schiedsrichter verfügtes unbehindertes Spielen des Balles durch einen Spieler, eine Spielerin der gegnerischen Mannschaft:* einen F. bekommen, treten; auf F. entscheiden; direkter F. (*Freistoß, der unmittelbar ins Tor gehen darf*); indirekter F. (*Freistoß, aus dem ein Tor nur erzielt werden kann, wenn dazwischen noch ein anderer Spieler bzw. eine andere Spielerin den Ball berührt*).

Frei|stoß|tor, das: *Tor, das durch einen Freistoß od. unmittelbar im Anschluss an einen solchen erzielt wird.*

Frei|stun|de, die: *freie Stunde zwischen Zeiten der Arbeit od. des Unterrichts.*

Frei|tag, der; -[e]s, -e [mhd. vrītac, ahd. frīa-, frījedag, zum Namen der mit der röm. Liebesgöttin Venus gleichgesetzten Göttin Frija (eigtl. = die Geliebte, ↑ frei) nach lat. Veneris dies = Tag der Venus]: *fünfter Tag der mit Montag beginnenden Woche* (Abk.: Fr.): ein schwarzer F.; * **der Stille F.** (*Karfreitag*).

Frei|tag|abend [auch: 'fraɪ...'|aː...], der: *Abend des Freitags:* am, jeden F. gehen sie tanzen; eines schönen -s.

frei|tag|abends ⟨Adv.⟩: *freitags abends.*

Frei|tag|früh (indekl. Subst. o. Art.) (bes. österr.):

[am] Freitagmorgen: ich habe F. leider keine Zeit.

frei|tä|gig ⟨Adj.⟩: *an einem Freitag stattfindend:* die -e Premiere war nur schwach besucht.

frei|täg|lich ⟨Adj.⟩: *jeden Freitag stattfindend, sich jeden Freitag wiederholend:* das -e Fischgericht.

Frei|tag|mit|tag [auch: 'fraɪ...'mɪt...], der: *Mittag des Freitags.*

frei|tag|mit|tags ⟨Adv.⟩: *freitags mittags.*

Frei|tag|mor|gen [auch: 'fraɪ...'mɔr...], der: *Morgen des Freitags.*

frei|tag|mor|gens ⟨Adv.⟩: *freitags morgens.*

Frei|tag|nach|mit|tag [auch: 'fraɪ...'naːx...], der: *Nachmittag des Freitags.*

frei|tag|nach|mit|tags ⟨Adv.⟩: *freitags nachmittags.*

Frei|tag|nacht [auch: 'fraɪ...'naxt], die: *Nacht von Freitag auf Samstag bzw. Sonnabend.*

frei|tag|nachts ⟨Adv.⟩: *freitags nachts.*

frei|tags ⟨Adv.⟩: *an jedem Freitag:* f. ist Markttag; f. mittags gab es bei uns Fisch.

Frei|tags|ge|bet, das (islam. Rel.): *Zusammenkunft der Gläubigen zu Predigt u. gemeinsamem Gebet am Freitagmittag.*

Frei|tag|vor|mit|tag [auch: 'fraɪ...'foːɐ̯...], der: *Vormittag des Freitags.*

frei|tag|vor|mit|tags ⟨Adv.⟩: *freitags vormittags.*

Frei|tisch, der (veraltend): *kostenlose warme Mahlzeit für jmdn., der nicht auf eigene Kosten essen gehen kann:* -e für Obdachlose.

Frei|tod, der [nach Nietzsches »Vom freien Tode« 1906 gepr. von Fritz Mauthner] (verhüll.): *Selbstmord:* den F. suchen, wählen.

frei|tra|gend ⟨Adj.⟩ (Bauw.): *ohne Stütze gebaut; keinen Stützpfeiler aufweisend:* eine -e Brücke, Treppe.

Frei|trep|pe, die (Archit.): *außen vor einem Bauwerk liegender [prunkvoll ausgestalteter] Aufgang.*

Frei|übung, die (Sport): *gymnastische Übung ohne Gerät od. nur mit Handgerät (wie Hantel, Keule o. Ä.):* -en machen.

Frei|um|schlag, der: *frankierter Briefumschlag.*

Frei|ver|kehr, der (Bankw.): *Handel mit Wertpapieren außerhalb der amtlichen Börsennotierungen:* der Kurs stieg im F. um 5 Punkte.

frei|weg ⟨Adv.⟩ (ugs.): *unbekümmert, ohne zu zögern:* etw. f. behaupten.

Frei|wer|ber, der (veraltet): *jmd., der im Auftrag eines anderen einer Frau einen Heiratsantrag macht:* ♦ »Ich bin ein F.«, sprach er, »für den da, für den Arnost ...« (Ebner-Eschenbach, Gemeindekind 194).

frei wer|dend, frei|wer|dend ⟨Adj.⟩: **1.** *[demnächst] wieder zur Verfügung stehend, wieder genutzt werden könnend:* bald frei werdende Wohnungen; frei werdende finanzielle Mittel. **2. a)** (Chemie) *sich aus einer Verbindung lösend:* frei werdender Kohlenstoff; **b)** (Chemie, Physik) *freigesetzt werdend, entstehend:* frei werdende Energie.

Frei|wild, das [eigtl. = zur Jagd freigegebenes Wild]: *der Willkür anderer schutzlos preisgegebener Mensch.*

frei|wil|lig ⟨Adj.⟩: *aus eigenem freiem Willen geschehend; ohne Zwang erfolgend:* -e Helfer, Leistungen; bei der -en Feuerwehr; ein -es soziales Jahr; sich f. für etw. melden.

Frei|wil|li|ge, die/eine Freiwillige; der/einer Freiwilligen, die Freiwilligen/zwei Freiwillige: **1.** *weibliche Person, die freiwillig u. ohne Bezahlung eine bestimmte Aufgabe od. Arbeit übernimmt.* **2.** *weibliche Person, die aufgrund einer freiwilligen [Länger]verpflichtung beim Militär Dienst tut.*

Frei|wil|li|gen|ar|beit, die ⟨o. Pl.⟩: *von freiwilligen Helfern ausgeführte Arbeit für das Gemeinwohl.*

Frei|wil|li|ger, der Freiwillige/ein Freiwilliger; des/eines Freiwilligen; die Freiwilligen/zwei Freiwillige: **1.** *Person, die freiwillig u. ohne Bezahlung eine bestimmte Aufgabe od. Arbeit übernimmt:* einen Freiwilligen suchen. **2.** *Person, die aufgrund einer freiwilligen [Länger]verpflichtung beim Militär Dienst tut.*

Frei|wil|lig|keit, die; -: *das Freiwilligsein; freiwilliges Handeln.*

Frei|wurf, der (Hand-, Korb-, Wasser-, Basketball): *als Strafe nach einer Regelwidrigkeit vom Schiedsrichter verfügter unbehinderter Wurf des Balles.*

Frei|wurf|li|nie, die (Basketball, Handball): *Linie, von der aus ein Freiwurf ausgeführt wird.*

Frei|zei|chen, das (Nachrichtent.): *Summton, der anzeigt, dass die gewählte Telefon- od. Telexnummer frei ist.*

Frei|zeit, die: **1.** *Zeit, in der jmd. nicht zu arbeiten braucht, keine besonderen Verpflichtungen hat; für Hobbys od. Erholung frei verfügbare Zeit:* seine F. im Fitnesscenter verbringen; sie liest viel in ihrer F. **2.** *[mehrtägige] Zusammenkunft für Gruppen mit bestimmten gemeinsamen Interessen:* -en für Schüler veranstalten.

Frei|zeit|ak|ti|vi|tät, die (meist Pl.): *in der Freizeit (1) betriebene Aktivität.*

Frei|zeit|an|ge|bot, das: *Angebot an Möglichkeiten, seine Freizeit mit Aktivitäten auszufüllen.*

Frei|zeit|aus|gleich, der: *Ausgleich von Überstunden durch Freizeit.*

Frei|zeit|be|klei|dung, die: *[in der Freizeit getragene] legere, unkonventionelle [bunte] Bekleidung.*

Frei|zeit|be|schäf|ti|gung, die: *während der Freizeit als Hobby ausgeübte Beschäftigung.*

Frei|zeit|ein|rich|tung, die: *größere Anlage mit verschiedenen Einrichtungen für Spiel, Sport, Unterhaltung zur Freizeitgestaltung.*

Frei|zeit|ge|sell|schaft, die (Soziol.): *Gesellschaft im Hinblick auf die Problematik, die sich aus einem zunehmenden Maß an Freizeit ergibt.*

Frei|zeit|ge|stal|tung, die (Soziol.): *Art u. Weise, in der Freizeit gestaltet wird.*

Frei|zeit|in|dus|trie, die: *Industriezweig, der bes. die Bedürfnisse der Menschen in ihrer Freizeit befriedigt.*

Frei|zeit|klei|dung, die: *[in der Freizeit getragene] legere, unkonventionelle [bunte] Kleidung.*

Frei|zeit|park, der: *größeres Freigelände mit verschiedenen Einrichtungen für Spiel u. Unterhaltung zur Freizeitgestaltung.*

Frei|zeit|sport, der: *in der Freizeit betriebener Sport, betriebene Sportart:* Dazu: **Frei|zeit|sport|ler,** der; **Frei|zeit|sport|le|rin,** die.

Frei|zeit|stress, der (abwertend): *Stress, der sich für jmdn. aus einem Übermaß o. Ä. von Freizeitaktivitäten entwickelt.*

Frei|zeit|ver|gnü|gen, das: *etw., womit jmd. sich in der Freizeit vergnügt.*

Frei|zeit|ver|hal|ten, das (Soziol.): *Verhalten der Menschen in ihrer Freizeit.*

Frei|zeit|wert, der: *Wert (einer Landschaft o. Ä.), der durch die zum sinnvollen u. erholsamen Verbringen der Freizeit vorhandenen Möglichkeiten bestimmt wird:* der Stadtwald hat einen hohen F.

Frei|zeit|zen|t|rum, das: *größere Anlage mit verschiedenen Einrichtungen für Spiel, Sport, Unterhaltung zur Freizeitgestaltung.*

frei|zü|gig ⟨Adj.⟩ [zu: Zug = das Ziehen, Wandern]: **1.** *frei in der Wahl des Wohnsitzes, des Aufenthalts; nicht ortsgebunden:* der f. lebende Bürger. **2. a)** *großzügig; nicht streng nach Vorschriften richtend:* f. im Geldausgeben sein; ein allzu -er (*unkontrollierter*) Umgang mit Arzneimitteln; **b)** *nicht den bürgerlichen Moralbegriffen entsprechend:* ein sehr -er Film.

Frei|zü|gig|keit, die; -: *das Freizügigsein.*
fremd ⟨Adj.⟩ [mhd. vrem(e)de, ahd. fremidi, zu einem untergegangenen Adv. mit der Bed. »vorwärts; von – weg« (verw. mit ↑ ver-) u. eigtl. = entfernt]: **1.** *nicht dem eigenen Land od. Volk angehörend; eine andere Herkunft aufweisend*-e Länder, Kulturen; -e Sprachen lernen; Dann habe er mit gebündelten Banknoten um sich geworfen – sie habe gesehen, dass es hohe Geldscheine in einer -en Währung waren (Zuckmayer, Fastnachtsbeichte 64). **2.** *einem anderen gehörend; einen anderen, nicht die eigene Person, den eigenen Besitz betreffend:* -es Eigentum; etw. ohne -e Hilfe schaffen; das ist nicht für -e Ohren bestimmt. **3. a)** *unbekannt; nicht vertraut:* -e Leute; sich in einer -en Umgebung zurechtfinden müssen; Verstellung ist ihr f. *(sie kann sich nicht verstellen);* ich fühle mich hier f. *(kann mich hier nicht einleben);* ich bin f. hier *(kenne mich hier nicht aus, weiß hier nicht Bescheid);* sie sind einander f. geworden *(verstehen sich nicht mehr);* **b)** *ungewohnt; nicht zu der Vorstellung, die jmd. von jmdm., etw. hat, passend; anders geartet:* das ist ein -er Zug an ihr; Marie ging draußen vorbei. Sie trug einen -en grauen Mantel, den sie nie an ihr gesehen hatte (Seghers, Transit 221).
-fremd: 1. drückt in Bildungen mit Substantiven aus, dass die beschriebene Person od. Sache nicht zu etw. gehört: kirchen-, gewebsfremd. **2.** drückt in Bildungen mit Substantiven aus, dass die beschriebene Person sich in etw. nicht auskennt, dass die beschriebene Sache mit etw. nichts zu tun hat: praxis-, weinfremd. **3.** drückt in Bildungen mit Substantiven aus, dass die beschriebene Person oder Sache irgendwo fremd, nicht zu Hause ist: berlin-, revierfremd.

Fremd|ar|bei|ter, der: **1.** *ausländischer Zwangsarbeiter* (2) *(bes. in der Zeit des Zweiten Weltkriegs).* **2.** (schweiz., sonst meist abwertend od. veraltet) *ausländischer Arbeitnehmer.*
Fremd|ar|bei|te|rin, die: w. Form zu ↑ Fremdarbeiter.
fremd|ar|tig ⟨Adj.⟩: *ungewöhnlich; fremd* (3) *wirkend:* ein -es Aussehen; diese Musik klingt f. Dazu: **Fremd|ar|tig|keit,** die ⟨Pl. selten⟩.
Fremd|be|stäu|bung, die (Bot.): *Bestäubung der Narbe einer Blüte mit dem Blütenstaub einer andern Blüte derselben Art.*
fremd|be|stimmt ⟨Adj.⟩ (Politik, Soziol.): *durch Einflüsse von außen bestimmt u. gelenkt; nicht unabhängig:* -e Wesen.
Fremd|be|stim|mung, die (Politik, Soziol.): *das Bestimmtsein durch andere in einem Abhängigkeitsverhältnis:* die F. der Forschung durch die Sponsoren.
Fremd|bild, das (Sozialpsychol., Psychol.): *[verhältnismäßig fest gefügtes] Bild, das jmd. von einer anderen Person od. Personengruppe hat.*
¹Frem|de, die; - [mhd. vrem(e)de] (geh.): *unbekanntes, fern der eigenen Heimat liegendes Land; [weit entferntes] Ausland:* das Leben in der F.; sie sind aus der F. heimgekehrt.
²Frem|de, die/ein Fremder, der/einer Fremden, die Fremden/zwei Fremde: **a)** *weibliche Person, die aus einer anderen Gegend, einem anderen Land stammt, die an einem Ort fremd ist, an diesem Ort nicht wohnt:* sie ist hier immer eine F. geblieben; **b)** *weibliche Person, die einem anderen unbekannt ist, die er nicht kennt:* eine F. stand vor der Tür.
Fremd|ein|wir|kung, die ⟨Pl. selten⟩: *von außen kommende Einwirkung auf jmdn., etw.:* das Auto geriet ohne F. ins Schleudern.
frem|deln ⟨sw. V.; hat⟩: *in fremder Umgebung,*

Fremden gegenüber scheu, ängstlich sein: das Kind fremdelt.
frem|den ⟨sw. V.; hat⟩ (schweiz.): *fremdeln.*
frem|den|feind|lich ⟨Adj.⟩: *Fremden gegenüber ablehnend eingestellt:* -es Verhalten, Gedankengut; -e Parolen, Motive, Übergriffe; der Anschlag war f. motiviert.
Frem|den|feind|lich|keit, die: **1.** ⟨o. Pl.⟩ *fremdenfeindliche Gesinnung.* **2.** (selten) *fremdenfeindliche Handlung.*
Frem|den|füh|rer, der: *jmd., der mit entsprechender Qualifikation gegen Bezahlung fremden Besuchern die Sehenswürdigkeiten eines Ortes, Gebäudes o. Ä. zeigt u. erläutert* (Berufsbez.).
Frem|den|füh|re|rin, die: w. Form zu ↑ Fremdenführer.
Frem|den|hass, der: *Hass auf Menschen aus einer anderen Region, einem anderen Volk od. Kulturkreis.*
Frem|den|le|gi|on, die ⟨o. Pl.⟩ [frz. légion étrangère]: *aus französischen u. nicht französischen Berufssoldaten zusammengesetzte Truppe in Frankreich.* Dazu: **Frem|den|le|gi|o|när,** der.
Frem|den|po|li|zei, die (bes. österr., schweiz.): *für Ausländer[innen] zuständige [Polizei]behörde.*
Frem|den|ver|kehr, der ⟨o. Pl.⟩: *[Urlaubs]reiseverkehr; Tourismus:* vom F. leben.
Frem|den|ver|kehrs|amt, das: *Verkehrsamt.*
Frem|den|ver|kehrs|ort, der: *Ort mit sehr starkem Fremdenverkehr.*
Frem|den|ver|kehrs|ver|ein, der: *Verkehrsverein.*
Frem|den|zim|mer, das: **a)** *Hotel-, Gasthauszimmer;* **b)** (veraltend) *Zimmer für Schlafgäste (innerhalb der Wohnung).*
Frem|der, der Fremde/ein Fremder; des/eines Fremden, die Fremden/zwei Fremde [mhd. vremde]: **a)** *Person, die aus einer anderen Gegend, einem anderen Land stammt, die an einem Ort fremd ist, an diesem Ort nicht wohnt:* ein F. hat es hier schwer, heimisch zu werden; **b)** *Person, die einer anderen unbekannt ist, die sie nicht kennt.*
fremd|fi|nan|ziert ⟨Adj.⟩ (Wirtsch.): *durch Dritte, mit fremden Mitteln finanziert:* -e Immobilien, Transaktionen.
Fremd|fi|nan|zie|rung, die (Wirtsch.): *Kapitalbeschaffung durch Beteiligung Dritter.*
Fremd|fir|ma, die: *Firma, die für andere Firmen od. für bestimmte Institutionen [oft in deren Gebäuden] Arbeiten übernimmt, die sonst von den Firmen od. Institutionen selbst geleistet werden müssten.*
fremd|ge|hen ⟨unr. V.; ist⟩ (ugs.): *außereheliche Beziehungen haben.*
Fremd|heit, die; -, -en ⟨Pl. selten⟩: *das Fremdsein; Unvertrautheit; kühle Distanz:* F. gegenüber einem Menschen, in einer Umgebung empfinden.
Fremd|herr|schaft, die ⟨Pl. selten⟩ (Politik): *Beherrschung eines Volkes, Staates od. eines seiner Teilgebiete durch eine fremde Macht.*
Fremd|ka|pi|tal, das (Wirtsch.): *Kapital, das von außen (durch Anleihen, langfristige Darlehen o. Ä.) zur Verfügung gestellt wird.*
Fremd|kör|per, der: **1.** (Biol., Med.) *etw., was von außen in einen Körper, Organismus eingedrungen ist:* einen F. im Auge haben. **2.** *Sache od. Person, die in ihrer Umgebung fremd wirkt, die nicht in sie hineinpasst:* sich als F. fühlen; er ist im Akzent.
fremd|län|disch ⟨Adj.⟩: *aus einem fremden Land, einer fremden Kultur stammend; exotisch:* -e Pflanzen, Namen; sie redet mit -em Akzent.
Fremd|leis|tung, die: **a)** *Leistung, die von einer Fremdfirma erbracht wird;* **b)** *Leistung, die nicht zum eigentlichen Aufgabenbereich einer Institution gehört:* -en der Sozialversicherung.

Fremd|ling, der; -s, -e [mhd. vremdelinc] (meist geh. od. scherzh.): *Fremder [der sich auch innerlich fremd fühlt od. seiner Umgebung bes. fremd vorkommt]:* er blieb ein F. im Kreise der andern.
Fremd|lin|gin, die; -, -nen (veraltend, meist dichter.): w. Form zu ↑ Fremdling: ◆ Ihr habt mich stets als eine Feindin nur und F. behandelt (Schiller, Maria Stuart III, 4).
Fremd|mit|tel ⟨Pl.⟩ (Finanzw.): *fremde Geldmittel.*
fremd|schä|men, sich ⟨sw. V.; hat⟩ (ugs.): *sich stellvertretend für andere, für deren als peinlich empfundenes Auftreten schämen:* ich konnte mir seine Darbietung nicht ansehen, ohne mich fremdzuschämen.
Fremd|sein, das (geh.): *[Bewusstsein der eigenen] Fremdheit.*
Fremd|spra|che, die: *fremde Sprache, die sich jmd. nur durch bewusstes Lernen aneignet; Sprache, die nicht jmds. Muttersprache ist:* -n lernen, beherrschen.
Fremd|spra|chen|kennt|nis, die ⟨meist Pl.⟩: *Fähigkeit, eine od. mehrere Fremdsprachen zu verstehen u. zu sprechen.*
Fremd|spra|chen|kor|re|s|pon|dent, der: *kaufmännischer Angestellter mit der Befähigung, selbstständig Korrespondenzen in einer od. mehreren Fremdsprachen zu erledigen* (Berufsbez.).
Fremd|spra|chen|kor|re|s|pon|den|tin, die: w. Form zu ↑ Fremdsprachenkorrespondent.
Fremd|spra|chen|un|ter|richt, der: *Unterricht, der zu Fremdsprachenkenntnissen führen soll.*
fremd|spra|chig ⟨Adj.⟩: **a)** *eine fremde Sprache sprechend:* -e Bevölkerungsteile; **b)** *in einer fremden Sprache erschaffen:* -e Literatur; -e Filme; **c)** *in einer fremden Sprache gehalten:* -er Unterricht.
fremd|sprach|lich ⟨Adj.⟩: **a)** *zu einer Fremdsprache gehörend, daraus kommend:* -e Wörter im Deutschen; **b)** *auf eine Fremdsprache bezüglich:* -er Unterricht.
fremd|stäm|mig ⟨Adj.⟩: *von einem anderen Volk zugehörigen Vorfahren abstammend.*
fremd|steu|ern ⟨sw. V.; hat⟩ ⟨meist abwertend⟩: *(aus einem bestimmten Interesse) von außen beeinflussen,* ¹steuern (3 b): Journalisten f.; fremdgesteuerte Politiker.
Fremd|stoff, der: **1.** (Med.) *fremde, als Gift wirkende Substanz; Allergen.* **2.** *Zusatzstoff.*
Fremd|ver|schul|den, das (Rechtsspr.): *Schuld eines Dritten.*
Fremd|wäh|rung, die (Finanzw.): *ausländische Währung.*
Fremd|wort, das ⟨Pl. ...wörter⟩: *aus einer fremden Sprache übernommenes o. in der übernehmenden Sprache mit Wörtern od. Wortteilen aus einer fremden Sprache gebildetes Wort:* der Gebrauch von Fremdwörtern; *[für jmdn.]* [k]ein F. sein *([jmdm.] als geistige od. seelische Haltung [nicht] fremd sein; [jmdm.] [nicht] vertraut sein):* für ihn ist Toleranz ein F.; Flirten ist ein F. für sie.).
Fremd|wör|ter|buch, das: *Wörterbuch, das die gebräuchlichen Fremdwörter der eigenen Sprache erklärt.*
French Dres|sing [ˈfrentʃ-], das; - -s, - -s [engl. French dressing, eigtl. = französisches Dressing, aus: French = französisch u. dressing, ↑ Dressing]: *Vinaigrette [mit Senf u. Eigelb].*
fre|ne|tisch ⟨Adj.⟩ [aus der Fügung »frenetischer Beifall« für frz. applaudissements frénétiques] (bildungsspr.): *stürmisch, leidenschaftlich:* -er Beifall, Jubel; f. applaudieren.
Fre|nu|lum, das; -s, ...la [Vkl. von lat. frenum = Band] (Anat.): **1.** *kleine Haut- bzw. Schleimhautfalte.* **2.** *Hautfalte, die die Eichel des männlichen Gliedes mit der Vorhaut verbindet.*

fre|quent ⟨Adj.⟩ [lat. frequens (Gen.: frequentis) = häufig, zahlreich, viell. im Sinne von »gestopft voll« zu: farcire, ↑ Farce] (Fachspr.): *häufig, zahlreich.*

fre|quen|tie|ren ⟨sw. V.; hat⟩ [lat. frequentare] (geh.): *häufig besuchen:* der Flohmarkt wurde gut frequentiert; ⟨häufig im 2. Part.:⟩ ein stark frequentiertes Freibad.

Fre|quenz, die; -, -en [lat. frequentia = Häufigkeit, zu: frequens, ↑ frequent]: **1.** (Fachspr.) *Häufigkeit (mit der etw. geschieht, benutzt wird):* die F. der Fütterung, der Paarung bei Tieren beobachten; eine Straße mit starker F. *(hoher Verkehrsdichte).* **2. a)** (Physik) *Schwingungszahl von Wellen (pro Sekunde):* die F. eines Senders; **b)** (Med.) *Zahl der Puls- od. Herzschläge (pro Minute).*

Fre|quenz|än|de|rung, die (Physik): *Änderung der Schwingungszahl.*

Fre|quenz|band, das ⟨Pl. ...bänder⟩ (Nachrichtent.): *abgegrenzter schmaler Frequenzbereich.*

Fre|quenz|be|reich, der (Nachrichtent.): *Gruppe von [elektromagnetischen] Schwingungen mit ähnlichen Eigenschaften.*

Fre|quenz|lis|te, die (schweiz.): *Anwesenheitsliste.*

Fres|ko, das; -s, ...ken [gek. aus: Freskogemälde < ital. pittura a fresco, zu: fresco = frisch, aus dem Germ.] (Kunstwiss.): *auf frischem, noch feuchtem Putz ausgeführte Malerei.*

Fres|ko|ma|le|rei, die: *Malerei auf frischem, noch feuchtem Putz.*

Fres|sa|li|en ⟨Pl.⟩ [zu ↑ fressen, geb. nach ↑ Viktualien, wohl urspr. Studentenspr.] (ugs., oft scherzh.): *Esswaren; Verpflegung:* F. für unterwegs; sich mit F. versorgen.

Fress|an|fall, der: *anfallartig auftretender Heißhunger.*

Fres|se, die; -, -n (derb): **1.** *Mund:* * **[ach du] meine F.!** *(neine, so etwas!;* Ausruf des Erstaunens); **die F. halten** *([über etw.] schweigen);* **eine große F. haben** *(prahlen; großsprecherisch sein).* **2.** *Gesicht:* er schlug ihm in die F.; * **jmdm. die F. polieren** *(jmdn. verprügeln).*

fres|sen ⟨st. V.; hat⟩ [mhd. v(e)reʒʒen, ahd. freʒ-ʒan, aus ↑ ver- u. ↑ essen, urspr. = weg-, aufessen, verzehren]: **1. a)** *(von Tieren) feste Nahrung zu sich nehmen:* das Reh fraß mir aus der Hand; (salopp, meist abwertend von Menschen:) das Kind isst nicht, es frisst; frisst für drei; Sie fraß unzählige Austern. Sie fraß aus Kummer *(aß übermäßig viel, um ihren Kummer zu vergessen;* Seghers, Transit 125); **b)** *(von Tieren) als Nahrung zu sich nehmen, verbrauchen:* Kühe fressen Gras; dem Vieh etwas zu f. geben; * **etw. in sich f.** *(Ärger od. Kummer schweigend hinnehmen, aber seelisch umso mehr darunter leiden;* nach Psalm 39, 3); **etw. gefressen haben** (ugs.; *etw. verstanden haben*); **jmdn., etw. gefressen haben** (ugs.; *jmdn., etw. hassen, absolut nicht leiden können;* jmd., etw. ist wie eine Nahrung, die man aufgenommen hat, aber nicht verdauen kann); **zum Fressen sein, aussehen** (ugs.; *[von Mädchen od. Kleinkindern] besonders hübsch, niedlich sein, aussehen*); **jmdn., etw. zum Fressen gernhaben** (ugs. scherzh.; *sehr gernhaben*); **c)** *durch Fressen (in einen bestimmten Zustand bringen):* der Hund hat den Napf leer gefressen; (ugs.:) ihr werdet mich noch arm f.; **d)** *durch Fressen erzeugen:* die Motten haben Löcher in den Pullover gefressen; Ü (ugs.:) der Urlaub hat ein großes Loch in die Kasse gefressen. **2. a)** *verbrauchen, verschlingen:* der Motor frisst viel Benzin; **b)** (geh.) *zerstörend aufzehren:* die Flammen fressen das Gras; **c)** *angreifen u. langsam zerstören:* Säure frisst am Metall; Ü Ärger, Sorge frisst an ihr, an ihren Nerven; ... an allem fraß der salzige Wind, fraß der Rost (Ransmayr,

Welt 10); **d)** (f. + sich) *kontinuierlich zerstörend in etw. hinein-, durch etw. hindurchdringen:* der Bagger frisst sich in das Erdreich; die Säge frisst sich durch das Holz; Ü Zu fest hatte sich diesmal die Angst in die Seelen der Menschen gefressen (Süskind, Parfum 288).

Fres|sen, das; -s: *Futter (für bestimmte Haustiere):* der Katze ihr F. geben; * **ein [gefundenes] F. für jmdn. sein** (ugs.; *jmdm. sehr willkommen sein, jmds. Wünschen sehr entgegenkommen:* der Skandal war ein gefundenes F. für die Presse).

Fres|ser, der; -s, -: **a)** (Landwirtsch.) *Tier, das in bestimmter Weise frisst, Nahrung aufnimmt:* ein schlechter F.; **b)** [mhd. vreʒʒer] (ugs., meist abwertend) *Mensch, der viel isst od. dessen Ernährung andere Geld kostet:* ein großer F.; wieder ein F. *(Kind)* mehr auf der Welt.

Fres|se|rei, die; -, -en (ugs., meist abwertend): **a)** *allzu ausgedehntes u. üppiges Essen; Gelage:* eine große F.; **b)** ⟨o. Pl.⟩ *unmanierliche Art des Essens.*

Fres|se|rin, die; -, -nen: w. Form zu ↑ Fresser (b).

Fress|feind, der (Zool.): *Tier, das ein anderes Tier als Beute verfolgt u. frisst.*

Fress|ge|la|ge, das (ugs.): *Fresserei* (a).

Fress|korb, der (ugs.): **a)** *auf einen Ausflug mitgenommener Korb mit Verpflegung;* **b)** *Geschenkkorb mit besonderen Delikatessen.*

Fress|napf, der: *kleines Gefäß, in dem Haustieren das Futter hingestellt wird.*

Fress|pa|ket, das (ugs.): *Paket mit Lebensmitteln (das jmdm. geschickt od. mitgegeben wird).*

Fress|sack, der (ugs., oft abwertend): *jmd., der viel isst; gefräßiger Mensch.*

Fress|sucht, die ⟨Pl. selten⟩ (ugs.): *krankhafte Sucht zu essen:* sie hat die F. Dazu: **fress|süch|tig** ⟨Adj.⟩.

Fress|wel|le, die (ugs.): *sich [nach einer Zeit der Entbehrung] in der Allgemeinheit für kürzere Zeit ausbreitende Sucht nach gutem u. reichlichem Essen.*

Fress|werk|zeu|ge ⟨Pl.⟩ (Zool.): *der Nahrungsaufnahme dienende Organe (bes. bei Insekten).*

Fress|zet|tel, der (salopp): *[von einem größeren Blatt Papier abgerissener] Notizzettel; Schmierzettel.*

Frett|chen, das; -s, - [niederl. fret, frz., mniederl. furet, über das Vlat. zu spätlat. furo, eigtl. = Dieb, zu lat. fur = Dieb]: *(bes. für die Kaninchenjagd gezüchteter) Iltis mit weißem bis blassgelbem Fell.*

fret|ten, sich ⟨sw. V.; hat⟩ [mhd. vret(t)en, eigtl. = wund reiben, ahd. fratôn, H. u.] (südd., österr. ugs.): **a)** *sich mühsam durchbringen:* man frettet sich halt so durchs Leben; **b)** *sich mit etw. sehr abmühen:* sich durch das Studium f.

Freu|de, die; -, -n [mhd. vröude, ahd. frewida, frouwida, zu ↑ froh]: **1.** ⟨o. Pl.⟩ *gehobener Gemütszustand; das Froh- u. Beglücktsein:* eine tiefe F.; diebische F.; die F. an der Natur, über das Geschenk; es ist eine F., ihr zuzusehen; keine reine F. sein; jmdm. die F. verderben, versalzen; seine helle F. an etw. haben; jmdm. mit etw. [eine] F. machen, bereiten *(jmdm. mit etw. erfreuen);* du machst mir F.! (iron.: *du enttäuschst mich sehr!*); voll[er] F. zustimmen; etw. aus F. an der Sache, (ugs. scherzh.:) aus Spaß an der F. tun; außer sich vor F. sein; sie möchte vor F. an die Decke springen (ugs.; *sie freut sich unmäßig);* zu unserer größten F., Grund zur F. haben; R da kommt F. auf *(das ist ja wunderbar;* oft iron. als negative Beurteilung); Spr geteilte F. ist doppelte F.; * **Freud und Leid** (geh.: *Glück u. Unglück des Lebens:* in Freud und Leid zusammenhalten); **mit -n** *(gern; mit Vergnügen).* **2.** ⟨Pl.⟩ (geh.) *etw., was jmdn. erfreut:* die -n der Liebe; die kleinen -n des Alltags; sie lebten herrlich und in -n *(es ging ihnen sehr gut).*

Freu|den|aus|bruch, der: *plötzliche, heftige Äußerung von Freude.*

Freu|den|be|cher, der (dichter.): *Fülle der Freude, des Glücks:* den F. leeren *(sein Glück auskosten).*

Freu|den|fest, das: *Fest, das aus einem freudigen Anlass gefeiert wird.*

Freu|den|feu|er, das: *zum Zeichen der Freude entzündetes Feuer.*

Freu|den|ge|heul, Freu|den|ge|schrei, das: *lautstarker Ausdruck der Freude.*

Freu|den|haus, das: *Bordell.*

Freu|den|mäd|chen, das [LÜ von frz. fille de joie] (geh. verhüll.): *Prostituierte.*

freu|den|reich ⟨Adj.⟩ (geh.): *reich an Freude:* eine -e Zeit erleben.

Freu|den|ruf, der: *Ausruf der Freude.*

Freu|den|schrei, der: *Schrei der Freude:* einen F. ausstoßen.

Freu|den|sprung, der: *Luftsprung als Ausdruck großer Freude:* einen F. machen.

Freu|den|tag, der: *glücklicher, freudiger Tag.*

Freu|den|tanz, der: *Anzahl aus Freude ausgeführter tänzerischer Bewegungen:* die Mannschaft feierte ihren Sieg mit einem F. auf dem Spielfeld; Ü wir hatten als Kinder wahre Freudentänze aufgeführt (ugs.; *uns unbändig gefreut*), wenn die Großeltern zu Besuch kamen.

Freu|den|tau|mel, der: *Taumel (b) der Freude:* in einen F. verfallen.

Freu|den|trä|ne, die ⟨meist Pl.⟩: *vor Freude vergossene Träne:* -n weinen.

freu|de|strah|lend ⟨Adj.⟩: *strahlend vor Freude:* jmdn. f. ansehen.

Freu|di|a|ner, der; -s, -: *Anhänger der Lehre des österreichischen Psychiaters Sigmund Freud.*

Freu|di|a|ne|rin, die; -, -nen: w. Form zu ↑ Freudianer.

freu|di|a|nisch ⟨Adj.⟩: *die Lehre Sigmund Freuds betreffend, auf ihr beruhend.*

freu|dig ⟨Adj.⟩: **a)** *von Freude erfüllt, bestimmt; froh:* ein -es Wiedersehen; jmdn. f. begrüßen; f. überrascht sein; **b)** *Freude bereitend; erfreulich:* eine -e Nachricht, Überraschung.

-freu|dig: 1. drückt in Bildungen mit Verben (Verbstämmen) aus, dass die beschriebene Person gern und häufig etw. macht: *diskutier-, reisefreudig.* **2.** drückt in Bildungen mit Substantiven aus, dass die beschriebene Person schnell, gern bereit zu etw. ist: *entscheidungs-, reformfreudig.* **3.** drückt in Bildungen mit Substantiven aus, dass die beschriebene Person Freude an etw. hat, zeigt: *publicity-, showfreudig.* **4.** drückt in Bildungen mit Verben (Verbstämmen) aus, dass die beschriebene Sache etw. gut und leicht tut, zu etw. neigt: *reiß-, rieselfreudig.*

freud|los ⟨Adj.⟩: *traurig; öde; ohne Freude:* ein -es Dasein. Dazu: **Freud|lo|sig|keit,** die; -.

freudsch ⟨Adj.⟩: *auf Sigmund Freud od. seine Lehre bezogen, nach ihm benannt:* die freudsche/Freud'sche Theorie; eine freudsche/Freud'sche Fehlleistung (↑ Fehlleistung 1); ein freudscher/Freud'scher Versprecher (ugs.; *freudsche Fehlleistung beim Sprechen*).

freud|voll ⟨Adj.⟩: *beglückend, freudig.*

freu|en ⟨sw. V.; hat⟩ [mhd. vröuwen, ahd. frewan, zu ↑ froh u. eigtl. = froh machen]: **1.** ⟨f. + sich⟩ *Freude empfinden; voller Freude [u. Fröhlichkeit] sein:* sich f. wie ein Kind *(sich sehr freuen);* (iron.:) da hast du dich zu früh gefreut; sich seines Lebens f. *(sein Leben genießen);* sich an [den] Blumen f. *(seine Freude daran haben);* wir freuen uns auf den Ausflug *(erwarten ihn freudig)*; ich freue mich schon darauf, dich wiederzusehen; ich freue mich für dich *(gönne es dir sehr)*, dass du die Stelle bekommen hast; mit jmdm. f.; sich über seinen Erfolg f.; wir freuen uns, Ihnen helfen zu können; ... aber er wie sie waren nicht in der Lage, das Essen selbst durch und durch zu schätzen. Sie schafften es einfach nicht, sich genießerisch daran zu f. (Kronauer, Bogenschütze 39). **2.** *erfreuen, jmdm. Freude bereiten; jmdn. mit Freude erfüllen:* das freut mich [aufrichtig]; es freut mich, dass du gekommen bist.

freund ⟨indekl. Adj.⟩ [mhd. vriunt, ahd. friunt, ↑Freund] (geh. veraltend): *freundlich gesinnt, zugeneigt:* jmdm. f. sein, bleiben, werden.

Freund, der; -[e]s, -e [mhd. vriunt, ahd. friunt, eigtl. = der Liebende, zu ↑frei]: **1.** *männliche Person, die einer anderen in Freundschaft (1 a) verbunden ist, ihr nahesteht:* ein guter F. von mir; mein F. Klaus; mein bester F.; -e werden; wir sind -e; die beiden sind dicke -e (ugs.; *sind eng befreundet*); das ist ihr spezieller F. (iron.; *den kann sie nicht leiden*); (ugs. iron.:) du bist mir ein schöner F.!; unter -en sein; jmdn. zum F. haben; Ü mein vierbeiniger F. *(mein Hund)*; Sie sind niemandes F. Sie gönnen keinem einen Topf Reis (Brecht, Mensch 21); **Spr** -e in der Not gehn hundert/tausend auf ein Lot *(in Notzeiten hat man wenige od. keine Freunde)*; * **F. Hein** (verhüll.; *der Tod*; bes. durch M. Claudius bekannt gewordene Tabubezeichnung; Hein = niederd. Kurzf. von Heinrich); **[mit jmdm.] gut F. sein** (landsch. veraltend; *gut mit jmdm. auskommen*); **F. und Feind** *(jedermann)*. **2.** *männliche Person, mit der eine Frau od. ein Mann befreundet ist [u. mit der sie od. er zusammenlebt]:* sein neuer F. ist zu ihm gezogen; sie hat einen festen F. **3. a)** *männliche Person, die etw. Bestimmtes bes. schätzt:* ein F. des Weins, guter Musik; * **kein F. von etw. sein** *(etw. nicht schätzen u. es daher nicht [gern] tun)*: ich bin kein F. von vielen Worten); **b)** *männliche Person, die etw. bes. unterstützt od. fördert:* Verein der -e und Förderer des Stadttheaters; **c)** *Gesinnungsgenosse, Parteifreund o. Ä.:* meine politischen -e. **4.** *vertrauliche Anrede an eine männliche Person:* wie gehts, alter F.?; Und an die anderen, werter F., erinnere ich mich nicht (Langgässer, Siegel 484).

Freund|chen, das; -s, -: *Freund (4):* (meist [scherzh.] drohend als Anrede an eine männliche Person:) F., dir werden wirs mal zeigen!

Freun|des|kreis, der: *Kreis (3 b) von Freunden:* ein großer F.; sie gehört zum engsten F.

Freun|des|paar, das; -[e]s, -e: *Paar zweier Freunde.*

Freund-Feind-Den|ken, das (Soziol.): *schematische Klassifizierung von Mitmenschen unter dem alleinigen Gesichtspunkt der Freundschaft od. der Feindschaft.*

Freun|din, die; -, -nen [mhd. vriundin(ne)]: **1.** *weibliche Person, die einer anderen Person in Freundschaft (1 a) verbunden ist, ihr nahesteht:* eine gute, alte F. von mir; meine F. Rita; meine beste F.; wir sind -nen; die beiden sind dicke -nen (ugs.; *sind eng befreundet*); das ist ihre spezielle F. (iron.; *die kann sie nicht leiden*); (ugs. iron.:) du bist mir eine schöne F.!; viele -nen haben; jmdn. zur F. haben. **2.** *weibliche Person, mit der ein Mann od. eine Frau befreundet ist [u. mit der sie od. er zusammenlebt]:* ihre F. hat sie verlassen; er hat eine neue, feste F. **3. a)** *weibliche Person, die etw. Bestimmtes bes. schätzt:* eine F. von Prosecco; * **keine F. von etw. sein** *(etw. nicht schätzen u. es daher nicht [gern] tun)*: sie ist keine F. von Make-up u. bunten Fingernägeln); **b)** *weibliche Person, die etw. bes. unterstützt od. fördert:* Projekt der -nen der Frank-furter Straßenkinder; **c)** *Gesinnungsgenossin, Parteifreundin o. Ä.:* meine politischen -nen. **4.** *vertrauliche Anrede an eine weibliche Person:* wie gehts, alte F.?

freund|lich ⟨Adj.⟩ [mhd. vriuntlich, ahd. friuntlih]: **a)** *im Umgang mit anderen aufmerksam u. entgegenkommend; liebenswürdig* (Abk.: frdl.): ein f. Empfang; ein -es Gesicht machen; ein paar -e Worte; mit -en Grüßen (Briefschluss); f. zu jmdm./(veraltet:) gegen jmdn. sein; das war sehr f. von Ihnen; würden Sie so f. sein, mir zu helfen?; f. lächeln; **b)** *angenehm, ansprechend, heiter [stimmend]* (Abk.: frdl.): -es Wetter; ein -es Zimmer; diese Farben sind besonders f. (hell u. ansprechend); die Stimmung an der Börse ist f. (Börsenw.: *günstig*); **c)** *wohlwollend, freundschaftlich* (Abk.: frdl.): eine -e Haltung [gegen jmdn./jmdm. gegenüber] einnehmen; jmdm. f. gesinnt sein; Er machte das Rentier ganz gut hatte am nächsten Tag eine -e Presse *(wurde in der Zeitung positiv beurteilt*; Grass, Hundejahre 280).

-freund|lich: 1. drückt in Bildungen mit Substantiven aus, dass die beschriebene Sache für jmdn., etw. günstig, angenehm, für etw. gut geeignet ist: magen-, reparatur-, verbraucherfreundlich. **2.** drückt in Bildungen mit Substantiven aus freundliches Entgegenkommen aus; *wohlgesinnt gegenüber jmdm., etw.:* kinder-, hundefreundlich.

freund|li|cher|wei|se ⟨Adv.⟩: *aus Freundlichkeit:* sie erbot sich f., uns zu helfen.

Freund|lich|keit, die; -, -en: **1.** ⟨o. Pl.⟩ **a)** *freundliches (a) Wesen, Verhalten; Liebenswürdigkeit:* jmdm. mit ausgesuchter, übertriebener F. begegnen; Haben Sie doch die F., uns jetzt Bescheid über ihre Adresse zu geben *(seien Sie bitte so freundlich ...;* Brecht, Mensch 122); **b)** *freundliche (b), angenehme Art:* die F. *(angenehme Helligkeit)* eines Raumes. **2.** *freundliche (a) Handlung:* jmdn. um eine F. *(Gefälligkeit)* bitten.

freund|nach|bar|lich ⟨Adj.⟩ (bes. schweiz.): *unter Nachbarn u. Freunden üblich; als Nachbar[n] u. Freund[e]:* -e Beziehungen; f. mit jmdm. verbunden sein.

Freund|schaft, die; -, -en [mhd. vriuntschaft, ahd. friuntscaf]: **a)** *auf gegenseitiger Zuneigung beruhendes Verhältnis von Menschen zueinander:* eine innige F.; die F. zwischen den Männern zerbrach; uns verbindet eine tiefe F.; so weit geht die F. nicht *(das kommt nicht in Betracht)*; mit jmdm. F. schließen; etw. aus F. tun; jmdm. in F. verbunden sein; ich sage es dir in aller F. *(mit Wohlwollen)*; **b)** ⟨o. Pl.⟩ [nach gleichbed. russ. družba] (DDR) Gruß der Freien Deutschen Jugend: sich mit dem Gruß »F.!« verabschieden.

freund|schaft|lich ⟨Adj.⟩: *auf Freundschaft (1 a) gegründet:* -e Beziehungen; [mit] jmdm. f. verbunden sein; Sie warnte ihn f., er werde sich krank machen (H. Mann, Unrat 138). Dazu: **Freund|schaft|lich|keit,** die; -.

Freund|schafts|ban|de ⟨Pl.⟩ (geh.): *freundschaftliche Bindungen:* F. knüpfen.

Freund|schafts|be|weis, der: *sichtbares Zeichen der Freundschaft (1 a):* jmdm. einen F. geben.

Freund|schafts|buch, das: *Buch (bes. von Kindern), in dem Freundinnen u. Freunde (in vorgegebenen Rubriken) ihre Vorlieben, Hobbys od. sonstige persönliche Dinge beschreiben können:* in ihrem F. hatten sich schon alle aus der Klasse verewigt.

Freund|schafts|dienst, der: *aus Freundschaft geleistete Hilfe, erwiesener Dienst:* jmdm. einen F. erweisen.

Freund|schafts|fest, das: *festliche od. in der Art eines Volksfestes organisierte Veranstaltung, die die freundschaftlichen Beziehungen zwischen bestimmten Gruppen demonstrieren soll:* ein türkisch-deutsches F.

Freund|schafts|preis, der: *aus Freundschaft od. aufgrund guter Beziehungen reduzierter Preis* (1): jmdm. etw. zu einem F. überlassen.

Freund|schafts|ring, der: *Ring, den jmd. einem anderen zum Zeichen der Freundschaft schenkt.*

Freund|schafts|spiel, das (Sport): *zwischen zwei Mannschaften außerhalb eines Wettbewerbs ausgetragenes Spiel.*

Freund|schafts|ver|trag, der (Politik): *Vertrag über freundschaftliche Zusammenarbeit zwischen Staaten:* der deutsch-französische F.

fre|vel ⟨Adj.⟩ [mhd. vrevel, ahd. fravali = kühn, stolz; verwegen, frech, wahrsch. Zus. aus ↑ver- (vgl. got. fra- = weg-) u. einem nicht sicher erkennbaren Grundwort] (dichter., veraltet): **a)** *verbrecherisch, frevelhaft:* eine frevle Tat; ◆ **b)** *übermütig:* ... dass man uns auf eine frevle Weise zum Besten gehabt habe (Goethe, Dichtung u. Wahrheit 5).

Fre|vel, der; -s, - [mhd. vrevel, ahd. fravali] (geh.): *Verstoß gegen die göttliche od. menschliche Ordnung aus bewusster Missachtung, Auflehnung od. Übermut:* ein gotteslästerlicher F.; einen F. an der Natur begehen.

fre|vel|haft ⟨Adj.⟩ (geh.): *verwerflich:* mit -em Leichtsinn handeln. Dazu: **Fre|vel|haf|tig|keit,** die; -.

fre|veln ⟨sw. V.; hat⟩ [mhd. vrevelen] (geh.): *einen Frevel begehen:* gegen das Gesetz f.; an der Natur f.

◆ **Fre|vel|wort,** das ⟨Pl. -e⟩ (geh.): *frevelhafte Äußerung:* Warum spaltet der Blitz die ruchlose Zunge nicht, die das F. ausspricht? (Schiller, Räuber III, 1).

Frev|ler, der; -s, - [mhd. vreveler] (geh.): *jmd., der einen Frevel begeht od. begangen hat.*

Frev|le|rin, die; -, -nen: w. Form zu ↑Frevler.

frev|le|risch ⟨Adj.⟩ (geh.): *frevelhaft.*

Frey, Freyr (germ. Mythol.): *Gott des Lichtes u. der Fruchtbarkeit.*

Frey|ja (germ. Mythol.): *Göttin der Liebe u. der Fruchtbarkeit.*

Freyr: ↑ Frey.

Frhr. = Freiherr.

fri|ckeln ⟨sw. V.; hat⟩ (ugs.): *sich an einer relativ kleinteiligen Sache, die man verbessern, um- od. ausbauen möchte, handwerklich od. technisch betätigen:* ich frick[e]le schon seit zwei Stunden an meiner Homepage.

fri|de|ri|zi|a|nisch ⟨Adj.⟩ [zu Fridericus = latinis. Form von Friedrich] *auf die Zeit König Friedrichs II. von Preußen bezogen:* das -e Preußen.

Frie|de, der; -ns, -n, **Frieden,** der; -s, - [mhd. vride, ahd. fridu, ursp. = Schonung, Freundschaft, zu ↑frei]: **1. a)** ⟨meist Frieden; o. Pl.⟩ *[vertraglich gesicherter] Zustand des inner- od. zwischenstaatlichen Zusammenlebens in Ruhe u. Sicherheit:* es ist, herrscht Frieden; Frieden schließen; die Erhaltung des Friedens; mitten im [tiefsten] Frieden; in Frieden und Freiheit leben; Ü die Geschwister haben Frieden geschlossen *(sich versöhnt)*; **b)** ⟨meist Frieden⟩ *Friedensschluss:* einen ehrenvollen Frieden aushandeln; den Besiegten den Frieden diktieren; den Frieden unterzeichnen. **2.** ⟨meist Frieden; o. Pl.⟩ **a)** *Zustand der Eintracht, der Harmonie:* der häusliche, eheliche Frieden; der soziale Frieden (Soziol.; *Abwesenheit innergesellschaftlicher Konflikte*); Frieden stiften, in Ruhe und Frieden und Freundschaft/Eintracht miteinander leben; um des lieben Friedens willen zustimmen; **Spr** Friede/Frieden ernährt, Unfriede/Unfrieden verzehrt *(ohne Streit lebt es sich*

frieden – frieren

besser); * **dem Frieden nicht trauen** (skeptisch im Hinblick auf die Ruhe nach einem Streit o. Ä. sein); **Friede, Freude, Eierkuchen** (ugs.; wiederhergestellte [aber fragwürdige] Harmonie); **seinen Frieden mit jmdm., etw. machen** (sich mit jmdm., einer Sache aussöhnen); **b)** ungestörte Ruhe: man hat keinen Frieden vor ihr; * **jmdm. [mit etw.] in Frieden lassen** (↑ Ruhe 3); **c)** Zustand beschaulich-heiterer Ruhe: den Frieden (die friedliche Stille) der Natur lieben. **3.** ⟨meist Friede⟩ (christl. Rel.) Geborgenheit in Gott: (Segensspruch) Friede sei mit euch!; Friede ihrer Asche!; er ruhe in Frieden!

frie|den ⟨sw. V.; hat⟩ (selten): befrieden; einfrieden.

Frie|den: ↑ Friede.

Frie|dens|ak|ti|vist, der: Person, die sich mit in der Öffentlichkeit wirksamen Aktionen für den Frieden (1 a) einsetzt.

Frie|dens|ak|ti|vis|tin, die: w. Form zu ↑ Friedensaktivist.

Frie|dens|an|ge|bot, das: Angebot (1 b), Frieden zu schließen.

Frie|dens|ap|pell, der: Appell, Aufruf zum Frieden.

Frie|dens|be|din|gung, die: Bedingung, unter der ein Frieden geschlossen wird: günstige -en aushandeln.

Frie|dens|be|mü|hung, die ⟨meist Pl.⟩: Bemühung um den Frieden.

Frie|dens|be|reit|schaft, die ⟨o. Pl.⟩: Bereitschaft, Frieden zu wahren, zu schließen.

frie|dens|be|wegt ⟨Adj.⟩: vom Geist der Friedensbewegung erfüllt; der Friedensbewegung zugehörend.

Frie|dens|be|we|gung, die: Gruppe od. Organisation, die aktiv für den Weltfrieden eintritt.

Frie|dens|bot|schaft, die ⟨geh.⟩: den Frieden verkündende Botschaft.

Frie|dens|bruch, der: Bruch eines vereinbarten Friedens (1 a).

Frie|dens|de|mons|t|ra|ti|on, die: Demonstration für den Frieden (1 a).

Frie|dens|dienst, der ⟨o. Pl.⟩: von Kriegsdienstverweigerern zu leistender Ersatzdienst.

Frie|dens|en|gel, der: **1.** Engel mit Palmzweig als Symbol des Friedens. **2.** (geh.) Person, die als Friedensstifter auftritt.

Frie|dens|fah|ne, die: [weiße] Fahne als Zeichen des Friedens od. der Friedensbereitschaft.

Frie|dens|fahrt, die: jährlich stattfindendes internationales Radrennen für Amateure u. Profis durch Deutschland, Polen u. Tschechien.

Frie|dens|for|scher, der: Wissenschaftler auf dem Gebiet der Friedensforschung.

Frie|dens|for|sche|rin, die: w. Form zu ↑ Friedensforscher.

Frie|dens|for|schung, die: wissenschaftliche Erforschung der Bedingungen für Krieg u. Frieden.

Frie|dens|freund, der: Freund (3 b) des Friedens.

Frie|dens|freun|din, die: w. Form zu ↑ Friedensfreund.

Frie|dens|fürst, der: **1.** (geh. veraltet) friedlich gesinnter, den Frieden liebender Fürst. ◆ Sie sehn im Herzog einen -en und einen Stifter neuer goldner Zeit (Schiller, Wallensteins Tod V, 1). **2.** ⟨o. Pl.⟩ (bibl.) Jesus Christus.

Frie|dens|ge|bet, das: Gebet um Frieden (1 a).

Frie|dens|ge|spräch, das: Gespräch zur Vorbereitung eines Friedensschlusses: -e führen.

Frie|dens|glo|cke, die: anlässlich eines Friedensschlusses geläutete Glocke: endlich läuteten die -n.

Frie|dens|hoff|nung, die: Hoffnung auf Frieden.

Frie|dens|in|i|ti|a|ti|ve, die: **1.** Initiative (1 a) für den Frieden: die F. des ägyptischen Präsidenten. **2.** Friedensbewegung.

Frie|dens|kon|fe|renz, die: Konferenz, auf der über die Herbeiführung eines Friedens beraten wird.

Frie|dens|kund|ge|bung, die: Kundgebung für den Frieden.

Frie|dens|kuss, der (kath. Rel.): stilisierte Umarmung unter katholischen Geistlichen während der Messe.

Frie|dens|lie|be, die ⟨o. Pl.⟩: Liebe zum Frieden.

Frie|dens|lö|sung, die: friedliche Lösung (1 a) eines bewaffneten Konflikts.

Frie|dens|marsch, der (DDR): Demonstration (1) für den Frieden.

Frie|dens|mis|si|on, die: Mission, deren Gegenstand die Vorbereitung eines Friedensschlusses ist: die F. ist gescheitert.

Frie|dens|no|bel|preis, der: für besondere Verdienste um den Weltfrieden verliehener Nobelpreis: **Frie|dens|no|bel|preis|trä|ger,** der; **Frie|dens|no|bel|preis|trä|ge|rin,** die.

Frie|dens|ord|nung, die: Plan für ein friedliches Zusammenleben der Völker: zu einer europäischen F. beitragen.

Frie|dens|pfei|fe, die [nach engl. pipe of peace]: mit Schmuck versehene Pfeife der Indianer Nordamerikas, die zur Besiegelung von Friedensschlüssen, Verträgen u. a. reihum geraucht wird: * **[mit jmdm.] die F. rauchen** (ugs. scherzh.; sich [mit jmdm.] versöhnen).

Frie|dens|pflicht, die (Arbeitsrecht): Pflicht zur Wahrung des Arbeitsfriedens während der Dauer eines Tarifvertrages: die F. verletzen.

Frie|dens|plan, der: Plan für einen Friedensprozess.

Frie|dens|po|li|tik, die: auf Erhaltung des Friedens ausgerichtete Politik: eine konsequente F. verfolgen, betreiben.

Frie|dens|preis, der: Preis für besondere Verdienste um die Förderung des Friedens.

Frie|dens|pro|zess, der: zum Friedensschluss führender [politischer] Prozess (2); sich über eine gewisse Zeit erstreckender Vorgang, bei dem es [allmählich] zu einem Frieden kommt.

Frie|dens|re|ge|lung, die: Regelung durch einen Friedensvertrag: die F. sieht umfassende Entschädigungen vor.

Frie|dens|rich|ter, der [LÜ von engl. Justice of the Peace]: **1.** (bes. in den USA u. Großbritannien) Einzelrichter für Zivil- u. Strafsachen von geringerer Bedeutung. **2.** (schweiz., sonst veraltet) ehrenamtlich tätige Person, die bei bestimmten Delikten einen Sühneversuch zu unternehmen hat.

Frie|dens|rich|te|rin, die: w. Form zu ↑ Friedensrichter.

Frie|dens|schluss, der: Abschluss eines Friedensvertrags.

Frie|dens|si|che|rung, die: Sicherung des Friedens: aktive F. betreiben.

Frie|dens|stif|ter, der, (seltener:) Friedenstifter, der: jmd., durch dessen Vermittlung die Beilegung eines Konfliktes zustande kommt.

Frie|dens|stif|te|rin, die: w. Form zu ↑ Friedensstifter.

Frie|dens|tau|be, die [nach 1. Mos. 8, 11]: Taube als Symbol des Friedens.

Frie|den|stif|ter: ↑ Friedensstifter.

Frie|den|stif|te|rin, die: w. Form zu ↑ Friedenstifter.

Frie|dens|trup|pe, die: Truppe von UNO-Soldaten, die Sicherung bzw. die Einhaltung des Friedens in einem Krisengebiet überwachen sollen.

Frie|dens|ver|hand|lung, die ⟨meist Pl.⟩: Verhandlung, die dem Abschluss eines Friedensvertrages vorausgeht: in -en eintreten.

Frie|dens|ver|trag, der: Vertrag, der den Kriegs-zustand zwischen Staaten beendet: einen F. schließen, unterzeichnen.

Frie|dens|wil|le, der ⟨o. Pl.⟩: Bereitschaft, sich für den Frieden einzusetzen: seinen -n unter Beweis stellen.

Frie|dens|zeit, die: Zeit, historischer Zeitraum, in dem Frieden (1 a) herrscht: eine lange F.; es war wie in -en.

fried|fer|tig ⟨Adj.⟩: das friedliche Zusammenleben, die Eintracht liebend; verträglich, umgänglich: ein -er Mensch, Charakter.

Fried|fer|tig|keit, die, -: friedfertige Gesinnung.

Fried|hof, der [mhd. vrīthof, ahd. frithof, urspr. = eingehegter Raum]: Ort, an dem die Toten bestattet werden.

Fried|hofs|blu|me, die: Blume, die häufig als Grabschmuck verwendet wird.

Fried|hofs|gärt|ner, der: Gärtner (a), der [vorwiegend] auf Friedhöfen arbeitet.

Fried|hofs|gärt|ne|rei, die: in unmittelbarer Nähe eines Friedhofs angesiedelte Gärtnerei, die hauptsächlich die Bepflanzung von Gräbern besorgt.

Fried|hofs|gärt|ne|rin, die: w. Form zu ↑ Friedhofsgärtner.

Fried|hofs|ka|pel|le, die: zum Friedhof gehörende Kapelle, in der Trauerfeiern abgehalten werden.

Fried|hofs|mau|er, die: den Friedhof umgebende Mauer.

Fried|hofs|ord|nung, die: Ordnung für die Benutzung eines Friedhofs.

Fried|hofs|ru|he, die: auf einem Friedhof herrschende Ruhe (1): die F. stören; Ü zur Zeit der Diktatur herrschte F. (erzwungene, als bedrückend empfundene Ruhe) im Lande.

Fried|hofs|stil|le, die: Stille, die auf einem Friedhof, wie sie auf einem Friedhof herrscht.

fried|lich ⟨Adj.⟩ [mhd. vridelich]: **1. a)** ohne Gewalt od. Krieg [bestehend, sich vollziehend]; nicht kriegerisch: die Koexistenz; einen Konflikt auf -em Wege lösen; **b)** nicht kriegerischen Zwecken dienend: die -e Nutzung der Kernenergie. **2. a)** verträglich, versöhnlich: ein -er Mensch; sei f.! (fange keinen Streit an!); sie lebten f. nebeneinander; **b)** ⟨geh.⟩ von Frieden (2 b) erfüllt, ruhig, still: ein -er Anblick; f. einschlafen (verhüll.; einen sanften Tod sterben).

Fried|lich|keit, die; -: das Friedlichsein (2).

fried|lie|bend ⟨Adj.⟩: den Frieden liebend: ein -er Mensch.

fried|los ⟨Adj.⟩: **1.** ⟨geh.⟩ keinen Frieden (2 c) findend, ruhelos: f. irrt er umher. **2.** (Geschichte) geächtet, vogelfrei.

Fried|rich Wil|helm, der; --s, --s [wohl nach dem preuß. Königsnamen Friedrich Wilhelm (früher häufiger m. Vorn.)] (ugs. scherzh. veraltend): Unterschrift: seinen F. W. unter einen Brief setzen.

fried|voll ⟨Adj.⟩ ⟨geh.⟩: voll inneren Friedens.

Fried|wald®, der [geb. nach ↑ Friedhof]: Friedhof genutzter Wald, in dem Verstorbene unter persönlich ausgewählten Bäumen in Urnen bestattet werden: eine Bestattung im F.

frie|meln: ↑ pfriemeln.

Friend|ly Fire ['frɛndlɪ 'faɪə], das; - -[s], - -s [engl. friendly fire, aus: friendly = zu den eigenen od. den verbündeten Truppen gehörend u. fire = Feuer] (Militär): versehentlicher Beschuss durch eigene Truppen.

frie|ren ⟨st. V.⟩ [mhd. vriesen, ahd. friosan; -r- aus Formen des Präteritums]: **1.** ⟨hat⟩ **a)** einen Mangel an Wärme empfinden: leicht f. (kälteempfindlich sein); ich habe ganz erbärmlich gefroren; an den Händen, am Rücken f.; … ich stand da und fror bis in die Knochen (Gaiser, Schlußball 176); **b)** ⟨unpers.⟩ das Gefühl der Kälte in jmdm. entstehen lassen: es friert mich;

Fries – frisieren

mich friert [es] jämmerlich [an den Händen]; **c)** *(von einem Körperteil) kalt geworden sein u. dadurch bei jmdm. ein Gefühl der Kälte hervorrufen:* die Füße frieren mir; ihm/(landsch.:) ihn fror die Nase. **2. a)** ⟨unpers.; hat⟩ *(von der Temperatur) unter den Gefrierpunkt sinken:* draußen friert es; heute Nacht hat es gefroren; **b)** ⟨ist⟩ *durch Einwirkung von Frost [in bestimmter Weise] erstarren, hart werden:* das Wasser friert; der Boden ist [hart] gefroren; die Wäsche ist steif gefroren.

Fries, der; -es, -e [frz. frise, H. u.] (Archit.): *mit plastischen od. gemalten Ornamenten u. figürlichen Darstellungen ausgestaltete Fläche als Gliederung u. Schmuck einer Wand:* ein dorischer F.

Frie|se, der; -n, -n: Angehöriger eines an der Nordseeküste heimischen Volksstammes.

Frie|sel, der od. das; -s, -n ⟨meist Pl.⟩ [zu einem vorgerm. Wort mit der Bed. »Hirse« (nach der Ähnlichkeit mit einem Hirsekorn)]: *kleines Hautbläschen mit wässrigem Inhalt, das bes. bei starkem Schwitzen in Form eines harmlosen Hautausschlags auftritt.*

Frie|sen|nerz, der (ugs. scherzh.): *Öljacke.*

Frie|sin, die; -, -nen: w. Form zu ↑ Friese.

frie|sisch ⟨Adj.⟩: **1.** *die Friesen betreffend.* **2.** *friesländisch.*

Frie|sisch, das; -[s], (nur mit best. Art.:) **Frie|si|sche,** das; -n: *die friesische Sprache.*

Fries|land, -s: **1.** *Landkreis in Niedersachsen.* **2.** *Provinz in den nördlichen Niederlanden.*

fries|län|disch ⟨Adj.⟩: *Friesland betreffend.*

Frigg (germ. Mythol.): *Gemahlin Wodans.*

fri|gid, fri|gi|de ⟨Adj.⟩ [lat. frigidus = kalt, zu: frigus = Kälte] (Med. veraltend, sonst oft abwertend): *(von einer Frau) sexuell nicht erregbar, nicht zum Orgasmus fähig.*

Fri|gi|di|tät, die; -: *(bei Frauen) mangelnde sexuelle Erregbarkeit, Unfähigkeit zum Orgasmus.*

Fri|ka|del|le, die; -, -n [dissimiliert aus ital. frittatella (frittadella) = Gebratenes, kleiner Pfannkuchen, Vkl. von: frittata, ↑ Frittate] (Kochkunst): *gebratener [flacher] Kloß aus gehacktem Fleisch; deutsches Beefsteak, Bulette.*

Fri|kan|deau […'doː], das; -s, -s [frz. fricandeau, (fälschlich) geb. zu: fricasser, ↑ frikassieren] (Kochkunst): *Fleisch von der Innenseite der Keule (von Kalb, Schwein, Hirsch u. a.).*

Fri|kas|see, das; -s, -s [frz. fricassée, zu: fricasser, ↑ frikassieren] (Kochkunst): *Gericht aus hellem, gekochtem Fleisch in einer hellen, leicht säuerlichen Soße:* ein F. aus Hühnerfleisch; Ü ich mache F. aus dir! (salopp, oft scherzh.:) *ich werde dich verprügeln, übel zurichten).*

fri|kas|sie|ren ⟨sw. V.; hat⟩ [frz. fricasser, wohl Mischform aus: frire (↑ frieren) und casser = zerkleinern]: **1.** (Kochkunst) *zu Frikassee verarbeiten:* Kalbfleisch f. **2.** (salopp, oft scherzh.) *verprügeln, übel zurichten:* jmdn. f.

Fri|ka|tiv, der; -s, -e [zu lat. fricare (2. Part.: fric[a]tum) = reiben] (Sprachwiss.): *durch Reibung der ausströmenden Atemluft an Lippen, Zähnen od. Gaumen hervorgebrachter Laut* (z. B. sch, f).

Frik|ti|on, die; -, -en [spätlat. frictio = das Reiben]: **1.** (Technik) *Reibung zwischen gegeneinanderbewegten Körpern zur Übertragung von Kräften u. Drehmomenten:* durch F. entsteht Wärme. **2.** (Wirtsch.) *Widerstand, Verzögerung, die der sofortigen Wiederherstellung des wirtschaftlichen Gleichgewichts beim Überwiegen von Angebot od. Nachfrage entgegensteht.* **3.** (bildungsspr.) *Unstimmigkeit, Zwist.*

frik|ti|ons|frei ⟨Adj.⟩: *keine Friktionen (2, 3) aufweisend.*

Fris|bee® ['frɪsbi], das; -[s], -s [engl. frisbee, viell. nach einem Familienn.]: **a)** *Sportgerät in Form einer runden, gewölbten Scheibe aus Plastik;* **b)** *Spiel mit dem Frisbee* (a): F. spielen.

frisch ⟨Adj.⟩ [mhd. vrisch, ahd. frisc]: **1. a)** *(bes. von Lebensmitteln) nicht alt, abgestanden, welk o. a.:* -e Eier, Butter; -e Fische; -e Blumen; das Obst war [nicht mehr] f.; … unschuldig leuchtend wie die Milch, jenes Manna, das es auch im allerletzten Nest in Irland immer f. und billig gibt (Böll, Tagebuch 57); **b)** *unverbraucht:* -e Luft; noch -e Kräfte haben; Ü die Erinnerung daran war noch so f. *(das fragliche Erlebnis o. Ä. lag noch so kurze Zeit zurück);* **c)** *eben erst [entstanden, hergestellt, ausgeführt]:* eine -e Wunde; ein noch -er Blutfleck; der Fleck ist noch f.; f. gebackenes Brot; Vorsicht, f. gestrichen!; Unterhalb einer -en Schramme an seiner Schläfe hatte sich eine kleine, krumme Blutbahn gebildet (Schnurre, Fall 54); **d)** *gerade eben [geschehen o. Ä.]:* f. von der Uni kommen; ein f. verliebtes Pärchen; Sie kommt f. aus dem Zuchthaus. Hat ihren Mann ermordet (Remarque, Obelisk 186). **2. a)** *erneuert; ausgeruht; erholt:* -e Truppen, Pferde; nach der Rast mit -en Kräften weiterklettern; Ü -e (neuen) Mut fassen; **b)** *sauber, rein:* -e Handtücher bereitlegen; das Bett f. *(mit sauberer Wäsche)* beziehen; sich f. machen *(sich waschen, frisieren, zurechtmachen).* **3.** *gesund, blühend [aussehend]:* eine -e Gesichtsfarbe; sie ist wieder f. und munter (ugs.; *wohlauf*); f., fromm, fröhlich, frei (Wahlspruch der deutschen Turnerschaft [1860–1934] u. des Deutschen Turner-Bundes [seit 1950]). **4.** *lebhaft, leuchtend:* -e Farben. **5.** *kühl:* ein -er Wind; es weht ein -es Lüftchen; es ist ziemlich f. heute.

-frisch: drückt in Bildungen mit Substantiven oder Verben (Verbstämmen) aus, dass die beschriebene Sache (meist Nahrungsmittel) unmittelbar von oder aus etw. kommt, stammt und daher besonders frisch ist: ernte-, garten-, röstfrisch.

frisch|auf ⟨Adv.⟩ (veraltend): *drückt eine Ermunterung aus od. die Aufforderung, sich in Bewegung, in Marsch zu setzen:* f. zum fröhlichen Jagen!

Fri|sche, die; - [mhd. vrische]: **1.** *frische* (1 a) *Beschaffenheit:* die F. knuspriger Brötchen; die köstliche F. des Obstes. **2.** *körperliche u. geistige Leistungsfähigkeit; Regsamkeit, Rüstigkeit:* körperliche und geistige F. bewahren; morgen in alter F.! (ugs.; *so frisch u. munter wie jetzt!*) **3.** *das Frischsein; [Gefühl der] Sauberkeit:* diese F. hielt den ganzen Tag vor. **4.** *gesundes, blühendes Aussehen:* die rosige F. ihres Gesichts. **5.** *Lebhaftigkeit, Leuchtkraft:* die F. heller Farben; Ü die F. des Aufsatzes. **6.** *[erfrischende] Kühle:* die belebende F. der Waldluft; Ohne Hut, ohne Paletot, saß er neben ihm in der frostnahen F. des Herbstabends (Th. Mann, Zauberberg 594).

fri|schen ⟨sw. V.; hat⟩ [mhd. vrischen]: **1.** (Hüttenw.) *Roheisen durch Oxidation der begleitenden Bestandteile in Stahl umwandeln.* **2.** (Jägerspr.) *(vom Wildschwein) Junge werfen:* die Bache frischt.

Frisch|fleisch, das: *nicht konserviertes Fleisch von frisch geschlachtetem Vieh.*

¹frisch|ge|ba|cken ⟨Adj.⟩ (ugs., scherzh.): *erst kürzlich dazu geworden:* ein -er Doktor, Vater.

frisch ge|ba|cken, ²frisch|ge|ba|cken ⟨Adj.⟩: *erst vor kurzer Zeit gebacken, noch ganz frisch:* ein frisch gebackener Pflaumenkuchen.

Frisch|hal|te|beu|tel, der: *Beutel aus Plastik, in dem Lebensmittel für kurze Zeit frisch gehalten werden können.*

Frisch|hal|te|fo|lie, die: *dünne, durchsichtige u.* leicht haftende Kunststofffolie zum Verpacken u. Frischhalten bes. von Lebensmitteln.

Frisch|hal|te|pa|ckung, die: *meist aus Kunststofffolie bestehende, luftdicht abschließende Packung, in der Lebensmittel für längere Zeit frisch gehalten werden.*

Frisch|kä|se, der: *aus Sauermilch hergestellter Käse von weißer Farbe u. weicher Konsistenz, der keinen [längeren] Reifeprozess durchgemacht hat.*

Frisch|kost, die: *Kost aus frischen Lebensmitteln* (bes. frischem Obst u. Gemüse).

Frisch|ling, der; -s, -e [mhd. vrisch(l)inc, ahd. friskling]: **1.** (Jägerspr.) *junges, höchstens ein Jahr altes Wildschwein.* **2.** (scherzh.) *neues Mitglied, Neuling:* sie ist noch ein F. in der Partei.

Frisch|luft, die ⟨o. Pl.⟩ (Technik): *frische, unverbrauchte Luft:* einen Raum mit F. versorgen. Dazu: **Frisch|luft|zu|fuhr,** die ⟨Pl. selten⟩.

frisch ma|chen, frisch|ma|chen, sich ⟨sw. V.; hat⟩: *sich waschen, frisieren, zurechtmachen.*

Frisch|milch, die: *nicht konservierte Milch.*

Frisch|wa|re, die (bes. Kaufmannsspr.): *frisches, nicht konserviertes Lebensmittel (als Handelsgut).*

Frisch|was|ser, das ⟨o. Pl.⟩: **1.** *unverbrauchtes, nicht verunreinigtes Wasser;* eine technische Anlage mit F. versorgen. **2.** (Seew.) *auf Schiffen mitgeführtes Süßwasser [für Dampfkessel].*

frisch|weg ⟨Adv.⟩: *munter, unbekümmert; ohne Hemmungen:* f. erzählen.

Frisch|zel|le, die (Med.): *einem Organismus entnommene, noch lebende Zelle.*

Frisch|zel|len|be|hand|lung, Frisch|zel|len|kur, Frisch|zel|len|the|ra|pie, die (Med.): *Behandlung, Therapie mit Frischzellen.*

Fri|sée [fri'zeː], der; -s, **Fri|sée|sa|lat,** der [zu frz. frisée, w. Form von: frisé = gekräuselt, 2. Part. von: friser, ↑ frisieren]: *Kopfsalat mit kraus gefiederten Blättern.*

Fri|seur [fri'zøːɐ̯], Frisör, der; -s, -e [französierende Bildung zu ↑ frisieren]: *jmd., der berufsmäßig anderen das Haar schneidet [u. frisiert]:* zum F. gehen.

Fri|seur|hand|werk, Frisörhandwerk, das ⟨o. Pl.⟩: *Handwerk der Friseurin des Friseurs.*

Fri|seur|la|den, Frisörladen, der: *Friseursalon.*

Fri|seur|meis|ter, Frisörmeister, der: *Meister des Friseurhandwerks.*

Fri|seur|meis|te|rin, die: w. Form zu ↑ Friseurmeister.

Fri|seur|sa|lon, Frisörsalon, der: *Geschäft* (2), *in dem der Kundin, dem Kunden das Haar geschnitten und frisiert wird.*

Fri|seur|stuhl, Frisörstuhl, der: *in der Höhe verstellbarer Stuhl [mit Armlehnen], auf dem die Kundin, der Kunde in einem Friseursalon bedient wird:* auf einem F. Platz nehmen.

Fri|seu|se [fri'zøːzə], die; -, -n (ugs., sonst veraltet): w. Form zu ↑ Friseur.

Die Bezeichnung *Friseuse* wird nur noch in der Umgangssprache gebraucht; die offizielle Berufsbezeichnung lautet *Friseurin.*

Fri|sier|creme, Fri|sier|crème, die: *Creme, die dem Haar Halt, Sitz verleihen soll.*

fri|sie|ren ⟨sw. V.; hat⟩ [über niederl. friseren < frz. friser = kräuseln, frisieren]: **1.** *jmdm., sich das Haar in bestimmter Weise ordnen, kämmen, zu einer Frisur formen:* du hast dein Haar/dir das Haar sehr eigenwillig frisiert; der Friseur hat dich schön frisiert. **2.** (ugs.) **a)** *Änderungen an etw. vornehmen, um einen ungünstigen Sachverhalt zu verschleiern, um etw. vorzutäuschen:* eine Bilanz, einen Unfall-

Frisierkommode – Frömmigkeit

wagen f.; frisierte Meldungen; **b)** (Kfz-Technik) *die Leistung eines serienmäßig hergestellten Kfz-Motors durch nachträgliche Veränderungen steigern:* einen Motor, ein Auto f.

Fri|sier|kom|mo|de, die (veraltend): *Kommode mit Frisierspiegel u. größerer Ablagefläche, an der sich jmd. sitzend frisieren kann.*

Fri|sier|kra|gen, der (schweiz.): *Frisierumhang.*

Fri|sier|sa|lon, der (veraltend): *Friseursalon.*

Fri|sier|spie|gel, der: *großer, meist aus mehreren drehbaren Teilen bestehender Spiegel.*

Fri|sier|tisch, der: *Tisch mit Spiegel, an dem sich jmd. sitzend frisieren kann.*

Fri|sier|um|hang, der: *Umhang zum Umlegen beim Frisieren.*

Fri|sis|tik, die; -: *Wissenschaft von der Sprache, Literatur u. Landeskunde der ²Friesen.*

Fri|sör, der; -s, -e: eindeutschend für ↑ Friseur.

Fri|sö|rin, die; -, -nen: w. Form zu ↑ Frisör.

Fri|sö|se, die; -, -n: w. Form zu ↑ Frisör.

Frist, die; -, -en [mhd. vrist, ahd. frist, eigtl. = das Bevorstehende, verw. mit ↑ First]: **a)** *für einen bestimmten Zweck festgelegte Zeitspanne:* eine F. von vier Wochen; die F. [für Reklamationen] ist verstrichen, überschritten; jmdm., sich eine F. setzen *(eine Zeit festlegen, innerhalb deren etw. erledigt o. Ä. sein muss);* eine F. verlängern; etw. innerhalb kürzester F. *(in sehr kurzer Zeit)* erledigen; nach dieser F. *(nach Ablauf dieser Frist);* zu jeder F. (veraltend): *jederzeit;* Sämtliche Drechsler, die das eigenes Wohl über das des russischen Kaisers gestellt hatten, wurden von ihren Brotherren ohne F. aus der Arbeit entlassen (Schädlich, Nähe 120); **b)** *begrenzter Aufschub:* der Schuldner erhielt eine weitere Woche F.

Frist|ab|lauf, der (Amtsspr., Rechtsspr.): *Ablauf einer [gesetzlichen] Frist:* die Klage wurde wegen -s abgewiesen.

fris|ten ⟨sw. V.; hat⟩ [mhd. vristen = aufschieben; bewahren, ahd. frist(j)an]: *mit Mühe erhalten, über die Zeit retten:* kümmerlich sein Leben f.; seine Existenz mit Gelegenheitsarbeiten f.

Fris|ten|lö|sung, die: *Fristenregelung.*

Fris|ten|re|ge|lung, die: *gesetzliche Regelung, die den straffreien Schwangerschaftsabbruch in den ersten [drei] Monaten der Schwangerschaft ermöglichen soll.*

frist|ge|bun|den ⟨Adj.⟩ (Amtsspr., Wirtsch., Rechtsspr.): *an eine bestimmte Frist gebunden:* eine -e Eingabe.

frist|ge|mäß, frist|ge|recht ⟨Adj.⟩: *unter Einhaltung einer bestimmten Frist [geschehend, erfolgend]:* die -e Lieferung einer Ware.

frist|los ⟨Adj.⟩: *sofortig; ohne Aufschub [geschehend, erfolgend]:* eine -e Kündigung; jmdn. f. entlassen.

Frist|set|zung, die (Amtsspr., Rechtsspr.): *[einseitige] Festlegung einer Frist* (a).

Frist|über|schrei|tung, die: *Überschreitung einer gegebenen Frist.*

Fris|tung, die; -, -en: *Fristverlängerung, Aufschub.*

Frist|ver|län|ge|rung, die: *Verlängerung einer gesetzten Frist.*

Frist|ver|säu|mung, die (Amtsspr., Rechtsspr.): *das Versäumen* (1 b) *einer gesetzten Frist.*

Frist|wah|rung, die (Amtsspr., Rechtsspr.): *das Einhalten* (3 a) *einer gesetzten Frist.*

Fri|sur, die; -, -en [zu ↑ frisieren]: **1.** *Art u. Weise, in der jmds. Haar frisiert ist; Haartracht:* die F. sitzt nicht mehr (ugs.: *hat keine gute Form mehr*); sie hat eine andere, neue, praktische, modische F. **2.** *das Frisieren* (2).

Fri|su|ren|mo|de, die: *Frisuren* (1) *betreffende Mode;* die F. hat sich sehr geändert.

Fri|teu|se: frühere Schreibung für ↑ Fritteuse.

fri|tie|ren usw.: frühere Schreibung für ↑ frittieren usw.

Frit|ta|ta, die; -, -n [ital. frittata, zu: fritto, 2. Part. von: friggere < lat. frigere, ↑ frittieren] (österr.): *[kleiner] Eierkuchen [der – in dünne Streifen geschnitten – als Suppeneinlage serviert wird].*

Frit|te, die; -, -n **1.** [frz. frite, eigtl. = Gebackenes, subst. 2. Part. von: frire, ↑ frittieren] (Fachspr.): *durch Fritten entstandenes Produkt.* **2.** ⟨meist Pl.⟩ (ugs.) *Pommes frites:* -n mit Mayonnaise.

frit|ten ⟨sw. V.; hat⟩ (Fachspr.): *pulverförmige od. körnige Materialien bis zum losen Aneinanderhaften der Teilchen erhitzen.*

Frit|ten|bu|de, die (ugs.): *kleinerer Imbiss* (2), *an dem bes. Pommes frites verkauft werden.*

Frit|teu|se [fri'tø:zə], die; -, -n [frz. friteuse, zu: frire, ↑ frittieren]: *elektrisches Gerät zum Frittieren.*

frit|tie|ren ⟨sw. V.; hat⟩ [zu frz. frit, 2. Part. von: frire = braten < lat. frigere = rösten, braten] (Kochkunst): *in heißem Fett schwimmend garen:* Kartoffeln, Fisch f.; frittierte Fischstäbchen.

Frit|tü|re, die; -, -n [frz. friture]: **1.** *heißes Fett zum Frittieren.* **2.** *in heißem Fett ausgebackene Speise.* **3.** *Fritteuse.*

-**frit|ze,** der; -n, -n (ugs. abwertend): *kennzeichnet in Bildungen mit Substantiven – seltener mit Verben (Verbstämmen) – eine männliche Person, die sehr allgemein durch etw. charakterisiert ist:* Immobilien-, Werbe-, Zeitungsfritze.

fri|vol ⟨Adj.⟩ [frz. frivole, eigtl. = nichtig, unbedeutend < lat. frivolus = zerrieben, zerbrechlich, zu: friare = zerreiben]: **a)** *leichtfertig, bedenkenlos:* f. mit seinem Leben spielen; **b)** *das sittliche Empfinden, die geltenden Moralbegriffe verletzend:* ein -er *(schlüpfriger)* Witz.

Fri|vo|li|tät, die; -, -en [frz. frivolité]: **1.** ⟨o. Pl.⟩ *frivoles* (a, b) *Verhalten:* etw. mit einem Anstrich von F. sagen, tun. **2. a)** *leichtfertige Bemerkung;* **b)** *schlüpfrige Äußerung:* die Herren unterhielten sich mit pikanten -en. **3.** ⟨meist Pl.⟩ (Handarb.) *mit einem Schiffchen hergestellte Knüpfspitze.*

Frl. = Fräulein.

froh ⟨Adj.⟩ [mhd. vrō, ahd. frao, frō, eigtl. = lebhaft, schnell, dann: erregt, bewegt, viell. urspr. = hüpfend]: **1. a)** *von Freude erfüllt; fröhlich [gestimmt]; glücklich:* -e Menschen, Gesichter; (Glückwunsch zu Weihnachten) -e Weihnachten!; über/(südd., österr., schweiz.:) um etw. f. sein; ich bin ja so f., dass du wieder zu Hause bist; um jeden Arbeitsplatz f. *(für jeden Arbeitsplatz dankbar)* sein; jmdn. f. machen, stimmen; eine f. gelaunte Gesellschaft; gestimmt den Tag beginnen; **b)** (ugs.) *zufrieden, erleichtert:* über etw. f. sein; du kannst f. sein, dass du nicht dabei warst; ich bin ganz f., dass es ein Ende hat; ... keinesfalls in einer besonderen Antipathie gegen diese Religion. Von ihm aus hätte sie neben andern ihres Daseins f. werden mögen (Thieß, Reich 228). **2.** *(veraltend) Freude bringend, erfreulich:* eine -e Kunde, Nachricht; ... es gehört zu meinen -esten Erinnerungen, dieses Elfurrgeräusch; am besten, finde ich, tönt es, wenn man über die Helmhausbrücke schlendert (Frisch, Gantenbein 489).

Froh|bot|schaft, die: **1.** (geh.) *positive, Freude bereitende Nachricht.* **2.** ⟨o. Pl.⟩ (christl. Rel.) *Evangelium* (1 a).

froh ge|launt, froh|ge|launt ⟨Adj.⟩: *in froher Laune [befindlich]:* eine froh gelaunte Gesellschaft.

froh|ge|mut ⟨Adj.⟩ [mhd. vrōgemuot = frohen Mutes] (geh.): *fröhlich, zuversichtlich.*

froh ge|stimmt, froh|ge|stimmt ⟨Adj.⟩: *in froher Stimmung [befindlich]:* f. g. den Tag beginnen.

fröh|lich ⟨Adj.⟩ [mhd. vrœlich, ahd. frawalīh, frōlīh]: **1. a)** *von Freude erfüllt; unbeschwert froh:* ein -er Mensch; ein -es Gemüt besitzen; sie ist immer f.; Ü ... steht ein Gebäude, an dem sich das -e Rotgelb *(die leuchtende, heitere Farbe)* der alten römischen Häuser in eine Schwefelfarbe höllischen Anstrichs gewandelt hat (Koeppen, Rußland 184); **b)** *vergnügt, lustig, ausgelassen:* -es Treiben; in -er Runde zusammensitzen; **c)** (ugs.) *unbekümmert:* f. drauflos wirtschaften. **2.** *Freude bereitend; vergnüglich:* -e Spiele, Tänze.

Fröh|lich|keit, die; -: *das Fröhlichsein:* lärmende F. erfüllte den Saal, um f. zu trinken. Ich trank. Ich trank. Eine wilde F. ergriff mich (Roth, Beichte 158).

froh|lo|cken ⟨sw. V.; hat⟩ [spätmhd. vrōlocken, 2. Bestandteil wohl zu ↑ locken u. eigtl. = vor Freude springen] (geh.): **1.** *lebhafte Schadenfreude empfinden [u. laut zum Ausdruck bringen]; triumphieren:* da hast du zu früh frohlockt; heimlich frohlockte er über den Misserfolg seines Kollegen. **2.** *vor Freude jubeln, jauchzen:* sie frohlockte über das gute Ergebnis. **3.** (geh. veraltet) *lobsingen:* dem Herrn f.

Froh|na|tur, die: **a)** ⟨o. Pl.⟩ *frohe, heitere Wesensart:* ganz besonders liebe ich ihre F.; **b)** *Mensch von froher, heiterer Wesensart:* er ist eine rheinische F.

Froh|sinn, der ⟨o. Pl.⟩: *heitere Gemütsstimmung; Fröhlichkeit:* F. und gute Laune verbreiten.

Fro|mage [frɔ'ma:ʒ, österr. meist: ...ʃ], der; -, - [frɔ'ma:ʒ] [frz. fromage < vlat. formaticus, zu lat. forma = Form (zur Käsestellung)]: frz. Bez. für: Käse.

Fro|mage de Brie [- də 'bri:], der; - - -, -s [fro'ma:ʒ] - -: *Briekäse.*

fromm ⟨Adj.; frömmer u. frommer, frömmste u. frommste⟩ [mhd. vrum, vrom = nützlich, brauchbar, auch: tüchtig, tapfer, rechtschaffen, entstanden aus ahd. Fügungen wie fruma wesan = ein Nutzen sein, zu: fruma, ↑ frommen]: **1. a)** *vom Glauben an Gott geprägt; gläubig, religiös:* ein -er Mensch, Christ; f. sein; **b)** *scheinheilig:* etwas mit -em Augenaufschlag sagen; -es *(Frömmigkeit vortäuschendes)* Getue. **2.** (veraltet) *rechtschaffen, tüchtig:* ein -er Mann; ♦ ⟨subst.:⟩ ... es kann der Frömmste nicht in Frieden leben, wenn es dem bösen Nachbarn nicht gefällt (nach Schiller, Tell IV, 3). **3.** *(von bestimmten Tieren) leicht lenkbar, gehorsam; nicht tückisch:* ein -es Pferd; der Stier ist f. wie ein Lamm.

From|me, der; -n [mhd. vrome, vrume, ahd. froma, fruma, ↑ frommen] (veraltet): *Ertrag, Nutzen;* ♦ Ich wünsche wenigstens, dass so ein frommer Ritter lange noch der lieben Christenheit, der Sache Gottes zu Ehr' und in blühn und grünen möge (Lessing, Nathan IV, 2).

Fröm|me|lei, die; -, -en (abwertend): **a)** ⟨o. Pl.⟩ *Frömmeln;* **b)** *frömmelnde Handlung, Äußerung:* ich kann diese -en nicht mehr ertragen.

fröm|meln ⟨sw. V.; hat⟩ (abwertend): *sich [übertrieben] fromm gebärden, [übertriebene] Frömmigkeit zur Schau stellen:* ⟨meist im 1. Part.:⟩ eine frömmelnde alte Frau.

from|men (unpers.) [mhd. vrumen, ahd. frummen = fördern, vollbringen, zu mhd. vrome, vrume, ahd. froma, fruma = Nutzen, Vorteil] (veraltet): *nützen, helfen:* was frommt es, zu jammern?; sein blinder Eifer frommte ihm nichts.

fröm|mer: ↑ fromm.

Fromm|heit, die; - (veraltend): *Frömmigkeit.*

Fröm|mig|keit, die; - [mhd. vrümecheit, spätahd. frumicheit = Tüchtigkeit, Tapferkeit, zu mhd. vrümec, ahd. frumig = tüchtig, tapfer]: *das*

Frömmler – Froschauge

Frommsein; Gläubigkeit, Gottesfurcht: von echter, tiefer F. erfüllt sein.

Frömm|ler, der; -s, -: *frömmlerischer Mensch.*

Frömm|le|rin, die; -, -nen: w. Form zu ↑ Frömmler.

frömm|le|risch ⟨Adj.⟩: *frömmelnd.*

frömms|te: ↑ fromm.

Fron, die; -, -en ⟨Pl. selten⟩ [mhd. vrōn(e) = Herrschaft(sdienst), zu: vrōn = heilig (im Sinne von »Gott gehörend«); herrschaftlich (im Sinne von »einem weltlichen Herrscher gehörend«), zu ahd. frōno = (Besitz) der Götter, Gen. Pl. von: frō = Herr, Gott, vgl. Frau]: **1.** (Geschichte) in körperlicher Arbeit bestehende Dienstleistung der Bauern für ihre Grundherren; Frondienst: die Befreiung der Bauern von der F. **2.** (geh.) *als unerträglichen Zwang empfundene Arbeit:* die F. des Alltags.

Fron|ar|beit, die: **1.** Fron. **2.** (schweiz.) *Frondienst* (2).

Fron|de ['frō:də], die; -, -n [frz. fronde, eigtl. = Schleuder, wohl über das Vlat. zu gleichbed. lat. funda; urspr. Bez. für den Aufstand des französischen Hochadels gegen die absolutistische Königtum (1648–1653)] (geh.): *scharfe politische Opposition; oppositionelle Gruppe innerhalb einer Partei od. Regierung:* F. machen gegen etw.

Fron|deur [frō'dø:ɐ̯], der; -s, -e [frz. frondeur, zu ↑ Fronde] (geh. veraltend): *scharfer politischer Opponent od. Regierungsgegner.*

Fron|dienst, der: **1.** (Geschichte) *Fron* (1). **2.** (schweiz.) *freiwillige unbezahlte Arbeit für Gemeinde, Genossenschaft, Verein.*

fro|nen ⟨sw. V.; hat⟩ [mhd. vrōnen, ahd. frōnen, zu ↑ Fron]: **1.** (Geschichte) *Frondienst leisten:* dem/für den Lehnsherrn f. **2.** (geh.) *schwere, als Zwang empfundene Arbeit leisten:* für einen Hungerlohn f.

frö|nen ⟨sw. V.; hat⟩ [mhd. vrœnen, ahd. frōnen] (geh.): *sich einer Sache (einer Neigung, Leidenschaft o. Ä.) hingeben, ergeben:* einem Laster, einer Leidenschaft, seinem Hobby f.

Fron|hof, der [mhd. vrōn(e)hof] (Geschichte): *Hof* (2) *einer Herrschaft, der Frondienst entgegennimmt.*

Fron|leich|nam, der; -s ⟨meist o. Art.⟩ [mhd. vrōnlīcham, der vrōne līcham = der Leib des Herrn, zu mhd. vrōn = göttlich, ↑ Fron] (kath. Kirche): *Fest (am zweiten Donnerstag nach Pfingsten) zum Gedenken an die Einsetzung der Eucharistie.*

Fron|leich|nams|fest, das (kath. Kirche): *Fronleichnam.*

Fron|leich|nams|pro|zes|si|on, die (kath. Kirche): *an Fronleichnam stattfindende Prozession.*

Fron|leich|nams|tag, der: *Tag des Fronleichnamsfestes.*

Front, die; -, -en [frz. front < lat. frons (Gen.: frontis) = Stirn(seite); vordere Linie]: **1. a)** *breite [meist als Vorder- d. Stirnseite der Straße zugewandte] Seite eines größeren Gebäudes:* die F. eines Hauses; die vordere, hintere, rückwärtige F. des Rathauses; in einer F. (Frontlinie) mit anderen Häusern; ... stand ein braunes Gebäude mit abweisender F. und einem nun verschlossenen eisernen Tor (Koeppen, Rußland 98); **b)** (Militär) *ausgerichtete vordere Reihe einer angetretenen Truppe:* die F. [der Ehrenkompanie] abschreiten, abnehmen; [vor jmdm., gegen jmdn.] F. machen *(sich jmdm., einer Sache widersetzen):* gegen Neuerungen F. machen); in F. (Sport; *an der Spitze, in Führung*): in F. gehen; in F. liegen; **c)** (Technik) *dem Benutzer zugewandte Seite eines (technischen) Geräts (z. B. eines Computers, eines Herdes):* eine schicke, schlichte, gebürstete F.; die F. in silbergrauem Metall wirkt sehr aufgeräumt. **2.** (Militär) **a)** *vorderste Linie der kämpfenden Truppe:* die gegnerische F.; die F. steht, kommt in Bewegung, ist geschlossen; die F. verläuft entlang dem Niederrhein; die F. zurücknehmen, verkürzen; auf breiter F., auf einer F. von 50 km angreifen; zwischen den -en lagen Verwundete; Ü die -en haben sich verhärtet *(die gegensätzlichen Positionen werden noch unnachgiebiger als bisher schon vertreten);* einen Kampf an zwei, nach zwei -en *(nach zwei Seiten)* führen; klare -en ziehen *(die gegensätzlichen Standpunkte klar abgrenzen);* **b)** *militärisches Kampfgebiet:* an die F. gehen; an der F. sein, stehen. **3.** *Gruppe, die jmdm. od. einer Sache Widerstand entgegensetzt, sich kämpferisch für etw. einsetzt:* eine revolutionäre F.; die F. der Kriegsgegner. **4.** (Meteorol.) *Grenzzone zwischen Luftmassen verschiedenen Ursprungs u. verschiedener Eigenschaften:* eine F. kalter Luftmassen; die F. wandert.

-front, die; - (ugs.): *bezeichnet in Bildungen mit Substantiven den Bereich von etw.; -sektor:* Heirats-, Medien-, Verkaufsfront.

Front|ab|schnitt, der: *Abschnitt der Front* (2).

fron|tal ⟨Adj.⟩ [zu ↑ Front]: **a)** *von der Vorderseite her [kommend], von vorn:* ein -er Zusammenstoß; der Wagen prallte f. gegen einen Baum; eine Figur f. (bild. Kunst; *in Vorderansicht*) darstellen; **b)** *unmittelbar nach vorn gerichtet:* einen -en Angriff starten; f. angreifen.

Fron|tal|an|griff, der (bes. Militär): *nach vorn vorgetragener Angriff:* einen F. abschlagen, abwehren; zum F. übergehen.

Fron|tal|un|ter|richt, der (Päd.): *Form des Schulunterrichts, bei der der Lehrer bzw. die Lehrerin vor der Klasse steht u. sie als Einheit führt.*

Fron|tal|zu|sam|men|stoß, der: *Zusammenstoß, bei dem Fahrzeuge frontal (a) aufeinanderprallen.*

Front|an|trieb, der (Kfz-Technik): *unmittelbar auf die Vorderräder wirkender Antrieb; Vorderradantrieb:* dieser Wagen hat F.; ein Auto mit F.

Front|be|gra|di|gung, die (Militär): *Zurücknahme von im Bogen vorgeschobenen Einheiten auf eine möglichst gerade Linie.*

Front|be|richt, der: *Bericht von der Front* (2b).

Front|be|richt|er|stat|tung, die: *Berichterstattung von der Front* (2b).

Front|brei|te, die: **1.** *Breite der Front* (1 a): der Balkon erstreckt sich über die gesamte F. des Hauses. **2.** (Militär) *Entfernung zwischen den Flanken der angreifenden bzw. sich verteidigenden Truppenteile u. Verbände.*

Front|dienst, der (Militär): *Dienst an der Front.*

◆ **Fron|te,** die; -, -n [ital. fronte < lat. frons, ↑ Front]: *Front:* ... er ... das Schloss von seiner F. *(Front 1 a)* auf einmal vor sich hatte (Mörike, Mozart 227); Vielleicht ... erlebt Ihr noch die Freude, ihn an der F. *(Front 1 b)* eines Heeres zu erblicken (Schiller, Räuber I, 1).

Front|ein|satz, der: *Einsatz an der Front* (2b).

Front|frau, die: vgl. Frontmann.

Front|kämp|fer, der: *jmd., der der kämpfenden Truppe angehört.*

Front|kämp|fe|rin, die: w. Form zu ↑ Frontkämpfer.

Front|la|der, der: **1.** *Waschmaschine, die über eine Öffnung an der Frontseite gefüllt wird.* **2.** *Fahrzeug, das an seiner Vorderseite eine hydraulisch betätigte Ladevorrichtung hat.* **3.** *Kassetten- od. Videorekorder, dessen Kassettenfach u. Bedienelemente sich (im Unterschied zum Toplader* 2) *auf der senkrechten Vorderseite des Gerätes befinden.*

Front|len|ker, der (Kfz-Technik): *Kraftfahrzeug, bei dem der Motor im Heck od. unterflur angeordnet ist u. der Fahrersitz sich über der Vorderachse befindet.*

Front|li|nie, die: *Front* (2 a).

Front|man [...mɛn, engl.: ˈfrʌnt mæn], der; -[s], ...men | [engl. front man]: *Frontmann.*

Front|mann, der ⟨Pl. ...männer, seltener: ...leute⟩ [LÜ von engl. front man]: *Musiker einer* ³Band, *der bei Auftritten, meist als Sänger, im Vordergrund agiert.*

Front|mo|tor, der; -s, -en, auch: -e (Kfz-Technik): *im vorderen Teil eines Fahrzeugs untergebrachter Motor.*

Front|of|fice [...ˈɔfɪs], das; -[s], -s [engl.(-amerik.) front office = Hauptgeschäftsstelle, aus: front = Vorderseite, (in Zus.:) Vorder-, Vor- u. office = Büro]: *Schalterhalle, Verkaufsraum o. Ä. eines Unternehmens, bes. einer Bank.*

Front|par|tie, die: *Vorderansicht, Vorderseite (meist eines Fahrzeugs).*

◆ **Front|saal,** der: *zur Vorderfront hin gelegener Saal:* In dem ... an der andern Seite des -es gelegenen Zimmer (Fontane, Jenny Treibel 15).

Front|schei|be, die: *Windschutzscheibe.*

Front|schwein, das (Soldatenspr.): *Frontsoldat.*

Front|sei|te, die: *Vorder-, Stirnseite.*

front|sei|tig ⟨Adj.⟩ (Technik): *die Seite, die die Front* (1 c) *darstellt, betreffend, auf ihr befindlich od. angebracht:* eine -e Leuchtdiode.

Front|sol|dat, der: *Soldat, der der kämpfenden Truppe angehört.*

Front|spoi|ler, der (Kfz-Technik): *Spoiler an der Vorderfront eines Autos.*

Front|stadt, die: *Stadt an vorgeschobener Stelle, an der Grenze zu einem feindlichen politischen System:* Berlin war eine F.

Front|stel|lung, die: **1.** *strikt ablehnende, feindselige Haltung, entschiedene Gegnerschaft.* **2.** (Fechten) *Körperperstellung, bei der der Fechter bzw. die Fechterin frontal [zum Übungsleiter] steht.*

Front|trup|pe, die: *kämpfende Truppe.*

Front|tür, die: *in der Vorderfront (z. B. bei einigen Autos) angebrachte Tür.*

Front|ur|laub, der: *Urlaub von der Front* (2 b).

Front|ver|lauf, der: *Verlauf der Front* (2 a).

Front|wand, die: *Vorder-, Stirnwand:* die F. eines Gebäudes.

fror, frö|re: ↑ frieren.

Frosch, der; -[e]s, Frösche. **1.** [mhd. vrosch, ahd. frosk, H. u.] **a)** *(im u. am Wasser lebendes) Tier mit gedrungenem Körper von grüner od. brauner Färbung, flachem Kopf mit breitem Maul, großen, oft stark hervortretenden Augen u. langen, als Sprungbeine ausgebildeten Hintergliedmaßen:* die Frösche quaken im Teich; sich aufblasen wie ein F. *(sich aufplustern, großtun, brüsten; prahlen; nach der Phädrusfabel von dem Frosch, der sich, neidisch auf die Größe eines Ochsen, so aufblies, bis er zerplatzte);* R sei kein F.! (ugs.: *sei kein[e] Spielverderber[in], zier dich nicht so!;* viell. nach dem Verhalten des Frosches, der bei Gefahr ins Wasser springt u. sich dort verbirgt); * **einen F. in der Kehle/im Hals haben** (ugs.: *vorübergehend heiser sein, eine belegte Stimme haben;* wohl nach der Froschgeschwulst = Zyste im Bereich der Zunge); **b)** (ugs.) *Froschlurch.* **2.** [mhd. vrosch, ahd. frosk, H. u.] Kurzf. von ↑ Knallfrosch. **3.** (Musik) *Griffende des Bogens von Streichinstrumenten, das mit einer Stellschraube zum Spannen der Saiten versehen ist; Talon* (3).

Frosch|au|ge, das: **1.** *Auge des Frosches.* **2.** ⟨meist Pl.⟩ (ugs.) *großes, hervorquellendes menschli-*

ches Auge. **3.** (Kfz-Wesen-Jargon) *aufgesetzter, vorstehender Scheinwerfer.*
Frösch|chen, das; -s, -: Vkl. zu ↑ Frosch.
Frosch|ge|schwulst, die [für den med. Fachausdruck Ranula < lat. rānula, eigtl. = Fröschchen] (Med.): *beim Menschen u. bei verschiedenen Haustieren auftretende Zyste im Bereich der Zunge.*
Frosch|go|scherl, das (österr.): **a)** (ugs.) *Löwenmaul;* **b)** *durch besonderes Raffen des Stoffes geformte Borte an Trachtenkleidern.*
Frosch|hand, die (ugs.): *feuchtkalte Hand:* du hast ja richtige Froschhände!
Frosch|kö|nig, der: *in einen Frosch verwandelter Prinz (als Gestalt des Volksmärchens).*
Frosch|kon|zert, das (scherzh.): *anhaltendes Quaken vieler Frösche.*
Frosch|laich, der: *Laich von Fröschen.*
Frosch|lurch, der: *Lurch mit gedrungenem Körperbau u. einem Paar hinteren Gliedmaßen, das deutlich länger ist als das vordere (z. B. Frosch, Kröte, Unke).*
Frosch|mann, der ⟨Pl. ...männer⟩ [LÜ von engl. frogman]: *frei schwimmender Taucher für militärische u. Noteinsätze.*
Frosch|maul, das: **1.** *Maul des Froschs:* Ü er machte ein F. (ugs.; *schob den Mund vor als Zeichen des Missbehagens).* **2.** (Archit.) *halbkreisförmig geschwungenes Dachfenster.*
Frosch|per|s|pek|ti|ve, die: *sehr tief gelegener Blickpunkt (von dem aus etw. betrachtet o. Ä. wird):* etw. aus der F. fotografieren; Ü diese Spießer betrachten alles nur aus ihrer F. (abwertend; *aus ihrer beschränkten, engstirnigen Sicht).*
Frosch|schen|kel, der: *(als Delikatesse geltender) hinterer Schenkel von bestimmten Froscharten.*
Frost, der; -[e]s, Fröste [mhd. vrost, ahd. frost, zu ↑frieren]: **1.** *Temperatur unter dem Gefrierpunkt:* es herrscht strenger F.; dieser Baum hat F. bekommen; die ersten Fröste (*Frostei nbrüche*) im Herbst; die Erde war hart, frühzeitiger F. war eingebrochen (Hauptmann, Schuß 69). **2.** *(bes. bei krankhaften Zuständen) heftige Kälteempfindung im Körper:* die Kranke wurde von heftigem F. geschüttelt.
frost|an|fäl|lig ⟨Adj.⟩: *anfällig gegenüber Frost* (1): -e Pflanzen.
Frost|auf|bruch, der: *durch Frost* (1) *verursachtes Aufbrechen einer Straßendecke o. Ä.*
frost|be|stän|dig ⟨Adj.⟩: *beständig gegen Frost* (1).
Frost|beu|le, die: **1.** *durch Kälte u. Feuchtigkeit bes. an Händen u. Füßen entstehende, gerötete, später bläulich verfärbte Schwellung der Haut.* **2.** (landsch. scherzh.) *[übermäßig] kälteempfindlicher Mensch:* was bist du nur für eine F.!
Frost|ein|bruch, der: *unvermitteltes Eintreten von Frost* (1).
Frost|ein|wir|kung, die: *Einwirkung von Frost.*
frös|teln ⟨sw. V.; hat⟩: **a)** *unter der Empfindung eines leichten Mangels an fühlbarer Wärme schauern:* ich fröst[e]le vor Kälte, Angst, Müdigkeit; ⟨subst.:⟩ mich überkam, überfiel ein Frösteln; Ü dieser Blick macht einen f.; Das Wasser war tiefschwarz, es machte sie f. (Johnson, Ansichten 226); **b)** ⟨unpers.⟩ *jmdn. als unangenehmes Gefühl leichter Kälte überkommen:* mich fröstelt [es]; es fröstelte mich.
frost|emp|find|lich ⟨Adj.⟩: *gegenüber Frost* (1) *empfindlich.*
Frost|er, der; -s, - [wohl nach engl. freezer]: *Tiefkühlfach eines Kühlgeräts.*
frost|frei ⟨Adj.⟩: *frei von Frost* (1)*, ohne Frost:* die Nacht war f.
Frost|ge|fahr, die ⟨o. Pl.⟩: *Gefahr des Auftretens von Frost* (1).
Frost|gren|ze, die (Meteorol.): *Grenze, bis zu der der Frost* (1) *vordringt:* die F. liegt bei 1000 Metern.
frọs|tig ⟨Adj.⟩ [mhd. vrostec = kalt, frierend]: **1.** *Kälte u. Frost aufweisend:* -e Luft. **2.** *abweisend, unfreundlich:* ein -es Lächeln; der Empfang war ausgesprochen f.; sie wurde f. begrüßt.
frost|kalt ⟨Adj.⟩ (geh.): *sehr kalt; mit Frost einhergehend:* eine -e Winternacht.
frost|klamm ⟨Adj.⟩: *klamm vor Frost.*
frost|klar ⟨Adj.⟩: *durch, bei Frostwetter klar, wolkenlos:* eine -e Winternacht.
frost|klir|rend ⟨Adj.⟩: *durch starken Frost* (1) *sehr kalt:* ein -er Wintertag.
Frost|nacht, die: *Nacht, in der Frost herrscht.*
Frost|pe|ri|o|de, die: *Periode anhaltenden Frostwetters.*
Frost|scha|den, der: *durch Frost* (1) *verursachter Schaden:* Frostschäden an Pflanzen, Straßen.
Frost|schutz, der: **1.** ⟨o. Pl.⟩ *Schutz gegen Einwirkungen des Frostes* (1). **2.** Kurzf. von ↑Frostschutzmittel.
Frost|schutz|mit|tel, das: *Mittel zum Frostschutz (bes. zum Schutz gegen das Gefrieren).*
frost|si|cher ⟨Adj.⟩: *unempfindlich gegen Frost* (1).
frost|starr ⟨Adj.⟩: *starr vor Frost.*
frost|steif ⟨Adj.⟩: *steif vor Frost.*
Frost|tag, der (Meteorol.): *Tag mit einer Tiefsttemperatur unterhalb des Gefrierpunktes.*
Frost|ver|wit|te|rung, die (Geol.): *Verwitterung durch Wasser, das in Gesteinsspalten o. Ä. eingedrungen ist, dort gefriert u. durch die dabei erfolgende Ausdehnung das Gestein sprengt.*
Frost|war|nung, die (Meteorol.): *Warnung vor Frostwetter.*
Frost|wet|ter, das ⟨o. Pl.⟩: *Wetter, das durch [anhaltenden] Frost* (1) *gekennzeichnet ist.*
Fro|té usw.: ↑ Frottee usw.
Frot|tee, Frotté [frɔˈteː, ˈ---], das od. der; -[s], -s [französierende Bildung zu ↑frottieren]: **1.** *aus Frotteegarn gewebter Kleiderstoff mit rauer, gekräuselter Oberfläche.* **2.** (ugs.) *Frottiergewebe.*
Frot|tee|garn, Frottégarn, das: *meist Schlingen aufweisendes, mehrfach gezwirntes Effektgarn.*
Frot|tee|ge|we|be, Frottégewebe, das: *Frottee.*
Frot|tee|hand|schuh, Frottéhandschuh, der (ugs.): *Frottierhandschuh* (1).
Frot|tee|hand|tuch, Frottéhandtuch, das (ugs.): *Frottierhandtuch.*
Frot|tee|kleid, Frottékleid, das: **1.** *Kleid aus Frottee* (1). **2.** *Kleid aus Frottiergewebe.*
Frot|tee|man|tel, Frottémantel, der: *Bademantel aus Frottiergewebe.*
Frot|tee|stoff, Frottéstoff, der: *Frottee.*
Frot|teur [frɔˈtøːɐ̯], der; -s, -e [frz. frotteur, zu frotter = reiben, ↑frottieren]: *jmd., der sexuelle Lustempfindungen durch Reiben seiner Genitalien an einer anderen [bekleideten] Person erlebt.*
frot|tie|ren ⟨sw. V.; hat⟩ [frz. frotter, H. u.]: *(mit einem Tuch, einer Bürste o. Ä.) kräftig reiben, abreiben:* ich frottiere mich mit dem Badetuch.
Frot|tier|ge|we|be, das (Textilind.): *Baumwollgewebe, das ein- od. beidseitig mit Schlingen besetzt ist u. aufgrund seiner hohen Saugfähigkeit bes. zur Herstellung von Handtüchern, Waschlappen, Bademänteln u. Ä. verwendet wird.*
Frot|tier|hand|schuh, der: **1.** *Waschhandschuh aus Frottiergewebe.* **2.** *zum Frottieren od. Massieren geeigneter Handschuh mit rauer Oberfläche.*
Frot|tier|hand|tuch, das: *Handtuch aus Frottiergewebe.*
Frot|tier|stoff, der: *Frottiergewebe.*
Frot|tier|tuch, das ⟨Pl. ...tücher⟩: *Frottierhandtuch.*

Frot|ze|lei, die; -, -en (ugs.): **1.** ⟨o. Pl.⟩ *fortwährendes Frotzeln.* **2.** *frotzelnde Bemerkung:* hämische -en über sich ergehen lassen.
frot|zeln ⟨sw. V.; hat⟩ [H. u., viell. zu: Fratzen ⟨Pl.⟩, ↑¹Fratze] (ugs.): **a)** *mit spöttischen od. anzüglichen Bemerkungen necken:* jmdn. [wegen etw.] f.; **b)** *spöttische od. anzügliche Bemerkungen machen:* sie frotzelten gern über ihn.
Frou|frou [fru'fru:], der od. das; -, -s [frz. froufrou; lautm.]: *das Rascheln der (bes. für die Zeit um 1900 charakteristischen) eleganten Damenunterkleidung.*
Frucht, die; -, Früchte [mhd. vruht, ahd. fruht < lat. fructus, zu: frui (2. Part.: fructum) = genießen]: **1. a)** *aus dem Fruchtknoten entstehender Teil der Pflanze, der den Samen bis zur Reife umschließt (u. der bei bestimmten Bäumen, Sträuchern u. anderen Pflanzen essbar ist):* eine reife, saftige F.; eingemachte, kandierte Früchte; (geh.:) die Früchte des Feldes; Früchte tragen; ein Teller mit Früchten *(mit vielerlei Obst);* Ü das Buch ist die F. *(der Ertrag)* langer Arbeit; ihre Bemühungen haben reiche Früchte getragen *(haben sich sehr gelohnt);* die Früchte seines Fleißes ernten; Es heißt zwar, man habe wieder gesiegt, nur das Volk merkt nichts von den Früchten des Sieges (Thieß, Reich 608); * **verbotene Früchte** *(verlockende, aber verbotene Genüsse;* nach 1. Mos. 3, 2–6); **b)** ⟨o. Pl.⟩ (landsch.) *Getreide:* die F. steht gut. **2.** *wachsender Keim im Mutterleib; Leibesfrucht:* die heranreifende F. im Mutterleib. **3.** (Rechtsspr.) *wirtschaftlicher Ertrag einer Sache od. eines Rechts.*
Frucht|an|satz, der (Bot.): *Ansatz zur Herausbildung von Früchten:* die Bäume haben einen guten F.
frucht|bar ⟨Adj.⟩ [mhd. vruhtbære]: **1. a)** *reichen Ertrag (an Früchten) bringend:* -er Boden; ein -er Baum; ein -er *(das Wachstum der Pflanzen fördernder)* Regen; dieses Land ist sehr f.; **b)** *die Fähigkeit besitzend, zahlreiche Nachkommen hervorzubringen:* Mäuse, Kaninchen sind besonders f.; die -en Tage der Frau *(Tage, an denen eine Empfängnis möglich ist);* Ü ein -er *(produktiver)* Schriftsteller. **2.** *sich als nützlich erweisend; segensreich auswirkend; nutzbringend:* -e Gespräche; eine -e Zusammenarbeit, Kooperation; Erkenntnisse für einen größeren Kreis f. machen.
Frucht|bar|keit, die; -: *das Fruchtbarsein.*
Frucht|bar|keits|kult, der (Völkerkunde): *Kult bei Naturvölkern zur Verehrung u. Steigerung der Fruchtbarkeit von Pflanze, Tier u. Mensch.*
Frucht|bar|keits|sym|bol, das (Rel., Volkskunde): *Symbol der Fruchtbarkeit:* das Ei, der Hase ist ein uraltes F.
Frucht|be|cher, der: **1.** (Bot.) *becherförmiger, oft mit Schuppen o. Ä. besetzter Pflanzenteil, der die Früchte der Buchengewächse umgibt.* **2.** *Eisbecher mit Früchten.*
Frucht|bil|dung, die: *Ausbildung von Früchten* (1 a).
Frucht|bla|se, die (Anat.): *den Embryo einschließende, mit Fruchtwasser gefüllte Eihülle (bei Mensch u. Säugetier).*
Frucht|blatt, das (Bot.): *Teil der Blüte, der die Samenanlagen trägt.*
Frucht|bon|bon, der od. (österr. nur:) das: *Bonbon mit Fruchtgeschmack.*
frucht|brin|gend, Frucht brin|gend ⟨Adj.⟩: *fruchtbar, nutzbringend, nützlich:* -e Gespräche.
Früch|tchen, das; -s, -: Vkl. zu ↑Frucht. **2.** [zu mhd. vruht = Sprössling, Kind] (ugs. abwertend) *Kind, junger Mensch, den jmd. für ungeraten, durchtrieben hält; Taugenichts:* ein sauberes F.!

Früch|te|brot, (österr.:) Früchtenbrot, das: Gebäck in Brotform mit hineingebackenen getrockneten Früchten.

Frucht|eis, das: Speiseeis mit Zusatz von Früchten od. mit Fruchtgeschmack.

fruch|ten ⟨sw. V.; hat⟩ [mhd. vrühten, vruhten = Frucht tragen; fruchtbar machen]: **a)** nützen, helfen, von Erfolg sein: was soll das f.?; *(oft verneint:)* alle Ermahnungen haben bei ihr nicht[s] gefruchtet; ◆ Ich arbeite mich ab und fruchte mir nichts (habe keinen Nutzen davon; Goethe, Götz IV); ◆ **b)** Frucht tragen, Frucht bringen: ... euch umsäuselt des holden Himmels fruchtende Fülle (Goethe, Herbstgefühl).

Früch|ten|brot: ↑ Früchtebrot.

Frucht|ent|saf|ter, der: Entsafter für Früchte.

früch|te|reich: ↑ fruchtreich.

Früch|te|tee, der: Tee aus [getrockneten] Fruchtbestandteilen (z. B. Apfeltee, Hagebuttentee).

Frucht|fäu|le, die (Bot.): Fäulnis an reifenden Früchten.

Frucht|fleisch, das: fleischiger Teil einer Frucht: das saftige F. eines Pfirsichs.

Frucht|flie|ge, die: Taufliege.

Frucht|fol|ge, die (Landwirtsch.): bestimmte Aufeinanderfolge des Anbaus verschiedener Kulturpflanzen auf einer Nutzfläche.

Frucht|ge|schmack, der: fruchtiger Geschmack: ein Bonbon mit F.

Frucht|gum|mi, der od. das; -s, -s: **1.** gummiartige Masse, die mit Essenzen aus Früchten angereichert ist. **2.** aus Fruchtgummi (1) hergestellter Bonbon.

Frucht|holz, das ⟨Pl. ...hölzer⟩: Gesamtheit der Blüten u. Früchte tragenden Triebe der Obstbäume; Tragholz.

fruch|tig ⟨Adj.⟩: wie frische Früchte duftend, schmeckend: ein -es Aroma; eine f. schmeckende Limonade.

Frucht|jo|ghurt, Frucht|jo|gurt, der od. (österr. nur:) das: Joghurt mit Früchten od. mit Fruchtgeschmack.

Frucht|kap|sel, die (Bot.): Kapsel (3) einer Frucht.

Frucht|kno|ten, der (Bot.): aus einem od. mehreren Fruchtblättern gebildeter, geschlossener Hohlraum, der die Samenanlagen enthält.

Frucht|korb, der: (zum Verzehr aufgestellter) mit verschiedenen Früchten in dekorativer Anordnung gefüllter Korb.

Frucht|kör|per, der (Biol.): sowohl unterirdisch als auch oberirdisch wachsender Teil des Pilzes (1); Karposoma.

frucht|los ⟨Adj.⟩: **a)** keinen Erfolg bringend; vergeblich, nutzlos: -e Bemühungen; ihre Ermahnungen blieben f.; **b)** (selten) unfruchtbar (2).

Frucht|lo|sig|keit, die: *das Fruchtlossein.*

Frucht|mark, das: ³Mark (2).

Frucht|nek|tar, der: aus mit Wasser verdünntem Fruchtsaft hergestelltes Getränk.

frucht|reich, früchtereich ⟨Adj.⟩ (geh.): reich an Früchten.

Frucht|saft, der: aus frischen Früchten gewonnener Saft.

Frucht|saft|ge|tränk, das: aus stark mit Wasser verdünntem Fruchtsaft hergestelltes Getränk.

Frucht|säu|re, die: bes. in säuerlichen Früchten vorkommende organische Säure.

Frucht|scha|le, die: **1.** Schale (1), die eine Frucht umgibt. **2.** Schale (2), der zur Aufnahme von Früchten dient.

Frucht|stand, der (Bot.): Gesamtheit der aus einem gemeinsamen Blütenstand hervorgegangenen Früchte, die das Aussehen einer einzelnen Frucht annehmen können.

frucht|tra|gend, Frucht tra|gend ⟨Adj.⟩: Früchte tragend: ein -er Baum.

Frucht|wand, die (Bot.): Perikarp.

Frucht|was|ser, das ⟨o. Pl.⟩ (Physiol.): Flüssigkeit, in die der Embryo bzw. Fetus im Mutterleib eingebettet ist.

Frucht|was|ser|un|ter|su|chung, die (Med.): Durchstechen der Eihaut (2) zur Gewinnung von Fruchtwasser für diagnostische Zwecke.

Frucht|wech|sel, der (Landwirtsch.): Art der Fruchtfolge, bei der in regelmäßigem Wechsel Halm- u. Blattfrüchte angebaut werden.

Frucht|wein, der: durch Vergärung von Früchten hergestellter Wein.

Frucht|zu|cker, der: zusammen mit Traubenzucker in vielen Pflanzen, süßen Früchten u. im Honig enthaltener Zucker.

Fruc|to|se: ↑ Fruktose.

fru|gal ⟨Adj.⟩ [frz. frugal < lat. frugalis = zu den Früchten gehörig, fruchtig, zu: frux (Gen.: frugis) = Frucht, zu: frui, ↑ Frucht]: *(in Bezug auf die Lebensweise, bes. in Bezug auf Essen u. Trinken): einfach, bescheiden; nicht üppig: ein -es (einfaches, aber gutes) Mahl; f. leben, essen.*

Fru|ga|li|tät, die; - [frz. frugalité = Genügsamkeit < lat. frugalitas, eigtl. = Vorrat an Früchten] (bildungsspr.): *Einfachheit, Bescheidenheit.*

¹**früh** ⟨Adj.⟩ [mhd. vrüe(je), ahd. fruoji, zu: fruo, ↑ ²früh]: **1.** *in der Zeit noch nicht weit fortgeschritten, am Anfang liegend; zeitig:* am -en Morgen; in -er, -[e]ster Kindheit; es ist noch f. am Tage; f. blühende Tulpen; Ü der -e *(junge)* Nietzsche; die -esten *(ältesten)* Kulturen; * **von f. auf** *(von früher Kindheit, Jugend an):* sie ist von f. auf zu Selbstständigkeit gewöhnt. **2.** *früher als erwartet, als normalerweise geschehend, eintretend; frühzeitig, vorzeitig:* ein -er Winter; ein -er Tod; eine -e *(früh reifende)* Sorte Äpfel; wir nehmen einen -eren Zug; Ostern ist, fällt dieses Jahr f.; er kam -er als erwartet; sie ist zu f., noch f. genug gekommen; ihre f. *(in jungen Jahren)* verstorbene Mutter; ein f. vollendeter *(in seiner Kunst schon in jungen Jahren zu absoluter Meisterschaft gelangter [u. jung verstorbener])* Maler; sie hat f. geheiratet; -er oder später *(zwangsläufig irgendwann einmal)* wird sie doch umziehen müssen.

²**früh** ⟨Adv.⟩ [mhd. vruo, ahd. fruo, eigtl. = (zeitlich) vorn, voran]: *morgens, am Morgen:* heute f., [am] Dienstag f.; kommst du morgen f.?; er arbeitet von f. bis spät [in die Nacht] *(den ganzen Tag).*

Früh, die; - (südd., österr.): Frühe: in der F.; gestern, heute, morgen F. *(am Morgen).*

Früh|an|ti|ke, die: Frühzeit der Antike.

Früh|ap|fel, der: Apfel einer früh reifenden Sorte.

Früh|auf|ste|her, der; -s, -: *jmd., der in der Regel früh aufsteht.*

Früh|auf|ste|he|rin, die; -, -nen: w. Form zu ↑ Frühaufsteher.

Früh|beet, das: zur Anzucht junger Pflanzen angelegtes Beet, das zum Schutz vor der Witterung mit einer Umrandung versehen u. mit Glas od. Folie abgedeckt ist.

Früh|bir|ne, die: Birne einer früh reifenden Sorte.

früh blü|hend, früh|blü|hend ⟨Adj.⟩: zeitig blühend: früh blühende Tulpen.

Früh|bu|cher, der; -s, - (Touristik): *jmd., der eine Dienstleistung (bes. eine Reise) frühzeitig bucht.*

Früh|bu|che|rin, die; -, -nen: w. Form zu ↑ Frühbucher.

Früh|bu|cher|ra|batt, der (Touristik): Preisnachlass bei frühzeitigem Buchen von Dienstleistungen, z. B. einer Reise: einen F. gewähren.

Früh|chen, das; -s, - (Jargon): Neugeborenes, das zu früh geboren ist; Frühgeburt (2).

früh|christ|lich ⟨Adj.⟩: die ersten christlichen Jahrhunderte betreffend, aus ihnen stammend: -e Kunst.

Früh|di|a|g|no|se, die (Med.): *(vor allem bei Krebserkrankungen) [mithilfe medizinischer Apparate] zu einem möglichst frühen Zeitpunkt noch vor dem Auftreten charakteristischer Merkmale gestellte Diagnose.*

Früh|dienst, der: Dienst am [frühen] Morgen: F. haben.

Früh|druck, der ⟨Pl. -e⟩: Druckwerk aus der Frühzeit des Buchdrucks.

Frü|he, die; - [frühnhd. frue, ahd. fruoī] (geh.): *Beginn des Tages; früher Morgen:* du musst in der F. raus aus dem Bett!; * **in aller F.** *(sehr früh am Morgen;* frühmorgens).

Früh|ehe, die: von Jugendlichen geschlossene Ehe.

¹**frü|her** ⟨Adj.⟩ [Komp. zu ¹ ↑ früh]: **1.** *vergangen; zurückliegend:* in -en Zeiten. **2.** *ehemalig:* der -e Eigentümer.

²**frü|her** ⟨Adv.⟩ [zu: ↑ ¹ früher]: *ehemals; einst:* sie war f. Buchhändlerin; von f. *(von früheren Zeiten)* her kennen uns f. [her].

◆ **frü|her|hin** ⟨Adv.⟩: ²früher: Draußen roch ihm die Luft natürlich ganz anders als f. (Immermann, Münchhausen 332).

Früh|er|ken|nung, die; - (bes. Med.): frühzeitige Erkennung einer Beschaffenheit, Entwicklung o. Ä.: regelmäßige Untersuchungen zur F. von Krebserkrankungen.

Früh|er|zie|hung, die: Erziehung zu etw. vom frühestmöglichen Zeitpunkt an.

frü|hes|tens ⟨Adv.⟩ [adv. Gen. des Sup. von ↑ ¹früh]: *nicht früher als:* f. am Dienstag; wir sehen uns f. in zwei Wochen.

frü|hest|mög|lich ⟨Adj.⟩: so früh wie möglich: ich komme zum -en Termin.

Früh|för|de|rung, die: Förderung der kindlichen Entwicklung in den ersten Lebensjahren.

Früh|form, die: **1.** Form, die jmd. od. etw. im Anfangsstadium od. zu Beginn eines Vorgangs od. Ablaufs hat: die F. einer Krankheit. **2.** (bes. Sport) gute körperliche Verfassung unmittelbar vor od. zu Beginn der Saison.

Früh|ge|bet, das: Morgengebet.

Früh|ge|burt, die: **1.** Geburt eines noch nicht ausgetragenen, aber lebensfähigen Kindes. **2.** vorzeitig geborenes Kind.

Früh|ge|mü|se, das: frühzeitig erntereifes Gemüse.

Früh|ge|schich|te, die ⟨o. Pl.⟩: **1.** auf die Vorgeschichte folgender Zeitabschnitt. **2.** frühe geschichtliche Phase einer Bewegung, Strömung, Erscheinung o. Ä.: die F. des Sozialismus.

früh|ge|schicht|lich ⟨Adj.⟩: die Frühgeschichte (1) betreffend: -e Funde.

Früh|go|tik, die: Frühzeit der kunstgeschichtlichen Epoche der Gotik.

früh|go|tisch ⟨Adj.⟩: zur Frühgotik gehörend, sie betreffend.

Früh|got|tes|dienst, der: erster, vor dem Hauptgottesdienst am Morgen abgehaltener Gottesdienst.

Früh|gym|nas|tik, die: Gymnastik am [frühen] Morgen.

Früh|herbst, der: erste Phase des Herbstes.

Früh|holz, das ⟨o. Pl.⟩ (Bot.): (als innerer Teil des betreffenden Jahresringes sichtbares) im Frühjahr eines Jahres gebildetes Holz.

früh|in|va|lid, früh|in|va|li|de ⟨Adj.⟩: frühzeitig invalide.

Früh|in|va|li|de ⟨vgl. Invalide⟩ (selten): Frühinvalidin.

Früh|in|va|li|der ⟨vgl. Invalider⟩: jmd., der frühinvalide ist.

Früh|in|va|li|din, die: w. Form zu ↑ Frühinvalide.

Früh|in|va|li|di|tät, die: frühzeitige Invalidität.

Früh|jahr, das: Abschnitt des Jahres zwischen Winterende u. Ende des Frühlings: ein regnerisches F.; im zeitigen F.

früh|jahrs ⟨Adv.⟩: im Frühjahr; während des Frühjahrs.

Frühjahrsarbeit – frühvollendet

Früh|jahrs|ar|beit, die: *im Frühjahr (bes. für Gärtner u. Bauern) anfallende Arbeit.*
Früh|jahrs|ka|ta|log, der: *für das Frühjahr geltender Katalog eines Versandhauses.*
Früh|jahrs|kol|lek|ti|on, die: *Kollektion der Frühjahrsmode.*
Früh|jahrs|kur, die: *im Frühjahr durchgeführte Kur.*
Früh|jahrs|mes|se, die (Wirtsch.): *im Frühjahr stattfindende ²Messe (1).*
Früh|jahrs|mo|de, die: *Mode für das Frühjahr:* in der neuen F. überwiegen Pastelltöne.
Früh|jahrs|mü|dig|keit, die: *allgemeine körperliche Abgespanntheit im Frühjahr:* unter F. leiden.
Früh|jahrs|putz, der ⟨o. Pl.⟩: *gründlicher Hausputz im Frühjahr.*
Früh|jahrs|put|ze|te, die; -, -n (schweiz.): *Frühjahrsputz.*
Früh|jahrs|sturm, der: *Sturm, wie er im Frühjahr vorkommt.*
Früh|jahrs-Tag|und|nacht|glei|che, Früh|jahrs-Tag-und-Nacht-Glei|che, die: *Äquinoktium im Frühjahr.*
Früh|ka|pi|ta|lis|mus, der: *Frühzeit des Kapitalismus.*
früh|ka|pi|ta|lis|tisch ⟨Adj.⟩: *zum Frühkapitalismus gehörend, ihn betreffend.*
Früh|kar|tof|fel, die: *Kartoffel einer früh reifenden Sorte.*
früh|kind|lich ⟨Adj.⟩: *das frühe Kindesalter betreffend, dazu gehörend:* die -e Entwicklung.
Früh|kir|sche, die: *Kirsche einer früh reifenden Sorte.*
Früh|klas|sik, die: *Frühzeit der Klassik.*
früh|klas|sisch ⟨Adj.⟩: *zur Frühklassik gehörend.*
◆ **Früh|kleid**, das: *Morgenkleid:* ... die neusten Formen und Zuschnitte von -ern (Goethe, Wahlverwandtschaften I, 10).
Früh|li|be|ra|lis|mus, der: *Frühzeit des Liberalismus:* der deutsche F.
Früh|ling, der; -s, -e [spätmhd. vrüelinc]: *Jahreszeit zwischen Winter u. Sommer mit meist milden Temperaturen, in der die meisten Pflanzen zu wachsen [u. zu blühen] beginnen:* ein zeitiger, später F.; es wird F.; Ü seinen ersten F. erleben (iron.; *sich im reifen Alter noch einmal verlieben).*
früh|lings ⟨Adv.⟩: *frühjahrs.*
Früh|lings|an|fang, der: *Anfang, Beginn des Frühlings (zwischen 20. u. 23. März):* am 21. März ist F.
Früh|lings|be|ginn, der ⟨o. Pl.⟩: *Frühlingsanfang.*
Früh|lings|bo|te, der (geh.): *Gewächs od. Tier, das mit seinem Erscheinen den Frühling ankündigt:* Schneeglöckchen, die Schwalben als -n.
Früh|lings|fest, das: **1.** *Fest, mit dem der beginnende Frühling gefeiert wird.* **2.** *im Frühling stattfindendes Fest.*
Früh|lings|ge|fühl, das ⟨meist Pl.⟩: *Gefühl der Heiterkeit u. Gelöstheit angesichts des erwachenden Frühlings:* *-e haben/bekommen (ugs. scherzh.; *sich [im reifen Alter noch einmal] verlieben).*
früh|lings|haft ⟨Adj.⟩: *wie im Frühling [vorherrschend]:* das Wetter ist schon richtig f.
Früh|lings|him|mel, der: *heiterer, strahlend blauer Himmel:* ein leuchtend blauer F.
Früh|lings|lied, das: *Lied, dessen Thema der Frühling ist.*
Früh|lings|luft, die ⟨Pl. selten⟩: *laue, linde Luft, wie sie der Frühling bringt.*
Früh|lings|mo|nat, der: **a)** ⟨o. Pl.⟩ (geh.) *März;* **b)** ⟨meist Pl.⟩ *einer der Monate März, April, Mai.*
Früh|lings|mond, der (dichter. veraltet): *Frühlingsmonat (a).*

Früh|lings|re|gen, der: *im Frühling fallender Regen.*
Früh|lings|rol|le, die (Kochkunst): *chinesische Vorspeise aus einer in einen dünnen Teig gehüllten u. frittierten Masse aus verschiedenen Fleisch- u./od. Gemüsesorten.*
Früh|lings|son|ne, die ⟨o. Pl.⟩: *Sonne (1 b) des Frühlings:* in der F. spazieren gehen.
Früh|lings|sup|pe, die (Kochkunst): *Suppe mit vielerlei frischem Gemüse.*
Früh|lings|tag, der: *Tag im Frühling.*
Früh|lings|typ, der (Mode): *jmd., dem klare, warme, helle Farben gut stehen.*
Früh|lings|wet|ter, das: *[sonniges, warmes] Wetter, wie es im Frühling herrscht.*
Früh|lings|zeit, die ⟨o. Pl.⟩ (geh.): *Zeit des Frühlings.*
Früh|lings|zwie|bel, die: *Zwiebelgewächs mit mehreren kleinen weißen, länglich nebeneinanderstehenden Zwiebeln u. grünen röhrigen Blättern;* Lauchzwiebel: *fein geschnittene -n.*
Früh|ma|schi|ne, die: *früh am Tag fliegendes Verkehrsflugzeug.*
Früh|mensch, der (Anthropol. veraltet): *zur ältesten Gruppe der urzeitlichen echten Menschen gehörender Mensch.*
Früh|mes|se, die (kath. Kirche): *erste Messe des Tages.*
Früh|met|te, die: vgl. Mette.
Früh|mit|tel|al|ter, das ⟨o. Pl.⟩: *Frühzeit des Mittelalters.*
früh|mit|tel|al|ter|lich ⟨Adj.⟩: *zum frühen Mittelalter gehörend; das frühe Mittelalter betreffend.*
früh|mit|tel|hoch|deutsch ⟨Adj.⟩: *zum Frühmittelhochdeutschen gehörend, das Frühmittelhochdeutsche betreffend* (Abk.: frühmhd.)
Früh|mit|tel|hoch|deutsch, das; -[s], (nur mit best. Art.): *Frühmittelhochdeutsche, das;* -n: *die Anfangsjahre der literarischen u. sprachgeschichtlichen Epoche des Mittelhochdeutschen umfassende Stufe (2 a) in der Entwicklung der deutschen Sprache.*
früh|mor|gend|lich ⟨Adj.⟩: vgl. morgendlich.
früh|mor|gens ⟨Adv.⟩: *früh am Morgen:* von f. bis spätabends.
Früh|nach|rich|ten ⟨Pl.⟩: *am frühen Morgen gesendete Nachrichten.*
Früh|ne|bel, der: *am frühen Morgen auftretender Nebel.*
früh|neu|hoch|deutsch ⟨Adj.⟩: *zum Frühneuhochdeutschen gehörend, das Frühneuhochdeutsche betreffend* (Abk.: frühnhd.).
Früh|neu|hoch|deutsch, das; -[s], (nur mit best. Art.): *Frühneuhochdeutsche, das;* -n: *frühe Stufe (2 a) in der Entwicklung der neuhochdeutschen Sprache.*
Früh|obst, das: *früh reifendes Obst.*
Früh|pen|si|o|nie|rung, die: *vorzeitige Pensionierung.*
Früh|pha|se, die: *frühe Phase:* aus der F. der Lithografie.
früh|reif ⟨Adj.⟩: **1.** *körperlich, geistig vor der üblichen Zeit entwickelt od. eine solche Entwicklung erkennen lassend:* ein -es Kind. **2.** (Bot., Zool.) **a)** *frühzeitig reif:* eine -e Tierart; **b)** *vorzeitig reif geworden; notreif:* -es Obst.
Früh|rei|fe, die: *das Frühreifsein.*
Früh|re|nais|sance, die: *Frühzeit der kunstgeschichtlichen Epoche der Renaissance.*
Früh|ren|te, die: *vorzeitig gezahlte Rente.*
Früh|rent|ner, der: *jmd., der aufgrund bestimmter Umstände vorzeitig Rente bezieht.*
Früh|rent|ne|rin, die: *w. Form zu ↑ Frührentner.*
Früh|ro|man|tik, die: *Frühzeit der literarischen Epoche der Romantik.*
frühs ⟨Adv.⟩ (bes. ostmd.): *[früh]morgens:* f. komme ich immer so schwer aus dem Bett.
Früh|schicht, die: **a)** *am frühen Morgen beginnende Schichtarbeit;* **b)** *Gesamtheit der Arbeiter[innen] der am frühen Morgen beginnenden Schicht.*
Früh|schop|pen, der: *geselliger Trunk am Vormittag:* den F. trinken; zum F. gehen.
Früh|som|mer, der: *erste Phase des Sommers.*
früh|som|mer|lich ⟨Adj.⟩: *den Frühsommer betreffend:* -e Temperaturen.
Früh|sport, der ⟨o. Pl.⟩: *Sport am [frühen] Morgen:* F. machen.
Früh|sta|di|um, das: *frühes Stadium von etw.:* das F. einer Krankheit.
Früh|start, der (Sport): *Start (1 a) vor dem Startsignal.*
Früh|stück, das; -s, -e [15. Jh.; eigtl. = das am frühen Morgen gegessene Stück]: **a)** *am Morgen, am [frühen] Vormittag eingenommene Mahlzeit:* ein reichliches F.; das erste, zweite F.; [das] F. machen; beim F. sitzen; zum F. ein Ei essen; * **jmdn. zum F. verspeisen** (ugs.; *jmdn. erledigen, vernichtend besiegen);* **b)** *etw., was jmd. für die Frühstückspause zum Essen vorsieht:* sein F. auspacken; **c)** (ugs.) *Frühstückspause:* um 9 Uhr machen wir F.
früh|stü|cken ⟨sw. V.; hat⟩: **a)** *das Frühstück (a) einnehmen:* im Bett, in der Küche f.; sie hat ausgiebig gefrühstückt; **b)** *zum Frühstück essen:* ein Brötchen f.
Früh|stücks|brett|chen, das: *kleines Brett, von dem anstelle eines Tellers gegessen werden kann.*
Früh|stücks|brot, das: *belegtes Brot, das jmd. als [zweites] Frühstück (a) zur Arbeit, zur Schule o. Ä. mitnimmt.*
Früh|stücks|bü|fett, (bes. österr., schweiz.:) **Früh|stücks|buf|fet**, das: *(in Hotels) Tisch o. Ä. mit verschiedenen zu einem Frühstück (a) gehörenden Speisen u. Getränken, an dem sich der Gast selbst bedient u. seine Mahlzeit nach eigenem Geschmack zusammenstellt.*
Früh|stücks|di|rek|tor, der (ugs.): *jmd., der eine höhere Position in einer Firma od. Institution bekleidet, aber keine entscheidenden Befugnisse, keinen nennenswerten Einfluss hat.*
Früh|stücks|di|rek|to|rin, die: *w. Form zu ↑ Frühstücksdirektor.*
Früh|stücks|ei, das: *Ei, das zum Frühstück (a) gegessen wird.*
Früh|stücks|fern|se|hen, das: *Fernsehsendungen, -programm am frühen Morgen.*
Früh|stücks|fleisch, das: *meist als Brotbelag verwendete Mischung aus Fleisch, Speck u. Gewürzen.*
Früh|stücks|ge|deck, das (Gastron.): *komplettes Frühstück (a):* ein F. bestellen.
Früh|stücks|ge|schirr, das: *für das Frühstück verwendetes Geschirr.*
Früh|stücks|korb, der: **a)** *Korb, in dem das Frühstück mitgenommen od. gebracht wird;* **b)** *Präsentkorb, der vorwiegend Delikatessen für ein Frühstück enthält.*
Früh|stücks|pau|se, die: *Pause, in der gefrühstückt werden kann.*
Früh|stücks|pen|si|on, die (bes. österr.): *Pension, in der es nur Frühstück gibt; Hotel garni.*
Früh|stücks|raum, der: *Raum in einem Hotel o. Ä., in dem das Frühstück (a) serviert wird.*
Früh|stücks|speck, der: *mit Fleisch durchwachsener Speck vom Schweinerücken.*
Früh|stücks|tel|ler, der: *für das Frühstück verwendeter Teller.*
Früh|stücks|tisch, der: *Tisch, auf dem das Frühstück (a) aufgetragen ist:* am F. sitzen.
früh ver|stor|ben, früh|ver|stor|ben ⟨Adj.⟩: *in jungen od. jüngeren Jahren verstorben:* ihre früh verstorbene Mutter.
früh vol|len|det, früh|vol|len|det ⟨Adj.⟩: *in seiner Kunst schon in jungen Jahren zu absoluter*

Meisterschaft gelangt [u. jung verstorben]: ein früh vollendeter Maler.

Früh|warn|sys|tem, das: **1.** (Militär) *System von Radarstationen, mit dem die feindliche Flugkörper frühzeitig erfasst werden können.* **2.** *technische o. ä. Einrichtung, die in bestimmten Zusammenhängen eine gefährliche Veränderung anzeigt.*

Früh|werk, das: *früh, im Anfang einer Schaffensperiode entstandenes Werk.*

Früh|zeit, die: *frühester Abschnitt, Anfangszeit einer geschichtlichen Epoche, einer Schaffensperiode o. Ä.*

früh|zei|tig ⟨Adj.⟩: **a)** *zu einem frühen Zeitpunkt; früh:* f. aufstehen; etw. f. vorbereiten, bestellen; **b)** *vorzeitig:* ein -er Winter; f. ergrautes Haar.

Früh|zei|tig|keit, die; -: *das Frühzeitigsein.*

Früh|zug, der: *am [frühen] Morgen fahrender Zug.*

Früh|zün|dung, die (Technik): *Selbstentzündung des Gasgemisches in Verbrennungsmotoren, bevor die Zündung durch den Funken erfolgt.*

Fruk|to|se, die - [zu lat. fructus, ↑Frucht] (Chemie): *Fruchtzucker.*

Frust, der; -[e]s (ugs.): *das Frustriertsein; Frustration:* voller F.; seinen ganzen F. abreagieren.

frus|ten ⟨sw. V.; hat⟩ (ugs.): *frustrieren:* das gefrustete Publikum reagierte mit Pfiffen.

Frus|tra|ti|on, die; -, -en [lat. frustratio = Täuschung einer Erwartung] (Psychol.): *[Erlebnis einer] Enttäuschung u. [vermeintlichen] Zurücksetzung durch erzwungenen Verzicht od. versagte Befriedigung:* F. am Arbeitsplatz.

Frus|t|ra|ti|ons|to|le|ranz, die ⟨o. Pl.⟩ (Psychol.): *Umleitung einer Frustration in Wunschvorstellungen; [erlernbare] Kompensation, Sublimierung einer Frustration ohne Aggressionen od. Depressionen.*

frus|t|rie|ren ⟨sw. V.; hat⟩ [lat. frustrare = in der Erwartung täuschen, hinhalten, zu: frustra = irrtümlich, vergebens] (Psychol.): *jmds. Erwartung enttäuschen, jmdm. die Befriedigung eines Bedürfnisses versagen:* die eintönige Arbeit frustriert sie; frustrierende Erlebnisse.

Frut|ti di Ma|re ⟨Pl.⟩ [ital., eigtl. = Früchte des Meeres] (Kochkunst): *Meeresfrüchte.*

F-Schlüs|sel, der (Musik): *aus dem Tonbuchstaben F entwickeltes Zeichen, mit dem im Liniensystem die Lage des f festgelegt wird.*

FSJ = freiwilliges soziales Jahr.

FSK [ɛfɛsˈkaː], die; -: Freiwillige Selbstkontrolle der Filmwirtschaft.

ft = Foot, Feet.

Ft = Forint.

Fuchs, der; -es, Füchse: **1.** [mhd. vuhs, ahd. fuhs, eigtl. = der Geschwänzte, wohl verhüll. Bez.] *kleineres Raubtier mit rötlich braunem Fell, spitzer Schnauze, großen, spitzen Ohren u. buschigem Schwanz:* der F. schnürt übers Feld; einen F. schießen, erlegen; Plötzlich bellte ein F. in den Bergen, das war ein schlimmes Zeichen. Andere Füchse fielen ein (Nossack, Begegnung 386); R der F. muss zum Loch heraus (*der Fall muss aufgeklärt werden*); da kommt der F. zum Loch heraus (*der wahre Grund kommt an den Tag*); das/den Weg hat der F. [mit dem Schwanz] gemessen (*den Schwanz dazugegeben*) (*der Weg ist viel länger als angegeben*); ***wo sich die Füchse/wo sich F. und Hase Gute Nacht sagen** (scherzh.; *an einem verlassenen, einsamen Ort*); **die Füchse brauen** (*es wird neblig; Nebel steigt auf*); **Füchse prellen** (1. *schlauer sein als Schlaue.* jmdm. *übel mitspielen*). **2. a)** *Fell eines Fuchses* (1): ein Kragen aus F.; **b)** *aus dem Fell eines Fuchses* (1) *gearbeiteter Pelz:* sie trägt einen F. **3.** (ugs.) *durch seine Schläue u. Gewitztheit andern überlegener Mensch:* er ist ein [schlauer, alter] F. **4.** (ugs., oft abwertend) *Mensch mit roten Haaren:* er, sie ist ein F. **5.** ⟨österr. auch: der; -en, -en⟩ *Pferd mit rötlich braunem Fell sowie Mähne u. Schweifhaar von gleicher od. hellerer Farbe.* **6.** *Tagfalter mit gelb- bis rotbraunen, blau bis schwärzlich gefleckten u. gesäumten Flügeln.* **7.** [H. u.] (Verbindungswesen) *noch nicht voll berechtigtes Mitglied einer Studentenverbindung im ersten u. zweiten Semester.* **8.** [nach der Form des Fuchsbaus] *Abzugskanal einer Feuerung zum Schornstein.*

◆ **Fuchs|bart,** der: *als verschlagen geltender Mann [mit rotem Bart]:* Einige Fuchsbärte in der Gemeinde deuteten darauf hin, als wenn der Rabbi eben des Geldes wegen seine Frau geheiratet habe (Heine, Rabbi 452).

Fuchs|bau, der ⟨Pl. -e⟩: *Bau* (5 a) *eines Fuchses* (1): einen F. begasen.

Füchs|chen, das; -s, -: Vkl. zu ↑Fuchs.

fuch|sen ⟨sw. V.; hat⟩ [wohl in Anlehnung an ↑Fuchs (1) zu mundartl. fucken = hin u. her fahren] (ugs.): **a)** *jmds. heftigen Ärger erregen:* seine Bemerkungen haben mich sehr gefuchst; es fuchste sie, dass sich ihr Geheimnis entdeckt hatte; Dass ich nie in der Jakobikirche gewesen war, das fuchste mich. Nun war es zu spät (Kempowski, Tadellöser 213); **b)** ⟨f. + sich⟩ *sich sehr ärgern:* sich über eine Niederlage f.

fuchs|far|ben ⟨Adj.⟩: *fuchsrot.*

Fuch|sia, das; -s [zu nlat. fuchsia, ↑Fuchsie; nach der Blütenfarbe] *kräftiges Rosa.*

Fuch|sie, die; -, -n [nach dem dt. Botaniker L. Fuchs (1501–1566)]: *als Strauch wachsende Pflanze mit dunkelgrünen Blättern u. hängenden, mehrfarbigen Blüten.*

fuch|sig ⟨Adj.⟩: **1.** *fuchsrot:* -e Haare. **2.** *ungeduldig, heftig:* ein -es Temperament. **3.** (ugs.) *wütend, ärgerlich, erbost:* das hat mich f. gemacht.

Füch|sin, die; -, -nen: w. Form zu ↑Fuchs (1, 3, 4, 7).

Fuchs|jagd, die: **1.** *Jagd auf Füchse* (1). **2.** *Jagdreiten, bei dem das Wild durch einen Reiter dargestellt wird, der einen Fuchsschwanz an der Schulter trägt.*

Fuchs|loch, das: *Fuchsbau.*

Fuchs|ma|jor, der (Verbindungswesen): *älterer Student einer Verbindung, der für die Erziehung der Füchse* (7) *verantwortlich ist.*

Fuchs|pelz, der: *Pelz* (2).

fuchs|rot ⟨Adj.⟩: *rötlich braun:* -es Haar.

Fuchs|schwanz, der: **1.** *Schwanz eines Fuchses* (1). **2.** [die Blütenstände ähneln Fuchsschwänzen (1)] (Bot.) **a)** *Pflanze mit langen, walzenförmigen, dunkelroten Blütenständen u. großen Ährenrispen;* **b)** *Süßgras mit dichten, weichen Ährenrispen.* **3.** [nach der Form des Sägeblatts] *eingriffige Säge mit breitem, nach vorn schmaler werdendem Blatt.*

fuchs|teu|fels|wild ⟨Adj.⟩ (emotional verstärkend): *sehr wütend:* er wurde f., als er das hörte.

Fuch|tel, die; -, -n [älter = breiter Degen; dann: *Schlag mit der flachen Klinge* (als Strafe beim militärischen Drill), zu ↑fechten]: **1.** (früher) *breiter Degen.* **2.** ⟨o. Pl.⟩ *strenge Zucht, Herrschaft:* jmds. F. entronnen sein; unter jmds. F. geraten; jmdn. streng beaufsichtigen). **3.** (österr., sonst landsch.) *zänkische, herrschsüchtige Frau:* diese F. bringt ihren Mann noch ins Grab.

◆ **4. a)** *Schlag, Hieb mit der flachen Klinge]:* Ich verdiente hundert F. (Lessing, Minna V, 14); **b)** (schwäb.) *Rute, Gerte:* Mit fabelhafter Geschwindigkeit wirbelte er (= der Lehrer) die F. an den Kopf des Delinquenten und führte dann eine Anzahl Hiebe (Ebner-Eschenbach, Gemeindekind 18).

fuch|teln ⟨sw. V.; hat⟩ [älter = mit Stock od. Klinge schlagen] (ugs.): *etw. schnell [u. erregt] in der Luft hin u. her bewegen:* mit den Händen f.; wild fuchtelnd kam sie auf mich zu; Er fuchtelt mit einer Urkunde in der Luft (Hacks, Stücke 111).

fuch|tig ⟨Adj.⟩ (ugs.): *durch etw. aufgebracht, zornig:* sie wurde richtig f.

fud|deln, fu|deln ⟨sw. V.; hat⟩ [niederd., H. u.] (landsch. abwertend): **1.** *eine Arbeit schlampig anfertigen, verrichten; pfuschen.* **2.** *im [Karten]spiel betrügen.*

Fu|der, das; -s, - [mhd. vuoder, ahd. fuodar, ablautende Bildung zu ↑Faden u. eigtl. = so viel man mit ausgestreckten Armen umfassen kann]: **1. a)** *Ladung eines Ackerwagens* (bes. beladen mit Heu, Stroh, Getreide): ein F. Heu, Mist; **b)** (ugs.) *große Menge:* ein F. Sand im Schuh haben. **2.** *altes Hohlmaß [für Wein]* (zwischen 1000 u. 1800 l).

fu|der|wei|se ⟨Adv.⟩ (ugs.): *in großen Mengen:* etw. f. verbrauchen.

Ful|d|schi|ja|ma, der; -s: höchster Berg Japans.

Fuf|fi, der; -s, -s (salopp): ¹*Fünfziger* (1).

fuff|zehn (landsch.): *fünfzehn:* * 'ne **Fuffzehn machen** (*die Arbeit unterbrechen, eine Pause machen;* eigtl. = fünfzehn Minuten Pause machen).

fuff|zig [nach frühnhd. fuffzig] (landsch.): *fünfzig.*

Fuff|zi|ger, der; -s, - (landsch.): ¹*Fünfziger* (1): kannst du einen F. wechseln?; * **ein falscher F.** (ugs.; *jmd., der unaufrichtig ist, dem man nicht zu trauen ist*).

Fug, der [mhd. vuoc = Schicklichkeit, zu ↑fügen]: in der Wendung **mit F. [und Recht]** (*mit vollem Recht; voller Berechtigung:* das kann man mit F. und Recht behaupten.

fu|ga|to ⟨Adv.⟩ [ital. fugato, zu: fuga, ↑²Fuge] (Musik): *in der Art der Fuge komponiert.*

Fu|ga|to, das; -s, -s u. ...ti (Musik): *Fugenthema mit freien kontrapunktischen Umspielungen ohne die Gesetzmäßigkeit der* ²*Fuge.*

¹**Fu|ge,** die; -, -n [mhd. vuoge, zu ↑fügen]: *Verbindungsstelle:* **1.** *schmaler [ausgefüllter] Zwischenraum zwischen zwei [Bau]teilen, Mauersteinen o. Ä.:* die -n versteinigen; * **aus den -n gehen, geraten** (1. *den Zusammenhalt verlieren, entzweigehen:* der Stuhl ist ganz aus den -n gegangen. 2. *der [innere] Zusammenhalt verlieren, in Unordnung geraten:* die Welt gerät aus den -n). **2.** (Sprachwiss.) *Stelle, an der die Bestandteile einer Zusammensetzung zusammentreffen* (z. B. Eisen/bahn).

²**Fu|ge,** die; -, -n [ital. fuga = Fuge < lat. fuga = Flucht (da eine Stimme gleichsam vor der folgenden »flieht«)] (Musik): *selbstständiges Musikstück od. Teil eines Komposition in zwei- bis achtstimmiger kontrapunktischer Satzart mit nacheinander in allen Stimmen durchgeführtem, fest geprägtem Thema.*

fu|gen ⟨sw. V.; hat⟩ [eigtl. südd. Form von ↑fügen, in Anlehnung an ↑¹Fuge] (Bauw.): **a)** *[Bau]teile fest miteinander verbinden, zusammenfügen:* Bretter f.; **b)** *(bei unverputztem Mauerwerk) die Fugen sauber ausstreichen:* eine Mauer f.

fü|gen ⟨sw. V.; hat⟩ [mhd. füegen, ahd. fuogen, eigtl. = verbinden, ineinanderpassen, verw. mit ↑Fach]: **1.** (geh.) *in einer bestimmten Art zusammenfügen, -bauen:* die Mauer war aus unbehauenen Steinen gefügt; Ü Einzelnes zu einem Ganzen f.; eine fest gefügte Ordnung. **2. a)** *an etw. anfügen;* in etw. *einfügen:* einen Stein an den anderen f.; **b)** ⟨f. + sich⟩ *in etw. passend eingefügt sein; sich einfügen:* das Brett fügt sich genau in die entsprechende Lücke; Ü diese Vorgänge wollen sich in keinen Zusammenhang f. **3.** ⟨f. + sich⟩ **a)** *sich einer oft unpersönlichen Gewalt [aus Einsicht] unterordnen,*

fugenlos – Führer

sich in gegebene Verhältnisse einordnen: sich jmds. Anordnungen nicht f.; nach anfänglichem Widerstand fügte sie sich; **b)** *etw. gefasst auf sich nehmen; sich in etw. schicken:* sich in sein Schicksal, ins Unabänderliche, Unvermeidliche f. **4.** (geh.) **a)** *schicksalhaft geschehen, eintreten lassen; bewirken:* das Schicksal fügte alles zu seinem Besten; **b)** ⟨f. + sich⟩ *schicksalhaft geschehen, eintreten:* alles fügte sich aufs Beste.

fu|gen|los ⟨Adj.⟩: *ohne erkennbare* ¹*Fuge* (1) *ausgestattet:* eine -e Wand; die Tür schließt f.

Fu|gen-s, das; -, - (Sprachwiss.): vgl. Fugenzeichen.

Fu|gen|the|ma, das (Musik): *Thema einer Fuge.*

Fu|gen|zei|chen, das (Sprachwiss.): *eine* ¹*Fuge* (2) *kennzeichnender Laut od. kennzeichnende Silbe* (z. B. Geschicht**s**buch, Zitate**n**schatz).

füg|lich ⟨Adv.⟩ [spätmhd. vuoclich, vüeclich = schicklich, angemessen]: *berechtigterweise; mit Recht; begründeterweise:* nach alledem darf man das f. bezweifeln; man kann sich f. fragen, welcher Preis gezahlt wurde; * ◆ **-er Weise** (*rechtmäßig:* ...dass die Amnestie ... die Vollstreckung eines Todesurteils an demselben, -er Weise, nicht zulasse [Kleist, Kohlhaas 101]).

füg|sam ⟨Adj.⟩: *sich leicht od. ohne Widerstreben einer Autorität unterordnend:* ein -es Kind.

Füg|sam|keit, die; -: *das Fügsamsein.*

Fu|gung, die; -, -en: **a)** *das Fugen; das Gefugtwerden;* **b)** *etw. Gefugtes.*

Fü|gung, die; -, -en: **1.** [mhd. vüegunge = Verbindung] *schicksalhaftes Geschehen, Verknüpfung von Ereignissen, hinter der eine göttliche, übernatürliche Macht steht:* in etw. eine glückliche F. sehen. **2.** [für lat. constructio] (Sprachwiss.) *eine sprachliche Einheit bildende Wortgruppe:* eine präpositionale, syntaktische F.

fühl|bar ⟨Adj.⟩: **1.** *sich so deutlich bemerkbar machend, dass es empfunden, gespürt wird; merklich:* ein -er Unterschied; die Bedingungen wurden f. erleichtert. **2.** (selten) *sich durch den Tastsinn wahrnehmen lassend:* der Puls war kaum f.

füh|len ⟨sw. V.; hat⟩ [mhd. vüelen, ahd. fuolen, eigtl. wohl = tasten]: **1. a)** *mit dem Tastsinn, den Nerven wahrnehmen; körperlich spüren:* einen Schmerz, die Wärme der Sonne f.; er fühlte sein Herz schlagen; er hat sein Ende kommen f./gefühlt; **b)** *tastend prüfen, feststellen:* [jmdm.] den Puls f.; man kann die Beule am Kopf f. **2.** *seelisch empfinden:* etw. instinktiv f.; Achtung für jmdn., Mitleid mit jmdm. f.; er fühlte, dass er auf dem richtigen Weg war; sie ließ ihn ihre Verachtung f. *(zeigte sie ihm);* sie fühlen als Franzosen *(fühlen sich zu den Franzosen gehörig);* ein fühlendes Herz *(ein Mensch, der Mitgefühl hat);* ◆ ⟨mit Dativobjekt:⟩ Ein guter treuer Kerl wird gemisshandelt, und der Schwester lässt man's auch f., dass sie – (Iffland, Die Hagestolzen I, 5). **3.** *tastend nach etw. suchen:* er fühlte sofort, ob seine Brieftasche noch vorhanden sei; [im Dunkeln] nach dem Lichtschalter f. **4.** ⟨f. + sich⟩ **a)** *von seinem körperlichen od. seelischen Zustand, von seiner Lage, Situation o. Ä. eine bestimmte Empfindung haben:* sich krank, besser, geborgen, einsam f.; überall fühlt er sich überwacht; sie fühlt sich seit gestern nicht wohl; wie fühlen Sie sich?; **b)** *sich in seinem Gefühl für etw. halten:* sich schuldig, betrogen f.; sie fühlte sich verpflichtet, ihm zu helfen; sich für etw. verantwortlich, nicht zuständig f.; sich beengt, bedroht f.; ich fühle mich hier fremd; **c)** (ugs.) *auf etw. stolz u. davon ganz durchdrungen sein:* er fühlt sich mächtig [in seiner neuen Würde]; sich als große Heldin f.; der fühlt sich aber [nachdem er leitender Angestellter geworden ist]!

Fühl|ler, der; -s, -: **1.** *bei niederen Tieren paarig am Kopf sitzendes Tast-, Geruchs- u. Geschmackssinnesorgan:* die Schnecke streckt die F. aus, zieht die F. ein; Ü eine F. *(ein feines Gefühlsempfinden)* besitzen; * **[seine/die] F. ausstrecken** (ugs.; *vorsichtig die Lage erkunden; vorsichtig Verbindung zu jmdm., etw. aufnehmen*). **2.** Kurzf. von ↑ Messfühler.

Fühl|horn, das ⟨Pl. ...hörner⟩ (selten): *Fühler* (1): ◆ ...wo sie die langen Fühlhörner eines Käfers aus einer bemoosten Rinde hervorstehen sah (Keller, Das Sinngedicht 283).

fühl|los ⟨Adj. (selten. veraltend)⟩: **1.** *gefühllos; ohne Mitgefühl:* ein -er Mensch. **2.** *ohne Gefühl* (1); *empfindungslos:* Ü ...schon legte sie die Hand auf die Klinke (die war eiskalt und f. wie ein ganzes einsames Leben), da sagte er ... (Chr. Wolf, Himmel 14).

Füh|lung, die; -, -en: **1.** ⟨o. Pl.⟩ *Verbindung zu, mit jmdm.; Kontakt, Beziehung:* mit jmdm. F. [auf]nehmen, haben, halten; mit jmdm. in F. kommen. **2.** (veraltet) *das Fühlen; Gefühl.*

Füh|lung|nah|me, die; -, -n: *Aufnahme von Kontakten:* eine persönliche, private, telefonische F.

fuhr: ↑ fahren.

Fuh|re, die; -, -n [mhd. vuor(e), ahd. fuora = Fahrt, Weg, zu ↑ fahren]: **1.** *Wagenladung:* eine F. Holz. **2.** *Fahrt, bei der jmd., etw. transportiert wird:* das Taxi hat eine F. nach außerhalb.

füh|re: ↑ fahren.

Füh|re, die; -, -n [zu ↑ führen (1 a)] (Bergsteigen): *Route; bezeichneter Kletterweg:* die F. über den Silvrettapass.

füh|ren ⟨sw. V.; hat⟩ [mhd. vüeren, ahd. fuoren, Veranlassungswort zu ↑ fahren u. eigtl. = in Bewegung setzen, fahren machen]: **1. a)** *jmdm. den Weg zeigen u. dabei mit ihm gehen, ihn geleiten* (2 a); *auf einem Weg o. Ä. geleiten:* einen Blinden [über die Straße] f.; ein Kind an der Hand f.; einen Hund an der Leine f.; beim Tanzen soll der Herr [die Dame] f. *(die Art der Ausführung [von Figuren o. Ä.] durch entsprechende Bewegungen angeben);* Besucher in einem Schloss, einer Kirche f. *(ihnen bei der Besichtigung die nötigen Erläuterungen geben);* **b)** *veranlassen, an einen bestimmten Ort mitzukommen; an einen bestimmten Ort bringen; geleiten:* jmdn. in ein Restaurant f.; nach dem Tanz die Dame zu ihrem Tisch f.; Ü eine Klasse [bis] zum Abitur f. *(als Klassenlehrer unterrichten u. auf das Abitur vorbereiten);* durch das Programm f. *(die einzelnen Programmnummern ansagen).* **2. a)** *in pädagogischer Absicht, als Vorgesetzte[r] o. Ä.* leiten: Schüler streng, mit fester Hand f.; manche Jugendliche lassen sich schwer f.; die Untergebenen sind f. verstehen; **b)** ⟨f. + sich⟩ *sich in den Augen einer für ihn zuständigen beurteilenden Instanz über eine längere Zeit in bestimmter Weise verhalten:* der Schüler, Strafgefangene hat sich gut geführt. **3. a)** *verantwortlich leiten* (1); *die Leitung* (1 a) *von etw. haben, innehaben:* ein Geschäft f.; eine Delegation f.; sie hat das Restaurant zehn Jahre lang geführt; jmdm. den Haushalt f.; ein gut geführtes Hotel; **b)** *[als Verantwortliche(r)] in eine bestimmte Situation, Lage bringen:* ein Unternehmen aus den roten Zahlen f.; er führte das Land ins Chaos, die Mannschaft zur Meisterschaft f. **4.** *an der Spitze liegen, an oberster Stelle stehen:* die Mannschaft führt 3:2, mit 3:2 [Toren]; nach Punkten, mit fünf Punkten [Vorsprung] f.; das Land führt *(ist führend)* in der Reaktortechnik. **5. a)** *handhaben, in bestimmter Weise bewegen:* beim Cellospiel gekonnt den Bogen f.; die Kamera beim Filmen ruhig f.; **b)** *einen Ball o. Ä.) fortbewegen:* den Ball am linken Fuß, mit der Hand f.; der Rechtsaußen hat den Ball zu lange geführt *(hat ihn zu spät abgespielt);* der Ball wurde geführt *(regelwidrig zu lange berührt [und in eine bestimmte Richtung gelenkt]).* **6.** *irgendwohin bewegen:* das Glas an die Lippen, den Löffel zum Munde f.; ...eine nur mit Spangen und Halsketten bekleidete Frauengestalt zu sehen war, welche, mit übergeschlagenem Beine auf der Spitze eines Felsens sitzend, erhobenen Armes einen Kamm durch ihr wallendes Haar führte (Th. Mann, Krull 12). **7. a)** *[anlegen u.] in seinem Verlauf festlegen:* die neue Autobahn um die Stadt f.; die Straßenbahn[linie] wird bis an den Stadtrand geführt; **b)** *in einer bestimmten Richtung verlaufen, eine bestimmte Richtung auf ein Ziel hin nehmen:* die Bahn führt ans Meer; eine Brücke führt über die Bucht; (Rennsport:) die Rennen führt über eine *(erstreckt sich über)* zwanzig Runden; Ü das führt zu weit *(geht über das vertretbare Maß hinaus);* ...er erblickte das Haus und die Treppe, die in den Garten führte (Langgässer, Siegel 11); **c)** *Anlass sein, Gelegenheit dafür bieten, dass jmd. an einen bestimmten Ort gelangt:* seine Reise führt ihn nach Afrika; was führt Sie zu mir?; Ü ein Hinweis führte *(brachte)* die Polizei auf die richtige Spur. **8. a)** (Amtsspr.) *(ein Fahrzeug) steuern, fahren:* ein Flugzeug, einen Zug f.; er erhielt die Berechtigung, einen Lkw zu f.; **b)** (bes. österr.) *mit einem Fahrzeug befördern:* ich kann Sie zum Flughafen f.; ◆ (auch südd. u. schweiz.:) ...dass unser Schiff ein türkisch Fahrzeug fing, das einen Schatz des großen Sultans führte (Goethe, Faust I, 2974 f.); ◆ ...eh' will ich... Mist im Sonanzboden f. (Schiller, Kabale I, 1); ◆ Sein Gespann... solle ihnen alle Buchen... auf Bärhegen f. (Gotthelf, Spinne 36). **9. a)** *für einen bestimmten Zweck bei sich haben, bei sich tragen:* keine Wagenpapiere, eine geladene Pistole bei sich f.; Gepäck mit sich f.; **b)** *dabeihaben; enthalten u. transportieren:* der Zug führt einen Speisewagen; der Fluss führt Hochwasser; die Leitung führt keinen Strom; **c)** *im Warenangebot haben; zum Verkauf haben; verkaufen:* diesen Artikel führen wir nicht; **d)** *als offizielles Kennzeichen haben:* der Wagen führt die Nummer ...; die Stadt führt einen Löwen in ihrem Wappen; **e)** *als Titel haben;* (einen bestimmten Titel) *tragen:* den Doktortitel f.; Das Unternehmen, das den Decknamen »Drehbühne« führte, betraf die Bewegung eines eigenen Verbandes schwerer Schiffseinheiten (Gaiser, Jagd 26). **10.** *durchführen, [ab]halten:* Verhandlungen f.; Regie f.; *meist verblasst:* die Aufsicht, den Vorsitz f.; eine glückliche Ehe f. *(in einer glücklichen Ehe leben);* über etw. Klage f. *(sich beklagen);* den Beweis f. *(beweisen);* Was hat dich veranlasst, solche Gespräche mit Goldmund zu f.? (Hesse, Narziß 66). **11. a)** *anlegen u. fortlaufend Eintragungen darin machen:* eine Liste, eine Kartei f.; über etw. Buch f. *(etw. vermerken, aufzeichnen);* **b)** *(in einer Kartei o. Ä.) registriert haben:* jmdn. in einer Liste f.; eine Person dieses Namens wird bei uns, wird hier nicht geführt. **12. *ein bestimmtes Ergebnis haben:* zu keinem Ergebnis f.; dieser Hinweis hat zur Ergreifung des Täters geführt.

füh|rend ⟨Adj.⟩: *das Geschehen in einem bestimmten Bereich bestimmend; maßgebend:* -e Persönlichkeiten des politischen Lebens; diese Firma ist f. auf ihrem Gebiet.

Füh|rer, der; -s, - [mhd. vüerer]: **1. a)** *jmd., der eine Organisation, Bewegung o. Ä. leitet:* ein erfahrener F.; der F. einer Bewegung, Partei; **b)** *jmd., der Sehenswürdigkeiten erklärt, bei Besichtigungen die nötigen Erläuterungen gibt:* F. sein; etw. mit einem F. besichtigen; **c)** ⟨meist mit Art.⟩ [wohl geb. nach dem Vorbild von ↑ Duce] (nationalsoz.) *Adolf Hitler* (zwischen

1933 und 1945 offizielle Bez. [»F. und Reichskanzler«]): der F. spricht; **d)** (österr., schweiz., sonst selten) *Fahrer, Lenker (eines [Kraft]fahrzeugs).* **2.** *Buch, das für die Besichtigung eines Museums, einer Stadt o. Ä. die nötigen Erläuterungen gibt:* ein F. durch München, für die Schweiz.

Füh|rer|aus|weis, der (schweiz. Amtsspr.): *Führerschein.*

Füh|rer|flucht, die 〈o. Pl.〉 (schweiz.): *Fahrerflucht.*

Füh|rer|haus, das: *Raum für den Fahrer [u. den Beifahrer] in einem Lastwagen, Kran o. Ä.*

Füh|re|rin, die; -, -nen: w. Form zu ↑ Führer (1a, b, d).

füh|rer|los 〈Adj.〉: *keinen Führer habend.*

Füh|rer|na|tur, die: **a)** *jmd., der durch seine Veranlagung zum Führer (1a) bzw. zur Führerin anderer Menschen prädestiniert ist:* sie ist eine F.; **b)** *Wesensart, die jmdn. zum Führer (1a) anderer Menschen prädestiniert:* eine F. haben.

Füh|rer|prin|zip, das (nationalsoz.): *politisches Prinzip des Faschismus u. des Nationalsozialismus, nach dem Autorität ausschließlich von einem Führer (1a) ausgeübt wird.*

Füh|rer|schaft, die; -, -en 〈Pl. selten〉: **1.** *das Führersein; Führung.* **2.** *Führungsspitze; die Führung (1a) innehabende Personengruppe.*

Füh|rer|schein, der: *amtliche Bescheinigung, die jmdn. berechtigt, ein Kraftfahrzeug zu führen:* keinen F. besitzen; den F. machen *(die Fahrerlaubnis erwerben);* jmdm. den F. entziehen; * F. auf Probe *(Führerschein, der einem Fahranfänger unter bestimmten Bedingungen wieder entzogen werden kann).*

Füh|rer|schein|ent|zug, der: *Entzug des Führerscheins durch Gerichtsurteil (nach bestimmten Delikten im Straßenverkehr).*

Füh|rer|schein|prü|fung, die: *aus einem theoretischen u. einem praktischen Teil bestehende Prüfung, mit der ein Führerschein erworben wird.*

Füh|rer|sitz, der: *Sitz des Fahrers, Wagenführers.*

Füh|rer|stand, der: *Platz, von dem aus die Lokomotive eines Zuges, der Triebwagen einer Straßenbahn gefahren (8a) wird.*

Fuhr|ge|schäft, das: *Fuhrunternehmen.*

Führ|hand, die (Boxen): *(in der Grundstellung) ein wenig vor dem Körper gehaltene Hand zur Vorbereitung der mit der Schlaghand ausgeführten Treffer.*

Führ|hund, der: Kurzf. von ↑ Blindenführhund.

füh|rig 〈Adj.〉: **1.** *(Jägerspr.) (vom Hund) sich ruhig an der Leine führen lassend; folgsam:* ein -es Tier. **2.** *geführig.*

Fuhr|leute, Pl. von ↑ Fuhrmann.

Fuhr|lohn, der: *Bezahlung für eine Fuhre (2).*

Fuhr|mann, der, 〈Pl. ...leute, seltener: ...männer〉: **1.** *jmd., der ein Fuhrwerk lenkt.* **2.** 〈o. Pl.〉 *Sternbild am nördlichen Sternenhimmel.*

Fuhr|park, der: *Gesamtheit der Gebrauchsfahrzeuge eines Unternehmens, einer militärischen Einheit o. Ä.:* der F. der Regierung.

Füh|rung, die; -, -en [mhd. vüerunge]: **1.** 〈o. Pl.〉 **a)** *das Führen (3a), Geführtwerden; verantwortliches Leiten (1):* die F. eines Betriebes übernehmen; **b)** *das Führen (2a):* dem Kind fehlt eine feste F.; die innere F. *(Erziehung zu einem mündigen Soldaten, zu einer mündigen Soldatin)* bei der Bundeswehr; sich jmds. F. überlassen; **c)** *leitende Personengruppe:* die F. des Konzerns, der Partei tagt. **2.** *Besichtigung mit einem Führer (1b):* täglich finden -en durch den Dom statt. **3.** 〈o. Pl.〉 *führende Position:* auf einem Gebiet die F. haben; die F. verlieren, (Sport:) übernehmen; durch ein Tor in F. gehen *(die Führung übernehmen).* **4.** 〈o. Pl.〉 *das Sichführen (2b):* wegen guter F. wurde er vorzeitig aus dem Gefängnis

entlassen. **5.** 〈o. Pl.〉 *das Führen (5a), Handhaben:* die F. des Bogens beim Violinspiel, der Kamera beim Filmen. **6.** (Technik) *die Bewegungsrichtung bestimmender Teil an Maschinen u. Geräten:* die F. eines Rades, eines Geschosses. **7.** 〈o. Pl.〉 (Amtsspr.) *das Führen (8a); Fahren, Lenken:* die Berechtigung zur F. eines Kraftfahrzeugs. **8.** 〈o. Pl.〉 *das Führen (9e):* ab sofort ist ihr die F. dieses Titels untersagt. **9.** 〈o. Pl.〉 *das Führen (11a):* die F. der Geschäftsbücher.

Füh|rungs|an|spruch, der: *Anspruch auf Führung (3):* der F. der USA; seinen F. geltend machen.

Füh|rungs|ar|beit, die (Leichtathletik): *das Anführen des Feldes im Langstreckenlauf durch einen Läufer bzw. eine Läuferin, der bzw. die das Tempo bestimmen:* sich bei, in der F. abwechseln.

Füh|rungs|auf|ga|be, die: *Aufgabe (einer, eines Vorgesetzten o. Ä.), das Führen (2a) von Menschen betreffend:* mit einer F. betraut werden.

Füh|rungs|ebe|ne, die: *Personenkreis innerhalb eines Unternehmens, der die Führung (1a) innehat:* die obere, mittlere F.; in die [oberste] F. aufsteigen.

Füh|rungs|eta|ge, die: *Führungsebene:* einen Wechsel in der F. der Firma herbeiführen.

Füh|rungs|gre|mi|um, das: *Gremium, das die Führung (1a) innehat.*

Füh|rungs|grup|pe, die: vgl. Führungsgremium.

Füh|rungs|kraft, die: **1.** *Person, die in leitender Stellung tätig ist; leitende Kraft (3) in einem Unternehmen:* die Arbeit der Führungskräfte. **2.** 〈o. Pl.〉 *Fähigkeit, Kraft (1), eine Führungsposition auszufüllen:* die F. des Präsidenten.

Füh|rungs|kri|se, die: *Krise in der Führung (1a).*

füh|rungs|los 〈Adj.〉: *keine Führung (1a) aufweisend.*

Füh|rungs|lo|sig|keit, die; -: *das Führungslossein.*

Füh|rungs|macht, die: *führende Macht (4a):* China als die F. der Zukunft.

Füh|rungs|mann|schaft, die: *Führungsteam:* sie ist Mitglied der neuen F. geworden.

Füh|rungs|of|fi|zier, der (DDR): *Offizier des Staatssicherheitsdienstes, der Agenten betreut.*

Füh|rungs|per|sön|lich|keit, die: *jmd., der bes. befähigt ist, eine Führungsrolle auszuüben:* der Partei fehlt eine erfahrene F.

Füh|rungs|po|si|ti|on, die: *führende Stellung:* eine F. innehaben.

Füh|rungs|qua|li|tät, die, 〈oft im Plural〉: *Eigenschaft, eine Führungsposition auszufüllen:* sie besitzt natürliche -en.

Füh|rungs|rie|ge, die: *Führungsgremium.*

Füh|rungs|rol|le, die: *führende Rolle (5b).*

Füh|rungs|schicht, die: *Schicht (2), die im gesellschaftlichen, wirtschaftlichen, politischen o. ä. Bereich maßgebend ist:* die politische, geistige F.

Füh|rungs|schie|ne, die (Technik): *bei verschiedenen Maschinen, Fahrzeugen o. Ä. vorhandene Schiene, die die Bewegungsrichtung von Maschinenteilen u. Ä. bestimmt.*

Füh|rungs|schwä|che, die: *Mangel an Fähigkeit zu führen (3a); Schwäche (2b) bei der Führung (1a) von etw.*

Füh|rungs|spie|ler, der (Sport, bes. Fußball): *Spieler, der eine führende Rolle übernimmt.*

Füh|rungs|spie|le|rin, die: w. Form zu ↑ Führungsspieler.

Füh|rungs|spit|ze, die: *die Führung (1a) innehabende Personengruppe:* die F. der Partei.

Füh|rungs|stab, der: **1. a)** *organisatorische Spitze der Streitkräfte;* **b)** *organisatorische Spitze einer einzelnen Waffengattung.* **2.** *organisatorische Spitze, Leitung eines größeren Industrieunternehmens.*

Füh|rungs|stil, der: *Art u. Weise, in der jmd. seine Führungsaufgabe erfüllt (bes. im Umgang mit Untergebenen):* ein guter, schlechter F.

Füh|rungs|team, das: *Team (1), das die Führung innehat.*

Füh|rungs|tor, das (Sport): *Tor, durch das eine Mannschaft in Führung (3) geht.*

Füh|rungs|tref|fer, der (Sport): vgl. Führungstor.

Füh|rungs|trup|pe, die: *(in der Bundeswehr) Truppe des Heeres, die für die nachrichtentechnische Verbindung, die Beobachtung u. Aufklärung zuständig ist u. so die Grundlagen für die Führung der Großverbände schafft.*

Füh|rungs|wech|sel, der: **1.** *Wechsel in der [politischen] Führung (1a):* ein F. an der Spitze der Partei. **2.** (Sport) *Wechsel in der führenden Stellung einer Meisterschaftsklasse o. Ä.*

Füh|rungs|zeug|nis, das: **1.** *polizeiliches Zeugnis über etwaige im Strafregister eingetragene Strafen:* ein polizeiliches F. beibringen müssen. **2.** *Zeugnis des Arbeitgebers über Führung (4) u. Leistung eines Arbeitnehmers.*

Fuhr|un|ter|neh|men, das: *Unternehmen, das Transporte mit Lastwagen o. Ä. ausführt.*

Fuhr|un|ter|neh|mer, der: *Inhaber eines Fuhrunternehmens.*

Fuhr|un|ter|neh|me|rin, die: w. Form zu ↑ Fuhrunternehmer.

Fuhr|werk, das [spätmhd. fürwerc]: **1.** *mit Zugtieren bespannter Wagen.* **2.** (österr.) *Lastwagen.*

fuhr|wer|ken 〈sw. V.; hat〉: **1.** *(ugs.) herumfuhrwerken:* mit den Armen f.; Ü leichtfertig mit Geld f. *(umgehen).* **2.** *(südd., österr.) mit dem Fuhrwerk fahren.*

Fuhr|wer|ker, der (österr.): **a)** *Führer, Lenker eines Fuhrwerks;* **b)** *Unternehmer, der Transportaufträge mit einem Fuhrwerk ausführt.*

Fuhr|wer|ke|rin, die: w. Form zu ↑ Fuhrwerker.

¹**Ful|da,** die; -: *Quellfluss der Weser.*

²**Ful|da:** *Stadt an der* ¹*Fulda.*

¹**Ful|da|er,** der; -s, -: Ew.

²**Ful|da|er** 〈indekl. Adj.〉.

Ful|da|e|rin, die; -, -nen: w. Form zu ↑ ¹Fuldaer.

ful|da|isch, ful|disch 〈Adj.〉: *Fulda, die Fuldaer betreffend.*

Füll|blei|stift, der (schweiz.): *Drehbleistift.*

Full Dress, der; -- [engl. full dress, aus: full = völlig, voll(ständig) u. dress, ↑ Dress]: *einem offiziellen Anlass entsprechende Kleidung; Gesellschaftsanzug:* im F. D.

Fül|le, die; -, -n [mhd. vülle, ahd. fullī, zu ↑ ¹voll]: **1.** 〈o. Pl.〉 *große Menge, Zahl; Vielfalt:* eine F. von Anregungen wurde/(auch:) wurden gegeben; es gab Wein die F. (geh.; *im Überfluss*); Der Oktober hatte die pralle F. goldgrüner und stahlblauer Trauben über das Land geschüttet (Thieß, Legende 160). **2.** 〈o. Pl.〉 *volle Intensität; volles Maß; [volles Genügen verschaffender] Reichtum (2), der in etw. liegt:* die F. der Stimme; die ganze F. des Glücks; aus der F. der Erfahrungen. **3.** 〈o. Pl.〉 *Üppigkeit der körperlichen Erscheinung; Körperfülle:* in seiner ganzen F. saß er da; ... und heiratete Lottchen Tiede, eine rotblonde, zur F. neigende Bauerntochter (Grass, Hundejahre 31). **4.** 〈Pl. selten〉 (österr., sonst landsch.) *Füllung (2a).*

fül|len 〈sw. V.; hat〉 [mhd. vüllen, ahd. fullen, fulljan, Bewirkungsvorst. zu ↑ ¹voll]: **1. a)** *durch Hineinfüllen, -schütten, -gießen von etw. vollmachen; mit etw. anfüllen:* eine Flasche [mit Saft], einen Teller, einen Korb bis zum Rand f.; Ü die Zeit mit Erzählen von Geschichten f. *(ausfüllen);* der Saal war bis auf den letzten Platz gefüllt *(besetzt);* er hat eine gut gefüllte Brieftasche *(hat viel Geld);* dieser Jasmin ist gefüllt *(hat Blüten mit mehrfach übereinanderliegenden Blütenblättern, die das Blüteninnere ausfüllen);* Nur das Krachen und Knattern der

Füllen–fundieren

Flammen füllt die Pause *(ist hörbar während der Pause)* nach diesen Worten (A. Zweig, Grischa 17); **b)** *mit einer Füllung* (2 a) *versehen:* die Gans f.; gefüllte Paprikaschoten; **c)** *mit einer Füllung* (2 b) *versehen:* einen Zahn f. **2.** *in etw. schütten, einfüllen, hineinfließen lassen:* die Kartoffeln in Säcke, den Wein in Flaschen f. **3.** ⟨f. + sich⟩ *(von einem Raum, einem Gefäß o. Ä.) voll werden:* die Badewanne füllt sich langsam; ihre Augen füllten sich mit Tränen (geh.; *sie begann zu weinen*); Das riesige Theater füllte sich rasch bis auf den letzten Sitz (Th. Mann, Krull 429). **4.** *Platz in Anspruch nehmen, ausfüllen:* die Bücher füllen zwei Schränke; das Material füllt fünf Bände.

Fül|len, das; -s, - [mhd. vül(n), ahd. fulī(n), Vkl. von ↑Fohlen] (geh.): *Fohlen.*

Fül|ler, der; -s, -: **1.** (ugs.) *Füllfederhalter:* mit einem F. schreiben. **2.** (Zeitungsw., Rundfunk-, Fernsehjargon) *Artikel, der freien Raum in einer Zeitung füllen soll.*

Füll|fe|der, die (bes. südd., österr., schweiz.): *Füllfederhalter.*

Füll|fe|der|hal|ter, der: *Federhalter mit eingebautem, nachfüllbarem Tintenbehälter.*

Füll|ge|wicht, das: *Gewicht einer Ware beim Einfüllen in ein Behältnis.*

Füll|hal|ter, der: *Füllfederhalter.*

Füll|horn, das ⟨Pl. ...hörner⟩ [für älteres »Horn der Fülle«, LÜ von lat. cornu copiae]: *(aus der antiken Mythologie stammendes) Sinnbild der Fülle u. des Überflusses (in Gestalt eines gewundenen Hornes, aus dem Früchte u. Blumen quellen).*

Full House [ˈfʊl ˈhaʊs], das; --, --s [ˈ- ˈhaʊzɪs] [engl. full house, eigtl. = volles Haus]: **1.** *Kombination aus fünf Spielkarten, Würfeln o. Ä., bei der ein Wert dreimal u. ein Wert zweimal vorkommt.* **2.** (ugs.) *volles Haus; drangvolle Enge.*

fül|lig ⟨Adj.⟩ [aus dem Niederd. < mniederd. vüllik, zu ↑Fülle]: **1. a)** *weiche, rundliche Körperformen aufweisend:* sie ist f. geworden; **b)** *üppig, weich:* -e Polster; Seine Haare, f. und dunkel, verdeutlichten noch am ehesten von hinten, dass es sich um ein männliches Wesen handelte (Kronauer, Bogenschütze 249). **2.** *voll[tönend], voluminös.* **3.** (Fachspr.) *(von Weinen) bukettreich.*

Füll|ma|schi|ne, die: *Maschine, mit deren Hilfe bestimmte Massengüter abgefüllt werden.*

Füll|mas|se, die (Kochkunst): *Füllung (2 a).*

Füll|ma|te|ri|al, das: *Material zum Füllen:* abfallhaltiges, anorganisches F.; Amalgam als F.

Füll|mau|er, die (Bauw.): *Mauer mit zwei normal gemauerten Wänden, deren Zwischenraum mit [kleineren] unregelmäßigen Steinen u. Mörtel, Kies, Schotter o. Ä. ausgefüllt ist.*

Füll|mit|tel, das (Textilind.): *in Gewebe eingelagertes Mittel zur Erhöhung des Volumens.*

Füll|ort, das ⟨Pl. ...örter⟩ (Bergbau): *im Bereich des Schachts gelegene Stelle auf einer Sohle, an der das Fördergut in den Förderkorb verladen wird.*

Füll|sel, das; -s, -: **1.** *etw., was in erster Linie dazu dient, eine Lücke auszufüllen:* Handtücher als F. in den Koffer tun. **2.** (landsch.) *[Fleisch]füllung in einem Fleischgericht; Füllung der [Brat]wurst.*

Full Ser|vice [ˈfʊl ˈsəːvɪs], der; --, --s [ˈ- ˈsəːvɪsɪs] [engl. full service = volle Dienstleistung, aus: full = voll u. service, ↑²Service] (Wirtsch.): *Kundendienst, der alle anfallenden Arbeiten übernimmt.*

Full Speed [ˈfʊl ˈspiːd], der od. die; -- [engl. full speed = volle Geschwindigkeit, aus: full = voll u. speed, ↑¹Speed]: *Höchstgeschwindigkeit.*

Füll|stoff, der (Technik): *bei der Herstellung von Papier, Gummi o. Ä. verwendeter Zusatzstoff* (wie z. B. Kreide), *der besondere Eigenschaften des Industrieprodukts bewirkt.*

Full|time-Job, Full|time|job [ˈfʊltaɪm...], der [engl. full-time job, aus: full-time = Ganztags- (eigtl. = Vollzeit-) u. ↑Job]: *Ganztagsarbeit; Beschäftigung, die jmdn. ganz ausfüllt.*

Fül|lung, die; -, -en: **1.** ⟨Pl. selten⟩ (selten) *das Füllen* (1 a); *das Gefülltwerden.* **2. a)** *Masse, die (als besonderer Bestandteil) zur Anreicherung in bestimmte Speisen ([Fleisch]gerichte, Backwaren, Süßigkeiten) hineingefüllt wird;* **b)** *Masse, die den Hohlraum in einem Zahn nach dem Ausbohren der schadhaften Stelle ausfüllt;* **c)** *Material in Matratzen, Federbetten, Kissen.* **3.** *Teil der Tür innerhalb des Türrahmens; Türfüllung.* **4.** (Verslehre) *Senkungen u. Hebungen (in bestimmter Anordnung), die einen Verstakt füllen.*

Füll|wort, das ⟨Pl. ...wörter⟩ (Sprachwiss., Literaturwiss.): *Wort mit geringem Aussagewert.*

ful|mi|nant ⟨Adj.⟩ [zu lat. fulminans (Gen.: fulminantis), 1. Part. von: fulminare = blitzen; mit dem Blitz treffen, zu: fulmen = Blitz(strahl)]: *sich in seiner außergewöhnlichen Wirkung od. Qualität schlagartig mitteilend; ausgezeichnet, glänzend, großartig:* ein -er Erfolg.

Fum|mel, der; -s, - [niederd., zu ↑fummeln] (ugs., oft abwertend): *Kleidungsstück [aus billigem u. leichtem Stoff]:* ein billiger, schriller, teurer F.

Fum|me|lei, die; -, -en ⟨Pl. selten⟩ (ugs.): *das Fummeln* (1, 2).

fum|me|lig ⟨Adj.⟩ (ugs.): **1.** *viel mühseliges Hantieren erfordernd; lästige Kleinarbeit notwendig machend:* diese Arbeit ist mir zu f. **2.** *nervös u. [zornig] erregt:* das hat mich f. gemacht.

fum|meln ⟨sw. V.; hat⟩ [aus dem Niederd. < spätmniederd. fummelen, urspr. wohl lautm.]: **1.** (ugs.) **a)** *mit den Händen tastend, suchend sich zu schaffen machen:* an einer Waffe, an einem Gerät f.; **b)** *mühsam hinein- od. herausbringen:* Geld aus der Tasche f.; **c)** *zustande bringen:* ungenaue Fummelei sie sich eines Salat; **d)** *jmdn. als Form des erotisch-sexuellen Kontakts berühren, streicheln:* ein bisschen [mit Mädchen] f. **2.** (Fußballjargon) *zu häufig u. zu lange dribbeln.*

Fumm|ler, der; -s, -: **1.** (ugs.) *jmd., der fummelt* (1 a–c). **2.** (Fußballjargon) *Spieler, der [allzu] gern u. häufig dribbelt.* **3.** (ugs. abwertend) *männliche Person, die fummelt* (1 d).

Fumm|le|rin, die; -, -nen: w. Form zu ↑Fummler.

Fun [fan], der; -s [engl. fun]: *Spaß, den jmd. bei bestimmten Tätigkeiten hat:* F. haben.

Fun|board [ˈfanbɔːd], das; -s [engl. funboard, eigtl. = Spaßbrett, aus: fun = Spaß u. board = Brett]: *bes. langes u. leichtes Segelsurfbrett.*

Func|tio|nal Food [ˈfaŋkʃənəl ˈfuːd], das; --[s], -- [engl. functional food, aus: functional = zweckmäßig u. food = Essen]: *Lebensmittel, das neben der Ernährung noch einen weiteren Zweck erfüllen soll* (z. B. die Gesundheit fördern).

Fund, der; -[e]s, -e [mhd. vunt, zu ↑finden]: **1.** *das Finden, Auffinden von etw.; Entdeckung von etw. [durch Forschen o. Ä.]:* ein glücklicher F.; der F. der Geldbörse; einen seltsamen, grausigen F. machen *(etw. Seltsames, Grausiges finden, entdecken);* den F. bei der Polizei melden. **2.** *etw., was gefunden, aufgefunden, [durch Forschen o. Ä.] entdeckt worden ist:* archäologische -e.

Fun|da|ment, das; -[e]s, -e [lat. fundamentum, zu: fundare, ↑fundieren]: **1. a)** *bis auf tragfähigen Untergrund hinabgeführter Unterbau eines Bauwerks:* ein F. *(den Raum für ein Fundament)* ausbaggern; ein Haus bis auf die -e abreißen; die Halle bis auf die -e niedergebrannt;

b) *Unterbau, Sockel einer Maschine.* **2.** *[geistige] Grundlage, Basis:* die sittlichen -e der abendländischen Kultur; das F. zur Zivilisation legen; das Abitur bildet ein solides F. für die weitere Berufsausbildung; etw. in seinem F. erschüttern; Justinian war viel zu klug, um das tönerne F., auf dem seine Herrschaft ruhte, nicht zu erkennen (Thieß, Reich 503); **♦* **aus dem F.** *(von Grund auf:* Ich ... kenne die hohe Fechtschule aus dem F. [C. F. Meyer, Amulett 9]).

fun|da|men|tal ⟨Adj.⟩ (spätlat. fundamentalis]: *ein Fundament* (2) *darstellend; grundlegend; von entscheidender Bedeutung:* eine -e Erkenntnis, Frage, Leistung; ein -er Irrtum; f. anders; sich f. unterscheiden.

Fun|da|men|tal|be|griff, der: *Grundbegriff.*

Fun|da|men|ta|lis|mus, der; -: **a)** [engl. fundamentalism, zu: fundamental, ↑fundamental] *geistige Haltung, Anschauung, die durch kompromissloses Festhalten an [ideologischen, religiösen] Grundsätzen gekennzeichnet ist [u. das politische Handeln bestimmt]:* religiöser F.; **b)** *streng bibelgläubige Richtung des amerikanischen Protestantismus.*

Fun|da|men|ta|list, der; -en, -en: *Vertreter, Anhänger des Fundamentalismus.*

Fun|da|men|ta|lis|tin, die; -, -nen: w. Form zu ↑Fundamentalist.

fun|da|men|ta|lis|tisch ⟨Adj.⟩: *zum Fundamentalismus gehörend, ihn vertretend.*

Fun|da|men|tal|op|po|si|ti|on, die (bes. Politik): *grundsätzliche, prinzipielle, alle Aspekte umfassende Opposition* (1).

Fun|da|men|tal|satz, der: *grundlegender Lehrsatz:* der F. der Algebra.

fun|da|men|tie|ren ⟨sw. V.; hat⟩: **1.** *mit einem Fundament* (1) *versehen, ein Fundament für etw. legen:* ein Gebäude f. **2.** (bildungsspr.) *mit einem Fundament* (2) *versehen:* eine Theorie f.

Fun|da|men|tie|rung, die; -, -en: *das Fundamentieren; das Fundamentiertwerden.*

Fund|amt, das (bes. österr.): *Fundbüro.*

Fun|da|ti|on, die; -, -en [lat. fundatio = Gründung, zu: fundare, ↑fundieren]: **1.** (schweiz.) **a)** *Fundament* (1 a); **b)** *Fundamentierung.* **2.** *[kirchliche] Stiftung.*

Fund|bü|ro, das: *amtliche Stelle, auf der Fundsachen abgegeben u. abgeholt werden können.*

Fund|ge|gen|stand, der: **a)** *Fundsache;* **b)** *archäologischer Fund* (2).

Fund|gru|be, die [ursp. = Grube, in der zuerst ein umfangreicher Erzfund bloß gelegt wird]: *etw., was für ein bestimmtes Interesse sehr ergiebig, wertvoll, von großer Bedeutung ist:* der Flohmarkt ist eine echte F. für die Besucher.

Fun|di, der; -s, -s (Jargon): *Fundamentalist (bes. als Vertreter einer Gruppierung bei den Grünen* 2).

fun|die|ren ⟨sw. V.; hat⟩ [lat. fundare = den Grund legen (für etw.), zu: fundus, ↑Fundus]: **1. a)** *auf eine finanzielle Grundlage stellen, mit den nötigen Mitteln versehen, finanziell sichern:* ⟨meist im 2. Part.:⟩ ein gut fundiertes Unternehmen; eine fundierte (Finanzw.: *[durch Grundbesitz] sichergestellte, gedeckte)* Schuld; Aufmerksam hörte Margarete zu, wenn ihr der Abt auseinandersetzte, wie einstens ihr Großvater Meinhard seine Geldwirtschaft fundiert hatte (Feuchtwanger, Herzogin 32); **b)** (bildungsspr.) *durch eine Grundlage, ein Fundament* (2) *in seinem realen Bestand unterstützen, festigen, sichern:* eine militärisch fundierte Machtstellung. **2.** *auf ein Fundament* (2), *auf eine geistige Grundlage stellen u. dadurch sichern, [be]gründen, in einer Politik theoretisch f.;* ⟨meist im 2. Part.:⟩ ein fundiertes Wissen; fundierte *(gute)* Kenntnisse; eine fundierte *(wohlbegründete)* Kritik.

Fun|die|rung, die; -, -en: *das Fundieren; das Fundiertwerden.*
fün|dig ⟨Adj.⟩ [zu ↑Fund] (Bergbau, Geol.): *ergiebig, reich an Bodenschätzen:* ein -er Boden; * f. werden (1. *bei Bohrungen o. Ä. auf Lagerstätten stoßen.* 2. *nach längerem Suchen, Forschen etw. entdecken, auf etw. stoßen:* bei der Suche nach einer Wohnung f. werden).
Fund|lü|cke, die (Prähist.): *Hiat* (4).
Fund|ort, der ⟨Pl. -e⟩: *Ort, an dem etw. gefunden wurde.*
Fund|rai|ser, Fund-Rai|ser ['fandrɛɪzɐ], der; -s, - [engl. fund-raiser, zu: fund = Fonds u. to raise = aufbringen]: *jmd., der professionell Spenden für gemeinnützige Zwecke sammelt* (Berufsbez.).
Fund|rai|se|rin, Fund-Rai|se|rin, die; -, -nen: w. Formen zu ↑Fundraiser, Fund-Raiser.
Fund|rai|sing, Fund-Rai|sing ['fandrɛɪzɪŋ], das; -[s], -s [engl. fund-raising, zu: ↑Fundraiser]: *das Beschaffen von Spendengeldern, bes. für wohltätige Zwecke:* sie finanzieren sich allein über F.
Fund|sa|che, die: *gefundene Sache, die ein anderer verloren hat.*
Fund|stät|te, die: *Fundort.*
Fund|stel|le, die: 1. *Fundort.* 2. *Fundbüro.*
Fund|stück, das: *Fundgegenstand* (b).
Fun|dus, der; -, - [lat. fundus = Boden, Grund(lage)]: 1. *[Abteilung mit der] Gesamtheit der Kostüme, Requisiten u. anderer Ausstattungsmittel bei Theater, Film o. Ä.:* die alte Dekoration kommt in den F. 2. *[geistiger] Grundstock, Bestand, auf den jmd. bei Bedarf zurückgreifen kann:* ein reicher, unschätzbarer F. von/an Erfahrungen. 3. ⟨Pl. auch ...di⟩ (Med.) *[Hinter]grund, Boden eines Organs.* 4. (Geschichte) *Grund u. Boden; Grundstück.*
fünf ⟨Kardinalz.⟩ [mhd. vünv, vunv, ahd. funf, finf; vgl. griech. pénte (pémpe), ↑Pfingsten] (als Ziffer: 5): vgl. ¹acht. R es ist f. [Minuten] vor zwölf *(es ist höchste Zeit einzugreifen, etw. zu stoppen);* * **fünf[e] gerade sein lassen** (ugs.; *etw. nicht so genau nehmen*).
Fünf, die; -, -en ⟨Ziffer 5; 5b⟩ *Spielkarte mit fünf Zeichen;* c) *Anzahl von fünf Augen beim Würfeln;* d) *Zeugnis-, Bewertungsnote 5:* [in Chemie] eine F. haben, kriegen; eine F. schreiben *(eine Arbeit schreiben, die mit der Note 5 bewertet wird);* e) (ugs.) *[Straßen]bahn, Omnibus der Linie 5:* die F. fährt zum Hauptbahnhof.
fünf|bän|dig ⟨Adj.⟩: *fünf Bände umfassend.*
Fünf|cent|stück, Fünf-Cent-Stück, das (mit Ziffer: 5-Cent-Stück): *Münze mit dem Nennwert fünf Cent.*
Fünf|eck, das; -[e]s, -e: vgl. *Achteck.*
fünf|eckig ⟨Adj.⟩: vgl. *achteckig.*
fünf|ein|halb ⟨Bruchz.⟩ (in Ziffern: 5 ¹/₂): vgl. *achteinhalb.*
Fün|fer, der; -s, - (ugs.): 1. *Münze (einer bestimmten Währung) mit dem Nennwert fünf.* 2. *Kombination aus fünf Zahlen, auf die ein Gewinn fällt:* ein F. im Lotto. 3. (landsch.) *Fünf.*
fün|fer|lei ⟨Zahladj.⟩ (best. Gattungsz.; a) ⟨attr.⟩ *von fünffach verschiedener Art;* b) ⟨allein stehend⟩ *fünf verschiedene Dinge.*
Fün|fer|rei|he, die: vgl. *Achterreihe.*
Fünf|eu|ro|schein, Fünf-Eu|ro-Schein, der (mit Ziffer: 5-Euro-Schein): *Geldschein mit dem Nennwert fünf Euro.*
fünf|fach ⟨Vervielfältigungsz.⟩ (mit Ziffer: 5-fach, 5fach): vgl. *achtfach.*
Fünf|fa|ches, das *Fünffache/ein Fünffaches;* des/eines Fünffachen: vgl. *Achtfaches.*
Fünf|flach, das; -[e]s, -e, **Fünf|fläch|ner,** der; -s, -: *Pentaeder.*
Fünf|fran|ken|stück, das (mit Ziffer: 5-Franken-Stück): *Münze mit dem Nennwert fünf Franken.*

fünf|fü|ßig ⟨Adj.⟩ (Verslehre): *fünf Versfüße, Takte enthaltend; in einer Anordnung von fünf Versfüßen:* -e Jamben.
Fünf-Gän|ge-Me|nü, Fünf|gän|ge|me|nü, das: *aus fünf¹ Gängen* (9) *bestehendes Menü* (1).
Fünf|gang|ge|trie|be, das (Kfz-Technik): *Schaltgetriebe mit fünf¹ Gängen* (6a).
Fünf|gang|me|nü, das; -s, -s: *Fünf-Gänge-Menü.*
fünf|ge|schos|sig, (südd., österr.:) **fünf|ge|scho|ßig** ⟨Adj.⟩: vgl. *achtgeschossig.*
fünf|hun|dert ⟨Kardinalz.⟩ (in Ziffern: 500): vgl. *hundert.*
Fünf|hun|der|ter, der; -s, - (ugs.): 1. *Geldschein mit der Wertangabe fünfhundert* (z. B. Fünfhunderteuroschein). 2. *Auto mit der Typenbezeichnung fünfhundert* (z. B. Fiat 500, Mercedes 500).
Fünf|hun|dert|eu|ro|schein, Fünf|hun|dert-Eu|ro-Schein, der (mit Ziffern: 500-Euro-Schein): *Geldschein mit dem Nennwert fünfhundert Euro.*
Fünf|hun|dert|mark|schein, der (mit Ziffern: 500-Mark-Schein): vgl. *Fünfmarkschein.*
Fünf|jah|res|plan, Fünfjahrplan, der: a) *für fünf Jahre aufgestellter Volkswirtschaftsplan in einer sozialistischen Planwirtschaft;* b) *für fünf Jahre aufgestellter Plan.*
fünf|jäh|rig ⟨Adj.⟩: vgl. *achtjährig.*
Fünf|jäh|ri|ge, die/ein Fünfjährige; der/einer Fünfjährigen, die Fünfjährige/zwei Fünfjährige (mit Ziffer: 5-Jährige): *Mädchen von 5 Jahren.*
Fünf|jäh|ri|ger, der Fünfjährige/ein Fünfjähriger; des/eines Fünfjährigen, die Fünfjährigen/zwei Fünfjährige (mit Ziffer: 5-Jähriger): *Junge von 5 Jahren.*
fünf|jähr|lich ⟨Adj.⟩: vgl. *achtjährlich.*
Fünf|jahr|plan: ↑*Fünfjahresplan.*
Fünf|kampf, der: *sportlicher Wettkampf in fünf Disziplinen;* * **moderner F.** *(sportlicher Mehrkampf für Frauen u. Männer, der aus den Disziplinen Springreiten, Degenfechten, Schwimmen, Schießen u. Geländelauf besteht).*
fünf|köp|fig ⟨Adj.⟩: *aus fünf Personen bestehend:* eine -e Familie.
Fünf|li|ber, der [eigtl. = Taler im Wert von 5 frz. Franc, nach frz. livre < lat. libra = Pfund] (schweiz. ugs.): *Fünffrankenstück.*
Fünf|ling, der; -s, -e: *eines von fünf gleichaltrigen Geschwistern.*
fünf|mal ⟨Wiederholungsz.; Adv.⟩: vgl. *achtmal.*
fünf|ma|lig ⟨Adj.⟩ (mit Ziffer: 5-malig): vgl. *achtmalig.*
Fünf|mark|schein, der (früher) (mit Ziffer: 5-Mark-Schein): *Geldschein mit dem Nennwert fünf Mark.*
Fünf|mark|stück, das (früher) (mit Ziffer: 5-Mark-Stück): *Münze mit dem Nennwert fünf Mark.*
Fünf|me|ter|raum, der (Fußball): *Torraum.*
Fünf|me|ter|turm, der (Wasserspringen): *fest stehende Absprungvorrichtung in einer Höhe von 5 m.*
fünf|mo|na|tig ⟨Adj.⟩: vgl. *achtmonatig.*
fünf|mo|nat|lich ⟨Adj.⟩: vgl. *achtmonatlich.*
Fünf|pfen|nig|stück, das (mit Ziffer: 5-Pfennig-Stück): vgl. *Fünfmarkstück.*
Fünf|pro|zent|hür|de, die (ugs.): vgl. *Fünfprozentklausel.*
fünf|pro|zen|tig ⟨Adj.⟩: vgl. *achtprozentig.*
Fünf|pro|zent|klau|sel, die (mit Ziffer: 5-Prozent-Klausel): *Bestimmung, nach der nur solchen Parteien Parlamentssitze zustehen, die mindestens 5 % der im Wahlgebiet abgegebenen gültigen Stimmen erhalten haben.*
Fünf|raum|woh|nung, die (regional): vgl. *Dreiraumwohnung.*
fünf|sai|tig ⟨Adj.⟩: *mit fünf Saiten bespannt:* -e Streichinstrumente.

fünf|schif|fig ⟨Adj.⟩: *(von Kirchen) aus einem Mittelschiff u. vier Seitenschiffen bestehend:* eine -e Basilika.
fünf|sei|tig ⟨Adj.⟩: vgl. *achtseitig.*
fünf|stel|lig ⟨Adj.⟩: vgl. *achtstellig.*
Fünf|ster|ne|ho|tel, Fünf-Ster|ne-Ho|tel, das: *Hotel der Luxusklasse mit höchstem Komfort.*
fünf|stö|ckig ⟨Adj.⟩: vgl. *achtstöckig.*
fünft: in der Fügung **zu f.** *(als Gruppe von fünf Personen):* zu f. spielen.
fünft... ⟨Ordinalz. zu ↑fünf⟩ [mhd. fünfte, ahd. finfto] (als Ziffer: 5.): vgl. *acht...;* ⟨subst.:⟩ sie wurde nur Fünfte, die Fünfte; Karl der Fünfte.
Fünf|ta|ge|wo|che, die: *Verteilung der Wochenarbeitszeit auf fünf Wochentage.*
fünf|tä|gig ⟨Adj.⟩: vgl. *achttägig.*
fünf|täg|lich ⟨Adj.⟩: vgl. *achttäglich.*
fünf|tau|send ⟨Kardinalzahl⟩ (in Ziffern: 5 000): vgl. *tausend.*
Fünf|tau|sen|der, der: vgl. *Achttausender.*
Fünf|tau|send|me|ter|lauf, der (Leichtathletik) (mit Ziffern: 5000-m-Lauf): *Wettbewerb im Laufen über 5000 Meter.*
fünf|tei|lig ⟨Adj.⟩: vgl. *achtteilig.*
Fünf|tel ⟨Bruchz.⟩ (als Ziffer: ⅕): vgl. *achtel.*
Fünf|tel, das, schweiz. meist: der; -s, - [mhd. fünfteil]: vgl. ¹*Achtel.*
fünf|tens ⟨Adv.⟩ (als Ziffer: 5.): vgl. *achtens.*
Fünf|uhr|tee, der: ¹*Tee* (4) *gegen fünf Uhr nachmittags.*
Fünf|uhr|zug, der: vgl. *Achtuhrzug.*
Fünf|und|drei|ßig|stun|den|wo|che, die (mit Ziffern: 35-Stunden-Woche): *Arbeitszeit von 35 Stunden in der Woche.*
fünf|und|ein|halb ⟨Bruchzahl⟩: *verstärkend für* ↑*fünfeinhalb.*
fünf|wö|chent|lich ⟨Adj.⟩: vgl. *achtwöchentlich.*
fünf|wö|chig ⟨Adj.⟩: vgl. *achtwöchig.*
fünf|zehn ⟨Kardinalz.⟩ [mhd. vünfzehen, ahd. finfzehen] (in Ziffern: 15): vgl. ¹*acht.*
fünf|zehn|hun|dert ⟨Kardinalz.⟩ (in Ziffern: 1 500): *eintausendfünfhundert.*
fünf|zehn|jäh|rig ⟨Adj.⟩: vgl. *achtzehnjährig.*
◆ **fünf|zig:** Nebenf. von ↑fünfzig: Ich habe f. Taler in meinem Felleisen (Cl. Brentano, Kasperl 364); ... wir rupften die fünfzig Hühner und Enten alle in der blauen Schürze seiner Schwiegermutter f. Küchenverordnungen (Jean Paul, Wutz 34).
fünf|zig ⟨Kardinalz.⟩ [mhd. vünfzec, ahd. fimfzuc] (in Ziffern: 50): vgl. *achtzig.*
Fünf|zig, die; -, -en: vgl. *Achtzig.*
Fünf|zig|cent|stück, Fünf|zig-Cent-Stück, das (mit Ziffern: 50-Cent-Stück): *Münze mit dem Nennwert fünfzig Cent.*
fünf|zi|ger (indekl. Adj.) (mit Ziffern: 50er): vgl. *achtziger.*
Fünf|zi|ger, der; -s, -: 1. (ugs.) *Münze od. Geldschein (einer bestimmten Währung) mit dem Nennwert fünfzig.* 2. vgl. *Achtziger.*
Fünf|zi|ge|rin, die; -, -nen: vgl. *Achtzigerin.*
Fünf|zi|ger|jah|re, fünf|zi|ger Jah|re [auch: 'fynf...ja:...] ⟨Pl.⟩: vgl. *Achtzigerjahre.*
Fünf|zig|eu|ro|schein, Fünf|zig-Eu|ro-Schein, der (mit Ziffern: 50-Euro-Schein): vgl. *Fünfeuroschein.*
Fünf|zig|jäh|rig ⟨Adj.⟩: vgl. *dreißigjährig.*
Fünf|zig|ki|lo|me|ter|ge|hen, das (Leichtathletik) (mit Ziffern: 50-km-Gehen): *Wettbewerb im Gehen über fünfzig Kilometer.*
Fünf|zig|mark|schein, der: vgl. *Fünfmarkschein.*
Fünf|zig|pfen|nig|stück, das: vgl. *Fünfpfennigstück.*
fünf|zigst... ⟨Ordinalz. zu ↑fünfzig⟩ [mhd. vünfzigist, ahd. finfzugōsto] (in Ziffern: 50.): *acht...*
Fünf|zim|mer|woh|nung, die: vgl. *Dreizimmerwohnung.*
fun|gi|bel ⟨Adj.⟩ [mlat. fungibilis, zu lat. fungi,

fungieren – funktional

↑fungieren]: **1.** (Rechtsspr.) *austauschbar, ersetzbar:* fungible Wertpapiere. **2.** (bildungsspr., häufig abwertend) *in beliebiger Funktion einsetzbar; auf verschiedene Weise verwendbar:* Kritik, die sich taktisch auf sicke Spielregeln einlässt, sich ihnen beugt, wird vollends f. (Enzensberger, Einzelheiten I, 104).

fun|gie|ren ⟨sw. V.; hat⟩ [lat. fungi (2. Part.: functum) = verrichten, vollbringen; verwalten]: *eine bestimmte Funktion ausüben, eine bestimmte Aufgabe haben, zu etw. da sein:* die Köchin fungierte als Trauzeugin.

Fun|gi|zid, das; -[e]s, -e (Chemie): *im Garten- u. Weinbau verwendetes Mittel zur Bekämpfung von die Pflanzen schädigenden Pilzen.*

Fu|ni|cu|laire [fyniky'lɛ:ɐ̯], das; -[s], -s [frz. funiculaire, zu lat. funiculus = dünnes Seil, Strick, Vkl. von: funis = Seil, Tau] (bes. schweiz.): *Drahtseilbahn.*

¹Funk [faŋk], der; -s [engl.-amerik. funk, für: funky music, aus: funky = einfach, derb, eigtl. = stinkend, zu: funk = starker Geruch, Gestank (H. u.) u. music = Musik]: **a)** *meist von Schwarzen in Amerika gespielte Popmusik, die eine Art Mischung aus Pop u. Jazz darstellt;* **b)** *bluesbetonte u. auf Elemente der Gospelmusik zurückgreifende Spielweise im Jazz.*

²Funk, der; -s [zu ↑funken (1)]: **1.** ⟨meist o. Art.⟩ **a)** *drahtlose Übertragung von Sendungen durch elektromagnetische Wellen mittels besonderer Sende- u. Empfangsgeräte:* jmdn., etw. über F. anfordern; **b)** *Funkgerät:* ein Taxi mit F. **2.** Kurzf. von ↑Rundfunk (1, 2): F. und Fernsehen; Eine Zeitlang hatte sie Stolz empfunden, wenn ... seine Gedichte im F. angesprochen und Honorare an sie überwiesen wurden (Böll, Haus 126).

Funk|ama|teur, der; *jmd., der mit behördlicher Genehmigung als Amateur (1 a) mithilfe eines Funkgerätes Funksprüche empfangen u. senden kann.*

Funk|ama|teu|rin, die: w. Form zu ↑Funkamateur.

Funk|an|la|ge, die: *Anlage zur Übermittlung von Nachrichten, Bildern o. Ä. über ²Funk (1 a).*

Funk|aus|stel|lung, die: *Ausstellung neu entwickelter Geräte u. Anlagen im Bereich des Funkwesens.*

Funk|be|trieb, der: *Tätigkeit des Funkens (1).*

Funk|bild, das: *durch ²Funk (1 a) übermitteltes aktuelles Foto o. Ä.*

Funk|brü|cke, die: *besondere Funkanlage, durch die größere Entfernungen überbrückt werden.*

Fünk|chen, das; -s, -: Vkl. zu ↑Funke (1): * **ein F. [von]** ... (↑Funke 1).

Fun|ke, der; -ns, -n, Funken, der; -s, -: **1.** [mhd. (md.) vunke, ahd. funcho, entstanden aus den mit -n- geb. Formen des ↑Feuer zugrunde liegenden Subst.] *glimmendes, glühendes Teilchen, das sich bei Verbrennungs- u. Reibungsvorgängen od. bei der Funkenentladung [von einer brennenden Materie] löst [u. durch die Luft fliegt]:* ein elektrischer Funke; eine Funken sprühende Wunderkerze; Ü ein Funke der Begeisterung; es fehlt der zündende Funke *(etwas, was mitreißt);* der Funke sprang über *(die Begeisterung riss die anderen mit, wirkte ansteckend);* ihren Augen war es anzusehen (blitzten vor Erregung); ein Funken sprühender *(brillanter)* Geist; * **ein Funken [von]** ... *(ein geringes Maß [von], ein bisschen):* kein Funken Hoffnung besteht; keinen Funken [von] Ehrgefühl [im Leibe] haben); ... **dass die Funken stieben/sprühen/fliegen** *(mit sehr großem Eifer, sehr intensiv:* sie haben gearbeitet, dass die Funken stoben); [**mit etw.] den Funken ins Pulverfass werfen** *(durch etw. Unbedachtes, Geringfügiges eine Spannung, eine Lage so weit verschlimmern, dass es zum offenen Konflikt kommt).* **2.** ⟨meist Pl.⟩ [urspr. = Kölner Stadtsoldat (wohl nach der roten Uniform)] *in der historischen Uniform der Kölner Stadtsoldaten auftretende Figur des [Kölner] Karnevals.*

fun|keln ⟨sw. V.; hat⟩ [mhd. vunkeln = Funken geben, blinken; Iterativbildung zu vunken, ↑funken]: *funkenähnlich aufleuchtendes, ständig wechselndes Licht, Lichtreflexe von sich geben:* die Sterne, Brillanten, Gläser funkeln; der Ring funkelte golden; funkelnder Wein; Das Schiff, mit dem ich reisen sollte, war, jedenfalls auf den farbigen Bildern, neu und funkelnd sauber (Kaschnitz, Wohin 161).

fun|kel|na|gel|neu ⟨Adj.⟩ [zusgez. aus älterem funkelnu u. ¹nagelneu] (ugs.): *gerade erst hergestellt od. erworben u. noch vollkommen neu:* ein -er Schreibtisch.

fun|ken ⟨sw. V.; hat⟩: **1.** [eigtl. = durch Funken übermitteln; zu ↑Funke (1)] *durch ²Funk (1 a) übermitteln:* SOS f.; das Raumschiff hat Messdaten zur Bodenstation gefunkt. **2.** [mhd. vunken = Funken von sich geben; blinken, schimmern] *Funken (1) sprühen, von sich geben:* die Oberleitung der Bahn funkt. **3.** (ugs.) *funktionieren:* der Apparat funkt nicht; Ü der Laden funkt *(die Sache verläuft wunschgemäß).* **4.** (ugs.) *schießen:* die feindliche Artillerie funkte pausenlos; * **es funkt** (ugs.: 1. *ein enger persönlicher Kontakt, eine Liebesbeziehung entsteht:* bei den beiden hat es offenbar gefunkt. *jmd. versteht, merkt, begreift endlich etw.:* es dauert lange, bis es bei ihr funkt. *etw. glückt, gelingt [wie geplant]).*

Fun|ken: ↑Funke.

Fun|ken|ent|la|dung, die: *schlagartige elektrische Entladung, die von Funkenbildung, Leuchterscheinungen, Knistern od. Knall begleitet ist.*

Fun|ken|flug, der ⟨Pl. selten⟩: *[anhaltendes] Fortfliegen von Funken.*

Fun|ken|in|duk|tor, der (Elektrot.): *Transformator zur Umwandlung von Gleichstrom in Wechselstrom mit hoher Spannung.*

Fun|ken|ma|rie|chen, das; -s, - [nach einer Marketenderin der Kölner Stadtsoldaten, ↑Funke (2)]: *als Tänzerin auftretende Begleiterin der Funken (2).*

Fun|ken|re|gen, der: *große Funkenmenge, die sich über etw. ergießt.*

Fun|ken|sonn|tag, der: *erster Fastensonntag, an dem im schwäbisch-alemannischen Raum (neben anderen Bräuchen) auf der Anhöhe ein Holzstoß entzündet wird.*

Funken sprühend, fun|ken|sprü|hend ⟨Adj.⟩: *Funken ausstoßend, von sich gebend:* eine Funken sprühende Oberleitung; Ü ein Funken sprühender *(brillanter)* Geist.

funk|ent|stö|ren ⟨sw. V.; hat⟩; meist im Inf. u. im 2. Part. gebr.⟩: *Funkstörungen durch bestimmte Maßnahmen (z. B. Verwendung von Kondensatoren an der Störquelle) ausschalten od. verringern:* Kraftfahrzeuge f.

Funk|ent|stö|rung, die: *das Funkentstören; das Funkentstörtwerden.*

Fun|ker, der; -s, - [zu ↑funken (1)]: **1.** *jmd., der für die drahtlose Nachrichtenübermittlung im militärischen od. zivilen Bereich (Seeschifffahrt, Post) ausgebildet ist* (Berufsbez.). **2.** (Militär) *Soldat des niedrigsten Dienstgrades bei der Fernmeldetruppe.*

Fun|ke|rin, die; -, -nen: w. Form zu ↑Funker.

Funk|ge|rät, das: *Sende- u. Empfangsgerät für die Nachrichtenübermittlung über ²Funk (1 a).*

Funk|haus, das: *Gebäude[komplex] eines Rundfunksenders, u. a. mit Studios für Ton- u. Fernsehsendungen.*

Fun|kie, die; -, -n [nach dem dt. Apotheker Funck]: *(zu den Liliengewächsen gehörende) Pflanze mit großen, grundständigen, durch zahlreiche parallel verlaufende Adern gekennzeichneten Blättern u. in einer Traube wachsenden Blüten von bläulicher od. weißer Farbe.*

fun|kig ['faŋkɪç] ⟨Adj.⟩ [zu ↑¹Funk, nach engl.-amerik. funky] (Jargon): *in der Art des ¹Funk, wie ¹Funk geartet:* -er Rock.

Funk|kol|leg, das: *wissenschaftliche Vorlesungsreihe im Rundfunk als eine Form des Fernstudiums.*

Funk|kon|takt, der: *Kontakt mit einer Funkstation:* F. aufnehmen.

Funk|mess|ge|rät, das: *Radargerät.*

Funk|mess|tech|nik, die: *Verfahren, mithilfe elektromagnetischer Wellen die Entfernung, Flughöhe, Wassertiefe o. Ä. von Objekten zu bestimmen; Radartechnik.*

Funk|netz, das: *Netz (2 a) für die drahtlose Übermittlung von Signalen, Daten o. Ä.*

Funk|pei|lung, die: *mit einem speziellen Gerät erfolgende Ermittlung der Richtung, in der sich ein Sender befindet.*

Funk|schat|ten, der (Funkw.): *toter Bereich hinter einem Hindernis für die Ausbreitung von Funkwellen.*

Funk|sig|nal, das: *Funkzeichen.*

Funk|sprech|ge|rät, das: *[kleines, handliches] Gerät zur drahtlosen Nachrichtenübermittlung über kurze Entfernungen.*

Funk|sprech|ver|kehr, der: *drahtlose Nachrichtenübermittlung über kurze Entfernungen.*

Funk|spruch, der: *durch ²Funk (1 a) übermittelte Nachricht:* einen F. auffangen.

Funk|sta|ti|on, die: *[Sende]station mit einer Funkanlage.*

Funk|stil|le, die: **a)** *Unterbrechung des Funkverkehrs;* **b)** *Sendepause im Rundfunk.*

Funk|stö|rung, die: *Störung des Bild- u. Tonempfangs durch elektromagnetische Schwingungen.*

Funk|strei|fe, die: *im Funkstreifenwagen fahrende Polizeistreife:* die F. alarmieren.

Funk|strei|fen|wa|gen, der: *mit einer Sprechfunkanlage ausgerüstetes Auto einer Polizeistreife:* einen F. herbeirufen.

Funk|ta|xi, das, schweiz. auch: der; -s, -s: *Taxi, das durch Sprechfunk mit der Zentrale in Verbindung steht u. von dort seine Fahraufträge erhält.*

Funk|tech|nik, die: *Teilgebiet der Nachrichtentechnik mit allen technischen Verfahren u. Geräten zur drahtlosen Übermittlung von Signalen mithilfe von Funkwellen.*

funk|tech|nisch ⟨Adj.⟩: *die Funktechnik betreffend.*

Funk|te|le|fon, das: *Telefon, das über ²Funk (1 a) arbeitet.*

Funk|te|le|gra|fie, Funk|te|le|gra|phie, die: *drahtlose Telegrafie.*

Funk|ti|on, die; -, -en [lat. functio = Verrichtung; Geltung, zu: fungi, ↑fungieren]: **1. a)** ⟨o. Pl.⟩ *Tätigkeit, das Arbeiten (z. B. eines Organs);* **b)** *Amt od. Stellung, die jmd. in einem größeren Ganzen hat:* eine leitende F. [in der Partei] innehaben; **c)** *[klar umrissene] Tätigkeit, Aufgabe innerhalb eines größeren Zusammenhanges; Rolle:* die -en des Gehirns; die F. der Kunst in der modernen Gesellschaft; das Gremium hat nur beratende F.; die Anlage ist außer, wieder in F. *(arbeitet nicht, wieder);* in solchen Fällen tritt der Krisenstab in F. *(wird tätig);* **d)** (Technik, EDV) *in einem Gerät, einem Computer, einem Programm o. Ä. zu leistende Aufgabe, zu liefernder des Resultat:* eine F. aufrufen, auswählen. **2.** (Math.) *Abbildung* (3): eine algebraische F.; eine F. mit zwei Variablen; eine F. von A in die Menge B.

funk|ti|o|nal ⟨Adj.⟩: *die Funktion (1 c) betreffend, auf die Funktion bezogen, der Funktion entspre-*

chend: die -e (Sprachwiss.; *an der sprachlichen Funktion der grammatischen Formen orientierte*) *Grammatik; ...und führte ihn ins Haus, redete auf der Treppe über zeitgemäßen Wohnstil, der durch und durch f. (zweckmäßig, von seiner Funktion her bestimmt) zu sein habe* (H. Lenz, Tintenfisch 71).

funk|ti|o|na|li|sie|ren ⟨sw. V.; hat⟩ (bes. Wirtsch.): *dem Gesichtspunkt der Funktion* (1c) *entsprechend gestalten.*

Funk|ti|o|na|li|sie|rung, die; -, -en ⟨Pl. selten⟩ (bes. Wirtsch.): *das Funktionalisieren; das Funktionalisiertwerden.*

Funk|ti|o|na|lis|mus, der; -: **1.** *sich aus dem Zweck eines Bauwerks od. Gebrauchsgegenstandes ableitende Gestaltungsweise in der modernen Architektur u. im Design.* **2.** *psychologische Theorie, nach der die psychologischen Funktionen* (1c) *in Abhängigkeit von den biologischen Anlagen, bes. den Antrieben od. Bedürfnissen, zu sehen sind.*

Funk|ti|o|na|list, der; -en, -en: *Vertreter des Funktionalismus.*

Funk|ti|o|na|lis|tin, die; -, -nen: w. Form zu ↑ Funktionalist.

funk|ti|o|na|lis|tisch ⟨Adj.⟩: *den Funktionalismus betreffend.*

Funk|ti|o|na|li|tät, die; -, -en: **1.** ⟨o. Pl.⟩ *funktionale Beschaffenheit.* **2.** *Funktion* (1 d).

Funk|ti|o|när, der; -s, -e [nach frz. fonctionnaire]: **a)** *hauptberuflicher od. ehrenamtlicher Beauftragter eines politischen, wirtschaftlichen, sozialen od. sportlichen Verbandes, der in Abhängigkeit von einer solchen Organisation handelt u. ihren Interessen dient;* **b)** (schweiz.) *Beamter.*

Funk|ti|o|nä|rin, die; -, -nen: w. Form zu ↑ Funktionär.

funk|ti|o|nell ⟨Adj.⟩ [nach frz. fonctionnel]: **1. a)** *auf die Leistung bezogen, durch Leistung bedingt:* -e *Gruppen* (Chemie; *Atomgruppen in organischen Molekülen, die denen charakteristische Reaktionen ablaufen können*); **b)** *die Funktion* (1c) *erfüllend, im Sinne der Funktion wirksam; das Funktionieren, die Funktionen betreffend, eine bestimmte Funktion habend:* nach -en *Prinzipien; etw. f. gestalten.* **2.** (Med.) *die Leistungsfähigkeit des Organs betreffend; mit der normalen bzw. gestörten Funktion eines Organs zusammenhängend:* -e *Störungen;* -e *Erkrankung (Erkrankung, bei der nur die Funktion eines Organs gestört, dieses aber nicht krankhaft verändert ist).*

funk|ti|o|nie|ren ⟨sw. V.; hat⟩ [nach frz. fonctionner]: **1.** *intakt sein u. durch Zusammenwirken bestimmter* [*technischer*] *Vorgänge die Funktion* (1c) *erfüllen: der Apparat funktioniert nicht; wie funktioniert das?;* Ü *die Organisation funktionierte (klappte) reibungslos.* **2.** (ugs.) *sich bestimmten Normen entsprechend, angepasst verhalten.*

Funk|ti|ons|be|klei|dung, die: *Funktionskleidung.*

Funk|ti|ons|be|reich, der: *eine bestimmte Funktion betreffender Bereich.*

Funk|ti|ons|ein|heit, die: *funktionelle Einheit.*

funk|ti|ons|fä|hig ⟨Adj.⟩: *in der Lage, fähig, dem Zweck entsprechend zu funktionieren.*

Funk|ti|ons|fä|hig|keit, die; -: *das Funktionsfähigsein.*

funk|ti|ons|ge|recht ⟨Adj.⟩: *seiner Funktion entsprechend* [*gestaltet*]: *ein* -er *Arbeitsplatz.*

Funk|ti|ons|glei|chung, die (Math.): *Darstellung einer Funktion* (2) *in Form einer algebraischen Gleichung.*

Funk|ti|ons|klei|dung, die: *Kleidung aus atmungsaktivem, Wasser abweisendem u. den Schweiß aufnehmendem Kunstfasergewebe.*

Funk|ti|ons|leis|te, die (EDV): *in Gestalt einer Leiste auf dem PC-Bildschirm erscheinende Aneinanderreihung von Icons, bei deren Anklicken eine Abfolge von Befehlen gestartet wird, um die auf dem Icon in schriftlicher od. symbolischer Form dargestelltes Ergebnis zu erreichen.*

funk|ti|ons|los ⟨Adj.⟩: *keine Funktion erfüllend od. erkennen lassend:* ein -es *Bauteil; etw. ist f.*

Funk|ti|ons|prü|fung, die (Med.): *Untersuchung eines Körperorgans auf seine Leistungsfähigkeit.*

Funk|ti|ons|schwä|che, die: *geschwächte Funktion bes. eines Organs.*

Funk|ti|ons|stö|rung, die ⟨meist Pl.⟩: *gestörte Funktion eines Organs.*

Funk|ti|ons|tas|te, die: *(mit »F« u. arabischer Ziffer gekennzeichnete) Taste auf dem Keyboard eines* [*Personal*] *Computers, durch deren Betätigung ein bestimmter festgelegter Befehl ausgeführt werden kann.*

Funk|ti|ons|trä|ger, der: *jmd., der bestimmte Funktionen ausübt.*

Funk|ti|ons|trä|ge|rin, die; -: w. Form zu ↑ Funktionsträger.

funk|ti|ons|tüch|tig ⟨Adj.⟩: *gut, richtig funktionierend, funktionsfähig.*

Funk|ti|ons|tüch|tig|keit, die: *das Funktionstüchtigsein.*

Funk|ti|ons|um|fang, der (Technik, EDV): *Umfang an Funktionen* (1 d): *die neue Software hat einen erheblich größeren F.*

Funk|ti|ons|verb, das (Sprachwiss.): *Verb in einem Funktionsverbgefüge.*

Funk|ti|ons|verb|ge|fü|ge, das (Sprachwiss.): *aus einem festen Verbindung von Substantiv u. Verb bestehendes Syntagma, bei dem der Verbinhalt verblasst ist u. das Substantiv den Inhalt der Wortverbindung bestimmt* (z. B. in *Verbindung treten*).

Funk|ti|ons|ver|lust, der (bes. Soziol.): *Verlust einer bestimmten* [*traditionellen*] *Funktion.*

Funk|ti|ons|wei|se, die: *Art u. Weise, wie etw. funktioniert.*

Funk|ti|ons|zu|la|ge, die (Amtsspr.): *Gehaltszulage für Angestellte im öffentlichen Dienst, deren Aufgabenbereich besondere Qualifikationen u. die Übernahme zusätzlicher Verantwortung erfordern.*

Funk|turm, der: *hoher Turm als Träger von Sende- od. Empfangsantennen.*

Funk|über|tra|gung, die: *Übertragung durch Funk*[*wellen*].

Funk|ver|bin|dung, die: vgl. *Funkkontakt.*

Funk|ver|kehr, der: *Nachrichtenaustausch zwischen Funkstationen.*

Funk|wa|gen, der: *Auto mit einer Funkanlage.*

Funk|wel|len ⟨Pl.⟩: *elektromagnetische Wellen* (zur Signal- bzw. Nachrichtenübertragung).

Funk|we|sen, das ⟨o. Pl.⟩: *Bereich, Gesamtheit aller Einrichtungen der drahtlosen Nachrichtenübermittlung.*

fun|ky ['fʌŋki] ⟨indekl. Adj.⟩ [engl. funky, ↑ ¹Funk]: **1.** *funkig.* **2.** (ugs.) *modisch, toll: Dinge können so einfach sein, wenn sie nur f. sind.*

Funk|zei|chen, das: *in der drahtlosen Nachrichtenübermittlung verwendetes* [*Morse*]*zeichen.*

Fun|sport ['fan...], der ⟨o. Pl.⟩ [zu engl. fun, ↑ Fun]: *unkonventioneller Sport, bei dem das Vergnügen im Vordergrund steht.*

Fun|sport|art ['fan...], die: *einzelne Disziplin* (3) *des Funsports.*

Fun|zel, die; -, -n [frühnhd. vonckel = Zündstoff, Zunder, zu ↑ Funke (1)] (ugs. abwertend): *Lampe, Lichtquelle, die nicht viel Licht gibt.*

fun|ze|lig, **funz|lig** ⟨Adj.⟩ (ugs. abwertend): *trübe, nicht viel Licht gebend: eine* -e *Gaslaterne.*

fun|zeln ⟨sw. V.; hat⟩: *schwaches Licht geben.*

fun|zen ⟨sw. V.; hat⟩ [zu ↑ funktionieren (die Schreibung gibt die Aussprache des t als z wieder)] (EDV-Jargon): *funktionieren: wie es funzt, wisst ihr ja.*

funz|lig: ↑ funzelig.

¹für ⟨Präp. mit Akk.⟩ [mhd. vür, ahd. furi = vor(aus), verw. mit ↑ ¹vor]: **1. a)** *zur Angabe des Ziels, Zwecks, Nutzens: f. höhere Löhne kämpfen; Institut f. Leibesübungen;* **b)** *zugunsten einer Person, Sache: wir sind f. Neuerungen;* ⟨subst.:⟩ *das Für und Wider (Vor- u. Nachteile) erwägen.* **2. a)** *zur Angabe der Bestimmung, Zuordnung, Zugehörigkeit, Hinwendung: eine Sendung f. Kinder; das Buch ist f. dich; ein Gedeck f. zwei Personen; Kritiken f. die Zeitung schreiben; f. jmdn. einen schwärmen; f. jmd. eine Garantie übernehmen; f. ein Amt kandidieren; das ist f. mich (was mich betrifft)* [*nicht*] *dasselbe; diese Ermahnung gilt auch f. dich (gilt auch dir); dies ist ein schwerer Verlust f. uns; jmdn. ganz f. sich (zu seinen eigenen Gunsten) einnehmen; f. die Feuerwehr wurde Großalarm gegeben; es wäre sicher f. Sie das Beste, wenn...; Altern als Problem f. Künstler (der Künstler, bei Künstlern);* * **f. sich** (*allein: f. sich leben, wohnen*); **b)** (ugs.) [*als Mittel geeignet*] *gegen: ein Medikament f. Rheuma; Bier ist gut f. den Durst.* **3.** *zur Angabe einer Meinung, Beurteilung, Bewertung o. Ä.: etw. f.* [*nicht*] *sinnvoll halten; einen Vermissten f. tot erklären lassen;* (*Ausruf der Verwunderung:*) *man sollte es nicht f. möglich halten!* **4.** *zur Angabe eines Grundes; wegen: sich f. sein Versäumnis entschuldigen; er ist f. seine Tat zu drei Jahren Gefängnis verurteilt worden.* **5.** *zur Angabe der Vertretung, des Ersatzes; anstelle: f. andere die Arbeit machen; f. (so viel wie) zwei arbeiten; jmdm. f. ein beschädigtes Exemplar ein anderes geben; er spricht f. die ganze (als Stellvertreter der) Belegschaft; ich freue mich f. ihn (so, als wenn ich an seiner Stelle wäre).* **6.** *zur Angabe der Gegenleistung, des Gegenwertes: etw. f. 500 Euro kaufen; sich f. zwanzig Euro Kleingeld geben lassen; das habe ich f. umme (salopp: gratis, umsonst) gekriegt;* * **f. nichts und wieder nichts** (*ohne irgendeine Wirkung, irgendeinen Erfolg; umsonst, vergeblich*). **7.** *zur Angabe eines Verhältnisses, Vergleichs: f. sein Alter ist das Kind sehr groß; f. einen Ausländer spricht er sehr gut Deutsch.* **8. a)** *zur Angabe der Dauer: f. die Dauer von zwanzig Minuten; f. einige Wochen verreisen; f. immer;* **b)** *zur Angabe eines Zeitpunkts: einen Patienten f. 11 Uhr vormerken.* **9.** *in Verbindung mit zwei gleichen Substantiven zur Angabe der Aufeinanderfolge ohne eine Auslassung: Tag f. Tag (jeden Tag) fährt er diese Strecke; zwei Texte Wort f. Wort vergleichen; Schritt f. Schritt (schrittweise) vorrücken.* ◆ **10. a)** ↑ ¹vor (5): *Man möchte f. Freuden weinen* (Novalis, Heinrich 168); **b)** ↑ ¹vor (7): *f. meinem Zorn haben Sie Ruhe* (Schiller, Fiesco II, 2). **11.** vgl. dafür (7).

²für: *in der Fügung* **was f.** [**ein**] (*welch* [*zur Angabe der Art od. Qualität*]: *was f. ein Kleid möchten Sie kaufen?; aus was f. Gründen auch immer; was hat das Ganze f. einen Sinn?; was f. eine Tat!*)

für|bass ⟨Adv.⟩ [mhd. vürbaʒ, ahd. furbaʒ, eigtl. = besser vorwärts, aus ↑ ¹für u. ↑ baß] (scherzh., veraltet): *weiter, vorwärts: rüstig f. schreiten.*

Für|bit|te, die; -, -n [mhd. vürbete, -bitte]: *Bitte od. Gebet für jmd. anders: bei jmdm. F. für jmdn. einlegen.*

für|bit|ten ⟨st. V.; nur im Inf. gebr.⟩: *für jmdn. Fürbitte leisten.*

Fur|che, die; -, -n [mhd. vurch, ahd. fur(u)h, eigtl. = Aufgewühltes, Aufgerissenes]: **1.** [*mit dem Pflug o. Ä. hervorgebrachte*] *linienmäßige*

Vertiefung im Boden: [mit dem Pflug] -n [in den Boden] graben, ziehen. **2. a)** *tiefe Faltenlinie in der [Gesichts]haut:* die Haut bekommt -n; die -n auf ihrer Stirn glätteten sich; **b)** *als Linie verlaufende Vertiefung in einer [bearbeiteten] Oberfläche:* die -n einer Säule, des Gehirns.

fur|chen ⟨sw. V.; hat⟩ (geh.): **1.** [mhd. vurhen] *den Boden mit Furchen, furchenähnlichen Linien durchziehen:* die Straßen waren gefurcht. **2. a)** *im Gesicht durch seine Mimik Furchen* (2 a) *ziehen:* die Stirn f.; **b)** *durch furchenähnliche Linien an der Oberfläche zerteilen:* das Schiff furcht die See; **c)** ⟨f. + sich⟩ *sich furchenähnlich zerteilen:* die Wasserfläche furcht sich.

Fur|chen|wal, der: *Bartenwal mit kurzen* ²*Barten* (2 a) *u. Furchen* (2 a) *an Kehle u. Brust, die eine starke Erweiterung des Rachens ermöglichen.*

Fur|chen|zie|her, der; -s, -: *Gerät, mit dem vor dem Säen od. Pflanzen Furchen* (1) *gezogen werden.*

fur|chig ⟨Adj.⟩: *mit Furchen* (2 a) *bedeckt.*

Furcht, die; - [mhd. vorhte, ahd. for(a)hta]: *Angst angesichts einer Bedrohung od. Gefahr:* die F. vor dem Tode; lähmende F. ergriff sie; F. [und Schrecken] verbreiten; jmdm. F. einjagen; in ständiger F. vor jmdm., etw. leben bzw. etw. haben; [übertriebene] F. [vor etw.] haben; ein F. erregender Anblick; eine F. einflößende, gebietende Erscheinung; aus F. vor Strafe; vor F. zittern; Alle hatten nur eine einzige F.: zurückzubleiben (Seghers, Transit 146).

In der Fachsprache der Psychologie und Philosophie wird im Allgemeinen zwischen *Furcht* als objektbezogen und *Angst* als unbegründet, nicht objektbezogen differenziert. In der Allgemeinsprache wird dagegen *Furcht* meist als gehobeneres Synonym zu *Angst* verwendet.

furcht|bar ⟨Adj.⟩ [mhd. vorhtebære]: **1.** *durch seine Art, Gewalt o. Ä. sehr schlimm, bange Beklemmung erregend:* ein -es Unglück; ein -er (ugs.; *unangenehmer*) Mensch; er ist f. in seiner Wut; die Verletzte sah f. aus. **2.** (ugs.) **a)** *unangenehm stark, sehr groß:* eine -e Hitze; **b)** ⟨verstärkend bei Adjektiven u. Verben⟩ *sehr, überaus:* das ist f. nett; sich f. blamieren.

Furcht|bar|keit, die; -, -en ⟨Pl. selten⟩: *furchtbare Beschaffenheit, [Wesens]art.*

Furcht ein|flö|ßend, furcht|ein|flö|ßend ⟨Adj.⟩: *durch seine Art jmdn. mit Furcht erfüllend:* eine Furcht einflößende Gestalt; eine äußerst furchteinflößende Gestalt.

◆ **furch|ten** ⟨sw. V.; hat⟩: Nebenf. von ↑fürchten: Er fühlte und furchte sich (Lessing, Laokoon I).

fürch|ten ⟨sw. V.; hat⟩ [mhd. vürhten, ahd. furhten, furihtan]: **1.** *vor jmdm., etw. Angst haben; Unangenehmes ahnen, befürchten:* keinen Gegner f.; ich fürchtete[,] zu ersticken; ich fürchte (*habe die Befürchtung*), du hast recht; sein Zorn ist gefürchtet. **2.** ⟨f. + sich⟩ *Furcht empfinden, Angst haben:* sich im Dunkeln f.; sich vor der Prüfung f.; ⟨subst.:⟩ hier ist es zum Fürchten; zum Fürchten (ugs.; *sehr, unbeschreiblich*) langweilig; Es gibt Gewitter zum Fürchten (*vor denen man sich fürchten muss*; Frisch, Montauk 196). **3.** *sich jmds., einer Sache wegen Sorgen machen:* für/um jmdn. f.; für jmds., seine Gesundheit f. **4.** (veraltend) *vor jmdm. Ehrfurcht haben:* Gott f.

fürch|ter|bar ⟨Adj.⟩ [zusgez. aus fürchterlich u. furchtbar] (scherzh.): *fürchterlich, furchtbar.*

fürch|ter|lich ⟨Adj.⟩ [für mhd. vorhtlich, ahd. forahtlich] (emotional): **1. a)** *durch seine [unvorstellbare] Furchtbarkeit o. Ä. Bestürzung hervorrufend:* eine -e Katastrophe; Auch er war nur ein Mensch, alles in allem, und auf einen Ort gehoben, wo die Gefahr bestand, dass Irren sich nicht nur menschlich, sondern f. auswirkte (A. Zweig, Grischa 335); **b)** (ugs.) *äußerst unangenehm; durch seine Art abstoßend:* ein -er Kerl. **2.** (ugs.) **a)** *beängstigend stark, groß:* eine -e Hitze. **2.** ⟨verstärkend bei Adjektiven und Verben⟩ *in beängstigend hohem Maß, sehr:* f. dumm sein; der Lohn war f. gering; f. viel zu tun haben; sich f. blamieren.

furcht|er|re|gend, Furcht er|re|gend ⟨Adj.⟩: *durch seinen Eindruck Furcht hervorrufend:* ein äußerst -er Anblick; der Anblick war [äußerst] f.

Furcht ge|bie|tend, furcht|ge|bie|tend ⟨Adj.⟩ (geh.): *durch Art u. Aussehen Furcht erweckend:* eine äußerst furchtgebietende Erscheinung.

furcht|los ⟨Adj.⟩: *keine Furcht habend, ohne Furcht:* ein -er Charakter, Mensch; f. für seine Überzeugung eintreten.

Furcht|lo|sig|keit, die; -: *furchtlose Haltung, [Wesens]art.*

furcht|sam ⟨Adj.⟩ [mhd. vorhtesam]: *vor jmdm., etw. Furcht empfindend; von ängstlicher Wesensart [zeugend]:* ein -es Reh; -e Blicke.

Furcht|sam|keit, die; -, -en ⟨Pl. selten⟩: *furchtsame [Wesens]art.*

Fur|chung, die; -, -en [zu ↑furchen] (Biol.): *(als erster Abschnitt der Embryonalentwicklung erfolgende) Teilung der Eizelle, wobei durch Längs- u. Querteilungen stets kleiner werdende Zellen entstehen.*

für|der, für|der|hin ⟨Adv.⟩ [mhd. vürder, ahd. furdir, Komparativbildung zu ↑fort] (geh. veraltend): *(vom gegenwärtigen Zeitpunkt od. von einem bestimmten Zeitpunkt in der Vergangenheit aus) in Zukunft:* ◆ ⟨»fürder« auch attr.:⟩ Ohne alle -e (*weitere*) Rücksicht (Keller, Kammacher 226).

für|ei|n|an|der ⟨Adv.⟩: *einer für den andern:* keine Zeit f. haben; f. einspringen.

◆ **für|fah|ren** ⟨st. V.; ist⟩: *fortfahren, weitermachen:* ... warten solle man nicht auf sie, sondern nur f. in der Sache (Gotthelf, Spinne 20).

Fu|rie, die; -, -n [lat. Furia, personifiziert aus furia = Wut, Raserei]: **1.** (röm. Mythol.) *rasende, wütende, mit Schrecken verbreitende Rachegöttin:* wie von -n gejagt sein; Ü die -n (*Schrecken*) *des Krieges.* **2.** (abwertend) *rasende, wütende Frau.*

Fu|rier, der; -s, -e [frz. fourrier, zu afrz. fuerre = Viehfutter, aus dem Germ.] (veraltet): **1.** (Militär) *Fourier* (1 a). **2.** *Rechnungsführer* (2).

fu|ri|os ⟨Adj.⟩ [lat. furiosus = wütend, rasend]: **a)** (bildungsspr. veraltend) *rasend, hitzig, leidenschaftlich:* ein -er Streiter; Mein Hirn schaltete f. Ich hatte keine Idee (Muschg, Gegenzauber 268); **b)** *[in seinem Ablauf] von mitreißendem, begeisterndem Schwung, glänzend:* ein -er Auftakt.

fu|ri|o|so ⟨Adv.⟩ [ital.] (Musik): *mit wildem Temperament; stürmisch, leidenschaftlich.*

Fu|ri|o|so, das; -s, -s u. ...si: *Musikstück mit der Tempobezeichnung »furioso«.*

für|lieb|neh|men: in der Wendung **mit jmdm., etw. f.** (↑vorliebnehmen).

für|nehm ⟨Adj.⟩ (iron., veraltet): *vornehm.*

Fur|nier, das; -s, -e [zu ↑furnieren]: *dünnes Deckblatt aus wertvollem [gut gemasertem] Holz, das auf Holz von geringerer Qualität aufgeleimt wird:* ein Schrank mit dunklem F.

fur|nie|ren ⟨sw. V.; hat⟩ [frz. fournir = liefern; mit etw. versehen, aus dem Germ.]: *mit Furnier belegen:* der Tisch ist mit Mahagoni furniert.

Fur|nier|holz, das ⟨Pl. ...hölzer⟩: *für Furniere geeignetes Holz.*

Fur|nie|rung, die: **1.** *das Furnieren; das Furniertwerden.* **2.** *Furnier.*

Fu|ror, der; -s [lat. furor, zu: furere = einherstür-men, in wilder Bewegung sein] (geh.): *Wut, Raserei:* sich in einen F. hineinsteigern.

Fu|ro|re, die; -, seltener: das; -s [ital. (far) furore = Begeisterung (erwecken), eigtl. = Wut, Raserei]: *Aufsehen:* die Erfindung sorgte für F.; * **F. machen** (*[erfolgreich] Aufsehen erregen*).

fürs ⟨Präp. + Art.⟩ (oft ugs.): *für das:* * **f. Erste** (*zunächst, vorläufig*).

Für|sor|ge, die; - [mhd. vürsorge = Besorgnis vor Zukünftigem, die heutige Bed. seit dem 16. Jh.]: **1.** *tätige Bemühung um jmdn., der ihrer bedarf:* elterliche F.; Der eine war nie, der andere mein älterer Freund Salke, der mit ständiger F. mir zugewandt war (Buber, Gog 51). **2. a)** *öffentliche, organisierte Hilfstätigkeit zur Unterstützung in Notsituationen od. besonderen Lebenslagen;* **b)** (veraltend) *Einrichtung der öffentlichen Fürsorge* (2 a); *Sozialamt:* Kinder der F. übergeben; **c)** (ugs.) *Fürsorgeunterstützung:* Wir haben auch bessere Tage gesehen. Wirklich, Herr Birowski, wir haben nicht immer von der F. gelebt (Eich, Hörspiele 240).

Für|sor|ge|amt, das (veraltet): *Sozialamt.*

Für|sor|ge|an|stalt, die (veraltet): *Anstalt, [Erziehungs]heim der öffentlichen Fürsorge* (2 a).

Für|sor|ge|ein|rich|tung, die (veraltend): *Einrichtung der öffentlichen Fürsorge.*

Für|sor|ge|emp|fän|ger, der: *jmd., der Fürsorgeunterstützung empfängt.*

Für|sor|ge|emp|fän|ge|rin, die: w. Form zu ↑Fürsorgeempfänger.

für|sor|gend ⟨Adj.⟩: *um jmdn. liebevoll bemüht u. für ihn vorsorgend.*

Für|sor|ge|pflicht, die (Rechtsspr.): *besondere Verpflichtung des Arbeitgebers, für den Schutz seiner Angestellten Sorge zu tragen.*

Für|sor|ger, der; -s, - [zu veraltet fürsorgen = Fürsorge tragen] (veraltend): *in der Fürsorge* (2 a) *tätiger Angestellter od. Beamter mit einer bestimmten fachlichen Ausbildung; Sozialarbeiter.*

Für|sor|ge|rin, die; -, -nen: w. Form zu ↑Fürsorger.

für|sor|ge|risch ⟨Adj.⟩ (veraltend): *die Fürsorge* (2 a) *betreffend.*

Für|sor|ge|un|ter|stüt|zung, die (veraltend): *von der Fürsorge* (2 b) *gezahltes Unterstützungsgeld.*

für|sorg|lich ⟨Adj.⟩: *liebevoll um jmds. Wohl bemüht:* sie ist sehr f.; f. mit jmdm. umgehen.

Für|sorg|lich|keit, die; -, -: *fürsorgliches Wesen, Verhalten, fürsorgliche Art.*

◆ **Für|sprach,** der; -[e]s, -e: *Fürsprecher:* Ihr, guter Bruder, müsst' mein F. sein (Lessing, Nathan IV, 7).

Für|spra|che, die; -, -n: *das Sichverwenden einer Einfluss besitzenden Person bei jmdm. zu dem Zweck, dass die Interessen, Wünsche eines Dritten berücksichtigt werden:* auf F. seines Onkels bekam er den Posten; Nach F. der Nonnen erlaubte ein höherer Offizier noch den Angehörigen ein kurzes Gebet (Grass, Blechtrommel 528).

Für|sprech, der; -s, -e [mhd. vürspreche, ahd. furisprehho]: **1.** (veraltet) *Fürsprecher.* **2.** (schweiz.) *Rechtsanwalt.*

◆ **für|spre|chen** ⟨st. V.; hat⟩: *als Fürsprecher (für jmdn.) auftreten:* Man bittet mich, bei Ihnen fürzusprechen (Schiller, Don Carlos I, 3).

Für|spre|cher, der; -s, -: **1.** *jmd., der durch seine Fürsprache jmds. Interessen, Wünsche vertritt.* Ü ein F. der Gewaltlosigkeit (*jmd., der Gewaltlosigkeit fordert, propagiert*). **2.** (schweiz.) *Rechtsanwalt.*

Für|spre|che|rin, die; -, -nen: w. Form zu ↑Fürsprecher.

Fürst, der; -en, -en [mhd. vürste, ahd. furisto, eigtl. = der Erste, Vornehmste, zu: furist, subst. Sup. von: furi (Adv.) = vor, voraus]: **a)** *seit dem Mittelalter nach dem Kaiser od. König rangie-*

render, an der Herrschaft über das Reich beteiligter Angehöriger des hohen Adels: Heinrich F. [von] Sorden; wie ein F. *(sehr üppig, mit großem Aufwand) leben;* Ü *der F. dieser Welt* (bibl.; *der Teufel);* **b)** *Angehöriger des Adels im Rang zwischen Graf u. Herzog;* **c)** *Herrscher, Monarch.*
Fürst|bi|schof, der: *im Heiligen Römischen Reich Bischof im Rang eines Fürsten.*
Fürs|ten|die|ner, der (veraltet abwertend): *jmd., der Pläne u. Absichten eines Fürsten servil zu verwirklichen trachtet.*
Fürs|ten|ge|schlecht, das: *Fürstenhaus.*
Fürs|ten|gruft, die: *Gruft, in der Angehörige eines Fürstenhauses bestattet sind.*
Fürs|ten|haus, das: *fürstliche Dynastie.*
Fürs|ten|hof, der: *Residenz eines Fürsten.*
◆ **Fürs|ten|hut,** der: *Hut als Zeichen fürstlicher* (1) *Würde:* Sie teilen dort an der Tafel Fürstenhüte aus *(teilen fürstliche Güter unter sich auf;* Schiller, Piccolomini IV, 1).
Fürs|ten|knecht, der: *Fürstendiener.*
Fürs|ten|kro|ne, die: *Krone eines Fürsten in Gestalt eines fünfzackigen goldenen Kronreifs mit dicht sichtbaren Bügeln u. purpurner Kappe.*
Fürs|ten|schloss, das: *Schloss als Residenz eines Fürsten.*
Fürs|ten|sitz, der: *Fürstenhof.*
Fürs|ten|spie|gel, der: *Schrift, in der anhand von [idealisierten] Lebensbildern u. in Grundsätzen u. Regeln für das Verhalten das Musterbild eines Fürsten aufgestellt wird.*
Fürs|ten|stand, der ⟨o. Pl.⟩: *Stand* (5 c) *eines Fürsten:* einen Grafen in den F. erheben.
Fürs|ten|tag, der (Geschichte): *Versammlung der deutschen Fürsten außerhalb des Reichstages.*
Fürs|ten|tum, das; -s, ...tümer [mhd. vürst(en)tuom]: *Territorium mit einem Fürsten als Oberhaupt.*
Fürs|tin, die; -, -nen: **a)** *Frau eines Fürsten:* Amalie F. [von] Sorden, **b)** w. Form zu ↑ Fürst.
Fürs|tin|mut|ter, die: *Mutter eines regierenden Fürsten.*
fürst|lich ⟨Adj.⟩ [mhd. vürst(e)lich]: **1.** *den Fürsten[adel] betreffend, zum Fürsten[adel] gehörend:* die -e Familie. **2.** *in seiner Großzügigkeit, Prächtigkeit, in seinem Handeln einem Fürsten entsprechend; wie ein Fürst:* ein -es Trinkgeld; das Essen war f.; f. bewirtet werden.
Fürst|lich|keit, die; -, -en: *Angehöriger des Fürstenadels.*
Fürst-Pück|ler-Eis, das; - [nach H. Fürst von Pückler-Muskau (1785–1871)]: *aus drei Schichten der Geschmacksrichtungen Erdbeer, Schokolade u. Vanille bestehendes Sahneeis.*
Furt, die; -, -en [mhd. vurt, ahd. furt, eigtl. = Überfahrtsstelle, zu ↑ fahren]: *seichte Stelle eines Flusses, die das Überqueren gestattet.*
Fürth: *Nachbarstadt von Nürnberg.*
für|treff|lich ⟨Adj.⟩ (iron., veraltet): *vortrefflich:* ◆ ... das ist der ... -e Herr juris utriusque Doctor Lanbek, vielseitige Sohn des berühmten Landschaftskonsulenten Lanbek (Hauff, Jud Süß 386).
◆ **Für|treff|lich|keit,** die; -: *das Fürtrefflichsein;* ... wie hoch wir uns mit dem Abfall seiner F. brüsten (Schiller, Fiesco I, 1).
Für|tuch, das; -[e]s, ...tücher [mhd. vortuoch] (südd., österr., schweiz. veraltend): *[Arbeits]schürze.*
Fu|run|kel, der, auch: das; -s, - [lat. furunculus, eigtl. = kleiner Dieb; auch: Nebenschössling (an Rebstöcken, der dem Haupttrieb den Saft »stiehlt«); übertr. auf das Geschwür]: *tief reichende, eitrige Entzündung eines Haarbalgs u. seiner Umgebung; Eitergeschwür, -beule.*
für|wahr ⟨Adv.⟩ (geh. veraltend): *in der Tat (zur Bekräftigung einer Feststellung, Erkenntnis o. Ä.):* das ist f. eine lobenswerte Einstellung.

Für|witz, der; -es (veraltet): *Vorwitz:* ◆ ... aber mein Zehner ist keins eins (= kein echtes Geld), ist nur zum F. (landsch.; *zum Schein;* eigtl. = etw. Neues, was Aufsehen erregt; vgl. ahd. furewizze = Zauber) und will keins sein (Rosegger, Waldbauernbub 29).
für|wit|zig ⟨Adj.⟩ (veraltet): *vorwitzig.*
Für|wort, das; -[e]s, ...wörter: **a)** *Pronomen;* ◆ **b)** ⟨Pl. ...worte⟩ *Fürsprache:* In diesem Sinn weiß ich sein F. nach Gebühr zu schätzen (Schiller, Maria Stuart II, 2); * **für jmdn. ein F. einlegen** *(für jmdn. als Fürsprecher auftreten).*
für|wört|lich ⟨Adj.⟩: *pronominal.*
Furz, der; -es, Fürze [mhd. vurz, spätahd. furz, zu mhd. verzen, ahd. ferzan = furzen; lautm.] (derb): *[laut] entweichende Darmblähung:* einen F. lassen; Ü ein F. ist er gegen mich! *(er reicht nicht im Geringsten an mich heran);* mit jedem F. *(jeder Kleinigkeit)* kommt er zu mir gelaufen; * **aus einem F. einen Donnerschlag machen** (derb; *etw. aufbauschen u. als äußerst schlimm od. gefährlich hinstellen).*
fur|zen ⟨sw. V.; hat⟩ [spätmhd. vurzen] (derb): *eine Darmblähung [laut] entweichen lassen.*
fur|zig ⟨Adj.⟩ (derb): *von einem Furz verursacht:* ein -er Geruch.
furz|tro|cken ⟨Adj.⟩: **1.** (derb) *durch u. durch trocken [u. ohne den sonst üblichen Feuchtigkeitsgehalt]:* der Kuchen ist f. **2.** (salopp) *trocken* (3).
Fu|sche|lei, die; -, -en (landsch.): *das Fuscheln.*
fu|scheln ⟨sw. V.⟩ [wohl lautm.] (landsch.): **1.** ⟨ist⟩ *heimlich od. rasch umherlaufen.* **2.** ⟨hat⟩ *pfuschen.* **3.** ⟨hat⟩ *täuschen.* **4.** ⟨hat⟩ *hastig u. tastend mit den Händen etw. suchen.*
fu|schen ⟨sw. V.; hat⟩: *fuscheln* (1–3).
fu|schern ⟨sw. V.; hat⟩: *fuscheln* (1–3).
Fu|sel, der; -s, - ⟨Pl. selten⟩ [niederd., H. u.] (ugs. abwertend): *schlechter Branntwein.*
Fu|sel|ge|ruch, der (ugs. abwertend): *Geruch nach Fusel.*
¹**fu|seln** ⟨sw. V.; hat⟩ [zu ↑ Fusel]: *schlechten Schnaps trinken.*
²**fu|seln** ⟨sw. V.; hat⟩ (landsch.): **1.** *fusseln.* **2.** *übereilt u. schlecht arbeiten.* **3.** *klein u. unleserlich schreiben.*
Fu|sel|öl, das: *schlecht schmeckendes, gesundheitsschädliches, farbloses bis gelblich braunes Alkoholgemisch, das bei der alkoholischen Gärung entsteht.*
Fü|si|lier, der; -s, -e [frz. fusilier, zu: fusil = Feuerstahl; (Feuerstein)flinte, über das Vlat. zu lat. focus, ↑ Fokus] (schweiz., sonst veraltet): *Soldat der leichten Infanterie im niedrigsten Dienstgrad.*
fü|si|lie|ren ⟨sw. V.; hat⟩ [frz. fusiller]: *nach Kriegs- od. Ausnahmerecht durch ein Erschießungskommando hinrichten, standrechtlich erschießen.*
Fü|si|lier|re|gi|ment, das ⟨Pl. -er⟩ (schweiz., sonst veraltet): *Regiment der leichten Infanterie.*
Fu|si|on, die; -, -en [lat. fusio = das Gießen, Schmelzen, zu: fundere (2. Part.: fusum) = gießen, fließen lassen]: **1.** *Verschmelzung zweier od. mehrerer Unternehmen od. [politischer] Organisationen.* **2.** (Biol.) *Verschmelzung von Zellen od. Chromosomen.* **3.** (Optik) *Vereinigung der Bilder des r. u. linken Auges zu einem einzigen Bild.* **4.** (Physik) *Verschmelzung zweier leichter Atomkerne zu einem schweren, wobei Energie frei wird.*
fu|si|o|nie|ren ⟨sw. V.; hat, seltener ist⟩: *mit einem od. mehreren Unternehmen o. Ä. verschmelzen:* der Verlag fusionierte mit einem anderen.
Fu|si|o|nie|rung, die; -, -en: *das Fusionieren.*
Fu|si|ons|kü|che, die (Kochkunst): *Art der Zubereitung von Speisen, bei der bestimmte*

Küchen (3 b) *anderer Länder od. Gegenden miteinander kombiniert u. vermischt werden.*
Fu|si|ons|re|ak|tor, der (Physik): *Reaktor zur Energiegewinnung durch Kernfusion.*
Fu|si|ons|ver|hand|lung, die: *Verhandlung über eine Fusion* (1).
Fu|si|ons|ver|trag, der: *Vertrag über eine Fusion* (1).
Fuß, der; -es, Füße (als Maßangabe auch: Fuß) [mhd. vuoʒ, ahd. fuoʒ; vgl. griech. poús, lat. pes]: **1.** ⟨Pl. Füße⟩ **a)** *durch das Sprunggelenk mit dem Unterschenkel verbundener unterster Teil des Beines beim Menschen u. bei Wirbeltieren:* ein schmaler, zierlicher F.; laufen, so schnell [einen] die Füße tragen; den linken, rechten F. vorsetzen; große, geschwollene, kalte Füße haben; ich habe mir den F. verstaucht, gebrochen; ich habe den F. verstaucht *(mein Fuß ist verstaucht);* er hatte Füße wie Blei *(von Müdigkeit ganz schwere Füße u. Beine);* keinen F. breit *(kein bisschen)* weichen; den F. in die Tür *(in die Türöffnung)* setzen *(damit sie von innen nicht zugemacht werden kann);* bei dem Regen konnte man keinen F. vor die Tür setzen *(konnte man nicht nach draußen gehen);* keinen F. mehr über jmds. Schwelle setzen *(jmds. Wohnung nicht mehr betreten);* ich muss mir erst die Füße waschen; den F. vom Gas nehmen (ugs.; *beim Autofahren den Druck des Fußes auf das Gaspedal vermindern u. langsamer fahren);* leichten, beschwingten -es (geh.; *mit leichten, beschwingten Schritten);* sie kamen noch trockenen -es *(ohne nasse Füße zu bekommen)* nach Hause; Erfrierungen an beiden Füßen; er hat/ist mir voller Wucht auf den F. getreten; da tritt man sich gegenseitig auf die Füße *(so überfüllt es ist);* bei F.! (Kommando für den Hund); mit bloßen Füßen; mit den F. stampfen; von einem F. auf den anderen treten; zu F. gehen *(einen Weg gehend zurücklegen u. nicht fahren);* jmdm. zu Füßen fallen *(sich vor jmdm. auf die Knie werfen);* jmdm. zu Füßen *(unterhalb von jmdm. [ihm aufmerksam zugewandt])* sitzen; R warme Füße – kühler Kopf; * **wie eingeschlafene Füße schmecken** (salopp; *fade schmecken);* **stehenden -es** *(sofort;* LÜ von lat. stante pede; nach einer alten Rechtsformel, die besagte, dass man sich sofort, an Ort und Stelle gegen ein ungerechtes Urteil wehren musste, damit es nicht rechtskräftig wurde); **[festen] F. fassen** *([von Personen, Ideen usw.] sich nach einer geraumen Zeit in einer neuen Umgebung integrieren [u. durchsetzen], sich einen festen Platz schaffen);* **kalte Füße bekommen/kriegen** (ugs.; *ein [gemeinsames] Vorhaben aufgeben, weil man inzwischen Bedenken hat);* **Füße bekommen haben** (↑ Bein 1); **sich** ⟨Dativ⟩ **die Füße nach etw. ablaufen, wund laufen/wundlaufen** (↑ Bein 1); **sich** ⟨Dativ⟩ **die Füße vertreten** *(sich nach längerem [beengtem] Sitzen etwas Bewegung verschaffen);* **sich** ⟨Dativ⟩ **kalte Füße holen** (ugs.; *einen Misserfolg haben);* **jmdm. den F. auf den Nacken setzen** (geh.; *jmdn. seine Macht fühlen lassen);* **(bei jmdm.) einen F. in der Tür haben** *(sich an einem bestimmten Ort Einfluss verschafft haben);* **etw. an den Füßen haben** *(vermögend sein);* **auf eigenen Füßen stehen** *(selbstständig, unabhängig sein);* **sich auf eigene Füße stellen** *(sich selbstständig, unabhängig machen);* **auf freiem F. sein** *(noch nicht/nicht mehr in Haft, im Gefängnis sein)* ◆ eine Fessel am Fuß[gelenk]; **jmdn. auf freien F. setzen** *(jmdn. freilassen;* eigtl. = die Fessel vom Fuß[gelenk] nehmen); **auf den/seinen letzten Füßen gehen** (veraltend; *sehr alt od. sehr krank sein u. darum dem Tode nahe);* **auf großem F. leben** (1. *aufwendig leben.* scherzh.; *große Füße haben);* **mit**

Fußabdruck – Fußboden

jmdm. auf freundschaftlichem, gespanntem o. ä. F. leben/stehen *(mit jmdm. in einem freundschaftlichen, gespannten o. ä. Verhältnis leben; veraltet Fuß = Grundlage, Verhältnis)*; **auf tönernen/schwachen/schwankenden/** (ugs.:) **wackligen Füßen stehen** *(keine feste Grundlage haben; nach dem Koloss auf tönernen Füßen im A. T., Dan. 2, 31–35)*; **auf festen Füßen stehen** *(eine gesicherte materielle Grundlage haben)*; **immer [wieder] auf die Füße fallen** (↑ Bein 1); **jmdm. auf den F./auf die Füße treten** (ugs.: *jmdm. zurechtweisen. jmdn. zur Eile antreiben*); **jmdm. auf die Füße fallen** *(jmdm. schaden)*; **auf dem Fuß[e] folgen** (1. *unmittelbar folgen:* jmdm. auf dem -e folgen. 2. *sofort nach etw. geschehen*); **jmdn., etw. mit Füßen treten** *(jmdn., etw. gröblich missachten)*; **mit den Füßen abstimmen** (ugs.; *sich durch Hingehen, Weggehen od. Wegbleiben für od. gegen etw. entscheiden*); **mit dem linken F. zuerst aufgestanden sein** (↑ Bein 1); **mit einem F. im Grab[e] stehen** (↑ Bein 1); **mit einem F. im Gefängnis stehen** (↑ Bein 1); **jmdm. vor/über die Füße laufen** *(jmdm. zufällig begegnen)*; **etw. unter die Füße nehmen** *(etw. [einen Weg, eine Strecke o. Ä.] gehend zurücklegen)*; **jmdm. etw. vor die Füße werfen** *(jmdn. zornentbrannt etw. zurückgeben, niederlegen)*; **zu F.** (*[durch Fortbewegung] auf den Füßen; durch Gehen:* bist du den Weg gefahren oder zu F. gegangen?; wir kommen zu F.); **gut, schlecht zu F. sein** *(aufgrund der Beschaffenheit seiner Füße gut, schlecht eine längere Strecke gehen können)*; **jmdm. zu Füßen liegen** (geh.; *jmdn. über die Maßen verehren*); **jmdm. etw. zu Füßen legen** (geh.; *jmdm. etw. aus Verehrung darreichen*); **jmdn. auf dem/**(österr.:) **am falschen/**(seltener:) **verkehrten Fuß erwischen** (ugs.; *jmdn. unvorbereitet, in einer für ihn ungünstigen Situation treffen*); **b)** (südd., österr.) *Bein:* nimm deine Füße weg!; ** **die Füße unter jmds. Tisch strecken/stellen** (↑ Bein 1); **mit beiden Füßen [fest] auf der Erde, im Leben stehen** (↑ Bein 1); ♦ **mit jmdm. über den F. gespannt sein** *(mit jmdm. in einem gespannten Verhältnis stehen;* zu: Fuß = Grundlage; Verhältnis): Zwar bin ich seit geraumer Zeit ein wenig übern F. mit ihm gespannt [Lessing, Nathan II, 2]); **c)** *letzter Teil der Gliedmaßen von Insekten;* **d)** *Fortbewegungsorgan bei Weichtieren:* der F. der Schnecke. **2.** ⟨Pl. Füße⟩ **a)** *tragender Teil von [Einrichtungs]gegenständen:* der F. eines Glases; ein Sonnenschirm sollte einen möglichst schweren F. haben; **b)** *unterer Teil, von dem aus etw. in die Höhe ragt; Sockel:* am F. der Burg, des Denkmals, des Berges; der F. einer Säule. **3.** ⟨Pl. Füße⟩ *den Fuß (1 a) bedeckender Teil des Strumpfes.* **4.** ⟨Pl.: -⟩ *[veraltetes] Längenmaß unterschiedlicher Größe:* ein englischer, hessischer F.; ein Rohr von 50 F. Länge; das Grundstück ist 100 F. lang und 80 F. breit. **5.** ⟨Pl. Füße⟩ Kurzf. von ↑ Versfuß. ♦ **6.** *Maßstab, Wertmesser:* Ein Narre erkauf' ein Liebchen sich auf diese Art u. Weise; Wieland, Sommermärchen 408).

Fuß|ab|druck, der ⟨Pl. ...drücke⟩: *Abdruck eines Fußes:* den Fußabdrücken im Schnee folgen; Ü *ökologischer F. (Teil der Erdoberfläche, der für die Bedürfnisse eines Menschen genutzt wird).*

Fuß|ab|strei|cher (landsch.), **Fuß|ab|strei|fer** (österr., sonst landsch.), **Fuß|ab|tre|ter** (landsch.), der: *Fußmatte od. Rost vor der Tür zum Abtreten des Schmutzes von den Schuhen.*

Fuß|ab|wehr, die (Ballspiele): *Ball [vom Torwart od. der Torwartin] mit dem Fuß abgewehrt wird.*

Fuß|an|gel, die [spätmhd. vuozangel]: *in den Boden eingerammtes Eisen mit Spitzen, das in Grundstücken zum Schutz gegen Diebe ausgelegt wird:* -n [aus]legen.

Fuß|bad, das: **1. a)** *das Baden der Füße:* ein F. nehmen; **b)** *Wasser (in einer kleinen Wanne o. Ä.) zum Baden der Füße:* sich ein F. machen. **2.** (ugs. scherzh.) *aus einer Tasse auf die Untertasse o. Ä. übergelaufene Flüssigkeit.*

Fuß|ball, der [LÜ von engl. football]: **1.** *mit Luft gefüllter Leder- od. Kunststoffball von bestimmter Größe zum Fußballspielen.* **2.** ⟨o. Pl.⟩ *zwischen zwei Mannschaften ausgetragenes Ballspiel, bei dem nach bestimmten Regeln mit dem Fuß, Bein, Kopf od. durch körperlichen Einsatz unter Vermeidung absichtlicher Berührung mit der Hand od. dem Arm über die Torlinie des gegnerischen Tores zu spielen ist:* [einen attraktiven, exzellenten] F. spielen.

Fuß|ball|ama|teur, der: *Amateur (2) im Fußball.*
Fuß|ball|ama|teu|rin, die: w. Form zu ↑ Fußballamateur.
Fuß|ball|an|hän|ger, der: *Anhänger des Fußballsports.*
Fuß|ball|an|hän|ge|rin, die: w. Form zu ↑ Fußballanhänger.
Fuß|ball|are|na, die: *Fußballstadion.*
fuß|ball|be|geis|tert ⟨Adj.⟩: *am Fußball sehr interessiert, vom Fußball begeistert:* eine -e Nation.
Fuß|ball|bun|des|li|ga, die: *oberste Spielklasse im deutschen Fußball.*
Fuß|ball|bun|des|li|gist, der: *Mannschaft, die in der Fußballbundesliga spielt.*
Fuß|ball|bun|des|trai|ner, der: *Bundestrainer für die Fußballnationalmannschaft.*
Fuß|ball|bun|des|trai|ne|rin, die: w. Form zu ↑ Fußballbundestrainer.
Fuß|ball|club: ↑ Fußballklub.
Fuß|ball|elf, die: *Fußballmannschaft.*
Fuß|bal|len, der: *Ballen (2) am Fuß.*
Fuß|bal|ler, der; -s, - (ugs.): *Fußballspieler.*
Fuß|bal|ler|bein, das (ugs.): *Bein eines Fußballers, für einen Fußballspieler typisches muskulöses Bein:* er hat -e.
Fuß|bal|le|rin, die: w. Form zu ↑ Fußballer.
fuß|bal|le|risch ⟨Adj.⟩: *den Fußball (2) betreffend, ihm entsprechend:* -es Können.
fuß|bal|lern ⟨sw. V.; hat⟩ (ugs. scherzh.): *Fußball spielen:* Kinder fußballern auf der Straße.
Fuß|ball|eu|ro|pa|meis|ter, der: *Gewinner einer Fußballeuropameisterschaft.*
Fuß|ball|eu|ro|pa|meis|ter|schaft, die: *Wettkampf mit einer Reihe von Spielen zur Ermittlung der besten Fußballmannschaft Europas.*
Fuß|ball|fan, der: *leidenschaftlicher Anhänger, leidenschaftliche Anhängerin des Fußballs (2).*
Fuß|ball|feld, das: *Spielfeld, auf dem Fußball (2) gespielt wird.*
Fuß|ball|fie|ber, das ⟨o. Pl.⟩: *rauschhafte Begeisterung für den Fußballsport:* das ganze Land ist vom F. gepackt.
Fuß|ball|frau, die ⟨meist Pl.⟩ (Sportjargon): *Fußball[national]spielerin:* die deutschen -en haben ihr Auftaktspiel gewonnen.
Fuß|ball|freund, der: *Fußballanhänger.*
Fuß|ball|freun|din, die: w. Form zu ↑ Fußballfreund.
Fuß|ball|jar|gon, der: *für die Kommunikation über Themen aus dem Bereich des Fußballs charakteristischer Jargon (a).*
Fuß|ball|klub, der, auch: der: *Fußballverein.*
Fuß|ball|kri|mi, der (ugs. scherzh.): *spannendes Fußballspiel, dessen Ausgang bis zum Schluss im Ungewissen bleibt.*
Fuß|ball-Län|der|spiel, Fuß|ball|län|der|spiel, das: *Länderspiel zwischen zwei Fußballnationalmannschaften.*

Fuß|ball|leh|rer, Fuß|ball-Leh|rer, der: *Trainer mit der Berechtigung, Mannschaften aller Spielklassen zu trainieren sowie als Trainer eines Fußballverbandes tätig zu sein.*
Fuß|ball|leh|re|rin, Fuß|ball-Leh|re|rin, die: w. Form zu ↑ Fußballlehrer, Fußball-Lehrer.
Fuß|ball|mann|schaft, die: *zum Fußballspielen gebildete, aus elf Spielern od. Spielerinnen bestehende Mannschaft.*
Fuß|ball|match, das, auch: der: *Fußballspiel.*
Fuß|ball|meis|ter, der: *Gewinner einer Fußballmeisterschaft.*
Fuß|ball|meis|ter|schaft, die: *Wettkampf mit einer Reihe von Spielen zur Ermittlung der besten Fußballmannschaft.*
Fuß|ball|na|ti|o|nal|elf, die: *Fußballnationalmannschaft.*
Fuß|ball|na|ti|o|nal|mann|schaft, die: *Nationalmannschaft im Fußball (2).*
Fuß|ball|na|ti|o|nal|spie|ler, der: *Spieler, der in einer Fußballnationalmannschaft spielt.*
Fuß|ball|na|ti|o|nal|spie|le|rin, die: w. Form zu ↑ Fußballnationalspieler.
Fuß|ball|na|ti|o|nal|trai|ner, der: *Trainer einer Fußballnationalmannschaft.*
Fuß|ball|na|ti|o|nal|trai|ne|rin, die: w. Form zu ↑ Fußballnationaltrainer.
Fuß|ball|platz, der: *Sportplatz für Fußballspiele.*
Fuß|ball|po|kal, der: **1.** *Siegespokal beim Fußball (2).* **2.** *Pokalwettbewerb im Fußball (2).*
Fuß|ball|pro|fi, der: *Profi (1) im Fußball (2).*
Fuß|ball|schuh, der: *spezieller Schuh zum Fußballspielen.*
Fuß|ball|spiel, das: *Spiel im Fußball (2).*
Fuß|ball|spie|len, das; -s: *das Betreiben des Fußballsports.*
Fuß|ball|spie|ler, der: *jmd., der Fußball spielt.*
Fuß|ball|spie|le|rin, die: w. Form zu ↑ Fußballspieler.
Fuß|ball|sport, der: *Fußball (2) als sportliche Disziplin.*
Fuß|ball|sta|di|on, das: vgl. Fußballplatz.
Fuß|ball|star, der: ²Star (1 b) beim Fußball.
Fuß|ball|team, das: *Fußballmannschaft.*
Fuß|ball|ten|nis, das: *im Training betriebenes Spiel, bei dem sich die gegnerischen Mannschaften den Ball mit Kopf, Körper u. Füßen über eine Leine zuspielen.*
Fuß|ball|tor, das: ¹Tor (2 a), *in das der Fußball gespielt wird.*
Fuß|ball|to|to, das, auch: der: *Glücksspiel, bei dem der Ausgang bestimmter Fußballspiele vorhergesagt werden muss.*
Fuß|ball|trai|ner, der: *Trainer einer Fußballmannschaft.*
Fuß|ball|trai|ne|rin, die: w. Form zu ↑ Fußballtrainer.
Fuß|ball|tur|nier, das: *Turnier im Fußball (2).*
Fuß|ball|ver|band, der: *mit der Organisation des Fußballs (2) auf regionaler, nationaler od. internationaler Ebene betrauter Verband.*
Fuß|ball|ver|ein, der: *Verein, in dem das Fußballspielen betrieben u. gefördert wird.*
fuß|ball|ver|rückt ⟨Adj.⟩ (ugs.): *fußballbegeistert.*
Fuß|ball|welt|meis|ter, der: *Gewinner einer Fußballweltmeisterschaft.*
Fuß|ball|welt|meis|ter|schaft, die: *Wettkampf mit einer Reihe von Spielen zur Ermittlung der besten Fußballmannschaft der Welt.*
Fuß|ball-WM, die: *Fußballweltmeisterschaft.*
Fuß|bank, die ⟨Pl. ...bänke⟩: *niedrige kleine Bank als Fußstütze beim Sitzen.*
Fuß|be|klei|dung, die: *Teil der Kleidung, der aus Schuhen [u. Strümpfen] besteht.*
Fuß|bett, das: *der Fußsohle entsprechend geformte Innensohle des Schuhs.*
Fuß|bo|den, der: *aus Stein, Holz, Kunststoff o. Ä. hergestellte Bodenfläche in einem Innenraum.*

Fuß|bo|den|be|lag, der: *Belag* (2) *des Fußbodens.*

Fuß|bo|den|hei|zung, die: *Heizung, deren Rohre im od. unter dem Fußboden verlegt sind.*

Fuß|bo|den|le|ger, der: *jmd., der Fußböden verlegt* (Berufsbez.).

Fuß|bo|den|le|ge|rin, die: w. Form zu ↑ Fußbodenleger.

fuß|breit ⟨Adj.⟩ [mhd. vuozbreit]: a) *von der Breite eines Fußes:* ein -er Weg; b) (seltener) *breit, wie ein Fuß lang ist.*

Fuß|breit, der; -, -, **Fuß breit**, der; --, --: *Ausdehnung, Fläche von der Größe eines Fußes.*

Fuß|brem|se, die: *mit einem Pedal zu betätigende Bremse.*

Fuß|brett, das: *Brett als Stütze für die Füße.*

Füß|chen, das; -s, -: Vkl. zu ↑ Fuß.

Fus|sel, die; -, -n, auch: der; -s, -[n] [vgl. landsch. Fis(s)el = Fetzen < spätmhd. viseln (Pl.) = Fasern, Fransen, H. u.]: *[Wollfädchen od. Faserstückchen, das sich auf Kleidung, Stoffen o. Ä. absetzt.*

fus|se|lig, fusslig ⟨Adj.⟩: **1. a)** *von Fusseln bedeckt:* der Rock ist f.; **b)** *fusselnd:* ein -er Stoff. **2.** *ausgefranst.* **3.** (landsch.) *unruhig u. unkonzentriert.*

fus|seln ⟨sw. V.; hat⟩: *Fusseln abgeben:* der Wollstoff fusselt.

fu|ßeln ⟨sw. V.; ist⟩ [zu ↑ Fuß]: **a)** (landsch.) *trippeln; mit kleinen, gezierten Schritten gehen;* **b)** (landsch.) *schnell laufen; eilen, flink gehen;* **c)** (österr.) *füßeln* (1).

fü|ßeln ⟨sw. V.⟩: **1.** ⟨hat⟩ (landsch.) *mit den Füßen unter dem Tisch Berührung suchen.* **2.** ⟨ist⟩ (veraltet) *fußeln* (a, b); ◆ *...und füßelte* (= beim Tanzen) *so emsig und fußelte, daß ihr der Schweiß vom Gesicht herunterfloss* (Eichendorff, Taugenichts 58). **3.** ⟨hat⟩ (österr.) *ein Bein stellen.*

fu|ßen ⟨sw. V.⟩ [mhd. vuoʒen = den Fuß aufsetzen; sich stützen, gründen]: **1.** ⟨hat⟩ *etw. als Basis, in etw. seine Grundlage haben:* etw. fußt auf Berechnungen, auf einer Lehre. **2.** (Jägerspr.) *(von Raubvögeln) sich niederlassen:* der Adler fußt auf einem Stein. ◆ **3.** ⟨ist⟩ *sich zu Fuß fortbewegen; [zu Fuß] gehen:* ... stand sachte auf, schlich sich hinweg ... und fußete sodann der geraden Straße nach (Mörike, Hutzelmännlein 120).

Fuß|en|de, das: *unteres Ende, an das beim Liegen die Füße platziert werden:* am F. des Bettes.

-fü|ßer, -füßler, der; -s, - [zu ↑ Fuß (1 c)] (Zool.): *in Zusb., z. B. Kopffüßer; Tausendfüßer, Tausendfüßler.*

Fuß|fall, der [mhd. vuoʒval]: *das Niederknien, Sichniederwerfen vor jmdm. als Ausdruck flehentlichen Bittens od. demütiger Unterwerfung.*

fuß|fäl|lig ⟨Adj.⟩: *einen Fußfall ausführend.*

fuß|faul ⟨Adj.⟩ (ugs.): *nicht willig, zu bequem, zu Fuß zu gehen.*

Fuß|feh|ler, der: **1.** (bes. Hockey) *Fehler, der darin besteht, dass der Ball mit dem Fuß gespielt wird.* **2.** (Tennis) *Fehler, der darin besteht, dass der aufschlagende Spieler, die aufschlagende Spielerin beim Aufschlag geht od. läuft od. sich nicht hinter der Grundlinie innerhalb der richtigen Hälfte befindet.*

Fuß|fes|sel, die: **1.** *am Fuß angebrachte ¹Fessel:* elektronische F. *([im offenen Strafvollzug verwendeter] Sender am Fußgelenk eines Häftlings, der den Verlassen der Wohnung meldet).* **2.** (Gymnastik) *Griff mit der Hand um das Fußgelenk.*

Fuß|gän|ger, der; -s, - [mhd. vuoʒgenger = zu Fuß gehender u. kämpfender Krieger]: *zu Fuß gehender Verkehrsteilnehmer:* ein Übergang für F.

Fuß|gän|ger|am|pel, die: *Ampel, die auf Knopfdruck für den fließenden Verkehr auf Rot schaltet u. so ein gefahrloses Überqueren der Straße für Fußgänger[innen] ermöglicht.*

Fuß|gän|ger|brü|cke, die: *Brücke für Fußgänger[innen].*

Fuß|gän|ge|rin, die; -, -nen: w. Form zu ↑ Fußgänger.

Fuß|gän|ger|schutz|weg, **Fuß|gän|ger|strei|fen**, der (schweiz.): *Fußgängerübergang.*

Fuß|gän|ger|tun|nel, der: *tunnelähnliche Unterführung für Fußgänger[innen].*

Fuß|gän|ger|über|gang, **Fuß|gän|ger|über|weg**, der: *durch Nägel* (2), *Streifen o. Ä. auf der Fahrbahn markierte Stelle, an der die Fußgänger[innen] eine Straße überqueren dürfen.*

Fuß|gän|ger|ver|kehr, der: *Verkehr von Fußgängern:* in dieser Straße herrscht starker F.

Fuß|gän|ger|weg, der: *Weg, der nur von Fußgänger[inne]n benutzt werden darf.*

Fuß|gän|ger|zo|ne, die: *(aus einer od. mehreren [Geschäfts]straßen bestehender) Bereich einer Stadt, in dem Fahrrad-, Auto- u. Motorradfahren verboten ist.*

Fuß|ge|her, der (österr.): *Fußgänger.*

Fuß|ge|he|rin, die: w. Form zu ↑ Fußgeher.

Fuß|ge|lenk, das: *Gelenk zwischen Fuß u. Unterschenkel.*

fuß|ge|recht ⟨Adj.⟩: *eine gute Passform aufweisend u. so gearbeitet, dass der Fuß eine gute Lage im Schuh hat:* -e Schuhe.

Fuß|ge|stell, das: *Gestell, auf das man die Füße stellen kann.*

Fuß|he|bel, der: *mit dem Fuß zu betätigender Hebel; Pedal.*

fuß|hoch ⟨Adj.⟩: *so hoch wie ein Fuß; so hoch, dass die Füße darin versinken.*

fuß|kalt ⟨Adj.⟩: *(in Bezug auf einen Raum, eine Wohnung o. Ä.) vom Boden her kalt.*

Fuß|kett|chen, das: *als Schmuck um das Fußgelenk getragenes Kettchen.*

◆ **Fuß|knecht**, der: *Fußsoldat:* Ü Stiefel, deren Sohlen für den Grafen Peter und nicht für den F. (Fußgänger) *berechnet worden* (Chamisso, Schlemihl 69).

Fuß|knö|chel, der: *vorspringender Knochen am Ansatz des Fußes.*

Fuß|kno|chen, der: *Knochen des Fußes.*

fuß|krank ⟨Adj.⟩: *kranke, [vom Marschieren] wunde Füße habend.*

Fuß|kran|ke ⟨vgl. Kranke⟩: *weibliche Person, die fußkrank ist.*

Fuß|kran|ker ⟨vgl. Kranker⟩: *Person, die fußkrank ist:* die Fußkranken dürfen zu Hause bleiben.

Fuß|kuss, der: *Kuss auf den Fuß als zeremonielle Geste der Verehrung.*

Fuß|la|ge, die: *Lage des Kindes bei der Geburt, bei der beide Füße od. ein Fuß u. der Steiß vorangehen.*

fuß|lahm ⟨Adj.⟩ (ugs.): *vom vielen Gehen müde u. kaum noch auftreten könnend.*

fuß|lang ⟨Adj.⟩: *die Länge eines Fußes aufweisend.*

Fuß|lap|pen, der: *[als Strumpfersatz] um den Fuß gewickelter, in Stiefeln getragener Lappen.*

Fuß|lat|scher, der; -s, -: **1.** (ugs.) *Fußgänger.* **2.** (Soldatenspr.) *Infanterist.*

fuß|läu|fig ⟨Adj.⟩ (Fachjargon): *zu Fuß erreichbar, begehbar; nicht weit entfernt.*

Fuß|lei|den, das: *Erkrankung eines od. beider Füße.*

Fuß|leis|te, die: *Leiste zum Verdecken der Fuge zwischen Fußboden u. Wand.*

-füß|ler: ↑ -füßer.

Füß|li, der; -s, -s (Mode): *Füßling* (b).

fuss|lig: ↑ fusselig.

Füß|ling, der; -s, -e [spätmhd. fueßling]: **a)** *den Fuß umschließender Teil eines Strumpfes, einer Strumpfhose o. Ä.;* **b)** *einer Socke ähnliches Kleidungsstück für den Fuß, das nur knapp Zehen u. Ferse bedeckt.*

Fuß|marsch, der: *[mit Anstrengung verbundener] Marsch:* ein langer, beschwerlicher F.

Fuß|mat|te, die: *Matte zum Abtreten des Schmutzes von den Schuhen.*

Fuß|mi|nu|te, die: *Strecke, die ein Fußgänger mit durchschnittlicher Geschwindigkeit in einer Minute zurücklegt:* das Hotel liegt zehn -n vom Bahnhof entfernt.

Fuß|na|gel, der: *Nagel* (3) *einer Zehe:* die Fußnägel schneiden, lackieren.

Fuß|no|te, die: *durch eine hochgestellte Ziffer o. Ä. auf eine Textstelle bezogene Anmerkung am unteren Rand einer Seite.*

Fuß|pfle|ge, die: *(aus Baden, Beschneiden der Fußnägel, Entfernung der Hornhaut usw. bestehende) Behandlung der Füße; Pediküre.*

Fuß|pfle|ger, der: *jmd., der Fußpflege betreibt* (Berufsbez.).

Fuß|pfle|ge|rin, die: w. Form zu ↑ Fußpfleger.

Fuß|pilz, der: Kurzf. von ↑ Fußpilzerkrankung.

Fuß|pilz|er|kran|kung, die: *(bes. zwischen den Zehen auftretende) Erkrankung des Fußes durch Hautpilz.*

Fuß|pu|der, der: *[medizinischer] Puder zur Pflege der Füße.*

Fuß|punkt, der: **1.** (Math.) *Punkt, in dem das auf eine Gerade od. Ebene gefällte Lot diese trifft.* **2.** Nadir.

Fuß|ras|te, die: *[für den sicheren Halt des Fahrers u. Beifahrers an Motorrädern angebrachte] Fußstütze.*

Fuß|re|flex|zo|nen|mas|sa|ge, die: *Reflexzonenmassage der Füße.*

Fuß|rei|sen|de ⟨vgl. Reisender⟩: *Person, die eine Fußreise unternimmt:* ◆ ... ein einsamer F., der ein Liebhaber der Natur ist (Stifter, Bergkristall 6).

Fuß|ring, der: *als Erkennungszeichen am Fuß eines Vogels angebrachter Ring.*

Fuß|rü|cken, der: *Spann.*

Fuß|schal|ter, der: *durch einen Druck mit dem Fuß zu betätigender Schalter.*

Fuß|schal|tung, die: *mit dem Fuß[hebel] zu betätigende Schaltung.*

Fuß|soh|le, die: *Unterseite des Fußes:* jmdn. an den -n kitzeln.

Fuß|sol|dat, der (veraltet): *Infanterist.*

Fuß|spit|ze, die: *vorderer Teil des Fußes:* mit der F. wippen.

Fuß|spray, der od. das: vgl. Fußpuder.

Fuß|spur, die: *Spur eines Fußes (dort, wo jmd. gegangen, hingetreten ist):* -en im Schnee.

Fuß|stap|fe, die, **Fuß|stap|fen**, der; [mhd. vuoʒstaphe; ↑ Stapfe]: *Fußspur, die sich in weichem Untergrund eingedrückt hat:* * in jmds. Fußstapfen treten (jmds. Vorbild folgen).

Fuß|steig, der: **1.** (veraltet) *Fußpfad:* ◆ ...die dunklen Stämme, zwischen welche der F. führte (Rosegger, Waldbauernbub 10). **2.** *neben der Fahrbahn verlaufender Fußweg.*

Fuß|strei|fe, die: *Polizeistreife, die zu Fuß unterwegs ist, Dienst tut.*

Fuß|stüt|ze, die: **1.** *(zur Korrektur von Fußdeformitäten) in den Schuh eingearbeitete Stütze.* **2.** *Stütze für die Füße beim Sitzen.*

Fuß|tas|te, die: vgl. Fußhebel.

fuß|tief ⟨Adj.⟩: *so tief, dass die Füße darin versinken.*

Fuß|tritt, der: **1. a)** *Tritt mit dem Fuß* (1 a): jmdm. einen F. versetzen; **b)** (abwertend) *unwürdige, verletzende Behandlung:* -e austeilen. **2.** (veraltet) *Schritt.*

Fuß|trup|pe, die: *Infanterie.*

Fuß|ver|let|zung, die: *Verletzung am Fuß.*
Fuß|volk, das [mhd. vuoȝvolc]: **1.** (veraltet) *Infanterie.* **2.** (spött.) *[bedeutungslose] Masse der Angehörigen einer Organisation o. Ä. im Gegensatz zur Führungsspitze.*
Fuß|wan|de|rung, die: vgl. Fußmarsch.
fuß|warm ⟨Adj.⟩: *(in Bezug auf einen Raum, eine Wohnung o. Ä.) vom Boden her warm:* eine -e Wohnung; -e Fußböden.
Fuß|wa|schung, die (kath. Kirche): *in der Gründonnerstagsliturgie (durch den zelebrierenden Priester) vorgenommene Waschung der Füße als Zeichen demütiger Nächstenliebe.*
Fuß|weg, der: **a)** *Weg für Fußgänger[innen];* **b)** *zu Fuß zurückgelegter, zurückzulegender Weg:* jetzt haben wir noch vier Kilometer F. vor uns; kaum eine Stunde F. entfernt *(zu Fuß in kaum einer Stunde erreichbar).*
◆ **Fuß|werk**, das ⟨o. Pl.⟩: *Schuhwerk:* Vier ... französische Soldaten wateten eine Zeit lang neben unseren Wagen her ... und wussten so gut hin und her zu treten, dass ihr F. nur bis an die Knorren von der schmutzigen Wallfahrt zeugte (Goethe, Kampagne in Frankreich 1792, 11. Oktober); ... du ... sorgst immerdar für anderer Leute F. und gehst doch selbst nicht auf dem besten Zeug (Mörike, Hutzelmännlein 116).
fuß|wund ⟨Adj.⟩: *wund an den Füßen.*
Fuß|wur|zel, die (Anat.): *Skelettteil des Fußes zwischen Mittelfuß u. Unterschenkel.*
Fuß|wur|zel|kno|chen, der (Anat.): *zur Fußwurzel gehörender Knochen.*
Fuß|zei|le, die (Verlagsw.): *Textabschnitt, meist Angabe der Seitenzahl, am unteren Rand einer Seite.*
Fut [fʊt, fuːt], die; -, -en [mhd. vut, ↑ Fotze (1 a)] (vulg.): *Vulva.*
Fu|thark [ˈfuːθark], das, -s, -e [nach den in der Folge gelesenen ersten sechs Runenzeichen]: *germanisches Runenalphabet.*
fu|til ⟨Adj.⟩ [lat. fut(i)ilis, eigtl. = leicht ausgießbar, zu: fundere, ↑ Fusion] (bildungsspr.): *nichtig.*
Fu|ton, der; -s, -s [jap. futon]: **1.** *als Matratze [eines japanischen Bettes] dienende, relativ hart (mit Naturstoffen wie Rosshaar, Baumwolle o. Ä.) gepolsterte Matte.* **2.** *Bett mit einem Futon (1).*
futsch (indekl. Adj.) [wohl lautm.] (salopp): **1.** *verloren; nicht mehr da, nicht mehr als Besitz vorhanden:* das Geld, alles ist f.; Man hatte ihm einmal beim Ausladen auf die Hand getreten. Drei Tage hatte man dann geglaubt, die Hand sei f. (Seghers, Transit 16); R f. ist f. [und hin ist hin] *(das ist endgültig, unwiederbringlich verloren).* **2.** *kaputt, defekt:* das Auto, der Rechner ist f.
fut|schi|ka|to ⟨Adj.⟩ [italienisierende Bildung zu ↑ futsch] (salopp scherzh.): *futsch.*
¹**Fut|ter**, das; -s, - ⟨Pl. selten⟩ [mhd. vuoter, ahd. fuotar, verw. mit lat. pascere, ↑ Pastor]: *Nahrung für [Haus]tiere:* dem Hund, den Hühnern [das] F. geben; Ü dieses F. (salopp; *Essen*) passt dir wohl nicht?; der Mitarbeiter braucht neues F. (ugs.; *neue Arbeit*); * **gut im F. sein/stehen** (ugs.; *gut genährt sein*).
²**Fut|ter**, das; -s, - [mhd. vuoter, ahd. fuotar = Unterfutter, Futteral, eigtl. = schützende Hülle; Überzug]: **1.** *[dünneres] Stoff od. Material auf der Innenseite von Kleidungsstücken, Schuhen, Lederwaren o. Ä.: [ein] glänzendes F.; der Briefumschlag hat graues F. (ist innen mit grauem Seidenpapier ausgekleidet);* In pantomimischer Absicht kehrte ich das F. meiner Taschen nach außen (Th. Mann, Krull 135). **2.** *Holzauskleidung der Laibung bei Türen u. Fenstern.* **3.** *Vorrichtung zum Einspannen des Werkstücks (z. B. bei Bohrmaschinen, Drehbänken).* **4. a)** *feuerfestes Material, mit dem Schmelzöfen ausgekleidet sind;* **b)** *isolierendes Stoffmaterial, mit dem Feuerungsräume von Dampfkesseln ausgemauert sind.*
Fut|te|ral, das; -s, -e [mlat. fotrale, futrale, zu: fotrum = Überzug, aus dem Germ., vgl. ²Futter]: *[eng] der Form angepasste Hülle für einen Gegenstand:* die Brille aus dem F. ziehen.
Fut|ter|an|bau, der ⟨o. Pl.⟩: *Anbau von Futterpflanzen.*
Fut|ter|au|to|mat, der (Landwirtsch.): *Vorrichtung, aus der die Tiere ihr ¹Futter selbstständig entnehmen können.*
Fut|ter|bar|ren, der (österr.): *Futtertrog.*
Fut|ter|bau, der ⟨o. Pl.⟩: *Futteranbau.*
Fut|ter|beu|tel, der: *einem Zugtier zum Fressen vors Maul gehängter Beutel.*
Fut|ter|fisch, der: *(wirtschaftlich als minderwertig angesehener) See- od. Süßwasserfisch, der in der Fischzucht als ¹Futter für Forellen u. andere Raubfische verwendet wird.*
Fut|ter|flä|che, die: *Anbaufläche für Viehfutter.*
◆ **Fut|ter|gang**, der (südd., schweiz.): *Raum zwischen Tenne u. Stall od. an der Seite der Stallung, von dem aus das ¹Futter in die Futterraufe gelegt wird:* ... halb stund das vom Hausbrunnen bewässerte Gras noch, halb war es bereits dem -e zugewandert (Gotthelf, Spinne 3).
Fut|ter|ge|trei|de, das: *als ¹Futter angebautes Getreide.*
Fut|ter|gras, das: *als ¹Futter angebautes Gras.*
Fut|ter|haus, das: **1.** (DDR Landwirtsch.) *Gebäude, in dem Futtermittel gelagert u. zum Füttern zubereitet werden.* **2.** *Futterhäuschen.*
Fut|ter|häus|chen, das: *Häuschen, in dem Vogelfutter ausgelegt wird, das [im Winter] in der Natur fehlendes ¹Futter ersetzen soll; Vogelhäuschen.*
◆ **Fut|ter|hemd**, das [eigtl. = wie ein ²Futter (1) unter anderen Kleidern getragenes Kleidungsstück]: *[kurzer, knopfloser] leinener Kittel:* ... sah sie Frau Antje Möllern in F. und Schürze über die Straße schreiten (Storm, Söhne 18).
Fut|ter|kalk, der: *im Wesentlichen aus Kalziumphosphat od. Kalziumkarbonat bestehende Mischung mit zugesetzten Vitaminen, die dem ¹Futter beigegeben wird.*
Fut|ter|kar|tof|fel, die: vgl. Futtergetreide.
Fut|ter|krip|pe, die: *auf gekreuzten Beinen stehender, trogartiger Behälter, der ¹Futter für Vieh od. größeres Wild enthält.* Ü ran an die F.! (salopp; *jetzt wird gegessen!*); * **an die F. kommen, an der F. sitzen** (salopp; *einen günstigen, einträglichen Posten bekommen, haben, der unmittelbaren u. zu eigenem Vorteil nutzbaren Zugang zu etw. bietet*).
Fut|ter|kü|che, die (Landwirtsch.): *Raum zur Vorbereitung des ¹Futters.*
Fut|ter|le|der, das: *Kalb-, Schaf- od. Ziegenleder als ²Futter (1) für Schuhe.*
Fut|ter|man|gel, der: *¹Mangel (1) an ¹Futter.*
Fut|ter|mehl, das (Landwirtsch.): *Abfall, beim Mahlen des Getreides anfällt u. als Futtermittel verwendet wird.*
Fut|ter|mit|tel, das: *Nahrungsmittel als ¹Futter für Tiere.*
fut|tern ⟨sw. V.; hat⟩: **1.** (ugs.) *[mit Lust, viel] essen:* sie futtert viele Süßigkeiten; Habt wohl lange nichts Vernünftiges zu f. gekriegt, was? (Remarque, Westen 31). **2.** (landsch.) *füttern.*
¹**füt|tern** ⟨sw. V.; hat⟩ [mhd. vuotern, vüetern, ahd. fuotiren]: **1. a)** *(Tieren, einem Tier) ¹Futter geben;* **b)** *als ¹Futter geben; verfüttern:* Hafer f. **2. a)** *jmdm. Nahrung in den Mund geben:* einen Säugling f.; **b)** *jmdn. mit Kuchen f.* **3. a)** *(EDV) (einem Computer o. Ä.) bestimmte Daten, Angaben eingeben:* einen Computer mit einem besonderen Programm f.; **b)** *(EDV) als bestimmte Angabe (einem Computer o. Ä.) eingeben:* Daten in einen Computer f.; **c)** (ugs.) *zu einem bestimmten Zweck in einen Apparat o. Ä. hineinwerfen, hineingeben:* einen Automaten mit Groschen f.

> Um eine mögliche Assoziation mit der Nahrungsversorgung von Tieren zu vermeiden, wird im Pflegebereich das Wort *füttern* meist durch die Formulierung *Essen reichen* ersetzt.

²**füt|tern** ⟨sw. V.; hat⟩ [mhd. vuotern, vüetern]: **1.** *mit einem ²Futter (1) ausstatten:* den Mantel [mit Pelz] f.; der Rock ist gefüttert; gefütterte Briefumschläge; Du siehst es hier – der Smoking der Witwe war auf Satin gefüttert, dieser hier hat reine Seide (Remarque, Obelisk 290). **2.** *mit einer Schutzschicht auskleiden: ...* sie gruben einen Brunnen dort, wo sie siedelten, vierzehn Ellen tief und sehr breit, mit Mauerwerk gefüttert (Th. Mann, Joseph 164).
Fut|ter|napf, der: *Napf für das ¹Futter.*
Fut|ter|neid, der: **a)** *einem Tier unterstellter Neid auf das ¹Futter eines anderen;* **b)** (salopp) *Neid auf den Vorteil, die Bevorzugung, den Erfolg eines anderen:* ihr Erfolg hat den F. der Kollegen herausgefordert.
Fut|ter|pa|ket, das (salopp): *Lunchpaket.*
Fut|ter|pflan|ze, die: *zur Ernährung des Viehs angebaute Pflanze.*
Fut|ter|platz, der: **1.** *Stelle, an der Tiere ihr ¹Futter finden:* Futterplätze für Vögel, Wild. **2.** (Landwirtsch.) *zentraler Ort, an dem Futtermittel gelagert u. zubereitet werden u. der eine kurze Verbindung zum Verbrauchsort hat.*
Fut|ter|ra|ti|on, die: *Ration an ¹Futter.*
Fut|ter|rau|fe, die: *Raufe für ¹Futter.*
Fut|ter|rü|be, die: *als Viehfutter angebaute krautige Pflanze mit einer dicken, weit aus dem Boden ragenden Wurzel; Runkelrübe.*
Fut|ter|sack, der: vgl. Futterbeutel.
Fut|ter|schnei|de|ma|schi|ne, Fut|ter|schneid|ma|schi|ne, die: *Häckselmaschine zum Schneiden von ¹Futter.*
Fut|ter|sei|de, die: *als Futterstoff verwendete Seide.*
Fut|ter|si|lo, der, auch: das: *Silo für Futtermittel.*
Fut|ter|spei|cher, der: *Speicher, in dem Futtermittel gelagert werden.*
Fut|ter|stoff, der: *als Futter für Kleidungsstücke od. Lederwaren verwendeter Stoff.*
Fut|ter|su|che, die: *Suche eines wild lebenden Tieres nach Futter:* auf F. sein; auf F. gehen.
Fut|ter|trog, der: *Trog für das ¹Futter [der Schweine].*
¹**Füt|te|rung**, die; -, -en: das ¹*Füttern; das Gefüttertwerden.*
²**Füt|te|rung**, die; -, -en: **1.** ⟨Pl. selten⟩ das ²*Füttern; das Gefüttertwerden.* **2.** ²*Futter.*
Fut|ter|ver|wer|ter, der (Landwirtsch.): *Zuchttier, das die angebotene Nahrung in bestimmter Weise in Fett u. Fleisch umsetzt:* ein guter, schlechter F.; Ü (ugs.:) mein Sohn ist ein guter, schlechter F.
Fut|ter|vor|rat, der: *Vorrat an Futter.*
Fu|tur, das; -s, -e [lat. (tempus) futurum, zu: futurus = sein werdend, Part. Futur von: esse = sein] (Sprachwiss.): **1.** *Futurum, der in verbales Geschehen od. Sein als zukünftig od. ungewiss charakterisiert wird:* erstes F. (Futur); zweites F. (Futurum exaktum). **2.** *Verbform im Futur (1).*
Fu|ture [ˈfjuːtʃɐ], der; -s, -s ⟨meist Pl.⟩ [zu engl. futures] (Börsenw.): *Termingeschäft.*
fu|tu|risch ⟨Adj.⟩ (Sprachwiss.): *das Futur betreffend; im Futur:* -e Formen.
Fu|tu|ris|mus, der; - [ital. futurismo, zu: futuro = Zukunft < lat. futurum, ↑ Futur]: *(von Italien*

ausgehende) literarische, künstlerische u. politische Bewegung des beginnenden 20. Jh.s, die den völligen Bruch mit der Tradition fordert.

Fu|tu|rist, der; -en, -en [ital. futurista]: *Anhänger, Vertreter des Futurismus.*

Fu|tu|ris|tik, die; -: *Futurologie.*

Fu|tu|ris|tin, die; -, -nen: w. Form zu ↑Futurist.

fu|tu|ris|tisch ⟨Adj.⟩: **1.** *den Futurismus betreffend; dem Futurismus eigentümlich.* **2.** *die Futuristik betreffend, ihr gemäß; zukunftsweisend.*

Fu|tu|ro|lo|ge, der; -n, -n [↑-loge]: *Wissenschaftler auf dem Gebiet der Futurologie; Zukunftsforscher.*

Fu|tu|ro|lo|gie, die; - , -n [zu lat. futurum = Zukunft u. ↑-logie]: *Wissenschaft, die sich mit den zu erwartenden Entwicklungen auf technischem, wirtschaftlichem u. sozialem Gebiet beschäftigt; Zukunftsforschung.*

Fu|tu|ro|lo|gin, die; -, -nen: w. Form zu ↑Futurologe.

Fu|tu|rum, das; -s, ...ra (veraltet): *Futur.*

Fu|tu|rum ex|ak|tum, das; - -, ...ra ...ta [zu lat. exactum, ↑exakt]: *vollendetes Futur, zweites Futur (z. B. sie wird gegangen sein).*

Fu|zel, der; -s, - [Nebenform von ↑Fussel] (österr. ugs.): *Staubflocke; Fussel.*

fu|zeln ⟨sw. V.; hat⟩ (österr. ugs.): **a)** *sehr klein, eng schreiben;* **b)** *sehr kleine Stücke abschneiden.*

Fu|zerl, das; -s, -[n] (österr. ugs.): *Fuzel.*

Fu|zo, der; -s, -s (bes. südd., österr. ugs.): kurz für ↑Fußgängerzone.

Fuz|zi, der; -s, -s [nach der gleichnamigen Gestalt einer amerik. Wildwestfilmserie, salopp, meist abwertend]: *[nicht ganz ernst zu nehmender] Mensch; Typ (2): was will denn dieser F.!*

Fuz|zy|lo|gic, die; -, **Fuz|zy Lo|gic,** die; - - [ˈfazibˌdʒɪk, auch: ˈfa...ˈlɔ...]: *Fuzzylogik.*

Fuz|zy|lo|gik [ˈfazi...], **Fuz|zy|the|o|rie** (Statistik), die; - [engl. fuzzy logic, fuzzy theory, zu: fuzzy = verschwommen, eigtl. = verschwommene Logik bzw. Theorie] (EDV): *(bei Systemen der künstlichen Intelligenz angewandte) Methode der Nachahmung des menschlichen Denkens, die neben den mathematisch-logischen Klassifizierungen »wahr« u. »falsch« weitere Entscheidungskriterien zulässt.*

Ga|bel|bis|sen, der: *kleines, zusammengerolltes Stück Heringsfilet in pikanter Marinade.*

Gä|bel|chen, das; -s, -: Vkl. zu ↑Gabel.

Ga|bel|deich|sel, die: *aus zwei Stangen bestehende Deichsel, zwischen die ein einzelnes Zugtier eingespannt wird.*

ga|bel|för|mig ⟨Adj.⟩: *von einem Punkt aus in zwei Richtungen auseinanderstrebend, sich in zwei Arme teilend, in der Form einer Gabel (1) ähnlich.*

Ga|bel|früh|stück, das [nach frz. déjeuner à la fourchette; weil es meist im Stehen mit der Gabel gegessen wird] (veraltend): *bei besonderen [festlichen] Anlässen eingenommenes zweites Frühstück am späten Vormittag, bei dem zu alkoholischen Getränken pikant zubereitete kalte Speisen gereicht werden.*

ga|bel|lig, gablig ⟨Adj.⟩ (seltener): *sich gabelnd; gegabelt:* -e Äste.

Ga|bel|kreuz, das: *Kreuz in der Form eines Y.*

ga|beln ⟨sw. V.; hat⟩: **1.** ⟨g. + sich⟩ *sich von einem Punkt aus teilen u. gabelförmig verzweigen, auseinanderstreben:* die Straße gabelt sich an dieser Stelle; der Ast hat sich hier gegabelt; ein gegabelter Ast; Ü die Entwicklung gabelt sich in zwei verschiedene Stränge. **2.** *mit der Gabel (2)* Mantel, Rock u. tabardina, Vkl. von: tabardo = *Überkleid aus grobem Tuch]: festes, dichtes Gewebe aus Kammgarn in einer Art Köperbindung.*

Ga|bar|dine|an|zug, der: *Anzug aus Gabardine.*

Ga|bar|dine|kos|tüm, das: *Kostüm aus Gabardine.*

Gab|bro, der; -[s] [nach dem Hügelland von Gabbro bei Livorno, Italien] (Geol.): *körniges, schwarzgrünes Tiefengestein.*

Ga|be, die; -, -n [mhd. gābe, zu ↑geben]: **1.** (geh.) **a)** *etw., was jmdm. als Geschenk, als Aufmerksamkeit überreicht, zuteilwird:* -n unter den Christbaum legen; jmdm. eine G., etw. als G. mitbringen; Speise und Trank sind -n Gottes (Remarque, Obelisk 79); **b)** *etw., was jmd. einem Bedürftigen gibt; Almosen (1); Spende:* eine milde G.; um eine kleine G. bitten. **2.** *in jmdm. angelegte ungewöhnliche Befähigung, Begabung für etw.:* seine -n verkümmern lassen; er hat die G. des Erzählens; (iron.:) du hast die G., überall anzuecken; ein Mensch mit glänzenden -n; Höflichkeit ist eine G. des Herzens und könne weder gelehrt noch gelernt werden (Bergengruen, Rittmeisterin 327). **3.** (Fachspr.) **a)** ⟨o. Pl.⟩ *das Verabreichen, Verabreichung (eines Medikaments);* **b)** *bestimmte, bei einmal verabreichte Menge eines Medikaments; Dosis.* **4.** (schweiz.) *Gewinn (bei Lotterien, Schießsportveranstaltungen u. beim Kegeln).*

¹gä|be: ↑geben.

²gä|be: ↑gang.

Ga|bel, die; -, -n [mhd. gabel(e); ahd. gabala = Gabel (2); urspr. = gegabelter Ast]: **1.** *Essgerät (1) mit zwei od. mehr Zinken, das beim Essen zum Zerlegen, zum Aufnehmen od. Vorlegen von Speisen dient:* eine dreizinkige G.; mit Messer und G. essen; Ü er isst mit der fünfzinkigen G. (ugs. scherzh.; *mit den Fingern*). **2.** *Gerät mit zwei od. mehr Zinken u. langem Stiel, das in der Landwirtschaft bes. zum Auf- u. Abladen von Heu, Mist o. Ä. gebraucht wird.* **3. a)** *Gabelung (b) eines Weges, einer Straße;* **b)** *Teil eines Telefons (bes. eines Gerätes älterer Bauart), auf der Hörer aufgelegt od. in den er eingehängt wird:* den Hörer auf, in die G. legen; sie hänge den Hörer in die G.; **c)** *gabelähnlicher Teil eines Fahrrads, in den das Rad eingehängt ist;* **d)** Kurzf. von Astgabel; **e)** *Gabeldeichsel.* **4.** (Jägerspr.) *Gehörn od. Geweih mit nur zwei Enden.* **5.** (Schach) *Angriff eines Bauern gegen zwei feindliche Figuren durch einen Zug. auf- od. abladen, aufnehmen [u. irgendwohin befördern]:* Heu [vom Wagen, auf den Wagen] g. **3.** (selten) **a)** *mit der Gabel (1) aufspießen [u. irgendwohin befördern]:* [sich] etw. auf den Teller g.; **b)** *mit der Gabel (1) essen.*

Ga|bel|schlüs|sel, der: *flacher Schraubenschlüssel mit gabelförmiger Öffnung.*

Ga|bel|stap|ler, der; -s, -: *kleineres, motorgetriebenes Fahrzeug, das an seiner Vorderseite mit einer Vorrichtung zum Aufnehmen u. Verladen od. Stapeln von Stückgut ausgestattet ist.*

Ga|bel|stap|ler|fah|rer, der: *Fahrer eines Gabelstaplers.*

Ga|bel|stap|ler|fah|re|rin, die: w. Form zu ↑Gabelstaplerfahrer.

Ga|be|lung, Gablung, die; -, -en: **a)** *das Sichgabeln;* **b)** *Stelle, an der sich etw. gabelt.*

Ga|bel|wei|he, die: *Milan mit an der Oberseite rotbraunem Gefieder; Roter Milan.*

Ga|ben|be|rei|tung, die (kath. Kirche): *Darbringung der Opfergaben Brot u. Wein bei der Feier der ¹Messe (1).*

Ga|ben|tisch, der: *Tisch, auf dem (zu Weihnachten, an jmds. Geburtstag o. Ä.) die Gaben (1) aufgebaut sind:* einen G. aufbauen; jmdm. etw. auf den G. legen.

Ga|bi|o|ne, die; -, -n [zu ital. gabbione = Käfig] (Bauw.): *mit Steinen gefüllter quaderförmiger Drahtkorb (z. B. als Bauelement für Lärmschutzwände).*

gab|lig: ↑gabelig.

Gab|lung: ↑Gabelung.

Ga|bo|ro|ne: *Hauptstadt von Botsuana.*

Ga|bun: *Staat in Afrika.*

Ga|bu|ner, der; -s, -: Ew.

Ga|bu|ne|rin, die; -, -nen: w. Form zu ↑Gabuner.

ga|bu|nisch ⟨Adj.⟩: *Gabun, die Gabuner betreffend; von den Gabunern stammend, zu ihnen gehörend.*

◆ **gach** ⟨Adj.⟩ [mhd. gāch ⟨Adj. u. Adv.⟩; ahd. gāho ⟨Adv.⟩, zu mhd. gæhe, ahd. gāhi, ↑jäh]: *heftig, ungestüm:* Wie g. nun wieder, junger Mann (Lessing, Nathan V, 8).

Ga|cke|lei, die; -, -en (ugs.): *fortwährendes Gackeln (1).*

ga|ckeln ⟨sw. V.; hat⟩ [lautm.]: **1.** (ugs.) *kichernd lachen u. schwatzen:* die Mädchen sitzen auf der Bank und gackeln. **2.** (landsch.) *gackern (1).*

ga|ckern ⟨sw. V.; hat⟩ [lautm.]: **1.** *(von Hühnern) mehrfach hintereinander einen hohen, kehligen, kurzen [u. zwischendurch lang gezogenen] Laut von sich geben:* R wer gackert, muss auch ein Ei legen (ugs.; *wer etwas andeutet, ankündigt, soll sich dann auch erklären, etwas ausführen*). **2.** (ugs.) *gackeln (1):* sie haben immer etw. zu g.

gack, gack ⟨Interj.⟩: lautm. für *das Gackern des Haushuhns.*

gacks: ↑gicks.

gack|sen ⟨sw. V.; hat⟩ [lautm.] (landsch.): **1.** *gackern.* **2.** *knarren:* die Tür, der Stuhl, der Fußboden gackst.

Ga|den, der; -s, -: **1.** (Archit.) *Fensterbereich im oberen, über die hohen der Seitenschiffe hinausragenden Teil des Mittelschiffs einer Basilika.* **2.** (landsch., sonst veraltet) **a)** [mhd. gaden, gadem, ahd. gadum, H. u.] *Haus, das nur einen Raum od. ein Stockwerk hat:* ◆ ...wenn Ihr von einem Abendschmaus nach Haus zu gehen träumet, bei einem alten G. vorbei (Wieland, Oberon 4, 15); **b)** *Stube, Kammer:* ◆ Elsi gab ... aber aus dem G. denen vor dem Fenster nie Gehör (Gotthelf, Elsi 125); ◆ An jenem Saal, darin der Hirtenbub gewesen, war der Fürstin ihr G. oder Schlafgemach (Mörike, Hutzelmännlein 124).

Gad|get [ˈɡɛdʒɪt], das; -s, -s [engl. gadget, viell. aus frz. gâchette = schließender Teil eines Tür-

schlosses): 1. *kleiner, raffinierter technischer Gegenstand (der auch für Spielereien geeignet ist).* **2.** (EDV) *Widget.*
Gad|get|brief, der (Werbespr.): *Werbebrief, auf den flache Gegenstände aufgeklebt werden.*
Ga|do|li|nit [auch: ...'nɪt], der; -s, -e [nach dem finn. Chemiker J. Gadolin (1760 bis 1852)]: *schwarzes bis grünlich braunes, meist radioaktives Mineral.*
Ga|do|li|ni|um, das; -s [vgl. Gadolinit]: *metallisches Element von silberweißer bis gelblicher Farbe* (chemisches Element; Zeichen: Gd).
Gaf|fel, die; -, -n [aus dem Niederd. < mniederd. gaffel(e) = Gabel]: **1.** (Seemannsspr.) *schräge, um den Mast drehbare Stange, an der das Gaffelsegel befestigt wird.* **2.** (landsch.) *große, zweizinkige hölzerne Gabel* (2).
Gaf|fel|scho|ner, der: *Schoner mit Gaffelsegeln.*
Gaf|fel|se|gel, das: *trapezförmiges Segel, das mit seiner Oberkante an der Gaffel befestigt ist.*
gaf|fen (sw. V.; hat) [mhd. gaffen, eigtl. = den Mund aufsperren, wahrsch. verw. mit ↑ gähnen] (abwertend): *verwundert, neugierig, selbstvergessen, häufiger aber sensationslüstern [mit offenem Mund u. dümmlichem Gesichtsausdruck] jmdn., etw. anstarren, einen Vorgang verfolgen:* herumstehen und g.
Gaf|fer, der; -s, - (abwertend): *jmd., der gaffend dasteht.*
Gaf|fe|rei, die; - (abwertend): *fortwährendes Gaffen.*
Gaf|fe|rin, die; -, -nen: w. Form zu ↑ Gaffer.
Gag [gɛk, engl.: gæg], der; -s, -s: **a)** [engl. gag, eigtl. = Knebel, übertr. im Sinne von »Eingeschobenes«] (Theater, Film, Kabarett) *[durch technische Tricks herbeigeführte] komische Situation, witziger Einfall: das Stück enthält einige -s;* Ü sich eine G. einfallen lassen; **b)** *etw., was einen Überraschungseffekt hat; Besonderheit.*
¹ga|ga ⟨indekl. Adj.⟩: **1.** [engl. gaga, auch: senil < frz. gaga] (salopp) *nicht recht bei Verstand:* du bist wohl g.! **2.** [ga'ga; frz. gaga = kindisch] (veraltet) *trottelig.*
²ga|ga ⟨Interj.⟩ [lautm.] (österr. Kinderspr.): *Ausruf des Missfallens u. des Ekels, Warnung vor Schmutz.*
Ga|gat, der; -[e]s, -e [lat. gagates < griech. gagátēs (nach dem Fluss od. der Stadt Gagas in Lykien)]: *Pechkohle von samtartigem Glanz, die als Schmuckstein verwendet wird; Jett.*
Ga|ge ['ga:ʒə, österr. meist: ...ʃ], die; -, -n [frz. gage = Pfand; Sold, aus dem Germ.]: **1.** *Bezahlung der Einzelleistung eines Künstlers; Künstlerhonorar:* eine G. bescheidene, hohe G.; die -n der Stars sind schwindelerregend; er ist ohne G. aufgetreten. **2.** (österr. früher) *Gehalt eines Offiziers.*
Gag|ger ['gɛgɐ, engl.: 'gægə], der; -s, - [engl. gagger, zu ↑ Gag]: *Gagman.*
Ga|gist [ga'ʒɪst], der; -en, -en: *jmd., der Gage* (1) *bezieht.*
Gag|man ['gɛgmɛn, 'gægmæn], der; -[s], ...men [...mɛn] [engl. gagman] (Theater, Film, Kabarett): *jmd., dessen Aufgabe es ist, Gags* (a) *zu erfinden u. gezielt einzusetzen.*
♦ **gäh** ⟨Adj.⟩ [mhd. gæhe, ↑ jäh]: **1.** jäh (1): ... dies Gefäß, welches Flammen birgt's, ... dies andere, gefüllt mit -em Tod (Grillparzer, Medea I). **2.** jäh (2): Auf jeden -en Gipfel der Leidenschaft mich zu begleiten (Schiller, Kabale IV, 2).
♦ **gäh|lings** ⟨Adv.⟩: *jählings* (1): ... dass solch ein grausam mörd'risch Unwetter g. herfürbrach (Schiller, Tell IV, 1).
gäh|nen ⟨sw. V.; hat⟩ vgl. **1.** [mhd. genen, ginen, ahd. ginēn, urspr. = klaffen, weit offen stehen, auch lautm. für das heisere Ausfauchen z. B. der Gans] *(als Anzeichen von Müdig-*

keit od. Langeweile) unwillkürlich den Mund [weit] aufsperren u. die Luft [geräuschvoll] einziehen u. ausstoßen: herzhaft g.; vor Müdigkeit g. [müssen]; gelangweilt g.; ⟨subst.:⟩ ein Gähnen unterdrücken; Gähnen ist ansteckend; der Vortrag war zum Gähnen langweilig. **2.** (geh.) *sich auftun; sich in eine große, dunkle Tiefe o. Ä., einen Abgrund hinein öffnen:* unter uns gähnte der Abgrund; Ü im Saal herrschte gähnende Leere; Leer gähnten die Schränke und die Schübe des Sekretärs (Fallada, Herr 135).
Gäh|ner, der; -s, - (ugs.): *einmaliges kräftiges Gähnen.*
Gäh|ne|rei, die; -, -en (ugs. abwertend): *fortwährendes Gähnen* (1).
Gah|nit [auch: ...'nɪt], der; -s, -e [nach dem schwed. Chemiker J. G. Gahn (1745–1818)]: *dunkelgrünes bis schwarzes metamorphes Mineral.*
Gai|ta, die; -, -s [span. gaita, viell. < got. gaits = Ziege (verw. mit ↑ Geiß), weil der Balg vieler dieser Instrumente aus Ziegenfell gefertigt ist] (Musik): *spanisches Blasinstrument verschiedener Art (wie Dudelsack aus Ziegenleder, Hirtenflöte).*
ga|ke|lig ⟨Adj.⟩ [zu: gagelen = hin und her schwanken, wackeln, mundartl. Nebenf. von ↑ gaukeln (1)] (südd.): *[schwächlich, dünn u.] wackelig:* ein -er Stuhl.
♦ **ga|keln:** ↑ ²kakeln: Ach! Was du da gakelst (Kleist, Krug 7).
Gal, das; -s, -e [Kurzwort für Galilei, nach dem Namen des ital. Naturforschers Galileo Galilei (1564–1642)]: *physikalische Einheit der Beschleunigung* (1 cm/s²).
Ga|la [auch: 'gala], die; -, [span. gala, viell. zu afrz. gale, ↑ galant]: **1.** *für einen besonderen Anlass vorgeschriebene festliche Kleidung; großer Gesellschaftsanzug:* * *sich in G. werfen* (ugs. scherzh.; *sich für einen bestimmten Anlass festlich anziehen*). **2.** (Geschichte) *Hoftracht.* **3.** Theater-, Opernaufführung, Konzertveranstaltung, Auftritt von Unterhaltungskünstlern o. Ä. *[in festlichem Rahmen].*
Ga|la|abend, der: *Abendveranstaltung in festlichem Rahmen.*
Ga|la|an|zug, der: *für einen besonderen Anlass vorgeschriebener bes. festlicher Anzug.*
Ga|la|auf|füh|rung, die: *in festlichem Rahmen stattfindende Theater-, Opernaufführung o. Ä.*
Ga|la|di|ner, der: *[offizielles] festliches Diner [zu Ehren eines hochgestellten (Staats)gastes].*
Ga|la|di|ner, der: vgl. *Galadiner.*
Ga|la|kon|zert, das: *in festlichem Rahmen stattfindendes Konzert.*

Ga|lakt-: ↑ Galakto-.

ga|lak|tisch ⟨Adj.⟩ [zu griech. galaxías = Milchstraße, zu: gála, ↑ Galakto-] (Astron.): *zur Galaxis* (a), *zu einer Galaxie gehörend.*

Ga|lak|to-, (vor Vokalen:) **Galakt-** [zu griech. gála (Gen.: gálaktos) = Milch]: Best. in Zus. mit der Bed. *Milch-, milchartige Flüssigkeit* (z. B. Galaktometer).

Ga|lak|to|me|ter, das: *Messgerät zur Bestimmung des spezifischen Gewichts der Milch.*
Ga|lak|tor|rhö, die; -, -en [zu griech. rheīn = fließen] (Med.): *spontane Milchabsonderung aus der weiblichen Brust während der Stillzeit.*
Ga|lak|to|se, die; -, -n [↑ Galakto-]: *Bestandteil des Milchzuckers.*
Gal|la|lith® [auch: ...'lɪt], das; -s [zu griech. gála = Milch u. líthos = Stein]: *harter, hornartiger Kunststoff.*
Ga|lan, der; -s, -e [span. galán, zu: galano =

schön gekleidet, höfisch, zu: gala, ↑ Gala]: **a)** (veraltend, noch iron.) *[herausgeputzter] Mann, der sich mit besonderer Höflichkeit, Zuvorkommenheit um seine Dame bemüht;* **b)** (ugs. abwertend) *Liebhaber, Freund* (2).
gallant ⟨Adj.⟩ [frz. galant = lebhaft, liebenswürdig, eigtl. 1. Part. von afrz. galer = sich erfreuen, sich vergnügen, zu: gale = Freude, Vergnügen]: **a)** (veraltend) *(von Männern) betont höflich u. gefällig gegenüber Damen:* er ist immer sehr g.; sich g. verbeugen; **b)** *ein Liebeserlebnis betreffend; amourös:* ein -es Abenteuer; die -e Dichtung *(literarische Moderströmung am Ende des 17. Jh.s);* ... sich auf eine Frau der Münchner Gesellschaft bezog, zu der – wie er zwischen den Zeilen erraten ließ – er in Beziehungen stand (Thieß, Frühling 1); ♦ **c)** *elegant, geschmackvoll [ausgestattet, eingerichtet]:* Das Zimmer ist doch sonst g. und tapeziert (Lessing, Minna I, 2).
Gal|lan|te|rie, die; -, -n [frz. galanterie] (bildungsspr. veraltend): **1.** ⟨o. Pl.⟩ *galantes* (a) *Benehmen:* ein Mann von großer G. **2.** *galantes Kompliment:* jmdm. -n sagen.
Gallant|homme [galan'tɔm], der; -s, -s [frz. galanthomme, zu: galant (↑ galant) u. homme = Mann]: frz. Bez. für: *Ehrenmann, Mann von Charakter u. feiner Lebensart.*
Ga|la|pa|gos|in|seln ⟨Pl.⟩: *zu Ecuador gehörende Inselgruppe im Pazifischen Ozean.*
Ga|la|tea (griech. Mythol.): *eine der Nereiden.*
Ga|la|ter ⟨Pl.⟩: *keltisches Volk in Kleinasien.*
Ga|la|ter|brief, der ⟨o. Pl.⟩: *Brief des Apostels Paulus an die Christen in Galatien (Kleinasien).*
Ga|la|uni|form, die: *nur bei besonderen Anlässen getragene prunkvolle Uniform.*
Ga|la|vor|stel|lung, die: **1.** vgl. Galaaufführung: eine G. im Theater. **2.** (bes. Sport) *glanzvolle Darbietung, Vorführung; glanzvolles Spiel:* die Spielgemeinschaft lieferte eine G.
Ga|la|xie, die; -, -n [mlat. galaxia = Milchstraße < lat. galaxias < griech. galaxías] (Astron.): *großes Sternsystem außerhalb der Milchstraße:* ferne -n.
Ga|la|xis, die; -, ...xien (Astron.): **a)** ⟨o. Pl.⟩ *Milchstraße;* **b)** (seltener) *Galaxie.*
Gal|ban, das; -s, **Gal|ban|harz,** das ⟨o. Pl.⟩, **Gal|ba|num,** das; -s [lat. galbanum < griech. chalbánē, aus dem Semit.]: *aus der Milch sagft bestimmter Doldenblütler gewonnenes Gummiharz, das in der Parfümerie* (2) *verwendet wird.*
Gäl|le, der; -n, -n: *irisch-schottischer Kelte.*
Gal|le|as|se, die; -, -n [ital, galle, Galjass, die; -, -n niederl. galeas < frz. galéace, galéasse < ital. galeazza, Vgr. von: galea, ↑ Galeere] (Seew. früher): **a)** *große Galeere;* **b)** *(in den Küstengewässern von Nord- u. Ostsee als Frachtschiff verwendetes) Segelschiff mit rundem, überfallendem Heck.*
Ga|lee|re, die; -, -n [ital. galea < mlat. galea = mgriech. galéa, wohl zu griech. galéē = Schwertfisch, eigtl. = Wiesel, wegen der Schnelligkeit]: *(im MA.) vor allem durch Rudern angetriebenes Schiff (mit zwei Segelmasten) des Mittelmeerraums, meist mit zum Rudern verurteilten Sklaven, Sträflingen od. Gefangenen:* er wurde auf die G. geschickt *(zu einer Galeerenstrafe verurteilt).*
Ga|lee|ren|skla|ve, der (früher): *zum Rudern auf einer Galeere gezwungener Sklave.*
Ga|lee|ren|skla|vin, die: w. Form zu ↑ Galeerensklave.
Ga|lee|ren|stra|fe, die (früher): *das Rudern auf einer Galeere als schwere Strafe für ein Verbrechen.*
Ga|le|nik, die; - [nach dem altgriech. Arzt Galen (2. Jh. n. Chr.)] (Pharm.): *Lehre von der Zubereitung u. Herstellung von Arzneimitteln.*

Ga|le|ni|kum, das; -s, ...ka (Pharm.): *in der Apotheke aus Drogen* (1) *zubereitetes Arzneimittel.*
ga|le|nisch ⟨Adj.⟩ (Pharm.): **a)** *aus Drogen* (1) *zubereitet;* **b)** *die Galenik betreffend, zu ihr gehörend.*
Ga|le|nit [auch: ...'nɪt], der; -s, -e [zu gleichbed. lat. galena, H. u.] (Mineral.): *Bleiglanz.*
Ga|le|o|ne, Galione, die; -, -n [ital. galeone < span. galeón, zu mlat. galea, ↑ Galeere] (früher): *als Kriegs- u. als Handelsschiff verwendetes großes, mit mehreren Geschützen bewaffnetes Segelschiff [der Spanier u. Portugiesen].*
Ga|le|o|te, Galiote, die; -, -n, Galjot, die; -, -en [frz. galiote, ital. galeotta] (früher): *in den Küstengewässern von Nord- u. Ostsee als Frachtschiff verwendetes Segelschiff mit spitzem Heck u. senkrechtem Steven.*
Ga|le|rie, die; -, -n [älter Gallerei < ital. galleria = langer, gedeckter Säulengang (vgl. gleichbed. frz. galerie), wohl < ital. galilea = Vorhalle, mlat. galilea = Vorhalle einer Kirche]: **1.** (Archit.) **a)** *mit Fenstern, Arkaden u. Ä. versehener Gang als Laufgang an der Fassade einer romanischen od. gotischen Kirche;* **b)** *umlaufender Gang, der auf der Innenhofseite um das Obergeschoss eines Schlosses o. Ä. geführt ist;* **c)** *außen an Bauernhäusern angebrachter balkonartiger Umgang.* **2.** (Archit.) *mehrere Räume verbindender Gang od. großer, lang gestreckter, für Festlichkeiten od. auch zum Aufhängen od. Aufstellen von Kunstwerken benutzter Raum in Schlössern.* **3. a)** Kurzf. von ↑ Gemäldegalerie (a, b): *die Stadt hat mehrere große -n;* **b)** *Kunsthandlung, bes. für Bilder u. Plastiken, die auch Ausstellungen veranstaltet:* er hat das Bild in einer G. gekauft. **4. a)** *Empore [in einem Saal, Kirchenraum];* **b)** *oberster Rang im Theater:* die G. war ganz besetzt; **c)** (veraltend) *auf der Galerie sitzendes Publikum:* die G. applaudierte; * **für die G. spielen** (in effektvoller, übertreibender Weise handeln, sich gebärden, um ein breites Publikum zu beeindrucken, den Beifall der Massen für sich zu gewinnen). **5.** *Orientteppich in der Form eines Läufers:* vor der Bücherwand liegt eine G. **6.** (bes. österr., schweiz.) *Tunnel an einem Berghang mit fensterartigen Öffnungen nach der Talseite.* **7.** (Geschichte) *mit Schießscharten versehener, bedeckter Gang im Mauerwerk einer Befestigungsanlage.* **8.** (Seemannsspr. veraltend) *um das Heck laufender Rundgang an [alten Segel]schiffen.* **9.** (meist scherzh.) *größere Anzahl gleichartiger Dinge, Personen:* sie besitzt eine ganze G. schöner Hüte, von Hüten. **10.** [eigtl. = Verbrecherkartei; nach den wie in einer Galerie gesammelten Fotografien in der Verbrecherkartei] (ostösterr. veraltend) *Unterwelt, Verbrechertum.* **11.** *glasgedeckte Passage mit Läden.*
Ga|le|rist, der; -en, -en: **1.** [ital. gallerista] *Besitzer, Leiter einer Galerie* (3 b); *Kunsthändler.* **2.** [zu ↑ Galerie (10)] (ostösterr. veraltend) *Verbrecher, Angehöriger der Unterwelt.*
Ga|le|ris|tin, die; -, -nen: w. Form zu ↑ Galerist.
Gal|gen, der; -s, - [mhd. galge = Galgen, Kreuz, ahd. galgo, eigtl. = Stange, Pfahl]: **1.** *aus einem od. mehreren Pfosten u. darüberliegendem Querbalken bestehendes Gerüst zum Hängen eines zum Tode Verurteilten:* die Verräter wurden zum Tode am G. verurteilt; wenn du so weitermachst, endest du noch am G. (ugs.: *wirst du noch ein schlimmes Ende nehmen*); wer so etwas tut, ist reif für den G. (ugs.; *verdient, schwer bestraft zu werden*); Denn schau..., ich bin zum G. verurteilt, und in einer Stunde, oder früher, werde ich wohl gehängt sein (Hesse, Narziß 348); * **jmdn. an den G. bringen** (ugs.: *jmdn. anzeigen u. dadurch bewirken, dass er bestraft wird*). **2.** *galgenähnliche Vorrichtung, an der etw. aufgehängt werden kann:* bei den Filmaufnahmen hängt das Mikrofon am G. (*an einem schwenkbaren Arm über den Köpfen der Darsteller*).
Gal|gen|frist, die ⟨Pl. selten⟩ [eigtl. = die letzte Gnadenfrist, die einem zum Galgen Verurteilten bis zu seiner Hinrichtung gewährt wird]: *kurzer Aufschub, letzte Frist, die jmdm. vor einem entscheidenden Ereignis noch bleibt od. gewährt wird:* er hat noch zwei Tage G. erhalten.
Gal|gen|hu|mor, der: *gefasster Humor, vorgetäuschte Heiterkeit, mit der jmd. einer unangenehmen od. verzweifelten Lage, in der er sich befindet, zu begegnen sucht.*
♦ **Gal|gen|männ|lein**, das: (nach altem Volksglauben) *unter einem Galgen wachsende, Glück bringende Alraunwurzel:* ...überlasse ich ihm die Wahl unter allen Kleinodien, die ich in der Tasche bei mir führe: die echte Springwurzel,..., ein G. zu beliebigen Preis (Chamisso, Schlemihl 23).
Gal|gen|strick, der [spätmhd. galgenstric = Strick, mit dem der Verurteilte am Galgen aufgehängt wird]: **a)** (ugs. veraltend, abwertend) *Strolch, Taugenichts;* **b)** (ugs.) *Junge, Bursche, der hinterhältig ist, durchtrieben ist (dem man das aber bis zu einem gewissen Grad nachsieht).*
Gal|gen|vo|gel, der [urspr. = Rabe (der sich wegen der Leichen in der Nähe von Galgen aufzuhalten pflegte)]: **a)** (ugs. abwertend) *Strolch, Taugenichts;* **b)** (ugs. seltener) *Galgenstrick* (b).
Ga|li|ci|en [...'tsjɛn]; -s: *historische Landschaft u. autonomes Gebiet in Spanien.*
Ga|li|ci|er, der; -s, -: Ew.
Ga|li|ci|e|rin, die; -, -nen: w. Form zu ↑ Galicier.
ga|li|cisch [...'tsɪʃ] ⟨Adj.⟩: **a)** *Galicien, die Galicier betreffend; von den Galiciern stammend, zu ihnen gehörend;* **b)** *in der Sprache der Galicier.*
Ga|li|cisch, das; -[s], (nur mit best. Art.:) **Ga|li|ci|sche**, das; -n: *im Nordwesten Spaniens gesprochene Sprache, aus deren mittelalterlicher Form sich das Portugiesische entwickelt hat.*
Ga|li|läa; -s: *historische Landschaft in Palästina.*
Ga|li|lä|er, der; -s, -: Ew.
Ga|li|lä|e|rin, die; -, -nen: w. Form zu ↑ Galiläer.
ga|li|lä|isch ⟨Adj.⟩: *Galiläa, die Galiläer betreffend; von den Galiläern stammend, zu ihnen gehörend.*
Gä|lin, die; -, -nen: w. Form zu ↑ Gäle.
Ga|li|on, das; -s, -s [mniederl. galjoen < frz. galion, span. galeón, ↑ Galeone] (früher): *kunstvoll gestalteter Vorbau am Bug eines hölzernen Schiffes.*
Ga|li|o|ne: ↑ Galeone.
Ga|li|ons|fi|gur, die: *geschnitzte Figur an dem Galion eines Schiffes, meist in Form einer Frauengestalt:* Ü *jmdn. zur G. einer Partei machen* (als zugkräftige, werbende Figur an die Spitze stellen).
Ga|li|o|te: ↑ Galeote.
gä|lisch ⟨Adj.⟩: zu ↑ Gäle.
Gä|lisch, das; -[s], (nur mit best. Art.:) **Gä|li|sche**, das; -n: *die gälische Sprache.*
Ga|li|zi|en; -s: *historische Landschaft nördlich der Karpaten.*
Ga|li|zi|er, der; -s, -: Ew.
Ga|li|zi|e|rin, die; -, -nen: w. Form zu ↑ Galizier.
ga|li|zisch ⟨Adj.⟩: *Galizien, die Galizier betreffend; von den Galiziern stammend, zu ihnen gehörend.*
Gal|jass: ↑ Galeasse.
Gal|jot: ↑ Galeote.
Gall|ap|fel, der (Bot.): *kugelige od. birnenförmige ²Galle* (2) *an Blättern, Knospen od. jungen Trieben von Eichen.*
¹Gal|le, die; -, -n [mhd. galle, ahd. galla, eigtl. = die Gelblichgrüne, verw. mit ↑ gelb]: **a)** Kurzf. von ↑ Gallenblase: sie hat es an der G.; **b)** *von der Leber gebildetes, für die Verdauung der Fette wichtiges Sekret, das in der Gallenblase gespeichert wird:* die Kranke hat G. gebrochen; die Arznei schmeckt bitter wie G. *(sehr bitter);* Ü *seine Worte waren voll G.* (voll Bitterkeit); * **jmdm. steigt, kommt die G. hoch/schwillt die G./läuft die G. über** (*jmdn. packt die Wut; bei zorniger Erregung erhöht sich die Ausschüttung von Galle*); **[Gift und] G. spucken/verspritzen** (*Bosheiten sagen;* die Galle gilt als Symbol der Bitterkeit); **jmdm. in G. bringen** (*jmdn. in Wut versetzen*); ♦ **G. schlucken** (*sich ärgern:* ...ich empfahl mich, um nicht über ein weiteres Deraisonnement noch mehr G. zu schlucken [Goethe, Werther II, 24. Dezember 1771]).
²Gal|le, die; -, -n [mhd. galle = Geschwulst am Pferdefuß, mniederd. galle = wunde Hautstelle, urspr. wohl = Schaden, Fehler]: **1.** (Tiermed.) *krankhafte Schwellung, Geschwulst an den Gelenken (bes. bei Pferden).* **2.** [wohl durch frz. Vermittlung entlehnt aus lat. galla = kugelartiger Auswuchs an Pflanzen, Gallapfel u. zusammengefallen mit ²Galle (1)] (Bot.) *meist durch tierische Parasiten hervorgerufene Wucherung an verschiedenen Pflanzen.*
gal|le|bit|ter, **gal|len|bit|ter** ⟨Adj.⟩: *sehr bitter, so bitter wie ¹Galle* (b).
Gal|len|bla|se, die: *mit der Leber verbundenes Organ, das die Gallenflüssigkeit speichert.*
Gal|len|bla|sen|ent|zün|dung, die: *Entzündung der Gallenblase.*
Gal|len|farb|stoff, der: *in der Leber gebildeter grünlicher Farbstoff.*
Gal|len|flüs|sig|keit, die ⟨o. Pl.⟩: ¹Galle (b).
Gal|len|gang, der ⟨meist Pl.⟩: *zu einem verzweigten System gehörendes leitendes Gefäß, in dem die ¹Galle in der Leber gesammelt u. von dort in den Zwölffingerdarm geleitet wird.*
Gal|len|ko|lik, die: *im Zusammenhang mit einem Gallenstein auftretende Kolik.*
Gal|len|lei|den, das: *chronische Erkrankung der Gallenblase.*
Gal|len|saft, der: *Sekret der ¹Galle* (a).
Gal|len|säu|re, die: *in der Leber erzeugte, zur Fettverdauung wichtige Säure.*
Gal|len|stein, der: *aus Bestandteilen der ¹Galle* (b) *entstandene Ablagerung, die in den Gallenwegen zu Stauungen o. Ä. führen kann.*
Gal|len|stein|lei|den, das: *durch Gallensteine hervorgerufenes Leiden.*
gal|len|trei|bend ⟨Adj.⟩: *den Abfluss der Gallenflüssigkeit beschleunigend.*
Gal|len|weg, der ⟨meist Pl.⟩: *Gallengang, ableitendes Gefäß der Galle.*
Gal|le|ria, die; -, -s [ital. galleria, ↑ Galerie] (Archit.): *mehrere Räume od. Gebäudeteile verbindende hallenartige [Beton- od. Stahl]konstruktion mit großen, viel Licht einfallen lassenden Glasflächen.*
Gal|lert [auch: 'galɐt], das; -[e]s, (Arten:) -e [mundartl. für mhd. galreide < mlat. galatria, gelatria = Gefrorenes; Sülze, zu vlat. gelata, ↑ Gelee]: *nach dem Erkalten zu einer steifen, durchsichtigen Masse erstarrte eingedickte Fleisch-, Knochenbrühe, auch eingedickter erstarrter Saft einiger Früchte.*
gal|lert|ar|tig ⟨Adj.⟩: *eine gleiche od. ähnliche Konsistenz wie Gallert aufweisend:* eine -e Masse.
Gal|ler|te [auch: 'ga...], die; -, (österr., schweiz., Arten:) -n: *Gallert.*
gal|ler|tig [auch: 'galɐtɪç] ⟨Adj.⟩: *aus Gallerte od. gallertartiger Substanz bestehend.*
gal|lert|mas|se, die: *gallertartige Masse.*
Gal|li|en; -s: *lateinischer Name Frankreichs.*

Gallier – Gambit

Gal|li|er, der; -s, -: Ew.

Gal|li|e|rin, die; -, -nen: w. Form zu ↑Gallier.

gal|lig ⟨Adj.⟩: **1.** *gallebitter:* ein -er Geschmack. **2.** *verbittert [u. dadurch beißend, scharf in seinen Äußerungen]:* eine -e Bemerkung; eine -e Satire; ihr Humor ist ziemlich g.

Gal|lig|keit, die; -: *das Galligsein.*

gal|li|ka|nisch ⟨Adj.⟩ [nach frz. gallican < (m)lat. gallicanus = gallisch]: **a)** *die mit Sonderrechten ausgestattete katholische Kirche in Frankreich vor der Revolution betreffend;* **b)** *zum Gallikanismus* (a) *gehörend:* die -e Kirche.

Gal|li|ka|nis|mus, der; - [frz. gallicanisme]: **a)** *Staatskirchentum in Frankreich mit Sonderrechten gegenüber dem Papst (bis zur Französischen Revolution);* **b)** *nationale Bestrebungen der Kirche in Frankreich (bis zur Französischen Revolution).*

gal|lisch ⟨Adj.⟩: **a)** *Gallien, die Gallier betreffend; von den Galliern stammend, zu ihnen gehörend;* **b)** *in der Sprache der Gallier [verfasst].*

Gal|lisch, das; -[s], (nur mit best. Art.;) **Gal|li|sche,** das; -n: *die keltische Sprache in Gallien.*

Gal|li|um, das; -s [zu lat. Gallia = Gallien (der Entdecker war Franzose)]: *silberweißes, leicht verformbares Metall (chemisches Element)* (Zeichen: Ga).

Gal|li|zis|mus, der; -, ...men [frz. gallicisme, zu (m)lat. gallicus = gallisch, französisch] (Sprachwiss.): *für das Französische charakteristische sprachliche Erscheinung in einer nicht französischen Sprache.*

Gal|lon ['gælən], der od. das; -[s], -s [engl. gallon, ↑Gallone]: *Gallone.*

Gal|lo|ne, die; -, -n [engl. gallon < norm.-pik. galon < afrz. jalon, H.u.]: **a)** *v. a. in Großbritannien verwendetes Hohlmaß* (4,546 l); **b)** *amerikanisches Hohlmaß* (3,785 l).

gal|lo|phil ⟨Adj.⟩ [zu (m)lat. Gallus = Gallier; Franzose u. griech. phileīn = lieben]: *frankophil.*

gal|lo|phob ⟨Adj.⟩ [zu griech. phobeīn = fürchten]: *frankophob.*

gal|lo|ro|ma|nisch ⟨Adj.⟩: *den romanischen Sprachen auf gallischem Boden angehörend, von ihnen abstammend.*

Gal|lo|ro|ma|nisch, das; -s, (nur mit best. Art.:) **Gal|lo|ro|ma|ni|sche,** das; -n: *aus dem Vulgärlatein hervorgegangene westromanische Sprache, die auf ehemalige römische Gallien beschränkt ist u. die unmittelbare Vorstufe des Altprovenzalischen u. Altfranzösischen bildet.*

Gal|lo|way|rind ['gæləweɪ...], das; -[e]s,-er [nach der gleichnamigen schott. Landschaft]: *aus Schottland stammendes, robustes, hornloses Rind mit dicker Haut u. zweischichtigem Fell.*

Gall|sei|fe, die; -: *bes. zur Fleckentfernung verwendete Kernseife, die einen Zusatz von Rindergalle enthält.*

Gall|wes|pe, die; -: *kleines, geflügeltes Insekt, das seine Eier im Gewebe von Pflanzen ablegt (was zur Bildung von* ²Gallen *2 führt, in denen sich die Larven entwickeln).*

Gal|mei [auch: 'gal...], der; -[e]s, -e [spätmhd. über das Roman. zu lat. cadmia, ↑Kadmium] (Mineral.): *meist gelbbraunes Mineral.*

Ga|lon [ga'lõ:], der; -s, -s [frz. galon, rückgeb. aus: galonner, ↑galonieren], **Ga|lo|ne,** die; -, -n [ital. gallone < frz. galon, ↑Galon] (Schneiderei): *Tresse, Borte, Litze, die als Schmuck an Livreen, Uniformen, Abendanzügen verwendet wird:* eine Hose mit Galons an den Seitennähten.

ga|lo|nie|ren ⟨sw. V.; hat⟩ [frz. galonner, H.u.]: **1.** (Schneiderei) *mit Galons besetzen:* eine Hose g. **2.** (Kürschnerei) *langhaarige, dichte Felle durch Dazwischensetzen schmaler Lederstreifen o. Ä. verlängern.*

Ga|lopp, der; -s, -s u. -e: **1.** [ital. galoppo < frz. galop, zu: galoper, ↑galoppieren] *schnellste Gangart bes. des Pferdes, die aus einer Folge von Sprüngen besteht:* in G. fallen; sein Pferd in G. setzen; in vollem, gestrecktem, hopsendem, wildem G.; *** im G.** (ugs.; *sehr schnell; in großer Hetze, weil die Zeit drängt*): etw. im G. erledigen; alles ging im G.); **im G. durch die Kinderstube geritten sein** (ugs. abwertend; *kein gutes Benehmen haben*). **2.** [frz. galop] *schneller Rundtanz im* ²/₄*-Takt.*

Ga|lopp|bahn, die (Pferdesport): *Bahn für Galopprennen.*

Ga|lop|per, der; -s, - [zu ↑Galopp (1)] (Pferdesport): **a)** *für Galopprennen gezüchtetes Pferd;* **b)** *Reiter eines Galoppers.*

ga|lop|pie|ren ⟨sw. V.⟩ [ital. galoppare < (a)frz. galoper, wohl aus dem Germ., eigtl. = gut springen (verw. mit ↑¹wohl u. ↑laufen)]: **a)** ⟨hat, seltener: ist⟩ *(bes. von Pferden) im Galopp laufen:* die Pferde haben [auf der Weide] galoppiert; der Reiter galoppierte *(ritt im Galopp)* mit seinem Tier; galoppierende Pferde; **b)** ⟨ist⟩ *eine Strecke im Galopp zurücklegen:* die Pferde, die Reiter sind über die Bahn galoppiert; Ü die Arbeitslosigkeit galoppiert; Er stand am Klavier, ... dessen Töne wieder so lustig zu g. begannen. Doch auch sein Herz galoppierte *(schlug schnell;* Thieß, Legende 94).

ga|lop|pie|rend ⟨Adj.⟩: *mit zunehmender Schnelligkeit eine nachteilige Entwicklung nehmend:* -e *(schnell steigende)* Inflation; -e *(schnell zum Tode führende)* Schwindsucht.

Ga|lopp|renn|bahn, die (Pferdesport): *Galoppbahn.*

Ga|lopp|ren|nen, das (Pferdesport): *Rennen, bei dem die Pferde in gestrecktem Galopp (1) laufen.*

Ga|lopp|sport, der: *Pferdesport, der auf Galopprennen ausgerichtet ist.*

Ga|lo|sche, die; -, -n ⟨meist Pl.⟩ [frz. galoche < vlat. gallicula, Vkl. von lat. gallica (solea) = gallische Sandale]: **a)** (veraltend) *Überschuh aus Gummi o. Ä.;* **b)** (ugs. abwertend) *alter, ausgetretener Schuh [Hausschuh.*

¹galt ⟨Adj.⟩ [vgl. ↑gelt] (südd., österr., schweiz.): *(von Kühen, Ziegen) keine Milch gebend:* eine -e Kuh.

²galt: ↑gelten.

²Galt, der; -[e]s [zu ↑¹galt] (südd., österr., schweiz.): *Zeit, in der eine Kuh od. Ziege [weil sie noch zu jung ist, wegen hoher Trächtigkeit o. Ä.] keine Milch hat.*

gäl|te: ↑gelten.

Gält|ling, der; -s, -e (südd., österr., schweiz.): *Kuh, Kalb im Galt.*

Gal|va|nik, die; - [vgl. Galvanismus]: *Galvanotechnik.*

Gal|va|ni|sa|ti|on, die; -, -en [vgl. Galvanismus] (Med.): *(in der Elektrotherapie) Behandlung bestimmter Krankheiten mit Gleichstrom.*

gal|va|nisch ⟨Adj.⟩ [zu ↑Galvanismus]: *auf elektrochemischer Stromerzeugung beruhend [u. den auf diese Weise erzeugten Gleichstrom betreffend]:* -er Strom; -es Element.

Gal|va|ni|seur [galvani'zø:ɐ̯], der; -s, -e [frz. galvanis(at)eur]: *Facharbeiter auf dem Gebiet der Galvanotechnik* (Berufsbez.).

Gal|va|ni|seu|rin [...'zø:rɪn], die; -, -nen: w. Form zu ↑Galvaniseur.

gal|va|ni|sie|ren ⟨sw. V.; hat⟩ [eigtl. = mit galvanischem Strom behandeln] (Technik): *mithilfe der Elektrolyse mit einer dünnen Schicht aus Metall überziehen.*

Gal|va|ni|sie|rung, die; -, -en (Technik): *das Galvanisieren, Galvanisiertwerden.*

Gal|va|nis|mus, der; - [ital. galvanismo, nach dem ital. Naturforscher Galvani (1737–1798)] (Physik, Chemie): *Lehre von der Umwandlung chemischer Energie in elektrische Energie.*

Gal|va|no, das; -s, -s [Kurzf. für ↑Galvanoklischee und ↑Galvanoplastik] (graf. Technik): *auf galvanischem Wege hergestellte Abformung von einer Autotypie, einem Schriftsatz u. a.*

Gal|va|no|gra|fie, Gal|va|no|gra|phie, die [↑-grafie] (graf. Technik): *Verfahren zur Herstellung von Kupferdruckplatten.*

Gal|va|no|kli|schee, das: *Galvanoplastik* (b).

Gal|va|no|me|ter, das (Technik): *Instrument für die Messung schwacher elektrischer Ströme u. Spannungen.*

gal|va|no|me|trisch ⟨Adj.⟩ (Technik): *mithilfe des Galvanometers [erfolgend].*

Gal|va|no|plas|tik, die: **1.** ⟨o. Pl.⟩ **a)** *Verfahren, Gegenstände durch galvanisches Abscheiden eines Überzugs aus Metall von einer Form (3) herzustellen od. nachzubilden;* **b)** *Verfahren, nicht metallische Gegenstände mit Metall zu überziehen, bes. die Herstellung von Galvanos im grafischen Gewerbe; Elektrotypie.* **2.** *Produkt der Galvanoplastik (1 a).*

Gal|va|no|plas|ti|ker, der; *jmd., der galvanoplastische Arbeiten ausführt* (Berufsbez.).

Gal|va|no|plas|ti|ke|rin, die: w. Form zu ↑Galvanoplastiker.

gal|va|no|plas|tisch ⟨Adj.⟩: *die Galvanoplastik betreffend, auf ihr beruhend.*

Gal|va|no|tech|nik, die: *Gesamtheit verschiedener Verfahren des Galvanisierens.*

Ga|man|der, der; -s, - [mhd. gamandrē < mlat. gamandrea, chamandrea < lat. chamaedrys < griech. chamaídrys]: *(in vielen Arten vorkommende) Pflanze mit kleinen, ovalen, am Rand gezackten Blättern u. roten od. gelblichen Blüten.*

Ga|ma|sche, die; -, -n [frz. gamache (aus Leder od. Stoff) < span. guadamecí = weiches Leder < arab. (ǧild) ġadāmasī = (Leder) aus Gadames (Libyen)]: **a)** *seitlich geknöpftes, den Spann bedeckendes u. bis zum Knöchel od. bis zum Knie reichendes, über Schuhen u. Strümpfen getragenes Bekleidungsstück für das Bein (als Teil der Männerkleidung bzw. der Uniform):* ... gekleidet in wohlgebügelten englischen Flanell mit hellen -n über den Lackstiefeln (Th. Mann, Krull 297); **b)** *Wickelgamasche:* Der Meister wickelte die Waden mit graugrünen -n (Strittmatter, Wundertäter 264); *** vor jmdm., etw. -n haben** (ugs. veraltend; vgl. Manschetten; *viell. ... weil die Manschette mundartlich auch Handgamasche heißt*).

Ga|ma|schen|dienst, der [wegen der zahlreichen Knöpfe u. wegen des unbequemen Sitzes der Gamaschen bes. des preuß. Heeres im 18. Jh.] (abwertend): *pedantischer, sinnloser [Kasernen]drill.*

Gam|ba, die; -, -s [span. (katal.) gamba, über das Vlat. < lat. cammarus = Hummer]: span. Bez. für: *Garnele, Krevette.*

Gam|be, die; -, -n ⟨älter: Violgambe < ital. viola da gamba, aus: viola (↑²Viola) u. gamba = Bein < spätlat. gamba = Gelenk, ²Fessel]: *sechssaitiges Streichinstrument, das beim Spiel auf die Knie gestützt od. zwischen den Knien gehalten wird; Viola da Gamba; Kniegeige.*

Gam|bia; -s: *Staat in Westafrika.*

Gam|bi|er, der; -s, -: Ew.

Gam|bi|e|rin, die; -, -nen: w. Form zu ↑Gambier.

Gam|bir, der; -s [indones.]: *als Gerb- u. Heilmittel verwendeter Saft eines ostasiatischen Kletterstrauches; Cachou.*

gam|bisch ⟨Adj.⟩: zu ↑Gambia.

Gam|bit, das; -s, -s [span. gambito < ital. gambetto, eigtl. = das Beinstellen, zu: gamba, ↑Gambe] (Schach): *Eröffnung einer Partie mit einem Bauernopfer, durch die den eigenen Figu-*

ren schnell die Bahn zum Angriff geöffnet werden soll.

Gam|b|ri|nus: sagenhafter flandrischer König, angeblicher Erfinder des Bierbrauens u. Schutzherr der Brauer.

Game [geɪm, geːm], das; -s, -s [engl. game = Spiel, aus dem Germ., vgl. ahd. gaman = Lust, Vergnügen]: **1.** *[Computer]spiel.* **2.** *Spielgewinn beim Tennis.*

Game|boy® [ˈgeɪmbɔy, ˈgeːm...], der [engl., aus: game = Spiel u. boy = Junge]: *kleines, in der Hand zu haltendes elektronisches Gerät für bestimmte Spiele in der Art von Computerspielen (die bes. Schnelligkeit u. Geschicklichkeit erfordern).*

Game|port, Game-Port [ˈgeɪmpɔːt, ˈgeːm...], der; -s, -s [engl. game port; aus: game = Spiel u. port, ↑²Port] (EDV): *²Port zum Anschluss eines peripheren (3) Gerätes (z. B. eines Joysticks) für Computerspiele.*

Game|show [ˈgeɪmʃoʊ, ˈgeːmʃoʊ], die; -, -s [engl. game show, aus: game = Spiel u. show, ↑Show] (Fernsehen): *Unterhaltungssendung im Fernsehen, in der Kandidaten in einem Spiel od. Quiz um Preise (2a) konkurrieren.*

Ga|met, der; -en, -en [griech. gamétēs = Gatte] (Biol.): *der geschlechtlichen Fortpflanzung dienende Zelle; Geschlechtszelle.*

Ga|me|ten|bil|dung, die (Biol.): *Bildung von Gameten.*

Ga|me|to|ga|mie, die; - [zu griech. gámos = Hochzeit, Ehe] (Biol.): *Vereinigung zweier verschiedengeschlechtlicher Zellen.*

Ga|me|to|ge|ne|se, die; -, -n (Biol.): *Vorgang der Geschlechtszellenbildung.*

Ga|me|to|phyt, der; -en, -en [zu griech. phytón = Pflanze] (Bot.): *(im Fortpflanzungsprozess der Pflanzen) Pflanze, die Gameten ausbildet.*

Ga|me|to|zyt, der; -en, -en [zu griech. kýtos = Höhle, Wölbung] (Biol.): *noch nicht geschlechtsspezifisch zu unterscheidende Zelle, aus der im Verlauf der Gametenbildung die Gameten hervorgehen.*

Gam|ma, das; -[s], -s [griech. gámma, aus dem Semit., vgl. hebr. gimel, eigtl. = Kamel (hebr. gamal, nach der Ähnlichkeit des althebr. Buchstabens mit einem Kamelhals)]: *dritter Buchstabe des griechischen Alphabets (Γ, γ).*

Gam|ma|as|t|ro|no|mie, die: *Röntgenastronomie.*

Gam|ma|quant, γ-Quant, das (Physik): *den Gammastrahlen zugeordnetes Photon.*

Gam|ma|spek|t|rum, das: *Energiespektrum der Gammastrahlen.*

Gam|ma|strah|len, γ-Strahl|len ⟨Pl.⟩ (Physik, Med.): *kurzwellige radioaktive Strahlen, die in der Strahlentherapie sowie zur Prüfung von Werkstoffen eingesetzt werden.*

Gam|me, die; -, -n [frz. gamme < ital. gamma, nach dem Namen des griech. Buchstabens γ (Gamma), mit dem im MA., dem Buchstaben c des lat. Alphabets entsprechend, der erste Ton der Tonleiter bezeichnet wurde] (Musik): *Tonleiter; Skala.*

¹Gam|mel, der; -s [aus dem Niederd., eigtl. wohl = das Alte, zu ↑gammeln (1)]: **1.** (ugs. abwertend) *minderwertiges, wertloses, unbrauchbares Zeug verschiedener Art: in dem Laden gibts nur G.* **2.** *(Fachspr.) für die menschliche Ernährung nicht verwertbarer Teil des Hochsee- u. Küstenfischfangs, der zu Fischmehl od. Dünger verarbeitet wird.*

²Gam|mel, die; -, -n [viell. identisch mit ↑¹Gammel] (ugs., oft als Schimpfwort): *schlampige weibliche Person.*

Gam|me|lei, die; -, -en [zu ↑gammeln (2a)] (ugs. abwertend): *das Gammeln.*

Gam|mel|fleisch, das (ugs. abwertend): *verdorbenes Fleisch.*

gam|me|lig, gammlig ⟨Adj.⟩ (ugs.): **a)** [aus dem Niederd., zu ↑¹Gammel] *(von Nahrungsmitteln) unappetitlich, ungenießbar geworden:* -e Wurst; das Obst ist g. geworden; **b)** (oft abwertend) *(in Bezug auf die äußere Erscheinung, bes. die Kleidung) sehr salopp; unordentlich, vernachlässigt:* -e Kleidung; g. herumlaufen.

Gam|mel|le|ben, das ⟨o. Pl.⟩ (ugs. abwertend): *Zeit, in der jmd. gammelt (2a); ungeregelte Lebensweise: das G. muss ein Ende haben.*

Gam|mel|look, der (ugs.): *unkonventionelle u. betont lässige Kleidung.*

gam|meln ⟨sw. V.; hat⟩ (ugs.): **1.** [aus dem Niederd. < mniederd. gammelen = alt werden, zu einem germ. Adj. mit der Bed. »alt«, vgl. schwed. gammal, dän. gammel = alt] *(von Nahrungsmitteln) bei längerem Liegen nach u. nach verderben, ungenießbar werden:* das Brot gammelt im Vorratsraum. **2.** [wohl eigtl. = herumliegen (wie ¹Gammel 1)] **a)** (oft abwertend) *ohne geregelte Arbeit seine Zeit verbringen; ziellos, ohne Betätigungsdrang in den Tag hinein leben:* sie hat in Paris drei Monate gegammelt; **b)** (ugs.) *[bei der Arbeit] trödeln; Zeit mit Nichtstun verbringen:* wir haben den ganzen Tag gegammelt.

Gamm|ler, der; -s, - (ugs., oft abwertend): *(bes. in den 1960er-Jahren) Jugendlicher, der alle Formen des Etabliertseins ablehnt, daher keinen Wert auf ein gepflegtes u. den gesellschaftlichen Normen entsprechendes Äußeres legt u. keiner geregelten Arbeit nachgeht.*

Gamm|le|rin, die; -, -nen: w. Form zu ↑Gammler.

Gamm|ler|tum, das; -s: *das Gammlersein; Lebensform, Lebenseinstellung der Gammler.*

gamm|lig: ↑gammelig.

Gams, die; -, -[en] od. der; -[en], -[en] od. (Jägerspr., landsch.:) das; -[en], -[en] [mhd. gam(e)z, Nebenf. von ↑Gämse] (Jägerspr., österr., sonst landsch.): *Gämse.*

Gams|bart, Gäms|bart, der: *Büschel von Rückenhaaren der Gämse, das als Schmuck an bestimmten Trachten- u. Jägerhüten getragen wird.*

Gams|bock, Gäms|bock, der: *männliche Gämse.*

Gäm|se, die; -, -n [mhd. gemeʒe, ahd. gamiʒa, wohl aus einer voridg. untergegangenen Spr. in den Alpen]: *im Hochgebirge lebendes, zu den Paarhufern gehörendes Säugetier mit gelblich braunem bis rotbraunem Fell u. nach hinten gekrümmtem Gehörn:* ein Rudel -n; er kann klettern wie eine G.

Gäm|sen|jä|ger: ↑Gämsjäger.

gäms|far|ben ⟨Adj.⟩: *in einem gelblichen Braun getönt wie das Fell der Gämse [im Sommer]; chamois.*

Gäms|geiß, die: *weibliche Gämse.*

gäms|gelb ⟨Adj.⟩: *gämsfarben.*

Gäms|jä|ger, Gämsenjäger, der: *Jäger der Gämsen jagt.*

Gams|le|der, Gäms|le|der, das ⟨o. Pl.⟩: *weiches, haltbares Leder aus dem Fell der Gämsen.*

Gams|wild, das (Jägerspr.): *Gesamtheit von Gämsen.*

Gams|wurz, Gäms|wurz, die (Bot.): *(zu den Korbblütlern gehörende) als Staude wachsende Pflanze mit ungeteilten Blättern u. gelben Blüten.*

Ga|nache [gaˈnaʃ], die; - [frz. crème ganache H. u.]: *cremige Nachspeise, die hauptsächlich aus einer Mischung von süßer Sahne u. geriebener Schokolade hergestellt wird.*

Gand, der; -es, -en/s, -/Gänder [Alpenwort wahrsch. roman. Herkunft] (österr., schweiz., südtirol.): *Schuttfeld, Geröllhalde (nur noch in Flurnamen).*

Ga|neff, der; -[s], -e u. -s [jidd. gannew, ↑Ganove] (österr. veraltet): *Ganove.*

gang: in der Fügung g. und gäbe sein, (landsch. auch:) **gäng und gäbe sein** *(allgemein üblich, gebräuchlich sein; zu gang, älter: gäng < mhd. genge, ahd. gengi = verbreitet, gewöhnlich, eigtl. = was gehen od. umlaufen kann, u. gäbe = annehmbar, willkommen, lieb, gut, zu ↑geben, eigtl. = was sich leicht geben lässt; urspr. bezogen auf die gängige Währung, dann auch auf gängige Handelsware: dieser Begriff ist unter Experten g. und gäbe).*

¹Gang, der; -[e]s, Gänge [mhd., ahd. ganc, eigtl. = das Schreiten; das Spreizen der Beine, nicht verw. mit ↑gehen]: **1. a)** ⟨o. Pl.⟩ *Art u. Weise, Bewegung des Gehens* (1); *Art der Körperhaltung beim Gehen* (1): ein schlaksiger, federnder, aufrechter G.; sein G. war schwerfällig; die Frau hatte einen schleppenden G.; er beschleunigte seinen G.; sie erkannten ihn an seinem G.; **b)** (Tierzucht) *Gangart von Pferden u. anderen Reit- od. Zugtieren.* **2.** *das Gehen* (1) *einer Strecke [mit einem bestimmten Ziel]:* sie machten einen G. (Spaziergang) durch den Park; ich habe noch einige Gänge (Besorgungen) zu machen; einen schweren, bitteren G. tun, gehen [müssen] (irgendwohin gehen [müssen], wo einen etw. Unangenehmes erwartet); er begegnete ihm auf seinem G. zum Bahnhof; Ü jmdn. auf seinem letzten G. begleiten (geh. verhüll.; *an jmds. Beerdigung teilnehmen*); * **ein G. nach Canossa** *(als erniedrigend empfundener Bittgang;* ↑Canossa). **3.** *ununterbrochene Bewegung, das Laufen einer Apparatur, Maschine o. Ä.:* der G. der Uhr ist unregelmäßig; die Anlage ist die ganze Nacht über in G. *(in Betrieb);* * **etw. in G. bringen, setzen** *(bewirken, dass etw. in Bewegung gerät, zu funktionieren beginnt:* man muss den Motor wieder in G. bringen; er hat die Verhandlungen [wieder] in G. gebracht); **etw. in G. halten** *(etw. nicht zum Stillstand kommen lassen:* bei Stromausfall hält ein Notstromaggregat die Motoren in G.); **in G. kommen** *(in Bewegung geraten, zu funktionieren beginnen);* **in die Gänge kommen** (ugs.; *zu funktionieren beginnen, langsam in Schwung kommen*). **4.** *Ablauf, Verlauf, den etw. nimmt:* der G. der Ereignisse, der Geschäfte; den G. der Geschichte, Gedanken nachvollziehen; * **seinen [geordneten] G. gehen** *(sich so entwickeln, so verlaufen, wie es zu erwarten ist:* es geht alles wieder seinen alten G.; wenn der Antrag ordnungsgemäß eingereicht ist, wird der G. gehen); **im Gang[e]/in G. sein** (1. *in Bewegung, Aktion sein; im Ablauf begriffen sein:* es war erst vier Uhr morgens, aber sie war schon im Gang[e]; die Feier war bereits in vollem Gang. **2.** *als gegen jmdn., etw. gerichtete Aktion [heimlich] vorbereitet werden:* gegen den Minister scheint etwas im Gang[e] zu sein). **5.** (Sport) *im Verlauf eines sportlichen Kampfes:* er war nach dem zweiten G. *(Durchgang)* kampfunfähig. **6.** (Technik) **a)** *Stufe der Übersetzung des Getriebes an Fahrzeugen:* den ersten G. einlegen; den G. [he]rausnehmen *(in den Leerlauf schalten);* im dritten G. fahren; in den zweiten G. schalten; * **etw. einen G. zulegen** (ugs.; *sein Tempo bei etw. steigern*); **einen G. zurückschalten/[he]runterschalten** (ugs.; *sein Tempo bei etw. mäßigen*); **b)** Kurzf. von ↑Gewindegang. **7. a)** *von Bäumen, Sträuchern, Zäunen o. Ä. umschlossener od. überdachter Weg; Laubengang:* der G. einer Allee; die Gänge, die durch den Wald führen; **b)** *unterirdischer Weg, Stollen o. Ä.;* **c)** *Hausflur; Korridor:* am Ende des -es befindet sich das Büro; das Fahrrad steht unten im G.; **d)** (Anat.) *röhrenförmiger Kanal, leitendes Gefäß.* **8.** (Geol.) *von einem Erz od. Mineral*

Gang–Gänslein

ausgefüllte Ader od. Spalte im Gestein: einen Erz führenden G. abbauen. **9.** (Kochkunst) *einzelnes Gericht in der Speisenfolge einer Mahlzeit:* das Festessen hatte fünf Gänge.

²**Gang**, der; -s [zu ↑gehen] (Seew.): **a)** *Gruppe zusammenarbeitender Leute an Bord eines Schiffes;* **b)** *Arbeitskolonne im Hafen.*

³**Gang** [gɛŋ], die; -, -s [engl. gang = ¹Bande; Gruppe, Trupp; zusammengehörende Dinge, Satz (6), eigtl. = das (Zusammen)gehen, verw. mit ↑¹Gang]: **a)** *[organisierter] Zusammenschluss von Verbrechern:* Mitglieder einer G. hatten ihn entführt; **b)** *Bande von meist verwahrlosten Jugendlichen, die sich von der Gesellschaft nicht angenommen fühlen u. deshalb zu Gewalthandlungen neigen.*

gäng: ↑gang.

Gạng|art, die; **1. a)** *(von Menschen u. Tieren, bes. Pferden) Art u. Weise des Gehens:* der Galopp ist eine der schnellsten Gangarten; in eine schnellere G. verfallen; **b)** *(Sport) Art u. Weise, in der ein Spiel geführt wird, wie u. mit welchem körperlichen Einsatz gekämpft wird:* die Stürmer bedienten sich einer rauen G.; **c)** *(Leichtathletik) Technik beim Gehen* (2). **2.** (Geol.) **a)** *nicht abbauwürdiges Mineral, das eine Erzlagerstätte begleitet;* **b)** *[beim Verhüttungsprozess] Gesamtheit der Schlacken bildenden Bestandteile der Erde.*

gạng|bar ⟨Adj.⟩ [mhd. in: ungancbære]: **1.** *(von einem Weg o. Ä.) so beschaffen, gut einer Benutzung als Weg möglich ist; begehbar:* ein auch im Winter leicht -er Weg. **2. a)** *allgemein üblich od. gebräuchlich; gängig* (1); ♦ **b)** *gängig* (3): Die Lüge muss hier -e Münze sein (Schiller, Kabale V, 2).

Gạng|bar|keit, die; -: *das Gangbarsein.*

Gän|gel|band, das; -[e]s, ...bänder [zu ↑gängeln] (veraltet): ¹Band (1), *an dem ein Kind beim Laufenlernen geführt u. zugleich festgehalten wird:* *jmdn. am G. führen/haben/halten *(jmdn. dauernd bevormunden, gängeln, ihn daran hindern, selbstständig zu werden);* am G. gehen *(dauernd bevormundet werden; sich in all seinen Handlungen von einem anderen lenken, bestimmen lassen).*

Gän|ge|lei, die; -, -en ⟨abwertend⟩: *das Gängeln, Gegängeltwerden.*

gän|geln ⟨sw. V.; hat⟩ [frühnhd. Iterativbildung zu mhd. gengen = gehen machen, verw. mit ↑¹Gang] ⟨abwertend⟩: *dauernd bevormunden; einen anderen in seinem Handeln beeinflussen od. bestimmen;* jmdn. zu g. versuchen.

Gän|ge|lung, die; -, -en ⟨abwertend⟩: *das Gängeln, Gegängeltwerden.*

Gạn|ges [ˈɡaŋɡɛs], der; -: *Fluss in Indien.*

gang|ge|nau ⟨Adj.⟩: *(von einem Uhrwerk) genau, präzis gehend:* ein -es Laufwerk.

Gạng|ge|nau|ig|keit, die; *(von einem Uhrwerk) Genauigkeit, präzises Gehen.*

Gạng|ge|stein, das (Geol.): *Gestein, das in ¹Gängen* (8) *u. Spalten der Erdrinde auftritt.*

gạn|gig ⟨Adj.⟩ [mhd. gengec, für älter: genge, ↑gang]: **1.** *allgemein üblich, gebräuchlich, in Mode:* die -e Meinung; -e Musik; die heute -en Preise; diese Methode ist die -ste. **2.** *viel gekauft, gut verkaufbar:* Anzüge in -en Größen. **3.** *(von Münzen) in Umlauf befindlich, gültig:* -e Münzen. **4.** *sich drehen, bewegen, handhaben lassend u. entsprechend benutzbar, brauchbar:* -e Schrauben; das Schloss wieder g. machen. **5.** (Jägerspr.) *führig* (1).

Gạn|gig|keit, die; -: *das Gängigsein.*

Gạng|li|en|kno|ten, der (Med.): *Ganglion* (1).

Gạng|li|en|zel|le, die (Biol.): *Nervenzelle mit erregungsleitenden Plasmabestandteilen.*

Gạng|li|om [ɡaŋ(ɡ)liˈoːm], das; -s, -e [zu ↑Ganglion] (Anat., Physiol.): *bösartige Geschwulst,*

die von den Ganglien des Sympathikus ihren Ausgang nimmt.

Gạng|li|on [ˈɡaŋɡliɔn], das; -s, ...ien ⟨meist Pl.⟩ (Med.): **1.** [nach einem Vergleich mit Ganglion (2)] *Anhäufung von Nervenzellen in verschiedenen Nervensträngen.* **2.** [lat. ganglion < griech. gagglíon = Geschwulst] *Überbein, Geschwulst an Gelenken.*

Gan|grän, die; -, -en od. das; -s, -e [lat. gangraena < griech. gággraina = fressendes Geschwür] (Med.): ¹*Brand* (5 a).

gan|grä|nes|zie|ren ⟨sw. V.; hat⟩ (Med.): *gangränös werden.*

gan|grä|nös ⟨Adj.⟩ (Med.): *mit Gangränbildung [einhergehend], brandig.*

Gạng|schal|tung, die (Technik): *Vorrichtung, mit deren Hilfe die einzelnen ¹Gänge* (6 a) *eines Getriebes geschaltet werden:* ein Fahrrad mit G.

Gạng|spill, das; -[e]s, -e [niederl. gangspil, aus: gang = ²Gang u. spil, ↑Spill] (Seew.): *Spill mit senkrechter Welle, in dessen Kopf Speichen eingesetzt werden, die von den Matrosen im Rundgang herumgedreht werden, um [Anker]ketten o. Ä. abzuwinden.*

Gangs|ta-Rap, Gangs|ta|rap [ˈɡæŋstəræp], der; engl.-amerik. gangsta rap, nach der Slangaussprache von: gangster (↑Gangster) u. rap, ↑Rap]: **a)** *(an der amerikanischen Westküste entstandener) Stil der Rapmusik mit besonders aggressiven Texten;* **b)** *Song im Stil des Gangsta-Rap* (a).

Gạng|steig, der (südd., österr.): *Bürgersteig.*

Gangs|ter [ˈɡɛŋstɐ], der; -s, - [engl. gangster, zu ↑³Gang] ⟨abwertend⟩: *[in einer ³Gang* (a) *organisierter] Schwerverbrecher;* schwer bewaffnete G.

Gangs|ter|ban|de, die ⟨abwertend⟩: *Bande von Gangstern.*

Gangs|ter|boss, der: *Boss einer Gangsterbande.*

Gangs|ter|braut, die: *Frau, die mit einem Gangster liiert ist.*

Gangs|ter|film, der: *im Milieu von Gangstern spielender Film.*

Gangs|ter|me|tho|de, die ⟨meist Pl.⟩ ⟨abwertend⟩: *Art u. Weise des Handelns, Verhaltens, wie sie [eigentlich nur] von Gangstern erwartet wird:* der Konzern ging mit -n vor.

Gạng|tür, die: *Tür, die einen größeren ¹Gang* (7 c) *abschließt od. im Seitengang eines Zugs als Schwingtür ausgebildet ist.*

Gang|way [ˈɡæŋweɪ], die; -, -s [engl. gangway, eigtl. = Gehweg, aus: gang (↑³Gang) u. way = Weg]: *an ein Schiff od. Flugzeug heranzuschiebende, einem Steg od. einer Treppe ähnliche Vorrichtung, über die die Passagiere ein- u. aussteigen:* die G. hinaufsteigen; das Flugzeug über die G. verlassen.

Ga|no|ve, der; -n, -n [aus der Gaunerspr. < jidd. gannew < hebr. gannāv] (ugs. abwertend): *Verbrecher, Betrüger; Angehöriger der Unterwelt:* einen -n dingfest machen; (auch als Schimpfwort:) dieser G.!

Ga|no|ven|eh|re, die: *Ehre* (2) *im Verständnis eines Ganoven:* das geht gegen seine G.

Ga|no|ven|spra|che, die: *Gaunersprache.*

Ga|no|vin, die; -, -nen: w. Form zu ↑Ganove.

Gans, die; -, Gänse: **1. a)** [mhd., ahd. gans, eigtl. = Faucherin, Gähnerin, nach dem heiseren Fauchen mit geöffnetem Schnabel in erregtem Zustand] *(bes. seines Fleisches wegen als Haustier gehaltener) großer, meist weiß gefiederter Vogel mit gedrungenem Körper, langem Hals u. gewölbter oberer Schnabelhälfte:* die Gänse schnattern; Gänse mästen; eine G. rupfen, braten; **b)** *weibliche Gans;* **c)** *Gänsebraten:* am Martinstag gibt es G. **2.** (ugs. abwertend) *unerfahrene, junge weibliche Person:* die albernen Gänse kicherten immerzu; (auch als Schimpfwort:) blöde, dumme G.!

Gäns|chen, das; -s, -: Vkl. zu ↑Gans.

Gän|se|blüm|chen, das [vermutlich nach einem Vergleich des weißen u. gelben Blütenkopfes mit dem weißen Gefieder u. dem gelben Schnabel der Gans]: *(zu den Korbblütlern gehörende) fast das ganze Jahr hindurch blühende, kleine Pflanze, deren Blüte aus einem gelben Körbchen u. strahlenförmig darum angeordneten schmalen, weißen, an der Spitze oft rosa gefärbten Blütenblättern besteht.*

Gän|se|bra|ten, der: *gebratene Gans.*

Gän|se|brust, die: *[gepökeltes u. geräuchertes] Bruststück der gebratenen Gans.*

Gän|se|ei, das: *Ei einer Gans* (1 b).

Gän|se|fe|der, die: *Feder einer Gans.*

Gän|se|fett, das: *Fett von der Gans.*

Gän|se|fin|ger|kraut, das [vermutlich nach dem langen, biegsamen Stängel der Pflanze, der an den Hals der Gans erinnert]: *Kraut mit gefiederten, auf der Unterseite weißen u. seidig haarigen Blättern u. gelben Blüten.*

Gän|se|füß|chen, das [aus der Druckerspr.; H. u., vermutlich nach dem Abdruck des Gänsefußes] (ugs.): *Anführungszeichen.*

Gän|se|gei|er, der: *Geier mit braunschwarzen Flügeln u. Schwanzfedern u. langem, fast unbefiedertem Hals mit dichter weißer Halskrause.*

Gän|se|haut, die ⟨o. Pl.⟩ [nach der Ähnlichkeit mit der Haut einer gerupften Gans]: *durch Kältereiz od. durch psychische Faktoren (Schreck, Angst) bewirkte Veränderung der Haut, auf der die Haarbälge hervortreten u. die Haare sich aufrichten:* eine G. bekommen; der Anblick verursachte ihm eine G.; *jmdm. läuft eine G. über den Rücken (...); *etw. lässt jmdn. [vor Angst, Entsetzen] schaudern.*

Gän|se|keu|le, die: *Keule* (2) *einer Gans.*

Gän|se|kiel, der: *früher als Schreibfeder benutzte Schwungfeder einer Gans.*

Gän|se|klein, das; -s: **1.** *Gesamtheit von Hals, Kopf, Flügeln u. Innereien einer geschlachteten Gans.* **2.** *Gericht aus Gänseklein* (1).

Gän|se|kraut, das [die klein gehackten Blätter der Pflanzen wurden an die Gänse verfüttert, od. die Pflanze wurde als wertlos erachtet u. man ließ sie als Futter für die Gänse stehen]: **a)** *Gänsekresse;* **b)** *zu den Kreuzblütlern gehörende Pflanze unterschiedlicher Art.*

Gän|se|kres|se, die [vgl. Gänsekraut]: *(zu den Kreuzblütlern gehörende) niedrig, als Polster wachsende Pflanze mit kleinen Blättern u. weißen, bläulichen, rötlichen od. gelben Blüten in Trauben; Gänsekraut* (a).

Gän|se|le|ber, die: *Leber von der Gans.*

Gän|se|le|ber|pas|te|te, die: *mit Gänseleber hergestellte Pastete* (c).

Gän|se|marsch, der; -[e]s, ...märsche ⟨Pl. selten⟩: meist in der Fügung **im G.** *(einer hinter dem anderen gehend):* die Kinder liefen im G. hintereinander her).

Gän|se|rich, der; -s, -e [vgl. Enterich]. **1.** *männliche Gans.* **2.** *Gänsefingerkraut.*

Gän|se|schmalz, das: *ausgelassenes Gänsefett.*

♦ **Gän|se|spu|le,** die [Spule = Kiel einer Vogelfeder (der auch zum Aufwickeln der Webfäden benutzt wird)]: *Gänsekiel:* Wenn du -n brauchst, so zupfe ihnen nur eine Handvoll zarten Pflaum aus den Wangen (Novalis, Heinrich 137).

Gän|se|vo|gel, der ⟨meist Pl.⟩: *(einer Ordnung mit vielen Arten angehörender) vorwiegend an od. auf Gewässern lebender größerer Vogel.*

Gän|se|wein, der ⟨o. Pl.⟩ [zuerst bei Joh. Fischart (um 1546–1590), in dessen »Podagrammisch Trostbüchlein« das Wasser den Gänsen von Gott gegebene Wein ist] (ugs. scherzh.): *Wasser als Getränk.*

Gäns|lein, das; -s, -: Vkl. zu ↑Gans.

Gant, die; -, -en [mhd. gant, zu (m)lat. in quantum = wie viel? (Frage des Auktionators); vgl. gleichbed. ital. incanto, frz. encan] (schweiz., sonst veraltet): *öffentliche Versteigerung.*

gan|ten ⟨sw. V.; hat⟩ (schweiz., sonst veraltet): *versteigern.*

Gan|ter, der; -s, - (nordd.): *Gänserich.*

Ga|ny|med [auch, österr., bayr. nur: ˈgaː...], der; -[s], -e [nach dem Mundschenk des Zeus im griech. Mythologie] (bildungsspr. selten): *junger Diener, Kellner.*

ganz ⟨Adj.⟩ [mhd., ahd. ganz = unversehrt, heil; vollständig; vollkommen, H. u.]: **1. a)** ⟨standardsprachlich nur bei Substantiven im Sg.⟩ *alle[s] ohne Rest, ohne Ausnahme; gesamt; vollständig:* die -e Arbeit; das -e Haus; die -e Familie; die -e Zeit über; das war nicht die -e Wahrheit; -e Landstriche wurden verwüstet; er ist in -er Kerl (ugs.; *jmd., der sich in allen Lebenslagen zurechtfindet, auf den man sich verlassen kann*); wir brauchen für die Arbeit einen -en Mann (*jmdn., der seine Arbeitskraft voll einsetzt*); das ist schon das -e Geheimnis (*mehr verbirgt sich nicht dahinter; die Handhabung o. Ä. ist nicht so kompliziert, wie es erst geschienen hat*); ⟨nicht standardsprachlich auch bei Subst. im Pl.:⟩ das -en (*alle*) Kinder, Häuser; ⟨indekl. bei geographischen Namen o. Art.:⟩ g. Mannheim; in g. Europa; etw. g. aufessen; etw. g. vergessen; das hat sie g. allein (*ohne fremde Hilfe*) gemacht; das ist g. (*völlig*) meine Meinung; sie ist g. die Mutter/(*ist ihrer Mutter in Aussehen u. Wesen sehr ähnlich*); das ist etwas g. anderes (*das ist nicht vergleichbar*); er war g. Würde (*verhielt sich sehr würdevoll*); **b)** ⟨als unbest. Zahladj.⟩ *vollständig, abgeschlossen, ungeteilt:* eine -e Drehung; eine -e Zahl; wir haben drei -e Flaschen Wein und noch eine halbe; er war g. (Musik; *Note, die im Hinblick auf die Dauer des zu spielenden bzw. zu singenden Tones angibt, dass er vier Schläge lang zu halten ist*); * g. und gar (nachdrücklich; *völlig*): er hat g. und gar versagt); **g. und gar nicht** (nachdrücklich; *überhaupt nicht*): das gefällt mir g. und gar nicht). **2. a)** ⟨einschränkend bei Adj.⟩ *ziemlich, einigermaßen:* das Wetter war g. schön; es gefällt mir g. gut; **b)** ⟨intensivierend bei Adj.⟩ *sehr; überaus:* ein g. kleiner Kerl; er war g. begeistert. **3.** (ugs.) *ziemlich* (*viel*), *ziemlich* (*groß*): eine -e Menge; es dauerte eine -e Weile. **4.** ⟨in Verbindung mit einer Kardinalz.⟩ (ugs.) *nicht mehr als.* **5. a)** (ugs.) *unbeschädigt, unversehrt, heil:* er hat nur ein -es Paar Schuhe; etw. wieder g. machen; bei der Explosion ist keine Fensterscheibe g. geblieben; kannst du die Puppe wieder g. machen?; ◆ **b)** ⟨von Menschen⟩ *unversehrt, unverletzt:* Der Graf lebt und ist g. (Schiller, Fiesco II, 11).

Ganz|band, der ⟨Pl. ...bände⟩ (Verlagsw.): *Bucheinband, der ganz mit einem Material (z. B. Leinen, Leder) bezogen ist.*

Gän|ze: nur in den Fügungen **in seiner/ihrer G.** (geh.; *in seiner/ihrer Ganzheit, Vollständigkeit*; *in seinem/ihrem ganzen Umfang*); **zur G.** (*vollständig, ganz*): er hat die Flasche fast zur G. ausgetrunken).

Gan|zes, das Ganze/ein Ganzes; des/eines Ganzen [Subst. zu ↑ ganz]: **1.** *etw., was eine natürliche Einheit bildet, was als Einheit gesehen wird:* die Teile des Bauwerkes bilden ein harmonisches G.; man muss das [große] Ganze im Auge behalten; etw. als G. (*in seiner Ganzheit*) *betrachten;* aufs Ganze, im Ganzen gesehen (*alles in allem, von einem übergeordneten Gesichtspunkt aus betrachtet*). **2.** *die ganze Sache, Angelegenheit; alles:* das Ganze hat keinen Sinn; das Ganze war ein großer Bluff; heute geht es ums Ganze (*steht alles auf dem Spiel*); * nichts G. und nichts Halbes sein (↑ halb 2 a); aufs Ganze gehen (ugs.; *entschlossen u. ohne Umschweife auf sein Ziel losgehen, dass die Sache, um die es geht, sich entscheiden muss*); im Ganzen (1. *insgesamt*: er war im Ganzen dreimal hier. 2. *alles, alle Einzelaspekte zusammengenommen*: im Ganzen [gesehen] war die Sache ein Erfolg); im großen Ganzen (*im Allgemeinen; alles in allem*: diese Entscheidung war im großen Ganzen richtig).

ganz|gar ⟨Adj.⟩ (Gerberei): *fertig gegerbt:* -e Häute.

Ganz|heit, die; -, -en ⟨Pl. selten⟩ [mhd. ganzheit]: *das Ganzsein, Ungeteiltsein; aus zusammengehörigen Teilen bestehende Einheit; Geschlossenheit:* etw. in seiner G. (*als Ganzes*) erfassen.

ganz|heit|lich ⟨Adj.⟩: *auf eine Ganzheit bezogen; über einzelne Fächer o. Ä. hinausgreifend u. so einen größeren Zusammenhang darstellend:* eine -e Betrachtungsweise; -er Unterricht.

Ganz|heit|lich|keit, die; -: *das Ganzheitlichsein; ganzheitliche Beschaffenheit.*

Ganz|heits|er|zie|hung, die: *ganzheitliche Erziehung.*

Ganz|heits|me|di|zin, die ⟨o. Pl.⟩: *Richtung der Medizin, die den erkrankten Menschen in seiner körperlichen u. seelischen Gesamtverfassung zu erfassen u. zu behandeln sucht.*

Ganz|heits|me|tho|de, die ⟨o. Pl.⟩ (Päd.): *Ganzwortmethode.*

Ganz|heits|psy|cho|lo|gie, die: *Richtung der Psychologie, die eine ganzheitliche Betrachtungsweise aller seelischen Vorgänge zu ihrem Prinzip erhoben hat.*

Ganz|jah|res|rei|fen, der: *Autoreifen, der aufgrund seines Profils bei allen im Laufe eines Jahres auftretenden Straßenzuständen gefahren werden kann.*

ganz|jäh|rig ⟨Adj.⟩: *das ganze Jahr über [bestehend, vorkommend]:* das Hotel ist g. geöffnet.

Ganz|le|der|band, der ⟨Pl. ...bände⟩ (Verlagsw.): *in Leder gebundenes Buch.*

ganz|lei|nen ⟨Adj.⟩: **1.** (Textilind.) *aus reinem Leinen [bestehend]:* -es Gewebe. **2.** (Verlagsw.) *ganz aus Leinen [bestehend]:* ein -er Einband.

Ganz|lei|nen, das: **1.** (Textilind.) *ganz aus Leinen bestehendes Gewebe; reines Leinen.* **2.** ⟨meist ohne Art.⟩ (Verlagsw.) *ganz mit Leinen od. leinenartigem Stoff überzogener Bucheinband.*

Ganz|lei|nen|band, der ⟨Pl. ...bände⟩: *in Ganzleinen gebundenes Buch.*

gänz|lich ⟨Adj.⟩ [mhd. genzlich, ganzlich] (nachdrücklich); *völlig, ganz:* ein -er Mangel an Bereitschaft; etw. fehlt g.; eine ihr g. fremde Person.

ganz ma|chen, ganz|ma|chen ⟨sw. V.; hat⟩ (ugs.): *reparieren.*

Ganz|por|trät, das: *Porträt, das eine Person in ganzer Figur zeigt.*

ganz|ran|dig ⟨Adj.⟩ (Bot.): *(von Blättern) mit glattem (nicht gekerbtem, gezähntem o. ä.) Rand.*

ganz|sei|den ⟨Adj.⟩ (seltener): *reinseiden.*

ganz|sei|tig ⟨Adj.⟩: *eine ganze Buchseite o. Ä. einnehmend:* eine -e Anzeige.

ganz|tä|gig ⟨Adj.⟩: *den ganzen Tag lang [dauernd]:* g. arbeiten.

ganz|tags ⟨Adverb⟩: *den ganzen Tag über:* g. arbeiten.

Ganz|tags|ar|beit, die ⟨o. Pl.⟩: *Ganztagsbeschäftigung.*

Ganz|tags|be|schäf|ti|gung, die ⟨o. Pl.⟩: *den vollen Arbeitstag umfassende Beschäftigung* (1 b).

Ganz|tags|be|treu|ung, die: *ganztägige Betreuung.*

Ganz|tags|kin|der|gar|ten, der: *Kindergarten, bei dem die Kinder ganztägig betreut werden.*

Ganz|tags|schu|le, die: *Schule, in der die Schüler vormittags u. nachmittags unterrichtet werden [u. in der sie mittags eine Mahlzeit einnehmen können].*

Ganz|tags|un|ter|richt, der: *ganztägiger Unterricht.*

Ganz|ton, der ⟨Pl. ...töne⟩ (Musik): *zwei Halbtöne umfassendes Intervall; große Sekunde.*

Ganz|ton|lei|ter, die (Musik): *Tonleiter, die nur aus Ganztönen besteht.*

Ganz|wort|me|tho|de, die ⟨Pl. selten⟩ (Päd.): *Methode des Unterrichts im Lesen, bei der von ganzen Wörtern, nicht von Buchstaben ausgegangen wird.*

ganz|zah|lig ⟨Adj.⟩ (Math.): *aus einer ganzen Zahl [bestehend]:* eine -e Zahl.

Ganz|zah|lig|keit, die; - (Math.): *das Ganzzahligsein.*

¹gar ⟨Adj.⟩ [mhd. gar, ahd. garo = bereit, gerüstet; ganz]: **1.** *(von bestimmten Nahrungsmitteln) fertig gekocht, gebraten, gebacken:* das -e Fleisch vom Knochen ablösen; der Dampf macht das Fleisch schneller g.; die Suppe auf kleiner Flamme g. kochen; Knödel g. ziehen lassen; g. gekochte Suppe; die Kartoffeln sind noch nicht, sind erst halb g. **2.** (Landwirtsch.) *(vom Ackerboden) in dem für eine Bestellung günstigsten Zustand:* der Boden ist g. **3.** ⟨nicht attr.⟩ (ugs.) *aufgebraucht, aufgezehrt:* unser Geld war g.; die Vorräte werden bald g. sein.

²gar ⟨Adv.⟩: **1.** ⟨verstärkend bei Verneinungen⟩ *überhaupt:* g. nicht[s]; g. kein; sie stellte g. keine Fragen; warum nicht g.?; das ist doch ganz und g. nicht wahr. **2.** (südd., österr., schweiz.) *sehr:* das schmeckt g. gut; das klingt so g. traurig.

³gar ⟨Partikel⟩: **1.** ⟨unbetont⟩ wirkt verstärkend bei Vermutungen, [rhetorischen] Fragen: er wird es doch nicht g. gestohlen haben?; habe ich das Buch g. falsch eingestellt? **2.** ⟨unbetont⟩ verstärkt ein steigerndes »zu« od. »so«: es wäre g. zu gerne mitgefahren; das ist g. zu kompliziert; sie ist g. so empfindlich, g. so zart. **3.** ⟨unbetont⟩ wirkt (häufig in Verbindung mit »sogar«) verstärkend, hervorhebend in Aussagen; ²erst (2): der Schmutz im Hotel war schon schlimm, und g. das Ungeziefer; es reichte schon unangenehm werden, und g. seine Frau; eine Prognose für die nächsten Monate oder g. für das erste Halbjahr ist nicht möglich. **4.** ⟨unbetont⟩ wirkt verstärkend bei Behauptungen; *wirklich; tatsächlich:* er ist g. zu allem fähig.

Ga|ra|ge [gaˈraːʒə, österr. meist: ...ʃ], die; -, -n [frz. garage, zu: garer = in Sicherheit bringen, aus dem Germ., verw. mit ↑ wahren]: **1.** *Raum zum Einstellen von Kraftfahrzeugen:* das Auto aus der G. holen, in die G. fahren, bringen, stellen. **2.** ⟨selten⟩ *Autowerkstatt.*

Ga|ra|gen|ein|fahrt, die: *Einfahrt in eine Garage.*

Ga|ra|gen|fir|ma, die: *kleines, mit geringem Startkapital gegründetes Unternehmen.*

Ga|ra|gen|tor, das: *Tor einer Garage.*

Ga|ra|gen|wa|gen, der: *Personenwagen, der immer in der Garage geparkt wird u. so mutmaßlich weniger Schäden durch Witterungseinflüsse aufweist als ein im Freien geparktes Fahrzeug.*

ga|ra|gie|ren [garaˈʒiːrən] ⟨sw. V.; hat⟩ (österr., schweiz.): *(ein Kraftfahrzeug) in die Garage einstellen.*

Ga|ra|mond [garaˈmõ], die; - [nach dem frz. Stempelschneider C. Garamond (um 1480–1561)]: *moderne Antiquadruckschrift (die eine Kopie einer alten Antiquadruckschrift Garamonds darstellt).*

Ga|rant, der; -en, -en [frz. garant < afrz. g(u)arant, warant, aus dem Germ., verw. mit ↑ gewähren]: *Person, Institution o. Ä., die (durch ihr Ansehen)*

Garantie – Gare

Gewähr für die Sicherung, Erhaltung o. Ä. von etw. bietet: der Staatenbund war der G. des Friedens.

Ga|ran|tie, die; -, -n [frz. garantie, zu: garant, ↑ Garant]: **1. a)** *Gewähr, Sicherheit:* der Einsatz ist keine G. für einen Erfolg; für die Richtigkeit der Angaben können wir keine G. übernehmen; dass da etwas nicht stimmt, darauf gebe ich dir meine G. (ugs.; *das steht für mich außer Zweifel*); ich glaube, er kommt heute, aber ohne G. (ugs.; *ganz genau weiß ich es nicht*); wenn du dich nicht beeilst, kommst du unter G. (ugs.; *ganz bestimmt, mit Sicherheit*) zu spät; **b)** (Kaufmannsspr.) *vom Hersteller schriftlich gegebene Zusicherung, innerhalb eines bestimmten begrenzten Zeitraums auftretende Defekte an einem gekauften Gegenstand kostenlos zu beheben:* die G. auf, für das Gerät ist abgelaufen; die Uhr hat ein Jahr G.; das Werk gibt, leistet [eine] G.; die Reparatur geht noch auf G., fällt noch unter die G. **2. a)** *einen bestimmten Sachverhalt betreffende verbindliche Zusage, [vertraglich festgelegte] Sicherheit:* -n gegen Freiheitsbeschränkungen; **b)** (Bankw.) *Sicherheit* (5), *Bürgschaft* (1).

Ga|ran|tie|er|klä|rung, die: *einen bestimmten Sachverhalt betreffende verbindliche Zusage, öffentliche Erklärung.*

Ga|ran|tie|fonds, der (Wirtsch.): *geschlossener Fonds mit begrenzter Laufzeit u. garantierter Auszahlung zu einem festgesetzten Zeitpunkt.*

Ga|ran|tie|frist, die: vgl. *Garantiezeit.*

Ga|ran|tie|leis|tung, die: **a)** ⟨o. Pl.⟩ *das Leisten von Garantie* (1 b): bei Beschädigung durch unsachgemäße Behandlung entfällt die G. des Herstellers; **b)** *aufgrund einer Garantie* (1 b) *erbrachte od. zu erbringende Leistung:* der Liefervertrag beinhaltet -en wie Wartung und Reparaturen.

ga|ran|tie|ren ⟨sw. V.; hat⟩ [frz. garantir]: **a)** *(durch Versprechen) fest zusichern, zusagen:* [jmdm.] ein festes Einkommen, geregelte Freizeit g.; ich garantiere dir (ugs.; *ich bin fest davon überzeugt*), das wird großartig; **b)** *gewährleisten, sicherstellen, sichern:* die Verfassung garantiert die Rechte der Bürger; **c)** *für Garantie* (1) *übernehmen, sich verbürgen:* wir garantieren für die Qualität der Ware.

ga|ran|tiert ⟨Adv.⟩ (ugs.): *mit Sicherheit, bestimmt:* er hat es g. vergessen.

Ga|ran|tie|schein, der: *einer Ware beigepackter od. dem Käufer ausgehändigter Schein, der eine Garantie* (1 b) *zusichert.*

Ga|ran|tie|zeit, die: *Zeit, innerhalb der eine Garantie* (1 b) *gilt.*

Ga|ran|tin, die; -, -nen: w. Form zu ↑ Garant: diese Partei als G. der Ausgleichspolitik.

Ga|r|aus, *in:* **1.** [hervorgegangen aus dem Ruf »gar aus!« = vollständig aus!, mit dem seit dem 15. Jh. in Süddeutschland die Polizeistunde geboten wurde] **jmdm. den G. machen** (meist ugs. scherzh.: *jmdn. töten, umbringen:* sie wollten ihm den G. machen; er hatte keine Ruhe, bis er der Fliege den G. gemacht hatte). **2.** ⟨der; -, -⟩ [vermutlich so benannt, weil die Pflanze als Halbschmarotzer den Gräsern ihrer Umgebung anorganische Salze entzieht u. ihnen so »den Garaus macht«] *Kraut mit eiförmigen, am Rande gezähnten Blättern u. ährenartigen weißen od. bläulichen Blüten.*

¹Gar|be, die; -, -n [mhd. garbe, ahd. garba, eigtl. = *Zusammengriffenes*]: **1.** *(bei der Ernte) gebündelte u. zum Aufstellen zusammengebundene Menge geschnittener Getreidehalme:* -n binden, aufstellen. **2.** *Serie von schnell abgefeuerten Geschossen in keilförmiger Streuung:* mit einem Maschinengewehr eine G. abgeben.

²Gar|be, die; -, -n: *Schafgarbe.*

Gar|ben|bin|de|ma|schi|ne, die: *landwirtschaftliche Maschine, die mit der Mähmaschine gekoppelt ist u. das gemähte Getreide sofort nach dem Schnitt zu Garben bindet; Mähbinder.*

Gar|ben|bin|der, der: *Garbenbindemaschine.*

Gar|ben|bün|del, das: *¹Garbe* (1).

Gar|çon [gar'sõː], der; -s, -s [frz. garçon, aus dem Germ.] (veraltet): **1.** *Kellner.* **2.** *junger Mann; Junggeselle.*

Gar|çon|ne [gar'sɔn], die; -, -n [...nən] [frz. garçonne]: **1.** (veraltet) *Junggesellin; knabenhaft wirkende Frau.* **2.** ⟨o. Pl.⟩ *knabenhafte Mode (um 1925 u. wieder um 1950).*

Gar|çon|ni|ère [garsɔ'njɛːr], die; -, -n [frz. garçonnière = *Mädchenzimmer,* auch: *Wohnung eines Junggesellen od. einer Junggesellin*] (österr.): *Einzimmerwohnung.*

Gar|da|see, der; -s: *See in Oberitalien.*

Gar|de, die; -, -n [(a)frz. garde, zu: garder = *schützen, bewachen,* aus dem Germ.]: **1. a)** (Militär früher) *Eliteruppe;* **b)** *meist mit farbenprächtigen Uniformen ausgestattetes Regiment für den persönlichen Schutz eines Monarchen; Leibgarde:* vor dem Schloss ist die königliche G. aufgezogen. **2.** *Gruppe von Menschen, die eine gemeinsame Aufgabe erfüllen, an der gleichen Sache arbeiten, beteiligt sind:* sich mit einer G. von Helfern umgeben; gehört zur alten G. in diesem Betrieb *(zur Gruppe der langjährigen, zuverlässigen Mitarbeiter);* * **noch [einer] von der alten G. sein** *(ein Mensch von verlässlicher, am Alten festhaltender Denkart sein).* **3.** *zur Karnevalszeit in farbenprächtigen Uniformen auftretende Gruppe eines Karnevalsvereins.*

Gar|de|korps [ˈɡardəkoːɐ̯], das: *aus Garden* (1 a) *gebildete Truppe.*

Gar|de|maß, das: **1.** (früher) *bestimmte für Gardesoldaten vorgeschriebene Körpergröße.* **2.** (scherzh.) *stattliche Körpergröße:* ein Mannequin mit G.

Gar|de|nie, die; -, -n [nach dem schott. Botaniker A. Garden (18. Jh.)]: *(vorwiegend in den Tropen beheimateter) artenreicher immergrüner Strauch od. Baum mit glänzenden, ledrigen Blättern u. großen, duftenden, gelben od. weißen Blüten.*

Gar|de|of|fi|zier, der: *Offizier der Garde* (1 a, b).

Gar|de|re|gi|ment, das: *Garde* (1 a, b).

Gar|de|ro|be [bayr., österr. auch: ...roːb], die; -, -n [frz. garde-robe, aus: garde (↑ Garde) u. robe (↑ Robe), eigtl. = *Kleiderverwahrung*]: **1.** ⟨o. Pl.⟩ *[gesamte] Oberbekleidung, die jmd. besitzt od. gerade trägt:* für diesen Anlass fehlt ihr die passende G.; er besitzt wenig G.; neue G. kaufen; seine G. pflegen; wir harren bis zur G. *(für Mäntel, Hüte o. Ä.) der Gäste.* **2. a)** *(aus Garderobenhaken, Schirmständer, Spiegel usw. bestehende) Gruppe von Einrichtungsgegenständen zum Ablegen von Mänteln, Hüten o. Ä.:* Hut und Mantel an die G. hängen; **b)** *kleiner Raum, Nische o. Ä. zum Ablegen der Mäntel, Hüte o. Ä.* **3.** *abgeteilter Raum in einem Theater, Museum o. Ä., wo die Besucher ihre Mäntel, Hüte o. Ä. abgeben:* die Mäntel an der G. abgeben; die G. *(die Aufbewahrung von Mantel u. Hut o. Ä. in der Garderobe)* kostet 1 Euro. **4.** *Ankleideraum eines Künstlers im Theater.* **5. a)** *Ankleidezimmer;* ♦ **b)** ⟨o. Pl.⟩ *Dienerschaft:* ...ruft meine ganze G. in diesen Saal zusammen (Schiller, Kabale IV, 9).

Gar|de|ro|ben|frau, die: *Frau, die an der Theatergarderobe die Mäntel usw. der Besucher in Empfang nimmt.*

Gar|de|ro|ben|ha|ken, der: *an der Wand o. Ä. angebrachter Haken zum Aufhängen der Mäntel, Hüte o. Ä.*

Gar|de|ro|ben|mar|ke, die: *Marke mit Nummer, die ein Besucher beim Abgeben seines Mantels o. Ä. an der Garderobe* (3) *erhält.*

Gar|de|ro|ben|schrank, der: *[zur Garderobe* (2 a) *gehörender] Schrank, in dem Mäntel, Hüte o. Ä. aufgehängt, abgelegt werden.*

Gar|de|ro|ben|spie|gel, der: *zu einer Garderobe* (2 a) *gehörender Spiegel.*

Gar|de|ro|ben|stän|der, der: *Gestell mit zahlreichen Haken zum Aufhängen, Ablegen von Mänteln, Hüten o. Ä.*

Gar|de|ro|bi|er [gardəro'bjeː], der; -s, -s (Theater): *männliche Person, die die Aufgabe hat, einem Künstler beim Ankleiden usw. zu helfen, u. die für die Pflege der Kostüme verantwortlich ist* (Berufsbez.).

Gar|de|ro|bi|e|re, die; -, -n: w. Form zu ↑ Garderobier.

Gar|de|sol|dat, der: *Soldat einer Garde* (1 a, b).

Gar|de|tanz, der: *Tanz einer Garde* (3).

gar|dez! [gar'deː; frz. gardez la dame = schützen Sie (Ihre Dame)!, zu: garder, ↑ Garde] (Schach): *(von Laien verwendeter) höflicher Hinweis für den Gegner, dass seine ¹Dame* (2 a) *bedroht ist.*

Gar|di|ne, die; -, -n [aus dem Niederd. < niederl. gordijn, urspr. = *Bettvorhang* < frz. courtine < kirchenlat. cortina = *Vorhang,* zu lat. cors, cohors (Gen.: cortis, cohortis) < griech. chórtos = *Einzäunung, Hofraum*]: *¹Store:* -n aufhängen, abnehmen, spannen, zuziehen; sie haben noch keine -n vor den Fenstern; * **hinter schwedischen -n/hinter schwedische -n** (ugs. scherzh.; *im/ins Gefängnis;* aus der Gaunerspr., »Gardinen« stehen ironisch für die Gitterstäbe; das Attribut »schwedisch« bezieht sich auf die Beschaffenheit der Gefängnisgitter aus schwedischem Stahl: er hat drei Jahre hinter schwedischen -n gesessen, zugebracht; jmdn. hinter schwedische -n bringen).

Gar|di|nen|bett, das: **a)** *Bett, das wie ein Himmelbett angefertigt ist u. zusätzlich an seinen Seiten u. am Fußende Gardinen hat, die zugezogen werden können;* ♦ **b)** *(bes. im nordfriesischen Bauernhaus) in die Wand eingelassene Bettstelle, vor der eine Gardine angebracht ist:* ...ein sehr sauberes G., vor dem ein ungefüger... Schemel stand (Storm, Schimmelreiter 111).

Gar|di|nen|leis|te, die: *an der Decke, über dem Fenster angebrachte Leiste mit einer od. mehreren Laufschienen od. Laufrillen zur Führung der Gardinenringe; Gardinenstange* (a).

Gar|di|nen|pre|digt, die [entspr. älter niederl. gordijnpreek, älter engl. curtain lecture = *nächtliche Strafpredigt, mit der die Ehefrau den vom Wirtshaus heimkehrenden betrunkenen Mann hinter dem Bettvorhang empfing*] (ugs. scherzh.): *Vorhaltungen in strafendem Ton, durch die jmd. seine Verärgerung zu erkennen gibt:* er hält seiner Frau eine G.; Na, und dann die ganze G.: Anarchismus war das wenigste. Werksegoismus, persönliche Unbeherrschtheit, Anmaßung von Dienstfunktionen und so weiter (Chr. Wolff, Himmel 163).

Gar|di|nen|ring, der: *Ring, der zu einer Anzahl gleichartiger Ringe gehört, an denen eine Gardine aufgehängt wird.*

Gar|di|nen|stan|ge, die: **a)** *Gardinenleiste;* **b)** *Stab, mit dem eine Gardine auf- u. zugezogen werden kann; Schleuderstange;* **c)** *Stäbchen zum Befestigen von Scheibengardinen.*

Gar|di|nen|stoff, der: *Stoff, aus dem Gardinen gemacht werden.*

Gar|dist, der; -en, -en [zu ↑ Garde]: *Angehöriger der Garde* (1).

Gar|dis|tin, die; -, -nen: w. Form zu ↑ Gardist.

Ga|re, die; -: **1.** (Kochkunst) *Zustand des Gar-*

seins. **2.** (Landwirtsch.) *für den Anbau günstigste Beschaffenheit des Bodens.*
ga|ren ⟨sw. V.; hat⟩ [zu ↑ ¹gar]: **1.** (Kochkunst) **a)** *gar werden lassen:* Fleisch [auf kleiner Flamme] g.; Reis in kochendem Wasser 20 Minuten lang g.; **b)** *gar werden:* etw. [auf kleiner Flamme] g. lassen. **2.** (Hüttenw.) *gewonnenes Metall einer letzten Reinigung unterziehen, um es gießfertig zu machen.*
gä|ren ⟨st. u., bes. in übertr. Bed., sw. V.⟩ [mhd. gern, jern, entstanden durch das Eindringen der r-Formen des Präteritums (mhd. jaren) von mhd. jesen, ahd. jesan in den Präsensstamm u. unter Einfluss des Anlautes von ↑ ¹gar; eigtl. = aufwallen, brodeln]: **1. a)** ⟨hat/ist⟩ *sich teilweise (bes. [schäumend] unter Bildung von Alkohol od. Milchsäure od. Buttersäure) zersetzen, sich in Gärung befinden:* der Most, das Bier gärt; der Teig gärte/gor; der Wein hat/ist gegoren/(seltener:) gegärt; der Wein ist zu Essig gegoren, gegorener *(durch Gärung verdorbener)* Saft; **b)** ⟨hat⟩ *zu bestimmten Zwecken in Gärung bringen:* Bier, Tabak g. **2.** ⟨hat⟩ *in jmdm. Unruhe [u. Unzufriedenheit] verursachen:* der Hass, die Wut, die Leidenschaft gärt in ihm; der Aufruhr gärte/(seltener:) gor im Volk; ⟨unpers.:⟩ in ihm, in der Bevölkerung hatte es schon lange gegärt; gärende Wut.
Gär|fut|ter, das (Landwirtsch.): *im Silo als Vorrat eingesäuertes pflanzliches Futter; Ensilage* (b).
gä|rig ⟨Adj.⟩ [zu ↑ gären] (veraltet): *gärend, in Gärung [übergegangen u. daher verdorben, ungenießbar].*
Gar|koch, der: *Koch in einer Garküche* (1).
gar ko|chen, gar|ko|chen ⟨sw. V.; hat⟩: *durch Kochen gar machen:* die Suppe auf kleiner Flamme g. können; gar gekochte Suppe; das Fleisch ist gar gekocht.
Gar|kö|chin, die: w. Form zu ↑ Garkoch.
◆ **Gar|kö|nig,** der [aus Bergmannsspr. gar = fertig verhüttet u. König = in der Alchemistenspr. Bez. für das reine Metall] (Bergmannsspr.): *geläutertes, geschiedenes Metall:* Hier unten bist du ein blinder Maulwurf, dem der Metallfürst ewig abhold bleiben wird, und oben vermagst du auch nichts zu unternehmen und stellst vergebens dem G. nach (E. T. A. Hoffmann, Bergwerke 27).
Gar|kü|che, die: **1.** *einfache Speisegaststätte.* **2.** *Küche einer einfachen Speisegaststätte od. Kantine.*
Gär|mit|tel, das: *Mittel, durch das ein Gärprozess eingeleitet wird.*
Garn, das; -[e]s, -e [mhd., ahd. garn, eigtl. = Darm, ursprl. Bez. für die aus getrockneten Därmen gedrehte Schnur, verw. mit griech. chordé, ↑ Chorda]: **1. a)** *Faden aus Fasern:* feines, dünnes, kräftiges, einfaches, zwei-, dreifaches G.; G. ab-, aufspulen; G. färben; Flachs zu G. spinnen; **b)** (Seew.) *starker, oft geteerter Faden zum Vernähen von Segeltuch;* **c)** (Seemannsspr.) *(bes. von einem Seemann erzählte) erfundene, fantastische, fantastisch ausgeschmückte Geschichte:* meist in der Wendung **[s]ein G. spinnen** *(eine erfundene Geschichte erzählen:* der Steuermann spann sein G. vor versammelter Mannschaft). **2.** (Jagdw., Fischereiw.) *Netz:* das Wild ins G. treiben, locken; * **jmdn. ins G. gehen** (↑ Netz); **jmdn. ins G. locken** *(jmdn. mit etw. [an]locken, ihm eine Falle stellen u. ihn so überlisten).*
Gar|ne|le, die; -, -n [frühnhd. garnad < mniederl. gheenaert, H. u.]: *(im Meer lebender) Krebs mit langen Fühlern, schlankem, seitlich abgeflachtem, meist durchsichtigem Körper u. langem, kräftigem Hinterleib.*

Gar|ne|len|fi|scher, der: *Fischer, der Garnelen fängt.*
Gar|ne|len|fi|sche|rin, die: w. Form zu ↑ Garnelenfischer.
gar|ni: ↑ Hotel garni.
Gar|nichts, der od. das; -, -e ⟨Pl. selten⟩ (abwertend): *Mensch, Wesen ohne irgendeine Bedeutung; Nichts.*
gar|nie|ren ⟨sw. V.; hat⟩ [(a)frz. garnir, urspr. = (aus)rüsten, aus dem Germ., urspr. = vorsehen, verw. mit ↑ warnen]: **a)** *etw. verzieren, schmücken:* einen Tisch mit Blumen g.; einen Hut mit einem Band g.; **b)** *mit schmückenden, verzierenden, würzenden, schmackhaft machenden Zutaten versehen:* eine Fleischplatte mit Petersilie, mit Mayonnaise, mit verschiedenen Gemüsen g.; eine Torte g.
Gar|nier|sprit|ze, die (Kochkunst): *Röhre mit einer Spritze, durch deren Öffnung Creme o. Ä. zur Garnierung auf Speisen gespritzt wird:* Sahne mit der G. auftragen, verteilen.
Gar|nie|rung, die; -, -en: **1.** *das Garnieren* (1). **2.** *etw. Garnierendes; garnierende Zutat.*
Gar|ni|son, die; -, -en [frz. garnison = Besatzung; eigtl. Schutz-, Verteidigungsausrüstung, zu: garnir, ↑ garnieren]: **1.** *Standort einer [Besatzungs]truppe:* in N. liegen, legen; die G. verlassen; die Truppe ist jetzt in der G. **2.** *Gesamtheit der an einem Standort stationierten [Besatzungs]truppen:* die G. rückte zum Manöver aus; eine Stadt mit einer G. belegen.
Gar|ni|sons|kir|che, Gar|ni|sons|kir|che, die: *Kirche einer Garnison.*
Gar|ni|sons|stadt, Gar|ni|son|stadt, die: *Stadt, in der eine Garnison* (2) *stationiert ist.*
Gar|ni|tur, die; -, -en [frz. garniture, zu: garnir, ↑ garnieren]: **1. a)** *Gesamtheit verschiedener zusammengehörender, zusammenpassender, aufeinander abgestimmter [Kleidungs-, Ausstattungs]stücke, die gemeinsam einem bestimmten Zweck dienen:* eine G. für den Schreibtisch (Schreibtischgarnitur); eine G. [Unterwäsche] (Wäschegarnitur); eine G. Knöpfe; eine G. *(Uniform)* für festliche Anlässe; **b)** *die erste, zweite, zweitbeste o. ä. G.* (die besten, weniger guten Vertreter aus einer Gruppe: die erste, zweite, zweitbeste G. einer Mannschaft, einer Partei). **2. a)** *Garnierung* (2 a), *Verzierung, Besatz:* zum Annähen; ein Hut und ein Kleid mit passender G.; **b)** (Kochkunst) *Garnierung* (2 a) *von Speisen.* **3.** (Handwerk) *Gesamtheit der Beschläge:* ein Koffer mit einer G. aus Messing. **4.** (salopp) *Geschlechtsteile (des Mannes).*
Garn|knäu|el, der u. das: *Knäuel aus Garn* (1 a).
Garn|rol|le, die: *Rolle, auf die Garn* (1 a) *gespult ist.*
Garn|spu|le, die: *Spule* (1) *für Garn* (1 a, b).
Garn|stär|ke, die: *Stärke von Garn* (1 a).
Ga|rot|te usw.: ↑ Garrotte usw.
Gär|pro|zess, der: *chemischer Prozess des Gärens* (1 a).
Gar|rot|te, die; -, -n [span. garrote] (früher): *Halseisen zur Vollstreckung der Todesstrafe (in Spanien).*
gar|rot|tie|ren, garottieren ⟨sw. V.; hat⟩ (früher): *mit der Garrotte hinrichten.*
gars|tig ⟨Adj.⟩ [zu mhd. garst = ranzig, verdorben; H. u.]: **1.** *sich jmdm. gegenüber äußerst unfreundlich, ungezogen verhaltend:* ein -es Kind; der war gestern g. zu (auch:) gegen deine Eltern! **2.** *den Widerwillen, mit Entsetzen verbundenen Abscheu des Betrachters hervorrufend; abscheulich, hässlich u. böse:* ein -er Zwerg; eine G. Hexe. **3.** *als unangenehm, störend, beeinträchtigend empfunden werdend:* ein -es Wetter; ein -er Geruch.

Gars|tig|keit, die; -, -en: **1.** ⟨o. Pl.⟩ *garstige Beschaffenheit, garstiges Wesen.* **2.** *garstige* (1) *Handlung, Äußerung:* er musste all ihre -en ertragen.
Gär|stoff, der: *Gärung hervorrufender Stoff.*
Gärt|chen, das; -s, -: Vkl. zu ↑ Garten.
Gar|ten, der; -s, Gärten [mhd. garte, ahd. garto, eigtl. = das Umzäunte, verw. mit lat. cohors, ↑ Gardine]: *begrenztes Stück Land [am, um ein Haus] zur Anpflanzung von Gemüse, Obst, Blumen o. Ä.:* ein gepflegter, verwilderter, blühender G.; ein Stück G.; einen G. anlegen, umgraben, bebauen, pflegen; im G. arbeiten; R das ist nicht in seinem G. gewachsen *(stammt nicht von ihm, gehört ihm nicht, hat er nicht fertiggebracht, hat er nicht durch eigenes Überlegen hervorgebracht, erarbeitet);* * **botanischer G.** *(ausgedehnte gärtnerische Anlage, in der viele verschiedene, auch exotische Pflanzen betrachtet werden können);* **zoologischer G.** *(Zoo, Tierpark);* **hängende Gärten** *(an Abhängen terrassenförmig angelegte Gartenanlagen im Altertum);* **englischer G.** *(der natürlichen Landschaft angeglichene, großflächige, gärtnerisch gestaltete Anlage; eigtl. = Garten im englischen Stil);* **der G. Eden** (↑ Eden 1); **quer durch den G.** (ugs.: scherzh.; *[von Suppe, Eintopf] viele verschiedene Sorten Gemüse o. Ä. enthaltend.* 2. oft spött.: *in bunter Vielfalt).*
Gar|ten|ab|fall, der: *bei der Gartenarbeit anfallender Abfall (wie Laub, gejätetes Unkraut); Gartenabfälle kompostieren.*
Gar|ten|amt, das: *für Gärten und Grünflächen zuständiges Amt.*
Gar|ten|an|la|ge, die: *gärtnerisch gestaltete Grünfläche.*
Gar|ten|ar|beit, die: *in einem Garten anfallende Arbeit.*
Gar|ten|ar|chi|tekt, der: *jmd., der für die Planung u. Gestaltung von Gärten u. Parks ausgebildet ist.*
Gar|ten|ar|chi|tek|tin, die: w. Form zu ↑ Gartenarchitekt.
Gar|ten|bank, die ⟨Pl. …bänke⟩: *in einem Garten stehende* ¹Bank (1).
Gar|ten|bau, der ⟨o. Pl.⟩: *(intensiver) Pflanzenbau (in Gärten, Baumschulen usw.), bes. Anbau von Gemüse, Obst, Blumen:* G. treiben.
Gar|ten|bau|amt, das: *Gartenamt.*
Gar|ten|bau|ar|chi|tekt, der: *Gartenarchitekt.*
Gar|ten|bau|ar|chi|tek|tin, die: w. Form zu ↑ Gartenbauarchitekt.
Gar|ten|bau|aus|stel|lung, die: *Ausstellung, auf der Gartenanlagen, Erzeugnisse des Gartenbaus usw. besichtigt werden können.*
Gar|ten|bau|be|trieb, der: *Betrieb für Gartenbau.*
Gar|ten|bau|in|ge|nieur, der: *jmd., der auf einer Fachhochschule für Gartenbau od. Landespflege ausgebildet wurde (Berufsbez.).*
Gar|ten|bau|in|ge|nieu|rin, die: w. Form zu ↑ Gartenbauingenieur.
gar|ten|bau|lich ⟨Adj.⟩: *den Gartenbau betreffend.*
Gar|ten|beet, das: *Beet im Garten.*
Gar|ten|be|sit|zer, der: *Besitzer eines Gartens.*
Gar|ten|be|sit|ze|rin, die: w. Form zu ↑ Gartenbesitzer.
Gar|ten|cen|ter, das: *Fachmarkt mit einem auf den Bedarf von Gartenbesitzern ausgerichteten Warenangebot.*
Gar|ten|er|de, die: *Erde in einem Garten; Erde, die für einen Garten geeignet ist.*
Gar|ten|fest, das: *[sommerliches] Fest im Garten.*
Gar|ten|form, die: *in Gärten angebaute Kulturform einer Pflanze.*
Gar|ten|freund, der: *jmd., der sich aus Liebhaberei mit Gartenpflege u. -gestaltung beschäftigt.*

Gar|ten|freun|din, die: w. Form zu ↑ Gartenfreund.
Gar|ten|ge|mü|se, das: *im Garten gezogenes Gemüse.*
Gar|ten|ge|rät, das: **1.** *Gerät* (1 a) *für Gartenarbeit.* **2.** ⟨o. Pl.⟩ *Gerät* (2) *für Gartenarbeit.*
Gar|ten|ge|stal|tung, die: *Gestaltung eines Gartens.*
Gar|ten|hag, der; -[e]s, ...häge (schweiz.): *Gartenenfriedung (wie Hecke, Zaun o. Ä.).*
Gar|ten|haus, das: **1.** *kleines Haus in einem Garten.* **2.** (landsch.) *Hinterhaus mit Garten.*
Gar|ten|häus|chen, das: Vkl. zu ↑ Gartenhaus.
Gar|ten|ko|lo|nie, die: *große zusammenhängende Gruppe von Kleingärten.*
Gar|ten|kräu|ter ⟨Pl.⟩: *im Garten angebaute Kräuter.*
Gar|ten|kres|se, die: *für Salate verwendete Gartenform der Kresse.*
Gar|ten|kunst, die: *Kunst der ästhetischen Gestaltung von Ziergärten u. Parks.*
Gar|ten|lau|be, die: *Laube im Garten:* in der G. sitzen, frühstücken.
Gar|ten|laub|kä|fer, der: *(durch Blattfraß in Laubwäldern u. Gärten Schäden anrichtender) Käfer mit grünem bis grünlich blauem Kopf u. Halsschild sowie metallisch grün od. blauschwarz schillernder Unterseite.*
Gar|ten|lo|kal, das: *im Freien betriebene Gaststätte.*
Gar|ten|markt, der: *Gartencenter.*
Gar|ten|mau|er, die: *einen Garten begrenzende Mauer.*
Gar|ten|meis|ter, der: *ausgebildeter Gärtner in beaufsichtigender Dienststellung (bes. bei einer Behörde).*
Gar|ten|meis|te|rin, die: w. Form zu ↑ Gartenmeister.
Gar|ten|mö|bel, das (meist Pl.): *für den Gebrauch im Garten bestimmtes Möbel.*
Gar|ten|par|ty, die: *[sommerliche] Party im Garten.*
Gar|ten|pflan|ze, die: vgl. Gartengemüse.
Gar|ten|pfle|ge, die: *Pflege des Gartens.*
Gar|ten|rot|schwanz, der: *vor allem in Parks und Gärten lebender Rotschwanz.*
Gar|ten|saal, der: *zum Garten sich öffnender Saal.*
Gar|ten|sän|ger, der: *Gelbspötter.*
Gar|ten|schach, das: *im Freien auf einem dem Schachbrett nachgebildeten großen Quadrat mit großen Figuren gespieltes Schach.*
Gar|ten|schau, die: *große öffentliche Gartenbauausstellung.*
Gar|ten|sche|re, die: *Baumschere.*
Gar|ten|schlauch, der: *Schlauch mit einer [Spritz]vorrichtung zum Sprengen des Gartens.*
Gar|ten|spöt|ter, der: *Gelbspötter.*
Gar|ten|sprit|ze, die: *Spritze mit Schlauch zum Sprengen des Gartens.*
Gar|ten|stadt, die [LÜ von engl. garden city, gepr. 1898 von dem Engländer E. Howard]: *Stadt[teil], Siedlung mit Gärten u. Grünflächen am Rande od. in der Nähe einer Großstadt.*
Gar|ten|stuhl, der: *Stuhl zur Verwendung im Freien.*
Gar|ten|teich, der: *in einem Garten künstlich angelegter Teich.*
Gar|ten|the|a|ter, das: *Freilichttheater, dessen Spielfläche die Landschaft (bes. einen Park) als Kulisse einbezieht.*
Gar|ten|tisch, der: vgl. Gartenstuhl.
Gar|ten|tor, das: *Tor als Eingang zum Garten.*
Gar|ten|tür, die: vgl. Gartentor.
Gar|ten|weg, der: *durch den Garten führender Weg.*
Gar|ten|wirt|schaft, die: *Gartenlokal.*

Gar|ten|zaun, der: *den Garten abgrenzender Zaun.*
Gar|ten|zim|mer, das: *Zimmer mit Tür u. breitem Fenster zum Garten.*
Gar|ten|zwerg, der: **1.** *bunte kleine Figur in Gestalt eines Zwerges* (1), *die im Garten aufgestellt wird.* **2.** (ugs. abwertend) *als hässlich empfundener kleiner Mensch:* du eingebildeter G.!
Gärt|ner, der; -s, - [mhd. gartenære, zu ↑ Garten]: **a)** *jmd., der Gartenbau betreibt, Gärten pflegt* (Berufsbez.): sein Sohn ist G.; **b)** *jmd., der viel im Garten arbeitet:* ein leidenschaftlicher G. sein.
Gärt|ne|rei, die; -, -en: **1.** *Unternehmen, das gewerbsmäßig Gartenbau betreibt (bes. Anbau von Zierpflanzen, von Pflanzen für den Bedarf des Gärtners, von Obst u. Gemüse).* **2.** ⟨o. Pl.⟩ (ugs.) *Gartenarbeit.*
Gärt|ne|rei|be|trieb, der: *Gärtnerei* (1).
Gärt|ne|rin, die; -, -nen: w. Form zu ↑ Gärtner.
Gärt|ne|rin|art: in der Verbindung **auf/nach G.** (Gastron.; *mit Beilage von verschiedenen Gemüsen [zu gebratenem od. gegrilltem Fleisch]*; à la jardinière).
gärt|ne|risch ⟨Adj.⟩: *die Gärtnerei betreffend, zu ihr gehörend, auf ihr beruhend:* -e Betriebe, Kulturen; -er Gemüsebau; sich g. *(als Gärtner)* betätigen.
Gärt|ner|meis|ter, der: *Gärtner* (a), *der die Meisterprüfung abgelegt hat.*
Gärt|ner|meis|te|rin, die: w. Form zu ↑ Gärtnermeister.
gärt|nern ⟨sw. V.; hat⟩: *[aus Liebhaberei] im Garten arbeiten.*
Gä|rung, die; -, -en: **1.** *das Gären* (1): alkoholische G. *(Bildung von Alkohol durch Gärung);* die G. der Trauben; in G. geraten, übergehen. **2.** *das Gären* (2): geistige, soziale G.; die G. in jmds. Bewusstsein, im Volk wächst.
Gä|rungs|er|re|ger, der: *Gärung bewirkendes Kleinstlebewesen* (z. B. Pilz, Bakterie).
gä|rungs|hem|mend ⟨Adj.⟩: *eine Gärung* (1) *hemmend, unterdrückend.*
Gä|rungs|pro|dukt, das: *bei einer Gärung entstehender Stoff.*
Gä|rungs|pro|zess, der: *Gärprozess.*
Gä|rungs|vor|gang, der: *Vorgang der Gärung.*
Gar|zeit, die (Kochkunst): *Zeit, in der eine Speise gar wird.*
Gas, das; -es, -e [niederl. gas (mit Ausspr. des anlautenden g als Achlaut im Niederl.), in Anlehnung an griech. cháos = leerer Raum; Luftraum (↑ Chaos) gepr. von dem Brüsseler Chemiker J. B. van Helmont (1579–1644)]: **1.** *[im Normalzustand] luftförmiger Stoff:* giftiges, brennbares, explosives, flüssiges G.; brennende -e; G. erzeugen, verdünnen, komprimieren, verflüssigen, ablassen; einen Ballon mit G. füllen; zu G. werden; G. bildende, G. erzeugende Stoffe. **2. a)** *Brenngas:* das G. strömt aus; ein G. erzeugendes Unternehmen; die Stadtwerke haben ihm das G. gesperrt; das G. *(Gas am Gasherd o. Ä.)* anzünden, abstellen, (ugs.:) abdrehen; mit G. kochen, heizen; jmdn., sich mit G. vergiften; * **jmdm. das G. abdrehen** (salopp; ↑ Luft 1 b); **b)** ⟨o. Pl.⟩ (ugs.) *Gaskocher, Gasherd o. Ä.:* das G. geht nicht; den Kochtopf aufs G. stellen, vom G. nehmen; auf G. kochen. **3.** ⟨o. Pl.⟩ **a)** *Kraftstoff-Luft-Gemisch, das dem Motor eines Fahrzeugs durch Betätigung des Gashebels, des Gaspedals zugeführt wird, um die Motordrehzahl zu erhöhen:* G. geben *(das Gaspedal, den Gashebel betätigen);* G. wegnehmen *(weniger Gas geben, aufhören Gas zu geben);* das G. stehen lassen (Jargon; *nicht wegnehmen*); Der Wagen glitt fast ohne G. die Serpentinen hinunter (Remarque, Triomphe 218); **b)** (ugs.) *Gashebel, Gaspedal:* das G. betätigen, bedienen; aufs

G. treten; vom G. weggehen. **4.** (Militär) *Giftgas:* G. als Kampfstoff benutzen; mit G. angreifen. **5.** ⟨o. Pl.⟩ *Gaskammer:* in Auschwitz wurden Tausende ins G. getrieben. **6.** * **G. haben** (landsch.: 1. *betrunken sein.* 2. *Glück haben;* H. u.).
Gas|ab|le|ser, der: *jmd., der mit dem Ablesen von Gaszählern betraut ist.*
Gas|ab|le|se|rin, die: w. Form zu ↑ Gasableser.
Gas|alarm, der: *Alarm zur Warnung vor Gas* (1, 2 a, 4).
Gas|ana|ly|se, die: *quantitative chemische Analyse von Gasen* (1) *od. Gasgemischen.*
Gas|an|griff, der: *militärischer Angriff mit Giftgas.*
Gas|an|la|ge, die: *mit Gas betriebene Anlage.*
Gas|an|schluss, der: *Anschluss an das Gasversorgungsnetz.*
Gas|an|stalt, die: *Gaswerk.*
Gas|an|zün|der, der: *Gerät zum Entzünden von Gas* (2 a).
gas|ar|tig ⟨Adj.⟩: *in, nach der Art von Gas* (1, 2 a).
Gas|aus|bruch, der: **1.** (Bergbau) *plötzliches starkes Ausströmen in Gestein gespeicherter Gase* (1). **2.** (Geol.) *vulkanischer Ausbruch von Gasen* (1).
Gas|aus|tausch, der: **1.** (Biol.) *Austausch gasförmiger Stoffe zwischen einem Organismus u. dem ihn umgebenden* ^{1}*Medium* (3). **2.** (Med.) *Austausch von Sauerstoff gegen Kohlendioxid in der Lunge.*
Gas|aus|tritt, der (Fachspr.): *Austreten, Ausströmen von Gas* (1, 2 a).
Gas|be|häl|ter, der: *großer Speicherbehälter für Gas* (1, 2 a).
gas|be|heizt ⟨Adj.⟩: *mit Gas* (2 a) *beheizt.*
Gas|be|leuch|tung, die: *Beleuchtung durch Gaslicht; mit Gas* (2 a) *erzeugtes Licht.*
Gas|be|ton, der: *durch ein Gas* (1) *od. auch andere Mittel aufgelockerter, feinkörniger Beton.*
Gas|be|trieb, der (Technik): *Betrieb (z. B. einer Maschine) mit Brenn- od. Treibgas.*
gas|be|trie|ben ⟨Adj.⟩: *mit Gas* (2), *Flüssiggas betrieben.*
Gas|bil|dung, die: *Bildung von Gas* (1).
Gas|bla|se, die: *Gas enthaltende Blase in festem od. flüssigem Material.*
Gas|boi|ler, der: *mit Gas* (2 a) *beheizter Boiler.*
Gas|brand, der (Med.): *bei tiefen, verschmutzten Wunden entstehende, mit Bildung von Gasen* (1) *im Gewebe verbundene gefährliche Infektionskrankheit; Gasgangrän; Gasphlegmone.*
Gas|bren|ner, der: *Vorrichtung, Gerät zur Hitzeerzeugung durch Verbrennung von Gas* (2 a), z. B. in Gaskochern, -herden.
gas|dicht ⟨Adj.⟩: *undurchlässig für Gase* (1).
Gas|dich|te, die (Fachspr.): *Dichte eines Gases* (1, 2 a).
Gas|druck, der ⟨Pl. ...drücke, seltener: ...drucke⟩: *Druck, den ein Gas* (1) *ausübt.*
♦ **Ga|se,** die; -, -n: *Gaze:* ... die G., die nur ... sie hier und da umwallet (Wieland, Oberon 12, 17).
ga|sen ⟨sw. V.⟩: **1.** ⟨hat⟩ (salopp) *eine Darmblähung entweichen lassen.* **2.** ⟨ist⟩ (ugs.) **a)** *sehr schnell, eilig laufen:* durch die Gegend g.; **b)** *mit viel Gas* (3 a), *sehr schnell fahren:* wir sind nach München gegast. **3.** ⟨hat⟩ (Fachspr.) *Gas* (1) *ausströmen:* die Deponie wird lange g.
Gas|ent|la|dung, die (Physik): *elektrische Entladung in [verdünnten] Gasen* (1).
Gas|ent|la|dungs|lam|pe, die (Technik): *Lampe, deren Funktionieren auf der elektrischen Entladung beim Durchgang eines elektrischen Stroms durch ein Gas* (1) *beruht.*
Gas|ent|wick|lung, die: *Entwicklung, Bildung von Gas[en].*

Gas|ex|plo|si|on, die: *durch hohen Gasdruck verursachte Explosion.*
Gas|feld, das: *Gebiet, in dem Erdgas gefördert wird.*
Gas|feu|e|rung, die: *Feuerung mit Brenn-, Heizgas.*
Gas|feu|er|zeug, das: *mit flüssigem Gas gespeistes Feuerzeug.*
Gas|flam|me, die: *Flamme des aus dem Gasbrenner strömenden entzündeten Gases (2 a).*
Gas|fla|sche, die: *Behälter aus Stahl zur Aufnahme verdichteter, verflüssigter od. unter Druck gelöster Gase (1).*
Gas|för|de|rung, die: *Förderung von Erdgas.*
Gas|form, die: *gasförmiger Zustand:* in G.
gas|för|mig ⟨Adj.⟩: *in Form von Gas[en]:* -e Stoffe.
Gas|fuß, der (Jargon): *(rechter) Fuß, mit dem der [Auto]fahrer das Gaspedal bedient.*
gas|ge|füllt ⟨Adj.⟩: *mit Gas (1, 2 a) gefüllt.*
gas|ge|kühlt ⟨Adj.⟩: *mit einem Gasgemisch gekühlt (bes. bei Kernreaktoren).*
Gas|ge|misch, das: *Gemisch aus verschiedenen Gasen (1, 2 a).*
Gas|ge|ne|ra|tor, der (Technik): *Generator (2).*
Gas|ge|rät, das: *mit Gas (2 a) betriebenes Gerät.*
Gas|ge|ruch, der: *Geruch nach Gas (2 a).*
Gas|ge|schäft, das: *Handel mit Erdgas.*
Gas|ge|setz, das: *physikalisches Gesetz, das das Verhalten von Gasen (1) beschreibt.*
Gas|ge|stän|ge, das: *durch Betätigung des Gaspedals o. Ä. bewegtes Gestänge (2) zur Regelung der Zufuhr von Gas (3 a).*
Gas|ge|win|nung, die ⟨Pl. selten⟩: *Gewinnung von Gas (1).*
Gas|griff, der: vgl. Gashebel.
Gas|hahn, der: *Hahn, durch den die Gaszufuhr zum Gasbrenner geregelt wird:* den G. abstellen, auf-, abdrehen; den G. aufdrehen (ugs. verhüll.: *Selbstmord durch Einatmen von Gas 2 a verüben);* * **jmdm. den G. abdrehen** (↑ Gas 2 a).
gas|hal|tig ⟨Adj.⟩: *Gas (1) enthaltend:* -e Stoffe.
Gas|he|bel, der: *Hebel, Pedal o. Ä. zur Regelung der Zufuhr von Gas (3 a).*
Gas|hei|zung, die: *mit Gas (2 a) betriebene Heizung[sanlage].*
Gas|herd, der: *mit Gas (2 a) betriebener Kochherd:* ein vierflammiger G.
Gas|hül|le, die: *gasförmige Hülle (z. B. Atmosphäre 1).*
ga|sig ⟨Adj.⟩: **1.** *gasartig, wie Gas (1, 2 a):* -er Qualm. **2.** [vgl. Gas (6)] (landsch.) *betrunken.*
Gas|in|dus|t|rie, die: *Erdgas fördernde Industrie.*
Gas|kam|mer, die: *Raum zur Tötung von Menschen durch Gas (1):* sie starben in den -n der Vernichtungslager.
Gas|kes|sel, der: vgl. Gasbehälter.
Gas|ko|cher, der: *mit Gas (2 a) betriebenes kleines Kochgerät.*
Gas|kon|zern, der: *Konzern der Gasindustrie.*
Gas|kraft|werk, das (Technik): *mit Erdgas betriebenes Wärmekraftwerk.*
Gas|krieg, der: *mit Giftgas geführter Krieg.*
Gas|lam|pe, die: *mit Gas (2 a) gespeiste Lampe.*
Gas|la|ter|ne, die: *mit Gas (2 a) gespeiste Straßenlaterne.*
Gas|lei|tung, die: *Rohrleitung für Gas (2 a):* eine G. legen.
Gas|licht, das: **1.** *[Licht der] Gasbeleuchtung.* **2.** *Flamme in der Gaslampe.*
Gas|lie|fe|rung, die: *Lieferung von Gas.*
Gas-Luft-Ge|misch, das (Technik): *Gemisch aus gasförmigem Treibstoff u. Luft (in einem Verbrennungsmotor).*
Gas|mann, der ⟨Pl. ...männer⟩ (ugs.): *Gasableser.*
Gas|markt, der: *Markt (3 a) für Gas, bes. Erdgas.*
Gas|mas|ke, die: *Schutzmaske mit Luftfilter zum Schutz der Atmungsorgane u. der Augen gegen die Einwirkung von Gas, Rauch o. Ä.:* die G. anlegen.
Gas|mes|ser, der: *Gaszähler.*
Gas|mo|tor, der; -s, -en, auch: -e: *mit Gas (2 a) betriebener Motor.*
Gas|netz, das: *Leitungsnetz für Gas.*
Gas|ofen, der: *mit Gas (2 a) beheizter Ofen.*
Gas|öl, das: *als Dieselkraftstoff u. Heizöl verwendetes dünnflüssiges Öl, das bei der Destillation von Erdöl, Teeren o. Ä. anfällt.*
Ga|so|lin, das; -s [Kurzwort aus engl. gas = Treibstoff u. lat. oleum = Öl]: *Zwischenprodukt bei der Destillation von Rohöl; Leichtbenzin.*
Ga|so|me|ter, der [frz. gazomètre] (veraltend): *großer Gasbehälter.*
Gas|pa|t|ro|ne, die: *mit Gas (4) od. Tränengas gefüllte Patrone.*
Gas|pe|dal, das: vgl. Gashebel: [voll] aufs G. treten; den Fuß vom G. nehmen.
Gas|pipe|line, die: *für den Transport von Ergas bestimmte Rohrleitung.*
Gas|pis|to|le, die: *Pistole, die mit Gaspatronen geladen wird.*
Gas|preis, der: *Preis für Gas.*
Gas|rech|nung, die: *Rechnung über die verbrauchte Menge Gas (2 a).*
gas|reich ⟨Adj.⟩: *viel Gas (1) enthaltend; reich an Gas:* -e Steinkohle.
Gas|rei|ni|gung, die (Technik): *Reinigung bzw. Isolierung technischer Gase (1).*
Gas|re|ser|ve, die: *Erdgasreserve.*
Gas|rohr, das: *Leitungsrohr für Gas (1).*
◆ **gas|sa|tim:** in der Wendung **g. gehen** (bes. Studentenspr.: *durch die Gassen ziehen, umherstreifen;* scherzh. latinisierende Bildung zu ↑ Gasse).
Gäss|chen, das; -s, -: Vkl. zu ↑ Gasse.
Gas|schlauch, der: *Schlauch, der dazu dient, Gas irgendwohin zu leiten.*
Gas|schutz, der ⟨o. Pl.⟩: *Schutz gegen Giftgas durch entsprechende Geräte, Mittel, Maßnahmen.*
Gas|schweif, der: *aus Gasen (1) bestehender Teil des Kometenschweifs.*
Gas|se, die; -, -n [mhd. gazze, ahd. gazza, H. u.]: **1.** *schmale Straße zwischen zwei Reihen von Häusern:* eine enge, winklige, krumme G.; sie wohnt drei -n weiter; auf der G. lärmten die Kinder; aus einer G. kommend, auf die Hauptstraße einbiegen; durch die -n gehen; sie wohnt in einer abgelegenen G.; Ü [für jmdn.] eine G. *(einen schmalen Weg zum Durchgehen)* bilden; jmdm., sich eine G. durch die Menge bahnen; die Felswände ließen nur eine schmale G. frei; der Sturm reißt -n in den Waldbestand;
◆ ... durch diese hohle G. (veraltet: *durch diesen Hohlweg*) muss er kommen (Schiller, Tell IV,3); R das wissen sogar die Kinder auf der G./auf den -n *(das weiß jedermann);* das kann man auf allen -n *(abwertend; überall, allgemein, von allen Leuten)* hören. **2.** *Gesamtheit der Bewohner einer Gasse:* er brachte die ganze G. in Aufruhr. **3.** (österr.) *Straße (im Gegensatz zum Innern der Gebäude):* auf der G.; das Zimmer liegt an der G.; * **über die G.** *(über die Straße, zum Mitnehmen:* Speisen, Getränke über die G. [ver]kaufen). **4.** (Druckw.) *als Arbeitsplatz dienender Raum zwischen den Regalen in der Setzerei.* **5.** (Druckw.) *über mehrere Zeilen gehender, fehlerhafter Zwischenraum.* **6.** (Kegeln) *Zwischenraum seitlich zwischen den Gruppen der hintereinander aufgestellten Kegel.* **7.** (Fußball) *Weg durch zwei od. mehrere Abwehrspieler hindurch in den freien Raum:* den Ball in die G. spielen. **8.** (Rugby) *Aufstellung der Spieler in zwei hintereinanderstehenden Reihen rechtwinklig zur Seitenlinie an der Stelle, wo der Ball ins Aus ging:* eine G. bilden; der Einwerfer wirft den Ball in die 5 Meter von der Außenlinie beginnende G.
Gas|sen|ar|beit, die ⟨o. Pl.⟩ (schweiz.): *Streetwork.*
Gas|sen|bub, der (südd., österr., schweiz.): *Straßenjunge.*
Gas|sen|hau|er, der [urspr. = Nachtbummler, zu ↑ hauen in der früheren Bed. »treten, laufen«, dann das von Nachtbummlern gesungene Lied] (ugs. veraltend): *[auf den Straßen gesungenes] allbekanntes, triviales Lied:* einen G. singen, pfeifen, grölen.
Gas|sen|jun|ge, der: *Straßenjunge.*
Gas|sen|wort, das ⟨Pl. ...wörter⟩: *derbes Wort:* das Kind hat ein G. aufgeschnappt.
Gas|si: meist in den Wendungen **G. gehen** (ugs.; *mit dem Hund auf die Straße gehen);* **(einen Hund) G. führen** (ugs.; *einen Hund auf die Straße führen).*
Gäss|lein, das; -s, -: Vkl. zu ↑ Gasse.
Gas|spür|ge|rät, das: *Gerät (zur Luftanalyse), das bes. zum Erkennen gefährlicher Gase (1) u. Dämpfe verwendet wird.*
¹**Gast,** der; -[e]s, Gäste [mhd., ahd. gast, urspr. = Fremdling]: **1.** *zur Bewirtung od. vorübergehenden Beherbergung eingeladene od. aufgenommene Person:* ein willkommener, gern gesehener G.; er ist bei uns ein seltener, ist uns ein lieber G.; heute Abend kommen Gäste zu uns; Gäste [zum Essen] einladen, erwarten, empfangen; die Gäste unterhalten; wir haben heute Gäste; der Hausherr begrüßte seine Gäste; jmdn. als G. mitbringen; Sie sind mein G./seien Sie bitte mein G./betrachten Sie sich als mein G. *(ich lade Sie [in eine Gaststätte zu einem Essen o. Ä.] ein, ich bezahle, was Sie verzehrt haben);* Ü die Not war ständiger G. bei ihnen; der Frühling ist ein willkommener G. *(seine Wiederkehr wird als sehr angenehm empfunden);* Einbrecher und andere ungebetene Gäste; unerwünschte Gäste wie Wanzen, Mäuse und Ratten; * **bei jmdm. zu G. sein** *(bei jmdm. als Gast zum Essen usw. eingeladen u. anwesend sein);* **jmdn. zu G. haben** *(jmdn. als Gast beim Essen usw. haben);* **jmdn. zu Gast[e] laden, bitten** (geh.; *jmdn. als Gast zu einem Essen usw. einladen);* **dasitzen wie der steinerne G.** *(in einer Gesellschaft sitzen, ohne sich am Gespräch zu beteiligen, stumm dasitzen;* geht zurück auf das in spanischen Romanzen auftauchende volkstümliche Sagenmotiv, wonach ein steinernes Standbild einem lebenden Rächer gleich eine frevelhafte Tat bestraft). **2. a)** *Besucher, Besucherin eines Lokals:* die letzten Gäste verließen das Lokal; einen G. bedienen; **b)** *jmd., der gegen Entgelt beherbergt wird:* im Hilton wohnen viele ausländische Gäste; in hoher, illustrer G.; die Gäste des Hotels Excelsior; wir nehmen noch Gäste auf; zahlende Gäste (↑ zahlen 1 a). **3. a)** *jmd., der sich [als Besucher, Besucherin] in einer anderen als seiner gewohnten Umgebung, bes. in einem Personenkreis, zu dem er nicht fest gehört, zu bestimmten Zwecken vorübergehend aufhält:* sie war nur G., wir waren nur Gäste in dieser Stadt, in diesem Land; er ist ständiger G. auf dem Rennplatz *(er hält sich bei allen entsprechenden Gelegenheiten dort auf);* er ist bei uns nur ein Flüchtiger G. *(hält sich nicht lange auf);* als G. am Unterricht teilnehmen; Sie wurden als Gäste [der Regierung] willkommen geheißen; als G. [im Studio] begrüßen wir den Außenminister; Eingang nur für geladene Gäste; **b)** *jmd., der als Künstler, Künstlerin an einem anderen Ort, bes. auf einer fremden Bühne, auftritt:* berühmte Künstler und Künstlerinnen, Ensembles sind in diesem Theater als Gäste aufgetreten; eine Aufführung mit prominenten Gästen; **c)** (Sport) *Sportler,*

Sportlerin oder Mannschaft beim Wettkampf auf dem [Wettkampf]platz des Gegners: der G. siegte schließlich mit 3 : 1. **4.** (bes. nordd.) *Geselle* (2); *Mensch* (in Verbindung mit einem abwertenden Attribut): ein seltsamer, schlimmer G.

²**Gast,** der; -[e]s, -en (Seemannsspr.): *für einen bestimmten Dienst vorgesehener Matrose.*
Gas|tan|ker, der: *Schiff zum Transport von Flüssiggas.*
Gast|ar|bei|ter, der (veraltend): *Arbeiter, der [für eine gewisse Zeit] in einem für ihn fremden Land arbeitet; ausländischer Arbeitnehmer.*

> Die Bezeichnung *Gastarbeiter* wird nur noch selten in der Umgangssprache gebraucht. Im öffentlichen Sprachgebrauch wird sie durch *ausländischer Arbeitnehmer* ersetzt.

Gast|ar|bei|te|rin, die: w. Form zu ↑ Gastarbeiter.
Gast|auf|tritt, der: *Auftritt eines gastierenden* (1) *auswärtigen Künstlers.*
Gast|bei|trag, der: *Beitrag, den jmd. für eine Zeitung o. Ä. geschrieben hat, für die er nicht regelmäßig schreibt.*
Gast|di|ri|gent, der: *Dirigent, der ein Orchester als* ¹*Gast* (3 b) *aufgrund einer vorübergehenden Verpflichtung leitet.*
Gast|di|ri|gen|tin, die: w. Form zu ↑ Gastdirigent.
Gast|do|zent, der (Hochschulw.): *für eine begrenzte Zeit an eine Hochschule verpflichteter, gastweise tätiger Dozent.*
Gast|do|zen|tin, die: w. Form zu ↑ Gastdozent.
Gäs|te|bett, das: *Bett für einen* ¹*Gast.*
Gäs|te|buch, das: **a)** *Buch, in das sich der* ¹*Gast [mit einigen Worten zum Dank o. Ä.] einträgt;* **b)** *Buch, in das der* ¹*Gast* (2 b) *eingetragen wird.*
Gas|tech|nik, die: *Technik der Herstellung, Behandlung, Anwendung von Gas* (2 a).
Gäs|te|hand|tuch, das: *Handtuch für den* ¹*Gast.*
Gäs|te|haus, das: *(einer [größeren] Einrichtung) angegliedertes Haus zur Unterbringung von Gästen:* das G. des Hotels, des Betriebs.
Gäs|te|heim, das: *Gästehaus.*
Gäs|te|lis|te, die: *Liste der Gäste:* auf der G. stehen *(unter den Gästen sein).*
Gäs|te|toi|let|te, die: *Gäste-WC.*
Gäs|te-WC, das: *(in einer Wohnung, einem Haus) zusätzliches WC für* ¹*Gäste* (1).
Gäs|te|zim|mer, das: **1.** *Zimmer zum Beherbergen eines od. mehrerer Gäste.* **2.** (seltener) *Gaststube.*
Gast|fa|mi|lie, die: *Familie, die für eine bestimmte Zeit jmd. Fremden (meist einen Austauschschüler, ein Au-pair-Mädchen o. Ä.) bei sich beherbergt.*
gast|frei (Adj.): *großzügige Bereitschaft zeigend,* ¹*Gäste* (1) *einzuladen, aufzunehmen:* eine -e Familie; ein -es Haus führen; -e Aufnahme. Dazu: **Gast|frei|heit,** die ⟨o. Pl.⟩.
Gast|freund, der (veraltet): **1.** *jmd., der einen Freund als* ¹*Gast* (1) *bei sich aufnimmt.* **2.** *jmd., der von einem Freund als* ¹*Gast* (1) *aufgenommen wird.*
Gast|freun|din, die: w. Form zu ↑ Gastfreund.
gast|freund|lich ⟨Adj.⟩: *gastfrei u. um den* ¹*Gast* (1, 3 a) *freundlich bemüht:* -e Leute; ein -es Haus; jmdn. g. aufnehmen.
Gast|freund|lich|keit, die ⟨o. Pl.⟩: *das Gastfreundlichsein:* den Touristen wurde große G. entgegengebracht.
Gast|freund|schaft, die: *jmdm. [dem Rechtsbrauch gemäß] erwiesenes Entgegenkommen, das besonders in freundlicher Aufnahme als* ¹*Gast* (1, 3 a) *u. in [Schutz u.] Beherbergung besteht:* G. genießen, in Anspruch nehmen; jmdm. G. gewähren; ich bedanke mich für Ihre G.; sie wurde mit großer G. aufgenommen.

Gast|ge|ber, der: **1.** *jmd., der jmdn. bei sich zu* ¹*Gast* (1) *hat:* ein guter, aufmerksamer G.; den G. spielen. **2.** (Sport) *Mannschaft, die den Gegner auf eigenem [Wettkampf]platz, vor eigenem Publikum empfängt.*
Gast|ge|be|rin, die: w. Form zu ↑ Gastgeber.
gast|ge|be|risch ⟨Adj.⟩: *in der Art eines Gastgebers.*
Gast|ge|ber|land, das ⟨Pl. ...länder⟩: *Land, in dem jmd. zu Gast ist, bes. Land, das eine große internationale Veranstaltung ausrichtet.*
Gast|ge|schenk, das: **1.** *Geschenk des* ¹*Gastes für den Gastgeber:* ein G. mitbringen, überreichen. **2.** (selten) *Geschenk, das der Gastgeber o. Ä. dem Gast zur Bekräftigung seiner Gastfreundschaft [mit]gibt.*
Gast|ge|wer|be, das, (bes. österr., schweiz.): *Gaststätten- u. Beherbergungsgewerbe.*
Gast|haus, das: *Haus mit Gaststätte [u. Zimmern zur Beherbergung von Gästen]:* im G. essen, übernachten; in einem G. einkehren.
Gas|the|o|rie, die: *in der Fügung* **kinetische G.** (Physik; *Theorie, die das Verhalten von Gasen* 1 *aufgrund der statistisch betrachteten Molekülbewegungen betrifft*).
Gas|ther|me, die: *Gasgerät zum Erhitzen von Wasser.*
Gast|hof, der: *Gasthaus [auf dem Lande].*
Gast|hö|rer, der: *jmd., der an einer Hochschule kein ordentliches Studium absolviert, sondern nur an bestimmten Lehrveranstaltungen als* ¹*Gast teilnimmt.*
Gast|hö|re|rin, die: w. Form zu ↑ Gasthörer.
gas|tie|ren ⟨sw. V.; hat⟩: **1.** *als* ¹*Gast* (3 b) *auftreten:* das Orchester, die Sängerin gastiert in Rom; ein Tourneetheater, ein Zirkus gastiert in der Stadt. **2.** (Sport) *am Ort bzw. auf dem [Wettkampf]platz der gegnerischen Mannschaft zum Wettkampf antreten:* am Freitag gastieren die Berliner in Frankfurt. ◆ **3.** *bewirten, einladen:* Er will uns g. (Goethe, Egmont I).
Gast|kom|men|tar, der: *als Gastbeitrag erscheinender Kommentar.*
Gast|kon|zert, das: *Konzert eines gastierenden* (1) *auswärtigen Künstlers, Ensembles, Orchesters.*
Gast|land, das ⟨Pl. ...länder⟩: *Land, das jmdn. als* ¹*Gast* (3 a) *aufnimmt.*
gast|lich ⟨Adj.⟩ [mhd. gastlich]: *in Art od. Verhalten so, dass sich ein* ¹*Gast wohlfühlt; gastfreundlich:* ein -es Haus; -e Aufnahme finden; jmdn. g. empfangen, aufnehmen. Dazu: **Gast|lich|keit,** die;-.
Gast|mahl, das ⟨Pl. ...mähler, auch: -e⟩ (geh.): *festliche Mahlzeit mit Gästen:* jmdn. zu einem G. einladen.
Gast|mann|schaft, die (Sport): *Mannschaft, die zum Wettkampf auf dem Platz* (1 b), *in der Sporthalle o. Ä. des Gegners antritt.*
Gas|tod, der: *Tod durch giftiges Gas.*
Gast|pro|fes|sor, der: vgl. Gastdozent.
Gast|pro|fes|so|rin, die: w. Form zu ↑ Gastprofessor.
Gast|pro|fes|sur, die (Hochschulw.): *Stelle als Gastprofessor, Gastprofessorin.*

gas|t|r-, Gas|t|r-: ↑ gastro-, Gastro-.

Gast|raum, der: *Gaststube.*
Gast|recht, das: *Berechtigung, Recht, als* ¹*Gast* (3 a) *anwesend zu sein, die Gastfreundschaft, den Schutz andere in Anspruch zu nehmen:* G. genießen; das G. missbrauchen.
Gast|red|ner, der: *Redner, der eingeladen worden ist, bei einem bestimmten Thema zu reden:* als G. begrüßen wir den Innenminister.
Gast|red|ne|rin, die: w. Form zu ↑ Gastredner.
Gast|re|gis|seur, der: *Regisseur, der als* ¹*Gast an*

ein Theater, ein Opernhaus o. Ä. für eine Inszenierung verpflichtet worden ist.
Gast|re|gis|seu|rin, die: w. Form zu ↑ Gastregisseur.
Gas|t|rek|to|mie, die; -, -n [zu ↑ Ektomie] (Med.): *vollständige operative Entfernung des Magens.*
gas|t|risch ⟨Adj.⟩ (Med.): *zum Magen gehörend, vom Magen ausgehend:* -e Beschwerden.
Gas|t|ri|tis, die; -, ...itiden (Med.): *Magenschleimhautentzündung, Magenkatarrh.*

gas|t|ro-, Gas|t|ro-, (vor Vokalen meist:) gastr-, Gastr- [zu griech. gastḗr (Gen.: gastrós) = Bauch, Magen]: *Best. in Zus. mit der Bed.* magen-, Magen- (z. B. gastroduodenal, Gastroenteritis, Gastrektomie).

gas|t|ro|du|o|de|nal ⟨Adj.⟩ (Med.): *Magen u. Zwölffingerdarm betreffend.*
Gas|t|ro|en|te|ri|tis, die; -, ...itiden [↑ Enteritis] (Med.): *Entzündung der Schleimhäute von Magen u. Dünndarm; Magen-Darm-Katarrh.*
Gas|t|ro|en|te|ro|lo|ge, der; -n, -n [zu griech. énteron (↑ Enteron) u. ↑ -loge]: *Arzt mit speziellen Kenntnissen auf dem Gebiet der Gastroenterologie.*
Gas|t|ro|en|te|ro|lo|gie, die; - [zu griech. énteron (↑ Enteron) u. ↑ -logie]: *Teilgebiet der inneren Medizin, das sich mit den Krankheiten des Verdauungsapparates befasst.*
Gas|t|ro|en|te|ro|lo|gin, die: w. Form zu ↑ Gastroenterologe.
gas|t|ro|in|tes|ti|nal ⟨Adj.⟩ (Med.): *Magen u. Darm betreffend.*
Gas|t|rol|le, die: *von einem* ¹*Gast* (3 b) *[für eine bestimmte Zeit] übernommene Rolle:* sie hat in der beliebten Fernsehserie eine G. übernommen; Ü sie hatte in unserer Firma nur eine [kurze] G. (scherzh.; *war nur kurz bei uns*).
Gas|t|ro|nom, der; -en, -en [frz. gastronome = Feinschmecker, zu ↑ Gastronomie]: *Gastwirt mit besonderen Kenntnissen auf dem Gebiet der Kochkunst u. des Gaststättenwesens.*
Gas|t|ro|no|mie, die; - [frz. gastronomie = Feinschmeckerei, feine Kochkunst < griech. gastronomía = Vorschrift zur Pflege des Bauches (ein Buchtitel der Antike), zu: gastḗr = Bauch]: **1.** *Gaststättengewerbe.* **2.** *feine Kochkunst.* **3.** (Jargon) *Gaststätte, gastronomischer Betrieb.*
Gas|t|ro|no|mie|be|trieb, der: *gastronomischer Betrieb.*
Gas|t|ro|no|min, die; -, -nen: w. Form zu ↑ Gastronom.
gas|t|ro|no|misch ⟨Adj.⟩: **1.** *die Gastronomie* (1) *betreffend, dazu gehörend, darauf beruhend:* ein -er Betrieb. **2.** *die feine Kochkunst betreffend:* ein -er Höhepunkt.
Gas|t|ro|po|de, der; -n, -n ⟨meist Pl.⟩ [zu griech. poús (Gen.: podós) = Fuß] (Zool.): *Schnecke (als Gattungsbezeichnung).*
Gas|t|ro|s|kop, das; -s, -e [zu griech. skopeῖn = betrachten] (Med.): *mit Beleuchtungseinrichtung u. Spiegel versehenes, durch die Speiseröhre einzuführendes Endoskop zur Untersuchung des Mageninneren.*
Gas|t|ro|s|ko|pie, die; -, -n (Med.): *Untersuchung des Mageninneren mit dem Gastroskop.*
gas|t|ro|s|ko|pie|ren ⟨sw. V.; hat⟩ (Med.): *mit dem Gastroskop untersuchen;* eine Gastroskopie durchführen.
Gas|t|ru|la, die; - (Zool.): *aus den zwei Zellschichten Entoderm u. Ektoderm bestehender, oft becherförmiger Keim (als embryonales Entwicklungsstadium mehrzelliger Tiere).*
Gas|t|ru|la|ti|on, die; -, -en (Zool.): *Bildung der Gastrula.*
Gast|schü|ler, der: **1.** *Schüler, die Schule eines*

anderen Schulbezirks besucht. **2.** *fremdsprachiger Austauschschüler.*
Gast|schü|le|rin, die: w. Form zu ↑ Gastschüler.
Gast|spiel, das: **1.** *Auftreten als* ¹*Gast* (3 b): *das G. des Ensembles hatte gute Kritiken; ein G. ankündigen, absagen; ein G. geben (als* ¹*Gast* 3 b, c *auftreten);* Ü *er hat in dieser Firma nur ein kurzes G. gegeben (hat nur kurze Zeit dort gearbeitet).* **2.** (Sportjargon) *Auswärtsspiel: die Mannschaft konnte das G. in München für sich entscheiden.*
Gast|spiel|rei|se, die: *Reise zu einem od. mehreren Gastspielen:* auf *G. sein, gehen.*
Gast|star, der: *als Gast auftretender, mitwirkender Star.*
Gast|stät|te, die: *Haus, Betrieb mit einem od. mehreren Räumen für den Aufenthalt von Gästen, die dort gegen Entgelt Speisen u. Getränke erhalten u. verzehren können; Lokal:* in einer *G. zu Abend essen.*
Gast|stät|ten|be|trieb, der: *gastronomischer Betrieb* (1 a).
Gast|stät|ten|ge|setz, das ⟨o. Pl.⟩: *das Betreiben von Gaststätten betreffendes Gesetz.*
Gast|stät|ten|ge|wer|be, das: *Gesamtheit der Gaststättenbetriebe als Erwerbszweig.*
Gast|stu|be, die: *Raum, in dem die Gäste eines Wirtshauses sitzen u. Speisen u. Getränke verzehren können.*
Gas|tung, die; -, -en [zu ↑ gasten]: **1.** (schweiz. seltener, sonst veraltet) **a)** *Aufnahme, Beherbergung als* ¹*Gast;* **b)** *Bedienung (von Gästen) mit Speisen u. Getränken; Bewirtung:* ♦ Nehmen Sie mit dem Abtrag von andrer Leute G. vorlieb (Schiller, Fiesco I, 12). **2.** *(Geschichte) (nach mittelalterlichem Recht) unentgeltliche Beherbergung u. Beköstigung des Königs u. seiner Amtsträger.*
Gas|tur|bi|ne, die: *durch Verbrennung von Gas angetriebene Turbine.*
Gast|vor|le|sung, die (Hochschulw.): *von einem Gastdozenten/einer Gastdozentin gehaltene Vorlesung.*
Gast|vor|trag, der: *von einem Gastdozenten/einer Gastdozentin gehaltener Vortrag.*
gast|wei|se ⟨Adv.⟩: *als* ¹*Gast* (1, 3): *er ist g. hier;* g. anwesend sein.
Gast|wirt, der: *Inhaber, Pächter einer Gaststätte.*
Gast|wir|tin, die: w. Form zu ↑ Gastwirt.
Gast|wirt|schaft, die: *einfachere Gaststätte:* In ihrem Städtchen spielten sich alle Gesellligkeiten in der G. ab (Böll, Adam 61).
Gast|zim|mer, das: **1.** *Gästezimmer* (1). **2.** *Gaststube.*
Gas|uhr, die: *Gaszähler.*
Gas|un|ter|neh|men, das: *Unternehmen der Gasindustrie.*
Gas|ver|brauch, der: *Verbrauch an Gas* (2 a).
Gas|ver|flüs|si|gung, die (Physik, Technik): *Verflüssigung eines Gases* (1).
Gas|ver|gif|tung, die: *Vergiftung durch Gas* (1, 2 a).
Gas|ver|sor|ger, der: *Unternehmen, das sich mit der Gasversorgung befasst.*
Gas|ver|sor|gung, die: *Versorgung mit Gas* (2 a).
Gas|ver|sor|gungs|netz, das: *zur Gasversorgung dienendes Leitungsnetz.*
Gas|vor|kom|men, das: *Erdgasvorkommen.*
Gas|werk, das: *Betrieb zur Erzeugung von Gas* (2 a).
Gas|wirt|schaft, die: *Wirtschaft auf dem Gebiet des Gases* (2 a): *für die deutsche G. sind keine Engpässe zu befürchten.*
Gas|wol|ke, die: *Wolke* (2) *von Gas* (1).
Gas|zäh|ler, der: *an eine Gasleitung anzuschließendes Messgerät, das den Gasverbrauch anzeigt:* einen *G. einbauen; den Stand des* -s *ablesen.*

Gas|zu|fuhr, die: *Zufuhr von Gas* (1, 2 a).
Gat: ↑ Gatt.
Gate [geɪt], das; -s, -s [engl. gate = Tür, Tor]: **1.** [nach der Vorstellung einer sich öffnenden u. schließenden Tür] (Physik) *spezielle Elektrode zur Steuerung eines Elektronenstroms.* **2.** (Flugw.) *Flugsteig.*
Gate|way [ˈgeɪtweɪ], das; -s, -s [engl. gateway, eigtl. = Durchgang, Tor(weg)] (EDV): *Rechner, der Daten- bzw. Rechnernetze verbindet.*
gät|lich ⟨Adj.⟩ [mhd. getelich, verw. mit: gate, ↑ Gatte] (veraltet, noch landsch.): **a)** *passend:* ♦ ... eine sehr -e, erwünschte Partie (Goethe, Dichtung u. Wahrheit 18); ♦ **b)** *gefällig, reizvoll, ansprechend:* Es sind zwei schöne Figuren, gute Stimmen, artige, muntere, -e Persönchen (Goethe, Italien. Reise 3. 10. 1786 [Venedig]).
Gatsch, der; -[e]s [Nebenf. von älter mundartl. gatz = Kot; dickflüssige Masse, spätmhd. geaʒ = Speisebrei, zu mhd. atzen, ↑ atzen] (bayr./österr. ugs.): *weiche, breiige Masse; aufgeweichte Erde, [Schnee]matsch.*
Gatt, Gat, das; -[e]s, -e u. -s [mniederd. gat = Loch, Öffnung (Seemannsspr.): **1. a)** *Loch, Öse im Segel (für Tau od. Leine);* **b)** Kurzf. von ↑ Speigatt. **2.** Kurzf. von ↑ Hellegatt.
GATT, das; -s [Abk. für engl. General Agreement on Tariffs and Trade]: *(1947 geschlossenes) allgemeines Zoll- u. Handelsabkommen zur Durchsetzung einer weltweiten handelspolitischen Ordnung.*
Gat|te, der; -n, -n [mhd. gate, gegate = Genosse, Gefährte; Ehegefährte, Ehemann, eigtl. = jmd., der einem gleichsteht, der derselben Gemeinschaft angehört, verw. mit ↑ gatten in dessen urspr. Bed. »passend«]: **1.** (geh.) *Ehemann: ein liebevoller, treuer G.; wie geht es Ihrem Gatten?; sie kam in Begleitung ihres* -n; *Für derlei Herrlichkeiten und zwanzig Millionen nimmt eine Ehrgeizige auch einen nüchternen, glatzigen, pergamentgelben* -n *von sechsundfünfzig Jahren in Kauf* (St. Zweig, Fouché 223). **2.** ⟨Pl.⟩ (veraltend) *Eheleute:* beide -n stammen aus München.

Die Bezeichnung *Gatte* wird (außer in Österreich) nur auf den Ehemann einer anderen Frau, nicht auf den eigenen Ehemann bezogen und drückt besondere Höflichkeit aus.

gat|ten, sich ⟨sw. V.; hat⟩ [mhd. gaten = zusammenkommen, genau zusammenpassen; vereinigen; (refl.:) sich fügen, sich zugesellen, sich vereinigen, zu: gate, ↑ Gatte] (dichter.): *sich verbinden, vereinen; eine Einheit bilden, die zusammengattet; sich [mit] einer Sache g.;* ♦ ... die Heilkunst mit der Kunst der Ritterschaft zu g. (Wieland, Oberon 10, 40).
Gat|ten|lie|be, die (geh.): *Liebe des Ehemanns u. der Ehefrau zueinander.*
Gat|ten|mord, der (Rechtsspr., sonst geh.): *Mord am Ehepartner.*
Gat|ten|mör|der, der (Rechtsspr., sonst geh.): *jmd., der seinen Ehepartner ermordet hat.*
Gat|ten|mör|de|rin, die: w. Form zu ↑ Gattenmörder.
Gat|ten|wahl, die: **1.** (geh.) *Entscheidung für einen Ehepartner.* **2.** (Biol.) *[Aus]wahl des Geschlechtspartners.*
Gat|ter, das; -s, - [mhd. gater, ahd. gataro = Gatter als Zaun od. Tor; Pforte aus Gitterstäben (an Burgen), verw. mit ↑ Gitter]: **1. a)** *[Latten]zaun: die Wiesen sind durch ein G. voneinander getrennt;* **b)** *Latten-, Gittertor;* **c)** (Reiten) *senkrechter Lattenverschlag zwischen zwei Pfosten als Hindernis bei Springprüfungen.* **2.** (Jägerspr.) *Gehege: das G. muss erweitert werden.* **3.** (Technik) **a)** *Rahmen mit den Sägeblättern (bei der Gattersäge);* **b)** *Gattersäge.* **4.** (Technik)

Spulengestell an Spinnmaschinen. **5.** (Elektronik) *Schaltkreis, der die elementare logische Verknüpfungen realisiert.*
gat|tern ⟨sw. V.; hat⟩ [zu ↑ Gatter] (landsch.): *umzäunen, einzäunen; in ein Gatter einschließen.*
Gat|ter|sä|ge, die (Technik): *Maschine, die mithilfe hin- u. hergehender Sägeblätter Baumstämme zu Brettern u. Bohlen zersägt.*
Gat|ter|tor, das: **1.** *Tor eines Gatters* (2). **2.** *Gatter* (1 b).
Gat|ter|tür, die: **1.** *Tür eines Gatters* (2). **2.** *Gatter* (1 b).
Gat|tin, die; -, -nen (geh.): *Ehefrau:* sie kamen alle in Begleitung ihrer -nen; grüßen Sie Ihre G.

Die Bezeichnung *Gattin* wird (außer in Österreich) nur auf die Ehefrau eines anderen Mannes, nicht auf die eigene Ehefrau bezogen und drückt besondere Höflichkeit aus.

Gat|tung, die; -, -en [zu ↑ gatten]: **1. a)** *Gesamtheit von [Arten von] Dingen, Einzelwesen, Formen, die in wesentlichen Eigenschaften übereinstimmen:* -en *der bildenden Kunst sind Baukunst, Plastik, Malerei; Menschen, Waren, Schiffe, Lokomotiven jeder G. (unterschiedlichster Art u. Herkunft); die schöne Literatur gliedert sich in die drei* -en *Lyrik, Epik und Dramatik;* **b)** Kurzf. von ↑ *Waffengattung.* **2.** (Biol.) *Gesamtheit nächstverwandter Arten von Lebewesen (als zwischen Art u. Familie stehende Einheit im System der Lebewesen):* verwandte -en; diese G. *von Tieren ist ausgestorben;* Zuckerahorn gehört zur G. Ahorn.
♦ **3.** ²*Weise* (1): *... wie das keine Art und G. hätte, sich so zu verköstigen* (Gotthelf, Spinne 11).
Gat|tungs|be|griff, der: *mehrere Artbegriffe zusammenfassender Begriff.*
Gat|tungs|be|zeich|nung, die (bes. Fachspr.): *Bezeichnung für eine Gattung von Dingen, Lebewesen usw. bzw. für Dinge, Lebewesen usw., insofern sie ihrer Gattung nach bestimmt sind.*
gat|tungs|fremd ⟨Adj.⟩: *nicht zu einer bestimmten Gattung gehörend.*
gat|tungs|gleich ⟨Adj.⟩: *zur gleichen Gattung gehörend.*
Gat|tungs|kauf, der (Rechtsspr.): *Kauf einer nur der Gattung nach, aber sonst nicht näher bestimmten Sache (z. B. der Kauf von 1 000 l Wein ohne nähere Angabe über Jahrgang oder Lage).*
Gat|tungs|na|me, der: **1.** *Name einer Gattung.* **2.** (Sprachwiss.) *Gattungsbezeichnung, Appellativ.*
Gat|tungs|zahl|wort, das ⟨Pl. ...wörter⟩ (Sprachwiss.): *Zahlwort, das die Zahl der Gattungen od. Arten angibt, aus denen etw. besteht (z. B. dreierlei, mancherlei).*
Gau, der (landsch.: das); -[e]s, -e [mhd. gou, göu = Land(schaft), Gegend; wahrsch. eigtl. = Land am Wasser, Kollektivbildung zu ↑ Aue]: **1.** (bes. Geschichte) *in sich geschlossene Landschaft, größerer landschaftlicher Bezirk:* die Untergruppen germanischer Stämme siedelten in -en. **2.** (nationalsoz.) *(im nationalsozialistischen Deutschland) regionale Organisationseinheit der NSDAP unterhalb der Reichs- und oberhalb der Kreisebene.*
GAU, der; -s, -s [Abk. für: größter anzunehmender Unfall]: *schwerster Störungsfall, der in einem Kernkraftwerk auftreten kann [u. für den beim Bau der Anlage entsprechende Sicherheitsvorkehrungen zu treffen sind]:* Ü *für die Partei, die Firma wäre es der GAU (hätte es katastrophale Folgen).*

Gäu, das; -[e]s, -e [Nebenf. von ↑ Gau] (österr. veraltet): *abgegrenztes Gebiet, für das jmd. in einer bestimmten Funktion zuständig ist:* in diesem G. kassiert er die Beiträge ein; ***jmdm. ins G. kommen** (österr., schweiz.; ↑ Gehege 1).

Gau|be, die; -, -n [spätmhd. gupe = Erker, wohl zu mhd. gupf(e) = Spitze, Gipfel] (Bauw., landsch.): *Dachgaube.*

Gauch, der; -[e]s, -e u. Gäuche [mhd. gouch, ahd. gauh, lautm.] (veraltet): **1.** *Kuckuck.* **2.** *Narr, Tor:* ◆ Ich G.! - ich kam, so ganz mit Leib und Seel' Euch in die Arme mich zu werfen (Lessing, Nathan V, 5).

Gauch|heil, der; -[e]s, -e [zu ↑ Gauch (2); die Pflanze galt früher auch als Mittel gegen psychische Erkrankungen]: *Ackergauchheil.*

Gau|cho ['gautʃo], der; -[s], -s [span. gaucho, wahrsch. aus einer Indianerspr.]: *berittener Viehhüter der südamerikanischen Pampas.*

Gau|de|a|mus, das; - [nach dem Liedanfang lat. Gaudeamus igitur = Freuen wir uns also]: *Name eines alten Studentenliedes.*

Gau|dee, die; -, -n [↑ Gaudium] (österr., oft abwertend): *Vergnügung, Unterhaltung.*

Gau|di, die; - (südd., österr. nur so, sonst auch:) das; -s (ugs.): *Spaß, Vergnügen:* wir haben eine große G., viel G. gehabt; sich eine G. aus etw. machen.

Gau|di|um, das; -s [lat. gaudium = Freude, Vergnügen, zu: gaudere, ↑ Gaudeamus] (bildungsspr. veraltend): *Spaß, Belustigung:* etw. ist ein G. für jmdn.; sein G. haben; etw. geschieht zu jmds.

Gau|graf, der (Geschichte): *Graf, dessen Herrschaftsbereich ein Gau* (1) *ist.*

Gau|grä|fin, die: w. Form zu ↑ Gaugraf.

Gau|kel|bild, das (geh.): *vorgegaukeltes [Fantasie]bild.*

Gau|ke|lei, die; -, -en [zu ↑ gaukeln] (geh.): **a)** *[kunstreiche, verführerische] Vorspiegelung, Vortäuschung:* das ist eine G. der Fantasie; **b)** *spaßiger Unfug, Possenspiel:* er ist immer zu -en aufgelegt.

gau|keln ⟨sw. V.⟩ [mhd. goukeln, ahd. goukolon = Zauberei treiben, Possen reißen, zu mhd. goukel, ahd. goukal = Zauberei, Taschenspielerei, H. u.]: **1.** ⟨ist⟩ (dichter.) *leicht und spielerisch schaukelnd schweben:* der Schmetterling gaukelt von Blüte zu Blüte; ...und die Menge rief so anhaltend Heil, und die Heilrufern Schneeflocken ins offene Maul gaukelten (Grass, Hundejahre 238). **2.** ⟨hat⟩ **a)** (geh.) *etwas vorspiegeln, vortäuschen;* **b)** (veraltet) *Zauber-, Taschenspielerkunst treiben.*

Gau|kel|spiel, das (geh. abwertend): *[kunstreiche] Vorspiegelung, Vortäuschung.*

Gau|kel|werk, das ⟨o. Pl.⟩ (geh. veraltend): *Gaukelspiel.*

Gauk|ler, der; -s, -: **1. a)** [mhd. goukelære, ahd. gougulāri, zu ↑ gaukeln] (veraltend) *jmd., der akrobatische o. ä. Kunststücke auf dem Jahrmarkt, im Zirkus vorführt;* **b)** (geh.) *jmd., der anderen etw. vormacht, ihnen durch allerlei Tricks etw. vorzutäuschen versucht:* ist er ein Gaukler oder ein Genie? **2.** [wegen seiner »akrobatischen« Balzflüge] *(in Mittel- u. Südafrika beheimateter) großer Greifvogel mit schwarzer Grundfärbung, rostroter Oberseite, rotem Gesicht, roten Füßen u. einem dicken Federschopf am Hinterkopf.*

Gauk|le|rei, die; -, -en: **a)** (veraltet) *Aus-, Vorführung der Künste eines Gauklers* (1 a); **b)** (geh. abwertend) *Trick, mit dem jmd. getäuscht werden soll.*

gauk|ler|haft ⟨Adj.⟩ (veraltend): *wie von einem Gaukler* (1), *in der Art eines Gauklers.*

Gauk|le|rin, die; -, -nen: w. Form zu ↑ Gaukler (1 a).

gauk|le|risch ⟨Adj.⟩ [zu ↑ gaukeln] (geh. abwertend): *vorspiegelnd, vortäuschend, vorgaukelnd.*

Gauk|ler|trup|pe, die (veraltend): *Truppe von Gauklern* (1 a).

Gaul, der; -[e]s, Gäule [mhd. gūl = Pferd; männliches Tier, bes. Eber; Ungetüm, H. u.]: **1.** (bes. md., südd., sonst veraltend od. abwertend) *Pferd:* ein alter G.; der G. wiehert; **Spr** einem geschenkten G. schaut/sieht man nicht ins Maul *(mit einem Geschenk soll man, so wie es ist, zufrieden sein;* Alter u. Wert eines Pferdes stellt der Käufer dadurch fest, dass er ihm ins Maul sieht u. den Zustand seines Gebisses prüft); ***jmdm. zureden wie einem lahmen G.** (ugs.; *jmdm. auf eindringliche Weise gut zureden;* wie man es bei einem lahmen Pferd tut, damit es wieder weitergeht); **jmdm. geht der G. durch** (↑ Pferd); **den G. beim Schwanz aufzäumen** (↑ Pferd). ◆ **2.** ⟨Pl. auch -e:⟩ ...wenn er wieder mit seinen -en durchzöge (Kleist, Kohlhaas 6).

Gäul|chen, das; -s, - (selten): Vkl. zu ↑ Gaul.

Gau|lei|ter, der (nationalsoz.): *Leiter eines Gaus* (2).

Gau|lei|te|rin, die: w. Form zu ↑ Gauleiter.

Gau|lei|tung, die (nationalsoz.): *Leitung eines Gaus* (2) *durch einen Gauleiter.*

Gaul|lis|mus [goˈlɪsmʊs], der; - [frz. gaullisme] *(auf den französischen General u. Staatspräsidenten Ch. de Gaulle, 1890–1970, zurückgehende) politische Bewegung, die eine starke Staatsführung u. eine führende Rolle Frankreichs in Europa zum Ziel hat.*

Gaul|list, der; -en, -en [frz. gaulliste]: *Verfechter, Anhänger des Gaullismus.*

Gaul|lis|tin, die; -, -nen: w. Form zu ↑ Gaullist.

gaul|lis|tisch ⟨Adj.⟩: *den Gaullismus betreffend, zu ihm gehörend, auf ihm beruhend:* die -e Regierung; -e Abgeordnete; g. gesinnt sein.

Gault [gɔlt], der; -[e]s [engl. gault, eigtl. (landsch.) = Kalkmergel] (Geol.): *zweitälteste Stufe der Kreide.*

Gau|men, der; -s, - [mhd. goume, ahd. goumo, eigtl. = Rachen, Schlund, verw. mit ↑ gähnen]: **1.** *obere Wölbung der Mundhöhle:* harter, knöcherner G. *(vorderer Gaumen);* weicher G. *(hinterer Gaumen; Gaumensegel);* mein G. ist ganz trocken. **2.** (meist geh.) *Gaumen* (1) *als Geschmacksorgan:* einen feinen G. haben *(ein Feinschmecker sein);* etw. kann auch den verwöhntesten G. *(Geschmack)* reizen; etw. beleidigt den G., schmeichelt dem G. *(schmeckt sehr schlecht);* kitzelt den G., *(schmeckt sehr gut);* etw. ist etw. für jmds. G. *(etw. schmeckt jmdm. sehr gut);* etw. ist etw. für einen verwöhnten G. *(befriedigt einen Feinschmecker);* ...er hatte in der Kenntnis dieses Getränks (= des Whiskys) große Fortschritte gemacht und berichtete von seinem nun anspruchsvollen, nicht mehr zu täuschenden G. (Kronauer, Bogenschütze 59).

Gau|men|bein, das (Anat.): *paariger Knochen, der den hinteren Abschnitt des harten Gaumens bildet.*

Gau|men|bo|gen, der (Anat.): *eine der zwei je doppelt vorhandenen Schleimhautfalten beiderseits des Gaumensegels, zwischen denen die Gaumenmandel liegt:* die vorderen, die hinteren G.

Gau|men|freu|de, die (geh.): *etw. Wohlschmeckendes, was jmdm. großen Genuss bereitet:* dieser Wein ist eine wahre G.

Gau|men|kit|zel, der (geh.): *Gaumenfreude.*

Gau|men|laut, der: *Guttural.*

Gau|men|man|del, die (Anat.): *zwischen den Gaumenbögen liegendes, beim Menschen mandelgroßes Organ.*

Gau|men|plat|te, die: *dem Gaumen anliegende Kunststoffplatte, die den Zahnersatz trägt.*

Gau|men-R, das: *Zäpfchen-R.*

Gau|men|reiz, der ⟨Pl. selten⟩ (geh.): *Gaumenkitzel.*

Gau|men|se|gel, das (Anat., Sprachwiss.): *hinterer, weicher Gaumen; Velum* (3).

Gau|men|se|gel|laut, der: *Velar.*

Gau|men|spal|te, die (Med.): *Längsspalte im Gaumen als angeborene Fehlbildung.*

Gau|men|zäpf|chen, das (Anat.): *Zäpfchen* (3).

gau|mig ⟨Adj.⟩: *durch eine Artikulation gekennzeichnet, die in auffälliger od. anormaler Weise vom hinteren Gaumen ausgeht:* -e Laute; g. sprechen.

Gau|ner, der; -s, - [älter: Jauner, gaunerspr. (15. Jh.) Juonner, Ioner = (Falsch)spieler, wahrsch. zu hebr. yāwan = Griechenland, eigtl. = Ionien, also urspr. = Grieche, Ionier] (abwertend): **1.** *Mann, der auf betrügerische Art andere zu übervorteilen versucht; Betrüger, Schwindler, Dieb; Spitzbube.* **2.** (ugs.) *schlauer, durchtriebener Mensch.*

Gau|ner|ban|de, die: *Bande von Gaunern.*

Gau|ne|rei, die; -, -en: *Handlung, Tat eines Gauners; Betrügerei.*

gau|ner|haft ⟨Adj.⟩: *in der Art eines Gauners betrügerisch, unehrlich.*

Gau|ne|rin, die; -, -nen: w. Form zu ↑ Gauner.

gau|ne|risch ⟨Adj.⟩: *die Gauner betreffend, zu ihnen gehörend, von ihnen stammend.*

Gau|ner|ko|mö|die, die: *Komödie* (1 b) *od. Filmkomödie, in der es um Gauner, Gaunereien geht.*

gau|nern ⟨sw. V.; hat⟩: *Gaunereien verüben, betrügen.*

Gau|ner|spra|che, die (veraltend): *[als Geheimsprache verwendete] im Wortschatz von der Standardsprache sehr verschiedene Sondersprache der Landstreicher u. Gauner.*

gau|ner|sprach|lich ⟨Adj.⟩ (veraltend): *die Gaunersprache betreffend, zu ihr gehörend.*

Gau|ner|stück, das: *Trick, Betrügerei o. Ä. eines Gauners, von Gaunern.*

Gaupe: ↑ Gaube.

Gaur ['gauɐ], der; -[s], -[s] [Hindi]: *in Indien wild lebendes Rind.*

Gauß, das; -, - [nach dem dt. Mathematiker C. F. Gauß (1777–1855)] (Physik): *(nicht gesetzliche) Einheit der magnetischen Induktion* (Zeichen: G, Gs).

gaut|schen ⟨sw. V.; hat⟩: **1.** [wahrsch. aus frz. coucher = legen, schichten od. gleichbed. engl. to couch] (Papierherstellung) *(Papier) zum Pressen u. Entwässern in das Gautschbrett legen.* **2.** [nach einem alten Buchdruckerbrauch, durch den symbolisch ausgedrückt werden soll, dass der Betroffene von seinen schlechten Gewohnheiten der Lehrzeit gereinigt worden ist] (Druckw.) *(einen Setzer, Drucker od. Stereotypeur nach der Gesellenprüfung) in einer humorvollen Zeremonie in einen mit Wasser gefüllten Bottich od. auf einen großen nassen Schwamm setzen u. mit Wasser begießen.*

GAV = Gesamtarbeitsvertrag (in der Schweiz).

Ga|vot|te [...ˈvɔt, auch, österr. nur: ...ˈvɔtə], die; -, -n [...tn] [frz. gavotte < provenz. gavoto = Tanz der gavots, d. h. der Bewohner der provenzalischen Alpen]: **a)** *Tanz im* $^2/_4$*-Takt;* **b)** (Musik) *auf die Sarabande folgender Teil der Suite.*

Ga|wein (Mythol.): *Held der Artussage.*

gay [geɪ] ⟨indekl. Adj.⟩ [engl. gay, eigtl. = fröhlich, lustig < afrz. gai, H. u.] (Jargon): *homosexuell:* sein.

Gay [geɪ], der; -[s], -s (Jargon): *Homosexueller.*

Ga|ze [ˈgaːzə], die; -, -n [frz. gaze < span. gasa, wohl < arab. qazz = Rohseide]: *lockeres, gitterartiges, oft appretiertes Gewebe aus Baumwolle, Seide o. Ä., das in der Technik als Siebbespannung, in der Medizin als Verbandsmaterial od. stark appretiert als Stickereigrundlage verwen-*

det wird: ein Stück G. auf eine Wunde legen; ein Vorhang aus G.; etw. mit G. bespannen.

Ga|zel|le, die; -, -n [ital. gazzella < arab. ġazālaʰ]: *(in den Steppen u. Wüsten Afrikas lebende) Antilope mit langen, schlanken Beinen, großen Augen u. quer geringelten Hörnern:* flink, schlank wie eine G.

Ga|zet|te (auch: gaˈzɛt(ə)], die; -, -n [frz. gazette = Zeitung < ital. gazzetta < venez. gazeta, eigtl. = Name einer Münze, zu deren Wert im 16. Jh. ein Nachrichtenblatt verkauft wurde] (veraltet, noch abwertend): *Zeitung:* man darf nicht alles glauben, was in den -n steht.

Gaz|pa|cho [gasˈpatʃo], der; -[s], -s, auch die; -, -s [span. gazpacho, H. u.] (Kochkunst): **1.** *kalt angerichtete spanische Gemüsesuppe.* **2.** *als Brotbelag verwendete Bröckchen eines in der Asche od. auf offenem Feuer gebackenen Eierkuchens.*

GBl. = Gesetzblatt.

GBP = internationaler Währungscode für: Pfund [Sterling].

GByte = Gigabyte.

Gd = Gadolinium.

Gdańsk [gdaĩsk]: polnischer Name von ↑Danzig.

G-Dur [ˈgeːduːɐ̯, auch: ˈgeːˈduːɐ̯], das (Musik): *auf dem Grundton G beruhende Durtonart* (Zeichen: G).

G-Dur-Ton|lei|ter, die: *auf dem Grundton G beruhende Durtonleiter.*

ge|ach|tet ⟨Adj.⟩: *Achtung genießend:* ein -er Name, Bürger; bei allen sehr g. sein.

Ge|äch|te|te, die/eine Geächtete; der/einer Geächteten, die Geächteten/zwei Geächtete: *weibliche Person, die geächtet ist.*

Ge|äch|te|ter, der Geächtete/ein Geächteter; des/eines Geächteten, die Geächteten/zwei Geächtete: *Person, die geächtet ist.*

Ge|äch|ze, das; -s (oft abwertend): *[dauerndes] Ächzen:* er arbeitete mit viel G.

Ge|äder, das; -s, - [mhd. geæder, Kollektivbildung zu ↑Ader]: *Gesamtheit der vielen Adern in etw.; Netz verästelter Adern (1, 3 a–c).*

ge|ädert, ge|adert ⟨Adj.⟩: *Adern, eine Äderung aufweisend:* -e Blätter, Blüten.

Ge|al|ber, Ge|al|be|re, das; -s (ugs. abwertend): *dauerndes Albern:* hör mit dem G. auf!

ge|ar|tet ⟨Adj.⟩: **a)** *beschaffen:* wie auch immer -e Stoffe, Kräfte, Strukturen; besonders -e Krankheitsursachen; **b)** *veranlagt:* seine Kinder sind gut g.

Ge|äst, das ⟨Pl. selten⟩: *Gesamtheit der Äste eines Baumes, Busches; Astwerk:* im dichten, kahlen G. der Buche zwitschert ein Vogel.

¹**geb.** = geboren (Zeichen: *); geborene, geborener: Maria Schmidt[,] geb. Schulze.

²**geb.** = (von Büchern) gebunden.

Ge|bab|bel, das; -s (landsch., oft abwertend): *dauerndes Babbeln.*

Ge|bäck, das; -[e]s, (Sorten:) -e [15. Jh.; urspr. = auf einmal Gebackenes, zu ↑backen]: *feines, meist süßes, aus einem Teig [u. anderen Zutaten] bes. in geformten, ziemlich festen Einzelstücken Gebackenes:* zum Kaffee G. anbieten.

ge|ba|cken ⟨Adj.⟩: ↑backen.

Ge|ba|cke|nes, das Gebackene/ein Gebackenes; des/eines Gebackenen: *gebackene Speise:* es duftet nach Gebackenem.

Ge|bäck|scha|le, die: *Schale zum Anbieten von Gebäck.*

Ge|bäck|stück, das: *geformtes Stück Gebäck.*

Ge|bäck|zan|ge, die: *Greifzange für Gebäck.*

Ge|bal|ge, das; -s (ugs. abwertend): *dauerndes Herumbalgen.*

Ge|bälk, das; -[e]s, -e ⟨Pl. selten⟩ [spätmhd. gebelke = Stockwerk im Fachwerkbau, Kollektivbildung zu ↑Balken]: **1.** *Gesamtheit der Balken bes. der Holzdecke zwischen zwei Stockwerken, der Dachkonstruktion od. eines ganzen Gebäudes; Balkenwerk:* festes, morsches G.; R es knistert/kracht im G. (*die bestehende Ordnung, Gemeinschaft, Gesellschaft weist bedrohliche Spannungen auf*). **2.** (Archit.) *Gesamtheit von [Stein]balken u. horizontalen Bauelementen über einer Säule.*

Ge|bal|ler, Ge|bal|le|re, das; -s (ugs. abwertend): *[dauerndes] Ballern.*

ge|ballt ⟨Adj.⟩: *massiv, konzentriert:* eine -e Ladung; mit -er Kraft, Macht, Energie, Wucht.

ge|bän|dert ⟨Adj.⟩: *eine Bänderung aufweisend:* eine [grün, grün-weiß] -e Fassade.

ge|bar: ↑gebären.

Ge|bär|de, die; -, -n [mhd. gebærde, ahd. gibārida = Benehmen, Aussehen, Wesensart, zu mhd. gebæren, ahd. gibāren = sich verhalten, sich aufführen, vgl. gebaren]: **1.** *Bewegung des Körpers, bes. der Arme, Hände, die eine Empfindung, Nachahmung od. Mitteilung ausdrücken soll:* eine beschwichtigende, bittende, leidenschaftliche, abweisende, hilflose, segnende G.; [gegen jmdn.] eine drohende G. machen; sich durch n. verständigen; Ohne sich von seinem Platze zu erheben, machte er mit fürstlich ausladender G. die Herren miteinander bekannt (Thieß, Legende 165). **2.** (geh.) *äußerlich zum Ausdruck gebrachte innere Haltung; Verhalten u. Auftreten, das etw. Bestimmtes ausdrückt:* G. des Wahnsinns; mit der G. des Staatsmanns auftreten.

ge|bär|den ⟨sw. V.; hat⟩: **1.** ⟨g. + sich⟩ *eine bestimmte auffällige [übertriebene u. unkontrollierte] Verhaltensweise zeigen:* sich eitel, gekränkt, aufdringlich, unvernünftig, unmanierlich g.; sich wie wahnsinnig, irrsinnig, toll g.; du hast dich als ihr schärfster Gegner gebärdet. **2.** *die Gebärdensprache verwenden; sich der Gebärdensprache zum Ausdruck bringen:* Gehörlose g. gemeinsam das Vaterunser.

Ge|bär|den|spiel, das: **1.** *Gestik u. Mienenspiel.* **2.** *Pantomime.*

Ge|bär|den|sprach|dol|met|scher, der: *jmd., der zwischen einer Gebärdensprache u. einer Lautsprache dolmetscht.*

Ge|bär|den|sprach|dol|met|sche|rin, die: w. Form zu ↑Gebärdensprachdolmetscher.

Ge|bär|den|spra|che, die: *aus Gebärden bestehende Sprache; Verständigung mittels Gebärden:* auch Hörende können die G. erlernen.

ge|bä|ren, sich ⟨sw. V.; hat⟩ [mhd. gebären, ahd. gibāren u. mhd. bern, ahd. beran, ↑gebären]: **a)** (veraltet) *sich gebärden:* ◆ Ja, sie die, die nun turmhohem Toupet so stolz sein konnte g. (Heine, Romanzero [Marie Antoinette]); ◆ **b)** *in bestimmter Weise behandeln, (mit etw.) umgehen:* Mit diesem allen weiß ich zu g. (Goethe, Faust II, 5377).

Ge|ba|ren, das; -s: *[auffälliges] durch bestimmtes Benehmen, Handlungen gekennzeichnetes Verhalten, Benehmen:* das geschäftliche, kaufmännische G. einer Firma; ein weltmännisches, einnehmendes G. haben; ein sonderbares, auffälliges G. an den Tag legen; Sie war jetzt sehr blass geworden, aber ich sah wohl, dass sie trotz meines wilden -s und Drohens keine Angst vor mir hatte (Fallada, Trinker 63).

ge|bä|ren ⟨st. V.; hat⟩ [mhd. gebern, ahd. giberan = (hervor)bringen, erzeugen, gebären; mhd. bern, ahd. beran = tragen; bringen; hervorbringen; ahd. auch gebären]: *(ein Kind) aus dem Körper heraus-, hervorbringen, herauspressen (von einer Frau); (ein Kind) zur Welt bringen:* Zwillinge g.; die Frau gebiert/(auch:) gebärt ihr erstes Kind; (geh.:) sie gebar ihm zwei Söhne; unter Schmerzen g.; noch nicht geboren haben; geboren werden (*zur Welt kommen*); ich wurde am 11. November 1971 in Köln geboren; so ein Mann muss erst noch geboren werden (ugs.; *solch einen Mann, der diese hohen Ansprüche erfüllen könnte, gibt es [noch] nicht*); Max Schwarz, geboren (Abk.: geb.; Zeichen: *) 1845; Frau Marie Berger[,] geb. (*geborene, mit Geburtsnamen*) Schröder; sie ist eine geborene Schröder; ein geborener Berliner (*jmd., der in Berlin lebt u. auch dort geboren ist; im Unterschied zu denjenigen, die in Berlin wohnen, aber dort nicht geboren sind;* ↑ vgl. gebürtig); von seiner Ehefrau Lisa, geborene/(auch:) geborener, geborenen Wenzel; er ist der geborene/ein geborener Kaufmann (*ist sehr geeignet für den Kaufmannsberuf*); ⟨subst. 1. Part.:⟩ eine Gebärende ärztlich versorgen; ⟨subst. 2. Part.:⟩ was ist sie für eine Geborene? (ugs.; *wie hieß sie mit Mädchennamen?*); Ü Hass gebiert neuen Hass (geh.; *bringt ihn hervor*); * **zu etw. geboren sein** (*eine natürliche Begabung für etw. haben*): zum Schauspieler geboren sein.

Ge|bä|re|rin, die; -, -nen (geh. od. iron.): *Frau, die gebärt bzw. [jmdn.] geboren hat:* sie ist deine G.

ge|bär|fä|hig ⟨Adj.⟩: *(von weiblichen Personen) physisch, altersmäßig fähig, Kinder zu gebären:* sie ist im -en Alter.

ge|bär|freu|dig ⟨Adj.⟩: *geneigt, [mehrere] Kinder zu bekommen; geneigt, häufig geboren habend:* die Frauen werden wieder -er; sie hat ein -es (scherzh.; *breites*) Becken.

Ge|bär|kli|nik, die (österr.): *Entbindungsabteilung, -heim.*

Ge|bär|mut|ter, die ⟨Pl. …mütter⟩: *(beim Menschen u. Säugetier) Hohlorgan des weiblichen Körpers, in dem sich das befruchtete Ei fortentwickelt; Uterus.*

Ge|bär|mut|ter|hals, der: *unterster Abschnitt der Gebärmutter.*

Ge|bär|mut|ter|hals|krebs, der: *Krebs im Bereich des Gebärmutterhalses; Kollumkarzinom.*

Ge|bär|mut|ter|mund, der ⟨Pl. …münder⟩: *Muttermund.*

Ge|bär|mut|ter|spie|gel, der (Med.): *Endoskop zur Untersuchung der Gebärmutter.*

Ge|bär|mut|ter|vor|fall, der (Med.): *Vorfall, Prolaps der Gebärmutter.*

Ge|ba|rung, die; -, -en [zu ↑gebaren]: **1.** ⟨o. Pl.⟩ (geh.) *Gebaren:* ◆ (auch Pl.:) Ihre -en und Manieren … waren in den Stadthäusern viel zu breit (Keller, Das Sinngedicht 51). **2.** (österr.) *Buchführung, finanzielle Geschäftsführung:* eine ausgeglichene G.; einen Einblick in die [geschäftliche, finanzielle] G. einer Firma gewähren; die G. (*den Geschäftsbericht*) vorlegen.

Ge|ba|rungs|be|richt, der (österr.): *Geschäftsbericht.*

Ge|ba|rungs|jahr, das (österr.): *Geschäftsjahr.*

Ge|bäu, das; -[e]s, -e [mhd., ahd. gibiuwe, zu ↑bauen] (veraltet): *Gebäude:* ◆ … spitzbögige Zenit erhebt den Geist; solch ein G. erbaut uns allermeist (Goethe, Faust II, 6413 f.)

ge|bauch|pin|selt [eigtl. = den Bauch mit Pinsel bestrichen (wohl zu: Pinsel = Penis); viell. vom Liebesspiel]: in der Verbindung **sich g. fühlen** (ugs. scherzh.; *sich geschmeichelt, geehrt fühlen*).

ge|baucht ⟨Adj.⟩: *bauchig.*

Ge|bäu|de, das; -s, - [mhd. gebüwede, ahd. gebūwida, eigtl. = der Bau, das Bauen, zu ↑bauen]: **1. a)** *großer Bau, Bauwerk:* im öffentliches, privates G.; das G. des Postministeriums; **b)** *Gefüge, [kunstvoller] Aufbau, [kunstvoll] zusammengefügtes Ganzes:* das G. einer Wissenschaft; ein G. von Lügen. **2.** (Bergbau) Grubenanlage. **3.** (Jägerspr., Pferdezucht) *Körperbau, Körperform [des Hundes, Pferdes].*

Ge|bäu|de|flü|gel, der: *Flügel* (4) *eines Gebäudes.*
Ge|bäu|de|kom|plex, der: *Komplex* (1 b).
Ge|bäu|de|ma|nage|ment, das: *Facility-Management.*
Ge|bäu|de|rei|ni|ger, der: *Handwerker auf dem Gebiet der Gebäudereinigung.*
Ge|bäu|de|rei|ni|ge|rin, die; -, -nen: w. Form zu ↑ Gebäudereiniger.
Ge|bäu|de|rei|ni|gung, die: **1.** *Pflege u. Reinigung von Gebäuden.* **2.** *Betrieb, der Pflege- u. Reinigungsarbeiten in u. an Gebäuden aller Art ausführt.*
Ge|bäu|de|rei|ni|gungs|fir|ma, die: *Gebäudereinigung* (2).
Ge|bäu|de|sa|nie|rung, die: *Sanierung eines Gebäudes.*
Ge|bäu|de|scha|den, der: *Schaden an einem Gebäude.*
Ge|bäu|de|sub|stanz, die: *Bausubstanz.*
Ge|bäu|de|tech|nik, die: *Teilgebiet der Technik, das sich mit Installationen, Verfahren o. Ä. in Bezug auf Gebäude bzw. Häuser befasst.*
Ge|bäu|de|teil, der: *Teil eines Gebäudes.*
Ge|bäu|de|trakt, der: *Trakt eines Gebäudes.*
Ge|bäu|de|ver|si|che|rung, die: *Versicherung von Gebäuden gegen Feuer-, Sturm- u. andere Schäden.*
◆ **Ge|bau|er**, das, auch: der; -s, - [zu ↑ ²Bauer]: *Vogelbauer, Vogelkäfig:* …wir… verteilten uns nun nach allen Seiten im Grünen, wie Vögel, wenn das G. plötzlich aufgemacht wird (Eichendorff, Taugenichts 96).
Ge|bäu|lich|keit, die; -, -en ⟨meist Pl.⟩ (südd., schweiz.): *Baulichkeit.*
ge|baut [eigtl. 2. Part. von ↑ bauen]: in den Verbindungen **irgendwie g. sein** (*einen bestimmten Körperbau haben, in bestimmter Art gewachsen sein:* sie ist gut g.; ⟨auch attr.:⟩ ein gut, stark, schlank -er Sportler); **so wie jmd. g. ist** (ugs. scherzh.; *so wie jmd. veranlagt ist, so wie jmd. nun einmal ist:* so wie er g. ist, bringt er auch das noch fertig!)
ge|be|freu|dig ⟨Adj.⟩: *gern gebend, schenkend; freigebig.*
Ge|bein, das; -[e]s, -e [mhd. gebeine, ahd. gibeini, Kollektivbildung zu ↑ Bein (5)] (geh.): **1.** *sämtliche Glieder eines lebenden Körpers:* ein Schreck fuhr ihm durchs/ins G., in die -e. **2.** ⟨Pl.⟩ *sterbliche Reste, bes. Knochen; Skelett eines Toten:* die -e eines Toten.
Ge|bell, das; -[e]s, **Ge|bel|le**, das; -s (ugs. abwertend): *[dauerndes] Bellen.*
ge|ben ⟨st. V.; hat⟩ [mhd. geben, ahd. geban, urspr. = nehmen; bringen; reichen]: **1. a)** (*durch Übergeben, Überreichen, [Hin]reichen, Aushändigen) in jmds. Hände, Verfügungsgewalt gelangen lassen:* jmdm. die Speisekarte, dem Portier den Schlüssel, einem Kranken das Essen g.; dem Patienten zu essen, zu trinken g.; dem Taxifahrer das Geld g.; sich ⟨Dat.⟩ eine Quittung g. lassen; jmdm. [zur Begrüßung] die Hand g.; jmdm. etw. in die Hand g.; etw. nicht aus der Hand g.; jmdm. Feuer g. *(die Zigarette anzünden);* [jmdm.] etw. auf Kredit g. *(überlassen);* [jmdm.] drei Euro für etw. g. *(bezahlen);* eine Ware billig, zu teuer g. (landsch.; *verkaufen*); wer gibt [Karten]? *(teilt die Karten zum Spiel aus?);* du gibst (Ballspiele; *hast Aufschlag, bringst den Ball ins Spiel*); ich gäbe viel darum, wenn ich das wüsste *(ich wüsste es sehr gern);* Ü geben Sie mir bitte Herrn Meier *(verbinden Sie mich bitte mit Herrn Meier, rufen Sie ihn bitte ans Telefon);* jmdm. gute Lehren mit auf den Weg g.; * **was gibst du, was hast du** (ugs.; *sehr eilig, so schnell wie möglich;* H. u.; viell. nach dem gepflogenen Wortwechsel u. Austausch von Gesten bei Kauf, Tausch, Zug-um-Zug-Geschäften): was gibst du,

was hast du weglaufen; **b)** *als Geschenk, Spende in jmds. Besitz gelangen lassen:* der Vater gibt dem Kind Geld für ein Buch; gibst du ihr etwas zum Geburtstag?; dem Bettler eine milde Gabe g.; bei den Sammlungen gibt er immer viel; sie gibt gern *(ist freigebig);* Ü sie gab ihm ihre ganze Liebe; Spr Geben ist seliger denn Nehmen (Apostelgeschichte 20, 35). **2.** *zu einem bestimmten Zweck überlassen, übergeben:* jmdn. jmdm. als Begleiter, zur Begleitung g. *(als Begleitung mit jmdm. mitgehen lassen);* den Koffer in die Gepäckaufbewahrung, in Verwahrung g.; das Kind in Pflege, in die Obhut der Eltern g.; das Auto zur Reparatur, in die Werkstatt g.; den Jungen in die Lehre g.; den Aufsatz in Druck, zum Druck g. *(veranlassen, dass er in die Druckerei kommt u. gedruckt wird);* das Paket zur Post g. **3. a)** (österr., sonst landsch.) *irgendwohin tun:* Zucker an/über die Mehlspeise g.; eine Decke auf den Tisch g.; **b)** (Ballspiele) *abgeben, weitergeben, spielen:* den Ball in die Mitte g. **4. a)** *bieten, gewähren, zukommen lassen:* jmdm. ein Autogramm, ein Interview g.; jmdm. Zeit, eine Frist g.; jmdm. Rechenschaft, eine Chance g.; die Ärzte geben der Kranken nur noch ein paar Wochen *(nehmen an, dass sie nur noch ein paar Wochen zu leben hat);* jmdm. keinen Grund, keine Gelegenheit zu etw. g.; [den Kunden] Kredit, Rabatt g.; jmdm. eine gute Erziehung g.; jmdm. ein Aufsatzthema g. *(stellen);* jmdm. das a g. (Musik; *für ihn den Ton a erklingen lassen, damit er sich beim Stimmen, beim Einsatz usw. bezüglich der Tonhöhe daran orientieren kann);* der Baum gab *(spendete)* uns Schatten; das Telefon gibt uns die Möglichkeit, Informationen schnell weiterzuleiten; [jmdm.] Unterricht g. (häufig verblasst; *jmdn. unterrichten*); der Lehrer gibt *(unterrichtet)* Deutsch und Englisch; jmdm. ein Zeichen g. *(jmdn. durch ein Zeichen auf etwas hinweisen);* [jmdm.] keine Antwort g. *([jmdm.] nicht antworten);* sie hat [mir] keine Aufklärung darüber gegeben *([mich] darüber nicht aufgeklärt);* einen Bericht über etw. g. *(über etw. berichten);* [jmdm.] Bescheid g. *(jmdn. verständigen);* [jmdm.] Nachricht g. *(jmdn. benachrichtigen);* [jmdm.] sein Wort, ein Versprechen g. *([jmdm.] etw. versprechen);* jmdm. die Versicherung g. *(versichern),* dass nichts davon stimme; [jmdm.] einen Auftrag g. *(jmdn. beauftragen);* einen Befehl g. *(etwas befehlen);* [jmdm.] einen Beweis seiner Liebe g. *(jmdm. seine Liebe beweisen);* sie hat [ihm] ihr Jawort gegeben *(einer Heirat zugestimmt);* der Schiedsrichter gibt ein Tor, einen Freistoß (Sport; *erkennt, entscheidet auf Tor, Freistoß*); [jmdm.] die Erlaubnis g. *(erlauben),* etw. zu tun; [jmdm.] einen Rat g. *(raten);* Gesetze g. *(erlassen);* jmdm. einen Verweis g. *(jmdn. rügen);* jmdm. einen Kuss g. *(jmdn. küssen);* jmdm. einen Tritt g. *(jmdn. treten);* jmdm. einen Stoß geben *(jmdn. stoßen);* R geben gegen (ugs.; *gut geantwortet, eine schlagfertige Abfuhr erteilt);* * **es jmdm. g.** (ugs.; *jmdm. gehörig die Meinung sagen, jmdn. verprügeln);* **b)** *verleihen* (3): jmdm. Mut, Hoffnung g.; etw. gibt jmdm. Schwung, Auftrieb, Sicherheit; seinen Worten Nachdruck g.; etw. ist jmdm. gegeben *(ist jmdm. als Anlage, natürliche Fähigkeit mitgegeben, liegt jmdm.);* mir ist es nicht gegeben, die Dinge leichtzunehmen. **5.** *bewirken, dass etw. vorhanden ist; erzeugen, hervorbringen:* die Kuh gibt Milch; der Ofen gibt Wärme; etw. gibt *(macht)* Spaß. **6.** *veranstalten:* ein Fest, ein Essen g.; eine Vorstellung, ein Konzert g. **7. a)** *aufführen:* was wird heute im Theater gegeben?; **b)** *darstellen, spielen:* eine Rolle, den Helden des Stücks g. **8.** *zum Ergebnis haben:* zwei mal zwei gibt vier; das gibt keinen

Sinn; der Junge gibt einen guten *(wird ein guter)* Kaufmann; was wird das g.? *(was wird daraus werden?);* was gibt das? (ugs.; *was wird daraus);* Wein gibt (ugs.; *macht*) Flecke. **9.** *äußern, hervor-, herausbringen:* keinen Laut, Ton von sich g.; benehmen: sich gelassen, freundlich g.; er konnte es nicht so recht von sich g. (ugs.; *er konnte sich nicht so recht ausdrücken);* Dieser Mann muss alles von sich g., was ihn bewegt. Er ist ein Schwärmgeist (Strauß, Niemand 91). **10.** (ugs.) *erbrechen:* alles wieder von sich g. **11.** *auf etw. Wert legen, einer Sache Bedeutung beimessen:* viel auf gutes Essen g.; nichts auf jmds. Urteil, auf die Behauptung, Warnung g.; etwas auf sich g. *(auf sein Äußeres achten).* **12.** ⟨g. + sich⟩ *sich in bestimmter Weise verhalten, benehmen:* sich gelassen, freundlich g.; er gab sich als biederer Bürger, als Experte g.; Im Park viele Leute, die sich gaben, als genießen sie die sommerliche Sonne (Frisch, Montauk 205). **13.** ⟨g. + sich⟩ *nachlassen u. aufhören:* die Schmerzen werden sich g. **14.** ⟨g. + sich⟩ (selten) *sich finden, sich ergeben:* wenn sich eine Gelegenheit gibt; das Übrige wird sich g. **15.** ⟨unpers.⟩ *vorhanden sein, existieren, vorkommen:* es gibt einen Gott; in diesem Fluss gibt es viele Fische; sie ist die beste Spielerin, die es gibt; in dieser Stadt gibt es einige gute Restaurants; gibt es dich auch noch? (ugs.; *Frage, wenn man jmdn. lange nicht gesehen hat);* das gibt es *(das kommt vor);* das gibt es ja gar nicht *(existiert, besteht ja gar nicht);* bei uns, in etw. gibt es [bei mir] nicht *(das kommt bei mir nicht infrage; das ist ausgeschlossen, nicht möglich);* (ugs.:) was es nicht alles gibt!; was gibt es [denn da] (ugs.; *was ist [denn da] los?);* was gibt es Neues?; was gibt es (ugs.; *was ist*) da zu lachen?; es gab viel zu tun; davon gibt es die Fülle, die Masse *(sehr viel);* da gab es kein Entkommen *(war kein Entkommen möglich);* …nur ein bestochener Heizer wusste damals, dass es mich gab dort unten zwischen den Fässern (Frisch, Stiller 398); R da gibts [gar] nichts (ugs.; *das steht außer Frage, dagegen ist nichts zu unternehmen, kein Einwand möglich)* er ist der Beste, da gibts [gar] nichts. **16.** ⟨unpers.⟩ *angeboten, ausgegeben werden:* was gibt es, gab es [zu essen, zu Mittag]?; an diesem Schalter gibt es Briefmarken *(sind Briefmarken zu bekommen, zu kaufen);* was gibt es heute im Theater, im Fernsehen? *(was wird heute im Theater, im Fernsehen geboten?)* **17.** ⟨unpers.⟩ *kommen, eintreten, geschehen [werden]:* es gibt [bald] Regen, ein Gewitter; es gibt noch ein Unglück; heute wirds noch etwas g. (ugs.; *wird es noch regnen, wird noch ein Gewitter kommen);* wenn du nicht ruhig bist, gibts was g. *(wirst du bestraft, bekommst du Schläge).* ◆ **18.** ⟨g. + sich⟩ **a)** *sich ergeben:* Mit einem Satze springt er hinter dem Baum hervor und… schreit: »Gib dich, Vermaledeiter!« (Ebner-Eschenbach, Krambambuli 11); **b)** *sich begeben* (1 a): Er warf sich nieder und betete leise mit Inbrunst… Dann gab sich zur Ruhe (Büchner, Lenz 93).
Ge|ber, der; -s, -: **1.** [mhd. geber, ahd. gebāri, zu ↑ geben] *jmd., der anderen etw. gibt, schenkt.* **2.** (Telegrafie) *Zeichengeber; Sendegerät.* **3.** (Technik) *Gerät, das nicht elektrische Messgrößen in elektrische umsetzt; Messgrößenumformer.*
Ge|be|rin, die; -, -nen: w. Form zu ↑ Geber (1).
Ge|ber|kon|fe|renz, die: *Konferenz, auf der Vertreter von Geberländern zusammenkommen.*
Ge|ber|land, das ⟨Pl. …länder⟩: *Land* (5), *das einem anderen Land, anderen Ländern [im Rahmen der Entwicklungshilfe] Unterstützung bes. in Form von Krediten gewährt.*

Ge|ber|lau|ne, die ⟨Pl. selten⟩: gebefreudige Stimmung (eines Menschen): in G. sein.

Ge|bet, das; -[e]s, -e [mhd. gebet, ahd. gibet, zu ↑ bitten]: **a)** [vom Falten der Hände, vom Niederknien o. Ä. begleitetes] Sprechen mit Gott (um ihn zu verehren, ihm um etw. zu bitten od. ihm für etw. zu danken); das Beten: ein stilles, inbrünstiges, gemeinsames G.; jmds. G. wird erhört; ein G. für die Toten/um Hilfe; sein G. verrichten; im G. versunken sein; im stillen G. verweilen; seine Hände zum G. falten; jmdn. in sein G. mit einschließen *(für ihn beten)*; **b)** *an Gott gerichtete [festgelegte] Worte des Bittens, des Dankens od. der Verehrung; Wortlaut, Text des Betens:* ein G. sprechen, herunterleiern; das G. des Herrn (geh.: *das Vaterunser*); ... ich hatte lange keine -e gesprochen, ich war überrascht, dass ich alles noch auswendig konnte (Mayröcker, Herzzerreißende 108); * **ewiges G.** (kath. Kirche; *Verehrung, Anbetung des auf den Altar gestellten Sakraments durch Gemeinschaften od. sich ablösende Einzelbeter; zurückgehend auf den Brauch eines 40-stündigen Fastens, das man in der Karwoche zu Ehren der auf 40 Stunden berechneten Grabesruhe Jesu hielt);* **jmdn. ins G. nehmen** (ugs.: *jmdm. eindringlich u. unter Ermahnungen zureden, etw. zu tun od. zu unterlassen, etw. mitzuteilen, zu gestehen; jmdm. ins Gewissen reden);* vermutlich urspr. = ins Gebet aufnehmen, in die (öffentliche) Fürbitte einschließen).

Ge|bet|buch, das: **1.** *(kleinformatiges) Buch, das eine geordnete Sammlung von gottesdienstlichen od. anderen Gebeten enthält.* **2.** [gek. aus »des Teufels Gebetbuch«] (ugs. scherzh.) *Spielkarten.* **3.** (Rallyesportjargon) *Notizbuch mit genauen Angaben über Verlauf u. Beschaffenheit der Fahrtstrecke u. die günstigste Fahrweise:* das G. studieren.

ge|be|ten: ↑ bitten.

Ge|bets|for|mel, die: *in Gebeten übliche Formel* (1).

Ge|bets|haus, das: *Gebäude, in dem man sich zum Gebet versammelt [u. in dem gottesdienstliche Feiern abgehalten werden können].*

Ge|bets|man|tel, der: (jüd. Rel.): *beim Gebet getragener Überwurf.*

Ge|bets|müh|le, die: *(im tibetanischen Lamaismus) sakrales Gerät in Form eines um seine Achse drehbaren, zylinderförmigen Behälters, der Papierstreifen mit kurzen Gebetstexten, heiligen Formeln enthält u. der ersatzweise für mündliche Gebete mit der Hand od. auch durch Wind od. fließendes Wasser gedreht wird (wobei durch die Bewegung die von selbst wirkende Kraft der Worte vervielfacht werden soll).*

ge|bets|müh|len|ar|tig ⟨Adj.⟩ [nach dem Bild der sich stetig drehenden Gebetsmühle]: *[sich] ständig wiederholend; immer wieder vorbringend [u. dabei eigensinnig an seinen Vorstellungen o. Ä. festhaltend]:* etw. g. wiederholen.

ge|bets|müh|len|haft ⟨Adj.⟩: *gebetsmühlenartig.*

Ge|bets|ni|sche, die (islam. Rel.): *gegenüber dem Eingang in der Mekka ausgerichteten Wand einer Moschee liegende kleine Nische, der beim Beten das Gesicht zugewandt wird.*

Ge|bets|ord|nung, die (kath. Kirche): *von der Kirche festgelegte Reihenfolge der zu bestimmten Tageszeiten zu verrichtenden Gebete.*

Ge|bets|raum, der: *zur Verrichtung von Gebeten genutzter Raum.*

Ge|bets|stät|te, die: *Stätte des Gebets.*

Ge|bets|stun|de, die: vgl. Gebetszeit.

Ge|bets|tep|pich, der (islam. Rel.): *kleinerer, in der Mitte meist mit der stilisierten Darstellung einer Gebetsnische versehener Knüpfteppich, auf den die Muslime zum Beten niederknien.*

Ge|bets|zeit, die: *festgelegte Zeit, in der gebetet wird.*

Ge|bet|tel, das; -s (ugs. abwertend): *[dauerndes] Betteln.*

ge|beut: gebietet (↑ gebieten); ♦ Tu, was dir Gott gebeut (Grillparzer, Weh dem I).

ge|beu|telt: ↑ beuteln.

ge|biert: ↑ gebären.

Ge|biet, das; -[e]s, -e [mhd. gebiet(e) = Befehl, Gebot, Gerichtsbarkeit; Bereich, über den sich Befehlsgewalt od. Gerichtsbarkeit erstreckt, zu ↑ gebieten]: **1.** *unter bestimmten Gesichtspunkten in sich geschlossener räumlicher Bereich von größerer Ausdehnung:* ein fruchtbares, unterentwickeltes, exterritoriales G.; das ist städtisches, besetztes, besiedeltes G.; das G. der Bundesrepublik Deutschland; weite -e des Landes waren überschwemmt; ein G. (Meteorol.; *eine Zone*) tiefen Luftdrucks. **2.** *[Sach]bereich, Feld, Fach:* ein schwieriges, interessantes G.; auf wirtschaftlichem G., auf dem G. der Sozialpolitik, auf seinem G. Fachmann sein.

ge|bie|ten ⟨st. V.; hat⟩ [mhd. gebieten, ahd. gibiotan, zu ↑ bieten] (geh.) **1. a)** (*bes. aufgrund bestimmter Autorität, Macht, Würde) befehlen:* Ruhe, Schweigen g.; Als er sich sogar dazu verstieg, sich und alles, was ihn umgebe, zum Teufel in die Hölle zu wünschen, gebot ihm Frau Tobler Mäßigung (R. Walser, Gehülfe 55); **b)** *dringend erfordern, verlangen, zu etw. zwingen:* die Situation, die Klugheit gebietet [es]/gebietet [es] dir, etw. zu unternehmen; etw. gebietet besondere Vorsicht; es ist Vorsicht geboten. **2. a)** *über jmdn., etw. die Herrschaft ausüben, Befehlsgewalt haben:* über ein Land, eine Armee g.; **b)** *etw. bezwingen, in der Gewalt haben:* über seine Leidenschaften g.; **c)** *über etw. verfügen:* über eine kräftige Stimme, über beträchtliche Mittel g.; Ich geböte über ein Bankkonto von 12 000 Francs, so dass im Austausch mit dem Kreditbrief zu seiner Verfügung stehe (Th. Mann, Krull 290).

Ge|bie|ter, der; -s, - (veraltend): *jmd., der [über jmdn.] gebietet; Herrscher, Herr* (3): selbstherrlicher, unumschränkter G.

Ge|bie|te|rin, die; -, -nen: w. Form zu ↑ Gebieter.

ge|bie|te|risch ⟨Adj.⟩ (geh.): *herrisch, befehlend, keinen Widerspruch zulassend:* etw. g., mit -er Stimme fordern; Ü eine -e *(zwingende, unausweichliche, absolute)* Notwendigkeit.

Ge|biets|an|spruch, der: *territorialer Anspruch.*

Ge|biets|er|wei|te|rung, die: **1.** *Ausdehnung eines Staatsgebietes.* **2.** *Erweiterung eines Sachgebietes.*

Ge|biets|ho|heit, die: *Territorialhoheit:* die G. der Bundesländer.

Ge|biets|kör|per|schaft, die (Rechtsspr.): *Körperschaft des öffentlichen Rechts, deren Gebietshoheit einen räumlich abgegrenzten Teil des Staatsgebiets sowie dessen Bewohner als gesetzliche Mitglieder ihrer Organisation erfasst.*

Ge|biets|kran|ken|kas|se, die (österr.): *eine der für jeweils ein österreichisches Bundesland zuständigen Krankenkassen, die Träger der gesetzlichen Krankenversicherung sind.*

Ge|biets|re|form, die: *Neugliederung eines Gebietes auf Landes- bzw. kommunaler Ebene, bei der die Zahl von Landkreisen, Städten, Gemeinden reduziert wird.*

Ge|biets|teil, der: *Teil eines Gebietes* (1).

ge|biets|wei|se ⟨Adv.⟩: *nach Gebieten; je nach dem Gebiet; auf ein od. mehrere bestimmte Gebiete bezogen, beschränkt:* etw. g. gliedern; heute g. Regen.

♦ **Ge|bild,** das; -[e]s, -e [nach den eingewebten Mustern] (landsch.): *Tischwäsche:* Ich bin in der Leinwandkammer durchgegangen, der Flachs und das Garn, das G., die Wäsche und alle mögliche Kramerei ist bis unter die Decke gestopft (Immermann, Münchhausen 164).

Ge|bild|brot, das (Volkskunde): *Backware in Form von symbolischen Figuren o. Ä., die bes. zu bestimmten Festtagen (z. B. Neujahr, Fastnacht, Ostern) gebacken wird.*

Ge|bil|de, das; -s, - [an ↑ bilden angelehnt; mhd. gebilde, ahd. gebilide, Kollektivbildung zu ↑ Bild]: *etw., was gebildet worden ist, sich gebildet hat:* ein symmetrisches G.; Ü ein G. der Fantasie.

ge|bil|det ⟨Adj.⟩: *Bildung* (1) *habend, davon zeugend:* ein -er Mensch; -es Benehmen; akademisch, vielseitig g. sein; sich g. unterhalten.

Ge|bil|de|te, die/eine Gebildete; der/einer Gebildeten, die Gebildeten/zwei Gebildete: *weibliche Person, die gebildet ist.*

Ge|bil|de|ter, der Gebildete/ein Gebildeter; des/eines Gebildeten, die Gebildeten/zwei Gebildete: *jmd., der gebildet ist.*

Ge|bim|mel, das; -s (ugs. abwertend): *[dauerndes] Bimmeln.*

Ge|bin|de, das; -s, - [mhd. gebinde = Band, zu ↑ binden]: **1.** *Gesamtheit zusammengebundener Dinge [einer Art]:* ein G. aus Blumen und Zweigen; Porree in großen -n *(Bunden)* verkaufen. **2.** *bestimmtes [genormtes] Quantum Garn vom Strang.* **3.** (Bauw.) **a)** *aus zwei Dachsparren u. den dazugehörenden Hölzern bestehende, dreieckige Holzkonstruktion;* **b)** *zusammenhängende Reihe von Dachziegeln:* ein G. Ziegel. **4.** (bes. österr.) *[größeres] Fass.* **5.** (Fachspr.) **a)** *aus einem einzigen Stück bestehende Verpackung;* **b)** *Gesamtheit aus Verpackung u. der verpackten Ware.*

Ge|bir|ge, das; -s, - [mhd. gebirge, ahd. gibirgi, eigtl. = Gesamtheit von Bergen; Kollektivbildung zu ↑ ¹Berg]: **1. a)** *zusammenhängende, durch Täler gegliederte Gruppe von hohen Bergen:* ein hohes, kahles, vulkanisches G.; im G. wandern; Ü ein G. *(eine große, sich auftürmende Masse, ein Berg)* von Stoff, Akten; **b)** *Gegend mit Gebirge* (1 a): in den Ferien ins G. fahren. **2.** (Bergbau) *Gesteinsschichten, die Lagerstätten umschließen.*

ge|bir|gig ⟨Adj.⟩: *bergig in der Art eines Gebirges:* eine -e Landschaft; -es Gelände. Dazu: **Ge|bir|gig|keit,** die; -.

Ge|birg|ler, der; -s, -: *Gebirgsbewohner.*

Ge|birg|le|rin, die; -, -nen: w. Form zu ↑ Gebirgler.

Ge|birgs|bach, der: vgl. Gebirgssee.

Ge|birgs|bahn, die: *über ein Gebirge führende Eisenbahn.*

Ge|birgs|be|woh|ner, der: *Bergbewohner.*

Ge|birgs|be|woh|ne|rin, die: w. Form zu ↑ Gebirgsbewohner.

Ge|birgs|bil|dung, die: *Orogenese.*

Ge|birgs|dorf, das: *Dorf in einem Gebirge.*

Ge|birgs|jä|ger, der: (Milität): **1.** *Angehöriger der Gebirgsjäger* (2). **2.** ⟨Pl.⟩ *Kampftruppe des Heeres, die speziell für den Einsatz im Gebirge ausgebildet ist.*

Ge|birgs|jä|ge|rin, die: w. Form zu ↑ Gebirgsjäger (1).

Ge|birgs|kamm, der: *Kamm des Gebirgszuges.*

Ge|birgs|ket|te, die: *Kette von [Teil]gebirgen od. von hohen Bergen eines Gebirges.*

Ge|birgs|kli|ma, das: *Klima, das im Gebirge herrscht.*

Ge|birgs|la|ge, die: *gebirgige Lage, Lage im Gebirge:* ein Kurort in G.; der Ort hat wegen seiner G. ein raues Klima.

Ge|birgs|land|schaft, die: *gebirgige Landschaft, Landschaft im Gebirge.*

Ge|birgs|luft, die ⟨o. Pl.⟩: vgl. Bergluft.

Ge|birgs|mas|siv, das: *Massiv* (1).

Ge|birgs|pa|no|ra|ma, das: *Panorama eines Gebirges.*
Ge|birgs|pass, der: *Pass* (2).
Ge|birgs|pflan|ze, die: *im Gebirge vorkommende Pflanze.*
Ge|birgs|pi|o|nier, der (Militär): **1.** *Angehöriger der Gebirgspioniere* (2). **2.** ⟨Pl.⟩ *Teil der Pioniertruppen, der speziell für den Einsatz im Gebirge ausgebildet ist:* er wurde zu den -en eingezogen.
Ge|birgs|pi|o|nie|rin, die: w. Form zu ↑ Gebirgspionier (1).
Ge|birgs|rü|cken, der: *Rücken, Kamm des Gebirgszuges.*
Ge|birgs|schlag, der (Bergbau, Geol.): *durch bergmännisch geschaffene Hohlräume verursachte schlagartige Erschütterung im Gestein.*
Ge|birgs|schlucht, die: vgl. Gebirgssee.
Ge|birgs|see, der: *See im Gebirge.*
Ge|birgs|stock, der ⟨Pl. ...stöcke⟩: *geschlossen erscheinende Gebirgseinheit; Massiv.*
Ge|birgs|tal, das: *Tal im Gebirge.*
Ge|birgs|trup|pe, die (Militär): *Truppe verschiedener Waffengattungen, die speziell für den Einsatz im Gebirge ausgebildet u. ausgerüstet ist.*
Ge|birgs|wan|de|rung, die: *Wanderung im Gebirge.*
Ge|birgs|zug, der: *lang gestrecktes [Teil]gebirge.*
Ge|biss, das; -es, -e [mhd. gebiȝ, ahd. gibiȝ, zu ↑ beißen]: **1.** *Gesamtheit der Zähne (in der Mundhöhle eines Menschen, Wirbeltiers):* ein kräftiges, gesundes G. haben; sein G. zeigen, entblößen. **2.** *künstlicher Ersatz für die Zähne eines od. beider Kiefer:* ein [künstliches] G. tragen; das G. herausnehmen. **3.** *metallenes Mundstück am Pferdezaum.*
Ge|biss|ab|druck, der ⟨Pl. ...drücke⟩ (Zahnmed.): *(bes. als Modell für Zahnersatz) mit einer Masse zum Abformen hergestellter Abdruck eines Gebisses* (1).
Ge|biss|ano|ma|lie, die (Zahnmed.): *Abweichung von der normalen Form des Gebisses.*
ge|bis|sen: ↑ beißen.
Ge|biss|re|gu|lie|rung, die: *Korrektur von Fehlstellungen einzelner oder mehrerer Zähne.*
◆ **Ge|bitt,** das; -[e]s, -e (bayr., österr.): *Bitte, Gesuch:* ... ich lege beim Waldbauer ein G. ein, dass er dich frei laufen lasst (Rosegger, Waldbauernbub 95).
Ge|blaff, das; -[e]s, **Ge|blaf|fe,** das; -s ⟨ugs. abwertend⟩: *[dauerndes] Blaffen.*
Ge|bla|se, das; -s ⟨ugs. abwertend⟩: *[dauerndes] Blasen.*
Ge|blä|se, das; -s, - (Technik): **1. a)** *Maschine, Gerät zur Erzeugung [u. Zuführung] eines verdichteten Luft- od. Gasstroms (z. B. Blasebalg od. Kühlvorrichtung für luftgekühlte Motoren);* **b)** *Anlage, die mit einem starken Luftstrom Heu, Stroh o. Ä. befördert.* **2.** (Jargon) *Schweißbrenner.*
Ge|blä|se|mo|tor, der; -s, -en, auch: -e: *Verbrennungsmotor mit vorgeschaltetem Gebläse* (1 a).
ge|bla|sen: ↑ blasen.
ge|blen|det: ↑ blenden.
ge|bli|chen: ↑ ²bleichen.
Ge|blö|del, das; -s ⟨ugs. abwertend⟩: *[dauerndes] Blödeln.*
Ge|blök, das; -[e]s, **Ge|blö|ke,** das; -s ⟨ugs. abwertend⟩: *[dauerndes] Blöken.*
ge|blumt (bes. österr.): geblümt.
ge|blümt ⟨Adj.⟩ [mhd. geblüemet, 2. Part. von: blüemen (gemustert): ein -es Kissen, Kleid. **2.** *(bes. von einem bestimmten Stil in der deutschen Literatur des 13. Jh.s) kunstvoll u. blumenreich bis zur Künstelei:* -er Stil.
Ge|blüt, das; -[e]s: *die geblütete = Gesamtmasse des Blutes, Kollektivbildung zu ↑ Blut]:* **1.** (veraltet) *gesamte Menge des im Körper zir-*

kulierenden Bluts: der Wein, der Gedanke brachte sein G. in Wallung *(brachte ihn in eine angeregte od. erregte, aufgeregte körperliche u. seelische Verfassung);* ◆ ... es ist nichts als das schaudernde Gaukelspiel des erhitzten -s (Schiller, Kabale III, 5). **2. a)** (selten) *körperliche u. seelische Verfassung;* **b)** (geh.) *Gesamtheit der Anlagen, Natur:* etw. liegt jmdm. im G.; **c)** (geh.) *[vornehme] Abstammung, Herkunft:* eine Dame von [edlem] G.
¹**ge|bo|gen** ⟨Adj.⟩: *eine Biegung, Krümmung aufweisend; gekrümmt:* eine -e Nase; der Schnabel ist stark g.
²**ge|bo|gen:** ↑ biegen.
ge|bongt: ↑ bongen.
ge|bo|ren: ↑ gebären.
¹**ge|bor|gen** ⟨Adj.⟩: *gut aufgehoben, sicher, beschützt:* bei jmdm., an jmds. Seite, an einem Ort g. sein; sich g. fühlen, wissen.
²**ge|bor|gen:** ↑ bergen.
Ge|bor|gen|heit, die; -: *das Geborgensein:* die G. des Elternhauses vermissen; in häuslicher G.
ge|bors|ten: ↑ bersten.
Ge|bot, das; -[e]s, -e [mhd. gebot, ahd. gibot, zu ↑ (ge)bieten]: **1.** *moralisches od. religiöses Gesetz, das ein bestimmtes Handeln, Verhalten [allgemein] verbindlich vorschreibt, fordert:* ein göttliches, sittliches, moralisches G.; das oberste G.; ein G. halten *(erfüllen, nicht übertreten);* das G. der Menschlichkeit, Nächstenliebe, der Höflichkeit beachten, befolgen; die Zehn -e *(die [zuerst im 2. u. 5. Buch Mose formulierten] zehn Gesetze der christlichen Moral);* das erste, sechste G. (der Zehn -e); das elfte G. (ugs. scherzh. verhüll.; *das Gebot der Lebensklugheit:* »Lass dich nicht erwischen!«). **2.** *von einer höheren Instanz ausgehende Willenskundgebung in schriftlicher od. mündlicher Form, die den Charakter eines Befehls od. einer Anweisung hat:* ein G. [miss]achten, befolgen, übertreten; ein G. erlassen; etw. auf jmds. G. hin tun; G. für Fußgänger (Verkehrsw.; *durch Gebotszeichen ausgedrückte Vorschrift, nach der ein bestimmter Weg o. Ä. nur von Fußgängern benutzt werden soll);* * **zu Gebot[e] stehen** *(zur Verfügung stehen:* ihm steht das Wort, die Kunst der Rede zu Gebote wie kaum einem anderen). **3.** *Erfordernis, Notwendigkeit:* Besonnenheit ist ein/das G. der Stunde; das ist ein G. der Vernunft. **4.** (Kaufmannsspr.) *Preisangebot des Bieters bei Versteigerungen:* ein höheres G. machen, abgeben.
¹**ge|bo|ten:** ↑ bieten.
²**ge|bo|ten:** ↑ gebieten.
Ge|bots|schild, das ⟨Pl. -er⟩ (Verkehrsw.): *Verkehrsschild mit einem Gebotszeichen.*
Ge|bots|zei|chen, das (Verkehrsw.): *Verkehrszeichen (weiß auf blauem Grund), das ein Gebot (2) anzeigt.*
Gebr. = Gebrüder.
Ge|brab|bel, das; -s ⟨ugs. abwertend⟩: *[dauerndes] Brabbeln.*
◆ **ge|bräch** ⟨Adj.⟩ [mhd. gebræche, ahd. gibrāchi, zu ↑ brechen] (Bergmannsspr.): *brüchig:* Hier ist der Gang mächtig und g. (Novalis, Heinrich 69).
ge|bracht: ↑ bringen.
ge|brand|markt: ↑ brandmarken.
ge|brannt: ↑ brennen.
ge|bra|ten: ↑ braten.
Ge|bra|te|nes, das Gebratene/ein Gebratenes; des/eines Gebratenen: *gebratene Speise.*
Ge|bräu, das; -[e]s, -e [zu ↑ brauen] (meist abwertend): *[Zusammen]gebrautes.*
Ge|brauch, der; -[e]s, Gebräuche [mhd. gebrūch, zu ↑ gebrauchen]: **1.** ⟨o. Pl.⟩ *das Gebrauchen; Benutzung, Anwendung:* die G. des Medikaments führt zu Gesundheitsschäden; der G. von Messer und Gabel; der G. *(die*

Anwendung) eines Mittels; dieser G. *(diese Verwendungsweise) des Wortes ist neu;* für den persönlichen, täglichen G.; vor G. gut schütteln!; sparsam im G. *(Verbrauch)* sein; von etw. G. machen *(sich in einem akuten Fall einer Sache bedienen);* von seinem Recht, seiner Schusswaffe G. machen; machen Sie bitte von dieser Mitteilung keinen G.! *(erzählen Sie es nicht weiter!);* ein Medikament zum innerlichen, äußerlichen G. *(das einzunehmen, äußerlich anzuwenden ist);* außer G. kommen *(veralten, unüblich werden);* in G. kommen *(üblich werden);* etw. in G. nehmen *(etw. zu gebrauchen beginnen);* etw. in/im G. haben *(etw. gebrauchen, benutzen);* in/im G. sein *(gebraucht, benutzt werden);* die neue Anlage ist bereits in G. **2.** ⟨meist Pl.⟩ *Sitte, Brauch.*
ge|brau|chen ⟨sw. V.; hat⟩ [mhd. gebrūchen, ahd. gibrūhhan, verstärkend für ↑ brauchen in der Bed. »verwenden«]: *verwenden, benutzen:* Hammer und Zange g.; das kann ich gut/nicht g.; etw. ist [zu vielem] zu g.; jmd. ist zu nichts zu g. (ugs.; *jmd. ist zu nichts nütze);* jmd. ist zu allem zu g. (ugs.; *jmd. ist wegen seiner Anstelligkeit, vielseitigen Geschicklichkeit sehr nützlich);* seine Schusswaffe, Gewalt, den Verstand, eine List g. *(anwenden);* derbe Worte g. *(verwenden, äußern);* ein Arzneimittel [äußerlich] g. (bes. Med.; *nehmen,* bes. *anwenden);* Tabletten g. (bes. Med.; *einnehmen);* ⟨2. Part.:⟩ ein gebrauchtes *(bereits benutztes)* Handtuch in die Wäsche geben; ein gebrauchter Wagen *(Gebrauchtwagen);* etw. gebraucht kaufen; ⟨subst.:⟩ wir nehmen Ihren Gebrauchten *(Gebrauchtwagen)* gern in Zahlung; Die Nachkommen der Portugiesen, der größten fremdländischen Gruppe da, gebrauchen ihre Sprache oft nicht einmal untereinander (Handke, Niemandsbucht 345); * **jmdn., etw. g. können** *(für jmdn., etw. Verwendung haben):* den ganzen Kram kann ich nicht mehr g.; den Karton kann ich gut g.; Faulenzer können wir nicht nötig g.; jetzt könnte ich eine Schere, einen Schnaps g.
ge|bräuch|lich ⟨Adj.⟩: *allgemein üblich:* ein -es Verfahren. Dazu: **Ge|bräuch|lich|keit,** die; -.
Ge|brauchs|an|lei|tung, die: *Gebrauchsanweisung.*
Ge|brauchs|an|ma|ßung, die (Rechtsspr.): *unbefugter Gebrauch fremden Eigentums.*
Ge|brauchs|an|wei|sung, die: *Anweisung, wie etwas zu gebrauchen ist.*
Ge|brauchs|ar|ti|kel, der: *(im Unterschied zum Luxusartikel) Artikel für Gebrauchszwecke, bes. Artikel des täglichen Bedarfs.*
Ge|brauchs|fä|hig ⟨Adj.⟩: *für den Gebrauch geeignet; benutzbar.*
Ge|brauchs|fahr|zeug, das: *Fahrzeug für Gebrauchszwecke:* Rennwagen sind empfindlicher als -e.
ge|brauchs|fer|tig ⟨Adj.⟩: *fertig für den Gebrauch:* ein -es Erzeugnis.
Ge|brauchs|ge|gen|stand, der: *Gegenstand für Gebrauchszwecke, bes. für den täglichen Gebrauch.*
Ge|brauchs|gra|fik, Ge|brauchs|gra|phik, die: *an bestimmte Gebrauchszwecke, bes. gewerbliche Zwecke gebundene Grafik (z. B. Werbegrafik).*
Ge|brauchs|gut, das ⟨meist Pl.⟩: *für den Gebrauch bestimmter Gegenstand.*
Ge|brauchs|li|te|ra|tur, die; -, -en ⟨Pl. selten⟩: *Literatur (unterschiedlichsten Charakters), deren Gebrauch an einen ganz bestimmten Zweck gebunden ist (z. B. Schlager- u. Reklametexte).*
Ge|brauchs|mu|sik, die [gepr. von dem dt. Musikforscher H. Besseler (1900–1969)]: *Musik, die für einen bestimmten Zweck od. für eine*

bestimmte Gruppe von Instrumentalisten od. Sängern bestimmt ist (z. B. Film-, Tanzmusik).
Ge|brauchs|mus|ter, das (Rechtsspr.): *patentähnlich geschützte Erfindung auf dem Gebiet der [zweckmäßigen] Gestaltung von Gegenständen des praktischen Gebrauchs.*
Ge|brauchs|mus|ter|schutz, der ⟨o. Pl.⟩ (Rechtsspr.): *gesetzlicher Schutz für Gebrauchsmuster.*
Ge|brauchs|spur, die ⟨meist Pl.⟩: *deutlich sichtbares Zeichen, das durch häufigen, intensiven Gebrauch entsteht.*
Ge|brauchs|text, der: vgl. Gebrauchsliteratur.
ge|brauchs|tüch|tig ⟨Adj.⟩ (bes. Werbespr.): *durch Gebrauch voll beanspruchbar, strapazierfähig:* ein -er Teppichboden, Anorak, Apparat.
Ge|brauchs|wert, der: *Wert, den eine Sache hinsichtlich ihrer Brauchbarkeit, ihrer Eignung für bestimmte Funktionen u. Zwecke hat; Nutzwert.*
Ge|brauchs|zweck, der: **1.** *Zweck, zu dem etw. gebraucht wird:* Gegenstände mit unterschiedlichem G. **2.** ⟨Pl.⟩ *Zwecke des praktischen Gebrauchs, praktische Zwecke* (im Unterschied z. B. zum Selbstzweck, zu Zwecken der Repräsentation, der bloßen Dekoration, der künstlerischen Gestaltung, des Sports od. Spiels): *etw. zu -en anschaffen.*
¹ge|braucht: ↑ brauchen.
²ge|braucht: ↑ gebrauchen.
Ge|braucht|im|mo|bi|lie, die: *Immobilie, die nicht neu ist, sondern bereits gebraucht ist, benutzt, bewohnt wurde.*
Ge|braucht|wa|gen, der: *nicht fabrikneues, sondern bereits gebrauchtes Auto; Wagen aus zweiter Hand.*
Ge|braucht|wa|gen|han|del, der: *Handel mit Gebrauchtwagen.*
Ge|braucht|wa|gen|händ|ler, der: *jmd., der mit Gebrauchtwagen handelt.*
Ge|braucht|wa|gen|händ|le|rin, die: w. Form zu ↑ Gebrauchtwagenhändler.
Ge|braucht|wa|gen|markt, der: **1.** *Markt* (3 a) *für Gebrauchtwagen.* **2.** *[von Händlern organisierte] Veranstaltung zum Verkauf von Gebrauchtwagen.*
Ge|braus, das; -es, **Ge|brau|se,** das; -s: *[anhaltendes] Brausen.*
ge|bre|chen (st. V.; hat; unpers.⟩ [mhd. gebrechen = mangeln, fehlen; zerbrechen, ahd. gibrehhan = zerbrechen] (geh.): *fehlen, mangeln:* jmdm. gebricht es an Geld, Zeit, Ausdauer; ⟨veraltet auch persönl.:⟩ dazu gebrach [ihm, seinen Bemühungen] kurz nechte Antrieb.
Ge|bre|chen, das; -s, - [mhd. gebreche(n)] (geh.): *dauernder [körperlicher, gesundheitlicher] Schaden:* ein schweres körperliches, geistiges G. haben; die G. des Alters.
ge|brech|lich ⟨Adj.⟩ [mhd. gebrechlich]: *mit Gebrechen behaftet; hinfällig, altersschwach, schwächlich:* ein -er Greis.
Ge|brech|lich|keit, die; -, -en: **1.** *das Gebrechlichsein.* **2.** *Schwäche* (1 b), *Gebrechen.*
Ge|breit, das; -[e]s, -e, **Ge|brei|te,** das; -s, - [mhd., ahd. gebreite, zu ↑ breiten] (veraltet): *Feld, Acker:* ◆ Sagt mir und schauet hinab, wie herrlich liegen die schönen, reichen Gebreite nicht da, und unten Weinberg und Gärten (Goethe, Hermann u. Dorothea 4, 186 f.)
Ge|bres|ten, das; -s, - [zu mhd. gebresten, ahd. gibrestan = Mangel haben] (schweiz., sonst veraltet): *Gebrechen.*
¹ge|bro|chen ⟨Adj.⟩: **a)** *nicht gerade weiterverlaufend, geknickt:* eine -e Linie; ein -er Lichtstrahl; **b)** (Musik) *(in Bezug auf die einzelnen Töne eines Akkordes) voneinander abgesetzt gespielt:* ein -er Dreiklang; **c)** *(bes. von Malfarben) durch Beimischung [einer anderen Buntfarbe] nicht mehr rein u. daher weniger leucht-*

kräftig: -e Farben; **d)** *tief getroffen u. völlig niedergedrückt, [endgültig] des Lebensmutes beraubt:* ein -er Mensch; **e)** *durch Befangenheit, Unsicherheit, Spannungen o. Ä. beeinträchtigt, gestört:* ein -es Verhältnis zu jmdm., etw. haben; **f)** *(vom Sprechen einer fremden Sprache) durchgehend mangelhaft, holperig u. mit vielen Fehlern:* sich in -em Deutsch unterhalten; g. Englisch sprechen.
²ge|bro|chen: ↑ brechen.
Ge|bro|chen|heit, die; -: *das ¹Gebrochensein* (d–f).
Ge|brö|ckel, das; -s: **1.** *[dauerndes] Bröckeln.* **2.** *Gebröckeltes.*
Ge|bro|del, das; -s: **1.** *[dauerndes] Brodeln.* **2.** *brodelnde Flüssigkeit, Masse o. Ä.*
Ge|brü|der ⟨Pl.⟩ [mhd. gebruoder, gebrüeder, ahd. gibruoder, Kollektivbildung zu ↑ Bruder] (Kaufmannsspr.): *Brüder, die ein Unternehmen gemeinsam leiten* (Abk.: Gebr.)
Ge|brüll, das; -[e]s, **Ge|brül|le,** das; -s: *[dauerndes] Brüllen:* R auf ihn mit Gebrüll! (ugs. scherzh.; *stürzen wir uns auf ihn!*)
Ge|brumm, das; -[e]s: *[dauerndes] Brummen.*
Ge|brum|mel, das; -s: *[dauerndes] Brummeln.*
ge|bu|ckelt ⟨Adj.⟩: **a)** *mit kleinen Buckeln [versehen]:* ein -er Ring; **b)** *buckelartig gewölbt.*
ge|bü|gelt ⟨Adj.⟩: ↑ bügeln.
Ge|bühr, die; -, -en [mhd. gebür(e), ahd. giburi, eigtl. = was einem zukommt, zufällt, zu ↑ gebühren]: **1.** *für eine [öffentliche] Dienstleistung (an eine Behörde, ein Amt) zu bezahlender Betrag:* die G. für die Benutzung beträgt 20 Euro; eine G. erheben, bezahlen, entrichten; gegen G. **2.** * **nach G.** (*angemessen:* seine Arbeit wird nach G. bezahlt). **über G.** (*mehr als nötig, übertrieben*).
ge|büh|ren ⟨sw. V.; hat⟩ [mhd. gebürn, ahd. giburian = zukommen, geschehen] (geh.): **1.** *als Recht zukommen; zustehen:* ihr, ihrer Leistung gebührt Anerkennung. **2.** ⟨g. + sich⟩ *sich gehören* (5): sie gebührt sich, wie es sich [für eine Aufsteigerin] gebührt; Endlich war ich, wie es mir entsprach und sich für mich gebührte, allein (Handke, Niemandsbucht 164).
Ge|büh|ren|an|zei|ge, die: *(bei Fernsprechapparaten) Anzeige* (3 b) *für die zu berechnenden Gebühreneinheiten.*
Ge|büh|ren|be|frei|ung, die: *Gebührenerlass.*
Ge|büh|ren|be|scheid, der: *amtliche Mitteilung über zu entrichtende Gebühren.*
ge|büh|rend ⟨Adj.⟩: *wie es jmdm. od. einer Sache gebührt* (1); *angemessen:* etw. in -er Weise würdigen; etw. g. loben.
Ge|büh|ren|ein|heit, die (Telefonie früher): *Geldbetrag als kleinste Einheit, in der Gesprächsgebühren (bes. im Selbstwählverkehr) berechnet werden.*
Ge|büh|ren|er|hö|hung, die: *Erhöhung der Gebühren für etw.*
Ge|büh|ren|er|lass, der: *Befreiung von Gebühren.*
Ge|büh|ren|er|mä|ßi|gung, die: *Ermäßigung der Gebühren für etw.*
Ge|büh|ren|er|stat|tung, die: *Erstattung von Gebühren.*
ge|büh|ren|fi|nan|ziert ⟨Adj.⟩: *durch Gebühren finanziert:* -e Fernsehprogramme.
ge|büh|ren|frei ⟨Adj.⟩: *nicht mit Gebühren verbunden; kostenlos:* Dazu: **Ge|büh|ren|frei|heit,** die ⟨o. Pl.⟩.
Ge|büh|ren|geld, das: *durch die Erhebung von Gebühren eingenommenes Geld.*
Ge|büh|ren|mar|ke, die: *Wertmarke, die auf ein Schriftstück o. Ä. geklebt wird als Beleg dafür, dass die mit der Aus-, Abfertigung verbundene Gebühr bezahlt ist.*
Ge|büh|ren|ord|nung, die: *amtliche Zusammenstellung, nach der in einem bestimmten Dienst-*

leistungsbereich, Berufszweig o. Ä. die Gebühren zu berechnen sind.
ge|büh|ren|pflich|tig ⟨Adj.⟩: *[für den Empfänger] mit der Pflicht zur Zahlung einer Gebühr verbunden:* sie erhielt von dem Polizisten eine -e Verwarnung; jmdn. g. verwarnen.
Ge|büh|ren|satz, der: *fester Betrag gemäß der Gebührenordnung.*
Ge|büh|ren|sen|kung, die: *Senkung der Gebühren für etw.*
Ge|büh|ren|stei|ge|rung, die: *Steigerung der Gebühren für etw.*
Ge|büh|ren|zah|ler, der: *jmd., der Gebühren zahlt.*
Ge|büh|ren|zäh|ler, der: vgl. Gebührenanzeiger.
Ge|büh|ren|zah|le|rin, die: w. Form zu ↑ Gebührenzahler.
ge|bühr|lich ⟨Adj.⟩ [mhd. gebürlich] (veraltend): *gebührend.*
Ge|bum|se, das; -s (ugs. abwertend): *[dauerndes] Bumsen.*
ge|bun|den: ↑ binden.

-ge|bun|den: drückt in Bildungen mit Substantiven aus, dass die beschriebene Sache an jmdn. od. etw. gebunden ist, fest zu jmdm. od. etw. gehört: *hersteller-, klassen-, standortgebunden.*

Ge|bun|den|heit, die; -, -en: *das Gebundensein.*
Ge|burt [auch, österr. nur: gəˈbʊrt], die; -, -en [mhd. geburt, ahd. giburt, zu ↑ gebären]: **1. a)** *das Gebären; Entbindung:* eine leichte, schwere G.; die sanfte, natürliche, programmierte G.; die G. verlief ohne Komplikationen; die G. einleiten; einer G. beiwohnen; die Zahl der -en ist leicht angestiegen; Ü das war eine schwere G. (ugs.; *das hat viel Mühe gekostet*); **b)** ⟨o. Pl.⟩ *das Geborenwerden, Zur-Welt-Kommen:* wir freuen uns über die G. unserer Tochter Ute; im 9. Jahrhundert vor/nach Christi G.; von G. [an] (*seit der Geburt*); **c)** *Geborenes, Geschöpf, Lebewesen:* Ü eine G. *(Ausgeburt)* der Fantasie. **2.** *Abstammung, Herkunft:* von niedriger, hoher G. sein; er ist von G. (*der Geburt nach*) Schweizer.
Ge|bur|ten|be|schrän|kung, die: *Beschränkung der Geburtenzahl durch Geburtenkontrolle, -regelung.*
Ge|bur|ten|buch, das: *Personenstandsbuch zur Beurkundung der Geburten.*
Ge|bur|ten|ex|plo|si|on, die: *schnelles u. starkes Ansteigen der Geburtenziffer.*
Ge|bur|ten|freu|dig ⟨Adj.⟩: *die Tendenz zu hoher Geburtenziffer aufweisend:* ein -er Jahrgang.
Ge|bur|ten|häu|fig|keit, die (Statistik): *Anzahl der lebend Geborenen bezogen auf eine bestimmte Zahl an Personen u. einen bestimmten Zeitraum.*
Ge|bur|ten|kon|trol|le, die ⟨Pl. selten⟩: *familien- und bevölkerungspolitische Maßnahmen (bes. die Empfängnisverhütung) zur Beschränkung der Geburtenzahl.*
Ge|bur|ten|ra|te, die: **1.** *Geburtenziffer.* **2.** *Zahl, die angibt, wie viele Geburten statistisch gesehen auf eine Frau im gebärfähigen Alter kommen.*
Ge|bur|ten|re|ge|lung, die ⟨Pl. selten⟩: *Regelung, bes. Beschränkung der Empfängniszeiten u. Geburtenzahl durch entsprechende, von den Geschlechtspartnern angewandte Verhaltensweisen od. [Verhütungs]mittel.*
Ge|bur|ten|rück|gang, der: *Rückgang der Geburtenzahl.*
ge|bur|ten|schwach ⟨Adj.⟩: *eine niedrige Geburtenzahl aufweisend:* ein -er Jahrgang.
ge|bur|ten|stark ⟨Adj.⟩: *eine hohe Geburtenzahl aufweisend:* -e Jahrgänge.

Geburtenstatistik – Gedanken

Ge|bur|ten|sta|tis|tik, die: **1.** *Teilgebiet der Bevölkerungsstatistik, das sich mit Geburtenhäufigkeit, -ziffer o. Ä. beschäftigt.* **2.** *Statistik (2) über Geburtenhäufigkeit, -ziffer o. Ä.*
Ge|bur|ten|über|schuss, der: *das Überwiegen der Geburten gegenüber den Sterbefällen.*
Ge|bur|ten|zahl, die: *Anzahl der Geburten.*
Ge|bur|ten|zif|fer, die: *Zahl, die angibt, wie viele Geburten auf 1 000 Personen im Jahr kommen.*
Ge|bur|ten|zu|wachs, der: *Anstieg der Geburtenzahl.*
ge|bür|tig ⟨Adj.⟩ [mhd. gebürtic, ahd. gibürtig]: *geboren in, der Geburt nach stammend aus:* sie ist -e Schweizerin; aus Berlin, aus Ungarn g. sein.
ge|burt|lich ⟨Adj.⟩ (Med.): *mit der Geburt zusammenhängend:* -e Hirnschädigungen.
Ge|burts|adel, der: *Erbadel.*
Ge|burts|an|zei|ge, die: **1.** *(von den Eltern versandte od. aufgegebene) Anzeige, durch die die Geburt eines Kindes bekannt gemacht wird.* **2.** *Anzeige einer Geburt beim Standesamt.*
Ge|burts|da|tum, das: *Datum der Geburt* (1 b).
Ge|burts|feh|ler, der: *angeborener körperlicher Fehler:* Ü ein G. unserer Demokratie *(ein ihr seit Bestehen anhaftender Fehler).*
Ge|burts|ge|wicht, das: *Gewicht, das ein Kind od. Tier bei der Geburt hat.*
Ge|burts|haus, das: **1.** *Wohnhaus, in dem jmd. [der bekannt, berühmt ist] geboren worden ist:* Beethovens G. **2.** *klinikähnliche Einrichtung, in der Entbindungen vorgenommen werden:* in einem G. entbinden.
Ge|burts|hel|fer, der: *jmd. (bes. der Arzt), der [beruflich] Geburtshilfe leistet.*
Ge|burts|hel|fe|rin, die: w. Form zu ↑ Geburtshelfer.
Ge|burts|hil|fe, die ⟨o. Pl.⟩: **1.** *fachkundige Hilfe bei der Geburt:* G. leisten. **2.** *Lehre von der fachkundigen Hilfe bei der Geburt.*
Ge|burts|jahr, das: vgl. Geburtsdatum.
Ge|burts|ka|nal, der (Anat.): *Kanal (3) im weiblichen Körper, den das Kind bei der Geburt durchwandert.*
Ge|burts|la|ge, die (Med.): *Lage des Kindes in der Gebärmutter vor u. während der Entbindung.*
Ge|burts|land, das ⟨Pl. ...länder⟩: *Land, in dem jmd. geboren worden ist.*
Ge|burts|mal, das ⟨Pl. -e⟩: *Muttermal.*
Ge|burts|na|me, der: *Familienname einer Person vor ihrer Verheiratung:* sie hat nach der Scheidung ihren -n wieder angenommen.
Ge|burts|ort, der ⟨Pl. -e⟩: vgl. Geburtsland.
Ge|burts|recht, das: *Recht aufgrund der Geburt (bes. der Erstgeburt od. der adligen Abstammung).*
Ge|burts|re|gis|ter, das (veraltet, noch schweiz.): *Geburtenbuch.*
Ge|burts|schein, der: *Geburtsurkunde.*
Ge|burts|stadt, die: vgl. Geburtsland.
Ge|burts|stät|te, die (geh.): *Stätte der Geburt.*
Ge|burts|stun|de, die: *Stunde der Geburt:* Ü die G. der Demokratie.
Ge|burts|tag, der [mhd. geburttac, ahd. giburt(i)tag(o), LÜ von lat. dies natalis]: **1.** *Jahrestag der Geburt* (1 b): ein runder G. *(Geburtstag, an dem jmd. 30, 40 od. 50 Jahre usw. alt wird);* G. haben; [seinen 50.] G. feiern; jmdm. zum G. gratulieren; sich etw. zum G. wünschen; herzliche Glückwünsche zum G.!; Ü den 80. G. unseres Staates. **2.** (Amtsspr.) *Geburtsdatum:* Ihr G.? – 17. 4. 23.
Ge|burts|tags|fei|er, die: *Feier des Geburtstages* (1).
Ge|burts|tags|fest, das: *Fest aus Anlass eines Geburtstags* (1).
Ge|burts|tags|fe|te, die: vgl. Geburtstagsfest.

Ge|burts|tags|ge|schenk, das: *Geschenk zum Geburtstag* (1).
Ge|burts|tags|gruß, der: *etw., was man jmdm. als Gruß zum Geburtstag* (1) *schenkt od. sendet.*
Ge|burts|tags|kar|te, die: *auf der Vorderseite oft mit einem Bild* (1 a) *u. mit Text versehene Karte* (2), *mit der jmd. seine Glückwünsche zu jmds. Geburtstag* (1) *übermittelt.*
Ge|burts|tags|kind, das (scherzh.): *jmd., der Geburtstag* (1) *hat.*
Ge|burts|tags|ku|chen, der: *jmdm. zum Geburtstag* (1) *gebackener Kuchen [der mit einer den Lebensjahren entsprechenden Anzahl von Kerzen besteckt ist].*
Ge|burts|tags|par|ty, die: vgl. Geburtstagsfest.
Ge|burts|tags|ständ|chen, das: *jmdm. zum Geburtstag* (1) *dargebrachtes Ständchen.*
Ge|burts|tags|tisch, der: **1.** *Tisch für Geburtstagsgeschenke.* **2.** *für die Geburtstagsfeier festlich gedeckter Tisch.*
Ge|burts|tags|tor|te, die: vgl. Geburtstagskuchen.
Ge|burts|trau|ma, das: *durch den Geburtsakt entstandener psychischer od. physischer Schaden bei Mutter od. Kind.*
Ge|burts|ur|kun|de, die: *[standes]amtliche Urkunde über jmds. Geburt (Ort u. Tag) sowie Abstammung.*
Ge|burts|ver|lauf, der: *Verlauf der Geburt.*
Ge|burts|vor|be|rei|tung, die: *Vorbereitung einer schwangeren Frau [u. deren Partner] auf die Entbindung (bes. durch die Teilnahme an einem entsprechenden Kurs).*
Ge|burts|vor|gang, der: *Vorgang der Geburt.*
Ge|burts|we|hen (Pl.): *Wehen:* Ü die G. der Demokratie *(mit der Entstehung verbundene Schwierigkeiten, Bedrängnisse, Krisen).*
Ge|burts|zan|ge, die: *zur Geburtshilfe in schwierigen Fällen verwendetes zangenförmiges Instrument, mit dem der Kopf des Kindes festgehalten u. aus dem Mutterleib herausgezogen wird.*
Ge|büsch, das; -[e]s, -e [mhd. gebüsche, Kollektivbildung zu ↑ Busch]: *viele dicht zusammenstehende Büsche; Buschwerk:* ein ausgedehntes, dichtes G.; sich im G. verstecken; im G. verschwinden; eingerahmt von G.
geck: ↑ jeck.
Geck, der; -en, -en [mniederd. geck = geistig Behinderter, urspr. lautm. für das unverständlich Gesprochene eines solchen Menschen]: **1.** (abwertend) *männliche Person, die als eitel, sich übertrieben modisch kleidend angesehen wird:* ein eitler G.; (landsch.) *Narr* (1).
ge|cken|haft ⟨Adj.⟩ (abwertend): *wie ein Geck* (1) *geartet:* Dazu: **Ge|cken|haf|tig|keit,** die; -.
Ge|cke|rei, die; -, -en: **1.** ⟨o. Pl.⟩ (abwertend) *geckenhaftes Benehmen; Stutzertum.* **2.** (abwertend veraltend) *Narrheit:* ♦ Lasst meiner G. mich doch nur auch erwähnen (Lessing, Nathan I, 3).
Ge|cko, der; -s, -s, veraltet: ...onen [niederl. gekko od. engl. gecko, gekko < malai. gekok, lautm., nach seinen durchdringenden Kehllauten]: *(in Tropen u. Subtropen heimisches) zu den Echsen gehörendes Kriechtier von unterschiedlicher Gestalt u. Größe, mit großen Augen u. mit Haftorganen an den Zehen.*
¹ge|dacht: s. denken: * **g. sein** *(bestimmt, geplant sein:* etw. ist für jmdn., etw. g.; das ist nur als Notlösung g.; so war es nicht g.*)*
²ge|dacht: ↑ gedenken.
Ge|dächt|nis, das; -ses, -se [mhd. gedæhtnisse, ahd. kithēhtnissi = das Denken an etw.]: **1.** *Fähigkeit, Sinneswahrnehmungen od. psychische Vorgänge (im Gehirn) zu speichern, sodass sie bei geeigneter Gelegenheit ins Bewusstsein treten können; Vermögen,*

Bewusstseinsinhalte aufzubewahren, zu behalten, zu speichern u. sich ins Bewusstsein zurückzurufen, wieder zu beleben; Erinnerung[svermögen]: ihr G. reicht weit zurück; mein G. lässt nach, lässt mich oft im Stich; wenn mich mein G. nicht täuscht, war es so; ein gutes, schlechtes G. [für Zahlen] haben; im kollektiven G. der Nation; das G. verlieren; sein G. nicht mit etw. belasten; sein G. auffrischen; er hat ein kurzes G. (ugs.; *vergisst schnell);* etw. dem G. [fest] einprägen; ihr Name ist meinem G. entfallen *(ich habe ihren Namen vergessen);* jmds. G. nachhelfen (1. *jmdn. erinnern, indem man ihm Anhaltspunkte gibt.* 2. iron.; *jmdn., der sich an bestimmte Tatsachen nicht erinnern will bzw. angeblich nicht erinnert, auf diese Tatsachen hinweisen);* aus dem G. *(ohne Vorlage, auswendig)* zitieren; etw. im G. behalten, bewahren *(nicht vergessen);* jmdm., sich etw. ins G. [zurück]rufen *(jmdn., sich an etw. erinnern);* * **ein G. wie ein Sieb haben** (ugs.; *sehr vergesslich sein).* **2.** *[ehrendes] Andenken, Gedenken:* dem Verstorbenen ein ehrenvolles G. bewahren; zum G. der Opfer; zum G. an die Katastrophe ein Denkmal errichten. **3.** (schweiz.) *(in der katholischen Kirche) Gedächtnisgottesdienst; Gedächtnismesse.*
Ge|dächt|nis|aus|stel|lung, die: *Gedenkausstellung.*
Ge|dächt|nis|fei|er, die: *Gedenkfeier.*
Ge|dächt|nis|got|tes|dienst, der: *Gottesdienst zum Andenken bes. an einen Toten.*
Ge|dächt|nis|hil|fe, die: *Hinweis, Anhaltspunkt zur Unterstützung des Gedächtnisses.*
Ge|dächt|nis|in|halt, der: *Gesamtheit der Sinneswahrnehmungen od. psychischen Vorgänge, die im Gedächtnis gespeichert sind.*
Ge|dächt|nis|kunst, die: *Kunst, bes. durch systematische Anwendung von Gedächtnishilfen überdurchschnittliche od. artistische Gedächtnisleistungen zu erreichen.*
Ge|dächt|nis|künst|ler, der: *jmd., der die Gedächtniskunst beherrscht.*
Ge|dächt|nis|künst|le|rin, die: w. Form zu ↑ Gedächtniskünstler.
Ge|dächt|nis|leis|tung, die: *Leistung des Gedächtnisses.*
Ge|dächt|nis|lü|cke, die: *fehlende Erinnerung an einen Vorgang.*
Ge|dächt|nis|mes|se, die: vgl. Gedächtnisgottesdienst.
Ge|dächt|nis|pro|to|koll, das: *aus dem Gedächtnis angefertigtes Protokoll.*
ge|dächt|nis|schwach ⟨Adj.⟩: *mit schwachem Gedächtnis ausgestattet.*
Ge|dächt|nis|schwä|che, die (bes. Med., Psychol., Päd.): *Leistungsminderung des Gedächtnisses.*
Ge|dächt|nis|schwund, der: *Schwund (1 a) des Gedächtnisses.*
Ge|dächt|nis|stö|rung, die (bes. Med., Psychol., Päd.): *vorübergehendes Nachlassen od. Aussetzen des Gedächtnisses.*
Ge|dächt|nis|stüt|ze, die: *Gedächtnishilfe.*
Ge|dächt|nis|trai|ning, das: *Training des Gedächtnisses.*
Ge|dächt|nis|ver|lust, der ⟨o. Pl.⟩ (bes. Med., Psychol., Päd.): *Verlust älterer Gedächtnisinhalte.*
ge|dackt ⟨Adj.⟩ [mhd. gedact, 2. Part. von: decken, ↑ decken] (Musik): *(von Orgelpfeifen) oben verschlossen u. eine Oktave od. eine Quinte tiefer klingend als eine gleich lange offene Pfeife.*
Ge|dämpft|heit, die; -: *das Gedämpftsein.*
Ge|dan|ke, der; -ns, -n [mhd. gedanc, ahd. gidanc, zu ↑ denken], (veraltet): **Ge|dan|ken,** der; -s, -: **1. a)** *etw., was gedacht wird, gedacht worden ist; Überlegung:* gute, vernünftige

Gedanken; dieser Gedanke liegt mir fern, verfolgt mich, tröstet mich; ein Gedanke ging mir durch den Kopf; mir drängt sich der Gedanke auf, dass das nicht stimmt; einen Gedanken fassen, aufgreifen, fallen lassen, in Worte kleiden, zu Ende denken, nicht mehr loswerden; Gedanken an jmdn., etw. verschwenden; auf einen Gedanken kommen, verfallen; es ist mir ein schrecklicher Gedanke *(eine schreckliche Vorstellung)*, dass du verärgert bist; seine Gedanken sammeln *(sich konzentrieren)*; seinen Gedanken nachhängen, sich seinen Gedanken überlassen *[nach]sinnen)*; sich an einen Gedanken klammern *(ängstlich, krampfhaft daran festhalten u. Hoffnung damit verbinden)*; jmdn. auf andere Gedanken bringen *(jmdn. ablenken)*; [ganz] in Gedanken verloren, versunken sein; ich war [ganz] in Gedanken *(gedankenverloren, zerstreut, habe nicht aufgepasst)*; das habe ich in Gedanken *(ohne es zu wollen, zu wissen)* getan; mit seinen Gedanken woanders, nicht bei der Sache sein *(gedankenverloren, unaufmerksam sein)*; R Gedanken sind [zoll]frei *(was man denkt, kann einem keiner vorschreiben)*; der erste Gedanke ist nicht immer der beste; * *[jmds.] Gedanken lesen [können]* *([jmds.] Gedanken erraten [können])*; sich ⟨Dativ⟩ Gedanken *[über jmdn., etw./wegen jmds., etw.] machen (sich [um jmdn., etw.] sorgen)*; sich ⟨Dativ⟩ über etw. Gedanken machen *(über etw. länger nachdenken)*; **b)** ⟨o. Pl.⟩ *das Denken an etw.*: bei dem Gedanken [daran] wurde ihr unheimlich zumute; der bloße Gedanke [daran] macht ihn wütend; * *kein Gedanke [daran]!* (ugs.; *keinesfalls, unmöglich, das kommt nicht infrage!*) **2.** ⟨Pl.⟩ *Meinung, Ansicht*: über etw. seine eigenen Gedanken haben; sie tauschten ihre Gedanken [über das Buch] aus. **3.** *Einfall; Plan, Absicht*: ein verwegener, großartiger Gedanke; da kam ihr ein rettender Gedanke; einen Gedanken in die Tat umsetzen; das bringt mich auf einen Gedanken; auf dumme Gedanken kommen (ugs.; *etw. Falsches, Unkluges od. Unerwünschtes tun*); Denn er habe sich schon, sagte er, ernsthaft mit dem Gedanken getragen, wenn es für ihn nicht so schwer wie einfach zu einsam sei, hinzuschmeißen (Becker, Tage 151). **4.** *Begriff, Idee*: der [tragende] Gedanke eines vereinten Europas; der G. der Freiheit. **5.** * *[um] einen Gedanken* (landsch.; *ein wenig*: der Mantel könnte [um] einen Gedanken länger sein).

Ge|dan|ken|ak|ro|ba|tik, die (iron.): *übermäßig komplizierte Abfolge von Gedanken.*

Ge|dan|ken|ar|beit, die ⟨o. Pl.⟩: *gedankliches Erarbeiten, Durchdringen; Denkarbeit.*

ge|dan|ken|arm ⟨Adj.⟩: *arm an eigenen, schöpferischen Gedanken* (1 a).

Ge|dan|ken|ar|mut, die: *Mangel an eigenen Gedanken* (1 a), *Ideen.*

Ge|dan|ken|aus|tausch, der: *Austausch von Gedanken* (1 a), *bes. im Gespräch od. Briefwechsel*: ein reger G. unter, zwischen den Kollegen; den G. mit Kollegen pflegen.

Ge|dan|ken|blitz, der (ugs. scherzh.): *plötzlicher Einfall*: einen G. haben.

Ge|dan|ken|ex|pe|ri|ment, das: *nur in Gedanken* (1 a) *durchgeführtes [u. durchführbares] Experiment, das etw. zeigen, beweisen soll.*

Ge|dan|ken|flug, der: *hochfliegende [geistreiche u. fantasievolle] Gedankenführung od. entsprechender Gedankengang*: jmds. hohem G., jmds. Gedankenflügen nicht folgen können.

Ge|dan|ken|fluss, der ⟨o. Pl.⟩: *gedanklicher Fluss; zusammenhängende Folge von Gedanken* (1 a).

Ge|dan|ken|fol|ge, die ⟨o. Pl.⟩: *[Aufeinander]folge der Gedanken* (1 a).

Ge|dan|ken|frei|heit, die ⟨o. Pl.⟩: *Freiheit, bes. in weltanschaulicher od. politischer Hinsicht zu denken, was man will, u. seine Meinung frei zu äußern.*

Ge|dan|ken|füh|rung, die: *[systematische] Entwicklung von Gedanken* (1 a) *zum Zweck der Darlegung bestimmter [umfassender] Zusammenhänge.*

Ge|dan|ken|fül|le, die ⟨o. Pl.⟩: *Fülle von Gedanken* (1 a); *gedanklicher Reichtum.*

Ge|dan|ken|gang, der: *Abfolge von Gedanken* (1 a), *die zu einem bestimmten Resultat führt*: ein logischer, vernünftiger G.; einem G. folgen [können].

Ge|dan|ken|ge|bäu|de, das: *in sich geschlossenes Gesamtergebnis des Denkens [eines Vertreters einer bestimmten Lehre, Weltanschauung]*: das G. der hegelschen Philosophie; das ganze G. brach zusammen.

Ge|dan|ken|gut, das ⟨o. Pl.⟩: *Gesamtheit vorhandener Gedanken* (1 a) *[bes. einer Weltanschauung od. Kultur]*: christliches G.

Ge|dan|ken|ket|te, die: *Folge von miteinander zusammenhängenden, auseinander sich ergebenden Gedanken.*

ge|dan|ken|leer ⟨Adj.⟩: **1.** *gedankenarm.* **2.** *ohne Gedanken* (1 a): ein -er Blick.

Ge|dan|ken|lee|re, die: *Gedankenarmut.*

Ge|dan|ken|le|sen, das; -s: *Erraten fremder Gedanken* (1 a).

Ge|dan|ken|le|ser, der: *jmd., der das Gedankenlesen beherrscht.*

Ge|dan|ken|le|se|rin, die: w. Form zu ↑ Gedankenleser.

ge|dan|ken|los ⟨Adj.⟩: **1.** *unüberlegt, ohne darüber nachzudenken*: etw. g. sagen; eine g. übernommene These. **2.** *zerstreut, unaufmerksam, geistesabwesend*: g. vor sich hin starren.

Ge|dan|ken|lo|sig|keit, die; -, -en: **1. a)** ⟨o. Pl.⟩ *Unüberlegtheit*: etw. aus G. sagen; **b)** *unüberlegte Handlung, Äußerung.* **2. a)** ⟨o. Pl.⟩ *Zerstreutheit, Unaufmerksamkeit, Geistesabwesenheit*; **b)** *zerstreute, unaufmerksame Handlung o. Ä.*

ge|dan|ken|reich ⟨Adj.⟩: *reich an eigenen, schöpferischen Gedanken* (1 a).

Ge|dan|ken|reich|tum, der ⟨o. Pl.⟩: *der Reichtum an eigenen Gedanken* (1 a), *Ideen.*

Ge|dan|ken|rich|tung, die: *[an einem bestimmten Ziel ausgerichtetes] Denkweise, der eine bestimmte [weltanschauliche] Überzeugung, Richtung o. Ä. zugrunde liegt*: eine überholte G. in der Wissenschaft vertreten; einer [bestimmten] G. folgen.

Ge|dan|ken|schär|fe, die: *Schärfe* (6) *der Gedanken, des Denkens.*

ge|dan|ken|schnell ⟨Adj.⟩: *schnell wie ein Denkvorgang*: sie antwortete g.

Ge|dan|ken|schnel|le, die: *Schnelligkeit des Denkvorgangs*: in, mit G.

Ge|dan|ken|schritt, der: *Teil, [Zwischen]stufe eines Gedankengangs.*

ge|dan|ken|schwer ⟨Adj.⟩ (geh.): **a)** *den Kopf voll von [wichtigen] Gedanken* (1 a) *habend*; **b)** *sorgenvoll, bedrückt.*

Ge|dan|ken|spiel, das: *spielerische u. unverbindliche od. experimentelle Herstellung gedanklicher Zusammenhänge.*

Ge|dan|ken|spie|le|rei, die: *Gedankenspiel.*

Ge|dan|ken|split|ter, der: *Aphorismus.*

Ge|dan|ken|sprung, der: *völlig unvermittelte Aufnahme eines neuen Gedankens* (1 a), *der nicht im [direkten] Zusammenhang mit dem gerade ausgeführten Gedankengangs steht*: ein kühner, unmotivierter G.; einen G. nicht nachvollziehen können.

Ge|dan|ken|strich, der: *Satzzeichen in Form eines waagerechten Strichs, das zur Kennzeichnung einer Pause, zur Abgrenzung eines eingeschobenen Satzes od. Satzteiles dient od. für ein bewusst ausgelassenes Wort steht.*

Ge|dan|ken|tie|fe, die ⟨o. Pl.⟩: *gedankliche Tiefe* (3).

Ge|dan|ken|über|tra|gung, die: *Telepathie.*

Ge|dan|ken|ver|bin|dung, die: *zwischen verschiedenen Gedanken* (1 a), *Sachverhalten o. Ä. (z. B. durch Beziehungsbegriffe, Zwischenglieder) hergestellte bzw. herstellbare gedankliche Verbindung, gedanklicher Zusammenhang*: etw. mit etw. in eine G. bringen.

ge|dan|ken|ver|lo|ren ⟨Adj.⟩: *in Gedanken* (1 a), *Nachdenken versunken, vertieft; geistesabwesend*: mit -em Gesichtsausdruck; g. vor sich hin starren.

ge|dan|ken|ver|sun|ken ⟨Adj.⟩: *gedankenverloren.*

ge|dan|ken|voll ⟨Adj.⟩: *nachdenklich*: g. dasitzen.

Ge|dan|ken|welt, die: *Gesamtheit der bes. für einen Menschen, eine Weltanschauung, für eine Kultur wichtigen bzw. charakteristischen Gedanken* (1 a), *Vorstellungen, Ideen*: die christliche G.; in der G. der Antike, der alten Griechen zu Hause sein.

Ge|dan|ken|zu|sam|men|hang, der: *gedanklicher Zusammenhang, Gedankenverbindung.*

ge|dank|lich ⟨Adj.⟩: *das Denken betreffend, auf das Denken bezogen; auf bestimmten Gedanken beruhend*: -e Anstrengung, Tiefe, Ablenkung; der -e Aufbau eines Buches; in keinem -en Zusammenhang stehen; etw. g. *(denkend)* durchdringen.

Ge|därm, das; -[e]s, -e, (selten:) **Ge|där|me,** das; -s, - [mhd. gederme, ahd. gidermi, Kollektivbildung zu ↑ Darm]: *Eingeweide (bes. die Därme)*: ein Rumoren im Gedärm, in den Gedärmen spüren.

Ge|deck, das; -[e]s, -e [nach frz. couvert = Tischzeug (mhd. gedeck, ahd. gideki = Decke, Bedeckung), zu ↑ decken]: **1.** *Gesamtheit aller für eine Person auf einen Tisch in bestimmter Anordnung hingelegten Gegenstände zur Benutzung bei einer Mahlzeit (Geschirr* 1 a, *Essbesteck u. Serviette)*: drei -e auflegen. **2. a)** (bes. im Restaurant zu einem bestimmten Gesamtpreis) *als Mahlzeit angebotene feste Zusammenstellung bzw. Folge von Speisen [u. Getränken]*: ein G. bestellen; ich nehme G. zwei; **b)** *(in einer Bar, einem Nachtlokal o. Ä.) (als Mindestverzehr) serviertes Getränk od. Zusammenstellung von Getränken;* **c)** (berlin.) *Gedeck* (2 b) *aus einem Glas Bier u. einem Glas Korn.*

ge|deckt ⟨Adj.⟩: **1.** *(von Farben) gedämpft, matt*: -e Farben, Grautöne. **2.** (Musik) *gedackt.*

Ge|deih: in der Wendung **auf G. und Verderb** *(bedingungslos, was auch Gutes od. Schlimmes geschehen mag)*: auf G. und Verderb zusammenhalten.

ge|dei|hen ⟨st. V.; ist⟩ [mhd. gedīhen, ahd. gedīhan = gedeihen, eigtl. = dicht, fest werden, verw. mit ↑ dicht]: **a)** *im pflanzlichen, körperlichen od. geistigen Wachstum [erfreulich] gut vorankommen*: diese Pflanze gedeiht nur bei viel Sonne; Dennoch war ich ein gesundes, wohlgestaltes Kind, das an dem Busen einer ausgezeichneten Amme aufs hoffnungsvollste gedieh (Th. Mann, Krull 14); **b)** *in einem bestimmten Entwicklungsprozess fortschreiten*: sein neues Werk gedeiht; die Verhandlungen sind/wir sind mit den Verhandlungen schon weit gediehen; ⟨subst.:⟩ jmdm., einer Sache gutes Gedeihen *(alles Gute, viel Erfolg)* wünschen.

ge|deih|lich ⟨Adj.⟩ (geh.): *nützlich, fruchtbar*: eine -e Wirkung, Entwicklung. Dazu: **Ge|deih|lich|keit,** die; -.

◆ **ge|denk:** ↑ ¹*eingedenk:* Doch blieben sie des Ursprungs stets g. (Schiller, Tell II, 2).

Ge|denk|aus|ga|be, die (Philat.): vgl. Gedenkmarke.
Ge|denk|aus|stel|lung, die: *Ausstellung zum Gedenken an eine verstorbene Persönlichkeit od. ein historisches Ereignis.*
ge|den|ken ⟨unr. V.; hat⟩ [mhd. gedenken, ahd. gadenchan = an etw. denken, zu ↑denken]: **1.** (geh.) **a)** *an jmdn., etw. ehrend, anerkennend zurückdenken, erinnern u. dies äußern:* jmds., eines Toten [dankbar] g.; der Opfer in einer Feier g. *(sie in einer Feier ehren);* (bes. schweiz.:) jmdm. g.; **b)** *an jmdn., etw. in einer bestimmten Situation denken, auf dessen Existenz erinnern:* ♦ ⟨mit Präpositional-Obj.:⟩ ...ich ... gedachte an den Halbmond, an das Christenblut und an andere entsetzliche Dinge (Rosegger, Waldbauernbub 5). **2.** *beabsichtigen, vorhaben:* ♦ Wo gedenket Ihr jetzt hin? *(wo wollt Ihr jetzt hingehen?;* Schiller, Tell IV, 1). ♦ **3.** *nachtragen* (3): ... er ... wird den Streit nicht unserm Freund und uns g. wollen (Goethe, Torquato Tasso III, 2).
Ge|den|ken, das; -s *das Gedenken* (1); *Andenken* (1): jmdm. ein ehrendes G. bewahren; Worte des -s; zum G. an Dr. Meier/Dr. Meier zum G.
Ge|denk|fei|er, die: vgl. Gedenkausstellung.
Ge|denk|got|tes|dienst, der: vgl. Gedenkausstellung.
Ge|denk|jahr, das: *Jahr, in dem einer verstorbenen historischen Persönlichkeit od. eines historischen Ereignisses gedacht wird.*
Ge|denk|kon|zert, das: vgl. Gedenkausstellung.
Ge|denk|mar|ke, die (Philat.): *zum Gedenken an eine bedeutende Persönlichkeit od. ein historisches Ereignis herausgegebene Briefmarke.*
Ge|denk|mi|nu|te, die: *Schweigeminute als Ausdruck des Gedenkens.*
Ge|denk|mün|ze, die: vgl. Gedenkmarke.
Ge|denk|re|de, die: *Rede zum Gedenken an jmdn., etw.*
Ge|denk|stät|te, die: *zum Gedenken an jmdn., etw. eingerichtete, angelegte Stätte:* eine G. für die Opfer des Faschismus.
Ge|denk|stein, der: *Steinblock mit Gedenktafel od. Inschrift zum Gedenken an jmdn., etw.*
Ge|denk|stun|de, die: *Feierstunde zum Gedenken an jmdn., etw.*
Ge|denk|ta|fel, die: *zum Gedenken an jmdn., etw. angebrachte Tafel mit Inschrift.*
Ge|denk|tag, der: *Jahrestag zum Gedenken an jmdn., etw.*
Ge|denk|ver|an|stal|tung, die: vgl. Gedenkausstellung.
ge|deucht: ↑dünken.
Ge|dicht, das; -[e]s, -e [mhd. getihte], zu ↑²dichten]: *[lyrische] Dichtung in einer bestimmten [metrischen] Form mit besonderem Rhythmus [u. Reim]:* ein lyrisches, episches, dramatisches G.; ein G. [auswendig] lernen, aufsagen, verfassen, vorlesen; R [und] was für ein G.! (salopp scherzh.; *noch etw. von derselben Sorte!*); zurückgehend auf den dt. Komiker Heinz Erhardt, 1909–1979, der seine heiteren Verse oft mit diesen Worten ankündigte); * **ein G. sein** (emotional; *ganz herrlich sein; außergewöhnlich gut, schön sein*).
Ge|dicht|band, der ⟨Pl. ...bände⟩: vgl. Gedichtsammlung.
Ge|dicht|form, die: *Form eines Gedichtes:* der Antwortbrief war in G. verfasst.
Ge|dicht|in|ter|pre|ta|ti|on, die: *Interpretation eines Gedichtes, von Gedichten.*
Ge|dicht|samm|lung, die: *(nach bestimmten Gesichtspunkten gegliederte) Sammlung von [ausgewählten] Gedichten od. verschiedener Verfasser.*
Ge|dicht|zy|k|lus, der: *Zyklus von Gedichten.*

ge|die|gen ⟨Adj.⟩ [mhd. gedigen = reif; gehaltvoll; tüchtig; urspr. 2. Part. von ↑gedeihen]: **1.** *ohne Beimischungen, rein, massiv:* -es Gold. **2. a)** *sorgfältig gearbeitet, von solider Qualität:* -er Hausrat; die Verarbeitung ist sehr g.; die Wohnung ist g. *(mit Geschmack u. in der Qualität solide)* eingerichtet; **b)** *ordentlich, gut, gründlich, solide:* -e Kenntnisse haben; er ist ein -er *(solider u. zuverlässiger)* Charakter. **3.** (ugs.) **a)** *komisch, lustig:* sein Bruder ist eine -e Marke!; das ist g.!; **b)** *wunderlich, merkwürdig, seltsam, eigenartig:* du bist aber g.!
Ge|die|gen|heit, die; -: *das Gediegensein.*
ge|dieh, ge|die|hen: ↑gedeihen.
ge|dient ⟨Adj.⟩: *Pflicht- od. Berufswehrdienst geleistet habend:* ein -er Soldat.
Ge|din|ge, das; -s, - [mhd. gedinge, ahd. gidingi = Vertrag, zu: dingōn, ↑dingen] (Bergmannsspr.): *zwischen Betriebsleitung u. Untertagearbeitern ausgehandelter Akkordlohn:* im G. arbeiten. Dazu: **Ge|din|ge|ar|bei|ter,** der; **Ge|din|ge|ar|bei|te|rin,** die.
Ge|don|ner, das; -s: *[dauerndes] Donnern.*
Ge|döns, das; -es [mhd. gedense = das Hin-und-her-Ziehen, das Gezerre, zu: dinsen, ↑gedunsen] (landsch.): **a)** *Getue, Aufheben:* mach nicht solch ein, so viel G. [darum]!; **b)** *für den alltäglichen Gebrauch nicht unbedingt notwendige u. deshalb als überflüssig erachtete Gegenstände:* lauter G. kaufen.
ge|dop|pelt ⟨Adj.⟩ (veraltet): *[ver]doppelt:* ♦ ... erklang der Widerspruch g. laut (Goethe, Faust II, 6234).
♦ **ge|drang** ⟨Adj.⟩ [für mhd. gedrenge = gedrängt]: *eng:* ... da sperren auf dem Steg zwei Mörder plötzlich seinen Weg (Schiller, Kraniche des Ibykus).
Ge|drän|ge, das; -s, - [mhd. gedrenge, ahd. gidrengi, zu mhd. drangen, ahd. drangōn, ↑Drang]: **1.** ⟨o. Pl.⟩ *das Drängen* (1, 2). **2.** ⟨o. Pl.⟩ *drängende Menschenmenge:* im G. verschwinden; sich ins G. begeben; sich einen Weg durch das G. bahnen; (Sport:) das Tor fiel aus einem G. im Strafraum; * **[mit etw.] ins G. kommen/geraten** (*[mit etw.] in [zeitliche] Schwierigkeiten, in Bedrängnis kommen;* urspr. vom Gedränge im Kampf). **3.** (Rugby) *Fortführung des Spiels (nach bestimmten Spielunterbrechungen), zu der die Stürmer beider Mannschaften einander gegenüber Aufstellung nehmen, sich nach vorn gebeugt umfassen u. mit den Schultern den Gegner wegzudrängen versuchen, wobei in den von den Körpern u. Beinen gebildeten Tunnel von einer Seite der Ball eingeworfen wird:* ein G. bilden.
Ge|drän|gel, das; -s (ugs.): *das Drängeln* (1).
ge|drängt ⟨Adj.⟩: *knapp, gerafft:* eine -e Übersicht; ein -er Satz; g. schreiben. Dazu: **Ge|drängt|heit,** die; -.
Ge|dröhn, das; -[e]s, **Ge|dröh|ne,** das; -s: *[dauerndes] Dröhnen.*
ge|dro|schen: ↑dreschen.
ge|drückt ⟨Adj.⟩: *niedergeschlagen, bedrückt:* in -er Stimmung sein. Dazu: **Ge|drückt|heit,** die; -.
¹**ge|drun|gen** ⟨Adj. 2. Part. von veraltet dringen = stoßen, drängen⟩: *(in Bezug auf den Wuchs, die äußere Form) mittelgroß od. klein u. dabei breit:* er ist von kleiner, -er Gestalt; Nein, sie hatte durchaus nichts Aristokratisches, diese zu -e Schulmädchenhand mit den schlecht und recht beschnittenen Nägeln (Th. Mann, Zauberberg 181).
²**ge|drun|gen:** ↑dringen.
Ge|drun|gen|heit, die; -: *das Gedrungensein; gedrungene Gestalt.*
Ge|du|del, das; -s (ugs. abwertend): *[dauerndes] Dudeln.*
Ge|duld, die; - [mhd. (ge)dult, ahd. (gi)dult,

eigtl. = das Dulden, zu mhd. doln, ahd. dolēn = tragen, dulden, verw. mit lat. tolerare, ↑tolerieren]: *Ausdauer im ruhigen, beherrschten, nachsichtigen Ertragen od. Abwarten von etw.:* große, engelhafte G.; jmds. G. ist am Ende, ist erschöpft; jmdm. geht die G. aus; ihr müsst [ein wenig] G. mit ihm haben; jmds. G. auf eine harte Probe stellen; die G. verlieren; keine G. [zu etw.] haben; etw. mit/in G. [er]tragen; jmdm. um [ein wenig] G. bitten *(jmdn. bitten, noch eine gewisse Zeit mit Geduld zu warten);* jmdn. um die G. bringen; [nur] G.!; * **jmdm. reißt die G.** *(jmd. verliert die Geduld u. wird ärgerlich);* **sich in G. fassen** *(mit Geduld abwarten).*
ge|dul|den, sich ⟨sw. V.; hat⟩ [mhd. geduldan, ahd. gidulten, zu ↑dulden]: *mit Geduld [ab]warten; Geduld haben:* gedulde dich [noch]!; sich noch ein bisschen, einen Augenblick, einen Tag g. [müssen].
Ge|duld|fa|den, der: ↑Geduldsfaden.
ge|dul|dig ⟨Adj.⟩ [mhd. geduldec, ahd. gidultig]: *Geduld zeigend, habend:* ein -er Zuhörer; etw. g. [er]tragen; etw. g. über sich ergehen lassen; Ein Landmann reitet auf seinem -en Esel (Koeppen, Rußland 198).
Ge|dulds|ar|beit, die: *Arbeit, die große Geduld erfordert.*
Ge|dulds|fa|den, (schweiz.:) Geduldfaden, der: in der Wendung **jmdm. reißt der G.** (ugs.; *jmd. verliert die Geduld).*
Ge|dulds|spiel, ↑Geduldsspiel.
Ge|dulds|pro|be, die: *hohe Anforderung an jmds. Geduld:* das lange Warten ist eine große G. für sie; etw. stellt jmdn. auf eine harte G.
Ge|dulds|spiel, das, Geduldspiel, das: *Spiel, meist für einen Einzelnen, das besondere Konzentration u. Geschicklichkeit verlangt.*
ge|dun|gen: ↑dingen.
ge|dun|sen ⟨Adj.⟩ [2. Part. von mhd. dinsen, ahd. dinsan (refl.) = sich ausdehnen, sich mit etw. anfüllen]: *aufgedunsen.*
Ge|düns|te|tes, das: *das Gedünstete/ein Gedünstetes; des/eines Gedünsteten* (österr.): *gedünstetes Fleisch, Gemüse.*
ge|durft: ↑dürfen.
ge|eig|net ⟨Adj.⟩: *einem bestimmten Zweck, bestimmten Anforderungen entsprechend, voll genügend; passend, tauglich:* das war der -e Moment; ein [für diesen, zu diesem Zweck] -es Mittel; etw. ist als Geschenk g.; sie ist für diese Tätigkeit, zur Lehrerin [kaum/nicht] g.; sie ist [dazu] g., eine führende Position einzunehmen; diese Maßnahmen sind nicht [dazu] g., Frieden zu stiften. Dazu: **Ge|eig|net|heit,** die; -.
ge|eist: ↑eisen.
Geest, die; -, -en [aus dem Niederd. < mniederd. gēst, Substantivierung von gēst = trocken, hoch; unfruchtbar, eigtl. = rissig, klaffend, verw. mit ↑gähnen in dessen urspr. Bed. »klaffen«]: *(in Nordwestdeutschland, Schleswig-Holstein u. Westjütland) höher gelegenes, sandiges u. weniger fruchtbares Land.*
Geest|land, das ⟨o. Pl.⟩: *Geest.*
gef. = gefallen (f Ifallen (4 a); Zeichen: ✕).
Ge|fahr, die; -, -en [mhd. gevāre = Hinterhalt; Betrug, zu: vāre, ahd. fāra = Nachstellung; Hinterlist]: *Möglichkeit, dass jmdm. etw. zustößt, dass ein Schaden eintritt; drohendes Unheil:* eine akute, tödliche G.; höchste, äußerste G.; -en des Verkehrs, des Meeres; die G. der politischen Isolierung [eine] G. droht; es besteht [keine] G. für jmdn.; es besteht [die] G., dass der Damm bricht; eine G. heraufbeschwören, herausfordern, abwenden, bannen; diese Vorgehensweise bringt G. [mit sich]; die G. bringende des Verhaltens; jmdn., sich einer G. aussetzen, in G. kommen, geraten; jmdn., etw. in G. bringen; in G. schweben; sich in G. begeben; jmd., etw. ist

in G. [zu verwahrlosen]; es ist G. im Anzug; jmd. ist eine öffentliche G. *(bedroht die öffentliche Sicherheit)*; ich tue es auf die G. hin *(auch wenn ich damit rechnen muss),* dass ich mir Feinde mache; der Kranke ist außer G. *(ist nicht mehr gefährdet);* bei G. im Verzug (Rechtsspr.; *wenn durch eine Verzögerung möglicherweise ein Schaden entsteht);* gegen alle -en (Rechtsspr., Versicherungsw.; *Risiken)* versichert sein; mit/ unter G. seines Lebens, unter persönlicher G. *(unter Lebensgefahr);* * **G. laufen** *(in Gefahr sein, kommen, geraten;* viell. nach frz. *courir le risque* [de...]: die Partei läuft G., das Vertrauen der Wähler zu verlieren); **auf eigene G.** *(auf eigene Verantwortung; auf eigenes Risiko:* Betreten der Baustelle, der Brücke auf eigene G.!)

Ge|fahr brin|gend, ge|fahr|brin|gend ⟨Adj.⟩: *Gefahr[en] [mit sich] bringend.*

◆ **Ge|fähr|de,** die; -, -n [mhd. *geværde* = Hinterlist, Betrug]: *Gefahr, Gefährdung: ...ohne Furcht und ohne Zagen und darum auch ohne G.* (Gotthelf, Spinne 94).

ge|fähr|den ⟨sw. V.; hat⟩ [spätmhd. *geverden,* zu ↑ Gefahr]: *in eine bestimmte Gefahr bringen; einer bestimmten Gefahr aussetzen:* jmdn., jmds. Leben, Gesundheit g.; den Erfolg einer Sache g.; bei zwei Schülern ist die Versetzung gefährdet *(sie werden möglicherweise nicht versetzt werden);* sein Sieg schien gefährdet *(in Gefahr).*

ge|fähr|det ⟨Adj.⟩: **a)** *von sittlichem, sozialem Verfall bedroht:* ein -er Jugendlicher kann in einem Heim untergebracht werden; **b)** *in seiner körperlichen Existenz, vom Aussterben bedroht:* gefährdete Tierarten.

ge|fahr|dro|hend ⟨Adj.⟩: *Gefahr ankündigend.*
Ge|fähr|dung, die; -, -en: *das Gefährden; das Gefährdetsein.*

Ge|fähr|dungs|po|ten|zi|al, Ge|fähr|dungs|po|ten|ti|al, das: *Gesamtheit aller möglichen Gefahren, die von etw. ausgehen.*

Ge|fah|re, das; -s (ugs. abwertend): *dauerndes [unvorsichtiges, schlechtes] Fahren.*
Ge|fah|ren|ab|wehr, die: *Abwehr von Gefahren.*
Ge|fah|ren|be|reich, der: *gefährlicher Bereich:* den G. räumen; der Aufenthalt im G. des Krans ist verboten.
Ge|fah|ren|ge|biet, das: *Gebiet, das zu betreten Gefahren mit sich bringt.*
Ge|fah|ren|ge|mein|schaft, die (Fachspr.): *Gemeinschaft, deren Mitglieder bestimmte gleichartige Risiken gemeinsam tragen.*
Ge|fah|ren|gren|ze, die: *Grenze, Punkt, Stadium, bei dessen Überschreitung die Gefahr beginnt bzw. etw. zur Gefahr wird:* die Luftverschmutzung hat die G. erreicht.
Ge|fah|ren|herd, der: *Ausgangspunkt immer wieder neuer Gefahren; Quelle ständiger Gefahr.*
Ge|fah|ren|la|ge, die: *durch eine bestehende Gefahr gekennzeichnete Situation:* eine besondere, konkrete, neue G.
Ge|fah|ren|po|ten|zi|al, Ge|fah|ren|po|ten|ti|al, das: *Gefährdungspotenzial.*
Ge|fah|ren|punkt, der: **1.** *Gefahrenstelle.* **2.** *Gefahrengrenze.*
Ge|fah|ren|quel|le, die: *Quelle, Ursache einer Gefahr, von Gefahren.*
Ge|fah|ren|si|tu|a|ti|on, die: *gefährliche Situation:* sie hat in dieser G. besonnen reagiert.
Ge|fah|ren|stel|le, die: *Stelle, die gefährlich ist, an der besonders aufgepasst werden muss:* Kreuzungen, Baustellen sind als G. gekennzeichnet -n.
Ge|fah|ren|träch|tig ⟨Adj.⟩: *in besonderem Maße Gefahren enthaltend, mit sich bringend, aufweisend:* ein -es Verhalten; eine als g. bekannte Straßenkreuzung.
Ge|fah|ren|zo|ne, die: *Gefahrenbereich:* in eine G. geraten.

Ge|fah|ren|zu|la|ge, die: *Lohn-, Gehaltszulage aufgrund der mit einer Tätigkeit verbundenen besonderen Gefahren.*
Ge|fahr|gut, das (bes. Amtsspr.): *Gut* (3), *von dem aufgrund seiner Beschaffenheit bes. im Zusammenhang mit der Beförderung auf öffentlichen Verkehrswegen eine Gefahr für die Allgemeinheit ausgehen kann; gefährliches Gut.*
Ge|fahr|gut|trans|port, der: *Transport eines Gefahrguts, von Gefahrgütern.*
ge|fähr|lich ⟨Adj.⟩ [mhd. *geværlich* = hinterlistig; verfänglich]: **a)** *eine Gefahr bildend, Gefahr[en] enthaltend, [mit sich] bringend:* eine -e Kurve; eine -e Situation; ein -es *(gewagtes)* Spiel treiben; eine -e *(lebensbedrohliche)* Krankheit; ein -er *(riskanter)* Plan; die Strömung des Flusses ist für die Schiffe g.; der Weg ist ihr zu g.; dieser Konkurrent kann ihm kaum, durchaus g. werden; g. leben; **b)** *so geartet, beschaffen, dass große Vorsicht geboten ist:* das ist ein -er Verbrecher; eine -e Miene; ihre Aufmachung sah g. aus (scherzh.; *war sehr gewagt).*
Ge|fähr|lich|keit, die; -: *das Gefährlichsein; gefährliche Art.*
Ge|fahr|lo|sig|keit, die; -: *gefahrlose Beschaffenheit, Art.*
Ge|fahr|stel|le, die (Amtsspr.): *Gefahrenstelle.*
Ge|fährt, das; -[e]s, -e [mhd. *gevert(e)* = Fahrt, Gang, Reise; Kollektivbildung zu ↑ Fahrt] (geh., auch scherzh.): *Fuhrwerk, Kraftfahrzeug:* ein offenes, klappriges G.
Ge|fähr|te, der; -n, -n [mhd. *geverte,* ahd. *giferto,* eigtl. = der mit einem zusammen fährt, reist] (geh.): *jmd., der durch Freundschaft od. gleiche Lebensumstände mit jmdm. verbunden ist; [begleitender] Freund, Kamerad:* jmds. G. sein; einen neuen -n finden.
Ge|fähr|tin, die; -, -nen [mhd. *gevertin*] (geh.): w. Form zu ↑ Gefährte.
ge|fahr|voll ⟨Adj.⟩: *voller Gefahr.*

◆ **Ge|fal|le,** der; -ns, -n: ↑ ¹Gefallen: Wenn Ihnen ein G. damit geschieht (Lessing, Minna V, 9).
Ge|fäl|le, das; -s, - [mhd. *gevelle* = Sturz, Schlucht, ahd. *gefelli* = Einsturz; Kollektivbildung zu ↑ ¹Fall]: **1.** *Grad der Neigung* (2): *das Gelände, die Straße hat ein starkes G.,* ein G. von 10 %. **2.** *sich von höheren zu niedrigeren Werten bewegender quantitativer od. qualitativer Unterschied:* ein starkes geistiges G.; das G. der Temperatur; das soziale G. zwischen den einzelnen Bevölkerungsgruppen *(der Unterschied in der sozialen Stellung).* **3.** (bes. schweiz.): *Neigung, Tendenz, Hang:* ein G. zum Faschismus haben.

¹ge|fal|len ⟨st. V.; hat⟩ [mhd. *gevallen,* ahd. *gifallan,* eigtl. = zufallen, zuteilwerden, zu ↑ fallen]: **1.** *jmds. Geschmack, Vorstellung, Erwartung entsprechen; bei jmdm.* ¹Gefallen *erregen:* das Bild gefällt mir; das Mädchen hat ihm [gut] gefallen; wie gefällt es dir hier?; der Film hat allgemein gefallen; der Wunsch ist g.; die Sache gefällt mir nicht (ugs.; *scheint mir bedenklich);* sie gefällt mir nicht, will mir heute gar nicht g. (ugs.; *ihr Aussehen u. ihr Gesundheitszustand machen mir Sorgen);* es gefällt ihm (*er macht sich einen Spaß daraus),* andere zu ärgern; es hat Gott gefallen, unsere Mutter zu sich zu rufen (in Nachrufen: es war Gottes Wille, ...) **2.** (g. + sich) *sich in selbstgefälliger Weise durch ein bestimmtes Verhalten hervortun:* er gefällt sich in Kraftausdrücken, Schwarzsehereien, Verwünschungen; sich in der Rolle des Märtyrers, Herzensbrechers, Snobs g. **3.** * **sich** (Dativ) **etw. g. lassen** (ugs.; *etw. Unangenehmes hinnehmen, über sich ergehen lassen:* sie ließ sich die Frechheiten, die Schmeicheleien g.; du lässt dir immer alles g.; diese Behandlung brauche ich mir nicht zu g. lassen. *etw. gut, schön finden*

u. sich darüber freuen, es begeistert akzeptieren:* das, diesen Vorschlag lasse ich mir g.).
²ge|fal|len: ↑ fallen.
³ge|fal|len: ↑ ¹gefallen.
¹Ge|fal|len, der; -s, - [mhd. *geval*]: *etw., wodurch sich jmd. einem anderen gefällig erweist:* jmdm. einen großen, persönlichen G. tun; jmdm. einen G. erweisen; tu mir den [einen] G. und hör auf zu jammern (ugs.; *hör bitte endlich auf zu jammern)!*
²Ge|fal|len, das; -s [mhd. *gevallen,* subst. Inf.]: *Wohlgefallen:* G. erregen, erwecken; an jmdm., etw. [sein/großes/wenig/kein] G. haben/finden; etw. mit/ohne G. betrachten; bei jmdm. G. finden *(jmdm. gefallen);* * **nach G.** (geh.; *nach Belieben; wie es einem gefällt);* **jmdm. etw. zu G. tun** (geh.; *für jmdn. etw. zu dessen Freude, Befriedigung tun).*
Ge|fal|le|ne, die/eine Gefallene; der/einer Gefallenen, Gefallenen/zwei Gefallene: *gefallene Soldatin.*
Ge|fal|le|nen|denk|mal, das: *Denkmal für die Gefallenen.*
Ge|fal|le|nen|fried|hof, der: *Friedhof, auf dem Gefallene bestattet sind.*
Ge|fal|le|ner, der Gefallene/ein Gefallener; des/ eines Gefallenen, Gefallenen/zwei Gefallene: *gefallener Soldat:* die Gefallenen ehren; sie gedachten der Gefallenen zweier Weltkriege.
Ge|fäl|le|stre|cke: ↑ Gefällstrecke.
ge|fäl|lig ⟨Adj.⟩ [mhd. *gevellec,* ahd. *gefellig,* zu ↑ ¹gefallen]: **1.** *zu Gefälligkeiten bereit; hilfsbereit:* ein -er Mensch; jmdm. g. sein *(jmdm. eine Gefälligkeit erweisen);* sich [jmdm.] g. erweisen, zeigen; (veraltend: zum Ausdruck einer höflichen Bitte:) zur -en Beachtung. **2.** ²Gefallen *erweckend; ansprechend:* ein -es Äußeres, Benehmen; sich g. kleiden. **3.** *gewünscht, angenehm* (bes. in höflichen od. iron. Fragen): wir gehen um 8 Uhr, wenns g. ist; [eine] Zigarette g.?; sonst noch etw. g.?
Ge|fäl|lig|keit, die; -, -en [mhd. *gevellekeit*]: **1. a)** *kleiner, aus Freundlichkeit, Hilfsbereitschaft erwiesener Dienst:* jmdm. eine G. erweisen; ich sehe nicht, wie du uns diese kleine G. abschlagen könntest (Brecht, Mensch 102); **b)** ⟨o. Pl.⟩ *Bereitschaft zu Gefälligkeiten* (1 a): *etw. aus [reiner] G. tun.* **2.** ⟨o. Pl.⟩ *gefällige* (2) *Art:* die G. der Kleidung, der Formen, des Benehmens.
ge|fäl|lig|keits|hal|ber ⟨Adv.⟩ (ugs.): *aus Gefälligkeit* (1 b).
ge|fäl|ligst ⟨Adv.⟩ [Sup. zu ↑ gefällig] (ugs.): *zum verstärkten Ausdruck des Unwillens:* warten Sie g. *(ich mahne Sie dringend zu warten),* bis man Sie ruft; halt g. deinen Mund!; benimm dich g.!
Ge|fäll|stre|cke, die: *Gefällestrecke, die: Strecke mit einem Gefälle* (1).
Ge|fall|sucht, die; - (abwertend): *Sucht, anderen zu gefallen.*
ge|fall|süch|tig ⟨Adj.⟩ (abwertend): *übermäßig darauf bedacht, anderen zu gefallen.*
ge|fan|gen: ↑ fangen.
Ge|fan|ge|ne, die/eine Gefangene; der/einer Gefangenen, Gefangenen/zwei Gefangene [mhd. *gevangen,* subst. 2. Part. von ↑ fangen]: **1.** *weibliche Person, die im Krieg od. in einer kriegerischen Auseinandersetzung gefangen genommen worden ist.* **2.** *weibliche Person, die festgenommen, inhaftiert worden ist; weiblicher Häftling.* Ü sie wurde zur -n ihrer Wünsche.
Ge|fan|ge|nen|auf|se|her, der: *Aufseher über Gefangene.*
Ge|fan|ge|nen|auf|se|he|rin, die: w. Form zu ↑ Gefangenenaufseher.
Ge|fan|ge|nen|aus|tausch, der: *Austausch von Kriegsgefangenen.*
Ge|fan|ge|nen|be|frei|ung, die (Rechtsspr.): *vor-*

sätzliche Befreiung eines Gefangenen (2) als strafrechtliches Vergehen.
Ge|fan|ge|nen|für|sor|ge, die: Fürsorge (2 a) für Gefangene (2) während u. nach der Haft sowie für ihre Familien.
Ge|fan|ge|nen|haus, das (österr.): Gefängnis.
Ge|fan|ge|nen|la|ger, das ⟨Pl. -⟩: Lager für Kriegsgefangene.
Ge|fan|ge|nen|meu|te|rei, die: Meuterei von Gefangenen.
Ge|fan|ge|nen|trans|port, der: Transport eines, von Gefangenen.
Ge|fan|ge|nen|wär|ter, der (veraltet): Gefängniswärter.
Ge|fan|ge|nen|wär|te|rin, die: w. Form zu ↑Gefangenenwärter.
Ge|fan|ge|ner, der Gefangene/ein Gefangener; des/eines Gefangenen, die Gefangenen/zwei Gefangene [↑Gefangene]: **1.** jmd., der im Krieg od. in einer kriegerischen Auseinandersetzung gefangen genommen worden ist: Gefangene machen (Personen, besonders Soldaten, im Krieg gefangen nehmen). **2.** jmd., der festgenommen, inhaftiert worden ist; Häftling: politische Gefangene (aufgrund ihrer Opposition gegen das bestehende Regime Inhaftierte).
Ge|fan|gen|haus, das (österr., bes. Amtsspr.): Gefangenenhaus.
Ge|fan|gen|nah|me, die; -, -n: das Entwaffnen und Festsetzen von Soldaten im Krieg: bei der G. des Spähtrupps durch den Gegner.
Ge|fan|gen|schaft, die; -, -en ⟨Pl. selten⟩ [mhd. gevangenschaft]: **1.** das Gefangensein [als Kriegsgefangener]: aus der G. entlassen werden, heimkehren; in G. sein; in G. geraten; in G. gehen (sich gefangen geben). **2.** Zustand des Gefangenseins (in einem Käfig o. Ä.), des Eingesperrtseins: die Tiere pflanzen sich in G. nur selten fort; in G. lebende, gehaltene Löwen, Seeadler; Ü wir mussten die Tür aufbrechen, um ihn aus seiner G. zu befreien.
♦ **Ge|fan|gen|wär|ter:** ↑Gefangenenwärter: ...wenn du durch das Städtchen kommst, wo der arme Jürge gefangen liegt, so lasse ihm sagen durch den G.,... (Cl. Brentano, Kasperl 366).
Ge|fäng|nis, das; -ses, -se [mhd. (ge)vencnisse, (ge)vancnisse = Gefangennahme, Gefangenschaft, zu ↑fangen]: **1.** Gebäude, Anstalt für Häftlinge mit zeitlich begrenzter Freiheitsstrafe, die unter leichteren Haftbedingungen verbüßt wird: aus dem G. ausbrechen; ins G. kommen (mit Gefängnis bestraft werden); jmdn. ins G. bringen (veranlassen, dass jmd. ins Gefängnis kommt); jmdn. ins G. werfen (geh.; einsperren); im G. sein, sitzen (eine Gefängnisstrafe verbüßen). **2.** ⟨o. Pl.⟩ Gefängnisstrafe: darauf steht G.; zu zwei Jahren G. verurteilt werden, (ugs.:) zwei Jahre G. kriegen; dieses Vergehen wird mit G. [nicht unter zwei Jahren] bestraft; er wurde mit G. bestraft.
Ge|fäng|nis|arzt, der: Arzt für die Insassen eines Gefängnisses.
Ge|fäng|nis|ärz|tin, die: w. Form zu ↑Gefängnisarzt.
Ge|fäng|nis|auf|ent|halt, der: Aufenthalt im Gefängnis (zur Verbüßung einer Freiheitsstrafe).
Ge|fäng|nis|auf|se|her, der: Aufseher in einem Gefängnis.
Ge|fäng|nis|auf|se|he|rin, die: w. Form zu ↑Gefängnisaufseher.
Ge|fäng|nis|be|am|ter ⟨vgl. Beamter⟩: Strafvollzugsbeamter.
Ge|fäng|nis|be|am|tin, die: w. Form zu ↑Gefängnisbeamter.
Ge|fäng|nis|di|rek|tor, der: Direktor eines Gefängnisses.

Ge|fäng|nis|di|rek|to|rin, die: w. Form zu ↑Gefängnisdirektor.
Ge|fäng|nis|geist|li|che ⟨vgl. Geistliche⟩: für die Insassen eines Gefängnisses zuständige Geistliche.
Ge|fäng|nis|geist|li|cher ⟨vgl. Geistlicher⟩: für die Insassen eines Gefängnisses zuständiger Geistlicher.
Ge|fäng|nis|haft, die: ¹Haft (2), die im Gefängnis verbüßt wird.
Ge|fäng|nis|hof, der: Hof eines Gefängnisses (1).
Ge|fäng|nis|in|sas|se, der: Insasse (b) eines Gefängnisses.
Ge|fäng|nis|in|sas|sin, die: w. Form zu ↑Gefängnisinsasse.
Ge|fäng|nis|kran|ken|haus, das: einem Gefängnis angegliedertes Krankenhaus für Häftlinge.
Ge|fäng|nis|lei|tung, die: **1.** ⟨o. Pl.⟩ Leitung (1 a) eines Gefängnisses: sie hat die G. jetzt seit fünf Jahren inne. **2.** Leitung (1 b) eines Gefängnisses: der Häftling wurde zur G. zitiert.
Ge|fäng|nis|mau|er, die: [hohe] Mauer, die ein Gefängnis umgibt: er hat sein Leben fast nur hinter -n (im Gefängnis) verbracht.
Ge|fäng|nis|per|so|nal, das: in einem Gefängnis arbeitendes Personal.
Ge|fäng|nis|pfar|rer, der: für die Insassen eines Gefängnisses zuständiger Pfarrer.
Ge|fäng|nis|pfar|re|rin, die: w. Form zu ↑Gefängnispfarrer.
Ge|fäng|nis|re|vol|te, die: Revolte der Häftlinge in einem Gefängnis.
Ge|fäng|nis|stra|fe, die: im Gefängnis zu verbüßende Freiheitsstrafe: eine G. verbüßen, absitzen; jmdn. zu einer G. von zwei Jahren verurteilen.
Ge|fäng|nis|ver|wal|tung, die: vgl. Gefängnisleitung.
Ge|fäng|nis|wär|ter, der (ugs.): vgl. Gefängnisaufseher.
Ge|fäng|nis|wär|te|rin, die: w. Form zu ↑Gefängniswärter.
Ge|fäng|nis|zel|le, die: Zelle für Gefängnisinsassen.
Ge|fa|sel, das; -s (ugs. abwertend): [dauerndes] Faseln; unsinniges od. zusammenhangloses Gerede.
Ge|fäß, das; -es, -e [mhd. gevæze = Schmuck, Ausrüstung, Gerät, Geschirr, ahd. givāʒi = Proviantladung, zu ↑fassen, später als Kollektivbildung zu ↑Fass verstanden]: **1. a)** kleinerer, aus festem Material hergestellter Behälter bes. für Flüssigkeiten od. feinkörnige Stoffe: ein blaues, großes, irdenes, zerbrechliches G.; ein G. für Salz; ein G. mit Wasser; das G. ist voll, läuft über; ein in G. füllen; Ü die Sprache als G. der Gedanken; **b)** (Fechten) Handschutz am Degen od. Säbel in Form eines Bügels od. Korbes. **2. a)** (Anat.) (bei Mensch u. Tier) röhrenförmige, Blut od. Lymphe führende Leitungsbahn: die feinen -e der Haut; die -e erweitern, verengen sich; **b)** (Bot.) röhrenförmige Leitungsbahn, die dem Transport von Wasser u. der darin gelösten Nährsalze dient; Trachee.
Ge|fäß|chi|r|urg, der: Chirurg, der sich auf die Gefäßchirurgie spezialisiert hat.
Ge|fäß|chi|r|ur|gie, die (Med.): die operativen Eingriffe an Blutgefäßen umfassendes Teilgebiet der Chirurgie.
Ge|fäß|chi|r|ur|gin, die: w. Form zu ↑Gefäßchirurg.
ge|fäß|er|wei|ternd ⟨Adj.⟩ (Med.): eine Erweiterung der Blutgefäße bewirkend: -e Medikamente.
Ge|fäß|er|wei|te|rung, die (Med.): Erweiterung eines Blutgefäßes (oft in Form einer Ausbuchtung), meist infolge von Erschlaffung der Gefäßmuskulatur.

Ge|fäß|krank|heit, die (Med.): Erkrankung des Gefäßsystems od. eines einzelnen Gefäßes; Angiopathie.
Ge|fäß|mus|ku|la|tur, die (Med.): Gesamtheit der in der Gefäßwand ringförmig angeordneten Muskelfasern, die Spannung, Zusammenziehung, Erweiterung o. Ä. der Gefäße reguliert.
Ge|fäß|sys|tem, das: Gesamtheit der Blutgefäße.
ge|fasst ⟨Adj.⟩: **1.** trotz starker seelischer Belastung ruhig u. beherrscht; mit Fassung: einen -en Eindruck machen; der Verurteilte war ganz g.; die Todesnachricht g. aufnehmen; Cotta humpelte durch die Trümmerwelt Trachilas wie ein Überlebender durch den Schutt einer geschleiften Stadt, ziellos und verstört zuerst, allmählich -er und sogar bereit, im Geröll nach brauchbaren Resten zu wühlen (Ransmayr, Welt 243). **2.** * **auf etw. g. sein** (mit dem Eintreten eines bestimmten Ereignisses rechnen u. darauf vorbereitet, eingestellt sein); **sich auf etw. g. machen** (mit etw. Unangenehmem rechnen, sich darauf seelisch einstellen, vorbereiten): sich auf einen harten Kampf g. machen [können]; [ugs., drohend:] der kann sich auf was g. machen!)
Ge|fasst|heit, die; -: gefasste (1) Art.
ge|fäß|ver|en|gend ⟨Adj.⟩ (Med.): eine Verengung, Zusammenziehung der Blutgefäße bewirkend: -e Medikamente.
Ge|fäß|ver|en|gung, die (Med.): durch Zusammenziehung der Gefäßmuskulatur, durch Ablagerungen an der inneren Gefäßwand o. Ä. hervorgerufene Verengung eines Blutgefäßes.
Ge|fäß|ver|kal|kung, die (Med.): Arteriosklerose.
Ge|fäß|ver|stop|fung, die (Med.): (durch Blutgerinnsel o. Ä. entstandener) [teilweiser] Verschluss eines Blutgefäßes; Embolie, Thrombose.
Ge|fäß|wand, die (Med.): Wand (2 b) eines Gefäßes (2 a).
Ge|fauch, Ge|fau|che, das; -s: [dauerndes] Fauchen.
Ge|fecht, das; -[e]s, -e [mhd. gevehte, ahd. gifeht, zu ↑fechten (1 a, b)]: **1.** kurzer, bewaffneter Zusammenstoß feindlicher militärischer Einheiten, Auseinandersetzung von kürzerer Dauer zwischen bewaffneten Gruppen: ein schweres, blutiges, kurzes G.; dem Feind harte -e liefern; neue Truppen ins G. führen, werfen; Ü ein hitziges G. (ein hitziger Streit, ein heftiger, erregter Wortwechsel); * **jmdn. außer G. setzen** (1. kampfunfähig machen. 2. unfähig zu wirksamem Handeln, Argumentieren machen); **etw. ins G. führen** (geh.; [als Argument in einem Wortwechsel, bei Verhandlungen] vorbringen, anführen). **2.** (Fechten) einzelner Wettkampf zwischen zwei Fechtern.
Ge|fechts|aus|bil|dung, die: Ausbildung für das Gefecht; Kampfausbildung.
ge|fechts|be|reit ⟨Adj.⟩: einsatzbereit (b) zum Gefecht: Dazu: **Ge|fechts|be|reit|schaft,** die; -.
ge|fechts|klar ⟨Adj.⟩ (bes. Marine): ¹klar (5) zum Gefecht; gefechtsbereit: ein Schiff, ein Geschütz g. machen.
Ge|fechts|kopf, der: Vorderteil bei schweren Geschossen, Raketen, Torpedos, das Sprengladung u. Zünder enthält: nukleare, atomare Gefechtsköpfe.
Ge|fechts|li|nie, die: vorderste Kampflinie.
ge|fechts|mä|ßig ⟨Adj.⟩: einem Gefecht entsprechend, eigentümlich, nach Art eines Gefechts: g. ausgerüstete Soldaten.
Ge|fechts|ord|nung, die: gefechtsmäßige Aufstellung der Truppen.
Ge|fechts|pau|se, die: Kampfpause.
Ge|fechts|stand, der: bewegliche Einrichtung (z. B. Bunker, Fahrzeug), von der aus ein Gefecht geleitet wird.
Ge|fechts|übung, die: gefechtsmäßige Übung.

Ge|feil|sche, das; -s (abwertend): *[dauerndes] Feilschen.*
ge|feit ⟨Adj.⟩: *vor etw. geschützt, von etw. nicht bedroht:* gegen Arbeitslosigkeit, gegen jedes Klima g. sein.
Ge|fei|xe, das; -s (ugs.): *[dauerndes] Feixen.*
ge|fer|tigt: 1. ↑ fertigen. ◆ **2.** (österr. Amtsspr., sonst veraltet) *unterzeichnet:* elektronisch g.
ge|fes|tigt ⟨Adj.⟩: *a) fest gefügt, geworden; stark:* eine sehr -e Tradition; *b) [in Bezug auf den Charakter] fest; nicht ins Wanken zu bringen:* ideologisch -e Mitglieder der Partei.
Ge|fie|del, das; -s (ugs. abwertend): *[dauerndes] Fiedeln.*
Ge|fie|der, das; -s, - [mhd. gevider(e), Kollektivbildung zu ↑ Feder (1)]: *Gesamtheit der Federn [eines Vogels]; Federkleid:* ein buntes, glänzendes, weißes G.; das G. des Vogels sträubte sich.
ge|fie|dert ⟨Adj.⟩ [2. Part. zu mhd. videren, ↑ fiedern]: **1. a)** *mit Federn, Gefieder:* unsere -en Freunde, Sänger *(die Singvögel);* **b)** *am Schaftende mit Federn besetzt:* ein -er Pfeil. **2.** (Bot.) *(von Blättern) aus zahlreichen einzelnen Blättchen bestehend, die symmetrisch angeordnet beiderseits der Mittelrippe stehen; fiederteilig:* -e Blätter.
Ge|fil|de, das; -s, - ⟨meist Pl.⟩ [mhd. gevilde, ahd. gifildi, eigtl. = Gesamtheit von Feldern, Kollektivbildung zu ↑ Feld] (geh.): *Landschaft, Gegend:* anmutige, ländliche, sonnige G.; die himmlischen, die elys[ä]ischen, die G. der Seligen (griech. Mythol.: *Elysium, Paradies);* sich den heimatlichen -n nähern (scherzh.; *sich der Heimat nähern; bald zu Hause sein).*
ge|fin|gert ⟨Adj.⟩ [eigtl. 2. Part. von veraltet sich fingern = sich in Finger aufteilen] (Bot.): *(von Blättern) aus mehreren einzelnen kleineren Blättern bestehend, die strahlenförmig am Ende des Blattstiels stehen.*
ge|fin|kelt ⟨Adj.⟩ [zu mundartl. Fink = schlauer Mensch] (österr.): *schlau, durchtrieben:* ein -er Gauner.
Ge|fla|cker, das; -s: *[dauerndes] Flackern.*
ge|flammt ⟨Adj.⟩: **a)** *flammenartig gemustert, gemasert:* -e Kacheln; ein -er Stoff; **b)** (Heraldik) *durch s-förmig gebogene Spitzen geteilt:* ein rotweiß -er Schild.
Ge|flat|ter, das; -s: *[dauerndes] Flattern.*
Ge|flecht, das; -[e]s, -e [15. Jh.; Kollektivbildung zu ↑ Flechte]: **a)** *Geflochtenes, Flechtwerk:* ein G. aus Stroh, Binsen herstellen; **b)** *Verflochtenes, dichtes Netz von Linien, Strängen o. Ä.:* ein wirres G.; ein G. von Kletterpflanzen; das G. der Nerven, Adern; Ü ein G. von Verkehrswegen.
ge|fleckt ⟨Adj.⟩: *Flecke (2) aufweisend; mit Flecken versehen, gesprenkelt:* ein -er Hund; ihr Hals war rot g.
Ge|flen|ne, das; -s (ugs. abwertend): *[dauerndes] Flennen.*
Ge|flim|mer, das; -s: *[dauerndes] Flimmern.*
ge|flis|sent|lich ⟨Adj.⟩ [frühnhd. geflissenlichen (Adv.), zu mhd. vlīʒen, ahd. flīʒan = streben, trachten, sich bemühen, verw. mit ↑ Fleiß]: *scheinbar absichtslos, in Wahrheit jedoch ganz bewusst; sich hinter -er Geschäftigkeit verbergen (so tun, als habe man viel zu arbeiten);* jmdn., etw. g. übersehen; etw. g. überhören.
ge|floch|ten: ↑ flechten.
ge|flockt ⟨Adj.⟩: ↑ flocken (2).
ge|flo|gen: ↑ fliegen.
ge|flo|hen: ↑ fliehen.
ge|flos|sen: ↑ fließen.
Ge|flu|che, das; -s (ugs. abwertend): *[dauerndes] Fluchen.*
Ge|flü|gel, das; -s [spätmhd. gevlügel(e), unter Einfluss von ↑ Flügel (also eigtl. = Gesamtheit der Flügel tragenden [Haus]tiere; Kollektivbildung zu ↑ Flügel) < mhd. gevügel < ahd. gifu-

gili = Kollektivbildung zu: fogal = Vogel]: **1.** *als Nutz- u. Haustiere gehaltene Vögel:* G. halten, züchten, schlachten, rupfen. **2.** *Geflügelfleisch:* G. essen. ◆ **3.** *Gesamtheit der Vögel:* Von seltenem G. ist die Luft ... erfüllt (Goethe, Torquato Tasso I, 4); Indem es finster wurde ... und das G. der Nacht *(die Nachtvögel)* seine irre Wanderung begann (Tieck, Runenberg 27).
Ge|flü|gel|auf|zucht, die: *Aufzucht von Geflügel (1).*
Ge|flü|gel|farm, die: *großer Betrieb für Geflügelzucht.*
Ge|flü|gel|fleisch, das: *Fleisch vom Geflügel (1).*
Ge|flü|gel|hal|tung, die: *das Halten von Geflügel (1).*
Ge|flü|gel|hof, der: *[kleinerer] Betrieb für Geflügelzucht.*
Ge|flü|gel|le|ber, die: *Leber vom Geflügel (1).*
Ge|flü|gel|mast, die: *das Mästen von Geflügel (1).*
Ge|flü|gel|pest, die: vgl. Hühnerpest.
Ge|flü|gel|sa|lat, der: *Salat, dessen Hauptbestandteil gekochtes, in kleine Streifen od. Würfel geschnittenes Geflügelfleisch ist.*
Ge|flü|gel|sche|re, die: *spezielle Schere zum Zerlegen des zubereiteten Geflügels (1).*
ge|flü|gelt ⟨Adj.⟩ [eigtl. 2. Part. von veraltet flügeln, mhd. vlügelen = mit Flügeln versehen]: *mit Flügeln (1 a, b, 2 b) [versehen], mit Vorrichtungen, Organen [versehen], die die Form od. Funktion von Flügeln (1 a) haben:* -e Insekten, Fabelwesen; -e Samen; ... kein Unbekannter ist da zufällig ins Wasser gefallen, sondern der -e Jüngling, der der Sonne zu nahe kam und durch den ganzen Himmel stürzte und starb (Kaschnitz, Wohin 69).
Ge|flü|gel|wurst, die: *Wurst aus Geflügelfleisch.*
Ge|flü|gel|zucht, die: *planmäßige Aufzucht von Geflügel (1) unter wirtschaftlichem Aspekt.*
Ge|flü|gel|züch|ter, der: *jmd., der Geflügelzucht betreibt.*
Ge|flü|gel|züch|te|rin, die: w. Form zu ↑ Geflügelzüchter.
Ge|flun|ker, das; -s (ugs. abwertend): *[dauerndes] Flunkern.*
Ge|flüs|ter, das; -s: *[dauerndes] Flüstern.*
ge|foch|ten: ↑ fechten.
Ge|fol|ge, das; -s, - [zu ↑ Folge]: **a)** *Begleitung einer hochgestellten Persönlichkeit:* das G. der Präsidentin; jmds. G. bilden; ein großes G. haben; im G. des Ministers waren mehrere Beamte; *im G.* (Papierdt.; *aufgrund:* die Überschwemmungen im G. des Hurrikans); **b)** *Trauergeleit:* nur die nächsten Angehörigen und Freunde bildeten das G.
Ge|folg|schaft, die; -, -en: **1.** ⟨o. Pl.⟩ *Gehorsam u. unbedingte Treue:* jmdm. G. leisten; jmdm. die G. aufsagen, kündigen, verweigern. **2. a)** ⟨o. Pl.⟩ *(bei den Germanen) persönliches Treueverhältnis eines freien Edelings, zu seinem Herrn, bes. dem König;* **b)** *durch das Verhältnis der Gefolgschaft (2 a) verbundene Gruppe von Gefolgsmännern.* **3.** *Gesamtheit der treuen Anhänger; Anhängerschaft.*
Ge|folgs|frau, die: w. Form zu ↑ Gefolgsmann.
Ge|folgs|leu|te ⟨Pl.⟩: **1.** Pl. von ↑ Gefolgsmann. **2.** *Gesamtheit der Anhängerinnen und Anhänger:* seine G. scharen.
Ge|folgs|mann, der ⟨Pl. ...männer u. ...leute⟩: *Angehöriger einer Gefolgschaft (2 b):* Ü seine Gefolgsleute *(Anhänger)* um sich scharen.
Ge|formt|heit, die; -: *das Geformtsein.*
Ge|fra|ge, das; -s (abwertend): *[dauerndes] Fragen.*
ge|fragt ⟨Adj.⟩: *auf starkes Interesse stoßend, begehrt, viel verlangt:* ein -er Künstler; dieses Modell ist sehr g.; Ü Zivilcourage ist nicht g. *(erwünscht).*

ge|frä|ßig ⟨Adj.⟩ [für mhd. vræʒec, zu ↑ Fraß] (abwertend): *unmäßig, unersättlich im Essen; voller Essgier:* ein -er Mensch; -e Insekten, Raupen; sei nicht so g.! Dazu: **Ge|frä|ßig|keit,** die; -.
Ge|frei|te, die/ein Gefreiter; der/einer Gefreiten, die Gefreiten/zwei Gefreite [vgl. Gefreiter]: *Soldatin des Dienstgrades Gefreiter:* Gefreite werden.
Ge|frei|ter, der Gefreite/ein Gefreiter; des/eines Gefreiten, die Gefreiten/zwei Gefreite [urspr. = der vom Schildwachestehen befreite Soldat; nach lat. exemptus = ausgenommen (vom Schildwachestehen), zu veraltet freien = frei machen, mhd. vrīen, zu ↑ frei] (Militär): **a)** *zweitniedrigster Mannschaftsdienstgrad (bei Heer, Luftwaffe u. Marine);* **b)** *Träger dieses Dienstgrades.*
ge|fres|sen: ↑ fressen.
ge|freut ⟨Adj.⟩ (schweiz.): *erfreulich, erwünscht, angenehm:* -e Leute; die Familienverhältnisse sind nicht sehr g.
Ge|frier|beu|tel, der: *Plastikbeutel, in dem Lebensmittel tiefgefroren u. im Gefrierschrank o. Ä. aufbewahrt werden.*
Ge|frier|brand, der ⟨Pl. selten⟩ (Fachspr.): *weiße od. bräunlich rote Verfärbung an tiefgefrorenen Lebensmitteln als Folge von Temperaturschwankungen, unsachgemäßer Verpackung o. Ä.*
ge|frie|ren ⟨st. V.⟩: **1.** ⟨ist⟩ *durch Kälte zu Eis erstarren, fest u. hart werden:* das Wasser gefriert [zu Eis]; der Boden ist [an der Oberfläche] gefroren; gefrorenes Wasser; Ü das Lächeln gefror (geh.; *erstarrte)* auf ihren Lippen; ihm gefror vor Entsetzen das Blut in den Adern (geh.; *ihm wurde kalt [u. er erstarrte] vor Entsetzen).* **2.** ⟨hat⟩ (bes. Fachspr.) *einfrieren (2), tiefgefrieren:* Lebensmittel g.
Ge|frier|fach, das: *besonderes Fach im Kühlschrank mit tieferer, [leicht] unter dem Gefrierpunkt liegender Temperatur.*
Ge|frier|fleisch, das: *durch Tiefkühlung konserviertes Fleisch:* G. auftauen und zubereiten.
Ge|frier|ge|mü|se, das: *durch Tiefkühlung konserviertes Gemüse.*
Ge|frier|ge|rät, das: *Haushaltsgerät zum Gefrieren (2) von Lebensmitteln (z. B. Gefrierschrank).*
Ge|frier|gut, das: *durch Gefrieren (2) konserviertes Gut (bes. Lebensmittel).*
Ge|frier|punkt, der: *Temperatur, bei der ein flüssiger Stoff (bes. Wasser) gefriert (1):* die Temperatur sinkt auf den G.; Temperaturen über, unter dem G.; Ü am G.
Ge|frier|schrank, der: *Gefriergerät in Form eines Schrankes zum Gefrieren u. Lagern bes. von Lebensmitteln.*
Ge|frier|schutz|mit|tel, das: *Frostschutzmittel.*
ge|frier|trock|nen ⟨sw. V.; hat; meist im Inf. u. 2. Part.⟩: *(z. B. Lebensmittel, pharmazeutische Produkte bes. zur Konservierung) in gefrorenem Zustand durch Sublimation trocknen:* gefriergetrockneter Kaffee, gefriergetrocknete Astronautennahrung.
Ge|frier|trock|nung, die: *das Gefriertrocknen.*
Ge|frier|tru|he, die: *Gefriergerät in Form einer Truhe zum Gefrieren u. Lagern bes. von Lebensmitteln.*
Ge|frier|ver|fah|ren, das: *Verfahren zum Gefrieren (2).*
¹**ge|fro|ren:** ↑ frieren.
²**ge|fro|ren:** ↑ gefrieren.
Ge|fro|re|nes, das Gefrorene/ein Gefrorenes; des/eines Gefrorenen, **Ge|fror|nes,** das Gefrorne/ein Gefrornes; des/eines Gefrornen [nach ital. gelato] (südd., österr. veraltet): *Speiseeis.*
Ge|frot|zel, das; -s (ugs. abwertend): *[dauerndes] Frotzeln.*
ge|frus|tet: ↑ frusten.

Ge|fuch|tel, (selten:) **Ge|fuch|te|le,** das; -s (ugs. abwertend): *[dauerndes] Fuchteln*.

Ge|fü|ge, das; -s, - [zu ↑fügen]: **1.** *Gesamtheit des [sachgerecht] Zusammengefügten*: das G. der Balken; ein G. aus Balken. **2.** *innerer Aufbau, Struktur, in sich zusammenhängende Gesamtheit mit einer bestimmten inneren Ordnung*: ein syntaktisches G.; das wirtschaftliche, soziale G. eines Staates; das G. eines Metalls.

ge|fü|gig ⟨Adj.⟩ [spätmhd. = von feiner Sitte, statt älterem gefüge, mhd. gevüege, zu ↑fügen]: *sich jmds. [autoritärem] Anspruch, Zwang fügend, unterordnend; widerstandslos gehorsam*: ein -er Mensch, Charakter; [sich ⟨Dat.⟩] jmdn. g. machen; jmdn. seinen Wünschen g. machen. Dazu: **Ge|fü|gig|keit,** die; -.

ge|füg|sam ⟨Adj.⟩ (veraltend): *gefügig*: ◆ Er gehorcht nicht oder nur halb; man verkümmert ihm seine Pension, er wird nicht -er (Goethe, Farbenlehre. Historischer Teil II [Hooke]).

Ge|fühl, das; -s (selten: -es), -e [für spätmhd. gevülichkeit, gevülunge, zu ↑fühlen]: **1.** *das Fühlen* (1 a); *(durch Nerven vermittelte) Empfindungen*: ein prickelndes G.; das G. für warm und kalt, für glatt und rau; ein G. des Schmerzes in der Magengegend spüren; kein G. mehr in den Fingern haben; dem G. nach (danach zu urteilen, wie es sich anfühlt) ist es Holz. **2.** *das Fühlen* (2); *psychische Regung, Empfindung des Menschen, die seine Einstellung u. sein Verhältnis zur Umwelt mitbestimmt*: ein beglückendes, erhebendes, beängstigendes G.; patriotische -e; widerstrebende -e bewegen jmdn.; ein [heißes] G. der Dankbarkeit, Angst überkommt, ergreift mich; ein G. wie Weihnachten (ugs. scherzh.: *ein Glücksgefühl*); seine -e unterdrücken, beherrschen, zeigen, verbergen; zärtliche -e für jmdn. empfinden, hegen; ein G. der Überlegenheit haben; jmds. -e *(Zuneigung)* erwidern; ein G. der Liebe, der Erleichterung, der Furcht, der Scham, des Hasses empfinden; kein G. haben *(keine Fähigkeit zur inneren Anteilnahme haben)*; im Aufruhr, im Widerstreit der Gefühle; ein Film mit viel G. (iron.; *ein sentimentaler Film*); seinen -en Ausdruck geben; sich von seinen -en hinreißen lassen; Nach dem ersten Skandal, den das Städtchen gehörig ausgekostet und für immer dem Archiv seiner Lüste wie ein Stimulans einverleibt hatte, imstande war, seine altersschwachen und erschlafften -e aufzupeitschen, wenn das Gespräch darauf kam ... (Langgässer, Siegel 365); * **mit gemischten -en** *(nicht unbedingt mit Freude, sondern sowohl Freude als auch ein gewisses Unbehagen verspürend);* **das höchste der -e** (ugs.; *das Äußerste, was in Bezug auf etw. Bestimmtes möglich ist, sich machen, einrichten lässt*; aus Mozarts »Zauberflöte« [Text von K. L. Giesecke u. J. E. Schikaneder]: eine Stunde bleibe ich noch, das ist aber das höchste der -e). **3.** ⟨o. Pl.⟩ **a)** *gefühlsmäßiger, nicht näher zu erklärender Eindruck; Ahnung*: ein beklemmendes, undeutliches G.; ein G. haben, als ob es gleich losgeht; bei etw. ein ungutes G. haben; er hatte das dunkle G., dass die Sache nicht gut gehen würde; ich habe das G./werde das G. nicht los, dass sie uns etwas verschweigt; * **etw. im G. haben** *(etw. instinktiv wissen);* **b)** *Fähigkeit, etw. gefühlsmäßig zu erfassen; Gespür*: ein musikalisches G.; ein G. für Rhythmus, für Recht und Unrecht, ein feines, sicheres G. für etw. haben; sich auf sein G. verlassen; das muss man mit G. machen; etw. nach G. *(nach grober Einschätzung, ohne genaue Berechnung od. Prüfung)* tun; * **nach G. und Wellenschlag** *(salopp scherzh.; nach grober Einschätzung, ohne genaue Berechnung od. Prüfung)*.

ge|füh|lig ⟨Adj.⟩: *[allzu] gefühlsbetont*: Dazu: **Ge|füh|lig|keit,** die; -.

ge|fühl|los ⟨Adj.⟩: **1.** *kein Gefühl (1) aufweisend*: seine Hände wurden bei der Kälte g.; sein rechtes Bein ist g. gegen Schmerzen. **2. a)** *ohne Mitgefühl, herzlos*: ein -er Mensch; jmdn. g. behandeln; sich g. gegen jmdn. od. etw. verhalten; **b)** *ohne Gefühl (2), keine seelische Regung, innere Beteiligung aufweisend*: g. dahinvegetieren.

Ge|fühl|lo|sig|keit, die; -, -en: **1.** ⟨o. Pl.⟩ *das Gefühllossein* (1). **2. a)** ⟨o. Pl.⟩ *das Gefühllossein* (2); **b)** *gefühllose* (2 a) *Handlung*.

Ge|fühls|arm ⟨Adj.⟩: *wenig Gefühl* (2), *Gefühle habend*: ein -er Mensch.

Ge|fühls|ar|mut, der: *Mangel an Gefühl* (2).

Ge|fühls|aus|bruch, der: *plötzliche, starke u. ungehemmte Gefühlsäußerung*.

Ge|fühls|aus|druck, der ⟨o. Pl.⟩: **1.** *Ausdruck, Ausdrücken der Gefühle*: er ist zu keinem G. fähig. **2.** *gefühlsbetonter Ausdruck*: etw. mit starkem G. vortragen.

Ge|fühls|äu|ße|rung, die: *Äußerung eines Gefühls (in Sprache od. Verhalten)*.

Ge|fühls|be|dingt ⟨Adj.⟩: *durch das Gefühl (2) bedingt*.

Ge|fühls|be|stimmt ⟨Adj.⟩: *durch das Gefühl (2) bestimmt*.

Ge|fühls|be|tont ⟨Adj.⟩: *vorwiegend vom Gefühl (2) bestimmt*: eine -e Frau.

Ge|fühls|cha|os, das: *völliges Durcheinander der Gefühle*: ein inneres, explosives G.; in ihr tobt ein G.

Ge|fühls|du|se|lei, die; -, -en (ugs. abwertend): *durch übertriebenes Gefühl, übertriebene Sentimentalität bestimmtes Denken, Verhalten*.

Ge|fühls|du|se|lig, ge|fühls|dus|lig ⟨Adj.⟩ (ugs. abwertend): *von Gefühlsduselei zeugend*: g. sein, handeln.

Ge|fühls|echt ⟨Adj.⟩: *ein wirkliches Gefühl (1) vermittelnd; als echt, wirklich vorhanden fühlen lassend*: w-e Kondome; Ü g. und unplugged präsentierten die Musiker ihre alten Erfolge.

Ge|fühls|kalt ⟨Adj.⟩: **1.** *nicht zu Gefühlen (2) fähig, in Bezug auf Gefühle anderer unzugänglich*. **2.** *frigide*.

Ge|fühls|käl|te, die: **1.** *gefühlskaltes Wesen, Verhalten*. **2.** *Frigidität*.

Ge|fühls|la|ge, die: *Bewusstseinslage hinsichtlich der Gefühle, der gefühlsmäßigen Einstellung[en]*.

Ge|fühls|le|ben, das ⟨o. Pl.⟩: *das Erleben u. Äußern von Gefühlen in seiner Gesamtheit*: ein starkes G. haben; etw. stumpft das G. ab.

Ge|fühls|mä|ßig ⟨Adj.⟩: **1.** *auf dem Gefühl (2) beruhend, vom Gefühl geleitet*: eine -e Ablehnung, Reaktion. **2.** *das Gefühl betreffend*: etw. wirkt sich g. aus.

Ge|fühls|mensch, der: *in seinem Verhalten hauptsächlich vom Gefühl (2) bestimmter Mensch*.

Ge|fühls|re|gung, die: *Regung (2) des Gefühls (2)*.

Ge|fühls|sa|che, die: *meist in der Wendung* **etw. ist [reine] G.** *(etw. ist [ausschließlich] -e Angelegenheit des Gefühls* 2*)*.

ge|fühls|se|lig ⟨Adj.⟩: *in Gefühlen schwelgend, ganz dem Gefühl hingegeben*.

Ge|fühls|se|lig|keit, die: *gefühlsselige Art, gefühlsseliges Verhalten*.

Ge|fühls|stau, der (Psychol.): *Stau von Gefühlen, die krankheitsbedingt nicht geäußert werden können*.

Ge|fühls|über|schwang, der: *Überschwang des Gefühls (2)*.

Ge|fühls|wal|lung, die: *Aufwallung des Gefühls (2)*.

Ge|fühls|wär|me, die: *Warmherzigkeit*.

Ge|fühls|welt, die: *Gesamtheit der Gefühle*.

Ge|fühls|wert, der: *Wert (3), den etw. für jmds. Gefühl (2) besitzt*: der Gegenstand hat nur [einen] G.

ge|fühlt ⟨Adj.⟩: **a)** *nach dem Gefühl beurteilt, geschätzt (u. deshalb in Wirklichkeit nicht korrekt)*: eine -e Temperatur von 30 Grad; der Unterschied zwischen biologischem und -em Alter; **b)** *auf dem Gefühl beruhend; gefühlsmäßig*: eine -e Sicherheit, Ungerechtigkeit.

Ge|fühl|voll ⟨Adj.⟩: **a)** *tiefer Empfindungen, Gefühle (2) fähig*: ein -er Mensch; **b)** *mit Gefühl (2), [leicht] sentimental (a)*: eine -e Musik; ein -er Interpret; ein Gedicht g. vortragen; **c)** *Gefühl (1) einsetzend; mit, voller Gefühl (1)*: eine -e Flanke.

ge|füh|rig ⟨Adj.⟩ [zu ↑führen] (österr., sonst landsch.): *(vom Schnee) die Skier, Kufen o. Ä. gut führend, günstig zum Skilaufen o. Ä.*: der Schnee ist g.

Ge|füh|rig|keit, die; -: *Före*.

Ge|fum|mel, Ge|fum|me|le, Ge|fumm|le, das; -s (ugs. abwertend): *[dauerndes] Fummeln*.

ge|fum|den: ↑ finden.

Ge|fun|kel, das; -s: *[dauerndes] Funkeln*.

ge|furcht ⟨Adj.⟩: *mit einer Furche, mit Furchen [versehen]*: ein [vom Alter] -es Antlitz.

ge|fürch|tet: ↑ fürchten.

Ge|ga|cker, das; -s: **1.** *[dauerndes] Gackern (1)*: das G. der Hühner. **2.** (ugs.) *Gekicher*.

ge|gan|gen: ↑ gehen.

¹ge|ge|ben ⟨Adj.⟩: **a)** *vorhanden, vorliegend, bestehend*: aus -em Anlass; im -en Fall *(in diesem Fall)* muss man von Totschlag ausgehen; auch wenn wir im -en Fall *(gegebenenfalls)* später kommen, ...; unter den Umständen; (Math.:) eine -e Größe; etw. als g. *(feststehend)* voraussetzen; **b)** *passend, geeignet*: sie ist dafür die -e Frau; zur -en Stunde; ⟨subst.:⟩ das ist das Gegebene *(das Nächstliegende, Beste)*.

²ge|ge|ben: ↑ geben.

ge|ge|be|nen|falls ⟨Adv.⟩: *wenn der betreffende Fall eintreten sollte; eventuell* (Abk.: ggf.): g. kommen wir auf Ihr Angebot zurück.

Ge|ge|ben|heit, die; -, -en ⟨meist Pl.⟩: *in bestimmter Weise* ¹*gegebener* (a) *Zustand, Umstand, der Rechnung zu tragen hat*: soziale, ökonomische -en; bei der Städteplanung die natürlichen -en der Landschaft berücksichtigen; sich auf neue politische -en einstellen.

Ge|gei|fer, das; -s (abwertend): *[dauerndes] Geifern, wütendes Schimpfen*.

¹ge|gen ⟨Präp. mit Akk.⟩ [mhd. gegen, ahd. gegin, H. u.]: **1.** *(räumlich)* **a)** kennzeichnet die [Aus]richtung auf jmdn., etw., die Hinwendung zu jmdn., etw.; *auf jmdn., etw. zu; zu jmdn., etw. hin*: sich g. die Wand drehen; g. die Mauer lehnen; **b)** kennzeichnet eine gegenläufige Bewegung; *in entgegengesetzter Richtung (zu jmdn., etw. Entgegenkommendem); wider*: g. die Strömung, den Strom, den Wind rudern; sich g. etw. stemmen; **c)** kennzeichnet die Weise, in der eine zielgerichtete Bewegung auf etw. auftrifft; *an*: Regen klatscht g. die Fenster; g. die Tür schlagen; g. die Wand stoßen; jmdm. g. das Schienbein treten. **2. a)** kennzeichnet ein Entgegenwirken, ein Angehen gegen jmdn., etw., ein Sichentgegenstellen: g. den Hunger in der Welt kämpfen; der Kampf g. Krankheit und Armut; etw. g. die Missstände tun; g. etw. protestieren; sich g. jmdn. auflehnen; ein Mittel g. Husten *(das den Husten vertreibt)*; eine Impfung g. *(zum Schutz vor)* Pocken; **b)** kennzeichnet eine Gegensätzlichkeit, ein Zuwiderlaufen; *entgegen*: etw. ist g. die Abmachung, g. alle Vernunft; g. bessere Einsicht; g. seinen Willen; g. alle Erwartungen; **c)** kennzeichnet ein bestimmtes [gegeneinander gerichtetes] Agieren von Personen, Gruppen miteinander: g. jmdn. spielen, gewinnen; sie siegten g. Kanada mit 4 : 3 Toren; sich g. jmdn. verloben, g. jmdn. heiraten (ugs. scherzh.; *sich mit jmdm. verloben, verheiraten*) einer g. alle; g. die Uhr *(so schnell wie möglich)* fahren. **3.** kennzeichnet eine in bestimmter Weise geartete Beziehung zu jmdn., einer Sache gegenüber: höflich, freundlich, abweisend g. jmdn. (veraltend; *zu jmdm.*) sein; sie hat sich schlecht g. mich (veraltend; *mir gegenüber*) benommen. **4.** ⟨zeitlich⟩ **a)** zur Angabe eines ungefähren Zeitpunktes, der unter- od. überschritten werden kann: ich komme [so] g. 11 Uhr nach Hause; g. 22.30 Uhr bringen wir die neuesten Nachrichten; **b)** zur Angabe eines bestimmten Zeitraumes, der nicht überschritten wird: g. Abend, Mittag; g. Ende der Ferien, des Krieges. **5.** *im Vergleich, im Verhältnis zu:* g. ihn ist er sehr klein; wie gut hat sie es heute g. früher; ◆ ⟨mit Dativ:⟩ Ihr werdet g. der Menge wenig sein (Goethe, Götz III). **6.** *[im Austausch] für:* die Ware g. Bezahlung liefern; er hat den Schnaps g. Devisen eingehandelt. **7.** ⟨räumlich⟩ (landsch., sonst veraltet) zur Angabe einer Richtung, eines Ziels o. Ä.; *auf... zu:* ◆ ...und als er sie (= die Wüste) endlich durchzogen, kam er g. die Berge (Goethe, Reineke Fuchs 2, 3 f.); ◆ Als ich g. unser Haus kam (Rosegger, Waldbauernbub 98). ◆ **8.** ⟨räumlich; mit Dativ⟩ **a)** ...sie kommen über die Heide, ich will g. ihnen halten (Goethe, Götz III); ...wenn er... seine spitzen Zähne g. meinem Degen bleckt (Schiller, Räuber IV, 5); Gegen mir über *(mir gegenüber)* ein großes Portal (Goethe, Italien. Reise 12. 3. 1787, abends [Neapel]); **b)** ¹*gegenüber* (1): Treu blieb ihr Bild; noch immer steht es g. mir (Goethe, Pandora 581).

²**ge|gen** ⟨Adv.⟩ [zu: ¹gegen]: *(bei Zahlenangaben) der angegebenen Anzahl od. Menge wahrscheinlich sehr nahe kommend; ungefähr:* es waren g. 100 Leute anwesend.

ge|gen-, Ge|gen-: 1. drückt in Bildungen mit Substantiven und Verben aus, dass etw. in Opposition zu etw. [Üblichem, Etabliertem] steht: Gegengesellschaft, -öffentlichkeit; gegenargumentieren, -kandidieren. **2.** drückt in Bildungen mit Substantiven und Verben die Erwiderung von etw. aus: Gegeneinladung, -essen; gegenleisten, -schenken. **3.** kennzeichnet in Bildungen mit Substantiven und Verben etw. als gegenüberliegend, in entgegengesetzter Richtung verlaufend: Gegenecke, -verkehr; gegenstreben. **4.** drückt in Bildungen mit Substantiven aus, dass etw. (zur Entkräftung, Bekämpfung) entgegengestellt, entgegengesetzt wird: Gegenbemerkung, -information. **5.** drückt in Bildungen mit Substantiven und Verben die Kontrolle von etw. aus: Gegenprobe, -zeichnung; gegenchecken, -prüfen.

Ge|gen|ak|ti|on, die: *Aktion, die sich gegen eine andere Aktion richtet:* eine G. starten.
Ge|gen|an|ge|bot, das: *auf ein vorangegangenes Angebot erfolgendes, sich von diesem unterscheidendes Angebot.*
Ge|gen|an|griff, der: **1.** (Militär) *Angriff als Reaktion auf einen erfolgten Angriff:* zum G. ansetzen; Ü der Diskussionsleiter ging zum G. über. **2.** (Sport) *Spielzug, durch den der Gegner seinerseits angreift:* der Titelverteidiger startete sofort einen G.
Ge|gen|an|sicht, die: *Ansicht, die sich von einer anderen Ansicht unterscheidet od. ihr entgegengesetzt ist:* zu etw. eine G. äußern.
Ge|gen|an|trag, der: *Antrag, der sich gegen den Antrag einer Gegenpartei o. Ä. richtet.*
Ge|gen|an|zei|ge, die (Med.): *Kontraindikation.*
Ge|gen|ar|gu|ment, das: *Argument gegen etw., gegen ein anderes Argument:* -e vorbringen; auf jedes Argument hat sie ein G.
Ge|gen|be|haup|tung, die: *Behauptung, die sich von einer anderen Behauptung unterscheidet od. ihr entgegengesetzt ist.*
Ge|gen|bei|spiel, das: *Beispiel für etwas Andersartiges od. Gegensätzliches:* -e für etw. anführen.
Ge|gen|be|schul|di|gung, die: *Beschuldigung, die als Reaktion auf eine vorangegangene Beschuldigung erhoben wird:* eine G. gegen jmdn. erheben.
Ge|gen|be|such, der [LÜ von frz. contre-visite]: *Besuch, mit dem man jmds. Besuch erwidert.*
Ge|gen|be|we|gung, die: **1.** *Bewegung (3), die einer anderen Bewegung entgegengesetzt ist.* **2.** (Musik) **a)** *Umkehrung eines melodischen Ablaufs;* **b)** *in ihrer Richtung auseinander od. aufeinander zulaufende Führung zweier Stimmen.*
Ge|gen|be|weis, der: *Beweis, der einen von der Gegenpartei angeführten [angeblichen] Beweis widerlegt:* den G. für etw. antreten.
Ge|gen|bild, das: **1.** *Gegenstück* (1). **2.** *Muster, Beispiel für etw. Gegensätzliches:* der Ausflug ins Grüne als G. zur häuslichen Intimität.
Ge|gend, die; -, -en [mhd. gegent, gegende, ahd. geginōti, eigtl. = gegenüberliegendes Gebiet, zu ↑¹gegen, wohl LÜ von mlat. contrata (regio, terra), zu lat. contra = gegen(über)]: **1.** *im Hinblick auf seine Beschaffenheit od. seinen Bezugspunkt bestimmtes, aber nicht näher abgegrenztes Gebiet:* eine einsame, gebirgige, vertraute G.; eine rein katholische G.; die schönste G. Österreichs; in der G. von Berlin; in einer vornehmen G. *(einem vornehmen Stadtviertel)* wohnen; Einbrecher machen neuerdings die G. hier unsicher; wir wollen nur etwas durch die G. fahren *(ohne Ziel eine kleine Fahrt machen);* Schmerzen in der G. des Magens *(ungefähr dort, wo der Magen liegt)* haben; er zeigte in die G. *(Richtung),* aus der das Geräusch gekommen war; * **in der G.** [um] (salopp; *ungefähr; etwa [bei]:* es wird in der G. um Ostern gewesen sein, als der Unfall hatten). **2.** *Gesamtheit der Einwohnerinnen u. Einwohner der Umgebung, eines Stadtviertels o. Ä.:* die ganze G. spricht davon.
Ge|gen|dar|stel|lung, die: **1.** *Entgegnung auf eine [in der Presse] veröffentlichte Darstellung durch den Betroffenen:* die Zeitung musste meine G. veröffentlichen. **2.** *Darstellung eines gegensätzlichen Sachverhalts:* der Lehrer hörte sich auch die G. der anderen Schüler an.
Ge|gen|de|mons|t|rant, der: *Teilnehmer einer Gegendemonstration.*
Ge|gen|de|mons|t|ran|tin, die: w. Form zu ↑Gegendemonstrant.
Ge|gen|de|mons|t|ra|ti|on, die: *Demonstration, die sich gegen eine andere Demonstration richtet:* die Kommunisten riefen zu einer G. auf.
Ge|gen|dienst, der: *Gefälligkeit, mit der jmd. eine ihm erwiesene Gefälligkeit erwidert:* zu -en bin ich jederzeit gern bereit.
Ge|gen|druck, der ⟨Pl. ...drücke u. -e⟩: **a)** *durch einen ¹Druck (1) erzeugter u. gegen ihn gerichteter Druck:* Druck erzeugt G.; **b)** *einen Druck zurückgebender Druck:* sie erwiderte meinen Händedruck mit einem festen G.
ge|gen|ei|n|an|der ⟨Adv.⟩: *einer gegen den anderen, den einen gegen den anderen:* g. kämpfen; sie haben etwas g. (ugs.; *sie mögen sich nicht*); Gefangene g. austauschen; zwei Bereiche g. abgrenzen; zwei Freunde g. ausspielen; ⟨subst.:⟩ das ständige Gegeneinander *(gegeneinander gerichtete Vorgehen)* von Regierung und Opposition.
ge|gen|ei|n|an|der|drü|cken ⟨sw. V.; hat⟩: *eines gegen das andere drücken:* zwei Stücke einer zerbrochenen Vase g.
ge|gen|ei|n|an|der|hal|ten ⟨st. V.; hat⟩: **1.** *gegeneinanderdrücken.* **2.** *zum Vergleich nebeneinanderhalten:* zwei Farben g. **3.** *durch Gegenüberstellung vergleichen:* verschiedene Vorschläge, Konzepte, Pläne g.
ge|gen|ei|n|an|der|het|zen ⟨sw. V.; hat⟩: *einen gegen den anderen hetzen:* zwei Hunde g.
ge|gen|ei|n|an|der|pral|len ⟨sw. V.; ist⟩: *einer gegen den anderen prallen:* wir sind an der Tür gegeneinandergeprallt.
ge|gen|ei|n|an|der|set|zen ⟨sw. V.; hat⟩: *eines gegen das andere setzen; voneinander absetzen, abgrenzen:* die unterschiedlichen Auffassungen müssen deutlich gegeneinandergesetzt werden.
ge|gen|ei|n|an|der|ste|hen ⟨unr. V.; hat; südd., österr., schweiz.: ist⟩: **1.** *sich feindlich gegenüberstehen:* sie haben schon immer gegeneinandergestanden. **2.** *(von Aussagen, Behauptungen o. Ä.) einander widersprechen:* jetzt stehen die beiden Aussagen gegeneinander.
ge|gen|ei|n|an|der|stel|len ⟨sw. V.; hat⟩: **1.** *eins gegen das andere stellen:* zwei Fahrräder g. **2.** *gegeneinanderhalten (3).*
ge|gen|ei|n|an|der|sto|ßen ⟨st. V.⟩: **1.** ⟨hat⟩ *gegeneinanderdrücken:* die Gläser g. **2.** ⟨ist⟩ *gegeneinanderprallen.*
Ge|gen|ent|wurf, der: vgl. Gegenantrag.
Ge|gen|er|klä|rung, die: *Erklärung, die einer anderen Erklärung entgegengesetzt ist:* eine G. abgeben.
Ge|gen|fahr|bahn, die: *Fahrbahn für den Gegenverkehr:* der Wagen geriet aus noch ungeklärter Ursache auf die G.
Ge|gen|far|be, die: *Komplementärfarbe.*
Ge|gen|feu|er, das: *Feuer, mit dem man bei der Bekämpfung eines Waldbrandes ein bestimmtes Gebiet kontrolliert niederbrennt, um eine Grenze zu schaffen, damit das erste Feuer sich nicht weiterverbreiten kann.*
Ge|gen|fi|gur, die: *jmd., der von seiner Persönlichkeit, seinem Auftreten u. der damit verbundenen Wirkung auf andere her einer bestimmten Figur (5 a) völlig entgegengesetzt ist, ihr Gegenpart [ist]* (b).
ge|gen|fi|nan|zie|ren ⟨sw. V.; hat⟩: *(öffentliche Ausgaben, Steuerentlastungen o. Ä.) finanzieren, indem an anderer Stelle Ausgaben gekürzt, Steuern od. Gebühren erhöht werden o. Ä.*
Ge|gen|fi|nan|zie|rung, die: *das Gegenfinanzieren; das Gegenfinanziertwerden.*
Ge|gen|for|de|rung, die: **a)** *auf die Forderung[en] einer Gegenpartei o. Ä. hin gestellte Forderung;* **b)** *Forderung, die ein Schuldner seinerseits gegenüber seinem Gläubiger hat:* er hat an mich eine G. in Höhe von 1 000 Euro.
Ge|gen|fra|ge, die: *Frage als Erwiderung auf eine Frage:* eine Frage mit einer G. beantworten.
ge|gen|fra|gen ⟨sw. V.; hat⟩: *eine Gegenfrage stellen:* antworte doch mal, statt immer nur gegenzufragen.
Ge|gen|fü|ß|ler, der; -s, - (veraltet, noch ugs.): *Antipode* (1), *bes. Australier.*
Ge|gen|fü|ß|le|rin, die; -, -nen: w. Form zu ↑Gegenfüßler.
Ge|gen|ga|be, die (geh.): *Gabe als Dank für eine empfangene Gabe.*
Ge|gen|ge|ra|de, die (Leichtathletik): *gerader Teil einer Laufbahn, der dem Teil, auf dem gestartet wird, gegenüberliegt.*
Ge|gen|ge|schäft, das: *auf ein angebotenes Geschäft (1 a) hin gemachtes Gegenangebot:* jmdm. ein G. anbieten, vorschlagen.

Ge|gen|ge|schenk, das: vgl. Gegengabe.

ge|gen|ge|schlecht|lich ⟨Adj.⟩: *das andere Geschlecht betreffend; vom anderen Geschlecht; dem eigenen Geschlecht entgegengesetzt:* er wurde mit -en Hormonen behandelt.

Ge|gen|ge|walt, die: *durch Gewalt erzeugte u. gegen sie gerichtete Gewalt:* auf Gewalt mit G. antworten.

Ge|gen|ge|wicht, das: *Gewicht, das ein anderes Gewicht ausgleicht, aufhebt:* die einseitige Belastung eines Krans durch ein G. ausgleichen; Ü seine Strenge bildet das notwendige G. zu ihrer Nachgiebigkeit.

Ge|gen|gift, das [LÜ von frz. contrepoison, LÜ von lat. antidotum < spätgriech. antídoton, Substantivierung von griech. antídotos = dagegen gegeben]: *Substanz, die die schädliche Wirkung eines in den Körper gelangten Gifts abschwächt od. aufhebt:* ein G. injizieren.

ge|gen|gleich ⟨Adj.⟩: *in gleicher, aber spiegelbildlicher Weise auf beiden Seiten, nach beiden Seiten hin.*

Ge|gen|grund, der: vgl. Gegenargument: zu etw. Gründe und Gegengründe anführen.

Ge|gen|gruß, der: *Gruß (1), mit dem man jmds. Gruß erwidert:* sie beantwortete meinen Gruß mit einem freundlichen G.

ge|gen|hal|ten ⟨st. V.; hat⟩ (nordd. ugs.): *Widerstand entgegensetzen, leisten:* da müssen wir g.

Ge|gen|kai|ser, der: vgl. Gegenkönig.

Ge|gen|kai|se|rin, die: w. Form zu ↑ Gegenkaiser.

Ge|gen|kan|di|dat, der: *jmd., der gegen einen Mitbewerber kandidiert:* er wurde als G. aufgestellt.

Ge|gen|kan|di|da|tin, die: w. Form zu ↑ Gegenkandidat.

Ge|gen|kan|di|da|tur, die: *Aufstellung als Gegenkandidat für eine Wahl:* sich zur G. bereitfinden.

Ge|gen|ka|the|te, die (Math.): *einem der beiden spitzen Winkel eines rechtwinkligen Dreiecks gegenüberliegende Kathete.*

Ge|gen|kla|ge, die (Rechtsspr.): *Klage eines Beklagten gegen den Kläger.*

Ge|gen|klä|ger, der (Rechtsspr.): *jmd., der Gegenklage erhebt.*

Ge|gen|klä|ge|rin, die: w. Form zu ↑ Gegenkläger.

Ge|gen|kom|pli|ment, das: vgl. Gegenfrage: ich muss Ihnen ein G. machen.

Ge|gen|kö|nig, der: *dem herrschenden König od. der herrschenden Königin entgegengestellter, von einer Gegenpartei gewählter König.*

Ge|gen|kö|ni|gin, die: w. Form zu ↑ Gegenkönig.

Ge|gen|kon|zept, das: *Konzept, das einem anderen entgegengesetzt ist.*

Ge|gen|kraft, die: *Kraft, die einer anderen Kraft entgegenwirkt:* die einwirkende Kraft hat eine G. zu überwinden; Ü gegen die Regierung sind neue Gegenkräfte erstarkt.

Ge|gen|kul|tur, die (Soziol.): *Kultur einer Gruppe in einer Gesellschaft, die deren Kultur in bestimmten Teilen ablehnt u. dafür eigene Normen u. Werte setzt.*

ge|gen|kul|tu|rell ⟨Adj.⟩: *die Gegenkultur betreffend.*

Ge|gen|kurs, der: *Kurs (1) in die entgegengesetzte Richtung.*

ge|gen|läu|fig ⟨Adj.⟩: **1.** *in entgegengesetzter Richtung [verlaufend, sich bewegend]:* ein Motor mit -en Kolben. **2.** *entgegengesetzt, konträr:* eine g. Entwicklung.

Ge|gen|leis|tung, die: *Leistung als Erwiderung einer erbrachten Leistung:* als G. verlangt sie unsere Hilfe; wir sind zu keiner G. bereit.

ge|gen|len|ken ⟨sw. V.; hat⟩: *(beim Autofahren) ganz kurz das Fahrzeug der Fahrtrichtung entgegengesetzt lenken, um eine Abweichung zu verhindern od. zu korrigieren.*

ge|gen|le|sen ⟨st. V.; hat⟩: *zur Kontrolle nochmals lesen:* ein Manuskript g.; wer liest gegen?

Ge|gen|licht, das ⟨o. Pl.⟩ (bes. Fotogr.): *entgegen der Blickrichtung des Betrachters strahlendes Licht, dessen Quelle [durch das betrachtete Objekt] verdeckt ist:* das Foto zeigt den Dom im G.

Ge|gen|licht|auf|nah|me, die (Fotogr.): *bei Gegenlicht gemachte Aufnahme.*

Ge|gen|licht|blen|de, die: Sonnenblende (2).

Ge|gen|lie|be, die: *erwiderte Liebe:* jmds. G. gewiss sein; * G. finden/auf G. stoßen (Anklang, Beifall, Zustimmung finden): sie stieß mit ihrem Vorschlag bei den Kollegen auf [keine, wenig] G.).

Ge|gen|lis|te, die: *Liste (b), die Gegenvorschläge zu einer bereits eingereichten od. veröffentlichten Wahlliste enthält.*

Ge|gen|macht, die: vgl. Gegenkraft.

♦ **Ge|gen|mann**, der ⟨Pl. ...männer⟩: **a)** *Gegner, Feind:* ... kein Schmuck, der nicht ein liebenswürdig Weib verführt, kein Schwert, das nicht den Bund gebrochen, nicht etwa hinterrücks den G. durchstochen (Goethe, Faust I, 4107 ff.); **b)** *Gegenüber (1):* ... glückliche Zeiten des ersten Liebesbedürfnisses! Der Mensch ist dann wie ein Kind, das er zum Echo stundenlang ergötzt, die Unkosten des Gesprächs allein trägt und mit der Unterhaltung sehr wohl zufrieden ist, wenn der unsichtbare G. auch nur die letzten Silben seiner eigenen Worte wiederholt (Goethe, Theatralische Sendung I, 16).

Ge|gen|maß|nah|me, die: *Maßnahme, die sich gegen etw. richtet, die etw. bekämpfen od. verhindern soll:* -n [gegen etw.] ergreifen, treffen, einleiten, beschließen; mit sofortigen, geeigneten, militärischen -n [auf etw.] reagieren.

Ge|gen|mei|nung, die: *gegensätzliche Meinung:* eine G. zu etw. haben.

Ge|gen|mit|tel, das: *gegen etw. (eine Krankheit, ein Gift o. Ä.) wirkendes Mittel:* gegen bestimmte Gifte gibt es kein G.

Ge|gen|mo|dell, das: *Modell, das einem anderen gegenübergestellt wird.*

Ge|gen|mut|ter, die (Technik): Kontermutter.

Ge|gen|of|fen|si|ve, die: Gegenangriff.

Ge|gen|öf|fent|lich|keit, die: *sich gegen eine als öffentliche Meinung geltende od. als solche dargestellte Ansicht artikulierende Gegenmeinung:* eine unabhängige, virtuelle G.; eine G. schaffen.

Ge|gen|papst, der: *dem rechtmäßigen Papst entgegengestellter, nicht rechtmäßig gewählter Papst.*

¹**Ge|gen|part**, der ⟨Pl. -e, auch: -s⟩: *Gegner in einem Spiel od. Wettkampf.*

♦²**Ge|gen|part**, die; -, -en [vgl. ²Parte]: *Gegenpartei (2):* ... wegen arglistiger und winkelziehender Einwendungen der G. (Kleist, Kohlhaas 77).

Ge|gen|par|tei, die: **1.** *einen gegensätzlichen Standpunkt vertretende Gruppe:* die Argumente der G. hören; * die G. ergreifen (als Dritter für den Standpunkt der Gegenpartei eintreten). **2.** *gegnerische Partei, Gruppe, Mannschaft:* die G. wird den Prozess wohl verlieren; der Elfmeter wurde der G. zugesprochen.

Ge|gen|pol, der: *entgegengesetzter Pol:* der Südpol ist der G. zum Nordpol; Ü sie ist in jeder Hinsicht sein G.

Ge|gen|po|si|ti|on, die: *Position, die einer anderen entgegengesetzt ist.*

Ge|gen|pro|be, die: **1.** *Überprüfung eines [Rechen]ergebnisses, einer Behauptung, These o. Ä. durch Umkehrung:* die G. machen. **2.** *Überprüfung eines durch Handzeichen od. Aufstehen erzielten Abstimmungsergebnisses durch Abstimmen mit entgegensetzter Fragestellung.*

Ge|gen|pro|pa|gan|da, die: *Propaganda, die sich gegen die Ausbreitung bestimmter Vorstellungen, Gedanken, Vermutungen, Gerüchte o. Ä. richtet.*

Ge|gen|re|ak|ti|on, die: *gegen etw. (eine Handlung, Einwirkung o. Ä.) gerichtete Reaktion.*

ge|gen|rech|nen ⟨sw. V.; hat⟩: *eine Gegenrechnung aufstellen:* rechnet man hier einmal gegen, so stellt man fest, dass der Aufwand letztlich größer als die Zeitersparnis ist.

Ge|gen|rech|nung, die: *Rechnung, die einer anderen gegenübergestellt wird.*

Ge|gen|re|de, die: **1.** (geh.) *Antwort, Erwiderung:* sie wechselten angeregt Rede und G. **2.** *Widerrede, Einwand:* ohne G. ließ sie sich alles bezahlen.

Ge|gen|re|for|ma|ti|on, die (Geschichte): *(im 16. u. 17. Jh.) Gegenbewegung der katholischen Kirche gegen die Reformation.*

ge|gen|re|for|ma|to|risch ⟨Adj.⟩: *die Gegenreformation betreffend.*

Ge|gen|re|gie|rung, die: *Regierung, die mit einer bestehenden Regierung rivalisiert:* im Exil wurde eine G. gebildet.

Ge|gen|re|vo|lu|ti|on, die: *gegen eine siegreiche Revolution gerichtete Bewegung, die im Wesentlichen die Wiederherstellung der vorrevolutionären Verhältnisse zum Ziel hat; Konterrevolution.*

ge|gen|re|vo|lu|ti|o|när ⟨Adj.⟩: *die Gegenrevolution betreffend; konterrevolutionär.*

Ge|gen|rich|tung, die: *entgegengesetzte Richtung:* der in der G. fließende Verkehr; die Straße ist in der G. gesperrt.

Ge|gen|satz, der [wohl LÜ von spätlat. oppositio (↑ Opposition); urspr. nur in der Bed. »Erwiderung im Rechtsstreit«]: **1.** *Verhältnis äußerster Verschiedenheit:* diese beiden Ansichten bilden einen G., stehen in einem scharfen, diametralen G. zueinander; zwischen den beiden Seiten besteht ein tiefer, unversöhnlicher G.; * im G. zu (im Unterschied zu: im G. zu ihm ist sie recht klein). **2.** *etw. (z. B. ein Begriff, eine Eigenschaft) od. jmd., das bzw. der etw., jmd. anderem völlig entgegengesetzt ist:* der G. von »warm« ist »kalt«; der G. von Land- u. Stadtleben; sie ist genau der G. zu ihm; R Gegensätze ziehen sich an (Menschen mit gegensätzlichem Charakter finden sich anziehend, sympathisch). **3.** *Widerspruch:* seine Worte stehen in einem krassen, schroffen G. zu seinen Taten. **4.** ⟨Pl.⟩ *Meinungsverschiedenheiten, Differenzen:* unüberbrückbare Gegensätze; die Gegensätze haben sich verschärft; Gegensätze überbrücken, abbauen, ausgleichen. **5.** (Musik) *erster Kontrapunkt zum Thema einer Fuge.*

ge|gen|sätz|lich ⟨Adj.⟩: *einen Gegensatz (1) bildend; völlig verschieden; einander widerstreitend, (formal od. inhaltlich) unvereinbar:* -e Meinungen, Auffassungen; sie sind sehr, total g. veranlagt.

Ge|gen|sätz|lich|keit, die; -, -en: **1.** *gegensätzliche Art, Beschaffenheit:* die G. ihrer Ansichten, Auffassungen. **2.** Gegensatz.

Ge|gen|satz|paar, das: *Paar zweier Wörter, wovon das eine das Gegensatzwort des anderen ist:* die beiden Begriffe bilden ein G.

Ge|gen|satz|wort, das ⟨Pl. ...wörter⟩ (Sprachwiss.): *Wort, das einem anderen in der Bedeutung entgegengesetzt ist; Antonym (z. B. schwarz/weiß, starten/landen, Mann/Frau).*

Ge|gen|schlag, der: **1.** *Schlag in Vergeltung eines Schlags:* er holte zu einem kräftigen G. aus. **2.** *als Reaktion auf eine gegnerische Aktion ergriffene, gegen den Gegner gerichtete Maßnahme:* die Polizei bereitet einen G. gegen die verbotene Organisation vor; der Feind setzt zum G. an.

Ge|gen|sei|te, die: **1.** *gegenüberliegende Seite:* die G. der Straße. **2.** *Gegenpartei* (2).

ge|gen|sei|tig ⟨Adj.⟩: **a)** *nicht nur für den einen in Bezug auf den anderen, sondern gleicherweise umgekehrt zutreffend;* wechselseitig (a): -es Verständnis, -e Achtung; in -er Abhängigkeit stehen; sich g. helfen; sich g. überbieten; **b)** *beide Seiten betreffend:* -e Abmachungen; sich im -en Einvernehmen trennen.

Ge|gen|sei|tig|keit, die; -, -en ⟨Pl. selten⟩: *wechselseitiges Verhältnis:* das Prinzip der G.; der Vertrag ist auf G. gegründet; ihre Feindschaft beruht auf G. *(jeder ist dem anderen gleichermaßen feindlich gesinnt).*

Ge|gen|se|rum, das: *Antiserum.*

Ge|gen|sinn, der: **a)** *in der Fügung* im G. *(im entgegengesetzten Sinn, in entgegengesetzter Richtung:* die beiden Schrauben müssen im G. gedreht werden); ◆ **b)** [LÜ von frz. contresens, aus: contre = gegen u. sens = Sinn] *gegensätzliche Bedeutung:* Jedes ausgesprochene Wort erregt den G. (Goethe, Wahlverwandtschaften II, 4 [Aus Ottiliens Tagebuch]).

ge|gen|sin|nig ⟨Adj.⟩ (Fachspr.): *im Gegensinn [erfolgend].*

Ge|gen|spiel, das: **1.** (Sport) *Rückspiel, Revanche.* **2.** *Zusammenspiel zweier od. mehrerer entgegengesetzter Kräfte:* das G. von Kopf und Herz, von Regierung und Opposition. **3.** (veraltet) *Gegenteil.*

Ge|gen|spie|ler, der: **1. a)** *Gegner, Widersacher:* er ist sein offener G.; seine G. ausschalten; **b)** (Sport) *Spieler, der einen Spieler der gegnerischen Mannschaft bewacht od. von ihm bewacht wird:* seinen G. gut decken; **c)** *(bes. in der dramatischen Dichtung) Gestalt, die einen meist negativen Gegenpol zur Hauptfigur bildet u. durch ihr Verhalten u. Tun die Handlungsweise der Hauptfigur bedingt:* die Gestalt des -s war zu farblos gezeichnet. **2.** *Kraft, die zu einer anderen in Wechselwirkung od. im Gegensatz steht:* der Streckmuskel hat im Beugemuskel seinen G.

Ge|gen|spie|le|rin, die: w. Form zu ↑Gegenspieler (1).

Ge|gen|spi|o|na|ge, die: *Abwehr der Spionage eines fremden Landes durch den Aufbau einer eigenen Spionage.*

Ge|gen|sprech|an|la|ge, die: *Sprechanlage, bei der in beiden Richtungen gleichzeitig gesprochen werden kann.*

ge|gen|spre|chen ⟨st. V.; hat; meist im Inf. u. 2. Part. gebr.⟩: *im Gegensprechverkehr sprechen.*

Ge|gen|sprech|ver|kehr, der: *Funk- od. [Fern]sprechverkehr, bei dem gleichzeitig in beiden Richtungen gesendet u. empfangen werden kann.*

Ge|gen|stand, der; -[e]s, Gegenstände [eigtl. = das Entgegenstehende; seit dem 18. Jh. Ersatzwort für ↑Objekt]: **1.** *[kleinerer, fester] Körper; nicht näher beschriebene Sache, Ding:* ein schwerer, spitzer G.; Gegenstände des täglichen Bedarfs; sie stolperte im Dunkeln über einen metallenen G. **2.** ⟨Pl. selten⟩ **a)** *dasjenige, worum es in einem Gespräch, einer Abhandlung, Untersuchung o. Ä. jeweils geht, was den jeweiligen gedanklichen Mittelpunkt bildet;* Thema (1): der G. unserer Unterredung; sie hat diese Frage zum G. einer wissenschaftlichen Untersuchung gemacht; Die Einsamkeit, sagt Montaigne, habe ihn zum Schreiben gebracht, der Mangel an anderem Stoff dazu, sich selber zum G. zu nehmen (Strauß, Niemand 196); **b)** *jmd., etw. Bestimmtes, auf das jmds. Handeln, Denken, Fühlen gerichtet ist;* Objekt, Ziel (3): der G. seiner Liebe; zum G. heftiger Kritik werden; sie war der G. allgemeiner Bewunderung. **3.** (österr.) *Schulfach:* Musik ist ihr liebster G.

ge|gen|stän|dig ⟨Adj.⟩ (Bot.): *(von Blättern) einander gegenüberstehend:* die Blätter sind g. angeordnet.

ge|gen|ständ|lich ⟨Adj.⟩: **a)** *in der Art von Gegenständen, auf die Welt der Gegenstände bezogen; dinglich, konkret:* g. denken; eine Idee g. darstellen; **b)** *(von Kunst[werken]) die in der Wirklichkeit vom menschlichen Auge wahrgenommenen Dinge in ihrer Erscheinungsform so darstellend, dass sie [noch] identifiziert werden können:* -e Kunst; g. malen.

Ge|gen|ständ|lich|keit, die; -: *das Gegenständlichsein.*

Ge|gen|stand|punkt, der: *gegensätzlicher Standpunkt:* den G. vertreten.

Ge|gen|stands|be|reich, der: *Bereich, dem ein Gegenstand* (2 a) *angehört.*

ge|gen|stands|be|zo|gen ⟨Adj.⟩: *auf den Gegenstand* (2 a)*, das Thema bezogen:* eine knappe, -e Diskussion.

ge|gen|stands|los ⟨Adj.⟩: **1. a)** *als Gegenstand* (2 a) *einer weiteren Diskussion o. Ä. nicht mehr in Betracht kommend; überflüssig, hinfällig:* durch die Änderungen des Textes wurden die Einwände g.; **b)** *unbegründet, jeder Grundlage entbehrend:* -e Verdächtigungen. **2.** *nicht gegenständlich* (b)*;* abstrakt (3): -e Kunst; g. malen.

Ge|gen|stands|lo|sig|keit, die; -: *das Gegenstandslossein.*

Ge|gen|stel|le, die (Nachrichtent.): *(in einem Kommunikationssystem) Gerät, das mit einem anderen in Verbindung steht.*

ge|gen|steu|ern ⟨sw. V.; hat⟩: *gegenlenken.*

Ge|gen|stim|me, die: **1. a)** *bei einer Abstimmung gegen jmdn., gegen etw. abgegebene Stimme:* der Antrag wurde mit vier -n, ohne G. angenommen; **b)** *Stellungnahme gegen etw., Äußerung einer gegenteiligen Meinung:* in der Diskussion erhoben sich einige -n gegen den Plan. **2.** (Musik) *melodisch selbstständige Stimme, die einen Bezug auf die Hauptmelodie erkennen lässt.*

Ge|gen|stoß, der: **1.** vgl. Gegenschlag (1). **2.** (Militär) *Gegenangriff* (1): einen G. führen.

Ge|gen|stra|te|gie, die: *Strategie, die eine andere bekämpft:* eine G. entwickeln.

Ge|gen|strom, der: *Strom in der Gegenrichtung.*

Ge|gen|strö|mung, die: **1.** *Strömung, die entgegengesetzt zu einer anderen Strömung verläuft.* **2.** *entgegengesetzte Entwicklung, Tendenz, Opposition:* eine heftige G. gegen die neue Politik setzte ein.

Ge|gen|stück, das: **1.** *Person od. Sache, die einer anderen Person od. Sache ähnlich ist, ihr entspricht;* Pendant: der Roman ist eine Art französisches G. zu Orwells »1984«. **2.** *Gegenteil.*

Ge|gen|teil, das [mhd. gegenteil = Gegenpartei im Rechtsstreit]: *etw. (z. B. eine Eigenschaft, Aussage) od. jmd., das bzw. der etw., jmd. anderem völlig entgegengesetzt ist:* ist ganz das G. von ihr; sie hat genau, gerade das G. behauptet, erreicht; etw. wendet sich in sein G.; die Stimmung schlug ins G. um; ich bin nicht nervös, [ganz] im G. (ganz u. gar nicht); Trotz ist das G. von wirklicher Unabhängigkeit (Frisch, Stiller 97).

ge|gen|tei|lig ⟨Adj.⟩: *das Gegenteil bildend, ausdrückend; entgegengesetzt:* er ist -er Ansicht; das Gericht hat g. *(im entgegengesetzten Sinn)* entschieden.

Ge|gen|the|se, die: *Antithese* (1).

Ge|gen|tor, das (Sport): *auf ein od. mehrere gegnerische Tore folgendes eigenes Tor einer Mannschaft:* ein G. erzielen.

Ge|gen|tref|fer, der (Sport): *Gegentor.*

¹**ge|gen|über** ⟨Präp. mit Dativ⟩: **1.** ⟨räumlich⟩ *bezeichnet eine frontal entgegengesetzte Lage:* g. dem Rathaus/(auch:) dem Rathaus g. steht die Kirche; Ludwigshafen liegt Mannheim g. **2.** *bezeichnet die Beziehung zu einer Person od. Sache; zu, in Bezug auf die genannte Person, Sache:* sie ist älteren Leuten g. besonders höflich; mir g. wagt er das nicht zu sagen; er ist g. allen Reformen/allen Reformen g. sehr zurückhaltend. **3.** *bezeichnet einen Vergleich; im Vergleich zu:* sie ist dir g. im Vorteil; g. dem vergangenen Jahr verdient er mehr. ◆ **4.** ⟨Getrenntschreibung mit dem abhängigen Kasus (Dativ) zwischen beiden Bestandteilen:⟩ Gegen mir über ein großes Portal (Goethe, Italien. Reise 12. 3. 1787, abends [Neapel]); Gegen Frankfurt liegt ein Ding über, heißt Sachsenhausen (Goethe, Götz I).

²**ge|gen|über** ⟨Adv.⟩: *auf der entgegengesetzten Seite:* Ludwigshafen liegt g. von Mannheim am Rhein; seine Eltern wohnen schräg g. *(etwas weiter links od. rechts auf der anderen Straßenseite).*

Ge|gen|über, das; -s, - ⟨Pl. selten⟩ [nach frz. vis-à-vis, ↑¹vis-à-vis]: **1.** *Person, die jmdm. gegenübersitzt od. -steht:* mein G. bei Tisch war äußerst gesprächig; Ü was ihm fehlt, ist ein G. *(jmd., mit dem er sich auseinandersetzen, austauschen kann).* **2.** *Bewohner[in] der gegenüberliegenden Häuserfront:* unser G. ist eine alte Witwe. **3.** ⟨o. Pl.⟩ *das Entgegengesetztsein:* das G. von Theorie und Praxis.

ge|gen|über|lie|gen ⟨st. V.; hat; südd., österr., schweiz. auch: ist⟩: *gegenüber von jmdm., etw. liegen:* die beiden Häuser liegen sich, einander gegenüber; hier lagen sich unsere und die feindlichen Truppen damals gegenüber; auf der gegenüberliegenden Straßenseite.

ge|gen|über|se|hen, sich ⟨st. V.; hat⟩: *sich [unvermittelt] vor jmdm., etw. befinden:* plötzlich sah ich mich dem gesuchten Mann gegenüber; Ü wir sehen uns schwierigen Problemen gegenüber *(sind mit ihnen konfrontiert).*

ge|gen|über|set|zen ⟨sw. V.; hat⟩: **1. a)** ⟨g. + sich⟩ *sich jmdm. zugewandt setzen:* möchtest du dich mir g.?; **b)** *jmdn. jmdm. zugewandt setzen:* die Cousine werden wir ihm g. **2.** *einer Sache zugewandt aufstellen, errichten:* dem Museum wird ein Parkhaus gegenübergesetzt.

ge|gen|über|sit|zen ⟨unr. V.; hat; südd., österr., schweiz. auch: ist⟩: *jmdm. zugewandt sitzen:* jmdm., sich, einander g.

ge|gen|über|ste|hen ⟨unr. V.; hat; südd., österr., schweiz. auch: ist⟩: **1. a)** *jmdm. zugewandt stehen:* plötzlich stand ich meinem Chef gegenüber; **b)** ⟨g. + sich⟩ *im Widerstreit stehen:* hier stehen sich verschiedene Auffassungen gegenüber; **c)** ⟨g. + sich⟩ (Sport) *gegen jmdn. spielen:* die beiden Mannschaften standen sich zum ersten Mal gegenüber; **d)** *im Gegensatz* (1) *zu etw. stehen:* gesunkene Einnahmen stehen gestiegenen Kosten gegenüber. **2. a)** *sich mit etw. auseinandersetzen müssen, mit etw. konfrontiert werden:* großen Schwierigkeiten g.; **b)** *eine bestimmte Einstellung zu jmdm., etw. haben:* er steht euch, dem Plan skeptisch, mit Misstrauen gegenüber.

ge|gen|über|stel|len ⟨sw. V.; hat⟩: **1.** *jmdm. konfrontieren:* der Angeklagte wurde der Zeugin gegenübergestellt. **2.** *zum Zweck des Vergleichs nebeneinanderhalten, in Beziehung bringen:* die verschiedenen Fassungen eines Werkes [einander] g. **3.** *entgegensetzen:* einer Autorität eine andere g.

Ge|gen|über|stel|lung, die: *das Gegenüberstellen; das Gegenübergestelltwerden:* der Täter wurde bei einer G. von seinem Opfer identifiziert.

ge|gen|über|tre|ten ⟨st. V.; ist⟩: **1.** *vor jmdn. hintreten:* er fürchtete sich, ihr nach diesem Vorfall gegenüberzutreten. **2.** *gegenüber jmdm., etw. in*

bestimmter Weise auftreten, sich in bestimmter Weise verhalten: seinen Anklägern, einer Gefahr, seinem Schicksal mutig g.

Ge|gen|un|ter|schrift, die: *Unterschrift einer zweiten Person (zur Genehmigung, Kontrolle o. Ä.).*

Ge|gen|ver|an|stal|tung, die: vgl. Gegenaktion.

Ge|gen|ver|kehr, der: **1.** *entgegenkommender Verkehr:* es herrscht starker G. **2.** *Verkehr in beiden Richtungen:* eine Straße, ein Streckenabschnitt mit G.

Ge|gen|vor|schlag, der: *auf einen Vorschlag hin gemachter, anders gearteter od. gegensätzlicher Vorschlag.*

Ge|gen|vor|stel|lung, die: **1.** ⟨meist Pl.⟩ (veraltend) *Einwand:* jmdm. ernste -en machen. **2.** (Rechtsspr.) *Eingabe, mit der die sachliche Überprüfung der Entscheidung bei derjenigen Behörde, die die Entscheidung getroffen hat, beantragt wird:* eine G. beim OLG beantragen, vortragen.

Ge|gen|vor|wurf, der: *auf einen Vorwurf hin gemachter anderer Vorwurf:* er antwortete mit heftigen Gegenvorwürfen.

Ge|gen|wart, die; -, -en [mhd. gegenwart, ahd. geginwartī = Gegenwart (3)]: **1.** *Zeit[punkt] zwischen Vergangenheit u. Zukunft; Zeit, in der man gerade lebt; Jetztzeit:* die Dichtung der G.; in der G., nur für die G. leben; bis in die jüngste G. [hinein] nach-, fortwirken. **2.** (Sprachwiss.) *Zeitform, die ein gegenwärtiges Geschehen ausdrückt; Präsens.* **3.** *Anwesenheit:* seine G. ist hier nicht erwünscht; in G. unserer Gäste; in deiner G.; Er ... suchte den Horizont nach dem geringsten Zeichen menschlicher G. ab (Süskind, Parfum 154).

ge|gen|wär|tig [auch: ...'ver...] ⟨Adj.⟩ [mhd. gegenwertec, ahd. geginwertig]: **1.** *in der Gegenwart* (1) *[gegeben, geschehend], ihr angehörend; derzeit[ig]:* die -e politische Lage; unsere Beziehungen sind g. *(zurzeit)* sehr schlecht. **2.** (veraltend) *anwesend, zugegen:* die hier -en Besucher; bei einer Sitzung [nicht] g. sein; Ü in dieser alten Stadt ist das Mittelalter g. *(geistig vorhanden, lebendig);* In den Katakomben verlangte man von einem Dichter nicht viel mehr, als dass er in seinen Schriften g. sei und nicht in den Salons (Ransmayr, Welt 128); *jmdm. g. sein (jmdm. erinnerlich sein).*

Ge|gen|wär|tig|keit [auch: ...'ver...], die; -: **1.** Anwesenheit. **2.** Bezug zur Gegenwart.

◆ **ge|gen|warts** ⟨Präp. mit Gen.⟩: *in Gegenwart, in jmds. Beisein:* Wer g. der Frau der Dienerinnen schilt, des Gebieterin Hausrecht tastet er vermessen an (Goethe, Faust II, 8784 f.)

ge|gen|warts|be|zo|gen ⟨Adj.⟩: *auf die Gegenwart* (1) *bezogen:* ein -er Roman.

Ge|gen|warts|be|zo|gen|heit, die: *Bezogenheit auf die Gegenwart* (1).

ge|gen|warts|fern ⟨Adj.⟩: *den Besonderheiten, dem Denken der Gegenwart* (1) *widersprechend, nicht im Einklang damit:* seine Ansichten sind völlig g.

Ge|gen|warts|fer|ne, die ⟨o. Pl.⟩: *das Entrücktsein von den Besonderheiten, dem Denken der Gegenwart* (1).

Ge|gen|warts|form, die: *Präsensform.*

Ge|gen|warts|fra|ge, die ⟨Adj.⟩: *Frage, Problem von allgemeinem gegenwärtigem Interesse:* eine Debatte über politische -n.

Ge|gen|warts|kunst, die: *Kunst der Gegenwart* (1).

Ge|gen|warts|li|te|ra|tur, die; -, -en ⟨Pl. selten⟩: *Literatur der Gegenwart* (1): ein bedeutendes Werk der G.

ge|gen|warts|nah, ge|gen|warts|na|he ⟨Adj.⟩: *den Besonderheiten, dem Denken der Gegenwart* (1) *entsprechend, damit im Einklang; zeit-*

nah, aktuell: ein gegenwartsnaher Dokumentarfilm; g. denken, unterrichten.

Ge|gen|warts|nä|he, die ⟨o. Pl.⟩: *gegenwartsnahes Denken, Verhalten; gegenwartsnahe Beschaffenheit o. Ä.*

Ge|gen|warts|pro|blem, das: vgl. Gegenwartsfrage.

Ge|gen|warts|ro|man, der: *Roman über ein Thema aus der unmittelbaren Gegenwart.*

Ge|gen|warts|spra|che, die: *Sprache der Gegenwart* (1): die Entwicklung der deutschen G.

Ge|gen|wehr, die ⟨Pl. selten⟩: *das Sichwehren gegen etw.; Verteidigung, Widerstand:* heftige G. leisten.

Ge|gen|welt, die: *Lebenswelt einer bestimmten Gruppe innerhalb einer Gesellschaft, die deren Lebenswelt in bestimmten Teilen ablehnt u. dafür eigene Normen u. Werte setzt.*

Ge|gen|wert, der: *entsprechender Wert, Äquivalent:* sie erhielt den vollen G. für das nicht funktionierende Radio ausgezahlt; Waren im G. von umgerechnet 100 000 Euro.

Ge|gen|wind, der: *Wind, der entgegengesetzt zu der Richtung weht, in die sich jmd. bewegt:* G. haben; gegen starken G. ankämpfen.

Ge|gen|wir|kung, die: *einer Wirkung folgende gegensätzliche Wirkung:* Wirkung und G.; eine G. ausüben.

Ge|gen|wort, das: **1.** ⟨Pl. ...wörter⟩ *Gegensatzwort.* **2.** ⟨Pl. -e⟩ (landsch.) *Antwort.*

ge|gen|zeich|nen ⟨sw. V.; hat⟩: *mit der Gegenunterschrift versehen; mit unterschreiben:* einen Vertrag, Geschäftsbrief g.; er weigert sich gegenzuzeichnen.

Ge|gen|zeich|ner, der: *jmd., der etw. gegenzeichnet.*

Ge|gen|zeich|ne|rin, die: w. Form zu ↑ Gegenzeichner.

Ge|gen|zeich|nung, die: *das Gegenzeichnen; das Gegengezeichnetwerden.*

Ge|gen|zeu|ge, der: **1.** *jmd., der das Gegenteil einer Aussage, Behauptung o. Ä. bezeugt:* ich habe zwei -n gegen die Behauptung, er sei schuld an dem Unfall. **2.** *Zeuge der Gegenpartei in einem Prozess:* die -n wurden noch nicht vernommen.

Ge|gen|zeu|gin, die: w. Form zu ↑ Gegenzeuge.

Ge|gen|zug, der: **1.** *gegnerischer* ↑Zug (5) *beim Brettspiel:* ein geschickter G.; Ü das war ein kluger politischer Z. **2.** *auf derselben Strecke in der Gegenrichtung verkehrender Zug.* **3.** (Sport) *Gegenangriff* (2).

ge|ges|sen: ↑ essen.

ge|gie|belt ⟨Adj.⟩: *mit einem Giebel versehen, in einen Giebel auslaufend.*

ge|gli|chen: ↑ gleichen.

ge|glit|ten: ↑ gleiten.

Ge|glit|zer, (selten:) **Ge|glit|ze|re,** das; -s: *[dauerndes] Glitzern.*

ge|glom|men: ↑ glimmen.

Ge|glucks, das; -es, (häufiger:) **Ge|gluck|se,** das; -s: *[dauerndes] Glucksen.*

ge|glückt: ↑ glücken.

Geg|ner, der; -s, - [aus dem Niederd. < mniederd. gēgenēre (LÜ von lat. adversarius), zu: gēgenen = entgegenkommen, begegnen, zu ↑¹gegen]: **a)** *jmd., der gegen eine Person od. Sache eingestellt ist [u. sie bekämpft]:* ein erbitterter, persönlicher G.; sie sind unversöhnliche G.; er ist ein entschiedener G. der Todesstrafe; **b)** (Sport) *Einzelspieler, -läufer o. Ä. als Konkurrent; Mannschaft der Gegenpartei* (1): der G. war für ihn zu stark; **c)** *Feind* (2): der G. greift auf breiter Front an; zum G. überlaufen.

Geg|ne|rin, die; -, -nen: w. Form zu ↑ Gegner (a, b).

geg|ne|risch ⟨Adj.⟩: *den Gegner betreffend, zu ihm gehörend, von ihm ausgehend.*

Geg|ner|schaft, die; -, -en: **1.** *gegnerische Einstellung, Haltung, Gesinnung:* zwischen ihnen bestand eine erbitterte G.; sie bekundet offen ihre G. gegen unser Vorhaben. **2.** ⟨o. Pl.⟩ (selten) *Gesamtheit der Gegnerinnen und Gegner.*

ge|gol|ten: ↑ gelten.

ge|go|ren: ↑ gären.

ge|gos|sen: ↑ gießen.

gegr. = gegründet (↑ gründen 1).

ge|grif|fen: ↑ greifen.

Ge|grin|se, das; -s (ugs. abwertend): *[dauerndes] Grinsen:* hör endlich mit dem G. auf!

Ge|gröl, das; -[e]s, (häufiger:) **Ge|grö|le,** das; -s (ugs. abwertend): *[dauerndes] Grölen.*

ge|grün|det: ↑ gründen.

Ge|grunz, das; -es, (häufiger:) **Ge|grun|ze,** das; -s: *[dauerndes] Grunzen.*

ge|gür|tet: ↑ gürten.

Ge|ha|be, das; -s [mhd. gehabe]: **1.** (abwertend) *geziertes, unnatürliches Benehmen; Getue.* **2.** *Gehaben* (1).

ge|ha|ben, sich ⟨sw. V.; hat⟩ [mhd. gehaben, ahd. gihabēn = halten, haben; sich befinden; (refl.:) sich halten, sich benehmen, zu ↑¹haben]: **1.** in den Verbindungen **gehab dich wohl!, gehabt euch wohl!, gehaben Sie sich wohl!** (scherzh., veraltet: *leb wohl!, lebt wohl!, leben Sie wohl!*) **2.** (österr., sonst veraltet) *sich benehmen:* ...wodurch die Schwierigkeit, dass man sich nicht mit einundzwanzig Jahren wie ein Kind g. dürfe, weggeblasen ist (Musil, Mann 555).

Ge|ha|ben, das; -s [subst. Inf.]: **1.** *Betragen, Gebaren, Verhalten.* **2.** (selten) *Gehabe* (1).

¹ge|habt ⟨Adj.⟩ (ugs.): *schon [einmal] da gewesen:* wie g. *(wie bisher leider üblich)* mussten wir wieder stundenlang warten.

²ge|habt: ↑ haben.

Ge|hack|tes, das; Gehackte/ein Gehacktes; des/eines Gehackten; *Hackfleisch:* ein halbes Pfund G.; eine Füllung mit Gehacktem.

◆ **Ge|hä|ge,** das; -s, - [die Schreibung verdeutlicht die Herkunft von ↑ Hag]: **1.** *Gehege:* Ein goldnes Hauptnetz (= Haarnetz) ... Dies göttliche G., nicht das Haar bezwang's (Goethe, Pandora 605 ff.); ... hüteten sich die verfeindeten Leute gegenseitig, sich ins G. zu kommen (Keller, Romeo 36).

¹Ge|halt, der; -[e]s, -e [mhd. gehalt = Gewahrsam; innerer Wert, zu: gehalten = ↑¹halten]: **1.** *gedanklicher Inhalt; geistiger, ideeller Wert:* der religiöse, politische G. eines Werkes. **2.** *Anteil eines bestimmten Stoffes in einer Mischung od. in einem anderen Stoff:* dieser Schnaps hat einen hohen G. an Alkohol; diese Nahrungsmittel haben wenig G. *(wenig Nährstoffe);* Ü etw. auf seinen G. an Wahrheit prüfen.

²Ge|halt, das, österr.: der; -[e]s, Gehälter [eigtl. = Summe, für die man jmdn. in Diensten hält]: *regelmäßige monatliche Bezahlung der Beamten u. Angestellten:* ein hohes, festes, sicheres G.; wie hoch ist Ihr G.?; die Gehälter werden erhöht, angehoben, gekürzt; sie hat/bezieht 3 500 Euro G./ein G. von 3 500 Euro; das 13., 14. G. *(Urlaubs- bzw. Urlaubs- u. Weihnachtsgeld).*

ge|hal|ten ⟨Adj.⟩: [adj. 2. Part. von veraltet halten = zu etw. anhalten] in der Verbindung **zu etw. g. sein** (geh.: *[ein bestimmtes Verhalten] auferlegt bekommen haben, dazu verpflichtet sein:* wir sind g., Stillschweigen zu bewahren).

ge|halt|lich ⟨Adj.⟩ (ugs.): *das ²Gehalt betreffend:* eine Aufbesserung.

ge|halt|los ⟨Adj.⟩: **1.** *ohne wesentlichen geistigen* ¹Gehalt (1), *ohne Substanz* (3), *Tiefe; oberflächlich, nichtssagend:* ein -es Buch; dieser Film ist ziemlich g. **2. a)** *keine od. nur sehr wenig Nährstoffe enthaltend:* eine -e Kost; **b)** *ohne od. nur mit sehr geringem Feingehalt:* -e Münzen.

Ge|halt|lo|sig|keit, die; -: **1.** Mangel an ¹*Gehalt* (1), *Substanz* (3), *Tiefe.* **2.** *gehaltlose* (2) *Beschaffenheit.*

ge|halt|reich ⟨Adj.⟩: **1. a)** *reich an Nährstoffen; von hohem Nährwert:* -e Speisen; **b)** *mit einem hohen Feingehalt:* -e Münzen. **2.** *gehaltvoll* (1).

Ge|halts|ab|rech|nung, die: **1. a)** *Abrechnung über das* ²*Gehalt: das Kindergeld wird mit der G. ausbezahlt;* **b)** *Blatt Papier, Computerausdruck o. Ä., auf dem die Gehaltsabrechnung* (1 a) *dokumentiert wird.* **2.** *Abteilung eines Betriebes, in der die Gehaltsabrechnungen* (1) *erstellt werden: in der G. arbeiten.*

Ge|halts|ab|zug, der: *Abzug einer bestimmten Summe vom* ²*Gehalt:* einen G. in Kauf nehmen müssen.

Ge|halts|an|spruch, der: **1.** *Recht auf* ²*Gehalt:* als Angestellter hat er nun auch G. **2.** ⟨meist Pl.⟩ *Forderung nach einem bestimmten* ²*Gehalt:* höhere Gehaltsansprüche geltend machen.

Ge|halts|an|wei|sung, die: **1.** *Anordnung zur Überweisung des* ²*Gehalts:* die G. ist noch nicht erfolgt. **2.** *Schriftstück, mit dem die Überweisung des* ²*Gehalts veranlasst wird:* eine G. ausstellen.

Ge|halts|auf|bes|se|rung, die: *Aufbesserung des* ²*Gehalts.*

Ge|halts|aus|zah|lung, die: *Auszahlung des* ²*Gehalts.*

Ge|halts|emp|fän|ger, der: *jmd., der* ²*Gehalt bezieht:* er ist jetzt G.

Ge|halts|emp|fän|ge|rin, die: w. Form zu ↑ Gehaltsempfänger.

Ge|halts|er|hö|hung, die: *Erhöhung des* ²*Gehalts.*

Ge|halts|for|de|rung, die: *Gehaltsanspruch* (2).

Ge|halts|grup|pe, die: ¹*Gruppe* (1 b), *in die Beamte u. Angestellte aufgrund ihrer jeweiligen Tätigkeitsmerkmale eingestuft werden u. nach der sich die Höhe des* ²*Gehalts richtet.*

Ge|halts|kon|to, das: *Konto, auf das das* ²*Gehalt überwiesen wird.*

Ge|halts|kür|zung, die: *Kürzung des* ²*Gehalts.*

Ge|halts|lis|te, die: vgl. Lohnliste: 3000 Mitarbeiter stehen bei uns auf der G. *(werden von uns bezahlt);* sie wird jetzt von der G. gestrichen *(wird nicht mehr bezahlt, wird entlassen).*

ge|halts|mä|ßig ⟨Adj.⟩: *das* ²*Gehalt betreffend.*

Ge|halts|pfän|dung, die: *Pfändung eines Teils des* ²*Gehalts zugunsten eines Gläubigers.*

Ge|halts|stu|fe, die: vgl. Gehaltsgruppe: in eine höhere G. vorrücken.

Ge|halts|ta|rif|ver|trag, der: *die Gehälter betreffender Tarifvertrag.*

Ge|halts|ver|rech|ner, der: (österr.) *Lohnbuchhalter.*

Ge|halts|ver|rech|ne|rin, die; -, -nen: w. Form zu ↑ Gehaltsverrechner.

Ge|halts|vor|rü|ckung, die (österr.): *Gehaltserhöhung bei Beamten.*

Ge|halts|vor|schuss, der: *Vorschuss auf das* ²*Gehalt.*

Ge|halts|vor|stel|lung, die: *Vorstellung* (2 a), *die sich jmd. über sein* ²*Gehalt macht.*

Ge|halts|wunsch, der: *gewünschtes* ²*Gehalt:* bei einer Bewerbung den G. angeben.

Ge|halts|zah|lung, die: **1.** *Gehaltsauszahlung.* **2.** *als* ²*Gehalt gezahlter Geldbetrag.*

Ge|halts|zu|la|ge, die: ²*Zulage* (a) *zum* ²*Gehalt:* eine G. in Höhe von monatlich 200 Euro bekommen.

ge|halt|voll ⟨Adj.⟩: **1.** *reich an* ¹*Gehalt* (1), *Substanz* (3); *von großer Aussagekraft:* ein [besonders] -es Buch; ein -er *(inhaltsreicher)* Brief. **2.** *gehaltreich* (1 a).

Ge|ham|pel, das; -s (ugs. abwertend): *[dauerndes] Hampeln:* hör auf mit dem G. und sitz ruhig!

ge|han|di|capt, ge|han|di|kapt: ↑ handicapen.

Ge|hän|ge, das; -s, -: **1.** *etw., was [von oben herab]hängt; etw. Hängendes:* ihre Ohren hat sie mit glitzernden -n geschmückt *(mit Ohrringen, die beim Tragen herabhängen).* **2.** (salopp) **a)** *männliche Geschlechtsteile;* **b)** *hängende weibliche Brust.* **3.** (Jägerspr., sonst veraltet) *Gurt* (1 b), *Schulterriemen zum Umhängen bes. der Waffe.* **4.** (Jägerspr.) *herabhängende Ohren der Jagdhunde.* **5.** (Wasserbau) *bei Flussregulierungen eingesetzte Konstruktion aus hängenden Reisigbündeln, die die Strömung hemmen u. so die Ablagerung von Sinkstoffen begünstigen.* **6. a)** (österr., sonst veraltet) *Abhang eines Berges:* ◆ Seitwärts am G. schien ihm ein Mönch ... zu knien (Novalis, Heinrich 159); **b)** (Bergbau) *steil abfallendes Gebirge* (2). **7.** (Technik) *dem Haken eines Krans eingehängte Vorrichtung zur Aufnahme von Lasten.*

ge|han|gen: ↑ hängen.

Ge|häng|te, die/eine Gehängte; der/einer Gehängten, die Gehängten/zwei Gehängte: *weibliche Person, die gehängt wurde.*

Ge|häng|ter, die Gehängte/ein Gehängter; des/eines Gehängten, die Gehängten/zwei Gehängte: *Person, die gehängt wurde.*

Ge|hän|sel, (selten:) **Ge|hän|sel|le**, das; -s (ugs. abwertend): *[dauerndes] Hänseln.*

ge|har|nischt ⟨Adj.⟩ [adj. 2. Part. von veraltet harnischen = mit einem Harnisch versehen]: **1.** *sich in empörten, scharfen Worten gegen etw. äußernd u. sich damit an jmdn. wendend; erbost, aufgebracht, scharf [anprangernd]:* ein -er Protest; ein -er Brief; g. antworten. **2.** (früher) *einen Harnisch tragend:* ein -er Reiter.

ge|häs|sig ⟨Adj.⟩ [mhd. gehezze̊c = hassend, feindlich gesinnt, zu ↑ Hass] (abwertend): **1.** *in bösartiger Weise missgünstig; boshaft, gemein:* ein -er Mensch; eine -e Bemerkung; sei nicht so g.!; g. von jmdm. reden; Er ahmte in einer -en Tonart die Sprechweise seines bedeutenden Bruders nach (H. Mann, Stadt 64). ◆ **2. a)** *unfreundlich gesinnt:* Die Närrin Daja ... ist euch g. (Lessing, Nathan V, 5); **b)** *hassenswert: ... was ihr den Grafen er mache als einen andern* (Kleist, Marquise 292).

Ge|häs|sig|keit, die; -, -en: **1.** ⟨o. Pl.⟩ *gehässiges Wesen, Verhalten:* etw. aus purer G. tun. **2.** *gehässige Äußerung, Bemerkung:* jmdm. -en sagen.

ge|hau|en: ↑ hauen.

ge|häuft ⟨Adj.⟩: **1.** *(von einem Löffel) hoch gefüllt:* ein -er Esslöffel Zucker. **2.** *wiederholt, häufig:* ein -es Auftreten von Schädlingen; g. vorkommen.

Ge|häu|se, das; -s, - [spätmhd. geheus, gehiuse = Hütte, Verschlag, Kollektivbildung zu ↑ Haus]: **1.** *feste, schützende Umhüllung um etw.:* das G. einer Uhr, eines Radiogeräts; die Schnecke ist in ihrem G. **2.** Kurzf. von Kerngehäuse: das G. aus dem Apfel herausschneiden. **3.** (Sportjargon) ¹*Tor* (2 a): im G. stehen. **4.** (veraltet) *Behausung.*

Geh|bahn, die (landsch.): *Gehweg* (2).

geh|be|hin|dert ⟨Adj.⟩: *eine Gehbehinderung habend:* stark g. sein.

Geh|be|hin|der|te ⟨vgl. Behinderte⟩: *weibliche Person, die gehbehindert ist.*

Geh|be|hin|der|ter ⟨vgl. Behinderter⟩: *jmd., der gehbehindert ist.*

Geh|be|hin|de|rung, die: *durch einen genetischen Defekt od. eine Verletzung bedingte Behinderung beim Gehen.*

Ge|he|ge, das; -s, - [mhd. gehege, hage, ahd. gahagi(um) = Umfriedung, Einhegung, Kollektivbildung zu ↑ Hag]: **1.** *[eingezäuntes] Revier, in dem Wild weidmännisch betreut u. gejagt wird:* das G. mit Rotwild besetzen; * jmdm. ins G. kommen/geraten (1. *in das Gebiet eines anderen eindringen, in den Bereich eines anderen vorstoßen. jmdn. in seinen Plänen o. Ä. durch eigenes Handeln stören:* eigtl. = in das umzäunte Gebiet eines anderen eindringen). **2.** *eingezäunter größerer Bereich innerhalb eines Zoos od. Tierparks, in dem Tiere gehalten werden:* das G. der Affen, Löwen.

ge|heim ⟨Adj.⟩ [mhd. geheim = heimlich, vertraut, zu: geheim, geheime = vertrauter Umgang, zu Heim]: **a)** *vor anderen, vor der Öffentlichkeit absichtlich verborgen gehalten; bewusst nicht bekannt gegeben, nicht für andere bestimmt:* eine -e Zusammenkunft; ihre -sten Gedanken, Wünsche; -e Wahl *(Wahl, bei der geheim bleibt, wie jede[r] einzelne Wählende gestimmt hat);* der -e Vorbehalt (Rechtsspr.; *stillschweigend abweichende Auslegung od. Umdeutung einer Aussage durch den, die Sprechende);* diese Nachricht bleibt g.; g. abstimmen; der Ort der Verhandlungen wurde g. gehalten; warum musst du immer so g. tun (ugs. abwertend; *so tun, als hättest du ein Geheimnis zu hüten),* das kann doch jeder wissen!; * **im Geheimen** (1. *im Verborgenen, von anderen unbemerkt; heimlich:* ganz im Geheimen wurde das Fest vorbereitet; ganz im Geheimen wurde das Fest vorbereitet. 2. *im Innersten, insgeheim:* im Geheimen bedauerte er den Vorfall; im Geheimen bedauerte er den Vorfall); **b)** *in seiner Art ein Geheimnis* (2) *bleibend, in einer mit dem Verstand nicht erklärbaren Weise wirksam:* -e Kräfte besitzen; von ihr ging eine -e Anziehungskraft aus; ◆ **c)** *eng verbunden, in naher Beziehung (zu jmdm.) stehend:* ...angesehen große Herrenleute, die mir g. sind und gar wohlvertraut (Schiller, Tell I, 2).

Ge|heim|ab|kom|men, das: *geheimes* (a) *Abkommen.*

Ge|heim|ab|spra|che, die: *geheime* (a) *Absprache.*

Ge|heim|agent, der: *Agent eines Geheimdienstes.*

Ge|heim|agen|tin, die: w. Form zu ↑ Geheimagent.

Ge|heim|ar|chiv, das: *Archiv für geheime* (a) *Dokumente o. Ä.*

Ge|heim|auf|trag, der: *geheimer* (a) *Auftrag:* er wurde mit einem G. ins Ausland geschickt.

Ge|heim|be|richt, der: *geheimer* (a) *Bericht:* über etw. einen G. abgeben.

Ge|heim|bund, der: *Organisation, die ihre Aufgaben u. Ziele vor der übrigen Bevölkerung geheim hält:* ein religiöser, politischer G.

Ge|heim|bün|de|lei, die; -, -en (veraltend): *Gründung eines Geheimbundes; Mitwirkung in einem Geheimbund.*

Ge|heim|bünd|ler, der; -s, - (ugs.): *Mitglied eines Geheimbundes.*

Ge|heim|bünd|le|rin, die; -, -nen: w. Form zu ↑ Geheimbündler.

Ge|heim|dienst, der: *Organisation zur Beschaffung vorwiegend geheimer Informationen militärischer, politischer, wirtschaftlicher u. wissenschaftlicher Natur aus anderen Ländern, zur Sabotage[abwehr] u. Spionage[abwehr]:* der militärische G.; sie arbeitet für den amerikanischen G.

Ge|heim|dienst|chef, der (ugs.): *Leiter des Geheimdienstes.*

Ge|heim|dienst|che|fin, die: w. Form zu ↑ Geheimdienstchef.

Ge|heim|dienst|in|for|ma|ti|on, die: *vom Geheimdienst gesammelte, eingeholte, dem Geheimdienst vorliegende Information.*

Ge|heim|dienst|ler, der; -s, - (ugs.): *Angehöriger eines Geheimdienstes.*

Ge|heim|dienst|le|rin, die; -, -nen: w. Form zu ↑ Geheimdienstler.

ge|heim|dienst|lich ⟨Adj.⟩: *den Geheimdienst betreffend, zum Geheimdienst gehörend:* -e Tätigkeiten; g. tätig sein.

Ge|heim|di|plo|ma|tie, die: **a)** *Einsatz geheimer diplomatischer Unterhändler neben der offiziellen Diplomatie;* **b)** *Praxis der Geheimhaltung diplomatischer Kontakte u. Verhandlungen.*

Ge|heim|do|ku|ment, das: *geheimes* (a) *Dokument.*

◆**Ge|hei|me|rat,** der; Geheime[n]rat[e]s, Geheime[n]räte: *Geheimrat:* ... wie es möglich sein sollte, dass er nicht mehr Geheimerat im höchsten Kollegio sei (Immermann, Münchhausen 88).

Ge|heim|fach, das: *verborgenes Fach* (1) *in Schreibtischen, Schränken o. Ä.*

Ge|heim|fa|vo|rit, der (bes. Sport): *jmd., der insgeheim als Favorit gilt.*

Ge|heim|fa|vo|ri|tin, die: w. Form zu ↑ Geheimfavorit.

Ge|heim|fonds, der: *geheimer* (a) *Fonds.*

Ge|heim|gang, der: *geheimer* (a) ¹*Gang* (7), *bes. unter der Erde od. in Gebäuden:* einen unterirdischen G. entdecken.

Ge|heim|ge|sell|schaft, die: *Geheimbund.*

Ge|heim|hal|tung, die ⟨o. Pl.⟩: *das Geheimhalten:* strikte G.; zur absoluten G. verpflichtet sein.

Ge|heim|hal|tungs|pflicht, die: *Pflicht zur absoluten Geheimhaltung.*

Ge|heim|kon|to, das: *geheimes* (a) *Konto:* er hat bei der Bank ein G.

Ge|heim|kult, der: *im Geheimen betriebener Kult.*

Ge|heim|leh|re, die: *religiöse od. philosophische Lehre, die nur Eingeweihten zugänglich u. von diesen geheim zu halten ist.*

Ge|heim|mit|tel, das (früher): *Arzneimittel von angeblich fantastischer Wirkung mit einer vom Hersteller (meist einem Alchemisten) geheim gehaltenen Zusammensetzung:* Ü sie kennt angeblich ein G. *(nicht allgemein bekanntes Mittel)* gegen Cellulitis.

Ge|heim|nis, das; -ses, -se [von Martin Luther (1483–1546) für lat. mysterium (↑ Mysterium) gebraucht]: **1. a)** *etw., was geheim bleiben soll:* ein ängstlich gehütetes G.; sie haben keine -se voreinander; ein G. lüften; militärische -se verkaufen; ein G. für sich behalten, mit ins Grab nehmen, preisgeben; jmdm. ein G. anvertrauen; jmdn. in ein G. einweihen; das ist kein G. mehr *(das ist längst bekannt);* sie macht kein G. aus ihren Plänen *(sie spricht ganz offen darüber);* das ist das ganze G. *(das ist alles, was zu dieser Angelegenheit zu sagen ist, hinter dieser Sache steckt);* Die Frauen haben ja auch ihre -se, die uns nichts angehen (Nossack, Begegnung 424); * **ein offenes/**(selten:) **öffentliches G.** *(etw., was bereits allgemein bekannt ist, aber offiziell noch geheim gehalten wird;* nach dem Titel »Das öffentliche Geheimnis« der dt. Bearbeitung des Theaterstücks »Il pubblico secreto« [1769 v. C. Gozzi]); **ein süßes G. haben** (fam. veraltend; *ein Baby erwarten);* **b)** *etw., was nur Eingeweihten bekannt ist:* jmdn. in die -se des Schachspiels einweihen. **2.** *etw. Unerforschtes od. nicht Erforschbares:* das G. des Lebens, des Glaubens; die -se der Natur erforschen. ◆**3.** *geheimnisvolle Art u. Weise:* Das G., womit mich Elisabeth jederzeit empfing (Goethe, Wanderjahre I, 2).

Ge|heim|nis|krä|mer, der: *Geheimnistuer.*

Ge|heim|nis|krä|me|rei, die: *Geheimnistuerei:* du mit deiner G.

Ge|heim|nis|krä|me|rin, die: w. Form zu ↑ Geheimniskrämer.

ge|heim|nis|krä|me|risch ⟨Adj.⟩: *geheimnistuerisch.*

Ge|heim|nis|trä|ger, der (Fachspr.): *jmd., der dienstlich Einblick in Sachverhalte (bes. militärischer u. politischer Art) bekommt, die vor der Öffentlichkeit geheim zu halten sind.*

Ge|heim|nis|trä|ge|rin, die: w. Form zu ↑ Geheimnisträger.

Ge|heim|nis|tu|er, der; -s, - (ugs. abwertend): *jmd., der so tut, als habe er Geheimnisse zu hüten, der sich mit angeblichen Geheimnissen wichtigtut.*

Ge|heim|nis|tu|e|rei, die; - (ugs. abwertend): *geheimnisvolles* (b) *Getue.*

Ge|heim|nis|tu|e|rin, die; -, -nen: w. Form zu ↑ Geheimnistuer.

ge|heim|nis|tu|e|risch ⟨Adj.⟩ (ugs. abwertend): *in der Art eines Geheimnistuers, einer Geheimnistuerin.*

ge|heim|nis|um|wit|tert ⟨Adj.⟩ (geh.): *von Geheimnissen, geheimnisvollen Geschichten o. Ä. umgeben:* ein -es altes Schloss.

ge|heim|nis|um|wo|ben ⟨Adj.⟩ (geh.): *geheimnisumwittert.*

Ge|heim|nis|ver|rat, der (Rechtsspr.): *Verrat von Dienst- od. Staatsgeheimnissen.*

ge|heim|nis|voll ⟨Adj.⟩: **a)** *voller Geheimnisse, nicht zu durchschauen, mysteriös, unerklärlich:* er verschwand auf -e Weise; ein -er *(voller Geheimnisse u. dadurch unheimlicher)* Ort; ... er kannte das Wort nicht und wusste nicht, was es bedeutete, aber er hörte es gern, es schien ihm schön, g. und schön (Böll, Adam 28); **b)** *ein Geheimnis andeutend; so, als gäbe es ein besonderes Geheimnis:* ein -es Gesicht machen; sie sprach, tat sehr g.

Ge|heim|num|mer, die: **1.** *geheime* (a), *nicht im Telefonbuch verzeichnete Telefonnummer.* **2.** *geheim gehaltene Nummer von Bankkonten, Scheckkarten, Schlössern mit Zahlenkombinationen o. Ä.*

Ge|heim|or|ga|ni|sa|ti|on, die: *Geheimbund.*

Ge|heim|po|li|zei, die: *Polizeiverwaltung, die nicht der regulären Polizeiverwaltung eingegliedert ist u. aufgrund besonderer Vollmachten alle staatsfeindlichen Bestrebungen verfolgt; politische Polizei.*

Ge|heim|po|li|zist, der: *Mitglied der Geheimpolizei.*

Ge|heim|po|li|zis|tin, die: w. Form zu ↑ Geheimpolizist.

Ge|heim|rat, der ⟨Pl.: ...räte⟩ [zu ↑ geheim in der veralteten Bed. »vertraut«] (früher): **a)** ⟨o. Pl.⟩ (als Anrede gebrauchte) Kurzf. verschiedener Titel (z. B. Geheimer Regierungsrat/Hofrat); **b)** *Träger des Titels Geheimrat* (a).

Ge|heim|rats|ecken ⟨Pl.⟩ (ugs. scherzh.): *durch Haarausfall oberhalb der Schläfen entstandene tiefe Einbuchtungen im Haaransatz bei Männern.*

Ge|heim|re|zept, das: *geheime Anleitung zur Herstellung von etw.:* das Heilmittel ist nach einem G. hergestellt.

Ge|heim|sa|che, die: *geheim gehaltene Angelegenheit.*

◆**Ge|heim|schrei|be|rei,** die; -, -en [aus ↑ geheim (2) in der veralteten Bed. »vertraut« u. Schreiberei = Kontor, Büro eines Schreibers (2)]: *Kanzlei* (1): ... versprach, ... den Pass in der G. zu lösen (Kleist, Kohlhaas 6).

Ge|heim|schrift, die: *verschlüsselte od. unsichtbar gemachte Schrift, die nur für Eingeweihte entzifferbar sein soll.*

Ge|heim|sen|der, der: *illegaler Rundfunksender, der bes. vom militärischen Gegner od. von verbotenen Organisationen zu Zwecken der Propaganda o. Ä. benutzt wird.*

Ge|heim|spra|che, die: *künstliche Sprache, die nur für Eingeweihte verständlich sein soll:* die Kinder hatten sich eine G. ausgedacht.

Ge|heim|text, der: *verschlüsselter, in Geheimschrift geschriebener Text:* einen G. entschlüsseln.

Ge|heim|tin|te, die: *Tinte, die nach dem Trocknen keine Spuren hinterlässt u. nur durch chemische od. physikalische Mittel sichtbar gemacht werden kann:* eine Botschaft mit einer G. schreiben.

Ge|heim|tipp, der: **1.** *jmd., der unter Eingeweihten als besonders aussichtsreich gilt.* **2.** *persönlicher, vertraulicher Tipp eines Eingeweihten.*

Ge|heim|tu|e|rei, die (seltener): *Geheimnistuerei.*

Ge|heim|tu|e|risch ⟨Adj.⟩ (selten): *geheimnistuerisch.*

ge|heim|tun ⟨unr. V.; hat⟩ (ugs. abwertend): *so tun, als ob man ein Geheimnis zu hüten habe:* warum musst du immer so g.?

Ge|heim|tür, die: *verborgene Tür:* durch eine G. gelangt man in den Nebenraum.

Ge|heim|ver|hand|lung, die: *geheime* (a) *Verhandlung.*

Ge|heim|ver|trag, der: *Vertrag, dessen Abschluss od. Inhalt geheim bleiben soll.*

Ge|heim|waf|fe, die (Militär): *im Geheimen entwickelte neue Waffe:* mit dem Einsatz von -n drohen; Ü die Firma will jetzt ihre G. gegen den Umsatzrückgang einsetzen.

Ge|heim|wis|sen|schaft, die: *Lehre von den geheimen* (b), *nicht jedem erkennbaren Eigenschaften u. Kräften der Natur.*

Ge|heim|zahl, die: *Geheimnummer* (2).

Ge|heim|zei|chen, das: *verschlüsseltes od. unsichtbar gemachtes Zeichen, das nur für Eingeweihte erkennbar u. entzifferbar sein soll.*

Ge|heiß, des, -es [mhd. geheiʒ(e), ahd. gaheiʒ(a), zu ↑ ¹heißen (3 a)] (geh.): *Anordnung, mündlicher Befehl:* jmds. G. folgen; er tat es auf ihr G.

ge|hei|ßen: ↑ ¹heißen.

ge|hemmt ⟨Adj.⟩: *voller Hemmungen; nicht frei, locker:* einen -en Eindruck machen; g. wirken, sprechen.

Ge|hemmt|heit, die; -: *das Gehemmtsein; gehemmtes Verhalten.*

ge|hen ⟨unr. V.; ist⟩ [mhd. gēn, ahd. gēn, gān, urspr. = verlassen, fortgehen; leer sein, klaffen, verw. mit gähnen]: **1.** *sich in aufrechter Haltung auf den Füßen schrittweise fortbewegen:* schnell, langsam, gerade, gebückt, barfuß, am Stock, auf Zehenspitzen g.; geradeaus, um die Ecke, über die Straße, auf und ab, hin und her g.; willst du mitfahren oder lieber [zu Fuß] g.?; Die leeren Gläser räumt H. ab, viel kann er nicht tragen auf einmal, er kehrt eben öfter (Schädlich, Nähe 55); * **wo jmd. geht u. steht** *(immerzu; überall:* er trägt die Sonnenbrille, wo er geht und steht); **wie jmd. geht u. steht** *(so, wie jmd. gerade [angezogen] ist; sofort:* als sich die Nachricht hörte, rannte ich los, wie ich ging und stand). **2.** *eine bestimmte Strecke gehend* (1) *zurücklegen:* einen Umweg, 5 km g.; ich bin den Weg in einer Stunde gegangen; sie ist ein Stück mit uns gegangen; der Pfad ist nicht leicht zu g. **3.** ⟨g. + sich; unpers.⟩ *in bestimmter Weise zu begehen sein:* auf diesem Pflaster geht es sich schlecht. **4. a)** *sich [mit bestimmter Absicht] irgendwohin begeben:* schwimmen, tanzen, einkaufen, essen g.; auf den Markt, aufs Standesamt g.; ins Ausland g.; zu/ins Bett g.; zur/in die Kirche g. *(den Gottesdienst besuchen);* an die Luft g. *(ins Freie gehen, um sich zu entspannen, zu erfrischen);* in die Himbeeren g. (ugs.; *Himbeeren pflücken gehen);* zum Arzt g. *(den Arzt aufsuchen);* Ü an die Arbeit g. *(mit der Arbeit beginnen);* in Deckung g. *(Schutz suchen);* in Urlaub, Pension g.; viele leere Hoffnungen gehen in den Wahlkampf g.; das Manuskript geht in Druck *(man beginnt mit dem Druck);* Lange vor dem Mittag setzte er sich in den Koksstaub und war zu müde, nach einer Limonade *(eine Limonade holen)* zu g. (Becker, Tage 88); ♦ »...lassen Sie ihn rufen, haben Sie die Güte.« »Ich geh' um ihn!«, schrie Peter (Ebner-Eschenbach, Gemeindekind 96); ♦ ⟨g. + zu + Inf.:⟩ Aber was sitzt Er denn immer da? Gehe Er den Bogen Papier zu kaufen (Cl. Brentano, Kasperl 354); *** in sich g.** *(über eine Verhalten [mit Bedauern] nachdenken, um es zu ändern);* **b)** *regelmäßig besuchen:* in den Kindergarten, auf die Universität g.; er geht noch zur Schule *(er ist noch Schüler);* Ü sie ist durch eine harte Schule gegangen *(hat viel Schweres durchgemacht);* **c)** *in einem bestimmten Bereich [beruflich] tätig werden:* in den Staatsdienst, in die Industrie, Politik g.; ins Kloster g. *(Nonne, Mönch werden);* als Jurist zur Verwaltung g.; zum Theater, zum Film g. *([Film]schauspieler[in] werden);* **d)** (landsch.) *als etw. [zu] arbeiten [beginnen]:* als Schaffner g. **5.** (ugs.) *sich in bestimmter Weise kleiden:* er geht immer gut, schlecht gekleidet; in Schwarz, in Trauer, in Zivil, in Nationaltracht g.; zum Fasching als Indianerin, als Cowboy g. *(verkleidet sein);* Er ging im Hemd oder Pullover, nie im Mantel (Strauß, Niemand 125). **6. a)** *einen Ort verlassen; weggehen:* ich muss jetzt g.; er ist wortlos, grußlos gegangen; gehen wir?; jmdn. lieber g. als kommen sehen *(jmdn. nicht mögen u. deshalb auf seine Anwesenheit keinen Wert legen);* geh/gehen Sie/(südd., österr.:) gehts mir doch damit, mit dieser alten Geschichte! (ugs.; als Ausdruck der Ablehnung, des Unwillens; *lass/lassen Sie mich doch damit in Ruhe, in Frieden!);* geh/(südd., österr.:) gehts, erzähl schon! (ugs.; als Ausdruck der Ermunterung, *los!);* geh/(südd., österr.:) gehts, das soll ich glauben? (ugs.; als Ausdruck des Zweifels); er ist von uns gegangen (verhüll.; *gestorben);* Ü um 12.22 Uhr geht der Zug *(fährt er ab);* der nächste Bus geht *(fährt)* erst in einer halben Stunde; *** etw. mit sich gehen heißen/lassen** (ugs.; ↑ mitgehen); **b)** *seinen bisherigen Arbeitsplatz aufgeben; aus dem Amt, Dienst ausscheiden:* sie hat gekündigt und wird nächsten Monat g.; der Minister musste g.; Sie können g. *(Sie sind entlassen!);* *** gegangen werden** (ugs. scherzh.; *entlassen werden).* **7.** (ugs.) **a)** *sich an etw. zu schaffen machen:* jemand muss an meinen Schreibtisch gegangen sein, er ist völlig in Unordnung; **b)** *sich unerlaubt von einer Sache etw. nehmen:* ich habe gemerkt, dass du an mein Geld gegangen bist; die Kinder sind [mir] an den Kuchen gegangen. **8.** (ugs.) *mit jmdm. ein Freundschafts- od. Liebesverhältnis haben [u. sich oft in der Öffentlichkeit mit ihm zeigen]:* er geht schon zwei Jahre mit dem Mädchen; die beiden gehen [fest] miteinander. **9. a)** *in bestimmter Weise in Bewegung sein:* die Maschine geht *(funktioniert; ist in Betrieb);* die Uhr geht nicht mehr *(ist stehen geblieben);* er erwachte, weil die Klingel, das Telefon ging *(läutete);* sein Mundwerk ging ununterbrochen (ugs.; *er redete ununterbrochen);* es geht *(weht)* ein kalter Wind; kein Lüftchen ging *(es war windstill);* die Tür geht *(wird geöffnet; bewegt sich);* Ü die Affäre ging durch alle Zeitungen *(wurde in allen Zeitungen verbreitet);* es geht *(man erzählt sich)* die Sage, das Gerücht, dass...; *** einen g. lassen** (derb; *eine Blähung abgehen lassen);* **b)** *aufgehen* (4): der Teig muss noch g. **10. a)** *sich machen lassen; möglich sein:* das geht nicht; aber das geht doch nicht *(das kommt nicht infrage),* dass du jetzt schon gehst!; ⟨unpers.:⟩ leider geht es nicht anders; es geht nicht ohne deine Hilfe; soll ich es einpacken oder geht es so?; da geht noch was (ugs.; *es kann noch etwas erreicht, verändert, verbessert werden);* R gehts noch? (ugs.; *was soll das?; das*

ist doch wohl absurd); **b)** (ugs.) *einigermaßen akzeptabel sein, gerade noch angehen:* die ersten Tage im Urlaub gingen noch, aber dann wurde die Hitze unerträglich; ⟨unpers.:⟩ »Gefällt es dir?« – »Es geht [so]« *(leidlich; einigermaßen);* der Mantel muss diesen Winter noch g. *(seinen Zweck erfüllen);* R das geht gar nicht *(das ist ausgeschlossen, komplett abzulehnen).* **11. a)** *sich in bestimmter Weise entwickeln; in bestimmter Weise verlaufen:* der Laden, das Geschäft geht gut, überhaupt nicht; (ugs.:) alles geht drunter und drüber; ⟨unpers.:⟩ es geht alles nach Wunsch; Ü wie geht *(lautet)* die erste Strophe?; *** vor sich g.** *(gerade stattfinden; geschehen:* was geht hier vor sich?; es sind Veränderungen vor sich gegangen); **b)** *in bestimmter Weise zu handhaben, zu machen, durchzuführen sein:* etw. geht schwer, leicht, ganz einfach; ich weiß nicht, wie diese Rechenaufgabe geht, dieses Spiel geht. **12.** *absetzbar, verkäuflich sein; gewünscht werden:* der Artikel geht bei uns sehr schlecht; das Produkt geht überall. **13. a)** *in etw. Raum finden:* in das Gefäß geht nur ein Liter; der Schrank geht *(passt)* nicht durch die Tür, in das Zimmer; **b)** *(von Zahlen, Maßen) in etw. enthalten sein:* wie oft geht 2 in 10?; von diesen Äpfeln gehen vier auf ein Pfund; **c)** *in etw. aufgeteilt werden:* die Erbschaft geht in fünf gleiche Teile. **14. a)** *sich bis zu einem bestimmten Punkt erstrecken, ausdehnen:* der Rocksaum geht bis zu den Knien; das Wasser ging mir bis an den Hals; die Summe geht in die Hunderte; Ü seine Sparsamkeit geht bis zum Geiz; bis es nicht mehr geht *(bis zum Überdruss);* das geht zu weit; er ging so weit zu behaupten, dass...; das geht über *(übersteigt)* seine Kräfte, seinen Horizont; seine Familie geht ihm über alles *(ist ihr am meisten wert);* es geht ihm nichts über *(nichts ist besser als)* ein gutes Glas Wein; **b)** *eine bestimmte Richtung haben, einschlagen; in einer bestimmten Richtung verlaufen:* die Straße geht durch den Wald; der Weg geht erst geradeaus, dann links; wohin geht *(führt)* die Reise?; ⟨unpers.:⟩ hinter der Biegung geht es *(führt der Weg, die Straße)* steil hinauf; **c)** *auf etw., jmdn. abzielen, gerichtet sein:* der Blick geht auf den Altar; das Fenster geht auf den Hof, nach der Straße; der Regen geht *(dringt)* durch die Schuhe; der Ball ging *(traf)* ins Tor; Ü diese Bemerkung geht gegen dich; das geht gegen meine Prinzipien; die Rechnung geht auf mich *(bezahle ich);* seine Ansicht, Meinung geht dahin, dass...; das geht mir ans Gemüt, zu Herzen *(trifft, bewegt mich);* die Farbe geht *(spielt)* ins Blau; **d)** *sich einem bestimmten Zustand, Zeitpunkt o. Ä. nähern:* etw. geht zu Ende; er geht auf die 60 *(nähert sich seinem sechzigsten Lebensjahr);* ⟨unpers.:⟩ es geht auf/gegen Mitternacht; dieser Zustand geht jetzt schon *(dauert schon [länger als] zwei Jahre an);* **e)** *sich nach jmdm., etw. richten; jmdn., etw. als Maßstab nehmen:* er geht nur nach dem Äußeren; danach kann man nicht g.; es kann nicht immer alles nach dir g. *(es kann sich nicht immer alles nach deinem Willen richten).* **15.** ⟨unpers.⟩ **a)** *sich in einer bestimmten Verfassung, Lage befinden:* es geht ihm [gesundheitlich, finanziell] gut, schlecht; wie geht es dir?; (ugs.:) wie gehts, wie stehts?; wie geht es mit deinem Prozess?; **b)** *sich um etw. handeln:* worum geht es in diesem Film? *(was ist der Inhalt?);* es geht mir darum, ihn zu überzeugen *(ich möchte erreichen, dass er sich überzeugen lässt).*

Ge|hen, das; -s: **1.** *schrittweises Sichfortbewegen auf den Füßen in aufrechter Haltung:* das G. fällt ihm schwer; Beschwerden beim G. haben. **2.** (Leichtathletik) *sportlicher Wettbewerb über*

eine bestimmte Strecke, bei dem im Unterschied zum Laufen immer jeweils ein Fuß mit dem Boden in Berührung sein muss.

Ge|henk|te, die/eine Gehenkte; der/einer Gehenkten, die Gehenkten/zwei Gehenkte [zu ↑ henken]: *weibliche Person, die durch Erhängen hingerichtet wurde.*

Ge|henk|ter, der/ein Gehenkter; des/eines Gehenkten, die Gehenkten/zwei Gehenkte: *jmd., der durch Erhängen hingerichtet wurde.*

ge|hen las|sen, ge|hen|las|sen ⟨st. V.; hat⟩: **1.** ⟨g. l. + sich⟩ *sich nicht beherrschen, sich keine Selbstdisziplin auferlegen:* du hast dich gestern Abend ziemlich gehen lassen/(seltener:) gelassen. **2.** (ugs.) *loslassen:* er ließ das Seil plötzlich gehen. **3.** (ugs.) *in Ruhe lassen:* lass den Hund gehen.

Ge|her, der; -s, - (Leichtathletik): *jmd., der das Gehen* (2) *als sportliche Disziplin betreibt.*

Ge|he|rin, die; -, -nen: w. Form zu ↑ Geher.

Ge|hetz, das; -es, (häufiger:) **Ge|het|ze,** das; -s (ugs. abwertend): **1.** *[dauerndes] Hetzen* (2) *od. Gehetztwerden.* **2.** *[dauerndes] Hetzen* (3), *Aufwiegeln:* sein G. gegen die Kolleginnen.

ge|hetzt: ↑ hetzen.

Ge|hetzt|sein, das; *Abgehetztsein; Zustand des Gejagt-, Getriebenwerdens von jmdm., etw.*

ge|heu|er ⟨Adj.⟩ [mhd. gehiure = lieblich; nichts Unheimliches an sich habend, zu ahd. hiuri = freundlich, lieblich (eigtl. = zum Hauswesen, zur Hausgemeinschaft gehörend, verw. mit dem 1. Bestandteil von ↑ Heirat)]: *in der Verbindung* **nicht [ganz] g.** *(*1. *unheimlich:* der dunkle Wald war mir nicht [ganz] g. 2. *unbehaglich, nicht ganz wohl:* ganz g. ist mir nicht bei unserem Vorhaben. 3. *verdächtig:* irgendetwas kommt mir daran nicht g. vor).

Ge|heul, das; -[e]s, (seltener:) **Ge|heu|le,** das; -s: **1.** *[dauerndes] Heulen* (1). **2.** (ugs. abwertend) *[dauerndes] Heulen* (2).

geh|fä|hig ⟨Adj.⟩: *in der Lage befindend zu gehen:* die Patientin ist gesund, aber noch nicht g.

Geh|fal|te, die: *(bei engen Damenröcken) Falte, die beim Gehen aufspringt u. dadurch größere Schritte ermöglicht.*

Geh|feh|ler, der: *Körperbehinderung, die das Gehen beeinträchtigt:* einen G. haben.

Geh|gips, der: *Gehverband.*

Geh|hil|fe, die (Fachspr.): *orthopädisches Hilfsmittel (z. B. Krücke) zur Erleichterung des Gehens für eine gehbehinderte Person.*

Ge|hil|fe, der; -n, -n [mhd. gehelfe, ahd. gehelfo, zu ↑ Hilfe]: **1.** *jmd., der nach beendeter Lehrzeit die Gehilfenprüfung bestanden hat.* **2.** (geh.) *jmd., der einem anderen bei der Arbeit hilft; Helfer:* sein Bruder war ihm beim Bau des Hauses ein nützlicher G. **3.** (Rechtsspr.) *jmd., der zu einer Straftat Beihilfe leistet; Komplize.*

Ge|hil|fen|brief, der: *Zeugnis über die bestandene Gehilfenprüfung.*

Ge|hil|fen|prü|fung, die: *(in kaufmännischen Berufen) die Lehrzeit abschließende Prüfung vor einer Industrie- u. Handelskammer.*

Ge|hil|fen|schaft, die; - (schweiz. Rechtsspr.): *Beihilfe* (2).

Ge|hil|fin, die; -, -nen: w. Form zu ↑ Gehilfe.

Ge|hirn, das; -[e]s, -e [15.Jh.; Kollektivbildung zu ↑ Hirn]: **1.** *aus einer weichen, an der Oberfläche reliefartige Windungen aufweisenden Masse bestehender, im Schädel gelegener Teil des Zentralnervensystems des Menschen u. der Wirbeltiere, das Zentrum für Assoziationen, Instinkte, Gedächtnis u. Lernen, beim Menschen auch Sitz des Bewusstseins ist:* der Bau des menschlichen -s; einen Tumor im G. haben. **2.** (ugs.) *Verstand:* sein G. anstrengen; ich zer-

martere mir das G. *(denke sehr angestrengt nach).* **3.** (landsch.) *Hirn* (1 b).
Ge|hirn|ak|ro|ba|tik, die (ugs. scherzh.): **a)** *übermäßige geistige Anstrengung:* ohne G. ist dieser Satz, dieses Buch nicht zu verstehen; **b)** *komplizierte Denkweise, verschlungener Gedankengang:* dieser G. kann ich nicht ganz folgen.
ge|hirn|am|pu|tiert ⟨Adj.⟩ (salopp): *dumm.*
Ge|hirn|blu|tung, die (Med.): *Blutung innerhalb des Gehirns.*
Ge|hirn|chi|r|ur|gie, die (Med.): *Zweig der Chirurgie, der sich mit operativen Eingriffen in das Gehirn befasst.*
Ge|hirn|ent|zün|dung, die (Med.): *Entzündung der Gehirnsubstanz.*
Ge|hirn|er|schüt|te|rung, die (Med.): *durch einen heftigen Schlag, Stoß o. Ä. bewirkte vorübergehende Schädigung des Gehirns, die mit plötzlicher Bewusstseinsstörung, Übelkeit od. Erbrechen u. a. verbunden ist:* der Spieler wurde mit Verdacht auf G. vom Platz getragen.
Ge|hirn|er|wei|chung, die (Med.): *Erweichung von (kleinsten bis großen) Teilen des Gehirns infolge mangelnder Durchblutung.*
Ge|hirn|funk|ti|on, die: *Funktion des Gehirns* (1); *Gehirntätigkeit.*
Ge|hirn|ge|schwulst, die: *Hirntumor.*
Ge|hirn|haut, die: *Hirnhaut.*
Ge|hirn|haut|ent|zün|dung, die: *Hirnhautentzündung.*
Ge|hirn|kas|ten, der (salopp scherzh.): *Verstand:* streng gefälligst deinen G. ein bisschen an!
Ge|hirn|mas|se, die: *Gehirnsubstanz.*
Ge|hirn|ope|ra|ti|on, die: *Operation am Gehirn* (1).
Ge|hirn|schä|di|gung, die: *Schädigung des Gehirns.*
Ge|hirn|schale, die (Med.): *Hirnschale.*
Ge|hirn|schlag, der (Med.): *örtliche Durchblutungsstörung des Gehirns, durch die plötzlich Funktionen des Gehirns ausfallen u. Lähmungen od. Bewusstseinsstörungen auftreten; Apoplexie.*
Ge|hirn|schwund, der (Med.): *meist altersbedingte Schrumpfung der Gehirnsubstanz.*
Ge|hirn|stamm, der (Med.): *Großhirn ohne Großhirnrinde.*
Ge|hirn|sub|stanz, die: *Substanz, aus der das Gehirn besteht:* die graue, weiße G.
Ge|hirn|tä|tig|keit, die: *Arbeit, Tätigkeit des Gehirns.*
Ge|hirn|tod, der: *Hirntod.*
Ge|hirn|tu|mor, der: *Hirntumor.*
Ge|hirn|ver|let|zung, die: *Verletzung des Gehirns.*
Ge|hirn|wä|sche, die [LÜ von engl. brainwashing, nach gleichbed. chin. hsi-nao]: *Versuch der gewaltsamen Veränderung der Urteilskraft u. der [politischen] Einstellung eines Menschen durch starken physischen u. psychischen Druck:* die Kriegsgefangenen wurden einer G. unterzogen.
Ge|hirn|win|dung, die: *Hirnwindung.*
Ge|hirn|zel|le, die: *Nervenzelle des Gehirns.*
Geh|mi|nu|te, die: *Fußminute.*
¹ge|ho|ben ⟨Adj.⟩: **a)** *[sozial] höher stehend:* eine -e Position; sie ist Beamtin im -en Dienste; **b)** *sich vom Alltäglichen abhebend, sich darüber erhebend:* eine -e Ausdrucksweise, Sprache; Artikel des -en Bedarfs *(Luxusartikel);* Kleidung für den -en *(anspruchsvollen)* Geschmack; in -er *(festlich-froher)* Stimmung sein.
²ge|ho|ben: ↑ heben.
Ge|höft [gə'hœft], das; -[e]s, -e [aus dem Niederd., Kollektivbildung zu ↑ Hof]: *landwirtschaftliches Anwesen mit den dazugehörenden Wohn- u. Wirtschaftsgebäuden:* ein einsames G.
ge|hol|fen: ↑ helfen.

Ge|hol|per, (selten:) **Ge|hol|pe|re,** das; -s (ugs. abwertend): *[dauerndes] Holpern.*
Ge|hölz, das; -es, -e: **1.** [mhd. gehülze, Kollektivbildung zu ↑ Holz] *kleiner, inmitten von Feld- od. Wiesenfluren gelegener Bestand aus niedrigen Bäumen:* die Kinder durchstreiften das G. **2.** ⟨Pl.⟩ *Pflanzen, deren Stamm u. Äste verholzen; Holzgewächse:* laubtragende -e.
Ge|hol|ze, das; -s (bes. Fußballjargon): *[dauerndes] Holzen* (2 a): die Zuschauer quittierten das G. auf dem Platz mit anhaltenden Pfiffen.
Ge|hop|pel, (selten:) **Ge|hop|pe|le,** das; -s: *[dauerndes] Hoppeln.*
Ge|hops, das; -es, (häufiger:) **Ge|hop|se,** das; -s (ugs. abwertend): *[dauerndes] Hopsen:* das ewige G. der Kinder.
Ge|hör, das; -[e]s, -e [mhd. gehœr(d)e = das Hören; Gehörsinn < ahd. gehōrida, zu ↑ hören]: **1.** ⟨o. Pl.⟩ *Sinn* (1 a) *für die Wahrnehmung von Schall; Fähigkeit zu hören:* ein feines, empfindliches G.; das G. verlieren; ein gutes G. für Musik haben; absolutes G. *(Musik; Fähigkeit, die Höhe eines Tons ohne Vergleich zu erkennen);* rechtliches G. *(Rechtsspr.; Anhörung vor Gericht);* nach dem G. *(ohne Noten)* singen, spielen; * G. finden *(mit seinem Anliegen angehört werden:* seine Bitten fanden bei ihr kein G.), einer Sache G. schenken *(jmdn., etw. anhören; auf jmdn., etw. eingehen:* er schenkte ihr, den Bitten kein G.); sich ⟨Dativ⟩ G. verschaffen *(dafür sorgen, angehört zu werden);* um G. bitten *(darum bitten, angehört zu werden);* zu G. bringen (geh.; *[in künstlerischer Weise] vortragen:* ein Lied, ein Gedicht G. bringen); zu G. kommen (geh.; *[in künstlerischer Weise] vorgetragen werden:* ein Lied, ein Gedicht kommt nun zu G.); jmdm. zu G. kommen (↑ Ohr). **2.** ⟨Pl.⟩ (Jägerspr.) *Ohren des Raubwilds u. des Murmeltiers.*
Ge|hör|bil|dung, die (Musik): *Schulung des musikalischen Gehörs.*
ge|hor|chen ⟨sw. V.; hat⟩ [mhd. gehorchen, eigtl. = zuhören, zu ↑ horchen]: **1.** *sich dem Willen einer [höhergestellten] Person od. Autorität unterordnen u. das tun, was sie bestimmt od. befiehlt:* jmdm. blind g.; er muss g. lernen; der Hund gehorcht mir aufs Wort *(befolgt meinen Befehl sofort).* **2.** *jmdm., einer Sache folgen; sich von jmdm., von etw. leiten lassen:* seine Stimme, Zunge gehorchte ihm nicht ganz; das Schiff gehorcht der leisesten Drehung des Steuers; einer Laune gehorchend, ging sie noch aus.
ge|hö|ren ⟨sw. V.; hat⟩ [mhd. gehœren = [an]hören, gehorchen, zukommen, ahd. gihōrian = gehorchen, zu hören]: **1.** *jmds. Besitz, jmds. Eigentum sein:* das Buch gehört mir; $\langle$ dir will ich g. (dichter.; *in Liebe verbunden sein);* ihr Herz gehört einem andern (geh.; *sie liebt einen andern);* dieser Tag gehört der Familie *(wird der Familie gewidmet);* ♦ *(mit Possessivpron.:)* ... diese meine Brieftasche gehört dein (Cl. Brentano, Kasperl 364); ♦ Und mein gehört die ganze Welt (Goethe, Vanitas); ♦ »Und der Reiter gehört dein«, sprach der Kramer-Thresel (Rosegger, Waldbauernbub 135). **2.** *Glied od. Teil eines Ganzen sein, zu etw. zählen:* er gehört schon zu unserer Familie; dieses Land gehört zur Spitzenklasse. **3.** *(an einer bestimmten Stelle passend) am Platze sein:* das Fahrrad gehört nicht in die Wohnung; das gehört nicht hierher; die Kinder gehörten um sieben Uhr ins Bett *(sollten um sieben Uhr im Bett sein).* **4.** *für etw. erforderlich, Voraussetzung sein:* dazu gehört viel Mut dazu, diese Aufgabe zu übernehmen; es gehören schon einiges dazu *(man muss schon beherzt sein),* so etwas zu wagen; dazu gehört nicht viel *(sind keine besonderen Eigenschaften od. Fähigkeiten*

erforderlich). **5.** ⟨g. + sich⟩ *den Regeln des Anstands, den Normen der Sittlichkeit entsprechen, sich schicken:* das gehört sich nicht [für dich]!; benimm dich, wie es sich gehört!; es gehört sich, alten Leuten den Sitzplatz zu überlassen; Ü Draußen war es kalt, wie es sich für den Dezember gehörte *(wie es für den Dezember angemessen war;* Kronauer, Bogenschütze 112). **6.** (landsch., bes. südd., österr.) *für jmdn. angebracht sein, jmdm. gebühren* (1): ihm gehört eine Ohrfeige; ⟨meist in Verbindung mit einem 2. Part.:⟩ der gehört eingesperrt! *(man sollte ihn einsperren);* ♦ Weißt du, für wen das Blei gehört? *(bestimmt ist?;* Ebner-Eschenbach, Krambambuli 13).
Ge|hör|feh|ler, der: *Schaden des Gehörorgans, der das Hörvermögen beeinträchtigt.*
Ge|hör|gang, der (Med.): *Verbindungsgang im äußeren Ohr zwischen Ohrmuschel u. Trommelfell.*
ge|hör|ge|schä|digt ⟨Adj.⟩: *hörgeschädigt:* das Kind ist g.
ge|hö|rig ⟨Adj.⟩ [mhd. gehœrec, ahd. gahōrig = gehorchend, folgsam; seit dem 15. Jh. in der Bed. an ↑ gehören angeschlossen]: **1. a)** *so, wie es [jmdm., einer Sache] angemessen ist; gebührend, geziemend:* jmdm. den -en Respekt erweisen; du musst den -en Abstand wahren; den -en Platz finden; er hat sich nicht g. entschuldigt, benommen; * ♦ **-en Orts** *(bei der dafür vorgesehenen Stelle, Behörde o. Ä.):* Wir Wirte sind angewiesen, keinen Fremden ... zu behausen, ohne seinen Namen, Heimat, ... vermutliche Dauer des Aufenthalts und so weiter -en Orts schriftlich einzureichen (Lessing, Minna II, 2]); **b)** *(in Ausmaß, Menge o. Ä.) nicht gering, beträchtlich:* eine -e Tracht Prügel; jmdm. einen -en Schrecken einjagen; eine -e Portion essen; **c)** ⟨intensivierend bei Verben⟩ *sehr, in hohem Maße:* da ist etwas g. schiefgegangen; er hat ihn g. ausgeschimpft. **2.** *(nicht standardsprachlich) zu jmdm., etw. gehörend; einem bestimmten Bereich, Kreis o. Ä. zugehörend:* die in den Schrank -e Wäsche; die zu dieser Gruppe -e Insel; sie betrachtete diese Eigenschaften als zum Menschen g.
Ge|hör|knö|chel|chen: *eines der drei gelenkig* (b) *miteinander verbundenen Knöchelchen in der Paukenhöhle* (Hammer, Amboss, Steigbügel), *die die Schallwellen vom Trommelfell zum Labyrinth* (2) *leiten.*
ge|hör|los ⟨Adj.⟩: *kein Gehör besitzend:* ein -es Kind.
Ge|hör|lo|se, die/eine Gehörlose; der/einer Gehörlosen, die Gehörlosen/zwei Gehörlose: *weibliche Person, die gehörlos ist.*
Ge|hör|lo|sen|schu|le, die: *Schule für Gehörlose.*
Ge|hör|lo|ser, der Gehörlose/ein Gehörloser; des/eines Gehörlosen, die Gehörlosen/zwei Gehörlose: *jmd., der gehörlos ist.*
Ge|hör|lo|sig|keit, die; -: *das Gehörlossein.*
Ge|hörn, das; -[e]s, -e [mhd. gehürne, Kollektivbildung zu ↑ Horn]: **1.** *Hörner bestimmter Tiere:* das G. der Ziegen, Schafe, Rinder, Antilopen. **2.** (Jägerspr.) *Geweih des Rehbocks;* ²*Gewicht.*
Ge|hör|nerv, der (Med.): *Nerv, der die Gehörreize ins Gehirn weiterleitet.*
ge|hörnt ⟨Adj.⟩ [mhd. gehürnet, 2. Part. von: hürnen = mit Hörnern versehen]: *ein Gehörn tragend:* -e Haustiere.
Ge|hörn|ter, der Gehörnte/ein Gehörnter; des/eines Gehörnten, die Gehörnten/zwei Gehörnte: **1.** (ugs. veraltend) *betrogener Ehemann.* **2.** ⟨o. Pl.⟩ (verhüll.) *Teufel.*
Ge|hör|or|gan, das: *dem Gehör dienendes Sinnesorgan; Ohr.*
Ge|hör|reiz, der: *auf das Gehör einwirkender Reiz:* -e aufnehmen, verarbeiten.

ge|hor|sam ⟨Adj.⟩ [mhd. gehōrsam, ahd. gihōrsam, für lat. oboediens = gehorsam, willfährig; zu ↑hören]: **a)** *sich dem Willen einer Autorität unterordnend:* ein -er Untertan; sie war seinen Anordnungen jederzeit g. gewesen; (veraltet; Höflichkeitsformeln:) -ster Diener; danke -st; **b)** *als Kind die Autorität einer Respektsperson anerkennend u. ihren Forderungen sofort u. pünktlich nachkommend; brav, folgsam:* die Kinder sind nicht g.; ... dass sie den Mann zum Geliebten hatte, zu dem ich noch g. Papa sagen musste (Musil, Mann 293).

Ge|hor|sam, der; -s [mhd. gehōrsam(e), ahd. gihōrsami]: *Unterordnung unter den Willen einer Autorität:* blinder, bedingungsloser G.; G. gegen das Gesetz, gegenüber Vorgesetzten; du musst dir G. verschaffen; jmdm. den G. aufsagen, kündigen (geh.; *jmdm. nicht mehr gehorchen*).

♦ **ge|hor|sa|men** ⟨sw. V.; hat⟩ [mhd. gehōrsamen, ahd. gehōrsamōn]: *gehorsam sein, gehorchen:* Pate, ich habe dir nicht gehorsamt, ich konnte nicht – ich bin eine große Sünderin (C. F. Meyer, Page 168).

Ge|hor|sam|keit, die; -: *gehorsames* (b) *Verhalten.*

Ge|hor|sams|pflicht, die (bes. Militär): *Pflicht zum Gehorsam.*

Ge|hor|sams|ver|wei|ge|rung, die (bes. Militär): *Verweigerung des Gehorsams.*

Ge|hör|scha|den, der: *Gehörfehler.*

Ge|hör|schutz, der: *einem Kopfhörer ähnliche Vorrichtung, die bei bestimmten Arbeiten zum Schutz des Gehörs gegen Lärm zu tragen ist.*

Ge|hör|sinn, der ⟨o. Pl.⟩: *Gehör.*

¹**Geh|re**, die; -, -n [↑²Gehre] (Technik): *Gehrung.*

²**Geh|re**, die; -, -n, **Geh|ren**, der; -s, - [mhd. gēre, ahd. gēro, nach der Ähnlichkeit mit einer Gerspitze]: **a)** (landsch.) *Rock-, Kleiderschoß;* **b)** (landsch.) *keilförmiges Stück* (z. B. Zwickel in einem Kleidungsstück); **c)** (veraltet) *keilförmig zulaufendes Stück Land.*

geh|ren ⟨sw. V.; hat⟩ (Handwerk): *schräg abschneiden.*

Geh|ren, der: ↑²*Gehre.*

Geh|rock, der [wohl Kurzf. von Ausgerock] (veraltend): *meist zweireihig geknöpfte (Herren)jacke mit knielangen, vorn übereinandergreifenden Schößen.*

Geh|rung, die; -, -en (Handwerk, Technik): **a)** *schräger Zuschnitt von Brettern, Leisten o. Ä., die unter einem beliebigen Winkel zusammenstoßen;* **b)** *Eckfuge, in der die auf Gehrung* (a) *geschnittenen Teile zusammenstoßen:* Leisten für einen Bilderrahmen auf G. zusammenfügen.

Geh|schu|le, die: **1.** *krankengymnastische Einrichtung, in der Patienten, die eine Prothese erhalten haben, das Gehen mit der Prothese lernen.* **2.** (österr.) *Laufgitter für Kleinkinder.*

Geh|steig, der (bayr., österr.): *Bürgersteig.*

Geh|steig|kan|te (bes. bayr., österr.): *Kante* (2) *des Gehsteigs.*

Geh|stö|rung, die: *durch Erkrankung od. Fehlbildungen des Bewegungsapparates hervorgerufene Störung des normalen Gehens.*

Geht|nicht|mehr: in der Fügung **bis zum G.** (ugs.; *bis zum Überdruss:* die Geschichte ist banal bis zum G.).

Ge|hu|del, (seltener:) **Ge|hu|del|le**, das; -s (landsch. abwertend): *[dauerndes] Hudeln* (1); *Hudelei* (1): das ist keine gewissenhafte Arbeit, sondern reines G.

♦ **Ge|hül|fe**: ↑*Gehilfe:* O ja! versetzte der G. (Goethe, Wahlverwandtschaften II, 7).

♦ **Ge|hül|fin**: ↑*Gehilfin:* ... auch Ottilien ... tat ich dorthin, die vielleicht zur häuslichen G. unter meiner Anleitung am besten herangewachsen wäre (Goethe, Wahlverwandtschaften I, 1).

Ge|hu|pe, das; -s (ugs. abwertend): *[dauerndes] Hupen:* dieses laute G.!

Ge|hüp|fe, das; -s (ugs. abwertend): *Gehopse.*

Ge|hus|te, das; -s (ugs. abwertend): *[dauerndes] Husten.*

Geh|ver|band, der: *stützender [Gips]verband für Bein u. Fuß, der nach Knochenbrüchen o. Ä. angelegt wird, um ein frühzeitiges Gehen zu ermöglichen.*

Geh|ver|such, der ⟨meist Pl.⟩: *Versuch zu gehen* (1): das kleine Kind macht gerade seine ersten -e *(lernt gerade laufen);* Ü die ersten musikalischen -e in einer Band.

Geh|weg, der: **1.** *Bürgersteig.* **2.** *Fußweg* (a): den G. zwischen den Feldern benutzen.

Geh|werk, das: *Getriebe* (1), *bes. einer Uhr.*

Geh|zeit, die: *Zeit, in der eine bestimmte Entfernung zurückgelegt wird:* drei bis vier Stunden G. bis zum Gipfel.

Gei|er, der; -s, - [mhd., ahd. gīr, eigtl. = der Gierige]: (*bes. in den Tropen u. Subtropen heimischer*) *aasfressender, großer Greifvogel mit nacktem Kopf u. Hals u. starkem, nach unten gebogenem Schnabel:* der G. kreist über dem verendenden Zebra; Ü er ist in richtiger G. (ugs. abwertend; *ein habgieriger Mensch*); *** hol dich, hols der G.!** (↑ Teufel); **[das] weiß der G.!** (ugs.; ↑ Kuckuck).

Gei|fer, der; -s [mhd. geifer, verw. mit niederd. gīpen = den Mund aufreißen]: **1.** *aus dem Mund fließender [schäumender] Speichel:* der Alte wischte sich den G. ab. **2.** (geh. abwertend) *Anzahl gehässiger, wütender Worte:* seine Gegner gossen Hass und G. über ihn aus.

Gei|fe|rer, der; -s, - (geh. abwertend): *jmd., der [ständig] geifert* (2).

Gei|fe|rin, die; -, -nen: w. Form zu ↑ *Geiferer.*

gei|fern ⟨sw. V.; hat⟩ [mhd. geifern]: **1.** *Speichel aus dem Mund fließen lassen:* das Kind geifert. **2.** (geh. abwertend) *gehässige, wütende Worte ausstoßen:* gegen seine Feinde g.

Gei|ge, die; -, -n [mhd. gīge, spätahd. gīga, H. u.]: *hell klingendes Streichinstrument mit vier in Quinten gestimmten Saiten; Violine:* G. spielen; er möchte das Stück auf seiner neuen G. spielen; er spielt im Orchester [die] erste, zweite G. (er spielt auf der Geige die erste, zweite Stimme); Auf der Estrade sitzen die Musikanten in schwarzen Fräcken und stimmen ihre Instrumente. Das Cello brummt, die -n tirilieren (Fussenegger, Haus 483); * **die erste G. spielen** (ugs.; *die führende Rolle spielen, tonangebend sein*); **die zweite G. spielen** (ugs.; *eine untergeordnete Rolle spielen*).

gei|gen ⟨sw. V.; hat⟩ (ugs.): **a)** *Geige spielen:* sie geigt täglich drei Stunden; **b)** *etw. auf der Geige spielen:* einen Walzer g.; * **es jmdm. g.** (ugs.; *jmdm. eine Standpauke halten, gründlich die Meinung sagen*).

Gei|gen|bau, der ⟨o. Pl.⟩: *[Handwerk der] Herstellung von Streichinstrumenten.*

Gei|gen|bau|er, der; -s, -: *jmd., der Streichinstrumente herstellt* (Berufsbez.).

Gei|gen|bau|e|rin, die: w. Form zu ↑ *Geigenbauer.*

Gei|gen|bo|gen, der: *Bogen* (5).

Gei|gen|hals, der: *schmaler Teil der Geige, der das Griffbrett trägt.*

Gei|gen|harz, das: *vorwiegend aus Kolophonium bestehendes Harz zum Bestreichen des Geigenbogens.*

Gei|gen|kas|ten, der: **1.** *Behältnis für die Geige.* **2.** ⟨meist Pl.⟩ (salopp scherzh.) *besonders großer Schuh od. Stiefel.*

Gei|gen|kon|zert, das: **1.** *für Geige u. Orchester komponiertes Konzert.* **2.** *Konzertveranstaltung, bei der von Geigen gespielte Musik vorgetragen wird.*

Gei|gen|sai|te, die: *Saite einer Geige.*

Gei|gen|spiel, das: *Spielen auf der Geige:* sein G. ist schon viel besser geworden.

Gei|gen|spie|ler, der (veraltend): *Geiger.*

Gei|gen|spie|le|rin, die: w. Form zu ↑ *Geigenspieler.*

Gei|gen|vir|tu|o|se, der: *Virtuose im Geigenspiel.*

Gei|gen|vir|tu|o|sin, die: w. Form zu ↑ *Geigenvirtuose.*

Gei|ger, der; -s, -: *jmd., der [berufsmäßig] Geige spielt:* der junge G. macht sehr gute Fortschritte; erster G. *(jmd., der im Orchester od. in einem Kammermusikensemble erste Geige spielt).*

Gei|ge|rin, die; -, -nen: w. Form zu ↑ *Geiger.*

gei|ge|risch ⟨Adj.⟩: *das Geigenspiel betreffend:* -es Talent haben.

Gei|ger|zäh|ler, der [nach dem dt. Physiker H. Geiger (1882–1945)] (Physik): *Gerät zur Feststellung u. Messung von radioaktiver Strahlung.*

geil ⟨Adj.⟩ [mhd., ahd. geil = kraftvoll; üppig; übermütig, lustig, eigtl. = gärend, aufschäumend]: **1.** (oft abwertend) *gierig nach geschlechtlicher Befriedigung, vom Sexualtrieb beherrscht, sexuell erregt:* ein -er Kerl; ein -es Lachen; In seiner trostlosen Ehe hoffte er hier auf die ihn inspirierende Frau, der -e Fettsack (Kronauer, Bogenschütze 195); * **auf etw. g. sein** (auf etw. versessen sein). **2.** (Landwirtsch.) **a)** *(von Pflanzen) [allzu] üppig, aber nicht sehr kräftig wachsend; wuchernd:* die -en Triebe einer Pflanze; **b)** *(vom Boden) fett, [zu] stark gedüngt:* der Boden ist feucht und g. **3.** (salopp, bes. Jugendspr.) *in begeisternder Weise schön, gut; großartig, toll:* -e Musik.

-geil (ugs.): *drückt in Bildungen mit Substantiven aus, dass die beschriebene Person begierig, versessen auf etw. ist:* applaus-, karriere-, medien-, sensationsgeil.

gei|len ⟨sw. V.; hat⟩ [mhd. geilen]: **1.** (selten, abwertend) *geil* (1) *sein.* **2.** (veraltet) *(von Pflanzen) üppig wuchern:* Ü ♦ Mein Genie geilte frühzeitig über jedes Gehege (Schiller, Fiesco I, 9).

Geil|heit, die; -, -en: **1. a)** ⟨o. Pl.⟩ (oft abwertend) *das Geilsein;* **b)** *geiler* (1) *Gedanke, geile* (1) *Empfindung o. Ä.* **2.** ⟨o. Pl.⟩ (Landwirtsch.) *(von Pflanzen) [allzu] üppiges Wachsen, Wuchern:* die G. des Getreides.

Gei|sel, die; -, -n, (veraltet:) der; -s, - [mhd. gīsel, ahd. gīsal, wohl aus dem Kelt., eigtl. = Pfand]: *Person, die zu dem Zweck gefangen genommen, festgehalten wird, dass für ihre Freilassung bestimmte, gegen einen Dritten gerichtete Forderungen erfüllt werden:* -n stellen; jmdn. als, zur G. nehmen; Ü ♦ Ich verwahre sie zum G. deines Tyrannenmords (Schiller, Fiesco I, 12).

Gei|sel|be|frei|ung, die: *Befreiung* (1 a) *von Geiseln.*

Gei|sel|dra|ma, das: *dramatisch verlaufende Geiselnahme.*

Gei|sel|gangs|ter, der (abwertend): *Geiselnehmer.*

Gei|sel|gangs|te|rin, die: w. Form zu ↑ *Geiselgangster.*

Gei|sel|haft, die: *[von offizieller Seite veranlasste] Gefangenschaft einer od. mehrerer Personen als Geiseln:* nach zweiwöchiger G. kamen die Diplomaten wieder frei; * **jmdn., etw. in G. nehmen** (*jmdn., etw. als Geisel gefangen nehmen:* das ganze Land wurde in G. genommen).

Gei|sel|nah|me, die; -, -n [zum 2. Bestandteil vgl. Abnahme]: *Aktion, bei der eine od. mehrere Personen als Geiseln in jmds. Gewalt gebracht werden.*

Gei|sel|neh|mer, der; -s, -: *jmd., der eine Geiselnahme verübt.*

Gei|sel|neh|me|rin, die; -, -nen: w. Form zu ↑ Geiselnehmer.
Gei|ser: ↑ Geysir.
Gei|sha ['gɛːʃa, auch: 'gaɪʃa], die; -, -s [engl. geisha < jap. geisha]: *in Musik u. Tanz ausgebildete Gesellschafterin, die die Gäste in japanischen Teehäusern o. Ä. unterhält.*
Geiß, die; -, -en [mhd., ahd. geiz, idg. Tiername mit unklarem Benennungsmotiv]: **1.** *(südd., österr., schweiz., westmd.) weibliche Ziege.* **2.** *(Jägerspr.) weibliches Tier beim Gams-, Stein- u. Rehwild.*
Geiß|bart, der [nach der Ähnlichkeit der Blütenstände mit einem Ziegenbart]: **1.** ⟨o. Pl.⟩ (Bot.) *als hohe Staude wachsende Pflanze mit kleinen, weißen, eine große Rispe bildenden Blüten.* **2.** *(österr.) langer Spitzbart.*
Geiß|blatt, das ⟨o. Pl.⟩ [wohl, weil die Blätter gern von Ziegen gefressen werden]: *Jelängerjelieber.*
Geiß|blatt|ge|wächs, das (Bot.): *als Baum od. Strauch vorkommende Pflanze mit gegenständigen Blättern, kronenförmiger Blüte u. Beerenod. Kapselfrüchten.*
Geiß|bock, der (südd., österr., schweiz., westmd.): *Ziegenbock.*
Gei|ßel, die; -, -n [mhd. geisel, ahd. geis(i)la, eigtl. = Stock, Stange]: **1. a)** (früher) *zur Züchtigung od. Kasteiung verwendeter Stab mit Riemen od. Schnüren:* jmdn. mit der G. züchtigen; Ü *der Krieg ist eine G.* (geh.) *eine Plage) der Menschheit;* **b)** (landsch.) *Peitsche:* er treibt das Pferd mit der G. an. **2.** (Biol.) *fadenförmiges Fortbewegungsorgan der Geißeltierchen.*
gei|ßeln ⟨sw. V.; hat⟩ [mhd. geiseln]: **1.** *aufs Heftigste anprangern:* politische Missstände g. **2. a)** (früher) *jmdn., sich mit einer Geißel (1 a) heftig schlagen:* Gefangene g.; die Mönche geißelten sich; **b)** (veraltet, noch landsch.) *peitschen* (1).
Gei|ßel|tier|chen, das; -s, - ⟨meist Pl.⟩: *Flagellat.*
Gei|ße|lung, (seltener:) Geißlung, die; -, -en: *das Geißeln; das Gegeißeltwerden.*
Geiß|fuß, der: **1.** ⟨o. Pl.⟩ [nach den ziegenhufähnlichen Blättern] *(zu den Doldengewächsen gehörende) Pflanze mit weißlichen Blüten, die an feuchten Stellen wächst u. als volkstümliches Heilmittel gegen Gicht u. Rheuma gilt.* **2.** [nach der Ähnlichkeit mit einem (gespaltenen) Ziegenhuf] *gabelförmig auslaufendes Handwerkszeug zum Ausziehen von Nägeln.* **3.** [nach der Ähnlichkeit mit einem (gespaltenen) Ziegenhuf] *Werkzeug mit winkliger Schneide zum Ausarbeiten innerer Ecken bei der Holzbearbeitung u. in der Bildhauerei.* **4.** [nach der Ähnlichkeit mit einem (gespaltenen) Ziegenhuf] (Zahnmed.) *hebelartiges Instrument zum Entfernen von Zahnwurzeln.*
Geiß|hirt, der (südd., österr., schweiz.): *Ziegenhirt.*
Geiß|hir|tin, die; w. Form zu ↑ Geißhirt.
Geiß|lein, das; -s, -: Vkl. zu ↑ Geiß.
Geiß|ler, der; -s, -: *Flagellant.*
Geiß|le|lung, die: ↑ Geißelung.
¹Geist, der; -[e]s, -e [mhd., ahd. geist, eigtl. = Erregung, Ergriffenheit]: **1.** ⟨o. Pl.⟩ **a)** *denkendes Bewusstsein des Menschen, Verstandeskraft, Verstand:* G. und Körper; sein G. ist verwirrt; seinen G. anstrengen; einen wachen G. haben; die Errungenschaften des menschlichen -es; R hier/da scheiden sich die -er *(in diesem Punkt gehen die Meinungen auseinander);* große -er stört das nicht (ugs. scherzh.; *das bringt mich nicht aus der Ruhe);* **b)** *durch bestimmte Eigenschaften des Wirkens od. Sichverhaltens charakterisierter Mensch:* sie ist der gute G. unseres Hauses; das Kind ist wirklich ein unruhiger G.; * **dienstbarer G.** (ugs. scherzh.; *Dienstbote, Dienstbotin;* nach Hebr. 1, 14). **2.** *geistige Wesenheit:* Gott ist G.; der Heilige G. (christl. Rel.; *dritte Person der Dreieinigkeit);* der böse G. *(Teufel).* **3.** *Gespenst, Spukgestalt:* gute, böse -er; ihm erschien der G. des Toten; -er beschwören; du siehst ja aus wie ein G. *(siehst ganz blass aus);* * **von allen guten -ern verlassen sein** (ugs.; *etw. völlig Unvernünftiges, Törichtes, Konfuses tun*).
geist|bil|dend ⟨Adj.⟩: *den ¹Geist (1 a) bildend:* eine -e Lektüre.
Geis|ter|bahn, die: *auf Jahrmärkten o. Ä. aufgestellte Bahn, die durch dunkle Räume führt, in denen schaurige Geräusche u. Erscheinungen die Mitfahrenden erschrecken sollen.*
Geis|ter|be|schwö|rung, die: *(im Volksglauben) Beschwörung* (2 b) *von ²Geistern* (3).
Geis|ter|bild, das (Fernsehen): *Bildfehler, bei dem die Konturen des Fernsehbilds mehrfach erscheinen.*
Geis|ter|er|schei|nung, die: *(im Volksglauben) das Erscheinen von ²Geistern* (3): an -en glauben.
Geis|ter|fah|rer, der: (ugs.): *Falschfahrer:* Ü ein politischer G. (Politikjargon; *jmd., der eine der vorgegebenen politischen Richtung entgegengesetzte Meinung vertritt*).
Geis|ter|fah|re|rin, die; w. Form zu ↑ Geisterfahrer.
Geis|ter|fahrt, die: *Fahrt eines Geisterfahrers, einer Geisterfahrerin.*
Geis|ter|ge|schich|te, die: *von ²Geistern* (3) *handelnde Geschichte.*
Geis|ter|glau|be, der: *Glaube an ²Geister* (3).
geis|ter|haft ⟨Adj.⟩: *die Vorstellung von ²Geistern* (3) *erweckend; gespenstisch:* eine -e Beleuchtung; die Bäume sahen im Mondlicht g. aus.
Geis|ter|hand, die: meist in der Fügung **wie von/ durch G.** *(wie durch eine unsichtbare Hand, Kraft [bewegt]:* wie von G. schloss sich plötzlich die Tür).
Geis|ter|haus, das: *[unheimliches] verlassenes Haus.*
geis|tern ⟨sw. V.⟩: **1. a)** ⟨ist⟩ *wie ein ²Geist* (3) *¹umgehen* (1 b): die Kinder geistern nachts durchs Haus; Lichter geisterten über die Insel; **b)** ⟨hat⟩ *sich an einem bestimmten Ort wie ein ²Geist* (3) *bewegen:* Lichter geistern hinter den Fenstern. **2.** ⟨ist⟩ *¹umgehen* (1 a), *kursieren:* diese Idee, dieser Traum geistert immer noch in ihren Köpfen; dieses Thema geistert seit Jahren durch die Medien.
Geis|ter|reich, das: *Reich, Welt der ²Geister* (3).
Geis|ter|se|her, der: *jmd., der ²Geister* (3) *zu sehen glaubt, der Visionen, Erscheinungen hat.*
Geis|ter|se|he|rin, die; w. Form zu ↑ Geisterseher.
Geis|ter|stadt, die [LÜ von engl. ghost town]: *[unheimliche] verlassene Stadt.*
Geis|ter|stim|me, die: *geisterhafte Stimme.*
Geis|ter|stun|de, die ⟨Pl. selten⟩ (scherzh.): *mitternächtliche Stunde.*
Geis|ter|welt, die: *Geisterreich.*
Geis|ter|zug, der (ugs.): *leer fahrender Personenzug.*
geis|tes|ab|we|send ⟨Adj.⟩: *abwesend* (2): g. zum Fenster hinausstarren.
Geis|tes|ab|we|sen|heit, die [LÜ von frz. absence d'esprit]: *geistesabwesender Zustand.*
Geis|tes|ak|ro|bal|tik, die (meist scherzh.): *angestrengtes [spitzfindiges] Denken:* es bedarf einiger G., um diese Thesen plausibel zu begründen.
Geis|tes|ar|beit, die: *geistige Arbeit.*
Geis|tes|ar|bei|ter, der: *jmd., der beruflich überwiegend geistig arbeitet.*
Geis|tes|ar|bei|te|rin, die: w. Form zu ↑ Geistesarbeiter.
Geis|tes|bil|dung, die: *Bildung des ¹Geistes* (1 a): G. besitzen; ein Mensch von hoher G.
Geis|tes|blitz, der (ugs.): *plötzlicher geistreicher Einfall:* einen G. haben.
Geis|tes|frei|heit, die: *Gedankenfreiheit.*
Geis|tes|ga|ben ⟨Pl.⟩: *geistige Anlagen, Fähigkeiten:* mit hervorragenden G. ausgestattet sein.
Geis|tes|ge|gen|wart, die [LÜ von frz. présence d'esprit]: *Fähigkeit, in unvorhergesehenen Situationen schnell zu reagieren u. das Richtige zu tun:* die G. bewahren, verlieren; sie fand noch die G., sofort den Strom auszuschalten.
geis|tes|ge|gen|wär|tig ⟨Adj.⟩: *Geistesgegenwart besitzend, davon zeugend:* eine -e Tat; g. handeln.
Geis|tes|ge|schich|te, die ⟨o. Pl.⟩: *Geschichte der geistigen Kräfte u. Strömungen einer Epoche od. Nation:* die deutsche G.
geis|tes|ge|schicht|lich ⟨Adj.⟩: *die Geistesgeschichte betreffend, zu ihr gehörend:* die -en Wurzeln des Faschismus untersuchen.
geis|tes|ge|stört ⟨Adj.⟩ (ugs. veraltend, oft abwertend): **1.** *psychotisch.* **2.** *geistig behindert.*
Geis|tes|ge|stör|te, die/eine Geistesgestörte; der/einer Geistesgestörten, die Geistesgestörten/zwei Geistesgestörte (ugs. veraltend, oft abwertend): **1.** *Psychotikerin.* **2.** *geistig Behinderte.*
Geis|tes|ge|stör|ter, der Geistesgestörte/ein Geistesgestörter; des/eines Geistesgestörten, die Geistesgestörten/zwei Geistesgestörte (ugs. veraltend, oft abwertend): **1.** *Psychotiker.* **2.** *geistig Behinderter.*
Geis|tes|ge|stört|heit, die; - (ugs. veraltend, oft abwertend): **1.** *Psychose.* **2.** *geistige Behinderung.*
Geis|tes|grö|ße, die: **1.** ⟨o. Pl.⟩ *überragende geistige Befähigung:* G. besitzen. **2.** *Mensch von überragender geistiger Befähigung.*
Geis|tes|hal|tung, die: *geistige Haltung, Einstellung.*
Geis|tes|kraft, die: *Kraft* (1) *des ¹Geistes* (1 a): überragende Geisteskräfte besitzen.
geis|tes|krank ⟨Adj.⟩ (Med., Psychol. veraltet, noch ugs.): **1.** *psychotisch.* **2.** *geistig behindert.*
Geis|tes|krank|heit, die (Med., Psychol. veraltet, noch ugs.): **1.** *Psychose.* **2.** *geistige Behinderung.*
Geis|tes|le|ben, das ⟨o. Pl.⟩: *Gesamtheit des*

Geschehens auf geistigem Gebiet: die Entwicklung des deutschen -s.
Geis|tes|schär|fe, die: *geistige Schärfe* (6).
Geis|tes|schwä|che, die ⟨o. Pl.⟩ (veraltend): *geistige Behinderung.*
Geis|tes|stär|ke, die: *geistige Stärke* (6 a).
Geis|tes|strö|mung, die: *geistige Strömung* (2): die -en der Neuzeit.
◆ **geis|tes|trä|ge** ⟨Adj.⟩: *geistig träge:* ... da er doch nun frei war von der bedrückenden Last einer -n und nichtsnutzigen Hausfrau (Keller, Liebesbriefe 48).
Geis|tes|träg|heit, die: *Trägheit des Geistes.*
Geis|tes|ver|fas|sung, die: *geistige Verfassung* (2): sich in einer bestimmten G. befinden.
geis|tes|ver|wandt ⟨Adj.⟩: *geistig, dem* ¹*Geiste nach verwandt:* sich mit jmdm. g. fühlen.
Geis|tes|ver|wandt|schaft, die: *geistige Verwandtschaft* (3).
Geis|tes|ver|wir|rung, die: *Verwirrung des* ¹*Geistes* (1 a): an G. leiden.
Geis|tes|welt, die (geh.): **1.** *Welt der Gedanken, des* ¹*Geistes* (1 a). **2.** *Gesamtheit der Geistesschaffenden od. geistig Interessierten.*
Geis|tes|wis|sen|schaft, die ⟨meist Pl.⟩: **a)** *Gesamtheit der Wissenschaften, die die verschiedenen Gebiete der Kultur u. des geistigen Lebens zum Gegenstand haben;* **b)** *einzelne Wissenschaft, die ein bestimmtes Gebiet der Kultur u. des geistigen Lebens zum Gegenstand hat.*
Geis|tes|wis|sen|schaft|ler, der: *Wissenschaftler od. Student auf dem Gebiet der Geisteswissenschaften.*
Geis|tes|wis|sen|schaft|le|rin, die: w. Form zu ↑ Geisteswissenschaftler.
geis|tes|wis|sen|schaft|lich ⟨Adj.⟩: *die Geisteswissenschaften betreffend, zu ihnen gehörend.*
Geis|tes|zu|stand, der ⟨o. Pl.⟩: *psychische Verfassung eines Menschen.*
geist|feind|lich ⟨Adj.⟩: *allem Geistigen, Intellektuellen feindlich gegenüberstehend:* ein -es Regime; eine -e Haltung.
Geist|hei|ler, der: *jmd., der Geistheilung betreibt, dem Heilerfolge durch Geistheilung zugeschrieben werden.*
Geist|hei|le|rin, die: w. Form zu ↑ Geistheiler.
Geist|hei|lung, die: *(ohne Anwendung ärztlicher Instrumente od. Verabreichung von Medikamenten erfolgende) Heilung* (1) *durch Handauflegen, Gebete od. magische Praktiken [u. suggestive Beeinflussung].*
geis|tig ⟨Adj.⟩: **1. a)** *auf den menschlichen* ¹*Geist* (1 a), *das Denkvermögen des Menschen, seine Verstandeskräfte, seine Fähigkeit, Dinge zu durchdenken u. zu beurteilen, bezogen:* -e und körperliche Arbeit; -e Interessen, Fähigkeiten; das -e Rüstzeug für etw. haben; die -e Auseinandersetzung, Konzeption; im Vollbesitz seiner -en Kräfte sein; g. träge, rege; g. arbeiten; g. zurückgeblieben (ugs., meist abwertend) sein; er war g. weggetreten (ugs.; *war nicht bei der Sache*); **b)** *besonders scharfen Verstand, ausgeprägtes Denkvermögen besitzend, sich mit den Dingen des* ¹*Geistes beschäftigend:* er ist ein ausgesprochen -er Mensch, Typ. **2.** [mhd. geistec] *nur gedacht, allein in der Vorstellungswelt vorhanden:* -e Wesen, Wesenheiten. **3.** [zu ↑¹Geist (3) *alkoholisch:* -e Getränke; ... wenn Hans seinen Grog ausgetrunken hatte, stand sie leise auf ... schenkte aus dem summenden Samowar das Wasser nach über die -e Essenz (Fussenegger, Haus 413).
Geis|tig|keit, die; -: *geistige* (1) *[Wesens]art; geistige Natur, Beschaffenheit.*
geis|tig-kul|tu|rell ⟨Adj.⟩: *das Geistige* (1 a) *u. das Kulturelle gemeinsam betreffend:* die -e Orientierung, Erneuerung; g. verarmen.

geist|lich ⟨Adj.⟩ [mhd. geistlich, ahd. geistlīh, LÜ von lat. spiritualis, ↑ spiritual]: *die Religion, den kirchlichen u. gottesdienstlichen Bereich betreffend:* -e Lieder; das -e Gewand *(Gewand eines/ einer Geistlichen);* ein -er Herr *(ein Geistlicher);* der -e Stand *(der Stand der Geistlichen);* jmdm. g. *(mit den Mitteln der Religion, der Kirche)* beistehen.
Geist|li|che, die/eine Geistliche; der/einer Geistlichen, die Geistlichen/zwei Geistliche: *weibliche Person, die als Theologin Aufgaben im gottesdienstlichen u. seelsorgerischen Bereich einer Religionsgemeinschaft wahrnimmt.*
Geist|li|cher, der Geistliche/ein Geistlicher; des/ eines Geistlichen, die Geistlichen/zwei Geistliche: *Person, die als Theologe Aufgaben im gottesdienstlichen u. seelsorgerischen Bereich einer Religionsgemeinschaft wahrnimmt:* ein katholischer, muslimischer G.
Geist|lich|keit, die; -: **a)** *Gesamtheit der Geistlichen;* **b)** *Klerus.*
geist|los ⟨Adj.⟩ [mhd. geistelōs]: *ohne* ¹*Geist* (1), *eigene Gedanken; dumm:* ein -er Nachahmer; ein -es Gespräch *(ein Gespräch ohne besonderen gedanklichen Gehalt).*
Geist|lo|sig|keit, die; -, -en: **1.** ⟨o. Pl.⟩ *geistlose Art, geistloses Wesen.* **2.** *geistlose Äußerung.*
geist|reich ⟨Adj.⟩ [mhd. geistrīch]: *viel* ¹*Geist* (1) *zeigend; von* ¹*Geist* (1) *zeugend; in kluger, gescheiter Weise witzig; voller Esprit:* ein -er Autor; sie versteht g. zu plaudern; ein -es (ugs. iron.; *dummes, einfältiges*) Gesicht machen.
geist|sprü|hend ⟨Adj.⟩: *überströmend von* ¹*Geist* (1), *reich an geistvollen Gedanken, Einfällen:* sie hat ein -es Theaterstück geschrieben.
geist|tö|tend ⟨Adj.⟩: *überaus eintönig, langweilig:* eine -e Beschäftigung.
geist|voll ⟨Adj.⟩: *voller* ¹*Geist* (1); *durch gedankliche Originalität u. Tiefe auffallend:* eine -e Huldigung.
Geiz, der; -es, -e: **1.** ⟨o. Pl.⟩ [spätmhd. geiz, mhd. gīz, zu: git(e)sen, giten (↑ geizen) od. zu mhd., ahd. gīt(e) = Gier, Habgier] *übertriebene Sparsamkeit:* seine Sparsamkeit grenzt schon beinahe an Z. **2.** [da er den Pflanzen »gierig« den Saft aussaugt] (Landwirtsch., Weinbau) *Nebentrieb, der die Entwicklung des Haupttriebes beeinträchtigt.*
gei|zen ⟨sw. V.; hat⟩ [mhd. gīt(e)sen, gīzen, zu: gīten = gierig sein, zu mhd., ahd. gīt(e), ↑ Geiz]: **1.** *übertrieben sparsam sein:* mit jedem Pfennig g.; Ü mit jeder Minute g.; man geizte nicht mit Lob; sie geizt nicht mit ihren Reizen (iron.; *zeigt sie freigebig*). **2.** (geh. veraltet) *heftig verlangen:* nach Ruhm g. **3.** *ausgeizen.*
Geiz|hals, der: (ugs. abwertend): *geiziger Mensch.*
gei|zig ⟨Adj.⟩: [im 15. Jh. für mhd. gītec, ahd. gītag = (hab)gierig]: *übertrieben sparsam:* der Alte ist sehr g.; Er gibt aus, ist verschwendet ... – während es mein Teil ist, zu sparen, ängstlich und g. zusammenzuhalten (Th. Mann, Hoheit 124).
Geiz|kra|gen, der, (ugs. abwertend): *Geizhals.*
Ge|jam|mer, (seltener:) **Ge|jam|me|re,** das; -s (ugs. abwertend): *[dauerndes] Jammern.*
Ge|jauch|ze, das; -s (ugs. abwertend): *[dauerndes] Jauchzen* (a): das G. der Kinder wollte kein Ende nehmen.
Ge|jaul, das; -[e]s, (häufiger:) **Ge|jau|le,** das; -s (ugs. abwertend): *[dauerndes] Jaulen.*
Ge|jo|del, das; -s (ugs. abwertend): *[dauerndes] Jodeln.*
Ge|johl, das; -[e]s, (häufiger:) **Ge|joh|le,** das; -s (ugs. abwertend): *[dauerndes] Johlen* (a): die Menschenmenge zog mit lautem G.
ge|kannt: ↑ kennen.
Ge|keif, das; -[e]s, (häufiger:) **Ge|kei|fe,** das; -s (ugs. abwertend): *[dauerndes] Keifen.*

Ge|keu|che, das; -s (ugs. abwertend): *[dauerndes] Keuchen.*
Ge|ki|cher, das; -s (ugs.): *[dauerndes] Kichern:* das G. der Schulmädchen.
Ge|kläff, das; -[e]s, **Ge|kläf|fe,** das; -s (ugs. abwertend): *[dauerndes] Kläffen.*
Ge|klap|per, (seltener:) **Ge|klap|pe|re,** das; -s (ugs. abwertend): *[dauerndes] Klappern.*
Ge|klatsch, das; -[e]s, (häufiger:) **Ge|klat|sche,** das; -s [zu ↑ klatschen] (abwertend): **1.** *wiederholtes Beifallklatschen:* das dauernde G. stört nur. **2.** (ugs.) *[dauerndes] Klatschen* (4 a), *Klatsch* (2 a).
ge|klei|det: ↑ kleiden.
Ge|klim|per, (seltener:) **Ge|klim|pe|re,** das; -s (ugs. abwertend): *[dauerndes] Klimpern.*
Ge|klin|gel, (selten:) **Ge|klin|gei|le,** (selten:) **Ge|kling|le,** das; -s (ugs. abwertend): *[dauerndes] Klingeln.*
Ge|klirr, das; -[e]s, (seltener:) **Ge|klir|re,** das; -s (abwertend): *[dauerndes] Klirren.*
ge|klom|men: ↑ klimmen.
Ge|klopf, das; -[e]s, (häufiger:) **Ge|klop|fe,** das; -s (abwertend): *[dauerndes] Klopfen.*
Ge|klüft, das; -[e]s, -e, **Ge|klüf|te,** das; -s, - [Kollektivbildung zu ↑ ²Kluft] (dichter.): *zerklüftete Gegend mit Felsen, Klippen u. Abgründen:* er stieg empor durch wildes G.
ge|klun|gen: ↑ klingen.
Ge|knall, das; -[e]s, (häufiger:) **Ge|knal|le,** das; -s (ugs. abwertend): *[dauerndes] Knallen, Knallerei.*
Ge|knat|ter, das; -s (ugs. abwertend): *[dauerndes] Knattern, das G. der Motorräder.*
ge|knickt ⟨Adj.⟩ (ugs.): *in seinen Erwartungen sehr enttäuscht u. darum betrübt u. niedergeschlagen:* einen -en Eindruck machen.
ge|knif|fen: ↑ kneifen.
ge|knip|pen: ↑ kneipen.
Ge|knirsch, das; -[e]s, **Ge|knir|sche,** das; -s (abwertend): *[dauerndes] Knirschen.*
Ge|knis|ter, das; -s (abwertend): *[dauerndes] Knistern:* störendes G. mit Stanniolpapier.
ge|knüp|pelt ⟨Adj.⟩: *in der Fügung* **g. voll** (ugs.; *übermäßig, gestopft voll*).
Ge|knut|sche, das; -s (ugs. abwertend): *[dauerndes] Knutschen.*
◆ **Ge|köch,** das; -[e]s, -e [zu ↑ kochen]: ²*Gericht, Gekochtes:* Ü Neulich hört' ich einen (= neuen Prediger) auf dem Feld vor tausend und tausend Menschen sprechen. Das war ein ander G., als wenn sie auf der Kanzel herumtrommeln und die Leute mit lateinischen Brocken erwürgen (Goethe, Egmont I).
ge|kom|men: ↑ kommen.
ge|konnt ⟨Adj.⟩ [adj. 2. Part. von ↑ können]: *von hohem (handwerklichem od. technischem) Können zeugend:* mit -er Rhetorik; ihr Spiel war g.
ge|kö|pert ⟨Adj.⟩ (Textilind.): *in Köperbindung gewebt.*
ge|ko|ren: ↑ ²kiesen, küren.
ge|körnt: ↑ körnen.
Ge|krab|bel, das; -s, (seltener:) **Ge|krab|bel|le,** das; -s (ugs.): *[dauerndes] [Umher]krabbeln.*
Ge|krächz, das; -es, (häufiger:) **Ge|kräch|ze,** das; -s (ugs. abwertend): *[dauerndes] Krächzen.*
Ge|kra|kel, (selten:) **Ge|kra|ke|le, Ge|kra|kle,** das; -s (ugs. abwertend): **1.** *krakelig Geschriebenes.* **2.** *[dauerndes] Krakeln.*
ge|kränkt: ↑ kränken.
Ge|kränkt|heit, die; -, -en: **1.** ⟨o. Pl.⟩ *Zustand des Gekränktseins.* **2.** *Gefühl, Empfindung des Gekränktseins.*
Ge|krätz, das; -es, -e ⟨Pl. selten⟩ [zu ↑ kratzen] (Technik): *dünne, vor dem Guss abzuziehende Schicht aus Legierungen u. Schlacke auf geschmolzenem Metall.*

Ge|krat|ze, das; -s (ugs. abwertend): *[dauerndes] Kratzen.*

Ge|kräu|sel, das; -s (geh.): **a)** *[dauerndes] Sichkräuseln:* das G. der Wellen; **b)** *etw. Gekräuseltes.*

ge|kräu|selt: ↑ kräuseln.

Ge|kreisch, das; -[e]s, **Ge|krei|sche,** das; -s: *[dauerndes] Kreischen.*

Ge|kreu|zig|te, die/eine Gekreuzigte; der/einer Gekreuzigten, die Gekreuzigten/zwei Gekreuzigte: *weibliche Person, die ans Kreuz geschlagen wurde.*

Ge|kreu|zig|ter, der Gekreuzigte/ein Gekreuzigter; des/eines Gekreuzigten, die Gekreuzigten/zwei Gekreuzigte: *jmd., der ans Kreuz geschlagen wurde:* der Gekreuzigte (christl. Rel.; Beiname Jesu Christi).

Ge|krit|zel, (selten:) **Ge|krit|ze|le,** das; -s (abwertend): **1.** *etw. Gekritzeltes.* **2.** *[dauerndes] Kritzeln.*

ge|kro|chen: ↑ kriechen.

ge|kröpft: ↑ kröpfen.

Ge|krö|se, das; -s, - [mhd. gekroese = kleines Gedärm, eigtl. = Krauses, zu ↑ kraus]: **1. a)** (Anat.) *wie eine Kreppmanschette gekräuseltes, aus Bindegewebe bestehendes Aufhängeband des Dünndarms;* **b)** *Eingeweide, Gedärm.* **2.** (Kochkunst) *Gesamtheit essbarer Innereien (bes. vom Kalb).*

ge|kün|digt: ↑ kündigen.

Ge|kün|dig|te, die/eine Gekündigte; der/einer Gekündigten, die Gekündigten/zwei Gekündigte: *weibliche Person, der gekündigt worden ist.*

Ge|kün|dig|ter, der Gekündigte/ein Gekündigter; des/eines Gekündigten, die Gekündigten/zwei Gekündigte: *jmd., dem gekündigt worden ist.*

Ge|kun|gel, das; -s (ugs. abwertend): *[dauerndes] Kungeln; Kungelei.*

ge|küns|telt ⟨Adj.⟩ [adj. 2. Part. von veraltet künsteln = (kleine) Künste gebrauchen] (abwertend): *nicht echt, nicht natürlich [wirkend]:* -e Freundlichkeit; sie lachte etwas g.

Ge|küs|se, das; -s (ugs. abwertend): *[dauerndes] Küssen.*

Gel, das; -s, -e, ugs. auch: -s [Kurzf. von ↑ Gelatine]: **1.** ⟨Pl. -e⟩ (Chemie) *gallertartiger Niederschlag aus einer fein zerteilten Lösung.* **2.** *einer Creme (1) ähnliches, fettfreies Kosmetikum; gallertartiger Hygieneartikel.*

Ge|la|ber, Ge|la|be|re, das; -s [zu ↑ labern] (ugs. abwertend): *seichtes Gerede, törichtes Geschwätz.*

Ge|la|che, das; -s (abwertend): *[dauerndes] Lachen.*

Ge|läch|ter, das; -s, - ⟨Pl. selten⟩ [mhd. gelehter, Kollektivbildung zu: lahter, ahd. (h)lahtar = (lautes) Lachen]: **1.** *lautes [anhaltendes] Lachen:* lautes G.; ein großes G. anstimmen; in G. ausbrechen; * **homerisches G.** *(schallendes Gelächter; nach Stellen bei Homer, wo von dem »unauslöschlichen Gelächter der seligen Götter« die Rede ist: Die Leute sahen sie mit offenen Mündern an und brachen in ein homerisches G. aus* [Brecht, Groschen 192]*).* **2.** ⟨o. Pl.⟩ *Gegenstand, Anlass des Lachens:* jmdn., sich zum G. [der Leute] machen.

ge|lack|mei|ert ⟨Adj.⟩ [H. u.] (salopp scherzh.): *hintergangen, betrogen:* g. sein; sich g. fühlen; ⟨subst.:⟩ er ist wieder mal der Gelackmeierte.

ge|lackt: ↑ lacken.

ge|la|den: 1. ↑ [1,2]laden. **2.** * **g. sein** (salopp) *voll aufgestauter Wut, zornig, wütend sein; nach der geladenen Schusswaffe: auf jmdn., etw. g. sein).*

Ge|la|ge, das; -s, - [niederrhein. Gelag, Gelach, urspr. = (zum Essen u. Trinken) Zusammengelegtes, zu ↑ legen]: *gemeinsames reichliches, oft über das gewöhnliche Maß hinausgehendes Essen u. Trinken:* ein wüstes G. fand statt.

ge|lähmt: ↑ lähmen.

Ge|lähm|te, die/eine Gelähmte; der/einer Gelähmten, die Gelähmten/zwei Gelähmte: *weibliche Person, die ganz od. an einzelnen Gliedern bewegungsunfähig ist.*

Ge|lähm|ter, der Gelähmte/ein Gelähmter; des/eines Gelähmten, die Gelähmten/zwei Gelähmte: *jmd., der ganz od. an einzelnen Gliedern bewegungsunfähig ist.*

Ge|lähmt|heit, die; -: *[geistige] Unbeweglichkeit, Stumpfheit:* seelische G.

Ge|län|de, das; -s, - [mhd. gelende, ahd. gilenti, Kollektivbildung zu ↑ Land]: **a)** *Landschaft; [nicht begrenztes] Gebiet in seiner natürlichen Beschaffenheit:* ein ebenes, hügeliges G.; das G. steigt an, fällt ab; das G. erkunden; auf freiem G.; **b)** *bestimmtes, in seinen Grenzen festgelegtes Stück Land; [Bau]grundstück:* ein G. für eine Fabrik erwerben; auf dem G. der Ausstellung.

Ge|län|de|auf|nah|me, die (Geogr.): *Vermessung u. kartenmäßige Erfassung eines Gebietes.*

Ge|län|de|fahrt, die: *Fahrt mit einem Geländefahrzeug durch ein Gelände ohne Straßen u. Wege.*

Ge|län|de|fahr|zeug, das: *geländegängiges Fahrzeug.*

ge|län|de|gän|gig ⟨Adj.⟩: *(von Fahrzeugen) bes. für Fahrten durch unwegsames Gelände geeignet:* der Jeep ist sehr g.

Ge|län|de|lauf, der (Leichtathletik): *längerer Lauf querfeldein durch freies Gelände od. durch Wald.*

Ge|län|de|marsch, der: *Marsch durch freies Gelände als [militärische] Marschübung [mit Gepäck].*

Ge|län|der, das; -s, - [spätmhd. gelender, gelenter, zu mhd. gelanter, Kollektivbildung zu: lander = Stangenzaun (zu ↑ Linde u. eigtl. = Latte, Stange aus Lindenholz)]: *an der freien Seite von Treppen, Balkonen u. an Brücken einem Zaun ähnliche, oben mit einem Handlauf o. Ä. abschließende Vorrichtung, die als Schutz vor Absturz u. zum Festhalten dient:* ein schmiedeeisernes G.; sich am G. festhalten; sich über das G. beugen.

Ge|län|de|ritt, der: **a)** *[Übungs]ritt durch freies Gelände;* **b)** (Reiten) *Wettbewerb im Reiten auf einer abgesteckten Strecke mit natürlichen Hindernissen im offenen Gelände.*

Ge|län|de|spiel, das: *(von Jugendgruppen ausgeübtes) Mannschaftsspiel im Gelände mit Wandern, Orientierungsübungen, Spurensuche u. Ä.*

Ge|län|de|sport, der: *sportliche Übungen im Gelände.*

ge|län|de|taug|lich ⟨Adj.⟩: *geländegängig.*

Ge|län|de|übung, die (Militär): *Übung im freien Gelände.*

Ge|län|de|wa|gen, der: *Geländefahrzeug.*

ge|lang, ge|län|ge: ↑ gelingen.

◆ **Ge|län|ge,** das; -s, - [zu ↑ lange] (landsch.): *lang gestrecktes Feld (2):* ... *was weit! wie schnelle! über Blumenfelds G.* (Goethe, Diwan [Schenkenbuch, Sommernacht]).

ge|lan|gen (sw. V.; ist) [mhd. gelangen, ahd. gilangōn, ablautende Bildung zu ↑ gelingen]: **1.** (geh., bes. schriftspr.) *ein bestimmtes Ziel erreichen; an ein bestimmtes Ziel kommen:* ans Ziel, nach Hause, zum Bahnhof g.; der Brief ist nicht in meine Hände gelangt; an die Öffentlichkeit, jmdm. zu Ohren g.; etw. gelangt in jmds. Besitz; jmd. gelangt in den Besitz von etw. **2.** (schweiz.) *sich (an jmdn.) wenden; appellieren:* er will [mit dieser Angelegenheit] an den Bundesrat g. **3.** (geh.) *etw., einen angestrebten Zustand erreichen; zu etw. kommen:* zu Geld, Ansehen, Ehre g.; ich bin zu der Erkenntnis gelangt, dass du damals recht hattest; zur Ruhe g. *(ruhig werden);* zum Abschluss g. *(abgeschlossen werden);* zur Ausführung g. *(ausgeführt werden);* zum Einsatz g. *(eingesetzt werden);* zur Darstellung g. *(dargestellt werden).*

ge|lang|weilt: ↑ langweilen.

ge|lappt ⟨Adj.⟩ [zu ↑ Lappen] (Bot.): *(von Laubblättern) durch spitze Einschnitte geteilt:* Ahornblätter sind g.

Ge|lärm, Ge|lär|me, das; -s (abwertend): *[dauerndes] Lärmen.*

Ge|lass, das; -es, -e [mhd. gelæze = (Art der) Niederlassung, zu ↑ lassen] (geh.): *kleiner, enger, dürftig eingerichteter [Keller]raum.*

¹ge|las|sen ⟨Adj.⟩ [mhd. gelāʒen = gottergeben, später = maßvoll, ruhig; eigtl. 2. Part. von: gelāʒen = sich benehmen]: *das seelische Gleichgewicht bewahrend; beherrscht, ruhig, gefasst:* mit -er Miene; g. sein, tun; etw. g. hinnehmen.

²ge|las|sen: ↑ lassen.

Ge|las|sen|heit, die; - [mhd. gelāʒenheit = Gottergebenheit]: *gelassene Haltung.*

Ge|läs|ter, das; -s (abwertend): *[dauerndes] Lästern.*

Ge|la|ti|ne [ʒe...], die; - [nlat. gelatina, zu lat. gelatus = gefroren, zum 2. Part. von: gelare, ↑ gelieren]: *(aus Knochen u. Häuten hergestellte) leimartige Substanz ohne Geschmack (1), die zum Eindicken u. Binden von Speisen sowie u. a. in der pharmazeutischen u. Kosmetikindustrie Verwendung findet.*

Ge|la|ti|ne|kap|sel, die: *dünnwandige Kapsel aus Gelatine für bestimmte [schlecht schmeckende] Medikamente, die sich erst im Magen auflöst u. so das Einnehmen erleichtert.*

ge|la|ti|nie|ren ⟨sw. V.⟩: **a)** ⟨ist⟩ *zu Gelatine erstarren; die Lösung ist [zum Gel] gelatiniert;* **b)** ⟨hat⟩ *eine fein zerteilte Lösung in Gelatine verwandeln.*

Ge|läuf, das; -[e]s, -e [zu ↑ laufen]: **1.** (Jägerspr.) *Spur der Federwildes.* **2.** (Sport) **a)** *Boden einer Pferderennbahn, eines Pferdeweges;* **b)** *Boden des Spielfeldes:* ein schweres G.

Ge|lau|fe, das; -s (ugs. abwertend): **1.** *[dauerndes] Laufen.* **2.** *Lauferei.*

ge|lau|fen: ↑ laufen.

ge|lau|fig ⟨Adj.⟩ [verstärkend für mhd. löufec, ↑ läufig]: **1.** *durch häufigen Gebrauch allgemein bekannt, vertraut, üblich:* -e Redensarten, Ausdrücke; diese Bezeichnung ist mir nicht g. **2.** *fließend, perfekt:* in -em Französisch; eine Fremdsprache g. sprechen; g. Klavier spielen. ◆ **3.** *einen leichten Lauf habend; leicht laufend, gehend:* Sie werden mir das Gelenk auseinandertreiben. Das macht -er (Schiller, Fiesco II, 9).

Ge|läu|fig|keit, die; -: **1.** *Bekanntheit, Vertrautheit.* **2.** *Perfektion:* seine G. beim Klavierspielen nimmt zu.

ge|launt [adj. 2. Part. von veraltet launen < mhd. lūnen = in vorübergehender Stimmung sein, zu ↑ Laune]: *in den Fügungen* **g. sein** *(sich in einer bestimmten Gefühlslage, Stimmung befinden:* froh, gut, schlecht g. sein; (auch attr.:) ein gut -er Onkel); **zu etw. g. sein** (veraltend): *in der Stimmung sein [etw. zu tun]:* er ist heute nicht zum Scherzen g.).

Ge|läut, das; -[e]s, -e [↑ Geläute]: **1.** *Gesamtheit der (zusammengehörigen u. klanglich aufeinander abgestimmten) Glocken einer Kirche:* die Gemeinde sammelte für ein neues G. **2.** ⟨o. Pl.⟩ *Geläute (1).*

Ge|läu|te, das; -s [mhd. geliute = Schall, Getöse; Glockengeläut, zu ↑ läuten]: **1.** *anhaltendes Läuten.* **2.** (Jägerspr.) *das Bellen der Hunde auf der Jagd.*

gelb ⟨Adj.⟩ [mhd. gel, ahd. gelo, eigtl. = glänzend, schimmernd; das b stammt aus den gebeugten Formen (mhd. gelw-)]: *von der Farbe einer rei-*

fen Zitrone: eine -e Tapete; die Blätter werden schon g. *(bekommen Herbstfärbung);* Gelbe Rüben (südd.; *Möhren);* Gelbe Seiten ® *(Branchenbuch);* Ü Vielleicht wäre er wirklich eines Tages als Offizier in sein Dorf eingerückt und hätte seinem großbäuerlichen Rivalen Diehn den -en Neid ins Gesicht getrieben *(seinen heftigen Neid erregt;* Strittmatter, Wundertäter 472); * Gelbe/-e Karte (↑ Karte 1).

Gelb, das; -[s], -[s]: *gelbe Farbe:* ein zartes, kräftiges, dunkles G.; bei G. *(gelbem Licht der Ampel)* ist die Kreuzung zu räumen; der Spieler sah G. (Sport; *ihm wurde die Gelbe Karte gezeigt).*

gelb|braun ⟨Adj.⟩: *in einem braunen Farbton, der ins Gelbe spielt.*

Gel|bes, das Gelbe/ein Gelbes; des/eines Gelben: *Eigelb:* von den Eiern braucht man nur das Gelbe; * **das Gelbe vom Ei sein** (ugs.; *das Beste, Vorteilhafteste sein:* diese Lösung ist nicht unbedingt das Gelbe vom Ei).

gelb fär|ben, gelb|fär|ben ⟨sw. V.; hat⟩: vgl. blau färben.

Gelb|fie|ber, das ⟨o. Pl.⟩ [nach der begleitenden Gelbsucht] (Med.): *(in tropischen Gebieten Afrikas u. Amerikas vorkommende)* mit hohem Fieber u. Erbrechen einhergehende Infektionskrankheit, deren Erreger die Gelbfiebermücke überträgt.

Gelb|fie|ber|mü|cke, die: *Stechmücke, die das Gelbfieber überträgt.*

Gelb|fil|ter, der, fachspr. meist: das (Fotogr.): *zur Dämpfung von blauen Farbtönen eingesetzter Filter.*

gelb|ge|sperrt ⟨Adj.⟩ (Fußball): *mit einer Gelbsperre belegt:* der Spieler ist g.

gelb|grün ⟨Adj.⟩: *in einem grünen Farbton, der ins Gelbe spielt.*

Gelb|grün|fil|ter, der, Fachspr. meist: das (Fotogr.): *Farbfilter, der Blau dämpft u. Grün aufhellt.*

Gelb|kör|per, der (Anat., Med.): *im Eierstock nach dem Ausstoßen eines reifen Eies sich bildende Drüse, die einen gelben Farbstoff speichert u. ein Sexualhormon erzeugt.*

Gelb|kör|per|hor|mon, das: *im Gelbkörper gebildetes weibliches Sexualhormon.*

Gelb|kreuz, das ⟨o. Pl.⟩ [nach der Kennzeichnung der Behälter mit einem gelben Kreuz]: *Senfgas.*

gelb|lich ⟨Adj.⟩: *leicht gelb getönt, sich im Farbton dem Gelb nähernd, ins Gelbe spielend:* ein -es Weiß; ein g. grünes, g. weißes Licht; das Foto ist schon g. geworden; g. schimmern.

Gelb|licht, das ⟨o. Pl.⟩ (Verkehrsw.): *gelbes Licht der Ampel.*

Gelb|rand|kä|fer, der: *(im Süßwasser lebender) Schwimmkäfer, dessen schwarzbraune Oberseite einen gelben Rand aufweist.*

Gelb|rost, der: *(bes. an Getreidepflanzen auftretende) durch Rostpilze hervorgerufene Krankheit, bei der sich an den Blättern im Sommer gelbe, im Winter schwarze Streifen bilden.*

gelb|rot ⟨Adj.⟩: *in einem roten Farbton, der ins Gelbe spielt.*

gelb-rot ⟨Adj.⟩: *gelb u. rot gefärbt:* eine -e Flagge; ⟨subst.:⟩ der Spieler sah Gelb-Rot (Fußball; *die Gelbe u. die Rote Karte als Zeichen für einen Platzverweis);* * Gelb-Rote/-e Karte (↑ Karte 1).

gelb-rot-ge|sperrt, gelb|rot|ge|sperrt ⟨Adj.⟩ (Fußball): *mit einer Gelb-Rot-Sperre belegt:* der Spielmacher ist heute g.

Gelb-Rot-Sper|re, Gelb|rot|sper|re, die (Fußball): *nach einer zweiten Gelben Karte, die gleichzeitig mit einer Roten gezeigt wird, automatisch in Kraft tretendes Spielverbot für das nächste Spiel innerhalb desselben Wettbewerbs:* der Spieler hat seine G. abgesessen (ugs.; *die Sperrfrist des Spielers ist abgelaufen).*

Gelb|rü|be, die (südd.): *Möhre.*

Gelb|schna|bel, der [bei ganz jungen Vögeln sitzt am Schnabel noch eine dünne, gelbliche Hüllhaut] (ugs. veraltet): *Grünschnabel:* ♦ ... als ich mit der Kühnheit eines wagehalsigen -s dir in gewissen Verlegenheiten beistand (Goethe, Wanderjahre II, 3).

gelb|sei|den ⟨Adj.⟩: *aus gelber Seide bestehend.*

Gelb|sper|re, die (Fußball): *nach einer bestimmten Anzahl von Gelben Karten automatisch in Kraft tretendes Spielverbot:* wegen einer G. im Aufgebot fehlen.

Gelb|spöt|ter, der: *die Stimmen anderer Vögel nachahmender Singvogel mit schwefelgelber Unter- u. olivgrüner Oberseite; Gartensänger; Gartenspötter.*

Gelb|stich, der: *gelbliche Verfärbung.*

Gelb|sucht, die ⟨o. Pl.⟩ [mhd. gelsucht, ahd. gelasuht] (Med.): *die Funktion von Galle u. Leber beeinflussende Krankheit, bei der sich Haut u. Schleimhäute gelb verfärben.*

gelb|süch|tig ⟨Adj.⟩: *Erscheinungen von Gelbsucht zeigend; aufgrund von blasser, gelblicher Hautfarbe wie krank wirkend:* g. aussehen.

Gelb|wurst, die: *geräucherte Fleischwurst in gelbem Darm.*

Gelb|wur|zel, die: *(zu den Ingwergewächsen gehörende) Pflanze mit lanzettförmigen Blättern u. blassgelben Blüten, deren Wurzelstock das im Curry enthaltene Kurkuma liefert.*

Gel|coat [ˈgeːlkoːt, engl.: ˈdʒɛlkoʊt], das; -s [engl. gel coat, aus: gel = Gel u. coat, ↑ Coat] (Schifffahrt): *oberste Schicht der Außenhaut eines Bootes, das aus glasfaserverstärktem Kunststoff gebaut ist.*

Geld, das; -[e]s, -er [mhd. gelt = Zahlung, Vergütung, Einkommen, Wert; dann: geprägtes Zahlungsmittel, ahd. gelt = Zahlung; Lohn; Vergütung, zu ↑ gelten] **1.** ⟨o. Pl.⟩ *in staatlichem Auftrag aus Metall geprägtes od. auf Papier gedrucktes Zahlungsmittel:* bares G.; kleines G. (*Münzen);* großes G. *(Scheine);* ein hinausgeworfenes G. *(eine unnütze, sinnlose Ausgabe);* leichtes G. *(Geld, das ohne große Mühe verdient werden kann);* schmutziges G. *(auf unredliche Weise erworbene Geldmittel);* G. [von der Bank, vom Sparbuch] abheben; G. wechseln; G. fälschen; G. verdienen; G. scheffeln (ugs.; *viel Geld verdienen, zusammenraffen);* G. flüssigmachen *(sich durch Verkauf von Wertpapieren o. Ä. Bargeld beschaffen);* das kostet viel G. *(ist teuer);* das ist sein G. wert *(ist von guter Qualität u. rechtfertigt seinen Preis);* diese Idee bedeutet bares G. *(bringt Gewinn);* etw. für teures G. erwerben; der Traum vom großen G. *(Reichtum);* R da kommt G. zu G. *(ein reicher Mann u. eine reiche Frau heiraten);* G. verdirbt den Charakter; Spr G. stinkt nicht (nach dem Ausspruch »Non olet« Kaiser Vespasians, der mit diesen Worten seinem Sohn Titus auf dessen Tadel hin, dass er die Bedürfnisanstalten besteuert habe, das erste aus dieser Steuer eingenommene Geld unter die Nase gehalten haben soll); G. regiert die Welt (wer viel Geld verfügt, hat auch Macht und Einfluss); G. allein macht nicht glücklich [scherzh. Hinzufügung: aber es beruhigt]; wenn es ums G. geht, hört die Freundschaft auf; * heißes G. (↑ heiß); * G. haben, das, um größeren Gewinn zu erzielen, je nach Zinshöhe in andere Länder fließt; LÜ von engl. hot money). **2.** *durch Raub, Erpressung u. Ä. erworbene Anzahl von Münzen u. Noten, deren Nummern möglicherweise notiert wurden u. die der Erwerber deshalb schnell wieder abstoßen will);* G. und Gut (geh.; *der gesamte Besitz);* hier liegt das G. auf der Straße *(hier kann man leicht zu Geld kommen);* jmdm. rinnt das G. durch die Finger *(jmd. ist verschwenderisch);* [das große, leichtes] G. machen (ugs.; *[viel] Geld verdie-*

nen; LÜ von engl. to make money); sein G. unter die Leute bringen (ugs.; *sein Geld rasch ausgeben);* jmdm. das G. aus der Tasche ziehen (ugs.; *1. zum eigenen Vorteil jmdn. dazu bringen, dass er immer wieder Geld ausgibt. jmdm. eine überhöhte Rechnung ausstellen);* G. wie Heu/(österr. auch:) Mist haben; im G. schwimmen (ugs.; *sehr reich sein);* G. [mit beiden Händen] auf die Straße werfen/zum Fenster hinauswerfen/zum Schornstein hinausjagen (ugs.; *sehr verschwenderisch sein);* nicht für G. und gute Worte (ugs.; *auf keinen Fall, um keinen Preis);* ins G. gehen/laufen (ugs.; *viel Geld kosten, teuer werden);* zu G. kommen *(reich werden);* etw. zu G. machen *(verkaufen);* [viel] G. in die Hand nehmen (ugs.: *[viel] Geld aufwenden und investieren).* **2.** ⟨meist Pl.⟩ *größere [von einer bestimmten Stelle stammende, für einen bestimmten Zweck vorgesehene] Summe:* öffentliche -er; die -er für den Bau einer Straße aufbringen; er hat die G., die [ihm anvertrauten] -er veruntreut; über das nötige G., die nötigen -er verfügen. **3.** ⟨Börsenw.; Abk.: G⟩ Kurzf. von ↑ Geldkurs: US-Dollar = Euro 0,82 G.

Geld|adel, der: *Finanzaristokratie.*

Geld|an|ge|le|gen|heit, die ⟨meist Pl.⟩: *Gesamtheit dessen, was die [persönlichen od. familiären] Finanzen betrifft:* in -en konnte man ihm nichts vormachen.

Geld|an|la|ge, die: *Objekt, in dem jmd. sein Geld gewinnbringend anlegen kann:* Grundstücke sind eine sichere G.

Geld|an|le|ger, der: *jmd., der sein Geld anlegt.*

Geld|an|le|ge|rin, die: *w. Form zu ↑ Geldanleger.*

Geld|aris|to|kra|tie, die: *Finanzaristokratie.*

Geld|aus|ga|be, die: **1. a)** *das Ausgeben (2 a) von Geld;* **b)** *ausgegebenes (2 a) Geld.* **2.** *das Aushändigen, Abgeben von Geld:* bei diesem Automaten geht die G. zügig voran.

Geld|aus|ga|be|au|to|mat, der: *Automat, der nach Auswertung einer eingeführten Scheckkarte, Kreditkarte o. Ä. Geld abgibt; Geldautomat.*

Geld|au|to|mat, der: *Geldausgabeautomat.*

Geld|be|trag, der: *bestimmte [kleinere] Geldsumme.*

Geld|beu|tel, der: *Portemonnaie:* den G. zücken; er ist noch vom G. des Vaters abhängig *(wird noch vom Vater finanziell unterhalten, unterstützt);* Ü etw. tief in den G. greifen (ugs.; *viel Geld ausgeben);* * **Geld auf/auf seinem G. sitzen** (ugs. abwertend; *geizig sein).*

Geld|bom|be, die [nach der Form] (Bankw.): *metallenes Behältnis (für die Tageseinnahmen eines Geschäfts), das nach Schalterschluss durch eine Öffnung an der Bank eingeworfen wird u. in den Schacht zum gesicherten Nachttresor der Bank hinunterfällt.*

Geld|bör|se, die (geh.): *Portemonnaie.*

Geld|brief|trä|ger, der (früher): *Zusteller für Geld-, Einschreibe-, Nachnahmesendungen u. Ä.*

Geld|brief|trä|ge|rin, die: *w. Form zu ↑ Geldbriefträger.*

Geld|bün|del, das: *Bündel von Geldscheinen.*

Geld|bu|ße, die: *Buße (3):* der Richter ist bereit, die Anklage gegen eine G. von 500 Euro fallen zu lassen.

Geld|ent|wer|tung, die: *Verminderung des Geldwertes (b).*

Geld|er|werb, der: **1.** *Erwerb von Geld:* auf G. aus sein. **2.** *[berufliche] Tätigkeit, mit der jmd. Geld erwirbt:* dem, seinem G. nachgehen.

Gel|des|wert, der: *in den Fügungen* in/mit/für Geld und G. *(in/mit/für Geld u. alles, was den Wert von Geld hat).*

Geld|fluss, der (Wirtsch.): *das Bewegen von Geld bes. auf den Geld- u. Finanzmärkten.*

Geldforderung – gelegen

Geld|for|de|rung, die: *finanzieller Anspruch; einzutreibende Schuld:* eine G. an/gegen jmdn. haben.

Geld|fra|ge, die: *Frage des vorhandenen od. nicht vorhandenen Geldes:* ob wir verreisen können, das ist eine G.

Geld|ge|ber, der: *jmd., der für eine Sache Geld gibt, sich finanziell an einem Unternehmen beteiligt.*

Geld|ge|be|rin, die: w. Form zu ↑ Geldgeber.

Geld|ge|schäft, das ⟨meist Pl.⟩: *Handel, bei dem es um Geld geht, bei dem Geld bezahlt werden muss.*

Geld|ge|schenk, das: *Geschenk in Form von [Bar]geld.*

Geld|gier, die (abwertend): *[rücksichtsloses] Streben nach Geld.*

geld|gie|rig ⟨Adj.⟩ (abwertend): *auf Geld versessen.*

Geld|grün|de ⟨Pl.⟩: in der Fügung **aus -n** *(wegen des Geldes).*

Geld|hahn, der: meist in der Wendung **[jmdm.] den G. abdrehen/zudrehen** (ugs.; *[jmdm.] kein Geld mehr geben*).

Geld|haus, das: *Unternehmen, das sich mit Geldgeschäften befasst.*

Geld|hei|rat, die: *Eheschließung, die [nur] aus finanziellen Gründen erfolgt.*

Geld|herr|schaft, die: *Herrschaft durch die Macht des Kapitals; Plutokratie.*

Geld|in|sti|tut, das: *Unternehmen, in dem Geld eingezahlt, abgehoben od. gewechselt werden kann* (z. B. Bank, Sparkasse).

Geld|ka|pi|tal, das (Wirtsch.): *in Barmitteln, Wertpapieren o. Ä. bestehendes Kapital eines Unternehmens.*

Geld|kar|te, die: *kleine, als elektronisches Zahlungsmittel verwendete Karte aus Plastik mit einem Mikrochip, auf dem eine Geldsumme gespeichert ist.*

Geld|kas|set|te, die: *kleiner, verschließbarer Kasten aus Metall zur Aufbewahrung von Geld.*

Geld|knapp|heit, die: *Knappheit an Geld.*

Geld|kof|fer, der: *Koffer für den Transport von Geld; Koffer, in dem sich Geldscheine befinden.*

Geld|kurs, der (Börsenw.): *Kurs, zu dem ein Wertpapier o. Ä. an der Börse, auf der Bank gesucht od. zugekauft wird* (Abk.: G.).

Geld|leis|tung, die ⟨meist Pl.⟩ (Amtsspr.): *[Unterstützungs]zahlung.*

geld|lich ⟨Adj.⟩: *das Geld* (1) *betreffend; finanziell; Geld-:* -e Schwierigkeiten.

Geld|ma|che|rei, die: -, -en (ugs. abwertend): *Geldschneiderei.*

Geld|man|gel, der ⟨o. Pl.⟩: *Mangel an Geld.*

Geld|markt, der (Wirtsch.): *Markt für kurzfristige Kredite, Wechsel u. Ä.:* sich auf dem G. Mittel für neue Investitionen verschaffen.

Geld|men|ge, die (Wirtsch.): *in einer Volkswirtschaft im Umlauf befindliche Menge an Zahlungsmitteln* (Bargeld u. Sichteinlagen).

Geld|men|gen|ziel, das (Finanzw.): *von einer Notenbank festgesetztes, nach dem erwarteten Wirtschaftswachstum, dem angenommenen Preisanstieg u. der Umlaufgeschwindigkeit des Geldes berechnetes Volumen, auf das die Geldmenge in einem bestimmten Zeitpunkt ausgeweitet werden soll.*

Geld|mit|tel ⟨Pl.⟩: *Finanzmittel:* seine G. sind erschöpft.

Geld|not, die: *Not* (1) *aufgrund von Geldmangel:* in G. sein.

Geld|po|li|tik, die (Politik, Wirtsch.): *Maßnahmen der Regierung u. der Zentralbank zur Beeinflussung von Geldumlauf, Zinshöhe, Anzahl der Kredite u. Ä.*

Geld|prä|mie, die: *Prämie in Form von Geld.*

Geld|preis, der: *Preis in Form von Geld.*

Geld|pro|blem, das: *Problem, das sich aus dem Mangel an Geld ergibt.*

Geld|quel|le, die: a) *Stelle* (Person, Institution, Firma), *bei der jmd. Geld bekommen kann* (als Darlehen, Unterstützung, Lohn); b) *Einnahmequelle.*

Geld|re|gen, der (ugs. scherzh.): *sehr willkommene, erwünschte, oft unerwartete größere Geldzuwendung, größere Einnahme.*

Geld|rol|le, die (Bankw.): *in festes Papier verpackte u. mit Wertangabe versehene Rolle, die eine bestimmte Anzahl gleichartiger Münzen enthält.*

Geld|sack, der: **1. a)** (veraltet) *großer Beutel für Geld:* *auf seinem G. sitzen (ugs. abwertend; *geizig sein*); **b)** *fester Sack, in dem größere Geldmengen* (in gepanzerten Wagen) *von od. zu einer Bank befördert werden können.* **2.** (ugs. abwertend) *jmd., der sehr reich, aber geizig ist.*

Geld|schein, der: *Schein von bestimmter Größe* (u. durch Wasserzeichen, schmalen Metallstreifen u. besonderen Druck gegen Nachahmungen geschützt), *der den aufgedruckten Geldwert repräsentiert; Banknote.*

Geld|schnei|der, der [urspr. = Geldwechsler, der sich durch Beschneiden der Münzränder bereichert] (ugs. abwertend): *allzu sehr auf Gewinn bedachter Kaufmann; Wucherer.*

Geld|schnei|de|rei, die (ugs. abwertend): *ungerechtfertigtes Verdienen, Einnehmen, Herausschlagen von unverhältnismäßig viel Geld:* der Zwangsumtausch ist reine G.

Geld|schnei|de|rin, die: w. Form zu ↑ Geldschneider.

Geld|schrank, der: *gepanzerter, feuerfester u. gegen Diebstahl gesicherter Schrank zur Aufbewahrung von Geld, Wertsachen u. Ä.; Tresor.*

Geld|schrank|kna|cker, der (ugs.): *Einbrecher, der darauf spezialisiert ist, Geldschränke gewaltsam zu öffnen:* der G. wurde nie gefasst.

Geld|schrank|kna|cke|rin, die; -, -nen: w. Form zu ↑ Geldschrankknacker.

Geld|schuld, die: *Verpflichtung zur Zahlung einer bestimmten Geldsumme.*

Geld|se|gen, der (ugs. scherzh.): *als Wohltat, als Segen* (2 b) *empfundene größere Geldzuwendung:* der Förderpreis bedeutete einen G. für die Forscher.

Geld|sor|gen ⟨Pl.⟩: *Sorgen in Bezug auf das Geld, die wirtschaftliche Existenz.*

Geld|sor|te, die (Bankw.): *bestimmte [ausländische] Währung.*

Geld|spen|de, die: *Spende in Form von Geld.*

◆ **Geld|spiel,** das ⟨o. Pl.⟩ [2. Bestandteil landsch. Spiel = Menge zusammengehörender Dinge] (landsch.): *große Geldsumme:* Was das ein G. kost' (Goethe, Götz II).

Geld|sprit|ze, die (ugs.): *Hilfe für einen Betrieb, Wirtschaftszweig o. Ä. durch eine einmalige Geldzuwendung.*

Geld|stra|fe, die: *Strafe in Form einer Geldzahlung.*

Geld|strom, der (Wirtsch.): *Geldfluss; Zustrom u. Abfluss von Geld.*

Geld|stück, das: *kleinere Metallscheibe, die den aufgeprägten Geldwert repräsentiert; Münze* (1).

Geld|sum|me, die: *[bestimmte] Summe Geld.*

Geld|ta|sche, die: *[Leder]tasche, die bes. für das Aufbewahren größerer Mengen von Kleingeld geeignet ist.*

Geld|trans|fer, der (Wirtsch.): *Transfer* (7) *von Geld.*

Geld|trans|por|ter, der: *kleiner Lastwagen zum Transportieren von Geld.*

Geld|über|ga|be, die: *Übergabe von Geld.*

Geld|um|lauf, der (Wirtsch.): *die innerhalb eines Staatsgebiets umlaufende Geldmenge.*

Geld|um|tausch, der: *Umtausch von einer Währung in eine andere.*

Geld|ver|kehr, der ⟨o. Pl.⟩: *wechselseitige Zahlung.*

Geld|ver|le|gen|heit, die (verhüll.): *Verlegenheit* (2) *aufgrund von Geldmangel:* in G. sein.

Geld|ver|lei|her, der: *jmd., der Geld gegen Zinsen verleiht.*

Geld|ver|lei|he|rin, die: w. Form zu ↑ Geldverleiher.

Geld|ver|mö|gen, das: *gesamter Bestand an Bargeld, Guthaben auf Konten sowie an Sichteinlagen, über den jmd. verfügt.*

Geld|ver|schwen|dung, die: *Verschwendung von Geld:* das ist reine G.!

Geld|wasch|an|la|ge, die (Jargon): *Einrichtung, Institution o. Ä., die Geldwäsche betreibt.*

Geld|wä|sche, die (Jargon): a) *das Umwandeln von Geldern illegaler Herkunft* (insbesondere aus Raub, Erpressung, Drogen-, Waffen- u. Frauenhandel) *in offiziell registrierte Zahlungsmittel;* b) *das Weiterleiten unbeschränkt steuerbegünstigter Spendengelder an eine Institution, bes. an eine politische Partei, für deren Spenden nur eine teilweise Steuervergünstigung besteht.*

Geld|wä|scher, der (Jargon): *jmd., der Geldwäsche betreibt:* erst nach zehn Jahren flogen die G. auf.

Geld|wä|sche|rei, die (Jargon): *Vorgang der Geldwäsche:* man bezichtigte sie, jahrelang G. betrieben zu haben.

Geld|wä|sche|rin, die: w. Form zu ↑ Geldwäscher.

geld|wert ⟨Adj.⟩ (Bankw.): *einen bestimmten, in Geld auszudrückenden Wert darstellend:* ein -r Vorteil.

Geld|wert, der: a) *in Geld ausgedrückter Wert eines Gegenstandes:* die alte Truhe hat einen nur geringen, einen beträchtlichen, hohen G.; b) *Wert der Währung eines Landes; Kaufkraft* (1): fallende Preise bedeuten steigenden G.

Geld|wert|sta|bi|li|tät, die (Finanzw.): *Stabilität des Geldwertes* (b): die G. muss erhalten bleiben.

Geld|we|sen, das ⟨o. Pl.⟩: *Gesamtheit der mit dem Geld zusammenhängenden Vorgänge u. Einrichtungen.*

Geld|wirt|schaft, die: *Wirtschaftssystem mit Geld als allgemeinem Zahlungsmittel.*

Geld|zah|lung, die: **1.** *Zahlung einer Geldsumme.* **2.** *gezahlte Geldsumme.*

Geld|zu|wen|dung, die: *Unterstützung in Form von Geld.*

ge|leckt ⟨Adj.⟩: meist in der Wendung **wie g. aussehen** (ugs. scherzh.: 1. *sehr sauber aussehen.* 2. *sehr sorgfältig, übertrieben korrekt gekleidet sein*).

Ge|lee [ʒeˈleː, auch: ʒaˈleː], das od. der; -s, -s [frz. gelée < vlat. gelata, subst. 2. Part. von lat. gelare, ↑ gelieren]: a) *süßer Brotaufstrich aus gallertartig eingedicktem Fruchtsaft:* G. aus Brombeeren kochen; b) *in gallertartigen Zustand übergegangener Saft von Fleisch od. Fisch:* Hering in G.; c) *mithilfe von Geliermitteln hergestellte Süßspeise;* d) *als Wirkstoffträger in der kosmetischen Industrie verwendete, halbfeste, meist durchscheinende Substanz.*

Ge|lee|frucht, die ⟨meist Pl.⟩: *weiche, gallertartige, auf der Oberfläche mit Zucker bestreute Süßigkeit in Form von Früchten.*

Ge|lée ro|yale [ʒalɛrwaˈjal], das; - - [frz., zu: royal = königlich, ↑ royal]: *(in der kosmetischen u. pharmazeutischen Industrie verwendeter) von Bienen hervorgebrachter Saft, mit dem die Larven der Königinnen* (2) *gefüttert werden.*

Ge|le|ge, das; -s, -: *(bes. von Vögeln u. Reptilien) Gesamtheit der von einem Tier an einer Stelle abgelegten Eier:* ein G. von 5 Eiern.

¹ge|le|gen ⟨Adj.⟩ [mhd. gelegen, ahd. gelegan, urspr. = angrenzend, benachbart, dann = ver-

ge|le|gen: ↑ liegen.

²ge|le|gen:
Ge|le|gen|heit, die; -, -en [mhd. gelegenheit = Art u. Weise, wie etw. liegt; Lage, Stand (der Dinge)]: **1.** *geeignete Umstände, um etw. Geplantes auszuführen; [günstiger] Augenblick; Möglichkeit* (2): die G. ist günstig; dazu bietet sich bald [eine] G.; verpasste -en; jmdm. [die] G. geben, etw. zu tun; die G. nutzen; bei der nächsten G. *(sobald es sich ermöglichen lässt);* bei G. *(gelegentlich, irgendwann einmal);* Spr G. macht Diebe *(eine günstige Gelegenheit verführt dazu, etw. Verbotenes od. nicht Erwünschtes zu tun);* * **die G. beim Schopf[e] fassen/ergreifen/ packen/nehmen** *(einen einmaligen, günstigen Augenblick schnell entschlossen ausnutzen; nach dem im griech. Mythos als Gott verehrten Kairos [= der günstige Augenblick] mit lockigem Vorder- u. kahlem Hinterhaupt, der deshalb als Davonfliegender dargestellt wurde, weil man meist die gute Gelegenheit erst zu ergreifen sucht, wenn sie schon vorbei ist).* **2.** *Anlass:* Kleidung für alle -en; nur zu festlichen -en wird der Saal benutzt; bei G. (Papierdt.: *anlässlich)* seines Besuches. **3.** (Werbespr.) *bes. günstiges Angebot.* **4.** (verhüll.) *Toilette:* wo ist hier die G.?
Ge|le|gen|heits|ar|beit, die: *nur vorübergehend angenommene Arbeit, Erwerbstätigkeit.*
Ge|le|gen|heits|ar|bei|ter, der: *jmd., der nur gelegentlich arbeitet, keiner geregelten Arbeit nachgeht.*
Ge|le|gen|heits|ar|bei|te|rin, die: w. Form zu ↑ Gelegenheitsarbeiter.
Ge|le|gen|heits|bil|dung, die (Sprachwiss.): *Wort, das jederzeit gebildet werden kann, aber nicht fester Bestandteil des Wortschatzes ist.*
Ge|le|gen|heits|dich|tung, die: vgl. Gelegenheitsgedicht.
Ge|le|gen|heits|dieb, der: *jmd., der einen Gelegenheitsdiebstahl begeht.*
Ge|le|gen|heits|die|bin, die: w. Form zu ↑ Gelegenheitsdieb.
Ge|le|gen|heits|dieb|stahl, der: *[nicht im Voraus geplanter] Diebstahl, den jmd. begeht, weil sich gerade eine für ihn günstige Gelegenheit ergibt, die Umstände die Straftat erleichtern.*
Ge|le|gen|heits|ge|dicht, das: *für einen bestimmten Anlass verfasstes Gedicht.*
Ge|le|gen|heits|job, der: *Gelegenheitsarbeit:* er hielt sich mit -s über Wasser.
Ge|le|gen|heits|kauf, der: **a)** *Kauf, zu dem sich jmd. durch eine günstige Gelegenheit, ein günstiges Angebot od. dgl. spontan entschließt:* wir machten auf dem Markt einige Gelegenheitskäufe; **b)** *bei einem Gelegenheitskauf* (a) *erworbener Gegenstand:* diese alte Truhe ist ein G.
¹ge|le|gent|lich 〈Adj.〉 [mhd. gelegenlich = gelegen, günstig]: **a)** *bei Gelegenheit, bei passenden Umständen [geschehend]:* -e Besuche; diese Sachen sollen g. verkauft werden; **b)** *manchmal, hier u. da, von Zeit zu Zeit [erfolgend]:* -e Niederschläge; er raucht nur noch g.; ...die Anwesenheit von Nasos Knecht war nur durch das -e asthmatische Brodeln dargestellt wurde, noch wahrnehmbar (Ransmayr, Welt 42).
²ge|le|gent|lich 〈Präp. mit Gen.〉 (Papierdt.): *anlässlich, bei:* g. seines Besuches wurde ein weiteres Treffen vereinbart.
ge|leh|rig 〈Adj.〉 [zu veraltet gleichbed. lehrig, zu ↑ lehren]: *schnell die Gewohnheiten, Praktiken o. Ä. eines anderen annehmend, sich dessen Kenntnisse zu eigen machend:* ein -er Schüler; sehr g. sein.
Ge|leh|rig|keit, die; -: *das Gelehrigsein; Anstelligkeit.*

ge|lehr|sam 〈Adj.〉: **1.** *gelehrig:* ein -es Tier. **2.** (veraltet) *gelehrt.*
Ge|lehr|sam|keit, die; - (geh.): *umfassende wissenschaftliche Bildung; großer Reichtum an Kenntnissen; Gelehrtheit:* er war ein Mann von hoher G.
ge|lehrt 〈Adj.〉 [mhd. gelēr(e)t, ahd. galērit, eigtl. 2. Part. von ↑ lehren]: **a)** *gründliche u. umfassende wissenschaftliche Kenntnisse besitzend; wissenschaftlich umfassend gebildet:* eine -e Frau; **b)** *auf wissenschaftlicher Grundlage beruhend:* eine -e Theorie; der -e Apparat *(Anmerkungen, Literaturangaben)* eines Buches; **c)** *(meist abwertend) in wissenschaftlicher Fachsprache abgefasst u. daher schwer verständlich:* er drückt sich immer so g., viel zu g. aus.
Ge|lehr|te, die/eine Gelehrte; der/einer Gelehrten, die Gelehrten/zwei Gelehrte: *weibliche Person, die gelehrt ist.*
Ge|lehr|ten|re|pu|blik, die [nach dem Titel der Prosaschrift »Die deutsche Gelehrtenrepublik« (1774) des dt. Dichters F. G. Klopstock (1724–1803)] (bildungsspr.): *Gesamtheit der [geistes]wissenschaftlichen Elite eines Staates, einer Kulturepoche, die das Geistesleben ihrer Zeit entscheidend beeinflusst u. für nahezu alle seine Bereiche meinungsbildend wirkt:* eine europäische, kosmopolitische G.
Ge|lehr|ten|streit, der: *wissenschaftliche Auseinandersetzung, Kontroverse.*
Ge|lehr|ter, der Gelehrte/ein Gelehrter; des/eines Gelehrten, die Gelehrten/zwei Gelehrte: *jmd., der gelehrt ist:* R darüber streiten sich die Gelehrten/sind sich die Gelehrten noch nicht einig (scherzh.: *das ist [wissenschaftlich] noch nicht geklärt;* nach Horaz, Ars poetica, Vers 78).
Ge|lehrt|heit, die; -: *das Gelehrtsein; Gelehrsamkeit.*
Ge|lei|er, Ge|lei|e|re, das; -s (abwertend): **a)** *[dauerndes] Leiern;* **b)** *monotone Vortragsweise.*
Ge|lei|se, das; -s, - [mhd. geleis(e) = (Rad)spur, Kollektivbildung zu: leis(e), ahd. (wagan)leisa = (Wagen)spur] (österr., schweiz., sonst veraltet): *Gleis.*
Ge|leit, das; -[e]s, -e [mhd. geleite, zu ↑ geleiten]: **a)** (geh.) *das Geleiten; Begleitung zum Schutz od. als Ehrung für jmdn.:* jmdm. sein G. anbieten; im G. des Präsidenten; ◆ Mein schönes Fräulein, darf ich wagen, meinen Arm und G. ihr anzutragen? (Goethe, Faust I, 2605 f.); * **freies/sicheres G.** (Rechtsspr.): *Garantie der Bewegungsfreiheit u. Unverletzlichkeit);* **jmdm. das G. geben** (geh.: *jmdn. [offiziell] begleiten);* **jmdm. das letzte G. geben** (geh. verhüll.: *an jmds. [feierlicher] Beerdigung teilnehmen);* **zum G.** *(als einleitende Worte;* in einer Publikation); **b)** *Gruppe von Personen, Fahrzeugen, die jmdn. geleiten, offiziell begleiten; Eskorte:* ein G. von mehreren Flugzeugen folgte der Maschine des hohen Gastes; ◆ **c)** *[an den Landesherrn] zu zahlende Abgabe für einen Geleitsschutz, für gewährtes sicheres Geleit* (a) *auf Reisewegen:* Steuer, Zins und Beth', Lehn und G. und Zoll ... euch angehören soll (Goethe, Faust II, 10947 f.); ... und hält man dich denn doch einmal unterwegs als Juden an und fordert Zoll und -e von dir (Goethe, Lehrjahre VIII, 1).
ge|lei|ten 〈sw. V.; hat〉 [mhd. geleiten, ahd. gileitan, zu ↑ leiten] (geh.): *begleitend, zum Schutz mit jmdm. mitgehen, ihn irgendwohin bringen, führen:* einen Blinden über die Straße g.; er geleitete den Gast zur Tür.
Ge|leit|schutz, der 〈o. Pl.〉: *[militärischer] Schutz durch Begleitung:* Handelsschiffen G. geben; sie lassen sich im G. nach Hause bringen.
Ge|leit|wort, das 〈Pl. -e〉: *einer Veröffentlichung*

zum Geleit (a) *vorangestellte Vorbemerkung, Würdigung:* mit einem G. von Professor X.
Ge|leit|zug, der (Militär): *Konvoi aus Handelsschiffen u. zur Sicherung mitfahrenden Kriegsschiffen.*
ge|len 〈sw. V.; hat〉: *mit Gel* (2) *behandeln:* seine Haare hatte er nach hinten gegelt.
ge|lenk 〈Adj.〉 [mhd. gelenke] (veraltet): *gelenkig, geschmeidig;* ◆ ...die -en Glieder, sie versagen allen Dienst (Goethe, Der Gott u. die Bajadere).
Ge|lenk, das; -[e]s, -e [mhd. gelenke = Taille, zu mhd. lanke, ahd. (h)lanka = Hüfte, Lende, Weiche, eigtl. = Biegung am Körper, biegsamer Teil]: **a)** (Anat.) *bewegliche Verbindung zwischen Knochen:* ein schwaches G.; im Alter bekommt man steife -e; es knackt in den -en; **b)** (Bot.) *polsterförmige Verdickung an Blattstielen od. Stängeln, die eine hebende od. senkende Bewegung des Blattes od. eines Teils des Stängels ermöglicht;* **c)** (Technik) *bewegliche Verbindung zwischen Maschinenteilen od. Teilen eines technischen Gerätes, einer technischen Vorrichtung:* ein G. ölen.
Ge|lenk|band, das 〈Pl. ...bänder〉: *Scharnierband.*
Ge|lenk|ent|zün|dung, die (Med.): *Arthritis.*
Ge|lenk|fahr|zeug, das: *Fahrzeug, das aus zwei od. mehreren Teilfahrzeugen besteht, die durch ein bewegliches Gelenk* (c) *miteinander verbunden sind, sodass ein Durchgehen von einem zum anderen möglich ist.*
◆ **Ge|lenk|heit,** die; -: *Gelenkigkeit:* ...diese Kraftäußerung..., die uns mit der frischesten Kindheit in Berührung setzt, den Jüngling seiner G. ganz als genießend aufruft (Goethe, Dichtung u. Wahrheit 12).
ge|len|kig 〈Adj.〉: **a)** *von besonderer Beweglichkeit in den Gelenken* (a); *leicht beweglich u. wendig:* ein -er Sportler; er sprang g. über den Zaun; Er kletterte, -er als von ihm selbst vermutet, zur anderen Uferseite (Kronauer, Bogenschütze 264); **b)** (Fachspr.) *mit einem Gelenk* (c), *durch Gelenke beweglich:* eine -e Verbindung.
Ge|len|kig|keit, die; -: *Biegsamkeit, Beweglichkeit des Körpers in den Gelenken* (a).
Ge|lenk|kap|sel, die (Anat.): *Kapsel eines Gelenks* (a).
Ge|lenk|kopf, der (Anat.): *abgerundetes Ende eines Knochens, das in die Gelenkpfanne eingreift u. mit dieser ein Gelenk* (a) *bildet.*
Ge|lenk|ku|gel, die (Anat.): *Gelenkkopf.*
Ge|lenk|pfan|ne, die (Anat.): *muldenförmiger Teil eines Knochens, in den der Gelenkkopf eines anderen Knochens eingreift.*
Ge|lenk|pup|pe, die: *Gliederpuppe.*
Ge|lenk|rheu|ma|tis|mus, der (Med.): *schmerzhafte, meist mit Fieber verbundene rheumatische Erkrankung der Gelenke* (a).
Ge|lenk|schmerz, der (Med.): *Schmerz im Gelenk* (a).
ge|lenk|scho|nend, (österr.:) gelenksschonend 〈Adj.〉: *angenehm, schonend für die Gelenke, ihnen nicht schadend, sie nicht angreifend.*
Ge|lenks|ent|zün|dung, Ge|lenks|kap|sel usw. (österr.): ↑ Gelenkentzündung, ↑ Gelenkkapsel usw.
Ge|lenk|ver|stei|fung, die (Med.): *Steifwerden eines Gelenks* (a) *(durch Verletzung, Entzündung o. Ä.); Ankylose.*
Ge|lenk|wel|le, die (Technik): *mit [Kardan]gelenken an jedem Ende versehene Welle* (5) *zur Übertragung von Drehmomenten zwischen [versetzt angeordneten] Wellen, z. B. bei Kraftfahrzeugen.*
ge|lernt 〈Adj.〉 [adj. 2. Part. von ↑ lernen in der älteren Bed. »lehren«]: *für ein bestimmtes Handwerk, einen Beruf vollständig ausgebildet:* sie ist -e Verkäuferin.
ge|le|sen: ↑ ¹lesen.

gelieben – geltungssüchtig

◆ **ge|lie|ben** ⟨sw. V.; hat⟩ [mhd. gelieben = lieben; jmdm. etw. angenehm machen; belieben, ahd. geliuben = jmdm. gewogen sein]: *belieben:* Geliebt es dir, so magst du dich bereiten (Goethe, Geheimnisse 317 [urspr. Fassung]); … eine Menge Zettel: »Der Herr Bruder wolle g.« oder »Dem Herrn Bruder zur gefälligen Unterweisung« gingen hin und wieder (Storm, Söhne 25).

ge|liebt: ↑ lieben.

Ge|lieb|te, die/eine Geliebte; der/einer Geliebten, die Geliebten/zwei Geliebte: **1. a)** *Frau, mit der ein verheirateter Mann außerhalb seiner Ehe eine sexuelle Beziehung hat:* nach der Scheidung hat er seine langjährige G. geheiratet; **b)** *Frau, mit der ein Mann, eine andere Frau eine sexuelle Beziehung hat:* er wohnt mit seiner -n zusammen; Ü In Honolulu kannte ich einmal einen Kapitän, der, alt wie er war, nur noch eine einzige G. hatte: die Astronomie (Frisch, Cruz 85). **2.** (geh. veraltet) als Anrede; *geliebte weibliche Person:* komm, G., in meine Arme!

Ge|lieb|ter, der Geliebte/ein Geliebter; des/eines Geliebten, die Geliebten/zwei Geliebte: **1. a)** *Mann, mit dem eine verheiratete Frau außerhalb ihrer Ehe eine sexuelle Beziehung hat:* einen Geliebten haben; **b)** *Mann, mit dem eine Frau, ein anderer Mann eine sexuelle Beziehung hat.* **2.** (geh. veraltet) als Anrede; *geliebte männliche Person:* G., wirst du auf mich warten?

ge|lie|fert: in der Verbindung g. sein (salopp; *aufgrund einer Sache verloren, ruiniert sein;* urspr. = dem Gericht überliefert sein: wenn man dich dabei schnappt, bist du g.).

ge|lie|hen: ↑ leihen.

ge|lie|ren [ʒeˈ…, auch: ʒa…] ⟨sw. V.; hat⟩ [frz. geler = zum Gefrieren bringen; gefrieren, steif werden < lat. gelare = gefrieren machen, zum Erstarren bringen]: *zu einer halbfesten Masse, zu Gelee werden:* Beeren gelieren besonders gut; der Bratensaft hat sofort geliert.

Ge|lier|mit|tel, das (Kochkunst): *Zusatz, der das Gelieren einer Flüssigkeit ermöglicht od. fördert* (z. B. Gelatine).

Ge|lier|zu|cker, der (Kochkunst): *mit einem Geliermittel versetzter Zucker.*

ge|lind (selten), **ge|lin|de** ⟨Adj.; gelinder, gelindeste⟩ [mhd. gelinde, zu ↑ lind]: **1.** ⟨nur: gelinde⟩ *nicht gering, schwach; deutlich* (b): eine gelinde Überraschung, Übertreibung, Untertreibung; gelinde Panik, Verzweiflung, Ratlosigkeit; gelinde Zweifel befielen ihn; Der Vater, als Beamter mit gelinder Besessenheit pünktlich, wartete dann nervös … auf die Ausbleibende (Krolow, Nacht-Leben 55). **2.** *abschwächend, schonend, vorsichtig [ausgedrückt]:* »Frechheit« ist nur ein gelinder Ausdruck für solch ein Benehmen; das Wort »Unverschämtheit« ist noch sehr gelinde dafür; das war, g. gesagt, nicht gerade rücksichtsvoll von ihr. **3.** (geh. veraltend) **a)** *mild, nicht rau:* gelindes Klima; … jener begünstigte Landstrich, … ganz eben und ohne Schroffheit (Th. Mann, Krull 10); **b)** *von geringer Intensität; schwach, nicht stark:* ein gelinder Regen, Schmerz; er hat ein gelindem Feuer braten; die Speisen sind gelind[e] gewürzt; **c)** *mild, nicht streng, nicht hart:* mit einer gelinden Strafe davonkommen; **d)** *schonend, vorsichtig:* … wusch sie meine Füße …, trocknete sie gelinde ab (Fallada, Trinker 31).

◆ **4.** *nur schwach geneigt, nur leicht ansteigend od. abfallend, nicht steil, nicht schroff* (1): … ein großes Portal und eine breite, gelinde Treppe (Goethe, Italien. Reise 12. 3. 1787, abends [Neapel]).

ge|lin|gen ⟨st. V.; ist⟩ [mhd. (ge)lingen, ahd. gilingan, urspr. = leicht od. schnell vonstattengehen, verw. mit ↑ leicht]: *durch jmds. Planung od. Bemühung mit Erfolg zustande kommen:* das Werk gelingt; es muss g., das Feuer einzudämmen; es gelang mir nicht, ihn zu überreden; die Überraschung ist [dir] vollauf gelungen; der Kuchen ist mir gut, schlecht, nicht gelungen.

Ge|lin|gen, das; -s: *Erfolg:* lasst uns auf ein gutes G. anstoßen!

Ge|lis|pel, das; -s (veraltet abwertend): *[dauerndes] Lispeln [u. Flüstern].*

ge|lit|ten: ↑ leiden.

¹**gell** ⟨Adj.⟩ [zu ↑ gellen] (geh.): *laut, schrill, gellend:* -es Geschrei; das Lachen des Publikums wurde immer -er.

²**gell** ⟨Interj.⟩ (südd., österr.): ²*gelt:* du kommst doch auch, g.?

gel|le ⟨Interj.⟩ (md.): *gelt.*

gel|len ⟨sw. V.; hat⟩ [mhd. gellen, ahd. gellan, eigtl. = rufen, schreien]: **a)** *hell u. durchdringend schallen:* ein Pfiff gellte durch die Nacht; seine Stimme gellte mir in den Ohren; gellende Hilferufe; ◆ Und stünd' ihr beim Hochzeit … vor mir, wie noch der Krug auf dem Gesimse gestern, so fasst' ich sie beim Griff … und schlüg' sie gellend (klappernd, klirrend) ihm am Kopf entzwei (Kleist, Krug 6); **b)** *durch den Schall erschüttert werden od. nachhallen:* sie schrie, dass das ganze Haus gellte; ihm gellten die Ohren von all dem Lärm.

ge|lo|ben ⟨sw. V.; hat⟩ [mhd. geloben, ahd. gilobōn, zu ↑ loben] (geh.): **a)** *feierlich versprechen:* [jmdm.] Gehorsam, Besserung g.; sich [gegenseitig]/(geh.:) einander Treue g.; er gelobte, sie nie zu verlassen; **b)** ⟨g. + sich⟩ *sich etw. fest vornehmen:* ich habe mir gelobt, ein anderer Mensch zu werden.

Ge|löb|nis, das; -ses, -se: **1.** (geh.) *feierliches Versprechen:* ein G. ablegen. **2.** *Gelöbnis* (1) *von Rekruten, mit dem sie ein Bekenntnis zu ihren Pflichten ablegen.*

Ge|löb|nis|fei|er, die: *Akt* (1 b) *anlässlich eines feierlichen Gelöbnisses* (2): die öffentliche G. fand vor dem Schloss statt.

ge|lo|gen: ↑ lügen.

ge|löst ⟨Adj.⟩: *[nach einem Zustand innerer Anspannung] frei von Sorge, Belastung:* eine -e Stimmung; sie wirkte g.

Ge|löst|heit, die; - *: das Gelöstsein.*

Gel|se, die; -, -n [zu veraltet gelsen = summen, zu ↑ gellen] (österr.): *Stechmücke:* im Spätsommer wurden die -n zur Plage.

Gel|sen|kir|chen: Stadt im Ruhrgebiet.

¹**Gel|sen|kir|che|ner,** der; -s, -: Ew.

²**Gel|sen|kir|che|ner** ⟨indekl. Adj.⟩: * **G. Barock** (salopp scherzh.; *Möbelstil, der durch neu gefertigte, massiv wirkende Möbel gekennzeichnet ist;* wohl urspr. spött. Bez. für den Baustil der Stadt Gelsenkirchen in der 1. Hälfte des 19. Jh.s, der sich von den der umliegenden Industriestädte deutlich abhob).

Gel|sen|kir|che|ne|rin, die; -, -nen: w. Form zu ↑ ¹Gelsenkirchener.

¹**gelt** ⟨Adj.⟩ [mhd., ahd. galt, eigtl. 2. Part. zu ahd. galan = singen, zaubern, behexen; unfruchtbares Vieh galt nach dem Volksglauben als behext] (Jägerspr., Landwirtsch.): *(von Tieren) [vorübergehend] unfruchtbar:* eine -e Geiß; das Tier ist in diesem Jahr g.

²**gelt** ⟨Interj.⟩ [eigtl. = es möge gelten, zu ↑ gelten] (südd., österr. ugs.): *nicht wahr?:* da staunst du, g.?

gel|ten ⟨st. V.; hat⟩ [mhd. gelten = zurückzahlen, entschädigen; für etw. büßen; Einkünfte bringen; kosten, wert sein, ahd. geltan = zurückzahlen, zurückerstatten; opfern, urspr. = entrichten, erstatten (bez. auf den heidnischen Opferdienst u. auf die Zahlung von Bußen u. Abgaben)]: **1.** *gültig sein; Gültigkeit haben:* die Fahrkarte gilt zwei Monate; diese Briefmarken gelten nicht mehr; das Gesetz gilt für alle; die Wette gilt; (im Spiel) das gilt nicht! *(das widerspricht den Regeln des Spiels);* nach geltendem Recht; * **etw., jmdn. [nicht] g. lassen** *(etw., jmdn. [nicht] anerkennen):* diesen Einwand lasse ich [nicht] g.). **2.** *etw. [Bestimmtes] wert sein:* diese Münze gilt nicht viel; das Geld gilt immer weniger; es gilt ihm gleich, ob es kommt oder nicht. **3.** *bei einer Beurteilung in bestimmter Weise eingeschätzt werden:* als klug, als überzeugte Sozialisten g.; das gilt als sicher; das galt ihm für ausgemacht; Über Rom wurde die Trauer verhängt. Jedes Geräusch … galt als Verletzung der befohlenen Stille und wurde mit Gewalt erstickt (Ransmayr, Welt 134). **4. a)** *als Handlung, Geschehen auf jmdn., etw. gerichtet sein:* der Beifall galt den Schauspielern; das gilt dir; **b)** (geh.) *(von jmds. Gedanken o. Ä.) sich mit etw. beschäftigen, sich auf etw., jmdn. beziehen:* mein Interesse gilt diesem Problem. **5. a)** ⟨unpers.⟩ *auf etw. ankommen:* es gilt, sich zu entscheiden; es gilt einen Versuch *(kommt auf einen Versuch an);* dieses Ziel gilt es zu erreichen *(dieses Ziel muss erreicht werden);* **b)** ⟨unpers.⟩ (geh.) *um etw. gehen, was in Gefahr ist:* es gilt seine Ehre; bei dem Kampf galt es Sieg oder Niederlage; er läuft aus der Stadt, als gelte es sein Leben.

gel|tend: in den Verbindungen **etw. g. machen** *(auf berechtigte Ansprüche o. Ä. hinweisen u. sie durchsetzen wollen):* seine Wünsche, Forderungen nachdrücklich g. machen); **sich g. machen** *(sich auswirken, bemerkbar machen):* die allgemeine Missstimmung hat sich in Unruhen g. gemacht.

Gel|tend|ma|chung, die; -, -en ⟨Pl. selten⟩ (Papierdt.): *das Geltendmachen.*

◆ **Gelts|tag,** der; -[e]s, -e [zu Gelt = Schuld, zu leistende Zahlung, ältere Form von ↑ Geld, eigtl. = Tag, an dem die Gläubiger zusammenkommen, um ihre Forderungen an einen Zahlungsunfähigen auf dem Wege der Versteigerung einzutreiben] (schweiz.): *Konkurs, Bankrott:* eine ungeheure Schuldenlast kam an dem Tag, der G. brach aus, verzehrte alles (Gotthelf, Elsi 121); … er hat G. gemacht und muss jetzt betteln gehen (Gotthelf, Elsi 133).

Gel|tung, die; -: **1.** *das Gelten* (1); *Gültigkeit:* die G. der Naturgesetze; die Bestimmung hat für alle Fälle G. *(gilt für die Fälle),* bei denen dieser Abschnitt fehlt; in G. sein, bleiben *(gültig sein, bleiben).* **2.** *Wirkung, Wirksamkeit:* der Künstler mit seinem Drang nach G.; eine Frau von G.; * **jmdm., sich, einer Sache G. verschaffen** *(dafür sorgen, dass jmd., etw. respektiert wird);* **an G. verlieren** *(weniger beachtet, bedeutungslos werden);* **zur G. bringen** *(vorteilhaft wirken lassen);* **zur G. kommen** *(durch etw. vorteilhaft wirken):* in dieser Beleuchtung kommt das Bild sehr gut zur G.).

Gel|tungs|be|dürf|nis, das: *Bedürfnis, angesehen zu sein u. bei anderen etwas zu gelten:* ein übersteigertes G.

gel|tungs|be|dürf|tig ⟨Adj.⟩: *Geltungsbedürfnis habend.*

Gel|tungs|be|reich, der: *Bereich, in dem, für den etw. gilt.*

Gel|tungs|dau|er, die: *Zeitraum der Gültigkeit:* ein Mietvertrag mit fünfjähriger G.

Gel|tungs|drang, der: *Geltungsbedürfnis:* seinen G. zügeln.

Gel|tungs|sucht, die ⟨o. Pl.⟩ (abwertend): *allzu starkes, krankhaftes Geltungsbedürfnis:* sich aus reiner G. in den Vordergrund drängen wollen.

gel|tungs|süch|tig ⟨Adj.⟩ (abwertend): *von Geltungssucht erfüllt.*